DICIONÁRIO **CRÍTICO DE TEOLOGIA**

DICIONÁRIO **CRÍTICO DE TEOLOGIA**

Publicado sob a direção de
Jean-Yves Lacoste

Dados Internacionais de Catalogação na Publicação (CIP)
(Câmara Brasileira do Livro, SP, Brasil)

Dicionário crítico de teologia/publicado sob a direção de Jean-Yves Lacoste ; tradução Paulo Meneses... [et al.]. -- 2. ed. -- São Paulo : Edições Loyola : Paulinas, 2014.

Título original: Dictionnaire critique de théologie

1. Teologia doutrinal – Dicionários I. Lacoste, Jean-Yves.

14-04206   CDD-230.03

Índice para catálogo sistemático:
1. Teologia cristã : Dicionários   230.03

Título original: *Dictionnaire critique de Théologie*
© Presses Universitaires de France, Paris, 1998

Obra publicada com auxílio do Ministério Francês da Cultura – Centro Nacional do Livro

Tradução:	*Marcelo Perine*
	Marcos Bagno
	Maria Stela Gonçalves
	Nicolás Nyimi Campanário
	Paulo Meneses
Preparação:	*Ana Paula Castellani*
	Marcelo Perine
Capa:	*Walter Nabas*
Diagramação:	*So Wai Tam*
Revisão:	*Fernanda Guerriero*
	Fernanda Mizioka
	Malvina Tomáz
	Marcelo Perine
	Maria de Fátima Cavallaro
	Maurício B. Leal
	Sirlene Prignolato

2ª edição: maio de 2014
Conforme novo acordo ortográfico da Língua Portuguesa

Edições Loyola Jesuítas
Rua 1822, 341 – Ipiranga
04216-000 – São Paulo – SP (Brasil)
Tel.: (11) 3385-8500/8501, 2063-4275
www.loyola.com.br – editorial@loyola.com.br

Paulinas
Rua Dona Inácia Uchoa, 62
04110-020 – São Paulo – SP (Brasil)
Tel.: (11) 2125-3500
www.paulinas.com.br – editora@paulinas.com.br
Telemarketing: 0800-7010081

© Pia Sociedade Filhas de São Paulo, São Paulo, Brasil, 2004

PLANO DA OBRA

PLANO DA OBRA

Prefácio

Quando se arrisca a primeira incursão em um dicionário volumoso (e, mais ainda, tratando-se de um dicionário de teologia) o leitor pode exigir de seu diretor uma mostra de caridade elementar: definir seu objeto e sua utilidade. Algumas glosas sobre o título escolhido vão responder a essa exigência.

Antes de tudo, este é um dicionário de *teologia*, pelo que se entende, em um sentido restrito que é também um sentido preciso, o conjunto de discursos e doutrinas que o cristianismo organizou sobre Deus e sobre sua experiência de Deus. Há outros discursos sobre Deus, e a teologia foi, muitas vezes, a primeira a defender sua racionalidade. Assim, ao reservar um termo para designar uma prática (historicamente circunscrita) do *logos* e um apelo (historicamente circunscrito) ao nome de Deus, não pretendemos negar a existência e a racionalidade de outras práticas e de outros apelos — propomos apenas usar o termo "teologia" para nomear os frutos de certa aliança entre o *logos* grego e a reestruturação cristã da experiência judaica. Pelo fato de falar a filosofia também de Deus, raramente se segue que seu interesse seja teológico, no sentido fixado. Porque o judaísmo pôde estabelecer o que tinha de mais rico para dizer, sem pilhar a herança teórica da Antiguidade clássica, é igualmente improvável que suas doutrinas precisem ser chamadas teológicas. Pode-se também admitir que a *kalam* islâmica obedeça a regras de estruturação bastante originais para que seja inútil, a não ser admitindo certa imprecisão, batizá-la como "teologia islâmica". Quanto ao estudo comparado rigoroso de *todos* os discursos em que intervém o significante "Deus" (quer sua intervenção seja a de um nome ou de um conceito, ou qualquer outra), tal estudo ainda se encontra em sua infância.

Além disso, este é um *dicionário*, o que significa que é um instrumento universitário posto a serviço da transmissão do saber. Uma coisa é produzir o saber, e outra,

9

transmiti-lo. Não se pode esperar, portanto, da tarefa coletiva concluída por este pre-fácio, que ela tenha feito uma obra de criação. Na desordem organizada a que preside a ordem alfabética dos verbetes, sua ambição era modesta: oferecer aos leitores um primeiro acesso aos principais objetos teológicos. Acontecimentos, doutrinas, atores, teorias e metateorias, mais de quinhentos objetos estão colocados nas páginas deste dicionário. O leitor que quiser passear por ele, escolhendo uma questão ao acaso, vai encontrar cada vez informações quase suficientes, e o *ponto* sobre sua questão. O leitor amigo de longos percursos poderá recorrer a muitas balizas para iniciar-se, por exemplo, artigo após artigo, na "teologia bíblica" em geral, ou na teologia medieval, ou na teologia luterana, ou em outras. Na falta de um consenso dos doutos, que aliás não existe em parte nenhuma, pode-se esperar desta obra que cumpra as promessas inerentes a seu gênero científico: promessas de legibilidade, de honestidade intelectual e de precisão histórica.

Enfim, este dicionário quer ser um dicionário *crítico*, o que não liga sua sorte a uma temeridade desconstrutivista qualquer, mas sublinha a condição nativa de todo serviço universitário da verdade. A primeira tarefa de uma razão crítica é criticar-se a si mesma. Crítica em relação aos objetos que as tradições lhe legavam, a razão do Iluminismo foi menos crítica em relação a si própria, a seus poderes, deveres e capacidades. Contudo, permanece uma exigência, que lhe devemos, e que não pode suscitar nenhum receio: da história "crítica" das doutrinas e da apresentação "crítica" das tradições teológicas, só se pode esperar que tenham querido identificar seus ver-dadeiros objetos, para deixá-los aparecer tais como são, em toda complexidade diacrô-nica e sincrônica, e, às vezes, em toda a indecisão. A teologia se ocupa centralmente de fenômenos que nunca solicitam a intelecção sem suscitar também a adesão, e o trabalho histórico de discernimento que o *Dicionário* assumiu como sua finalidade não privará ninguém da necessidade de fazer sua opção pessoal. No entanto, nunca se crê sem entender, por pouco que seja, e — se o que se deseja é formar uma opinião correta — sem saber tanto criticamente, como pré-criticamente.

Resta enfim ao diretor do projeto uma tarefa agradável: a de agradecer. Em primeiro lugar aos 250 colaboradores, providos de uma centena de instituições, re-presentando cerca de quinze nacionalidades, que fizeram este *Dicionário*, aceitando as múltiplas limitações de um exercício de estilo. Todos se sujeitaram de bom grado a certo dirigismo editorial que visava garantir a coesão do todo, e sua boa vontade permitiu que a obra fosse algo mais que uma coleção de notícias independentes. Todos, porém, conservaram seu tom próprio; e isso permitiu também à obra deixar seus autores falarem com o acento particular de suas tradições culturais e científi-cas. Em segundo lugar, quero agradecer aos colegas e aos amigos, que, vindo em socorro no último momento, permitiram preencher lacunas, pôr em dia as bibliografias, aperfeiçoar as traduções e verificar mil referências. Faço pois subir o incenso de minha gratidão para com Daniel Bourgeois, Rémi Brague, Michel Cagin, Olivier de Champris, Michel Corbin, Michel Gitton, Jérôme de Gramont, Yves-Jean Harder, Max Huot de Longchamp, Goulven Madec, Thaddée Matura, Cyrille Michon, Bruno Neveu, Jacqueline de Proyart, Daniel de Reynal. Os membros do comitê de redação bem sabem quanto valorizei sua colaboração e o prazer que tive em trabalhar com eles: é justo que o leitor também o saiba. Enfim, meus agradecimentos se tornam superlativos em relação a Marie-Béatrice Mesnet, que teve a responsabilidade final do manuscrito e dos disquetes, até as provas, passando pela organização da bibliografia, as remissões internas e a lista das abreviaturas; nem me atrevo a pensar o que se teria publicado sem sua colaboração. Quanto a Jacqueline de Champris, ela permitiu que este *Dicionário* fosse publicado em vida de seu diretor, ou que o diretor não morresse antes da publicação; cada qual lhe aprecie o mérito.

O índice desta obra deve-se integralmente a Georges Leblanc. Para as múltiplas tarefas de secretariado, realizadas nas primeiras páginas do projeto, lembramos com prazer ter beneficiado do concurso de Édith Migo. O apoio logístico amigo de François de Vorges e Didier Le Riche facilitou grandemente o trabalho do comitê de redação. Françoise Muckensturm e Renza Arrighi também nos ajudaram com toda a sua competência de biblistas; o texto publicado tem as marcas de seu trabalho.

JEAN-YVES LACOSTE

Prefácio à segunda edição

Apesar dos breves prazos que foram concedidos à preparação da segunda edição e de várias traduções (inglesa, italiana, brasileira, espanhola), este dicionário bem que merece ser chamado de "revisto e ampliado". Muitos erros tipográficos foram corrigidos. Quase não há artigo em que não tenhamos procedido a correções, de maior ou menor volume. A maioria das bibliografias foi completada e atualizada. A disposição das abreviaturas e do índice foi aperfeiçoada. Alguns verbetes foram refeitos do início ao fim ou foram consideravelmente enriquecidos (história, ortodoxia, filosofia, trabalho, Rahner), alguns novos verbetes foram criados (liberalismo, realismo, Wittgenstein): que se agradeça àqueles que sugeriram essas mudanças e novidades por não terem apenas se contentado de refletir sobre elas, mas que nos fizeram a gentileza de no-las indicar.

Alguns membros do comitê de redação e outros a ele relacionados dedicaram um pouco mais de seu tempo que outros para preparar esta nova edição: agradecemos em particular a Paul Beauchamp, Olivier Boulnois, Vincent Carraud, Irène Fernandez, Marie-Béatrice Mesnet, Oliver O'Donovan, Françoise Vinel, bem como o sábio e devotado diretor do *Dicionário*. Assim como na primeira edição, a segunda tem também seu quadro de benfeitores, por terem aceitado redigir um verbete em alguns dias, por nos terem sugerido correções úteis, por terem publicado críticas muito encorajadoras sobre nosso trabalho. Não posso nomeá-los todos, mas faço questão de citar Cyrille Michon, Hervé Barreau, Rémi Brague, Claude Bressolette, Henri de l'Éprevier, Bernard de Guibert, Dominique le Tourneau, Roger Pouivet, Émile Poulat, Michel Sales, Yves Tourenne, Claude Villemot. A primeira edição deste dicionário foi honrada pela Académie des Sciences Morales et Politiques, que lhe conferiu o prêmio Delpeuch. Quanto a Tabatha, enfim, ela sabe o quanto lhe devemos: muito.

Tábua dos verbetes

Abelardo (C. Mews)

Aborto (J. T. Burtchaell)

Ação/Ato (D. Westberg)

Achard de São Vítor → São Vítor (escola de) e.

Adão – A (R. Murray); B (J. Behr)

Adão de São Vítor → São Vítor (escola de) e.

Adão de Wodeham → nominalismo III. 2

Adocianismo (G. Lafont)

Aelred de Rievaulx → Bernardo de Claraval 3

Afonso de Ligório (M. Marcocchi)

Ágape (P.-M. Gy)

Agapé → amor

Agnosticismo (P. Secretan)

Agonia → paixão

Agostinho de Hipona (M.-A. Vannier)

Agostinismo (G. Madec)

Alain de Lille → escolástica II. 1. c.

Alberto Magno (A. de Libera)

Albigenses → catarismo

Alegoria → sentidos da Escritura → narrativa

Alexandre de Hales → escolástica II. 2. b.

Alexandria (escola de) (F. Vinel)

Aliança (N. Lohfink)

Alma-coração-corpo – A e B (A. Wénin); C (P. Beauchamp); D. 1 e 2 (P. Deseille); D. 3 (J.-Y. Lacoste)

Ambrósio de Milão (J.-M. Salamito)

Amish → anabatistas

Amor (Y.-J. Harder)

Anabatistas (N. Blough)

Anagogia → sentidos da Escritura → mística → traço (*vestigium*)

Analogia (O. Boulnois)

André de São Vítor → São Vítor (escola de) d.

Angelus Silesius → negativa (teologia) III. 4 → renano-flamenga (mística)

Anglicanismo (J. R. Wright)

Animais (R. Murray)

Anipostasia (B. E. Daley)

Anjos (É. H. Wéber)

Ano litúrgico (P.-M. Gy)

Anselmo de Cantuária (C. Viola)

Antinomia (J.-Y. Lacoste)

Antinomismo (a Redação)

Antioquia (escola de) (J. N. Guinot)

Antitrinitarismo → unitarismo/antitrinitarismo

Antônio, o Grande → monaquismo A. b.

Antropologia – 1 a 6 (J. Behr); 7 (J. de Gramont)

Antropomorfismo (F. Marty)

Apocalíptica (J. J. Collins)

Apocatástase (B. E. Daley)

Apócrifos (É. Junod)

Apofase → (negativa) teologia

Apolinarismo (P. Maraval)

Apologética → fundamental (teologia)

Apologistas (N. Zeegers-Vander Vorst)

Apostasia → heresia → Cipriano de Cartago → cisma

Apostolicidade da Igreja → apóstolo → sucessão apostólica

Apostólicos (Padres) (Ph. Henne)

Apóstolo (J. Roloff)

Apóstolos (símbolo dos) → confissões de fé A.

Apropriação (B. Sesboüé)

Arianismo (C. Kannengiesser)

Aristotelismo cristão (R. Brague)

Arminianismo (J.-Y. Lacoste)

Arquitetura (L. Broughton)

Arte → arquitetura → imagens → música

Artigo de fé → dogma 1. b.

Ascensão → Cristo/cristologia

Ascese (A. Louth)

Asseidade (C. Viola)

Assunção → Maria B. I. 4

Atanásio (símbolo de) → confissões de fé A

Atanásio de Alexandria (C. Kannengiesser)

Ateísmo – A (Y.-J. Harder); B (J.-Y. Lacoste)

Atributos divinos (Y. de Andia)

Autonomia da ética (J. E. Hare)

Autoridade – A (R. Saarinen); B (J. L. O'Donovan)

Averroísmo → naturalismo → verdade B

Baconthorpe (John) → Carmelo 1

Baianismo → bañezianismo-molinismo-baianismo

Balthasar (R. Fisichella)

Bañezianismo-molinismo-baianismo (L. Renault)

Barth (J.-F. Collange)

Basileia–Ferrara–Florença (concílio) (B. Meunier)

Basílio de Cesareia (B. Sesboüé)

Batismo (P. de Clerck)

Batistas (D. W. Bebbington)

Baur (Friedrich Christian) → Tübingen (escolas de) C

Bautain (Louis-Eugène-Marie) → fideísmo

Beatificação → santidade B

Beatitude – A (F. Nef); B (J.-Y. Lacoste)

Beatriz de Nazaré → renano-flamenga (mística)

Begardos → beguinas → renano-flamenga (mística)

Begomilas → catarismo

Beguinas (M. Lauwers)

Belarmino (J.-R. Armogathe)

Beleza (I. Fernandez)

Bem (S. MacDonald)

Bênção – A (J. Auneau); B (P.-M. Gy)

Bento de Núrsia → monaquismo A. c.

Bérenger de Tours → eucaristia 2. b.

Bernardo de Chartres → Chartres (escola de) b.

Bernardo de Claraval (P. Nouzille)

Bernardo Silvestre → Chartres (escola de) g.

Bérulle (S.-M. Morgain e J.-Y. Lacoste)

Bíblia (R. J. Clifford e D. J. Harrington)

Bíblica (teologia) (P. Beauchamp)

Biel (Gabriel) → nominalismo III. 5

Bispo (H. Legrand)

Blondel (M. Leclerc)

Boaventura (J.-G. Bougerol)

Bode expiatório (J. Briend)

Boécio (G. R. Evans)

Boécio de Dácia → naturalismo → verdade B

Bonhoeffer (E.-A. Scharffenorth)

Bonnetty (Agostinho) → fideísmo

Bruno (Giordano) → naturalismo

Bucer (G. Hammann)

Bultmann (J.-F. Collange)

Cajetano (Tomás de Vio) → tomismo 2. a

Calcedônia (concílio) (M. Fédou)

Calvinismo (A. Heron)

Calvino (A. Heron)

Cano (Melchior) → lugares teológicos

Cânon das Escrituras (M. Gilbert)

Canonização → santidade B. 6

Cantor (Georg) → infinito IV. a.

Capadócios (Padres) → Basílio de Cesareia → Gregório de Nazianzo → Gregório de Nissa

Capréolo (João) → tomismo 1. b.

Caráter (W. Jeanrond)

Caráter sacramental → sacramento 5. d.

Caridade → amor

Carisma (J.-Y. Lacoste)

Carmelitas de Salamanca → Carmelo 2. c. → tomismo 2. e.

Carmelo (C. Ciconetti e S.-M. Morgain)

Carne (M. Morgen)

Casal (A.-M. Pelletier)

Cassiano (João) → oração IV. 2

Castigo → pena

Casuística (N. Biggar)

Catafrígios → montanismo

Catarismo (A. Pales-Gobilliard e G. Threepwood)

Catecismo da Igreja Católica → catequeses e

Catequeses (L. R. Wickham)

Catolicismo (L. Hell)

Causa → criação → ser

Causa sui → asseidade

Ceia → eucaristia

Censuras doutrinais → notas teológicas

Ceticismo cristão (V. Carraud)

Céu → vida eterna → visão beatífica → reino de Deus

Chartres (escola de) (J. Jolivet)

Chenu (Marie-Dominique) → tomismo 3. d

Ciclo litúrgico → ano litúrgico

Cidade (X. Durand)

Ciência de Cristo → consciência de Cristo

Ciência divina – a. até e. (V. Carraud); f. (J.-Y. Lacoste)

Ciência média → bañezianismo-molinismo-baianismo → ciência divina

Ciências da natureza (J. C. Puddefoot)

Cipriano de Cartago (J.-M. Salamito)

Circunsessão (J. Fantino)

Cirilo de Alexandria (G. Langevin)

Cisma (R. Saarinen)

Ciúme divino (P. Bovati)

Clarembaud de Arras → Chartres (escola de) f

Clemente de Alexandria → Alexandria (escola de)

Clemente de Roma → apostólicos (Padres)

Clérigo/Clericato (P.-M. Gy)

Código → direito canônico

Colegialidade (H. Legrand)

Cólera de Deus (P. Bovati)

Comunhão (J.-M. R. Tilllard)

Comunicação dos idiomas → idiomas (comunicação dos)

Conceição virginal → Maria A. 2 e B. I. 1

Conceitualismo → nominalismo II. 1

Conciliarismo (Z. Kaluza)

Concílio (W. Beinert)

Concílio de Basileia-Ferrara-Florença → Basileia-Ferrara-Florença (concílio)

Concílio de Calcedônia → Calcedônia (concílio)

Concílio de Constança → Constança (concílio)

Concílio de Constantinopla I → Constantinopla I (concílio)

Concílio de Constantinopla II → Constantinopla II (concílio)

Concílio de Constantinopla III → Constantinopla III (concílio)

Concílio de Constantinopla IV → Constantinopla IV (concílio)

Concílio de Éfeso → Éfeso (concílio)

Concílio de Ferrara → Basileia-Ferrara-Florença (concílio)

Concílio de Florença → Basileia-Ferrara-Florença (concílio)

Concílio de Latrão I → Latrão I (concílio)

Concílio de Latrão II → Latrão II (concílio)

Concílio de Latrão III → Latrão III (concílio)

Concílio de Latrão IV → Latrão IV (concílio)

Concílio de Latrão V → Latrão V (concílio)

Concílio de Lião I → Lião I (concílio)

Concílio de Lião II → Lião II (concílio)

Concílio de Niceia I → Niceia I (concílio)

Concílio de Niceia II → Niceia II (concílio)

Concílio de Trento → Trento (concílio)

Concílio de Vienne → Vienne (concílio)

Concílio do Vaticano I → Vaticano I (concílio)

Concílio do Vaticano II → Vaticano II (concílio)

Condonação → indulgências

Confirmação (P. de Clerck)

Confissão → penitência

Confissões de fé – A (B. Pottier); B (P. Bühler)

Congar (Yves M.-J.) → tomismo 3. d.

Congregacionismo (G. Threepwood)

Conhecimento de Deus (J.-Y. Lacoste)

Consciência (J. Webster)

Consciência de Cristo (J. Doré)

Conselho Ecumênico das Igrejas (A. Birmelé)

Conselhos → preceitos/conselhos

Consequencialismo → utilitarismo

Constança (concílio) (Z. Kaluza)

Constantinopla I (concílio) (B. Sesboüé)

Constantinopla II (concílio) (B. E. Daley)

Constantinopla III (concílio) (F.-M. Léthel)

Constantinopla IV (concílio) (M.-H. Congourdeau)

Consubstanciação (a Redação)

Consubstancial (C. Kannengiesser)

Contemplação (F. Nef)

Conversão (André Wénin)

Conversão eucarística → ser b

Coração → alma-coração-corpo

Coração de Cristo (V. Carraud)

Cordeiro de Deus/Cordeiro pascal (Y.-M. Blanchard)

Corpo → alma-coração-corpo

Corpo místico → Igreja

Corpus Christi → eucaristia 2. a.

Cosmo – A. (R. Murray); B (I. Fernandez e J.-Y. Lacoste)

Credendidade → credibilidade

Credibilidade (J.-Y. Lacoste)

Credo → confissões de fé

Criação – A (P. Beauchamp); B (I. Fernandez)

Crisóstomo → João Crisóstomo

Cristo/Cristologia (B. Sesboüé)

Cruz → paixão

Cruzadas → peregrinação

Culto (J.-Y. Hameline)

Culto dos santos (P.-M. Gy)

Cultura → inculturação

Cumprimento das Escrituras (P. Beauchamp)

Cura (C. Turiot)

Cusa (Nicolau de) → Nicolau de Cusa

Daniel (livro de) → apocalíptica III. 2 a.

Dante (R. Imbach e S. Maspoli)

Decálogo (J. Briend)

Deidade (É.-H. Wéber)

Deificação → santidade → mística → renano-flamenga (mística) 2. b.

Deísmo/Teísmo (J. Lagrée)

Democracia (R. Song)

Demônios (É.-H. Wéber)

Descartes (V. Carraud)

Descida aos infernos (K.-H. Neufeld)

Desejo de Deus → sobrenatural b. c.

Desenvolvimento do dogma → dogma → Newman d.

Despertar → metodismo → Edwards

Deus – A. I (P. Beauchamp); A. II (J. Wolinski); A. III (O. Boulnois); A. IV a VI (J.-Y. Lacoste); B (Y.-J. Harder)

Deuterocanônicos → apócrifos

Dever → mandamento

Devotio moderna (M. Lauwers)

Dez mandamentos → decálogo

Dia de Javé → parusia

Diabo → demônios

Diaconisas (P.-M. Gy)

Diácono (H. Legrand)

Dialética (teologia) → Barth → luteranismo

Diálogos ecumênicos → ecumenismo

Didaché → apostólicos (Padres)

Difisismo (a Redação)

Dilthey (Wilhelm) → hermenêutica 2. b.

Diocese → local (Igreja) → particular (Igreja)

Diodoro de Tarso → Antioquia (escola de) b.

Dionísio, o Pseudo-Areopagita → Pseudo-Dionísio

Direção de intenção → casuística → intenção

Direção espiritual (J.-P. Schaller)

Direito (J. Witte)

Direito canônico (P. Valdrini)

Disciplina eclesiástica (P. Valdrini)

Diteísmo → triteísmo

Divindade → deidade

Divinização → santidade → mística → renano-flamenga (mística) 2. b.

Docetismo (R. Braun)

Dogma (P. Walter)

Dogmática (teologia) (E. Brito)

Domingo (P.-M. Gy)

Donatismo (M.-A. Vannier)

Doutor da Igreja (G. Narcisse e G. Threepwood)

Doxologia → glória de Deus → louvor

Drey (Johann Sebastian von) → Tübingen (escolas de)

Duns Escoto (O. Boulnois)

Dupla verdade → naturalismo → verdade B

Eckhart de Hohenheim (Mestre) → renano-flamenga (mística)

Eclesiologia (A. Birmelé)

Ecologia (R. Bauckham)

Economia da salvação → salvação

Econômica (moral) (R. Higginson)

Ecumenismo (A. Birmelé)

Edwards (M. Vetö)

Éfeso (concílio) (P. Langevin)

Eleição (V. Fusco)

Encarnação (a Redação)

Endurecimento (V. Fusco)

Enhipostasia → anipostasia

Epiclese (P.-M. Gy)

Epiqueia (O. O'Donovan)

Epístola a Diogneto → apostólicos (Padres)

Epístola de Barnabé → apostólicos (Padres)

Equiprobabilismo → Afonso de Ligório

Equivocidade → analogia

Erasmo (G. Bedouelle)

Erastianismo (J. L. O'Donovan e O. O'Donovan)

Eros → amor

Escândalo (B. Johnstone)

Escatologia (G. Greshake)

Escola de Alexandria → Alexandria (escola de)

Escola de Antioquia → Antioquia (escola de)

Escola de Chartres → Chartres (escola de)

Escola de São Vítor → São Vítor (escola de)

Escola francesa de espiritualidade → Bérulle

Escola romana → Scheeben

Escolas de Tübingen → Tübingen (escolas de)

Escolas teológicas (J.-Y. Lacoste)

Escolástica (A. de Libera)

Escravidão → liberdade B

Escritura sagrada (C. Focant)

Esoterismo → teosofia

Esperança (J.-Y. Lacoste)

Espírito Santo – A. I (P. Beauchamp); A. II (J. Zumstein e A. Dettwiler); B (J. Wolinski)

Espiritual (teologia) (A. Louth)

Espiritualidade franciscana → franciscana (espiritualidade)

Espiritualidade inaciana → inaciana (espiritualidade)

Espiritualidade salesiana → salesiana (espiritualidade)

Espiritualidade → vida espiritual → espiritual (teologia)

Essência → ser → deidade → natureza

Estado → Igreja-Estado

Estoicismo cristão (J. Lagrée)

Estruturas eclesiais (W. Beinert)

Eternidade divina (I. Fernandez)

Ética (P. Baelz)

Ética médica → médica (ética)

Ética sexual → sexual (ética)

19

Eucaristia – A (M. Carrez); B (P.-M. Gy)

Eudes (João) → coração de Cristo a.

Euquitas → messalianismo

Eutanásia → morte B

Eutiques → Calcedônia → monofisismo

Evágrio Pôntico → ascese IV. 2

Evangelhos (C. Perrot)

Evangelismo → anglicanismo → metodismo → protestantismo

Evangelização → missão/evangelização

Evolução (M. Leclerc)

Exegese (A. E. Harvey)

Exemplarismo → Boaventura III

Exinanição → kenose

Exorcismo (P. Dondelinger)

Experiência (E. Barbotin)

Expiação (A. Schenker)

Extrema-Unção → unção dos enfermos

Família (L. Sowle Cahill)

Família confessional (A. Birmelé)

Fé – A (A. Vanhoye); B (J.-Y. Lacoste e N. Lossky)

Fé de Cristo → consciência de Cristo

Febronianismo (a Redação)

Felicidade → beatitude → sobrenatural

Ferrara (concílio) → Basileia-Ferrara-Florença (concílio)

Fideísmo (K.-H. Neufeld)

Filho de Deus → filiação

Filho do homem (M. Carrez)

Filiação (E. Cuvillier)

Filioque (a Redação)

Filopon (João) → triteísmo a. → aristotelismo cristão a.

Filosofia (J.-Y. Lacoste)

Filosofia da religião → religião (filosofia da)

Finitude → infinito → morte A → nada

Fins últimos → escatologia

Florença (concílio) → Basileia-Ferrara-Florença (concílio)

Formgeschichte → gêneros literários na Escritura → exegese c.

Fórmulas de fé → confissões de fé

Francelino (João Batista) → tradição A. d.

Franciscana (espiritualidade) (T. Matura)

Francisco de Assis → franciscana (espiritualidade)

Francisco de Sales → salesiana (espiritualidade)

Freud (J. Gagey)

Fundamental (teologia) (W. Kern)

Fundamentalismo (M. E. Marty)

Gabriel Biel → nominalismo III. 5

Gadamer (Hans-Georg) → hermenêutica 2. d.

Galicanismo (J. M. Gres-Gayer)

Gattungsgeschichte → gêneros literários na Escritura

Gautier de São Vítor → São Vítor (escola de) e.

Geena → inferno

Gêneros literários na Escritura (P. Gibert)

Gentios, gentilidade → universalismo → paganismo

Gerdil (Jacinto Sigmundo) → ontologismo

Gilberto de la Porrée ou Gilberto de Poitiers → Chartres (escola de) d. → deidade 2. a.

Gilson (Étienne) → tomismo 3. c.

Glória de Deus (Y. Simoens)

Gnose (R. Braun)

Godescalc de Orbais → agostinismo I. 2. d. e II. 1. f.

Gomarismo → Arminianismo

Governo → autoridade

Governo da Igreja (W. Beinert)

Graça (E.-M. Faber)

Gregório de Nazianzo (F. Vinel)

Gregório de Nissa (F. Vinel)

Gregório de Rimini → nominalismo III. 3

Gregório Magno (G. R. Evans)

Gregório Palamas (J.-F. Colosimo)

Grote (Gérard) → *devotio moderna*

Guerra – A (A. de Pury); B (D. Attwood)

Guilherme de Auxerre → escolástica II. 2. b.

Guilherme de Champeaux → São Vítor (escola de) b.

Guilherme de Conches → Chartres (escola de) c.

Guilherme de Occam → nominalismo III. 1

Guilherme de São Thierry → Bernardo de Claraval

Hadewijch de Antuérpia → renano-flamenga (mística)

Harnack (Adolf von) → helenização do cristianismo

Hegel (E. Brito)

Hegelianismo (E. Brito)

Heidegger (J.-Y. Lacoste)

Helenização do cristianismo (M. Gitton)

Henoc → apocalíptica III. 2. b.

Heresia (W. Kern)

Hermas → apostólicos (Padres)

Hermenêutica (J.-Y. Lacoste)

Hermetismo → teosofia

Hesicasmo (J.-F. Colosimo)

Hexaples → traduções antigas da Bíblia → Orígenes

Hierarquia (W. Beinert)

Hierarquia das verdades (C. Geffré)

Hilário de Poitiers (M.-Y. Perrin)

Hipóstase → pessoa

Hipostática (união) (G. Langevin)

Hirscher (Johann Baptist von) → Tübingen (escolas de)

História (J.-Y. Lacoste)

História da Igreja (H. Bost)

Homem → Adão → antropologia

Hospitalidade eucarística → intercomunhão

Houterianos → anabatistas

Hugo de São Vítor → São Vítor (escola de) a. e b.

Humanismo cristão (G. Bedouelle)

Humildade → Bernardo de Claraval 3. a. → nada

Hus (Z. Kaluza)

Ícones → imagens → Niceia II (concílio)

Idiomas (comunicação dos) (B. E. Daley)

Idolatria (M. Gilbert)

Igreja (U. Kühn)

Igreja anglicana → anglicanismo

Igreja católica → catolicismo

Igreja local → local (Igreja)

Igreja particular → particular (Igreja)

Igrejas luteranas → luteranismo

Igrejas metodistas → metodismo

Igrejas ortodoxas → ortodoxia

Igrejas reformadas → calvinismo, zuínglio

Igreja-Estado (R. Minnerath)

Illative sense → Newman

Imaculada Conceição → Maria B. I. 2

Imagem de Deus → antropologia → traço (vestigium)

Imagens (F. Boespflug)

Imensidade divina → infinito

Imitação de Jesus Cristo (J. Breck)

Impanação → Consubstanciação

Imposição das mãos (P. de Clerck)

Impureza → pureza/impureza

Imutabilidade divina/Impassibilidade divina (J. Milbank)

Inaciana (espiritualidade) (C. Flipo)

Inácio de Antioquia → apostólicos (Padres)

Inácio de Loyola → inaciana (espiritualidade)

Incompreensibilidade divina → conhecimento de Deus → negativa (teologia)

Inculturação (E.-J. Pénoukou)

Indefectibilidade da Igreja (R. Saarinen)

Indulgências (B. Sesboüé)

Inerrância (J.-Y. Lacoste)

Infalibilidade (R. Saarinen)

Infância espiritual (M. Huot de Longchamp)

Inferno – A (P. Beauchamp); B (G. Martelet)

Infernos → descida aos infernos → sheol

Infinito (A. Côté)

Iniciação cristã (P. de Clerck)

Inspiração das Escrituras → Sagrada Escritura 3

Integrismo (a Redação)

Intelectualismo (L. Renault)

Intenção (D. Westberg)

Intercessão → indulgências → oração

Intercomunhão (M. Root)

Interpretação → hermenêutica

Intertestamento (C. Tassin)

Investiduras (questões das) → Latrão I (concílio)

Ireneu de Lião (J. Fantino)

Irmãos da vida comum → *devotio moderna*

Israel (V. Fusco)

Jansenismo (J. M. Gres-Gayer)

Javé → nome

Jerônimo → traduções antigas da Bíblia → sentidos da Escritura III. 4

Jerusalém (M. Carrez)

Jesus Cristo → Cristo/cristologia → Jesus da história

Jesus da história (D. Marguerat)

Joanina (teologia) (Y.-M. Blanchard)

João Cassiano → oração IV. 2

João Crisóstomo (J.-M. Salamito)

João da Cruz (M. Huot de Longchamp)

João de Ripa → Duns Escoto 3

João de Salisbury → Chartres (escola de) h.

João de Santo Tomás → tomismo 2. c.

João Duns Escoto → Duns Escoto

João Eudes → Coração de Cristo a.

João Evangelista → joanina (teologia)

João Filopon → triteísmo a. → aristotelismo cristão a.

João Hus → Hus

Joaquim de Fiori → milenarismo B.

Judaísmo (R. Brague)

Judeu-cristianismo (J. Fantino)

Juízo – 1 e 3 (P. Hünermann); 2 (P. Bovati)

Jurisdição (P. Valdrini)

Justiça (J. Porter)

Justiça divina (I. Fernandez)

Justificação (R. Williams)

Justino de Naplusa → apologistas

Kant (F. Marty)

Kenose (E. Brito)

Kierkegaard (G. Pattison)

Kuhn (João Evangelista) → Tübingen (escolas de)

Laicidade → leigo/laicato

Latrão I (concílio) (J. Longère)

Latrão II (concílio) (J. Longère)

Latrão III (concílio) (J. Longère)

Latrão IV (concílio) (J. Longère)

Latrão V (concílio) (G. Bedouelle)

Leão Magno → Calcedônia (concílio) 1. b.

Legítima defesa (D. Attwood)

Lei – A (M. Collin); B (O. Bayer e A. Wiemer)

Leibniz (J.-R. Armogathe)

Leigo/laicato (D. Bourgeois)

Lenda → mito

Levinas (Emmanuel) → infinito IV. b.

Lex orandi → liturgia 1. c.

Lião I (concílio) (J. Comby)

Lião II (concílio) (J. Comby)

Liberalismo (C. Bressolette e J.-Y. Lacoste)

Liberdade – A (W. Thönissen); B (O. O'Donovan)

Liberdade religiosa (K. J. Pavlischek)

Libertação (teologia da) (J. Milbank)

Ligório (Afonso de) → Afonso de Ligório

Limbos (G. Threepwood)

Linguagem teológica (F. Kerr)

Literatura (J.-Y. Lacoste)

Liturgia (P.-M. Gy)

Livre-arbítrio → liberdade

Livre-espírito → beguinas → renano-flamenga (mística) → Vienne (concílio)

Livro (A. Marchadour)

Local (Igreja) (G. Siegwalt)

Logos → Verbo

Lonergan (M. Lamb)

Louvor (J. Auneau)

Lubac (O. de Berranger)

Lugares teológicos (C. Michon e G. Narcisse)

Lúlio (Raimundo) → positiva (teologia) a.

Luteranismo (H. Meyer)

Lutero (M. Lienhard)

Magistério (R. Saarinen)

Mal – A (J.-Y. Lacoste); B (O. O'Donovan)

Malebranche (Nicolau) → agostinismo II. 2. g. → ontologismo 2. a.

Mandamento (N. Biggar)

Maniqueísmo (M.-A. Vannier)

Marcionismo (R. Braun)

Maréchal (Joseph) → tomismo 3. c.

Maria – A (E. Cothenet); B (M. Jourjon e B. Meunier)

Maritain (Jacques) → tomismo 3. c.

Marsílio de Inghen → nominalismo III. 4.

Martírio (A. Louth)

Marx (N. Lash)

Matilde de Magdeburgo → renano-flamenga (mística)

Matrimônio – A (P. Vallin); B (B. Wannenwetsch)

Máximo Confessor (I.-H. Dalmais)

Mediação → salvação → Maria B. II. 2.

Médica (ética) (A. Verhey)

Melchior Cano → lugares teológicos

Menonitas → anabatistas

Mentira → veracidade

Messalianismo (P. Maraval)

Messianismo/Messias (B. Renaud)

Mestre Eckhart de Honenheim → renano-flamenga (mística)

Metafísica → ser

Metodismo (G. Wainwright)

Milagre – A (P. Beauchamp); B (J.-Y. Lacoste)

Milenarismo – A (D. Cerbelaud); B (G. L. Potestà)

Ministério – A (M. Carrez); B (H. Legrand)

Minúcio Felix → apologistas

Misericórdia (D. Cerbelaud)

Missa → eucaristia → sacrifício da missa

Missão/Evangelização (F. Lienhard)

Mistério – A (J.-N. Aletti); B (N. Derrey)

Mistério pascal → Páscoa B

Mística (M. Huot de Longchamp)

Mística renano-flamenga → renano-flamenga (mística)

Mito (P.-M. Beaude)

Modalismo (H. Crouzel)

Modernismo (C. Bressolette)

Möhler (Johann Adam) → Tübingen (escolas de)

Molina (Luis de) → bañezianismo-molinismo-baianismo

Molinismo → bañezianismo-molinismo-baianismo

Molinos (Miguel de) → quietismo

Monaquismo – A (A. de Vogüé); B (J.-Y. Lacoste)

Monarquianismo → modalismo a.

Monofisismo (M. Fédou)

Monogenismo/Poligenismo (M. Leclerc)

Monoteísmo – I e III (M. J. Edwards); II (W. H. Schmidt)

Monotelismo/Monoenergismo (F.-M. Léthel)

Montaigne (Michel de) → ceticismo cristão b.

Montanismo (F. Vinel)

Moral → ética

Moral econômica → econômica (moral)

Morte – A (C. Geffré); B (J.-L. Bruguès)

Mouroux (Jean) → experiência a.

Movimento ecumênico → ecumenismo

Mulher – A (A.-M. Pelletier); B (H. Legrand); C (A. Loades)

Mundo – A (M. Morgen); B (T. Bedouelle)

Música (J.-Y. Hameline)

Nada (V. Carraud)

Narrativa (J. Delorme)

Narrativa (teologia) (D. Mieth)

Natal → ano litúrgico b.

Natural (teologia) (C. Geffré)

Naturalismo (G. Fioravanti)

Natureza (O. Boulnois)

Negativa (teologia) (Y. de Andia)

Neoescolástica → tomismo 3

Nestorianismo (G. Langevin)

Newman (P. Gauthier)

Niceia I (concílio) (C. Kannengiesser)

Niceia II (concílio) (F. Boespflug e F. Vinel)

Niceia-Constantinopla (símbolo de) → confissões de fé A

Nicolau de Cusa (B. Mojsisch)

Nietzsche (U. Willers e J. de Gramont)

Nome (J. Vermeylen)

Nomes divinos → atributos divinos

Nominalismo (M. Hoenen)

Notas teológicas (B. Neveu)

"Nova teologia" → Lubac

Novacianismo (F. Vinel)

Obras (A. Birmelé)

Occam (Guilherme de) → nominalismo III. 1

Olieu ou Olivi (Pierre-Jean) → milenarismo B → Boaventura

Onipotência → potência divina

Onipresença divina (C. Michon)

Onisciência divina → ciência divina

Ontologia, ontoteologia → ser

Ontologismo (P. Gilbert)

Opção fundamental (J.-Y. Lacoste)

Optato de Mileva → donatismo

Oração (A. Louth)

Oratório → Bérulle → Newman

Ordenação/Ordem (H. Legrand)

Ordens menores (P.-M. Gy)

Orígenes (E. Junod)

Ortodoxia (N. Lossky)

Ortodoxia moderna e contemporânea (N. Lossky)

Padre → presbítero/padre

Padres apostólicos → apostólicos (Padres)

Padres da Igreja (G.-M. de Durand)

Paganismo – A (C. Tassin); B (J.-Y. Lacoste)

Pai – A (Y. Simoens); B (M. J. Edwards)

Paixão – A (A. Vanhoye); B (J. Doré)

Paixões (T. E. Breidenthal)

Palamas → Gregório Palamas

Palavra de Deus – A (J. Briend); B (P. Bühler)

Panteísmo (J. Lagrée)

Pantocrator → potência divina a. → imagens

Papa (H. Legrand)

Papias de Hierápolis → apostólicos (Padres)

Parábola (J. Zumstein)

Paráclito → Espírito Santo

Paraíso → vida eterna → visão beatífica

Paróquia → local (Igreja) → pastor

Participação → analogia → ser

Particular (Igreja) (H. Legrand)

Parusia (J. J. Collins)

Pascal (V. Carraud)

Pascásio Radberto → eucaristia 2. b.

Páscoa – A (J. Briend); B (R. Cantalamessa)

Páscoas → ressurreição de Cristo

Pastor (G. Siegwalt)

Paternidade espiritual → direção espiritual

Patriarcado (N. Lossky)

Patripassianismo → modalismo a.

Paulina (teologia) (J.-N. Aletti)

Paulo de Tarso → paulina (teologia)

Paz – a. até d. (S. Kayama); e. (a Redação)

Pecado (R. Williams)

Pecado original (L. Sentis)

Pedro (G. Claudel)

Pedro Abelardo → Abelardo

Pedro Lombardo → Latrão III (concílio) → escolástica II. 1. b.

Pelagianismo (M.-A. Vannier)

Pena (O. O'Donovan)

Penitência (L.-M. Chauvet)

Pentecostalismo (G. Hobson)

Perdão → misericórdia

Peregrinação (P. Maraval)

Pericorese → cincunsessão

Perseidade → asseidade

Peshitta → traduções antigas da Bíblia

Pessoa (P. McPartlan)

Philocalia → hesicasmo → ortodoxia moderna e contemporânea

Pietismo (D. Bourel)

Platonismo cristão (C. G. Stead)

Pluralismo → escolas teológicas

Pneumatologia → Espírito Santo

Pobreza → franciscana (espiritualidade) → Boaventura III. 2 → propriedade c.

Poder → autoridade

Poder divino → potência divina a.

Poder eclesiástico → jurisdição → disciplina eclesiástica → direito canônico

Policarpo de Esmirna → apostólicos (Padres)

Poligenismo → monogenismo/poligenismo

Política (teologia) (J. Milbank)

Pomponazzi (Pietro) → naturalismo → verdade B → filosofia

Porète (Margarida) → beguinas → Vienne (concílio)

Positiva (teologia) (L. Hell)

Pós-modernidade (J. Milbank)

Potência divina (O. Boulnois)

Potência obediencial → sobrenatural

Potentia absoluta → potência divina b. → nominalismo I. 2

Potentia ordinata → potência divina b. → nominalismo I. 2

Povo (X. Durand)

Preceitos/Conselhos (J. T. Burtchaell)

Predestinação (G. Martelet)

Pregação (P. Bühler)

Premoção física → bañezianismo-molinismo-baianismo

Presbiterianismo → puritanismo → congregacionismo

Presbítero/Padre (H. Legrand)

Presciência divina → ciência divina

Prescritivismo → autonomia da ética

Presença eucarística → ser c → **eucaristia** B

Probabilismo → probabiliorismo → casuística → Afonso de Ligório

Process Theology (A. Gounelle)

Procriação (L. Sowle Cahill)

Proexistência (J.-Y. Lacoste)

Profeta/Profecia (J. L. Sicre)

Profissões de fé → confissões de fé

Promessa (P. Gibert)

Proporcionalismo (B. Johnstone)

Propriedade (J. L. O'Donovan)

Protestantismo (A. Birmelé)

Protocatolicismo (J. Zumstein)

Provas da existência de Deus (P. Olivier)

Providência – 1 até 4 (G. Auletta); 5 (J.-Y. Lacoste)

Prudência (D. Westberg)

Przywara (Eric) → analogia d.

Pseudepígrafos → intertestamento

Pseudo-Dionísio (Y. de Andia)

Pseudo-Macário → messalianismo

Psicanálise → Freud

Punição → pena

Pureza/Impureza (A. Schenker)

Purgatório (H. Bourgeois)

Puritanismo (P. Collinson)

Qualificações teológicas → notas teológicas

Queda → pecado original

Querigma → confissões de fé

Quietismo (J.-R. Armogathe)

Qumran (essênios) → apocalíptica IV

Raça (S. du Toit)

Racionalismo (J.-Y. Lacoste)

Rahner (K. H. Neufeld)

Raimundo Lulio → positiva (teologia) a.

Ratramne → eucaristia B 2. b.

Razão (J.-Y. Lacoste)

Realismo – A (O. Boulnois) B (J.-Y. Lacoste)

Recepção (M. Root)

Reconciliação (sacramento de) → penitência

Redenção → salvação

Reforma (a) → anglicanismo, Bucer, Calvino, calvinismo, Hus, Lutero, luteranismo, metodismo, protestantismo

Reinado de Deus → Reino de Deus

Reino de Deus – A (J. Schlosser); B (P. Hünermann)

Relação → ser d.

Relativismo (M. Banner)

Religião (filosofia da) (J. Splett)

Religião (virtude da) → culto

Religião natural → deísmo/teísmo

Religiões (teologia das) (H. Bürkle)

Religiosos, religiosas → vida consagrada

Relíquias (P.-M. Gy)

Renano-flamenga (mística) (A. de Libera)

Renascimento → humanismo cristão

Renovação → Pentecostalismo

Ressurreição de Cristo – A (J. Becker); B (C. Duquoc)

Ressurreição dos mortos – A (M. Gilbert); B (A. Dartigues)

Revelação (J.-Y. Lacoste)

Revelações particulares (F. Boespflug)

Revolução (O. O'Donovan)

Ricardo de São Vítor → São Vítor (escola de) b.

Richerismo → galicanismo 1

Ricoeur (Paul) → hermenêutica 2. e.

Rigorismo → casuística → Afonso de Ligório

Ritos chineses (E. Ducornet)

Roberto Belarmino → Belarmino

Roma (M.-Y. Perrin)

Romanismo → ultramontanismo

Roscelino de Compiègne → triteísmo b. → Anselmo 3

Rosmini-Serbati (Antonio) → ontologismo

Ruusbroec (Jan van) → renano-flamenga (mística) 2. d.

Sábado santo → descida aos infernos → Balthasar

Sabbat – A (A. Wénin); B (G. Threepwood)

Sabedoria – A (P. Beauchamp); B (O. O'Donovan)

Sabelianismo → modalismo

Sacerdócio – A (Y. Simoens); B (M. Root); C (H. Legrand)

Sacramentais → sacramento 5. b.

Sacramento (L.-M. Chauvet)

Sacrifício (A. Marx e C. Grappe)

Sacrifício da missa (P.-M. Gy)

Sagrado Coração → coração de Cristo

Salesiana (espiritualidade) (M. Huot de Longchamp)

Salmanticenses (Carmelitas de Salamanca) → Carmelo 2. c. → tomismo 2. e.

Salmos (a Redação)

Salvação – A (R. Penna); B (R. Schwager)

Salvador → Cristo/cristologia → salvação

Santidade – A (J. Auneau); B (P. McPartlan)

Santo Espírito → Espírito Santo

Santos óleos (P. de Clerck)

São Vítor (escola de) (J. Jolivet)

Satã → demônios

Scheeben (P. Walter)

Schelling (M.-C. Gillet-Challiol)

Schleiermacher (E. Brito)

Secularização (T. Bedouelle)

Semelhança → analogia → traço (vestigium)

Senhor → Cristo/cristologia → nome

Sensus fidei (G. Narcisse)

Sentidos da Escritura (P. Beauchamp)

Septuaginta/Setenta → traduções antigas da Bíblia

Ser (J.-Y. Lacoste)

Servo de Javé (B. Renaud)

Severo de Antioquia → monofisismo

Sexual (ética) (M. Banner)

Sheol (M. Gilbert)

Siger de Brabante → naturalismo → verdade B

Signo → milagre

Símbolos da fé → confissões de fé

Similitude/semelhança → analogia → traço (vestigium)

Simplicidade divina (Y. de Andia)

Sinal → milagre

Sindérese → consciência 3. b.

Sinergia (J.-Y. Lacoste)

Sínodo (W. Beinert)

Situação (ética de) (J.-Y. Lacoste)

Sobrenatural (O. Boulnois)

Sociedade (J. L. O'Donovan)

Socinianismo → unitarismo/antitrinitarismo

Sofiologia (J.-Y. Lacoste)

Solidariedade (B. Sesboüé)

Soloviev (B. Dupuy)

Soteriologia → salvação

Staudenmaier (Franz Anton) → Tübingen (escolas de)

Strauss (David Friedrich) → Tübingen (escolas de)

Suárez (L. Renault)

Subordinacianismo (H. Crouzel)

Substância (J.-Y. Lacoste)

Sucessão apostólica (M. Root)

Suicídio → morte B. c.

Superessencial → sobrenatural a.

Suso (Henri) → renano-flamenga (mística) 2. c.

Taciano → apologistas

Targum → traduções antigas da Bíblia 5

Tauler (João) → renano-flamenga (mística) 2. b.

Teilhard de Chardin (Pierre) → evolução 2. c. → escatologia 3

Teísmo → deísmo/teísmo

Temor de Deus (A. Wénin)

Tempier (Étienne) → naturalismo → verdade B

Templo (J. Auneau)

Tempo (J.-Y. Lacoste)

Tentação – A (A. Wénin); B (P. Deseille)

Teodiceia → providência → mal A

Teodoreto de Cyr → Antioquia (escola de) c.

Teodoro de Mopsueste → Antioquia (escola de) b

Teofania (J. Loza Vera)

Teófilo de Antioquia → apologistas

Teologia (J.-Y. Lacoste)

Teologia bíblica → bíblica (teologia)

Teologia da libertação → libertação (teologia da)

Teologia das religiões → religiões (teologia das)

Teologia dialética → dialética (Teologia)

Teologia do *Process* → *Process Theology*

Teologia dogmática → dogmática (teologia)

Teologia escolástica → escolástica

Teologia espiritual → espiritual (teologia)

Teologia feminista → mulher C

Teologia fundamental → fundamental (teologia)

Teologia joanina → joanina (teologia)

Teologia mística → negativa (teologia)

Teologia monástica → Bernardo de Claraval 2

Teologia moral → ética

Teologia narrativa → narrativa (teologia)

Teologia natural → natural (teologia)

Teologia negativa → negativa (teologia)

Teologia paulina → paulina (teologia)

Teologia política → política (teologia)

Teologia positiva → positiva (teologia)

Teologúmeno (a Redação)

Teosofia (A. Faivre)

Teresa de Ávila → Carmelo 2 → contemplação 4. b.

Teresa de Lisieux → infância espiritual

Terminismo → nominalismo I. 2

Tertuliano (R. Braun)

Tesouro da Igreja → indulgências

Testemunho → martírio → missão/evangelização

Theotokos → Maria B. I. 3. → Éfeso (concílio)

Thierry de Chartres → Chartres (escola de) e.

Tillich (J.-F. Collange)

Tipologia → sentidos da Escritura

Tolerância → deísmo/teísmo

Tomás de Aquino (J.-P. Torrell)

Tomás de Kempis → imitação de Jesus Cristo

Tomismo (J.-P. Torrell)

Totalmente outro (J.-Y. Lacoste)

Trabalho (J.-Y. Lacoste)

Tradição – A (K. H. Neufeld); B (H. Bost)

Tradicionalismo (C. Bressolette)

Traducianismo (L. Sentis)

Traduções antigas da Bíblia (S. Pisano)

Transcendência divina → analogia → infinito

Trento (concílio) (G. Bedouelle)

Trindade – A (J. Wolinski); B (M. Corbin)

Triteísmo (C. Viola)

Tropologia → sentidos da Escritura → São Vítor (escola de) a. b.

Tübingen (escolas de) (J. Schmidinger)

Tutiorismo → casuística → Afonso de Ligório

Ubiquidade divina → onipresença divina

Ultramontanismo (J. M. Gres-Gayer)

Unção dos enfermos (P.-M. Gy)

União hipostática → hipostática (união)

Unicidade divina → monoteísmo → Deus A. 3
→ infinito → simplicidade divina

Unidade da Igreja (A. Birmelé)

Unitarismo/Antitrinitarismo (J.-P. Osier)

Universais → nominalismo

Universalismo (C. Tassin)

Universo → cosmos

Univocidade → analogia

Utilitarismo (B. Johnstone)

Valdeísmo → valdenses

Valdenses (F. Giacone)

Valentinos → docetismo 1. a. → gnose

Validade (P.-M. Gy)

Vaticano I (C. Bressolette)

Vaticano II (C. Bressolette)

Veracidade (F. Nef)

Verbo – A (Y.-M. Blanchard); B (M. J. Edwards)

Verdade – A (M. Theobald); B (J.-Y. Lacoste)

Vestígio (M.-A. Vannier)

Vetus latina → traduções antigas da Bíblia

Vicente de Lérins → dogma 1. a. e c.

Vida consagrada (N. Hausman)

Vida espiritual (A. Louth)

Vida eterna (C. Geffré)

Vida religiosa → vida consagrada

Vienne (concílio) (M. Lauwers)

Vingança de Deus (P. Bovati)

Violência – A (P. Beauchamp); B (T. E. Breidenthal)

Virgem Maria → Maria

Virtudes (J. Porter)

Visão beatífica (J.-M. Maldamé)

Vitória → tomismo 2. b.

Vitorinos → São Vítor (escola de)

Voluntarismo (L. Renault)

Vulgata → traduções antigas da Bíblia

Wesley (John) → metodismo

Wittgenstein (Ludwig) (R. Pouivet)

Wyclif (João) → Hus

Zuínglio (G. Hammann)

Lista das abreviaturas

A. ABREVIATURAS USUAIS

a	articulus	CEI	Conselho Ecumênico das Igrejas
a.C.	antes de Cristo	col.	Coluna(s)/coleção, coletivo
d.C.	depois de Cristo	com.	Comentário(s)
adv.	*adversus*	Conn.	Connecticut
anát.	anátema	concl.	*conclusio*
anon.	anônimo	const. apost.	constituição apostólica
ap.	*apud*	Decr.	Decretales
ACFEB	Association Catholique Française pour l'Étude de la Bible	diss.	*dissertatio*
		dub.	*dubium*
ARCIC	Anglican-Roman Catholic International Commission	ed.	Edidit, editio
		ed.	edição
art.	artigo	em part.	em particular
AT	Antigo Testamento	*ep.*	*Epistula(e)*, carta(s)
BHK	Bíblia hebraica, ed. Kittel	*et al.*	*et alii* (e outros)
BHS	Bíblia Hebraica de Stuttgart	fr.	fragmento
bibl.	contém uma bibliografia	FS	Festschrift
BJ	Bíblia de Jerusalém	Ga.	Georgia
c.	*capitulus*	*GA*	*Gesamtausgabe*
c.	*circa*, cerca de	gr.	grego
CADIR	Centre pour l'Analise du Discours Religieux, Lyon	*GS*	Gesammelte Schriften
		GW	Gesammelte Werke
Cal(if).	Califórnia	hb.	hebr., hebraico
cân.	cânon	hom.	homilia(s)
CEPOA	Centre d'Étude du Proche-Orient Ancien, Louvain	i.e.	*id est* (isto é)
		ibid.	*ibidem* (no mesmo lugar)
cf.	*confer* (ver)	Id.	Idem (o mesmo autor)
cap.	capítulo		

Ill.	Illinois	reed.	reedição
IM	Idade Média	reimpr.	reimpressão
Ind.	Indiana	resp.	*responsio, solutio*
Kan.	Kansas	s.	século(s)
Ky.	Kentucky	s	versículo seguinte (citações bíblicas)
l.	livro, *liber*	s.d.	sem data
lat.	latim	sess.	sessão
lect.	*lectio*	SIDC	Sociedade Internacional de Direito
Mass.	Massachusetts		Canônico
Md.	Maryland	SJ	*Societatis Jesu* (jesuíta)
Mich.	Michigan	s.l.	sem lugar
Minn.	Minnesota	s.l.n.d.	sem lugar nem data
Miss.	Mississippi	sob a dir. de	sob a direção de
Mo.	Missouri	*sq*	*sequens, sequentes* – seguinte(s)
Mont.	Montana	ss	dois versículos seguintes (citações
ms.	manuscrito		bíblicas)
n.	nota/*numerus*, parágrafo	*s.v.*	*sub verbo* (nessa entrada)
nº	número	*SW*	Sämtliche Werke
NC	North Carolina	sir.	siríaco
NJ	Nova Jersey	t.	*textus*/tomo
NY	Nova York	TEB	Tradução Ecumênica da Bíblia
not.	notadamente	Tenn.	Tennessee
Notts	Nottinghamshire	TM	texto massorético da Bíblia
NS	nova série	tr.	tratado
NT	Novo Testamento	tract.	*tractatus*
OP	Ordem dos Pregadores (domini-	trad. fr.	tradução francesa
	canos)	v.	versículo
OSB	Ordem de São Bento (benediti-	vol.	volume(s)
	nos(as))	*vs.*	*versus*
OC	*Obras completas*	Vulg.	Vulgata (trad. latina de São Jerô-
Op.	*Opera* (obras)		nimo)
op. cit.	*opere citato* (na obra citada)	vv.	versículos
p.	*pars*/página	Wis.	Wisconsin
Pa. (Penn.)	Pennsylvania	*WW*	Werke
p. ex.	por exemplo	x	número de ocorrências (vezes)
par.	passagem(ns) paralela(s) (nos si-	Ia IIae	Suma teológica de Santo Tomás de
	nóticos)		Aquino, 1ª parte da 2ª parte
Ps.-	Pseudo-	IIa IIae	*Ibid.*, 2ª parte da 2ª parte
q.	*quaestio*	LXX	Septuaginta (Setenta), tradução
qla	*quaestiuncula*		grega da Bíblia hebraica

B. TEXTOS BÍBLICOS

Referências bíblicas

Vírgula: entre o capítulo e os versículos. Ex.: Dt 24,17 = Deuteronômio, capítulo 24, versículo 17

Hífen: reúne os versículos. Ex.: Dt 24,17-22 (de 17 até 22)

Travessão: reúne os capítulos. Ex. Dt 24–27; ou Dt. 24,1–26,11

Ponto: entre os versículos separados do mesmo capítulo. Ex.: Dt 24,17.22 ou Dt. 24,17.19.22

A letra "s" depois de um versículo remete a esse versículo e ao seguinte: Ex.: Dt 24,17 s

As letras "ss" depois de um versículo remetem a esse versículo e aos *dois* versículos seguintes. Ex.: Dt 24,17 ss

Livros da Bíblia

Ab	Abdias	Jo	Evangelho de João
Ag	Ageu	1Jo	1ª Epístola de João
Am	Amós	2Jo	2ª Epístola de João
Ap	Apocalipse	3Jo	3ª Epístola de João
At	Atos dos Apóstolos	Jó	Jó
Br	Baruc	Jr	Jeremias
Cl	Epístola aos Colossenses	Js	Josué
1Cor	1ª Epístola aos Coríntios	Jt	Judite
2Cor	2ª Epístola aos Coríntios	Jz	Juízes
1Cr	1º Livro de Crônicas	Lc	Evangelho de Lucas
2Cr	2º Livro de Crônicas	Lm	Lamentações
Ct	Cântico dos Cânticos	Lv	Levítico
Dn	Daniel	1Mc	1º Livro dos Macabeus
Dt	Deuteronômio	2Mc	2º Livro dos Macabeus
Ecl	Eclesiastes (Coélet)	Mc	Evangelho de Marcos
Ef	Epístola aos Efésios	Ml	Malaquias
Ep Jr	Epístola de Jeremias	Mq	Miqueias
Esd	Esdras	Mt	Evangelho de Mateus
Est	Ester	Na	Naum
Est gr.	*Ester (grego)*	Ne	Neemias
Ex	Êxodo	Nm	Números
Ez	Ezequiel	Os	Oseias
Fl	Epístola aos Filipenses	1Pd	1ª Epístola de Pedro
Fm	Epístola a Filemon	2Pd	2ª Epístola de Pedro
Gl	Epístola aos Gálatas	Pr	Provérbios
Gn	Gênesis	Rm	Epístola aos Romanos
Hab	Habacuc	1Rs	1º Livro dos Reis
Hb	Epístola aos Hebreus	2Rs	2º Livro dos Reis
Is	Isaías	Rt	Rute
Jd	Epístola de Judas	Sb	Sabedoria
Jl	Joel	Sl	Salmos
Jn	Jonas	1Sm	1º Livro de Samuel

2Sm	2º Livro de Samuel	2Tm	2ª Epístola a Timóteo
Sr	Sirácida (Eclesiástico)	1Ts	1ª Epístola aos Tessalonicenses
Sf	Sofonias	2Ts	2ª Epístola aos Tessalonicenses
Tb	Tobias	Tt	Epístola a Tito
Tg	Epístola de Tiago	Zc	Zacarias
1Tm	1ª Epístola a Timóteo		

C. ESCRITOS DO JUDAÍSMO ANTIGO

a) Escritos qumrânicos

1QS	Regra (*Sérek*) da Comunidade	4QMMT	*Miqsat Mac asey Tôrâh*
1QSa	Regra anexa da Comunidade		(= 4Q394-399)
1QH	Hinos (*Hôdaiôt*)	4Qps-Dan^c	Pseudo-Daniel; ms c (= 4Q245)
1QM	Regulamento da guerra (*Milehamâh*)	4QDeutero-Ez.	Deutero-Ezequiel (= 4Q385)
		4QApMess	Apócrifo messiânico (= 4Q521)
11QT	Rolo do Templo	4QEnastr	Fragmentos astronômicos do livro
1QIs^a	Rolo de Isaías (Is 1–66)		de Henoc
1QIs^b	Rolo de Isaías (fragmentos)	4QTestQah	Testamento de Qahat
1QpHab	*Péschér* (comentário) de Habacuc	4QTgJob	Targum de Jó
		4Qvis^cAmr^f	Visões de Amram, ms/f
4QFlor	Florilégio (= 4Q174)	CD	Documento de Damasco

b) Outros escritos

Ant	*Antiquitates judaicae* (Flávio Josefo)	Or Sib	*Oráculos Sibilinos*
		Ps Sal	*Salmos de Salomão*
Ap	*Contra Apionem* (Id.)	T	*Targum*
2 Br	*Apocalipse siríaco de Baruc*	TB	*Talmud de Babilônia*
De bello	*De bello judaico* (Flávio Josefo)	Sanh	*Sanhedrin*
Hen	*Henoc*	Shab	*Shabbat*
3 Esd ou 4 Esd	*3º* ou *4º Livro de Esdras*	Yev	*Yevamot*
Jubileus	*Livro dos Jubileus*	TJ	*Talmud de Jerusalém*
Liv Ant	*Livro das Antiguidades bíblicas* (Ps.-Fílon)	Test	*Testamento*
		Test...XII (...)	*Testamento dos doze Patriarcas*
3 Mc ou 4 Mc	*3º* ou *4º Livro dos Macabeus*	Test Zab	*Testamento de Zabulon*

D. DOCUMENTOS DO CONCÍLIO VATICANO II

| AA | *Apostolicam Actuositatem*, Decreto sobre o apostolado dos leigos, 18 de novembro de 1965 | CD | *Christus Dominus*. Decreto sobre o encargo pastoral dos bispos na Igreja, 28 de outubro de 1965. |
| AG | *Ad Gentes*, Decreto sobre a atividade missionária da Igreja, 7 de dezembro de 1965. | DH | *Dignitatis Humanae*, Declaração sobre a liberdade religiosa, 7 de dezembro de 1965 |

DV   *Dei Verbum*, Constituição dogmática sobre a revelação divina, 18 de novembro de 1965

GE   *Gravissimum Educationis*, Declaração sobre a educação cristã, 28 de outubro de 1965

GS   *Gaudium et Spes*, Constituição pastoral sobre a Igreja no mundo de hoje, 7 de dezembro de 1965

IM   *Inter Mirifica*, Decreto sobre os meios de comunicação social, 4 de dezembro de 1965.

LG   *Lumen Gentium*, Constituição dogmática sobre a Igreja, 21 de novembro de 1964

NA   *Nostra Aetate*, Declaração sobre as relações da Igreja com as religiões não cristãs, 28 de outubro de 1965

OE   *Orientalium Ecclesiarum*, Decreto sobre as Igrejas orientais católicas, 21 de novembro de 1964

OT   *Optatam totius*, Decreto sobre a formação dos sacerdotes, 28 de outubro de 1965

PC   *Perfectae Caritatis*, Decreto sobre a renovação e a adaptação da vida religiosa, 28 de outubro de 1965

PO   *Presbyterorum ordinis*, Decreto sobre o ministério e a vida dos sacerdotes, 7 de dezembro de 1965

SC   *Sacrosanctum Concilium*, Constituição sobre a liturgia sagrada, 4 de dezembro de 1963

UR   *Unitatis redintegratio*, Decreto sobre o ecumenismo, 21 de novembro de 1964

E. EDIÇÕES, COLEÇÕES E OBRAS CLÁSSICAS

AA   Kant, Akademie Ausgabe

AAS   *Acta apostolicae sedis,* Cidade do Vaticano, 1909-(ASS, 1865-1908)

AAWLM   Abhandlungen der Akademie der Wissenschaften und der Literatur in Mainz (Mainz)

AAWLM.G   – Geistes- und Sozialwissenchaftliche Klasse, 1950-

ABAW   Abhandlungen der (k.) bayerischen Akademie der Wissenschaften, Munique

ABAW. PH   – Philosophisch-historische Abteilung, NS, 1929-

ABAW. PPH   – Philosophisch-philologische und historische Klasse, 1909-1928

ABC   Archivum bibliographicum carmelitanum, Roma, 1936-1982

ABG   *Archiv für Begriffsgeschichte,* Bonn, 1955-

ACan   *L'année canonique,* Paris, 1952-

ACar   Analecta Cartusiana, Berlim, etc., 1970-1988; NS, 1989-

ACHS   American Church History Series, Nova York, 1893-1897

ACi   *Analecta Cisterciensa,* Roma, 1965-

ACO   *Acta Conciliorum Oecumenicorum,* Berlim, 1914-

Adv. Haer.   Ireneu, *Adversus haereses* (*Contra as heresias*)

AF   *Archivio di filosofia,* Roma, 1931-

AFH   *Archivum Franciscanorum historicum,* Florença, 1908-

AFP   *Archivum Fratrum Praedicatorum,* Roma, 1930-

AGJU   Arbeiten zur Geschichte des antiken Judentums und des Urchristentums, Leyde, 8, 1970-15, 1978

AGPh   *Archiv für Geschichte der Philosophie und Soziologie,* Berlim, 1888-

AHC   *Annuarium historiae conciliorum,* Amsterdã, etc., 1969-

AHDL   *Archives d'histoire doctrinale et littéraire du Moyen Âge,* Paris, 1926-1927

AHP   *Archivum historiae pontificiae,* Roma, 1963-

33

AISP	Archivio italiano per la storia della pietà, Roma, 1951-	ASSR	Archives de sciences sociales des religions, Paris, 1973-
AKuG	Archiv für Kulturgeschichte, Berlim, 1903-	A-T	Descartes, Oeuvres, Ed. C. Adam e P. Tannery
ALKGMA	Archiv für Literatur- und Kirchengeschichte des Mittel- alters. Berlim etc., 1885-1900	ATA	Alttestamentliche Abhandlungen, Munique, 1908-1940
Aloi.	Aloisiana, Nápoles, 1960-	ATh	L'année théologique, Paris, 1940-1951
ALW	Archiv für Liturgiewissenschaft, Ratisbona, 1950-	AThA	Année théologique augustinienne, Paris, 1951-1954 (= REAug, 1955)
AmA	American Anthropologist, Menasha, Wis., 1888-1898; NS 1899-	AThANT	Abhandlungen zur Theologie des Alten und Neuen Testaments, Zurique, 1944-
AnBib	Analecta biblica, Roma, 1952-		
AncBD	Anchor Bible Dictionary, Nova York-Londres, 1992	Aug.	Augustinianum, Roma, 1961-
AnCl	Antiquité classique, Bruxelas, 1932-	Aug(L)	Augustiniana, Louvain, 1951-
		AUGL	Augustinus-Lexicon, sob a dir. de C. Mayer, Basileia, etc., 1986-
Ang.	Angelicum, Roma, 1925-		
AnGr	Analecta Gregoriana, Roma, 1930-	AugM	Augustinus Magister, Paris, 1-3, 1954
ANRW	Aufstieg und Niedergang des römischen Welt, Berlim, 1972-	BAug	Bibliothèque augustinienne, Paris, 1936-
Anton.	Antonianum, Roma, 1926-	BBB	Bonner biblische Beiträge, Bonn, 1950-
APhC	Annales de philosophie chétienne, Paris, 1830-1913	BBKL	Biographisch-bibliographisches Kirchenlexicon, sob a dir. de F. W. Bautz, Hamm, 1970-
Apol.	Lutero, Apologia da Confissão de Augsburgo		
Aquinas	Aquinas. Revista internazionale de filosofia. Roma, 1958-	BCG	Buchreihe der Cusanus-Gesellschaft, Münster, 1964-
ARMo	L'actualité religieuse dans le monde. Paris, 1983-	BCNH	Bibliothèque copte de Nag Hammadi, Québec
ArPh	Archives de philosophie. Paris, 1923-	BCPE	Bulletin du Centre protestant d'études, Genebra, 1949-
AsbTJ	The Asbury Theological Journal, Wilmore, Ky, 1986-	BEAT	Beiträge zur Erforschung des Alten Testaments und des antiken Judentums, Frankfurt, 1984-
ASCOV	Acta synodalia sacrosancti Concilii Oecumenici Vaticani II, Cidade do Vaticano, 1970-1983	BEL.S	Bibliotheca "Ephemerides Liturgicae", Subsidia, Roma, 1975-
ASEs	Annali di storia dell'esegesi, Bolonha, 1984-	BEM	CEI, Foi et Constitution. Baptême, eucharistie, ministère. Convergence de la foi. (Lima, janeiro de 1982) Paris, 1982
ASI	Archivio storico italiano, Florença, 1852-		
ASOC	Analecta Sacri Ordinis Cisterciensis, Roma, 1945-1964 (-ACi, 1965-)	BEThL	Bibliotheca ephemeridum theologicarum Lovaniensium. Louvain, 1947-
ASS	Acta sanctae sedis, Roma, 1865-1908	BEvTh	Beiträge zur evangelischen Theologie, Munique, 1940-

BGLRK	Beiträge zur Geschichte und Lehre der reformierten Kirche, Neukirchen, 1937		1851 = *BSABR*; 1951-1863 = *BS*, Dallas etc., 1864-)
BGPhMA	Beiträge zur Geschichte der Philosophie (1928-) und Theologie des Mittelalters, Münster, 1891-	*BSGR*	*Bibliothek der Symbole und Glaubensregeen de Alten Kirche*, ed. A. e C. L. Hahn, Breslau, 1842; reimpr. 1962, Hildesheim
BHK	Biblia Hebraica, ed. R. Kittel, Sttutgart, 1905/1906; 1973[16]	*BSHPF*	*Bulletin de la Societé d'histoire du protestantisme français*, Paris, 1852-
BHS	Biblia Hebraica Stuttgartensia, Sttutgart, 1969-1975; 1984[2]	*BSKORK*	*Bekenntnisschriften und Kirchenordnungen der nach Gottes Wort reformierten Kirche*, ed. W. Niesel, Zollikon etc., 1937-1938, 1938[2] (etc.) (*CCFR*, Genebra, 1986)
BHSA	*Bulletin historique et scientifique de l'Auvergne*, Clermont-Ferrand, 1881-		
BHTh	Beiträge zur historischen Theologie, Tübingen. 1929-	*BSLK*	*Bekenntnisschriften der evangelisch-lutherischen Kirche*, Göttingen, 1930, 1986[10], 1992[11] (*FEL*, Paris-Genebra, 1991)
Bib	*Biblica*. Commentarii periodici ad rem biblicam scientifice investigandam, Roma, 1920-	*BSS*	*Bulletin de Saint-Sulpice*. Revue internationale de la Compagnie des prêtres de Saint-Sulpice, Paris, 1975-
BICP	*Bulletin de l'Institut catholique de Paris*, 2ª série, 1910-		
Bidi	Bibliotheca dissidentium, Baden-Baden, 1980-	*BSSV*	*Bollettino della Società di studi Valdesi*, Torre Pellice, 1934-
BIHBR	*Bulletin de l'Institut historique belge de Rome*, Roma etc., 1919-	BSt	Biblische Studien, Neukirchen, 1951-
Bijdr	*Bijdragen*. Tijdschrift voor philosophie en theologie, Nimègue etc., 1953-	BT.B	Bibliothèque de Théologie, (3ª série) Théologie biblique, Paris, 1954-
BIRHT	*Bulletin de l'Institut de recherche et d'histoire des textes*, Paris, 1964-1968 (= *RHT*, 1971-)	*BTB*	*Biblical Theology Bulletin*, Nova York, 1971
BJ	Bíblia de Jerusalém	*BTB(F)*	– Ed. francesa
BJRL	*Bulletin of the John Rylands Library*, Manchester, 1903-	*BThom*	*Bulletin thomiste*, Étioles, etc., 1924-1965
BLE	*Bulletin de littérature ecclésiastique*, Toulouse, 1899-	*BThW*	*Bibeltheologisches Wörterbuch*, Graz, etc.,1-2 1967[3] (Ed. inglesa, EBT)
BN	Catalogue général des livres imprimés de la Bibliothèque Nationale, Paris, 1897-	BTT	Bible de tous les temps, Paris, 8 vol. 1984-1989
BN	*Biblischen Notizen. Beiträge zur exegetischen Diskussion*, Bamberg, 1976-	*BullFr*	*Bullarium franciscanum*, Roma etc., 1929-1949
BPhM	*Bulletin de philosophie médiévale*, Louvain, 1964-	BWANT	Beiträge zum Wissenschaft von Alten und Neuen Testament, Stuttgart, 1926- (BWAT, 1908-1926)
Br	Pascal, *Pensées*, ed. Brunschvicg	BWAT	Beiträge zum Wissenschaft von Alten Testament, Sttutgart, 1908-1926
BS	*Bibliotheca sacra*, Londres, 1843 (= *BSTR*, Andower, Mass.; 1844-		

Byz	Bizantion, Bruxelas, 1924-	CDTor	Collationes Diocesis Tornacensis, Tournai, 1853-
BZ	Biblische Zeitschrift, Paderborn etc., 1903-1938; NF 1957-	CEC	Cathéchisme de l'Église catholique, Paris, 1992 (Texto típico latino, Cidade do Vaticano, 1992; ed. revista 1997) (Catecismo da Igreja Católica, São Paulo, 2000)
BZAW	Beihefte zur Zeitschrift für die alttestamentliche Wissenschaft, Berlim etc., 1896-		
BZNW	Beihefte zur Zeitschrift für die neutestamentliche Wissenschaft, Berlim, etc., 1923-		
		CEv	Cahiers Évangile, Paris, 1972-
BZRGG	Beihefte der Zeitschrift für Religions- und Geistesgeschichte, Leyde, 1953-	CFan	Cahiers de Fangeaux, Fangeaux etc.,1966-
		CFi	Cogitatio fidei, Paris, 1961-
CA	Confissão de Augsburgo	CFr	Collectanea franciscana, Roma, etc., 1931-
CAG	Commentaria in Aristotelem graeca, Berlim, 1883-		
		CG	Tomás de Aquino, Summa contra gentes
CAR	Cahiers de l'actualité religieuse, Tournai, 1954-1969		
CAT	Commentaire de l'Ancien Testament, Neuchâtel, 1963-	CGG	Christlicher Glaube in moderner Gesellschaft, Friburgo, 1981-1984
Cath (M)	Catholica. Jahrbuch für Kontroverstheologie, Münster etc., 1932-1939, 1952-1953	CHFMA	Classiques de l'histoire de France au Moyen Âge, Paris, 1923-
		ChGimG	→ CGG
Cath	Catholicisme. Hier, aujourd'hui, demain. Paris, 1948-	ChH	Church History. American Society of Church History, Chicago, 1932-
CBFV	Cahiers bibliques de Foi et Vie, Paris, 1936-	ChPR	Chroniques de Port-Royal, Paris, 1950-
CBiPa	Cahiers de Biblia patristica, Estrasburgo, 1987-	CIC	Codex iuris canonici, Roma, 1917 e Roma, 1983 (Código de Direito Canónico, São Paulo, 2001)
CBQ	Catholic Biblical Quarterly, Washington, D.C. 1939-		
CCEO	Codex canonum ecclesiarum orientalium, Roma, 1990	CIC(B).C	Corpus iuris civilis, ed. P. Krueger, T. Mommsen, Berlim, -2, Codex Iustinianus, 1874-1877, 1880², etc.
CCFR	Confessions et cathécismes de la foi reformée, ed. O. Fatio, Genebra, 1986 (BSKORK, Zollikon)		
		CIC(L)	Corpus iuris canonici, ed. E. Friedberg, Leipzig, 1837-1839; Graz, 1955 (reimpr.)
CCG	Codices Chrysostomi Graeci, Paris, 1968-		
CChr	Corpus Christianorum, Turnhout	CILL	Cahiers de l'Institut de linguistique de Louvain, Louvain, 1972-
CChr.CM	– Continuatio medievalis 1966-		
CChr.SG	– Series Graeca, 1977-	Cîteaux	Cîteaux: commentarii cirtercienses, Westmalle etc., 1959-
CChr.SL	– Series Latina, 1953-		
		Cîteaux, SD	– Sudia et documenta, 1971-
CCist	Colletanea cisterciensia, Westmalle, Forges, etc., 1934-	COD	Conciliorum oecumenicorum Decreta, ed. Alberigo e Jedin, Bolonha, 1973³ (DCO, 1994)
CCMéd	Cahiers de civilisation médiévale. Xe-XIIe siècles, Poitiers, 1958-		
		Com (F)	Communio. Revue catholique internationale, Paris, 1975-1976-

Com (US)	Communio. International Catholic Review, Spokane, Wash., 1974-
Con.	Contemporain. Paris, 1866-
Conc(D)	Concilium. Internazionale Zeitschrift für Theologie, Einsiedeln, 1965-
Conc(F)	Concilium. Revue internationale de Theologie, Paris, 1965-
Conc(US)	Concilium. Theology in the Age of Renewal, Nova York,1965-
ConscLib	Conscience et Liberté, Paris, 1971-
Corp IC	→ CIC (L)
CPG	Clavis patrum Graecorum, Turnhout, 1974- (= CChr.SG)
CPIUI	Communio. Pontificium Institutum Utriusque Juris, Roma, 1957-
CR	Corpus reformatorum, Berlim, 1834-
CRB	Cahiers de la Revue biblique, Paris etc., 1964-
CrSt	Cristianesimo nella storia, Bolonha, 1980-
CRTh.Ph	Cahiers de la Revue de théologie et de philosophie, Genebra, etc., 1977-
CSCO	Corpus scriptorum Christianorum orientalium, Roma, etc., 1903-
CSEL	Corpus scriptorum ecclesiasticorum Latinorum, Viena, 1866-
CT	Concilium tridentinum. Diarium, actorum, epistularum, tractatum nova collectio, Friburgo, 1901-1981
CTh	Cahiers théologiques, Neuchâtel etc., 27, 1949 (= CThAP, 1923 -1949)
CTh.HS	– Hors série, 1945-
CTJ	Calvin Theological Journal, Grand Rapids, Mich. 1966-
CUFr	Collection des Universités de France (Les Belles Lettres) Paris, 1920-
DA	Deutsches Archiv für Erforschung des Mittelalters, Marburg, etc., 1937-

DACL	Dictionnaire d'archeologie chrétienne et de liturgie, Paris, 1924 -1953
DAFC	Diccionnaire apologétique de la foi catholique, Paris, 1889, 1909-1931[4]
DB	Dictionnaire de la Bible, Paris, 1895-1928
DBS	Dictionnaire de la Bible. Supplément, Paris, 1928-
DBW	Dietrich Bonhoeffer, Werke, ed. E. Bethge et al., Munique, 1986-
DC	Documentation catholique, Paris, 1919-
DCO	Les Conciles oecuméniques, II, 1 e 2. Les Décrets, sob a dir. de G. Alberigo, Paris, 1994 (trad. de COD)
DCTh	Dictionnaire critique de théologie, sob a dir. de J.-Y. Lacoste, Paris, 1998
DDC	Dictionnaire de droit canonique, Paris, 1924-1965
DEB	Dictionnaire encyclopédique de la Bible, Turnhout, 2 vol., 1956-1987
DECA	Dictionnaire encyclopédique du christianisme ancien, sob a dir. de A. di Bernardino, Paris, 2 vols 1990 (trad. de DPAC)
DEFM	Dicionário de Ética e Filosofia Moral, 2 vol., São Leopoldo, 2003 (trad. de Dictionnaire d'éthique et de philosophie morale, M. Canto Sperber (sob a dir. de), Paris, 1996
DH	Enchiridion symbolorum, ed. H. Denzinger e P. Hünerman, Friburgo, 1991[37] (Symboles et définitions de la foi catholique, 1996)
DHGE	Dictionnaire d'histoire et géographie ecclésiatiques, Paris, 1912-
DHOP	Dissertationes historicae. Institutum historicum FF. Praedicatorum, Roma, etc., 1931-
DJD	Discoveries in Judaean Desert, Oxford, 1955-

DK	*Die Fragmente der Vorsokratiker*, ed. H. Dielse W. Kranz, Berlim, 1903, 1972[13] (= *FVS*)	EBT	*Encyclopedia of Biblical Theology*, Londres, 1970, etc. (ed. ingl. de *BThW*)
DMA	*Dictionary of the Middle Ages*, sob a dir. de R. Strayer, Nova York, 1982-	ECQ	*Eastern Church Quarterly*, Ramsgate, 1936-1964 (= *OiC*, 1965)
DoC	*Doctor Communis*, Roma, 1948	ECR	*Eastern Churches Review*, Oxford, 1966-1978
Doc.-épisc.	*Documents-épiscopat*, Bulletin du secrétariat de la Conférence des évêques de France, Paris, 1965-	EdF	Erträge der Forschung, Darmstadt, 1970-
DOP	*Dumbarton Oaks Papers*, Cambridge, Mass., 1941-	EE	Estudios ecclesiásticos, Madri, 1922-
DOPol	*Dictionnaire des oeuvres politiques*, Paris, 1986	EeT	*Église et théologie*, Paris 1958-1962 (+BFLTP, 1954-1958)
DPAC	*Dizionario patristico e di antichità cristiane*, sob a dir. de A. di Berardino, Casale Monferrato, 1-3 1983-1988 (trad. fr. *DECA*)	EETS	Early English Text Society, Londres, 1864-
DPhP	*Dictionnaire de philosophie politique*, sob a dir. de Ph. Raynaud e St. Rials, Paris, 1997	EFV	*Enchiridion fontium valdensium*, Torre Pelice, 1958
DR	*Downside Review*, Bath, 1880 -	EI(F)	*Encyclopédie de l'Islam*, Leyde, 1913-1936; nova ed. 1954-
DS	*Enchiridion symbolorum*, ed. H. Denzinger e A. Schönmetzer, Friburgo, 1976[36]	EJ	*Encyclopaedia Judaica*, Jerusalém, 1-16, 1971; 17, 1982-
DSp	*Dictionnaire de spiritualité ascétique et mystique*, Paris, 1932-1995	EKK	Evangelisch-katholischer Kommentar zum Neuen Testament, Neukirchen, 1975-
DT	*Divus Thomas. Jahrbuch für Philosophie und spekulative Theologie*, Friburgo, (Suíça), 1914-1953	EKL	*Evangelisches Kirchenlexikon*, Göttingen, 1936-1961; 1961-1962[2] 1986-1987[3]
DT(P)	*Divus Thomas. Commentarium de philosophia et theologia*, Plaisance, 1880-	EN	Aristóteles, *Ética a Nicômaco*
		En. Ps.	Agostinho, *Ennarationes in Psalmos*
DTF	R. Latourelle e R. Fisichella (sob a dir. de), *Dizionario di Teologia Fundamentale*, Assis, 1990. (*Dictionnaire de théologie fondamentale*, Paris, 1992)	EnchB	*Enchiridion Biblicum*, Roma, 1927, 1961[4]
		EnchP	M. J. Rouët de Journel, *Enchiridion patristicum*, Friburgo, 1911, 1981[25]
DThC	*Dictionnaire de théologie catholique*, Paris, 1-15, 1903-1950 + tables 1-3, 1951-1972	EncRel(E)	*The Encyclopedia of Religion*, sob a dir. de M. Eliade, Nova York, 1-16, 1987
Dumeige	G. Dumeige, *La foi catholique*, Paris, 1975	EncRel(I)	*Enciclopedia delle religioni*, sob a dir. de M. Gozzini, Florença, 1970-1976
DViv	*Dieu vivant*, Paris, 1945-1955	En.	Plotino, *Enéadas*
EAug	Études augustiniennes, Paris, 1954-	EO	*Ecclesia orans*. Periodica de scientiis liturgicis, Roma, 1984-
		EOr	*Échos d'Orient*, Bucareste, 1897/1898-1942/1943 (= *EtByz*, 1943-1946; *REByz*, 1946-

Eos   Eos. Commentarii societatis philologae Polonorum, Wroclaw, etc., 1894-

EPh   *Études philosophiques*, Paris, 1927-

EPRO   Études préliminaires aux religions orientales dans l'Empire romain, Leyde, 1961-

ER   *Ecumenical Review*, Lausanne, 1948-

ErIs   *Eretz Israel*, Jerusalém, 1951-

EstB   *Estudios biblicos*, Madri, 1929-

EStL   *Evangelisches Staatslexicon*, Stuttgart, 1987[3]

EstLul   *Estudios lulianos*, Palma da Majorca, 1957-

EtB   Études bibliques, Paris, 1903-

EtCarm   *Études carmélitaines*, Paris, 1911-1964

Et. a Nic.   Aristóteles, *Ética a Nicômaco*

Éthique   *Éthique. La vie en question*, Paris, 1991-1996 (22 cadernos)

EThL   *Ephemerides theologicae Lovanienses*. Louvain, etc., 1924-

EtMar   *Études mariales*, Paris, 1947-

ETR   *Études théologiques et religieuses*, Montpellier, 1926-

EU   *Encyclopedia Universalis*, Paris, 1968-1986; 1985-1988

EvTh   *Evangelische Theologie*, Munique, 1934-1938; NS, 1946-1947-

EWNT   *Exegetisches Wörterbuch zum Neuen Testament*, Stuttgart, etc., 1-3, 1980-1983

Fel   *La foi des Églises luthériennes: confessions et cathécismes*, ed. A. Birmelé e M. Lienhard, Paris, Genebra, 1991 (*BSLK*, Göttingen)

FOP   Faith and order paper(s), World Council of Churches, Genebra, NS, 1949-

FKTh   *Forum Katholische Theologie*, Aschaffenburg, 1985-

FRLANT   Forschungen zur Religion und Literatur des Alten und Neuen Testaments, Göttingen, 1903-

FrSA   *Franciscan Studies Annual*, St. Bonaventure, NY, 1963- (= *FrS*, 1924-1962)

FS   *Franziskanische Studien*, Münster, etc., 1914-

FS.B   – Beiheft, 1915-

FSÖTh   Forschungen zur sytematischen und ökumenischen Theologie, Göttingen, 1962-

FTS   Frankfurter theologische Studien, Frankfurt, 1969-

FV   *Foi et vie*, Paris, 1898-

FVS   *Die Fragmente der Vorsokratiker*, ed. H. Diels e W. Kranz, Berlin, 1903, 1972[13] (= *DK*)

FZPhTh   *Freiburger Zeitschrift für Philosophie und Theologie*, Friburgo (Suíça), 1954-

GCFI   *Giornale critico della filosofia italiana*, Florença, etc., 1920-

GCS   Die grieschichen christlichen Scriftsteller der ersten drei Jahrhunderte, Berlin, 1897-

GNO   *Gregorii Nysseni Opera*, ed. W. Jaeger, Berlin, depois Leyde (= Jaeger), 1921-

GOTR   *Greek Orthodox Theological review*, Brookline, Mass., 1954-

Gr   *Gregorianum*, Roma, 1920-

GRBS   Greek, Roman and Byzantine Studies, Cambridge, Mas., 1958-

Grundfr. syst. Th. W. Pannenberg, *Grundfragen systematischer Theologie*, Göttingen, 1967; t. 2, 1980

GS   Germanische Studien, Berlin, etc., 1919-

GuV   R. Bultmann, *Glauben und Verstehen, Gesammelte Aufsätze*, 4 vol. Tübingen, 1933-1965

GVEDL   Die geltenden Verfassungsgesetze der evangelisch-deutschen Landeskirchen, sob a dir. de E. Friedberg, Friburgo, 1885 e supl. 1-4, 1888-1904

HadSt   *Haddock Studies*, Moulinsart, 1953-

Hahn   → *BSGR*

HBT	Horizons in Biblical Theology, Pittsburg, Pa, 1979-	HUCA	Hebrew Union College Annual, Cincinnati, Ohio, 1924-
HCO	G. Dumeige (sob a dir. de), Histoire des conciles oecuméniques, Paris, 1962-	HWP	Historisches Wörterbuch der Philosophie, Basileia-Stuttgart, 1971-
HDG	Handbuch der Dogmengeschichte, sob a dir. de M. Schmaus, A. Grillmeier et al., Friburgo, etc., 1951-	HZ	Historische Zeitschrift, Munique, etc., 1859-
		IDB	The Interpreter's Dictionary of the Bible, Nova York, 1-4, 1962, + supl., 1976
HDThG	Handbuch der Dogmen- und Theologiegeschichte, sob a dir. de C. Andresen, Göttingen, 1982-1984	IKaZ	Internationale katholische Zeitschrift Communio, Frankfurt, 1972-
HE	Eusébio de Cesareia, História eclesiástica	IKZ	Internationale kirchliche Zeitschrift. Revue internationale ecclésiastique. International Church Review, Berna, 1911-
Hermes	Hermes. Zeitschrift für klassische Philologie, Wiesbaden, 1866-1944, 1952-		
		In Sent.	Comentário às Sentenças
HeyJ	Heythrop Journal, Oxford, depois Londres, 1960-	Inst.	Calvino, Instituição da religião cristã
HFTh	Handbuch der Fundamentaltheologie, sob a dir. de W. Kern et al., 4 vols. Friburgo, 1985-1988	Irén	Irénikon, Chèvetogne, etc., 1926-
		Ist	Istina, Boulogne-sur-Seine, etc., 1954-
Hier. ecl.	Pseudo-Dionísio, Hierarquia eclesiática	JAAR	Journal of the American Academy of Religion, Boston, Mass., 1967-
HistDog	Histoire des dogmes, Paris, 1953-1971 (trad. inacab. de HDG)	JAC	Jahrbuch für Antike und Christentum, Münster, 1958-
HJ	Historisches Jahrbuch der Görresgesellschaft, Munique, etc., 1880-	JAC.E	– Ergänzungband, 1964-
		Jaeger	Jaeger, W., ed., Gregorii Nysseni Opera, Berlim, depois Leyde, (= GNO), 1921-
HKG(J)	Handbuch der Kirchengeschichte, sob a dir. de H. Jedin, Friburgo, etc., 1962-1979		
		JBL	Journal of Biblical Literature, Filadélfia, Pa, 1890-
HMO	H. Buckhardt e B. Smith (sob a dir. de), Handbook of Metaphysics and Ontology, Munique-Filadélfia-Viena, 1991	JCSW	Jahrbuch für christliche Sozialwissenschoften, Münster, 1968-
		JEH	Journal of Ecclesiastical History, Londres, etc., 1950-
HST	Handbuch systematischer Theologie, Gütersloh, 1979-	JES	Journal of Ecumenical Studies, Filadélfia, etc., 1964-
HThK	Herders theologisches Kommentar zum Neuen Testament, Friburgo, 1953-	JHI	Journal of the History of Ideas, Nova York, etc., 1940-
HThR	Harvard Theological Review, Cambridge, Mass., 1908-	JJS	Journal of Jewish Studies, Londres, 1948-
HThS	Harvard Theological Studies, Cambridge, Mass., 1916-	JLW	Jahrbuch für Liturgiewissenschaft, Münster, 1921-1941
HTTL	Herders theologisches Taschenlexikon, sob a dir. de Karl Rahner, 8 vol., Friburgo, 1972-1973	JÖBG	Jahrbuch der österreichischen byzantinischen Gesellschaft, Viena, etc., 1951-1968 (= JOB, 1969-)

JRE	*Journal of Religious Ethics*, Waterloo, Ont. etc., 1973-	Leit.	*Leiturgia. Handbuch des evangelischen Gottesdienstes*, Kassel, 1952-1970
JSNTSS	*Journal for the Study of the New Testament*, Suplement, séries, Sheffield, 1980-	Liddell-Scott	Liddell-Scott-Jones, *A Greek-English Lexicon*, Oxford
JSOT	*Journal for the Study of the Old Testament*, Sheffield, 1976-	LJ	*Liturgisches Jahrbuch*, Münster, 1951-
JSOT. S	– Série Suplementos, 1976	LO	Lex orandi, Paris, 1944-
JSPE.S	*Journal for the Study of the Pseudepigrapha*, suplement, séries, Sheffield, 1987-	LouvSt	*Louvain Studies*, Louvain, 1966/1967
JThS	*Journal of Theological Studies*, Oxford, etc., 1899-1949; *NS* 1950-	LR	*Lutherische Rundschau*, Stuttgart, etc., 1951-1977
		LSEO	Libri symbolici Ecclesiae orientalis, ed. E. J. Kimmel, Iena, 1843, 1850[2]
KD	Barth, Karl, *Die kirchliche Dogmatik*, Zollikon-Zurique, t. I a IV, 1932-1967, (+ Índice, 1970) (*Dogmatique*, 26 vol., Genebra, 1953-1974, + Índice, 1980)	LThK	*Lexikon für Theologie und Kirche*, Friburgo-Basileia-Viena, 1930-1938; nova ed. 1957-1967[2]; 1993[3]-
KiKonf	Kirche und Konfession, Göttingen, 1962-	LTP	*Laval théologique et philosophique*, Québec, 1944/1945-
KKD	*Kleine Katholische Dogmatik*, sob a dir. de J. Auer e J. Ratzinger, Ratisbona, 1978-1988	LuJ	*Luther-Jahrbuch*, Leipzig, etc. 1919-
KJ	*Kirchliches Jahrbuch für die Evangelische Kirche in Deutschland*, Gütersloh, 1900- (= *ThJb*, 1873-1899)	LV(L)	*Lumière et vie*, Lyon, 1951-
		LWF.R	*Lutheran World Federation Report*, 1978-
KL	*Kirchenlexikon oder Enzyklopädie der katholischen Theologie und ihrer Hilfswissenschaften*, sob a dir. de H. J. Wetzer e B. Welte, Friburgo, 1847-1860; 1882-1903[2]	Mansi	J. D. Mansi (sob a dir. de), *Sacrorum conciliorum nova et amplissima collectio*, Florença, 1759-1827; Paris-Leipzig, 1901-1927
Kotter	B. Kotter (ed.), *Die Schriften des Johannes von Damaskus*, Berlim, 1969-	Mar.	*Marianum. Ephemerides Mariologiae*, Roma, 1939-
KrV	Kant, *Kritik der reinen Vernunft*	Maria	*Maria. Études sur la Sainte Vierge*, sob a dir. de H. du Manoir, Paris, 1949-1971
KSA	Nietzsche, *Kritische Studienausgabe*, Colli e Montinari, ed. menor	MCS	Monumenta christiana selecta, Tournai, etc., 1954-
KuD	*Kerygma und Dogma*, Göttingen, 1955-	MD	*La Maison-Dieu. Revue de pastorale liturgique*, Paris, 1945-
Lat	*Lateranum*, Roma, *NS*, 1935-	MDom	*Memorie Domenicane*, Florença, etc., *NS*, 1970-
LCL	Loeb Classical Library, Londres, 1912-	MethH	*Methodist History*, Lake Janaluska, *NC*, 1962-
LeDiv	Lectio divina, Paris, 1946-	MF	*Miscellanea francescana*, Roma, etc., 1936- (= *MFS*, 1886-1935)

MFEO   Monumenta fidei Ecclesiae orientalis, ed. H. J. C. Weissenborn, Iena, 1850

MFCG   Mitteilungen und Forschungsbeiträge der Cusanus-Gessellschaft, Mainz, 1961-

MGH   Monumenta Germaniae historica inde ab a.c. 500 usque ad a. 1500, Hannover, etc.

MGH.Conc   – Concilia, 1893-

MGH.Ep   – Epistolae, 1887

MGH.L   – Leges, 1835-1889

MHP   *Miscellanea historiae pontificae*, Roma, 1939-

MHSJ   Monumenta historica Societatis Jesu, Roma, etc., 1894-

MiHiEc   *Miscellanea historiae ecclesiasticae*, Cong. (...) de Louvain, 1960-

ML.T   Museum Lessianum. Section théologique, Bruxelas, 1922-

MM   Miscellanea mediaevalia, Berlim, etc., 1962-

MS   *Mediaeval Studies*, Toronto, 1939-

MSR   *Mélanges de science religieuse*, Lille, 1944-

MSSNTS   Monograph Series. Society for New Testament Studies, Cambridge, 1965-

MThZ   *Münchener theologische Zeitschrift*, Munique, etc., 1950-1984

MySal   *Mysterium salutis*, Grundriß heilsgeschichtlicher Dogmatik, t. I a V, sob a dir. de J. Feiner e M. Löhrer, Einsiedeln, etc.; 1965-1976 + complementos, 1981, etc. (*Dogmatique de l'histoire du salut*, t. I/III-2 e IV/1 (p. 457-599), 14 vol., 1969-1975)

NBL   *Neues Bibel-Lexikon*, Zurique, 1991-

NCE   *New Catholic Encyclopaedia*, Nova York, 1967-1979

NHThG   *Neues Handbuch Theologischer Grundbegriffe*, sob a dir. de P. Eicher, 2ª ed. aum., Friburgo-Basileia-Viena, 1991

Not   *Notitiae Commentarii ad nuntia et studia de re liturgica*, Cidade do Vaticano, 1975-

NRTh   *Nouvelle revue théologique*, Louvain, 1869-1940; 1945-

NSchol   *New Scholasticism*, Washington, D.C. 1927-

NStB   Neukirchener Studienbücher, Neukirchen, 1962-

NT   *Novum Testamentum*, Leiden, 1956-

NTA   Neutestamentliche Abhandlungen, Münster, 1908-

NTS   *New Testament Studies*, Cambridge, 1954-

NTTS   New Testament Tools and Studies, Leiden, 1960-

Numen   *Numen. International Review for the History of Religions*, Leiden, 1954-

NV   *Nova et vetera*, Genebra, 1926-

OBO   Orbis biblicus et orientalis, Friburgo (Suíça), 1973-

OCA   Orientalia christiana analecta, Roma, 1935-

OCP   *Orientalia christiana periodica*, Roma, 1935-

Oec.   *Oecumenica. Jahrbuch für ökumenische Forschung*, Gütersloh, etc., 1966-1971/1972

ODCC   *Oxford Dictionary of the Christian Church*, sob a dir. de F. L. Cross, Londres, 1957; 1974², F. L. Cross e E. A. Livingstone; 3ª ed. rev. e aum., 1997 (aos cuidados de E. A. Livingstone)

OED   *The Oxford English Dictionary*

OGE   *Ons geestelijk erf*, Antuérpia, etc., 1927-

OiC   *One in Christ*, Londres, 1965-

OR   *L'Osservatore romano*, Cidade do Vaticano, 1849-

ÖR   *Ökumenische Rundschau*, Stuttgart, 1952-

Or.   *Orientalia*, Roma, 1920-

OrChr   *Oriens christianus*, Roma, 1901-

OrChrA → OCA

OrChrP → *OCP*

OS Ostkirchliche Studien, Würzburg, 1952-

ÖTh Ökumenische Theologie, Zurique, etc., 1978-

OTS Oudtestamentische Studien, Leiden, etc., 1942-

Par. Paradosis. Études de littérature et de théologie ancienne, Friburgo (Suíça) 1947-

PAS *Proceedings of the Aristotelian Society*, Londres, 1887: *NS*, 1900-1901

PatSor Patristica Sorbonensia, Paris, 1957-

PG Patrologia Graeca, ed. J.-P. Migne, Paris, 1857-1866

PGL *Patristic Greek Lexicon*, ed. G. W. H. Lampe, Oxford, 1961-1968

Ph *Philologus. Zeitschrift für das klassische Altertum*, Wiesbaden, etc., 1846-

Phil. *Philosophy*, Londres, 1916-

PhJ *Philosophisches Jahrbuch der Görres-Gesellschaft*, Fulda, etc., 1888-

PiLi Pietas liturgica. Studia. St. Ottilien, 1983-

PL Patrologia Latina, ed. J.-P. Migne, Paris, 1841-1864

PLS Patrologiae Latinae supplementum, Paris, 1958-1970

PO Patrologia Orientalis, Paris, etc., 1907-

POC *Proche-Orient chrétien*, Jerusalem, 1951-

PosLuth *Positions luthériennes*, Paris, 1953-

PoTh Point théologique, Institut catholique de Paris, 1971-

PPR *Philosophy and Phenomenological Research*, Buffalo, *NY*, 1940-1941

PRMCL *Periodica de re morali, canonica, liturgica*, Roma, 1907-

PTS Patristische Texte und Studien, Berlim, 1964-

PuN *Pietismus und Neuzeit*, Göttingen, 1974-

QD Quaestiones Disputatae, Friburgo-Basileia-Viena, 1958-

QRT *Quaker religious Thought*, New Haven, Conn., 1959-

Qschr *Quartalscrift*, Milwaukee, Wis., 1947-

QuLi *Questions liturgiques*, Louvain, 1910-

RAC *Reallexikon für Antike und Christentum*, Stuttgart, 1950-

RAM *Revue d'ascétique et de mystique*, Tolosa, 1920-1971

RB *Revue biblique*, Paris, 1892-1894; *NS*, 1915-

RBen *Revue bénédictine de critique, d'histoire et de litterature religieuses*, Maredsous, 1890-

RDC *Revue de droit canonique*, Estrasburgo, 1951-

RDCCIF Recherches et débats du Centre catholique des intellectuels français, Paris, 1948-1952; *NS*, 1952-1980

RE *Realenzyklopädie für protestantische Theologie und Kirche*, Gotha, 1896 1913[3]

REAug *Revue des études augustiniennes*, Paris, 1955- (= AthA, 1951-1954

REByz *Revue des études byzantines*, Paris, 1946-

RECA *Real Encyclopädie der classischen Altertumswissenschaft*, sob a dir. de A. Pauly, Stuttgart, 1839-1852

RechAug *Recherches augustiniennes*, Paris, 1958-

RechBib Recherches bibliques, Bruges, etc., 1954-

REcL *Revue ecclésiastique de Liège*, Liège, 1905-1967

REG *Revue des études grecques*, Paris, 1888

REL *Revue des études latines*, Pari, 1923-

RelSt	Religious Studies, Londres, etc., 1965/1966-	RMAL	Revue du Moyen Âge latin, Paris, etc., 1945-
RET	Revista española de teología, Madri, 1940-	RMM	Revue de métaphysique et de morale, Paris, 1893-
RevBib	Revista bíblica, Buenos Aires, 1939-	ROC	Revue de l'Orient chrétien, Paris, 1896-1936
RevPhil	Revue de philosophie, Paris, 1900-1940	RPL	Revue philosophique de Louvain, Louvain, etc., 1946-
RevSR	Revue des sciences religieuses, Estrasburgo, 1921-	RSF	Rivista di storia della filosofia, Roma, 1946; NS, 1984-
RFNS	Rivista di filosofia neo-scolastica, Milão, 1909-	RSHum	Revie des sciences humaines, Lille, NS. 45, 1947-
RGG	Die Religion in Geschichte und Gegenwart, Tübingen, 1909-1913; nova ed. 1927-1932²; nova ed.1956-1965³	RSLR	Rivista di storia e letteratura religiosa, Florença, 1965-
		RSPhTh	Revue des sciences philosophiques et théologiques, Paris, 1907-
RH	Revue historique, Paris, 1876	RSR	Recherches de science religieuse, Paris, 1910-
RHDF	Revue historique de droit français et étranger, Paris, 1855-1869; 1922-	RThAM	Recherches de théologie ancienne et médiévale, Louvain, 1929-
RHE	Revue d'histoire ecclésiastique, Louvain, 1900-	RThom	Revue thomiste, Bruges, etc., Tolouse, 1893-
RHEF	Revue de l'histoire de l'Église de France, Paris, 1910-	RThPh	Revue de théologie et de philosophie, Lausanne, 1868-1911; 3ª sér., 1951-
RHMo	Revue d'histoire moderne, Paris, 1926-1940 (=1889-1914, 1954-, RHMC)	RTL	Revue théologique de Louvain, Louvain, 1970-
RHMC	Revue d'histoire moderne et contemporaine, Paris, 1899-1914; 1954- (= 1926-1940, RHMo)	RTLu	Revue théologique de Lugano, Lugano, 1996-
RHPhR	Revue d'histoire et de philosophie religieuses, Estrasburgo, etc., 1921-	Sal.	Salesianum, Turim, 1939-
		SBAB	Stuttgarter biblische Aufsatzbände, Stuttgart, 1988-
RHR	Revue de l'histoire des religions, Paris, 1880	SBi	Sources bibliques, Paris, 1963-
RHSp	Revue d'histoire de la spiritualité, Paris, 1972-1977	SBS	Stuttgarter bibelstudien, Stuttgart, 1965-
RHT	Revue d'histoire des textes, Paris, 1971- (= BIRHT)	SC	Sources chrétiennes, Paris, 1941-
		ScC	Scuola cattolica, Milão, 1863, 6ª ser., 1923-
RICP	Revue de l'Institut catholique de Paris, Paris, 1896-1910 (= BICP, 1910-)	SCA	Studies in Christian Antiquity, Washington, D.C., 1941-
RITh	Revue internationale de théologie, Berna, 1893-1910	ScEc	Sciences ecclésiastiques, Revue philosophique et théologique, Bruges, 1948-1967 (= ScEs, 1968-)
RivBib	Rivista biblica, Roma, 1953-	ScEs	Science et esprit, Bruges, 1968-
RLT	Rassegna di letteratura tomistica, Nápoles, 1966-	SCH(L)	Studies in Church History, Londres, 1964

Schol.	*Scholastik. Vierteljahresschrift für Theologie und Philosophie.* Friburgo, 1926-1965 (= *ThPh*, 1966)	SOr	Sources orientales, Paris, 1959-
Schr. zur Th.	Karl Rahner, *Schriften zur Theologie*, Einsiedeln-Zurique-Colônia, 1954-1983	SPAMP	Studien zur Problemgeschichte der antiken und mittelalterlichen Philosophie, Leiden, 1966-
SE	*Sacris erudiri*, Steenbrugge, etc., 1948-	SpOr	Spiritualité orientale, Bégrolles-en-Mauges, 1966
SecCent	*The Second Century*, Abilene, Texas, 1981-	SSL	Spicilegium sacrum Lovaniense, Louvain, 1922-
SémBib	*Sémiotique et Bible*, Lyon, 1975-	*SST*	*Studies in Sacred Theology*, Washington, D.C., 1895-1947; 2ª sér., 1947-
Semeia	*Semeia.* An experimental Journal for Biblical Criticism, Atlanta, 1974-	*ST*	Tomás de Aquino, *Suma teológica*
SemSup	Semeia supplements, Filadélfia, Pa, etc., 1975-	*StA*	Ph. Melanchton, *Werke in Auswahl* (Studien Ausgabe), ed. R. Stupperich, Gütersloh, 1951-1955
Sent.	Pedro Lombardo, *Livro das sentenças.*	StAns	Studia Anselmiana, Roma, 1933-
SESJ	Suomen Eksegeettisen Seuran julkaisuja, Helsinque, 1966-	StANT	Studien zum Alten und Neuen Testament, Munique, 1960-1975
SHCSR	*Spicilegium historicum Congregationis SSmi Redemptoris*, Roma, 1953-	*StCan*	*Studia canonica*, Ottawa, 1967-
SHCT	Studies in the History of Christian Thought, Leiden, 1966-	StEv	Studia evangelica, Berlim, 1-7, 1959-1982 (= TU 73, etc.)
SJP	*Salzburger Jahrbuch für Philosophie und Psychologie*, Salzburgo, 1957-	*StGen*	*Studium Generale*, Berlim, 1947-1971
SJTh	*Scottish Journal of Theology*, Edimburgo, 1948-	STGMA	Stidien und Texte zur Geistesgeschichte des Mittelalters, Leiden, 1950-
SKG	Schriften der Königsberger Gelehrten Gesellschaft, Halle	*StMed*	*Studi medievali*, Turim, etc., *NS*, 1960-
SKG.G	– Geisteswissenschaftliche Klasse, 1924-1944	*StMiss*	*Studia missionalia*, Roma, 1943-
SM (D)	*Sacramentum Mundi. Theologisches Lexikon für die Praxis*, ed. Karl Rahner, Friburgo, 1967-1969	*StMor*	*Studia moralia*, Roma, 1963-
		STMP	Studia theologiae moralis et pastoralis, Salzburgo, 1956-
SM(E)	*Sacramentum mundi. An Encyclopedia of Theology*, Nova York, 1968-1970	StPatr	Studia patristica, Berlim, 1957-
SO	*Symbolae Osloenses*, Oslo, 1923-	*StPh*	*Studia philosophica*, Basileia, 1946-
Sob.	*Sobornost*, Londres, 1979-	STPIMS	Studies and textes; Potifical Institute of Mediaeval Studies, Toronto, 1955-
Sommervogel	Bibliothèque de la Compagnie de Jésus, nova ed. por C. Sommervogel, Bruxelas, 1890-1930, 1960-1963[3]	*Strom.*	Clemente de Alexandria, *Stromata*
		StSS	Studia scholastico-scotistica, Roma, 1968-
		StT	Studi e testi, Biblioteca Apostolica Vaticana, Cidade do Vaticano, 1900-
		StTom	Studi tomistici, Cidade do Vaticano, 1974-

StZ	*Stimmen der Zeit*, Friburgo, 1914-	ThSt(B)	Theologische Studien, sob a dir. de K. Barth *et al.*, Zurique, 1938-
SVF	J. von Arnim (ed.), *Stoicorum Veterum Fragmenta*, Stuttgart, 3 vol. + Índice, 1903-1924, etc.	*ThTo*	*Theology Today*, Princeton, NJ, etc., 1944/1945-
SVTQ	*St. Vlademir's Theological Quaterly*, Nova York, 1969-	*ThW*	*Theologische Wissenschaft*, Stuttgart, etc., 1972-
Simb. At.	Símbolo de Atanásio	*ThWA*	Hegel, *Theorie Werkausgabe*, Frankfurt, 1970, 20 vols

TAPhS   *Transactions of the American Philosophical Society*, Filadélfia, Pa, 1769-1809; *NS*, 1818-

TDNT   *Theological Dictionary of the New Testament*, Grand Rapids, Mich., 1964-1977 (trad. de *ThWNT*)

TEB   Tradução ecumênica da Bíblia

TEH   Theologische Existenz heute, sob a dir. de K. Barth *et al.*, Munique, 1933-1941; *NS*. 1946-

TFil   *Tijdschrift voor filosofie*, Louvain, 1962- (= TPh, 1939-1961)

THAT   *Theologisches Handwörterbuch zum Alten Testament*, sob a dir. de E. Jenni e C. Westermann, Munique, etc., 1971-1976

Theos. H.   *Theosophical History*. A Quarterly Journal of Research, Londres, 1985-1989; Fulerton, Calif., 1990-

ThGl   *Theologie und Glaube*, Paderborn, 1909-

ThH   Théologie historique, Paris, 1963-

ThJb   *Theologisches Jahrbuch*, Gütersloh, 1873-1899 (= *KJ*, 1900)

ThJb(L)   *Theologisches Jahrbuch*, Leipzig, 1957-

ThLZ   *Theologische Literaturzeitung*, Leipzig, 1876-

Thom   *Thomist*, Washington, D.C., 1939-

ThPh   *Theologie und Philosophie*, Friburgo, 1966-

THPQ   *Theologisch-praktische Quartalschrift*, Linz, 1848-

ThQ   *Theologische Quartalschrift*, Tübingen, etc., 1819-(1960-1968 = *TThQ*)

ThR   *Theologische Rundschau*, Tübingen, 1897-1917; *NF* 1929-

ThWAT   *Theologisches Wörterbuch zum Alten Testament*, sob a dir. de G. J. Botterweck e H. Ringgren, Stuttgart, etc., 1973-

ThWNT   *Theologisches Wörterbuch zum Neuen Testament*, sob a dir. de G. Kittel, Stuttgart, 1933-1979

ThZ   *Theologische Zeitschrift*, Basileia, 1945-

TKTG   Texte zur Kirchen- und Theologiegeschichte, Gütersloh, 1966-

TPh   *Tijdschrift voor philosophie*, Louvain, 1939-1961 (= *TFil*, 1962-)

Tr.   Traditio. Studies in Ancient and Medieval History, Thought and Religion, Nova York, etc., 1943-

TRE   *Theologische Realenzyklopädie* (sob a dir. de G. Krause e G. Müller), Berlim, 1976-

Trin.   Agostinho, *De Trinitate*

TS   *Theological Studies*, Woodstock, Md, etc., 1940

TSTP   Tübinger Studien zur Theologie und Philosophie, Mainz, 1991-

TTh   *Tijdschrift voor theologie*, Nimega, 1961-

TThQ   *Tübinger theologische Quartalschrift*, Stuttgart, 1960-1968 (= ThQ)

TThZ   *Trierer Theologische Zeitschrift*, Trier, 1947-

TTS   Tübinger theologische Studien, Mainz, 1973-1990

TU   Texte und Untersuchchungen zur Geschichte der altchrislichen Literatur, Berlim, 1882-

TuG   Theologie und Gemeinde, Munique, 1958-

UB	Urban-Bücher, Stuttgart, 1953-
UnSa	Unam Sanctam, Paris, 1937-
VC	*Verbum caro. Revue théologique et ecclésiastique œcuménique*, Taizé, etc., 1947-1969
VerLex	*Deutsche Literatur des mittelalters. Verfasserlexikon*, Berlim, etc., 1933-1955; 1978[2]
VetChr	*Vetera christianorum*, Bari, 1964-
VieCon	*Vie consacrée*, Bruxelas, 1966-
VigChr	*Vigiliae Christianae*, Amsterdã, 1947-
VS	*Vie spirituelle*, Paris, 1946-
VT	*Vetus Testamentum*, Leiden, 1951-
VT.S	– Suplem., 1953-
VThB	*Vocabulaire de théologie biblique*, sob a dir. de X. Léon-Dufour, Paris, 1962; 1970[2]
WA	Luther, *Werke. Kritische Gesamtausgabe* (Weimarer Ausgabe, 1883-
WA.B	– *Briefwechsel*, 1930-
WA.DB	– *Deutsche Bibel*, 1906-
WA.TR	– *Tischreden*, 1912-
WBS	Wiener byzantinistische Studien, Graz, etc., 1964-
WdF	Wege der Forschung, Darmstadt, 1956-
Weischedel	Kant, *Werkausgabe*, ed. W. Weischedel, Frankfurt, 1958-1964
WMANT	Wissenschaftliche Monographien zum Alten und Neuen Testament, Neukirchen, 1960-

WSAMA.T	Walberger Studien der Albertus-Magnus-Akademie, Mainz, Theologische Reihe, 1964-
WUNT	Wissenschaftliche Untersungen zum Neuen Testament, Tübingen, 1950-
Wuw	*Wort und Wahrheit*, Viena, etc., 1946-1973
ZAW	*Zeitschrift für die alttestamentliche Wissenschaft und die Kunde des nachbiblischen Judentums*, Berlim, 1881-
ZDP	*Zeitschrift für deutsche Philologie*, Berlim, etc., 1869-
ZDPV	*Zeitschrift des deutschen Palästina-Vereins*, Wiesbaden, 1978-
ZEvKR	*Zeitschrift für evangelisches Kirchenrecht*, Tübingen, 1951-
ZKG	*Zeitschrift für Kirchengeschichte*, Stuttgart, 1877-
ZKTh	*Zeitschrift für katholische Theologie*, Viena, etc., 1877-
ZNW	*Zeitschrift für die neutestamentliche Wissenschaft und die Kunde der älteren Kirche*, Berlim, etc., 1990-
ZSRG.K	*Zeitschrift der Savigny-Stiftung für Rechtsgeschichte. Kanonistische Abteilung*, Weimar, 1911-
ZPE	*Zeitschrift für Papyrologie und Epigraphik*, Bonn, 1967-
ZthK	*Zeitschrift für Theologie und Kirche*, Tübingen, 1891-

Um hífen de união depois do ano (1963-) significa que a edição não está terminada, que a coleção ou o periódico continua sendo publicado.

Um * remete a um verbete do *Dicionário*.

A

ABELARDO, Pedro, 1079-1142

a) Vida. — Pedro Abelardo (A.) estudou primeiro dialética com Roscelino de Compiègne, cujo nominalismo* o levou a contestar o realismo de Guilherme de Champeaux. Após curtos estudos de teologia* com Anselmo de Laon, A. ensinou essas duas matérias na escola catedral de Paris. Em seguida ao escândalo de sua ligação com Heloísa, fez-se monge em Saint-Denis (*c.* 1117). Seu ensino procurava levar à teologia pelo estudo dos autores profanos. Seu primeiro tratado sobre a Trindade* (*Theologia summi boni, c.* 1120) foi condenado no concílio* de Soissons (1121). Entre 1122 e 1127, desenvolveu suas concepções dos fundamentos filosóficos da teologia, em um oratório por ele dedicado à Santíssima Trindade (mais tarde ao Paráclito). Em 1129, dois anos depois de se ter tornado abade de Saint-Gildas-de-Rhuys, pediu a Heloísa que fizesse desse oratório uma comunidade monástica. Voltou a ensinar em Paris no começo dos anos 1130, não sem suscitar controvérsia. Em 1139, Guilherme de Saint-Thierry atraiu a atenção de Bernardo* (B.) de Claraval para certo número de opiniões de A. Acusava-o de atribuir plena onipotência somente ao Pai*, e de negar que Cristo* se tivesse encarnado para livrar o homem do demônio*. B. retomou essas acusações num tratado dirigido ao papa Inocêncio II, e conseguiu que A. fosse excomungado no concílio de Sens (1140). Essa excomunhão foi retirada graças à intervenção de Pedro, o Venerável, que acolheu A. em Cluny, e fez que corrigisse os textos controversos, obtendo assim o fim dos ataques de B.

b) Pensamento. — No domínio teológico, a contribuição principal de A. é a análise sistemática das doutrinas tradicionais de um ponto de vista filosófico. Para ele, Pai, Filho e Espírito* Santo são nomes que significam os atributos* divinos de potência*, de sabedoria*, e de bondade, reconhecidos, a seu modo, pelos filósofos pagãos e pelos profetas* judeus. A. critica o argumento de Roscelino segundo o qual as pessoas* divinas devem ser realidades separadas para serem verdadeiramente diferentes entre si. Interessa-se particularmente pela aptidão dos nomes* divinos de fazerem nascer a inteligência (*intellectus*) do que designam, segundo um tema estudado em sua *Dialética* e em sua *Lógica* (*Logica ingredientibus*) a propósito das palavras (*voces*) em geral. É em seus termos peculiares que os filósofos pagãos suscitaram uma inteligência da divindade, semelhante à dos profetas. A. sugere que a relação do Pai e do Filho é análoga à da potência e da sabedoria (capacidade de discernimento), ou à do gênero e da espécie. Sua teologia trinitária se interessa mais pela economia de Deus* no mundo, sobretudo pelo Espírito Santo, do que pela sua natureza eterna. Em sua *Teologia cristã* (1122-1127) esboça ideias sobre a racionalidade da ação divina, que serão desenvolvidas na *Introdução à teologia* (*Theologia Scholarium*, começada no início dos anos 1130). Uma das teses que suscitou mais controvérsia é a ideia de que Deus não pode agir de maneira diferente da maneira como age.

Em muitos pontos de seu ensinamento, nas questões que tocam a Deus, a Cristo, aos sacramentos*, à ética*, A. parte do *Sic et Non* (*Sim e Não*, composto provavelmente em *c.* 1120-1121); essa lista de opiniões patrísticas aparentemente contraditórias é precedida de uma definição de seu método teológico. É preciso sempre se garantir, segundo ele, de que não se está induzido a erro por textos, que em todo caso são humanos e falíveis. As discordâncias entre os Padres* devem levar a aprofundar a busca da verdade. Em seu *Diálogo* (geralmente datado de 1140-1142, mas é talvez de 1125-1127; Mews, 1985), debate de um filósofo com um judeu e um cristão sobre o caminho a tomar em direção ao soberano Bem*, e sobre a natureza desse Bem e do mal*, A. discute a superioridade da lei* natural sobre a lei escrita, e a compatibilidade essencial da abordagem ética (*ethica*) do filósofo e da abordagem teológica (*divinitas*) do cristão; mas não dá a resposta do cristão sobre o caminho a seguir para alcançar o soberano Bem. É somente em seu comentário à *Epístola aos Romanos* (*c.* 1135?) que A. desenvolve a tese segundo a qual a obra redentora de Cristo não consiste em libertar o homem de uma servidão em relação ao demônio*, mas em lhe inspirar o verdadeiro amor* de Deus, pelo exemplo de sua vida e de sua morte*. A. volta às questões morais em seu *Conhece-te a ti mesmo* (*Scito teipsum*): o pecado* então não é mais uma vontade má, como no *Diálogo* e no comentário a *Romanos*, mas é o consentimento a uma vontade má pelo desprezo de Deus. A. não escreveu um tratado sistemático sobre todas as questões levantadas no *Sic et Non*, mas seus alunos conservaram notas de suas *Sentenças* sobre a fé* em Deus e em Cristo, os sacramentos e a caridade como raiz de toda ética.

• PL 178; *Petri Abaelardi opera*, ed. Victor Cousin, 1849, 1859, reed. G. Olms, Hildesheim, 1970; *Philosophische Schriften*, ed. B. Geyer, BGPhMA, 21, 14, 1919-1933; *Scritti di Logica*, ed. M. Dal Pra, Florença, 1954 (reed. 1969); *Dialectica*, ed. L. M. de Rijk, Assen, 1956, (reed. 1970); *Historia calamitatum*, ed. J. Monfrin, Paris, 1959; *Opera theologica I-II*, ed. E. M. Buytaert, CChrCM 11-12; III, ed. E. M. Buytaert e C. J. Mews, CChrCM 13; *Dialogus inter Philosophum, Judaeum et Christianum*, ed. R. Thomas, Stuttgart-Bad Canstatt, 1970; *Peter Abelard's Ethics*, ed. D. E. Luscombe, Oxford, 1971; *Sic et Non*, ed. B. Boyer e R. McKeon, Chicago-Londres, 1976, 1977; *Des intellections*, ed. P. Morin, Paris, 1994.

▶ J. Jolivet (1969), *Arts du langage et théologie chez Abélard*, Paris (reed. 1982). — D. E. Luscombe (1969), *The School of Peter Abelard*, Cambridge. — R. Weingart (1970), *The Logic of Divine Love. A Critical Analysis of the Soteriology of Peter Abelard*, Oxford. — C. J. Mews (1995), "On dating the works of Peter Abelard", AHDL 52, 73-134. — J. Jolivet (1994), *Abélard ou la philosophie dans e langage*, Paris-Friburgo. — C. J. Mews (1995), *Peter Abelard*, Londres (bibl.). — J. Jolivet (1997), *La théologie d'Abélard*, Paris.

Constant MEWS

→ *Filosofia; Linguagem teológica; Razão; Salvação, Triteísmo.*

ABORTO

A Escritura* nada diz do aborto (a.) nem tampouco do infanticídio (i.). Trata deles indiretamente na proibição bíblica do sacrifício* de crianças (Lv 18,21; 2Rs 21,6) e na multa imposta aos que causam um aborto numa briga (Ex 21,22).

a) *Judaísmo e inícios do cristianismo.* — O problema só começou a ser posto quando os judeus tiveram de lidar com a cultura helenística, em que a. e i. eram habituais. Os moralistas da diáspora puseram-se então a exortar os pais a não abortar e a não expor os filhos que eles não queriam. Assim, Hecateu de Abdera (300 a.C., *in* Deodoro de Sicília, *Biblioteca histórica*, CUFr, 40, 3, 8): "[Moisés] exigia que os que habitavam a terra criassem os seus filhos" (em oposição aos gregos, que expunham seus recém-nascidos não desejados). O Ps. Focilides (I s. a.C., CUFr, 184-185): "Uma mulher* não deve destruir seu filho antes do nascimento, nem depois lançá-lo aos cães e aos abutres". E Flávio Josefo, (I s. a.C., *Contra Apionem* 2, 245, 4-5): "A lei* ordena criar toda criança, e proíbe às mulheres abortar; uma mulher que aborta é considerada uma infanticida, pois destrói uma alma* e reduz o povo*". Mesma ideia em Fílon de Alexandria (c. 20 a.C. – c. 50 d.C., *Hypothetica* LCL, 363, 7, 7). Essa convicção do judaísmo helenístico se manifesta também nos LXX (traduções* antigas da Bíblia). Onde o Ex 21,22 impunha uma multa a quem causasse acidentalmente um a., a tradução grega exige que "se a criança estiver formada" seja aplicada a pena* de morte em virtude do princípio "vida por vida".

Essa hostilidade ao a. foi adotada pelo cristianismo. De Israel* ele herdou o dever de proteger a viúva e o órfão, o estrangeiro residente no país, o indigente. Os cristãos estenderam esse dever à mulher — agora protegida pela rejeição de Jesus* ao divórcio (Mt 5,31; 19,3-15; Mc 10,1-12; Lc 16,18) —, ao inimigo, (Mt 5,43-48; Lc 6,27-36; Rm 12,14-21), ao escravo, irmão no Senhor (Fm). Enfim, não se tratava apenas de proteger as crianças que tinham perdido os pais, mas também aquelas que os pais queriam eliminar pelo a. ou pelo i.

Foi o contexto cultural romano que fez os cristãos adotarem o conceito de inviolabilidade, que eles aplicaram à criança abandonada. A *Didachè* (I a II s., SC 248) dá o primeiro exemplo disso: "Não matarás a criança pelo a., e não a farás morrer depois do nascimento…" Os "matadores de crianças, os destruidores da obra de Deus*" andam no "caminho da morte*" (2, 2-3; 5, 2. Cf. também a *Epístola a Barnabé* SC 172, 19, 5; 20, 2). Os apologistas* tomaram a mesma posição: Minúcio Felix (II ou III s.) retorna a acusação de assassínio aos romanos: "Vós expondes os vossos próprios filhos às aves e às bestas selvagens, vós os sufocais, vós os estrangulais… e há mulheres que tomam drogas para fazer cessar no seu seio uma vida que começa, — cometendo o i. antes mesmo do nascimento de seu filho" (*Octavius*, CUFr 30, 1-2). Quanto a Atenágoras (II s.), ele refuta o rumor que acusava os cristãos de assassínio ritual e de canibalismo: "Para nós, os que recorrem a métodos abortivos cometem um assassínio, de que darão conta perante Deus: então,

como cometeríamos, nós mesmos, assassinatos? Não se pode ao mesmo tempo considerar o feto como um ser vivo, de que Deus toma cuidado, e matá-lo uma vez que veio ao mundo" (*Súplica a respeito dos cristãos*, SC 379, 35). Tertuliano*, por sua vez, ataca a crença estoica que faz a vida começar com o nascimento, e diz que impedir o nascimento de uma criança é a maneira mais rápida de matá-la (cf. *De anima* 37,2; CChr. SL II, 839). O *Apocalipse de Pedro* (ROC 15, 204-212) condena aos tormentos eternos as mulheres que praticaram o aborto. Para Clemente de Alexandria (c. 150 – c. 215) "as mulheres que recorrem ao a. matam nelas não apenas o embrião, mas também todo sentimento humano (*philanthropia*, *O Pedagogo* II, 96, SC 108)". No final do s. II era pois uma doutrina estabelecida que o a. e o i. eram formas de homicídio particularmente graves. No s. IV surgiram, de toda parte, vozes no mundo cristão para pedir penas eclesiásticas severas para o a.: assim os concílios* de Elvira (c. 305) na Espanha, e o de Ancira (314) na Galácia, Basílio* na Capadócia, Epifânio (c. 315-403) em Chipre, Ambrósio* na Lombardia, João* Crisóstomo em Constantinopla e Agostinho* na África (*De nupt. et conc.* 1, 17); todos testemunham a rejeição geral ao a. Segundo os termos de João Crisóstomo, o a. é "pior que um assassinato" (*Hom. sobre a Epístola aos romanos*, 24, PG 60, 626).

b) *Evolução disciplinar e doutrinária.* — Na Antiguidade não havia nenhum conhecimento sobre o óvulo, e se pensava que a fecundação era devida unicamente à implantação da semente masculina. Agostinho supõe, fundando-se sobre a biologia de Aristóteles, que o começo da vida humana só se produz depois de certo tempo de desenvolvimento do embrião, o que explica que se tenha questionado quando começava exatamente essa vida. Isso tinha consequências práticas: se os embriões muito no início do desenvolvimento ainda não eram plenamente humanos, era lógico que o a. muito prematuro fosse condenado com menos severidade. Certos canonistas, até mesmo Graciano (†1160) e Inocêncio III (1160-1216), reservaram a inculpação de homicídio para o a. tardio, depois da "infusão" da alma (*CIC* (*L*), repr. Graz, 1955, I, 1121-1122 e II, 812). Mas nem todos estavam de acordo nesse ponto (p. ex. Raimundo de Pennafort [†1275], *ibid.* II, 794). Como o a. era um crime capital diante dos tribunais civis, e as regras de testemunho eram proporcionalmente rigorosas, o processo era levado de ordinário ante os tribunais eclesiásticos, que aceitavam o testemunho sob juramento, e cuja disciplina penitencial era menos rude.

Essa evolução da disciplina* eclesiástica influenciou os teólogos, e a ideia da animação tardia foi retomada por Pedro Lombardo (†1160) (*Sent.* IV, 31, 11), depois por Boaventura* (*Sent.* IV, 31, dub. 4), e Tomás* de Aquino (*Sent.* IV, d. 3, q. 1. 5, a. 2; *ST* IIa IIae, q. 64, a. 8, ad 2). O único problema era saber se havia formalmente homicídio; de qualquer modo, o a. era considerado um pecado* grave, em todos os casos. No s. XVII, tinha-se abandonado a teoria aristotélica, e se pensava que a alma estava presente desde a concepção; foi desse ponto de vista que os casuístas abordaram a questão dos s. XVII a XIX.

c) *Séculos XIX e XX.* — A existência do óvulo foi descoberta em 1827, e o fato de que a concepção resultava da conjunção de dois gametas, em 1875. Isso punha fim à especulação sobre o momento em que o feto podia mudar substancialmente de natureza.

Punha-se então outra questão: se houvesse certeza de que a criança esperada não era viável, e de que a gravidez punha a mãe em perigo de morte, não seria uma possibilidade lícita, e mesmo um dever, salvar pelo menos a mãe por um a. terapêutico? O princípio do duplo efeito (intenção*) parecia inaplicável, mas muitos teólogos tinham a convicção intuitiva de que era perfeitamente justificado salvar nesse caso a vida da mãe. Outros não podiam resignar-se a aceitar o que lhes parecia um homicídio. Quando a questão foi posta ao Santo Ofício, ele não respondeu diretamente: "Isso não se podia ensinar sem perigo" (*DS* 3298).

Foi o Vaticano que tomou então a iniciativa doutrinal nas questões concernentes ao a. Em 1869, Pio IX aboliu uma velha disposição segundo a qual não havia excomunhão enquanto o feto não tinha alma. Pio XI condenou todo a. na *Casti connubii*, (1930, AAS 22, 539-592) e disse que nenhuma necessidade podia justificar o homicídio direto.

Depois da Segunda Guerra Mundial, o Japão adotou uma política demográfica cujo meio principal para limitar os nascimentos era o a. No bloco comunista o a. foi legalizado, e muitas vezes tornado obrigatório quando a política do Estado* era antinatalista. Em 1968, a Federação Mundial do planejamento familiar admitiu o a. como meio de limitar a população mundial. Vinte anos mais tarde, a maioria dos países industrializados tinham adotado o a. quando pedido, mesmo quando há sempre em princípio condições.

A simpatia pelo feminismo e o cuidado com a superpopulação levaram certas Igrejas* cristãs a ver no a. um direito* moral e legal das mulheres. O problema tornou-se mais agudo depois que se fez sentir a necessidade, para a pesquisa ou para os enxertos, de tecidos e de órgãos obtidos pelo a. ou pelo i. Os católicos mais do que nunca se opuseram ao a., no quadro do que João Paulo II chama "cultura da vida" contra uma "cultura da morte" (*Evangelium vitae*, 1995, *AAS* 87, 401-522).

• Sigrid Undset (1934), *Saga of Saints*, Londres. — J. Chahay (1941), "Les moralistes anciens et l'avortement", AnCl 10, 9-23. — J. Noonan (sob a dir. de) (1970), *The morality of Abortion: Legal and Historical Perspectives*, Cambridge (Mas.). — J. T. Burtchaell (1972), *Rachel Weeping and other Essays on Abortion*, Kansas City. — J. Connery, (1977), *Abortion: The Development of the Roman Catholic Perspective*, Chicago. — O. O'Donovan (1984), *Begotten or Made?*, Oxford. — M. A. Glendon (1987), *Abortion and Divorce in Western Law*, Cambridge, (Mas.) e Londres. — D. Folscheid (1992), "L'embryon, notre plus-que-prochain", *Éthique* 4, 20-43. — J.-Y. Lacoste (1993), "Être, vivre, exister: note sur le commencement de l'homme", *RMM* 198, 347-366.

James Turnstead BURTCHAELL

→ *Alma-coração-corpo; Casuística; Igreja/Estado; Família; Médica (ética); Procriação; Sexual (ética).*

AÇÃO/ATO

1. Definição

Para fazer uma teoria da ação, há que distinguir entre acontecimento e ato: um acontecimento se produz, um ato se cumpre. De muitas maneiras se tentou explicar completamente as ações humanas por causas mecânicas, biológicas ou divinas, mas esses diversos reducionismos não dão conta da realidade da escolha e da responsabilidade de nossos atos, coisas de que estamos convencidos e que estão aliás expressas pelo direito*, pela teologia* e pela linguagem corrente.

O elemento decisivo de uma teoria da ação é saber se o agente tem uma razão de agir, ou se ele se propõe um fim quando age. Um ato é, por definição, um evento que se faz acontecer por alguma razão. Um ato materialmente idêntico pode tomar sentidos totalmente diversos, e assim não ser o mesmo ato humano, segundo os fins a que serve. Cortar uma mão, p. ex. pode ser ou um ato de tortura, ou um castigo legal (pena*), como em certos países islâmicos, ou um meio de salvar a vida em caso de gangrena.

2. Concepções históricas

a) *Aristóteles e os estoicos.* — A *Ética a Nicômaco* é uma contribuição fundamental à teoria da ação. Nela, Aristóteles distingue as ações livremente escolhidas (voluntárias) das que são cumpridas sob coação (*EN* III,1) e analisa a ação em seus elementos: o fim (*telos*), a deliberação (*bouleusis*), para determinar os meios, e a escolha (*proairesis*), que permite agir (III, 2-3). A escolha que leva ao ato não é devida nem ao intelecto (*noûs*), nem ao desejo (*orexis*) somente, mas a uma combinação de ambos (VI, 2, 1139 b 4). A maior parte das teorias ulteriores são desenvolvimentos dessas definições, com mais ou menos insistência, segundo os casos, sobre o aspecto racional ou afetivo da ação. Os estoicos lhe trouxeram modificações. Admitiam certo determinismo ligado à ideia de lei* universal e reduziam com frequência o raciocínio prático a uma atitude de submissão à lei. Davam também mais importância à inclinação e aos outros fatores irracionais da ação.

b) *A Escritura.* — Desde a história de Adão* e Eva, a Bíblia* acentua a liberdade* de escolha, a responsabilidade e a obediência a Deus*. A importância da reta intenção* é ilustrada pela história de Caim e Abel (Gn 4), e a necessidade da sabedoria* e da prudência* para viver segundo a vontade de Deus é um dos temas maiores dos Salmos* e dos Provérbios.

Jesus* liga mais profundamente o ato exterior e a disposição interior. Segundo seu ensinamento, não é possível contentar-se nem com ser bem disposto sem agir, nem com agir sem a disposição que se precisa ter; deve haver harmonia total entre atitude interior e ação externa; essa harmonia vem do amor* de Deus e de seu reino*, e supõe uma conversão* total do coração* e do espírito, (cf., p. ex. a parábola* dos dois filhos, Mt 21,28-32, ou a da pérola, Mt 13,45s ou o exemplo dos frutos, pelos quais se conhece a árvore, Mt 7,16-20). Há diferentes fórmulas: permanecer em Cristo* (Jo 15,4s), conformar-se à sua imagem (2Cor 3,17s), caminhar no Espírito* (Gl 5,16-26), para descrever o fato de que as ações do cristão dependem de sua identificação com Cristo, e de sua união de espírito e de coração com ele.

c) *Período patrístico e medieval.* — Para Agostinho*, a vida cristã consiste no conhecimento da vontade de Deus, extraído da Escritura*, no amor de Deus por ele mesmo, e no amor de tudo o mais por amor de Deus. Certos teólogos gregos, de seu lado, conservaram um interesse pela análise filosófica da ação, p. ex. Nemésio (fim do s. IV) e João Damasceno (c. 675 – c. 749). Tomás* de Aquino pôde integrar essas contribuições em sua síntese da teoria aristotélica e do conceito agostiniano da vontade, em que os aspectos afetivos e cognitivos da ação se equilibram. Equilíbrio mais tarde destruído por Duns* Escoto e Guilherme de Occam (c. 1285-1347) que deram uma parte maior à vontade: é a vontade que é responsável pela escolha e pela realização; a razão* só intervém na deliberação; o fim último da ação não é mais levado em conta, e a importância das virtudes* morais é minimizada (Pinckaers, 1985, 247-257).

d) Os Tempos modernos. — O voluntarismo* deforma, em parte, a teologia dos s. XVI e XVII, e até certos comentaristas de Tomás (p. ex. Cajetano [1469-1534] e os carmelitas de Salamanca). As ações são então consideradas isoladamente como outros tantos casos de obediência ou de desobediência à consciência*; assim, se está longe da concepção clássica e bíblica e de sua insistência sobre a importância da sabedoria e da formação do caráter*. Na moral profana, em que não há preocupação com a obediência a Deus, a ação está ainda mais isolada, como em Locke (1632-1704), e não estando mais ligada a seu fim último, a ênfase é posta sobre as paixões* (Hume, 1711-1776) ou sobre a razão (Leibniz* ou Kant*).

No começo do s. XX, deve-se notar duas contribuições marcantes à teoria da ação. Primeiro, foi a obra inovadora de Blondel*, que definiu o dinamismo da vontade como tensão entre a necessidade e a liberdade: ampliando o problema da ação e situando-a no contexto da ciência, da arte e da vida social, Blondel parte da ação para considerar a relação do homem para com Deus. Depois, houve a obra de Freud* que mostra que há vários níveis de motivação, e que um ato não se explica somente por seus motivos confessados, mas também por móveis subconscientes ou inconscientes.

e) Os contemporâneos. — Hoje certos filósofos (E. Anscombe e D. Davidson, p. ex.) não acham satisfatórios nem o behaviorismo nem os outros reducionismos, e são sensíveis aos limites das explicações da ação por fatores irracionais. Retornam à ideia da importância da razão na ação, levando ao mesmo tempo em conta a crença e o desejo. A teoria "causal" de Davidson, p. ex. considera que a totalidade da ação inclui crença, desejo e ação exterior. O essencial aqui é ter mostrado que "ter uma razão" pode considerar-se como fazendo parte da causa da ação. Ainda que alguns (Hornsby, 1980) queiram incluir o conceito de ensaio na ação mental, a teoria de Davidson em geral se impôs; é aliás mais simples e compatível com Aristóteles e Tomás.

O outro problema é o da dimensão exata da ação: seria ela limitada à materialidade do ato, ou inclui seus efeitos diretos? Anscombe (1963, § 23-26) toma como exemplo o caso de um homem que leva água para casa, bombeando-a de um poço envenenado. Se está ciente do estado do poço, a análise de seu ato não deve limitar-se a descrever o conjunto de seus movimentos, mas tem de dizer que se trata de uma agressão contra os habitantes da casa. Goldman (1970) defende a concepção limitada da ação, mas os partidários de uma visão mais ampla, como Anscombe ou D'Arcy, sustentam que se trata ali de uma análise parcial e incompleta (resumo em Neuberg, 1993, 50-83). A questão é importante para a teologia moral, porque só se pode definir a responsabilidade de um ato quando se sabe precisamente em que consiste; isso é essencial para evitar toda mentira e toda racionalização.

3. Os princípios da ação humana

a) Motivação. — Todos os seres agem em vista de um fim, porque são movidos pela necessidade e desejam chegar a um estado de satisfação. O dogma* da criação* permite situar toda essa atividade, originalmente boa, na dependência do plano e da providência* de Deus. Os seres humanos agem por sua própria conta, porque podem formar seus próprios planos e porque seus fins são inúmeros, — o que acarreta evidentemente a possibilidade de se enganarem sobre o que é verdadeiramente bom ou mau (Grisez, 1983, 115-119). Além disso, há que distinguir as ações que valem por si mesmas, e não precisam de outro fim para serem boas ou compreensíveis, p. ex. comer ou entreter-se com amigos, e as que são subordinadas a um fim que pode parecer estranho à ação mesma, p. ex. submeter-se a uma operação para melhorar a saúde.

b) Fatores mentais. — Inteligência e vontade, ou espírito e coração em termos bíblicos, são ambos essenciais à ação. Agem um sobre o outro, e cada um deles exprime pois a unidade da pessoa* em suas atitudes, desejos e crenças. A liberdade humana não é questão somente da vontade, porque a livre escolha depende também da inteligência.

c) Disposições. — A ação humana não é simplesmente uma sucessão de escolhas ocasionais, porque exprime disposições de espírito e de sentimento estáveis que fazem parte da personalidade. Essas disposições (*habitus*) não são adquiridas ao acaso, são estilos de pensamento e de desejo: estão ligadas aos fins e aos valores, e são o fundamento das virtudes (Cessario, 1991, 34-44).

d) A lei e a graça. — Não se trata mais aqui de princípios internos de ação, mas de princípios externos. As leis, sejam elas humanas ou divinas, dirigem a ação para o bem* comum; aplicam-se a situações em que é mister conciliar as escolhas individuais ou precisar o que se deve fazer. A graça* é a ajuda dada pelo Espírito* Santo, para permitir ao agente ver com mais clareza o verdadeiro bem, e ser mais atraído para ele.

4. O processo da ação

Há etapas da ação, desde o desejo geral de fazer alguma coisa até a realização, passando pela elaboração e a decisão. É possível sutilizar, e se chegou às vezes, em análises escolásticas*, a distinguir até uma dúzia de etapas (Gardeil, 1902, 343); mas quando se consideram a inteligência e a vontade como complementares, quatro etapas bastam: a intenção, a deliberação, a decisão e a execução (Westberg, 1994, 119-135). Elas não têm sempre a mesma importância segundo as ações; há atos simples que não pedem muita deliberação, ou então a decisão é muito rápida e é a execução que é longa ou difícil. Para que a ação seja boa, é preciso evidentemente que todas as etapas o sejam — boas disposições e os fins do agente, deliberação aberta e bem fundada, decisão prudente e execução bem conduzida.

5. A avaliação moral das ações

a) Fins, objeto, circunstâncias. — Do ponto de vista moral, as ações voluntárias (excluindo as ações insignificantes e as cometidas por inadvertência) são boas ou más, segundo seus fins e seus meios. Fazer sesta é bom ou mau, segundo se faça para repousar, ou para evitar um dever desagradável.

É interessante distinguir em um ato seu objeto e seu fim (*ST* Ia IIae, q. 18). O objeto, o *finis operis*, ou o fim do ato, é o que o especifica ou o define: é a resposta a ser dada quando perguntam o que se quer fazer (Grisez, 1983, 243-234). O fim, o *finis operantis*, o fim do agente, é o fim remoto da ação, em relação com o ato interior da vontade. Fim e objeto fazem parte da intenção. P. ex. dar dinheiro a alguém é uma ação materialmente neutra; é qualificada moralmente por seu objeto, que pode ser pagar uma dívida, tentar corromper, ou dar uma esmola. Essas ações bem definidas são, por sua vez, modificadas pelos fins que seu autor pode ter, cuidar de sua reputação, servir seus interesses, obedecer a disposições testamentárias, e assim por diante. Mesmo uma boa ação, como dar esmola, pode estar a serviço de fins discutíveis, satisfazer seu orgulho, ou tranquilizar a consciência. Mesmo se o dinheiro dado é útil para quem o recebe, a ação de quem dá não é perfeita. E mesmo no caso em que a intenção do doador é boa, sua ação pode ser má se ele a executa desprezando suas obrigações familiares ou suas responsabilidades. O ato só é verdadeiramente bom se o objeto, o fim e as circunstâncias são todos bons.

b) As consequências do ato. — Certos efeitos são os resultados diretos e queridos do ato, e devem ser considerados como fazendo parte dele. Outros efeitos são os resultados ulteriores do ato, e não devem servir para determinar sua moralidade. Em contraste com as teorias que julgam a bondade de um ato em razão de suas consequências (consequencialismo, utilitarismo*), o cristianismo pensa que os critérios do bem e do mal* estão necessariamente presentes quando se raciocina moralmente à luz da lei divina. Não é que as consequências não contem: é preciso pensar nelas para julgar corretamente uma ação, e elas podem torná-la melhor ou pior, segundo os casos (*ST* Ia IIae, q. 20, a. 5; Grisez, 1983, 239-240).

c) A responsabilidade. — A teoria da ação é muito importante para definir a responsabilidade e para justificar o juízo que fazemos das ações. A responsabilidade do homem que bombeia água envenenada não se limita a suas operações de bombeamento, se ele sabe que o que faz vai prejudicar os habitantes da casa. Mas que dizer dos casos em que a intenção é boa, mas um acidente ou qualquer outro fator modifica o resultado que se espera? Na medida em que esses fatores deveriam ter sido levados em conta, o agente não pode eximir-se da responsabilidade dizendo que não era isso que queria. De fato, a responsabilidade deve estender-se ao que está em nosso poder fazer. Quando se levam crianças a uma excursão, p. ex. não se é responsável pelos galhos que caem, ou pelas tempestades que sobrevêm, mas devem-se conhecer as previsões meteorológicas, ter o que é preciso em caso de urgência, e exercer uma vigilância eficaz.

É preciso notar que não se pode escapar à responsabilidade deixando de agir, como mostra o problema da negligência ou o da omissão. Toda negligência supõe que não se fez o que se deveria, mas se isso se dá às vezes na maneira de agir, às vezes se dá também na maneira de se preparar para agir, quando não é por falta total de reflexão prévia (D'Arcy, 1963, 119). A retidão do desejo e da intenção é essencial: é por isso que as virtudes da prudência e da caridade são de primeira importância para a ação cristã. Algumas vezes, o fato de não agir, ou de agir com negligência, revela maior falta de caridade que os pecados* mais manifestos.

- Aristóteles, *Ética a Nicômaco.* — Agostinho, *De doctrina Christiana*, BAug. 11, 149-54). — M. Blondel, *L'action*, Paris, 1893. — Salmanticenses, *Cursus theologicus*, 20 vol., Paris, 1870-1883, t. III, tract. II. — Nemesius, *De natura hominis*, PG 40. — Tomás de Aquino, *ST* Ia IIae, q. 17-21.

▶ A. Gardeil (1902), "Acte Humain", *DThC* 1, 339-346. — E. Anscombe (1957), *Intention*, Oxford. — E. D'Arcy (1963) *Human Acts; An Essay in their Moral Evaluation*, Oxford. — A. Goldmann (1970), *A Theory of Human Actions*, Princeton. — D. Davidson (1980), *Essays in Actions and Events*, Oxford. — J. Hornsby (1980), *Actions*, Londres. — G. Grisez (1983), *The way of the Lord Jesus*, Chicago. — S. Pinckaers (1985), *Les sources de la morale chrétienne*, Paris. — R. Cessario (1991), *The Moral Virtues and Theological Ethics*, Notre Dame (Ind.). — M. Neuberg (1993), *Philosophie de l'action*, Gembloux. — D. Westberg (1994), *Right Pratical Reason: Aristotle, Action, and Prudence in Aquinas*, Oxford. — R. Ogien (2003), "Ação", *DEFM*, v. 1, 29-38.

Daniel WESTBERG

→ *Bem; Casuística; Ética; Liberdade.*

ACHARD DE SÃO VÍTOR → São Vítor (escola de) e

ADÃO

A. TEOLOGIA BÍBLICA

a) "Adão" em hebraico. — 1/Coletivamente, a humanidade (Gn 1,26s). Ordinariamente precedido do artigo (*ha-*) em prosa, não em poesia, "Adão" (A.) significa "humano", como complemento de um substantivo. 2/Todo membro individual da raça* humana, individualizado ou típico. 3/Nome próprio do primeiro homem (primeira ocorrência certa: Gn 5,1).

b) Gn 1,26s. — *Hâ-'âdâm* (o "A.", coletivo, abrangendo os dois sexos) é criado "à imagem de Deus*", o que se refere, mais que à sua essência racional ou espiritual, ao poder que lhe é conferido sobre as outras criaturas, e diretamente sobre os animais* (Beauchamp, 1987). Na linha de W. H. Schmidt (1964) e sobretudo de Wildberger (1965, 481-483), Deus se manifesta em Gn 1 com as qualidades reais da potência*, sabedoria*, bondade, das quais a "imagem" é o reflexo. *Çèlèm* (esclarecido pelo babilônico *çalmu*, aplicado aos reis e profetas de Marduk: cf. Wildberger, 1965, 258-255) implica os atributos de um vice-rei do deus.

c) Gn 2,4-25. — De tipo mítico, essa segunda narrativa* (fonte javista, mais antiga: cf. Vermeylen, 1980; Briend, 1987) é rica de ensinamentos sutis.

A criação* de *ha-'âdâm* a partir do *'adâmah* (solo) abre um drama: fragilidade e dignidade do homem, proximidade do animal e de Deus. Proibição e sanção pressupõem a responsabilidade, mesmo limitada. A criação da mulher* a partir do homem transporia o mito* da androginia primitiva (Efrém, cf. Murray, 1975, 301-304)? Em todo caso, a mulher é querida como "ajuda". E *kenègedô* ("como *vis-à-vis*"), diz reciprocidade (Gn 2,18.20), o que exclui um estatuto inferior.

A história do primeiro casal* é apresentada como um caso trágico de inocência explorada. Diz-se que os primeiros pais são *'aroûmmîm*, ("nus" denotando aqui a vulnerabilidade), e a serpente se diz *'aroûm* ("astuta"). Homem e mulher, pois, são primeiro vítimas, ainda não adultos, segundo Ireneu* (*Demonstração apostólica* 12. 14) e outros Padres* (Murray, 1975, 304-306). A responsabilidade principal é imputada à serpente: ela é que fala em tornar-se "como deuses" (a *hubris* de criaturas sobre-humanas é um tema escriturístico antigo, cf. Is 14,12-20; Ez 28,1-19), depois de ter inculcado dúvida sobre a benevolência do Criador. A exegese* que procede por decodificação das alegorias sexuais, não faz justiça à importância das palavras e do não dito, especialmente no diálogo de Gn 3,1-5 (Beauchamp, 1990, 115-158). De fato, a palavra "pecado*" não aparece. A serpente é amaldiçoada; não o homem. O solo também o é, em sua relação ao trabalho* humano. Nada obriga a ver um castigo na expulsão do paraíso, porque A. e Eva são assim preservados de ficar indefinidamente na condição em que se puseram (Efrém, *Sobre o Gênesis*, 2,35). A morte* é sanção da desobediência, mas o mito não diz que o homem tenha sido criado imortal (Gn 6,3 poderia sugerir isso). Parábola* ou paradigma da fraqueza humana e de suas consequências, Gn 2-3 devia servir de espelho, convidando cada leitor a compreender melhor a si mesmo (cf. *infra*, *2 Br*): pode ter sido concebido para cumprir essa função.

d) Outros textos do antigo testamento e do judaísmo antigo. — Outro mito da entrada do mal* na terra (queda dos "filhos de Deus" que se unem às mulheres: Gn 6,1-4) chegou a nós numa forma truncada. Gn 6,3 deixa inexplicada a má inclinação do homem. A série narrativa é lacunar; *1Hen* 6–8 (cujo núcleo antigo data do s. III a.C.) diz mais: os anjos* arrastaram os homens. Esse motivo (p. ex. Sl 82) é sem dúvida anterior a Gn 3 e 6 (Barker, 1987). Se Gn 3 o transformou, foi para manter a responsabilidade humana. Mais tarde, Sb 2,24 substituirá a serpente pela "inveja do diabo". No conjunto, a tradição* judaica e cristã lembram que A. é o destinatário direto da proibição, portanto o responsável principal: a diatribe misógina de Sr 25,17-26 (v. 24) não tem alcance doutrinal. 1Tm 2,14 ("E A. não foi o seduzido, mas a mulher que, seduzida, caiu na transgressão") não é autoridade, mas foram dali tiradas lamentáveis consequências.

Tardiamente A. foi exaltado pelo Sirácida (49,16, hb.): o A. coletivo de Gn 1,26s é assim assimilado ao pai* dos homens de Gn 2 (já individual em Gn 5,3, mas não ainda em Gn 5,1s) com as implicações de dignidade real que Fílon de Alexandria saberá nele reconhecer (*De Opificio Mundi*, 148). Tb 8,6 evoca a santidade* do matrimônio* pelas figuras de A. e Eva. Sb 10,1s faz intervir a Sabedoria* logo depois da falta de A.: "... ela o arrancou de sua própria transgressão, e lhe deu a força de dominar tudo"; A. continua sendo *"pai do mundo"*. Inversamente, o papel negativo de A. se acentua, especialmente no fim do s. I de nossa era. — Esse papel é em primeiro lugar *causal*. Segundo *4 Esd* 3,7 (extracanônico), o mal prevaleceu a partir de A. embora a Lei* tenha também habitado em seu "mau coração" (3,20-22). Essa versão pessimista da doutrina das duas "inclinações" (que ocupa no judaísmo* um lugar homólogo ao do pecado original* no cristianismo) é a mais próxima de Rm 5, que provavelmente lhe é anterior. — Esse papel pode também reduzir-se ao de um *exemplo*. Quando *2 Br* (contemporâneo de *2 Esd*) exclama: "Oh A., que fizeste a tua posteridade inteira?" (48,42), pensa na morte e nos outros males (56,6), mas cada pessoa responde por seu destino: advertido pela história da primeira falta, "cada um é o seu próprio A." (54,15). Essa doutrina anuncia antes o ponto de vista da teologia oriental que o de Agostinho.

e) Novo Testamento. — As *Epístolas* de Paulo aos Coríntios e aos Romanos são o lugar principal onde se trata de A. Em outras passagens aparecem algumas alusões em apoio a exortações morais.

Jesus*, interrogado sobre o divórcio, refere-se ao mesmo tempo a Gn 1,27 (criados "macho e fêmea") e a 2,24 ("uma só carne") (Mt 19,4ss; Mc 10,5-8). O nome de A. só aparece nos evangelhos* em Lc 3,38: a genealogia de Jesus remonta a A., e por ele, a Deus. (A propósito de Mc 1,13, cf. animal*.)

Paulo situou A. e Cristo* como dois arquétipos em contraste. Por um nos vieram morte, pecado, privação da graça*. Pelo outro, a volta à graça, "nova criação", promessa* de vida. Mas a graça outorgada supera infinitamente o mal causado. Os interesses de Paulo, por outro lado, não o levam a especular sobre A. Paulo é contemporâneo do desenvolvimento da tipologia, e é inútil recorrer a um "mito gnóstico do redentor" (gnose*) para dar conta de sua teologia.

Em 1Cor 15, o paralelo A./Cristo ("primeiro" e "segundo" A.) reveste duas formas. Em 15,21, um traz a morte e o outro a vida. Mais adiante, (v. 45-49), um é feito da poeira por Deus, o outro é um "homem celeste" (v. 48), "tornado espírito vivificante" (v. 45) em proveito de uma humanidade renovada.

Em Rm 5,12-21, Paulo retoma o paralelismo: A./Cristo e a dissimetria das consequências de sua ação. Esse texto é a principal fonte escriturística da teologia cristã do pecado original, e da justificação*, mas três séculos separam Agostinho* e Paulo: este último deve ser lido por si mesmo, levando em conta seus modelos retóricos. Aos olhos de Paulo A. é uma figura histórica da mesma maneira que Jesus (cf. 5,14: Moisés), mas ambos são concebidos de um modo simbólico, como o tipo e o antitipo (sentidos* da Escritura). É difícil pronunciar-se sobre o gênero de causalidade atribuído ao ato de A. por causa da obscuridade de *eph' hô pantes hèmarton* (Rm 5,12), mas a ênfase é posta, em Rm 5,1-8,39, na *experiência* tanto do pecado como da salvação*, sendo esta incomparavelmente mais forte. Rm 5,12-21 lhe atribui muito mais relevo que ao próprio A., graças ao procedimento rabínico do *qal ve-hômer* (*a fortiori*, ou "quanto mais!": 4 x em 5,9-21). Apesar de tudo, Paulo dirige ao ato de A. um olhar mais sombrio que seus predecessores no judaísmo.

A referência a A. não é sempre certa. Rm 7,7-13 descreve na primeira pessoa a experiência da angústia moral: Paulo falaria de A., de si mesmo antes da conversão* ou de si mesmo depois dela? A questão parece insolúvel. Em Fl 2,5-11, a obediência de Cristo é celebrada como o inverso de um ato ditado a uma criatura pela revolta contra Deus: trata-se de A., do "Lúcifer" de Is 14,12 (Procopé, 1991) ou dos anjos de *1 Hen* 5–6 (opiniões em R. Martin, 1983, 63-84; P. O'Brien, 1991, 263-268)? O texto, poético, pode ter mais de uma chave de interpretação.

• R. Scroggs (1946), *The last Adam*, Oxford. — H. Wildberger (1965), "Das Abbild Gottes, Gn 1-26- 30" *ThZ* 21, 245-259; 481-501. — W.H. Schmidt (1964), *Die Schöpfungsgeschichte der Priesterschrift*, WMANT. — J. Barr (1968), "The Image of God in the Book of Genesis", *BJRL* 51, 11-26; (1972), "Man and Nature — The Ecological Controversy and the Old Testament", *BJRL* 55, 9-32. — C. Westermann (1974), *Genesis, 1-11*, Neukirchen-Vluyn. — R. Murray (1975), *Symbols of Church and Kingdom. A Study in Early Syriac Tradition*, Cambridge. — J. Vermeylen (1980), "Le récit du paradis et la question des origines du Pentateuque", *Bijdr.* 41, 230-250. — R. Martin (1983²), *Carmen Christi*, Grand Rapids. — P. Beauchamp (1987), "Création et fondation de la Loi", in *La création dans l'Orient ancien* (col.) Paris, 139-180. — J. Briend (1987), "Gn 2-3 et la création du couple humain", *ibid.* 123-138. — P. Beauchamp (1990), *L'un et l'autre Testament*, t. 2: *Accomplir les Écritures*, cap. 3: "L'homme, la femme et le serpent", Paris. — P. O'Brien (1991), *The Epistle to the Philippians*, Grand Rapids. — J. Procopé (1991), "Hochmut", *RAC* 15, 795-858. — R. Murray (1992), *The Cosmic Covenant*, Londres.

Robert MURRAY

→ *Agostinismo; Animais; Anjos; Antropologia; Cosmo; Criação; Demônio; Filiação; Mito; Morte; Mulher; Paulina (teologia); Pecado original; Tentação.*

B. Teologia histórica e sistemática

a) Teologia patrística e medieval. — A figura de A. ganhou cada vez mais importância no decurso dos primeiros séculos cristãos: um número crescente de obras apócrifas dele tratavam ou levavam seu nome; o pensamento rabínico conheceu toda uma elaboração mítica de seu personagem, e muitos mitos* gnósticos, enfim, eram de orientação protológica. Para a teologia* patrística, A. era sobretudo ocasião de tratar temas antropológicos gerais; e quando a Igreja* primitiva começou a interessar-se mais e mais pelo próprio A. e por sua criação*, foi sobretudo com a preocupação de definir a verdadeira natureza do homem. É com efeito A. antes da queda, com os dons e qualidades que perdeu por sua culpa, que define a humanidade ideal, o estado que o homem encontraria no momento da ressurreição*.

Os Padres apostólicos* e os apologistas* fazem alguma menção de A., mas o primeiro a estudá-lo seriamente foi Ireneu* em sua luta contra a gnose*. Com Teófilo de Antioquia (fim do s. II), Ireneu concebe A. e Eva (E.) como crianças (*Demonstração da pregação apostólica*, SC 62, 48-57). Mas diferentemente de Teófilo, para quem A. não era mortal nem imortal, mas capaz de tornar-se um ou outro segundo sua atitude para com Deus*, Ireneu pensa que A. era imortal na origem, e que se tornou mortal por sua desobediência, sua recusa de reconhecer Deus como Senhor. Antes da queda, A. tinha firmeza (*parrésia*) perante Deus, e era dotado de liberdade* e de conhecimento. Sua dominação sobre a terra estendia-se aos anjos* (mas isso ainda não era manifesto, por ser ainda criança). A. e E. ainda não tinham idade para ter filhos (*Adv. Haer.* III, SC 211, 440), e ignoravam tudo da concupiscência. Ireneu atribui esse fato ora ao sopro que lhes tinha infundido a vida (um sopro em relação direta com o Espírito* Santo, SC 62, 54), ora a essa "veste de santidade*" que A. "tinha do Espírito", mas que perdeu por sua desobediência (SC 211, 458). Embora se tivessem deixado transviar "desde o princípio" (*ab initio*, SC 211, 384), A. e E. não foram aniquilados, mas foram "recapitulados" em Cristo*, novo A., e em Maria*, nova E., e sua salvação* testemunha a universalidade da economia da salvação.

Os outros Padres* gregos põem a ênfase na perfeição de A. antes da queda. Clemente de Alexandria* (*c.* 150 – *c.* 215) também considera A. e E. como crianças. Depois dele, essa concepção desaparece, e Efrém (*c.* 306-373) critica-a como "pagã", em seu *Com. sobre o Gênesis* (cap. 14). A ideia da infância de A.

é ligada por Clemente à de desenvolvimento: A., certamente, tinha sido criado perfeito, mas isso quer dizer que era capaz de adquirir a virtude* pela aplicação de sua vontade livre, e não que tivesse já a plenitude da virtude (GCS 52, 315 e 480). Esse ponto de vista é particular a Clemente. João Damasceno (*c.* 675 – *c.* 749) resume o ensinamento dos Padres escrevendo que Deus criou o homem inocente, reto, livre de toda tristeza e de toda preocupação, e dotado de todas as virtudes e de todos os bens (PTS, Kotter 2,76). Clemente tem também uma concepção pessoal do ato* de desobediência que constitui a queda: vê um uso prematuro da sexualidade, mesmo se esta é em si mesma natural ao homem (CGS 52, 239 e 243). Essa noção especificamente sexual do pecado* de Adão é rara entre os Padres. É verdade que certos Padres gregos parecem crer que a sexualidade humana, originalmente latente, só teria sido vivida depois da queda, porque não fora criada senão por causa dela (Gregório* de Nissa, PG 44, 177ss; João Damasceno, Kotter, 2, 104 e 228). Mas em geral os Padres concebem a queda como uma "apostasia", o fato de se afastar de Deus, e por vezes, em contexto mais platônico (platonismo* cristão), o fato de se voltar para as coisas do corpo* e dos sentidos (p. ex. Gregório de Nissa, PG 44, 161-164; Máximo* Confessor, PG 90, 628). Quanto à ideia de que a morte* é uma consequência da queda, e portanto de que A. era originalmente dotado de imortalidade, ela encontra-se em todos os textos. Segundo Atanásio*, A., cumulado de graça* desde a origem (PG 26, 292 c), tinha firmeza perante Deus, e se entregava à contemplação* intelectual (PG 25, 8 b). Para Cirilo* de Alexandria e para João Damasceno, A. vivia da contemplação de Deus, quanto sua natureza lhe permitia (PG 76, 637 a; Kotter 2,73). Segundo as homilias atribuídas a Macário, o Espírito Santo estava presente em A. no paraíso, instruindo-o e inspirando sua conduta — mas isso não retirava a A. seus "pensamentos naturais" nem o desejo de realizá-los (PTS, Dörries, 10-111). Segundo João Damasceno, a graça era a condição original do homem, e lhe era dada para que pudesse viver em comunhão* com Deus (Kotter 2, 104). Encontra-se por toda parte a ideia de que A. possuía ciência e sabedoria*, foi assim que ele teve o privilégio de dar nome aos animais* (Gn 2,19ss) mas não se trata especialmente do caráter "infuso" (cf. Sr 17,6s) dessa ciência. Para Cirilo de Alexandria, contudo, A. não adquiriu essa ciência com o tempo*, como nós; tinha-a desde o começo (PG 73, 128 c). Para outros Padres, A. conhecia a existência do bem* e do mal*, mesmo antes da queda, mas esse conhecimento se tornou, depois, fato de experiência (p. ex. João* Crisóstomo, PG 54, 605 e 610).

Os primeiros escritores latinos (sobretudo Tertuliano*) limitaram-se a retomar a maior parte dessas posições, e foi a controvérsia pelagiana que incitou o Ocidente (sobretudo Agostinho*) a aprofundar sua reflexão sobre A. Segundo Agostinho, A. era plenamente adulto (CSEL 60, 68-69). A. tinha uma experiência* direta de Deus, que lhe aparecia e falava com ele (CSEL 28-1, 257-258), o que não quer necessariamente dizer que o percebesse por seus sentidos corporais (CChr. 50. 103). No paraíso, A. e E. não conheciam nem perturbação da alma*, nem desordem do corpo (CChr. SL 48, 430), porque antes da queda, na condição natural do homem, todos os membros de seu corpo e todos os movimentos de sua alma estavam submetidos à sua vontade, que por sua vez estava submetida a Deus, a tal ponto que até a procriação* teria lugar por decisão voluntária, na tranquilidade do espírito e não em um estado de excitação passional (ibid., 449). Essa submissão harmoniosa do corpo à alma era devida à graça divina de que A. gozava no paraíso. Quando a perdeu por desobediência, ficou submetido aos desejos da carne* (ibid., 395): porque não quisera obedecer, era justo que seus desejos não mais lhe obedecessem (ibid., 443). O II concílio* de Orange (529) confirmou que A. tinha sido criado em estado de graça (cân. 19).

A teologia escolástica* propôs uma visão sistemática da condição original de A. Segundo Tomás* de Aquino, A. foi criado em plena maturidade de espírito e de corpo, pronto para ter filhos e dotado de um ciência infusa no que

diz respeito tanto ao conhecimento das coisas naturais, como ao das sobrenaturais* (ST Ia, q. 94, a. 3). Tomás admite que A. ordinariamente não via a Deus em sua essência, mesmo se talvez o viu em êxtase no sono em que Deus o mergulhou (Gn 2,21), mas tinha, segundo ele, um conhecimento* de Deus mais alto do que nós (Ia, q. 94, a. 1). Pensa também que se A. não tivesse pecado não teria conhecido o erro (Ia, q. 94, a. 4). Pedro Lombardo (c. 1100-1160) e Alexandre de Hales (c. 1186-1245) distinguem entre duas espécies de graça: a ajuda dada no momento da criação, que tornava o homem capaz de evitar o mal e de viver sem pecado, mas não de fazer o bem, e a graça santificante, que torna capaz de fazer o bem, de viver espiritualmente e de esperar a vida eterna* (Lombardo, Sent., l. 2, d. 24, c. 1; Alexandre de Hales, ST 2, 505). Para Tomás, ao contrário, A. possuía a graça santificante, associada, como em Agostinho, à submissão harmoniosa do corpo à alma, das potências inferiores à razão* e da razão a Deus, tornando-o capaz de atos meritórios (ST Ia, q. 95, a. 1). Nem por isso, Tomás identifica a graça santificante à justiça* original: a primeira é causa eficiente da segunda, e não seu constituinte formal. Em sua condição primeira, A. não era em nada constrangido por paixões* ingovernáveis (ibid., a. 2) e tinha todas as virtudes que convinham a seu estado (ibid., a. 3), e não teria podido cometer pecado venial (ST Ia IIae, q. 89, a. 3). O concílio* de Trento* afirmou que A. possuía "santidade e justiça" antes da queda (5ª sess., cân. 1 e 2), mas não levantou a questão do momento em que tinha recebido a graça santificante, o que está bem na linha dos concílios, sempre mais reservados do que os teólogos a respeito de A.

b) Teologia moderna e contemporânea. — Com Darwin e a teoria da evolução*, os teólogos tiveram de repensar uma boa parte de tudo o que concernia a criação* e o estado original do homem. Para isso encontraram um clima favorável na nova interpretação da ideia de imagem de Deus* que já tinha surgido no s. XVIII: para J. G. Herder (1744-1803) p. ex. devia-se compreendê-la como um destino: não era mais um estado passado e perdido da humanidade, mas um termo para o qual ela tendia. A renovação da crítica bíblica, em particular com J. G. Eichhorn (1752-1827), um dos primeiros a ver nas narrações* da criação mitos ou sagas, contribuiu igualmente a fazer aceitar essa ideia de uma humanização gradual e histórica do homem. Sob a influência dessas duas correntes de pensamento, combinadas um pouco mais tarde com o darwinismo, os teólogos protestantes, de Schleiermacher* a Troeltsch (1865-1923) acabaram por abandonar a ideia de uma perfeição original de A. que teria sido perdida pela queda. Substituíram-na por diversas hipóteses, em que a perfeição do homem era assimilada a um fim, ou a um destino, ainda por realizar.

De todas as tentativas para repensar a doutrina do estado original, uma das mais importantes e das mais interessantes é a de Kierkegaard*. No *Conceito da angústia*, ele não vê tanto um começo histórico — "hipótese fantástica" da teologia* — como um estado supra-histórico. Pretende explicar a relação entre o primeiro pecado e o pecado hereditário (pecado original*), e assim tem de retornar ao personagem de A., porque explicar o pecado de A. é explicar o pecado hereditário. Com efeito, "o homem é um indivíduo, e enquanto tal é ao mesmo tempo ele mesmo e todo o gênero humano", de modo que o indivíduo participa do gênero humano, e vice-versa. Aí está a perfeição do homem. Mas é também uma contradição, pois o indivíduo não é o gênero, e nisso está "a expressão de uma tarefa" (cap. 1, §1). No começo da *Doença de morte* (1849), Kierkegaard mostra que essa tarefa é impossível, o que acarreta o desespero. A "tarefa" de reconciliar a natureza individual do homem e sua identidade com o gênero humano vem a dar na consciência de uma identidade perdida. O estado original do homem e a queda tornam-se assim supra-históricos, mas nem por isso menos reais.

Sob o *leitmotiv* do homem "preso na contradição", encontramos um desenvolvimento da concepção kierkegaardiana em E. Brunner (1889-1966), que também tenta conceber um estado original com base em uma análise da angústia. Perante um homem que tem a dupla experiência de sua "grandeza" e de sua "miséria", a teologia propõe interpretar essa experiência como a de um conflito que opõe a origem e a contradição oposta a essa origem (1937, cap. 5). Brunner aceita a ideia de que não "resta nada" da imagem cristã tradicional das origens do homem e seu propósito — quando ele próprio sustenta a linguagem da origem — é falar de um homem que se origina no pensamento, na vontade e na atividade criadora de Deus: a origem de que se trata deve, pois, ser distinguida (mas não cortada, certamente) dos começos empíricos do homem — no seio materno, no caso do indivíduo, no primeiro ser "humano", se se trata da espécie. Essa "origem" sozinha permite perceber o sentido da condição humana concreta i.e., o sentido de uma existência que contradiz sua própria origem. É por isso que o estado original segundo Brunner, não é um período histórico ou pré-histórico, mas um "momento histórico", o de uma obra divina de criação que conhecemos apenas pela experiência de sua contradição por meio do pecado.

Em todas essas tentativas para dar uma significação nova ao conceito de estado original (cf. p. ex. também R. Niebuhr [1892-1971] ou H. Thielicke), considera-se que, se o homem na verdade perdeu, em certo sentido, sua identidade e sua vocação originais, não se trata verdadeiramente de um evento histórico, mas antes de um postulado supra-histórico, destinado a explicar o estado presente da condição humana. Essas reinterpretações existenciais do estado e da queda originais permitem certamente eludir os problemas postos pela teoria da evolução*, mas se pode questionar se apresentam uma forma sustentável do ensino tradicional. Entendendo-se por "origem" a fonte da criação, em lugar do começo histórico, que pensar então de A.? E a perda de uma perfeição original não implica que antes se a tenha possuído, e portanto que houve uma sucessão de eventos?

A teologia católica contemporânea prefere a essas interpretações "existenciais" a busca de uma harmonia entre a teologia tradicional e a ciência (ciências* da natureza). Ao mesmo tempo em que critica certos aspectos da teoria da evolução como incompatíveis com o pecado original (p. ex. a origem múltipla da espécie humana — monogenismo/poligenismo*) ela conserva o essencial da doutrina tradicional, lembrando que a paleontologia não pode demonstrar que Deus não intervém na história*. Portanto, nada impede de reafirmar que cada alma humana é imediatamente criada por Deus. E se verdadeiramente o primeiro homem teve uma existência "primitiva", isso não é uma razão para excluir a possibilidade de uma amizade entre Deus e ele; quanto aos dons preternaturais de que desfrutava, pode-se ver aí perfeições possíveis e ainda não realizadas (Gardeil).

A teologia recente quase não pratica mais a interpretação existencial; toma também suas distâncias em relação a Bultmann* e a seu programa de desmitologização, que via no mito* o sintoma de uma maneira de pensar totalmente superada pela mentalidade científica. Graças a pesquisas feitas no domínio da religião comparada (aos trabalhos de Mircea Éliade, em particular) tornou-se a ler as narrações bíblicas da criação de A. como mitos, ou mais precisamente como narrações etiológicas. Há que ver no mito, situado no tempo das origens, uma legitimação do mundo, e não uma forma primitiva de explicação (no sentido moderno do termo "explicação"). Por outro lado, um dos elementos essenciais do mito é sua ligação com o rito pelo qual é representado e re-experimentado. Mas os diferentes elementos da mitologia babilônica donde vêm as imagens das narrações* do Gênesis foram incorporados na cronologia dessas narrações, e não podem mais ser reproduzidos ritualmente. Houve uma "historicização do mito", segundo a expressão de Pannenberg. As imagens míticas servem para esclarecer certas experiências essenciais: o desejo sexual, as dores do parto, a pena do trabalho*, e enfim, a morte (Gn 2,23; 3,16-19). Servem também para opor nossa experiência atual a uma vida diferente e melhor, que o homem conheceu originalmente e perdeu. Porém mais importante ainda é a relação estabelecida entre o estado original e a perfeição escatoló-gica. A Bíblia* serve-se das mesmas imagens para evocar o paraíso e o estado original de A. ou os tempos messiânicos vindouros. Contudo os tempos últimos não são um simples retorno aos tempos primitivos, como o queria a natureza cíclica do mito, nem o estado último é uma simples reiteração do estado original, mas um estado melhor e mais perfeito. A teologia contemporânea não lê mais a narração do Gênesis como se se tratasse de uma história factual das origens do gênero humano, mas inscreve sua protologia em uma escatologia*, de modo que A. é de novo compreendido segundo a tipologia paulina* da relação de A. e Cristo.

• S. Kierkegaard (1844), *O conceito da angústia*; (1849), *A doença de morte*. — J. B. Kors (1922), *La justice primitive et le péché originel d'après saint Thomas*, Kain (Bélgica). — A. Slomkowski (1928), *L'état primitif de l'homme dans la tradition de l'Église avant saint Augustin*, Paris. — I. Onings (1936), "Adam", *DSp* 1, 187-195. — E. Brunner (1937), *Der Mensch im Widerspruch*, Berlim. — M. Éliade (1949), *Le mythe de l'éternel retour. Archétypes et répétitions*, Paris. — B. S. Childs (1960), *Myth and Reality in the Old Testament*, Londres. — G. W. H. Lampe (sob a dir. de) (1961), "Adam", PGL, 26-29. — A. Patfoort (trad.) e H. D. Gardeil (com.) (1963), *ST* Ia, q. 90-102: *Les origines de l'homme*, Paris. — W. Pannenberg, (1972), *Christentum und Mythos*, Gütersloh; (1983), *Anthopologie in theologischer Perspective*, Göttingen.

John BEHR

→ *Alma-coração-corpo; Antropologia; Criação; Evolução; Monogenismo/poligenismo; Morte; Mulher; Pecado original.*

ADÃO DE SÃO VÍTOR → São Vítor (escola de) e

ADÃO DE WODEHAM → nominalismo III. 2

ADOCIANISMO

a) A palavra "adocianismo" (a.) nasceu no s. VIII, por ocasião da controvérsia espanhola (cf. *infra*); foi estendida para posições anteriores e posteriores para designar o que pode ser antes caracterizado como uma "tentação" permanente da teologia* do que como uma "heresia*": tentação daqueles que não dispõem de uma noção de Deus* segundo a qual ele pode comunicar-se até mesmo a ponto de introduzir uma criatura no mistério* da geração divina. Então Cristo*, seja qual for sua dignidade, permanece uma criatura adotada, escolhida. O interesse do estudo do a. reside na identificação das razões que levaram a ceder à tentação.

b) Há *três tempos fortes* da tentação adocianista: na Igreja* antiga, na crise espanhola, na controvérsia escolástica. Na *Igreja primitiva*, que deve elaborar suas fórmulas de fé* em meios judaizante, helenístico, gnóstico (gnose*), a complexidade das tendências é grande.

No judeu-cristianismo* de forma ebionita, o a. está talvez ligado a uma avaliação teológica muito elevada do batismo* cristão como conferindo a adoção filial (*huiothesía*) no termo do combate simbólico contra as potências do mal*: Cristo aparece então como o homem em que tal adoção se realizou de maneira exemplar, constituindo-o Messias*, e, de certo modo, Princípio de toda santificação batismal ulterior. Tais concepções se encontram, mas fora de qualquer influência litúrgica, nas primeiras formas do cristianismo helenístico, de Teódoto de Bizâncio a Teódoto Banqueiro, Artemon e Paulo de Samotrácia; recebem então um apoio mais intelectual graças a uma utilização da lógica grega que conduz a acentuar a distinção entre Deus e o homem, fundando-se sobre a irredutibilidade de conceitos unívocos. Contudo, como nota J. Wolinski, "a redução de Cristo a ser apenas um homem chocava-se muito diretamente com a fé dos cristãos, para que o a. tivesse um impacto profundo na história das doutrinas" (B. Sesboüé [sob a dir. de] [1994], *Histoire des dogmes* I, Paris, 179).

O a. *espanhol* do fim do s. VIII está ligado à tradição espanhola de luta pela ortodoxia* de Niceia (concílios* de Toledo). Para melhor estabelecer contra o arianismo*, ou inversamente, contra as formas remanescentes de modalismo*, a divindade do Filho de Deus, separa-se esta de sua humanidade, considerada então como "adotada": a filiação* de Cristo é natural, no nível da divindade, mas adotiva e fruto da graça* no nível da humanidade: *unigenitus in*

natura, primogenitus in adoptione et gratia (PL 101, 1324). O a. está aqui ligado aos nomes de Elipando de Toledo e de Félix de Urgel; sua refutação (*propter unitatem personae, unus Dei Filius et idem hominis filius, perfectus Deus, perfectus homo, ibid.*, 1337) inscreve-se no conjunto das opções dogmáticas do concílio de Frankfurt (794).

O a. *escolástico* tem talvez origens mais filosóficas: está ligado a um manejo não competente de categorias lógicas redescobertas recentemente no pensamento teológico.

Esquematicamente, este é o procedimento: 1/não é possível pôr "Deus" e o "homem" em uma relação de atribuição, de modo que as fórmulas "Deus é homem, o homem é Deus" são impróprias. 2/ Posto isso, já que "Deus" é incontestavelmente substância e pode ser sujeito de atribuição, não se pode dizer que "homem" designe a substância; em termos técnicos, ele não é nem *persona*, nem *aliquid*. 3/Como então se pode falar da união entre Deus e o homem em Cristo? Tal é o ponto de partida das três posições desenhadas por Pedro Lombardo nas *Sentenças* (l. III, d. 6-11), entre as quais se repartem os mestres da primeira escolástica desde Abelardo*: teoria do *habitus*, que considera a humanidade como um "vestimento" da divindade, a teoria do *assumptus* segundo a qual é um homem que é assumido, e teoria do *subsistens*. Enquanto esta última anuncia o pensamento da alta escolástica* sobre a união hipostática*, as duas primeiras favorecem uma ressurgência do tema da adoção.

Faltava sem dúvida aos primeiros escolásticos uma análise um pouco aprofundada da distinção entre pessoa* e natureza, permitindo ver claramente, de um lado, que a filiação concerne sempre a pessoa, e de outro, que as atribuições lógicas têm uma economia específica, em se tratando de Cristo (comunicação dos idiomas*).

c) Pode-se dizer que a "tentação" adocianista retorna com a *modernidade* justamente por causa da crise de um pensamento sobre Deus? Não parece. O pensamento cristológico de Newton, por exemplo, é conscientemente ariano; quanto a Espinosa e a Lessing, sua visão de Cristo é a do *Summus Philosophus*, educador perfeito do gênero humano, fora de toda a visão trinitária

(Trindade*) de Deus, e portanto de toda perspectiva da encarnação* mesmo sob o modo de adoção. A escola escotista contemporânea, à qual estão ligados os nomes de Deodato de Basly e de Léon Seiller, retoma o tema do *assumptus homo*, mas sem cair formalmente no adocianismo. Hoje, a tentação adocianista podia ter lugar em certos tipos de "cristologia* de baixo", notáveis por sua dificuldade em dizer em termos próprios (e não só alusivos ou figurados) a dimensão divina de Jesus Cristo — talvez justamente por não disporem de linguagem sobre Deus.

• E. Portalié (1902), "Adoptianisme", *DThC* 1, 403-421. — Deodato de Basly (1928), "L'assumptus homo. L'emmêlement de trois conflits, Pélage, Nestórius, Apollinaire", *La France fransciscaine* XI, 265-313. — G. Bardy (1933), "Paul de Samosate", *DThC* 12, 46-51. — L. Seiller (1944), *L'activité humaine du Christ selon Duns Scot*, Paris. — L. Ott (1953), "Das Konzil von Chalkedon in der Frühscholastik", *in* Grillmeier-Bacht (sob a dir. de), *Das Konzil von Chalkedon, Geschichte und Gegenwart*, t. II, Würzburg, 909-910. — J. Daniélou (1958), *Théologie du judéo-christianisme*, Paris, (1991², 284-293). — A. Landgraf (1965), *Dogmengeschichte der Frühscholastik*, II, 1, Regensburg, 116-137. — A. Grillmeier (1979), *Jesus der Christus im Glauben der Kirche* I, Friburgo-Basileia-Viena. — A. Orbe (intr.) (1985), *Il Cristo*, Milão, xlvii-lviii.

Ghislain LAFONT

→ *Cristo/cristologia; Encarnação.*

AELRED DE RIEVAULX → Bernardo de Claraval 3

AFONSO DE LIGÓRIO, 1696-1787

Afonso de Ligório (A. de L.) foi um espírito precoce: de família abastada, recebeu uma formação clássica na casa paterna antes de inscrever-se, aos doze anos, na faculdade de Direito*. Em 1713 obteve seu doutorado *in utroque jure* (direito civil e direito* canônico), e começou a exercer a profissão de advogado. Em 1723, deixou os tribunais e entrou para o seminário onde estudou a teologia* moral, em particular no tratado com laivos de rigorismo jansenista

de François Genet (1640-1702), o "chefe de fila dos probabilioristas" (*Morale de Grenoble*, 1677). Ordenado sacerdote* a 21 de dezembro de 1726, exerceu primeiro seu ministério* em Nápoles, entre gente "devassa e dissoluta", depois em um meio rural inculto e ignorante das coisas da fé*. Para desenvolver o apostolado entre os camponeses, A. de L. fundou em 1732 uma congregação de sacerdotes missionários, aprovada em 1749-1750 por Bento XIV com o nome de Instituto do Santíssimo Redentor (os redentoristas). Dirigindo-se ao papa* em 1748, ele explica o seu objetivo: "Com ajuda das missões, das instruções e de outros exercícios, pôr-se a serviço das almas* dos pobres camponeses que são os mais privados de socorros espirituais, que carecem muitas vezes de ministros, de sacramentos* e da palavra* divina". O exercício do ministério pastoral e sobretudo a prática da confissão fizeram então A. de L. evoluir do probabiliorismo ao probabilismo, e depois ao equiprobabilismo. Quando seminarista e jovem sacerdote, era partidário do probabiliorismo, que exigia que se seguisse, em cada caso de consciência*, a opinião "mais provável", i.e., de fato, a mais segura (tutiorismo) ou a mais rígida (rigorismo). Com o apostolado rural, é ao estudo da *Medulla theologiae moralis* do jesuíta alemão Herman Busenbaum (1600-1688), probabilista equilibrado, que A. de L. deve essa evolução do probabiliorismo ao probabilismo — a *Medulla*, livro capital para a história da casuística*, teve mais de duzentas edições entre 1645 (1ª) e 1776. Desse período (1748 e seguintes) datam muitas *Dissertações* e *Anotações* à *Medulla* (que constituem a primeira edição da *Theologia moralis*).

Introduzido pelo dominicano de Salamanca B. Medina (†1580), o probabilismo consiste em defender que, nos casos duvidosos, é lícito seguir a opinião *provável*, ou seja, argumentada e sustentada por fortes razões e *aprovada* pela autoridade dos peritos (um ou vários "doutores graves"): uma opinião provável pode ser seguida, mesmo se a opinião contrária é mais provável. A probabilidade não remete a uma possibilidade qualquer, mas a uma prova, em seu sentido primeiro: *probabilis* significa "plausível" ou "provável", no sentido de "aprovável". Em 1762, A. de L. publica a dissertação italiana sobre o uso moderado da opinião provável (*Dissertazione sull'uso moderato dell'opinione probabile*) em que sua doutrina encontra uma expressão definitiva. Ali expõe seu sistema, denominado *equiprobabilismo* e fundado sobre três grandes princípios. O primeiro assim se enuncia: "Se a opinião que é em favor da lei* (*pro lege*) parece certamente mais provável, somos obrigados a segui-la, e não podemos seguir a opinião contrária que é a favor da liberdade*". Esse princípio esclarece a primazia da verdade*, na medida em que a ação humana deve fundar-se sobre uma autêntica busca desta. O segundo princípio afirma: "Se a opinião que é em favor da liberdade é somente provável ou igualmente provável (*aeque probabilis*) à que é em favor da lei, não podemos segui-la somente por ser provável". A. de L. sublinha que uma probabilidade muito pequena não é mais probabilidade, mas apenas uma falsa aparência de probabilidade. Também refuta o princípio amplamente admitido na época moderna: "*Qui probabiliter agit, prudenter agit*" ("Quem age provavelmente, age prudentemente"). O terceiro princípio sustenta que "quando duas opiniões contrárias são igualmente prováveis (*aeque probabiles*) a opinião em favor da liberdade beneficia da mesma probabilidade que a opinião em favor da lei. Por conseguinte, a existência da lei é duvidosa". A lei, para obrigar, deve ser promulgada de maneira a determinar também a convicção de que tal lei realmente existe. Se falta essa promulgação, a lei é duvidosa, e por conseguinte não obriga. A. de L. defende pois o princípio tradicional *Lex dubia non obligat*. Com o equiprobabilismo, esclarece três noções fundamentais que, longe de serem conflitantes, equilibram-se e sustentam-se mutuamente: a da verdade, a da liberdade, e a da consciência, esta última definida como "o juízo ou o *diktat* (*dictamen*; a palavra vem de Tomás* de Aquino, *ST* Ia, q. 79, a. 13) prático da razão*, pelo qual julgamos o que é bom e a fazer, e o que é mau e a evitar". É pelo desenvolvimento original do papel primordial da consciência que A. de

L. não é apenas um epígono dos casuístas do século anterior, cujo sistema equiprobabilista constituiria o último avatar da doutrina da probabilidade, mas sim o contemporâneo de Jean-Jacques Rousseau. A. de L. expõe seu sistema na *Theologia moralis:* acrescentando a suas *Annotationes* sobre a *Medulla* de Busenbaum (1 vol., 1748) desenvolvimentos pessoais, publica em Nápoles (1753-1755) os dois volumes da segunda edição, que se tornam verdadeiramente uma obra original. A *Theologia moralis*, continuamente revista e aumentada, teve novas edições durante a vida do autor (a 9ª edição, Veneza, 1785, comporta três volumes) e numerosas edições no s. XIX, ao longo do qual sua influência foi considerável (em particular sobre a atitude dos confessores para com a vida íntima dos esposos e as condições da procriação*).

Nomeado em 1762 bispo* de Santa Agata dei Goti, Benevento, A. de L. não queria realizar um trabalho especializado de especulação teológica, mas elaborar uma teologia a serviço da pastoral, e enriquecer a piedade dos fiéis: entre as numerosas obras que redigiu, em latim e em italiano, indo da tecnicidade mais alta à expressão mais popular, contam-se uns cinquenta textos de piedade, entre os quais as célebres *Glórias de Maria*, 1750, um dos livros mais importantes da devoção mariana. Depois da *Theologia moralis*, A. de L. redigiu certo número de pequenos tratados, entre os quais há que mencionar *O confessor dos camponeses* (1764; obra precedida da *Instrução prática dos confessores, ou Grande prática*, 1757, resumo da *Theologia moralis* para uso dos confessores), destinado aos sacerdotes rurais, "que são pouco versados no estudo da moral, e que não podem comprar livros caros, para torná-los capazes de ouvir as confissões dos camponeses". O exercício da confissão constitui um aspecto essencial da teologia moral de A. de L., que visa restabelecer uma relação de confiança entre o confessor e o penitente, e restituir à confissão sua dimensão de ato de amor*. Desse ponto de vista compreende-se por que A. de L. se opõe à prática jansenista do adiamento da absolvição sacramental. Esse adiamento era justificado pelas frequentes recaídas dos pecadores nos mesmos pecados*. A. de L. retoma a distinção entre "habitudinário" e "recidivista", que a teologia moral tinha elaborado: o habitudinário confessa pela primeira vez um pecado que comete muitas vezes, e o recidivista é o que recai no mesmo pecado depois de tê-lo confessado. Precisando essa distinção, A. de L. não hesita sobre o caso do primeiro: deve ser absolvido se manifesta um sincero arrependimento. O caso do recidivista é mais delicado: A. de L. observa que, de maneira geral, as recaídas, mesmo frequentes, não são incompatíveis com a resolução de não mais pecar e são a esse título susceptíveis de absolvição. Perito em humanidade, A. de L. constata que dar a absolvição constitui muitas vezes um remédio melhor do que diferi-la. Além disso, declara-se favorável a penitências proporcionais à natureza da falta, e que não incitem o penitente a afastar-se do confessionário. E para melhor ir a Deus*, A. de L. convida a uma comunhão* frequente, e mesmo, cotidiana.

O grande título de notoriedade de A. de L. é ter contribuído para fazer recuar o rigorismo no seio do catolicismo* e ter aberto o caminho a uma teologia moral mais ampla e mais compreensiva para com as fraquezas humanas. Foi canonizado em 1839 e declarado doutor* da Igreja* em 1871. Sua *Theologia moralis*, que lhe vale seu estatuto de doutor, constitui sem dúvida o último grande monumento da doutrina da probabilidade; depois dele a casuística parece ter entrado em irremediável declínio.

• M. de Meulemeester (1933-1939), *Bibliographie générale des écrivains redemptoristes* (até 1939), 3 vol., La Haye-Louvain. — A. Sampers (1953), *Bibliographia alphonsiana 1938-1953, SHCSR* 1; (1957), *Bio-bibliographia, C.SS.R., 1938-1956, ibid. 5;* (1960), *Bibliographia scriptorum de systemate morali S. Alfonsi et de probalismo, 1787-1922, ibid.* 8; (1971), *Bibliographia alfonsiana, 1953-1971, ibid.* 19; (1972), *1971-1972, ibid.* 20; (1974), *1972-1974, ibid.* 22; (1978) *1974-1978, ibid* 26. — Trad. fr. das *Obras completas*, ed. Dujardin, Paris, 1885, 18 vol. — Edição crítica das obras ascéticas pelos redentoristas, 7 vol., Roma, 1933 (em via de reed. em 18 vol. nas Edizioni di Storia e Letteratura di Roma). Em português:

A prática do amor a Jesus Cristo, Aparecida, 2002; *De bem com Deus*, Aparecida, 2001; *Uma estrada de salvação*, Aparecida, 2002; *Tempo de eternidade*, Aparecida, 2002; *Como conversar com Deus*, Aparecida, 1984; *A oração*, Aparecida, 1986; *A vontade de Deus*, Aparecida, 1986.

▸ J. J. I. von Dollinger e F. H. Reusch (1889), *Geschichte des Moralstreitigkeiten in der römischkatholischen Kirche*, 2 vol., Nördlingen (reed. Aalen, Scientia Verlag, 1968), t. I, 356-476. — C. Liévin (1937), "A. de L.", *DSp* 1, 357-389. — J. Guerber (1973), *Le ralliement du clergé français à la morale liguorienne. L'abbé Gousset et ses précurseurs (1785-1832)*, Roma. — A. Dimatteo (1980), "Il differimento dell'assoluzione in S. Alfonso. Gli abituati o consuetudinari e i recidivi", *SHCSR* 28, 353-450. — T. Rey-Mermet (1982), *Le saint du siècle des Lumières. A. de L.*, Paris. — L. Vereecke (1986), *De Guillaume d'Ockham à saint A. de L. Études d'histoire de la théologie morale moderne*, Roma. — M. Vidal (1986), *Frente al rigorismo morale: benignidad pastoral. Alfonso de Liguori (1696-1787)*, Madri. — D. Capone (1987), "La Theologia moralis di S. Alfonso. Prudenzialità nella scienza casistica per la prudenza nella coscienza", *StMor* 25, 27-77. — T. Rey-Mermet (1987), *La morale selon saint A. de L.*, Paris *A moral de Santo Afonso de Liguori*, Aparecida, 1991). — Col. (1988), *A. de L. pasteur et docteur*, Paris.

Massimo MARCOCCHI

→ *Casuística; Consciência; Intenção; Jansenismo; Missão; Penitência; Prudência; Sexual (ética); Suárez.*

ÁGAPE

A partir do fim da era apostólica (Jd 12; Inácio de Antioquia, *Smyrn.* 8, 1) os cristãos deram o nome de ágape às refeições comunitárias distintas da eucaristia* e acompanhadas de orações*. Esse nome de ágape é tomado do nome grego que designa a caridade, cujo aspecto comunitário ele sublinha.

As narrações do NT sobre a eucaristia mostram que existia originalmente um elo entre a celebração eucarística e uma refeição fraterna (cf. essencialmente, a propósito do cálice bento depois da refeição, 1Cor 11,25 e Lc 22,20), mas esse elo não é mais atestado depois do NT, senão talvez pelo leite e pelo mel oferecidos aos novos batizados, segundo a *Tradição apostólica*, entre sua comunhão* ao pão e sua comunhão ao cálice (Gy, 1959), assim como talvez — mas essa hipótese não é certa — na tarde da Quinta-Feira Santa. Na articulação entre a era apostólica e o período seguinte, o pequeno escrito intitulado a *Didaché* (*Doutrina dos doze apóstolos*) menciona refeições religiosas: os historiadores discutem sobre seu caráter.

O ágape é atestado com frequência nos escritos dos s. II e III, e seu desenvolvimento é descrito na *Tradição apostólica* (cap. 26). Parece que em seguida perdeu sua importância.

- P.-M. Gy, "Die Segnung von Milch und Honig in der Osternacht", *in* B. Fischer e J. Wagner (sob a dir. de), *Paschalis Sollemnia. Festschrift J. A. Jungmann*, Friburgo, 206-212. — W.-D. Hauschild (1977), "Agapen", *TRE* 1, 748-753. — W. Rordorf e A. Tuillier (1978), *La doctrine des douze Apôtres* (*Didaché*), Paris. — E. Mazza (1992), *L'anafora eucaristica. Studi sulle origini*, Roma.

Pierre-Marie GY

→ *Eucaristia.*

AGAPÉ → amor

AGNOSTICISMO

1. Generalidades

Foi tardia sua aparição no vocabulário francês, recebido do inglês (Th. H. Huxley, 1869); "agnosticismo" (agn.), no sentido literal, designa a tese segundo a qual Deus* é incognoscível, o que se traduz, pois, pela suspensão de todo juízo sobre sua existência. Por esse aspecto, o agn. se aparenta com o ceticismo e tenta introduzir uma distinção entre a negação dogmática da existência de Deus, e a simples recusa de pronunciar-se sobre ele. A dimensão crítica, própria à suspensão agnóstica do juízo, é contudo ambivalente. Situar a Deus acima da ordem do cognoscível pode ser uma maneira de reconhecer sua eminência. Mas ao dizer que Deus é inexistente para o pensamento, também pode ser recusar-lhe toda e qualquer existência. Historicamente, foram as afinidades entre agn. e ateísmo* que prevaleceram.

2. Pano de fundo filosófico

a) Ceticismo. — A dúvida cética se estende no pirronismo antigo até o conhecimento dos deuses, embora Sexto Empírico "afirme sem dogmatismo que os deuses existem" (*Hypotyposes* III, 2). Essa afirmação se funda sobre o simples fato antropológico da piedade, que seria impossível se o divino não existisse. Mas recusa toda demonstração, e não podemos formar nenhum conceito de Deus (*ibid.*, III, 3): "Igualmente, por não conhecermos a essência de Deus, somos incapazes de conhecer e conceber seus atributos*" (*ibid.*, III, 4).

Nos *Diálogos sobre a religião natural* de Hume a crítica das provas por analogia*, sobre as quais se apoia o teísmo* metafísico, leva a um agn. que parece compatível com o fideísmo*.

b) Racionalismo. — Embora Kant* afirme explicitamente a possibilidade de um conhecimento* de Deus, fundado sobre a analogia (*Prolegômenos*, § 58), sua crítica das provas* especulativas da existência de Deus, a começar pela prova dita "ontológica", leva a afirmar que o Absoluto é incognoscível. A novidade do kantismo é tornar possível outra forma de agn., que já não depende de uma tomada de posição cética sobre o conhecimento em geral, mas que constitui o corolário de uma afirmação do conhecimento científico do mundo fenomenal. Se Deus não é cognoscível, é por não ser um objeto, no sentido dado ao termo pela ciência moderna da natureza. Admitido o determinismo das leis necessárias da natureza, Deus se torna uma hipótese inútil. (Laplace).

3. Aspectos teológicos e antropológicos

O agn. não pode apelar para o *theos agnôtos* paulino (At 17,23), que é um Deus desconhecido dos gregos, e não um Deus incognoscível. É contra o agn., entre outros, que o catolicismo*, apoiando-se sobre afirmações tradicionais (p. ex. Rm 1,19ss), definiu no Vaticano I*, a possibilidade de um acesso natural do homem a Deus; quer esteja ligado em última análise ao ateísmo, quer seja solidário do fideísmo, o agn. não só é refutado por um Deus que se revela, mas também é contrário a uma razão* que não precisa de nenhuma iluminação divina para reconhecer a existência de um criador de todas as coisas.

O agn. pode também reivindicar uma tese teológica: a que visa fundar a transcendência radical da essência divina recusando a possibilidade de atribuir a Deus os nomes que convêm às criaturas. Para que um conhecimento discursivo de Deus seja possível, de fato, deve-se mostrar que a utilização dos nomes* divinos, retirados da linguagem dos homens, não leva a um puro equívoco (cf. Tomás de Aquino, *CG* I, cap. 33-34, 290-298). A solução tomista é a da analogia.

O *CEC* (1992) situa o agn. na perspectiva do ateísmo e lhe atribui uma ambivalência fundamental: "O agn. pode, às vezes, conter certa busca de Deus, mas pode igualmente representar um indiferentismo, uma fuga da pergunta última sobre a existência e uma preguiça da consciência* moral. Com muita frequência o agn. equivale a um ateísmo prático" (§ 2128).

Em sua forma moderna, o agn. nasceu no contexto da objetivação científica do real; mas poderia, como reação a tal contexto, conservar um sentido decididamente positivo, teológico e também antropológico. O homem, surgido da natureza, e feito objeto das ciências* da natureza, não pode salvar sua dignidade a não ser apresentando uma dimensão inacessível ao saber científico. O não saber torna-se então o próprio da religião e da metafísica, num agn. que poderia reivindicar a "douta ignorância" (Nicolau* de Cusa), ou o *Tractatus* de Wittgenstein*. Mas não é verdadeiramente certo que os limites do saber objetivo sejam os limites do cognoscível, ou que se tenha de guardar silêncio sobre aquilo de que não se pode falar objetivamente.

• Th. H. Huxley (1894), *Science and Christian Tradition*, Londres. — R. Flint (1903), *Agnosticism*, Edimburgo e Londres. — A. Angénieux (1948), "Agnosticisme", *Cath.* 1, 219-223. — F. L. Baumer (1960), *Religion and the Rise of Scepticism*, Nova York. — J. Splett (1969), "Agnostizismus", *SM(D)* 1, 52-55). — W. Stegmüller (1969), *Metaphisik, Skepsis, Wissenschaft*, Berlim. — J. P. Reid (1971), *Man without God. an Introduction to Unbelief*,

Londres-Nova York. — A. Ström e B. Gustafsson (1976), "Agnostizismus", *TRE*, 2, 91-100. — H. R. Schlette (1979), *Der moderne Agnostizismus*, Düsseldorf. — L. Kolakowski (1982), *Religion. If there is no god...*, Londres — G. MacGregor (1983), "Doubt and Belief", *EncRel(E)* 4, 424-430). — *Catecismo da Igreja Católica* (1992), § 2127-2128.

Philibert SECRETAN

→ *Ateísmo; Ceticismo cristão; Conhecimento de Deus; Provas da existência de Deus.*

AGONIA → paixão

AGOSTINHO DE HIPONA, 354-430

Entre os Padres, Agostinho (A.) é o que deixou a obra mais abundante (mais de oitocentos sermões, cerca de trezentas cartas e uma centena de tratados) em que aborda todos os problemas fundamentais da teologia*. É também aquele cuja vida é a mais bem conhecida. Não apenas escreveu as *Confissões* (*Conf.*), que, sem ser uma autobiografia, comportam elementos biográficos, mas também teve um biógrafo na pessoa de seu amigo Possidius, bispo* de Calama. A isso acrescem as informações que dá dele mesmo nos *Diálogos filosóficos*, nas *Retratações*, nos sermões e nas cartas.

1. Biografia

Desses diversos documentos ressalta que sua vida inteira foi marcada pela experiência* de sua conversão*, que não se realizou de uma só vez, mas durou cerca de catorze anos, e marca uma linha divisória em sua existência.

Antes da conversão, A. leva a vida de seu século, e conhece uma brilhante carreira de retor. Nascido na pequena cidade de Tagasta (a atual Souq-Ahras na Argélia) no dia 13 de novembro de 354, em uma família de classe média, A. se distingue cedo por suas qualidades intelectuais. A partir de 365, prossegue seus estudos de retórica em Madaura mas, por falta de meios, regressa a Tagasta. Desde 370 seu pai, Patricius, o envia para continuar a formação em Cartago, graças ao apoio de Romanianus, amigo da família. Torna-se então um retor brilhante, em busca de honras e prazeres. Rapidamente escolhe coabitar com uma mulher de classe inferior — em consequência disso não se casa com ela, embora tenham um filho, Adeodato.

No fim de seus estudos, antes de começar seu ensino em Tagasta em 372, lê *Hortensius* "de um certo Cícero". Esse livro provoca nele tamanha perturbação que constitui um ponto de ruptura em sua vida. (*Conf.* III, 4, 7-8). Foi esse o primeiro passo para a descoberta de Deus*, *interior intimo meo et superior summo meo*, o primeiro momento de sua conversão. Não somente A. passa da retórica à filosofia*, porém, mais profundamente, descobre a Sabedoria* e é levado a ler a Bíblia*. Mas se decepciona, por não encontrar ali a qualidade do estilo de Cícero.

Ora, sua sede de verdade* permanece. Por isso adere durante dez anos ao maniqueísmo*. Ouvinte, esperava ser iniciado nos mistérios na qualidade de "escolhido", e substituir a fé* pela razão*, mas seu encontro com Fausto de Mileva (em 382-383), que passava como o doutor maniqueu por excelência, faz A. compreender que o maniqueísmo estava longe de lhe dar a chave de todos os enigmas e que estava mesmo nos antípodas do racionalismo* (*Conf.* V, 6, 10-7, 13). Assim A. afasta-se pouco a pouco do maniqueísmo. Em 384, sua nomeação para retor em Milão, embora apoiada pelos maniqueus, lhe permite romper definitivamente com esse grupo.

É então que encontra Ambrósio*, de quem aprecia a qualidade humana e a pregação*. Introduzido por Simplicianus, amigo e sucessor de Ambrósio, na leitura dos *Libri Platonicorum*, ele conhece uma verdadeira conversão da inteligência (*Conf.* VII, 10, 16-21, 27). Não se pode determinar com certeza se esses livros são os de Plotino ou de Porfírio ou de ambos. Em todo caso, orientam A. para a interioridade, levam-no a reconhecer o papel criador de Deus. Mas só por eles são insuficientes, e A. explica: "Se em Cristo*, nosso Salvador eu não tivesse procurado tua via, não me teria tornado um homem fino, mas logo um homem finito" (*Conf.* VII, 20, 26).

No entanto, a leitura das epístolas paulinas em julho de 386 (*Conf.* VII, 21, 27) ainda não o leva à decisão de pedir o batismo*. Para superar a hesitação vai precisar do exemplo da conversão do retor Mario Vitorino (*Conf.* VII, 2, 3-4), a evocação da vida dos eremitas de Treves (*Conf.* VIII, 6, 13-7, 18) e sobretudo do episódio do jardim de Milão (*Conf.* VIII, 12, 28-30), onde se realiza a conversão da vontade.

A. abandona seu posto de retor e se retira com alguns amigos a Cassiciaco, perto de Milão, para se consagrar à oração* e aos diálogos filosóficos. Na noite da Páscoa* de 387, é batizado por Ambrósio em Milão, ao mesmo tempo que seu filho Adeodato e seu amigo Alípio. Permanece ainda algum tempo em Cassiciaco, depois decide retornar à África. Antes da partida e depois do célebre êxtase de Óstia (*Conf.* IX, 23-25), Mônica, sua mãe, deixa este mundo.

De volta a Tagasta em 388, A. organiza uma comunidade mais estruturada, a dos "servos de Deus", e evita qualquer cidade que tenha sua sede episcopal vacante. Contudo, depois da morte de Adeodato, aceita ir a Hipona para "ver um amigo que pensa ganhar para Deus [... Vai] tranquilo, porque lá há bispo. Mas é agarrado, feito sacerdote* e isto o conduz finalmente ao episcopado" (*Sermão* 355,1). Com efeito, o bispo Valério, que é idoso e não conhece suficientemente o latim, pede durante uma liturgia* para ser secundado por um sacerdote. A., que lá se encontrava imprevistamente, é literalmente derrubado pela multidão e conduzido ao bispo. Mais do que reticente, em virtude de sua escolha monástica e do que pensava ser sua falta de preparação, conseguiu um adiamento, mas foi ordenado sacerdote em 391. Mais bem formado, contudo, que a maior parte de seus companheiros, prossegue sua conversão e se consagra ao estudo da Escritura*. Muito cedo deve defender a fé contra o donatismo* e o maniqueísmo, donde seu célebre debate com o maniqueu Fortunato, no dia 28 de setembro de 392. Valério o ajuda igualmente a fundar um mosteiro em Hipona. Levando em conta suas competências, pede-lhe logo que assuma funções quase episcopais, e o faz pregar sobre *A fé e o Símbolo* no concílio* de Hipona, a 8 de outubro de 393.

Em 395, A. é consagrado bispo coadjutor de Hipona, para que possa ficar nessa igreja. Com a morte de Valério, por volta de 395-396, torna-se bispo titular. Embora contemplativo, A. consente, por uma conversão renovada, em assumir a tarefa pastoral, o serviço e a pregação*, aos quais se entrega inteiramente, segundo esta máxima bem conhecida: "Para vós, eu sou bispo, convosco, sou cristão" (*Sermão* 340). Atento a todos, e cuidadoso da coesão de sua comunidade, ameaçada por diversas heresias*, como o pelagianismo* a partir de 412, hesita em sair de Hipona, mas é levado a isso para participar de diversos concílios, onde tem com frequência um papel determinante. Percorre assim a África do Norte. Além das múltiplas obras que então escreveu, as *Cartas*, descobertas em 1975 por Johannes Divjak e os *Sermões* encontrados em 1990 por François Dolbeau na Biblioteca de Mainz, nos dão uma ideia melhor de sua atividade no decorrer desses anos. Monge bispo, A. sofre com o afastamento daqueles com quem levou uma vida comum no mosteiro de Hipona: Alípio, Possídios, Evódio, Profuturo... e que são agora bispos. Contudo, conserva uma amizade sólida com eles, o que contribui para a unidade da Igreja da África, num contexto tornado difícil pelas numerosas heresias e pela queda de Roma*. É nesse quadro que A. escreve a *Cidade de Deus*, e as *Retratações*, esse livro único na história do pensamento, em que, retomando todas as suas obras, faz retificações e complementos, na véspera de sua morte, a 28 de agosto de 430, em Hipona cercada pelos vândalos.

2. Antropologia

Se os livros I a IX das *Conf.* constituem uma fonte biográfica muito importante, os livros X a XIII esboçam as grandes orientações da antropologia* de A. As *Conf.* (do verbo latino *confiteor*) designam, com efeito, uma tríplice confissão: a confissão das faltas passadas, a confissão* da fé, e a ação de graças pela criação*, onde vai desenhar-se sua antropologia.

Atendo-se apenas aos escritos da controvérsia pelagiana, retirados de seu contexto, ou à sua releitura pelo jansenismo*, muitas vezes se acusou A. de desenvolver uma antropologia pessimista. Esse elemento existe em sua obra, mas é tardio: data dos anos 415, deriva dos imperativos da polêmica, e merece ser matizado. De fato, a antropologia agostiniana é resolutamente otimista, e se define através do esquema *creatio, conversio, formatio*. Ora, esse esquema permanece, mesmo se dissimulado por outras questões no curso da polêmica pelagiana.

a) O esquema creatio, conversio, formatio. — Bem cedo A. voltou sua atenção para a necessidade de desenvolver uma antropologia sólida. Tendo descoberto, por meio da pregação de Ambrósio, a dimensão espiritual da imagem de Deus no homem, pôde assim refutar os maniqueus sobre esse ponto (*De Genesi contra*

manicheos) e aprofundar a noção de *relação* entre o Criador e a criatura. Mas A. não se contenta com uma simples reflexão sobre a imagem de Deus. Situa-a em seu lugar de emergência que é o texto do *Gênesis* e, no exercício de seu cargo de bispo, comenta por cinco vezes (*De Gn contra manicheos, De Gn ad litteram liber impefectus, Conf. XI-XII, De Gn ad litteram, Cidade de Deus, XI*) os primeiros capítulos do *Gênesis*, propondo assim uma ontologia teologal e uma antropologia espiritual, em que trata das questões fundamentais: "Quem fez a criatura? Como e por quê?" (*Cidade de Deus* XI, 21).

A criação tem um lugar central em seu comentário. Contra os maniqueus, sublinha sua bondade e a interpreta como o dom do ser*. Mas, se todos os outros seres são perfeitos segundo sua espécie, o homem, quanto a ele, tem uma situação mediana (*Carta*, XVIII) e segundo a orientação que toma seu coração*, ele se realiza ou se destrói; daí o papel decisivo da conversão.

Como A. foi fortemente marcado pela noção neoplatônica da conversão e fez a experiência da conversão ao longo de toda a sua vida, insiste em muitas ocasiões na sua necessidade para a realização do ser (*Conf.* XIII, 2, 3). É pela conversão que "a criatura toma forma e se torna criatura perfeita" (*De Gn ad litt.* I, 4, 9). Os anjos*, que para A. representam a criação perfeita, dão uma ideia disso: "Voltada, a partir de sua informidade para Deus que a formou, a criatura angélica é criada e formada" (*De Gn ad litt.* III, 20, 31). Conversão e *formatio* são simultâneas para o anjo, enquanto que, para o ser humano, há um prazo no tempo.

Pelo termo *formatio*, difícil de traduzir em nossa língua, e que é uma variante de *forma*, A. designa a realização do ser, que ele exprime pelas metáforas de iluminação e de repouso em Deus, principalmente, e que não deixa de invocar a divinização, ou a liberdade* e a graça* agindo em harmonia.

b) Liberdade e graça ou o eco da polêmica pelagiana. — Esse problema da relação entre liberdade e graça tomou toda a sua amplidão no decurso da polêmica pelagiana, mas desde sua conversão, quando repetia: "Tu me converteste a Ti" (*Conf.* VIII, 12, 30), A. tinha consciência dessa sinergia da liberdade e da graça. Se põe a ênfase na graça, no decurso da controvérsia, nem por isso menospreza o papel da liberdade, como explica nas *Retratações* (II, 37): "Em meu livro *Sobre o espírito e a letra*, combati com violência os inimigos da graça de Deus", quer dizer, os pelagianos, e precisa (II, 42): "O livro pelo qual respondi a Pelágio para defender a graça e não atacar a natureza*, que é libertada e regida pela graça, se chama: *Da natureza e da graça*".

Com efeito, A. não pretendia pôr em questão a natureza, queria mostrar que reduzida a si mesma, não é nada, e que o papel de Deus é central. Um certo agostinismo*, radicalizando suas teses, as deformará.

De maneira análoga, por uma exegese errônea de Paulo (Rm 5,12), devido à má tradução da *Vetus latina*, em que se apoiava, como também por sua vontade polêmica, A. chegou sobre a questão do pecado* original* e do batismo das criancinhas, a um endurecimento excessivo, que, por não ser situado em seu contexto, conduziu a contrassensos sobre seu pensamento. Importa, com efeito ver que, como o explica no *Enchiridion*, A. compreende tudo à luz da nova criação.

Aliás, ao mesmo tempo, A. sublinha o lugar da liberdade e lembra que "quem te criou sem ti não te justifica sem ti: criou alguém que não era consciente, e não justifica alguém que não consente" (*Sermão* 169,11). Pela graça, "o livre-arbítrio não é retirado, mas é ajudado" (*Carta* 157,2). Finalmente, A. chega a uma visão muito equilibrada das relações entre a liberdade e a graça, como testemunham, p. ex. seu livro *Sobre o espírito e a letra*, (3, 5) ou o *Sermão* 26. A polêmica leva-o a certos excessos, mas de fato é o papel do Espírito* Santo que ele quer pôr em evidência, como o faz de modo muito mais sereno no *De Trinitate*.

3. Teologia trinitária

O *De Trinitate* (*Trin.*) é o eco de sua meditação trinitária: A. não desejava publicá-lo, mas resignou-se a fazê-lo em cerca de 426, depois que os doze primeiros livros lhe foram subtraídos e publicados sem que o soubesse. Com efeito, não propunha ali uma exposição sistemática sobre a Trindade* (Tr.) mas a expressão de sua pesquisa, que poderia ainda desenvolver e aprofundar como já o tinha feito no *Sermão* 52. O livro teve uma posteridade que ele não havia imaginado, e marcou duravelmente a teologia trinitária ocidental. Tendo lido todas as obras sobre a Tr. existentes em sua época, A. abordava, de fato, todas as questões fundamentais relativas à Tr.: a relação entre a unidade da essência e a Tr. das pessoas*, a cincunsessão*, a Tr. criadora, as analogias* trinitárias.

a) A Trindade: um mistério de amor. — Desde sua conversão, A. tentou compreender o mistério* de Deus. Depressa foi tomado em sua dinâmica que não é outra senão o amor* trinitário (*Trin.* XV, 2, 3). É por isso que sua reflexão não ficou puramente especulativa, mas foi também espiritual e mística*. Algumas de suas obras — *Trin.*, *Homilias sobre o Evangelho de S. João* (*in Jo*), *Comentário da 1ª epístola de S. João*, *Regra* — aproximam temas de que ele é o primeiro a tratar como conexos. Em todos esses livros, A. lembra que a caridade é o fundamento da vida intelectual, espiritual e comunitária, e preconiza uma atitude de acolhimento para penetrar no mistério de amor que é Deus. Como explica nas *Hom. in Jo* (76, 4): "O Pai*, o Filho*, e o Espírito Santo vêm a nós quando vamos para eles, vêm oferecer-nos sua ajuda, e nós lhes oferecemos nossa obediência. Vêm iluminar-nos quando contemplamos, vêm encher-nos quando nós acolhemos". Uma troca, um dom sem cessar renovado da parte da Trindade se realiza então e somos introduzidos na vida trinitária.

A. também retoma uma imagem, a do *cor unum* da primeira comunidade de Jerusalém*, para exprimir a vida trinitária (*In Jo* 14,9). Aí está todo o mistério da unidade da Tr., sobre o qual reflete longamente no *Trin*. Ora, o artífice dessa unidade não é outro senão o Espírito Santo. "Quando esse Espírito, Deus de Deus, se dá aos homens, inflama-os do amor de Deus e do amor do próximo, porque ele é amor. O homem não pode amar a Deus senão por Deus" (*Trin.* 15, 17, 31). Assim entra nesse mistério de amor e pode amar como o Pai ama o Filho, e como o Filho ama o Pai, ou ser amor como o Espírito Santo é amor e viver essa vida que lhe dá a Tr. É desse dinamismo mesmo que A. tenta dar conta no *Trin.*, o que explica a estrutura da obra.

b) Dois livros. — A. parte de dois livros: a Escritura e a criação. Num primeiro tempo, que corresponde aos sete primeiros livros do *Trin.*, tenta definir a natureza da Tr., tal como ela aparece na Escritura. Primeiro afirma a unidade e a igualdade da Tr. contra os sabelianos, depois estuda a missão própria a cada pessoa, a fim de mostrar que entre elas não há subordinação, mas igualdade. Em seguida, relê as teofanias* do AT, para ver se a Tr. está ali evocada. Tendo de polemizar contra as ressurgências do arianismo*, relembra a divindade de Cristo*, acentua a cristologia* e o mistério da encarnação*. Nos livros V e VII propõe um léxico da terminologia trinitária. No entanto, cedo se apercebe de que as palavras são inadequadas para falar da Tr. "Que são esses Três?" Certamente falamos de três pessoas, mas esse termo é só aproximativo, porque as pessoas divinas são infinitamente mais do que as pessoas humanas (*Trin.* VII, 4, 7). A. fica devendo uma definição formal da pessoa, porém prepara o caminho para as elaborações posteriores de Boécio*, Ricardo de São Vítor* e Tomás* de Aquino.

Pouco a pouco, no entanto, A. se dá conta de que o estudo da Escritura e o procedimento racional não permitem ir mais adiante na sua procura. Adota, pois, outra perspectiva nos livros VIII a XV: não considera mais a Tr. em si mesma, mas sim a partir do ser humano, criado à sua imagem. É então levado a introduzir as chamadas analogias trinitárias, que estabelecem um elo entre a antropologia e a teologia trinitária. A principal dessas analogias, a do amante, do amado e do amor, saiu de sua meditação trinitária e caracteriza a Tr. em si mesma, a circulação de amor entre as pessoas divinas, cada uma sendo posta em seu ser pelo olhar amante da outra. As outras analogias — a alma*, o conhecimento e o amor (IX); a memória, a inteligência e a vontade

(X); a memória, a visão interior e a vontade (XI) — remetem apenas ao ser humano e foram muitas vezes definidas como psicológicas. São analogias marcadas pelo neoplatonismo, em particular por Porfírio, mas A. as propõe como simples hipóteses, e nunca como trindades em si mesmas. Ele as aplica à alma, enquanto criada à imagem da Tr. — o que Porfírio não dizia —, e se esforça por mostrar desse modo que, se a Tr. é inacessível em si mesma, é contudo acessível para quem parte de sua expressão no ser humano. Além disso, nos livros XIV e XV, estuda um ponto importante: o renovamento daquele que é criado à imagem, renovamento que se faz à imagem da Tr. e que constitui o ser humano como sujeito. "Nós seremos então transformados — escreve — i. é., passaremos de uma forma a outra, da forma escura à forma luminosa. Porque a forma obscura é já imagem de Deus, e por isso mesmo sua glória* (...). Essa natureza, a mais nobre entre as coisas criadas, uma vez purificada de sua impiedade por seu Criador, deixa sua forma disforme para tornar-se forma formosa" (*Trin.*, XV, 8, 14). Assim A. coincide com as reflexões que desenvolvera em seus comentários sobre o *Gênesis.* No livro XV, trata também da processão do Espírito, e põe os primeiros elementos de uma teologia do Filioque*. Mas se chega a dizer que o Espírito procede do Pai* e do Filho é como resultado de sua pesquisa, e não como afirmação dogmática.

4. As duas cidades

Outra obra de A., publicada quase na mesma época (cerca de 427) e começada em 412, marcou amplamente o pensamento posterior: é a *Cidade de Deus.* Como no *De vera religione*, A. ali propõe uma apologia da verdadeira religião, aquela que conduz à beatitude*. "Dois amores fizeram duas cidades: o amor de si até o desprezo de Deus produziu a cidade terrestre, o amor de Deus levado até o desprezo de si, produziu a cidade celeste" (XIV, 28). A. refletiu longamente nesse tema das duas cidades, que já se encontra em *De vera religione, De cathechizandis rudibus, De Gn ad litteram*, antes de ser tematizado na *Cidade de Deus,* a partir da refutação do paganismo* (I-X) e da afirmação do cristianismo (XI-XXII). Mas a interpretação desse tema é delicada e deu lugar a controvérsias. Sem dúvida, pode-se ver a oposição entre Roma e a Jerusalém celeste na escolha do termo *civitas* como título dessa obra, escrito pouco depois da queda de Roma e fortemente marcada por ela, mas visando mostrar que isso não era o fim da história*.

Contudo não se deveria assimilar muito rapidamente a Cidade de Deus à Igreja*, como fizeram os autores do s. XIX. A. partiu da parábola* do joio e do bom trigo para situar essas duas realidades. A Igreja tem um lugar central no pensamento desse pastor* de almas que foi A.; define-a como o corpo místico de Cristo, ou mesmo como o Cristo total, cuja alma é o Espírito Santo (*Sermão* 267, 4). É especialmente em resposta ao donatismo* que desenvolve sua eclesiologia*, à luz do mistério da encarnação. Ele lembra igualmente que a Igreja supõe a comunhão* na fé, os sacramentos* e o amor, e que fora da Igreja não há salvação*. Quanto a este último ponto, algumas precisões são necessárias, pois A. não se refere aqui à Igreja hierárquica, mas à Igreja entendida como a comunidade dos justos da antiga e da nova aliança*. Sua perspectiva é pois muito menos restritiva do que poderia parecer à primeira vista. De fato, a Cidade de Deus que ele evoca é de algum modo a cidade de que fala a Escritura e que tem por fim a beatitude, o *sabbat* eterno, em que "repousaremos e veremos; veremos e amaremos; amaremos e louvaremos", donde o elo entre a *Cidade de Deus* e a escatologia* agostiniana.

Aliás os livros XIX a XXII da *Cidade de Deus* são consagrados aos fins últimos das duas cidades, e assim desenvolvem temas essenciais da obra de A., presentes desde os *Primeiros Diálogos*: a amizade, a felicidade e a paz* aos quais se acrescenta, como nos outros Padres, uma longa reflexão sobre a ressurreição* e a salvação, interpretada nos termos do cumprimento das seis idades do mundo*, que retomam os seis dias do *Gênesis*, e conduzem à beatitude e ao repouso eterno.

Nessa obra, A., influenciado por Porfírio, introduz igualmente uma teologia da histó-ria, que retoma e desenvolve de certo modo a célebre reflexão sobre o tempo* que ele tinha apresentado no livro XI das *Conf.*

Gênio do Ocidente, "doutor* da graça", A. deixou uma obra considerável, da qual ainda hoje se descobrem fragmentos, e que influenciou fortemente a IM latina. Foi também o "doutor da caridade", não só pela célebre máxima: "Ama e faze o que queres", mas sobretudo pela realidade que recobre: o lugar que A. dá à caridade, tanto na amizade, que era o coração mesmo de sua vida, como na sua função pastoral e na vida espiritual* e comunitária, que ela impulsionou.

• EDIÇÕES COMPLETAS: Mauristas (Paris, 1679-1700). — PL 32-46. — Acrescentar: G. Morin (1930), *Sermones post Maurinos reperti*, Roma. — *Cartas 1* a 29**, descobertas por J. Divjak (BAug 46 B). — *A. d'Hippone: ving-six sermons au peuple d'Afrique*, ed. F. Dolbeau (Paris, 1996). — EDIÇÕES PARCIAIS: CSEL, CCHr.SL., BAug (com tradução). — Trad. fr.: Raulx et Poujoulat, Bar-le-Duc, 1864-1873; Péronne *et al.* Paris, 1869-1878; (com o texto latino), BAug, SC 75 e 116. — Concordância do CETEDOC, CD-Rom do *Augustinus Lexikon*. — Possidius, *Vita Augustini*, texto e trad. italiana de M. Pellerino, Roma, 1955. Em português: *A Cidade de Deus*, 2 vol., 1989; *Comentário aos Salmos (101-150)*, 1998; *Comentário aos Salmos*, v. 1, s.d.; *Comentário aos Salmos*, v. 2, 1997; *Comentário da Primeira epístola de São João*, 1989; *Confissões*, 1997; *O cuidado devido aos mortos*, 1990; *Diálogo sobre a felicidade*, 1998; *A graça*, 1999; *O livre-arbítrio*, 1998; *O mestre*, 1995; *O sermão da montanha*, 1992; *Sobre a potencialidade da alma*, 1997; *Solilóquios e a vida feliz*, 1998; *A Trindade*, 1994; *A verdadeira religião*, 1987; *Vida*, 1997; *A verdadeira religião. O cuidado devido aos mortos*, 2002.

▶ L. S. Le Nain de Tillemont (1710), *Mémoires pous servir à l'histoire ecclésiastique des six premiers siècles*, t. 13, Paris. — J. Mausbach (1906), *Die Ethik des heiligen Augustinus*, Friburgo, Suíça. — M. Heidegger (1921), *Augustinus und der Neuplatonismus*, in *GA* 60, *Phänomenologie des religiösen Lebens*, 1995, 160-300. — H. Arendt (1929), *Der Liebesbegriff bei Augustinus. Versuch einer philosophischen Interpretation*, Berlim. — B. Roland-Gosselin (1925), *La morale de saint A.*, Paris. — É. Gilson (1929), *Introduction à l'étude de saint A.*, Paris. — H. I. Marrou (1938), *Saint A. et la fin de la culture antique*, Paris. — "Bulletin Augustinien", *ATh* (1940-1951), *AThA* (1951-1954) e *REAug* (1955-). — P. Courcelle (1950), *Recherches sur les* Confessions *de saint A.* Paris. — F. Masai (1961), "Les conversions de saint A. et les débuts du spiritualisme en Occident", *RMAL* 67, 1-40). — T. J. van Bavel (1963), *Répertoire bibliographique de saint A.*, 1950-1960, Steenbrugge. — G. Bonner (1963, 1986), *St Augustine of Hippo: Life and controversies*, Londres. — A.-M. da Bonnardière (1965), *Recherches de chronologie augustinienne*, Paris. — P. Brown (1967), *Augustine of Hippo, a biography*, Londres. — L. Verheijen (1967), *La règle de saint A.*, *I-II*, Paris. — A. Mandouze (1968), *L'aventure de la raison et de la grâce*, Paris. — O. Perler (1969), *Les voyages de saint A.*, Paris. — R. A. Markus (1970), *Saeculum. History and society in the theology of St Augustine*, Cambridge. — G. K. Hall *et al.* (1972; 1981), *Augustine Bibliography*, Boston. — P. P. Verbraken (1976), *Études critiques sur les sermons authentiques de saint A.*, Steenbrugge. — A. Trapé (1976, 1988), *San Agostino. L'uomo, il pastore, il mistico*. — A. Schindler (1979), "Augustin/ Augustinismus I", *TRE* 4, 646-698. — K. Flasch (1980, 1994), *Augustin. Einführung in sein Denken*, Stuttgart. — O. O'Donovan (1980), *The Problem of Self-Love in St. Augustine*, New Haven-Londres. — I. Verheijen (1980-1988), *Nouvelles approches de la* Règle *de saint A.* Paris. — H. Chadwick (1986), *Augustine*, Oxford. — G. Madec (1989), *La patrie et la voie*, Paris. — C. Mayer (sob a dir. de) (1986-1994), *AugL.* t. I. — C. Mayer, K. H. Celius (ed.) (1989), *Internationales Symposion über den Stand der Augustinus Forschung*, Würzburg. — M.-A. Vannier (1991; 1996), Creatio, conversio, formatio *chez saint A.*, Friburgo, Suíça. — J. Wetzel (1992), *Augustine and the Limits of Virtue*, Cambridge. — B. Studer (1993), *Gratia Christi. Gratia Dei bei Augustinus von Hippo*, Roma. — G. Madec (1994), *Petites études augustiniennes*, Paris. — J. M. Rist (1995²), *Augustine. Ancient Thought baptized*, Cambridge. — B. Stock (1996, 1998), *Augustine the Reader. Meditation, Self-Knowledge, and the Ethics of Interpretation*, Cambridge, Ma-Londres. — G. Madec (1998), *Le Dieu d'A.*, Paris.

Marie-Anne VANNIER

→ *Agostinismo; Catequeses; Monaquismo; Platonismo cristão; Política (teologia).*

AGOSTINISMO

"Não foi sempre o melhor de Santo Agostinho* que exerceu de fato a influência mais profunda ou, pelo menos, a mais visível: a tarefa que nos é fixada fica então fácil de definir: apelar incessantemente do agostinismo (ag.), de todos os agostinismos, a Santo Agostinho", (Marrou 1955, 180).

É muito mais difícil analisar a noção, que cobre uma longa história, de uma extrema complexidade; ela é vaga, de conotação às vezes pejorativa como vários outros "-ismos", a ponto de só dispormos de um substantivo para designar a um tempo o que é de qualidade *agostiniana*, e o que é de defeito *agostinista* (ver no tomismo* a distinção *tomásico-tomista*).

E. Portalié (1903) distinguia: 1/o *agostinianismo*, doutrina da Ordem dos Eremitas de Santo Agostinho sobre a graça* (2485), 2/o *agostinismo*, que "designa, *ora* de maneira geral o conjunto das doutrinas de A., ou mesmo certo espírito filosófico que as penetra, *ora*, especialmente, o sistema sobre a ação de Deus*, a graça e a liberdade*" (2501). F. Cayré (1951) subdistinguia: 1) o *agostinismo histórico*, que é o "conjunto da doutrina de Santo A. tal como ressalta de sua obra"; 2) o *agostinismo corrente, oficial*, que é "o conjunto das doutrinas sobre a graça que, desde a Antiguidade, marcaram a ação de Santo A. e entraram no ensinamento comum da Igreja*"; 3) os *agostinismos parciais*, "aspectos particulares do pensamento de Santo A. postos em luz em épocas diversas" (uma dezena); 4) o *grande agostinismo*, "síntese ordenada do pensamento de Santo A., não apenas sobre a graça, mas sobre o conjunto da doutrina cristã, e sobre os princípios que lhe asseguram a vitalidade, que a persistência de sua ação testemunha"; 5) os *falsos agostinismos:* o predestinacianismo, o protestantismo*, o jansenismo*, o ontologismo* (317-324).

Vamos limitar-nos aqui a um ensaio, sumário, inevitavelmente incompleto, de discernimento: I, do espírito agostiniano, 1. em vida de A., 2. em uma recepção pacífica; II, das crises *agostinistas*, produzidas no decurso de quinze séculos e história; 1. sobre o tema da graça e da predestinação*, 2. sobre a teoria do conhecimento.

I. O espírito agostiniano

1. Em vida de Agostinho

a) A atividade doutrinal de A. não visava, de modo algum, constituir um sistema pessoal: era uma tarefa de *inteligência da fé* (seguindo o princípio: *Crede ut intelegas*, que será retomado por Anselmo*), em e para as comunidades cristãs africanas, pela interpretação das Sagradas Escrituras* que contêm a doutrina cristã (tema do *De doctrina christiana*).

b) Mas essa interpretação era fortemente marcada pelo acontecimento da *conversão** e pela experiência* espiritual que a seguiu. Nela podem-se distinguir três valores fundamentais:

1/A *interioridade*, o *Deus interior intimo meo et superior summo meo* (*Conf.* III, 6, 10), descoberta da pura espiritualidade de Deus e da alma*, graças aos livros platônicos; tema aprofundado na meditação sobre a memória (*Conf.* X) e na espiritualidade trinitária (*De Trinitate* VIII-XV).

2/A *comunidade*, incorporação à *Igreja* pelo batismo* mas também a *vida comum* dos irmãos, depois dos clérigos*, fundada no ideal da comunidade apostólica de Jerusalém* (At 4,32-35: *cor unum et anima una*), ideal da Igreja e prefiguração da *Cidade de Deus*. Essa prática da vida comum, segundo a *Regra* de A., terá prosseguimento nas duas famílias, a dos Cônegos regulares e a da Ordem (dos Eremitas) de Santo A.: O.(E.) S.A.

3/O primado absoluto da *graça* de Deus: a iniciativa misericordiosa de Deus em relação a A., vivida na conversão. Em 396-397, Simplicianus, sucessor de Ambrósio* no bispado de Milão, provocava A. a uma meditação aprofundada dos capítulos 7 e 9 da Epístola aos Romanos, no termo da qual ele compreendia que a graça de Deus precede toda iniciativa do homem, até mesmo as de crer e de querer. Redigidas pouco depois, e marcadas por essa descoberta, as *Conf.* contêm em gérmen a controvérsia pelagiana: Pelágio se escandalizou com a oração de A.: "Dá o que mandas, e manda o que queres" (*Conf. X*).

c) Contudo, de acordo com Aurelius (†432), bispo de Cartago, primaz da África, A. tinha a função de perito teológico no episcopado católico da África, honra que seus colegas não lhe disputaram manifestamente; respondia às múltiplas solicitações que lhe eram feitas; por milhares de sermões, centenas de cartas, uma centena de livros.

d) As *controvérsias* de que ele travava (maniqueísmo*, donatismo*, pelagianismo*), tinham a ver com sua atividade pastoral: eram requeridas pelos diversos antagonismos religiosos de que sofria a cristandade africana. As obras de controvérsia são réplicas peremptórias que refutam a tese adversa ponto por ponto, sem complacência, seguindo a técnica dos tribunais; elas não deveriam — e não poderiam — ter sido exploradas (às vezes de maneira primária) em algum processo de dogmatização (dogma*) do cristianismo. Em contraste, as grandes obras de reflexão (*Confissões, De Genesi ad litteram, De Trinitate*) são meditativas, interrogativas, e de modo algum favorecem o dogmatismo.

e) De fato, ao fim de quarenta anos de serviço, A. tinha coberto todo o campo da doutrina cristã: Deus, a Trindade*, Cristo* e a salvação*, a Igreja *Christus totus*, os sacramentos*, o pecado*, a graça e a predestinação, a vida espiritual* pessoal e comunitária; tudo isso sem o menor espírito de sistema. Seguramente ele não queria instaurar *um* ag., ou *o* ag., mas sim assegurar a defesa e a ilustração da verdade* cristã.

2. A recepção pacífica

a) A cristandade latina ia encontrar nesse conjunto de obras ocasionais, senão *desencontradas*, o que bem pode chamar-se seu *bem comum* teológico, abrangendo de maneira indivisa todos os elementos da cultura cristã: filosofia*, teologia*, direito*, espiritualidade mística*. E logo tomou consciência disso, como testemunha a legenda do "retrato" da antiga biblioteca de Latrão, datando de s. VI: *Diuersi diuersa patres, sed hic omnia dixit, romano eloquio mystica sensa tonans* (*in* Marrou, 1955, 154: "Os diversos Padres* explicaram coisas diversas, mas só ele disse tudo em latim, explicando os mistérios* no trovão de sua grande voz").

b) Ainda no s. VI, Cesário de Arles (†*c*. 532) servia-se copiosamente dos sermões de A., e garantia sua difusão pelas *collectiones* que fazia, não como plagiário, como o julgam muitas vezes os eruditos, mas para o bem das almas, conforme a prática de A., que não se furtava a confeccionar sermões para serem pronunciados por seus colegas menos dotados que ele para a pregação*.

c) De cópia em cópia, nos ateliês monásticos, as obras de A. conheceram uma difusão incomparável e exerceram uma influência incalculável sobre a espiritualidade medieval, sobretudo monástica. Desde o s. VII se difundiram os homiliários, seletas de sermões que eram lidos no ofício da noite e, mais tarde, também no refeitório. O tema da restauração da alma* à imagem de Deus exerceu poderosa influência, notadamente no s. XII (Javelet, 1967). A recepção das obras do Pseudo-Dionísio* não eclipsou a de A. em Mestre Eckhart (†1327; Courcelle, 1963, 316-322) e na mística renano-flamenga*: J. Ruusbroec (†1381) era cônego de Santo A. em Groenendaal; esteve na origem da conversão de G. Groot (†1384), fundador dos Irmãos da vida comum, iniciador da "devotio* moderna" à qual Gerson (Jean Charlier, †1429) deu um estatuto teológico. As *Conf.* foram um livro de cabeceira para grande quantidade de espirituais. Teresa de Ávila, para só citar um exemplo, via-se ali como num espelho. (Courcelle, 1963, 375-378).

d) No s. IX A. era considerado como "o mestre, depois dos apóstolos*, de todas as Igrejas", segundo o testemunho de Godescalc de Orbais (Chatillon, 1949, 234-237), que se considerava, ele mesmo, como agostiniano, em sua (funesta) pregação a propósito da dupla predestinação (cf. *infra*, II 1 f). Além das condenações conciliares, sofreu a refutação de João Escoto (Madec, 1978), que opôs ao agostianismo da predestinação o da simplicidade* absoluta de Deus; tanto é verdade que em A. tudo se encontra. A refutação vale o que vale; mas atesta que João Escoto tinha à sua disposição uma boa biblioteca agostiniana. A seguir, ele encontrou algo melhor nos Padres* gregos, e foi o primeiro a aplicar a "lei dos platonismos comunicantes",

como dizia É. Gilson (1972, 107), isto é, combinar ag. e dionisismo (Koch, 1969, 317-342).

e) Por ocasião da "renascença" dos séculos XI e XII, fortes personalidades doutrinais, Anselmo de Cantuária, Bernardo* de Claraval, mas também Pedro Abelardo*, Hugo de São Vítor*, e ainda muitos outros, mantinham sua inspiração agostiniana, cada um segundo seu gênio próprio, para seu bem pessoal e o de seus condiscípulos. Ainda no s. XII, o bibliotecário da abadia de Claraval reunia num *Corpus* de doze volumes uma grande parte das obras de A. Mas há que imaginar, sobretudo, o leitorado potencial que ele queria servir; pois não há vedetes na leitura tranquila das obras de A.

f) Entretanto, Pedro Lombardo dali retirava, a mãos cheias, citações a serem colocadas em ordem "teológica" nos quatro livros das *Sentenças*. Neles se encontram 1423 menções de A., 4 do Pseudo-Dionísio, 193 de Ambrósio, 150 de Jerônimo, 139 de Gregório* Magno. Esse manual, obrigatoriamente comentado em todas as escolas, fez que a teologia de base, durante o período da grande escolástica*, fosse em 80 ou 90% fundada sobre elementos agostinianos, passados pela craveira escolástica*. Há mais de duas mil citações de A. só na *Suma Teológica* de Tomás* de Aquino (Elders, 1987, 115-167).

"Alberto* Magno e Santo Tomás, longe de se colocarem como adversários de santo A., como os acusavam de ser, punham-se à sua escola, e, embora modificando certas teorias, introduziam e absorviam toda a teologia do bispo de Hipona [...] Assim, não havia mais escola estritamente agostiniana, pois todas as escolas* o eram [...] O que desaparece é somente o ag. de um aspecto demasiadamente estreito e limitado que lhe davam questões particulares então agitadas; é o ag. demasiado platônico; mas o *grande ag.*, com suas vistas sobre Deus, sobre as ideias divinas, sobre a Trindade, sobre a revelação*, sem falar da graça, conserva sempre seu império sobre os espíritos" (Portalié, 1903, 2514).

g) A *decadência da escolástica* trará grandes crises de que trataremos adiante (cf. II). Deve-se apenas dizer aqui que elas foram primeiro volta às fontes, e que talvez seja bom lembrar o juízo de Harnack (1907, 311): "Todas as grandes personalidades que recriaram uma vida nova na Igreja do Ocidente, ou purificaram e aprofundaram a piedade, eram direta ou indiretamente oriundas de Santo A. e formadas em sua escola". Isso para afirmar que os próprios "hereges", Lutero*, Calvino*, Baius, Jansênio etc. antes de serem "agostinianos transviados" (Lubac, 1931) quiseram e acreditaram ser bons discípulos de A.

h) No tempo do humanismo* cristão aparecem as primeiras edições das *Opera omnia*, a de Amerbach em Basileia, 1506, a de Erasmo*, na mesma cidade, em 1528-1529, muitas vezes reeditada. A edição preparada pelos teólogos de Louvain, publicada por Plantin em Antuérpia, 1577, reeditada também muitas vezes, estará em uso durante a maior parte do s. XVII (Ceyssens, 1982), antes da edição dos beneditinos de São Mauro (Paris 1679-1690). É também o tempo das primeiras traduções: a da *Cidade de Deus*, desde 1486, aos cuidados de Raul de Presles. São outros tantos testemunhos da vitalidade agostiniana.

i) O "grande século" foi também chamado "o século de Santo A." (Sellier, 1982). Se o foi, não é somente pela controvérsia jansenista. A espiritualidade de Bérulle*, p. ex. é de inspiração agostiniana. Mersenne, Meslan, A. Arnauld sinalavam a Descartes* suas afinidades com A. (Lewis, 1954). Pascal* era agostiniano, tanto nos *Pensées*, como nas *Provinciales* (Sellier, 1970). O P. André Martin, do Oratório (sob o pseudônimo de Ambrosius Victor), compilava uma *Philosophia christiana*, hábil montagem de trechos de A., que serviu muito a Malebranche, que era também do Oratório. Bossuet era agostiniano, e Fénelon o era de outra maneira, e tantos outros que é preciso renunciar a enumerar. Arnauld de Andilly traduzia as *Conf.*; seu irmão, Antoine Arnauld, traduzia não só os escritos antipelagianos, mas também diversos opúsculos e os *Sermons de saint A. sur les Psaumes*, em sete volumes.

j) Depois de um eclipse, que talvez não tenha sido total, na época das Luzes e da Revolução, A. volta pouco a pouco à luz do dia, na difícil restauração do pensamento cristão, por meio dos filtros de Descartes e de Malebranche.

Sua presença é real, embora mal definida, no tradicionalismo* (Lamennais, Bautain), no racionalismo* cristão (Maine de Biran, Bordas-Dumoulin, Lequier) e no ontologismo (Branchereau e Hugonin na França, Ubaghs na Bélgica, Rosmini na Itália). Afirma-se mais na obra do P. Gratry. (Sobre todos esses movimentos, ver Foucher, 1955). Os *Annales de philosophie chrétienne*, fundados por A. Bonnetty em 1830, pertencem também a essa corrente.

No movimento de Oxford, Newman* (*Apologia pro vita sua*) considerava A. como "o grande luminar do mundo ocidental, que, sem ser um doutor infalível, formou a inteligência da Europa"; e Pusey publicava sua tradução das *Confissões* no início da *Oxford Library of the Fathers*. Na Alemanha, há que assinalar, pelo menos, a escola de Tübingen*, a obra de J. A. Möhler, como também a suma de J. Kleutgen, SJ, *Theologie...* e *Philosophie der Vorzeit*.

k) De 1841 a 1862, J.-P. Migne retomava a edição maurista das obras de A. nos tomos 32-47 de sua *Patrologia latina*. E desde o fim do s. XIX, a França podia orgulhar-se de ser o único país que possuía duas traduções integrais das Obras de A. (Poujoulat e Raulx, Bar-le-Duc, 1864-1873, em 17 vol.; Péronne *et al.*, Paris, livr. Vivès, 1869-1878, em 34 vol.).

l) L. Laberthonnière, tomando em 1905 a direção dos *Annales de philosophie chrétienne*, lhes dava por divisa: "Procuramos como devendo encontrar, encontramos como devendo procurar" (A., *De Trin.* IX, 1, 1). M. Blondel* (1930) celebrava a "fecundidade sempre renovada do pensamento agostiniano". Desde 1933, o P. F. Cayré (1884-1971), preocupado em compensar o neotomismo por uma espécie de neoagostinismo, lançava a *Bibliothèque augustinienne*, e em 1943, criava o Centre d' *Études augustiniennes*, estudos que tomaram um grande impulso no movimento de retorno aos Padres. Pôde-se escrever que A. foi o grande teólogo do Vaticano II* (Morán, 1966, 463). Notemos somente que J. Ratzinger (1954), perito no concílio*, tinha consagrado sua tese à doutrina agostiniana da Igreja como povo* e casa de Deus. Tese publicada por ocasião do

XVI centenário da morte de A., celebrado por um importante congresso internacional em que se fez um verdadeiro balanço das pesquisas agostinianas, que lhes proporcionou também um novo impulso. Seus Anais foram publicados em três volumes: *Augustinus Magister.*

Ainda hoje o espírito agostiniano sopra onde quer...

II. As crises agostinistas

1. Sobre o tema da graça e da predestinação

a) Para tratar de ver claro, convém pôr, antes de tudo, uma definição estrita e estreita do ag. como interpretação particular, contestável e contestada, do mistério* da salvação. Segundo Dom O. Rottmanner (1908) é "a doutrina da predestinação incondicionada e da vontade salvífica particular tal como Santo A. desenvolveu no último período de sua vida... sem nada lhe atenuar até sua morte". A continuação da história seria uma série de crises e de exasperações doutrinais.

b) Uma crise agostiniana? — Dissemos acima (I 1 b) que ao refletir sobre Rm para responder a Simplicianus, A. tivera a revelação de uma absoluta primazia da graça sobre toda iniciativa humana. Isso foi interpretado como uma crise doutrinal, um abalo que teria transformado a doutrina agostiniana em um "ninho de contradições" (Flasch, 1980). Nada disso; no espírito de A. foi um progresso. Também se pensou (Hubert, 1996, 112-113) que essa obra tinha sido uma decepção: o silêncio de Simplicianus e do próprio Aurelius teria sido de reprovação. Se assim fosse, seria um silêncio também repreensível, pois teria por resultado que A. ia comprometer-se sozinho, mais tarde, nos excessos de seu *intellectus fidei* (Solignac, 1988).

c) A questão pelagiana foi essencialmente uma questão de Igreja e de concílios (Wermelinger, 1975). Certamente, é A. que trava o combate por seus múltiplos escritos contra Celestius, contra Pelágio, contra Juliano de Eclane; mas tem o episcopado africano com ele. No entanto, não seria possível negar que sua interpretação das consequências do pecado original* suscitou protestos. Desde 413, chegou-se até a tratar A. de herege (*ibid.*, 27).

No fogo da controvérsia, o pensamento de A. se endureceu, ou antes, sua interpretação das Sagradas Escrituras, sobretudo de Rm (ver Solignac, 1988), porque é preciso lembrar que A. não pretende, de modo algum, construir um sistema pessoal. O episcopado africano não homologou todos os pontos de seu pensamento. Os cânones do concílio de Cartago (418; *DH* 222-230) não mencionam a limitação da graça salvadora, nem a predestinação; tampouco os documentos pontifícios (Inocêncio I, Zósimo; *DH* 217-221).

d) Os monges de Provença, Cassiano* e seus discípulos, foram classificados desastradamente de "semipelagianos" (a partir do fim do s. XVI). Eles não invocavam, de modo algum, Pelágio; admiravam as obras de A.: contestavam somente sua teoria sobre a graça e a predestinação, que julgavam "contrária à opinião dos Padres e ao sentimento da Igreja" (*Carta* de Próspero a A.), ou seja inovadora e tendendo à heresia*. Poderíamos dizer que foram os *primeiros agostinianos críticos*. A. respondeu que se eles tiveram o cuidado de ler seus livros, não tiveram o cuidado de progredir com ele ao lê-los. *Progresso* na inteligência da fé, que é compreensão das Sagradas Escrituras.

Próspero de Aquitânia (†463) foi qualificado como o "primeiro representante do ag. medieval" (Cappuyns, 1929); com efeito, muito se esforçou na defesa de A. Já em 431, alguns meses depois da morte de A., obteve do papa* Celestino uma carta que fazia o elogio do grande bispo* de Hipona, e dava uma aprovação global (i.e., prudente) de sua doutrina, lembrando que seus predecessores o tinham sempre contado no número dos melhores mestres (*DH* 237). Próspero fez muito pela adoção do ag. moderado, oposto às críticas dos monges da Provença, ao mesmo tempo reconhecendo com eles que não se deve discutir sobre o mistério da predestinação, formulado por Paulo em Rm 8,28ss (*DH* 238-249).

e) Na verdade, o tema corria o risco de degenerar em *predestinacionismo* quando tratado logicamente: se Deus predestina os eleitos à felicidade eterna, logicamente ele predestina também os outros, os reprovados, à condenação eterna. Trata-se talvez "de uma formidável máquina de guerra" forjada em algum meio antiagostiniano (Orcibal, 1989, 15). Mas o sacerdote* Lucidus teve de se retratar nesse ponto no concílio de Arles de 473 (*DH* 330-342). Por volta de 520, Fulgêncio de Ruspe se esforçava também para dissuadir disso um certo Monimus. O concílio de Orange (529; *DH* 379-397) sob o impulso de Cesário de Arles, oficializou um ag. "abrandado", "moderado"; é "este o acontecimento mais importante da história do ag." na opinião de Portalié (1903, 2526). "Já... todo o jansenismo está condenado pelo concílio que mais exaltou a doutrina agostiniana". "Ficará como uma aquisição definitiva que no ag. *legítimo e católico*, não há, no sentido próprio da palavra, uma predestinação à morte, e além disso, que Deus quer realmente a salvação de todos os homens" (1527).

f) Houve, contudo, ressurgências graves. Em primeiro lugar, no s. IX, a que suscitou Gottschalk (ou Godescalc), monge de Orbais, voltando de um exílio sem autorização, que se pôs a pregar a *dupla predestinação*, seguindo uma fórmula de Isidoro de Sevilha: "Há uma dupla predestinação, a dos eleitos ao descanso, e a dos reprovados à morte" (*Sentenças, II*, 6, 1); tese que não podia ter senão efeitos desastrosos na pastoral. Godescalc foi condenado em muitos sínodos, entre os quais o de Quierzy (*DH* 621-624); seu refutador, João Escoto, também o foi (cf. *supra* I 2 d) no sínodo de Valença (*DH* 625-633).

g) Os grandes escolásticos, Tomás, Boaventura*, Gilles de Roma (O.E.S.A. †1316) e os outros, explicaram a doutrina (agostiniana) da graça e da liberdade, diversamente, mas com relativa tranquilidade, em suas escolas. Mas o predestinacianismo voltou sob a forma do determinismo absoluto de Tomás Bradwardine (†1348), e se transmitiu a João Wyclif (1384), condenado no concílio de Constança* (*DH* 1151-1195). Ressurgências ainda em Lutero* e sobretudo Calvino*. Sobre o ag. desses autores, ver L. Cristiani (1954) e J. Cadier (1954).

h) No concílio de Trento*, *Jerônimo Seripando*, prior geral da Ordem de Santo A., depois arcebispo de Salerno (†1563) insistia para que se seguisse mais a Santo A., considerado como fiel intérprete de Paulo, do que os esquemas dos teólogos controversistas. Se foi (parcialmente) escutado pelos Padres conciliares, não o foi pelos teólogos, que continuaram a discutir de maneira escolástica.

Houve primeiro em Louvain a questão de *Baius* (Michel de Bay, †1589) (baianismo*), grande leitor da obras de A., mas embaraçado em seu sistema do natural e do sobrenatural*, assim como do pecado original e da graça (Lubac, 1965). Condenado na Sorbonne, depois em Roma*, (*DH* 1901-1980), Baius se submeteu sempre humildemente. Mas não tinha terminado (ver Orcibal 1989, 15-56: "Rome, Louvain e l'autorité de saint A.").

A controvérsia chamada "*De auxiliis*" (sobre as diferentes modalidades das ajudas da graça) foi provocada pela obra do P. Luis de Molina (†1600), intitulada *Concordia: o acordo do livre-arbítrio com os dons da graça, a presciência de Deus, a providência, a predestinação, e a reprovação* (Lisboa, 1588; Antuérpia, 1595). A disputa opôs dominicanos e jesuítas, os primeiros defendendo, com Bañez, a *predeterminação física* (i.e., de causalidade eficiente), os segundos, a *ciência média* de Deus. O papa Clemente VIII criou uma comissão que se reuniu mais de 120 vezes de 1598 a 1611, sem chegar a uma conclusão. Seu sucessor, Paulo V, achou que devia pôr fim ao debate, pedindo aos adversários que não se censurassem mutuamente (*DH* 1997).

Mas logo vinha *Jansenius* (Cornelius Janssen 1585-1638), companheiro de estudos de Jean Duvergier de Hauranne, futuro abade de Saint-Cyran.

Jansenius descobria, em 1619, o princípio central da doutrina de A. na distinção de duas espécies de graça: a de Adão* e a de Cristo, e aplicou-se então, durante vinte anos, à confecção do *Augustinus: A. ou la doctrine de saint A. sur la santé, la maladie et la guérison de la nature humaine contre les Pélagiens et les Marseillais* (condenado em cinco proposições por Inocêncio X; *DH*, 2001-2007). A publicação póstuma dessa obra, em Louvain (1640), em Paris (1641) e em Rouen (1643) ia transformar a vida intelectual e espiritual da cristandade em um campo de batalha agostinista.

i) Antes que ser o "século de Santo A.", o s. XVII seria o da "falência do ag." segundo o veredito severo e instigante dado por L. Brunschvicg (1927, 205 e 212):

"Trata-se de saber quem é esse A. que todos os partidos concordam em fazer o árbitro infalível da ortodoxia. Será o teórico das Ideias que as especulações neoplatônicas levaram à religião do Verbo*? Será o teórico da graça, animado, contra a liberdade de Pelágio, do mesmo zelo furioso que arrebatava o apóstolo Paulo contra a sabedoria dos filósofos? Um e outro, dirão. Jansenius e Ambrósio Vítor deram do ag. interpretações contraditórias; contudo, não se contradizem enquanto historiadores. Mas o século das ideias claras e distintas não permite mais que se fique resignado a registar, tal e qual, um caos de textos heteróclitos. É então fatal que as contribuições do neoplatonismo e do Evangelho à obra agostiniana se separem como dois rios de curso paralelo que verdadeiramente nunca misturaram suas águas. E daí o conflito de sistemas perfeitamente orgânicos e ambos agostinianos, mas cujo antagonismo e incompatibilidade é impossível disfarçar, no momento da síntese; mesmo que ela se deva operar acima do plano da razão, exige contudo definir-se por si em sua ordenação interna... No final das contas, se provavelmente nunca houve, em nenhuma época da cultura religiosa, uma floração de gênios superior à que se produziu na França em torno de Pascal e de Malebranche, de Fénelon e do próprio Bossuet, parece que essa riqueza não teve outro efeito do que tornar mais perigosa a obsessão imaginária de heresia — jansenismo ou racionalismo*, quietismo* ou galicanismo* — que os fez suspeitos uns para os outros, que terminou por rarefazer a atmosfera do catolicismo* francês, a ponto de torná-lo irrespirável".

O drama de consciência dos jansenistas (Ceyssens, 1954) e a desgraça de todos os agostinianos dessa época resultava da absolutização da doutrina agostiniana da graça e da predestinação, do "monopólio dogmático" (Neveu, 1990, 25) contra o qual Richard de Saint Simon (1693, p. III; cf. Ranson, 1990) reagia com retidão: "Desejo somente que aqueles que se gloriam de ser seus discípulos não façam passar todos os sentimentos de seu Mestre por artigos de fé". Isso não foi do gosto de Bossuet (Rouméliote, 1988); mas era exatamente o ponto de vista do próprio A. (*Ep.* 148, 5).

2. A teoria do conhecimento

a) Para A., todo conhecimento intelectual é participação do Verbo que é a Verdade*, a Sabedoria*. Se os platônicos conheceram a Deus, o verdadeiro Deus, uno e trino, foi graças ao Verbo que ilumina todo homem que vem a este mundo. O cristão, por sua vez, lê o *Prólogo joanino* até o fim; ele adere a Cristo, Verbo Deus iluminador e Verbo encarnado salvador. É o princípio do racionalismo cristão que se encontra, sob diversas formas, em João Escoto (Madec 1977), Anselmo (Madec, 1994, 295-305), Pedro Abelardo (Gregory, 1973), Hugo de São Vítor (Simonis, 1972), Boaventura (Madec, 1990) e mais tarde, Malebranche (Gouhier, 1926).

b) No s. XIII, com a instituição universitária, impôs-se uma distinção nítida entre a filosofia e a teologia, trazendo novas concepções das relações da fé e da razão, da natureza* e da graça, e novos debates para os séculos seguintes. Alberto Magno aconselhava Tomás de Aquino a seguir Aristóteles em filosofia e Agostinho em teologia. Ele assim fez, e descobriu na doutrina agostiniana uma componente filosófica diferente. Segundo ele, A. teria seguido Platão tanto quanto o suportava a fé católica (*De spir. creaturis* X, 8). Discernimento de importância capital porque dá crédito à ideia de que a doutrina agostiniana seria uma síntese de platonismo e cristianismo, um platonismo* cristão; ideia que rege até nossos dias os estudos doutrinais sobre A. Mas, ideia falsa; porque se A. não escondeu sua dívida em relação aos platônicos, não teve o sentimento de que devia ir em seu *seguimento*, pela simples razão de que acreditava encontrar em seus livros uma doutrina (parcialmente) idêntica ao *Prólogo* joanino.

c) Segundo o discernimento tomista, P. Mandonnet (1911, 55-56) definia o ag. filosófico como um estado de confusão doutrinal: "Ausência de uma distinção formal entre os domínios da filosofia e da teologia, i.e., entre a ordem das verdades racionais e das verdades reveladas... Mesma tendência, aliás, a esbater a separação formal da natureza e da graça...". Essa noção é inconsistente (Madec 1988); deriva de uma discriminação escolástica cuja rigidez contraria o movimento próprio da doutrina agostiniana. Se a distinção filosofia-teologia permanece ainda obrigatória ou pertinente, é preciso classificar todo ag. como teologia.

d) Contudo, houve empenho em etiquetar uma abstração. É. Gilson (1926/1927, 103) criava "a expressão desagradavelmente pedante, mas clara" de "ag. avicenizante" para definir a "posição de Guilherme de Alvérnia, Roger Bacon, Roger Marston, e talvez João Peckam", e a de "ag. aristotelizante" para a posição de Alexandre de Hales, João de la Rochelle e de Boaventura. Mais tarde, F. Van Steenberghen (1966, 187-188) dissipava a ilusão de um "ag. filosófico": "É unicamente no plano teológico que se pode falar de ag. nos teólogos dessa época; todos os traços distintivos pelos quais se quis caracterizar o 'ag. pré-tomista' ou a 'corrente platônico-agostiniana' pertencem em realidade ao movimento teológico, formalmente considerado, e encontram nesse fato seu fundamento". Assim mesmo a condenação, felizmente efêmera, de certas teses tomistas por É. Tempier em 1277 (tomismo*) foi, segundo Portalié (1903, 2506), "a última vitória dos agostinianos".

e) A definição de "ag. político" é calcada na definição de Mandonnet: "É a tendência a absorver o direito natural do Estado* na justiça* sobrenatural e no direito eclesiástico. Mas o que não passava de uma inclinação de espírito no pensador africano tornou-se uma doutrina nos herdeiros de seu pensamento político — e uma doutrina de especial vitalidade, pois veio a dar nas concepções teocráticas da IM" (Arquillière, 1954, 992). A fórmula é tão infeliz quanto a precedente. A tese foi severamente criticada por H. de Lubac (1984). Em todo o caso, as teorias teocráticas medievais são fundadas em um contrassenso radical na interpretação do *De civitate Dei* (teologia política*).

Nessa obra A. desenvolve não uma filosofia, mas uma teologia da história* (Marrou, 1954),

da história da salvação levada a termo com a vinda de Cristo na sexta idade da humanidade e que, portanto, não pode ser detalhada ao longo da história* da Igreja, contrariamente à teoria de Joaquim de Fiori, revista e corrigida por Boaventura (Ratzinger, 1959).

f) Segundo F. Van Steenberghen (1966, 267) "a missão doutrinal de São Boaventura parece ter sido pôr em evidência a unidade do saber cristão, na hora em que a emancipação crescente se tornava uma séria ameaça de ruptura entre a razão e a fé". Para cumprir essa missão, ele retomou a *doutrina do Verbo*, Deus e homem, que garante a unidade da fé e da inteligência, da ciência e da sabedoria, porque ele é o único Mestre (Madec, 1990), "o meio de todas as ciências, no qual estão escondidos todos os tesouros da sabedoria e da ciência de Deus" (*In Hex. coll.* I, 11).

g) Segundo L. Brunschvicg (1927, 160), Malebranche (1638-1715) foi o promotor do "racionalismo católico". E o foi graças a Descartes, mas sobretudo a A., que lhe ensinou que Cristo é o Mestre interior, a Sabedoria eterna que preside a todos os espíritos em todos os seus atos de pensamento: visão em Deus, não visão de Deus. Cristo é a um tempo o "Verbo eterno, Razão universal dos espíritos" e o "Verbo encarnado, Autor e consumador de nossa fé"; a obra do Verbo encarnado é ordenada à contemplação* do Verbo eterno, como a fé à inteligência. A maneira como Malebranche fazia falar o Verbo em suas *Meditações cristãs* provocou severas observações da parte de A. Arnauld e do pastor Jurieu. Mas isso era censurar a meditação e a oração de Malebranche (Madec, 1969, 170).

h) No s. XIX, o tema da visão de Deus inspirou muitos pensadores cristãos (ver I 2j) nos movimentos qualificados de *racionalismo cristão* e/ou *ontologismo*; mas com certa confusão, provavelmente devida ao fato de não terem meio de livrar-se da grade filosofia-teologia. As condenações romanas que atingiram alguns deles derivam certamente de uma concepção escolástica das relações entre a fé e a razão, entre natureza* e sobrenatureza. Notemos somente o caso de A. Rosmini Serbati (†1855) (*DH* 320-3240), de A. Günther (†1863) (*DH* 2828-2831; Simonis, 1972) e de J. Froschammer (1821-1893) (*DH* 2850-2861; Simonis, 1972).

i) A expressão *filosofia cristã* foi correntemente e pacificamente empregada durante muito tempo. Figura no título da mais antiga revista francesa de filosofia (ver I 2j). Foi somente na "Época de ouro" da neoescolástica que se tornou objeto de um animado debate (Henry, 1955), durante o qual os próprios historiadores raciocinaram como filósofos apegados à definição de filosofia pela autonomia da razão. Quase não se tratou dos Padres nem do ag. H. de Lubac (1979, 144) nota, no entanto, que o problema foi mencionado na sessão da Sociedade Tomista em Juvisy, em 1933, pelo P. A.-D. Sertillanges, que imediatamente a descartou: "A nova acepção da palavra 'filosofia' simboliza uma conquista a que não podemos renunciar. Desde Santo Tomás de Aquino, os dois domínios da razão e da fé são, em princípio, nitidamente discriminados... Colocar de novo a filosofia, de qualquer maneira, sob a dependência da fé seria 'retroceder para antes de Santo Tomás', *retornar ao confusionismo do ag. medieval*, e, ao mesmo tempo, colocar-nos 'numa péssima posição, ao nos isolar do mundo que pensa e que entende pensar livremente'".

L. Laberthonnière (†1932), o amigo difícil de Blondel, recluso pelas interdições eclesiásticas, não participou da querela, mas fez alusão à mesma. Segundo ele, "não se poderia falar de 'filosofia cristã' a não ser que o que se designa por esse nome seja *o próprio cristianismo*. É o que se fazia na origem. Só em seguida à invasão do aristotelismo* é que, separando sob pretexto de distinguir, se criou o conflito mortal do filosófico e do teológico, do natural e do sobrenatural, em que se debate miseravelmente" (1942, 10).

O dossiê deveria permanecer aberto... pacificamente...

• R. Simon (1693), *Histoire critique des principaux commentateurs du NT*, Rotterdam. — A. Harnack (1900), *Das Wesen des Christentums*, Leipzig. — E. Portalié (1903), "Augustinianisme (École et système des augustiniens)" et "Aug. (Développement historique de l')", *DThC* 1, 2485-2501 e 250-2561. O. Rottmanner (1908), *Geistes Fruchte aus der Klosterzelle*, Munique, 11-32 ("L'aug. Étude d'histoire doctrinale", *MSR* 6, 1949, 29-48). — P. Mandonnet (1911), *Siger de Brabant et l'averroïsme*, Louvain. — H. Gouhier (1926), *La philosophie de Malebranche et son expérience religieuse*, Paris. — É. Gilson (1926-1927), "Pourquoi saint Thomas a critiqué saint A.", *AHDL* 1, 5-127. — H. Gouhier (1926), La vocation de Malebranche, Paris. — L. Brunschvicg (1927), *Le progrès de la conscience dans la philosophie occidentale*, Paris. — M. Cappuyns (1929), "Le premier réprésentant de l'aug. médiéval: Prosper d'Aquitaine", *RThAM* I, 309-337. — M. Blondel (1930), "La fécondité toujours renouvelée de la pensée augustinienne", *Cahiers de la Nouvelle Journée*, 17, 1-20. — H. de Lubac (1931), "Deux augustiniens fourvoyés: Baius et Jansénius", *RSR* 21, 422-443; 513-540. — L. Laberthonnière (1942), *Esquisse d'une philosophie personnaliste*, Paris. — F. Chatillon (1949), "Le plus bel éloge de saint A.", *RMAL* 5, 234-23. — F. Cayré (1951), "Aug., Note complémentaire", *DThC*. Tables I, 317-324. — J. Ratzinger (1954), *Volk und Haus Gottes in Augustins Lehre von der Kirche*, Munique. — H.-X. Arquillière (1954), "Réflexions sur l'essence de l'aug. politique", *AugM* II, 991-1001. — L. Cristiani (1954), "Luther et saint A.", *ibid.* 1029-1038. — J. Cadier (1954), "Calvin et saint A.", *ibid.* 1039-1056. — I. Ceyssens (1954), "Le drame de conscience augustinien des premiers jansénistes", *ibid.*, 1069-1076. — G. Lewis (1954), "Aug. et cartésianisme", *ibid.*, 1087-1104. — H.-I. Marrou (1954), "La théologie de l'histoire", *AugM* III, 193-212; (1955), *Saint A. et l'aug.*, Paris. — A. Henry (1955), "La querelle de la philosophie chrétienne, Histoire et bilan d'un débat", in *Philosophies chrétiennes, Recherches et débats*, 10,35-68, 10, 35-68. — L. Foucher (1955), *La philosophie catholique en France au XIXe siècle avant la renaissance thomiste et dans son rapport avec elle*, Paris. — P. Courcelle (1963), *Les Confessions dans la tradition litteraire*, Paris. — H. de Lubac (1965), *Aug. et théologie moderne*, Paris. — F. Van Steenberghen (1966), *La philosophie au XIIIe siècle*, Louvain-Paris. —. J. Morán (1966), "La presenza di S. Agostino nel Concilio Vaticano II", *Aug.* 6, 460-488. — R. Javelet (1967), *Image et resemblance au douzième siècle*, Paris. — J. Koch (1969), "Augustinischer und Dionyscher Neoplatonismus und das Mittelalter", in W. Beierwaltes (sob a dir. de), *Platonismus* *in der Philosophie des Mittelalters*, Darmstadt, 317-342. — Ph. Sellier (1970), *Pascal et saint A.*, Paris. — W. Simonis (1972), *Trinität und Vernunft. Untersuchungen zur Möglichkeit einer rationalen Trinitätslehre bei Anselm, Abelard, den Viktorinern, A. Günther und J. Froschammer*, Frankfurt. — É. Gilson (1972⁶), *Le thomisme*. — T. Gregori, (1973), "Considerazioni su *ratio* e *natura* in Abelardo", *StMed* 14, 287-300. — O. Wermelinger (1975), *Rom und Pelagius*, Stuttgart. — G. Madec (1977), "L'aug. de Jean Scot dans le *De praedestinatione*", *in* R. Roques (sob a dir. de), *Jean Scot Érigène et l'histoire de la philosophie*. — H. Gouhier (1978), *Cartésianisme et augustinisme au XVIIe s.*, Paris. — G. Madec, (1978), *Johannis Scotti. De divina praedestinatione*, CChr.CM 50, Turnhout. — H. de Lubac (1979), "Sur la philosophie chrétienne. Réflexions à la suite d'un débat", *in Recherches dans la foi*, Paris, 127-152. — K. Flasch (1980), *Augustinus. Einführung in sein Denken*, Mainz. — Ph. Sellier (1982), "Le siècle de saint A.", *XVIIe siécle* 34, 99-102. — L. Ceyssens (1982), "Le 'saint A.' du XVIIe siécle: l'edition de Louvain. *XVIIe siècle*, 34, 103-120). — H. de Lubac (1984), "Aug. politique?", *in Théologies d'occasion*, Paris, 255-308. — L. Elders (1987), "Les citations de saint A. dans la *Somme théologique* de saint Thomas d'Aquin", *DoC* 40, 115-167. — J. Ratzinger (1988), *La théologie de l'histoire de saint Bonaventure*, Paris. — A. Solignac (1988), "Les excès de *l'intellectus fidei* dans la doctrine d'A. sur la grâce*", *NRTh* 110, 825-849, — A. Rouméliote (1988), "Bossuet gendarme de l'aug. face à R. Simon et J. de Launoy", *in* P. Ranson (sob a dir. de), *Saint A.*, Dossiers "H", s.l., 399-405. — G. Madec (1988), "La notion d'aug. philosophique", in *Jean Scot et ses auteurs*, Paris, 147-161. — J. Orcibal (1989), *Jansénius d'Ypres (1585-1638)*, Paris. — B. Neveu (1990), "Le statut théologique de saint A. au XVIIe s.", *in* Col., *Troisième centenaire de l'édition mauriste de saint A.*, Paris, 1-28. — G. Madec (1990), *Saint Bonaventure, Le Christ Maître*, Paris. — P. Ranson (1990), *Richard Simon ou du caractère illégitime de l'aug. en théologie*, Lausanne. — V. Carraud (1992), *Pascal et la philosophie*, Paris. — G. Madec (1994), *Petites études augustiniennes*, Paris. — P.-M. Hombert (1966), *Gloria gratiae*, Paris.

Goulven MADEC

→ *Agostinho de Hipona; Bañezianismo-molinismo-baianismo; Graça; Jansenismo; Pecado original; Pelagianismo; Política (teologia); Predestinação*

ALAIN DE LILLE → **escolástica** II. 1. c.

ALBERTO MAGNO, 1220-1280

Primeiro intérprete escolástico* do conjunto da obra de Aristóteles, dominicano, professor de Tomás* de Aquino em Paris, e no *studium* de Colônia, defensor das ordens mendicantes em resposta aos ataques dos mestres seculares, bispo* de Ratisbona, autor de uma manobra de última hora para evitar em 1277 a condenação das teses aristotélicas por É. Tempier (naturalismo*), Alberto Magno (Al.) deixou uma obra de teologia tão imponente como sua obra filosófica. Os comentários bíblicos (sobre Jó, Jeremias, Ezequiel, Baruc, Daniel, os profetas* menores) estão nessa obra ao lado de sermões e de obras de teologia* sistemática: *Comentário das Sentenças* de Pedro Lombardo, *De natura boni, De bono, Suma de Teologia*, dita "de Paris", *Summa de mirabili scientia Dei*, dita "de Colônia" (*SC*), *Comentários sobre os nomes divinos* (*DN*) e *Teologia mística* do Pseudo-Dionísio* Areopagita.

a) Estatuto científico da teologia. — Aristotélico militante, dotado de uma cultura científica enciclopédica, Al. teve grande parte no nascimento de uma teologia concebida como "ciência", no sentido filosófico do termo. Mas se a teologia de Al. é conforme aos cânones da ciência aristotélica, nem por isso é redutível à teologia "natural*" dos filósofos: é uma ciência prática, que considera o "verdadeiro" não como simples verdadeiro, mas como a "fonte suprema da beatitude*" (*summe beatificans*), procurada pela "intenção piedosa no afeto e nas obras" (*SC* I, 3, 3; Siedler 13, 65-72). Então, se Al. evoca Aristóteles para explicar a "felicidade contemplativa" colocada no termo final da teologia, entendida como ciência "moral e prática", é para marcar uma diferença irredutível entre as ciências práticas filosóficas — que se referem às obras "perfeitas pela perfeição das virtudes* adquiridas" — e a teologia, que trata das obras* "perfeitas pela perfeição das virtudes infundidas pela graça*".

Mais amplamente, a teologia sagrada se distingue da teologia filosófica por três aspectos:

em primeiro lugar, "pelo objeto principal de sua parte principal" — o Deus* da Bíblia*, e não a Causa primeira ou o Primeiro movente de Aristóteles; em seguida, pelas determinações (*passiones*) de seu objeto — não o ente e suas "propriedades" (ser*), mas "o Verbo* encarnado com a totalidade dos sacramentos* que ele realiza na Igreja*"; finalmente, pelos princípios de "provação" que "fundam sua argumentação": o que "confirma" um argumento teológico não é uma "máxima" ou uma proposição "bem conhecida", como sucede em filosofia*; é a própria fé* (cujo conteúdo é fixado no artigo que define o que "é crido") e o que "precede a fé" como um antecedente lógico, a saber, a Escritura sagrada* — numa palavra, a "revelação*". Se toda ciência, mesmo filosófica, vem de Deus como autor da "luz conatural" ao espírito humano, a ciência teológica tem a particularidade de vir de Deus que "revela pela fé". Assim a teologia se distingue ultimamente no fato de que procede de "outra luz", "supramundana", que "brilha" e ilumina "no artigo de fé", enquanto a luz dada ao filósofo brilha nas proposições "conhecidas por si mesmas"; é portanto, no sentido próprio do termo, uma ciência de piedade, *scientia secundum pietatem* (*SC* 1, 3, 1; Siedler 8,47-54, segundo 1Ts 3,16 e Tt 1,1), isto é, uma ciência fundada sobre o conhecimento de fé teologal.

b) Da fé teologal à teologia mística. O papel desempenhado pelo conhecimento* da fé, "conhecimento certo das realidades espirituais" (*DN* 2 § 76), na teologia de Al., permite ultrapassar o debate tradicional a propósito da superioridade do amor* sobre a inteligência, afirmada no s. XII pela escola de São Vítor* (voluntarismo*). Com efeito, fazendo da luz da fé uma teofania* que exerce uma função anagógica (sentidos* da Escritura), e colocando a fé no vértice dos "*habitus* da graça", Al. estabelece uma continuidade entre o estado de "viajante" (peregrino na terra) e a bem-aventurança celeste. Muitas vezes descrita como "intelectualista", a teologia de Al. é antes uma teologia do intelecto, que trata no mesmo quadro "noético" o conhecimento da fé teologal, a

visão beatífica e a união mística*. Descrevendo o conhecimento da fé no homem viajante (*visio fidei in via*) como uma "informação da inteligência pela luz da fé", Al. define a visão beatífica* com os instrumentos teóricos da noética de Aristóteles: a visão dos eleitos na pátria celeste é uma "junção" da inteligência do homem e da essência divina, uma união "intelectual", "em um único espírito" (1Cor 6,17), de Deus e do intelecto agente. Ora a união mística, o estado "teopático" que Dionísio atribui a seu mestre Hieroteu, é também de ordem intelectual: na teofania das trevas místicas, a inteligência recebe "um impulso que procede da luz da glória*" que a "converte" e "leva à unidade do Pai*". A teologia da inteligência é assim a peça central da teologia da graça e da teologia das missões divinas (Trindade*); o dom da sabedoria* infusa e o amor de caridade, em sua conexão mesma, presidem ambos o desabrochar da fé teologal em contemplação* mística.

• *Sancti doctoris Ecclesiae Alberti Magni, Ordinis Praedicatorum, episcopi Opera omnia* (ed. de Colônia), Münster, Aschendorff, 1951-; *Commentaire de la "Théologie mystique" de Denys, le pseudo-Aréopagite*, trad. É.-H. Wéber (1993); as duas edições integrais de P. Jammy (Lyon, 1651) e de A. Borgnet (reed. da precedente, Paris, 1980-1899), são incompletas, defeituosas, e contêm textos inautênticos.

▸ F. Ruello (1963), *Les "Noms divins" et leurs "raisons" selon saint Albert le Grand, commentateur du "De divinis nominibus"*, Paris. — A. de Libera (1990), *Albert le Grand et la philosophie*, Paris. — A. de Libera (1994²), *La mystique rhénane. D'Albert le Grand à Maître Eckhart*, Paris, 1984.

Alain de LIBERA

→ *Aristotelismo cristão; Deidade; Escolástica; Intelectualismo; Renano-flamenga (mística); Tomás de Aquino.*

ALBIGENSES → **catarismo**

ALEGORIA → **sentidos da Escritura** → **narrativa**

ALEXANDRE DE HALES → **escolástica** II. 2. b.

ALEXANDRIA (Escola de)

Costuma-se opor a escola de Alexandria (esc. de Al.) à escola de Antioquia*, mas as duas expressões escondem uma grande diversidade; a expressão "esc. de Al." (ver A. de Boulluec, "L'école de Alexandrie. De quelques aventures d'un concept historiographique", *in* col. 1987, 403-417) remete de uma parte a certa prática da exegese* e, de outra, a questões propriamente teológicas, sucessivamente ligadas à origem mesma do cristianismo alexandrino, à crise origenista, à luta contra o arianismo, e depois à crise nestoriana.

a) Coordenadas históricas. — Ao redor do s. II a.C., a importante comunidade judaica de Alexandria vê realizar-se a tradução* da Bíblia* hebraica para o grego, a Septuaginta. Segundo uma tradição transmitida por Eusébio de Cesareia (*HE*, II, 16), o apóstolo* Marcos estaria na origem da evangelização* do Egito, mas sabe-se muito pouco da primeira comunidade cristã de Alexandria. Filósofos pagãos e cristãos, muitas vezes formados em Atenas, deveram suceder-se em Alexandria, e entre eles, Panteno e Clemente (Cl.), antes que existisse o *"Didaskaleion"*, escola catequética oficialmente dependente da Igreja*. Orígenes (O.) foi o seu primeiro mestre, sob o episcopado de Demetrius (189-231), e Dídimo foi seu longínquo sucessor no fim do s. IV. O helenismo, o judeu-cristianismo* e o gnosticismo, com seus dois ilustres representantes, Basílides e Valentino (ver Ritter, *in* col. 1987, 151-172), constituem assim o cadinho em que os cristãos vão, ao mesmo tempo, apropriar-se dos modos de pensamento e de expressão férteis para o desenvolvimento da ortodoxia cristã, e enfrentá-los. Se a irradiação da metrópole egípcia foi logo reconhecida, até a sua definição como patriarcado*, suas relações com o cristianismo do interior do país — e no s. IV com o monaquismo* nascente — foram às vezes difíceis, e se sucederam crises e cismas* em Al., como testemunha a história perturbada do episcopado de Atanásio*.

b) Exegese alexandrina. — Essa exegese não se reduz, como poderia fazer crer a oposição simplificadora de Al. e de Antioquia, a um triunfo da alegoria sobre o sentido* literal das Escrituras*. Ela se enraíza, primeiro, na tradição filosófica profana: os comentadores neoplatônicos de Platão ou de Aristóteles tinham elaborado regras de interpretação que os cristãos retomaram (ver Hadot, 1987, a propósito do comentário de O. sobre o *Cântico dos Cânticos*). As influências gnósticas, também marcadas pelo cunho do platonismo, distorceram por sua parte a compreensão das Escrituras em um sentido esotérico. Assim Cl. se refere aos mistérios de Elêusis, para ilustrar analogicamente a maneira como se deve transmitir e compreender o ensinamento de Cristo* (*Strom.* VI, 15). O conhecimento não é dado a todos (*Strom.* V, 3), e há para Cl. como para O. sentidos ocultos na Escritura: e para desvelá-los, há que recorrer à exegese alegórica. Se O., com sua influência considerável tanto no Oriente quanto no Ocidente, é o mestre dessa exegese (*Tratado dos Princípios* IV, 1-3, ver Lubac*, 1950), ele é devedor antes de tudo a Fílon de Alexandria (s. I a.C.), que é herdeiro, por sua vez, da dupla tradição judaica e helênica (ver Nikiprowetzky, 1977 e Runnia, 1995).

A obra exegética de Hilário* de Poitiers se inscreve no sulco de O.; e graças às traduções latinas que Rufino e Jerônimo fazem, desde o s. IV, das obras de O., a hermenêutica* alexandrina vai ser difundida no Ocidente; a doutrina dos quatro sentidos da Escritura, em Cassiano e depois em Gregório Magno, deriva assim do tríplice sentido definido por O. (ver Simonetti, "Quelques considérations sur l'influence et la destinée de l'alexandrinisme en Occident", *in* col. 1987, 381-402).

c) Teologias alexandrinas do Logos. — O lugar central dado pelos alexandrinos à doutrina do *Logos* (Verbo*) teve duas consequências: o papel decisivo do pensamento alexandrino em cristologia* e o risco sempre renovado de desvios heterodoxos. Os empregos joaninos do termo *"Logos"* fornecem decerto um fundamento escriturístico, mas a herança filosófica complexa da noção, e seu emprego (no plural) pelos gnósticos suscitaram, logo de entrada, ambiguidades. O discurso de Cl. sobre o *Logos* eterno de Deus* e sua manifestação na carne opõe unicidade do *Logos* aos sistemas gnósticos, mas pode parecer muito perto do docetismo*. Depois de Cl. O. não parece ligar exclusivamente à encarnação* o papel mediador do *Logos* (ver seu com. de 1Tm 2,5 em *Princ.* II, 6, 1; *Contra Celso III, 34*). Tributário, ele também, de uma preeminência do *Logos* no ato redentor como no ato criador, Atanásio se atém a uma teologia* do *Logos-sarx* (Grillmeier, 1979, 460-479), e deixa como em suspenso a questão da alma* e do conhecimento humano de Cristo. Essas cristologias se inscrevem em um modelo cultural de dominância platônica (Simonetti, 1992), da qual só as elaborações dos capadócios permitirão sair.

• R. Cadiou (1935), *La jeunesse d'Origène. Histoire de l'éc. d'Al. au début du IIIe s.*, Paris. — C. Mondésert (1944), *Clément d'Alexandrie. Introduction à l'étude de sa pensée religieuse à partir de l'Écriture*, Paris. — J. Guillet (1947), "Les exégèses d'Al. et d'Antioche, conflit ou malentendu?", (*RSR* 34, 257-302. — H. de Lubac (1950), *Histoire et Esprit. L'intelligence de l'Écriture d'après Origène*, Paris. — V. Nikiprowetzki (1977), *L'interprétation de l'Écriture chez Philon d'Al.: son caractère et sa portée*, Leyde. — A. Grillmeier (1979), *Jesus der Christus im Glauben der Kirche*, t. I, Friburgo-Basileia-Viena; (1990²), *Le Christ dans la tradition chrétienne*, CFi 72. — M. Simonetti (1985), *Lettera e/o allegoria. Un contributo alla storia dell'esegesi patristica*. Roma. — B. A. Pearson e E. J. Goehring (eds.) (1986), *The roots of Egyptian Christianity. Studies in Antiquity and Christianity*, Filadélfia. — I. Hadot (1987), "Les introductions aux commentaires exégétiques chez les auteurs néoplatoniciens et les auteurs chrétiens", in M. Tardieu (sob a dir. de), *Les règles de l'interprétation*, Paris, 99-122. — Col. (1987), *Alexandrina. Hellénisme, judaïsme et christianisme à Al. Mélanges offerts au P. C. Mondésert*, Paris. — M. Simonetti (1992), "Modelli culturali nella cristianità orientale del II-III secolo", in *De Tertullien aux Mozarabes. Mélanges offerts à J. Fontaine* (sob a dir. de J.-C. Fredouille), Paris, 381-392 (retomado em *Ortodossia ed Eresia tra I e II secolo*, Messina, 1994). — B. Pouderon (1994), "Le témoignage du *Codex Barrocianus 142* sur Athénagore et les origines du *Didaskaleion* d'Al." *in* G. Argoud (sob a dir. de), *Science et vie intellectuelle à Al. (I-II s. ap. J.-C.)*, Mémoires XIV, Saint-Étienne, 163-224. — D. T. Runnia (1995),

Philo and the Church Fathers, Leyde-Nova York-Colônia.

Françoise VINEL

→ *Antioquia (escola de); Estoicismo cristão; Gnose; Patriarcado: Platonismo cristão; Sentidos da Escritura.*

ALIANÇA

A aliança (a.) é na Bíblia* e na teologia* cristã um conceito central que designa a relação entre Deus* e seu povo* por analogia* com as relações privilegiadas que os homens estabelecem entre si por contrato. Essa relação, muitas vezes descrita com ajuda de categorias tomadas da natureza ou da fabricação de objetos materiais, encontra-se aqui projetada no campo da existência individual ou coletiva. O direito* faz parte dela, em especial o direito dos tratados e dos contratos. A Bíblia faz assim menção de uma série de alianças entre Deus e o homem, retomadas como articulações da história* da salvação*. Nos tempos modernos, a a. devia igualmente fornecer o tema diretor de certo número de projetos teológicos globais (teologias chamadas "federais").

A ideia de a. remete à palavra hebraica *berît*, como também ao termo grego *diatheké* que traduz nos LXX a expressão hebraica acima. A ideia recobre além disso outros termos, p. ex. *'édout*, como também as fórmulas que significam "juramento". Exegetas e teólogos também falam, com razão, de a. a propósito de formas literárias ou de narrações* em que a mesma ideia se encontra, embora o termo não apareça explicitamente. Na tradição* cristã, o grego *diatheké* introduz além disso o uso da palavra "testamento", particularmente na divisão do cânon* em um "Antigo" e um "Novo" Testamento.

I. O Antigo Testamento

1. As alianças humanas

a) O termo e a coisa designada. — A etimologia de *berît* permanece contestada. O sentido primitivo era, sem dúvida, o de "laço" ou de "obrigação". A palavra designa com frequência um ato jurídico ou um contrato, ao mesmo tempo que as obrigações ou compromissos deles decorrentes. Paralelamente a *berît*, encontram-se palavras que significam "juramento", um contrato de aliança sendo ritualmente selado sob juramento, muitas vezes no quadro de um santuário. A divindade era então a garantia (a "testemunha") da operação. Estelas podiam também ser erguidas como "testemunhas". Nessa ocasião estabeleciam-se documentos (*séfèr ha-berît*, "documento de a.", com frequência traduzido erroneamente por "livro* da a."), e se efetuavam atos simbólicos: as partes contratantes se ofereciam presentes, trocavam suas vestes ou suas armas, apertavam as mãos, comiam juntas (no curso de refeições sacrificiais, que comportavam ritos baseados no sal ou no sangue) ou invocavam sobre si mesmas a maldição no caso em que rompessem o tratado (era este, p. ex. o sentido do rito que consistia em passar entre as duas metades de um animal sacrificado).

A relação humana selada pela *berît* era antes de tudo um elo de fidelidade e de paz, sentido como um laço de parentesco. Era-se "irmão", "pai", "filho" daquele com quem se fazia aliança, e a quem se devia "fidelidade" e "amor*". Por isso é que o matrimônio* podia ser considerado uma espécie de *berît*. Essa relação, só em segundo lugar, implicava certo número de prestações particulares que as partes se impunham e garantiam mutuamente. As leis* de Israel* (I.) por serem, na maioria das vezes, promulgadas no quadro de tratados de a., não deveriam, com todo o rigor, ser chamadas de "leis", mas antes, de obrigações contratuais.

Um contrato podia ser concluído entre iguais, mas também entre parceiros de poder desigual. As obrigações estipuladas podiam ser recíprocas, ou ao contrário, unilaterais. Quando só o poderoso se comprometia a proteger o fraco, ou, inversamente, apenas se enunciassem as obrigações do subordinado para com seu superior, havia sempre uma contrapartida implícita, considerada evidente e que não era, portanto, necessário estipular em cada caso particular. Os contratantes podiam ser indivíduos, grupos sociais ou grandes entidades políticas.

Em tudo isso, Israel (I.) reproduz uma estrutura social fundada sobre relações contratuais privilegiadas, tal como eram então difundidas no conjunto do Oriente Próximo e da área mediterrânea pré-clássica, mais particularmente na zona de expansão hitita e neoassíria. Possuímos a esse respeito abundante material comparativo (D. J. McCarthy 1978), especialmente no domínio das relações entre Estados, e das relações entre os soberanos e suas elites dirigentes (pactos entre potências soberanas, tratados de vassalagem, correspondência diplomática, inscrições reais, juramentos de funcionários, instruções administrativas, cartas de outorga de feudos, doações reais etc.). Apesar de todas as transformações históricas, ressalta através das regiões e das épocas uma surpreendente continuidade de vocabulário, de ritual e de formas literárias (gêneros* literários na Escritura). Assim, os tratados de vassalagem hititas do segundo milênio a.C. fazem preceder a exposição das cláusulas por uma lembrança das relações anteriores entre as partes, o que se chama "prólogo histórico" (que tem também um papel importante nos textos tardios do AT que tratam da a. divina); ora, essa forma típica aparece ainda em um tratado de Assurbanipal datado do s. VII. A noção de uma a. com a divindade é igualmente atestada — raramente, na verdade — fora de Israel; encontra-se um exemplo sob o reinado de Urukagina de Lagash (s. XXIV a.C.) e dois na área cultural neoassíria. Tal transposição da ideia de a. permanece, no entanto, fora de I., um fenômeno marginal.

b) As alianças proibidas. — Nos primeiros tempos era proibido a I. aliar-se aos grupos não israelitas instalados no país (Ex 23,32; 34,12-16). A antiguidade dessas passagens é contestada, mas são certamente anteriores ao exílio. Essa interdição não havia talvez em toda parte; onde tinha vigência ela se referia nomeadamente a "I.", "um povo que fica à parte e não se alinha ao número das outras nações" (Nm 23,9). A fundação do império por Davi mudou necessariamente esse estado de coisas, tanto no próprio país como no plano das relações internacionais, onde I. começava a tomar pé. Essa evolução iria suscitar a crítica dos profetas* contra a política de aliança entre Estados. A proibição foi enfim restabelecida, na época do exílio e do regresso, na legislação deuteronômica (Dt 7,2) e decorre da relação contratual privilegiada que a a. divina instaura entre Javé e I.

2. A aliança de Javé com Israel

a) *O período pré-estatal.* — Somente com os teólogos deuteronomistas aparece uma "teologia da a.", que integra todas as tradições de I. numa forma concreta e sistemática. Contudo, esses teólogos da época de Josias (s. VII a.C.) parecem ter retomado uma concepção antiga da relação contratual privilegiada instaurada entre I. e Deus.

Muitas vezes se tenta transferir para uma data bastante recente as passagens relativas a essa temática, e explicá-las como acréscimos ulteriores, que refletem a concepção deuteronomista. De fato, muitos pontos aqui são incertos. É igualmente exato que todos os indícios predeuteronômicos não remetem necessariamente às origens de I. Contudo, a ausência de toda ideia de a. antes da época deuteronômica não é a hipótese mais verossímil. As recapitulações narrativas do Deuteronômio já propõem o esquema de base sobre o qual se construiu a perícope do Sinai, no livro do Êxodo, que remetia a a. fundadoras contraídas entre Javé e I.; e essa perícope contém, por sua vez, elementos que poderiam provir de uma época anterior à sua própria composição literária. Trata-se sobretudo do núcleo primitivo de Ex 34,10-26, e do núcleo primitivo (mais contestado) de Ex 24,1-11. (Ao contrário, Ex 19,3-8 poderia pertencer somente à etapa da redação final do Pentateuco, assim como a organização de toda a perícope, no esquema "conclusão de a. — renovamento de a."). O decálogo* predeuteronômico, cuja datação permanece incerta, é designado no Deuteronômio pelo termo de *háberît*, e no documento sacerdotal pelo termo *há-'édout*, segundo o que parece ser um uso já tradicionalmente admitido; e não há certeza de que se possa alegar o "argumento terminológico" para eliminar pretensas adições deuteronômicas em Js 7,11-15 e Dt 33,9, ainda menos em Os 8,11 e Js 24,25. Quanto aos Salmos*, não há nenhuma certeza sobre sua antiguidade (cf. p. ex. Sl 50,5 e as passagens aparentadas em Sl 81,95). Certamente, a "fórmula da a." (*Javé é o Deus de I.; I. é o povo de Javé*) só leva legitimamente seu nome se é acompanhada da obrigação feita a I. de seguir as leis divinas. Exprime então o ato pelo qual Javé estabelece

sua relação com I., especificando as obrigações que daí resultam para seu povo. Sob essa forma, é atestada mais cedo no Deuteronômio; mas, sob sua forma curta (que se designaria mais adequadamente como "fórmula de pertença"), encontra-se já pressuposta em Oseias. A concepção de I. como "povo de Deus" remonta aos primeiros tempos; já está atestada no s. IX em uma cerimônia realizada por ocasião de um rito de entronização em Jerusalém* (2Rs 11,17 — com fórmulas que não têm autênticos paralelos deuteronômicos). É ainda por uma aliança que Josias se compromete, com todo o povo, a seguir o livro da Torá encontrado no Templo* (2Rs 23,3: 622 a.C.), e dificilmente se imagina que tenha introduzido um estilo inteiramente novo na simbólica político-religiosa.

Pode ser que esse ritual real tenha sido em Jerusalém nada mais que uma sobrevivência, fora da qual a ideia de uma a. com Deus não tenha desempenhado papel algum. Antes da fundação do Estado, ao contrário, esse laço com Deus tinha sido o modelo da autocompreensão dessa sociedade* tribal que, liberta da tutela cananeia e egípcia, se recusava igualmente a instaurar em seu próprio território um órgão central de governo (cf. a declaração de Gedeão em Jz 8,23): o poder não competia nem a um suserano, nem mesmo a um rei saído do seio de I., mas à divindade somente, que exigia uma submissão exclusiva (reino* de Deus). Com a criação do Estado, porém, essa obrigação privilegiada para com Javé se concentrou no rei, que representava todo o povo.

b) *Aliança com o soberano.* — Daí nasceu a ideia da a. de Deus com Davi (2Sm 7; 23,5; Sl 89; Is 55,3; Jr 33,17-21), o que por sua vez sugeriu, sem dúvida, a ideia da a. de Deus com Abraão (ou outros patriarcas); ideia que apareceu, o mais tardar, na revisão protodeuteronomista do Tetrateuco (Gn 15,18: *berît*, quando esses textos falam habitualmente do "juramento" de Deus). O conteúdo central do compromisso é, no caso de Abraão, a concessão de um território, e no caso de Davi, a duração da dinastia. Trata-se igualmente, nesse contexto, da fidelidade e do serviço do vassalo. Na época do exílio, depois do desmoronamento da dinastia davídica, o Deutero-Isaías vai transferir a a. com Davi para o conjunto do povo de I. (Is 55,3ss).

c) *A teologia deuteronomista.* — Durante a dominação neoassíria sobre Judá (e também depois dela) os teólogos da escola deuteronomista (teologia bíblica*) restauraram a antiga concepção da a. divina — rejeitando a estrutura assíria de poder, largamente tributária dos tratados e dos juramentos de fidelidade, mas adotando sua terminologia e formas exteriores. A a. era agora fundada sobre o juramento de Deus aos patriarcas; tinha sido concluída no Horeb (o Sinai) durante o êxodo, sobre a base do decálogo, e renovada ao sair do deserto, no país de Moab, depois da proclamação da Torá deuteronomista. Esta era considerada como o documento da a. Toda essa construção encontra claramente seu ponto de partida no ato livre e gracioso de Deus.

Dt 26,17ss, que representa a passagem central para a compreensão da lei deuteronomista como "a. de Moab" (Dt 28,69), é construído sobre o esquema de um contrato entre iguais, mas o próprio texto exclui toda ideia de igualdade entre os dois parceiros, o humano e o divino. É somente nos escritos deuteronomistas tardios que se encontram analogias formais com o esquema do tratado de vassalagem hitita (p. ex. em Dt 4,29s; Js 23; 1Sm 2). Dt 5-31 expõe sob a forma de narração a a. concluída no país de Moab. A apresentação do documento de a. (Dt 5-26) é acompanhada por certo número de atos de linguagem rituais-performativos: constituição da assembleia encarregada de concluir a a. (Dt 29,9-14, no quadro de uma recapitulação narrativa), formulação protocolar da relação estabelecida pelo tratado (Dt 26,17ss), declaração de adesão de I. pronunciada por Moisés e os anciãos (Dt 27,1), declaração de adesão de Deus pronunciada por Moisés e os sacerdotes (Dt 27,9s), fórmulas de bênção* e de maldição (Dt 28).

Durante o exílio, a teologia deuteronomista da a. permitia dar conta do desmoronamento de I. apresentando-o como o resultado da ruptura da a. com Deus. Mas de uma a. cujas maldições se tinham realizado, nenhuma nova esperança* podia brotar. Quando no exílio, apareceram profetas que suscitaram tal esperança, foi preciso inverter os polos da doutrina deuteronomista da a. Foi o que se produziu, mais ou menos simultaneamente, de diversas maneiras.

d) *O remanejamento deuteronomista dos livros proféticos.* — À a. do tempo do êxodo, doravante rompida, o livro "deuteronomista" de Jeremias e um trecho tardio de Ezequiel, que dele depende, opõem a remissão futura dos pecados*, o regresso e a reunião de I., o estabelecimento, enfim, de uma a. "nova", "eterna", em que Deus — pelo dom correlativo do "Espírito"— vai renovar o coração* humano de tal maneira que ninguém romperá mais o compromisso assumido (Jr 30,13; 31,27-34; cf. 24,5ss; 32,37-41; Ez 11,17-20; 16,59-63; 36,22-32; 37,21-28; também Sl 51,12ss).

e) *O documento sacerdotal.* — O conjunto narrativo da escola sacerdotal transforma a ideia de a.: do lado de Deus o compromisso não será jamais desfeito, ele é eterno. A geração que cai no pecado se encontra certamente excluída da a., mas Deus restabelece seus compromissos a partir da geração seguinte. Por essa razão, o documento sacerdotal não remete mais a a. de Deus com I. à sua manifestação no Sinai, e sim à a. concluída com Abraão (Gn 17). É verdade que essa só se encontra plenamente desenvolvida em Ex 6,2-8, e sobretudo em Ex 29,45s. A a. de Abraão era precedida pela de Noé, pela qual Deus se ligava à humanidade inteira e aos animais* (Gn 9,8-17), comprometendo-se a nunca mais provocar dilúvio. A lei de santidade*, inserida posteriormente na perícope sinaítica do documento sacerdotal, tenta integrar a concepção deuteronomista da a. nessa pura teologia da a. de graça* (Lv 26,3-45). Mais tarde ainda, o *sabbat** é introduzido no Pentateuco (Ex 31,12-17) como novo sinal (sacramento*) da a. (além da circuncisão exigida em Gn 17).

f) *O Deutero-Isaías.* — Sem atribuir à a. um lugar central, o Deutero-Isaías (como os trechos tardios de Jeremias e de Ezequiel) anuncia ações inteiramente novas de Deus. A a. com Davi — que permitira legitimar o Estado e, portanto, em última instância, causou a ruína de I. — devia ser restaurada, mas sob a forma de uma a. de Deus com o conjunto do povo, que assumiria coletivamente, em relação aos outros povos* (universalismo*) o papel de Davi (Is 55,3: essa passagem fornece também a chave para 42,6; 49,8; cf. 61,8). A ideia de a. é assim moldada na visão de peregrinação* dos povos. A a. de I. e a de Davi se confundem; mesmo a a. de Noé está incluída na síntese (Is 54,10).

g) Os estratos deuteronomistas tardios. — Todas essas novas abordagens se refletem, se encontram às vezes antecipadas nos estratos tardios do Deuteronômio. Uma passagem remanejada em Dt 7-9 desenvolve assim uma forma primitiva da doutrina paulina da justificação* dos pecadores (Dt 9,1-6) e introduz a concepção sacerdotal da a. com os patriarcas (Dt 7,12; 8,18; 9,6). Igualmente em Dt 4,1-40 (4,31), onde se esboçam a perspectiva universal e o monoteísmo* (Dt 4,6-8.32-39) do Deutero-Isaías. O prolongamento dessa camada em Dt 30,1-10 toca, com a "circuncisão do coração", no centro do tema da "nova a." (30,6).

h) A aliança como conceito que engloba o cânon hebraico. — O conceito central do cânon não é a a., mas a Torá.

O Pentateuco, (i.e., a Torá, a Lei) ocupa um lugar mais elevado que as outras partes do cânon. O tema da Lei, fornecendo os motivos que repercutem do começo ao fim dos livros proféticos do cânon hebraico (Js 1 e Ml 3), desenha o quadro literário em cujo interior esses aparecem como uma espécie de comentário profético da Torá, como o desenvolvimento literário da promessa* da lei deuteronômica concernente aos profetas (Dt 18,15-18). O livro dos Salmos se abre igualmente por uma evocação do estudo da Lei, em um salmo que se liga, por certas palavras-chave ao fim da Torá e a Ml 3. Em Dt 4,6ss, é a "sabedoria"* em sua totalidade que se encontra subordinada à Torá.

Ora, o conceito de a. não tem um papel tão determinante. No entanto a Torá e a a., pelo menos nos escritos deuteronomistas, estão estreitamente ligadas. No Deuteronômio, é concluindo sua aliança com Deus que I. recebe a Torá. A lei dada com a a. da época do êxodo ficará a mesma na nova a. prometida (Jr 31,33). Isso se aplica também ao Pentateuco em seu conjunto

e, portanto, em razão do seu papel central à totalidade do cânon hebraico. Desse modo a a. torna-se, por sua vez, um conceito central, e isso não só em sua acepção deuteronomista, mas também da forma como é usada por outras teologias ou conjuntos literários.

Por meio da diversidade das teologias, esse conceito permite ligar entre eles todos os temas decisivos da Bíblia. Pelas a. de Noé e de Abraão, e por outras a. concluídas no curso da história, o conceito liga-se ao conjunto da narrativa da história da salvação. Pela perícope do Sinai e pelo Deuteronômio liga-se à Lei. Por Jr 30-33 e pelos textos paralelos, resume todas as promessas proféticas. Enquanto serve para designar o Decálogo e, em particular, seu primeiro mandamento*, evoca a essência da relação com Deus. A a. é o lugar da Torá, onde esta se expande em suas múltiplas dimensões.

Naturalmente, a esse nível do cânon, sistemas teológicos tão diferentes não se combinam num sistema novo. Mas todos contribuem, pelo laço que estabelece entre eles o tema comum da a., para instaurar a única situação de escuta do texto canônico. A leitura da Torá na sinagoga se interrompe na morte de Moisés, no limiar da terra prometida, e se retoma no Gênesis. A a. está dada, mas suas promessas ainda não estão cumpridas. Depois do exílio, I. continuará a viver na dispersão, ou então retornará a Jerusalém, mas uma Jerusalém que não irradia, de modo algum, uma luz escatológica. Esse povo já sentiu em seu próprio corpo os efeitos da ruptura da a. e da maldição em que incorreu, acredita na fidelidade de Deus e em seu perdão, mas ainda espera dele os sinais concretos. Nessa situação, podem-lhe ser atribuídas simultaneamente diversas teologias da a.: a teologia deuteronomista, porque estabelece a falta e expõe a Torá que valerá até o fim; a teologia profética e universalista, porque contém a esperança*; a teologia sacerdotal, porque descobre a razão última da esperança na eterna fidelidade de Deus, que nenhuma infidelidade humana pode desanimar. É assim que a a. se torna, ela também, uma característica englobante do cânon hebraico.

Não se encontra em todo o cânon nenhuma passagem em que a nova a. prometida para o fim dos tempos fosse explicitamente destinada não apenas a I. mas também aos povos que vão em peregrinação a Sião. No máximo, essa ideia desponta no emprego da "fórmula da a." a propósito de outros povos além de I. (p. ex. em Is 19,25 e 25,8s) e nas releituras de antigos textos dos Salmos, atestadas unicamente no plano da forma redacional (p. ex. Sl 25,14 e 100,3).

i) A aliança no cânon alexandrino. — Essa estrutura permanece imutável no *corpus* ampliado do cânon grego. Embora a ordem dos livros esteja nele modificada, sob a influência dos modelos gregos, o Pentateuco representa sempre a base, de que os outros livros são apenas "comentários", e ao qual remetem no começo (Js 1) e no fim (Ml 3) do conjunto profético, por evocação dos motivos da Lei. Os livros recentemente integrados ao cânon contêm, notadamente, a teoria da identidade da Lei e da Sabedoria (sobretudo Sr 24 e Br 4), como também uma primeira sistematização da história da fundação de I. por sete a., em que grande espaço é dado ao elemento sacerdotal (Sr 44-47). Encontra-se abordagem semelhante — sejam quais forem as diferenças de detalhe na disposição — em autores judeus dessa época, cujos escritos, contudo, não serão admitidos no cânon (apócrifos*), como o *Livro dos Jubileus* e as *Antiguidades bíblicas* do Pseudo-Fílon de Alexandria.

II. O judaísmo na época de Jesus

Na época de Jesus* a palavra *berît* tornou-se de tal modo corrente que pode simplesmente designar — como um dos diferentes nomes da "Lei" — a religião tradicional. Evoca, antes de tudo, a a. do Sinai, i.e., o compromisso tomado por I. de seguir a Torá.

O *Livro dos Jubileus* organiza a narração bíblica em torno da liturgia*; todas as a. que ali se sucedem são concluídas no dia da festa das Semanas (Pentecostes), que é a "festa da a.".

Provavelmente, era nesse dia que entre os essênios se renovava por juramento a a. com Deus e entre os membros da comunidade. A regra de Qumran descreve um ritual da "entrada na alian-

ça" (1QSI, 16–II,18); segundo 1QSII, 19-23 a a. era renovada a cada ano sob essa forma. No documento de Damasco, o grupo se designa como a comunidade da "nova a. no país de Damasco". Considerava-se assim que a profecia feita em Jr 31 — assim como a de Ez 36 — tinha sido realizada no seio mesmo da comunidade (cf. p. ex. 1QHXVIII, 25-28). Mas como, de outro lado, o *eschaton* estava ainda por vir, a "nova a." não era compreendida como uma realidade reservada ao fim dos tempos.

O mesmo não sucede na tradição midráshica, a que correspondiam sem dúvida as concepções dos fariseus do tempo de Jesus, tradição essa que interpretava o "coração* de pedra", que deve ser substituído por um "coração de carne*" (cf. Ez 36,26) no mundo a vir, como figurando o "instinto mau" de que se tratava em sua própria doutrina.

III. Novo Testamento

Como Qumran, o NT considera que a promessa de uma nova a. já encontrou seu cumprimento* — em Cristo*, naturalmente —, mas, como os fariseus, a compreende simultaneamente como uma realidade escatológica e insuperável.

1. A tradição da última ceia

A tradição da última ceia constitui o coração da teologia da nova a. Retomando Ex 24,8, Jesus fala, numa redação mais antiga do texto, de "meu sangue, o sangue da a., derramado pela multidão" (Mc 14,24), ou "derramado pela multidão, para o perdão dos pecados" (Mt 26,28, com uma alusão a Jr 31,34). Uma redação mais recente, representada por Paulo (1Cor 11,25) e Lucas (22,20) designa expressamente o cálice como a "nova a.".

2. Paulo

Paulo se apresenta como "servo da nova a." (2Cor 3,6). Sabe que seu ministério* junto aos povos (ministério universal) cumpre a promessa da efusão do Espírito e do dom de um coração de carne (2Cor 3,3). Não compreendê-lo é permanecer na "antiga a." (2Cor 3,14); as duas a. se enfrentam (Gl 4,24). Mas essa terminologia permanece excepcional. O conceito que Paulo opõe com mais frequência à a. ou ao "testamento" em forma de promessa feita por Deus a Abraão, é a "lei" (a saber, a do Sinai: cf. Gl 3,15-18). Por seu modo de raciocínio (quando começa, p. ex. a perguntar quem, se Deus ou o homem, é que está "no direito", *dikaios*); por sua maneira de citar o AT (p. ex. a citação de Dt 30,12ss em Rm 10,6-10, legitimada à luz de Dt 30,1-10), e de forjar conceitos (p. ex. a noção de "justiça* própria" em Rm 10,3, cf. Dt 9,4), a teologia paulina* se nutre principalmente da teologia da a., tal como foi desenvolvida em redações tardias do Deuteronômio, sob a influência dos textos proféticos. No entanto, Paulo não integra apenas o próprio Deuteronômio, mas também certos pontos de vista essenciais da teologia sacerdotal. Os compromissos assumidos no quadro da a. do Sinai sendo assimilados à "lei", o termo *diathekè* fica então liberado para designar as promessas feitas por Deus aos patriarcas (Rm 9,4; Gl 3,15.17; cf. Ef 2,12). A justificação de Abraão pela fé* sem a lei pode ser compreendida como uma antecipação da justificação em Cristo (Gl 3,15-25; cf. Rm 4).

Tendo adotado esse uso linguístico e disposto assim seu sistema de pensamento, Paulo devia necessariamente indagar-se se esse I., que rejeitara a mensagem de Jesus, teria ainda parte na a. Examina essa questão em Rm 9-11. Afirma de início que as a. (*diathekai*: Rm 9,4) pertencem como propriedade a I., e afirma no fim do texto sua certeza de que, depois da redenção de todas as nações, I. também será admitido na nova a. (Rm 11,25ss), "porque os dons e o apelo de Deus são irrevogáveis" (Rm 11,29).

3. A Epístola aos Hebreus

O termo *diathekè* torna-se um conceito central na Epístola aos Hebreus, onde aparece sobretudo entre Hb 7,22 e 10,16. Jr 31,31-34 é citado em Hb 8,8-12; 10,16s. A Epístola distingue entre a "primeira" e a "nova" a., a. perfeita e a. imperfeita, a. provisória e a. eterna. Trata-se aqui de uma tipologia de ordem cultual, de modo que a "primeira a." designa apenas, talvez, os ritos instaurados no Sinai. Cristo é a

garantia (Hb 7,22) e o mediador (8,6; 9,14-18; 12,24) da nova a. Em virtude de seu sacrifício* (10,12-22), essa a. anula os pecados para sempre (9,11-15; 10,11-18), santifica (10,10.29), dá acesso a Deus (7,25; 10,19-22), e à herança prometida (9,15ss).

4. O desenvolvimento não terminológico da teologia veterotestamentária da aliança

Sem utilizar a palavra *diathekè*, o NT retoma em vários outros lugares os motivos agrupados em Jr e Ez em torno do tema da nova a. É notadamente o caso nos escritos joaninos*, p. ex. no primeiro discurso de despedida de Jesus em Jo 14.

A interpretação de 1Pd 3,21 devia na continuação desempenhar um papel particular. Compreendeu-se aqui que o batismo* constituía uma a. particular com Deus. Lutero*, p. ex. traduz: "O batismo é a a. de uma boa consciência* com Deus". Essa tradução não é sem verossimilhança: *eperôtéma* poderia significar, tomando a parte pelo todo, a conclusão de um tratado (o interrogatório ritual das partes quanto a suas diferentes obrigações). O texto visaria então aos votos que se fazia pronunciar aos batizados na antiga Igreja*. A concepção do batismo como a. teve um grande papel na piedade pessoal, assim como na justificação do batismo dos adultos e do anabatismo.

IV. A espiritualidade cristã e a teologia

1. Hermenêutica das Escrituras bíblicas

Apoiando-se em 2Cor 3,3-18 — onde estritamente falando, só se trata do Decálogo, no máximo do Pentateuco —, o cânon cristão distinguiu desde cedo entre as Escrituras* sagradas do "Antigo" e do "Novo" Testamento. Essa distinção é fundamental para a hermenêutica* da pluralidade dos sentidos* da Escritura. Até a aparição da ciência bíblica moderna, marcou de maneira decisiva não só a interpretação da Bíblia, mas o conjunto da teologia e da espiritualidade.

2. Espiritualidade e mística

A fórmula "nova a." empregada na narração da última ceia está no centro da celebração da eucaristia*, e portanto da liturgia* como um todo: por ela a ideia da a. pôde também desempenhar um papel cada vez mais importante para a piedade pessoal e para a experiência* mística, particularmente a mística* nupcial. É porque São Jerônimo traduziu *berît*, no AT, por *foedus* e não por *testamentum* que a inteligência do conteúdo primitivo do pensamento da a. pôde manter-se, ao menos na Igreja do Ocidente.

3. A teologia "federal"

Foi sobretudo a reforma de Zurique que produziu os sistemas de pensamento teológico centrados na ideia de a. Ulrich Zuínglio* chocou-se desde o começo contra a ala radical do novo movimento donde deveria sair a corrente anabatista*, prolongado até nossos dias pelos menonitas e huteritas. Dava-se o debate teológico, antes de tudo, em torno da unidade ou da multiplicidade das alianças. Com base nisso, a a. tornou-se umas das principais palavras de ordem da teologia reformada, e o ponto culminante dessa "teologia federal" é marcado pela obra do teólogo de Leyde, Johannes Coccejus (1603-1669). Sob a fórmula *"foedus seu testamentum"*, a discussão girava em torno de questões como a distinção entre "infralapsário" e "supralapsário", e de tudo o que a escolástica* havia tratado sob as rubricas de *"lex naturae"*, *"lex vetus"*, *"lex nova"*. Vastas consequências sistemáticas derivavam do número de a. que se reconheciam, e da maneira como se interpretavam e ordenavam, umas e outras, as diversas a. mencionadas pela Bíblia.

Depois, essa insistência sobre a ideia de a. foi perpetuada sobretudo pelo pietismo*, mas também, no catolicismo*, por uma visão "biblicista" da história da salvação, estruturada em razão das diferentes a. divinas.

Talvez seja ainda por um efeito dessa abordagem teológica "federal" da a. que vemos recentemente a palavra da a. ter um papel cada vez mais importante no diálogo entre judeus e cristãos. Depois que o papa* João Paulo II falou da "a. jamais revogada" dos judeus de hoje (Mainz 1980), não cessa o debate para saber se judeus e cristãos vivem na mesma a. ou em duas a. distintas, e o que daí resulta para suas relações mútuas.

V. A ciência bíblica moderna

Não há dúvida alguma de que a ciência bíblica moderna recusa essa teologia "biblicista" da a. e contesta a realidade histórica da maior parte das a. sobre as quais se apoia. Wellhausen, p. ex. considera a a. como uma categoria teológica aparecida, o mais cedo, no fim da realeza, com o declínio do judaísmo*. Uma geração posterior de pesquisadores julgou que podia revelar uma instituição de a. pertencendo aos primeiros tempos de I., com as festas, os rituais, e os textos tradicionais. Mas isso é uma construção especulativa que se revelou insustentável. Hoje, as teologias bíblicas fundadas sobre essas hipóteses (Walter Eichrodt; Jean l'Hour) não são mais consideradas suficientes.

No entanto, dispõe-se sempre mais de materiais comparativos a respeito dos tratados e das relações de vassalagem no Oriente antigo. Mesmo que não houvesse outra razão, é preciso reexaminar as questões históricas postas pelo papel da ideia de a. na história religiosa de I.

Além disso, a ciência bíblica está percebendo que sua vocação não é apenas estudar as realidades históricas, mas também, e antes de tudo, interpretar os textos. Isso a leva a submeter a teologia bíblica da a. a uma análise sincrônica baseada nos textos canônicos, segundo os métodos atuais da crítica literária; essa abordagem ainda está em seu início, mas nos promete muitas surpresas, que não serão infrutíferas para a teologia. Já que a a. constitui um elemento central dos textos bíblicos, as novas perspectivas também terão necessariamente um impacto sobre a hermenêutica.

- J. Coccejus (1689), "Summa doctrinae de foedere et testamento Dei", *in Opera omnia theologica, exegetica, didactica, polemica, philologica*, t. VI, Frankfurt, 49-132. — R. Kraetzschmar (1896), *Die Bundesvorstellung im Alten Testament in ihrer geschichtlichen Entwicklung*, Marburgo. — P. Karge (1910), *Geschichte des Bundesgedankens in Alten Testament*, ATA 2, Munique. — W. Eichrodt (1933), *Theologie des Alten Testaments*, 3 vol., Stuttgart. — M. Noth (1940), *Die Gesetze im Pentateuch (Ihre Voraussetzungen und ihr Sinn)*, SKG.G 17, 2. Halle. — G. E. Mendenhall (1955), *Law and Covenant in Israel and the Ancient New*

East, Pittsburg. — K. Baltzer (1960), *Das Bundesformular*, Neukirchen. — W. Zimerli (1960), "Sinaibund und Abrahamsbund", *ThZ* 16, 268-280. — A. Jaubert (1963), *La notion de l'alliance dans le judaïsme aux abords de l'ère chrétienne*, Paris. — J. l'Hour (1966), *La morale de l'alliance*, CRB 5. — U. Luz (1967), "Der alte und der neue Bund bei Paulus und im Hebräerbrief", *EvTh* 67, 318-337. — L. Perlitt (1969), *Bundestheologie im Alten Testament*, WMANT 36. — P. Beauchamp (1970), "Propositions sur l'alliance de l'Ancien Testament comme structure centrale", *RSR* 58, 161-193. — D. J. McCarty (1972), *Old Testament Covenant. A Survey of Current Opinions*, Oxford. — M. Weinfeld (1972), *Deuteronomy and the Deuteronomic School*, Oxford, 59-157. — E. Kutsch (1973), *Verheissung und Gesetz. Untersuchungen zum sogenannten "Bund" im Alten Testament*, Berlim. — M. Weinfeld (1973), "berît", *ThWAT* 1, 781-808. — P. Beauchamp (1976), *L'un et l'autre Testament. Essai de lecture.* Paris. — P. Buis (1976), *La notion d'alliance dans l'Ancien Testament*, Paris. — D. J. McCarthy (1978), *Treaty and Covenant. A Study in Form in the Ancient Oriental Documents and in the Old Testament* (Nova edição completamente revisada), Roma. — J. F. G. Goeters (1983), "Föderaltheologie", *TRE* 11, 246-252. — H. Frankemölle (1984²), *Jahwe-Bund und Kirche Christi. Studien zu Form- und Traditiongeschichte des "Evangeliums" nach Matthäus*, NTA 10. — E. W. Nicholson (1986), *God and His People. Covenant and Theology in the Old Testament*, Oxford. — H. Cazelles (1987), *Autour de l'Exode. (Études)*, SBi, 143-156, 299-309. — A. F. Segal (1987), *The Other Judaisms of Late Antiquity*, Brown Judaic Studies 127, Atlanta, 147-165. — G. Braulik (1989), "Die Entstehung der Rechfertigungslehre in den Bearbeitungeschichten des Buches Deuteronomium. Ein Beitrag zur Klärung der Voraussetzungen paulinischer Theologie", *ThPh* 64, 321-333. — N. Lohfink (1989), *Der niemals gekündigte Bund. Exegetische Gedanken zum christlich-judischen Dialog*, Friburgo. — R. Rendtorff (1989), "'Covenant' as a Structuring Concept in Genesis and Exodus", *JBL* 108, 385-393. — N. Lohfink (1990), *Studien zum Deuteronomium und zur deuteronomistischen Literatur I*, SBAB 8, 53-82, 211-261, 325, 361. — E. Zenger (sob a dir. de) (1993), *Der Neue Bund im Alten. Studien zur Bundestheologie der beiden Testamente*, QD 146. — N. Lohfink/E. Zenger (1994), *Der Gott Israels und die Völker.*

Untersuchungen zum Jesajabuch und zu den Psalmen, SBS 154. — N. Lohfink (1995), "Bund als Vertrag im Deuteronomium", *ZAW* 107, 215-239. — R. Rendtorff (1995), *Die "Bundesformel". Eine exegetisch-theologische Untersuchung*, SBS 160.

Norbert LOHFINK

→ *Bíblia; Bíblica (teologia); Cânon; Casal; Criação; Decálogo; Direito; Graça; Israel; Lei; Liturgia; Promessa; Universalismo.*

ALMA-CORAÇÃO-CORPO

A. ALMA (TEOLOGIA BÍBLICA)

Nosso conceito de alma espiritual não se encontra quase na Bíblia*: o hb. *nèfèsh (n.)* e o gr. *psykhe (p.)*, com efeito, têm na Bíblia harmônicos diferentes.

1. Nèfèsh no Antigo Testamento

O termo *n.*, muito utilizado no TM (755 x) abrange muitas significações.

a) A garganta, sede das operações vitais. — O sentido concreto de "garganta, goela" atestado pelo acadiano *napishtou* e pelo ugarítico *npsh*, não é desconhecido em hebraico (Is 5,14; Sl 69,2). Lugar de absorção dos alimentos (Sl 107,5; Ecl 6,7), sede das necessidades, do apetite (Is 29,8), a *n.* exige ser satisfeita, saciada (Pr 6,30); ali está localizado o paladar (Nm 21,5; Pr 27,7). A garganta é igualmente o órgão da respiração; assim *n.* toma às vezes o sentido de sopro (Jó 41,13) cuja ausência é sinal de morte* (Gn 35,18; 1Rs 17,21). É esse o sentido que reflete o verbo *nâfash*, "respirar, soprar" (Ex 23,12; 2Sm 16,14).

b) O desejo e os sentimentos. — Da ideia de um ser em necessidade que tem fome e deve respirar, facilmente se passa à do desejo, e mesmo à da avidez ou à da cobiça (Pr 10,3; 12,10). Associada à raiz *wh* (desejar) ou ao verbo *ns* (subir), a *n.* é o desejo humano, a aspiração do ser pelas coisas materiais (Mq 7,1), pelas realidades humanas (2Sm 3,21; Jr 22,27), pelas ações (1Sm 20,4), por Deus* mesmo (Sl 25,1; 42,2s). Nem mesmo o mal é excluído desse desejo (Os 4,8; Pr 21,10).

Do desejo, que é, por assim dizer, o movente do homem (Pr 16,26) dependem sentimentos e estados de alma, que se encontram, assim, ligados à *n*.: ódio (2Sm 5,8), tristeza (Jr 13,17), amargura (1Sm 1,10.15), perturbação (Sl 6,4), angústia (Sl 31,8), aflição (Is 53,11); mas a *n*. pode também conhecer amor* (Ct 1,7), esperança* (Sl 130,5s), alegria (Sl 86,4), tranquilidade (Jr 6,16), delícias (Pr 2,10), consolação (Sl 77,3) e louvor* (Sl 35,9; 103,1s). Impaciência (Jz 16,16) e paciência (Jó 6,11) também concernem à *n*. Nessa linha, a língua poética fala da *n*. de Deus, exprimindo assim seu desejo ou seus sentimentos (Jz 10,16; Jr 12,7; Jó 23,13).

c) A própria vida. — Mais amplamente, a *n*. é a vida do indivíduo, muitas vezes confrontada com a fragilidade, com os limites, e em particular com a morte (Sl 30,4; Pr 8,35s). Muitos sintagmas são aqui frequentes. "Buscar" a *n*. significa atacar a vida de alguém, ameaçá-lo (Ex 4,19; Sl 35,4), para fazê-lo perecer (Gn 37,21; Sl 26,9). "Salvar" a *n*. é livrar a vida de uma ameaça de morte (verbos de libertação: Js 2,13; 1Sm 19,11; Sl 34,23). "Guardar" a *n*. é conservar a vida, pô-la ao abrigo do perigo (Sl 25,20; Pr 13,3). A vida de que se trata tem sempre um aspecto físico (também para o animal: Lv 24,17s); por isso se pode compreender que a *n*. seja ligada ao sangue como sede da vida (Gn 9,4s; Lv 17,11).

d) O ser vivo. — Nos textos mais tardios, *n*. chega a designar uma pessoa*, um indivíduo; assim nas leis casuísticas (Lv 2,1; Nm 15,30) ou nos censos (Gn 46,15; Ex 1,5). A palavra é mesmo empregada para uma pessoa morta (Lv 21,1; Nm 6,6) e para todos os seres vivos além dos humanos (Gn 1,20-24; Ez 47,9).

No sentido de pessoa ou indivíduo, *n*. com o sufixo possessivo é muitas vezes traduzido pelo pronome pessoal: "minha *n*." = "eu mesmo" etc., sinal de que a *n*. tem a ver com a identidade de um indivíduo (Gn 19,19s; Jz 16,30; Sl 54,6). Cerca de um quarto dos empregos de *n*. podem traduzir-se dessa maneira. É útil verificar essas ocorrências para ver que harmônicos da palavra ali são empregados.

2. Psykhe *nos LXX e no Novo Testamento*

a) Os LXX. — Para os LXX, *p*. devia corresponder melhor aos diversos matizes de *n*., pois eles optaram em massa por essa tradução.

De fato, abstraindo dos usos influenciados pelo platonismo, o campo semântico de *p*. coincide amplamente com o de *n*., designando a respiração, a vida, a sede do desejo e dos sentimentos, a pessoa. Assim, para Lys (1966), *p*. traduziria adequadamente o hebraico, evitando o dualismo corpo*-alma.

No judaísmo helenístico, produziu-se um deslizamento de sentido: sobre a questão dos fins últimos, a imortalidade da *p*. parece preferida à crença palestina da ressurreição* (Sb 2,22s; 3,1-4; 4Mc 18,23). A *p*., nesse sentido, seria claramente distinta do envoltório corporal (Sb 9,15): a unidade antropológica do humano, refletida pelo hebraico *n*., seria sacrificada em proveito de uma visão menos trágica da morte.

b) O Novo Testamento. — A maioria dos empregos de *p*. no NT refletem o sentido do AT. É a vida física individual dos homens (Mt 6,25; At 20,10) e dos animais (Ap 8,9), vida que se pode dar (Jo 10,11; 13,37), matar ou salvar (Mc 3,4). A palavra designa a pessoa (At 2,41; Rm 2,9) e tem o sentido do pronome pessoal (Mt 11,29; 2Cor 1,23). A *p*. é ainda a sede dos sentimentos humanos (Mc 14,34; Jo 12,27; At. 14,2).

Parece o termo descrever às vezes a vida* autêntica e plena que o crente vive na presença de Deus (3Jo 2). Em Mc 8,35ss par., *p*. poderia designar a própria pessoa para quem a vida é o bem* supremo. Mas o texto parece evocar a restauração dessa vida depois da morte (cf. Jo 12,25): a vida não se limita à que é vivida como corpo terrestre (Lc 21,19; 23,43; Hb 10,39), o que não exclui certo estado corporal depois da morte (Lc 16,22; cf. 24,39). A *p*. parece assim distinta do corpo (Mt 10,28), mesmo se essa distinção não reflete exatamente o dualismo corpo mortal-alma imortal. Essa concepção não se opõe à crença na ressurreição da pessoa (Ap 6,9; 20,4).

Paulo praticamente só utiliza *p*. no sentido de "vida natural", de "pessoa". Com o adjetivo *psykhikos*, qualifica o homem entregue unicamente a suas forças vitais sem o dom do Espírito* de Deus (1Cor 15,44-49; cf. Tg 3,15).

• D. Lys (1959), *Nèphèsh. Histoire de l'âme dans la révélation d'Israël*, Paris; (1966), "The Israelite Soul According to the LXX", *VT* 16, 181-228). — E. Schweitzer *et al.* (1973), *"psykhe*, etc.", *ThWNT* 9, 604-667). — H. W. Wolf (1973), *Anthropologie des AT*, Munique, 25-48. — C. Westermann (1979), *"næfæsh* Seele", *THAT* 2, 17-96). — R. Lauha (1983), *Psychophysischer Sprachgebrauch im AT. Eine struktural-semantische Analyse von leb, nefesh und rûah*, Helsinki. — H. Seebass (1986), *"næpæsh"*, *ThWAT*, 5, 531-555. — E. R. Brotzman (1988), "Man and the Meaning of *nepesh"*, *BS* 145, 400-409.

André WÉNIN

B. Coração (teologia bíblica)

O coração (c.), hb. *lév ou lévâv* e gr. *kardía*, representa um conceito central da antropologia* bíblica. O campo semântico é sensivelmente o mesmo no AT e no NT, e mais extenso do que "coração" em nossa língua.

1. Sentido bíblico do coração

Exceto algumas passagens que falam do c. fisiológico (2Sm 18,14; Os 13,8), os termos bíblicos remetem à noção de interior; o c. designa o que está oculto no interior (*qèrèv:* 1Sm 25,37; Sl 64,7) e que apenas Deus* pode ver (1Sm 16,7; Sl 44,22). Donde o paralelo com os rins (Jr 11,20; Sl 26,2) e o uso figurado da palavra (Dt 4,11; Jn 2,4; Mt 12,40).

a) Sede das emoções. — Como nós, e mesmo mais amplamente, os hebreus localizam no c. diferentes afecções humanas: alegria e tristeza (1Sm 1,8; 1Rs 8,66; At 14,17; 2Cor 2,4); amor e ódio (Lv 19,17; Dt 6,5; Fl 1,7); desejo, perturbação e medo (Dt 20,8; 1Sm 13,14; Jo, 14,1; Rm 10,1); solicitude e irritação (Dt 9,6; Jr 12,11; At 7,54); segurança e vaidade (Ez 28,2; Sl 57,8) etc.

b) Sede da inteligência. — Muito claramente, o c. desempenha funções intelectuais e racionais; nesse sentido, está mais próximo daquilo que chamamos espírito. Assim, o c. é o órgão do conhecimento e da compreensão (Dt 8,5; Is 6,10; Pr 15,14), ligado nessa função ao ouvido (1Rs 3,9; Pr 18,15). É também o lugar da atenção ("aplicar seu c.": Ez 44,5; Ecl 1,13), da memória (Dt 6,6; Is 57,11; Lc 2,51), do pensamento consciente ("subir ao c.": Jr 19,5; Ez 38,10; Mt 9,4; 1Cor 2,9) e da meditação (Sl 19,15; Pr 15,28); o pensamento é, aliás, o que se "diz em seu c." (Gn 17,17; Dt 7,17; Mt 24,48). O c. é ainda o lugar do saber (Dt 8,5), da razão (Os 7,11; Ecl 10,3) e da sabedoria* (1Rs 3,12; Jó 9,4).

c) Sede da vontade. — Se o c. é o órgão do pensamento, é também o lugar onde nascem as intenções (2Sm 7,3; Is 10,7), onde nascem planos e projetos (Gn 6,5; Sl 20,5; 1Cor 4,5), onde se tomam decisões (1Sm 14,7; 1Cor 7,37; "falar ao c." é, segundo Wolff (1973), "incitar a tomar uma decisão": Jz 19,3; Os 2,16s) e donde se extrai a coragem para passar à ação (2Sm 7,27; Sl 27,4). Não se está aqui longe das escolhas morais (Is 57,17; Ecl 11,9), do compromisso ético e religioso em que se revela o c. do homem: o c. reto (Sl 7,11) e puro (Sl 51,12; 1Tm 1,5) de quem "de todo o c." se apega ao Senhor e à sua lei* (Js 22,5; Jl 2,12s; At 11,23); o c. endurecido (Sl 95,8) de quem recusa a palavra* de Deus (Is 6,10; Mc 16,14). Nesse sentido, o c. está ligado à palavra e às mãos, porque é essencial que uma atitude não tenha duplicidade, e esteja de acordo com o c. (Sl 28,3; Sr 12,16; Lc 6,43ss).

Em suma, o c. representa o centro do ser, onde a pessoa está diante de si mesma, com seus sentimentos, sua razão e sua consciência*, onde assume suas responsabilidades pondo suas escolhas decisivas, abertas ou não a Deus. Por isso não é de admirar que a palavra designe a pessoa* (Sl 22,27; Pr 23,15; Cl 2,2) e que seja utilizada como equivalente de um pronome pessoal (Sl 27,3; Mc 2,6; cf. *supra* A).

2. Usos teologicamente significativos de "coração"

Conceito da maior importância na antropologia bíblica, o c. serve para descrever em particular certos aspectos da relação entre o ser humano e Deus. Assim, Deus conhece o c. do ser humano, ele que sonda os rins e o c. (Sl 7,10; Pr 15,11; Lc 16,15; Rm 8,27), tema presente nos escritos de sabedoria. Ora, é em seu c. que o homem se decide, ou não, por Deus (Dt 6,5s; Lc 8,15).

a) Endurecimento do coração. — Nas tradições do êxodo, o endurecimento* do c. é a recusa obstinada que o Faraó opõe à vontade de Javé de libertar Israel (Faraó sujeito dos verbos: Ex 7,13; 8,28). Sua teimosia é reforçada pela determinação de Deus, de modo que o narrador pode dizer que Javé endureceu o coração de seu adversário (9,12; 14,4); descreve assim o impacto negativo da vontade de salvação* de Deus sobre um c. cuja rebeldia contribui finalmente à revelação* da glória* divina (7,3ss). Nos profetas* e nos evangelhos*, esse motivo serve para denunciar a recusa da palavra de Deus (Is 6,9s, citado em Mt 13,14s par.; cf. Sl 95,8; Mc 3,5), a obstinação de um c. mau que não quer escutar (Jr 3,17; Ez 3,7; cf. Zc 7,12; Mc 6,52).

b) Conversão do coração e nova aliança. — Se o pecado* do povo se inscreve assim sobre seu c. (Jr 17,1) é a ele que a conversão* tem de transformar (Jl 2,12s). Aqui a Bíblia recorre a várias imagens: a circuncisão do c. (Dt 10,16; Jr 4,4; Rm 2,29) cuja infidelidade sinala a recusa da aliança* dada a Abraão (c. incircunciso: Lv 26,40s; Jr 9,25; At 7,51), a inscrição da Lei sobre o c. (Jr 31,33; cf. Hb 8,10) ou o dom de um c. novo, um c. de carne* em lugar de um c. de pedra (Ez 11,19, cf. Jr 32,39s). É o renovamento integral do ser que está ligado assim à promessa* de uma nova aliança. Por isso Paulo situa no c. o lugar onde o Espírito* vem fazer sua morada (Rm 5,5; 2Cor 1,22; Gl 4,6).

c) O coração de Deus. — O sentido da palavra "c." quase não difere quando o AT o aplica a Deus por antropomorfismo* (26 x). Lugar de seu desejo, de seu prazer e de seu querer (1Sm 2,35; Jr 32,41), de seus projetos (2Sm 7,21; Sl 33,11), de sua memória (Jr 44,21) e de suas deliberações secretas (Gn 8,21; Jó 19,13), o c. de Deus bate ao ritmo de seus sentimentos para com os homens: solicitude (Jó 7,17), aflição (Gn 6,6), arrependimento (Lm 3,33), compaixão (Os 11,8; cf. Mt 11,29).

• P. Dhorme (1923), *L'emploi metaphorique des noms de parties du corps en hébreu et en akkadien,*

Paris, 109-128. — F. Baumgärtel, J. Behm (1938), "kardia", *ThWNT* 3, 609-616. — H. W. Wolff (1973), *Anthropologie des AT*, Munique, 68-95 (*Antropologia do Antigo Testamento*, São Paulo, 1975). — P. Mourlon-Beernaert (1983), *Coeur—langue—mains dans la Bible* (CEv 46), Paris. — R. Lauha (1983), *Psycophysischer Sprachgebrauch im AT.* Eine strukturalsemantische Analyse von *leb, nefesh* und *rûah*, Helsinki. — H. J. Fabry (1984), "leb lebab", *ThWAT* 4, 413-451).

André WÉNIN

C. CORPO (TEOLOGIA BÍBLICA)

No AT, o horizonte das promessas* permanece durante muito tempo interior a esse mundo onde vivem os corpos. Essa perspectiva se modifica desde antes do NT até o limiar radical que este rompe, com a ressurreição* corporal de Jesus*. Porém nenhuma época da história* bíblica deixou de ver no corpo o lugar da salvação*.

1. Antigo Testamento

a) Um horizonte corporal. — Sem ser absolutamente negado, o após-vida (sheol*) não apresenta interesse nenhum para o homem do AT (Sl 6,6; 115,17; Is 38,18). A obediência à Torá é sancionada pelos bens* ou pelos males corporais (Lv 26; Dt 28). Donde a intensidade da vida do justo.

> Narrações e poemas fazem ressoar sensações fortes. Não existe palavra para dizer "corpo", mas várias partes do corpo exprimem sentimentos ou gestos: *pés*: deslocamentos, cf. Is 52,7; *mãos, braços*: ação, cf. Is 53,1; *nariz*: cólera, cf. Sl 30,6; *face*: presença; *osso*: substância, cf. Gn 29,14; 2Sm 5,1 etc. (Dhorme, 1923; Wolff, 1973).

O fiel só pode verificar as promessas no espaço-tempo de seu corpo. Somente pode ultrapassá-lo na sua progênie, que é incerta (esterilidade, mortes, conflitos). Família* e nação (concebida como família) estendem o corpo para além dele mesmo (Wheeler Robinson, 1936), mas as fraturas comunitárias e as inimizades — cujas formas típicas estão recolhidas nos salmos* — reduzem o corpo individual à sua solidão: "Posso contar todos os meus ossos" (Sl 22,18). Ali se cava uma localização para a palavra do profeta*.

b) A esfera dos mandamentos. — Trechos da Torá são aplicados sobre o corpo (Ex 13,9; Dt 6,8). Uma parte importante dos mandamentos* tem por objeto a esfera corporal: pureza* ou impureza do alimento, do vestimento (Lv 17,15; 19,19c; Dt 22,5.11s), cabeleira (Lv 19,27), higiene (Lv 13; Dt 23,13ss), ambiente (Dt 22,6s). Observá-los favorece a saúde (Dn 1,12-15). Um dos códigos tem por tema dominante a "santidade" (Lv 17-26): como nenhum corpo é profano, os limites são postos entre os corpos; entre os corpos e as coisas; entre Israel* e os outros povos*. Com o risco de ritualismo e às vezes de magia, há nisso uma ética* do respeito. Esses códigos revelam um forte sentimento de pudor. De outra parte, a vergonha do sexo só apareceu depois do pecado (Gn 2,25; 3,7.11). Um poema mostra sem inibição o corpo do homem (Ct 5,10-16) e o da mulher* (Ct 6,4-7; 7,2-7).

A lei* da nova aliança* (Jr 31,31-34) será, certamente, escrita nos corações* (v. 33): não porque regerá as disposições interiores, mas porque os gestos serão doravante ditados por corações transformados, em vez de o serem de fora.

c) O corpo e sua origem. — A criação* coloca Deus* em responsabilidade por todo o sensível, portanto, pelo corpo. Ele que é sua origem (Sl 139,13s) e lhe assegura em detalhe (Sl 104; 148,8s) o alimento, a respiração, a propagação. Por mais próximo que o homem seja dos animais*, é a Deus que ele se assemelha (Gn 1,26s: a "imagem" não se reduz às faculdades da alma) e somente ele tem de Deus o sopro (Gn 2,7). Contudo a diferença (Gn 2,20b) que separa o homem do animal (coração da ética) é correlativa de sua solidariedade (Gn 6,18–7,3; 9,9ss; Sl 36,7; Jn 3,7s).

d) Destino final do corpo. — O homem bíblico não olha como estoico a sorte final de seu corpo: aí vê, antes, algo que possa comover a piedade de Deus (Sl 89,48; Sl 39,6s). Não desafia a morte*. Só tardiamente os anais se interessaram por essa forma de heroísmo, ou mesmo de suicídio (2Mc 14,37-46), diante do inimigo. Sobretudo, decorreu muito tempo para que a morte pudesse ser considerada preferível à transgressão da Torá (1Mc; 2Mc; Dn). Os Salmos não registam o destino do indivíduo que Deus deixa morrer: ali só se fala dos salvos! Tardiamente também, o livro de Ester formula em palavras o projeto de aniquilar de um só golpe todo Israel (Est 3,6-13). Quando a resposta à helenização forçada for dada por numerosos mártires, uma luz vai aparecer: o Criador restituirá os corpos daqueles que os houverem perdido para lhe permanecer fiéis (2Mc 7,9-14.22-36; 12,44; 14,46 cf. Dn 12,2 e, em palavras veladas, Sb 5,17b.20b; 19,6.18-21).

2. Novo Testamento

a) Cura dos corpos. — Os sinais que Jesus, interrogado pelo Batista, dá sobre a vinda do Messias* são tomados da cura* dos corpos (Mt 11,4s). Não se verá Jesus afastando-se dos corpos, sob alegação de interesses espirituais. No entanto, cada narrativa* orienta discretamente pacientes e testemunhas para uma cura do homem "em sua totalidade" (*holon*) (Jo 7,23). Depois da ressurreição de Jesus, os discípulos prolongam os gestos do Mestre (At 5,15; 19,12). Aos olhos dos evangelistas, os milagres* procedem da ressurreição de Jesus, seja que a precedam ou sucedam.

b) Ensinamento. — No sermão da montanha, as atitudes éticas são figuradas por gestos (Mt 5,24.40.47; 6,6.17 etc.). Se é preciso perder o olho ou a mão antes que pecar (Mt 5,29s) será para evitar a perda do "corpo inteiro" (v. 30). Não obstante essas amputações, pode-se notar que, entre as exigências de Mt 5-7 nunca figura a de sacrificar a vida. Alimentação e vestimentos não devem causar cuidado, uma vez que a prioridade é dada ao Reino* (Mt 6,33). Não se trata de desprezo dessas necessidades, pois é certo que Deus cuida delas, até mesmo de um fio de cabelo (Mt 10,30). Acusam Jesus de não ser um asceta (Mt 11,18s; cf. Mt 9,14). Seus mandamentos mais urgentes se referem ao cuidado dos corpos: nus, famintos, prisioneiros (Mt 25,31-46). Mt 10,28 implica a possibilidade para o homem de perder o corpo sem perder a "alma".

Jesus não se precipita para a morte; houve mártires que mostraram menos horror à morte do que ele: se Jesus se entrega à morte quando vê que chegou "a hora", até então tinha escapado dela: (Jo 7,30; 8,20.59; 10,39). Diz abertamente que a morte violenta ameaça os discípulos (Mt 10,21s; 23,34; 24,9; Jo 16,2). Morte essa que não será provocada, mas que não virá senão do ódio do mundo* contra quem manifesta a verdade*. Antes de morrer, Jesus não deixará somente suas palavras, mas seu próprio corpo aos discípulos como alimento.

c) Paulo e João. — Paulo vê o corpo sob o ângulo da criação: o corpo que morre é semente (1Cor 15,36ss.42ss), o que ressuscita não é espírito, mas "corpo espiritual" (*pneumatikon*: 1Cor 15,44). A imagem da semente implica um parentesco: o primeiro corpo, portanto, não é mau. As palavras "corpo de pecado*" (Rm 6,6; cf. 6,12ss) dizem sua sujeição histórica, não sua natureza*. "Maltratar seu corpo", "sujeitá-lo" (1Cor 9,27) é arrancá-lo ao que o desnatura. A distinção especificamente paulina entre "corpo" e "carne*", apesar das inevitáveis mas instrutivas superposições, é um bom fio condutor. A carne (notadamente em Rm 7-8) é o corpo não inanimado, mas alheio ao espírito. Por isso a carne engloba o "psíquico". Ora, nessa carne precisamente (Rm 8,13) é que Cristo* foi enviado para vir ao encontro de nosso "corpo de carne" (Cl 1,22). A partilha do pão e do cálice — de seu corpo e de seu sangue — é o lugar principal onde se desdobra a doutrina paulina do corpo. "Vós sois o corpo de Cristo" (1Cor 12,27): essas palavras podem ser ditas à assembleia, nunca a um só. O cristão é "membro" (*melos*: Rm 12,5; 1Cor 6,15; 12,12.27) desse corpo. Existe corpo verdadeiramente na medida em que cada membro exerce plenamente uma função específica. A unicidade do Cristo (a "cabeça": 1Cor 11,3; Ef 1,22; Cl 1,18...) funda a dos membros: esse ensinamento corrige as concepções fusionais em que se deixam enredar os coríntios e apoia em cada um toda a força de seu apelo próprio. Esse corpo de Cristo vive no tempo*, tem seu crescimento (Ef 4,16).

O IV evangelho* designa o corpo de Cristo como o verdadeiro Templo* desde o início (Jo 2,21). Na água que sai do lado ferido (Jo 19,34) se reconhece o rio que Ezequiel vira sair do Templo (Ez 47,2). Os sinais corporais que Jesus dá ao curar (Bethesda, Siloé) e ao alimentar antecipam os sacramentos* de depois da Páscoa.

* P. Dhorme (1923), *L'emploi métaphorique des noms de parties du corps en hébreu et en acadien*, Paris. — H. Wheeler Robinson (1936), *The Hebrew Conception of Corporate Personality*, BZAW 66. — W. H. Schmidt (1964), "Anthropologische Begriffe im Alten Testament", *EvTh* 24, 374-388. — E. Schweizer (1964), "*sôma*", *ThWNT* 7, 1024-1091. — H. W. Wolff (1973, 1984[4]), *Anthropologie des Alten Testaments*, Munique (*Antropologia do Antigo Testamento*, São Paulo, 1975). — Col. "ACFEB" (1983), *Le corps et le corps du Christ dans la première épître aux Corinthiens*, Paris, em especial: D. Lys, "L'arrière plan et les connotations vétéro-testamentaires de *sarks* et de *sôma*", 47-70.

Paul BEAUCHAMP

→ *Antropologia; Animais; Carne; Criação; Cura; Espírito; Ética; Milagre; Morte; Paulina (teologia); Ressurreição de Cristo; Ressurreição dos mortos; Sacramento; Sheol; Templo.*

D. TEOLOGIA HISTÓRICA

1. Origens patrísticas

a) A primeira literatura cristã se esforça desde o início por manter em conjunto as grandes afirmações da fé*: o homem criado à imagem de Deus*, Cristo*, Filho encarnado, e a ressurreição* dos mortos. Para isso, tirou suas categorias de pensamento e seus conceitos do judaísmo* contemporâneo, mas também das filosofias* que estavam em redor, especialmente do estoicismo*. Isso explica que os autores dessa época se afastem parcialmente da antiga antropologia* (antr.) bíblica, e de sua noção de coração, e professem que o homem é composto de uma alma e de um corpo, mantendo-se ao mesmo tempo longe de um dualismo de tipo platônico. Jamais consideraram a condição corporal do homem como uma degradação ou o resultado de uma falta.

b) No decurso dos s. II e III, o confronto com a gnose* e o platonismo* obrigou os autores ortodoxos a precisar mais o que especifica a doutrina cristã sobre a alma e o corpo.

Gnósticos, platônicos e hermetistas professavam que as almas humanas (pelo menos algumas delas) são divinas por natureza, que conheceram uma existência separada do corpo, e que sua descida para este representa uma degradação em relação à sua condição verdadeira. O homem, quer dizer, a alma, deve pois desprender-se da matéria para reintegrar o mundo divino, que corresponde à sua verdadeira natureza. Para os gnósticos, o universo corporal é obra não do Deus supremo, mas de um demiurgo, identificado com o Deus do AT, e resulta de uma queda metahistórica acontecida no mundo dos "eons" divinos.

Justino rejeita a ideia de que a alma tenha com o divino uma afinidade tal que o homem, só com sua inteligência, possa captá-lo e encontrar sua felicidade (*Dial. com Trifão*, 4). Afirma claramente o caráter inovador da mensagem cristã da ressurreição corporal: "Se o Salvador só anunciasse a vida eterna* para a alma, que nos traria de novo em relação a Pitágoras, Platão e outros? Na realidade, ele veio trazer aos homens uma esperança* nova, extraordinária. Não é extraordinário, novo, que Deus prometa não conservar a imortalidade à imortalidade, mas tornar imortal o que era mortal?" (*Sobre a ressurreição*, 10, Holl 109).

Perante o gnosticismo, Ireneu* de Lião é, no fim do s. II, o principal defensor da tradição* da Grande Igreja. Seu ensinamento é centrado sobre a unidade de Deus e seu desígnio de salvação*: o Deus transcendente é também o Deus criador, que graças a suas duas "mãos", o *Logos* (Verbo*) e o Espírito*, pessoas* distintas dele, mas que lhe são coeternas, e são um só com ele, produziu o universo e realizou toda a economia da salvação. Os homens são criaturas, não possuem neles nenhum elemento que seja divino por natureza. São compostos de um corpo (corruptível, mas chamado à incorrupção) e de uma alma (o sopro de vida que anima o corpo), criados "à imagem e à semelhança de Deus", isto é, à imagem do *Logos* encarnado que devia vir. Contudo, a "semelhança" divina não se realizará no homem a não ser que, por seu consentimento à graça* divina, receba nele um terceiro elemento, o Espírito.

A antr. de Ireneu não é tricotomista: o Espírito não é um elemento da natureza do homem, mas uma participação gratuita à vida divina.

Contudo, o Espírito não é um dom simplesmente acrescentado à natureza, porque para Ireneu o homem não é verdadeiramente o que deve ser, um "homem perfeito" segundo o desígnio do Criador, a não ser que possua nele esse dom divino, necessário para aceder à vida verdadeira, que é a visão de Deus.

É notável que o conflito da teologia* (teol.) ortodoxa com a gnose não se reduz à antr.: toda uma cristologia* e uma cosmologia estão também em jogo, o que bem mostra que os debates relativos à alma e ao corpo não podem ser separados de outras questões teológicas. A síntese de Ireneu (fazendo apelo ao plano divino da criação* ou à recapitulação em Cristo) é um primeiro exemplo disso.

c) Tertuliano* professa uma antr. próxima à de Ireneu. Nele se encontra a mesma insistência sobre a unidade do composto humano, onde a alma é misturada ao corpo por uma "mistura total", *mixis di'holôn*. Como Ireneu, distingue o sopro (*afflatus*) divino, que constitui a alma humana, do Espírito divino (*spiritus*) dado aos que se tornam dignos dele. O Espírito não é uma parte constitutiva da natureza humana; mas alma e corpo "nada valem" sem ele. A forma decisiva "*caro salutis cardo*" (a carne é o eixo da salvação, *De ressur. mort.*, VIII, 2) esclarece ao mesmo tempo sua cristologia (o tratado *Sobre a carne de Cristo*) e sua antr. (todo o tratado *Sobre a ressurreição dos mortos* constitui uma apologia da carne — p. ex.: "É na carne, com a carne, pela carne que a alma medita tudo o que medita seu coração" XV, 3).

d) Com os alexandrinos Clemente de Alexandria e Orígenes*, a teol. se abre à influência do platonismo. Contudo sua inspiração permanece de essência cristã e, se recorrem à filosofia, é ao mesmo tempo com uma intenção missionária e para enriquecer o pensamento cristão pela contribuição de elementos profanos que julgam convergentes. O próprio Clemente mostra-se pouco sistemático e deve ainda muito ao estoicismo. A tensão entre alma e corpo não é ainda em Clemente tanta que não se inscreva na unidade do homem: "Certamente, a melhor parte do homem é a alma, e o corpo é inferior. Mas a alma não é uma coisa boa por natureza, nem o corpo uma coisa má por natureza. O homem foi criado no mundo sensível, é constituído pela síntese de coisas diferentes, mas não contrárias: a alma e o corpo. Todas as coisas provêm de um mesmo Deus" (*Strom.* 4, 26; PG 8, 1373-1376).

A obra de Orígenes é mais especulativa. Para interpretá-la é preciso, sem dúvida, voltar ao contexto em que foi escrito o *Peri Arkhôn*, de novo à controvérsia com os gnósticos e à intenção primeira que o governa: traçar uma história* da salvação em que a liberdade* da criatura tenha plenamente seu lugar. Segundo ele, a condição concreta de cada criatura espiritual resulta de uma escolha anterior de seu livre-arbítrio. Então, expõe no *Peri Arkhôn* que Deus criou, desde toda a eternidade*, um universo de espíritos unidos a corpos de natureza sutil, etéreos, dotados de livre-arbítrio, e todos iguais. Aconteceu que pecaram por negligência, e se afastaram, por saciedade, da contemplação* divina. Segundo a gravidade de sua falta, seus corpos revestiram então uma forma mais ou menos espessa e escura. Os que haviam pecado menos gravemente conservaram os corpos relativamente sutis e se tornaram anjos*, admitidos a permanecerem na proximidade de Deus e a formarem a sua corte; os que haviam pecado mais gravemente receberam corpos mais espessos e tornaram-se demônios*; enfim, os que tinham cometido uma falta de gravidade média viram seus corpos etéreos mudar-se em corpos humanos, tais como são em nosso universo presente. Mas pela prática da vida cristã e da contemplação, o homem pode desprender-se do peso de sua condição terrestre e reencontrar algo de sua condição original. No fim dos tempos, os corpos ressuscitados vão recuperar sua condição sutil, tornando-se corpos espirituais (cf. 1Cor 15,42-49).

Os textos de Orígenes são de uma interpretação delicada. H. Crouzel (*Origène*, Paris, 1985, 267ss) apresenta, em substância, a que foi aqui adotada. Mas muitos intérpretes se atêm à exegese que foi dada pelos primeiros adversários de Orígenes. A condição corporal, sem ser má em si mesma, constituiria apenas um castigo medicinal provisório, entre a queda e a restauração final (apocatástase*) e não se poderia mais falar de uma salvação da carne.

Há três elementos no homem: o corpo, a alma, e o espírito. Este último é o elemento divino presente no homem, dom gratuito de Deus que incita a alma ao bem; esta comporta uma parte superior e uma parte inferior. A primeira é o intelecto (*noûs*) ou faculdade hegemônica (*hegemonikon*); nos contextos bíblicos, Orígenes a chama também coração (*kardia*). O intelecto é a sede do livre-arbítrio e da sensibilidade espiritual. Só ele é criado à imagem de Deus, do *Logos* (e não o corpo, como em Ireneu, cujas categorias permaneciam judeu-cristãs). Se ele se submeter ao Espírito, torna-se espiritual, contemplativo, e acede à "semelhança"; espiritualiza então até mesmo a parte inferior de sua alma, acrescentada à alma depois da queda, e que corresponde ao *thymos* (apetite irascível) e à *epithymia* (apetite concupiscível) da psicologia platônica. Quanto ao corpo (*sôma*), é um elemento característico de toda criatura, e só a Santíssima Trindade* é totalmente incorpórea. Mas o corpo pode revestir diversos estados: terrestre (o homem aqui na terra); demoníaco; etéreo e luminoso (os anjos ou os justos depois da ressurreição). A propósito dessa condição espiritual do corpo, pode-se falar de "incorporeidade" relativa. Uma flutuação terminológica sobre esse ponto explica as diversas interpretações que foram propostas do pensamento de Orígenes.

Sua teol. e sua antr., decantadas de elementos inassimiláveis pela ortodoxia nos séculos seguintes, exercerão uma influência considerável sobre a reflexão e a espiritualidade cristãs, tanto nas Igrejas* do Oriente como nas do Ocidente. Os corpos terrestre e sensível não estão ali condenados, mas relativizados. Criados pelo Deus único, constituem o universo em que as "verdadeiras realidades" — os mistérios celestes e escatológicos — se encarnam e são simbolizados segundo as modalidades próprias à condição provisória e decaída das criaturas inteligentes. E estas, em vez de estacionar, devem, graças a elas, elevar-se para essas verdadeiras realidades em si mesmas. A tensão entre alma e corpo pode então servir para descrever a vida espiritual* como elevação do homem.

e) Decantar a contribuição de Orígenes foi a obra dos Padres* dos s. IV e V, muito particularmente dos grandes capadócios, Basílio* de Cesareia, Gregório* de Nazianzo e Gregório* de Nissa, em uma época em que o pensamento cristão se construía combatendo as grandes heresias* trinitárias e cristológicas. O esclarecimento do papel salvador da carne de Cristo e a insistência na união corporal realizada entre Cristo ressuscitado e os cristãos, tornados seus membros pela comunhão* do corpo eucarístico, fizeram perceber melhor, contra todo platonismo, a dignidade do corpo e sua participação na salvação. Os Padres puderam edificar uma síntese antropológica que comporta evidentemente variantes consideráveis de autor a autor, mas que se pode esquematizar assim:

É o homem, e não uma parte do homem, que é imagem e semelhança de Deus. E é o homem todo que é salvo (em virtude do princípio: tudo o que é assumido por Cristo é salvo; ver p. ex. Greg. de Naz. *Ep.* 101, PG 37, 181). A alma humana, embora sendo de natureza intelectual e imortal, não é divina por natureza: é somente capaz de ser progressivamente deificada, por uma livre participação que Deus lhe concede (o homem se torna por graça o que Deus é por natureza; ver, p. ex. Greg. de Nissa. *Orat. in beat.*, PG 44, 1280 d). Quanto à matéria, criada também por Deus, é boa e capaz de tomar parte na deificação da alma. A condição corporal do homem não é resultado de uma queda, de uma degradação, mas efeito de uma disposição positiva de Deus. Percebe-se muitas vezes que os Padres, em especial nos seus comentários da narrativa* da criação, ficam maravilhados diante da criação material e da perfeição do corpo humano.

Todavia, os Padres distinguem na criação material e no corpo humano dois estados sucessivos: a condição terrestre, "psíquica", e a condição escatológica, que é a primeira no desígnio criador de Deus. Apenas ela corresponde à vontade primitiva de Deus sobre uma criação, de que constitui, por esse título, a "verdadeira natureza". Em seu estado terrestre, dependente do pecado* dos primeiros pais, o corpo humano é "animal", "psíquico" e corruptível, revestido de "túnicas de pele" (exegese* patrística de Gn 3,21): precisa alimentar-se, reproduzir-se sexualmente, e está sujeito ao sofrimento e à morte*. Existe no homem decaído uma propensão a ceder às tendências sensíveis de uma maneira contrária ao *logos*, ao pensamento-vontade criador de Deus.

Porém, até nessa condição marcada pela queda, o papel das realidades sensíveis e do corpo está longe de ser puramente negativo. As criaturas revelam o Criador e, santificadas pela Igreja, tornam-se "mistérios", "sacramentos". O corpo pode e deve tornar-se um auxiliar da alma no seu combate espiritual e na sua busca de Deus, por uma ascese* de transfiguração e não de destruição. O corpo é assim sentido, em seu estado presente, como uma realidade ambígua, "amigo e inimigo ao mesmo tempo" (Greg de Naz., *Disc.* 14, PG 35, 865 bc). Depois da ressurreição, o corpo será um corpo espiritual e glorioso, transfigurado pelo poder do Espírito.

Essa antr. patrística, marcada pelos hábitos de pensamento do platonismo, permanece essencialmente cristã. Contudo, a teol., dos Padres não se contenta com acrescentar um corretivo à filosofia, mesmo se esse corretivo é de porte, como a revalorização do corpo. A originalidade da ideia que fazem do homem supõe outra perspectiva: pensar o homem, i.e., sua unidade alma-corpo, no horizonte da salvação (o que mostra bem o motivo escatológico da ressurreição da carne) e da liberdade (o que compromete uma vida espiritual, e a possibilidade de uma união a Cristo).

f) Há que mencionar aqui toda uma linhagem de espirituais, cujo chefe de fila é o misterioso autor das *Homilias* atribuídas a Macário do Egito, e que retomam uma concepção psicofísica do coração mais próxima da noção bíblica. Vão de encontro, assim, a certas correntes da medicina e da filosofia grega, em particular o estoicismo, que faziam do coração físico o órgão e a sede do *noûs*. O coração aparece então como o centro unificador da pessoa, o órgão da inteligência e das volições profundas, que dá à vida do homem sua orientação fundamental. "A graça, uma vez que se apoderou das pastagens do coração, reina sobre todos os membros e pensamentos. Porque é nele que estão o espírito e todos os pensamentos da alma e sua esperança*. Por ele a graça passa para todos os membros do corpo" (Macário, *Homilias* 15, PG 34, 589 a). Essa concepção é a dos grandes espirituais do Oriente, para os quais o coração é o lugar das mais elevadas experiências espirituais, e se encontra de novo nos s. XIII e XIV no hesicasmo* dos monges de Athos, inspirando seu método psicofísico de oração*. A oração do coração manifesta assim certa ideia sobre o homem.

2. Tradição ocidental

a) A obra de Agostinho* nasceu de uma resposta ao maniqueísmo* e de uma retomada, em terra cristã, da tradição platônica. Essa vasta construção devia influenciar profundamente a teol. e a espiritualidade ocidentais. Ela conduz, a propósito da alma, a alguns aprofundamentos ou inflexões.

Antes de tudo, Agostinho estabelece a noção de uma substância intelectual completamente imaterial, a que chama "espírito". Mantém, evidentemente, a distinção entre o espírito incriado e o espírito criado, mas acentua o parentesco de um com o outro — é por isso que está na origem de uma teol. menos apofática que a dos Padres gregos. O tema tradicional do homem à imagem de Deus é desenvolvido de modo original como uma analogia* da alma e da Trindade. Nas *Confissões* (XIII, 11), a alma é aparentada ao Pai, ao Filho e ao Espírito, respectivamente por seu ser, sua inteligência e sua vontade. O *De Trinitate* apresenta longamente outra tríade, a da memória, da inteligência e da vontade.

O privilégio da alma sobre o corpo é desta vez certo: entrando em si mesma é que a alma descobre a Deus. "É no homem interior que habita a verdade" (*De vera religione* XXIX, 72), mas esse elo da introspeção e da conversão* só põe em jogo a alma. Já que Deus e a alma são da ordem do espírito, não se pode tratar de uma verdadeira deificação do corpo: Agostinho concebe a glorificação escatológica do corpo ressuscitado muito menos como sua transformação pelo Espírito, como o faziam Ambrósio* de Milão e os Padres gregos. Sua concepção pessimista da condição corporal toma lugar em uma reflexão sobre o pecado original*, e se explica também, sem dúvida, pelo caráter polêmico de numerosos escritos seus sobre a graça e a liberdade*. Quanto à deificação da alma, ele a concebe como uma união intencional (da ordem do conhecimento*), em vez de uma compene-

tração energética, ao modo dos Padres gregos, que gostavam de compará-la com a penetração do ferro vermelho pelo fogo.

b) Foi sobretudo o aristotelismo* que Tomás* de Aquino levou a contribuir para edificar a teol. como uma "ciência sagrada", e sua antr. se diferencia nitidamente do platonismo. A teol. de Tomás se desenvolve em um clima intelectualista em que a beatitude* é pensada como contemplação de Deus, visão beatífica*. Porém essa ênfase nunca dá lugar a uma divisão do homem: sua antr. é profundamente unitária. A ligação da alma e do corpo não é o composto de duas substâncias que poderiam subsistir por elas mesmas. A alma é a forma do corpo, fórmula aristotélica que chama, contudo, uma interpretação original: a alma é a forma do corpo (e permanece um só com ele), mas essa forma é também o espírito de um homem, um espírito individual (que não vem de um espírito impessoal de fora, como o *noûs* aristotélico que vem "pela porta").

Nesse contexto, Tomás não pode conservar para a palavra "coração" a pregnância de seu sentido bíblico: para Tomás, não passa de um equivalente metafórico da vontade. Contudo a psicologia tomista não ignora as realidades evocadas pela noção bíblica; analisa-as simplesmente por meio de categorias outras que o coração (como o *intellectus* e a *voluntas ut natura*).

c) Obras espirituais terão igualmente grande repercussão em antr. É o caso, no s. XVII, do cardeal Bérulle*, que desenvolve uma devoção à humanidade de Jesus* e ao seu coração. Todos os estados que Jesus viveu humanamente exprimem sua adoração perfeita de Deus. Esses estados, que pertencem à sua vida interior, e em que se compenetram atividade divina e atividade humana, estão agora presentes perpetuamente em Cristo, e a vida contemplativa deve permitir interiorizá-los e aderir a eles. A obra de Bérulle é nutrida pela grande tradição patrística e mística*; ela vai inspirar toda a escola francesa de espiritualidade (devoção ao Sagrado Coração de Jesus).

Podem-se dar outros exemplos, sempre no s. XVII, de uma espiritualidade do coração que se aproxima de seu conceito bíblico. Na escola da oração cordial, representada por Jean Aumont, Maurice Le Gall de Querdu e os membros das missões da Bretanha, a noção de coração encontra assim em parte o que a tradição hesicasta bizantina nela via: à reflexão cerebral se opõe a vida interior profunda do ser reunificado, de que o órgão corporal é o lugar. No mesmo século, a antr. de Pascal* testemunha também a importância do coração.

d) Contudo, o problema que o pensamento moderno põe à antr. teológica é uma tomada de distância. Em primeiro lugar, a temática do coração se mantém na Idade das Luzes, e além dela, somente sofrendo uma inflexão que lhe faz perder os harmônicos bíblicos. A teol. pietista é uma teol. do coração, que assume por tarefa uma "transposição afetiva da doutrina" cristã (J. Pelikan), mas seus *a priori* afetivos não a conduzem nunca a elaborar uma lógica cristã do afeto (uma regra, à que J. Edwards* fornece sem dúvida a única exceção no quadro do "grande despertar"), como também não levam a isso Schleiermacher*, apesar do primado que concede ao sentir. A temática do corpo, de outra parte, é vítima, na época clássica, de muitas evoluções: rejeição do hilemorfismo reformulado, que tinha permitido a Tomás de Aquino exprimir as afirmações fundamentais da antr. cristã, redução cartesiana do corpo a uma "coisa extensa", que se pode pôr entre parênteses sem alterar a essência do eu, contrapartida sempre possível então de um materialismo para o qual o homem, como o animal em Descartes*, não passa de uma coisa extensa. A alma, enfim, sob todos os conceitos utilizados — coisa pensante, mônada, espírito —, aparece cada vez mais como princípio mundano de racionalidade e não como indício no homem de um destino escatológico; de outra parte, encontra-se bastante fechada sobre si mesma (exemplarmente a mônada leibniziana) para que a ideia de uma salvação prometida ao corpo suscite maior interesse teológico.

- A. Guilaumont (1950), "Le sens des noms du coeur dans l'Antiquité", *in Le coeur*, Ét. Carm. 41-81, reed. in *Études sur la spiritualité de l'Orient chrétien*, SpOr 66, 13-67; (1952), "Le 'coeur' chez les spirituels grecs à l'époque ancienne", in "*Cor*

et *Cordis affectus*", *DSp* 2/2, 2281-2288. — J. Chatillon (1952), "*Cordis affectus* au Moyen Âge", *DSp* 2/2, 2288-2300. — L. Cognet (1952), "Le coeur chez les spirituels du XVIIe s.", *ibid.*, 2300-2307. — Cl. Tresmontant (1961), *La métaphysique du christianisme et la naissance de la philosophie chrétienne. Problèmes de la création et de l'anthropologie, des origines à saint Augustin*, Paris. — F. Chirpaz (1965), *Le corps*, Paris. — W. Biesterfeld (1974), "Herz", *HWP* 3, 1100-1113. — P. J. van Schaick (1974), "Le coeur et la tête. Une pédagogie par l'image populaire", *RHSp* 50, 457-478. — H. de Lubac (1979), "Morale e mistica. L'antropologia tripartita nella tradizione cristiana", *in Mistica et Misterio cristiano*, Opera omnia, t. 6, Milão, 59-117. — A. Vergote (1979), "Les corps. Pensée contemporaine et catégories bibliques", *RTL* 10, 157-175. — T. Borsche *et al.* (1980), "Leib, Körper", *HWP* 5, 173-185; "Leib-Seele-Verhältnis", *ibid.*, 185-206. — B. Sesboüé (1982), "La réssurection du Christ et le mystère chrétien du corps. Points de repère théol. en forme de propositions", *Les quatre fleuves* 15-16, Paris, 181-203. — Pl. Deseille (1984), "Introduction", *Les "Homélies spirituelles" de saint Macaire*, Sp Or 40, 22-26. — H. Sonnemanns (1984), *Seele-Unsterblichkeit-Auferstehung*, Friburgo. — A. Sauvy (1989), *Le miroir du coeur. Quatre siècles d'images savantes et populaires*, Paris. — E. Behr-Sigel (1989), *Le lieu du coeur. Initiation à la spiritualité de l'Église orthodoxe*, Paris. — R. Beulay (1990), *L'enseignement spirituel de Jean de Dalyatha, mystique syro-oriental du VIIIe s.*, Paris, 459 s. — X. Lacroix (1992), *Le corps de chair. Les dimensions éthique, esthétique et spirituelle de l'amour*, Paris. — F. Ricken *et al.* (1995), "Seele", *HWP* 9, 2-89.

Placide DESEILLE

3. Orientações contemporâneas

É antes de tudo às filosofias do corpo que a teol. recente deve seu cuidado de reorganizar uma visão bíblica do homem, e a elas deve os meios conceituais dessa reorganização. Na experiência corporal do esforço, Maine de Biran já discernia uma afirmação de si tão elementar e fundamental quanto o *cogito* cartesiano (cf. Henry, 1965). As pesquisas de Husserl (cf. Franck, 1981) deviam levá-lo a estabelecer uma distinção fecunda entre o "corpo orgânico" (*Körper*, o corpo humano enquanto objeto) e o "corpo próprio", ou a "carne" (*Leib*, o corpo vivido por um sujeito). Prosseguida por M. Merleau-Ponty ou por M. Henry, a pesquisa sobre o corpo teve três benefícios: 1º) liquidar a representação insatisfatória de um eu que "tem" um corpo; 2º) substituir-lhe o conceito de um eu que "é" um corpo/carne e de um corpo que é um eu, o que permitia pensar a transcendência do eu em relação ao domínio das realidades objetivas. E assim, 3º) a abordagem fenomenológica permitia uma afirmação renovada da alma (p. ex. Henry 1966 e 1987), capaz de reapropriar-se das significações principais da teoria tomasiana, sem recorrer aos conceitos de uma metafísica da substância. Uma abordagem notavelmente diferente, de corte neo-hegeliano, permite também a C. Bruaire (1968) construir uma filosofia capaz de acolher a ideia de uma salvação destinada ao corpo, ao mesmo tempo procedendo (1983) a uma afirmação terminante do ser do espírito.

Por evitarem a dupla redução do eu a uma coisa pensante e do corpo a um objeto, essas contribuições não podiam deixar de contestar os discursos que identificavam classicamente o essencial do eu com a atividade intelectiva. Em um período em que não parece evidente para a teol. que o conceito grego do *noûs* possa verdadeiramente dar conta da vida divina, também não é óbvio para a filosofia que o homem exista antes de tudo no modo noético. Em *Ser e tempo*, Heidegger* atribuía à "existência", ao "aí", duas modalidades cooriginárias e cofundamentais, uma das quais é certamente o compreender (*Verstehen*), mas a outra, a *Befindlichkeit*, designa de fato o fundamento da vida afetiva, na vizinhança da *affectio* agostiniana. Interpretando o que ele não denomina existência, mas "vida", entendida como imediatez primitiva, M. Henry (1963) foi levado a estabelecer um primado incondicionado do padecer e do afeto; e é bem possível que outro pensamento da imediatez, o de Levinas, seja também um pensamento do privilégio do afeto; com efeito, a ética* que se constitui como filosofia primeira pelas exigências que o outro homem faz pesar sobre mim, na simples medida em que sua face me aparece, só é forte de uma inteligência enquanto suscitada por um pathos.

Aqui, ali, e alhures (p. ex. na meditação de M. Scheler sobre o *ordo amoris*, e sua referência explícita a Pascal*), é a uma antr. do coração que tendem os conceitos.

As repercussões teológicas de tais pesquisas não podiam ou não poderão deixar de ser saudáveis: 1) Para as teol. em que a ressurreição da carne quase só aparecia como um apêndice a uma doutrina mais fundamental — a da imortalidade da alma — perceber mais precisamente a dimensão egológica da corporeidade, certamente permitiu substituir uma antr. mais fiel às exigências teóricas fundamentais do cristianismo. Uma teol. da ressurreição, de outra parte, implica uma teol. da morte*, que não se contenta com interpretá-la como um evento exterior à realidade essencial do eu, mas que possa articular finitude carnal e vocação escatológica. Um futuro absoluto é prometido ao homem, na unidade pessoal de sua carne* e de seu espírito, mas esse futuro é objeto de fé* e de esperança: o homem só pode fundar-se sobre si mesmo, fundando-se em Deus. Mas se esse futuro absoluto é crido e esperado, então se abre a possibilidade de uma relação teologal do homem para com seu corpo (cf. Brague, 1980); e com a adoção de um horizonte escatológico, são, ao mesmo tempo, as fundações de uma ética sexual*, as de uma antr. litúrgica, as de uma teol. da ascese, ou ainda as de uma leitura cristã da obra de arte, que são dadas.

2) O mesmo período, que questionou o primado das ações noéticas em proveito das apreensões afetivas, conheceu um renascimento significativo dos interesses especulativos pela experiência mística, e os dois fatos estão certamente ligados. Quer os interesses sejam estritamente filosóficos (como em J. Baruzi), ou filosófico-teol. (como em G. Morel), ou puramente teológicos (assim em M. Huot de Longchamp, para nomear apenas três contribuições ao estudo de João* da Cruz), ao menos é claro que é na experiência do "padecer" que se pensa aqui e ali o que há de mais humano no homem. Mais do que o traçado de um limite, ou do que o paradoxo de um excesso, é então a fina palavra da ipseidade que a mística pode

permitir esclarecer (cf. Henry 1963, § 39-40 sobre Eckhart). Por pouco que nisso se proceda prudentemente, tal ênfase não leva a desqualificar toda experiência* de Deus que ponha em jogo as intencionalidades próprias da *theoria*. Mas à crise moderna das teorias sobre a contemplação, ou às incertezas que marcam o conceito da "visão de Deus", ela responde de maneira incontestável por uma retomada das noções antigas do *apex mentis*, os da "faísca da alma", que apelam para uma lógica do afeto, mais originária que toda lógica da intelecção.

3) Não surpreende, assim, que a contestação das conceptualidades clássicas se faça comumente em nome de uma temática da caridade, que se quer crítica das temáticas do ser* (já Laberthonnière, J.-L. Marion) ou da razão*. Uma teol. que tenta deselenizar os conceitos elementares de que se serve para falar de Deus (p. ex. Pannenberg, *Syst. theol.* I, 401-415) é necessariamente conduzida a aplicar o mesmo tratamento aos conceitos que lhe servem para falar do conhecimento* de Deus. Se Deus é *agapé* mais radicalmente e mais adequadamente do que é intelecto supremo, o conhecimento de Deus se enraizará nas exigências da *agapé* mais essencialmente que nas da *gnosis* (p. ex. Marion 1978). E assim como as teol. da "subjetividade transcendental de Deus" parecem insuficientes para dar conta da vida divina, assim a antr. teológica parece votada a dizer adeus aos dispositivos conceituais, em que o homem intervinha, sob diversos rostos, a título de *sujeito*. Se o último princípio de toda realidade é o ato de amar, mais que o ato de ser, isso não pode passar sem consequência para a antr. teológica.

4) Os múltiplos recursos ao léxico da "pessoa" e do "pessoal", tais como os legou à teol. uma filosofia que por sua vez os tinha retirado a um antigo vocabulário teológico, mostram aqui seu verdadeiro sentido, que é na certa o de uma tarefa mais importante do que um conteúdo conceptual muitas vezes impreciso e redundante. Falando propriamente, a noção de pessoa humana nada acrescenta à de ser humano. O termo, meio descritivo, meio valorativo, deixa contudo de aparecer como o fruto de uma

retórica do conceito quando nos damos conta de que em seu uso contemporâneo serve para denominar esse ser humano em sua totalidade existente. Não deixa de haver razões para atribuir um ser ao corpo como tal, ou à alma como tal, nem para distinguir estritamente as leis da intelecção e as leis da afeição etc. Mas dizer que o homem é pessoa equivale a relativizar essas distinções e atribuições em nome de uma promessa de eternidade, dirigida à realidade concreta do eu. O interesse pelo que há de mais nobre no homem, tal como todas as antr. filosóficas sempre o manifestaram, deve pois receber um corretivo teológico. O homem nos aparece aqui e agora na condição de uma finitude mortal sobre a qual diz o cristianismo que não revela sua humanidade no modo do definitivo. O definitivo mesmo, que a ressurreição* de Jesus nos permite pensar e, em certa medida, representar, não está à nossa disposição. Mas uma coisa ao menos é certa: a realidade "pessoal" de uma salvação destinada solidariamente a todo o homem. Quer se fale do homem no léxico do corpo, quer no léxico da alma/espírito, ou no léxico do coração, nada do que nomeamos é privado de significações escatológicas. E, se a teol. fala da santidade*, é de uma antecipação dessas significações que fala.

• G. Siewerth (1953), *Der Mensch und sein Leib*, Einsiedeln. — C. Fabro (1955), *L'anima. Introduzione al problema dell'uomo*, Roma. — M. F. Sciacca (1959), *Morte e immortalità*, Milão. — M. Henry (1963), *L'essence de la manifestation*, Paris; (1965), *Philosophie et phénoménologie du corps*, Paris; (1966), "Le concept d'âme a-t-il un sens?", *RPL* 64, 5-33. — A. Görres e K. Rahner (1966), *Das Heil und der Leib*, Mainz. — C. Bruaire (1968), *Philosophie du corps*, Paris. — P. Geach (1969), *God and the Soul*, Bristol, 1994[2], 1-85. — C. Tresmontant (1971), *Le problème de l'âme*, Paris. — A. Pfänder (1973), *Philosophie auf phänomenologischer Grundlage*, Munique, 82-104 (textos póstumos dos anos 34-36). — J. Seifert (1973), *Leib und Seele. Ein Beitrag zur philosophischen Anthropologie*, Salzburgo. — J.-L. Marion (1978), "De connaître à aimer: l'éblouissement", *Com(F)* III/4, 17-28. — J. Seifert (1979), *Das Leib-Seele Problem und die gegenwärtige philosophische Diskussion*, Darmstadt (1989[2]). — R. Brague

(1980), "Le corps est pour le Seigneur", *Com*(*F*) V/6, 4-19. — D. Franck (1981), *Chair et corps. Sur la phénomenologie de Husserl*, Paris. — C. Bruaire (1983), *L'Être et l'Esprit*, Paris. — C. A. Bernard (1984), *Théologie affective*, CFi 127. — R. Brague (1987), "L'âme du salut", *Com*(*F*) XII/3, 4-17. — M. Henry (1987), "Représentation et auto-affection", *Com*(*F*) XII/3, 77-96. — J. L. Chrétien (1992), "Le corps et le toucher", in *L'appel et la réponse*, Paris, 101-154. — X. Lacroix (1992), *Le corps de chair*, Paris. — T. de Koninck (1995), *De la dignité humaine*, Paris, 81-114, "L'âme et le corps". — W. J. Wainwright (1995), *Reason and the Heart: A Prolegomenon to a Critique of Passional Reason*, Ithaca/Londres. — R. M. Chisholm (1996), *A Realistic Theory of Categories*, Cambridge, cap. 12, "Persons and their bodies: some unanswered questions". — J. Seiffert (1989) *Essere e persona. Verso una fondazione fenomenologica di una metafisica classica e personalistica*, Milão. — J. L. Marion (1997) *Étant donné*, Paris.

Jean-Yves LACOSTE

→ *Adão; Antropologia; Conhecimento de Deus; Coração de Cristo; Espírito; Pessoa; Ressurreição dos mortos.*

AMBRÓSIO DE MILÃO, 337 ou 339-397

De família senatorial, Ambrósio (A.) tornou-se em torno de 370 governador da província romana de *Aemilia et Liguria*, cuja capital era Milão. Em 374, quando os cristãos dessa cidade* se enfrentavam a propósito de uma eleição episcopal, ele interveio para restabelecer a ordem, e ouviu-se aclamar bispo*. Como era apenas catecúmeno, foi batizado às pressas, depois ordenado no fim do ano. Fortalecido por sua experiência política, afirmou-se em 22 anos de episcopado como uma das personalidades mais influentes do Ocidente. Teve um papel decisivo na conversão de Agostinho*. Beneficiando-se de seu domínio do grego, inspirou-se em Fílon de Alexandria (s. I), em Orígenes*, em Atanásio* e em Basílio* de Cesareia, manifestando ao mesmo tempo uma verdadeira originalidade em matéria de pastoral, de ética* e de espiritualidade. A recente edição bilíngue (latim-italiano) de suas obras completas (*SAEMO*, ver bibl.) consta de treze volumes de exegese* (praticada segundo o método alegórico da escola de Alexandria*), três de moral e de ascese*, três de textos dogmáticos*, quatro de discursos e de cartas, um de poesia.

a) Controvérsias doutrinais. — A. foi antes de tudo um adversário dos partidários ocidentais do arianismo*, tanto pela ação como pelos escritos. Entre 377 e 380, endereçou ao imperador Graciano seu tratado teológico mais importante, *De fide*. Ele se inspirava em Atanásio* e em Hilário* de Poitiers, como também em Basílio, Gregório* de Nazianzo e Gregório* de Nissa, mas nesse livro se mostrava às vezes original (Simonetti, 1975, 524). Em 386, quando o imperador Valentiniano II lhe ordenou que entregasse aos arianos uma das basílicas de Milão, A. a ocupou: para encorajar seus fiéis, fez que cantassem hinos de sua autoria, mais populares que os de Hilário, o que o fez passar para a posteridade como o fundador da hinologia latina.

Em seu *De Spiritu Sancto* (381), defendeu a divindade do Espírito* Santo, apoiando-se em especial, como seus mestres gregos, na fórmula batismal de Mt 28,19, e na menção do Espírito em Gn 1,2. Lutou contra o apolinarismo*, reafirmando, em seu *De Incarnationis dominicae sacramento* (382), a integridade da humanidade assumida por Cristo*.

b) Elogio da virgindade. — A. exaltou a virgindade (vi.) e a viuvez (vu.) em cinco obras que marcam uma etapa na história da espiritualidade ocidental. Como Atanásio, vê na vi. uma superação da natureza, um "modo de vida celeste" tornado possível pela encarnação* (*SAEMO* 14/1, 110; 116). As virgens recebem desde a vida terrena os benefícios da ressurreição* (*ibid.*, 152, inspirado por Cipriano*); são um "sacerdócio* de castidade", um "templo* vivo" (*SAEMO* 14/1, 134; 14/2, 270). Devem conservar a *integritas* (integridade, pureza*) não só do corpo* mas também do espírito (*SAEMO* 14/2, 24) e levar uma vida de oração*, de trabalho*, de pobreza e de beneficência.

A. não condena as segundas núpcias, mas desaprova os casamentos múltiplos (*SAEMO* 14/1, 300). Não desaconselha o matrimônio*, mas ataca seus detratores (*SAEMO* 14/1, 126; 14/2, 34). Enumerando as dificuldades da vida familiar com a finalidade de exortar as jovens à vi., ele para no meio do caminho para não desanimar os que já são "pais muito santos" (*SAEMO* 14/1, 128). O matrimônio, a vu. e a vi. são três maneiras de praticar a castidade, porque se a *integritas* é somente aconselhada, a *castitas* é prescrita a todos os cristãos (*SAEMO* 14/1, 266; 306).

Do elogio da vi. A. passa ao elogio da mulher* (m.). Às viúvas que desejam casar-se de novo, invocando "a fraqueza de seu sexo", ele relembra que as m. foram rainhas (*SAEMO* 14/1, 288). Refuta os que utilizam a narração da criação* e da queda para denegrir a m.; em Maria*, cuja vi. perpétua defende, ele exalta todo o sexo feminino (*SAEMO* 14/2, 122-134).

c) *Teoria e prática da penitência.* — Em seu *De paenitentia* (SC 179), A. combate os adeptos tardios do novacianismo*, que admitem os autores de pecados* graves (apostasia, homicídio, adultério) à penitência* (p.) sem a concluir pela reconciliação: "É em vão que pretendeis pregar a p. enquanto suprimis o fruto da p." (SC 179, 125). A. sublinha a misericórdia* divina: "... mesmo Judas teria podido (...) não ser excluído do perdão se tivesse feito p." (SC 179, 151). Defende sobretudo, apoiando-se especialmente em Mt 16,19 e Jo 20,22-23, o direito que tem a Igreja* de ligar e desligar. Também sobre esse ponto denuncia em seus adversários uma contradição: admitir o batismo* mas não a p. (SC 179, 85). Contudo A. não deixa os cristãos recorrerem à p. canônica senão uma vez na vida, e como nota R. Gryson (SC 179, 48) contradiz assim seu próprio princípio, a saber que nenhum pecado escapa ao poder das chaves.

Para além da polêmica, o *De paenitentia* se dirige ao mesmo tempo aos bispos que prescrevem a p. e aos fiéis que a ela se submetem. Aos primeiros, pede para "partilharem do fundo do coração* a aflição" dos pecadores (SC 179, 181); aos segundos, pede que saibam confessar, chorar, humilhar-se, e depois viver a reconciliação como uma mudança total (SC 179, 193). À frente de uma comunidade, não de puros, mas de pecadores perdoados, A. apresenta-se ele mesmo como um deles: "Eu confesso (...) que me foi perdoado mais, a mim que fui arrancado ao ruído das querelas do foro e às responsabi-

lidades terríveis da administração pública para ser chamado ao sacerdócio*" (SC 179, 177).

d) *Atitude perante o poder político.* — Em 384, A. exortou Valentiniano II a não ceder aos senadores pagãos que queriam restabelecer na cúria romana o altar da deusa Vitória. Em 386, resistiu a esse soberano, que reclamava uma basílica para os arianos (cf. *supra*). Em 388, pediu a Teodósio que não obrigasse o bispo de Callinicum, uma cidade do alto Eufrates, a reconstruir a suas custas uma sinagoga incendiada por monges. Em 390, quando o mesmo imperador, para punir o linchamento de um oficial, fez massacrar milhares em Tessalônica, A. lhe impôs uma penitência pública.

Na segunda questão, A. se funda em Mt 22,21: "Em matéria de fé*, eu digo bem: em matéria de fé, são os bispos que julgam os imperadores cristãos, e não os imperadores que julgam os bispos" (*SAEMO* 21, 108). Nas três outras, ele relembra a cada monarca o seu dever de crente. Sendo cristão, Valentiniano "aprendeu a só honrar o altar de Cristo" (*SAEMO* 21, 68). Tratando-se de Callinicum, Teodósio deve preferir a "causa da religião" a uma "aparência de ordem pública" (*SAEMO* 21, 92); em 390, o imperador deve aceitar a penitência como outrora o rei Davi (*SAEMO* 21, 236). A. não distingue o imperador como cristão da função imperial como instituição. Ele não se vê abstratamente como porta-palavra do poder religioso ante o poder político, mas se apresenta como um diretor de consciência, cuidadoso da salvação* do soberano (*SAEMO* 21, 86).

e) *Moral social.* — Aristocrata, A. queria reformar os comportamentos socioeconômicos do seu meio. Suas obras desenham a figura ideal do grande proprietário cristão. Este não pratica a usura (*De Tobia*), não expulsa os vizinhos de suas modestas propriedades (*De Nabuthae*), não esmaga com foros os moradores instalados em suas terras (*De officiis* II, 16, 81); retribui justamente os diaristas que emprega (*SAEMO* 6, 284) e não põe em perigo, impondo-lhes tarefas perigosas, a vida dos trabalhadores que dependem dele (*SAEMO* 6, 142-144). Não esconde sua colheita para especular sobre o preço do trigo (*De officiis* III, 6, 37-44); muito ao contrário, sabendo que os frutos da natureza são destinados a todos os homens, abre generosamente seus celeiros aos pobres (*SAEMO* 6, 154). Em suma, age como protetor dos fracos (*SAEMO* 9, 258).

Original em sua pastoral da virgindade e da penitência, em sua ação e em sua reflexão perante o poder, A. é também entre os Padres* latinos o que elaborou em matéria social o ensinamento mais coerente.

- *Opera omnia di Sant'Ambrogio/Sancti Ambrosii Episcopi Mediolanensis Opera* (*SAEMO*), Milão-Roma. As obras completas — texto latino e tradução italiana — foram publicadas em 24 vol. de 1979 a 1994; volumes de documentos complementares estão em curso de edição. Em SC: *Des sacrements. Des mystères. Explication du symbole* (*25 bis*); *Traité sur l'Évangile de saint Luc* (45 e 52); *La pénitence* (179); *Apologie de David* (239). — *Les devoirs* (*De officiis*), 2 vol., CUFr. — Trad. fr. do *De Nabuthae* em A. G. Hamman (ed.), *Riches et pauvres dans l'Église ancienne*, Paris, 1982². — *Hymnes*, trad. comentada, sob a dir. de J. Fontaine, Paris, 1992. Em português: *A virgindade*, Petrópolis, 1980.

▶ G. Madec (1974), *Saint Ambroise et la philosophie*, Paris. — M. Simonetti (1975), *La crisi ariana nel IV secolo*, Roma, 435-552. — Col. (1976), *Ambrosius episcopus. Atti del congresso internazionale di studi ambrosiani*. Milão. — H. Savon (1977), *Saint Ambroise devant l'exégèse de Philon le Juif*, Paris, 2 vol. — E. Dassmann (1978), "Ambrosius", *TRE* 2, 362-386. — Col. (1981), *Cento anni di bibliografia ambrosiana* (*1874-1974*), Milão. — P. Brown (1988), *The Body and Society: Men, Women and sexual Renunciation in Early Christianity*, Nova York, cap. 17. — R. A. Markus (1988), cap. VI de J. H. Burns (sob a dir. de), *The Cambridge History of Medieval Political Thought, c. 350-c. 1450*, Cambridge. — S. Mazzarino (1989), *Storia sociale del vescovo Ambrogio*, Roma. — P. Brown (1992), *Power and Persuasion in Late Antiquity*, Madison. — J.-M. Salamito (1992), *Aut villa aut negotiatio*, tese datil., Univ. de Paris-Sorbonne. — C. Markschies (1993), *Ambrosius von Mailand und die Trinitäts-theologie*, Tübingen. — N. B. McLynn (1994), *Ambrose of Milan. Church and Court in a Christian Capital*, Berkeley. — C. e L. Pietri (sob a dir. de) (1995), *Naissance d'une chrétienté* (*250-430*), Paris. — D. H. Williams (1995), *Ambrose of Milan and the End*

of the Arian-Nicene Conflict, Oxford. — H. Savon (1997), *Ambroise de Milan*, Paris.

Jean-Marie SALAMITO

→ *Arianismo; Direção espiritual; Igreja-Estado; Novacianismo; Penitência; Platonismo cristão; Preceitos/conselhos; Propriedade.*

AMISH → anabatistas

AMOR

Se Deus* se revela ao homem como amor, *agapé* (1Jo 4,8), isso implica que ele se faz conhecer pelo amor: conhece-se a Deus amando-o e amando seu próximo. Porém o homem também tem uma experiência de amor independente do amor de Deus: ama a si mesmo, buscando sua felicidade, ama o outro por inclinação, desejo ou paixão (paixões*). Trata-se de duas espécies de amor radicalmente distintas e incompatíveis? Ou, então, o amor de Deus pressupõe, para ser compreendido pelo homem, o amor propriamente humano? O amor inspirado pela graça* — a *caridade* — é a transformação do amor natural, ou exige a ruptura completa com ele? Para responder a essas questões, é preciso saber o que é o amor em si mesmo: busca da satisfação de si pela posse do outro, ou, ao contrário, espoliação de si, êxtase?

I. Metafísica do amor

1. Uma prova essencial para o homem

a) *O amor inconveniente.* — A paixão amorosa não é a única forma de amor; é mesmo a mais frágil e vulnerável, comparada ao indefectível amor materno. Mas a paixão é um acontecimento que, por sua imprevisibilidade, tem o caráter de uma revelação: o sujeito descobre que o sentido de sua existência não depende dele mas de outro que surge, sem prevenir, na sua vida. O objeto amado não é aquele que corresponde às expectativas, aos gostos, aos interesses, em suma, à constituição do ego, mas ao contrário, o que excede a imagem ideal que este possa formar para si da felicidade, que rompe a conveniência. Essa disparidade é o impulso essencial da tragédia, da poesia e do romance, que ligam em geral o amor ao *interdito* sob todas as suas formas: adultério, incompatibilidade social, incesto, falta de gosto (Tristão e Isolda, Romeu e Julieta, Fedra e Hipólito, Swann e Odette).

b) Seu caráter extático. — A paixão opera uma transformação, uma alienação do sujeito: nasce da esperança (Stendhal, *De l'amour*, cap. II e III), e, portanto, da representação que o sujeito faz da felicidade que lhe poderia dar o objeto amado; poderia também proceder do amor de si. Mas esse ponto de partida egoísta, que leva o sujeito a buscar a posse do outro, age como um chamariz destinado a fazer o sujeito sair de si mesmo e a colocar a própria existência do ego na dependência do outro: sem ti eu nada sou. A totalidade do sentido se encontra progressivamente transferida para o outro (cristalização): o objeto não é amável *por causa* de seu valor (qualidades); ao contrário, o amor é a causa primeira a partir da qual o sujeito estabelece o valor e o sentido.

O amante vê o amado com um olhar novo; porém mais que considerar essa alteração como uma cegueira, uma perigosa ilusão, há que reconhecer sua profunda sabedoria*. Na prova do amor, no puro pathos de um fogo consumidor, o sujeito adquire, sem mediação discursiva ou lógica, um saber essencial, o do sacrifício e do dom de si: é desprendendo-se de si, renunciando a si, entregando seu destino ao outro, abandonando-se a outro, que o sujeito pode dar um sentido à sua existência.

c) O juramento de fidelidade. — Se a paixão nasce da emoção, da contingência de uma comoção física como a do desejo sexual, ela se prolonga em um ato* de vontade que compromete a totalidade do ser. A verdade do amor não está na satisfação extorquida pela posse, mas na generosidade do coração que dá à emoção um valor de essência; o juramento de fidelidade, que é imediatamente chamado pelo amor, não garante a inalterabilidade de uma emoção, mas testemunha o assentimento inteiro da vontade ao dom de si, que transporta o sujeito além de todo interesse e de toda satisfação.

O amor adquire um valor que excede não apenas o ego, mas a relação eu-tu; tende a difundir-se e a transformar o mundo*, sejam quais forem os obstáculos que esse lhe oponha.

2. O amor e o sentido do mundo

a) Princípio cósmico. — As sabedorias tradicionais fazem do amor o princípio unificador que preside à formação do mundo. As práticas rituais mais antigas (hierogamia) associam à sexualidade o renovamento das estações e a fecundidade das culturas. Para Empédocles, o Amor reúne os elementos de modo que "constituam um único ordenamento" (Fr. B. 17), enquanto o Ódio os separa. O amor já não é um sentimento individual, é participação em um movimento universal da natureza. Igualmente, o mito* cósmico narrado por Aristófanes no *Banquete* de Platão (189d-193d) mostra como o amor, que impele um homem a unir-se a uma mulher, manifesta uma aspiração a retornar a uma unidade original, perdida e esquecida desde o acontecimento da separação.

b) Astúcia do querer-viver. — Mas se o sentido do amor for estendido à dimensão do mundo, deixa de ter sentido para o sujeito que o experimenta. O amor seria o fenômeno de uma força obscura fundamental, de que o sujeito seria o joguete impotente. O sentimento na experiência do qual o indivíduo descobre sua própria ipseidade, pela escolha de um objeto singular único e insubstituível, é pois a ilusão de que o sentimento cósmico se serve para realizar-se. Essa "metafísica do amor" (cf. Schopenhauer, *O mundo como vontade e representação*, supl. XLIV) leva ao pessimismo; se o amor é a individualização do instinto sexual, pelo qual o querer-viver se repete indefinidamente, o indivíduo não tem outra verdade que a dissolução na espécie, a morte*. O sacrifício, ao qual consente por julgar portador de sentido, é na realidade a volta ao nada*, i.e., a afirmação do não sentido. A única maneira de escapar a tal fatalidade consiste em renunciar à ilusão do sentido, portanto ao amor.

O amor não tem sentido porque não funda nenhuma fecundidade: a reprodução do mesmo obstrui antecipadamente todo futuro, toda novidade, toda possibilidade; não é, em sentido próprio, uma procriação. Se a diferença dos sexos, do amante e do amado, se reduz a uma ilusão e se dissolve na unidade cósmica, o amor já não é o ímpeto extático em direção do outro, é o retorno indefinido a um si impessoal. Mas assim o amor não é explicado, é simplesmente negado.

3. Eros e transcendência (Platão)

a) *O filho de Poros e de Penia.* — Diotima, de quem Sócrates cita a opinião (*Banquete*, 201e-212a), compreende o amor (Eros) como um intermediário (*metaxu* 202a *sq*), um *daimôn* nascido da união entre Penia (a carência) e Poros (o recurso) (203a-d). Amar é desejar o que não se tem (200a); o amor é pois carente de beleza (201b) e pobre como sua mãe (203c). Mas não é possível contentar-se com pensar o amor negativamente, pela carência. A carência tem seu termo na satisfação; ora, se a necessidade pode ser satisfeita por seu cumprimento, o mesmo não sucede com o amor, que não busca a posse. Porém essa insatisfação radical não é uma impotência, porque o amor, ao contrário, se tornou ativo pela inventividade de seu pai (203d-e).

b) *A transcendência.* — Aquele que ama reconhece no outro toda a beleza* ou todo o valor que não tem, mas nem por isso busca, por fusão, tornar-se o que não é. Seu fim não é ser belo (ou sábio), é contemplar a beleza no outro, como o que, nele, excede toda comunicação. Unindo-se ao outro, não se apropria de sua beleza, mas a mantém em sua alteridade constitutiva. O amor não se fez possível senão pela transcendência do belo.

c) *A fecundidade.* — Por isso o amor é, em si mesmo, operativo e só pode ser pensado em suas obras (*erga*, 199a, desenvolvido a partir de 204c). O que ele visa não é obter algo do amado, porque já está em relação com o que é para além da essência, o bem* (206a, cf. *República* 509b); seu objetivo é "engendrar no belo" (206b), i.e., tornar-se fecundo pela transcendência que dá sentido ao ser, ao iluminá-lo. Na conversação dos amantes não está em jogo sua satisfação recíproca, mas sua criatividade, pela qual darão nascimento, eles mortais, à novidade absoluta do imortal (206e *sq*).

Se o amor tem um sentido universal e divino (206c), que vale tanto para o amor físico como para o amor do pensamento, é porque, nascido da diferença entre o mesmo e o outro, ele é criativo, fonte de imprevisível novidade.

4. A amizade e o ser (Aristóteles)

a) *A unidade da comunidade.* — Se o Eros platônico é animado de um perpétuo movimento de superação de si mesmo, a *philia* aristotélica (*Ética a Nicômaco* [*EN*], l. VIII e IX) se inscreve na estabilidade de uma comunidade de que é o laço, e cuja unidade mantém. Se o homem é destinado pela natureza a viver em uma cidade* (*Política* I, 1253 *a* 2) é não apenas por ser dotado de linguagem e poder discutir com os outros homens o que é justo ou injusto, mas também por estar unido ao outro homem por uma espécie de familiaridade e de amizade (*EN* 1155 *a* 22). A *philia* não é, como o eros, a escolha de um outro exclusivo, é a relação de afeição e benevolência mútuas (1155 *b* 32) que une naturalmente os que vivem reunidos (1157 *b* 7) e que por isso têm certa semelhança (1159 *b* 2).

Mas assim como existem muitas formas de comunidades, existem muitas de amizades. Quando a união se faz por interesse ou prazer, não se busca a presença do outro por ela mesma; a amizade só é perfeita entre seres virtuosos, porque, preferindo amar a ser amados, querem bem a seus amigos por eles mesmos, sem nada esperar de retorno (1156 *b* 9) e assim encontram sua alegria na amizade apenas (1159 *a* 27 *sq*).

b) *Ética.* — Aristóteles resolve o problema da contradição entre o amor de si e o amor do próximo. A verdadeira amizade supõe desinteresse e renúncia ao egoísmo (1168 *a* 32). Contudo, funda-se no amor de si bem compreendido. Porque quem prefere o bem a todas as coisas, e por conseguinte sacrifica seus interesses a seu amigo, ama na realidade o que para ele é o que há de melhor; portanto, ama a si mesmo, apegando-se à parte superior da alma* (1168 *b* 28-1169 *a* 35).

A amizade está "intimamente ligada à virtude" (1155 *a* 3), por ser bela em si mesma (1155 *a* 28), e a amizade perfeita por ser necessariamente acompanhada da virtude (1156 *b* 7); mas também porque não se pode "bem viver" sem ter amigos (1169 *b* 3-1170 *b* 19). "Bem viver" significa para o homem "bem viver em comum"; a amizade é, pois, "o maior dos bens para as cidades" (*Política* II, 4, 1262 *b* 9).

c) *Uma experiência do ser.* — A amizade não tem apenas um valor ético e político, é também uma experiência de natureza ontológica. Em muitas passagens, Aristóteles insiste sobre a alegria proporcionada pela frequentação, pela intimidade e pela presença dos amigos, sobretudo quando são virtuosos (1157 *b* 7; 1157 *b* 17-18; 1158 *a* 4 *sq*; 1171 *a* 1; 1171 *b* 14; 1172 *a* 7); a incapacidade de conviver arruina a amizade, sejam quais forem a benevolência e a inclinação que se sente pelo outro. A justificação dessa proximidade física (longe dos olhos, longe do coração) é dada quando Aristóteles explica por que o homem feliz tem necessidade de amigos. Desenvolve a ideia de que o amigo é um *alter ego* (1170 *b* 7). Eu preciso de um outro que seja ao mesmo tempo eu, não para me fechar em minha suficiência e me encontrar no outro, mas ao contrário para contemplar (1170 *a* 2) ou, antes, sentir (1170 *a* 31) nele ou com ele o que eu não posso, por falta de distância e de comunhão*, sentir em mim em plenitude. Ora o mais digno de ser sentido, para o homem feliz, é o "bem viver", que é o seu, ou em outras palavras, a vida em ato, o fato mesmo de que a vida para ele não é um dever enfadonho, mas uma atividade que tem nela mesma o seu fim, uma *práxis*. Temos gosto de viver porque nos alegramos de que nossos amigos vivam. Aristóteles vai mais longe: é do ser* mesmo (1170 *b* 8), soberanamente desejável, que desfrutamos pela presença do amigo, sentindo em comum sua existência.

II. A revelação do amor

Se Aristóteles pensa a perfeição da relação que pode existir entre homens livres e iguais, não concebe a amizade entre seres tão dessemelhantes como os homens e os deuses (1158 *b* 35). Tomás* de Aquino, contudo, definindo a caridade como "uma espécie de amizade do homem para com Deus" (*ST* IIa IIae, q. 23, a. 1, resp.), fala de um comércio ou de uma intimidade (*conversatio*) entre o homem e Deus. Que Deus possa considerar os homens como amigos (Jo 15,15) é a revelação* que muda o sentido do amor.

1. Antigo Testamento

a) *O amor de Deus pelos homens*, manifestado na criação* pelo papel que lhes é confiado (Gn 1,26-29), é renovado nas alianças* que Deus conclui com seu povo* (Noé, Gn 2,18; Abraão, Gn 12,3; 15; 17; Moisés, Ex 19). Deus ama seu povo por graça, sem julgar sobre o mérito; socorre-o na aflição e o libera da servidão no Egito (Dt 4,37; 8,17; 9,4-6; 10,15). Deus lembra seu amor eterno e sua fidelidade indefectível pela aliança (Dt 7,7-9) no momento em que sofre da infidelidade de seu povo (Jr 31,3; Sf 3,17; Ml 1,2). É por isso que o amor de Deus (hb. *hesed*, gr. *eleos*) toma a forma da misericórdia* (Is 54,8).

Essa fidelidade se parece com o amor e a ternura (Ex 3,14; Sl 103[102], 4.8.13) de um pai ou de uma mãe por seus filhos, que nasceram, foram mimados, alimentados, educados, e a quem se perdoam todas as travessuras e revoltas (Is 1,2; 49,15; Jr 31,20; Os 11,1; 11,3s). Mas a violência* do amor e a exclusividade da eleição* põem Deus na posição de esposo ciumento, ou traído, porque sua esposa se prostituiu (Is 54,5; 62,4-5; Jr 2,2; Jr 31,22; Ez 16). O matrimônio* de Oseias com uma prostituta é o símbolo do matrimônio de Deus com Israel* (Os 1-3).

Os salmos* invocam a misericórdia de Deus para lhe pedir ajuda ou perdão (Sl 51[50],1; 89[88], 2.3.25.29; 98[97],3; 145[144],8). Exprimem a expectativa ou o desejo de ser amado por Deus (Sl 89[88],50; Sl 119[118],41) e a confiança no amor eterno (Sl 136[135]).

b) *O amor do homem por Deus.* — Ao amor de Deus para com seu povo deve corresponder, em um mandamento* que encerra toda a lei*, o amor do homem para com Deus (Dt 6,5; hb. *ahaba*, que os LXX traduzem por *agapé*, bastante raro em grego) que se manifesta não só pela observância dos preceitos*, mas pela disposição do coração* ao acolhimento da Palavra* (cf. Sl 119[118]). O temor* que acompanha o amor de Deus não é a submissão do escravo: temer apenas a Deus é não ter na terra nenhum objeto de temor (Dt 7,18).

c) O amor do próximo. — Deus ordena também o amor do próximo (Lv 19,18), o qual é não só o filho de Israel*, mas o estrangeiro, "porquê vós fostes estrangeiros no país do Egito" (Ex 22,20; 23,4-9; Dt 10,18s; 19,33; Pr 25,21s).

d) O amor do homem e da mulher. — O AT concede um lugar importante ao amor do homem e da mulher*: é como "homem e mulher" que Deus criou o homem à sua imagem (Gn 1,27); a história do povo de Israel está atravessada pelo amor que une os casais*: Adão* e Eva, Abraão e Sara, Isaac e Rebeca, Jacó e Raquel, Sansão e Dalila, Bôaz e Rute, Davi e Betsabé. O Ct celebra a união carnal.

2. Os evangelhos sinóticos

a) O amor, centro da lei. — A pregação* de Jesus* se inscreve na tradição* judaica que centra os preceitos da lei em torno dos dois mandamentos do amor (na maioria das vezes, *agapé*). O mandamento do amor de Deus (Dt 6,5) é "o maior e o primeiro"; mas Jesus lhe associa imediatamente, como semelhante a ele, o mandamento do amor do próximo (Mt 22,36-40; Mc 12,28-31; Lc 10,25-28; cf. Lv 19,18). Recordando que o amor é o essencial da lei — em um contexto em que se tenta pô-lo à prova — Jesus mostra que sua doutrina não quer ser original; mas insiste sobre a atualização, no coração e na prática, do sentido já bem conhecido de "lei".

b) O amor do próximo. — Essa recentralização da lei no amor implica deslocamentos na ordem das prioridades éticas. O amor para com Deus só tem sentido se se traduz no amor do próximo, que é a pedra de toque da justiça*. Não é pelo respeito aos preceitos cerimoniais ou cultuais que se honra a Deus, mas pelo socorro que se dá ao homem na necessidade (Mt 12,1-8; Mc 2,23-28; Lc 6,1-5; 13,10-17). O homem será julgado por seu amor para com o próximo, e sobretudo pelo menor de todos (Mt 26,31-46).

O amor e as obras* de misericórdia que suscita se dirigem ao homem mais desprotegido, ao pobre, ao prisioneiro, ao doente e ao estrangeiro. O perdão também deve atingir aqueles que têm uma conduta julgada repreensível: os publicanos e os pecadores (Mt 9,10-13; Mc 2,15ss; Lc 5,29-32); a "pecadora" (Lc 8,36-50); as grandes parábolas* da misericórdia (Lc 15,1-32) mostram a gratuidade do dom e a alegria que o acompanha.

c) O amor do inimigo. — O mandamento de amor se radicaliza ao estender-se ao amor do inimigo (Mt 5,42-48; Lc 6,27-35). Jesus acentua em Mt a oposição entre o que os judeus retiveram da tradição, e o que ele mesmo diz. A novidade não vem "abolir, mas cumprir" (Mt 5,17), reconduzir o preceito a seu sentido, levando-o a seu caso limite. É ao homem esclarecido pela lei, o judeu, que incumbe ser melhor que os publicanos e os pagãos, eles que, sem lei, amam seus amigos. Jesus não considera, portanto, que o mandamento de amor seria imediatamente universal, como simples movimento do coração. O samaritano que demonstra mais amor que o sacerdote* e o levita (Lc 10,29-37) não é um pagão e conhece a lei, que cumpre melhor que aqueles aos quais é imediatamente destinada.

d) O Filho bem-amado. — A principal revelação dos sinóticos é o nome* que Deus dá a Jesus no batismo (Mt 3,17) e na transfiguração (Mt 17,5; Mc 9,7): "Meu Filho bem-amado!" (Lc 9,35 diz "o Escolhido", mas a variante "bem-amado" existe). Essa citação de Isaías 42,1 (retomada em Mt 12,18) faz de Jesus o Servo* que terá de enfrentar o sofrimento (Is 53), para libertar Israel (Is 54). Essa aproximação permite interpretar sua paixão (anunciada numa passagem vizinha da transfiguração em Mt 17,22-23; Mc 9,31; Lc 9,44) e sua ressurreição* como uma manifestação do amor de Deus.

3. As cartas de Paulo

Para Paulo, o amor "manifestado em Cristo* Jesus, nosso Senhor" (Rm 8,39) não é tanto um objeto de ensinamento ou de pregação, quanto um mistério* "que supera todo conhecimento" (Ef 3,19); participar dele não é conformar-se a preceitos, por legítimos e úteis que sejam, mas deixar-se ganhar pelo Espírito*, de que o amor é o fruto (Gl 5,22).

a) O acontecimento do amor em Cristo. — Com efeito, é do acontecimento mesmo da vinda, da morte e da ressurreição de Cristo que o amor irradia e se deixa perceber por aquele a quem o Espírito abriu os olhos. Já não se trata de um sinal do amor de Deus, mas da vinda absoluta de seu amor. Deus não somente enviou seu libertador para salvar seu povo, ele entregou (ao mesmo tempo o deu ao mundo e o abandonou nas mãos dos pecadores) seu próprio Filho bem-amado (Rm 8,32; Cl 1,13). O Filho, oferecido pelo Pai*, se oferece a si mesmo, abandona-se, renuncia a si, até morrer numa cruz (Fl 2,7-8; Rm 5,8). O amor é ao mesmo tempo a condição, o sentido e o fruto desse sacrifício*, que é o acontecimento decisivo da passagem do antigo ao novo, para o mundo, para o povo judaico, para o homem (Ef 2,15; 4,22; 2Cor 5,17; Cl 3,9).

b) Virtude teologal. — Se o Espírito nos faz participar da morte de Cristo, introduz-nos no mistério de sua vida (Rm 6,8-11). Não podemos pensar em nossa morte em Cristo sem sermos urgidos pelo amor (2Cor 5,14) porque o sacrifício* chama o amor. Essa vida espiritual*, em comunhão com Cristo, repousa na reunião das "três que permanecem", a fé*, a esperança* e a caridade (1Cor 13,13) que receberão o nome de "virtudes* teologais" porque estruturam, em sua diversidade e em sua complementaridade, a constituição do homem em sua relação com Deus. É como elemento dessa estrutura que o amor se torna *caridade*: a *Vulgata*, que nos sinóticos traduz *agapé* por *dilectio*, introduz *charitas* nas cartas de Paulo. O termo "caridade", no entanto, terminou em nosso idioma por indicar a beneficência compassiva, de modo que se pode preferir, a esse termo, o "amor", apesar do uso teológico. O amor só existe em sua relação com as duas outras virtudes, junto com as quais é citado com frequência (1Ts 1,3; 5,8; 2Ts 1,3; 1Cor 13,7; Gl 5,6; Rm 5,1-5; 12,6-12; Cl 1,4s; Ef 1,15-18; 4,2-5; 1Tm 6,11; Tt 2,2). A fé faz descobrir em Deus o amor, que por sua vez se difunde no coração do crente e dilata sua fé na dimensão da esperança, que é confiança no amor de Deus já manifestado em plenitude (Rm 8,35-39).

c) Primado do amor. — Mas, entre as três virtudes, a maior é o amor (1Cor 13,13; Cl 3,14); não que a fé seja uma certeza imperfeita, mas é pelo amor que se crê e se espera (1Cor 13,7; Rm 5,5). O amor é a fonte de todo valor; a generosidade, os próprios dons do espírito, a liberdade*, o respeito da lei, todos só têm valor porque provêm do amor e produzem o amor (1Cor 13,1ss; Gl 5,14; Rm 13,8ss). O amor não só comunica a vida, mas é a vida.

4. Os textos joaninos

O Evangelho* de João é o do amor. Jesus veio à terra para dar testemunho do amor do Pai, para com ele (3,35; 10,17) e para com os homens (3,16).

a) Um mandamento novo. — Jesus dá a seus discípulos um novo mandamento de amor: "Como vos amei, amai-vos também uns aos outros" (Jo 13,34). A medida do amor que se deve dar ao outro não é mais, como em Lv 19,18, o amor que se dá a si mesmo. A exigência radical do amor consiste em dar o que não se tem: ser para o outro como Cristo foi para com seus discípulos; o que só é possível se o Espírito (14,16.26) criar no homem potencialidades novas. Além disso, a reciprocidade desse amor (uns aos outros) supõe uma comunidade dos que amam no Cristo (17,20s).

b) Amor trinitário. — Se o amor dos homens entre eles deve ser o reflexo do amor de Cristo para com eles, é que esse amor tem sua fonte na relação de amor do Filho para com o Pai (15, 9) tal como se exprime na oração* sacerdotal (17,1-26). O Filho se oferece por amor a seu Pai, mas sabe que o sacrifício a que consente pede, da parte de seu Pai, o mesmo amor. É pois o amor que, no momento da paixão, une o Pai e o Filho (17,10.21). O amor manifesta a dimensão trinitária de Deus; propriamente falando, ele é o Espírito.

c) "Deus é amor" (1Jo 4,8). — Essa fórmula, que reúne de maneira decisiva toda a revelação, não é nem uma divinização do amor (que teria um alcance puramente antropológico), nem a simples evocação de um Deus amante. Deus não é um eu amante, é o acontecimento mesmo do amor, tal como se manifestou na paixão e na ressurreição: Deus não reteve para si o bem-amado, ele o deu e assim abrangeu o próprio mundo em seu amor. Ao amar Jesus até a cruz, amou a humanidade como a seu Filho, e a introduziu em seu mistério, para que, permanecendo em seu amor, ela prossiga sua obra.

III. Desenvolvimentos

1. Amor de si e amor de Deus

a) Agostinho* (*De civitate Dei* XIV, 28) radicaliza a oposição entre o amor de si e o amor de Deus, que estão na origem das duas cidades, a cidade terrestre (nascida do "amor de si até o desprezo de Deus") e a cidade celeste (nascida do "amor de Deus até o desprezo de si"). As *Confissões* descrevem o itinerário espiritual de um ser que renunciou ao vão amor orientado para o prazer (III, 1) por um amor sempre maior para com Deus (XIII, 8).

b) Essa oposição é um tema essencial do protestantismo*, que só percebe uma ruptura entre a ordem da graça* e a da natureza*. Lutero* (tese 28 da *Controvérsia de Heidelberg*, abril de 1518, *WA* 1, 365) é crítico de um amor que só consente referir-se a um objeto na medida em que lhe reconhece um valor, ou seja, na medida em que espera uma satisfação de retorno. O amor de Deus para com o homem é, ao contrário, totalmente gratuito, pois não é condicionado pela certeza de que será aceito: é, portanto, puro dom.

c) Eros e Agapé. — Em uma tradição protestante que enrijece ainda mais, A. Nygren estabelece uma diferença radical entre o amor que vem de Deus (*agapé*) e o amor puramente humano (*eros*). A exaltação romântica do amor é uma forma de complacência em si mesmo, uma divinização do humano que vem a dar na destruição de si e na morte (cf. Tristão e Isolda). Ao contrário, a *agapé* é recebida como uma graça na obediência filial.

Qualquer que seja a pertinência da oposição entre o *amor hominis* e o *amor Dei*, é muito discutível fixá-la terminologicamente pela oposição entre *eros* e *agapé*. De uma parte, *eros* não pode reduzir-se à procura da satisfação; o verdadeiro *eros* consiste, como o lembra Platão, em dar sua vida por quem se ama (*Banquete* 179b *sq*). De outra parte, não é seguro que o amor por Deus não possa tomar também a forma de *eros*. E se Nygren prestou um serviço à teologia* contemporânea, foi sem dúvida o de provar o caráter insustentável da oposição não mediatizável de *eros* e *agapé*, e permitir a seus contraditores que propusessem topologias mais precisas e conceitos mais finos (D'Arcy, 1945; Lotz, 1971).

d) Eros mais divino. — O Pseudo-Dionísio* (*Nomes divinos* IV, 12) afirma mesmo que "*eros* é um termo mais digno de Deus que *agapé*, fórmula que Tomás de Aquino adota (*ST* Ia IIae, q. 26, a. 3) porque a atração exercida por Deus e que o homem sofre passivamente no amor (*amor = eros*) é mais forte que os motivos que o homem tira de sua própria razão*. Que o amor possa ser motivado pela concupiscência (quando buscamos uma satisfação para nós mesmos) não impede que possa haver um "amor de amizade" que ama o objeto por ele mesmo, e que lhe quer bem (*ST* Ia IIae, q. 26, a. 4).

e) Amar-se a si mesmo por caridade. — Se o amor de si desvia o sujeito de toda alteridade e o impede de amar a Deus e ao próximo — o que é a fonte do pecado* —, ao contrário, o amor de Deus, a caridade, ordena uma forma do amor de si (*ST* IIa IIae, q. 25, a. 4). Depois de ter amado a Deus por amor de si, o homem "não se ama mais a si mesmo senão por Deus" (Bernardo* de Claraval, *Tratado do amor de Deus*, cap. VIII-X). Os pecadores não se amam verdadeiramente, porque menosprezam o que é para eles o verdadeiro bem; os bons se amam a si mesmos, porque querem conservar o homem interior em sua integridade (*ST* IIa IIae, q. 25, a. 7; cf. *supra*, I. 4 *b*).

2. O amor místico

a) O êxtase. — Se a ponta extrema do amor é o vazio que ele produz, a desapropriação de si, então é bem o *eros* que é sua manifestação mais divina. O *eros* é, em si mesmo, uma kenose*, porque o amante deve abandonar as imagens de que tinha recoberto sua personalidade, a fim de se descobrir em sua nudez. Se eu nada sou sem ti, preciso passar por esse nada para chegar a ti. A ascese* do desnudamento, levada até o extremo do nada, caracteriza o misticismo como erotismo. O erro comum é pensar o misticismo, como o erotismo, a partir da união e da posse, quando o seu comum êxtase é a separação de si, espoliamento de si. Embriagar-se do amor divino é "esquecer-se a si mesmo", "não se ter senão como um vaso descartado como refugo", "perder-se de algum modo, como se não se existisse mais, não ter mais o sentimento de si e ser vazio de si mesmo, quase anulado" (Bernardo de Claraval, *Tratado do amor de Deus* X, 27).

b) *Indiferença para com sua própria felicidade.* — O que é reduzido a nada no eu é a vontade enquanto busca a satisfação. Para isso, há que renunciar a todos os seus objetos: nada mais querer. No *Cântico dos Cânticos*, a paixão é posta à prova da noite (Ct 3,1-3); anda errante sem nada encontrar, o bem-amado escapa: o Amado não se deixa confundir com os fantasmas. "A caridade [...] faz na vontade um vazio de todas as coisas, visto que nos obriga a amar a Deus sobre todas as coisas" (João* da Cruz, *Subida ao Monte Carmelo* II, 6). Assim, "desnudada de tudo, sem nada querer" (*ibid.* II, 7), a alma* realiza a imitação* de Cristo que, no instante de sua morte*, foi "aniquilado e reduzido como a nada" (*ibid.*) Essa passagem pela morte é a afirmação da vida, porque a morte foi vencida na morte, pelo amor: "Ó morte amorosamente vital, ó amor vitalmente mortal!" (Francisco de Sales, *Tratado do amor de Deus* VII, XIII). A metáfora a um tempo erótica e espiritual dessa vivificação no aniquilamento é a do fogo (cf. a liturgia* de Pentecostes: *Et tui amoris in eis ignem accende;* João da Cruz, *Viva chama de amor*, estrofe II, verso 1).

Uma vez a vontade liberta de todo interesse próprio, de toda expectativa de uma felicidade pessoal, a alma vive o "puro amor", "sem mistura de nenhum outro motivo, a não ser o de amar unicamente nela mesma a soberana beleza de Deus" (Fénelon, *Explication des maximes des saints*, art. II). O amor de Deus por nós, sendo ao mesmo tempo fonte e fim de nosso próprio amor por ele, esse é o reflexo da gratuidade de sua origem. Por conseguinte, o amor por Deus não pode estar condicionado pela espera da felicidade, mesmo se fosse a da salvação*; é o amor vivido em um presente histórico em que o homem existe também no elemento da esperança (a mais importante lição a tirar da crise quietista), e é muito diferente.

Aliás seria equivocar-se sobre a esperança decifrar ali sobretudo uma lógica do interesse: a esperança é essa relação ao futuro em que as promessas* de Deus estão comprometidas, essas promessas (e tudo o que comportam de realização antecipada, centralmente a ressurreição de Jesus) são o que suscita a ação de graças e o amor do crente. O "puro amor", bem compreendido, vive-se na plenitude de uma experiência teologal. Talvez se deva dizer que nessa experiência a esperança se vive, no fundo, como transcendência "erótica" para com Deus. E talvez também essa transcendência seja o segredo de toda esperança, e um segredo que permitiria então à esperança ser apenas um modo de ser no tempo, mas também poder ser eternamente...

c) *A ausência como modo de presença.* — O puro amor cumpre o preceito da amizade virtuosa: "amar o amigo por ele mesmo" (cf. *supra* I. 4 *a*); mas a diferença introduzida pelo cristianismo é essencial, porque a intimidade, o "viver com", que é o ato de amor e causa a alegria, é, quando o amigo é Deus, um modo da presença caracterizado pela distância infinita: quanto mais Deus se aproxima do homem em seu amor, tanto mais ele faz sentir sua grandeza inacessível. "Quando ele ama, todos os passos de seu amor são infinitos. Desce do céu à terra para buscar a criatura de barro que ele ama; ele se faz homem e barro com ela; dá-lhe sua carne para comer. É por tais prodígios de amor que o infinito* ultrapassa todas as afeições de que os homens são capazes. Ele ama em Deus, e esse amor nada possui que não seja incompreensível" (Fénelon, *Lettres et opuscules spirituels* XXXI). Claudel fala de uma "ausência essencial" que une os amantes na presença mesma (*Le soulier de satin*, quarto dia, cena VIII).

3. A ética do amor

a) Princípio das virtudes morais. — O puro amor foi criticado (por Bossuet) porque o desinteresse do amor, o abandono, o estado de oração mergulham a vontade em uma indiferença que poderia levá-la a esquecer o bem e o mal*, e em uma passividade que poderia afastá-la da ação. O outro extremo é um atarefamento no útil que esquece a busca do sentido. O amor autêntico é em si mesmo ético, por ser a retidão do coração*, a virtude que ordena o homem para o bem; por isso ele é "o princípio de todas as boas obras", e todas as virtudes morais estão nele envolvidas (*ST* Ia IIae, q. 26, a. 3; cf. 1Cor 13,4-7).

b) A lei do amor. — Uma obra não pode ser considerada boa se não for realizada por amor; inversamente, tudo o que é feito por amor cumpre a lei (cf. Rm 13,8). Não se deve temer, portanto, que o amor se engane em sua conduta, nem que fique ocioso perante o homem que sofre. O cristão é libertado, pelo amor, de toda prescrição exterior que não proceda de um movimento interior da vontade (cf. Rm 7,1-7). *Ama et fac quod vis.* Mas essa liberdade* não é uma licença, por ser justamente condicionada pelo amor, cujas exigências são superiores às da lei antiga. O amor, pois, institui uma lei nova (*ST* Ia IIae, q. 107, a. 2, resp.), não escrita, mas introduzida nos corações pela graça (*ST* Ia IIae, q. 106, a. 3).

c) Amor e respeito. — Convencionou-se opor a essa ética* do amor o rigorismo da lei moral kantiana. Na verdade, Kant* alerta contra uma moral que procederia do amor dos homens: como este "não pode ser ordenado" a ação moral seria abandonada ao arbítrio das disposições subjetivas de cada um, o que arruína o dever em seu princípio (*Crítica da razão prática* AA t. V, 83). Mas o amor de que se trata aqui não é precisamente o mesmo de que fala a Escritura*: trata-se de um amor patológico, dessa filantropia que, como se sabe, pode ou não pôr-se em movimento segundo os humores do momento. Ao contrário, Kant admite um amor *prático* (*ibid.*), que é a "boa vontade" posta no cumprimento do dever. De qualquer modo, mesmo esse amor não pode ser o princípio do dever: é somente um ideal que completa o dever. Então a disciplina da lei permanece a única norma. O dever para com o próximo é a consequência não do amor para com ele, mas do respeito, que se dirige antes de tudo à lei. Contudo a moralidade não se confunde com o legalismo, com a conformidade puramente exterior a prescrições. O ponto comum entre o respeito e o amor é que nenhum deles é subordinado ao princípio da felicidade pessoal, e que eles não são condicionados nem pela esperança de uma vantagem, nem pelo temor de um castigo. A lei, como o puro amor, exige da vontade que faça o vazio de todo objeto (ou matéria).

4. Conclusão

É sempre possível explicar a dimensão extática do amor como uma astúcia do amor de si, o amor místico como uma sublimação do instinto sexual, o aniquilamento perante o outro como uma deleitação consigo mesmo. O amor seria apenas uma valorização cultural da autossatisfação, do amor-próprio, da vaidade (cf. La Rochefoucauld). É verdade que o fogo que consome é em si mesmo um modo do vivido puramente subjetivo. Para que o amor seja verdadeiramente distinto do egoísmo, é preciso que o outro exista, e me preceda por seu amor. Não há amor sem revelação do outro. Mas como assegurar-se disso, sem cair nas aporias do fechamento subjetivo? Aqui o amor exige, seja qual for a forma que assuma, que se elimine sua ambiguidade e se decida a seu respeito: compete à vontade dizer o que ele é. Por conseguinte, a definição geral do amor supõe uma forma de generosidade: é preciso fazer-lhe crédito, e consentir que a ausência seja um modo essencial do ser*. Essa confiança é a do amante, que pelo juramento dá um sentido infinito à finitude de seu sentimento, a do filósofo socrático, que deseja o pensamento no coração do não saber, e a do crente, que aceita ser amado por quem ele não vê.

- P. Rousselot (1908), *Pour l'histoire du problème de l'amour au Moyen Âge*, Münster, reed. Paris, 1933 e 1981[3]. — H. Arendt (1929), *Der Liebesbegriff bei Augustin*, Berlim (*O conceito de amor em Santo Agostinho*, 1998). — H. Scholz (1929), *Eros und*

Caritas, Halle. — A. Nygren (1930, 1936), *Éros och Agape*, 2 vol., Estocolmo. — G. Quell e E. Stauffer (1933), "Agapaô..." *ThWNT* 1, 20-55. — L. Robin (1933), *La théorie platonicienne de l'amour*, Paris. — É. Gilson (1934), *La théologie mystique de saint Bernard*, Paris. — D. de Rougemont (1938), *L'amour et l'Occident*, Paris, ed. revista 1954. — M. C. d'Arcy (1945), *The Mind and the Heart of Love — Lion and Unicorn, A Study of Eros and Agape*, Londres. — L.-B. Geiger (1952), *Le problème de l'amour chez saint Thomas d'Aquin*, Montreal-Paris. — G. Bataille (1957), *L'érotisme*, Paris (*O erotismo*, São Paulo, 1987). — C. Spicq (1958-1959), Agapè *dans le Nouveau Testament*, 3 vol., Paris. — C. S. Lewis (1960), *The Four Loves*, Londres. — M. Lot-Borodine (1961), *De l'amour profane à l'amour sacré*, Paris. — H. U. von Balthasar (1963), *Glaubhaft ist nur Liebe*, Einsiedeln. — E. Lévinas (1964), *Totalité et infini*, La Haye (*Totalidade e infinito*, Lisboa, 2000). — I. Murdoch (1970), *The Sovereignty of Good*, Londres. — V. Jankélévitch (1970), *Traité des vertus*, t. 2, *Les vertus et l'amour*, Paris. — J. B. Lotz (1971), *Die drei Stufen der Liebe*, Frankfurt. — J. Pieper (1972³), *Über die Liebe*, Munique. — G. Wallis *et al.* (1973), "Ahab", *ThWAT* 1, 105-128. — B. Welte (1973), *Dialektik der Liebe*, Frankfurt. — H. Kuhn (1975), *"Liebe": Geschichte eines Begriffs*, Munique. — E. Jüngel (1977), *Gott als Geheimnis der Welt*, Tübingen, 430-470. — J. Leclerc (1979), *Monks and Love in Twelfth-Century France*, Oxford. — L. A. Blum (1980), *Friendship, Altruism and Morality*, Londres. — J. Macquarrie (1982), *In Search of Humanity*, Londres, 172-186, "Love". — C. Yannaras (1982), *Person and Eros*, FSÖTh 44. — J.-L. Marion (1986), *Prolégomènes à la charité*, Paris. — J.-L. Chrétien (1990), *La voix nue. Phénoménologie de la promesse*, Paris, 209-224, "Le regard de l'amitié". — P. Gerlitz *et al.* (1991), "Liebe", *TRE* 21, 121-191). — J. Derrida (1994), *Politiques de l'amitié*, Paris. — T. de Koninck (1995), *De la dignité humaine*, Paris, 203-222. — J.-L. Marion (1997), *Étant donné. Essai d'une phénoménologie de la donation*, Paris. — P. Bartmann (1998), *Das Gebot und die Tugend der Liebe*, Stuttgart. — M. Adam (1966), "Amor de si", *DEFM*, v. 1, 75-81. — A. Petit (2003), "Amizade", *DEFM*, v. 1, 58-63. — M. Canto-Sperber (2003), "Amor", *DEFM*, v. 1, 63-75.

Yves-Jean HARDER

→ *Comunhão; Esperança; Fé; Trindade.*

ANABATISTAS

O anabatismo (an.) nasceu em meio à abundância de ideias e de movimentos que marcou o início da Reforma no s. XVI. Muitas tentativas de reforma receberam então apoio político e se institucionalizaram; mas os que queriam reformar a Igreja* não estando (ou não estando mais) de acordo com Lutero*, Zuínglio* ou Calvino* tornaram-se dissidentes. Por razões polêmicas, esses dissidentes protestantes foram qualificados muitas vezes, em sua totalidade, como "anabatistas" (an.), "rebatizadores". Os historiadores atuais mostram, no entanto, a multiplicidade e a variedade dessa "ala esquerda da Reforma" ou "Reforma radical" e distinguem entre revolucionários, espiritualistas, an. e antitrinitaristas nesse grupo, onde anteriormente se via um conjunto dissidente homogêneo. O an. propriamente dito agrupa diversos movimentos surgidos nos anos de 1520-1530 em várias regiões da Europa.

Foi em torno de Zuínglio que o primeiro an. estruturado apareceu na Suíça. Inspirando-se em ideias vindas de Lutero, Zuínglio, Erasmo*, Carlstadt ou do movimento camponês de 1524-1525, homens como Conrad Grebel, Felix Mantz e Balthasar Hubmaier chegaram a rejeitar o batismo* das crianças e a formar a ideia de uma Igreja "preconstantiniana", composta de membros com um compromisso cristão deliberado. Admitindo a "sola scriptura" e a "sola fide" da Reforma, esses an. suíços rejeitavam a simbiose entre a Igreja e o Estado*, que os reformadores não questionavam. Essa rejeição era acompanhada de uma ética* e de uma eclesiologia* cristocêntricas e comunitárias, que pregavam a prática da "Nachfolge Christi" (*sequela Christi*, imitação* de Jesus Cristo) e, na maioria das vezes, uma volta à "não violência" cristã. Uma série de disputas teológicas com Zuínglio não permitiram terminar com todas as discordâncias. Os primeiros batismos a partir da profissão de fé* (donde o nome de an.) ocorreram em Zurique, em janeiro de 1525, e resultaram na formação de uma Igreja "protestante", privada de apoio político. Essa Igreja só pôde sobreviver clandestinamente, e é em grande parte graças a um ex-beneditino, Michaël Sattler, que redigiu os sete artigos adotados pelas comunidades anabatistas suíças em fevereiro de 1527 em Schleitheim, que ela atravessou uma discriminação e uma perseguição severas. Esses artigos confessam o batismo dos adultos, a necessidade de uma disciplina* de Igreja conforme a Mt 18,15-18, a impossibilidade para um cristão de ser magistrado e de utilizar a violência* e uma separação radical entre a Igreja e o mundo*.

Outra corrente an. nasceu quase ao mesmo tempo na Alemanha do Sul e na Áustria. Com líderes como Hans Hut e Hans Denck, esse an. recebeu em seus primórdios a forte marca da mística* renana. O teólogo leigo Pilgram Marpeck de Rattenberg (1495-1556) ali desenvolveu uma teologia* fundada na humanidade de Cristo*. Esse movimento ia sobreviver muito tempo, sobretudo na Morávia, sob a direção de Jakob Hutter. Nos anos de 1530, Hutter fundou um an. mais radicalmente comunitário do que o movimento suíço, e no qual se praticava a comunidade dos bens. Esse movimento "hutteriano" iria conhecer uma idade de ouro durante a segunda metade do s. XVI, mas teria muita dificuldade em resistir à Contrarreforma.

Uma terceira corrente, situada nos Países Baixos, foi fortemente marcada na origem pela teologia milenarista e espiritualista de Melchior Hoffmann (morto em Estrasburgo em 1534). Esse pensamento encontrou um apoio popular e contribuiu amplamente na questão de Münster na Westfália (1534-1535) em que, sob a direção de Bernhard Rothmann e de Jean de Leyde, se procurou estabelecer uma Reforma fundada em uma eclesiologia an., e a preparar a volta próxima de Cristo (parusia*). Terminada no sangue, a questão serviu à polêmica antiprotestante da Igreja católica, e levou os protestantes a se eximirem, o máximo possível, de toda dissidência saída de seus quadros. Contudo, o an. holandês iria sobreviver, sob forma pacífica, graças ao ex-sacerdote Menno Simons, que reuniu boa parte dos que tinham "escapado" de Münster em torno de uma teologia próxima do an. suíço, oriundo de Schleitheim.

Rejeitados e perseguidos tanto pelos protestantes "oficiais" como pelos católicos, milhares de an. encontraram a morte (sobretudo no s. XVI), ou foram impelidos ao exílio ou à emigração. Somente nos Países Baixos os menonitas conheceram uma assimilação cultural em geral pacífica, a partir do s. XVII (o pintor Rembrandt era próximo dos meios menonitas, mas não se sabe se realmente fazia parte deles). Numerosos an. suíços, alsacianos e alemães encontraram desde o s. XVII acolhida favorável na América do Norte; a emigração para as Américas continuaria até depois da Segunda Guerra* mundial. Com o recente desmoronamento do comunismo, afinal, muitos menonitas russos, de origem holandesa e alemã, se estabelecem hoje na Alemanha. Assim os descendentes espirituais do an. do s. XVI vivem hoje em numerosos países, até mesmo na África e na Ásia. Denominam-se menonitas, hutterianos ou amish.

• Menno Simons (1681), *Opera omnia theologica...*, Amsterdã. – *The complete writings*, trad. do holandês por L. Verdun e ed. por C. Wenger, Scottdale, 1956. – H. J. Hillerbrand (1962), *Bibliographie des Täufertums (1520-1630)*, Gütersloh (*QFRG* 30 = *QGT* 10). – N. P. Springer e A. J. Klassen (ed.) (1977), *Mennonite Bibliography (1631-1961)*, Scottdale. – *Bibliotheca dissidentium. Répertoire des non-conformistes religieux des XVIe et XVIIe s.*, ed. por A. Seguenny, Baden-Baden, 1980-. – *Mennonistisches Lexicon*, ed. por C. Hege e C. Neff, continuado por H. S. Bender e E. Crous, 1913-1937. Frankfurt, 1958-, Karlsruhe. – Bibl. corrente no *The Mennonite Quarterly Review*, Goshen (Ind.), 1927-.

• *The Mennonite Encyclopedia* (1955-1990), 5 vol., Scottdale, Penn. — G. H. Williams (1962), *The radical reformation*, Filadélfia. — C. Bornhäuser (1973), *Leben und Lehre Menno Simons. Ein Kampf um das Fundament des Glaubens (etwa 1496-1561)*, Neukirchen-Vluyn. — J. Séguy (1977), *Les assemblées anabaptistes-mennonites de France*, Paris, La Haye. — M. Lienhard (sob a dir. de) (1977), *The Origins and Characteristics of Anabaptism/Les débuts et les caractéristiques de l'an.*, La Haye. — U. Gastaldi (1972 e 1981), *Storia dell'anabattismo. I: Dalle origine a Münster (1525-1535). II: Da Münster ai giorni nostri*, Turim. — N. Blough (1984), *Christologie an.*,

Genebra. — R. MacMaster (1985), *Land, Piety, Peoplehood: The Establishment of Mennonite Communities in America 1683-1790*, Scottdale, Penn. — J.-G. Rott e S. L. Verheus (1987), *Anabaptistes et dissidents au XVIe s.*, Baden-Baden e Bouxwiller. — C. Baecher (1990), *L'affaire Sattler*, Méry-sur-Oise/Montbéliard. — M. Lienhard (1992), *"Les an."*, in M. Vénard (sob a dir. de), *Le temps des confessions* (*Histoire du christianisme*, t. 8), Paris, 119-181. — N. Blough (sob a dir. de) (1992), *Jésus-Christ aux marges de la Réforme*, Paris. — G. Williams (1992³), *The Radical Reformation*, Kirksville. — N. Blough (1994), "Secte et modernité: réflexions sur l'évolution historique de l'an. aux États-Unis, *BSHPF* 140, 581-602. — M. Lienhard (1994), "Réformateurs radicaux", in M. Vénard, *De la Réforme à la Reformation* (*Histoire du christianisme*, t. 7), 805-829. — A. Hamilton, S. Voolstra, P. Visser (sob a dir. de) (1994), *From martyr to muppy. A historical introduction to cultural assimilation processes of a religious minority in the Netherlands: The Mennonites*, Amsterdã.

Neals BLOUGH

→ *Batistas; Calvinismo; Milenarismo; Protestantismo; Unitarismo.*

ANAGOGIA → sentidos da Escritura → mística → traço (*vestigium*)

ANALOGIA

Na teologia*, analogia (a.) designa a distância entre o conhecimento* que o homem tem de Deus* e o próprio Deus. Exprime duas exigências: respeitar a transcendência absoluta de Deus, inefável e incognoscível, e ao mesmo tempo conservar no discurso da fé* um mínimo de pertinência inteligível. A combinação desses elementos antagonistas deu lugar a diversas sínteses, em que se inscrevem as vicissitudes da linguagem* teológica.

a) *Proporção e participação.* — Na origem, a. significa uma proporção matemática. Assim, ela mantém-se no meio entre a inteira semelhança e a dissemelhança completa. Etimologicamente, a *analogía* (em grego) é uma relação simples (*logos*) que é um *logos* de *logos*, uma relação de relações, uma igualdade mediada. Prefigurada em Parmênides e Heráclito (Jüngel 1964), ela-

borada na escola pitagórica, a *analogia* é atestada em Arquitas de Tarento, no sentido de uma proporção matemática (a/b = c/d). Estendida a todos os aspectos da filosofia* (Boulnois 1990), aplica-se progressivamente às relações entre o sensível e o divino. A via da a. se difunde no médio platonismo como um método de conhecimento do Deus incognoscível, coordenado com as vias da eminência (*huperokhè*) e de supressão (*aphairesis*), em Celso (*Discurso verdadeiro* VII, 42; Glöckner 59), Máximo de Tiro (Dübner XVII, 9) e Albino (*Epitomè tôn Platônos dogmatôn* X, 5, Louis 61).

Em Proclo, a a. garante a continuidade real dos graus de ser participados, a cada etapa, do superior: já não significa uma proporção, mas uma relação de termo a termo, uma capacidade de recepção do ser* participado (*In Timaeum* II, 27, 13). Para Damascio, ao contrário, a a. manifesta nossa impotência em conhecer o Deus inefável: "a a. do ente" nos conduz ao Uno, estabelecido acima do ente, mas o atinge como incognoscível (*Dos primeiros princípios, do inefável e do Uno*, Werterink-Combès 69).

b) *Da criação ao Criador.* — A a. entra na teologia judaica e depois na cristã por Sb 13,5: "Pois a grandeza e a beleza das criaturas conduzem por a. a contemplar o seu Criador". Esse versículo faz eco às reflexões filosóficas que afirmam que a divindade invisível pode ser contemplada graças a suas obras visíveis, p. ex., no Ps.-Aristóteles, *De Mundo* VI, 399 *b* 19-22): "Embora invisível a toda natureza mortal, suas obras mesmas o manifestam". Muitas vezes aproximada pelos Padres* de Rm 1,20, a a. permite ter um conhecimento de Deus a partir de sua criação*. Para Atanásio*, *Contra os pagãos* 44 (SC 18 *bis*, 199), o Verbo*, sendo a cabeça e o rei e a união de todos os seres, opera tudo para a glória* e o conhecimento do Pai, nos ensina por suas obras"; segundo Cirilo* de Alexandria, *Diálogo sobre a Trindade* IV, 538 *b* (SC 237, 240): "Para Deus, é a melhor parte de sua ilustração e de sua glória poder criar, pois é justamente por isso que conhecemos o que ele é, e qual ele é". O conhecimento de Deus precisa do método analógico, *i.e.*, remontar das obras ao

Princípio. Contudo, não existe teologia que não repouse na economia divina: a teologia não é um puro raciocínio sobre a natureza divina, deve apoiar-se sobre as manifestações sensíveis para remontar ao Criador. Além disso, a a. permite, até mesmo, pensar a relação entre as pessoas* divinas: se a criação manifesta seu autor, o Verbo* divino, este por sua vez revela o Pai* (M.-O. Boulnois 1994, 44-49). Entre os Padres, o Pseudo-Dionísio* se liga à interpretação de Proclo: "Deus é conhecido segundo a a. daqueles de que é a causa" (*Nomes divinos* VII, 7; PG 3, 872), mas ele não é ente. A a. implica ainda diversidade de graus hierárquicos, mas significa para cada ente a faculdade de receber a Deus (*Hierarquia celeste* III, 2; PG 3, 165).

No NT, Rm 12,6 exige que se exerçam seus carismas "de acordo com a fé" — segundo a *analogia fidei*. Orígenes* insiste na gratuidade do dom de Deus; entre as graças concedidas segundo a a. da fé "figura também a fé" mesma (*In Rom.* III, 5-V, 7; Scherer 204); a partir daí a a. não é uma relação matematizável entre dois termos, porque inclui ao mesmo tempo o dom divino e a relação do homem com esse dom.

c) *Semântica e lógica.* — Entre os entes, Porfírio leva a unidade de referência a uma relação inteligível, aproximando-a da paronímia de Aristóteles, e justificando as relações de sentido pelas flexões de uma palavra (*In Categorias Aristotelis* VI, 1, 133): entre homonímia e sinonímia a a. vem a ser um modo de predicação. Alexandre de Afrodísia interpreta essa unidade como uma participação que autoriza a dedução das categorias (*In Metaphysicam* I, 243-244). Na tradição* latina, Boécio* transforma o uso matemático traduzindo *logos* (relação entre dois termos) por *proportio*, e *analogía* (em grego) por *proportionalitas* (*De Institutione arithmeticae* II, 40). Assim, *analogia* (vinda de Dionísio por João Escoto Erígena) pode ser uma simples semelhança, e a *proportio*, uma simples relação com dois termos. Aplicado a Deus, esse instrumental gramatical e lógico se une com uma forte corrente dionisiana, para a qual a contemplação da criatura permite remontar a Deus. O IV concílio de Latrão* o fez em termos neoplatônicos: entre Deus e a cria-

tura, "por maior que seja a semelhança, maior ainda é a dessemelhança" (Mansi 23, 986; cf. Agostinho*, *De Trin.* XV, 11, 21, BAug 16, 476; Proclo, *Com. sobre o Parmênides*, Cousin, 1864, 733, 14-22; trad. Chaignet, I, 1900, 184).

Outros deslocamentos vêm das traduções do árabe; os autores árabes interpretam a paronímia como uma forma de ambiguidade (*convenientia*): "Os 'convenientes' são intermediários entre os unívocos e os equívocos, como o ente que é dito da substância e do acidente" (Algazel, *Logica*, cap. 3, ed. Liechtenstein, 1506, 3 v.a). Mas o mesmo termo árabe foi também traduzido por "*analoga*". Assim, em semântica, a a. ocupa o lugar intermediário entre a univocidade, significação única de um termo aplicado a diversos referentes, e a equivocidade, significação diversa conforme os referentes. Ora, a análise gramatical é acompanhada de uma problemática lógica: pode-se questionar se o *termo* equívoco corresponde a muitos *conceitos* (equivocidade), a uma relação segundo o anterior e o posterior (a.), ou a um só conceito dissimulado sob diversos modos de significação (univocidade; cf. Ashworth, 1992).

Assim, Alexandre de Hales (1186-1245) pensa a relação da criatura com Deus não como uma *convenientia secundum univocationem*, que supõe pelo menos um gênero idêntico, mas como uma *convenientia secundum analogiam*, que remete à relação entre a substância e os acidentes: na pluralidade dos sentidos do ser*, há um sentido primeiro, "substância", e os outros se dizem por referência a ele, segundo uma ordem de posterior a anterior. O Bem* se diz primeiro de Deus por natureza, depois da criatura por participação (*Sum. Theol.* I, Intr. q. 2, memb. 3, cap. 2 [§ 21]); Quaracchi, I, 1924, 32 a). Mas a a. não se impôs a todos que abordaram a questão da relação entre Deus e as criaturas. Os atributos* divinos, como a justiça*, foram ditos unívocos para Deus e para a criatura (Prevotino de Cremona, citado por Schlenker 1938, 64, n. 137); e também o próprio ser (Pedro de Cápua, *ibid.*, 58, n. 107). No próprio Alexandre de Hales, a noção de pessoa é pensada como unívoca (*op. cit.*, Parte II, Inq. 2, trat. 2, sec. 1, q. 1, art. 1 (§ 388); 573). Nessa flutuação terminológica,

Alberto* Magno reúne a unidade das perfeições que Deus causa em cada ordem e a capacidade receptiva finita de cada criatura sob o conceito de *univocitas analogiae* (*In De Div. Nom.*, cap. 1, 1 a). Boaventura*, por sua vez, opõe Deus, ato puro de ser não participado, ao ser criado que dele participa, *esse analogum* (*Itinerarium mentis ad Deum*, cap. 5, Duméry 84).

Tomás* de Aquino se opõe a Maimônides (1135-1204), para o qual nada há de comum entre Deus e as criaturas, o que lhe faz atribuir o ente a Deus por uma "simples homonímia" (*Guia dos perplexos* I, cap. 56; trad. Munk, 1979², 131). Para Tomás, também nada se lhe pode atribuir por univocidade, por não haver "razão" comum a Deus e à criatura: Deus é seu próprio ser, incomunicável. A atribuição será feita por analogia (*De Veritate*, q. 2, a. 11; *ST* Ia, q. 13, a. 5). Para justificar essa análise, Tomás propôs diversas classificações das a., que dividiram os comentadores — ao menos a a. das criaturas em relação a Deus é a do múltiplo ao uno, do posterior a seu foco de referência (Montagnes, 1963; Boulnois, 1990). Tomás elimina assim todos os nomes simbólicos ou metafóricos para só reter os que designam perfeições puras (Deus*, A. III).

A reflexão lógica de Duns* Escoto, admitindo a a. real entre Deus e a criatura, desloca, ao mesmo tempo, o problema do conhecimento de Deus: este é atingido no interior do conceito unívoco de *ens*, pela articulação entre o conceito e seu modo, a infinidade (infinito*). A negatividade e a eminência são absorvidas na afirmação das perfeições divinas positivas: "Nós não amamos soberanamente negações" (*Ordinatio* I d. 3, § 10). A partir de então, a analogia do ser (criado) a Deus vem a ser uma analogia *no* ser, e Deus será alcançado no interior do conceito de ser, o que designa a *analogia entis*, surgida na escola tomista do s. XIV (Thomas Sutton, *Contra Robert Cowton*). A noção de ser análogo, indo das criaturas à sua ideia em Deus em Wyclif (Hus*), confirma essa unificação do ser em uma representação. As soluções de Cajetano (tomismo*) e de Suárez* não conseguirão arrancar-se desse primado do conceito.

d) *Analogia da fé e analogia do ser.* — Em seguida a Cajetano, a questão da a. se tornou uma banalidade na neoescolástica: presume-se que metafísica, apologética, teologia natural* sustentem-se com a analogia ou caiam sem ela. A quarta das oitenta teses pretensamente tomistas, impostas ao clero em 1914, compreende assim a a. do Criador à criatura (*DS* 3604). Tal hipertrofia suscitou a rejeição absoluta de Barth*: a a. é uma "invenção do Anticristo" porque pretende conhecer a Deus fora da revelação* (o que é verdadeiro sobre a neoescolástica, mas falso sobre a escolástica*). Barth lhe opõe a *"analogia fidei"* (Rm 2,6): só a graça* de Deus condiciona seu conhecimento (*KD* I/1, 1932, 239 *sq*). — Para E. Przywara, ao contrário, a *analogia entis* é a "forma fundamental" do catolicismo*: fornece uma filosofia da religião*, uma resposta ao protestantismo*, ao pensamento moderno da subjetividade e à teologia transcendental. Integrando a lógica pura, dialetizando a a. em uma série de oposições que aguardam sua superação, Przywara lhe dá por conteúdo o pensamento ocidental em todas as suas polaridades. O real é apenas provisório e aguarda sua realização em Deus, com a superação de todas as contradições. Esse trabalho histórico e sistemático se inscreve na meditação do texto de Latrão IV: a dessemelhança maior que a semelhança permite evitar toda retomada da a. em um conhecimento afirmativo, "idolátrico".

Erich Przywara nasceu em 1889 em Kattowitz, Alta Silésia, nos confins da Alemanha e da Polônia. Membro da Companhia de Jesus em 1908, fez seus estudos nos Países Baixos. De 1913 a 1917 foi diretor responsável pela música em Feldkirch (Áustria). Ordenado sacerdote em 1920, colaborou na revista *Stimmen der Zeit* de 1921 a 1941, data em que foi proibida. Dialogou com Barth, Buber, Husserl, Heidegger*, Edith Stein, inspirou Rahner* e Balthasar*. Capelão dos estudantes em Munique, a partir de 1941, deu conferências em Munique, Berlim, Viena etc. Morreu em 1972. O método de Przywara consiste em extrair dos mais importantes autores uma significação objetiva, a fim de compreendê-los melhor do que eles mesmos se compreenderam, segundo o princípio da hermenêutica*:

Agostinho*, os místicos renano-flamengos*, os românticos alemães, Nietzsche*, Scheler e Newman* formam assim nós que se opõem e se respondem na história do pensamento, segundo um ritmo interno e polaridades recíprocas. Sua unidade supera essas oposições, ela se diz em termos de *analogia entis*, transformando um conceito neo-escolástico em harmonia dos contrários, e em estrutura fundamental da verdade* universal (católica). Assim a história* do pensamento escapa ao historicismo, sem ser tomada pela lógica hegeliana de uma progressão irreversível (Hegel*), nem na simples apologética cristã. No espírito dos *Exercícios espirituais*, Przywara escreve *Christliche Existenz* (1934), *Heroisch* (1936), *Deus semper maior* (1938), *Crucis mysterium. Das christliche Heute* (1939), que testemunham também sua resistência ao nazismo. A questão dos fundamentos da religião se elabora em *Religionsphilosophie der katolische Theologie* (1927), *Das Geheimnis Kierkegaards* (1929), *Ringen der Gegenwart* (1929), *Kant heute* (1930), *Augustinus, Gestalt als Gefüge* (1934). O debate com Lutero* se exprime em *Humanitas* (1952).

Dispondo de mais distância, H. U. von Balthasar se esforça por reconciliar os pontos de vista: a a. não é um princípio de conhecimento natural, mas a condição do ser criado, que só é reconhecida pela fé; a *analogia entis* se integra na *analogia fidei* (*Karl Barth, Darstellung und Deutung seiner Theologie*, 1962). Do ponto de vista do protestantismo mesmo, Bonhoeffer* critica a aplicação da a. ao ser em Przywara (*Akt und sein*, *DBW*, 2, 67-70), mas esboça uma teoria da *analogia relationis* para designar a relação do homem, imagem de Deus, com seu modelo (*Schöpfung und Fall, DBW* 3, 58 *sq*). A analogia de relação devia ser retomada e orquestrada por Barth (*KD*, III/1, 218-220; III/2, 226 *sq* e 390 *sq*). Mais recentemente, E. Jüngel (1977) propôs retomar a analogia para pensar a Deus em sua transcendência, sublinhando o outro polo, a condescendência de Deus a se revelar; pressupõe assim inverter a fórmula de Latrão IV, e ver "na dessemelhança uma semelhança ainda maior".

• Cajetano, *De l'analogie des noms* (texto e trad. B. Pinchard, *Métaphysique et sémantique*, 1987).

— E. Przywara (1932), *Analogia entis*, Einsiedeln, 1962[2].

▶ E. Schlenker (1938), *Die Lehre von der göttlichen Namen in der Summa Alexanders von Hales*, Friburgo. — J. Hellin (1947), *La a. del ser y el conocimiento de Dios en Suárez*, Madri. — E. L. Mascall (1949), *Existence and Analogy*, Londres. — A. J. Festugière (1954), *Révélation d'Hermès Trismégiste* IV, *Le Dieu inconnu et la gnose*, Paris, 92-140. — E. Jüngel (1962), "Die Möglichkeit theologischer Anthropologie auf dem Grunde der Analogie. Eine Untersuchung zum Analogieverständnis Karl Barths", *Barth-Studien*, ÖTh 9, 1982, 210-232). — B. Montagnes (1963), *La doctrine de l'analogie de l'être d'après Thomas d'Aquin*, Louvain-Paris. — E. Jüngel (1964), "Zum Ursprung des Analogie bei Parmenides und Heraklit", *Entsprechungen*, Munique, 1980, 52-102. — J. M. Bochénski (1965), *The Logic of Religion*, Nova York, §§ 37 e 50 (*Die Logik der Religion*, Paderborn, 1981[2]). — S. George (1965), "Der Begriff *analogos* im Buch der Weisheit", *Parusia, Festschrift J. Hirschberger*, 189-197). — G. Siewerth (1965), *Analogie des Seiendem*, Einsiedeln. — W. Pannenberg (1967), "Analogie und Doxologie", *Grundfr. Syst. Theol.*, Göttingen, 181-201. — L. B. Püntel (1969), *Analogie und Geschichtlichkeit*, Friburgo. — B. Gertz (1969), *Glaubenswelt und Analogie*, Düsseldorf. — R. Mortley (1971), "*Analogia* chez Clément d'Alexandrie", *REG* 84, 80-93. — D. Burrell (1973), *Analogy and Philosophical Language*, Yale. — E. Jüngel (1977), *Gott als Geheimnis der Welt*, Tübingen, 357-408. — P. Secretan e P. Gisel (sob a dir. de) (1982), *Analogie et dialectique*, Genebra. — R. Mortley, (1986), *From word to silence*. t. II: *The way of negation, christian and greek*, Bonn. — E. Naab (1987), *Zur Begründung der analogia entis bei Erich Przywara*, Regensburg. — O. Boulnois (1990), "Analogie", *Encyclopédie philosophique universelle. Les notions philosophiques*, sob a dir. de S. Auroux, t. I, Paris, 80-83). — E.J. Ashworth (1992), "Analogy and equivocation in thirteenth century logic: Aquinas in context", *MS* 54, 94-135. — M.-O. Boulnois (1994), *Le paradoxe trinitaire chex Clément d'Alexandrie*, Paris. — O. Boulnois (1996), "Duns Scot, théoricien de l'analogie", *John Duns Scotus, Metaphysics and Ethics*, sob a dir. de L. Honnefelder, Leyde, 293-315.

Olivier BOULNOIS

→ *Atributos divinos; Linguagem teológica; Negativa* (*teologia*); *Nome.*

ANDRÉ DE SÃO VÍTOR → **São Vítor (escola de)** d

ANGELUS SILESIUS → **negativa (teologia) III. 4** → **renano-flamenga (mística)**

ANGLICANISMO

a) Definição. — O anglicanismo (a.) é o conjunto das crenças e práticas dos cristãos que estão em comunhão* com a sede de Cantuária, em particular na medida em que se distinguem das outras confissões cristãs em virtude de sua ligação com a Inglaterra. Mas o a. não é só inglês e compreende os membros de todas as Igrejas* (I.) que fazem parte da Comunhão anglicana.

b) Origens e história. — Segundo a *OED*, "a." aparece pela primeira vez em inglês em 1838 na pena de Newman* (mas se encontra a palavra em francês desde 1801). Há quem faça remontar o conceito de a. a muito antes, e o datam das origens do cristianismo na Ilhas Britânicas, fazendo jogo de palavras com o adjetivo "anglicano" (a.): *anglicanus*, anglo, inglês, vem da palavra mesma que deu seu nome à Angla/terra, que era assim nomeada desde o fim do s. IX. A Comunhão anglicana atual, composta de I. autônomas em plena comunhão com a sede de Cantuária, conta de 65 a 70 milhões de membros espalhados pelo mundo inteiro. Embora o a. tenha estado presente fora da Inglaterra desde o s. XVI graças à colonização e à emigração inglesas, e mais tarde graças ao esforço missionário, a "Comunhão Anglicana" data somente de 1851. Ela tomou forma com a convocação, em 1867, da primeira Conferência de Lambeth (reunião de todos os bispos* anglicanos na residência londrina do arcebispo de Cantuária). A Conferência se reúne a cada dez anos. Participar dela supõe que se esteja de pleno acordo com a doutrina e os sacramentos* e que se reconheça o primado de honra da sede de Cantuária. As resoluções da Conferência, contudo, só têm força de lei em uma I. se esta as confirma; caso contrário só têm valor consultivo. A I. da Inglaterra enfim (a única nesse caso) é uma I. de Estado*.

c) A ideia que os anglicanos têm de si mesmos. — Há concepções bem diferentes do a. conforme a maneira como se representa sua origem histórica. A tendência atual é inverter a perspectiva e, em vez de partir do s. XIX e da primeira aparição do termo "a.", fazer tudo começar nos primeiros séculos do cristianismo. Assim, J. Macquarrie (1970): "O a. nunca se considerou como uma seita que data do s. XVI. Continua sem ruptura a *Ecclesia anglicana* fundada por Agostinho de Cantuária (†604 ou 605) há mais de treze séculos, mesmo se hoje esse ramo da I. transborde muito além das fronteiras da Inglaterra". Ou H. R. McAdoo (1965): "O a. não é um sistema teológico, e não há autor que em nenhum domínio dele forneça uma definição... A ausência de teologia* anglicana oficial é deliberada, e pertence à natureza mesma do a., porque a doutrina e a prática da I. dos cinco primeiros séculos é seu único critério". Portanto, se para certos autores o a. data de fato do s. XVI ou do XVII, outros afirmam sua continuidade essencial com a I. dos primeiros séculos. E se é verdade que "anglicano" foi empregado como termo geográfico durante séculos antes de sê-lo em seu sentido atual, o verdadeiro problema vem de que o a. se pensa como uma I. ao mesmo tempo reformada e pré-reformada, ao mesmo tempo católica e protestante, o que não deixa de ter dificuldades. (O adjetivo "protestante" não se encontra nem no *Book of Common Prayer* nem nos *Trinta e nove artigos*, mas a maioria dos a. considera-se geralmente protestante.)

d) Doutrina e textos de base. — O a. professa a fé* católica e apostólica, fundada sobre a Escritura* e interpretada à luz da tradição* e da razão*. Anuncia que Cristo* é o Senhor, morto e ressuscitado; nele reconhece a segunda pessoa* da Trindade*. Essa fé encontra sua expressão principal na celebração da eucaristia*, principal ato do culto* cristão. Os textos essenciais que exprimem a fé a. são primeiro a Bíblia*, depois o ritual da liturgia* a. (*Book of Common Prayer*), fonte doutrinal da maior importância, assim como o texto chamado "Quadrilátero de Lambeth" (L. *Quadrilateral*, ver *infra, j*), que resume os principais dogmas*. Há que acrescentar os *Trinta e nove artigos* e as diversas coletâneas de direito* canônico a. O *Book of Common Prayer* existe hoje sob formas diversas, mas o de 1662 sempre exerce autoridade para a I. da Inglaterra.

e) Método teológico. — De certo modo foi a rainha Elisabete I (1533-1603) que primeiro formulou o que devia tornar-se o princípio normativo da teologia a. Segundo a rainha, nem ela nem seu povo praticavam uma religião nova e estranha, mas sim a religião mesma prescrita por Cristo e sancionada pela I. católica primitiva e aprovada por todos os primeiros Padres*. Tratava-se, pois, de buscar uma *via media*, um meio termo entre catolicismo* e protestantismo*, apoiando-se na Escritura, na razão e na tradição. Richard Hooker (1554-1600) o maior dos teólogos elisabetanos, assim definia suas relações: "Há que conceder crédito e obediência, antes de tudo, ao que é claramente dito na Escritura; em seguida, ao que todo homem pode concluir pela razão, e depois às decisões da Igreja" (*Ecclesiastical Polity* V, 8, 2). Opunha-se, desse modo, aos puritanos (puritanismo*), para os quais a somente Escritura podia definir a fé, e defendia o direito da I. de propor suas próprias leis*, contanto que não fossem contrárias à Escritura. As fórmulas que seguem fazem compreender o que esse princípio significa para o a. Segundo R. P. C. Hanson, para um assunto dado, "há que estudar o mais completamente possível os documentos e o contexto histórico; e, caso se devam tirar conclusões teóricas ou doutrinais, fazer isso com a máxima circunspeção". Para A. R. Vidler: "A teologia a. é fiel a seu gênio quando busca reconciliar sistemas opostos, sem considerá-los exclusivos mas mostrando que o princípio representado por cada um tem seu lugar no conjunto da fé cristã, e só é verdadeiramente assegurado... quando compreendido na tensão que mantém com os princípios aparentemente opostos, mas na realidade complementares". É uma característica do a., segundo os próprios a., essa acolhida de todos os pontos de vista.

f) A Igreja da Inglaterra antes da Reforma. — Restam muito poucos testemunhos escritos do primeiro cristianismo inglês dos s. III e IV: os primeiros textos que existem datam do período celta, nos s. V e VI. São essencialmente espirituais, e consistem sobretudo em preces* e em hinos; sua teologia liga estreitamente redenção e criação*. Depois do sínodo* de Whitby (664), a eclesiologia* romana se impôs, fato de que Beda, o Venerável (673-735) — a quem devemos também uma teologia elaborada da história*, dos milagres*, da providência* e da evangelização* — deveria logo felicitar-se em sua *História eclesiástica.* Em seguida encontram-se poemas como *O sonho da cruz* (*The Dream of the Rood*, v. 750), e no fim do s. X até ao começo do s. XI obras teológicas sobre a realeza, o monaquismo*, o sacerdócio*, a liturgia, a penitência* e os deveres pastorais: ver as obras de Aelfric (*c.* 955 – *c.* 1020) e de Wulfstan (†1023), *The Law of Northumbrian Priests* e o *Monastic Agreement of the Monks and Nuns of the English nation* (*c.* 970). Depois da conquista normanda (1066) encontram-se os mesmos temas nas constituições monásticas de Lanfranc (*c.* 1010-1089) e na obra do Anônimo normando, os diversos rituais da coroação e tratados das relações entre a Igreja* e o Estado*. O maior teólogo da I. inglesa medieval foi Anselmo*, arcebispo de Cantuária a partir de 1093, mas não faltaram teólogos de qualidade: o humanista João de Salisbury (*c.* 1115-1180), cujo *Policraticus* descreve o Estado ideal onde o poder espiritual e o poder temporal se equilibram, Roberto Grosseteste (*c.* 1175-1253), bispo de Lincoln, que estudou a Escritura e as origens do cristianismo, e uma notável série de arcebispos de Cantuária, notadamente o cardeal Estêvão Langton (†1228), comentador da maior parte dos livros da Bíblia, e a quem se atribui a divisão de seus livros em capítulos, o dominicano Roberto Kilwardby (arcebispo em 1273, † em 1279), autor de notáveis índices dos Padres da I., o franciscano João Peckam (*c.* 1225-1292) e Tomás Bradwardine (*c.* 1290-1349, arcebispo em 1349), cuja obra sobre o determinismo teológico foi interrompida pela peste negra. Outras figuras teológicas de primeira linha: Duns* Escoto e Guilherme de Occam (*c.* 1285-347) (nominalismo*). Sustentando que era impossível dar provas* racionais da existência de Deus* ou da criação do mundo, este último criou um clima de pensamento em que se podia justamente afirmar, como o dominicano Roberto Holcot (†1349), p. ex., que Deus apenas se fazia conhecer o bastante para que fosse possível uma salvação*. É nesse contexto que se situa a obra de Wyclif (c. 1330-1384), que suas ideias filosóficas levaram a atacar a posse de bens temporais pela I., e a realidade da transubstanciação eucarística. Teve discípulos, conhecidos pelo nome de lolardos, e os reformadores do s. XV encontraram nele os precedentes de suas doutrinas favoritas, menos a da justificação*.

O s. XIV vive também o desenvolvimento de uma escola inglesa de espiritualidade, que conta entre seus membros o eremita Ricardo Rolle (c. 1300-1349), *Emendatio vitae* e *Incendium amoris*; Guilherme Langland (†1396), *The Vision of Piers Plowman*; Walter Hilton (†1396), *The Scale of Perfection*; Juliana de Norwich (c. 1342 – c. 1417), *Revelations of Divine Love*; o anônimo *Nuvem do não conhecimento* (c. 1370), Margery Kempe (c. 1373 – depois de 1433), o monge solitário da ilha de Farne, e enfim, Chaucer (c. 1343-1400), cujos *Contos de Cantuária* possuem também um conteúdo estritamente teológico. A *Nuvem* é notável por sua teologia negativa*, e a obra de Juliana por seu otimismo e sua doutrina da maternidade de Deus. No fim da IM, Reginaldo Pecock (c. 1393-1461) foi o primeiro bispo inglês a ser condenado por heresia* (1457): embora sua obra *Repressor of Overmuch Blaming the Clergy* (1455) tivesse por fim refutar os lolardos, ele tinha colocado a autoridade da razão acima da autoridade da Escritura e da tradição. Entretanto o humanismo* estava próximo, no fim do s. XV e no começo do XVI, e há que nomear as figuras de João Colet (c. 1466-1519), um dos primeiros a renunciar à inspiração literal e à interpretação alegórica da Escritura em favor de uma leitura mais crítica, e de Tomás More (1478-1535), decapitado por ter recusado o Ato de Supremacia.

g) *A Reforma.* — A I. da Inglaterra está oficialmente separada de Roma* desde o reinado de Henrique VIII (rei de 1509 a 1547), durante o qual rejeitou a soberania do papa* e se apresentou como a forma local da I. universal. O repúdio de Catarina de Aragão por Henrique VIII foi certamente uma das causas da Reforma na Inglaterra, mas não a única; deu em todo caso ao rei e ao Parlamento a ocasião de rejeitar o primado do papa, e de afirmar a supremacia da Coroa sobre a I. As primeiras fases da Reforma consistiram aliás, essencialmente, em emancipar a I. da autoridade* do papa. A mudança teológica já estava no ar; mas como essa emancipação foi realizada antes que a primeira se efetuasse, foi no conjunto mais limitada do que em outros lugares. O consentimento quase geral do episcopado, seguindo o arcebispo de Cantuária Tomás Cranmer (1489-1556), deu ao a. um caráter mais conservador que nas I. da Europa prontas a aceitar a Reforma. Como foi em um ritual, no primeiro *Book of Common Prayer* (1549, praticamente obra exclusiva de Cranmer), que essa mudança se encarnou, a liturgia a. serve tradicionalmente de referência doutrinal à teologia a., em virtude do antigo princípio *lex orandi lex credendi*. Na mesma época apareceram reescrituras da história* da I. na Inglaterra, visando apresentar a mudança como uma restauração. A I. e o Estado foram então considerados um só corpo nacional em que um rei quase episcopal substituía o papa. O a. poderia sustentar mais tarde, portanto, que a Reforma tinha somente purificado a I. existente, sem criar uma nova, mas se deve também a essa Reforma a Bíblia em inglês, a dissolução dos mosteiros (mesmo se as razões eram mais financeiras que religiosas), o matrimônio* dos sacerdotes*, a liturgia em língua vulgar (novos *Livros da oração comum* foram publicados em 1552, 1559 e 1662), a reforma do direito* canônico para torná-lo independente da jurisdição* papal (ver particularmente os cânones de 1604): são todos traços que diziam o que queriam dizer.

Eduardo VI (rei de 1547 a 1553) esforçou-se por tornar a I. a. mais protestante. Depois de sua morte, Maria I Tudor (rainha de 1553 a 1558) tentou, ao contrário, reconduzi-la ao catolicismo. Sua política provocou uma desconfiança em relação ao catolicismo que durou na Inglaterra e no mundo a. durante séculos. Reformadores como Hugo Latimer (1485-1555), Nicolau Ridley (1500-1555) e o próprio Cranmer foram executados durante seu reinado, enquanto muitos dos que tinham procurado asilo na Europa faziam pressão para que a I. se tornasse mais protestante. Com a subida de Elisabete I ao trono, em 1558, e graças à sua influência moderadora, o a. começou a tomar a forma que se conhece: síntese do protestantismo e do catolicismo em uma só I. nacional, que deve sua coesão ao monarca, "Governador supremo" da I., e ao respeito do *Book of Common Prayer*, isso apesar dos protestos crescentes dos protestantes mais radicais e dos calvinistas, que em breve seriam chamados puritanos (puritanismo*). Embora houvesse uma coletânea oficial de homilias desde 1547, e a aceitação dos Trinta e Nove Artigos de 1563-1571 logo se tornasse obrigatória para os ordenandos e os titulares de benefícios (exigência que durou, com algumas modificações, até o fim do s. XIX), não houve "confissão* de fé" a. como houve em outras partes; e da mesma maneira, se as obras de J. Jewel (1522-1571; *Apology of the Church of England*, 1562) e de R. Hooker (*Ecclesiastical Polity*, 1594-1597) definam bem o a. de sua época, não houve teólogo dominante à maneira de um Lutero* ou de um Calvino*. O que contava muito mais, de fato, na I. que tomava forma no s. XVI sob Elisabete I era a experiência nacional da unidade do culto em língua vulgar e não a paixão teológica. O *Prayer Book* elisabetano de 1559 se baseava no de 1552, com algumas inflexões que iam no sentido de um protestantismo moderado. Essas posições foram justificadas por Hooker, que defende mesmo sua superioridade sobre as outras formas de protestantismo.

h) No século XVII. — Jaime I, rei de 1603 a 1625, deu continuidade à política de Elisabete: uma nova causa de conflito apareceu contudo quando, em torno de W. Laud (1573-1645), se formou a corrente da "Alta Igreja", com sua predileção pela I. primitiva e pelo cerimonial litúrgico. Laud é também conhecido por sua controvérsia com o jesuíta John Fisher (1569-1641; *A Relation of the Conference between William Laud and Mr. Fisher the Jesuit*, 1639). Nela afirmava que a I. romana e a I. anglicana faziam ambas parte da I. católica. Durante a guerra civil e no governo de Cromwell (1599-1658) o Parlamento aboliu o episcopado e suprimiu o *Prayer Book*, mas a Restauração de 1660 viu a I. da Inglaterra novamente "estabelecida", e uma edição revista do *Prayer Book* apareceu em 1662; o novo ritual das ordenações tornou, em especial, obrigatória a ordenação*

por um bispo. Nos reinados de Jaime I, Carlos I e Carlos II a I. da Inglaterra foi a única forma de cristianismo admitida no reino; mas com a vinda de Guilherme de Orange e de Maria Stuart II, em 1689, uma das primeiras decisões do Parlamento foi votar o Ato de Tolerância, que dava liberdade de culto a todos os protestantes sob certas condições. A "não conformidade" foi desde então tolerada na teologia anglicana.

O s. XVII é em geral considerado a idade de ouro do a., e seu pensamento foi particularmente bem expresso pelos teólogos dessa época, chamados "carolinos". A lista de seus nomes e de suas obras fala por si: Lancelot Andrewes (1555-1626), *Preces Privatae*; Richard Field (1561-1616), *Of the Church*; Joseph Hall (1574-1656), *Episcopacy by Divine Right*; James Ussher (1581-1656), *Britannicarum Ecclesiarum Antiquitates;* John Bramhall (1594-1663), *A Just Vindication of the Church of England;* John Cosin (1594-1672), *Collection of Private Devotions*; Herbert Thorndike (1598-1672), *Discourse of the Government of Churches*; William Chillingworth (1602-1644), *Religion of Protestants*; Henry Hamond (1605-1660), *Pratical Cathecism*; Thomas Fuller (1608-1661), *Church History of Britain*; Anthony Sparrow (1612-1685), *Rationale or Practical Exposition of the Book of Common Prayer;* Jeremy Taylor (1613-1667), *Holy Living and Holy Dying*; Isaac Barrow (1630-1677), *Treatise on the Pope's Supremacy*; George Bull (1634-1710), *Defensio Fidei Nicaenae*; Edward Stillingfleet (1635-1699), *Origenes Britannicae*; Thomas Ken (1637-1711), *Exposition on the Church Catechism or The Practice of Divine Love*; Thomas Comber (1645-1699), *Companion to the Temple.*

Em geral, a *via media* buscada por esses autores não era a de um compromisso mas antes um ensaio, intelectual e espiritual, para encontrar a simplicidade e a pureza da I. primitiva. Alguns deles estavam dispostos a reconhecer que a I. de Roma (que estava sempre fora da lei) não ensinava somente erros, por oposição aos puritanos que faziam do papismo o contrário mesmo do cristianismo, e apesar do apego ao episcopado e à sucessão* apostólica, faziam também prova de irenismo para com as I. protestantes europeias. Nessa época são também importantes para a teologia os poetas chamados "metafísicos": John Donne (1571-1631), Thomas Traherne (1636-1674), Henry Vaughan (1622-1695). Um grande poeta que não pertence a esse grupo, George Herbert (1593-1633), sacerdote da I. da Inglaterra, deu uma imagem ideal do que devia ser o pastor* de uma paróquia em *A Priest to the Temple or The Country Parson.*

Esses teólogos pertenciam em geral à Alta I., mas contavam-se também entre eles os "latitudinários", que davam pouca importância ao dogma e à organização eclesiástica, e que davam tamanho valor à razão que pareciam às vezes divinizá-la. Ao lado de Edward Stillingfleet, já nomeado, pode-se citar Simon Patrick (1625-1707), o historiador David Wilkins (1685-1745), e o arcebispo John Tillotson (1630-1694). De espírito liberal, desprezavam o "entusiasmo" e sublinhavam de preferência as implicações éticas da fé cristã, e o acordo da religião revelada com a teologia natural*. Alguns deles aproximavam-se dos platônicos de Cambridge, um grupo de filósofos místicos dos meados do s. XVII (os mais célebres são Henry More [1614-1687] e Ralph Cudworth [1617-1688]) para os quais a razão era a presença mesma do espírito* de Deus no homem (a "lâmpada do Senhor" segundo a expressão de Benjamin Whichcote [1609-1683], tomada dos Pr 20,27). Herdeiros da tradição humanista de Colet e de More, punham toda a seriedade moral dos puritanos na procura de uma união entre a filosofia* e a teologia, entre a fé e a razão, entre o cristianismo e o platonismo (platonismo* cristão). J. Locke (1632-1704) era muito mais redutor: o cristianismo se resumia para ele a um pequeno número de verdades* simples e acessíveis à razão (cf. *Essay Concerning Human Understanding* [1690] e *The Reasonableness of Christianity* [1695]). Locke era partidário da liberdade religiosa* total em uma I. nacional com uma base confessional muito ampla.

i) O século XVIII. — O a. passou por uma crise no s. XVIII quando certo número de dissidentes, pertencentes à Alta I., preferiram antes separar-se da I. estabelecida do que prestar juramento a Guilherme de Orange e a seus sucessores (*Nonjurors*). Seu conhecimento da Ortodoxia* e dos Padres da I. exerceu grande influência sobre a liturgia escocesa, que serviu de modelo à liturgia eucarística do *Prayer Book* anglicano na América. Um deles, Wiliam Law (1686-1761), é autor de um dos clássicos da literatura espiritual inglesa, *A Serious Call to a Devout and Holy Life* (1728); e outro, Robert Nelson (1656-1715), escreveu um livro popular por muito tempo, *Companion for the Festivals and Fasts of the Church of England* (1704). A teologia a. do começo do s. XVIII deveria também contar com um deísmo*, próximo do panteísmo* e do unitarismo*, que já existia no século precedente, p. ex., na obra de Lord Herbert of Cherbury (1583-1648). Locke era deísta, assim como John Toland (1670-1722), partidário de um cristianismo sem sobrenatural* (*Christianity Not Mysterious*, 1696) e Matthew Tindal (1655-1733), para o qual o cristianismo nada acrescenta ao que a natureza já revelou (*Christianity as Old as the Creation*, 1730). W. Law combateu o deísmo em *The Case for Reason* (1731).

O acontecimento religioso mais importante do s. XVIII foi, entretanto, o movimento do despertar (*Revival*) evangélico, caracterizado pelo retorno à Bíblia e à justificação pela fé, por uma insistência na conversão* pessoal e na reforma social, enfim por um cristianismo voltado para a ação. Ainda que o movimento dirigido por John Wesley (1703-1791) e seu irmão Charles (1707-1788), assim como por George Whitefield (1714-1770), tenha acabado por separar-se do a. (metodismo*) a corrente evangélica foi importante no próprio a., sob impulso de leigos* como Lord Shaftesbury (1801-1885) ou William Wilberforce (1759-1833) e os outros membros do "grupo de Clapham": a luta desses últimos contra a escravidão (liberdade*) contribuiu para a sua abolição. Pode-se notar também Charles Simeon (1759-1836), um dos fundadores da Church Missionary Society (CMS), e Hannah More (1745-1833), cujos livros religiosos foram muito lidos.

O mesmo século produziu também bispos teólogos e filósofos, como G. Berkeley (1685-1733) ou Joseph Butler (1692-1752), que recorreu à teologia natural para combater o deísmo (*The Analogy of Religion*, 1736). O teólogo Daniel Waterland (1683-1740) escreveu obras influentes sobre a divindade de Cristo e a eucaristia. Não há que esquecer os poetas, Blake (1757-1827), Coleridge (1772-1834), Wordsworth (1770-1850) que são também, à sua maneira, escritores religiosos.

j) Os séculos XIX e XX. — No começo do s. XIX, a I. da Inglaterra estava em um triste estado: acúmulo de postos eclesiásticos, nepotismo, não residência do clero e distribuição muito desigual da riqueza da I. A reforma era urgente. Thomas Arnold (1795-1842), diretor de Rugby, foi um dos primeiros a reagir com seus *Principles of Church Reform* (1833) — mas a renovação espiritual e teológica veio do "movimento de Oxford", cujos principais inspiradores foram John Keble (1792-1866), Newman* e Edward Pusey (1800-1882). Seu primeiro ato foi o sermão de Keble sobre *A apostasia nacional* (1833). Newman, como se sabe, acreditou por certo tempo que podia conciliar a. e catolicismo (ver o famoso *Tract 90*), mas entrou na I. católica em 1845; foi então Pusey que animou o movimento. Esses autores, chamados "tractarianos", por causa dos "tracts" [folhetos] teológicos que publicavam, eram partidários da Alta I., pregavam a volta aos Padres e à tradição católica, e insistiam nas noções da sucessão apostólica, da graça* sacramental e da santidade* ascética. Esse movimento que se inspirava nos teólogos carolinos, mas também na oposição romântica ao liberalismo, transformou o a. tanto em seu aspecto exterior como em seu espírito. É nesse contexto que o termo "anglo-católico" aparece pela primeira vez, em 1838, para designar os que procuravam estabelecer "harmonias" tão estreitas quanto possível com os outros "ramos" do cristianismo católico (sobretudo as I. romana e ortodoxa). O vivo interesse pela liturgia (e, às vezes, pelo ritualismo) que o movimento de Oxford iria logo favorecer tinha sido anunciado em 1832 pela publicação das *Origines Liturgicae* de W. Palmer (1803-1885). John Mason Neale (1818-1866), p. ex., se interessou

pelos ritos, fundou uma comunidade religiosa, exerceu uma atividade de hinógrafo, e escreveu a história da I. ortodoxa. No a. americano, uma corrente Alta I. existiu antes do movimento de Oxford, graças a homens como John Henry Hobart, bispo de Nova York de 1816 a 1830, que procurava aliás uma síntese, e segundo o qual "a Alta I. deveria ser evangélica".

Desde os meados do s. XIX, a teologia se interessava cada vez mais por problemas sociais. O objetivo de Frederick Denison Maurice (1805-1872) foi assim socializar o cristianismo e cristianizar o socialismo (cf. *The Kingdom of Christ*, 1838). Sua eclesiologia liga a família*, o Estado e a I. Pela mesma época desenvolveu-se a crítica bíblica, particularmente em Cambridge, sob o impulso de J. B. Lightfoot (1829-1889), de B. Westcott (1825-1901) e de F. J. A Hort (1828-1892). Em 1860 foi publicada uma obra muito controvertida, *Essays and Reviews*, que marcou data na teologia liberal anglicana, e foi condenada pelas autoridades eclesiásticas em 1864. Seus autores defendiam a liberdade de investigação no domínio religioso, e desejavam a abertura às correntes intelectuais e sociais da modernidade; tornavam caduca a distinção praticada pelos latitudinários entre doutrinas fundamentais e doutrinas secundárias, pois estendiam o método crítico à interpretação da Escritura e dos símbolos da fé. Assim, Benjamin Jowett (1817-1893) sustentava que a Escritura devia ser lida "como qualquer outro livro". Eram semelhantes as posições do "catolicismo liberal" de Charles Gore (1853-1932) e dos que publicaram com ele a *Lux mundi* (1889): seu fim era unir a teologia dos tractarianos, os métodos críticos modernos e a preocupação social; aceitavam, p. ex., o ponto de vista evolucionista (evolução*) e um conceito kenótico da ciência humana de Jesus*. Essas preocupações se encontram em duas coletâneas importantes, *Foundations* (1912) e *Essays Catholic and Critical* (1926). Quanto ao interesse pelos problemas sociais, é particularmente visível na obra de William Temple (1881-1944) e na relação que estabelece entre a teologia e a experiência humana — cf. *Mens Creatrix* (1917), *Christus Veritas* (1924), *Nature, Man and God*

(1934), *Christianity and Social Order* (1942).
Na mesma época, na América, William Porcher
DuBose (1836-1918) dava continuidade a pesquisas importantes sobre a soteriologia, a história
dos concílios* ecumênicos, as noções de sumo
sacerdote e de sacrifício*. Foi também a época
de um debate encarniçado sobre os Trinta e Nove
Artigos: os membros do clero deveriam subscre-
vê-los literalmente? Porém, de qualquer forma,
essa exigência foi muito atenuada em 1865.

A partir dos trabalhos de William Reed
Huntington (1838-1909), *The Church-Idea*
(1870), a I. episcopal (a.) americana formulou
em 1886 quatro princípios fundamentais apro-
vados em 1888 pela Conferência de Lambeth.
É o que se chama "Quadrilátero de Lambeth":
1°) a Escritura (AT e NT) "contém tudo o que
é necessário à salvação"; 2°) O símbolo dos
Apóstolos* e o de Niceia* bastam para definir
a fé cristã; 3°) A I. reconhece os sacramentos
do batismo* e da ceia, administrados com as
palavras e os elementos mesmos que Cristo
utilizou; 4°) É essencial à I. a instituição do
episcopado, que se deve adaptar às necessidades
das diferentes nações. Ainda hoje o "Quadrilátero" é a base das discussões ecumênicas no a.
Uma comissão foi encarregada de examinar o
estado da doutrina a., e seu relatório (*Doctrine
in the Church of England*) foi publicado em
1938 — mas como não definia essa doutrina,
quase não contribuiu a delimitar as fronteiras
da diversidade permitida.

Como nas outras confissões cristãs, a renovação litúrgica também se fez sentir, a partir de
1950, e marcou a teologia e a revisão do *Prayer
Book*. O livro de A. G. Hebert, *Liturgy and Society* (1935) e o colóquio cujas Atas publicou,
The Parish Communion (1937), tiveram papel
decisivo, como também o *The Shape of Liturgy*,
do beneditino a. Gregory Dix (1945). Um especialista em mística* como Evelyn Underhill
(1875-1941: *Mysticum*, 1911; *Worship*, 1936)
exerceu também considerável influência.

A teologia a. do s. XX foi marcada pelo anglocatolicismo e por um neobiblicismo moderado
até a época do Vaticano II*. Porém, desde os
anos 60, o liberalismo e o radicalismo assumi-

ram o predomínio, como testemunha a publicação do livro *Honest to God* (J. A. T. Robinson)
em 1960, e o *The Secular Meaning of the Gospel*
(Paul van Buren) em 1963. O debate sobre a
ordenação das mulheres* foi vivo até a decisão
do sínodo* da I. da Inglaterra, que a aprovou,
no dia 11 de novembro de 1992 (depois de numerosas outras I. da Comunhão a.). As primeiras
ordenações de mulheres para o sacerdócio ocorreram em 12 de março de 1994. O problema do
estatuto das minorias sexuais e o da separação
da I. e do Estado agitam também os espíritos.
Assiste-se, contudo, a uma retomada do movimento carismático (pentecostismo*) e a uma
renovação do evangelismo — um evangelismo
mais douto, mais sacramental e mais ecumênico
do que seus predecessores do s. XIX.

k) *O ecumenismo*. — A coexistência no a.
de traços protestantes e católicos, e sua participação na formação do Conselho* Ecumênico
das I. em 1948 lhe permitiram desempenhar
um papel ativo no movimento ecumênico, a que
o Quadrilátero de Lambeth dá uma excelente
base. O surgimento, em 1947, da I. da Índia do
Sul, formada pela união de um milhão de seus
membros sobre a base do Quadrilátero, fornece
um bom exemplo disso. O patriarca (patriarcado*) ecumênico de Constantinopla reconheceu
em 1922 a validade das ordens anglicanas, e há
um diálogo ativo — mas sem intercomunhão*
— com as I. ortodoxas. Desde o acordo de Bonn
(1932) há intercomunhão com a maioria das
"velhas I. católicas". Os trabalhos da Anglican-
Roman Catholic International Commission
(ARCIC) de 1960 a 1980 deram muita esperança
até que veio uma reação negativa de Roma. Há
discussões em curso com os reformados e os
metodistas, assim como com os luteranos.

• *O livro das orações públicas, da administração
dos sacramentos, e dos outros ritos e cerimônias
da Igreja, segundo o uso da Igreja da Inglaterra*, Londres, várias edições. — *Certain Sermons
and Homilies appointed to be read in Churches
in the Time of Queen Elisabeth*, Londres, 1899.
— J. V. Bullard (ed.), *Constitutions and Canons
Ecclesiatical, 1604*, Londres, 1934. — Commission internationale anglicane-catholique-romaine,
Rapport final, Paris, 1982. — J. R. Wright (ed.),

Prayer Book Spirituality, Nova York, 1989. — G. R. Evans e J. R. Wright (ed.), *The Anglican Tradition: A Handbook of Sources*, Minneapolis, 1991.

▸ J. H. R. Moorman (1953, 1980[2]), *A History of the Church in England*, Londres. — F. L. Cross e E. A. Livingstone (sob a dir. de) (1958), 3ª ed. rev., 1997, *ODCC*. — S. Neil (1958), *Anglicanism*, Harmondsworth (Nova York, 1978[4]). — A. M. Ramsey (1960), *An Era in Anglican Theology: From Gore to Temple*, Nova York. — R. J. Page (1965), *New Directions in Anglican Theology: A Survey from Temple to Robinson*, Nova York. — J. Macquarrie (1966, 1977[2]), *Principles of Christian Theology*, Nova York. — T. A. Langford (1969), *In Search of Foundations: English Theology, 1900-1920*. Nashville, Tenn. — S. W. Sykes (1978), *The Integrity of Anglicanism*, Londres. — L. J. Rataboul (1982), *L'anglicanisme*, Paris. — A. A. Vogel (sob a dir. de) (1984), *Theology in Anglicanism*, Wilton, Conn. — M. D. Bryant (1984), *The Future of Anglican Theology*, Nova York e Toronto. — N. Lossky (1986), *Lancelot Andrewes le prédicateur (1555-1626). Aux sources de la théologie mystique de l'Église d'Angleterre*, Paris. — S. W. Sykes (sob a dir. de) (1987), *Authority in the Anglican Communion*, Toronto. — S. W. Sykes e J. Booty (sob a dir. de) (1988; 1996[2]), *The Study of Anglicanism*, Londres, Filadélfia. — G. Rowell (sob a dir. de) (1992), *The English Religious Tradition and the Genius of Anglicanism*, Nashville, Tenn.

J. Robert WRIGHT

→ *Calvinismo; Congregacionismo; Luteranismo; Metodismo; Puritanismo.*

ANIMAIS

I. Antigo Testamento

1. Textos principais

a) A narração das origens. — Em Gn 1-3 e 7-9, o homem é associado aos animais (a.) vistos por Deus* como "bons" (Gn 1,21.25). É enquanto imagem de Deus que ele recebe sobre eles uma autoridade* que exclui violência* ou exploração (Beauchamp, 1987). Gn 1,29s implica um regime originariamente vegetariano para homens e a. (outra opinião em Dequeker, *Bijd.* 38, 118-127). Gn 2,19s, orientado para a criação* da mulher*, convida o homem a "nomear" os a., ato de conhecimento e de poder.

O papel negativo da serpente, criatura de Deus (3,1), permanece inexplicado. A narrativa* de Abel (Gn 4,4) e a de Noé (Gn 8,20s) admitem o sacrifício* como um uso universal (comparar, p. ex., com o Sl 50,9-14). Por meio de Noé, Deus preserva o que deve garantir a reprodução de cada espécie (Gn 6,19ss; 7-9 *passim*). Depois do dilúvio, ele modifica o estatuto do homem, dando-lhe para comer a carne do a. Os dois textos que registram essa mudança são seguidos de um terceiro da mesma fonte (Gn 9,8-17): aliança* entre Deus e o conjunto dos seres vivos, fazendo ainda prevalecer a paz* cósmica sobre qualquer outro valor. A. e humanos são coparticipantes da aliança divina; embora raramente explicitada, essa concepção (Os 2,20; Murray, 1992, 30-32) e Jó 5,23 (obscura: *ibid.* 102-103, 198) substitui os arquétipos que inspiraram Gn 1-2; 9.

b) Os textos legislativos codificam a distinção entre a. puros e impuros (Lv 11; Dt 14,3-20) e os ritos sacrificais (Lv 1-7; etc.) Os a. (e mesmo as árvores) são tratados com humanidade, segundo Ex 21-23; Lv 22-25; Dt 14-22. Diferentemente de 1Cor 9,9, Fílon não recorre à alegoria para justificar essas leis* (*De Virt.* 126-154) (Carmichael 1936; Murray 1992, 112-120).

c) Outros textos. — A humanidade partilha com os a. a condição de criatura, mas também a mortalidade (Pury, 1985) (Sl 49,13.21; vegetais: ver Sl 103,15s). — Deus cuida de todas as criaturas (Sl 104,10-30) e conhece seus caminhos (Jó 39). Os pardais fazem ninho perto dele no templo (Sl 84,4). Instruções e reprimendas podem chegar ao homem pelos a. (p. ex., Is 1,3; Jr 8,7). — Um laço de afeição é frequente entre o homem e o animal (a jumenta de Balaão: Nm 22,28ss; ovelha do pobre na parábola* de Natan: 2Sm 12,3). Compaixão pelos sofrimentos dos animais (Jr 14,5s; Jl 1,18.20; cf. Pr 2,10). — O estudo dos a. (das plantas, do cosmos*) faz parte da sabedoria* (1Rs 5,13; Sb 7,20).

2. Personificações

Fidelidade do rebanho (Is 1,3); diligência da formiga (Pr 6,6ss); insensibilidade da avestruz (Jó 39,13-18): virtudes ou vícios são atribuídos aos a. que, com todas as criaturas, louvam em coro a Deus (Sl 148; Dn 3 [LXX]; cf. o "capítulo do canto" [ver *Encyclopaedia Judaica*, *s.v.* "Pereq shîrah" e Beit-Arié, 1966] e Francisco de Assis). A imaginação poética exprime aqui a solidariedade do criado, melhor do que a ciência pode fazê-lo (Murray, 1992, 120-121; 150-156).

3. Metáforas

Reserva inesgotável de significações, o mundo a. exprime a beleza (Ct 4). Ou a inimizade, p. ex., na forma de cães (inimigos anônimos): Sl 59,6s.14 s; de leões (assírios): Is 5,29; de dragão (Faraó): Ez 29,3ss; 32,2-8; de gafanhotos (destruição irreprimível no "Dia de Javé": Jl 2,1-11) (Beauchamp, *Création et séparation*, 1969, 264-268); de feras (cólera* de Deus): Os 13,7s etc.

A paz* é consentida pelos a. perigosos (Ez 34,25-28), ou melhor, reina entre esses, bestas selvagens, e o homem: mito de uma idade de ouro, que retoma Is 11,6-9, sem dúvida para figurar a paz social esperada com o próximo advento de um rei ideal (Murray, 1992, 103-110). As releituras influenciadas pelo tema de uma "idade messiânica" tornaram depois essas aspirações mais longínquas e mais vagas. — Central é a representação do rei como pastor (Gilgamesh; Homero: *poimenè laôn*), aplicada primeiro a Deus (Sl 23; 80,2; 100,3; 78,52), à sua ternura (Is 40,11; cf. Ez 34,11-31). Deus confere ao rei essa função, de que Davi é o paradigma (Sl 78,70s); inversamente, os "maus pastores" são os maus dirigentes (Ez 34,2-10). — Não obstante o interdito que proíbe a fabricação de imagens (Ez 20,7 etc.), os "querubins" têm lugar no Templo*. As figuras humano-a. que sustentam o carro divino em Ez 1 podem sugerir que a interconexão do homem e do a. tem seu modelo no céu.

II. Novo Testamento

Jesus atesta que Deus cuida dos pardais (Mt 10,29), das flores (Mt 6,28ss), das ovelhas perdidas (Lc 15,3-7). Segundo a maioria dos exegetas, Mc 1,12s ("Ele [Jesus] estava com as bestas selvagens") não se refere ao tema (paulino) de um segundo Adão*. Os que concedem mais lugar às alusões midráshicas, como alguns poetas, acolhem com gosto essa leitura (Murray

1992, 127-128). — A visão de Pedro* (At 10,10-16) reunindo a. puros e impuros ("Não chames imundo o que Deus tornou puro"), metáfora do acolhimento dos gentios na Igreja*, funda-se mais largamente numa concepção de santidade* universal do criado. Em contraste, o antropocentrismo rígido de Paulo, negando que Deus possa cuidar dos bois (1Cor 9,9; cf. Dt 25,4) tem o efeito de um choque. — As metáforas a. do Apocalipse significam sobretudo o mal* e a destruição. Um anjo*, contudo, grita: "Não façais dano à terra, nem ao mar, nem às árvores, até que tenhamos marcado com o selo a fronte dos servos do nosso Deus" (Ap 7,3). É a imagem repetida do cordeiro*-pastor (7,17), apascentando seu rebanho no templo-paraíso, que evoca a nota primitiva do simbolismo a. bíblico.

• Fílon, *De opificio mundi*, in *Oeuvres*, t. I, Paris; *De Virtutitus*, in *Oeuvres*, t. 26.

▸ Beit-Arié (1966), *Pereq Shirah, Critical Edition*, 2 vol., Jerusalém. — C. Carmichael (1976), "On Separating Life and Death: An Explanation of some Biblical Laws", *HThR* 69, 1-7. — A. de Pury (1985), "Animalité de l'homme et humanité de l'animal dans la pensée israélite", in *L'animal, l'homme, le Dieu dans le Proche-Orient ancien*, coletivo. Cahiers du CEPOA, Louvain, 47-70. — P. Beauchamp (1987), "Création et fondation de la loi en Gn 1,1-2, 4a", in L. Derousseaux (sob a dir. de), *La création dans l'Orient Ancien*, Paris, 139-182. — R. Murray (1992), *The Cosmic Covenant. Biblical Themes of Justice, Peace and Integrity of Creation*, Londres.

Robert MURRAY

→ *Adão; Cosmo; Criação; Ecologia; Pureza/impureza; Sacrifício; Violência.*

ANIPOSTASIA

Os termos "anipostasia" (a.) e "enipostasia" (e.) são utilizados desde o s. XVI por teólogos escolásticos*, católicos ou protestantes, para designar o estatuto ontológico particular da humanidade de Cristo*, a saber, que o homem Jesus* não é uma *hipóstase* ou um indivíduo concreto que existe à parte, mas que sua humanidade recebe sua realidade concreta ou é "en-postasiada" no ser* pessoal da segunda pessoa* da Trindade*. Como diz Barth*, "enquanto homem, ele existe, pois, em e com o Deus* único, segundo o modo de existência do Filho e do *Logos* eterno, e não de outro modo" (*KD* [1955], IV/2, § 64, 52).

a) Contexto patrístico. — Os termos "e." e "a.", que evocam um processo ou um estado, não existem no grego clássico ou patrístico; mas os adjetivos que lhes correspondem, *enhupostatos* e *anhupostatos*, são correntes; significam simplesmente "que subsiste" ou "que não subsiste", que tem uma realidade própria e concreta, ou que não a tem. Na teologia* cristã, começam a ser amplamente utilizados nos debates trinitários do s. IV, para afirmar que o Pai*, o Filho e o Espírito* Santo não são palavras que não correspondem a nenhuma realidade (*anhupostatoi*), simples modalidades divinas, mas têm um ser real (*enhupostaton*) embora definido por suas relações (p. ex., Epifânio, *Ancoratus* 67, 4, 5; Ps.-Basílio [Dídimo?], *Contra Eumônio* 4, PG 29, 689 C 10; 5, 713 B 13).

A. e e. tornaram-se termos técnicos nas controvérsias cristológicas do s. VI. Com base na concepção clássica dos capadócios, segundo a qual "essência" (*ousia*) ou "natureza" (*physis*) designa uma realidade universal, e "hipóstase" ou *prosopon* (*persona*, em latim), uma substância individual concreta, quer se trate de uma pessoa ou de uma coisa, os adversários da cristologia* de Calcedônia* parecem ter-se apoiado em um axioma antiplatônico provavelmente corrente na época, e ter sustentado que uma "essência/natureza não subsistente não existe" (*ouk esti physis/ousia anhupostatos*); dito de outro modo, que os universais não têm uma realidade à parte das coisas concretas em que se realizam. Daí concluíam que a concepção calcedoniana de Cristo como uma hipóstase que existe simultaneamente "em duas naturezas" era contraditória. Para evitar a consequência "nestoriana" que faria então de Cristo duas hipóstases ou dois indivíduos — um homem unido por eleição e favor divino à divina hipóstase do Filho —, os anti-calcedônios sustentavam que ele só podia ser concebido como *uma só* natureza e hipóstase "composta"; segundo a fórmula cara a Cirilo*

de Alexandria, "uma única natureza encarnada do Verbo*".

Para lhes responder, um partidário de Calcedônia, Leôncio de Bizâncio (*c.* 490 – *c.* 545), distinguiu entre "hipóstase" e "hipostático" (*to enhupostaton*). Esse último termo *não* se aplica aos indivíduos concretos enquanto tais, mas aos universais (essência, natureza) que neles se encontram, e indica que são realizados concretamente (*Contra Nest. et Eut.*, PG 86, 1277, C 14-D 6). Deve-se, pois, dizer que a divindade e a humanidade, enquanto naturezas completas e funcionais, são ambas "hipostáticas" (*enhupostata*) na pessoa de Cristo, mas não são hipóstases (*ibid.*). Leôncio concedia assim o que os cirilianos defendiam acima de tudo, a saber que a humanidade de Cristo chega à existência concreta ou hipostática ao ser assumida "na" pessoa do Verbo de Deus (*Epil.*, PG 86, 1944 Cl-6). Esse sentido não é diretamente indicado pelo "*en-*" de "*enhupostatos*" que é simplesmente o oposto do alfa privativo.

João Damasceno (*c.* 750 – *c.* 850) deu a essa concepção uma expressão de precisão característica: "A carne do Verbo de Deus não tem subsistência própria, não é outra hipóstase ao lado da hipóstase do Verbo, mas, subsistindo nela, é hipostática (*enhupostatos*), e não uma hipóstase que subsiste por si mesma. Não se pode dizer, assim, nem que ela é sem subsistência (*anhupostatos*) nem que introduz outra hipóstase na Trindade" (*Expositio fidei* 53).

b) Uso moderno. — Os teólogos modernos que adotaram essa terminologia nem sempre a compreenderam perfeitamente: creem que para a tradição* patrística a pessoa divina do *Logos* assumiu uma natureza humana genérica ou "impessoal" (é assim que eles entendem *anhupostatos*), e lhe deu uma existência pessoal "nele" (o que de fato nenhum autor antigo defende). Pode-se resumir a posição de Leôncio de Bizâncio dizendo que para ele "se a humanidade de Cristo não é impessoal, ela não tem personalidade *independente*... A natureza humana é personalizada no *Logos* divino que a assume; não é pois impessoal (*anhupostatos*) mas 'em-pessoal' (*enhupostatos*)" (Baillie, 1956, 90). Certos teólogos protestantes do s. XX consideram que a ideia de uma humanidade "anipostática" de Cristo é muito importante, porque permite dar seu justo lugar à iniciativa divina na obra da salvação e não conceder uma autonomia excessiva à ordem criada. Torrance (1969), fazendo eco a Agostinho* e a Barth, vê nesses dois termos a estrutura de base da relação entre Deus e a humanidade: "O conceito de *anipostasia* afirma a prioridade incondicional da graça* e diz que tudo, no conhecimento teológico, é fruto da graça... O conceito de *enipostasia*, por sua vez, afirma que a graça de Deus só age de maneira graciosa. Deus não passa por cima de nós, ele nos torna livres. Sua condescendência nos une a ele, faz de nós seus filhos, faz-nos participar de sua vida" (cf. Agostinho, *A predestinação dos santos*, 15, 30). Um autor católico, crítico da escolástica, sustenta, ao contrário, que uma cristologia que utiliza o conceito de *anipostasia* nega, por isso mesmo, a plena humanidade de Cristo, e propõe então rever toda a terminologia calcedoniana (Schoonenberg, 1959). Porém, quer se seja a favor quer se seja contra o uso desses conceitos, é sempre a noção moderna de existência como pessoa que se procura sob esse vocabulário antigo de hipóstase e de natureza; e assim, transforma-se abusivamente a sutil dialética ontológica do universal e do particular própria do s. VI em afirmações sobre a economia da salvação*. Do ponto de vista da cristologia calcedoniana, isso é ao mesmo tempo exagerar a importância desses termos e não ver precisamente seu sentido e seu alcance.

• Anon. (s. VI), *De sectis* 7, 1s, PG 86, 1240 A l-1241 C 12. — Eulógio de Alexandria, *Sunegoriai* (frag.), in F. Diekamp, *Doctrina Patrum de incarnatione Verbi*, Münster, Aschendorff, repr. 1981, 193-198. — João Damasceno, *Expositio fidei*, ed. B. Kotter, II, Berlim, De Gruyter, 1973, 128; *De fide contra Nestorianos* 6, ed. Kotter, IV, 1981, 413 *sq.* — Leôncio de Bizâncio, *Contra Nestorianos et Eutychianos*, PG 86, 1277 C 14-1280 B 10; *Epiluseis*, PG 86, 1944 C1-1945 B 2. — Panfílio, *Quaestiones et responsiones* 7, CCG 19, 173-177.

▶ H. M. Relton (1917), *A Study on Christology*, Londres. — A. Michel (1922), "Hypostase", *DThC* 7/1, Paris, Letouzey et Ané, 369-437; "Hyposta-

tique (union)", *ibid.*, 437-568, sobretudo 528*sq.* — K. Barth (1938), *KD*, I/2, § 15, 178*sq.* — D. M. Baillie (1956), *God was in Christ*, Londres, 85-93. — P. Schoonenberg (1959), *Hij een God van Mensen*, Malmberg NV (*Il est le Dieu des hommes*, Cfi 71). — T. F. Torrance (1969), *Theological Science*, Londres, Oxford Univ. Press, 216-219. — P. Schoonenberg (1971), *The Christ*, Londres, Sheed and Ward, 51-66.

Brian E. DALEY

→ *Constantinopla II (concílio); Hipostática (união); Nestorianismo.*

ANJOS

1. A tradição bíblica

a) O Antigo Testamento e a tradição pós-bíblica. — Com as civilizações antigas, a Bíblia* admite a existência de espíritos, anjos (a.) ou demônios*, mas, em seu rigoroso monoteísmo*, lhes designa o estatuto de criaturas, sejam excelentes e a serviço de Deus*— donde o título hebraico *mal'ak* (grego: *aggelos*, decalque latino: *angelus*, enviado, mensageiro [de Deus]) —, sejam revoltadas contra ele e maléficas.

A subordinação dos bons a. a Deus é atestada por seu papel de executores das vontades divinas. Gn 3,24 fala de a. sentinelas à entrada do paraíso, de um a. intervindo no sacrifício de Isaac (22,11). Os anjos são "filhos de Deus" e constituem sua corte (Jó 1,6); alguns deles são chamados serafins ("ardentes") em Is 6,2. Muitas vezes são reduzidos a um simples símbolo literário, que dá autoridade à mensagem que eles transmitem em uma visão ou em um sonho (Dn 7,16; 8,15.21; 10,10). Donde a fórmula mais crítica: "A. de Javé", em que o contexto sugere tratar-se do próprio Deus (Gn 32,25; Ex 14,19 etc.). Isso seria uma correção ulterior dos textos para salvaguardar a transcendência divina em sua manifestação imediata. Os profetas* — bastante reservados sobre o tema dos a. até o exílio, que o fez ampliar por causa do contato com a Pérsia — insistem em sua condição de fiéis servos e adoradores de Deus. Entre as "miríades de miríades" de a. (Dn 7,10) distinguem-se "sete a. que assistem diante da glória do Senhor" (Tb 12,15), em permanente adoração de Deus, e três a. principais ou arcanjos: Rafael (Tb 12,15), Miguel e Gabriel (Dn 8,16; 9,21; 10,13).

Os pseudepígrafos do AT e os escritos pós-bíblicos multiplicam as intervenções de a. mas sem sistematizar. Fílon amalgama a. e gênios alados gregos. A literatura judaica tardia e sobretudo o Talmude e o Midrash atribuem aos a. um corpo* de chamas e numerosas funções, ora favoráveis, ora punitivas, em relação aos homens. A alguns nomes que se podem ler nos livros canônicos acrescenta-se uma multidão de outros (mais de 250 nomes, de a. bons e maus, como o a. acusador, o a. das trevas, o a. da desgraça, o a. da morte* etc.). Aparece certo dualismo com os a. bons criados no primeiro dia, em guerra contra os a. revoltados, presididos pelo A. mau, criado no nefasto segundo dia. O Islã retoma a angelologia e a demonologia judaicas, coloridas de contatos cristãos. Atribui um papel importante aos a. (*Alcorão* XXXV), entre os quais Gabriel, Miguel (Mika'il), Querubim, al-Hafaza, Portador do Trono, Isrâfil etc. Entre os a. inumeráveis, o a. Djibril, espírito fiel, é situado no mesmo nível que Mika'il.

b) O Novo Testamento. — Em continuidade com o AT, o NT evoca os a.; assim Paulo, que usa entre outras as denominações recebidas: tronos, soberanias, autoridades, poderes (Cl 1,16; 2,14s; Ef 1,2; Rm 8,38). Igualmente os evangelistas (Lc 1,11 e 26; Mt 1,20s; 2,13; 4,11). Jesus* menciona os a. um certo número de vezes: Jo 1,51; Mt 18,10 (onde se viu alusão aos a. da guarda); 22,30; 25,31; 26,53; Lc 12,8; 15,10. Os a. estão muito presentes nas narrações* da paixão* e da ressurreição* (Lc 24,4; Mt 28,2s; Jo 20,12). Para Paulo, será um a. que dará o sinal do juízo* [final] (1Ts 4,16). É também um a. que liberta Pedro* em At 5,18, outro que se dirige ao diácono* Filipe em At 8,26 etc. A narrativa do comparecimento de Paulo ante o sinédrio faz lembrar a polêmica entre fariseus e saduceus a respeito dos a. (At 23,8).

2. A teologia cristã

a) A liturgia e o magistério. — O primeiro judeu-cristianismo* dá inicialmente o título de A. a Cristo*, mas Paulo, seguido por Hb e Ap, precisa que Cristo-Filho encarnado tem primazia sobre todos os a., que são criados por ele e para ele, e são integrados em seu corpo (Cl 1,15-18). A liturgia* cristã, grega e latina, honra os anjos como servos de Deus e amigos do homem: Miguel, Gabriel, Rafael, e todos os a. anônimos. Associa suas celebrações à liturgia celeste, como o atestam o *Trisagion* do ritual de João* Crisóstomo e o tríplice *Sanctus* dos latinos. Os Padres* têm, todos eles, a convicção de que Deus confia suas missões a seus a. em benefício dos homens em marcha para a salvação*. O tema dos a. da guarda, instrumentos da providência* divina, é evocado por Clemente de Alexandria (*c.* 150 – *c.* 215), Ireneu*, Orígenes*, Ambrósio*, Agostinho*, Jerônimo (*c.* 342-420), com hesitações quanto à permanência e à designação desses a. (apenas aos convertidos, a cada batizado, a cada ser humano?).

Como a questão dos a. é secundária, do ponto de vista da salvação, o magistério* eclesiástico (assim Latrão IV*) só definiu seu estatuto de criatura. Contudo, porque os a. não pertencem à sucessão temporal que nos é própria, os concílios* antigos excluíram a teoria, defendida por alguns discípulos de Orígenes, da conversão* última dos a. decaídos, por ocasião da renovação (apocatástase*) prometida para todas as coisas.

b) A época patrística. — Se os monges do deserto (monaquismo*) evocam os a. segundo a mentalidade corrente em sua época, os primeiros grandes teólogos oferecem exposições mais refletidas, assim Ireneu, Gregório* de Nissa, Gregório* de Nazianzo, Basílio* de Cesareia, João Crisóstomo. Em sua crítica da gnose*, Clemente de Alexandria ensina que os a. não conhecem Deus Pai, a não ser com a condição de serem "batizados no Nome*" ("acima de todo nome"), i.e., no Filho (*Extratos de Teódoto* 27, 2 SC 23, 101 s). Ireneu precisa que os a. só contemplam o Pai* contemplando o Filho, e na medida em que o Filho o revela a eles (*Adv. Haer.* II, 30, 9, SC 294, 322). Agostinho ensina igualmente que só a graça* permite ao a. aceder à felicidade última (*Cidade de Deus* XII, 9, BAug 35, 174). Essa soberania da graça para sua salvação dá razão para a superioridade de Maria*, mãe do Verbo* encarnado, sobre todos os a., afirmada desde os Padres gregos.

O fato de Paulo dar-lhes diferentes nomes acarretou certa hierarquização dos a. Não há sistematização antes do Pseudo-Dionísio* (Ireneu fala de seis graus; Basílio evoca cinco deles; Atanásio*, cinco; Agostinho, oito). Foi Dionísio que, apoiando-se em Proclo, hierarquizou os a. (*Hierarquia celeste*, c. 6) em três tríades de dignidade crescente: anjos, arcanjos, principados; potências, virtudes, dominações; tronos, querubins, serafins. Essa hierarquia será retomada por João Damasceno e por toda a tradição*. O conjunto, escreve Dionísio, constitui a Tearquia, que Deus-Trindade* preside e cuja função é garantir a salvação divinizadora dos fiéis. Orígenes explicava essa hierarquização dos a. pelo mérito de cada um deles (*Princípios* 1, 8, 4, SC 252, 206), mas Agostinho declara ignorar sua razão (*Manual* 15, 58, BAug 9, 206).

Embora de acordo sobre sua função, a opinião dos Padres não é unânime sobre sua natureza. Alguns, ao que parece, admitem a individuação do espírito angélico por uma corporeidade sutil dita espiritual. Ao a. se reconhece uma duração interior, que é superior ao tempo* cósmico, mas inferior à eternidade* divina, definida com Boécio* como a "simultaneidade de todos os momentos" e que é denominada *aevum*, eviternidade. Contra o dualismo maniqueu (maniqueísmo*), Agostinho precisa que a criação* do a. é anterior ao momento em que ele fez sua escolha; anterior, portanto, à sua santificação ou à sua reprovação. Distingue três níveis na intelecção angélica: conhecimento da coisa como é em si mesma; depois, conhecimento segundo os dois graus da iluminação transcendente pelo Verbo criador, visão na luz matinal (a Ideia criadora no Verbo) e visão na luz vespertina, ou segundo a sua natureza própria (*Gen. ad Litt.*, IV, 22; BAug 48, 334 s).

c) *Idade Média.* — A angelologia dionisiana, conhecida no Ocidente desde João Escoto Erígena (*c.* 810 – *c.* 877), é comum a todos os teólogos medievais. Esses se esforçam por introduzir rigor em sua doutrina sobre os a. Pedro Lombardo (*c.* 1100-1160) reúne em suas *Sentenças* os ensinamentos de Agostinho, Jerônimo (conhecedor dos gregos), Ambrósio, Gregório* Magno, Dionísio. A teoria do papel criador dos a. é rejeitada, e o tema de sua liberdade* falível, já pesquisado por Anselmo* (*A queda do diabo*), torna-se objeto de investigações. Com o tema das Inteligências separadas (independentes do nível corporal) tirado da filosofia* greco-árabe, aumentam as exigências críticas. Importantes ensaios concernem à noética do espírito puro, e são tanto mais aprofundados quanto são de fato a ocasião de desenvolver uma teoria do conhecimento em geral, o a. sendo um caso limite em relação ao homem. Alberto* Magno hesita em identificar Inteligências e a.; ele os aproxima no que concerne à sua natureza puramente intelectual e sua função de governo do mundo, mas pensa, segundo a Bíblia e Dionísio, que só os a. transmitem a luz divina da graça. Alberto deve a Dionísio o tema do conhecimento* imediato de Deus no serafim, e o estende à iluminação deificante conferida ao homem na vida eterna*.

Boaventura* admite a visão dos filósofos sobre o a. como Inteligência pura e aplica à alma* humana a ideia dionisiana de hierarquia. A alma é "hierarquizada" por seu acesso à luz da sabedoria* revelada, de quem ela recebe as iluminações segundo a ordem ascendente que Dionísio definiu: essa ordem vem a ser uma sequência de etapas na caminhada da alma, na qual o a. coopera à maneira de uma causa ocasional, removendo obstáculos (*In Hexaemeron* III, 32; XX, 22-25; XXII, 24-34). Para Tomás* de Aquino, reconhecer a existência dos a. — identificados às Inteligências separadas quanto à sua natureza, mas não quanto às suas funções na ordem da graça — impõe-se por razões filosóficas. Entre Deus, Intelecto ou pensamento puro e infinito*, e o homem com sua razão* ligada ao sensível, é preciso, segundo ele, admitir a realidade de seres dotados de uma inteligência superior à nossa, como julga a experiência filosófica da abertura transcendente do pensamento. A natureza desses seres permanece desconhecida, e só se pode entrever algo a partir da inteligência e da vontade humanas, e mediante as correções trazidas pela teologia negativa. Só a Bíblia nos ensina sua cooperação com a nossa salvação. Como toda criatura livre, eles tiveram de se converter a Deus, em resposta à graça divina de que Cristo é "a causa eficiente e exemplar em seu mistério* eterno da encarnação*" (*In Ephesios*, c. 1, lect. 3; *In Col.*, c. 1, lect. 4-5).

Todos os a., ensina Tomás, são rigorosamente incorpóreos, porque são imateriais, e por natureza, exclusivamente inteligência e vontade. Cada um é único em sua espécie, o gênero "a." deve-se apenas à nossa maneira fragmentada de raciocinar. A multiplicidade dos a. não forma um conjunto homogêneo ou unívoco, e não se pode contar, como coisas que são dessa ordem. Só podem ser hierarquizados por sua distância em relação à essência divina; como nós a ignoramos, lhe atribuímos uma ordem mútua em razão de certo dom da graça, embora todos os dons desta estejam em todos mas segundo graus variados (*In Col.* c. 1, lect. 4). De natureza espiritual simples, o a. tem no entanto uma composição ontológica, porque há que distinguir sua essência (ou natureza) e seu ser* em ato [*esse*], que se acrescenta realmente à essência, porque esse ser em ato (em sentido totalmente diferente do sentido tradicional da existência de fato) é ao mesmo tempo conferido pelo Criador e adquirido por operações noéticas e volitivas referidas ao que é superior ao próprio a. Não tendo necessidade do conhecimento sensível como o homem, o a. conhece por uma iluminação transcendente e segundo princípios *a priori*, de caráter mais ou menos sintético segundo um grau de proximidade em relação à unidade absoluta do pensamento divino.

Duns* Escoto, para quem há gêneros angélicos, aplica à inteligência do a. sua própria teoria do conhecimento e rejeita, assim, a noética tomasiana do espírito puro (*Ordin.* II, 3, 2, 3, § 388 s). Os teólogos nominalistas (nominalismo*) situam-se em seu rasto.

d) Teologia moderna e contemporânea. — Na Reforma, Calvino* vê nos a. administradores da providência divina e amigos dos homens (*Inst.*, 1, 14, 1-12). Petávio (1583-1652) recapitula a tradição, e também Suárez*, em seu vasto tratado sobre o tema dos a. e dos demônios. Mais recentemente K. Barth*, embora admitindo as difíceis questões que suscita o tema dos a., sublinha sua importância na Escritura* e na revelação da salvação. O programa bultmaniano (Bultmann*) de desmitização levou K. Rahner* (1957) a uma crítica radical da angelologia: não somente o a. não pertence à experiência do mundo da modernidade, mas os desenvolvimentos teológicos de que foi objeto são incompatíveis com a doutrina capital

da salvação por Cristo somente. Denuncia a hipótese racionalista, legível em Suárez, da possibilidade de uma salvação natural. Mas já Paulo e os primeiros Padres gregos, em sua crítica aos gnósticos, a tinham rejeitado, sublinhando a subordinação dos espíritos angélicos ao Filho encarnado. A moderna negação radical da realidade dos a. vem de um racionalismo* fácil que a exegese* bíblica não compartilha, mesmo quando interpreta as expressões da Escritura*, na verdade muitas vezes metafóricas, como L. Scheffczyk recentemente sublinhou (1993). Do simples ponto de vista filosófico, Leibniz* retoma a noção de espírito puro que ele determina como mônada. Husserl (1859-1938), que se interessava pelo tratado dos a. de Tomás, retomou esse tema da mônada na análise do universo das relações interpessoais (*Medit. cartes.* V).

• Alberto Magno, *In De caelesti hierarchia, Opera* XXXVI/1, Münster/W. 1993. — Agostinho, *De Genesi ad litteram*, BAug, 48. — Boaventura, *In Hexaemeron* (*Les six jours de la création*, 1991). — J. Calvino, *Instit.* I, 14, nº 3-12. — Duns Escoto, *Ordinatio* VII. — E. Husserl, *Cartesianische Meditationen und Pariser Vortrage*, Husserliana, t. I, 5ª medit., § 55. — D. Petávio, *Theologica Dogmata* (I-III, 1644; IV, 1650), III, 603-705 e IV, 1-121 (ed. Vivès, Paris, 1865-1866). — Pedro Lombardo, II *Sententiae* 2, PL 192, 655-657. — Pseudo-Dionísio, *La hiérarchie céleste*, SC 58 *bis*. — F. Suárez, *Opera omnia* II, 1-1099 (Ed. Vivès, Paris, 1866). — Tomás de Aquino, *ST* Ia, q. 10, a. 4-6 (*aevum*); q. 50-64; q. 106-114; *CG* II, 46-91; *In Ep. S. Pauli ad Ephesios; In Ep. ad Colossenses.*

▶ J. Touzard, A. Lemonnyer (1928), "Ange", *DBS* 1, 242-262. — G. Kittel (1933), "*Aggelos*", *ThWNT* I, 72-87. — E. Peterson (1935), *Das Buch von den Engeln*, Leipzig (reed. in *Theologische Traktate*, Munique, 1994). — J. Duhr (1937), "Anges", *DSp*, I, 580-626. — J. Collins (1947), *The Thomistic Philosophy of the Angels*, Washington. — K. Barth (1950), *KD* III/3, § 51. — J. Daniélou (1952), *Les anges et leur mission d'après les Pères de l'Église*, Paris. — K. Rahner (1957), "Angelologie", *LThK* 1, 533-538. — P. R. Régamey (1959), *Les Anges au ciel et parmi nous*, Paris. — H. Schlier (1963³), *Mächte und Gewalten im NT*, Friburgo. — M. Seemann (1967), *Die Welt der Engel und Dämonen als heilgeschichtliche Mit- und Umwelt* des Menschen in MySal II, 943-995 (Petrópolis, 1973). — P. L. Berger (1970), A Rumour of Angels, Harmondsworth, Middlesex (Rumor de anjos, Petrópolis, 1997). — G. Tavard (1971), Les anges, Paris. — S. Breton (1980), "Faut-il parler des anges?", RSPhTh 64, 225-240. — U. Mann, H. Seeba, K. E. Grözinger, O. Böcher, G. Tavard, H. Schwebel (1982), "Engel" TRE, IX, 580-615 (bibl.). — J.-M. Vernier (1986), Les anges chez saint Thomas d'Aquin (Angelologia III), Paris. — W. Madelung (1987), "Mala'ika", EI(F), VI, 200b-204a. — P. Faure (1988), Les anges, Paris. — L. Scheffczyk (1993), "Angelologie", LThK³ I, 649-651. — B. Faes de Mottoni (1995), S. Bonaventura e la Scala di Giacobbe. Letture di angelologia, Nápoles. — E. Falque (1995), "L'altérité angélique ou l'angélologie thomiste au fil des Méditations cartésiennes de Husserl", LTP 51, 625-646. — A. Paus, E. Haag, L. Scheffczyk, M. Kunzler, L. Koch (1995), "Engel", LThK³ 3, 646-654. — S. Pinkaers (1996), "Les anges, garants de l'expérience spirituelle selon saint Thomas d'Aquin", RTLu 1, 2, 179-192.

Édouard-Henri WÉBER

→ Demônios; Hierarquia das verdades; Louvor.

ANO LITÚRGICO

Essa noção apareceu no s. XVIII, quando o Ocidente distinguiu nitidamente o tempo* profano do tempo da prática religiosa. Nessa perspectiva, ano litúrgico designa a maneira particular como numerosas Igrejas* cristãs vivem o tempo do ano, e organizam ao longo desse o desenrolar de suas celebrações; ele exprime teologicamente o estilo próprio segundo o qual os cristãos têm consciência de viver no interior do tempo da salvação* regido por Deus*.

a) O ano litúrgico até o século IV. — O NT atesta claramente que, desde o tempo dos apóstolos*, a Igreja celebra a cada semana o domingo*. Teria ela, desde essa época, começado a festejar especialmente outros dias além do domingo, ou os cristãos primeiro abandonaram todas as festas em uso entre os judeus, e depois da idade apostólica estabeleceram uma festa cristã da Páscoa*, acentuando fortemente o caráter pascal do domingo mais próximo da Páscoa judaica? Em razão da falta de indicações claras

no NT, os historiadores até há pouco se inclinavam para a primeira dessas hipóteses. Mas hoje é a segunda hipótese que, sem ser certa, parece mais provável. Com efeito, permite compreender melhor a querela pascal que se travou, no tempo do papa* Vítor (c. 189-200), primeiro no interior da Igreja de Roma*, e depois opôs gravemente entre elas, de uma parte as Igrejas asiáticas (Ásia Menor) e, de outra parte, a Igreja romana (como também a maior parte das outras Igrejas). As Igrejas asiáticas festejavam a Páscoa cristã no mesmo dia que a judaica, portanto no 14º dia do mês de nisã, fosse qual fosse o dia da semana: donde a denominação de quartodecimanos. As outras Igrejas, ao contrário, festejavam a Páscoa (ou vieram a festejar) no domingo depois do 14 de nisã, estabelecendo, pois, certa coerência entre a celebração semanal do domingo e a celebração anual da festa cristã da Páscoa. De uma parte e de outra, quanto sabemos, essas Igrejas conheciam certamente a mesma celebração da morte* e da ressurreição* de Cristo*, a mesma celebração do mistério* pascal, mesmo se suas abordagens respectivas da cristologia* e da redenção — em um caso, paulina*, e no outro*, joanina — tinham um matiz diferente. Depois de um tempo, a Páscoa foi celebrada por toda parte no domingo, até mesmo na Ásia Menor.

No s. II, ao mais tardar, se conheceu uma vigília pascal, preparada por um jejum, que celebrava a um tempo a morte e a ressurreição de Cristo. Desde o fim do s. II, celebra-se a cinquentena pascal (pentekosté), tempo de festa que tem o aleluia por cântico e que torna a alegria escatológica presente no tempo da Igreja. É somente no s. IV que vai desenvolver-se a liturgia* do tríduo pascal (da quinta-feira santa até a Páscoa) e que o quinquagésimo dia do tempo pascal será festejado como o dia da efusão do Espírito Santo*, e o quadragésimo dia como o da Ascensão.

Desde 240, a pregação* de Orígenes* em Jerusalém* atesta que existe um tempo de quarenta dias de preparação para a Páscoa (Renoux 1993). Não parece, pois, que a quaresma (contrariamente à hipótese de Talley) tenha sua origem em um jejum que se seguia imediatamente à Epifania. Em todo caso, esse tempo tornou-se o tempo exclusivo (ou privilegiado) das catequeses* patrísticas e da preparação dos catecúmenos adultos para os sacramentos* da iniciação* cristã.

b) *Natal e Epifania.* — O Natal era certamente celebrado em 336 em Roma, e a festa é provavelmente anterior à paz da Igreja (édito de Milão, 313). É possível que a data tenha sido escolhida, nos dias do solstício de inverno, para fazer oposição à celebração pagã, nesse mesmo dia, do nascimento do deus Sol (o Sol invencível, *sol invictus*). Em outra parte do mundo mediterrâneo, no Egito, festejava-se a 6 de janeiro o batismo de Cristo. Durante o s. IV, as duas festas vieram a ser celebradas tanto no Oriente quanto no Ocidente, sem que os acontecimentos evangélicos comemorados se correspondam exatamente: a liturgia romana festeja dia 25 de dezembro a Natividade de Cristo, e a 6 de janeiro, a adoração dos magos, e a revelação* do Salvador aos pagãos (e de maneira secundária o batismo de Cristo); a liturgia bizantina festeja ao mesmo tempo a Natividade e a adoração dos magos, a 25 de dezembro, e a 6 de janeiro, o batismo de Cristo.

A liturgia romana do Natal é fortemente marcada pelo dogma* das duas naturezas de Cristo, tal como foi definido no concílio* de Calcedônia*, enquanto a piedade dos fiéis, a partir do s. XIII, será colorida progressivamente pela devoção de Francisco de Assis ao Menino Jesus no presépio, o que dará ao Natal uma importância comparável à da Páscoa.

c) *O ano litúrgico completado.* — A festa da Páscoa, de um lado, e as do Natal e da Epifania, de outro, foram desde a Antiguidade cristã os dois polos do desenrolar do ano litúrgico; tempos de preparação e de prolongamento situavam-se em torno desses polos, e conhecia-se independentemente dos dois ciclos um tempo ordinário do ano, e no decurso dele, cada domingo era festejado por si mesmo; ao longo desse tempo, as Sagradas Escrituras* eram lidas, na liturgia, de maneira contínua ou semicontínua. Muitos novos elementos aparecem no s. IV e nos seguintes:

1/A importância no ano das significações batismais e monásticas: as primeiras marcaram consideravelmente o desenvolvimento da quarentena pascal (Quaresma) como também a vigília pascal, e as segundas tomaram uma importância preponderante no ano bizantino.

2/A passagem (especialmente para a festa da Páscoa) de uma celebração do mistério* da festa, tomado em sua unidade, para a celebração, de certo modo histórica, do detalhe dos acontecimentos vividos por Cristo. Esse deslocamento aparece em Jesusalém no fim do s. IV, segundo a narrativa feita então pela espanhola Egéria sobre sua peregrinação; depois no século seguinte pelo desenrolar do ano litúrgico nos diversos santuários da cidade santa, tal como o conhecemos pelo lecionário armênio (que é o mesmo lecionário de Jerusalém do s. V, adotado tal e qual na Armênia).

3/Um elemento escatológico de importância variável segundo as épocas e as liturgias. Nas liturgias ocidentais, esse elemento marcou fortemente o tempo do Advento (vinda) colocado tanto — ou talvez mais — no fim do ano como na preparação do Natal, na grande perspectiva patrística das duas vindas de Cristo, a primeira em humildade e a segunda em glória*, que enquadram o tempo da Igreja. Desse ponto de vista, o tema (proposto por Bernardo* de Claraval) de uma vinda intermediária nos corações* e a insistência sobre o Natal podem tornar menos perceptível a tensão da história* da salvação para seu termo final.

4/O começo do ano varia, no Oriente e no Ocidente, segundo as liturgias particulares: na liturgia romana, começou no Natal, após o primeiro domingo do Advento.

d) *Nas Igrejas oriundas da Reforma* conservou-se às vezes, em particular para a organização das leituras eucarísticas, um ano litúrgico proveniente da herança medieval: é o caso do anglicanismo* e do luteranismo*.

e) *O movimento litúrgico,* a partir do s. XIX, mostrou a importância do ano litúrgico para a vida cristã. Entre numerosos autores, dois beneditinos devem ser especialmente lembrados: na França, Prosper Guéranger (1805-1875), restaurador da vida monástica na abadia de Solesmes, com seu *Année liturgique* (completado após sua morte por Dom Lucien Fromage); na Alemanha, Odo Casel (1886-1948), monge de Maria Laach, que em seus numerosos escritos insiste na presença do mistério da salvação na liturgia, especialmente na festa da Páscoa. Não se pode separar de sua obra a ação empreendida pelo papa Pio X para reformar o ano litúrgico, restituindo ao domingo a primazia sobre as festas dos santos.

f) A reforma litúrgica do Vaticano II concede um lugar importante ao ano litúrgico, que é objeto de um capítulo inteiro da constituição conciliar sobre a liturgia. Esse capítulo insiste na comemoração da história da salvação, centrada sobre a Páscoa, na celebração da Páscoa e dos domingos, no aspecto batismal e penitencial do ano litúrgico, na dependência do culto* dos santos em relação à comemoração dos mistérios de Cristo. A realização desse programa, em particular no missal romano e no lecionário de 1970, como também na liturgia das Horas (antigamente breviário) de 1971, foi particularmente marcado, como o tinha pedido o concílio, por um enriquecimento muito amplo das leituras bíblicas da missa, agora repartidas em três anos. Esse lecionário encontrou grande acolhida nas Igrejas protestantes de língua inglesa.

- P. Guéranger e L. Fromage (1841-1866; 1878-1901), *L'année liturgique*, Le Mans-Poitiers-Paris. — B. Botte (1932), *Les origines de la Noël et de l'Épiphanie*, Louvain. — O. Casel (1932), *Das christliche Kultmysterium*, Ratisbona. — A. Baumstark (1940), *Liturgie comparée*, Chèvetogne. — B. Botte (sob a dir. de) (1967), *Noël, Épiphanie, retour du Christ*, Paris. — C. Renoux (1969-1970), *Le codex arménien Jérusalem 121*, 3 vol., Paris-Turnhout. — P. Jounel (1983), "L'année", in A.-G. Martimort (sob a dir. de), *L'Église en prière* IV: *La liturgie et le temps*, Paris, 43-166. — H. Auf der Maur (1983), *Feiern im Rhythmus der Zeit* I: *Herrenfeste in Woche und Jahr*, Ratisbona. — T. J. Talley (1986), *Origins of the Liturgical Year*, Nova York. — P. Bradshaw (1992), *The search for the Origins of Christian Worship*, Londres. — C. Renoux (1993), "La quarantaine pré-pascale au IIIe siècle à Jérusalem", *MD* 196, 111-129.

Pierre-Marie GY

→ *Culto dos santos; Páscoa; Tempo.*

ANSELMO DE CANTUÁRIA, *c.* 1033-1109

Representante eminente da teologia* monástica, Anselmo (A.) procurou sobretudo as razões que permitissem elucidar os mistérios* da fé*. Por seu método racional, pode ser considerado o "pai da escolástica*".

a) Vida. — Nascido em Aosta (Itália) em cerca de 1033, A. ainda muito jovem desejou entrar no mosteiro beneditino da região. Por ocasião da morte* de sua mãe, deixa o solar paterno em razão de uma desavença com o pai. Depois de três anos na Borgonha (1053-1056), decide ir para a Normandia, juntar-se a Lanfranc, célebre mestre em teologia da época, na abadia do Bec, recentemente fundada. A. tornou-se monge do Bec em 1060, encarregado por Lanfranc do ensino. Prior da comunidade em 1063, exerce essa função por quinze anos. Eleito segundo abade do Bec em 1078, governa durante outros quinze anos uma abadia cujos domínios e priorados se estendem rapidamente, tanto no continente como na Inglaterra, recentemente conquistada. Quando viajou à Inglaterra, em 1093, foi forçado pelo rei Guilherme, o Ruivo (Rufus) a aceitar a sé arquiepiscopal de Cantuária. A. teve de assumir ao mesmo tempo a função de primaz da Inglaterra e a de primeiro barão do reino num clima de tensão contínua, na presença de dois reis sucessivos que praticavam o absolutismo. Diante do poder real, A. afirma e defende, com risco de vida, o primado do espiritual e a liberdade da Igreja*, o que lhe vale dois exílios. Por ocasião do primeiro exílio, reside em Roma*, assiste ao concílio de Roma e ao de Bari (1098), que confronta a doutrina da Igreja latina sobre a processão do Espírito Santo (Filioque*), com a posição dos gregos. Tendo começado o *Cur deus homo* em Cantuária, em plena perseguição, A. a terminou perto de Cápua. Com a morte de Guilherme, o Ruivo regressa à Inglaterra (1100), mas a atitude do rei Henrique I Beauclerc o obriga a escolher pela segunda vez o exílio (1103). Depois da entrevista de Aigle (1105), em que ameaça o rei de excomunhão, A. regressa definitivamente à Inglaterra, e convoca o concílio de Londres para esclarecer a difícil situação da Igreja na Inglaterra. Morre em Cantuária a 21 de abril de 1109.

b) *Deus.* — A. tem cerca de quarenta anos quando redige suas primeiras meditações: *Meditatio de redemptione humana.* Conferencista muito apreciado no meio monástico, seus primeiros escritos espirituais se difundem rapidamente: neles A. introduz um novo método de meditação e de oração*, que apela à razão*. Sua pesquisa metodológica *"sola ratione"* era de fato o resultado de exortações monásticas (*collationes*), de longas discussões e do ensino ministrado na escola do Bec. Foi ali que A. começou a pôr em prática essa forma de investigação que fascinou tanto seus ouvintes que esses terminaram por pedir ao Mestre que pusesse por escrito suas meditações insólitas. É assim que o *Monologion* (*Mon.*) aparece em 1076. Nele, A. medita sobre a essência divina de modo que nada ali seja imposto pela autoridade* da Escritura* (Prólogo).

A. começa por provar que existe algo de soberanamente bom e de soberanamente grande que é o sumo (*summum*) de tudo o que existe. Estabelece sua tese para os que nunca ouviram falar de uma coisa igual, ou que não creem nela. Perante esses últimos, afirma que cada um chegará a provar, pelo menos somente com sua razão (*Saltem sola ratione*, cap. I) tudo o que cremos necessariamente de Deus* e de sua criatura. A. parte dos diversos graus de bondade que levam necessariamente à afirmação da existência de um soberano Bem*. A meditação trata em seguida da natureza de Deus, de seu ser* absoluto. Esse procedimento puramente racional (*disputatio*) é aplicado a todos os atributos* divinos; culmina no estudo da Trindade* e termina na questão do conhecimento do Inefável. Inspirando-se amplamente em Agostinho*, A. condensa numa síntese dialética tudo o que podemos conhecer de Deus, exceto a encarnação*. Deus é apresentado como Espírito*.

Se o pensamento de A. é o de um monge, seria errôneo classificá-lo entre o pensamento monástico em geral. Com efeito, o que em sua época se chama pensamento monástico, representado por Pedro Damião e outros (Gérard de Csanàd, Rupert de Deutz), é antes como uma tendência que tenta resistir à intrusão, na *lectio*

divina, das ciências profanas como a gramática e a dialética. Mesmo Lanfranc não utiliza a dialética, na elucidação da *sacra pagina*, a não ser para mostrar que é capaz de dominá-la perante os corifeus da dialética, que, por sua vez, a utilizam para questionar certos dogmas*.

A atitude de A. é totalmente diversa. Em sua primeira meditação sobre a essência divina (*Mon.*) utiliza plenamente todos os recursos do pensamento, não só a dialética (*disputatio*) mas igualmente a introspeção, para esclarecer o mistério cristão do Deus trino, graças a uma sustentação filosófica. A. usa amplamente de todas as noções filosóficas fundamentais, disponíveis em sua época, desdobrando mesmo uma ontologia radical. Essa última consiste em aprofundar o problema do Deus, chamado de *Summus Spiritus*, mas que é também apresentado como *summum omnium* — maior que tudo — absoluto, independente de qualquer outro, e do qual qualquer outro ser necessita para que seja, e para seu bem-estar. Essa ontologia vai até as raízes do ser: o ser soberano, somente, é; e todo o resto é quase nada*. A. voltará a tratar do problema do nada em uma de suas cartas (E 97), onde o relacionará à definição do mal*; a discussão mais aprofundada desse problema encontra-se no *De casu diaboli.*

Pela novidade de seu método — uso das "razões necessárias" destinadas a provar o que a fé diz de Deus, e mesmo do mistério da Trindade —, A. não pode deixar de suscitar inquietações e críticas severas no seu meio, notadamente de seu antigo mestre Lanfranc, tornado, nesse meio tempo, arcebispo de Cantuária. Para defender sua ortodoxia, A. invoca a autoridade dos Padres*, e muito particularmente o *De Trinitate* de Agostinho.

A essa crítica exterior vinda de seu meio, acrescenta-se pouco depois a superação de A. por ele mesmo. O procedimento racional, desenvolvido no *Mon.* começou a parecer-lhe demasiadamente complicado. Teve a ideia de pôr fim ao que chamava "multorum concatenatione contextum argumentorum" ("encadeamento de numerosos argumentos entrelaçados", *Proslogion* [*Pr.*], *Proemium*) e de substituir os argumentos complicados desenvolvidos no *Mon.* por um argumento único. Foi assim que nasceu o *Pr.*, de um espírito contemplativo em busca de uma síntese lógica suprema de todo o nosso conhecimento* de Deus, englobando tanto a prova* irrefutável de sua existência quanto a de sua essência e de seus atributos*. No *Pr.*, inicialmente chamado *"Fides quaerens intellectum"*, título revelador de todo um programa, encontra-se ao mesmo tempo a expressão da adoração de Deus que se revelou pela fé, e a de um processo dialético da razão que busca compreender o objeto de sua contemplação*, pondo em movimento toda a sua capacidade de conceber (*cogitari posse*).

O processo dialético efetua-se por meio do "princípio da grandeza": "aliquid quo nihil maius cogitari potest" ("algo em relação ao qual nada de maior pode ser pensado"). Se Deus é "aquilo em relação ao qual nada de maior pode ser pensado", é "Aquele que existe não só no pensamento, mas também na realidade".

A dialética encontra primeiro uma evidência: há coisas que só existem no pensamento, e outras que, embora existindo no pensamento, existem também na realidade. Segundo a hierarquia das dignidades pressuposta por essa dialética, o que existe na realidade é maior do que aquilo que só existe no pensamento. Assim, se Deus é "aquilo em relação ao qual nada de maior pode ser pensado" deve existir não só em nosso pensamento, mas também na realidade.

O procedimento de A. deriva, pois, de um duplo pressuposto: 1. Deus é "aquilo em relação ao qual nada de maior pode ser pensado"; 2. tudo o que existe *também* na realidade é maior do que aquilo que só existe no pensamento. Ambos os pressupostos implicam uma visão que considera todas as coisas na *perspectiva da grandeza.*

A. não chega somente à afirmação: "Deus existe verdadeiramente", mas à impossibilidade lógica da negação da existência de Deus. Donde a conclusão: "O que primeiro me destes a crer, agora eu o penso, esclarecido por ti, de tal modo que, mesmo que não quisesse crer que tu és, não poderia não pensá-lo" (*Pr.*, cap. 4). Porque, uma vez que se põe o problema de Deus na perspectiva "[d]aquilo em relação ao qual nada de maior pode ser pensado", negar esse "mais" [maior] que representa a existência real de Deus em relação à ideia que fazemos dele é uma impossibilidade lógica. Desde que o "insensato" do Sl 13,1 e 52,1, que diz em seu coração* que "Deus não há", ouve dizer que "Deus é aquilo em relação ao qual nada de maior pode ser pensado" e desde que ele o compreende, encontra-se na impossibilidade lógica de negar a existência real de Deus. A oposição dialética da fé e da razão alcança o seu cúmulo: de um lado, a fé é posta entre parênteses, e do outro, é impossível não pensar que Deus é.

A maioria dos comentadores do *Pr.* — desde o monge Gaunilon, contemporâneo de A., até os comentadores de nossa época — prende-se à prova da existência de Deus, chamada erroneamente, desde Kant, "argumento ontológico", quando se deveria chamar "prova dialética pela grandeza". Ora, o projeto de A. vai mais longe: entende englobar tudo o que cremos da substância divina na mesma dialética da grandeza.

Segundo essa lógica, somos levados a afirmar de Deus tudo o que há de melhor, quer ele exista quer não: assim, eternidade*, onipresença*, verdade*, bondade (bem*), em suma, todas as perfeições que podem constituir sua essência e seus atributos. Nesse primeiro tempo do processo dialético, a inteligência percorre toda a criação*, procede à superação lógica do finito para não se demorar senão nas perfeições que representam um "mais", algo de maior, em relação às imperfeições que lhes são opostas. Nessa perspectiva, o que é eterno é maior do que o efêmero: é assim que Deus deve ser eterno, não só no pensamento, mas na realidade.

Contudo, o primeiro tempo da dialética da grandeza considera tudo em relação à inteligência, tanto que se seria tentado a identificar Deus com "algo", existente decerto na realidade, mas que poderia ser "captado" pela inteligência. Mas nada disso se encontra no pensamento de A. Graças à sua dialética, ele chega mesmo à superação da inteligência por ela própria, aplicando à inteligência humana o mesmo princípio dialético que o levou a fazer a crítica do ser finito. Deus não só é maior do que aquilo que a inteligência é capaz de captar, mas é maior que a concepção mesma. Como fizera no seu ponto de partida, no cúmulo de seu processo dialético, A. se dirige diretamente a Deus para enunciar seu princípio: não só Deus é o que cumula a capacidade da inteligência, mas é também o que a supera. Portanto, Deus não pode ser senão excesso puro, porque, se não fosse o excedente, poder-se-ia pensar um ser maior do que ele; se ele não fosse real — realmente existente como excedente — poder-se-ia pensar ainda alguma coisa maior do que ele. É assim que a dialética anselmiana se completa, com a afirmação da realidade de Deus superando tudo o que o pensamento pode conceber, e superando a própria capacidade da inteligência humana.

O *Pr.* suscitou a crítica do monge Gaunilon, crítica semelhante à que Kant faria mais tarde do "argumento ontológico". Para o monge, o pensamento de A. implica que se fale sobre aquilo de que justamente *não* se pode falar: é a antinomia do indizível. Em sua réplica, A. tentou consolidar seu argumento por uma série de reduções ao absurdo, que testemunham um espírito dialético sutil. Rejeita categoricamente a afirmação de Gaunilon de que bastaria ter a ideia de alguma coisa maior do que todas, tal como a "ilha perdida", para deduzir sua existência.

c) A salvação. — Depois do *Pr.*, A., já abade, redige entre 1082 e 1090 vários diálogos; três deles, *De veritate*, *De libertate arbitrii*, *De casu diaboli*, têm por finalidade ajudar na compreensão das Escrituras. Não se trata, contudo, de comentários bíblicos. De fato, apenas um pequeno número de enunciados bíblicos estão aí explicados, sendo o mais importante "*Deus é a verdade*". O *De veritate* nasce do confronto do agostinismo* tradicional (ou do platonismo* agostiniano) com o aristotelismo* do *corpus* lógico traduzido por Boécio*, a *logica vetus*, cuja retomada no fim do s. X tinha provocado uma racionalização da teologia. O "Deus est veritas" parece contrário à definição aristotélica da verdade. A. resolve esse problema insistindo no caráter transcendente da verdade que é Deus: a *summa veritas* causa a *veritas essentiae rerum*, que, por sua vez, causa a *veritas enuntiationis*, a verdade segundo Aristóteles.

O *De libertate arbitrii* como também o *De casu diaboli* discutem o problema agostiniano da liberdade* e da responsabilidade, propondo uma definição da liberdade completamente nova. O homem não é livre porque pode escolher isso em vez daquilo, mas enquanto é capaz de moralidade (*justitia*). Porque ele só escapa à determinação da natureza* se for moralmente bom. Como Deus não pode ter *determinado* que o homem abandone sua vontade justa (pois isso seria querer o que ele não quer que o homem queira, ou seja, querer o que ele mesmo não quer), a persistência da vontade justa no homem é resultado de um ato de autodeterminação perfeita, meritória e portanto responsável. A graça* nada muda nisso; mas explica *como* o homem (que por si mesmo só pode escolher o que lhe parece agradável) pode ser justo, ou moralmente bom (como ele pode amar a Deus por ele mesmo): sua justiça* é sempre um dom de Deus.

O *De grammatico* — o único escrito profano de A. — data desse período. Nesse estudo original sobre os problemas da linguagem, inicia seus discípulos a sutis exercícios da lógica, introduz uma nova terminologia que permite estabelecer o problema da referência, e reconhece desse modo a utilidade de semelhante exercício, segundo as regras familiares aos dialéticos da época.

O *Cur deus Homo* (*CdH*) é a terceira obra entre as mais célebres de A. Começada na Inglaterra em plena perseguição e terminada em Cápua (1098) durante seu primeiro exílio, esboça uma soteriologia audaciosa — teoria da satisfação vicária — em que A. procura encontrar razões necessárias para justificar a encarnação. No *Mon.* e no *Pr.* tinha buscado suster, por uma via puramente racional, a verdade da fé revelada no que diz respeito à substância divina, exceptuando a encarnação. Ele se reservou a ocasião de tratar esse mistério à parte, no *CdH*, sob a forma de um díptico.

O *CdH* é um diálogo entre A. e Boson, monge do Bec. Respondendo à questão: "Por que razão, ou por que necessidade, Deus se fez homem?", A. inaugura um gênero literário fadado a um grande sucesso na IM (Gilbert Crispin, discípulo de A., Abelardo*, Nicolau* de Cusa). Essa obra importante está dividida em dois livros. O primeiro contém as objeções dos infiéis que rejeitam a fé cristã — dizendo ser contrária à razão — e as respostas dos crentes. A. mostra aí, por meio de razões necessárias, que nenhum ser humano pode ser salvo sem Cristo*. No segundo livro prova, sempre pela razão — como se nada se soubesse de Cristo (*remoto Christo*) —, que a natureza humana foi criada, de uma parte, para a felicidade eterna, que o homem deve gozar tanto no corpo* como na alma*, e, de outra parte, que essa felicidade não pode realizar-se senão graças ao homem Deus. Por conseguinte, tudo o que cremos do Cristo deveria realizar-se necessariamente diante da razão. Assim essas razões que se indagam constituem o ponto comum entre o crente e o não crente. Portanto, o objeto da pesquisa é comum, e por isso um verdadeiro diálogo pode estabelecer-se.

A questão fundamental da encarnação é ao mesmo tempo o desafio, a objeção (*obicere*, 48, 1) principal dos infiéis que ridicularizam a "simplicidade cristã". Suscita igualmente muitas interrogações tanto entre os letrados como entre os iletrados que nos perguntam a razão dessa questão (*rationem eius*, 48, 6).

O enunciado completo da questão vem de Boson: "Por qual necessidade e por qual razão Deus, que no entanto é onipotente, tomou a humilde condição e a fraqueza da natureza humana em vista de sua restauração?".

Segundo A., para obter uma solução correta, é indispensável esclarecer certas noções fundamentais, tais como a necessidade, a potência, a vontade etc., que além do mais não podem ser consideradas em separado. Sabendo que o homem é destinado à beatitude*, que não pode não pecar no estado presente, e que precisa da remissão de seus pecados*, era mister que, "tendo a morte entrado no gênero humano pela desobediência de um homem, igualmente a vida fosse restabelecida pela obediência de um homem" (I, 3). Convinha pois (é uma necessidade de conveniência), com base nessas premissas, que "a natureza humana e a divina se encontrassem em uma só pessoa" (II, 9). O Pai* quer, portanto, que o gênero humano seja restaurado pelo ato

humano da morte* de Cristo, maior que o pecado dos homens, e o Filho "prefere antes sofrer do que deixar o gênero humano sem salvação*'" (I, 9). Assim fazendo, paga a dívida do homem, restabelece a honra divina: a expiação do pecado está à altura da honra divina que foi lesada; não pode, portanto, ser feita pelo homem: "O homem pecador deve a Deus aquilo pelo qual não pode dar, e aquilo sem o qual não pode ser salvo" (I, 25). É preciso então que alguém "pague a Deus, pelo pecado do homem, com algo maior do que tudo que existe, exceto Deus" (II, 60). O autor da expiação deve pois ser "um Deus-homem" (II, 7) porque "ninguém a pode fazer senão um verdadeiro Deus, e ninguém a deve fazer senão um verdadeiro homem": o mesmo deve ser Deus perfeito e homem perfeito.

A. redigiu também algumas obras ocasionais: a *Epistola de incarnatione Verbi* para refutar os erros de Roscelino de Compiègne (triteísmo*); o *De processione Spiritus Sancti*. Nesse opúsculo, que tem claramente o procedimento de uma pesquisa dialética, avançando por objeções (questões) e respostas contínuas, A. espera levar os gregos pela razão (*rationabiliter*, 177, 9) a admitir a processão do Espírito Santo segundo a doutrina da Igreja* latina.

O *De conceptu virginali et de originali peccato* é um complemento do *CdH*. Com efeito, Boson, interlocutor de A., não parece inteiramente satisfeito com as razões que A. propunha para explicar como Deus, que é sem pecado, pôde assumir a humanidade, quando o gênero humano é pecador. O *De concordia praescientiae et praedestinationis et gratiae dei cum libero arbitrio* trata do problema da predestinação*. A origem da questão é a aparente contradição entre os diferentes textos bíblicos, dos quais alguns parecem insinuar que o livre-arbítrio não tem papel nenhum na salvação, enquanto outros textos parecem sugerir que nossa salvação depende inteiramente de nossa livre vontade. A questão do livre-arbítrio surge então como um verdadeiro *Sic et Non*, pouco antes de Abelardo.

Cartas. A. nos legou uma abundante correspondência: 372 cartas reconhecidas como autênticas, que abrangem uns trinta anos de sua vida. Algumas se referem a problemas doutrinais, mas em sua maior parte são testemunhos preciosos de seus compromissos religiosos e políticos, de suas lutas contra os abusos, contra a tirania real e pela liberdade da Igreja. A. mantém relações assíduas com os personagens mais importantes — políticos e religiosos — de sua época: desde simples monges ou jovens estudantes até bispos*, abades, papas*, duques, condes, condessas, reis e os que os rodeiam — sem esquecer os membros de sua própria família —, os quais, todos, o buscavam e nele reconheciam o conselheiro seguro. As *Cartas* refletem seu estilo límpido, de uma simplicidade lacônica, e apontam para o essencial, guiando seus correspondentes para Deus.

d) O método: a fé em busca da inteligência. — A argumentação de A. quer ser probatória "ao menos (*saltem*) para a razão só". Acrescentar "saltem" à "sola ratione" deixa compreender que, para ele, a hierarquia do conhecimento permanece intacta: o processo racional deve sempre respeitar a superioridade da fé. Porque "*nisi credideritis, non intelligetis*" ("se não acreditardes, não compreendereis"): a fé permanece o ponto de partida de todo conhecimento racional, mesmo no que concerne ao processo dialético do *Pr.* Em todo o procedimento anselmiano é a fé que procura, é a fé que chama a inteligência: *Fides quaerens intellectum*. A fé permanece o ponto de partida da pesquisa dialética, mas não de todo conhecimento natural, porque A. tem sempre a pretensão de convencer, até mesmo o pagão. Por isso mudou o título primitivo: de "*Fides quaerens intellectum*" para "*Monologion*", o que supõe certa intenção filosófica.

No *Mon.*, A. cala toda autoridade, e não cita a Escritura. No *CdH*, deixa de lado a realidade de Cristo (*remoto Christo*) para buscar razões "necessárias" a fim de explicar a necessidade da encarnação, apoiando-se contudo nas Escrituras. As "*rationes*" são tanto razões naturais quanto citações escriturísticas. Mas, como Deus no *Pr.*, a obra redentora de Deus aparece como excedendo, por sua grandeza, o pensamento humano.

Se a expressão *sola ratione* se encontra em Agostinho, o método por ela designado é propriamente anselmiano. A. faz pleno uso de todos os recursos da razão, extraídos amplamente do arsenal filosófico de sua época. Quer chegar a uma síntese puramente racional do objeto da fé, pelo encadeamento lógico de uma série de razões necessárias. No entanto, o procedimento racional fundado sobre a fé apoia-se tanto sobre os dados da introspeção quanto sobre os exemplos concretos, susceptíveis de esclarecer os mistérios.

O uso pleno da razão é arrastado por um ímpeto de busca sem fim, um "*quaerere*" cuja forma dramática é traçada por Agostinho no fim do *De Trinitate*. Esse ímpeto é motivado pelo "*quaerite faciem eius semper*", o convite do salmo* à busca *sem parar*. Busca que se realiza mediante as *rationes necessariae* (razões necessárias), e é aqui que intervém a dialética, a utilização da lógica e dos recursos da lógica (o uso dos argumentos invencíveis, a redução ao absurdo, a utilização de noções filosóficas e o aprofundamento do *usus communis loquendi*), que A. tenta precisar e purificar por uma reflexão metafísica e pela utilização de "*similitudines*" hauridas da experiência*, para tornar inteligível a questão posta, para ilustrar a verdade a ser buscada e encontrada.

Mas A. admite sempre a possibilidade de se encontrar razões melhores e mais convincentes. O caso típico da pesquisa anselmiana, em seu ir até o fim, é precisamente o *CdH*: depois de uma longa investigação de razões, deixa a porta aberta, e efetivamente retoma a mesma questão no *De conceptu virginali*, por sentir a insatisfação de Boson, seu interlocutor.

De outra parte, esse ímpeto não recua diante de nenhum mistério posto pela fé; abrange *a priori* todo objeto. "Fides quaerens intellectum" não é apenas o enunciado de um método, é também um programa de pesquisa, um programa de vida alimentada pela oração.

O método de A. foi saudado por seus contemporâneos como uma verdadeira libertação. Guilherme de Malmesbury compara-o com os outros teólogos de seu tempo: enquanto esses últimos tentavam "extorquir a credulidade de seus discípulos pela autoridade", A. procurou "corroborar sua fé pela razão, demonstrando por argumentos invencíveis que tudo em que cremos é conforme à razão, e que não pode ser de outro modo".

* Anselmo, *Opera omnia*, Seckau, Roma, Edimburgo, 1938-1961, ed. F. S. Schmitt (6 vol.). — Eadmer, *Historia Novorum in Anglia, et Opuscula Duo de Vita Sancti Anselmi et Quibusdam Miraculis Ejus*, ed. M. Rule, Londres, 1884, 1965². — R. W. Southern, F. S. Schmitt, *Memorials of St. Anselm*, Oxford, 1991. — F. S. Schmitt, *Ein neues unvollendetes Werk des hl. Anselm von Canterbury*, BGPhMA, t. 33/3, 1936. — M. Corbin (sob a dir. de), *L'oeuvre de saint Anselme de Canterbury*, Paris, 1986-, 10 vol. previstos (6 publicados) (ed. bilíngue). — COLEÇÕES: *Spicilegium Beccense, I, Congrès international du IXe centenaire de l'arrivée d'Anselme au Bec*, 1959; *II, Les mutations socioculturelles au tornant des XI-XIIe siècles*, 1984. — *Analecta anselmiana*, 5 vol., Frankfurt, I: 1969; II: 1970; III: 1972; IV: 1975; V: 1976. — *Anselm Studies*, I: *Anselm at Canterbury*, Londres, 1983; II: *Episcopi ad saecula - St. Anselm and St. Augustine*, Villanova, Penn., 1988; III: Lewiston, NY, 1996. Em português: *Monológio, Prológio, A verdade, O gramático*, São Paulo, 1984, 1988².

▶ C. Filliatre (1920), *La philosophie de saint A. Ses principes, sa nature, son influence*, Paris. — A. Koyré, (1923), *L'idée de Dieu dans la philosophie de saint A.*, Paris. — K. Barth (1931), *Fides quaerens intellectum. Anselms Beweis der Existenz Gottes im Zusammenhang seines theologischen Programms*, Zurique. — F. S. Schmitt (1932), "Zur Chronologie der Werke des hl. Anselm von Canterbery", *RBen* 44, 322-350). — É. Gilson (1934), "Sens et nature de l'argument de saint A.", *AHDL* 9, 5-51. — J. Rivière (1936), "La question du *Cur deus Homo*", *RevSR* 16, 1-32. — P. Vignaux (1947), "Structure et sens du *Monologion*", *RSPhTh.* 31, 192-212. — D. Heinrich (1959), *Der ontologische Gottesbeweis*, Tübingen. — R. Roques (1962), "La méthode de saint A. dans le *Cur deus Homo*", *Aquinas* 5, 3-57. — R. Roques (1963), *A. de Cantorbéry, Pourquoi Dieu s'est fait homme*, SC 91 (bibl.). — C. Viola (1970), "La dialectique de la grandeur. Une interprétation du *Proslogion*", *RThAM* 37, 23-55. — J. Vuillemin (1971), *Le Dieu d'A. et les apparences de la raison*, Paris. — Eadmer (1972), *The Life of St. Anselm Archbishop of Canterbury*, ed. R. W. Southern, Oxford. — H. Kohlenberger (1972), "Similitudo und Ratio", *Überlegungen zur Methode bei Anselm von Canterbury*, Bonn. — H. de Lubac (1976),

"'Seigneur, je cherche ton visage'. Sur le chapitre XIV du *Proslogion* de saint A.", *ArPh* 39, 201-225, 407-425. — G. S. Kane (1981), *Anselm's Doctrine of Freedom of the Will*, Nova York e Toronto. — K. Kienzler (1981), *Glauben und Denken bei Anselm von Canterbury*, Friburgo-Basileia-Viena. — G. R. Evans (1984), *A Concordance to the Works of St. Anselm*, 4 vol., Millwood. — P. Gilbert (1984), *Dire l'Innefable. Lecture du "Monologion" de saint A.* — Y. Cattin (1986), *La preuve de Dieu. Introduction à la lecture du "Proslogion" d'A. de Canterbury*, Paris. — S. Vanni Rovighi (1987), *Introduzione a Anselmo d'Aosta*, Bari (bibl.) — M. Parodi (1988), *Il conflitto dei pensieri. Studio su Anselmo d'Aosta*, Bérgamo. — I. Biffi, C. Marabelli (1989) (sob a dir. de), *Anselmo d'Aosta, Figura europea. Convegno di studi, Aosta 1988*, Milão. — P. Gilbert (1990), *Le "Proslogion" de saint A. Silence de Dieu et joie de l'homme*, Roma (bibl.). — R.W. Southern (1990), *Saint Anselm. A Portrait in a Landscape*, Cambridge. — I. Sciuto (1991), *La ragione della Fede. Il Monologion e il programma filosofico di Anselmo d'Aosta*, Gênova. — M. Corbin (1992), *Prière et raison de la foi. Introduction à l'oeuvre de saint A. de Cantorbéry*, Paris. — C. Viola (1992), "Origine et portée du principe dialectique du 'Proslogion' de saint A. De 'l'argument ontologique' à 'l'argument mégalogique'", *RFNS* 83, 339-384. — C. Viola (1992), "…'hoc est enim Deo esse, quod est magnum esse'. Approche augustinienne de la grandeur divine", in *"Chercheurs de sagesse". Hommage à Jean Pépin*, sob a dir. de M.-O. Goulet-Cazé *et al.*, EAug 131, 403-420. — J. Zumr, V. Herold (1993), *The European Dimensions of St. Anselm's Thinking*, Praga. — D. E. Luscombe, G. R. Evans (sob a dir. de) (1996), *Anselm: Aosta, Bec, Canterbury*, Sheffield. — R. W. Southern (1996), *Saint Anselm and his Biographer. A Study of Monastic Life and Thought 1059 —c. 1130*, Cambridge.

Coloman VIOLA

→ *Boaventura; Chartres (escola de); Duns Escoto; Escolástica; Provas da existência de Deus; São Vítor (escola de); Tomás de Aquino.*

ANTINOMIA

O conceito de antinomia (a.) é de origem filosófica e designa, p. ex. em Kant, a presença de duas afirmações contraditórias, possuindo uma e outra legitimidade e fundamento sólido, portanto duas afirmações contraditórias a que não se pode aplicar o princípio do terceiro excluído.

A. tornou-se um termo teológico central na Ortodoxia* recente. As afirmações antinômicas são, p. ex., as da unidade e da Trindade* divina, ou da liberdade* humana e da predestinação* divina. O conceito de a. possui uma posição chave ao lado do conceito de mistério* na organização da teologia* ortodoxa como teologia apofática. A palavra não pertence ao vocabulário corrente das teologias católica e protestante. Em compensação, a doutrina faz parte do fundo comum cristão. A lógica contemporânea, por outro lado, conhece um novo interesse pela antinomia (lógicas ditas "dialéticas" ou "paraconsistentes").

▶ J. Meyendorff (1975), *Initiation à la théologie byzantine*, Paris, 297-300. — P. Evdokimov (1965), *L'Orthodoxie*, Paris, 1979², 48-56. — G. Priest (1987), *In contradiction: a Study of the Transconsistent*, Dordrecht. — K. Wuchterl *et al.*, "Paradox", *TER*, 25, 726-737.

Jean-Yves LACOSTE

→ *Negativa (teologia); Ortodoxia moderna e contemporânea.*

ANTINOMISMO

Por antinomismo (a.) designa-se a recusa de cristãos à lei* em nome do Evangelho. O a. já está presente desde a era apostólica (cf. Rm 3,8) e é atribuído a seitas gnósticas (nicolaítas, ofitas). A distinção radical entre lei e Evangelho, tal como foi praticada pelos reformadores, suscitou uma revivescência do a. sobretudo na "Reforma radical" (polêmica de J. Agrícola [1492-1566] contra Lutero*, movimento anabatista*). A teoria luterana dos "usos da lei" constitui uma posição moderada, sem dúvida aceitável em termos católicos.

▶ O. H. Pesch (1993), "A.", *LThK³* 1, 762-766 (bibl.)

A REDAÇÃO

→ *Lei B; Lutero.*

ANTIOQUIA (Escola de)

a) Exegese e teologia. — "Escola de Antioquia" (esc. de Ant.) não passa de uma denominação cômoda para designar os representantes de uma exegese* que privilegia a letra e a realidade histórica da Escritura*, em reação contra a tendência de Orígenes* e dos alexandrinos a recorrer à alegoria de maneira julgada excessiva. Não se deveria dar a essa denominação, portanto, um sentido muito estreito, nem tampouco introduzir uma oposição radical entre as exegeses alexandrina e antioquena. De uma parte e de outra usa-se no entanto uma terminologia diferente para designar realidades vizinhas. O que é verdade no domínio da exegese se verifica no da teologia* e da cristologia*. Mas também aí, de Diodoro de Tarso a Teodoro de Mopsueste ou a João* Crisóstomo, de Nestório (N.) a Teodoreto de Cyr, apesar do parentesco de certos esquemas de pensamento, as posições evoluem e se diferenciam. Não se pode, pois, falar de uma "cristologia* antioquena" sem entrar em distinções.

b) Os antigos antioquenos. — Diodoro, que Cirilo* (C.) de Alexandria tentará fazer um antepassado do nestorianismo*, junto com Teodoro de Mopsueste, parece que teve como preocupação principal preservar em Cristo* a divindade do *Logos*, primeiro contra os ataques do imperador Juliano e dos arianos, depois contra o perigo que representava para ele, em Apolinário, a concepção de uma "unidade substancial" entre o *Logos* e uma humanidade incompleta. Por isso, evita atribuir ao *Logos* as fraquezas humanas de Cristo, mesmo dando a impressão de uma união frouxa com a carne assumida. Ao contrário do que diz a opinião comum, sua cristologia repousa inicialmente num esquema "*Logos-sarx*", herdado de Eusébio de Emesa e muito mais alexandrino que antioqueno, pois era o mesmo que o de Atanásio*. Em seguida, sob o efeito da controvérsia apolinarista, Diodoro vai raciocinar cada vez mais em razão do esquema "*Logos-*homem", sem contudo fazer da alma* de Cristo um "fator teológico": assim não é sobre esse ponto que investe sua refutação do apolinarismo.

No cuidado quase exclusivo de subtrair a divindade de Cristo aos ataques dos arianos, João Crisóstomo subordina, de fato, toda sua atividade humana e psíquica ao controle do

Logos, único verdadeiro princípio de decisão. Permanece neste ponto muito próximo a Diodoro, seu mestre. Em realidade, há que esperar Teodoro de Mopsueste para que a alma humana de Cristo se torne verdadeiramente um "fator teológico". Tendo o *Logos* assumido um homem perfeito, *i.e.*, um corpo* e uma alma racional, é essa alma humana, dotada de imutabilidade* pela graça* divina, que não só "anima" a pessoa de Cristo, mas detém também nele o poder de decisão e de ação, atribuído no sistema de Apolinário ao *Logos* somente. Mas assim, como evitar que essa união de Deus* e de um homem perfeito não pareça introduzir em Cristo uma dualidade de pessoas* (*prosôpa*) ou não deixe supor uma união frouxa e puramente moral? Por mais que Diodoro proponha a analogia do corpo e da alma para explicar que a distinção das naturezas em Cristo não leva ao reconhecimento de duas pessoas, não consegue exprimir de maneira satisfatória uma unidade que não procede, como em Apolinário, de uma união estreita, mas de tipo natural. A noção de "única *prosopon*", utilizada para exprimir o resultado da união das naturezas, é, apesar de tudo, a prova — não obstante a ambiguidade que se liga a esse termo em meio antioqueno — de que ele pressentiu a verdadeira unidade de Cristo.

c) *A crise nestoriana e Teodoreto de Cyr.* — Um aspecto positivo da crise nestoriana foi ter obrigado antioquenos e alexandrinos a precisar sua terminologia cristológica e a corrigir suas deficiências. Desde a refutação dos *Anatematismos* de C. contra N., Teodoreto foi levado a entrar no longo e doloroso debate que, do concílio* de Éfeso* ao de Calcedônia*, faria dele o grande teólogo da esc. de Ant. Contudo, como Teodoro de Mopsueste, apelidado de "o Intérprete", ele é antes de tudo um exegeta, e é a esse título que recusa as fórmulas cristológicas de C., "união segundo a hipóstase", ou "única natureza do Deus* Verbo encarnado", que segundo Teodoreto careciam de fundamento escriturístico. Em sua cristologia, próxima à de Teodoro, a alma humana de Cristo tem também um papel verdadeiro, como o prova, em seu *De Incarnatione*, sua exegese da tentação de

Cristo no deserto. Porque a "união segundo a hipóstase" de que fala C. significa para ele uma união segundo a "natureza" (*physis*) ou a "substância" (*ousia*), e por isso lhe parece impor a ideia de uma "mistura" (*krasis*) que atenta contra a divindade do *Logos*, cuida sempre em seus comentários de fazer bem a distinção entre natureza divina e natureza humana. Sua reação coincide com a de Teodoro contra a cristologia de Apolinário. Explica também sua reticência quanto ao vocábulo *theotokos* (mesmo se reconhece sua legitimidade), e o conduz sobretudo a tanto insistir na dualidade de Cristo que, por sua vez, poderia dar a impressão de nele distinguir não mais duas naturezas, mas duas pessoas. Tanto mais que, até o concílio de Éfeso, prefere usar expressões concretas para as designar.

Depois de 431 (Éfeso), consciente da ambiguidade dessa terminologia, Teodoreto renuncia a falar do "Verbo assuntivo" ou do "homem assumido" em favor somente de fórmulas abstratas, que lhe eram igualmente familiares. Apesar de uma evidente vontade de sublinhar o diofisismo, tem o cuidado de afirmar que se trata de uma união estreita e indissolúvel (*henosis*), e não de uma simples justaposição, e menos ainda de uma "inabitação" no sentido em que N. a entendia. Realizada desde a concepção, essa união das naturezas humana e divina não deixa de ser estreita, mesmo no momento da paixão*, em que a divindade impassível "se apropria" dos sofrimentos de nossa humanidade plenamente assumida por ela em Cristo. Não se poderia assim suspeitar da boa-fé de Teodoreto quando afirma nunca ter "dividido em dois" a Cristo, nem professado a existência de "dois Filhos". Como é evidente, a distinção das naturezas opera-se para ele no interior de um "único *prosopon*", de uma unidade de sujeito, mesmo se utiliza esse conceito, pelo menos até o concílio de Calcedônia, num sentido próximo do que tem em Teodoro de Mopsueste.

Sem deixar de afirmar a inconfusão de naturezas, Teodoreto sem dúvida compreendeu melhor, no decurso do debate com C., a necessidade de proclamar a unidade da pessoa. O abandono das designações concretas, o cuidado que teve em fazer de Cristo o único sujeito atuante, a escolha do termo *henosis* para exprimir a união, de preferência a *synapheia* (conjunção), que tinha a preferência de N., tudo isso traduz mais uma evolução de sua terminologia que de sua cristologia. Por isso pode ele afirmar com pleno direito nunca ter professado outra doutrina senão a que distingue, em Cristo, a humanidade da divindade, sem separá-las, e que só reconhece um sujeito de atribuição, "o próprio Filho único, revestido de nossa natureza" (*Ep.* 146). Se a maneira como se exprime, nas vésperas de Calcedônia, não traduz uma verdadeira evolução doutrinal, permite, ao menos, medir o aprofundamento de sua reflexão cristológica depois de Éfeso. Nesse domínio, como no da exegese, esse último grande representante da esc. de Ant. chegou, pois, a encontrar um justo equilíbrio, assim contribuindo, como já no tempo do Ato de União (433), a fazer admitir que para além as formulações diferentes, herdadas da tradição*, alexandrinos e antioquenos exprimiam a mesma fé*.

- M. Richard (1934), "Un écrit de Théodoret sur l'unité du Christ après l'incarnation", *RSR* 24, 34-61. — J. Montalverne (1948), *Theodoreti Cyrensis doctrina antiquior de Verbo "inhumanato"*, Roma. — J. Liebaert (1966), *L'incarnation I. Des origines au concile de Chalcédoine*, Paris. — A. Grillmeier (1979), *Jesus der Christus im Glauben der Kirche*, I, Friburgo-Basileia-Viena; (1990²), *Le Christ dans la tradition chrétienne*, CFi 72. — J.-N. Guinot (1995), *L'exégèse de Théodoret de Cyr*, Paris.

Jean-Noel GUINOT

→ *Alexandria (escola de); Apolinarismo; Arianismo; Imutabilidade divina/impassibilidade divina; Maria; Nestorianismo.*

ANTITRINITARISMO → unitarismo/antitrinitarismo

ANTÔNIO, O GRANDE → monaquismo
A. b.

ANTROPOLOGIA

1. Origens bíblicas

a) Antigo Testamento. — As primeiras fontes de uma antropologia (antr.) bíblica são as passagens do Gênesis sobre a criação* do homem (h). Na narrativa* sacerdotal, a criação do h. "à imagem e semelhança de Deus*" é o resultado de uma decisão divina sem equivalente na história das religiões, como é também o caso da declaração de que o ser humano é homem e mulher*. O h. é o auge da criação, e recebe a dominação da terra. A narração javista (Gn 2,4b-25) o descreve como feito de barro, o que sublinha seu lado terrestre e seu parentesco com o resto da criação, e ao mesmo tempo, animado pelo sopro divino: é então um "vivente" que tem uma relação com Deus. Nessa narração, a diferença dos sexos vem de que Eva foi formada a partir da costela de Adão*, e a dominação do h. sobre a criação é expressa pelo fato de que ele dá nome aos animais*. O cap. 3 é igualmente importante: nele se descrevem a queda, a aparição da morte*, as túnicas de pele de Adão e de Eva, e a expulsão deles do paraíso com todas as suas consequências. O AT está a todo momento aludindo à dependência do h. em relação a Deus e a seu Espírito*, particularmente nos Salmos* (p. ex., Sl 104, 29-30). A literatura sapiencial exprime a ideia nova de que o h. foi criado à imagem da eternidade* divina e para essa imortalidade e incorruptibilidade é que foi criado (Sb 2,23).

b) Novo Testamento. — Os evangelhos* valorizam decerto a dignidade do ser humano, mas é em Paulo que se encontram os elementos de uma verdadeira antr. Esta é essencialmente cristológica: o primeiro Adão era um ser "psíquico", animado pelo sopro divino, enquanto o segundo Adão, Cristo* ressuscitado, é um ser espiritual, um espírito vivificante que dá ao homem a vida espiritual*. Participando da vida do primeiro Adão, terrestre, os h. vão poder, na ressurreição*, participar da vida celeste e espiritual do segundo Adão (1Cor 15,42-50). O primeiro Adão era aliás a "figura daquele que havia de vir" (Rm 5,14): ser "à imagem de Deus" é, portanto, ser também à imagem de Cristo, que é, ele mesmo, a imagem de Deus (2Cor 4,4; Cl 1,15). A antr. de Paulo tem assim uma orientação escatológica bem diferente dos mitos* da origem, caros aos gnósticos. É o corpo (*sôma*), dimensão essencial da existência humana (cf. 1Ts 5,23: o h. corpo/alma*/espírito), que garante, para Paulo, a permanência e a identidade do ser humano, de sua criação original até sua futura existência espiritual; e se distingue estritamente da carne* (*sarx*), que é o estado de endurecimento do homem afastado de Deus.

2. Origens extrabíblicas

O judaísmo* — sobretudo Fílon —, o pensamento grego e a gnose fornecem seu contexto à antr. paulina, e seu horizonte aos desenvolvimentos patrísticos ulteriores. Fílon interpretava o Gênesis utilizando as categorias do médio platonismo, e opunha as duas narrativas da criação, nelas discernindo duas ideias do h.: a do homem celeste, imaterial (Gn 1,26), e a do homem terrestre (Gn 2,7). O primeiro preexiste ao segundo e é seu arquétipo. O h. terrestre é definido pelo espírito (*noûs*), elemento essencial do homem real (*Leg. all.* 1, § 31-32; *Opif. mundi*, § 134). Para o pensamento grego em geral, a parte mais nobre do h., alma ou espírito, era de essência divina, capaz de conhecer o divino por seu parentesco (*suggeneia*) com ele. Portanto é a alma, e não o composto de alma e corpo, que define o h. (p. ex. Platão, *Alcibíades*, 129e-130e), o que torna quase impensável a relação do h. com seu corpo. As gnoses de toda sorte atribuíam ainda menos valor à natureza corporal. A gnose valentiniana, p. ex. (em sua forma cristianizada), distinguia três classes de h.: os "hílicos" (materiais), os "psíquicos" e os "espirituais" (Ireneu, *Adv. Haer.* 1, 5, 5). Apenas o elemento espiritual do último grupo era susceptível de escapar da destruição; os psíquicos podiam ou tornar-se espirituais, ou regressar ao estado hílico; no segundo caso estavam destinados a perecer com os dessa classe. Os valentinianos distinguiam assim o h. criado somente à imagem do demiurgo e o h. psíquico criado à semelhança; esse último tinha recebido uma semente espiritual que podia retornar ao divino graças à gnose. O corpo carnal e sensível, por sua parte, era uma "túnica de pele" acrescentada à verdadeira natureza humana para que ela pudesse sobreviver no mundo da queda (Gn 3,21), a fim de que a semente espiritual tivesse tempo de crescer na gnose e de retornar, ao final, ao Pleroma.

3. A época patrística

A fé na realidade da encarnação* e na ressurreição da carne impediu que a oposição corpo/ alma se enrijecesse na época patrística, em um dualismo insolúvel. As expressões dessa fé* foram no entanto bastante variadas para que se devam distinguir três antr. diferentes: de Antioquia*, de Alexandria*, e do Ocidente.

a) A escola de Antioquia. — A antr. de Antioquia une as duas narrativas da criação — o h. é a um tempo feito de barro e criado à imagem de Deus — e tem as mesmas acentuações cristológicas que a de Paulo. Essa antr. nasce com Teófilo de Antioquia (fim do s. II), mas é com Ireneu* que ela se desenvolve. Ireneu adota o ponto de vista escatológico da antr. paulina e, para opor-se aos gnósticos, insiste ainda mais na realidade terrestre do h., cujo corpo define por sua carne saída da carne de Adão. Para ele há uma ligação íntima entre a teologia* propriamente dita e a antr.: a encarnação revela tanto a verdade* do homem como a verdade de Deus. Adão era a figura daquele que devia vir, e as manifestações de Deus no AT anunciavam profeticamente o Filho encarnado (*Dem. da preg. apost.*, § 103-104). O sopro de vida que animava Adão prefigurava a vida que seria dada pelo Espírito aos filhos de Deus: ao Filho encarnado em primeiro lugar, e em seguida aos filhos adotados pelo batismo*. Estes têm uma "parte" do Espírito, penhor da futura plenitude da ressurreição. Assim, a verdade do h. "está escondida com Cristo em Deus" (Cl 3,3); é uma realidade escatológica, antecipada pela vida cristã e cuja antecipação nunca é tão forte como na confissão de fé dos mártires. Ainda que o Espírito não faça parte da natureza humana, o h. não pode prescindir dele para realizar o desígnio de Deus a seu respeito: viver em comunhão* com Deus, ser esse homem vivente que é a glória de Deus, isso exige que se tenha parte no Espírito (cf. *Adv. Haer.* SC 100, 648; 153, 72-80 e 112). E, como é o Filho encarnado que é o modelo do h., Ireneu coloca a imagem de Deus na condição carnal (SC 153, 76). Distingue, pois, a "imagem" e a "semelhança": esta última se revela quando o h. vive orientado para Deus, no Espírito. Essa semelhança foi perdida por causa da queda, que destruiu a comunhão do h. com Deus e introduziu, portanto, a morte*. Mas pode ser reencontrada em Cristo, verdadeira imagem e semelhança de Deus, provisoriamente na adoção filial, e mais completamente na ressurreição: a encarnação não se limita a fazer o h. retornar ao estado original, mas faz aceder ao estatuto de filho de Deus e aproxima sempre mais da estatura do Filho. Aliás, era possível um desenvolvimento no estado original, o que Ireneu exprime concebendo Adão e Eva no paraíso como crianças. Insere assim a antr. em uma concepção dinâmica da história da salvação*: a antr. não considera somente o h. tal como foi criado, no passado dos primeiros tempos, mas ela está toda voltada para o que o h. é chamado a vir-a-ser.

Encontra-se a mesma posição a respeito da imagem de Deus em Tertuliano*, para quem "o barro que revestia a imagem de Cristo, que devia vir na carne, não era somente a obra de Deus, mas o penhor de sua promessa*'" (CChr. SL 2, 928). No entanto, a tradição antioquena mais tardia não situa tão concretamente a imagem de Deus na carne. Assim, em uma polêmica com os alexandrinos, Diodoro de Tarso (†c. 390) recusa-se a ver a imagem na posse de uma alma invisível, na faculdade intelectual, mas a faz residir na dominação do homem sobre a criação (PG 33, 1564); aqui é o h. inteiro, corpo e alma, em sua vocação de senhor das realidades criadas, que é à imagem de Deus.

b) *A escola de Alexandria e sua posteridade.* — Em Alexandria, desenvolveu-se a antr. primeiro na linha de Fílon: a imagem de Deus nada tem a ver com o corpo, mas enquanto imagem do *Logos* não encarnado (literalmente *asarkos*, sem carne) situa-se no que há de mais nobre no h., em sua alma intelectual (*logikos*), em seu espírito (*noûs*), no qual reside a verdadeira humanidade do h. (Clemente de Alexandria, GCS 12, 71; 52 e 468). Contudo, esse h. espiritual existe concretamente sob a forma do h. terrestre de Gn 2,7, e deve esforçar-se por se libertar

pela ascese* dos limites que essa existência lhe impõe, para alcançar aquela "semelhança" com Deus. Cristo, em quem se realizam ao mesmo tempo a imagem e a semelhança, é modelo e mestre dos cristãos, e lhes mostra o caminho a tomar para reencontrar a semelhança. Em sua doutrina de uma criação eterna, Orígenes* retoma a ideia filoniana de uma dupla criação. Para ele, Gn 1,26 diz respeito à criação do h. original, desse h. verdadeiro que se deve tornar a ser, enquanto Gn 2,7 se refere ao h. decaído, o *noûs* vestido de túnicas de pele (*Hom. sobre o Gên.*, SC 7 *bis*, 56-64; *Com. sobre João*, SC 290, 248). Para Atanásio*, é enquanto ser racional (*logikos*) que o h. é à imagem do *Logos*, e é o *Logos* encarnado que permite ao homem decaído reencontrar sua verdadeira relação com ele e, mediante isso, seu caráter de imagem (*Sobre a encarn. do Verbo*, SC 199, 270-272 e 312).

Os Padres* capadócios são os herdeiros da escola alexandrina. A antr. mais completa deve-se a Gregório* de Nissa (Greg.), que tratou especificamente da questão (*De hominis opificio*). Começa por situar a aparição do h. na totalidade da criação do cosmos*: o h. é o cúmulo da criação, coroamento de uma ascensão que vai da matéria inerte à vida vegetativa, depois à vida animal, até o animal racional. O h. contém, portanto, todos os níveis anteriores de existência, e pode, por sua racionalidade, levar a termo suas potencialidades. Assim, todos os animais têm sensação e movimento, mas os seres humanos, que têm um corpo adaptado à sua alma racional (como têm mãos hábeis, sua boca é feita para a palavra e não para dilacerar o alimento), podem usá-lo de uma maneira que convém a seres racionais. A verdadeira dignidade do homem, contudo, não consiste na sua qualidade de microcosmo, mas em ter sido criado à imagem e semelhança de Deus, termos que Greg. não distingue. Para ele, essa imagem não é parte constituinte do ser* do h., mas é antes no exercício da virtude* que ela se manifesta. Greg. também vai mais longe que outros Padres para explicar a razão fundamental da divisão dos sexos (Gn 1,27). Segundo o *De hom. op.* (16-22) há uma dupla criação: a primeira é a do

h. (i.e., de toda a humanidade), criada à imagem de Deus; a segunda, que distingue o h. da mulher, não tem relação com o divino Arquétipo, mas foi acrescentada por Deus em previsão da queda. Se tal é a ordem da criação desejada por Deus, sua realização temporal, contudo, se faz em ordem inversa. Para Greg. (o que não é o caso para Fílon nem para Orígenes) é *apenas* no pensamento divino que a humanidade criada à imagem, nem h. nem mulher, preexiste à aparição real da humanidade dividida em sexos; e é somente no fim dos tempos que será plenamente realizada. A diferença dos sexos existia pois no paraíso, mas a sexualidade ainda estava latente, "em vista da queda". Sem a queda, a humanidade ter-se-ia multiplicado à maneira dos anjos*. A sexualidade humana, com tudo o que caracteriza a experiência carnal, tomou forma com as vestes de pele (Gn 3,21). Essas vestes são mais remédios do que castigos, já que permitem à humanidade sobreviver, depois do exílio; é graças a elas que poderá atingir o número dos predestinados, e têm assim um papel positivo a desempenhar no mundo da queda. No momento da consumação final, quando a humanidade tiver alcançado sua plenitude, é a criação originalmente desejada por Deus que se realizará: não se terá mais necessidade delas, portanto.

A ideia do h. microcosmo foi desenvolvida por Máximo* Confessor, que deve uma grande parte de sua antr. aos capadócios, até mesmo uma ideia de sexualidade semelhante à de Greg. de Nissa. Segundo Máximo, o h. é feito para ser o mediador das cinco divisões da criação: mediador entre os sexos, entre o paraíso e o mundo, entre o céu e a terra, entre a criação sensível e a criação inteligente, e finalmente entre Deus e a criação. Microcosmo, o h. tem por vocação, mediante o exercício da virtude, superar essas divisões (*diaireseis*) e manifestar assim o caráter teofânico do universo. Adão fracassou nessa tarefa. Apenas o h. Jesus* foi capaz de realizá-la, porque é também Deus. Jesus é um novo Adão, e é somente nele que a criação encontra sua verdadeira harmonia e sua comunhão com o Criador.

c) A tradição ocidental. — No Ocidente, com exceção de Tertuliano, próximo da escola de Antioquia, a antr. se inspira no platonismo*, e liga a imagem de Deus à unidade e à trindade* das pessoas* divinas. Em Agostinho* (Ag.), o principal pensador dessa tradição, a antr. perde seu antigo quadro cristológico e cosmológico. Ag. considera o h. um composto de alma e de corpo, união que diz "assombrosa" (CChr.SL 48, 776). Sublinha seus papéis respectivos, sem nada retirar a um ou à outra. Seguindo, talvez, a Tertuliano (CChr.SL 2, 796-797), distingue o sopro (*flatus*) de Gn 2,7, que é a alma do h., do Espírito (*spiritus*), pois um é criatura e o outro, criador (CChr.SL 48, 405-414). Mas a contribuição mais importante de Ag. à antr. é o apelo à reflexividade: "Entra em ti mesmo: é no homem interior que habita a verdade" (CChr. SL 32, 234). Para ele a distinção fundamental não é entre espírito e matéria, entre superior e inferior, mas entre interior e exterior. Deus certamente pode ser conhecido por meio das coisas criadas, mas nosso principal caminho para ele se encontra "em" nós. O caminho vai pois do exterior para o interior e deste para o superior, para Deus, que é, para mim, "mais íntimo que meu ser mais íntimo, e mais elevado que meu ser mais elevado" (CSEL 73, 53). Nessa abordagem reflexiva, Deus se revela, assim, como o fundamento da pessoa; e embora se trate aí de um procedimento antropocêntrico, o h. é inconcebível sem Deus, seu fim próprio. Eis aí o que funda (no *De Trinitate*) a análise trinitária da imagem de Deus na alma: espírito/conhecimento de si/amor* de si; ou memória/inteligência/vontade. A "memória" (relacionada com o Pai*) é o conhecimento implícito que a alma tem de si mesma. Para tornar-se conhecimento pleno e explícito, tem necessidade de ser formulada, expressa em uma palavra (o Verbo*), o que constitui a "inteligência". Mas compreender verdadeiramente seu verdadeiro ser é amá-lo; da inteligência vem, pois, a "vontade", e do conhecimento de si, o amor de si (o Espírito). É assim na intimidade de sua presença a si, e de seu amor de si que o h. corresponde mais plenamente à imagem de Deus.

Agostinho separa igualmente o que é importante, vontade e conhecimento. A filosofia grega fazia, em geral, da vontade uma função do conhecimento; os h. agem bem e desejam o bem*, se a ignorância do bem não os arrasta ao mal*. Ora, a doutrina agostiniana dos dois amores admite a possibilidade de uma disposição radicalmente má. A fraqueza da vontade (*akrasia*) era um problema para a filosofia grega; para Ag., ao contrário, é a experiência elementar do h. decaído. Por causa do pecado* original*, perdemos a graça* e os dons preternaturais de que Adão gozava no paraíso. Esses dons permitiam a Adão viver virtuosamente e na paz* da alma: submisso a Deus, seus apetites inferiores estavam submissos à sua razão* e à sua vontade. Por ter desobedecido a Deus em matéria sexual, era então justo, segundo Ag., que essa sexualidade fosse o mais rebelde de todos os nossos instintos (CChr.SL, 48, 441-443). Pelágio acentuava a autonomia e as possibilidades do h.; contra ele, Ag. insiste na necessidade da graça; mas não a opõe nunca à liberdade*, de que é o suporte. Assim é preciso ser curado pela graça antes de poder fazer o bem*. Um distinção entre livre-arbítrio (*velle*) e a capacidade de agir (*posse*) é desse modo necessária: é a graça que faz do livre-arbítrio tal capacidade, e portanto uma verdadeira liberdade. A encarnação, enfim, tem por função restabelecer a graça original, perdida por Adão; nosso destino original cumpre-se assim, por um desvio, mas permanecendo o que era.

4. A teologia escolástica

Com a introdução da filosofia aristotélica no Ocidente, a antr. tornou-se mais sintética, particularmente em Tomás* de Aquino. Para Tomás, o h. é mais que a conjunção de elementos díspares que era em Platão ou Ag. O corpo é um componente essencial do ser humano; não subsiste por ele mesmo, mas pela alma intelectual, sua forma, que possui a substancialidade e a confere ao corpo (*ST* Ia, q. 76, a. 1). A alma é ato* e existe no modo da substância, mas sem o corpo não pode realizar sua realidade: sem ele e seus sentidos, estaria num estado de indigência. O corpo, de seu lado, não tem nem realidade nem substancialidade à parte das que lhe confere a alma. O h., assim, não é uma substância composta de duas substâncias autônomas, é uma substância concreta completa. Tem-se desse modo um dualismo, mas que não ameaça a unidade substancial do h. em seu ser complexo: há a unidade da alma — que faz do corpo uma substância — e do corpo, no qual a alma existe concretamente. Resta que a existência do h., como substância complexa, é devida à alma intelectual, porque possui em si mesma a razão suficiente de sua própria existência. A prioridade tradicional do espiritual sobre o material é assim mantida, sem que se tenha de depreciar o corpo.

Desse modo pode-se também explicar a imortalidade da alma: a corrupção do corpo, quando é separado da alma que lhe dá forma, não pode afetar a alma mesma. Se Tomás insiste verdadeiramente na unidade complexa do h., afasta-se contudo da concepção bíblica de Gn 2,7, em que é o homem inteiro, barro animado de sopro de vida, que é uma alma vivente. Para ele, a realidade concreta do h. é regida por uma alma intelectual (*anima intellectiva*) que é uma substância autônoma. Aliás, seguindo Ag., Tomás não liga o sopro de vida mencionado em Gn 2,7 com o Espírito Santo (diferentemente de Ireneu, p. ex.) e prefere ver na "alma vivente" e no "espírito vivificante" de que fala Paulo (1Cor 15,45) duas realidades sem relação entre elas (*ST* Ia, q. 91, a. 4, ad 3).

Com João Damasceno (Kotter 2, 76), Tomás distingue a imagem e a semelhança de Deus (*ST* Ia, q. 93, a. 9) e liga essa distinção à doutrina de Ag. sobre o estado de graça original: a imagem é a natureza intelectual do h. e a posse do livre-arbítrio; a semelhança era a graça concedida a Adão (*ST* Ia, q. 95), perdida pelo pecado e recuperada em Cristo. É justamente em virtude de sua natureza racional que o h. é à imagem de Deus, como os anjos (*ST* Ia, q. 93, a. 3), mas não há ligação entre o *Logos* divino e a posse do *logos* pelo h., como ocorria na antr. alexandrina. É com efeito em relação à natureza divina e à Trindade das pessoas, conjuntamente (*ST*

Ia, q. 93, a. 5), que se diz que o h. existe como imagem. A teologia da imagem é assim completamente desligada da cristologia*. A existência à imagem de Deus é um traço constitutivo da humanidade, que permanece mesmo depois da queda. Para Tomás, se o h. tivesse perdido o que o define como imagem de Deus, sua racionalidade e sua liberdade, não seria mais que um animal, e não um ser humano responsável por seus atos e por seu pecado. É preciso possuir a imagem de Deus para aceder a esse acréscimo de graça que é a semelhança, i.e., a comunhão com Deus, própria do estado original e do estado do h. resgatado. Todos esses traços fazem de Tomás um herdeiro geralmente fiel a Ag. O livre-arbítrio e a dignidade inamissível do h. são, contudo, objeto de uma afirmação bem mais forte em Tomás.

5. A Reforma

A antr. da Reforma renovou, ao mesmo tempo que radicalizava, a doutrina agostiniana do pecado original e da graça. Enquanto a escolástica* via na imagem de Deus uma propriedade da natureza humana e uma condição da semelhança, a Reforma não distingue imagem e semelhança, e as considera como equivalentes da justiça* original: "A imagem/semelhança de Deus consiste no conhecimento* verdadeiro e perfeito de Deus, na alegria suprema em Deus, na vida eterna*, na justiça* eterna, na ausência eterna de toda a preocupação" (Lutero*, WA 42, 46). Desse ponto de vista, a imagem de Deus não é um conjunto de propriedades dadas de uma vez por todas, mas a orientação de toda a vida para Deus. Portanto, imagem que se perde forçosamente pela queda: o h. decaído é "totalmente corrompido", não há aspecto algum de seu ser que não seja tocado pelo pecado. O livre-arbítrio e a razão estão certamente presentes, mas como a graça, que dava à vontade sua força e seu ser, desapareceu, já não há verdadeira liberdade (sobretudo em Lutero, cf. O servo-arbítrio). Assim sendo, a perda da imagem não afeta a natureza humana, ao contrário do que pensava Matthias Flacius Illyricus (1520-1575); estamos, sem dúvida, gravemente

enfraquecidos, leprosos, mas um leproso é sempre um h. (WA 42, 46). Essas premissas levariam mais tarde os teólogos reformados a considerar a imagem e a semelhança, e também o pecado, como determinações acidentais da natureza humana.

O h. pode muito bem observar a lei* e fazer boas ações, mas sua motivação será má (o egoísmo, p. ex.), e elas não procederão do amor; ora, só o amor cumpre a lei. É por isso, diz Lutero, que a filosofia* nada pode compreender do que é verdadeiramente o h. Incapaz de sair de si mesma, ela supervaloriza a alma (em nome de sua "natureza" imortal) e a razão, ou então crê que a liberdade é total. Ora, somente as Escrituras* podem nos esclarecer sobre a verdadeira natureza do h., *homo theologicus*, ser criado e caído (WA 39/1, 179), porque só se conhece verdadeiramente o h. em relação à sua origem, i.e., a Deus (ibid. 175). Graças ao Evangelho, a imagem é restabelecida, e o h. pouco a pouco recriado e preparado para a verdadeira vida espiritual, que viverá na carne, mas não segundo o modo de vida animal, mas na dependência de Deus somente (WA 42, 65). Adão estava destinado a essa vida; se não tivesse pecado, teria acedido a ela no momento determinado. O h. dessa vida presente é a matéria de que Deus vai tirar a forma gloriosa do h. dos últimos tempos (WA 39/1, 177). Essa concepção sofre talvez de um déficit. Decerto, Cristo nela intervém como o que liberta o h. de sua escravidão e o restabelece em sua dignidade original de existente à imagem de Deus; mas em contrapartida, o destino escatológico do h. não está assim tão intimamente ligado a Cristo encarnado, em Lutero, como estava, p. ex., em Ireneu; a obra de Cristo não possui a mesma orientação escatológica: o que domina, em fim de contas, é uma concepção dos efeitos da encarnação, como retorno do h. à sua relação primitiva com Deus.

Calvino* se opunha vivamente à ideia de que Adão tinha sido a imagem ou a figura de Cristo encarnado, uma ideia que era, ao contrário, defendida por Osiander (1498-1552). A imagem e a semelhança consistem na integridade, na justiça e na santidade* de Adão em seu estado primeiro. Mas se a imagem de Deus não foi de todo apagada pelo pecado, "foi a tal ponto corrompida que tudo o que dela resta é uma horrível deformação" (*Inst.* I, 15, 4). A finalidade da regeneração oferecida em Cristo é renovar o h. à imagem de Deus, mas não se trata de fazê-lo parecer com o Verbo encarnado. A tradição calvinista distinguirá mais tarde um sentido "restrito" e um sentido "amplo" da imagem: no sentido restrito, trata-se da condição original; no sentido amplo, os traços que fazem do h. um h. e não um animal. A imagem no primeiro sentido perdeu-se pela queda; no segundo, ela permanece, apesar das deformações.

6. Séculos XVIII e XIX

A perspectiva mudou depois do humanismo e das Luzes, e se retornou, de certa maneira, ao ponto de vista de Ireneu. Já segundo Pico de la Mirândola (1463-1494), Adão tinha sido criado em um estado de indeterminação, de modo a poder livremente decidir sobre seu próprio destino; quanto ao cumprimento desse destino, era uma assimilação a Deus que só foi plenamente realizada por Cristo (*A dignidade do h.*, 1486). Herder (1744-1803) desenvolverá a mesma ideia, mas reagindo contra toda pretensão prometéica do h. a fazer-se por si mesmo, e subordinará a autodeterminação do h. à providência* divina. Deus deu instintos aos animais, mas no h. gravou sua própria imagem: a religião e a humanidade. O delineamento está ainda oculto nas profundezas da pedra, e o h. não pode levá-lo a cabo, sozinho; mas para vir em sua ajuda, Deus lhe deu a tradição* e a cultura, a razão e a experiência (*Ideen zur einer Philosophie der Geschichte der Menschheit*, livro IV [ed. Bollacher, 116-165]). A imagem tem, portanto, uma função teleológica: é uma realidade para a qual tendemos, não uma realidade que esperaríamos encontrar. O mesmo pode-se dizer de nosso estatuto de seres humanos: "não somos ainda h., mas nos tornamos h. todos os dias" (9, 1). Herder, contudo, não oferece uma base cristológica ao cumprimento dessa vocação — o que devia ser feito pouco depois por Schleiermacher*, para quem Cristo

é o "acabamento da criação do h." (*Der christliche Glaube*, 1821-1822, § 89).

Essa mudança de perspectiva marcou toda a teologia protestante do s. XIX. E a essas influências juntaram-se primeiro o peso das pesquisas bíblicas — notadamente a obra de J. G. Eichhorn (1752-1827) — que tendiam mais e mais a retirar todo valor descritivo das narrativas da criação e, em seguida, as primeiras repercussões das teorias darwinistas sobre a teologia: daí se chegou necessariamente a considerar a imagem de Deus nos termos de um destino ou de uma vocação acabada em Cristo, e não como uma perfeição original perdida pela queda e reencontrada em Cristo.

- É. Gilson (1932), *L'esprit de la philosophie médiévale*, Paris. — E. Dinkler (1934), *Die Anthropologie Augustins*, Stuttgart. — T. F. Torrance (1949), *Calvin's Doctrine of Man* (1967[2]), Grand Rapids. — J. A. T. Robinson (1952), *The Body: A Study in Pauline Theology*, Londres. — H. Crouzel (1956), *Théologie de l'image de Dieu chez Origène*, Paris. — G. B. Ladner (1958), "The Philosophical Anthropology of St. Gregory of Nyssa", DOP 12, 61-94). — A. Burghart (1962), *Gottes Ebenbild und Gleichnis*, Friburgo. — L. Thunberg (1965), *Microcosm and Mediator: The Theological Anthropology of Maximus the Confessor*, Lund. — W. Joest (1967), *Ontologie der Person bei Luther*, Göttingen. — C. E. Trinkhaus (1970), *In Our Image and Likeness: Humanity and Divinity in Italian Humanist Thought*, Londres. — J. Pépin (1971), *Idées grecques sur l'h. et sur Dieu*, Paris. — H. W. Wolff (1973), *Anthropologie des Alten Testaments*, Munique. — J.-M. Garrigues (1976), *Maxime le Confesseur. La charité, avenir divin de l'h.*, ThH 38. — H. Köster (1979), HDG II. 3. b. — A. Peters (1979), *Der Mensch*, HST 8. — U. Bianchi (sob a dir. de) (1981), *Archè e telos: L'anthropologia di Origene e di Gregorio di Nissa, Analisi storico-religiosa*, Milão. — L. Scheffczyk (1981), HDG II. 3. a. 1. — M. Schmaus *et al.* (1982), HDG II. 3. c. — Y. de Andia (1986), *Homo vivens: Incorruptibilité et divinisation de l'homme selon Irénée de Lyon*, Paris. — P. Brown (1989), *The Body and Society: Men, Women and Sexual Renuntiation in Early Christianity*, Londres. — H. Wißmann *et al.* (1992), "Mensch I-VII", TRE 22, 458-529.

John BEHR

7. Século XX

Um ponto parece comum a todas as antr. teológicas do s. XX: o recurso ao conceito de *relação* (tomado no sentido restrito de relação intersubjetiva ou interpessoal) como a uma categoria mestra. A comum influência das filosofias da "pessoa", do "diálogo" ou da "existência"; a reticência manifestada ante todo apelo à ideia de "natureza"; a subordinação do ser-h. a um tornar-se h., e a suspensão deste a um futuro absoluto a ser pensado de maneira cristológica; o cuidado de dar à antr. um tratamento estritamente teológico: esses são os principais temas.

É provavelmente em Karl Barth* (*KD* III/1) que esses temas recebem um desenvolvimento mais poderoso, em uma teologia (teol.) que percebe na aliança* o lugar preciso da existência plenamente humana. Tomada em seu sentido teológico, a humanidade do h. — portanto a "semelhança" — não é nada de ôntico, não é nem uma propriedade nem uma faculdade natural, não pode, pois, ser ligada a um estado de integridade natural que o h. teria perdido. "Compromisso e promessa" de Deus, a aliança é o abrigo teológico de um h. que foi criado ao mesmo tempo como um Tu (ao qual Deus pode dirigir sua palavra), e como um Eu (responsável perante Deus). Porque a aliança não é nada de que o h. disponha, o h. não possui o segredo teológico de sua humanidade; e porque esse segredo está enraizado nas promessas divinas, tampouco não é nada que possa ser perdido — a imagem divina não pode ser destruída (*ibid.*, 225). Fundada em última instância sobre as relações internas à vida divina e destinada antes de tudo a pensar o h. como ser *perante* Deus, essa antr. sabe aliás nomear outras relações e conceder-lhes um peso teológico: relação do h. e da mulher (*KD* III/1) 219ss; III/2, § 45. 3), relações sociais, relações eclesiais sobretudo, nas quais o ser-perante-Deus se realiza sob a forma de uma *comunhão* com Cristo.

Encontra-se em E. Brunner (1889-1966) a mesma fundamentação da imagem de Deus na relação e na existência pessoal. Mais perto, contudo, das posições protestantes clássicas, e mesmo se abandona, como Barth, a ideia da perfeição original, Brunner distingue em contrapartida dois traços teológicos primitivos: a liberdade e a capacidade de entrar em uma relação amorosa com Deus. A segunda pode ser perdida, mas não a primeira, traço essencial da pessoa.

A teol. católica e a teol. ortodoxa têm muitas vezes uma linguagem semelhante. Já presente em *Catholicisme* de H. de Lubac* e nas eclesiologias* do "corpo místico" (cf. Mersch, 1949), esboçado com um traço muito firme nos raros textos conservados de J. Monchanin, em estado de programa em V. Lossky (1967) e no estado de primeira síntese em J. Zizioulas (1985), o enraizamento da experiência* cristã na comunhão não é uma preocupação nos limites de uma confissão cristã. A linguagem ontológica utilizada para elevar o "ser-com" (*Mitsein*) filosófico ao nível de categoria teológica é certamente uma linguagem em que, por tradição, a teol. protestante quase não confia. Essa linguagem, contudo, não tem por fim, muito menos, estabelecer a carta das propriedades do h., em primeiro lugar do h. crente, e sim, nomear realidades teologais: ser-na-Igreja, comunhão que encontra seu paradigma na vida trinitária ("Temos de viver em circunsessão com todos os nossos irmãos", Monchanin), caráter absolutamente primitivo da existência pessoal, à imagem do Pai *fons et origo totius divinitatis* (Zizioulas), teoria cristológica da anipostasia* como ponto-chave de uma doutrina teológica da pessoa (Lacoste 1984) etc. Que não se esqueça, por outro lado, de que restam ainda na teol. recente bastantes crenças antropológicas sem grande base teológica para que se possa afirmar, p. ex., que a antr. é uma *constante* de que a cristologia é a *variável* (H. Braun).

Um pomo de discórdia confessional permanece: o estatuto teológico do fato religioso. Um período que quase não se preocupa com a "virtude da religião" mas que conheceu um espetacular desenvolvimento das "ciências religiosas", da filosofia da religião* e da teol. das religiões*, não deixou de se pronunciar sobre o h., percebido como *animal religiosus*. Isso se fez de muitas maneiras. Nas teol. do *a priori*, derivadas de J. Maréchal, sobretudo em K. Rahner*, a dimensão "religiosa" da existência é interpretada em termos de aptidão transcendental. Ser "espírito" no "mundo" (Rahner, 1957) é existir de fato como destinatário de uma possível palavra dirigida pelo "livre desconhecido" do qual se pode pressentir que ele governa o "mistério" do ser* (Rahner, 1963, 105-116). Nas outras teol. — do *a posteriori* — as respostas divergem, indo de uma recusa maciça do fato religioso (como em K. Barth) a uma estratégia conceptual de crítica e integração cristológica (em Balthasar*), ou a análises descritivas da condição humana em que o religioso aparece, entre as experiências do h., como a mais rica em possibilidades (Pannenberg, 1983; Martelet 1982). Às teorias do religioso como "experiência", seja qual for a forma como se constroem para responder a W. James ou a R. Otto, ou ao Schleiermacher* dos *Discursos*, reconhecido como antepassado comum (ver Lash, 1988), as pesquisas deste século tenderam a acrescentar também uma hermenêutica* cristã das grandes tradições religiosas. Se existe uma "aptidão à experiência" (R. Schaeffler), e se há direito a uma avaliação teológica global dos comportamentos que provam essa aptidão, é contudo como "experiência judaica" ou como "experiência hinduísta" etc. que a experiência religiosa pode ser alvo de uma descrição um pouco precisa. O II concílio* do Vaticano* procedeu, de fato, a um discernimento diferenciado das diversas filiações religiosas (*NA* 2-3).

A época da teol. que começou com Weiss por meio de uma reabertura do dossiê da escatologia* não podia deixar de propor também uma posição escatológica da questão do h. De múltiplas maneiras, a teol. do s. XX insistiu, com efeito, no paradoxo de um objeto, o h., que só existe aqui e agora, nos limites finitos de seu mundo, no modo do incoativo e do provisório. "O ser humano", diz Barth, "é ontologicamente determinado pelo fato de que, entre todos os h., um dentre eles é o h. Jesus*" (*KD* III/2, 158). O h. é uma criatura cujo ser tem a ver com Cristo e com sua vida em Cristo. Ora se essa tese dá conta da experiência presente do crente, é contudo a partir de seu futuro que ela sugere apreender o sentido do que é. Esse futuro é certamente o que a experiência teologal antecipa desde já. "A fé faz a pessoa", *fides facit personam* (Lutero), e a existência do crente possui significações escatológicas, quer sejam pensadas com sobriedade no quadro de uma justificação* e da liberdade libertada (p. ex. Jüngel 1980; ver também Pesch 1983), quer de maneira mais exuberante fundando-se em uma doutrina da divinização (p. ex. Lossky, 1967). Essas significações, no entanto, a que só a teol. tem acesso, são apenas a penúltima palavra da antr. Aqui e agora, o definitivo não está realizado. Assim, não é na sua própria face que o h. pode escrutar sua humanidade, mas na face de Cristo ressuscitado, "em" que os crentes vivem desde agora uma existência autenticamente humana, enquanto esperam um futuro absoluto, do qual ainda não possuem senão o penhor.

Pode ter acontecido de a teol. ter acreditado que o presente — histórico, mundano — da experiência fosse capaz de abrigar integralmente o acesso do h. à sua humanidade "autêntica" (assim em Bultmann*). Mas pensar o h. a partir de sua realização (e pensar o ser a partir do *eschaton*) deve levar a evidenciar as realidades definitivas, ao mesmo tempo sabendo que foram tomadas em uma economia do provisório. As antr. da relação mantêm a linguagem do ser, mas só podem ocultar as relações mais humanizantes — *esse ad Deum*, comunhão das pessoas — são obras de liberdade. O h. é aquele que pode existir perante Deus (a "relação *coram*" — G. Ebeling), mas é primeiro aquele que existe necessariamente no mundo no modo da abertura ao mundo (Heidegger*, cf. também Gehlen, 1940). E se uma antr. enraizada na cristologia deve certamente violentar todo pensamento que permita à morte ter a última palavra, Cristo ressuscitado não lhe deverá fazer esquecer que os discípulos não são maiores que o mestre, e que devem, primeiro, viver à imagem de Cristo crucificado (Lacoste, 1944, § 61-73).

"O que seremos ainda não se manifestou" (1Jo 3,2), e o definitivo não está mais à disposição da teol. do que está disponível ao crente. A uma factualidade, ou a uma facticidade, que se pode interpretar plenamente fazendo economia de uma nominação de Deus, toda teol. deve objetar que o h. excede precisamente tudo o que é "de fato", porque é portador de uma vocação. Ora, sejam quais forem os conceitos com os quais se pode pensar o "ser de vocação", o definitivo, o *eschaton*, o futuro absoluto etc., e mesmo se não faltam imagens bíblicas para exprimir o que "ressurreição" e "reino de Deus" querem dizer, é de toda maneira ao *mistério* de Deus que o *problema* do h. reconduz — e o problemático, a "questão" que o h. representa para si mesmo (Agostinho) participa então, por sua vez, do misterioso. É de muitas maneiras que o h. é imagem de Deus. Uma dentre elas incita a não querer dizer demasiado: à imagem de um Deus incompreensível, o h. é também aquele que conhecemos sem compreendê-lo. Ele é também *homo absconditus* (Moltmann).

• E. Brunner (1937), *Der Mensch im Widerspruch*, Berlim. — R. Guardini (1939), *Welt und Person*, 1988⁶, Mainz-Paderborn. — A. Gehlen (1940), *Der Mensch*, Frankfurt. — R. Niebuhr (1941), *The Nature and Destiny of Man*, Nova York. — K. Barth (1948), *KD* III/2. — E. Mersch (1949), *La th. du corps mystique*, t. 2. Paris-Bruxelas, 165-398, "Dans le Christ". — K. Rahner (1957²), *Geist in Welt*, Munique; *Hörer des Wortes*, neu bearbeitet von J. B. Metz, Munique (*SW 4*, Friburgo-Düsseldorf, 1994). — P. Tillich (1957), *Systematic Theology* 2, Chicago; (1963), *Systematic Theology* 3, Chicago, 11-282 (*Teologia sistemática*, São Leopoldo, 2002). — J. Macquarrie (1966), *Principles of Christian Theology*, Londres, 2ª ed. revista 1977, 226-233. — V. Lossky (1967), *À l'image et à la ressemblance de Dieu*, Paris, cap. 5, 6, 10, 12. — E. Barbotin (1970a), *Humanité de l'homme*, Paris; (1970b), *Humanité de Dieu*, Paris. — G. Martelet (1972), *Réssurrection, eucharistie, genèse de l'homme*, Paris. — E. Coreth (1973), *Was ist der Mensch? Grundzüge einer philosophischen Anthropologie*, Innsbruck-Viena-Munique, (1980³). — P. J. Jewitt (1975), *Man as Male and Female*, Grand Rapids. — H. U. von Balthasar (1978), *Theodramatik* II/2, *Die Personen in Christus*. — G. Ebeling (1979), *Dogmatik des christlichen Glaubens*, Tübingen, 3 vol., t. 1, § 14-16, t. 2 (*passim*), t. 3, § 31-33, 40-42. — J. B. Lotz (1979), *Person und Freiheit*, QD 83. — E. Jüngel (1980), "Der Gott entsprechende Mensch. Bemerkungen zur Ebenbildlichkeit des Menschen als Grundfigur theologischer Anthropologie", in *Entsprechungen*, BEvTh 88, 290-317. — J. Macquarrie (1982), *In Search of Humanity. A Theological and Philoso-phical Approach*, Londres. — G. Martelet (1982), "Christologie et anthropologie", in R. Latourelle e G. O'Collins (sob a dir. de), *Problèmes et perspectives de th. fondamentale*, Tournai-Montréal, 211-230. — W. Pannenberg (1983), *Anthropologie in theologischer Perspektive*, Göttingen. — O. H. Pesch (1983), *Frei sein aus Gnade. Theologische Anthropologie*, Friburgo-Basileia-Viena. — J.-Y. Lacoste (1984), "Nature et personne de l'h. D'un paradoxe christologique", in *La politique de la mystique, mélanges offerts à Mgr. M. Charles*, Paris-Limoges, 129-138. — J. Moltmann (1985), *Gott in der Schöpfung*, Munique (*Deus na criação*, Petrópolis, 1993). — J. D. Zizioulas (1985), *Being as Communion*, Crestwood-Nova York. — T. Koch e W. Hirsch (1992), "Mensch VIII-X", *TRE* 22, 530-577. — J.-Y. Lacoste (1994), *Expérience et Absolu. Questions disputées sur l'humanité de l'h.*, Paris. — T. de Koninck (1995), *De la dignité humaine*, Paris. — O. González de Cardedal (1997), *La entraña del cristianismo*, Salamanca, 103-342, "El Hombre y Dios".

Jérôme de GRAMONT

→ *Adão; Alma-coração-corpo; Criação; Evolução; Monogenismo/poligenismo; Morte; Ressurreição dos mortos.*

ANTROPOMORFISMO

O antropomorfismo (a.) consiste, em seu sentido mais amplo, em representar sob forma humana seres diferentes do homem, considerados superiores a ele. Os anjos*, a Sabedoria* poderiam caber nessa noção, mas o uso reserva o termo ao problema da representação do divino tanto no politeísmo como no monoteísmo*, e é nesse último que toma toda sua força e interesse.

1. Traços gerais dos antropomorfismos bíblicos

Esses traços encontram-se sob duplo aspecto. Deus* tem uma *forma corporal*. Assim no mito adâmico: ele escuta, passeia. Experimenta (Gn 2,19) e "desce" para saber (Gn 11,5; 18,21). Ele "aspira o perfume" (Gn 8,21; cf. Nm 15,24) e "escreve com seu dedo" (Ex 31,18); ele é, sobretudo, "guerreiro" (Ex 15,3, a comparar com Jr 20,11: "qual..."). O segundo aspecto consiste em atribuir-lhe *paixões e sentimentos humanos*. Ele se compraz nas oferendas (Gn 4), manifesta cólera*, é ciumento (Dt 5,9), muda de opinião (Gn 6,6s; 1Sm 15,11). — Não se devem ver nesses traços expressões que não pretendessem pronunciar-se sobre a realidade (como é o caso para a encenação de um apólogo: cf. 1Rs 22,18-23; Jó 1-2), nem o que se entende muitas vezes por "imagens poéticas" (p. ex. Sl 104,32). Eles correspondem, com efeito, mesmo quando vêm de camadas antigas, a uma percepção da essência divina que não será renegada (Gn 1,26: "Façamos o homem à nossa imagem..."). — O a. encontra limites: jamais a perfídia é atribuída a Deus. Toda representação sexual é afastada. Nota-se no AT uma estrita parcimônia na atribuição a Deus da qualidade de pai*: se Adão* gerou Shet "à sua semelhança e segundo a sua imagem", não se diz em Gn 1,26 que Adão tenha sido gerado por Deus (comparar com Lc 3,38).

2. Corretivos ao antropomorfismo em um imaginário de transcendência

Aceitando-se duas formas de base segundo as quais o imaginário pode estruturar um universo — uma indo até apagar as fronteiras (o extremo seria um mundo fusional), a outra acentuando a nitidez delas (o extremo seria um dualismo sem passagem possível) —, a representação bíblica de Deus escapa à primeira, e produz, no interior da segunda, corretivos aos a. Pode-se reduzi-los a três tipos: 1/A distância é balizada por intermediários, estabelecendo na certa um laço, mas retardando o contato, assim os anjos, sobretudo o "Anjo de Javé" que aparece nos momentos decisivos em que a ação divina se revela aos homens (Gn 22,15; Ex 3,2; 14,24, LXX; Nm 20,16; 22,22-35; Jz 2,4). Seres celestes intervêm nas visões do Templo* (serafim, em Is 6,2.6; keroûvîm em Ez 10,2) evocando as formas que já figuravam no templo de Salomão (1Rs 6-8), imagens talhadas de origem mesopotâmica, e em parte teriomórficas. 2/Em lugar do anjo, ou com ele, aparecem muitas vezes "homens" misteriosos (em Mamrê: Gn 18; o adversário de Jacó: Gn 32; cf. aquele, mais misterioso ainda, de Moisés: Ex 4,24). 3/O combate de Jacó com o anjo termina com a questão: "Qual

é o teu nome*?", à qual nenhuma resposta será dada senão uma bênção*. Os textos mais tardios tomarão uma distância maior, notadamente nas duas narrações* de inspiração análoga e que retomam as teofanias* do Sinai. No Ex 33,18-23, Moisés vê Deus "de costas" que somente "passa" (v. 22); e em 1Rs 19,1-21, Elias escuta a voz de Deus tornada qôl demâmâh daqqâh: "voz de fino silêncio" (v. 12: tradução aprovada por Lévinas e adotada por Briend, p. 27). "Ele não é um homem e nada tem do que se arrepender" (1Sm 15,29, em contraste com o v. 11). Mas Is 63,9 (LXX), dá preferência a "Face" e "Espírito* Santo" sobre "mensageiro" e "anjo".

3. Palavra, aliança, Deus partidário

a) O Nome. — A tradição* judaica será muito sensível ao nome inefável, cuja pronúncia será proibida. O Templo é simplesmente, para o Deuterônomio, "a casa sobre a qual meu nome será invocado".

b) A palavra. — A importância tomada hoje em dia pelas filosofias da linguagem convida a que se ponha a palavra — "Deus fala" — na raiz do a. bíblico. Essa concepção engendra duas variantes, orientadas uma para o céu, e a outra para a terra. De um lado, a "Palavra" será apresentada como uma entidade distinta e eterna. Do outro, a palavra* de Deus sairá da boca dos homens, dos profetas*, que dirão: "Assim fala Javé" e isso sobre a linha principal de uma palavra de aliança*, promessa* de uma terra feita a Abraão e em seguida renovada; aliança no interior da qual Deus pode ser representado como esposo (Os 2,16s.21s; 3,1; Is 42,4s; Jr 2,2; 31,21s; Ez 16,8.60).

c) O ponto crítico. — O a. é posto à prova com o fato de que a eleição* faz Deus partidário nas lutas humanas, o que culmina na exterminação dos primogênitos do Egito: a narração oscila, atribuindo o ato ora ao próprio Deus, ora a um "exterminador" distinto dele, enquanto o Sl 136,10 vê aí somente um sinal da "fidelidade" (hèsèd) de Deus para com seu povo*.

d) A encarnação. — Com Jesus* Cristo*, Deus toma a forma de homem (Fl 2,7): o "verdadeiro Deus, verdadeiro homem" está no centro da confissão* de fé. Mas o corretivo que vem desatar o nó da obscuridade, abrir o impasse do Deus partidário, é que a forma do homem é a da fraqueza e a da humilhação, até uma morte* que não é apenas o rito, conhecido da etnologia, do rei de zombaria: põe esse rei *em solidariedade com todo homem*. Como primogênito, imagem do Deus invisível, ele é restabelecimento do homem à imagem de seu criador (Cl 1,15-20). E o que "fizestes a um destes mais pequenos, que são meus irmãos, foi a mim que o fizestes" (Mt 25).

4. Ambivalência do antropomorfismo

a) Representação ou relação. — Agostinho* desempenhou um papel decisivo na maneira como o pensamento ocidental pôs a questão do a. Com efeito, ele dá o nome de "antropomorfitas" aos discípulos de Audius que "em um pensamento carnal, representam Deus à maneira de um homem corruptível" (*De haeresibus*, PL 42, 39). Com isso, Agostinho corta duplamente em uma ambivalência do a., tal como se elabora na encruzilhada das tradições bíblica e grega. Agostinho nega, de uma parte, tudo o que, no a., possa reduzir Deus ao homem, ou arrastar o homem para Deus, à imagem do qual ele foi feito. De outra parte, à negação de um a. concebido em termos de ser, ele adiciona a negação do a. concebido em termos de representação — o a. do qual Xenófanes deu a formulação mais célebre: "Se bois, cavalos e leões tivessem mãos como os homens, se pudessem como esses pintar e produzir obras de arte, então os cavalos pintariam as imagens dos deuses como cavalos, os bois como bois, e cada um constituiria a forma corporal de seus deuses segundo sua própria aparência" (H. Diels, *FVS*, 1951[6], fr. 17). — O Renascimento do s. XIII permaneceu na linha agostiniana. Se a analogia, procedimento do pensamento para responder à pergunta "Que é Deus?", intervém no capítulo sobre os "nomes divinos", essa dimensão relacional se apaga em proveito do estatuto dos *conceitos* então utilizados, legitimamente, contanto que essa inadequação seja consciente.

b) Kant. — Cabe a Kant* um lugar particular na maneira de abordar a ambivalência do a. Tratando, nos *Prolegômenos*, da "determinação dos limites da razão" observa que o ceticismo de Hume em relação a toda teologia não atinge quase o *deísmo* (que trata do "Ser supremo") mas sim o *teísmo* (que propõe um Deus pessoal), o que só interessa para o homem, em sua responsabilidade moral, mas está inevitavelmente maculado de a. Não há saída, se se apela a um "a. dogmático", que pretende dizer algo sobre o que Deus é "em si". Mas se tem direito a utilizar um "a. simbólico", que "concerne somente à linguagem e não ao objeto mesmo". É uma *analogia* que é então empregada (*Prol.*, § 57-58, *Œuvres*, col. "Pleiade", t. 2, 142, cf. *Religion dans les limites de la simple raison*, ibid. 3, 81, 202-204). O importante é o reatamento com o símbolo, cuja problemática Kant abre no pensamento contemporâneo. O mais fecundo é o laço pressentido com a linguagem. O que equivale, no caso do a., a voltar à problemática da *relação*. Trata-se, com efeito, de *liberdade* tal como é experimentada na consciência da lei* moral, que só encontra seu justo desenvolvimento na relação interpessoal (Kant fala aqui de *respeito*), o que obriga a falar de Deus como de uma pessoa (ao contrário, pois, do "deísmo"). O símbolo procede de um trabalho da *imaginação*, ligada ao *sensível*, que não se trata de abandonar, pois ele é a experiência viva dessas palavras, contudo necessárias para dizer o que Deus é para nós. Como notava, com razão, É. Weil, a problemática kantiana é bem a do homem *teomorfo* (*Problèmes kantiens*, p. 43).

c) Hegel e Kierkegaard. — Fichte, Schelling*, Schleiermacher* se situam na linha de Kant. Kierkegaard* defende um "a. vigoroso e potente" (*OC* 7, 161, nota; cf. *Papirer* II A, 133). Opõe-se então a Hegel*, que se interessa pelo a. sublinhando a maneira como as formas cristãs se desprendem das formas pagãs por uma crítica das representações. A verdade dessa inevitável passagem pelo homem para dizer Deus é a identidade da identidade e da diferença, coração do "conceito" hegeliano, cujo mais alto ponto é o pensamento da encarnação (*Jubiläums-Ausgabe*

11, 325-326, 409). Mas vê-se que a ênfase recai sobre a representação, mesmo que seja para criticar sua inadequação, enquanto se tem dificuldade em manter a espessura do sensível.

d) O pensamento contemporâneo. — E. Jüngel se conserva na linha hegeliana quando justifica o a., ao mesmo tempo, pelo homem feito à imagem de Deus e pela encarnação, proximidade entre o homem e Deus, que é como "o 'resultado' de uma identidade de Deus e do homem subsumindo toda diferença". — Paul Ricœur está entre os que souberam captar o interesse da pesquisa kantiana sobre o símbolo. Sua *Philosophie de la volonté* chega em seu último tomo, *La symbolique du mal*, Paris, 1960, a esta fórmula programática: "O símbolo dá a pensar" (p. 323). Sua primeira forma é uma leitura dos mitos (entre os quais o "mito adâmico") "com simpatia e imaginação". Esse procedimento dá todo espaço à imaginação, mas a põe na relação, a da "simpatia". Como diz Ricoeur, em um ensaio sobre a imaginação, "Nossas imagens são faladas antes de serem vistas" (*Du texte à l'action*, 217).

Conclusão. — K. Barth* indicava como desafio à teologia a obrigação de falar ali onde a palavra se sabe irremediavelmente inadequada (*Das Wort Gottes als Aufgabe der Theologie*, 1922). É abrir-se para a "teologia negativa*", que é um dos frutos do confronto entre a tradição bíblica e a tradição grega, comprometendo-se com esse "além do ser" que Platão soube colocar no sumo de sua dialética. O "a. simbólico" kantiano é, de alguma forma, uma teologia negativa reconduzida à modéstia. Autoriza uma leitura bíblica que não hesita em demorar-se no trabalho sobre a imagem. Se a teologia negativa dionisiana se aproxima da mística* e da "noite dos sentidos", a paciente travessia do sensível é o caminho dos "sentidos espirituais". Atitude de quem escuta, e cujo olhar se abre, que aprende a sentir e a saborear, tocando com muito respeito a palavra de Deus.

- A. Sertillanges (1908), *Agnosticisme ou anthropomorphisme?*, Paris. — A. Abd el-Fatah (1951), *Introduction à l'anthropomorphisme* (tese policop.), Paris. — E. Amado-Lévy-Valensi (1957), "L'homme a-t-il créé Dieu à son image?", *EPh*

1957, fasc. 3, 19-24. — F. Marty (1980), *La naissance de la métaphysique chez Kant. Une étude sur la notion kantienne de l'analogie*, Paris. — F. Christ (1982), *Menschlich von Gott reden. Das Problem des Anthropomorphismus bei Schleiermacher*, Einsiedeln. — K. Heinrich (1986), *Anthropomorphe. Zur Problem des Anthropomorphismus in der Religionsphilosophie*, Basileia-Frankfurt. — J. Derrida (1987), "Comment ne pas parler. Dénégations", em *Psyché, Inventions de l'autre*, Paris, 535-595. — E. Jüngel (1990), "Anthropomorphismus als Grundproblem neuzeitlicher Hermeneutik" (texto de 1982), em *Wertlose Wahreit*, Munique, 110-131. — J. Briend (1992), *Dieu dans l'Écriture*, Paris.

François MARTY

→ *Amor; Analogia; Anjo; Apofatismo; Bíblica (teologia); Ciúme; Cólera; Deus; Encarnação; Idolatria; Impassibilidade; Imutabilidade; Mito; Nome; Palavra de Deus; Sentidos da Escritura; Teofania.*

APOCALÍPTICA

O gênero* literário do apocalipse (ap., do grego *apokalypsis*, revelação) recebe esse nome do último livro* do NT, assim intitulado. O único outro ap. da Bíblia* é o livro de Daniel. Esse gênero, contudo, é amplamente representado nos pseudepígrafos judaicos e cristãos, do período helenístico à IM. Existem obras do mesmo tipo na Pérsia e no mundo grego e romano, mas não é certeza que tenham influenciado de maneira significativa os ap. judaicos e cristãos.

I. Definição

O ap. pode definir-se como um tipo de narração em que uma revelação* é comunicada a um destinatário humano por meio de um ser sobrenatural*. Essa revelação tem por objeto uma realidade que transcende, de uma só vez, o tempo (trata-se de uma salvação* escatológica) e o espaço (a cena se passa em outro mundo). Os ap. são, em geral, pseudônimos: atribuem-se a personagens célebres, como Henoc ou Esdras, e não a seus verdadeiros autores. Nos ap. judaicos o intermediário sobrenatural é habitualmente um anjo*. Esse papel será muitas vezes desempenhado por Cristo* nas obras cristãs. A salvação escatológica pode assumir formas variadas, comportar a restauração de Israel* ou uma nova criação*, mas inclui, de toda maneira, recompensa ou castigo depois da morte*.

II. Classificação

1. O apocalipse histórico

Há dois tipos de ap.: o primeiro pode chamar-se "histórico" por causa do curso de seus acontecimentos na história. É representado pelo livro de Daniel. Nele a revelação se apresenta sob forma de uma visão simbólica (p. ex., os quatro animais* saindo do mar: Dn 7,3). Essa visão é em seguida interpretada por um anjo com referência a acontecimentos históricos. Em lugar da visão, às vezes há o discurso do anjo, ou um diálogo entre o anjo e o visionário. Em Dn 9, a revelação se insere na interpretação de uma profecia bíblica (Dn 9,2; cf. Jr 25,11s; 29,10). O desenrolar da história é muitas vezes dividido em períodos, designados por números convencionais (setenta semanas de anos, em Dn, p. ex.). Tem por desenlace uma grande crise, com guerras* e perseguições. Depois ocorre uma intervenção divina, seguida da ressurreição* e do juízo* dos mortos. Além de Daniel, encontra-se esse tipo de ap. em *1Hen* 85-90 ("*Ap. animal*"), *1Hen* 93 e 91, 12-17 ("*Ap. das semanas*"), *4 Esd*, *2 Br*, e no Ap. joanino.

2. A subida aos céus

O segundo tipo de ap. se caracteriza pelo motivo da subida aos céus. É Henoc que é aqui o protótipo do visionário. A revelação toma, nesse caso, a forma de uma viagem ao céu, onde o anjo serve de guia. A ênfase é posta na geografia das regiões celestes; o modelo clássico compreende também, em geral, a morada dos mortos, o lugar do juízo, e uma visão do trono* de Deus*. Pode-se encontrar nesses ap. o anúncio da destruição do mundo, porém com menos frequência um curso da história* como nos ap. do primeiro tipo. A espera escatológica dirige-se sobretudo à vida futura dos indivíduos. Pertencem a esse segundo tipo *1Hen* 1-36 ("*Livro dos vigilantes*"), *1Hen* 37-72 ("*Parábolas de Henoc*"), *2 Henoc*, *3 Baruc*, *Ap. de Sofonias*, *Ap. de Abraão*. Esse gênero foi muito popular nos primórdios do cris-tianismo ("*Ascensão de Isaías*", "*Ap. de Paulo*", "*Ap. de Maria*" etc.).

III. Origens da apocalíptica

1. Os precedentes

A apocalíptica (apc.) é um gênero literário tardio (s. III a.C. — Intertestamento*). É claro que o ap. de tipo histórico tem suas raízes na profecia do AT, sobretudo nos textos mais recentes. Is 24-27, que é uma adição pós-exílica à coletânea de Isaías, é chamada com frequência de "*Apocalipse de Isaías*", mesmo se a forma de revelação aí não se encontra. Esses capítulos estão carregados de uma imageria mitológica que provém em boa parte de tradições antigas, agora conhecidas pelos textos ugaríticos do II milênio a.C.

Esses antigos mitos* contam, muitas vezes, um combate entre um deus e um ser monstruoso no começo da criação: em Babilônia, Marduk contra Tiamat; em Ugarit, Baal contra Mot (a morte) ou contra Yam (o mar). Os textos profético-apc. projetam esse combate para os tempos a vir. Para Is 25,7, Deus engolirá a morte (Mot) para sempre; para Is 27,1, Deus punirá Leviatã e exterminará o dragão "que está no mar". Os animais que surgem do mar, na visão de Daniel, se inscrevem nessa tradição. O combate contra o dragão é um motivo central no Ap. do NT (cap. 13).

Is 26,19 serve-se de imagens de ressurreição para anunciar a restauração do povo* judaico depois do exílio. Is 65,17 fala de novos céus e de uma nova terra: o tema será retomado também em Ap 21,1. O gênero apc. se anuncia igualmente nos profetas* pós-exílicos: o livro de Zacarias dá a suas revelações a forma de visões simbólicas interpretadas por um anjo.

2. Características originais

a) *Daniel.* — Esse livro afasta-se da tradição profética em muitos aspectos. É pseudônimo, enquanto no caso de Is 24-27 trata-se de textos anônimos acrescentados ao livro do profeta do s. VIII. Com Daniel e Henoc, estamos diante de um fenômeno novo: os livros são atribuídos a personagens lendários. Daniel, sem dúvida, nunca existiu. Os primeiros capítulos de seu livro descrevem sua vida e a de seus amigos na corte de Babilônia, durante o exílio. Daniel é um sábio, perito na interpretação dos sonhos e dos sinais enigmáticos. Henoc também é dado como um escriba e um sábio, muito mais do que como profeta. Contudo, seus livros se assemelham muito pouco aos Provérbios ou a Ben Sirac. Os livros sapienciais do AT têm uma visão pragmática da existência, e não invocam nenhuma revelação especial. A sabedoria apc., ao contrário, é por definição inacessível à razão* humana, e depende inteiramente de uma revelação sobrenatural, cujo objeto é o mistério*.

Daniel difere também da tradição profética pelo interesse que demonstra pelos anjos. O trono de Deus em Dn 7 é rodeado por miríades desses seres celestes. É um anjo que explica as visões de Daniel. A salvação de Israel é finalmente obtida pela vitória celeste do arcanjo Miguel sobre o "Príncipe da Grécia" (10,20; cf. 11,2). Mas a diferença principal entre Daniel e os profetas é, sem dúvida, a crença na ressurreição e no juízo dos mortos. Essa crença dá acesso a um registo de valores bem diferentes dos que prevalecem no restante da Bíblia hebraica. Nos primeiros profetas e no Deuteronômio, a salvação consiste em "longos dias no país" e na prosperidade do povo. Na perspectiva apc. a salvação vem depois da morte, o que torna aceitável perder sua vida neste mundo para ganhá-la no mundo a vir. Na realidade histórica, os heróis do livro de Daniel são os que enfrentaram o martírio* durante a perseguição da época dos Macabeus.

b) *Henoc.* — Nos ap. do tipo "subida aos céus", associados à figura de Henoc, a continuidade com a profecia bíblica é menor do que em Dn. Esse personagem de Henoc muito deve, sem dúvida, à figura mesopotâmica lendária de Enmeduranki, arrebatado aos céus antes do dilúvio. O "Livro dos Vigilantes" (henoquiano) é mais antigo do que Dn (s. III a.C, sem dúvida) e, diferentemente deste último, não está ligado a uma crise particular como a perseguição macabeana. Trata o problema da origem do mal* desenvolvendo o que está dito em Gn 6, em que os Filhos de Deus descem do céu e se unem às filhas dos homens. Esses personagens, chamados "vigilantes", são aniquilados por decreto divino, depois do que Henoc é arrebatado ao céu para ser ali guiado em uma visita dos confins da terra. Esse "Livro dos Vigilantes" se aproxima de Daniel pelo interesse que dedica ao mundo celeste. Sua descrição do trono divino (*1Hen* 14) parece muito com Dn 7. Em contraste com as visões mais antigas (Is 6), os dois livros enfatizam o número de seres celestes que estão em volta do trono. Como Daniel, Henoc dá a entender que a salvação* não diz respeito à terra, mas consiste em uma vida bem-aventurada para além da morte. Uma seção posterior de *1Hen* (91-105) descreve a vida futura sob traços de uma comunidade de vida com os astros e com os anjos (104, 2.4.6). Daniel também vê os sábios brilharem como estrelas depois da ressurreição (Dn 12,3). Contemporâneos da insurreição dos Macabeus, o "*Ap. animal*" e o "Ap. das Semanas" são do tipo histórico, e mais próximos de Daniel que o "*Livro dos Vigilantes*".

IV. Qumran

Daniel e Henoc exerceram ambos uma influência profunda sobre os escritos qumrânicos. Esses provêm de um movimento sectário, cuja identificação com os essênios é provável, mesmo se ainda discutida. Contêm livros compostos fora da seita, entre os quais Henoc e Daniel, mas não há ap., propriamente falando, que provenha da seita mesma. Seu conjunto ilustra, porém, a concepção do mundo que é a dos ap. É nos textos normativos que o ponto de vista da seita aparece mais claramente, em particular na "Regra da Comunidade" (1QS). Segundo a instrução sobre os dois Espíritos (1QSIII-IV), a humanidade se divide segundo o combate que travam o Espírito de luz e o Espírito de trevas no coração* dos homens. Os caminhos do Espírito de luz levam à vida eterna*, os do Espírito de trevas, à ruína sem fim. Mas Deus impôs um limite à duração do conflito, e aniquilará finalmente as forças das trevas. Esse esquema dualista é comum a muitos escritos da seita. No "Testamento de Amrã", um dos mais antigos desses escritos (s. II a.C., sem dúvida), o anjo de luz aparece sob muitos nomes (Miguel, Melquisedec), assim como o anjo das trevas (Melkirécha, Belial). É no "Regulamento da Guerra" que o dualismo encontra sua encenação mais espetacular, com o combate final dos Filhos da luz contra os Filhos das trevas. Os primeiros, os verdadeiros israelitas, são apoiados pelo exército celeste e lutam contra os Kittim (sem dúvida os romanos, mas talvez os gregos) e contra as forças de Belial. No fim, Deus exalta o poder principesco de Miguel entre os anjos, e o reino de Israel sobre a terra (1QMX-VII). Essas concepções, muito próximas daquelas dos ap., devem ter sido influenciadas pelo dualismo persa.

Os escritos qumrânicos carregam também o traço do aspecto místico* da tradição apc. Para os Hinos (*Hôdayôt*), os membros da comunidade são, já desde esta vida, associados aos exércitos dos anjos, cuja liturgia* está descrita nos "Cânticos para o sacrifício* do *sabbat*". Essa crença em uma participação no mundo celeste desde a vida presente faz que os escritos qumrânicos se interessem pouco pela ressurreição.

V. Primórdios do cristianismo

As tradições apc. marcaram também profundamente o cristianismo primitivo. "O Ap. é a mãe da teologia* cristã": essa fórmula de E. Käsemann (*ZThK* 1960, 185) é sem dúvida uma simplificação, porque a teologia tem numerosas fontes, mas é verdade que a expectativa apc. desempenhou um papel crucial na formação da Igreja*. Segundo os "ap. sinóticos", Jesus* retoma a visão daniélica de um "Filho* do Homem" vindo "rodeado de nuvens" (Mc 13,26). Não há hoje consenso para afirmar que se trata de uma palavra autêntica de Jesus, mas é certo que os primeiros cristãos creram que Jesus voltaria como o Filho do homem sobre as nuvens. Eles não viam na ressurreição* de Jesus um milagre isolado: Cristo era, antes, como o diz Paulo, "primícias dos que morreram" (1Cor 15,20), e sua ressurreição, o sinal do começo da ressurreição geral. Paulo estava persuadido de que tudo isso se cumpriria em sua geração (1Ts 4,15ss). O cenário que evoca em 1Ts (arcanjo, som de trombeta, arrebatamento dos eleitos para o céu) só é inteligível no contexto das tradições apc. judaicas dos dois séculos anteriores. O Ap. atribuído a João (teologia joanina*, Cordeiro* de Deus), que data do fim do s. I, não é um fenômeno atípico, mas o ponto terminal de uma corrente bem atestada em Paulo e nos sinóticos. Difere dos ap. judaicos por não ser pseudônimo, mas por se inspirar muito nas imagens de Daniel. Inspira-se também nos antigos mitos de conflito. Satã é um dragão, lançado para fora do céu. O Império romano é uma animal que surge do mar, ou a grande prostituta sentada sobre a besta de sete cabeças. No fim, Cristo aparece como um guerreiro celeste, que arrasa as nações pela espada de sua boca. Uma das principais razões de ser do Ap. era dar apoio aos cristãos perseguidos, e lhes assegurar a vitória, mesmo que sofressem o martírio, a exemplo de Cristo vencedor pela cruz. A intensidade da expectativa apocalíptica de certas correntes cristãs primitivas vê-se também em 2Pd 2,1-3,3.

VI. Desenvolvimentos ulteriores

No judaísmo* a apc. parece ter desaparecido no decurso do s. II de nossa era, verossimilmente porque durante as duas grandes revoltas contra Roma os judeus tinham visto amargamente decepcionada sua esperança de serem libertados por Deus.

Apesar disso, ocasionais reviviscências dessas expectativas se produzem até a IM. Os ap. tiveram igualmente grande importância na história do misticismo judaico. Também no mundo cristão, a corrente mística da tradição se conserva viva. A influência dos ap. de subida aos céus (e de descida aos infernos) se faz sentir nos grandes poemas de Dante*. Os ap. de tipo histórico deram lugar em muitas ocasiões, no curso dos séculos, a movimentos milenaristas, que têm no joaquinismo (milenarismo B*) o caso mais importante.

O descrédito do milenarismo hoje vem de que está ligado antes de tudo ao fundamentalismo* cristão, que faz uma leitura indevidamente literal das profecias bíblicas, e que é destituído do sentido do mistério das vias de Deus.

VII. Valor permanente

De qualquer modo, tomados em seu contexto histórico, os ap., com sua força imaginativa e seu poderoso conteúdo simbólico, foram uma fonte de esperança* para as vítimas da opressão e da alienação. Escritos ambos durante perseguições, Dn e o Ap. de João recusaram-se, tanto um como o outro, a aprovar os que queriam opor-se a eles pela violência*. Suas visões inspiraram um modo de ver o mundo para o qual era melhor dar a vida do que renunciar aos princípios de sua fé. É verdade que o Ap. joanino foi muitas vezes criticado por causa do lugar que ali ocupa a vingança*. Seu quadro da ruína da Babilônia (de fato, Roma) talvez não seja o cúmulo da caridade, mas deve ser situado em seu contexto. Ele oferece uma saída aos sentimentos incompreensíveis de cólera e de ressentimento contra o opressor, mas deixa a vingança a cargo de Deus. A decisão de incluir esse livro no cânon* foi por muito tempo contestada, mas se justifica pela força simbólica das imagens. A literatura apc. contém ainda de que consolar os oprimidos, com a condição de não esquecer que o que vemos é apenas um enigma, como em um espelho (1Cor 13,12), e que não está em nosso poder calcular o dia e a hora da vinda de Deus (Mt 25,13).

• Col. (1977), *Apocalypses et théologies de l'espérance*, LD 95, Paris. — J. Lambrecht (sob a dir. de) (1979), *L'Apocalypse johannique et l'apocalyptique dans le Nouveau Testament*, BEThL 80, Gembloux. — B. McGinn (1979), *Apocalyptic Spirituality*, Nova York. — C. Rowland (1982), *The Open Heaven. A Study of Apocalyptic in Judaism and Early Christianity*, Nova York. — J. H. Charlesworth (1983-1985), *The Old Testament Pseudepigrapha*, Nova York. — D. Hellholm (sob a dir. de) (1983), *Apocalypticism in the Mediterranean World and the Near East*, Tübingen. — A. Yarbro Collins (1984), *Crisis and Catharsis in the Book of Revelation*, Westminster. — J. J. Collins (1984), *The Apocalyptic Imagination. An Introduction to the Jewish Matrix of Christianity*, Nova York. — C. Kappler (sob a dir. de) (1987), *Apocalypses et voyages dans l'au-delà*, Paris. — P. Sacchi (1990), *L'Apocalittica giudaica e la sua Storia*, Brescia. — J. J. Collins e J. H. Charlesworth (1991), *Mysteries and Revelations*, Sheffield. — F. Garcia Martinez (1992), *Textos de Qumrán*, Madri; *Qumram and Apocalyptic*, Leyde. — D. S. Russel (1992), *Divine Disclosure. An Introduction to Jewish Apocalyptic*, Minneapolis. — M. Himmelfarb (1993), *Ascent to Heaven in Jewish and Christian Apocalypses*, Nova York-Oxford.

John J. COLLINS

→ *Anjo; Bíblia; Cânon; Escatologia; Intertestamento; Juízo; Mistério; Morte; Profeta/profecia; Ressurreição; Revelação; Sabedoria; Violência.*

APOCATÁSTASE

Apocatastasis (*ap.*), palavra grega que significa "restabelecimento" ou "restauração", designa habitualmente, na linguagem da teologia* cristã, a universalidade da salvação*, sobretudo porque Orígenes* e outros autores cristãos antigos utilizam esse termo para exprimir a esperança de um restabelecimento de todas as criaturas dotadas de razão* em seu estado original de unidade com Deus*.

a) A Escritura. — A Bíblia* judaica, em contraste com outros textos semíticos mais antigos, não possui da história humana uma concepção cíclica de quedas seguidas de retornos a um bem-estar cósmico, mas muitas passagens do AT exprimem a esperança de que Deus restabelecerá um dia a segurança de Israel*, como outrora reconduziu os exilados do cativeiro (Os 11,11; Jr 16,15; 27,22; Dn 9,25; Sl 126). *Ap.* não é utilizada pelos LXX, e só se encontra uma vez no NT, em At 3,21, onde parece simplesmente significar o "estabelecimento" do reino* messiânico, em cumprimento* da promessa* de Deus (cf. 1,6). Não se pode negar que muitos textos do NT evocam a perspectiva de um juízo* ou de um castigo eterno dos pecadores, mas um bom número de outros sugerem, pelo menos, que o desígnio "original" de Deus é restabelecer, por Jesus* ressuscitado, uma nova vida e uma nova unidade cósmica que incluirá todos os homens (p. ex., Rm 11,32; Fl 2,9ss; Ef 1,3-10; Cl 1,17-20; 1Tm 2,3-6; 4,10; Tt 2,11; 2Pd 3,9; Jo 12,32).

b) As teorias patrísticas. — Clemente de Alexandria (antes de 215) foi o primeiro teólogo cristão a pensar que o castigo dos pecadores, nesta vida ou na outra, é de ordem terapêutica e, portanto, temporário; é o único tipo de castigo concebível (*Strom.* IV, 24, 154, 1 s; VI, 12, 99,

2; VII, 16, 102). Uma vez a alma* purificada de seus apegos passionais, pode aceder a essa contemplação* eterna de Deus que Clemente chama sua "restauração", *ap.* (*Strom.* VII, 10, 56, 5).

Embora proveniente do mesmo meio cultural que Clemente, e na certa influenciado por seu pensamento, Orígenes elaborou uma escatologia* ao mesmo tempo mais conscientemente bíblica e mais prudente do ponto de vista especulativo. Cita muitas vezes, sem as comentar, as ameaças bíblicas de um juízo e de um castigo eterno dos pecadores, mas sugere também que, em fim de contas, o castigo deve ser psicológico e não material, que deve tratar-se de um remédio, e não de uma pura vingança (*De princ.* II, 10, 4; *Hom. in Ezek.* 3, p. ex.). Isso o leva a formular, ao menos a título de possibilidade, a doutrina da salvação universal habitualmente associada a seu nome; uma vez que, segundo ele, "o fim é sempre semelhante ao começo" na história desejada por Deus, e que a misericórdia* divina e a liberdade* humana são indestrutíveis, é lógico pensar que todas as criaturas dotadas de razão terminarão por chegar um dia a uma união permanente com Deus, sob direção de Deus, e contudo, por sua própria vontade (*De princ.* I, 6, 2 s; *Comm. in* Rm 5,10; 9,41 p. ex.). Às vezes, parece mesmo pensar que Satã e os outros espíritos maus serão abrangidos pela salvação final (*Comm. in Joan.* 32, 3, 29 s; *De princ.* III, 6, 5, p. ex.), embora na "carta a seus amigos de Alexandria" se defenda de ter jamais sustentado essa posição (cf. Rufino, *De adulteratione librorum Orig.*, PG 17, 624 A-625 A 2). Seja como for, Orígenes exprime sempre sua teoria da *ap.* com muita prudência; como se disse, ele a considerava "não como uma certeza, mas como uma grande esperança" (Crouzel, 1978, 325).

No fim do s. IV a mesma esperança de uma salvação universal está expressa, com mais prudência ainda, por Gregório* de Nazianzo (*Or.* 30, 6; 40, 36). Seu amigo e contemporâneo Gregório* de Nissa a professa ao contrário muito abertamente em vários de seus escritos, fundando-se ao mesmo tempo na finitude ontológica do mal* e no dinamismo natural que impele para Deus todas as criaturas dotadas de razão (*De hominis opificio* 21, 1, SC 6; *De an. et res.* [PG 46, 69 Cl-72 B 10; 101 A 2-8; 104 B13-105 A 2], *In Cant. Hom.* 15). A salvação final começará pela ressurreição* do corpo*, e não será, portanto, uma "restauração", no sentido do retorno da alma a seu estado pré-corporal: será a realização do desígnio eterno de Deus sobre as criaturas angélicas e humanas, que serão enfim de novo à sua imagem e semelhança.

A recrudescência do interesse pela tradição de Orígenes — mais exatamente para as formas extremas que essa tinha tomado em Evágrio Pôntico (fim do s. IV) — que se produziu entre os monges da Palestina no s. VI suscitou conflitos e finalmente a condenação de muitas doutrinas de Orígenes, sob o reinado de Justiniano (527-565). Entre as teses rejeitadas pelo sínodo* de Constantinopla de 543, cuja condenação foi aparentemente confirmada, sob forma ampliada, pela assembleia dos bispos* antes do começo do II concílio de Constantinopla* (553), encontra-se a seguinte: "Se alguém disser ou defender que o castigo dos demônios* ou dos ímpios é temporário, e que terá fim a um momento dado, ou que haverá uma completa restauração (*ap.*) dos demônios e dos ímpios, que seja anátema" (cân. 9, *DS* 411). Considera-se em geral que essa condenação, que não tem claramente estatuto de decisão de um concílio* ecumênico, rejeita a tese segundo a qual se pode ter a certeza de que ninguém será eternamente condenado.

c) A teologia moderna. — A ideia da *ap.* não deixou de fascinar os teólogos cristãos, mesmo se nunca foi uma opinião dominante entre eles. Schleiermacher* considerava que a ideia de uma condenação eterna era incompatível com a fé* em um Deus justo e bom, e pensava que a "visão mais branda" da salvação para todos tinha também um fundamento escriturístico, e "pelo menos, títulos iguais" de credibilidade (*Der christliche Glaube*, § 163). Para Barth*, uma vez que nossa resistência a Deus é sempre temporal e finita, "o Eterno não pode, como tal, deixar de anular essa perseverança na incredulidade", e é, pois, "impossível esperar demasiado de Deus" (*KD* II/2, 325); assim como não podemos estar seguros de que todos serão eleitos de Deus, não podemos excluir que Deus, em sua liberdade, salve todos os homens. Na teologia católica recente, Balthasar* é o mais determinado defensor da tese de que, se não se pode jamais estar absolutamente seguro da salvação final de todos, faz parte da esperança* e do amor* cristãos afirmar que isso é possível, no mistétrio* da graça* salvadora de Deus. Finalmente, a questão é saber se a liberdade humana é capaz de prejudicar, definitivamente, o desígnio de Deus; e, em outros termos, se o triunfo universal da graça significaria a destruição da liberdade criada que ela procura justamente transformar e curar. Ainda hoje, essa é uma *questão discutida.*

• H. U. von Balthasar, *Was Dürfen wir Hoffen?*, Einsiedeln, 1986; *Kleiner Diskurs über die Hölle*, Ostfildern, 1987; "Apokatastasis", *TThZ* 97, 1988, 169-182). — K. Barth, *KD* II/2, Zurique-Zollikon, 1942, 286-563. — E. Brunner, *Die christliche Lehre von der Kirche, vom Glauben, und von der Vollendung* (*Dogmatik III*), Zurique, 1960, 464-474; cf. *Die christliche Lehre von Gott* (*Dogmatik I*), Zurique, 1946, 375-381. — Canones anti-origéniens de 543, *ACO* III, 213 *sq*; de 553, *ACO* IV/1, 248 *sq.* — Gregório de Nissa, *De anima et ressurrectione*, PG 46, 104 B 11-105 A 2, 152A1-11, 157 B 7-160 C 12; *De mortuis*, *GNO* 9, Leyde, 1992, 28-68; *Oratio catechetica*, ed. J. Srawley, Cambridge, 1903, 26, 100; 35, 138. — Orígenes, *De principiis* I, 6, 1—3, SC 252, 194-204; I, 8, 3, *ibid.*, 226 *sq*; III 5, 6-6, 9, SC 268, 228-254. — F. Schleiermacher, *Der christliche Glaube* II, § 163, Berlim, reimpr. 1960, 437, *sq.* — Tomás de Aquino, *Summa Theologiae Suppl.*, q. 93.

▶ J. Daniélou (1940), "L'ap. chez saint Grégoire de Nysse", *RSR*, 30, 328-347. — A. Méhat (1956), "'Ap.': Origène, Clément d'Alexandrie, Ac 3, 21", *VigChr* 10, 196-214. — G. Müller (1958), "Origen und die Ap.", *ThZ* 14, 174-190; (1969), *Ap. pantôn. A Bibliography*, Basileia. — P. Siniscalco (1961), "*Ap., apokathistèmi* nella tradizione della grande chiesa fine ad Ireneo", St Patr 3, 380-396. — H. Crouzel (1978), "L'Hadès et la Géhenne selon Origène", *Gr* 59, 293-309. — G. Tsirpanlis (1979), "The Concept of Universal Salvation in Saint Gregory of Nyssa", in *Greek Patristic Theology: Basic Doctrine in Eastern Church Fathers* I, Nova York, 141-156. — L. Scheffczyk (1985), "Ap.: Faszination und Aporie", in *IKaZ* 14, 34-46. — H. Crouzel (1987), "L'ap. chez Origène", *in* L. Lies (sob a dir. de), *Origeniana Quarta*, Innsbruck, 282-290. — J. Ambaum (1991), "An Empty Hell? The Restoration of All Things? Balthasar's Concept of Hope for Salvation (*ap.*)", *Com*(*US*) 18, 35-52. — B. E. Daley (1991), *The Hope of the Early Church. A Handbook of Patristic Eschatology*, Cambridge. — J. R. Sachs (1991), "Current Eschatology: Universal Salvation and the Problem of Hell", *TS* 52, 227-254; (1993), "Ap. in Patristic Theology", *TS 54*, 617-640.

Brian E. DALEY

→ *Esperança; Inferno; Salvação; Universalismo.*

APÓCRIFOS

a) Definição. — O termo "apócrifo" (ap.) ("secreto", "oculto"), aplicado a textos, conheceu no curso da história significações variadas e parece, ainda hoje, resistir a toda definição precisa, estável, e amplamente admitida (Junod, 1992).

Na época antiga, chamavam-se "ap." livros cujo acesso era reservado aos iniciados, ou que não se deviam ler em público. Desde o s. IV, i.e., depois que foi fixado e fechado o "cânon*" das Sagradas Escrituras*, o nome tomou na Igreja* cristã uma conotação negativa, ao mesmo tempo que uma significação bastante imprecisa: são declarados ap. livros não canônicos que, em certos casos, teriam sido compostos ou utilizados por hereges, e que seriam posteriores aos textos canônicos.

No s. XVI, católicos e protestantes iriam questionar o estatuto e o nome de uma categoria particular de obras (*Judite, Tobit, 1 e 2 Macabeus, Sabedoria de Salomão, Sirácida, Baruc, Epístola de Jeremias*, passagens de *Ester* e de *Daniel*). No decurso dos tempos, fora discutido se pertenciam ao AT, particularmente por Jerônimo, por não pertencerem à Bíblia* hebraica. O protestantismo* lhes dará o nome de "ap.", enquanto o catolicismo* os chamará "deuterocanônicos" (canonizados em um segundo tempo), designação que pouco a pouco vai impor-se.

Mesmo descartando os "deuterocanônicos", a nebulosa dos ap. permanecerá dificilmente identificável. A partir do s. XVIII, eruditos tentaram reunir e classificar os textos em coleções de ap. do AT e de ap. do NT. Porém o título dado a essas coletâneas não encontrou unanimidade. Para designar os textos judaicos não canônicos e compostos na época helenística, prefere-se falar atualmente de "pseudepígrafos" do AT ou de "escritos intertestamentários". Quanto às obras cristãs, essas são classificadas como "literatura ap. cristã". Neste artigo trata-se exclusivamente desses textos.

A literatura apócrifa cristã compõe-se de:
— textos de origem judaica, depois cristianizados nos primeiros séculos (cf. *Ascensão de Isaías*; *Odes de Salomão*; *Oráculos sibilinos*; *Testamentos do XII Patriarcas* etc.);
— textos cristãos compostos nos três primeiros séculos, seja antes do encerramento do cânon (diversos evangelhos*, atos romanescos de um apóstolo* particular ou de um herói, apocalipses, encontros do Ressuscitado com discípulos etc.);
— textos cristãos compostos após a fixação do cânon (cf. narrações da infância de Jesus*; dormições de Maria*; vidas hagiográficas de apóstolos e de figuras bíblicas; crônicas; revelações; visões; escritos compostos para uso litúrgico etc.). A produção desses textos não conheceu nenhuma solução de continuidade entre a Antiguidade tardia e a época contemporânea.

As ligações culturais desses textos, em particular dos mais antigos, são diversas: comunidades judaicas, judeu-cristãs, pagano-cristãs e gnósticas, círculos eclesiásticos do Oriente ou do Ocidente, correntes heterodoxas, maniqueísmo etc.

Todos esses textos têm em comum duas características principais: são anônimos ou pseudepígrafos (postos sob o nome de um autor santo ou fundador) e entretêm uma relação com os livros do NT e/ou do AT. Essa relação, às vezes tênue, é de natureza diversa; encontram-se assim textos que apresentam algum destes traços:
— referem-se a acontecimentos contados ou evocados nos livros bíblicos (p. ex. a transfiguração, a paixão*);
— situam-se antes ou após acontecimentos contados ou evocados nesses livros (p. ex. a vida de Maria antes da natividade ou depois da paixão; a narrativa da descida* aos infernos);
— estão centrados em personagens que aparecem nesses livros (p. ex. os profetas* ou os apóstolos);
— seu gênero literário se assemelha ao dos escritos bíblicos (p. ex. as epístolas e os apocalipses).

b) A história e a transmissão dos apócrifos. — Os ap. antigos estão mal conservados. Para tomar o caso dos evangelhos, sabe-se que no s. II circulavam nos círculos cristãos cerca de uma dúzia de evangelhos, além dos quatro que mais tarde se encontrarão no NT. Mas dessas diversas narrações* só subsistem fragmentos: o *Evangelho de Tomé* (em copta), fragmentos gregos do *Evangelho de Pedro*, e alguns fragmentos evangélicos raramente identificáveis.

Essa transmissão parcial é um efeito da condenação eclesiástica que atingiu os textos ap. antigos, a partir do s. IV. Suspeitava-se que certos círculos marginais ou heréticos — e não sem razão no caso dos maniqueus, priscilianistas e encratitas da Ásia Menor — recorriam largamente a esses textos; daí seu banimento ou sua destruição. Todavia, o favor de que gozavam entre o povo e os monges, junto com o fato de terem sido outrora traduzidos de sua língua original (muitas vezes, o grego) para várias outras línguas (latim, copta, siríaco, armênio, árabe, georgiano, irlandês etc.) e difundidos, portanto, nas diversas áreas culturais, garantiu uma sobrevida a alguns deles, mas raramente de maneira integral e na língua original. Além disso, alguns só conseguiram atravessar os séculos por terem sido reescritos, seja para serem expurgados de seus elementos suspeitos, seja simplesmente para se adaptarem ao gosto da época.

O estado de conservação dos textos, em sua língua original ou em uma língua de tradução, em sua forma antiga ou em forma revisada, representa um sério obstáculo ao conhecimento ou à utilização da literatura ap. antiga.

c) Principais tipos de apócrifos antigos. — A divisão da literatura ap. cristã antiga em quatro grandes gêneros (evangelhos, atos, epístolas, apocalipses), correspondentes aos gêneros* literários dos escritos neotestamentários, é gravemente redutora e enganadora, de um lado porque essa literatura demonstra bem maior variedade de gêneros e de formas literárias; de outro lado porque sob a mesma apelação agrupam-se assim textos que não têm grande coisa em comum: p. ex. os Atos Ap. dos Apóstolos — João, André, Tomé, Pedro*, Paulo — não pertencem a um gênero literário definido que seria o dos Atos dos Apóstolos compostos por Lucas. Aliás não é raro que os textos pertençam a vários gêneros; assim, a *Epístola dos apóstolos* seria uma carta, conforme seu título, enquanto, por sua forma, é um texto de revelação e de encontro.

A *Clavis apocryphorum Novi Testamenti* (Geerard, 1992) fornece um repertório dos ap. cristãos dos cinco primeiros séculos.

Entre os ap. mais antigos, quatro gêneros parecem dominar:

— os evangelhos: muito semelhantes aos evangelhos sinóticos no caso do *Evangelho de Pedro*; coleção de "palavras" (*logia*) no caso do *Evangelho de Tomé*;

— os encontros do Ressuscitado com os discípulos (e às vezes Maria*): *Epístola dos apóstolos*, *Questões de Bartolomeu* etc.;

— os romances apostólicos: *Viagens de Pedro* (romance pseudoclementino), *Atos de João*, *Atos de André*, *Atos de Pedro*, *Atos de Paulo*, *Atos de Tomé*, *Atos de Filipe* etc.;

— os apocalipses (centrados sobre o juízo* e os infernos*): *Apocalipse de Pedro*, *Apocalipse de Paulo*.

d) *O olhar novo da pesquisa contemporânea.*

— A pesquisa histórica contemporânea se aplica à revisão do descrédito que pesa ainda sobre os textos ap. e a apreciar cada um a partir de suas características próprias. Revisa, em particular, a ideia de que os ap. cristãos mais antigos propagavam por definição tradições lendárias aberrantes ou de valor claramente secundário (Koester, 1990). Esforça-se por tratar os ap. como documentos históricos que fornecem preciosa documentação sobre os diversos meios donde provieram e que os acolheram, assim como sobre a maneira com que os cristãos dos primeiros séculos prolongaram e enriqueceram

sua memória dos heróis e dos acontecimentos fundadores (Picard, 1990). Enfim, aplica-se a pôr em evidência a influência direta ou indireta (em particular por intermédio da liturgia* e da iconografia) que esses textos exerceram no curso dos séculos sobre a teologia* e a piedade.

• M. Geerard (1992), *Clavis Apocryphorum Novi Testamenti*, Tournai. — J.-H. Charlesworth, J. R. Mueller (1987), *The New Testament Apocrypha and Pseudepigrapha: A Guide to Publications, with Excursuses on Apocaplypses*, Metuchen-Londres. — EDIÇÕES: J.-C. Thilo (1832), *Codex apocryphus Novi Testamenti*, Leipzig. — C. von Tischendorf (1866), *Apocalypses apocryphæ*, Leipzig (Hildesheim, 1966); (1876), *Evangelia apocrypha*, Leipzig (Hildesheim, 1966). — R. A. Lipsius, M. Bonnet (1891-1903), *Acta apostolorum apocrypha*, t. I e II, 1-2, Leipzig (Darmstadt, 1959). — (1983ss), *Corpus Christianorum, Series Apocryphorum*, 6 vol. publ., Tournai (texto e tradução). — TRADUÇÕES: J.-P. Migne (1856-1858), *Dictionnaire des Apocryphes ou collection de tous les livres apocryphes relatifs à l'Ancien et au Nouveau Testament*, t. I-II, Paris (Tornai, 1989). — M. Erbetta (1966-1981), *Gli Apocrifi del Nuovo Testamento*, t. I, 1-2, II e III, Turim. — F. Quéré (1983), *Évangiles apocryphes*, Paris. — W. Schneemelcher (1987-1989), *Neutestamentliche Apokryphen*, t. I–II, Tübingen. — J. K. Elliott (1993), *The Apocryphal New Testament*, Oxford. — (1993ss), *Apocryphes* (col. de bolso da Association pour l'Étude de la Littérature Ap. Chrétienne), 3 vol. publ., Tournai. — F. Bovon, P. Geoltrain (sob a dir. de) (1997), *Écrits apocryphes chrétiens*, I, Paris.

• F. Bovon (ed.) (1981), *Les Actes apocryphes des apôtres. Christianisme et monde païen*, Genebra. — É. Junod, J.-D. Kaestli (1982), *L'histoire des Actes apocryphes des apôtres du IIIe au IXe siècle*, Lausanne; (1983), *Gli apocrifi cristiani e cristianizzati*, Augustinianum 33; (1986), *The Apocryphal Acts of Apostles*, Semeia 38. — A. Y. Collins (1988), "Early Christian Apocalyptic Literature", *ANRW* II, 25, 6, 4665-4711. — (1990ss), *Apocrypha. Revue internationale des littératures apocryphes*, Paris-Turnhout. — H. Koester (1990), *Ancient Christian Gospels*, Filadélfia-Londres. — J.-C. Picard (1990), "L'apocryphe à l'étroit: notes historiographiques sur les *corpus* d'apocryphes bibliques", *Apocrypha* 1, 69-117. — É. Junod (1992), "'Apocryphes du Nouveau Testament': une appellation erronée et une collection artificielle", *Apocrypha* 3, 17-46.

Éric JUNOD

→ *Apocalíptica; Gnose; Heresia; Intertestamento; Judeu-cristianismo.*

APOFASE → (negativa) teologia

APOLINARISMO

Essa doutrina tira seu nome de Apolinário (Ap.) de Laodiceia (*c.* 315-392), autor de muitas obras; muitas delas foram perdidas ou só nos chegaram de maneira fragmentária ou sob nomes de empréstimo: obras apologéticas, dogmáticas (entre elas *Apodeixis*, ou *Demonstração* da encarnação* divina segundo a semelhança do homem), polêmicas, exegéticas (numerosos fragmentos nas *Cadeias:* a reputação de Ap. como exegeta era particularmente grande). Ap. se torna bispo* da comunidade niceana de Laodiceia de Síria por volta de 360, e suas doutrinas sobre Cristo* suscitam rapidamente contestação: a de Atanásio* em 372 (*Carta a Epiteto*), e de Epifânio em 374 (inquérito em Antioquia, em consequência do qual foi dedicada uma nota às doutrinas apolinaristas no *Panarion*, em 377). Muitos concílios* o condenam: os de Roma* (377 e 382), de Antioquia (379), Constantinopla* I (381 e 382). Gregório* de Nazianzo em 381, Gregório* de Nissa em 385 e 387, assim como Diodoro de Tarso e Teodoro de Mopsueste escreveram refutações do apolinarismo.

Ap. quer salvaguardar a unidade de Cristo, Deus* encarnado, Verbo* feito carne* — contra uma concepção que nele veria a união de duas pessoas* — mas também, como bom niceano que é, quer salvaguardar sua divindade. Recusa, pois, de entrada, toda concepção que nele veria um homem privilegiado pela graça* divina (*anthrôpos entheos*), toda teologia* do homem "adotado" (*homo assumptus*) por Deus. Mas para assegurar a unidade substancial da carne com o Verbo*, ele exclui do ser* de Cristo o *noûs*, o espírito, o intelecto racional, na medida em que esse é capaz de autodeterminar-se: é o elemento divino, a divindade, o Espírito* de Deus que ocupa seu lugar (a antropologia* de Ap. é em geral tripartida — espírito, alma, carne —, mas exprime-se às vezes sob forma bipartida, e é então que a divindade ocupa o lugar da alma de Cristo).

É sua concepção do homem decaído e da salvação* que levou Ap. a essa cristologia*. No homem decaído, o *noûs* se tornou carnal, e então já não domina as paixões* que têm sua sede na alma*; ora, foi por meio delas que o pecado* se introduziu no homem, e por ele, a morte*. Em Cristo, tudo é diferente: o *noûs* não é vencido pela carne, porque não é humano, mas divino, celeste; daí resulta que o pecado e a morte são destruídos. Cristo aparece também como homem perfeito, no qual o Espírito divino domina completamente a carne, divinizada, e as paixões da alma — o que permite também defender, contra Ário, sua perfeita imutabilidade* durante sua vida. Nele existe, pois, uma *unidade substancial* do Espírito e da carne, uma unidade que seria impossível entre um Espírito e um espírito (só haveria então uma união de energia, como quando a graça de Deus age sobre o homem; mas em Cristo não pode haver ação da graça, porque isso significaria que ele deve ser salvo). Portanto, união substancial de um ser perfeitamente unificado, o que Ap. exprime em sua célebre fórmula: "Uma é a *natureza* (*physis*) do Verbo que se encarnou" — natureza* significando aqui realidade concreta, *hipóstase*, pessoa; por ser um niceano estrito, Ap. dá o mesmo sentido a *physis*, *ousia*, *hypostasis*. Na teologia de Ap. a pneumatologia tem, pois, um lugar de preferência.

O argumento mais importante que será oposto ao apolinarismo foi bem expresso por esta frase de Gregório de Nazianzo: "O que não foi assumido não foi salvo" (*Carta* 101, 32). Cristo então deve ser um homem completo, corpo e espírito, para salvar o homem completo.

• E. Muehlenberg (ed.), "Apollinarios von Laodicea zu Ps 1-150", in *Psalmenkommentare aus der Katenenüberlieferung 1*, PTS 15, 1975, 1-118. — É. Cattaneo (ed.), *Trois homélies pseudo-chrysostomiennes comme oeuvre d'Ap. de Laodicée*, ThH 58, 1980.

▶ G. Voisin (1901), *L'apollinarisme. Étude historique, littéraire et dogmatique sur le début des contro-*

verses christologiques au IVe siècle, Louvain-Paris. — H. Lietzman (1904), *Apollinaris von L. und seine Schule*, Tübingen. — E. Muehlenberg (1969), *Apollinarios von L.*, Göttingen. — A. Grillmeier (1977), "Apollinarios", *TRE* 3, 370-371; (1979), *Jesus der Christus im Glauben der Kirche*, I, Friburgo-Basileia-Viena; (1990²), *Le Christ dans la tradition chrétienne*, CFi 72, 257-272. — F. R. Gahbauer (1984), *Das anthopologische Modell*, Würzburg, 127-224.

Pierre MARAVAL

→ *Adocianismo; Antioquia (escola de); Arianismo; Consubstancial; Espírito Santo; Niceia I (concílio).*

APOLOGÉTICA → fundamental (teologia)

APOLOGISTAS

a) Autores e textos. — Tradicionalmente, chamam-se "apologistas" (apol.) os autores cristãos do s. II que se esforçaram por defender (*apologein*) sua religião contra a hostilidade dos pagãos e, mais esporadicamente, dos judeus.

Em sua maioria são leigos* convertidos do helenismo, formados em retórica e em filosofia* nos principais centros culturais do Império. No mundo pagão, dirigem-se em segunda pessoa — aos imperadores, ao Senado romano, a um simples particular ou, sob a forma de uma carta aberta, aos gregos em geral. Assim: Aristides de Atenas, *Apologia* dirigida a Adriano (*c.* 145); Justino, *Apologias*, sendo a primeira delas endereçada especialmente a Antonino (entre 155 e 157) (*I Ap.* e *II Ap.*); Taciano, *Discurso aos gregos* (entre 152 e 177) (Tac.); Atenágoras de Atenas, *Súplica a respeito dos cristãos*, dirigida a Marco Aurélio e Cômodo (177) (Aten.); Teófilo de Antioquia, *Três livros a Autólico*, depois de 180, talvez em 181) (Teóf.); *Epístola a Diogneto* (entre 120 e 200-210) (*Dg.*); Hérmias, *Sátira dos filósofos pagãos* (fim do s. II?); Clemente de Alexandria, *Exortação aos gregos* (195? 202?) (Clem.); Tertuliano*, *Apologética*, dirigida aos magistrados do Império romano (197) (Tert.) e *Ad nationes* (197); Minúcio Felix, *Octavius* (fim do s. II) (Minúc.).

Perderam-se ou conservaram-se muito fragmentariamente muitas apologias endereçadas aos imperadores: de Quadratus a Adriano (*c.* 124-125); de Apolinário de Hierápolis a Marco Aurélio (*c.* 175-176); de Melitão de Sardes a Marco Aurélio (176 ou 177); de Miltíades aos príncipes deste mundo (depois de 178). — Contêm elementos apologéticos, mas sem laços diretos com o contexto do s. II, a *Pregação de Pedro* (entre 110 e 120?) e os tratados pseudojustinianos: *Oratio ad Graecos* (fim do s. II?); *Cohortatio ad Graecos* (fim do s. II ou meados do s. III?) (*Coh.*), e *De monarchia* (início do s. III?). — Os apol. mais tardios, ao mesmo tempo em que se inscrevem em contexto histórico diferente do contexto do s. II, desenvolvem, temas que com frequência são comuns aos dos primeiros apol. Entre os gregos: Orígenes*, *Contra Celso* (246) e, depois de 313, Eusébio de Cesareia, Atanásio* de Alexandria, Teodoreto de Cyr e outros. Entre os latinos: Cipriano* de Cartago, Arnóbio de Sica, Lactâncio, Fírmico Materno, Prudêncio e Agostinho* (Barnard, 1978, 391-408).

Em relação aos judeus, os apol. adotam a forma do diálogo, ou redigem seu tratado em terceira pessoa: Justino, *Diálogo com o judeu Trifão* (posterior à *I Ap.*) (*D.*); Tertuliano *Contra os judeus* (*c.* 200).

A *Discussão entre Jason e Papiscus a respeito de Cristo* (*c.* 140) de Ariston de Pella, só foi transmitida fragmentariamente.

b) Relações com o judaísmo. — Ligando o cristianismo ao AT, os apol. querem estabelecer perante os pagãos a antiguidade de sua religião, para refutar a acusação de novidade (Tac. 31 e 35-41; Teóf. 3, 24-29; *Coh.* 9 e 12; Tert. 19, 1-8 e 47, 1). Mas querem sobretudo mostrar que a realização das profecias* funda a verdade* do cristianismo e conduz ao ato de fé* (Teóf. 1, 14; cf. Justino, *I Ap.* 31-53; *D.* 8, 1 e 35, 2; Tac. 29; Tert. 20, 1-4). O argumento vale também contra os judeus: uma vez realizadas as profecias, a lei* judaica deve ser considerada um tempo preparatório e, de agora em diante, superada.

Subjacentes a essa visão e sem dúvida já no NT, existiram coleções de *Testimonia* relativos às profecias messiânicas, aos costumes legais do judaísmo*, à rejeição de Israel*, e à vocação dos pagãos. Justino e Ireneu* os exploraram; existiam também *midrashim* cristãos que descobriam no AT uma tipologia batismal do paraíso, da terra e da água, da Ceia e da Paixão*, tipologia que deixou traços na *Epístola de Barnabé* e em Justino (Prigent, 1961). — Teófilo admite tacitamente a mesma tipologia (Zeegers, 1975 *b*).

Do AT os apologistas adotam a noção de Deus* (Clem. 8, 77, 1-81, 4) único, criador (*a nihilo:* Teóf. 1, 4; *Coh.* 22), e providente; Deus é transcendente, sem nome* (*Coh.* 21; Minúc. 18, 10), não estendido na matéria (Tac. 4, 2), nem contido num lugar (Aten. 8, 4-7), porque maior que todo lugar (Justino, *D.* 127, 2-3; Teóf. 1, 3 e 2, 22; Minúc. 32, 1). Do AT, retêm ainda as prefigurações de Cristo*: a Sabedoria* criada por Deus antes do mundo* para ser associada à sua obra criadora (Pr 5,19-20 e 8,22-31) e o Verbo* produzido por Deus (Sl 44,2) em vista da criação* do mundo (Sl 32,6) (Justino, *II Ap.* 6, 3 e *D.* 61, 1-5; Tac. 5, 1-2; Aten. 10, 1; Teóf. 2,10 e 2,22; *Dg.* 7, 2; Clem. 1, 5, 3 e *passim*; Minúc. 18, 7), encarregado de garantir na terra as missões divinas e de salvaguardar a transcendência de Deus (Teóf. 2, 22). Os acontecimentos da vida de Cristo são dignos de fé igualmente porque foram preditos (Justino).

Certos apol. se inspiram nas exegeses* rabínicas para interpretar o *hexaméron* (Grant 1947, 239-241), especialmente para encontrar no *en arkhé* de Gn 1,1 uma categoria pessoal (o Filho ou o *Logos*) (Zeegers, 1975 *b*, 80-86).

c) Relações com o mundo pagão. — Os apol. visam, antes de tudo, defender-se de acusações recorrentes: imoralidade, ateísmo*, incivismo, novidade, caráter cego de sua fé num homem crucificado, e irracionalidade de sua esperança* na ressurreição* dos corpos.

Justificam assim sua recusa a dar ao imperador o culto* reservado unicamente a Deus (Teóf. 1, 11; Tac. 4, 1; Tert. 27, 1 e 28, 3-34, 4). Alguns afirmam orar pela prosperidade do Império e desejam uma harmonia entre a Igreja* e o Estado* (Aten. 37, 2-3), sublinhando que há coincidência entre a prosperidade do Império e o advento do cristianismo (Melitão em Eusébio, *HE* 4, 26, 7-11).

Afirmando que o cristianismo é a única filosofia verdadeira, os apol. reconhecem, ao mesmo tempo, pontos comuns entre as duas sabedorias. A maior parte deles explica essa concordância pelos "plágios" dos gregos; outros, mais positivamente, pela ação do Verbo (*logos spermatikos*) que depositou em todos os homens germes de verdade (Justino, *I Ap.* 44, 10; *II Ap.* 8, 1. 3 e 13, 5; Clem. 6, 68 e 7, 74, 7), a ponto de afirmar que os que viveram em conformidade com o Verbo pertencem a Cristo (Justino, *I Ap.* 46, 3-4; cf. Aten. 7, 2; Minúc. 20, 1).

Os pontos de encontro são especialmente o dualismo alma*-corpo*, a recusa da idolatria*, o anúncio da conflagração universal pelo fogo, a justa retribuição dos bons e dos maus. Igualmente, Deus é apresentado sob traços tomados do médio-platonismo e do estoicismo (ver Spanneut, 1957): dotado de atributos* negativos, Deus é também providente, revela-se por suas obras e pela harmonia cósmica como único, como criador e como pai de todas as coisas (cf. Platão, *Timeu* 28 C). A terminologia estoica do *logos endiathetos* e do *logos prophorikos* permite exprimir os dois estados do Verbo: ao mesmo tempo imanente a Deus e gerado em vista da criação (Teóf. 2, 10 e 2, 22). É ainda em termos estoicos, com frequência, que se descreve o *pneuma* (Espírito* Santo). Essa apresentação corria o risco de apagar a contribuição específica do NT.

d) Relações com o NT e as doutrinas cristãs. — Alguns apol. citam nomeadamente a Cristo: Aristides resume sua vida (15, 1-3; cf. Tert. 21, 14-23 em uma polêmica antijudaica); Justino afirma que o nascimento virginal, os milagres*, a morte* e a ressurreição realizam as profecias (*I Ap.*, 22, 2 e 23, 2); a *Coh.* sublinha que a vinda do Salvador foi predita pela Sibila (38). Não insistem sobre a loucura da cruz e sobre sua ação redentora. Exceto Clemente (9-12), apenas evocam "um deus que tomou carne segundo a economia divina" (Aten. 21, 4); "um deus nascido sob a forma de um homem" (Tac. 21, 1) e "o Deus que sofreu" (Tac. 13, 3). A maioria designa Cristo pelos títulos veterotestamentários de Verbo (Jo 1,1) e de Sabedoria (1Cor 1,24) (Justino, *D.* 61, 1-3; 62, 4; 129, 3; Tac. 5, 1; Teóf. 2, 10; *Dg.*, 7, 2); e, se qualificam o Verbo de Filho de Deus, é nesse mesmo contexto do AT (Teóf., 2, 22; Aten. 10, 2-4 e 24, 2; *Dg.* 7, 4; Tert. 21, 11-14).

As formulações trinitárias são, às vezes, precisas (Aristides, 15, 1; Justino, *I Ap.* 6, 2; 13, 3; 61, 2 e 65, 3; Aten. 10, 5; 12, 3 e 24, 2). O termo *trias* lê-se pela primeira vez em Teófilo (2, 15), mas designa um grupo menos trinitário do que se supôs (Zeegers 1975 *a*, 72-73).

Nem todos os apol. propõem a mesma antropologia*: a maioria adota o esquema dualista corpo-alma, outros a tripartição corpo-alma-espírito (Justino, *D.* 6, 2) afirmando que a alma não é necessariamente imortal (Tac. 13, 1-3). Para refutar a objeção de uma responsabilidade de Deus pela morte do homem (Tac. 11, 2; Teóf. 2, 27) sublinham que Deus criou o homem em um estado intermediário entre mortal e imortal (Teóf. 2, 24 e 2, 27) e lhe outorgou a livre escolha (liberdade*) entre o bem* e o mal*, entre a vida e a morte, e portanto, a responsabilidade por seu destino (Justino, *I Ap.* 28, 3 e 43, 3-8; *II Ap.* 7, 3-6; Tac. 7, 2-3 e 11, 2; Teóf. 2, 24 e 2, 27). Livre-arbítrio, pois, mas também necessidade da graça* (Justino, *I Ap.* 14, 2-3 e *D.* 116, 1; cf. *D.* 7, 2 e 58, 1; *Dg.*, 8, 7-9, 6) e da fé* (Tac. 15, 4; Clem. 9, 87, 1), afirmação de que a salvação* do homem é um dom de Deus (Teóf. 2, 26; Clem. 10, 94, 1) e de que a vocação do homem está na medida de sua dignidade: criado pelas próprias mãos de Deus (Teóf. 2, 18) e à sua imagem e à sua semelhança (Tac. 15, 1-2; Clem. 10, 98, 1), chamado à contemplação* (Justino, *I Ap.* 23, 3) e à imortalidade na partilha da vida (Teóf. 2, 17; Clem. 1, 8, 4 e 10, 107, 1) e da filiação* divinas (Clem. 10, 99, 3).

Os preceitos* fundamentais são os do decálogo*. Vários apol. sublinham o caráter mais estrito da moral evangélica em matéria conjugal (Mt 5,28-32; cf. Justino, *I Ap.* 15, 1-6; Teóf. 3, 13; Aten. 32, 2-3; Tert. 39, 12-13 e 46, 10-11; Minúc. 31, 5; Clem. 10, 108, 5), o ideal constituído pela virgindade (Justino, *I Ap.* 15, 6; Aten. 33, 2-3 e Minúc. 31, 5) e pelo preceito da caridade (Mt 5,44.46; cf. Is 66,5; Aristides, 15, 5-9; Justino, *I Ap.* 14, 3; 15, 9-13 e 16, 1-3; Aten. 11, 2-3 e 12, 3; Teóf. 3, 14; *Dg.* 10, 5-6; Tert. 39, 7-11; Clem. 10; 108, 5). Sobre esses pontos os apol. gostam de mostrar o contraste entre as condutas pagãs e as cristãs (Tac. 32)

e, mais geralmente, o paradoxo da atitude dos cristãos no mundo. (*Dg.* 5).

Os únicos sacramentos* descritos são os da iniciação* cristã: o batismo* (Justino, *I Ap.* 61, 1-13 e 66, 1; *D.* 13, 1-14, 2; 43, 2) e a eucaristia* (Justino, *I Ap.* 65-67; *D.* 41, 1-3; 70, 4 e 117, 1-3).

Em matéria de escatologia* os apol. não fundam a ressurreição dos corpos na ressurreição de Cristo, e raramente na realização das profecias (cf. Ez 37,7s; Justino *I Ap.* 52, 5-6), mas na onipotência de Deus (Lc 18,27) capaz de recriar o que foi criado do nada (Justino, *I Ap.* 19, 5-6; Tac. 6, 1-2; Tert. 48, 5-7; Minúc. 34, 9-10), na necessidade, para a alma, de reencontrar um corpo idêntico (Tert. 48, 2-3), e nas analogias oferecidas na natureza* (Teóf. 1, 13 e 2, 14; Tert. 48, 8 e Minúc. 34, 11) e na geração humana (Justino, *I Ap.* 19, 1-4). Aqui ainda a dimensão propriamente cristã é esquivada.

e) *Balanço.* — A polêmica dos apol. contra o paganismo*, suas narrativas como seus ritos, era acerba, despida de qualquer tentativa de interpretação, e por isso própria para irritar mais que para convencer; sua pretensão de se porem como os únicos depositários da verdade não podia ser acolhida favoravelmente nem pelos pagãos, ladrões da verdade, nem pelos judeus, cuja religião diziam superada. Se as apologias levaram os pagãos a refletir, foi talvez porque seus autores eram intelectuais formados na mesma escola que a deles, e que sua tentativa de defender uma religião banida suscitava por isso mesmo uma interrogação.

O interesse dos apologistas reside em sua tentativa de apresentar o cristianismo como uma doutrina coerente, venerável por sua antiguidade e compatível com a filosofia. Sem dúvida, reduziram a dimensão específica do Evangelho e não responderam à verdadeira questão dos pagãos, a do escândalo da cruz; mas eles não pretendiam expor todo o Evangelho; queriam apenas mostrar aos pagãos que a revelação* contém fundamentos filosoficamente aceitáveis. Desse ângulo, os apol. foram pioneiros na transmissão da mensagem cristã.

• M. Geerard, *Clauis patrum graecorum*, I, Turnhout, 1983. — *Corpus apologetarum christianorum saeculi secundi*, ed. I. C. Th. Otto, 9 vol., Iena, 1847-1872; 3ª ed. 1876-1881 (reimp. 1969). — PG 6. — Atenágoras, *Supplique au sujet des chrétiens*, ed. e trad. fr. B. Pouderon (SC 379), Paris, 1992. — Clemente de Alexandria, *Le protreptique*, ed. e trad. fr. C. Mondésert (SC 2), Paris, 1949. — *Epître à Diognète*, ed. e trad. fr. H.-I. Marrou (SC 33 *bis*), Paris, 1965. — Hermias, *Satire des philosophes païens*, ed. e trad. fr. R. P. C. Hanson e D. Joussot (SC 388), Paris, 1993. — Justino, *Apologies*, ed. e trad. fr. A. Wartelle, Paris, 1987; *Apologie pour les chrétiens*, ed. e trad. fr. C. Munier, Friburgo, 1990; *Dialogue avec Tryphon*, texto e trad. fr. G. Archambault, 2 vol., Paris, 1909. — Minúcio Felix, *Octavius*, ed. e trad. fr. J. Beaujeu (CUFr), Paris, 1964. — Ps.-Justino, *Cohortatio ad Graecos*; *De Monarchia*; *Oratio ad Graecos*, ed. M. Marcovitch (PTS 52), Berlim, 1990. — Taciano, *Discours aux Grecs*, trad. fr. A. Puech, Paris, 1903. — Tertuliano, *Apologétique*, ed. e trad. fr. J.-P. Waltzing (CUFr), Paris, 1961. — Teófilo de Antioquia, *Trois Livres à Autolycus*, ed. e trad. fr. G. Bardy e J. Sender (SC 20), Paris, 1947; ed e trad. inglesa R. M. Grant, Oxford, 1970.

▶ A. Puech (1912), *Les apologistes grecs du IIe siècle de notre ère*, Paris (antiquado e às vezes parcial, mas ainda útil). — E. J. Goodspeed (1912; reimpr. 1969), *Index apologeticus siue clauis Iustini martyris operum aliorumque apologetarum pristinorum* [execto Teófilo], Leipzig. — R. M. Grant (1947), "Theophilus of Antioch to Autolycus", *HThR* 40, 227-256; (1955), "The Chronology of the Greek Apologists", *VigChr* 9, 25-33. — M. Spanneut (1957), *Le stoïcisme des Pères de l'Église, de Clément de Rome à Clément d'Alexandrie*, PatSor 1, Paris. — P. Prigent (1961), *Les testimonia dans le christianisme primitif. L'Épître de Barnabé I-XVI et ses sources*, Paris. — N. Zeegers (1975a), "Quelques aspects judaïsants du *Logos* chez Théophile d'Antioche", *in* Actes de la XIIe Conférence d'études classiques EIRENE (Cluj-Napoca, 2-7 oct. 1972), Amsterdã, 69-87; (1975b), "Les citations du NT dans les *Livres à Autolycus* de Théphile d'Antioche", TU 115, Berlim, 371-381. — L. W. Barnard (1978), "Apologetik, I. Alte Kirche", *TRE* 3, 371-411. — R. M. Grant (1988), *Greek Apologists of the Second Century*, Filadélfia. — N. Zeegers (1990), "Théophile d'Antioche", *DSp* 15, 530-542. — C. Munier (1994), *L'Apologie de saint Justin philosophe et martyr*, Friburgo (Suíça). — B. Pouderon e J. Doré (sob a dir. de) (1998), *Les Apologistes chrétiens et la culture grecque*, Paris.

Nicole ZEEGERS-VANDER VORST

→ *Estoicismo cristão; Filosofia; Gnose; Judeucristianismo; Marcionismo; Messianismo/messias; Platonismo cristão; Trindade; Verbo.*

APOSTASIA → **heresia** → **Cipriano de Cartago** → **cisma**

APOSTOLICIDADE DA IGREJA → **apóstolo** → **sucessão apostólica**

APOSTÓLICOS (Padres)

A expressão "Padres apostólicos", introduzida pelos eruditos no fim do s. XVII, sugere que a geração de escritores assim designada esteve em contato direto com os apóstolos*. Sob esse título se agrupavam primeiro a *Epístola* de Barnabé, as duas *Cartas* de Clemente de Roma, as *Cartas* de Inácio de Antioquia e de Policarpo de Esmirna, assim com o *Pastor* de Hermas. Mais tarde, os fragmentos de Papias de Hierápolis, a *Carta* a Diogneto e a *Didaché* lhes foram acrescentadas. Esses escritos variam por sua origem, pela época da composição, e pelo estilo. Datam em sua maioria de antes de 150, e caracterizam-se por sua preocupação, antes de tudo, pastoral.

a) O primeiro grupo. — A *Epístola* de Barnabé é um pseudepígrafo provavelmente escrito em Alexandria entre 70 e 100. Contém uma crítica severa do judaísmo*, em particular das prescrições rituais e cerimoniais; os sacrifícios* (§ 2), o jejum (§ 3), a circuncisão (§ 9), o *sabbat* (§ 15), o templo (§ 16). A *Epístola* acusa os judeus de terem aplicado literalmente a Escritura*, em vez de a interpretarem alegoricamente. A obra termina com a exposição da doutrina das duas vias (§ 18-20).

A *Carta* de Clemente de Roma *aos Coríntios* foi escrita por volta de 96 pelo terceiro sucessor de Pedro* em nome da comunidade cristã de Roma*. Com um estilo bem cuidado, descreve as virtudes* necessárias à vida comunitária: o arrependimento, a fé*, a humildade, a concórdia (§ 4-36); lembra que os próprios apóstolos estabeleceram seus sucessores como bispos e presbíteros* (§ 44); termina por uma grande oração* impregnada de referências veterotestamentárias e levemente cristianizada (§ 59-61). A *Carta* mistura à vontade temas pagãos, como a harmonia do cosmos* (§ 20), a inúmeras citações bíblicas. A *Segunda Carta* de Clemente é, de fato, uma *Homilia do s. II* sobre Cristo*, juiz e redentor.

Inácio, bispo* de Antioquia, escreveu por volta de 110 muitas cartas durante sua viagem para Roma*, onde foi martirizado. Três delas se conservaram num resumo siríaco; às sete cartas consideradas em geral como autênticas foram acrescentadas seis outras apócrifas* do s. IV. Num estilo apaixonado e às vezes chocante, afirmam o princípio do episcopado monárquico (*aos Magnésios* 6, 1), da unidade* indispensável da comunidade em torno de seu bispo (*aos Filadélfios* 4). A eucaristia*, que só o bispo pode presidir, é verdadeiramente o corpo* de Cristo (*aos Esmirniotas* 7, 1). As cartas insistem sobre a realidade carnal da encarnação* do Filho de Deus* (*aos Esmirniotas* 1, 1). Apresentam o martírio* como a forma suprema da imitação* de Cristo (*aos Romanos* 5-6).

Seu amigo Policarpo, bispo de Esmirna, escreveu uma *Carta aos Filipenses*. A narrativa* de seu *Martírio*, que serviu de modelo para esse gênero literário, explica o culto* prestado às vítimas de perseguições e carrega em si traços de antigas preces cristãs (§ 14).

Hermas, talvez irmão do papa* Pio I, teria escrito por volta de 150 o *Pastor*, primeiro texto a evocar explicitamente a possibilidade de uma (mas uma só) penitência* pós-batismal. As visões de caráter apocalíptico* apresentam a Igreja* ora como uma dama idosa (*Visão* II), ora como uma grande torre (*Visão* III e *Similitude* IX). Um longo ensinamento moral está ali ministrado (*Preceitos* I-XII). Cristo chama-se, em um lugar, o anjo* venerável (*Visão* V), e em outro, o senhor da torre (*Similitude* IX). Considera-se essa obra, frequentemente, como um exemplo da teologia* judeu-cristã.

b) As obras acrescentadas. — Papias, bispo de Hierápolis, recolheu sobre os apóstolos todos os ensinamentos que seus discípulos lhe podiam transmitir. Sua obra, ao que parece muito

anedótica, se perdeu. Subsistem apenas alguns fragmentos. Neles, defende a tese milenarista e conta que São Mateus reuniu primeiro em hebraico as palavras de Cristo.

A *Carta a Diogneto* é uma apologia do cristianismo dirigida a um pagão culto. Tanto o autor quanto o destinatário são desconhecidos, como também a data e o lugar da composição. Com estilo elegante e notável elevação espiritual, essa obra critica inicialmente a idolatria* dos pagãos e o ritualismo formal dos judeus (§ 2-4). Evoca em seguida a vida sobrenatural dos cristãos (§ 5-6). Às vezes, essa obra é incluída entre os apologistas* do s. II.

A *Didaché* (*Doutrina dos doze apóstolos*) é uma coletânea de doutrinas morais e de prescrições eclesiais, originária talvez, da Síria; sua data de composição é desconhecida. Depois de desenvolver a doutrina dos dois caminhos (§ 1-6), a obra explica o desenrolar litúrgico do batismo* (§ 7) e da eucaristia* (§ 9-10). Também aborda os problemas disciplinares ligados ao lugar dos profetas* e dos apóstolos (§ 11 e 13). Em todos esses domínios, a *Didaché* parece apresentar um quadro particular e arcaico na organização do culto e das comunidades.

• K. Bihlmeyer, W. Schneemelcher (1970³), *Die Apostolichen Väter*, Tübingen. — SC 10, 33, 53, 167, 172, 248 *bis*.

▶ R. Brändle (1975), *Die Ethik der Schrift an Diognet*, Zurique. — B. Dehandschutter (1979), *Martyrium Polycarpi*, Louvain. — J. Kürzinger (1983), *Papias von Hierapolis und die Evangelien des Neuen Testaments*, Regensburg. — W. R. Schoedel (1985), *Ignatius of Antioch*, Filadélfia. — K. Niederwimmer (1989), *Der Didache*, Göttingen. — N. Brox (1992), *Der Hirt der Hermas*, Göttingen. — P. Henne (1992), *La christologie chez Clément d'Alexandrie et dans le* Pasteur d'Hermas, Par. 33, Friburgo. — J.-C. Paget (1994), *The Epistle of Barnabas*, Tübingen.

Philippe HENNE

→ *Apocalíptica; Judeu-cristianismo; Milenarismo.*

APÓSTOLO

1. A história do conceito

Na língua grega profana, a palavra *apostolos* possuía uma gama de significados relativamente extensa. Designava, no mais das vezes, o cumprimento de uma missão ("envio de uma frota", "expedição naval") ou o documento que a legitimava ("passaporte", "guia de acompanhamento", "título de entrega"), e só excepcionalmente se aplicava a pessoas (p. ex. Heródoto I, 21; V, 38). Empregando normalmente *apostolos* como um termo estabelecido para designar um "enviado plenipotenciário", a literatura cristã primitiva reativava de fato uma forma judaica veterotestamentária. Esse uso se inscrevia no quadro concreto do antigo direito* oriental segundo o qual um enviado representava e substituía seu mandatário durante toda a duração de uma missão particular. Esse princípio jurídico é atestado em muitas ocasiões no AT (p. ex. 1Sm 25,40; 2Sm 10,1ss); mas o termo mesmo de *apostolos* só aparece em 1Rs 14,6 (LXX). Encontra sua expressão clássica no *Mishna Berakhot* 5,5: "O enviado de um homem é como esse homem mesmo". Porém o judaísmo* só institucionalizou essa função depois da catástrofe do ano 70, quando a nova autoridade* central criou um corpo de comissários encarregados de inspecionar as comunidades da diáspora e de coletar seus impostos. A denominação oficial desses funcionários é fornecida pelo substantivo verbal aramaico *shâlîah*; como Jerônimo conjeturou com razão (*ad* Gl 1,1), o termo corresponde exatamente, em sua forma e em seu conteúdo, ao termo cristão *apostolos*. A ideia cristã de apóstolo (a.) precede cronologicamente essa fixação do conceito judaico de *shâlîah* e, portanto, não pode ter sido tomada por empréstimo direto do judaísmo. Deve-se ver antes nesses dois termos formações paralelas, derivadas da mesma noção jurídica.

É em Paulo (Gl 2,8; 1Cor 9,2; Rm 1,5) que se encontram os primeiros empregos da palavra "apostolado" (apt.) (gr. *apostolé*), como termo técnico cristão para designar um cargo ligado à pessoa do a., enquanto depositário permanente de uma missão* (cf. At 1,25).

2. As duas fontes do apostolado cristão

a) Os pesquisadores estão de acordo, atualmente, para atribuir ao apt. cristão uma origem pós-pascal. A identificação do círculo pré-pascal dos "Doze" aos ap. — identificação que permanece puramente pontual em Mc (3,14) e Mt (10,2) e só se desenvolveu de maneira sistemática em Lc (9,10; 22,14; 24,10) — resulta de uma harmonização retrospectiva. Os Doze não tinham por função serem os representantes legais de Jesus*, mas serem um sinal querigmático para Israel*. Sua instituição por Jesus era um ato significante que ilustrava a essência e o fim de sua missão junto ao povo* de Deus. O número doze, simbolizando a totalidade e a integridade desse povo, remetia ao fato de que Jesus recebera por tarefa reunir o conjunto de Israel e de levá-lo a seu cumprimento escatológico. Os Doze apareciam desde então, por assim dizer, como os pais fundadores e os polos de cristalização em torno dos quais o povo da salvação* devia reunir-se no fim dos tempos (Mt 19,28). Porém não representavam uma assembleia em que certas funções teriam sido institucionalizadas. O círculo de discípulos que seguiam a Jesus, numa comunidade de destino e de serviço inscrita sob o signo da vinda iminente do reino* de Deus, não se limitava somente aos Doze.

Mesmo depois da Páscoa* o círculo dos Doze conservou ainda por algum tempo o valor de um sinal dirigido a Israel. Tendo designado um novo membro (At 1,15-26) para ocupar o posto deixado vacante pela defecção de Judas — que era "um dos Doze" (Mc 14,10.43) —, eles intervieram publicamente em Jerusalém*, apresentando-se como o núcleo em torno do qual o povo de Deus devia reunir-se no fim dos tempos (At 2). Mas o papel dos Doze começou a declinar desde meados dos anos 30. Foram os "a." que se tornaram então o grupo determinante no seio da comunidade primitiva de Jerusalém (Gl 1,17), o que sem dúvida nos remete a uma mudança de paradigma eclesiológico e missionário. À espera da *reunião de Israel* em Jerusalém substitui-se a consciência de uma *missão* que se trata de assumir ativamente junto a Israel, e para além dele, junto aos pagãos.

O apt. estava fundado nas aparições de Cristo* ressuscitado (1Cor 9,1; 15,5-11). Mas nem todas as testemunhas da ressurreição* eram consideradas a. Apenas as aparições que tinham um caráter de apelo e de missão podiam legitimar seu destinatário, perante a Igreja* de Jerusalém, como um enviado plenipotenciário de Jesus Cristo. É porque Paulo satisfazia plenamente a esse critério que ele foi reconhecido como o último a. chamado (1Cor 15,9-11). O círculo dos a. chamados pelo Ressuscitado era, pois, limitado em número (1Cor 15,7). Não podemos identificar claramente todos os seus membros. Pedro*, a primeira testemunha da ressurreição, era, por isso mesmo, o a. por excelência. Os "Doze", citados como testemunhas da ressurreição eram, sem dúvida nenhuma, apóstolos também. É verossímil que se deva acrescentar-lhes Tiago (o irmão do Senhor) e Barnabé, como também Andrônico e Júnias (Rm 16,7).

b) Além desse tipo de apt. claramente definido, tal como era representado em Jerusalém, encontram-se em Antioquia e em sua região interiorana síria os traços de um apt. mais aberto, de caráter pneumático e carismático. Não é o mandato de Cristo ressuscitado, mas uma instrução do Espírito* que constitui aqui o fator determinante. Segundo a tradição* antiga retomada em At 13,1-3; 14,4.14, Paulo e Barnabé foram, sobre um testemunho profético inspirado pelo Espírito, investidos do cargo de enviados missionários da comunidade de Antioquia e considerados, nessa qualidade, como a. Em sua juventude, Paulo tinha-se compreendido a si mesmo como um a., nesse sentido amplo, e foi somente depois de ter estabelecido contatos mais estreitos com Jerusalém que veio a redefinir seu apt., segundo os critérios aplicados naquela comunidade. A origem desse segundo tipo de apt. continua obscura, mas pode-se supor que se enraíza no círculo dos missionários itinerantes galileu-sírios saídos da comunidade cristã pré-pascal, à qual se liga a fonte Q, ou fonte dos logia (Bíblia*, Evangelho) (Mt 10,5-16 par.; Lc 10,1-12). Assim, a Didaché (11,3-6) atesta ainda a existência na Síria do início do s. II de pregadores carismáticos itinerantes, que eram considerados como a. É entre eles que é preciso buscar os adversários designados por Paulo em 2Cor como "super-a." (11,5; 12,11) ou como "falsos a." (2Cor 11,13), que legitimavam seu mandato espiritual pela palavra inspirada

(2Cor 10,10; 11,6), obrigando Paulo a se comparar com eles pelas visões (2Cor 12,1) e pelos "sinais distintivos do a." (2Cor 12,12) — assim como os falsos a. de Éfeso evocados (em época pós-paulina) em Ap 2,2.

3. Paulo e a tradição paulina

a) Cabe a Paulo o mérito de ter, por meio de uma vasta reflexão teológica, aprofundado e desenvolvido em diferentes direções a compreensão do apt.

Retomando a concepção de um apt. fundado na experiência das aparições de Cristo, interpreta sua vocação como o ato pelo qual Deus "lhe revelou seu Filho" (Gl 1,16). Paulo a descreve (Gl 1,16) referindo-se numa evidente analogia à vocação dos profetas* do AT (Is 49,1; Jr 1,16), e atribui assim ao a. um lugar na história da salvação, como portador e mensageiro da automanifestação escatológica de Deus, em que se reabsorve finalmente a mensagem dos profetas (Rm 1,2).

Paulo sublinha aliás a relação essencial entre apt. e Evangelho. O a. é "posto à parte para anunciar o Evangelho de Deus" (Rm 1,1). Como último mensageiro de Deus, enviado para proclamar ao mundo a mensagem salvadora do reino iminente de Deus (Rm 10,14-17), ele é um órgão de cumprimento* do Evangelho. Quando, a título de enviado de Cristo, implora: "deixai-vos reconciliar com Deus" (2Cor 5,20), é o próprio Deus que implora por meio dele. Ele não é apenas o portador e o mensageiro, mas também o representante e a personificação do Evangelho. Toda a sua pessoa e seu modo de vida mostram a marca do Evangelho, que tem a Cristo crucificado como coração e conteúdo. Seus sofrimentos (2Cor 4,7-18), sua fraqueza (2Cor 12,9s), sua vida a serviço dos outros (2Cor 4,5), tudo isso reflete a estrutura do Evangelho, fundada sobre o itinerário de Cristo, e é por sua conformidade ao Evangelho que o comportamento do a. constitui um modelo ético* (1Cor 4,16; 11,1; Gl 4,12).

A dimensão eclesiológica do apt. é sublinhada fortemente por Paulo. A tarefa do a. é reunir a comunidade de salvação, formada de judeus e de pagãos, para fazer dela o lugar de existência do Evangelho na história*. Ele foi chamado e enviado para suscitar a "obediência da fé*, para a glória de seu nome, todos os povos pagãos" (Rm 1,1-7). Essa função fundadora distingue o ministério* do a. dos outros ministérios comunitários, que são os carismas pelos quais o Espírito age no seio da Igreja. Na perspectiva da história da salvação, seu ministério é colocado antes de todos os outros ministérios (1Cor 12,28). É ele que estabelece os fundamentos do edifício sagrado da Igreja, sobre os quais os outros construirão (1Cor 3,9-17). É ele o pai que, trazendo o Evangelho, gerou a Igreja (1Cor 4,15; Gl 4,12-20).

Conforme essa função fundadora, o cargo apostólico não está ligado a uma comunidade particular, mas se refere à *Igreja universal*. Em relação às comunidades particulares, a seus cargos e serviços, o a. é o que estabelece os primeiros fundamentos e instaura as normas. Paulo exerceu assim, de maneira exemplar, durante a fase de fundação das comunidades, todos os ministérios que deviam ser mais tarde atribuídos a diferentes responsáveis. Era ele o mestre que transmitia as tradições e ensinava as bases da doutrina (1Cor 15,3-11 *passim*); era o profeta que, segundo a parte de Espírito que lhe tinha sido conferida, interpretava a Escritura e revelava o que Cristo elevado ao céu queria para o presente (1Cor 7,40; 13,2); era enfim o chefe da comunidade que regulava as questões da organização (1Cor 11,23). Por suas epístolas, continuava a assumir todas essas funções, tanto quanto necessário, além da fundação da comunidade.

b) As reflexões de Paulo encontram-se desenvolvidas nos escritos deuteropaulinos (Cl, Ef, epístolas pastorais), e a ênfase aqui se põe na significação eclesiológica do apt. Os a. são agora considerados os fundadores e a garantia da tradição sobre a qual repousa a Igreja. Segundo Ef 2,20 (em contraste com 1Cor 3,10), eles formam com os profetas o fundamento sólido sobre o qual se apoia a casa santa da igreja. É justamente no mesmo espírito que as cartas pastorais veem em Paulo o portador e a garantia do depósito doutrinal que a Igreja das gerações

futuras deverá conservar (1Tm 6,20; 2Tm 1,14). Paulo, além disso, aparece aqui como a autoridade* normativa no plano pastoral. Exige-se dos chefes de comunidade que sigam o exemplo e as instruções do a. no ensinamento e na direção* espiritual (1Tm 4,11; 5,7; 6,2), na manutenção da ordem comunitária (1Tm 5,14) como também no testemunho apresentado por sua vida (2Tm 2,8-13). Devem considerar-se, em tudo isso, como seus sucessores e substitutos (1Tm 3,15; 4,13).

4. Os outros escritos neotestamentários

a) É também uma concepção forte do apt. que Lucas propõe em sua obra em duas partes (Lc; At). A seus olhos os a. são antes de tudo os iniciadores e a garantia da tradição* à qual deve conformar-se a Igreja (At 2,42). Em seu cuidado de transmitir as palavras e os atos de Jesus, situando-os de uma maneira controlável, limita o círculo dos a. aos que acompanharam Jesus desde o começo de sua vida pública e que foram testemunhas de sua vida como de sua ressurreição (At 1,21s). Retoma, assim, a noção, sem dúvida por causa dos cristãos de origem judaica (Ap 21,14), dos "doze a.". Nessa perspectiva, que integrará a consciência comum da Igreja, Paulo era certamente uma testemunha privilegiada do Evangelho (At 26,16), mas não um a.

b) Jo (13,16; 17,3.18.25) assim como Hb (3,1) apresentam uma tradição independente, que remete à concepção jurídica judaica do a. como enviado plenipotenciário (cf. *supra* 1.). O próprio Jesus aparece aqui como o enviado de Deus, encarregado de representá-lo aos olhos do mundo. Esses dois escritos não conhecem outro a. senão Jesus.

5. As tendências ulteriores

A partir do s. II identificam-se geralmente os a. com as personalidades fundadoras dos primeiros tempos da Igreja, que fixaram as normas da tradição em matéria de governo* e de doutrina.

a) A primeira Epístola de Clemente (42; 44,2-4) refere assim os cargos eclesiásticos a uma ordem divina, que se estende de Deus a Cristo e aos a., depois aos bispos* e aos diáconos* instituídos pelos a. Vê-se aqui esboçar-se a ideia de uma sucessão* apostólica, como chave de abóbada do princípio de uma legitimação hierárquica dos cargos. Inácio de Antioquia, ao contrário, considera que os presbíteros* das comunidades reproduzem, em relação ao bispo, o modelo celeste do "senado" dos a., reunidos em torno de Deus (*Aos Tralianos* 3, 1).

b) O adjetivo "apostólico" (*apostolikos*) aparece pela primeira vez em Inácio (*Aos Tralianos*, subscrição); remete antes de tudo ao modelo dos a., e em seguida, de maneira mais geral, à norma estabelecida em sua *doutrina* (*Martírio de Policarpo* 16, 2). A partir daí, será considerada como apostólica toda doutrina que se possa fazer remontar às origens da Igreja, por estar consignada no testemunho neotestamentário dos a. O conceito de "apostolicidade", que só apareceu na terminologia dogmática moderna, servirá também para exprimir essa referência a uma norma original.

• G. Klein (1961), *Die zwölf Apostel. Ursprung und Gehalt einer Idee*, FRLANT 77. — J. Roloff (1965), *Apostolat — Verkündigung — Kirche. Ursprung, Inhalt und Funktion des kirchlichen Apostelamtes nach Paulus, Lukas und den Pastoralbrifen*, Gütersloh. — K. Kertelge (1970), "Das Apostelamt des Paulus, sein Ursprung und seine Bedeutung", *BZ* 14, 161-181. — F. Hahn (1974), "Der Apostolat im Urchristentum. Seine Eigenart und seine Voraussetzungen", *KuD* 20, 1974, 54-77). — J. Delorme (sob a dir. de) (1974), *Le ministère et les ministères selon le Nouveau Testament*, Paris. — J. H. Schütz (1975), *Paul and the Anatomy of Apostolic Authority*, MSSNTS 26. — F. Agnew (1976), "On the Origin of the Term Apostolos", *CBQ* 38, 49-53. — J. Roloff, G. G. Blum, F. Mildenberger (1978), "Apostel/Apostolat/Apostolizität", *TRE* 3, 430-483. — E. Fuchs (1980), "La faiblesse, gloire de l'apostolat selon Paul", *ETR* 55, 231-253. — K. Kertelge (sob a dir. de) (1981), *Paulus in den neutestamentlichen Spätschriften*, QD 89.

Jürgen ROLOFF

→ *Evangelhos; Igreja; Israel; Jesus da história; Missão/evangelização; Povo; Sucessão apostólica.*

APÓSTOLOS (Símbolo dos) → **confissões de fé** A

APROPRIAÇÃO

O termo "apropriação" (a.) é utilizado em cristologia* e em teologia* trinitária (Trindade*).

a) Em cristologia, as a. são um aspecto da comunicação dos idiomas* e correspondem às comunicações propriamente ditas. No primeiro caso, a pessoa* divina do Verbo* apropria-se das realidades da condição humana e dos eventos vividos por Cristo* (seu nascimento, sua kenose*, sua cruz etc.); no segundo caso, comunica à humanidade o que é próprio da divindade.

b) Em teologia trinitária, as a. são um fato de linguagem* que constitui um terceiro termo entre os atributos* essenciais ou as atividades que concernem a toda a natureza divina e às propriedades pessoais do Pai*, do Filho e do Espírito*. Apropriar é levar um nome comum a servir de nome próprio. A a. trinitária consiste em aplicar um atributo essencial a uma pessoa, como se ele lhe fosse próprio, a fim de "manifestá-la". A linguagem da Escritura* e da tradição* apropria, com efeito, a uma determinada pessoa um atributo ou uma atividade que, de si, é comum a toda a Trindade. Paulo chama assim a Cristo, "poder* de Deus e sabedoria* de Deus" (1Cor 1,24). O Pai é chamado "Todo-poderoso" (Ap 1,8; 4.8 etc.). A liturgia* pratica correntemente a a. Tomás de Aquino, de sua parte, comenta quatro fórmulas de a. tradicionais: a de Hilário*: "A eternidade* está no Pai, a beleza na Imagem, o gozo no dom que nos é feito" (o Espírito Santo); as de Agostinho*: "A unidade está no Pai, a igualdade no Filho, o acordo da unidade e da igualdade no Espírito Santo"; "O Pai é potência, o Filho é sabedoria, o Espírito é bondade"; "'Dele' se diz do Pai; 'Por ele' se diz do Filho; 'Nele' se diz do Espírito Santo" (*ST* Ia, q. 39, a. 7-8). Igualmente a habitação trinitária no homem justificado é apropriada ao Espírito Santo. O fundamento da apropriação é a semelhança ou a afinidade do atributo considerado com a propriedade de cada pessoa, afinidade que tem sua fonte no conhecimento* que podemos ter de Deus, e portanto de seus atributos essenciais, a partir das criaturas. As a. são da ordem da conveniência e não dão lugar a prova alguma. Seu perigo é, de uma parte, favorecer a confusão entre propriedades e atributos essenciais, e de outra parte, reduzir-se a um jogo de linguagem sem referente. Dito isso, não são sem interesse para um conhecimento espiritual da Trindade.

- M. J. Scheeben (1865), *Die Mysterien des Christentums*, 1958³, Friburgo, § 23-31. — A. Cholllet (1903), "Appropriation aux personnes de la Trinité", *DThC* 1, 1708-1717. — J. Rabeneck (1949), *Das Geheimnis des dreipersonalen Gottes*, Friburgo. — J. Auer (1978), *Gott der Eine und Dreieine, KKD* 2, 305-311. — H. U. von Balthasar (1985), *Theologik* II, Einsiedeln, 117-138. — E. Salmann (1986), *Neuzeit und Offenbarung*, Roma, 307-312.

Bernard SESBOÜÉ

➜ *Espírito Santo; Idiomas (comunicação dos); Pai; Trindade.*

ARIANISMO

1. História

a) *Ário* (c. 260-336). — Ário (Ár.), de origem líbia, foi admitido ao diaconato pelo bispo* Pedro I de Alexandria (310-311), depois ao presbiterato por Aquilas e, em seguida, encarregado por Alexandre (312-328) da paróquia de Baucalis. Foi logo denunciado por suas ideias sobre o Filho de Deus*, que ele dizia inferior ao Pai*. Em cerca de 318-320, um sínodo* local o excluiu da comunhão eclesial. Apesar do apoio de importantes bispos orientais, foi condenado em Antioquia no início de 325, e depois em Niceia*, em junho de 325. Exilado, depois chamado de volta do exílio, Ár. não conseguiu fazer-se reintegrar nas fileiras do clero alexandrino. Morreu em Constantinopla, em um sábado de 336. Duas cartas, uma profissão de fé*, um fragmento de um panfleto em versos e em prosa intitulado *Talia*, são os únicos escritos que dele nos restam (Opitz, Boularand, Sesboüé), sobretudo graças às citações que dele faz Atanásio* de Alexandria (Kannengiesser, 1983).

b) *Arianos.* — No sínodo alexandrino, em cerca de 319, Ár. foi excomungado ao mesmo tempo que cinco sacerdotes*, seis diáconos* e dois bispos, Téonas de Marmarico e Secundus de Ptolemaida. No sínodo de Antioquia, no início de 325, uma sentença atingiu três bispos,

entre os quais o célebre Eusébio de Cesareia; mas esses bispos simpatizavam menos com as ideias pessoais de Ár. do que desaprovavam o autoritarismo aparente de seu colega alexandrino. No concílio* de Niceia, Téonas e Secundus foram de novo excomungados, ao mesmo tempo que Ár., enquanto Eusébio de Nicomédia, o principal protetor de Ár., foi exilado pouco depois do encerramento do concílio; mas isso só por um curto lapso de tempo, e porque mantinha relações de amizade com os bispos condenados, e não por causa de heresia*. Bem cedo, aliás, ele persuadiu Constantino a pôr em marcha uma política de pacificação, em contraposição à intransigência nicena. Ele formou uma coalizão de bispos orientais, cuidadosos de mostrar à administração imperial que a paz* religiosa se mantinha melhor nas províncias sem os protagonistas de Niceia. Eustáquio de Antioquia, Marcelo de Ancira, e sobretudo Atanásio de Alexandria, sucessor de Alexandre, tiveram que partir para o exílio. Depois da morte de Constantino, em 337, Atanásio tornou-se um obstáculo incontornável para a estratégia política da coalizão episcopal hostil à sede alexandrina. Como essa estratégia incluía uma revisão, senão uma anulação, das decisões dogmáticas de Niceia, visando também a uma hegemonia eclesiástica garantida pela administração imperial, não é de admirar que Atanásio tenha denunciado seus adversários como "arianos", um título polêmico sem conotação doutrinal bem precisa.

Pode-se ter uma ideia desses "arianos" mais ou menos nominais estudando seus sínodos, multiplicados um pouco por toda parte depois de Niceia até o segundo concílio ecumênico, Constantinopla I*, em 381 (Duchesne, Brennecke). As divergências doutrinais logo complicaram as manobras da coalizão. O "homeanos", proclamando a fórmula de um Filho somente "semelhante (homoios) em tudo" ao Pai, portanto não "consubstancial*" pareceram triunfar em Sirmium em 359. Os "anomeanos", "neoarianos" intransigentes, como o sírio Aécio ou o capadócio Eunômio, para os quais o Filho era "sem semelhança" (anhomoios) segundo a essência", tiveram sua hora de glória por volta de 360. Foram depressa suplantados pelos "homeousianos", ou "semiarianos", agrupados em torno de Basílio de Ancira, cuja definição do Filho dizia "semelhante (*homoios*) segundo sua substância (*kat'ousian*)". Esses moderados desaprovavam os excessos das facções mais ou menos fanáticas, sempre dispostas a aproveitar-se de uma ocasião política para tomar o poder nas Igrejas*; procuravam entender-se com os nicenos, dos quais Atanásio era o chefe incontestado, mantendo ao mesmo tempo suas reservas a respeito do "consubstancial". Do fundo do deserto egípcio onde se escondia então, Atanásio consentiu nessa aliança. O sínodo de união e de reconciliação que conseguiu organizar em Alexandria em 362 facilitou a vitória final do "consubstancial" niceno, obtida com o advento de Teodósio em 380.

Um prolongamento ariano no Ocidente marcou as invasões dos visigodos e dos vândalos. Com efeito, foi Eusébio de Nicomédia, então na sede de Constantinopla, que, por volta de 341, consagrou Ulfila bispo dos godos, com a missão de evangelizar os povos góticos recentemente instalados em territórios controlados pelos romanos.

c) *A administração imperial.* — O arianismo do s. IV não teria nunca representado uma crise tão complexa e longa sem a ingerência imperial. Como *pontifex maximus* responsável pela religião no Império, Constantino tinha concedido seus favores aos bispos cristãos; em troca, esperava deles uma ativa contribuição ao bem-estar moral e à paz social entre seus súditos. A controvérsia ariana, prosseguida depois de Niceia, fez fracassar esse plano. Constantino morreu em 337, batizado em seu leito de morte por Eusébio de Nicomédia. Seu filho mais novo, Constâncio II, sucedeu-lhe, com menos de trinta anos de idade, e totalmente ignorante dos problemas nicenos. Persuadiu-se de que seu mais urgente dever era eliminar Atanásio de Alexandria, inimigo declarado da política de compromisso e de pacificação proposta pela coalizão episcopal. O duelo que daí resultou entre esses dois homens é único em toda a história do Império. Constâncio morreu em 361; e, após o intermédio do curto reino de Juliano,

Atanásio ainda teve de suportar o ariano Valente (364-378), para beber o cálice da amargura do arianismo tornado razão de Estado.

2. *A doutrina ariana e sua refutação*

A doutrina pessoal de Ár. radicalizava o ensinamento de Orígenes* sobre as funções hierarquizadas do Pai, do Filho e do Espírito* Santo na economia da salvação (*De principes* I, 3, 5-7). Ele transpunha essa hierarquia para as hipóstases divinas mesmas: só o Pai é Deus, propriamente falando; o Filho, com tudo o mais que existe, é suscitado no ser* pela vontade do Pai e, como o Espírito, só é chamado Deus por metáfora. Ár. fixava sua atenção de teólogo na origem do Filho com um rigor filosófico de corte plotiniano: essa origem devia ser pensada sem nenhum antropomorfismo*, tal como o que via irremediavelmente ligado a *homoousios* (R. Williams). O racionalismo* estrito de Ár. não era partilhado por seus protetores episcopais, que permaneciam opostos ao "consubstancial" em nome de sua própria forma de origenismo tradicional. Por volta de 355, um movimento neoariano foi lançado em Alexandria por Aécio, então diácono. Eunômio, secretário e discípulo de Aécio, eclipsou logo seu mestre. Sua doutrina "anomeana", que excluía toda semelhança entre a substância do Pai e a do Filho, insistia para que se fizesse de "In-engendrado" o nome* próprio da divindade, e sublinhava a transcendência radical do Pai, da qual até mesmo o Filho só tinha um conhecimento imperfeito.

Atanásio de Alexandria, sempre no seio da tradição origeniana, aprofundou a noção de "geração" divina, já favorecida por seu predecessor Alexandre. Desprendendo-a das conotações cosmológicas sempre presentes em Orígenes, mostrou que se podia afirmar a comunicação de substância do Pai ao Filho sem incorrer no modalismo* de Sabélio. Explorou essa tese do ponto de vista da realização concreta da salvação* na Igreja. Sua doutrina da "divinização" salvadora pelo Verbo* encarnado constituía sua réplica à cristologia* ariana. Segundo Ár., o Verbo, encarnado em um corpo* sem alma*, substitui a esta: quando Jesus* tem fome ou sede, sofre ou ignora, é tomado de angústia e morre, é a inferioridade do Verbo divino que é revelada, já que esse salvador heroico tinha necessidade de se salvar a si mesmo para aceder à plena dignidade de Deus. Em reação, Atanásio explicou que o Verbo divino não podia ser afetado pelas inferioridades de sua condição encarnada; assumia em sua carne a paixão* e a cruz para nos fazer ressuscitar com ele em uma condição humana transfigurada. O realismo platônico dessa concepção atanasiana da salvação será retomado por Basílio* de Cesareia, Gregório* de Nissa e Cirilo* de Alexandria. Oferecia uma resposta adequada ao arianismo no quadro do platonismo* cristianizado da tradição alexandrina.

- H.-G. Opitz (ed.) (1934), *Athanasius-Werke* III, 1/2: *Urkunden zur Geschichte des arianischen Streites*, Berlim. — Atanásio de Alexandria, *De synodis*, PG 26, 682-794. — H.-G. Opitz (ed.) (1935), *Athanasius Werke* II, 1/2, 231-278.

▶ L. Duchesne (1911), *Histoire ancienne de l'Église*, II, 5ª ed., Paris. — E. Schwartz (1959), *Gesammelte Schriften*, III. Berlim. — E. Boularand (1972), *L'hérésie d'Arius et la "foi" de Nicée*, Paris. — M. Simonetti (1975), *La crisi ariana nel IV secolo*, Roma. — A. Ritter (1978), "Arianismus", *TRE* 3, 692-712 (bibl.). — T. A. Kopecek (1979), *A History of Neo-Arianism*, Cambridge, Mass. — C. Kannengiesser (1983), *Athanase d'Alexandrie évêque et écrivain. Une lecture des Traités contre les Ariens*, Paris. — R. D. Williams (1987), *Arius, Heresy and Tradition*, Londres. — R. P. C. Hanson (1988), *The Search for the Christian Doctrine of God: The Arian Controversy*, Edimburgo. — H. C. Brennecke (1988), *Studien zur Geschichte der Homöer*, Tübingen. — C. Kannengiesser (1991), *Arius and Athanasius. Two Alexandrian Theologians*, Aldershot. — T. D. Barnes (1993), *Athanasius and Constantius. Theology and Politics in the Constantinian Empire*, Cambridge, Mass. — B. Sesboüé e B. Meunier (1993), *Dieu peut-il avoir un Fils? Le débat trinitaire du IV siècle*, Paris. — M. Vinzent (1993), *Asterius von Kappadokien. Die theologischen Fragmente*, Leiden. — P. Maraval (1997), "Le débat sur les rapports du Père et du Fils: la crise arienne", in *Le Christianisme de Constantin à la conquête arabe*, Paris, 313-348.

Charles KANNENGIESSER

→ *Atanásio; Consubstancial; Niceia I (concílio); Trindade.*

ARISTOTELISMO CRISTÃO

O encontro de Aristóteles (A.) e do aristotelismo (a.) dos discípulos e comentadores com o pensamento cristão começa pela ignorância, depois vira hostilidade. Certos conceitos vindos do a. entrarão depois nas sínteses teológicas, mas sempre ao preço de correções radicais.

a) Um perigo para os Padres. — O primeiro contato com o a. se fez cedo. Na época em que o cristianismo nascia e se formulava, o a. não era dominante. A filosofia* popular era epicurista ou estoica. Aliás, as teses centrais de A. não pareciam mesmo compatíveis como os dogmas* cristãos. Assim, a eternidade do mundo, defendida por A. em *De caelo* (II), seria compatível com a narrativa* da criação* no *Gênesis*? E a ideia de um Deus* que não conhece o mundo*, para o qual ele é apenas causa final e não eficiente (*Met.* XII, 7 e 9), é inadmissível. O platonismo* parecia, à primeira vista, mais aceitável: a figura do Demiurgo, no *Timeu*, podia ser interpretada como uma prefiguração do Criador do *Gênesis*; a ideia de imortalidade da alma* era mais fácil de tirar do *Fédon*. Mesmo assim, Platão só foi aceito pelos Padres* depois de severamente adaptado (Ivánka, 1964).

Para os primeiros Padres, A. é antes de tudo aquele que se atreveu a limitar a Providência* divina ao mundo superior à esfera da lua, negando assim a possibilidade de uma intervenção divina no mundo sublunar (Festugière, 1932).

A situação não iria melhorar quando os dogmas trinitário e cristológico buscaram formular-se de maneira rigorosa. Isso foi feito contra pensadores que, como Luciano de Antioquia — o mestre de Ário — e Eunômio utilizavam a lógica aristotélica em favor de soluções heterodoxas. A. será então o "pai das heresias*" (Clemente de Alexandria, *Protréptico* V, 66, 4), e o gnóstico Basílides, o discípulo de A. (Hipólito, *Refutação* I, 20). Daí uma esnobação recorrente, entre os Padres, que procuram não compreender a linguagem aristotélica, mas — em uma alusão ao primeiro ofício do apóstolo* Pedro* — exprimir-se como pescadores (*halieutikôs, ouk aristotelikôs*) (Gregório de Nazianzo, *Or.* 23, 12; PG 35, 1164 c; Ambrósio, *De inc.* IX, 89; PL 16, 876). Contudo, até mesmo eles deverão utilizar o instrumento conceitual da filosofia, mas apenas para lhe tomar por empréstimo uma maneira de exprimir uma mensagem vinda de outro lugar. Donde um ecletismo em que o sentido aristotélico dos conceitos nunca é exclusivo, mas sempre contrabalançado por sua acepção em outros sistemas — estoico, por exemplo. É o caso, p. ex., do conceito de substância (*ousia*). As hipóstases divinas partilham da mesma "substância", mas o sentido desse termo é mais amplo, menos técnico do que em A. (Stead, 1977).

A. é objeto de um ataque frontal do Ps.-Justino, talvez Diodoro de Tarso (†antes de 394), "Refutação de certas teses aristotélicas" (J. C. Otto, *Corpus apologetarum christianorum saeculi secundi*, Iena, 1849, vol. IV, 88-207 = PG 6, 1491 a-1564 c). Depois de curto prefácio, opondo o acordo das profecias* sobre a criação às contradições dos filósofos, o autor cita e refuta, mais ou menos largamente, 65 passagens da *Física* (de I, 7 a V, 1, depois VIII, 1 e 6-8) e dos primeiros três livros do *De caelo*.

No começo do s. VI, o alexandrino João Filopon (Böhm 1967; Sorabji 1987) lança contra a física aristotélica um ataque em regra, mas efetuado com as próprias armas do a. Afirma a criação do mundo no tempo*, em duas obras, dirigidas uma contra Proclo (*De aeternitate mundi contra Proclum*, ed. H. Rabe, Leipzig, 1899), a outra contra o próprio A., da qual só temos fragmentos, citados sobretudo por Simplício (*Against A. on the Eternity of the World*, trad. C. Widberg, Ithaca e Londres, 1987). Nega a diferença entre o quinto elemento celeste — quintessência ou éter — e o fogo terrestre. Admite a existência do vazio. Explica o movimento dos projéteis por um *impetus* (*rhopé*) interno a esses. Sua recepção foi modesta em meios ortodoxos, por causa de sua heterodoxia dogmática (era monofisita e será acusado de triteísmo*), mas foi mais importante no Oriente cristão, siríaco, ou muçulmano, onde é abominado pelos *falasifa*, aristotélicos estritos. Houve quem visse nele o pai da física moderna: o *impetus* seria uma longínqua prefiguração da inércia.

b) Um Aristóteles domesticado. — Nem a ligação do a. com a heresia, nem suas refutações, impediram sua presença em Leôncio de Bizâncio e sobretudo em João Damasceno. Mas para isso foi preciso que certas doutrinas se tenham tornado mais aceitáveis por sua refração nos comentadores, não obstante pagãos. Assim, Temístio introduziu a ideia segundo a qual Deus, conhecendo-se, conhece todas as coisas (Pines, 1987; Brague, 1991); igualmente, amplia até a alma individual a imortalidade que A. reservava ao intelecto agente, impessoal. Paralelamente, o *corpus* se expandiu por apócrifos vindos do neoplatonismo: assim, a *Teologia de A.*, centão de Plotino, muito influente no Islã, ou o *Livro das causas*, centão dos *Elementos de teologia* de Proclo, difundido sobretudo na Europa. A Antiguidade, no seu final, fazia do a. o embasamento lógico e físico de uma metafísica neoplatônica. O Oriente grego o seguiu nesse terreno: até o fim do Império bizantino as obras de A. foram estudadas e comentadas (Benakis, 1987). O Oriente siríaco se entregou a uma intensa atividade de tradução e de comentário dos escritos lógicos de A. — chegando até a traduzir três vezes as *Categorias*. As traduções para o árabe, no s. IX, nada mais serão do que a continuação desse esforço.

A cristandade latina, durante muito tempo, só estudou A. por meio da *Dialectica* e das *Decem cathegoriae* atribuídas a Agostinho* ou por meio de Marciano Capela (McKeon, 1939, 213), e depois nos livros que Boécio* (†524) tinha traduzido, ou seja, a *logica vetus*: as *Categorias* e o *Da Interpretação*, introduzidos pela *Isagoge* de Porfírio. A teologia* se apoiará nessa lógica ainda incompleta, mas sem jamais tornar-se sua serva. Assim, o dogma eucarístico da presença real do corpo ressuscitado de Cristo* no pão e no vinho consagrados terá sua expressão, a partir de Pascásio Radberto (†865), em termos de substância, até a formulação da ideia de transubstanciação por volta de 1140, e sua promulgação pelo IV concílio de Latrão* em 1215. Mas à dupla substância/acidentes, clássica no a., vai suceder a dupla substância/espécies, desconhecida dele, e mesmo forjada para exprimir uma teoria — as espécies persistem enquanto a substância muda —, a qual, expressa em termos da primeira oposição, teria parecido absurda a A.

No s. XII, as traduções de Toledo fazem entrar na cristandade um A. mais completo, vindo do mundo árabe, e acompanhado dos comentários de Averróis. A física e a epistemologia assim descobertas, e o ideal da beatitude* filosófica elaborado pelos árabes constituem uma ameaça para a fé* e a vida cristãs. As autoridades* teológicas começam por algumas medidas profiláticas: proibições ou restrições de ensino (1210, 1215, 1231, 1263). Depois escolhem o caminho mais arriscado: re-enunciar o conjunto do dogma. Tomás* de Aquino (1225-1274) desempenhará aqui um papel central. Fundando-se nas traduções latinas de Guilherme de Moerbecke, feitas diretamente do grego, comenta as obras principais de A. (1267-1273). Contra Averróis, busca uma leitura da psicologia de A. que salvaguarde o estilo individual do conhecimento de cada alma*, e portanto, seu destino singular (*De unitate intellectus*, Paris, 1270). "Desarma" a questão da eternidade do mundo: o dogma da criação significa que o mundo depende em todo instante da vontade divina, como a luz depende do sol; que haja um começo no tempo é matéria de fé (*De aeternitate mundi*, Paris, primavera de 1271). De maneira geral, Tomás concebe o mundo à maneira de A.: as coisas que o formam têm, cada uma, uma natureza estável e autônoma, e Deus as cria concedendo-lhes ser em ato. A ideia da Providência ali se encontra: Deus dá a cada criatura, segundo suas necessidades, o que lhe é preciso para alcançar a perfeição que lhe corresponde. E a economia da salvação* se substitui, como adaptação da Providência, à natureza* do homem, arrastado por sua liberdade* a uma queda que só uma intervenção na história* podia resgatar.

c) *Uma integração matizada.* — Em contraste com as primeiras condenações, a leitura de A. vai tornar-se obrigatória na formação do teólogo. A cristandade distingue-se aqui, dos mundos muçulmano e judaico, em dois pontos cuja coexistência pode parecer paradoxal:

1/Nunca se considerou, como al-Farabi, que depois de A. nada mais houvesse a pesquisar, e que só restava ensinar (*Kitab al-huruf* II, § 143, ed. Mahdi, p. 151*sq*), ou, como Averróis, que A. é o cúmulo insuperável das possibilidades humanas, um dom de Deus, que o cede somente aos profetas (*Com. ao "De gen. an."* I; ed. Des Juntes, t. VI-2, Veneza, 1562, p. 64 b; *Com. ao "De anima"* III, § 14, ed. Crawford, p. 433; *Tahafut al-tahafut* III, § 83, ed. Bouyges, p. 187, 10 etc.). A cristandade segue antes a Maimônides, que parece limitar a validade do a. ao domínio do sublunar, e o que está acima — a metafísica — lhe escapa (*Guia* II, 22, p. 179, ed. Joël, trad. Munk, p. 223). Assim, Alberto* Magno escreve: "Quem crê que A. era um deus deve crer que nunca se enganou. Mas se se crê que foi um homem, então, sem dúvida alguma, pôde enganar-se como nós" (*Física* VIII, tr. 1, cap. 14, ed. P. Hossfeld, *Opera Omnia*, IV-2, p. 578, 24-27).

2/Nunca os mundos muçulmano e judaico integraram o estudo do conjunto da filosofia de A. nos cursos de formação de suas elites. No máximo, o Islã exercita seus juristas (*fuqaha'*), cádis etc. em uma lógica elementar que se inspira parcialmente em A. A apologética (*kalam*) primitiva repousa, na maioria das vezes, numa visão descontínua do mundo, com átomos materiais e temporais tirados menos de A. que de seus adversários. Quanto à *falsafa* aristotelizante, esta nunca pôde sair do domínio privado e adquirir uma legitimidade social, menos ainda entrar em diálogo com qualquer coisa como uma "teologia".

Na cristandade latina, depois do s. XIII, o a. será conhecido antes de tudo como incluído na escolástica. De maneira análoga, o Islã de depois do s. XII conhece o a. sobretudo por meio da síntese de Avicena, e o judaísmo*, por meio de Maimônides, ao qual virá logo acrescentar-se Averróis. Na cristandade grega, dois fatores vêm acrescentar-se: *a*) a persistência da tradição platônica, a começar pelos diálogos de Platão, que a cristandade latina e o Islã só conhecem parcialmente; ela constitui um contrapeso ao a., cuja influência é, pois, menos exclusiva; *b*) a desconfiança dos Padres em relação às "sutilezas lógicas" persiste até o fim entre os teólogos bizantinos, que abandonam, de bom grado, A. aos simples filósofos.

Os pensadores do Renascimento italiano tentaram fazer reviver um A. mais autêntico, referindo-se às vezes à interpretação, mais ou menos bem conhecida, de Alexandre de Afrodísia. Isso pareceu pôr em perigo o dogma, em particular no ponto da imortalidade da alma (os Paduanos, Pomponazzi). A Reforma foi aberta, em Lutero*, por um ataque sistemático contra o papel de A. em teologia: "É um erro dizer: sem A. ninguém se faz teólogo (…). Ao contrário, ninguém se torna teólogo a menos que isso se faça contra A. (…) Todo A. está para a teologia como as trevas para a luz" (*Disputatio contra scholasticam theologiam* (1517), § 43 *sq*, 50, *WA*, t. 1, p. 226); ataque que não hesita diante da grosseria: a filosofia é "a prostituta de A.". O que não impediu que Melanchton, bem depressa, fizesse de A. a autoridade suprema para a filosofia ensinada nas universidades protestantes, e isso a ponto de fazer das *Disputationes Metaphysicae* (1597) do jesuíta espanhol F. Suárez*, calcadas sobre a *Metafísica* de A., um dos livros de base da filosofia escolar alemã (Petersen 1921).

O mundo católico conheceu no fim do s. XIX um renascimento tomista. Em 1879, a encíclica *Aeterni Patris* do papa* Leão XIII recomenda o estudo de Santo Tomás. Para alguns foi a ocasião de uma redução da síntese teológica tomista — donde se tenta extrair uma filosofia — ao que vem de A., eliminando os elementos neoplatônicos. Então constituir-se-á uma filosofia "aristotélico-tomista", codificada em manuais e ensinada nos seminários de maneira quase oficial.

• P. Petersen (1921), *Geschichte der Aristotelischen Philosophie im protestantischen Deutschland*, Leipzig. — A.-J. Festugière (1932), "A. dans la littérature grecque chrétienne jusqu'à Théodoret", *L'idéal religieux des Grecs et l'Évangile*, Paris, 221-263. — R. P. McKeon (1939), "Aristotelianism in Western Christianity", *in* J. T. McNeil (sob a dir. de), *Environmental Factors in Christian History*,

Chicago, 206-231. — J. H. Waszink, W. Heffening (1950), "Aristoteles", *RAC* 1, col. 657-667. — E. von Ivánka (1964), *Plato Christianus*. Übernahme und Umgestaltung des Platonismus durch die Väter, Einsiedeln. — W. Böhm (1967), *Johannes Philoponos* (…), Ausgewählte Schriften (…), Munique, etc. — S. Lilla (1983), "Aristotelismo", *DPAC* 1, col. 349-363. — C. Stead (1977), *Divine Substance*, Oxford. — C. B. Schmitt (1983), *A. and the Renaissance*, Cambridge (Mass.). — R. Sorabji (1987) (sob a dir. de), *Philoponus and the Rejection of Aristotelian Science*, Londres. — S. Pines (1987), "Some Distinctive Metaphysical Conceptions in Themistius' Commentary on Book Lambda and their Place in the History of Philosophy", *in* J. Wiesner (sob a dir. de), *Aristoteles Werk und Wirkung. Paul Moraux gewidmet*, t. 2, Berlim, etc., 177-204. — L. G. Benakis (1987), "Grundbibliographie zum Aristoteles-Studium in Byzanz", *ibid.*, 352-379. — R. Brague (1991), "Le destin de la 'pensée de la pensée' des origines au début du Moyen Âge", *in* T. de Koninck, G. Planty-Bonjour (sob a dir. de), *La question de Dieu chez Aristote et Hegel*, Paris, 153-186.

Rémi BRAGUE

→ *Estoicismo cristão; Máximo Confessor; Naturalismo; Platonismo cristão; Tomás de Aquino; Tomismo.*

ARMINIANISMO

Jacobus Arminius (1560-1609), teólogo de Leyde, foi levado pelo estudo da carta aos Romanos a pôr em dúvida a doutrina calvinista da predestinação*. Encontrou em Leyde a oposição de seu colega Francis Gomar (1563-1641), que o acusou de pelagianismo* e de socianismo, acusações de que Arminius se justificou em 1603, numa discussão pública em Haia. Tentou em vão obter uma revisão dos dois textos confessionais de referência do calvinismo* holandês, a *Confessio belgica* e o *Catecismo de Heidelberg*. As doutrinas de Arminius são expostas sistematicamente em sua "Remontrance" [admoestação] de 1610: compatibilidade da onipotência divina com a liberdade* humana; morte de Jesus por todos e não só pelos eleitos; recusa da predestinação, tanto depois da queda (predestinação "infralapsária") como antes da queda (predestinação "supralapsária). A oposição calvinista ortodoxa a Arminius foi dirigida muito tempo por Gomar. Em 1618-1619, o sínodo de Dordrecht condena o arminianismo. Os "remontrantes", também acusados de pactuar com a Espanha, foram primeiro perseguidos, depois tolerados pouco a pouco. A arminianismo exerceu uma considerável influência na alta Igreja anglicana (notadamente sobre o arcebispo W. Laud e o erastianismo* de seu partido). Exerceu também uma influência determinante sobre J. Wesley (metodismo*).

▸ G.J. Hoenderdaal (1979), "Arminius/Arminianism", *TER* 4, 63-69 (bibl.). — A.F.L. Sell (1982) *The Great Debate. Calvinism, Arminianism and Salvation,* Worthing.

Jean-Yves LACOSTE

→ *Calvinismo; Erastianismo.*

ARQUITETURA

Os primeiros cristãos não tinham edifícios reservados ao culto*. Eles se reuniam nas sinagogas ou no Templo*. As refeições fraternas especificamente cristãs (ágapes*) se realizavam nos domicílios privados. O culto cristão não exige aliás edifício especial, mas a Igreja* desejou muito cedo ter lugares consagrados para marcar sua solenidade, e também para utilizar o próprio edifício para fins didáticos.

I. A Igreja primitiva

As comunidades cristãs eram bastante grandes, desde o fim do s. I, para poderem reunir-se em casas particulares; precisavam de uma sala ampla, com um altar, sob a presidência do bispo*. Em meados do s. II, a assembleia eucarística tinha-se separado da refeição dos ágapes, e tinha-se ritualizado em liturgia*. Sabe-se que havia edifícios com nomes especiais (entre eles, *ecclesia* e *domus Dei* — "assembleia" e "casa de Deus*") mas quase não se sabe a que se assemelhavam, a não ser que tinham em geral peças anexas com vocação cultual, sendo a principal o batistério. A igreja (i.) de Doura-Europos resulta da transformação de uma casa particular, em cerca de 240-241; tinha sido adaptada às necessidades dos fiéis graças a uma decoração muito precisa, cujas imagens explicavam o

significado dos ritos que ali se desenrolavam. Segundo o resultado das escavações, tinha-se feito o mesmo em Roma*, no s. III, para uma casa do s. II que se encontra no sítio da basílica de São Clemente; é o caso também de certo número de basílicas titulares. No começo do s. IV, construíam-se maiores i.-galpões em outros lugares do Império (Parentium, Qabolze na Síria). Ignora-se se existia, antes do s. IV, uma arquitetura (a.) especificamente cristã. Os templos pagãos não eram modelos adaptados, por não serem feitos para abrigar vastos grupos de fiéis — ora, as i. cristãs, como as sinagogas, eram feitas para que os fiéis nelas se reunissem. Depois da conversão* de Constantino em 312, as i. adotaram muito frequentemente a forma basilical. As basílicas era grandes salas, em geral providas de naves laterais, para uso profano ou religioso. Eram bem iluminadas por fileiras de janelas nas paredes laterais e acima das arcadas interiores; algumas tinham uma abside redonda, em um extremo ou no centro de um dos lados. O altar das i.-basílicas situava-se na abside, e com frequência havia um átrio na entrada. Em certo número delas havia fontes, símbolos da fonte de vida, que podiam servir para as abluções antes de se entrar na i. propriamente dita. A partir do s. IV, a maioria das i. foi orientada, com a entrada a oeste e o altar a leste. Desse modo, pela manhã, a assembleia estava voltada para o sol nascente, símbolo da parusia* de Cristo*, sol de justiça*.

Durante a vida de Constantino, foi construída a i. do bispo* de Roma sobre o lugar presumido do túmulo de Pedro*, mas também a basílica de Latrão (a primeira i. oficial do cristianismo, começada por volta de 313) e diferentes capelas comemorativas em cemitérios. Em Roma, a maior parte dessas i. tinha um deambulatório, i.e., uma galeria que ligava as naves laterais e que permitia contornar o altar (santa Inês, s. IV), mas muitas outras tinham uma planta centrada, inspirada nos mausoléus pagãos. Em Jerusalém*, é uma rotunda, a Anástasis ("Ressurreição"), que foi construída sobre o Santo Sepulcro, e em Belém uma capela octogonal foi edificada sobre a gruta da Natividade. A i.

do palácio de Antioquia (327-341) era também octogonal. No reinado de Justiniano, construiu-se em Constantinopla a i. centrada e a cúpula de Santa Sofia. Em Roma, no s. V, os papas* fundaram a basílica de Santa Maria Maior, e a i. de Santo Stefano Rotondo, cuja planta é uma cruz inscrita em um círculo. No fim do s. IV e começo do V, foram construídas nos lugares de peregrinação* i. com tribunas (ou então acrescentaram-se tribunas às i. existentes) para ter mais lugar, sobretudo para as mulheres e catecúmenos (cf. a basílica de Trier, tal como Graciano a reconstruiu em cerca de 380). O coro de São Pedro em Roma era rodeado de uma grade; essas grades de coro tornaram-se o meio ordinário de reservar um espaço para o clero (Santa Tecla, em Milão, meados do s. IV). Nos anos seguintes, encontram-se grades em todo o Mediterrâneo. Algumas das primeiras basílicas tinham transeptos isolados da nave, o que lhes conferia uma planta cruciforme no térreo. A primeira i. realmente cruciforme (i.e., com seus quatro braços do mesmo tamanho) foi sem dúvida a i. dos Apóstolos* em Constantinopla. Em uma i. para onde acorreram multidões de peregrinos — São Simeão Estilita em Qalaat Semân, na Síria —, um edifício octogonal a céu aberto rodeava a coluna do santo. A planta cruciforme fez muito sucesso, porque fazia do edifício inteiro a expressão mesma da cruz. No s. V aparecem as primeiras i. com cúpula e conjuntos basilicais, como o que rodeia a Anástasis.

Em certos lugares, como Aquileia e Trier, p. ex., construíram-se basílicas duplas (duas i. colocadas lado a lado, de fato). Essa forma estranha se explica por sua função. Além das i. necessárias ao culto habitual, fez-se sentir a necessidade de lugares onde festejar os mártires. Foram construídos edifícios sobre suas tumbas, ou perto delas, nos cemitérios que se encontravam fora dos muros. Por causa do número de peregrinos que ali afluíam, houve então a necessidade dessa i. dupla; no s. V, algumas delas eram ligadas a comunidades monásticas, com a função de prover às necessidades dos peregrinos, de assegurar uma oração* contínua no túmulo dos mártires, e de servir de base à atividade missionária. Depois das invasões dos godos no s. V, foi preciso transferir o corpo dos mártires para o interior de Roma, por razões de segurança e para facilitar o acesso a eles. As relíquias* dos santos foram repartidas entre as i. ordinárias, e logo toda i. possuía relíquias.

Em Jerusalém, em Roma e em Constantinopla, a liturgia "estacional" tomou importância a partir do momento em que a oficialização do cristianismo a tornou possível. O bispo e o povo iam em procissão de i. a i. para celebrar a eucaristia* e outros ofícios, de maneira a santificar a cidade* inteira. Daí vêm sem dúvida as procissões interiores à i., tão difundidas na IM. Diferentes partes da i., p. ex. as fontes batismais ou o pórtico, formavam as estações onde a procissão parava para orar, no modelo das estações formadas pelas diferentes i. onde se detinham as procissões exteriores.

II. A Igreja medieval

Na IM a i. era considerada como uma imagem da Jerusalém celeste, segundo a visão do Apocalipse (cf. o ofício da consagração de uma i., do s. X ao mais tardar). A forma e a decoração do edifício eram feitas para inspirar o sentido, a um tempo da transcendência e da proximidade de Deus. Essa concepção era comum a todos os cristãos, mas não se realizou da mesma maneira no Oriente e no Ocidente.

1. Bizâncio

No Oriente, a i. de planta centrada e de cúpula foi a forma dominante durante aproximadamente um milênio. Essa forma era sem dúvida inspirada nos edifícios desse tipo, santuários dos mártires, batistérios, monumentos comemorativos (São Constâncio em Roma, a rotunda da Anástasis em Jerusalém), que por sua vez se tinham inspirado no Panteão de Roma e na sua cúpula. Mas os bizantinos não tardaram a criar novas formas de cúpula, muito interessantes, em especial durante o reinado de Justiniano, empregando ao máximo os recursos da tecnologia romana. A primeira obra-prima dessa época é São Vital de Ravena (526-547), de planta octogonal, com uma cúpula central, um deambulatório e tribunas. Mas havia muitas outras formas; uma delas foi, com frequência, imitada mais tarde nas i. menores: a de São João de Éfeso, que tinha uma planta em forma de cruz grega, com uma cúpula central e outras cúpulas por cima de cada braço. Em Constantinopla, Santa Sofia (532-537, modificada em 558-563) tornou-se o modelo da i. imperial. Possuía uma enorme cúpula que repousava sobre pendentes (segmentos em triângulo esférico da abóbada — os primeiros dessa importância); de aspecto elegante, eles transmitem eficazmente o peso da cúpula aos pilares. A cúpula representa o céu, que cobre sem fechar. No s. IX, depois da querela iconoclasta, apareceu uma nova planta de i., com dimensões mais modestas. Tratava-se de uma cruz inscrita em um retângulo, com uma abóbada em semicírculo e uma cúpula, que mais tarde repousou em uma coluna cilíndrica.

Todas essas i. eram decoradas de mosaicos ou de pinturas, muitas delas destruídas na época do iconoclasmo. Os mosaicos de Ravena são particularmente notáveis. Com a vitória dos defensores dos ícones nos meados do s. IX, o interior das i. foi sistematicamente decorado. A colunata que separava a nave do santuário foi recoberta de ícones, tornando-se o iconóstase, que dissimulava completamente a celebração da eucaristia, a não ser no momento da abertura da porta central.

Os mosaicos representavam a hierarquia celeste, com Cristo* no centro, rodeado de uma progressão descendente, desde os coros dos anjos*, os patriarcas e os apóstolos, até os santos locais. Tornou-se o edifício um céu sobre a terra, onde Deus estava misteriosamente presente. Esse tipo de arquitetura foi conservado e desenvolvido na Grécia, durante a IM, e difundiu-se na Rússia e nos Bálcãs. Na Rússia edificaram-se grupos de cúpulas, sobre colunas cilíndricas elevadas. Essas cúpulas terminaram por tomar a forma característica de uma cebola. Mais tarde, essas formas foram usadas em edifícios de madeira, combinando assim a estética bizantina e os hábitos de construção locais. No Ocidente, a influência bizantina se fez sentir nas i. normandas da Sicília. Em Veneza, São Marcos segue o plano de São João de Éfeso, e tem a decoração de mosaicos, tal como nas i. da Sicília.

2. O Ocidente

A maioria das i. construídas na IM inspiraram-se no plano basilical, com algumas exceções importantes, que imitam os edifícios de planta centrada, sobretudo a rotunda da Anástasis. Só foi possível construir i. pequenas nos séculos perturbados que se seguiram ao desmoronamento do Império romano do Ocidente. Quando a situação se estabilizou, e com a aparição do estilo românico, as i. rivalizaram com as i. constantinianas de Roma. A liturgia e o cerimonial tornaram-se mais complexos; por outro lado, a regra que queria que todos os sacerdotes* celebrassem a missa todos os dias exigia uma multiplicidade de altares nas catedrais e nos mosteiros em que havia numerosos padres. Desde o s. VI já existiam i. com vários altares. Em meados do s. XII havia vinte altares em Saint-Denis. Cada altar era consagrado a um santo determinado. A dupla razão de ser das grandes i., que serviam ao mesmo tempo à oração* contínua do ofício divino e da missa e às peregrinações, levou a uma separação mais completa do coro e do santuário de um lado, e das naves central e laterais de outro. Veem-se ainda essas grades nas catedrais de Lincoln e de Paris, ambas do s. XIII. Foi também nessa época que se fixou a planta típica dos mosteiros: consiste em um claustro quadrangular com um jardim no centro. Em volta do claustro encontravam-se a i., o capítulo, o refeitório e o dormitório. O resto das dependências necessárias estava disposto sem ordem precisa na parede externa. Batistérios separados subsistiram em muitas cidades italianas; eram utilizados para batismos* coletivos na Páscoa* e em Pentecostes. No norte da Europa, as crianças recebiam o batismo individualmente, logo depois do nascimento; cada i. paroquial tinha suas próprias fontes batismais, colocadas em geral em evidência perto do pórtico, para lembrar que o batismo é o sacramento* de entrada na comunidade cristã.

a) O período românico. — O românico foi o estilo dominante no Ocidente de 950 a 1150; é assim chamado porque se funda no uso do arco românico de volta inteira. Em seu período de formação, de 950 a 1050, houve muitos estilos regionais. Mais tarde, tornou-se um estilo internacional graças ao movimento monástico, que contribuiu a difundir as ideias, os modelos de planta, e aos pedreiros ao longo das grandes rotas de peregrinação, e também ao longo das rotas abertas pelas cruzadas. A planta mais difundida era uma planta basilical, estendida graças aos travessões sobre o arco das naves. Tentaram-se muitas fórmulas para as abóbadas e as articulações das partes. A arquitetura lombardo-catalã do início do s. XI retoma diretamente as técnicas românicas, com abóbadas pesadas em semicírculo (São Martinho de Canigou, 1001-1026; Santa Maria de Ripoll, 1020-1038). Seu interior é sombrio e sem ornatos, mas o exterior é decorado de finas arcadas cegas. O exterior das grandes i. de peregrinação, com seu deambulatório e suas capelas radiantes a leste, e a multiplicidade de suas torres, dá uma impressão de força compacta. O românico alemão primitivo tem uma planta de dupla abside, e madeiramento em vez de abóbadas de pedra. Em Gernrode (*c.* 980) e em São Miguel de Hildesheim, o interior é ritmado por uma alternância de suportes que formam traves duplas.

O estilo românico internacional conheceu seu apogeu de 1050 a 1150, aproximadamente. As grandes abadias francesas de peregrinação (Tours, Conques, Limoges, Toulouse), inspiradas em Santiago de Compostela (*c.* 1075-1150), transformaram a planta basilical em planta de cruz latina, com um transepto, um deambulatório e capelas, uma elevação de três níveis e uma abóbada semicircular com frechais determinando traves. Em Borgonha, tentaram-se vários tipos de abóbadas (Vézelay, p. ex., tem grandes abóbadas de arestas). A terceira i. de Cluny (1088-1130) anuncia quase o estilo gótico com sua elevação, a leveza de suas abóbadas semicirculares, reforçadas por frechais cujas bases são recebidas por pilares compostos, e arcos quebrados elevados sobre as arcadas da nave. No oeste da França encontram-se i.-galpões: Nossa Senhora, a Grande, em Poitiers (*c.* 1130-1145) e

Saint Savin-sur-Gartempe (*c.* 1060-1115) têm a nave central com abóbada semicircular, e as laterais quase com a mesma altura. Na Aquitânia, sob a influência bizantina, i. sem naves laterais foram recobertas com uma série de cúpulas sobre pendentes (catedrais de Angoulême, *c.* 1105-1125, e de Périgueux, *c.* 1120). Na Normandia e na Inglaterra, tentaram-se muitos arranjos. No s. XI as i. inspiraram-se no exemplo alemão e tiveram traves duplas e tetos de madeira (p. ex. Jumièges, *c.* 1040-1067, e Santo Estêvão de Caen, 1066-1077). A maior parte das i. inglesas conservou o madeiramento.

b) *O período gótico.* — O estilo gótico nasceu no norte da França, na primeira metade do s. XII (deambulatório e capelas de Saint-Denis, 1140-1144); durou até o s. XV (segundo alguns, até o s. XVI na França, e até o XVII na Inglaterra e na Alemanha). Caracterizado por abóbadas sobre transeptos de ogivas, por arcobotantes e por altos pilares, utiliza o arco em ogiva, mais estável que o arco de volta inteira; pode-se facilmente fazer variar sua flecha e o vão para criar abóbadas da mesma altura em espaços irregulares; não se precisa mais, portanto, de paredes espessas, e podem-se ter aberturas cada vez maiores. As i. góticas, em sua maioria, são essencialmente verticais. Fizeram-se muitas tentativas na França, no fim do s. XI, para encontrar a melhor disposição das aberturas (Laon e Paris, *c.* 1160), mas foi a reconstrução de Chartres (iniciada por volta de 1195) que parece ter fornecido o tipo do gótico clássico: elevação em três níveis, arcadas, trifório, claraboia, abóbadas quadripartidas escoradas em arcobotantes, deambulatório e capelas radiantes. No s. XIII, as catedrais francesas buscavam ser as mais altas possíveis; o coro de Beauvais é o mais ousado, com cerca de 48 m de altura. Na Inglaterra, ao contrário, interessava mais o comprimento, os efeitos de matéria e de cor, a largura dos vitrais, e a complexidade do trabalho das abóbadas (Lincoln, 1190-1287; Salisbury, 1220-1258). As flechas elevadas intensificavam o efeito produzido. A Alemanha e a Espanha não adotaram o gótico antes dos meados do s. XIII, e, quando o fizeram, foi na forma francesa

(Colônia, começada em 1248, Leon, 1254-1303, Toledo, começada em 1227). A Itália teve sua própria forma de gótico, conservando certas técnicas românicas e utilizando arcos quebrados e abóbadas de ogivas para obter espaços muito abertos (Santa Maria Novella, em Florença, começada por volta de 1278).

O gótico tardio, a partir de 1300, aproximadamente, procurou os efeitos decorativos, o sentimento de espaço e de leveza. Na Inglaterra, o gótico "decorado" teve gosto por abóbadas e estruturas em rede. Encontra-se algo desse estilo, pelo fim do s. XIV, no gótico flamboyant da França e da Alemanha, no momento em que a Inglaterra voltava a ser mais austera com o estilo perpendicular. Mas os efeitos "decorados" voltaram a ser moda no s. XV e no começo do XVI, com a abóbada em leque, própria da Inglaterra. Quanto ao interior das i., era tendência em toda a Europa ocidental, no fim da IM, subdividi-lo em uma multiplicidade de capelas privadas ou semiprivadas, dedicadas ao culto* de diversos santos, ou então à oração pela alma* dos defuntos.

c) *O Renascimento.* — Na Itália, a partir do s. XV, o estilo Renascença, que buscava sua inspiração no retorno à arquitetura romana, recebeu seu impulso em parte com a reconstrução das antigas basílicas de Roma no pontificado de Martinho V (1417-1431). São Lorenzo e Santo Spirito em Florença são os primeiros exemplos. Evocaram-se os precedentes e os princípios da Antiguidade, inspirando-se em uma releitura de Vitrúvio. San Sebastiano, em Mântua, tem por origem plantas de termas romanas; sua fachada inclui elementos de templos e de arcos de triunfo. Construíram-se edifícios de planta centrada, com cúpulas (a capela dos Pazzi em Santo Spirito, São Biagio em Montepulciano, o "tempietto" de Bramante em Roma). A peregrinação a Roma fez certamente conhecer no norte dos Alpes o novo estilo, mas esse não foi verdadeiramente adotado. Às vezes limitou-se a acrescentar detalhes Renascença a um conjunto gótico (cf. Santo Eustáquio em Paris, a capela de Fugger em Augsburgo, o púlpito e as cadeiras de coro do King's College em Cambridge).

III. Reforma e Contrarreforma

1. Protestantismo

O primado da pregação* e do comentário da Bíblia, como também a rejeição da teologia* católica da eucaristia transformaram o interior das i. As novas i. comportaram tribunas e cátedras elevadas, para que uma assembleia numerosa pudesse ver e ouvir o pregador. As cadeiras ali faziam face à cátedra, e não à mesa de comunhão. Os reformadores rejeitaram a ideia de uma santidade* do edifício em si, mas as referências ao templo de Jerusalém não iam todas nesse sentido. A Igreja anglicana continuou, todavia, nas catedrais e nas i. das universidades, a celebrar os ofícios da manhã e da tarde, baseados no ofícios de *laudes* e da prima, de uma parte, e das vésperas e das completas, de outra; por isso encontram-se sempre, em suas i., grades medievais que permitem entrar na nave sem participar do ofício e sem perturbar seu desenrolar no coro.

Na Alemanha luterana, como na Inglaterra, o coro das i. paroquiais foi utilizado para a comunhão, os comungantes deixando a nave antes da consagração e rodeando a mesa do altar. Lutero* deixou subsistirem muitas imagens* e estátuas; Calvino e Zuínglio* exigiram que se retirassem todas. Na Alemanha, são as capelas dos castelos que serviram de modelo para as i. luteranas (Torgau, planta centrada com tribunas). As i. reformadas da Holanda e da França tinham, muitas vezes, tais plantas (La Rochelle, 1577-1603; Willemstad, 1597-1607), o que influenciou as i. reformadas da Alemanha e, mais tarde, da Inglaterra. Foi somente na segunda metade do s. XVII que o estilo Renascença (barroco/clássico) se impôs na Alemanha, depois da Guerra dos Trinta Anos, e na Inglaterra, depois da Restauração. As novas i. desse estilo deixam pouco lugar para o coro e para o altar. Há exemplos disso em todas as pequenas i. construídas por Wren em Londres, depois do grande incêndio de 1666. São extremamente variadas, e a mais interessante é, sem dúvida, St. Stephen Wallbrook, um retângulo no qual colunas clássicas inscrevem o que se pode interpretar seja com uma cruz latina, seja como uma cruz grega com pórtico, o conjunto dominado por uma cúpula circular com caixotões. Sua obra prima, São Paulo de Londres, foi o resultado de um compromisso entre a planta centrada na cúpula, que ele desejava, e a forma em cruz latina exigida pelo capítulo. A obra de Wren exerceu muita influência durante todo o s. XVIII na Inglaterra e na América do Norte, sobretudo por meio da obra de seu discípulo Gibbs (St. Martin-in-the-Fields, 1722-1726).

2. Catolicismo

O concílio de Trento* era favorável ao uso das belas-artes. Carlos Borromeu, arcebispo de Milão, publicou em 1576-1577 instruções para a construção das i., referindo-se ao cristianismo primitivo. Não faziam falta vitrais, porque a luz é simbólica por ela mesma; as vidraças transparentes permitem ver melhor as obras de arte contidas na i. As plantas centradas eram consideradas como "pagãs", mas isso teve pouco efeito na prática. Devia haver capelas ao longo da i., para o culto dos santos e para as missas privadas dos padres. A cátedra devia poder ser vista ao mesmo tempo que o altar, o que simbolizava a unidade da palavra* e do sacramento. Belarmino* insistia igualmente nessa unidade. Sua i. ideal tinha três partes: o pórtico, a nave e o coro, segundo o modelo do templo de Salomão. A decoração era importante, a seus olhos, para atrair os fiéis.

Seja barroca ou rococó, a a. dessa época procura mobilizar a experiência subjetiva do espectador, pela dinâmica do próprio edifício, e por sua decoração. A quintessência do barroco é Santo André do Quirinal de Bernini, em Roma, cujo movimento para o alto, para a luz celeste da cúpula, é perfeitamente executado. A a. rococó é em geral mais simples, e de preferência tira seus efeitos da complexidade da decoração.

Na França, a arquitetura dos s. XVII e XVIII é um barroco sóbrio, com uma forte influência Renascença e paladiana (Francisco Mansart, o Val-de-Grâce, começado em 1645, e Júlio Hardouin Mansard, a cúpula dos Invalides, 1680-1691). Esse estilo "clássico", por sua vez, influenciou a maior parte dos países do norte da Europa (Prandtauer na Áustria e a abadia de Melk, Wren na Inglaterra).

O rococó atingiu seu máximo de teatralidade nos Vierzehnheiligen de Neumann, na Alemanha (1743-1772). Na Espanha, ele se entrega a uma ornamentação exuberante, como na fachada-retábulo de Santiago de Compostela (1738-1749). Esse estilo chegou até o Novo Mundo, como se pode ver em Ocotlán no México (c. 1745).

Na mesma época, em parte sob a influência de Wren (cf. Santa Genoveva de Soufflot, hoje o "Panthéon", 1738-1789), a França praticou um estilo neoclássico, inspirado nas artes da Antiguidade, sobretudo nas da Grécia.

IV. O século XIX

No começo do s. XIX, a a. religiosa é ainda consideravelmente clássica, quase em toda parte, no Ocidente. A Madeleine de P. Vignon (1806-1842) é ainda de inspiração greco-romana. Mas já no século precedente, o romantismo tinha começado a interessar-se pelo passado medieval; e um estudo sempre mais sério das técnicas de construção medievais levou a uma renovação do estilo gótico. Erudição e restauração se combinam na obra de Viollet-le-Duc na França, e na de G. G. Scott na Inglaterra. Suas restaurações foram discutidas, e em vários casos, excessivas, mas se lhes deve o fato de ter salvado da destruição bom número de i. A Inglaterra foi o centro dessa renovação neogótica, com a obra da Cambridge Camden (mais tarde Ecclesiological) Society, e dos Pugin, pai e filho. Foi lá que esse estilo mais se utilizou, e dali se expandiu pelos outros países anglófonos. A catedral católica de St. Patrick, em Melbourne, começada em 1858, foi concebida no estilo do s. XIII por Wardell, discípulo de Pugin, o jovem. A transformação da a. foi a expressão material de um interesse renovado pela liturgia e pelo cerimonial da IM. Nas i. anglicanas, o altar, doravante colocado contra o muro, é ampliado com um coro e volta a ser a característica principal da i. Bancos de estilo medieval faziam face ao leste. Voltou-se à arte do vitral para encher as vidraças de cenas bíblicas e de imagens de santos. Os protestantes chegaram até a fazer de novo procissões.

V. A época contemporânea

O movimento litúrgico e o Vaticano II* mudaram a concepção da liturgia, e portanto a concepção das i. Do lado protestante, a eucaristia se tornou mais central e celebrada com maior frequência. Nos lugares de culto das principais Igrejas protestantes as fontes batismais, a cátedra e o altar são dispostos de maneira que possam ser vistos juntamente, para manifestar a ligação entre a palavra e os sacramentos, o que produz menor valorização da cátedra. Quando as fontes batismais não estão ao lado do altar, têm, com frequência, sua capela própria. No domínio católico, as decisões do Vaticano II transformaram certa concepção da missa. Não é mais o sacerdote que leva o povo* a Deus, e o representa diante dele; o povo reunido ante o altar, e às vezes em torno dele, participa plenamente da ação litúrgica — donde uma tendência a plantas centradas. É interessante notar que no fim do s. XX as i. católicas e protestantes se tornam cada vez mais difíceis de distinguir. Também se retomou, algumas vezes, a ideia de "igreja-casa" (*domus ecclesiae*), o que fez construir igrejinhas muitas vezes impossíveis de distinguir das casas que as rodeiam. Muitas das novas i. foram concebidas para finalidades muito amplas, e contêm toda sorte de instalações anexas.

O s. XX, enfim, não só conheceu uma nova teologia* da liturgia, mas também uma revolução dos materiais e das técnicas de construção. Ferro, cimento armado e vidro: conheciam-se esses novos materiais desde os meados do s. XIX — o cimento foi utilizado em São João Evangelista de Montmartre por Baudot (1894-1902), o ferro, em Santo Eugênio por Boileau (1854-1855), em Santo Agostinho por Baltard (1860-1871), mas foi só nos anos de 1920 ou 1930 que esses materiais serviram correntemente para criar formas novas. A Notre-Dame-du-Raincy de Augusto Perret (1922-1923) é um de seus primeiros exemplos. Seu teto de cimento repousa sobre colunas de cimento armado, e o altar é elevado sobre uma plataforma. O cimento armado permitia grandes espaços sem suportes, grandes superfícies de vidro,

abóbadas parabólicas (Dominicus Böhm, Santo Engelberto, Colônia-Riehl, 1930). Mais recentemente se recorreu a esses materiais para i. de inspiração gótica, com abóbadas em concha (Feliz Candela, a Virgem Milagrosa de México, 1954; Gudjón Samuélson, a i. de Hallgrimm, Reykjavik, começada em 1945).

Para as reformas litúrgicas recentes, o essencial é a "participação ativa", *participatio actuosa* (SC 14) de toda a assembleia, o conjunto, e não o "espetáculo" dado pelo clero (e o coro). A popularidade das transmissões religiosas pela televisão deixa contudo pensar que o elemento espetacular da liturgia corresponde sempre a uma necessidade real para os que não podem ou não querem ir à i. Além disso, uma insistência excessiva na assembleia leva normalmente a restringir o lugar dado ao sentido da transcendência divina, ou a esquecer a dialética que se deve instaurar entre oração comunitária e oração individual; enfim, a reunião dos fiéis em torno do altar pode dar a impressão de um círculo fechado, que exclui a quem procura e ao estrangeiro. O caminho do futuro talvez seja admitir uma pluralidade de concepções litúrgicas e de soluções arquiteturais.

• I/H. C. Butler (1929), *Early Churches in Syria*, reed. 1969, Princeton, NJ. — A. Grabar (1946), *Martyrium*, Paris. — T. Bayley (1971), *The Processions of Sarum and the Western Church*, Toronto. — T. F. Mathews (1971), *The Early Churches of Constantinople: Architecture and Liturgy*, University Park, Pa. — C. Heitz (1974), "Architeture et liturgie processionelle à l'époque préromaine", *Revue de l'art* 24, 30-47. — R. Krautheimer (1975), *Early Christian and Byzantine Architecture*, 2ª ed., Harmondsworth. — P.-M. Gy (1978), "Espace et célébration comme question théologique", *MD* 136, 39-46. — A. Chavasse (1982), "L'organisation stationnale du carême romain, avant le VIII siècle. Une organisation pastorale", *RSR* 56, 17-32. — J. F. Baldovin (1987), *The Urban Character of Christian Worship*, Roma. — L. Michael White (1990), *Building God's House in the Roman Word*, Baltimore.

II/P. Frankl (1926), *Die frühmittelalterliche und romanische Baukunst*, Potsdam. — R. C. de Lasteyrie du Saillant (1929), *L'architecture religieuse en France à l'époque romane* (2ª ed.). — H. Focillon

(1938), *Art d'Occident*, Paris. — P. Frankl (1960), *The Gothic: Literary Sources and Interpretations through Eight Centuries*, Princeton. — K. J. Conant (1966), *Carolingian and Romanesque Architecture 800-1200* (2ª ed.), Londres. — W. Braunfels (1972), *Monasteries of Western Europe*, Londres. — C. Mango (1976), *Byzantine Architecture*, Nova York. — J. Bony (1983), *French Gothic Architecture of the XIIth and XIIIth Centuries*, Berkeley.
III/A. W. N. Pugin (1841), *The True Principles of Pointed or Christian Architecture*, Londres; (1843), *An Apology for the Revival of Christian Architeture in England*, Londres. — E. E. Viollet-le-Duc (1854-1868), *Dictionnaire raisonné de l'architecture française du XIe au XIVe siècle*, Paris. — C. Eastlake (1872), *A History of the Gothic Revival*, Londres. — K. Clark (1928, reimp. 1962), *The Gothic Revival*, Londres. — L. Hautecoeur (1943-1957), *Histoire de l'architecture classique en France*, Paris. — N. Lieb (1953), *Barockkirchen zwischen Donau und Alpen*, Munique. — J. Summerson (1953, reimp. 1977), *Architecture in Britain, 1530-1850*, Harmondsworth. — R. Wittkover (1958, reimp. 1973), *Art and Architecture in Italy, 1600-1750*, Harmondsworth. — E. Hempel (1965), *Baroque Art and Architecture in Central Europe*, Harmondsworth. — N. Yates (1991), *Buildings, Faith and Worship*, Oxford (pouco confiável para o período que precede 1700).
IV/O. Bartning (1919), *Vom neuen Kirchbau*, Berlim. — H. R. Hitchcock (1958, reimp. 1968), *Architecture, Nineteenth and Twentieth Centuries*, Harmondsworth. — P. Hammond (1961), *Liturgy and Architecture*, Nova York. — A. Christ-Janer e M. M. Foley (1962), *Modern Church Architecture*, Nova York. — G. Mercier (1968), *Architecture religieuse contemporaine en France*, Tours.

Lynne BROUGHTON

→ *Culto; Imagens; Liturgia; Música.*

ARTE → **arquitetura** → **imagens** → **música**

ARTIGO DE FÉ → **dogma** 1. b.

ASCENSÃO → **Cristo/cristologia**

ASCESE

I. Definições

"Ascese" (a.) vem do grego *askésis* (do verbo *askeô*) que significava na origem "exercício" ou "treinamento esportivo". A palavra já tinha adquirido em Platão o sentido de "treinamento" ou "prática moral ou filosófica". Não está no NT, mas logo se encontra nos Padres apostólicos*, no sentido filosófico ("praticar a paciência", Inácio de Antioquia, *Policarpo*, 9, 1), ou aplicada ao martírio* (*Martírio de Policarpo*, 18, 2). Mais tarde, encontra-se correntemente o verbo e o substantivo nos autores cristãos no sentido de treinamento da alma* para a prática das virtudes* e para a vitória sobre a tentação; quem leva uma vida de renúncia, o eremita ou o monge, é um "asceta" (*asketés*). *Askésis* veio a significar "austeridade" ou "vida de austeridade" (sem perder o sentido importante de "estudo", sobretudo da Escritura*), e um *asketérion*, lugar de *askésis*, é um mosteiro. Esse breve levantamento, com base na raiz grega, mostra três coisas: a relação estabelecida, desde muito cedo, entre a a. e o monaquismo*; o pano de fundo filosófico do termo e do conceito; enfim, uma relação original entre martírio e a.

II. Origens da ascese cristã

1. Ascese e escatologia: o martírio

A relação entre a. e martírio explica certos traços distintivos e duráveis da a. cristã. A primeira Igreja* cristã recebera do judaísmo*, em particular do *4º Livro dos Macabeus*, a ideia do martírio como a. Essa obra de reflexão sobre a experiência dos mártires judeus na época de Judas Macabeu (morto em 161 a.C.) exerceu grande influência sobre a primeira concepção cristã do martírio, como se vê nos primeiros relatos de perseguição e nas cartas escritas por Inácio de Antioquia a caminho para seu próprio martírio. *4 Mc* fala, a propósito dos mártires judeus, do treinamento e do esforço atlético, porque vê neles soldados alistados em uma guerra* santa contra as potências do mal*, representadas pelo governo idolátrico de Antíoco Epifânio IV, que procurava fazer desaparecer a religião judaica. Ideias semelhantes encontram-se nos escritos da comunidade de Qumran, que se via a si mesma como uma espécie de exército em treinamento: havia que estar pronto para a guerra final que devia rebentar entre as potências do bem* (os israelitas fiéis) e as potências do mal (as forças romanas de ocupação). Essa noção de preparação para a guerra escatológica, guerra santa contra as potências do mal, supunha, nos que para ela se treinassem, a observância das regras da guerra santa e, portanto, a abstinência sexual. Tal abstinência tinha uma imensa importância simbólica: significava que se estava pronto para o fim da história* e para vinda do reino* de Deus*, independentemente do sentido que podia ter como prática de austeridade pessoal. Esse é sempre o caso para o monaquismo cristão, e para a a. cristã em geral.

2. Justificação protológica da ascese

A razão mais importante da primeira a. cristã era, sem dúvida alguma, *escatológica*. Mas os primeiros cristãos viam nela, explicitamente ou não, duas outras justificações. Ao lado da evidente justificação *moral* ou *moralizante* — a austeridade é uma condição para o domínio de si — havia outra, muito difundida, que se pode chamar *protológica*, i.e., que concerne ao retorno da humanidade a seu estado original, perdido pelo pecado e pela queda (pecado original*). Esse desejo de retornar ao começo, ao estado original, era uma preocupação que os cristãos partilhavam com muitos de seus contemporâneos, judeus ou pagãos; como eles, viam na unidade o traço característico desse começo: quanto mais se afastava dele, mais pululava a multiplicidade. O matrimônio* e a procriação* relacionavam-se, evidentemente com a multiplicidade, e mesmo, acrescentavam-se a ela. O mesmo se dá com a comida, na medida em que prolonga a vida de seres que já se desviaram para longe de sua origem. A continência e a rejeição do matrimônio, como também a abstinência em matéria de comer e beber, podiam assim contribuir a pôr um termo à deriva na multiplicidade, e ajudar ao retorno à unidade indivisa da origem (mesmo se o matrimônio tivesse nele próprio, também, algo de unitivo). Porque só se faz menção da união

sexual de Adão e Eva depois de sua expulsão do jardim do Éden (Gn 4,1), concluiu-se muito geralmente que não havia atividade sexual no paraíso, e que ela não teria acontecido no estado de inocência, apesar de Gn 1,28; os defensores dessa ideia pensavam que a procriação ocorreria, então, sem sexualidade. Entre os Padres*, Agostinho* foi o único que, de maneira séria e explícita, questionou esse ponto (talvez em seguida ao enigmático Ambrosiaster, *Quaestiones* 127); nas obras de sua maturidade (p. ex., *De Gen. ad litt.* 9, 3, 6) sustenta que o matrimônio e a procriação fazem parte do desígnio de Deus* para a vida paradisíaca original (há sem dúvida algo disso também em Ireneu*: cf. *Demonstração* 14). Mas não se podia encontrar melhor estímulo à paixão do cristianismo nascente pela continência do que a ideia difundida de que a existência dos sexos e a propagação da espécie afastam do estado original.

III. Novo Testamento

A ideia da a. ou do treinamento ascético deve ser distinguida da prática das virtudes como tais. A a. consiste em treinar-se em vista de um fim, enquanto a prática das virtudes, sobretudo a do amor*, é, para o NT e o cristianismo em geral, a manifestação dos frutos do Espírito* (Gl 6,22).

1. Jesus Cristo

O mandamento* de amar (Mt 22,37-40 par.) não é, primeiramente, ascético: designa a essência mesma da comunidade cristã, que por sua vez é resposta ao amor de Deus pela humanidade (mesmo se em uma tradição* cristã mais tardia, como se verá, se tenha, às vezes, do amor mesmo, uma visão ascética). O que existe de verdadeiramente ascético no ensinamento de Jesus* e no resto do NT é quase sempre escatológico (cf. *supra* a concepção do martírio): trata-se de treinar para o fim, o *eschaton*, a vinda do Reino. Os temas-chave desse ensinamento são a resistência paciente (*hypomoné*, que tem também o sentido de espera paciente) e a vigilância. Seguir a Cristo* é "tomar a sua cruz" (Mt 16,24); não é um engajamento momentâneo, mas tarefa de toda uma vida. O que se chama "apocalipse sinóptico" (Mt 24,4-36, par.) — o ensinamento dado por Jesus a seus discípulos pouco antes de seus últimos dias —, fala constantemente de paciência e de vigilância, como as parábolas* que o seguem na narrativa* de Mateus. Esses temas são desenvolvidos no restante do NT.

2. Paulo

Paulo coloca a resistência paciente em um momento da cadeia que leva o cristão a abrir-se ao amor de Deus: "A tribulação produz a perseverança; a perseverança, a fidelidade provada, a fidelidade provada, a esperança*; e a esperança não engana, pois o amor de Deus foi derramado em nossos corações pelo Espírito Santo que nos foi dado" (Rm 5,3ss). A palavra "tribulação" (*thlipsis*) designa em geral, no NT, as provas que são os signos do conflito final entre as forças do bem e as do mal, e que podem levar ao martírio: em todo o NT, o martírio e a espera do fim (mais precisamente, da segunda vinda de Cristo) formam o horizonte da cena em que se desenrola a ação.

3. A imitação de Cristo

Jesus Cristo é evidentemente o modelo de tal a. Sua paciente resistência é um exemplo para os que buscam segui-lo (Inácio de Antioquia, *Policarpo* 8, 2), e a graça* do martírio é a graça de uma proximidade especial com ele. O mártir é o santo (santidade*) por excelência. Mas se o NT nos propõe seguir o exemplo de Jesus, também nos convida a uma união mais interior com ele. Paulo e João falam, ambos, da "morada", quer se trate da morada de Cristo no coração* dos cristãos (Ef 3,17), ou mais frequentemente da morada de todos os cristãos "em Cristo" (Rm 12,5, e muito correntemente nas outras epístolas de Paulo), ou mesmo da morada da Trindade* nos discípulos (Jo 14,23). Em uma passagem marcante, Paulo fala do fato de levar a cruz como de uma a. que leva à manifestação da vida do Ressuscitado em nós: "trazemos em nosso corpo* a agonia de Jesus, a fim de que a vida de Jesus também seja manifestada em nosso corpo" (2Cor 4,10).

IV. Evolução da ascese cristã

O cristianismo primitivo teve uma verdadeira paixão pela a., primeiro por razões escatológicas, como se viu, mesmo se as considerações protológicas iam no mesmo sentido. Dois traços do cristianismo eram regularmente invocados pelos apologistas do s. II para provar a verdade* da religião cristã: o martírio e a virgindade (cf. Justino, *I Apologia* 15 *sq*). O martírio era um testemunho evidente da verdade do cristianismo, e a virgindade, muito louvada pelos filósofos, mesmo se a praticavam pouco, demonstrava sua potência, potência devida à sua verdade. Talvez mesmo certas comunidades exigissem um voto de celibato como condição para o batismo* (era sem dúvida o caso na Síria, p. ex.). A Igreja* teve muita dificuldade para impedir que o ascetismo cristão descambasse em dualismo metafísico e em rejeição total da matéria. E o atrativo dos movimentos dualistas (maniqueus, paulicianos, bogomilas, cátaros) foi causa de muitos problemas durante a história do cristianismo.

1. Clemente e Orígenes

A elaboração de uma teoria da a. foi essencialmente uma tarefa dos monges, mas o terreno fora preparado pelos platônicos cristãos de Alexandria*, Clemente e Orígenes* (platonismo* cristão). Foi Clemente, em particular, que transpôs o ideal do martírio e fez dele um combate interior ascético, a que chamou "martírio espiritual" (Vida espiritual* III), foi ele que utilizou as ideias filosóficas, sobretudo platônicas e estoicas, para precisar esse ideal. Clemente parece ter sido um dos autores favoritos dos monges mais intelectuais do deserto, em particular de Evágrio (morto em 399), o teórico desse primeiro monaquismo. Orígenes também exerceu influência, apesar das controvérsias que suscitou. Evágrio foi muitas vezes condenado por origenismo, formalmente no Oriente (pelo patriarca de Alexandria, Teófilo, em 400, e pelo imperador Justiniano no s. VI), e informalmente, mas de maneira muito mais eficaz, no Ocidente, por Jerônimo (explicitamente) e por Agostinho (implicitamente); nem por isso sua exposição de teologia* ascética deixou de exercer muita influência.

2. Evágrio

Para Evágrio (E.), a vida monástica se divide em três etapas: a *praktiké* (esforço ativo para adquirir as virtudes e combater a tentação), a *physike* (a contemplação* natural, i.e., a do sentido e da estrutura íntimas da ordem criada, até mesmo do desígnio de Deus para a humanidade — sua "economia" — que se realiza por meio dessa ordem), e enfim a *theología*, a contemplação da bem-aventurada Trindade*. O que E. tem a dizer da a. encontra-se sobretudo nos ensinamentos substanciais que dá sobre a *praktiké*, inspirando-se, com ajuda de Clemente e de Orígenes, na sabedoria psicológica dos filósofos.

a) A doutrina platônica da alma. — A divisão platônica da alma em três partes, intelecto (*noûs*), agressividade (*thymos*), desejo (*epithymia*), é fundamental para E. O verdadeiro eu, como em Platão, é o intelecto, e seu fim é a contemplação. E. diz isso de modo diferente: para ele o estado natural do intelecto é a oração* (*Tratado prát.* 49). A a. é, pois, um treinamento necessário para que a oração seja contínua. A divisão platônica lhe serve para analisar as condições dessa continuidade. As partes inferiores da alma podem impedir o intelecto de orar, seja distraindo-o de seu fim, seja criando bloqueios. A parte desejante da alma produz imagens das coisas desejáveis, que desviam o intelecto da atenção a Deus. Trata-se aqui de algo mais complexo e mais profundo do que parece: não só de objetos desejáveis, mas de toda a rede de atividades que absorvem a energia quando se busca satisfazer o desejo. Daí resulta uma "distração" que dissipa a atenção e impede o intelecto de orar. Boa parte da teologia ascética de E. é consagrada à compreensão dos mecanismos psíquicos do desejo e da satisfação. Mas a finalidade de todo esse estudo da alma é torná-la capaz de chegar a um estado de oração contínua. A parte agressiva da alma impede a oração, não a distraindo, porém, mais fundamentalmente, bloqueando-a. A cólera, diz E., é como uma nuvem que separa a alma de Deus. E. propõe vários remédios para vencer esses mecanismos de distração ou de bloqueio (*De oratione* 9, 19-27, 31, 83, 90, 98, 105, p. ex.).

b) Os oito logismoi. — E. analisa então as tentações e as tendências humanas. As tentações funcionam sobre as reações naturais, o que em grego se chama *pathé*, "paixões*". Essas paixões são desencadeadas por pensamentos ou por imagens que E. chama *logismoi*, que são não tanto "pensamentos" quanto "sucessão de pensamentos". No caso dos eremitas, de que E. se ocupa particularmente, as paixões nascem da orientação do fluxo dos pensamentos pelos demônios*. No caso dos monges, que vivem em comunidade, e mais ainda dos cristãos que vivem no mundo*, as paixões nascem de conflitos com outrem. Essas paixões, ou os *logismoi* que lhes estão ligados, são classificados por E. em oito categorias: gula, luxúria, avareza, tristeza, cólera, acídia (torpor ou tédio espirituais), vaidade e orgulho (aí está a origem da lista dos sete pecados* capitais). Algumas dessas paixões estão diretamente ligadas a determinada parte da alma; assim, gula, luxúria e avareza à parte desejante, ou cólera à parte agressiva, mas não há correlação estreita, e certas paixões afetam mais de uma parte da alma (acídia, p. ex., afeta todas). A análise de E. (*T. prát.* 6-33, p. ex.) e, mais ainda, a que se encontra em certos ditos dos Padres do deserto (que foram classificados segundo as categorias de E.) mostram um profundo conhecimento do tipo de jogo que jogamos conosco mesmos. A gula, p. ex., não é só o desejo de comer demais, ou de comer certo alimento delicioso; pode ser também a obsessão pelas dietas, ou qualquer angústia que se possa ter no cuidado da alimentação e dos rituais que a rodeiam. Igualmente, a luxúria não é simplesmente o desejo: enfrentá-la é também reconhecer que, com toda a austeridade possível, há todo um domínio em nós que é sempre rebelde às exigências da razão*; e ser consciente também de que a busca de uma relação sexual pode ter um papel no desejo da vida familiar. E. tem em vista a vida austera dos eremitas, mas os princípios que guiam sua reflexão sobre a maneira como dependemos das paixões têm um alcance bem mais vasto.

c) Apatheia. — Para E. o intelecto deve ser liberado da perturbação das paixões para poder entregar-se à oração. A prática ascética tem por fim suprimir essa perturbação, ou ao menos tornar o intelecto insensível a ela. A noção de *apatheia* (estado de não paixão, de "impassibilidade"), tirada dos estoicos (por meio de Clemente), é portanto central. Pela *apatheia*, a alma é libertada de toda reação passional, e pode dirigir sua atenção como quer, i.e., essencialmente para Deus, mas também, de maneira eficaz e desinteressada, para os outros. Toma-se muitas vezes essa disposição como uma morna ausência de paixão, o que foi, p. ex., o caso de Jerônimo, cuja incompreensão impediu o termo de ser adotado no Ocidente. Cassiano, discípulo de E., que transmitiu ao mundo latino a sabedoria do seu mestre, falava, por sua vez, na "pureza* do coração", e que soa bem diferente. A *praktiké* não tem outro fim, para E., que o de criar um estado de *apatheia*, que torne a alma capaz de amar sem egoísmo e de orar sem distração. Mas a contemplação natural (objeto da *physike*) tem também funções ascéticas. Em primeiro lugar, o intelecto aprende a contemplar, aprendendo a olhar o mundo sem apegar-se a ele. Em segundo lugar, começa a compreender a estrutura da ordem criada, e muito especialmente, a pessoa* humana. Ora essa compreensão é uma qualidade importante para um padre espiritual (vida espiritual* IV, 2 *e*), que deve ajudar os outros a caminhar até à oração pura.

d) *Sinergia*. — E. diz poucas coisas explícitas sobre a graça* em sua teologia ascética; não é que nada tenha compreendido a seu respeito, ou que tome a a. como uma atividade puramente humana; é que considera evidente, com a tradição oriental em geral, que todo esforço humano em direção a Deus é de fato uma resposta humana a Deus, e portanto um trabalho com ele (*synergeia*). Desse ponto de vista, a a. pressupõe a graça. No Ocidente, ao contrário, sua relação causa problema. Mesmo antes da controvérsia pelagiana, Agostinho tinha chegado a descon-

fiar do que alguns de seus contemporâneos criam poder esperar da a. A análise que faz de si mesmo nas *Confissões* (segunda metade do livro X) explica em detalhe a que grau tinha necessidade da graça, e do Mediador; nada fala dos remédios ascéticos a seu estado, e ao contrário, diz claramente que não há disciplina capaz de torná-lo digno de contemplar a Deus. O conflito com o pelagianismo* só fez exacerbar essa desconfiança de Agostinho em relação à a., e em sua última discussão com os monges da Provença ele não parece fazer nenhum caso disso. O que não o impedia de ser extremamente austero em sua vida pessoal, e a a. ocupa um lugar importante em sua regra monástica, não a título de exaltação de si, mas para estabelecer as regras de base de uma vida fraterna.

3. A ascese da vida comum

a) *Vida monástica*. — Na prática do monaquismo, a rude a. imposta pela vida comum foi logo julgada pelo menos tão importante quanto a austeridade de vida, como meio de restabelecer em si a imagem e a semelhança de Deus. Na *Regra* de Basílio* como na de Bento, a renúncia à vontade própria pelo bem da vida comum, simbolizada pela obediência ao abade, é considerada como o essencial da a. interior do monge. O ciclo da oração monástica, e sobretudo a importância dada à oração noturna (na vigília) guardam, para a a., sua importância escatológica. Igualmente, sabe-se muito bem no cenobitismo (monaquismo comunitário) o quanto as façanhas ascéticas correm o risco de não passarem de uma forma de orgulho.

b) *Pôr um fim ao isolamento em razão da queda*. — O sentido mais profundo da a. cristã é trabalhar por estabelecer nos seres humanos a perfeição da imagem de Deus. É assim um esforço para curar o mal feito pelo primeiro pecado. Nesse sentido, depende da ideia que se faz desse pecado. Se consistiu no fato de que Adão se deixou desviar por Eva, a a. consistirá sobretudo em renunciar às relações sexuais e familiares. Se consistiu em ceder ao prazer dos sentidos (porque o fruto da árvore era "delicioso de ver"), a renúncia ao prazer (encorajada pelo dualismo platônico) será um traço importante da a. Essas ideias encontram-se, certamente, em autores cristãos, mas o pecado é muito mais geralmente e mais profundamente compreendido como um ato de desobediência a Deus, ou como o fato de se julgar mais importante do que Deus, ou ainda, mais filosoficamente, como a complacência na ilusão que todos temos de ser o centro do mundo. Donde a importância, em todas as formas da a. cristã, da renúncia de si, da humildade e do serviço amoroso de outrem (é nesse sentido que o amor tem um papel ascético). Em toda a história do cristianismo, a essência da a. consistiu sempre em aceitar a realidade e os direitos de outrem, em recusar a exploração dele, e em reconhecer de fato, no encontro de outrem, o encontro do próprio Cristo (Mt 25,31-45). Para os monges, a disciplina da vida comum torna insignificantes todas as outras "disciplinas" ascéticas. A *Regra de São Bento* não inclui a castidade e a pobreza nos votos monásticos: o monge faz o voto de estabilidade, de conversão* de vida e de obediência — i.e., faz o voto de não deixar o mosteiro, de conformar sua vida à da comunidade, e de obedecer ao abade e à Regra. A castidade e a pobreza são as consequências inevitáveis de tal vida. A humildade e o arrependimento são necessários para reconhecer outrem em cada um dos irmãos. Esses princípios de a. são perfeitamente aplicáveis ao matrimônio, em que é a própria relação que é a disciplina essencial, porque a humildade e o arrependimento lhe são necessários para durar.

V. As formas exteriores da ascese

"Ascese" hoje em dia quase não faz mais pensar em algo tão ordinário como a fidelidade e o cuidado de outrem. A palavra evoca cilícios e flagelações, jejuns e vigílias desmedidas. Tudo isso certamente teve seu lugar na história da a. cristã, embora nenhuma regra monástica clássica o mencione (a não ser para proibir os excessos de a., considerados como exibicionismo ou, pior, como falta contra a obediência). Às vezes também essas práticas podem ser desviadas. Em geral a mortificação, sobretudo na forma da flagelação, muito difundida até uma data relativamente recente, não tem mais um grande papel hoje. Não há por que lamentá-lo, porque não se pode ignorar a ambiguidade do sofrimento que se inflige a si mesmo; pode ser exibicionismo (o que se sabe desde sempre) ou sadomasoquismo (disso se era sem dúvida menos consciente outrora, seja lá o que tenha dito João* da Cruz).

a) O jejum. — O jejum, que em geral não é mais exigido nas Igrejas hoje, exceto na Igreja ortodoxa, não é uma questão de privação de alimento. Não se trata de passar fome no jejum da Quaresma, mas de ter um alimentação menos variada e que ponha menos obstáculo à concentração. Esse jejum tem também uma função simbólica, fazendo nitidamente da Quaresma uma preparação da Páscoa*. Na verdade, sem jejum prévio, não há festa, celebração jubilosa de um momento particular.

b) A esmola. — A esmola é uma das formas da a. mais recomendadas pelos Padres aos que vivem no mundo. Durante longos séculos, os dons dos cristãos permitiram à Igreja e às instituições que dependiam dela virem em socorro dos pobres, dos enfermos, dos doentes. Hoje, essa função de socorro, em muitos países, é função do Estado*. Mas é precisamente nesses países que há cristãos suficientemente ricos para que devam ver a esmola como uma necessidade ascética.

c) A peregrinação. — A peregrinação* é também uma prática ascética, porque implica, até certo ponto, arrancar-se a seu contexto familiar, e reconhecer a necessidade de partir à procura do único necessário.

d) A loucura em Cristo. — Trata-se do modo de vida do "inocente", que faz pensar no mundo ortodoxo, mas que se encontra também alhures. A sociedade* tecnológica precisa talvez, mais que qualquer outra, desse tipo de testemunho, porque ele assume o avesso de todos os seus valores. A a. cristã pode assim não ser simplesmente um esforço individual de santificação, mas ter um valor profético, ser uma crítica das normas sociais. Mas o caso do louco em Cristo faz ver também outro aspecto da a.: o de que não pode nem deve haver uniformidade de práticas ascéticas se todo ser é uma imagem única de Deus.

- F. X. Funk, K. Bihlmeyer, W. Schneemelcher (sob a dir. de), *Die Apostolischen Väter*, Tübingen (1970³).
— "Ambrosiaster" (sacerdote romano desconhecido, cuja obra exegética se atribui a Ambrósio), *Quaestiones veteris et novi testamenti*, CSEL 50. — Agostinho, *De genesi ad litteram*, BAug 48-49; *Confissões*, BAug 13-14. — Basílio de Cesareia, *Asceticon magnum*, PG 31, 905-1305. — Evágrio, *Tratado prático*, SC 170 e 171; *De oratione, in* Nicodemos o Hagiorita (ed.), *Philokalia*, 5 vol., Atenas, 1957-1963³, I, 176-189 (trad. fr. e com. I. Hausherr, *Les leçons d'un contemplatif. Le traité de l'oraison d'Évagre le Pontique*, Paris, 1960); *Sur les pensées*, SC 438. — Ireneu, *Demonstração da pregação apostólica*, SC 62. — Justino Mártir, *Apologia, in* E. J. Goodspeed, *Die ältesten Apologeten*, Göttingen, 1914, 26-89.

- ▸ A. Stolz (1948), *L'ascèse chrétienne*, Chèvetogne. — H. von Campenhausen (1960), "Die Askese im Urchristentum", in *Tradition und Leben. Kräfte der Kirchegeschichte*, Tübingen, 114-156; "Die asketische Heimatlosgkeit im altkirchlichen und frühmittelalterlichen Mönchtum", *ibid.*, 290-317. — S. Brock (1973), "Early Syrian Asceticism", *Numen* 20, 1-19. — R. Murray (1975), "The Features of the Earliest Christian Asceticism", *in* Peter Brook (sob a dir. de), *Christian Spirituality. Essays in Honour of Gordon Rupp*, Londres, 63-77. — V. e E. Turner (1978), *Image and Pilgrimage in Christian Culture*, Oxford. — J. Saward (1980), *Perfect Fools. Folly for Christ's sake in Catholic and Orthodox Spirituality*, Oxford. — U. Bianchi (sob a dir. de) (1985), *La tradizione dell'encrateia. Motivazioni ontologiche e protologiche*, Roma. — R. Brague (1985), "L'image et l'acédie", *RThom* 87, 197-228. — C. W. Bynum (1987), *Holy Feast and Holy Fast. The religious significance of food to medieval women*, Berkeley. — P. Brown (1988), *The Body and Society. Men, Women, and sexual renunciation in early Christianity*, Nova York. — V. Wimbush, R. Valentarsis (sob a dir. de) (1995), *Asceticism*, Nova York.

Andrew LOUTH

→ *Contemplação; Espiritual (teologia); Mística; Oração; Vida espiritual.*

ASSEIDADE

a) Significação do termo. — O termo "asseidade" (as.) deriva do latim *aseitas*, forma abstrata do *ens a se*. A as. é o fato de existir por si mesmo, de ter o *esse* por si próprio, e só pode, portanto, aplicar-se a Deus*. Esse termo é utilizado na ontologia teológica latina, a qual, com efeito, paralelamente à divisão categorial do ser* ensinada por Aristóteles (ser *substancial* e ser *acidental, per se* e *per aliud*), propõe outra divisão fundada na ideia de criação*: ao Criador corresponde o *ens a se*, e à criatura o *ens ab alio* (*abalietas*, abaleidade). A as. designa, pois, negativamente, a ausência de toda dependência ontológica, e positivamente, a plenitude da soberania divina. Se a ideia da as. está presente na teologia* latina sob a forma de muitas expressões, o termo mesmo é recente, e sua utilização só se torna frequente a partir do s. XIX, na corrente neoescolástica, sobretudo na filosofia* e na teologia de inspiração suareziana (Suárez*).

b) Patrística e teologia medieval. — Os Padres gregos utilizam vários termos para significar a soberania absoluta de Deus: assim *anarkhos* (Taciano), *agennétos* (Ireneu*, Cirilo de Jerusalém).

Agostinho* é o longínquo precursor da as., na medida em que rejeita toda compreensão do Princípio como causa de si: "Nada existe que se engendre a si mesmo" (*De Trin.* I, 1, 1: BAug 15, 89). Os neoplatônicos, por sua parte, não hesitavam em atribuir essa propriedade ao Princípio: "Ele se produz a si mesmo" (Plotino, *Enéadas* VI, 8, 15); "ele é, ele mesmo, causa de si (*aition heautou*), dele mesmo e por ele mesmo" (*ibid.*, 14, cf. 16). E Proclo estendia mesmo essa reflexão eterna aos entes e às inteligências que gozavam de uma perfeição suficiente para dar a si mesmas a subsistência. "Ele é, para si mesmo, sua própria causa" (*aition heautô*) (Proclo, *Elementos de teologia* nº 46, cf. nº 43). É essa proposição que marcará a ata de nascimento da *causa sui* no latim do *Livro das causas*: "E ele só se torna causa de si (*causa sui*) por relação à sua causa; e essa relação é sua formação mesma" (*Livro das causas*, prop. 26, com.; ed. e trad. O. Boulnois *et al.*, § 189, Paris, 1990, 76). Certos Padres da Igreja, como Mário Vitorino, retomaram esse conceito. Cirilo* de Alexandria, citando os *Hinos órficos* (ed. Kern,

274) diz de Deus que ele é *autogennétos* (*Contra Juliano*, 35 C, SC 322, 176).

A oposição de Agostinho é, portanto, uma ruptura com o neoplatonismo. Para nomear o que distingue absolutamente o Criador das criaturas, Agostinho utiliza a expressão: *habens esse ut sit* (*De gen. ad litt.* 5, 16, PL 34 col. 333, nº 34): Deus possui em si mesmo o ser pelo qual ele é. O princípio de Agostinho foi sistematizado por Nicolau de Amiens, *De arte fidei* I, 8 (PL 210, 600a): "*Nihil est causa sui*" ("Nada é causa de si"). É assim que ele será citado por todos os medievais para apoiar a interpretação da as. divina.

A fórmula agostiniana é matizada em Anselmo*; de uma parte, ele diz *a se* em lugar de *in se*; de outra parte, não põe o problema do ponto de vista do *esse* (ser, existência), mas do ponto de vista da natureza divina ("*habeat a se* sine alterius naturae auxilio *esse quidquid est*" (*Monol.* c. 26, cf. Schmitt, I, 44). Seguindo Agostinho, Anselmo insiste na ausência da indigência ontológica ("*nullo alio indigens*", *Prosl.*, Proemium, cf. Schmitt I, 93; *Ep. de Incarnatione* I, c. 11, cf. Schmitt, I, 290) e afirma positivamente a ideia de perfeição suprema ("*esse perfectum*", *Monol.* c. 28, cf. Schmitt, I, 46) e ilimitada. O Ser sem limites inclui assim a ideia de infinito*; a as. torna-se equivalente da infinidade que supera toda capacidade de conceber (*Prosl.*, c. 15, cf. Schmitt, I, 112).

Hugo e Ricardo de São Vítor atribuíram a Deus o *esse a semetipso*. Tomás* de Aquino propõe uma primeira divisão do ente: o "ente por essência" (*CG*, 2, c. 15, 4um) e o "ente por participação". E propõe uma segunda, que corresponde à divisão do ente segundo as categorias de Aristóteles: o "ente por si" (substância) e o "ente por acidente" (acidentes). Embora a "as." esteja ausente de suas obras (cf. Index Thomisticus), encontra-se seu equivalente na expressão "Deus é seu próprio ser" (*De Ver.*, q. 2, a. 1, resp.; *ST* Ia, q. 3, a. 4, resp.), que constitui a razão de ser da simplicidade* divina (*De Ver.*, q. 2, a. 1, resp.). A perspectiva escolhida, a do ser, *esse*, exclui toda ideia de "posse", *habere*. Dizendo que "Deus é seu próprio ser", Tomás

funda a infinidade da essência divina, como tal, radicalmente diferente de todo infinito quantitativo (*De Ver.*, q. 2. a. 2, ad 5). Encontram-se fórmulas análogas em Duns* Escoto. Quanto a Nicolau* de Cusa, esse ao mesmo tempo associa e distingue a *causa sui* e a subsistência por si (*authupostaton*) em um contexto inspirado em Proclo: "Todas as coisas que não subsistem por si, como não são causas de si (...) são por uma causa, que é sua razão de ser, subsistente por si" (*Philosophisch-theologische Schriften*, Viena, 1966, t. 2, 224-226).

c) *Filosofia e teologia modernas.* — A ideia de as. é diametralmente oposta à ideia de *ens causa sui* (Descartes, Espinosa), à de um ser que seria sua própria "causa". Avicena já tinha afastado toda ideia de uma causalidade no interior do Primeiro (Deus), porque Deus não tem essência (*quidditas*); e Boaventura* havia excluído a ideia de um Deus que seria produto de si mesmo, "*a se ipso* [fieri]". Descartes*, contudo, autorizou o reinado da *causa sui*, reunindo as duas significações da expressão, liberdade soberana e autoprodução, e atribuindo-as a Deus. Em virtude do princípio de razão, a as. divina se exprime então em termos de causalidade reflexa: "Esse nome [de *causa sui*] não pode ser mais utilmente empregado a não ser para demonstrar a existência de Deus" (Descartes, *Respostas às quartas objeções*). Assim, Deus é em si, por identificação de sua potência ao princípio de razão, ato ambivalente em que se marca ao mesmo tempo uma submissão ao princípio e uma transcendência absoluta.

Tornada engendramento da existência a partir da essência, a *causa sui* será a chave de abóbada da *Ética* de Espinosa: "Por causa de si, entendo aquilo cuja essência envolve a existência" (I, 1, def. 1). E no idealismo alemão, mesmo quando o absoluto já não é substância mas sujeito, o nome de "causa de si" ainda lhe convém: "O erro de Espinosa não residia nessa ideia, mas no simples fato de a pôr fora de todo Eu" (Schelling*, *Du Moi* ... trad. de J.-F. Courtine, p. 73). O Eu absoluto, "ser-condicionado por si mesmo" (Schelling, *Forme de la philosophie en général. Premiers écrits* trad. M. Kauffmann, p. 21), é ao mesmo tempo onipotência e prova ontológica; a *causa* *sui* preside assim ao acabamento da ontologia e da teologia, tal como ocorre em Hegel* na autoefetivação do absoluto: ela é "a verdade absoluta da causa" (*Encycl. des sciences philosophiques* I, *Science de la Logique*, § 153, p. 401, trad. B. Bourgeois, p. 236). Mas, precisamente, a *causa sui* foi rejeitada como contraditória em teologia (Kleutgen) como em filosofia (Nietzsche*, Sartre): a noção de causalidade só vale no elemento do criado, e não se aplica ao Criador.

Os dois aspectos, positivo e negativo, da as. foram ressaltados por numerosos representantes da neoescolástica (Billot, Farges, Scheeben*). Para alguns (Billuart, Kleutgen, Lehmen, Lennerz), a as. é o atributo* divino principal, ou a essência metafísica de Deus, *essentia Dei metaphysica*, donde derivariam logicamente todos os outros atributos. Os debates sobre a "essência metafísica de Deus" levaram além disso a distinguir (Lafosse) uma "as. inadequada" (face negativa da as., que significa exclusão de toda causalidade) e uma "as. adequada", cujo conceito designa a plenitude divina do ser. É nesse duplo sentido que Franzelin, p. ex., interpreta a noção de *ens a se:* seu conteúdo implica simultaneamente a negação de toda participação e a afirmação de um ser absoluto que já se encontrava em Anselmo ("*absolutum*", "*absolute esse*", "*solum esse*": *Monol.* c. 28, cf. Schmitt, I, 46).

• C. R. Billuart (1754), *Summa Summae S. Thomae, sive compendium theologiae...*, I. diss. II, a. 1, § 1 *sq*, Liège. — Lafosse (1839), *Theologiae cursus completus* (Migne), Paris, t. 7, 83. — J. Kleutgen (1867), *Die Theologie der Vorzeit*, t. 1, Münster-en-Westf., 226-236. — J. B. Franzelin (1876), *Tractatus de Deo uno*, sect. III, c. I, Roma, 259. — A. Farges (1894), *L'idée de Dieu d'après la raison et la science*, Paris, 287. — L. Billot (1897), *De Deo uno et trino*, Roma, 81. — A. Lehmen e H. Lennerz (1923), *Lehrbuch der Philosophie*, t. 3, *Theodizee*, 148-154. — P. Descoqs (1925), *Institutiones metaphysicae generalis. Élements d'ontologie*, Paris. — E. Przywara (1932), *Analogia entis*, Munique (Einsiedeln, 1962²). — M. Blondel (1935), *L'Être et les êtres*, Paris, 174-175. — N. Hartmann (1935), *Zur Grundlegung der Ontologie*, Berlim. — É. Gilson (1948), *L'être et l'essence*, Paris. — C. Nink (1952), *Ontologie. Versuch einer Grundlegung*, Friburgo. — É. Gilson (1964), *The thomisme. Introduction à la philosophie de*

saint Thomas d'Aquin, 6ª ed. rev., Paris. — J. de Finance (1966), *Connaissance de l'Être. Traité d'ontologie*, Paris-Bruges. — L. de Raeymaeker (1970), *Philosophie de l'Être. Essai de synthèse métaphysique*, 3ª ed., Louvain-Paris. — B. Weissmahr (1983), *Philosophische Gotteslehre*, Stuttgart. — S. Breton (1986), "Réflexions sur la *causa sui*", *RSPhTh* 70, 349-364. — C. Viola (1992), "'... *hoc est enim Deo esse, quod est magnum esse*', Approche augustinienne de la grandeur divine", em M.-O. Goulet-Cazé *et al.* (sob a dir. de), SOFIHS MAIHTORES, *Chercheurs de sagesse, Hommage à Jean Pépin*, EAug (Antiquité) 131, 403-420.

Coloman VIOLA

→ *Atributos divinos; Ciência divina; Eternidade divina; Imutabilidade divina/impassibilidade divina; Justiça divina; Onipresença divina; Potência divina; Ser.*

ASSUNÇÃO → **Maria** B. I. 4

ATANÁSIO (símbolo de) → confissões de fé A

ATANÁSIO DE ALEXANDRIA, *c.* 299-373

a) Biografia. — Nascido provavelmente em 299 (o *Índice das Cartas festais*, estabelecido por sua chancelaria pouco depois de sua morte, precisa que ele não tinha trinta anos quando foi consagrado em 328), em uma família grega de Alexandria*, Atanásio (A.) serviu como diácono* e secretário do bispo* Alexandre desde 325, quando acompanhou este último ao concílio* de Niceia*. Foi consagrado "papa" (então um título corrente dos bispos alexandrinos) a 8 de junho de 328. Os cinco primeiros anos de seu episcopado foram marcados por longas visitas pastorais aos monges nos desertos da Tebaida, da Pentápolis e da Amoníaca, ou na região do Delta. Na certa, buscava ali um alimento espiritual, de que tinha grande necessidade para assumir o cargo episcopal. Era um cargo pesado: os decretos de Niceia sobre a reintegração dos melicianos nas fileiras do clero católico (Melício, bispo de Licópolis, opusera-se ao patriarca Pedro de Alexandria a respeito da reintegração à Igreja dos cristãos que haviam apostasiado durante a perseguição de Diocleciano, e havia ordenado bispos de maneira ilegítima) quase não tinham sido aplicados pelo velho Alexandre, e a oposição ao símbolo de fé niceno persistia nas Igrejas orientais, coalizadas sob a direção de Eusébio de Nicomédia contra a sede alexandrina. Uma aliança entre os melicianos cismáticos, levemente majoritários no Egito, e a vasta coalizão favorável a Ário (arianismo*) significava para o demasiado jovem bispo de Alexandria um fim prematuro de seu ministério episcopal. No início de 331, Constantino o fez comparecer diante dele para responder a acusações levantadas contra o bispo, e o achou inocente. O alerta se renovou em 334, quando A. recebeu ordem de apresentar-se ante um sínodo* presidido, parece, por Eusébio de Cesareia. Recusou-se a comparecer. Em 335, forçado por Constantino, não conseguiu evitar o sínodo imperial de Tiro, na Fenícia. Esse sínodo, selando a aliança entre melicianos e arianos, o depôs. Buscou socorro em Constantinopla junto ao imperador em pessoa, que o enviou imediatamente para o exílio em Treves, onde residia seu filho Constantino II. O imperador não fez substituir A., que conservava, portanto, sua sede; apenas o afastava do tumulto das intrigas clericais. Em Treves, o exilado fez amizade com o bispo Maximino e o césar Constantino. Fazia conhecer ao seu redor as maravilhas do movimento monástico nos desertos do Egito, uma semente da qual germinaria o mais antigo monaquismo* latino. Depois da morte do imperador, em 22 de maio de 337, Constantino II autorizou A. a voltar a Alexandria — o que foi feito "em grande triunfo", diz o *Índice* — a 23 de novembro do mesmo ano.

A coalizão episcopal hostil à sede alexandrina não tolerou esse regresso. O capadócio Gregório, escolhido como substituto de A., foi imposto à força na sede deste último. Perturbações se seguiram, obrigando A., a 18 de março de 339, a passar para a clandestinidade. Logo depois de 15 de abril, domingo de Páscoa, o bispo embarcava secretamente para Roma*. Foi recebido pelo papa* Júlio I, cujo sínodo se apressou, em 340, a reconhecê-lo como o único bispo legítimo de Alexandria. Depois de um encontro em Treves com o imperador do Ocidente, Constante, e fortalecido com seu apoio, A. participou em 343 do concílio de Sárdico (Sofia), onde os episcopados do Oriente e do Ocidente recusaram-se a sentar-se juntos, mas ali uma guerra fratricida entre os dois imperadores, Constâncio e Constante, foi evitada por pouco. Marcelo de Ancira, outra vítima do pós-concílio niceno, e que tinha a fama de renovar o modalismo* de Sabélio, fora encontrar-se com A. em Roma. Ambos tinham a unanimidade dos bispos orientais contra eles. Em 346, a morte do bispo Gregório, e sua própria situação precária diante dos persas, justificaram enfim, aos olhos de Constâncio II, chamar de volta A. No seu regresso à sede de Alexandria seus compatriotas alexandrinos, cristãos e pagãos em conjunto, festejaram o bispo como herói nacional: "Ele foi mesmo honrado com uma recepção triunfal antes do centésimo milhar", nota o *Índice*. Mas a coalizão oriental permanecia inflexível, e o imperador Constâncio ficou mais que nunca prevenido contra A. Quando, em 350, Constante sucumbiu aos golpes do usurpador Magnêncio, Constâncio II conseguiu desembaraçar-se dele, e nada teve de tão urgente como organizar sínodos, em Arles (353) e Milão (355), com o fim confesso da evicção de A. da sede alexandrina, e a instauração de um regime de cristandade conforme aos desejos da coalizão oriental. Na noite de 8 a 9 de fevereiro de 356, a igreja em que o bispo celebrava foi tomada de assalto pela tropa comandada pelo *dux* Sirianos. Uma vez mais, A. conseguiu escapar. Depois de conflitos sangrentos nos bairros cristãos da cidade, o bispo ariano Jorge da Capadócia ocupou a sede alexandrina, enquanto A. ficava escondido no deserto, protegido pelos monges. Sem poder ser encontrado até a morte de Constâncio em 361, não esperou a autorização do novo imperador, Juliano, para regressar a Alexandria. Por volta do verão de 362, organizou um sínodo, chamado sínodo "dos confessores", em que diferentes tendências pró-nicenas se puseram de acordo para entender-se com os homoiousianos agrupados em torno de Basílio de Ancira, o que apressou a vitória final do "consubstancial*"'. Entrementes, A. teve de exilar-se ainda por um breve tempo no reinado de Juliano, em 363, e no do imperador ariano Valente, durante o inverno de 365-366. Tendo sobrevivido a todos os seus adversários, pôde construir em paz algumas igrejas e manter correspondências, antes de extinguir-se no início de 373.

b) *Escritos e doutrina.* — A atividade literária de A., à imagem de sua carreira política, está marcada por uma continuidade surpreendente. Cada ano, se as circunstâncias permitiam, o bispo publicava uma *Carta festal*, pela qual anunciava as datas da quaresma e da Páscoa, com considerações espirituais e pastorais apropriadas. As primeiras cartas estão marcadas pela espiritualidade origeniana e monástica; a partir de 340, predomina o realismo evangélico, característico do próprio A. O primeiro escrito doutrinal do jovem pastor, que data provavelmente de 335, intitula-se *Sobre a encarnação do Verbo*. Junto a uma apologia, *Contra os pagãos*, baseada sobre notas mais antigas e de feitura mais convencional, esse ensaio, o primeiro do gênero composto por um chefe de Igreja, opõe-se diametralmente, mas sem mencioná-la, à teologia* ariana: a figura evangélica de Jesus* não tem por fim, como supunha Ário, revelar-nos um Verbo* fraco e inferior que devia merecer no sofrimento sua própria exaltação divina; bem ao contrário, significa que o Verbo divino tomou sobre si, assumindo-a na carne, toda a aflição da humanidade, com a finalidade de transfigurá-la, de "divinizá-la", mudando sua condição. Assim o mistério* da encarnação* divina torna-se central na síntese teológica de A. Por volta de 339, A. compôs um duplo tratado, *Contra os arianos*, destinado *Aos monges*, segundo a carta que o acompanhava. Nele A. estabelece os fundamentos de uma teologia trinitária conforme ao dogma* de Niceia, insistindo sobretudo nos princípios de uma interpretação antiariana das Escrituras*. Em 339, uma *Carta encíclica*, na verdade um longo grito de horror e de protesto, denunciou as violências que A. sofreu no momento em que teve de fugir para Roma. Depois

da volta do segundo exílio em 346, o bispo produziu uma vasta compilação documentária, a *Apologia contra os arianos*, destinada a provar a legitimidade de sua sede episcopal. Seguiram-se, por volta de 350, uma *Carta sobre as opiniões de Dionísio*, o predecessor do século passado, de que os arianos pensavam poder reivindicar certas fórmulas, e um ensaio em forma epistolar, *Sobre os decretos de Niceia*. Por ocasião dos tumultos de 356, A. redigiu, não se sabe por que prodígio de concentração serena, uma *Carta encíclica aos bispos do Egito e da Líbia*, na qual apresentava sua melhor síntese de teologia bíblica* contra as teses da *Thalia* ariana, tais como as compreendia. O deserto o inspirou: sua *Apologia a Constâncio*, seu único escrito no estilo cuidado dos letrados, mas nunca publicado em vida de Constâncio; uma *Apologia a propósito de sua fuga*; as *Cartas a Serapião sobre a divindade do Espírito Santo**, verdadeira preparação da discussão dogmática prévia ao I concílio de Constantinopla* (381); a longa *Carta sobre os sínodos de Rimini e de Seleucia*, seu escrito mais amplo, um monumento documentário indispensável para compreender o pós-concílio niceno, escrito que preparou diretamente o sínodo da união de 362, e é conhecido por *Tomo aos antioquenos*; e sobretudo a *Vida de Antão*, redigida talvez em seu estado final depois do fim desse terceiro exílio, e destinada a glorificar durante séculos os heróis do eremitismo egípcio, de que Antão representava para A. o modelo perfeito. A *Carta a Epicteto*, bispo de Corinto, e a *Carta a Adelfo*, velho companheiro de luta, com um encantador ensaio não datado sobre o uso do saltério, a *Carta a Marcelino*, completam a herança literária de A.

Centrada no mistério da encarnação divina, a síntese atanasiana aprofunda noções de teologia trinitária, sem jamais perder de vista a experiência* vivida da fé*. Ela permitiu, depois de muitas vicissitudes, chegar a uma consciência clara da separação dos domínios da Igreja* e do Estado*.

• PG 25-27. — H.-G. Opitz (ed.) (1934), *Athanasius-Werke*, Berlim. — A. Martin e M. Albert (1985), *Histoire "acéphale" et Index syriaque des Lettres festales d'Athanase d'Alexandrie*, SC 317; *Lettres à Sérapion* (SC 15), *Deux apologies* (SC 56 bis),

Sur l'incarnation du Verbe (SC 199), *Vie d'Antoine* (SC 400). Em português: *Vida e conduta de Santo Antão*, São Paulo, 1991.

► E. Schwartz (1959), *Gesammelte Schriften*, III: *Zur Geschichte des Athanasius*, Berlim. — C. Kannengiesser (sob a dir. de) (1974), *Politique et théologie chez Athanase d'Alexandrie*, Paris; Id. (1983), *Athanase d'Alexandrie évêque et écrivain. Une lecture des Traités contre les Ariens*, Paris; (1990), *Le Verbe de Dieu selon Athanase d'Alexandrie*, Paris. — D. W.-H. Arnold (1991), *The Early Career of Athanasius of Alexandria*, Notre Dame (bibl.). — T. D. Barnes (1993), *Athanasius and Constantius*, Cambridge, Mass. — A. Martin (1996), *Athanase d'Alexandrie et l'Église d'Egypte au IVe siècle (328-373)*, Paris.

Charles KANNENGIESSER

→ *Arianismo; Consubstancial; Encarnação; Niceia I (concílio); Trindade.*

ATEÍSMO

A. Problemáticas filosóficas

1. Definição geral

É ateu quem nega a existência de Deus*. Essa definição nominal é insuficiente, porque deixa indeterminadas não só a natureza do Deus que é negado, mas sobretudo a maneira em que se opera a negação. Se Deus é confundido com um ídolo, negar sua existência pode ser uma maneira de afirmar a existência do verdadeiro Deus: o ateísmo (at.) é então uma aparência cujo teísmo* é a verdade*. Nesse caso, a negação é determinada: nega-se certo Deus para afirmar outro. Mas pode-se também negar que possa existir um ser qualquer ao qual convenha o nome* "Deus". Essa negação pressupõe ainda uma ideia do que é negado — e isso bastaria a alguns para demonstrar sua existência. A única maneira coerente de negar a Deus ou de afirmar que Deus não é nada seria reduzir a ideia de Deus à do nada* — operação delicada, porque a ideia de Deus não é da mesma natureza, imaginária, como a de uma quimera.

Dessa dificuldade, ou mesmo impossibilidade, de negar a existência de Deus, seria temerário deduzir uma prova* de sua existência. De Deus não se pode, como de outro ente, indi-

ferentemente afirmar ou negar a existência. Se, como mostrou Kant*, a razão* entra em conflito consigo mesma a propósito do mundo, não há, ao contrário, antinomia racional concernente à existência de Deus. Pode-se negar que a existência de Deus seja demonstrável, não se pode demonstrar que Deus não existe. A definição metafísica de Deus, como soberanamente ser, é tal que o at. não é a simples antítese do teísmo, ou, para dizer de outro modo, que o at. não se opõe primeiramente a uma tese racional concernente à existência de Deus. Inversamente, pode-se muito bem ter uma ideia de Deus, e mesmo concluir racionalmente por sua existência, e ser contudo chamado "ateu".

Se o at., no uso primeiro que se fez do termo, não é uma posição doutrinal, especulativa, é que ele se define antes de tudo por relação a uma crença: o ateu é aquele que não crê em Deus, não compartilha da crença admitida em uma comunidade de base social mais ou menos extensa. Quando a comunidade se confunde com a cidade* ou o Estado*, a definição de at. é política: não crer é pôr-se fora da cidade. As figuras do ateísmo são o avesso de uma religião oficial. Existe certamente um at. racional, mas sua aparição, tardia, se explica com base em uma reversão moderna, que transformou um sentido negativo, que indicava uma exclusão, em um sentido positivo, associado a uma ideia de humanidade. Foi só a partir dessa reversão que a teologia* (teol.), por sua vez, pôde fazer do ateísmo o objeto de uma reflexão, e não mais de uma condenação.

2. A acusação de ateísmo

A determinação teórica do at. é procurada pelas necessidades de uma causa política e jurídica: é preciso poder definir quem faz ato de insubmissão às leis da cidade por não respeitar seus deuses. O ponto de acusação de impiedade (*asebeia*) permitia aos atenienses intentar um processo por at. O mais célebre foi o de Sócrates, em 339 a.C. O filósofo é acusado de corromper os jovens "ensinando-lhes a reconhecer não os deuses que a cidade reconhece, mas em seu lugar, divindades novas" (Platão, *Apologia de Sócrates*, 26 b). Essa fórmula significa, rigorosamente, que Sócrates reconhece os deuses, que portanto não era ateu, mas apenas descrente (o que se poderia chamar at. fraco). Contudo, essa diferença parece sutil para o próprio acusador, Meleto, que não hesita em traduzir a acusação sob uma forma radical: "Sim, eis o que eu sustento: que tu não reconheces absolutamente nenhum deus" (26 c). Em seguida, Sócrates não tem dificuldade nenhuma para refutar a acusação, pois é fundada numa contradição: acusam-no ao mesmo tempo de crer (em divindades novas, nos *daimonia*, 27 d) e de não crer (nos deuses da cidade). A defesa é hábil: mostrando que não é ateu (no sentido estrito), Sócrates se dispensa de negar que seja ateu (no sentido fraco), i.e., de afirmar que reconhece os deuses da cidade.

Os processos por ateísmo caracterizam-se por esta estrutura argumentativa: de um lado, o acusador pretende que é preciso condenar não a posição teórica de ateísmo, mas suas consequências morais nefastas para a sociedade*; de outro, o acusado nega que seja ateu, invocando uma ideia de divindade superior à dos acusadores. A acusação pode assim voltar-se contra quem a formula: o verdadeiro ateu não é aquele que se pensa, mas o que reduz Deus a um ídolo, e a verdadeira religião à superstição. Para esclarecer o conceito de ateísmo há, portanto, que distinguir entre o ponto de vista teológico-político (o do acusador) e o ponto de vista dogmático (o do acusado); em um sentido, o ateu se define por oposição a uma obrigação de crer e de praticar os rituais da piedade; em outro, por oposição à verdade do conceito ou da ideia de Deus. Não há necessariamente passagem de um sentido ao outro.

3. O argumento teológico-político

a) *Um perigo para a moral e a sociedade.* — A obrigação de crer na existência dos deuses e, correlativamente, a proibição do at., têm um fundamento político, que Platão explicita no livro X das *Leis*. O ateniense mostra ali por que razão é preciso, conforme o que pedem as leis da cidade, crer que os deuses existem; trata-se de afastar a objeção prejudicial pela

qual os inimigos das leis poderiam arruinar a ordem da cidade: se os deuses não existem, ou não cuidam dos homens (outra forma de at.), tudo é permitido (887 e, 889 e); o povo que obedece as leis porque espera uma retribuição celeste deixará de fazê-lo. "Nunca um homem que as leis persuadiram da existência dos deuses cometeu com plena deliberação um ato ímpio, ou proferiu uma palavra criminosa" (885 b), só o at. pode levar os homens à transgressão das leis. O ateniense não afirma que o at. dos doutos, i.e., dos materialistas, condenados justamente por sua impiedade, é falso; ele o julga perigoso para o conjunto da cidade, porque dá argumentos à injustiça dos ignorantes. Essa posição é simétrica à de Sócrates: afirmando a necessidade de um teísmo legal, deixa-se indeterminada a questão do ateísmo teórico. A única coisa que importa à cidade é que o at. não se difunda, que ele seja censurado; a questão de sua verdade ou de sua falsidade não entra na ordem política. A dissociação da opinião — ou da crença, que rege a política — e da verdade tem por consequência a relatividade histórica das definições do at.: teísmo do lado de cá, at. do lado de lá. Os contornos do at. adaptam-se às contingências da geografia e da história*. Os judeus e os primeiros cristãos — "execrável superstição" (Tácito, *Anais* XV, 44) — são condenados pelos imperadores romanos, até Constantino, como desprezadores dos deuses da religião oficial. Depois é o paganismo* que é proibido (391). A justificação política da religião contém em germe a possibilidade de recusar intelectualmente sua verdade.

b) *Paradoxo do teísmo ateu.* — Um filósofo como Espinosa, que por via demonstrativa chega à certeza matemática da existência de Deus (*Ética* I, prop. 11), foi considerado em vida como ateu (cf. Carta 30 a Henri Oldenburg). Seu Deus, pensa-se, "é só um Deus imaginário, que não é absolutamente Deus", como escreve em 1704 seu biógrafo, o pastor Johannes Colerus. Se Deus pode, por qualquer via que seja, ser identificado com as coisas criadas, deixa de ser Deus. Ateu é aquele que afirmando em palavras a existência de um ser chamado deus, nega ao mesmo tempo a existência do *verdadeiro* Deus, i.e., do Deus pessoal, transcendente, criador, conhecido pela revelação*. O at. significa, nesse caso, a recusa da revelação, ou da lei*, como fonte única ou primordial do conhecimento* de Deus. O teísmo oriundo da revelação, ao contrário, é compatível com uma posição cética sobre a capacidade da razão de conhecer a Deus. Donde este paradoxo: Espinosa é qualificado de ateu precisamente porque afirma poder conhecer a Deus *a priori*, e a acusação procede daqueles mesmos que "fazem abertamente a profissão de não ter nenhuma ideia de Deus" (*Tratado teológico-político*, cap. II, Gebhardt III, 30).

4. O ateísmo como destino da modernidade

a) *O ateísmo perante a teologia revelada*. — A religião fundada em uma revelação não se contenta com fundar, no argumento político, o dever de crer: quer ser reconhecida como verdadeira. Não dissocia o conhecimento do verdadeiro Deus da prática dos atos de piedade; a obediência toma ali a forma de uma adesão total da pessoa*, tanto intelectual quanto moral. A maneira como esta verdade — que Deus existe — é reconhecida determina a atitude em relação ao at. Crer verdadeiramente em Deus é crer no verdadeiro Deus, tal como se manifestou aos homens. Inversamente, conhecer a Deus somente pela razão é se forjar um ídolo. O primeiro passo para o at. é dado quando o homem renuncia a fundar seu conhecimento de Deus na obediência da fé*. Porque a fé exige mais que a simples adesão prudente, politicamente correta, a um princípio normativo superior, ela abre ao mesmo tempo a possibilidade da recusa. O ateu, que assume o risco da condenação, torna-se um espírito forte, um libertino; não se define tanto pela negação da existência de Deus como por sua libertação a respeito dos dogmas* revelados. Quem se remete inteiramente à razão em todas as coisas, e recusa por princípio a autoridade*, não mais política mas espiritual, da comunidade dos crentes é ateu. Essa situação, que obriga todo homem a determinar-se a partir da revelação, faz nascer uma nova forma de ateísmo: não mais a que se define a partir da acusação, mas

a que o libertino assume positivamente como uma profissão de fé. Perante a revelação, o at. torna-se, se não aceitável, pelo menos pensável, como seu outro. A civilização moderna, fundada na racionalidade das ciências* da natureza, faz disso um tipo de evidência comum: crer é que se torna absurdo e perigoso.

b) *O ateísmo das Luzes*. — O at. pode ser estendido à afirmação do primado da razão na descoberta da verdade. Cultivar a razão e a ciência moderna da natureza é recusar o dogma e, assim, negar o Deus revelado. A negação (da existência de Deus) é então a consequência secundária de uma posição que poderia enunciar-se em um *credo*, o que Molière põe na boca do grande senhor libertino: "Eu creio que dois e dois são quatro" (*Don Juan*, III, 1). A confiança nos poderes da razão e da ciência matemática é, com efeito, at., por excluir implicitamente toda transcendência. O at. é a versão negativa do mesmo credo racionalista: "Eu creio *somente* que dois e dois são quatro".

Do s. XVI ao s. XVIII, o at. deixou progressivamente de ser considerado um crime, primeiro pelos espíritos esclarecidos, depois pela legislação. P. Bayle (1697) refuta o último argumento que mantém o at. no ilícito, a assimilação da libertinagem à dissolução dos costumes: não somente o ateu pode ser um homem de bem, mas a razão é guia da boa conduta, mais segura do que a obediência cega a uma potência retribuidora, ou a submissão servil a um poder clerical. Montesquieu recusa a qualificação penal a um delito de opinião: "Onde não há ação pública não há matéria de crime" (*Esprit des Lois*, XII, 4). O at. se torna, ao lado do deísmo* da religião natural, uma forma militante do humanismo: o essencial não é discutir teoricamente sobre a existência de Deus, mas cumprir uma moral que em lugar de escravizar o homem lhe garanta dignidade e responsabilidade. Com a modernidade, o at., que não pode ser definido pela afirmação de que Deus não existe, nem pela indiferença em matéria religiosa, tira sua consistência da crítica da religião revelada; é por isso que, em relação à revelação, o at. ou o teísmo racionalista, embora formalmente opostos, coincidem. O at. pertence ao movimento das Luzes, porque seu objetivo é libertar o homem da escravidão dogmática.

c) Humanismo e niilismo. — A modernidade inverte pois o sentido do argumento teológico-político tradicional: não é mais o at. que se torna perigoso para a moralidade propriamente humana, e sim a religião. A posição de Feuerbach radicaliza a de Bayle: não somente o ateu pode ser homem de bem; mas só o ateu é homem de bem. Ser ateu torna-se um dever do humanismo, que consiste em renunciar à ilusão de uma vida eterna* para cuidar das coisas terrenas; buscar a felicidade limitada, mas na medida do que o homem pode alcançar.

A crítica que Marx* dirige a Feuerbach, e por meio dele ao humanismo das Luzes, mostra que este é tributário, em seu anticlericalismo mesmo, de uma problemática teológica, i.e., ideológica, que desconhece a realidade das forças materiais que formam sua infraestrutura. A crítica da religião, de fato, secreta uma nova forma de religiosidade: Marx, a propósito de Bauer, fala do "*at.*" como da "última etapa do *teísmo*, reconhecimento *negativo* de Deus" (*A Sagrada Família*, cap. VI, III, Pleiade, 547). Se se quer que a religião deixe de dominar as consciências*, é vão lutar contra ela com as armas da argumentação racional, é preciso mudar as condições materiais de existência: "Vazia nela mesma, a religião não se nutre do céu, mas da terra, e desmorona por si mesma com a dissolução da realidade absurda da qual é a teoria" (Carta a Ruge, 13 de março de 1843). O at., "desenvolvimento do humanismo teórico", deve ceder o lugar ao comunismo, "desenvolvimento do humanismo prático" (*Esboço de uma crítica da economia política*, Pleiade, 136).

O que Nietzsche* tematiza sob o nome da "morte* de Deus" (*A Gaia ciência*, § 136) já não é o feliz acontecimento da libertação do homem; é a extinção do sentido da existência. O at. é a obra da modernidade, a face mais careteira do niilismo, o desencantamento do mundo. Deixa de ser uma exigência, um combate; é um destino. O insensato revela aos homens o assassínio que eles já perpetraram: a civilização moderna, fundada na ciência* da

natureza e na técnica, torna caducos tanto o recurso metafísico à ideia de Deus quanto a fé na revelação. Nietzsche abre ao mesmo tempo o caminho para uma reflexão sobre a significação religiosa do at., porque leva a perguntar qual Deus está morto.

Yves-Jean HARDER

B. Problemáticas teológicas

A questão *teológica* do ateísmo é uma questão recente. O at., com efeito, está quase ausente do mundo cultural em que se organiza a primeira teologia cristã. Os debates mais importantes que acompanham essa organização e pesam sobre ela são os que opõem cristianismo e judaísmo*, de um lado, e cristianismo e paganismo, de outro; e o at. não intervém em nenhum dos dois. Pensado sob a categoria de idolatria*, o paganismo aparece como votado ao culto* de falsos deuses, em que os Padres* da Igreja não hesitarão em ver demônios*. O ídolo — o deus feito pelas mãos do homem (p. ex. Sl 113b [115] 4-7), o deus essencialmente *disponível* aos homens, e que revela unicamente de que divino os homens precisam — indica talvez que a vida religiosa do paganismo é como possuída por forças numinosas más. Mas os cultos pagãos não são o todo do paganismo. E quando a teologia conceitualiza sua relação à Antiguidade clássica, é a uma interpretação da filosofia* antiga que ela recorre para afirmar que o Evangelho, de que é depositária, é inteligível pelos pagãos, por estes terem sido "preparados" por esse mesmo *logos* cuja manifestação plena o cristianismo anuncia em Jesus* de Nazaré. A leitura cristã dos filósofos clássicos é seguramente uma leitura tendenciosa. A parcialidade dos intérpretes cristãos não deve, contudo, ocultar o fato da maior importância: mesmo se a Antiguidade clássica não consagrou a existência de um teísmo filosófico unificado, a negação de Deus (do deus, do divino) lhe era quase estranha. O homem que vive na companhia dos ídolos vive certamente sem Deus e sem esperança* no mundo (Ef 2,12). Contudo, a língua que o pagão fala lhe permite nomear a Deus. Comparada com o saber que a teologia reivindica, essa nominação passará por pobre. Mas é sempre a esse discurso pobre, e nunca a uma negação de Deus, que a teologia dedicará suas apologéticas.

Será preciso, portanto, aguardar a modernidade (cf. *supra*, A 4) para que se modifiquem o alcance e as condições da nominação de Deus. Quando o negador de Deus aparece — muito raramente — na teologia patrística e medieval, é sob os traços do *insensato*. O desejo de fundar é, na certa, bastante vivo no pensamento medieval para que nele seja mantida uma linguagem da prova racional, mas suas fundações são as que se dá a si mesma uma fé em busca de "inteligência": nem o argumento anselmiano, nem as "vias" de Tomás* de Aquino, nem a busca do primeiro princípio por Duns* Escoto procedem de qualquer intenção apologética que seja. A apologética patrística e medieval defende a "verdade cristã" contra pagãos, judeus e hereges (uma categoria que inclui dualistas e muçulmanos) — ao contrário, é uma tarefa teológica *moderna* defender a "verdade religiosa" perante os objetantes irreligiosos.

A tarefa, ela mesma complexa, conduziu a duas estratégias teóricas, e não se pode dizer delas que se tenham tornado inatuais. 1/ Atribuindo-se primeiro por fim demonstrar a verdade do "religioso", a nova apologética, à qual P. Charron sugeriu a ordem de seus tratados (*De veritate religiosa — De veritate christiana — De veritate catholica*), dizia claramente que as primeiras palavras da teologia não são pronunciadas só em nome do cristianismo, mas em nome de todas as práticas (práticas cultuais, práticas do discurso) que repousam em uma afirmação de Deus, quer esta possua ou não determinações cristãs. Na cena teórica da modernidade, o ateu não aparece como aquele que nega as razões do cristianismo: aparece como quem recusa em geral o quadro de referências chamadas "religiosas", no interior do qual o discurso cristão parecia inscrever-se sem problemas. Nasce então, para opor-se a essa recusa, um procedimento de defesa e ilustração do fato religioso, que vai esperar os *Discursos* de Schleiermacher* para encontrar sua forma acabada, e que consiste, no essen-

cial, em responder à negação de Deus por uma afirmação do homem. O at. é assim interpretado como um gesto trágico de um homem que se mutila a si mesmo negando o seu mais precioso campo de experiência (cf. Lubac*, 1944). 2/Porque o at., que é provavelmente mais do que uma opinião filosófica, não é menos que isso, era sem dúvida um combate leal o fato de a teologia querer enfrentá-lo em seu terreno próprio, convencendo-o de irracionalidade. Superficialmente idêntica, a linguagem da prova reaparece então a serviço de interesses totalmente diversos. Os argumentos utilizados pela teologia medieval para tranquilizar a fé sobre suas competências racionais tornam-se preâmbulos da fé. O ateu gosta de apresentar-se como o verdadeiro filósofo: é o que a prova da existência de Deus, em seu regime moderno, vem invalidar. Sobre Deus, a teologia quer dizer mais do que diz o teísmo metafísico. Mas ela não quer dizer menos, e quer dizer tanto quanto ele. O destino do teísmo não pode pois lhe ser indiferente — a uma teologia para a qual Deus era *também* "primeiro movente não movido" ou "o próprio ser subsistente" sucede assim uma teologia para a qual a existência do primeiro movente ou da *causa sui* deve começar a ser provada *antes que* esses conceitos recebam uma determinação cristã, mas também *para que* essa determinação possa ser fornecida sobre a base de uma linguagem cuja racionalidade basta para fazer comum a todos.

Se o at. clássico suscita assim a réplica de uma teologia que diz bastante pouco a respeito, porque não pretende possuir mais que a força afirmativa de uma razão que a tradição* católica diz "natural", é, parece, porque ele mesmo diz bastante pouco. O at., em certos casos, só pode provocar a frustração do teólogo pela simples razão de que Deus raramente lhe interessa, e que a negação de Deus constitui para ele a manobra de abertura que permite aceder às verdadeiras questões. O ateu é, antes de tudo, aquele que quer deixar de falar de Deus, e não é de admirar que suas negações sejam breves; às vezes se contentará mesmo de *presumir* ter razão, deixando ao teísta o cuidado de uma defesa mais longa (Flew, 1984; caso de figura inversa na "epistemologia reformada" oriunda de A. Plantinga, em que a existência de Deus é um fato elementar, *basic*, que se pode tentar negar, mas não requer demonstração); a ideia de que a causa de Deus possa não ser exatamente a que se chama (vagamente) o "Deus dos filósofos" também lhe é estranha.

Há pois uma redistribuição do jogo quando no s. XIX o at. acrescenta ao seu procedimento clássico de negação uma crítica das razões teológicas. O novo at., derivado de Feuerbach e levado ao paroxismo por Nietzsche, não tem certamente nada a censurar no pequeno estoque de axiomas materialistas ou deterministas que equipavam o at. clássico. Mas entre La Mettrie ou D'Holbach e Feuerbach, o Deus a ser negado filosoficamente mudou de figura; entrementes, com efeito, o Deus de Jesus Cristo efetuou o que é talvez sua primeira entrada na filosofia. Depois de Hegel*, Schelling*, Kierkegaard* a tarefa do at. se torna, pela primeira vez, a de uma ateologia. Se há que negar, a negação deverá ir tão longe quanto foi longe sua posição. Será então preciso negar um Absoluto passado na história, e cujo traço a história conservou (assim em Schelling), negar que o Absoluto seja vida e que sua vida seja "jogo de amor* consigo mesmo" (assim em Hegel), negar a hipótese paradoxal do Altíssimo que se torna próximo dos homens sob a "forma do escravo" (Kierkegaard). O at. assumirá assim sua forma moderna recusando razões que, sob sua forma clássica, teria permissão filosófica (e teológica) de ignorar: razões cristológicas, soteriológicas, kenóticas, trinitárias.

É exatamente nesse ponto que o at. se torna problema teológico, em sentido de estrito. O Deus cuja morte é anunciada pelo insensato de Nietzsche, no § 125 de *A Gaia ciência*, é com efeito aquele que tem sua sorte ligada à do Crucificado. O ateu se apresenta como o "Anticristo". E mesmo se não faltaram filosofias cronologicamente pós-nietzschianas para negar um Deus pré-cristão (o positivismo lógico é seu mais brilhante exemplo), a teologia recente teve de medir-se com a mais alta negação, não a do ente supremo, mas a do amor criador e redentor. Ela o fez e o faz de muitas maneiras, em respos-

tas que talvez não façam mais do que identificar os termos do problema. 1/Contra a dissolução antropológica das realidades cristãs realizada por Feuerbach podia-se arguir — Barth* — que era um equívoco epistemológico puro e simples. A aporia da razão ateia nasce, precisamente, do fato de ser obra de *razão*. Ora, a razão se define pela falta de *fé*: diante de Deus, adota uma postura teórica que existencialmente é a mais inadequada possível, de tal maneira que não tem senão os meios de construir seu deus — que será portanto um ídolo — ou de negar o que não terá conhecido — uma negação que não se sustentará, mesmo que ela se refira a conceitos de deus com uma forte determinação teológica. Feuerbach em um sentido tem razão, quando propõe uma crítica da *religião*; é obra pia negar o deus com o qual o homem entretém uma relação "religiosa" que o dispensa de crer. 2/As brutalidades da "teologia dialética" não podiam ser recebidas tais e quais por uma teologia católica cujas instâncias supremas de ensinamento tinham concedido um direito ao conhecimento racional de Deus (sobretudo Vaticano I*, *DS* 3004, 3026); contudo sua influência devia ali exercer-se, aliada a uma crítica que o Barth da *Römerbrief* não conhecia, a de Heidegger*. De que Deus se pode dizer que está morto? Transpondo o conceito de ídolo do domínio ético-religioso ao domínio teórico, J.-L. Marion propunha (1976) um questionamento dos "ídolos conceituais". Assim como o ídolo de pedra ou de madeira põe o deus à disposição dos homens, também o conceito funcionaria um modo idolátrico, restringindo Deus aos serviços que ele presta a uma metafísica. Por pouco que se adote a leitura heideggeriana da história da "metafísica", será possível dizer que o deus que está morto é o Deus posto a serviço da ontologia: o Deus da onto-teologia. E a um at. "conceitual" responder-se-á falando do Deus "verdadeiramente divino", do Deus que quebra, ele mesmo, todos os ídolos, quando sua bondade paterna se revela na face de Jesus Cristo. 3/A teologia, assim, não poderá sair-se bem de uma crítica do at. a não ser procedendo também a um questionamento do teísmo. O ateu poderá às vezes reconhecer que o cristão é, ele próprio, ateu de numerosos deuses (o melhor exemplo é Bloch 1968), e o cristão estipulará muitas vezes que ele fala *de outro modo* de Deus, porque fala de um Deus *outro*. Entre teísmo e at., a teologia protestante reagirá de maneira clássica (ou neoclássica) organizando-se como *theologia crucis*, de maneira tão meticulosa quanto possível (Jüngel 1977, cf. também Moltmann 1972): o Deus do qual é possível falar no tempo da "morte de Deus" é justamente aquele que fez sua a causa de um condenado à morte. A *veritas christiana* se enuncia assim na ausência de toda *veritas religiosa*. O at., portanto, não importa em razão de sua carga antimetafísica, pois essa parece-lhe ser comum com o cristianismo; se for mesmo preciso responder-lhe será para mostrar (p. ex. Piret, 1994) que o Deus cristão se apresenta ao homem como doador de futuro (isso, no tempo do "eterno retorno do mesmo"), para mostrar que ele se apresenta ao homem instaurando uma economia de perdão que obriga a descartar todo ressentimento (isso ainda em contraposição a Nietzsche) ou (sempre em contraposição a Nietzsche) para objetar a uma ontologia da vontade de potência uma dialética do amor crucificado e vencedor. Às intenções ateológicas do at. moderno, era justo que a teologia respondesse depurando o que ela diz de Deus de todo elemento não teológico. 4/A "morte de Deus", enfim, não é só um fato que ocorreu na teoria, é o acontecimento-chave de um tempo, e o pressuposto de uma experiência do mundo. Ora, a nota distintiva desse tempo (tempo da "secularização*", tempo do "niilismo") não é mais que a existência de Deus seja negada, mas que seja esquecida. O at. clássico pesava a proposição "Deus existe" e a declarava falsa. No tempo do niilismo, essa proposição já não é falsa, mas desprovida de sentido; quem fala de Deus nem mesmo se engana, mas simplesmente possui um discurso sem significação; e esse at. (já sustentado pelo positivismo lógico) é levado ao acabamento, revestindo o que se poderia chamar sua forma "pós-moderna", nas demolições dos extremistas, saídas de J. Derrida, de tudo o que — "logocentrismo", "fonocentrismo" etc. — parece ligado à metafísica.

A reafirmação de Deus no tempo do niilismo é assim solidária de outras reafirmações, sem as quais só teria valor encantatório: reafirmação do sentido, da verdade, da humanidade do homem, e de outras ainda. Aqui e ali, o trabalho dessas reafirmações se faz diversamente. Teologias do tipo "hermenêutica*" (Bultmann* etc.) se dedicam a atualizar questões inesquecíveis a que responde a afirmação de Deus. Em H. U. von Balthasar*, o pano de fundo de uma doutrina da criação* impõe ao cristianismo responder também sobre o "sentido do ser*" — e eventualmente responder substituindo-se a discursos filosóficos que deixam de fazê-lo (*Herrlichkeit* III/1/2, 943-983). E, no rastro dos textos tardios de Wittgenstein*, esclarecer-se-á a realidade global das "formas de vida" e dos "jogos de linguagem", no interior dos quais se pode falar de Deus sem pecar contra a "gramática", a dos conceitos e a da experiência.

Um problema resolvido não é mais um problema, e o at. continua sendo um problema teológico, apesar das tentativas evocadas. Restam tarefas. 1/Se o Deus que está morto é *somente* o Deus da metafísica, a hipótese avançada por Heidegger (*Identitité et différence*, Pfullingen, 1957, 31-67) exige ser submetida à prova de uma leitura detalhada da história intelectual do Ocidente, da qual ainda só possuímos fragmentos. O Deus das *Disputationes Metaphysicae* de Suárez* é incontestavelmente o da onto-teologia, o Deus de Anselmo* ou de Bernardo* incontestavelmente não o é; o Deus de Tomás de Aquino talvez não o seja — mas para que a teologia possa estabelecer uma relação fecunda com seu passado, será preciso que saibamos muito mais sobre esse passado e sobre as duas lógicas que parecem ter-se exercido nele, contaminação do teológico pelo metafísico, assim como subversão do metafísico pelo teológico. 2/A um at. ateológico, a teologia responderá por uma posição teológica da questão de Deus na qual as razões cristológicas e trinitárias intervêm não para precisar ainda mais um conceito já formado, mas para indicar qual Deus continua pensável. A liquidação de todo "conhecimento natural" em proveito de um pensamento "positivo" (Schelling), ou de uma teologia "mais natural" (Jüngel) para a qual só "Deus fala bem de Deus" (Pascal*), choca-se porém contra o caráter utópico de uma concepção estritamente teológica desprovida de pré-compreensão. Tomada em sua dimensão querigmática, a teologia destina sua mensagem aos judeus e aos pagãos: enquanto é destinada aos pagãos deve ao menos dar um sentido às palavras, a começar pela palavra "Deus", antes de formular à sua intenção os enunciados complexos nos quais "Deus" ganhará seu sentido pleno, mesmo que tenha de criticar a definição dada em liminar. 3/Conceder-se-á a Heidegger e aos herdeiros de Wittgenstein que mais importa louvar a Deus do que pensá-lo (Heidegger), ou que o verdadeiro lugar de "Deus" está antes na linguagem da oração* e do culto*, do que no de uma teoria (p. ex. D. Z. Phillips). A velha questão da *demonstratio religiosa* deveria pois reaparecer com nova roupagem. Para o helenismo, o interesse por Deus ou pelo divino fazia parte do *bios theoretikos*, do modo de existência próprio, antes de tudo, ao filósofo. De que "vida" o interesse por Deus pode fazer parte na modernidade que termina, e de que forma de vida se pode dizer que é essencialmente ateia? Essas interrogações dizem que a questão de Deus é solidária de um interrogação sobre o homem, e a afirmação de Deus, indissociável de afirmações sobre o homem. Pode-se responder-lhes de muitas maneiras. Pode-se considerar que a descrição do *mundo* proposta por Heidegger em *Ser e Tempo* é bastante exata para que seja preciso conceder ao at. um estatuto existencial; nesse caso, será preciso ver na afirmação de Deus um trabalho de distanciamento (sendo a distância tomada em relação às condições nativas da experiência — Lacoste, 1994, § 38-43). Pode-se também recorrer às descrições husserlianas do "mundo da vida", para salientar o caráter originário da crença e para perceber nela um recurso ingênuo contra a redução do real ao *fato*, que entra amplamente na gênese do at. Também poder-se-á tomar emprestada da tradição agostiniana uma hermenêutica do desejo ou da inquietude, graças à qual atribuir

ao homem uma abertura escatológica, *a priori* e inamissível, que impeça de rebater a questão do sentido sobre uma analítica do *Dasein* e da existência como ser-para-a-morte. Seja qual for a saída de um debate que põe em jogo perspectivas irredutíveis que não implicam necessariamente em contradição, um ponto requer, pelo menos, ser posto com insistência: às negações ateias, clássicas, modernas e pós-modernas, não se pode opor resposta teológica consistente a não ser integrando-a a uma lógica mais ampla que a das afirmações discursivo-conceituais — uma lógica da experiência* espiritual.

- A. Harnack (1905), *Der Vorwurf des Atheismus in den drei ersten Jahrhunderten*, Leipzig. — F. Le Dantec (1906), *L'athéisme*, Paris. — P. Hazard (1935), *La crise de la conscience européenne*, 2ª parte, "Contre les croyances traditionnelles", Paris. — H. de Lubac (1944), *Le drame de l'humanisme athée*, Paris. — J. Maritain (1949), *La signification de l'athéisme contemporain*, Paris-Bruges. — W. Nestle (1950), "Atheismus", *RAC* 1, 866-870. — J. Lacroix (1958), *Le sens de l'athéisme moderne*, Paris. — G. Vahanian (1962), *La mort de Dieu. La culture de notre ère postchrétienne*, Paris. — R. Vernaux (1964), *Leçons sur l'athéisme contemporain*, Paris. — W. Pannenberg (1967), "Typen des Atheismus und ihre theologische Bedeutung", *in Grundfr. syst. Th.*, Göttingen, 347-360. — K. Rahner (1967), "Atheismus", *SM(D)* 1, 372-383. — E. Bloch (1968), *Atheismus im Christentum*, Frankfurt. — J. Lacroix (1968), *Athéisme et sens de l'homme*, Paris. — G. M.-M. Cottier (1969), *Horizons de l'athéisme*, Paris. — A. McIntyre e P. Ricoeur (1969), *The religious significance of atheism*, Nova York. — H. M. Barth (1971), *Atheismus und Orthodoxie*, Göttingen. — J. Moltmann (1972), *Der gekreuzigte Gott*, Munique. — C. Tresmontant (1972), *Le problème de l'athéisme*, Paris. — F. Padinger (1973), *Das Verhältnis des kirchlichen Lehramtes zum Atheismus*, Viena-Salzburgo. — J.-L. Marion (1976), *L'idole et la distance*, Paris. — J. Natanson (1976), *La mort de Dieu, essai sur l'athéisme*, Paris. — F. Denzinger *et al.* (1976), "Atheismus", *TRE* 4, 349-436. — J. Figl (1977), *Atheismus als theologiches Problem*, TTS 9. — E. Jüngel (1977), *Gott als Geheimnis der Welt*, Tübingen. — É. Gilson (1979), *L'athéisme difficile*, Paris. — J. B. Lotz (1981), *In jedem Menschen steckt ein Atheist*, Frankfurt. — L. Kolakowski (1982), *Religion. If there is no God...*,

Londres. — A. Flew (1984), *God, Freedom and Immortality*, Buffalo-Nova York, 13-68 (1ª ed. *The presumption of atheism*, 1976). — W. Winiarcyk (1984), "Wer galt im Altertum als Atheist?", *Ph.* 128, nº 2, 157-183. — M. J. Buckley (1987), *At the Origins of Modern Atheism*, New Haven. — G. A. James (1987), "Atheism", *EncRel(E)* 1, 479-490. — W. Bauer-K. e B. Aland (1988), "Atheos", *Wörterbuch zum NT*, Berlim. — G. Almeras e S. Auroux (1990), "Dieu (critique de l'idée)", *LNPh* I, 653-655. — J. Deschamps (1990), "Nihilisme", *LNPh* 2, 1748-1750. — D. Folscheid (1991), *L'esprit de l'athéisme et son destin*, Paris. — (1992), § 2123-2126. — J.-Y. Lacoste (1994), *Expérience et Absolu*, Paris. — P. Piret (1994), *Les athéismes et la théologie trinitaire*, Bruxelas. — G. Minois (1998), *Histoire de l'athéisme*, Paris.

Jean-Yves LACOSTE

→ *Agnosticismo; Conhecimento de Deus; Fé; Provas da existência de Deus.*

ATRIBUTOS DIVINOS

I. O conhecimento religioso dos nomes e atributos divinos

Os homens religiosos de todas as religiões meditaram sobre os atributos divinos e invocaram o deus ou os deuses sob uma série de nomes. No livro* da Bíblia* o próprio Deus revela suas perfeições na experiência* que os homens têm dele, e a traduzem na sua oração*. É de fato impossível orar a Deus sem lembrar sua bondade, sua potência*, sua misericórdia*, sua justiça*. E nesse outro "livro" que é a natureza ou a criação*, o espírito humano descobre toda uma série de perfeições — a bondade, a ordem, a luz etc. — que vêm de Deus.

1. O judaísmo

a) A noção hebraica de nome. — Na noção hebraica de *shèm*, "nome*", Procksch (*Theologie des AT*, 1950, 451) discerne dois elementos: o elemento noético e o elemento dinâmico. Um é sua significação ou sua etimologia, o outro implica uma concepção arcaica do nome, que inclui uma virtude cujo uso pode ser mágico.

O nome designa a natureza secreta de um ser, sem lhe dar uma definição lógica ou uma representação simbólica, e contém a presença ativa ou a potência desse ser. O nome de Deus* contém sua potência misteriosa; e, pela invocação de seu nome, entra-se na esfera do mistério* ou da magia.

b) O Nome do Êxodo. — Os justos do AT desejaram conhecer o nome de Deus. "Qual é o teu nome?" perguntam Jacó (Gn 32,30) ou Manôah (Jz 13,17) ao anjo* de Javé. Mas o sentido verdadeiro do nome divino não é dado senão a Moisés. Na teofania* da sarça ardente, esse diz a Deus: "'Eu irei para junto dos filhos de Israel para lhes dizer: o Deus de vossos pais me enviou a vós. Se me perguntarem: Qual é o seu nome? — que lhes direi?' Deus disse a Moisés: 'EU SOU AQUELE QUE SEREI'" (Ex 3,13-14) (cf. B. N. Wanback, *Bib* 59 [1978], 317-338). No Sinai, Deus se revela a Moisés como o "Deus misericordioso e benevolente, lento para a cólera*, cheio de fidelidade e lealdade" (Ex 34,6; Sl 103). Deus é louvado nos Salmos* como o Deus "santo" (Sl 33,21), "verdadeiro" (Sl 57), "justo" (Sl 89), "poderoso" (Sl 89) e "misericordioso" (Sl 136). Os nomes ou os atributos divinos são, pois, revelados.

No judaísmo*, o nome de Deus é impronunciável (*shèm ha-meforèsh*), e Deus é chamado "o Lugar " (*maqqom*) ou "o Nome" (*Shèm*) (cf. *ThWNT*, t. 5, 251 *sq*). Jerônimo, em sua carta a Marcela (*Ep.* 25) menciona dez nomes bíblicos de que os judeus se serviam para invocar o Senhor.

2. Cristianismo

a) O Novo Testamento. — João nomeia Deus "espírito" (Jo 4,24), "luz" (1Jo 1,5), "amor*" (1Jo 4,8.16), mas a novidade do Evangelho é a revelação* dos três nomes divinos pessoais, Pai*, Filho e Espírito* Santo. Jesus* revelou que "Pai" é o verdadeiro nome de Deus (Jo 17,6; Rm 8,15; Gl 4,6).

b) Os Padres da Igreja* foram levados a estudar os atributos divinos por três motivos: para ensinar a perfeição cristã como imitação de Deus (essa foi a obra de Atanásio* e dos capadócios, de Clemente de Alexandria e de

Orígenes*), para afirmar o monoteísmo* cristão perante o paganismo*, para mostrar (nas controvérsias contra Ário e Eunômio) a igualdade das pessoas* divinas na unidade da essência divina. Assim, os nomes divinos como "Luz" são nomes que a um tempo qualificam a essência divina e são comuns às três pessoas da Trindade*, e nomes próprios de pessoas divinas que exprimem sua relação entre elas ou com os homens. Basílio*, p. ex., mostra em seu *Tratado do Espírito Santo* que "Deus é luz", o Filho, "a Luz nascida da Luz" (símbolo de Niceia*), e o Espírito, a "Luz na qual vemos a Luz" (Sl 35,4).

3. Islã

No Islã, um *hadit* célebre (e cuja autenticidade parece contestada) diz que Deus tem noventa e nove nomes (cem menos um) e "qualquer que os conserve na memória entrará no paraíso". Daí vem o uso do "terço" (*subha, misbaha*) de 99 contas, cada conta correspondendo a um nome divino: Deus é Existente, Eterno, Único, Perfeito, Vivente, Todo-poderoso, Onisciente, Criador, Soberano, Senhor dos destinos, Justo, Seguro, Guia, Benfazejo, Generoso, Indulgente, Amigo dos crentes etc. O centésimo nome é o Nome supremo, nome oculto, e que Deus reserva para si.

A exegese dos nomes divinos deu lugar, no Islã, a uma literatura considerável sobre a significação dos nomes, sua explicação teológica no quadro dos *sifat Allah*, e sua meditação espiritual nos adeptos do *tasaw-wuf.* Em seu *Maqsad,* Gazali (†505/1111) apresenta uma exegese dos nomes divinos de um "sufismo temperado", segundo a lista de Walid (†468/1075), mas assinala que o Alcorão, e também a tradição, atestam certo número desses nomes.

II. A reflexão teológica sobre os atributos divinos

Os filósofos e os teólogos buscaram elevar-se das perfeições criadas às perfeições incriadas de Deus. No entanto só tardiamente encontramos tratados em que os atributos divinos são propostos à contemplação*.

1. O tratado dos Nomes divinos de Dionísio Areopagita

a) O título. — No fim do s. V ou no começo do s. VI, o autor que escreve sob este pseudônimo, o Pseudo-Dionísio*, compõe um tratado sobre os *Nomes divinos* (*DN*) (*Peri theiôn onomatôn*) (cf. *DN* I, 585 B; XIII, 984 A e *MT* III, 1033 A), no qual explica os nomes que Deus deu a si mesmo na Escritura*. O título situa o tratado em toda uma tradição neoplatônica. Porfírio escreveu tratados, que se perderam, *Sobre os nomes divinos* e *Sobre as estátuas*, e um *Comentário sobre o "Crátilo".* O tratado de Jâmblico *Sobre os deuses* e o de Teodoro de Asiné, *Sobre os nomes*, perderam-se também. Conservou-se o *De Mysteriis* de Jâmblico, que contém (I, 4) uma explicação dos nomes divinos.

b) A classificação dos nomes divinos. — No capítulo III de sua *Teologia mística* (*MT*), Dionísio situa o *DN* em relação a obras perdidas (como os *Esboços teológicos* e a *Teologia simbólica*) e em relação à *MT*, e caracteriza esses tratados em razão da distinção entre teologia afirmativa e teologia negativa*.

A teologia afirmativa trata de três categorias de nomes divinos: 1/Os nomes que concernem à natureza divina una e trina, a Trindade e a encarnação* do Filho, que Dionísio teria exposto nos *Esboços teológicos* (*MT* 1033 A-B); 2/ Os nomes divinos inteligíveis, como o Bem* (cap. IV), o Ser* (cap. V), a Vida (cap. VI), a Sabedoria* (cap. VII), a Potência* (cap. VIII) e enfim o Uno (cap. XIII), explicados em *DN*; 3/Os nomes divinos simbólicos, de que teria tratado na *Teologia simbólica*: "Na *Teologia simbólica*, tratou-se das metonímias do sensível ao divino, e foi dito o que significam em Deus as formas, as figuras, as partes, os órgãos; o que significam em Deus os lugares e os ornamentos; o que significam as cóleras, as dores, os ressentimentos; o que significam os entusiasmos e a embriaguês, o que significam os juramentos e as maldições, o sono e as vigílias, e todas as formas de que se reveste a santidade* divina para lhe dar uma figura" (*MT* 1033 A-B).

Os nomes divinos concernem assim à natureza divina, a seus atributos inteligíveis e às "metonímias" ou metáforas que atribuem a Deus ações ou paixões* humanas.

Deus é ao mesmo tempo anônimo (*DN* 593 D) e polinônimo (*DN* 596 A), segundo as duas primeiras hipóteses do *Parmênides:* anônimo e inefável em sua transcendência absoluta, polinônimo enquanto pode ser celebrado a partir da multiplicidade de seres que dele procedem e dele participam. Deus é conhecido ao mesmo tempo pela teologia afirmativa e pela teologia negativa. Uma segue a ordem da processão (*proodos*) divina que desce do Princípio às últimas classes de seres criados, a outra segue a ordem da conversão* (*epistrophé*) de tudo para o Princípio e remonta do que é "o mais afastado" de Deus ao próprio Deus. No termo dessa subida penetra-se na Treva que está além do inteligível, e então já não há somente concisão de linguagem, mas ausência total de linguagem, cessação total da palavra, do pensamento. Deus é o Inefável, como o Uno do *Parmênides:* "A ele não pertence nenhum nome; dele não há definição, nem ciência, nem sensação, nem opinião" (*Parmênides* 142 a).

c) *O plano do tratado dos* Nomes divinos. — Nesse tratado, os nomes divinos são ordenados segundo a distinção fundamental entre: 1/"os nomes que convêm às realidades divinas" (*DN* 596 D) e 2/"os nomes que se tiram das operações de sua providência*" (596 D). Dionísio nomeia "qualidades causativas" "o Bem, o Belo, o Ser, o Vivificante, o Sábio e todas essas denominações que recebe a Causa de todos os bens segundo os dons que convêm à sua bondade" (640 B). Ele precisa, a propósito dos pares de categorias opostas no *Parmênides*, que são "efígies" ou "simulacros" (909 B) e, no começo do capítulo X, que o "Onipotente" e o "Antigo dos Dias" são "nomes que concernem ao processo (*proodos*) do princípio ao fim" (937 B), o que também é verdadeiro a respeito da Paz*.

Os nomes divinos são o Bem, a Bondade, a Beleza e o Amor (cap. V), o Ser (cap. V), a Vida (cap. VI), a Sabedoria, o Intelecto (cap. VII), a Potência, a Justiça*, a Salvação*, a Desigualdade (cap. VIII), a Grandeza, a Pequenez, a Identidade, a Diversidade, a Semelhança, a Dessemelhança, o Repouso, o Movimento, a Igualdade (cap. IX), o Tempo* e a Eternidade* (cap. X), a Paz (cap. XI), o Santo dos santos, o Rei dos reis, o Senhor dos senhores, o Deus dos deuses (cap. XII), o Uno (cap. XIII).

2. Tomás de Aquino

a) *O comentário dos* Nomes divinos. — Tomás* de Aquino escreveu *Expositiones super Dionysium de divinibus Nominibus* (Pera) em cerca de 1260-1261 (segundo Walz) ou 1265-1266 (segundo Pera). Seu comentário é o último dos grandes comentários ocidentais dos *Nomes divinos*, depois dos comentários de João Sarrazin, Roberto Grossetête e Alberto* Magno. Transpôs Dionísio para o modo escolástico*, no entanto Dionísio se tornava, pelas citações de suas obras, um dos três autores mais importantes da síntese tomista.

b) *O tratado dos* Nomes divinos *na* Suma teológica. — Tomás de Aquino vai retomar a questão dos nomes divinos na *ST* Ia, q. 13, onde estuda a relação entre os nomes divinos e a essência divina, e expõe sua teoria da analogia* a propósito do conhecimento* de Deus. Mas é o conjunto das questões 3 a 13 (q. 3: a simplicidade*; q. 4: a perfeição de Deus; q. 5: o Bem; q. 6: a Bondade; q. 7: a infinidade; q. 8: a existência de Deus nas coisas; q. 9: a imutabilidade*; q. 10: a eternidade; q. 11: a unidade; q. 12: o conhecimento de Deus; q. 13: os nomes divinos), em que ele trata das perfeições divinas, que constituem um tratado dos nomes divinos na *ST.*

A questão dos nomes divinos põe dois problemas a propósito da relação entre os atributos divinos e a essência divina: de uma parte, o do modo de atribuição dos atributos divinos à essência divina, de outra parte, o da multiplicidade dos atributos divinos e da unidade ou da simplicidade da essência. De um lado, para Tomás, os atributos divinos qualificam *substantialiter* (Ia, q. 13, a. 2, resp.) a essência divina; mas, de outro, a distinção entre a multiplicidade dos nomes divinos e a simplicidade da essência é apenas uma distinção de razão*. Assim a doutrina de Santo Tomás sobre a predicação dos

atributos divinos e da analogia* destrói o agnosticismo* e funda o conhecimento de Deus.

c) As três vias. — Seguindo a Dionísio, Tomás
distingue três vias para conhecer a Deus: a via
afirmativa, a via negativa e a via por eminência. A via afirmativa nomeia Deus a partir das
perfeições criadas, a via negativa exclui todo
limite das perfeições criadas quando as afirma
de Deus, a via de eminência afirma que Deus
possui eminentemente nele todas as qualidades
ou perfeições dos seres criados. A semelhança
entre as criaturas e o Criador permite atribuir
as perfeições das criaturas ao Criador segundo
a analogia; mas essas qualidades lhe convêm tão
imperfeitamente que é preciso negar, quando
aplicadas a Deus, o que têm de restrito ou limitado. É o conhecimento de Deus por negação. E
como a essência divina não pode ser conhecida
nela mesma, Deus permanece inefável.

Um opúsculo apócrifo atribuído a Tomás, o
De divinis moribus, que trata principalmente dos
atributos divinos relativos às criaturas, convida os
cristãos a imitarem as perfeições divinas.

III. A contemplação espiritual dos atributos divinos

Ao lado da reflexão teológica sobre os nomes
divinos, existe toda uma reflexão espiritual sobre os atributos de Deus ou perfeições divinas.
Gregório* de Nissa, no *De perfectione*, define a
perfeição cristã a partir dos "nomes de Cristo*".
Agostinho* nota que, segundo Platão, o sábio é
quem conhece e imita a Deus, e cuja felicidade
é a participação nas qualidades divinas (*Cidade de Deus*, l. VIII cap. V), e abre o primeiro
livros dos *Solilóquios* (I, c. 1, 2-6) como o das
Confissões, com uma elevação sobre os nomes
de Deus: "Quem sois então, meu Deus? Quem
sois vós, eu vos pergunto, senão meu Senhor e
meu Deus?" (*Conf.* I, 4).

Bernardo* de Claraval, no *De Consideratione*
(l. V), insinua um método para "considerar" as
perfeições divinas. O *Monologion* de Anselmo*
é uma meditação especulativa e afetiva sobre os
atributos divinos e as pessoas divinas. Deus é o
soberano Ser: desse princípio, Anselmo deduz
todas as perfeições que convêm à sua divindade.

Boaventura*, enfim, no *De triplici via*, relaciona os nomes divinos e as três vias, purgativa,
iluminativa e unitiva. Classifica a meditação dos
atributos divinos na via unitiva: é o que farão
igualmente García de Cisneros, em seu *Exerci-
tatorium spirituale*, e Inácio de Loyola, em sua
quarta semana dos *Exercícios espirituais*.

No s. XVI, Teresa de Ávila recomendava
a suas irmãs que pensassem nos atributos de
Deus no momento de se porem em oração: "Ó
Dominador supremo... Abismo sem fundo de
maravilhas! Beleza que contém todas as belezas!
Força que é a força mesma! Ó Deus! Tivera eu
toda a eloquência, toda a sabedoria dos mortais, para estar em estado de expor ... um só
desses numerosos atributos que nos revelam um
pouco a natureza desse Mestre supremo, nosso
soberano Bem!" (*Caminho da perfeição*, cap.
22). E, em sua *Viva chama* (3ª estrofe), João*
da Cruz compara os nomes divinos a "lâmpadas
de fogo" que dão à alma* um "calor de amor".
Inácio de Loyola, na *Contemplatio ad amorem*,
medita sobre os nomes divinos que são como
"raios que descem do sol" ou como "águas que
brotam da fonte" (*Exercícios*, nº 237).

No s. XVII, o jesuíta Leonardo Lessius publicou em 1620, em Antuérpia, um tratado: *De
perfectionibus moribusque divinis*; depois, em
1640 em Bruxelas, um tratado sobre os *Nomes
divinos*. Ele distingue atributos absolutos, que se
referem apenas a Deus, e atributos relativos, que
visam às criaturas, p. ex. a providência e a justiça; apresenta uma divisão lógica dos catorze
atributos divinos (infinidade, imensidade, imutabilidade, eternidade, onipotência, sabedoria,
bondade do ser divino, santidade, benignidade,
soberano domínio, providência, misericórdia,
justiça, fim último) aos quais todos os outros se
ligam — é por isso que seu tratado é dividido
em catorze livros. Seu método de meditação é
ao mesmo tempo especulativo e afetivo.

Jean-Jacques Olier compôs um tratado dos
atributos divinos, que permaneceu inédito, em
que distingue dezenove atributos divinos, quase
todos sem relação com as criaturas: a existência
de Deus, sua necessidade, sua independência,
sua suficiência, sua unidade, sua verdade, sua

perfeição, sua infinidade, sua simplicidade, sua santidade, sua grandeza, sua imensidade, sua eternidade, sua ciência, seu amor, sua vontade, sua bondade, sua justiça e sua força. Expõe um método "para fazer oração sobre os divinos atributos". Na oração, a alma "comunga" com esses atributos divinos: "Essa contemplação [dos atributos divinos] põe a alma na perfeição. Porque, como esses atributos são perfeições de Deus, a alma vindo a comungar com Deus e com as suas perfeições divinas, entra ao mesmo tempo na sublime perfeição" (t. 1, p. 1-6). João Eudes expõe essa mesma doutrina em seus *Diálogos interiores* da alma cristã com seu Deus: "Ó meu Deus, eu me dou todo a vós: gravai em mim uma imagem perfeita de vossa santidade e de vossas divinas perfeições…" (V Diálogo).

É a "devoção" do cardeal de Bérulle* aos atributos divinos, expressa em suas *Grandeurs de Jésus*, que vai provavelmente sugerir a Bossuet escrever suas *Élévations sur Dieu*, sobre sua unidade e suas perfeições. Fénelon escreveu também um *Traité de l'existence et des attributs de Dieu*, em que estabelece a existência de todos os atributos divinos pelo fato de que Deus é o Ser: "Quando digo do ser infinito que ele é o Ser simplesmente, sem nada acrescentar, eu disse tudo… O Ser é seu nome essencial, glorioso, incomunicável, inefável" (cap. V).

- C. Toussaint (1903), "Attributs divins", *DThC* I, 2223-2235. — P. Pourrat (1937), "Attributs divins", *DSp* 1, Paris, 1078-1098. — R. Criado (1950), *El valor dinámico del Nombre divino en el Antiguo Testamento*, Granada, 1950. — A.-M. Besnard (1962), *Le mystère du Nom*, LeDiv 35. — J. Auer (1978), *Gott der Eine und Dreieine*, KKD 2, 356-380. — G. Scholem (1983), *Le Nom et les symboles de Dieu dans la mystique juive*, Paris. — D. Gimaret (1988), *Les noms divins en Islam*, Paris. — E. R. Wierenga (1989), *The Nature of God: An Inquiry into Divine Attributes*, Ithaca/ Londres. — J. Werbick (1995), "Eigenschaften Gottes", *LThK*³ III, 528-529.

Ysabel de ANDIA

→ *Ciência divina; Ciúme divino; Eternidade divina; Justiça divina; Negativa (teologia); Onipresença divina; Potência divina; Pseudo-Dionísio; Simplicidade divina.*

AUTONOMIA DA ÉTICA

1. A Antiguidade

Pitágoras foi o primeiro, dizem, a ter comparado a vida humana aos Jogos Olímpicos, em que se encontram atletas, homens de negócios e espectadores. Pitágoras os classifica, ao inverso do que faríamos espontaneamente, em ordem ascendente, porque eles representam os que se consagram ao corpo*, à ação e à contemplação*. Platão, que teve por mestre um pitagórico, retoma esse sistema de valores quando dá o primeiro lugar à contemplação. Como em Pitágoras, essa preferência se explica pela crença na imortalidade da alma* e na reencarnação. No Platão da maturidade, na época do *Fédon* e da *República*, p. ex., a razão* prática não é independente da razão teórica. Aliás, não há diferença nos termos e há uma só virtude* para as duas, a sabedoria* (*phronesis*). A sabedoria, teórica e prática, depende da apreensão das Formas, cujo mundo é unificado pela forma do Bem*. Esse mundo é acessível à alma separada do corpo. Quando se encarna, a alma perde o contato com ele, sob a influência obscurante do sensível, mas a educação pode reavivar-lhe a reminiscência. Quando isso ocorre, a razão guia então para o conhecimento tanto da natureza das coisas como dos princípios justos da ação. A totalidade da alma, até mesmo os apetites e a energia, passa então para o seu controle. Isso não impede que se possa agir contra a razão: a *República* (439 e 7-440 a 3) conta assim o caso de Leôncio, preso entre a vontade de olhar cadáveres e a razão que o dissuade disso, com vergonha de ceder à sua vontade, e contudo cedendo. Platão, nesse ponto, não concorda com a opinião de Sócrates, ao menos tal como a representa o *Protágoras*, segundo a qual a razão domina sempre e não pode ser "sacudida para todos os lados como um escravo" (352 b 3-c 2; 358 b 6-d 2).

Na maneira como Aristóteles pensa a relação entre razão teórica e razão prática começa a aparecer o que se pode chamar a autonomia da ética* (é.). Há para ele duas virtudes intelectuais, a sabedoria teórica (*sophia*) e a sabedoria prática (*phronesis*). Ele crê, como Platão, que há algo no homem, o *noûs*, que sobrevive à morte* do corpo, embora os textos a esse respeito sejam obscuros (sobretudo *De anima* III, 5, 430 *a* 10-25). Mas não faz suas nem a reminiscência e a reencarnação, nem a concepção do Bem. Quanto à sabedoria prática, chega-se ali por um caminho exterior e interior ao mesmo tempo, semelhante à pista na qual se começa e se termina no mesmo lugar, ao retornar sobre seus passos. Parte-se de uma mistura de desejo e de princípios de segunda mão, recebidos dos pais e dos educadores. Caso se tenha sorte, será o ponto de partida do percurso exterior, que consiste em refletir sobre essa mistura, e que chega — e é esse o ponto de inflexão do caminho — a uma visão coerente do bem e da felicidade (*eudaimonia*). Aí estará a "verdade*, de acordo com o desejo reto", enquanto o fim da razão teórica é a verdade pura e simples. Quanto ao percurso interior, é aquele em que essa visão é posta em prática, de modo que desejo e pensamento se unificam, sem que nada no homem seja frustrado. É importante notar que a *phronesis* não é para Aristóteles puramente intelectual, mas comporta também a justeza do desejo (*EN* VI, 5, 1140 *b* 28-30). Para ele, a contemplação (*theoria*) das realidades imutáveis mais altas, como Deus* e a natureza do homem, é um elemento essencial da felicidade humana, mas porque o homem não é divino, isso não é o todo da felicidade. Aproxima-se de Sócrates a propósito da fraqueza da vontade. Se a razão prática estiver totalmente comprometida, tanto na concepção geral do bem quanto em sua aplicação aos casos particulares, o poder do desejo já está ali incluído, e a razão não pode ser "sacudida".

2. O cristianismo

a) *A Escritura.* — Para o AT como para o NT, a ética é essencialmente questão da lei* ou dos mandamentos* dados por Deus a seu povo*. É verdade que há também na Escritura* uma tradição de sabedoria, e Cristo* é, a um tempo, Verbo* e sabedoria (1Cor 1, 24-30). Além disso, nas cartas de Paulo, a lei, na relação complexa que estabelece com a graça* e a fé*, não é a única a transmitir a vontade de Deus (Rm 7-8). A importância do mandamento divino dá, contudo, à é. cristã um caráter bem distinto.

b) *Agostinho.* — Agostinho* (A.) veio ao cristianismo pelo platonismo, e este foi sempre para ele, apesar da evolução do seu pensamento, uma "preparação evangélica". Admite com Platão um mundo inteligível das Formas e o assimila, como se tinha sido feito antes dele, à inteligência divina. Distingue, por conseguinte, duas formas de atividade mental e duas formas de excelência, a sabedoria (*sapientia*) e o conhecimento (*scientia*). Aceder intelectualmente às coisas eternas procede da sabedoria, aceder racionalmente às coisas temporais, do conhecimento (*De Trinitate* 12, 15). A ação pela qual usamos bem das coisas temporais procede, pois, do conhecimento; a contemplação das coisas eternas, da sabedoria. À primeira vista, é a distinção de Aristóteles (*EN* 6, 1, 1139 *a* 6-8), mas a concepção de A. é diferente em muitos aspectos. Primeiro, as coisas eternas são aquelas de que fala a teologia* cristã, antes de tudo a eternidade* de Deus e nossa vida eterna* com ele. Em seguida, ele pensa na distinção sabedoria/conhecimento, com a ajuda de outra distinção, fundamental para ele, entre uso (*usus*) e gozo (*fruitio*). Há que usar as coisas mutáveis e corporais, que são boas, mas sem tomá-las por fins: "Há que usar racionalmente as coisas temporais a fim de chegar às coisas eternas; é a estas que nos devemos ligar, sem demorar-nos nas outras" (*op. cit.*, 12, 13). O homem deve *gozar* de Deus, e *usar* tudo o mais. O problema da humanidade é que tem tendência de tratar como um fim o que deveria somente usar. A razão cognoscente é, nesse sentido, muito próxima do desejo. A. compara o conhecimento a Eva, pois só ela falou à serpente e em seguida deu a fruta a Adão*. Do mesmo modo, a *scientia* vai facilmente no sentido do gozo das coisas materiais, e se conforma assim à imagem dos animais*, antes que à de Deus. O que determina sua orientação é a presença ou a ausência da fé. Desse ponto de vista, a razão prática é distinta da razão teórica, ao mesmo tempo lhe sendo ordenada teleologicamente. Quando não o é mais, o espírito se torna estranho a si mesmo, "preso no visgo de seus apegos" (10, 5).

c) *A Idade Média.* — A *Ética a Nicômaco* (*EN*) era conhecida dos grandes comentadores árabes, mas foi desconhecida na Europa cristã até o s. XII. Abelardo*, p. ex., a ignora. A descoberta foi complicada pelo fato de que as primeiras traduções latinas só compreendiam os três primeiros livros, o que dava uma impressão totalmente falsa das ideias de Aristóteles. Com efeito, sem os livros 6 e 10, que tratam da superioridade da sabedoria teórica e dão um lugar privilegiado à contemplação na felicidade, a autonomia da é. filosófica em relação à teologia é muito mais nítida. Tomás* de Aquino dispunha da totalidade da *EN* e do comentário que lhe tinha feito Alberto* Magno — mas, como seus predecessores do s. XII, é defensor de certa autonomia da é. "O papel da sabedoria prática (*prudentia*, que traduz *phronesis*) é aplicar a razão à ação (*applicatio rationis ad opus*), o que não é possível sem a retidão do desejo. Portanto, a prudência* não é só uma virtude intelectual, mas também uma virtude moral" (*ST* IIa IIae, q. 47, a. 4). Aqui Tomás vai mais longe que Aristóteles, para quem a sabedoria prática tem necessidade das virtudes morais e vice-versa, mas não faz da *phronesis* uma virtude moral. A é. filosófica tomista tem com efeito um lugar para a sabedoria prática entre a teologia e o que causa diretamente o comportamento moral. Os homens podem chegar a certo conhecimento da lei moral natural pela razão. Essa autonomia limitada está em acordo com a ideia de que "a lei natural não é outra coisa que a participação da criatura racional na lei eterna". Porque "a luz da razão natural, que faz discernir o bem do mal*, não é outra coisa que o vestígio em nós da luz divina" (Ia IIae, q. 91, a. 2). Mesmo se a lei natural é um reflexo da lei eterna, ou do plano de Deus que dirige todas as criaturas para seus fins, ela não precisa ser objeto de uma revelação*. Todo ser humano tem a capacidade de usar de sua razão para refletir sobre as tendências fundamentais da natureza humana, e captar assim as regras universais da vida moral. Contudo, essa é. filosófica tem, para Tomás, um alcance limitado. A felicidade perfeita ou beatitude* é para ele a visão da essência divina; portanto, é a atividade celeste da razão contemplativa, e não a da

razão prática na ação terrestre. A *EN* descreve para ele dois aspectos da felicidade imperfeita, a felicidade da vida contemplativa ou teorética e a da vida social, que são distintas nesta terra. Isso significa aliás que o domínio da razão prática tem certa prioridade na vida presente. Nessa vida, a vontade, pela qual podemos amar a Deus, é superior ao intelecto, porque não vemos a Deus, embora em si e na vida futura o intelecto seja mais nobre (Ia, q. 82, a. 3). Os pensadores franciscanos (Boaventura*, Duns* Escoto, Guilherme de Occam [*c.* 1285-1347]) deram maior prioridade à vontade: para eles, a atividade voluntária e a afetividade são mais características da humanidade que toda atividade do intelecto, e os valores morais dependem da livre vontade de Deus, tendo por únicos limites os da possibilidade lógica.

d) *A Reforma e as Luzes*. — A síntese da autoridade de Aristóteles e a da Igreja* foi ameaçada tanto pela Reforma como pela ciência moderna de Copérnico (1473-1543) e de Galileu (1564-1642). Os filósofos racionalistas, como Descartes* ou Espinosa (1632-1677), tentaram fundar mais firmemente o conhecimento e a é. na razão. Mas a própria razão foi criticada pelo empirismo, sobretudo por Hume (1711-1776), que questionou a própria ideia de lei natural. Distinguindo juízos descritivos (é, não é) dos juízos prescritivos (deves, não deves), Hume pergunta como os segundos podem ser deduzidos dos primeiros, pois não são da mesma ordem (*Tratado...* III, 1, 1). Nenhum termo deve aparecer na conclusão se não estiver nas premissas; não se pode então passar validamente do ser ao dever-ser, ou do fato ao valor. Mesmo se Hume estiver certo, essa observação não destrói o projeto que tem Tomás, o de fazer derivarem os preceitos* da lei natural de uma reflexão sobre a natureza humana e suas tendências, porque há maneira de colocar nas premissas o dever-ser exigido por Hume. Este faz uma objeção mais séria quando diz que a razão é incapaz de fazer agir, e que só a paixão a torna capaz disso. Para ele é impossível que a razão e a paixão se oponham ou disputem o governo da vontade e da conduta. Mas porque a moral se opõe de fato às paixões* e nos faz agir, é que ela procede da paixão e não da razão (mesmo se são paixões calmas como a benevolência). Hume não nega aqui que a razão tenha um efeito sobre a ação, mas pretende (para derrota de Sócrates) que o verdadeiro papel da razão é ser escrava das paixões morais e indicar-lhes o meio de obter satisfação. Nisso há um eco de Aristóteles: "O pensamento por si mesmo nada move, mas só um pensamento dirigido para um fim e concernente à ação" (*EN* 6, 2, 1139 *a* 35 *sq*). O desejo é essencial à ação, mas não é independente do pensamento, para Aristóteles, porque ele pode ser (e é no homem virtuoso) uma vontade racional (*boulesis*).

A reação de Kant* a Hume nos leva a uma das principais concepções da autonomia da é. Kant quer mostrar que, ao contrário do que Hume pensa, a razão pode ser prática, e obrigar, sob a forma do imperativo categórico. Para ali chegar, é preciso limitar as pretensões da razão teórica. Segundo a fórmula famosa, ele precisa "suprimir o saber para dar lugar à fé" (prefácio da *Crítica da razão pura*, 2ª ed.). Os gregos pensavam que os objetos da contemplação (*theoria*) tinham, por natureza, a dignidade mais alta (*EN* 6, 7, 1141 b 3), porque, ao contrário dos da *práxis*, eram eternos e necessários. Kant inverte o argumento. É porque os objetos da razão prática são superiores que, quando um conhecimento põe em jogo a razão pura especulativa e a razão pura prática, é esta que leva vantagem (*Crítica da razão prática*, 132). A razão especulativa não pode servir-se das ideias de imortalidade, de liberdade* e de Deus a não ser de maneira reguladora ou heurística, o que não permite julgar da existência do objeto dessas ideias, porque só se pode julgar das coisas de que há experiência sensível. A razão prática, ao contrário, apoia-se sobre o que Kant chama "o fato da razão" — o fato de que há uma lei moral; pode assim transcender esses limites e considerar essas ideias como constitutivas, e como garantias da realidade de seu objeto. Ao dizer que a razão pode ser prática, Kant não se opõe à ideia de que os homens precisam, como Hume disse, sentir alguma coisa da "ordem da inclinação"

para agir; mas o que desempenha esse papel em Kant é o respeito da lei moral. Tampouco recusa à razão especulativa o direito de veto em relação à crença: se a razão, em seu uso especulativo, provasse a impossibilidade de que uma coisa exista, a razão prática não poderia postular legitimamente sua existência. Mas Kant limita muito severamente o que a razão especulativa é capaz de provar de fato, a possibilidade ou a impossibilidade. Pode-se enfim pensar que ele não leva a autonomia da é. até o ponto de torná-la totalmente independente da teologia, mas é um ponto que está longe da unanimidade. No prefácio da segunda edição de *A religião nos limites da simples razão* propõe considerar a pura religião da razão, que contém a moral, como o primeiro de dois círculos concêntricos: o segundo deles contém a fé histórica e a revelação. Concede que a moral exige a crença em certos elementos do segundo círculo, mesmo se esses elementos não possam entrar nas máximas da razão especulativa ou prática. Em particular, a crença na graça de Deus é necessária para explicar como os homens, em sua condição de submissão ao mal radical, podem alguma vez agradar a Deus (I, *Nota geral*).

3. Séculos XIX e XX

Kant foi interpretado de muitas maneiras no s. XIX, até mesmo pelos hegelianos de direita e de esquerda e pelos adversários de Hegel*. Kierkegaard*, p. ex., reage contra Hegel distinguindo três tipos de vida (estética, é. e religiosa). Acede-se à vida é. por uma misteriosa revolução da vontade a partir da vida estética. Mas tampouco a vida é. basta; necessita-se do salto da fé para aceder à vida religiosa, em que uma "segunda é." torna-se possível com a ajuda de Deus e em que podemos viver como ele quer que façamos.

Na filosofia* moral do s. XX, a autonomia da é. é tanto maior quanto menor é o prestígio da razão especulativa. É assim, p. ex., que o pragmatismo toma como linha diretora a frase de Kant "todo interesse é, em fim de contas, prático". Ser pragmatista, para Charles Sanders Peirce (1839-1914), é ver o sentido de uma teoria nas consequências práticas que ela necessariamente produziria se fosse verdadeira (*Collected Papers* V, § 9). John Dewey (1859-1952) pensa que não há fins últimos e que, assim, é mister buscar fins próximos, que por sua vez dão lugar a outros fins próximos e assim por diante. Para os existencialistas, a existência precede a essência, o que retira qualquer papel da lei natural. Na continuação de Kierkegaard, mas sem a fé, Sartre (1905-1980) quer que nós criemos por nós mesmos nossas escolhas, e que nossa natureza não nos seja dada. George Moore (1873-1958) critica o que chama "o erro naturalista", que faz assimilar o bem a uma propriedade natural, seja ela qual for. Para os emotivistas (p. ex., Charles Stevenson) e para os prescritivistas (p. ex. Richard Hare) os juízos morais não são asserções mas imperativos ou meios de influenciar a outrem; não negam, contudo, a objetividade dos juízos práticos em sua ordem. Enfim, alguns retomaram de Kant a ideia de unidade da natureza, mas negando a existência da liberdade. Quanto mais se conhece sobre a estrutura do cérebro, sobre a inteligência artificial, sobre a genética, tanto mais se é tentado a crer que a moral, e a liberdade que ela supõe, são ilusões do senso comum: como o físico pode julgar ilusória a ideia que o senso comum faz das tábuas e das cadeiras, à luz do que se sabe da estrutura da matéria. A lógica paradoxal dessa linha de pensamento faria desaparecer não só a autonomia da é., que seria absorvida pela concepção científica da natureza, mas também o valor mesmo da razão e, portanto, a própria ciência.

- Aristóteles, *Ética a Nicômaco; De anima.* — Agostinho, *De Trinitate*, BAug 15 e 16. — D. Hume, *A Treatise of Human Nature*, ed. L. A. Selby-Brigge, Oxford, 1888 (*Tratado da natureza humana*, São Paulo, 2001). — E. Kant, *Kritik der reinen Vernunft*, AA 3, 522-538; *Kritik der praktischen Vernunft*, AA 5. — S. Peirce, *Collected Papers*, V, C. Hartshorne, P. Weiss e A. W. Burks (eds.), Cambridge (Mass.), 1931-1958. — Platão, *Protágoras; Fédon; República.* — Tomás de Aquino, *ST* Ia IIae, q. 94; IIa IIae, q. 47-50.

▸ É. Gilson (1948), *Le thomisme. Introduction à la philosophie de saint Thomas d'Aquin*, Paris. — R.

A. Gauthier e J. Y. Jolif (1970), *L'Étique à Nicomaque. Introduction, traduction et commentaire*, Louvain-Paris. — J. Harrison (1976), *Hume's Moral Epistemology*, Oxford. — O. O'Donovan (1980), *The Problem of Self-Love in St. Augustine*, New Haven (Conn.). — A. W. Price (1995), *Mental Conflict*, Londres. — J. E. Hare (1996), *The Moral Gap: Kantian Ethics, Human Limits and God's Assistance*, Oxford. — A. Holmes (1997), *Fact, Value and God*, Grand Rapids, Michigan.

John E. HARE

→ *Aristotelismo cristão; Autoridade da Igreja; Ciências da natureza; Ética; Platonismo cristão.*

AUTORIDADE

A. Na Igreja

a) *O Novo Testamento e a patrística.* — Na Antiguidade romana, a *auctoritas* designava um poder de prestígio, uma potência social indireta que era, como tal, superior ao poder coercitivo imediato (*potestas*). Desde Augusto, a autoridade (a.) suprema era representada pelo imperador, do qual os magistrados e os juristas recebiam sua própria competência.

O NT não conhece equivalente direto desse conceito romano, e a própria Vulgata não emprega a palavra. Mas os termos *dynamis* (p. ex. 2Cor 8,3; Ef 3,16) e *exousia* (p. ex. Mt 21,23-27) são interessantes a esse respeito. Se *dynamis* significa de maneira geral a potência e os meios de executar, *exousia* designa mais particularmente um mandato legitimado por Deus*. Conceito relacional que remete à origem de sua legitimação (imperador, Deus), a *exousia* apresenta certos traços comuns com a *auctoritas*.

Desde Tertuliano*, a patrística latina fala da *auctoritas Dei* ou *Christi*. Essa a. pode estender-se às testemunhas ou aos discípulos: fala-se nesse sentido da a. dos apóstolos* e dos anciãos, mas também da a. dos livros* canônicos da Bíblia*. Esse uso encontra seu modelo na a. do imperador, da qual seus representantes legítimos recebem seu próprio poder. A a. encontra-se assim aproximada da noção de tradição* e da doutrina da sucessão* apostólica.

Se em Tertuliano e, p. ex., em Cipriano* a a. permanece em grande parte tributária da linguagem jurídica romana, Agostinho* emprega essa noção numa perspectiva menos institucional. Ele se coloca, por sua parte, no plano da teoria do conhecimento: a a. divina e a a. da Sagrada Escritura* fundam o conhecimento autêntico. Embora alegue a a. da Igreja* (I.) católica como último critério da verdade*, Agostinho não invoca com isso uma instância jurídica específica, mas a autenticidade da I. universal. Ocorre porém que, subordinando a razão* individual do cristão à a. da I., Agostinho contribuiu a suscitar os problemas de fundo que agitarão mais tarde a cristandade.

b) *A Idade Média e a Reforma.* — Em seu princípio, a a. da Sagrada Escritura nunca foi questionada no curso da IM. A a. de fato era contudo estreitamente ligada às pessoas particulares que governavam a I. Assim como os filósofos da Antiguidade e os Padres* da I. eram considerados, nas universidades, como *auctoritates*, igualmente se atribuía aos dirigentes eclesiásticos, papas* e bispos*, uma a. natural, que se confundia com a da I. e a dos apóstolos.

Isso teve por consequência uma ampliação das fontes escritas da a. na I. Às Escrituras propriamente ditas se acrescentaram as decisões dos concílios*, os decretos pontifícios, o direito* canônico e os textos dos Padres*. Dessa maneira, os hierarcas da I. podiam invocar uma multidão de a. estabelecidas, exteriores à Escritura, mas todas teologicamente justificadas.

Os reformadores denunciaram essa evolução. Lutero*, em particular, dá à Sagrada Escritura uma prioridade absoluta sobre qualquer outra a., particular ou institucional. "Não concedemos à I. nenhuma a. que vá além da Escritura" (*WA* 40, 3, 434, 13). Essa ideia, clara em si mesma, não resolvia porém nenhum problema concreto do governo* da I., nem tampouco esclarecia a regra hermenêutica* da interpretação correta da Escritura. A maioria das I. oriundas da Reforma, apesar da evolução divergente de suas estruturas* respectivas, não deviam tardar a reconhecer a necessidade de um magistério* eclesiástico portador de a.; e o princípio de a. subsistirá também na interpretação da Escritura, para a qual a leitura dos ministros ordenados e

dos teólogos de profissão terá valor de norma. Pode-se contudo estimar que, pela ênfase que põem sobre a a. primordial da Escritura, as I. oriundas da Reforma sempre preservaram nesse domínio um potencial crítico.

c) *Os tempos modernos.* — Desde a Antiguidade, a filosofia* considerou o uso crítico da razão individual e a obediência às a. tradicionais como atitudes antitéticas. Tendência que se reforçou muito particularmente na época das Luzes e encontrou sua expressão política na Revolução Francesa.

A sistematização do pensamento moderno na base de uma oposição ao conceito de a. foi obra sobretudo de Kant*. A filosofia que o precedeu era a seus olhos um "dogmatismo" ligado à a., porque não examinava de um ponto de vista crítico as condições de possibilidade do exercício da razão*. No domínio da filosofia moral, Kant ensina que a a. ética* deve repousar num princípio interno, i.e., numa boa vontade determinada pelo dever. As a. exteriores ficam sempre, em última instância, injustificadas; só a pessoa* autônoma pode, tomando a razão por guia, dar uma forma crível a suas próprias convicções.

Tirando as consequências desse princípio de autonomia individual, a filosofia moderna adota, de entrada, uma atitude crítica em relação a qualquer a. exterior. E na medida em que corresponde amplamente à visão que o homem moderno faz de si mesmo numa sociedade* individualista, só pode entrar em conflito com as I. cristãs, que fundam tradicionalmente sua a. sobre essas instâncias exteriores que são a Sagrada Escritura e o magistério eclesiástico.

A a. de um texto religioso estabelece um problema hermenêutico complexo, que pode ser esclarecido, de uma parte, pela teoria da inspiração divina do próprio texto, e, de outra parte, pela ideia de um magistério* habilitado a proporcionar sua interpretação. Se as I. cristãs ensinam que a clareza (Lutero, *WA* 18, 609, 4) e a evidência da Escritura bastam para atestar-lhe a a., e que a Bíblia deve ser acessível a todos os crentes (*DH* 4229), elas sublinham também a necessidade do magistério e da teoria da inspiração. O concílio* Vaticano* II atribui ao magistério — "cuja a. se exerce em nome de Jesus Cristo" (*DH* 4214) — a função de interpretar autenticamente a palavra* de Deus.

d) Os diferentes tipos de autoridade. — A crítica filosófica da a. não significa naturalmente que as organizações efetivas do mundo moderno não repousem mais sobre relações de a. A distinção weberiana dos três tipos de a., em particular, se revelou de grande interesse para a sociologia. Max Weber concebe a a., numa organização, como uma relação de "dominação" e distingue entre a a. tradicional, a a. jurídica (racional, burocrática) e a a. carismática. A I. representa o tipo ideal de dominação ou de a. tradicional; seu poder é organizado hierarquicamente e se legitima por sua relação com o passado. Enquanto a a. jurídica compete ao detentor de uma função em razão de sua posição no sistema, independentemente de qualquer qualidade pessoal, a a. carismática é ao contrário legitimada por características puramente individuais.

Ainda que a tipologia de Weber seja apenas uma das numerosas tipologias modernas da a., ela dominou o desenvolvimento teórico da sociologia da religião, não menos que o estudo empírico das I. existentes. Muitas vezes se propôs distinguir, como quarto tipo, a do especialista que adquiriu certo prestígio por sua competência, sem contudo gozar de um poder carismático no sentido weberiano.

e) A autoridade na discussão interconfessional. — A comissão encarregada do diálogo teológico entre anglicanos e católicos (ARCIC) elaborou um documento, *A autoridade na Igreja*, no qual a Sagrada Escritura é definida como "a memória normativa dos fundamentos autênticos da fé*... É por essas palavras escritas que a a. da palavra de Deus se transmite" (2). Se a a. da Escritura aqui está posta em evidência, é Jesus Cristo e não a Escritura mesma que constitui "o fundamento autêntico". O diálogo não nasce das interpretações individuais, mas da "fé comum", o padrão para cada um comprovar a verdade de sua própria crença. Essa fé comum pressupõe uma comunidade, uma *koinonia* (4).

A *koinonia* torna-se assim uma garantia para a a. da Escritura. Nessa comunidade, as pessoas também podem exercer uma a. Algumas inspiram "pela qualidade interior de sua vida" um respeito "que lhes permite falar com a. em nome de Cristo*". Outros recebem sua a. do ministério* ordenado, que é "intrínseco à estrutura da I.". Assim, "a percepção da vontade de Deus por sua I. não pertence somente ao ministério ordenado; ela é partilhada por todos os seus membros" (4-6).

Roma não aprovou o documento da ARCIC mas esse diálogo ilustra bem a maneira como a questão da a. se encontra abordada hoje em numerosas I. A a. assume traços ao mesmo tempo carismáticos (qualidade interior de vida), tradicionais e jurídicos (ministério ordenado). A a. da Escritura, como a das pessoas, radica em uma comunidade que conserva a "fé comum" como critério de verdade. A concepção moderna da autonomia individual é levada em consideração na ideia de que cada um, pela qualidade interior de sua vida, pode ter parte na a.

É a questão da a. do papa* sobre os bispos* e o conjunto da *koinonia* que coloca, para a realidade concreta da *oikoumene*, o problema mais difícil. Sobre esse ponto, os diálogos não produziram nenhum resultado definitivo. Em sua encíclica *Ut unum sint* (1995), o papa João Paulo II parte do fato de que o bispo de Roma deve garantir a comunhão* de todas as I. "pelo poder e pela a. sem os quais essa função seria ilusória". A função do papado, nesse sentido, pressupõe sempre um poder e uma a. efetivos; não pode permanecer puramente simbólica.

Apesar das dificuldades encontradas, manifestam-se hoje importantes convergências na maneira como as I. compreendem a a. do ministério ordenado. A profundeza desse acordo é atestada no documento *Batismo, eucaristia, ministério*, publicado em 1982 pela comissão Fé e Constituição do CEI*. Segundo esse texto, a a. do ministro é fundada em Jesus Cristo. "A a. tem o caráter de uma responsabilidade diante de Deus e é exercida com a participação de toda a comunidade" (15). Ainda que essa a. venha de Cristo, a a. de Cristo permanece única. Esta oferece contudo à I. um modelo normativo: "A a. na I. só não pode ser autêntica se procura conformar-se a esse modelo" (16).

• H. Meyer, L. Vischer (sob a dir. de), *Growth in Agreement. Reports and Agreed Statements of Ecumenical Conversations on a World Level*, Genebra, CEI, 1984 (*BEM*, Paris, 1982); Commission internationale anglicane/catholique romaine, *Rapport final*, Secrétariat pour l'unité des chrétiens, Service d'information 49, 1982, 80-114. — João Paulo II, *Ut unum sint. Carta encíclica do Santo Padre sobre o engajamento ecumênico*, Vaticano, 1995.

▸ J. M. Todd (sob a dir. de) (1962), *Problèmes de l'autorité*, Paris. — J. M. Bochénski (1965), *The Logic of Religion*, Nova York, §§ 32, 39, 51 (Logik der Religion, Paderborn, 1981²). — W. Veit, H. Rabe, K. Röttgers (1971), "Autorität", *HWP* I, 724-734. — J. Miethke (1979), "Autorität I. Alte Kirche und Mittelalter", *TRE* 5, 17-32. — O. O'Donovan (1986), *Ressurrection and Moral Order*, Leicester — P. Avis (1992), *Authority, Leadership and Conflict in the Church*, Londres. — G. R. Evans (1992), *Problems of Authority in the Reformation Debates*, Cambridge.

Risto SAARINEN

→ *Concílio; Escritura sagrada; Indefectibilidade da Igreja; Infalibilidade; Magistério; Ministério.*

B. Autoridade política

Toda teoria da autoridade política (a.p.) deve dar conta do fim e da origem dessa a., assim como da estrutura e dos limites de sua ação. Uma exposição *teológica* se orientará pela fé* cristã na obra divina: criação*, providência*, salvação*; e pode-se atribuir a diversidade das exposições teológicas passadas e presentes a interpretações diferentes dos momentos ou etapas dessa obra divina e da relação que a a.p. mantém com eles.

a) As posições teológicas e suas transformações no curso da história. — A principal questão teológica é saber em que medida a a.p. tem uma relação com a obra divina da salvação. Há, *grosso modo*, duas posições a respeito. De um lado se considera a a.p. como pertencente ao domínio da conservação da criação por Deus*, nas condições atuais da humanidade depois da queda. Essa conservação é a condição de sua atividade salvadora, sem que a defina. Segundo o esquema das "duas cidades*'" de Agostinho* e de Lutero*, vê-se então na a.p. não um fato de natureza mas um fato de vontade; não se a separa dos pecados* implicados por sua luta pelo poder, e só se lhe reconhece um alcance limitado; quanto à ordem pública que dela depende, tem um caráter puramente exterior, sem valor moral direto. De outro lado, considera-se a a.p. como participante da redenção da vida social, quer como objeto quer como instrumento do amor* salvador de Deus. Esse enfoque, que está na linha da filosofia* política antiga, foi sistematizado por Tomás* de Aquino: aqui a a.p. tem um caráter natural e legítimo, cria uma ordem que tem um valor moral e espiritual, e fortalece os laços sociais.

Importa reconhecer que a oposição dessas ideias não se mantém sempre com toda a clareza desejável na história do pensamento político cristão. O "agostinismo* político" (Arquillière) da Igreja* latina medieval, p. ex., submete estreitamente a lei* leiga* à lei eclesiástica; faz assim de uma atividade política moralmente ambígua e estranha à salvação uma função da Igreja, comunidade de salvação. A renovação agostiniana que se deve a Lutero põe, ao contrário, a comunidade de salvação fora do campo político: facilita assim uma absorção da Igreja visível pelo Estado*. E do lado do tomismo* vê-se no s. XIX a visão católico-aristotélica de uma sociedade* harmoniosa, unificada pela a.p., transformar-se em visão sociológica de uma sociedade funcionalmente unificada que poderia praticamente dispensar a a.p.

Essas transformações paradoxais devem-se em parte à interação das concepções políticas da Igreja e da sociedade. Essas concepções dependem, finalmente, da relação estabelecida entre a lei do Evangelho e a lei da criação, entre amor e justiça*, virtudes* naturais e sobrenaturais, razão* e revelação*. Em geral, quanto maior é a oposição entre esses conceitos, mais a Igreja e o Estado têm teorias políticas afastadas; quanto mais fraca ela é, mais essas teorias se aproximam. Historicamente, é a tendência ao paralelismo teórico e prático que predomina: A Igreja latina e o império do Ocidente, p. ex., não cessaram de se pilhar mutuamente no campo da ideologia, da organização e do funcionamento políticos. Embora a religião se tenha tornado em nossa época um assunto privado, a tendência à homogeneidade institucional ainda existe. Hoje, Igreja e Estado devem, ambos, conformar-se à mentalidade política dominante, liberal e democrática. Os dualismos teológicos mais radicais, com sua antítese entre sociedade eclesial e sociedade leiga, são antes, na história, correntes subterrâneas cuja irrupção espetacular desafia, de tempos em tempos, o *statu quo*.

b) Fins da autoridade política. — Para o NT, os governantes são instituídos por Deus para julgar, punir e recompensar (Rm 13,2ss; 1Pd 2,13s): é a esses textos que os teólogos, até o s. XIII, como também os protestantes dos s. XVI e XVII, se referem a cada passo para pensar teologicamente a a.p. É assim que os Padres* latinos influenciados pelo estoicismo (p. ex., o Ambrosiaster [s. IV], Ambrósio*, Agostinho) veem na a.p. uma disposição divina tomada depois da queda, expressão ao mesmo tempo da cólera* de Deus contra a humanidade pecadora e de sua vontade misericordiosa de proteger a fragilidade do laço social contra a violência* das paixões* humanas: é um meio de limitar os castigos inevitáveis. Desse ponto de vista, a ação política pressupõe uma consciência* comum do bem* e do mal*, da ordem e da desordem, do bem individual e do bem comum, segundo a qual é possível fazer justiça. Há assim uma objetividade da justiça, do direito*, do bem comum, reconhecida e não criada pelo príncipe. Até o s. XVII havia a persuasão de que é na Escritura* que se encontra a expressão autorizada do que é bom e justo para a sociedade, sobretudo nos dois grandes mandamentos* (Mt 22,36-40; Mc 12,28-31) e no decálogo*, que expõe com mais precisão o que se deve a Deus e ao próximo. Ali estava a substância da justiça ou da lei natural (*lex naturae, ius naturale*). Não há que compreender essa noção de maneira simplista, pois há ao menos quatro "naturezas" e cada uma delas requer uma organização jurídica própria: a natureza humana tal como foi criada; a natureza decaída; a natureza resgatada; e a natureza em seu estado de perfeição.

Segundo a tradição agostiniana, a sociedade anterior à queda tem por fundamento a lei natural: união sexual, procriação* e educação dos filhos, posse comum dos bens materiais, igualdade e liberdade* de todos, sem entraves. Depois da queda, ao contrário, o fundamento da sociedade é o *ius gentium* (direito das gentes) e o *ius civile* (direito civil): esses reflexos imperfeitos da lei natural instituem a propriedade* privada, a desigualdade entre o senhor e o escravo, entre o governante e o governado, e a restrição da liberdade individual pelas disposições do direito positivo. O fundamento da sociedade resgatada é a lei evangélica da fé, da esperança* e do amor; mas, numa perspectiva escatológica, as leis penitenciais referentes às penas* do purgatório* desempenharam um papel crescente com o tempo. Tradicionalmente, a jurisdição* secular se conformava, sem identificar-se, às instituições e às leis da natureza decaída, preocupando-se com a proteção da propriedade e dos privilégios de cada indivíduo, e com a garantia da segurança e da satisfação das necessidades. A jurisdição eclesiástica, de seu lado, estendia-se às instituições ou sociedades de direito natural e divino: matrimônio* e família*, comunidades monásticas, fraternidades religiosas, igrejas e instituições de caridade ou de educação. Essa repartição de competências não era, contudo, sempre nítida, porque ameaçada sem cessar, do lado temporal, pelas ambições teocráticas dos reis e imperadores. Esses últimos se inspiravam no modelo da monarquia israelita e no Império romano para pretender uma jurisdição universal sobre tudo o que tocava o interesse geral (*communis utilitas*), e isso incluía toda organização visível da Igreja (doutrinal, administrativa e disciplinar).

Iguais reivindicações só puderam impor-se pelo fim do s. XIII e começo do s. XIV, graças à aparição de certo número de fatores favoráveis ao reforço do Estado territorial: renovação do direito romano, recepção da filosofia política de Aristóteles, ressurgência do patriotismo e do republicanismo clássicos. Tudo isso culminou numa visão da cidade como sociedade fundada na natureza e na razão, autônoma e unificada por uma só a. político-jurídica. Assim se reconheceu, cada vez mais, à a.p., fosse ela hereditária ou eletiva, funções administrativas e legislativas muito mais amplas que o simples poder judiciário. Tal mudança de concepção refletia e reforçava ao mesmo tempo a importância sempre maior da nação em todos os planos (econômico, financeiro, jurídico, religioso), o que devia resultar nos Estados europeus modernos. Sem querer, a Igreja contribuiu grandemente para essa evolução. Desde 1300, graças à autoridade* de uma série de papas* juristas (Alexandre III, Inocêncio III, Gregório IX, p. ex.), a Igreja visível estava solidamente hierarquizada e organizada, unificada pela sistematização do direito* canônico e pela obediência à a. suprema do papa: propunha assim um modelo relativamente eficaz de Estado unitário. Além disso, a síntese pela Igreja de princípios corporativistas, imperiais, feudais e teocráticos lançava as fundações do Estado absoluto dos s. XVI e XVII.

Apesar da tendência maquiavélica de fazer da estabilidade e do engrandecimento do Estado o fim essencial da a.p., esses séculos viram, contudo, nascer as concepções liberais modernas. O fato mesmo das divisões religiosas e das tendências individualistas e voluntaristas da Reforma forneceram um terreno propício ao crescimento das ideias de direitos e liberdades individuais, de comunidade voluntária, de cidadania ativa, de representação e de *self-government*. Os germes já existiam, p. ex., no ideal aristotélico, cristianizado por Tomás, de uma cidade livre e autônoma; nas noções de direitos naturais anteriores à criação dos Estados e de contrato entre os indivíduos, desenvolvidos por Duns* Escoto, Guilherme de Occam (*c.* 1285-1387) e os nominalistas parisienses, Pierre d'Ailly (1352-1420), Gerson (1363-1429) e, mais tarde, Almain (*c.* 1480-1515) e Mair (*c.* 1468-1550); enfim no princípio, defendido pelos conciliaristas contra o absolutismo papal, de uma supremacia de jurisdição da comunidade, o que implica que esta tem direito de eleger seus dirigentes, de consentir as leis, e de ser representada por uma assembleia. Essas ideias mostraram sua atualidade nos movimentos de dissidência religiosa, primeiro protestantes, e mais tarde católicos, mas encontraram aí sobretudo bases teológicas

diferentes que lhes imprimiram nova orientação. Em particular, foi a doutrina central da Reforma (sobretudo luterana), segundo a qual a fé de cada um é o princípio de unidade da comunidade crente, que fundou a ideia do direito subjetivo (tanto individual como coletivo) na radicalidade da liberdade espiritual. Igualmente, pela ênfase posta no fato de que a comunidade política depende da aliança* entre Deus e a humanidade, segundo o modelo das alianças sucessivas de Deus com Israel*, o calvinismo* deu uma substância religiosa e moral às noções de contrato social, de jurisdição coletiva, de consentimento e de participação na vida política. Ao contrário, a renovação do laço agostiniano entre governo e repressão, solução dos conflitos pela coerção e regulação das vantagens puramente materiais, pôs em evidência que a a.p. não é um fato de natureza, mas tem seu fundamento no acordo contratual de vontades interessadas.

Nos s. XVIII e XIX assiste-se a uma reação contra essa concepção de uma a.p. extrínseca, não natural e coercitiva, perfeitamente expressa em Hobbes (1588-1679) e Espinosa (1632-1677) pela ideia de um mecanismo jurídico-formal de concentração do poder. Trata-se então de substituir o princípio de conformidade exterior à vontade de um soberano de direito divino por um princípio orgânico e independente da ordem social. Mas a sociedade não é mais definida da maneira cristã clássica por uma racionalidade teológica e ética comum. Na teodiceia deísta (deísmo*) dos economistas liberais e dos utilitaristas ingleses (Adam Smith [1723-1790], David Hume [1711-1776], J. S. Mill [1806-1873], Jeremy Bentham [1748-1832], p. ex.) é o jogo espontâneo das forças do mercado que garante melhor o fim natural da sociedade, i.e., a segurança econômica. Em um sistema no qual se aceita o jogo dessas forças porque é impessoal, democrático e não violento, o papel da a.p. se limita a fazer respeitar os direitos de propriedade. O liberalismo exalta a busca da felicidade, mas tem que admitir que a consciência individual deve levar em conta a sociedade sob pena de anarquia (Wolin, 1960, 343-351). De maneira completamente oposta, a reação sociológica contra o formalismo político parte da consciência socializada, que faz dos indivíduos objetos passíveis de estudo científico e de manipulação social. Para o catolicismo* teocrático dos escritores franceses contrarrevolucionários (Joseph de Maistre [1753-1821], Louis de Bonald [1754-1840]), a sociedade deve sua unidade a um misterioso *mythos* divino cujas formas culturais e institucionais são reveladas, antes de ser unificada por um esforço político e econômico consciente. Não é a a.p. só, é toda a hierarquia* social que culmina no rei e no papa que encarna a unidade da vontade comum. Mais tarde, Saint-Simon (1760-1825), Comte (1798-1857), Durkheim (1858-1917) ou Marx* transpuseram essa socialização teológica do divino para uma socialização científica e profana do que transcende os indivíduos. Assim, o princípio ativo da coesão social é situado por Durkheim nas "representações coletivas", ou por Saint-Simon na organização industrial. Desse ponto de vista, a a.p. não serve para grande coisa, senão para estabelecer um sistema social harmonioso que funciona por si mesmo, e para prestar socorro, eventualmente, à administração dos peritos.

Sobre essa questão dos fins da a.p., o pensamento teológico contemporâneo continua sempre a refletir as relações mais ou menos tensas entre as duas tradições, aristotélico-tomista e agostiniana, que a Reforma e a Contrarreforma nos legaram. No centro da reflexão dos católicos como dos protestantes encontra-se a ideia dos direitos do homem, transpoliticamente fundados na subjetividade. Para o pensamento protestante, herdeiro do liberalismo de Locke (1632-1704) e dos economistas, a a.p. tem a missão restrita de garantir os direitos fundamentais, vida, liberdade, propriedade. Na tradição do realismo agostiniano, aprimorado pelo pluralismo pós-kantiano, p. ex. em Reinhold Niebuhr (1892-1971), a competência do Estado se limita a garantir os direitos de cada um e a arbitrar os conflitos de interesses, ainda que deva também criar o consenso moral necessário à justiça na cidade. Contudo, o desenvolvimento tecnológico moderno, com todas as possibilidades que abre, leva mesmo os liberais mais clássicos a admitir uma maior intervenção da a.p. para garantir a igualdade dos direitos. Houve assim uma aproximação parcial entre o pensamento liberal do contrato e a tradição católica, que reconheceu sempre à a.p. a missão mais ampla de definir, criar, e manter o bem comum tanto material quanto espiritual da sociedade. Filósofos católicos contemporâneos como Étienne Gilson (1884-1978) ou Jacques Maritain (1883-1973), e também os defensores protestantes da lei natural como Emil Brunner (1889-1966), incluem sem dificuldade nos direitos do homem certos direitos sociais. Maritain e Gilson são mais reticentes à ideia de atribuir direitos próprios a comunidades naturais ou sobrenaturais, como aliás fazia o pensamento católico antes deles (cf. Leão XIII e *Rerum Novarum*, ou Pio XI e *Quadragesimo Anno*). Hoje não são tanto os direitos das famílias*, das Igrejas, ou dos sindicatos que a a.p. deve proteger: são os direitos de pessoas* que são integrantes das diversas instituições. Também o aparelho estatal complexo que gerencia a prestação de bens e de serviços quase não pode contribuir ao progresso da integridade e da harmonia da sociedade, tão essencial na perspectiva tomista. A ênfase que a teologia da libertação*, seja ela liberal ou marxista, põe hoje sobre o papel profético e crítico da Igreja relega também ao segundo plano sua estrutura* política de autoridade e de disciplina*, e seu papel de educadora da sociedade.

c) Origens da autoridade política. — A tradição política cristã atribui em geral uma dupla origem à a.p., a eleição* divina e a eleição humana. Até o fim do s. XIII, é o princípio paulino que domina: governos e governantes são instituídos por Deus. Para que a soberania divina não deixe de se exercer sobre os homens, é preciso que os homens no poder sejam considerados como representantes ou delegados de Deus, "imagens" da "majestade divina", "substitutos de sua mão na terra", manifestando em toda parte "sua justiça e sua misericórdia*" (João de Salisbury, *Policraticus* 4, 1). Se, a partir da época carolíngia, as autoridades temporais ou espirituais são chamadas "vigários" de Deus ou de Cristo*, é para significar a subordinação estritamente feudal do vassalo ao senhor, e o poder do suserano divino de retirar do vassalo rebelde seu título para governar. Como se vê nas cerimônias de coroação na IM, o consentimento do povo à instituição do monarca equivale praticamente ao reconhecimento de sua designação por Deus, embora a eleição divina se manifeste por meio de formas jurídicas (linhagem real ou sucessão hereditária). Foi somente com a assimilação de Aristóteles, com a renovação do direito romano e de certa cultura republicana, que o papel essencial do povo na eleição das autoridades políticas foi geralmente reconhecido.

Segundo a teoria da eleição popular, desenvolvida pelo fim da IM, Deus, em quem toda a.p. tem sua origem, dá a todas as sociedades humanas "perfeitas", i.e., autônomas e independentes, o direito de instaurar uma a.p. para o bem comum. O voluntarismo* de Escoto e de Occam dá à ideia de comunidade natural um matiz individualista, fundando a sociedade sobre um pacto (*pactum*) entre os indivíduos dotados de direitos naturais anteriores à criação do Estado. A ideia de que a a.p. deve sua autoridade primeiro a Deus, que utiliza a instituição humana, encontra-se tanto no tomismo como no nominalismo*, sobretudo tais como os s. XVI e XVII o conhecem por meio da tradição conciliarista parisiense. Introduzindo o tema bíblico da aliança na questão da escolha dos governantes, os protestantes reforçaram a preeminência da instituição divina. Segundo a mais célebre dessas teorias, que se encontra num panfleto huguenote (*Vindiciae contra tyrannos*), Deus dá uma autoridade igual às duas partes contratantes, em troca de sua promessa de obedecer à lei divina; cada um tem o ônus de velar pelo respeito das condições do pacto, por ela mesma e pela outra. Mas essas são apenas as concepções mais teocráticas do pacto (protestantes e, mais tarde, católicas) que deixam, assim, lugar à vontade divina, porque as concepções leigas, ao contrário, fundam todas a "lei fundamental" da aliança política na vontade coletiva, identificando-a com o antigo costume do reino. O s. XVII foi dominado pela oposição de duas vontades políticas absolutizadas: o direito divino ilimitado das monarquias hereditárias, e a soberania popular encarnada nos parlamentos. Contudo, apesar do voluntarismo extremo de Hobbes, de Espinosa e de Pufendorf (1632-1694), houve uma renovação da tradição escolástica* do direito natural entre os católicos graças a Vitória (*c.* 1483-1546), De Soto (1495-1560), Molina (1535-1600) e Suárez* (1548-1627), e entre os protestantes, Grotius (1583-1645) e Althusius (1557-1638). Marcados pela corrente individualista e voluntarista, esses teóricos pensavam, contudo, que a vontade política, popular ou governamental, devia levar em conta certos dados que se impõem, assim como a natureza social e racional do homem, a objetividade dos mandamentos* de Deus, a existência de uma comunidade moral universal e uma justiça imutável.

Muito se deve a essa renovação escolástica, pois permite fundar o direito internacional escapando aos sistemas de pensamento para os quais não há direito político fora do Estado. Recorrendo ao conceito de universalidade desenvolvido pelo direito romano (civil e canônico) — a universalidade do Império, da razão, da jurisdição papal — essas teorias conceberam a ideia de uma atividade internacional de legislação e de respeito ao direito, que supõe entre os homens uma comunidade natural de direito divino. Em uma era em que os Estados reivindicam sua soberania, essa ideia do fundamento das relações internacionais é a única que permite opor-se à ideia mais difundida de um vazio moral internacional, em que as relações de força só são temperadas por tratados e convenções. Não é por acaso que em nossa época a tradição católica do direito natural defendeu de maneira convincente a ideia de guerra* justa, e os esforços empreendidos para fundar uma a.p. internacional (ONU, CEE). Fiel à sua inspiração aristotélico-tomista (p. ex., Gilson ou Maritain, João XXIII), o pensamento católico se mostrou em geral muito confiante na capacidade de Estados livres e iguais de edificar e de administrar o bem comum internacional.

d) Estrutura e limites da autoridade política. — Na antiga concepção da a.p., com suas raízes bíblicas, estoicas e patrísticas, o papel judiciário do príncipe era o essencial, e a ele se reduzia seu papel administrativo e legislativo. Até o fim do s. XII, mesmo a promulgação de uma nova lei tinha um caráter judiciário: tratava-se sempre de interpretar, esclarecer, restabelecer ou colocar por escrito o costume antigo. Mas quando o direito escrito proliferou e a administração real estendeu-se a novos domínios, é que se estabeleceu o problema dos limites da a.p. Então se impôs a ideia de separação dos poderes, ou a de sua repartição entre numerosos centros. Essa ideia federalista apoiava-se na descrição aristotélica da sociedade política como um todo compósito feito de unidades menores, especificada pela experiência das corporações. Essa visão pluralista teve dois excelentes intérpretes com Nicolau* de Cusa e J. Althusius. Conciliarista nutrido pelo platonismo* cristão, o Cusano via na Igreja, e, por analogia, no Império, uma hierarquia* mística* de corpos e de autoridades representativas, cada um deles instituído e atuante graças à cooperação da vontade divina e da vontade coletiva dos homens. Dois séculos mais tarde, Althusius concebia a sociedade política como uma associação de associações de ordem inferior, privadas ou públicas, sendo cada uma delas uma comunidade política formada por contrato segundo as leis natural e divina e segundo o direito positivo.

Encontra-se a marca da tradição alemã do pluralismo político, jurídico e social, transmitida por Hegel* e pela escola histórica da filosofia do direito, em todas as teorias pluralistas cristãs ulteriores. As diferentes filosofias sociais do neocalvinismo holandês, do protestantismo* suíço e do catolicismo*, que inspiraram os partidos políticos cristãos em toda a Europa, desejavam todas unir os princípios sociais e políticos da tradição* cristã (pensados ora como leis da natureza, ora como decretos divinos) à ideia de um dinamismo histórico. A seus olhos, a diferenciação das estruturas e das instituições sociais no curso da história* obedece a normas internas de origem divina: o Estado é apenas uma delas, e seu direito é limitado pelos direitos das outras. Hoje, o neocalvinismo holandês — assim Herman Dooyeweerd (1894-1977) e sua escola — e o catolicismo (cf. o tomismo do pós-guerra) são os mais otimistas no que concerne à possibilidade de uma integração harmoniosa da sociedade segundo os princípios cristãos; o protestantismo suíço (E. Brunner), ao contrário, permaneceu

mais próximo do pessimismo luterano quanto ao bem realizável no plano político e social: Brunner acentua mais a irredutível desordem devida à queda, e o abismo que separa a justiça terrestre da caridade divina; está portanto longe das esperanças de transformação espiritual da sociedade, que se encontram no calvinismo e no tomismo. Porém esses últimos não têm a mesma concepção da estrutura da sociedade e da relação do Estado com ela. Para a escola holandesa a sociedade é composta de uma série de esferas em interseção no mesmo plano, e a esfera do Estado é nitidamente definida por seu aspecto jurídico e público; para os católicos, a sociedade é composta de uma hierarquia de comunidades naturais ou voluntárias, e o Estado é a mais englobante entre elas, a mais potente e a de mais ampla competência. Por isso, apesar do grande desenvolvimento, na doutrina social católica, do princípio de "subsidiaridade", o qual exige que as sociedades de ordem superior respeitem a integridade e a competência das sociedades de ordem inferior que elas incluem, os pensadores católicos são mais inclinados que seus contemporâneos calvinistas a reconhecer que é legítimo que a a. de ordem superior intervenha amplamente na sociedade.

Por outro lado, a doutrina social católica tradicional relativiza consideravelmente a a. do Estado em relação à do magistério*. Antes de fazer concessões à democracia* no rasto da Segunda Guerra Mundial, a hierarquia católica se instalava nas posições medievais do dualismo gelasiano, modificado para levar em conta a realidade do Estado moderno. Já não se tratava de distinguir, como o papa Gelásio (492-496), duas ordens de autoridade, espiritual e temporal, na sociedade eclesial única, mas de distinguir duas sociedades separadas, autônomas e independentes, Igreja e Estado. O protestantismo, ao contrário, tende a reforçar o laço entre Igreja e Estado, seja submetendo a primeira ao poder temporal (como no caso das Igrejas estabelecidas, luteranas e anglicana), seja amalgamando aspectos civis e eclesiásticos da a.p. (como no calvinismo suíço, holandês ou escocês). Em virtude de sua concepção radicalmente espiritual de uma Igreja constituída pela livre palavra* de graça* de Deus, o luteranismo* é, em princípio, mais propício à subversão e à oposição políticas. Na escola calvinista holandesa, a Igreja goza da autonomia reconhecida a todas as "esferas" institucionais, mas não impõe nenhum limite especial à ação do poder.

O pluralismo democrático liberal, esse credo político contemporâneo, religião civil da maior parte das sociedades desenvolvidas desde o fim da Segunda Guerra Mundial, contesta seriamente os limites impostos à a.p. pela teologia tradicional. Segundo seu dogma principal, o bem comum político consiste numa série indefinidamente extensível de direitos e de liberdades individuais, e garanti-las é o fim e a justificação da a.p. Esses direitos e liberdades são necessários à autodeterminação da pessoa e, portanto, proíbem que haja expressão pública ou proteção jurídica de instituições ou de privilégios que tenham por efeito limitá-los. Pareceria assim que nenhuma limitação teórica efetiva da a.p. pudesse vir hoje em dia do pensamento católico ou protestante, nem tampouco da concepção católica da Igreja como *societas perfecta* de ordem superior, ou do princípio calvinista da soberania de cada um em sua "esfera", ou do ideal luterano da liberdade cristã radical — a não ser questionando o individualismo político e o discurso dominante sobre os direitos do homem.

* J. Althusius, *Politica methodice digesta*, ed. C. J. Friedrich, Cambridge, Mass., 1932. — Agostinho, *De civitate Dei*, BAug 33-37. — E. Brunner, *Gerechtigkeit*, Zurique, 1943. — J. Calvino, *Institution de la religion chrétienne*, ed. J. D. Benoît, Paris, 1957-1963, t. 5. — H. Dooyeweerd, *De Wishgeerte der Wetsidee*, Amsterdã, 1935-1936. — [P. Duplessis-Mornay], *Vindiciae contra tyrannos*, ed. H. Weber *et al.*, Genebra, 1979. — J. Gerson, *De potestate ecclesiastica*, in *Oeuvres complètes*, t. 6, 210-250, ed. P. Glorieux, Paris, 1965. — H. Grotius, *De jure belli ac pacis libri tres*, Amsterdã, 1646, reed. Oxford, 1925. — Jean de Salisbury,

Policraticus, ed. C. C. J. Webb, Oxford, 1909. — João XXIII, *Pacem in terris, AAS* 55 (1963), 257-304. — Leão XIII, *Rerum Novarum* in *Acta Leonis XIII*, t. 4, 1894, 177-209. — M. Lutero, *Von weltlicher Obrigkeit, wie weit Man ihr Gehorsam schuldig sei, WA* 11, 245-280. — J. Maritain, *Man and the State*, Chicago, 1951 (*O homem e o Estado*, Rio de Janeiro, 1952). — F. Suárez, *Tractatus de legibus ac Deo legislatore*, ed. L. Perena, V. Abril, P. Suner, 8 vol., Madri, 1971-1981. — Tomás de Aquino, *ST* Ia, q. 96, a. 4; IIa IIae, q. 42, a. 2, ad 3; *De regimine principum ad regem Cypri*.

▶ R. Scholz (1944), *Wilhelm von Ockham als politischer Denker und sein Breviloquium de principatu tyrannico*, Stuttgart. — R. Folz (1953), *L'idée d'Empire en Occident du Ve au XIVe siècle*, Paris. — H. X. Arquillière (1955), *L'augustinisme politique*, Paris. — J. W. Gough (1957), *The Social Contract: A Critical Study of its Development*, Oxford. — E. H. Kantorowicz (1957), *The King's Two Bodies: A Study in Medieval Political Theology*, Princeton. — S. S. Wolin (1960), *Politics and Vision: Continuity and Innovation in Western Political Thought*, Boston. — B. Hamilton (1963), *Political Thought in Sixteenth Century Spain: A Study of the Political Ideas of Vitoria, De Soto, Suárez and Molina*, Oxford. — M. Reydellet (1981), *La royauté dans la littérature latine de Sidoine Apollinaire à Isidore de Séville*, École Française de Rome. — J. H. Burns (sob a dir. de) (1988 e 1991), *The Cambridge History of Medieval Political Thougth, c. 350-c. 1450*, e *The Cambridge History of Political Thought, 1450-1700*, Cambridge. — J. Milbank (1990), *Theology and Social Theory: Beyond Secular Reason*, Oxford (*Teologia e teoria social. Para além da razão secular*, São Paulo, 1995). — E. Herms (1994), "Obrigkeit", *TRE* 24, 723-759 (bibl.).

Joan Lockwood O'DONOVAN

→ *Agostinismo; Aristotelismo cristão; Autoridade na Igreja; Cidade; Conciliarismo; Estoicismo cristão; Igreja/Estado; Pecado original; Política (teologia); Roma; Tradicionalismo.*

AVERROÍSMO → **naturalismo** → **verdade** B

B

BACONTHORPE, John → Carmelo 1

BAIANISMO → **bañezianismo-molinismo-baianismo**

BALTHASAR, Hans Urs von, 1905-1988

Hans U. von Balthasar (B.) incitou mais que ninguém a teologia* a reencontrar o húmus vital de sua reflexão propriamente científica. Não houve quem insistisse mais para que se recuperasse a unidade, dispersada pelos séculos, da teologia e da santidade*, entendida como plena e total abertura do espírito à revelação* de Deus*. Na escola de Anselmo*, B. compreendeu perfeitamente o que significa, para uma autêntica teologia, a *adoratio* de quem compreende racionalmente* que o mistério* é incompreensível. É a poucas teologias deste século que se pode aplicar o convite de *Dei Verbum* para fazer que "a Escritura* seja a alma da teologia" (*DV* 24). Mesmo se, às regras rígidas da exegese* histórico-crítica, B. preferiu levar em conta os quatro sentidos* da Escritura, a leitura de sua obra permite um contato carnal com a Bíblia*.

Grande parte de sua infância foi consagrada à música*, para a qual possuía um verdadeiro talento e que terá um papel notável em sua produção teológica. Ao mesmo tempo, faz pesquisas em filosofia* e literatura (doutorado em alemão: *Apokalypse der deutschen Seele*). Entrando na Companhia de

Jesus, faz estudos de filosofia e de teologia em Pullach, depois em Lião. Esses anos de profundos laços de amizade com E. Przywara (1889-1972), Lubac*, H. Bouillard, J. Daniélou (1905-1974) e D. Mollat permitem-lhe frequentar assiduamente não apenas os Padres* da Igreja* e os mestres da IM, mas também os pensadores modernos (G. Bernanos, C. Péguy). Em 1940 encontra Adrienne von Speyr, a quem recebe na Igreja católica; ela marcará as etapas mais decisivas de sua existência (como sua saída da Companhia de Jesus em 1950). A respeito dela, B. escreve: "Sua obra e a minha não são separáveis, nem psicologicamente, nem filologicamente; são duas metades de um todo que, como centro, tem um único fundamento". Por seu intermédio, entra em contato com Barth*. A viva influência desse diálogo com o teólogo calvinista será visível nos textos reunidos num volume de ensaios teológicos, *Verbum Caro*, na *Theologie der Geschichte* e na *Glaubhaft ist nur Liebe*, verdadeira introdução a *A glória e a Cruz*.

B. não foi chamado a colaborar diretamente nos trabalhos do Vaticano II*. Sua nomeação por Paulo VI para a Comissão Internacional de Teologia iria atenuar essa exclusão. Homem profundamente livre, defensor tenaz da tradição*, B. foi feito cardeal em 1988. Autor esquivo às celebrações públicas, tinha a intuição de que jamais vestiria o hábito cardinalício; morreu dois dias antes de sua elevação pública ao colégio cardinalício, a 26 de junho de 1988.

Com o *Epilog*, de 1987, foi concluída a síntese teológica em quinze volumes de B. Poucos acreditavam que ela poderia ser levada a termo, e em primeiro lugar o próprio autor. Tomando a forma de uma trilogia, funda-se na utilização teológica de dois transcendentais (beleza* 2.c), o verdadeiro (*verum*) e o bem (*bonum*), e de um terceiro conceito ao qual reconhecia também um estatuto transcendental, o belo (*pulchrum*), noções que têm a ordem invertida para conceder *a priori*dade ao *pulchrum*, e que organizam respectivamente uma estética teológica, uma teodramática e uma teológica. Duas obras permitem entrar na construção lógica da trilogia. O primeiro é *Rechenschaft* (1965), com acréscimo posterior de *Noch ein Jahrzehnt* (1978); o segundo é *Epilog*. Enquanto com *Rechenschaft* B. organiza os momentos-chave de sua produção teológica, *Epilog* propõe, antes, um testamento que liga retrospectivamente as ideias fundamentais presentes no tríptico. A trilogia tem por fim mostrar que o centro da revelação é ainda hoje a única realidade que possui plenitude de sentido. Por mais paradoxal que possa parecer, dada a complexidade da matéria e a dificuldade da leitura, B. entende oferecer simplesmente a seus contemporâneos as "razões da esperança*" cristã (cf. 1Pd 3,15) e se insere, pois, no longo cortejo dos apologistas que, em diversas épocas, apresentaram o centro da fé* cristã.

a) Estética teológica. — Durante muito tempo, B. foi qualificado de "esteta", e durante muito tempo ainda, talvez, ele será lembrado somente como o autor da *Herrlichkeit*. Uma leitura tão parcial não se justifica, e corre o risco de impedir a compreensão de sua teologia. *Herrlichkeit. Eine theologische Ästhetik* deve ser avaliada como uma primeira parte do sistema, em si completa e orgânica, mas também, e ao mesmo tempo, como um primeiro passo para a apresentação global do mistério. A revelação, no projeto de B., não sobrevém apenas por meio do *pulchrum* que põe em evidência o primeiro ato pelo qual ela pode ser percebida; precisa ser continuada e integrada no *bonum* e no *verum*.

Essa parte da obra é pois intitulada *Herrlichkeit* (glória*): o *pulchrum* filosófico é estudado no horizonte da *kabod* bíblica, e da *doxa* joanina. A *glória* é irradiação do ser* mesmo, que se autoapresenta assim, *sic et simpliciter*, sem nenhum condicionamento externo. Em sua livre revelação, a *glória* é gratuidade e transcendência; é a primeira expressão da abertura de Deus para o mundo*. A estética teológica

pode ser compreendida com a ajuda de várias chaves de leitura.

Antes de tudo, pode-se distinguir a percepção da glória e o arrebatamento-êxtase que lhe sucede. A "percepção" é objeto da teologia fundamental*; a dogmática*, por sua vez, trata do "êxtase". A *Erblickungslehre*, como doutrina da percepção, estuda o duplo movimento que constitui a evidência da revelação. O movimento objetivo é constituído pela aparição do fenômeno, que traz em si as razões de sua essência e de sua existência; o movimento subjetivo se refere, quanto a ele, ao conhecimento* pela fé. Segundo B., a percepção é possível na medida em que Deus revela sua *Gestalt*. Esta é a expressão do absoluto, a revelação que parte de si, mas "remete" à sua essência e à sua profundeza constitutivas. E nessa revelação, o conteúdo (*Gehalt*) é idêntico à figura que exprime (*Gestalt*). Por essas afirmações, B. antecipa as páginas conclusivas da *Herrlichkeit;* com efeito, ali ele vai sublinhar que o NT imprime à *Gestalt* toda a sua significação: mistério da encarnação* de Deus visualmente percebido pelo crente na autoapresentação que Jesus* faz dele mesmo. Ao momento da percepção sucede o da evidência subjetiva, pela qual se adquire o conhecimento adequado da *Gestalt*. Certamente, o sujeito ainda se dirige para o objeto; mas aqui Deus oferece ao mesmo tempo um objeto a perceber e as modalidades de uma justa recepção desse objeto. À riqueza da *Gestalt* — à evidência objetiva que exprime plenamente a *doxa* divina — deve corresponder a fé, i.e., a simplicidade de um ato cognitivo cuja capacidade de acolher o verdadeiro (*Wahr-nehmung*) torna apto a exprimir plenamente o sentido da percepção. Numa palavra, o que é dado teologicamente é a primazia de uma *fides quae* que faz compreender a *fides qua* como ato cujo conteúdo é já, nele mesmo, rico da plenitude do mistério. Assim, em sua autoapresentação, a aparição da glória revela simultaneamente sua forma e seu conteúdo (concebido como envio constante para além da própria forma), de uma parte, e a fé como conhecimento adequado e coerente tanto do conteúdo quanto da forma, de outra parte.

Um segundo momento dá um conteúdo ao *pulchrum*: trata-se do arrebatamento, do êxtase que é produzido pela disponibilidade para uma admiração sempre maior (uma disponibilidade que resulta, por sua vez, do primeiro estupor do homem colocado diante do mistério). Aqui, o eu se ultrapassa a si mesmo, rompe com a singularidade e se deixa captar pela *Gestalt*; e as requisições da glória que aparece, e que promete participação pessoal no mistério da vida divina, levam então a um comportamento próximo da *Gelassenheit*, i.e., a um completo e total abandono de si ao mistério. Essa perspectiva filosófica depende, evidentemente, de Eckhart (1260-1328) e de Heidegger*; é contudo à matriz inaciana* que se deve referi-la para que receba sua plena significação. B. foi sempre determinado pela perspectiva de Inácio de Loyola, e a *Gelassenheit* indica, antes de tudo, a total obediência, um "laissez-faire" o outro, um abandono que resulta da disponibilidade e da abertura radicais do crente à vontade de Deus. Quem quiser entrar na revelação de Deus (*Selbsausslegung Gottes*) não tem, portanto, outro caminho a percorrer senão o da figura global (*Gesamtgestalt*) que a encarnação de Deus desvela. E B. pode assim unir indissoluvelmente a revelação histórica de Jesus* de Nazaré, verdadeiro centro da revelação, e sua mediação ou sua continuação histórica mediante a presença da Igreja*, meio de todo ato de fé autêntico.

Pode-se perceber nesse contexto a especificidade da cristologia* de B., tal como se exprime na categoria de obediência e encontra seu ponto culminante na kenose*, compreendida de maneira joanina* como glória e amor*. Com efeito, B. insiste nesse ponto de maneira contínua e ininterrupta; o amor é condição de possibilidade de toda ação trinitária. Essência da própria natureza divina, esse amor nada retém para si; não sendo medido pelo padrão do amor humano, é determinado somente pela livre iniciativa de Deus. Essa análise permite a B. não cair nas representações cristológicas já determinadas pela antropologia*. O ato de amar, que só a kenose do Filho realiza de maneira cabal, é de uma parte a condição que permite a Deus permanecer em sua liberdade*, e de outra parte, a única condição "transcendental" requerida para comprometer-se no mistério de sua revelação.

A Igreja é analisada do mesmo modo nos diversos escritos de B. (cf. *Sponsa Verbi*, *Der antirömische Affekt* ou *Schleifung der Bastionem*); compreendida como "corpo" de Cristo, e sobretudo como sua "esposa", condensa em si mesma a complexidade do mistério: é ao mesmo tempo uma realidade que depende de sua "cabeça" e uma pessoa livre e capaz de escolher. A Igreja exprime a lógica da mediação revelada centralmente em Cristo, e que convida a compreender a fé, simultaneamente, como ato humano e como ato divino. Ela é, com efeito, a Igreja mariana e, portanto, puro *fiat* de obediência em relação ao seu Senhor, mas é também a Igreja de Pedro* e, portanto, ministério* em vista do desenvolvimento da comunidade. Assim é possível construir uma eclesiologia* que repouse, de um lado, no acolhimento da gratuidade da graça* — de que a "passividade" de Maria* fornece o paradigma teológico — e, de outro lado, na decisão e na ação concretas, tais como exemplificadas no ministério de Pedro; essa eclesiologia, aliás, demonstra certa liberdade de tom, notadamente em suas insistências sobre a interpretação teológica da feminilidade (mulher*) ou do ministério.

b) *Dramática teológica*. — A dramática teológica funda e garante a passagem coerente do *pulchrum* ao *verum*. Entre um "ver" e um "dizer", deve-se com efeito colocar um *bonum*, que revela, de um lado, a doação pura e gratuita de Deus ao mundo e, de outro lado, a resposta livre e responsável do homem. "Dramática" aqui é tomada em sentido próximo do sentido teatral: trata-se dessa dinâmica pela qual o público e o ator defrontam-se, pela qual o espectador pode perceber-se a si mesmo como coator, porque está imerso no cerne da lógica representativa, e pela qual enfim nos encontramos implicados, radicalmente, nas questões que comprometem não um momento da vida, mas a existência como tal. A própria natureza da teologia requer, por conseguinte, que ela abrigue uma narração dramática; com efeito, tem por objeto o drama que é representado na relação de Deus com a humanidade. O próprio do drama é "transformar o acontecimento em imagem visual" e obrigar a pensar a existência pessoal à luz de um "papel" e de uma "missão*", que destroem a evidência segundo a qual o homem se pensa a si mesmo como puro fruto do acaso. Diante da evidência do ser-no-mundo, a trama da existência se constrói assim no reconhecimento dessa *missão* e desse *papel*; e é compreendendo-os em referência à existência do homem Jesus, existência que se deixa interpretar como pura missão e pura obediência ao Pai, que se permitirá a essa missão e a esse papel desenvolverem-se plenamente.

O volume intitulado *Prolegômenos* traça os eixos segundo os quais se desenvolve a antropologia* de B., uma antropologia que nasce e evolui à luz e na trajetória da autoexpressão da *Gestalt Christi*. A antropologia de B. não repousa com efeito em nenhum autodesenvolvimento da subjetividade humana; ela é compreendida unicamente a partir da objetividade da *Gestalt Christi*, porque é nela que estão contidas as verdadeiras razões capazes de dar conta do sujeito que a recebe. O drama se constitui, por conseguinte, no compromisso de Deus para com a humanidade, e a partir do agir mesmo de Deus.

O ponto de partida da reflexão é a teologia da encarnação, na medida em que concretiza uma relação entre o homem e Deus (*Mit-Einander*) pela qual o homem se torna essencialmente coator (*Mitspieler*). A questão sobre o homem se articula então em dois temas fundamentais: formulação do "papel" e da "missão", relação entre a liberdade finita e a liberdade infinita*. Com a primeira determinação, o sujeito descobre que lhe é possível ser o parceiro de Deus em uma ação dramática. A segunda permite entrever, em nível formal, o desenrolar do drama. Este põe em cena a questão fundamental que constitui a existência pessoal: "Quem sou eu?"; e ninguém pode responder a essa pergunta sem identificar-se, ao menos implicitamente, com um "papel". A Escritura, de seu lado, obriga cada um a se compreender como destinatário de uma "missão", chamado e enviado pelo Pai*, à imagem de Jesus Cristo. Surge então a inevitável questão da liberdade pessoal: só uma *analogia libertatis* (analogia*) é capaz de fundar e de explicar a relação entre a liberdade finita do homem e o espaço de liberdade infinita ao qual é chamado.

Por ser criada, a liberdade pessoal produz uma existência dramática: em razão de nossas decisões, o "ser-em-direção-ao-outro" (*Zu-Einander*) pode tornar-se um "ser-para-o-outro" (*Für-Einander*) ou então um "ser-contra-o-outro" (*Gegen-Einander*). Por conseguinte, a liberdade do sujeito não começa com o confronto com outra liberdade finita, mas antes pela abertura imediata a uma liberdade absoluta — e mesmo, à luz da revelação, a uma liberdade "trina". Na "experiência da liberdade" o sujeito se compreende a si mesmo como constantemente a caminho para essa liberdade, e talvez compreenda mesmo que só é livre na medida em que caminha para ela. E essa descoberta revela também ao sujeito humano o caráter absolutamente imparticipável de seu "ser-eu" (*Ichsein*) e a participabilidade ilimitada do ser*.

O problema essencial, contudo, permanece: "Quem é o homem?". A resposta é clara: *imago Dei*. Essa antropologia de matriz bíblica vê no tema da imagem de Deus a expressão mais completa do que é o homem, e isso por estar diretamente ligada ao ato do Deus criador (criação*). O homem é o reflexo (*Abbild*) de um arquétipo (*Urbild*), e é envolvido pelo mistério que lhe outorga, como dimensão essencial, poder chegar a uma plena autorrealização na liberdade. A dependência de B. em relação a Ireneu é, nesse ponto, muito clara.

A *Theodramatik* estuda também o problema do sentido da morte* na cruz como sinal do amor trinitário. Deus aqui se manifesta em sua natureza íntima: é um Deus que vai para a morte enquanto um Deus que ama. A citação de Kierkegaard, posta em epígrafe no volume conclusivo da *Theodramatik*, põe em evidência o projeto e o fim que subentendem toda a segunda parte da trilogia: a cruz e a morte do inocente são "a pura expressão da eterna vitalidade trinitária". A dor, o sofrimento, a cruz e a morte são as expressões limites do amor de Deus; constituem um único sinal que permite perceber até onde Deus pode ir quando se exprime na essência de seu ser, que é o amor. A unicidade e a singularidade absolutas de Jesus de Nazaré são portanto essenciais: revelam com efeito não só o valor soteriológico (salvação*) dessa morte, mas também o fato de que só esse acontecimento manifesta concretamente a ação de Deus. "Um da Trindade* sofreu" (*DS* 401; 432) é o motivo condutor que percorre interiormente essa temática. E já é possível ver o acontecimento da cruz no acontecimento da encarnação: é em constante e "progressiva" kenose que Jesus rompe com a glória da divindade, assume a carne* do homem, e encontra finalmente a morte e a experiência do túmulo. Nessas páginas aflora a grande fascinação que, consciente ou inconscientemente, Adrienne von Speyr exerceu sobre o teólogo de Basileia.

A kenose se entende em B. como a palavra* última, expressa em linguagem humana, e que torna crível a manifestação de Deus à humanidade. O hino aos Filipenses (Fl 2,6-11) fornece certamente uma matriz a essa teologia. Nesse hino cristológico, com efeito, é a origem intra-trinitária da kenose que é posta em evidência: trata-se sempre de um constante, de um eterno movimento de abandono fundado na obediência. Além disso, pode-se dizer do Pai que ele cumpriu uma primeira e originária "kenose" na geração do Filho: livremente, mas radicalmente, ele se esvazia de sua divindade e a cede integralmente ao Filho. Assim se esclarece o sentido das palavras de Jesus que exprimem a consciência de sua relação para com o Pai: "Tudo o que é teu é meu" (Jo 17,10). O mesmo dom total e livre, pelo qual o Pai é "pai" e o Filho é "filho", manifesta-se também no Espírito*, que certifica que esse ato de despossessão é, na verdade, fundado pelo amor. E é por meio dessa autodespossessão divina que B. esforça-se por fundar na Trindade imanente cada uma das "separações" ulteriormente possíveis que observar-se-ão na Trindade econômica. Expressão extrema da separação, o abandono do Filho na cruz só é possível por já estar inserida nessa primeira e insuperável separação que produz o movimento trinitário. A cruz, assim, realiza em termos humanos — numa analogia em que a semelhança é exclusivamente a que o próprio Jesus imprime — o que se verifica no interior da Trindade: o ato do dom absoluto e total no amor. A Trindade se define assim como "pessoa*" no ato em que Deus se dá totalmente enquanto é Pai, e se recebe total-

mente enquanto é Filho. Tal definição implica, pois, que a total separação do Pai e do Filho, na morte de Jesus, só seja realizada na total intimidade de um com o outro (a geração). A unidade que as pessoas divinas experimentam nas relações trinitárias está assim no princípio da unidade e da singularidade que a morte realiza quando separa o Filho do Pai. A obediência à vontade do Pai e a obediência ao Espírito constituem portanto as chaves hermenêuticas* que permitem ler a cruz como uma morte por amor e em nome do amor. Trata-se aqui do amor pelo Pai, compreendido como cumprimento de sua vontade recebida na aceitação pura e simples até o extremo da morte.

Essa perspectiva transforma, portanto, o acontecimento da morte em acontecimento trinitário: toda a Trindade está comprometida e implicada em Jesus Cristo. À luz da cristologia, a "morte de Deus" torna-se para B. o ponto fundamental para o qual tende a própria revelação — a própria Bíblia o testemunha. Essa morte, de outra parte, é também o momento em que se revela o sentido soteriológico dos sofrimentos que o inocente suportou por nossa causa. Cristo que se torna "pecado*" e sobre o qual se exerce a "cólera*" de Deus contra o pecado do mundo não é outro senão o Filho que aceita voluntariamente a "dor" sentida por Deus diante da recusa do amor provinda do homem. O tema tradicional da substituição vicária deve então aparecer; e, na perspectiva de B., seu aparecimento coloca em evidência "a onipotente impotência do amor de Deus" (potência* divina). O Filho recusado e abandonado pelo Pai é com efeito um Filho acolhido desde sempre, porque em intimidade de vida com o Pai. Esse Filho carrega, pois, nele o pecado do mundo (Rm 9,22s), morre na cruz para que ninguém depois dele possa morrer com a aprovação de Deus. Dessa maneira, nada ocorre que seja realizado pelo mundo, e tudo manifesta a constante e radical diferença que se estabelece entre essa ação de Deus e cada realização humana possível.

O amor trinitário de Deus na cruz não é, como numa leitura plotiniana, o empobrecimento de todo amor. Ao contrário: esse momento revela

235

precisamente a essência mesma de Deus: permite, com efeito, compreender efetivamente o que significa amar "até o extremo" (Jo 13,1). Se a morte constitui para o homem o limite além do qual já não é possível ir, e se o sofrimento do inocente nos faz contemporâneos da dúvida de Dostoievski, e pode conduzir a gritar que é um escândalo*, quando se trata do amor de Deus, então se deve afirmar, igualmente, que Deus não ficou à parte desse escândalo e desse limite. Ao contrário, ele os assumiu em si mesmo: é somente assim que poderiam eles ser definitivamente vencidos, e que se pode perceber que têm um sentido. Onde a morte se torna a expressão de um amor infinito, pode-se continuar a falar de mistério, mas só por meio do paradoxo da cruz, última vitória verdadeira de um drama que não acaba em tragédia.

c) *Lógica teológica*. — A *Gestalt Christi* — que se encontrava na "glória", onde se oferecia a uma contemplação crente, e depois no "drama" para tornar o homem capaz de se implicar no agir divino e de experimentar assim em plenitude sua própria liberdade — chega agora ao último ato: a forma definitiva da verdade*. A *Theologik* ocupa-se essencialmente com a análise da relação entre a verdade divina e a verdade criada: a verdade da revelação pode exprimir-se na estrutura da realidade criada? As questões essenciais que tomam forma nos três volumes da *Theologik* tentam exprimir o "mistério fundamental" (*Grundgeheimnis*) da fé cristã: como é ontologicamente possível que um *logos* humano possa ter em si o *logos* divino? No centro da *Theologik* encontra-se, pois, o *logos* — não em sua pré-compreensão transcendental, como *verum*, mas antes no que supera a essa, como *alétheia*, no sentido do Evangelho* de João. A visão joanina determina, com efeito, a compreensão da verdade em B.: Jo 1,18 abre sua reflexão cristológica (na *Wahrheit Gottes*) e Jo 16,13s conclui em termos pneumatológicos (no *Der Geist der Wahrheit*) sua interpretação do verdadeiro. Jesus de Nazaré é o exegeta do Pai, mas é o Espírito que abre os olhos dos crentes para que possam perceber a verdade em sua totalidade.

A inteligência do conceito de verdade e de seus laços com o *bonum* e o *pulchrum* oferece aqui um preâmbulo às análises propriamente teológicas. O primeiro volume da *Theologik, Wahrheit der Welt* retoma sem modificar uma obra publicada em 1947. Não sem razão esse texto foi colocado no começo de *Theologik*: mostra com efeito de modo evidente como ali se dissimulavam as intuições que pouco a pouco tomaram corpo ulteriormente, deixando traços tanto na *Herrlichkeit* como na *Theodramatik*. É nesse tomo que a relação entre a *Gestalt* e o *Grund* é analisada a fundo; e aí se encontram depois a origem dos desenvolvimentos notáveis do primeiro tomo da *Herrlichkeit*.

Que é a verdade? Uma simples resposta em termos de reflexão metafísica seria, de entrada, insuficiente; porque se o *verum* é, certamente, "uma propriedade do ser em sua manifestação", tal definição deve contudo ser completada pelas múltiplas conotações do termo bíblico '*émét*. Para B., a verdade é o desvelamento do ser, e esse desvelamento é, por natureza, oferenda. Seria possível afirmar que a intuição original da *Theologik* refere-se ao reconhecimento do *mistério do ser*. Não somente o ser absoluto, mas todo ser, possui o caráter do misterioso, e é o mistério da liberdade e do conhecimento mesmos que obriga a ultrapassar constantemente cada forma finita de liberdade e de conhecimento. Contudo, o mistério não é para B. algo incompreensível: ao contrário, é uma realidade que se pode experimentar e que se torna manifesta mediante a imagem e a palavra. A *imagem*, porque remete constantemente ao fundamento da aparição e indica o começo de um encontro entre o sujeito e o objeto. A *palavra*, por ela dar uma forma estável ao diálogo entre o "eu" e o "tu" e favorecer a compreensão de si e do mundo.

A interpretação do mistério permite delimitar outras características da verdade, primeiro e sobretudo a liberdade. Com efeito, a verdade é dada em um movimento dinâmico, que remete a aparição ao fundamento de que é a expressão; assim, só se pode chegar à verdade à medida que a essência é revelada em sua natureza de mistério. Isso implica, então, que a verdade do ser será sempre determinada por uma dialética de "desvelamento-dissimulação" (*Enthüllung-*

Verhüllung); e essa relação permite descobrir a identidade do ser, não apenas como "ser-em-si" (*An-Sich-sein*) mas também e sobretudo como "ser-para-si" (*Für-Sich-sein*).

A existência é o modo de ser da verdade; e a essa liberdade essencial, incondicionada e portanto suprema, pertence a decisão de revelar seu próprio fundamento. Se então o ato de conhecimento imprime à verdade sua conotação última, o conhecimento, contudo, não provém do sujeito, mas antes do ser que decide livremente abrir-se e revelar o fundamento de sua própria existência. Então, a verdade adquire o pleno sentido de *alétheia:* é a revelação simples, a manifestação pura do ser, que "escapa a todas as significações e sistematizações" e que se exprime de maneira última como amor. Compete, pois, à verdade ser crível e partilhada.

Não mais do que a propósito da beleza e da bondade, o conteúdo da verdade, que B. identifica com seu fundamento, não pode ser "definido" pela racionalidade humana. É de tal natureza que sua essência supera a existência histórica. E se somos remetidos a outra lógica, é unicamente à lógica do amor, porque ela permite apreender a verdadeira dimensão do mistério eterno.

B. não tem certamente o dom da síntese breve; durante meio século sua obra se compõe de mais de mil trabalhos (monografias, artigos, comentários, traduções, introduções a diversas obras, recensões etc.). Uma curta frase, escrita quase de improviso, pode constituir o núcleo de toda a sua produção teológica: "Para tornar a mensagem cristã crível e aceitável para o mundo". Essas palavras condensam o projeto teológico de B., que encontra a sua melhor forma e a mais audaciosa no *Só o amor é digno de fé*, porta de entrada obrigatória para ter acesso ao interior da obra balthasariana.

Não é sem uma sombra de tristeza que se acolhe no *Epilog* a imagem com a qual B. descreve seu trabalho: uma garrafa jogada ao mar, e que flutua até o momento em que, talvez, alguém a encontrar. A teologia contemporânea ainda não teve a coragem de medir-se com B. ou de penetrar no maciço de sua produção. Fascinante e sedutora, essa teologia é difícil. Poesia, teatro, música, arte, filosofia formam, em razão da Escritura lida na tradição dos Padres, dos mestres teólogos e dos santos, um conjunto único, que sabe garantir uma palavra de esperança* — esperança que é certeza em relação ao amor gratuito e misericordioso de Deus. Nesse contexto, B. pôde afirmar sua convicção de que o inferno* poderia estar vazio. Essa perspectiva não corresponde a pensar um além sem inferno, mas antes a pensar o hoje de um crente de maneira responsável, e a apresentá-lo a seus contemporâneos na verdadeira luz da revelação: a mostrar a face de Deus num crucificado ressuscitado.

• C. Capol (1990), *H. U. von B., Bibliographie 1925 — 1990*, Einsiedeln; H. U. von Balthasar (1948), "Theologie und Heiligkeit", WuW 3, 881-896, reed. aum. in *Verbum Caro*, Einsiedeln, 1960, 195-225; (1950), *Theologie des Geschichte*, Einsiedeln; (1952), *Schleifung der Bastionem*, Einsiedeln; (1960-1986), *Skizzen zur Theologie*, 5 vol., Einsiedeln [t. 1 (1960), *Verbum Caro*; t. 2 (1961), *Sponsa Verbi*; t. 3 (1967), *Spiritus Creator*; t. 4 (1974), *Pneuma und Institution*; t. 5, *Homo Creatus est*]; (1961-1969), *Herrlichkeit. Eine theologische Ästhetik*, 7 vol., Einsiedeln (1963), *Das Ganze im Fragment*, Einsiedeln; (1963), *Glaubhalft ist nur Liebe*; (1965), *Rechenschaft 1965*, Einsiedeln; (1973-1983), *Theodramatik*, 5 vol., Einsiedeln; (1974), *Der antirömische Affekt*, Einsiedeln; (1985-1987), *Theologik*, 3 vol., Einsiedeln; (1987), *Epilog*. Em português: *O cristão e a angústia*, São Paulo, 2003.

▶ M. Albus (1976), *Die Wahrheit ist Liebe*, Friburgo. — W. Löser (1976), *Im Geiste des Origenes. H. U. von B. als Interpret der Theologie der Kirchenväter*, Frankfurt. — G. Marchesi (1977), *La cristologia di H. U. von B.*, Roma. — R. Fisichella (1981), *H. U. von B. Amore e credibilità cristiana*, Roma. — M. Lochbrunner (1981), *Analogia caritatis*, Friburgo. — A. Vignolo (1982), *H. U. von B., Estetica e singularità*, Milão. — G. de Schrijver (1983), *Le merveilleux accord de l'homme et de Dieu. Étude de l'analogie de l'être chez H. U. von B.*, Louvain. — E. Babini (1987), *L'antropologia teologica di H. U. von B.*, Milão. — L. Roberts (1987), *The Theological Aesthetics of H. U. von B.*, Washington. — A. Scola (1991), *Hans Urs von B. Uno stile teologica*, Milão. — K. Lehmann, W. Kasper (sob a dir. de) (1991), *Hans Urs von B. Gestalt und Werk*, Einsiedeln. — R. Fisichella (1993), "Rileggendo Hans Urs von B.", *Gr* 71, 511-546. — G. Marchesi (1997), *La cristologia trinitaria di H. U. von B.: Gesù Cristo pienezza della rivelazione e della salvezza*, Brescia. — R. Nandkisore (1997), *Hoffung auf Erlösung: Die Eschatologie im Werk Hans Urs von B.*, Roma.

Rino FISICHELLA

→ *Analogia; Barth; Beleza; Bultmann; Descida aos infernos; Glória de Deus; Joanina (teologia); Kenose; Lubac; Mistério; Rahner; Revelação; Teologia; Verdade.*

BAÑEZIANISMO-MOLINISMO-BAIANISMO

a) Definições. — Esses termos designam três sistemas e correntes teológicas que surgiram no s. XVI e se inspiravam respectivamente nos escritos de Domingo Báñez (1528-1604), Luis de Molina (1535-1600) e Baius (Michel de Bay, 1519-1589). Cada um desses teólogos pretende fundar na razão* as relações entre a graça* e a liberdade*, assim como as questões ligadas à ciência* divina e à determinação por Deus* dos futuros contingentes. Essas tentativas situaram-se em contexto particular: tratava-se, por um lado, de lutar contra a negação lutero-calvinista do livre-arbítrio, e, de outro, evitar o escolho do pelagianismo*. A reação suscitada pelas concepções protestantes provocou assim, no interior da teologia* católica, um dos mais vivos debates que ela jamais conheceu sobre o papel da liberdade nos atos sobrenaturais (sobrenatural*).

A Companhia de Jesus encontra-se no centro dessas controvérsias, pois Molina é jesuíta, e seus confrades se empenham em defender o molinismo (mol.) contra seus diversos adversários. Os jesuítas, aliás, não serão tão fiéis às teses defendidas por Molina quanto à inspiração fundamental do mol., que consiste em afirmar o papel da liberdade nos atos sobrenaturais, de maneira que concorda plenamente com as diretivas de Inácio de Loyola (17ª regra de ortodoxia das *Constituições*: espiritualidade inaciana*), e também, sem dúvida, com a pedagogia humanista aplicada nos colégios jesuítas. Essa inspiração do mol. o opunha ao mesmo tempo ao baianismo e ao bañezianismo, teorias segundo as quais o livre-arbítrio não pode deixar de consentir a graça, quando se trata de graça eficaz. O bañezianismo tornou-se rapidamente a doutrina oficial dos dominicanos; quanto ao baianismo, inicialmente limitado a um punhado de teólogos lovainienses, tomará um segundo ímpeto no s. XVII, quando será paradoxalmente reanimado pelo *Augustinus* (1640) e a corrente jansenista.

b) História das controvérsias. — O pano de fundo dos debates é o decreto do concílio* de Trento* sobre a justificação*, de 13 de janeiro de 1547 (sessão VI, cap. V, *COD* 671-681, *DS* 1525-1580), segundo o qual a justificação supera todas as forças do homem e exige a graça preveniente pela qual Deus ajuda o homem a se converter sem nenhum mérito de sua parte; mas também, segundo o mesmo decreto, o homem não recebe essa graça passivamente, sem cooperar com ela, i.e., sem poder também rejeitá-la.

O primeiro conflito sobre a questão do acordo entre graça e liberdade se situa em janeiro de 1582, ou seja, bem antes da publicação da *Concordia* de Molina. Báñez, dominicano espanhol, confessor de Teresa de Ávila (Carmelo*) e que ocupa a primeira cátedra de teologia da Universidade de Salamanca desde 1581, opõe-se ao que se chamou uma tendência "pré-molinista", por ocasião de uma disputa travada em Salamanca pelo jesuíta Prudêncio de Montemayor, o qual afirmava que Cristo* não teria morrido livremente e nem teria tido méritos, se tivesse recebido de seu Pai* o preceito* de morrer. Seguiram-se discussões sobre a predestinação* e a justificação, que opuseram Báñez ao agostiniano Luis de León, defensor do jesuíta. O tribunal da Inquisição da Espanha, em Valladolid, recusou-se a condenar as teses de Luis de León, mas o proibiu, no entanto, a 5 de fevereiro de 1584, de ensiná-las em público ou em particular.

Desde 1585, de outra parte, o jesuíta Leonardo Lessius (1554-1623) inaugura seu professorado em Louvain combatendo as teses do chanceler Michel de Bay, a quem acusa de aproximar-se perigosamente do pelagianismo em sua refutação do "maniqueísmo* de Calvino*". Quando Lessius intervém, Baius já está envolvido (desde 1567) numa longa correspondência com o poder pontifício em razão de sua concepção dos dons originais: pensava que esses dons, embora não sendo naturais, deviam-se, no entanto, à integridade da natureza*, de maneira que "Deus não teria podido na origem criar o homem tal como é agora", i.e., com uma vontade incapaz de fazer o bem* sem ajuda divina (*DS* 1901 *sq*) — é o que se chama a tese da impossibilidade da pura natureza. Em 1586, Lessius publica as *Theses theologicae* que denunciam a doutrina de Baius. O escrito é censurado em 1587 pela faculdade de Louvain (*censura lovaniensis*), que o acusa de semipelagianismo. Lessius apela para o papa* Sisto V, que cassa a censura em 1588, assegurando que a doutrina de Lessius é sã.

As teses que opõem Lessius e a faculdade são as seguintes. Segundo Baius e seus defensores, é Deus* que determina a vontade, de maneira que a graça eficaz é uma graça que não pode ser rejeitada, e de maneira que a providência* e a predestinação não levam em conta nem a determinação das causas segundas nem o mérito de cada um. De seu lado, Lessius sustenta que na determinação da vontade o papel da graça divina é somente de cooperação, porque a vontade se determina a si mesma, até mesmo na ordem sobrenatural. A graça não é, pois, eficaz por si mesma, mas na medida em que a vontade a consente; e a providência e a predestinação levam em conta a causalidade das causas segundas e o mérito de cada um, ou seja, põem em jogo a presciência divina dos futuros condicionais.

A controvérsia tomou nova dimensão em 1588 com a publicação, em Lisboa, da *Concordia* de Molina. Molina é um jesuíta espanhol que ensina então teologia em Évora. Sua *Concordia* trata da ciência e da vontade divinas, da providência e da predestinação (cf. Tomás* de Aquino, *ST* Ia, q. 14, 19, 22 e 23); ele se esforça sobretudo por conciliá-las com a liberdade humana (donde o título), por meio de uma teoria bastante semelhante à de Lessius. Os dominicanos portugueses se inquietam então por reconhecer aí as teses sustentadas em 1581 por Montemayor. O cardeal Alberto da Áustria, importante inquisidor de Portugal, suspende a venda da obra e consulta Báñez. Este destaca na *Concordia* uma dezena de proposições que caem sob o golpe da proibição de ensinar feita a Luis de León. Condensa sua crítica em três

objeções, mas Molina as refuta, de modo que em 1589 a interdição de venda é suspensa. E em apêndice à reedição da *Concordia*, Molina faz figurar sua resposta às objeções de Báñez.

As controvérsias em torno da *Concórdia*, porém, não param aí, e prosseguem em Roma* por ocasião das "congregações *de auxiliis*", debates teológicos consultivos que examinam o livro de Molina, por iniciativa de Clemente VIII, e que giram em torno do problema da infalibilidade da graça eficaz (é irresistível? produz necessariamente seu efeito?). Os dominicanos Diego Álvarez, P. Beccaria e Tomás de Lemos se ilustram nesses debates, como também os jesuítas Roberto Belarmino*, Cláudio de Aquaviva, Miguel Vásquez, Pedro Arrúbal e Gregório de Valença; os dois grandes teólogos jesuítas Francisco Suárez* e Gabriel Vásquez não participaram de nenhuma dessas congregações, mas sua influência nelas foi considerável. As congregações se estendem de 1598 a 1607, e Paulo V lhes pôs fim em 28 de agosto de 1607. Conforme a opinião do bispo* de Genebra, Francisco de Sales (1567-1622), que ele havia consultado, declara que a "premoção física" dos dominicanos não é calvinista, e que o "concurso simultâneo" e a "ciência média" dos jesuítas não caem sob a acusação de pelagianismo. Proíbe, de outra parte, a quem quer que seja, censurar uma ou outra opinião, enquanto a Santa Sé não tiver julgado oportuno decidir definitivamente a controvérsia (*DS* 1997) — o que jamais será feito. A querela continuou, apesar da proibição, tanto que em 1611 Paulo V proibiu qualquer publicação de obra sobre a graça que não tivesse recebido a permissão da Inquisição. A proibição foi reiterada por Urbano VII.

A controvérsia se reanimou em seguida com Cornelius Jansen, Jansenio (1585-1638), antigo aluno de Jacques Jansson, que por sua vez era antigo aluno de Baius, e tinha sido encarregado em Louvain do inquérito sobre Lessius. Jansenio recebeu o doutorado em Louvain em 1619. Seu *Augustinus* (publicado postumamente em 1640) foi escrito para opor-se à posição dos jesuítas nas congregações *de auxiliis*, posição que para ele cai sob a acusação de semipelagianismo. Sua doutrina da graça será defendida contra os molinistas por Antoine Arnauld e Blaise Pascal*, em particular na segunda das *Provinciales* (1656), consagrada à graça suficiente e a à graça eficaz. (Para a controvérsia que oporá molinistas e jansenistas, ver jansenismo*).

c) *Ciência média, premoção e predeterminação físicas.* — O eixo do debate entre dominicanos e jesuítas é uma alternativa entre dois conceitos, o da premoção e predeterminação físicas e o da ciência média. Os pontos decisivos que estão em jogo são a relação entre liberdade e graça e entre causa primeira e causas segundas, o papel desempenhado pelo conhecimento dos futuros contingentes (notadamente a previsão dos méritos) na preordenação divina (questões da providência e da predestinação), a definição das graças eficazes e suficientes, o fundamento da infalibilidade da graça e da ciência divinas, a natureza da liberdade, enfim.

O mol. é uma teoria do concurso simultâneo da graça e do livre-arbítrio: uma vez a vontade elevada pela graça à capacidade de fazer atos sobrenaturais, ela produz livremente atos sobrenaturais. Nisso o mol. se opõe à tese majoritária dos dominicanos, segundo a qual a graça não coopera simplesmente com a vontade, mas exerce sobre ela, além do influxo que a torna capaz de atos sobrenaturais, uma moção que a determina a esses atos; desse modo, tanto não há cooperação entre a graça e o livre-arbítrio, como não há subordinação do livre-arbítrio à causalidade divina. Essa "premoção" é dita "física" para exprimir o fato de que a moção da graça não é simplesmente moral e para mostrar que o livre-arbítrio, nesse caso, não possui o poder de contrariá-la: uma determinação física, com efeito, é uma determinação *ad unum*. Na teoria do concurso simultâneo, ao contrário, a moção exercida pela graça sobre a vontade é somente moral, e tal que seu efeito depende da cooperação da vontade, que poderia muito bem não se prestar a isso. A questão posta por uma e outra doutrina é então a do princípio que determina a vontade na produção dos atos sobrenaturais. A determinação provém totalmente da graça? Em outras palavras, a vontade pode

ou não se recusar a consentir a graça? E como fundar a diferença entre graça suficiente e graça eficaz, de uma parte, e entre graça preveniente e graça cooperante, de outra parte? Designam-se por esses termos caracteres intrínsecos de graças de naturezas diferentes (como querem os dominicanos) ou, então, determinações que manifestam a relação da graça a uma vontade livre para consentir a ela ou não (como querem os jesuítas)? Para os molinistas, é a cooperação da vontade que faz a eficácia do socorro divino, sem que este seja de natureza diferente quando a vontade não o consente: conforme dê ou não seu consentimento, a vontade está na origem do que caracteriza uma mesma graça como eficaz ou suficiente, preveniente ou cooperante.

Quanto à teoria da premoção física e da graça eficaz, ela permitia aos dominicanos fundar a infalibilidade da ciência divina em um princípio simples: Deus determina a realidade conforme seus decretos. Ora, para Molina, isso é aniquilar a liberdade das criaturas. Por isso retoma uma teoria do jesuíta Pedro Fonseca (1528-1599) que já havia influenciado Lessius; seguindo essa teoria, há que distinguir em Deus, além da ciência natural (do possível) e da ciência livre (do real, uma ciência que leva em conta os decretos divinos pelos quais Deus decidiu fazer existir tal ordem de coisas em vez de outra), uma terceira ciência, pela qual Deus conhece o que fariam as vontades livres em todas as circunstâncias em que pudessem encontrar-se. E porque essa ciência média (*scientia media*), como a chama Molina, distingue-se da ciência livre e evita assim a determinação da vontade divina, ela permite atribuir à determinação da vontade criada uma parte de independência em relação aos decretos divinos, mantendo ao mesmo tempo a infalibilidade da presciência divina — a Deus basta, com efeito, conhecer as circunstâncias reais em que se encontram as vontades criadas (o que provém da ciência livre) para saber o que elas farão efetivamente. A teoria da ciência média permite assim pôr de acordo a presciência divina e a autodeterminação das vontades criadas; recusa uma infalibilidade fundada sobre uma graça que age *ab intrinseco* em favor de uma infalibilidade que repousa sobre uma graça que age *ab extrinseco*. A concepção dominicana lhe opunha então uma consciência divina dos futuros condicionais pela ciência livre, o conceito de predeterminação servindo assim a manifestar a anterioridade dos decretos divinos sobre o conhecimento divino dos futuros contingentes. A alternativa, ciência média ou ciência livre, punha assim em jogo, como questão teológica principal, o lugar ocupado pela previsão dos méritos na predestinação: tratava-se pois de resolver uma questão deixada sem decidir pela formulação prudente do decreto tridentino de 1547.

d) Alcance histórico dos debates. — A controvérsia tomou tal dimensão que ninguém escapou dela completamente, e a maior parte dos grandes pensadores do s. XVII ali se confrontaram de uma maneira ou de outra. Arnauld e Pascal, certamente, mas também Descartes* (Gilson mostrou bem o que sua concepção da liberdade humana deve, em plano puramente filosófico, às controvérsias religiosas de seu tempo), ou ainda Malebranche, autor em 1715 de *Réflexions sur la prémotion physique*, em que entende criticar a concepção tomista da relação entre liberdade e graça, cujas aporias seu próprio sistema parece-lhe permitir resolver. A querela, aliás, não se extingue com o s. XVIII e a Revolução. Reaviva-se no s. XIX, depois que a encíclica *Aeterni Patris* de Leão XIII (4 de agosto de 1879) apelou para que se fundasse no pensamento de Tomás de Aquino a restauração do ensino católico. Os tomistas viram ali uma aprovação implícita da doutrina de Báñez; quanto aos jesuítas, que sempre invocaram Tomás de Aquino, eles se empenharam em mostrar a concordância entre molinismo e tomismo*, e a distinguir tomismo e bañezianismo. No primeiro plano da polêmica encontram-se T. de Régnon, defensor do molinismo, e H. Gayraud, advogado do bañezianismo. O debate prossegue no início do s. XX, opondo o molinista A. d'Alès ao bañezianista R. Garrigou-Lagrange. Aliás, só no início do s. XX é que as duas ordens implicadas nessas controvérsias deixaram de exigir que seus membros se conformassem

à sua posição oficial sobre essas questões (cf. a carta nº 1 do P. G. Smith, SJ ao P. de Lubac*, e n. 3 in *Lettres du monsieur Étienne Gilson au Père de Lubac*, Paris, 1986, 153-155). Essas doutrinas nem por isso desapareceram, o que testemunha a polêmica de J.-H. Nicolas contra J. Maritain, que havia proposto introduzir na problemática do mal* o conceito de *motion divine brisable*, e que se chocou assim contra a oposição do que ele mesmo chamava um "neobañezianismo".

• Baius (1563), *De libero hominis arbitrio et ejus potestate*, Louvain; *De justitia et justificatione*, Louvain; (1565), *De meritis operum*, Louvain; (1696), *Micaelis Baii celeberrimi in Lovaniensi Academia Theologie opera: cum bullis Pontificum...*, Colônia. — Báñez (1584), *Commentarium in Iam partem summae theologicae; Commentarium in IIam IIae...* Salamanca. — Molina (1588), *Concordia liberi arbitrii cum gratiae donis, divina præscientia, providentia, prædestinatione et reprobatione ad nonullos partis divi Thomae articulos*, Lisboa; (1589), *Appendix ad concordam liberi arbitrii*, Lisboa; (1595), *Liberi arbitrii cum gratiae donis... concordia, altera sui parte auctior*, Antuérpia. — Lessius (1610), *De gratia efficaci, decretis divinis, libertate arbitrii et præscientia Dei condicionata*, Antuérpia. — (1641), *Censura Lovaniensis*, Paris. — J.-H. Nicolas (1960), "La permission du péché", *RThom* 60, 5-37, 185-206, 509-546. — J. Maritain (1963), *Dieu et la permission du mal*, Paris.

▶ A. Serry (1700), *Historia congregationum de auxiliis...*, Louvain. — L. de Meyer (1709), *Historiae controversiarum de auxiliis divinae gratiae...*, Antuérpia. — Du Chesne (1731), *Histoire du baianisme*, Douai. — F. H. Reusch (1873), *Luis de León und die spanische Inquisition*, Bonn. — G. Schneemann (1881), *Controversiarum de divinae gratiae liberique arbitrii concordia initia et progressus*, Friburgo. — T. de Régnon (1883), *Bañez et Molina*, Paris. — H. Gayraud (1889), *Thomisme et molinisme*, Paris. — X. Le Bachelet (1903) "Baius", *DThC* II-1, 31-111. — P. Mandonnet (1903), "Báñez", *ibid.*, 140-145. — H. Quilliet (1907), "Congruisme", *DThC* III-1, 1120-1138. — X. Le Bachelet (1913), *Auctarium Bellarminianum*, Paris. — A. Astrain (1913), *Historia de la Compañía de Jesus en la Asistencia de España*, Madri. — É. Gilson (1913), *La liberté chez Descartes et la théologie*, Paris. — R. Garrigou-Lagrange (1915), *Dieu, son existence, sa nature*, Paris. — X. Le Bachelet *et al.* (1924), "Jésuites", *DThC* VIII-1, 1012-1108. — A. d'Alès (1927), *Providence et libre arbitre*. — F.-X. Jansen (1927), *Baius et le baianisme*, Louvain. — E. Vansteenberghe (1929), "Molina", "Mol.", *DThC* X-2, 2090-2092 e 2094-2187. — H. de Lubac (1946), *Surnaturel. Études historiques*, Paris (1991²). — H. Rondet (1948), *Gratia Christi*, Paris. — J. Orcibal (1962), "De Baius à Jansénius: le *comma pianum*", *RevSR* 36, 115-139. — H. de Lubac (1965), *Augustinisme et théologie moderne*, Paris; *Le mystère du surnaturel*, Paris. — J. Orcibal (1985), *Jansénius d'Ypres (1585-1638)*, Paris. — W. Hasker (1989), *God, Time and Knowledge*, Ithaca-Londres, 19-52. — T. P. Flint (1998), *Divine Providence: The Molinist Account*, Ithaca-Londres, 2ª ed.

Laurence RENAULT

→ *Belarmino; Calvinismo; Ciência divina; Conversão; Graça; Inaciana (espiritualidade); Jansenismo; Justificação; Liberdade; Pascal; Pelagianismo; Predestinação; Providência; Sobrenatural; Trento (concílio).*

BARTH, Karl, 1886-1968

Karl Barth (B.) é, certamente, o teólogo protestante (protestantismo*) mais marcante desde Schleiermacher*, com cuja obra não deixou de manter um diálogo incessante. Sua obra monumental, a *Dogmática*, pôde ser comparada a uma catedral do pensamento teológico.

I. Vida e obra

B. nasceu em Basileia em 1886 no seio de uma família de teólogos. Empreende, por sua vez, estudos de teologia e se põe na escola dos melhores representantes da teologia* liberal do s. XIX: A. von Harnack (1851-1930), H. Gunkel (1862-1932) e, sobretudo, W. Herrmann (1846-1922). Em Genebra, entra em contato com a obra de Calvino*. Depois assume a paróquia de Safenwil na Argóvia, cuja estrutura social o leva a unir-se ao movimento do cristianismo social, e a se lançar à luta pela justiça* social na perspectiva da vinda do reino* de Deus*.

A guerra de 1914-1918 provoca em B. um choque profundo e decisivo: a posição conformista tomada por muitos de seus mestres o levou a questionar os fundamentos mesmos do pensamento deles. Por isso se debruça sobre a *Epístola aos Romanos* para tentar encontrar uma resposta aos problemas que o inquietam. Disso resulta um *Comentário* cujas duas edições (1919 e 1922) se apresentam como um sinal de contradição no céu teológico alemão, e que marca — acompanhado de algumas conferências (reunidas em francês sob o título *Parole de Dieu et parole humaine*, 1933) — a aparição da teologia dita "de crise" ou "dialética".

B. é chamado a ensinar na Alemanha, em Göttingen, Münster e, depois, Bonn. Com muitos jovens colegas (F. Gogarten, E. Thurneysen, E. Brunner, G. Merz, R. Bultmann*), traça as linhas fundamentais da teologia dialética, que tem como órgão essencial de expressão a revista *Zwischen den Zeiten* ("Entre os tempos"). Depois de um primeiro ensaio abandonado (1927), começa a redação de sua obra magistral *Die kirchliche Dogmatik* ("A dogmática eclesial"), redação que vai estender-se por aproximadamente 35 anos e que não comportará menos de 26 volumes.

Violentamente oposto à subida do nazismo, B. é um dos principais atores do *Kirchenkampf*, da fundação da Igreja* confessante e o redator principal da Declaração de Fé de Barmen em 1934 (confissões* de fé*), que opõe o serviço de Cristo*, unicamente, ao das ideologias e das potências seculares. É então privado de sua cátedra em Bonn, e se refugia em Basileia, onde ensinará até 1962, prosseguindo incansavelmente a edificação de sua obra teológica, que lhe assegura um renome universal. Entrementes, formaliza ainda sua visão das relações entre a Igreja e o Estado (Igreja*/Estado*) em *Comunidade cristã, comunidade civil* (1935), comenta de maneira magistral o Credo (*Esboço de uma dogmática*, 1950), dá ao conjunto de seu projeto uma dimensão mais "humana", propondo *A humanidade de Deus* (1956) como ponto de partida de todo pensamento teológico, e resume — por ocasião de seu último semestre de ensino — o que lhe parece essencial para todo procedimento teológico na *Introdução à teologia evangélica*. B. desempenhou papel decisivo na criação do Conselho* Ecumênico das Igrejas (Amsterdã, 1948). Sempre recusou assimilar totalitarismo nazista e totalitarismo comunista, e continuou depois da Segunda Guerra Mundial a expressar suas simpatias pelo socialismo. Solicitado por ocasião do Vaticano II*, comunica suas reflexões em *Ad limina apostolorum* (1966). Grande melômano e admirador de Mozart, morre em Basileia a 10 de dezembro de 1968.

II. A obra teológica

Marcada por uma prodigiosa erudição (os excursos em caracteres pequenos da *Dogmática* representam às vezes, por si mesmos, pequenas monografias), o pensamento de B. não se desenvolve de maneira estritamente sistemática. Diante dele, tem-se, antes, a impressão do livre desdobramento de um imenso rio, que se incha com muitos cursos de água encontrados em seu percurso. Todavia, o que faz a unidade do conjunto é uma prodigiosa capacidade de sempre partir do ponto de vista *de Deus* para falar efetivamente dos homens e salientar que Deus nunca é tanto Deus como em sua revelação*: Jesus Cristo. Podem-se distinguir três tempos na expressão desse pensamento impressionante: os primórdios (até 1919); o período chamado de "teologia dialética"(1920-1932); o pensamento maduro da *Dogmática* a partir de 1932.

1. Os primórdios

Os primórdios da teologia barthiana são marcados pela formação liberal — segundo a qual convém encontrar os caminhos da melhor "acomodação" possível do espírito do cristianismo com as realidades da cultura moderna. Por outro lado, tocado pelas dificuldades da vida operária, o jovem pastor de Safenwil é influenciado pelos pensadores do cristianismo social (H. Kutter e L. Ragaz) e pela escatologia social dos Blumhardt, pai e filho, o que o leva a aderir ao partido social-democrata suíço em 1915.

Por outro lado, B. manterá durante toda a vida que a pregação* lhe parece ser o lugar* teológico fundamental; e não hesitando em pregar regularmente, qualificará sua grande obra com o título de "eclesial" (*Kirchliche Dogmatik*) e confessará: "Fui impelido sempre mais fortemente [...] a ocupar-me do problema pastoral por excelência, o problema da pregação. Procurava abrir meu caminho entre os problemas da vida humana e o conteúdo da Bíblia*. Pastor*, eu devia falar a homens em luta com as contradições da vida, e falar-lhes da mensagem inaudita da Bíblia [...]. Muitas vezes essas duas grandezas, a vida e a Bíblia, me deram a impressão — ou me dariam ainda? — de serem Caribde e Cila. Se é assim, a

origem e o fim da pregação cristã, eu me dizia, quem pode então, quem deve então, ser pastor e pregar? [...] Foi essa situação crítica que me fez descobrir a essência de toda teologia" (in *Parole de Dieu et parole humaine*, 128 *sq*).

A Primeira Guerra Mundial tendo marcado para B. o fracasso e o desmoronamento da teologia liberal, ele voltou para a palavra* do próprio Deus; o primeiro comentário da *Epístola aos Romanos* (1919) inaugura uma maneira de ler os textos bíblicos que revela "Deus como Deus". Deus escapa a toda especulação humana, mas oferece em Jesus Cristo pronunciar um "sim" solene e definitivo sobre o mundo* pecador. Realiza-se assim no Evangelho a "revolução* de Deus" que "rompe todos os laços de dependência deste mundo" e que, por vir de Deus, é "revolução mesma de tudo o que o mundo pode chamar revolução".

2. A teologia dialética

Na sequência, cria-se a escola de teologia dita dialética, cujos grandes temas se exprimem por meio da revista *Zwischen den Zeiten*, da segunda edição do *Römerbrief* (1922) e dos estudos publicados em francês em *Parole de Dieu et parole humaine*. Deus aí é apresentado essencialmente como o "Totalmente Outro"; só ele é Deus, infinitamente diferente de sua criatura que não pode, por si mesma, ter acesso a ele. Contudo, o que o homem não pode alcançar por si mesmo, Deus lhe oferece por meio de sua palavra, pela qual se revela e se coloca a si mesmo ao alcance humano. Ora, a palavra assim pronunciada em Jesus Cristo sobre a humanidade não é outra senão o "sim" indefectível, que supera todos os "nãos" que, contudo, como por essência, a natureza* e o pecado* dos homens suscitam.

A teologia que tenta dar conta desse Deus e desse "sim" só pode ser "dialética"; elabora-se na tensão nunca resolvida entre a força e a verdade* de Deus e a fraqueza e o erro humanos, que as primeiras — em Jesus Cristo — não cessam contudo de investir e de subverter: "Na ressurreição*, o mundo novo do Espírito* Santo toca o mundo velho da carne*. No entanto, toca-o, como a tangente a um círculo, sem tocá-lo; e sempre não o tocando, toca-o como sendo o mundo novo" (*Epístola aos Romanos*, 37 *sq*). Por isso a teologia dialética apresenta-se também como a teologia da crise, porque o investimento e a subversão que realiza a revelação põem em "crise" (etimologicamente, "em juízo") permanente a humanidade dos humanos. A escatologia* investe assim o presente por meio da palavra de Deus pronunciada sobre ele e o transforma em momento "entre os tempos"; "o destino de nossa geração é encontrar-se entre duas épocas. Talvez pertenceremos um dia ao tempo que vem? [...] Encontramo-nos bem no meio. Em um espaço vazio [...] O espaço se tornou livre para a questão de Deus" (Gogarten).

O grupo de teólogos que se reconheciam nesse movimento deveria cedo dispersar-se sob a pressão de forças centrífugas e sua revista deixou de circular em 1933, mas B. já havia posto em elaboração sua *Dogmática*.

3. A teologia dogmática

O ano de 1932, em que se publica o primeiro volume da *Dogmática*, inaugura um intenso período de produção literária, que prossegue até às vésperas da morte* e é marcado tanto pela publicação dos 26 volumes dessa grande obra — apesar disso, inacabada (perto de dez mil páginas densas e comprimidas) — quanto por um grande número de obras independentes. A *Dogmática* sistematiza e aprofunda as grandes intuições da teologia dialética: Deus é Deus, só ele pode fazer conhecer o que ele é; a verdade objetiva do mundo e dos humanos (criados, reconciliados e salvos por ele) não se avalia segundo a percepção subjetiva que possam ter dela, mas segundo a revelação que Deus dá. A *Dogmática* se desdobra então em cinco grandes partes: 1/os prolegômenos, que apresentam a palavra de Deus, por meio da qual, somente, é possível o acesso a Deus; 2/a doutrina de Deus, em que se vê o Deus de Jesus Cristo revelar-se como Trindade*; 3/a doutrina da criação* (correspondente à obra do Pai*); 4/a da reconciliação (*Versöhnung*), que marca a obra do Filho (inacabada); 5/a da redenção final (*Erlösung*), que trata mais particularmente da obra do Espírito Santo, e que B. não teve a ocasião de realizar.

a) *Revelação divina e analogia fidei.* — Dois princípios metodológicos dominam a imensa construção da *Dogmática*: de um lado, a recusa, no fundamento de toda tarefa teológica, da *analogia entis* ("analogia* do ser*") em benefício de uma *analogia fidei* ("analogia da fé"); por outro lado, uma concentração cristológica marcada. O primeiro desses princípios corresponde ao que B. não cessa de repetir sobre a diferença qualitativa que separa Deus do mundo e dos humanos, e sobre o fato de que, somente Deus podendo falar de Deus, só podemos ter acesso a ele por meio da revelação. Está pois excluído fundar a teologia sobre uma continuidade qualquer no ser entre o mundo e a humanidade, de uma parte, e Deus da outra, como as teologias tomistas (Tomás* de Aquino, tomismo*) e escolásticas* são acusadas de fazer em nome do princípio da *analogia entis*. É o que B. começou a mostrar em seu comentário do *Proslogion* de Anselmo* de Cantuária — sobre as provas* da existência de Deus —, publicado em 1931 com o título de *Fides quærens intellectum* ("a fé em busca de sua inteligência"): a teologia não pode ser compreendida como uma tarefa de tipo filosófico (filosofia*) que desenvolve um conhecimento* natural de Deus, a partir da análise do mundo ou da condição humana para remontar ao ser; ela só vale como pesquisa aplicando-se sobre a autocompreensão da fé em procura de sua própria inteligência. A teologia, certamente, só pode falar de Deus usando de analogias, mas estas somente podem pertencer ao domínio da fé (*analogia fidei*) e não do ser. Donde a célebre declaração dos prolegômenos da *Dogmática*: "Considero a *analogia entis* como uma invenção do Anticristo, e acho que é por causa disso que não se pode se tornar católico. Ao que me permito acrescentar que todas as outras razões que se pode ter para não se fazer católico me parecem pueris e de pouco peso" (*KD* I/1, p. XII).

Nessa perspectiva, a teologia desenvolver-se-á como uma maneira de comentário da palavra de Deus; seus prolegômenos ("doutrina da palavra de Deus") mostram que ela se desdobra e se articula sob três formas: 1/a pregação* da Igreja; 2/ela mesma referida e submetida à palavra escrita do testemunho bíblico; 3/Jesus Cristo em pessoa, palavra do Deus verdadeiro, coração do Evangelho e modelo de toda interpretação (hermenêutica*) da Sagrada Escritura* e, por isso mesmo, de toda pregação. Aliás, no movimento paralelo à rejeição da *analogia entis*, B. — coincidindo com as críticas feitas por Marx*, Nietzsche*, Freud* contra a religião — negará todo valor teológico à religião enquanto tal, compreendida como tentativa humana de uma apropriação de Deus, e irá lhe opor o movimento "descendente" da fé.

b) Deus trinitário e concentração cristológica. — O segundo traço característico da teologia barthiana é a concentração cristológica que opera:

"Uma dogmática* eclesial deve ser cristológica em sua estrutura fundamental, como em todas as suas partes, se é verdade que seu único critério é a palavra de Deus revelada, atestada pela Sagrada Escritura e pregada pela Igreja, se é verdade que essa palavra de Deus revelada é idêntica a Jesus Cristo. Uma dogmática que não procura desde o começo ser uma cristologia* coloca-se sob um jugo estranho e está bem perto de deixar de ser um serviço para a Igreja [...]. A cristologia deve ocupar todo o espaço em teologia [...]. A cristologia ou é tudo, ou nada é" (*KD* I/2, p. 114, § 15.1).

Essa ênfase cristológica leva B. a resolver de maneira particular muitas questões teológicas fundamentais: a concepção trinitária de Deus, que marca toda a sua obra, não provém de nenhuma especulação metafísica particular, mas da revelação de Deus que só se desvela por meio da obra de Cristo e de seu Espírito (cf. mais particularmente *KD* I/1, § 8-12); a doutrina da criação não se compreende como apresentação objetiva do dado "natural", mas como o lugar mesmo da aliança* de Deus com o mundo e os humanos (*KD* III/1-4); a concepção de predestinação* só é percebida como prolongamento da doutrina da eleição* da qual Cristo é o coração.

Ao longo dos anos e das páginas, o pensamento radical dos primórdios cede pouco a pouco a uma abordagem mais atenta à densidade da condição humana. É o que traduz, de maneira condensada, a conferência programática de 1956 sobre a *Humanidade de Deus*:

"Em *Jesus Cristo*, tal como a Bíblia nos testemunha, não tratamos *o homem* de modo abstrato: não se trata de um homem que pensa poder bastar-se a si mesmo com seu pouco de religião e sua moral religiosa, tornando-se assim, ele mesmo, Deus; ao mesmo tempo, não se trata também de um *Deus abstrato*, isto é, separado do homem em sua divindade, afastado e estranho, e que não seria, portanto, humano, mas de alguma sorte, inumano (...). Em sua pessoa*, Jesus Cristo é precisamente o verdadeiro *Deus* do *homem* e, como verdadeiro *homem*, o fiel parceiro de *Deus*. É ao mesmo tempo o Senhor que se abaixa até comungar com o homem, e o servo* elevado até a comunhão* com Deus (...). Assim ele anuncia e garante ao homem a livre *graça* de Deus, como atesta também e garante a Deus o livre *reconhecimento* desse homem. Jesus Cristo estabelece, portanto, em sua pessoa o direito* de Deus sobre o homem, e ao mesmo tempo o direito do homem diante de Deus (...). O que Deus é em verdade, como o que é o homem, não temos de procurar ao acaso ou inventar, mas temos de descobri-lo ali onde a verdade de um e do outro reside: em Jesus Cristo, em quem a plenitude de sua coexistência e de sua aliança* nos é apresentada" (*L'humanité de Dieu*, 1956, p. 21 *sq*).

Os diversos pontos assim evocados são particularmente desenvolvidos na última parte (parcialmente redigida) da *Dogmática*. O plano dessa parte, relativa à obra da reconciliação operada por Cristo, previa três etapas: o Senhor como servo (*vere Deus*), o servo como Senhor (*vere homo*), a testemunha verdadeira. Os dois últimos volumes concernem ao batismo* — compreendido como ato* humano da recepção da graça e excluindo por isso o batismo das criancinhas — e à ética apresentada como oração* e como invocação.

c) A ética: a lei, forma do Evangelho. — Para B., com efeito, a ética* cristã depende totalmente da revelação de Deus, à qual ela responde. Cada parte da *Dogmática* culmina assim em uma série de questões éticas. A doutrina de Deus (*KD* II/1 e 2) faz a exposição da eleição e da graça ser seguida por uma apresentação do "mandamento* de Deus". A lei* ali aparece de maneira original, não como separada do anúncio do Evangelho, mas como sua "forma". B. toma assim todas as suas distâncias em relação a Lutero*, e afirma que sua doutrina dos "dois reinos" — que separa domínio religioso e domínio político, e está ligada a uma distinção demasiado radical entre lei e Evangelho — pôde conduzir à cegueira Igrejas protestantes alemãs perante a subida do nazismo. Ora, obedecer ao mandamento de Deus é atestar que realmente se vive de e sob sua graça; conformar-se aos mandamentos da lei é traduzir de maneira concreta a realidade do "sim", pronunciado pelo Evangelho sobre esse mundo. Da mesma maneira, as questões ligadas à ética sexual* ou à vida — biológica, social ou profissional — são abordadas no fim da parte consagrada à doutrina da criação e colocadas sob o signo da liberdade* (*KD* III/4). Em suas análises mais propriamente cristológicas, enfim (*KD* IV), a ética toma a forma de um comentário ao *Pai Nosso*: obedecer ao mandamento de Deus equivale então a invocá-lo de maneira prática e concreta e a colocar-se sempre melhor sob o signo de sua paternidade.

III. O barthismo e a influência de Barth

A influência de B. esteve na medida da imensidade de sua obra e seus discípulos cobrem todo o tabuleiro teológico: uns valorizam a transcendência quase sagrada de Deus, enquanto outros insistem sobre o necessário compromisso político da fé. De fato, o notável sucesso de B. tem a ver com a conjunção de dois movimentos *a priori* independentes, mas convergentes: sua defesa rigorosa da autonomia de Deus e da "cientificidade" do teológico, de uma parte, e de outra parte sua oposição a Hitler e suas tomadas de posição em favor dos pequenos. De fato, é como arauto das causas extremas e das dignidades contestadas e ameaçadas, porém reivindicadas e defendidas com afinco, que B. talvez, sem verdadeiramente o saber, marcou mais a sua época. Assim fazendo, ele aliava — de maneira profundamente dialética! — o "não" e o "sim": "não" de Deus sobre um mundo pecador condenado e rejeitado, ao mesmo tempo que aceito de maneira irrevogável em Jesus Cristo; "não" ao nazismo, mas também — num nível bem diverso — à teologia natural* de E. Brunner, acompanhado e subvertido porém pelo "sim" de um autor — tão prolífico! — que não considerava menos como o sumo da fé e da teologia a simples aquiescência ao compromisso de Deus em favor do mundo, expresso por um suspiro: "*Ach, ja!*" ("Ah, sim").

A posteridade de B. é multiforme: inclui "à direita" certas formas de ortodoxia que insistem na necessária volta à Escritura, na referência aos reformadores, e no cuidado de organizar de maneira sistemática a reflexão teológica, mas inclui também diversos tipos de "barthismo de esquerda" (F. Marquardt, G. Casalis) que salientam o necessário engajamento da teologia, passando por várias recepções matizadas (P. Maury, J. L. Leuba, R. Mehl, H. J. Iwand, H. Vogel, O. Weber, W. Kreck). Do lado católico, a audiência de B. foi grande, e não deixou de renovar diversas problemáticas (Balthasar*, H. Bouillard, H. Küng). Contudo, de modo geral, B. não teve verdadeiro(s) sucessor(es). Talvez ele fosse grande demais: se a passagem por seu pensamento é inevitável para quem quer fazer teologia hoje, sua radicalidade mesma e sua rejeição de certos problemas, aos quais chega até a negar toda existência — notadamente no que toca à consistência própria do mundo e da humanidade dos humanos — tornam seu pensamento dificilmente apto a enfrentar, por ele só, os desafios que o presente e o futuro não deixam de colocar à teologia.

- M. Kwiran (1977), *Index to literature on Barth, Bonhoeffer and Bultmann*, Basileia. — H. A. Drewes (ed.) (1984), *Karl Barth Bibliographie*, Zurique. — K. Barth (1932-1967), *Die Kirchliche Dogmatik*, Zollikon-Zurique, t. I a IV + Índice, 1970; (1971 sq) *Gesamtausgabe*, Zurique; (1933), *Parole de Dieu et parole humaine*; (1935), *Communauté chrétienne, communauté civile*; (1950), *Esquisse d'une dogmatique*; (1956), *L'humanité de Dieu*; (1966), *Ad limina apostolorum*, Zurique. Em português: *Introdução à teologia evangélica*, São Leopoldo, 2003; *Dádiva e louvor. Artigos selecionados*, São Leopoldo, 1986.

▸ H. U. von Balthasar (1951), *Karl Barth. Darstellung und Deutung seiner Theologie*, Einsiedeln. — G. C. Berkouwer (1957), *Der Triumph der Gnade in der Theologie Karl Barths*, Neukirchen. — H. Bouillard (1957), *Karl Barth*, 3 vol., Paris. — H. Küng (1957), *Rechfertigung. Die Lehre Karl Barths und eine katholische Besinnung*, Einsiedeln (1987², Munique). — G. Casalis (1960), *Portrait de K. Barth*, Genebra. — O. Weber (1964), *La dogmatique de Karl Barth*, Genebra. — H. Zahrnt (1969), *Aux prises avec Dieu. La théologie protestante au XXe siècle*, Paris, 11-66 e 107-160. — H. J. Adriaanse (1974), *Zu den Sachen selbst. Versuch einer Konfrontation der Theologie Karl Barths mit der phänomenologischen Philosophie Edmund Husserl*, Haia. — W. Härle (1975), *Sein und Gnade. Die Ontologie in Karl Barths Kirchlicher Dogmatik*, Berlim. — E. Busch (1978), *Karl Barths Lebenslauf*, Munique. — E. Jüngel (1982), *Barth-Studien*, Gütersloh-Zurique-Colônia. — K. Hafstad (1985), *Wort und Geschchite. Das Geschichtverständnis Karl Barths*, Munique. — M. Beintker (1987), *Die Dialektik in der "dialektischen" Theologie Karl Barths*, Munique. — P. Gisel (sob a dir. de) (1987), *Karl Barth. Genèse et réception de sa théologie*, Genebra. — K. Blaser (1987), *Karl Barth 1886-1986: combats — idées — reprises*, Berna. — C. Frey (1988), *Die Theologie Karl Barths*, Frankfurt. — H. Köckert e W. Krötke (sob a dir. de) (1988), *Theologie als Christologie. Zum Leben und Werke Karl Barths*, Berlim. — R. Gibellini (1994), *Panorama de la théologie au XXe siècle*, Paris, 11-32 (*A teologia no século XX*, São Paulo, 1998, 13-31). — A. J. Torrance (1996), *Persons in Communion. An Essay on Trinitarian Description and Human Participation, with special reference to Volume One of Karl Barth's Church Dogmatics*, Edimburgo. — J. Webster (1998), *Barth's Moral Theology: human action in Barth's thought*, Edimburgo.

Jean-François COLLANGE

→ *Balthasar; Bonhoeffer; Bultmann; Lonergan; Lubac; Tillich.*

BASILEIA-FERRARA-FLORENÇA (concílio), 1431-1445

O concílio* (c.) de Basileia-Ferrara-Florença é, para a Igreja católica, o 17° c. ecumênico. Agrupa dois c. que diferem pelo contexto, pelas orientações e, em parte, pelos atores. Basileia representa a continuação de Constança* e do conciliarismo* (e só é considerado ecumênico pelos católicos em suas 25 primeiras sessões, antes da ruptura com o papa*); Ferrara-Florença é conduzido pelo papa e consagrado à união com os gregos.

1. O concílio de Basileia (1431-1449)

a) Convocação e cronologia. — O decreto *Frequens* de Constança havia previsto a convocação regular de um c. Conforme as decisões tomadas em Pavia-Siena (1423-1424), Martinho V convoca um c. geral em Basileia no início de 1431 e nomeia seu presidente o cardeal Cesarini (Mansi 29, 11-12; o cardeal Aleman suceder-lhe-á em 1438).

O c. terá 45 sessões em Basileia (1431-1448) e cinco em Lausanne (1448-1449). Eugênio IV, que sucede a Martinho V em março de 1431, dissolve o c. em dezembro de 1431, para transferi-lo a Bolonha (Mansi 29, 564-567); mas volta atrás, em 1433, diante da resistência do c. (Mansi 29, 78-79), e torna a dissolvê-lo em setembro de 1437, com sua transferência para Ferrara (*Concilium Florentinum ... I-1*, 91-99) confirmada no fim de dezembro (*ibid.* 111-112). Apesar da abertura do novo c. em Ferrara, Basileia continua a considerar-se como o único c. legítimo e superior ao papa, a quem depõe em junho de 1439 (Mansi 29, 179-181), para substituí-lo em novembro pelo antipapa Félix V; este se demite em abril de 1449, dando um golpe de misericórdia à assembleia de Basileia-Lausanne.

b) Os trabalhos. — Por ocasião de sua primeira reunião, em dezembro de 1431 (*COD* 456, 14-22), o c. assume três objetivos: extirpar a heresia*, restabelecer a paz* entre os povos cristãos, reformar a Igreja. A heresia hussita não foi reduzida (Hus*), mas a ação diplomática do c. foi efetivamente importante. Quanto às tentativas de reformar a Igreja, obtiveram alguns resultados (que concordatas regionais vão homologar), mas transformar-se-ão em luta para impor a Eugênio IV a autoridade* do c. Contudo, tal autoridade debilitar-se-á pouco a pouco (sem falar dos apoios políticos em declínio, a assembleia compreendia menos bispos* que clérigos* e votava por cabeça). E não somente o c. fracassou em reformar a Igreja, mas tampouco não conseguiu levar a bom termo a união com os gregos, apesar de alguns contatos. Seu resultado teológico é diminuto, apesar da importância histórica de ter sido um grande lugar de encontro no clima do humanismo que começava.

2. O concílio de Ferrara-Florença (1438-1445)

a) *Cronologia*. — O c. abre-se em Ferrara a 8 de janeiro de 1438, sob a presidência do cardeal Albergati (*COD* 513-517). Os gregos chegam em março, mas, apesar da inauguração solene de 9 de abril, não querem abordar o ponto essencial (a adição do Filioque* ao credo) antes de muitos meses. Começa-se em junho-julho a tratar do purgatório*, e as oito sessões consagradas ao Filioque ocorrem de outubro a dezembro. Por causa da peste, o c. é transferido para Florença por Eugênio IV, a 10 de janeiro de 1439, com o acordo dos gregos e do sínodo latino (*COD* 523), e ali tem oito sessões dogmáticas em março, em seguida reuniões parciais e outras sessões até 6 de julho, em que uma sessão solene celebra a união com os gregos. O c. prossegue depois da partida desses, e a 4 de outubro de 1443 é transferido para Roma* (*COD* 583-586), onde termina por volta de 1445 (Hofmann, 1949).

b) *Os trabalhos*. — Dirigido por Eugênio IV, na presença do patriarca de Constantinopla José II e do imperador bizantino João VIII, esse c. assumiu por tarefa concluir a união com os gregos, discutindo, um após outro, todos os pontos em litígio: a processão do Espírito Santo e o princípio de sua adição ao símbolo, o purgatório, o primado do papa, a eucaristia* (que parte da anáfora realiza a consagração?), o emprego litúrgico do pão ázimo ou do pão fermentado, a visão de Deus* na beatitude*. Uma vez concluída a união com os gregos, Eugênio IV esforçou-se por estendê-la às outras Igrejas orientais.

Ferrara consagrou ao purgatório suas discussões do verão de 1438, sem chegar a um resultado (a doutrina grega era muito imprecisa nesse ponto, mas os gregos recusavam a ideia latina de um fogo purificador). No outono de 1438, discute-se o acréscimo do Filioque ao símbolo de Niceia-Constantinopla e a signifi-

cação dos interditos que Éfeso* e Calcedônia* haviam feito pesar sobre qualquer adição. Os latinos sustentam que o Filioque não é uma adição, mas uma explicação exigida pelas circunstâncias. Os gregos descobriram nessa ocasião a terrível habilidade dialética dos latinos. Eles mesmos (e notadamente seu principal orador, Marcos Eugenikos) se atinham ao argumento da tradição*, o que os punha em inferioridade nas discussões, as quais foram muitas vezes tentados a abandonar.

Foi em Florença que se realizaram em março de 1439 as grandes sessões dogmáticas sobre a processão do Espírito Santo. Marcos Eugenikos, do lado grego, enfrentava o dominicano João de Montenero, do lado latino.

Nesses debates, fez-se grande uso de florilégios bíblicos e patrísticos (muitas vezes preconcebidos — os florilégios sobre o Filioque eram um verdadeiro gênero literário). Os Padres* da Igreja mais solicitados eram Basílio* de Cesareia, Cirilo* de Alexandria, Epifânio, Dídimo, e, do lado latino, Agostinho*. Os gregos preferiam esse procedimento patrístico à dialética, mesmo se as citações fossem em seguida exploradas de maneira escolástica* por Montenero. Este recorreu a um humanista de alto voo, Ambrósio Traversari, geral dos camáldulos, para encontrar e traduzir os textos gregos.

Esse método, que consistia em evidenciar o acordo dos Padres gregos e latinos, arrastou a convicção dos delegados gregos importantes (Bessário, Isidoro de Kiev, Jorge Scholarios) e eles fizeram inclinar seu campo (exceto os irredutíveis em torno de Marcos Eugenikos) para a união. Entretanto, foi preciso muitos meses para chegar a esse resultado: a dialética latina desagradava aos gregos, e os textos patrísticos não eram bastante precisos sobre os pontos em litígio (o Espírito procede *do* Filho ou *pelo* Filho?). Mesmo assim, chegou-se a um acordo em 8 de junho. O decreto de união *Laetentur caeli* (6 de julho de 1439) declara assim que as duas expressões visam à mesma fé*, que é esta: "O Espírito é eternamente do Pai* e do Filho, ele tem sua essência e seu ser* subsistente do Pai e do Filho ao mesmo tempo, e procede eternamente de um e do outro como de um só princípio, e de uma espiração única" (*COD* 526, 39-45). A definição dá lugar às duas linguagens, grega e latina, nomeando o Filho "causa" ou "princípio" do Espírito com o Pai (*ibid.*, 527, 6-10), e precisa que do Pai o Filho tudo recebe, até mesmo o fato de que o Espírito proceda dele (*ibid.*, 11-16).

Depois desse acordo sobre o ponto mais difícil, tratou-se em menos de um mês das outras questões (continuação do decreto de união, *COD* 527, 17-528, 43): a adição do Filioque ao símbolo é declarada legítima; o uso do pão ázimo ou fermentado é igualmente válida segundo a tradição* de cada Igreja; as almas* podem ser purificadas depois da morte* por penas purgatórias, e as preces dos vivos lhes são úteis; os bem-aventurados contemplam a Deus tal como ele é em si mesmo (mas em graus diversos, conforme os méritos: os gregos faziam questão dessa precisão; sobre a posição grega ver Alberigo, 1991, 831-856); enfim, o pontífice romano, sucessor de Pedro*, detém o primado sobre todo o universo, mas ficam salvos todos os privilégios e direitos dos outros patriarcas (patriarcado*, jurisdição*). No que concerne à eucaristia, a questão da "forma" do sacramento* (as palavras de consagração) havia sido reservada para um acordo oral. Sobre todos esses pontos havia-se procedido por *cedulae* ou textos escritos propostos pelos latinos (que tinham, assim, vantagem). O problema do primado do papa foi um dos mais difíceis de resolver, em particular porque punha em jogo o poder de convocar o c., que o imperador não queria ceder ao papa, e que não iria figurar no decreto.

Fortalecido com o êxito da união e do decreto que afirmava o primado do papa, Eugênio IV lançou um novo ataque contra o c. de Basileia (*Moyses vir Dei*, 4 de setembro de 1439, *COD* 529-534). Depois estabeleceu contato com todas as outras Igrejas orientais para lhes enviar o texto do decreto de união, e pedir sua adesão. Elas responderam favoravelmente, e outras uniões foram assim concluídas. Primeiro, união com os armênios, que haviam sido convidados ao c. e ali chegaram em agosto de 1439 (*COD* 534-

559); foi-lhes transmitida, de uma parte, a definição de Calcedônia*, que eles nunca tinham recebido, e de outra parte, o ensinamento latino sobre os sacramentos. A 4 de fevereiro de 1442, é a união com os coptas, chamados "jacobitas" por serem monofisitas (monofisismo*) (*COD* 567-583): o decreto contém uma exposição trinitária, o cânon* do AT e do NT e uma exposição cristológica, assim como uma exposição sobre a salvação* e sobre os ritos e sacramentos. A 30 de novembro de 1444 segue-se a união com os sírios (*COD* 586-589), aos quais se dão esclarecimentos precisos sobre a processão do Espírito Santo, as duas naturezas de Cristo* e suas duas vontades (citando Calcedônia e Constantinopla II*, cf. monotelismo*); enfim, a 7 de agosto de 1445, a união com os caldeus, de obediência nestoriana, e com os maronitas de Chipre, reputados monotelitas (*COD* 589-591), conclui a obra unionista de Eugênio IV.

c) Recepção do concílio. — Resta explicar "o fracasso desse sucesso", segundo a fórmula de Gill. O povo ortodoxo jamais aceitou a união, acusando seus bispos de terem traído sua fé. Os próprios bispos, voltando a casa, tiveram a impressão de que agiram sob coerção em Florença: a precariedade de sua situação, o isolamento longe de sua pátria, o imperador desejoso de concluir a união para obter a ajuda do papa contra os turcos e salvar Constantinopla, tudo isso contribuía a lhes dar esse sentimento (mesmo se, durante as discussões, o imperador nunca exerceu pressão, nem o papa, chantagem). As circunstâncias era ambíguas, e a união foi concluída com excessiva rapidez (como exemplo de mal-entendido, com os coptas, sobre o primado e o dogma, ver P. Luisier, *OCP* 60, 1994, 519-562). Além disso, os papas Martinho V e Eugênio IV, em contraste com o c. de Basileia (Alberigo, 1991, 57-73), viam na união sobretudo uma volta à Igreja romana: assim seu procedimento, em lugar de levar à comunhão* de Igrejas, desejada pelos outros, vinha a dar mais frequentemente em um unionismo denunciado como uma vontade romana de anexação.

Pode-se acrescentar que os métodos teológicos latinos não haviam convencido os gregos (exceto Bessário ou Isidoro, que se tornaram cardeais da Igreja romana), e que o c., muito preocupado em obter rapidamente um texto de união, havia negligenciado outras dimensões essenciais ao êxito durável do acordo, por exemplo a comunhão litúrgica entre as duas partes (Alberigo, 1991, 407-427).

* Atas: Mansi 29-31; decretos: *COD* 435-591 (*DCO* II/1, 931-1210). — *Concilium basiliense, Studien und Quellen zur Geschichte des Conzils von Basel*, ed. J. Haller, 8 vol., Basileia, 1896-1936. — *Concilium Florentinum, Documenta et Scriptores*, 11 t. em 14 vol., Roma, 1940-1977. — *Monumenta conciliorum generalium saeculi XV*, t. I-III (Basileia), ed. F. Palacky-E. Birk-R. Beer, Viena, 1857-1892 (um vol. de índice, Viena, 1935).

▸ G. Hofmann (1949), "Das Konzil von Florenz in Rom", *OrChrP* 15, 71-84. — J. Gill (1959), *The Council of Florence*, Oxford; (1964), *Personalities of the Council of Florence*, Oxford; (1965), *Constance et Bâle-Florence* (*HCO* 9), Paris. — J. Decarraux (1970), *Les Grecs au c. de l'union, Ferrare-Florence 1438-1439*, Paris. — J. W. Stieber (1978), *Pope Eugenius IV, the Council of Basel and the Secular and Ecclesiastical Authorities in the Empire*, Leiden. — J. Helmrath (1987), *Das Basler-Konzil 1431-1449. Forschungstand und Probleme*, Colônia. — J. Gill (1989), *Church Union: Rom and Byzantium* (*1204-1453*), Londres. — Col. (1989 e 1990), *AHC* 21 e 22 (colóquio sobre Ferrara-Florença). — M. Mollat du Jourdin, A. Vauchez (sob a dir. de) (1990), *Histoire du christianisme. VI. Un temps d'épreuves* (*1274-1449*). — G. Alberigo (sob a dir. de) (1991), *Christian Unity. The Council of Ferrara-Florence 1438/1439-1989*, BEThL 97.

Bernard MEUNIER

→ *Cisma; Conciliarismo; Constança (concílio de); Estruturas eclesiais; Filioque; Humanismo cristão; Papa; Unidade da Igreja.*

BASÍLIO DE CESAREIA (chamado o Grande), *c.* 329-379

a) Vida. — Basílio (B.) de Cesareia (C.) é o filho mais velho de uma família numerosa da Capadócia, de origem patrícia e de tradição cristã. Entre seus irmãos e irmãs contam-se dois bispos (Gregório* de Nissa e Pedro de Sebaste), um asceta e uma virgem. Faz bons estudos em C., depois em Constantinopla e Atenas, onde é aluno de cé-

lebres retores. Trava conhecimento com Gregório* de Nazianzo, que irá se tornar seu amigo de coração. Sua formação se realiza no encontro da fé* cristã e da melhor cultura helenística. Seduzido pelo Evangelho, renuncia à profissão de retor, faz-se batizar e decide entrar na vida monástica. Contudo, muito depressa foi levado a ocupar-se dos assuntos da Igreja* de C. Presta serviços a seu bispo*, é ordenado sacerdote* (362 ou 364) e, em 370, é eleito bispo de C. Desenvolverá em alguns anos uma atividade doutrinal e eclesial intensa, antes de morrer ainda jovem em 379 segundo a tradição (ou, talvez, em 378).

Homem da Igreja e homem de ação, figura de proa em sua época, organizador e líder de homens, mas também homem de coração* frágil e susceptível, prejudicado por uma saúde precária, B. intervirá em muitos domínios: na teologia*, na vida monástica, na pregação*, na ação social e na defesa da justiça*, na política e enfim na liturgia*.

b) O teólogo. — Enfrentando a segunda geração ariana representada por Aécio e Eunômio, B. interessou-se por três grandes dossiês doutrinais que tocam o mistério* trinitário:

A divindade do Filho: a primeira obra teológica de B., o *Contra Eunomium* (*CE*), desmonta a argumentação racional impávida pela qual seu adversário queria fundar, numa análise da linguagem, o caráter criado do Filho, chamado *rebento*, enquanto o termo *inengendrado*, único e incomunicável, exprimiria a substância de Deus*. O ponto essencial de sua pesquisa especulativa é operar a distinção entre os atributos* essenciais e o atributos relativos em Deus e mostrar que esses últimos não multiplicam uma substância una e idêntica. Ora, os nomes* de Pai* e de Filho são nomes relativos (*CE* II, 28-29; SC 304, 117-125). Nessa obra, B. inaugura o deslocamento que permitirá ao termo "hipóstase" passar do sentido original de "substância" ao de "ato de subsistir na substância" ou de "subsistência".

A elaboração da doutrina trinitária: durante toda a vida, B. buscou reconciliar as Igrejas do Oriente. Essa reconciliação passava pela das fórmulas trinitárias empregadas por uns e outros: os nicenos, que sustentavam o *consubstancial**, às vezes com uma ambiguidade modalista, deviam retirar esta, afirmando claramente as três hipóstases divinas; de seu lado, os defensores das três hipóstases deviam aceitar sem reticência o *consubstancial*, a fim de não serem suspeitos de crer em três hipóstases desiguais em substância; as fórmulas unilaterais de uns e de outros viriam assim a completar-se e a equilibrar-se. O resultado desse trabalho foi o aprimoramento da fórmula dogmática* sobre a Trindade* que foi afirmada no Oriente logo em seguida ao I concílio* de Constantinopla*.

A divindade do Espírito Santo*: a obra doutrinal mais importante de B. foi o tratado *Sobre o Espírito Santo*, em que combate ao mesmo tempo o arianismo* radical de Aécio e de Eunômio, e as posições dos macedônios (Constantinopla I). A ocasião do tratado foi uma contestação referente à doxologia litúrgica empregada por B.: "Glória ao Pai, com o Filho e o Espírito Santo", à qual os adversários preferiam "Glória ao Pai pelo Filho e no Espírito Santo". Por trás desses matizes entre as preposições escondia-se o que estava em jogo: a igualdade ou a dessemelhança das três pessoas* divinas. Contra a máxima dos adversários que arguiam sobre a diferença de linguagem para concluir sobre a diferença de natureza, B. mostra que a Escritura* utiliza todas essas preposições para os três, e afirma que essa semelhança lexical exprime a identidade de sua comum natureza. Depois, apoiando-se sobre a fórmula batismal trinitária, o autor desenvolve longa argumentação doutrinal com base nos nomes bíblicos do Espírito Santo, em suas atividades e em seus dons para nossa salvação, a fim de mostrar que o Espírito Santo deve ser "conumerado" com o Pai e o Filho e receber a mesma honra (*homotimie*) que eles.

c) Os outros terrenos da ação de Basílio. — B. não é o inventor do monaquismo* oriental, mas foi seu grande legislador. Suas *Regras morais* classificam, em oitenta rubricas, 1542 versículos do NT, e apresentam uma exegese* prática dos ensinamentos bíblicos para os que querem viver o Evangelho em comunidade. O autor visa não apenas aos monges, mas também aos leigos* pertencentes a um movimento de reforma cristã que procurava impor-se ao conjunto dos fiéis. As *Grandes* e as *Pequenas*

regras são um conjunto de questões postas pelos discípulos sobre os diversos aspectos da vida religiosa e B. procura sempre dar respostas tiradas da Escritura. B. foi também um grande reformador litúrgico. A tradição* oriental lhe atribui uma *Liturgia*, que está sempre viva nas Igrejas do Oriente.

Cedo arrancado à vida monástica para ocupar-se da Igreja e dos problemas de seu tempo, B. foi primeiro um pregador eloquente e eficaz. Suas homilias sobre a riqueza foram tão radicais quanto mais tarde as de João* Crisóstomo. B. condenava severamente o empréstimo a juros (entendido como empréstimo para o consumo). Tomou iniciativas em favor dos pobres, "abrindo o celeiro dos ricos", lutando contra o "mercado negro" por ocasião de uma grande fome, e organizando sopas populares, que beneficiavam, até mesmo pagãos e judeus. Foi também um iniciador, com a criação em sua cidade de um imenso hospital, o Basilíades.

B. nos deixa uma importante correspondência (cerca de 360 cartas) na qual transparecem sua estratégia de governo* das Igrejas, suas lutas doutrinais no Oriente, as contradições encontradas, sua atitude perante Roma*, sua oposição corajosa contra o imperador ariano Valente, e enfim uma rede de amizades profundas e comoventes.

- PG 29-32. — Trad. fr.: *Lettres* (1957, 1961, 1966), I, II, III, CUFr; *Aux jeunes gens, sur la manière de tirer profit des lettres helléniques* (1965²), CUFr; *Sur le Saint-Esprit*, SC 17 *bis*; *Homélies sur l'Hexaemeron*, SC 26 *bis*; *Les règles monastiques* e *Les règles morales et portrait du chrétien* (1969), Maredsous; *Sur l'origine de l'homme*, SC 160; *Contre Eunome*, SC 299 e 305; *Sur le baptême*, SC 357. — Gregório de Nazianzo, *Pour le Grand B. Oraison funèbre*, SC 384. Em português: *Basílio*, São Paulo, 1999

▸ P. Humbertclaude (1932), *La doctrine ascétique de Basile de Césarée*, Paris. — S. Giet (1941), *Les idées et l'action sociale de saint Basile*, Paris. — D. Amand (1949), *L'ascèse monastique de Saint Basile, Essai historique*, Maredsous. — H. Dörries (1956), *De Spiritu Sancto. Der Beitrag des Basilius zum Abschluss des trinitarischen Dogmas*, Göttingen. — T. Spidlik (1961), *La sophiologie de Saint Basile*, Roma. — J. Bernardi (1968), *La prédication des Pères cappadociens. Le prédicateur et son audi-toire*, Paris. — R. Courtonne (1973), *Un témoin du IVe siècle oriental. Saint Basile et son temps d'après sa correspondance*, Paris. — P. J. Fedwick (1979), *The Church and the Charisma of Leadership in Basil of Caesarea*, Toronto; Id. (sob a dir. de), *Basil of Caesarea: Christian, Humanist, Ascetic*, 2 vol., Toronto. — J. Gribomont (1984), *Saint Basile. Évangile et Église. Mélanges*, 2 vol., Bégrolles-en-Mauges. — B. Gain (1985), *L'Église de Cappadoce au IVe siècle d'après la correspondance de Basile de Cesarée*, Roma. — R. Pouchet (1992), *Basile le Grand et son univers d'amis d'après sa correspondance*, Roma. — B. Sesboüé (1998), *Saint Basile et la Trinité. Un acte théologique du IVe s. Le rôle de Basile de C. dans l'élaboration de la doctrine et des langages trinitaires*, Paris.

Bernard SESBOÜÉ

→ *Arianismo; Constantinopla I (concílio); Liturgia; Modalismo.*

BATISMO

I. Na Escritura

1. Terminologia

O verbo *baptizein* — intensivo de *baptein*, cujo uso é apenas profano — significa mergulhar, batizar; e é utilizado nesse sentido geral nos LXX (2Rs 5,14). O NT conhece igualmente esse uso (Mc 10,38), mas emprega principalmente a palavra para designar o batismo (b.) cristão. Daí os substantivos *baptismos* (ação de mergulhar, que irá se tornar mais frequente para designar o batismo a partir do s. III) e *baptisma*, o batismo.

2. O mundo judaico

O AT conhece o uso da água para purificações rituais (Lv 14-15; cf. Mc 7,1-5). Os adeptos da comunidade de Qumran favoreciam as abluções cotidianas no desejo intenso de se purificar (1QSIII, 3-11). Por volta do s. I se desenvolve, além da circuncisão, o *batismo dos prosélitos*, destinado a purificar os pagãos que se querem tornar judeus. Faltam fontes para datar com precisão seu aparecimento; hoje a crítica tende a pensar que não houve influência sobre o batismo cristão (Légasse, 1993, cap. 5).

3. O Novo Testamento

A apresentação do b. não está unificada no NT; ela passou por uma evolução e nos é relatada por tradições variadas.

a) O batismo de João Batista. — O que se conhecia por Movimento Batista (Thomas, 1935) aparece hoje como um conjunto de correntes muito diversificadas, e é antes em sua singularidade que se procura situar a ação de João Batista. Os evangelhos* e os Atos gostam de harmonizar suas tradições sobre João e sobre Jesus*; fazem do primeiro o precursor do segundo, quaisquer tenham sido os conflitos entre os dois grupos; distinguem seus b. respectivos pela oposição água-espírito (Mt 3,11 par.).

João "prega um b. de conversão* para a remissão dos pecados*" (Mc 1,4; Lc 3,3). Mt, que reserva a remissão dos pecados à pessoa de Jesus (1,21; 26,28), só fala a propósito de João de um "b. de conversão" (3,11) e assinala por isso mesmo a eficácia atribuída pelos outros testemunhos ao b. de João. Este último se caracteriza por muitos traços. Primeiro, o papel ativo do batizador: em contraste com as abluções em que a pessoa se lava a si mesma, aqui se é batizado por outro. Em seguida, é um ato único, aberto a todos os que estão prontos a se converter. É enfim uma obra escatológica, exercida pelo profeta* dos últimos tempos, e um meio de "fugir da ira [v. cólera*] que está para vir" (Mt 3,7). O ritual não é muito particularizado: utiliza a água, mas nada indica uma imersão total.

b) O batismo de Jesus por João. — O fato é atestado, embora possa parecer chocante que Jesus tenha recebido um batismo para a remissão dos pecados; Mt explica que é preciso assim "cumprir toda a justiça*" (3,15). Os textos praticamente não descrevem o batismo propriamente dito; relatam antes a investidura profética (Perrot, 1979) de Jesus, sobre o qual o Espírito* desce como uma pomba, e a inauguração de seu ministério*; eles cristianizam a cena, a ponto de que esta servirá ulteriormente de modelo para o b. cristão. Por isso mesmo, as características do b. de João são transferidas para o b. cristão, com a diferença essencial que, para este último, é a relação do batismo cristão com Jesus.

c) Jesus batiza. — Tende-se hoje a conceder fé ao testemunho de Jo 3,22s, mesmo se uma glosa precisa que "Jesus mesmo não batizava, mas os seus discípulos" (Jo 4,2). Depois, não se ouve mais falar desses começos batistas de Jesus, talvez por motivos teológicos: de uma parte, Jo precisa que ainda não havia Espírito (Jo 7,39); de outra, toda a atividade de Jesus tende a mostrar que a salvação* provém menos de um gesto ritual que de sua pessoa mesma.

d) O batismo dos cristãos e suas significações. — Os escritos do NT atestam um trabalho teológico a propósito do sentido do b. (lista das perícopes em Guillet, 1985, 173 e 180-183). As primeiras informações são fornecidas por Paulo, que já fala do b. como de uma tradição* recebida (1Cor 1,11-17). Contudo, falta-nos informação para o período que separa o b. de João (por volta de 30) e os primeiros escritos de Paulo (cerca de 55); ignora-se pois quando os primeiros cristãos abandonaram a circuncisão, que já os meios paulinos comparam antiteticamente ao b. (Cl 2,11ss), e por que retomaram o gesto batismal como rito de adjunção (At 2,41) a Cristo e a seu corpo — o b. recebido pelo próprio Jesus provavelmente não tem nada a ver com isso.

Paulo desenvolveu a teologia* do b. de maneira muito original, aprofundando a relação entre o batizado e Jesus, até a afirmar que "nós todos, batizados em Jesus Cristo, é na sua morte* que fomos batizados" (Rm 6,3). O sentido pneumatológico e eclesial do b. não é menos afirmado, porque "fomos batizados em um só Espírito, para formarmos um só corpo" (1Cor 12,13). Cl, que constitui uma admirável catequese* batismal, elaborará mais ainda a relação à ressurreição, em uma etapa ulterior da tradição (2,12).

Nos sinóticos, o b. se apresenta como esse rito de água que o próprio Jesus recebeu, com o Espírito, no início de sua missão.

Quanto aos Atos, estabelecem notadamente o problema da relação do b. ao Espírito. Segundo At 2,38 e 10,47, o b. se acompanha do dom do Espírito Santo (depois ou antes).

Segundo At 8,15s e 19,2-6, a imposição* das mãos acrescenta-se ao rito batismal em vista do dom do Espírito. Tentou-se distinguir as duas tradições pelo uso das fórmulas empregadas: o b. em (ou sobre) o nome* de Jesus Cristo (tradição lucaniana, com o dom do Espírito); o b. para o nome do Senhor Jesus (tradição paulina, com imposição das mãos, cf. Quesnel, 1985). Segundo Légasse (1993, 120-127), a segunda expressão seria a mais antiga; no começo, indicando apenas a relação a Jesus, teria adquirido um sentido teológico mais forte seguindo o movimento da cristologia*. Quanto à relação b.-Espírito, a tradição seria ambivalente.

Jo 3,5 reforça essa relação e estabelece a necessidade do b. para entrar no reino* de Deus*, afirmação que mais tarde receberá uma importância muito grande. 1Jo 5,6ss orienta para uma síntese, atestando que Jesus Cristo não veio só com a água (João), nem só com o sangue (Paulo), nem só pelo Espírito dos pneumáticos, mas esses três convergem para o uno, para Cristo*, de cuja chaga do lado deixou correr sangue e água antes que entregasse o espírito (Jo 19,30-34).

As notícias batismais mais acabadas encontram-se nos finais de Mt e de Mc, que pertencem a camadas redacionais mais tardias. Nelas, o Ressuscitado envia solenemente seus apóstolos* em missão. Mc 16,16 estabelece um laço entre o b. e a fé*, enquanto Mt 28,19 apresenta uma fórmula trinitária cujo sucesso será evidente nas liturgias batismais.

Para além da diversidade de suas tradições, o NT chega assim a apresentar o b. como um gesto de água único (Ef 4,5), realizado pela Igreja* em nome da Trindade* para associar os batizados à comunidade. Quanto ao rito, em parte alguma é descrito com precisão. At 8,38 indica que Filipe e o eunuco descem "à água"; o v. 37 (tradição ocidental) assinala uma profissão de fé cristológica.

II. Na história

1. Os quatro primeiros séculos

A diversidade de tradições encontrada no NT prossegue; o b. dos cristãos não é referido a um texto bíblico originário, como a eucaris-

253

tia* (euc.) à última ceia. E se a Antiguidade cristã vê ampliar-se o ritual do b., só conhece, contudo, uma celebração única da iniciação* cristã. A unidade vem mais de uma inteligência geral do b. como celebração trinitária de entrada na Igreja do que de uma (inexistente) uniformidade ritual.

Os testemunhos do s. II são pouco abundantes (Benoît, 1953). O cap. 7 da *Didaché* apresenta o b. depois da instrução dos cap. 1-6. Menciona o b. em nome das três pessoas*, mas também em nome do Senhor (9, 5); fornece precisões sobre a utilização da água, eventualmente apenas por efusão, e sobre o jejum aconselhado a todos os que podem fazê-lo. Em meados desse mesmo século, Justino acrescenta que o sentido do b. é o de uma iluminação (*phôtismos*); e observa que a celebração remata com a euc. (*1 Apol.* 61, 65).

O s. III conhece um desenvolvimento ritual importante (exorcismos*, unções com óleos*, imposição das mãos) que provém fundamentalmente da Escritura*, mesmo se encontra apoio nos usos do mundo antigo. Tertuliano* é o primeiro a nos fornecer um *Tratado do b.* (início do s. III). A *Tradição apostólica* (em Roma, por volta de 215) oferece o primeiro ritual digno desse nome. Começa por um catecumenato (nº 15 a 20) que pode durar três anos e se apresenta como uma provação, com numerosos exorcismos. Faz-se o b. no fim de uma vigília (provavelmente pascal). Depois da renúncia a Satanás e de uma primeira unção feita pelo presbítero*, com o óleo de exorcismo, os candidatos descem nus à piscina com um diácono*, para uma tríplice profissão de fé por perguntas e respostas, e uma tríplice imersão na água. Seguem uma unção cristológica feita pelo presbítero com o óleo de ação de graças, o vestir-se de novo e a entrada na igreja. Ali o bispo* lhes impõe as mãos, com uma oração* para o dom do Espírito, depois lhes faz uma terceira unção, trinitária, e lhes dá o beijo da paz; seguem-se a oração universal e a oferta dos dons para a euc. Esse ritual, muito amplo, influenciará toda a tradição ocidental. Importa sublinhar seu sentido eclesial: tornados *cristãos* em sua entrada para o catecumenato, e escolhidos (*electi*) em sua fase

final, os batizados se tornam *fiéis* ao receberem o sacramento da fé, e entram verdadeiramente na comunidade cristã; a celebração é realizada pelo bispo, rodeado de diáconos e de presbíteros, e é coroada pela euc.

No entanto, não se podem generalizar essas informações, sobretudo no que concerne ao Oriente, onde se encontram tradições diversas. Assim, na Síria, os *Atos de Tomé* (siríacos, do início do s. III) ligam o dom do Espírito a uma unção prébatismal (o selo), como será ainda o caso em João* Crisóstomo; eles não comportam nem profissão de fé nem renunciação. Em Alexandria, o b. acontece na Epifania, festa do b. de Cristo, e portanto dos cristãos. A liturgia* copta desenvolve uma teologia batismal na linha dos sinóticos: como Jesus, o cristão é batizado no início de sua existência e ali recebe o Espírito em vista de sua missão; quarenta dias mais tarde, realiza-se uma apresentação ao Templo*.

A segunda metade do s. IV vê florescerem grandes cateceses* batismais e mistagógicas que refletem a importância atribuída à iniciação cristã pelos bispos da época — Cirilo (ou João) de Jerusalém, João* Crisóstomo, Teodoro de Mopsueste ou Ambrósio*. Essas cateceses contêm informações abundantes sobre a teologia e os ritos batismais (Camelot, 1963) que têm tendência, na época, a intercambiar-se de uma Igreja para a outra. Nota-se nelas maior importância concedida à teologia paulina* do b., como passagem na morte e na ressurreição* de Cristo; essa concepção, até aqui pouco representada, vai contribuir para destacar melhor o dom do Espírito, em relação também com o concílio de Constantinopla* de 381. Vê-se também aparecerem ritos pós-batismais onde antes não existiam.

O batismo das criancinhas (b.cr.) é mencionado explicitamente pela primeira vez por Tertuliano, no começo do s. III, para opor-se a ele ("Sim, que elas venham, mas quando tiverem crescido, quando estiverem em idade de serem instruídas...", *De baptismo* 18, 4). A *Tradição apostólica* bem que indica, aliás, que não se trata, como ulteriormente, de batizar as crianças sozinhas: são batizadas com seus pais (continuação provável do "batismo das casas" mencionado em At 16,15). Constata-se em seguida, no s. IV, uma vaga de retardamento do b.: os capadócios, João Crisóstomo, Jerônimo, Agostinho* e outros, nascidos de pais cristãos, foram batizados na idade adulta, talvez por razões atinentes à disciplina penitencial (Jeremias 1967) — mas uma vez tornados bispos, pronunciaram-se em favor do b.cr.

As dificuldades teológicas surgiram com o aparecimento do novacianismo*. Os adeptos de Novaciano rebatizavam os cristãos desejosos de entrar em seu movimento. Na Grande Igreja mesma, havia duas tradições a respeito: a África e a Ásia Menor também rebatizavam; Roma* e Egito contentavam-se com impor as mãos. A controvérsia foi viva, em meados do s. III, entre África e Roma. Muitos concílios africanos reuniram-se para examinar a questão, e Cipriano* escreveu a propósito suas cartas 69 a 74. O papa* Estêvão atinha-se ao princípio: *Nihil innovetur nisi quod traditum est, ut manus illis imponatur in paenitentiam* (*Ep.* 74, 2, 2-3) ("Que nada se inove, mas siga-se apenas a tradição impondo-lhe as mãos em sinal de penitência*"). Cipriano, por seu lado, argumentava que só existe um b., aquele que confere a Grande Igreja, porque só há uma Igreja e um só Espírito, e porque ninguém pode ter a Deus por Pai* se não tem a Igreja por mãe (*Ep.* 74, 7, 2). E aliás, "fora da Igreja não há salvação" (*Ep.* 73, 21, 2). No b., a Igreja transmite o que possui; o suposto b. dos hereges não passa de um rito aquático.

Essa posição não será mantida. O concílio de Arles de 314 adotará a concepção romana e afirmará que o valor do b. depende do conteúdo da fé professada (cân. 8). O concílio de Niceia*, em 325, confirmará essas posições (cân. 8 e 19).

A controvérsia prossegue contra o donatismo*, sob a forma de um conflito que Agostinho chegou a resolver passando da concepção eclesiológica de Cipriano a uma compreensão cristológica do b. Este não pertence primeiro à Igreja, mas a Deus e a Cristo. Seja qual for o ministro, é sempre Cristo que batiza (Jo 1,33) — donde a frase famosa: "Se for Pedro que batiza, é ele [Cristo] que batiza; se for Paulo que batiza, é ele que batiza; se for Judas que batiza, é ele que batiza" (*Tratado sobre o Evangelho de João*, VI, 5-8, CChr.SL 36, 56-57).

É nesse contexto que nasce a noção técnica de ministro de um sacramento. Agostinho distingue

a *potestas* do b. (que pertence apenas a Cristo), e o *ministerium* do ministro. Este não dá de seu próprio bem (Cipriano), é apenas servidor de Cristo. Admite-se desde então no Ocidente que em caso de urgência qualquer um pode batizar, mesmo um não batizado, contanto que tenha a intenção de fazer o que faz a Igreja (*DS* 1315, 1617).

A crítica do pelagianismo* proporciona a ocasião de novas precisões. Os pelagianos batizavam decerto as criancinhas; mas, em razão de sua inocência, negavam que recebessem o b. para a remissão dos pecados*. Agostinho objeta que o b. delas indica que devem ser salvas. "De que, senão da morte, dos vícios, dos laços, da escravidão, das trevas dos pecados? Como sua idade as impede de terem cometido pecados pessoalmente, resta o pecado original*" (*Dos méritos dos pecados e de sua remissão, assim como do b.cr.*; ano 412, I, 26, 39, PL 44, 131).

Vemos então desenvolver-se em Agostinho a doutrina do pecado original*, sob a dupla pressuposição da inocência pessoal das crianças (suposta por raciocínio) e de um b.cr., já admitido e conferido "para a remissão dos pecados". E uma vez desenvolvida, a doutrina, então, vai tornar-se um motivo para batizar as crianças. Posteriormente, o b.cr. será dominante no Ocidente, a ponto de ocultar os valores positivos do b., afirmados, p. ex., por João Crisóstomo (*Catequeses batismais* III, 5-6).

Na controvérsia antidonatista, Agostinho desenvolverá ainda os lineamentos do que irá se tornar a doutrina do *caráter* do b. (*DS* 1609). Com efeito, querendo sublinhar o aspecto definitivo do sacramento, ele falará de *sacramentum manens*. E entre as imagens utilizadas para explicar sua realidade figura a da ovelha marcada pelo sinal de seu proprietário.

A partir da segunda metade do s. IV, a massa da população mediterrânea torna-se cristã. Esse sucesso ocasiona mudanças de sociologia eclesial (cf. a carta de Inocêncio I a Decentius de Gubbio, que mostra as consequências dessa situação nova para o batismo-confirmação, para a euc. e para os ministérios*). Quanto à iniciação cristã, Oriente e Ocidente vão tomar dois caminhos diferentes. O primeiro privilegiará a unidade da iniciação, e concederá aos presbíteros o direito de conferi-la em sua totalidade. O Ocidente preservará para a confirmação* (c.) um laço para com o bispo, o que levará progressivamente a dissociar b. e c.

2. A alta Idade Média ocidental

No s. V, passa-se de uma maioria de b. de adultos a uma maioria de b.cr. Nas cidades episcopais, o b. continua a ser conferido na Páscoa* pelo bispo, que confirma e dá a eucaristia na mesma celebração; no campo, o sacerdote batiza cada vez mais crianças quando do seu nascimento, e as faz comungar o sangue consagrado; a c. é, excepcionalmente em seu espírito, adiada para a ocasião da passagem do bispo.

Os livros litúrgicos do s. VIII acrescentam, depois das perguntas e respostas sobre a fé, uma fórmula batismal calcada em Mt 28,19, que se pode estimar que já era conhecida no Ocidente dois séculos mais cedo (De Clerck, 1990). A relação entre a fé e o b. se encontra modificada: doravante, não se é mais batizado professando a fé, e o jogo de perguntas e respostas pode aparecer agora como uma espécie de condição preliminar ao b., efetuado pelo ministro com ajuda de uma fórmula que o designa como sujeito da ação ("Eu te batizo…"). Essa fórmula virá a ser a matriz das fórmulas dos outros sacramentos*.

3. A Idade Média ocidental

Pode-se estimar que a partir do s. XII o Ocidente conhece o b. *quam primum*, isto é, conferido logo que possível depois do nascimento. Está pois consumada a ruptura com o b. pascal, mas também com a primeira comunhão*, adiada para a época da idade da razão. Assim se autonomizam os três sacramentos da iniciação cristã, outrora objeto de uma única celebração; na lista do setenário sacramental estabelecida em 1150, o b., a c. e a euc. são contados separadamente. Por sua parte, os teólogos escolásticos* sistematizam o ensinamento recebido, assim na *Suma teológica* de Tomás* de Aquino, IIIa, q. 66-71.

Trata-se também da questão das crianças mortas sem b., questão aguda em uma sociedade em que a mortalidade infantil é grande, e em que a teologia do b. é dominada pela consideração do pecado original. Afina-se então a teoria do "limbo* (lugar intermediário) das crianças". Não sendo batizadas, estas não podem entrar no reino de Deus, segundo Jo 3,5. Por outro lado, sua inocência faz que se repugne a considerá-las como condenadas. Segundo Tomás, *Sent.* II, d. 33, q. 2, essas crianças são privadas da visão beatífica*; mas, como a natureza não é por ela mesma orientada para o sobrenatural*, não sofrem por isso: "Não há tristeza de ser privado de um bem ao qual não se está proporcionado" (Boissard, 1974). Essa teologia, branda em relação às ideias agostinianas, nunca será recebida como doutrina da Igreja. Isso não impede que tenha exercido muita influência, mas não suprimiu todos os temores. A esse propósito, conheceram-se os "santuários de espera", lugares de peregrinação* aonde se levavam as crianças mortas sem b.; postas sobre o altar, algumas delas pareciam recuperar por um breve momento a vida, e aproveitava-se disso para batizá-las.

4. A Reforma e a época moderna

Os grandes reformadores não questionarão nem o b. nem o b.cr. A crítica virá dos anabatistas*, que opõem ao b.cr. razões bíblicas (o NT exige a fé para o b.) e eclesiológicas (a Igreja só pode ser composta de "confessantes"). São eles os precursores dos batistas* do s. XVII, que professam a mesma teologia do b. e o conferem por imersão.

5. O século XX

Este século é marcado por dois eventos da maior importância: o movimento ecumênico e o II concílio* do Vaticano*.

a) A constituição *Sacrosanctum concilium* do Vaticano II consagra os números 64 a 70 ao b. No nº 64, decide a restauração do catecumenato dos adultos por etapas; no nº 66, pede a revisão do rito do b.cr. para "adaptá-lo à situação real das criancinhas". No nº 69 prevê, para uma criança batizada em caso de urgência, a composição de um rito de acolhimento na comunidade (cf. cap. VI do *Ritual do b.cr.*), como também, para pessoas batizadas em outras confissões, um rito de admissão na plena comunhão da Igreja (cf. o *Ritual da iniciação cristã dos adultos*).

Essas prescrições foram realizadas pelo *Consilium* para a aplicação da constituição. O *Ritual do b.cr.* foi publicado em latim, em 1969, e no mesmo ano em tradução provisória; a tradução portuguesa para o Brasil data de 1998. Contém importantes "Notas doutrinais e pastorais" que dão a chave para a parte ritual. As modificações principais são de duas ordens. De uma parte o b. reencontra uma liturgia da Palavra*. De outra parte, é a primeira vez na história* da Igreja que se publica um ritual "adaptado à situação real das criancinhas" — um fato que permite afirmar que na consciência da Igreja o modelo teológico do b. é efetivamente o dos adultos. Essa adaptação faz também de maneira que doravante são os pais, e não mais os padrinhos e madrinhas, que ocupam o plano principal; eles "exercem um verdadeiro ministério*" (*Notas*, nº 40) quando pedem o b. para seu filho e professam eles mesmos a fé da Igreja.

O *Ritual da iniciação cristã dos adultos* (*RICA*) foi publicado em latim em 1972. A noção de iniciação cristã, descoberta por Duchesne no fim do s. XIX, foi adotada pelo Vaticano II e se encontra no título de todos os *rituais*. O *RICA* é um livro volumoso, que além das "Notas doutrinais e pastorais" contém o ritual do catecumenato, que pode estender-se por três anos, e o dos sacramentos da iniciação. É estruturado em quatro tempos (primeira evangelização, catecumenato, última quaresma e mistagogia) e em três celebrações (entrada no catecumenato, chamada decisiva e inscrição do nome, e os sacramentos mesmos). Os sacramentos são normalmente celebrados por ocasião da vigília pascal pelo bispo, senão pelo padre que, nesse caso, pode confirmar os novos batizados (nº 228; cf. *LG*, nº 26, que estipula que o bispo é o ministro *originário* da c.). Essa prescrição é exatamente contrária à da alta Idade Média, e suprime pois a causa principal da dissociação da iniciação cristã.

b) O movimento ecumênico preocupou-se evidentemente com o b. Desde sua primeira conferência em Lausanne (1927), "Fé e constituição" pôs em pauta a busca de um texto de convergência doutrinal sobre o b. Esse texto conheceu versões diversas antes de ser publicado em Lima no ano de 1982, sob o título *Batismo, Eucaristia, Ministério* (*BEM*), a fim de ser examinado pelas várias Igrejas, cujas respostas deram lugar a um relatório editado em 1991.

Esses avanços permitiram que as Igrejas reconhecessem mutuamente os b. celebrados em seu seio, notadamente na Bélgica (1971), na França (1972) e na Alemanha (Concórdia de Leuenberg, 1973) (Sicard, 1991). O *CIC* concede hoje o favor da validade* de um b. não católico; estipula: "Aqueles que foram batizados em comunidade eclesial não católica não devem ser batizadas sob condição, a não ser que, examinadas a matéria e a forma das palavras usadas no batismo conferido, e atendendo-se à intenção do batizado adulto e do ministro que o batizou, haja séria razão para duvidar da validade do batismo" (cân. 869, § 2).

III. Teologia do batismo

A iniciação cristã dos adultos constitui o modelo do s., desdobra melhor sua realização ritual, e oferece a melhor base à reflexão teológica. De fato, é a partir dela que se pode compreender a particularidade do b.cr.

1. Batismo e destino pessoal

O b., seja ele de crianças ou de adultos, constitui o fundamento da identidade pessoal do cristão. O sinal mais importante é, no b.cr., a doação do nome, por onde se inicia o procedimento ritual. Para o adulto, essa identidade se recebe no cerne do trágico de sua existência, na escolha assumida, de uma parte, ao encontro do mal* que havia experimentado em sua vida anterior (renunciação), e de outra parte, em favor de Deus, de seu Cristo e do Espírito, cujo amor* é mais forte do que toda forma de morte (profissão de fé).

2. Significação do batismo dos adultos

Todo b. se realiza pela mediação de uma comunidade cristã, mas ela não é o fim último do procedimento: é a fé no Deus trino, a que concernem as perguntas feitas justamente antes do gesto de água. Isso equivale a dizer o valor sacramental do evento, ato de Deus realizado por sua Igreja, e que não se reduz a um rito de pertença. Essa lógica sacramental convida a considerar primeiro as relações eclesiais estabelecidas pelo b., para examinar em seguida as relações trinitárias, nas quais reside a graça* batismal.

a) *O batismo, instauração de relações eclesiais.* — Segundo At 2,41, "houve cerca de três mil pessoas que nesse dia se juntaram a eles", e como o verbo não recebe complemento, pode-se compreender que os novos batizados são adjuntos a Cristo, em nome do qual foram batizados, e também adjuntos à comunidade. O v. 47 favorece essa última interpretação: certas variantes nomeiam ali a Igreja. Todo b. é realizado *pela* Igreja e um de seus ministros (bispo, padre ou diácono), *na* Igreja, porque "ninguém pode ter a Deus por Pai se não tem a Igreja por Mãe" (Cipriano, *Ep.* 74, 7), e *em vista de* constituir a Igreja.

A que Igreja o b. agrega? Não só à comunidade local, porque não se é rebatizado quando se vem a frequentar outra. A dimensão sacramental do b. e os recentes acordos de reconhecimento intereclesial do b. convidam a afirmar que os batizados são agregados à Igreja de Deus. Mas o são, necessariamente, por mediação de uma Igreja particular*. E como não estão todas em comunhão, há que reconhecer que se os batizados são agregados à Igreja de Deus, tornam-se ao mesmo tempo membros de uma Igreja confessional* — mesmo se esta devesse, como a Igreja católica, considerar que "subsiste" nela a plenitude da eclesialidade. Sob o título *Incorporação no Corpo de Cristo*, o *BEM* escreve:

"Celebrado em obediência a Nosso Senhor, o b. é um sinal e um selo de nosso engajamento comum de discípulos. Por meio de seu próprio b. os cristãos são conduzidos à união com Cristo, com cada um dos outros cristãos, e com a Igreja de todos os tempos e de todos os lugares. Nosso b. comum, que nos une a Cristo na fé, é assim um elo fundamental de unidade*. Somos um só povo*, e somos chamados a confessar e a servir um só Senhor, em cada lugar e no mundo inteiro. A união com Cristo de que partilhamos pelo b. tem implicações importantes para a unidade cristã: 'Há... um só b.; um só Deus e Pai de todos...' (Ef

4,4-6). Quando a unidade batismal é realizada na Igreja una, santa, católica e apostólica, um testemunho cristão autêntico pode ser dado ao amor de Deus que cura e reconcilia. Por isso nosso único batismo em Cristo constitui um apelo às Igrejas para que superem suas divisões e manifestem visivelmente sua comunhão" (n° 6).

O b. constitui com efeito o fundamento da unidade dos cristãos tanto no interior de uma Igreja, de que se torna membro por um ato de Cristo (e não pela cooptação dos outros membros), como entre as Igrejas que aí encontram a razão de seus esforços ecumênicos.

O b. estabelece uma relação a Deus pela mediação de uma Igreja, mas não exclui outras vias de salvação por Cristo, pois "tudo foi criado por ele e para ele" (Cl 1,16), e que "quer que todos os homens se salvem" (1Tm 2,4). Porque se é justo dizer que o b. na fé salva, é ainda mais exato afirmar que é Deus que salva pelo b., ou por outras vias de sua misericórdia*. Segundo a teologia clássica, a necessidade do b. é de preceito* e não de meio, porque "Deus não prendeu sua potência* aos sacramentos" (Tomás de Aquino, *ST* IIIa, q. 64, a. 7); ela se impõe a toda pessoa que percebe no b. a realização da aliança* com Deus.

b) *O batismo, instauração de relações trinitárias.* — A relação a Cristo, cronologicamente a primeira (At 2,38; 1Cor 1,13), mostra ser também a mais fundamental (Rm 6,3-11); o que corroboram o primeiro gesto da celebração, a signação, e a tradição ocidental do b. na Páscoa. Com efeito, do ponto de vista dos batizados, o b. consiste essencialmente em passar pela morte de Cristo para ressuscitar com ele e para que "também nós levemos uma vida nova" (Rm 6,4). Do ponto de vista de Cristo, o b. é o gesto em que ele compromete sua fidelidade para com aqueles que lhe confiam a fé; é o que afirma em outro vocabulário, a doutrina do caráter batismal (*DS* 1609). Vê-se assim uma estrutura de reciprocidade governar a lógica do ato sacramental: a intenção de Deus em Cristo é recebida por pessoas que lhe respondem no Espírito, em vista de construir a Igreja. No b. os cristãos recebem sua vocação. Como diz a oração que acompanha a unção do crisma:

"Doravante fazeis parte de seu povo* [do Pai*], sois membros do corpo de Cristo, e participais de sua dignidade de sacerdote, profeta e rei"; essa vocação encontra-se desenvolvida em *LG* 34-36. Lida dessa maneira, a vida cristã é, na sua totalidade, uma vida batismal.

A relação ao Espírito Santo é afirmada no NT, seja na linha lucaniana da força de Deus recebida para a missão*, seja na linha paulina da transformação interior, da santificação. Mesmo se existe um dom específico do Espírito na c., não se pode, com base nisso, deduzir sua ausência no b., porque se batiza em nome do Pai, do Filho e do Espírito Santo. O dom do Espírito é a remissão dos pecados (Jo 20,22s). Ser batizado é, portanto, receber outro Espírito que o seu, e ser chamado a produzir seus frutos (Gl 5,22) em uma vida "espiritual*".

"Os que são conduzidos pelo Espírito de Deus, esses é que são filhos de Deus" (Rm 8,14). O termo do procedimento batismal é a relação a Deus, reconhecido como Pai e Criador, com a existência confiante que ela proporciona, porque: "Se Deus é por nós, quem será contra nós?" (Rm 8,31-39).

3. Significação particular do batismo das crianças

a) *Justificação do batismo das crianças.* — Sendo o b. o sacramento da fé, como admitir o valor de um verdadeiro b. celebrado em uma idade que por princípio exclui toda resposta pessoal de fé? A resposta consiste em afirmar a necessidade de uma suplência, de uma fé vicária, que a tradição da Igreja situa em dois níveis. De uma parte, a fé da Igreja, na qual todo sacramento é celebrado (e não só o b.cr.). Isso força a admitir que a expressão "o b., sacramento da fé" não tem somente um sentido subjetivo (os batizados devem dar sua resposta de fé), mas também um sentido objetivo: batizando, a Igreja ergue a figura sacramental de sua fé na salvação de Deus. Isso permite compreender que o sujeito da fé não é, primeiro, o indivíduo, mas a Igreja, o povo de Deus. Em outros termos, a existência do b.cr. evidencia também dimensões da própria fé.

De outra parte requer-se a fé de outrem (*fides aliena*), tendo em vista que a fé da Igreja deve ser transmitida por pessoas concretas. Aos olhos dos teólogos que aceitam o pedobatismo, o b.cr. é justificado quando é pedido por crentes (Tomás de Aquino, *ST* IIIa, q. 68); estes não devem necessariamente ser os pais.

b) *Os motivos do pedobatismo.* — Entre as razões teológicas, há que pôr em primeiro lugar a vontade salvífica universal de Deus, que se dirige também às criancinhas; a própria existência do b.cr. manifesta que elas contam aos olhos de Deus. Outro motivo é o pecado original; mesmo se, evidentemente, nenhum pecado atual é imputável às criancinhas, estas nascem contudo em um mundo em que os homens têm imemorialmente necessidade de serem salvos por Deus (*DS* 1514). Por outro lado, o b.cr. é a figura por excelência da gratuidade da salvação; antes mesmo de toda possibilidade de resposta das crianças, a iniciativa de Deus é celebrada em relação a elas. Trata-se do motivo da graça preveniente, cara aos luteranos. Pode-se desenvolvê-lo sobre o modo mais existencial, mostrando como o b.cr. vai ao encontro do mistério mesmo da existência humana. Com efeito, o homem tem pouco domínio sobre sua própria vida; em todo caso, não tem a iniciativa de sua vinda ao mundo. O b.cr. é sua duplicação simbólica, o que explica sem dúvida sua persistência ao longo de toda a história*, apesar das críticas constantes. O b.cr. oferece enfim o paradigma da solidariedade eclesial, porque não teria sentido se a salvação fosse apenas individual; aqui ainda, põe em relevo dimensões da fé.

c) *As objeções contra o pedobatismo.* — Foram expressadas muitas vezes, e estão resumidas na *Instrução sobre o b.cr.*, promulgada pela Congregação para a Doutrina da Fé em outubro de 1980. Além da impossibilidade, já citada, da profissão de fé, as duas objeções principais são: o tipo de Igreja à qual o pedobatismo leva, e a liberdade*.

A crítica da Igreja multitudinária à qual a prática do b.cr. conduz foi muitas vezes formulada na segunda metade do s. XX. Foi também escutada, e muitas Igrejas tomaram medidas contra o "pedobatismo generalizado" (J.-J. von Allmen, 1967), notadamente a preparação dos pais. As evoluções socioeclesiais do Ocidente fazem que a problemática esteja hoje voltando-se a favor de uma posição mais franca a respeito do b.cr. (Gisel, 1994).

A objeção mais frequentemente ouvida concerne à liberdade das crianças e a uma concepção sectária do b.cr. Qualquer que tenha sido seu passado, é aos pais que se dirige o novo *Ritual*, e são eles que são convidados a professar sua própria fé por ocasião do b. de seu filho. Certamente é esse que é batizado, mas um eventual afastamento posterior de sua parte não se pode considerar apostasia, na medida em que ainda não aderiu pessoalmente à fé de seu b. Além disso, a objeção pode ser refutada por uma reflexão filosófica sobre a liberdade: esta não se confunde, na verdade, com um arbitrário perpétuo, mas representa o poder de projetar escolhas e de inscrevê-las ao longo da vida. Pode-se igualmente perguntar se a objeção não revela também uma incerteza dos pais sobre suas próprias disposições de fé.

d) Particularidades do batismo dos adultos e do b.cr. — Pode-se sustentar a afirmação tradicional de que existe um só b. (Ef 4, 4), fazendo aparecer claramente as lógicas próprias do b.cr. e do b. dos adultos.

As diferenças entre as duas formas de b. são evidentes. Elas concernem aos sujeitos (adultos/criancinhas), ao ministro (bispo/padre ou diácono), e à sequência ritual (três anos/uma única celebração). Além dessas diferenças, trata-se de dois modelos distintos. Na iniciação cristã dos adultos, numerosos elementos da vinda à fé precedem o b.; este é celebrado na noite de Páscoa com a c. e a euc. (cf. *RICA*, nº 34), que abrem o tempo da mistagogia. O modelo é exatamente inverso para o b.cr.: tudo o que precedia o b. para adultos deve vir depois para as crianças. Estamos de fato em presença de duas lógicas diferentes do mesmo b., lógica da conversão* para os adultos, lógica de educação progressiva para as crianças (De Clerck 1991).

• 1/OBRAS GERAIS: H. Hamman (1969), *B. et confirmation*, Paris. — H. Bourgeois (1982), *L'initiation chrétienne et ses sacrements*, Paris.

2/ESCRITURA: J. Thomas (1935), *Le mouvement baptiste en Palestine et en Syrie* (*150 av. J.-C.—300 ap. J.-C.*), Gembloux. — J. D. G. Dunn (1970), *Baptism in the Holy Spirit. A Re-examination of the New Testament Teaching on the Gift of the Spirit in Relation to Pentecostalism Today*, Londres. — C. Perrot (1979, 1993²), *Jesus et l'histoire*, Paris, 95-136. — J. Guillet (1985), *Entre Jésus et l'Église*, Paris. — M. Quesnel (1985), *Baptisés dans l'Esprit. B. et Esprit Saint dans les Actes des Apôtres*, LeDiv 120. — S. Légasse (1993), *Naissance du b.*, LeDiv 153.

3/HISTÓRIA: J. Daniélou (1951), *Bible et liturgie. La théologie biblique des sacrements d'après les Pères de l'Église*, Paris. — A. Benoît (1953), *Le b. chrétien au IIe siècle. La théologie des Pères*, Paris. — L. Villette (1959-1964), *Foi et sacrement*, t. 1: *Du NT à saint Augustin*; t. 2: *De saint Thomas à Karl Barth*, ibid. — M. Dujarier (1962), *Le parrainage des adultes aux trois premiers siècles de l'Église*, Paris. — J. Ysebaert (1962), *Greek Baptismal Terminology. Its Origin and Early Development*, Nimega. — P. T. Camelot (1963, 1993²), *Spiritualité du b.*, Paris. — J. Jeremias (1967), *Le b. des petits enfants pendant les quatre premiers siècles*, Le Puy. — J. C. Didier (1967), *Faut-il baptiser les petits enfants? La réponse de la tradition*, Paris. — G. Kretschmar (1970), "Die Geschichte des Taufgottesdienstes in der alten Kirche", *in* K. F. Müller, W. Blankenburg (sob a dir. de), *Leiturgia. Handbuch des evangelischen Gottesdienstes*, t. 5, Cassel, 1-348). — E. Boissard (1974), *Réflexions sur le sort des enfants morts sans b.*, Paris. — G. Kretschmar (1977), "Nouvelles recherches sur l'initiation chrétienne", *MD* 132, 7-32. — A. Jilek (1979), *Initiationsfeier und Amt. Ein Beitrag zur Struktur und Theologie der Ämter und des Taufgottesdienstes in der frühen Kirche* (*Tr. ap., Tertullian, Cyprian*), Frankfurt. — P. de Clerck (1986), "La dissociation du b. et de la confirmation au haut Moyen Âge", *MD* 168, 47-75). — V. Saxer (1988), *Les rites de l'initiation chrétienne du IIe au VIe siècle. Esquisse historique et signification d'après les principaux témoins*, Spoleto. — A. Benoit, C. Munier (1944), *Le b. dans l'Église ancienne* (*I-IIIe siècles*), Berna.

4/LITURGIA:
a) Os rituais atuais: *Ordo baptismi parvulorum*, Roma, 1969 (1973²) (*Ritual do batismo de crianças*, São Paulo, 1999). — *Ordo initiationis christianae adultorum* (*OICA*), Roma, 1972. — "Ordo initiationis puerorum qui aetatem catecheticam adepti sunt", cap. V da *OICA*.

b) Estudos: A. Stenzel (1958), *Die Taufe. Eine genetische Erklärung der Taufliturgie*, Innsbruck. — A. Kavanagh (1978), *The Shape of Baptism. The Rite of Christian Initiation*, Nova York. — R. Cabié (1984), "L'initiation chrétienne", *in* A.-G. Martimort (sob a dir. de), *L'Église en prière*, nova ed., Paris, 21-114. — B. Kleinheyer (1989), *Die Feiern der Eingliederung in der Kirche*, Regensburg. — P. de Clerck (1990), "Les origines de la formule baptismale", *in* P. de Clerck, E. Palazzo (sob a dir. de), *Rituels. Mélanges offerts à P.-M. Gy O.P.*, Paris, 199-213. — O. Sarda (1991), "B. des enfants en âge de scolarité. La situation en France", *MD* 185, 61-83. — N. Duval e J. Guyon (1993), "Le baptistère en Occident", in *MD* 193, 53-70.
5/ECUMENISMO: A. Houssiau (1970), "Implications théologiques de la reconnaissance interecclésiale du baptême", *RLT* 1, 393-410. — CEI, Fé e Constituição (1982), *B., Eucharistie, Ministère. Convergence de la foi* (Lima, janeiro de 1982), Paris. — Presses de Taizé (1991), *Rapport sur le processus "BEM" et les réactions des Églises, 1982-1990* (Paris, 1993). — A. de Halleux (1980), "Orthodoxie et catholicisme: un seul b.?, *RTL* 11, 416-452. — D. Sicard (1991), "Reconnaissance du b.: perspectives œcuméniques", *MD* 185, 117-130. — G. Sava-Popa (1994), *Le b. dans la tradition orthodoxe et ses implications œcuméniques*, Friburgo (Suíça).
6/TEOLOGIA: J.-J. von Allmen (1967), "Réflexions d'un protestant sur le pédobaptisme généralisé", *MD* 89, 66-86. — K. Barth (1967), *KD* IV/4. — J.-J. von Allmen (1978), *Pastorale du b.*, Friburgo (Suíça). — Congrégation [romaine] pour la doctrine de la foi (1980), *Instruction sur le b. des petits enfants*, *DC* 77, n° 1797, 1107-1113. — A. Houssiau *et al.* (1983), *Le b., entrée dans l'existence chrétienne*, Bruxelas. — H. Bourgeois (1991), *Théologie catéchuménale. A propos de la "nouvelle" évangélisation*, Paris. — P. de Clerck (1991), "Un seul b.? Le b. des adultes et celui des petits enfants", *MD* 185, 7-33. — P. Gisel (1994), *Pourquoi baptiser. Mystère chrétien et rite de passage*, Genebra.

Paul DE CLERCK

→ *Confirmação; Eucaristia; Matrimônio; Ordenação/ordem; Penitência; Sacramento; Unção dos enfermos.*

BATISTAS

Os batistas (b.) creem que só devem ser batizados os que fazem pessoalmente ato de fé*

em Jesus Cristo; que o batismo* deve fazer-se por imersão; que todo membro da Igreja* local* deve participar do seu governo*; enfim, que nenhuma autoridade exterior, eclesiástica ou política deve imiscuir-se nos assuntos de uma Igreja.

a) *Origens.* — Houve dois tipos de b. (b. ou B.) na Inglaterra no s. XVII, que se chamam "B. Geral" e "B. Particular". O primeiro tinha a convicção, inspirada pelo arminianismo (calvinismo*), de que a redenção era "geral" e de que todos os homens podiam ser salvos; essa foi de início uma forma extrema de puritanismo*. Uma parte dos membros do grupo que seguia essa doutrina buscou refúgio em Amsterdã, onde se convenceu, sob influência do movimento anabatista*, de que o batismo devia ser reservado aos crentes. Em 1609, seu chefe espiritual, John Smyth (*c.* 1554-1612), batizou-se a si mesmo antes de batizar seus companheiros. Em um tratado do mesmo ano (*Paralelos, Censuras, Observações*) defende a ideia de que cada "comunidade federal" ou comunidade de aliança* constitui uma Igreja em que a autoridade* eclesiástica reside em plenitude. Em 1612, Thomas Helwis (*c.* 1550 – *c.* 1616) reconduziu uma parte do grupo à Inglaterra, e publicou um apelo à tolerância religiosa completa, *The Mistery of Iniquity*. Desse grupo nasceram outros, que terminaram por só praticar o batismo por imersão.

O b. "particular", ao contrário, se atinha à doutrina calvinista estrita de que Cristo* morreu somente para o grupo "particular" dos eleitos. Ele se formou em Londres nos anos de 1630, separando-se do congregacionismo*. Sua confissão* de fé, de 1644, sustenta que o batismo só é feito para os que têm fé, apoiando-se, entre outros textos, em Mt 28,18s (McBeth, 1990, 50). Outra confissão, publicada em 1689, permaneceu por muito tempo a pedra de toque da ortodoxia desse grupo.

b) *Século XVIII.* — O racionalismo* do s. XVIII fez que a maioria dos b. do primeiro grupo adotasse uma cristologia* mais ou menos próxima do arianismo*. Desde 1719, uma maioria dentre eles se recusava a reafirmar sua crença na Trindade*, e, no fim do século, alguns deles estavam muito próximos do unitarismo*. O segundo grupo, ao contrário, adotou um calvinismo* reforçado. Seu melhor teólogo, John Gill, era um defensor decidido da doutrina da eleição* (*The Cause of God and Truth*, 1735-1738). Na segunda metade do século, sob influência do movimento "Despertar", foi uma versão mais moderada do calvinismo que predominou aos poucos, obrigando os crentes a anunciar o Evangelho. Exposta por Andrew Fuller (1754-1815) em *The Gospel Worthy of All Acceptation* (1785), foi ela que deu impulso à Sociedade Batista Missionária (1792). Na América, os b. "separados" ("Separate"), frutos do "Despertar", vieram engrossar as fileiras dos b. "Particular" (ditos também "Regular"). Houve também os b. "gerais" (ditos *Freewill B.*, batistas "do livre-arbítrio") na Inglaterra e nos Estados Unidos. Alguns de seus dirigentes americanos, entre outros Isaac Backus e John Leland, contribuíram para impor a ideia de separação da Igreja e do Estado*.

c) *Século XIX.* — O número de b. aumentou sem cessar no s. XIX, e a precisão teológica terminou por contar menos que a expansão da Igreja. Em 1833, a confissão de New Hampshire, que foi muito geralmente adotada nos Estados Unidos, passou deliberadamente em silêncio os pontos de desacordo entre os b. "Regular" e os "Freewill" (que tinham pontos de vista opostos sobre a predestinação*). Na Inglaterra, Robert Hall (1764-1831) conseguiu persuadir seus correligionários a admitir à ceia os cristãos que não tinham recebido o batismo dos crentes. Os b. que não estavam de acordo com essa evolução formaram grupos separados — os b. "Anti-Mission" nos Estados Unidos, os b. "Strict and Particular" na Inglaterra. No sul dos Estados Unidos, que formava uma convenção à parte desde 1845, o movimento dito "Landmark" tornou-se nitidamente sectário decidindo, a partir dos anos 1850, que o batismo só era válido quando administrado pelos batistas. Na Inglaterra, o começo de certo liberalismo teológico sofreu em 1887-1888 os ataques de Charles Haddon Spurgeon (1834-

1892), o maior pregador de língua inglesa na época. A União Batista, que em 1891 absorveu os oriundos do "B. Geral", permaneceu num protestantismo* muito conservador. Durante esse tempo, os b. haviam se estabelecido na Europa, sobretudo graças a J. G. Oncken (1800-1884), e nas outras partes do mundo graças às missões estrangeiras.

d) *O século XX.* — No começo do s. XX, a doutrina b. americana ofereceu um representante eminente ao cristianismo social, Walter Rauschenbusch (1861-1918), e um teólogo ao modernismo*, Shailer Mathews. Foi contudo o fundamentalismo* que predominou entre as duas guerras com, p. ex., W. B. Riley, J. Frank Norris ou T. T. Shields, autores para quem a ortodoxia consistia em crer na iminência da segunda vinda de Cristo (parusia*). O debate que daí resultou provocou a secessão de grande número de b. e a formação de novos grupos, que se diziam sempre b. mas tinham uma desconfiança visceral em relação à crítica bíblica e a qualquer sintoma de liberalismo. Esse debate teve ecos fora da América, mas em geral a polarização teológica foi menor. Mais tarde, o movimento ecumênico (defendido contudo pelo historiador inglês Ernest Payne) foi visto com suspeita, sobretudo por receio de um compromisso com o catolicismo*. Desde 1979, a Convenção B. do Sul, a mais importante confissão protestante dos Estados Unidos, está despedaçada por querelas sobre a inerrância da Bíblia*. Os b. mais conhecidos no mundo são certamente Billy Graham (1918-) e M. Luther King (1929-1968).

• W. L. Lumpkin, *Baptist Confessions of Faith*, Valley Forge, 1959; ed. rev. 1969. — H. L. McBeth, *A Sourcebook for Baptist Heritage*, Nashville, Tenn., 1990.

▶ E. C. Starr (1947-1976), *A Baptist Bibliography*, 25 vol., Filadélfia. — G. Rousseau (1951), *Histoire des Églises baptistes dans le monde*, Paris. — R. G. Torbet (1955), *Ventures of Faith*, Filadélfia. — B. R. White (1983), *The English Baptistes of the XVIIth Century*, Londres. — M. Thobois (1986-1991), "Histoire des baptistes de France", *Croire et Servir*, Paris. — H. L. McBeth (1987), *The Baptist Heritage*, Nashville. — W. H. Brackney (1988), *The*

Baptists, Nova York. — T. George e D. S. Dockery (sob a dir. de) (1990), *Baptist Theologians*, Nashville. — B. Stanley (1992), *The History of the Baptist Missionary Society, 1792-1992*, Edimburgo. — J. C. Fletcher (1994), *The Southern Baptist Convention*, Nashville. — A. W. Wardin (sob a dir. de) (1995), *Baptists around the World*, Nashville.

David W. BEBBINGTON

→ *Anabatistas; Calvinismo; Congregacionismo; Fundamentalismo; Protestantismo; Puritanismo.*

BAUR, Friedrich Christian → **Tübingen (escolas de)** C

BAUTAIN, Louis-Eugène-Marie → **fideísmo**

BEATIFICAÇÃO → **santidade** B

BEATITUDE

A. TEOLOGIA HISTÓRICA

O conceito de beatitude (beat.) é limitado ao mundo antigo e medieval; o conceito de felicidade o substituiu definitivamente no s. XVIII. A passagem do conceito antigo-filosófico de beat. ao conceito medieval-teológico é contudo um objeto de discussão, que põe em causa parcialmente a natureza da relação da teologia* cristã com a filosofia* antiga. Enfim, a passagem da beat. à felicidade permanece ainda por estudar. Aqui vamos limitar-nos a esses dois pontos, dando para o segundo apenas indicações sumárias.

O conceito de beat. é central para determinar teologicamente a finalidade da ação humana. Na medida em que a revelação feita a Abraão assigna ao homem, nas três religiões monoteístas, uma renúncia a toda felicidade puramente terrena ("Parte da tua terra, da tua família e da casa de teus pais para a terra que eu te mostrarei" Gn 12,1), a beat. aí designa em parte o estado da alma *post mortem*. O conceito de beat. se especializa em beat. terrena (cuja existência é discutível), fim da ação humana, beat. celeste dos bem-aventurados, e beat. intermediária proporcionada pelo cumprimento da salvação, beat. que nem é puramente terrena (beat. nesta terra, mas não desta terra) nem ainda plenamente celeste, experimentada, como é, por um ser terrestre. É o estatuto problemático da beat., elaborado na adaptação do conceito filosófico antigo, que convém examinar.

O conceito de beat. tem três fontes principais: *a*) bíblica; *b*) filosófica (*grosso modo*, de feitio aristotélico-estoico); *c*) agostiniana. O conceito agostiniano é uma reformulação do conceito filosófico com base na revelação* bíblica.

1. Fontes

a) *Fontes bíblicas*. — A felicidade prometida por Deus* no Pentateuco está ligada à outorga de um país a seu povo* e ao prolongamento da vida terrena (cf. Dt 4,40): "Na *boa terra* que Deus lhe dá, Israel* deve encontrar a *felicidade* (...) as duas palavras são aparentadas em hebraico" (TEB, 276 n. p). Essa felicidade está ligada à obediência da Lei* (Dt 5,16); trata-se de uma beat. terrena, que se resume na posse de uma família, de uma casa e de uma vinha, em um ideal de segurança e de prosperidade (Dt 28,30). O livro de Jó vai mostrar os limites dessa concepção deuteronomista da beat., sem questioná-la radicalmente. O fracasso dessa concepção é tal que a hipótese de um sadismo divino é considerada (Jó 10,13-17; 16,14; 30,21), e só a esperança da ressurreição a contradiz (Jó 19,26, cf. Ez 37,1-14). A escolha parece clara: ou a vida é limitada a esta terra, e não se poderia falar de beat. (impureza* do homem, iniquidade universal, ausência de Deus), ou então uma ressurreição* é possível, e a beat. que a ela está ligada com a promessa* de uma contemplação* de Deus é de ordem escatológica. Tudo se resume, no que toca à beat., nestas palavras: "Mas quando aguardava o bem, chegou o mal./A luz eu esperava... a sombra veio" (Jó 30,26). Os dois discursos de Javé e as duas respostas de Jó nada contêm sobre a beat. terrena ou *post mortem* que possa atenuar essa constatação.

A beat. escatológica, que toma a forma de uma alegria messiânica na literatura profética (Is 9,2; 35,10; 55,12; 65,18), realiza-se no NT sob a

263

forma de uma participação na alegria da ressurreição manifestada em Cristo*: "que a minha alegria esteja em vós e a vossa alegria seja perfeita" (Jo 15,11). Paulo, na Epístola aos Romanos (4,6-9), utiliza para dizer a beat. o termo *makarismos*, em um contexto em que a felicidade está ligada à remissão de uma pena* ("David celebra a felicidade [*makarismos*] do homem ao qual Deus credita a justiça*, independentemente das obras*"). *Makarios* é de uso bastante frequente nos evangelhos*, notadamente (treze vezes) no texto das "Bem-aventuranças" (Mt 5,3-11, Lc 6,20-26). Esse último texto nada enuncia a respeito do que é a beat.; é uma sequência de ações de graça que estipulam as paradoxais condições de entrada no reino* de Deus.

b) Fontes filosóficas. — O substantivo "*eudaimonia*" exprime segundo Demócrito o fato de que a beat. tem sua sede na alma*, que é igualmente o lugar do *daimôn* (Dem. B171). Eurípedes define a beat. como o governo da alma por um bom *daimôn* (*Oréstia*, v. 677). É com Aristóteles e Platão que a beat. se liga à filosofia, a qual constata que todos os homens buscam a beat., mas só ela pode proporcioná-la. Para Platão, é feliz o homem justo e bom, infeliz o homem injusto e mau (*Rep.* 353e-354a). Só o filósofo consegue discernir, mediante todos os bens, a fonte de todos os bens, o Bem* mesmo. A beat. é o fruto de uma conversão* para o Bem, pertence a quem foge da multiplicidade dos bens para ir para o Uno, para o Bem além da essência. Sócrates é a imagem do sábio do qual Xenofonte afirma que é "o mais feliz" (*Mem.* IV, 8) e que Platão considera como "o mais justo de todos os homens" (*Fédon*, 58e). Aristóteles estabelece um axioma axiológico: "Todos agem por um bem que representa o bem supremo" (*Pol.* 1252 a 2-3). A beat. é então saúde para o doente, subsistência para o desvalido. Para Aristóteles, o prefixo *eu* de "*eudaimonia*" significa "bem viver e bem agir" ("*to eu zén kai to eu praktein*", *Ét. a Nic.* 1095a 19-20). A beatitude é procurada como um bem, e um bem que é um fim em si, um *teleion agathon* (*Ibid.* 1097 b 8). A beat. é, em seguida, um estado autárquico; não pode haver beat. sem autossuficiência: "estado acabado

e autárquico, a beat. se mostra o fim de todo agir (*ton prakton*)" (*Ibid.* 1097 b 20-21) — *prakton* será interpretado mais tarde como "vida ativa". Dessa beat., que é a finalidade ao menos implícita de toda prática, convém distinguir a beat. própria à vida teorética, a beat. do filósofo, uma beat. que só é possível porque algo de divino está contido no homem, o intelecto (*Ibid.* 1177 b 26-28). A beat. do filósofo só se distingue da beat. do homem comum pelo elemento reflexivo que lhe empresta a inteligência divina; não se pode, pois, verdadeiramente falar de "beat. filosófica", no máximo, de "beat. intelectual", entendendo com isso a beat. reflexiva do homem que descobre na vida teorética a maior das beat. A beat. intelectual não se sobrepõe, portanto, à beat. em geral; suas relações são mais complexas; a beat. intelectual supõe a beat. em geral, mas não se reduz a ela; ou, mais precisamente, a beat. intelectual sobrevém à beat. em geral. O cristianismo romperá essa relação de "superveniência'", estabelecendo um ideal de beat. escatológica que supõe correta a constatação de Jó sobre a impossibilidade de uma felicidade terrena definida em termos de segurança e de prosperidade. Esse ideal de beat. tomará forma em diversos tipos de ascetismo e de eremitismo, nutrindo antecipadamente a constatação nietzschiana de "ódio à vida". A doutrina aristotélica é, no entanto, aporética, na medida em que a articulação dos dois tipos de beat. deixa aberta a questão da relação exata que a beat. intelectual entretém com a contemplação (*theoria*). Pelo menos dois caminhos se abriam para desfazer essa aporia, a via cristã e a interpretação emanatista originária de Avicena, que faz da beat. intelectual uma divinização da *pars melior nostri* (Espinosa), a inteligência. A interpretação fisicalista e naturalista, proveniente de Averróis, deixará intacto esse ideal de beat. intelectual, esvaziando-o de todo elemento místico* e visionário — ideal combatido pela Igreja* em nome do caráter pessoal da salvação*, porque conceber a beat. intelectual como exercício de um intelecto agente comum conduz a uma espécie de reabsorção superpessoal, e mesmo de absorção panteísta na intelectualidade pura.

c) A fonte agostiniana. — Agostinho* realizou a síntese das duas fontes precedentes desde o começo de sua carreira intelectual (386-391), e essa síntese, que permaneceu inalterada, constitui como o alicerce de sua especulação trinitária e histórico-política, mesmo se ulteriormente pôde, em particular sob a influência de sua teologia da graça*, corrigir-lhe o intelectualismo voluntarista. Agostinho traduz *eudaimonia* por *felicitas*, e funde as duas concepções de beat., concepção antiga e concepção cristã: síntese da *eudaimonia* e do *makarismos*. Ele identifica como *"esse cum Deo"* a vida conforme a razão* e a vida feliz (*vita beata*) (*De ord.* II, 2, 4-10). Estabelece uma hierarquia de bens, no sumo dos quais está o soberano Bem (*summum bonum*), conversível com a Verdade* suprema e o Belo supremo. Essa hierarquia é construída em razão de dois princípios: 1/"Tudo o que é é bom" (outra forma: "A natureza enquanto natureza é boa", *omnis natura in quantum natura est, bona est* [*De Lib. Arb.* III, 13, 36]) e 2/a vida e a busca da verdade são critérios discriminantes, o que faz um cavalo ser melhor que uma pedra, e um homem melhor que um cavalo, mesmo se sua vontade é pervertida. A beat. consiste então no conhecimento da verdade: "Já que é na verdade que o soberano Bem é conhecido e conservado, e já que essa verdade é a sabedoria*, distingamos nela e conservemos o soberano Bem e dele gozemos [...] Porque essa verdade nos descobre todos os bens que são verdadeiros", (*Ibid.* II, 13, 36). O melhor comentário a esses textos agostinianos é fornecido por Pascal*: "A alma* se lança à procura do verdadeiro bem. Compreende que ele deve ter estas duas qualidades: uma, que dure tanto como ela e que não lhe possa ser tirado sem o seu consentimento; e outra, que nada exista de mais amável. [...] A alma atravessa todas as criaturas e só pode parar seu coração quando chegou até o trono de Deus, no qual começa a encontrar seu repouso" (*Sur la conversion du pécheur*). Pascal é igualmente agostiniano em seu desprezo da filosofia. Os filósofos platônicos estão mais perto da verdade na medida em que insistiram na busca contemplativa do soberano Bem pela alma; mais perto especialmente que os estoicos, que só contaram com suas próprias forças, enquanto os platônicos contaram com a participação no soberano Bem, mas lhes faltava a virtude da humildade (que faltava *a fortiori* aos estoicos).

2. A elaboração medieval da beatitude

A elaboração da noção de beat. na IM é extremamente complexa, e está ainda por escrever, em grande parte. A parte mais bem estudada concerne a Tomás* de Aquino. A interpretação de pensadores como Dante* ou Eckhart permanece extremamente aberta e sempre problemática.

a) Antes da tradução da Ética a Nicômaco (*1246-1247*). — É na linha agostiniana que Anselmo*, no *Cur Deus Homo*, faz da beat. o centro de sua reflexão ética. Igualmente para Abelardo*, no *Dialogus inter Philosophum, Judaeum et Christianum*, a verdadeira ética* é a que descobre as beat.: ética conforme as Beatitudes evangélicas, que portanto não é uma ética terrena. As *Sentenças* (*c.* 1155-1158) de Pedro Lombardo (†1160) fornecem uma discussão sobre a ética sempre centrada em parte na natureza da beat., notadamente em relação ao *"desiderium naturale"* (*op. cit.* IV, d. 49, 1), imediatamente antes da tradução da *Ética a Nicômaco* (*EN*) que vai modificar os dados do problema.

b) Alberto Magno e Tomás de Aquino, leitores da Ética a Nicômaco. — A tradução da *EN* por Roberto Grosseteste, tornando possível o comentário do texto, suscitou uma modificação profunda da compreensão de Aristóteles. A primeira tentativa de síntese entre a doutrina antiga e a doutrina cristã da beat., a tentativa agostiniana, encontra-se então em rivalidade com uma segunda tentativa de síntese, realizada principalmente em duas etapas no interior da escola dominicana por Alberto* Magno e Tomás de Aquino, mas continuará em parte a inspirar o debate sobre a ética no interior da escola franciscana. O debate entre agostinistas e tomistas será então um debate entre franciscanos e dominicanos, i.e., entre mendicantes e pregadores. Costuma-se opor o voluntarismo* dos agostino-franciscanos (via Duns* Escoto até Lutero*) ao intelectualismo* dos aristotélico-tomistas.

Porém essa esquematização é grosseira: mestres franciscanos como Alexandre de Hales (1165-1245) utilizaram Aristóteles positivamente, e os dominicanos alemães foram muito fortemente influenciados pelo neoplatonismo dionisiano, de modo a modificar substancialmente sua recepção de Aristóteles e a matizar fortemente seu intelectualismo — e, enfim, voluntarismo não implica forçosamente anti-intelectualismo. Alberto Magno comenta duas vezes a *EN*: em Colônia, nos anos de 1248-1252, imediatamente depois da tradução integral do texto, e em 1268-1270. No entanto, é Tomás de Aquino que extrairá do texto todos os recursos que ele oferece a um aprofundamento teológico cristão da noção de beat. Vai enfrentar toda uma série de dificuldades, e as mais imediatas são, de uma parte, que Aristóteles só define uma beat. para esta vida (mesmo se menciona a beat. ligada à vida teorética, não é certo que admitisse a possibilidade da continuação desse estado de beat. intelectual em uma hipotética sobrevida do elemento divino do homem), e de outra parte, ele não estabelece a questão da beat. divina (na teologia aristotélica, o Primeiro Movente não experimenta beat.). No que concerne a esse último ponto, a solene doxologia de 1Tm 6,15 menciona o "bem-aventurado e único Soberano" (cf. *Ibid.* 1,11: "Deus bem-aventurado") e, portanto, coloca no mesmo plano unicidade, transcendência e beat. de Deus. Tomás mostra ao mesmo tempo que a beat., no sentido aristotélico, é de fato humanamente inacessível, e que o ser-junto-a-Deus, em que consiste a beat. depois desta vida, é fruto da graça. A beat. não é outra coisa senão a posse do soberano Bem, e esta, na vida presente, pode somente ser antecipada. Dante sistematizará essa dissociação distinguindo, no interior dessa primeira distinção entre a beat. da vida mortal e a beat. da vida eterna*, três tipos de beatitudes: 1/beat. da vida mortal ativa; 2/beat. ligada à vida contemplativa; 3/beat. da vida eterna. Há uma hierarquia: 3/está no sumo: é a beat. suprema, a fruição do soberano Bem (*fruitio Dei*); 2/é quase perfeita e 1/quase imperfeita (*Convivio* II, IV, 10; IV, XVII, 9): "Nossa beat. (…) podemos achá-la de algum modo imperfeita na vida ativa, isto é,

nas operações das virtudes* morais, e depois quase perfeita no exercício das virtudes intelectuais" (*Ibid.*, IV, XXII, 18). Dante faz assim duas coisas: restringe a beat. verdadeiramente humana à beat. no sentido 1/, que é o fruto do intelecto prático, e admite simultaneamente uma felicidade suprema (*summa felicitas*) ligada à contemplação: "O *uso* especulativo [...] é nossa beatitude e soberana felicidade" (*Ibid.*, IV, XXII, 11). Dante é precedido nesse ponto por Tomás de Aquino, que insiste com força na absoluta superioridade da *felicitas speculativa* ("felicidade especulativa") (*Exp. EN* X, lect. XII, 2116 *sq*; cf. *CG* III, 37).

3. *O destino ulterior da beatitude: o conceito de felicidade e a crítica da teologia*

Se a elaboração medieval é complexa, a passagem do conceito de beat. ao conceito, moderno, de felicidade é ainda mais obscuro. Uma primeira causa da ruptura aparece no s. XIII em pensadores não teólogos (p. ex., na Faculdade de Artes de Paris, Siger de Brabante e Boécio de Dácia) que se reapropriaram dos conceitos aristotélicos da beat. e da vida filosófica pondo entre parênteses o vínculo cristão entre a beat. e a esperança escatológica — mas a felicidade filosófica não proíbe ainda a existência de uma beat. teológica. Certos textos do Renascimento, ao contrário, permitem apreender, tal como se apresenta, a passagem de um pensamento da beat. a um pensamento da felicidade, com surpreendentes formas de compromisso, como, p. ex.: "Quem duvida que a beatitude não seja, ou não possa ser, mais bem denominada do que prazer?" (L. Valla, *De Voluptate* III, IX, fol. 977. Cassirer comenta: "O cristianismo, segundo a tese de Valla, não é hostil ao epicurismo; ele mesmo não é outra coisa que um epicurismo elevado, e por assim dizer, sublimado" [1927, 84]). Tomás de Aquino insistira no fato de que o deleite (*delectatio*) era necessário à beat. contemplativa, mas só de maneira concomitante (*ST* Ia IIae, q. 180, a.7). Ora, a crítica da teologia e o desenvolvimento do hedonismo vão questionar essa sujeição do deleite e permitir revalorizar o prazer, e mesmo a volúpia. O conceito de felicidade, desse ponto de vista, pode ser considerado como resultado de uma laicização do conceito de beat., ou, pelo menos, de uma parte desse conceito, a que concerne à "beat. natural" distinguida da "beat. sobrenatural*" (distinção contrária ao espírito antigo-medieval. A relação (teleológica ou de dependência) entre esses dois tipos de beat. estará assim fortemente comprometida, como, p. ex., em Espinosa, que identifica os dois e inverte mesmo a relação tomista: "Em tudo o que conhecemos pelo terceiro gênero do conhecimento, sentimos prazer (*delectamur*), e isso com a ideia de Deus como causa" (*Ética*, V, prop. XXXII). A reivindicação de uma autonomia da beat. natural está então ligada a uma crítica da teologia. A beat. natural passa então por uma mutação, e se transforma em uma felicidade que integra o prazer. A beat. sobrenatural, desprendida da beat. natural, torna-se desde então um objeto autônomo, e sua razão de ser repousa na certeza brutal da impossibilidade da felicidade humana (demonstrada por Kant*) — o que, de fato, dá armas aos críticos da teologia. O conceito de felicidade pode então tomar um sentido não apenas crítico, mas subversivo: "A felicidade é uma ideia nova na Europa" (Saint-Just).

• H. Sidgwick (1886), *Outlines of the History of Ethics*, Londres. É. Halevy (1901-1904), *La formation du radicalisme philosophique*, 3 vol., reed. 1995. — E. Cassirer (1927), *Individuum und Kosmos in der Philosophie der Renaissance*, Leipzig-Berlim, Darmastadt 1994[7] (*Indivíduo e cosmos na filosofia do Renascimento*, São Paulo, 2001). — K. E. Kirk (1931), *The Vision of God. The Christian Doctrine of the Summum Bonum*, Nova York. — E. Cassirer (1932), *Die Philosophie der Aufklärung*, Tübingen (*A filosofia do Iluminismo*, Campinas, 1994). — A. J. Festugière (1936), *Contemplation et vie contemplative selon Platon*, Paris. — J. Maritain (1950), *Philosophie morale*, Paris (*A filosofia moral*, Rio de Janeiro, 1973). — R. A. Gauthier (1951), *Magnanimité*, Paris; (1958), *La morale d'Aristote*, Paris. — J. Dupont (1958, 1969, 1973), *Les Béatitudes*, 3 vol., Paris. — R. Mauzi (1960), *L'idée de bonheur au XVIIIème siècle*, Paris (1995[2]). — G. H. von Wright (1963), *The varieties of Goodness*, Londres. — D. Roloff (1970), *Gottähnlichkeit, Vergöttlichung und Erhöhung zu seligem Leben*,

Berlim. — J. Ritter, O. H. Pesch, R. Spaemann (1974), "Glück, Glückseligkeit", *HWP* 3, 679-707. — A. de Libera (1992), *Penser au Moyen Âge*, Paris (*Pensar na Idade Média*, São Paulo, 1999). — D. Bradley (1996), *Aquinas on the Twofold Human Good*, Washington.

Frédéric NEF

B. TEOLOGIA SISTEMÁTICA

Secularizada e transmudada em felicidade (felic.), a beat. exigiria pois ser repensada em novos termos, e ser esperada de novo. A questão da felic., além disso, exigiria receber coordenadas teológicas. Os dados, históricos e teóricos, são em todo caso bastante claros.

a) Que a obliteração da beat. seja indício de certa morte* da esperança*, não se poderia duvidar. Os pensamentos em que se cumpre o destino metafísico do Ocidente são numerosos, e têm pelo menos todos em comum seja realizar o *eschaton* na história* (Hegel*), seja desqualificar em rigor o problema escatológico (Nietzsche*) — ou consentir implicitamente em um reino da morte sobre o homem (e sobre o acesso ao sentido) de que Heidegger* nos forneceu duas tematizações sucessivas, na época do *Ser e Tempo* pela meditação do ser-para-a-morte, e nos textos "tardios" pela meditação da "serenidade" que fornece aos "mortais" sua justa relação existencial com o ser*. As referências filosóficas, de outra parte, não devem esconder que a crise da esperança é também uma crise teológica. O retorno com força do problema escatológico é certamente (desde J. Weiss) o traço distintivo predominante da teologia*. Esse retorno com força é porém ambivalente. Pode ser que assinale, nas teologias mais tradicionais, as redescobertas do homem e do além. Mas pode também realizar-se no modo de escatologias* plenamente realizadas no tempo da história* (Bultmann*), ou no modo de um neomilenarismo a que o futuro fornece "um novo paradigma da transcendência" (J. Moltmann). A um mundo ao qual era essencial que sua figura "passasse" (1Cor 7,31) parece ter sucedido, em mais de um campo de pesquisa teológica, um mundo ao qual seria pedido — e isso em nome mesmo de críticos escatológicos — construir para o homem uma morada (J. B. Metz etc.). E a existência de cristãos que confessam o símbolo da fé* em sua integralidade, com exceção de seu último artigo, não é um caso de teratologia teológica, mas manifesta que a sombra do niilismo pode mesmo cobrir uma parte da Igreja*.

b) A beat., contradistinta da felic., poderia assim fornecer um instrumento conceitual da maior importância para uma crítica teológica do niilismo. Essa crítica exigiria que se fizesse obra de genealogia. A aparição do conceito de "natureza* pura" e o recalcamento do "desejo natural da visão beatífica*'" teriam preparado, no interior da teologia, o trabalho secularizador da modernidade (Lacoste, 1995 b)? O que sucedeu com Hegel, Nietzsche, Heidegger não seria certo acabamento real do que os teólogos haviam previamente realizado no elemento do hipotético: a redução do homem às condições presentes do exercício de sua humanidade? Deus* "morreu" porque os homens quiseram satisfazer-se de sua experiência *presente* de Deus? Essas questões dizem em resumo o caminho a percorrer para desconstruir os conceitos desesperados da humanidade do homem. Realidade escatológica, a beat. não está à medida do *Dasein* ou dos "mortais" heideggerianos, não mais que à medida do super-homem nietzschiano, nem à medida do sábio hegeliano chegado à fruição do saber absoluto. Exige, pois, para ser pensada e querida, que sejam desfeitas as relações de representação segundo as quais o *Dasein*, ou os "mortais" etc. passam por manifestar em verdade a humanidade do homem. A tarefa seria portanto a de uma posição escatológica da questão do homem, que permitisse romper toda equação do ser e do ser-no-mundo, ou do ser e do ser-na-história. Ora, o conceito paradoxal do desejo "natural" do "sobrenatural*'" autoriza bem essa ruptura, obrigando-nos a pensar o homem a partir de seu futuro absoluto, e a tomar esse futuro absoluto como medida de toda experiência presente que fizermos de nós mesmos e de Deus. A felicidade, desse modo, só seria digna do homem se fosse simultaneamente incapaz de cumular o homem, confessando que ela

não é a beat. Instância crítica de todas as felic., a beat. permitiria assim dar à finitude humana o único horizonte — infinito* — a partir do qual o homem existe na verdade teológica do seu ser; ela permitiria pensar o que somos *de fato* a partir do que somos *por vocação*.

c) Criticar a felic. não equivale a negá-la, mas permitiria muito bem fixar as condições de um eudemonismo cristão. A experiência do mundo, tomada em sentido estrito, é talvez a experiência patética de alegrias precárias vividas sob o governo da morte. Mas se o mundo não é nada mais que a criação*, tampouco é seu outro, e conserva bastante de sua realidade criada para que o desejo de felic. não seja irrisório (ou ímpio). As representações veterotestamentárias da vida feliz vivida na terra dada por Deus devem pois conservar certa validade depois do trabalho de sapa a que foram submetidas as promessas* neotestamentárias de beat. A experiência da felic. deve comportar uma parte de desconforto, porque a felic. é apenas felic. Essa experiência, no entanto, deve poder fazer-se sem que a beat. esperada dê gosto de cinza às felic. possuídas. A felic. tem seu segredo teológico, que é fazer memória da criação na história do mundo. Essa memória não pode pretender apagar o tornar-se-mundo da criação, nem pôr entre parênteses a contestação escatológica da felic. pela beat. — todavia, seu direito de ser é incontestável. O mundo não é a pátria do homem, e toda lógica da morada vem a bater contra o caráter mais originário da não domiciliação, da *Unzuhause* de Heidegger. Porém é possível no mundo, ou ao menos em suas margens, fazer sem constrangimento, e sem que se possa suspeitar o afloramento de qualquer "inautenticidade" que seja, a experiência de um bem-ser-aí (Lacoste, 1995 b). Assim definida, a felic. deixa de opor-se à beat. como uma realidade secular a uma realidade teológica: a tensão da felic. e da beat. é de fato uma tensão intrateológica. A felic., então, não aparece mais como uma negação da esperança: é a experiência sabática na qual o homem vive das bênçãos* pronunciadas por Deus, nos primeiros dias, sobre a obra de suas mãos.

d) A força subversiva das promessas de beat. não pode, contudo, ser ofuscada, nem o fato de que a beat. é experiência escatológica que pode antecipar-se no tempo da história. As palavras de beat. dirigidas aos pobres, aos mansos, aos perseguidos etc., em Mateus e em Lucas, não são palavras de felic., e só são inteligíveis sobre o fundo do deslocamento antropológico que vê um messias* humilhado e crucificado tornar-se o mais justo testemunho da humanidade do homem. A "alegria perfeita", portanto, não está onde uma teoria da felic. a situaria, mas na verdade se encontra ligada a modos de ser propriamente kenóticos (kenose*). O penúltimo tempo, o tempo pré-escatológico da Igreja*, está sob o signo da "tribulação" (*thlipsis*). Esse tempo não é privado das alegrias da contemplação*, ou das alegrias da liturgia*, e pode assim abrigar experiências que deverão ser interpretadas como ícones da beat. eterna. Mas é inseparavelmente um tempo vivido sob o sinal da cruz, e em que a vida bem-aventurada reside nos gestos paradoxais da *imitatio Christi*. Esse tempo é na verdade pré-*escatológico*, e a alegria de ser salvo deve ser sua tonalidade primordial. Contudo esse tempo é *pré*-escatológico, e não pode outorgar a fruição dos bens do Reino*: não os põe à disposição do homem a não ser de modo paradoxal, que impõe tomar suas distâncias em relação a toda lógica da felic. sem entrar na posse de uma beat. que permanece objeto de esperança. Desaprumada e criticada pela beat., a felic. é também desaprumada pelas condutas kenóticas de quem se dispõe a acolher a beat. acolhendo a palavra* bíblica das Bem-aventuranças. A humanidade do homem seria, pois, em um mundo salvo mas que permanece mundano, habitar no intervalo entre a felic. e a beat.

- J. Pieper (1967), *Hoffnung und Geschichte*, Munique. — J. Greisch (1980), "La contrée de la sérénité et l'horizon de l'espérance", *in* R. Kearney e J. S. O'Leary (sob a dir. de), *Heidegger et la question de Dieu*, Paris, 168-193. — G. Greshake (1983), *Gottes Heil — Glück des Menschen*, Friburgo. — D. Mieth (1983), "Das 'christliche Menschenbild'"— eine unzeitgemäße Betrachtung?", *ThQ* 163, 1-15. — R. Spaemann (1990), *Glück und Wohlwollen: Vorsuch über Ethik*, Stuttgart (*Felicidade e benevolência. En-*

saio sobre ética, São Paulo, 1996). — O. Boulnois (1995), "Les deux fins de l'homme. L'impossible anthropologie et le repli de la théologie", *EPh* nº 2, 205-222. — J.-Y Lacoste (1995 *a*), "Le désir et l'inexigible. Préambules à une lecture", *RPh* n. 2, 223-246; (1995 *b*), "En marge du monde et de la terre: l'aise", *RMM* 100, 185-200.

Jean-Yves LACOSTE

→ *Aristotelismo cristão; Contemplação; Ética; Naturalismo; Secularização; Vida eterna; Visão beatífica.*

BEATRIZ DE NAZARÉ → renano-flamenga (mística)

BEGARDOS → beguinas → renano-flamenga (mística)

BEGOMILAS → catarismo

BEGUINAS

A diversidade de formas de vida consideradas pelos historiadores como "beguinais" e a variedade de termos que designaram tais experiências no fim da IM tornam difícil qualquer definição do fenômeno. Pode-se ao menos situar o movimento beguinal em um contexto preciso: a partir do fim do s. XII, em todo o Ocidente, desenvolveram-se experiências religiosas novas que associavam ao estado laico* uma vida feita de penitência* e de contemplação*. As mulheres* foram particularmente numerosas a adotar esse modo de vida; entravam para o serviço de Deus* sem fazer votos monásticos, sem estar adstritas à vida comum e nem a uma regra aprovada pela hierarquia* eclesiástica. Vivendo como religiosas, permaneciam leigas. Essas "semirreligiosas", como as chamam hoje muitos historiadores, foram primeiro designadas pelo termo "mulieres religiosae" ("mulheres religiosas"). Mas na metade setentrional da Europa deram-lhes muito cedo o nome de "beguinae". Em outras partes, as mesmas experiências recebiam outros nomes: segundo Jacques de Vitry (†1240), uma das primeiras testemunhas do movimento, "são chamadas beguinas em Flandres e no Brabante, papelardas na França, humilhadas na Lombardia, bizocas na Itália, coquenunas na Alemanha".

Foi no meio urbano que as experiências beguinais se multiplicaram. Algumas beguinas viviam sós, levando uma existência itinerante ou morando na casa de sua família; outras se agrupavam em uma casa; outras ainda residiam em "cortes", chamadas "beguinagens", verdadeiras aldeias no interior da cidade, formadas de muitas casas ou conventos, providas de uma capela, um hospital e outras construções comuns. As beguinas viviam de esmolas e do trabalho* de suas mãos. Se, desde o s. XIII, muitas cidades abrigaram dezenas de comunidades beguinais, é porém impossível enumerá-las com precisão e mapear o movimento beguinal: muitas beguinas viveram na solidão, e, ao contrário dos conventos tradicionais, muitas comunidades não deixaram nenhum traço documental. Nem por isso o fenômeno deixou de ser geral e amplo. O desequilíbrio demográfico caracterizado por um excedente feminino, muito elevado entre as populações que emigravam para as cidades, e certa resistência das ordens religiosas tradicionais para com tendências espirituais novas explicam em parte sua importância.

"Beguina" era na origem um termo depreciativo, sinônimo de "herege". Porque o movimento beguinal possuía numerosos detratores. Em 1216, o papa* havia certamente aprovado as comunidades beguinais "não só na diocese de Liège, mas no reino (de França) e no Império" (segundo uma carta de Jacques de Vitry); e em 1233 uma bula lhes tinha concedido a proteção pontifícia. Contudo, muitos eclesiásticos admitiam mal a situação intermediária (*Zwischenstand*) das beguinas, que punha implicitamente em causa a distinção entre clérigos* e leigos, reafirmada pela reforma gregoriana, como também todas as classificações sociais e jurídicas familiares à Igreja*. Por não saberem onde situá-las os leigos lançavam-lhes a pecha de "hipocrisia", enquanto o clero secular era hostil às relações privilegiadas que muitas vezes as uniam aos Mendicantes (espiritualidade

franciscana*), fazendo-as escapar de sua jurisdição*. Além disso, as redes de sociabilidade informal de que participavam as beguinas só podiam incomodar a instituição eclesial. Fora mesmo de suas comunidades, as beguinas se encontravam, oravam em comum, discutiam suas experiências. Sobretudo, elas liam, manejavam a escrita, apropriavam-se dos textos sagrados, traduziam-nos em língua vulgar. Algumas redigiam tratados, como testemunham as obras místicas de Beatriz de Nazaré (†1268), Hadewijk de Antuérpia (*c.* 1240) ou Margarida Porète (†1310). A relação imediata que algumas mantinham com Deus na contemplação* e no êxtase não deixava papel algum às mediações sacerdotais. Vários historiadores anglo-saxões consideram aliás as aventuras místicas das beguinas uma espécie de refúgio para mulheres que se sentiam marginalizadas em uma Igreja controlada pelos homens. No entanto há que evitar reduzir, pura e simplesmente, o movimento beguinal ao elemento místico*: é verossímil que este só atingisse um pequeno número de beguinas. Igualmente, nunca houve espiritualidade (e, menos ainda, teologia*) própria ao movimento beguinal.

Diante do beguinismo, a instituição eclesial adotará dois tipos de atitude: 1/Ora as experiências beguinais foram rejeitadas e assimiladas à heresia*. Foi especialmente o caso na Renânia, onde as beguinas foram perseguidas desde o s. XIII, antes mesmo da condenação pronunciada contra algumas delas no concílio* de Vienne em 1311-1312 (decretos *Cum de quibusdam mulieribus* e *Ad nostrum*), e promulgada em 1317-1318 pelo papa João XXII (que em um novo decreto, *Sancta Romana*, assimila igualmente as fraticelas e as *beguini*). Mencionada pela primeira vez em 1311 em um breve pontifício, a "seita do Livre-Espírito", à qual beguinas e begardos foram então acusados de pertencer, nunca teve consistência a não ser no espírito dos inquisidores (e no de alguns historiadores pouco críticos). A heresia do "Livre-Espírito" denunciada em Vienne é, com efeito, no essencial, o resultado de uma montagem efetuada a partir de citações extraídas do *Miroir des simples* *âmes anéanties*, o tratado condenado da beguina Margarida Porète, declarada "herética" e queimada em Paris no ano de 1310. 2/Ora a Igreja esforçou-se, ao contrário, por integrar as beguinas. Algumas foram forçadas a adotar a regra de Santo Agostinho* ou a aderir a uma ordem terceira. Na diocese de Liège e em Flandres, as autoridades episcopais e os poderes civis procederam a uma espécie de reclusão das beguinas: as que estavam isoladas foram reunidas em lugares precisos, nas "beguinagens" (essas passaram a constituir a única forma autorizada do beguinismo), e depois dotadas de regulamentos e visitadas regularmente por sacerdotes* para isso designados. Enquanto o movimento beguinal se extinguia por todas as outras partes, as grandes beguinagens do Norte atravessaram a crise do primeiro quarto do s. XIV.

• A. Mens (1941), *Oorsprong en betekenis van de Nederlandse Begijnenbewegen*, Louvain. — St. Axters (1950), *Geschiedenis van de vroomheid in de Nederlanden* I, Antuérpia. — E. W. McDonnell (1954), *The Beguines and Beghards in Medieval Culture*, New Brunswick, NJ. — R. Manselli (1959), *Spirituali e Beghini*, Roma. — H. Grundmann (1961), *Religiöse Bewegungen im Mittelalter*, 2ª ed., Darmstadt. — R. Guarnieri (1965), *Il movimento del Libero Spirito*, Roma. — R. E. Lerner (1972), *The Heresy of the Free Spirit in the Later Middle Ages*, Berkeley-Los Angeles-Londres. — J. Tarrant (1974), "The Clementine Decrees on the Beguines: Conciliar and papal versions", *AHP* 12, 300-308. — J.-C. Schmitt (1978), *Mort d'une hérésie. L'Église et les clercs face aux béguines et aux béghards du Rhin supérieur du XIVe au XVe siècle*, Paris. — R. E. Lerner (1983), "Beguines and Beghards", *DMA* 2, 157-162. — W. Simons (1989), "The Beguine Movement in the Southern Low Countries. A Reassessment", *BIHBR* 59, 63-105. — G. Epiney-Burgard e E. zum Brunn (1992), *Femmes troubadours de Dieu*, Paris.

Michel LAUWERS

→ *Eclesiologia; Mulher; Renano-flamenga (mística); Sacerdócio.*

BELARMINO, Roberto, 1542-1621

Nascido em Montepulciano, sobrinho do cardeal Cervini, que presidiu o concílio* de Trento* durante muitas sessões (e reinou como papa, com o nome de Marcelo II durante algumas semanas em 1555), Francesco Roberto Belarmino (B.) entrou na Companhia de Jesus em 1560; depois dos estudos no Colégio romano, exerceu diversos cargos na Itália em que se revelaram seus talentos de poeta e de pregador. Enviado na primavera de 1569 a Louvain para pregar contra os protestantes, começou por ensinar ali a teologia*.

Foi esse o começo de uma longa carreira de professor, voltada para a controvérsia; e foi para ensinar a controvérsia aos estudantes ingleses e germânicos que o quarto geral dos Jesuítas, Everardo Mercuriano, o chamou ao Colégio romano em 1576. Seus cursos foram publicados sob o título *Disputationes de controversiis christianae fidei* em Ingolstadt, 1586-1593, depois em Veneza, 1596. Acompanhou à França, como conselheiro teológico, o cardeal Henrique Cajetano (1589-1590). Nomeado em 1592 reitor do Colégio romano, tornou-se o teólogo de Clemente VIII (1592-1605), que o nomeou cardeal em 1599.

Depois de breve intervalo como arcebispo de Cápua (1602-1605), voltou definitivamente para Roma*, onde lhe coube conduzir assuntos complexos e perigosos para o papado: — o "Interdito" de Veneza (interdito lançado por Paulo V em 1606 contra Veneza, por causa de medidas prejudiciais que foram tomadas contra a Igreja e o clero); — a questão da Inglaterra (1607-1609), provocada pelo juramento imposto por Jaime I aos católicos; — as controvérsias galicanas (1610-1612; publicação anônima em 1609 do *De potestate papae* de G. Barclay, respondida em 1610 por B. com o *De potestate summi pontificis in rebus temporalibus*; ver galicanismo*). Suas funções no Santo Ofício, e também sua curiosidade intelectual, fizeram dele o interlocutor privilegiado de Galileu, que lhe dedicou seu discurso sobre os corpos flutuantes (agosto de 1612) e a quem B. teve de notificar a condenação de 1616.

Em seus últimos anos dedicou-se ao comentário dos Salmos* (*In omnes psalmos dilucida expositio*, Roma, 1611) e à redação de tratados de piedade, dos quais o mais célebre é o *De ascensione mentis ad Deum*, Roma, 1615. Morreu quase octogenário em 1621. Sua fortuna póstuma está ligada à história da Companhia de Jesus: sua causa de beatificação, introduzida desde 1627, foi muitas vezes relançada e parada, e só pôde ter sucesso no s. XX (1923; canonização, 1930).

271

Marcada pela preocupação da controvérsia, estreitamente associada às circunstâncias de sua vida e às necessidades contemporâneas da Igreja* (B. esteve ligado à condenação de Giordano Bruno em 1600 e ao processo de Tomás Campanella em 1603), a obra de B. pode reduzir-se a dois grandes eixos: a crítica bíblica e a eclesiologia* — com a filosofia* política que lhe é conexa. Nas querelas internas sobre a graça*, sua atitude foi sempre moderada, tanto em Louvain com Baius e seus discípulos, como em Roma, onde em 1602 dissuadiu Clemente VIII de comprometer sua autoridade na matéria (bañezianismo*). Enquanto a Companhia se esforçava por defender a posição média de Molina (*Concordia*, 1588), B. se mantinha afastado, e teve mesmo de intervir, em 1614, para moderar as posições de seu antigo aluno Leonardo Lessius (1554-1623). A natureza particular de sua função lhe permitiu muitas vezes, perante teólogos protestantes, propor compromissos e uma abordagem mediana das questões disputadas. A propósito das fontes da revelação*, B. sublinha que a palavra* de Deus* pode ser escrita ou não escrita (*Controversia* de 1590, 4 t.; os três primeiros, sobre *A palavra de Deus escrita,* concernem a: t. I, a lista dos livros canônicos; t. II, o exame das diferentes versões e traduções; t. III, os elementos de interpretação. — B. toma posição em favor de uma simples *assistência* do Espírito* Santo, e não de uma *inspiração* direta e permanente das Escrituras*). Deus não se revelou somente nas Escrituras mas também nas tradições* não escritas (esse foi o caso até Moisés). B. procede a seguir a uma triagem muito cuidadosa entre as tradições divinas, apostólicas e eclesiásticas; tradições relativas à fé* e tradições relativas aos costumes. Essas distinções permitem apreender melhor os critérios de validade e os graus de autoridade* que nelas estão postas em jogo. Tomando por empréstimo alguns pontos ao tratado de Agostinho* *De doctrina christiana*, B. estabelece regras de discernimento para afastar as falsas tradições e só conservar as que são efetivamente necessárias ao depósito revelado (*Controversia*, t. IV, *A palavra de Deus não escrita*). Quanto ao sentido das passagens, B. afirma com força que o juiz das Escrituras é a Igreja*.

O outro ponto discutido é o do poder político e sua relação com o poder eclesiástico, em particular com o do papa* (3ª *Controversia, De summo pontifice*). Perante os teólogos venezianos, anglicanos e galicanos, B. recorre a uma análise política fundamental: nenhum poder civil tem título que possa reclamar-se de origem divina, mas deriva do direito das gentes e da escolha da multidão, que pode, portanto, modificar a forma do governo. É diferente no caso do regime eclesiástico, divinamente instituído por Deus como monarquia temperada pela aristocracia (os bispos são verdadeiros pastores* e príncipes nas Igrejas particulares*). A relação entre os dois poderes se baseia em suas ordens respectivas. B. tira da tradição sua tese de um poder indireto do pontífice romano (o que deve ser compreendido quanto a seu objeto, e não quanto a seu modo), que lhe permite intervir nos assuntos temporais não por eles mesmos, mas enquanto se trata de salvar ou proteger os interesses espirituais. A doutrina belarminiana sobre as relações dos poderes político e eclesiástico sustenta-se numa eclesiologia que irá se revelar duplamente determinante. Com efeito, define a Igreja como "societas juridice perfecta", i.e., sociedade* juridicamente completa (Congar), porque possui, com efeito, um fim próprio, membros capazes desse fim, e uma autoridade* que garante sua relação constitutiva. As longas e vigorosas análises de B. não só foram capitais para a eclesiologia pós-tridentina, mas também influenciaram amplamente o pensamento político moderno, sobretudo para os que, opondo-se a B. sobre as relações da Igreja e do Estado*, tentaram transferir a definição belarminiana da Igreja para o Estado mesmo (Hobbes, em primeiro lugar).

Sábio exegeta, consciente das responsabilidades intelectuais que incumbem a um pontífice romano, cuja autoridade ele exalta, B. mostrou sua prudência nas origens da "questão Galileu". Preocupado com proteger, nas controvérsias antiprotestantes, a leitura literal da Escritura, nem por isso era adversário da nova física: suas cartas a Federico Cesi, fundador da Academia dos Linces, e ao carmelita Foscarini (1615), defensor de Copérnico, recomendam propor o heliocentrismo como uma hipótese (*ex suppositione*), e não de maneira absoluta. A importância de sua obra e os cargos exercidos fazem dele o iniciador da escolha que a Companhia de Jesus apresentou, entre escolásticos e "inovadores", nos diferentes domínios da eclesiologia*, da filosofia* política, da exegese* e da ciência nova.

• Ed. e trad. até 1890, ver *Sommervogel*, t. 1, col. 1151-1254; t. 8, col. 1797-1807, depois S. Tromp (1930), *De operibus S. R. B.*, Roma. As obras de B. são dificilmente encontradas: — *Opera omnia* (1721), Veneza; (1856-1862), Nápoles; (1870-1874), Paris. — X.-M. Le Bachelet (ed.) (1911), *B. avant son cardinalat, 1542-1598. Correspondance et documents*, Paris; (1913), *Auctarium Bellarminianum. Complément aux Œuvres du Cardinal B.*, Paris. — *De laicis or the Treatise on Civil Government*, trad. ingl. de K. E. Murphy, Nova York, 1928 (reed. Westport, Conn., 1979).

▸ X. Le Bachelet (1903), "B.", *DThC* 2/1, 560-599. — J. de La Servière (1909), *La théologie de B.*, Paris. — J. Brodrick (1928), *The Life and Works of Blessed Robert Cardinal B.*, 2 vol., Londres. — X. Le Bachelet (1931), *Prédestination et grâce efficace. Controverse dans la Compagnie de Jésus au temps d'Aquaviva (1610-1613)*, 2 vol., Louvain. — Y. Congar (1952), "Église et État", *Cath* 3, 1430-1441 (reed. com novos art., em *Sainte Église. Études et approches ecclésiologiques*, Paris, 1963). — G. Galeota (1966), *B. contra Baio a Lovanio*, Roma; (1988), "Robert B.", *DSp* 13, 713-720. — M. Biersack (1989), *Initia Bellarminiana. Die Prädestinationslehre bei Robert B., S.J. bis zu seinen Löwener Vorlesungen, 1570-1576*, Stuttgart. — L. Ceyssens (1994), "B. et Louvain (1569-1576)" *in* M. Lamberigts (sob a dir. de), *L'augustinisme à Louvain*, Louvain, 179-205.

Jean-Robert ARMOGATHE

→ *Agostinismo; Bañezianismo-molinismo-baianismo; Eclesiologia; Galicanismo; Igreja-Estado; Papa; Sociedade.*

BELEZA

1. Antiguidade e Idade Média

a) Beleza divina. — Não existe teologia* bíblica* da beleza (b.), e contudo os Padres* falam da b. divina, Agostinho* e o Pseudo-Dionísio*,

em particular. Decerto, o clima platônico ou neoplatônico em que o cristianismo se desenvolveu tem a ver com isso, mas não basta para explicar tudo. Talvez seja também porque Platão havia apontado um elemento essencial da experiência humana, que devia eminentemente fazer sentido para os cristãos. Descrevendo a revelação da b. ideal na b. sensível, "a mais manifesta (*ekphanestaton*) e a mais atraente" de todas as imagens das Ideias neste mundo (*Fedro*, 250 *d*), ou a elevação da alma* das belezas à Beleza, Platão com efeito, seguido por Plotino, colocou com uma força não superada o tema do caráter soberanamente desejável do absoluto. A b. de que fala, longe de ser, como a b. kantiana, objeto de um prazer "desinteressado", i.e., sem desejo (AA V, 203-210), suscita o *eros* por definição (*Banquete*, 203c, 204b). A experiência das b. "misturadas" aqui da terra, diz Plotino (*Enéadas* I, 6, 7; V, 8, 7), desperta o amor* do "Belo em si em toda a sua pureza" (I, 6, 7) e põe a alma* em marcha para a sua "pátria" (I, 6, 8). Mas há ainda que ir até o fim do caminho. Se o próprio da b. é mesmo "chamar a si" (*vocare ad se*), como o repete Alberto* Magno (*De pulchro et bono*, q. 6, a. 1; cf. Ps.-Dionísio, *Nomes divinos* IV, 7), toda b. finita e mortal (Jüngel 1984, citando Schiller) corre no entanto o risco, quando se é surdo ao apelo da b. suprema, de tornar-se essa b. "amarga" que Rimbaud injuriava. Sem dúvida, é mais fácil ouvir esse apelo do que segui-lo, como mostra a narrativa das *Confissões* em que se vê Agostinho*, seduzido pela b. divina (arrancado a si mesmo, "arrebatado" no sentido próprio — *rapiebar ad te decore tuo*, *Conf.* VII, 17), mas ainda prisioneiro das b. terrenas: "Bem tarde te amei, b. tão antiga e tão nova…" (*sero te amavi pulchritudo tam antiqua et tam nova…*, *ibid.*, X, 27). O Ps.-Dionísio, por sua parte, descreve antes o termo ou o fim da ascensão: identificando o Belo ao Bem*, é um hino à b. de Deus* que pronuncia (*Nomes divinos* IV, sobretudo 7 e 10, mas também 14, 18), em um verdadeiro "arrebatamento litúrgico" (Przywara). A erótica platônica é então retomada, mas de maneira subversiva, com ajuda de um tema totalmente diverso embora estreitamente conexo, o da esperança*. É em relação às promessas de beatitude* escatológica (a "vida do mundo que há de vir") que o desejo se determina.

Falar da b. divina, como o faz a antiga teologia, não é dizer que a b. é Deus, e absolutizá-la assim — "Deus não é Deus porque é belo, mas é belo porque é Deus", diz Karl Barth* transpondo uma frase de Agostinho sobre a objetividade do belo (*KD* II/1, 740). Aliás, isso não é definir algo em Deus de que se soubesse precisamente o que é; mas, antes, é exprimir um fervor, como se vê na linguagem dos místicos*. Poder-se-iam multiplicar os exemplos: "Sei que não pode haver coisa mais bela" (João* da Cruz, *Eu conheço a fonte...* estr. 4; cf. *Cântico espiritual* 5, 7, 24, 35); "Tu és para mim a única beleza" (George Herbert [1593-1633] — "Thou art my lovelinesse, my light, my life, Beautie alone to me", *The Temple*, "Dulnesse").

b) Beleza do mundo e conceito de beleza. — Contudo, na medida em que os teólogos antigos ou medievais dão um conteúdo à ideia de b., tiram-na da experiência da b. do cosmos* e de tudo que ele contém, antes do que da obra de arte. Isso porque a seus olhos a arte não é a fonte da b. A obra bela não faz parte da escala das b. evocada no *Banquete*, e Platão pode condenar a arte (*Rep.* X, p. ex.) sem se contradizer. Certamente, a Antiguidade cristã e a IM criaram uma grande arte, mas na certa não por ela mesma, e sem uma consciência nítida da especificidade das belas-artes (Eco 1987, cap. 10). O amor da "b. da casa de Deus" (cf. Sl 26[25],8) anima os construtores de igrejas, mas não é um amor da b. "pura"; e quando Suger (*c.* 1081-1151) faz edificar e ornar Saint-Denis, fica mais maravilhado pelo brilho do ouro e das gemas, e sobretudo pela luz que entra agora em ondas na igreja, figura da luz divina, do que consciente de uma b. específica da arquitetura* gótica (E. Panofsky, *Architecture gothique et pensée scolatique*, trad. fr. Paris, 1967, I, 4). Ele não é o único a ser sensível antes de tudo à b. do mundo, realidade criada que permite adivinhar a b. de seu criador e à qual nenhuma "criação" humana pode comparar-se. Os Padres já haviam reinterpretado os temas estoicos e neoplatônicos da b. cósmica à luz do Gênesis e visto nessa b. um dom de Deus. Para Agostinho, Deus a difunde sobre o mundo com abundância, porque "não tem ciúme de nenhuma b." (*De musica* VI, § 56); para o Ps.-Dionísio, "a B. superessencial" faz irradiar sobre todas as coisas, para revesti-las de b., as efusões dessa fonte irradiante que mana de si mesma (*ND* IV, 7). E a percepção dessas duas b. está ligada, como mostra a fórmula pela qual Tomás* de Aquino resume o Ps.-Dionísio sobre o assunto: [Dionísio] "diz que Deus é belo enquanto causa da clareza (*claritatis*) e da harmonia (*consonantiae*) do universo" (*ST* IIa IIae, q. 145, a. 2).

Consonantia, harmonia ou proporção, *claritas*, clareza ou luz, tais são os elementos que entram classicamente na definição da b. na IM (cf. Agostinho, *De mus.* VI, § 58, sobre a b. do mundo em razão da harmonia dos quatro elementos, e J. Escoto Erígena [*c.* 805-877] sobre essa b. que se deve à harmonia das diferentes naturezas que compõem o universo, *De divisione naturae* III, PL 122, 638 A; para exemplos de "estéticas da luz", cf. Eco 1987, cap. 3 e 4). Encontram-se esses elementos nos critérios da b. — clareza, harmonia e *integritas* — enumerados por Tomás (Ia, q. 39, a. 8), que não é pois original nesse ponto (a *integritas* ou perfeição, que só aparece nessa passagem, não é explicitada). Aliás Tomás nunca tratou da questão estética por ela mesma, e não se pode glosar esses critérios isolando-os do seu contexto (Eco 1970, cap. 4), tanto mais que não se trata aqui de uma teoria geral da b., mas de uma teoria da b. do Filho, *consonantia* enquanto imagem do Pai* e *claritas* enquanto Verbo*, *lux et splendor intellectus*.

Mesmo quando se ocupa mais diretamente da b., é igualmente na digressão de uma questão consagrada a outro assunto que Tomás insere sua definição famosa, *pulchra enim dicuntur quae visa placent* (as coisas belas são as agradáveis a ver, Ia, q. 5, a. 4, ad 1), que não deve ser entendida como uma ingênua complacência no agradável a ver ou a ouvir, e sim como a ideia de que a b. resulta de um juízo, e mesmo de um juízo "desinteressado". Essa fórmula, com efeito, explicita um princípio que acaba de ser posto: "O belo concerne à inteligência" (*respicit vim cognoscitivam*). Para Tomás, o belo não suscita diretamente o desejo, como o bem; é mesmo por essa relação ao conhecimento que a ideia de belo se distingue da ideia de bem (Ia IIae, q. 27, a.1, ad 3); o belo é aquilo cujo simples conhecimento dá prazer (*cuius ipsa apprehensio placet, ibid.*; ver Eco 1970, cap. 3; Eco 1987, 144-147 e 161-162).

2. Os tempos modernos

a) O tempo das Reformas. — Bernardo* de Claraval já dizia, criticando a estatuária romana, que mais se admirava sua b. do que se venerava seu caráter sagrado (*magis mirantur pulchra quam venerantur sacra*, PL 182, 915), e Tomás achava que os instrumentos de música não deviam ser empregados no serviço divino, porque mais davam prazer do que favoreciam uma boa disposição interior (*ST* IIa IIae, q. 91, a. 2, ad 4). Os reformadores tiveram a mesma atitude, mas de maneira mais sistemática — com eles "a representação religiosa se retirou do elemento sensível e entrou na interioridade da alma e do pensamento" (Hegel, *Estética*, *ThWA* 13, 142) —, e sua recusa ao uso católico das imagens*, que lhes parecia idolatria, levou-os a desconfiar da b. "religiosa" e mesmo, no caso das Igrejas reformadas, do uso da música* no culto* (Söhngen, 1967, 79, 213-215, p. ex.).

As liturgias calvinista ou zwingliana excluíram pois toda música que não fosse o canto dos Salmos*; alguns iconoclastas destruíram mesmo os órgãos com as estátuas (Cottin, 1995, 48). Lutero*, ao contrário, tinha razões teológicas para pôr a música "no primeiro posto depois da teologia" (*WA* 30/2, 696). A seus olhos, a música não é uma invenção dos homens, é uma criação de Deus que impregna todo o universo (*invenies musicam inditam seu concreatam creaturis universis; ibid.*), um dom precioso que pacifica a alma e põe o demônio* em fuga (*ibid.*, cf. *WA.B* 5, 639). A música tem pois um lugar todo natural no culto (Söhngen, 1967, 86), sob todas as formas, e não somente na forma do canto uníssono.

Ainda hoje, se alguns desejam que o protestantismo* saia de seu excessivo "jejum litúrgico" (Cottin, 1995, 55), outros não querem esquecer "que a b., mesmo e sobretudo de ordem religiosa..., pode ser uma cilada" (Gagnebin, 1995, 59). A Reforma católica, ao contrário, externou ao máximo a b. barroca, em glória da glória* de Deus.

b) A filosofia. — A b., assim recusada ou aceita, não é mais a do mundo, mas a da arte, e é ela que vai ser o objeto da estética moderna, ou da estética propriamente dita (esse último termo só aparece no s. XVIII, com a *Aesthetica* de A. G. Baumgarten [1750]). Kant* prefere ainda a b. da natureza à b. da arte (*Crítica da faculdade de julgar*, § 42, AA V, 298- 303), mas Hegel inaugura seu curso de *Estética* "excluindo" "o belo natural" (Introdução, *ThWA* 13, 13) por ser estranho ao espírito: tanto o espírito está acima da natureza quanto a b. artística está acima do belo natural (*ThWA* 13, 14; cf. 27). Essa reversão de perspectiva não é indiferente do ponto de vista teológico, porque o centro da atenção é assim deslocado de Deus para o homem: a ideia de uma natureza estranha ao espírito não é mais a da criação*, em que os séculos anteriores viam a obra da arte divina; a única obra em que se reconhece o espírito é a da arte humana. Na forma sensível, certamente, o espírito está ainda alienado, e a arte é apenas a primeira etapa de seu autodesdobramento — e uma etapa hoje ultrapassada (*ibid.*, 25), já que a b. espiritual não é representável pela bela forma (*ThWA* 14, 128-129) e que o Deus cristão não pode ser manifestado em toda a profundeza de seu conceito pela forma exterior (*ThWA* 13, 103). Mas à medida que a arte pertence à mesma esfera que a religião e a filosofia*, enquanto apresentação sensível da verdade* (*ThWA* 13, 21-22) e "maneira ... de exprimir o divino" (*ibid.*, 21), ela adquire por isso uma dignidade que nunca tivera, e que conserva em nossa cultura, seja qual for a maneira como seja pensada. Mesmo em Nietzsche*, cujo antiplatonismo dissocia verdade e b. (de todo modo há verdades "feias", *Genealogia da moral* 1, "a verdade" mesma "é feia", *KSA* XIII, 500), que diz ser ilusão a oposição de um "mundo verdadeiro" a um mundo de aparências (cf. *Crepúsculo dos ídolos, KSA*

VI, 78-81), é a arte, exaltação da potência vital, que faz detonar essa ilusão. A b. é o sinal dessa potência (p. ex., "Considerações extemporâneas", *ibid.*, 114); a feiura de Sócrates, sinal de "decadência", refuta o valor de seu pensamento ("O problema de Sócrates", § 3, *ibid.*, 68-69). E se Heidegger não procede nem a uma meditação sobre a b. nem à organização de uma estética — com efeito, todo espectador está ausente do tratado "A origem da obra de arte"—, em todo caso, a arte recebe nele um poder, o de fazer chegar e de manifestar a "verdade", que leva ao paroxismo a tendência fundamental das filosofias da arte.

c) *A teologia.* — Essa absolutização da arte e da b. suscita necessariamente a reticência de teólogos que admitem apenas uma verdadeira manifestação da verdade, a revelação* divina (Jüngel 1984, 124). Assim, Kierkegaard* separa radicalmente o domínio estético do domínio da fé*: a relação estética para com o cristianismo nada tem a ver com o fato de vivê-lo. O cristão, "apóstolo" ou "mártir da verdade", não é um poeta do religioso.

Esse ponto de vista poderia talvez ajudar a pensar o problema da b. na liturgia*. A b. da música, dos objetos, da arquitetura exprime nela, de certa maneira, "a b. infinita* de Deus" (Vaticano II*, *SC*, cap. 7, art. 122); os objetos que servem ao culto devem ser belos, "para significar e simbolizar as realidades celestes" (*ibid.*); as formas exteriores são feitas "para excitar a contemplação*" do fundo das coisas (concílio de Trento*, sess. 22, cap. 5). Convém pois que a liturgia seja bela — ou, ao menos, que não seja feia, para não perturbar uma atenção que deve dirigir-se a outro lugar que não às formas da cerimônia. Mas isso não é evidentemente para proporcionar uma experiência estética. Não é a b. em si mesma que dá acesso a Deus, e a liturgia se organiza no elemento de uma presença sacramental que não é algo imediatamente perceptível ou imediatamente desejável: "Esse pão, esse vinho: nada de belo a desejar" ("no beauty we could desire", C. S. Lewis, *Poems*, 124); "Esse objeto entre flores de papel seco, isso é a suprema b." (Claudel, *La messe là-bas*, "Consécration").

A passagem que Barth consagra à b. divina, que ele inclui na definição da glória de Deus, testemunha bem essa reticência ante a aplicação a Deus da ideia de b. A b. não é uma "noção da maior importância", nem um atributo* divino a ser posto no mesmo plano que os outros, e sobretudo não se deve cair no "estetismo" (*KD* II/1, 735). Uma teologia fiel ao que Deus revela de si mesmo deve, contudo, admitir que "Deus é belo" (*Gott ... auch schön ist*, 746), fonte de alegria, objeto de desejo (Barth usa expressões muito fortes nesse sentido, 734, 737). Distinguem-se então três aspectos da b. divina: b. da plenitude da essência divina (741), b. da Trindade* de Deus, que é "o mistério* de sua b." (745), b. paradoxal de Jesus Cristo (750), que "não tinha b. nem fausto" (Is 53,2) e que no entanto revela toda beleza e toda glória de Deus (750-751).

Balthasar* aprova em Barth seu reconhecimento da b. divina (*Herrlichkeit* [*H.*] I, 49-53), mas quer ir muito mais longe e "desenvolver", como o diz desde a primeira frase de *H.*, "a teologia cristã à luz do terceiro transcendental", i.e., do belo.

Denominando assim o belo "o terceiro transcendental", Balthasar opera aliás uma verdadeira "violência teórica" (Lacoste 1986, 606), já iniciada por Przywara. O belo, com efeito, não faz parte da lista clássica dessas propriedades gerais do ser* que "transcendem" os limites das categorias e que os escolásticos* chamavam transcendentais. Aliás, seu número não estava fixado: quando só há três, fala-se do ser, do verdadeiro e do bem, e de modo algum do belo (cita-se também o uno, a coisa [*res*] e o algo [*aliquid*]). Contudo, a identidade do bem e do belo, que só diferem pela noção (*ST* Ia IIae, q. 27, a. 1, ad 3), permite a alguns pensar que o belo deveria ser acrescentado à lista. Maritain (1935) é um partidário resoluto dessa posição: não só o belo é um transcendental (48-49) mas é "o esplendor de todos os transcendentais reunidos" (225) (ver também E. Coreth, *Metaphysik*, Innsbruck, 1963, § 70). Eco (1987) admite somente "uma integração implícita do belo aos transcendentais" e pensa que ela se operou progressiva e discretamente no pensamento medieval (44, 48, 143-144).

Seja como for, a razão de ser da decisão de Balthasar é muito clara: trata-se de distinguir bem o projeto — fundar uma "estética teológica" — de tudo o que seria "teologia estética"

(*H*. I, 6) e, portanto, não confundir "o belo transcendental da revelação" com o "belo profano" (38) como o faz Chateaubriand, p. ex. (88). A tarefa de uma estética teológica (de uma doutrina teológica da percepção) é precisa: decifrar a "figura" (*Gestalt*) do Deus que se revela na história* da salvação*, e eminentemente em Cristo* "centro e figura da revelação" (*H*. III, C); e se a experiência estética não profana à qual compete perceber a aparição da glória divina na figura finita, única e absolutamente privilegiada de Jesus*, tem necessariamente uma relação de analogia* com toda experiência do belo, é também na "desfiguração" (*Ungestalt*) de Cristo crucificado que Deus se dá a conhecer — e esse reconhecimento não tem analogia profana.

* Alberto Magno, *De pulchro et bono*, *in* Tomás de Aquino, *Opera omnia*, ed. Busa, Stuttgart, 1980, VII, 43-47. — Agostinho, *De musica*, BAug 7. — H. U. von Balthasar, *Herrlichkeit*, Einsiedeln, 1961-1969 — K. Barth, *KD* II/1, § 31, 733-751 — Hegel, *Vorlesungen über die Ästhetik*, *ThWA* 13-15. — M. Heidegger, "Der Ursprung des Kunstwerkes" (1936), in *Holzwege*, Frankfurt, 1949, 7-68. — E. Kant, *Kritik der Urteilskraft*, AA V, 167-485. — S. Kierkegaard, *Ou bien... ou bien*, *OC* III e IV, Paris, 1970; *Étapes sur le chemin de la vie*, *OC* IX, 1978; *Post-scriptum aux Miettes philosophiques*, *OC* X e XI, 1977. — Platão, *Banquete*, *Fedro*, *Hipias maior*. — Plotino, *Enéadas* I, 6 e V, 8. — Pseudo-Dionísio, *Os nomes divinos* IV, 7 e 10. — Tomás de Aquino, *Comentário sobre os nomes divinos* IV; *ST* Ia, q. 5, a. 4, ad 1; q. 39, a. 8; Ia IIae, q. 27, a. 1, ad 3.

▶ J. Maritain (1935³), *Art et scolastique*, Paris. — E. de Bruyne (1946), *Études d'esthétique médiévale*, Bruges (reed. Genebra, 1975). — E. von Ivánka (1964), *Plato Christianus*, Einsiedeln. — O. Söhngen (1967), *Theologie der Musik*, Cassel. — U. Eco (1970²), *Il problema estetico in Tommaso d'Aquino*, Milão (bibl.). — P. Evdokimov (1972), *L'art de l'icône: théologie de la beauté*, Paris. — A. Grabar (1979), *Les voies de la création en iconographie chrétienne: Antiquité et Moyen Âge*, Paris, 1994² — A. Nichols (1980), *The Art of God Incarnate*, Londres. — E. Jüngel (1984), "Auch das Schöne muß sterben, Schönheit im Lichte der Wahrheit", *ZThK* 81, 106-126. — W. Jens e H. Küng (1985), *Dichtung und Religion*, Munique. — J.-Y. Lacoste (1985), "Visages: Paradoxe et gloire", *RThom* 85,

561-606; (1986), "Du phénomène à la figure", *in* "Minima Balthasariana", *RThom* 86, 606-616. — J. Riches (sob a dir. de) (1986), *The Analogy of Beauty: The Theology of Hans Urs von Balthasar*, Edimburgo. — U. Eco (1987), *Arte e bellezza nell'estetica medievale*, Milão. — F. Burch Brown (1990), *Religious Aesthetics*, Londres. — C. Harrison (1992), *Beauty and Revelation in the Thought of St. Augustine*, Oxford. — M. Sherringham (1992), *Introduction à la philosophie esthétique*, Paris. — M. Zeindler (1993), *Gott und das Schöne. Studien zur Theologie der Schönheit*, Göttingen. — J. Cottin e L. Gagnebin (1995), "Art", *Encyclopédie du protestantisme*, Paris, 48-62 (bibl.). — P. Évrard (1995), "Esthétique", *ibid.*, 521-527 (bibl.). — F. Samuel (1996), "La question de l'économie divine et la pensée de Hans Urs von Balthasar", *Aletheia* 10, 59-77. — J.-L. Chrétien (1997), "Du Dieu artiste à l'homme créateur", in *Corps à corps. À l'écoute de l'œuvre d'art*, Paris, 91-121.

Irène FERNANDEZ

→ *Amor; Glória de Deus; Idolatria; Imagens; Liturgia; Platonismo cristão.*

BEM

A reflexão teológica sobre a natureza do bem (b.) está na confluência de duas correntes distintas, uma vindo da Bíblia* e a outra de tradições filosóficas. No domínio filosófico, a influência grega é, de longe, a mais importante, sobretudo a de Platão, de Aristóteles, dos estoicos e dos neoplatônicos. Da época patrística até a Reforma, a filosofia* grega formou um quadro de referência geralmente reconhecido e serviu para pensar a ideia de b. contida na revelação* e no dogma*. Sua influência não desapareceu, porque a síntese tomista desempenhou um grande papel no catolicismo* e ao mesmo tempo porque o interesse pelo pensamento antigo e medieval não cessou, e é mesmo particularmente vivo hoje em dia.

No que concerne ao b., devem-se essencialmente aos gregos a concepção metafísica do b. em geral (*bonum in commune*) e a ideia da importância dos fundamentos metafísicos e psicológicos do b. especificamente humano, ou b. moral. Isso explica o eudemonismo de suas morais e o papel central que nelas desempenham os conceitos de virtude* e de reta razão*. Nesse quadro teológico muito amplo, os pensadores cristãos refletiram sobre a bondade de Deus* e de sua lei*, sobre a natureza do mal*, do pecado*, da graça* e da visão beatífica*. As concepções filosóficas modernas do b. integram-se com menos facilidade nos desenvolvimentos sistemáticos e em um sistema de fins teológicos. Por isso nenhuma delas jamais pôde tomar o lugar da filosofia grega na reflexão teológica sobre o b.

1. O bem em geral

Há dois tipos de concepção do b. no pensamento clássico, e um elo necessário, nos dois casos, entre o b. (*agathon*, *bonum*) e a realidade fundamental ou o ser* (*einai/to on*, *esse/ens*). Encontram-se ambos nos pensadores cristãos.

a) *A participação*. — No primeiro caso, afirmamos com Platão que o ser depende do b. A *República* (508b-509b) afirma que a forma do Bem (B.) — o que é bom em si (*agathon kath'auton*) — é a fonte não só de tudo o que é bom, mas de todas as outras formas e, portanto, de tudo o que existe. Todas as outras realidades têm seu ser e sua bondade em virtude de sua participação nessa forma. Para o *Timeu* (29e-30b) pode-se deduzir dessa prioridade metafísica do B. uma teoria da origem do universo. Os neoplatônicos elaboram, com base nessa ideia, uma cosmologia em que toda coisa emanava do B. e para ele retornava. Essa cosmologia convinha plenamente aos primeiros autores cristãos. Era natural para eles identificar o Deus* cristão com o B., e embora reconhecendo que a doutrina da criação era incompatível com o emanatismo neoplatônico, chegaram a pensar a ideia da criação com a ajuda da noção de participação. Para os platônicos cristãos como Agostinho* ou Boécio*, essa ideia significa que o ser criado depende necessariamente de Deus, que é o B.; quanto à bondade das coisas criadas, ela vem de sua participação no b. em si, de que elas se originam. No terceiro de seus tratados teológicos (*Quomodo substantiae*, v. 140-150), Boécio fala a língua do emanacionismo: as coisas criadas são boas porque "decorrem" (*fluxit ab*) de Deus, B. substancial. Nos *Nomes divinos* (IV, 693b-700c; 705c-708b), o Ps.-Dionísio* caracteriza o B. como essencialmente difusivo de si, difundindo-se na criação em nome de sua própria natureza. Essa efusão da natureza divina produz a hierarquia dos seres criados, que participam da bondade divina em graus diversos.

Esses pensamentos da participação vêm a dar em uma concepção explicitamente teológica e relacional do b.: Deus é o B., primeiro e soberano, e todo b. criado é bom em virtude de certa relação — a participação — no b. em si.

b) *A teleologia natural*. — No segundo tipo de concepção, a ideia de b. está ligada à ideia de fim. Uma substância natural é constituída de uma forma ou natureza substancial que lhe dá a capacidade de desempenhar a atividade ou a função próprias às substâncias de sua espécie. O fim, cumprimento ou perfeição de tal substância, é realizar plenamente essa capacidade, e fazer aquilo de que sua forma ou natureza a torna capaz. Já que o estado ou a atividade que constitui a plena realidade da substância é o fim dessa substância, e porque o fim é o b., esse estado ou essa atividade constituem o b. da substância em questão. Desse ponto de vista, o b. para uma substância de natureza dada é o fim determinado por sua natureza, o fato de ser plenamente desenvolvida enquanto tal. Não se chega aqui a uma concepção do b. essencialmente teológica ou relacional: a bondade de uma coisa consiste na atualização de uma natureza, e o estado daí resultante pertence intrinsecamente às coisas.

Esse ponto de vista teleológico teve defensores muito influentes com Agostinho e Tomás* de Aquino. Esse último em particular desenvolve com muito pormenor suas bases aristotélicas. A alma* racional, p. ex., é a forma substancial do homem (sua atualidade primeira ou *actus primus*) e lhe dá esse conjunto complexo de faculdades e de capacidades (potências, *potentiae*) que se resumem sob o título de razão (*ST* Ia, q. 95, a. 1). Essas "potências" são impelidas para sua atividade própria (*operatio*) ou para sua finalidade (*actus ultimus*) por disposições habituais (*habitus*) que são as virtudes intelectuais e morais. A atividade própria dos seres humanos enquanto tais é viver segundo a razão. Tomás identifica, pois, b. e ser ou atualidade, porque para ele o b. de uma substância dada é a atualização de suas potencialidades específicas. Uma coisa é boa à medida que atualiza as potencialidades específicas de sua espécie.

Apesar da diferença, os dois pontos de vista não são necessariamente incompatíveis, e os teólogos de cabeça filosófica como Agostinho e Tomás sustentaram ambos juntamente. A teologia natural especificava ou explicitava a seus olhos o que é para as coisas criadas participar da bondade divina. A natureza de cada uma delas é uma imagem limitada e parcial de Deus, e elas participam tanto mais plenamente da natureza divina quanto mais realizam ou atualizam suas potencialidades constitutivas.

c) A hierarquia dos bens e o soberano bem. — As duas concepções do b. que vimos supõem ambas que a realidade é hierarquizada. Na linha da participação, uma coisa é tanto melhor quanto mais participa do b., ou que a ele mais se assemelha, se se pode dizer. Conforme a metáfora da "emanação", quanto mais se participa do b., mais se está "perto" dele, e quanto menos se participa, mais se está "afastado". O soberano b. (*summum bonum*), a realidade que está no sumo da hierarquia dos b., é o que possui, na unidade de sua natureza, todas as perfeições representadas de maneira fragmentária e diminuída na diversidade de b. particulares. Para Anselmo*, podemos reconhecer as perfeições puras identificando os atributos* que é evidentemente melhor possuir do que não possuir. Essas perfeições puras pertencem de direito à natureza suprema (*Monologium*, 15).

Na linha da teologia natural, a hierarquia dos b. se define em razão de seu grau de atualidade. Substâncias diferentes pertencentes à mesma espécie têm mais ou menos atualidade, conforme atualizaram mais ou menos suas potencialidades específicas. Além disso, as formas substanciais (as atualidades primeiras que fazem que as coisas sejam o que são) possuem diferentes graus de atualidade na medida em que os gêneros que elas constituem têm atividades mais ou menos ricas, plenas e completas.

Compreende-se desse ponto de vista a hierarquia bem conhecida de Agostinho, que vai dos seres inanimados aos seres dotados de razão, passando pelos seres vivos. A atividade que caracteriza cada grau de ser inclui a atividade do grau inferior e a supera: os seres humanos existem (como as pedras), vivem (como as plantas e os animais*), mas dão prova de inteligência (o que plantas e animais não fazem). No sumo da hierarquia encontra-se Deus, que não só tem a existência, a vida e a inteligência, mas é a verdade* mesma, a medida e a fonte eterna e imutável de toda inteligência. Tem-se aí uma hierarquia das coisas, organizada ao mesmo tempo segundo sua bondade e segundo os graus de ser. O soberano bem, segundo Agostinho, é também o Ser soberano, o Deus cujo nome é "Aquele que é" (*O livre-arbítrio*, II, 3-16). Para Tomás, igualmente, o soberano b., pura e plena atualidade (*actus purus*), é o ser mesmo (*ipsum esse*) (Ia, q. 3, q. 4, a.2).

d) O caráter universal e transcendental do bem e a ausência de realidade do mal. — Segundo as duas principais concepções do b., tudo o que tem ser é bom. Com efeito, uma coisa é boa ou bem porque participa do que é bom em si, i.e., de Deus (ora, tudo o que existe participa dele), ou então porque atualiza sua natureza (ora, tudo o que existe está, de certo modo, em ato). Filósofos e teólogos cristãos subscreviam com tanto mais gosto essa tese, por ser defendida por autores respeitados, e sobretudo por ser conforme à Bíblia, p. ex., Gn 1,31 ("Deus viu tudo o que havia feito. Eis que era muito bom") ou 1Tm 4,4 ("tudo o que Deus criou é bom").

A doutrina medieval dos transcendentais está estreitamente ligada à ideia de universalidade do b. A partir do começo do s. XIII, com efeito (cf. Filipe, o Chanceler [†1236], Alexandre de Hales [*c.* 1186-1245], Alberto* Magno, Boaventura* e Tomás), essa ideia foi incluída em uma tese mais ampla, segundo a qual, além do b., o ser (*ens*), o uno (*unum*), o verdadeiro (*verum*) transcendem as categorias aristotélicas. Se as dez categorias enumeram dez maneiras irredutíveis de ser, o ser transcende a estrutura categorial do mundo. Tudo o que é ontologicamente classificável é um ser, e dizer de uma coisa que ela é um ser, não é dizer que pertence a um gênero diferente dos outros. Segundo a doutrina clássica, o ser é o primeiro dos transcendentais, e os outros transcendentais o são porque o fundamento ontológico de sua aplicação a uma realidade dada é o mesmo que faz essa realidade poder ser chamada um ser. No caso do b., p. ex., a atualidade que faz uma realidade ser boa é exatamente a mesma atualidade que lhe dá o ser. Os transcendentais são conversíveis, ou são os mesmos na realidade (*idem secundum rem*), mas não são sinônimos, por serem conceptualmente distintos (*differunt secundum rationem*).

Se o b. é um transcendental e, portanto, um traço universal da realidade, o mal não pode, pois, ser uma realidade. No livro 7 das *Confissões*, Agostinho explica como essa ideia foi a pedra angular de sua reconciliação intelectual com o cristianismo. Ele havia aderido ao dualismo maniqueísta por encontrar nele uma explicação clara da origem do mal: assim como as coisas boas emanam do que é bom em si, as más emanam do que é mau em si, e há um soberano mal como há um soberano bem. A leitura dos platônicos o convenceu de que o mal não era uma natureza ou uma substância, mas uma corrupção ou uma privação. Se é uma corrupção, tem de ser corrupção de algo que é bom em certa medida ou de certa maneira: o que não tem nada de bom não pode ser corrompido. Além disso, não pode existir algo que seja pura corrupção ou privação, e portanto não pode haver um mal puro ou soberano, oposto ao b. soberano, como pensam os maniqueus. Todas as substâncias são boas em certa medida e todas, enquanto tais, vêm de Deus, B. soberano.

2. O bem humano

a) A felicidade. — A metafísica do b., legada pela Grécia clássica, implica uma concepção eudemonista do bem do homem: é o estado ou a atividade em que consiste a plena atualidade do ser humano. Segundo uma antiga tradição, os pensadores da IM chamavam a esse estado felicidade (*felicitas*) ou, com um matiz teológi-co, beatitude* (*beatitudo*). Na *Ética a Nicômaco* (seu texto completo se conheceu no começo do s. XIII, e sua influência na concepção do b. foi enorme) intervêm duas ideias, aparentemente opostas, da atividade que constitui a felicidade. Segundo os primeiros livros da *EN*, a felicidade consiste na vida ativa, vivida de acordo com a sabedoria* prática, enquanto, segundo o livro X, ela se encontra na atividade contemplativa, que tem algo de divino. Essas duas ideias inspiraram os modelos da vida ativa a serviço do outro, e da vida de oração* e de contemplação*.

Mas Aristóteles descrevia apenas uma felicidade imperfeita ou puramente humana, do ponto de vista cristão. Para o cristianismo, o fim último da vida humana é a união sobrenatural* com Deus, estado cuja realização plena é impossível nesta vida. O b. último dos seres humanos, a felicidade perfeita, está pois além do mundo, além do que o homem pode por si mesmo. Segundo certos teólogos, é preciso uma revelação especial para que os homens saibam qual é seu fim último sobrenatural, e uma ajuda especial de Deus (a graça) para chegar a isso.

b) A virtude, a ação reta, a reta razão. — Na tradição grega, as capacidades especificamente humanas (as que se devem ao fato de possuir uma alma dotada de razão, sobretudo o intelecto e a vontade) necessitam de certos "hábitos" (*habitus*) para poderem atualizar-se completamente. São as virtudes morais e intelectuais, disposições para realizar as atividades nas quais consiste a perfeição humana. É pois essencial adquirir e exercer as virtudes para atingir a felicidade. No cristianismo, a essas tradicionais virtudes cardeais, que são disposições naturais para uma felicidade natural e imperfeita, acrescentam-se as virtudes teologais, fé*, esperança* e amor*, que dispõem para o fim sobrenatural. A noção de graça dá origem também à noção de virtudes infusas: não são apenas as virtudes teologais, mas também as virtudes morais necessárias para orientar em direção ao fim sobrenatural que são dadas pela graça, e não adquiridas pelo esforço moral.

Por volta do fim da IM aplicou-se essa metafísica do b. aos atos* humanos, e não mais apenas aos agentes. Podem-se considerar os atos como realidades ou seres, e podem julgar-se bons na medida em que possuem todos os atributos (atualidades) que devem possuir. E como toda a ação humana é uma entidade, uma realidade pelo fato mesmo de ser um ato, ela tem certa bondade (bondade natural), mas pode ter também uma bondade moral geral, ou uma bondade específica, ou ainda uma bondade devida à graça, em igualdade de circunstâncias. Se o ato, digamos, a esmola, tem um objeto apropriado (uma pessoa em necessidade), esse ato tem uma bondade moral geral, i.e., satisfaz a mais fundamental das condições para que um ato seja bom, pura e simplesmente. Tem uma bondade moral específica se for realizado por uma boa razão e de uma maneira boa. Enfim, tem uma bondade devida à graça, ou meritória, se é realizado por amor.

E como determinar as condições de uma ação boa depende da razão, muitas vezes se resumem essas condições dizendo que a ação boa deve conformar-se à reta razão. No modelo da dedução aristotélica, o raciocínio prático foi assim considerado como partindo de princípios evidentes e chegando dedutivamente a princípios mais precisos e à aplicação desses princípios às circunstâncias dadas. O conjunto dos princípios práticos evidentes (a todos ou apenas aos sábios) e dos princípios que deles derivam forma a lei natural.

c) *A lei e os mandamentos de Deus.* — Para Agostinho e Tomás a noção de lei está estritamente ligada à de razão. Agostinho vê no que chama lei eterna a fonte de tudo o que é bom e justo nas leis estabelecidas pelos homens para regular seus assuntos temporais; lei eterna que é a "razão soberana" (*O livre-arbítrio*, I, 6-8). Com base nessas ideias de Agostinho, Tomás faz antes de tudo da lei a expressão da razão. A lei eterna, a que temos parcialmente acesso pela razão e pela revelação, é a expressão da razão divina. A parte da lei eterna a que temos acesso pela razão é a lei natural (Ia IIae, q. 90-94). Kant* pertence plenamente a essa tradição que liga a lei e a razão, porque para ele é a razão pura prática que é legisladora no domínio moral.

A dignidade e a autonomia da vontade racional consistem em que esta não seja submetida senão à sua própria legislação (*Fundamentação* 1).

Todos os pensadores cristãos reconhecem a existência de leis e de preceitos* morais revelados por Deus, cujo protótipo é o decálogo*. Mas, contrariamente a certas caricaturas, há bem poucos que sejam defensores francos da ideia de que o bem e o mal dependem unicamente da decisão divina. Segundo tal teoria, o valor moral de um ato dependeria unicamente do fato de ser aprovado ou desaprovado por Deus, ordenado ou proibido por ele. Para Tomás, só o que a razão ordena pode ter força de lei. Contudo, certos pensadores como Duns* Escoto, ou Guilherme de Occam (*c.* 1285-1347), fazem uma distinção nítida entre lei moral natural e lei moral positiva. Para eles, no caso da lei moral divina positiva, a justiça* dos atos ordenados vem unicamente do fato de que Deus os ordena, e a proibição do adultério e do roubo, p. ex., entra nessa categoria. Esses atos são pois moralmente maus porque Deus os proíbe, e seriam bons se os prescrevesse. Ao contrário, as leis morais naturais ordenam ou proíbem ações cujo valor é independente da vontade divina. Segundo Occam, nem Deus pode mudar o valor moral dos atos que dependem dessas leis porque isso implicaria contradições.

A ideia de que os mandamentos* ou a vontade de Deus determinam o bem e o mal é uma espécie de subjetivismo teológico. À primeira vista essa posição parece salvaguardar a independência e a soberania de Deus, fazendo dele o criador dos valores. Mas a grande maioria da tradição* cristã não a aceitou, e viu, com Agostinho e Tomás, o fundamento dos valores na razão de Deus, e não em sua vontade.

3. A filosofia do bem depois da Reforma

Nos tempos modernos, a reflexão filosófica sobre a natureza do b. se afasta em geral da ideia de que o b. é função do ser. A oposição mais radical vem do subjetivismo, p. ex., de Hume (1711-1776), para quem não havia objetividade do valor: o valor de uma coisa dependia unicamente de ser ela apreciada por alguém. O valor é sobreposto ao mundo, e não descoberto nele.

O subjetivismo, em geral, não fez muito sucesso entre os cristãos.

O deontologismo da tradição kantiana se afasta de outra maneira da ideia tradicional do b. Para Kant, a única coisa incondicionalmente boa é a boa vontade, que age por dever. Ele concebe o dever como um imperativo que nos é imposto pela lei moral universal. As noções de dever e de lei estão, para ele, no cerne da filosofia moral, e os que o seguem nesse domínio partem não da noção de b., mas da noção de justiça.

O consequencialismo moderno, enfim, tem a mesma estrutura da tradição derivada do pensamento grego: como esta, ele tem o que pode chamar-se uma concepção metafísica do b. e pensa que a vida moral consiste em promover, maximizar ou proporcionar o b. em questão. Pode-se citar, p. ex., o utilitarismo* hedonista de John Stuart Mill (1806-1873), para quem a única coisa boa é o prazer. Todos os outros b. só são bons, e as ações só são justas, à medida que causam prazer. No caso de Mill, trata-se de um monismo do b., pois só há uma única realidade que seja intrinsecamente boa. Não é o caso de todos os consequencialismos, pois muitos deles são pluralistas e pensam que há mais de um único b. G. E. Moore (1873-1958), p. ex., classificava nas realidades que têm um valor intrínseco a afeição, o prazer estético e o conhecimento (1903, cap. 6).

• Anselmo, *Monologion, in* M. Corbin (sob a dir. de), *L'oeuvre de S. Anselme de Cantorbéry*, t. I, 1986. — Agostinho, *Confissões*, BAug 13-14; *De libero arbitrio*, BAug 6, 155-529; *De natura boni*, BAug 1, 437-509. — Boécio, *Tractatus, e De consolatione philosophiae*, LCL 1973 (*Courts traités de théologie*, 1991). — D. Hume, *A Treatise of Human Nature*, l. II, 1740, Londres (*Tratado da natureza humana*, São Paulo, 2001). — E. Kant, *Grundlegung zur Metaphysik der Sitten*, A.A. 4, Berlim, 1910 (*Fundamentação da metafísica dos costumes*, São Paulo, 2002). — J. S. Mill, *Utilitarianism*, Londres, 1863 (*O utilitarismo*, São Paulo, 2000). — G. E. Moore, *Principia Ethica*, Cambridge, 1903 (*Princípios éticos*, São Paulo, 1985). — Pseudo-Dionísio, *De divinis nominibus*, PG 3, 585-996, cap. 4 — Tomás de Aquino, *ST*, Ia, q. 5, 6, 49; Ia IIae, q. 18-21; *De veritate*, q. 21.

▸ W. D. Ross (1930), *The Right and the Good*, Oxford. — O. Lottin (1942, reed. 1960), *Psychologie et morale aux XIIeme et XIIIeme siècles*, Gembloux. — B. Häring (1950), *Das Heilige und das Gute*, Munique. — G. H. von Wright (1963), *The Varieties of Goodness*, Londres. — I. Murdoch (1970), *The Sovereignty of Good*, Londres. — H. Reiner *et al.* (1974), "Gut", "Gut, höchstes", "Güterlehre", *HWP* 3, 937-980. — F. Ricken (1983), *Allgemeine Ethik*, Stuttgart. — S. MacDonald (1991), *Being and Goodness: The Concept of the Good in Metaphysics and Philosophical Theology*, Ithaca, NY. — L. Becker (1992), *A History of Western Ethics*, Nova York. — J. Pieper (1997), "*Die Wirklichkeit und das Gute*", *WW* t. 3, Hamburgo, 48-98. — R. M. Chisholm (2003), "Bem e mal", *DEFM*, v. 1, 149-153.

Scott MAC DONALD

→ *Aristotelismo cristão; Consciência; Estoicismo cristão; Ética; Maniqueísmo; Platonismo cristão.*

BÊNÇÃO

A. Teologia bíblica

A bênção (b.) é uma palavra carregada de poder que comunica os bens* da salvação* e da vida. É também oração* de louvor* em reconhecimento pelos bens recebidos.

a) O vocabulário da bênção. — Os léxicos hebraicos distinguem duas raízes *brk*: uma significa "ajoelhar-se" (de *bèrèk*, joelho); a segunda é empregada cerca de quatrocentas vezes no sentido de "b.". Encontra-se com mais frequência no Gênesis (88 x), especialmente na história dos patriarcas, e nos salmos* (83 x), em conexão com o louvor de Deus*. A linguagem da b., bem atestada também no Dt (51 x), e em grau menor nos livros sapienciais (v. sabedoria*), desempenha um papel menor nos profetas*.

A raiz *brk* tem fundamentalmente o sentido de poder de vida e de salvação. Associada em larga medida à palavra, participa de toda a sua eficácia. Assim, a b. realiza o que exprime. Sem ser equivalente, tem fortes afinidades com as palavras "paz*" (*shâlôm*), "felicidade" (*tûb*), vida (*haîim*). Costuma inscrever-se em contextos em que aparece o vocabulário do amor* ('*ahab*), da graça* e da benevolência (*hén*), da fidelidade e da lealdade (*hèséd*), do sucesso (*çâlah*). Outro termo que significa felicidade (*'èshèr*) é praticamente sinônimo de "b". Menos rico em nuanças que a raiz *brk*, tem um sentido nitidamente declarativo. É feliz (*'ashrè*) quem recebeu a b. e caminha na lei* do Senhor (cf. Sl 1,1s). A palavra *'ashrè*, traduzida em grego por *makarios*, introduz a forma literária das "bem-aventuranças" (cf. Mt 5,3-11).

O vocabulário da maldição, ao contrário, é muito diversificado. As maldições da aliança* (Dt 27,11-26) opõem ao bendito (*bârûk*) o maldito (*'ârûr*). O verbo no intensivo significa: "tornar eficaz uma maldição". Encontra-se ainda a raiz *'âlâh*, "maldição", *qâlal* que acrescenta o matiz de ser pequeno, desprezado, *qâhab*, a de execração em sentido antes mágico, *zâ'am*, a ideia de cólera. A interjeição *hôi* é um grito de maldição (Is 1,4) ou de luto: "Ai" (1Rs 13,30).

b) As diversas expressões da bênção. — Na forma ativa simples, o verbo só é empregado no particípio passivo, *bârûk*, sob diversas formulações: "Bendito seja o Senhor que vos libertou..." (Ex 18,10); "Bendito seja Abraão pelo Deus Altíssimo" (Gn 14,19); "Abençoado seja pelo Senhor aquele que..." (Rt 2,20). O particípio designa o estado daquele que possui a b., e como tal merece apreciação, homenagem, louvor.

A conjugação intensiva é, de longe, a mais atestada (233 x, na voz ativa). Abençoar alguém é conceder-lhe ou desejar-lhe o poder necessário ao cumprimento de uma tarefa particular, em uma situação particular. O verbo toma matizes diversos conforme se trate de abençoar um superior, um inferior, ou qualquer pessoa do mesmo nível. Não é necessário enunciar-lhe o conteúdo, o verbo tem sua força nele mesmo. Quando o homem bendiz a Deus, a b. se aparenta ao louvor.

O substantivo *berâkâh* ocorre 71 x (16 x em Gn e 12 x no Dt) com múltiplas nuanças do verbo.

c) A significação da bênção. — A b. perdeu na Bíblia* o caráter mágico que podia ter no mundo semítico. Sua eficácia lhe vem da palavra* de Deus, de um Deus que deseja a felicidade do homem, mas que não a realiza fora de sua liberdade*. Promovendo o bem do outro e reconhecendo seus méritos, a b. exprime primeiro um vínculo de solidariedade e de comunhão entre os seres, mesmo quando vale como uma saudação. As pessoas que se abençoam têm interesses em comum. A maldição, que exclui do grupo, torna a vida impossível para o indivíduo rejeitado. Deus abençoa o povo* que escolheu e seus membros. Comunica sua b. diretamente ou por meio de mediadores credenciados: o chefe da família, o rei, o sacerdote*, o profeta. A b. que outorga a Abraão é o penhor de que todas as famílias da terra são chamadas a beneficiar-se por referência a Abraão (Gn 12,1ss).

A b. que Deus deu ao homem quando o criou associa todos os seres vivos do universo (Gn 1,28ss). Deve transmitir-se de geração em geração. A família é o primeiro lugar dessa transmissão, como o mostra a história* dos patriarcas (Gn 27). A b. está ligada à aliança, e a observância da lei é a condição para que o povo possa desfrutar da felicidade e da propriedade sobre a terra que Deus lhe deu (Dt 30,15-20). A b. faz parte integrante do culto* (1Rs 8,54-61).

Quando o homem bendiz a Deus, responde pelo louvor e pela ação de graças à obra de Deus. A b. é um elemento da maior importância da oração de Israel*. Por isso a raiz *brk* encontra-se muitas vezes nos salmos, unida a outros vocábulos como *hâlal*, "louvar", *yâdâh*, "confessar". Na verdade, a b. ultrapassa o quadro do culto, porque é a expressão espontânea da alma de Israel.

d) A bênção no Novo Testamento. — Os LXX traduzem em geral *brk* pelo verbo *eulogeô* e seus derivados *eulogétos* e *eulogia*. O pano de fundo semítico impede que se veja aí apenas "bem falar". No NT encontra-se o verbo 41 x, o adjetivo, 8 x, e o nome, 16 x. É mais frequente nos sinóticos (especialmente em Lc), em Paulo e na epístola aos Hebreus.

Na linha das doxologias do AT e da tradição* judaica, Deus é o primeiro bendito (Lc 1,68). É bendito como Criador (Rm 1,25) e como Pai* de Jesus Cristo (2Cor 11,31). Muitas b. desenvolvem a obra de Deus na história da salvação, culminando em Jesus Cristo (2Cor 1,3-7; Ef

1,3-14; 1Pd 1,3-9). — Jesus* é o bendito por excelência (Lc 1,42; 13,35). É em Cristo que o Pai abençoa seus fiéis com toda a b. espiritual (Ef 1,3). É por ele que a b. dada a Abraão pode atingir toda a humanidade (At 3,25s). Maria*, em primeiro lugar, é bendita entre todas as mulheres (Lc 1,42) e os eleitos são todos os benditos do Pai (Mt 25,34). — Na ceia, Jesus pronunciou a b. sobre o pão (Mt 26,26; Mc 14,22). Longe de ser uma fórmula mágica, essa b. é uma oração de ação de graças para a obra da salvação realizada por Deus, como o sugerem os rituais judaicos. As narrativas relacionam os verbos *eulogeô* e *eucharisteô*, "dar graças".

Nas doxologias do Apocalipse, a associação de *eulogia* com os termos "glória*" e "honra" recomenda o sentido de louvor.

• H. W. Beyer (1935), "Eulogeô", *ThWNT* 2, 751-753. — J.-P. Audet (1958), "Esquisse historique du genre littéraire de la 'bénédiction' juive et de l'Eucharistie chrétienne", *RB* 65, 371-399. — W. Schenk (1967), *Der Segen im NT*, Berlim. — C. Westermann (1968), *Der Segen in der Bibel und im Handeln der Kirche*, Gütersloh. — J. Guillet (1969), "Le langage spontané de la bénédiction dans l'AT", *RSR* 57, 163-204. — J. Scharbert (1973), "Krb hkrb", *ThWAT* 1, 808-841; (1973 *b*), "Die Geschichte der *bârûk* Formel", *BZ* 17, 1-28. — C. A. Keller e G. Wehmeier (1978), "*Brk* pi. segnen", *THAT* 1, 353-376. — H. Patsch (1981), *Eulogeô, EWNT* 2, 198-201. — C. T. Mitchell (1987), *The meaning of* brk *"to bless" in the Old Testament*, Atlanta.

Joseph AUNEAU

→ *Aliança; Criação; Culto; Eucaristia; Filiação; Louvor; Oração; Pai; Salmos.*

B. Na liturgia

a) *Visão geral.* — As liturgias* cristãs do Oriente e do Ocidente reúnem sob o título de "bênçãos" (b.) orações muito diversas, algumas delas em continuidade com os comportamentos de oração* em uso anteriormente no judaísmo*. Algumas entre elas (como a b. ou consagração dos santos óleos*, ou ainda a b. da esposa por ocasião do matrimônio*) unem-se à celebração dos sacramentos*; outras têm seu lugar na celebração da eucaristia* ou na oração* do ofício

divino; outras enfim concernem às circunstâncias mais diversas da vida das famílias, das sociedades, das comunidades religiosas.

A importância varia muito segundo os lugares e as épocas; e seu acento religioso varia igualmente em certa medida, conforme insistam na ação de graças pelos benefícios divinos, com uma tonalidade próxima da eucaristia antiga, ou comportem, como na IM germânica, um aspecto de exorcismo*. Em todo caso, é essencial a toda b. ser uma invocação da b. divina.

Seguindo a importância das diversas b. na vida da Igreja*, da família* e da sociedade*, algumas sempre foram reservadas ao ministério* próprio do bispo* — assim, em regra geral, a consagração das igrejas, ou de outro ponto de vista, a sagração real —, e outras (a maioria) cabem aos sacerdotes*, sem se poder traçar uma fronteira absoluta entre a b. dada pelo sacerdote e uma b. de tipo familiar, pelo pai de família.

b) *Principais coletâneas de bênçãos na tradição litúrgica.*

— *Tradição apostólica* (provavelmente Roma*, primeiro terço do s. III), com dois exemplos de b.: no fim da oração eucarística e, por ocasião da celebração do batismo*, b. do leite e do mel, que — segundo uma prática anterior à disjunção entre a eucaristia e a refeição — são dados aos novos batizados entre a comunhão* do pão e a do cálice, em uma espécie de sacramental da Terra Prometida, em antítese com as ervas amargas do ritual pascal judaico (que lembravam a saída do Egito).

— Coletânea de orações gregas do Egito (provavelmente do s. IV ou V) chamada *Sacramentário de Serapião* (bispo de Thmuis).

— *Eucológio* bizantino, conjunto de orações litúrgicas conhecido por volta do s. IX.

— No Ocidente, diversas fórmulas de *b. do círio pascal* pelo diácono*, bastante próximas do gênero da b. judaica para a luz (conhecem-se exemplos a partir do s. IV, a mais conhecida é o *Exultet* da liturgia romana).

— As *b. episcopais* dadas no fim da missa, de origem galicana e cuja forma foi restaurada, para as festas, pelo missal romano de 1970.

— *Sacramentário de Gelona* (carolíngio) (CChr. SL 159), primeiro testemunho do conjunto das b. rurais em uso na IM.

— *Rituale Romanum* (1614), com um número restrito de b., consideravelmente aumentado em 1874 e 1895.

— Em seguida ao Vaticano II*, o *De Benedictionibus* (1984), que suprime o elemento exorcístico e dá uma proclamação da palavra* de Deus* como preâmbulo a toda b. Por outro lado, o ministério da b. é exercido em certos casos por um diácono ou um leigo*.

• J. Goar (1730²), *Euchologion sive Rituale Graecorum*, Veneza. — A. Franz (1909), *Die kirchlichen Benediktionen des Mittelalters*, Friburgo. — P.-M. Gy (1959), "Die Segnung von Milch und Honig in der Osternacht", *in* B. Fischer, J. Wagner (sob a dir. de), *Paschatis Solemnia. Festschrift J. A. Jungmann*, Friburgo, 206-212. — B. Botte (1963), *La Tradition apostolique de S. Hippolyte. Essai de reconstitution*, Münster. — A. Stuiber (1966), "Eulogia", *RAC* 6, 900-928. — E. Moeller (1971-1979), *Corpus benedictionum pontificalium*, CChr.CM 162-162 c. — A. Heinz, H. Rennings (ed.) (1987), *Heute Segnen. Werkbuch zum Benediktionale*, Friburgo. — A.-M. Triacca, A. Pistoia (ed.) (1988), *Les bénédictions et les sacramentaux dans la liturgie* (conférences Saint-Serge), Roma. — S. Parenti, E. Velkovska (1955), *L'Eucologio Barberini gr. 336*, Roma.

Pierre-Marie GY

→ *Culto; Liturgia; Louvor; Oração; Sacramento.*

BENTO DE NÚRSIA → monaquismo A. c

BÉRENGER DE TOURS → eucaristia 2. b

BERNARDO DE CHARTRES → Chartres (escola de) b

BERNARDO DE CLARAVAL, 1090-1153

1. Vida

Nascido em Fontaine-lès-Dijon, Bernardo (B.) pertence à nobreza borgonhesa. Recebe sua primeira formação com os cônegos de Saint-Vorles de Châtillon. Em 1113, acompanhado de seus irmãos e de certo número de amigos, que convenceu a segui-lo, entra em Cîteaux, novo mosteiro fundado em 1098, para viver a regra de São Bento de maneira mais estrita que no monaquismo* tradicional. Desde 1115 é enviado a fundar Claraval, de onde será abade até sua morte. O mosteiro se desenvolve muito depressa sob seu impulso, e a partir de 1118 as fundações vão multiplicar-se. Durante seus primeiros anos de abade, B. beneficia-se da amizade e do ensino de Guilherme de Champeaux, fundador da abadia de São Vítor*, que se tornou bispo* de Châlons-sur-Marne, e completa assim sua formação intelectual. Liga-se igualmente com Guilherme, abade beneditino de Saint-Thierry, perto de Reims, e é com ele que descobre o *Cântico dos Cânticos* e seu comentário por Orígenes*. B. impõe-se imediatamente como mestre espiritual. Sua obra escrita, começada por volta de 1124 com o tratado *Dos graus da humildade e do orgulho*, depois com as homilias *Super missus est*, revela desde o começo um notável talento de escritor. Ela prossegue até o fim, com diversos tratados, numerosos sermões litúrgicos, a série dos 86 *Sermões sobre o Cântico dos Cânticos*, considerados em geral como sua obra prima, e uma correspondência que nos deixa mais de quinhentas cartas. O impulso extraordinário da ordem cisterciense na primeira metade do s. XII provocou um conflito com os monges de Cluny, e B. teve de justificar-se na *Apologia*. Seu desejo de reforma não se limitou ao monaquismo, mas estendeu-se à vida dos clérigos* e dos bispos, e a toda a Igreja*. Assim B. foi rapidamente envolvido nos assuntos que então agitavam a Igreja — no cisma* de Anacleto, tomou partido por Inocêncio II e fez que este fosse reconhecido como papa* legítimo (1130-1138) — e foi forçado a viajar por toda a Europa ocidental. Em 1140, impelido por Guilherme de Saint-Thierry, opôs-se a Abelardo*, e obteve sua condenação por ocasião do concílio de Sens. Intervirá igualmente em 1148, em Reims, contra Gilberto de la Porrée (*c.* 1075-1154), mas sem conseguir que fosse condenado. Em 1145, um de seus discípulos é eleito papa, com o nome de Eugênio III, e B. continua a aconselhá-lo, dirigindo-lhe em especial as cinco cartas que formam o tratado de *A consideração* (1148-1152). Eugênio III o envia a pregar no Languedoc contra os cátaros, e é ainda a seu pedido que B. prega em seguida a segunda cruzada, cujo fracasso ser-lhe-á em parte atribuído. Morre em Claraval a 20 de agosto de 1153. Personagem muito controverso e criticado, de influência considerável, é também visto por muitos como um santo ainda em vida (é assim que Guilherme de Saint-Thierry começou a escrever sua vida entre 1145 e 1148). Será canonizado em 1174.

O s. XII é a idade de ouro cisterciense, marcado por numerosos autores de grande valor tanto literário quanto teológico e espiritual, e que sofreram, todos, a influência de B. Mencionaremos aqui apenas os que, com B., foram chamados "os quatro evangelistas de Cîteaux": Guilherme de Saint-Thierry (*c*. 1075-1148), que abandonou seu cargo abacial e a ordem beneditina em 1135 para tornar-se simples monge cisterciense em Signy; Guerric de Igny (1070 ? -1157) e Aelred de Rievaulx (1110-1167). Se têm uma doutrina comum, cada um a propõe com um estilo e acentos que lhe são próprios, contribuindo a fazer desse século um período de riqueza excepcional.

2. Uma teologia monástica

"Quimera de seu século", como definiu a si próprio (*Carta* 250, 4), conselheiro de papas, mestre espiritual, Bernardo seria teólogo? A questão já não se põe depois do livro de Gilson (1934) e contudo B. teria recusado o termo para ele mesmo, porque só utiliza *theologus, theologia* a propósito de Abelardo e de sua obra. Se alguns de seus escritos como *A graça e o livre-arbítrio*, a *Carta* 77 sobre o batismo ou o livro V da *Consideração* têm um conteúdo claramente teológico, muitos são consagrados a um ensinamento monástico e espiritual. No entanto, é essa dupla dimensão da obra de B. que permite compreender o estatuto particular de sua reflexão. Para ele, nunca se trata de estudar, por elas mesmas, questões teológicas, mas sempre de procurar como é possível o encontro

do homem com Deus*, e é nesse quadro que chega a falar das relações intratrinitárias ou da união do Verbo* e do homem em Cristo*. Assim, depois de ter-se perguntado cinco vezes em seguida o que é Deus, em *A consideração*, e de lhe ter respondido de diversas maneiras, retoma a questão e responde: "O que ele é para si mesmo, ele o sabe" (V, 24). Se não se mostra insensível a esse tipo de questionamento, e se mostra certa virtuosidade em seu trato, não é esse seu registro habitual e prefere deixá-lo de lado; aquela fórmula final é antes uma não resposta do que uma evocação da transcendência de Deus, porque não é a definição da essência divina que interessa a B., mas o fato de que Deus se revela como interlocutor e fim do homem.

Essa orientação fundamental do pensamento de B. impede de distinguir em sua obra o que seria "teológico" (especulativo) e o que seria espiritual ou ascético: o *pro nobis* que é o próprio de Deus não permite nenhum fechamento na especulação, dando a pensar a orientação ou a reorientação do homem para Deus, até a união mística e beatificante. B. não cessa de tratar a história* da salvação* em cada um de seus aspectos; mas joga permanentemente sobre as duas identidades da "esposa" de que fala o Cântico, a Igreja e a alma* individual; e a história da salvação, desse modo, é imediatamente concebida como a história de todo homem. Saber é saborear, pessoalmente, o que se descobre de Deus. Assim compreendida, a teologia* implica, pois, a antropologia* e a liturgia*, mas também a ascese*, a obediência etc. Ela só é autêntica se é vivida e se proporciona um acréscimo de caridade. E o teólogo, pois, não é aquele que estudou sob a direção de mestres eminentes, mas o que se deixa ensinar pelo próprio Espírito* Santo no labor cotidiano, como escreve B. a Aelred de Rievaulx, quer dizer, quem tiver saboreado a bondade de Deus e saberá então fazer que seus leitores ou ouvintes a saboreiem (*Carta* 523). Reencontra-se assim o sentido antigo de "teólogo" tal como se encontra especialmente na literatura monástica e em particular em Evágrio Pôntico (*c*. 345-399). Para designar esse tipo de teologia e distingui-la da teologia das escolas, fala-se de "teologia monástica", entendendo com isso uma teologia que se apoia na experiência* (Leclercq, 1957, 9-14 e 179-218; Gastaldelli *in ACi*, 1990, 25-63), uma teologia prática, englobando toda a existência (Härdelin, 1987).

3. O ensinamento

a) Humildade. — Em sua primeira obra, *Os graus da humildade e do orgulho*, B. define três graus de verdade*: a humildade, a caridade e a contemplação*. O primeiro momento dessa teologia que visa à união a Deus é antropológico: é o do conhecimento de si, isto é, de seu nada*. O homem é somente uma criatura; e se é superior aos animais desprovidos de razão*, é inferior aos anjos*. Sobretudo, não soube permanecer em seu estatuto original, e a culpa o afastou de Deus e dele mesmo, situando-o na "região da dessemelhança". É portanto pela humildade que pode retornar a ele e se conhecer, despojando-se de tudo com que o orgulho o cobre. A humildade é assim o primeiro grau da verdade, porque permite saber o que se é: nada. "Quando eu ainda não conhecia a verdade, acreditava ser alguma coisa, enquanto não era nada" (*Humildade* IV, 15). Em outro lugar, B. sublinha o "milagre" que é o homem, esse ser em que se encontram os contrários — razão e morte*, nada e alguma coisa, ou melhor, nada e algo de grande, pois Deus engrandece esse nada.

Mas justamente quando reconduziu o homem a si mesmo, a humildade já o reconduziu para Deus; com efeito, o humilde, aquele que é apenas ele mesmo, renuncia a possuir algo de próprio que o defina; e, abandonando todo o *proprium*, abre nele um campo em que Deus poderá agir. A humildade reconduz à forma pura em que o homem foi criado. O homem nada é (de próprio) porque seu ser* é ser à imagem e semelhança de Deus. Ele se realiza nessa transparência a Deus.

Vê-se desde então como vai orientar-se a cristologia* de B. O Verbo é ao mesmo tempo aquele que deu sua forma ao homem, na origem, e aquele que o reforma hoje em Jesus Cristo: e ao mesmo tempo como imagem da substância divina e como exemplo da humildade perfeita,

é sempre mediador entre Deus e o homem. B. afirma com insistência a exemplaridade que a humanidade de Cristo possui. Mas Cristo não veio somente para dar um exemplo a seguir (o que B. acusa Abelardo de dizer), ele é salvador em si mesmo. Não é só caminho e verdade, é ainda a vida. "Grande, certamente, e dos mais necessários é o exemplo de humildade, grande e digno de ser acolhido é o exemplo de caridade; mas nem um nem outro tem fundamento, nem por conseguinte, consistência, se falta a redenção. Com todas as minhas forças quero seguir o humilde Jesus*; tenho o desejo de abraçar, retribuindo-lhe amor* por amor, aquele que me amou e entregou-se por mim, mas preciso também comer o Cordeiro* pascal" (*Contra os erros de Abelardo*, 25). Muito se falou (apoiando-se sobretudo, aliás, em textos mal atribuídos) da devoção de B. e dos cistercienses à humanidade de Cristo sem nunca ter visto bem qual era seu fundamento: a restauração da imagem e da semelhança, compreendida como re-formação, quer dizer, como com-formação àquele que é a verdadeira Imagem. A salvação do homem, por isso, passa pela participação na paixão* e na cruz de Cristo. E na linha da Epístola aos Romanos, B. vê a realização dessa participação no batismo*, depois na profissão monástica, concebida como um segundo batismo (*Do preceito e da dispensa* XVII, 54).

Nesse ponto, a liturgia* desempenha um papel essencial, representando os diversos momentos da vida de Cristo no modo de demonstração e de atualização ("Assim como ele é ainda, de certa maneira, imolado cada dia quando proclamamos sua morte, igualmente parece nascer de novo quando nós, com fé, representamos [*repraesentavimus*] sua natividade)" (*Sermão 6 para a Vigília de Natal*, 6); esse pôr-em-presença implica, por sua vez, a imitação*. Aelred de Rievaulx desenvolverá mais amplamente esse tema.

b) Caridade. — "Nosso Senhor quis padecer para saber compadecer-se, tornar-se infeliz para aprender a ser misericordioso, a fim de que, como está escrito a seu respeito: 'Aprendeu a obediência pelos próprios sofrimentos' (Hb 5,8), igualmente, ele aprendesse também a misericórdia*. Não é que antes não soubesse ser misericordioso, mas o que de toda a eternidade* sabia por natureza, ele aprendeu no tempo* por experiência" (*Humildade* III, 6). Por ser ela o fato de Deus que toma verdadeiramente conhecimento dos sofrimentos e da morte humana, a encarnação* dá então o exemplo de uma caridade que é o segundo grau da verdade. Não se pode atingir a caridade senão pela moção do Espírito, que purifica a vontade e dá ao homem a graça de perseverar na conversão*. E seu ponto mais alto é a adesão da vontade do homem à vontade de Deus — adesão em que se manifesta plenamente a realidade do amor. O tema da ordenação da caridade é central em B. e em outros cistercienses, particularmente Aelred. Esse último falará disso em seu *Espelho da caridade*, utilizando a imagem dos "três sabbats*", quer dizer, dos três repousos que são o amor de si, do próximo e de Deus, e falará também em *A amizade espiritual*, mostrando como se passa da amizade com o próximo à amizade com Deus.

c) Contemplação. — O terceiro grau da verdade realiza o fim do homem, a união a Deus. Essa *unitas spiritus* seria equivalente da união do Pai* e do Filho na Trindade*? Se B. recusa tal identificação (*Sobre o Cântico* 71), Guilherme de Saint-Thierry e Aelred bem que a afirmam, e propõem assim uma teologia audaciosa da divinização (santidade* B): tal identificação ocorre quando o Espírito "se torna, à sua maneira, para o homem, em relação a Deus, aquilo mesmo que ele é, na unidade consubstancial*, para o Filho em relação ao Pai, e para o Pai em relação ao Filho; (...) quando de um modo inefável, inconcebível, o homem de Deus merece tornar-se não Deus, mas o que Deus é: o homem se torna pela graça* o que Deus é por natureza*" (Guilherme, *Carta* 263). Os fenômenos místicos, como o êxtase, antecipam a união eterna de Deus e do homem. Mas esta é já saboreada em experiências mais frequentes, e mesmo quotidianas, segundo B., em que o homem é visitado pelo Verbo ou o Espírito; e B. é assim levado a colocar (Guerric d'Igny e Aelred irão fazê-lo na sequência) uma vinda de Cristo intermediária entre sua vinda

na carne e sua vinda na glória*. Essa segunda vinda consiste na inabitação da Trindade* no homem; e é mais proveitosa do que a primeira vinda, porque, segundo B., o cristão não deve deter-se na contemplação da humanidade de Cristo, mas ultrapassar o conhecimento* "segundo a carne*", reservado normalmente aos iniciantes. Essa tensão para um além da carne de Cristo está expressa pela citação recorrente de Lm 4,20, "O Cristo Senhor é espírito ante a nossa face, e vivemos *à sua sombra entre as nações*", onde a "sombra" designa a encarnação. A carne de Cristo tem, pois, um valor pedagógico, na intenção daqueles que são ainda "carnais" ou crianças (*Sobre o Cântico* 20,6-7; Guilherme, *Oração* X), que nela reconhecem a proximidade de Deus e que se apoiam nela para converter seu desejo. B. e Guilherme, já, mas sobretudo Aelred, não hesitavam, pois, em pôr a imaginação a serviço da meditação.

Há que acrescentar que os três graus de verdade se implicam mutuamente, e que em particular o exercício da caridade é já união a Deus e pode ser apresentado como antecipação escatológica (pelo menos em Guilherme e Aelred — mais do que antecipação, trata-se de uma temporalidade regida pelo que Gregório* de Nissa chamava *epéctase*, um progresso infinito na união a Deus). Por outro lado, vida prática e vida contemplativa estão intimamente ligadas; e por essa razão, o princípio de união é a conformação do homem a Cristo: "Eu estou unido quando estou com-formado" (*Sobre o Cântico* 71). A mística* de B. é inseparavelmente esponsal e comunitária.

d) Uma estética teológica. — A ideia de forma é central em B.; e com seus derivados, pode exprimir o essencial do pensamento cisterciense, a situação do homem afastado de Deus na região da dessemelhança (deformação), a redenção (reformação), a vida de conversão (com-formação) que conduz à união com Deus. O cerne desse processo é Cristo concebido como Forma criadora e re-criadora. A mesma categoria serve, além disso, para traduzir a verdade de tudo o que é, quer dizer, a adequação de cada coisa à sua forma, portanto, a beleza* (*formositas,* *species*) de cada coisa. B. indigna-se contra "a beleza disforme e a bela deformidade (*deformis formositas ac formosa deformitas*)" das esculturas de certos claustros (*Apologia* XII, 29), e o despojamento da arquitetura* cisterciense buscará traduzir a única pureza da forma. Tudo o que vem mascarar a forma afasta do verdadeiro e, equivalentemente, do belo. De modo geral, "é sábio aquele para quem as coisas têm o gosto do que elas são" (*Sermões diversos* 18, 1). A noção de forma dirige também toda a busca de simplicidade característica do ideal monástico e cisterciense, e é ela que leva B. e seus discípulos a falar da beleza dos santos. Apenas a humildade do ser faz dela uma teofania*.

e) *Mariologia.* — Se B. tem a reputação de ser um "doutor marial", ele a deve sobretudo a textos que lhe foram erroneamente atribuídos. Aliás ele se opôs à doutrina da Imaculada Conceição da Virgem (*Carta* 174) e nada diz sobre sua assunção corporal (Amedeu de Lausanne [*c.* 1110-1159] e Aelred são os dois primeiros cistercienses a afirmar essa última). Mas, se ele fala menos de Maria* que outros, permanece contudo um de seus cantores mais bem inspirados.

f) *Fontes.* — A principal fonte de B. e de seus discípulos é a Escritura*, que impregna cada um de seus textos. Acrescentam-se a ela os Padres* latinos, sobretudo Agostinho* e Gregório* Magno. A influência dos Padres gregos, exceto a de Orígenes que é certa, permanece controversa. A literatura monástica antiga, Cassiano, as *Vitae Patrum* etc., constitui outra fonte essencial.

- *Sancti Bernardi Opera*, ed. J. Leclercq, H. Rochais, C. H. Talbot, Roma, 1957-1977 (*OC* em curso de publicação, SC). — Aelred de Rievaulx, *Opera ascetica*, ed. A. Hoste, C. H. Talbot, CChr.CM I, 1971 (*Le miroir de la charité*, Bégrolles-en-Mauges, 1992; *L'amitié spirituelle*, Bégrolles-en-Mauges, 1992; *L'Amitié spirituelle*, Bégrolles-en-Mauges, 1994); *Sermones I-XLVI*, ed. G. Raciti, CChr.CM IIA, 1989; *Sermones inediti*, ed. C. H. Talbot, Roma, 1952. — Guerric d'Igny, *Sermons*, SC 166 e 202. — Guilherme de Saint-Thierry, *La contemplation de Dieu*, SC 61; *Lettres aux Frères du Mont-Dieu*, SC 223; *Le miroir de la foi*, SC 301; *Oraisons méditatives*, SC 324.

▸ É. Gilson (1934), *La théologie mystique de saint Bernard*, Paris; (1953), *Saint Bernard théologien*, ASOC 9. — J. Leclercq (1957), *L'amour des lettres et le désir de Dieu*, Paris; (1963-1992), *Recueil d'études sur saint Bernard et les textes de ses écrits*, t. 1-5, Roma. — A. Altermatt (1977), "*Christus pro nobis. Die Christologie Bernhards von Clairvaux in den 'sermones per annum'*", *ACi* 33, 3-176. — A. Härdelin (1987), "Monastische Theologie. Eine 'praktische' Theologie vor der Scholastik", *ZKTh* 109, 400-415. — Col. (1990), *La dottrina della vita spirituale nelle opere di San Bernardo di Clairvaux*, *ACi* 46. — P. Verdeyen (1990), *La théologie mystique de Guillaume de Saint-Thierry*, Paris. — J. R. Sommerfeldt (sob a dir. de) (1991), *Bernardus magister*, Kalamazoo, *Cîteaux* 42. — Col. (1992), *Bernard de Clairvaux, Histoire, mentalités et spiritualité*, SC 380. — R. Brague (sob a dir. de) (1993), *Saint Bernard et la philosophie*, Paris. — Col. (1993), *S. Aelred de Rievaulx. Le miroir de la charité*, CCist 55, 1-256. — C. Stergal (1998), *Bernard de Clairvaux, Intelligence et amour*, Paris.

Philippe NOUZILLE

→ *Abelardo; Amor; Beleza; Maria; Mística; Monaquismo.*

BERNARDO SILVESTRE → **Chartres (escola de)** g

BÉRULLE, Pierre de, 1575-1629

a) *Vida.* — Nascido a 4 de fevereiro de 1575, no castelo de Sérilly, na Champagne, Pierre de Bérulle (B.) pertence à nobreza parlamentar. Recebe sua primeira formação no colégio de Boncourt, depois no de Bourgogne, e enfim, a partir de 1590, com os jesuítas de Clermont. De volta à casa de sua mãe, entra em contato com o meio devoto reunido em torno de sua prima Marie Acarie (1566-1618), de Bento de Canfeld (1562-1610), do Padre Coton (1564-1626), de Michel de Marillac (1563-1632) e de Pacifique de Souzy. No ano seguinte, renunciando aos estudos de direito*, B. começa a estudar teologia* no colégio de Clermont, depois na Sorbonne, pois os jesuítas haviam sido expulsos do reino. Ordenado sacerdote* em 1599, foi nomeado capelão do rei. A esse título, foi assistente de Du Perron (1556-1618), bispo* de Évreux e futuro cardeal, por ocasião da Conferência de Fontainebleau (4 de maio de 1600), contra o protestante Du Plessis

Mornay (1549-1623), autor de um *Tratado sobre a Eucaristia* (1598) em que ataca a presença real e identifica o papa* com o Anticristo. A grande cultura do jovem B. faz dele um polemista de valor. Em 1602, depois de ter hesitado em entrar para a Companhia de Jesus, destina-se a trabalhar na reforma católica na França. B. participa ativamente na vinda das carmelitas recentemente reformadas por Teresa de Ávila (1515-1582). Até sua morte, será seu superior e visitador perpétuo. Quando impôs às carmelitas de Chalon (1615) um voto de servidão a Maria*, B. entrou em violento conflito com os Carmelitas, que procuraram em vão retomar o governo das freiras. O renovamento espiritual da França passa também por uma reforma profunda do clero. Em 1611, a pedido do bispo de Paris, B. funda o Oratório de Jesus, uma sociedade de sacerdotes conforme o modelo do Oratório de Filipe Neri (1515-1595). Os oratorianos colocam-se à disposição dos ordinários, embora permanecendo juridicamente isentos. Não pronunciam votos religiosos. Como os jesuítas, encarregam-se de colégios, mais que de paróquias ou de seminários. B. é também diplomata. Em 1619, força a rainha-mãe, em fuga para a Angoulême, a fazer as pazes com Luís XIII. Em 1624, obtém de Urbano VIII (1623-1644) as dispensas necessárias ao casamento* de Henriette de França, irmã do rei, com o futuro rei da Inglaterra, Carlos I. B., pró-espanhol, entra então em conflito com a política de Richelieu, favorável a uma aliança com a Inglaterra. Cai então em desgraça. Urbano VIII o nomeia cardeal em 1627. Morre em 1º de outubro de 1629.

b) Os escritos. — 1/*Bref discours de l'abnégation intérieure* (1597); 2/*Traité des énergumènes* (1599); 3/*Trois discours de controverses* (sobre a missão dos pastores*, o sacrifício* e a presença real) (1609); 4/*Discours de l'état et de la grandeur de Jésus* (1623); 5/*Vie de Jésus* (1629); 6/*Élévation à Jésus-Christ Notre-Seigneur sur la conduite de son esprit et de sa grâce vers Madeleine* (1627); 7/*Opuscules de piété* (*OP*); 8/*Cartas*. As *Oeuvres* foram editadas por Bourgoing em 1644.

c) As ideias teológicas. — O percurso do pensamento beruliano conduz de uma teologia da pequenez das criaturas a uma antropologia* cristológica, por meio de uma meditação sobre a humanidade de Jesus*. O primeiro escrito de

B. é o *Bref discours de l'abnégation intérieure*. Nele inspira-se no *Breve compendio intorno a la perfezione cristiana*, composto por Isabelle Bellinzaga, sem dúvida sob a direção do jesuíta Gagliardi (1538-1607). Um ponto forte da doutrina beruliana está ali expressa: a perfeição cristã consiste em expulsar, por meio da *abnegação*, um amor-próprio que impõe obstáculo ao amor* de Deus*, e o duplo fundamento dessa abnegação é o inseparável conhecimento* de Deus e de si mesmo. Consciência da grandeza de Deus, consciência de não existir, ele próprio, senão sobre o modo de ser-criado, consciência enfim de que a criatura não pode preocupar-se com seu criador sem confessar hiperbolicamente que existe sobre o modo do nada*, antes do que sobre o modo do ser*, tudo isso faz a abnegação, e faz dela o ponto de passagem obrigatório da experiência* espiritual. Com efeito, é preciso "consentir em sua origem". E o homem não pode fazer memória de sua criação, aquiescer diante de Deus ao que ele é, sem negar ou renegar tudo o que lhe dá a aparência de ser — sem se estabelecer em um nada essencial.

Esse tema do aniquilamento aproxima assim B. de Bento de Canfeld. Já em Canfeld, inglês convertido do anglicanismo*, é pelo aniquilamento que o homem passa da existência natural à existência sobrenatural*. Há certamente uma diferença de enfoque: o aniquilamento se opera em Canfeld pela meditação de Cristo* sofredor e pelas obras* exteriores, enquanto a referência a Cristo não está ainda explícita em B. Mas é em todo caso por meio de Canfeld que B. encontra uma linguagem e enfoques próximos da *Teologia mística* de Harpius (1400-1477), de Ruusbroec (1293-1481) e de Afonso de Madri (†1535).

Partindo de uma confissão muito agostiniana do nada do homem, B. centra em seguida sua reflexão em um segundo aniquilamento, a kenose* divina do "hino aos filipenses" (Fl 2,6-11). Vem então a descoberta mais importante, suscitada pelo *Audi filia* (1574) de João de Ávila (1499-1569): se a humanidade de Jesus tem sua "subsistência" no Verbo* de Deus, isso significa que não tem sua subsistência em uma pessoa* humana; a anipostasia* da humanidade de Cristo fornece assim o exemplo da abnegação mais radical, uma abnegação alojada no plano mesmo do ser. O propósito da experiência espiritual torna-se então, para B., viver a "servidão" à imagem de Cristo "servo", de tomar parte na *morphé doulou*. Recebida como uma graça* e sendo ao mesmo tempo integrada a uma lógica da decisão, a servidão é, simultaneamente, revelador ontológico e programa de vida. O homem é um nada que tende para o nada (Duns* Escoto). "Nada temos, senão nosso nada e nosso pecado" (*Collationes*, setembro de 1615), "segundo nada que é pior do que o primeiro" (*OP*, 228). Porém ratificar na servidão o que faz da criatura (e *a fortiori* da criatura pecadora) um nada, antes que um ser: é paradoxalmente nessa experiência que o homem é mantido no ser, e essa experiência tem a dupla linguagem de uma teologia da criação* e de uma teologia da encarnação*.

B. não considera a encarnação do ponto de vista da imaginação, e sim do ponto de vista da ideia divina, mais próxima do pensamento platônico dos renano-flamengos*. Seguindo a Gabriel Biel (1425-1495), a *Regra da perfeição* (1593) de Bento de Canfeld definia a vida espiritual* por uma sentença: a vontade de Deus é o próprio Deus. B. se inscreve nessa tradição. Segundo ele, com efeito, a posse de Deus advém pelo conhecimento de sua vontade, e o conhecimento do querer divino se realiza na renúncia do próprio querer. Portanto, a encarnação, "invenção divina" pela qual Deus uniu misteriosamente o criado e o incriado, revela o sentido último dessa renúncia. O segredo desse "novo mistério", com efeito, é "o desnudamento que a humanidade de Jesus* tem de sua subsistência própria e ordinária para ser revestida de uma subsistência estranha e extraordinária (...), a subsistência divina, a pessoa própria de seu Filho" (*Grandeurs* II, X). A lógica do aniquilamento e da abnegação não é, pois, niilista; é a lógica da maior intimidade real entre Criador e criatura.

Sobre o *motivo* da encarnação, a cristologia* de B. oscila entre a de Duns* Escoto e a de Tomás* de Aquino. A tese escotista é que a encarnação teria ocorrido mesmo se o homem não tivesse pecado, e é com muita frequência que os escritos de juventude de B. apresentam Cristo como acabamento; a ideia está também subjacente ao tema de Cristo, "verdadeiro adorador" (*OP*, 190). Mas na época das *Grandezas* (1620) é sobre o "por nossa salvação*" (o *propter nos homines et propter nostram salutem* do símbolo niceno-constantinopolitano) que B. insiste, aderindo assim à posição tomista: a encarnação é considerada, antes de tudo, como obra de salvação*. Do decreto trinitário da encarnação ("a vontade de Deus de enviar seu Filho ao mundo") a contemplação* beruliana do mistério* de Cristo passa em seguida ao "ser de Jesus (...) que se ofereceu a si mesmo": a cristologia da encarnação se desdobra assim em uma cristologia do sacrifício*, tanto mais necessariamente porque o sacrifício da cruz está totalmente presente no instante da encarnação (Hb 10,5). E porque o sacrifício oferecido por Cristo manifesta nele, no mais alto grau, o "religioso de Deus", a cristologia de B. aqui conduz a uma verdadeira antropologia sacerdotal, que permite, por si própria, organizar uma teologia do sacerdócio que por muito tempo vai alimentar o clero pós-tridentino.

Uma nova temática será a dos "mistérios de Jesus". Depois da solenidade de Jesus (1615), B. faz celebrar uma festa de "Jesus no meio dos homens" (1625) na qual deixa gravitar em torno de Cristo, como uma corte sagrada, os santos mais íntimos de sua vida "viandante" — a Virgem, os apóstolos*, Madalena, João Batista. Em 1615, B. tirava todas as consequências possíveis de uma cristologia calcedônica e pós-calcedônica da não subsistência da humanidade de Cristo; em 1625, é sobretudo em suas relações concretas com os homens que ele contempla Deus feito homem. Da substância do mistério passa à sua economia. Esse deslocamento é melhor sinal da passagem de uma perspectiva escotista a uma perspectiva tomista.

A encarnação inaugura então um novo tipo de relação para com Deus, manifesto pela servidão de Cristo mesmo, manifesto também de maneira exemplar em Maria*, a qual oferece seu modelo a B. A "servidão" é "essencial" em

B. porque realiza um justo relacionamento entre Deus e a criatura, entre "o ser e o nada"; por isso a manutenção no ser só é verdadeiramente real no homem na "substância em Jesus" (*OP*, 226). Assim como o homem Jesus, em sua abnegação perfeita, não subsiste nele mesmo, mas no Verbo, também o homem deve subsistir em Deus com Jesus: "O homem é santificado fora dele mesmo" (*OP*, 244). B. dirá ainda, em termos joaninos*, que é preciso subsistir em Jesus como Jesus subsiste no Pai*. E em termos mais próximos de Tomás de Aquino, ele falará também de relação, "relação para com" Jesus (*OP*, 249). A noção de "aderência" significa nesse quadro a adesão voluntária ao Filho, a subsistência nele.

A influência de B. foi considerável. Sobre os oratorianos Carlos de Condren (1588-1641), que desenvolverá a noção beruliana do sacrifício e da abnegação de Cristo na eucaristia*, ou Guilherme Gibieuf (1580-1650) que prosseguirá a devoção mariana do fundador do Oratório. Sobre as carmelitas, como Madalena de São José (1578-1637). Sobre Vicente de Paulo (1581-1660), a quem ensinou o papel do sacerdote a serviço de todos. Sobre João Duvergier de Hauranne (1581-1643) (jansenismo*). Ou ainda, por sua teologia do sacerdócio*, sobre os seminários mantidos por eudistas, lazaristas ou padres de Saint-Sulpice fundados por Monsieur Olier (1608-1657). No começo do século, Henri Bremond falou, a propósito de B., de "escola francesa" de espiritualidade. Prefere-se hoje a noção de escola beruliana.

• Pierre de Bérulle (1644), *Oeuvres de l'Éminentissime et Révérendissime Pierre Cardinal de Bérulle*, aos cuidados do R. P. F. Bourgoing; 2ª ed. 1657, Paris; reed. fotográfica (1960) pelo Oratório, 2 vol., Montsoult; (1856), *Oeuvres complètes de Bérulle, cardinal de l'Église Romaine, fondateur et premier supérieur de l'Oratoire*, ed. Migne, Paris; (1937-1939), *Correspondance*, ed. J. Dagens, 3 vol., Paris-Louvain; (1995-), *Oeuvres Complètes*, Paris: 8 vol. publ., entre os quais a trad. fr. das *Collationes* (conferências aos oratorianos, 1611-1615) e as *Notes et entretiens* (conferências às carmelitas). — C. de Condren (1943), *Lettres du Père C. de Condren* (1588-1641), publicadas por P. Auvray e A. Jouffrey, Paris.

▶ H. Bremond (1921), *Histoire littéraire du sentiment religieux en France...*, t. III: *La conquête mystique*, Paris. — C. Taveau (1933), *Le cardinal de B., maître de vie spirituelle*, Paris. — J. Orcibal (1947 e 1948), *Les origines du jansénisme*, II e III: *Jean Duvergier de Hauranne, abbé de Saint-Cyran et son temps (1581-1638)*, Paris-Louvain. — J. Dagens (1952), *B. et les origines de la restauration catholique (1575-1611)*, Paris. — P. Cochois (1963), *B. et l'École française*, Paris. — M. Dupuy (1964), *B., une spiritualité de l'adoration*, Paris. — J. Orcibal (1965), *Le cardinal de B. Évolution d'une spiritualité*, Paris. — M. Dupuy (1969), *B. et le sacerdoce. Étude historique et doctrinale. Textes inédits*, Paris. — F. Guillèn Preckler (1974), *"État" chez le cardinal de Bérulle. Théologie et spiritualité des "états" bérulliens*, Roma. — S.-M. Morgain (1995), *Pierre de B. et les Carmélites de France*, Paris. — M. Vetö (1997), "La christo-logique de Bérulle" in *Opuscules de piété*, Paris, 7-136. — Y. Krumenacker (1998), *L'école française de spiritualité. Des mystiques, des fondateurs, des courants et leurs interprètes*, Paris.

Stéphane-Marie MORGAIN e
Jean-Yves LACOSTE

→ *Anipostasia; Carmelo; Descartes; Devotio moderna; Nada; Platonismo cristão; Sacerdócio.*

BÍBLIA

Judeus e cristãos dão ao conjunto de seus escritos sagrados o nome de Bíblia (B.), do plural do grego *biblia*, livros* (l.). Os judeus chamam tradicionalmente seus 24 l. santos "Tanak", acrônimo de *Torá* (Lei*), *Nebiim* (Profetas*), *Ketubim* (Escritos). A B. cristã compreende o AT, ou seja, 39 l. no cânon* protestante (idêntico ao dos judeus), mais sete l. deuterocanônicos no cânon católico, e os 27 l. do NT. No começo de nossa era, samaritanos, judeus e cristãos, apesar de sua origem comum, não tinham as mesmas coleções de l. como Sagradas Escrituras*. A concepção atual da B. (lista fixa de l.) só aparece verdadeiramente nos s. III e IV, com os códices em que os l. têm uma ordem determinada. O que o NT chama "as Escrituras" é o AT. O termo NT ("Testamento" ou aliança*, grego *diathekè*) vem da pregação de Jeremias de uma "nova aliança" (Jr 31,31-34). A dupla

AT/NT tem sua origem nas retomadas cristãs dessa profecia* (cf. 1Cor 11,25/Lc 22,20; 2Cor 3,6-14; Hb 8,7-13; 9,15; 12,24).

1. O Antigo Testamento

No começo de nossa era, a ordem dos l. bíblicos era, para os rabinos: Pentateuco, Profetas (primeiros e últimos), Escritos; para os cristãos (LXX, Vulgata, cf. traduções*): Pentateuco, Livros históricos, Escritos de Sabedoria*, Profetas. O lugar terminal atribuído assim aos profetas devia-se à crença no cumprimento* de seus oráculos por Cristo*.

A composição do AT se escalona ao longo de todo o primeiro milênio a.c. Os principais manuscritos hebraicos sobre os quais se fazem as traduções modernas datam dos s. X e XI. Traduções anteriores (essencialmente a Septuaginta, obra de judeus de língua grega, s. II a.C.), assim como os textos bíblicos hebraicos e aramaicos de Qumran (s. I a.C.) e de outros sítios, confirmaram a essencial fidelidade da tradição textual hebraica.

Grande parte do AT é composta de obras de ampla dimensão em que se refletem os principais períodos da história* de Israel*. Distinguem-se:

o tempo das doze tribos (ou tempo dos Juízes, ou pré-monárquico), c. 1220-1020 a.C.; a monarquia unida (Saul, David, Salomão); a monarquia dupla (c. 922-587), com o reino do Norte ("Israel", c. 922-721) e o reino do Sul (Judá, c. 922-587); o exílio de Babilônia (587-539); o período pós-exílico ou do segundo Templo*, dito também período persa (539-333); o período helenístico (333-63) e enfim o período romano, a partir de 63 a.C.

A última edição dos grandes conjuntos literários é geralmente datada hoje do período do segundo Templo, mas seu núcleo é mais antigo, e se construiu em resposta aos acontecimentos históricos.

a) O Pentateuco (Gênesis, Êxodo, Levítico, Números, Deuteronômio). — A história propriamente dita de Israel começa com a conquista de Canaã, c. 1220 a.C. É então que a identidade nacional se forma com ajuda de uma narrativa oral: o Deus das nações e de Israel (universalismo*) criou o mundo (criação*), chamou os patriarcas, e fez passar seus descendentes, os hebreus, da escravidão do Egito a seu serviço em Canaã.

As anomalias que não permitem atribuir o Pentateuco a Moisés foram levadas em conta a partir do s. XVIII, mas foi no s. XIX, sobretudo na Alemanha, que apareceram as hipóteses que classificaram as fontes conforme a época. Seu defensor mais célebre é Julius Wellhausen (1844-1918). Os ensaios mais recentes não fizerem esquecer sua reconstrução da história do l., que serve ainda de base a numerosas pesquisas. É assim que ele a apresenta:

Uma primeira narração em prosa foi redigida no tempo da monarquia unida, de um ponto de vista monárquico: é a "fonte J", ou "javista", assim chamada porque privilegia Javé (YHWH) como nome* divino. Um século mais tarde, houve outra versão no reino do Norte, a "fonte E" (eloísta), que prefere o nome divino Elohim. Hoje em dia vê-se nela, com frequência, um simples suplemento de J. Finalmente, J e E foram combinadas e progressivamente completadas. O Pentateuco atingiu assim seu estado atual durante o exílio, graças sem dúvida a uma terceira fonte, P (de Priestercodex, código sacerdotal), que acrescentou um material feito de leis e arquivos, ao mesmo tempo remodelando as tradições anteriores.

A conclusão dos cinco l. da Torá — deixando Israel nas planícies de Moab, no limiar de Canaã, de que não pôde ainda tomar posse — era particularmente adaptada aos destinatários que viviam no exílio. Mas apesar de tudo o que quatro séculos haviam acrescentado, o esquema de base do Pentateuco era fiel à primeira narração: criação do mundo, eleição* de Israel, libertação do Egito, serviço de Deus na terra prometida.

b) Os livros históricos. — O quinto l. do Pentateuco, o Deuteronômio ou "segunda lei", é independente das fontes J, E e P, e de certo modo se destaca do ritmo narrativo dos quatro primeiros, que vem concluir, porque se liga ao l. dos Números (Dt 1-3). Em sua última forma, apresenta-se como quatro discursos de Moisés, dirigidos a Israel no momento em que vai atravessar o Jordão para entrar em Canaã. Seu núcleo, segundo muitos críticos, seria Dt 5-26, ou seja, esse "l. da Lei" descoberto em 622 a.C. por Josias, que dele fez a base de sua reforma

(2Rs 22-23). Ao mesmo tempo que conclui o Pentateuco, o Dt se liga à história que se segue. Essa história "deuteronomista" (Dt, Js, Jz, 1 e 2Sm, 1 e 2Rs) estende-se da época de Moisés (s. XIII a.C.) até à morte do rei Josias (609 a.C.) e acentua a aliança do Sinai ("Horeb", em sua versão) e a aliança davídica. A obediência à palavra de Javé atrai as bênçãos* prometidas pela aliança; a desobediência atrai as maldições, em particular a perda da terra prometida. Uma retomada de tradições mais antigas leva assim a um conjunto unificado, sem dúvida em dois tempos. Houve primeiro um texto do fim do s. VII: para apoiar a reforma de Josias, mostra nele o digno sucessor de Moisés e de David. Uma revisão (ao mais tardar em 561 a.C., data em que Joaquim é agraciado pelo rei de Babilônia) adapta o texto à sombria realidade do exílio (2Rs 21,10-15; 23,25b-25,30). Mais recente, o l. das Crônicas cobre aproximadamente o mesmo lapso de tempo, mas nele, o ponto de vista dominante é a reconstrução do segundo Templo, depois do exílio. Esdras e Neemias, que também datam do s. V ou do s. VI a.C., embora sejam sem dúvida de outro autor, prolongam Cr até o período persa. Perante a helenização, 1 e 2Mc (deuterocanônicos) contam os êxitos da resistência dos judeus e as vicissitudes da tomada do poder. 1Mc retoma os modelos narrativos da conquista de Josué; 2Mc tematiza a interpretação teológica do conflito. Todas essas obras da época do segundo Templo recorreram muitas vezes ao procedimento da "releitura", reutilização sistemática de expressões, de imagens e de esquemas tirados de textos mais antigos.

c) *A literatura de Sabedoria* (*Provérbios, Jó, Coélet [Eclesiastes] e os deuterocanônicos Ben Sirac [Sirácida ou Eclesiástico], Sabedoria de Salomão*). — O *Cântico dos Cânticos*, coleção de poemas de amor*, faz parte dela por ser atribuído a Salomão (Ct 1,1; 3,7.9.11; 8,11), o sábio por excelência. Essas obras representam gêneros* literários bem conhecidos na literatura das cortes do Oriente Próximo: instruções de um pai a seus filhos, diálogos sobre a justiça* e o sofrimento, autobiografias reais, ensaios em verso, mas trazem todas a marca da fé em Javé, o Deus de Israel. Exceto Ben Sirac (*c*. 200-175 a.C.) pode-se apenas conjeturar a data dos l. de Sabedoria*, por não fazerem referência à história. Grande parte dos Provérbios é pré-exílica; Jó é do s. VI: seu contexto é o traumatismo do exílio; Coélet corresponde bem à crise causada pelas ideias helenísticas no s. III; enfim, a Sabedoria de Salomão data do último s. antes de Cristo. É costume classificar, na mesma categoria de escritos, os 150 salmos*. Por meio das convenções de sua forma (correspondente ao uso litúrgico) exprimem-se as profundezas da sensibilidade humana. Um bom terço entre eles são lamentos individuais; o resto compreende lamentos coletivos, hinos, ações de graças, salmos reais e cânticos de Sião.

d) *Os Profetas.* — Os profetas ditos "escritores", atuantes sob a dupla monarquia, durante o exílio e a restauração (*c*. 750-450 a.C.), são Isaías, Jeremias, Ezequiel e Daniel (os quatro "grandes" profetas), e Oseias, Joel, Amós, Abdias, Jonas, Miqueias, Naum, Habacuc, Sofonias, Ageu, Zacarias e Malaquias (profetas chamados "menores" em razão de seus textos breves). As Lamentações, tradicionalmente atribuídas a Jeremias, são uma coletânea de peças litúrgicas consagradas à ruína do Templo. Encontram-se nesses l. os temas constantes da pregação profética a partir do s. VIII: a apostasia de Israel acarreta a ruptura da primeira relação que unia Deus e seu povo; o juízo* de Deus será executado por agentes humanos (as nações pagãs), e enfim — tema mais acentuado e mais nítido depois da destruição e do exílio de 587 — o povo será restabelecido em sua terra. Recolheram-se palavras e ações dos profetas nos l., nos escritos concebidos para serem aplicáveis a Israel em todos os tempos; por isso foram muitas vezes remanejados e aumentados com profecias posteriores à época do profeta que lhes dá o nome. O Baruc deuterocanônico é uma reflexão sobre a significação do exílio e da restauração de Israel.

e) *Outros escritos.* — Alguns l. dificilmente se inserem em qualquer das quatro categorias precedentes. Trata-se de breves narrações construídas com arte (Rute, Ester, e dois deuterocanônicos, Tobias e Judite); seus heróis são indivíduos exemplares (às vezes, mulheres*) mais do que chefes do povo. Com a exceção possível de Rute (que se interessa pela genealogia de David), datam do segundo Templo. O último ímpeto de fecundidade literária do AT surgiu da resistência judaica ao tirano selêucida Antíoco Epífanes (175-164 a.C.). O l. de Daniel leva o nome de seu herói, a quem situa durante "o exílio de Babilônia" (que se deve decodificar em "dominação selêucida"). As visões de Dn 7-12, primeira irrupção no AT de um apocalipse (apocalíptica*) no sentido pleno do termo, dão ao povo do Altíssimo e ao partido de Daniel a garantia da vitória e da vida eterna*. Esse gênero literário, já anunciado em Ez; Is 24-27; 40-66; e Zc, atinge seu apogeu com o primeiro judaísmo* e o NT.

2. O Novo Testamento

Os quatro evangelhos*, os Atos dos Apóstolos*, as treze cartas paulinas, a carta aos Hebreus, as sete cartas ditas "católicas" (ou "universais") e o Apocalipse: tais são os 27 livros do NT. Foram todos escritos entre o ano 50 e o começo do s. II, em grego (o grego da *koiné*), nas regiões mediterrâneas. Os mais antigos testemunhos textuais são fragmentos de papiro dos s. II e III. Os textos completos mais antigos, em pergaminho, se escalonam do s. IV ao s. IX.

a) As cartas de Paulo. — As sete cartas "autênticas" de Paulo (i.e., as que não têm a atribuição contestada) são os mais antigos documentos completos do NT, mesmo se acontece de citarem tradições cristãs anteriores (p. ex., Rm 1,3s; 3,25s; 1Cor 15,3s; Fl 2,6-11; Gl 3,28). Paulo escreveu-as no exercício de seu cargo de pastor* e de teólogo (teologia paulina*) e elas respondem a situações das comunidades que ele havia fundado ou que conhecia.

Em 1Ts (51-52 d.C.) Paulo restabelece relações amistosas com a comunidade, e se pronuncia sobre diversos assuntos, sobretudo sobre a "segunda vinda" de Cristo. Para Gl, os cristãos vindos do paganismo* não têm que adotar as observâncias judaicas como a circuncisão. 1Cor dá o parecer do apóstolo sobre as divisões da comunidade, sobre um incesto, processos, casamento* e virgindade, alimentos oferecidos aos ídolos, a assembleia da comunidade, a ressurreição*. Fl e 2Cor têm por temas os ataques sofridos por Paulo em seu ministério*, os problemas de dinheiro, a vida após a morte*, os obstáculos opostos aos cristãos da gentilidade pelos missionários judeu-cristãos. Fm é uma súplica dirigida a um chefe de família cristão para que acolha de novo em sua casa Onésimo, seu escravo foragido. Rm (58 d.C.), a última carta de Paulo e a mais longa, ensina que judeus e gentios têm igualmente necessidade de que lhes seja revelada a justiça* de Deus em Cristo, que a fé* é que dá acesso ao benefício dessa revelação*, que a morte e a ressurreição de Jesus (ressurreição* de Cristo) trouxeram a liberdade* (libertação do pecado*, da morte e da lei*) e tornam possível a vida segundo o Espírito*, que a rejeição do Evangelho por Israel não é total nem definitiva, e que as tensões entre "fortes" e "fracos" na comunidade podem encontrar uma saída, inspirada no esquema da reconciliação que está por vir entre judeus e gentios.

b) Os evangelhos e os Atos. — Os três primeiros evangelhos são chamados "sinóticos" porque suas versões respectivas da vida, da morte e da ressurreição de Jesus podem ser postas em paralelo (Jesus* da história). As tradições patrísticas, que fazem dos quatro evangelistas testemunhas oculares dos acontecimentos que eles relatam, são pouco verossímeis. Sem dúvida trabalharam na base de tradições escritas e talvez orais. Escrevendo pouco antes ou pouco depois da destruição do segundo Templo (70 d.C.) e no contexto de uma perseguição iminente ou atual, Marcos é o primeiro a ter utilizado as tradições que relatavam o ensino de Jesus (parábolas*, controvérsias, provérbios...), suas ações de cura*, sua paixão*, para lhes dar a forma de uma narrativa* contínua em que Jesus aparece sob os traços de um mestre, de um curador ou de um Messias* sofredor. A narrativa se interrompe de maneira abrupta em 16,8. Mc 16,9-20 é um resumo de relatos de aparições tirados dos outros evangelistas (s. II). Por volta de 90, Mateus e Lucas parecem ter utilizado (independentemente um do outro) o evangelho de Marcos e uma coleção de *logia* ou "ditos" de Jesus (chamada "fonte Q", do alemão *Quelle*) assim como de outras tradições. Mateus tenta mostrar à sua comunidade, em que predominava o elemento judeu-cristão, que as promessas* de Deus a Israel encontraram seu cumprimento em Jesus Cristo, e que é a presença permanente de Cristo que funda agora a existência do povo de Deus. Lucas dirige seu evangelho (e os Atos) a Teófilo ("amigo de Deus"), personagem real ou leitor modelo. Para uso dos cristãos da gentilidade, apresenta o ministério* de Jesus (profeta, mártir, modelo) como um período novo da história da salvação*, e os doze apóstolos como fazendo a ligação entre Jesus e a Igreja* conduzida pelo Espírito.

João traz uma cronologia e personagens diferentes; põe na boca de Jesus longos discursos (teologia joanina*). O IV evangelho é o remate de todo um processo no interior do que se pode denominar "escola" joanina: traz a marca de fontes independentes: o hino de 1,1-18, uma série de sete "signos", o discurso de adeus, e o relato da paixão. O momento em que os judeus cristãos foram expulsos das sinagogas foi talvez o momento da redação final (cf. 9,22; 12,42; 16,2). A missão* primordial do Jesus joanino é revelar seu Pai* celeste. Longe de ser uma derrota, a cruz representa a exaltação de Jesus, a "hora" para a qual tendiam toda a sua vida e todo o seu ensinamento, o começo da vida eterna para os crentes.

Os Atos dos Apóstolos são do mesmo autor que o Evangelho de Lucas, que eles prolongam. Consagrados às atividades de Pedro* e de Paulo, traçam a expansão do Evangelho de Jerusalém* até Roma*, sob a condução do Espírito. Lucas tem a tendência de idealizar a vida da comunidade cristã e faz de Paulo um retrato diferente do que aparece nas cartas desse último. Quer mostrar que apesar da oposição que sofriam da parte dos judeus e dos pagãos, os cristãos não são uma ameaça política para os romanos, e que o Espírito não deixou de guiá-los.

c) *Cartas deuteropaulinas.* — São seis cartas cuja atribuição é contestada em graus diversos. Seu contexto situa-se em torno do ano 100. Seus autores, admiradores ou talvez discípulos de Paulo, querem nelas preservar vivo seu espírito e

responder a situações novas, como ele teria feito, ou deveria ter feito, segundo eles. A pseudepigrafia era então prática corrente e admitida.

2Ts recomenda prudência ante as especulações sobre a parusia* e suas consequências para a avaliação da atividade humana. Cl acentua a plenitude única da vida nova que só Cristo nos proporciona. Ef, que em substância se assimila a Cl, desenvolve os grandes temas paulinos e expõe o desígnio de Deus: os gentios agora fazem parte do povo de Deus, em igualdade com os judeu-cristãos, em uma Igreja quase preexistente (mistério*). As epístolas pastorais (1 e 2Tm; Tt) dão instruções sobre a vida e a disciplina eclesiais, e exortam os cristãos à prática das virtudes* próprias a bons cidadãos do Império romano.

d) *As outras cartas.* — Destinada a judeu-cristãos que perdem o ânimo, a Epístola aos Hebreus tem por temas principais Cristo grande sacerdote, a perfeita eficácia de sua morte sacrificial (sacrifício*) e o culto* celeste assim instaurado. Estrangeiros e viajantes na terra, os cristãos têm em Jesus um chefe e um guia em sua peregrinação*. As epístolas universais ou "católicas" são, com muita verossimilhança, pseudônimas, apesar dos títulos que as associam a nomes de apóstolos.

A Epístola de Tiago dá diretivas práticas para a vida cotidiana e alerta contra uma interpretação radical da doutrina paulina que valorizaria a fé em detrimento das obras. A 1ª Epístola de Pedro preocupa-se com a alienação social dos cristãos da Ásia Menor, vindos do paganismo*, e lhes lembra sua dignidade de povo escolhido. Judas estigmatiza a perversão que transforma em licenciosidade o dom da graça* a ponto de renegar a Cristo. A 2ª Epístola de Pedro declara que a parusia virá a seu tempo, e deixa entender que fiéis foram extraviados por uma má interpretação da doutrina paulina. As três epístolas de João refletem a história da comunidade joanina, que parece ter sido dilacerada por uma cisão a respeito da humanidade de Jesus.

e) *O Apocalipse.* — Ao mesmo tempo epístola, profecia e apocalipse, esse l. se destina aos cristãos da Ásia Menor no momento em que, pelo fim do reinado de Domiciano (95-96), queriam forçar os cristãos a participarem do culto ao imperador divinizado. Um autor chamado

João (que não se dá nem pelo apóstolo nem pelo evangelista) transmite uma mensagem às sete igrejas da Ásia. O vidente retoma as imagens de Ez, de Dn e dos apocalipses judaicos para urgir as igrejas a resistirem, porque a vitória, já conquistada pela ressurreição de Jesus, será logo manifestada ao mundo inteiro. Os fiéis viverão então na beatitude* com Cristo, Cordeiro* de Deus, na Jerusalém nova. A atitude hostil do autor para com Roma e seus representantes é totalmente diferente da atitude cooperativa recomendada por Paulo, pelas epístolas pastorais e por 1Pd. Pode-se interrogar sobre o movimento geral do Apocalipse: descreveria um processo linear que caminha para um ponto culminante, ou retornaria sobre os mesmos acontecimentos sob formas ligeiramente diferentes? O debate é antigo; seja como for, uma leitura fundamentalista ou literal não faz justiça nem à visão histórica nem à força literária da obra.

3. Dois Testamentos

O fio condutor do AT é a narrativa da criação, da eleição de Israel, do êxodo e da conquista, e do serviço de Deus. O NT tem por centro o querigma cristológico: anúncio de Jesus morto e ressuscitado "segundo as Escrituras" (1Cor 15,3s).

a) Cumprimento. — Os autores do NT partilham todos da certeza de que as promessas das Escrituras judaicas haviam sido cumpridas em Jesus Cristo. Falar de "cumprimento*" não implica, de nenhum modo, em si, o fim ou a anulação do AT. Os primeiros cristãos, até mesmo os vindos do paganismo, consideravam o AT sempre válido em seu alcance de palavra* de Deus.

Assim considerado, Jesus é o novo Moisés, mediador de uma nova aliança, o rei davídico há tanto tempo esperado. Com sua vinda, o Espírito Santo foi enfim difundido. Não há l. do NT que não esteja saturado de referências ou empréstimos às Escrituras (Is 61,1s em Lc 4,18s), que não reutilize suas metáforas (o pastor real em Jr 23; Ez 34; Jo 10), que não utilize os tipos ou figuras (sentidos* da Escritura) tais como Cristo, rochedo espiritual (1Cor 10,4) ou novo Adão* (Rm 5,14). Jesus aparece como o novo Elias (1Rs 17,17-24 e Lc 7,11-17; 2Rs 4,42-44 e Mt 14,13-21), como a Sabedoria dispensadora de vida (Pr 8, 22-9,1-6

e Jo 6), como o Criador (Gn 1,1-5 e Jo 1,1-18), como o justo condenado e reabilitado segundo o esquema dos salmos de lamentação, nos relatos da paixão (Sl 22 e Mt 26-27).

Novos conteúdos são também atribuídos a termos veneráveis como "lei", "justiça", "vida", porque "depois de ter, por muitas vezes e de muitos modos, falado outrora aos Pais, nos profetas, Deus, no período final em que estamos, falou-nos a nós num Filho" (Hb 1,1s).

A estrutura do cumprimento é bem atestada no interior do próprio AT; vê-se aí Deus plenamente comprometido na história* humana e fiel à sua palavra, que comanda essa história. O NT apenas radicaliza o que havia feito sempre o Antigo. Um período-chave do AT lhe serviu de modelo para isso. Com efeito, o exílio do s. VI e a volta do exílio eram interpretadas como um novo êxodo, uma retomada desse momento fundador em que Israel, libertado do Egito, entra na terra prometida. Os primeiros cristãos viram em sua experiência uma renovação do mesmo tipo, mesmo que não tivesse comum medida com as precedentes.

Certos aspectos da cultura judaica foram, no entanto, julgados inadaptados à novidade que era a proclamação do Senhor Jesus como autoridade única. A Lei começou a ser reinterpretada (Mt 5-7; Gl; Rm). Um contraste foi sublinhado, em que o novo dominava sobre o antigo (Hb 8,8.13; 9,15; 12,24). A designação das Escrituras judaicas como "Antigo Testamento" (2Cor 3,14; cf. 3,6) tornou-se corrente pelo fim do s. II (Melitão de Sardes *in* Eusébio, *HE*, 4,26,14). A interpretação cristã oscilou, a seguir, entre dois polos: continuidade, descontinuidade.

b) Interação. — Certa consciência dos problemas terminológicos suscitados pelas expressões "Antigo Testamento", "Novo Testamento" manifesta-se hoje em dia.

Sente-se a conotação pejorativa da palavra "antigo" quando tende a significar "caduco". Quanto à palavra "testamento", para nós não tem mais nada a ver com a noção de aliança. Falar de "Escrituras judaicas", como se propôs, arrisca desprezar os deuterocanônicos, ausentes da B. judaica, embora eles sejam completamente judaicos, mesmo quando escritos inicialmente em grego. Houve outras tentativas, como "Primeiro Testamento" (solução antiga — *prius Testamentum* — que nunca se impôs), ou "Velho Testamento" (com a dupla vantagem de retomar um antigo uso francês e ser mais próximo de "venerável" que de "superado"). Mas nem "segundo" perante "primeiro", nem "novo" perante "velho" tem chance de serem admitidos. De qualquer modo, o uso não mudou grande coisa.

É mais profundamente que se estabelece a questão da atitude cristã diante da revelação transmitida pelo Israel antigo. No s. II, Marcião propusera a eliminação do AT (marcionismo*). Mas ele foi sempre mantido na B. cristã. Como deve ser compreendido? Trata-se de uma coleção de textos religiosos a serem lidos por eles mesmos, de uma preparação para o Evangelho, ou de um preliminar necessário à inteligência do NT?

Os cristãos têm evidentemente de ler o AT reconstituindo com a ajuda da história (exegese*, teologia bíblica*) a comunicação do autor com seus contemporâneos, o que equivale, ao menos em um primeiro tempo, a não o referir de maneira imediata ao NT ou à fé cristã. Com outros leitores, serão sensíveis aos valores humanos e religiosos dos textos, ao gênio literário dos autores. Mas como, em grau menor, a B. cristã não é exatamente a mesma, segundo os deutero-canônicos sejam nela incluídos ou não, assim a presença do NT ao lado do AT não pode deixar de repercutir em nossa leitura desse último.

• P. Grelot (sob a dir. de) (1976), *Introduction à la Bible*, t. 3: *Introduction critique au Nouveau Testament*, Tournai-Paris. — P. Beauchamp (1976), *L'un et l'autre Testament. Essai de lecture*, vol. 1. — J. D. G. Dunn (1977), *Unity and Diversity in the New Testament*, Londres (2ª ed. 1990). — R. N. Soulen (1981) 2, *Handbook of Biblical Criticism*, Atlanta. — N. Frye (1982), *The Great Code. The Bible and Literature*, Nova York-Londres. — H. Koester (1982), *Introduction to the New Testament*, Filadélfia. — J. A. Fitzmeyer (1982, 1991²), *A Christological Catechism. New Testament Answers*, Ramsey. — P. Beauchamp (1987), *Parler d'Écritures saintes*, Paris. — G. Josipovici (1988), *The Book of God: A Response to the Bible*, New Haven-Londres. — N. Lohfink (1989), *Der niemals gekündigte Bund*, Friburgo-Basileia-Viena. — R. Rendtorff (1983), *Das Alte Testament. Eine Einführung*, Neunkirchen Vluyn. — P. Beauchamp (1990), *L'un et l'autre Tes-*

tament. Accomplir les Écritures, vol. 2, Paris. — R. E. Brown, J. A. Fitzmeyer, R. E. Murphy (sob a dir. de) (1989), *The New Jerome Biblical Commentary*, Parte 2, § 65-83 (Topical Articles), Englewood Cliffs. — R. E. Brown (1990), *Responses to 101 Questions on the Bible*, Mahwah (NJ). — J. Reumann (1991), *Variety and Unity in New Testament Thought*, Oxford-Nova York. — B. S. Childs (1992), *Biblical Theology of the Old and New Testaments*, Minneapolis. — R. E. Brown (1994), *Introduction to the New Testament Christology*, Londres. — C.-B. Amphoux e J. Margain (sob a dir. de) (1996), *Les premières traditions de la Bible* (col. Histoire du texte biblique, no. 2), Lausanne. — R. Dupont-Roc e P. Mercier (1997), *Les manuscrits de la Bible et la critique textuelle*, Paris.

Richard J. CLIFFORD e
Daniel J. HARRINGTON

→ *Apocalíptica; Apócrifos; Bíblia (teologia); Cânon das Escrituras; Cumprimento das Escrituras; Escritura sagrada; Exegese; Gêneros literários na Escritura; História; Intertestamento; Jesus da história; Joanina (teologia); Judaísmo; Lei; Livro; Mito; Narrativa; Paulina (teologia); Sentidos da Escritura; Tradição; Traduções antigas da Bíblia.*

BÍBLICA (Teologia)

Introdução

"Teologia bíblica" (t.b.): a expressão poderia parecer, no cristianismo, um pleonasmo. Contudo, a t.b. tem realmente uma tarefa própria: dar conta racionalmente da maneira como a fé* cristã que se exprime hoje é fiel ao dado bíblico, rejuvenescer essa fidelidade. A exegese* e a t.* não são redutíveis uma à outra: a t.b. tem por função articulá-las. O problema é antigo: "Estamos na condição de nada poder fazer sem ti?" (...*ut tu solus necessarius videaris*) escrevia já o bispo* teólogo Agostinho* (PL 22, carta 104) ao exegeta Jerônimo. A t.b. não ocupa lugar firme na divisão acadêmica. A maioria dos trabalhos de t.b. não se apresentam sob essa rubrica. A forma mais reconhecível, com finalidade didática, se chama ou "t. do AT" ou "t. do NT". Uma t. dos dois Testamentos é chamada a mostrar que espécie de laço os une. Adotaremos aqui essa última perspectiva. Desígnio longínquo, desígnio antigo também.

Em 1956, R. de Vaux dizia de uma t.b. "fundada sobre os dois Testamentos" que ela era "o termo último de nossos estudos" (*ZAW* 68, 225). Em 1960, G. von Rad vê em uma t.b. que "superará o dualismo" entre um tratamento do AT e do NT "arbitrariamente separados" ... "o fim ainda longínquo de nossos esforços". Em 1962, P. Grelot apresentava seu *Sentido cristão do Antigo Testamento* como um "esboço" (cf. 1977, o *"Ensaio de leitura"* de P. Beauchamp, intitulado *Um e outro Testamento*).

Ninguém subestima as dificuldades. O desígnio último, que dá valor aos ensaios parciais e que reúne os pesquisadores, apoia-se em um fato. Os primeiros portadores dos livros* bíblicos são as comunidades crentes, judaicas para o primeiro Testamento, cristãs para os dois. Desde o princípio, nelas se juntam o conhecimento* e a fé* pelo fato de que são reunidas pela celebração (liturgia*) em torno do livro. Essa *leitura* é uma operação articulada sobre a pregação*, sobre a instrução, sobre a oração*. Do bom funcionamento da "leitura" depende o funcionamento da t.b. Ao mesmo tempo, como a Bíblia (B.) não está reservada a nenhum grupo, a linguagem que os crentes têm sobre ela deve ser inteligível a qualquer um. O trabalho da t.b. ensina a deixar os *preconceitos*, verifica se os *pressupostos*, dados pela doutrina, frutificam ou não: e nada existe aí que seja de natureza a isolar essa disciplina.

1. O problema da unidade da Bíblia

O projeto de uma t.b., assim concebido, supõe que uma ideia da unidade da B. seja aceitável. Ora, essa ideia não é pura e simplesmente imposta do exterior pelo perímetro do cânon*: presidiu as fases de composição do livro mesmo e deixou marcas. Muitas vezes se diz que a B. é "mais uma biblioteca do que um livro". Essa fórmula pedagógica não deve substituir uma ingenuidade por outra. A crítica descobre no AT uma "biblioteca" em que certos livros se comunicam entre eles porque os redatores buscaram harmonizá-los.

Se descobrimos essas intervenções transversais é graças à crítica. Revisões chamadas "deuteronomistas" (p. ex., profecia*/cumprimento*), retomadas ditas sacerdotais (alianças* de Noé e de Abraão), reedição da história dos reis pelo Cronista (linha Adão/Moisés/Davi), fio narrativo dos evangelhos* ligando unidades antes independentes etc. Outros procedimentos são menos artificiais. Sumas narrativas, resumos como os que Von Rad chamou de "Credos". Globalizações: "todos os profetas*" (Jr 7,25; 28,8; Ez 38,17; 2Cr 6,15...). Retomada ao mesmo tempo de Isaías e de todas as revelações* do passado no "deutero-Isaías" (Is 41,22; 43,8-13; 44,7...). Sumários nos últimos escritos de sabedoria*: Sb 10,1-11,4; Sr 44-49. Era preciso, ao longo de toda a história, tornar "portátil" e memorizável a pesada massa legada pelos pais. A manutenção da série de retomadas demonstra que a diversidade foi acolhida. Enfim, e sobretudo, verifica-se o mesmo acolhimento no NT, que é, *"ele também, uma teologia do AT"* (E. Jacob, 1968[2], p. 10): reivindicação de cumprir "Lei e Profetas" (Mt 5,17), apelo a "todas as Escrituras*" (Lc 18,31; cf. 24,44; At 3,18; Jo 19,28 etc.).

Vê-se assim que não há apropriação da B. por uma comunidade sem esses atalhos perigosos, que se refazem de etapa em etapa até nossos dias. A fase de desconstrução nem por isso fica invalidada. Ela fez descobrir o múltiplo (Clavier, 1976) utilizando instrumentos que perdem sua eficácia na direção do uno; por que espantar-se por eles não conduzirem a isso? Em matéria de fidelidade a uma herança (aqui, a uma genealogia cultural e espiritual), a fé não é o único procedimento em que interpretar equivale a se pronunciar.

Diz-se que a B., enquanto obra literária, não tem centro. Isso já não vale se a B. for tomada como livro de base das comunidades. Celebração da Páscoa* ou do Perdão, catequese*, pregação, ordenam as linhas de leitura. A t.b. não é livre para se desviar, p. ex., da relação da Páscoa de Cristo* à Páscoa de Israel*, nem para escamotear o confronto entre Paulo e a lei* de Moisés. Admitindo-se que a cruz de Cristo é o centro dos dois Testamentos, os caminhos abertos não se contam.

Ora, o conceito de unidade (um dos nomes da transcendência) desmorona se a unidade se faz atenuando os contornos daquilo que reúne. Isso se aplica em todo nível, mas antes de tudo na linha (união e separação) que passa entre os dois Testamentos. No interior de cada um, as tensões não têm todas a mesma carga de sentido.

A dupla "Lei/Profetas", assinalada pela forma canônica do livro, indica ao mesmo tempo unidade e ruptura. As múltiplas intervenções transversais mostram o que se faz entre as duas áreas (cf. Deuteronômio entre Lei e Profetas). Uma terceira (Escritos, Salmos, Sábios) traz a palavra do homem (experiência não revelada, questões, pedidos), enquanto a Lei e os Profetas fazem Deus falar*.

Os polos só existem para estender um movimento de troca. Notemos que o AT pode e deve ser considerado primeiro no interior de seu perímetro, enquanto o NT não pode em caso algum ser compreendido sem o primeiro.

2. A teologia bíblica e as ciências

As exigências críticas se aplicam ao estado do texto, a suas circunstâncias, e às condições de sua produção. A energia assim gasta abre para a pesquisa do sentido um espaço que nem sempre é ocupado. Mas a t.b. não pode precipitar-se ali imediatamente. Há que encontrar critérios em uma reflexão de tipo filosófico. Supondo, diz Agostinho, que eu chegue até Moisés, "donde poderia eu saber que ele diz a verdade?" (*Confissões* XI, III, 5.). A B., escrevia M.-J. Lagrange em 1904, "não depende mais exclusivamente da história* que da filosofia*" (*La Méthode historique*, p. XV), maneira de dizer que, separadas uma da outra, nem a história (tomada então como englobando todas as outras ciências do homem) nem a filosofia podem nutrir a t. Nesse mesmo ano, Maurice Blondel publicava seu ensaio *Histoire et dogme. Les lacunes philosophiques de l'exégèse moderne*, na *Quinzaine*, 1904, p. 1-72 (reed. *OC* 2, Paris, 1997, 387-453).

Encontra-se a seguir um breve resumo dos principais caminhos possíveis.

a) *A linguagem*. — "O gramatical é o teológico" (*Primo grammatica videamus, verum ea theologica*), declara Lutero* no começo das *Operationes in Psalmos* de 1519 (ed. de Iena, 1600, t. 2, 1). O primeiríssimo passo da t.b. é ir aos conceitos pelo caminho das palavras, os do hb. e do gr. bíblicos, caminho indispensável ao deslocamento cultural e à reclassificação de ideias. Deve-se a G. Kittel (Tübingen) a obra mais conhecida sobre as palavras gregas do NT,

precedidas de um tratamento do uso no meio circundante e no AT (*ThWNT*: 1933-1973).

Convidado a escrever algumas páginas no interior do "Kittel" (t. 7, 1964, p. 2-4), o cardeal A. Bea saúda "a realização mais importante, para o mundo inteiro, da exegese protestante contemporânea" não sem formular o anelo de que um dia o mesmo autor se encarregue "no mesmo espírito" dos dois Testamentos. Observa, de passagem, "o inconveniente inegável" de separálos no ensino. De outro ponto de vista, J. Barr já havia formulado, sobre a obra dos críticos mais ácidos, o seguinte: "A linguagem não religiosa da B. tem tanta importância *teológica* [grifo nosso] quanto sua linguagem religiosa" (*The Semantics of Biblical Language*, Oxford, 1961).

Desde então o "Kittel" foi seguido de outros léxicos (para o AT: Botterweck e Ringgren, *ThWAT*, 1973-). Inumeráveis, os estudos de "temas" (de conteúdo léxico mais ou menos complexo) trazem os componentes de uma t.b.

b) *A literatura*. — O estudo da forma literária faz valer seus direitos desde Richard Simon, que acusa os teólogos, em 1678, de não terem "feito bastante reflexão sobre as diferentes maneiras de falar da Escritura" (*Histoire critique*, III, 21). Reconhece que esse cuidado poupa a teologia de erros, mas não a alimenta; os gramáticos "explicam, na verdade, a história do Velho Testamento, mas não fazem conhecer bastante a religião" (III, 8). Essas "maneiras" de falar provêm da sociedade* (a "república dos hebreus"). — No meio do s. XVIII, o bispo R. Lowth (1710-1787) marcará época com seu livro *De Sacra Poesi Hebraeorum Prelectiones* (Oxford, 1753), que propõe um estudo puramente estilístico da Bíblia, mostrando sua reserva diante dos *"theologiae sacraria"* (*Praelectio* II). Essa obra influenciará J. G. Herder (1744-1803), humanista, filósofo, pregador que atribui à estética um valor de conhecimento, e recusa-se a opor poesia e verdade*. — H. Gunkel (1862-1932), fundador da *Gattungsgeschichte* (história dos gêneros* literários, também chamada *Formgeschichte*), herdou o mesmo espírito. Visa selecionar os lugares de enunciação mais arcaicos (pré-literários), mas também reconhecer, com o *"Sitz im Leben"* (função na vida [social]) das unidades textuais, os contratos de comunicação em que se inscreviam suas formas (pré-literárias ou literárias). Já "a intenção da obra" tende a suplantar "a intenção do autor". Esse método ocupa um lugar intermediário entre ciências da linguagem e ciências sociais. Hoje, a exegese percebe mais distintamente que a mensagem da fé é confiada também à sensibilidade do destinatário pelas imagens, ritmos e símbolos e pelo poder de representação de toda narrativa*. Uma t. estética (beleza*) encontrará aqui seu ponto de partida.

c) *As ciências sociais.* — A *Formgeschichte*, de si, pouco havia indagado sobre o corpo social; o progresso nessa linha é um desafio da pesquisa atual, ao redor do triângulo *corpo* individual, corpo social, palavra.* Anteriormente dominada pela história, a posição das ciências sociais inverteu-se pouco a pouco. Assim, podem ser elevadas a um plano superior pela exploração do "mistério da sociedade" (G. Fessard) esclarecido pela B. e esclarecendo-se ela mesma.

1/O tema da aliança* concerne não só ao comparativismo (tratados políticos no Oriente Próximo antigo), mas também à teoria dos contratos em filosofia do direito*, que contribui para a inteligibilidade da história. 2/As relações internas e externas de Israel atravessaram fases sucessivas, até aquela em que se situa a primeira "Igreja*", cujo esquema social concerne a uma t.b. (t. política*). 3/A história se interessa não só pela mudança, mas também pelas longas durações. A história de Israel é a de uma cultura. O Verbo* não pôde fazer-se carne em um homem sem que isso fosse em uma cultura: a t.b. sublinha, pois, o alcance desse conceito.

3. Mutações da teologia bíblica

a) *Os primórdios.* — "Bem longe de ser uma novidade, a t.b. foi a forma primitiva da t." (F. Prat, 1907). A forma alocutiva (pregações, apologias, catequeses) predominava então. A t.b. nascente substituía o diálogo do Evangelho com o primeiro Testamento. Não se tratava apenas de legitimar o estatuto social de uma religião, nem tampouco de uma estratégia ou de expedientes para convencer ou defender-se. Tratava-se de renovar em si mesmo "a passagem incessante que se faz, graças a Cristo, do AT ao NT", em que Orígenes* (†253-254) viu com razão "uma doutrina primeira do cristianismo, e por assim dizer, seu ato de nascimento indefinidamente renovado nos espíritos" (H. de Lubac*, *Histoire et Esprit*, 1950, 170). Essa passagem se renova porque a profundeza de sua origem quer que esteja sempre presente.

"Passagem": a palavra deixa escolher entre muitos sentidos: continuidade, progresso, salto e, no limite, ruptura. O fato de ser "incessante" significa em todo caso que o lugar de chegada não esgota jamais os recursos do lugar de partida. Ireneu* (†195), diante do temível arrazoado do marcionismo*, havia honrado a noção de pedagogia, na continuidade. Quando a t. trinitária (Trindade*) tomou toda a sua amplidão, precisou do espaço dos dois Testamentos para se apresentar segundo a economia da revelação:

"O Antigo Testamento manifestou o Pai*, o Filho (filiação*) *mais obscuramente*. O Novo manifestou o Filho e fez *entrever* a divindade do Espírito*. Hoje o Espírito está no meio de nós, e se faz *mais claramente* conhecer" (Gregório* de Nazianzo, PG 36, 161).

Determinante para o uso teológico da B., essa relação obscuridade/clareza recebe tratamentos variados. Simples relação do visível ao invisível, do terrestre ao celeste, ou desvelamento de um primeiro acontecimento obscuro por efeito de um acontecimento posterior que é a vinda de Cristo, a quem os olhos devem sua cura*: o jogo dos sentidos* da Escritura oscila entre essas orientações. Ponto capital, o tema da "obscuridade" fincou raízes no próprio Evangelho: as parábolas* são dadas ali como obscuras; e é mesmo à vida de Jesus* e finalmente a toda a Escritura* que os olhos e o coração* estão cegos (Mt 13,15.34s).

b) *A teologia como ciência.* — Quando a IM assumiu por tarefa fazer uma t. que tivesse forma de ciência, o obstáculo posto pela escritura *poética* da B. à exposição sistemática das verdades será enfrentado desde a introdução da *Suma teológica* de Tomás* de Aquino, e vencido com a ajuda do Pseudo-Dionísio*. Justamente por serem as formas "mais baixas" (*infima*) do conhecimento, imagens e representações são as mais aptas a conduzir a conhecimentos tão altos que ultrapassam nosso entendimento (*ST* Ia, q. 1, a. 9, ad 3). A estética, atenta às figuras, é então acolhida logo de entrada. Mas é antes um segundo princípio que vai imprimir seu estilo à doutrina: a B. formula em sentido literal todas as verdades necessárias à fé (Ia, q. 1, a. 10 ad 1). Há que entender: "necessárias a expor sem erro" (*fides quae*).

c) *A reviravolta da Reforma.* — O Renascimento introduziu uma forma de obscuridade totalmente nova, primeiro com mais exigências em filologia, e pouco a pouco com menos credulidade em matéria de história. Como a tradição* não era mais recebida da mesma maneira que a Bíblia como fonte da revelação, afirma-se a clareza (*perspicuitas*) das Escrituras, que a tradição obscureceu. Disso resultará, ao mesmo tempo, uma energia sem precedente para alcançar o máximo da certeza crítica, e uma forte intensidade do investimento teológico na exegese. — Como teólogo, Lutero manteve que a oposição da Lei e do Evangelho (*Gesetz und Evangelium*), já inscrita no AT, não desaparece do Novo. Seu método não é tipológico: a fé abre diretamente as palavras do AT a seu sentido crístico. Desconfiando das alegorias, como Lutero, Calvino* concede mais que ele à tipologia, modo de leitura que reconhece nas realidades do AT uma presença velada do mistério* cristão. — Nova crise virá com o questionamento da credibilidade* das Escrituras como documento histórico.

d) *Richard Simon e Pascal.* — Com a *História crítica do Velho Testamento* (1678, 1685[5]), Richard Simon (cf. *supra* 2. b) abre os debates com os reformados. Nega que as Escrituras sejam claras e se felicita de que a tradição traga remédio à sua obscuridade. Pascal* († 1662) havia situado a discussão em terreno diferente. Traços de um projeto que não tivera outro eixo que a t.b., os *Pensamentos* reencontram o tom alocutivo das primeiras t., reunindo anotações sobre as "maneiras" bíblicas de falar, uma lógica da decisão, uma antropologia* cristã e uma hermenêutica* inspirada no Evangelho. A obscuridade das profecias e das "figuras", e também a dos milagres* de Jesus, só se esclarece com a mudança do coração* que ela inicialmente perturbou: tudo adquire sentido na "ordem da caridade". Inclinado a tirar excessivo partido das misérias do homem a fim de convencê-lo, indiferente aos problemas históricos levantados por Richard Simon, Pascal mesmo assim relançou a hermenêutica antiga em direção da idade moderna.

e) *Exegese e teologias liberais.* — A distância, na realidade, vai acentuar-se entre os interesses dos pesquisadores no interior do protestantismo*. Uma grande criatividade se manifestará primeiro entre os que estudam a história e as ciências que essa agrupa, emancipando-se, em graus diversos, de uma t. muito pouco sensível à modalidade bíblica (ela havia se aproximado dela, p. ex., com J. Cocceius: cf. aliança*). J.-P. Gabler (1787, *in* Strecker, 1975, 32-44) marcou época atribuindo títulos diversos às duas teologias: teologia bíblica e teologia dogmática*. O objeto da segunda é "filosofar sobre as coisas divinas", mas não é sugerido à t.b. que filosofe. Ela só pertence à história, ensinando "o que foi pensado sobre as coisas divinas pelos escritores sagrados" (*ibid.* 35). Essa t.b. vai tender a não mais distinguir-se da história das religiões. Em uma universidade em que a t. nunca perdeu seu lugar, ela vai ao encontro de filósofos (como Schleiermacher*, depois Hegel*) desapegados do dogma*, porém mais abertos ao fato religioso do que se costumava ser no tempo das Luzes. Do s. XIX ao s. XX, a tarefa consistirá em reconhecer os impasses do liberalismo, e a recolher-lhe os benefícios. J. Wellhausen (1844-1918), escritor e pesquisador excepcionalmente brilhante, fecundo para a história, porém cada vez mais estranho à t., levará muito longe a separação dos dois Testamentos. O AT é, a seus olhos, a história de uma decadência, a partir de começos luminosos, e o Evangelho tem sobretudo o valor de uma norma interior para os indivíduos. Para A. Harnack (1851-1930), figura da maior importância do liberalismo erudito, as Igrejas mostram sua paralisia quando tardam a separar-se do AT: as mesmas razões que levaram a Igreja, perante o marcionismo*, a assumir o AT deveriam levá-la hoje a separar-se dele. A tendência (que não era desprovida de implicações políticas) a ver nas culturas essências separadas endurece ainda o estereótipo: "Atenas *versus* Jerusalém*". Por causa de sua especialização em disciplinas, as circunjacências respectivas ao AT e do NT são examinadas, não o vínculo que os une. A. Schweitzer (1875-1965), musicólogo, médico, exegeta... e escritor, celebra 150 anos de "Vidas de Jesus" pondo-lhes um ponto final: "Temos o direito de separar Jesus de sua época" (*Das Messianitäts- und Leidensgeheimnis, Eine Skizze des Lebens Jesu*, 1901, 1956[3], Tübingen) porque sua espera do fim do mundo, chave de sua biografia, não se pode repetir. O segredo de sua vida é sua fidelidade heroica aos oráculos do Servidor*. Temos de ir a seu encontro por uma decisão "de vontade a vontade". Construída fora do dogma*, em semirruptura com o liberalismo, a contribuição de Schweitzer contará.

f) Renascimento da teologia protestante. — Essa contribuição contará para Bultmann* (1884-1976). Com o luterano Bultmann e o calvinista K. Barth* (1886-1968), assiste-se a um renascimento da t. dos fundadores. Kierkegaard* já a havia preparado (1813-1855). Os dois estão de acordo em romper com uma t.b. que se reduziria a uma descrição científica. — Contudo, Bultmann se aferra fortemente a ela. Se "desmitologiza" (mito*) para suprimir esse "falso escândalo*" que choca as ciências* da natureza, vê nesse procedimento da ciência somente a condição para melhor sustentar o "verdadeiro escândalo da fé" (P. Ricoeur). Compreende essa fé segundo Lutero em uma doutrina de uma vigorosa economia. Pensa a relação decisão/conhecimento no quadro que encontra em Heidegger*. Sua t. do NT explora sobretudo Paulo e João: "Bultmann não tem bastante em conta a tradição sinótica" (Conzelmann). Correlativamente, a função da narrativa (t. narrativa*) está nele severamente reduzida. O AT somente é necessário para fazer aparecer como o homem, pelo fato de ser interpelado pela Lei, está em condições de sê-lo pelo Evangelho. A narrativa sinótica se apaga em proveito do querigma. Mesmo Kant* concede mais espaço ao sensível, à estética. O primado da caridade recebe seu justo lugar, mas suas formas eclesiais não são teologicamente pertinentes. — Teólogo, Bultmann parte da exegese. Barth só é exegeta com base na t. Seu comentário de Rm quer fazer ressaltar no texto "a tensão interior dos conceitos" (*Römerbrief*, 1922[2]), e com o risco de "ser severamente acusado", ir até "a presença do enigma do objeto, e mais do documento como tal [...] É mais forte que eu!" (*ibid.*). A grande distância de Bultmann, sua leitura do AT é francamente cristológica. Rejeita a alegoria, mas pratica ocasionalmente uma tipologia audaciosa (*KD* III/1: Cristo e a Igreja lidos no Gn 2). A obra, rica de seiva, implicada nas tragédias de sua época, é conforme às proporções da própria B. Sempre sob a instância das alternativas absolutas, sua perspectiva não é hermenêutica.

g) O Antigo Testamento e suas aberturas. — G. von Rad (1957, 1960), em lugar de expor as "verdades" do AT, prefere classificar suas "tradições", versões superpostas e combinadas da história. Como sua pertinência para a t.b. não é seu conteúdo objetivo, mas o que elas dão a crer (os "Credo") sobre o dom gracioso, ele ordena cada uma segundo seu anúncio ou "querigma", põe-nas em sequência, e conjetura seu lugar ritual (*Sitz im Leben*). Assim se mede no AT sua capacidade de "reinterpretação criativa" da história, e quanto o livro é chamado pelo futuro. Von Rad pode concluir: a reinterpretação do AT pelo Novo é radical, mas solidária de uma série, que convida o teólogo a retomar de novo o problema da unidade dos Testamentos. A obra foi, nos círculos de Bultmann, julgada muito pouco sensível às descontinuidades radicais (Conzelmann, 1964). Sua defesa repetida da tipologia, mesmo se dá poucos exemplos a respeito, encontrou reservas. Segundo outra opinião (Pannenberg), sua obra, por não ter posto em relevo escritos de sabedoria e apocalípticos (v. apocalíptica*), recebeu a acusação de proporcionar uma base demasiado estreita a uma cristologia que se quer coextensiva à duração do universo, base que o AT deveria ter fornecido. Toda t.b. interroga de novo sobre a relação do fato carnal e do Verbo*.

h) A exegese católica hoje. — Ela apresenta muitas vezes o déficit e a vantagem de um menor investimento teológico em sua tarefa. *"O estudo da Sagrada Escritura deve ser como a alma da t."*: essa máxima do Vaticano II* (*DV* 6, 24) reforça um anelo de Bento XV (1920, *EnchB* 483) que citava Leão XIII (1893, *ibid.* 114). Sua evidência não a torna mais fácil de praticar. As normas do magistério* que foram mais notadas na época moderna restringiram mais de uma vez a fecundidade da exegese, mas se referiam com mais frequência à história que, diretamente, à t.b. Esta se alimenta, na época atual, de muitas maneiras. Primeiro, pela tradição viva, até mesmo por autores espirituais antigos e recentes, mais próximos da fonte bíblica. O renovamento do interesse pela literatura patrística (Sources chrétiennes, 1942-) será proveitoso, cedo ou tarde, à exegese, na medida em que o exercício da hermenêutica aprende a inspirar-se nos antigos sem os reproduzir. Hoje devedores aos exegetas protestantes de certos resultados de uma crítica que eles mesmos não tinham de levar tão longe, mas que um século e meio pôde purificar, os católicos se fazem mais sensíveis às implicações teológicas de trabalhos que antes só avaliavam do ponto de vista do historiador. Doravante, a exegese histórico-crítica está incorporada definitivamente nas normas e na história da tradição* católica, e não é equitativo criticar-lhe os limites. Mais bem reconhecidos, esses podem articulá-la com outras práticas. Em 1943, Pio XII (*Divino Afflante Spiritu*) dava-lhe o lugar de honra que não concedia certamente ao "sentido espiritual" (sentidos* da Escritura). A contrapartida que dá equilíbrio a esse documento de tanta importância é que ele fixava como primeiro objetivo (*potissimum*) da exegese a elucidação da "doutrina teológica" dos textos (*EnchB* 551). Não foi essa diretiva a que reteve mais a atenção. O objeto da Constituição *Dei Verbum* do Vaticano II* (1965) será mais amplo. Afirmando a paridade e a união estreita da Escritura e da tradição*, afirma que "não é só da Escritura que a Igreja tira sua certeza sobre todos os pontos da revelação*" (*DV* II, 9): com esse ponto de "certeza" segundo a fé, junção da Escritura e da tradição, o foco da t.b. encontra-se designado, como também o risco que ela assume. O mesmo documento valoriza sem constrangimento a leitura tipológica (*DV* IV). Mas, de outro ponto de vista, na medida em que "estudos teológicos e diálogos fraternos" aproximam cristãos e judeus, como recomenda *Nostra Aetate* (1965, nº 4), a t.b. é com isso ajudada a respeitar a especificidade do primeiro Testamento e a encontrar o alcance espiritual de seu "sentido literal".

• DOCUMENTAÇÃO SOBRE A PESQUISA COM IMPORTANTES BIBL.: *Dictionnaire de la Bible.* Supplément, 1928, Paris. — G. Strecker (ed.) (1975), *Das Problem der Theologie des Neuen Testaments*, Darmstadt (coletânea de artigos, 1787-1974). — H. Graf Reventlow (1982), *Hauptproblem des altestestamentlichen Theologie im 20. Jahrhundert*, WdF 367; (1983), *Hauptprobleme der biblischen Theologie im 20. Jahrhundert*, Darmstadt. — R. J. Coggins e J. L. Houlden (sob a dir. de) (1990), *A Dictionary of Biblical Interpretation*, Londres.

PROBLEMÁTICAS ATUAIS: *Interpretation: Biblical Theology Bulletin* (trimestral), Grand Rapids, (1946-). — *Interpretation. A Journal of Bible and Theology* (trimestral), South Orange, 1971-.

PROBLEMAS E PROPOSIÇÕES DE TEOLOGIA BÍBLICA: R. Simon (1678, 1685[5]), *Histoire critique du Vieux Testament*, Paris, Roterdã. — F. Prat, "La théologie biblique et son enseignement dans les séminaires", *Recrutement sacerdotal*, dezembro 1907, 1-15. — P. Grelot (1962[2]), *Sens chrétien de l'Ancien Testament. Esquisse d'un Traité dogmatique*, Paris. — B. S. Childs (1970), *Biblical Theology in Crisis*, Filadélfia. — H. J. Kraus (1970), *Die biblische Theologie. Ihre Geschichte und Problematik*, Neukirchen-Vluyn. — X. Léon-Dufour (1970[2]), *Vocabulaire de théologie biblique*, Paris (*Vocabulário de teologia bíblica*, Petrópolis, 1999). — H. Clavier (1976), *Les variétés de la pensée biblique et le problème de son unité*, Leiden. — P. Beauchamp (1976), *L'un et l'autre Testament. Essai de lecture*, Paris; (1982), "Théologie biblique", *in* B. Lauret e F. Refoulé (sob a dir. de), *Initiation à la pratique de la théologie*, t. 1: *Introduction*, 185-232, Paris (*Iniciação à prática da teologia*, t. 1: *Introdução*, São Paulo, 1992, 147-185); (1990), *L'un et l'autre Testament*, t. 2: *Accomplir les Écritures*, Paris; (1992), "Accomplir les Écritures. Un chemin de théologie biblique", *RB* 99, 132-162.

Teologias do Antigo Testamento: W. Eichrodt (1933: t. 1; 1935: t. 2; 1939: t. 3), *Theologie des Alten Testaments*, Leipzig. — G. von Rad (1957, 1960), *Theologie des Alten Testaments*, t.1: *Die Th. der geschichtlichen Überlieferungen Israels*; t. 2: *Die Th. der prophetischen Überlieferung Israels*, Munique. — E. Jacob (1968[2]), *Théologie de l'Ancien Testament*, Neuchâtel. — G. Botterweck e H. Ringgren (1973-, 8 vol. publicados em 1997), *ThWAT*. Teologias do Novo Testamento: M. Meinertz (1950), *Theologie des Neuen Testaments*, Bonn. — R. Bultmann (1968[5]), *Theologie des Neuen Testaments*, Tübingen. — H. Conzelmann (1967), *Grundriss der Theologie der Neuen Testaments*, Munique. — J. Jeremias (1971), *Neutestamentliche Theologie*, t. 1: *Die Verkündigung Jesu*, Gütersloh. — L. Goppelt (1975, 1976), *Theologie des Neuen Testaments*, 2 vol.). (Para complemento de bibl., ver sentidos* da Escritura.)

Paul BEAUCHAMP

→ *Bíblia; Cânon das Escrituras; Cumprimento das Escrituras; Escritura sagrada; Exegese; Gêneros literários na Escritura; Hermenêutica; História; Jesus da história; Joanina* (teologia); *Narrativa; Narrativa* (teologia); *Paulina* (teologia); *Sentidos da Escritura; Teologia.*

BIEL, Gabriel → **nominalismo** III. 5

BISPO

1. Novo Testamento

a) Vocabulário. — Encontram-se cinco empregos do termo *episkopos* no NT. Título de Cristo* em 1Pd 2,25, designa em At 20,28, Fl 1,1, 1Tm 3,2 e Tt 1,7 os cristãos encarregados de um ministério* de vigilância. Em Éfeso são anciãos designados pelo Espírito Santo* como pastores* da Igreja* de Deus* (At 20,28).

Esse vocabulário, já secular nos LXX, é tomado do grego profano, o que não exclui a influência do modelo da sinagoga, que vê o *arkhisunagôgos* ser assistido pelo *hupeterés* como os epíscopos o são pelos diáconos*. A influência do *m'baqqer* de Qumran sobre a gênese do episcopado (ep.) parece pouco plausível.

b) Figura dos epíscopos. — Encarregados de uma Igreja local*, distinguem-se dos apóstolos*, profetas* e doutores* — itinerantes e carismáticos —, e também dos diáconos, seus colaboradores. Em contrapartida, só se podem distinguir pelo vocabulário dos presbíteros*, que ocupam as mesmas funções nas comunidades judeucristãs (At 20,17.28 assimila uns aos outros). São sempre mencionados no plural (o singular de 1Tm 3,2 e Tt 1,7 é genérico, como *presbuteros* em 1Tm 5,1). São também presidentes (Rm 12,8; 1Ts 5,12; 1Tm 5,17) e pastores (Ef 4,11).

Nas Epístolas Pastorais, confia-se aos epíscopos o ministério do ensino dos profetas e dos doutores (1Tm 3,2: *didaktikos*; 4,11; 6,2; 1Tt 1,9), o que *Did.* 15,1-2 diz explicitamente. Eles velam sobre o depósito da fé* (1Tm 6,20; 2Tm 1,12.14; 4,2; Tt 1,13). Requerem-se deles (1Tm 3,1.7) sólidas qualidades cristãs, uma boa inserção familiar ("esposo de uma só mulher, [mantendo] seus filhos na submissão") e social ("que os de fora lhe prestem bom testemunho").

2. Figura clássica do bispo

a) Monoepiscopado. — Para a *Didaché* (98) e para Clemente (96?), que refletem o contexto de Corinto e de Roma* (provavelmente o mesmo ocorre em Alexandria), a *episkopé* é exercida colegialmente (*1Clem* 44, 1.4-5). As cartas de Inácio de Antioquia (110-150?) são a primeira atestação clara do monoepiscopado (para a Síria) e de uma articulação subordinada dos sacerdotes* e dos diáconos. Monoepiscopado e tripartição do ministério ordenado não são, portanto, escriturísticos: Vaticano II* fala da tripartição como sendo *ab antiquo* (*LG* 28). A unicidade do bispo (b.) e a territorialidade de sua competência são, em todo caso, signos e salvaguarda da catolicidade efetiva da assembleia eucarística e eclesial ("Onde está o b. [...] ali está a Igreja católica", Inácio, *Sm.* 8, 2; cf. também Niceia*, cân. 8, *COD* 9-10); b. sem sede nem auxiliares são desconhecidos (raríssimos casos de coadjutores). Quanto aos "corepíscopos", encarregados de distritos rurais, serão rebaixados a presbíteros depois da paz* da Igreja.

Monoepiscopado não significa ep. monárquico: o b. deve ser eleito com a participação de sua Igreja; deve beneficiar de uma recepção*, em sua Igreja como da parte de seus colegas, para conservar seu cargo. Como Cipriano* testemunha, ele trata dos assuntos com seus colgas, mas também com seu povo* (*Ep* 14, 4; 34, 4).

b) Eleição. — É necessária, mas não basta para aceder ao cargo: é preciso também a imposição* das mãos de todos os b. da região (no mínimo, três: Niceia, cân. 4, *COD* 7), que é acompanhada, para o ordenado, pelo dom do Espírito*.

c) Sucessão apostólica. — Clemente (*1Clem* 44, 2-4) já invoca a regra da sucessão* apostólica. Ireneu* (180) reproduz a lista romana, que vem de Hesegipo (150?). Pedro* não é mencionado na cabeça da lista, porque os bispos não se substituem aos apóstolos* e só lhes sucedem parcialmente; a sucessão não se estabelece segundo a cadeia ininterrupta da imposição das mãos, mas segundo a presidência de uma Igreja local*, o que exprime o vínculo que une a fé* apostólica de todos e o ministério apostólico de alguns.

As listas de sucessão — que começarão mais tarde pela menção do apóstolo fundador — se estabelecem por toda parte (Antioquia, Alexandria etc.) segundo os mesmos princípios.

d) Presidente da Igreja local e vínculo da comunhão católica. — Estabelecido simbolicamente pelo conjunto de seus colegas, o b. local representa em sua Igreja a fé e a comunhão da Igreja inteira. É assim ordenado para a sua presidência no serviço da palavra* e dos sacramentos* (batismo*, eucaristia*, reconciliação). Simultaneamente eleito e recebido por sua Igreja, pode representá-la em todas as outras. Ele é por excelência o vínculo da comunhão* eclesial. Isso funda também o peso eclesiológico dos concílios* regionais e ecumênicos.

e) O metropolita. — Estabelecido nas capitais regionais, o metropolita preside também os concílios de sua jurisdição. Os cân. 4 e 6 de Niceia (*COD* 7, 8-9) avalizam seu papel costumeiro (futuro patriarcado*), a ponto de que uma ordenação* episcopal é nula sem o seu consentimento: o poder sacramental do bispo ordenado é regulado pelo poder mais amplo da comunhão eclesial.

Nesses antecedentes, o b. católico (ou o b. ortodoxo de hoje) vê a figura clássica de seu ministério de pastor e de celebrante, primeiro responsável pelo anúncio da fé apostólica como pela comunhão em sua Igreja e entre as Igrejas. Embora não possa ser literalmente atribuída à vontade de Cristo*, essa figura aparece contudo como sua transcrição fiel, para a qual não poderia haver prescrição apesar de numerosas vicissitudes históricas.

3. Evoluções posteriores

No Oriente, Justiniano imporá o celibato aos b. (*CIC(B).C* 2, 25-26), recrutados entre os monges ou os viúvos até nossos dias. A participação do povo* na eleição dos b. sobrevive apenas em Chipre e em Antioquia: os imperadores bizantinos, depois os tzares, a eliminaram em todos os outros lugares. Enfim pela falta, entre outras coisas, de um primado efetivo, os b. ortodoxos não mais se reuniram em concílio* ecumênico desde 787.

No Ocidente, apesar de numerosos santos b. e tentativas de reforma *in capite et in membris*, as vicissitudes do ep. serão bem mais graves na sequência de sua integração nas estruturas feudais, depois nas do Antigo Regime. Apesar do direito geral, os poderes políticos controlarão muitas vezes a eleição dos b., e obterão, até mesmo, direito a ela por concordata (Francisco I). O espaço germânico e a Itália da Renascença verão os mais graves abusos: acúmulo de bispados, não residência, titulares não ordenados (a favor da cisão entre ordem e jurisdição*), monopólio da nobreza, ausência de reação perante a Reforma. Apesar de Trento*, só a queda do Antigo Regime virá pôr fim aos últimos abusos.

A Reforma rejeitará com frequência um ep. evangelicamente pouco digno de crédito, embora conservando uma *episkopé* mais ampla que o pastorado local e fundada de outro modo. Os luteranos alemães vão transferir essa função ao príncipe temporal, a título de *praecipuum membrum ecclesiae*.

4. A teologia do episcopado depois do Vaticano II

Completando o Vaticano* I, que ficou inacabado, o Vaticano* II apresenta o ep. no horizonte da comunhão das Igrejas locais, fundando-se na sacramentalidade e renovando um pouco sua relação com o primado romano. Quatro orientações são notáveis:

a) *Um serviço pastoral* está de novo no primeiro plano (*LG* 18, 1; *LG* 24, "missão confiada aos pastores [...] verdadeiro serviço segundo a Escritura*"; *LG* 27, "fazer-se servidor"). Em consequência, o sistema de benefícios está definitivamente abolido.

b) *Fundado sacramentalmente.* — Fundada na opinião de Jerônimo (*Ep. 146*), a tese medieval (Pedro Lombardo, *IV Sent.* 24, PL 192, 904) segundo a qual o ep. só se distingue do presbiterato pela jurisdição é corrigida: "a ordenação episcopal confere a plenitude do sacramento da ordem*"; mais ainda, "juntamente com o múnus de santificar, confere também os de ensinar e de reger" (*LG* 21). Reunifica-se, a título de princípio, ordem e jurisdição, reata-se com a teologia* ortodoxa, e o ep. volta a ser um ministério de pleno direito: "A eles é confiado plenamente o múnus pastoral [...] E porque gozam de um poder que lhes é próprio e com toda razão são chamados chefes dos povos que eles governam, não devem ser considerados como vigários do Romano Pontífice. Seu poder, portanto, não é diminuído pelo poder universal e supremo; antes, pelo contrário, é assegurado, consolidado e defendido" (*LG* 27).

c) *Exercendo o tríplice ministério da palavra, dos sacramentos e do pastorado.* — Vaticano II (*LG* 25-27) especifica o ep. pela inclusão mútua do pastorado (conceito organizador), do ministério dos sacramentos e do ministério da palavra* concedendo um privilégio a este último: "O cuidado de anunciar o Evangelho por toda a terra compete ao corpo dos Pastores" (*LG* 23).

d) *Constituindo um colégio com o sucessor de Pedro à sua frente, os bispos têm a seu cargo a Igreja inteira.* — "Mas a Ordem dos bispos, que sucede ao Colégio Apostólico no magistério* e no regime pastoral [...] perdura, junto com seu Chefe o Romano Pontífice e nunca sem ele, é também detentora do poder supremo e pleno sobre a Igreja inteira" (*LG* 22). A instituição

das conferências episcopais encontra-se assim consolidada, como também a existência de Igrejas regionais no seio da Igreja inteira. Mas o colégio enquanto tal não pode agir sem o aval do papa*.

5. *Reivindicações ecumênicas*

a) *Consenso crescente sobre a* episkopé. — Para os ortodoxos, que só têm primado regional, a relação b./papa continua sendo um problema. A Igreja anglicana conservou o ep. com o presbiterato e o diaconato mas evita ver nisso uma condição do *esse* da Igreja. Os luteranos aceitam oficialmente entrar em comunhão com o ep. "histórico", mas o valorizam segundo sua tradição*. Os reformados são mais reticentes. O documento de Lima (*BEM*) recomenda em todo caso a todos aceitar o ep., com a condição de o articular com a responsabilidade colegial e sinodal.

Em 1982, esse documento — emanando da comissão *Fé e Constituição* do CEI (uma comissão de que a Igreja católica é membro) — retomou uma sugestão já feita em Lausanne (1927): "Na constituição da Igreja primitiva encontra-se tanto o cargo episcopal como o conselho dos Anciãos, como também a comunidade dos fiéis. Cada um desses três sistemas de organização da Igreja (episcopalismo, presbiterianismo, congregacionismo*) foi aceito no passado durante séculos, e ainda o é hoje por importantes frações da cristandade. Cada um deles é considerado pelos que o adotam como essencial à boa ordem da Igreja. Em consequência estimamos que, sob certas condições a precisar, deverão tomar simultaneamente seu lugar respectivo na organização da Igreja reunida" (*BEM*, n. 26).

b) *Contribuições possíveis da eclesiologia católica.* — Progressos são aqui possíveis, com a condição de definir melhor o direito divino do ep. e de atenuar o episcopocentrismo, mostrando que o ep. está a serviço de realidades mais decisivas do que ele mesmo — Espírito Santo, Evangelho, eucaristia, povo* de Deus (*CD* 11) — e articulando-o melhor com a sinodalidade local (sínodos* e conselhos). A colegialidade* pode tornar-se aceitável a outras Igrejas à medida que fizer aparecer que os bispos não constituem tanto "o alto pessoal dirigente da Igreja universal" (K. Rahner*) como os órgãos da comunhão entre as Igrejas locais diocesanas que formam a Igreja inteira. Enfim, as determinações históricas contingentes das relações atuais entre primado e ep. (p. ex., a nomeação direta de quase todos os b. pelo papa) deveriam ser reconhecidas como tais.

- H. W. Beyer, H. Karpp (1954), "Bischof", *RAC* 2, 394-407. — L. Koep (1954), "Bischofsliste", *ibid.*, 407-415. — Y. Congar (sob a dir. de) (1962) (contribuições de Y. Congar, H. Marot, C. Vogel), *L'épiscopat et l'Église universelle*, UnSa 39. — H. Legrand (1969), "Nature de l'église particulière et le rôle de l'évêque", in Col., *La charge pastorale des évêques*, UnSa 74, 103-223. — J. Neumann (1980), "Bischof I", *TRE* 6, 653-682 (bibl.). — H. Legrand, J. Manzanares e A. Garcia (sob a dir. de) (1988), *Les conférences épiscopales. Théologie, statut canonique, avenir*, CFi 149. — R. Brown (s.d., 1989-1991), "Brief survey of New Testament evidence on *episkopè* and *episkopos*", in *Episkopè and Episkopos in Ecumenical Perspective*, FOP 102. — *The Porvoo Common Statement with Essays on Church and Ministry in Northern Europe* (1992), Londres. — H. Legrand (1993³), "Les ministères dans l'Église locale", *in* B. Lauret, F. Refoulé (sob a dir. de), *Initiation à la pratique de la théologie*, t. 3, 181-285. — J. B. d'Onorio (1994), "Nomination des évêques", *in* P. Levillain (sob a dir. de), *Dictionnaire historique de la papauté*, Paris, 1178-1183. — H. J. Pottmeyer (1994), "Bischof", *LThK³*, 2, 484-487.

Hervé LEGRAND

→ *Colegialidade; Comunhão; Diácono; Local (Igreja); Papa; Particular (Igreja); Presbítero/padre; Sucessão apostólica; Vaticano II.*

BLONDEL, Maurice, 1861-1949

1. Renovação das perspectivas filosóficas

a) *Escritos da juventude.* — Desde *L'Action* (1893) até o "Princípio elementar de uma lógica da vida moral" (1903) Blondel (B.) usa de um "método de imanência" manifestado na *Carta sobre a apologética* de 1896. A perspectiva está centrada no conteúdo imanente da *ação* humana; seu desenvolvimento integral conduz à presença necessária da transcendência no centro de nosso agir. Essa análise "fenomenológica" constitui uma tentativa de solução do problema posto por sua "pequena tese" *De Vinculo subs-*

tantiali (1893), em que a ação era identificada com o vínculo substancial procurado. Contudo, B. se situa em uma perspectiva mais *pascaliana* do que leibniziana: trata-se de fazer reconhecer pela razão* sua própria insuficiência e sua abertura necessária à hipótese do sobrenatural*, que só a ação fiel poderia verificar.

b) *Prospecção e reflexão.* — Em "O ponto de partida da pesquisa filosófica" (1906), B. distingue duas direções complementares do pensamento: a "prospecção" orienta para a ação, sintética e concreta, e a "reflexão" ou "retrospecção", analítica e derivada, pela qual o pensamento retorna sobre seu ato* para analisar-lhe as condições e os componentes. O conhecimento filosófico só nasce da consideração integral dessas *duas* dimensões. Ele pode ser, então, quer uma reflexão sobre a integridade da síntese prospectiva, como era *L'Action* de 1893, quer uma apreensão prospectiva da reflexão mesma, suscitando essa "metafísica à segunda potência" que a trilogia desenvolverá.

c) *As obras da maturidade.* — O período da maturidade começa com *O itinerário filosófico de M. B.* (1928), em que ele relê sua própria história e anuncia os grandes temas por vir; conclui-se com *Exigências filosóficas do cristianismo* (1950), dando preciosas indicações sobre seu método. No centro, a grande obra constituída pela trilogia (*La Pensée* I e II, 1934; *L'Être et les êtres*, 1935 [v. ser*]; *L'Action* I e II, 1936-1937), e *La philosophie et l'esprit chrétien* (I e II, 1944-1946). B. trata assim de resolver o problema posto em 1930 em *Une énigme historique: Le* Vinculum substantiale *d'après Leibniz*...* — retomada profundamente modificada de sua tese latina. B. usa agora um "método de *implicação*" de alcance metafísico. A relação fundamental é a tensão entre o *noético* e o *pneumático*, que não podem ser separados nem fundidos. O noético, "universal concreto", só subsiste no pneumático, "singular concreto", ponto de vista original sobre o universal, "respiração ontológica" em um centro de percepção. A irredutibilidade do noético ao pneumático em todo ser finito, sinal de sua finitude, tal é a *matéria*, de que somente Deus* se encontra isento. — Assim sendo, B. constrói um *realismo integral* que supera ao mesmo tempo os impasses do realismo dogmático e do idealismo crítico. Abre assim a filosofia* ao diálogo com o "espírito cristão", pois os enigmas da razão e os mistérios* revelados se esclarecem reciprocamente.

2. Blondel e a teologia católica

a) *Historicismo e extrinsecismo:* História e dogma (*1904*). — Aplicando a filosofia da ação à questão bíblica, no centro da crise modernista, B. denuncia primeiro o *historicismo* que substitui a "ciência" da história* à sua realidade, e o *extrinsecismo* que só estabelece uma relação extrínseca dos fatos com o dogma*. Essas duas "soluções incompletas e incompatíveis" carecem da mediação entre a história e o dogma; mediação que é constituída pela *tradição*, ação fiel do povo* cristão que nos liga ao Ato fundador e do qual é "extraído o que passa pouco a pouco para os escritos e as fórmulas". Assim se encontra resolvida, de direito, senão de fato, a crise modernista.

b) *"Eferência" e "aferência": A semana social de Bordeaux e o monoforismo* (*1910*). — Sob o pseudônimo de Testis, B. se aplica aqui a desatar a "crise integrista", simétrica ao modernismo*. Defende o catolicismo* social contra os ataques dos que o assimilam ao "modernismo sociológico". Estabelece que a tese da *aferência* puramente extrínseca das verdades* cristãs "não é menos inexata que a tese segundo a qual tudo vem de dentro, por eferência" — duas variedades de um mesmo gênero, que ele chamará *monoforismo*. Ao contrário, o cristianismo vive da conjunção íntima de uma *dupla aferência*, interior e exterior. O que já manifestava o "método da Providência*" do cardeal Dechamps, estudado por B. em 1905-1907, depois em *O problema da filosofia católica* em 1932.

c) *O impacto blondeliano sobre a teologia contemporânea.* — Não é fácil medir o impacto de B. sobre a teologia*, quase sempre implícito. No entanto, parece considerável, em particular quanto aos desenvolvimentos fundamentais do Vaticano II*. — Para evocar aqui somente duas figuras centrais, a influência blondeliana sobre o pensamento de Lubac* é determinante, não só para o

sobrenatural ou o sentido da tradição ativa, mas para toda a subestrutura filosófica de sua "obra orgânica". A teologia de Balthasar* é também marcada por B., mesmo se, num primeiro tempo, o teólogo de Basileia tomou certa distância a seu respeito. Nas suas últimas obras, a importância capital de B. é claramente reconhecida.

- R. Virgoulay e C. Troisfontaines (1975-1976), *M. Blondel. Bibliographie analytique et critique:* I. *Œuvres de M. Blondel* (1880-1973); II. *Études sur M. Blondel* (1893-1975), Louvain. — C. Troisfontaines (ed.), *OC*, Paris, 1995- (t. I: 1995; t. II: 1997; previstos 9 tomos).

▶ Aug. e Alb. Valensin (1911), "Immanence (méthode d')", *DAFC* 2, 579-612. — R. Virgoulay (1980), *Blondel et le modernisme. La philosophie de l'action et les sciences religieuses, 1896-1943*, Paris. — P. Favraux (1987), *Une philosophie du Médiateur: M. Blondel*, Paris-Namur. — P. Gauthier (1988), *Newman et Blondel. Tradition et développement du dogme*, Paris. — C. Theobald (1988), *M. Blondel und das Problem der Modernität*, FTS 35. — M. Leclerc (1991), *L'union substantielle. M. Blondel et Leibniz*, Namur. — R. Virgoulay (1992), *L'Action de M. Blondel* (*1893*). *Relecture pour un centenaire*, Paris. — H. Wilmer (1992), *Mystik zwischen Tun und Denken. Ein neuer Zugang zur Philosophie M. Blondels*, Friburgo.

Marc LECLERC

→ *Balthasar; Catolicismo; Experiência; Filosofia; Lubac; Modernismo; Newman; Pascal; Racionalismo; Relativismo; Religião (filosofia da); Revelação.*

BOAVENTURA, 1217-1274

I. O franciscano

1. As grandes datas

Nascido por volta de 1217 em Bagnoregio, pequena cidade perto de Orvieto, João Fidanza, cujo pai era médico, foi curado de grave doença na idade dos doze anos, por intercessão de São Francisco. Estudante na faculdade de artes de Paris de 1235 a 1243, entra na ordem franciscana em 1243 e toma o nome de Boaventura. Estuda na faculdade de teologia sob a regência de Alexandre de Hales, tendo como professores João de la Rochelle, Eudes Rigaud e Guilherme de Meliton. Bacharel em Bíblia em 1248, bacharel em Sentenças em 1250, bacharel formado em 1252, recebe a *licentia docendi* no final de 1253, início de 1254. Tornado mestre regente nas escolas dos irmãos em 1254, foi eleito ministro-geral da Ordem, em 2 de fevereiro de 1257.

Boaventura (B.) concebe as ideias do *Itinerarium mentis in Deum* em outubro de 1259 no monte Alverne. Visita Itália, França, e prega em Paris as *Collationes de decem praeceptis* (6 de março-17 de abril de 1267), *de septem donis Spiritus Sancti* (25 de fevereiro-7 de abril de 1268), *in Hexaemeron* (9 de abril-28 de maio de 1273). Essas últimas conferências foram interrompidas quando B. foi nomeado cardeal-arcebispo de Albano pelo papa* Gregório X. Sagrado bispo* em Lião (11 novembro 1273), prepara o II concílio* de Lião*, que se abre a 7 de maio de 1274, e em que pronuncia um sermão a 29 de junho de 1274. Morre a 15 de julho de 1274, e é enterrado na igreja dos irmãos menores de Lião. O irmão Pedro de Tarentaise, dominicano, cardeal-arcebispo de Óstia, celebrou a missa e pregou sobre o tema: *Doleo super te, frater mi Jonatha.* "Houve muitas lágrimas e gemidos. Deus, com efeito, lhe tinha dado tal graça que quem o via era imediatamente compelido em seu coração* a amá-lo" (*Ordinatio Concilii*).

Canonizado a 14 de abril de 1482, B. foi proclamado doutor* da Igreja* a 14 de março de 1588.

2. As raízes franciscanas

a) *A vocação franciscana.* — A influência de Francisco de Assis (Fr.) exerceu-se muitas vezes na vida de B. O primeiro desses encontros se situa na ordem do milagre*. Numa doença grave, B. foi consagrado a Fr. por sua mãe. B. conservará sempre um fervoroso reconhecimento pela cura* recebida. É a razão que o fez aceitar o pedido do capítulo-geral de Narbonne em 1260 e começar a redação da vida de São Fr., conhecida como *Legenda Maior*. Para Fr. as virtudes* fundamentais dos irmãos são a simplicidade, o espírito de oração*, a pobreza. Nada têm a fazer aqui a ciência como tal nem o estudo. Mas se Fr. não é um intelectual, seu pensamento e sua experiência* não fazem dele um inimigo da ciência. Contenta-se com julgar os sábios à luz de sua relação para com Deus*. Não recusa o estudo nem a ciência, mas lhes impõe a condição de que seus irmãos estejam desprendidos de todo espírito de posse, e que sejam teólogos "de joelhos". Nos diferentes escritos de Fr. que B. conheceu, aparecem diversos temas, que contribuíram para a formação de seu pensamento teológico. Nas *Lettre à tous les fidèles* (São Fr. de Assis, *Documents*, 2ª ed., 109) o endereçamento é significativo: "Eu tive a ideia de vos endereçar a presente carta e essa mensagem para vos transmitir as palavras de Nosso Senhor Jesus Cristo, que é a Palavra do Pai*". Em sua primeira *Règle*, 23 (*Documents*, 78-79) lê-se isto: "Todo-poderoso, altíssimo, santíssimo e soberano Deus, Pai santo e justo, Senhor, rei do céu e da terra, nós te damos graças por causa de ti mesmo, porque, por tua vontade santa, e por teu Filho único, no Espírito* Santo, tu criaste todas as coisas, espirituais e corporais, tu nos fizeste à tua imagem e semelhança". Na mesma *Règle*, 23 (*Documents*, 79): "É por isso que pedimos e suplicamos que Nosso Senhor Jesus Cristo, teu Filho bem-amado, em que te comprazes, te renda graças, ele mesmo, por tudo, com o Espírito Santo Paráclito, como te agrada e como lhes agrada, ele que sempre te basta em tudo, e por quem tudo fizeste por nós, Aleluia!". O tema da humildade de Deus pode ter sido sugerido a B. pela *Lettre au Chapitre*, 27 (*Documents*, 124) em que Fr. escreve: "Ó admirável grandeza e estupenda bondade! Ó humildade sublime e humilde sublimidade! O Senhor de todo o universo, Deus e Filho de Deus, humilha-se por nossa salvação* a ponto de esconder-se sob a humilde aparência de um pedaço de pão! Vede, irmãos, a humildade de Deus, e fazei-lhe a homenagem de vossos corações".

b) *A escola dos Menores de Paris.* — Chegados a Paris em 1219, os irmãos instalaram sua escola em 1239 no grande convento dos Cordeliers, sob a autoridade de Alexandre de Hales. B. ali entrou em 1243. Aprofundou seu conhecimento* do mistério* de Deus* na obra de Alexandre, em sua *Glossa*, em suas *Quaestiones* *disputatae* (*antequam esset frater*) e em suas *Quaestiones* (*postquam esset frater*). Alexandre derivava dos Padres* gregos uma teologia* da Trindade* que aborda esse mistério* a partir da distinção das pessoas* divinas, ponto de vista que B. adotou, embora permanecendo agostiniano para o conjunto de seu pensamento. Assim o mais alto conhecimento da Trindade se situa no nível da *primitas*, da primazia: "O Pai produz o Filho, e pelo Filho e com o Filho produz o Espírito: Deus Pai é, portanto, pelo Filho com o Espírito o princípio de todo o criado. Porque se ele não os produzisse eternamente, não poderia, por eles, produzir no tempo*. Em razão dessa produção, ele é, com justo título, chamado fonte de vida. Porque, como nele tem a vida, assim dá ao Filho ter a vida em si mesmo. A vida* eterna é pois a única vida, de maneira que o espírito racional que emana da bem-aventurada Trindade, e é sua imagem, em uma espécie de círculo inteligível, retorna pela memória, a inteligência e a vontade, assim como pela deiformidade da glória*, à bem-aventurada Trindade" (*De myst. Trin.*, q. 8, Quaracchi [Q.], t. V, 115). — Pode-se dizer que B. assimilou o ensinamento de Alexandre a quem chama seu "pai e mestre", e que ele se beneficiou das fontes de Alexandre, os Padres gregos, sobretudo por meio de João Damasceno, do Pseudo-Dionísio* e dos teólogos latinos, Hilário* de Poitiers, Anselmo*, Bernardo* e Ricardo de São Vítor*.

II. O teólogo

1. Escritura e teologia

A Escritura* é para B. um absoluto, a palavra* de Deus. No prólogo do *Breviloquium*, comentando o texto de Ef 3,14-19, B. escreve: "Deve-se começar pelo começo, isto é, aceder de uma fé* pura ao Pai das luzes, dobrando os joelhos de nosso coração*, a fim de que por seu Filho, em seu Espírito Santo, ele nos dê o verdadeiro conhecimento de Jesus Cristo e, com seu conhecimento, seu amor*. Conhecendo-o e amando-o e como consolidados na fé e enraizados na caridade, então nos será possível conhecer a largura, o comprimento, a altura e a profundeza da Sagrada Escritura, e por esse co-

nhecimento chegar ao conhecimento completo e ao amor excessivo da bem-aventurada Trindade. Para ela tendem os desejos dos santos, e nela se encontram o remate e o acabamento de todo verdadeiro e de todo bem*'".

O conhecimento do Cristo* cósmico é pois a fonte da inteligência da Escritura. Esse conhecimento, na vida terrestre, só podemos tê-lo na fé, à medida que Deus nos dá sua sabedoria*: porque só a sabedoria nos permite penetrar o desenvolvimento da palavra de Deus e apreender, à sua luz, o conteúdo do universo em suas dimensões verdadeiras. A Escritura é feita para o homem. Por isso o homem é capaz de alcançar seu conhecimento e, assim, de encontrar a plenitude de Deus no conhecimento e no amor. B. descreve-lhe a origem, a revelação*, que se recebe pela fé; o desenvolvimento, que recobre o conteúdo da história*; e o termo final, que é a plenitude de Deus. A teologia permite assim abarcar com um olhar a amplidão da Escritura e haurir dela o alimento espiritual de uma maneira eficaz. É ela a epignose da revelação: "A teologia é o conhecimento piedoso da verdade* apreendida pela fé" (*Sur les sept dons*, col. 4, n. 5, Q., t. V, 474). Como Y.-M. Congar diz de B. ("Théologie", *DThC* XV, 394-397): "Mais que uma expressão da fé na razão*, da luz revelada no intelecto humano, [para B. a teologia é] uma reintegração progressiva do homem inteligente e de todo o universo por ele conhecido, na unidade de Deus por amor e para o amor".

2. Ciência e sabedoria. — A obra

A Escritura não é, pois, uma ciência, é a palavra de Deus que procura tornar-nos melhores. A teologia, ao contrário, é uma ciência, una, perfeita. Mais ainda: é uma sabedoria, porque não se contenta em exercitar nossa faculdade de raciocinar. É uma ciência vital, em que a reflexão intelectual é constantemente renovada e posta em alerta pela experiência* religiosa.

A obra de B. é imensa. Dela se fez uma edição crítica em dez volumes, sob a direção de F. de Fanna, em Quaracchi (1882-1902). B. comentou o Eclesiastes e os Evangelhos* de Lucas e de João. "Leu", quer dizer, explicou e comentou os quatro livros das *Sentenças* de Pedro Lombardo. Discutiu sobre a Trindade*, sobre a ciência* de Cristo e sobre a perfeição evangélica. Como ministro-geral, em virtude de sua tarefa de magistério, produziu as *Collationes* sobre os dez mandamentos*, sobre os sete dons do Espírito Santo, e sobre os seis dias da criação* (*In Hexaemeron*). Temos dele cinquenta sermões-modelo para os domingos*, 395 sermões rubricados e 62 sermões *de diversis*.

Mas as duas obras capitais de B. são o *Breviloquium* e o *Itinerarium mentis in Deum*. Voltaremos a falar sobre o *Brevil.*, que segundo H. de Lubac* "manifesta um poder de síntese total talvez jamais igualada" (*Exégèse médiévale*, Paris, 1961, I, 425). O *Itin.* é como um discurso sobre o método mais próprio para atingir a Deus na contemplação*. A experiência franciscana de B. lhe torna Deus presente no coração, e legível na criação. Além disso, sua visão filosófica o leva a recuar dos vestígios (*vestigium*) e das imagens de Deus ao próprio Deus. Mas o teólogo domina o metafísico para conduzir o espírito ao centro do mistério religioso e contemplar não mais o Deus criador, mas o Deus Trindade infinitamente vivente e fazendo viver a quem se abandona às efusões de seu Espírito, Deus Todo-Ser e Todo-Bem. Assim é obtida a síntese dos esquemas dionisianos e do autêntico pensamento de Agostinho*, o que é tanto mais notável porque B. precisava reverter a orientação de fundo do Pseudo-Dionísio*, totalmente estranha a seu cristocentrismo.

Poder-se-ia caracterizar o que separa a concepção de Tomás* de Aquino e a de B. dizendo que se trata de uma diferença fundamental sobre a interpretação do real dado. Tomás se atém à ordem nocional, B. se recusa a deixar a ordem histórica em que Jesus Cristo é mediador em todo método, em todo conhecimento, em toda atividade, sendo caminho, verdade e vida, centro único e universal. Como diz É. Gilson, "a filosofia* de Santo Tomás e a de São Boaventura se completam como as duas interpretações mais universais do cristianismo, e é porque se completam que nem podem excluir-se nem coincidir" (1943, 396).

III. O exemplarismo boaventuriano

1. A visão do mundo

M.-D. Chenu julgava que o *Brevil.* era "a mais adequada encarnação — depois do *Itin.* —, em um saber teológico, da inspiração franciscana". De fato, nele B. desenvolveu seu saber teológico segundo um plano claro e límpido. Depois de um prólogo em que comenta o texto de Ef 3,14-19 e ali descobre os fundamentos da teologia como ensinamento escriturístico (*"sacra Scriptura quae Theologia dicitur"*), B. desenvolve uma exposição muito despojada, organizada para se meditar mais do que para se ensinar. A economia geral do *Brevil.* é muito simples: a parte 1 (9 cap.) trata da Trindade divina; a parte 2 (12 cap.), do mundo, criatura de Deus; a parte 3 (11 cap.), da corrupção em razão do pecado*; a parte 4 (10 cap.), da encarnação* do Verbo*; a parte 5 (10 cap.), da graça* do Espírito Santo; a parte 6 (13 cap.), dos remédios sacramentais (sacramento*); a parte 7 (7 cap.), do juízo* final. B. define desse modo o fim que teve em vista: "Já que a teologia fala de Deus, primeiro princípio; já que, como a ciência e a doutrina mais elevada, resolve todas as coisas em Deus, como em seu princípio primeiro e soberano, na determinação das razões e em tudo o que está contido neste pequeno tratado, esforcei-me por buscar a explicação no primeiro princípio, para mostrar assim que a verdade da Sagrada Escritura vem de Deus, trata de Deus, é conforme a Deus, tem a Deus por fim, de modo que justamente essa ciência apareça una, ordenada, e com direito a ser chamada teologia" (*Brevil.*, pról., § 6, n. 6, Q., t. V, 208).

a) *A Trindade criadora.* — B., teólogo, não descreve Deus; ele o diz, e o diz sempre como Deus-Trindade. Como se lê no *Brevil.*, p. 1, c. 2; V, 211a: "A fé, porque é princípio do culto* de Deus e fundamento da doutrina conforme à piedade, exige que se tenha de Deus um sentido muito alto e muito piedoso. Não se teria de Deus um sentido muito alto se não se acreditasse que Deus pode comunicar-se soberanamente. Não se teria dele um sentido muito piedoso crendo que ele poderia, mas não o queria ser. Tendo pois de

Deus um sentido muito alto e muito piedoso, dir-se-á que ele se comunica soberanamente, tendo eternamente um amado e um outro-amado-conjuntamente. Assim Deus é Uno e Trino".

Em um sermão de Natal, pregado em 1257, assim se exprime: "Quando veio a plenitude dos tempos constituídos na divina presença, o Verbo, outrora oculto no interior de Deus Pai, veio ao seio da Mãe castíssima. Assim Cristo veio na carne sem por isso jamais deixar seu princípio fontal, como o diz Jo 14,10: 'Não crês que eu estou no Pai e o Pai está em mim?'". Na questão capital em que B. procura se a natureza* divina poderia unir-se à natureza humana (*In III Sent.*, d. 1, a. 1, q. 4; III, 8, cf. Cristo/cristologia*), sua resposta definitiva se situa no nível de uma meditação sobre a história da salvação, ou melhor, sobre a história da criação. Sua teologia opera então mais com conveniências do que com necessidades. A pessoa divina mais capaz de encarnação é o Filho, porque se o homem pode ser assumido em razão de sua dignidade de imagem de Deus, o Filho é a imagem do Pai. O homem assume, pois, fora de Deus, o papel assumido em Deus, no sentido pleno, pelo Filho, imagem do Deus invisível (Cl 1,15). O homem não faz mais do que reproduzir na terra a função vital e original que o Filho cumpre na vida íntima de Deus. Ora, o Filho é o Verbo do Pai. O Pai se manifesta por ele. Portanto, assim como para manifestar a ideia o verbo inteligível se une à palavra sensível, assim também para revelar a Deus convinha que o Verbo do Pai se unisse à carne. Além disso, o Filho é Filho eternamente gerado. Convinha pois que Deus encarnado fosse do gênero dos homens, portanto filho* do homem (filiação*). No seio da criação, o ser-filho é pois um reflexo atenuado daquilo que o Ser-Filho em si representa exemplarmente no próprio Deus. A criatura, cópia de Deus, sua origem exemplar no ponto de partida, não pode ser conhecida em sua estrutura a não ser que o original seja conhecido, porque toda ela só vive do original e reflete esse original sob forma atenuada. O mundo é um espelho de Deus no qual a estrutura trinitária se reflete. E na economia primitiva da criação, o Filho possui uma relação especial para com o mundo, no terreno da causalidade exemplar.

B. sempre ligou o fato de que Cristo é modelo ou exemplar do homem ao fato de que o Verbo eterno é, ele mesmo, o exemplar de toda criatura: "A geração de Cristo foi a razão exemplar de toda emanação, porque Deus no Verbo que ele gerou tudo dispôs. Pela mesma razão, sua predestinação* foi a razão exemplar de toda predestinação" (*In III Sent.*, d. 11, a. 1, q. 2). B. apoia-se aqui em um princípio metafísico que governa seu pensamento: "*Posterius per illud habet reduci, quod est prius in eodem genere*" (O posterior deve reduzir-se ao que é anterior no mesmo gênero). A densidade de ser dessa causa exemplar, desse *prius* ontológico, é tão grande que o retorno, a *reductio*, da criatura ao Criador só se pode fazer por ele, *prius* ontológico, modelo original.

Pode-se dizer que as apropriações* trinitárias são o fundamento do exemplarismo boaventuriano. B. explica, com efeito, que o Pai é a plenitude fontal, a fonte transbordante de vida, que se manifesta no Filho e lhe concede manifestá-la na criação. Se a criação é a obra comum das três pessoas, cada pessoa nela se exprime segundo sua apropriação, o Pai com sua onipotência, o Filho com sua sabedoria, o Espírito com sua bondade.

b) A contemplação da criação. — Para B. toda criatura é vestígio de Deus, não de modo acidental mas substancial. O homem é natural e substancialmente imagem de Deus, por receber continuamente, de Deus presente nele, uma influência criadora que o torna capaz de tomá-lo por objeto. Como diz L. Mathieu: "O Pai, no seio da divindade, profere eternamente a palavra, seu Verbo, em que diz todo o seu ser* e todo o seu poder, e que contém as razões eternas dos seres: é o Verbo eterno ou Verbo incriado. Assim como o Pai se exprime e se declara por seu Verbo, as três pessoas divinas se exprimem e se declaram por um verbo temporal, que é a criatura ou *verbum creatum*, reflexo ou eco da sabedoria expressa eternamente pelo Pai no Verbo incriado" (1992, 99). "Toda criatura é uma palavra de Deus", diz o próprio B. comentando o Eclesiastes (c. 1, q. 2, resp., Q., t. VI, 16).

c) O itinerário para Deus. — Ao descobrir-se imagem de Deus, o homem se reconhece objeto de uma relação quase original entre Deus e ele. Quando Deus atrai a si o mundo, e o introduz assim em seu íntimo, com efeito, o círculo trinitário, até então fechado sobre si mesmo, apesar de todas as relações exemplares, abre-se ao mundo por um transbordamento da relação exemplar. B. vê esse transbordamento na encarnação* do Filho e no envio do Espírito.

B. definiu os diferentes momentos do retorno a Deus no *Itin.* O primeiro momento nos conduz ao vestígio de Deus, o mundo sensível em que contemplamos a potência* de Deus, sua sabedoria e sua bondade: Deus está presente no seio das coisas. Depois, a partir do sensível, o estudo do microcosmo faz-nos subir a escada dos seres criados até o mundo do espírito, desprendido de toda limitação sensível. Mais adiante, o estudo das potências da alma nos permite atingir diretamente a Deus, porque nossa alma é sua imagem e porque nossa alma recebe a luz de suas razões eternas: descobrimos em nós a ação pessoal de Deus, recriando nosso ser sobrenatural* e inaugurando assim uma nova relação, em uma presença de graça. Eis-nos então prontos para contemplar a Deus na unidade de sua essência e na pluralidade das pessoas. Descobrimos a ideia do ser em primeiro lugar no menor dos conhecimentos, porque está implicada em todo conceito. A ideia do Bem, do Ser que se difunde fora de si e se dá, eleva-nos mais alto ainda, até a contemplação da Trindade, cuja fecundidade é a explicação suprema.

No termo da ascensão, impõe-se o silêncio. Passemos, com Jesus* crucificado, "deste mundo* ao Pai. Depois de ter visto o Pai, podemos declarar com Filipe: isto nos basta" (*Itin.*, c. 7, n. 6, Q., t. V, 313).

2. A teologia do pobre

Para B. a presença a Deus é um ato ao mesmo tempo simples e complexo. Faz-nos sair de nós mesmos, aceitando não sermos por nós próprios, e pedir a ajuda da luz divina, pois a leitura que atinge as palavras não basta. É preciso também o olhar interior que vai além das palavras e alcança a realidade que elas exprimem. Entrar em si é buscar às apalpadelas aquele em quem temos movimento, vida e ser, é elevar-nos acima de nossa condição buscando atingir o inacessível. Tampouco é nada ter para ser, porque nada nos sacia senão o que excede nossa capacidade (*De scientia Christi*, q. 6, resp., Q., t. V, 35).

O sentido de Deus implica tudo isso, mas implica também dar-se conta de que o próprio Deus ocupou-se de nossa miséria por um verdadeiro plano de salvamento (*Brevil.*, p. 5, c. 2, n. 3, Q., t. V, 253-254). Queríamos ser felizes, e corremos em busca da felicidade, mas a felicidade é como a margem que parece bem próxima ao marujo, mas permanece sempre muito longe (*In II Sent.*, d. 19, a. 1, q. 1, resp., Q., t. II, 460). Queremos ser felizes e só sabemos fazer nossa infelicidade. Mas Deus, rico em misericórdia*, torna-se homem por nós; não certamente que sejamos dignos disso, mas ele nos torna dignos, pelo fato de que se fez homem. Deus criou o mundo para manifestar-se, dizia B. Levando até o extremo sua meditação de pobre, seguindo a Francisco, conclui: "Tudo se manifestou sobre a cruz" (*De triplici via*, c. 3, n. 5, Q., t. VIII, 14). Com efeito, Cristo, Deus feito homem, conquistou então em uma incompreensível pobreza o direito de ser nosso parceiro em um diálogo em que não se sabe mais quem é o mais pobre. Na história do mundo, que se está sempre fazendo, Deus se abandona assim sem defesa, colocando o homem na posição do mais rico, daquele que pode dar. Deus se fez indigente. A nós, resta dar-nos a nós mesmos, dando algo a esse pobre. Assim se fecha em Deus o círculo do amor que ele difundiu em sua obra (*Apologia pauperum*, c. 2, n. 12; Q., t. VIII, 242-243).

• Sancti Bonaventurae, *Opera omnia*, 11 vol., Quaracchi, 1882-1902; *Opera theologica selecta*, ed. minor, Grotaferrata, 1934-1935, 5 vol.; *Œuvres*, apresentadas por Val.-M. Breton, Paris, 1943; *Itinéraire de l'esprit vers Dieu*, trad. H. Duméry, Paris, 1960; *Breviloquium*, texto e trad., Paris, 1966-1967, 8 vol.; *Les six lumières de la connaissance humaine*, trad. fr. P. Michaud-Quantin, Paris, 1971; *Sermones dominicales*, ed. J.-G. Bougerol, Grotaferrata, 1977; *Questions disputées sur le savoir du Christ*, trad., introd., ed. E.-H. Weber, Paris, 1985; *Le Christ Maître*, ed., trad. e coment. do sermão "Unus est magister noster Christus" por G. Madec, Paris, 1990; *Sermones de tempore*, ed. J.-G. Bougerol, Paris, 1990; *Les six jours de la création*, trad. M. Ozilou, Paris, 1991. — *Sermones de diversis*, ed. J.-G. Bougerol, Paris, 1993; *Les dix commandements*, trad. M. Ozilou, Paris, 1994. — J.-G. Bougerol, *Bibliographia Bonaventuriana (1850-1973)*, Grotaferrata, 1974. Em português: *Itinerário da mente para Deus*, Braga, 1973; *Obras escolhidas*, Porto Alegre, 1983.

▸ É. Gilson (1929), *La philosophie de saint B.*, Paris, 1943². — F. Stegmüller (1947ss), *Repertorium Commentariorum in Sententias Petri Lombardi*, Würzburg. — J. Ratzinger (1959), *Die Geschichtstheologie des Heiligen Bonaventuras*, Munique. — H. U. von Balthasar (1962), *Herrlichkeit*, II/1, Einsiedeln, 267-361. — A. Gerken (1963), *Theologie des Wortes*, Düsseldorf. — J. B. Schneyer (1969-1990), *Repertorium der lateinischen Sermones des Mittelalters*, BGPhMA 43. — J. G. Bougerol (1973), "Une théologie biblique de la Révélation" in col., *La Sacra Scrittura e i Francescani*, Roma-Jerusalém, 95-104. — E. H. Cousins (1978), *B. and the Coïncidence of Opposites*, Chicago. — J.-G. Bougerol (1988), *Introduction à saint B.*, Paris; (1989), *Saint B. Études sur les sources de sa pensée*, Londres. — L. Mathieu (1992), *La Trinité créatrice d'après saint B.*, Paris. — A. Murphy (1993), "Bonaventure's Synthesis of Augustinian and Dionysian Mysticism: A new Look at the Problem of the One and the Many", *CFr* 63, 385-398. — O. Todisco (1993), "Verbum divinum omnis creatura: la Filosofia del Linguaggio di S. Bonaventura", *MF* 93, 149-198. — A. Nguyen Van Si (1993), "Les symboles de l'itinéraire dans l'*Itinerarium mentis in Deum* de B.", *Anton.* 68, 327-347.

IV. A tradição boaventuriana

O gênio de Boaventura (B.) suscitou ampla linhagem de discípulos, engajados em numerosas controvérsias em torno da espiritualidade franciscana*, da pobreza e da escatologia*, mas também de problemas clássicos da metafísica e da teologia. Entre eles, há que citar Gilberto de Tournai, Eustáquio, Guilherme de Baglione, Gauthier de Bruges, João Peckam, Guilherme de la Mare, Mateus de Acquasparta, João de Gales, Arlotto de Prato, Ricardo de Middleton, Raimundo Rigauld, João de Murres, Gonçalves de Espanha, Alexandre de Alexandria. Essa lista é a dos mestres regentes de Paris que se sucederam depois de B.

Gilberto de Tournai, vindo imediatamente depois de B. na cátedra da escola dos irmãos (mestre regente de 1257 a 1260), é conhecido por seus sermões e pelo tratado *Eruditio regum et principum*. Eustáquio, mestre regente de 1263 a 1266, é o autor de *Questões quodlibetais*, de *Questões disputadas* e de alguns sermões. Guilherme de Baglione, mestre regente de 1266 a 1267, deixou muitas *Questões disputadas* e *Questões quodlibetais*. Gauthier de Bruges, mestre regente de 1267 a 1269, autor de um *Comentário às Sentenças*, tornou-se bispo de Poitiers em 1279. João Peckam, mestre regente de 1269 a 1271, arcebispo de Cantuária em 1279, é o autor do *Tractatus pauperis contra insipientem* (1270), e de muitas *Questões disputadas*. Guilherme de la Mare, além de um *Comentário às Sentenças*, é sobretudo o autor do *Correctorium fratris Thomae*, em que critica a obra de Tomás de Aquino. Mateus de Acquasparta é o mais célebre dos discípulos de B., cujo agostinismo* levou à perfeição. O P. Victorin Doucet, em introdução à edição crítica de suas *Quaestiones disputatae de gratia* (Quaracchi 1935), fez um estudo exaustivo sobre a vida, os escritos e a autoridade* doutrinal desse autor que se tornou cardeal mestre do Sagrado Palácio em 1288. Bartolomeu de Bolonha, mestre regente em 1276-1277, deixou sermões e *Questões disputadas*. Ricardo de Middleton, mestre regente de 1284 a 1287, é conhecido sobretudo por seu *Comentário sobre as Sentenças*, pelas *Questões disputadas* e pelas *Questões quodlibetais*. Embora recusasse aceder à licença e portanto ao mestrado, Pedro de João Olieu (ou Olivi) é cada vez mais editado e estudado, pois representa um dos discípulos mais notáveis de B. (concílio de Vienne*). Citamos enfim Alexandre de Alexandria, mestre regente de 1307 a 1308, com sua *Abbreviatio Commentarii S. Bonaventurae*.

No s. XIV, a escola franciscana abandona B. para cerrar fileiras em torno a Duns* Escoto, que operou a síntese entre o pensamento de Boaventura e os novos desenvolvimentos da lógica e da metafísica — apesar dos esforços do chanceler João Gerson (nominalismo*). Em 1482, Sisto IV canoniza B.; em 1588, Sisto V o eleva à categoria dos doutores da Igreja. Entre 1588 e 1596, a edição "Vaticana" é publicada sob sua direção; contém 94 obras e opúsculos cuja autenticidade nem sempre está bem estabelecida. Seja como for, ela teve o mérito de reunir as obras de B. As edições de Mainz (1609), Lião (1678), Veneza (1751) e Paris (1864-1871) apenas reproduzem a edição "Vaticana". Os conventuais fundam o colégio São Boaventura em Roma mas nem assim se prossegue o estudo da obra e do pensamento de B. O franciscano irlandês Lucas Wadding esforçou-se por retirar os opúsculos duvidosos, mas a morte o impediu de terminar seu trabalho. Em 1722, Casimiro Oudin publicou uma *Dissertatio* sobre os escritos de B. Em 1772-1774, Bento Bonelli retomou a obra dos franciscanos de Veneza e, depois de ter escrito o *Prodromus ad opera omnia S.B.*, publicou três volumes intitulados *S.B. operum supplementum*. Mas todos esses esforços não conseguiram renovar o estudo do pensamento de B. Poder-se-ia dizer que do s. XIV ao s. XIX — excetuando o capuchinho Bartolomeu de Barberiis, que se revelou seu melhor intérprete —, a escola boaventuriana não existe mais, mesmo se são encontradas numerosas citações de B. na obra de Bernardino de Sena (1380-1444). Graças à atividade do P. Bernardino de Portogruaro, ministro-geral franciscano, assim como dos PP. Fidele de Fanna e Inácio Jeiler, o colégio São Boaventura foi criado em Quaracchi em 1874, e encarregado de retomar a edição crítica da obra de B. Como diz E. Longpré, "essa edição monumental provocou o renascimento boaventuriano, de que o grande livro de Étienne Gilson, na França, marcou o sinal. Esse retorno de B. ao pensamento cristão deve ser considerado um dos fatos mais importantes da história religiosa contemporânea" (Longpré, 1949, 127).

* Gilberti de Tornaco, *Tractatus de pace*, ed. E. Longpré, Quaracchi, 1925. — Gonsalvi Hispani, *Quaestiones disputatae et de Quodlibet*, ed. L. Amoros, Quaracchi, 1935. — Guillelmi de Militona, *Quaestiones de Sacramentis*, ed. C. Piana e G. Gàl, Quaracchi, 1961. — Ioannis Pecham, *Quodlibet quatuor*, nunc primum edidit Girardus J. Etzkorn, Grotaferrata, 1989. — Matthaei ab Aquasparta, *Quaestiones disputatae de fide et cognitione*, Quaracchi, 1957; *Quaestiones disputatae de gratia*, cum introductione critica de magisterio et scriptis eiusdem doctoris, cura V. Doucet, Quaracchi, 1935; *Quaestiones disputatae de productione rerum et de providentia*, ed. G. Gàl, Quaracchi, 1956; *Quaestiones disputatae de Incarnatione et de lapsu*, Quaracchi, 1957; *Quaestiones disputatae de anima separata, de anima beata, de ieiunio et de legibus*, Quaracchi, 1959; *Sermones de B. M. Virgine*, ed. C. Piana, Quaracchi, 1962; *Sermones de S. Francisco, de S. Antonio, de S. Clara*. Appendix: *Sermo de potestate papae*, ed. G. Gàl, Quaracchi, 1962. — Petri Ioannis Olivi, *In II Sent.*, 3 vol., Quaracchi, 1922-1926; *Quaestiones quatuor de Domina*, ed. D. Pacetti, Quaracchi, 1954; *Quaestiones disputatae de Incarnatione et Redemptione. Quaestiones de virtutibus*, studio et cura A. Emmen e E. Stadter, Grotaferrata, 1981.

▶ E. Longpré, "Matthieu d'Aquasparta", *DThC* 10, 375-389. — L. Veuthey (1931), "Alexandre d'Alexandrie, maître de l'université de Paris", *EtFr* 43, 145-176, 319-344. — A. Teetaert (1932), "Pecham", *DThC* 12, 100-140. — P. Glorieux (1933), *Répertoire des maîtres de théologie de Paris au XIIIe siècle*, II, Paris. — L. Jarreaux (1933), "Pierre Jean Olivi", *EtFr* 45, 129-153. — V. Doucet (1934), *Maîtres franciscains de Paris*, em *AFH* 27, 531-564. — E. Longpré (1949), "Bonaventure", *Cath.* 2, 122-128. — R. Manselli (1955), *La* Lectura super Apocalipsim *di Pietro di Giovanni Olivi. Ricerche sull'escatologismo medioevale*, Roma. — E. Stadter (1961), *Psychologie und Metaphysik der menschlichen Freiheit. Die ideengeschchtliche Entwicklung zwischen Bonaventura und Duns Scotus*, Munique-Paderborn-Viena. — P. Mazzarella (1969), *La doctrina dell'anima e della conoscenza in Matteo d'Acquasparta*, Pádua. — D. Burr (1976), *The persecution of Peter Olivi*, Filadélfia. — C. Bérubé (1983), *De l'homme à Dieu selon Duns Scot, Henri de Gand et Olivi*, Roma. — D. Burr (1989), *Olivi and the franciscan poverty*, Filadélfia. — F.-X. Puttallaz (1991), *La connaissance de soi au XIIIe s. De Matthieu d'Acquasparta à Thierry de Freiberg*, Paris; (1995), *Insolente liberté. Controverses et condamnations au XIIIe s.*, Friburgo-Paris; (1997), *Figures franciscaines, de Bonaventure à Duns Scot*, Paris (bibl.).

Jacques-Guy BOUGEROL †

→ *Agostinismo; Beatitude; Cosmo; Duns Escoto; Escolástica; Espiritual (teologia); Franciscana (espiritualidade); Milenarismo; Mística; Vida espiritual; Vienne (concílio de); Voluntarismo.*

BODE EXPIATÓRIO

O bode expiatório é um animal* que tem um papel particular no ritual do Dia das Expiações*, ou Dia do Grande Perdão. Esse ritual, que faz parte da liturgia* judaica, é referido em Lv 16, embora não se encontre aí o nome da celebração. Porém encontra-se em Lv 23,27s, no calendário litúrgico que faz desse dia um dia de jejum e um dia feriado. Celebra-se a festa no décimo dia do sétimo mês, o mês de Tishri (setembro/outubro do calendário babilônio).

Centrada na ideia de purificação, a celebração comporta dois rituais distintos que foram combinados, sem dúvida em época tardia: um ritual sacrificial constando de sacrifícios* pelo pecado*, holocaustos, e um ritual não sacrificial. Com efeito, o sacerdote (sacerdócio*) Aarão recebe dois bodes da comunidade dos israelitas e os coloca diante de Javé, na entrada do santuário. Por sorteio, um bode é designado *"para Javé"* e o outro, *"para Azazel"*. O primeiro serve de sacrifício pelo pecado do povo, o segundo é colocado vivo diante de Javé, e deve ser enviado para o deserto (Lv 16,5.7-10). Em seguida Aarão coloca as duas mãos na cabeça do bode vivo, carregando-o, por esse gesto, de todas as culpas dos israelitas; depois envia o bode para o deserto, guiado por um homem que tem pronto para essa missão (Lv 16,20ss).

O segundo bode só recebeu o nome de "bode emissário" seguindo a tradução* da Vulgata, *capro emissario*, que pretende ser uma tradução de Azazel e que evoca o envio do animal. Já a tradução dos LXX não falava de "um bode para Azazel" mas de um bode "que afastava" (*apopompaios*) os pecados. O nome de Azazel deve ter criado problemas para os tradutores. Certamente a tradição* rabínica o conserva, mas interpreta como um nome de lugar (*Midrash Yoma* VI, 18). Rashi (coment. sobre o Levítico) vê nele o nome de uma montanha escarpada. Nomeado quatro vezes em Lv 16 e nunca em outros lugares do AT, Azazel é o nome* de um ser divino, mais precisamente de um demônio* que habita no deserto, à maneira dos bodes e dos sátiros de Is 13,21; 34,14. O nome de Azazel foi objeto de numerosas discussões; mas, a partir de uma raiz '*zz* que evoca a força, o nome '*z'zl* pode explicar-se por uma metátese consciente operada sobre '*zz'l* (Azazel) com o fim de eliminar o elemento teóforo '*el*.

O rito do bode expiatório mostra que não se trata de uma oferenda a uma divindade, mesmo inferior, ainda menos de um sacrifício, pois em nenhum momento há imolação e uso de sangue. O animal é enviado vivo ao deserto. A única função do bode é figurar simbolicamente o afastamento espacial da culpa de Israel*. Em si mesmo, o bode nem é inocente nem culpado: serve de veículo simbólico.

Ilustração em ato da purificação da comunidade, o rito do bode expiatório integra-se em um conjunto que quer significar a volta a uma plena comunhão* com Deus*. Em Lv 16, o rito recebe uma versão javista, mas é antigo, mesmo arcaico, e foi possível encontrar-lhe paralelos. O mais sugestivo, apesar das diferenças, é o do rito de purificação do templo do deus Nabu no Ezagil, que era o templo* do deus Marduk em Babilônia. Esse rito acontecia no quinto dia da festa do Ano-Novo babilônio. Um carneiro era decapitado e um sacerdote utilizava seu corpo* em um ritual destinado a purificar o santuário e seus arredores. O corpo do animal era em seguida lançado no rio, como também sua cabeça; o sacerdote e aquele que tinha matado o animal se retiravam para os campos até o fim da festa (D. Wright). A aproximação é tanto mais interessante porque o rito babilônio está ligado à festa do Ano-Novo, e porque o Dia das Expiações, antes de ser fixado no sétimo mês, era celebrado no primeiro mês, em um calendário em que o ano começava no outono.

No NT, o bode enviado para o deserto, no Dia das Expiações, nunca é mencionado em relação com a morte* de Cristo. Em Hb 13,12, em que Jesus* é apresentado como o que "sofreu do lado de fora da porta", houve quem quisesse descobrir uma referência ao rito da expiação, mas a precisão "fora do acampamento" em Lv 16,27 concerne à combustão dos animais oferecidos em sacrifício. Igualmente, quando os textos evocam "Cristo que carregou os pecados" (Hb 9,28, 1Pd 2,24) a expressão envia antes a Is 53,12 que a Lv 16. Deve-se pois reconhecer que a tipologia cristã do bode emissário só se desenvolveu com a Epístola de Barnabé (7,1-10), um escrito do s. II d.C.

Quando a expressão *"bode expiatório"* é utilizada na linguagem corrente (R. Girard), não tem mais relação direta com o ritual do Levítico.

• R. Martin-Achard (1974), *Essai biblique sur les fêtes d'Israel*, Genebra, 105-119. — R. Girard (1982), *Le bouc émissaire*, Paris. — D. P. Wright (1987), *The Disposal of Impurity. Elimination Rites in the Bible and Hittite and Mesopotamian Literature*, Atlanta. — J. Milgrom (1991), *Leviticus 1-16*, AncB 3, Nova York. — R. Peter-Contesse (1993), *Lévitique 1-16*, CAT IIIa, Genebra. — R. Girard (1994), *Quand ces choses commencent*, Paris.

Jacques BRIEND

→ *Cólera de Deus; Exorcismo; Expiação; Imposição das mãos; Pecado; Pureza/impureza; Sacrifício; Salvação.*

BOÉCIO, *c.* 480-524

Anicius Manlius Torquatus Severinus Boetius (B.) era filho de Flavius Manlius Boetius, cônsul em 487. Tratado como amigo e conselheiro pelo imperador ariano Teodorico, ele mesmo foi cônsul em 510. Acusado falsamente de traição, foi posto em prisão domiciliar antes de ser executado. Dante* coloca esse "último dos romanos e primeiro dos escolásticos" entre os doutores* em seu Paraíso.

1. Obra

a) B. sentia que com o isolamento linguístico progressivo das duas partes do Império e com a ameaça dos bárbaros o Ocidente não teria mais acesso à cultura filosófica grega. Pôs-se então a traduzir Platão e Aristóteles (Ar.) para o latim, mas só uma parte do *corpus* lógico estava acabada por ocasião de sua morte. Deixava também comentários de Ar., da *Isagoge* de Porfírio, dos *Tópicos* de Cícero, e alguns tratados de lógica.

Há que acrescentar a esses textos os tratados *Da Aritmética* e *Da música*, que dependem também, em larga escala, de fontes gregas.

b) B. escreveu também cinco curtos tratados teológicos: *A fé* católica, Contra Êutiques e Nestório, A Trindade*, Pai*, Filho e Espírito Santo* são predicados substancialmente da divindade?* e o *De Hebdomadibus*. A influência de Agostinho* é clara, mas B. leva mais longe e desenvolve argumentos pessoais. O primeiro tratado é uma confissão* de fé*, sem análise filosófica detalhada. O segundo deve-se ao debate suscitado por uma carta de um bispo* oriental ao papa* sobre pontos de cristologia*. Presente ao debate, B. ali ouviu falar da concepção nestoriana, segundo a qual Cristo* é ao mesmo tempo *de* e *em* duas naturezas, e da concepção monofisita, "eutiquiana", segundo a qual Cristo é *de* duas naturezas, mas não *em* duas naturezas. Resolveu então tratar as questões subjacentes de "natureza" e de "pessoa*", e de suas relações, e forjou uma definição de pessoa que devia ter grande influência (a pessoa é uma "substância individual de natureza racional", *naturae rationabilis individua substantia, Contra Êutiques e Nestório*, 3). Até então o debate cristológico tinha sido feito em grego: B. é o primeiro a tratar essas questões em latim e de maneira também sistemática. Desse modo foi levado a completar a terminologia filosófica de Cícero, e fixou assim, com Mário Vitorino, os equivalentes latinos dos termos gregos para toda a IM. Nos dois tratados sobre a Trindade*, sendo o primeiro muito mais desenvolvido, B. explora os conceitos de forma, de unidade, de pluralidade, de identidade e de diferença, e mostra que as categorias de Ar. se aplicam diferentemente a Deus*, porque em Deus tudo é substancial. Só a relação existe de maneira absoluta entre as pessoas da Trindade. O *De Hebdomadibus*, ou "Como as substâncias são boas enquanto são, sem serem bens substanciais", tem a forma de uma série de regras que podem ser aplicadas pelo leitor perspicaz à resolução do problema que é objeto do tratado.

c) A Consolação da Filosofia* (F.) mostra-nos B. na prisão, aguardando ser executado, e entretendo-se com uma F. personificada sobre os meios de entender alguma coisa sobre os problemas do mal*, da liberdade* e da providência*. B. parte do ponto de vista do determinismo estoico, mas com a ajuda da F. evolui para uma posição que concorda com o platonismo* cristão. O dever da alma* é procurar seu Criador, o Uno acima de toda mudança, e que nada tem a ver com o mal. Todos os bens constituem um único bem, e a busca da felicidade é a busca de uma unidade com o Uno/Bem*. A eternidade é para B. a posse completa, simultânea e perfeita da vida sem fim (*interminabilis vitae tota simul et perfecta possessio, Cons.* V, 6), outra definição cuja fortuna será grande. Sobre esse pontos, B. é amplamente tributário da primeira parte do *Timeu* (única parte da obra então acessível no Ocidente). A Providência toma assim um novo rosto, permite coisas que à primeira vista não julgamos boas, mas que de fato são boas para nós. B. abandona desse modo a resignação estoica, e pode esperar. A *Consolação da Filosofia* levou seus leitores medievais a questionar o cristianismo de B., porque ali não fala de Cristo nem da salvação* pela cruz. Entretanto, tudo nesse livro é *teologia**, no sentido de Agostinho, e nada nesse platonismo é incompatível com a fé cristã.

2. Posteridade

a) Os textos lógicos de B. foram o molde dos estudos lógicos ocidentais até que se traduziram para o latim, no s. XII, outros textos da lógica de Ar. B. exerceu assim grande influência na importância concedida pela alta IM aos problemas de epistemologia e de significação.

b) Os tratados teológicos entusiasmaram os intelectuais do início do s. XII (Gilberto de la Porrée, p. ex.) e exerceram influência considerável no desenvolvimento da utilização teológica da lógica. O *De Hebdomadibus* provocou interesse pelo método dedutivo que devia crescer com a tradução de Euclides e a reintrodução das *Segundas Analíticas* no Ocidente, também no s. XII. Encontra-se no *A Trindade* uma versão da divisão platônica do saber que coloca as matemáticas entre a teologia e as ciências* da natureza: isso animou os ensaios feitos no s. XII para classificar as ciências, mas sobretudo sublinhou implicitamente a distinção, em teologia, do que se pode tratar filosoficamen-

te, e as questões de natureza histórica, dependentes da revelação* divina (distinção adotada por Hugo de São Vítor* e outros). Recorreu-se também, na IM, às teses de B. sobre as categorias de Ar. que se aplicam a Deus e sobre a maneira como se aplicam.

c) Durante toda a IM a obra mais influente de B. foi sua *Consolação*. Foi muito imitada, notadamente por Gerson em sua *Consolação de Teologia*.

- PL 63-4 (obras completas); *De Consolatione Philosophiae*, ed. L. Bieler, CChr.SL 94; *Theological Tractates* and *De Consolatione Philosophiae*, ed. H. Stewart, E. K. Rand e S. J. Tester, LCL; *Courts traités de théologie: opuscula sacra*, trad. fr. H. Merle, 1991; *De Arithmetica* e *De musica*, ed. G. Friedlein, Leipzig, Teubner, 1867 (reed. Frankfurt, 1966); *In Isagogen Porphyrii Commenta*, ed. S. Brandt, CSEL 48; *Commentarii in librum Aristotelis De Interpretatione*, ed. C. Meiser, Leipzig, Teubner, 1877-1880; *De syllogismis hypotheticis*, ed. L. Obertello, Brescia, Universidade de Parma, 1969. Em português: *A consolação da filosofia*, São Paulo, 1998.

▶ M. Nédoncelle (1955), "Les variations de Boèce sur la personne", *RevSR* 29, 201-238. — P. Hadot (1963), "La distinction de l'être et de l'étant dans le *De Hebdomadibus* de Boèce", *MM* II, 147-153. — P. Courcelle (1967), *La consolation de Philosophie dans la tradition littéraire. Antécédents et postérité de Boèce*, Paris. — L. Obertello (1974), *Severino Boezio*, Genebra, Acad. Ligure di Scienze et Lettere, 2 vol. — M. Gibson (1981) (sob a dir. de), *Boethius: his Life, Thought and Influence*, Oxford. — M. Masi (1981), *Boethius and the Liberal Arts*, Berna. — L. Pozzi (1981), "Boethius", *TRE* 7, 18-28 (bibl.). — H. Chadwick (1981, reed. 1990), *Boethius, The Consolations of Music, Logic, Theology and Philosophy*, Oxford. — A. J. Minnis (1987) (sob a dir. de), *The Medieval Boethius: Studies in the Vernacular Traductions of the De Consolatione Philosophiae*, Cambridge. — C. Micaelli (1988), *Studi sui trattati teologici di Boezio*, Nápoles; (1995), *Dio nel pensiero di Boezio*, Nápoles.

Gillian R. EVANS

→ *Arianismo; Aristotelismo cristão; Atributos divinos; Estoicismo cristão; Monofisismo; Nestorianismo.*

BOÉCIO DE DÁCIA → **naturalismo** → **verdade** B

BONHOEFFER, Dietrich, 1906-1945

a) Biografia. — Teólogo luterano oriundo da burguesia alemã culta, em 1931 Bonhoeffer (B.) foi nomeado *privat-dozent* e capelão universitário em Berlim. Nos debates provocados no seio das Igrejas protestantes pela tomada do poder por Hitler em 1933, B. se distanciou, vigorosamente, do "movimento dos cristãos alemães" e do regime nacional-socialista. Em 1935, depois de ter por um breve tempo atuado como pastor* das comunidades alemãs em Londres, tomou a direção do seminário da Igreja confessante em Finkenwald (Pomerânia). O testemunho literário desse período é constituído por *Nachfolge* (*N*) (1937) [*O preço da graça*] e *Gemeinsames Leben* (1939) [*Sobre a vida comunitária*]. Sua participação na resistência anti-hitleriana lhe trouxe a seguir novas experiências profanas, às quais deveria dar forma em uma *Ética* (*É*) que ficou inacabada. Detido em abril de 1943, foi inicialmente confinado na prisão militar de Berlim-Tegel. Graças à complacência de certos guardas, pôde manter uma correspondência teológica não censurada com seu amigo E. Bethge, que publicará suas cartas em 1951 sob o título *Widerstand und Ergebung* (*WEN, Resistência e submissão*). Pouco antes do fim da guerra, a 9 de abril de 1945, B. foi enforcado com outros conjurados no campo de concentração de Flossenbürg. Na véspera tinha-se despedido de um companheiro de prisão inglês, dizendo: "É o fim — e, para mim, é o começo de uma vida nova".

b) A Igreja. — Em sua tese intitulada *Sanctorum Communio* (*SC*), B. assumia como objeto "uma pesquisa dogmática para uma sociologia da Igreja*", que devia contudo levá-lo a uma "superação teológica da sociologia" (Soosten, 1992, 263). "Não cremos em uma Igreja invisível (…), cremos que Deus* fez a Igreja concreta e empírica, em que a Palavra* e os sacramentos* são administrados, sua comunidade" (*SC* 191) — por esse postulado B. tomava suas distâncias, de uma parte de Troeltsch, que se interessava pela religiosidade da personalidade cristã, mas não pela Igreja, e de outra parte de Karl Barth*, cuja concepção da revelação* implicava um questionamento crítico da Igreja empírica. B. via no "reconhecimento da realidade revelada da comunidade de Deus" o ponto de partida da teologia* e, como fiel discípulo de seu professor luterano R. Seeberg, admitia a possibilidade

de um "conhecimento teológico positivo" (*SC* 81). Sua fórmula, derivada de Hegel*, sobre "Cristo* existente como comunidade" (*SC* 128 e *passim*) retoma enunciados paulinos (tipologia Adão*/Cristo, a comunidade como corpo de Cristo). A eclesiologia* está aqui ancorada em uma cristologia* e em uma soteriologia de substituição. Mas, se associava estreitamente cristologia e eclesiologia, B. nunca perdeu de vista a relação de prioridade não reversível que existe entre Cristo como cabeça e o corpo de sua comunidade. Via em Cristo "a medida e a norma de nossa ação" (*SC* 120). Por conseguinte, não podia haver dúvida, em 1933, sobre o *status confessionis* da "questão judaica", e B. exigiu de sua Igreja que ela assumisse a causa dos perseguidos. Caso esse protesto se revelasse impotente para afastar o Estado* de sua política, queria que um "concílio evangélico" denunciasse publicamente a iniquidade do regime. A Igreja confessante, contudo, não se afastou jamais completamente de uma prudente reserva ante a política judaica do Estado* nacional-socialista. Por isso B. escreveu em 1944, em *Resistência e submissão*, que "durante esses anos ela não lutou a não ser por sua própria conservação" (*WEN* 328), enquanto "a Igreja não é Igreja senão quando existe para os outros" (*WEN* 415). Essa nova Igreja devia caracterizar-se pela pobreza voluntária e pela capacidade de anunciar a Cristo, Senhor do mundo* a um homem emancipado e secularizado. Nessa perspectiva, incumbia à teologia interpretar o cristianismo de maneira profana ou não religiosa. No entanto, B. não teve tempo de desempenhar essa tarefa sob uma forma científica desenvolvida.

c) Ética. — No começo dos anos 30, B. relativizou a doutrina luterana das "ordens" — que se prolonga, sob uma forma modificada, até sua *Ética* — pela referência a Jesus Cristo. As "ordens" já não são aqui "ordens de criação*" sacrossantas, mas apenas "ordens de conservação". O amor* do indivíduo por seu próprio povo* está subordinado ao mandamento* cristão da paz*. Essa ideia (alimentada pelos vínculos de amizade estabelecidos com o pacifista francês Jean Lasserre em 1930 na *Union*

Theological Seminary), levou-o a participar da Aliança universal para a amizade internacional pelas Igrejas. Essa atividade culminou em 1934 na solicitação dirigida aos representantes das Igrejas reunidas em Fanö (Dinamarca) para que, pondo-se como "concílio ecumênico", proibissem a todos os cristãos de participar da guerra*. No *Preço da graça* B. rejeita a "graça* barata" proclamada pela Igreja evangélica, assim como a ideia de que o itinerário pessoal de Lutero*, que deixou o claustro para voltar ao mundo, legitimaria um devotamento exclusivo ao desempenho dos deveres profissionais. B. retoma e precisa a tradição* luterana no seguinte princípio: "Só o crente obedece, só o obediente crê" (*N* 52). Na *Ética*, em que B. trabalha desde 1940, ele amplia o domínio da ação cristã. Se anteriormente visava a uma ética* destinada à ala radical da Igreja confessante (os que se chamavam "dahlemitas"), agora questiona de modo mais geral como os cristãos, por sua vida, trazem uma resposta a Jesus Cristo. É nesse espírito que introduz o conceito de responsabilidade na ética teológica. E retomando a categoria cristológica de "substituição", pode destacar uma estrutura antropológica fundamental, a "existência para os outros". "Toda responsabilidade perante Deus e para Deus, perante os homens e para os homens, é sempre a responsabilidade da causa de Cristo, e dessa maneira somente, a de minha vida pessoal" (*É* 255). B. se afasta assim de uma concepção moderna da autonomia individual e supera a ideia, propícia a todas as acomodações políticas, de uma vida cristã voltada ao cumprimento dos deveres profissionais.

d) *Cristologia*. — Muitos trabalhos de B. tomaram diretamente por tema a eclesiologia e a ética, mas ele consagrou apenas um único desenvolvimento específico à cristologia, que constitui, no entanto, o centro de sua teologia: trata-se de cursos dados sob esse título em Berlim, no ano de 1933, tais como foram conservados nas notas tomadas ou recopiadas pelos estudantes. Nessa doutrina da pessoa* de Jesus Cristo, B. parte da presença do Senhor crucificado e elevado aos céus. Discute longamente as construções dogmáticas da Igreja antiga e da Reforma. Quanto às controvérsias cristológicas da época da Reforma, argumenta como discípulo de Lutero. Com K. Barth e E. Brunner, considera o concílio* de Calcedônia* como a pedra de toque da dogmática*. Na *Ética* ainda, a cristologia exercerá um papel fundamental para a compreensão da realidade. Porque em Jesus Cristo "a realidade de Deus passou para a realidade deste mundo", trata-se para os cristãos de "participar em Jesus Cristo da realidade de Deus e do mundo" (*É* 39 *sq*). O vínculo positivo entre Cristo e o mundo será ainda reforçado em *Resistência e submissão*. Viver "como maior", querer "assumir a existência sem Deus" não é, portanto, viver na impiedade, já que "Deus se deixa desalojar do mundo e pregar numa cruz"... porque é "assim somente que ele está conosco e nos ajuda" (*WEN* 394).

e) *Posteridade*. — Certos escritos de B. como *Resistência e submissão* (traduzido em dezesseis idiomas) foram lidos no mundo inteiro. No plano da teologia universitária, ao contrário, a obra de B. quase não encontrou prolongamentos, mesmo nos países de língua alemã. Porém certos teólogos individuais referem-se a ele (e especialmente ao autor de *Resistência e submissão*) na elaboração de seu próprio programa (assim G. Ebeling em sua teologia hermenêutica*, W. Hamilton em sua "teologia da morte de Deus" e H. Müller na sua tentativa de conciliar a teologia protestante e a dominação ideológica do Partido Comunista da antiga Alemanha Oriental). Por meio de A. Schönherr, que foi aluno de B., a fórmula "a Igreja para os outros" teve um papel diretor para uma Igreja evangélica que buscava seu caminho entre a acomodação e a recusa na sociedade socialista da Alemanha Oriental. Fora da Europa, na América Latina, na África do Sul e na Ásia oriental, a voz de B. ressoou aos ouvidos dos cristãos como um incentivo na luta por mais justiça social.

• *Werke*, ed. E. Bethge *et al.*, Munique, 1986-1998, 16 vol. Citados no artigo: *Sanctorum Communio. Eine dogmatische Untersuchung zur Soziologie der Kirche*, *W* 1, 1986; *Nachfolge*, *W* 4, 1989; *Ethik*, *W*

6, 1992; *Widerstand und Ergebung*, Munique, ed. póstuma 1951, nova ed. aumentada 1970 (*WEN*), e *W* 8. Em português: *Ética*, São Leopoldo, 2002; *Discipulado*, São Leopoldo, 2002; *Vida em comunhão*, São Leopoldo, 2001; *Resistência e submissão: cartas e anotações escritas na prisão*, São Leopoldo, 2003; *Tentação*, São Leopoldo, 2003.

▶ H. Müller (1961), *Von der Kirche zur Welt. Ein Beitrag zu der Beziehung des Wortes Gottes auf die societas in Dietrich Bonhoeffers theologischer Entwicklung* (1966²), Leipzig. — E. Bethge (1967), *Dietrich Bonhoeffer. Theologie, Christ, Zeitgenosse*, Munique (1986⁶). — A. Dumas (1968), *Une théologie de la realité: Dietrich Bonhoeffer*, Genebra. — E. Feil (1971, 1991⁴), *Die Theologie Dietrich Bonhoeffers: Hermeneutik, Christologie, Weltverständnis*, Munique. — C. Gremmels, I. Tödt (sob a dir. de) (1987), *Die Präsenz des verdrängten Gottes. Glaube, Religionslosigkeit und Weltverantwortung nach Dietrich Bonhoeffer*, Munique. — G. Carter *et al.* (sob a dir. de) (1991), *Bonhoeffer's Ethics. Old Europe and New Frontiers*, Kampen (Atas da V Conferência da International Bonhoeffer Society, Amsterdã, 1988). — J. von Soosten (1992), *Die Sozialität der Kirche. Theologie und Theorie in Dietrich Bonhoeffers "Sanctorum Communio"*, Munique. — E. Feil (sob a dir. de) (1993), *Glauben lernen in einer Kirche für andere. Der Beitrag Dietrich Bonhoeffer zum Christsein in der Deutschen Demokratischen Republik*, Gütersloh. — Col. (1995), *Dietrich Bonhoeffer heute*, *EvTh* 55. — E. Feil (sob a dir. de) (1997), *Internationale Biographie zu Dietrich Bonhoeffer*, Gütersloh.

Ernst-Albert SCHARFFENORTH

→ *Balthasar; Barth; Bultmann; Secularização; Tillich.*

BONNETTY, Agostinho → **fideísmo**

BRUNO, Giordano → **naturalismo**

BUCER, Martin, 1491-1551

Entre o nascimento de Bucer (B.), filho e neto de tanoeiro, em Selestat e sua morte* em Cambridge, perfila-se uma vida de reformador que reflete uma época movimentada, densa de projetos teológicos e eclesiológicos, de êxitos e de fracassos. Tendo entrado na ordem dominicana em Selestat em 1506-1507, ali reprimiu-se durante uns dez anos — "a necessidade faz o monge", dirá mais tarde — até que o destino lhe permitisse passar para seus irmãos de ordem em Heidelberg, onde encontrou em 1518 Martinho Lutero*, então no começo de sua carreira pública de reformador. A disputa de Heidelberg marca a conversão* de B. às ideias "martinianas". A teologia* de Lutero, em suas afirmações fundamentais, faz parte, de agora em diante, de seu próprio pensamento: prioridade da Sagrada* Escritura sobre a tradição*, justificação* unicamente pela fé*, primazia da teologia universitária sobre as instituições eclesiais tradicionais.

Em 1521 sai de sua ordem, deixa o hábito, é oficialmente dispensado dos votos monásticos, passa algum tempo com os cavaleiros Franz von Sickingen e Ulrich von Hutten, últimos espadachins de uma feudalidade momentaneamente revigorada pelo humanismo*, e se casa com Elisabeth Silbereisen, uma freira que como ele acabava de deixar o hábito. Perseguido por excomunhão, refugia-se com a mulher, que estava grávida, em Estrasburgo, cidade em que seu pai possui o direito de cidadania. Começa então na cidade alsaciana uma longa carreira (23 anos) de pastor* e reformador. De lá vai irradiar-se para grande parte da Europa, a cavalo ou por correspondência, fazendo da cidade um dos centros da "Reformação". Estrasburgo desempenhará às maravilhas para B. esse papel de plataforma para o movimento reformador, tanto para o interior da Igreja* estrasburguesa, quanto para o exterior. Doravante o ministério* de reformador se confunde com a marcha reformadora da cidade de Estrasburgo. Aliás essa convivência entre um homem e sua cidade é um traço corrente da Reformação, que se confirma em Lutero, Zuínglio*, Farel, Calvino* e muitos outros.

Desde o começo de seu ministério, B. tem uma intuição fundamental: a Igreja está mergulhada no coração de uma sociedade* sempre por evangelizar. Igreja e cristandade são indissoluvelmente ligadas, e incluem toda a humanidade. A tarefa de ambas é permanentemente uma tarefa missionária.

Em seu pensamento como em seu destino, B. carrega, à maneira de um estigma, essa chaga crônica saída de seu século, jamais cicatrizada depois, e que não cessa de dilacerar-se: o conflito entre uma visão da Igreja como responsável por toda a sociedade humana, e a visão de uma Igreja dobrada sobre si mesma, à margem da "outra" humanidade — uma Igreja *inclusiva* ou uma Igreja *exclusiva*. B. nunca resolverá esse nó górdio, preferindo defender a ideia de uma Igreja que é *ao mesmo tempo* uma e outra, à imagem da missão* que o próprio Cristo* parece ter confiado a seus discípulos (Mt 28).

Em 1524, na qualidade de padre* secular, é nomeado pregador de uma das sete paróquias da cidade alsaciana, Santa Aurélia, comunidade da corporação dos horticultores, descontentes com a incultura teológica de seu pároco. Em seu ministério paroquial, B. experimenta que a Reformação, para ser verdadeira reforma, deve ter, sem cessar, repercussões práticas. Desse modo torna-se um pragmático, e não o deixará de ser, não hesitando em mudar de opinião ou de orientação quando a pastoral de suas ovelhas o exigir. Os historiadores muitas vezes fizeram notar esse lado mutante de B., que nunca se tornou um teórico, nem o quis ser. Isso explica em parte a incompreensão de que foi objeto ainda em vida, em particular por parte de seus confrades teólogos: B. nunca gostou de posições muito definidas. Viver de outro modo, vivendo para os outros, tais como são em sua vida cotidiana, eis para B. o sentido de toda existência humana. O serviço no amor*-caridade é o único objetivo digno do homem salvo: é o antídoto do egoísmo, a verdadeira vida tornada, de novo, possível. Todo o pensamento teológico de B. situa-se nessa perspectiva, e a Igreja será o lugar de verificação desse "viver em Cristo".

Desde 1530, por ocasião da dieta imperial de Augsburgo, B. precisa os pontos principais de seu projeto eclesiológico: simultaneidade do aspecto multitudinista (ampla abertura à sociedade, segundo uma definição maximalista da Igreja) e do aspecto professante (engajamento pessoal intenso e reivindicado como tal). Essa simultaneidade, vivida na paróquia e nas "pe-quenas comunidades cristãs" (igrejinhas) criadas no interior dela; pluralidade dos ministérios; colaboração ministerial com a autoridade* civil; disciplina* eclesiástica fundada sobre decretos enunciados pelo magistrado; reestruturação das paróquias; sínodos* regulares compostos de delegados leigos* e de "pastores"; formação catequética de crianças e de adultos; batismo* das crianças, completado por uma confirmação* reformulada; tentativas de conciliação ecumênica com os dissidentes da Reformação magisterial, como também com a Igreja tradicional. Toda a sua atividade — teológica, pastoral, literária, diplomática — é consagrada a esses pontos capitais de seu projeto. No entanto, parece que pôs a baliza alto demais. Desde 1540-1541 seus empreendimentos, antes coroados de êxito, começam a fracassar. Por mais que tenha lutado, intensificado as viagens, deslocando-se sem cansar através da Europa, e escrito de modo mais incisivo e mais longamente ainda, nada deu certo. Seu projeto eclesial, simbolizado pela última tentativa das "comunidades cristãs", essas pequenas Igrejas domésticas no seio das grandes paróquias, soçobra. Expulso de Estrasburgo em abril de 1549, vai exilar-se em Cambridge. Desiludido mas tenaz, B. tenta ainda uma vez, na Inglaterra, relançar seu projeto. Mas lhe falta tempo. O coração não desiste, mas as forças lhe falham. Morre dois anos depois de sua chegada a Cambridge, queixando-se do nevoeiro inglês e dos tempos que são "maus". Esquecido por seus pares, sua visão de Igreja trabalhará o solo do protestantismo* como um rizoma, reaparecendo aqui e ali sob formas diversas, em particular no pietismo*, nos s. XVII e XVIII, e nas Igrejas do Despertar, no s. XIX.

• *Martini Buceri Opera omnia* (1950s), 12 vol. publicados: I: *Deutsche Schriften*, t. 1 (1960), 2 (1962), 3 (1968), 4 (1975), 5 (1978), 6/2 (1984), 7 (1964), 17 (1981); *II*: *Op. latina*, t. 15/1 (1955), 15/2 (1958), Paris-Gütersloh; *III*: *Correspondance*, 3 t. (1978, 1988, 1995) Leiden.

▶ Para a bibliografia até 1980, consultar a *TRE*, 7, 1981, 268-270. — C. Hopf (1946), *Martin B. and the English Reformation*, Oxford. — K. Koch

(1962), *Studium pietatis. Martin B. als Ethiker*, Neukirchen. — J. Müller (1965), *Martin B. Hermeneutik*, Gütersloh. — P. Stephens (1970), *The Holy Spirit in the Theology of Martin B.*, Cambridge. — M. de Kroon e F. Krüger (sob a dir. de) (1976), *B. und seine Zeit*, Wiesbaden. — G. Hammann (1984), *Entre la secte et la cité. Le projet d'Église de Martin B.*, Genebra. — J. V. Pollet (1985), *Martin B.*, t. I: *Études*; t. II: *Documents*, Leiden. — M. Greschat (1990), *Martin B. Ein Reformator und seine Zeit, 1491-1551*, Munique. — Col. (1993), *Martin B. in Sixteenth Century Europe. Actes du Colloque de Strasbourg (28-31 août 1991)*, t. I e II, Leiden-Nova York-Colônia. — D. F. Wright (ed.) (1994), *Martin B. Reforming Church and Community*, Cambridge.

Gottfried HAMMANN

→ *Calvino; Calvinismo; Eclesiologia; Lutero; Luteranismo; Metodismo; Protestantismo.*

BULTMANN, Rudolf, 1884-1976

I. Vida e obra

Depois de estudar teologia*, R. Bultmann (B.) ensina de 1921 a 1951 o Novo Testamento em Marburgo. Ali, a partir de 1923, encontra Heidegger*, cujo pensamento o marcou profundamente. De fato, a maior parte de seus primeiros escritos concernem à exegese* do NT. Seu pensamento empreende uma tríplice tarefa: testemunhar a exigência radical de Deus* interpelando o homem; ler os textos que exprimem essa exigência, usando todos os recursos da crítica literária moderna; compreender que essa interpelação toca essencialmente no registro da condição humana, compreendida de maneira existencial.

II. Teologia

1. Ler e compreender o Novo Testamento

Professor de NT, B. é antes de tudo um notável conhecedor do mundo e da cultura dos gregos, e um exegeta sem par. Até o fim de sua vida, seus estudos vão tratar de questões relativas ao NT e ao seu ambiente. O gênio teológico de B. está em que, longe de limitar-se à erudição pura, estabelece a questão da significação dos textos antigos para o mundo de hoje, e abre a questão das modalidades de sua interpretação.

a) A história da tradição sinótica. — B. é um dos primeiros — em 1921 — a desmontar o "mecanismo" da gestação literária dos evangelhos* sinóticos. A comparação dos três evangelhos sinóticos mostra, com efeito, que a trama evangélica atual não é constituída de uma narrativa* contínua, mas formada de unidades relativamente reduzidas, mais ou menos independentes no início, e trata-se de descrever-lhes a "história das formas" (*Formgeschichte*). Ao analisar cada uma dessas "formas" ou unidades de base, B. se esforça por determinar o meio (ou *Sitz im Leben*) que pôde dar-lhes nascença. Depois reconstitui as etapas da redação que, desde as primeiras articulações, puderam levar até a forma dos evangelhos atuais. É a partir dessa *História da tradição sinótica* que B. pôde abordar a questão do Jesus* da história.

b) Jesus. — Do Jesus da história, segundo B., quase nada se pode dizer, na medida em que os textos do NT são menos documentos históricos do que testemunhos da fé* dos primeiros cristãos (*Jesus*, 1926). Daí ressalta que o importante para a fé é menos seu conteúdo que o acontecimento radical que testemunha, indicado essencialmente pela mensagem de que Jesus foi portador. Contrariamente, com efeito, ao conhecimento dos fatos mesmos de sua vida — fatos de historicidade contestável —, o conhecimento da mensagem do Nazareno não está fora de alcance. Jesus essencialmente anunciou a proximidade do reino* de Deus — quer dizer, de Deus mesmo — convidando à decisão. Assim o apelo à fé aparece nele como convite a "levar a sério, em momentos precisos da vida, a onipotência de Deus (potência* divina) (...). É a convicção que o Deus longínquo é na realidade o Deus próximo, com a condição de que o homem decida abandonar sua atitude habitual e esteja verdadeiramente pronto para olhar de face o Deus próximo" (*Jesus*).

c) A interpretação existencial e a hermenêutica. — B. compreende o NT como revelador fundamental da realidade existencial da condição humana. Sua leitura da Bíblia* quer ser resolutamente moderna ou contemporânea, pelo menos por duas razões: "científica", que traça as etapas da evolução da fé dos primeiros cristãos e permite desprender os elementos verdadeiramente fundamentais do "invólucro" mítico que os veicula; "existencial" — no sentido da filosofia* existencial que nasce então —, que permite descobrir na mensagem bíblica os elementos do autêntico acesso do sujeito humano à sua humanidade, que é *ek-sistência*, saída de si para aceder a si, por meio do acontecimento da graça* e da decisão da fé. Essa chave de interpretação — dada, segundo B., pelo próprio NT — permite especialmente destacar o "gênio" do *Evangelho de João* (1941) e de abrir acesso a uma *Teologia do NT* (1953).

d) *Kerygma e Mythos.* — Em 1941 B. dá uma conferência sobre "Novo Testamento e mitologia" (cf. *L'interprétation du Nouveau Testament*, Paris, 1955) que no fim da guerra iria suscitar importantes repercussões até meados dos anos de 1960. Mostrava que a linguagem dos primórdios do cristianismo era pré-científica, e marcada essencialmente pelo mito*. Isso ocorria com as representações do mundo em geral e com as maneiras mais ou menos "milagrosas" de descrevê-lo, em particular as intervenções de Deus. Todavia, se as formas dessa linguagem parecem para sempre em desuso e incompreensíveis para o homem moderno, a mensagem — ou *kerygma* — que veiculam conserva uma pertinência e uma atualidade sempre renovadas.

> Pertence à teologia desprender constantemente a mensagem — *kerygma* ou palavra* de Deus — do invólucro mítico que ao mesmo tempo a carrega e aprisiona, e pô-la à disposição para os homens do tempo presente. Tal é a finalidade da "desmitologização" ou "desmitização" (*Entmythologisierung*). Isso vai suscitar repercussões, debates, aprovações entusiastas e condenações veementes. A maior parte das peças da controvérsia foi publicada nos cinco volumes de *Kerygma und Mythos* (1948-1955).

2. O homem diante da interpelação de Deus

a) *Fé e compreensão.* — *Glauben und Verstehen* é o título dos quatro volumes que recolhem o essencial do pensamento propriamente teológico de B. Indica que as duas realidades, fé e razão*, não se excluem, mas ao contrário, chamam-se uma à outra, situando-se em níveis diferentes. A fé, com efeito, é de ordem propriamente existencial, não consiste em compreender alguma coisa mas em compreender-*se a si mesmo* de maneira radical e autêntica. Crer é compreender-se diante de Deus. Ao contrário, o pecador "quer viver para si mesmo, por suas próprias forças, em lugar de viver o abandono radical a Deus, ao que Deus concede e envia. A graça de Deus liberta (liberdade*) desse pecado* o homem que a ela se abre por um radical abandono de si mesmo, i.e., na fé" (*Foi et compréhension* II, p. 60). Quanto ao "compreender", tem por fim essencial permitir à razão humana desempenhar seu papel de maneira autônoma. Não pertence à ordem existencial, mas permite compreendê-la melhor, desmontar as formas de sua linguagem, e retornar sobre o acontecimento da decisão que a constitui e sobre as consequências que produz. O "compreender" permite ter um antegosto — uma "pré-compreensão", *ein Vor-verständnis* — da existência autêntica, mas nem por isso permite suscitá-la. Só pode chegar lá o *dab*, o acontecimento puro do *kerygma* que arranca o homem de seu torpor inautêntico.

b) *História e escatologia.* — Arrastado pela decisão da fé — que se deve retomar a cada momento para *ek-sistir* autenticamente — o crente acede à humanidade autêntica, marcada com o selo da historicidade. Existir é livrar-se do destino anônimo, é aceder à sua própria historicidade, descobrindo-se capaz de decidir. A dimensão escatológica, de que o NT está impregnado em sua totalidade, encontra-se então compreendida como o horizonte do apelo "último" que da parte do próprio Deus ressoa para chamar à decisão autêntica e fazer nascer para a historicidade verdadeira. O "fim" da história*, de que fala, com efeito, a escatologia*, encontra-se de maneira geral na pregação* de Jesus, compreendida como a do indivíduo a que se dirige, pondo-o assim diante das responsabilidades "finais" que são as suas. O NT procede assim, ao mesmo tempo, a uma individualização e a uma historicização da escatologia. Esta se inscreve não só no termo da história, mas a penetra para transformá-la. Jogando com um registro semântico peculiar à língua alemã, B.

dirá então que a escatologia faz a história passar do estatuto de pura contingência dos fatos (*Historie*) ao da *Geschichte* (do verbo *geschehen* = sobrevir, advir, chegar), em que o humano se encontra constituído em sua historicidade mesma (*História e escatologia*, 1957).

c) *A ética*. — O indicativo do *kerygma* abre ao imperativo da decisão ética*. Esta, porém, é apenas outra forma da própria decisão da fé. A decisão ética fundamental somente emprega a abertura que a decisão da fé realiza por sua natureza mesma. Essa abertura toma então a forma do amor* do próximo. Exigência radical, aberta a todo próximo sem restrição nem discriminação, o amor é certamente chamado a tomar formas concretas todos os dias. Contudo, não se esgota nelas, e o que o caracteriza, antes de tudo, está na exigência infinita de que ele é fundamentalmente portador.

III. Posteridade

Falou-se da escola bultmanniana sobretudo nos anos de 1950-1960, a propósito de seu programa de desmitologização e das consequências que podia ter tanto para a fé dos fiéis, quanto para as possibilidades de pesquisas sobre o "Jesus da história". Em seguida a E. Käsemann, alguns mostram, com efeito, que o "Jesus da história" não seja talvez tão inatingível como o pensava o mestre de Marburgo; por outro lado, teólogos como O. Cullmann tentaram reagir a essa maneira de dissolução da história, pela edificação de uma teologia da "história da salvação". Não deixa de ser verdade que, apesar de certos exageros, B. soube conduzir com rara coerência um programa que marcou fortemente sua época.

• Uma bibliografia das obras (1908-1967) de Bultmann encontra-se em Bultmann (1967), *Exegetica*, ed. E. Dinkler, Tübingen. Para o período 1967-1974, ver *ThR* (1974), 39, 91-93. Ver também M. Kwiran (1977), *Index to Literature on Barth, Bonhoeffer und Bultmann*, Basileia. — R. Bultmann (1921), *Geschichte des synoptischen Tradition*, Göttingen; (1926), *Jesus*, Berlim; (1949), *Das Urchristentum im Rahmen des antiken Religionen*, Zurique; (1953),

Theologie des Neuen Testaments, Tübingen; (1955), *L'interprétation du Nouveau Testament*, Paris; (1958-1967), *Glauben und Verstehen*, Tübingen, Mohr, t. I a IV; (1958), *Geschichte und eschatologie*, Tübingen. Em português: *Demitologização: coletânea de ensaios*, São Leopoldo, 1999; *Crer e compreender: ensaios selecionados*, São Leopoldo, 2001.

▶ K. Barth (1952), *Rudolf B. Ein Versuch, ihn zu verstehen*, ThSt (B) 34. — G. Ebeling (1962), *Theologie und Verkündigung. Ein Gespräch mit Rudolf B.*, Tübingen. — R. Marlé (1962), *Mythos et Logos. La pensée de Rudolf B.*, Genebra. — G. Hasenhüttl (1963), *Der Glaubensvollzug. Eine Begegnung mit Rudolf B. aus katolichem Glaubensverständnis*, Essen. — R. Marlé (1966), *B. et l'interprétation du Nouveau Testament*, Paris. — W. Schmithals (1967[2]), *Die Theologie Rudolf Bultmanns*, Tübingen. — A. Malet (1968), *Bultmann*, Paris. — J. Florkowski (1971), *La théologie de la foi chez B.*, Paris. — A. Malet (1971), *La pensée de Rudolf B.*, Genebra. — M. Boutin (1974), *Relationalität als Verstehensprinzip bei Rudolf B.*, Munique. — G. Ebeling (1977), *Gedenken an Rudolf B.*, Tübingen. — W. Schmitals (1980), "Bultmann R.", *TRE*, VII/3, 387-396. — A. C. Thiselton (1980), *The Two Horizons. New Testament Hermeneutics and Philosophical Description with special reference to Heidegger, Bultmann, Gadamer and Wittgenstein*, Exeter. — E. Jüngel (1985), *Glauben und verstehen. Zum Theologiebegriff Rudolf Bultmanns*, Heidelberg. — M. Evang (1988), *Rudolf B. in seiner Frühzeit*, Tübingen. — E. Hausschildt (1989), *Rudolf Bultmanns Predigten. Existentiale Interpretation und Lutherische Erbe*, Marburgo. — E. Jüngel (1990), "Glauben und Verstehen. Zum Theologiebegriff Rudolf Bultmanns", in *Wertlose Wahrheit*, Munique. — E. Baasland (1992), *Theologie und Method. Eine historiographische Analyse der Frühschriften Rudolf Bultmanns*, Wuppertal. — F. J. Gagey (1993), *Jésus dans la théologie de B.*, Paris. — R. Gibellini (1994), *Panorama de la théologie au XXe s.*, Paris, p. 33-62 (*A teologia no século XX*, São Paulo, 1998, 37-45).

Jean-François COLLANGE

→ *Barth; Bíblica (teologia); Bonhoeffer; Gêneros literários na Escritura; Heidegger; Hermenêutica; Mito.*

C

CAJETANO, Tomás de Vio → tomismo 2. a

CALCEDÔNIA (Concílio), 451

O concílio* de Calcedônia (C.) trouxe uma contribuição da maior importância ao dogma* cristológico. Deve ser primeiro esclarecido pela evolução dos debates depois do concílio de Éfeso* (É.).

1. De Éfeso a Calcedônia

a) Depois de Éfeso. — O concílio de É. (431) encontrou seu desfecho com a "ata de união" de 433: João de Antioquia, que representava a teologia* da escola* onde se tinha formado Nestório, admitira que Maria*, devia ser dita "Mãe de Deus" (*Theotokos*) e, ao mesmo tempo que distinguia a natureza humana e a natureza divina de Cristo*, reconhecia nele uma só "pessoa*" (*prosopon*). Cirilo* de Alexandria concordou, renunciando por sua parte à sua fórmula "a única natureza do Verbo* encarnado". Pouco depois, em 435, o bispo Proclo substituíra essa fórmula pela expressão "uma só hipóstase do Verbo encarnado": a introdução do termo "hipóstase", no sentido de "ato concreto de subsistir" ou de "pessoa subsistente", preparava de longe a futura definição de C.

Contudo, a "ata de união" de 433 não tinha posto fim às divisões. Certos orientais continuavam a ter Cirilo por herege, seja porque se equivocavam sobre o sentido da sua linguagem anterior, seja porque continuavam adeptos do nestorianismo* condenado em É. Em sentido inverso, alguns partidários de Cirilo o acusavam de ter aprovado em 433 uma linguagem que falava de "duas naturezas": uns julgavam que essa fórmula implicava a separação da natureza humana e da divina; outros já estavam tentados pelo que se tornaria a heresia* do monge Êutiques.

Este, com efeito, adotaria uma tese totalmente oposta à de Nestório. Professando um monofisismo* radical, foi convocado perante um sínodo por Flaviano, patriarca de Constantinopla, e excomungado (448). Mas o imperador Teodósio, adepto da doutrina de Êutiques, convocou, por sua vez, um concílio que se reuniu em Éfeso em 1º de agosto de 449.

b) Leão Magno e o "Tomo a Flaviano". — Originário da Toscana, Leão torna-se bispo* de Roma* em 440. Teria um papel político de primeiro plano, em uma época em que as invasões bárbaras ameaçavam a parte ocidental do Império. Seria também um notável pastor, que trabalhava na organização da liturgia* e da vida monástica na comunidade romana, pregando seus sermões que impressionavam pela solidez doutrinária e pela pureza do estilo. Seu cuidado pela ortodoxia* e pela paz eclesial ia levá-lo a intervenções determinantes nas controvérsias cristológicas do seu tempo.

Foi assim que dirigiu, em 13 de junho de 449, uma longa carta dogmática ao patriarca de Constantinopla: o "Tomo a Flaviano". Refutando a heresia de Êutiques, em que via uma nova forma de docetismo*, sublinhava que as propriedades da natureza humana de Cristo e de sua natureza divina deviam ser salvaguardadas; mas essa distinção não era separação porque, precisava ele, as duas naturezas estão reunidas "em uma só pessoa": "Uma e outra forma cumpre sua função própria na comunhão com a outra". Essa unidade de pessoas autoriza a dizer que o Filho* do homem desceu do céu ou que o Filho de Deus foi crucificado (aqui se reconhece o que a teologia posterior vai chamar "comunicação dos idiomas*"). Certamente, por sua insistência nas duas naturezas, a doutrina de Leão estava mais perto da posição de Antioquia que da posição de Cirilo. No entanto, chegava a formulações equilibradas que anunciavam diretamente a síntese teológica de C.

c) *Do "latrocínio de Éfeso"(449) ao concílio de Calcedônia.* — O "Tomo a Flaviano" destinava-se aos bispos que deviam reunir-se em Éfeso em agosto de 449. Mas esse concílio se realizou nas piores condições: tinha-se preparado antecipadamente uma maioria favorável a Êutiques. Apesar da presença dos delegados romanos, este foi reabilitado, enquanto Flaviano ia ser excluído do episcopado e enviado para o exílio. O papa* Leão foi informado da reunião tumultuosa, que qualificou de "latrocínio". Desautorizando tudo o que ali sucedera, pediu a Teodósio para convocar na Itália um sínodo* geral; mas o imperador não respondeu, e fez saber que aprovava inteiramente o concílio de 449.

A situação só pôde evoluir depois da morte de Teodósio (450). Marciano, o novo imperador, propôs ao papa que se fizesse novo concílio no Oriente; depois, apesar das reticências de Leão, anunciou sua decisão de reunir um concílio em Niceia. Leão não se opôs, mas pediu que o acordo se fizesse sobre a fé* exposta no "Tomo a Flaviano", e indicou que ele mesmo presidiria a assembleia por intermédio de seus legados. Marciano transferiu o concílio, finalmente, para C., próxima de Constantinopla; e os bispos, em número de quinhentos ou seiscentos, começaram os trabalhos em 8 de outubro de 451.

2. A obra de Calcedônia

a) *O decreto dogmático.* — Inicialmente, os bispos não queriam acrescentar nova definição à de Niceia I*. Em seguida, depois que se aprovou o ensinamento de Cirilo e do papa Leão, os comissários imperiais anunciaram que uma formulação da fé seria elaborada pelo concílio; esta foi solenemente proclamada na presença do imperador durante a sessão VI (25 de outubro de 451).

Depois de um longo preâmbulo, que exorta a preservar a fé outrora definida por Niceia e Constantinopla I*, o documento recorda os dois erros inversos de Nestório e de Êutiques, e lhes opõe respectivamente as cartas de Cirilo e de Leão. Vem depois a definição propriamente dita: uma frase ampla e majestosa, que harmoniza as fórmulas de diversas proveniências e, sobretudo, traz a marca da teologia exposta no "Tomo a Flaviano".

Essa definição confirma primeiro a doutrina promulgada em 431 pelo concílio de É. Com efeito, está escandida pelas expressões "um só e o mesmo Filho" (no começo e no fim), "um só e o mesmo Cristo" (no meio, onde aparece a qualificação de Maria como *Theotokos*). Assim, o movimento da frase é revelador: parte-se de uma consideração da unidade, e é a ela que se chega no final.

Sobre esse fundo, contudo, a "ponta" original do texto reside na afirmação da dualidade. É o que ressalta, de início, da primeira parte: "Nosso Senhor Jesus Cristo, o mesmo perfeito em divindade, e o mesmo perfeito em humanidade, o mesmo verdadeiramente Deus e verdadeiramente homem (composto) de uma alma* racional e de um corpo*, consubstancial* ao Pai* segundo a divindade, e o mesmo consubstancial a nós segundo a humanidade...". Sobretudo, a segunda parte da frase introduz a linguagem das duas naturezas: "reconhecido em duas naturezas, sem confusão, sem mudança, sem divisão e sem separação (*asugkhutos, atreptos, adiairetos, akhoristos*), a diferença de naturezas não sendo, de nenhum modo, supressa por causa da união, a propriedade de uma e de outra natureza ficando, bem antes, salvaguardada e concorrendo para uma só pessoa e uma só hipóstase, um Cristo que não se fraciona nem se divide em duas pessoas, mas é um só e o mesmo Filho...". Certamente, até nessas formulações, o ponto de vista da unidade permanece muito presente: disso são prova os dois advérbios traduzidos por "sem divisão" e "sem separação", e a atribuição a Cristo de uma só "pessoa" ou "hipóstase". Mas os dois primeiros advérbios — "sem confusão, sem mudança" —, a afirmação de uma só hipóstase "em duas naturezas" (e não só "de duas naturezas"), a insistência nas propriedades respectivas de cada natureza, tudo isso atesta o que C. visava especificamente: embora confirmando a contribuição de É., opunha-se prioritariamente ao erro de Êutiques e de seus partidários.

b) Os cânones conciliares. — A obra de C. não se limitou à sua definição dogmática. O concílio teve também de decidir questões de pessoas (assim Teodoreto, suspeito de nestorianismo, foi reabilitado), e redigiu 28 cânones a respeito da disciplina do clero e dos monges, assim como de problemas da administração eclesiástica.

No entanto, o cânon 28 ia ser fonte de graves incidentes. Reconhecia não só um "primado de honra" ao bispo de Constantinopla, "a nova Roma" (como o tinha feito o concílio de Constantinopla I), mas lhe concedia poder de jurisdição* sobre grande parte do Oriente, e, embora admitindo a preeminência da Sé apostólica (a antiga Roma), ligava essa preeminência ao prestígio da cidade imperial e não à autoridade que Jesus* tinha conferido a Pedro*.

O cânon 28 foi recusado pelos legados romanos. Os Padres* conciliares, depois Marciano e o patriarca Anatólio, escreveram a Leão para lhe pedir que aprovasse o conjunto do concílio; mas o papa só quis dar seu acordo em matéria de fé. Ratificou, pois, os decretos doutrinais de C., embora rejeitando o cânon 28.

3. A posteridade de Calcedônia

a) A recepção do concílio. — A definição dogmática de C. deu lugar a violentos conflitos durante o século seguinte. Se o Ocidente a recebeu sem dificuldade, o Oriente se dividiu em três grupos: os calcedônicos, os defensores do nestorianismo e os do monofisismo. No s. VI, o imperador Justiniano, partidário de um "neocalcedonismo", esforçou-se por reconciliar monofisitas e calcedônicos. Exerceu uma influência muito importante sobre o II concílio de Constantinopla (553), cujos cânones dogmáticos constituem uma interpretação

efesina de C. Contudo, apesar desse trabalho de clarificação, a Igreja* devia ficar dividida até nossos dias entre "Igrejas calcedônicas" e "Igrejas pré-calcedônicas".

b) Calcedônia hoje. — Apesar de certas críticas de Lutero* contra a linguagem das duas naturezas, a definição de C. foi geralmente recebida, no Ocidente moderno, como a mais importante expressão do dogma cristológico. O aniversário do concílio, em 1951, estimulou um esforço de reinterpretação contemporânea: "C., fim ou começo?". Depois, a definição dogmática foi objeto de contestações severas: linguagem conceitual inadequada, ambiguidade do termo "natureza", risco de dualismo, desconhecimento da dimensão histórica, incapacidade de resolver o problema cristológico. No entanto, muitas dessas objeções puderam ser dissipadas com uma hermenêutica* atenta ao contexto de C., como também ao que visava sua definição. Pode-se certamente admitir que o esquema das duas naturezas exprime a identidade de Cristo de maneira demasiado estática, e que os conceitos utilizados carregam a marca da cultura de seu tempo. Nem por isso a contribuição de Calcedônia é menos normativa para a cristologia*, que deve esforçar-se por pensar a união em Jesus Cristo da humanidade e da divindade "sem confusão, sem mudança, sem divisão e sem separação".

• Atas: ACO II. — A. J. Festugière (1982), *Éphèse et Chalcédoine. Actes des conciles*, Paris; (1983), *Actes du concile de Chalcédoine. Sessions III-VI*, Genebra. — Decretos: *COD* 75-103 (*DCO* II/1, 175-234).

▸ J. Lebon (1936), "Les anciens symboles dans la définition de Chalcédoine", *RHE* 32, 809-876. — A. Grillmeier, H. Bacht (sob a dir. de) (1951-1954), *Das Konzil von Chalcedon. Geschichte und Gegenwart*, 3 vol., Würzburg. — R. V. Sellers (1953), *The Council of Chalcedon*, Londres. — H. M. Diepen (1953), *Les Trois Chapitres au Concile de Chalcédoine*, Oosterhout. — A. Grillmeier (1958), "Der Neu-Chalcedonismus", *Historisches-Jahrbuch* 77, 151-166. — P-T. Camelot (1961), *Éphèse et Chalcédoine*, Paris. — J. Liébaert (1966), *L'Incarnation. I: Des origines au Concile de Chalcédoine*, Paris, 209-222. — J. Pelikan (1971), *The Christian Tradition. A History of the Development of Doctrine*. I: *The Emergence of the Catholic Tra-*

dition (*100-600*), Chicago, cap. 5. — W. de Vries (1974), *Orient et Occident. Les structures ecclésiales vues dans l'histoire des sept premiers conciles oecuméniques*, Paris, 101-160. — A. de Halleux (1976), "La définition christologique de Chalcédoine", *RTL* 7, 3-23 e 155-170. — B. Sesboüé (1977), "Le procès contemporain de Chalcédoine", *RSR* 65, 45-80. — A. Grillmeier (1979), *Jesus der Christus im Glauben der Kirche*. I: *Von der apostolischen Zeit bis zum Konzil von Chalcedon (451)*, Friburgo-Basileia-Viena, 751-775 (1990²). — J.-M. Carrière (1979), "Le mystère de Jésus-Christ transmis par Chalcédoine", *NRTh* 101, 388-357. — L. R. Wickham (1981), "Chalkedon", *TRE* 7, 668-675. — B. Sesboüé (1982), *Jésus-Christ dans la tradition de l'Église. Pour une actualisation de la christologie de Chalcédoine*, Paris. — A. Grillmeier (1986), *Jesus der Christus im Glauben der Kirche*. II/1: *Das Konzil von Chalcedon. Rezeption and Widerspruch (451-518)*, Friburgo-Basileia-Viena (1991²). — B. Sesboüé (1994), *Histoire des dogmes*. T. I: *Le Dieu du salut*, Paris, 393-428 (*História dos dogmas*. T. I: *O Deus de salvação*, São Paulo, 2002). — P. Maraval (1997), "Le débat sur l'être du Fils: la crise christologique du concile de Chalcédoine au VIIe siècle", in *Le Christianisme de Constantin à la conquête arabe*, Paris, 393-432.

Michel FÉDOU

→ *Cirilo de Alexandria; Cristo/cristologia; Éfeso (concílio); Hipostática (união); Monofisismo; Nestorianismo; Pessoa.*

CALVINISMO

a) Por calvinismo (c.) não se entende uma doutrina precisa: o termo designa de maneira muito ampla tudo o que concerne de perto ou de longe à história e à cultura das Igrejas* reformadas, embora Calvino* (C.) não tenha sido o único nem o primeiro reformador, e depois de sua morte o c. nem sempre tenha sido fiel a seu pensamento. Os termos "calviniano" ou "calvinista" (c.) parecem ter surgido na França e na Inglaterra na segunda metade do s. XVI, o que mostra até que ponto já se via em C. a figura principal da Reforma. Esta, porém, tinha começado com Zuínglio* em Zurique, e muitos de seus líderes, de língua francesa ou alemã, tinham mais idade que C. e se haviam lançado bem antes dele na Reforma — basta citar, do lado alemão,

Martin Bucer*, Wolfgang Capiton (1478-1541), Leo Jud (1482-1542), Oswald Myconius (1488-1552), João Ecolampádio (1482-1531) ou Heinrich Bullinger (1504-1575), e do lado francês Guilherme Farel (1489-1565), e Pierre Viret (1511-1571). No entanto, na geração seguinte, foram C. e Genebra que dominaram a cena, e a influência pessoal de C. foi considerável em toda a Europa, da Hungria à Escócia. Como essa influência foi determinante nas Igrejas reformadas, podem chamar-se calvinistas, embora a denominação nem sempre seja, de todo, exata. (Encontra-se na França o sinônimo pejorativo "huguenotes", talvez inicialmente atribuído aos genebreses, depois a todos os calvinistas, a partir do alemão *Eidgenossen*, "confederados" — longa discussão no *Dicionário* de Littré, *s.v.*).

b) Algumas noções da história do c. se impõem, antes de poder precisar sua história teológica, intelectual e cultural. A maior parte da Alemanha e da Escandinávia tomou partido por Lutero*, enquanto a Reforma propriamente dita se estendia ao leste e ao oeste da França. No Santo Império, implantou-se sobretudo na parte ocidental da Alemanha atual, assim como na Boêmia e na Hungria. A confissão reformada, diferentemente da confissão luterana, não foi reconhecida oficialmente no Império antes do Tratado de Vestfália (1648). Na França, os "huguenotes" formaram uma minoria importante no seio de um Estado fundamentalmente hostil (ver a história das guerras de religião na França, o Édito de Nantes e as consequências de sua revogação). O c. triunfou nos Países Baixos e na Escócia, e sua ampla influência na Inglaterra conta entre as causas das crises religiosas e políticas do s. XVII. Estendeu-se à América do Norte com a emigração puritana (puritanismo*). A história intelectual do c. está pois ligada à história da Europa ocidental e da América, sobretudo no fim do s. XVI e no s. XVII, quando dominou a cena; e o declínio gradual da ortodoxia c., de outra parte, não pôs fim à influência do c. em geral. No leste da Europa, as consequências da Guerra* dos Trinta Anos não destruíram completamente as Igrejas c., mas as reduziram ao silêncio. Somente com o édito de tolerância de José II em 1781 encontraram certa liberdade de expressão.

c) Podem-se distinguir diferentes formas de c. nos s. XVI e XVII. Na Suíça, a lembrança de Zuínglio permanecia muito presente, e Bullinger parecia tão importante quanto C. para seus contemporâneos. Quando a Reforma se expandiu pela Alemanha, Zurique não teve um papel menor que o de Genebra. E quando uma forma particular de teologia* c. se desenvolveu em Heidelberg por volta de 1560, com Caspar Olevianus (1536-1587) e Zacarias Ursinus (1534-1583) (ver o catecismo de Heidelberg de 1563), C., Bullinger e Melanchton (1497-1560) deram sua contribuição; mas essa teologia, primeira forma de uma teologia "federal", não deixava de ser uma nova síntese. Na França, nos Países Baixos e na Escócia a influência de C. foi mais marcada, embora as teologias da resistência aos "soberanos ímpios" que deviam ser elaboradas nesses três países fossem totalmente contrárias a suas convicções e a suas recomendações. A repercussão desse desenvolvimento fez que a segunda entrada da Reforma em território alemão, por volta de 1600, fosse mais nitidamente c., mas de um c. bem posterior à morte de C. As ambições políticas dos príncipes reformados, que deviam levar ao desastre da Guerra dos Trinta Anos, contribuíram muito para isso. No entanto, pode-se dizer que uma das forças do c. em geral é sua capacidade de sobrevivência mesmo em meio hostil, graças a um sentido bem tipicamente calviniano da independência da Igreja em relação ao Estado* e graças às instituições propriamente eclesiásticas (consistório, sínodo* etc.) que tinham sido criadas de modo que não ficassem à mercê do primeiro poder político que aparecesse.

O que se pode chamar c. clássico, o que se constituiu depois da morte de C., foi uma combinação de elementos provindos tanto de Zurique como de Genebra. Alcançou seu pleno desenvolvimento com a teologia da aliança (ou "federal") de meados do s. XVII. Ela fazia a síntese da noção propriamente c. de predestinação* e de uma concepção da aliança* que devia mais a Zuínglio e sobretudo a Bullinger que a C. Bullinger desenvolvera o tema da única

aliança do AT e do NT para defender a prática do batismo* das crianças contra os anabatistas*. Depois se acrescentou a isso a distinção entre a "aliança das obras*" (aliança original) e a "aliança da graça*" (posterior à queda), o que constitui certo equivalente da dialética luterana da Lei* e do Evangelho. Na Escócia, o conceito de aliança tomou uma conotação social e política marcada, e a ideia de aliança das obras foi utilizada para pensar a ordem política e o direito* natural, tarefa a que numerosos autores reformados se dedicaram no s. XVII na Escócia, na Inglaterra, na França, nos Países Baixos e na Alemanha. Com o pensamento dos puritanos, que foi decisivo na América, o pensamento dos adversários franceses e ingleses da monarquia absoluta foi uma das fontes essenciais da concepção moderna da democracia*, da separação dos poderes e do contrato social.

O "federalismo" alcançou seu pleno desenvolvimento teológico em meados do s. XVII, como testemunham a confissão* de Westminster (1647) e (em 1648) a *Summa Doctrinae de Testamento et Fœdere Dei* de João Cocceius (1603-1669). Entrementes, a importância da predestinação na doutrina reformada tinha sido posta em evidência pela controvérsia arminiana. Jacob Arminius (1560-1609) defendia, sobre essa questão, uma opinião mais moderada do que a de C.; estimava que Deus decide que alguns serão salvos porque ele prevê que terão a fé (e que poderiam mesmo "merecer " sua salvação). Em 1618-1619, o sínodo de Dordrecht rejeitou cinco teses apresentadas pelos arminianos em sua *Remonstrance* de 1610 — donde a apelação de "remontrantes" para designar os arminianos, e a de "contrarremontrantes" para designar os partidários vitoriosos de Gomarus (1563-1641), os gomaristas — e formulou o que se denomina os cinco pontos essenciais do c.: 1/A natureza humana é totalmente corrompida pelo pecado*; 2/A eleição* divina é incondicional; 3/A reconciliação dada por Deus* em Jesus Cristo é efetivamente restrita ao círculo dos eleitos; 4/A graça é irresistível; 5/Os eleitos perseverarão até a salvação* final. Posteriormente, essa doutrina sem ambiguidade da "dupla predestinação" devia ser uma fonte de conflitos constantes na tradição reformada, e só uma minoria de Igrejas ou de teólogos a subscreveriam hoje. O mais notável ensaio de reformulação é sem dúvida nenhuma o de K. Barth* (*KD* II/2, 1-563). (É preciso acrescentar que esse tipo de teologia não é uma invenção calvinista, mas pertence à tradição agostiniana; ver, p. ex., Tomás* de Aquino, *ST* Ia, q. 23).

Como esses exemplos mostram, o pensamento c. tem muito cuidado em ser sistemático, racional e coerente. Esse cuidado de clareza e método é em parte herança do humanismo*, que teve um papel capital na Reforma. Ele também opera, em meio c., na interação da teologia com outras disciplinas como a jurisprudência, a filosofia* e as ciências; e nas gerações que seguiram o apogeu da teologia federal, os pensadores reformados foram, aliás, mais criadores nesses domínios que em teologia propriamente dita, com a exceção notável de Jonathan Edwards*. O c. em geral permaneceu em contato com o movimento das ideias. P. ex., Pierre de La Ramée (1515-1572), professor no Collège de France, assassinado por ocasião do massacre de São Bartolomeu, tornou-se c. no Colóquio de Poissy (1561) (e sua lógica, junto com a teologia de Melanchton, exerceu uma influência profunda no pensamento protestante do fim do s. XVI e do s. XVII). Outro exemplo, as ideias teológicas e científicas de Francis Bacon (1561-1626) muito deveram, sem dúvida, à inspiração c. Pode-se ainda observar que os c. do s. XVII mostraram-se, em geral, abertos às ideias cartesianas (exceto os contrarremontrantes holandeses, dominados pela alta figura de Gisbert Voet, 1589-1676). E John Locke (1632-1704), embora mediocremente ortodoxo, é um produto típico da tradição intelectual c. na Inglaterra. Contudo, há que mencionar sobretudo a Academia reformada de Saumur, fundada em 1593, centro intelectual de todo o oeste da França, notável em especial pelos professores de línguas orientais e por juristas que formaram o que se chama "a escola crítica" (Caméron, 1759-1625; Louis Cappel, 1585-1658; Moyse Amyrault, 1596-1664), e a de Sedan, onde en-

sinou Pierre Bayle (1647-1706), o redator das célebres *Nouvelles de la République des Lettres* (a partir de 1684), e autor do monumental *Dictionnaire historique et critique* (Roterdã, 1697). A influência de Bayle nas Luzes não poderia ser sobrestimada. Pode-se então dizer que o c., à sua maneira, apadrinhou ao mesmo tempo as Luzes (por causa de seu aspecto intelectual e sistemático) e o pietismo* (diretamente saído da sistematização puritana da *ordo salutis* em termos de etapas da experiência* cristã; ver a confissão de Westminster, X-XX).

d) A teologia c. conheceu um renovamento considerável no s. XIX. O pai da teologia liberal, Schleiermacher*, pertencia à tradição reformada, assim como os teólogos mais conservadores como o líder do neocalvinismo holandês, Abraham Kuyper (1837-1920), ou como Charles e Archibald Hodge (1797-1878 e 1823-1886) e Benjamin Warfield (1851-1921) em Princeton, sem contar os inspiradores da renovação litúrgica nos Estados Unidos e na Escócia. Foi também no s. XIX que os c. tentaram remediar a fragmentação de suas Igrejas e houve os primeiros ensaios de federação. A Aliança reformada mundial, criada em 1875, é hoje a maior família confessional* protestante que existe, e conta mais membros que o luteranismo*, o anglicanismo*, o metodismo* ou os batistas*. O maior teólogo reformado do s. XX — embora não se deixe encerrar nos estreitos limites confessionais — é Karl Barth*. Um dos seus mais notáveis alunos, o teólogo escocês T. F. Torrance (1913-), empreendeu estender o domínio da reflexão teológica além de suas fronteiras tradicionais, levando em conta os problemas postos pelas ciências* da natureza. Na América do Norte, deve-se notar o papel desempenhado por um c. mais conservador e mais confessional de origem holandesa (Cornelius van Til, 1895-1987) — mas a influência de Reinhold Niebuhr (1892-1971), que vinha de um meio reformado alemão, foi provavelmente mais importante a longo termo: nos anos seguintes à Segunda Guerra Mundial, era o único teólogo protestante que se pudesse na verdade opor a Barth, com o escocês John Baillie.

• H. Heppe (ed.) e E. Bizer (rev.) (1958), *Die Dogmatik der evangelisch-reformierten Kirche*, Neukirchen. — E. F. K. Müller (ed.) (1903), *Die Bekenntnisschriften der reformierten Kirche*, Leipzig, reed. Zurique, 1987. — W. Niesel (ed.) (1938), *Bekenntnisschriften und Kirchenordnungen der nach Gottes Wort reformierten Kirche*, Zurique. — O. Fatio (sob a dir. de) (1986), *Confessions et catéchismes de la foi reformée*, Genebra. — G. Tompson (ed.) (1950), *Reformed Dogmatics Set Out and Illustrated from Sources*, Londres, reed. Grand Rapids, Mich., 1978. — L. Vischer (ed.) (1982), *Reformed Witness Today. A Collection of Confessions and Statements of Faith Issued by Reformed Churches*, Berna.

▶ A. A. van Schelven (1943, 1951), *Calvinisme Gedurende Zijn Bloeeitijd*, vol. 1-2, Amsterdã. — J. T. McNeill (1954), *The History and Character of Calvinism*, Oxford. — K. Halaski (sob a dir. de) (1977), *Die reformierten Kirchen*, Stuttgart. — J. H. Leith (1977), *Introduction to the Reformed Tradition*, Atlanta. — W. Neuser (1980), "Dogma und Bekenntnis in der Reformation: Von Zwingli und C. bis zur Synode von Westminster", *HDThG* 2, 165-352. — H. Hart (sob a dir. de) (1983), *Rationality in the Calvinian Tradition*, Lanham, Md. — M. Prestwich (sob a dir. de) (1985), *International Calvinism 1541-1715*, Oxford. — R. V. Schnucker (sob a dir. de) (1988), *Calviniana. Ideas and Influence of John C.*, Kirksville, Mo. — E. A. McKee e B. G. Armstrong (sob a dir. de) (1998), *Probing the Reformed Tradition. Historical Studies in Honor of E. A. Dowey*, Louisville, Ky. — H. A. Obermann (sob a dir. de) (1991-1992), *Reformiertes Erbe. FS für Gottfried W. Locher zu seinem 80. Geburtstag*, vol. 1-2 (*Zwingliana* 19/1-2), Zurique. — R. Gamble (sob a dir. de) (1992), *Articles on Calvin and Calvinism*, Londres. — Col. (1992), *Encyclopaedia of the Reformed Faith*, Louisville, Ky. — D. C. McKim (sob a dir. de) (1992), *Major Themes in the Reformed Tradition*, Grand Rapids, Mich. — W. F. Graham (sob a dir. de) (1994), *Later calvinism: international perspectives*, Kirksville, Mo. — P. Gisel e F. Higmar (1995), "Calvin", *Encyclopédie du protestantisme*, Paris, 172-173. — W. McCornish (1995), "Calvinism", *ibid.*, 173-174. — H. Blocher (1955), "Néo-calvinisme", *ibid.*, 174-175.

Alasdair HERON

→ *Anglicanismo; Calvino; Congregacionismo; Família confessional; Luteranismo; Metodismo; Protestantismo; Puritanismo.*

CALVINO, João, 1509-1564

Calvino (C.), o mais importante dos reformadores protestantes depois de Lutero*, nasceu em Noyon, no ano de 1509. Seu pai era notário e secretário da corte episcopal e fizera o projeto de uma carreira eclesiástica para seu filho. C. teve educação cuidada e boa formação humanista. Sabe-se que passou um ano (1522-1523 ou 1523-1524) no Colégio de la Marche, em Paris, e quatro anos no Colégio Montaigu, de onde saiu Mestre em Artes. Deveria então ter começado estudos de teologia*, mas seu pai, contrariando a primeira intenção, fez que estudasse direito*. C. diz que é por ser o direito mais lucrativo, porém não foi sem dúvida por acaso que no mesmo momento seu pai estivesse em conflito com o capítulo da catedral (ele devia morrer excomungado alguns anos mais tarde). C. estudou o direito durante quatro anos em Orléans e em Bourges, e durante esse tempo se pôs a aprender grego com Melchior Wolmar. A seguir, começou sua carreira de humanista, como testemunha a edição em Paris, em 1532, de seu comentário sobre o *De clementia* de Sêneca.

Não se sabe se C. já era conscientemente protestante nessa época; a data do que ele devia chamar sua conversão* súbita (*subita conversio*) permanece desconhecida. Entretanto, em 1533, seu amigo Nicolau Cop, reitor da Universidade de Paris, pronunciou uma aula inaugural que muito devia a Lutero; em consequência disso, teve de deixar Paris e C. o acompanhou. Seguiram-se três anos de vida errante, na França e fora dela (foi até Ferrara). Em 1534, abandonou os benefícios eclesiásticos que lhe tinham permitido financiar os estudos e, em 1535, terminou em Basileia a primeira edição da *Christianae Religionis Institutio*, munida de uma dedicatória a Francisco I, que era uma defesa apaixonada dos protestantes franceses perseguidos. A obra foi publicada em Basileia no início de 1536. Pela mesma época, C. reviu a França pela última vez, e a deixou com a intenção de fazer uma carreira literária ou erudita em Estrasburgo ou em Basileia, duas cidades que eram centros do humanismo* protestante. Contudo, sua viagem o levou a Genebra, e este foi o momento decisivo de sua vida.

Genebra tinha acabado de tornar-se independente da Savoia e de passar para a Reforma, por efeito, sobretudo, da pregação* inflamada de Guilherme Farel (1489-1565). Quando este soube da presença do jovem C. em Genebra, veio a seu encontro para pedir que permanecesse e o ajudasse a construir uma Igreja* e uma sociedade* protestantes. Nada estava mais longe das intenções de C.; não tinha nenhuma experiência da organização ou da administração, e só desejava uma coisa: levar a vida tranquila de erudito. Farel, porém, amaldiçoou solenemente seus estudos futuros se ele não ficasse em Genebra. C. reconheceu nisso a voz de Deus*, e ficou.

Inicialmente foi nomeado simples leitor em São Pedro, mas rapidamente assumiu a chefia dos ministros. Em 1537, tinha já esboçado projetos para a organização da vida da Igreja de Genebra, uma confissão* de fé e um catecismo. Contudo, a população não via com bons olhos a Igreja, agora reformada, nas mãos de franceses. A crise irrompeu na Páscoa de 1538, quando os três ministros, C., Farel e Coraud, recusaram-se a celebrar a ceia* por causa das tensões que havia na cidade*. Foram expulsos imediatamente. C. aceitou o convite de Martin Bucer* (1491-1551) em Estrasburgo, onde foi ministro da comunidade francesa no exílio, de 1538 a 1541. Contudo, o clima político em Genebra mudou uma vez mais, e ele retornou no outono de 1541 para ali ficar até a morte*, em 1564.

A segunda estada em Genebra foi marcada por certo número de conflitos, e muitos deles deixaram traços na imagem que temos de C. O episódio mais conhecido é a condenação de Michel Servet (1511-1553), morto na fogueira por causa de suas opiniões heréticas sobre a Trindade*. Fala-se sempre como se fosse responsabilidade única de C. — e como se fosse um caso excepcional no s. XVI. Outros casos — o processo de Bolsec (?-1584), em 1551, julgado por se ter oposto à doutrina calviniana da predestinação*, ou a execução de Gruet em 1547, por blasfêmia e pornografia — e a imagem, no conjunto negativa, que se faz da maneira como o consistório impôs a disciplina*

da Igreja vão no mesmo sentido. Contudo, C. nunca foi um ditador; até 1555, pelo menos, sua posição na cidade foi precária; e quanto às decisões do consistório (mesmo as de C.), elas nem sempre foram tão duras quanto a escolha de certos casos extremos pode deixar crer. Trabalhos recentes de historiadores dão uma imagem mais equilibrada, porém a caricatura de C., tal como a retoma, p. ex., Stefan Zweig em *Castellio contra Calvino*, será sem dúvida difícil de modificar.

No momento em que C. entrou na cena teológica, o movimento protestante já estava profundamente dividido pelos desacordos sobre a eucaristia* entre os partidários de Lutero e os de Zuínglio*. C. sentia-se mais próximo de Lutero, sem lhe aceitar os aspectos extremos, em particular a concepção ("ubiquismo") que atribuía onipresença à humanidade ressuscitada de Cristo*. No entanto, seu principal cuidado era reconciliar as partes. Nisso estava de acordo com Bucer, embora não aprovasse sua tendência de valer-se da ambiguidade das fórmulas para dissimular as diferenças doutrinais reais. Estava convencido de que as razões do conflito desapareceriam ao se estudar seriamente a questão do ponto de vista bíblico ou teológico, e inicialmente pensou, p. ex., em seu *Pequeno tratado da Santa Ceia* (1541), que isso era possível. Todavia, se ele pôde chegar a um acordo doutrinal com Heinrich Bullinger (1504-1575), no que hoje se chama o *Consensus Tigurinus* de 1549, e à unidade de visões com P. Melanchton (1497-1560), a controvérsia se reanimou nos seus últimos anos, sobretudo com os luteranos mais rígidos como Westphal e Heshusius. Seu desacordo sobre a eucaristia, sobre pontos de cristologia* e sobre a predestinação separou assim os luteranos e os reformados até a Concórdia de Leuenberg (1973); mas a discordância só teve importância política e eclesial onde viviam lado a lado grande número de luteranos e de reformados, isto é, sobretudo na Alemanha.

Em Genebra, C. foi o principal planificador, organizador e líder da Igreja reformada; foi ele que lhe deu sua estrutura*, sua liturgia*, sua música* religiosa e sua disciplina*. Já em suas proposições de 1537 queria organizar a vida espiritual* da comunidade em torno da celebração regular da ceia — mas não conseguiu nunca persuadir os genebreses a torná-la tão frequente quando o desejava. Contudo, realizou dois de seus projetos: a introdução do canto dos salmos* na liturgia e o estabelecimento de um sistema de vigilância pelos anciãos. Nas *Ordenações eclesiásticas*, de 1541, propunha uma divisão quadripartida das funções na Igreja (pastor*, doutor, ancião e diácono*), e ao mesmo tempo, a instituição de um consistório, grupo de ministros e de anciãos que devia supervisionar a vida da Igreja e examinar os casos que merecessem censura (desde repreensão até excomunhão). Fundou, assim, o sistema presbiteral/sinodal de governo* eclesial que ainda hoje vigora, em linhas gerais, nas Igrejas reformadas mundo afora. Do ponto de vista litúrgico e homilético, a Genebra de C. seguia a tradição suíça inaugurada por Zuínglio: a estrutura do serviço era fundada na da pregação medieval, mais que na da missa; e a pregação seguia um método da *lectio continua* de toda a Bíblia*, mais que a divisão em perícopes, usada na IM. O próprio C. pregava, de improviso, muitas vezes por semana; a partir de 1549, seus sermões foram estenografados, depois redigidos e corrigidos para serem difundidos. Têm-se assim muitas centenas deles (189 sobre os Atos dos Apóstolos, 342 sobre Isaías). Também fazia regularmente comentários do AT e do NT, em sua qualidade de doutor da escola de Genebra, que devia tornar-se academia em 1559, quando Teodoro de Beza (1519-1605) foi chamado a Genebra para assumir sua direção.

Podem-se classificar as numerosas obras de C. em cinco rubricas:

1/*A Instituição da religião cristã*, "na qual está compreendida uma suma de piedade e de quase tudo o que é necessário a conhecer na doutrina da salvação". Na primeira edição (1536), em latim, a *Inst.* compreendia seis capítulos e seguia o esquema dos catecismos de Lutero: a lei*; a fé*; a oração*; os sacramentos*; os falsos sacramentos; a liberdade* cristã. Em 1539, C. reelaborou e aumentou a

obra e abandonou esse esquema, mas não o substituiu por um novo plano mais coerente. A terceira edição, de 1543, modificada de novo em 1545 e em 1550, era ainda mais longa, sem ter até então uma forma satisfatória. Finalmente a quarta edição, de 1559, mais longa que todas as precedentes, organizou o material em quatro livros segundo o esquema dos antigos credos: conhecimento do Criador; conhecimento do Redentor, participação na graça* de Cristo (em linhas gerais, os temas da santificação, da justificação* e da predestinação), mediações visíveis (sobretudo a Igreja e os sacramentos, mas também a organização política no último capítulo). Essa edição do livro é a exposição mais desenvolvida e mais acabada da teologia de C., e merece bem seu estatuto de clássico da dogmática* cristã, ainda que boa parte dos acréscimos introduzidos entre 1536 e 1559 sejam fortemente polêmicos e reflitam todas as controvérsias de que C. tinha participado no quarto de século, aproximadamente, que separa a primeira da última versão. É uma obra sistemática, no sentido de que só apresenta um aspecto do pensamento de C., embora seja um aspecto essencial; outras obras mostram de outros ângulos o funcionamento desse espírito incessantemente em busca, e não se pode fundar-se apenas na *Inst.* para ter uma ideia justa de seu autor. A trad. fr., feita pelo próprio C., publicada em 1541, teve papel decisivo na evolução da língua e da literatura francesas.

2/*A obra exegética*. Ao lado das centenas de sermões de que se falou, existe uma série de *Comentários* de todo o NT, exceto de 1 e 2 Jo e do Ap, livro* do qual confessava não entender quase nada. Foram publicados em intervalos irregulares entre 1540 (*Romanos*) e 1555 (*Harmonia dos Evangelhos*). C. não comentou a totalidade do AT, e só algumas obras que publicou a seu respeito, a partir de 1551, podem considerar-se comentários no sentido moderno da palavra (*Isaías*, *Gênesis*, *Pentateuco* e *Josué*). Os outros são frutos de sermões ou de lições exegéticas.

3/*A obra polêmica*. C. escreveu também um bom número de obras apologéticas para defender a Reforma, ou polêmicas, sobre assuntos teológicos controversos. Um bom exemplo das primeiras é a *Resposta a Sadolet*, que C. escreveu em sua estada em Estrasburgo em 1539. A mais conhecida das segundas é o tratado *De aeterna praedestinatione Dei*, de 1552, que retoma e desenvolve os argumentos sobre o livre-arbítrio e a predestinação já empregados contra Alberto Pighi (*c.* 1490-1542) em sua *Defensio sanae et orthodoxae doctrinae* (1543).

4/Os catecismos e as confissões. Ao lado das *Ordenações*, há que notar o *Catecismo de Genebra* e *A forma das orações e dos cantos eclesiásticos* (ambos de 1542). Foi também C. que fez o primeiro esboço da *Confissão gálica* de 1559, um dos textos mais importantes desse gênero no s. XVI.

5/A correspondência. É muito vasta, vai do oeste da Inglaterra até o leste da Polônia e da Hungria. Como Bullinger em Zurique, C. não só estava em contato constante com amigos ou outros reformadores, mas com comunidades inteiras, refugiados, antigos alunos prisioneiros e às vezes martirizados por sua fé, com membros da pequena e da alta nobreza, com príncipes e soberanos. Suas cartas nos dão luzes incomparáveis sobre sua vida, seus interesses e suas atividades, mas também sobre a tumultuosa história da Reforma e dos primórdios da Contrarreforma.

Os principais traços característicos da teologia de C. são os seguintes: como Lutero, C. pertence à tradição agostiniana, o que explica sua insistência sobre a corrupção da natureza* humana, a ineficácia das obras* para a salvação*, a justificação *sola gratia* e *sola fide*. Nesse contexto é que se deve situar sua concepção da dupla predestinação. C., no entanto, aqui vai mais longe do que a tradição agostiniana, tal como a representa p. ex. Tomás* de Aquino, porque sustenta não só que alguns são predestinados à salvação, enquanto outros são deixados de lado (os "réprobos"), mas ainda que a predestinação à reprovação é um ato deliberado da soberania divina. Essa ideia de Deus causa evidentemente problema — de onde muitos conflitos na teologia reformada, até (e inclusive)

a retomada por Barth* de toda a questão (*KD* II/2) — mas ela não é verdadeiramente a particularidade confessional do calvinismo*, pois este se limita a explicitar ideias notoriamente legadas por Agostinho*.

Existem também diferenças entre C. e Lutero, e algumas delas ocorrem em razão da formação humanista de C. Ao lado da justificação, C. insistia sobre a santificação, obra contínua do Espírito* Santo, sobre o *tertius usus legis* (o uso ético*) como principal uso da lei, por oposição à preferência de Lutero pelo *usus elenchticus* (a lei feita para convencer o homem de pecado*), e sobre a continuidade do AT e do NT. A importância do papel do Espírito Santo é particularmente aparente na doutrina calviniana da eucaristia: é o Espírito que faz "abolir a distância" e nos une no sacramento com o Cristo ressuscitado e que subiu ao céu. Esse último ponto evidencia o que os luteranos deviam chamar o *extra calvinisticum*, a ideia de que a natureza divina de Cristo transcende os confins de sua humanidade (poder-se-ia dizer que C. aqui está próximo da escola de Antioquia*, enquanto Lutero teria antes afinidade com a escola de Alexandria*). C. foi também mais longe que Lutero em um ponto importante, pondo de novo em vigor o segundo mandamento* (a proibição das imagens*) e impondo-a sem concessão na arquitetura* e na decoração das igrejas.

Contrariando a teologia medieval (de que ele falava mal, embora certamente lhe devesse mais do que acreditava), C. criticava como os outros reformadores a especulação e a alegoria. A alegoria encontra nos textos sentidos que neles não estão, e a especulação busca um conhecimento de Deus abstrato e portanto estéril. C. começa nas *Inst.* marcando bem o vínculo que há entre o conhecimento* de Deus e o conhecimento de si, afirma que todo verdadeiro conhecimento de Deus vem da obediência, que serve a honra de Deus e nosso interesse, que é inseparável da piedade, e antes indaga o que Deus é em relação a nós, mais do que ele é em si mesmo (*Inst.* I, 1-2). Na sua exegese* do AT em particular, C. toma o cuidado de não dar uma interpretação cristológica apressada dos textos, e leva muito mais em consideração as tradições da exegese judaica do que muitos outros comentadores.

C. não se sentia chamado a fazer obra original, considerava que tinha recebido a tarefa de restaurar a "verdadeira face da Igreja", mais visível nos primeiros séculos, segundo ele, do que nos mil anos que tinham precedido a Reforma. As *Inst.* eram, a seus olhos, um manual de *filosofia* cristã*, cuja existência devia permitir-lhe consagrar-se à exegese e ao comentário da Bíblia sem precisar mergulhar na pesquisa a cada novo problema teológico. Os comentários e a correspondência ampliam a cena de seu trabalho em Genebra, mas sem mudar-lhe a natureza; tratava-se sempre de reformar a Igreja para a glória* de Deus e o bem* do povo* de Deus. Ninguém mais duvida que C. seja uma figura de grande importância na história* da Igreja.

- Joannis Calvini, *Opera omnia*, vol. 1-59, Brunswick (1869-1895); *Opera selecta*, vol. 1-5, Stuttgart, 1926-1936; *Supplementa calviniana*, vol. 1-8, Neukirchen, 1961-1994; *Institution de la religion chrestienne*, reimp. da ed. de 1541, 4 vol., Paris, 1961; *Registres de la Compagnie des Pasteurs de Genève au temps de Calvin*, R. M. Kingdon (ed.), vol. 1-2, Genebra, 1962-1964.

- A. Erichson (1900), *Bibliographia calviniana*, Berlim (reed. Nieuwkoop, 1960). — W. Niesel (1961), *C.-Bibliographie, 1901-1959*, Munique. — D. Kempff (1975), *A Bibliography of Calviniana, 1959-1974*, Leiden. — Em seguida, consultar: *C.-Bibliography*, publicada anualmente no *Calvin Theological Journal*, a partir do vol. 6 (1971).

▸ J. Doumergue (1899-1927), *Jean C. Les hommes et les choses de son temps*, 7 vol., Lausanne. — F. Wendel (1950), *C.: Sources et évolution de sa pensée religieuse*, Paris (bibl.); 2ª ed. rev. e compl., Genebra, 1985. — P. van Buren (1957), *Christ in our place. The substitutionary character of Calvins Doctrine of reconciliation*, Edimburgo. — A. Biéler (1959), *La pensée économique et sociale de C.*, Genebra. — A. Ganoczy (1964), *C. théologien de l'Église et du ministère*, Paris. R. Stauffer (1964), *L'humanité de C.*, Neuchâtel. — A. Ganoczy (1966), *Le jeune C.*, Wiesbaden. — T. H. L. Parker (1986), *Calvin's Old Testament Commentaries*, Edimburgo; (1987), *John Calvin: a Biography*, Londres. — E. A. McKee (1988), *Elders and the Plural Ministry*.

The Role of Exegetical History in Illuminating John Calvin's Theology, Genebra. — T. F. Torrance (1988), *The Hermeneutics of John Calvin*, Edimburgo. — O. Millet (1992), *C. et la dynamique de la parole*, Paris. — R. Gamble (sob a dir. de) (1992), *Articles on Calvin and Calvinism*, 14 vol., Londres. — W. de Greef (1993), *The Writings of John Calvin. A Introductory Guide*, Grand Rapids, Mich. — T. H. L. Parker (1993), *Calvin's New Testament Commentaries*, Edimburgo. — B. Cottret (1995), *C.: Biographie*, Paris. — J.-F. Gilmont (1997), *Jean C. et le livre imprimé*, Genebra. — O. Millet (sob a dir. de) (1998), *C. et ses contemporains*, Genebra. — Ver também a bibl. anual de Peter De Klerk em *CTJ*, 1972s.

Alasdair HERON

→ *Bucer; Calvinismo; Humanismo cristão; Luteranismo; Lutero; Protestantismo.*

CANO, Melchior → **lugares teológicos**

CÂNON DAS ESCRITURAS

1. História

a) A Bíblia judaica. — A Bíblia* hebraica foi constituída progressivamente. A Torá (Gn—Dt) foi terminada primeiro; sua fixação é atribuída a Esdras (cf. Ne 8,2), ou em meados do s. V a.C. ou, melhor, nos começos do s. IV; no decorrer do s. III, por solicitação real e motivos culturais, ou mesmo políticos (cf. *Carta de Aristeu*) e para a leitura litúrgica, foi traduzida para o grego por judeus de Alexandria: é o começo da tradução dos LXX (Setenta). A constituição do *corpus* profético fez-se mais tarde, durante o s. III, porque, no começo do s. II, Ben Sirac conhece Is, Jr, Ez e os doze (os XII) profetas menores (Sr 48,22-25; 49,6-10); de fato, por volta de 164 (Dn 9,2), Jr faz parte dos "livros*" (l.). Por volta de 116, o tradutor grego de Ben Sirac (Sr, prol. 1s, 8ss, 24s) conhece os dois grupos, Lei* e Profetas*, que parecem fechados, enquanto um terceiro se compõe de um número indeterminado de l. e parece sempre aberto a novas inserções.

Por profetas devem entender-se os profetas anteriores, i.e., nossos l. históricos, de Js a 2Rs, e os profetas posteriores, de Is a Ml; os outros l. são, pelo menos, Sl, Jó, Pr, 1–2Cr, Esd-Ne e mesmo Dn. Na época do tradutor de Ben Sirac, a maioria desses l. está traduzida em gr., mas "a tradução* difere consideravelmente do que exprime o original" (Sr, prol. 25). Na passagem do s. II para o I, 2Mc 2,13s atribui a Neemias a reunião dos "l. que concernem aos reis, aos escritos dos profetas e de Davi [i.e., os Sl]", tarefa renovada por Judas Macabeu por volta de 160; 2Mc 15,9 fala da Lei e dos Profetas; 1Mc 12,9, dos "l. santos" e 1Mc 7,17 inscreve uma citação do Sl 79 na Escritura*.

Portanto, enquanto o judaísmo* amplia pouco a pouco seu cânon escriturístico, os samaritanos, opostos aos judeus desde o s. IV, permanecem só com o Pentateuco. Sua rejeição dos Profetas e dos outros l. poderia ter sido definitiva quando seu cisma foi consumado em 128 com a destruição de seu santuário em Garizim por João Hircano. No s. I a.C. e no seguinte, as opiniões divergem no judaísmo. Os saduceus só reconhecem a autoridade* da Torá, o que não exclui que tenham conhecido os outros l. (cf. TJ, Megillah 7, 70 d). Os qumranianos parecem ter aceitado todos os l. que depois deles foram retidos no cânon (c.) hebraico (menos Ester?), mas, além disso, dão um bom lugar a Sirac e aos escritos apocalípticos*, Henoc e outros.

Os tradutores judeus de Alexandria tinham utilizado um texto hb. no estado em que se encontrava antes de nossa era; desse modo, 1QIs^a se aproxima dos LXX, enquanto 1QIs^b anuncia o texto hb. que se tornará canônico. No começo de nossa era, o judaísmo possuía um texto hb. padrão, sobre o qual, parece, se procedeu na Judeia a uma revisão parcial da tradução gr.; o ms. do s. XII, encontrado numa gruta de Nahal Hever, o testemunha. A primeira tradução gr. de Esd-Ne (1Esd dos LXX) já tinha sido suplantada no século anterior por uma nova tradução, 2Esd dos LXX. Ct, Rt e Lm foram traduzidos pela primeira vez, na Judeia, talvez em vista de um uso na diáspora, por ocasião das grandes festas. Para Est e Tb (contudo, conhecido em Qumran em hb. e aramaico), não há nenhum traço de revisões judaicas de traduções gr. existentes. Coélet (Eclesiastes) só será traduzido em gr. no fim do s. I de nossa era.

Para os fariseus, o princípio da aceitação de um l. parece ter sido sua anterioridade em relação à cessação da profecia* (cf. 1Mc 9,27) durante a época persa e sua transmissão à Grande Sinagoga (Mishná, Abôt 1, 1; cf. Ne 8?). Tomados à letra, mesmo Esd-Ne, 1–2Cr, Dn (considerado profeta: cf. Mt 24,15) e Ct foram admitidos, mas Ester, Ecl e Sr causavam problema. Depois da destruição de Jerusalém* em 70, a assembleia farisaica de Jabné, por volta de 90, não parece ter tomado posição em matéria de c. senão em dois pontos: Ct "suja as mãos" (i.e., é sagrado e canônico), e não pode então ser utilizado nas festas profanas, enquanto Ecl, já admitido pela escola de Hillel, permaneceu, mas alguns continuaram a duvidar dele até o fim do s. II. Ao contrário, Sr, que Qumran poderia ter admitido, não foi discutido e ficou fora do c. Muito apreciado nas famílias judaicas (cf. 2Mc 15,36?), mas ausente em Qumran e no NT, Est parece só ter sido admitido depois da assembleia de Jabné.

Pouco depois, Flávio Josefo (Contra Apião I, 38) afirma que o c. farisaico está fixado e comporta 22 l., inclusive Est e Ecl, mas unindo Rt a Jz e Lm a Jr. No fim do s. II, o c. hebraico (TB, Baba Bathra, 14 b) comporta doravante 24 l., Rt e Lm, então distintos de Jz e de Jr. O encerramento do c. hebraico se impôs ao farisaísmo, única corrente do judaísmo sobrevivente à destruição de Jerusalém em 70. Antes ou durante a segunda revolta judaica (131-135), Aquiba excluiu "os l. exteriores" (Mishná, Sanhedrin 10, 1): esses são (Tosefta, Yadaim 2, 13) "os gilyonim e os minim "; muitas vezes se viu aí uma alusão aos evangelhos* e aos escritos cristãos, mas outros veem l. provenientes de seitas judaicas da época. Teria sido o cristianismo o motivo principal? Pode-se duvidar, porque o processo da formação do c. hebraico conduzia ao encerramento desse no momento em que o judaísmo entendia assegurar sua sobrevivência pelo que lhe restava, junto com seu Deus*: seus l. sagrados.

A lista dos 22 l. dada por Flávio Josefo (Contra Apião, 38-41) indica, depois da Torá, 13 l. dos Profetas posteriores a Moisés (Js, Jz-Rt, 1–2Sm, 1–2Rs, Is, Jr-Lm, Ez, XII; Jó, Dn, Est-Ne, 1–2Cr, Est sem dúvida) e 4 Escritos (Sl, Pr, Ecl, Ct). Um século mais tarde, provavelmente, a lista de TB Baba Bathra, 14 b modifica a repartição: os Profetas não comportam mais que Js, Jz, 1–2Sm,

1-2Rs, Is, Jr, Ez, XII, enquanto o grupo dos Escritos se ampliou com todos aqueles que antes se consideravam como l. de profetas, com Rt à frente de Sl, Jó, Pr, Ecl; em particular, Dn perdeu seu lugar de profeta. Essa nova repartição em 24 l. não mudará mais, a não ser na ordem dos Escritos; os cinco "rolos" (*megillôt*: Ct, Rt, Lm, Ecl, Est) só formarão um grupo na IM.

b) O Antigo Testamento dos cristãos. — Na época de Jesus*, o judaísmo helenístico possuía em gr. uma coleção de l. mais extensa que a fixada pelos fariseus no fim do s. I.

Essa coleção gr. mais extensa poderia ter sido constituída na base de princípios análogos aos que adotaram os fariseus. Eles liam, além dos Pr, dois l. atribuídos a Salomão: Ecl e Ct; os LXX acrescentaram Sb (escrito diretamente em gr.). Uniam Lm a Jr; os LXX uniram também a Jr, Br e a Ep Jr. Eles retinham para a história Esd-Ne e 1-2Cr; completaram os LXX com 1-2Mc e mesmo *3-4Mc*. Admitiam narrativas romanceadas (Rt, Jn, Est); e os LXX também admitiam Tb e Jt. Enfim, Sr, que ficou fora do c. dos fariseus, embora fosse por eles citado frequentemente, permaneceu nos LXX. Observa-se desde então a tendência comum aos fariseus e aos LXX de se guardar dos escritos apocalípticos (exceto Dn), tão apreciados em Qumran.

O NT, exceto Jd, manifesta a mesma reserva quanto à apocalíptica* judaica e se atém à maior parte dos l. que o c. farisaico reterá. O cristianismo posterior ao NT se encontrou, pois, confrontado com duas coleções de l., a do c. hebraico e a dos LXX.

Utilizados pelos cristãos, os LXX foram pouco a pouco rejeitados pelo judaísmo em benefício das traduções gr. de Teodocião e de Áquila. Ignorando o hb. em sua maioria, os cristãos liam os LXX. Assim o faz Justino, por volta de 160, em sua controvérsia com os judeus, mas se dá conta da diferença entre o texto gr. e o hb. que Trifão utiliza (*Diálogo*, 73; 89); em todo caso, não recorre aos l. ausentes do c. hebraico. Já antes de 150, Marcião exclui, por sua parte, todo o AT e mesmo do NT só retém Paulo e Lucas; Justino, Tertuliano* e Ireneu* refutarão esse antijudaísmo (marcionismo*). Por volta de 170, Melitão de Sardes (SC 31, 21s) traz da Palestina uma lista de l. reconhecidos pelos judeus: esses

l., aceitos igualmente pelos cristãos, não incluem Est nem os l. próprios dos LXX, mas em sua *Homilia pascal* Melitão se inspira na Sb. Ao contrário, na mesma época, os cristãos africanos traduziram os LXX para o latim (é a *Vetus latina*), incluindo, pois, Sb, Sr etc. No fim do s. II e no começo do III, Tertuliano e mais explicitamente Cipriano* recorrem a esses l. ausentes da Bíblia hebraica; também Clemente de Alexandria, que faz grande uso de Sb, de Sr, e cita muitas vezes escritos apocalípticos*. Orígenes* que, em seus *Hexapla*, compara com o texto hb. os LXX e as outras traduções gr., conhece a diferença entre a Bíblia hebraica e os LXX. Seus contatos com o judaísmo o fizeram de início reservado em relação aos l. e acréscimos próprios aos LXX: não comentou nenhum deles. É possível que esses textos não fossem lidos nas assembleias litúrgicas cristãs, mas Orígenes continua a citá-los às vezes, e mesmo como texto da Escritura (cf. SC 71, 352 s). Por volta de 240, em sua *Carta a Africanus* (SC 302, 532-535), afirma que se em seus diálogos com os judeus não recorreu aos l. que esses recusam, os cristãos todavia não têm por que rejeitar os l. que vêm dos LXX e que estão em uso entre eles. No fim da vida, excluiu os "apócrifos*", que opõe aos l. "testamentários" (*endiathekoi: Com. sobre João* II, 188), isto é, os da Bíblia hebraica: reservaria ele os l. próprios aos LXX aos iniciantes (cf. SC 29, 512 *sq*) ou, antes, aos instruídos?

O s. IV e o começo do V são o tempo dos contrastes. Por volta de 350, Cirilo de Jerusalém conhece os 22 l. do c. hebraico (PG 33, 497c-500b): "Para que perder seu tempo em discernir os l. controversos, quando se ignoram os que são reconhecidos por todos [judeus e cristãos]" (PG 33, 496a); reage assim contra os que rejeitam o AT e os que se apegam aos apócrifos, mas os 22 l. são lidos nos LXX, inclusive, com Est, Br e Ep Jr; e às vezes cita Sb e Sr. Em sua 39ª carta festal de 367 (PG 26, 1436-1440), Atanásio*, mais aberto, distingue os "apócrifos" dos 22 l. hb. (menos Est), lidos nos LXX, mas acrescenta um grupo de l. "não canonizados", destinados ao iniciantes: Sb, Sr, Est, Jt, To, a que acrescenta a *Didaché* e *Hermas*. O c. do

AT de Atanásio é já o do concílio* de Laodiceia (cân. 59) (360) que, porém, inclui Est. É a época em que o termo "cânon" (do hb., *qânêh*, "vareta", "cana", de onde "regra", "norma") e seus derivados aparecem para designar o *corpus* bíblico. Os contrastes então se tornam mais marcados na Igreja* latina. Instalado em Belém, Jerônimo, pelo menos entre 391 e 404, só retém os l. da Bíblia hebraica; para ele Sr, Sb, Jt, Tb, 1–2Mc são l. duvidosos (PL 29, 404c), "apócrifos" (PL 28, 556); podem ser lidos para edificar o povo, mas não para confirmar o dogma* da Igreja (PL 28, 1243a): posição ambígua que confunde as distinções de Atanásio. Por volta de 400, Rufino chama "eclesiásticos" esses l. lidos nas Igrejas, mas que não fundam a fé* (CChr. SL 20, 170 *sq*).

Surpreendido pelas traduções latinas de Jerônimo, que defende a *veritas hebraica*, muito apegado aos LXX, tradicional na Igreja, com seus l. próprios que a cristandade africana retém desde o s. II, Agostinho* participa do concílio de Hipona em 393 e, como bispo*, dos concílios de Cartago em 397 (CChr. SL 149, 340) e 418: esses concílios fixam o c. do AT que, sem nenhuma distinção, inclui os l. controversos no Oriente, ou seja, os "eclesiásticos" de Rufino. Agostinho se atém a essa lista (*Doct. christ.* II, 8, 13). Em 405, Inocente I fará o mesmo em sua carta a Exupério, bispo de Toulouse. A Vulgata, constituída provavelmente desde o s. V, incluirá esses l. que o c. hebraico excluíra.

Nos s. XII e XIII as hesitações sobre a canonicidade desses l. vêm de novo à tona: Hugo de Saint-Cher os exclui, Tomás* de Aquino os inclui. Em 1441, o concílio de Florença* os inclui, mas a influência de Jerônimo ainda se marca: Lutero* os exclui, como também o cardeal Cajetano (1532). O concílio de Trento*, em 1546, os inclui oficialmente. Contudo, em 1566, Sisto de Sena propõe chamar de "deuterocanônicos" os l. que Rufino denominava "eclesiásticos": Est, Tb, Jt, Br, Ep Jr, Sb, Sr, os acréscimos gr. de Dn e 1–2Mc. Os protestantes os chamarão "apócrifos".

c) O Novo Testamento. — Para os cristãos dos dois primeiros séculos, falar da Escritura*

ou das Escrituras (Mt 26,54) é designar o AT. 2Cor 3,14 tinha orientado pela primeira vez as palavras "Antigo Testamento" no sentido de "coleção de l.". No entanto, a expressão "Novo Testamento" só emerge por volta de 200 em Clemente de Alexandria (*Stromata* 5, 85, 1) e em Orígenes (*De Principiis* 4, 1, 1) para designar o *corpus*. Esse também só se formou progressivamente. 2Pd (*c.* 125?) entende encerrar o *corpus* do NT, no qual as cartas de Paulo estão reunidas (3,16), mas que compreende também Mt, Lc-At, 1Pd e Jd, aos quais 2Pd se refere (mas não abrange nem Jo, nem 1–3Jo, nem Tg)? Os Padres* apostólicos* e os apologistas* não conhecem ainda um *corpus* do NT, e raramente citam como Escritura um texto do NT. Justino foi o primeiro a denominar "Memórias dos apóstolos" os evangelhos* (*Apologia* 1, 66, 3) e talvez dependa de uma primeira "harmonia evangélica" redigida por volta de 140 (cf. Boismard-Lamouille). A mais conhecida é a de Taciano, por volta de 170: o *Diatessaron*, que supõe os quatro evangelhos. Muitos fatores vão levar os cristãos a fixar o c. do NT: desde a primeira metade do s. II, os judeu-cristãos têm os próprios evangelhos de tendências às vezes inquietantes (apócrifos*); aparecem outros textos de pietismo suspeito, depois surgem a gnose* (já conhecida dos apóstolos, mas recrudescente), o espiritualismo sectário de Montano, o marcionismo* que só admitia dez cartas de Paulo e um Lc mutilado (cf. Ireneu, *Adv. Haer.* 1, 27, 2-3), o risco enfim de ver o *Diatessaron* suplantar os quatro evangelhos.

A primeira lista que chegou até nós dos escritos do NT poderia ter sido o c. de Muratori, que o descobriu e publicou em 1740 (cf. *DACL* 12, 1935, 543-560): o original poderia datar do fim do s. II, embora A. C. Sundberg (1973, *HTh* 66, 1-41) o date de meados do s. IV. Fragmentária, essa lista comentada, talvez romana, ignora Hb, Tg, 1–2Pd e 3Jo, mas acrescenta Sb e marca reservas para o *Ap. de Pedro* e *Hermas;* enfim, volta-se contra os textos dos hereges, Marcião etc.

Antes de 200, Ireneu é o primeiro a recorrer mais ao NT que ao AT; distingue o tempo dos profetas (AT), a vida de Jesus* (evangelhos) e o testemunho dos apóstolos* (resto do NT).

Assim, o NT quase completo (exceto Fm, Hb, Tg, 2Pd e Jd), por ser apostólico e tradicional, é um só com o AT; para Ireneu só há quatro evangelhos: esse "evangelho tetramorfo" está encerrado, e é Escritura tanto como as cartas de Paulo e os Atos (*Adv. Haer.* 3, 12, 9. 12). A lista dada por Orígenes na *Homilia sobre Josué* 7, 1 já está completa, mas, exceto para os evangelhos, permanece aberta. Cipriano cita quase todos os escritos do NT como Escritura; talvez excluísse Hb, como Tertuliano.

O códice *Claromontanus* (D), do s. VI, insere uma lista latina do AT e do NT, cujo original gr. pode remontar ao ano 300, aproximadamente; algumas omissões devem-se provavelmente ao erro do escriba, e há um traço que põe à parte *Barnabé, Hermas, Atos de Paulo* e *Ap. de Pedro*. Por volta de 350, Cirilo de Jerusalém (*Catequese* 4, 36) tem um c. fixado, mas que não inclui Ap. A mesma omissão no c. do concílio de Laodiceia, por volta de 360. Pouco depois, Atanásio, em sua carta festal de 367, dá a lista que permanecerá definitivamente, o que não impede Gregório* de Nazianzo, um pouco mais tarde, de omitir novamente o Ap. Em contrapartida, em 397, o terceiro concílio de Cartago encerra o c. completo do NT, o mesmo que o de Agostinho (*Doct. christ.* II, 8, 13): 27 escritos. Na Síria, apenas no decurso do s. V é que o *Diatessaron* foi abandonado em favor dos quatro evangelhos, enquanto a *Peshitta* omite ainda 2Pd, 2–3Jo, Jd e Ap. Os concílios de Florença (1441) e de Trento (1546) proclamam oficialmente o c. dos 27 escritos do NT. Embora aceitando esse c. completo, Erasmo* (1516) coloca dúvidas sobre a origem apostólica de Hb, Tg, 2Pd, 2–3Jo, Ap; e Lutero dá menor valor a Hb, Tg, Jd e Ap: era o reflexo das hesitações antigas. Hoje o c. do NT compreende, para todas as Igrejas ocidentais, os 27 livros fixados no s. IV.

2. Teologia

Segundo Lc 24, 27, o AT anuncia Jesus Cristo*, que o NT testemunha. Apoiados nesse princípio, os Padres e os concílios que enumeram os l. canônicos dão sua lista para o AT e o NT.

a) *O cânon cristão.* — Ao estabelecer uma lista de l., o c. cristão não lhes determina nem a língua nem a edição, ao contrário do c. judaico. O historiador o mostra, e a exegese* prova a pluralidade dos textos recebidos. Os cristãos mais diretamente em contato com o judaísmo, sobretudo Jerônimo, têm a tendência de ater-se unicamente ao c. reconhecido pela tradição deles; mas essa posição não foi a do conjunto da Igreja, que lia os LXX e suas traduções derivadas. Ora, os LXX ofereciam um texto muitas vezes diferente do TM e acrescentavam outros l. A canonicidade desses últimos, controversa até nossos dias, separa os católicos dos protestantes; em geral estes colocam os escritos "deuterocanônicos", ou "apócrifos", entre o AT e o NT, ao mesmo tempo reconhecendo cada vez mais sua importância. A diversidade mesma das tradições textuais, p. ex., entre os LXX e o TM, conhecida do cristianismo antigo e mais bem estudada hoje, não afeta a necessidade de recorrer aos textos em sua língua original, mas esse trabalho apenas revela mais a dimensão multiforme das tradições textuais antigas, desde antes do cristianismo para o AT, sem que se possa excluir essa forma do texto. Recebidos na Igreja antiga, os LXX, às vezes diversificados, eles mesmos (p. ex. para Sr, Tb, sem contar Dn traduzido por Teodocião), muitas vezes foram considerados inspirados. No NT, passagens como Mc 16,9-20; Lc 22,43s; Jo 7,53–8,1, de origem e transmissão obscuras, são hoje geralmente reconhecidas como canônicas.

b) *Os critérios da canonicidade.* — São pouco numerosos, mas firmes. A autenticidade literária — o fato, p. ex., de que a Torá seja atribuída a Moisés, e Tg, 2Pd, Jd, a certo apóstolo — já não é um desses critérios: a exegese moderna deu conta melhor de sua origem e de sua história literária, sem pôr em dúvida, por isso, sua canonicidade. Já no judaísmo, ao critério histórico — l. transmitidos pela Grande Sinagoga — acrescentou-se o critério de coerência doutrinal de coerência com a Torá. No cristianismo, o primeiro critério é o da apostolicidade, o testemunho da Igreja primitiva: ele funda a aceitação do AT tal como Jesus e os

ORDEM DOS LIVROS NAS PRINCIPAIS BÍBLIAS

TM BHK-BHS	TEB AT	Segundo AT	LXX Rahlfs	Vulg. AT Trento	BJ AT
Gn	Gn	Gn	Gn	Gn	Gn
Ex	Ex	Ex	Ex	Ex	Ex
Lv	Lv	Lv	Lv	Lv	Lv
Nm	Nm	Nm	Nm	Nm	Nm
Dt	Dt	Dt	Dt	Dt	Dt
Js	Js	Js	Js	Js	Js
Jz	Jz	Jz	Jz	Jz	Jz
1–2Sm	1–2Sm	Rt	Rt	Rt	Rt
1–2Rs	1–2Rs	1–2Sm	1–4Rs = 1–2Sm	1–4Rs = 1–2Sm	1–2Sm
		1–2Rs	1–2Rs	1–2Rs	1–2Rs
Is	Is	1–2Cr	1–2Cr	1–2Cr	1–2Cr
Jr	Jr	Esd	(Esd 1)	Esd 1 = Esd	Esd
Ez	Ez	Ne	Esd 2 = Esd-Ne	Esd 2 = Ne	Ne
Os	Os	Est	Est	Tb	Tb
Jl	Jl	Jó	Jt	Jt	Jt
Am	Am	Sl	Tb	Est	Est
Ab	Ab	Pr	1–2Mc; (3–4Mc)	Jó	1–2Mc
Jn	Jn	Ecl	Sl	Sl	Jó
Mq	Mq	Ct	(Odes)	Pr	Sl
Na	Na	Is	Pr	Ecl	Pr
Hab	Hab	Jr	Ecl	Ct	Ecl
Sf	Sf	Lm	Ct	Sb	Ct
Ag	Ag	Ez	Jó	Sr	Sb
Zc	Zc	Dn	Sb	Is	Sr
Ml	Ml	Os	Sr	Jr	Is
Sl	Sl	Jl	(Sl Sal)	Lm	Jr
Jó	Jó	Am	Os	Br	LM
Pr	Pr	Ab	Am	Ep Jr	Br-Ep Jr
Rt	Rt	Jn	Mq	Ez	Ez
Ct	Ct	Mq	Jl	Dn-Suz-Bel-Dr	Dn-Suz-Bel-Dr
Ecl	Ecl	Na	Ab	Os	Os
Lm	Lm	Hab	Jn	Jl	Jl
Est	Est	Sf	Na	Am	Am
Dn	Dn-3,24-91; - Suz-Bel-Dr	Ag	Hab	Ab	Ab
Esd	Esd	Zc	Sf	Jn	Jn
Ne	Ne	Ml	Ag	Mq	Mq
1–2Cr	1–2Cr		Zc	Na	Na
	Est gr.		Ml	Hab	Hab
	Jt		Is	Sf	Sf
	Tb		Jr	Ag	Ag
	1–2Mc		Br	Zc	Zc
	Sb		Ep Jr	Ml	Ml
	Sr		Lm	1–2Mc	
	Br		Ez		
	Ep Jr		Suzana		
			Dn		
			Bel-Dragon		

apóstolos o conheciam, assim como o acolhimento dos escritos apostólicos. As hesitações antigas a propósito das epístolas católicas e do Ap foram resolvidas por outros critérios. A recepção* tradicional dos diferentes escritos nas comunidades, em particular sua utilização litúrgica, foi um desses critérios. Agostinho (*Doct. christ.* II, 8, 12) privilegiava o testemunho das Igrejas mais importantes, em particular daquelas cujas origens estão ligadas a um apóstolo. A ortodoxia* é outro critério que leva, desde o s. II, a excluir os escritos pseudepígrafos, apocalípticos, gnósticos etc.: é canônico um escrito que testemunha a "regra da fé* " (Ireneu, *Demonstração apost.* 3).

c) *Um cânon no cânon?* — No c. judaico, a Torá mosaica ocupa lugar preeminente, os outros l. comentam sua recepção, são sua releitura, e dela tiram suas orações. No NT o Vaticano II* (*DV* 18) reconhece a superioridade dos evangelhos, testemunhos da vida e da palavra de Jesus, mas essas precedências não afetam a canonicidade dos outros escritos recebidos. Para o NT o debate tomou outra orientação com E. Käsemann no prolongamento do princípio luterano: as contradições internas do NT (p. ex., entre Rm e Tg), em particular certos aspectos considerados por antecipação como tipicamente católicos (o *Frühkatolizismus* ou "protocatolicismo*") tais como o sacramentalismo, a hierarquia*, o dogma em At, 1–2Tm, Tt, 2Pd (problema de critérios internos), levam-no a considerar Rm e Gl, com a justificação* pela fé, como o centro do NT. A teologia católica refere-se ao princípio do desenvolvimento, mesmo nos tempos apostólicos, da Igreja guiada pelo Espírito*.

• E. Käsemann (1951), "Begrundet der neutestamentliche Kanon die Einheit der Kirche?", *EvTh* 11, 13-21. — H. von Campenhausen (1967), *Die Entstehung der christlichen Bibel*, Tübingen. — J. A. Sanders (1972), *Torah and Canon*, Filadélfia. — J.-D. Kaestli e O. Wermelinger (sob a dir. de) (1984), *Le canon de l'Ancien Testament. Sa formation et son histoire*, Genebra. — J. A. Sanders (1984), *Torah and Community*, Filadélfia. — B. S. Childs (1985), *Old Testament in a Canonical Context*, Filadélfia. — B. M. Metzger (1987), *The Canon of the New Testament. Its Origin, Development, and Significance*, Oxford. — C. Theobald (sob a dir. de) (1990), *The canon des Écritures*.

Études historiques, exégétiques et systématiques, LeDiv 140. — J. A. Sanders, H. Y. Gamble e J. T. Sheppard (1992), "Canon", *AncBD* 1, 837-866. — Y.-M. Blanchard (1993), *Aux sources du canon, le témoignage d'Irinée*, CFi 175. — L. M. McDonald (1995²), *The Formation of the Christian Biblical Canon*, Peabody, Mass.

Maurice GILBERT

→ *Apócrifos; Bíblia; Escritura sagrada; Exegese; Hermenêutica; Intertestamento; Livro; Magistério; Marcionismo; Tradição; Traduções antigas da Bíblia.*

CANONIZAÇÃO → **santidade** B. 6

CANTOR, Georg → **infinito** IV. a.

CAPADÓCIOS (Padres) → **Basílio de Cesareia** → **Gregório de Nazianzo** → **Gregório de Nissa**

CAPRÉOLO, João → **tomismo** 1. b

CARÁTER

Caráter (c.) vem do grego *kharakter*, "marca", que por sua vez vem do verbo *kharakttein*, "gravar". Designa ordinariamente os traços distintivos de uma pessoa* ou de uma coisa. Há que notar dois sentidos particulares: 1/Para a teologia* católica dos sacramentos* é a marca espiritual indelével que imprimem o batismo*, a confirmação* e a ordem*. 2/Para a ética* (é.), a filosofia*, a psicologia e a teologia contemporâneas é o conjunto das particularidades que distinguem uma pessoa de outra. Aqui se trata sobretudo da significação do c. para a antropologia* e a é. cristãs, e das fontes filosóficas da pesquisa atual.

No domínio filosófico, Martha Nussbaum e Alasdair MacIntyre, cada um a seu modo, levam adiante uma reflexão sobre a possibilidade de construir uma é. com base nas noções de virtude* e de c. moral. Paul Ricoeur, por sua vez, trata do c. a propósito da identidade pessoal, no quadro mais amplo de seu projeto é.: "O c. designa o conjunto das disposições duráveis pelo qual se reconhece uma pessoa" (Ricoeur, 1990, 146).

Na teologia de hoje, cabe sobretudo a Stanley Hauerwas (H.) (1944-) ter posto no centro da é. a ideia de c.: "Essa noção é indispensável à é. cristã para reconhecer a importância da determinação permanente necessária ao desenvolvimento moral" (H. 1985 [1975], 8).

Para MacIntyre, H. e outros, o fracasso do projeto das Luzes em matéria de fundação moral obriga a buscar teorias éticas mais resistentes: assiste-se, assim, a um retorno às teorias clássicas da virtude e do c., a Aristóteles (A.) em particular e a Tomás* de Aquino, e a análises do papel das tradições comunitárias na formação do c. moral.

A. trata do que hoje se chama "c. moral" na *Ética a Nicômaco*, quando fala da maneira como o agente toma forma, para o bem* ou para o mal*, por seus atos*. Assim, um ato não pode ser julgado bom ou mau nele mesmo, independentemente da disposição de seu autor. Só quando se sabe o que se faz, quando se escolhe conscientemente certo ato por esse ato mesmo e quando se cumpre esse ato "em uma disposição de espírito firme e inabalável" é que ele pode ser considerado justo e razoável (*EN* 1105 *a*, 28-32). C. traduz aqui a palavra grega *ethos*, e pode-se traduzir *ethike arete* por "virtude moral" ou "excelência do c.". Há que distinguir as virtudes morais das virtudes intelectuais, elas, porém, estão em relações mútuas, porque o intelecto e o c. são complementares. Segundo A., o c. tem uma relação estreita com a ação justa. Esta, segundo a famosa definição, ocupa o meio entre o excesso e a carência. Esse "meio" não concerne apenas às ações, mas também às paixões*, e é escolhido por um raciocínio (*EN* 1106 *b*, 36-1107 *a*, 5), que depende da razão* prática (prudência*), noção indispensável caso se queira compreender o que é o c. A verdade* que a sabedoria* prática procura é, com efeito, a que coincide com a intenção* reta (1139 *a*, 26-30), sem a qual não existe c. moral.

O c. moral não compreende só virtudes como a coragem*, a veracidade*, a justiça*, a tempe-

rança, mas também disposições que provêm de um comportamento de boa companhia, como a generosidade, a igualdade de humor, a reserva, e grande senso de hospitalidade e de amizade. Como formar o c.? Para A., o homem torna-se virtuoso agindo virtuosamente. De início, assim se age porque se aprendeu a fazê-lo; mais tarde, compreende-se que as ações virtuosas são justas em si mesmas. Atinge-se a maturidade moral graças à educação e ao costume, em meio social favorável. Por isso A. insiste na importância do papel dos pais, dos mestres e da cidade* nessa formação, e sobre o perigo que seus fracassos representam.

Tomás de Aquino em geral segue A. a propósito do c., mas clarifica às vezes as coisas, sobretudo no que concerne aos conceitos de vontade e de intenção. Além disso, considera as virtudes formadoras do c. numa perspectiva teológica cristã, segundo a qual a caridade (amor*) é a forma de todas as virtudes. Escolher entre possibilidades diferentes é para ele, obra tanto da razão como do desejo, mas a escolha é em si mesma um ato de determinação da vontade. Depende, pois, da intenção, cuja importância moral vem de ser ela que nos torna responsáveis por nossos atos (*ST* Ia IIae, q. 19, a.7). Assim, para Tomás como para A., é preciso querer fazer o bem e não só fazê-lo materialmente.

"Para A. e para Tomás há c. moral quando certo número de *habitus*, chamados virtudes, foram adquiridos" (H. 1985 [1975], 69). Esses *habitus* não são os hábitos no sentido ordinário do termo: são disposições a agir, que não são temporárias mas duráveis (*ibid.*, 70). O c. se forma, portanto, "à força de atos de decisão refletidos de maneira madura, e, uma vez formado, suas decisões não são mais rápidas" (71). Há para H. uma diferença essencial entre ato teoleológico e ato intencional. A intenção não deve ser confundida com a simples busca de um fim. "Somos profundamente o que fazemos, pois, uma vez compreendido a que ponto a ação depende da disposição do agente, é claro que, ao agir, não é apenas a um ato que damos forma, mas a nós mesmos" (106). H. estuda os aspectos público e privado do c. e suas possibilidades de mudança e de desenvolvimento, mas seja qual for a maneira como o c. é formado "é preciso que seja *o nosso* c. ... se os homens são seres livres" (117). H. com frequência desenvolveu uma tese teológica: a ideia de c. moral permite explicar como o crente pode tornar-se um ser responsável deixando-se determinar pela ação de Deus* em Jesus Cristo*, sem nada tirar à "tensão da vida cristã entre o que já está realizado e o que é ainda esperado" (183). Como muitos outros teólogos, H. pensa que se deve levar em conta, para isso, a função da narrativa* (narrativa* [teologia]) no desenvolvimento moral do indivíduo e da comunidade cristã em que esse indivíduo é formado (H. 1981, 129-152). A importância do outro deve ser reconhecida em toda a é. cristã: são, com efeito, os outros que transmitem narrações fundadoras e exemplos de vida cristã (H. 1983, 45).

Essa é., porém, é somente uma das maneiras de conceber a vida cristã hoje. A importância concedida ao indivíduo, à sua formação de agente responsável, ao papel da narração e da Igreja* como meio de formação do c., tudo isso deve ser levado em conta. Contudo, a é. do c. inclui também a possibilidade do conflito. O melhor dos cristãos será às vezes obrigado a tomar decisões custosas, que não serão necessariamente fiéis a seu c. de cristão. Quando é preciso tomar uma decisão moral, e nem a tradição* nem a comunidade cristãs podem dar-lhe solução, quando a pluralidade de aspectos de um c. individual choca por suas contradições, quando enfim se lida ao mesmo tempo com todas as espécies de narrações, cristãs e não cristãs, não se pode negligenciar o que podem oferecer as ideias de lei* natural ou de dever, sem contar a é. teleológica ou a é. da discussão. Uma é. cristã que não leva em conta o c. não vale mais do que uma ética do c. que não leva em conta nenhum outro elemento da vida moral.

• Tomás de Aquino, *ST* Ia IIae, q. 19 e 49-67. — S. Hauerwas (1975, reed. 1985), *Character and the Christian Life: A Study in Theological Ethics*, Notre Dame, Ind., e Londres; (1981), *A Community of Character: Toward a Constructive Christian Social Ethics*, Notre Dame e Londres; (1983), *The Peaceable Kingdom: A Primer in Christian Ethics*, Notre Dame e Londres. — A. MacIntyre (1985), *After Virtue: A Study in Moral Theory*, Londres (*Depois da virtude. Um estudo em teoria moral*, Bauru, 2002). — J. Stout (1988), *Ethics after Babel: The Languages of Morals and their Discontents*, Boston. — P. Ricoeur (1990), *Soi-même comme un autre*, Paris (*O si mesmo como um outro*, São Paulo, 1991). — M. Nussbaum (1993), "Non-Relative Virtues: An Aristotelian Approach", *in* M. Nussbaum e A. Sen (sob a dir. de), *The Quality of Life*, Oxford, 242-269. — M. Canto-Sperber e A. Fagot-Largeault (2003), "Caráter", *DEFM*, v. 1, 191-199.

Werner G. JEANROND
→ *Ética; Sabedoria B; Virtudes.*

CARÁTER SACRAMENTAL → **sacramento** 5. d

CARIDADE → **amor**

CARISMA

O NT entende por "carismas" (c.), do grego *charis*, "graça", os dons excepcionais feitos a certos crentes para o bem da comunidade. Em 1Cor 12,8-11, Paulo propõe uma lista de c.: a sabedoria*, o conhecimento, a fé*, o dom de cura*, os milagres*, a profecia*, o discernimento dos espíritos, o falar em línguas ("glossolalia") e sua interpretação; acrescenta no versículo 28 os carismas dados aos apóstolos*, aos profetas, aos que ensinam e aos que presidem as comunidades. Segundo a terminologia medieval, os c. são os dons dados para a edificação da comunidade (*gratia gratis data*) e não graças de santificação das pessoas (*gratia gratum faciens*). O termo c. conheceu grande fortuna na sociologia das religiões e na sociologia política sob o impulso de Max Weber. O pentecostalismo*, tanto protestante quanto católico (renovação carismática), deu muito espaço à insistência paulina sobre os c. A ênfase dada no Vaticano II* à multiplicidade de carismas na única Igreja*, receptora dos dons do Espírito*, forneceu as bases de uma teologia* renovada dos c.

345

▶ W.E. Mühlmann *et al.*, "Charisma", *HWP* 1, 893-999. — K.H. Ratschow *et al.* (1981), "Charisma", TER 7, 681-698. — G Dautzenberg *et al.* (1994), "Charisma", *LThK*³ 2, 1014-1018.

Jean-Yves LACOSTE

→ *Graça; Pentecostalismo*

CARMELITAS DE SALAMANCA →
Carmelo 2. c → **tomismo** 2. e

CARMELO

Enraizado na experiência fundadora do deserto, estabelecido sob o patrocínio do profeta Elias "na presença do Deus* dos exércitos" (1Rs 18,15), o Carmelo (C.) deve à sua vocação mística* tarefas teológicas próprias: dar conta da experiência* de um Deus vivo e, correlativamente, explorar a alma* humana sob a influência da graça* contemplativa. Ainda plenamente atuante no pensamento de Tomás* de Aquino, essa pesquisa, no entanto, vai escapar quase completamente à teologia* das escolas desde a geração seguinte. A tradição teológica carmelitana (c.), por perseverar em sua intenção primeira, encontrou-se, em geral, subestimada, enquanto mestres como João* da Cruz (1542-1591) ou Antônio da Madre de Deus (†1641) lhe trouxeram toda a potência de uma formação bíblica, patrística e escolástica*, posta a serviço de uma pedagogia espiritual, de que as teologias mais oficiais estavam privadas no mesmo momento.

1. Até a reforma teresiana

A regra do C. (por volta de 1210, na Terra Santa) convida os religiosos a "meditar dia e noite a lei* do Senhor". A teologia c. nascerá desse contato orante com o texto bíblico. Adota a tradição monástica da *lectio divina*: por meio da alegoria e da tropologia, o sentido* literal da Escritura* conduz à apreensão anagógica — a única propriamente mística — do mistério* de que dá conta. A interação entre oração (que só será formalizada na Renascença como exercício religioso à parte, bem marcado nos horários e métodos) e teologia, no sentido moderno do termo, é aqui permanente.

Portador desse desígnio puramente contemplativo, é entre 1250 e 1260, no momento em que deve deixar progressivamente a Terra Santa sob a pressão muçulmana, que o C. se estabelece nos grandes centros universitários do Ocidente (Cambridge, Oxford, Paris, Bolonha). Ali, quando triunfa a melhor escolástica, o C. prolonga a exegese* monástica e contribui para canalizá-la em direção ao que se convencionou desde então, artificialmente, chamar a "espiritualidade". Seja como for, o equilíbrio entre leitura, estudo e trabalho teológico será aquele do *otium* antigo, correlativo à *quies* interior. Sua condição é um mínimo de lazer, longe das "utilidades terrenas, mesmo apostólicas" numa intenção de gratuidade pura, embora essa distância em relação à vida pastoral não deixasse de ser debatida no C., desde sua vinda para a Europa.

O primeiro texto c. ocidental que nos chegou é a *Ignea Sagitta* (1271) de Nicolau, o Francês, apologia dessa vida que se pensa ainda fundamentalmente como eremítica. Seus temas são a fuga do mundo* (*fuga mundi*), o silêncio e a *quies: fuge, tace, quiesce* ("retira-te, faz silêncio, guarda o repouso"). Enquanto a Europa está em plena urbanização, trata-se de reencontrar o deserto onde Jesus* fala ao coração* de seus amigos e lhes revela seus mistérios. Esse deserto será desde então o da cela, exterior e interior, do "aposento" do *Cântico dos Cânticos*, o lugar em que o Espírito* Santo fortifica, nutre e desaltera o homem interior. A "pureza* de coração" permite ao contemplativo inebriar-se na "taça do Senhor", oposta ao "cálice de Babilônia". A escolha radical entre as duas "taças" condiciona o itinerário espiritual, figurado como uma ascensão da montanha do C. no cimo da qual se coloca a experiência mística verdadeiramente cristã. Aqui se reconhece, em esboço, o que se tornará três séculos mais tarde a *Subida do Carmelo* de João da Cruz. Também se encontrarão em germe os temas mais importantes de Teresa de Ávila, assim como a descrição da oração como um "comércio de amizade". Percebe-se igualmente uma insistência na vida afetiva do espírito: a tradição cisterciense, a de Bernardo* de Claraval e de Guilherme de Saint-Thierry, vai impregnar com uma influência difusa toda a tradição c. posterior.

No seio da universidade, Gerardo de Bolonha (geral da ordem de 1296 a 1318) foi o primeiro doutor carmelita em Paris. O Aristóteles que pratica é o de Averróis. No restante, segue o intelectualismo* de Godofredo de Fontaines, e afirma a passividade radical da vontade como do intelecto. De modo geral os carmelitas têm a fama de pender para o nominalismo*: é o caso de Guido Terreni (†1342), mestre de Baconthorpe, principal representante do último aristotelismo*, com João de Pouilly.

No entanto, com João Baconthorpe, um ultra-realista, o C. se eleva à primeira fila da vida universitária. Conhecido como filósofo e teólogo quase oficial da ordem, o *doctor resolutus* deve, contudo, ser inscrito em primeiro lugar em sua tradição da *lectio divina*. Nesse terreno, sua marca própria está na percepção da unidade dos dois Testamentos: em Jesus é que se realiza, para ser oferecida à alma contemplativa do cristão, a plena revelação* do mistério de Deus, percebido por Elias no "sopro tênue" (1Rs 19,12) da aragem no deserto.

Em plano mais acadêmico, o espírito crítico de Baconthorpe lhe valeu ser comparado a Duns* Escoto. Seu método situa-se a meio caminho entre Tomás de Aquino e Pedro de Auriol. Sem ser propriamente seu discípulo, Tomás ocupa o primeiro lugar entre os doutores que cita, e apela muitas vezes à doutrina dele para confirmar a sua. Contudo, dirige a Tomás notáveis críticas, notadamente sobre seus argumentos em favor da tese de que "a alma intelectiva é a forma substancial do corpo*" (*CG* II, 68). Embora diga admitir a tese, Baconthorpe sublinha seus pontos fracos, e sustenta que nenhum argumento é, de todo, convincente. Se admite que a união do corpo e da alma é "natural", é apenas no sentido de que não é contraditória em si mesma, o que basta para que Deus possa realizá-la em virtude de sua *potentia absoluta*. Essa crítica deve ser lida no contexto de uma concepção antes fraca da "demonstração" e da "certeza": em Baconthorpe, a verdade resulta mais de uma não objeção do que de uma clara afirmação.
Na filosofia da natureza, Baconthorpe defendia um atomismo físico, cujo ensinamento ficou prescrito na *ratio studiorum* c. até o s. XVII: é o atomismo cristão que constituirá a fonte primeira da filosofia* de Pedro Gassendi (1592-1655).

Pouco mais tarde, Filipe Ribot (†1391) — de quem acaba de ser descoberto um *Tractatus de quattuor sensibus sacrae scripturae* (ms. Vat. Ottob. lat. 396) — apresenta no *Liber de Institutione primorum monachorum* um texto fundamental para o desenvolvimento da espiritualidade c. Por muito tempo considerado como a "regra primitiva", foi traduzido no s. XV para o inglês, o francês e o espanhol (Teresa de Ávila anotou essa tradução que a ajudou a conhecer a vida primitiva do C.). Trata-se de um comentário, com alegoria um tanto desenfreada, da partida de Elias para as margens do Karit (1Rs 17,2-6). Nessa obra, Ribot assinala dupla finalidade à vida monástica c.; uma está em nosso poder, a outra, no poder de Deus somente: "Adquirimos a primeira por nosso trabalho* e nosso esforço virtuoso, com a ajuda da graça divina. Consiste em oferecer a Deus um coração santo, isento de toda mancha atual de pecado*. Alcançamos esse fim quando somos perfeitos e no Karit, o que quer dizer, escondidos na caridade. O outro fim dessa vida nos é comunicado por um puro dom de Deus...: saborear em seu coração e experimentar em seu espírito as forças da divina presença e a doçura da glória* que vem do alto. Chama-se isso 'beber da torrente do deleite de Deus'" (I, c.2). Aqui se reconhecem as duas vertentes da vida cristã, a da natureza* e a da graça, tornadas as duas vertentes do monte Carmelo, quando referidos à experiência contemplativa. Verdadeiro tipo da teologia carmelitana (cf. H. de Lubac*, *Exégèse médiévale*, 1964, II, 2, 499), esse comentário impressiona por seu cristocentrismo, pois Jesus Cristo oferece a seu discípulo a perfeita realização dessa dupla fidelidade ao Criador e à criatura.

Para o fim desse primeiro período, citemos ainda Miguel Aiguani (ou Nicolau de Bolonha, †1400, aprox.), leitor de Sagrada Escritura em Paris em 1360, importante autor de um comentário dos Salmos* em que segue o Rabbi Salomão ("grande doutor dos judeus") e Nicolau de Lira, quanto ao sentido literal. No mesmo momento é ainda um carmelita, São Pedro Tomás, que funda em Bolonha a faculdade de teologia (em 1364), enquanto outro carmelita, Mathurin Courtoys, faz o mesmo em Bourges. Na Inglaterra, essa vitalidade universitária coloca o C. na primeira linha da luta contra a heresia* de Wyclif (1328?-1384), em que se ilustra notadamente João Cunninghame.

Com o reformador João Soreth (1394-1471; em seu generalato nasce e prospera rapidamente o ramo feminino da ordem) o C. orienta sua tradição bíblica em um sentido resolutamente moderno: *meditatio* e *oratio* tomam nele uma autonomia que os inscreve na *devotio* moderna* e prepara a expansão espiritual do C. teresiano.

No rumo da mesma evolução e na linha do humanismo* devoto, Battista Spagnoli (1447-1616, o "Virgílio cristão" no dizer de Erasmo*) soube conciliar cultura antiga e cristianismo, mostrando como se tinha operado historicamente a recepção cristã da literatura pagã (*De vita beata* e *De patientia*). Último representante dessa pré-renascença, citemos enfim Nicolau Calciuri († 1466) e sua descrição da vida espiritual* como tríplice "desejo das coisas celestes": *amor* desejante, amor saboroso* e *amor gracioso*.

Essa época abre a era dos grandes debates doutrinais modernos, em que tomarão parte teólogos como Everardo Billick em Colônia (†1557) e como prior-geral Nicolau Audet (1481-1562), que participou do concílio* de Trento*. Um século mais tarde, João Antônio Bovio (1566-1622) participará das controvérsias sobre a graça (bañezianismo*) defendendo as posições jesuítas.

2. Em torno da reforma teresiana

Teresa de Jesus (de Ávila) (1515-1582) e João da Cruz (1542-1591) não surgem, pois, milagrosamente em um C. que a caricatura moderna descreve muitas vezes como um deserto intelectual. Os temas que farão deles doutores* da Igreja* estavam presentes em sua herança, como também seu brilho não deve fazer esquecer representantes mais que honoráveis da mesma tradição entre seus contemporâneos: um Jaime Montanes (1520-1578), p. ex., com seus acentos cristológicos que se podem aproximar das exigências do amor exclusivo de Teresa, ou do *"todo y nada"* de João da Cruz: "Nada buscar, nada olhar, nada escutar, nada desejar, enfim nada amar senão unicamente a Jesus Cristo, porque só ele é a vida de nossa alma".

Do mesmo filão, citemos ainda Miguel Alfonso de Carranza (1527-1606), Diogo Velásquez e João Sanz (1557-1608), Francisco Amerly (†1552), Miguel de la Fuente (1573-1625).

a) A doutrina dos reformadores. — Teresa define a oração como um discurso afetivo sustentado por um simples olhar sobre Cristo. O papel fundamental da humanidade de Cristo se desdobra em sua oração bem perto de sua experiência, confrontada com um quadro teológico que ela conhece melhor do que dizem seus protestos de ignorância. Fiel à *devotio moderna*, ela se liga à humanidade de Cristo durante todo o seu itinerário espiritual, até os estados mais elevados da união. Os dois mestres do C. apresentam a contemplação* infusa — graça puramente gratuita — como o termo da vida contemplativa, embora seja um termo para o qual a alma se prepara, em uma fase em que conserva aparentemente mais iniciativa, pela prática das virtudes*. Uma terminologia imprecisa, no C. em autores como Molinos, atribui um lugar, que João da Cruz não negaria forçosamente, a uma oração intermediária entre a meditação e a contemplação, a "contemplação adquirida": é assim que um intérprete de Tomás de Jesus (ver *infra* b) fala de uma contemplação mista (que corresponde à que João da Cruz descreve na *Subida ao Carmelo*), ou que José de Jesus-Maria (Quiroga) distingue a contemplação infusa da que se consegue com ajuda da fé* e do socorro ordinário da graça. A percepção da presença de Deus que se encontra no francês Lourenço da Ressurreição (1614-1691) o aproxima de Tomás de Jesus: a contemplação adquirida une a ação da graça com a atividade simplificada da vontade, enquanto só Deus mantém a alma na contemplação infusa.

Teresa distingue uma tríplice influência de Deus sobre as faculdades da alma que lhe está unida: a vontade entra em quietude, a inteligência é simplificada, a memória é posta em suspense. Essa união mística é passageira e acompanhada ordinariamente de êxtases por ocasião dos "desposórios espirituais" (*V Morada*), mas se torna permanente no "matrimônio espiritual" (*VI e VII Moradas*) (essa terminologia é estruturante da literatura mística teresiana). Então a alma está em estado de perfeição espiritual, que não se deve porém identificar com a perfeição da caridade, mesmo se os dois estados são normalmente associados, a regra é que "Deus só se dá inteiramente a nós quando nos damos inteiramente a ele" (*Caminho de perfeição*, 28, 12).

b) Herança. — Entre os discípulos diretos dos dois doutores, há que notar João de Jesus-Maria (Aravalles, 1549-1609), autor do *Tratado de Oração* e de uma *Instrução de Noviços*; Inocêncio de Santo André (1553-1620) que compôs sob o nome de André Locara uma *Teologia mística* (1615); Graciano da Madre de Deus (1545-1614), que escreveu um *Dilucidario* e *Sobre a oração mental*, e Maria de São José (†1603), autora do *Libro de las recreaciones*. Na congregação da Itália (canonicamente autônoma no seio da reforma desde 1600), João de Jesus-Maria chamado o Calagurritano (1564-1615) é o teólogo mais próximo de Tomás de Aquino. Deve-se-lhe uma *Theologia mystica* (1607) e *Schola de oratione et contemplatione* (1610). Tomás de Jesus (1564-1627), em *Suma e compêndio dos graus de oração* (Roma, 1610), estudava os problemas da teologia mística à luz da escolástica, invertendo o procedimento de seus mestres. Redigiu *De contemplatione* (Antuérpia, 1620) sobre as formas de contemplação infusa, *De oratione divina* (Antuérpia, 1623) sobre a vida sobrenatural contemplativa, e *De perceptionibus mentalibus*, que deixará inacabado. Defensor incondicional de João da Cruz, que caiu em descrédito no seio mesmo da reforma por ocasião de sua morte, José de Jesus-Maria Quiroga (†1628) dedicou-se a mostrar que reinava uma conformidade entre a doutrina de seu mestre e as de Dionísio* e Tomás de Aquino. Enfim, Filipe da Trindade, com sua *Summa teologiæ mysticæ* (Lião, 1656), acabou a síntese escolástica da teologia mística começada por Tomás de Jesus.

No terreno dessa teologia propriamente mística, produziu-se um eclipse no s. XVIII, no C. como em outras partes. Foi só em 1874 que Bertoldo Inácio de Santa Ana relançou a tradição teresiana, reeditando a *Summa* de Filipe da Trindade (Bruxelas, 1874), e publicando a *Instrução dos noviços* de João de Jesus-Maria. Estamos então às vésperas de uma nova eclosão espiritual do C., a de Teresa do Menino Jesus (infância* espiritual) ou de Elisabeth da Trindade*. A serviço da mesma herança teresiana, os *Études carmelitaines* serão, a partir de 1931, verdadeiro laboratório de psicologia e de teologia místicas, sob a direção do Padre Bruno de Jesus-Maria, paralelamente ao impulso teresiano de Padre Maria-Eugênio do Menino Jesus sobre o C. francês.

c) As sequelas teológicas — Se os grandes místicos que foram Teresa de Ávila e João da Cruz tiveram por mérito teológico provocar desenvolvimentos consideráveis no estudo da alma humana, esse nascimento da psicologia religiosa moderna não se opõe em nada neles ao rigor propriamente doutrinal: para um como para a outra, o bom diretor espiritual é antes de tudo um "letrado", um conhecedor da tradição*. A procura dessa competência teológica, ao mesmo tempo que a desconfiança suscitada pelos abusos da vida estudantil fora dos conventos, levou muito cedo à fundação de colégios descalços nas cidades universitárias da Espanha (Alcalá de Henares em 1570, Baeza em 1597, Salamanca em 1581). Desde 1592, data em que o C. teresiano foi canonicamente separado do resto da ordem, as constituições da reforma impuseram aos estudantes o seguimento "tanto em filosofia quanto em teologia, a doutrina de Tomás de Aquino": a natureza fundamentalmente contemplativa do tomismo* encontrou nisso um sinal interessante de reconhecimento.

A vida intelectual do C. reformado se expandirá então no plano filosófico nos *Commentarii cum disputationibus in universam Aristotelis stagiritæ logicam* (Madri, 1608) de Diogo de Jesus (†1621), que abriram o caminho ao *Cursus Complutensis* (Alcalá 1624-1628) publicado por Miguel da Trindade (1588-1661), Antônio da Madre de Deus (1583-1637) e João dos Santos (1583-1654), completado depois em 1640 pela *Metaphysica* de Biagio da Conceição (1603-1694). A vontade de fidelidade absoluta a Tomás de Aquino, ao mesmo tempo que o desejo de unanimidade intelectual no interior do colégio de Alcalá, levou a só enunciar proposições admitidas por todos os religiosos, ou ao menos aprovadas por voto majoritário. Daí o resultado extremamente escolar e aplanado dessa produção.

No plano teológico, o famoso *Cursus theologicus* dos *Salmanticenses* obedece às mesmas regras. Em sua forma definitiva, é um comentário literal, em 14 volumes, da *ST*. Editou-se o primeiro volume em Salamanca, em 1631, e o último em Madri, em 1712 (última edição, em 20 vol., em Paris, 1870 a 1883). O primeiro autor, Antônio da Madre de Deus (1583-1637), comenta *De Deo uno*, *De Trinitatis*, *De Angelis*;

Domingos de Santa Teresa (1604-1659) comenta a beatitude*, os atos* humanos e as virtudes; João da Anunciação (1633-1701), a graça, a justificação*, a caridade, o estado religioso, a encarnação*, os sacramentos* em geral, a eucaristia* e a penitência*; Antônio de São João Batista (1641-1699) publica a primeira parte do vol. 12; Ildefonso dos Anjos (1663-1737) termina a obra. Ulteriormente, na mesma linha de uma teologia prioritariamente escolar, professores como Anastásio da Cruz (1706-1761) e Paulo da Conceição (1666-1734) seguem os *Salmanticenses*, mas Filipe da Trindade (*Cursus theologicus*, 5 vol., Lião 1633-1663) e Gabriel de São Vicente, p. ex., preferem comentar diretamente a *Summa*.

3. Depois da reforma teresiana

Enquanto prosperava a teologia do C. reformado, o resto da ordem não permanecia estéril. Na Itália, as revelações* prolixas de Maria Madalena de Pazzi (1556-1607) dão conta de uma experiência interior completa que suscita um pensamento autenticamente teológico, mesmo se suas pretensões estão em outro lugar. A profundeza e a exatidão de suas intuições, assim como a estrutura bíblica precisa de seus textos, fornecem os elementos de riquíssima reflexão doutrinal sobre a graça, sobre a humanidade de Cristo, sobre a relação entre a Igreja e a Trindade* ou ainda sobre o papel do Espírito Santo na obra da salvação*.

Na França, no começo do s. XVII, é em seu conjunto que a família c. participará de maneira determinante da "invasão mística" magistralmente descrita por H. Bremond. De um lado, a importação do C. teresiano, sob influência de Bérulle*, de Bernières de Louvigny e do círculo da Madame Acarie, fecundará a doutrina da escola francesa, ao mesmo tempo em que a de um autor tão importante como Francisco de Sales. De outro lado, o tronco não teresiano da ordem conhecerá nova vitalidade, especialmente em torno da figura do humilde irmão cego João de São Samson (1571-1636, o "São João da Cruz francês", no dito de Bremond). Entrado no C. depois de ter frequentado o convento parisiense

da praça Maubert, é na Bretanha, nos conventos de Dol e de Rennes, que ele se tornará a alma da reforma, dita de Touraine, notadamente por meio de seus discípulos Domingos de Santo Alberto (1596-1634) e Leão de São João (1600-1671).

As conversações espirituais fulgurantes de João de São Samson, de rara potência mística mas de composição no mais das vezes caótica, cobrem mais de quatro mil páginas, parcialmente organizadas por seus amigos (ed. de Donaciano de São Nicolau, em 1651 e 1656); falta editá-las sob forma crítica. Ali se detectam múltiplas leituras espirituais (os renano-flamengos*, muito presentes na França na época, mas também Constantino de Barbançon, Pedro Guérin e Tomás Deschamps, ou ainda, Catarina de Gênova e Aquiles Gagliardi) testemunhando uma renovação teológica que quase nada deve à escolástica, e que jorra imediatamente da oração e do amor das letras. Encontra-se particularmente a elaboração de dados herdados de Ruusbroec e de Harphius no relato dos mais intensos estados de união. Essa experiência brota em uma doutrina trinitária e eucarística que descreve com grande audácia o itinerário que conduz ao "puro amor" entre a alma e Deus. Na linha de Boaventura, a via privilegiada é a da oração* "aspirativa", "ímpeto amoroso e inflamado do coração e do espírito, pelo qual a alma ultrapassa a si mesma e todas as coisas criadas" unindo-se intimamente com Deus no ardor de um amor que é em si mesmo conhecimento e, portanto, logo mais, teologia.

Em Flandres, a reforma de Touraine influenciará, p. ex., Miguel de Santo Agostinho (1621-1684): os *Institutionum mysticarum Libri quatuor* (Antuérpia, 1671) publicados em latim e flamengo, fazem dele um importante teórico de uma vida mística que, segundo ele, "não é outra coisa senão a prática de Deus e a ciência das coisas divinas. Consiste, pois, em parte na especulação, em parte na prática, conformando o homem a Deus na inteligência e na vontade".

Uma vez extinta a influência direta dos grandes reformadores, a teologia c. continuou a produzir obras notáveis nos s. XVIII e XIX. Entre os descalços, citemos somente o *De indulgentiis et de jubilaeo*, de Teodoro do Espírito Santo (†1764), obra de referência sobre esse assunto, e a imensa obra exegética de Querubim de São José (†1716). Enfim, à margem da dogmática*, o *Cursus theologiæ moralis* de Salamanca (7 vol., 1665-1753) é das obras morais mais consideráveis que se tenham jamais redigido, e como tal será apreciada por Afonso* de Ligório e moralistas do s. XVIII. Para a antiga observância, notemos os frequentes retornos da Espanha à doutrina de Baconthorpe, graças a Cornejo de Pedrosa (†1618) no s. XVII, e a Emmanuel Coutinho (†1760) no s. XVIII.

4. A época contemporânea

Para a antiga observância, há que notar o papel desempenhado por Titus Brandsma, mártir em Dachau (1942), no estudo e na publicação da tradição c., uma influência prolongada pelos trabalhos do Instituto que leva seu nome, junto à Universidade de Nimega, e pelos do Institutum Carmelitanum fundado em Roma em 1951. Mencione-se ainda o dogmático Bartolomeo M. Xiberta (1897-1967), perito no Vaticano II*, cujos estudos cristológicos e sacramentários anteciparam os trabalhos de B. Poschmann e K. Rahner*. Paralelamente, entre os descalços, o Teresianum de Roma tornou-se desde 1935 um foco internacional de estudo em literatura e teologia mística.

5. O Carmelo e a teologia mariana

O manto branco do C. testemunha, desde sua vinda para o Ocidente, sua devoção à que é, desde sempre, "Nossa Senhora do Monte Carmelo": não será surpresa o interesse por uma teologia mariana onipresente. É assim que Baconthorpe ou Ribot foram grandes promotores da doutrina da Imaculada Conceição, que teve sua festa litúrgica inscrita desde o s. XIV no calendário da ordem. Na mesma época, uma visão suposta de São Simão Stock, prior-geral da ordem de 1254 a 1264, apoiou a devoção do escapulário, ligada ao "privilégio sabatino" (trata-se de uma libertação do purgatório* para os portadores do escapulário do C., no sábado posterior à sua morte), e que se desenvolverá rapidamente; no s. XV, as confrarias carmelitanas conhecerão um sucesso estupendo, a ponto de fazer do porte do escapulário uma das principais devoções marianas da cristandade.

No fim do s. XV, Arnoldo Bostio elaborou a primeira síntese c. da devoção mariana, reunin-do elementos dispersos: os irmãos deviam tudo oferecer a Deus pelas mãos de Maria* e ficar em relação permanente com ela para adquirir uma inteligência e um coração totalmente consagrados à inspiradora de toda boa obra.

Na confluência da mística e da mariologia, Miguel de Santo Agostinho e sua discípula, Maria de Santa Teresa (Maria Petyt, 1623-1677), receberão o dom de união mística a Maria. Os relatos de Maria Petyt, publicados por seu diretor em sua *Vida* (em holandês) e no *De vita mariaeformi*, distinguem três graus nessa união mística. No primeiro, a alma percebe a presença e a ajuda da Virgem. No segundo, coloca-se a contemplação mística, na qual se percebe Deus em Maria ou Maria unida a Deus. E no terceiro, "produz-se uma adesão tão íntima e tão estável a Deus e a Maria que, por causa do amor liquefativo, Deus, Maria e a alma parecem fazer um só, como liquefeitos, absortos, imersos e transformados em uma só coisa: é o fim último e supremo a que pode chegar uma alma na vida mariana".

Para além das obras de devoção, essa piedade mariana irrigará uma forte teologia, presente, p. ex., nas meditações de João de São Samson sobre o lugar de Maria durante a paixão* de seu Filho. Ela terá grande importância pastoral na época moderna, quando servirá, notadamente, de antídoto ao jansenismo* difuso e será propagada muito além do C., particularmente pelos pregadores jesuítas.

• Teresa de Jesus, *Oeuvres*, 1ª ed. por Luis de León, Salamanca, 1588; *Obras completas*, 1ª ed. crítica por S. de Santa Teresa, 9 vol., Burgos, 1915-1924; *Obras completas*, ed. crítica por E. da Madre de Deus e O. do Menino Jesus, 3 vol., Madri, 1951-1959 (1º vol., 1962). — Luis de León, *Opera*, t. I-VII (1891-1896), t. VIII-IX (1992-1996), t. X e último no prelo, Escorial. — Marcial de São Paulo, *Bibliotheca scriptorum... c. discalceatorum*, 1730. — Bartolomeu de Santo Ângelo e Henrique do Ssmo. Sacramento (1884), *Collectio scriptorum Ord. c. excal.*, Savona, 1884. Em português: *Obras completas de Teresa de Jesus*, São Paulo, 1995; *Escritos de Santa Teresa de Ávila*, São Paulo, 2002.

▶ H. Bremond (1921), *Histoire littéraire du sentiment religieux en France...*, t. 2: *L'invasion mystique*, Paris. — G. Etchegoyen (1923), *L'amour divin, essai sur les sources de sainte Thérèse*, Bordeaux-Paris. — B. Xiberta (1931), *De scriptoribus scholasticis saeculi XIV ex Ordine Carmelitarum*, Louvain. — Eliseu da Natividade (1935), "La vie intellectuelle des Carmes", *EtCarm* 20, 93-157. — J. Brenninger (1940), *Directorium carmelitarum vitae spiritualis*, Roma. — J. Dagens (1952), *Bibliographie chronologique de la littérature de spiritualité et de ses sources (1501-1610)*, Paris. — Henrique do Sagrado Coração (1953), *Los Salmenticenses*, Madri. — T. Brandsma e G. de Santa Maria Madalena (1953), "Carmes", *DSp* 2/1, 156-209. — B. Xiberta (1956), *Carmelus, Commentarii ab Instituto Carmelitano editi*, Roma. — J. Orcibal (1959), *La rencontre du C. thérésien avec les mystiques du Nord*, Paris. — M. Jiménez Salas (1962), *Sta. Teresa de Jesús, Bibliografia fundamental*, Madri. — L. Gognet (1966), *La spiritualité moderne*, t. 1: *L'essor: 1500-1650*, Paris. — O. Steggink (1970), "L'enracinement de saint Jean de la Croix dans le tronc de l'Ordre carmélitain", em *Actualité de saint Jean de la Croix*, Bruges, 51-78; (1972), "Carmelitani", *Dizionario degli Istituti di Perfezione* 2, 460-507. — Simeão da Sagrada Família (1972), *Panorama storico-bibliografico degli autori spirituali carmelitani*, Roma. — M. Andrés (1976), *La teologia española en el siglo XVI*, Madri. — P. Garrido (1982), *Santa Teresa de Jesús, San Juan de la Cruz, y los Carmelitas españoles*, Madri. — J. Smet (1985), *The Carmelites. A History of the Brothers of Our Lady of Mount Carmel*, 4 vol., Darien.

Carlo CICONETTI e
Stéphane-Marie MORGAIN

→ *Bérulle; Contemplação; Espiritual (teologia); João da Cruz; Mística; Oração; Vida espiritual.*

CARNE

I. Antigo Testamento

1. O campo das ocorrências

No AT, "carne" (c.) designa, de maneira bastante geral, os seres humanos, o homem, a humanidade ("toda carne"), o animal*, o alimento (Ex 21,10), ou, de maneira mais restrita, a fragilidade do homem (Sl 56,5), ou ainda, as partes sexuais (Ex 28,42) etc. A acepção mais corrente se concentra no homem como indivíduo ou como coletividade. Três eixos principais marcam as numerosas ocorrências (± 270) de "c." (hb. *bâsâr*; gr. *sarx*) no AT: totalidade, vitalidade, relação. Por causa da riqueza do tema, o léxico das línguas de origem e o das traduções se sobrepõem aqui menos que em outros casos.

a) A ideia de totalidade. — Para exprimir a completude do ser humano como *indivíduo*, os autores bíblicos gostam de referir-se às diversas partes do corpo humano (corpo*, espírito, sangue, alma*, coração*, ossos, pele, rins etc.); esses termos acompanham "c." em paralelismo sinonímico, ou o substituem. "C." remete igualmente à *coletividade* para acentuar a solidariedade das criaturas terrestres. O sintagma *kol-bâsâr* ("toda carne"; 40 x) leva em conta o conjunto das criaturas — homens e animais — (Gn 6,17 etc.) ou o conjunto mais restrito da raça dos homens (Is 40,5 etc.). Essa solidariedade da c. e na c. exprime mais particularmente ainda os laços de sangue, a união dos esposos em uma só c. (Gn 2,24; em Gn 2,23: "a c. da minha c.") etc.

b) A vitalidade do ser humano. — Esse traço é transformado em narrativa de diversas maneiras. Em 2Rs 5, a c. de Naamã, o sírio, depois da cura, torna a ser limpa e saudável como a de uma criança (2Rs 5,10.14). Ezequiel vê o Criador que faz "crescer carne" sobre esqueletos ressecados que agora retomam vida (Ez 37,6).

c) A relação. — Enfim, e sobretudo, "c." implica a ideia de uma relação: o homem é compreendido em sua condição de criatura em relação com Deus* mas também em seu diálogo com os outros seres de c.

2. Do hebraico ao grego dos LXX

A passagem de uma língua a outra suscita importantes diferenças semânticas tanto no domínio antropológico como na interpretação teológica. *a)* O hb. *bâsâr* é traduzido muitas vezes pelo grego *sarx* (145 x). Entre os outros termos, o mais frequente é *soma* (corpo). *b)* A prática sinonímica dos LXX difere da do hb. (cf. *infra*). Tende, com efeito, a operar uma distinção entre "c.", "corpo", "espírito" etc., mais conforme à antropologia* grega. O *sôma* (corpo) constitui o invólucro humano, que é assim distinguido do *pneuma* (espírito), que remete então a uma parte independente do ser humano, mais espiritual. Nos LXX, a insistência é menos posta na totalidade; exprime mais a complexidade do ser de c.

II. Novo Testamento

As cartas de Paulo e os evangelhos* (ev.) são os principais conjuntos a considerar.

1. Epístolas autênticas de Paulo

Paulo atribui importância crescente à "c.", da qual faz um tema teológico. Podem-se distinguir três etapas.

a) Na correspondência com os cristãos de Corinto. — Em 1Cor, à primeira vista, Paulo ainda não organizou a reflexão teológica em torno do tema da c. Com efeito, a palavra reveste ali diversas acepções de menor relevo. Contudo, os sinais do desenvolvimento ulterior já se deixam descobrir. Ele surge em fórmulas como *kata sarka* ("segundo a c.", em 1,26; 10,18). Mesmo se "c." está ausente de 1Cor 6 (exceto na citação de Gn 2,24 em 6,16), começam a aparecer os primeiros elementos do menosprezo da c. Em 2Cor, esses lineamentos se fortalecem. É o começo de uma reflexão teológica mais tematizada. Paulo não opõe ainda sistematicamente a c. ao espírito. Mas as expressões *kata sarka* (segundo a c.) e *en sarki* (na carne) tomam um sentido mais determinado.

b) Na correspondência com os Gálatas. — Gl representa aparentemente um tempo forte da reflexão do Apóstolo* a propósito da c. Certamente aí se encontram diferentes sentidos de "c.": "a c. e o sangue", para designar o ponto de vista humano; a experiência da doença na "fraqueza da c." (4,13). Entretanto, Gl 3-4 constitui verdadeiramente o nó em que a temática se articula. Paulo, nesse texto, evoca com força o vínculo da c. com o pecado*, seja como um retorno ao estado anterior ao Evangelho, seja como desejo da c. pecadora (*epithymia*).

O Apóstolo condena fortemente os que querem passar do espírito à c., seguindo assim um caminho oposto ao Evangelho (3,3). A homilia sobre as duas alianças*, baseada na alegoria de Hagar (a

escrava segundo a c.: 4,23) e de Sara (a mulher* livre segundo a promessa*: *ibid.*) ilustra magistralmente o pensamento de Paulo. A oposição da c. (*kata sarka*) ao espírito (*kata pneuma*) toma assim um relevo cada vez mais nítido. Enfim, a citação do Sl 143,2 (Gl 2,16) tem um papel importante nesse tempo de amadurecimento teológico; será retomada em Rm 3,20. A versão paulina desse versículo do salmista *"pasa sarx"* (toda c.) — que se afasta do hb. e dos LXX — não é efeito do acaso. Os marcos estão postos em Gl; o caminho está balizado para o tratado teológico de Rm.

c) Na Epístola aos Romanos. — Paulo retoma nesse tratado de teologia* os elementos iniciados em 1 e 2Cor e sobretudo a oposição da c. e do espírito, já sistematizada em Gl. Violento combate interior se apoderou do Apóstolo. Tenta explicá-lo teologicamente no percurso temático da c. e do espírito/Espírito. Rm 7-9, articulação entre os dois grandes conjuntos (1-8 e 9-11) da primeira parte de Rm, conserva os traços dessa luta interior do Apóstolo, precisamente no emprego de "c.". Outros laços teológicos se tecem, com o tema da justificação* por um lado, e o motivo da salvação de Israel*, por outro.

Como abertura à temática, o requisitório de Rm 7 opõe a vida na c. (*en te sarki*), lugar de pecado, de vetustez e de morte*, à novidade do Espírito (7,5.6.18.25). O Filho foi enviado "na condição da nossa c. de pecado, ele condenou o pecado na c." (8,3). Paulo sublinha as contradições entre o regime da Lei* e o regime do Espírito; introduz progressivamente uma teologia do espírito filial (cap. 8), dom de Deus para a vida. "C." invade o começo do cap. 8 (8,3.4.5.6.7.8.9.12.13). Por essa escansão, o Apóstolo afirma a caducidade — bem mais, a potência mortífera — da c. Todavia, com isso, Paulo não desvaloriza de modo nenhum a inscrição de Cristo* na c. Os caps. 9-11 põem em relevo (Rm 9,5) essa inscrição na c. do Filho oriundo de Davi (Rm 1,3). Centrados sobre o problema da rejeição de Israel, os caps. 9-11 são enquadrados pela questão da salvação advinda na c. (9,3.5.8 e 11,14). Na introdução (9,1-5) a essa dramática questão, na enumeração dos privilégios dos filhos de Israel (9,4s), o Apóstolo põe no auge o privilégio supremo da encarnação*: *ho Christos to kata sarka* (O Cristo segundo a c.: 9,5). Mostra assim a importância da passagem da c. à promessa (9,8).

2. Nos evangelhos

Enquanto o Ev. de Mc, e o de Mt em seguida, quase não dão importância ao tema da c., os evangelhos de Lc e de Jo — cada um de maneira diferente — valorizam teologicamente esse motivo.

a) Marcos e Mateus. — Os três empregos de "c." em Mc encontram-se colocados em palavras de Jesus*: 1/em Mc 10,8 (Mt 19,5) a propósito da questão do divórcio, Jesus cita Gn 2,24; 2/em Mc 13,20 (Mt 24,22), "c." equivale a "vida"; 3/em Mc 14,38 (Mt 26,41), no momento da agonia, Jesus lembra a fraqueza da carne. — Mt retoma essas três palavras da tradição de Mc. Acrescenta, na confissão* de fé de Pedro* uma palavra de Jesus sobre "a c. e o sangue" (16,17), expressão hebraica (*bâsâr wa-dâm*) para evocar os limites da condição humana perante a revelação* divina.

b) Lucas. — O uso de "c." pelo terceiro ev. é original. Lc estabelece uma inclusão entre os dois empregos de "c.", no começo e no fim de seu livro: citação de Isaías em 3,6 — "e todos verão a salvação de Deus" (= Is 40,5) — e, em 24,39, as palavras do Ressuscitado, em que aparece a oposição grega entre espírito e carne: "um espírito não tem c. nem ossos como vós vedes que eu tenho". Acrescentemos a essa pretensão teológica de Lc as três menções de "c." na segunda parte de sua obra (At 2,17.26.31), concentradas em um discurso sobre a ressurreição* e marcadas igualmente pelo motivo da esperança* da ressurreição de toda c.

c) O quarto evangelho. — A originalidade da teologia joanina* se encontra, essencialmente, em duas passagens, em Jo 6 e no prólogo. — João reúne no discurso de Cristo sobre o pão da vida sete ocorrências de "c." (6,51.52.53.54.55.56.63). As seis primeiras acentuam a c. eucarística de Cristo, corpo entregue. A última vem em contraponto das seis outras menções para explicitar o papel do Espírito. Ela vai ao encontro de outra referência joanina: 3,6 (diálogo com Nicodemos). — O prólogo do quarto ev. transmitiu à teologia* cristã uma confissão de fé na encarnação de Cristo: "O Verbo se fez carne" (*ho logos sarx egeneto*). A fórmula permanece ainda hoje no coração da fé*. A ocorrência é única, mas abarca toda a teologia joanina: a manifestação na c. torna-se um dos lugares privilegiados da glória* de Cristo. As epístolas de João dizem a importância que as comunidades joaninas davam a esse reconhecimento de Cristo vindo na c. (2Jo 7).

Não se deve descuidar o estudo do contexto para determinar a significação de "c." nas diferentes ocorrências e guardar-se de concluir apressadamente. Em particular, o olhar que a Bíblia* dirige à c. deve-se distinguir, em numerosos casos, do que ela dirige ao corpo. E muitas passagens, notadamente no NT (1Cor 5,5; Cl 2,23; 1Pd 3,21 etc.), ainda permanecem obscuras.

• N. P. Bratsiotis (1973), "*bâsâr*", *ThWAT*, 1, 850-867. — E. Schweizer, R. Meyer (1964), "*sarx*", *ThWNT*, 7, 98-145. — J. Scharbert, P. Trummer (1991), "Fleisch", *NBL* 4, 677-682 (bibl.). — D. Lys (1967), *La chair dans l'Ancien Testament*, Paris. — R. Jewett (1971), *Paul's Anthropological Terms*, AGJU 10. — V. Guénel (sob a dir. de) (1983), *Le corps et le corps du Christ dans la première épître aux Corinthiens* (Congrès de l'ACFEB, Tarbes, 1981), Paris.

Michèle MORGEN

→ *Adão; Alma-coração-corpo; Animal; Antropologia; Cosmo; Joanina (teologia); Lei; Mundo; Paulina (teologia); Pecado; Ressurreição de Cristo; Ressurreição dos mortos.*

CASAL

Como as outras culturas, a Bíblia* enquadra com cuidado a realidade do casal (c.). Mais ainda, elabora sua identidade e seu alcance simbólico de maneira que, ao mesmo tempo em que o subtrai ao domínio do sagrado, faz dele uma referência central da revelação* e da história* da salvação*.

a) O casal, realidade da criação. — As narrações* da criação* de Gn 1-3 evocam, de início, uma humanidade sexuada. No sexto dia, "Deus* criou o homem à sua imagem, à imagem de Deus ele o criou; criou-os macho e fêmea (*zâkâr oûneqévâh*)" (Gn 1,27). A narração do cap. 2 menciona, por sua vez, um Adão* original cuja solidão chama imediatamente o face a face de outrem, daí a criação da mulher*. O Deus criador desse c., em contrapartida, é cuidadosamente subtraído à sexualidade. Assim a Bíblia distende o vínculo frequentemente posto entre o *eros* e o sagrado, subtrai a sexualidade da esfera do divino. O c. recebe um estatuto autônomo.

O c. humano é qualificado em termos rigorosamente positivos, como imagem de Deus; a relação do homem (h.) e da mulher (m.) é evocada em um cenário onde dominam a harmonia e a admiração (Gn 2,23ss). A narração da queda (Gn 3) altera essa relação. O pecado* aqui descrito não é de natureza sexual, mas seu primeiro efeito incide sobre o vínculo que une h. e m. Doravante, sedução e dominação (3,16) deslizam para o interior do casal. Novo regime que não anula, contudo, a visão positiva dada nos dois primeiros capítulos do Gn.

As narrações dos patriarcas ilustram esse novo tempo, evocando tanto o amor* de Jacó por Raquel (Gn 29,1-30), como relatando histórias de violência* e de estupro (Gn 34,1-6). Retratos de c. positivos (Haná e Elqaná, 1Sm 1,1-8; Tobias e Sara, Tb 7,13-8,8 etc.) e negativos (Sansão e Dalila, Jz 16,1-21; Jó e sua mulher, Jó 2,9 etc.) se sucedem na Bíblia evocando toda a variedade da experiência conjugal.

b) O casal e a aliança. — Marcada pelo pecado, a realidade do c. não deixa de ser mantida e confirmada no coração da dramática bíblica com a aparição do motivo da aliança*. Javé se revela como aquele que faz aliança com o seu povo*. Vinda do vocabulário político, a palavra "aliança" comporta, desde o s. VIII, na literatura profética, uma nota conjugal. Entre os diversos nomes* que servem para designar Javé em sua relação para com Israel*, o de Esposo ocupa um lugar eminente. Donde os termos de "prostituição" ou de "adultério" para designar a infidelidade e o pecado de Israel. O livro de Oseias testemunha essa perspectiva: o profeta* recebe a ordem de desposar uma prostituta; nesse c. simbólico, o povo deverá reconhecer sua situação de infidelidade em relação a Javé. Em outras passagens, as relações entre o profeta e sua esposa servem de sinal e presságio para

Israel (cf. Isaías e sua família em Is 8,4.18; Ezequiel perdendo sua mulher em Ez 24,15-27). É recebendo a ordem de não tomar esposa que Jeremias (Jr 16,1-9), por sua vez, significa a vinda iminente de dias de julgamento* e de desgraça. Contudo, o anúncio dos tempos novos, quando o coração* de Israel será refeito e a aliança posta ao abrigo das infidelidades humanas, passa igualmente por referência nupcial. Esta volta, assim, com toda a força, nos oráculos de Sião do segundo Isaías e nos textos que o prolongam (49,21; 54,1-10; 61,10; 62,1-5; 66,7ss).

Essa valorização do c. culmina no *Cântico dos Cânticos*. Tomado em seu sentido imediato, esse diálogo canta a beleza e a bondade do amor entre um h. e uma m., em uma relação de paridade completa em que se desenrola a plenitude original evocada em Gn 1 e 2. Nota-se, no entanto, que toda a tradição* de leitura judaica do texto a interpreta como cantando a relação entre Javé e Israel, enquanto a tradição cristã entende nele o diálogo do Cristo* e da Igreja*. O Ct serve pois para exprimir, em sua expressão mais avançada e mais acabada, a realidade da aliança designada pelos profetas. Contudo, é evidentemente capital que a perfeição dessa aliança use, por assim dizer, palavras mais resolutamente carregadas de humanidade. A interpretação moderna do Ct, que gosta de levar em conta um e outro registro — antropológico e espiritual —, esclarece bem a maneira como a Bíblia une estreitamente a realidade humana do c. e seu correspondente espiritual, a aliança.

Note-se também que o livro dos Provérbios (1-9) evoca a Sabedoria divina sob os traços de uma esposa amante e amada; o sábio é esposo dessa Sabedoria* da qual Salomão declara: "Eu a amei e a procurei desde minha juventude, busquei desposá-la, apaixonei-me por sua beleza" (Sb 8,2).

c) O Novo Testamento. — Em seus capítulos de abertura, os evangelhos* de Mt e de Lc mencionam o c. de Maria* e José, pais de Jesus*. Depois disso, a questão do c. é tratada com parcimônia. O registo nupcial aflora, contudo, em Mt 9,15 par., assim como em Jo 3,29, no qual

Jesus é designado com o nome de Esposo, aplicado pelos profetas a Javé. Outra passagem (Mt 19,1-12) trata explicitamente da relação h.-m., quando Jesus declara a proibição de repudiar, doravante, sua mulher. Para além de seu alcance disciplinar, o texto vale como declaração sobre a pessoa* de Jesus: concedido por Moisés, o divórcio pertence a um regime de agora em diante ultrapassado, pois Jesus inaugura os tempos novos em que a humanidade encontra, nele, a capacidade de superar suas fraquezas e de viver as relações estabelecidas na origem entre o h. e a m. (cf. Gn 1-2).

A questão do c., ao contrário, está muito presente nos textos paulinos. Gl 3,28, quando declara: "Não há mais nem judeu nem grego; já não há mais nem escravo nem homem livre, já não há mais o homem e a mulher", parece questionar a diferença sexual. O versículo é difícil, porque põe em sequência diferenças que pertencem a registros heterogêneos. Quanto à diferença dos sexos, que Gn designa como realidade fundadora e boa, é bem improvável que Paulo queira anunciar aqui simplesmente sua superação ou supressão. De fato, parece que essas palavras devem ser lidas na coerência de um texto centrado na novidade de Cristo: a união a Cristo permite que sejam superadas a divisão e a violência designadas por Gn 3,16b. Isso equivale a dizer que o h. e a m. existem enfim segundo o projeto inicial de Deus.

A Epístola aos Efésios comporta longo desenvolvimento, determinante para a eclesiologia, que põe em paralelo a relação Cristo-Igreja e a relação conjugal (Ef 5,21-33). Esse texto dá um último prolongamento à tradição profética e sela a grandeza da relação conjugal. A m. é convidada à submissão do amor, enquanto o h. é chamado a amar como Cristo ama a Igreja. Assim, o c. torna-se o reflexo das relações entre Cristo e a Igreja. Paulo comenta: "Esse mistério* é grande". No prolongamento, os Padres* se comprazem em ler a narração da criação da m. em Gn 2 como uma profecia do nascimento da Igreja, objetivo da criação, um objetivo desvelado na Encarnação* e tornado acessível na vida sacramental.

Igualmente, e desviando-se da tradição antiga, assiste-se no NT à promoção de um celibato que se apoia no texto de Mt 19,12. Esse celibato designa uma relação mais fundamental que a relação conjugal, fonte e futuro desta. No entanto, é com uma imagem nupcial que se encerra a Bíblia, com o Apocalipse (visão da nova Jerusalém*, descendo do céu "preparada como uma esposa que se enfeitou para seu esposo": 21,2). Última referência à realidade do c., recapitulando as figuras dos textos proféticos e sapienciais, no ponto em que se encerra a revelação bíblica.

• A. Neher (1954), "Le symbolisme conjugal: expression de l'histoire dans l'Ancien Testament", *RHPR* 34, 30-49. — P. Grelot (1964), *Le couple humain dans l'Écriture*, Paris. — D. Lys (1968), *Le plus beau chant de la création*, Paris. — M. Gilbert (1978), "'Une seule chair' (Gn 2,24)", *NRTh* 100, 66-89. — P. Beauchamp (1979, 1990[2]), "Épouser la sagesse — ou n'épouser qu'elle? Une énigme du livre de la Sagesse", *in* M. Gilbert (sob a dir. de), *La Sagesse dans l'Ancien Testament*, Louvain, 347-369. — C. Yannaras (1982), *Person und Eros*, Göttingen. — J. Briend (1987), "Gn 2,3 et la création du couple humain", em (col.), *La création dans l'Orient ancien*, Paris, 123-138. — A.-M. Pelletier (1989), *Le Cantique des Cantiques. De l'énigme du sens aux figures du lecteur*, Roma; (1993), "Le Cantique des Cantiques", CEv 85. — L. Alonso-Schökel (1997), *Símbolos matrimoniales en la Biblia*, Estrella.

Anne-Marie PELLETIER

→ *Adão; Aliança; Antropologia; Matrimônio; Mistério; Mulher; Sexual (ética).*

CASSIANO, João → **oração** IV. 2

CASTIGO → **pena**

CASUÍSTICA

A casuística (c.) é a arte de julgar casos particulares (*casus*, em latim) à luz das regras morais. Na maior parte das vezes, sabe-se logo que certo ato* e, p. ex., um homicídio ou um roubo: é a consciência* que julga assim à primeira vista (*conscientia*, em latim, literalmente "o fato de conhecer ao mesmo tempo" o princípio abstrato e o caso concreto). Contudo, a situação não é sempre tão simples. A consciência pode estar perturbada por um caso inabitual e não saber o que pensar dele: a c. torna-se então necessária. O princípio da c. é que se deve decidir sobre os casos difíceis raciocinando à luz dos princípios morais, e não, p. ex., obedecendo a um mandamento* concreto de Deus*, imediatamente percebido. Isso significa que há um lugar importante para a deliberação no domínio moral.

a) O judaísmo. — É lógico que houvesse no judaísmo*, em que a Lei* é tão importante, uma jurisprudência e uma c. muito ricas, recolhidas na tradição* dos escribas e dos rabinos; encontram-se ao mesmo tempo na Escritura* (p. ex. Ex 20,1-23,19) e no Midrash (sobretudo na Halaká).

b) Novo Testamento. — Pode-se dizer que Jesus* e Paulo pertencem, em certa medida, a essa tradição. Vê-se, em muitas ocasiões nos evangelhos*, Jesus interpretar as exigências da Lei, p. ex. a respeito do divórcio (Mc 10,2-12; Mt 19,1-12), ou o *sabbat** (Mc 2,23-28); e em 1Cor 8, Paulo discute a questão de saber se é legítimo comer a carne sacrificada aos ídolos. Paulo e Jesus criticavam, porém, certos aspectos da c. de seu tempo, seja porque perdia de vista a verdadeira intenção* da Lei (Mc 2,27), seja porque tinha obsessão pela letra (1Cor 8), ou então porque inventava meios engenhosos de escapar às verdadeiras exigências morais (Mc 7,9-13).

c) Época patrística e medieval. — A c. não pôde degenerar em juridicismo ou na sofística na era patrística, porque estava firmemente situada no contexto mais vasto da formação moral e espiritual. Elaborar regras morais e estudar sua aplicação a determinado caso era secundário em relação à exigência de nutrir as virtudes* e erradicar os vícios.

Na IM a c. era essencialmente auxiliar da confissão privada. Houve, a partir do s. VI no Ocidente, primeiro nas regiões célticas, depois em toda a Igreja*, manuais para os confessores — os "penitenciais" — que analisavam e classi-ficavam os pecados* e indicavam as penitências correspondentes.

d) Grandeza e decadência da casuística protestante. — Inicialmente, a Reforma foi hostil à c. Lutero* julgava moralizante o sistema penitencial do fim da IM e o acusava de se concentrar sobre os atos de pecado e de penitência, e de não ver que o pecado e o arrependimento são antes de tudo orientações espirituais. De outro modo, por reação contra a escolástica*, Lutero pensava o pior possível da razão*.

No fim do s. XVI e no início do s. XVII, puritanos ingleses como William Perkins (1558-1602) e William Ames (1576-1633) julgaram indispensável oferecer aos fiéis uma direção moral fina, seguindo o modelo das sumas de c. católicas (*Summae casuum conscientiae*), mas fundada nos princípios do protestantismo*. Foram os pioneiros da tradição c. anglicana, que se expandiu com teólogos como Jeremy Taylor (1613-1667) e que Kenneth Kirk (1886-1954) tentará reviver nos anos de 1920. Diferentemente de seu homólogo católico, a c. anglicana não está ligada ao confessionário, não procura julgar sobre a gravidade dos pecados que já foram cometidos: quer esclarecer sobre a linha de conduta a adotar em determinada situação.

Antes do fim do s. XVII, os próprios luteranos se tinham dedicado à c. (p. ex. J. H. Alsted, 1588-1638; F. Balduin; C. Dannhauer, 1603-1666; J. A. Osiander, 1622-1697), mas a tradição c. protestante cessou brutalmente pouco tempo depois. As razões disso são diversas: pode-se notar a influência do pietismo* luterano e de sua reação contra o racionalismo* teológico e ético da escolástica protestante, a grande influência das *Provinciais* (Pascal*, 1656-1657), que denunciavam a permissividade da c. probabilista dos jesuítas, a aparição de certa complacência diante da capacidade de juízo do indivíduo, em razão de uma confiança, que há pouco tinha surgido, na autonomia do senso moral, da razão ou da consciência e, enfim, o interesse quase exclusivo dos moralistas do fim do s. XVII e do s. XVIII pelas controvérsias metaéticas, quer se tratasse da natureza quer dos fundamentos da moral.

e) *A teologia moral católica.* — Durante esse tempo, o lugar da c. esteve sempre assegurado no catolicismo*. Em reação contra o que parecia ser o laxismo moral do protestantismo, o catolicismo da Contrarreforma insistiu ainda mais na lei moral; desde essa época até a Segunda Guerra Mundial sua teologia* moral tomou a forma de manuais de casuística, cujo modelo tinha sido fornecido por João Azor (1536-1603) em suas *Institutiones morales* de 1600-1601. O mais influente desses manuais foi a *Theologia moralis* (1748) de Afonso de Ligório, patrono desde 1950 dos confessores e dos teólogos moralistas, o que indica bem a permanência de sua autoridade*. A. de Ligório conseguiu pôr fim ao debate que causara furor no s. XVII e durava ainda no s. XVIII sobre a possibilidade de se esquivar, de maneira lícita, da lei moral. Em meados do s. XVII, o probabilismo, teoria formulada por Bartolomeu de Medina (1527-1580), era muito difundido na Igreja* católica. Segundo essa teoria, uma conduta não conforme à lei, mas que se pode defender moralmente com razão (quer dizer, que é "provável"), é moralmente aceitável, mesmo se há argumentos mais fortes em favor de outra conduta; a "probabilidade" pode ser "intrínseca" e consistir na força do argumento, ou "extrínseca" e consistir no prestígio da autoridade que se pode invocar em seu favor. Os jansenistas tinham horror de uma doutrina que podia justificar a conduta mais relaxada, às vezes graças a uma só e única autoridade. Ao contrário, eram partidários de uma forma rigorista de "tuciorismo". Este defende que em caso de dúvida deve-se tomar o partido mais seguro (em latim, *tutior*), e sob sua forma rigorista considera que o partido mais seguro é agir conforme à lei. A Igreja condenou três vezes (1665, 1666, 1679) as conclusões laxistas de certos raciocínios probabilistas, e no fim do s. XVII o laxismo tinha praticamente desaparecido. Em 1690, porém, Roma* condenou igualmente as formas extremas de tuciorismo. O debate que se prosseguiu entre as formas mais moderadas dessas posições foi resolvido pelo "equiprobabilismo" de A. de Ligório, segundo o qual pode-se preferir uma opinião provável à lei, mas só nos casos em que as opiniões pró ou contra têm a mesma força. Desde os anos de 1950, prefere-se ao cuidado legalista dos manuais uma teologia moral mais sensível ao contexto espiritual da deliberação moral. A obra capital de Bernard Häring (1954), p. ex., vê na vida moral uma resposta à graça* de Deus, e tem como temas essenciais a conversão* e o crescimento da virtude.

O papel da lei na vida moral foi igualmente relativizado, porque se mostrou que ela não basta para tomar uma decisão. Entre a lei e sua aplicação é preciso que haja uma deliberação, o que é mais do que uma operação lógica. É preciso discernimento e prudência*: discernimento da intenção da lei e do caráter moral da situação, e prudência para compreendê-los um pelo outro. A consciência não é apenas assunto de conformidade, mas também de criatividade.

Para os que defendem o proporcionalismo* (R. A. McCormick, p. ex.), a c. não pode consistir em conformar-se às exigências da lei; sua tarefa é discernir e escolher, em dada situação, a conduta em que há maior proporção de bem* em relação ao mal*. Ao contrário, para os "absolutistas" ou "deontologistas" (Germain Grisez ou John Finnis, p. ex.), o casuísta deve ter como pontos de referência certas regras morais absolutas; em particular, toda intenção de prejudicar é estritamente proibida.

f) *O protestantismo contemporâneo.* — Debates em tudo parecidos ocorreram recentemente na teologia moral protestante, ainda que haja ali forte prevenção contra a lei e a deliberação racional, e que se prefira o interesse pelo contexto espiritual e pela intuição moral. Barth* via na c. um meio abstrato e racionalista de chegar por dedução aos juízos morais; esse ponto de vista é partilhado por Bonhoeffer*, Emil Brunner (1889-1966), e Helmut Thielicke (1908-1986). Na linha de Barth, Richard Niebuhr (1894-1962) e Paul Lehmann (1906-1994) preferem fórmulas vagas: a ação boa é uma "resposta" ou uma "correspondência" à atividade divina. A ética* de situação de Joseph Fletcher (1905-1991) demonstra a desconfiança protestante habitual para com a lei e a c., mas abre a porta a certa racionalidade, admitindo que se tenha o direito de calcular a conduta mais apta a maximizar o bem-estar (utilitarismo*). O mais notável dos que se opuseram a essa depreciação protestante do papel da regras é Paul Ramsey (1913-1988); ele tem argumentos convincentes em favor da necessidade de regras de conduta claras e seguras; certas regras morais são para ele "sem exceção" e, enfim, defende uma forma de c. em que as regras e suas relações seriam revisáveis à luz do que ensinam os casos moralmente novos.

- W. Ames (1639), *Conscience with the Power and Cases Thereof*, repr. Amsterdã e Norwood, NJ, 1975. — J. Fletcher (1966), *Situation Ethics*, Filadélfia. — B. Häring (1954), *Das Gesetz Christi*, Friburgo. — K. E. Kirk (1927), *Conscience and its Problems: An Introduction to Casuistry*, Londres. — A. de Ligório (1748), *Theologia moralis.* — B. Pascal (1651-1653), *Les Provinciales.* — P. Ramsey (1967), *Deeds and Rules in Christian Ethics*, Lanham, Md.; "The Case of the Curious Exception", *in* G. H. Outka e P. Ramsey (sob a dir. de) (1968), *Norm and Context in Christian Ethics*, Nova York, 67-135.

▸ É. Baudin (1947), *La philosophie de Pascal*, vol. III ("Pascal et la casuistique"), Neuchâtel. — R. Brouillard (1949), "Casuistique", *Cath.* II, 630-638. — J. T. McNeill (1951), *A History of the Cure of Souls*, Nova York. — Thomas Wood (1952), *English Casuistical Divinity: with Special Reference to Jeremy Taylor*, Londres. — A. R. Jonsen e S. Toulmin (1988), *The Abuse of Casuistry in Early Modern Europe*, Cambridge. — N. Biggar (1989), "A Case for Casuistry in the Church", in *Modern Theology* 6/1, Oxford. — P. Cariou (1993), *Pascal et la casuistique*, Paris. — J. Keenan e T. Shannon (sob a dir. de), *The Context of Casuistry*, Washington. — J. Mahoney (1997), "Probabilismus", *TRE* 27, 465-468. — V. Carraud e O. Chaline (2003), "Casuística", *DEFM*, v. 1, 207-215.

Nigel BIGGAR

→ *Afonso de Ligório; Direção espiritual; Ética; Intenção; Jansenismo; Proporcionalismo.*

CATAFRÍGIOS → montanismo

CATARISMO

a) História. — Foi favorecido pelo comércio e pela segunda cruzada (1147) que o catarismo, heresia* dualista, se expandiu a partir de Constantinopla através dos Bálcãs, da Alemanha, da Itália e do Sul da França.

A genealogia e a história das doutrinas dualistas ainda está por escrever, e seria arriscado precisar o encadeamento doutrinal que conduziu do maniqueísmo* original aos cátaros ocidentais do s. XII. Sabe-se, contudo, que o Império bizantino conheceu no s. X movimentos de oposição contra a capital política e religiosa. Na Bulgária, onde a cristianização era recente e o paulicianismo (seita dualista aparecida no s. VII) tinha conservado alguma influência, um movimento de protesto cristalizou-se em torno do padre Bogomil. Na refutação que lhe fez Cosmas no fim do s. X (Puech 1945), o bogomilismo aparece como uma heresia de fortes tendências ascéticas e muito ligada ao monaquismo* local; o patriarca de Constantinopla, Teofilacto, a definiu como "maniqueísmo misturado com paulicianismo" (Obolensky, 1948, cap. 4). Os bogomilos exerceram influência até no meio constantinopolitano. O vínculo de reivindicações nacionais e de tendências dualistas se encontra na mesma época nas seitas dualistas da Ásia Menor (fundagiagitas).

Entre 1167 e 1172 (ou *c.* de 1176; Thouzellier, 1984), por ocasião de um concílio cátaro realizado perto de Toulouse, o "papa" de Constantinopla, Nicetas, converteu a um dualismo absoluto os "bispos" heréticos de Carcassonne, Albi, Agen e Toulouse, assim como os lombardos — que eram todos, até então, de um dualismo moderado. A doutrina prosperou no Languedoc e ali conservou certa coesão; seus representantes ensinavam em praça pública e se prestavam a discussões contraditórias. Deslocavam-se dois a dois, de um lugar para outro, e contavam em suas fileiras o mesmo número de homens e de mulheres — estas mantinham escolas e tinham as próprias casas nas aldeias. Os cátaros encontravam ajuda, acolhimento e proteção com numerosos senhores. Na Itália, ao contrário, as dissensões se elevaram muito cedo e provocaram a eclosão de muitas facções cátaras.

A cruzada albigense foi lançada contra os protetores dos hereges depois do assassinato de um legado pontifício (1208). Grande parte da nobreza meridional foi então espoliada de seus domínios, que se tornaram terras reais. O tribunal da Inquisição foi instituído em 1233 para combater a heresia, perseguir os hereges e seus adeptos. Seguiram-se profundos descontentamentos, e a ação dos inquisidores provocou movimentos de rebelião, p. ex. a revolta fracassada de Trencavel (1240), na senescalia de Carcassonne. Os que escaparam à guerra* e às perseguições se refugiaram na Lombardia e em Aragão, outros seguiram os últimos bispos e "perfeitos" nas regiões em que o rei ainda não tinha nenhuma influência. Os últimos bastiões de resistência caíram, por sua vez, em 1244 (Montségur) e 1255 (Quéribus). Desde então, o catarismo ficou na clandestinidade.

Havia muito tempo, tinham surgido desavenças entre os reis da França e de Aragão sobre a soberania que pretendiam exercer nas regiões do Sul da França. O tratado de Corbeil (1258) tinha-lhes posto oficialmente um termo; mas no momento em que o condado de Toulouse encontrou-se diretamente submetido à autoridade francesa pela morte de Afonso de Poitiers, e da condessa Joana (1271), o conde de Foix se aliou ao infante de Aragão, pois havia certos toulousanos que desejavam que ele se tornasse senhor dessa região. Filipe, o Audacioso, veio em pessoa tomar posse da herança de seu tio e fez prisioneiro o conde de Foix (1272). De seu lado, os inquisidores recolheram confissões de senhores que tinham sido vassalos do rei de Aragão e aliados do conde de Foix. Ora, esses acusados mantinham relações com antigos compatriotas, condenados depois soltos, que se tinham fixado em Toulouse ou arredores.

Alguns anos mais tarde, os habitantes da senescalia de Carcassonne que não tinham obtido de Filipe, o Belo, a proteção que esperavam contra as manobras dos inquisidores voltam-se para o filho do rei de Mallorca, (parente do rei de Aragão e do conde de Foix) e pedem-lhe ajuda. Sedições ocorreram em Carcassonne e em Limoux, cidade real. São seguidas de prisões em massa e de enforcamentos. Ora, entre as pessoas capturadas em Limoux, em setembro de 1303, encontra-se o "perfeito", Jacques Autier. Seu pai, Pierre, antigo notário dos condes de Foix, tinha-se tornado ministro cátaro. Com seu filho, percorrera o Languedoc e reorganizara a Igreja. Numerosas comunidades, disseminadas em um vasto território, ali viviam em autarquia religiosa, e a parentela nela desempenhava papel eminente na transmissão do catarismo. Esses crentes eram em sua maioria descendentes de antigos proprietários de terra, até mesmo de senhores "faidits" (banidos). Unidos por sua crença em uma mesma doutrina religiosa, formavam uma minoria atuante que se opunha à implantação francesa. Não partilhavam nem da língua nem da cultura dos homens do Norte.

Nomeado pela Sé apostólica, em janeiro de 1307, para a presidência do tribunal da Inquisição em Toulouse, o dominicano Bernard Gui começa então a acossar os últimos "perfeitos", seus cúmplices e seus crentes, alguns dos quais tinham sido interrogados por seus predecessores e pelo inquisidor Geoffroy d'Ablis, em Carcassonne. A detenção de Jacques Autier em 1303 e a de seu pai, provavelmente no ano seguinte, são o toque de finados do catarismo. No decurso dos dezessete anos de seu mandato, o inquisidor Bernard Gui pronuncia sentenças de condenação contra 650 pessoas.

Sem o apoio de Filipe, o Audacioso, em 1274, e de Filipe, o Belo, em 1304, a Inquisição não teria podido quebrar definitivamente a propagação do catarismo no Languedoc: esse movimento religioso foi uma causa importante de instabilidade política.

b) Doutrina. — Os católicos designaram esses hereges com diversos nomes (cátaros, do grego *katharos*, puro; albigenses; maniqueus), seja segundo as classificações da heresiologia patrística, seja segundo sua origem geográfica, os ofícios que exercem ou seus líderes. Eles mesmos se diziam "homens bons", "bons cristãos", amigos de Deus*.

Os membros dessa seita fundam seu ensino em uma Bíblia*, da qual excluem quase todo o AT e que interpretam a seu modo, concedendo um interesse particular ao evangelho* de João. A doutrina repousa na crença na existência de dois deuses, um bom e outro mau, hostis um ao outro desde toda a eternidade*. Eles criaram dois mundos, um deles material, e o outro espiritual e invisível. Satã, o deus mau, saiu de seu reino e invadiu a corte celeste para ali seduzir os anjos*; Deus bom e Pai* o expulsou, com sua coorte e os anjos decaídos. (Existe na Itália uma variante menos radical, que conserva uma teologia monoteísta; embora onipotente, Deus deixou Satã organizar o caos). As almas* decaídas caíram na terra e foram aprisionadas nos corpos* criados pelo diabo. Para a alma, que busca reencontrar o paraíso perdido, obter de novo seu corpo espiritual, abandonado inerte no mundo do Deus bom, o homem deve agregar-se à seita cátara. Por ocasião de um cerimonial particular dito *consolamentum* o oficiante (ou "perfeito") liberta a alma. Esse sacramento*, o único que os cátaros reconhecem, é conferido pela imposição* das mãos e do evangeliário. É o batismo* do Espírito*, "batismo espiritual de Jesus Cristo e batismo do Espírito* Santo" (*Rituel cathare*, SC 236, § 9, 227), e vem "em suplemento" do "outro batismo", o batismo da água, "que era insuficiente para vossa salvação" (*ibid.*, § 13, 253-255). O "perfeito" revela então ao receptor o *Pai Nosso*, de que ele é o depositário e tem direito exclusivo e dever de pronunciar. O simples crente só será autorizado a recitá-lo na hora da morte*.

O *consolamentum* é ao mesmo tempo um rito de ordenação* para os "perfeitos" e o sacramento supremo do simples fiel, recebido em sua hora derradeira. Para receber o *consolamentum* e entrar na fraternidade cátara, o futuro "perfeito" é obrigado a uma ascese* severa, marcada por longos períodos de jejuns. De agora em diante, recusa-se a mentir, a jurar e a matar. De agora em diante, já não teme a morte*, porque sabe que esta permite à alma reencontrar o mundo espiritual. Sua alimentação, enfim, exclui — exceto peixes — todo alimento de origem animal ou originário de coito, diabólico por natureza: isso explica seu voto de castidade.

Os crentes esperam a hora da morte para reclamar esse sacramento. Ele lhes é concedido sem confissão de seus pecados; se não perderam o uso da fala e podem pronunciar o *Pater* que o "perfeito" então lhe ensina. Devem em seguida conformar-se com um jejum total até seu fim. Na maior parte do tempo, os crentes concluíram um pacto com um "perfeito" a fim de estar seguros de ser recebidos na seita, um uso que foi instituído durante o cerco de Montségur (1244) sob o nome de *convenenza*. Se o crente não puder ser "consolado" ou "hereticado" sua alma então errará de corpo em corpo até encontrar o corpo de um crente purificado antes da morte por esse sacramento. Essa crença na metempsicose parece ter sido trazida ao Languedoc, no fim do s. XIII, por ministros da seita que tinham morado na Lombardia.

Nos rituais cátaros conhecidos, provençal, romano e latim, o *Pater* é sempre citado em latim e, às vezes, comentado. Apresenta duas variantes de pouca importância em relação ao da Igreja latina: 1/No quarto pedido ("nos dai hoje"…), *epiousios* é traduzido por "supersubstancial" ("*supersubstantialem*", Vulg.) e não por "cotidiano"; a interpretação cátara segue aqui a tradição patrística grega que vê aí uma alusão à lei* e ao ensinamento de Cristo*, e não à eucaristia*. 2/A prece se conclui com uma doxologia ("Porque é a ti que pertencem o reino, o poder* e a glória* por todos os séculos. Amém!", então desconhecida da liturgia* romana, mas utilizada pela Igreja do Oriente. De resto, pode-se pensar que a *traditio orationis* cátara se inspira do Sacramentário gelasiano e "mergulha… suas raízes no substrato cristão das Igrejas primitivas da África e da Alta Itália" (*ibid.*, introd., 56).

Outros ritos são praticados entre "perfeitos" ou entre crentes e "perfeitos", como o da adoração, ao mesmo tempo sinal de respeito e de reconhecimento entre os adeptos do catarismo.

Simultaneamente, heresia e religião não cristã, o dualismo cátaro representava um real perigo para a ortodoxia, por ser pregado no quadro de estruturas* eclesiais bem organizadas, com suas dioceses, seus bispos, seus clérigos* cuja hierarquia* era calcada na da Igreja* romana. A refutação do dualismo cátaro (e do dualismo em geral) foi uma tarefa teológica da maior importância, e permitiu reafirmação do monoteísmo* cristão perante o problema do mal*.

• H.-C. Puech e A. Vaillant, *Le traité contre les Bogomiles de Cosmas le prêtre*, Paris, 1945. — C. Thouzellier, intr., ed., trad. e notas, *Rituel cathare*, 1977, SC 236. — Anselmo de Alexandria, *Tractatus de hereticis*, ed. A. Dondaine, "La hiérarchie cathare en Italie", II, *APF* XX, 1950, 308-324. — Bernard Gui, *Liber Sententiarum inquisitionis Tholosanae*, ed. P. van Limborch, Amsterdã, 1692; *Manuel de l'Inquisiteur*, t. I, ed. G. Mollat, CHFMA, 8, 1926. — Bonacursus, *Manifestatio haeresis Catharorum*, PL 204, 775-792. — *De heresi catharorum in Lombardia*, ed. A. Dondaine, *AFP* XIX, 1949, 306-312. — *Disputationes Photini Manichaei cum Paulo Christiano, Propositiones adversus manichaeos*, PG 88, 529-578. — Durand de Huesca, *Liber antiheresis*, ed. K. Selge, *Die ersten Waldenser*, II, AkuG 37, 2, 1967; *Liber contra Manicheos*, ed. C. Thouzellier, *Une somme anticathare. Le* Liber contra Manicheos *de D. de Huesca*, SSL Études et documents, 32, 1964. — Eckbert de Schönau, *Sermones contra Catharos*, PL 195, 11-102. — Ermengaud de Béziers, *Contra haereticos*, PL 204, 1235-1272. — Eutímio Zigabène, *De Haeresi bogomilorum narratio*, ed. A. Ficker, *Die Phundagiagiten*, Leipzig, 1908, 87-111; *Panoplia dogmatica*, XXVII, 19, PG 130, 1290-1332. — Jacques de Capellis, *Summa contra heretici-cos*, ed. D. Bazzochi, *L'eresia catara*, t. II, Bolonha, 1920. — *Livre des deux principes*, ed. C. Thouzellier, SC 198, 1973. — Moneta de Cremona, *Adversus catharos et Valdenses*, ed. T.-A Ricchini, Roma, 1743, reed. anastática, Ridgewood, NJ, 1964. — Raynier Sacconi, *Summa de Catharis*, ed. A. Dondaine, *Un traité néomanichéen du XIIIe s.*, Roma, 1939, 64-78; ed. F. Sanjek, *AFP* 44, 1974, 31-60.

▶ C. Douais (1900), *Documents pour servir à l'histoire de l'Inquisition dans le Languedoc au XIIIe et au XIVe siècle*, 2 vol., Paris. — D. Obolensky (1948), *The Bogomils. A Study in Balkan neo-manichaeism*, Cambridge. — A. Dondaine (1949, 1950), *La hiérarchie cathare en Italie*, *AFP* XIX e XX. — Y. Dossat (1959), *Les crises de l'Inquisition toulousaine au XIIIe siècle (1233-1273)*, Bordeaux. — A. Borst (1953), *Die Katharer*, Stuttgart. — M. Loos (1974), *Dualist Heresy in the Middle Ages*, Praga. — J. Duvernoy (1979), *Le catharisme: l'histoire des cathares*, Toulouse. — G. Rottenwohrer (1982-1993), *Der Katharismus*, 4 t. (8 vol.), Bad Honnef. — C. Thouzellier (1984), "Cathares", *EU* 4, 379-385. — A. Pales-Gobilliard (1991), "La Prière des cathares", em *Prier au Moyen Âge*, Paris; (1994), *Poursuites et déplacements de population après la croisade albigeoise*, CTh HS, Amiens. — A. de la

Presle-Evesque (1994), *Le conflit franco-aragonais de la fin du XIIIe siècle et ses conséquences religieuses et politiques*, CTh Hs, Amiens.

Annette PALES-GOBILLIARD e
Galahad THREEPWOOD

→ *Gnose; Mal (A); Maniqueísmo; Marcionismo; Valdenses.*

CATECISMO DA IGREJA CATÓLICA
→ **catequeses** e

CATEQUESES

A palavra "catequese" (c.) (como os termos aparentados, "catecismo", "catecúmeno", "catequista" etc.) está ligada ao verbo grego *katekheo*, que significa "ressoar", e tem inicialmente o sentido de "ensinamento oral". Nesse sentido, é atestado no NT e em escritos da época helenística (p. ex. Cícero, *A Atticus*, 15, 12, 2; Flávio Josefo, *Vida*, 65; Luciano, *O asno*, 48). A iniciação* cristã (e, portanto, o batismo) exigia que se conhecesse a doutrina e a moral cristãs: a história da c. é assim a história da transmissão aos leigos* cristãos, especialmente às crianças, dos elementos essenciais do cristianismo.

a) Pano de fundo do Antigo Testamento, do Novo Testamento e dos Padres apostólicos. — Nos raros casos de conversão* que se encontram no AT, p. ex. o de Rute (Rt 1,16), não se fala em instrução prévia. Ao contrário, os textos insistem no dever de ensinar às crianças os mandamentos* de Deus* (Dt 6,7 e 20, p. ex.), e a reforma religiosa supõe a c. do povo* inteiro, como se vê em 2Rs 22 ou em Ne 8. O judaísmo*, que praticava o proselitismo, devia certamente ter encontrado meios de formar os recém-chegados, mas quase nada se sabe a respeito. Pode-se pensar que os esquemas retidos serviram de modelo às c. da nova religião: não se nascia cristão, tornava-se cristão, porque todos os cristãos eram convertidos. Portanto, era preciso instruí-los sobre o "Evangelho", isto é, sobre Jesus* e seu ensinamento, mas também sobre a relação do cristianismo com a lei* judaica, ponto particularmente importante quando eles vinham sobretudo do judaísmo (cf. Hb 6,3).

A primeira c. sobre a qual temos informações precisas encontra-se na *Didaché* (1-6). Nela há um texto que se chama "os dois caminhos" e que se encontra também na *Epístola de Barnabé* e alhures; segue provavelmente um modelo judaico. Apresenta os deveres de quem toma o "caminho da vida" (honestidade, castidade, humildade, caridade fraterna) e que se afasta assim do mundo* e do "caminho da morte*"'. O *Pastor* de Hermas (l. 2) alude a uma c. romana pré-batismal da mesma ordem.

b) Dos apologistas ao concílio de Niceia.
— Nada se sabe sobre a c. dos grupos gnósticos cristãos no começo do s. II, Valentino e Basílides, p. ex. (gnose*). Está-se mais servido quanto aos aderentes da "Grande Igreja*". Justino (†165) faz alusão à c. quando descreve o batismo e a primeira eucaristia* dos novos cristãos (*Primeira apologia*, 65). Não se sabe quem dava esse ensinamento, por não haver função separada de catequista. Ireneu* dirige sua *Demonstração da pregação apostólica* a certo Marciano, sem dúvida um leigo, "para confirmar sua fé* pela pregação* da verdade*". Pode-se ter uma ideia do que era a c. romana no começo do s. III, pela *Tradição apostólica* de Hipólito de Roma. Esse conjunto de regras, entre outros, especifica quem pode ser admitido à c. batismal (15s), o tempo de sua preparação (três anos, mas podia ser menos) por um leigo ou por um padre*, seu estatuto na assembleia (17-19). Quanto ao *didaskaleion* de Alexandria*, de que Eusébio (*c*. 260 – *c*. 340) fala em sua *História eclesiástica* (5, 10s; 6, 63), ele nada tem a ver com a instrução elementar.

c) A Igreja imperial. — Com o fim das perseguições e a oficialização do cristianismo, assistiu-se a um grande número de conversões e à eclosão de uma literatura cristã. Boa parte desta concerne à c. em sentido amplo, porque se trata na verdade de facilitar a transmissão dos elementos do cristianismo, mas esses textos se dirigem antes aos que são encarregados da instrução (quase sempre o clero, agora) do que aos que devem recebê-la. Numerosas c. pré-batismais chegaram até nós, p. ex., por meio de Cirilo (ou João) de Jerusalém (*c*. 315-386), de

João* Crisóstomo, de Ambrósio* de Milão ou de Teodoro de Mopsueste (*c*. 350-428). Devem-se notar especialmente dois tratados escritos para os catequistas, que concernem ao método e ao conteúdo da c.: o *Discurso catequético* de Gregório* de Nissa e a *Catequese dos iniciantes* de Agostinho*. Gregório adota uma apresentação dogmática* do conteúdo da fé e dá um grande espaço à afirmação trinitária e depois à doutrina da salvação*; a teologia* do batismo e da eucaristia forma a última parte de sua obra. No tratado que endereça a um diácono* com o nome de Deogratias, que o interrogou sobre vários pontos, Agostinho adota, ao contrário, uma apresentação narrativa que retoma a ordem bíblica desde a criação* até os começos da Igreja. Contudo, nem Agostinho nem Gregório mencionam explicitamente o Credo ou o Pai-Nosso como bases da c.

d) Da época patrística à Reforma. — Com a conversão dos povos germânicos ao cristianismo e a generalização do batismo das crianças, não houve mais c. pré-batismal no conjunto do mundo cristão. Ela foi substituída no Ocidente pela instrução das crianças e dos jovens. De 800 a 1500, bom número de injunções decorrentes de concílios locais e a bispos* atestam o esforço realizado para garantir que o Credo, o Pai-Nosso (e a Ave-Maria) fossem conhecidos e compreendidos por todos. Foram compostas exposições elementares do que era preciso ensinar, entre as quais o *Elucidarium* de Honório de Autun (começo do s. XII; PL 172, 1109-1176), em forma de perguntas e respostas. No século seguinte, Tomás* de Aquino escreveu também manuais desse gênero que tiveram grande difusão (*Opuscula*, 4, 5, 7s e 16). João Gerson (1363-1429) ocupa um lugar à parte na história da c. Preocupado com a educação (escreveu muitas obras pedagógicas), compôs um curto catecismo (ct.) para as crianças, o *ABC da gente simples*. Quando Lutero* publicou dois *Catecismos* em 1529, o terreno estava, pois, preparado. Todavia, se não inventava um novo gênero literário, contribuiu para generalizar a existência de manuais desse tipo em toda a Europa. Considerados portadores da substância de sua doutrina, seus *Catecismos* se impuseram no luteranismo*. O ct. teve um papel capital na propagação e no fortalecimento do protestantismo*, em paralelo com as múltiplas "confissões*" da Reforma. O *Catecismo de Genebra* de Calvino* (1541), sucedendo à *Instrução e confissão de fé* de 1537, teve amplo sucesso: foi utilizado, p. ex., nas Igrejas da Escócia e da Inglaterra. O *Catecismo de Heidelberg* (1563) une elementos luteranos e calvinistas, em 129 perguntas e respostas divididas em três seções (a miséria do homem, sua redenção, a ação de graças). Pode-se também citar o ct. anglicano do *Book of Common Prayer* de 1662 (com materiais tirados dos *Prayer Books* de 1549, 1552 e 1604), que esteve em uso até meados do s. XX.

A Igreja católica respondeu aos ct. da Reforma com o que se chama o *Catecismo romano*, elaborado pelo concílio* de Trento*. Diferentemente do importante ct. por perguntas e respostas (1555) de Pedro Canísio (1521-1597), este é para uso dos pastores* (cf. seu título, *Cathecismus... ad parochos*). Aparece como uma síntese da doutrina católica, notavelmente pouco polêmica para a época.

e) Da Reforma aos nossos dias. — Nos s. XVII e XVIII, manuais para a instrução das crianças foram compostos em muitas Igrejas, assim como vários ct., muitas vezes na forma de perguntas e respostas.

Para a França, há que citar Bossuet (1627-1704), o *Cathéchisme du diocèse de Meaux. Par le commandement de Mgr. l'illustrissime et révérendissime Jacques Bénigne Bossuet Evesque de Meaux, Conseiller du Roy en ses Conseils, cy-devant Précepteur de Moinseigneur le Dauphin, premier Aumônier de Madame la Dauphine* (1687). De fato, trata-se de três ct. (perguntas e respostas): um para os iniciantes e para os que deviam ser confirmados; um para os mais avançados e para os que preparavam sua primeira comunhão; enfim, um ct. sobre as festas e as observâncias da Igreja para os que estavam ainda mais avançados. Na Advertência, dirigida aos "párocos, vigários, pais e mães, e a todos os fiéis de sua diocese", Bossuet diz que os pais são os primeiros catequistas e devem, portanto, conhecer o ct. Menciona com aprovação o *Grand Cathéchisme historique* (1683) de Claude Fleury (1640-1723), historiador da Igreja, obra que teve igualmente grande voga. Houve uma tentativa interessante, embora efêmera, de impor um só ct. a toda a França com o *Cathéchisme impérial* de Napoleão (*Ct. à l'usage de toutes les églises de l'Empire français*, 1806). Baseado no segundo dos ct. de Bossuet, coincide com um período conturbado da história* da Igreja na França. Como inculcava a devoção à dinastia de Napoleão, caiu em desuso a partir de 1814. Interessante também é o *Cathéchisme chrétien* de Dupanloup (1865), cujo título completo é *Le ct. chrétien ou un exposé de la doctrine de Jésus-Christ, offert aux hommes du monde par Mgr. l'évêque d'Orléans de l'Académie française, suivi d'un Abrégé et sommaire de toute la doctrine du Symbole par Bossuet*. Sumário da fé cristã na intenção dos adultos, tem a forma de um diálogo e deve muito a Bossuet.

A publicação mais importante desses últimos anos é o *Catecismo da Igreja Católica*, aprovado por João Paulo II em 1992 (texto revisto em 1997, ed. típica latina). A assembleia extraordinária do sínodo* dos bispos, realizada em 1985 para o 20º aniversário do fim do Vaticano II*, tinha expressado o desejo de um "ct. ou compêndio de toda a doutrina católica tanto sobre a fé quanto sobre a moral" que pudesse servir de "texto de referência" para os ct. compostos nos diversos países. "A apresentação da doutrina" devia ser "bíblica e litúrgica" e "uma doutrina segura" devia ser "adaptada à vida atual dos cristãos". Em sua forma, o *CIC* deve muito ao ct. do concílio de Trento, com sua divisão em quatro partes: "a profissão de fé" (o Credo), "a celebração do mistério* cristão" (os sacramentos*), "a vida de Cristo*" (os mandamentos), "a oração* cristã" (o Pai-Nosso). Leva em conta os dogmas* referentes a Maria* (1854, 1950) e a infalibilidade* pontifícia, tal como definida pelo Vaticano I*. Seu conteúdo reflete evidentemente o Vaticano II, mas responde também, em certa medida, às questões postas pela teologia da libertação*, pela teologia feminista (mulher*) e mesmo pelo problema dos direitos dos animais*. Contudo, seu traço mais marcante é o recurso constante à Bíblia* e à liturgia*. Nisso é fiel ao que tinha sido pedido inicialmente. Quanto a saber se corresponde à segunda exigência (adaptação à vida atual), ainda é muito cedo para dizer. Se a Bíblia e a liturgia não têm mais autoridade* para a pós-modernidade*, talvez não seja "adaptado" apelar para elas... Isso dito, a prudência* do *CIC*, sua abordagem irênica das questões controversas, a vontade sempre presente de explicar e de escutar permitem expor as posições católicas com eficácia. O ct. foi amplamente difundido, e é certo que será por muito tempo um ponto de referência para a c., tanto no interior como no exterior da Igreja católica.

- Mgr. Hézard (1900), *Histoire du catéchisme depuis la naissance de l'Église jusqu'à nos jours*, Paris. — G. Bareille (1923), "Catéchèse" e "Catéchuménat", *DThC*, 2/2, 1877-1895 e 1968-1987. — E. Mangenot (1923), "Catéchisme", *DThC*, 2/2, 1895-1968. — J.-C. Dhotel (1967), *Les origines du catéchisme moderne, d'après les premiers manuels imprimés en France*, Paris. — A. Lapple (1981), *Kleine Geschichte der Katechesen*, Munique. — G. J. Bellinger (1983), *Bibliographie des Catechismus Romanus ex decreto concilii Tridentini ad Parochos: 1566-1978*, Baden-Baden. — E. Germain (1983), *Deux mille ans d'éducation de la foi*, Paris. — G. J. Bellinger (1988), "Katechismus", *TRE* 17, 710-744. — C. Bizer (1988), "Katechetik", *TRE* 17, 687-710. — W. Jetter (1988), "Katechismuspredigt", *TRE* 17, 744-786. — K. Hauschildt (1989), "Katechumentat/Katechumen", *TRE* 19, 1-14. — R. Brodeur e B. Caulier (sob a dir. de) (1997), *Enseigner le cathéchisme. Autorités et institutions, XVIe-XXe siècles*, Laval (Canadá)-Paris.

Lionel R. WICKHAM

→ *Batismo; Confissões de fé; Iniciação cristã.*

CATOLICISMO

Se certas noções designam conjuntos muito amplos que incluem várias Igrejas* ou comunidades cristãs (p. ex. o gênero protestantismo* ou sua espécie, o calvinismo*), o catolicismo (c.) é em rigor de termos uma categoria inútil:

um uso inicial fiel ao sentido etimológico do termo, com efeito, se atenuou; essa atenuação impôs o dublê doutrinal ou geográfico "catolicidade", e a eclesiologia* da Igreja (I.) católica a torna o único componente do c. Na medida em que o emprego contemporâneo da palavra comporta aspectos sociais e culturais, não se poderia, contudo, limitar o c. aos elementos de uma história* doutrinal — daí três determinações principais do c.

1. O catolicismo como confissão

A I. católica é a maior e, geograficamente, a mais difundida de todas as I. cristãs. Com mais de um bilhão de membros, reúne uma ampla metade dos que no mundo invocam uma I. cristã. Embora seu ponto de ancoragem principal se encontre na Europa, não se limita a um quadro étnico ou geográfico particular (Kaufmann 1994). O concílio do Vaticano II*, apoiando-se nos modelos extraídos dos dois concílios* precedentes (Trento*, Vaticano I*), expôs longamente — notadamente nas constituições dogmáticas (*DV, LG*) — a definição autêntica que a I. católica dá de si mesma.

Desses textos pode-se extrair um conjunto doutrinal e cultural, chamado por comodidade "c.", e que permite uma abordagem sociocultural da I. (a própria palavra "c." não se encontra nem no *DV* nem no *LG*). Um dos caracteres distintivos do c. é, segundo esses textos, o governo* universal da I. (*LG* 23) exercido pelo papa*, como bispo* de Roma* e em comunhão* com o colégio dos bispos. O ministério* ordenado, na I., tem por fim não apenas o governo eclesiástico, mas também a proclamação autorizada do dogma* (função de ensinamento) e a celebração dos sacramentos* (função de santificação). Está estruturado no plano local em três graus (bispo, padre*, diácono*; ver *LG* 27-29) e reservado aos homens. Sacerdócio* ministerial e sacerdócio batismal cooperam de diferentes maneiras na celebração dos sacramentos (*LG* 11). Cada fiel é portador da mensagem cristã pela palavra e pelo exemplo (*LG* 12), porém só uma missão eclesiástica explícita pode conferir a seu anúncio um caráter de autoridade*. Quanto ao direito de determinar o conteúdo da fé* cristã, assim como de excluir as interpretações desviadas (heresia*, infalibilidade*), isso é reservado aos concílios, aos bispos em comunhão com o papa, ou a este só (*LG* 25). O exercício do magistério* concerne não só à expressão da fé (o dogma) mas também às estruturas* eclesiais (inclusive o direito), os costumes, ou seja, as diversas formas do culto* divino, e mesmo certos pontos fundamentais da ética*.

O fundo doutrinal do c. se compõe da Sagrada Escritura* (cânon* das Escrituras) e das interpretações mais ou menos normativas dadas pelo magistério eclesiástico e pelos testemunhos autorizados da I. passada e presente (tradição*; lugares* teológicos) (*DV* 10). O desenvolvimento das estruturas eclesiais e de seu modo de funcionamento é regulado por decisões universais ou locais de caráter jurídico (direito* canônico, jurisdição*).

Não obstante a grande unidade de estrutura e de ensino que o caracteriza, o c. apresenta em suas diversas manifestações uma pluralidade irredutível (escolas* teológicas; Igrejas locais*; inculturação*; tradições particulares; ver *LG* 13). Além disso, sua história* foi sempre marcada por movimentos internos de oposição à doutrina dominante (p. ex. jansenismo*, galicanismo*, modernismo*), cujas formulações às vezes foram condenadas, às vezes não o foram.

Certamente, a I. católica não pretende mais, contra as outras I. cristãs, deter de modo exclusivo a eclesialidade e as condições autênticas da experiência* cristã, mas mantém que a I. de Cristo* *subsiste* nela de maneira visível, com todos os seus componentes necessários (*LG* 8).

Antes de tudo, ela denuncia, nas I. ortodoxas e protestantes, o não reconhecimento do episcopado universal do papa e, só nestas últimas, a ausência de ministério legitimado pela sucessão* apostólica. A isso se acrescentam diferenças doutrinais que — embora numerosas iniciativas ecumênicas permitam reduzir em parte — ainda não estão resolvidas: sobre a eucaristia*, a processão do Espírito*, Maria*, o culto* dos santos e a teologia* dos ministérios.

2. O catolicismo como visão do mundo

Se há uma experiência "católica" do mundo, ela não se confunde com as manifestações da I. cristã que leva esse nome, mas está ligada a ela, pelo menos historicamente. Construiu-se sobre atitudes, movimentos de pensamento e comportamentos que são parcialmente determinados pela vida e pela doutrina da I. romana, embora não sejam diretamente deduzíveis dela (Gabriel-Kaufmann, 1980) — é assim que, para C. Schmitt, o c. está ligado a uma ideia política fundada sobre a "execução rigorosa do princípio de representação" (1923, 18).

3. Determinações normativas do fato católico

Se os epítetos "romana" e "católica" têm uma longa história (Congar, 1987), o substantivo "c." só aparece na época moderna (Imbs, 1977, 309). E é ainda mais recentemente — no s. XIX — que toma o sentido de uma determinação qualitativa, da qual se encontram três modelos fundamentais:

a) *A complementaridade do catolicismo e do protestantismo.* — Para Schelling* (1841-1842, 314-325), o c. constitui um momento necessário, mas unilateral, que o cristianismo é chamado a ultrapassar no movimento histórico de seu autodesenvolvimento (cf. também Heiler, 1923); para Schleiermacher* é uma forma legítima da fé cristã, mas à qual o protestantismo deve ficar irredutivelmente estranho (1830, § 24).

b) *O catolicismo como evolução aberrante.* — O c., nessa perspectiva, é visto como uma deformação jurídico-dogmática do cristianismo. Essa evolução teria origens longínquas (protocatolicismo*), mas se afirmaria definitivamente na época moderna (cf., p. ex, Sohm, 1892, 162; Harnack, 1931-1932, I, 480-496; III, 692-764).

c) *O catolicismo como determinação positiva da essência do cristianismo.* — Desde o começo do s. XIX, os teólogos (católicos, em particular) se esforçam por determinar a "essência" do c. As formulações mais marcantes a respeito se encontram em J. A. Möhler ("só todos podem ser o todo, e a unidade de todos só pode ser uma totalidade" [1825, 237]). K. Adam ("a afirmação integral dos valores, a abertura ao mundo* no sentido mais englobante e mais nobre, o casamento da natureza* com a graça*, da arte com a religião, da ciência com a fé, a fim de que 'Deus seja tudo em todos'" [1924, 103]), Henri de Lubac* ("Ver no c. uma religião entre outras... é enganar-se sobre a sua essência... O c. é a *Religião*. É a forma que deve revestir a humanidade para ser enfim ela mesma. Única realidade que não tem necessidade de opor-se para ser, é portanto o contrário de uma 'sociedade* fechada'" — mas, aqui, c. designa menos um "conteúdo" que um "espírito" [1938, 255-256 e XI]). Hans U. von Balthasar* retoma o qualificativo, evitando em geral o substantivo ("Revelação e comunicação da Totalidade divina" [1975, 7]). Contudo, hoje em dia essa temática quase não é mais tratada sob o título de "c.", mas antes na perspectiva de uma catolicidade que transborda os limites confessionais do c. cumprindo a vocação da I. (Congar, 1949; Seckler, 1972 e 1988).

• J. A. Möhler (1825), *Die Einheit in der Kirche und das Prinzip des catholizismus*, Darmstadt, 1957. — F. D. E. Schleiermacher (1830²), *Der christliche Glaube*, t. I, Berlim. — F. W. J. Schelling (1841-1842), *Philosophie der Offenbarung* (cópia Paulus), Frankfurt, 1977. — R. Sohm (1892), *Kirchenrecht*, t. I, Leipzig. — F. Heiler (1923), *Der Katholizismus*, Munique-Basileia. — C. Schmitt (1923), *Römischer Katholizismus und politische Form*, Hellerau. — K. Adam (1924), *Das Wesen der Katholizismus*, Augsburgo. — A. von Harnack (1931-1932⁵), *Lehrbuch der Dogmengeschichte*, 3 vol., Tübingen (reimp. Darmstadt, 1983). — H. de Lubac (1938), *Catholicisme. Les aspects sociaux du dogme*, Paris. — Y. Congar (1949), "Catholicité", *Cath* 2, 720-725. — W. Beinert (1964), *Um das dritte Kirchenattribut*, Essen. — M. Seckler (1972), *Hoffnungsversuche*, Friburgo, 128-140. — H. U. von Balthasar (1975), *Katholisch*, Einsiedeln. — P. Imbs (sob a dir. de) (1977), *Trésor de la langue française*, t. V, Paris, *s.v.* — K. Gabriel, F.-X Kaufmann (sob a dir. de) (1980), *Zur Soziologie des Katholizismus*, Mainz. — Y. Congar, (1987), "Romanité et catholicité", *RSPhTh* 71, 161-190. — A. Dulles (1988), *The Reshaping of Catholicism*, São Francisco. — M. Seckler (1988), *Die schiefen Wänden des Lehrhauses*, Friburgo. — F.-X. Kaufmann (1994), "Christentum VI", *LThK³* 2, 1122-1126.

Leonhard HELL

→ *Anglicanismo; Calvinismo; Igreja; Infalibilidade; Lubac; Luteranismo; Ortodoxia; Papa; Protestantismo; Universalismo.*

CAUSA → criação → ser

CAUSA SUI → asseidade

CEIA → eucaristia

CENSURAS DOUTRINAIS → notas teológicas

CETICISMO CRISTÃO

O NT não menciona a corrente filosófica chamada ceticismo (cm.). Contudo, Pilatos, que não espera nenhuma resposta depois de ter perguntado a Jesus* "que é a verdade*?" (Jo 18,38) poderia figurar como o arquétipo do cético (ct.). Principalmente caracterizado pela suspensão do juízo (*epokhe tes dianoias*) sobre opiniões e dogmas* (daí a equivalência terminológica dos ct., dos epoquistas e dos pirronistas [de Pirro, 365-275, iniciador do cm.], que incluem também os acadêmicos, em razão da Nova Academia, escola fundada pelo ct. Carnéades, 214-129), o cm. tem um estatuto teológico ambivalente. Enquanto se recusa a toda afirmação dogmática, pode aparecer como inimigo da fé*. Contudo, enquanto constata que a razão* humana não é a norma de nenhuma verdade (a afirmação diferente, de que nenhuma verdade pode ser alcançada só pelas forças da razão humana, seria fideísmo*), o cm. pode ter uma função preparatória para a fé. Essa ambivalência: *a*) marca a atitude de Agostinho* em relação ao cm.; *b*) em seguida reaparece na época moderna; *c*) antes de degradar-se em fideísmo.

a) O ceticismo antigo. — Parece que o cm. antigo nunca negou a existência de deus(es): "Tomando a vida por guia, afirmamos sem dogmatismo que os deuses existem, que nós os veneramos e lhes votamos reconhecimento" (Sexto Empírico, *Hipotiposes pirronianas* [*HP*] III, 2). Inimigo dos filósofos* (por isso não terá seu igual para destruir as sabedorias* que são loucuras diante de Deus*, segundo 1Cor 1), não é apresentado como um adversário mortal da religião, notadamente em Cícero, a não ser pelos defensores de uma religião fundada em provas racionais, tal como a dos estoicos, enquanto é uma arma a serviço da religião tradicional (*De natura deorum*). Ante a diversidade de crenças e cultos* (ver o décimo modo de suspensão do juízo de Enesídemo [80-130] *HP* I, 37), e a impotência dos filósofos para decidir questões sobre a natureza de Deus, a existência da providência*, o conflito entre a onipotência* e a bondade divinas, ou entre o mal* e a liberdade*, os ct. antigos praticavam a suspensão do juízo. Agostinho critica essa posição que julga perigosa tanto para a sabedoria como para a fé, no l. II do *Contra academicos* (*CA*), depois no l. XIX do *De civitate Dei*. É pondo em evidência o "caráter intencional do espírito", isto é, atingindo uma verdade formal anterior a qualquer verdade material, que ele escapa à suspensão do juízo (*CA* III, 5, 1), antecipando assim o estatuto transcendental da verdade (*De libero arbitrio* [*LA*] II, 9, 26 e 12, 34). O debate de Agostinho com o cm. põe em jogo um duplo desafio, filosófico e teológico. 1/Foi para responder à argumentação ct. que Agostinho estabelece pela primeira vez o que se chamará, depois de Descartes*, o *cogito*, e torna assim indiferente a possibilidade mesma de erro ou de engano (*Solilóquios*, II, 1, 1; *LA* II, 3, 7; *De civitate Dei* XI, 26; *De Trinitate* X, 10, 14); mas, com isso, reconhece o fato inicial da dúvida, de onde parte até alcançar a certeza de seu próprio ser* e, depois, da existência de Deus. 2/Agostinho confessa que conheceu uma fase ct. — "durante muito tempo os acadêmicos mantiveram em meio das ondas meu leme em luta contra todos os ventos" (*De beata vita* 1, 4) —, fase esta contemporânea de seu catecumenato. "Eu retinha meu coração* de toda adesão [...] e essa suspensão de juízo terminava por me matar" (*Confissões* VI, 4, 6), porque "eu queria, sobre as coisas que não via, estar tão certo como estava certo de que 7 mais 3 é igual a 10". O probabilismo acadêmico (que não questiona a existência de Deus e da providência, mas somente sua substância e sua via de acesso, VI, 5, 7-8) o leva a esse catecumenato provisório, "até quando uma certeza não me mostrasse em sua luz para onde dirigir minha rota" (V, 14, 25). A fé será, pois, conquistada na tensão entre a necessidade de crer e o medo de crer no erro (VI, 5, 7). Resta que o cm. apresenta duas vantagens essenciais: 1/permite escapar ao maniqueísmo* (III, 6, 10-11; V, 14, 25), que pretende nada impor sem justificação

racional — Agostinho se servirá de argumentos ct. contra os maniqueus (*Contra Faustum*); 2/ mostra que, incapazes de encontrar a verdade por nós mesmos graças a um raciocínio límpido (VI, 5, 8), precisamos recorrer à autoridade da Sagrada Escritura* e da tradição*. Esse último argumento, que manifesta a um tempo a função propedêutica do cm. e sua utilidade contra as heresias*, funda o que podemos chamar a apologética ct., que não constituirá a forma menos paradoxal do agostinismo* na época moderna.

b) *A apologética cética.* — Opondo-se à *Theologia naturalis sive liber creaturarum* de Sebond (ed. póst. 1487, trad. fr. de Montaigne, 1581), o projeto de Montaigne na *Apologia de Raymond Sebond* é propor uma apologética de riscos, para filósofos, isto é, apoiando-se na falta de argumentos, que determinará em parte essencial o projeto de *Apologie* de Pascal* — numerosas reflexões pascalinas têm Montaigne por origem: "O pirronismo é o verdadeiro", "O pirronismo serve à religião", "É tendo falta de provas que eles [os cristãos] não têm falta de senso". Como Montaigne considerava "o homem destituído de toda revelação*" (Pascal), seu cm. "apresenta o homem nu e vazio, que reconhece sua fraqueza natural, próprio a receber do alto alguma força estranha, desguarnecido de humana ciência, e tanto mais apto a alojar em si a ciência divina, aniquilando seu juízo para dar mais lugar à fé" (*Essais* II, 12). Essa apologética radical funda-se no reconhecimento da onipotência de Deus, que nenhuma racionalidade finita poderia condicionar. Mas tem também um alcance eclesiológico, porque permite a Montaigne tomar partido contra os luteranos. A mesma passagem acrescenta: "nem descrendo nem estabelecendo dogma nenhum contra as observâncias comuns [*i.e.*, a tradição*], inimigo jurado de heresia*, e isentando-se em consequência das vãs e irreligiosas opiniões introduzidas pelas falsas seitas. É uma folha em branco preparada para receber do dedo de Deus determinadas formas que quiser gravar nela". É porque a razão humana não poderia ser a norma da doutrina divina que Montaigne se opõe também às traduções da Bíblia* em línguas vernáculas ("Des prières", I, 56, argumento retomado por Francisco de Sales) ou ao uso protestante da lógica que faz perceber uma contradição na presença real (II, 12).

Contemporâneo dos *Ensaios*, e como eles muito dependente do *De disciplinis* de Juan-Luis Vivès (1492-1540), o *Quod nihil scitur* (1581) de Francisco Sanchez (†1623) utiliza argumentos nominalistas para fins ct. e constitui uma arma terrível contra o *Organon* aristotélico. Discípulo de Montaigne, com *A sabedoria* (1601), Pierre Charron concilia apofatismo e cm. em *As três verdades* (1593) e no *Discurso sobre a Divindade* (1604). Em larga medida importante, a relação do que se chamou a "libertinagem erudita" (Gassendi, Naudé, Diodati, La Mothe Le Vayer) para com o cristianismo inscreve-se no sulco dos *Ensaios* e testemunha a aliança objetiva de certo nominalismo* com o cm. A ideia de "preparação" à fé, p. ex., pode valer-se da apologética ct. de La Mothe Le Vayer (1588-1672), que em seu diálogo *Sobre a Divindade* (1632) utiliza igualmente o *corpus* dionisiano para fazer do cm. a exemplificação da fórmula paulina *Noli altum sapere* (Rm 11,20: um dossiê escriturístico abundante, apoiado sobretudo em 1 e 2Cor, visa demonstrar que Paulo é ct.) e uma "perfeita introdução ao cristianismo": "O cm. não traz inconvenientes à nossa santa Teologia*, e mesmo... se bem entendida, sua *epoché* pode ser tida como uma feliz preparação evangélica". Jean-Pierre Camus (1584-1652), amigo íntimo de Francisco de Sales e bispo de Belley, publica em 1610 um *Ensaio cético*, antes de inventar o romance piedoso (mais de cinquenta romances entre os quais *Elisa ou a inocência culpável*, 1621; *Palomba*, 1625; *Calítrope*, 1628).

c) *Do criticismo ao fideísmo*. — Com o aparecimento, em plena crise da Reforma, de um cm. cristão que visa evitar as querelas fratricidas das seitas religiosas, refugiando-se na tradição, os argumentos ct. levam a uma alternativa: ou, como na corrente libertina, arruínam a crença religiosa para os espíritos fortes, deixando a religião para o povo, como necessária à manutenção da ordem social; ou, então, como em Bayle, manifestam a impotência nativa da razão e optam por refugiar-se no regaço da Escritura e a cativar "todo o pensamento para o levar a obedecer ao Cristo" (2Cor 10,5). O cm. faz nascer no meio católico uma insistência sobre o respeito devido à tradição, porque a razão humana é demasiado fraca para decidir nos conflitos dogmáticos (Huet, 1630-1721, bispo de Avranches); no meio protestante, leva a posições pré-fideístas (Bayle, 1647-1706), à defesa da arte de ignorar tanto como de saber, e de duvidar e suspender seu juízo tanto como crer (Castellion, 1515-1563), e prepara assim o caminho às defesas da "consciência* errante" de boa-fé (Grotius [1583-1645], Bayle), que desempenha papel decisivo no pensamento da tolerância religiosa na idade clássica.

Hume atribui ao cm. uma função crítica em relação a nossos conhecimentos e o exerce em particular a propósito de nossas crenças que considera as menos fundadas, as que provêm do testemunho, por excelência, os milagres* (*An Enquiry concerning Human Understanding*, 1748). Contudo, a oposição dos *Dialogues concerning Natural Religion* (1779) a toda forma de religião, inclusive, e sobretudo, a religião natural, impedem de fazer Hume figurar entre os ct. cristãos. Kant* abre a *Kritik der reinen Vernunft* com a oposição do dogmatismo e do cm., velho impasse do qual só a crítica permitirá sair, mas reconhece ao cm. o mérito de ter imposto *termos* à razão ali onde a crítica determina *limites* (*Kritik der reinen Vernunft*, A 761-789). Com o sentido amplo de função crítica (*skepsis*) ou de limitação da racionalidade, o kantismo constitui talvez o último avatar do cm. cristão — o fim do s. XIX e o começo do s. XX viram nele um fideísmo. A Igreja, ao condenar o fideísmo, o tolerantismo e o indiferentismo, não mencionou o cm.

• Cícero (45 a.C.), *De natura deorum*. — Sexto Empírico (s. II), *Hipotiposes pirronianas*. — Agostinho (386), *Contra Academicos*, *De beata vita*; (394-395), *De libero arbitrio*; (347-401), *Confissões*; (413-427), *De civitate Dei*; (409-422), *De Trinitate*. — J.-L. Vivès (1531), *De Disciplinis*, Antuérpia. — S. Castellion (1560), *De arte dubitandi et confidendi, ignorandi et sciendi*. — Montaigne (1580), "Apologie de Raymond Sebond", *Essais* II, 12, Bourdeaux. — F. Sanchez (1581), *Quod nihil scitur*, Lião. — P. Charron (1593), *Les trois vérités*, Bordeaux; (1601), *La Sagesse*, Bordeaux; (1604), *Discours de la Divinité*, Paris. — J.-P. Camus (1609-1610), *Essai sceptique*, em *Diversités*, t. IV, Paris. — H. Grotius (1611), *Meletius*, Leiden, 1988. — P.

Gassendi (1624), *Exercitationum paradoxicarum adversus Aristotelos*, Grenoble (t. I; t. II, em *Opera omnia*, Lião, 1658; reed. Stuttgart-Bad Cannstatt, 1964). — F. La Mothe Le Vayer (1631), *De la divinité*, em *Dialogues faits à l'imitation des Anciens*, Frankfurt, 1506 (*sic*) (reed. por A. Pessel, Paris, 1988). — M. Schoock (1652), *De scepticismo pars prior, sive libri quatuor*, Groningue. — B. Pascal (1670), *Pensées sur la religion...*, Paris. — P. D. Huet (1679), *Demonstratio evangelica*, Paris. — P. Bayle (1696), *Dictionnaire historique et critique*, III (Éclaircissement sur le pyrrhonisme), Roterdã. — P.-D. Huet (†1721), *Traité philosophique de la faiblesse de l'esprit humain*, Paris, 1723. — D. Hume (1748), *Philosophical Essays* (*An Enquiry, 1751*) *concerning Human Understanding*, Londres; (1779), *Dialogues concerning Natural Religion*, Londres. — I. Kant (1781), *Kritik der reinen Vernunft*, Riga.

▸ E. Saisset (1865), *Le scepticisme. Ænésidème-Pascal-Kant*, Paris. — R. Jolivet (1931), *Essai sur le rapports entre la pensée grecque et la pensée chrétienne*, Paris. — R. Pintard (1947), *Le libertinage érudit dans la première moitié du XVIIe siècle*, 2 vol., Paris. — P. Courcelle (1950), *Recherches sur les "Confessions" de saint Augustin*, Paris. — M. Testard (1958), *Saint Augustin et Cicéron*, 2 vol., Paris. — K. Popkin (1960), *The History of scepticism from Erasmus to Spinoza*, Assen. — A. Flew (1961), *Hume's Philosophy of Belief*, Nova York. — T. Gregory (1961), *Scetticismo ed empirismo. Studio su Gassendi*, Bari. — J. A. Mourant (1966), "Augustine and the Academics", *RechAug* 4, 67-96. — A. Comparot (1983), *Amour et vérité: Sebon, Vivès et Michel de Montaigne*, Paris. — M. Screech (1983), *Montaigne and Melancholy*, Londres. — P. Dibon (1990), "Scepticisme et orthodoxie réformée", em *Regards sur la Hollande du siècle d'Or*, 721-755, Nápoles. — J. M. Maia Neto (1995), *The Christianization of Pyrrhonism. Scepticism and Faith in Pascal, Kierkegaard and Shestov*, Dordrecht-Boston-Londres. — T. Gregory (1999), *Genèse de la raison classique, de Charron à Descartes*, Paris.

Vincent CARRAUD

→ *Agostinho; Agostinismo; Deísmo; Estoicismo cristão; Fideísmo; Humanismo cristão; Pascal; Provas da existência de Deus; Natural* (*teologia*)*; Verdade.*

CÉU → **vida eterna** → **visão beatífica** → **reino de Deus**

CHARTRES (Escola de)

a) Para evocar, mesmo em linhas gerais, a escola (esc.) de Chartres (Ch.) não se pode dispensar uma digressão pela historiografia. Seu renome começou no fim do s. XIX. Segundo R. L. Poole e A. Clerval, ela tinha sido um dos centros de estudos e de ensino mais prestigiosos dos s. XI-XII. Bons e excelentes trabalhos consagrados a autores ligados mais ou menos diretamente a essa esc. consolidaram em seguida essa reputação. Ora, em 1970, R. W. Southern emitiu uma opinião iconoclasta: constatando que temos muito poucos documentos autênticos sobre essa esc., chega a concluir que era apenas uma esc. episcopal igual a muitas outras, bem menos importante que as de Paris e de Laon, e que lá se transmitia um ensino antiquado. As reações bem argumentadas de P. Dronke, N. M. Haring, E. Jeauneau, entre outros, levaram, porém, a admitir que a esc. de Ch. teve uma existência institucional certa (embora mal conhecida e, sem dúvida, menos excepcional do que pretendiam as primeiras estimativas) e, por outro lado, a qualidade de seus mestres, mais numerosos do que Southern pensava, assim como a difusão, por seu ensino, do que se podia chamar espírito chartriano, lhe asseguram um lugar importante na história intelectual do s. XII. Seu primeiro brilho lhe foi dado pelo bispo* Fulberto (1006-1028); no começo do s. XII distinguiram-se nela o bispo e grande canonista Yves de Ch. (1090-1115), e o primeiro de seus grandes mestres, Bernardo de Ch. É a partir desse último que se veem traçar redes complexas que se estendem no interior como no exterior da esc. A melhor maneira de apresentá-la é segui-las.

b) Subdiácono em Ch. no início do s. até sua morte (por volta de 1126, provavelmente), Bernardo é o mestre da esc. catedral em 1112 e chanceler em 1124: são estes os únicos dados factuais de que dispomos a seu respeito. Quanto a seu pensamento, só era conhecido até os anos de 1980 por alguns elementos doxográficos, dos quais os mais abundantes vêm de João de Salisbury, aluno de alunos de Bernardo. Relata em particular que ele era um *grammaticus*

— um mestre em gramática e literatura — de alta qualidade, mas também "o platônico mais perfeito desse tempo". Cita em particular sua maneira de pôr em paralelo o fato gramatical da paronímia e a cosmologia do *Timeu* (que, aliás, João aqui não evoca); outro paralelo é o dos três estados da ideia, primeiro isolada na sua pureza, depois inclinando-se para a matéria, enfim infundida em um sujeito, e da série nome/verbo/adjetivo: *albedo/albet/album* (brancura, branqueia, branco). — Em 1984, P. E. Dutton anunciava ter descoberto as glosas de Bernardo sobre o *Timeu* (sobre a primeira metade, a única conhecida na IM na tradução de Calcídio e com seu comentário); ele as publicou em 1991. Esse texto importante aumenta notavelmente nosso conhecimento da filosofia* de Bernardo e de certos aspectos de sua influência. Muitas alusões de seu comentário revelam um interesse pela moral que não resultava de sua doxografia. Sobretudo, seu platonismo recebe precisões. Os dados fornecidos por João de Salisbury lhe davam uma imagem estática: há a ideia, a matéria e o composto dos dois, instável e que não existe verdadeiramente. Ora, as glosas insistem com muita frequência nas *formae nativae*, "as formas que vêm ao mundo*", imagens das ideias que entram na matéria para produzir o mundo sensível. Isso já estava indicado no *Timeu* (50c), certamente, mas Calcídio não insistia nesse ponto, enquanto Bernardo faz dele um elemento capital de sua cosmologia. Discerne-se, além disso, nas *Glosas* um esforço por atribuir à matéria um papel específico na constituição do sensível, mas isso é muitas vezes sugerido, sem ser desenvolvido. — Bernardo não é um teólogo, é um platônico. É verdade que Platão, acompanhado de Macróbio e de Boécio*, está presente em toda parte no s. XII, e mesmo na teologia*, em que a leitura do *Timeu* é paralela à meditação sobre as primeiras linhas do Gênesis. A prática conjunta dessa filosofia e dos estudos literários é, em todo caso, característica da esc. de Ch. — Dois dos alunos de Bernardo estiveram entre os maiores espíritos desse século: Guilherme de Conches e Gilberto de la Porrée (Gilberto de Poitiers).

c) Sabe-se muito pouco sobre a vida de Guilherme. Começou a ensinar por volta de 1120; diversos indícios fazem pensar que foi em Ch., mas não se tem prova formal disso. Em torno de 1140, deixa o lugar de seu ensinamento pela corte do duque da Normandia, Godofredo, o Belo Plantageneta. Morre pouco depois, em 1154. Compõe-se sua obra de comentários bastante numerosos sobre diversos autores, de uma *Philosophia* que é obra de juventude, de um *Dragmaticon* que tem a forma de um diálogo sábio com Godofredo, o Belo. Segundo João de Salisbury, ele era "o *grammaticus* mais sábio depois de Bernardo de Ch." e sabe-se que comentou as *Institutiones Grammaticae* de Prisciano, Virgílo, Juvenal, as *Bodas de Filologia e de Mercúrio* de Marciano Capela. Ele mesmo se dizia *physicus*, curioso pela natureza; conheceu notadamente as obras árabes de medicina traduzidas no s. XI por Constantino, o Africano. Teólogo, remonta analiticamente da criatura a Deus*: a causa eficiente do mundo é a potência* divina, sua causa formal é a sabedoria*, sua causa final é a bondade. Encontram-se assim as três pessoas* de uma Trindade* que Abelardo* tinha assim apresentado desde 1120 (atributos* divinos, apropriação*). Como Abelardo, Guilherme se aventura, em suas glosas sobre a *Consolação de Filosofia* de Boécio, em suas glosas sobre o *Timeu*, em sua *Philosophia mundi*, a identificar ao Espírito* Santo a Alma do mundo de Platão; e é, como Abelardo ainda, criticado e se retrata. Assim como suas leituras comentadas de Boécio e do *Timeu*, a de Macróbio (*Com. do sonho de Cipião*) alimenta seu platonismo; como seu interesse pelos poetas, o que ele dedica à filosofia é sem duvida resultado do ensinamento de Bernardo. Entretanto, a característica mais original de Guilherme é seguramente ter constituído um conceito de natureza*. Com certeza não conhecia a *Física* de Aristóteles, mas o *Timeu* lhe ensina que as formas, imagens das "ideias que existem verdadeiramente no mundo arquétipo", "entram" na matéria primordial do mundo; assim são formados os elementos, que segundo Constantino, o Africano (*c*. 1020-

1087), são as partículas minimais, formadas cada uma de duas qualidades compatíveis de que cada elemento tem uma por si, a segunda por outro (o fogo é quente por si, seco pelo movimento; o ar é úmido por si, quente pelo fogo etc.). Imagem de seu arquétipo, o mundo é "o conjunto ordenado das criaturas", e, seguindo a Calcídio, Guilherme distingue nele a obra do Criador, a obra da natureza, a obra do artesão. Distancia-se assim da concepção agostiniana, escriturística e ultrateológica, segundo a qual tudo é milagre* divino, tanto a maturação da uva quanto a transformação da água em vinho em Caná. Para Guilherme, "a obra do Criador é ter criado no começo todos os elementos, ou fazer alguma coisa apesar da natureza; a obra da natureza é que os semelhantes nasçam dos semelhantes: homens de homens, asnos de asnos". Ou ainda: "De um tronco de árvore Deus pode fazer um bezerro; mas ele já o fez?". Guilherme de Saint-Thierry acusa Guilherme de ter "seguido filósofos insensatos para quem só existem corpos* e coisas corporais, sem outro deus na natureza a não ser o concurso dos elementos e a regulação natural". Guilherme afirma, porém, que "nada retira a Deus", já que a natureza é obra sua. Encontra-se nele, portanto, uma forma de física e de naturalismo* compatível com uma teologia cristã, e cuja novidade se enraíza em um solo platônico.

d) Gilberto de la Porrée nasceu por volta de 1075. Depois de ter estudado na esc. de Ch. e de Laon, ensina em Paris e em Ch., onde é chanceler de 1126 a 1137. Em 1142, torna-se bispo de Poitiers, sua cidade natal. Morre em 1154. Sua obra consiste principalmente em comentários de livros da Bíblia (*Salmos*, *Epístolas* de Paulo) e dos *Opúsculos teológicos* de Boécio. Nestes últimos, expõe uma filosofia que é preciso recompor, pois se apresenta por fragmentos, de acordo com as solicitações de um texto glosado frase a frase. Gilberto constrói assim uma ontologia profunda e original que tem como pivô a distinção boeciana entre "o que é", *id quod est*, e o ser*, *esse*; dupla conceitual que ele reformula utilizando a dupla de "o que é" e de "isso pelo qual ele é", *id quo est*, ou usando

outro par de conceitos, o de "subsistente" e o da "subsistência". Um ser individual é o que é pelo fato de que um conjunto de subsistências escalonadas como os universais o são na árvore de Porfírio, remontando da espécie ao gênero mais geral: são sua subsistência específica e suas subsistências genéricas. Essas subsistências não têm existência, pois elas constituem o *esse* que, segundo as próprias palavras de Boécio, "não é ainda" (*nondum est*); e quanto ao *quod est*, ele existe "uma vez recebida a forma do ser". Para Gilberto, pois, só existe o indivíduo (*individuum*), enquanto o universal, a que ele chama *dividuum*, resulta de uma "similitude" entre indivíduos da mesma espécie, do mesmo gênero, unidos somente por uma "conformidade" e que não possuem aquele tipo de identidade ontológica postulada pelos diversos realismos. Cada indivíduo (*id quod est*) é algo (*est aliquid*) por *um* conjunto de subsistências, cada uma das quais só é individual enquanto pertencente a esse composto de todas, que não é idêntico a nenhum outro; assim, "a *platonitas*, constituída pelo conjunto do que, em ato ou por natureza, pertenceu, pertence ou pertencerá a Platão". Essa aglomeração (*concretio*) "não produz, mas exibe" (*non facit sed probat*) a individualidade, que é, pois, uma subsistência unificadora.

Encontra-se assim em Gilberto um platônico que acolhe a ontologia nominalista (nominalismo*). Gilberto permanece, com efeito, platônico: as formas "concretas" (*in concretione, in abstractae*) que constituem a substância de um subsistente são, para ele, "as imagens das ideias" (*idearum icones*); do ensinamento de Bernardo, ele retém às *formae nativae* (mas não a fórmula, que nele não se encontra).

Uma teologia, que se pode dizer filosófica, desenvolve-se a partir dessa ontologia. Na linha de Boécio, que por sua vez segue Aristóteles, Gilberto faz da teologia a terceira e a mais importante das "ciências especulativas": as duas outras são a física e a matemática. Das nove "regras" que Boécio enuncia em seu opúsculo chamado *Hebdomades*, somente a sétima, segundo Gilberto, é propriamente teológica; e ela enuncia que, "para tudo o que é simples, seu ser e o que é fazem somente um" (*omne simplex esse suum et id quod est unum habet*). Há pois em Deus identidade do *quod est* e do *quo est*: e assim sua potência, sua sabedoria etc. não diferem da "essência pela qual afirmamos que ele é", e que é "uma forma simples"; "Deus é justo por aquilo mesmo pelo qual ele é Deus". Ou ainda, "Deus é essência, não é algo (*aliquid*)". Segundo Gilberto, afirmar que "Deus é por sua essência" não significa que ela seja outra coisa senão ele, e isso vale ainda se se considera a Trindade. As pessoas são Deus, "pela essência divina", e como essa essência é simples, uma, cada pessoa é uma por ela, e todas em conjunto são uma. Bernardo* de Claraval quis fazer condenar Gilberto em um concílio* que se realizava em Reims (1148), acusando-o de ter ensinado que a "natureza divina, ou *divinitas*, não é Deus, mas a forma pela qual ele é Deus, assim como a humanidade não é o homem mas a forma pela qual ele é homem" (deidade*). Gilberto não foi condenado; ele não tinha ensinado isso, e sua esmagadora erudição teológica lhe tinha permitido apoiar sua doutrina em garantias sólidas. É claro que se o *esse* e o *id quod est* são um em Deus, não se poderia dizer que a "divindade" é nele como a humanidade no homem.

Além dessa teologia filosófica, encontra-se também em Gilberto, formado em Laon como em Ch., uma teologia de glosador, presente em seus comentários escriturísticos. Essa teologia é também uma "ciência", mas de um estatuto específico: "A face de Deus se reflete no espírito (*in mente*) como em um espelho; quando sob a ação do Senhor a potência do espírito, chamada intelecto, a ela se aplica, isso se chama uma ciência" (inédito, citado por Nilsen). Gilberto distingue dois tipos de verdades: a da gramática, da dialética etc., e a da Lei*, dos profetas*, do Evangelho*; a segunda é "conforme a piedade", a primeira, não.

e) Thierry é o terceiro grande chanceler de Notre-Dame de Ch., onde sucedeu Gilberto em 1141. Foi ele, muito provavelmente, que interveio no concílio de Soissons (1121) para tomar a defesa de Abelardo; assistiu em 1148 ao de Reims, em que Bernardo de Claraval fracassou

em fazer condenar Gilberto. Foi-lhe dedicada a *Cosmographia* de Bernardo Silvestre, e a tradução do *Planisfério* de Ptolomeu por Hermann de Caríntia. Comentou o *De inventione rhetorica* de Cícero, compilou e comentou os textos que compõem o *Heptameron* — um manual das artes liberais que prova, em especial, que conhecia os tratados de lógica de Aristóteles que Abelardo tinha apenas entrevisto. Escreveu um tratado sobre os seis dias da criação* (*De sex dierum operibus*) e comentou o *De Trinitate* de Boécio, várias vezes, se merece crédito seu editor que lhe atribui três comentários. E mesmo se essa repetição carece de verossimilhança, esses três comentários atribuíveis a Thierry permitem inferir a existência de uma tradição bastante homogênea para que se possa qualificar de chartriana.

Essa bibliografia faz ver em Thierry um espírito de uma capacidade que se estendia a setores diferentes do saber, e sua polimatia lhe inspirou maneiras diversas de tratar temas teológicos fundamentais. Propõe, p. ex., uma formulação matemática da Trindade divina. Considerando primeiro que Deus é unidade, conceber-se-á que a unidade, aplicando-se a si mesma, gera "a igualdade da unidade": é assim que o Pai* gera o Filho*, "imagem perfeita da unidade". Em segundo lugar, o princípio de coesão, segundo o qual todo ser se apega à sua própria unidade, ilustra-se em Deus sob a forma de um amor* entre a unidade gerante e a unidade gerada — é o Espírito* Santo, "conexão" de uma e de outra, que não lhes é desigual nem diferente. Em contrapartida, "a forma divina é todas as formas" porque estas dela participam e participam assim da unidade; dela derivam, pois, como os números derivam da unidade matemática, de tal maneira que "a criação dos números é a criação das coisas", e estas são afetadas pela multiplicidade primeira, que é a dualidade. Em tudo isso, vê-se aparecer um pitagorismo que é congênito ao platonismo. Encontram-se também as *formae nativae* de Bernardo e Gilberto, quando Thierry afirma que as formas das coisas são as imagens das formas verdadeiras e que certas fórmulas dos filósofos antigos, "entendimento da divindade, sabedoria do Criador", provam que entreviram algo da subsistência das formas no Filho. Se Thierry retira de uma aritmética platonizante o duplo esquema das relações trinitárias e da criação*, também sobrepõe à gramática uma interpretação teológica da significação dos nomes: "Os nomes estão unidos eternamente no espírito divino (*in mente divina*) antes mesmo que os homens os impusessem às coisas; depois o homem os impôs às coisas às quais estavam unidos no espírito divino — e, parece-nos, fez isso sob o impulso (*instinctu*) do Espírito Santo". Quanto à "física", estranha às artes liberais, esta lhe dá o meio de explicar pela natureza dos elementos a ordem dos seis dias da criação. A luz, primeira coisa criada, é a do fogo, disposto naturalmente acima dos outros elementos; seu calor produz vapores que se colocam acima do ar, e faz então baixar a superfície da água: a terra aparece então e, aquecida, produz os vegetais. A partir dos vapores formam-se os astros, e seu movimento aumenta o calor até fazer nascerem os animais*: peixes, pássaros, animais da terra, e, entre eles, o homem. Nesse processo se reconhece o conteúdo dos seis primeiros versículos do Gênesis. E a partir daí, as "razões seminais" colocadas por Deus nos elementos desenvolvem-se em produções ulteriores.

f) Clarembaud d'Arras, morto em 1170, teve por mestres Hugo de São Vítor* e Thierry de Ch. Ele comentou as *Hebdomades* e o *De Trinitate* de Boécio; é autor de um pequeno tratado sobre a criação, que ficou inacabado — ele queria que fosse um complemento do de Thierry. De qualquer modo, está próximo dele. Nesse tratado, retoma a especulação aritmética sobre a Trindade e a concepção de Deus como *forma essendi* (o que é, aliás, um tema de Boécio) e interpreta as formas na matéria como imagens das ideias divinas. Toma suas distâncias em relação a Gilberto e recusa particularmente sua concepção nominalista do universal: "Embora doutores célebres tenham propagado a ideia de que os homens singulares são homens por humanidades singulares, quisemos mostrar que existe uma só e mesma humanidade pela qual os homens singulares são homens".

g) Bernardo Silvestre, nascido por volta de 1100, morto por volta de 1160, ensinou em Tours; é ligado a Ch. por ter dedicado sua *Cosmographia* a Thierry, mas podia-se acrescentar que é ligado a Ch. também por sua cultura e por sua mentalidade — o "espírito chartriano", intuitivamente reconhecível, mas que não se deixa localizar. Bernardo comentou Marciano Capela e os seis primeiros cantos da *Eneida*, considerados a narração figurada do "que sofre um espírito humano alojado por um tempo em um corpo humano". Escreveu um *Mathematicus*, poema em que a astrologia é questionada, um *Experimentarius*, tratado de adivinhação de fonte árabe e, sobretudo, uma *Cosmographia*, escrita com alternância de prosa e verso, e que trata em duas partes (*Megacosmus*, *Microcosmus*) da gênese do mundo e da gênese do homem, arrastando em seu percurso abundante material enciclopédico. Sua escrita é bela, tanto em verso como em prosa. Quanto ao fundo, podem-se reter três aspectos: 1/Primeiro, seu platonismo: como no *Timeu*, uma matéria desorganizada, mas princípio de inesgotável fecundidade, recebe as "formas", sendo as primeiras as dos elementos, antes que se veja o conjunto do cosmos* desenvolver-se. Contudo, em Bernardo, o mito pulula, bem além do de Platão, em uma verdadeira epopeia metafísica. Vê-se no começo a matéria, que se chama *Silva*, implorar *Noys*, que é o pensamento divino, para tirá-la da "confusão" em que se encontra. Além de *Noys*, uma multidão de personagens (*Natura, Urania, Endelichia, Physis*) vão intervir para tirar o mundo do caos. Todos são femininos, e o que domina tudo isso recebe nomes dos três gêneros: *Deus, Ousia-Prima, Tugaton*. 2/Esse feminismo é o segundo ponto notável da obra; além desse primado das representações femininas de instâncias cosmológicas, uma sobreposição de imagens identifica o Éden, primeiro jardim onde a humanidade vem ao ser, a um ventre grávido, e o sexo masculino só é invocado no fim do livro II. 3/Terceiro ponto, enfim, o paganismo*: algumas alusões a crenças cristãs, muito raras e sem vínculo entre elas, não equilibram uma afabulação toda filosófica, e mais precisamente, grega.

h) Pode-se considerar que João de Salisbury (nascido entre 1115 e 1120) pertence à esc. de Ch.? Que tenha sido bispo dessa cidade de 1176 até sua morte em 1180, não é isso que conta. Todavia, ele transmite dados sobre muitos chartrianos e sobre seu ensino. Teve por mestres Guilherme de Conches, Thierry de Ch., Gilberto de la Porrée. Aliás, também ouviu Abelardo, o lógico Alberico de Paris, o gramático Pedro de Helia. A partir de 1148, sua vida se passa nos negócios junto a dois arcebispos (um deles, Thomas Becket) e um papa*. É o autor do *Policraticus*, obra de política ("sobre as futilidades das pessoas das cortes"), da *História pontifical*, mas também do *Metalogicon*, em que trata, em um latim elegante e mediante digressões sábias, do conteúdo do *Organon* de Aristóteles, do conhecimento, da razão*. É a obra de um grande letrado, um pouco desabusado, que recomenda um ceticismo mitigado nas matérias "duvidosas para o sábio". Ao se reter, talvez arbitrariamente, como características da esc. de Ch. o gosto pela "gramática", o platonismo, e a invenção da natureza, João só pode reivindicar o primeiro desses itens; da filosofia chartriana ele só retém alguns dados bastante precisos mas fragmentários, ou mesmo anedóticos.

- Bernardo de Chartres: *The* "Glosae super Platonem" *of Bernard of Chartres*, ed. P. Dutton, Toronto, 1991. — Bernardo Silvestre: *Bernardus Silvestris. Cosmographia*, ed. P. Dronke, Leiden, 1978; *The Cosmographia of Bernardus Silvestris*, trad. W. Wetherbee, Nova York, 1973. — Clarembaud d'Arras: N. M. Haring, *Life and Works of Clarembald d'Arras*, Toronto, 1965. — Gilberto de la Porrée: N. M. Haring, *The Commentaries on Boethius by Gilbert of Poitiers*, Toronto, 1966. — Guilherme de Conches: *Philosophia*, PL 90, 1127-1178; 172, 35-102; *Dragmaticon; Glosae super Platonem*, ed. E. Jeauneau, Paris, 1965. — João de Salisbury: PL 199; *Policraticus*, ed. C. C. J. Webb, Oxford, 1909; *Metalogicon*, ed. J. B. Hall, Turnhout, 1991. — Thierry de Chartres: N. M. Haring, *Commentaries on Boethius by Thierry of Chartres and His School*, Toronto, 1971.
- ▶ Notas sobre Bernardo de Chartres, Bernardo Silvestre, Chartres (escola de), Clarembaud d'Arras, Gilberto de la Porrée, Guilherme de Conches, João de Salisbury, Thierry de Chartres, com bibl. (ed.,

estudos) no *Dictionnaire des lettres françaises. Le Moyen Âge*, Paris, 1992. — L. O. Nielsen (1982), *Theology and Philosophy in the Twelfth Century*, Leiden (sobre Gilberto). — P. Dronke (1984), "Bernardo Silvestre", *Enciclopedia Virgiliana*, I, 497-500. — J. Jolivet (1995), "Les principes féminins selon da 'Cosmographie' de Bernard Silvestre", em *Philosophie médiévale arabe et latine*, Paris, 269-278. — M. Lemoine (1998), *Théologie et platonisme au XIIe siècle*, Paris.

Jean JOLIVET

→ *Escolas teológicas; Filosofia; Humanismo cristão; Intelectualismo; Natureza; Natural (teologia); Platonismo cristão.*

CHENU, Marie-Dominique → tomismo 3. d

CICLO LITÚRGICO → ano litúrgico

CIDADE

I. Antigo Testamento

A palavra "cidade" (c.), em contexto bíblico, não tem as ressonâncias que lhe dá a civilização greco-romana: refere-se somente ao fenômeno urbano. Designa a representação política e social de um povo* por meio da forma de autoridade* que ali se exerce de maneira visível (instituições, monumentos, símbolos...) sob a forma socioeconômica de uma cidade [urbe]. A palavra hebraica *'îr*, que é a mais empregada (1087 x), foi frequentemente traduzida em gr. por *polis*, mas significa simplesmente "urbe". Encontra-se também *qireyâh* (de *qîr*, "muro", com os topônimos em *qireyat-*), e o emprego metonímico de *she'arîm* ("portas": Ex 20,10; Dt 5,14), que implicam a existência de muralhas. Estas, e as cidades que elas protegiam, existiam em Canaã muito antes de começar a história* de Israel*.

1. Antes da monarquia

Em contraste com numerosas civilizações, Israel não atribui sua existência de povo à "fundação" de uma c. É um "arameu errante" e não um herói fundador que reconhece por "pai" (Dt 26,5). As narrações* das origens e os ciclos patriarcais dão a impressão de uma identidade adquirida ao preço de um olhar negativo sobre o mundo das c. A primeira cidade que aparece na Bíblia* é a cidade de Henoc, construída por Caim, o assassino (Gn 4,17), e o episódio de Babel (Gn 11) denuncia o projeto da humanidade que tenta conquistar "um nome*" contra Deus*, construindo "uma cidade e uma torre". Nessa perspectiva, nenhuma c. pode pretender ser o centro ou o modelo do mundo*. — A partilha da terra entre Abraão e seu sobrinho Lot (Gn 13,11ss) ilustra bem uma opção fundamental: Lot escolheu habitar nas *cidades* e Abraão na *terra de Canaã* (Gn 13,12). A escolha correta foi feita por aquele que fica afastado das cidades e dos seus perigos (Sodoma e Gomorra). A história de Israel está fundada, em seu ponto de partida, somente na experiência do deslocamento, orientada contudo para uma promessa* e marcada por tentativas de estabelecimento em uma terra.

A história da conquista, tal como relatada por Js, conserva essa visão negativa. As narrações de tomada de cidades como Jericó e Ai comportam a destruição total da cidade (Js 6,20s; 8,28). É sinal de grande desconfiança em relação a essas cidades-estado cananeias, ricas e idólatras (Ez 16,49). O Dt exprime outro ponto de vista, reconhecendo que Israel encontrou uma "terra de cidades *grandes e boas*, que tu [Israel] não construíste" (Dt 6,10), e formula uma legislação adaptada às comunidades urbanas. De onde se pode concluir, notadamente sobre a base de Jz, que os israelitas se inseriram pouco a pouco no sistema urbano cananeu sem refundar nem criar cidades novas. Mais tarde, o olhar dirigido às grandiosas cidades pagãs (Ez 27-28: Tiro; Jn 3,3; 4,11: Nínive) não será sempre isento de admiração.

2. As cidades de Israel

a) O poder dos reis. — É precisamente a partir de uma cidade já fundada, Jerusalém*, a c. dos iebusitas cananeus, que David vai fazer entrar a c. na história de Israel (2Sm 5,6-12). Apodera-se de uma c. fortificada onde instala a "casa do rei", e dela faz "a c. de Davi" (22 x em Samuel-Reis: arca da aliança*; sepulcros reais). Com seus sucessores, dotará também seu reino de uma rede de cidades-fronteiras (p. ex. Beersheva). A c. torna-se assim um elemento indispensável do povo sob o regime monárquico. Omri substituirá mesmo a primeira capital do reino do Norte, Tirsá, por uma verdadeira fundação, a única: Samaria (1Rs 16,24). A c. israelita conhece as ambiguidades da instituição real: força e justiça* só raramente chegam a encontrar-se. É a força que manda: a c. se rodeia de sólidas muralhas (Is 22,9ss) — segundo Lv 25,31, é essa a diferença entre uma "cidade" e uma "aldeia" — e eventualmente de uma cidadela. Ela pode então acolher os habitantes do campo em caso de invasão. Concentra o poder político (palácio do rei ou de um governador) e religioso (um santuário único que a reforma deuteronômica reduzirá em princípio ao único Templo* de Jerusalém). Retém o pessoal militar (1Rs 9,22), administrativo (escribas) e cultual (sacerdotes) e desenvolve atividades artesanais e comerciais (1Rs 10,15). A justiça é ali posta à prova: abuso do poder e da riqueza criam oposições novas que Israel do deserto não podia imaginar: manutenção de cultos* idólatras, conflitos entre ricos e pobres... A ordem religiosa e social provém da autoridade do rei. Essa autoridade será substituída, depois do exílio, pela dos sacerdotes no Templo e pelos grupos dos "anciãos" que administram a justiça nas "portas" da cidade em nome da "Sabedoria*" (Pr 8,3; 31,23). É difícil dizer em que medida a lei* que instituía "cidades de refúgio" (Nm 35,9ss; Dt 19,1-13) foi aplicada.

b) As ameaças e a promessa. — A dolorosa ambiguidade do mundo das cidades será sobretudo percebida pelos profetas*. Muitas vezes de origem rural, dedicados à salvação* do povo, denunciam a perversão que leva à ruína: o cúmulo é alcançado na desigualdade (Am 3,9-15), na altivez e no orgulho (Is 9,8s), na infidelidade religiosa (Os 10,1-5). O castigo de uma cidade é sua destruição por um inimigo: fome, massacres, ruína das muralhas. Os profetas anunciam a Samaria como a Jerusalém* e às grandes capitais do Oriente. Para eles, só existe uma cidade que jamais será destruída sem ser um dia reconstruída: é Jerusalém (Ez 40; Zc 14). Na mesma corrente dessa crença em uma restauração certa (Is 1,26; 24,23; 48,35) situam-se os poemas, os salmos* ou os textos proféticos que exaltam a "cidade da santidade" (Is 52,1).

II. Novo Testamento

1. O quadro do anúncio

Os evangelhos* sinóticos atestam uma pregação* de Jesus* nas cidades como nas aldeias. Quando prega fora das aglomerações, é para um público vindo das cidades à sua procura. Ele não é visto em Cesareia. Acontece-lhe desviar-se das cidades (Mc 1,45) a fim de evitar manifestações públicas a seu respeito. Lucas emprega a palavra *polis* para cidades como Nazaré ou Belém (Lc 2,3s) que não são "c." no sentido político como as cidades da Decápole, e Marcos faz o mesmo para Cafarnaum (Mc 1,33). Cidades de Israel (Mt 11,20-24 par.), assim como Jerusalém (Mt 23,37 par.), são invectivadas por Jesus a título de entidades coletivas, segundo a maneira profética.

A inserção em um mundo urbano vai determinar o primeiro desenvolvimento da missão* apostólica (Lc 10,1). Na hospitalidade recebida, como na pregação em sinagoga ou em praça pública, a c. é um dado essencial do acolhimento ou da recusa da Boa-Nova (At 13-16). As rotas paulinas atravessam as grandes c. da Diáspora, de onde o próprio Paulo é originário, beneficiando do direito romano como cidadão de Tarso. É lá que se constituem "Igrejas*" organizadas por "anciãos" (At 15,23; Tt 1,5). Esse universo das c. greco-romanas vai amplamente influenciar as maneiras de viver e as instituições da Igreja* nascente, em particular seu duplo aspecto comunitário e hierárquico.

2. A figura da cidade

Muitas linhas de interpretação se traçam doravante a partir da figura sempre ambígua da cidade: 1/uma linha tradicional de hostilidade à "c." como o lugar de recusa a Deus e do orgulho dos homens. Jesus se queixa das c. do lago: Betsaida,

Corazin e Cafarnaum (Lc 10,12-15). A "grande c." do Apocalipse (10 x) é votada à destruição, com todas as outras "c. das nações", enquanto a "c. santa, a nova Jerusalém" (Ap 21,1) não é obra* humana, mas vem de perto de Deus. 2/ Uma linha nova aparece na epístola aos Efésios. Israel é ali representada como uma c. que tem o poder de dar direito de cidadania a novos habitantes. Excluídos da cidadania (= da circuncisão), os pagãos podem tornar-se "concidadãos" dos "santos" (Ef 2,11s) da nova comunidade salva por Cristo*. A pertença "jurídica" toma a dianteira sobre a situação étnica ou geográfica e permite uma primeira reflexão sobre a universalidade. 3/A linha mais rica para a tradição* eclesial é exposta na epístola aos Hebreus sob a forma de uma marcha do povo de Deus em direção à c. celeste. O cristão não tem "c. permanente" mas procura uma c. "futura" (Hb 13,14) já esperada por Abraão (11,10). Ele pode assim intervir na história* sem enfeudar-se às potências, como o provará a atitude dos cristãos fiéis às estruturas do mundo romano. A c. de que Deus é o arquiteto (Hb 11,10), a "constituição" (*politeuma*) que Fl 3,20 coloca no céu ("nossa c. está nos céus") permitem uma contestação radical de todos os apetites e poderes terrestres, como de toda pretensão teocrática. Essa teologia* das "duas c." terá longa descendência.

- J. Jeremias (1962), *Jerusalem zur Zeit Jesu*, Göttingen (3ª ed.). — R. de Vaux (1967), *Institutions de l'Ancien Testament I e II*, Paris. — Colóquio de Cartigny (1983), *La ville dans le Proche-Orient ancien. Cahiers du CEPOA* 1, Louvain. — G. A. London (1992), "Tells: City Center or Home?", *Eretz Israel* 23, 71-79. — C. H. J. de Geus (1993), "Of Tribes and Towns: The Historical Development of the Israelite City", *ErIs* 24, 70-76. — M. Beaudry (1994), "L'urbanisation à l'époque du Fer", in J. C. Petit (sob a dir. de), *Où demeures-tu? La maison depuis le monde biblique. En hommage au Professeur G. Couturier*, Montreal, 31-51.

Xavier DURAND

→ *Autoridade; Jerusalém; Política (teologia); Povo; Profeta/profecia; Reino de Deus; Templo.*

CIÊNCIA DE CRISTO → consciência de Cristo

CIÊNCIA DIVINA

A ciência (c.) divina designa classicamente, segundo as distinções estabelecidas pelo pseudo-Dionísio* no tratado dos *Nomes divinos* (*DN*) um atributo* divino afirmativo, *i.e.*, uma operação de Deus* que qualifica sua vida intelectiva. Seu emprego estabelece então que há um ato em Deus, do qual o intelecto ou inteligência, *i.e.*, o que no homem permite a c., seria o análogo criado (ver, p. ex., Orígenes, *Peri archôn*, I, 1, 6).

a) A ciência divina nas tipologias dos atributos divinos. — Uma dupla ocorrência paulina (Rm 11,33 e Cl 2,3) acrescenta à sabedoria* (*sophia*, *sapientia*) a gnose*, *gnosis*, traduzida em latim como *scientia*, e nas neolatinas, "c.", autorizando uma distinção que vem reforçar o desdobramento dos carismas em 1Cor 12,8. No cap. VII dos *DN*, a sabedoria não se confunde com o intelecto (este pode existir sem aquela, mesmo se dela provém, como o mostra o intelecto dos demônios*, que dela é um "resíduo"). Essa distinção de sabedoria e de c., tematizada no livro III das *Sentenças*, d. 35, será capital para toda a teologia* medieval. Contudo, a c. divina é também muitas vezes assimilada à sabedoria de Deus, porque a sabedoria é propriamente a c. das coisas divinas, segundo Agostinho*, *Trin.* XIV, I, 3. Os tratados dos atributos divinos atribuem à c. sua definição e sua função segundo uma dupla tipologia: de um lado a tripartição sabedoria/c./inteligência (*sunesis*, *intellectus* ou *intelligentia*), atestada por Is 11,2 (*Sentenças*, l. III, d. 35 acrescenta à distinção acima mencionada que a inteligência é uma especulação quando a sabedoria é antes uma contemplação* e uma deleitação); de outro lado, o terno potência*/c. (sapiência)/vontade (bondade), muitas vezes reduzido, a partir do s. XVII, à dualidade da c. e da potência divinas. Todavia, essa última noção, sem dúvida em razão da acuidade do que está em jogo (a questão da existência do mal*, em particular), suscitou mais elaborações teóricas que a da c., aparentemente menos problemática, portanto menos negada (explicitamente ou não) e menos trabalhada. Além disso, a afirmação no Credo, nas doxologias ou nas bênçãos* da onipotência do Pai* manifesta claramente um desequilíbrio entre potência e c. A mais antiga menção que o *DS* apresenta da c. divina remete ao concílio de Roma de 382, que afirma que Deus Filho tudo pode e tudo conhece da mesma maneira que Deus Pai (*DS* 164), em seguida o repete acerca do Espírito* Santo (*DS* 169). No entanto, há que esperar quinze séculos, ou seja, até o Vaticano I*, para encontrar uma formulação dogmática* explícita da infinidade da c. divina (*DS* 3009), irredutível a uma ordem do mundo (o § 1 do *Syllabus* condenava os que negam um Ser [*Numen*] divino sapientíssimo [*sapientissimum*] distinto da universalidade das coisas, *DS* 2901): a Igreja* confessa um Deus infinito* em toda perfeição, portanto em inteligência (*intellectu ac voluntate omnique perfectione infinitum*, constituição dogmática *Dei Filius, DS* 3001).

O atributo divino de c. traz em si mesmo dupla dificuldade: Que significa "c." quando se aplica seu conceito a Deus? A que se estende a totalidade postulada do saber divino? Uma terceira questão pode articulá-la assim: Se a c. divina é ilimitada, é possível ainda manter a ideia de uma relação de analogia entre c. divina e c. humana? Como todos os outros atributos, a c. de Deus é marcada por sua infinidade (Agostinho, *De civitate Dei*, l. 12, 18-19). Qualifica-se então a c. divina de onisciência (on.), ou de toda-c., entendendo por esses nomes, ao que parece criados em época moderna (enquanto "onipotência" e "toda-potência" são bem anteriores), que o saber ou a inteligência divina se aplica a tudo, e talvez além (indefinidamente), *i.e.*, além do que podemos constituir como objeto de pensamento: tudo o que é, tudo o que não é, mas está por vir, o possível, até mesmo o impossível, o próprio Deus. Contudo, a elaboração do conceito pelos Padres* latinos e gregos precedeu de muito a palavra, em particular no que concerne à presciência (presc.) (Agostinho). A. Michel (1941) recapitula o dossiê patrístico a partir do *Enchiridion patristicum*. O exame dos diversos objetos da c. divina organiza-se mais ou menos dificilmente, conforme as teologias recebam seus conceitos do platonismo* ou do aristotelismo*.

b) O dossiê bíblico: do conhecimento dos segredos à ciência de tudo. — O AT afirma frequentemente que Deus conhece o que, no entanto, é difícil de conhecer: os pensamentos secretos do homem (Sl 91,11), suas faltas e suas ofensas (Sl 69,6), o fundo do coração* e do espírito (Sl 7,10 etc.; Pr 15,11; 1Rs 8,39 — retomado na Encíclica

Quanto conficiamur moerore, de 10 de agosto de 1863 contra o indiferentismo, *DS* 2866), a pessoa* mesma, antes que ela seja (Jr 1,5; ver também Rm 8,29, 1Cor 13,12) ou os acontecimentos antes que ocorram, o que se chama presciência (Is 44,7 etc.; Dn 13,42). O conhecimento (conh.) que Deus tem dos homens é sempre mais que uma informação: exprime seu interesse por esse homem (Sl 33,13ss), sua dileção, e mesmo sua eleição* (p. ex. Gn 18,19). Deus vê o que está oculto (Dn 13,42), o Pai vê no segredo (Mt 6,4s), o Filho sabe o que há no homem (Jo 2,25) e conhecia previamente quem o trairia (Jo 6,65). Nada há de invisível para Deus (Hb 4,13, sobre o qual se apoia Vaticano I). Essa lucidez de Deus não basta, porém, para fundar conceptualmente a on. Quanto ao par sabedoria e c., a que se acrescenta às vezes a inteligência, não é raro no AT, mas é atribuído ao homem ao qual Deus fez o dom de seu espírito (p. ex., Ex 35,31; 2Cr 1,11s; Ecl 2,26; Is 33,6; Dn 5,11), mesmo ao espírito enquanto dado (Is 11,2) e não é predicado de Deus mesmo (os comentadores não foram unânimes em referir a Deus o contraexemplo de Jó 12,13). Em contraste com a onipotência, a on. não parece, portanto, constituir como tal um nome* divino no AT, enquanto Paulo menciona claramente as "riquezas da sabedoria e da c. de Deus" (Rm 11,33 e Cl 2,3). 1Sm 2,3 afirma do Senhor que ele é "o Deus das c. (*gnôseón, scientiarum*)" (Bernardo de Claraval, *De consideratione* V, 4). No Islã, a on. é um dos 99 nomes de Deus. Os três lugares do AT que os tratados *De Deo uno* citam tradicionalmente para provar a on. são os seguintes (a Vulgata traduz cada vez por *scientia*): Est 14,14 (Vulg. = Est gr. C, 25), "Senhor, que tens toda c. *gnosis*)" (ver também 13, 12 = C, 5); Sr 42,18 (Vulg. 19), "O Senhor conhece toda c. (*eidesis*)"; Jó 21,22, "Quem ensinará a Deus alguma c. (*sunesis kai episteme*)?" (podia-se acrescentar-lhes Br 3,32 e Jó 28,24). Excetuando as referências paulinas já mencionadas, o NT é antes requerido a título da c. de Cristo*, como Jo 21,17. Igualmente, em Jo 16,30 é a on. de Jesus* que o faz reconhecer como Filho de Deus (ver também Jo 4,19.25.39); 1Cor 2,10 assegura, por sua parte, a on. do Espírito. Contudo, não é certo que a questão da c. de Cristo encontre um fundamento neotestamentário fácil. Apoiando-se em At 2,23 ("esse homem, segundo o plano [*boulé, consilium*] bem-determinado da presc. [*prognosis, praescientia*] de Deus, vós o entregastes"), podia-se talvez propor o esquema:

há presc. do Pai e obediência do Filho àquilo que o Pai conhece. Os Atos comportam igualmente uma única ocorrência de *pronoia* no sentido de *providentia* (e não *cura*): em At 24,2, o pagão Tértulo fala da *pronoia* do governador Félix I. O "pré-pensamento" de Proclo seria também traduzido por *providentia*.

c) Deus se conhece? — A tese segundo a qual Deus conhece a si mesmo é problemática no quadro de uma filosofia* neoplatônica que pensa Deus como o Um, por duas razões. De um lado, como o conh. implica a distinção entre o cognoscente e o conhecido, ou entre a inteligência e o inteligível, a dualidade, portanto, há que excluir que o Um possa conhecer; é à segunda hipóstase (*noûs*) que compete contemplar em si o Um, portanto conhecer-se (ver p. ex. Plotino, *En.* V). Haveria então contradição entre o predicado transcendental da unidade e o atributo operativo da c.: é por isso que Dionísio, para o qual contudo a sabedoria de Deus se conhece, não hesita em dizer que Deus não tem atividade intelectual (*DN* VII, 2). De outro lado, levar a sério que Deus seja infinito é proibir que sua essência seja conhecida, mesmo por ele. Para João Escoto Erígena, a proposição "Deus não se conhece" é verdadeira se entendida como: "Deus não se conhece em sua quididade, porque Deus não é um *quid* objetivado", não sendo nenhum dos existentes conhecidos (nada*). Somente nesse sentido é possível dizer que "Deus permanece incognoscível tanto para si mesmo, como para toda inteligência" (*De divisione naturae*, l. II, 589 B-C); para essa última, é proibido indagar da substância de Deus para além de seu nome (Jz 13,18). Além disso, se Deus se conhecesse a si mesmo em sua substância, ele poderia se autodefinir: sua infinidade seria então relativa e não absoluta (587 B).

Em contrapartida, o conh. de Deus por si mesmo não causa dificuldade no campo aristotélico, nem mais tarde para a teologia natural*: segundo a *Metafísica*, livro XII, 7 e 10 (que alia também *sophia* e *episteme*) e o *De Anima* III, 6 ("se uma causa não tem contrário, ela se conhece a si mesma e é separada em ato"), o Deus de Aristóteles, ato de inteligência (*energeia nous*), se conhece a si mesmo, é *noesis noeseos* (XII, 9, 1074 *b* 35), pensamento do pensamento: "O pensamento se pensa a si mesmo na apreensão do pensado [...] de sorte que o pensamento e o pensado são o mesmo" (*Metafísica* XII, 7, 1072 *b* 20-22). Assim, a *episteme* é *theologike* (mesmo se Aristóteles não pronuncia a palavra no livro XII) porque é a c. que Deus tem de Deus — eis a tese central da c. teológica da IM. Tomás retomará estritamente o argumento, mostrando que no caso de Deus, como ato puro, o intelecto (operante) e o entendido (objeto da operação) se identificam (*ST* Ia, q. 14, a. 2 resp.; *CG* I, 45): porque se Deus fosse inteligente sem ser ele próprio objeto de sua inteligência, haveria de distinguir nele potência e ato. O intelecto de Deus é, pois, sua essência, e Deus conhece sua essência (1Cor 2,10) por sua essência mesma, que é a espécie inteligível de sua intelecção (*CG* I, 46-47). Conhecer, para Deus, é conhecer primeiramente sua essência; é, portanto, conhecer-se (*CG* I, 48), *i.e.*, conhecer o que nos é fundamentalmente incompreensível, o próprio Deus. É preciso, portanto, admitir um conh. (para nós) incognoscível, uma compreensão (para nós) incompreensível. Não é, pois, paradoxal que on. e incompreensibilidade tenham sido sempre ligadas, do Pseudo-Dionísio (*DN* VII, 2-3) a Descartes* (*Lettres à Mersenne*, de abril-maio de 1630).

d) Deus conhece o que não é ele? — É uma questão discutida em teologia escolástica* saber, a partir de *Física* VIII e de *Metafísica* XII, 7, se o Deus de Aristóteles conhece o mundo — que ele conheça é evidente, pois o primeiro movente é conh.; mas, porque esse intelecto é o que há de melhor e deve pensar o que há de melhor, não poderia pensar outra coisa a não ser ele mesmo; seu pensamento é somente o ato de pensar seu próprio ato de pensar (*a fortiori*, a ideia de on. é radicalmente estranha a Aristóteles, como à filosofia grega em seu conjunto, apesar do fragmento 21 B24 DK de Xenofonte de Cólofon, de interpretação controversa). Tomás* de Aquino, depois de Temístio (*In Metaphysicam* L. XII, 28, 28s) afirma que o Deus de Aristóteles pensa o mundo. Nesse

debate, é ainda Hb 4,13 que fornece a referência obrigatória para responder positivamente. Tomás assim o demonstra: Deus não poderia conhecer-se perfeitamente sem conhecer sua potência. Ora, conhecer sua potência implica conhecer aquilo a que se estende essa potência, ou seja, os entes de que ela é a causa eficiente — vê-se então que a demonstração da c. de Deus é mediatizada, pelo menos para o criado, pelo recurso à sua potência. Além disso, todo efeito, preexistente em Deus como em sua causa, é necessariamente conhecido nele segundo sua inteligibilidade (como o inteligível está no intelecto). Daí se depreende que o conh. das outras coisas é ainda para Deus conh. de si (*ST*, *ibid.*; *CG* I, 49; ver também *De veritate*, q. 2). Porque Deus não conhece ou não vê as coisas que estão fora dele, a não ser nele, e não nelas mesmas, como o tinha proposto Agostinho: "Deus nada vê fora dele mesmo" (q. 46 das *83 Questões*). Deus, "pensando-se, pensa todas as coisas" (*CG* I, 49): Tomás retoma de Dionísio (*DN* VII, 3) uma fórmula empregada primeiro por Plotino a propósito do *noûs* (IV, 4). O neoplatonismo permite, com efeito, pensar facilmente que Deus conhece tudo nele mesmo, porque é sem sair dele mesmo que o intelecto atinge o inteligível (*En.* V, 2). Para Dionísio, apoiando-se em Dn 12,42, é enquanto causa de toda coisa que a inteligência divina contém anteriormente nela a noção de toda coisa e, portanto, conhece toda coisa em seu princípio (*DN* VII, 2). Desse modo, não é a partir dos entes que a inteligência divina conhece, é a partir de si: "Deus não conhece os entes conhecendo-os, mas conhecendo-se" — é enquanto antecipa o conh. da coisa que a inteligência divina lhe confere sua essência (*ibid.*). O conceito de causa tem dupla função: não somente é enquanto causa que Deus dá o ser a toda coisa, mas é da mesma maneira que conhece toda coisa. Agostinho, igualmente: "Não é porque elas são que Deus conhece todas as criaturas [...] mas é porque as conhece que elas são" (*De Trinitate* XV, 13, a partir de Sr 23,20). De novo Tomás, que cita Dionísio em *CG* I, 49, retoma seu argumento (*ibid.*, a. 8; ver *De veritate*, q.

2, a. 14): "Deus é causa das coisas por sua inteligência" (*CG* I, 51). É segundo a mesma modalidade que Deus se conhece e conhece o que não é ele: ele se vê em si mesmo, vê as verdades em si mesmo (principiativamente), e vê as coisas também em si mesmo, e não nelas mesmas, a título de sua causalidade universal. O conjunto desse esquema se desequilibrará a partir de Duns Escoto e, por muito tempo, a partir do qual se pensará que Deus produz as representações nelas mesmas.

e) Os objetos e as modalidades da ciência divina. — A maior parte dos objetos de conh. impõem à c. divina, contudo una, determinações conceituais e denominações próprias. Alexandre de Hales distingue a c. divina considerada em si mesma, depois relativamente (presc. e disposição), enfim em relação ao governo divino (providência*, destino, predestinação*, reprovação, eleição, dileção). Boaventura*, entre outros, estabelece pouco depois uma lista no *Breviloquium* (Ia, c. 8), que prefere subsumir sob o gênero de sabedoria: c. ou conh. para os possíveis; visão do que acontece no universo; aprovação do que é bom; presc. ou previsão do que acontecerá; disposição para o que Deus fará; predestinação para quem é digno de recompensa; reprovação para quem merece ser condenado.

Não podemos aqui retomar todos esses objetos que estabelecem, todos, problemas particulares: o singular, porque a c. de Deus tem a mesma extensão que sua causalidade (*CG* I, 50); a matéria, princípio de individuação; o mal, que Deus conhece enquanto limitação (conforme sua natureza); ou o infinito, porque "toda infinidade é, sob um modo inefável, finita para Deus" (*De civitate Dei*, l. 12, c. 18). Evocaremos aqui somente a questão do contingente enquanto contingente e da presc. de Deus. Entre as coisas que não são, algumas foram ou serão: Deus as conhece por uma c. dita "de visão" (*ST* Ia, q. 14, a. 9), porque o olhar (*intuitus*) presente de Deus abrange o tempo* total (ver eternidade* divina). Quanto às coisas que nunca foram ou nunca serão, Deus as conhece por uma c. dita "de simples inteligência" (*ibid.*), porque essas coisas não têm um ser distinto do sujeito que as concebe. Na época moderna, a invenção da combinatória dará a Leibniz* os meios de pensar essa c. de simples inteligência a fim de racionali-zar a escolha divina de fazer surgir à existência o melhor dos mundos possíveis. Com efeito, Deus não conhece apenas todas as coisas, mas todas as relações possíveis entre as coisas ou fenômenos possíveis (compossibilidade): Deus "olha todas as coisas do mundo de todas as maneiras possíveis, porque não há relação que escape à sua on." (*Discurso de metafísica*, § XIV). Para Leibniz (*Cartas a Arnauld*), o cálculo divino tem mesmo em conta os decretos possíveis de sua vontade; ver também a retomada escolástica dessas teses na *Theologia naturalis* (p. I/1, § 141-311) de Wolff, importante para a história dos tratados e do ensino *De Deo uno* até meados do s. XX. Para Wolff, como para Leibniz, é a inteligência divina, e não sua potência ou vontade, que é a fonte dos possíveis que a potência atualiza, (ele chama "existíveis" os possíveis atualizáveis, § 221).

Compreende-se assim que a c. divina se estenda aos futuros contingentes; a referência escriturística fundamental é Sr 23,20 (= Vulg. 29), com seus comentários — agostiniano (*De Trinitate* XV, XIII; ver também *De Genesi ad litteram*, l. V, 18) e origeniano (*Super epistulam ad Romanos* VII) — citados por Pedro Lombardo no l. I das *Sentenças* (d. 38, c. 1), que organiza todo um dossiê da presc. a partir do dilema inicial em que a IM e a época moderna vão colocar a questão: A c. ou a presc. são a causa das coisas, ou são as coisas que são a causa da c. ou da presc.? O que está em jogo é o estatuto da liberdade* humana: a presc. de Deus não a suprimiria? É preciso pensar que uma ação seja livre (portanto contingente) e que Deus, no entanto, conheça o que o homem escolherá livremente. A solução tomista recorre de novo à eternidade do conh. divino (*ST* Ia, q. 14, a. 13). A segunda escolástica ficará dividida entre a hipótese da premoção física (fisicamente e não só moralmente determinante) e a da c. média (*scientia media*), que trabalha sobre as condições requeridas para pensar que o contingente seja conhecido de maneira certa (Deus sabe o que faria essa vontade livre em dadas circunstâncias); esse contingente (Mt 11,21) é chamado "futurível" (ver bañezianismo*). Leibniz falará de necessidade *ex suppositione* e distinguirá, a esse propósito, entre um acontecimento "necessitado" (o que não é o querer humano não coagido) e "determinado" (a título do princípio de razão suficiente). Em todos os casos, o conh. infalível que Deus tem dos atos livres é qualificado de "conh. independente", porque tem lugar *a priori*.

Referida à conceptualização aristotélica, como a uma determinação moderna da c., a c. divina aparece mais como um conh. do que como uma c. (*epistemé*), apesar de algumas ocorrências da palavra nos LXX, em Jó), na medida em que nunca procede por raciocínio discursivo: ela não admite nem composição nem divisão (*DN* VII, 2; *CG* I, 57 e 58; *ST* Ia, q. 14 a. 7). Pensada como *visio* ou *intuitus*, a c. de Deus é um ato simples e imediato: "Deus vê tudo de uma só vez" (Agostinho, *De Trinitate*, l. 15, c. 14). Inteligência, c., sabedoria, conselho ou prudência (*i.e.*, c. prática) identificam-se portanto em Deus que tudo conhece segundo um conh. uno e simples (*ST* Ia, q. 14, a. 1, ad 2), que se chama, em razão de sua amplitude como de sua modalidade (conhecer em sua essência), "conh. compreensivo".

A afirmação da univocidade do conh. não deixou de se fazer mais forte durante a segunda escolástica, a ponto de o conh. compreensivo, reservado a Deus, ter-se tornado na época moderna o modelo conceitual de todo conh. Certamente, para Descartes, "só há verdadeiramente Deus que seja perfeitamente sábio, ou seja, que tenha o conh. inteiro da verdade* de todas as coisas" (Carta-prefácio aos *Principes*). Resistindo a essa corrente dominante, afirma que "em Deus, é a mesma coisa querer, entender e crer, sem que uma preceda a outra, *ne quidem ratione*" (*carta a Mersenne* de 27 de maio de 1630); é por isso que mantém firmemente a distinção agostiniana entre conceber ("tocar com o pensamento") Deus e compreendê-lo ("abraçar com o pensamento"): somos capazes do primeiro, não do segundo (*ibid.*). Descartes repete incansavelmente que a potência de Deus, criadora de nossa racionalidade, nos é incompreensível. Entretanto, seus contemporâneos e sucessores principais não temem pensar o conh. humano segundo o modelo da c. de visão ou da visão beatífica*: assim Espinosa, em quem o conhecimento do terceiro gênero permite conhecer como Deus conhece (*Ethica II*, prop. 40, esc. 2 e prop. 45-47); assim Malebranche, para quem vemos todas as coisas em Deus e que submete totalmente a potência divina à sabedoria

divina (*Tratado da natureza e da graça* I, a. 1, add.); assim Leibniz, que remata a univocidade do conh. tornando totalmente homogêneos os entendimentos finito e infinito, submetidos aos princípios de contradição, de razão suficiente e do melhor. O "saber absoluto" hegeliano, enfim, faz o homem chegar a uma c. de tipo compreensivo. Schleiermacher*, por sua parte, propõe a interpretação que retomará a corrente principal do protestantismo* no s. XIX: por on. divina é o caráter absolutamente espiritual da potência divina que é preciso entender.

Vincent CARRAUD

f) Perspectivas. — Embora uma questão da maior importância, a da c. divina do mal, nunca tenha deixado de ser debatida na teologia católica (Nicolas, 1960; Maritain, 1963; Garrigues, 1982; Sentis, 1992) parece que a pesquisa recente conheceu um deslocamento de problemática. De um lado, as repercussões teológicas da exegese* crítica do NT tornaram necessário um novo interesse pela c. de Cristo, ela mesma interpretada na maioria das vezes, em uma perspectiva kenótica onipresente desde o s. XIX, como "fé* de Cristo" (J. Guillet, Balthasar*; cf. consciência* de Cristo) implicando uma nesciência de Cristo. De outro lado, o conceito de intelecto divino, já criticado em Espinosa e Hume, depois em Fichte à margem do *Atheismusstreit*, e enfim maltratado na lógica hegeliana do espírito absoluto (cf. Brito, 1991), é incontestável motivo de embaraço em mais de uma teologia contemporânea (p. ex. a crítica de Deus concebido como *noûs* em Pannenberg, 1988) — a subjetividade divina não está ausente na discussão dogmática* contemporânea, e a teoria da predestinação* não está morta (p. ex. em Barth*), é contudo uma reelaboração governada notadamente pelo conceito de amor* divino, ou de caridade divina, que ocupou a teologia contemporânea da maneira mais fecunda; e essa reelaboração permanece sem dúvida bastante inacabada para que não se disponha ainda de teorias um pouco ricas dos modos de c. próprios ao amor. A filosofia anglo-saxã manifesta, contudo, um interesse continuado pela problemática da on. divina, quer se trate de negar a consistência de seu conceito (A. N. Prior, *Philosophy* 37, 1962, 114-129; N. Kretzmann, *Journal of Philosophy* 63, 1966, 409-422; ver também Castañeda, 1989 e Hasker, 1989) ou de manter a possível existência de um ser espiritual que conheça tudo o que é logicamente possível conhecer, embora restringindo seu pré-conhecimento do futuro para preservar a própria liberdade e deixar o homem livre (Swinburne, 1977). A on., enfim, não pode ser atribuída ao Deus da *Process Theology* — um Deus cujo ser* mesmo é um "processo", e um processo que ele não governa integralmente.

Jean-Yves LACOSTE

• Orígenes (*c.* 230), *Peri archôn, Super epistolam ad Romanos.* — Agostinho (388-396), *De diversis quaestionibus* LXXXIII, q. 46 (BAug 10, Paris, 1952, 126-127); (*c.* 420), *De Trinitate* XV, 13 (BAug 16, 484-489); (*c.* 420), *De civitate Dei*, l. 12, c. 18-19 (BAug 35, 208-217). — Dionísio Ps.-Areopagita (*c.* 480-500), *Os nomes divinos* VII. — João Escoto Erígena (864-866), *De divisione naturae*, l. II. — Pedro Lombardo (1152), *Sentenças*, l. I, d. 35-41 (reed. Roma, 1971, t. I/II, 254-291). — Alexandre de Hales (1240-1245), *ST*, tract. V (ed. Quaracchi, t. I, 1924, 244-359). — Boaventura (1254-1256), *Quaestiones disputatae, De scientia Dei* (in: *Opera omnia*, ed. Quaracchi, t.5, 1891, 1-43); (1256), *Breviloquium* I a, c. 8 (*ibid.*, 216-217). — Tomás de Aquino (1259), *CG* I, 44-49; (1261), *In Dionysium De divinis nominibus*; (1266), *ST* I a, q. 14; (1268-1272), *In Metaphysicam*, l. XII. — Molina (1588), *Concordia liberi arbitrii cum gratiae donis, divina praescientia, providentia, praedestinatione et reprobatione ad nonullos partis divi Thomae articulos*, Lisboa. — F. Suárez (1597), *Disputatio metaphysica* XXX, "De divina scientia naturaliter cognoscibili", in: *Disputationes metaphysicae*, Madri (reed. em *Opera omnia*, t. 26, Paris, 1861, 170-183); (1599), *De scientia Dei futurorum contingentium*, in: *Opuscula theologica sex*, Madri (reed. em *ibid.*, t. 11, 1858, 294-375); (1606), *De divina substantia ejusque attributis*, l. III, c. I-V, in: *De Deo* (reed. em *ibid.*, t. 1, 1856, 194-214). — Lessius (1610), *De gratia efficaci, decretis divinis, libertate arbitrii et praescientia Dei conditionata*, Antuérpia. — João de S. Tomás (1637), *Cursus theologicus*, t. 2, in: q. 14, Iae p., Alcalá (reed. Paris, t. 2, 1883, 417-684). — *Salmanticenses, Cursus theologicus* (1631-1712), tract. III, in: q. 14, Iae p., Salamanca-

Madri (reed. Paris, 1870-1883, t. 1, 315-670. — D. Petau (1644). *De Deo Deique proprietatibus*, l. IV, in: *Opus de theologicis dogmatibus* (reed. Bar-le-Duc, t. I, 1864). — B. Espinosa (1677), *Ethica*, Amsterdã. — L. Thomassin (1680), *De Deo Deique proprietatibus*, l. VII, in: *Dogmata theologica*, Paris (reed. Paris, 1865, t. II). — N. Malebranche (1684), *Traité de la nature et de la grâce*, 4ª ed., Roterdã. — G. W. Leibniz (1686), *Discours de métaphysique.* — C. Wolff (1736), *Theologia naturalis* I, § 141-311, Frankfurt e Leipzig (reimp. da ed. de 1739, Hildesheim, 1978). — D. Hume (publ. 1779), *Dialogues concerning Natural Religion*, Londres (ed. D. Aiken, Londres, 1977), partes 3 e 4. — J. G. Fichte (1798), "Über den Grund unseres Glaubens an eine göttliche Weltregierung", *WW* (ed. I. H. Fichte), t. 5, 177-189. — G. W. F. Hegel (1807), *Phänomenologie des Geistes*, Bamberg-Würzburg (ed. Hoffmeister, 549-564); (1816), *Wissenschaft der Logik* II, Nuremberg (*Theorie Werkausgabe*, Frankfurt, 1969, t. 6, 487-573). — D. F. Schleiermacher (1821), *Der christliche Glaube*, Berlim, § 55 (ed. Redeker, Berlim, 1960, t. 1, 289-300).

▸ M.-J. Schebeen (1869-1875), *Handbuch der katholischen Dogmatik*, II, I, c. III (*GS*, Friburgo, 1948-1954, 4). — D. Kaufmann (1877), *Geschichte der Attributenlehre in der jüdischen Religionsphilosophie des Mittelalters von Saadja bis Maimuni*, Gotha. — J. Rouët de Journel (1911), *EnchP*, Friburgo, 1965[23] — K. Barth (1932), *KD*, II/I. — A. Michel (1941), "Science de Dieu", *DThC*, 14, 1598-1620. — L. Gardet e M.-M. Anawati (1948), *Introduction à la théologie musulmane*, Paris. — J.-H. Nicolas (1960), "La permission du mal", *RThom* 60, 5-37, 185-206 e 509-546. — J. Maritain (1963), *Dieu et la permission du mal*, Paris, [3]1993. — C. Bérubé (1964), *La connaissance de l'individuel au Moyen Âge*, Paris-Montreal. — A. Plantinga (1967), *God and Others Minds*, Ithaca, NY. — R. Imbach (1976), *Deus est intelligere, Das Verbältnis von Sein und Denken in seiner Bedeutung für des Gottesverständnis bei Thomas von Aquin und den Pariser Questionen Meister Eckharts*, Friburgo. — R. Swinburne (1977), *The Coherence of Theism*, Oxford, 162-178. — J.-M. Garrigues (1982), *Dieu sans idée du mal*, Limoges, (nov. ed. Paris 1990). — A. de Libera *et al.* (sob a dir. de) (1984), *Maître Eckhart à Paris, une critique médiévale de l'ontothéologie*, Paris. — A. Funkenstein (1986), *Theology and Scientific Imagination*, Princeton, NJ. — R. Brague (1988), *Aristote et la question du monde*, Paris. — W. Pannenberg (1988),

Systhematische Theologie, t. I, 401-416. — H. N. Castañeda (1989), "God and Knowledge: Omniscience and Indexical Reference", in: *Thinking, Language, Experience*, Minneapolis, 143-159. — W. Hasker (1989), *God, Time and Knowledge*, Ithaca-Londres. — J.-F. Courtine (1990), *Suárez et le système de la métaphysique*, Paris. — R. Brague (1991), "Le destin de la 'Pensée de la Pensée' des origines au début du MÂ" in: *La question de Dieu selon Aristote et Hegel*, sob a dir. de T. de Koninck e G. Planty-Bonjour, Paris. — E. Brito, *Dieu et l'être d'après Thomas d'Aquin et Hegel*, Paris, 211-251. — L. Sentis (1992), *Saint Thomas d'Aquin et le mal. Foi chrétienne et théodicée*, ThH 92. — S. T. Bonino (1996), *Introduction générale à Thomas d'Aquin*, *De la vérité*, Paris-Friburgo, 1-240.

V. C.

→ *Atributos divinos; Bañezianismo-molinismo-baianismo; Eternidade divina; Imutabilidade divina/impassibilidade divina; Intelectualismo; Justiça divina; Negativa (teologia); Onipresença divina; Predestinação; Providência; Potência divina; Simplicidade divina; Teologia; Verdade; Visão beatífica.*

CIÊNCIA MÉDIA → bañezianismo-molinismo-baianismo → ciência divina

CIÊNCIAS DA NATUREZA

A ciência (c.) esforça-se por explicar, de maneira completa, todos os fenômenos naturais. Terá uma relação diferente com a teologia* (t.), conforme sejam consideradas complementares ou contraditórias (Torrance, 1969), e segundo a ideia que se tiver da relação entre hipótese, observação, teoria e interpretação.

a) *As origens.* — A IM sofreu a influência de um platonismo* cristão que olhava o mundo material como secundário, e de um aristotelismo* cristão que reconhecia bem a importância da experiência sensível, mas privilegiava de fato a dedução em detrimento de toda observação. Contudo, em autores como Roberto Grosseteste (1175-1253), Rogério Bacon (*c.* 1210-1292) ou Nicolau Oresme (*c.* 1310-1382), e mais tarde em Nicolau* de Cusa, vê-se aparecer o tipo de pensamento empírico, matemático e especulativo que deveria produzir frutos em Copérnico

(1473-1543), Tycho Brahé (1546-1601), Kepler (1571-1630), Galileu (1564-1642) e Newton (1642-1727). Foi muitas vezes sugerido (Hooykaas, 1972; Jaki, 1978) que o pensamento cristão permitiu o desenvolvimento da c. moderna; com efeito, opor a liberdade de Deus* à lógica da dedução faz que se estude o mundo para ver como ele se comporta efetivamente; e crer na racionalidade e na constância de Deus faz que se espere que a natureza obedeça a leis regulares.

b) *A síntese newtoniana.* — Do ponto de vista científico, pode-se fazer começar os Tempos Modernos com a defesa do heliocentrismo por Copérnico (*De Revolutionibus*, 1543). Cinquenta anos depois, Galileu, campeão dessas ideias, teve o gênio de tirar as conclusões justas dos dados existentes; mas cometeu grande imprudência ao defender seus pontos de vista sem diplomacia, em publicações que lhe alienaram uma Igreja* inicialmente favorável a essas ideias (Belarmino*, cf. Gingerich, 1993) — imprudência que teve trágicas consequências tanto para a t. quanto para a c.

Os *Principia* de Newton deram ao mundo uma visão de harmonia matemática sem precedentes. Para ele, isso devia reforçar — e não pôr em dúvida — a ideia de que o universo (u.) era obra de uma potência* divina soberanamente racional. Todavia, nem ele nem seus sucessores aceitavam os dogmas* como o da Trindade, e seu conceito de Deus fundava-se em uma t. natural* próxima de temas estoicos, e não na revelação*, o que devia desempenhar papel capital no deísmo*.

O vínculo entre ateísmo* e c. data do s. XVIII, época em que Hume (1711-1776), D'Alembert (1717-1783), D'Holbach (1723-1789) e o restante dos "filósofos" tiram, todos, argumento da c. contra a t: uma vez que Newton e seus sucessores explicaram tão completamente o mundo, Deus não tem papel a desempenhar no u., o que está bem resumido na famosa observação de Laplace (1749-1827): "Não tive necessidade dessa hipótese". A rejeição, por Kant*, das provas* racionais da existência de Deus cavou ainda mais o abismo entre t. e c.

O s. XVIII procurava do lado da física e da filosofia* o meio de descartar Deus; com Darwin (1809-1882) e a evolução*, o debate se deslocou para a biologia. Depois de Copérnico, o homem já não estava no centro do u.; com Darwin, é a biologia que, por sua vez, justificava a ideia de que o u. não era feito somente para ele (Emerton in: RAE *et al.*, 1994). Durante todo o s. XIX, o determinismo negou a liberdade, enquanto o caráter aleatório das mutações genéticas e da seleção natural fazia da humanidade um produto do acaso. A física determinista tornava Deus impotente; a biologia estatística fazia dele um inútil (Monod, 1972; Peacocke, 1986).

c) A ciência moderna. — No fim do s. XIX, embora o eletromagnetismo de Maxwell (1831-1879) já se afastasse implicitamente do mecanicismo, acreditava-se que todos os problemas científicos seriam resolvidos. Contudo, a descoberta dos raios X por Röntgen, em 1895, foi o primeiro de uma série de acontecimentos que deviam transformar a física, e com ela toda a nossa concepção do u. Com a teoria da relatividade, primeiro restrita (1905), depois generalizada (1915), Einstein (1879-1955) unificou nossa ideia de espaço e de tempo*. Para Newton, o espaço é absoluto, tridimensional e euclidiano, é o "sensorium" de Deus, os astros ali se movem sem dele depender; depois de Einstein, é impossível separar o movimento da geometria não euclidiana de um espaço-tempo de quatro dimensões, e é preciso conceber o u. como finito e ilimitado. A relatividade geral deu origem a modelos do passado, do presente e do futuro do u.: a teoria do Big-Bang, que situa a origem do u. em uma singularidade (Drees, 1990); o conceito de u. em expansão, e a noção de corpos maciços, os "buracos negros", que têm um campo de gravidade tal que impede a própria luz de deixá-los (Hawking, 1988); e a teoria da morte* termodinâmica do u., ou ainda de seu colapso sob a própria gravidade (Barrow e Tipler). A cosmologia muitas vezes contestou explicitamente o teísmo*, notadamente a propósito da criação*, da providência* e da escatologia*.

Em 1900, Planck (1858-1947) resolvia um problema inexplicável na física clássica propon-do a ideia de que a energia só existe sob forma de "pacotes" ou de quantidades definidas, os *quanta*. Lançava assim os fundamentos da mecânica quântica desenvolvida por Bohr (1885-1962), e por Heisenberg (1901-1976). A teoria dos *quanta* tem notável aptidão para explicar os fenômenos físicos, mas suscita questões filosóficas difíceis, que tomam a contrapartida de todas as nossas evidências a respeito da realidade, da causalidade, da relação do observador e do observado.

Em 1953, a descoberta da estrutura da dupla hélice do DNA por Crick (1916-) e Watson (1928-) inaugurou uma época de progresso sem precedentes para a pesquisa biológica. Pôde-se assim compreender, entre outras coisas, a estrutura do genoma humano e as causas das doenças hereditárias, e encarar a criação de espécies artificiais por manipulação genética. O funcionamento do cérebro, o mistério da consciência, a inteligência artificial serão, sem dúvida, questões da maior importância do s. XXI e farão nascer novos problemas teológicos a propósito da natureza humana, da alma* e da imortalidade (Puddefoot, 1996).

d) Epistemologia e filosofia das ciências. — Os teólogos reagiram diante da física de Newton e das ideias de Darwin de uma maneira que justifica a acusação que lhes fazem muitas vezes de se servir de Deus para explicar o que não se sabe explicar (*God of the gaps*), de modo que quando a c. avança, a teologia recua, necessariamente. Contudo, as mudanças de nossas concepções do espaço e do tempo, da causalidade, da relação entre o observador e o observado, da natureza da vida e da inteligência humana enriquecem de fato a t. com novos instrumentos conceituais.

A parte mais interessante do debate entre c. e teologia concerne, sem dúvida, aos problemas de epistemologia (Popper, 1959). Todas as consequências não intuitivas da relatividade e da teoria dos *quanta*, os desenvolvimentos inesperados (Prigogine, 1979) da mecânica e da termodinâmica clássicas não lineares (teoria do caos), a complexidade da percepção e da linguagem e a incidência do meio e da cultura sobre nossa concepção da verdade* (Kuhn, 1962) deram nova vida a problemas que se julgavam desaparecidos. Teorizar sobre Deus e teorizar sobre o mundo não são atividades de ordem diferente: nos dois casos, trata-se de reagir a questões de fundo concernentes à verdade, ao conhecimento e ao ser*. As razões, as explicações, os fatos mesmos só são o que são pela interpretação que dá sobre eles uma cultura, segundo os valores e segundo a maneira como ela representa para si o mundo. Não nos podemos manter fora de nosso espírito e ter como o ponto de vista de Deus sobre as coisas, livre de todas as deformações e de todas as decisões que pertencem a nosso ponto de vista pessoal. Existem relações complexas entre dados, hipóteses, teorias, fatos, crenças e valores, que formam o pano de fundo linguístico, social e cultural do conhecimento: o sujeito está essencialmente implicado na interpretação dos fatos e na construção das teorias (Polanyi, 1958).

Contudo, certos cientistas continuam a interpretar as explicações científicas do u. de uma maneira que faz eco ao agnosticismo* e ao ateísmo do s. XVIII (Monod, Atkins). Essas posições não são, porém, do domínio da c., e o conflito da c. e da fé* nada tem de inelutável (Peacocke, 1990). Mesmo Darwin, tanto na *Origem das espécies* (1859) quanto na *Descendência do homem* (1871), pensava que a seleção natural não era incompatível com a ideia de um plano divino.

• M. Polanyi (1958), *Personal Knowledge*, Londres (²1962). — K. R. Popper (1959), *The Logic os Scientific Discovery*, Londres (*A lógica da pesquisa científica*, São Paulo, 1985). — T. S. Kuhn (1962), *The Structure of Scientific Revolutions*, Chicago (²1970) (*Estrutura das revoluções científicas*, São Paulo, 1998). — J. D. Watson (1968), *The Double Helix*, Londres. — T. F. Torrance (1969), *Theological Science*, Oxford. — R. Hooykaas (1972), *Religion and the Rise of Modern Science*, Edimburgo. — J. Monod (1972), *Le hasard et la nécessité*, Paris (*O acaso e a necessidade*, Petrópolis, 1971). — S. L. Jaki (1978), *The Road to Science and the Ways to God*, Edimburgo. — I. Lakatos (1978), *The Methodology of Scientific Research Programmes*, Cambridge. — I. Prigogine e I. Stengers (1979), *La nouvelle alliance*, Paris (*A nova aliança*, Brasília, 1986). — P. W. Atkins (1981), *The Creation*,

Oxford. — J. C. Polkinghorne (1984), *The Quantum World*, Londres. — J. D. Barrow e F. J. Tipler (1986), *The Anthropic Cosmological Principle*, Oxford. — A. Funkenstein (1986), *Theology and the Scientific Imagination from the late Middle-Ages to the XVIIth century*, Princeton. — A. R. Peacocke (1986), *God and the New Biology*, Londres. — J. C. Puddefoot (1987), *Logic and Affirmation*, Edimburgo. — S. W. Hawking (1988), *A Brief History of Time*, Londres (*Uma breve história do tempo*, Rio de Janeiro, 1988). — W. B. Drees (1990), *Beyond the Big Bang*, La Salle, Ill. — A. R. Peacocke (1990), *Theology for a Scientific Age* (Londres, ²1993). — W. L. Craig e Q. Smith (1993), *Theism, Atheism, and Big Bang Cosmology*, Oxford. — O. Gingerich (1993), "Hypothesis, Proof, and Censorship", *Colloquium* (Austrália) 25, 54-66. — M. Rae, H. Regan, J. Stenhouse (sob a dir. de) (1994), *Science and Theology: Questions at the Interface*, Edimburgo. — J. C. Puddefoot (1996), *God and the Mind Machine*, Londres. — W. M. Richardson e W. J. Wildman (sob a dir. de) (1996), *Religion and Science: History, Method, Dialogue*, Londres. — C. B. Kaiser (1997), *Creational Theology and the History of Physical Science*, Londres-Nova York-Colônia.

John C. PUDDEFOOT

→ *Criação; Evolução; Fundamentalismo; Racionalismo; Razão; Verdade.*

CIPRIANO DE CARTAGO, *c.* 200-258

Nascido de uma família de ricos pagãos, Cipriano (C.) converteu-se por volta de 246. Feito bispo* de Cartago em 249, tem logo de exilar-se para escapar à perseguição do imperador Décio; é por cartas que dirige sua comunidade durante um ano e meio. Sofre o martírio* no tempo de Valeriano, em 14 de setembro de 258. Vamos deixar de lado sua obra apologética e moral, fortemente influenciada por Tertuliano*, para considerar sua teologia da Igreja* (I.) e dos sacramentos*, tal como se deduz de seus dois tratados mais famosos e de sua importante correspondência.

a) A questão dos apóstatas. — No fim de 249, Décio ordena a seus súditos um gesto público de piedade para com as divindades romanas. Muitos cristãos obedecem. Esses *lapsi* ("caídos") querem depois entrar na I.; certos "confessores" (os que, pela fé, suportaram prisão e suplícios) arrogam-se a autoridade* de admiti-los sem condição. Contra essa prática,

C. publica em 251 seu *De lapsis*. Encontra circunstâncias atenuantes para os que cederam sob tortura (§ 13), mas deplora que muitos tenham facilmente escolhido a apostasia (§ 7-8) quando deviam, segundo Mt 10,23, exilar-se (§ 10). Exorta-os a que não reclamem perdão imediato, mas a que façam penitência* e deem esmolas, retiradas de suas riquezas, as quais, para fugir da perseguição, teriam devido saber abandonar (§ 35).

De outro lado, C. defende a reintegração dos apóstatas, em nome da bondade e da misericórdia* divinas, contra a intransigência do novacianismo*. Recusa-se a conceber a I. como uma sociedade de puros: "Quando o apóstolo diz: 'Numa casa grande, não há somente vasos de ouro e prata; também os há de madeira e barro' (2Tm 2,20), como ousar parecer escolher os vasos de ouro e prata e [...] condenar os de madeira e de barro?" (*Carta* 55, 25, 2).

b) Certa ideia da Igreja. — Igualmente em 251, em seu *De Ecclesiae catholicae unitate*, C. combate os cismas* ligados ao problema dos *lapsi*, pregando a fidelidade à I.: "Não se pode ter a Deus* por pai quando não se tem a I. por mãe" (§ 6). C. funda a unidade eclesial na coesão da Trindade* (§ 6, citando 1Jo 5,8) e, sobretudo, em sinais concretos: a túnica de Cristo* (§ 7); a família* reunida em Rahab (§ 8, segundo Js 2,18s); a prescrição de comer o cordeiro* pascal em uma só casa (§ 8, segundo Ex 12,46); a pomba vinda sobre Jesus* em seu batismo* (b.), "pássaro simples e alegre, sem fel", e cujos casais conhecem "a concórdia e a paz*" (§ 9). À unidade* da I. corresponde um episcopado "uno e indivisível" (§ 5).

Do famoso § 4 do *De unitate*, a tradição manuscrita dá duas versões: uma fala do "primado" (*primatus*) dado a Pedro*; a outra, contudo mais desenvolvida, nada diz. Certos especialistas consideram o texto breve como um falso, em virtude da chancelaria romana do s. VI; muitos outros atribuem as duas redações a C. Este, por ocasião de sua controvérsia com o papa* Estêvão (cf. *infra*), teria corrigido uma passagem que lhe parecia doravante demasiado favorável às pretensões de Roma*. Seja o que for do debate filológico, duas notas se impõem. De um lado, as cartas de C. apresentam a Sé romana como "a matriz e a raiz da I. católica" (*Carta* 48, 3, 1) ou "A I. principal de onde a unidade episcopal saiu" (*Carta* 59, 14, 1). De outro lado, na época em que publicou pela primeira vez seu *De unitate*, C. já afirma — como fará perante Estêvão (*Carta* 72, 3, 2) — que "cada bispo regula ele mesmo seus atos e sua administração, salvo a dar conta ao Senhor" (*Carta* 55, 21, 2). Em resumo, ele vê na escolha de Pedro por Jesus um sinal de unidade para toda a I., e não a justificação das ambições romanas do s. III.

c) Controvérsia sobre o batismo dos hereges e cismáticos. — Reclamando a tradição*, Estêvão, bispo de Roma de 254 a 257, estimava que quem tinha recebido o b. de um bispo herege ou cismático podia unir-se à Grande I. — conjunto das Igrejas em comunhão com Roma — sem novo b. Invocando um concílio* africano realizado por volta de 220, C. recusou seguir Roma nesse ponto. Para ele, "todos os hereges e cismáticos, sem exceção, não têm nenhum poder e nenhum direito" (*Carta* 69, 1, 1); não tendo uma ideia justa da Trindade nem da I., não podem conferir um b. válido (*Carta* 73, 23, 1). O conflito só teve fim com o martírio dos dois adversários. A posição de C. continuou a prevalecer na África no s. IV, notadamente no donatismo*. Agostinho* contribuiu para a vitória do uso romano.

d) Sobre a eucaristia. — A longa carta 63 de C., às vezes intitulada *De sacramento calicis Domini*, é o primeiro escrito consagrado inteiramente à eucaristia*. Enquanto alguns (os "aquarianos") celebravam a eucaristia somente derramando água no cálice, C. considera que é preciso misturar-lhe vinho, a fim de "fazer [...] o que fez o próprio Senhor" (10,1). Para ele, a eucaristia constitui "uma oblação e um sacrifício*" que correspondem à paixão* (9, 3). A união da água e do vinho "mostra" a união de Cristo e de seu povo* (13, 3), enquanto o pão "mostra" a unidade da I.: "Assim como os grãos múltiplos reunidos, moídos e misturados fazem um só pão, assim em Cristo, que é o pão de céu, não há [...] senão um só corpo" (13, 4).

• CChr.SL 3-3 B (ed. preferível a todas as precedentes); em SC: *A Donat. La vertu de la patience* (291); *Correspondance*, CuFr, 2 vol. (a completar pela trad. ingl. comentada de G. W. Clarke, *The Letters of St. Cyprian of Carthage*, Nova York, 1984-1989, 4 vol.); outras ed. bilíngues lat.-fr.: *Sur ceux qui sont tombés pendant la persécution. Contre Démétrien*, por M. Lavarenne, Clermont-Ferrand, 1940; *De l'unité de l'Église catholique*, por P. de Labriolle, Paris, 1942.

▸ M. Bévenot (1981), "Cyprian von Carthago", *TRE* 8, 246-254. — J. D. Laurance (1984), *Priest as Type of Christ. The Leader of the Eucharist in Salvation History according to Cyprian of Carthage*, Nova York. — S. Cavallotto (1990), *Il magistero episcopale di Cipriano di Cartagine. Aspetti metodologici*, Piacenza. — V. Saxer (1990), "Cyprien de Carthage", *DECA*, 603-606. — P. A. Gramaglia (1992), "Cipriano e il primato romano", *RSLR* 28, 185-213. — C. e L. Pietri (1995), *Naissance d'une chrétienté (250-430)*, Paris, 155-169. — A *REAug* publica uma *Chronica Tertullianea et Cyprianea.*

Jean-Marie SALAMITO

→ *Apologistas; Batismo; Bispo; Donatismo; Eucaristia; Igreja; Martírio; Novacionismo; Roma; Tertuliano.*

CIRCUNSESSÃO

Em teologia* trinitária, a circunsessão (circ.) exprime a habitação das pessoas* da Trindade* uma na outra, assim como o seu dom mútuo. Em cristologia*, significa a compenetração das naturezas divina e humana na pessoa de Cristo* Jesus*.

a) Fundamento bíblico e primeira elaboração patrística. — É essencialmente nos escritos joaninos* que se encontram as ideias de habitação e de dom mútuo, por exemplo: "Crede-me, eu estou no Pai* e o Pai está em mim" (Jo 14,11). A soteriologia cristã é apresentada como a entrada na relação que une o Pai, o Filho e o Espírito*: "conhecereis que eu estou no meu Pai e que vós estais em mim e eu em vós" (Jo 14,20), ou "Nisto reconhecemos que permanecemos nele e ele em nós, ele nos deu o seu Espírito" (1Jo 4,13).

Esses textos visam certamente à unidade Pai-Filho-Espírito no agir. Contudo, essa unidade remete implicitamente à do ser, e é nesse sentido que os Padres* da Igreja* a compreenderam. A reflexão começou primeiro pela relação Pai-Filho: "O Pai está no Filho porque o Filho provém dele. O Filho está no Pai, porque ele não tem, de um outro, ser o Filho" (Hilário*, *Trin.* 3, 4; CChr.SL 62, 25). Assim, o Pai e o Filho habitam um no outro, e se dão um ao outro porque são consubstanciais* (Cirilo* de Al.: PG 74, 244c). Com os desenvolvimentos da teologia trinitária, as afirmações a respeito do Pai e do Filho vão ser estendidas aos Três: "O verdadeiro Deus* é Trindade pelas pessoas, Um pela natureza. Por essa unidade natural, o Pai está inteiramente no Filho e no Espírito Santo, e o Filho está inteiramente no Pai e no Espírito, assim como o Espírito Santo está inteiramente no Pai e no Filho. Nenhum deles é exterior aos outros" (Fulgêncio de Ruspe, *De fide ad Petrum* 4, CChr.Sl 91A, 714).

b) A teologia grega. — Até o s. VII, os Padres não têm termo especial para designar a habitação e o dom dos Três. São as controvérsias cristológicas que vão favorecer no mundo grego a introdução de um vocabulário específico com o verbo *perikhoreo* e o substantivo *perikhoresis*, transcrito em nossa língua por "pericorese".

Gregório* de Nazianzo introduziu o verbo para explicar que a unidade das duas naturezas em Cristo faz que o que é próprio a Deus possa ser atribuído ao homem e vice-versa: é a comunicação dos idiomas* (*Ep.* 101, 31; SC 208, 48). A interpenetração das duas naturezas funda a troca das propriedades. Máximo* Confessor, utiliza essa noção e introduz o substantivo. "Pericorese" designa então, na pessoa de Cristo, o movimento de penetração da natureza divina na (*eis*) ou em direção à (*pros*) natureza humana. Com o pseudo-Cirilo, no fim do s. VII, a noção ganha o registro do ser. "Pericorese" designa a penetração da natureza humana pela natureza divina no seio da união hipostática*. A unidade da pessoa funda a coinerência ou pericorese das duas naturezas (*Trin.* 24; PG 77, 1, 165 *cd*).

O mesmo autor introduz o vocabulário em teologia trinitária: "[Outras palavras a respeito de Cristo concernem] à pericorese das pessoas, uma na outra, como: 'Eu estou no Pai e o Pai está em mim' (Jo 15,16)" (*Trin.* 23; PG 77, 1164*b*).

"Pericorese" exprime então a união das três pessoas na única essência (*Trin.* 10). Elas são um só Deus, porque cada uma está nas outras duas e cada uma se dá às duas outras. Essa doutrina é retomada por João Damasceno (*Fid.* 1, 8; Kotter 2, 42) e pela teologia grega posterior. Ela permite evitar os dois escolhos de toda teologia trinitária, separar as três pessoas (arianismo*, triteísmo*) ou confundi-las (modalismo*). Além disso, a pericorese das duas naturezas em Cristo é fundada sobre a das três pessoas da Trindade (João Damasceno, *Fid.* 3, 7; Kotter 2, 126).

c) A teologia latina. — No s. XII, a noção de habitação é retomada em teologia trinitária, com base nas Escrituras* e nos Padres latinos, sem recorrer a um termo técnico. O termo *circumincessio* será, contudo, introduzido no vocabulário teológico com a tradução do *De fide* de João Damasceno por Burgundio de Pisa, em 1153-1154, mas Pedro Lombardo, que a cita, não retoma a palavra (*Sentenças* 1, 19, 4). É somente no século seguinte que aparece, em Alexandre de Hales (†1245), em referência aos textos de P. Lombardo e de João Damasceno (*In Sent.* 1, 19, q. 2).

Depois de Alexandre de Hales, o termo circ. se torna comum, primeiro na escola franciscana, depois entre os teólogos, sem impor-se de maneira universal. Continua-se igualmente a apresentar a noção de habitação sem empregar o termo, assim Tomás* de Aquino (*ST* Ia, q. 42, a. 5) e o concílio de Florença* (Decreto de união com os jacobitas, 1442; bula *Cantate Domino, DS* 1330).

A noção de circ. aparece em cristologia em Alberto* Magno, independentemente da teologia trinitária (*In Dyon. ep.* 4; Simon, 489, 492), mas terá pouco desenvolvimento.

A grafia *circuminsessio* encontra-se a partir do fim do s. XIII, tanto em teologia trinitária (Durand de Saint-Pourçain, *In Sent.* 1, 19) como em cristologia (Henri de Gand, *Quodlibet* 13). Deve-se à pronúncia "francesa" do latim, segundo a qual *ce* e *se* são idênticos.

O conceito de circ. também abriu um caminho, no s. XX, na antropologia* trinitária de J. Monchanin (1895-1957), segundo a qual "devemos viver em circunsessão com nossos irmãos". (Ver especial-

mente *Théologie et spiritualité missionnaires*, Paris, 1985).

• A. Deneffe (1923), "*Perichoresis, circumincessio, circuminsessio.* Eine terminologische Untersuchung", *ZKTh* 47, 497-532. — G. L. Prestige (1936), *God in Patristic Thought*, Londres. — M. Schmaus (1963), "Perichorese", *LThK*[2] 8, 274-276. — P. Stemmer (1983), "Perichorese. Zur Geschichte eines Begriffs", *ABG* 27, 9-55. — V. Harisson (1991), "Perichoresis in the Greek Fathers", *SVTQ* 35, 53-65.

Jacques FANTINO

→ *Consubstancial; Salvação.*

CIRILO DE ALEXANDRIA, *c.* 380-444

a) Vida e obra. — Cirilo (C.) nasceu de uma família vinda de Menfis para Alexandria* (Al.). Recebeu, sem dúvida sob a vigilância de seu tio Teófilo, arcebispo de Al. (385-412), a rigorosa formação profana e religiosa que seus escritos atestarão. Fontes de caráter hagiográfico relatam de maneira muito pitoresca uma estada de cinco anos no claustro de Makarios, em Nítria (PO I/1, cap. 11-12). Em 403, seu tio Teófilo levou C. à Ásia menor para um sínodo* bastante triste, em Chêne (Calcedônia) em que, por iniciativa de Teófilo, João* Crisóstomo, arcebispo de Constantinopla, foi deposto por falsas acusações (PG 103, 105-113): primeiro enfrentamento entre Alexandria, Constantinopla e Antioquia, onde João Crisóstomo se tinha formado. Em 412, C. sucedeu a seu tio na Sé de Al. Desde o início fez-se notar por seu cuidado muito vivo — às vezes confuso — pela ortodoxia*, combatendo ao mesmo tempo arianos (arianismo*) e novacianos, judeus e pagãos. "O excesso de animosidade" que Isidoro de Pelusa criticava nele na época da luta contra Nestório (nestorianismo*) manifestou-se bem antes da grande disputa (PG 78, 362).

A obra teológica de C. é considerável. Divide-se muito claramente em duas partes, pela data de 429, que inaugura a controvérsia com Nestório (N.). Duas obras imensas sobre o *Pentateuco* (PG 68-69) apresentam constantemente Cristo como a verdade* profética (*tupos*) da lei* mosaica. A explicação dos *Salmos*, de

Isaías, e dos *12 profetas menores* (PG 69-72) responde ao mesmo cuidado. O comentário do *Evangelho de João* (PG 73-74) é, sem dúvida, por sua amplidão e por sua riqueza doutrinal, o mais notável dos escritos exegéticos de C. A interpretação cede menos ao alegorismo que em Orígenes* ou em Dídimo e recorre mesmo, às vezes, por sua preocupação literal, à de Jerônimo (Kerrigan, 1952, 435-439).

As obras propriamente dogmáticas tratam da Trindade*: o *Thesaurus* (PG 75) e os *Sete diálogos sobre a santa Trindade* (SC 231, 237, 246). C. se inspira em Atanásio* e nos grandes capadócios do século anterior, mas com frequência reagrupa elementos da mensagem cristã em síntese original. O parentesco dos homens com o Verbo* encarnado une-os corporal e espiritualmente a Deus*. Trindade, encarnação*, eucaristia*, batismo*, inabitação do Espírito*, deificação, esses temas dominantes do ensinamento de C. são constantemente postos em relação, na tradição de Atanásio e de Gregório* de Nissa.

b) O conflito com Nestório. — A partir de 429 e até sua morte*, ocorrida em 444, a atenção de C. se fixará no perigo que representa a seus olhos o ensinamento de Nestório, esse sacerdote de Antioquia escolhido pelo Imperador Teodósio II para a sede de Constantinopla, em abril de 428. Doravante, cartas, homilias, tratados (p. ex. *Cinco livros contra N.*, PG 76, 9-248) terão um único objeto, a refutação do ensinamento de N. sobre Cristo. Desde 429, C. reage contra a pregação* do novo patriarca de Constantinopla (homilia pascal 17, PG 77, 767-800 e carta aos monges do Egito, *ACO* I, 1, 10-23). N., que protesta contra a denominação de Maria* como Mãe de Deus (*theotokos*), põe em questão, estima C., a unidade e mesmo a divindade de Cristo. C. escreve em uma primeira carta a N.: quase se chegou, em certos meios, "a não suportar que se confesse doravante que Cristo é Deus; diz-se antes que é o instrumento e a ferramenta da deidade, um homem teóforo e outras coisas mais" (*Ep.* 2: *ACO*, I, 1, 23-25).

Inicia-se uma troca polêmica, à qual se associa o papa* Celestino. Sínodos regionais se realizam, em Roma* e em Alexandria, que resultam na convocação pelo Imperador de um concílio* ecumênico, em Éfeso*. C. obtém precipitadamente a condenação de N., em 22 em junho de 431.

c) A cristologia de Cirilo. — A segunda carta de C. a N. (*Ep.* 4; *DCO* II/1 104-112) dá o sentido autêntico do símbolo de Niceia*, estimou o concílio Éfeso, sobre "o fato de que o Verbo saído de Deus se encarnou e se fez homem":

"O Verbo, tendo-se unido segundo a hipóstase (*kath'hypostasin*) a uma carne animada por uma alma* racional, tornou-se homem de uma maneira indizível e incompreensível, e recebeu o título de Filho* do homem, não por um simples querer, ou bel-prazer, nem tampouco porque ele teria tomado apenas o personagem (*prosopon*); e nós dizemos que são diferentes as naturezas unidas em uma verdadeira unidade, e que das duas resultou um só Cristo e um só Filho, não que a diferença das naturezas tenha sido supressa pela união, mas antes porque a divindade e a humanidade formaram para nós o único Senhor Cristo e Filho por seu inefável e indizível concurso na unidade [...]. Não foi um homem ordinário que primeiro foi gerado da Santa Virgem e sobre o qual em seguida o Verbo teria descido, mas é por ter sido unido à sua humanidade desde o seio mesmo, que se diz que ele sofreu a geração carnal, enquanto se apropriou a geração segundo a carne [...]. É assim que os santos Padres ousaram chamar a santa Virgem Mãe de Deus" (*DCO* II-1, 107-113).

A unidade de Cristo exige que o Verbo de Deus tenha sido, ele mesmo, gerado de Maria: de outro modo, estaríamos diante de dois subsistentes, o Verbo e um homem ordinário, nascido de Maria. É a título de sujeito último de atribuição, exercendo o ato concreto de existir (*hypostasis*), que o Verbo reivindica como sua, ou se apropria, a geração segundo a carne.

C. é talvez o primeiro a retomar em contexto cristológico, a distinção, antes utilizada para a Trindade, da pessoa* (*kath'hypostasin*) e da natureza (*physis*). Também distingue a *hypostasis*, a pessoa que se é, do *prosopon*, o personagem que se representa. A união aqui realizada, que coloca a humanidade do Verbo encarnado na ordem do ser*, e não do ter, opõe-se àquela que se faria por simples querer ou bel-prazer".

Dando à *physis* um sentido concreto, C. falará em outros lugares, não sem ambiguidade, de uma união *katá physin* ou *physike* (3ª carta a N., 3º anátema, *DCO* II/1, 142) e falará da "única natureza encarnada do Verbo de Deus" (*mia physis tou theou logou sesarkomene*, *Contra N.*, I, PG 76, 60-93), expressão que ele acreditava provir de Atanásio, mas que vinha de fato de Apolinário (apolinarismo*) (*Ep. ad Jov.* 250; *ACO*, I/5, 65-66). Essas fórmulas valerão por muito tempo para C. passar por pai do monofisismo*.

d) *A reputação e a influência.* — Aprovada pelo concílio de Éfeso, confirmada pelo de Calcedônia* e Constantinopla II* e III*, a exegese de Niceia que C. defendeu tornou-se um patrimônio da Igreja*. Máximo* Confessor, João Damasceno, Tomás* de Aquino, Petau, Scheeben*, entre outros teólogos, se remetem a C. Em 1882, o papa Leão XIII o declarou doutor* da Igreja, e em 1944, Pio XII lhe consagrou uma carta encíclica, *Orientalis Ecclesiae* (*AAS*, 36, 129-144).

• PG 68-77. — DCO, II-1, 105-147. — *Deux dialogues christologiques*, SC 97. — *Dialogues sur la Trinité*, SC 231, 237 e 246. — *Contre Julien*, SC 322. — *Lettres festales*, SC 372 e 392.

▶ H. du Manoir (1944) *Dogme et spiritualité chez saint Cyrille d'Alexandrie*, Paris. — A. Kerrigan (1952), *St. Cyril of Alexandria, Interpreter of the Old Testament*, Roma. — J. Liébaert (1951), *La doctrine christologique de saint Cyrille d'Alexandrie avant la querelle nestorienne*, Lille. — (1970), "L'évolution de la christologie de saint Cyrille d'Alexandrie à partir de la controverse nestorienne", *MSR* 27, 27-48. — A. Grillmeier (1979), *Jesus der Christus im Glauben der Kirche*, I, Friburgo-Basileia-Viena, 637-691 — A. de Halleux (1992) "Les douze chapitres cyrilliens au concile d'Ephèse (430-433)", *RTL* 23, 425-458. — M.-O. Boulnois (1994), *Le paradoxe trinitaire chez Cyrille d'Alexandrie. Herméneutique, analyses philosophiques et argumentation théologique*, Paris. — B. Meunier (1997), *Le Christ de Cyrille d'Alexandrie. L'humanité, le salut et la question monophysite*, Paris.

Gilles LANGEVIN

→ *Cristo/cristologia; Éfeso (concílio); Hipostática (união); Monofisismo; Nestorianismo; Trindade.*

CISMA

"Cisma" (ci.) designa hoje no direito* canônico a recusa de submeter-se ao papa* ou de integrar-se na comunidade de membros da Igreja* (I.) reunidos sob sua autoridade* (*CIC* 751). Os cismáticos são punidos com a excomunhão (*CIC* 1364). No plano conceitual, o ci. pode distinguir-se da heresia* ou da apostasia por não implicar, em princípio, nenhum erro dogmático e nenhuma ruptura deliberada com a fé*. Na prática, porém, quase não se pode separar entre ci. e heresia, pois o primado do papa é considerado na I. católica um princípio dogmático.

Apesar dessa dificuldade, a distinção canônica entre heresia e cis. pode revelar-se fecunda no plano teológico e ecumênico, quando se afirma, p. ex., que certa Igreja irmã é cismática mas não herética, ou que o cis. do Ocidente (ou Grande Cisma) no s. XIV, não destruiu a unidade* doutrinal da I.

No NT (Jo 7,43; 9,16; 10,19; 1Cor 1,10; 11,18; 12,25), o ci. designa de maneira geral as divisões ou cisões. Os "ci.", de que se fala em 1Cor, não parecem ser basicamente divisões dogmáticas, mas referem-se simplesmente ao agrupamento dos fiéis em torno de diferentes mestres. A distinção de 1Cor 11,18s, entre heresia e cisma, mesmo se não pertence aos traços essenciais da teologia paulina, terá em todo caso papel importante na história ulterior desses conceitos. Lê-se notadamente nos Padres apostólicos* que o amor* não conhece cisma, (*1Clem* 49, 5) e que os crentes devem evitar o cisma (*Did.* 4, 3). Na I. antiga, antes de Constantino, é raro que se distinga ci. e heresia.

O fenômeno do ci., como divisão externa, aparece desde os primeiros tempos cristãos. O cristianismo teve assim de tomar suas distâncias em relação às tendências judaizantes e a gnose*. Desde o s. IV, o donatismo* e o arianismo* foram condenados como movimentos cismáticos e heréticos. Depois de 1054, a separação entre a I. ortodoxa e a I. católica, é muitas vezes designada como o "cis. do Oriente", enquanto o ci. do Ocidente cobre o período de 1378 a 1417 ou 1449, durante o qual se viram dois papas, ou mesmo três, disputar o poder.

Segundo Congar (1972), podem-se distinguir dois grandes períodos na teologia* católica do ci. Até ao final do s. XI, o bispo* da I. local* era o guardião da unidade; é pela comunhão* com o bispo que o fiel estava ligado ao conjunto da I., e comungava em toda a parte no mesmo altar. O cismático, ao contrário, erguia "altar contra altar" e rompia assim o vínculo com o bispo local. A partir do s. XII, o ci. foi sobretudo entendido como um dano à unidade do conjunto da I., e é o vínculo com o papa, como *episcopus universalis*, que se tornou determinante.

A I. ortodoxa russa foi por muito tempo dividida pelo ci. dos velhos-crentes, excomungados em 1666. A suspensão da excomunhão pelo concílio de Moscou, em 1971, representa um precedente considerável no esforço das I. modernas para eliminar os ci.; a anulação das sentenças de excomunhão recíprocas pelo papa Paulo VI e o patriarca de Constantinopla, Atenágoras, em dezembro de 1965, ia no mesmo sentido.

O protestantismo*, apesar de numerosas cisões de fato, só raramente fala em "ci." e a dogmática* protestante moderna tampouco aborda o problema. Schlink (1983, 680 s.) distingue entre as divisões necessárias e as divisões desnecessárias, para concluir que os inumeráveis ci. entre I. cristãs não repousam sobre motivos teológicos. Não é possível determinar um critério constante nas divergências pelas quais as I. se separaram no curso da história*. O único motivo justificado seria, aos olhos de Schlink, quando uma parte da I. se desvia de Cristo*.

Pannenberg (1993, 451), embora seguindo Schlink, estima que a excomunhão não pode ser motivada por desvios particulares em relação à norma dogmática, mas só por apostasias manifestas ou, eventualmente, veladas, i.e., por um abandono de toda fé. Pannenberg julga além disso que, quando cristãos heterodoxos estão dispostos a preservar a comunhão eclesial, a I. deveria também, de sua parte, testemunhar-lhes maior tolerância.

No movimento ecumênico, sobretudo os traços "separadores" das diferentes confissões foram objeto das discussões teológicas. Quando se alcança um acordo suficiente — e confirmado por uma recepção* eclesial —, as I. podem afirmar que as excomunhões ou condenações históricas não concernem mais ao parceiro contemporâneo. Os diálogos doutrinais podem, assim, servir a eliminar as causas teológicas das divisões interconfessionais.

▸ Y. Congar (1939), "Schisme" *DThC* 14, 1286-1312. — Col. (1967), *Le schisme, sa signification théologique et spirituelle*, Lyon. — Y. Congar (1972), "Das Schisma", *MySal* IV/1, 415-426 (Petrópolis, 1977). — D. Baker (sob a dir. de) (1972), *Schism, Heresy and Religious Protest*, Cambridge. — B. C. Butler (1979), *The Church and Unity*, Londres. — E. Schlink (1983), *Ökumenische Dogmatik*, Göttingen, 626-708. — W. Pannenberg (1993), *Systematische Theologie*, t. III, Göttingen, 442-452, 551-559.

Risto SAARINEN

→ *Disciplina eclesiástica; Heresia; Jurisdição.*

CIÚME DIVINO

O "nome* do Senhor é 'ciumento'. Ele é um Deus ciumento" (Ex 34,14). Esse título de Javé, empregado em textos de grande significação teológica (como no decálogo*: Ex 20,5 e Dt 5,9), constitui uma das definições mais originais do Deus de Israel*.

Em hb., o conceito de ciúme (c.) é expresso pela raiz *qn'* (83 ocorrências), o substantivo *qin'â* é muito frequente (43 ocorrências), o adjetivo 'ciumento' é mais raro, exclusivamente referido a Javé (*qannâ'*: Ex 20,5; 34,14; Dt 4,24; 5,9; 6,15; *qannô'*: Js 24,19; Na 1,2). A septuaginta traduz habitualmente por *zeloo* (ou verbos derivados) e por substantivos e adjetivos que têm a mesma raiz; daí nossos termos 'c.' e 'zelo'. O NT retoma substancialmente a terminologia da septuaginta, mas o conceito de "ciúme divino" raramente é atestado (2Cor 11,2; Hb 10,27).

O termo "c." designa uma paixão* poderosa (Ct 8,6), na qual parecem estar reunidos o amor* e o ódio (Ecl 9,6). Nem todas as suas diversas manifestações são aceitáveis ou aplicáveis ao comportamento divino.

Entre os seres humanos, o c. equivale com muita frequência à *inveja*, que é o desejo de possuir o que pertence ao outro e que acarreta ódio e violência* (Gn 26,14; 30,1; 37,11; Pr 27,4; Sr 30,24 etc.). A Escritura* condena esse sentimento (com uma insistência particular no NT: Mt 27,18; Rm 1,29; 1Cor 13,4; 2Cor 12,20; Gl 5,20s. 26 etc.), e, evidentemente, não o atribui a Deus.

No casamento*, o c. se manifesta como amor possessivo, com uma conotação de desconfiança em relação à pessoa amada (Nm 5,14-30) e de ira* vingativa contra o rival (Pr 6,34). São raras as passagens bíblicas nas quais essa significação é aplicada metaforicamente a Deus (Ez 16,38.42; 23,25): trata-se de contextos parabólicos em que a história da aliança* é descrita com os traços da relação conjugal e em que o c. é identificado com a ira punitiva dirigida contra o adúltero.

As palavras derivadas da raiz *qn'* qualificam, por fim, o sentimento de amor apaixonado e exclusivo por um bem determinado. Nas línguas modernas essa nuança de significação é produzida pelo termo *zelo*, que, contudo, não expressa suficientemente o caráter de paixão totalizante, com uma ponta de extremismo, próprio do conceito bíblico. Os homens podem experimentar esse c. exclusivo por Deus (Sl 119, 139; Jt 9,4; Rm 10,2), pelo Templo* (Sl 69,10; Jo 2,17), pela Lei* (1Mc 2,27.50; 2Mc 4,2; At 21,20; 22,3; Gl 1,14), pelo bem* (Tt 2,14; 1Pd 3,13), e a Escritura louva aqueles que escolhem a causa de Deus, sem compromisso, e entregando-se a ela totalmente, tal como Pinhás (Nm 25,11ss; 1Mc 2,54; Sr 45,23), Elias (1Rs 19,10.14; 1Mc 2,58; Sr 4-8,2), Iehu (2Rs 10,16), Matatias (1Mc 2,24ss).

Este último aspecto permite compreender o que é o "ciúme divino", apego exclusivo e irrevogável de Deus a Israel como parceiro da aliança (Renaud, 20); e é por esse conceito que a Bíblia* expressa o caráter único e absoluto de Javé como Deus de Israel. O conceito de "Deus ciumento" aparece, com efeito, como o fundamento da lei do monoteísmo*, e ele justifica a proibição absoluta de ter outros deuses e de fazer o culto* aos ídolos (Ex 20,5; Dt 4,24; 5,9; 6,15; 32,16.21; Js 4,14 etc.).

O c. divino comporta dois aspectos aparentemente contraditórios. O primeiro é o mais evidente e o mais amplamente atestado: "eu sou o Senhor, teu Deus, um Deus ciumento, visitando a iniquidade dos pais nos filhos até a terceira e a quarta geração — se eles me odeiam" (Ex 20,5). Trata-se aqui de uma manifestação punitiva na qual c. e ira aparecem estreitamente aparentadas (Dt 29,19; Ez 5,13; 35,11; 36,5s; Na 1,2; Sf 1,18; 3,8 etc.). Esse aspecto mostra como a escolha de aderir ao Deus "santo" é séria (Js 23,16; 24,19) e como a traição ao seu amor (ou "ira") equivale à morte* (Dt 6,15; 29,19).

Contudo, não se deve negligenciar o outro aspecto do c. de Deus: "(...) mas provando a minha fidelidade a milhares de gerações — se eles me amam e guardam os meus mandamentos*" (Ex 20,6). Nesse caso, o c. significa eleição*, amor transbordante e eternamente fiel; ele é colocado em ação sobretudo quando Israel se encontra em condições de extrema necessidade: então o amor ciumento do Senhor dos exércitos se abate sobre os inimigos (Is 26,11; Zc 1,14s; 8,2) e se revela ao seu povo* como misericórdia* e salvação* (Is 9,6; 37,32; 42,13; 59,17; 63,15 etc.).

- H. A. Brongers (1963), "Der Eifer des Herrn Zebaoth", VT 13, 269-284. — B. Renaud (1963), *Je suis un Dieu jaloux. Évolution sémantique et signification théologique de* q''ah', LcDiv 36. — W. Berg (1979), "Die Eifersucht Gottes — ein problematischer Zug des alttestamentlichen Gottesbildes?", *BZ* 23, 197-211. — C. Dohmen (1990), "'Eifersüchtiger ist sein Name' (Ex 34,14). Ursprung und Bedeutung der alttestamentlichen Rede von Gottes Eifersucht", *ThZ* 46, 289-304. — E. Reuter (1993), "*qn'*", *ThWAT* 7, 51-62.

Pietro BOVATI

→ *Amor; Antropomorfismo; Cólera de Deus; Eleição; Universalismo.*

CLAREMBAUD DE ARRAS → **Chartres (escola de)** f

CLEMENTE DE ALEXANDRIA → **Alexandria (escola de)**

CLEMENTE DE ROMA → **apostólicos** (Padres)

CLÉRIGO/CLERICATO

Kleros, que em grego bíblico significa "parte", "herança", tomou em Fílon um matiz religioso: Deus é a "parte" de seu povo* e este é a "parte" de Deus. A ideia foi adotada pelos cristãos e tornou-se entre eles objeto de uma tradição* constante. No s. II/III aparece a distinção entre clérigos (cl.) e leigos*, sendo os cl. os que no seio da comunidade cristã estão especialmente ligados ao serviço de Deus. A expressão devia ter um sentido amplo, e um pouco frouxo, e designar mais que os principais ministérios* ordenados. Na liturgia* romanofranca, o *Suplemento* ao *Sacramentário gregoriano* contém um rito de tonsura "para fazer um cl.", distinto da ordenação* para os ministérios (ed. Deshusses, I, 417).

Segundo os canonistas e os teólogos da IM, o conjunto dos batizados beneficia-se do culto* cristão e sua participação consiste em unir-se a eles, sem ser, propriamente falando, seus atores. O culto público da Igreja* é só exercido por pessoas públicas — os cl. — em uma divisão de tarefas que corresponde, em larga medida, aos níveis da cultura de então (cf. o sentido da expressão "grande cl." na cultura da IM) e à ideia medieval da divisão dos papéis entre as grandes categorias sociais, as "ordens", a saber, os "orantes" (*oratores*), os "combatentes" e os "trabalhadores".

Na Igreja romana, a evolução da cultura e, simultaneamente, uma percepção mais positiva do lugar dos batizados na Igreja, fortificaram, uma pela outra, a ideia da participação ativa e a da diversidade de papéis na assembleia eclesial (cf. Vaticano II*, *SC* nº 26). De outro lado, suprimindo na Igreja latina as ordens* inferiores ao diaconato, Paulo VI (*Ministeria quaedam*, 1972) e o Código de direito* canônico de 1983 (*c.* 217, § 1) estabelecem doravante uma identidade entre cl. e ministros ordenados (salvo que um ministro ordenado pode perder o estado clerical, mas não a ordenação recebida

[cânon 2901]. Encontra-se assim esclarecido um ponto que o concílio* de Trento tinha deixado impreciso, quando afirmava que havia entre cl. e leigos uma distinção de direito divino (*DS* 1776): a decisão de Paulo VI limita o clericato aos bispos*, aos padres* e aos diáconos* e suprime as categorias inferiores do clericato.

As ordens inferiores ao diaconato (subdiácono, leitor) subsistem na Igreja do Oriente.

• Y. Congar (1954), *Jalons pour une théologie du laïcat*, Paris. — H. Müllejans (1961), *Publicus und Privatus im Römischen Recht und im älteren Kanonischen Recht*, Munique.

Pierre-Marie GY

→ *Hierarquia; Leigo/laicato; Ordenação/ordem; Ordens menores.*

CÓDIGO → **direito canônico**

COLEGIALIDADE

O debate sobre colegialidade (col.) — termo aliás ignorado pelo Vaticano II* — foi o mais animado desse concílio* (com o debate consagrado a Maria*). Resultou nos § 19-27 da *LG*, em que se entende por "colégio" o corpo (*collegium, corpus, ordo*) constituído por todos os bispos*, inclusive o de Roma*, pelo fato de sua ordenação* idêntica e de sua comunhão* hierárquica com o papa* e entre eles:

> "Alguém é constituído membro do Corpo Episcopal pela sagração sacramental e pela hierárquica comunhão com o Chefe e os membros do Colégio [...]. Mas a Ordem dos Bispos, que sucede ao Colégio Apostólico no magistério* e no regime pastoral e na qual em verdade o Corpo Apostólico continuamente perdura, junto com seu Chefe o Romano Pontífice e nunca sem ele, é também detentora do poder supremo e pleno sobre a Igreja* inteira. Todavia este poder não pode ser exercido senão com o consentimento do Romano Pontífice" (*LG* 22).

Considerada por alguns como a espinha dorsal do Vaticano II, essa doutrina revela hoje mais claramente sua importância e seus limites.

1. Importância

É na ordenação, de maneira unificada, que a doutrina situa a origem do poder de ordem e de jurisdição* dos b.; três consequências daí derivam:

a) Até então (referências a essa opinião ainda tinham sido feitas por Pio XII e por João XXIII), muitos pensavam que o papa comunicava aos b. a jurisdição que eles tinham. Ao contrário, para o Vaticano II, ela lhes vem diretamente de Cristo*, por sua ordenação, que "com o encargo de santificar confia também o encargo de ensinar e de governar (*LG* 26). Toda cisão entre ordem e jurisdição está assim superada, e é preciso então ver nos b. "vigários e legados de Cristo [...] e não vigários do romano pontífice" (*LG* 27).

b) No plano dos princípios canônicos, daí decorre uma nova organização de poderes entre o papa e os bispos: o primeiro não concede mais seus poderes aos b., mas reserva para si, a título de seu primado, e para o bem comum da Igreja, certas prerrogativas que os b., de direito, poderiam exercer.

c) Instituições vão assim permitir uma expressão mais viva da comunhão das Igrejas: em particular as conferências episcopais, que "contribuem de maneiras múltiplas e fecundas para que esse sentimento colegial se realize concretamente" (*LG* 23). Conforme o Sínodo* de 1985, "ninguém pode pôr em dúvida sua utilidade pastoral e menos ainda sua necessidade na situação atual". Inspiradas nas antigas Igrejas patriarcais, prefigurariam novas formas das mesmas?

2. Limites

A afirmação segundo a qual o colégio detém solidariamente todo o poder eclesiástico não permitiu realizar as esperanças que muitos Padres depositavam nela. A col. sofre, com efeito, de ineficácia prática e de ambiguidade teórica, que se originam de sua definição a partir do poder primacial.

a) Em primeiro lugar, o colégio das pessoas-b. foi insuficientemente articulado com a comunhão entre as Igrejas que presidem. A ordenação é, certamente, dada como fundamento da comunhão, mas *LG* 22 (citada acima) só retém dela a preposição à Igreja universal. Daí a incapacidade de articular corretamente col. e

comunhão das Igrejas. Se é assim, é porque na realidade 44% dos membros do colégio (segundo o *Anuário Pontifício* de 1955) não presidem, ou já não presidem, uma Igreja; e verifica-se também no encadeamento das razões do *CIC* de 1983, que crê possível estabelecer o que são clérigos*, e leigos*, o papa, o colégio dos bispos e os núncios *previamente* a toda consideração da Igreja local*. Uma percepção tão moderna, que entende a colegialidade a partir do primado universal, não poderia ser ratificada pela Igreja ortodoxa nem fundar as reivindicações das Igrejas particulares* por mais responsabilidade.

b) O colégio, por outra parte, é sempre dependente de seu chefe, mas este não tem obrigação canônica de agir em colaboração com o colégio. Quando o colégio é compreendido a partir de sua cabeça, que tem pessoalmente o mesmo poder que o conjunto de seus membros, e quando, simultaneamente, o colégio nunca pode agir sem sua cabeça (o que se chama comunhão hierárquica [*LG* 21 e 22]), quando em virtude de seu cargo o papa tem "poder pleno, supremo e universal, que pode sempre exercer livremente" (*LG* 22), então a col. não muda necessariamente a figura centralizada da Igreja desde o Vaticano I*, que a maioria dos Padres queria precisamente atenuar por meio dessa doutrina. Essa interpretação pode se apoiar sobre a delimitação do magistério ordinário das conferências episcopais por João Paulo II (*motu proprio Apostolos suos*, 1998).

A fraqueza da doutrina da col. provém assim de uma ausência de correlação entre o colégio dos b. e a comunhão das Igrejas diocesanas, dado que o Vaticano II situa ordinariamente o bispo *diante de* sua Igreja, e jamais *nela* (exceções: duas citações de Cipriano [*LG* 26 nº 31] e de Agostinho*: "Convosco sou cristão, para vós sou bispo" [*LG* 32]). O silêncio sobre o ministério* episcopal do papa em Roma, mencionado somente em um inciso histórico (*LG* 22) é um sintoma do mesmo déficit.

3. Desenvolvimento possível da colegialidade

A fecundidade da doutrina da col., no seio da Igreja católica como também no plano ecumênico, está suspensa à integração doutrinal do axioma mais novo (porém tradicional, cf. Cipriano, *Ep.* 36 e 55) do Vaticano II, "A Igreja católica una e única existe em todas as Igrejas particulares e a partir delas" (*LG* 23), axioma incompatível com a imagem-guia de um colégio que reúne identicamente os b. que só o são por ordenação e os que presidem a uma Igreja. Além disso, a ideia de que os b. seriam todos iguais e intercambiáveis no colégio do qual o papa é o chefe deve ser completada pela perspectiva tradicional, segundo a qual os b. sempre se reagruparam (instâncias metropolitanas, patriarcais, de peso considerável em relação às simples dioceses) para assumir o encontro do Evangelho com cada cultura determinada, dando assim nascimento à multiformidade providencial (*LG* 23) das Igrejas regionais em matéria de liturgia*, teologia*, espiritualidade e direito* canônico. A respeito disso, o laço posto pela *LG* 23 entre a realidade dos patriarcados* e a das conferências episcopais deve ainda produzir seus frutos.

* Y. Congar (sob a dir. de) (1965), *La collegialité épiscopale. Histoire et théologie*, UnSa 52. — G. Baraúna (1966) (sob a dir. de), De Ecclesia: *Beiträge zur Konstitution, 'Über dir Kirche' des II Vatikan Konzils*, t. 2, 44-165, Friburgo. — J. Ratzinger (1969), *Das neue Volk Gotte. Entwürfe zur Ekklesiologie*, Dusseldorf. — J. Grootaers (1986), *Primauté et collegialité. Le dossier Gérard Philips sur la* Nota explicativa praevia, Louvain. — H. Legrand, J. Manzanares, A. Garcia (1988) (sob a dir. de), *Les conférences épiscopales. Théologie, statut canonique, avenir*, CFi 149. — H. Legrand (1991), "Collegialité des évêques et communion des Églises dans la réception du Vatican II", *RSPhTh* 75, 545-568. — A. de Halleux (1993) "La collegialité dans l'Église ancienne", *RTL* 24, 433-454. — H. J. Pottmeyer *et al.* (1994), "Bischofskollegium" et "Bischofskonferenz", *LThK*[3] 2, 493-499.

Hervé LEGRAND

→ *Bispo; Comunhão; Jurisdição; Local (Igreja); Ordenação/ordem; Particular (Igreja); Sucessão apostólica; Vaticano II.*

CÓLERA DE DEUS

As manifestações da cólera (c.) marcam fortemente os escritos bíblicos, notadamente os livros* proféticos e sapienciais.

O léxico é rico em termos que significam a "cólera". A gama vai da irritação à indignação, à raiva e ao furor. *'Ap* é mais frequente, encontra-se também *ḥémâ, ḥârôn, qèçèp, 'everâh, za'am, ka'as...* com as raízes verbais correspondentes (Bovati, 1986, 40-42). Os LXX se limitam a *thymos* e a *orge* (com os derivados) sem distinguir entre o sentimento e sua manifestação. O NT adota substancialmente a mesma linha. Paulo emprega, sobretudo, *orge* para a c. de Deus* (com a redundância *thymos* em Rm 2,8).

Os textos em que aparece a c. do homem são sobretudo textos sapienciais. Ali é quase sempre valorizada negativamente, como a falta de sabedoria*, com efeitos devastadores (Jó 5,2; Pr 14,17; 27,4; 29,22; Ecl 7,9; Mt 5,22 etc.). Daí as exortações de refrear a c.: "Deixa a c., não te inflames, abandona o furor" (Sl 37,8, cf. Pr 14,29; 15,18; 16,32; 29,11; Ef 4,26; Cl 3,8; Tg 1,19s). Contudo, tanto no AT como no NT, é antes a c. de Deus que é posta em relevo, a ponto de aparecer como uma das manifestações mais originais do Deus bíblico (Na 1,2; Sl 7,2).

A c. é sentida nas "narinas" de Deus (Ez 38,18; Sl 18,8s); vê-se Deus irritar-se, esquentar-se, queimar interiormente (2Rs 22,13.17; Is 30,27; Os 8,5; Sl 89,47; Est 1,2). "Fogo" (Na 1,6; Jr 4,4; 21,12; Ez 25,14; 35,11; Lm 2,4) e "fornalha" (Ez 22,2ss; Sl 21,10) são metáforas correntes de sua c.

O judeu Fílon e os primeiros teólogos cristãos já se tinham interrogado não só sobre esse antropomorfismo* incompatível com a impassibilidade* divina, mas sobre a natureza de um afeto tão irracional e violento.

Javé é definido como sendo por natureza "lento para a c." (Ex 34,6; Nm 14,18; Jn 4,2 etc.). Sua c. significa, pois, que um limite é posto à ofensa, que uma situação é inaceitável para ele. Sendo pressuposto que existe com Deus uma relação submetida a uma lei* de verdade*, a mentira, o abuso de confiança, a exploração da paciência, são o que suscita mais a c. legítima. Deus é então obrigado a manifestar que nele não há nenhuma conivência com o mal* e que sua vontade é suprimi-lo (Ex 32,9s; Dt 32,19; Mq 7,9 etc.). Encontram-se reações de c. em muitos momentos da vida de Jesus* (Mt 17,17; Mc 3,5; Jo 2,15ss).

O objetivo da c. é pôr fim ao insuportável. A vingança*, porque fecha o homem em si mesmo, é condenada (Gn 49,6s; Am 1,11). A c. deixa a esfera da psicologia para entrar na do direito* (Bovati 1986, 40-42; 132-135). Metaforicamente designa, então, o procedimento punitivo (2Sm 12,5; Ez 20,33) que, castigando os culpados, arranca as vítimas às suas presas (Ex 15,6s; Sl 7,11s).

A c. do Senhor se exerce com moderação e por pouco tempo (Is 54,7s; Os 11,8s; Sb 11,23; 12,2.8). Como é dito em muitas ocasiões, o arrependimento e a oração* penitencial (penitência*) podem aplacá-la (Ex 32,11; 2Rs 13,4; Jr 26,19); é então Deus que "volta de sua c." e faz misericórdia* (Ex 32,12; Mq 7,18s; Sl 78,38).

A literatura profética e apocalíptica* apresenta a história* humana em seu conjunto, como uma história de pecado*, passível da c. de Deus, i.e., de seu julgamento*. Em particular, o grupo dos destinatários da c. se estende à humanidade inteira (Is 26,20s; 30,27s; 34,2; Jr 25,15-29; Ez 36,5s; Am 1,3–2,16 etc.). A destruição é cósmica (Is 13,10; 30,30; Jr 30,23s; Jl 2,10; Am 5,8s; Na 1,2-8) e escatológica (com o motivo do *dies irae:* Is 13,9; Ez 7,19,22,24; Sf 1,14-18; Dn 8,19; 11,36; cf. "a taça da c.": Is 51,17.22; Jr 25,15.

São precisamente esses últimos aspectos que os autores do NT consideram: 1/nos evangelhos* (Mt 3,7; 18,34; 22,7; Lc 21,22s; Jo 3,36); 2/em Paulo: (Rm 1,18; 2,5.8; 5,9; 1Cor 5,5; Ef 2,3; 5,6; 1Ts 1,10; 2,16; 5,9s); 3/no Apocalipse (Ap 2,21; 6,15s; 14,10; 15,1; 16,1-21; 19,15 …). "A c. de Deus se revela do alto do céu" (Rm 1,18); é "a c. que vem" (1Ts 1,10): trata-se de uma realidade de direito, veredicto que incide sobre a totalidade da história e cujo efeito é exaltar, por contraste, o anúncio do perdão e da salvação* gratuita que Cristo* realiza e concede a todos os que creem nele (Rm 2,16s; 3,21-26). "Deus não nos destinou a sofrer sua cólera" (1Ts 5,9).

• R. V. Tasker (1951), *The Biblical Doctrine of the Wrath of God*, Londres. — H. Ringgren (1963), "Einige Schilderungen des göttlichen Zornes", *Tradition und Situation. Studien zur Alttestamentlichen Prophetie. Festschrift Weiser*, Göttingen, 107-113. — H. A. Brongers (1969), "Der Zornesbecher", *OTS* 15, 177-192. — C. Westermann (1981), "Boten des Zorns. Der Begriff des Zornes Gottes in der Prophetie", *Die Botschaft und die Boten, Festschrift Wolff*, Neukirchen, 147-156. — R. Schwager (1983), "Der Zorn Gottes. Zur Problematik der Allegorie", *ZThK* 105, 406-414. — P. Bovati (1986), *Ristabilire la Giustizia. Procedure, vocabulario, orientamenti*, Roma. — M. Girard (1987), "La violence de Dieu dans la Bible juive: approche symbolique et interprétation théologique", *ScEs* 39, 145-170. — H. Spieckermann (1989), "*Dies irae:* der alttestamentliche Befund und seine Vorgeschichte", *VT* 39, 194-208. — V. Morla Asensio (1991), "Aspectos forenses de la terminología de la cólera en el Antiguo Testamento", *III Simposio Biblico-español (I Luso-Espanhol)*, Valencia-Lisboa, 241-256. — G. A. Herion-S. H. Travis (1992), "Wrath of God", *AncBD* 6, 989-998.

Pietro BOVATI

→ *Antropomorfismo; Apocalipse; Expiação; Ciúme divino; Guerra; Inferno; Julgamento; Justiça; Pena; Vingança de Deus.*

COMUNHÃO

Não é fortuito que o movimento ecumênico e a implementação das grandes orientações do II concílio do Vaticano* tenham provocado interesse novo pelo que se chama no Ocidente a *comunhão* (c.) e no Oriente a *koinônia* (k.). Com efeito, esses dois termos tradicionais — que não são inteiramente sinônimos — designam um leque de realidades estreitamente ligadas umas às outras e todas ao núcleo da experiência* cristã: relações novas que a Páscoa* de Cristo* faz nascer no seio da humanidade "recapitulada" *em Cristo*, natureza da Igreja* de Deus*, vínculo entre as pessoas* divinas na vida trinitária e a *oikonomia*. Mas não se poderia abordar esse dossiê, sem ter previamente esclarecido a questão do vocabulário. *Communio* (c.) e k. não coincidem perfeitamente. De outra parte, a raiz *koinon* não tem equivalente exato em hebraico e aramaico, e as palavras bíblicas traduzidas por esses termos a partir dela são numerosas e, com frequência (como *habûrah*) têm empregos extremamente variados.

I. Os termos e sua origem

1. Communio-communicatio

a) Communio. — C. não vem, como se crê e escreve espontaneamente, de *cum* (com) e *unio*. Vem de *cum* e *munis*, adjetivo derivado de *munus* (cargo, dever) e significa "que cumpre seu encargo". É então *com-munis* o que "partilha o encargo", e em sentido derivado, o que é "partilhado por todos", portanto, comum. Essa relação a um grande número faz que às vezes a palavra venha a evocar a banalidade, a vulgaridade, mesmo a impureza*. O substantivo *c.*, bastante raro, mas empregado por Cícero, significa, em latim clássico, colocação em comum, posse comum, traços comuns, caráter comum, e às vezes, comunidade (Ernout-Meillet, 1951).

No latim patrístico esse sentido clássico será, quando aplicado às realidades eclesiais, portador de um conteúdo propriamente cristão. Ele deriva do fato de a comunidade em causa ter sua fonte naquilo que o próprio Deus não cessa de *comunicar* à Igreja (Palavra*, ministério*, sacramentos*, cujo ápice é a eucaristia*), e o que os crentes são chamados a *comunicar-se* uns aos outros, em particular pela mútua ajuda material. Há *c.* nos bens *comunicados* por Deus, e ela abarca todos os membros do corpo* de Cristo (ver p. ex., Tertuliano*, *De Virg. vel. 2*, PL 2, 891). É nela que a *societas*, a *congregatio*, a *fraternitas*, a *concordia*, a *pax*, frutos da eucaristia, têm sua plena realização.

Na IM latina, a palavra *c.* vê-se utilizada quase exclusivamente para designar a recepção da eucaristia. Os outros elementos da experiência comunitária da Igreja são então evocados sobretudo pelo termo *communicatio*.

b) Communicatio. — Como o verbo *communicare*, o nome *communicatio* vem de um adjetivo, *municus*, derivado de *munis* (da maneira como *civitas* deriva de *civis*). *Communicatio* tem um sentido ativo ("fazer parte de") e um sentido passivo ("tomar parte em comum"). Seu efeito é a *c.* É por isso que os nomes *Communicatio* e *communio* serão vizinhos, empregados às vezes um pelo outro, embora não sejam estritamente sinônimos.

O latim cristão dos primeiros séculos parece preferir claramente *communicatio* a *c.*, sem dúvida por acrescentar um elemento dinâmico. Evoca-se assim, ao menos implicitamente, a presença ativa de Cristo em seu Espírito* e a dependência mútua dos discípulos. Cristo é o *communicator* da salvação*, o Espírito o *communicator* dos dons do Pai* que concretizam essa salvação em uma *c.* de graça*; na comunidade cada um é *comunicator* dos bens da generosidade divina. Na oração*, especialmente na *synaxe* eucarística, os cristãos sabem-se *communicantes* com os santos de todos os tempos (cânon romano). Como empregos típicos do vocabulário da *communicatio*, ver sobretudo, entre os inúmeros casos, além de Tertuliano (*De praescr.*, 43, 5, PL 2, 58-59; *De virg. vel. 2*, PL 2, 891; *De pud.* 22, 2, PL 2), a Vulgata de Jerônimo (At 2,42; Rm 12,13; 1Cor 10,16; 2Cor 8,4; 9,13; 13,13; Gl 6,6; Ef 5,11; Fl 4,14-15; 1Tm 5,22; 6,18; Fm 6; Hb 2,14; 1Pd 4,13; 5,1; 2Jo 11) que emprega uma só vez *c.* (Hb 13,16). A nova edição de 1986, todavia, corrigiu muitas vezes as antigas edições privilegiando a palavra *c.* Um olhar sobre a *Tabula aurea* (de Pedro de Bérgamo) e sobre o *Index thomisticus* revela o amplo uso que, na IM, Tomás* de Aquino faz de *communicatio, communicare.*

A *altari communicare*, com o sentido de "tomar parte juntos no altar" em que se celebra o sacramento da *c.*, opõem-se o verbo *ex-communicare* e o nome *excommunicatio*. Excluir da *c.* (eucarística) é antes de tudo privar da *communicatio* dos bens de que a celebração eucarística é o sacramento, em particular da *communicatio* fraterna, tecido da comunidade. O sinal da exclusão é essa interdição da vida eclesial. Concílios locais pretenderão que seja radical (assim Toledo I em 400, cân. 15, Mansi 33, 1000; II concílio de Arles em 443, cân. 49, Mansi 7, 884 etc.). Todavia, a partir do s. XII, chegar-se-á a distinguir entre a *excommunicatio*, que "*a communione fidelium separat*" (separa da comunhão dos fiéis), e a outra, que priva somente da *communicatio* sacramental (Decr. I. v, tit. 39, c. 49). Esta exclui da *communicatio in sacris* (comunhão nos sacramentos), sacramental, mas não necessariamente de tudo o que implica a pertença a Cristo, de que o caráter batismal permanece a marca. No sulco do Vaticano II, falar-se-á de uma *communicatio in spiritualibus* (comunhão espiritual) (de que a IM fazia ainda o equivalente da *communicatio in sacris*, ver Tomás* de Aquino, *ST* IIIa, Supl. q. 21, a. 4), fundamento de uma *c.* verdadeira, *et si non perfecta*, que permanece (*UR* 3). É nessa *c.* imperfeita de todos os batizados, cuja fonte é o Espírito, que não cessa de *comunicar* os bens de Cristo mesmo além de sua fronteiras visíveis, que a Igreja católica inseriu seu engajamento ecumênico.

2. Koinônia

a) De uma língua para outra. — Os textos da Vulgata que evocamos para mostrar a base neotestamentária da teologia* ocidental da *communicatio* e da *c.* são textos em que os termos gregos traduzidos vêm da raiz *koinos* (*k., kononein, koinonos, koinonikos*). Essa raiz tem também por campo semântico (em oposição a *idios*, o que é próprio a cada um, privado) a participação comum, a associação, a partilha comum de uma mesma realidade. Está-se perto do latim *communis:* e lá também desponta a ideia de vulgaridade, de impureza, até no NT (Mc 7,2-5; At 10,14-15; 11,8s; Rm 14,14; Ap 21,27). Contudo, no latim bíblico, as palavras gregas formadas a partir de *koinos* são também traduzidas por termos diferentes dos derivados de *munis* (ou *munus*). São sobretudo *participatio-particeps* (1Cor 9,23; 10,16.18.20; Rm 15,27; Ap 1,9; 18,4), *consors* (2Pd 1,4), *societas-socius* (Mt 23,30; Rm 11,17; 1Cor 1,9; 2Cor 1,7; 6,14; 8,23; Gl 2,9; Fl 1,7; 2,1; 3,10; Fm 17; Hb 10,33; 1Jo 1,3.6.7). De outra parte, o termo latino empregado para traduzir uma palavra do grupo *koinos* pode também traduzir outros termos gregos, como *metokhos* e seus associados. Assim, *k.* é traduzido uma vez por *c.*, 8 vezes por *societas*, 6 vezes por *communicatio*, uma vez por *collatio*, uma vez por *participatio.* Contudo, em 2Cor 6,14, *participatio* traduz também *metokhé*. É claro, portanto, que *k.* e *c.-communicatio* não se

equivalem inteiramente. Normalmente *k.* insiste mais na participação de uma realidade comum, *communicatio*, no dinamismo do dom, *c.* na situação daí resultante. As significações, porém, são raramente muito nítidas.

Além disso, nos LXX e no NT, o grupo *koinos* serve para cercar o sentido de muitos termos hebraicos sem, contudo, representar a maneira exclusiva de traduzi-los. Com efeito, a raiz *koinos* não tem equivalente estrito em hebraico. De outra parte, ignoram-se em Israel* algumas de suas implicações. A raiz mais próxima é *hbr*, mas poucas (13) de suas menções são traduzidas por palavras do grupo *koinos.* É utilizada para descrever o vínculo de unidade do povo* (como em Ez 37,16ss) e, evitando evocar a comunidade com Javé, condenar a associação com os deuses pagãos (Os 4,17). O derivado de *hbr* mais importante para nossa reflexão é o *habûrah*. Trata-se, sobretudo na corrente farisaica, de uma comunidade aglutinada de ordinário em torno de um mestre, em que a vontade de seguir a Lei* de maneira estrita cria laços de fraternidade e de solidariedade particulares. A comunidade de Qumran, no entanto, raramente utiliza os termos derivados de *hbr* para traduzir seu ideal, marcado também por uma leitura radicalizante do preceito de amor* ao próximo. Ela se designa pelo nome de *yahad*, que sublinha a coesão, a unidade, a solidariedade, e que os LXX vão traduzir às vezes por *homothumadon* ou *epi to auto* (que se encontra em At 1,14; 2,44ss) (Fabry, 1982). No contexto do judaísmo* helenístico, Fílon e Josefo utilizarão os termos derivados de *koinos*, sobretudo a *k.*, para apresentar o ideal e o estilo de vida dos essênios e dos terapeutas (assim *Quod omnis probus liber sit*, 80-84; *Spec. Leg.* I, 131-221). Mas à visão veterotestamentária da comunidade, serão acrescentados por isso harmônicos novos, herdados da cultura grega, que passarão para a tradição* cristã, às vezes desde o NT.

b) Koinônia no mundo grego. — No grego clássico, as palavras derivadas de *koinos* são amplamente utilizadas para designar o que concerne os diversos agrupamentos ou associações de cidadãos (Estado*, família*, encontro sexual, sociedade de comércio, união aos deuses). Trata-se sempre de significar a comunidade criada pelo fato de ter parte em conjunto nas mesmas realidades (*koina pasi panta*, diz Pitágoras, *in* Jâmblico, *Vida de Pitágoras*, 30, 168), de participar juntas de um bem comum e, correlativamente, de fazer participar dele. Associação e participação são aqui inseparáveis. Também a *k.* é a forma de vida correspondente à natureza social do ser humano. Tem sua fina flor na amizade (*philia*): "Entre os amigos, tudo é comum". Platão não hesita em associar os próprios deuses à *k.* perfeita a que ele aspira (*Górgias*, 508a). Aristóteles dá à dimensão de amizade, que impregna toda *k.*, amplo espaço (*EN* VIII, 11, 1159; IX, 12, 1171). Na *Política*, emprega a palavra vendo nela quase um sinônimo de comunidade (Gauthier-Jolif [1959], 696-697). É preciso, sobretudo, lembrar o ideal dos *adelphoi* que reúne Pitágoras de Samos (*c.* 580 a.C.): a certeza de pertencer ao mesmo deus os impele ao devotamento mútuo concretizado no pôr em comum e no partilhar os bens, o que será acentuado pelo neopitagorismo. Observamos ainda a maneira como os estoicos veem no ser humano um *koinonikon zoon*, um ser comunitário. É certo que esses ideais, em particular o dos pequenos grupos ou fraternidades sedentos de autêntica *k.*, permanecerão vivos nas cidades gregas em que o Evangelho será proclamado (Popkès, 1976).

No NT, os termos formados a partir de *koinos* serão muito pouco utilizados. Contam-se 73 empregos, entre os quais 19 de *k.* (13 deles no *corpus* paulino, em que as palavras derivadas de *koinos* aparecem 33 x). Igualmente, não aparecem em Clemente de Roma, raramente nos escritos dos Padres* apostólicos*, mais frequentemente em Justino. Depois, tomarão ímpeto. Jorram espontaneamente sob a pena dos Capadócios para exprimir diversos elementos da existência eclesial, muitas vezes em relação com a eucaristia (Lampe, 1986). Contudo, ali ainda outros termos gregos, cristianizados, exprimem a mesma realidade eclesial. Assim, *ekklesia, sunagoge*. A profundeza da *k.* fraterna

exprime-se muitas vezes por *sumphonesis*, pelo verbo *metekhein* (já em 1Cor 10,17-21, em paralelo com *k.*), que sublinha a participação, os nomes *methoke, eirene, agape*, e de maneira geral por todas as expressões concernentes a unidade (*sun-*), a fraternidade (*adelphotes*, já em 1Pd 2,17; 5,9, que a Vulgata traduz por *fraternitas*), a unanimidade (já em Fl 2,2), a coesão, a associação, a comunidade. É, portanto, claro que a reflexão teológica não poderia limitar-se a um estudo míope dos empregos do termo *k.* na Escritura*.

O termo grego, polivalente, foi carregado no NT dos valores que o pertencimento a Cristo traz à vida cristã. São eles: participação de todos no mesmo dom de Deus, que o Corpo e o Sangue do Senhor atualizam (1Cor 10,16; 1,9), associação à vida de Deus que esse dom oferece (2Pd 1,4; 1Jo 1,3; cf. 2Cor 13,13), união a Cristo que daí resulta (Fl 3,10; 1Pd 4,13), laços fraternos que são sua consequência (1Jo 1,7; 1Cor 10,18ss; 2Cor 1,7; 8,23; Gl 2,9; Fl 1,5ss; Fm 6,17), a forma da vida comunitária que os atualiza (At 2,42), espírito desinteressado de partilha (Rm 15,27; 2Cor 9,13; Hb 13,16) manifestado na ajuda material às Igrejas pobres (2Cor 8,4) e aos missionários do Evangelho (Gl 6,6; Fl 4,14), associação aos sofrimentos e às promessas do Evangelho (Rm 11,17; 1Cor 9,23; Hb 10,33). Nunca se dá a *k.* como definição da Igreja, mas subentende-se que tudo o que se exprime pelo termo ou por seus associados pertence à essência da Igreja. É por isso que se virá pouco a pouco — sem por isso carregá-lo de conteúdos estranhos a seu uso na Escritura — a ver nele o equivalente, com *c.*, de uma definição da Igreja considerada em seu ser de graça (que o ministério* hierárquico é chamado a servir). Os diálogos ecumênicos bilaterais e a declaração de Fé e Constituição "recebida" na VII assembleia do COI (Canberra 1991) selaram essa evolução.

Aqui nos conformaremos a esse uso, que se tornou corrente, e evitaremos distinguir entre *c.* (*communicatio*) e *k.* (*koinonia*). Falaremos pois da *c.-k.*, pressupondo todos os matizes que acabamos de expor.

II. A salvação da pessoa humana na comunhão

1. A pessoa

A tradição cristã afirma que a pessoa se realiza cabalmente e se salva na c.-k. Por isso, faz da c.-k. (com Deus e entre os seres humanos) a essência da salvação.

a) Para a Escritura, com efeito, o ser humano é por natureza um ser relacional, voltado para o outro, porque criado à imagem e semelhança de Deus. Por uma parte, ele não tem o seu ser senão de Deus, em uma relação constante de dependência da generosidade divina, atualizando-se em uma relação particular de interlocutor de Deus, e mesmo de parceiro responsável. O ser humano não pode existir senão de Deus e perante Deus. Por outra parte, para as duas tradições dos primeiros capítulos do Gênesis, o ser humano é criado ao mesmo tempo como um e plural: "à imagem de Deus ele o criou, criou-os macho e fêmea (zarakh ve nekeva)" (1, 27), "não é bom para o homem ficar sozinho. Quero fazer para ele uma ajuda (ézèr) que lhe seja adequada" (2, 18). A mulher* (ishâh) é para o homem (îsh) o igual que lhe permite ser ele mesmo, precisamente por sua diferença. Cada um deles é assim criado voltado para o outro (2, 18-24). Um e outro têm plenamente a natureza humana. Existem sendo cada um sujeito de parte inteira, nenhum sendo parte do outro. Entretanto, é um sujeito aberto para o outro, em uma relação que pertence à sua natureza. Assim são eles "imagem de Deus" somente nessa abertura mútua. Sua identidade é inseparável da alteridade que faz de um e de outro um sujeito de pleno direito, que, no entanto, não se poderia realizar sem a c. de seu eu e de um tu em um nós. Eles são pessoa na c.

b) Sobre essa base, a tradição cristã estabelecerá uma distinção entre indivíduo e pessoa, que sua reflexão sobre o mistério* da Trindade* incitará a aprofundar. Há só uma natureza humana, mas ela só existe em uma diversidade de pessoas. Cada pessoa é única, insubstituível, não intercambiável, diferente, hapax. Ora, essa alteridade abre-se para a c. Em grego, pessoa diz-se prosopon, palavra composta de pros e de um derivado de ops (olho, olhar), portanto "o que é perante os olhos do outro" como o "face a face de alguém" (Chantraine, 1974). É ela que recapitula o todo da natureza humana sob um modo que, superando seus determinismos, torna-a singular, na liberdade e na alteridade "sob os olhos" de Deus e dos outros. O conceito de indivíduo abstrai da alteridade do ser humano concreto, porque o designa como portador das propriedades objetivas da natureza comum. Percebe-o enquanto pertence ao que é o quinhão de todo ser humano, a posse do que constitui a humanidade universal, a definição do homo. Ao contrário, o conceito de pessoa o distingue vendo nele um eu inscrito no face a face das outras pessoas, com aquilo que ele é o único a ser, o que tem de dissemelhante, de próprio, graças ao qual ele pode não se fundir na identidade da natureza comum, mas entrar em c., dando e recebendo. Porque a pessoa só se revela no jogo das relações mútuas e na c. Como indivíduo, o ser humano define-se pela integridade e pela perfeição da natureza nele; como pessoa, define-se pela singularidade que lhe permite superar-se na c. com outro. Quando tiver compreendido como Deus mesmo é c. de três pessoas, a tradição* precisará que todo ser humano é imagem de Deus criador precisamente porque chamado a realizar-se estabelecendo com os outros uma c. que floresce sobre a natureza humana una e indivisível. Ali se realiza sua vocação (Lossky, 1944, 116-117). A pessoa só se realiza em sua relação com os outros, fazendo da própria originalidade e de sua diferença, não a fonte de um fechamento sobre si mesma (onde se asfixia) mas de um dom em que os próprios atributos da natureza são orientados para a c.

2. O restabelecimento da communio-koinônia

Para a Escritura, o drama da humanidade virá da ruptura da c. com Deus e com as pessoas humanas. Já no estrato javista do Gênesis, depois da ruptura com Deus (3, 6), o homem se dissolidariza da mulher (3, 12). A continuação da história* será, desde Caim, marcada pela transformação em rivalidades do que devia ser *c.* Ali se origina a desgraça humana. E a salvação oferecida por Deus terá por objeto a "recapitulação" (*anakephalaiosis*) da *c.* (Ireneu*).

a) Já no AT desponta essa direção. A aliança* (sobretudo Os 2,21s; Is 54,1-17; Jr 31,2-34; Ez. 16,59-63) que a relação esposo-esposa ilustra (Jr 2,2; 3,6-12) estabelece entre Deus e o povo um laço de fidelidade salvífica para esse. Mas é mister também, segundo a lei da aliança, restaurar os laços fraternos (ver Lv 19,1-37; Dt 15,1-18), "amar o próximo como a si mesmo" (Lv 19,18). Deus quer reunir (raízes *hbr, koinos*) o povo dilacerado em dois reinos (Ez 37,15-28; Mq 4,6; Is 43,5ss; 49,5; 56,8 etc.). A essa reunião são associadas as nações (Is 2,2; Sl 87 etc.). Assim, a promessa* a Abraão — de que todas as nações seriam nele abençoadas (Gn 12,1-3; 17,4-8 etc.) — cumprir-se-á em uma *c.* com sua graça de pai da fé*.

b) Para o Batista, o ideal moral, inseparável da conversão*, é essencialmente marcado pela relação ao próximo e à comunidade (Lc 3,10s), de uma maneira que radicaliza a Torá. Cristo aprofundou essa mensagem, não só no encontro com um rico (Lc 18,18-30; Mt 19,16-30; Mc 10,17-31) mas no conjunto de suas palavras e sinais. Quer transformar as relações humanas dando-lhes um sentido comunitário de partilha e de atenção às necessidades dos outros. Assim o exige o Reino*. Esmola, cuidado dos pequenos e dos que sofrem pertencem à Boa-Nova. O duplo mandamento* de amor de Deus e do próximo revela aí seu sentido profundo (Mt 22,36-40; Mc 12,28-34; Lc 10,25-28). Implica a contestação das separações rígidas entre justos e pecadores (Lc 15,1s; Mt 9,11; 11,19; Mc 2,16; Lc 5,30; 7,34; 19,7), judeus e pagãos (Lc 10,29-37; Mt 15,21-28). Embora Jesus* afirme que só foi enviado para as ovelhas perdidas de Israel (Mt 15,24) e antes da ressurreição* só a elas envie seus discípulos (Mt 10,5s), a reunião da humanidade inteira é anunciada na promessa escatológica do banquete com Abraão, Isaac e Jacó (Mt 8,11). O envio de Mt 28,16-19 (ver 24, 140) articula-se com isso. Jamais evocada explicitamente, a *c.-k.* desponta sob o ministério de Jesus.

c) A carta aos Hebreus compreende a vinda do Filho de Deus em carne humana como uma *c.-k.* "Já que os filhos têm em comum (*kekoinoneken*) o sangue e a carne, ele também, igualmente, participou (*meteskhen*) da mesma condição [...] Por isso devia assemelhar-se em tudo a seus irmãos" (Hb 2,14-17). A realidade daquilo que a tradição chamará encarnação* vem do realismo dessa *c.-k.* que faz dos cristãos, por sua vez, "participantes" (*metokhoi*) do que o Cristo é (3, 14). Isso os une entre eles e os impele à *k.* de partilha (13, 16). Aqui, a *c.* mútua que a encarnação implica está expressa de maneira mais explícita que em Rm 1,3; Gl 4,4; Fl 2,7; 1Jo 4,2 e mesmo Jo 1,14.

Sobre essa *c.-k.* Filho-humanidade se enxerta, dizemos nós, a *c.-k.* humanidade-Cristo. Paulo a percebe, sobretudo, como participação dos filhos adotivos na herança do Filho (Rm 8,17; Gl 4,4-7) e à sua glória* (Rm 8,17; 2Cor 4,14-17), mas também como *k.* a seus sofrimentos (Fl 3,10; Rm 8,17). Tudo ali é vivido com ele (*sun-*) no Espírito. A tradição joanina* sublinha de outro modo, mas com igual firmeza, essa associação (Jo 12,26; 14,3; 17,24). Os Padres (assim Atanásio*, *Incarn.* 5, 11, 54) dirão que a *k.* do Filho e da humanidade é tão profunda e íntima que o conhecimento* de Deus, e mesmo a incorruptibilidade, tornam-se bens da humanidade divinizada. A *c.* que é a encarnação, domina o desígnio divino.

d) Sem utilizar aqui a palavra *k.*, o *corpus* paulino Rm 10,12; 1Cor 12,13; Gl 3,28; Cl 3,11) vê realizada *en Christo* e *en pneumati* a reunião de todas as categorias humanas, religiosas e sociais. Contudo, Paulo insere essa unidade no jogo de relações mútuas de que vive o corpo de Cristo, a Igreja (1Cor 12,27s). O autor de Ef (que só emprega em 5,4 um verbo em *koinos*) liga explicitamente a unidade de reconciliação operada pela cruz (2,13-17) e as relações novas entre judeus e pagãos que dela decorrem: longe-perto (2,13), divisão-paz (2,14s), desprezo-união em um só espírito (2,11-18), estrangeiro-concidadão (2,19). De fato, é o estado de salvação, chamado a expandir-se em uma vida nova, em que as relações mútuas são transformadas no único corpo de reconciliação (1,23; 4,16; 5,30), o único templo construído por todos (2,19-22), a única família de Deus (2,19; 3,6). A salvação passa pela *c*.

O Evangelho* de João, que também apresenta a cruz como o acontecimento que reúne (*sun-ago*) na unidade os filhos de Deus dispersos (Jo 11,52), gosta de evocar por imagens a unidade de *c*.: o único rebanho (conduzido por um único pastor 10,11-18), e sobretudo a videira que é Cristo (15,1-17). Ora, nessa videira não se permanece no vivo a não ser permanecendo em um amor mútuo que leva a despojar-se de si mesmo pelos outros (15,13; ver 10,15; 17,18; 13,37s). A qualidade de discípulo exige o amor mútuo (13,34s) e a unidade que lhe é inseparável (17,20-26 em que *agape* e unidade são tecidas uma na outra). Ainda que a palavra *k*. seja ignorada, aqui se está no centro da *c*. ao Pai que a manducação do pão da vida (inseparavelmente fé, e corpo e Sangue de Cristo 6,47s.; 53,56.63) torna possível e mantém. Porque seu permanecer (*menein en*) em Cristo associa os discípulos a seu permanecer no Pai (14,20; 17,21). Ele os inclui nas relações mútuas Pai-Filho, em que não perdem sua identidade pessoal: como o Filho não se funde no Pai mas é, face a face com ele, sujeito livre de ação e de vida, eles não se fundem no Filho e permanecem sujeitos livres. Aliás eles não se tornam Filho (*huios*), mas nascidos de Deus (*tekna theou*), associados como tais às relações intradivinas. Não estão na dispersão, mas em seu ser-em-grupo (17,1-26: ver 10,14.26-30; 15,15). Essa é a fonte de seu amor mútuo.

e) 1Jo define explicitamente em termos de *k*. (sem dizer que se trata da Igreja) essa dupla relação cujo nó é Cristo com seu sangue: "Para que vós também estejais em *k*. conosco. E nossa *k*. é *k*. com o Pai e com seu Filho, Jesus Cristo [...] Se dissermos: Estamos em *k*. com ele ao passo que andamos nas trevas, mentimos e não praticamos a verdade, mas se andamos na luz como também ele está na luz, estamos em *k*. uns com outros, e o sangue de Jesus Cristo, seu Filho, purifica-nos de todo pecado*" (1Jo 1,3.6s: notar o lugar do Pai e a expressão "ter

k."). O autor insiste nas exigências de uma *k*. fraterna (2,10; 3,10-20; 4,11ss) até à partilha (3,17). Ali se atualiza a renúncia de si mesmo (3,16) no ímpeto da ação do Filho e do Pai (4,9ss), que permanecem nos discípulos (3,24; 4,12-16) com sua unção ou seu Espírito (2,20.27; 3,24; 4,13), e nos quais permanecem os que têm o verdadeiro conhecimento (2,24-27; 3,24; 4,16; 5,20). A vida cristã é vida em *c*.

De um ponto de vista mais estático, 2Pd diz que a vocação dos cristãos é de serem *koinonoi* da natureza divina (*physis*). Para isso são chamados à amizade fraterna e à *agapé* (2Pd 1,4-7) na espera do dia do Senhor (3,1-3).

O pensamento patrístico, e depois a teologia medieval do Ocidente, fundarão sobretudo a doutrina da graça nas afirmações da tradição joanina e de 2Pd, aproximadas de textos paulinos. Apesar das perspectivas diferentes, gregos e latinos a conceberão como o dom que introduz na *c.-k*. totalmente gratuita de Deus e de sua imagem. O Oriente falará, sobretudo, de divinização, o Ocidente, de missão invisível, inabitação divina, de sobrenatureza, o Oriente, de graça incriada (as energias divinas). Para todos, ela é a obra do Espírito *communicator*. Tomás* de Aquino (*ST* Ia IIae, q. 112, a. 1) define-a como a *communicatio*, de uma *c*. à natureza divina, por uma participação assimilativa.

III. A Trindade divina como communio-koinonia de pessoas

1. Da oikonomia à Trindade (theologia)

a) É a partir da divinização dos crentes que Atanásio, Basílio* e os Capadócios, Dídimo, depois de ter defendido a divindade do Filho, e em seguida a do Espírito, elaborarão uma teologia da Trindade*. No Ocidente, Agostinho lhes fará eco, mas com ótica diferente. Embora a Escritura jamais afirme que Deus é *c.-k*. de três pessoas, a tradição joanina incitará a isso (Jo 14,16; 16,7-15), Mt 28,19, e sobretudo 2Cor 13,13 ("a graça do Senhor Jesus Cristo, o amor de Deus e a *k*. do Espírito Santo") a fazer do mistério divino a *c.-k*. com a origem de toda a *c*. humana e seu modelo. Assim Basílio (*carta* 38, PG 32, 332a-333): "uma diferenciação unida, uma unidade diferenciada" "uma espécie de *k.* contínua e indivisível". O ser de Deus é *k.* É assim *in se* e em sua atividade *pro nobis* (*oikonomia*).

b) Para o Oriente, tudo em Deus é relacional. Não há primeiro um Pai, depois um Filho que em seguida entrariam em relação. Eles são Pai e Filho pela relação que faz um ser, um Pai e o outro Filho. A única natureza divina só existe na *c.* que procede de que o Pai faz nascer de si um Filho tão Deus como ele, e um Espírito tão Deus como ele — e que, no entanto, possuem toda a natureza divina de um modo único que o Pai não poderia imitar sob pena de se destruir como Pai e fonte da vida trinitária. A generosidade eterna do Pai consiste em que dele se originam não cópias dele mesmo, mas "outros dele mesmo" sem os quais ele não seria. Não há mais Pai sem Filho que Filho sem Pai. Cada pessoa só existe na relação de *k.* à outra que a faz ser. Cada uma não é mais nem menos Deus que as duas outras. Elas são o único Deus na *k.* de relações que as distinguem. No Ocidente, o XI concílio de Toledo (675) declarará: "O que é o Pai, ele é para o Filho, não para ele; o que é o Filho, ele é para o Pai, não para ele" (*DS* 528). O ato eterno de entregar ao Filho tudo o que ele é, não *um mesmo ser* que o seu, mas seu *ser mesmo*, faz dele Pai. Deus é a *k.* de três seres relacionais que só existem, cada um, em função dos outros. O Ocidente, que seguindo a Agostinho, insiste antes de tudo na unidade da *ousia,* — enquanto o Oriente insiste nas *hipóstases* — fala aqui de relações subsistentes (Tomás de Aquino, *ST* Ia, q. 29, a. 4) — mas trata-se sempre de *c.,* considerada aqui a partir da natureza única. Nem três deuses, nem três modos de uma única pessoa, Deus é *c.-k.* de três Pessoas que são um só Deus indivisível em sua unidade.

2. Da comunhão trinitária à oikonomia

a) Esclarecida por essa doutrina trinitária que lhe revela a *oikonomia,* a tradição a relerá com um olhar novo. Compreenderá por que no NT nenhuma das pessoas divinas testemunha de si mesma: o Pai dá testemunho do Filho (Mt 3,17; 17,5), o Filho dá testemunho do Pai (Jo 4,34; 5,30; 6,36 etc.) e o Espírito, do Pai e do Filho (Jo 14,26; 15,26). O ministério de Jesus é encerrado por essa *perichorese* (circunsessão*) de relações mútuas. Assim se compreenderá por que não se pode entrar na *c.* de Cristo sem participar da *c.* trinitária do Filho e da *c.* de Deus com a miséria humana.

b) A essa luz, há de reler-se a criação "à imagem e semelhança de Deus". Deus sendo "pessoas em c.", a pessoa humana só poderia ser percebida no modo de relação de *c.-k.* com Deus, com o outro, com os outros, que são por sua vez orientados para ela. Por essa reciprocidade mútua, participa em seu ser mesmo da vida pessoal da Trindade criadora. Sua necessidade de outros não é uma pobreza, mas uma dignidade que encontra sua fonte na participação ao ser do Deus Trindade. Sua *c.* com os "maus" (2Cor 6,14) fere-a por isso nela mesma.

IV. A Igreja de Deus é uma communio-koinônia

Se a Escritura nunca faz da *c.-k.* a definição da Igreja, é, contudo, na Igreja de Deus, tal como a revela, que se articula tudo o que ela diz da *c.-k.,* inclusive as relações Pai-Filho-Espírito. Agostinho (*Hom. sobre o ev. de João*, trat. 14, 9; 18, 4; 39, 5; *Serm.* 47, 21 e *Guel.* 11, 5, 6; *De symb. ad cat.* 2, 4; *Ep* 170, 5; 238, 2; 13, 16; *Coll. cum Maxim.* 12) não hesita em fazer da comunidade pentecostal dos Atos a imagem da *c.* trinitária (Berrouard, 1987). O conjunto das tradições eclesiais afirma que a unidade realizada pela palavra, pelo pão e pelo cálice eucarístico é a *c.-k.* eclesial (Tillard, 1992). A tradição patrística reconhece que o tecido da Igreja é feito de laços de *c.* fundados na fraternidade do corpo de Cristo. Os Padres ensinam unanimemente que a *c.* de partilha com as comunidades em necessidade é uma forma concreta da *agapé* de que vive a Igreja. A legislação canônica mais antiga estatui sobre a partilha intereclesial, especialmente entre pregadores e comunidades. Enfim, a mão direita de *k.* que Cefas (Pedro*), Tiago e João dão a Paulo e Barnabé é compreendida como um sinal da *c.* real de todas as Igrejas locais* na diversidade de suas práticas. A *c.-k.* não é estranha a nenhum dos elementos que fazem a Igreja.

1/A descrição, idealizada, da comunidade nos Atos dos Apóstolos (2,42-47; 4,32-35; 5,12ss) mostra no fogo do Espírito, uma fraternidade (Dujarier, 1991) tecida na escuta da palavra apostólica, a *k.* (2,42), a fração do pão, as orações, o pôr em comum (*apanta koina* 2,44; 4,32) e a partilha dos bens. A tradição lê aí a autodescrição da Igreja nascente, ainda não organizada. Hesita-se sobre o sentido de *k.* (Dupont, 1972; Panikulam, 1979). Tudo leva a reconhecer nela a forma própria de amizade que suscita a fé comum, que faz de todos "um só coração* e uma só alma*" (4, 32) na solidariedade (*homothumadon* 2, 46; 5, 12) e na igualdade (*epi to auto* 2, 44. 47). É bem a Igreja em sua célula inicial.

2/Para 1Cor (10,16-22) o pão e o cálice da mesa do Senhor são *k.* no corpo e no sangue de Cristo. Participando desse único pão (*metekhomen* 10,17) todos se tornam um só corpo (10,17) do qual se dirá (12,12-31) que é a Igreja. Essa participação comum (*metekhein* 10,21) torna os cristãos *koinonoi* (10,18.20) do Senhor que faz sua unidade. Não se diz que só a participação na ceia do Senhor faz a Igreja, por que (1Cor 12,12s; Ef. 4,5) Paulo atribuirá essa função também ao batismo*, e o conjunto do NT, à Palavra*. Contudo, a *k.* a Cristo (1Cor 1,9) encontra aqui seu realismo porque participa em conjunto de seu corpo e de seu sangue, Os Padres (sobretudo João* Crisóstomo, Cirilo* de Alexandria, Agostinho) dirão que o corpo eclesial de Cristo (*Christus totus*) vem de que todos são tomados, com sua diversidade, pelo poder do corpo de reconciliação, corpo "pneumático" do Ressuscitado recebido na eucaristia, o mesmo em todos os altares, desde a Páscoa* (Tillard, 1992). A Igreja só se manifesta em sua plena verdade de corpo de Cristo na eucaristia.

3/Segundo 1Cor 12,25ss, entre os membros do corpo eclesial não deve haver divisão (*skhisma*), mas antes cuidado mútuo (*merimna*). É o caso, antes de tudo, no seio de cada Igreja local. Nela se tem "a *k.*" na fé e na missão* (2Cor 8,23; Fl 1,5; Fm 6,17; Tt 1,4), no sofrimento (2Cor 1,7; Fl 4,14ss), na esperança* (1Cor 9,23). Nela se vive como membros do corpo sendo *sugkoinonoi* (Fl 1,7). Isso exige ajuda mútua até à *k.* da partilha (Rm 12,13; Gl 6,6; Hb 13,16) no ímpeto da comunidade de Pentecostes. Mas essa partilha faz-se também com os cristãos das outras Igrejas. Paulo apoia-se na *k.* dos bens espirituais e materiais (Rm 15,26s) para promover a coleta em favor dos pobres de Jerusalém (2Cor 8,4.9,13). A *c.* eclesial concerne o ser humano na solidariedade que exige a natureza mesma da pessoa salva *en Christô.*

4/A diversidade das Igrejas locais e sua maneira própria de viver a fé única, não poderiam pôr em causa sua *c.* mútua. A mão direita de *k.* que no termo de um duro conflito as "colunas" da Igreja de Jerusalém* dão a Paulo e a Barnabé (Gl 2,9) é vista como um sinal dessa *k.* católica no mesmo Evangelho, na mesma fé, no mesmo ministério para a mesma missão, em uma multiplicidade de culturas e tradições. Acentua-se aqui a verdade* do Evangelho como vínculo da *k.* (2,5-14) e não o tecido da fraternidade e a exigência jurídica (Reumann 1994, 52).

Entre as Igrejas locais se estabelecem, para além da ajuda mútua material, laços de fraternidade provenientes do fato de "reconhecerem" uma na outra a mesma fé, a mesma esperança, o mesmo batismo, e logo se acrescentará, o mesmo ministério e a mesma eucaristia. São Igrejas irmãs (2Jo 13) que *comungam* na mesma escolha divina (2Jo 13; 1Pd 5,13s). Tertuliano, que enumera os bens possuídos em comum, conclui: "Somos uma só Igreja, tudo o que pertence a quem é dos nossos, é nosso" (*De virg. Vel.* 2, 2, PL 2, 891). Por volta de 1150, Anselmo de Havelberg, relatando suas discussões com o arcebispo Nicetas de Nicomédia (PL 188, sobretudo 1217-1220), testemunha a importância da teologia* das Igrejas irmãs para o Oriente (Congar, 1982). A Igreja é uma *c.* de Igrejas locais, agrupadas por sua vez em patriarcados* de igual enraizamento apostólico e de igual dignidade, dos quais a Igreja romana não é nem a mãe nem a *magistra*, mas a irmã mais velha e a "presidente" (PL 188, 1217). Depois do Vaticano I*, o decreto do Vaticano II sobre o ecumenismo* e o diálogo de Paulo VI e Atenágoras, a expressão retomou seu lugar na eclesiologia* católica (*UR* 14; *Tomos Agapés* 388-391; *DC* 87, 1990, 951-952; 88, 1991, 689-690; 91, 1994, 1069-1070). No seio dessa c., a função da primeira sede e de seu bispo*, é antes de "velar" sobre a c., respeitando a dignidade e a responsabilidade das Igrejas irmãs. Esse papel lhe é contestado desde os cismas da Reforma; as Igrejas ortodoxas não o negam.

5/O símbolo dos apóstolos inclui entre as verdades de fé a "c. dos santos". A expressão não vem nem do NT nem dos antigos símbolos. O símbolo de Niceia-Constantinopla o ignora, assim como os símbolos orientais. É encontrada em Jerônimo e em um rescrito de Teodósio de 388 (sentido incerto), em um texto mutilado das *Atas* de um concílio de Nîmes de 394 e na tradução latina de uma carta de Teófilo de Antioquia de 401, cujo original grego se perdeu. O *Credo* de Nicetas de Remesiana (entre 381/408) é sua primeira atestação sólida e seu primeiro comentário. Nicetas (amigo de Paulino de Nola) parece tê-la recebido do sul da Gália, onde os símbolos da fé proliferam. Ele a entende como "a c. dos crentes (*sancti*) entre eles". Outros (Fausto de Riez cerca de 452, sermão pseudo-agostiniano 242) pensam unicamente na c. com os mártires e os santos ou com os fiéis defuntos (Benko, 1964; Badcock, 1920). Contudo, poderia significar, no símbolo dos apóstolos, a c. às coisas santas (*sancta*), portanto à eucaristia e sem dúvida ao batismo (Badcock), daí seu lugar entre a Igreja e a remissão dos pecados para a ressurreição e a vida eterna*. Corresponderia, nos símbolos latinos, à menção do batismo nos símbolos orientais.

É claro que a fé viva pouco a pouco reuniu os dois sentidos (Tillard, 1965), que aliás se remetem um ao outro, porque se é *sanctus* na c. dos fiéis e pela c. com as coisas santas. A visão mais rica é talvez a de Teodoro de Mopsueste, portanto no Oriente: "Como pelo novo nascimento eles foram aperfeiçoados em um só corpo, agora são também fortalecidos como em um só corpo pela c. no corpo do Senhor, e na concórdia, na paz, na aplicação ao bem,

constituem um só [...]. Assim nos uniremos na c. aos santos e por esta seremos unidos à nossa cabeça, Cristo Senhor nosso, do qual — nós o cremos — somos o corpo, e por quem obtemos a c. à natureza divina" (*Hom. cat.* 16, 13, ed. Tonneau-Devreesse, 555).

6/Esse texto aparece como a própria definição da Igreja no seu ser de graça. A Igreja é a c. ao Pai, florescendo em comunhão fraterna, comunicada no batismo e, sobretudo, na eucaristia, pelo Espírito daquele que, tendo comunicado plenamente com nossa humanidade, ressuscitou para nos fazer comunicar com sua vida trinitária.

• F. J. Badcock (1920), "Sanctorum communio as an article of the Creed", *JThS*, 106-126; (1930), *The History of the Creeds*, Londres. — J. Y. Campbell (1932), "K. and its cognates in the New Testament", *JBL*, 51, 352-382. — Vl. Lossky (1944), *Théologie mystique de l'Église d'Orient*, Paris, 116-117. — J. Gaudemet (1949), "Notes sur les formules anciennes de l'excommunication", *RSR*, 22, 64-77. — J. N. D. Kelly (1950), *Early Christian Creeds*, Londres (1972³). — A. Ernout e A. Meillet (1951), *Dictionnaire étymologique de la langue latine*, Paris. — A. Piolanti (1957), *Il mistero della communione dei Santi*, Roma. — J. Schmitt (1959), "L'organisation de l'Église primitive et Qumran", *RechBibl.* 4, 217-231. — R. A. Gauthier e J. Y. Jolif (1959), *L'éthique à Nicomaque*, introduction, trad. et comm., t. II, comm. 2. — S. Benko (1964), *The Meaning of* sanctorum communio, Londres. — J.-M. R. Tillard (1965), "La c. des saints", *VS* 113, 249-274. — G. W. H. Lampe (sob a dir. de) (1968), *PGL*, Oxford. — L. M. Dewaailly (1970), "*Communio-Communicatio:* brèves notes sur l'histoire d'un sémantème", *RSPhTh* 44, 46-63. — *Tomos Agapé* (1971), Roma-Istambul. — J. Dupont (1972), "La k. des premiers chrétiens dans les Actes des apôtres", in G. D'Ercole e A. M. Stickler (sob a dir. de), *Communione interecclesiale, collegialità, primato, ecumenismo*, Roma, 41-61. — P. Chantraine (1974), *Dictionnaire étymologique de la langue grecque*, t. 3, Paris. — W. Popkes (1976), "Gemeinschaft", *RAC* 9, 1100-1145. — G. Panikulam (1979), "*K. in the New Testament*, Roma. — J. Hainz (1981), "*K., Koinôneo, Koinônos*", *EWNT*. — J. Fabry (1982), "*Yâhad, yâhîd, yahdâw*", *ThWAT*, 3, 595-603. — Y. Congar (1982), *Diversités et c.*, Paris, 126-134. — J. D. Zizioulas (1985), *Being as Communion*, Crestwood-Nova York. — M. F. Berrouard (1987),

"La première communauté de Jérusalem comme image de la Trinité", in *Homo spiritalis, Festgabe für Luc Verheijen*, Würzburg, 207-224. — J.-M. R. Tillard (1987), Église d'Églises, l'ecclésiologie de c., Paris. — M. Dujarier (1991), *L'Église-Fraternité*, Paris. — C. M. de la Cugna (1991), *God for us*, San Francisco. — J.-M. Tilliard (1992), *Chair de l'Église, chair du Christ*, Paris. — R. W. Wall (1992), *"Communnity, New Testament K."*, *AncBD* 1, Nova York. — X. Lacroix (1993), *Homme et femme, l'insaisissable différence*, Paris. — J. Reutmann (1994), "The biblical witness of k.", in *On the way to Fuller K. Official Report of the Fifth World Conference of Faith and Order*, Genebra. — J.-M. R. Tillard (1995), *L'Église locale: ecclésiologie de la c. et catholicité*, Paris.

Jean-Marie R. TILLARD

→ *Amor; Antropologia; Batismo; Circunsessão; Cristo-cristologia; Pessoa; Santidade; Ser; Trindade; Unidade das Igrejas.*

COMUNICAÇÃO DOS IDIOMAS → idiomas (comunicação dos)

CONCEIÇÃO VIRGINAL → Maria A. 2 e B. I. 1

CONCEITUALISMO → nominalismo II. 1

CONCILIARISMO

a) O conciliarismo (c.), conhecido também com o nome de teoria conciliar, é uma doutrina que situa o concílio* geral acima do papa*, e lhe concede o poder supremo na Igreja: o poder de regular os princípios da fé* e o de manter a unidade*. A resposta que oferece no debate sobre o poder supremo, e o lugar onde se encontra, é fruto de uma reflexão sobre a Igreja, sua natureza e a assistência do Espírito* Santo: esta é a razão pela qual o c. não é em primeiro lugar uma doutrina política, mas pertence à história* da teologia*. Embora haja pontos de contato entre as diferentes teorias conciliares, não há doutrina comum, e a teoria varia de acordo com os teóricos. O s. XV é considerado o século do c., em razão dos decretos votados no concílio de Constança* para pôr um termo à desunião da Igreja, e em razão da radicalização que ocorreu no concílio de Basileia*. Considera-se o galicanismo* religioso uma forma francesa do c.

b) Todas as formas do c., no s. XV, são consequências do cisma* pontifício (1378-1418); prolongam e radicalizam o que Conrado Gelnhausen e Henrique de Langenstein tinham proposto timidamente, voltar à unidade da Igreja convocando um Concílio geral (*via concilii*). Todavia, as fontes do c. são mais antigas. Além da autoridade reconhecida aos concílios ecumênicos da Igreja antiga, há que mencionar textos jurídicos e teológicos, por um lado, e por outro, práticas próprias à Igreja medieval, como a deposição do papa, e o apelo de uma decisão do papa ao futuro concílio geral (foi assim que Filipe IV, o Belo, apelou contra Bonifácio VIII, e que Luis de Baviera e os franciscanos agrupados ao seu redor apelaram contra João XXII). Essa prática, renovada em Constança no dia do encerramento do concílio, se chocará com uma oposição firme de Martinho V.

Importam em primeiro lugar, entre as fontes jurídicas, o decreto de Graciano (D. 40 c. 6) e seus diferentes comentários, entre os quais o de Hugúcio (†1210), como também as diferentes glosas. Esses textos do s. XII levantam a questão do poder da Igreja e seus limites, e a da possibilidade de julgar e de depor um papa etc. Os juristas admitem então amplamente a possibilidade de julgar o papa por crime de heresia*, seja ela notória ou privada, sem ter determinado previamente quem seria o juiz. Estabelecem regras que prestarão preciosos serviços aos conciliaristas de Constança: assim definem que "onde a fé está em questão, o sínodo* é maior que o papa" (*Ubi de fide agitur ..., tunc synodus est maior papa*) e "o que a todos concerne, por todos deve ser julgado" (*Quod omnes tangit, ab omnibus judicetur*). No período da querela bonifaciana, juristas e teólogos retomam e reforçam as mesmas ideias, assim Guilherme Durant, o Jovem (†1331), autor do tratado *De modo concilii generalis celebrandi*, e o dominicano João de Paris (†1306), autor do *De potestate regia et papali*. Este último sustenta que o papa tem um poder limitado, porque a plenitude do poder reside na Igreja como um todo; que o concílio pode julgar e depor o papa em caso de heresia, de escândalo e de incompetência; que sua autoridade e seu primado lhe são conferidos pela Igreja. O tratado de João de Paris é a fonte direta, embora não confessada, de Pierre d'Ailly e de João Gerson, que participaram do concílio de Constança, de Jacques de Paradis (de Jüterborg), presente em Basileia, e vários outros. No fim do s. XIV e no início do s. XV, admite-se quase em toda parte que somente Cristo* é a cabeça da Igreja, que o papa detém o poder na Igreja porque esta lho concede, e que sem a Igreja o papa nada é; que a Igreja pode julgá-lo e depô-lo por fatos de heresia, de simonia, e de outros crimes graves. Esses são os principais pontos de eclesiologia* que Mateus de Cracóvia, p. ex., expõe em seu tratado *De praxi Romanae curiae*, uma das fontes do c. de Thierry de Niem.

O papel inspirador desempenhado por Marsílio de Pádua e Guilherme de Occam na elaboração das doutrinas conciliares é bem conhecido. Contudo, os conciliaristas anteriores ao concílio de Pisa (1409), Conrado Gelnhausen, Henrique de Langenstein, Pedro d'Ailly e Mateus de Cracóvia, parecem ignorar Marsílio. Depois de Pisa e antes do concílio de Basileia, só Thierry de Niem utiliza largamente o *Defensor pacis*. As opiniões desses primeiros conciliaristas devem muito a Guilherme de Occam, que, contudo, nunca atribuiu um papel importante ao concílio geral e jamais admitiu sua infalibilidade. (Mas Occam insistiu muito na superioridade da Igreja sobre o papa). No início do s. XV, o *Diálogo* de Occam exerce sua influência tanto sobre Francisco Zabarella, na Itália, como sobre um grupo de teólogos de Paris, Pedro d'Ailly, Gerson e João de Courtecuisse.

c) Na abertura do concílio de Constança, os principais conciliaristas, Gerson, d'Ailly, Zabarella e Niem afirmam em uníssono que a promessa de infalibilidade* e de indefectibilidade* foi feita à Igreja toda e não a uma pessoa qualquer. Por conseguinte, a Igreja é a instância suprema e o lugar onde reside o poder.

Embora admitindo o primado do papa, os conciliaristas não veem no papa a cabeça de Igreja, reservando esse título só a Cristo. Imaginam o papa como monarca constitucional ou primeiro ministro, submetido ao poder do concílio e revogável: não sendo impecável nem infalível, o papa pode ser julgado deposto e substituído. A tese, vinda de Zabarella, que faz do concílio geral a representação da Igreja universal (*universalis ecclesia, id est concilium*) é de máxima importância nesse conjunto doutrinal já estruturado: legitima, com efeito, um deslocamento de interesse, da Igreja ao concílio.

O decreto *Haec sancta synodus* de 6 de abril de 1415, aceito pelo concílio de Constança pouco depois da fuga do antipapa João XXIII, é o mais importante dos "decretos conciliaristas". No preâmbulo e em seu primeiro parágrafo, o concílio afirma sua legitimidade e define seus três fins: a extirpação do cisma, a união e a reforma da Igreja. Legitimamente reunido, define-se como um concílio geral; a esse título, entende representar a Igreja universal, ter seu poder diretamente de Cristo, e exigir obediência de todo homem, inclusive do papa, nos assuntos concernentes à fé e à união (Mansi 27, 590 D). Em 9 de outubro de 1417, pouco antes da eleição de Martinho V, e não sem relação com esta, o concílio adota o decreto *Frequens* (Mansi 27, 1159 BE) a fim de organizar, para o futuro, a convocação dos concílios. Em virtude desse decreto, Martinho V convocará primeiro o concílio de Siena (1423), depois o concílio de Basileia (1431-1449), dissolvido por Eugênio IV no ano de sua abertura. A política conduzida por este último, de um lado, e a adesão dos Padres de Basileia ao espírito de Constança, de outro, levaram o concílio de Basileia inicialmente a proibir tanto a dissolução do concílio como sua transladação para outro lugar (decreto *Cogitanti*; Mansi 29 24 D – 26 A), e o conduziram em seguida, depois que Eugênio IV ordenou a transferência do concílio para Ferrara, — a julgar o papa, a destituí-lo e substituí-lo por Amadeu VIII, duque de Saboia, que tomou o nome de Felix V. Foi nas circunstâncias de uma luta contra o papa que o concílio reivindicou a própria infalibilidade. É assim que, transforma-da em instrumento de combate, a assembleia de Basileia provocou nova desunião da Igreja e um novo cisma pontifício. A partir da experiência de Basileia, o papado, seguido por numerosos teólogos, engajou-se sempre mais abertamente na via da monarquia pontifícia.

d) Os efeitos da súbita radicalização que o c. conheceu em Basileia mostram, no plano prático, que nenhum equilíbrio de poderes entre o papa e o concílio foi ali estabelecido, e nenhuma regra foi editada, nem sobre o gover-no* da Igreja entre dois concílios, nem sobre seu governo na situação de vacância da Sé de Pedro; no plano teórico, mostram que não exis-tia então nenhuma teologia conciliar comum. Os numerosos tratados eclesiológicos da época, que expõem ideias conciliares, só exprimem a opi-nião de teólogos individuais; e a reconstituição de um fundo comum de opiniões e teses é obra de historiadores. Mais ainda: esses não estão de acordo sobre o caráter e o valor dos princi-pais documentos votados em Constança e em Basileia. O mais discutido é o decreto *Heac sancta*. Uns lhe reconhecem o peso dogmático de um artigo de fé reconhecido *de facto* por dois concílios, por Martinho V, por Eugênio IV (num primeiro momento) e pelos principais teólogos do s. XV. Outros, contudo, sublinham que ele é apenas o fruto das circunstâncias históricas que obrigaram o concílio a decretar sua superiori-dade sobre o papa para pôr um termo ao cisma; portanto tratar-se-ia de uma medida de urgência provocada pela fuga de João XXIII e de uma decisão de alcance limitado que o concílio de Basileia se teria obstinado em transformar em dogma* (Mansi 29 187).

• As principais fontes são editadas com os textos dos concílios de Constança e de Basileia; cf. Mansi, 27-29, Veneza, 1784.

▸ B. Tierney (1955), *Foundations of the Conciliar Theory*, Cambridge. — P. de Vooght (1965), *Les pouvoirs du concile et l'autorité du pape au concile de Constance*, Paris. — O. de La Brosse (1965), *Le pape et le concile. La comparaison de leurs pou-voirs à la veille de la réforme*, Paris. — Fr. Oakley (1969), *Council over Pope? Towards a Provisional Ecclesiology*, Nova York. — A. Black (1970), *Mo-*

narchy and Community. Political Ideas in the later Conciliar Controversy 1430-1450, Cambridge. — R. Bäumer (sob a dir. de) (1976), *Die Entwicklung des Konziliarismus*, Darmstadt. — G. Alberigo (1981), *Chiesa conciliare. Identità e significazione del conciliarismo*, Brescia. — Fr. Oakley (1983), "Conciliar Theory", *DMA* 3, 510-523 (bibl.). — H.-J. Sieben (1983), *Traktate und Theorien zum Konzil*, Frankfurt. — H. Smolinsk (1990), "Konzi-liarismus", *TRE* 19, 579-586 (bibl.) — A. Frenken (1933), *Die Erforschung des Konstanzer Konzils (1414-1418) in den letzen 100 Jahren*, AHC 25, 1-2. — S. Swiezawski (1997), *Les tribulations de l'ecclésiologie à la fin du Moyen Âge*, Paris.

Zénon KALUZA

→ *Autoridade; Basileia-Ferrara-Florença (concílio); Concílio; Constança (concílio); Estruturas ecle-siais; Galicanismo; Indefectibilidade da Igreja; Infalibilidade; Papa.*

CONCÍLIO

Designa-se por "concílio" (c.) a assembleia dos representantes legítimos da Igreja* (I.), reu-nidos em nível regional (c. local) ou universal (c. ecumênico) para deliberar e estatuir, com uma preocupação de unidade*, em matéria de fé*, de prática cristã e de organização eclesiás-tica. A palavra latina *concilium* (ou sua variante *consilium*) vem de *concalare*, "convocar" (cf. o grego *ekklesia*, "igreja") e é sinônimo de *synodus, conventus, coetus*. No sentido cristão, encontra-se pela primeira vez em Tertuliano* (*De jejunio*, 13). Desde a IM, o termo é reserva-do às assembleias da I. universal; as assembleias eclesiásticas regionais chamam-se habitualmen-te "sínodos"*.

1. Nascimento da instituição

O c. encontra sua prefiguração nas assem-bleias populares gregas, depois em Roma nos colégios de sacerdotes e nas assembleias provinciais. Desde João* Crisóstomo (*Hom.* 32 e 33) pelo menos, a instituição conciliar é referida, em grande parte, ao modelo bíblico do que se chamou o "c. dos apóstolos" (At 15). Todos os traços determinantes do c. estão, com efeito, reunidos nesse episódio: diante de um conflito que ameaçava a unidade da Igreja, os dirigentes eclesiásticos (entre os quais Pedro* tem um papel particularmente importante), reúnem-se para proceder a uma troca de ideias, tendo consciência de falarem pelo conjunto da I., com a assistência do Espírito* Santo, e tomando decisões obrigatórias para toda a I. A necessidade de resolver certos conflitos locais e regionais suscitou no s. II, primeiro na Ásia Menor (contra o montanismo*) a realização de assembleias eclesiásticas; no século seguinte, estas tornaram-se uma instituição regular que reunia os representantes das I. de uma ou de várias províncias imperiais, ou de toda a parte ocidental do Império (Arles 314). Depois da virada constantiniana, elas acedem à categoria de uma instância oficial da *oikoumene* (i.e., do Império romano) e suas decisões se revestem de um caráter obrigatório para toda a I. (ecumenicidade). Sob todas as suas formas e em todos os níveis permanecem sempre assembleias de bispos*; a presença de presbíteros*, de diáconos* e de leigos* é, contudo, também atestada (Cipriano*, *Ep.* 71, 1; sínodos de Cartago [255] de Elvira [c. de 302]). Na continuação, também se encontrarão religiosos (principalmente os superiores maiores). As resoluções devem ser tomadas por "unanimidade moral" (por maioria de dois terços no Vaticano II).

2. Desenvolvimento histórico dos concílios ecumênicos

Nascidos da vontade de preservar a unidade da I. diante de crises teológicas e disciplinares, os c. tiveram no domínio da eclesiologia* e do direito* canônico um papel fundamental, diversamente definido segundo a ocasião, o contexto e a imagem que a I., ou as I. implicadas faziam de si mesmas. Veem-se também aparecer diferentes tipos de concílios, assim como divergências entre as diversas confissões quanto a seu número e a sua ecumenicidade. O quadro abaixo baseia-se na classificação não oficial da historiografia católica, tal como é correntemente admitida, desde Belarmino.

a) A Igreja antiga. — Os oito primeiros c. foram convocados e presididos pelo Imperador (seja diretamente, seja por meio de seus representantes) para confessar a fé cristológica e trinitária, e dar à I. uma organização. Sua recepção* pela I. universal é essencial. A partir do s. V, a aprovação pelo bispo de Roma* é indispensável. As decisões conciliares tinham valor de leis imperiais.

b) A Igreja medieval. — Depois da ruptura com a I. do Oriente em 1054, os oito c. gerais da cristandade ocidental, convocados e dirigidos pelo papa* no prolongamento dos sínodos reformadores do s. XI, reivindicaram um caráter ecumênico, porquanto estatuíam sobre questões de princípio que diziam respeito à I. toda.

c) A Igreja do s. XV. — Vê-se esboçar, sob o signo do conciliarismo*, o tipo do c. reformador: diante dos perigos que ameaçam a I. (Grande cisma*, cisma do Oriente) os bispos se reúnem (com o apoio do Imperador, no caso do c. de Constança*) para restabelecer a unidade e operar a reforma da I. Todavia, o papado consegue afirmar seu primado sobre o c.

d) A Igreja moderna. — Os c. são doravante dominados pelo papado (convocação, pauta, direção, execução das resoluções — Vaticano I: *"sacro approbante concilio"* — são da competência exclusiva do pontífice romano) e aparecem como um instrumento de renovação da I. diante dos ataques intracristãos (Reforma) e seculares. O Vaticano II, porém, inaugura um tipo novo: se o c. é sempre organizado pelo papa, os participantes podem discutir livremente (mesmo contra as proposições da Cúria), na linha de sua responsabilidade pastoral, sem anátemas; a promulgação é que é uma ação do papa *"una cum ss. Concilii Patribus"*.

3. A teologia dos concílios

a) Generalidades. — A instituição do c. encontra seu fundamento teológico na *conciliaridade* da I. de Cristo, i.e., do povo* que, "unido em virtude da unidade do Pai*, do Filho* e do Espírito Santo" (Cipriano, *De orat. dom.*, 23, *plebs de unitate Trinitatis adunata*), deve confessar o Evangelho e transmiti-lo em sua pureza inalterada a todo o universo habitado (*oikoumene*). É, por conseguinte, um elemento constitutivo da I., pelo qual ela concretiza sua unidade e catolicidade. Reina nesse ponto um consenso fundamental entre as confissões, apesar das diferenças que, como dissemos, decorrem de suas eclesiologias específicas.

b) As Igrejas ortodoxas. — Só os sete primeiros c. são reconhecidos como ecumênicos

Quadro recapitulativo dos concílios ecumênicos

Nº	Lugar	Data	Ses.	Conv.	Tipo	Recep.	Resol.	Tema principal
1	Niceia I*	20-5/25-7 325		I	Ec.	COR	1 def., 20 cân.	Símbolo (contra Ário): consubstancialidade do Pai* e do Filho
2	Constantinopla I*	maio/julho 381		I	Ec.	COR	1 def., 7 cân.	Símbolo confessando a divindade do Espírito Santo
3	Éfeso*	22-6/17-7 431	5	I	Ec.	COR	8 cân.	Maria* *theotokos* (contra Nestório)
4	Calcedônia	8-10/1-11 451	17	I	Ec.	COR	30 cân.	Jesus Cristo, duas naturezas e uma pessoa
5	Constantinopla II*	5-5/2-6 553	8	I	Ec.	COR	14 anát.	Condenação dos "três capítulos"
6	Constantinopla III* = *in Trullo* I	7-11 680/16-9 681	16	I	Ec.	CO	1 def. (*horos*)	Condenação do monotelismo*, caso do papa* Honório; o c. continua em Constantinopla em 692 sob o nome de *in Trullo II*
7	Niceia II*	24-9/23-10 787	8	I	Ec.	CO	1 def., 22 cân.	Culto das imagens*
8	Constantinopla IV*	5-10 869/28-2 870	10	I	Ec.	C	1 def., 27 cân.	Regulação do cisma* de Fócio
9	Latrão I*	18-3/6-4 1123		P	CG	C	22 cân.	Confirmação do concordato de Worms (fim da querela das investiduras)
10	Latrão II*	abril 1139		P	CG	C	30 cân.	Deposição do antipapa Anacleto II, renovação dos princípios da reforma gregoriana
11	Latrão III*	5/19-3 1179	3	P	CG	C	27 cân.	Medidas contra os judeus, os cátaros, os valdenses, os sarrazins; regulamentação da eleição pontifícia
12	Latrão IV*	11/30-11 1215	3	P	CG	C	70 cap.	Profissão de fé contra os cátaros; transubstanciação; confissão e comunhão anuais obrigatórias; cruzadas; interdição do casamento secreto
13	Lião I*	28-6/17-7 1245	3	P	CG	C	1 bula, 22 cap.	Deposição do imperador Frederico II
14	Lião II*	7-5/17-7 1274	6	P	CG	C	31 cap.	Organização da eleição pontifícia; união com os Gregos; cruzada
15	Vienne*	6-10 1311/6-5 1312	3	P	CG	C	8 bulas, 38 d.	Supressão das ordem dos Templários; querela dos Franciscanos sobre a pobreza; reforma da Igreja
16	Constança*	5-11 1414/21-4 1418	45	I/P	CR	C		Regulação do Grande Cisma do Ocidente; condenação de J. Hus*; primazia do c. sobre o papa; periodicidade dos concílios; reformas
17	Basileia-Ferrara-Florença-Roma*	23-7 1431/24-2 1443 (com interrupções)	39	P	CR	C		União com os Gregos, os Armênios, os Jacobinos
18	Latrão V*	10-5 1512/16-3 1517	12	P	CG	C		Condenação do conciliarismo*; rejeição da "dupla verdade"
19	Trento*	13-12 15/45/4-12 1563 três periodos	25	P	CR	C		Decretos doutrinais contra os reformadores: a Escritura* e a Tradição*, o pecado original*, a justificação*, o culto* dos santos; reformas (deveres pastorais dos cardeais e dos bispos, sínodos*, inspeções)
20	Vaticano I*	8-12 1869/18-7 1870	4	P	CP	C	2 doc.	Conhecimento* natural de Deus, fé* e saber, primazia jurisdicional e infalibilidade do papa
21	Vaticano II*	11-10 1962/8-12 1965	4	P	CP	C	16 doc.	Revelação*, Igreja*, Igreja no mundo, ecumenismo*, Igrejas orientais, bispos*, religiosos, leigos*, padres*, educação, missões*, religiões não cristãs, liberdade religiosa*

Lista das abreviaturas do quadro:
Conv.: autoridade que convocou o c. (imperador [I] ou papa [P]); Ec.: c. ecumênico; CG: c. geral; CR: c. reformador; CP: c. papal; Recep.: recepção (Igrejas católica [C], ortodoxas [O], saídas da Reforma [R]); Resol.: Resoluções (decretos [d.], cânones [cân.], anátemas [anát.], definições [def.], documentos [doc.]); Ses.: Número de sessões

pelas I. ortodoxas. Numerosos c. locais foram ulteriormente recebidos por toda a Ortodoxia, mas nenhum recebeu o título de ecumênico. Desde o início do s. XX, tentativas foram feitas para reunir um c. pan-ortodoxo susceptível de tornar-se o oitavo c. ecumênico (conferência preliminar de 1930, conferências pan-ortodoxas de 1961, 1963, 1965, 1968, assembleias preconciliares de 1976, 1982, 1986). A teologia* da *sobornost* (termo introduzido pelos discípulos de A. S. Khomiakov [1804-1860], cf. Ortodoxia* mod. e cont.) teve um papel teológico importante. Definindo a I. por sua catolicidade (*catholica* corresponde ao russo *sobornaia*, da raiz *sbr*, "reunir"), como a comunhão* de todos os membros, ela implica que as resoluções episcopais e conciliares só valem se recebidas de comum acordo.

c) *A Igreja católica romana.* — A concepção atual do c. foi fixada pelo Vaticano II (*LG* 22, 25; *CD* 4 s., 36-38) e pelo *CIC* de 1983 (cân. 337-341, no qual esse tema não é mais tratado em uma seção particular, como no Código de 1917 [cân. 222-229], mas incluído no artigo "*De Collegio Episcoporum*"). É o Colégio episcopal que exerce pelo c. o poder (*potestas*) ecumênico, conforme o caso, com prerrogativa de infalibilidade*; contudo, só o papa pode convocar, dirigir, adiar, interromper, dissolver o c. Também é ele que fixa a pauta e que deve aceitar, confirmar, e promulgar as decisões tomadas para que sejam válidas. Todos os bispos (inclusive os bispos titulares, i.e., os que não presidem efetivamente uma I. local) participam do c., mas outras personalidades podem também ser convidadas pelo papa.

d) *As Igrejas oriundas da Reforma.* — Para os primeiros reformadores, os c. ecumênicos são instituições falíveis fundadas unicamente no direito humano, e que só têm autoridade* para a I. quando interpretam corretamente as Sagradas Escrituras*. Foi esse, sobretudo, o caso dos quatro primeiros c. A ideia de conciliaridade sobreviveu nas estruturas sinodais dessas I. (sínodo*).

e) *O movimento ecumênico do s. XX.* — Desde o Vaticano II, o tema do c. constitui ponto importante nos diálogos ecumênicos bilaterais com a I. católica: a comunhão anglicana é muito particularmente atenta a esse problema (Veneza, 1976; Windsor, 1981). Contudo, a problemática toma toda sua acuidade com a ideia de *comunhão conciliar* ou de *conciliaridade* (*counciliarity*) (COE: Nairobi, 1975), compreendida 1/como um processo conjunto de deliberação e decisão no qual se manifesta a unidade fundamental das I.; e 2/como a disposição de se reconhecerem mutuamente sobre a base da fé apostólica, de um acordo sobre os sacramentos* e os ministérios*, e da comunhão eucarística.

• J. D. Mansi, *Sacrorum Conciliorum nova et amplissima collectio*, 60 vol., Florença-Veneza, 1757-1798, Paris 1899-1927. — E. Schwartz, *Acta Conciliorum Oecumenicorum*, Berlim, 1914-. — G. Alberigo *et al. Conciliorum oecumenicorum decreta*, Bolonha, [3]1973 — *Annuarium Historiae Conciliorum*, Amsterdã, 1969 - (bibl. contínua).

▶ C. J. Hefele e H. Leclercq (1907-1952), *Histoire des conciles*, 11 vol., Paris. — J. L. Murphy (1959), *The General Councils of the Church*, Milwaukee, Wis. — B. Planck (1960), *Katholizität und Sobornost*, Würzburg. — O. Rousseau (sob. a dir. de) (1960), *Le concile et les conciles*, Chèvetogne. — COE (1968), *Konzile und die ökumenische Bewegung* (Études du COE, nº 5), Genebra. — D. Staniloae (1971), "Dogmatische Grundlagen der Synodalität", *OstKSt* 20, 3-16. — Pro Oriente (ed.) (1975), *Konziliarität und Kollegialität als Strukturprinzipien der Kirche*, Innsbruck etc. — H. J. Sieben (1979), *Die Konzilsidee der Alten Kirche*, Paderborn. — W. Brandmüller (sob a dir. de) (1980) *Konziliengeschichte*, Paderborn. — H. J. Sieben (1983), *Traktate und Theorien zum Konzil;* (1984), *Die Konzilsidee des lateinischen Mittelalters*, Paderborn; (1988), *Die katholische Konzilsidee von der Reformation bis zur Aufklärung*, Paderborn; (1993), *Die katholische Konzilsidee im 19. und 20. Jahrhundert*, Paderborn.

Ver também o *Thesaurus conciliorum oecumenicorum et generalium Ecclesiae*, CETEDOC, Turnhout, Stuttgart, 1996 (Series A, formae)

Wolfgang BEINERT

→ *Catolicismo; Disciplina eclesiástica; Ecumenismo; Governo da Igreja; Heresia; Hierarquia; Indefectibilidade da Igreja; Local (Igreja); Ortodoxia; Particular (Igreja); Protestantismo; Sínodo.*

CONCÍLIO DE BASILEIA-FERRARA-FLORENÇA → Basileia-Ferrara-Florença (concílio)

CONCÍLIO DE CALCEDÔNIA → Calcedônia (concílio)

CONCÍLIO DE CONSTANÇA → Constança (concílio)

CONCÍLIO DE CONSTANTINOPLA I → Constantinopla I (concílio)

CONCÍLIO DE CONSTANTINOPLA II → Constantinopla II (concílio)

CONCÍLIO DE CONSTANTINOPLA III → Constantinopla III (concílio)

CONCÍLIO DE CONSTANTINOPLA IV → Constantinopla IV (concílio)

CONCÍLIO DE ÉFESO → Éfeso (concílio)

CONCÍLIO DE FERRARA → Basileia-Ferrara-Florença (concílio)

CONCÍLIO DE FLORENÇA → Basileia-Ferrara-Florença (concílio)

CONCÍLIO DE LATRÃO I → Latrão I (concílio)

CONCÍLIO DE LATRÃO II → Latrão II (concílio)

CONCÍLIO DE LATRÃO III → Latrão III (concílio)

CONCÍLIO DE LATRÃO IV → Latrão IV (concílio)

CONCÍLIO DE LATRÃO V → Latrão V (concílio)

CONCÍLIO DE LIÃO I → Lião I (concílio)

CONCÍLIO DE LIÃO II → Lião II (concílio)

CONCÍLIO DE NICEIA I → Niceia I (concílio)

CONCÍLIO DE NICEIA II → Niceia II (concílio)

CONCÍLIO DE TRENTO → Trento (concílio)

CONCÍLIO DO VATICANO I → Vaticano I (concílio)

CONCÍLIO DO VATICANO II → Vaticano II (concílio)

CONCÍLIO DE VIENNE → Vienne (concílio)

CONDONAÇÃO → Indulgências

CONFIRMAÇÃO

1. Os quatro primeiros séculos

As relações entre o batismo* (b.) e a confirmação (c.) foram discutidas muitas vezes, notadamente pelos teólogos anglicanos desde o s. XIX. Na linha de A. J. Mason, Dom Gr. Dix (1946) minimizou a importância do b. em proveito do dom do Espírito* Santo recebido na c. Em reação, G. Lampe (1951) insistiu no dom do Espírito Santo realizado no b. Esses debates podem hoje ser superados, desde que reconhecida a existência, a partir do NT, de tradições diferentes e de enfoques diversos nos ritos da iniciação* cristã, realizados no curso da mesma celebração. É essencial considerar essa unidade ritual para compreender a vida sacramental dos primeiros séculos, que não conhecem termo técnico para designar os ritos pós-batismais ou o que chamamos hoje c. — batismo designa na época o conjunto do processo e tem, portanto, extensão mais ampla que hoje.

A dificuldade de articular a função da água e o papel do Espírito já aparece no NT. Encontra-se com frequência uma oposição entre o b. de água de João Batista e o b. do Espírito de Jesus* (Mt 3,11 par.; At 1,5; 11,16; 19,1-7). Às vezes o dom do Espírito precede e leva ao b. (At 10,44-48). Na maioria das vezes, água e Espírito são citados em conjunção sucessiva (At 2,38; Jo 3,5; 1Jo 5,6ss). Os escritos paulinos omitem várias vezes a menção do Espírito (Rm 6,3-11; Gl 3,26ss; Cl 3,9ss), às vezes, a de Cristo (1Cor 12,13).

A diversidade prossegue na Igreja* antiga, em que se distinguem três tradições*. A tradição antioquena (Atos de Tomé, Catequeses batismais de João* Crisóstomo) só conhece uma unção de muron (óleos* santos) sobre a fronte, o sphragis ("selo"), depois as três imersões e a eucaristia* (euc.). Em Jerusalém* (Catequeses mistagógicas de Cirilo), as três imersões são seguidas pela unção do muron, à qual é atribuída o dom do Espírito, e pela euc. O Ocidente conhece ritos pré-batismais (exorcismos*) seguidos da tríplice imersão e de ritos pós-batismais para o dom do Espírito, realizados pelo bispo*: a imposição* das mãos, a unção e, às vezes, a signação; e o conjunto se completa com a euc. Assim, o dom do Espírito, sempre considerado no conjunto da iniciação*, é atribuído a ritos ora pré-batismais, ora pós-batismais. O Oriente privilegia a unção (que o NT parece conceber como um símbolo literário) e a bênção* do óleo pelo bispo, mais tarde pelo patriarca, que se reveste de grande importância. Também conhece a imposição das mãos. Sob influência das discussões pneumatológicas do fim do s. IV (concílio de Constantinopla*, 381), da maior importância atribuída à literatura paulina (em especial, Rm 6) e sem

dúvida também da reconciliação dos hereges, que se fazia por ritos semelhantes aos ritos pós-batismais (B. Botte; cf. Saint-Palais d'Aussac 1943), o Oriente adotará no fim do s. IV uma unção pós-batismal de alcance pneumatológico. Os três rituais conservados nas Constituições apostólicas (III, 16; VII, 22; VII, 39) testemunham essas modificações.

Constata-se, pois, que na Antiguidade cristã, a iniciação conhece uma diversidade de ritos, mas que se realiza na unidade de uma mesma celebração. Unidade diversificada que é atestada, no Ocidente, tanto pela prática litúrgica quanto pelas reflexões teológicas. A Tradição apostólica (Roma, início do s. III) descreve o catecumenato e a iniciação no quadro de uma vigília (provavelmente pascal); o b. se realiza em um batistério e termina por uma unção cristológica feita por um presbítero*; os batizados passam em seguida à Igreja, onde o bispo lhes faz uma unção trinitária, a imposição das mãos pneumatológica e a signação. Aliás, a propósito de Novaciano, cuja validade das ordenações* contesta, o papa* Cornélio escreve a Fabius de Antioquia (251):

"Contudo, depois de ter escapado à doença, ele sequer obteve as outras (cerimônias, ton loipon) de que se deve participar segundo a regra da Igreja, e não recebeu o selo (sphragisthenai) do bispo; não tendo obtido tudo isso, como teria ele obtido o Espírito Santo?" (Eusébio de Cesareia, HE VI, 43, 15; SC 41, 157).

Por seu lado, Cipriano* escreve que os cristãos nascem de um e do outro sacramento* (sacramento utroque nascantur: Ep. 72, I e 2, e 73, XXI, 3); cada vez ele se apoia em Jo 3,5 e visa, mais provavelmente, a água e o Espírito. E mesmo que não se deva interpretar esses textos no quadro (posterior) de uma doutrina do "septenário" sacramental, eles atestam para o Ocidente a consciência de que o Espírito Santo é dado mais particularmente aos cristãos, no curso de sua iniciação, pelos ritos pós-batismais realizados pelo bispo.

No fim do s. IV (batismo* II, 1 fim) o aumento do número de cristãos provocará práticas diferentes. O Oriente privilegiará a unidade da iniciação, da qual o presbítero tornar-se-á o ministro habitual; a relação ao bispo manter-se-á pelo uso do óleo bento por ele (a Espanha conhecerá, também, essa disciplina durante certo tempo). O Ocidente atribuirá aos presbíteros a celebração do b. e da euc., mas a c. preservará o vínculo com o bispo. Essa disciplina ocidental é adquirida desde Inocêncio I, que em sua carta a Decentius, bispo de Gubbio, reconhece aos presbíteros o direito de batizar, mas só aos bispos o de confirmar ("consignar"). — "Do ponto de vista da história* e da liturgia* está aí a origem da c., ou melhor, o quadro em que a c. pôde ser compreendida como um sacramento particular" (Kretschmar, 1983, 196).

2. A Idade Média

a) *Terminologia.* — O vocabulário da *confirmatio*, para designar a intervenção do bispo depois do rito da água, aparece na Gália em meados do s. V; a primeira menção encontra-se nos cânones 3-4 do concílio de Riez, (439; CChr. SL 148,67). "Os termos *perficere, perfectio, confirmare, confirmatio*, exprimem a convicção de que o rito de c. vem acrescentar ao b. uma espécie de perfeição. Tudo o que exprime a palavra é o sentimento de que a c. é o complemento do b. (Botte 1958, 21-22; cf. Fisher, 1965). A relação com o sentido eucarístico de *confirmare* é eloquente (De Clerck, 1986). De lá, esses termos passarão para os livros litúrgicos a partir do s. VIII.

b) *Dissociação crescente do batismo e da confirmação.* — A nova situação criada no fim da Antiguidade encontra-se bem expressa na homilia de Pentecostes pronunciada por um bispo do sul da Gália, provavelmente Fausto de Riez (atribuída outrora a Eusébio galicano [entre 460 e 470], CChr.SL 101, 331-341, cf. Van Buchem, 1967). Ele relata nestes termos as perguntas de seus ouvintes: "Depois do mistério* do b., para que me pode servir o ministério* daquele que vai confirmar-me?". Sua resposta apoia-se em uma comparação militar: o soldado, depois de ter sido inscrito no exército, deve ser equipado para o combate. Assim, "o Espírito Santo [...] no b. dá a plenitude quanto à inocência, mas na c. concede um acréscimo quanto à graça* (*augmentum ... ad gratiam* [...]. No b. somos

lavados, depois do b. somos fortalecidos" (Van Buchem, 1967, 40-41).

Portanto, essa homilia vai no sentido de uma justificação teológica da prática recentemente instaurada; tende a reconhecer a distinção do b. e da c. atribuindo-lhes efeitos específicos. Terá na história um sucesso inesperado, uma vez que as Falsas decretais do s. IX vão atribuí-la a um papa do s. IV (Melquíades, talvez confundido com Miltíades; PL 130, 240-241); passará depois para o *Decreto* de Graciano (III, V, 1-2: Friedberg, I, 1413). Os teólogos escolásticos* a receberão como uma autoridade* papal do s. IV.

Durante a alta IM, nas cidades episcopais, a iniciação cristã continua a ser celebrada na Páscoa* pelo bispo; a c. com frequência acontece oito dias depois (R. Maur, *De clericorum institutione*, II, 39, PL 107, 353). Nas regiões rurais, o sacerdote batiza e dá a euc. (sob a espécie do vinho); a relação à Páscoa desaparece em proveito de uma relação ao nascimento. Insiste-se em que os pais não descuidem de apresentar seu filho ao bispo para a c. por ocasião de sua próxima passagem... caso ocorra. O ritual da c. quase não é desenvolvido; praticamente não há pastoral (Gy, 1959). Não se encontra nessa época nenhuma tentativa de justificar o adiamento da c.; tem-se o sentimento de que, o que começou a instaurar-se como exceção, tornou-se lentamente a regra. Assim Alcuíno, grande erudito formado na leitura dos Padres*, sem hesitação, cita os sacramentos nessa ordem: b.-euc.-c. (*Ep.* 134 e 137: PL 101, 613-614; MGH. Ep. 4, 202 e 211).

No s. XII a prática do b. *quam primum* já está adquirida. A c. ocorre na passagem do bispo, e a euc. é diferida para a idade da razão. Encontra-se, pois, a sequência da Antiguidade clássica, mas os ritos, considerados como três sacramentos do setenário (1150), tornaram-se autônomos. É sobre essas bases que os teólogos escolásticos vão fazer a teologia* da c. Com fórmulas que remontam a Fausto (*augmentum gratiae — robur ad pugnam*), precisam que a graça específica da c. é o dom do Espírito Santo; como o b. confere um caráter que investe para o combate espiritual; sua matéria é o óleo bento pelo bispo, e sua forma é a fórmula *"consigno te..."* (Tomás* de Aquino, *ST* IIIa, q. 72).

3. A reforma e os tempos modernos

A crítica fundamental dos reformadores a respeito da c. é sua falta de fundamento bíblico; não lhe reconhecem o valor sacramental, embora possam conservá-la como cerimônia eclesiástica. Bucer*, contudo, a considera um sacramento, mas acrescenta que seu sentido é o de uma profissão de fé ao final do ensinamento catequético (Bornert, 1989): essa novidade, recebida pelo luteranismo* e pelo anglicanismo*, teve uma influência considerável. Quanto a Calvino*, suprime a c.

O concílio de Trento* reafirmará o valor sacramental da c., sendo o bispo seu ministro ordinário (*DS* 1628-1630). O *Catecismo* de Trento estipula: "Não convém administrar esse sacramento aos que não têm ainda o uso da razão*; e se não se julga necessário atingir a idade de doze anos, ao menos é conveniente não administrá-lo antes da idade de sete anos" (cap. 17, § 4).

No s. XVIII, as Igrejas reformadas, sob a inspiração do pastor suíço J. F. Ostervald, reintroduzem uma c., entendida como adesão pessoal do batizado ao que os pais tinham pedido para ele; a liturgia* genebrina de 1945 chama a c. "o complemento normal (e como a segunda metade) do b. das crianças" (von Almen, 1978). O fato parece muito significativo da modernidade: depois da Renascença, sob o reino da subjetividade, o b. das crianças parece culturalmente inconcebível sem uma possibilidade de retomada pessoal ulterior. Muitas vezes a c. desempenhará esse papel.

No catolicismo*, assiste-se nessa época, no norte dos Alpes, a um adiamento constante da idade da c. É o que explica que nesses países o decreto de Pio X sobre a primeira comunhão das crianças, a partir dos 6-7 anos (1910) tenha invertido oficialmente a ordem de sucessão dos sacramentos, enquanto esta ficava intacta nos países mediterrâneos.

4. O Vaticano II e o novo "Ritual"

Os textos do concílio não contêm apresentação renovada da c.; somente *LG* precisa que o bispo é seu ministro *originário*. Essa leve modificação terminológica é de grande alcance: quer legitimar a prática das Igrejas do Oriente desde o fim da Antiguidade e permite aos bispos delegar sacerdotes para conferir a c.; e assim tira a principal causa histórica da separação entre b. e c.

Mais importante ainda é a publicação do novo *Ritual* (1971), que se abre pela constituição apostólica *Divinae consortium naturae*. Esta afirma, pela primeira vez em documento oficial, "a unidade [dos três sacramentos] da iniciação cristã"; liga-se, pois, explicitamente à tradição antiga, para além da evolução histórica do Ocidente desde a alta IM (uma visão que o *CEC* [1992] retomará fielmente). A constituição apostólica define o efeito do sacramento como o dom do próprio Espírito Santo (*donum ineffabile, ipsum Spiritum Sanctum*). Modificação essencial, "em protestação de unidade do mesmo sacramento" (Gy 1986), ela substitui à fórmula sacramental medieval a da liturgia bizantina (Ligier, 1973): "N., sê marcado pelo Espírito Santo, o dom de Deus". E, em fórmula requintada, precisa, enfim, o rito essencial do sacramento: "O sacramento é conferido pela unção do santo crisma sobre a fronte, feita pela imposição da mão, e por essas palavras: *"Accipe signaculum Doni Spiritus Sancti"*.

No plano ecumênico, as relações entre b. e c. sempre provocam dificuldade. Lê-se assim no *Rapport sur le processus "BEM" et les réactions des Églises* de 1991 (*Notes de clarification*, n° 10):

> *"a*) As reações ao *BEM* [...] revelam [...] desacordos sobre a maneira como a unção e o selo do Espírito devem exprimir-se no rito batismal, e sobre a relação com a c. e a participação na euc.
> *"b*) De fato, uma evolução se manifesta na atitude e na prática das I. quanto à c. ao mesmo tempo que, cada vez mais, descobrem que na origem só existia um rito único e complexo de iniciação cristã. Continuam a considerar a c. em duas perspectivas diferentes. Para alguns, a c. é o sinal especial do dom de Espírito, sinal que se inscreve no processo global da iniciação; para outros, a c. é, sobretudo, a ocasião de uma profissão pessoal da fé, por parte dos que foram batizados mais jovens. Todas convêm que o primeiro sinal do processo de iniciação ao corpo de Cristo é o rito do b. de

água; todas convêm que o objetivo da iniciação é alimentar-se da euc." (p. 132-133).

5. Teologia e pastoral da confirmação

A teologia* da c. exprime-se melhor pelas relações que mantém com o b., a euc., o Espírito Santo e a I.

a) *Relação com o batismo.* — Contrariando os esforços escolásticos, hoje parece vão procurar para o b. e a c. efeitos específicos adequadamente distintos. É mais frutuoso considerá-los como dois polos na continuidade dinâmica da iniciação cristã. Toda teologia da c. que não se articule estreitamente com o b. revela-se mal fundada do ponto de vista da tradição*. A relação dos dois sacramentos é muitas vezes expressa pela relação entre Páscoa e Pentecostes, entre a missão do Filho e a do Espírito.

b) *Relação com a eucaristia.* — É habitualmente a mais negligenciada, sinal de grave desconsideração das dimensões plenas da euc.. Ora, é ela que garante à iniciação sua estrutura trinitária: batizados na morte* e na ressurreição* de Cristo*, os fiéis são confirmados no Espírito em vista de comungar como Igreja na ação de graças ao Pai*. Essa compreensão orgânica da iniciação revela-se o melhor quadro para pensar a c. e dizer sua finalidade.

c) *Relação para com o Espírito Santo.* — Aqui está o denominador comum do que se pode dizer da c. Essa relação, contudo, não é exclusiva, como se o Espírito Santo não estivesse agindo nos outros sacramentos. Contudo, ela reveste uma força particular. Seguindo numerosos documentos, a constituição apostólica *Divinae consortium naturae* afirma que pela c. os batizados recebem, como um dom inefável, o próprio Espírito Santo. Assim como Cristo está atuando em todos os sacramentos, porém, na euc. oferece aos que nela comungam o próprio corpo e o próprio sangue; assim também, pela c., o Espírito Santo se comunica de maneira toda especial aos cristãos, como sopro de sua vida pessoal e força necessária à missão* evangélica. A nova fórmula sacramental permite desenvolver essas significações sem negar que o Espírito sopra aonde quer.

d) *Relação com o bispo e com a Igreja.* — Essa relação, que foi estritamente mantida na tradição ocidental até o Vaticano II, é igualmente afirmada no Oriente, que atribui muita importância à bênção do óleo pelo bispo ou pelo patriarca. Se muitas vezes é explicada por uma diferença de poder entre o bispo e o presbítero, é mais rico de sentido considerá-la no contexto da relação entre o 3° e o 4° artigo do Credo, entre pneumatologia e eclesiologia*. Com efeito, é o Espírito Santo que dá corpo à Igreja (2ª epiclese* das orações eucarísticas), como deu seu corpo humano a Jesus "concebido do Espírito Santo, nascido da Virgem Maria*", e como lhe dá seu corpo eucarístico (1ª epiclese). A presença do bispo (ou de seu delegado) como ministro da c. indica que tornar-se cristão significa que a pessoa se abre a uma comunhão* com a Igreja inteira da qual o bispo é o responsável (Bouhot, 1968).

A c. aparece assim claramente como um sacramento, ato eclesial mediador de uma ação de Deus*. Um sacramento de iniciação, destinado a todos os cristãos para comunicar-lhes o dom de Deus por excelência, e não só aos mais engajados entre eles, em vista de uma responsabilidade particular na Igreja (Moingt, 1973). Quanto à ordem de sucessão dos três sacramentos da iniciação, está longe de ser indiferente, apesar dos avatares da história ocidental. Em todo caso, é importante que a teologia ocidental nunca quis justificar uma c. conferida depois da euc. (Bourgeois, 1993).

e) *Problemas pastorais* — A pastoral da c. põe vários problemas, porque sua prática mais habitual se inscreve na direção contrária do seu *Ritual* e da sua teologia. As duas correntes indicadas acima no relatório do COE encontram-se igualmente no interior do catolicismo*. Em função das condições atuais do testemunho cristão, a segunda tendência leva a adiar a c. para uma idade mais avançada, em vista de um engajamento cristão mais profundo. Ela se inscreve na linha da tradição ocidental (Bourgeois, 1993). Contudo, corre o risco de confundir a c., sacramento da iniciação, selo pneumatológico do b., e o engajamento. Este último, que representa uma dimensão fundamental da vida cristã, é, contudo, coextensivo a toda a existência dos cristãos, sem estar ligado particularmente a determinado sacramento. Evite-se pensar *a priori* que a c. fornece a resposta pastoral a todas as questões postas pelo devir cristão dos jovens.

• Cf. Bibl. de "Batismo" e também:

a) O RITUAL: *Ordo confirmationis*, Roma, 1971.

b) BIBLIOGRAFIA: L. Leijssen (1989), "Selected Bibliography on Confirmation", *QuLi* 70. 23-28.

c) ESTUDOS: Fr. e Saint-Palais d'Aussac (1943), *La réconciliation des hérétiques dans l'Église latine. Contribution à la théologie de l'initiation chrétienne*, Paris. — G. Dix (1946), *The Theology of Confirmation in Relation to Baptism*, Londres. — G. Lampe (1951), *The Seal of Spirit. A Study in the Doctrine of Baptism and Confirmation in the New Testament and the Fathers*, Londres. — B. Botte (1958), "Le vocabulaire ancien de la c.". *MD* 54, 5-22. — R. Levet (1958), "L'âge de la c. dans la législation des diocèses de France depuis le concile de Trente", *ibid.*, 118-142. — J. D. Fisher (1965), "The Use of the Words *"confirmatio"* and *"confirmare"*, in *id. Christian Initiation. Baptism in the Medieval West*, Londres, 141-148. — L. A. Van Buchem (1967), *L'homélie pseudo-eusébienne de Pentecôte. L'origine de la confirmatio en Gaule méridionale et l'interprétation de ce rite par Fauste de Riez*, Nimega. — J.-P. Bouhot (1969), *La c., sacrement de la communion ecclésiale*, Lyon. — L. Ligier (1973), *La c. Sens et conjoncture oecuménique hier et aujourd'hui*, ThH 23 (cf. M. Arranz [1991], *OCP* 57, 207-211). — J. Moingt (1973), *Le devoir chrétien. Initiation chrétienne des jeunes*, Paris. — G. Kretschmar (1983), "Firmung", *TRE* 11, 192-204. — M. Maccarone (1985), "L'unità del battesimo e della cresima nelle testimonianze della liturgia romana dal III al XVI secolo", *Lat* 51 55, 88-152. — J. Zerndl (1986), *Die Theologie der Firmung in der Vorbereitung und in den Akten des Zweiten Vatikanischen Konzils*, Paderborn. — P. De Clerck (1986), "La dissociation du baptême et de la c. au haut Moyen Âge" *MD* 168, 47-75. — R. Bornert (1989), "La c. dans les Églises de la réforme: tradition luthérienne, calvinienne et anglicaine", *QuLi* 70, 51-68. — P. De Clerck (1989), "La c., questions posées aux théologiens et aux pasteurs", *Gr* 72, 689-704. — H. Bourgeois (1993), "La place de la c. dans l'initiation chrétienne", *NRTh* 115, 516-542.

Paul DE CLERCK

→ *Batismo; Eucaristia; Iniciação cristã; Sacramento.*

CONFISSÃO → penitência

CONFISSÕES DE FÉ

A. OS SÍMBOLOS DA FÉ

1. Definições

A fé*, suscitada pela graça*, é um ato* de toda a pessoa*, que exprime a adesão a Deus tal como ele se revela e salva. Esse ato se manifesta por toda a vida do cristão, mas particularmente em certas circunstâncias: quando confessa e proclama nas palavras o conteúdo de sua fé no meio dos crentes (oração*, louvor*, liturgias* sacramentais), para responder à heresia ou diante dos incrédulos — é o objeto do presente artigo —, ou quando testemunha, até ao dom de sua vida, a firmeza de sua adesão (martírio*). As confissões de fé (cf.) verbais podem revestir múltiplas formas, mas têm uma forma privilegiada em certas fórmulas, chamadas "símbolos de fé" ou "Credo", que reúnem — como indica a palavra "símbolo" (s.) — os "três artigos de fé", que concernem respectivamente ao Pai*, ao Filho e ao Espírito* Santo. Entre as numerosas cf. que os primeiros séculos cristãos nos transmitiram (cf. Hahn, 1897), três adquirem importância particular: de um lado o s. do concílio de Niceia (N.), ulteriormente desenvolvido pelo concílio de Constantinopla, s. dito "de Niceia-Constantinopla" (C.), de outro lado o s. dito "dos Apóstolos" (A.).

2. Histórico

O estudo das cf., promovido por Harnack e Kattenbusch, remonta ao fim do s. XIX. A forma declarativa dos s., como se mostrará, não é a forma mais antiga da cf. Essa se inscrevia na liturgia do batismo* e consistia primitivamente em três perguntas feitas aos catecúmenos no momento da tríplice imersão batismal, "em nome do Pai e do Filho e do Espírito Santo" (cf. Mt 28,19). Todavia, a preparação dos catecúmenos deu lugar a cateq ueses* que lhes explicavam a "regra da fé" (s. II), expressa então em textos afirmativos e não mais interrogativos, origem das cf. declarativas. Os iniciados deviam respeitar a regra do arcano: a cf. pertencia ao ensinamento esotérico da Igreja* e não podia ser divulgada para os não crentes.

a) No Ocidente. — Uma antiga lenda, relatada notadamente por Rufino, narra que depois de Pentecostes e antes de dispersar-se para partir em missão*, os Doze, cheios do Espírito Santo, tinham enunciado cada um uma verdade de fé, cuja sequência formaria o atual "s. dos Apóstolos". Essa crença sobreviveu até ao s. XV (concílio de Basileia-Ferrara-Florença*); ele queria significar que essa cf. derivava imediatamente do querigma apostólico consignado nos discursos dos Atos e nas Epístolas. Entretanto, a história é mais complexa. Esse s. é uma variante do velho credo Romano (R.), que combina duas afirmações principais, a da fé trinitária e a da morte* e da ressurreição* redentora de Cristo*, e insiste sobre a vida terrena de Jesus*. R. só aparece sob forma fixa mais ou menos oficial no final do s. II na Igreja de Roma*, quase simultaneamente em grego e depois em latim. Kelly fixa sua aparição antes do reinado do papa* Vítor (189-197). A menção da descida* aos infernos e a da comunhão* dos santos são tardias: remontam à segunda metade do s. IV e parecem de origem oriental. A preponderância de Roma no Ocidente provocou um alinhamento das Igrejas locais* sobre o texto de R. Entre as diversas recensões, de variantes raras e pouco significativas, a que se impôs finalmente é uma ampliação dele, utilizada, ao que parece, no sul da França por volta do ano 600, e que deve sua fortuna à uniformização litúrgica empreendida por Carlos Magno (cf. *infra*). A. não foi objeto de nenhuma sanção ecumênica.

Convém mencionar o s. apócrifo dito "de Atanásio" ou *Quicumque* (de sua primeira palavra). *Expositio fidei* mais que s. de fé, esse texto teve um papel da maior importância no Ocidente medieval, e foi mesmo honrado pelos reformadores (Lutero*, p. ex., o põe quase no mesmo nível de R. e C. em *Die drei Symbole oder Bekenntnisse des Glaubens Christi*). Esse texto foi atribuído a muitos antigos, Cesário de Arles e Fulgêncio de Ruspe (Stylgmaier, 1930) e a primeira menção de sua existência encontra-se em uma carta de Agostinho*. É pelo menos certo que sua primeira versão foi em latim. Ainda recentemente, o *Quicumque* tinha seu lugar na liturgia do Ocidente cristão, além das fronteiras do catolicismo* (p. ex. no anglicanismo*).

b) No Oriente. — Como no Ocidente, os s. orientais nasceram no contexto litúrgico do batismo, primeiro sob forma interrogativa, e respeitando a regra do arcano. Contudo, a liberdade e a autonomia de que gozavam as Igrejas locais eram tais que nelas se conheceu durante mais tempo uma profusão de cf. diferentes, que não podem ser reduzidas a um modelo único, tendo conhecido depois modificações. Semelhantes no essencial, essas cf. variam, contudo, em função dos acentos teológicos (ortodoxos ou heréticos) de seus autores. Muitas vezes, seus enunciados são mais especulativos que os enunciados ocidentais.

O I concílio de Niceia* (325), primeiro concílio* ecumênico convocado por Constantino para pôr fim ao arianismo* e dirigido principalmente por Ossius de Córdoba, redigiu o s. de Niceia, que comporta três artigos (o que concerne ao Espírito Santo não está desenvolvido) e uma série de anátemas.

O I concílio de Constantinopla* (381), convocado por Teodósio, modificou levemente o segundo artigo de N., e desenvolveu, sobretudo, o terceiro, dirigido contra os pneumatômacos (Espírito* Santo). Essa nova versão de N. chama-se "s. de Niceia-Constantinopla".

Entre esses dois concílios, assistiu-se a muitas querelas decorrentes da persistência da heresia ariana e à aversão dos orientais, mesmo ortodoxos, pelo termo não bíblico *homoousios* (o Filho é *consubstancial** ao Pai) inserido: o termo, aliás, era ambíguo, em razão da equivalência possível de *ousia* e de *hypostasis* na época. O grande protagonista desses combates é Atanásio* de Alexandria, acusado, contudo, pelos orientais de estar muito próximo do modalismo* de Marcelo de Ancira. Foi a fórmula capadócia *mia ousia, treis hupostaseis* (Basílio* de Cesareia), finalmente aceita por Atanásio a partir de 362 (concílio de Alexandria), que resolveu o problema.

O cisma* de 1054 entre o Oriente e o Ocidente (Ortodoxia*) repousa em parte na adição, pelo Ocidente, do Filioque* à redação primitiva de C., elaborada por um concílio ecumênico reconhecido por todos.

3. Lugar e momento da confissão de fé

Até os nossos dias, o batismo inclui uma cf. sob a forma mais antiga, com tríplice pergunta-resposta. O lugar do Credo na eucaristia* lembra aos cristãos, mais frequentemente que o batismo, o conteúdo de sua fé. A inserção de s. C. na celebração eucarística se impôs rapidamente no Oriente, logo depois do concílio de Calcedônia* (451), por iniciativa dos monofisitas, que queriam assim afirmar a suficiência de um s. anterior a esse concílio. No Ocidente, o hábito de cantar C. introduziu-se progressivamente; na Espanha, primeiro, em oposição ao arianismo (III concílio de Toledo, 589) depois na Irlanda; Carlos Magno o impôs pouco depois, contra o adocianismo*; enfim, Roma o aceitou no início do s. XI. A posição do s. na liturgia eucarística varia: logo antes da anáfora no Oriente, depois do Evangelho ou antes da comunhão no Ocidente. Desde então, C. e A. coexistem na tradição ocidental: o primeiro, ligado à eucaristia, o segundo, à catequese batismal.

4. Papel e necessidade dessas formulações

A existência de s. da fé é necessária para a vida da Igreja e para a fé pessoal: cada um dá assim um conteúdo à sua fé e reconhece a unidade* da Igreja à qual adere. A fé inclui ainda muitas outras verdades, mas as que os s. explicitam são centrais e insubstituíveis. K. Rahner* sublinhou a importância dessas breves cf., embora sugerindo a possibilidade de reformular hoje a fé, de maneira não canônica, contanto que enunciem a fé no Jesus* histórico.

• A. e G. L. Hahn (1897), *Bibliothek der Symbole und Glaubensregeln der alten Kirche*, Breslau (reimp. Hildesheim, 1962). — J. Stilgmayer (1930), "Athanase (le pretendu symbole d')", *DHGE* 4, 1341-1348. — J. N. D. Kelly (1950), *Early Christian Creeds*, Londres (3ª ed. 1972). — P. Benoit (1961), "Les origines du symbole des Apôtres dans le Nouveau Testament", in *Exégèse et Theologie*, t. 2, CFi 2, 193-211. — O. Cullmann (1963), "Les premières confessions de foi chrétienne", in *La foi et le culte de l'Église primitive*, Neuchâtel-Paris, 47-87. — J. N. D. Kelly (1964), *The Athanasian Creed*, Londres. — D. Stanley (1965), *The Apostolic Church in the NT*, Westminster. — A. M. Ritter (1965), *Das Konzil von Konstantinopel und sein Symbol*, Göttingen. — H. de Lubac (1969) *La foi chrétienne. Essai sur la structure du Symbole des Apôtres*, nova ed.,

Paris, 1970. — H. von Campenhausen (1972), "Das Bekenntnis im Urchristentum", *ZNW* 63, 210-253. — P. Smulders (1975), "The 'Sitz im Leben' of the Old Roman Creed", *StPatr* 13 (*TU* 116), 409-421). — K. Rahner (1976), *Grundkurs des Glaubens*, 430-440 (*Curso fundamental da fé*, São Paulo, 1989). — F. E. Vokes *et al.* (1978), "Apostolisches Glaubensbekenntnis", *TER* 3, 528-571. — R. J. H. Collins (1979), "Athanasianisches Symbol", *TER* 4, 328-333. — G. Lanczkowski *et al.* (1984), "Glaubensbekenntnis(se)", *TER* 13, 384-446. — G. A. Lindbeck (1984), *The Nature of Doctrine*, Filadélfia. — W. D. Hauschild (1994), "Nicäno-Konstantinopolitanisches Glaubensbekenntis", *TER* 24, 444-456 (bibl.). — T. R. Phillips e D. L. Okholm (sob a dir. de), (1996), *The Nature of Confession*, Downers Grove, Ill. — C. Pickstock (1997), "The Confession", *Theology* 100, 25-35.

Bernard POTTIER

→ *Batismo; Constantinopla I (concílio); Fé; Filioque; Heresia; Martírio; Niceia (concílio).*

B. TRADIÇÃO PROTESTANTE

"Porque não é comportar-se como cristão temer as afirmações: ao contrário um cristão deve ser feliz de afirmar sua fé* ou então não é um cristão. Antes de tudo [...] que significa esta expressão: 'uma asserção teológica'? Significa: prender-se firmemente à sua convicção, afirmá-la, confessá-la e defendê-la até ao fim com perseverança" (Lutero*, *Obras*, 5, Genebra, 1958, 23). Essa passagem do reformador alemão ilustra bem a importância da confissão da fé (cf.) na perspectiva protestante (prot.), e o laço estreito que ali se estabelece entre o ato de confessar e a própria essência da fé cristã. Certamente, a tradição* prot. sabe que nesse ponto está em continuidade com a Igreja* antiga; e no momento de reunir seus textos de referência nas coleções, nos livros simbólicos, as Igrejas prot. não hesitaram em integrar neles os s. antigos (o dos Apóstolos, o niceno-constantinopolitano e o de Atanásio). Partilham, pois, com a tradição antiga a convicção de que a cf. é elemento indispensável, tanto para a oração* e o louvor* como para a pregação*, a catequese* e o ensinamento. No contexto do s. XVI, a cf. recebeu conotações novas, que marcarão o protestantismo* até ao s. XX.

1. A insistência no elemento doutrinal

A tradição protestante conhece certamente até hoje um uso litúrgico da cf., no quadro do culto*. Todavia, nos confrontos interconfessionais do s. XVI, é primeiro como explicitação articulada dos enunciados fundamentais da doutrina que a cf. desempenha um papel determinante. Esse aspecto doutrinal se explica prioritariamente pelo fato de que os reformadores contestam o princípio de uma autoridade* eclesial hierárquica e centralizada. Por conseguinte, as estruturas* eclesiais que se estabelecem poderão diversificar segundo os lugares e os tempos; o que constitui a referência central da fé prot. é a doutrina, o conjunto coerente das afirmações fundamentais da fé.

As diferentes cf. da tradição prot. visam formular essa doutrina dando-lhe uma expressão visível, histórica. Desempenham papel essencial no estabelecimento e na vida das Igrejas. Assim, o compromisso de um pastor* por ocasião de sua ordenação* não se faz por uma promessa de obediência a um bispo*, mas na base de uma cf. que ele aceita reconhecer.

Ao mesmo tempo, essa doutrina está ligada à vida do crente e deve permitir-lhe assumir em toda a responsabilidade pessoal sua vida de fé diante de Deus*. O catecismo toma aqui o lugar da cf. e não é por acaso que ambos estejam lado a lado nos livros simbólicos protestantes.

2. As principais confissões de fé, os livros simbólicos

No processo histórico da elaboração e do estabelecimento das diferentes tradições protestantes, as cf. terão papel importante. Consideradas como a expressão autorizada da doutrina, ganharão muito rapidamente uma autoridade e figurarão, ao lado dos catecismos das diversas Reformações, nas coletâneas de textos de referência chamados *livros simbólicos*. A coletânea de escritos simbólicos do luteranismo*, o *Livro de concórdia*, contém assim em prioridade a cf. dita *Confissão de Augsburgo* (1530) e sua *Apologia* (1531), mas também os *Artigos de Smalkalde*, (1537-1538) e a *Fórmula de concórdia* (1577). Na coletânea reformada, representa-

tiva do calvinismo*, têm lugar a *Confissão de la Rochelle* (1559) a *Confissão helvética posterior* (1566) e os *Cânones do Sínodo de Dordrecht* (1619). Quanto ao anglicanismo*, faz figurar seus *Trinta e nove artigos* (1571) em seu *Book of Common Prayer.*

3. Desafios teológicos

Seu lugar central na estrutura prot. confere à cf. um alcance em pontos teológicos importantes.

a) Autoridade da escritura e autoridade da confissão de fé. — Porque a Reforma acentua fortemente a referência à Escritura (Esc.) (*sola Scriptura*) convém articular a cf. com a Esc. Em relação ao Evangelho, ambas têm o papel de uma norma autorizada, cuja função é conduzir a ele: à verdadeira palavra* do Deus* vivo que proclama um Cristo* a quem unicamente pertence a autoridade propriamente dita. Ao mesmo tempo, porém, estabelece-se uma diferença entre elas: a cf. depende da Esc. e contenta-se em comentá-la, dito de outro modo, ela é uma "norma normada" (*norma normata*) em relação à Esc. que é a "norma normante" (*norma normans*).

b) Condenação das heresias e cuidado com a unidade da Igreja. — Uma cf. toma posição em uma situação precisa. Ela aí reafirma a essência da fé e opõe-se às ameaças que pesam sobre ela. Desvela, assim, os abusos e condena as heresias*. Daí resulta um efeito separador, e as Igrejas prot. trabalham hoje por reinterpretar as separações devidas à cf. do s. XVI. Ademais, esse aspecto faz ressaltar, por contraste a intenção mesma de uma cf., que é visar a unidade* da Igreja. Preocupando-se com dizer o essencial, a cf. apela para uma convergência que pretende ser universal. Particularidade e universalidade constituem uma tensão irredutível de toda cf.

c) Confissão de fé e testemunho. — O ponto precedente destaca o alcance eclesial da cf. Contudo, a cf. tem também para a vida do crente uma importância que se exprime no testemunho. Para o crente, a cf. é a escola em que aprende a exercer sua tarefa de testemunha, a atestar sua fé perante o mundo, em palavras como em ações*, em seus engajamentos concretos.

4. Desenvolvimentos recentes

a) Contestações modernas. — Em muitas ocasiões os tempos modernos lançaram um olhar crítico sobre o ato de confessar a fé. Assim, o pietismo* privilegia a piedade viva do coração* em relação às fórmulas dogmáticas. Em seguida, a razão das luzes desqualificará a adesão às cf., na qual vê um sinal de submissão servil e imatura, e a fonte do fanatismo. Por seu lado, a crítica histórica vai minar a autoridade tradicional dos símbolos antigos, revelando a complexidade de sua história. No s. XIX, a teologia* liberal, por atribuir *prioridade* ao sentimento religioso, denunciará as cf. como fixação objetivante dele. Desse distanciamento "liberal" poderá derivar o aparecimento de Igrejas nacionais (Reformadas) dispensando uma cf. em sua constituição.

b) Reafirmação da confissão de fé no século XX. — Em relação a essas contestações, coube à teologia* dialética, desde o período entre as duas guerras, revalorizar a cf. O fato está ligado, em Barth*, p. ex., à redescoberta da palavra de Deus como uma palavra que reivindica uma resposta clara da parte de seu destinatário. Sob influência dessa teologia da palavra, acentuada por Bonhoeffer* no seguimento de Barth, os grupos de protestantes opostos ao nazismo e à sua influência na Igreja alemã constituir-se-ão desde 1933-1934, em uma *Igreja confessante*, na intenção de manter a comunidade cristã em sua integridade em uma situação de aflição. Um sínodo* reunido em Barmen adotou, em maio de 1934, uma declaração dita "Declaração de Barmen", cujo estatuto de cf. é debatido

c) Status confessionis. — Desde o s. XVI, a distinção entre coisas que tocam a cf. e as que são indiferentes a esse respeito (*adiaphora*) suscitou vivos debates (cerimônias de origem católica, depois, no pietismo*, jogo de cartas, dança etc.). Essa questão foi relançada por Bonhoeffer, no contexto político da luta contra o nazismo, quando declarou que a questão judaica procede diretamente da fé e do pecado*. Ao longo do s.

XX a afirmação do *status confessionis* surgirá de novo nos diversos debates sociopolíticos (*apartheid*, armas nucleares, asilo político).

d) Igrejas multitudinárias e confissão de fé. — Conforme ao cuidado do espaço público marcado pelos reformadores, as Igrejas prot. se consideram, na sua maioria, multitudinárias. Ao contrário, as Igrejas surgidas da Reforma radical exigem de seus membros um compromisso muito mais claro no plano da cf. e do testemunho. E se essa firmeza pode tornar-se fechamento, permanece em todo caso que a abertura das Igrejas multitudinárias não deve levar à dissolução da cf.

A fé não é enunciada uma vez por todas. Nenhuma das cf. da história* é, portanto, chamada a tornar-se *a* cf. por excelência. O confronto incessante com as cf. herdadas do passado não dispensa de escrever novas cf., no diálogo entre a situação atual e a Sagrada Esc.

• *The Book of Common Prayer and Administration of the Sacraments according to the use of the Church of England*, Cambridge e Oxford. e s. d. — BSLK (1930), [10]1986 (*FEL*, 1991). — BSKORK (O. Fatio [ed.] [1986], *Confessions et cathéchismes de la foi réformée*, Genebra)

▶ R. Mehl (1971), "La place de la confession de foi dans l'élaboration dogmatique", *FV* 70, 214-225. — J. Wirsching (1980), "Bekenntnisschrifen", *TRE* 5, 487-511. — L. Vischer (ed.) (1982), *Reformed Witness Today*, Genebra. — E. Lorenz (ed.) (1983), *Politik als Glaubenssache? Beitäge zur Klärung des Status Confessionis*, Erlangen. — A. Burgsmüller (ed.) (1984), *Die Barmer theolosgische Erklärung. Einführung und Dokumentation*, Neukirchen. — G. Lanczkowski *et al.* (1984), "Glaubensbekenntnis(se)", *TRE 13, 384-446.* — A. Birmelé (1991), "Sens et autorité de la confession de foi dans les Églises luthériennes", *FEL* 13-21. — A. Gounelle (1995), "Statut et autorité des confessions de foi réformées", in M.-M. Fragonard-M. Peronnet (ed.), *Catéchismes et confessions de foi*, Montpellier, 13-26. — T. R. Phillips e D. L. Okholm (sob a dir. de) (1996), *The Nature of Confession. Evangelical and Postliberals in Conversation*, Downers Grove, Ill.

Pierre BÜHLER

→ *Autoridade; Escritura sagrada; Família confessional; Magistério; Palavra de Deus.*

CONGAR, Yves (Marie-Joseph) →
tomismo 3. d

CONGREGACIONISMO

O congregacionismo (cg.) é uma forma radical de eclesiologia* protestante para a qual toda comunidade local (*congregation*) reunida em torno de seus ministros, encarna a plenitude da Igreja* universal. Independência e autonomia estritas de toda comunidade, governo democrático das comunidades, aplicação consequente de uma teologia* do sacerdócio* universal dos batizados, constituem seus traços principais.

A história do cg. é uma história anglo-saxã, que começou quando ficou claro que a política eclesiástica de Elisabete I (1533-1603) não levava à edificação de uma Igreja da Inglaterra ao protestantismo* rigoroso, mas, antes, à escolha de um meio-termo entre Roma* e Genebra (*Elizabethan Settlement*). Desde 1550, grupos ("separatistas") tinham feito secessão para constituir pequenas igrejas puramente protestantes. Esse movimento se ampliou depois da promulgação do Ato de uniformidade de 1559. E quando R. Browne (*c.* de 1550-1633) publicou em 1582 duas obras que defendiam uma teologia congregacionista da Igreja, suas tomadas de posição correspondiam a uma expectativa suficiente para que as tendências se tornassem um movimento organizado, conhecido primeiro com o nome de "brownistas". Paróquias congregacionistas foram criadas, em Southwark, Norwich e em outros lugares. Refugiado nos Países Baixos depois de estar preso por causa de cisma, Browne devia separar-se de sua comunidade e entrar de novo na Igreja da Inglaterra, mas seus sucessores na chefia do movimento consumaram a ruptura. O cg. devia enfrentar rapidamente uma perseguição. Seus dirigentes, J. Greenwood, H. Barrow e J. Penry foram executados em 1593. O cg. tornou-se clandestino na Inglaterra e seguiu-se uma emigração, sobretudo para a América. O conflito entre Carlos I e o Parlamento autorizou a reaparição oficial dos congregacionistas, doravante conhecidos com o nome de "independentes", e a política de Cromwell permitiu aos congressistas (como aos puritanos, com os quais sua história está estreitamente misturada na origem) formar o sonho de um cristianismo inglês de estrutura presbiteriana ou congregacionista. A Restauração pôs fim a esse sonho; e em 1662, um novo Ato de uniformidade fez dos congregacionistas e de seus aliados "não conformistas". Contudo, o Ato de tolerância de 1689 lhes restituiu o direito de existir.

Apesar do estatuto que lhe era imposto, o cg. devia exercer real influência na vida intelectual e religiosa inglesa nos dois séculos seguintes. Excluído da universidade, eles fundaram academias de excelente nível, e contribuíram mais tarde para a fundação da Universidade de Londres. Não existe, propriamente falando, uma teologia congregacionista, mas um calvinismo* comedido, praticado pelos congregacionistas; o cg. teve em suas fileiras teólogos de grande qualidade: J. Owen (1616-1683), T. Hooker (1586-1647), I. Watts (1674-1748), P. Doddridge (1702-1751) ou (na América) J. Cotton (1584-1652), J. Edwards*, H. Bushnell (1802-1876).

O princípio mestre do cg. nunca condenou suas comunidades ao isolamento. Desde o s. XVIII, foi admitido como evidência que a independência absoluta das comunidades não proibia uma parte de interdependência, cujo primeiro fim foi organizar a atividade evangelizadora, depois a missão* exterior. Em 1790, fundaram-se "uniões de condados" (*country unions*). O ano de 1831 viu a criação da *Congregational Union of England and Wales*. Em 1920, os antigos distritos foram agrupados em províncias, cada uma dotada de um "moderador provincial" encarregado de coordenar a designação dos pastores*. Em 1970, suas comunidades fundaram a *Congregational Church in England and Wales*. E, em 1972, a maior parte da nova Igreja fundiu-se com a Igreja presbiteriana da Inglaterra para formar a *United Reformed Church*. Semelhante processo de federação e união ocorreu na América e nas terras de missão — uma importante minoria das comunidades inglesas, porém, recusou essa evolução e mantém ainda hoje o princípio de total independência das pequenas igrejas locais no seio da *Congregational Federation* (de orientação liberal) e da *Evangelical Fellowship of Congregational Churches* (de orientação evangélica). Embora o cg. tenha sempre recusado a dotar-se de textos confessionais de valor normativo, as circunstâncias o levaram à redação de diversas profissões de fé: na *Declaração de Saboia* (1658), texto amplamente fiel à *Confissão de Westminster* de 1643, cento e vinte comunidades se pronunciaram por uma constituição eclesiástica de tipo congregacionista e não de tipo presbiteral-sinodal; a *Declaration of Faith* que seguiu em 1832 à fundação da *Congregational Union* é notável por certa distância que toma em relação ao calvinismo original do cg.; a *Declaration of Faith* de 1967 tem esse traço original de apresentar a posição das outras Igrejas cristãs ao lado da teologia confessada do cg. Contudo, seus textos mais representativos são os "contratos de aliança" ratificados pelas comunidades, nos quais se exprimem de maneira constante e estereotipada as ideias eclesiológicas que moveram o cg. desde sua origem. Enfim, os congregacionistas celebram a eucaristia* e o batismo* e praticam o batismo das crianças.

• B. Hanbury (1839-1844), *Historical Memorials Relating to Independents or Congregationalists*, 3 vol., Londres. — W. Willistom Walker (ed.) (1893), *Creeds and Platforms of Gongregationalism*, Nova York, reed. 1960. — H. W. Clark (1911-1913), *History of English Nonconformity, from Wyclif to the close of the Nineteenth Century*, Londres, 2 vol. — G. G. Atkins e F. L. Fagley (1942), *History of American Congregationalism*, Boston-Chicago. — H. M. Davies (1952), *Congregationalism. A Study in Church Polity*, Londres. — H. Escott (1960), *A History of Congregationalism in Scotland*, Glasgow. — *Congregational Journal*, Hollywood, Calif., 1975-1976. — R. B. Knox (sob a dir. de) (1977), *Reformation, Conformity and Dissent*, Londres. — M. Deacon (1980), *Philipp Doddridge of Northampton*, Northampton. — J.-P. Willaime (1982), "Du problème de l'autorité dans les Églises protestantes pluralistes", *RHPhR* 62, 385-400.

Galahad THREEPWOOD

→ *Anglicanismo; Calvinismo; Local (Igreja); Puritanismo.*

CONHECIMENTO DE DEUS

É banalmente o primeiro dos fatos teológicos que Deus* (D.) é conhecido pelo homem, e conhecido por se ter feito conhecer por ele. No entanto, que é "conhecer", quando se trata de conhecer a D.? Muitas temáticas se juntam aqui para fixar a tópica de uma experiência* que não é sem analogia, mas seguramente sem igual. 1/ A semântica bíblica sinaliza que é primeiro em uma lógica da existência que o conhecimento (con.) de D. revela seu sentido. Antes de ser teórico, o sentido é prático, ético* e espiritual. O con. de D. é assunto de conversão*, de obediência e de reconhecimento (Bultmann*, 1933; Botterweck, 1982), enuncia-se de maneira significante em uma simbólica nupcial (Os 2,22). Não é como animal racional que o homem aí se mostra a nós, mas como sujeito religioso e moral. Conhece a D., segundo o AT, aquele que cumpre sua lei* e vive na aliança* segundo a justiça*. O con. é maneira de ser; marca o existente em sua integralidade. E porque tem sua origem em uma história*, sua inteligibilidade não se enuncia em um quadro de referências metafísicas, mas apela para a construção de uma lógica da existência em história, de uma "metahistórica" (Müller, 1971). 2/Sob o termo "existência" fala-se de uma aptidão global à experiência, de tal sorte que nada determina o homem fundamentalmente, que esteja ausente das condições segundo as quais ele toma con. de D. A lógica do conhecer põe aqui em jogo liberdade*, racionalidade e afetividade. Liberdade, porque a existência de D. não se impõe ao homem, mas solicita uma aquiescência (Cf. Tomás* de Aquino, *ST* IIa IIae, q. 2 a. 1). Racionalidade, porque essa aquiescência repousa sobre o trabalho e um "intelecto à procura da fé*", *intellectus quaerens fidem*, que se realiza no trabalho de uma fé à procura de sua maior inteligência, *fides quaerens intellectum* (Anselmo*). Afetividade, enfim, porque é também como Sumo Amável que D. se põe perante o homem: a racionalidade é então indissociável de um *ordo amoris*. (M. Scheler) no qual o homem intervém como *animal amans*. 3/O primado da conversão impõe que o homem não conheça a D. de maneira imemorial ou, em todo caso, que a maneira de ser aqui em questão, nasça de uma ruptura mais do que se apoie em continuidades. Contudo, será que o homem nasce, a respeito de D., em um estado de total nesciência? Ou então as estruturas pré-temáticas de sua experiência já são um enfrentamento implícito ao mistério* de Deus e como certo pré-conhecimento? O "tomismo transcendental" (Rahner*, 1976; Lotz, 1978) seguiu esse segundo caminho, contudo, permanece possível ler a condição nativa do homem nos termos do ateísmo* ou do paganismo* (Lacoste, 1994). Em todo o caso, a tarefa mais importante da teologia das religiões*, da filosofia da religião*, e uma tarefa da filosofia*, pura e simplesmente, é dizer sob que condições o homem é um ser ao qual D. não é estranho. Essa tarefa é afetada de particular urgência na teologia* católica, enquanto esta reconhece à experiência profana da razão* a possibilidade intrínseca de aceder a um con. "certo" (*DS* 3004) de D. Não é só na teologia católica, mas em todas as tradições* cristãs o homem aparece no mais profundo de si como um animal* no qual D. está em questão, portanto, um animal em situação hermenêutica* que "pré-compreende" sempre D. de alguma maneira (Bultmann, 1952). 4/Do fato de que a questão seja antes de tudo existencial, não se segue que não tenha uma dimensão teórica. O con. de D., em contexto bíblico, é próximo do que B. Russell chamava *knowledge by acquaintance*, con. nascido da familiaridade do homem com D. no espaço da aliança. Todavia, é também em termos de saber, *gnosis*, que se fala de D. desde o *corpus* paulino, de sorte que o con. designa também o direito de ter sobre D. uma linguagem que se dirá cognitiva (o con. de D. corresponde também, desse modo, ao con. por descrição — *knowledge by description* de Russell). O con. de D. é antes de tudo um fato espiritual, ele intervém também no trabalho dos teólogos; a cognoscibilidade divina implica, como consequência privilegiada, a possibilidade de articular um discurso verdadeiro. E se o ato* de fé se reclama de um ato divino de palavra*, as condições mesmas em que esse ato de palavra

pede hoje em dia para ser crido obrigam o crente a tomar, por sua vez, a palavra e a tomá-la com rigor: a experiência teológica não mais que uma experiência* teologal capaz de se enunciar com toda precisão. 5/A produção de uma teologia é não só possível, mas também necessária, porque a fé tem a ver com uma tomada de palavra. Aqui porém o *logos* bate na *incompreensibilidade* divina como uma instância crítica presente em todos os níveis. Pode-se falar logicamente de D. (D. não é um gênero, mas pode entrar em múltiplas *classes*) e pode-se falar dele por conceitos especulativos, mas é sob a reserva de um excesso: a razão não pode fazer face a D. "sempre maior" ou "sempre mais D.", a não ser aceitando o estatuto da inteligência não compreensiva. Toda última palavra escapa aqui ao homem. E o que se diz em termos de ser* (Przywara) deve-se dizer também em termos de con.: do Criador, não se poderia pôr um con. pela criatura, sem que seja preciso pôr um in-conhecimento maior ainda (cf. *DS* 806). 6/O saber, por outro lado, não se beneficia de nenhum privilégio. As teorias e os teoremas teológicos enunciam o con. e o cognoscível, mas o con. deve ser apropriado vitalmente, para além da simples apropriação conceitual do saber, e essa apropriação vital pode muito bem ter lugar onde falta uma apropriação em regra das palavras e dos conceitos. Às lógicas da experiência que culminam no gozo de um saber (Hegel*), ou às teologias intelectualistas que atribuem à experiência dos "gnósticos" cristãos uma riqueza maior que à fé dos simples (dos "písticos", p. ex., em Clemente de Alexandria ou Orígenes*), a coerência das razões teológicas obriga a opor o sentido indefectível da fé dos simples ou da fé das crianças (infância* espiritual). O con., de um lado, pode existir quando o saber está enfermo, de outro lado, ele é chamado a elevar o saber: se há expressão do teologal no teológico, há também uma assunção do teológico no teologal, que força a ligar a teologia à santidade* (Balthasar*, 1948). Não é por amor do paradoxo que se deve atribuir a Silouane ou a Teresa de Lisieux uma importância propriamente doutoral. 7/O con. de D. é individual, e o ato de fé pode ter o mesmo papel de um princípio espiritual de individuação (Kierkegaard*), contudo, não é possível dar conta dele sem lhe reconhecer coordenadas interpessoais e, mais especificamente, "comunionais", portanto, sem ligar con. e "ser eclesial" (Lubac*, 1938, Zizioulas). Por sua vez, esse vínculo é duplo, diacrônico e sincrônico. De um lado, o ato de con. está inserido na história de uma comunidade confessante, narrante e interpretante que garante a continuidade das significações na descontinuidade dos tempos. De outro lado, a comunidade presente fornece ao con. seu meio vivo: em sua palavra* e em seus sacramentos*, é primordialmente sob a condição da Igreja* que D. se dá a conhecer. 8/De modo central o con. de D. se atesta no agir litúrgico da Igreja. Na celebração litúrgica, o sentido do que quer dizer conhecer a D. é representado da maneira mais precisa. De um lado, é a um povo* que ele reúne, que D. se dá a conhecer. De outro lado, o D. que se comunica, dá-se sacramentalmente, sem que sua proximidade prejudique sua transcendência, de tal maneira que antes a revela. Enfim, o dom da proximidade divina encontra sua justa resposta na linguagem do memorial (*anamnèse*), do louvor* (*eucaristia**) e da invocação (*epiclèse*)*, e essa linguagem aparece como a mais própria a exprimir o con. 9/A liturgia* antecipa o *eschaton* na história a não pode ser nomeada sem que indique também o caráter estritamente incoativo de todo con. de D. no tempo* do mundo. Vida eterna*, visão beatífica*, esses conceitos-chave dizem que o con. de D., em última instância, é acontecimento escatológico, que na história só pode antecipar-se ou esboçar-se. Entre um desconhecimento ao qual o homem não está abandonado e um con. pleno que não pode ter lugar aquém da morte*, um termo mediador está portanto proporcionado. Aqui e agora o con. de Deus leva a marca dos penúltimos tempos.

- R. Bultmann (1933), "*Ginôskô, gnosis...*", *ThWNT* 1, 688-719. — H. de Lubac (1938), *Catholicisme. Les aspects sociaux du dogme*, Paris, 4ª ed. revista e aum. 1947, em part. 51-55, 169-178, 283-305. — V.

Lossky (1944), "Les ténèbres divines", *Théologie mystique de l'Église d'Orient*, Paris, 21-41. — H. U. von Balthasar (1948), "Theologie und Heiligkeit", *WuW* 3, 881-896, reed. aum. em *Verbum Caro*, Einsiedeln, 1960, 195-225. — R. Bultmann (1952), "Das Problem der Hermeneutik", *GuV* 2, 211-235. — C. Bruaire (1964), *L'affirmation de D.* Paris, em part. 113-134. — N. Nissiotis (1965), *Prolegomena eis tèn theologikèn gnôsiologian: to akatalèpton tou Theou kai hè dunatotès gnôseôs autou*, Atenas. — H. U. von Balthasar (1967), "Der Zugang zur Wirklichkeit Gottes", *MySal* II 15-43 (Petrópolis, 1971). — J. Macquarrie (1967), *God-Talk, An Examination of the Language and Logic of Theology*, Londres — C. Yannaras (1967), *Hè theologia tès apousias kai tes agnôsias tou Theou*, Atenas, (*De l'absence et de l'inconnaissance de D.*, Paris, 1971). — M. Müller (1971), *Erfahrung und Geschichte*, Friburgo-Basileia-Viena. — J. Splett (1973), *Gotteserfahrung im Denken*, Friburgo. — J. Hochstaffl (1976), *Negative Theologie. Ein Versuch zur Vermittlung des patristichen Begriffs*, Munique. — K. Rahner (1976) *Grundkurs des Glaubens*, Friburgo-Basileia-Viena, 35-96 (*Curso fundamental da fé*, São Paulo, 1989). — P. Miquel (1977), *L'expérience de D.*, Paris. — J. B. Lotz (1978), *Transzendentale Erfahrung*, Friburgo-Basileia-Viena. — J.-L. Marion (1978), "De connaître à aimer: l'éblouissement", *Com* (*F*) III/4, 17-28. — B. Welte (1978), *Religionsphilosophie*, Friburgo-Basileia-Viena. — J. Bergman e G. J. Botterweck (1982), *"yada"*, *ThWAT* 3, 479-512. — R. Schaeffler (1982), *Fähigkeit zur Erfahrung*, Friburgo-Basileia-Viena. — I. U. Dalferth (1984), *Existenz Gottes und christlicher Glaube*, Munique. — W. P. Alston (1991), *Perceiving God. The Epistemology of Religious Experience*, Itaca-Londres. — J.-Y. Lacoste (1994), *Expérience et Absolu*, Paris. — S. L. Frank (1995), *Das Unergründliche. Ontologische Einführung in die Philosophie der Religion*, Friburgo-Munique (ed. orig. russa, Paris 1939). — T. Pröpper (1995), "Erkenntnis Gottes", *LThK*[3] 3, 781-786. — E. Biser (1997), *Einweisung ins Christentum*, Dusseldorf. — C. Pickstock (1998), *After Writing*, Oxford. —

Jean-Yves LACOSTE

→ *Experiência; Fé; Mística; Teologia.*

CONSCIÊNCIA

Em sentido restrito, consciência (c.) designa o sentimento doloroso de ter agido mal, e a sede desse sentimento. Mais amplamente, a c. é a autoridade moral interior, aquilo que em nós nos julga e nos guia. A história da ideia de c. é extremamente complexa, e concerne quase todos os aspectos da história da moral. A história dos diferentes termos utilizados, (*consciência, Gewissen, conscientia, synt[d] eris, suneidésis*), não pode esclarecer o sentido da noção, pois este varia consideravelmente segundo o contexto. É preciso, então, ver em cada caso o que o determina, em particular a que ideia de personalidade e com que tipo de sociedade* se está relacionado. Na teologia* cristã, a concepção de c. varia segundo a antropologia* e a soteriologia que se adota, e a maneira como se situa a vida moral por relação a Deus*, a Cristo* e ao Espírito*.

1. A Antiguidade

É em Demócrito que se encontra pela primeira vez a palavra *suneidésis* (*VS* B 257). O verbo correspondente encontra-se, p. ex., em Xenofonte (*Memoráveis* II, 7, 1) ou em Sófocles (*Antígona* 265 s.), no sentido de "partilhar de um conhecimento". A atividade da c. é desconhecida da cultura grega primitiva. Os heróis de Homero não têm sentimento moral reflexivo, e não é a intenção* que faz a bondade do ato*, mas as consequências que acarreta, sobretudo em matéria de reputação ou de desonra. A identidade moral não depende da c., mas da aprovação ou da desaprovação do grupo, que atribui honra ou vergonha segundo se respeite ou não as convenções ligadas aos papéis sociais tradicionais. Os trágicos interessam-se mais pelos conflitos morais, porque os heróis trágicos são menos completamente fundidos no molde da convenção. Ésquilo (*Agamêmnon*, 179 s.) e, sobretudo, Eurípedes (*Orestes*, 396) descrevem o tormento do culpado consciente de sua falta e interiorizando o mito* das Fúrias que perseguem o criminoso; mas ainda se está longe do que chamamos "c.": o herói trágico não sofre apenas de um conflito interior, mas também da mancha que lhe inflige o destino. Nem Platão nem Aristóteles tratam sistematicamente da c. Os platônicos, mais tarde, acreditaram reco-

nhecer a c. no demônio* de Sócrates, que o impedia de agir mal (*Fedro* 242 c), embora ele fosse antes, certamente, de natureza divinatória. Para Aristóteles, o conhecimento e o julgamento éticos relevam da *phronesis*.

Foi no cadinho do estoicismo romano que tomou forma a ideia ocidental da c., guia moral interior que aprova ou desaprova a conduta. O que há de mais elevado no homem é a presença da lei* natural (Cícero, *De legibus*, 1, 24 s., 59; Sêneca, *Cartas*, 3, 11; 73, 16; 120, 14), capaz de orientar moralmente a conduta e conhecida como tal pela razão*, é por isso que Cícero identifica "c. reta" [*recta conscientia*] e "reta razão" [*recta ratio*], *De Finibus* 3, 62-68). Essa visão da c. como "um espírito sagrado em nós, que observa e controla nossas ações boas e más" (*sacer intra nos spiritus malorum bonorumque nostrorum observator et custos*, Sêneca, *Cartas* 41, 2), que também se encontra em Tácito, Tito Lívio e Quintiliano, terminou por tornar-se corrente, e está no pano de fundo do NT.

2. A Escritura

a) *O Antigo Testamento.* — Não há termo para "c." no AT, mas nele se veem descritos a perturbação e o remorso (1Sm 24,5s; 2Sm 24,10; Sl 32,3s; Is 57,20) e a paz* da c. pura (Sl 26; Jó 27). É no "coração" (1Rs 2,44; 83,38; Ecl. 7,22; Jó 7,26) que reside o conhecimento de si, que depende da onipresença e da onipotência* do Deus legislador e juiz (Sl 139; Pr 16,2.20.27). Contudo, a noção de uma c. que tenha o papel de deliberação e de guia não aparece. Para o AT tomar a menor distância em relação a Deus pode ser uma desobediência oculta (Gn 3,1-7), e o conhecimento da lei divina deve ser afetivo e prático antes de ser uma ocasião de reflexão. Os LXX (traduções* antigas da Bíblia) empregam raramente *suneidesis* (Ecl 10,20; Sb 17,11; Sr 6,26; 42,18).

b) *O Novo Testamento.* — A c. não é um conceito essencial no NT. O termo não se encontra nos evangelhos*, nos quais o "coração*" é sempre o centro do conhecimento e da vontade morais (Mt 5,8.28; 15,10-20; Mc 7,18-23; Lc 6,45). Encontra-se certo número de vezes nas cartas de Paulo, mas sem ter o alcance que hoje tem. A c. não está no centro de sua teologia. Ele apela à sua "boa c." para justificar seu ministério* (Rm 9,1; 1Cor 4,4; 2Cl 1,12; cf. At 23,1; 24,16) e espera que os outros partilhem desse ponto de vista (2Cor 4,2; 5,11). Rm 13,5, faz da c. uma faculdade de antecipação: os cristãos devem obedecer ao Estado* para evitar ser condenados mais tarde. Quando Paulo fala de c. a respeito das carnes sacrificadas aos ídolos (1Cor 8,1-13; 10,18-31; Rm 14) — passagens que terão grande importância nas discussões ulteriores — a c. não é a capacidade de dizer a si o que é preciso fazer, mas a de condenar-se a si mesmo. A c. "forte", ciente da insignificância dos ídolos, não tem escrúpulo de comer carnes que lhes foram imoladas. Contudo, essa liberdade da força não deve escandalizar a c. "fraca", que não tem a mesma ciência e que pode ficar melindrada por essa ação. A c. não é aqui fonte de certeza moral absoluta (é a ciência, não a c. que liberta do escrúpulo); nem tampouco age de maneira autônoma (os fortes agem por amor* aos fracos). Quanto a Rm 2,14-16, passagem igualmente crucial para a reflexão posterior, viu-se nela muitas vezes a caução exegética da ideia de lei natural inscrita no coração, sob o olhar da c., mas talvez Paulo pensasse somente nesses pagãos "que cumprem naturalmente as prescrições da lei" e não na humanidade em geral. De todo modo, o centro de gravidade de seu pensamento encontra-se em outro lugar: é Cristo*, não a c. ou a lei que conta antes de tudo (Gl 3,24). As cartas pastorais falam de "boa c." (1Tm 1,5.19) de "c. pura" (1Tm 3,9; 2Tm 1,3; cf. 1Pd 3,16.21) e de seu contrário (1Tm 4,2; Tt 1,15) para falar de honestidade. Embora esse emprego seja menos imediatamente soteriológico (e mais próximo do uso pós-apostólico, cf. *1Clem* 1, 3, 24; 41, 4), o vínculo da fé* e da c. tomada nesse sentido (1Tm 1,5.19; 3,9) é importante. Quanto a Hb, a c. é a sede da culpabilidade* que é apagada pelo sacrifício* sacerdotal de Cristo (Hb 9,9-14; 10,22; cf. Inácio, *Carta aos Tralianos* 7).

A c. é, pois, no NT uma noção secundária. Em geral o NT quase não se interessa pela in-

trospecção, e não explica nem justifica a conduta por relação a alguma "voz interior" atribuída a Deus. De um lado, o peso das convenções e dos papéis públicos em uma cultura da honra e da vergonha tem certamente algo a ver com isso. De outro lado, a linguagem e as perspectivas utilizadas não são as das teologias ou das filosofias* ulteriores: o que será associado mais tarde à ideia de c., experiência moral, controle, aprovação, exprime-se no NT em termos de Espírito*, de justificação*, de fé, e da volta do Senhor para julgar os homens (parusia*). Desse ponto de vista, o NT distingue-se tanto do estoicismo como de Fílon e de sua concepção da c. como órgão de reprimenda (*elegkhos*) e como juiz interior (*dikastes*), que preside as ações e as julga (*De fuga et inventione*, § 118; *De decalogo*, § 87).

3. A época patrística e medieval

a) Os Padres. — Embora o assunto nunca tenha sido tratado sistematicamente pelos Padres*, a época patrística vê a noção de c. ganhar importância. Orígenes* inspira-se nos estoicos (estoicismo* cristão) para formular a ideia de princípios morais universalmente reconhecidos (*Contra Celso*, 1, 4; SC 132), e em um comentário importante de 1Cor 2,11, identifica a c. ao Espírito de Deus em nós, ideia que será retomada (*In Psalmos*, 30, 6; PG 12, 1300 b). João* Crisóstomo faz da c. um fator moral essencial; a voz da c. faz conhecer a lei moral que é o contexto geral ou natural em que a moral cristã desdobra seus aspectos mais específicos (*De statuis*, 12,9-15; 13,8-9, *Opera omnia*, Paris, 1834, vol. II). O ponto de vista de Agostinho* é nitidamente diferente: a ideia de lei natural tem nele um alcance bem menor pela sua rejeição do otimismo moral do pelagianismo*, e embora diga que a regra de ouro (Mt 7,12) "está inscrita na c." (*scripta [in] conscientia, Confissões* 1, 18), para ele a c. consiste, antes de tudo, em saber que Deus nos conhece (10, 12), e em confirmar seus julgamentos* em sua presença (*Enarrationes in Psalmos*, 7, 9, CChr. SL 38), e não em tomar a menor distância em relação a ele.

b) A Idade Média. — Dois termos intervêm nas discussões medievais sobre a c.: *synteresis* (corrução de *suneidesis*) e *consciência*. Em geral, a discussão parte da passagem das *Sentenças* de Pedro Lombardo (c. de 1100-1160) em que questiona, a propósito de Rm 7,15, se há duas vontades no pecador em conflito com ele mesmo, e em que se refere ao comentário de Jerônimo sobre Ez 1,4-14. Jerônimo identifica a águia da visão de Ezequiel com o que chama *synteresis*; e se essa faculdade foi conservada depois da queda, certos maus não têm mais, segundo ele, o que ele chama *conscientia*. Para superar a contradição seria preciso, portanto, distinguir a *synteresis*, fundamento último da consciência moral, da *conscientia*, aplicação dos princípios. Boaventura* e Tomás* aproveitaram grandemente essa distinção. Para Boaventura, a *conscientia* é do domínio da afetividade; enquanto tal, é um *habitus*, uma disposição e não uma dedução. Tomás, ao contrário, vê nela o fato de aplicar princípios morais à situação vivida (*De veritate* 17, 1), enquanto a *synteresis* é o *habitus* que contém os princípios básicos da lei natural (*ST* Ia IIae, q. 94, a.1 ad 2). Contudo, diferentemente do que será feito mais tarde, esses princípios são para ele mais um quadro formal do que um conjunto de regras cuja aplicação deve ser determinada com a ajuda de uma casuística*.

A distinção *synderese(s.)/consciência* explica a maneira como é tratado o problema de saber se a consciência obriga sempre. A s. não pode enganar-se; a c. pode, aplicando mal os princípios e, contudo, é preciso obedecer-lhe sempre, porque a obediência à lei divina é um dos princípios da s. Desobedecer a uma c., mesmo errônea, é agir contra a s.

Em todos esses debates, a c. aparece cada vez mais como o guia no domínio moral e não como sede do sentimento de culpabilidade. Embora aja com relativa independência e não sob impulso direto de Deus, não há que fazer dela uma instância subjetiva; a importância que Tomás atribui à inserção da razão prática em uma ordem moral objetiva distingue-o claramente de Abelardo*, cuja moral de intenção quase faz da c. um absoluto: "Não há pecado se não é contra a c." (*non est peccatum nisi contra conscientiam, Ethica* 13).

4. A Reforma

Uma mudança decisiva se produziu com a Reforma, em particular com Lutero*. A c. não está mais associada aos votos, à ascese*, à penitência* (associação reforçada pelo concílio* de Latrão*, que tinha tornado a confissão obrigatória). É a fé, e não a razão prática, que doravante tem um papel essencial em matéria de ética*. Não se trata mais da c. do ponto de vista de uma metafísica da pessoa* criada, mas do ponto de vista soteriológico, em relação ao pecado* e à graça*. Para Lutero, a c. é o lugar de enfrentamento entre impossíveis justificações ético-religiosas pela lei, de um lado, e do outro, pela fé na palavra* justificadora de Deus. Quando a c. é "aterrorizada pela lei... confie só na graça e na palavra de consolação" (*WA* 40/1). A c. não é naturalmente orientada para Deus, ela se situa no contexto da obra libertadora de Cristo, depende verdadeiramente da fé: "A fé nascida dessa palavra dará a paz da c." (*WA* 1,541). A c. não é o centro do juízo moral, porque é o julgamento* de Deus sobre o homem, e não tudo o que possa dizer a c., que conta para a fé. A boa c. é assim anterior às boas obras, e não vice-versa. É preciso que a teologia moral e pastoral mude de perspectiva, não se ocupe mais de formar a c., ou de instruir observâncias religiosas, mas tenha, antes de tudo, o cuidado da conversão* e da confiança. Também em Calvino* a c. deve ser compreendida em relação à salvação*, libertada pelo dom de Cristo (*Inst.* III, 19, 15), a c. não deve obediência a ninguém, mesmo se exteriormente se deva obedecer às autoridades civis.

5. Os tempos modernos

a) Filosofia. — Crê-se frequentemente que a Reforma consistiu em reivindicar os direitos da c. individual contra a autoridade da Igreja. É confundir a fé com a subjetividade e subestimar o caráter objetivo do protestantismo* clássico. Para fazer do cristianismo uma "religião da c." (K. Holl), é preciso estar impregnado de certa filosofia da modernidade em que a c.

é a primeira a deter a autoridade, e aparece como faculdade de determinação autônoma, cada vez mais estranha a toda consideração racional das realidades morais. Montaigne a descreveu como um modo do conhecimento de si: "Tenho minhas leis e meu coração para me julgar" (*Essais* III, 2); Descartes* a concebe como afetiva antes que racional (*Paixões da alma*, 177, 191, 205); Espinosa a compreende do ponto de vista de sua ética da perseverança no ser* (*Ética*, IV, 21-24); a c. torna-se assim o núcleo da decisão pessoal, em torno do qual gravitam outras realidades (doutrinas que têm autoridade, convenções sociais) que dão matéria à deliberação. A c. está próxima de uma liberdade* moral compreendida como autonomia, e cujo conceito supõe que a condição essencial da existência moral é não ser determinada pela natureza ou pela sociedade. Essas ideias encontraram sua tradução política no princípio de que "é uma tirania querer dominar sobre a c." (P. Bayle, *Critique générale de l'histoire du calvinisme* 17), princípio que está no cerne do pluralismo liberal.

A escola inglesa do senso moral (Anthony A. Shaftesbury [1671-1713], Francis Hutcheson [1694-1746], Joseph Butler [1692-1752]) faz da c. "um princípio de reflexão e de discriminação que permite aprovar ou desaprovar a conduta" (Butler, *Sermões*, 1, 7). Para Hume 1711-1776, ao contrário, a c. é assunto de sentimento, não de razão (*Tratado da natureza humana* III, 2, 1), o que afasta da natureza e dá à teoria um matiz claramente voluntarista. Na tradição idealista alemã, Kant* e Hegel* aproximam ainda a c. da subjetividade. Para Kant, a c. que é autônoma e não precisa de guia nenhum, é "o juízo moral julgando-se a si mesmo" (*A religião nos limites da simples razão*, IV, 4), ou seja, a razão moral julgando-se a si mesma. De um ponto de vista diferente, Hegel considera a c. como "subjetividade formal" (*Filosofia do direito*, § 139), o que marcou profundamente os filósofos que o seguiram, notadamente Heidegger* (*Ser e tempo*, § 54-60) e Ricoeur (*Si mesmo como um outro*), para os quais a c. não é uma acusadora, mas um apelo à autenticidade.

Há que notar também a influência dos que atribuem uma origem patológica à c.: para Nietzsche* (*A genealogia da moral*, II, 16) e para Freud*, a c. nasce do conflito do desejo e das coerções exteriores e é apenas um mecanismo arbitrário que se impõe ao eu. O caráter convencional da c. foi igualmente sublinhado pela sociologia que vê a c. como a interiorização das representações sociais.

b) Teologia. — O protestantismo que seguiu a Reforma deslocou o problema da c. para a subjetividade. É na c. que certos calvinistas (Perkins [1558-1602] ou Ames [1576-1633]) procuraram a certeza subjetiva da salvação*. Tratava-se de examinar rigorosamente sua conduta à luz dos mandamentos* interpretados de maneira casuística. Encontra-se nisso um moralismo bem diverso do acento posto pelos reformadores na prioridade do perdão divino; encontra-se, aliás, em Jeremy Taylor (1613-1667), que concebia a c., com o resto da vida cristã, de uma maneira que, por não ser francamente pelagiano, não privilegiava menos a vontade. Tudo isso contribuiu para reforçar a concepção individualista da c.: por não ter mais senão uma relação longínqua com a doutrina da salvação, era preciso, sobretudo, buscar o acordo do indivíduo consigo mesmo. Esse cuidado de autenticidade pessoal tinha também outras fontes: a filosofia idealista da c., o pietismo*, a aparição de uma concepção religiosa da subjetividade em que o eu moral é o lugar da presença divina. Assim, Schleiermacher* define a c. a partir da consciência de Deus da comunidade (*A fé cristã*, § 83, 1-3), como o fará o protestantismo liberal depois dele (Biedermann, Gass, Schenkels). Ao contrário, a primeira metade do s. XX verá Bonhoeffer* (*Ethik, DBW* 6) tomar a posição inversa, e esse será ainda o caso de Barth* (*Ethik*, § 16), que protesta contra "a ética do subjetivismo naturalista ou idealista" e na confiança que tem na evidência do testemunho da c. Para Barth, nossa c. depende de nossa adoção por Deus; não é uma realidade de que dispomos, por que é participação ao conhecimento dos resgatados por Deus, e sua atividade primeira não é o exame de si, mas a oração*, o que corresponde à rareza quase milagrosa de sua aparição.

A reflexão católica recente sobre a c. quase não tem mais o tom jurídico dos manuais tradicionais, e prefere uma abordagem personalista da c. Esse é o ensinamento oficial da Igreja* com o Vaticano II* e sua insistência na liberdade: "O Evangelho tem um respeito sagrado pela dignidade da c. e por sua liberdade de escolha" (*Gaudium et Spes*, 41). Após o concílio, teólogos como Auer, Fuchs ou Böckle fazem da c. o centro da existência moral, o que caracteriza sua responsabilidade.

6. Problemas de fundo

Os problemas formais e materiais estão estreitamente ligados nas teorias da c. Formalmente, pode-se partir da análise do agente ou então da consideração do domínio em que se situa sua ação. No primeiro caso, raramente se refere à categorias teológicas e prefere-se fundar a antropologia cristã na filosofia ou nas ciências humanas. No segundo caso, ao contrário, a abordagem é essencialmente teológica, e quase não se está preocupado em harmonizar antropologias cristãs ou não cristãs. Materialmente, pode-se partir da experiência da obrigação e definir a existência pessoal pelas decisões e pelos atos constitutivos da humanidade: a c. é então percebida como liberdade, vontade ou engajamento pessoal e só tem uma relação longínqua com a autoridade, a tradição*, ou a revelação*, que são da ordem da heteronomia. Pode-se, ao contrário, julgar primordiais as instâncias exteriores à pessoa, e pensar que a existência moral é determinada por outra coisa além dela mesma: pelos outros, pela sociedade* e sua organização, e sobretudo pela ação criadora e redentora de Deus. É então a fé, e não a c., que é primeira; a razão moral não é introspecção, mas discernimento de uma ordem objetiva; longe de inibir a autenticidade, tradição e autoridade lhe dão forma. Sobre todas essas questões, a discussão está aberta.

• P. Abelardo, *Ethica*, ed. D. Luscombe, Oxford, 1971. — K. Barth, *Ethik*, ed. D. Braun, 2 vol., Zurique 1973, 1978. — D. Bonhoeffer, *Ethik, DBW*, t. 6, 1992. — J. Butler, *Fifteen Sermons, in The Works of*
Joseph Butler, ed. W. E. Gladstone, vol. 2, Oxford 1896. — M. Lutero, *Resolutiones disputationum de indulgentiarum virtute*, 1518, *WA* 1; *In epistolam S. Pauli ad Galatas Commentarius*, 1535, *WA* 40/1. — F. Nietzsche, *Zur Genealogie der Moral, Werke. Kritische Gesamtausgabe*, ed. G. Colli, M. Montinari, vol. 6, 2, Berlim, 1968 (*Genealogia da moral*, São Paulo, 1999). — Tomás de Aquino, *De veritate*, 15-17; *ST* Ia, q. 79, a. 12 e 13; Ia IIae, q. 19, a. 5 e 6; IIa IIae, q. 47, a. 6, ad 1 e ad 3. — Vaticano II, *Constituições, Decretos, Declarações*, 25ª ed., Petrópolis.

▸ M. Kähler (1878), *Das Gewissen*, Halle. — L. Brunschvicg (1927), *Le progrès de la conscience dans la philosophie occidentale*, Paris. — W. Jaeger (1934-1947), *Paideia. Die Formung des grieschichen Menschen*, 3 vol. Berlim (*Paideia. A formação do homem grego*, São Paulo, 2001). — O Lottin (1942-1960), *Psychologie et morale aux XII et XII siècles*, 6 vol., Louvain. — C. A. Pierce (1955), *Conscience in the New Testament*, Londres. — E. Wolf (1962), "Vom Problem des Gewissens in reformatorischer Sicht", *Peregrinatio*, vol. I, Munique, 81-102. — H. Reiner (1974), "Gewissen", *HWP* 3, 574-592. — M. G. Baylor (1977), *Action and person. Conscience in Late Scholasticism and the Young Luther*, Leyde. — H. Chadwick (1978), "Gewissen", *RAC* 10, 1025-1107. — T. C. Potts (sob a dir. de) (1980), *Conscience in Medieval Philosophy*, Cambridge. — J. G. Blüdhorn *et al.* (1984), "Gewissen", *TRE* 13, 192-241. — B. Baertschi (2003), "Senso moral", *DEFM*, v. 2, 558-566.

John WEBSTER

→ *Autonomia da ética; Casuística; Ética.*

CONSCIÊNCIA DE CRISTO

Impõe-se grande reserva no momento de tratar uma questão tão íntima e tão delicada como a da consciência (co.) de Cristo*. No entanto, é o próprio Jesus* que convida aqui a questionar, com a interpelação insistente, que dirige a quem se interessar por ele: "Para vós, quem sou eu?" (Mt 16,15). A tradição* crente e teológica não deixou de tomar posição na matéria ao longo dos séculos. A reflexão contemporânea pôde registar muitos esclarecimentos preciosos.

1. O dossiê antigo

Os primeiros séculos quase não problematizaram o que os seguintes deviam tratar sob o nome de ciência (ci.) (mais "objetiva") depois de "co." (subjetiva) de Cristo. O testemunho apostólico, depois sua cristalização neotestamentária, a fé*, enfim, que deles tinha resultado na verdade da humanidade de Cristo levaram os primeiros *Padres** a admitir que, sem prejuízo para sua identidade divina, a inteligência humana de Cristo foi exercida segundo as condições comuns da humanidade, inclusive a ignorância.

No entanto, duas abordagens do mistério* de Cristo, globalmente distinguíveis na época patrística, exerceram sua influência nesse domínio. Mais ligados a destacar as condições da historicidade concreta da vida de Jesus, os *Antioquenos* (Antioquia*) — já Eustáquio, sem dúvida Diodoro de Tarso, mas sobretudo Teodoro de Mopsueste, que foi seu discípulo e, em todo caso, Teodoreto de Cyr — valorizam ao máximo a humanidade assumida pelo Verbo*. Ao mesmo tempo que a capacidade de Jesus de agir de maneira autônoma, destacam as limitações que o afetam, tanto na ordem do conhecer como na do querer. A tendência é inversa do lado *alexandrino* (Alexandria*): Orígenes*, p. ex., assimila a condição da alma* assumida pelo Verbo à do ferro mergulhado no fogo: "Como o ferro está no fogo, assim a alma humana [de Cristo] encontra-se sempre no Verbo, na Sabedoria*, sempre em Deus*; e tudo o que faz, tudo o que pensa, tudo o que compreende, é Deus" (*Dos princípios*, II, 6, 6). Para não se arriscar a dar em seguida azo ao arianismo*, tenta-se fornecer explicações "econômicas" a uma "ignorância" que o NT obriga, apesar de tudo, a admitir em Cristo (Atanásio*, *Contra os Arianos*, III, 43 s.; Cirilo* de Alexandria (Al.) *Thes.* XXII; Basílio, *Carta* 236; Gregório* de Nazianzo, *Discurso* 30, 15 s.). Essa ignorância, contudo, permite também destacar, por contraste, "a perfeição em divindade" do Verbo; e ela é compensada pela estreita comunicação do divino e do humano que a união hipostática* garante. Uma passagem sugestiva de Cirilo, principal representante da escola de Al., diz contudo: "O Verbo de Deus, em virtude da economia, permitiu a essa carne, que é a sua, seguir as leis de sua natureza própria. Porque é humano progredir em idade e sabedoria, diria

mesmo, em graça [...]. Em virtude desse plano [de economia] permitiu pois que as limitações humanas o regessem" (*Cristo é um*, 74).

Se suas tomadas de posição se referiam ao ser* de Cristo, os *grandes concílios* cristológicos* não se preocuparam diretamente com sua psicologia, e só no s. VI é que essa foi explicitamente considerada. Releva-se então nos meios severianos (monofisismo*) a afirmação de uma onisciência* de Cristo. Contra isso, toda uma corrente antioquena, ligada ao anomeano Eunômio (Sozômeno, *Hist. ecles.* VII, 17), replicou pela afirmação, em referência a Mc 13,32 e Jo 11,34, de uma ignorância em Cristo: essa foi a crise dos "*Agnoetas*" (ou então dos "*Temistianos*", do nome de Temístios, diácono de Al., cerca de 536-540). Foram combatidos por Teodósio de Al. (536-567), depois por Eulógio de Al. (580-697). Este último chegou a trocar correspondência a seu respeito com Gregório* Magno, que os condenou em 600, como o fez ainda o concílio de Latrão de 649 (*DS* 474-476 e 419). A corrente teve pouco eco no Ocidente, em razão da solução dada desde 427 por Agostinho* (*Carta* 219) a propósito de uma posição comparável de Leporius. Em sua *Carta XIV* ao diácono Ferrand, Fulgêncio de Ruspe escreve: "Podemos afirmar claramente que a alma de Cristo tem plena co. de sua divindade; porém não sei se deveríamos dizer que conhece a divindade como Deus se conhece a si mesmo ou, antes, que a conhece *enquanto* tal, mas não *como* ela".

Foi assim a tese da onisciência (desde o seio materno) que prevaleceu, em razão da união hipostática e da comunicação das propriedades que implicava (idiomas*) (cf. João Damasceno, *A fé ortodoxa*, III, 21 s. e a compilação dita *Doutrina dos Padres*, cap. 16, da segunda metade do s. VII). A máxima explicitação nesse sentido será alcançada no s. XII com Cândido, "teólogo desconhecido da *visão beatífica** de Cristo" (H. de Lavalette).

2. Do período medieval ao limiar da época contemporânea

A teologia medieval desenvolveu uma reflexão sistemática sobre a ci. de Cristo, ou antes sobre "as ci." de Cristo: chegou ao ponto de distinguir até seis delas. Abelardo*, de seu lado, é ainda testemunha das posições do fim da época patrística: "Cristo via a Deus com a maior perfeição" (*Epítome de teol. cristã*, c. XXVII).

Quanto a Tomás* de Aquino, em uma tomada de posição que fez escola, distinguiu no Cristo uma tríplice ci. humana: a ci. dos bem-aventurados (*comprehensorum*, ST IIIa, q. 10, a. 1-4), a ci. infusa (*indita* ou *infusa*, ST IIIa, q. 11, a. 1-6) e a ci. experimental (*acquisita*, ST IIIa, q. 12, a. 1-4). Constituída a partir da experiência, a terceira era, por definição, limitada e em progresso, e Tomás deu cada vez mais importância, já que a Escritura* impunha que fosse considerada. A segunda era comunicada à inteligência humana "diretamente do alto", mas através da mediação de "espécies impressas". Nisso estava a diferença com a primeira forma de ci., participação imediata e perfeita na visão de Deus mesmo, que é no céu o apanágio dos bem-aventurados. Havia, contudo, relação estreita e correspondência entre ci. de visão e ci. infusa, a primeira constituindo o fundamento e o conteúdo da segunda, enquanto esta última fornecia à primeira o meio de sua manifestação humana.

Na Renascença, Erasmo* (em nome da referência à Escritura, Lc 2,52 sobretudo), depois no quadro da Reforma, Lutero* e Calvino* (em nome de um forte apego à verdade da Encarnação*) convidaram à circunspecção a propósito da "comunicação das propriedades" (cf. *Inst.* XIV, 1): houve em Jesus limites reais e um progresso efetivo na ordem do conhecimento*.

Foi preciso esperar até ao fim do s. XIX para ver as posições medievais interrogadas novamente pelos *teólogos católicos*. Não o foram por razões teóricas ou ideológicas, mas pelo cuidado de levar em conta os resultados adquiridos pela aplicação do método histórico e crítico aos textos evangélicos. Foi o caso com o teólogo H. Schell (1850-1906), que recusou a Cristo não só a visão beatífica, mas toda forma de onisciência, e por essa razão sua *Katolische Dogmatik* foi posta no Índice em 1898. Todavia, foi sobretudo no campo do *modernismo*, e primeiro em Loisy, cujas posições radicais suscitaram reações, às quais o magistério* impôs um termo por duas intervenções firmes.

Em 1907, o decreto *Lamentabili*, 32, condenava a proposição segundo a qual "não se pode conciliar o sentido natural dos textos evangélicos com o que nossos teólogos ensinam sobre a co. e a ci. infalível de Cristo" (*DS* 3422). O mesmo Santo Ofício respondia, em 1918, que não se podia ensinar sem perigo não ser "evidente que a alma de Cristo, durante sua vida entre os homens, tenha possuído a ci. de que gozam os bem-aventurados", nem que "a alma de Cristo nada tenha ignorado" (*DS* 3645-3647). Pio XII ainda, em sua encíclica *Mystici corporis* (1943) acreditou dever retomar as opiniões clássicas sobre a perfeição da "ci. de visão" realizada "desde o primeiro instante de sua encarnação" (DS 3812).

3. Uma transformação da problemática

Essas tomadas de posição magisteriais só visavam diretamente evitar derrapagens do ensino comum no início deste século. Não pretendiam decidir nos debates sempre em curso ou ainda não abertos. Pode-se encontrar uma prova disso no fato de que dois documentos recentes (Comis. bibl. pontif., *Bíblia e cristologia*, 1984, e Comis. teol. intern., *A co. que Jesus tinha de sua missão*, 1985) se abstêm de mencionar qualquer visão beatífica no Jesus pré-pascal.

a) Há que mencionar aqui a discussão desencadeada, sobretudo depois da Segunda Guerra mundial em um contexto marcado pelo modernismo, a propósito da existência em Cristo, além de um "eu" divino, de um "eu" humano, que teria sido sujeito de seus pensamentos e ações humanas e que se manifestaria na narrativa* evangélica. Outra proposição distinguia, no único "eu" da pessoa* divina, dois "eus" que teriam sido centros de co. distintos, um divino, outro humano. Em favor dessa discussão — em que intervieram sobretudo P. Galtier e P. Parente — ficou claro que se se quer respeitar Calcedônia* (como Pio XII tornou a convidar em *Sempiternus rex*, de 1951, *DS* 3905), há que considerar que, única pessoa e hipóstase, o Verbo encarnado é também um único sujeito consciente de si, portanto um só "eu", uma só co. pessoal. De onde se verificava a necessidade de deixar a problemática de uma "ci." (objetivante) ligada à perspectiva de uma psicologia racional e metafísica, para adotar resolutamente uma problemática da co., tal como devia sublinhar particularmente M. Nédoncelle.

b) Uma etapa decisiva foi marcada pelas "Considerações dogmáticas sobre a psicologia de Cristo" de K. Rahner* (1962), que vieram depois de um artigo de 1954 sobre Calcedônia. Em todo ser espiritual, fazia notar o teólogo, ser e ser presente a si vão juntos. Assim, a união hipostática da natureza humana à pessoa de Verbo acarreta de si, para essa natureza, uma consequência de ordem consciencial: a co. de si de Cristo é a co. de que ele é o Filho de Deus. Pode-se continuar a designar como "visão" essa relação imediata a Deus, mas então ela deve ser compreendida como não beatífica. Trata-se de uma condição fundamental de existência, de uma determinação ontológica originária, de ordem transcendental e não categorial ou temática.

Denunciando como "quase mitológica" a ideia de uma visão beatífica realizada desde o primeiro momento da concepção, essa disposição é chamada a atuar-se, a crescer e a desenvolver-se ao longo de todo o curso da história de uma existência efetivamente alojada sob a insígnia da temporalidade humana. Simultaneamente, se encontrava submetido a revisão fundamental o "princípio de perfeição" que reinara por tanto tempo: a fórmula patrística e calcedônica "perfeito em humanidade" parecia doravante ser compreendida como enunciando que Cristo é homem "completo", "plenamente" homem. Ele não é um ser que gozava, inclusive no domínio do conhecimento, de todas as perfeições idealmente possíveis para um homem, o que seria, aliás, contrário à verdade da encarnação.

c) Em toda essa evolução, uma melhor consideração dos testemunhos dos evangelhos* sobre a historicidade da condição humana de Jesus desempenhou papel capital. Sobre o caráter progressivo da tomada de co. da ameaça que pesava sobre ele, a respeito de sua ignorância sobre o dia do juízo*, ou da ampliação de sua missão

para além de Israel*, os trabalhos de exegetas como R. Schnackenburg e A. Vögtle obrigaram a rever as opiniões medieval e clássica. Porque, quaisquer que sejam as reivindicações de transcendência efetivamente manifestas em Jesus, não se pode deixar de admitir a verdade desses dados dos quais só os *a priori* persistentes tinham impedido de reconhecer a clara atestação nas narrações evangélicas: Jesus conheceu o espanto, a decepção e a surpresa; progrediu tanto na descoberta dos seres e das situações, quanto no conhecimento do próprio destino; ele até mesmo ignorou; teve de aprender e praticar dia a dia a obediência.

É preciso evitar projetar na psicologia do Jesus pré-pascal o que só vale do Verbo preexistente, ou do Cristo glorificado, mesmo se Jesus de Nazaré nunca seja apresentado como inconsciente do caráter único da relação que mantinha desde sempre com aquela quem ele não temia designar como seu próprio Pai* (ver episódio do Templo*, Lc 2,49).

4. A fé do Filho de Deus encarnado

Definitivamente, é o tema da identidade de Cristo que está em jogo na questão de sua ci. e de sua co. Jesus é um homem autêntico. Ora, lembra, entre outros, H. von Balthasar*, "a nobreza inalienável do homem está em poder, em dever projetar livremente o desígnio de sua existência num futuro que ele ignora". Contudo, Jesus é também o Filho de Deus, na unidade de um único ser concreto. Aceitou referir tudo o que ele é como Verbo e Filho de Deus à escolha que fez, segundo a vontade do Pai, mas em pleno acordo com ele, de fazer-se verdadeiramente homem. Daí resultou que em seu estatuto de encarnação, o Verbo aceitou receber e conhecer segundo o regime de conhecimento humano aquilo mesmo que Deus lhe dá a ser e a conhecer segundo sua relação de imanência intratinitária com ele. Desse modo, Jesus Cristo, Verbo encarnado, não é de um lado um Verbo onisciente e de outro um homem limitado por todos os lados em seus conhecimentos, mas "um só e o mesmo Filho e Verbo de Deus" que, tendo verdadeiramente assumido a condição humana, se conhece, quer e vive segundo a verdade própria dessa condição.

Jesus sempre percebeu sua relação de filiação* a seu Pai, segundo uma relação de intimidade absoluta que o termo *"Abba* (= papai)" traduz perfeitamente em palavras humanas. Essa relação sempre lhe apareceu como constitutiva de seu ser e do conjunto de suas condições de existência, inclusive como homem. É que ele inscreveu o conjunto de sua vida sob o duplo signo do crescimento e da obediência; que permitiu à carta aos Hebreus saudar nele "o precursor e o realizador de nossa fé" (Balthasar, J. Guillet, A. Vanhoye); que, enfim, dá razão de seu abandono e de sua total abdicação de si na cruz como de sua ressurreição dentre os mortos. É nela que ele se conheceu humanamente como Deus/Filho de Deus.

- P. Galtier (1939), *Vérité du Christ*, Paris. — A. Michel (1941), "Science de Jésus-Christ", *DThC* 14, 1628-1665 (+ tables 2583-2586 e 2650-2655). — P. Parente (1951, 1955), *L'Io di Cristo*, Brescia. — E. Gutwenger (1960), *Bewusstsein und Wissen Christi*, Innsbruck. — H. U. von Balthasar (1961), *Fides Christi*, in *Sponsa Verbi*, Ensiedeln, 45-79. — H. de Lavalette (1961), "Candide, théologien inconnu de la vision béatifique du Christ", *RSR49*, 426-429. — K. Rahner (1962, 1964²), "Dogmatische Erwägungen über das Wissen und Selbstbewusstsein Christi.", *Schr. zur Theol.* 5, 222-245. — A. Vögtle (1964), "Exegetische Erwägungen über das Wissen und Selbstbewusstsein Christi", in *Gott in Welt. Festgabe für K. Rahner*, Friburgo-Basileia-Viena, I, 608-667. — M. Nédoncelle (1965), "Le Moi du Christ et le moi des hommes à la lumière de la réciprocité des consciences" in *Problèmes actuels de christologie*, Paris, 215 s. — H. U. von Balthasar (1966), *Zuerst Gottes Reich*, Ensiedeln. — A. Feuillet (1966), "Les *Ego eimi* christologiques du quatrième évangile", *RSR*, 54, 2-22 e 213-240. — H. Riedlinger (1966), *Gechichtlichkeit und Vollendung des Wissens Christi*, Friburgo-Basileia-Viena. — A. Grillmeier (1979 e 1989), *Jesus der Christus im Glauben der Kirche* I (1990²) e II/2, Friburgo-Basileia-Viena. — J. Guillet (1980), *La foi de Jésus-Christ*, Paris. — J. Moingt (1993), *L'homme qui venait de Dieu*, Paris, 561-590. — E. Poulat (1996), *Histoire, dogme et critique dans la crise moderniste*, Paris.

Joseph DORÉ

→ *Beatitude; Cristo/cristologia; Encarnação; Hipostática (união); Jesus da história; Kenose; Monofisismo*

CONSELHO ECUMÊNICO DAS IGREJAS

"O Conselho Ecumênico das Igrejas (CEI) é uma comunidade fraterna de Igrejas que confessam o Senhor Jesus Cristo* como Deus* e Salvador segundo as Escrituras*, e se esforçam por responder em conjunto à sua comum vocação para a glória do Deus único, Pai*, Filho e Espírito Santo*" (Constituição do CEI, art. 1). Os delegados de 145 Igrejas fundaram essa federação, em agosto de 1948, em Amsterdã. Em 1995, contava com 321 Igrejas-membro (mais de 400 milhões de cristãos) agrupando a grande maioria de famílias confessionais*, inclusive, desde 1961, as Igrejas ortodoxas. Embora mantendo com o CEI laços estreitos, algumas grandes Igrejas batistas (p. ex., a Southern Baptist Convention, dos Estados Unidos), e sobretudo a Igreja católica romana e as Igrejas orientais dependentes do primado de Roma* (papa*) não aderiram ao CEI.

1. Desde o fim do s. XIX as Igrejas visaram dotar-se de um instrumento comum para coordenar seus esforços. O engajamento missionário em ordem dispersa em numerosos países tinha provocado essa tomada de consciência no seio das Igrejas protestantes ocidentais, geralmente organizadas em Igrejas nacionais. Uma das primeiras conferências missionárias mundiais, em 1910, reuniu 1.200 delegados em Edimburgo. O apelo a uma cooperação intraeclesial ampliou-se e superou logo o âmbito exclusivo dos protestantes. Assim, o sínodo* da Igreja ortodoxa de Constantinopla (o patriarcado* ecumênico) desejava, em 1920, o nascimento de uma aliança universal das Igrejas. Nessa época apareceram dois movimentos cuja fusão levará em 1948 ao CEI.

a) O primeiro, *Fé* e constituição*, esforçou-se por superar as controvérsias doutrinais e as questões institucionais que separam as diferentes famílias cristãs. Originário do engajamento dos

435

leigos* das Igrejas anglicanas (episcopais) dos Estados Unidos, esse movimento propôs desde 1910 uma assembleia mundial. A guerra* de 1914-1918 retardou o projeto, que só se concretizará em 1927 pela convocação da assembleia de Lausanne. Questões eclesiológicas (a Igreja, os sacramentos*, o ministério*) e éticas foram ali centrais. Delegados de todas as Igrejas cristãs, exceto da Igreja católica romana, lançaram um apelo à unidade* de toda a Igreja. Os temas foram tratados de novo por ocasião de diversos encontros regionais, encarregados de preparar uma nova conferência mundial em Edimburgo, em 1937. A nova situação política na Europa acrescentou, como preocupação mais importante, o testemunho cristão na sociedade*.

b) O movimento *Cristianismo prático* foi, desde a origem, centrado nas questões da paz*, da justiça*, e da ética* social. Um primeiro encontro em Upsala, em 1917, só reuniu delegados de países não engajados na Primeira Guerra Mundial. Foi somente em 1925 que, sob a influência decisiva do arcebispo sueco Soederblom, a conferência de Estocolmo relançou a ideia de um conselho mundial e elaborou o embrião de um serviço comum das Igrejas no mundo. Seu *slogan* "A doutrina divide, mas o serviço une" permanecerá atual até a assembleia seguinte dessa organização em Oxford, em 1937. Compreendeu-se então a necessária complementaridade dos desafios éticos e das questões doutrinais tradicionais (eclesiologia*, confissão* de fé etc.), embora dando prioridade aos problemas atuais e urgentes como a relação das Igrejas com os Estados* e as nações.

c) A guerra de 1939-1945 foi decisiva para a aproximação dos dois movimentos, que se federaram em 1948 em um organismo único, o CEI. No seio dessa estrutura comum, *Fé e Constituição* encarregou-se do diálogo entre as Igrejas, uma tarefa mais delicada do que inicialmente era prevista, e só em 1981 se chegará a um primeiro grande texto de consenso, o documento de *Lima: Batismo*, eucaristia*, ministério (BEM)*, completado em 1991 por um comentário comum da confissão de Niceia-Constantinopla de 381. Sem estar filiada ao CEI, a Igreja católica tornou-se, depois do concílio Vaticano II*, em 1968, membro de *Fé e Constituição* e participou ativamente na elaboração dos textos de acordo desse diálogo multilateral. Os objetivos de *Cristianismo prático* foram, de seu lado, retomados pelo conjunto de seções do CEI estruturado em consequência disso; o programa de luta contra o racismo (oposição ao *apartheid* na África do Sul) ou o engajamento pela justiça, a paz, e a salvaguarda da criação* (Reunião de Seul, 1990) são seus exemplos concretos.

d) A assembleia geral de Nova Délhi, em 1961, foi significativa e inaugurou nova fase da vida do CEI. As Igrejas ortodoxas decidiram aderir à organização. A Igreja católica fez-se representar, pela primeira vez, por meio de observadores. Além disso, o Conselho internacional das missões, que tinha estado na origem do encontro de Edimburgo, em 1910, fundiu-se com o CEI, caminho que seguirá em 1971 o Conselho mundial da educação. Essa primeira assembleia geral realizada na Ásia foi também a da emergência das "jovens Igrejas", as Igrejas do Terceiro Mundo tornadas independentes, depois de terem estado, por muito tempo, sob a obediência de sociedades de missões ocidentais. A influência dessas Igrejas foi crescendo e hoje elas são majoritárias no CEI.

Tornado mais representativo, o CEI se desenvolverá desde então como um instrumento importante de integração e coordenação de todos os esforços ecumênicos das Igrejas, de seu serviço e de seu testemunho em proveito de toda a humanidade. Estabeleceram-se conferências eclesiais nacionais que servem de articulação, nos diversos países, das conferências africanas, asiáticas, latino-americanas, europeias... Um grupo misto de trabalho reúne regularmente o CEI e as instâncias do Vaticano e completa os encontros habituais das famílias confessionais* mundiais.

2. Segundo sua constituição, o fim do CEI é trabalhar pela unidade* visível das Igrejas, facilitar seu testemunho comum em cada lugar e apoiá-las em sua tarefa de missão* e de evangelização*, vir em ajuda de todos os que estão

em necessidade, derrubar as barreiras entre os seres humanos e promover o advento de uma só família humana na justiça e na paz.

a) A evolução dos programas postos em ação pelo CEI é compatível com sua história. Em um primeiro tempo, as ênfases foram as do protestantismo* ocidental, a reflexão se voltava, sobretudo, para o testemunho dado a Cristo em toda parte no mundo. A integração dos ortodoxos e a participação crescente dos católicos produziram um deslocamento para questões mais eclesiológicas (Igrejas, ministérios...) e pneumatológicas (Espírito* Santo, santificação...). A abertura às Igrejas asiáticas, africanas e latino-americanas modificará fundamentalmente as temáticas tradicionais. As questões de justiça*, de desenvolvimento, de ajuda mútua das Igrejas, de educação, e de diálogo com outras religiões ganharão em importância. Essas mudanças não se operarão sem conflitos, pois as prioridades de uns eram contestadas por outros. Depois da assembleia geral de Vancouver (1983), uma ênfase particular será posta no "processo conciliar". Em analogia com a noção bíblica de aliança*, acordos entre grupos de cristãos de origens diversas permitem melhor engajamento comum por uma causa precisa (Reunião de Seul, 1990).

A subdivisão atual da atividade do CEI em 4 unidades ilustra a pluralidade dessas preocupações: 1/Unidade e renovação (questões doutrinais, unidade visível das Igrejas, culto* e espiritualidade, formação teológica). 2/Igrejas em missão (missão e evangelização, Evangelho e cultura, diálogo com as outras religiões, educação, vida familiar e saúde). 3/Justiça, paz e criação (luta contra o racismo, a exclusão, a violência*, problemática socioeconômica, ecologia e política). 4/Partilha e serviço (ajuda mútua e partilha, solidariedade com os marginalizados, lugar das mulheres* e dos jovens, serviço junto aos refugiados, desenvolvimento das estruturas intereclesiais).

Esses diversos engajamentos são levados pela convicção de que a unidade da Igreja é indissociável da unidade e da renovação de toda a humanidade. Nessa óptica, o CEI trabalha em colaboração estreita com numerosas organizações mundiais (ONU, Unesco etc.).

b) A vida do CEI é estruturada por assembleias gerais no curso das quais os delegados das Igrejas-membro fixam de sete em sete anos as orientações fundamentais do movimento (Amsterdã, 1948; Evanston, 1954; Upsala, 1968; Nairobi, 1975; Vancouver, 1993; Canberra, 1991; Harare, 1998). Um comitê central de cerca de 150 membros é eleito por essas assembleias e se reúne anualmente. Em outros lugares, numerosos encontros são organizados pelas unidades de trabalho e de consultas descentralizadas e permitem ampla participação de todos na vida do CEI. Um secretariado geral com base em Genebra coordena o conjunto, administra as finanças e assegura um serviço de imprensa e de publicações.

c) Há que notar que o CEI é uma federação de Igrejas e não uma Igreja. Sua autoridade é limitada e suas decisões não se impõem automaticamente às Igrejas-membro. A adesão ao CEI não significa para uma comunidade a relativização de sua eclesiologia (cf. a declaração de Toronto, em 1950). O CEI agrupa, assim, Igrejas que ficam separadas umas das outras e que não vivem necessariamente em plena comunhão* eclesial (comunhão na celebração da Palavra* e dos sacramentos, reconhecimento mútuo dos ministérios). Instrumento a serviço de uma pluralidade de Igrejas, o CEI deseja transformar-se progressivamente em comunidade conciliar. Esse fim está longe de ser alcançado, mas o caminho percorrido em cinquenta anos é considerável.

• L. Vischer (1968), *Foi et constitution 1910-1963*, Genebra. — B. Chenu (1972), *La signification ecclésiologique du COE (1945-1643)*, Paris. — M. Harriet (1976), *Briser les barrières. Rapport Officiel de l'assemblée du COE à Nairobi (1975)*, Paris. — Col. (1979), *Le COE: Pourquoi?* Genebra. — *Baptême, eucharistie, ministère* (1982), Texte fr. établi par Max Thurian, Taizé. — W. A. Visser't Hooft (1982), *The Genesis and Formation of the World Council of Churches*, Genebra. — J.-M. Chappuis e R. Beaupère (1984), *Rassemblés pour la vie. Rapport officiel de l'assemblée du COE, Vancouver, 1983*, Paris. — M. Van Elderen (1988), *Ainsi dressons des signes*

... *Les quarante premiers années du COE*, Genebra. — Th. Best (ed.) (1990), *De Vancouver à Canberra* (*1983-1990*), Genebra. — K. Blaser (1990), *Une Église des confessions*, Genebra. — M. Westphal (sob a dir. de) (1991), Signes de l'Esprit. Rapport officiel. Septième assemblé Canberra, Genebra. — N. Lossky *et al.* (ed.) (1991), *Dictionary of the Ecumenical Movement*, Genebra. — M. Van Elderen (1992), *Le COE: aujourd'hui et demain*, Genebra. — R. Frieling (1992), *Der Weg des ökumenischen Gedankes*. Göttingen. — Foi et Constitution (1993), *Confesser la foi commune*, Paris.

André BIRMELÉ

→ *Ecumenismo; Família confessional; Protestantismo; Unidade da Igreja.*

CONSELHOS → **preceitos/conselhos**

CONSEQUENCIALISMO → **utilitarismo**

CONSTANÇA (concílio), 1414-1418

Obrigado a encerrar o concílio de Roma, apenas aberto, e a fugir dos Estados pontifícios, o antipapa João XXIII teve de procurar apoio perante Sigismundo, rei dos Romanos (Igreja-Estado*). Anunciado e convocado por este último, o novo concílio* (c.) terá lugar, mas em terras do Império, em Constança. Gregório XII, papa* de Roma*, residindo em Rimini, far-se-á representar, enquanto Bento XIII, antipapa de Avignon, proibirá seus partidários de comparecer. O c. será aberto a 1º de novembro de 1414, por João XXIII.

Para poder tomar decisões, o c. se organiza no modelo das universidades, em "nações", cada uma delas dispondo de uma voz. Criam-se, desde o início, as nações italiana, francesa, germânica e inglesa: as embaixadas ibéricas vão agrupar-se mais tarde em nação espanhola; os outros países representados em Constança são ligados a uma das cinco nações. Os cardeais constituem um colégio à parte, que dispõe de uma voz. Essas divisões estão na origem de discussões intermináveis, de numerosas e violentas querelas, e da dominação do debate pelo clero universitário. Refletem, aliás, a composição geográfica e sociológica do concílio: as cinco nações agrupam embaixadas de todos os Estados e de todas as províncias eclesiásticas da Europa latina, e essas embaixadas comportam um número elevado de professores e de prelados providos de diplomas universitários. O caráter ecumênico do c. foi sempre discutido.

Teve o c. três finalidades: retorno à união (unidade* da Igreja), reforma da Igreja e da Cúria, defesa da fé*.

a) A fuga do antipapa, em março de 1415, facilita a situação do c., que lhe é hostil. Recapturado e levado a Constança, João XXIII é julgado e deposto. Em consequência dessa decisão, Gregório XII abdica espontaneamente. Para obter a abdicação de Bento XIII, o c. envia então uma embaixada conduzida por Sigismundo. Bento XIII não cede: será pois julgado e destituído em novembro de 1417. No entanto, a embaixada obtém de muitos países da região o acordo de mudança de obediência. Agora acéfala, a Igreja é pela primeira vez governada por um concílio. Põe-se então uma questão: há que eleger imediatamente um novo papa, ou fazer reformas antes da eleição e obrigar o papa eleito a respeitá-las? Sigismundo é partidário da segunda solução que garantiria a dominação do c.; os cardeais, ao contrário, por medo de serem submetidos à reforma conduzida por radicais, desejavam adiantar a eleição. Modificando levemente o projeto de Pierre d'Ailly, o c. decide então que o corpo eleitoral deve ser composto de todos os cardeais e de seis representantes de cada nação. Em 11 de novembro de 1417, os eleitores escolhem o cardeal Otto Colona, que toma o nome de Martinho V. Essa eleição restabelece a união e marca o fim do cisma* pontifício.

b) Embora fosse criada em 1415 uma comissão de "reforma da Igreja em sua cabeça e em seus membros", a dificuldade do empreendimento, a multiplicidade e a diversidade dos projetos, assim como os jogos partidários e contraditórios, tornaram a sua tarefa impossível. O c. não se ocupou disso antes do verão de 1417. Todavia, em 6 de abril de 1415, publica o decreto *Haec sancta Synodus*, que afirma a superioridade do c. geral sobre o papa em matéria de fé, de união da Igreja e de reforma; depois, em 9 de outubro de 1417, o decreto *Frequens*, que regula para o futuro a convocação dos c. e o tratamento de um cisma eventual. Ambos constituem os atos fundamentais do conciliarismo* no s. XV. A cristandade aspirava a reforma das estruturas* eclesiais e dos negócios financeiros — que favoreciam e perpetuavam a simonia, a acumulação de benefícios e as colações pontifícias, essa triste herança do papado de Avignon —, mas esses desejos ficaram sem efeito. Antes do encerramento do c., em 12 de abril de 1418, os Padres e Martinho V estabeleceram, porém, a lista das reformas que o papa devia empreender com a ajuda da Cúria.

c) No que toca a extirpação da heresia*, as condenações caíram, antes de tudo, sobre João Wyclif e seus seguidores. O c. condenou Wyclif (†1384) como herege. Declarou hereges e condenou à morte João Hus* e Jerônimo de Praga, queimados vivos em Constança. Decidiu que a comunhão* dos leigos sob as duas espécies, praticada desde há pouco na Boêmia, era igualmente herética. Franceses e poloneses esforçaram-se juntos para obter a condenação de João Petit e de João de Falkenberg, defensores do tiranicídio, mas em vão. Aliás, essa última tentativa revelou a existência de um ponto importantíssimo de desacordo entre essas duas embaixadas e Martinho V: o apelo ao futuro c., que o novo papa decidiu imediatamente proibir.

• H. Finke, *Forschungen und Quellen zur Geschichte des Konstanzen Konzils*, Paderborn, 1889. — H. Finke, *Acta concilii Constantiensis*, 4 vol., Paderborn, 1896-1928. — A. Frenken, *Die Erforschung des Konstanzer Konzils*, (*1414-1418*) *in den letzen 100 Jahren*, Paderborn, (*AHC* 25, Heft 1-2), 1993. — H. von der Hardt, *Magnum oecumenicum Constantiense concilium*, 4 t. em 6 vol., Frankfurt-Leipzig, 1696-1700. — *COD* 403-441.

▸ E. Delaruelle E.-R. Labaude, P. Ourliac (1962), *L'Église au temps du Grand Schisme et de la crise conciliare* (1378-1449). — A. Franzen, W. Müller (sob a dir. de) (1964), *Das Konzil von Konstanz. Beiträge zu seiner Geschichte und Theologie*, Friburgo-Basileia-Viena. — J. Gill (1965), *Cons-*

tance et Bâle-Florence. — R. Bäumer (sob a dir. de) (1977), *Das Konstanzer Konzil*, Darmstadt. — G. Alberigo (1981), *Chiesa conciliare. Identità e significato del conciliarismo*, Brescia. — W. Brandmüller (1990), "Konstanz (Konzil von)", *TRE* 19, 529- 535. — J. Wohlmuth (1994), "Le concile de Constance (1414-1418) et le concile de Bâle (1431-1449)", in G. Alberigo, *Les conciles oecuméniques*, t. I, Paris, 203-255 (bibl.).

Zénon KALUZA

→ *Conciliarismo; Eclesiologia; Governo da Igreja; Igreja-Estado; Papa.*

CONSTANTINOPLA I (concílio), 381

a) *História.* — O I concílio* (c.) de Constantinopla (C.) reunido em maio de 381, era inicialmente um c. do Oriente, convocado por Teodósio. Foi presidido primeiro por Melécio de Antioquia, e depois de sua morte por Gregório* de Nazianzo, que se demitiu e, enfim, por Nectário, novo arcebispo de C. Estavam reunidos cerca de 150 bispos* e seus membros mais conhecidos faziam parte do grupo capadócio dos amigos de Basílio*, prematuramente desaparecido: seus irmãos Gregório* de Nissa e Pedro de Sebaste, seu amigo íntimo, Gregório de Nazianzo, seu correspondente, Anfíloco de Iconium, e Melécio, bispo* contestado de Antioquia, sempre apoiado por Basílio. Também estavam presentes Cirilo de Jerusalém e Diodoro de Tarso. As Atas do c. se perderam e nossa documentação histórica a seu respeito é muito lacunar. Não era um c. "ecumênico", no sentido em que esse título tinha sido dado a Niceia*, uma vez que o Ocidente não participava dele. Sem dúvida, a carta sinodal de 382 enviada pelos Padres* a Roma* evocava o "sínodo* ecumênico de Constantinopla" — mas essa assembleia ficou para nós recoberta de um silêncio total durante três quartos de século. Os debates entre Cirilo de Alexandria e Nestório, por ocasião de Éfeso*, referem-se sempre ao texto do símbolo (s.) de Niceia e parecem ignorar o de Constantinopla. Há que esperar o c. de Calcedônia*, em que esse símbolo é lido e aclamado, para que uma verdadeira autoridade* ecumênica lhe seja reconhecida, e seja reconhecida, consequentemente, ao próprio c. Desde então, o c. de C. é universalmente contado como o 2° c. ecumênico.

b) *A obra doutrinal de Constantinopla I.* — Foi sobretudo pôr um termo no Oriente à heresia* ariana, confirmar a decisão de Niceia e proclamar a divindade do Espírito* Santo (ES), posta em questão desde 360 por três correntes distintas. O arianismo* radical (anomeano) de Aécio e Eunômio faz do Espírito uma criatura do Filho, como do Filho uma criatura do Pai*. Os "trópicos" egípcios (que raciocinavam a partir de "figuras" [*tropoi*] da Escritura*), ortodoxos quanto ao Filho*, veem no Espírito um anjo* criado. Atanásio* lhes tinha respondido em suas *Cartas a Serapião.* Enfim, os "combatentes contra o Espírito Santo" (*pneumatômacos*) do Oriente, chamados também macedônios, do nome de Macedônio, arcebispo deposto de C., concluíam por uma inferioridade de natureza do Espírito, pelo fato da inferioridade de seu papel criador. Os pneumatômacos estão em primeira linha da preocupação de C., que tentou em vão reconciliá-los.

c) *O símbolo de Constantinopla.*— As decisões de C. I foram expressas em um s., recebido desde então em todas as Igrejas* como símbolo litúrgico, muitas vezes chamado "s. de Niceia-Constantinopla".

O c. de Calcedônia atribui a paternidade desse s. aos Padres de C. No entanto, sua origem obscura deu lugar a múltiplas hipóteses (Kelly, Ritter, Abramowski). Ele não retoma o texto do s. de Niceia nem do s. de Jerusalém* (Harnack), e a hipótese que fazia de Epifânio de Salamina seu primeiro autor, em 374, não é mais considerada hoje em dia. Decerto os Padres utilizaram um s. oriental que tinha integrado as adições típicas de Niceia (Ritter). A parte redacional dos Padres de C. é incerta, salvo para o terceiro artigo, sobre o ES, para o qual a influência dos Padres capadócios, amigos de Basílio, parece ter sido determinante. Esse artigo apresenta, de fato, uma recapitulação da pneumatologia basiliana.

O segundo artigo retoma o *consubstancial** de Niceia, mas renuncia à fórmula "da substância do Pai", julgada sem dúvida ambígua, porque partitiva. O terceiro artigo comporta a nova sequência sobre o ES, feita de cinco fórmulas: 1/A primeira afirma sua divindade, declarando que ele é "o Santo" por natureza, como só Deus* é santo e não santificado como as criaturas. 2/Proclama-se em seguida, não que o ES é Deus, o que a reserva basiliana tinha sempre evitado fazer, em um espírito de reconciliação, mas que ele é "Senhor", nome propriamente divino que lhe é dado pela Escritura (2Cor 3,17). 3/A função do ES é divina, pois ele é "vivificante" (Jo 6,63; 1Cor 15,45) por seu papel criador e divinizador. 4/"Ele procede do Pai": essa fórmula apela à única expressão do NT que permite dizer a origem do Espírito (Jo 15,26). Contudo, de uma frase que tinha um sentido "econômico" (a saída do ES para o mundo), o c. entende a processão* eterna do Espírito no seio da Trindade*. Assim como o Filho é gerado, o Espírito "procede". Não é pois, uma criatura. A processão exprime sua propriedade hipostática; é uma maneira de dizer sua consubstancialidade com o Pai e o Filho, sem empregar a palavra. O vínculo do Espírito ao Filho é deixado na indeterminação, e assim abre caminho à futura controvérsia do Filioque*. 5/"Com o Pai e o Filho é conjuntamente adorado e glorificado": essa fórmula, que retoma uma célebre argumentação de Basílio, funda-se no vínculo entre a *lex credendi* e a *lex orandi*, para dizer de uma nova maneira a pertença do ES à Trindade. C. I fez um trabalho de reconciliação e paz*.

Esse c. comporta importante complemento. Em uma carta sinodal enviada a Roma* em 382, os mesmos Padres dão a primeira formulação grega do que se tornará a fórmula trinitária comum ao Oriente e ao Ocidente: "Uma só divindade, potência* e substância do Pai, do Filho e do ES, a dignidade igual em honra e coeterna de sua realeza, em três hipóstases perfeitas ou ainda em três pessoas* perfeitas" (*DCO* II/1, 81) Essa fórmula foi retomada pelo II c. de C.*.

d) *Os cânones disciplinares.* — O c. promulgou também quatro cânones, dos quais o terceiro ficou mais célebre. Quis afirmar autoridade do bispo de C., nova Roma, sede que tinha assumido importância considerável, depois que a cidade se tornara capital do império do Oriente, atribuindo-lhe "o primado de honra depois do bispo de Roma". Esse cânon nunca será aceito pelos papas* da antiga Roma, tampouco o cânon 28 de Calcedônia.

* COD 21-35 (*DCO* II/I, 67-95).

▸ J. N. D. Kelly (1950), *Early Christian Creeds*, [3]1972, Londres. — I. Ortiz de Urbina (1963), *Nicée et Constantinople*, Paris. — A. M. Ritter (1965), *Das Konzil von Konstantinopel und sein Symbol*, Göttingen. — Col. (1982), *La signification et l'actualité du II concile oecuménique pour le monde chrétien d'aujourd'hui*, Genebra. — G. Alberigo (sob a dir. de) (1990), *Storia dei concili ecumenici*, Brescia. — A. de Halleux (1990), *Patrologie et oecuménisme*, Louvain, 303-442. — L. Abramowski (1992), "Was hat das Nicaeno-Constantinopolitanum mit dem Konzil von K. zu tun?", *ThPh* 67, 481-513.

Bernard SESBOÜÉ

→ *Confissões de fé; Criação; Filioque; Padres da Igreja; Nestorianismo.*

CONSTANTINOPLA II (concílio), 553

O II concílio* (c.) de Constantinopla* (C.), V c. ecumênico, foi convocado por Justiniano para fixar de maneira definitiva a interpretação ortodoxa do c. de Calcedônia* (Cal.). A tarefa principal proposta pelo imperador era reformular a doutrina de Cal. em termos mais acessíveis e declarar não ortodoxos três "capítulos" ou elementos representativos da tradição cristológica de Antioquia* que o c. de Cal. não tinha condenado: a pessoa e as obras de Teodoro de Mopsueste, primeiro dos grandes teólogos de Antioquia; as obras polêmicas de Teodoreto de Cyr, contra Cirilo* de Alexandria; e a *Carta a Maris, o Persa*, de Ibas de Edessa, na qual ele também atacava vivamente Cirilo. Teodoro não tinha sido citado explicitamente em Calcedônia; Teodoreto e Ibas, que tinham condenado a heresia* de Nestório, foram reconhecidos pessoalmente como ortodoxos.

a) *Redemoinhos depois de Calcedônia.* — Para a grande maioria dos cristãos orientais,

escandalizados pela afirmação calcedônica da igualdade e relativa autonomia da natureza humana de Cristo*, esses "três capítulos" antioquenos eram o símbolo mesmo do espírito calcedônico de compromisso com este século. Só uma concepção mais divina de Cristo, tal como tinham formulado os doutores alexandrinos, Atanásio* e Cirilo, podia ser a norma da fé* e do culto* cristãos. O Ocidente latino, de seu lado, via nas fórmulas de Cal. ao mesmo tempo uma cristologia* que convinha melhor à sua concepção mais prática da salvação*, e uma homenagem à autoridade doutrinal do bispo* de Roma*, Leão. Abandonar Cal. seria, a seus olhos, uma ofensa tanto à ortodoxia* quanto ao primado papal. Hierarquias episcopais não calcedônicas tinham-se estabelecido no Egito e na Síria desde os anos 480, e havia muitas delas no final dos anos 530; por outro lado, o "cisma acaciano" (484-519), entre Roma e Constantinopla, tinha sido provocado pela inquietação do papa* diante das tentativas dos patriarcas (patriarcado*) de Constantinopla de formular uma cristologia que não se inspirava em Cal.

b) *O papel de Justiniano.* — Por ocasião de seu acesso ao trono em 527, Justiniano compreendeu a necessidade política e religiosa de encontrar uma formulação oficial da cristologia e uma interpretação de Cal. que pudessem promover o acordo entre todas as partes do Império. Depois de uma tentativa infrutífera de diálogo com os bispos não calcedônicos (533), Justiniano fez condenar por um sínodo* local de Constantinopla os que se atinham a uma terminologia exclusivamente pré-calcedônica (536). O imperador, ele mesmo teólogo de grande originalidade, tomou a iniciativa de orientar a pesquisa teológica para uma nova concepção da pessoa* de Cristo; o objetivo era encontrar uma síntese entre as fórmulas de Cal., cujo equilíbrio era susceptível de uma variedade de interpretações, e a cristologia nitidamente teocêntrica de Cirilo — que os historiadores do s. XX chamaram "neocalcedonismo" ou "neocirilianismo". A rejeição dos "três capítulos" de Antioquia era o elemento negativo essencial dessa nova síntese.

Justiniano publicou entre 543 e 545 um primeiro edito, hoje em grande parte perdido, que condenava os "três capítulos", e um segundo, em 13 de julho de 551 (*De recta fide*), acompanhado de um longo tratado que dava as razões de sua condenação (*Epistula contra tria capitula*). O papa Virgílio (537-555), que tinha vindo a Constantinopla, por sua vontade ou contra ela, no fim de 546, e que parece ter estado inicialmente de acordo com Justiniano, condenou, de seu lado, os "três capítulos", em abril de 548 (*Judicatum*). Houve uma tempestade de protestos no Ocidente diante desse aparente abandono de Calcedônia, o que forçou Virgílio a rever sua posição; depois de um período de conflito aberto com o imperador, ele pôde retirar seu "Julgamento".

c) Um concílio movimentado. — Só um c. oficialmente reunido pelo imperador podia restabelecer a unidade. Convocados por Justiniano, os 152 bispos acreditados (dos quais talvez 11 latinos) tiveram sessões entre 5 de maio e 2 de junho de 553. O imperador estava seguro da docilidade dessa assembleia de maioria grega, e da autoridade de seu influente conselheiro, Teodoro Asquidas; deixou, pois, os bispos dirigirem sozinhos o c. Virgílio, que não assistiu a nenhuma de suas reuniões por temor das reações negativas do Ocidente, enviou em 24 de maio uma carta ao imperador (*Constitutum*) que definia sua posição: deviam-se condenar os erros teológicos dos três doutores de Antioquia, mas deviam-se poupar suas pessoas e suas obras, em respeito ao mesmo tempo por Cal. e pelos mortos. Justiniano respondeu no dia 26 de maio, enviando duas cartas ao c., revelando as mudanças de posição de Virgílio e dando a entender aos bispos que deveriam deixar de estar em comunhão com ele, enquanto ele não aceitasse seu julgamento coletivo.

Em sua VIII e última sessão, de 2 de junho, o c. aprovou um documento composto de uma introdução e de quatorze cânones. Os quatro últimos condenavam uma lista clássica de hereges, inclusive Orígenes* (cuja "escola" parece ter sido condenada por razões variadas, a pedido de Justiniano, antes mesmo do começo do c.), ao

mesmo tempo que os "três capítulos". Os seis primeiros cânones, ao contrário, formam uma cristologia sistemática, que une a terminologia de Cal. à de Cirilo, e afirma claramente que o *Verbo* divino é o único sujeito das ações de Cristo, a única hipóstase que existe em suas duas naturezas (Cân. 2-3, 5, 9). Essa declaração exclui toda concepção que separasse essas naturezas em Cristo, e restringe a distinção entre elas, por irredutível que seja, "exclusivamente à consideração conceitual" (*tè teôria monè*, cân. 7). Reconhece também a legitimidade de certas expressões de Cirilo que os calcedônicos não aceitavam (cân. 8), e torna normativa sua concepção da unicidade da pessoa de Cristo como fundada em uma "união por composição ou hipostática*" (*Henosis kata sunthesin egoun kath'hypostasin*, cân. 4), excluindo ao mesmo tempo qualquer interpretação que implicasse "confusão" de suas duas naturezas em uma só (cân. 8). Reafirma enfim, com força, o princípio de "comunicação dos idiomas*": é correto aplicar literalmente a Maria* o título de Mãe de Deus* (cân. 6), e o c. aprova também a confissão dos "teopasquitas", de acordo com a qual "aquele que foi crucificado segundo a carne, Nosso Senhor Jesus Cristo, é verdadeiro Deus e Senhor da glória*, e um da Santa Trindade*" (cân. 10).

No fim de seis meses, o papa declarou-se pronto a aceitar os cânones do c., e tornou público seu acordo em uma declaração de 23 de fevereiro de 554 (*Constitutum II*), que contradizia completamente sua posição anterior. A reação dos bispos ocidentais foi extremamente negativa, sobretudo na África, onde se produziu uma literatura hostil ao c. e a seus decretos, e também na Itália do Norte e na Gália. Sob o pontificado do sucessor de Virgílio, Pelágio I (556-561), a Igreja de Aquileia separou-se de Roma por causa dos "três capítulos", cisma* que durou até o final do s. VII. Embora indicando que aceitava C. II com os outros c. ecumênicos, Gregório* Magno sentiu a necessidade de insistir no fato de que a condenação dos antioquenos em nada contradizia o ensinamento de Cal. (*Epistulae* 1, 24; 3, 10; 9, 148). Com exceção desses papas, os autores ocidentais levaram tempo para contar C. II no número dos c. ecumênicos, e muitas fontes gregas do s. VII e mais tarde parecem ter apenas vaga ideia de sua obra.

Em nossos dias, os historiadores tendem a minimizar a importância doutrinal de C. II, vendo nele apenas um instrumento da política eclesiástica desastrada de Justiniano. Certos autores católicos do s. XX, (Amann, Moeller, Devreesse), desejosos e enfraquecer a afirmação muito forte da divindade de Cristo formulada por C. II, sustentaram que as decisões do c. não eram canonicamente válidas, porque ele não estava em comunhão* com o papa no momento de sua promulgação, e que somente a condenação dos "três capítulos" (que não tem, nela mesma, alcance doutrinal) foi aceita mais tarde por Virgílio e seus sucessores. Mais recentemente, historiadores ortodoxos ou protestantes (Chrysos, Meyendorff, Frank) mostraram a continuidade substancial de procedimento e de doutrina entre os quatro primeiros c. e o de C. II, e reconheceram na declaração dogmática do V c., ao mesmo tempo uma verdadeira clarificação do ensinamento de Cal. e um esforço autenticamente ecumênico para levar em conta fórmulas teológicas rivais.

* Atas: *ACO* IV/1 e IV/2; texto da declaração dogmática, *ACO*, IV/1, 239-245; decretos: *COD* 107-122 (*DCO* II/1, 240-271); *DS* 421-438 (só cânones). — editos de Justiniano in *Drei dogmatische Schriften Justinians*, ABAW. PH NS 18. — Virgílio, *Constitutum I*, CSEL 35, 230-320; *Constitutum II*, *ACO*, IV/2, 138-168. — Facundus de Hermiane, *Pro defensione trium capitulorum*, CChr. SL 90 A, 4-398; Liberatus, *Breviarium, ACO*, II/5, 98-141. — Evágrio, o Escolástico, *Historia ecclesiastica* IV, 10-38, ed. J. Bidez e L. Parmentier, Londres, 1898, 160-189.

► J. Bois (1908), "Constantinople (II concile de)", *DThC* 3/1, 1231-1259. — E. Schwartz (1940), "Zur Kirchenpolitik Justinians", ABAW. PH NS 2, 32-81. — R. Devreesse (1946), "Le V concile et l'oecuménicité byzantine", *Miscellanea Giovani Mercati*, 3, StT 123. — E. Amann (1950), "Trois chapitres", *DThC* 15/2, 1868-1924. — C. Moeller (1951), "Le V concile oecuménique et le magistère ordinaire au VI s.", *RSPhTh* 35, 412-423. — E. Chrysos (1969), *Hé ekklesiatikè politikè tou Ioustinianou kata tèn erin peri ta Tria Kephalaia kai tèn Pemptèn Oikoumenikèn Sunodun*, Salonica. — F. X. Murphy (1974), "Constantinople II", *in*

F. X. Murphy e P. Sherwood, *Constantinople II et Constantinople III*, 9-130, Paris. — P. T. R. Gray (1979), *The Defence of Chalcedon in the East 451-553*, Leyde. — G. L. C. Frank (1991), "The Council of Constantinople II as a Model Reconciliation Council", *TS* 52, 636-650.

Brian E. DALEY

→ *Anipostasia; Calcedônia (concílio); Cristo/cristologia; Éfeso (concílio); Hipostática (união); Idiomas (comunicação dos).*

CONSTANTINOPLA III (concílio), 680-681

O III concílio* (c.) de Constantinopla (C.), VI ecumênico, afirmou a realidade das duas vontades e das duas atividades, divina e humana, em Cristo*, condenando a doutrina do monotelismo* e do monoenergismo*. Essa definição dogmática, precedida pela do c. de Latrão em 649, foi o termo de um longo trabalho de clarificação teológica realizado por Máximo* Confessor (M.).

a) O papel de Máximo Confessor. — Como o papa Honório, M. tinha aprovado o *Pséphos* (decreto) do patriarca (patriarcado*) Sérgio de C. e, de início, desarmado ante a novidade do problema posto a partir da oração* de Jesus* no Getsêmani: sua vontade humana aparecia contrária à vontade divina, e Sérgio tinha concluído pela negação dessa vontade. A seguir, M. põe progressivamente em luz a realidade dessa vontade humana e mostra sua importância soteriológica.

Em um primeiro tempo, entre 634 e 640, ele afirma que Cristo tem realmente uma vontade humana, aplicando ao caso particular da vontade sua distinção de *logos/tropos*. Torna-se assim possível distinguir as noções de *alteridade* e de *contrariedade*, até então confundidas. A contrariedade da vontade humana em relação à divina não se liga a seu *logos*, i.e., à sua realidade essencial, mas a certo *tropos*, i.e., a um modo pessoal, a um 'jeito' dessa vontade humana no pecador. Todavia, que essa vontade humana seja diferente da vontade divina, isso se liga à sua realidade essencial, ao seu *logos*. Portanto, a contrariedade não se impõe mais na hipótese das duas vontades. Já que Cristo é perfeitamente santo e sem pecado*, toda contrariedade de sua vontade humana em relação à divina está excluída *a priori* (cf. *Op.* 4 entre 634-640, PG 91, 60 A–61 D; *Op.* 20, antes de 640, 236 A-237 C).

A seguir, entre 641 e 646, M. reinterpreta de maneira nova a oração de Jesus no Getsêmani, considerando sua vontade humana não mais na aparente recusa, mas no ato* livre de aceitação do cálice (Mt 26,42). Para responder plenamente ao problema da contrariedade da vontade humana em relação à divina, M. põe em luz esse livre consentimento de Jesus que revela seu perfeito acordo com a vontade divina (cf. *Op.* 6, *c.* de 641, PG 91, 65 A-68 D; *Op.* 7, *c.* de 642, 80 C-81 B; *Op.* 16, depois de 643, 196 C-197 A; *Op.* 3, *c.* de 645-646, 48 BD). Sendo a vontade, princípio de atividade, o problema do monoenergismo estava resolvido pela raiz.

Assim fazendo, M. valorizava em cristologia* o papel ativo da humanidade de Cristo em sua realidade histórica. O acordo da vontade humana com a divina inscreve-se na vida terrestre de Jesus, em sua perfeita obediência ao Pai* até à morte de cruz (cf. Fl 2,8). No Getsêmani, a união das duas vontades se revela na relação interpessoal do Filho com seu Pai, tal como viveu humanamente, na ordem da liberdade* (cf. PG 91, 68 D).

b) O concílio local de Latrão. — Tornado o principal adversário do monotelismo, M. enfrenta vitoriosamente o patriarca de C., Pirro, numa disputa pública em Cartago, em julho de 645 (PG 91, 288-353). A partir de 646, permanece em Roma*, tornada o centro da resistência ao monotelismo. Enquanto o imperador Constante II, em seu *Tupos* de 647, proibiu formalmente falar de uma ou duas vontades ou atividades, o papa* Martinho I reuniu um concílio em Latrão, em outubro de 649, para afirmar dogmaticamente as duas vontades ou atividades, e condenar o monotelismo e o monoenergismo. M. é o seu teólogo, e certamente redigiu os textos principais em que se encontram essas expressões (*Op.* 6, PG 91, 68 D). Diante da hipótese de duas vontades contrárias, o concílio afirma as duas vontades, divina e humana, de Cristo, unidas em pleno acordo; diante da hipótese de

dois sujeitos que querem coisas contrárias, afirma um mesmo e único sujeito, Cristo, querendo divina e humanamente a mesma coisa: nossa salvação*, por sua paixão*. As duas atividades são afirmadas da mesma maneira (cf. *DS* 500, 510, 511). O novo nessas afirmações concerne à vontade humana e seu papel soteriológico pela atividade que dela decorre. Para exprimir o sentido do consentimento livre de Jesus no Getsêmani, deve-se dizer que nossa salvação foi querida e realizada humanamente por uma pessoa* divina.

Constante II reagiu mandando prender Martinho e Máximo, que vão selar pelo martírio* essa afirmação da liberdade humana de Cristo contemplada na sua agonia; a morte do papa em 655 e a do teólogo em 662 exprimem também a liberdade da Igreja* ante o poder político.

c) O III concílio de Constantinopla. — O assunto se concluiu no c. que se realizou em C., de novembro de 680 a setembro de 681, sob o imperador Constantino IV. Contra o monotelismo e o monoenergismo, a definição desse c. afirma claramente a realidade das duas vontades e das duas atividades de Cristo, na perspectiva da definição de Calcedônia*, cujas expressões são literalmente retomadas (assim como as de Leão em seu *Tomo a Flaviano*), sendo as vontades e as atividades consideradas propriedades das duas naturezas de Cristo:

"Proclamamos nele, segundo o ensinamento dos santos Padres*, duas vontades e duas atividades naturais, sem divisão, sem mudança, sem partilha e sem confusão. As duas vontades naturais não são, como disseram hereges ímpios, opostas uma à outra, longe disso. Contudo, sua vontade humana segue sua vontade divina e onipotente, não lhe resiste nem se lhe opõe, mas antes submete-se a ela [...]. A diferença natural dessa única hipóstase se reconhece em que cada vontade quer e opera o que lhe é próprio em comunhão com a outra. Por essa razão, glorificamos duas vontades e duas atividades naturais, uma concorrendo com a outra para a salvação do gênero humano" (*DCO* II-1, 287-291).

Ao mesmo tempo, o c. condena todos os que professaram o monotelismo e o monoenergismo, e entre eles o papa Honório (*DS*, 550-552). Esse único caso de um bispo* de Roma condenado como herege por um c. ecumênico, suscitou mais tarde grandes discussões (em particular a propósito da infalibilidade*). Na realidade, Honório nunca foi formalmente herege, porque morreu em 640, bem antes da solução do problema. Portanto, não teve tempo de retratar sua infeliz fórmula monotelista de 634. M. defendeu sempre sua memória e o c. de 649 não o condenou. Essa afirmação dogmática da livre vontade humana de Cristo e da atividade que dela deriva garante a plena humanidade de Cristo, considerada a partir de seu centro, de seu coração*.

- Atas: *ACO, Series secunda* II/1; Decretos: *COD*, 124-130 (*DCO* II/1, 273-293).

▸ P. Sherwood (1952), *An annoted date-list of the works of Maximus the Confessor*, Roma. — H. Rahner (1964), *L'Église et l'État dans le christianisme primitif*, Paris. — M. Doucet (1972), *La dispute de Maxime le Confesseur avec Pyrrhus*, Montreal. — Ch. von Schönborg (1972), *Sophrone de Jérusalem*, Paris. — F. X. Murphy e P. Sherwood (1973), *Constantinople II e III*, Paris. — J. M. Garrigues (1976), "Le martyre de saint Maxime le Confesseur", *RThom* 76, 410-452. — F.-M. Léthel (1979), *Théologie de l'agonie du Christ. La liberté humaine du Fils de Dieu et son importance sotériologique mises en lumière par saint Maxime le Confesseur*, Paris.

François-Marie LÉTHEL

→ *Calcedônia (concílio); Cristo/cristologia; Máximo Confessor; Monotelismo-monoenergismo.*

CONSTANTINOPLA IV (concílio), 869-870

a) Pré-história. — Em 858, o patriarca de Constantinopla (C.), Inácio, foi deposto por razões políticas e substituído por Fócio (F.), um leigo. O papa* Nicolau I recusou essa eleição por dois motivos: o patriarca da C. não pode ser deposto sem o acordo de Roma*, e a eleição de F. foi contrária aos cânones. Ao mesmo tempo, reclamou o retorno à jurisdição* romana de Illiricum, Calábria e Sicília, anexados ao patriarcado de C. pelos imperadores iconoclastas.

Um sínodo* reunido em C. em 861 confirma a deposição de Inácio, com o acordo dos delegados romanos, que serão desautorizados pelo papa.

Em 863, um sínodo reunido em Latrão, depõe F. e os que ele ordenou. Nicolau I invoca o primado de Roma (com direito de intervir nos outros patriarcados*), contesta a doutrina da pentarquia (igual dignidade dos cinco patriarcados: Alexandria, Antioquia, Constantinopla, Jerusalém* e Roma) e só reconhece três patriarcas "apostólicos": Roma, Alexandria e Antioquia.

Em resposta, F. envia aos patriarcas orientais uma *Carta encíclica* em que afirma que a posição dos bispos* depende da importância política de sua cidade, e na qual condena a adição por Roma do Filioque* ao símbolo de Niceia*. Em 867, reúne em C. um concílio (dito "concílio fociano") que anatematiza Nicolau I (é o "cisma* de Fócio").

Uma reviravolta política em Bizâncio provoca a partida de F. e o retorno de Inácio. Em junho de 869, um sínodo romano, presidido pelo papa Adriano II, anatematiza F. e queima as atas do concílio fociano. Em outubro, a pedido do imperador bizantino, abre-se o IV concílio (c.) de C.

b) História e questões em pauta. — Esse c. contará dez sessões. Estão em jogo a intervenção de Roma nos assuntos interiores de outro patriarcado, e seu papel como fonte da fé* ortodoxa. A questão do Filioque, suscitada pela primeira vez na encíclica de F. aos patriarcas orientais, não aparece.

O decreto final (*horos*) do c. reconhece os sete primeiros concílios ecumênicos e condena F.

Os 27 cânones tratam da tradição*, do primado romano, dos patriarcados, das imagens*, da doutrina herética das duas almas* e das questões disciplinares (eleição de um leigo* ao patriarcado, intrusão do poder político nos assuntos da Igreja* etc.).

c) Recepção. — As decisões do c. relativas a F. foram ab-rogadas em 879 pelo papa João VIII e por um sínodo reunido em C. sob a presidência de F., (reconciliado com Inácio e reintegrado como patriarca), na presença dos legados do papa e dos patriarcas orientais.

C. IV é reconhecido como ecumênico pela Igreja latina, mas não pela Igreja grega, que se

atém aos "7 c. ecumênicos". Certos teólogos ortodoxos consideram ecumênico o sínodo de 879.

• *COD*, 157-186 (*DCO* 1, 354-407). — *Atas*, Mansi,
17, 373-725.

▸ D. Stiernon (1967), *Constantinople IV, HCO* 5,
Paris. — P.-Th. Camelot, P. Maraval (1988), *Les
conciles oecuméniques*, I: *Le premier millénaire*,
Bibliothèque d'histoire du christianisme 15, Paris.
— G. Alberigo (sob a dir. de) (1990), *Storia dei
Concili Ecumenici*, Brescia. — G. Dragon, P. Riché,
A. Vauchez (sob a dir. de) (1993), *Évêques, moines
et empereurs (610-1054)* (*Histoire du christianisme*,
t. IV), Paris, 169-186.

Marie-Hélène CONGOURDEAU

→ *Concílio; Confissões de fé; Heresia; Igreja/Estado;
Papa.*

CONSUBSTANCIAÇÃO

Termo desconhecido dos escolásticos e dos
reformadores, "consubstanciação" ("c.") aparece por volta de 1560 na polêmica calvinista para
caracterizar a teologia eucarística dos luteranos
(que afirma a presença de Cristo "em, com e
sob" o pão e o vinho da eucaristia*). As teorias da c. remontam à utilização patrística dos
conceitos cristológicos em teologia eucarística
(Betz, 1979); assim como Cristo é realmente
homem e realmente Deus*, assim também o
corpo e o sangue de Cristo estão realmente
("substancialmente") presentes, ficando o pão
e o vinho também realmente presentes. O esvaziamento contemporâneo do conceito greco-
medieval de substância e o desaparecimento
das explicações físicas da eucaristia suprimiram
aqui toda verdadeira diferença entre a teoria católica e a teoria luterana, ou provaram que nunca
houve diferença de fato. Falou-se também de c.
como "impanação"; os termos são sinônimos.

A REDAÇÃO

▸ J. Schaedtke (1977), "Abendmahl III/3", *TER* 1,
106-122. — J. Betz (1979) *HDG* IV.4.a.

→ *Ser c; Eucaristia.*

CONSUBSTANCIAL

a) Fundamentos clássicos. — Embora a palavra "consubstancial" (c.) só tenha começado
a circular no começo de nossa era, suas raízes
semânticas encontram os mais antigos usos de
palavra como "essência" (*ousia*), "substância"
(*hypostasis*) ou natureza (*physis*). Três autoridades principais e independentes tiveram nisso
um papel constante de fonte de inspiração e
de linguagem, durante toda a gênese do pensamento patrístico: Platão, Aristóteles e os
estoicos. Foi Plotino, contudo, quem primeiro
utilizou *homoousios* na língua filosófica. Em
suas *Enéadas* (IV, 7 [2], 10) diz que a alma*
humana, na sua bondade intrínseca, tem algo
de divino, "por causa do parentesco por ser c."
com "as coisas divinas", *dia suggeneian kai
to homoousion* (Bréhier, t. IV, 206). Porfírio
emprega *homoousios* cinco vezes; Jâmblico,
uma vez, para retomar a ideia de Plotino: a alma
está misturada ao divino (*Mistérios do Egito*,
3, 21). Nos s. V e VI, um emprego isolado de
homoousios se encontrará ainda nos dois últimos grandes mestres do neoplatonismo, Siriano
e Simplício. Entrementes, os autores cristãos
dessa época terão empregado esse termo mais
de duzentas vezes, segundo G. W. H. Lampe, *A
Patristic Greek Lexicon*. Vê-se de que lado o c.
suscitou verdadeira criação intelectual, a julgar
por sua voga literária.

b) O uso cristão pré-niceno. — A partir
de Ireneu* e de Tertuliano*, os Padres* denunciam o uso gnóstico que afirmava a consubstancialidade dos seres espirituais com o
Pleroma divino. O primeiro emprego trinitário
de *homoousios*, estranho ao contexto gnóstico,
aparece somente na correspondência dos dois
Dionísios, os bispos homônimos de Roma* e
de Alexandria, por volta de 265, embora nem
um nem outro faça uso pessoal do termo. Pouco
depois, em 286, um sínodo* condenou Paulo de
Samosata em Antioquia; uma *Carta de Sirmium*
homousiana afirmará em 358 que esse sínodo
tinha censurado *homoousios;* mas isso não passava de suposição, fácil de entender no tumulto
das ideias depois de Niceia*.

c) O "consubstancial" niceno. — "A significação exata de *homoousios* no credo de Niceia
não é só difícil de elucidar, é vão pretender
procurá-la", observa C. Stead (1994, 411) no

final de uma excelente análise dos recursos cristãos e não cristãos à noção ou à palavra, antes de Niceia. Observação decerto pertinente de um historiador do pensamento antigo, mas que impede captar a natureza *pastoral* da escolha desse termo no concílio* de 325. Procuremos então precisar a significação original do "c." niceno. Na *Exposição* (*da fé*) *dos 318 Padres* (*DCO* II-1, 1994) essa palavra remete inicialmente a *monogenès* "único gerado" (cf. Jo 1,18; 3,16.18), que os redatores do símbolo destacaram de "Filho de Deus*", ao qual se vê sempre ligado nas fórmulas de fé* análogas dessa época, e que eles juntaram a "nascido do Pai*", substituindo a fórmula tradicional "antes de todos os séculos" (Skarsaune, 1987): a visão da origem do Filho (filiação*), compreendida como "geração" divina, é assim destacada da referência à cosmologia, segundo uma mudança de perspectivas iniciada em Alexandre de Alexandria, *Carta a Alexandre de Tessalônica*. Assim essas duas palavras, *monogenès* e *homoousios*, ou antes as duas expressões que estão na base dessas palavras, a que se compunha de elementos tradicionais, *ek tou patros monogenes*, e a que constituía um acréscimo polêmico, não escriturístico e totalmente desconhecido da tradição, *homooiusios tô patri*, explicam-se mutuamente. Assim, esse "c." remete à geração única do Filho pelo Deus.

Com efeito, duas expressões paralelas garantem segundo esse ponto de vista, a inclusão dos outros acréscimos polêmicos introduzidos na fórmula de fé batismal que serviu de base para a redação do credo niceno:

1/*toutestin ek tes ousias tou patros*, "isto é, da essência do Pai", uma precisão lógica formulada segundo Teognosto, bispo de Alexandria entre 250 e 280 (*Hypotyposes* 2), que serve para reforçar "nascido do Pai, único gerado";

2/*theon alethinon ek theou alethinou*, "Deus verdadeiro de Deus verdadeiro", alusão escriturística (Jo 17,3) que corrobora a metáfora ao mesmo tempo joanina (1Jo 1,5; 8,12) e eminentemente origeniana (Boularand, 1972, 313-321), que precede, *phos ek photos*, "luz de luz", uma metáfora aliás ausente dos credos antigos e,

portanto, ainda uma marca alexandrina, própria do credo de Niceia.

3/*gennethenta ou poiethenta*, "gerado, não criado" ("feito"), que remete à Escritura* (ao menos para "gerado": Sl 110,3; Pr 8,25) servindo para introduzir imediatamente o *homoousios*.

Em suma, *homoousios* toma sentido aqui em uma visão centrada sobre a origem do Filho. Essa centralização, imposta pela contestação ariana, é a marca distintiva do *homoousios* niceno. A identidade de natureza entre o Pai e o Filho não é definida em si; mas é afirmada quanto à origem do Monogênito, como o requeria, então, a fé comum. Se os Padres nicenos puderam aceitar semelhante recurso, foi precisamente porque no contexto imediato de seu credo *homoousios* não se situava mais, a seus olhos, no nível das filosofias* ou da gnoses* do passado, onde teria ficado carregado de ambiguidades. O valor significante do termo, em harmonia com a necessidade pastoral da hora, consistia em enunciar a origem sempre radicalmente misteriosa do Filho.

A recepção* de *homoousios* em sua dimensão propriamente teológica imporá um esforço de invenção muito original a muitas gerações de pensadores, desde a obra pioneira de Atanásio* de Alexandria, *Contra os arianos* (c. de 340), até a clara distinção entre as três hipóstases e a essência divina na síntese dos capadócios, em particular em Gregório* de Nazianzo (*Discursos teológicos*, c. de 380). No curso desse debate de ideias, o pensamento cristão determinou como o "c." niceno significa uma unidade de natureza numérica sem impor um modalismo* trinitário, e como sugere uma unidade específica das hipóstases, sem quebrar a identidade e a simplicidade* essenciais da Trindade* divina. Em 382, uma carta sinodal estendeu explicitamente a noção do c. a toda a Trindade. No concílio de Calcedônia* (451), a mesma noção servirá para esclarecer igualmente a dupla consubstancialidade de Cristo*: ela designa na ordem da divindade a unidade da substância primeira e na da humanidade, a identidade específica da substância segunda.

- *DCO* II-1 (1994), 34-35.
- ▶ I. Ortiz de Urbina (1942), "L'*homoousios* preniceno", *OCP* 8, 194-209. — J. N. D. Kelly (1950), *Early Christian Creeds*, Londres (³1972). — L. M. Mendizabal (1956), "El Homoousios Preniceno Extaecclesiastico", *EE* 30, 147-196. — I. Ortiz de Urbina (1963), *Nicée et Constantinople*, Paris. — E. Boularand (1972), *l'hérésie d'Arius et la "foi" de Nicée*, II, Paris. — O. Skarsaune (1987), "A Neglected Detail in the Creed of Nicaea (325)", *VigChr* 41, 34-54. — B. Sesboüé e B. Meunier (1993), *Dieu peut-il avoir un Fils? Le débat trinitaire au IVe siècle*, Paris. — G. C. Stead (1994) "Homoousios", *RAC* XVI, 364-433.

Charles KANNENGIESSER

→ *Arianismo*; *Atanásio*; *Niceia I* (*concílio*); *Trindade*.

CONTEMPLAÇÃO

O conceito de "contemplação" (c.) remete à dupla história, grega (*theoria*) e latina (*contemplatio*). A passagem da *theoria* à *contemplatio*, como toda a tradução do vocabulário teológico grego para o vocabulário teológico latino, acompanha-se de uma mutação assim caracterizada: enquanto a *theoria* é um conceito de origem filosófica e conserva certa ambiguidade entre teologia* (t.) e filosofia*, a *contemplatio* é um conceito solidário da cristã latina e mais precisamente de uma parte dessa, a t. espiritual*. De Agostinho* a Teresa de Ávila, passando por Bernardo* de Claraval e a escola de espiritualidade cartuxa, o conceito de *contemplatio* sofreu em sua história lento desvio psicologizante, potencialmente presente no agostinismo*, vindo a *contemplatio* a designar um "estado espiritual".

1. Elemento filosófico e elemento escriturístico na origem do conceito de contemplatio

Há que distinguir dois elementos na formulação do conceito de *contemplatio*: de um lado as definições platônicas e aristotélicas, de outro lado, o elemento bíblico, veterotestamentário (essencialmente as figuras de Moisés e Elias) e neotestamentário (Marta e Maria, o êxtase de Paulo, At 9,3-10; 22,6-12; 26,12-19, cf. Stolz, 1947).

a) As definições platônica e aristotélica da c. da — *theoria* — não coincidem. Para Platão a *theoria* é o do conhecimento máximo, que revela o melhor nos seres (*Rep.* VII, 532c), ele é exercido pelo *noûs* (*Fedro*, 247c) e ligado ao amor* (*Banquete*, 192c) pela participação no Bem*, um Bem que está além do ser* (*Rep.* 509b): determinação que abre para os Padres gregos a possibilidade de uma deificação pela *theoria*. Em Aristóteles, ao contrário, a *theoria* define-se como o ápice da vida virtuosa, "a vida segundo o intelecto" (*Ét. a Nic.* X, 7), uma determinação que abre a possibilidade de uma "divinização do intelecto" na linha de *De An.* III, 5: "Se, pois, o intelecto é algo divino, em comparação com o homem, a vida segundo o intelecto é igualmente divina comparada à vida humana". Para Platão, a *theoria* é mistérica (*Banquete*, 209e), desvelamento do Belo inacessível a todo conceito (*ibid.*, 211a), ciência extática do próprio Belo (*ibid.*, 211c), em síntese, conhecimento intuitivo do absoluto. Ao contrário, em Aristóteles, a *theoria* está desconectada do conhecimento regressivo do Ato puro, desconexão que abre entre *De An.* III, 5 e *Ét. a Nic.* X, 7, de um lado, um espaço problemático de articulação onde virão soçobrar Avicena (que sintetiza a divinização pelo intelecto agente como uma conjunção com o Primeiro Movente), depois o aristotelismo* cristão, notadamente o aristotelismo radical do s. XIII. As teorias aristotélica e platônica da *theoria* sofrerão uma tentativa de unificação, por um lado, no neoplatonismo pagão, eventualmente anticristão (Plotino, Proclo, Damascio) e, de outro lado, no platonismo* cristão dos Padres gregos (Orígenes*, Gregório* de Nissa, Máximo* Confessor), inclusive, e sobretudo, as tentativas mais radicais da t. negativa (neg.) (Pseudo-Dionísio*).

Não se poderia esquecer a importância da doutrina plotiniana da *theoria* (cf. Arnou, 1921), que é na certa a primeira síntese contemplativa coerente do Ocidente. No prolongamento da *Carta VII* de Platão, Plotino desenvolve uma visão inefabilista do objeto da *theoria* e estende seu domínio à *physis* em sua totalidade — a *physis* contempla, segundo sua ordem, possui uma natureza con-

templativa (*physis philotheamon*): "A natureza
[...] é capaz de uma espécie de c., e produz todas
as obras em virtude da c. que, no entanto, não
possui, falando com propriedade" (III, 8, 1) — e
isso contra Aristóteles, *Ét. a Nic.* X, 8, 8, que limitava a *theoria* aos deuses e aos homens. Plotino
opera também uma mudança que influenciou
toda uma corrente de doutrinas contemplativas:
insiste no retiro da alma* dentro de si mesma a
fim de despojar-se de toda forma (*En.* VI, 9, 7)
para chegar à visão do Uno, princípio das formas,
mas ele mesmo, sem forma (*ibid.*, I, 6, 9). A dialética ascendente da alma para o Bem (Platão) é
substituída por uma conversão* de si ao Uno, que
consiste num despojamento e numa interiorização
progressivas. Com isso Plotino prepara a interioridade da *contemplatio* agostiniana.

b) As fontes escriturísticas são bastante limitadas em número. No AT podem-se citar: a parábola* de Lia e Raquel, o episódio de Moisés
na sarça ardente, a visão de Deus* por Elias. O
Cântico dos Cânticos tem um estatuto à parte:
se serviu de suporte ao desenvolvimento da mística* nupcial da c. e, portanto, se desempenhou
um papel central na história das doutrinas da c.,
não contém texto descritivo canônico nem da c.
nem da vida contemplativa (cont.). No NT, há
que distinguir os materiais brutos sobre a c. ou
vida cont., — a parábola de Marta e de Maria, o
episódio da transfiguração (Mt 17,1-9 e par.) e
o arrebatamento de Paulo ao sétimo céu — das
elaborações teológicas secundárias, sobretudo
nas epístolas de Paulo.

Falando propriamente, a c. não é um conceito bíblico. O episódio da transfiguração pode, contudo,
ser interpretado como uma passagem da c., dominada pelo temor de Elias e Moisés a uma c. do
Filho guiada pelo amor*: "Os discípulos caíram de
rosto em terra, tomados por grande temor. Jesus*
aproximou-se, tocou neles e disse: 'Levantai-vos!
Não tenhais medo!' Erguendo os olhos, nada mais
viram senão Jesus só" (Mt 17,6s).

Essas fontes dão da c. os seguintes traços.
No AT, ela é acompanhada de uma teofania* (a
sarça, a nuvem); é um face a face insustentável
com Deus que aplaca a nostalgia de sua face,
nostalgia que é própria de toda criatura, face
a face que revela a alteridade insustentável de
Deus. A c. aparece, pois, como a experiência*

de uma alteridade radical (não se poderia ver
a Deus sem morrer). No NT, o episódio da
transfiguração corresponde a uma teofania* na
pessoa mesma de Cristo*; o que é contemplado
é a glória* da divindade de Cristo por meio de
sua humanidade. Esse elemento de mediação
transforma a c.; de face a face terrificante,
torna-se a condição mesma da deificação (Deus
torna-se homem para que eu o contemple e
que me torne Deus). A experiência de Paulo
marca a c. com um elemento extático que se
lhe tornará consubstancial. Deve-se destacar
que as duas parábolas paralelas dos dois tipos
de vida (Lia/Raquel [AT] e Marta/Maria [NT])
fazem da vida cont. uma vida superior à vida
ativa. Tomás* de Aquino distinguirá assim uma
beatitude* própria à vida ativa, e uma beatitude
própria à vida cont., e a c. confundir-se-á com
essa beatitude que antecipa a beatitude dos bem-
aventurados ou a beatitude suprema.

Hugo de Balma (*Theol. Myst. Quest. Diff.* 23-26)
distingue a c. (Raquel, cf. Gregório* Magno,
Moralia VI, 18; *Hom. sobre Ez.* XIV) e o ardor
do amor (Maria): há de um lado, "o intelecto
ou potência de conhecer", de outro lado, "a
afetividade ou potência de amar", e a essas duas
potências correspondem "vias de excelência": a c.
e, superior a ela, a sabedoria unitiva do amor, que
está além de todo conhecimento, "conhecimento
por ignorância que é a união que está acima do
espírito" (Pseudo-Dionísio; cf. Ruello, Intr. a H.
de Balma, SC 408, 47s). Essa tipologia que une as
parábolas da vida cont. no AT e no NT, traça uma
linha divisória entre c. intelectual e c. afetiva, e
leva a interrogar sobre a subordinação da primeira
à segunda e sobre a natureza do conhecimento
pelo amor.

O elemento escriturístico será reinterpretado
a partir da *theoria* filosófica, por exemplo, na
Vida de Moisés de Gregório de Nissa (SC 1 *bis*,
117 s, a sarça ardente, 211ss, as trevas), em que
o face a face de Moisés e de Deus é submetido
a uma exegese* que utiliza o conceito platônico
de *theoria*.

2. Da theoria dos filósofos à theoria dos Padres gregos

A transformação da *theoria* pagã numa *theoria* cristã realizou-se no interior da recepção

crítica do platonismo pelos Padres* da Igreja* (Ivánka, 1964), sobretudo pelos Padres gregos. Os conceitos de *theoria* e de t. preexistem aos Padres; trata-se de conceitos gregos anteriores ao cristianismo dogmático. Contudo, a maneira como são reelaborados na dogmática* cristã modificou-os profundamente (e talvez os tenha traído). Essa transformação complexa nunca foi estudada sistematicamente em sua totalidade; pode-se ao menos esboçar alguns traços do conceito patrístico da c.

A c. exprime-se nos Padres gregos, além do termo *theoria*, tomado de empréstimo aos filósofos, por "*gnosis*" (Cf. *DSp* 2/2, 1765-1766). Esse termo mais especificamente religioso teve aceitação mais ampla que *theoria*, — "é essa luz que penetra a alma por efeito da obediência aos mandamentos*" (Clem. de Alex., *Strom.*, III, 5, 44). Em certo sentido, a *gnosis* prepara a *theoria*. A *theoria* é a finalidade da vida, a finalidade do sábio, uma das características do gnóstico (cristão), uma oração* pura (Clem. de Alex.). Orígenes distingue três graus: moral (Abraão), natural (Isaac), "inspectivo" ou contemplativo (*inspectivus*, Jacó). Distingue uma teoria através da pessoa de Cristo e uma *theoria* direta de Deus, subdividida em *theoria* beatífica, angélica e humana. Gregório de Nissa discerne duas etapas, a da nuvem (theoria intelectual) e a das trevas (*theoria* mística), correspondendo a duas etapas da vida de Moisés. Muitas vezes utiliza o termo *theognosia* para nomear a c. mística (p. ex., *Vida de Moisés*, PG 44, 372d, SC 1 *bis*, 203). A *theognosia* distingue-se da *theoria*: "Os filósofos abortam antes de chegar à luz da *theognosia*" (*ibid.*, 329b, 113). O *Cântico dos Cânticos* é ao mesmo tempo *theognosia* e *philosophia* (PG 44, 788c). Evágrio Pôntico (†499) faz da *theoria* "a atividade própria do intelecto, sua vida, sua felicidade" (*Centúrias*, 1, 24). A *theoria* suprema é a *theoria* da Trindade*, "gnose uniforme" (*ibid.*, I, 54), que supera a *theoria* dos inteligíveis. À c. suprema, "estado acima das formas" (*ibid.*, 7, 23), Evágrio dá o nome de *theologia*. O Pseudo-Dionísio dá a cada ordem hierárquica (angélica ou eclesiástica) seu grau de *theoria* próprio. Não identifica *theoria* e t.

neg. (como o fará João* da Cruz); a *theoria* vai além da teologia neg. — esta traça ao intelecto um limite que a *theoria* ultrapassa. A *theoria* é concebida como deificação (*theôsis*) e como êxtase, dando ao êxtase um sentido psicológico. O êxtase é "uma saída da condição humana" (R. Roques, *DSp* 2/2, 1898).

Para o Pseudo-Dionísio e toda uma parte da tradição dionisiana que o segue nesse ponto, o êxtase contemplativo está além da inteligência, além da razão*: "O conhecimento* mais divino de Deus é o que se adquire pelo in-conhecimento, em uma união que se situa além da inteligência (*huper noun*) quando a inteligência, tendo-se afastado de todos os seres e, em seguida, tendo-se desprendido de si, é unida aos raios supraluminosos" (*De Div. Nom.* 827 *a-b*). Para Aristóteles, a *theoria* é a realização do que é próprio ao homem, a vida segundo o intelecto e a virtude; para Plotino, o êxtase é igualmente saída do intelecto para fora de si. Concepção pagã e concepção dionisiana opõem-se, portanto, aqui, muito claramente: seja uma superação da humanidade em uma saída da humanidade; seja uma realização da humanidade por divinização do intelecto.

3. A contemplatio, *de Agostinho ao fim da Idade Média*

O termo *contemplatio* provém de Cícero (*De natura Deorum*, I 14, 37) e de Sêneca (*Cartas a Lucílio*, 95, 10). Agostinho* em sua doutrina da c., depende ao mesmo tempo do estoicismo* latino e de Plotino. Define-a como visão de Deus face a face na vida eterna*, como fim de toda a ação e como beatitude suprema (*De Trin.* 1, 8, 17; 1, 10, 20). Maria, oposta à sua irmã Marta, é o modelo de vida cont. (*Serm.* 169, 13 s.).

A distinção filosófica de *bios praktikos* e de *bios theoretikos*, ou de *otium* e de *negotium*, é frequentemente utilizada na exegese de Marta e Maria. Tomás* de Aquino consagra-lhe as questões 179-182 da IIa IIae, e aí declara a vida cont. preferível pelas seguintes razões: é intelectual, mais durável, mais deleitável, autossuficiente, lazer e repouso, ocupada com as coisas divinas, e própria ao homem. Há que acentuar que Tomás atribui a divisão contemplativa/ativa à vida enquanto movida pelo intelecto: tomada só nela mesma, a vida não conhece essa distinção (q. 179, a.1).

É a partir de uma teoria da alma que Agostinho determina a natureza da c. Faz isso primeiro erigindo a c. como a mais alta atividade da alma, o grau supremo imediatamente abaixo da apreensão do ser verdadeiro (*De quant. An.*, 33, 76): sua atividade consiste na visão da própria verdade, no gozo do Bem (*fruitio, perfruitio*). E o faz em seguida revertendo e deslocando a analogia* da *República:* fazendo da alma um *analogon* da Trindade*, introduz a c. no interior da vida trinitária. Desse modo, remata a interiorização iniciada por Plotino; a c. é a realização da interioridade amante; é ao mesmo tempo visão da verdade*, audição e tato do Verbo*, em uma temática dos sentidos espirituais que Agostinho não inventa (isso cabe a Orígenes), mas à qual dá o peso de uma rica fenomenologia da sensibilidade e da afetividade, que se desenvolve durante toda a IM, para alcançar em Bernardo, sua forma acabada. Essa dupla determinação da interioridade como amor e da c. como obra intratrinitária comporta seu risco, mesmo seu reverso, a psicologização da c., sua redução ao afetivo. Desde Agostinho existem duas concepções rivais da c., uma concepção intelectualista e uma concepção afetiva, e sua rivalidade vai ritmar a história das doutrinas da c. na IM. Eckhart e Dante*, em certa medida, defenderão a posição intelectualista, com matizes importantes —, contudo, é preciso notar que não existe doutrina da c. em Eckhart (ao contrário de Dante que expõe uma doutrina elaborada).

No entanto, as coisas não são tão simples, e toda uma corrente espiritual exporá uma teologia negativa agostiniana, concorrente ou paralela à t. neg. dionisiana. E na IM, quase todos os autores de tratados sobre a c. hauriram dessas duas fontes, combinando-lhes diversamente os elementos.

É certo que a t. neg. agostiniana da c. possui um caráter afetivo mais marcado (p. ex. em Tomás Gallus), mas existe também uma dimensão "afetiva" da t. neg. dionisiana. Esse ponto é capital para determinar o lugar do conceito de c. na economia da metafísica; com efeito, a concepção afetiva da c. preparou uma reviravolta

que viu, de uma parte, a teologia cindir-se em t. dogmática e t. espiritual* e, de outra parte, o saber filosófico dissociar-se da experiência espiritual.

a) O lugar da contemplatio. — Um texto do s. XII, autoridade constantemente pilhada e citada, a *Scala Claustralium* de Guigues II, o Cartuxo, texto por muito tempo atribuído a Bernardo de Claraval, permite situar a c. no vértice de uma série de exercícios — leitura, meditação, oração, c. — que são os quatro graus ascendentes da vida espiritual*. Bernardo já tinha distinguido c. e "consideração" (*De consid.*, II, 2): "A c. pode ser definida como uma aptidão da alma a uma intuição justa (*verus intuitus*) e infalível das coisas ... mas a consideração é [...] uma intenção do espírito em busca da verdade". Hugo de São Vítor distingue *cogitatio, meditatio, contemplatio* (PL 175, 116); e distingue as duas últimas por meio do *topos* "o que a meditação procura, a c. encontra". Utiliza igualmente um esquema quaternário, distinguindo "quatro modos da c.", a meditação, o solilóquio, a circunspeção, a ascensão (*De Cont. et eius speciebus* I-IV). Se os três primeiros graus são definidos, em Guigues II, por sua função (*officium*), a c., por sua vez, é definida por seu efeito (*effectus*), a saber, que "o homem se torna quase todo espiritual" (*ibid.*, VII, l. 174). A c. é o "gozo da doçura" (*Scala Cl.* III, l. 48), "doçura que delicia e refaz" (*ibid.*, III, l. 46). Ele tem, pois, um lugar definido no dispositivo regulado dos exercícios espirituais da vida monástica, concebida como forma instituída de vida cont., e é descrita em termos de emoção e de desejo e não em termos de conhecimento.

b) Estrutura da contemplatio. — O Pseudo-Dionísio (*De Div. Nom.* 4. 8; cf. também Tomás de Aquino, *ST* IIa IIae, q. 180, a. 6) aplica à alma a distinção aristotélica dos três tipos de movimento (circular, oblíquo ou helicoidal, retilíneo ou longitudinal) e identifica a c., que une as potências de intelecção, ao movimento circular. Essa transferência conceitual será utilizada pelo menos de duas maneiras distintas na história das doutrinas. Primeiro, será utilizada na oposição entre a meditação, retilínea, e a c., circular (Quiroga, *Apologie Myst.* 4, 1 s., para um resumo informado); depois o será na distinção interna à c., entre c. especulativa, retilínea ou helicoidal — e a c. anagógica — circular ou retilínea (ver p. ex. Guigues du Pont, *Traité sur la contemplation*). A c. especulativa é intelectual, a c. anagógica é afetiva: "Existem duas espécies dessa c., que só um pequeno número experimenta: a especulativa e a anagógica, ou então a afirmativa e a negativa, ou ainda a intelectual e a afetiva" (*ibid.*, III, 4). A primeira se eleva a Deus por afirmação, por especulação; a segunda, por negação e afeição. A c. anagógica retilínea é um movimento direto e violento em direção a Deus, enquanto c. anagógica circular é um movimento que reconduz a alma a si mesma, para ali descobrir a Deus (introversão). O entrecruzamento de esquemas conceituais é, portanto, radical; uma classificação física serve de fundamento a uma classificação mística que, por sua vez, depende da temática plotino-agostiniana da introversão, do retorno a si em direção a Deus ou a Deus através de si.

c) *Valor teológico e objeto da* contemplatio. — Os elementos filosóficos e místicos que distinguimos são integrados por Tomás de Aquino em sua teoria da c. A c., segundo Tomás, dá um verdadeiro conhecimento do ser divino, mas que deve distinguir-se do conhecimento da essência divina na visão beatífica*. De fato, os teólogos hesitaram sobre o objeto da c. (atributos*, glória*, ser ou essência de Deus), e a resposta negativa, corrente em nossa época, não era unânime na IM. Agostinho e o próprio Tomás hesitaram e puderam sustentar que a c. oferecia a visão de Deus nele mesmo (em particular para Moisés e Paulo, cf. *ST* IIa IIae, q. 175, a. 3 e q. 180, a. 5), mesmo quando afirmavam que a visão da essência era inacessível até aos bem-aventurados (Tomás, *In Ev. sec. Joh.* c. 1, lec. 11, n. 1). O Pseudo-Dionísio p. ex., que identifica essência de Deus e "luz incircunscrita", recorre ao *topos* platônico do deslumbramento do intelecto, e declara a essência divina fora de seu alcance: o fim é "unir-se na ignorância com aquele que está além de toda essência e

de todo saber" (*Theol. Myst.* 1, 1). Todavia, como ordenar a c. do homem viajor à c. do bem-aventurado, a beatitude terrena suprema à c. da beatitude celeste suprema? A solução de Tomás é reinterpretar a *theoria* aristotélica para dela fazer uma etapa preparatória à c. (*ST* IIa IIae, q. 180): a *theoria* é uma c. de Deus na criação*. Assim a *theoria* é definida como um conhecimento especulativo (*cognitio specularis*) e distinta da c., que é a intuição simples (*intuitus simplex*, III *Sent.* d. 35, q. 1, a. 1 ad 2). A c. é *unio* e *informatio*, união ao Princípio e aquisição de uma forma (*ST* Ia IIae, q. 3, a. 5, ad 1); nela consiste a substância da beatitude humana. Ao contrário, a *theoria* aristotélica, aspiração terrena e científica, só leva a uma beatitude limitada (*ST* Ia IIae, q. 3 a. 6 resp. e ad 1-3); e mesmo se a c. é na verdade um ato do intelecto especulativo (*intellectus speculativus*, *ST* Ia, IIae, q. 3, a. 5), deve-se distinguir c. e especulação. A c. é não discursiva, possui a verdade e dela goza, enquanto a especulação é pesquisa discursiva da verdade (cf. *In Eth.* 10, 10 nº 2092). A beatitude e a vida são suscetíveis de ser contemplativas, enquanto cabe ao intelecto, ao conhecimento e à ciência ser especulativos — e contudo, a vida cont. que leva à beatitude suprema supõe o exercício de um intelecto especulativo e, portanto, proporciona um conhecimento especulativo. O divórcio aristotélico entre o prático e o teórico, que Plotino tentou superar sublinhando o elemento teorético de toda práxis, exprime-se assim em Tomás de maneira duplicada: o especulativo opõe-se ao prático, mas o contemplativo, que pressupõe o especulativo, pode superar essa divisão. Ao fazer da *theoria* aristotélica uma antecipação da c., Tomás critica implicitamente Aristóteles por permanecer na cisão.

4. A contemplatio *nos tempos modernos*

a) *Mutações da contemplação.* — O Renascimento marca uma virada na história da mística (Certeau, 1982): a introdução de um regime autobiográfico na descrição dos "estados superiores" (Musil), a invasão maciça da histeria como figura da verdade, ou da neurastenia

(Surin), a promoção da feminilidade, tudo isso marcaria uma evolução irreversível. Historicamente, essa interpretação é muito frágil: o êxtase de Óstia contém todos os elementos autobiográficos requeridos; a mística feminina é dos traços mais importantes da espiritualidade da IM (Hildegarda de Bingen, Hadewijch de Antuérpia...) etc. Tem, contudo, uma parte de pertinência — o Renascimento conheceu, de fato, um desvio subjetivista no que toca as doutrinas místicas da c. — porém esse desvio deve ser caracterizado no interior dessas doutrinas e não somente nas categorias de uma psicanálise da história*. Desse ponto de vista imanente, esse desvio pode caracterizar-se como uma mutação do próprio conceito de c., que passa então de uma acepção cognitiva a uma acepção puramente psicológica. A questão do conteúdo objetivo de conhecimento do ato de c., questão central para a t. dogmática de Tomás de Aquino, ou para a t. mística de Hugo de Balma, mas igualmente importante para Nicolau* de Cusa — que está na fronteira dos dois mundos — perde sua pertinência nas escolas modernas de espiritualidade, na escola salesiana*, na escola francesa oriunda de Bérulle* ou na escola teresiana do Carmelo* reformado. Há decerto grandes místicos na idade barroca e clássica (Bento de Canfeld, Angelus Silesius, João de Saint-Samson, Bérulle), mas quase não há mais contemplativos teólogos ou filósofos. Quando Suárez* escreve seu *De oratione*, trata-se de uma obra distinta de sua metafísica; quando Espinosa fala de c., ela está esvaziada de seu sentido primeiro.

Esse desvio de rumo é próprio da Igreja latina; a Igreja do Oriente não a conheceu, sem dúvida porque as doutrinas da c. sempre tiveram um caráter místico e prático ao mesmo tempo. A tradição* teológica tem ali uma orientação mística mais marcada e a *theoria* está sempre ligada à divinização (*theôsis*); o ascetismo é o bem comum da Igreja. De outro lado, o fenômeno cultural do Renascimento não teve efeito sobre o pensamento religioso dos países de tradição ortodoxa (Rússia e Grécia, sobretudo). O fato mais importante no Oriente é a transferência complexa da mística bizantina para um contexto eslavo, marcado pela ausência de uma escolástica* autóctone, o que dará por exemplo ocasião para uma renovação do hesicasmo* em pleno s. XIX. Essa transferência, porém, não entra no esquema, organizador da história ocidental, de um Renascimento que rompe com a IM. Filósofos-teólogos como Soloviev*, Florenski ou mesmo Berdiaeff representam desse ponto de vista exceções culturais, na medida em que continuam a atribuir à c. um valor normativo para o conhecimento metafísico, o que é impensável no Ocidente pós-teresiano e pós-kantiano.

b) Da contemplação à oração, o Carmelo reformado. — Apesar de sua aparência geralmente autobiográfica, os escritos de Teresa de Ávila contêm um ensinamento muito tradicional da t. mística. A originalidade de Teresa está, porém, em outro lugar: em ser um momento capital do movimento de subjetivização da vida mística (cf. p. ex. Certeau, 1982); aliás, houve quem pudesse felicitar-se (p. ex. Dom A. Mager) de que Teresa tivesse rompido com o Pseudo-Dionísio para lançar as bases de um método psicológico em matéria mística. De fato, Teresa não fala mais de c., mas de "oração" (o.), termo retomado de espirituais espanhóis (Osuna, Pedro de Alcântara, João de Ávila) solidários do movimento dos *recogidos*. A o. é um ato de prece (*oratio*); designa, pois, na origem, uma atividade especializada, uma "ocupação interior" (João Batista de la Salle) do sujeito psicológico humano (os anjos* não fazem o., dado que contemplam; a natureza não faz o., embora contemple — segundo Plotino), uma atividade estritamente religiosa (se existe uma "c. filosófica", por discutível que seja seu estatuto, não há o. filosófica). Com a o., a c. se esvazia de todo alcance metafísico. (E João* da Cruz, que possui uma verdadeira doutrina da c., herdada da melhor tradição, nesse ponto não difere da concepção teresiana). Teresa distingue cinco graus de o.: oração de meditação (I); o. de quietude (II); o. de sono das potências (III); o. de união a Deus (IV); matrimônio espiritual (V); (*Livro da vida, Castelo interior*). Em outro lugar, distingue (*Moradas da alma*) a o. de meditação (correspondente às três primeiras moradas) e a o. de recolhimento (quatro últimas moradas); o que corresponde à distinção clássica entre meditação e c., porém a distinção é tomada aqui em uma tópica dinâmica da alma, do mais superficial para o mais profundo, que reduz o movimento da introversão a uma introspecção dos estados de o. O fim que Teresa parece ter em vista é fornecer ao leitor critérios psicológicos que lhe permitam situar-se nessa tópica: "Quietude, união, êxtase, são expressões que tinham na origem significação teológica, sem relação direta com uma experiência psicológica especial. Ora, essa significação teológica passou ao segundo plano" na mística espanhola (Stolz, 1947, 135). Esses estados psicológicos, enfim, comportam visões, êxtases e revelações* que preparam para o matrimônio espiritual.

A mística nupcial tem uma de suas fontes na metáfora da Igreja-esposa de Cristo (Ap 19,7s.): "Eis as núpcias do Cordeiro*, sua esposa está preparada" e também, na metáfora de Israel* esposa de Deus (Os 2,16ss: "Pois então vou seduzi-la. Eu [Deus] a [Israel] levarei ao deserto e falar-lhe-ei ao coração*". Sua origem está no comentário alegórico do *Cântico dos Cânticos*. Os comentários de Orígenes e de Gregório de Nissa fixaram o quadro de interpretação (especialmente no que concerne aos sentidos espirituais e a significação de conjunto do texto, concebido como descrição, ao mesmo tempo, da união de Deus e da Igreja, e da alma e Deus). As teorias afetivas da c. recorrem maciçamente a esse tipo de alegoria (p. ex., os comentários do anti-intelectualista Guilherme de São Thierry, ou do dionisiano afetivo Tomás Gallus). Os *Sermões sobre o Cântico dos Cânticos* de Bernardo de Claraval são tomados em toda uma corrente, que sintetizam (e também excedem amplamente). Essa mística nupcial encontra sua expressão literária consumada nos *Poemas* de Hadewijch de Antuérpia e no *Cântico espiritual*, de João da Cruz.

O êxtase é um elemento importante dessa vida de o., que Teresa descreve em detalhe no *Castelo da alma*. Esse traço é decisivo para a psicologização e subjetivização da c.

Em si mesmo, o êxtase é apenas um fenômeno superficial que pode acompanhar a c., mas que, de fato, apenas assinala a fraqueza da natureza humana (é a razão pela qual os autores antigos em geral dele desconfiam e afastam dele os contemplativos). O êxtase põe o problema conceitual de saber se, na c. o intelecto sai de si mesmo, o êxtase seria um movimento da saída da alma para o ponto mais elevado do intelecto ou, então, uma saída radical do intelecto para fora de si mesmo?

É no quadro tradicional da t. neg. que João da Cruz desenvolve uma doutrina da c., rica e complexa. Para ele, a c. chama-se "t. mística": "É por isso que se nomeia a c. pela qual o entendimento tem o mais alto conhecimento de Deus: 'teologia mística', isto é, sabedoria* secreta de Deus, porque está oculta ao entendimento que a recebe" (*Subida ao Monte Carmelo*, II, VIII). Essa c. se diz "infusa": "Porque a c. não é outra coisa que uma infusão de Deus, secreta, pacífica e amorosa" (*A noite escura*, I, XI); "essa c. tenebrosa, secreta [...], é a teologia mística [...], sabedoria secreta que, segundo Santo Tomás, se comunica e infunde na alma pelo amor (*ibid.*, II, XVII). Designando a c. como "noite escura", retoma assim a tradição dionisiana da c. caliginosa: "Essa noite que dizemos ser a c." (*ibid.*, I, VIII). A c. é um raio de trevas, uma luz escura, uma noite toda clara, uma "nuvem tenebrosa que torna a noite toda clara" (*Poemas*, IV)

A c. caliginosa dos autores da IM origina-se da doutrina dionisiana da treva divina. Para o Pseudo-Dionísio, Deus reside em uma "treva supraluminosa", a "luz incircunscrita" sendo equivalente à "treva" (cf. *Carta a Caïus, Carta V a Doroteia*, PG 3, 1066 A e 1074 A). Gregório de Nissa desenvolve igualmente uma mística da nuvem em sua *Vida de Moisés* (PG 44, 360 D, SC 1 bis 177 s.) e em seu *Comentário do Cântico dos Cânticos* (PG 44, 1000 CD).

A c. é "ciência do amor" (*ibid.*, II, XIX), "inteligência mística confusa e obscura" (*ibid.*, II, XXIV). É sobrenatural, tranquila, solitária, substancial. João da Cruz pode assim chamá-la "uma infusão escura e geral" (*A viva chama do amor*, III, 3). A c. é uma ciência, mais "saborosa", o que a aproxima da "sabedoria secreta", é uma "sabedoria amorosa de Deus" (*Noite escura*, II, 5), uma "ciência secreta de Deus": "A ciência saborosa [...] é a t. mística, que é uma ciência secreta de Deus, que os espirituais denominam 'c.'; a qual é muito saborosa porque é uma ciência por via de amor [...]" (*Cântico espiritual*, XIX, 5). A t. mística, ou t. negativa, é uma ciência "que sabe por amor, em que não apenas se sabe, mas ao mesmo tempo se saboreia" (Prólogo do *Cântico espiritual*). João da Cruz insiste no fato de que é Deus que introduz a alma na c., e que nela opera pela graça*. A alma recebe, e não tem outra coisa a fazer senão "estar atenta a Deus com amor, sem querer sentir ou ver alguma coisa [...]; receber a luz que lhe é infundida sobrenaturalmente é entender passivamente" (*A subida do Monte Carmelo*, II, 15). A dificuldade central das doutrinas da c. — a hierarquização do intelecto e do afeto, — é resolvida pela identificação da c. a uma ciência idêntica ao amor, uma ciência que é uma sabedoria. Essa solução consagra em um vocabulário ainda tradicional o divórcio entre a c. mística e a c. filosófica. A t. mística recebe, assim, considerável autonomia existencial; a c., solidária de uma t. neg. radical, torna-se completamente autárquica. O problema tomista de uma superação da oposição entre o especulativo e o prático pela c., desapareceu. O entendimento natural é prisioneiro dos sentidos, e, mesmo iluminado por uma inteligência sobrenatural, "na prisão do corpo, não tem disposição, nem capacidade para receber uma clara notícia de Deus" (*A subida do Monte Carmelo*, II, 8). O axioma seguinte pode então ser posto: "Nem mais nem menos, tudo o que a imaginação pode imaginar e o entendimento receber e compreender nesta vida, não é nem pode ser um meio próximo para a união de Deus" (*ibid.*). Não é o caráter natural do entendimento que faz obstáculo a uma apreensão intelectual de Deus, é "este estado", i.e., a condição mortal da finitude; e o que é de ordem sobrenatural* não modifica essa limitação constitutiva do criado, mas apenas abre a natureza a uma passividade superior, dobra-a às condições exigentes de uma c. obscura e árida. O duplo reconhecimento (por Leão XIII, em 1879) de um magistério de Tomás* de Aquino, em teologia dogmática, e (por Pio XI, em 1926) de João da Cruz, em t.

mística, confirmará uma cisão e uma repartição de papéis, bem adquiridas no s. XVI.

c) *Perspectivas*. — De João da Cruz a nossos dias, a história do conceito de c. evoca poucos comentários. Espíritos contemplativos continuaram a experimentar e teólogos a sistematizar, mas o conceito ficou globalmente imutável. No entanto, há que distinguir claramente, nesse período, a história da espiritualidade latina e sua história oriental.

O catolicismo* pós-tridentino e pós-teresiano vai conhecer dois fenômenos complementares: de um lado, uma maior especialização das congregações e ordens religiosas em espiritualidades diferentes, com matizes na concepção da c., de outro, uma sistematização muito forte da descrição dos estados de c., ligada parcialmente à controvérsia sobre a "c. adquirida" em que os Carmelitas tiveram o papel mais importante. Essa querela, que tem suas origens na querela do quietismo* (e em seus precedentes molinistas), versava sobre a linha de demarcação a fixar entre o que é natural (c. adquirida) e o que é sobrenatural* (c. infusa). Ocupa em parte, p. ex., o *Cursus theologiae mysticae scholasticae* de José do Espírito Santo (1736), um dos representantes dessa escola de Salamanca a quem se deve uma releitura sistemática de João da Cruz à luz de Tomás de Aquino. Atinge o paroxismo por volta de 1900, em um debate entre A. Saudreau (*La vie d'union à Dieu*, 1900) e A. F. Poulain (*Des grâces d'oraison*, 1901) na época mesma em que dois grandes contemplativos carmelitas retomam o conceito de c. de João da Cruz: Teresa de Lisieux (dita do Menino Jesus) e Elisabeth de Dijon (dita da Trindade, 1880-1906). Da primeira dessas duas santas pode-se dizer que fez passar a c. para uma forma de noite moderna, o niilismo, de onde a c. saiu restaurada em sua figura quase original: ao mesmo tempo em que lhe dá sua plena dimensão eclesial (Balthasar, 1970, 177-202), Teresa é provavelmente a primeira a descrever o confronto da c. com o ateísmo*, e sua escritura toma um relevo inimitável.

A Igreja do Oriente conheceu no s. XIX, graças à edição da antologia de textos ascéticos chamada *Filocalia*, reunida em 1782 por Nicodemos Hagiorita, uma renovação da espiritualidade (tanto monástica como leiga), e técnicas de c. oriundas de Bizâncio, o hesicasmo* propriamente dito. Por um simples efeito de volume (2.500 páginas) e de abrangência (a coletânea vai desde os Padres do deserto até Gregório* Palamas e ao palamismo), essa antologia contribuiria para dar uma identidade mais forte à ortodoxia, notadamente na Rússia, que conheceu, então, uma verdadeira renovação da "oração do coração". Essa renovação aparece no ensinamento dos *starets*, ou no Monte Athos, p. ex. na espiritualidade de Silouane (1866-1938), cuja c. alia, ao mesmo tempo, compaixão e desprendimento.

Não se pode falar de simples eclipse ou ausência da c. no mundo secularizado. De um lado, a c. não escapa ao movimento de secularização* no qual a c. estética veio substituir a c. mística, já que a ela é que atribuem correntemente os caracteres de imediatez, de superação do discurso racional, de conhecimento intuitivo do universo e, eventualmente, de conhecimento* de Deus. De outro lado, toda uma depreciação clínica dos estados ligados à c. lançou sobre ela o descrédito de uma ciência psiquiátrica normativa (cf. os trabalhos de Janet). Foi preciso aguardar o *Seminário* de Lacan para reabilitar o êxtase contemplativo feminino, em termos de "gozo místico da coisa", o que confirma a concepção psicologizante descrita acima, mas abre ao mesmo tempo uma brecha em toda essa tentativa unívoca de redução psicológica. Esse fato autoriza em parte a repensar a c. por ela mesma, com a contribuição crítica da filosofia*, notadamente da fenomenologia. Enfim, muitas possibilidades de repensar a c. são esboçadas do lado da "mística ateia" de Wittgenstein*, e da experiência dos limites descrita por Blanchot, Klossowski ou Bataille. O estado vivido e descrito por esses autores escapa à caracterização tradicional do êxtase e da c., mas toma de empréstimo a eles o desejo de um abandono do eu, de uma destituição de todo domínio, de uma ruptura com a imanência, sem hierarquizar nesse movimento o aquém e

o além, nem tampouco ligar esses movimentos do espírito a quadros teológicos; tudo isso radicaliza no domínio psicológico a destruição da ordem cosmológica. Se uma teoria da c. ainda é possível, é doravante sobre esse fundo de desastre — mas aceitando pagar esse preço, que ela teria condições de frustrar todas as tentativas reducionistas.

• Angelus Silesius, *Cherubinischer Wandersmann*, Stuttgart, 1984. — Benoît de Canfeld, *La Règle de la perfection/The Rule of Perfection*, Paris, 1982. — Denys le Chartreux, *De Contemplatione*, OC, Chartreuse de Montreuil-sur-Mer/Tournai, 1896-913, t. 41. — J.-P. de Caussade, *Traité sur l'oration du coeur* e *Instructions spirituelles*, Paris, 1980. — Élizabeth de la Trinité, *J'ai trouvé Dieu*, OC, ed. du Centenaire, 3 vol., Paris, 1979-1980. — Guigues du Pont, *Traité sur da contemplation*, Analecta Cartusiana 72, 2 vol., Salzburgo, 1985. — Guigues II le Chartreux, *Lettre sur la vie contemplative* (*L'échelle des moines*), SC 163. — Guillaume de Saint-Thierry, *La contemplation de Dieu*, SC 61 bis; *Exposé sur le Cantique des Cantiques*, SC. 82; *Lettre aux frères du Mont-Dieu* (*Lettre d'or*), SC 223. — Hadewijch d'Anvers, *Mengeldichten*, 1952 (*Poèmes des Béguines*, Paris, 1954). — Henri Herp, *Spiegher der Volcomenheit*, 2 vol., Antuérpia, 1931; *Theologia mystica*, Colônia, 1554, reed. Farnborough, 1966. — Hugues de Balma, *Théologie mystique*, SC 408 e 409. — Hugues de Saint-Victor, *La contemplation et ses espèces*, Monumenta Christiana Selecta II, Tournai-Paris, s.d. (c. 1955); *Six opuscules spirituels*, SC 155. — Jean de Saint-Samson, *Oeuvres mystiques*, Paris, 1984. — Nicolau de Cusa, *Opera omnia iussu et auctoritate Academiae Litterarum Heidelbergensis ad codicum fidem edita*, Leipzig 1932-1945, Hamburgo 1950-, t. 1, *De docta ignorantia*, 1932, t. 4/1, *Opuscula*, 1959, t. 5, *Idiota*, 1937, t. 13/2, *De apice theoria*, 1974. — Anon., *The Cloud of Unknowing*, Oxford, 1944. — Anon., (*La*) *Perle évangélique*, trad. fr. anon. 1602 (cf. *DSp* 12, 1159-1169). — Quiroga, José de Jesús Maria, *Apologie mystique en défense de la contemplation* (*Apologia Mystica*), Paris, 1990. — Richard de Saint-Victor, *Benjamin minor*, PL 196, 1-64; *Benjamin Major*, PL 196, 64-192. — Ruusbroec, J. van, *Werken*, Tielt, 1944-1948². — Sophrony, *Starets Silouan, moine du Mont Athos. Vie-doctrines-écrits*, Sisteron, 1973. — Thomas Gallus, *Commentaire du Cantique des cantiques*, Paris, 1967 (cf. *DSp* 15, 799-815). — Cf. também a bibl. dos autores citados aos quais uma notícia é consagrada neste *Dicionário*.

▶ A.-F. Poulain (1901), *Des grâces d'oraison, traité de th. mystique*, Paris, [10]1922 — R. Arnou (1921), *Le désir de Dieu dans la philosophie de Plotin*, Paris (Roma, 1967[2]). —A. Gardeil (1925), "Les mouvements direct, en spirale et circulaire de l'âme et les oraisons mystiques", *RThom*. 8, 321-340. — F. Cayré (1927), *La contemplation augustinienne*, Paris (Bruges 1954[2]). — J. de Guibert (1930), *Études de théologie mystique*, Toulouse. — J. Baruzi (1931), *Jean de la Croix et le problème de l'expérience mystique*, Paris. — R. Arnou (1932), *Le thème néoplatonicien de la contemplation créatrice chez Origène et chez saint Augustin*, Roma. — K. Rahner (1932), "Le début d'une doctrine des sens spirituels chez Origène", *RAM* 13, 113-145. — R. Arnou (1935), "Platonisme des Pères", *DThC* XII/2, 2258-2392. — A. J. Festugière (1936), *Contemplation et vie contemplative chez Platon*, Paris. — H.-C. Puech (1938), "La ténèbre mystique chez le Pseudo-Denys l'Aréopagite et dans la tradition patristique", *EtCarm*. 23/2, 33-53. — V. Lossky (1944), *Théologie mystique et l'Église d'Orient*, Paris. — A. Stolz (1947), *Théologie de la mystique*, Chèvetogne. — R. Dalbiez (1949), "La controverse de la contemplation acquise", in *Technique et contemplation, EtCarm 28, 81-145*. — Gabriel de Sainte-Marie (1949), *La contemplation acquise*, Paris. — J. Lebreton *et al.* (1953), "Contemplation", *DSp* 2/2, 1643-2193. — W. Völker (1958), *Kontemplation und Ekstase bei Pseudo-Dyonisius Areopagita*, Wiesbaden. — L. Kerstiens (1959), "Die Lehre von der theoretischen Erkenntnis in der lateinischen Tradition", *PhJ* 67, 375-424. — J. Leclercq (1961a), *Études sur le vocabulaire monastique du Moyen Âge latin*, StAns 48, Roma; (1961b) "La vie contemplative chez saint Thomas et dans la tradition", *RThAM* 28, 251-268. — J. Pieper (1962), *Glück und Kontemplation*, Munique. — E. von Ivánka (1964), *Plato christianus*, Einsiedeln. — H. U. von Balthasar (1970), *Schwestern im Geist. Thérèse von Lisieux und Elizabeth von Dijon*, Einsiedeln.— F. Ruello (1981), "Statut et rôle de l'*intellectus* et de l'*affectus* dans la *Théologie mystique* de Hugues de Balma", em *Kartäusermystik und -mystiker*, ACar 55/1, 1-46. — M. de Certeau (1982), *La fable mystique*, Paris. — P. Hadot (1987), *Exercices spirituels et philosophie antique*, EAug, 2ª ed. revista e aum. — F. Nef (1993), "*Caritas dat caritatem*: la métaphysique de la charité dans les sermons sur le Cantique des Cantiques et l'ontologie de la

contemplation", *in* R. Brague (sob a dir. de), *Saint Bernard et la philosophie*, Paris, 87-109.

Frédéric NEF

→ *Ascese; Beatitude; Espiritual (teologia); Mística; Oração; Vida espiritual; Visão beatífica.*

CONVERSÃO

1. Vocabulário

O léxico bíblico da conversão (c.) é constituído de imagens, essencialmente a do retorno.

O verbo hb. *shoûv* significa "arrepiar caminho", "voltar ao ponto de partida", o que supõe que se retorne. No plano existencial ou ético (mais de 100 x), conota a mudança de orientação, uma modificação de comportamento. Raramente essa volta consiste em afastar-se de Deus* (Nm 14,43); quase sempre trata-se de voltar para ele (preposições *'el, le-, 'ad, 'al*) ou de afastar-se do mal* (*min* e seus compostos). A forma factiva "fazer voltar" atribui a Deus ou a seu representante a iniciativa da volta (Sl 80,4). O equivalente grego é *strepho*, e seus compostos em *apo-* ou *epi-*, que traduzem na maioria das vezes *shoûv* nos LXX; no NT, *epistrepho* é muitas vezes utilizado para falar de c., sobretudo nos At.

A c., na Bíblia, é também procurar a Deus ou o bem* (verbos hb. *biqqésh* e *dârash*: Dt 4,29; Sf 1,6). É, sobretudo, ter arrependimento do mal. O verbo *niham* (no nifal, o piel significando "consolar") descreve esse aspecto da c. que consiste em dar-se conta de que ainda é tempo de se arrepender, se o mal foi feito. Ao lado do ser humano que sente arrependimento (Ex 13,17; Jr 31,19), Deus (cf. Jl 2,13s) é muitas vezes o sujeito desse verbo; ele volta sobre uma decisão (Ex 32,14) ou lamenta uma escolha passada (Gn 6,6s). Mais raro que *shoôv, niham* nifal é traduzido nos LXX por *metanoeo*, verbo bastante neutro em grego profano ("notar posteriormente, mudar de ideia, ter remorso"). Na Bíblia, ele exprime a c. religiosa e moral. Seu campo léxico no NT associa-o à fé* (Mc 1,15), ao batismo* (At 2,38) e ao perdão dos pecados (Lc 17,13). A c. (*metanoia*) está ainda ligada ao retorno (At 3,19, com *epistrepho*).

2. Pregação: pecado, conversão, salvação

a) Os profetas. — Na pregação* profética, o pecado* de qualquer natureza que seja (infidelidade, Os 2,7; rebelião, Is 1,2ss; profanação do

Nome*, Am 2,7; abandono de Javé e idolatria*, Jr 2,13; etc.), é um mal que perturba e perverte a relação entre Israel* e Deus, para desgraça do primeiro. Até o exílio, os profetas* não cessam de denunciar o povo pecador e de chamá-lo de volta para Deus, a fim de reatar com ele uma relação justa (Am 5,4.14s; Mq 6,6ss) rejeitando os ídolos (Os 14,2ss) e modificando seu agir concreto (Is 1,16ss), porque ritos e palavras não bastam (Os 6,1-6). A lembrança da misericórdia* de Deus (Os 2,16ss; 14,5-8) e a ameaça do julgamento* (Is 6,9s; Am 3,2) impelem Israel a voltar a Deus. A esperança é pequena, dada a radicalidade do pecado (Am 4,4-13; Jr 17,1), mas "um resto retornará" (Is 10,20-23).

A partir de Jr, o vocabulário modifica-se: as preposições que fazem do retorno uma marcha em direção a Javé cedem o lugar às que fazem dele uma recusa do mal. Para Jr a desgraça que aflige o país constitui um último apelo à escuta e à c. (Jr 4,1-4; 25,5s; 26,2-5). O endurecimento* (18,11s) conduz à catástrofe (13,20-27). Depois dessa, Deus retornará (12,15), fará voltar seu povo para uma nova aliança* (31,18ss). Para Ez, que insiste na responsabilidade pessoal (Ez 18), a c. é um dom de Deus (36,25-32). O Deutero-Is e Jn visam à c. das nações ao Deus de Israel (Is 45,14; Jn 1,3) (universalismo*).

b) *A corrente deuteronomista.* — A consciência de um pecado, pondo incessantemente em perigo a aliança de Israel com seu Deus, está presente na teologia deuteronomista, ao menos a partir do exílio (Dt 9,24; Js 24,19). Também o apelo à fidelidade (Dt 6,4s; 30,15-20) se desdobra em um convite premente à c. (Dt 4,29ss; 30,1-10). Narrações* ilustram sua importância: a salvação* está ligada ao retorno a Javé (Jz 10,6-16; 1Sm 7,2-12), e os discursos que balizam a história* deuteronomista não cessam de recordá-lo (1Rs 8,46-51; 1Rs 17,13). Além disso há urgência: virá um dia quando será demasiado tarde (2Rs 23,25ss). A obra do Cronista prolonga essa mensagem (Esd 5,5-15; Ne 9) insistindo mais ainda no papel da Lei* na volta para Deus (Ne 9,29). Assim, depois do exílio a penitência* encontra um lugar de escolha na espiritualidade bíblica (Dn 9,4-19), como também o atesta o tema da Sabedoria* nos escritos tardios (Sb 11,23s; 12,2; Sr 17,25s; 39,5).

c) *Jesus* nos Sinóticos.* — O discurso profético ressurge desde o começo dos evangelhos*, quando o Batista lança um vigoroso apelo à c., em vista de escapar ao julgamento (Lc 3,7ss par.); seu batismo significa a vontade de retornar a Deus, afastando-se do pecado (Mc 1,4s par.). Jesus retoma essa mensagem, mas a coloca na perspectiva positiva da Boa-Nova do Reino* (Mc 1,15 par.). Sinais da vinda do reino, os milagres* constituem outros tantos apelos à c. (Mt 11,20-24). Escolher a vontade de Deus (Mt 7,21) e renunciar ao pecado é essencial à vida, porque o endurecimento* é estéril (Mt 12,41s; Lc 13,1-9). Todavia, a atitude de Jesus para com os pecadores mostra que, em sua ternura, Deus busca aquele que se perdeu (Lc 5,32 par.; 15).

d) *A Igreja do Novo Testamento.* — A missão* apostólica, na qual o anúncio da ressurreição* vai de par com o convite à c. (At 2,36ss; 3,13-26), prolonga a de Jesus* (Mc 6,12; Lc 24,47): apartar-se do mal e voltar-se para o Senhor ressuscitado para o perdão dos pecados (At 10,42s) permite escapar ao julgamento (17,30s) e obter a vida (11,18). O batismo é o sinal da c. (2,38). É o caso também de Paulo, que elabora mais o vínculo com a ressurreição. A c. (1Ts 1,9s; Rm 2,4s) consiste em desfazer-se do velho fermento para celebrar dignamente a Páscoa* (1Cor 5,7s), em revestir-se de Cristo* (Gl 3,27), em tornar-se uma criatura nova à imagem do Ressuscitado, morto para o pecado, mas vivo para Deus (Rm 6,1-14.22s; Cl 2,12s; 3,5-11). Paulo desenvolve também as consequências éticas* dessa c. (Cl 3,12-17; Ef 4,17-32). O Jesus de João falará de novo nascimento (Jo 3,3.5), e chamará os homens a virem à luz (12,35ss) e à fonte de água viva (7,37ss), renunciado às trevas (3,19ss), à mentira (8,44) e à vã glória (12,37-43) para tornarem-se filhos de Deus pela fé (1,12). O cego de nascença (Jo 9) é o modelo joanino da conversão.

3. *Gestos e palavras de conversão*

A Bíblia conhece gestos, ritos e palavras de c. Assim, jejum, saco e cinza (2Sm 12,16; Is

22,12; Jl 1,13; Jn 3,5s; cf. Mt 11,21), lamentações, gritos, e lágrimas (Jl 1,12s; Est 4,2s) são sinais de luto mas também de penitência*. Liturgias* penitenciais são atestadas (1Sm 7,3-6; Os 6,1-6) e, depois do exílio, uma oração*, de forma bastante fixa, exprime o sentido da falta (cf. Dn 9; Ne 9; Br 1,13-3,8). Além do dia anual das Expiações* (Lv 16), estão previstos dias de penitência (Jr 36,6; Zc 8,19). Esses ritos, os profetas* não os rejeitam como tais; reclamam a verdade* ética nos que os praticam (Is 58,3-7). Sua pregação influenciou, sem dúvida, a oração dos pecadores cujos vestígios são conservados nos salmos* penitenciais (32; 38; 51).

- J. Behm-E. Würthwein (1942), "*metanoeo*", *ThWNT* 4, 972-1001. — W. L. Holladay (1958), *The Root* shûb *in the OT*, Leyde. — Col. (1960), *La conversion*, *LV(L)* 47, Lyon. — E. Lipinski (1969), *La liturgie pénitentielle dans la Bible*, Paris. — A. Tosato (1975), "Per una revisione degli studi sulla *metanoia* neotestamentaria", *RivBibl* 33, 3-45. — J. A. Soggin (1979), "*shûb*, zurückkehren", *THAT*, 2, 884-891. — B. R. Gaventa (1986), *From Darkness to Light. Aspects of Conversion in the NT*, Filadélfia. — H. Simian-Yofre (1986), "*nhm*", *ThWAT* 5, 366-384.

André WÉNIN

→ *Batismo; Endurecimento; Escatologia; Espiritual (teologia); Julgamento; Missão; Pecado; Penitência; Pregação; Reino de Deus.*

CONVERSÃO EUCARÍSTICA → ser b

CORAÇÃO → alma-coração-corpo

CORAÇÃO DE CRISTO

O coração* (c.) foi durante muito tempo considerado sede dos sentimentos, em particular do amor*, antes de tornar-se sua imagem permanente; essa metonímia, depois essa metáfora, autorizadas por grande número de passagens da Escritura*, foram utilizadas de maneiras muito diversas, que vão do sentimentalismo mais dolorista ao voluntarismo* mais decidido, e da piedade mais retórica à conceptualidade mais precisa. A veneração antiga da chaga do lado (Jo 19,34) foi muito cedo reinterpretada como uma pré-história da devoção ao c. de Cristo* ou c. de Jesus* (J.), por intermédio da meditação medieval do Ct e de Jo 13,23-25 (João inclinado sobre o peito de J.) e 19,37 (o golpe de lança exibe "o interior" de J., suas "vísceras de misericórdia*", Bernardo* de Claraval) e da veneração do crucifixo na *devotio* *moderna*. No s. XVII, a devoção às cinco chagas (P. José de Tremblaye, 1577-1638) e a devoção ao c. se separam; a referência banal ao c. carrega-se de significações voluntaristas e afetivas, empregadas para falar primeiro de Maria*, depois de J., que traduzem em uma piedade renovada uma teologia* clássica da redenção à qual vem unir-se a ideia de um dever de reparação. Desde então, a devoção ao Sagrado C., c. carnal de J. ferido por nossos pecados*, consistirá em honrar especialmente o amor de J. Cristo pelos homens.

a) O coração e os estados de Jesus. — A teologia do c. de J. deve-se principalmente a João Eudes (1601-1680), oratoriano (1623-1643) muito próximo de Condren, depois fundador da Congregação de Jesus e de Maria (Eudistas). No *Coração admirável da Ssma. Mãe de Deus* (publ. 1681), ele reconhece no "c." oito sentidos principais: 1/ o "c. material e corporal", que 2/ simboliza a memória ou 3/ "denota o entendimento pelo qual se faz a santa meditação"; 4/ na alma*, a vontade livre e particularmente 5/ "o cume do espírito pelo qual se faz a contemplação*"; 6/ "todo o interior do homem"; 7/ o Espírito Santo "que é o c. do Pai* e do Filho"; 8/ o Filho de Deus*, chamado o c. do Pai eterno", mas também, "a alma de nossa alma, o c. de nosso c.". O propósito de João Eudes não é escolher entre esses sentidos, mas organizá-los em uma progressão que vai sempre em direção de mais interioridade, em direção "do interior de J.". H. Bremond viu uma oscilação entre o c.-pessoa*, — herdado de Bérulle*, e que se encontraria em Pascal* — e o c.-amor, pregado por Bernardino de Sena e que se revelará a Margarida-Maria Alacoque. Contudo, os dois sentidos estão unidos na acepção de um amor hipostasiado. No próprio Homem-Deus há três corações, divino, espiritual, corporal. O primeiro exprime indissoluvelmente o amor do Filho para com o Pai e do Verbo* para com os homens; o segundo é a vontade de Cristo de amar o que é amável e de detestar o que é detestável (a identificação do c. e da vontade é característica do voluntarismo do s. XVII); o terceiro é esse "músculo" que o jansenismo* vai ridicularizar ao encontrá-lo no centro de uma espiritualidade. De fato, toda a tipologia eudista governa-se pela retomada da teoria beruliana dos "estados de J." (sentimentos ou disposições da alma de J.), tal como aparece no tratado *De l'état et des grandeurs de Jésus* (Bérulle, 1623), em que o papel próprio do Verbo é sempre *referido* ao Pai (daí seu teocentrismo). O c., sinônimo de *interior* em João Eudes, como em Jean-Jacques Olier (1608-1657; *Catéchisme chrétien pour la vie intérieure*, 1656), transpõe o "estado" beruliano em uma piedade menos metafísica, mas na qual encontramos todas as teses mais características do berulismo, como a paternidade do Verbo encarnado para com os cristãos — J. "pai dos c." ou ainda, "suplemento a nossos deveres" (Olier) —, que permitem aqui e ali pensar na mediação crística (*La vie et le royaume de Jésus dans les âmes chrétiennes*, Caen, 1837). É por isso que os mistérios* de fé*, em particular, os que Bérulle escrutou, a encarnação* e a redenção, mas também, e sobretudo, a Trindade*, podem ser meditados pela mediação do c. de J.: João Eudes, embora fazendo obra original, dá assim bases doutrinais muito seguras à piedade para com o c. de J.

b) O culto do Sagrado Coração e seu reconhecimento doutrinal. — Com Margarida Maria Alacoque (1648-1690), a meditação trinitária se desdobra na a favor da do amor de J. para com os homens, e especialmente da ideia de um amor de J. desconhecido e desprezado que pede, não mais uma união de aderência, mas um ato* de amor reparador ao fiel — o teocentrismo torna-se cuidado de reciprocidade. Em junho de 1675, essa visitandina de Paray-le Monial recebe a visão de J., que "revelando seu c." (o fato de que J. *se mostra* é uma componente essencial dessa espiritualidade), lhe diz: "Eis o c. que tanto amou os homens, que nada poupou até esgotar-se e consumir-se para lhes testemunhar

seu amor, e por reconhecimento não recebe da maior parte deles senão ingratidões…". Apoiada por seu confessor, o jesuíta Cláudio la Colombière, Margarida Maria difunde amplamente imagens*, pede horas santas de reparação e a consagração das pessoas ao c. de J.

Há, contudo, inegável continuidade doutrinal entre a festa de J., instituída por Bérulle no Oratório em 1625 (ou a da "Vida interior de Nosso Senhor", instituída em São Sulpice por M. Olier), a do Sagrado Coração inaugurada em Caen em 1672 por João Eudes (em seguida à primeira celebração da liturgia* do c. de J. e de Maria em Autun, em 1648), depois a dos c. de J. e Maria (João Eudes falava "*do* coração de Jesus e Maria", reencontrando assim para Maria o ideal paulino da vida em Cristo), autorizada por certo número de bispos* a partir de 1672, e a missa e o ofício do c. de Jesus (em suas ladainhas encontra-se a polissemia de "c." e seu centro trinitário) concedidos com reticências, recusas e pressões de toda espécie pela congregação dos ritos em 1765 — há que mencionar em particular a oposição dos jansenistas do s. XVIII contra esse culto* ao "músculo" prestado pelos "cordícolas" (Scipion de Ricci, 1741-1809), oposição que contrasta com a opinião de seus antepassados de Port-Royal. O culto torna-se assim público; não se poderia sobrestimar a importância pastoral que teve no s. XIX uma devoção ao c. de J., em que o aspecto de satisfação e de reparação não deixou de crescer e cuja afetividade voluntarista corrigia o sentimentalismo. Em 25 de maio de 1889, a encíclica *Annum sacrum*, de Leão XIII, consagra o gênero humano ao c. de J., convidando assim os não batizados ao batismo*, i.e. a reconhecer o que o c. de J. lhes tinha adquirido. Pela bula *Miserentissimus Redemptor* (8 de maio de 1928) Pio XI insiste no dever de acrescentar à reparação objetiva da humanidade por Cristo, a reparação subjetiva dos homens para com ele. Em *Haurietis aquas* (15 de maio de 1956), enfim, Pio XII fixa definitivamente a natureza do culto: o c. de J. traspassado pela transfixão do lado, "ferida visível para que vejamos a ferida invisível do amor" (§ 39), fórmula atribuída a

Boaventura*), é o "sinal ou símbolo natural de sua imensa caridade para com o gênero humano" (§ 12). Além disso, a encíclica decide uma questão disputada — o amor incriado pode fazer parte do objeto próprio do c. de J.? — precisando que esse culto pode elevar-nos até à "adoração do amor *divino* do Verbo* encarnado" (§ 58); a encíclica emprega igualmente e expressão "c. eucarístico". Entre as raras tentativas contemporâneas que foram feitas para aprofundar o mistério do c. de J., há que mencionar H. U. von Balthasar*, que em seu *Das Herz der Welt* (Zurique) lhe dá uma dimensão cosmológica.

• *Oeuvres complètes du vénérable Jean Eudes*, ed. por J. Dauphin e C. Lebrun, 12 vol. Vannes e Paris, 1905-1911. — J. de Galliffet (1726), *De cultu SS. Cordis Dei et Domini Jesu Christi*, Roma. — *Vie et oeuvres de sainte Marguerite-Marie Alacoque*, ed. por L. Gauthier, 3 vol. Paray-le-Monial, 1915. — *Le Sacré Coeur. Textes pontificaux*, ed., trad., e com. P. Galtier, Paris, 1936. — *Cor Jesu*, ed. por A. Béa, 2 vol., Roma, 1959.

▸ J. V. Bainvel (1921), *La dévotion au Sacré-Coeur de Jésus*, Paris. — H. Bremond (1923), *Histoire litteraire du sentiment religieux en France...* t. III, Paris. — A Hamon (1924-1940), *Histoire de la dévotion au Sacré Coeur*, 5 vol. Paris. — C. Lebrun (1933), *La spiritualité de saint Jean Eudes*, Paris. — Col. (1950), *Le coeur, ÉtCarm.* — A. Hamon (1953), "Sacré Coeur", *DSp* 2, 1023-1046. — J. Chatillon *et al.* (1953), "Cor et cordis affectus", *ibid.*, 2278-2307. — J. Arragain (sob a dir. de) (1955), *Le coeur du Seigneur. Études sur les écrits et l'influence de saint Jean Eudes dans la dévotion au coeur de Jésus*, Paris. — H. Rahner (1956), "Les fondements scripturaires de le dévotion au Sacré-Coeur", *in* J. Stierli (sob a dir. de), *Le coeur du Sauveur*, Mulhouse, 29-52. — P. Blanchard (1961), *Sainte Marguerite-Marie*, Paris. — K. Rahner (1966), "Der theologische Sinn der Verehrung des Herzens Jesu", *Schrif. zur Theol.* 7, Einsiedeln-Colônia, 481-490; "Einheit-Liebe-Geheimnis", *ibid.*, 491-508. — F. degli Esposti (1967), *La teologia del sacro Cuore di Gesú, da Leone XII a Pio XII*, Roma. — B. de Margerie (1971), *Le Christ pour la monde*, Paris. — P. Milcent (1974), "Jean Eudes", *DSp* 8, 488-501. — M. Walsh (1977), The *Heart of Christ in the Writings of K. Rahner*, Roma. — J. Solano (1979), *Teología y vivencia del culto al corazón de Jesús*, 4 vol., Madri. — J. de Brun (1980), "Marguerite-Marie Alacoque", *DSp* 10, 349-355. — Col. (1982), *Le coeur de Jésus coeur du monde*, Paris. — E. Glotin (1988), "Réparation", *DSp*, t. XIII, 369-413. — G. Manzoni (1994), "Victimale (spiritualité)", *DSp t. XVI, 531-545.* — B. de Margerie, (1992 e 1995), *Histoire doctrinale du culte au (envers le) coeur de Jésus*, 2 vol., Paris.

Vincent CARRAUD

→ *Alma-coração-corpo; Amor; Bérulle; Misericórdia; Paixão; Penitência; Quietismo; Voluntarismo.*

CORDEIRO DE DEUS/CORDEIRO PASCAL

De todos os livros* da Bíblia*, o Evangelho* de João é o único que emprega a locução "Cordeiro (C.) *de Deus*". Além dessas duas passagens (Jo 1,29,36), *amnos* por "cordeiro" (c.) só se encontra em At 8,32 e 1Pd 1,19, pois o termo usado no Apocalipse é *arnion* (28 x). A interpretação será diferente, segundo se considere a figura acabada do livro, conferindo assim aos títulos cristológicos de Jo 1,19-51 sua plenitude de sentido ou, então, limitando-se a um procedimento mais arqueológico, segundo se refira às origens.

a) As origens batistas. — "C. de Deus" parece ser um termo cristológico, a não isolar de outros títulos cuja ladainha acompanha a narrativa* dos quatro dias inaugurais (1,19-51), eles mesmos referidos à autoridade de João Batista (1,19). Este reconhece em Jesus* "o que vem", "o C. de Deus que tira o pecado* do mundo*" (v. 29), depois o "C. de Deus" (forma breve, v. 36). Sucedem-se então os títulos de "Filho de Deus" (v. 34, com variante textual "o Eleito", ou "o Filho eleito"), "Messias*", o que significa Cristo* (v. 41), "Filho de Deus" e "Rei de Israel*" (v. 49), até à misteriosa evocação do "Filho* do homem", em relação com a imagem da escada de Jacó (v. 51). Mesmo o caráter desconhecido de Jesus (v. 31.33) pode ser compreendido como um traço messiânico, assim como a insistência no Espírito* Santo (v. 32s). Muitos autores (Brown, Schnackenburg) concordam hoje em reconhecer nessa narrativa a atestação das origens batistas do próprio Jesus, e mesmo da comunidade joanina, cuja memória parece singularmente presa à figura do Batista (cf. também 3,22-30; 4,1ss; 10,40).

b) O cordeiro pascal. — A leitura mais influenciada pelo estado último do livro consiste em interpretá-lo pelo c. pascal (Páscoa*), a partir da narrativa fundadora de Ex 12. Essa figura aparece em 1Pd 1,19: "Vós fostes resgatados... pelo sangue precioso, como de um cordeiro sem defeito e sem mancha, o sangue de Cristo", e em 1Cor 5,7: "Cristo nossa páscoa, foi imolado". Essa temática não é ignorada pelo IV evangelho: a cronologia da narrativa da paixão* implica a coincidência com a imolação dos c. destinados à refeição pascal da mesma noite (Jo 19,14), e o crucificado é identificado com o c. pascal cujos ossos não podiam ser quebrados (Jo 19,30; cf. Ex 12,46). Contudo, essa interpretação situa-se com dificuldade no contexto de uma designação régia, operada no meio batista.

c) O Servidor de Isaías. — Com 1Pd 1,19, a cena da catequese contada em At 8,32 oferece a segunda ocorrência de *amnos*: O "Servidor*" segundo Is 52,13-53,12 é ali apresentado "como uma ovelha que é conduzida para o abate, como um c. mudo diante de quem o tosquia" (Is 53,7). É então tentador colocar o "C. de Deus" em relação com o Servidor. Jeremias sugeriu explicar o "c." por um jogo de palavras entre o aramaico *talya* (c.) e o hebraico *talèh* (servidor). Este último termo leva a marca de uma cristologia* arcaica (*pais*: Jesus "filho" ou "servo") ainda presente nos Padres apostólicos* (*Clemente*, 59,2.3.4; *Didaché*, 9,2s; 10,2s). Todavia, além do fato de que a possibilidade do jogo de palavras não é garantida (Dodd), a referência ao Servidor oferece a mesma dificuldade que a invocação do c. pascal. Remetida ao início do ministério* de Jesus, ela não parece homogênea ao contexto da perícope. Além do que, "o C. de Deus" (Jo 1,29) "tira" (gr. *harein*) o pecado, enquanto o Servidor de Is 53,4, o "carrega" (*pherein*) segundo a perspectiva da vítima emissária (Is 53,5s.10).

d) O Cordeiro vencedor. — Ap concede ao C., chamado *arnion* (na origem, diminutivo de *aren*, mas desde os LXX os três termos *amnos, aren* e *arnion* parecem equivalentes), certo número de traços relativos à potência régia (Ap 7,17; 17,14). A perspectiva encontra-se na literatura apocalíptica* (*Testamento de José*, 19,8; *1Eno* 90,6-19). Antes que de um c. imolado, trata-se então de um jovem carneiro com chifres nascentes, cujo ímpeto insolente traduz a vitalidade do rei messias. Essa sugestão, sustentada por Dodd, não é unânime entre os exegetas; contudo, no estado atual da pesquisa, parece, pelo menos, a mais adaptada ao contexto da perícope consagrada ao testemunho de João Batista. Dado que o apocalipse conjuga, no tema do C., a simbólica régia e a tradição sacrificial (ver notadamente Jo 5,6.9), a exegese* pode levar em conta o processo de reinterpretação das figuras do AT pelo qual se constituem, desde o NT, as primeiras elaborações cristológicas.

Assim, longe de serem incompatíveis, os diversos níveis de sentido atestam a integração da perícope Jo 1,19-51 ao conjunto do dispositivo hermenêutico* pelo evangelho de João.

• J. Jeremias (1933), *"Amnos-arèn-arnion" ThWNT* 1, 342-345. — C. H. Dodd, (1963), *Historical Tradition in the Fourth Gospel*, Cambridge. — R. E. Brown (1966), *The Gospel according to John, I-XII*, Nova York. — A. Dupont-Sommer e M. Philonenko, ed. (1987), *La Bible. Écrits intertestamentaires*, Paris. — P. Grelot (²1994), *L'espérance juive à l'heure de Jésus*, Paris.

Yves-Marie BLANCHARD

→ *Animais; Apocalíptica; Expiação; Messianismo/ messias; Páscoa; Pecado; Sacrifício.*

CORPO → **alma-coração-corpo**

CORPO MÍSTICO → **Igreja**

CORPUS CHRISTI → **eucaristia** 2. a

COSMO

A. Teologia bíblica

1. Vocabulário

Kosmos (verbo: *kosmein*) denota geralmente em gr. "ordem", ou "ornamento" (*taxis, tassein:*

somente "organização"), designa também o universo (espaço-tempo) e sua harmonia (cf. Orígenes*, *Princ.*, 2, 3, 6). Nos LXX, *kosmos, -ein*, pertencem, sobretudo, ao léxico hebraico do ornato, às vezes ao do cosmo (c.) criado por Deus*, particularmente em Sb (16 x: "universo"). O hb. bíblico não tem equivalente para "universo": *'olam* significa "tempo* indefinido" ou "eternidade" ("universo" no hb. pós-bíblico). *Ḥuqqôt* (decretos) estabelecem a ordem cósmica segundo uma espécie de aliança* (*berît*). *Çèdèq/ çedâqât* (paral. frequente: *mishepât*) podem aplicar-se à "boa ordem" da criação* (Schmid, 1968; Murray, 1992).

2. Antigo Testamento

O AT guarda vestígios das antigas cosmologias guerreiras (Sl 74,13s; 89,9s; Is 27,1 etc.) ou simplesmente violentas (Sl 104,7ss; Jó 38,9ss; Jr 5,22; Pr 8,21-23). O texto mais desmitizado é Gn 1,1-2,4: Deus cria a ordem falando, por uma série de atos separadores (*bdl*), pela repartição das espécies (*mîn*: Beauchamp 1969, 240-247), pela instituição do calendário (semana, sábado, festividades). Na Torá, a bênção* que mantém a ordem do c. e a maldição que a transtorna (Lv 26; Dt 28) são enunciadas nos termos de uma aliança, da qual céu, terra (Sl 50,4), montanhas (Mq 6,1s; cf. Dt 27,12s; Sl 50,1s) são as testemunhas. No dilúvio, Deus responde à desordem humana libertando o caos cósmico (Gn 7-8), depois do que promete manter a ordem das estações (8,22), regulamenta o uso da violência* (animais*), compromete-se numa "aliança eterna" (*berît 'ôlâm*: 9,8-17) com a humanidade e com todos os viventes. A mais antiga ocorrência desse último tema é, sem dúvida, Os 2,20-24 (hb.; vv. 18-22 nas versões), enquanto Jr 33,20 (dia e noite), Is 54,9s (que remete a Gn 9) e Is 24,5 datam do exílio. Ez 34,25-31 promete uma "aliança* de paz" (*berît shâlôm*) que os animais observarão. A literatura extracanônica atribui a ordem cósmica a um juramento divino (*1Hen 69,16-25*) ou ao poder no Nome* (*Oração de Manassés* 3; cf. textos de magia).

A ordem cósmica e social sofre a influência de Deus, do pecado* humano, e principalmente, nas mitologias, dos deuses ou demônios*. Restam disso vestígios no AT (Sl 82; Gn 6,1s; Is 24). *1Hen* 6-10 lhes dará de novo grande espaço, que pode lembrar a teoria grega do conflito dos elementos cósmicos. Onde se dá menos importância aos fatores cósmicos ou extracósmicos, a culpa do homem ganha destaque. A causa do mal* cósmico é em geral a culpa humana, sancionada por Deus (Os 4,1ss; Jl 1-2). É ele que "cria luz e trevas, bem e mal" (Is 45,7), que ameaça com um novo dilúvio (Sf 1,2s), e que promete um retorno à harmonia (Is 45,9s).

Essa volta ao *shâlôm* cósmico pode ser obtida por meios éticos* ou litúrgicos. A partir da festa babilônica de Akitu, cujo ritual é conhecido, pesquisadores encontraram os vestígios de uma festa do Ano-Novo de outono. Sem serem designados como rituais, os Salmos* reais 72 e 89 ilustram o alcance cósmico e real dos temas *çèdèq, mishepât*, com seu fruto, *shâlôm* (Sl 74; 82; Is 11,1-9; 24; 32-33). Na maioria das sociedades antigas, os templos*, inclusive o de Jerusalém*, eram representações da criação* e do domínio divino: neles, o céu e a terra se encontravam (Patai, 1967). Ao longo das mutações sociais, o mito* permanecia, mas reinterpretado. Gn 1, p. ex., desmitologiza "o exército dos céus" e os monstros marinhos. Gn 2 estende à humanidade (Adão*) o estatuto real. Certos hinos (p. ex. Sl 72) ou oráculos (Is 11,1-9) serão transpostos em escatologia* (Murray, 1992, 103-110). Os apocalipses releem os arquétipos para decifrar os acontecimentos próximos. A mesma amplidão cósmica manifesta-se nos textos, ao mesmo tempo apocalípticos* e sapienciais (Stone, 1976) como Jó 38-39; Ecl 1,4-7; Sb 7,17-20; *1Hen*. Em proximidade com as concepções estoicas (regularidade do cosmo: cf. Hino a Zeus de Cleanto), Fílon interpretará a solenidade do Ano-Novo como reconciliação dos *stoikheia* [elementos] em conflito (Schweizer, 1988, 459-461; cf. Sb 16,17-22; 19,18-21).

3. Novo Testamento

Jesus* desapontaria e rejeitaria as expectativas messiânicas sob a forma que elas tinham tomado. Seus discípulos reconheceram nele o

Senhor do c. pelo seu poder carismático e pela intimidade de sua presença às criaturas — o que Ef 1,3-10; Cl 1,15-20; Jo 1,1-4 exprimirão sob forma de hino. Nele, Deus "recapitulou" todas as coisas. Paulo (Gl 4,3.9; cf. Cl 2,8.20) combate a sujeição de alguns aos *stoikheia tou kosmou*, "elementos cósmicos", ou (em referência às observações judaicas tidas como superadas) "rudimentos" chamados também "anjos*", "principados", "potências" (Schweizer, 1988). Jesus nos libertou de suas exigências ascéticas ou rituais por sua vitória.

Paulo afirma, ao mesmo tempo, a condição filial do cristão e o sofrimento presente de toda a criação (Rm 8,18-23; v. 19: *ktisis*) (Fitzmyer, 1992) que geme por sua libertação. Para ele, a "justificação*" (*dikaiosis, dikaioma*), tema central de Rm, conservou toda a amplidão semântica do hb. *çèdèq* (*çedâqâh*): inclui a ordem cósmica. Não poderia haver salvação* fora da perspectiva teleológica do c.

O Apocalipse interpreta o sofrimento presente e a manifestação, que está por vir, do Cristo como Senhor de todas as coisas. A cosmologia do livro adota o esquema do paralelismo céu/terra e adapta a escatologia* judaica a uma visão cristã milenarista, daí as reticências de uma parte da antiga Igreja*. A história do joaquinismo (milenarismo B*), fará mais tarde aparecer sua pertinência.

* R. Patai (1967), *Man and Temple in Ancient Myth and Ritual*, Nova York. — H. Schmid (1968), *Gerechtigkeit als Weltordnung*, BHTh 40, Tübingen. — P. Beauchamp (1969), *Création et séparation*, Paris. — M. Stone (1976), "List of Revealed Things in the Apocalyptic Literature", in F. Cross (sob a dir. de), *Magnalia Dei* (*Festschrift Wright*), Nova York, 413-462. — A Broadie e J. Mac Donald (1978), "The Concept of Cosmic Order in Ancient Egypt in Dynastic and Roman Times", *AnCl* 47, 106-128. — E. Schweizer (1988), "Slaves of the Elements and Worshippers of Angels: Gl 4,3,9 and Cl 2,8,18,20", *JBL* 107, 455-468. — J. Fitzmyer (1992), *Romans. A New Translation with Introduction and Commentary*, Nova York. — R. Murray (1992), *The Cosmic Covenant*, Londres. — M. Douglas (1993), "The Forbiden Animals in Leviticus", *JSOT* 59, 3-23.

Robert MURRAY

→ *Adão; Aliança; Animais; Criação; Ecologia; Escatologia; Liturgia; Mundo; Paulina (teologia); Templo; Tempo.*

B. TEOLOGIA HISTÓRICA E SISTEMÁTICA

Às teologias* (t.) que a meditaram, a experiência de Israel* legava primeiro um cosmo radicalmente desdivinizado ou desnuminizado. À noção grega de uma "ordem do mundo" e de uma "amizade" do céu, da terra, dos deuses e dos homens, como fala Platão (*Górgias*, 507e-508a), as narrativas* da criação* substituem a percepção de um universo criado no qual os seres, tomados por objeto nos cultos* pagãos (sol, lua etc.) não passam de artefatos divinos. Dessacralizado, o c., nem por isso, deixa de suscitar o júbilo e o louvor* do crente. Ele é o trono de Javé (Sl 93 [92], 2), é fundado e firmado por ele (*ibid.*, 1; 24 [23],1s; 65 [64],7; 74 [73],17; 89 [88],12; 136 [135],6). E mesmo se a experiência original de Israel é a de um Deus* que salva, o canto das "maravilhas" de Deus diz que ele é ao mesmo tempo autor da lei* e criador do céu (Sl 19 [18]), e louva-se Javé tanto por ter criado os "grandes liminares" (136 [137],7) quanto por ter feito sair Israel do Egito (*ibid.*, 11s)

Referência cósmica à ordem criada, referência histórica a uma economia de salvação*, ambas foram mantidas na literatura cristã, patrística e medieval, sem que aparecesse nenhuma tensão. Contra a soteriologia gnóstica (Jonas, 1974), para a qual o homem só ocupa o c. na situação de estrangeiro — a de "alógeno" — e, portanto, deve ser salvo *do* c. e dos "arcontes" que o governam, a t. ortodoxa opõe a experiência de crentes perfeitamente à vontade "numa criação tão bela" (Ireneu, *Adv. Haer*. II, 2,1). E afirmando que a totalidade das coisas não somente se origina da benevolência criadora de Deus, mas também possui um destino escatológico (Ap 21,5), o cristianismo parecia premunido contra todo esquecimento da dimensão cósmica da existência.

Um fator de confusão devia, no entanto, introduzir-se nos debates teológicos com o desenvolvimento progressivo das ciência físicas.

Até ao s. XII, o c. é apenas um objeto teológico. Contudo, depois da entrada da filosofia* aristotélica da natureza no s. XIII, e sobretudo depois dos primeiros passos da ciência moderna no s. XVI, o monopólio do discurso teológico desaparece. Doravante a cosmologia será, antes de tudo, obra do físico. Ora, mesmo que os historiadores das ciências estejam praticamente de acordo (Jaki, 1980, cf. também Funkenstein, 1986) para dizer que a ciência moderna não teria sido possível se o judaísmo* e o cristianismo não lhe tivessem transmitido o conceito de um universo criado regido por suas leis imanentes, uma confusão teórica devia seguir-se, que viu a t. contestar primeiro a validade das imagens científicas do c. (em nome de uma imagem bíblica que se acreditava possuir em si mesma um valor estritamente descritivo), depois terminar por perder todo o interesse pela dimensão cósmica da experiência* cristã. Ao c. ilustrado pelo *Cântico das criaturas* de Francisco de Assis sucede assim, nos primeiros tempos da ciência moderna, um universo privado de toda significação teológica, e cujo "silêncio eterno" assusta o libertino Pascal*. E uma t., incapaz de defender e de ilustrar o que sabe teologicamente sobre o c., e incapaz de perceber que uma hermenêutica* teológica não pode ser contradita por uma descrição física da natureza das coisas, veio nesses tempos — e por muito tempo — favorecer uma lógica acósmica da experiência cristã.

Já presente nos retornos para a interioridade, conhecidos na idade clássica, depois no pietismo*, presente também em toda t. tentada a reduzir o homem à sua alma* imortal e a esquecer seu corpo* prometido à ressurreição, o acosmismo teológico conheceu sem dúvida sua apoteose no s. XX, sob a proteção teórica do conceito de "existência". Em Bultmann*, p. ex., é explicado que "a ideia de criação" não é de modo nenhum uma "teoria cosmológica" (1940, 66-67); quando o NT emprega a palavra *kosmos*, é em sentido "incomensurável" (72) ao dos gregos: o homem não faz parte do c. como de uma totalidade asseguradora, ele está só diante de Deus, e as coordenadas teológicas

de sua experiência podem ser elucidadas sem que se apele à sua situação no meio de todo o criado. E enquanto as t. existenciais achatam assim toda relação sobre o ser-perante-Deus, as t. que tinham sua ideia-mestra na "história da salvação", eram levadas a marginalizar a doutrina da criação e seus corolários, em benefício de uma experiência primordial (a da aliança* e da salvação dadas na história*) ofuscando qualquer outra experiência.

Contudo, é notável que a cena intelectual contemporânea tenha visto reaparecer interesses pela ordem cósmica que não podem deixar a t. indiferente. Não é sem significação que Heidegger* (1954, cf. Mattéi, 1989), em sua filosofia tardia, tenha tentado descrever com a enigmática "quadratura" (*Geviert*) um "mundo" feito da "pertença mútua" e do "jogo" de quatro realidades, a terra, o céu, os divinos e os mortais — cuja "comunhão" definia o c. platônico. É significativo que em um projeto muito mais sóbrio, M. Merleau-Ponty (1908-1961) tenha tentado reencontrar, a partir de uma experiência sensorial, um sujeito percipiente, que não fosse mais "um sujeito pensante 'acósmico'" (1945, 32), mas um sujeito cujo "mundo natural", a *omnitudo realitatis* (379), seja "o horizonte de todas as experiências" (*ibid.*, 2, III). E não é sem importância que a descrição científica das realidades naturais, por força da insistência na beleza* ordenada desse universo físico, que merece verdadeiramente, sem mais, o nome de c., parece acabar no s. XX com o pavor nascido na idade clássica, quando desapareceu o "mundo fechado" dos medievais.

Ao teísmo* ou panteísmo* confuso que sugerem, às vezes, no homem de ciência, a bela ordem do real e a elegância das teorias que a recolhem (cf. ex. d'Espagnat, 1979, e Barreau, *RMM*, 1981, 364-378), a t. deveria trazer uma resposta diferenciada. Do fato de que o discurso da ciência e o da fé*, em seu princípio e em sua organização concreta não se contradizem, todos (sem dúvida, depois de Teilhard de Chardin) estão certamente persuadidos. O universo do cosmofísico e o do teólogo não são um mesmo tema. Contudo, não há equívoco: a adoção de uma perspectiva divergente não anula a comunidade de objeto, e uma doutrina teológica do c. fala das mesmas realidades de que fala a física. Há, porém, divergências da maior importância, susceptíveis de premunir contra todo concordismo. 1/ Primeiro, em sua realidade teológica, o c. se entende como o universo "visível e invisível", como um todo, de que só uma parte constitui um objeto físico. A ciência dirá que os objetos não físicos (anjos*, "almas do purgatório*") lhe são incognoscíveis, que não existem para a racionalidade que ela encarna. Ao contrário, a t. deve poder advogar em favor dos *invisibilia* que a fé confessa existirem (cf. p. ex. Newman*, 1838). 2/ O c., de outra parte, não constitui o primeiro dos objetos teológicos. As coordenadas da experiência bíblica são primeiro históricas, e uma lógica teológica da ordem cósmica deve levar em conta essa prioridade. Criação e aliança (salvação) devem ser pensadas juntamente, o que Barth* (*KD* III/1) mostrou suficientemente; e elas só podem estar em uma t. à qual o *ordo inventionis* fornece sua ordem de razões, em uma teologia que reconhece no Senhor do céu e da terra aquele que ela primeiro conheceu sob os traços do Deus das promessas. 3/ Mais que uma questão sobre a origem, é de fato uma questão escatológica que deve mover um discurso teológico sobre o c. Apesar de toda a elegância das realidades cósmicas, o homem ocupa nesse c. o lugar de quem sabe que vai morrer, e essa morte* está inscrita na ordem das coisas. Ora, a t. bem que fala da morte no aquém, mas fala disso em nome de promessas* escatológicas cuja realização antecipada comemora na ressurreição* de Jesus* — e é de fato a ressurreição que lhe fornece seu melhor modelo do arrancamento ao nada* e da criação *ex nihilo** (Jüngel, 1972, 221). A habitação presente do homem no c. e o sentido teológico presente da ordem cósmica estão assim suspensos à promessa de uma *totalidade renovada* (Ap 21,5). Só existe física das realidades espaciais e temporais. Essas mesmas realidades, que a física mede e descreve, excedem, contudo, sua descrição científica, a montante — a título de realidades criadas — e

a jusante — pelo futuro absoluto que lhe é prometido e que ela espera, "em trabalho de parto" (Rm 8,18-23). É principalmente porque dispõe de uma doutrina inamissível da "criação nova" (2Cor 5,17) que o cristianismo deve reconhecer o sentido teológico presente do criado, tal qual e em totalidade.

* J. H. Newman (1838), "The Invisible World", in *Parochial and Plain Sermons*, IV, 13 (reed. em um vol., São Francisco, 1987). — E. Käsemann (1940), *Leib und Leibe Christi*, Tübingen. — R. Bultmann (1940), "Das Verständnis von Welt und Mensch im Neuen Testament und im Griechentum", *GuV* 2, 1993[6], 59-78. — M. Merleau-Ponty (1945), *Phénoménologie de la perception*, Paris (*Fenomenologia da percepção*, São Paulo, 1994). — M. Heidegger (1954), *Vortäge und Aufsätze*, Pfullingen, II. — E Jüngel (1972), "Die welt als Mögligkeit und Wirklichkait" em *Unterswegs zur Sache*, Munique 206-231. — H. Jonas (1974, 1980[2]), "The Gnostic Syndrome, em *Philosophical Essays*, Chicago, 263-276. — B. d'Espagnat (1979), *À la recherche du réel, le regard d'un physicien*, Paris. — S. L. Jaki (1980), *Cosmos and Creator*, Edinburgo. — L. Bouyer (1982), *Cosmos*, Paris. — A. Funkenstein (1986), *Theology and the scientific Imagination from the late Middle Ages to the XVII the Century*, Princeton. — O. O'Donovan (1986), *Ressurrection and Moral Order*, Oxford. — Col. (1988), *Cosmos et Création*, Com(*F*) XIII/3. — S. L. Jaki (1989) *God and the Cosmologists*, Edinburgo — A. Gesché (1994) *Dieu pour penser*, t. 4, *Le cosmos*, Paris. — R. Brague (1999), *La sagesse du monde. Histoire de l'expérience humaine de l'univers*, Paris.

Irène FERNANDEZ e Jean-Yves LACOSTE

→ *Criação; Ecologia; Escatologia; Esperança; Gnose; História; Mito; Mundo.*

CREDENDIDADE → credibilidade

CREDIBILIDADE

Entendida como questão dos motivos racionais "naturais" que levam o homem às margens da fé* "sobrenatural", a questão da credibilidade (cr.) é recente, — mas seu tratamento faz apelo aos motivos mais clássicos da teologia* latina.

a) Da patrística ao Vaticano I. — Em termos repetidos ritualmente por todas as análises ulteriores da fé, Agostinho* a definia como ato de "pensar com assentimento", *cum assensione cogitare*, e precisava que "ninguém crê em nada se antes não pensou que devia crer" (PL 44, 963). O concílio* de Orange (529), em que se opera a recepção* oficial do agostinismo* pela Igreja latina, define o caráter estritamente sobrenatural da fé: o homem não se dispõe a crer, é Deus que o dispõe a isso pela graça* (*DS* 375). A fé é ato* de conhecimento e ato de vontade, *cognitio et affectio*, (p. ex. Hugo de São Vítor, PL 176, 331); falar-se-á então de "certeza voluntária", *voluntaria certitudo*. O equilíbrio dos dois fatores, fator cognitivo e fator voluntário, é mantido sem dificuldade pela escolástica*. O conteúdo da fé é crível, o que Tomás* de Aquino enuncia fundando-se — ao mesmo tempo em razões objetivas e em uma iluminação divina: "Aquele que crê tem um motivo suficiente para induzi-lo a crer. É induzido a isso pela autoridade* do ensinamento divino que os milagres* confirmaram, e o que é mais, pela inspiração interior de Deus que convida a crer (*ST* IIa IIae q. 2, a. 9, ad 3). Os sinais externos existem, capazes de suscitar essa atitude intelectual, intermédia entre a opinião e a certeza absoluta, que Tomás chama "opinião veemente" — mas nunca se trata de fazer do recurso a uma credibilidade natural a condição normal do ato de de fé. Boaventura* tem um discurso muito próximo. Porque a fé não é uma ciência, a vontade de crer lhe é essencial (*In Sent.* III, d. 23, a. 1, q. 2 resp.) A ciência tem sua certeza própria, a "certeza especulativa", e a fé tem sua certeza própria, a "certeza de adesão" — e porque esta diz respeito à verdade* primeira, a fé é mais certa que a ciência (*ibid.*, q. 4 resp.). Enfim, é necessário que "o intelecto seja instruído do que lhe é dado a crer (os *credibilia*) para que possa pensá-lo, e que tenha uma inclinação, a fim de poder dar-lhe seu assentimento" (*ibid.*, a. 2, q. 2 resp.). Um ponto importante não deve ser negligenciado: a teologia* medieval da fé assume por meta interpretar a *virtude* da fé, e seu primeiro propósito não é interpretar as razões de crer propostas ao incrédulo (mesmo se admite a existência destas); a ideia de uma

apologética da cr. é praticamente desconhecida. E se enfim a ideia de uma fé "morta" privada de toda caridade ou ideia da fé dos demônios* são sempre tomadas em consideração, esses casos são aberrantes: a fé que importa descrever é a fé viva, ligada à esperança* e à caridade.

Foi provavelmente em contato com a filosofia* moderna que a análise teológica da fé teve de preocupar-se mais vivamente com o sujeito crente e com os motivos racionais da cr. Depois de Descartes*, foi em Michel de Élizalde que apareceu (em 1662) a hipótese de um raciocínio fundado nos motivos de cr., permitindo obter uma evidência infalível do fato da revelação*. E na verdade é só no s. XIX que esses entreveros com o racionalismo* e o fideísmo* levaram o catolicismo* a formular uma teoria francamente apologética da cr. Contra o racionalismo, Vaticano I* reafirmou a doutrina da plena sobrenaturalidade do ato de fé, e a especificidade de seu motivo: a fé não crê fundando-se, como a ciência, em uma *evidência intrínseca*, mas fundando-se em uma *evidência extrínseca*; ela crê "em razão da autoridade do Deus que revela". Todavia, contra o fideísmo, o concílio afirmou também claramente a existência de uma cr. destinada a toda razão*, e dotada de uma evidência superior à da simples probabilidade. Entre os fatores de cr. oferecidos ao incrédulo, o concílio (amplamente influenciado nesse ponto pela apologética do cardeal V. Deschamps) deu um lugar importante ao "fato" da Igreja*, sinal privilegiado a favor da revelação que ela transmite.

b) Do Vaticano I a Rousselot. — Vaticano I respondia a debates internos à teologia, mas fixava também o estatuto da cr. em um tempo de secularização*, e a preocupação apologética devia marcar as discussões teológicas subsequentes. Os "preâmbulos da fé" ocupam então uma posição central. Ao incrédulo, diz o P. Pègues, o raciocínio apologético pode oferecer uma "certeza […] científica e demonstrativa", uma "demonstração no sentido rigoroso desse termo" (*RThom*, 1912, 360); aos olhos da razão, diz mais tarde o P. Harent, o ato de fé "aparecerá como a conclusão de uma série de enunciados"

(*DThC* 6/1, 508) — a razão terminando no fundo por não mais aparecer como faculdade de conhecimento comum a todos os homens, mas como uma faculdade especulativa que opera em um intelectual a ser convertido.

Podem-se distinguir três etapas na crítica desse discursivismo. 1/ O esquema diacrônico, segundo o qual o intelecto procede a um julgamento de cr., depois deduz dele o dever de crer (credendidade —, o barbarismo "credentidade" tende cada vez mais a suplantar o termo normal), antes que a vontade de crer abra o campo de fé, é totalmente admitido em *L. Billot*, SJ (1846-1931). A demonstração pode ser "indistinta e um tanto rudimentar [...] Pode também ser perfeita e científica" (²1905, 217). O essencial em uma ruptura. Pela interpretação crítica e suspeitosa das testemunhas, a razão pode chegar a uma "fé científica". A fé no sentido estrito (a fé sobrenatural) é, contudo, uma "fé de simples autoridade" ou "fé de homenagem": uma fé que reconhece, de uma vez por todas, estar relacionada com um testemunho digno de fé, do qual toda palavra merece ser crida. Da razão, a teoria não exige demasiado: a ideia confusa de um ser* supremo, um "raciocínio espontâneo anterior a toda arte do silogismo" (*ibid.*, 216) e que conta a veracidade* no número das perfeições do ser supremo, podem fornecer à fé preâmbulos racionais suficientes. Contudo, da graça espera também demasiado pouco: no fundo, só intervém para operar no homem a transmutação de uma fé científica em uma "fé de homenagem". 2/ A teoria proposta por *A. Gardeil* OP (1859-1931) é menos insatisfatória. O esquema diacrônico é mantido e desenvolvido em todos os seus detalhes. A análise da fé discerne primeiro "uma fase de pesquisas, de consultas diversas, tendo por objeto determinar no detalhe as verdades a crer"; depois, "no termo dessa deliberação, os juízos de cr. e de credendidade, seguidos de um consentimento à mensagem e de uma eleição da fé proposta" (²1912, 6). Entre a primeira e a segunda edição do livro, no entanto, foi introduzido um preliminar, o de uma preparação sobrenatural: todo o processo descrito pressupõe, de fato, uma

"afeição inicial por Deus, fim último", e como uma "preexistência da fé na... intenção da fé" (*ibid.*, 27). Os juízos de cr. e de credendidade são naturais, porém são obra de uma razão feita para crer. O intelectualismo* da teoria é assim moderado por uma concessão: há "suplências morais" à percepção puramente racional da cr., tais como um "faro" ou um "tato". 3/ As análises de *P. Rousselot*, SJ (1878-1915) têm maior alcance. Todo esquema linear em que a graça interviria depois que uma razão, talvez entregue a si mesma, formulou seus juízos de cr. e de credendidade, encontra-se nela recusado em benefício de uma interpretação unificante do "olhar" de fé, no qual os fatores intelectuais e os fatores afetivos ocupam uma posição de prioridade recíproca, em que "o amor* suscita a faculdade de conhecer e o conhecimento legitima o amor" (1910, 450-451). A visibilidade objetiva dos sinais de cr. (o "fato exterior"), chama a aptidão para vê-los (os "olhos da fé") e essa aptidão (o "fato interior") é simpatia do sujeito com seu objeto. O juízo de cr. encontra-se assim substituído por uma síntese intelectual, que não tem necessidade nenhuma de ser discursiva — a análise visa a não conceder nenhum privilégio à fé dos intelectuais em relação à fé dos simples. Diante das realidades que solicitam a fé, é por certo uso do "sentido de inferência" (*illative sens*) conceptualizado por Newman*, que o sujeito responde. Enfim, o ato de fé é sobrenatural de ponta a ponta: não pode ser pensado sem recorrer a um "hábito afetivo infuso que, nos simpatizando ao ser sobrenatural [...] suscita em nós uma nova faculdade de ver" (*ibid.*, 468). A lógica abstrata dos argumentos de cr. é substituída por uma lógica da atração: e a atração se exerce, indissolúvel e simultaneamente, sobre a inteligência e a liberdade*. Discípulo de Rousselot, G. de Broglie prolongará suas intuições em uma teoria do conhecimento por sinais e do conhecimento dos valores (conhecimento do "sinal-valor").

c) Perspectivas contemporâneas. — O P. Harent acusava Rousselot de reduzir a percepção do verdadeiro à do belo (*DThC* 6/1, 275), o que era ao menos predizer em que direção Urs von

Balthasar* prolongaria a pesquisa de Rousselot: direção, portanto, de uma "estética teológica" que faz coincidir a "evidência subjetiva" e a "evidência objetiva" na percepção de uma totalidade articulada (de uma "figura", *Gestalt*). Contudo, se, em última instância, a fé só tinha olhos, em Rousselot, para ver argumentos, a atração exercida em Balthasar pela verdade primeira intervém em um quadro estritamente cristocêntrico: a fé não é mais convidada a dar seu assentimento a doutrinas reveladas "em razão da autoridade do Deus que as revela", mas a dar seu assentimento ao Deus que *se* revela. Esses prolongamentos supõem mediações. Supõem a recepção teológica das filosofias da pessoa* — assim J. Mouroux dizia que "*pesquisa da pessoa, eis o que explica a apreensão da cr.; encontro da pessoa, eis o que explica a certeza da fé*" (Mouroux, 1939, 86). Supõem que a questão da certeza e da dúvida não se coloca mais em termos especulativos, mas em termos existenciais — assim G. Marcel procurava um "indubitável existencial". Supõem a reapropriação de um sentido rico da mediação eclesial, segundo o qual a Igreja não intervém primeiro como magistério* que transmite proposições a crer, mas como meio de experiência* e como sinal (já em Deschamps, mais tarde no "movimento litúrgico" etc.). Supõem ainda a reapropriação de um pensamento tradicional do sobrenatural*, seja sob a influência filosófica de Blondel* ou, depois, sob a influência teológica de Lubac*: certamente não o pensamento de um "sobrenatural exigido por nós", mas de um "sobrenatural exigindo em nós" (E. Le Roy). Em todo caso, o horizonte parece desenhar-se com bastante nitidez. A fé vem ao homem do exterior, pela escuta de uma palavra* (*fides ex auditu*): a possibilidade a *priori* de que essa palavra seja audível é o ensinamento tradicional bem formulado por Rahner*. Se a fé não visa enunciados, mas "coisas" (Tomás de Aquino), e se a "coisa" que visa centralmente é um soberano bem*, revelado como amor, então o problema da cr. torna-se indissociável do problema da "amabilidade" divina. Ao adágio de Tomás, segundo o qual "nada é amado se

antes não for conhecido", pode parecer que a teologia católica contemporânea tende a preferir uma teoria dos poderes cognitivos do amor, e a *fortiori* uma teoria na qual o amor divino só é cognoscível pelo homem sendo objeto de amor (*amor ipse intellectus*, dizia Guilherme de São Thierry). Essa tendência fornece talvez um ponto de convergência com uma teologia protestante ausente dos debates sobre a cr. porque pouco interessada em tudo o que se pareça com uma "fé científica", e porque suspeitosa de todo empreendimento teológico que pareça atribuir à razão uma parte de responsabilidade autônoma no ato de fé.

• L. Laberthonnière (1903), *Essais de philosophie religieuse*, Paris; (1904), *Le réalisme chrétien et l'idéalisme grec*, Paris. — L. Billot (^{2}1905) *De virtutibus infusis*, Roma. — J. Martin (1905-1906), *L'apologétique traditionnelle*, 3 vol., Paris. — F. Mallet (1907^2), *Qu'est-ce que la foi?*, Paris. — P. Rousselot (1910), "Les yeux de la foi", *RSR* 1, 241-259, 444-475. — Aug. e Alb. de Valensin (1911), "Immanence (méthode d')", *DAFC* 2, 579-612. — A. Gardeil (1912^2), *La crédibilité et l'apologétique*, Paris. — P. Rousselot (1913), "Remarques sur l'histoire de la notion de foi naturelle", *RSR* 4, 1-36; (1914), "Réponse à deux attaques", *RSR* 5, 57-69. — V. Bainvel (1921), *La foi et l'acte de foi*, Paris. — A. Straub (1922), *De analysi fidei*, Innsbruck. — K. Adam (1923), *Glaube und Glaubenwissenssenschaft im katholicismus*, Rottenburgo. — S. Harent (1924), "Foi", *DThC* 6/1, 55-514. — E. Przywara (1924), *Religonsbegründigung: M. Scheler, J. H. Newman*, Friburgo. — J. Mouroux (1939), "Structure 'personelle' de la foi", *RSR* 29, 59-107. — R. Aubert (1945), *Le problème de l'acte de foi*, Louvain. — G. de Broglie (s.d., 1954-1955), *Pour une théorie rationnelle de l'acte de foi*, cours polycopié, Institut catholique, Paris — H. U. von Balthasar (1961), *Herrlichkeit*, I: *Schau der Gestalt*, Einsiedeln. — K. Rahner (1963), *Hörer des Wortes*, neu bearbeited von J. B. Metz, Munique. — G. de Broglie (1964), *Les signes de crédibilité de la Révelation chrétienne*, Paris. — E. Kunz, (1969), *Glaube-Gnade-Geschichte. Die Glaubenstheologie des P. Rousselot*, Friburgo — L. Malevez (1969), *Pour une théologie de la foi*, Paris-Bruges. — J.-L. Marion (1978), "De connaître à aimer: l'éblouissement", *Com(F)*, III/4, 17-28). — R. Fisichella (1985), *La rivelazione: evento e credibilità*, Bolonha. — W. Kern, H. J. Pottmeyer, M. Seckler (sob a dir. de)

(1988), *Handbuch der Fundamentaltheologie*, IV, Friburgo-Basileia-Viena.

Jean-Yves LACOSTE

→ *Conhecimento de Deus; Fé; Graça; Revelação; Sobrenatural.*

CREDO → confissões de fé

CRIAÇÃO

A. TEOLOGIA BÍBLICA

I. Vocabulário

Em hb., termos gerais — *'asâh*, "fazer" — ou empregados metaforicamente — *yâsad, koûn,* "fundar"; *bânâh*, "construir"; *yâçâr*, "modelar" — podem ter um sentido próximo de "criar", sobretudo quando o agente é Deus*. Mas *bârah* (48 x, — de aparição relativamente tardia) é o único verbo específico para nosso conceito de criação (cr.). Nunca tem outro sujeito a não ser Deus (etimologia conjeturada: "arrotear", "fazer terreno limpo"; cf. Is 4,5, contexto). Cr. e engendramento são aproximados em Is 43,7; 45,10; cf. Sl 22,32//102,19, o que favorece a polissemia de *qânah* (adquirir, criar, engendrar, [conceber?]): Gn 4,1; Sl 139,13; Pr 8,24s; Gn 14,19). *Bârah* é associado a "maravilha" em Ex 34,10 (cf. Nm 16,30 com o derivado *beri'âh* [1 x] "prodígio") ou posto em paralelo com significantes da "novidade" (Is 48,6s; 65,17; Jr 31,22; Sl 51,12; 104,30; cf. 102,19). Desde os LXX, depois no NT, a ideia de cr. se exprime por *ktizein* e derivados (primeiro sentido: "fundar"), acoplados em 2Cor 5,17; Gl 6,15; Ef 2,15; 4,24; Cl 3,10, com o tema da novidade.

II. Localização e desenvolvimento do tema

1. Localização

a) No Antigo Testamento. — As representações bíblicas da cr., com demasiada frequência reduzidas a uma só, são abundantes.

Em Gn 1,1–2, 4 a, ação se inscreve no ritmo de um tempo* inaugural com a instalação do calendário (Gn 1,14) e sobretudo do *sabbat*. Todas as partes do cosmo* são igualizadas ante o Criador. A palavra*, principal instrumento da cr., separa, nomeia, abençoa. O texto em que se deixa adivinhar uma teofania* guerreira completamente remanejada (1,2-3 a) atribui ao Criador o sentimento que se exprime na fórmula de hino: "É bom!" (7 x; cf. Sl 136). Síntese (erroneamente tomada por uma compilação) de várias doutrinas, o texto emana de uma classe preposta ao louvor* no santuário e à fiscalização das regras de separação, particularmente em matéria alimentar (fonte dita "sacerdotal"). Imagem de Deus, o casal* humano é chamado a "dominar os animais*", sem comer sua carne (1,29s). O leitor descobrirá em Gn 9,2s, como esse regime vegetariano foi abolido depois do dilúvio (cf. Gn 6,11ss): essas duas passagens provêm da mesma fonte, e estão em correlação por sua intenção ética (violência*; animais).

Gn 2,4 b–3,24, menos polido que Gn 1, mais arcaico de forma, não se ocupa da criação do cosmo, mas da dura condição humana. O Criador, chamado "Javé Deus", implica-se nas vicissitudes de seu projeto. O homem é responsável. O tema "imagem de Deus" é dramatizado: sua ambiguidade surge na voz do animal tentador, que ganha a partida, mas não para sempre. O texto é próximo da literatura de sabedoria* e em particular, do enigma (cf. 1Rs 10,1ss; 5,12s).

O deutero-Isaías (Is 40-55) é o primeiro documento que (durante o exílio) une criação e monoteísmo* em uma atestação formal e didática. Seu propósito é manter unidos vários motivos: cr. e salvação*; cosmo e história*. Em Jeremias (10,11-16; cf. 23,23s; 27,5; 31,35; 32,17), o alargamento do horizonte de Israel* (cf. Dt 4,32ss) evoca o tema da cr.

Os Salmos*, sobretudo os hinos, e os livros de Sabedoria, são os lugares privilegiados do tema. O louvor enumera os componentes da cr. (Sl 104; 136; 148) ou comemora e atualiza no Templo*, centro do cosmo, sua fase inicial (Sl 19; 29; 93; 96-99). Culmina no enunciado do Nome* (Sl 8,2; cf. Am 4,13; 5,8). Os textos de Sabedoria veem na organização permanente do criado um princípio que o ultrapassa (Pr 3,19s; 8,22-31; Sr 1,4.9 etc.); o Sirácida inspira-se muitas vezes de Gn 1-3 (Sr 16,26–17,14; 33,7-15; 39,12–40,11; 42,15–43,33; 49,16). Jó, diante da desgraça do justo, descreve as criaturas que superam o homem. Sb opõe sentido da criação e idolatria*, e esclarece o "fim do sábio" pela perspectiva de uma cr. "renovada" (19,6) por meio de uma leitura tipológica do Ex.

b) Novo Testamento. — Rm 1,18-32 articula quatro noções: recusa da mensagem da cr., idolatria, desvio do sexo e (v. 31) do coração*, unidade do destino humano. Os enunciados mais clássicos são retomados, mas os textos que associam Cristo* ao ato criador são tardios.

2. Desenvolvimento

Os textos que integram mais elementos em torno da ideia de criação não são anteriores ao exílio. Nossa ignorância refere-se sobretudo à cronologia dos Salmos. Quanto aos elementos de base de Gn 2–3, poderiam remontar bastante acima na história da monarquia. Há que distinguir entre a data dos textos e a das tradições* que eles acolhem.

Assim, na atribuição ao rei-sacerdote de Salém, Melquisedec, de um culto* ao "Deus Altíssimo, Criador (*qoneh*) do céu e da terra" (Gn 14,19; cf. Sl 124,8; 134,3), recolhe vestígios de crenças mais antigas que Israel (o '*l qn 'rs* ["Deus criador" ou "proprietário" da "terra" ou do "país"?] de Karatepe na Fenícia tomou a forma *El-ku-ni-ir-sha* no país hitita).

Em resumo, o que se manifesta mais tarde não é tanto a crença em um Deus criador, como a composição dessa noção com as outras.

III. Em torno de Israel

Todas as modalidades da cr. estão representadas no Oriente Próximo, em obras às vezes magníficas, muito tempo antes que existisse Israel, esse povo*, por sua vez, composto por suas origens e bem situado para receber diversas correntes. Resta o traço das infiltrações culturais, como também corretivos vigorosos. Para só reter alguns dados, notemos que a cr. se opera muitas vezes pelo gesto que separa os elementos misturados, ou que fere as águas. Na Mesopotâmia, o *Enuma Elish* (s. XI a.C.) conta a luta de Marduk, deus solar e deus filho, contra Tiamat (hb. *Tehôm*, Gn 1,2) que será fendida em duas, e contra Apsu. A origem do homem explica-se diversamente: criado para trabalhar em lugar dos deuses, que ele alimentará com oferendas, ou ainda modelado de argila e de sangue de um deus. Em Ugarit (cidade portuária do norte de Canaã), o deus filho, Baal, fere o mar com um tacape fabricado por Kushar-wa-Hasis, gêmeos artesãos. No entanto, para o mundo cananeu, a cr. faz-se sobretudo (Cunchillos, *Création dans le Proche-Orient ancien*, p. 93-95) pela energia vital, o sexo, não sem relação com o Egito. No Egito, Shou, o sopro, separa o céu e a terra, mas o tema do combate mal aparece: o deus principal produz-se a si mesmo e produz o mundo por sua substância. Maât, deusa da ordem cósmica, está presente à cr. No conjunto das culturas antigas, cr. e providência* são vistas com um só e o mesmo olhar.

IV. O ato criador

1. Seus objetos

O objeto criado é muitas vezes parcial: uma montanha (Sl 78,54 [Dahood *Bib* 46, 1965]), um povo (Sl 74,2; Is 43,1.7.15 …), uma cidade* (Is 65,18), uma instituição, os viventes (Gn 2,5-25). A origem do corpo* humano é um dos lugares em que a ideia da cr. e a experiência de uma aparição sem causa proporcionada se encontram (Sl 139,13s; Jó 10,8s; 2Mc 7,22: cf. Pr 30,18s). Não só criar ao mesmo tempo "o céu e a terra" (Gn 11,1; 2,1. 4; Jr 32,17; Ne 9,6; Jt 9,18; *Est gr.* 4, C 3…), mas associar a potência* e a compaixão no mesmo ato (Sl 147,3s), eis o que chama o louvor. O próprio criador experimenta amor* e compaixão pelo que ele faz (Sb 11,23s; Sr 18,13). O ato criador encontra mesmo sua consumação na "cr." de coração novo (Sl 51,12) e convertido (Jr 31,22). Não é por acaso que a amplidão cósmica e a penetração até aos fundamentos da ética* se encontram no interior dos escritos do mesmo período. O retorno de Israel à graça* é o centro da cr.: é comparado a uma ressurreição*, (Is 26,19: cf. 66,14), e é também representado como uma cena de cr. (Ez 37).

2. Suas modalidades

A modalidade do combate encontra-se em Is 27,1; 51,9s; Sl 74,12-17; 89,10-13; 104,7 etc., textos que evocam as cosmogonias arcaicas. Esse motivo, aparentado às mitologias, guarda a originalidade de reservar a vitória para um só Deus. Mais, articula sobre o começo dos tempos os episódios da salvação. Ao contrário, a modalidade artesanal é pacífica. O artesão, por exemplo, é também construtor (Jó 38,4-7). A solidez da obra é então percebida pelo coração como promessa*: "a terra não se moverá" (Sl 93,1s; 96,10; 104,5). A fabricação de ídolos é tratada como paródia do ato criador (Is 41,7; Sb 13,16). — O pensamento da cr. está à vontade na esfera da Sabedoria, que é celebrada como produtora mas também como palavra; ora, a natureza da palavra suscita a questão da origem. Deus, que cria com ou "na" sabedoria (Jr 10,12; Sl 104,24; Pr 3,19s), ou "pela" sabedoria (Sb 9,2), cria também falando (Sl 33,6-9; 147,4s.15-18; 148,5s), i.e., "pela" palavra (Sb 9,1). — Íntima, a relação de Deus à sua palavra e à sua sabedoria (Sb 8,3; 9,9s) sugere a metáfora da geração (Pr 8,22), abrindo assim o caminho aos textos do NT que fazem unir-se no ato criador o Filho de Deus e sua Palavra. — Uma cr. pela palavra aproxima-se da cr. de tudo a partir de nada, ideia poucas vezes expressa, pressuposta em Pr 8,22-31, bem legível em 2Ma 7,28, cf. Rm 4,17 (mas ver Sb 11,17).

Não é de espantar que, segundo a Bíblia*, o conceito de cr. seja apreendido tanto pela razão* (Rm 1,20) quanto pela fé* (Hb 11,3). Pois no AT a eleição* de um povo por Javé e a cr. do universo descobrem-se pouco a pouco como distintas e inseparáveis no ato de um só Deus. Ato que emana de sua singularidade, de sua santidade* e, paradoxalmente, do que ele tem de mais incomunicável. A identidade do Deus criador e do Deus salvador prepara esses textos, entre os mais tardios do NT, em que a cr., fundamento de uma relação universal a Deus, procede pelo Único: Cristo (Cl 1,16), Filho (Hb 1,2), Verbo* (Jo 1,3; cf. Ap 3,14). Nele a cr. se dá a conhecer como primeira e última palavra de um Deus que assume sob seu Nome a narrativa* de seus atos.

• Obra coletiva sobre os textos bíblicos e seu ambiente: L. Derousseaux (1987) (sob a dir. de), La création dans l'Orient ancien. Congrès de l'ACFEB (1985), Paris. — H. Gunkel (1895), Schöpfung und Chaos in Urzeit und Endzeit. Eine religiosgeschichtliche Untersuchung über Genesis 1 und Ap Joh 12, Göttingen [1910³]. — G. von Rad (1936), Das theologische Problem des alttestamentlichen Schöpfugsglaubens, in Wesen und Werden des AT, BZAW 66, Berlin, 138-147 (= [1971], Gesammelte Studien zum AT, t. 1, Munique, 136-147). — W. H. Schmidt (1964), Die Schöpfungsgeschichte der Priesterschrift: zur Überlieferungsgeschichte von Genesis 1, 1-2, 4a, Neukirchen-Vluyn (1973³). — Col. (1970), Les religions du Proche-Orient asiatique, Paris. — P. Beauchamp (1969), Création et séparation. Étude exégétique du ch. premier de la Genèse, Paris. — C. Westermann (1974), Genesis, Kapitel III, Neukirchen-Vluyn. — L. Strauss (1981), "On the Interpretation of Genesis", L'Homme, Revue française d'anthropologie, 21, 5-20. — B. W. Anderson (sob a dir. de) (1984), Creation in the Old Testament, Filadélfia. — J. Bottéro, S. N. Kramer (1989), Lorsque les dieux faisaient l'homme, Paris (recensão: M.-J. Seux [1991], Or 60, 354-362). — H. Cazelles (1989), La Bible et son Dieu, Paris, 89-96. — S. Chandler (1992), "When the World Falls Apart: Methodology for Employing Chaos and Emptiness as Theological Constructs", HThR 95, 467-549.

Paul BEAUCHAMP

→ Adão; Animal; Casal; Cosmo; Ecologia; Filiação; Mito; Monoteísmo; Palavra; Sabedoria; Templo; Verbo.

B. Teologia histórica e sistemática

1. A Antiguidade

A Igreja* primitiva herdou da fé* em Deus* criador e não precisou, portanto, definir a doutrina da criação (cr.), presente nos primeiros símbolos batismais que professam a fé no "Pai* todo-poderoso" (pantôkrator).

Essa fórmula contém implicitamente a noção de cr., no substantivo como no adjetivo ("A onipotência significa que por sua potência* ... Deus fez o universo do nada" — s. V ou VI, BSGR, § 227; "a doutrina da cr. exprime da maneira mais clara ... o que as palavras 'Pai todo-poderoso' já diziam" Barth*, Credo, seção IV). O Pai é indissoluvelmente criador do mundo e Pai de Jesus Cristo, o que marca bem a invocação de Policarpo (fim do s. I — começo do s. II): "Senhor onipotente... Pai de Jesus Cristo ... Deus dos anjos*, das potências e de toda a cr." (Martírio* de Pol. 14, 1, SC 10, bis). Note-se que a fórmula, em que se dá, de uma só vez, a unidade da ação divina, criadora e salvadora, será o objeto dos comentários dos teólogos até nossos dias.

a) *Explicitação da doutrina.* — Contudo, era preciso explicar essa fórmula, porque seu sentido não era evidente em um mundo em que o cosmo* se representava seja como derivado do Uno, por um processo de emanação necessária, seja como decorrente da organização de uma matéria incriada por um demiurgo como o do *Timeu*, poderoso decerto, mas não todo-poderoso, nem sempre bom, como o demiurgo da gnose*. E não se tratava de um ponto secundário, mas do "ponto primeiro e mais fundamental" — inclusive para a concepção mesma da salvação* — "o Deus Criador que fez o céu e a terra e tudo que encerram" (Ireneu*, *Adv. Haer.* II, 1, 1). Assim, desde o s. II os Padres* trataram de precisar a doutrina, em particular Ireneu em sua luta contra a dualismo gnóstico. A ideia essencial é que o "demiurgo" do universo — título correntemente atribuído a Deus e/ou a Cristo* desde a origem (p. ex., *1Clem* 59, 2 [SC 167]; Justino, *Ap.* I, 13; Taciano (*c.* de 160), *Ad Graecos* 45, PTS, 1995; Orígenes* *In Jo.* I, 19, § 110 [SC 120]; fórmulas de símbolos batismais ou locais em *BSGR* § 26, 30, 131, 153, 204) — é o criador da matéria mesma que ele organiza, seu "inventor", para resumir Ireneu (*Adv. Haer.* II, 7, 5; 10, 4), e que não é um deus inferior, mas o próprio Deus trinitário (cf. *Ad. Haer.* IV, 20, primeira noção clara da Trindade* criadora [Kern 1947]). A apropriação ao Pai é "natural", enquanto ele é a origem (*ST* Ia q. 45, a. 6 ad 2; cf. Balthasar*, *Com* (*F*) 1988, 16-17). Esse ponto fundamental da cr. da matéria mesma do mundo será mantido pelos teólogos mais próximos ao emanatismo, como o Pseudo-Dionísio*: "Como todo ser procede do Bem*, também a matéria [dele procede]" (*Nomes divinos*, IV, 28), e mesmo, se é "por um transbordamento de sua própria essência que [Deus] produz todas as essências", ele não se torna por isso menos "transcendente" a todos os seres que dele procedem (*ibid.*, V. 8).

b) *A criação ex nihilo.* — Essa explicitação vem a dar na fórmula célebre da cr. *ex nihilo* ou *de nihilo* — já na Escritura* (cf. *supra* A IV 2) — bem comum a todas as confissões até hoje (cf. p. ex. Barth, 1949, cap. VIII; Tillich,

1953, I, 11, 281-282; Lossky, 1944, 88; *CEC* 296-297). A fórmula do *Pastor de Hermas* (SC 53), "Tu fizeste (passar) todas as coisas *do nada** ao ser*'" (*ek tou me ontos*, Mand. I, 1) é muitas vezes retomada pelos Padres (de Ireneu, *Adv. Haer.* IV, 20, 2 a João Damasceno [s. VII], *De fide orthodoxa*, II, 5, PG 94, 880), e a expressão se generaliza desde o s. II (Ireneu, *loc. cit.*; Teófilo de Antioquia, *A Autolycus*, II, 4, SC 20) para tornar-se clássica e litúrgica ("Tu tiraste toda coisa do nada para a existência, por teu Filho único...": *Constitutiones apostolicae*, VIII, 12, 7 SC 336). Agostinho*, que comenta cinco vezes o Gênesis, também a retoma (*de nihilo*, p. ex., *Gen. ad litt. imperf.* I, 2, PL 34, 221; *Conf.* XII, 7) contra o maniqueísmo* e contra o emanatismo neoplatônico. Contra o maniqueísmo, só existe um princípio criador: a matéria vem, portanto, de Deus mesmo, e é boa como seu autor; contra o emanatismo, o ser do mundo não deriva necessariamente do ser de Deus, porque não se pode introduzir o devir em Deus. Certamente, tudo só existe porque ele existe: *quid enim est, nisi quia tu es?* (*Conf.* XI, 5), mas nada existe senão por sua livre decisão. Por seu Verbo*, Deus suscita o universo (*Conf.* XI, 6-7), inclusive o tempo*, o que define a condição material, e talvez a condição criada: "Não havia tempo antes de Deus ter criado o tempo" (*Gen. contra man.* I, 2, 3, PL 34, 174; *Conf.* XI, 13), e tampouco havia espaço (*Conf.* XI, 5).

A expressão é feita para pensar, da maneira menos adequada possível, um tipo de origem que jamais tinha sido pensado e que escapa mais do que qualquer outro à representação. Se Deus não tira a cr. nem de uma matéria preexistente (o que seria dualismo) nem de sua própria substância (o que seria panteísmo*), ele cria, portanto, "de nada". E esse "nada" não é expressão mítica de uma coisa qualquer, o nome dado a alguma matéria ou substrato informe do mundo, representação que não estaria excluída pela "terra informe e vazia" de Gn 1,2: Tertuliano* fala assim dos que acreditam ainda que o mundo foi feito *de qualquer matéria*, e não *ex nihilo* (*Adv. Marc.* II, 5, 3, CChr.SL I, 480); cf. Justino (criação "a partir de uma matéria informe", *Ap* I, 10), e talvez Clemente de Alexandria (*Strom.* V, 14, 89; 6, 90, 1, SC 279); ponto que deve sempre ser de novo precisado, porque aqui se pensa contra uma imaginação constitutiva (cf. p. ex. Anselmo*, *Monologion*, 8; Tomás de Aquino*, *De pot.* III, I, ad 7; cf. *ST* Ia, q. 45, a. 1, ad 3; Breton 1993, 144). A cr. *ex nihilo* significa que o dom do ser é um dom livre de Deus; e decorre de um excesso (*huperbole*) de bondade se sua parte (João Damasceno, *De fide orth.* PG 94, 863) e não de alguma necessidade nele. Entretanto, que a cr. não seja necessária significa também que não é uma degradação do divino; o mundo não é "um aqui-em-baixo, caído de um desastre obscuro", é um mundo precioso, porque querido, dom gratuito e gracioso. Na visão paradoxal de Julienne de Norwich (s. XIV), o mundo é pequenino, como uma noz na palma da mão, mas sólido, durável, "porque Deus o ama" (*The Revelations of Divine Love*, 5).

Desde o fim da Antiguidade, *ex nihilo* torna-se fórmula técnica para especificar a relação de cr. (cf. a profissão de fé de Méginhard de Fulda [s. IX]: o Espírito Santo não é criado, porque não é *ex nihilo; neque factus*, quia *non* ex nihilo, *BSGR*, § 245).

2. A Idade Média até ao século XIII

a) Antes do século XII. — Antes desse século, a teologia* latina não traz novidade considerável ao pensamento da cr. Os historiadores estão de acordo (Scheffzyck, 1963, Grossi, 1995) em dizer que, no quadro do platonismo* agostiniano, que serve de referência antes da entrada de Aristóteles (aristotelismo* cristão) há duas tendências: uma compreende a cr. como o começo da história* da salvação (sobretudo na escola de São Vítor), a outra a aborda mais filosoficamente (sobretudo na escola de Chartres*), mas deve-se pensar também em Anselmo (*Mon.* 6, 14).

b) Pedro Lombardo e Latrão IV. — Entre a segunda metade do s. XII e o começo do s. XIII, os principais elementos de uma doutrina clara da cr. são destacados pela exposição de Pedro Lombardo (*c.* de 1100-1160), no segundo livro das *Sentenças* e pela definição dogmática* da cr. pelo IV concílio de Latrão (1215). Segundo Pedro Lombardo (*Sentenças*, d. 1) há *um só* criador do tempo* (contra a eternidade do mundo de Aristóteles, d. 2) e de todas as coisas, visíveis e invisíveis, e é *o único* Criador: com efeito, só ele "faz algo de nada" (distinção clara de *facere* e de *creare*), ao contrário do demiurgo (*artifex*) de Platão — cf. a fórmula de Boaventura: "Platão recomendou sua alma* àquele que o fez (*factori*), mas Pedro recomendou a sua àquele que o criou (*creatori*)" (*Hexaëmeron*, IX, 24). Deus cria livremente, por bondade e não por necessidade, porque quer comunicar sua beatitude* a outros (*Sent.*, d. 3). E como essa beatitude só é participável pela inteligência, criou a criatura racional (anjo* e homem), "capaz de apreender o soberano bem pela inteligência, de amá-lo apreendendo-o, de possui-lo amando-o, e de gozar dele possuindo-o" (d. 4).

Quanto ao Latrão IV, o concílio lembra, contra os cátaros (catarismo*), que há somente "um único princípio criador", o Deus em três pessoas*, "que por sua onipotência criou *ex nihilo* na origem dos tempos as criaturas espirituais e corporais" (*ab initio temporis utramque de nihilo* [primeira utilização da fórmula pelo magistério*] *condidit creaturam, spiritualem et corporalem*) e insiste na bondade da cr.

3. Do século XIII ao fim da Idade Média

a) Exitus-reditus. — As ideias são tão claras, que os grandes teólogos do s. XIII, Boaventura (Boav.) e Tomás de Aquino em particular, podem inscrever firmemente sua teologia da cr. no quadro da "saída" dos seres para fora de seu princípio e de seu "retorno" a esse princípio — *exitus-reditus* (Tomás, I *Sent.* divisio textus) ou *egressus-regressus* (Boav. I *Sent.*, d. 37, p. 1, a. 3, q. 2, c.) e empregar todo o vocabulário da emanação (*emanatio, processio, diffusio, exitus, fluxus*...) sem o menor equívoco — o que não era o caso para João Escoto Erígena (*c.* de 810-877). Esse esquema neoplatônico, modificado desde a Antiguidade pela concepção da liberdade* divina e da economia da salvação (cf. Ireneu), ainda o é mais pelo enraizamento da cr. na vida trinitária (Boav., *Hex*. VIII, 12; *Breviloquium* II, 1, 2 p. ex.; Tomás, *ST* Ia, 45, 6). A cr. certamente decorre da bondade divina, segundo o princípio dionisiano retomado por toda a IM, de que "o bem é difusivo de si", mas a uma bondade que *decide* comunicar-se e que não seria menor se não se comunicasse. (Tomás, *De pot.*, III, a. 15, ad 1; a. 17 ad 1, ad 7). A soberania da iniciativa divina é absolutamente salvaguardada, e essa iniciativa é a mesma que a da economia da salvação, de que a cr. é, ao mesmo tempo, o primeiro momento e a condição constante. Apesar da importância dos meios filosóficos empregados, trata-se aqui, na verdade, de uma abordagem teológica da cr. "A emanação da totalidade do que existe" a partir de Deus, "é o que chamamos cr." (*ST* Ia, q. 45, a. 1); mas essa "emanação" não é um piparote inicial de que a Causa se desinteressaria, mas põe em movimento, se podemos dizer uma dinâmica de retorno (*circulatio*, *regiratio*, Tomás, I *Sent*. d. 14, q. 2, a. 2) a tal ponto querida por Deus que ele se encarna para permiti-la.

Deus encarna-se para permitir esse retorno que o pecado* tornou impossível: é pelo menos a opinião de Tomás sobre a questão do motivo da encarnação* (IIIa, q. 1, a. 3). O Verbo ter-se-ia encarnado mesmo se o homem não tivesse pecado? Certos teólogos sustentavam que sim, para dar ao universo uma perfeição digna da glória* do Criador. Essa opinião caracteriza, em princípio, a "escola franciscana", mas aparentemente o primeiro a formulá-la é Ruperto de Deutz (*c.* 1075 – *c.* 1130) (Scheffczyk, 1963, 131). Encontra-se em seguida em Alexandre de Hales (*c.* de 1186-1245), *Summa halensis* IV, n. 23 a, em Roberto Grosseteste (*c.* de 1175-1253) com uma fórmula característica: "Não teria havido acabamento da ordem natural se Deus não se tivesse feito homem" (*non esset... consummatio in rerum naturis nisi Deus esset homo, Hexaëmeron*, ed. R. C. Dales, Londres, 1982, 276), e em Duns* Escoto de maneira sistemática (*Lectio parisiensis in Sent.* III, d. 7, q. 3 e 4). Boav. pensa de maneira matizada que é possível, embora preferindo o motivo da redenção (III *Sent*. d. 1. a. 2, q. 2). Ver também Nicolau* de Cusa, Suárez* (Scheffczyk, 172 e 188), Malebranche (*Entretiens métaphysiques*, 9) e Schleiermacher* (segundo Barth, *Credo*, seção IV, 37). Tomás, que inicialmente achava as duas teses sustentáveis (III

Sent. d. 1, q. 1, a. 3) terminou por rejeitar a opinião "franciscana", fundando-se essencialmente em argumentos escriturísticos, embora admitindo sua possibilidade em si (III a, q. 1, a 3). Contudo, "basta à perfeição do universo que a cr. seja naturalmente (*naturali modo*) ordenada a Deus como a seu fim" (ad 2).

b) *Boaventura*. — Boav. parte da posição clássica: "Toda a máquina do mundo (*universitas machinae mundialis*) foi produzida no ser por um só princípio soberano, no tempo e do nada" (*ex tempore et de nihilo, Brev*. II, 1, 1). *Ex tempore*, porque a cr. supõe um começo no tempo: a eternidade de um mundo criado é contraditória (*ibid.*, q. 2; *Hex* VI, 4). A cr. só é reconhecida pela revelação* (II *Sent.*, d. 1, p. 1, a. 1, q. 1), e só é revelada em vista da salvação: a Escritura só fala da cr. (*de opere conditionis*) em vista da reparação (*propter opus reparationis, Brev*. II, 5, 8; cf. *ibid.*, 2). Ela só é feita para levar a Deus: o mundo é como um livro em que resplandece a Trindade criadora (*Brev*. II, 12, 1); mas é preciso saber lê-lo sem tomá-lo à letra (*Hex*. II, 20), prendendo-se às coisas, pois elas são, antes de tudo, "vestígios" (traço*) do criador — *umbrae, ressonantiae, picturae, vestigia, simulacra, spectacula ...* (*Itinerário ...* II, 11) — em resumo, sinais de Deus, e o importante é passar "do signo ao significado" (*ibid.*).

c) *Tomás de Aquino*. — Dois pontos caracterizam a concepção que Tomás tem da cr.: a radicalidade da contingência das criaturas e a definição da cr. como relação. O primeiro ponto manifesta-se na maneira de tratar o problema da eternidade do mundo. Sabe-se que Tomás não julga demonstrável sua não eternidade (*ST* Ia, 46, 2): a cr. no sentido estrito de começo no tempo (*novitas mundi*, cf. *De pot*. III, 3, ad 6; Ia, 45, 3 ad 3) só é conhecida pela revelação (Ia, 46, 2) e, portanto, pela fé (posição que Barth aplaudirá, *KD* III/1, 2), mesmo se a dependência geral das coisas em relação à causa primeira é acessível à razão* (Ia, q. 46, a. 2, 1). Dizer, porém, que um mundo "eterno" seria de qualquer modo um mundo criado (*nomen creationis potest accipi* cum novitate, vel sine, *De pot*, III, ad 6) é uma maneira de fazer manifestar-se a contingência de todo mundo possível. A duração desse mundo nada muda nesse ponto, mesmo se o fato de ter um começo o exprime melhor aos olhos das criaturas, elas mesmas temporais (*De pot*, III, 17, ad 8). De qualquer maneira, uma duração indefinida nada teria de comum com a eternidade* do Criador, que não comporta a sucessão (I a, q. 46, a. 2, ad 5), como já o tinham visto Boécio*, citado por Tomás, e Agostinho (*Conf.* XI, 14).

Essa contingência liga-se ao fato de que o ser criado é inteiramente relativo, no sentido próprio de só existir por sua relação ao Criador. A cr. se define pela *relação* das coisas a seu Princípio, e não é outra coisa *senão* essa relação (*ST* Ia, q. 45, a. 3; cf. q. 13), e sem essa relação o criado nada é; cf. as fórmulas muito fortes do *De aeternitate mundi*, justamente: "A criatura não tem ser senão o que lhe é dado (*nisi ab alio*); deixada a si mesma e considerada em si mesma, nada é (*nihil est*); o nada* lhe é mais natural que o ser" (*unde prius naturaliter est sibi nihilum quam esse*) (cf. Ia IIae, q. 109, a. 2, ad 2). Não há criação continuada (I a, q. 45, a. 3, ad 3 p. ex.,), uma só e a mesma ação divina cria e conserva no ser uma criatura que só existe por sua constante relação a Deus (*semper refertur ad Deum, De pot.* III, 3, ad 6; cf. Ia, q. 104, a. 1 ad 4; *CG* III, 65; *De pot.* V, a. 1, ad 2). Por isso mesmo, essa criatura existe plenamente, porque Deus dá o ser sem cessar e com superabundância. Se bem que paradoxalmente — é o paradoxo mesmo da analogia* do ser (E. Przywara 1932, II, 6, 8, p. ex.) — essa visão da contingência radical é também uma visão do ser dos seres, da plenitude de sua existência em ato: tirar das criaturas sua consistência, sua autonomia, sua "perfeição" é fazer injúria ao Criador (*detrahere perfectionis divinae virtutis, CG* III, 69). Chesterton via com razão em Tomás "Santo Tomás do Criador".

d) A Idade Média tardia. — Mesmo se a IM tardia está longe de ser um período de decadência intelectual, pode-se admitir que nela se assiste a certa "degradação" (Scheffczyk, 1963) da teologia da cr., na medida em que a separação da fé e da razão se acentua e a cr. é remetida à pura fé. Depende da incompreensível onipotência de Deus; não haveria contingência do mundo para Duns Escoto, se não houvesse contingência da própria causalidade divina (*nisi prima causa ponatur ... contingenter causare, Opus oxoniense* I, d. 39, q. única, nº 14). Com o nominalismo* de Occam, o vínculo de Deus e do mundo é "afrouxado ao extremo" (*ibid.*, 165), porque não há mais causalidade exemplar e porque Deus, em uma liberdade absoluta, só limitada pelo princípio de contradição, põe no ser os singulares sem relação com nenhuma essência.

4. Os Tempos modernos

a) A Reforma. — A Reforma não pôs em questão o dogma* da cr., reafirmado no fim da IM pelo concílio* de Florença*. Melanchton é o mais tradicional dos reformadores em sua maneira de apresentar a fé na cr. ("Deus, Pai de Nosso Senhor Jesus Cristo, com o Filho... e o Espírito Santo, criou do nada o céu e a terra, os anjos e os homens e tudo o que é corporal", *Loci praec. theologici*, 215, 10-14), e em sua maneira de encontrar em toda a parte "vestígios de Deus" (*vestigia Dei*) na natureza, que é feita, "criada", para "mostrar a Deus" (220, 11). Segundo Calvino* (*Inst.* I, 14) o que a Escritura diz da cr. basta, e não é nem "lícito" nem "expediente" especular sobre a questão. Para Lutero*, é ao mesmo tempo importante (p. ex., *WA* 24, 18, 26-27) e difícil (*ibid.*, 29-33; cf. *WA* 39/2, 340) crer na cr. O que dá a essa fé uma inflexão existencial: é crer, antes de tudo, que nada se pode fazer pelas próprias forças, tanto dependemos de Deus (*WA* 24, 18, 32-33; 43, 178; 42-170, 1). E isso diz respeito a cada um, em primeiro lugar, cf. a fórmula dos *Catecismos:* "Creio que Deus *me* criou, com todas as criaturas" (*WA* 30/1, 183, 32-33 e 247, 20-21; 293, 15-16). De fato, Deus me tira sem cessar do nada (*WA* 12, 441, 6 p. ex.) pela potência* de uma Palavra* verdadeiramente criadora: "As palavras de Deus são realidades, não simples vocábulos" (*res sunt, non nuda vocabula, WA* 42, 17, 24) e cada um de nós é uma palavra ou uma sílaba da linguagem divina (*loc. cit.*, 19).

— Cf. Boav., "toda criatura é uma palavra de Deus" (Boav.* III, 1, b) e Tomás, *ST* Ia, q. 37, a. 2: "o Pai diz por seu Verbo ... a si mesmo e a criatura" (*se et creaturam*)//Ia, q. 34, a. 3; *Quodl.* IV, q. 4, a. 6. Sobre criação e palavra, cf. Kern 1967, Gisel 1980, 218-222.

b) *Séculos XVII e XVIII* — Os Tempos modernos viram o tema da cr. escapar aos teólogos, que ou se desinteressam dele — no s. XVII, p. ex., os carmelitas de Salamanca não comentam o tratado da cr. na *ST* "porque essa questão não é ordinariamente tratada nas escolas..." (*Cursus theologicus, Proemium*, § IV) — ou então fazem da cr. uma questão mais filosófica que teológica, como Suárez. A questão da criação é, no s. XVII, do domínio da filosofia*: Descartes*, Malebranche, Leibniz* têm todos uma concepção da cr. Uma das mais interessantes é, sem dúvida, a de Leibniz, que vê as mônadas nascerem "por fulgurações contínuas da Divindade" (*Monadologia*, § 47), mas a ideia do melhor dos mundos e o princípio da razão suficiente vão, por meio de Wolf (1679-1754), degradar-se na teologia das Luzes, que combina um otimismo muitas vezes digno de Pangloss e uma concepção rudimentar da causalidade. Isso é estrepitoso, p. ex., na *Teologia natural** (1802) de W. Paley (1743-1805): não há relógio sem relojoeiro (I), a natureza, com a universal adaptação dos meios aos fins que nela se vê, sobretudo nos seres vivos, não pode, portanto, não ter um "criador inteligente" (III, 75 e *passim*). Paley põe assim uma "causa" do mundo "perfeitamente adequada" a seu efeito (XXVII, 408), sem suspeitar que só prova, no máximo, um "arquiteto do mundo" e não um "criador do mundo" (Kant*, *KrV*, AA, III, 417). Quanto à causa em questão, primeira de uma série de realidades unívocas, unicamente eficiente e de uma eficiência puramente fabricadora, garantindo (e mal, aliás) um simples papel de explicação das realidades naturais, essa causa, que se poderia descobrir sem dúvida também nas formas degradadas do argumento cosmológico (provas* da existência de Deus), quase não tem virtude ou sentido teológico, pois o Deus relojoeiro nada mais tem a ver com o

Criador da Bíblia*. Essa concepção da causalidade, que se generaliza na época, é o sinal do empobrecimento do pensamento das teologias oficiais das diferentes confissões no s. XVIII. O s. XIX não vai melhorar as coisas, apesar de tímidas tentativas (cf. Scheffczyk, IV, 3).

Compreende-se assim uma desconfiança em relação à categoria de causa que ainda é muito viva em nossos dias, em que se encontram muitos teólogos para deplorar com Heidegger* a "tendência" da "teologia católica da cr. [seria ela a única?] a racionalizar" (texto inédito citado em *H. et la question de Dieu*, Paris, 1980, 333). "Uma 'causa suprema' (*Weltgrund*) nada tem de comum com o Pai todo-poderoso confessado pela fé cristã" (Barth*, KD III/1, § 40, 10; cf. *Grundriss* VIII, 59), sobretudo quando a relação de causalidade é concebida de fato como intramundana (J. Ratzinger, 1964, 461; K. Rahner, 1976, II, 4, 93; J. Moltmann, 1985, l, 6) — W. Kern, ao contrário, é favorável a uma reapreciação da causalidade (1967).

5. *O século XIX*

Esse empobrecimento teve dois efeitos principais: *primeiro*, deixou, como no s. XVII, o campo livre para a filosofia, que reina sobre a reflexão em matéria de cr. no s. XIX. O conceito conhece singulares aventuras nos grandes idealismos românticos de Schelling* e de Hegel*, quer se trate de uma queda de ou no Absoluto, do advento da liberdade nele, uma cisão criadora em Deus quer do desdobramento dialético da Ideia. Apesar de sua grandeza filosófica, essas "teologias desteologizadas" (Przywara, 1932, § 4, II) dificilmente distinguem-se do panteísmo*, em particular por certa confusão do Espírito de Deus e do espírito pura e simplesmente, i.e. finalmente, do homem. Isso foi, como se sabe, suspeitado por Feuerbach (1804-1872): "O verdadeiro sentido da teologia é a antropologia*" (Pref. à 2ª ed. da *Essência do cristianismo*). E se "Deus é a essência do homem", a criação *ex nihilo* (I, 9 e Apêndice, X-XI) é apenas a ideia que o homem se faz de sua onipotência e de seu desejo de domínio da natureza, o meio pelo qual ele se erige "em fim e em senhor do mundo" (XI).

Em seguida, a teologia se encontrou desarmada diante dos problemas novos postos pela crítica bíblica (exegese*) e pela teoria da evolução* e pelo questionamento, por essas duas vias, das narrativas* da cr. em Gn 1-3. Decerto, a fé na criação foi firmemente mantida, na Igreja católica, pelas definições do Vaticano I*, mas sobretudo contra os desvios filosóficos da época. O primeiro capítulo da constituição *Dei Filius* retoma, com efeito, as definições de Latrão IV, acrescentando-lhes a afirmação explícita da liberdade da cr. (*liberrimo consilio de nihilo condidit creaturam, DS* 3002) e da distinção de Deus e do mundo (*re et essentia a mundo distinctus; ibid.*), contra as formas modernas de monismo e de emanatismo (cân. 4, *DS* 3024). Tudo isso salvaguardava bem a ideia da cr., mas nada dizia das relações do mito* e da história, e deixava inteira a questão de saber como, e até que ponto, é possível distinguir a ideia da cr. das imagens que a transmitem. O mundo da fé tornava-se paralelo ao das ciências* com o perigo seja da dupla verdade*, seja de uma alternativa entre o positivismo materialista e o criacionismo (cf. traducianismo*) ou o fundamentalismo* (esse problema é sempre atual, ao menos na opinião que não distingue bem a fé na criação do criacionismo).

Deve-se dizer que a doutrina da cr. não era mais, desse ponto de vista, senão obscuramente articulada com a história da salvação. A cr. era do domínio dos "preâmbulos da fé", das verdades acessíveis em princípio à razão humana (isso está implícito nos textos do Vaticano I — explicitamente, é a existência de Deus a partir das coisas criadas que é considerada como tal, *DS* 3004 e 3026; cf. *DThC* III/3, 2192), ela não era inserida explicitamente na história da salvação, e corria o risco de ser compreendida como o primeiro momento do qual não se ocupa mais em seguida.

6. O século XX

a) Karl Barth. — Compreende-se o protesto de Barth contra a ideia de que o primeiro artigo do Credo fosse uma espécie de "átrio dos gentios" no qual a "teologia natural pudesse dar-se livre curso" (*Grundriss* VIII, 55 e 58). Para ele, ao contrário, a cr. só é conhecida pela revelação (é por isso que a "doutrina da cr.", em *KD* III, apresenta-se como um comentário de Gn 1-3); é essencialmente uma ação divina que inaugura a história da salvação: a cr. é o pressuposto da aliança*, seu "fundamento externo" (*KD* III/1, § 41, 2), é feita para torná-la possível, e a aliança, por sua vez, é o "fundamento interno" da cr. (*ibid.*, § 41, 3), porque ela determina a natureza da criatura querida pelo livre amor* de Deus. Essa reintegração da cr. na história da salvação, essas redescobertas da protologia e da escatologia*, restituíam à doutrina seu sentido religioso, o que explica a grandíssima influência que Barth teve, desse ponto de vista, até na teologia católica (Ratzinger, 1964 p. ex., é muito barthiano, e admite a fórmula sobre as relações cr. — aliança, *LThK*² 463, cf. *CEC* § 288).

b) Uma crise da doutrina da criação? — Contudo, cortando a doutrina da cr. de toda a "teologia natural", cortava-se também a cr. de todo esforço especulativo de séculos, que era também esforço de inteligência da fé, ao preço de outro empobrecimento da teologia da cr. A supervalorização do tema da salvação leva, com efeito, a desvalorizar o da cr. ("encolhimento" já assinalado por Hamann [1968, 14-15] na liturgia* romana da Antiguidade), tanto mais que era muitas vezes acompanhada de um cuidado quase exclusivo por uma salvação terrena dos homens. Numerosos discursos aceitos sobre "o Deus do Êxodo" oposto ao Deus criador significaram, assim, o desinteresse dos teólogos pela cr. (diagnosticado por questões como "A cr., uma doutrina caduca?", *Études*, agosto/setembro 1981, 247-261, ou "Interessar-se pela criação?", *ETR* 1989, 64/1, 59-69). Esse desinteresse manifesta-se em certos aspectos da recepção* do Vaticano II*. Sem tratar explicitamente do assunto, o concílio tinha desenvolvido na *GS* (cap. III) "uma verdadeira teologia da cr." (Théobald, 1993, 621), operando em relação à antiga orientação uma "virada antropocêntrica" muito nítida (ver *GS*, nº 12, § 1) e definindo a atividade do homem como o "prolongamento da obra do Criador" (nº 34, § 2). Esse ponto de vista, que permite pensar de maneira positiva a técnica, e mais geralmente, a intervenção do homem na história como "reflexo do ato criador" (Breton, 1993, 150; cf. Ratzinger, 1964, 645, matizado em Ratzinger, 1968, 318) não implicava certamente o espírito do concílio um desprezo do cosmo ou um acosmismo de fato, mas pode-se temer que tenha sido às vezes entendido desse modo. Daí uma insistência sobre a criatividade humana, imagem da criatividade divina, contudo posta entre parênteses (Ganoczy, 1976; sobre esse assunto, ver Berdiaev 1914, desigual, mas profundo). Daí igualmente um esquecimento ou embotamento da cr. na catequese* das Igrejas: cf. S. Jaki, 1980, 56 ("o dogma [...] mais negligenciado do Credo"), Ch. Schönborn (Com(F) XIII/3, 18-34) ou Ratzinger, 1986, que vê bem que isso acarreta uma concepção de Deus sem relação com a matéria, uma negação do fato de que o verdadeiro nome da natureza é criação, — um esquecimento, com efeito, do horizonte do mundo, esquecimento de que não pode ser sem consequência para a antropologia. Os movimentos ecológicos, com seus exageros, tiveram o mérito de lembrar, mesmo brutalmente, a existência do cosmo. As fórmulas fáceis que substituem o domínio pela "gerência" da cr., ou a posição de Moltmann (1985), que subordina a "relevância" da fé na cr. às soluções que ela propõe para sair da crise ecológica, não são satisfatórias, mas é preciso tomar a sério a função crítica da ecologia*.

O pluralismo da pesquisa teológica contemporânea torna difícil a generalização, mas um número de elementos deixam pensar que se está caminhando para um novo equilíbrio; compreensão mais justa das narrações bíblicas, apaziguamento das controvérsias sobre a evolução, superação dos concordismos vãos, desejo razoável de certa unidade intelectual que tome a sério a ciência sem dela fazer uma autoridade teológica (Peacocke, 1979; Pannenberg, 1986; Polkinghorne, 1988; cf. Fantino, 1991 [1994, 118; 1995, 157]) e, sobretudo a reintegração da cr. na história da salvação sem que nela desapareça (p. ex. Création et salut, 1989) — afinal, a cr. nunca foi pregada para dar um conhecimento, mas para [re]introduzir em uma relação (Hamann, 1968, 18) que é a origem e o fim do ser humano: "Tu amarás aquele que te criou" (Ep. de Barnabé, SC 172, 197).

- Agostinho: A cidade de Deus, XI, BAug 35; De genesi contra manicheos, PL 34, 173-220; De genesi ad litteram liber imperfectus, PL 34, 220-246; De genesi ad litteram, BAug 48-49; Confissões, XI-XIII, BAug 14. — K. Barth, Credo, Munique, 1935; KD III/1-4, Die Lehre der Schöpfung, 1945-1951; Dogmatik in Grundriss, Munique 1949, cap. VIII. — Boaventura, Breviloquium, l. II; Itinerarium mentis in Deum; In Hexaemeron. — Concílios: Latrão IV (1215) DS 800; Florença (1442), DS 1333; Vaticano I (1870), Constituição Dei Filius, cap. 1, DS 3001-3003 e cân. 1-5, DS 3021-3025. — Hugo de São Vítor, De sacramentis christianae fidei I, 1a, 2a, 5a, 6a, PL 176, 187-216; 246 C — 288A. — Ireneu, Adversus haereses, SC 100, 152-153, 210-211; 263-264, 293-294. — João Damasceno, Expositio fidei orthodoxae, PG 94, 863-926. — P. Melanchton, Loci praecipue theologici (1559), in Ms Werke in Auswahl, 7 t. 9 vol. Gütersloh, 1952, t. II, 1ª parte. — Pseudo-Dionísio, De divinis nominibus, sobretudo IV e V, PG 3, 693-826. — Tomás de Aquino, II Sent., d. 1, 2, 12, 13; CG II, cap. 15-30 e 31-38; De potentia, q. III; De aeternitate mundi (contra murmurantes); ST Ia, 44, 45, 46, 47.

▸ J.-B. Bossuet (1727), "Élévations sur la création de l'univers", in Élévations à Dieu sur tous les mystères de la religion chrétienne. — W. Paley (1802), Natural Theology or, Evidences of the Existence and Attributes of the Deity collected from the Appearances of Nature, Londres. — L. Feuerbach (1841), Das Wesen des Christentums I, cap. 7, 9, 10 e Apêndice X e XI, GW, ed. W. Schuffenhauer, Berlim, 1967s., 5. — N. Berdiaev (1955), Le sens de la création. Un essai de justification de l'homme. — H. Pinard (1908), "Création", DThC 3/3, 2034-2201. — E. Przywara (1932), Analogia entis, Munique, 1962², Einsiedeln. — V. Lossky (1944, 1990²), Essai sur la théologie mystique de l'Église d'Orient, Paris, caps. 5-6. — A. D. Sertillanges (1945), L'idée de création et ses retentissements en Philosophie, Paris. — L. Scheffczyk (1963), Schöpfung und Vorsehung, HDG II, 2 a, Friburgo. — P. Tillich (1953 e 1957), Systematic Theology, Chicago-Londres, I, 11 (Teologia sistemática, São Leopoldo, 2002). — J. Ratzinger (1964), "Schöpfung", LThK, 460-466 (bibl.), LThK, Das zweite vatikanische Konzil III, 316-319 (com.

Do art. 12 de *Gaudium et Spes*; (1986) *Im Anfang schuf Gott*, (1995) trad. ing. *In the Beginning. A Catholic Understanding of the Story of Creation and Fall*, Edimburgo/Grand Rapids, apêndice (1995), *The Consequences of Faith in Creation*. — W. Kern (1967), "Die Schöpfung als bleibender Ursprung des Heils", *in MySal* II, 440-544, Einsiedeln 1965s (Petrópolis, 1972). — A. Hamann (1968), "L'enseignement sur la création dans l'Antiquité chrétienne", *RevSR* 42, 1-23 e 97-122. — P. Geach (1969), "Causality and Creation", *in God and the Soul*, Bristol 1994², 75-85. — Col. (1976), *La création*, *Com (F)* I/3. — A. Ganoczy (1976), *Der schöpferische Mensch und die Schöpfung Gottes*, Mainz (*Homme créateur, Dieu créateur*, 1979). — K. Rahner (1976), *Grundkurz des Glaubens. Einführung in den Begriff des Christentums*, Friburgo, II, 4 (*Curso fundamental da fé*, São Paulo, 1986). — G. May (1978), *Schöpfung aus der Nichts. Die Entstehung des Lehre von der creatio ex nihilo*, Berlim. — A. R. Peacocke (1979), *Creation and the World of Science*, Oxford. — P. Gisel (1980), *La création*, Genebra. — S. Jaki (1980), *Cosmos and Creator*, Edimburgo; (1989), *God and the Cosmologists*, Edimburgo. — J. Moltmann (1985), *Gott in der Schöpfung: ökologische Schöpfungslehre*, 2ª ed. rev., Munique (*Deus na criação. A doutrina ecológica da criação*, Petrópolis, 1993). — W. Pannenberg (1986), "Schöpfungstheologie und moderne Naturwissenschaft", *in Gottes Zukunft-Zukunft der Welt*, Festschrift für J. Moltmann, Munique, — Col. (1988), *Cosmos et création, Com (F)* XIII/3 . — J. Polkinghorne (1988), *Science and Creation*, Londres. — Col. (1989), *Création et salut*, Bruxelas. — J. Fantino *et al.* (1991, 1994, 1995, 1998), "Théologie de la création", *RSPhTh* 75, 651-665; 78, 95-124; 80, 143-167; 82, 87-122. — S. Breton (1993), "Christianisme et concept de la nature", *in* D. Bourg (sob a dir. de) *Les sentiments de la nature*, Paris 138-161. — E. C. Gunton (1993), *The One, the Three and the Many. God, Creation and the Culture of Modernity*, Cambridge. — C. Theoblad (1993), "La théologie de la création en question, un état des lieux", *L'avenir de la création*, *RSR*, 81/4, 613-641. — P. Davies (1993), *The Mind of God*, Penguin. R. Albertz, J. Köhler, F. B. Stammkötter (1992), "Schöpfung", *HWP* 1389-1412 (bibl.). — A. Gesché (1994), *Dieu pour penser* IV, *Le cosmos*, Paris. — V. Grossi e (1995), "Création, salut, glorification" *in* B. Sesboüé (sob. a dir. de), *Histoire des dogmes*, II, 15-24. — L. Ladaria (1995), "La création du ciel et de la terre",

ibid., 25-88. — C. Elsas, J. L. Crenshaw, F. W. Horn, C. Frey, H. J. van Thil (1996), "Schöpfung", *EKL* 4, 92-109 (bibl.). — K. Ward (1996), *Religion and Creation*, Oxford. — E. C. Gunton (1997), *The Doctrine of Creation. Essays in Dogmatics, History and Philosophy*, Edimburgo. — J. Pelikan (1997), *What Has Athens to Do with Jerusalem Timaeus and Genesis in Counterpoint*, Ann Arbor (bibl.). — L. Scheffczyk (1997), *Schöpfung als Heilseröffnung* (Katholische Dogmatik 3), Aix-la-Chapelle. — K. Rahner (1988), *Der Mensch in der Schöpfung, SW* 8 (curso de Innsbruck), 41-323.

Irène FERNANDEZ

→ *Aliança; Deus; Evolução; Glória de Deus; Pai; Potência divina; Providência; Secularização; Ser; Trabalho.*

CRISÓSTOMO → João Crisóstomo

CRISTO/CRISTOLOGIA

O termo *Cristo* (C.) (hb. *mâshîaḥ*, messias*, gr. *christos*, ungido) recapitula a confissão* de fé *cristã*. Toda a titulação de Jesus (J.) de Nazaré resume-se nessa palavra que, semanticamente, recobriu os outros títulos que indicam a identidade de J. (Senhor, Filho de Deus* etc.) e que se impôs na denominação daquele que se chama *J. C.* Isso é tão verdadeiro que em Antioquia os "discípulos do caminho" do C. foram chamados cristãos (At 11,26). Mais tarde, Inácio de Antioquia inventará o neologismo "cristianismo" (*Aos Magn.* 10, 3, SC 10 *bis*, 105).

Por essa evidente razão, grande número dos artigos deste *Dicionário* abordam, de uma maneira ou de outra, o que concerne a J. na história* e na dogmática* cristã, o Filho do Pai* na Trindade*, o Filho* do homem, o Servidor*, o Cordeiro* de Deus, seus diferentes "mistérios" (encarnação*, paixão*, ressurreição*), e a cristologia no seu desenvolvimento (em particular a partir dos sete primeiros concílios* ecumênicos). De outra parte, a cristologia encontra sua motivação primeira na doutrina da salvação*. O presente artigo, mais consagrado à identidade humano-divina de Cristo, proporá, assim, uma síntese e remeterá, pontualmente, ao artigo especializado correspondente.

1. Gênese e desenvolvimento da cristologia do Novo Testamento

Entre J. e C. há todo o espaço da confissão de fé: "J. é o C.", em que o verbo foi logo substituído pela justaposição do sujeito e do atributo. Essa confissão é para os discípulos de J. o fruto do mistério* pascal: "Este J., Deus o ressuscitou, disso nós todos somos testemunhas... a esse J. que vós crucificastes Deus o fez Senhor e C." (At 2,32-36). A proclamação da ressurreição foi chamada "berço da crist." (R. Schnackenburg). Mas para os discípulos, ela intervém ao termo de um companheirismo com J. e inaugura um grande movimento de reflexão que explicita a identidade deste.

a) De Jesus à confissão do Cristo. — Os evangelhos * nos traçam a evolução da fé* dos discípulos ao longo do ministério* pré-pascal de J. Mediante uma intenção teológica evidente, permitem, no entanto, apurar, de um lado, os dados concretos da história (Jesus* da história) que não dependem da cristalização da fé provocada pela ressurreição. J. encontrou homens que chamou para segui-lo e para viver com ele. Tudo se passou no quadro de uma convivência. A identidade humana de J. é uma evidência que não dá lugar a nenhuma dúvida: é um ser de carne e de sangue, que come e bebe, capaz de alegria e de tristeza, de ternura e de cólera. É a partir da palavra e do comportamento desse homem que os discípulos foram convidados a reconhecer que nele havia mais que Jonas ou Salomão (Lc 11,31), mais que um homem. Com efeito, esse homem fala com uma autoridade única e não como os escribas (Mc 1,21-27). Anuncia que o Reino* de Deus está perto, porque ele mesmo está ali. Fala em parábolas* que são todas expressões por imagens do evento que sua presença inaugura. Seu comportamento está em acordo total com sua palavra: diz o que faz e faz o que diz. Proclama a misericórdia* de Deus para com os pecadores e participa de sua mesa. Traduz concretamente a salvação que veio trazer por milagres* que são um sinal antecipado da salvação dos corpos*. Sua palavra é habitada por uma pretensão inaudita: perdoar os pecados* (Mt 9,1-9; Lc 7,36-50), completar,

e mesmo corrigir, a lei* de Moisés por seu ensinamento (Mt 5,21-48; 19,8). Convida a deixar tudo para segui-lo (Mt 10,37). Reivindica uma relação única com Deus (Mt 11,27; Lc 10,22; Mc 13,32), a quem chama seu próprio Pai (*Abba*, Mc 14,36), com palavras que nenhum judeu antes dele ousara empregar.

Em uma cena chamada "a virada de Cesareia", J. interroga os discípulos sobre a própria identidade: "E vós, quem dizeis que eu sou?" (Mt 16,15). Pedro*, em nome dos outros discípulos, responde exprimindo sua fé iniciante: "Tu és o C.". Mateus completa essa primeira confissão dizendo "o Filho do Deus vivo", de modo que a confissão de fé pascal da Igreja* primitiva veio a explicitar o ato de fé messiânica de Pedro. Essa palavra de fé, J. autentica como uma palavra de revelação* (Guillet, 1971).

O ministério de Jesus acumulou sobre sua pessoa oposições e ameaças. J. sobe a Jerusalém*, onde sabe que a morte* o espera como ocorreu com os profetas*. A ameaça, e depois a prova final, não o fazem desviar de sua missão*. Sua vida foi uma existência para seu Pai e seus irmãos, uma "pró-existência" (H. Schürmann); o mesmo será com sua morte à qual ele mesmo dá o sentido, instituindo a ceia eucarística*. Sua morte na cruz (paixão*) é o escândalo por excelência, escândalo que dispersa o grupo dos Doze. Aparentemente, tudo está contra J.: os judeus e os romanos (pagãos) se aliam para condená-lo; seus amigos o deixam; mesmo Deus não responde a seu grito de abandono (Mt 27,46). Que fim levou sua pretensão de ser o "Filho"? Contudo, o próprio centurião que comanda a execução confessa: "Verdadeiramente, este homem era Filho de Deus" (Mc 15,39), ou "era um justo" (Lc 23,47). Em sua maneira de morrer, J. deu um sinal de sua verdadeira identidade. Entretanto, será mister a ressurreição e toda a reflexão que ela provocará, para que esse escândalo seja superado e se torne motivo de glória.

Hoje em dia há acordo para considerar que não se deve buscar durante a vida de J. o uso de uma titulação que diga explicitamente sua identidade. O ministério de J. pré-pascal foi o tempo da crist. *implícita*. Os discípulos vão tatear para exprimi-la, servindo-se de diversos termos vindos do AT que eles ajustam ao caso de J., para lhes fazer dizer o excesso de sentido que recebem quando se referem a ele. Sem dúvida, eles o compreenderam em um primeiro tempo como o "profeta escatológico" (E. Schillebeekx), quer dizer, não só como o último dos profetas, mas um profeta que não é como os outros, o profeta "definitivo" ou "absoluto". O termo Messias (C.) e o título de Filho de Davi foram empregados a seu respeito, como atesta a inscrição da cruz. Contudo, os evangelhos nunca põem esse termo na boca de J., que guarda a respeito uma reticência clara em razão da ambiguidade política e temporal a que poderia dar lugar. J. só o aceita verdadeiramente na cena de seu processo diante Caifás (Mc 14,61s), quando essa ambiguidade é definitivamente desfeita. Em contraste, "situando sempre a expressão Filho do homem nos lábios de J. para dizer-se a si mesmo, a comunidade cristã de língua aramaica rememora supreendentemente o *eu* de J., e com tal frequência que não pode explicar-se bem senão pelo choque produzido sobre os discípulos de J." (Ch. Perrot). Quanto ao título de Filho de Deus, na medida em que seu emprego remonta a um uso pré-pascal, permanece muito englobante à luz do AT, porque foi aplicado ao povo* de Israel* (Ex 4,23s). Paradoxalmente, em relação aos desenvolvimentos futuros, o termo diz menos nesse primeiro tempo que a expressão Filho do homem. A pretensão de dizer "o Filho" tem mais importância que o título propriamente dito (W. Kasper).

b) Da cristologia da ressurreição à cristologia da encarnação. — O ponto de partida da cristologia explícita do NT é a ressurreição de J., que vem "assinar" de maneira divina seu itinerário pré-pascal e confirmar todas as suas pretensões. De agora em diante, o escândalo da cruz toma sentido. Os discípulos podem anunciar ativamente a ressurreição do Crucificado: "C. morreu por nossos pecados segundo as Escrituras. Foi sepultado, ressuscitou no terceiro dia, segundo as escrituras*" (1Cor 15,3s). Esse acontecimento recebe logo três interpretações: 1/ J. foi exaltado (At 2,33) e senta-se agora,

em sua humanidade à direita de Deus em sua glória*, o que quer dizer, em pé de igualdade com ele. 2/ A ressurreição confirma a pretensão de J. à filiação* divina (Sl 2,7 citado no contexto por At 13,33 e Hb 1,5). Deus revelou-se definitivamente em J. (W. Pannenberg). O termo Filho de Deus toma agora o sentido forte que a dogmática cristã lhe reconhecerá sempre. 3/ Enfim, a ressurreição inaugura os tempos da escatologia*: "Se J. ressuscitou, já é o fim do mundo" (W. Pannenberg). A dimensão soteriológica da ressurreição é igualmente sublinhada: ele ressuscitou "para todos" (2Cor 5,25), "para nossa justificação*" (Rm 4,25); ressuscitado, difundiu o Espírito* Santo. A cena da Ascensão recapitula em seu simbolismo essas afirmações "ascendentes": de J. de Nazaré diz-se que foi "estabelecido, segundo o Espírito Santo, Filho de Deus com potência por sua ressurreição" (Rm 1,3s). O sujeito é J. considerado em sua humanidade; a titulação divina vem como atributos ou complementos de objeto. Os "altos títulos" conferidos a J. são outros tantos atos de interpretação de sua identidade. Aquele que se dizia "o Filho" em um sentido absoluto, e que se comportou filialmente até à morte, a comunidade cristã o confessa como "Filho de Deus". É que a teologia* contemporânea vulgarizou com a expressão "crist. ascendente", ou crist. primitiva: uma crist. já completa e que não se pode suprimir pelos desenvolvimentos seguintes. Não é uma crist. de "adoção" (adocianismo*) do homem J. como Filho de Deus, porque aquele que foi assim estabelecido com potência por Deus, era já "seu Filho" (Rm 1,3).

Sobre esse fundamento que já contém em si todo o programa futuro dos desenvolvimentos da crist., a reflexão da fé dos discípulos, tal como se encontra atestada no NT, operará um movimento que vai do fim do itinerário de J. a seu começo. "Filho" é, ele mesmo, um termo de origem. No entanto, esse ressuscitado, exaltado à direita do Pai, quem era ele aos olhos de Deus "antes" de sua manifestação em nossa história? Que sentido deve dar-se a esse título de "Filho" que ele tanto reivindicou para si mesmo? Isso implicava dois tipos de reflexão:

1/De um lado, a releitura do ministério e da morte de J. à luz definitiva da ressurreição. No plano redacional, os evangelistas entendem testemunhar que o J. com o qual eles viveram era já aquele que pretendia ser e que sua ressurreição revelou plenamente, o Filho de Deus: "Início do Evangelho de Jesus Cristo, Filho de Deus" (Mc 1,1). Muitas cenas evangélicas são assim construídas como proclamações (querigmas) que suscitam a confissão explícita da fé. As cenas de revelação como o batismo* e a transfiguração têm aqui um papel importante. As manifestações de potência* de J. são também sublinhadas, formando um campo de tensão com sua condição de "Servidor". Na mesma perspectiva, as narrações da infância de J. em Mt e Lc, prefácios acrescentados a narrações que começavam com sua vida pública, dão um sinal de sua origem divina, convergindo na mesma afirmação de sua conceição virginal (Maria*).

2/De outro lado, o olhar da fé tenta mergulhar na origem de J. antes de sua manifestação no mundo. A crist. paulina* descreve esse vasto movimento que começa com a experiência do Ressuscitado no caminho de Damasco, concentra-se em seguida no mistério da cruz, para abrir-se a uma crist. do envio: "Deus enviou seu Filho" (Gl 4,4); "Ele enviou o próprio Filho na condição de nossa carne de pecado" (Rm 8,3). Depois, em uma série de hinos — dos quais, alguns podem ter origem litúrgica — Paulo inscreve a vinda de J. numa grande parábola que vem de Deus e retorna a Deus. O hino de Fl 2,6-11 descreve assim o itinerário do abaixamento (kenose*) e de glorificação daquele que no ponto de partida "era na condição de Deus". A preexistência de C. está aqui suposta. O hino de Cl 1,15-20 alarga o tema, mostrando que a primazia de C. na ordem da redenção e da reconciliação tem por correspondente e fundamento sua primazia na ordem da criação*: "Todas as coisas foram criadas por ele e para ele, e ele mesmo é antes de todas as coisas" (1,16). Paulo aplica à pessoa de C. o que o AT dizia da Sabedoria* presente junto a Deus quando da criação do mundo, e misteriosamente personificada em certos textos (Pr 8,22-31b; Jó 28; Br 3,9-4,6; Sr 24; Sb 7). Contudo, a identificação não é total, porque a realidade divina presente em C. excede a da Sabedoria. O hino de Ef 1,3-14 remonta a montante para descrever o desígnio que Deus previu em C. desde antes da criação do mundo. O C., em quem todo o universo deve ser "recapitulado" (1,10) é já, no antes misterioso da vida divina, o coração do projeto do Pai. A mesma epístola comporta um texto revelador da inversão entre o movimento da descoberta e o da exposição, que implica a passagem da crist. ascendente para a crist. descendente: "Ele subiu! Que quer dizer isto, senão que ele também desceu até embaixo na terra? O que desceu é também o que subiu mais alto que todos os céus, a fim de repletar o universo" (4,9s). A subida, que era primeira na ordem da manifestação, revela-se de fato segunda na ordem completa da realização. A busca de fé partiu da subida para interrogar-se sobre a descida; a exposição normal do mistério parte da origem para acabar no fim. A carta aos Hebreus — tendo em conta seu estatuto particular no *corpus* das epístolas neotestamentárias — apresenta o Filho, em que Deus nos falou nestes últimos dias, e "a quem estabeleceu herdeiro de tudo", como aquele também "pelo qual tinha feito os séculos", "o resplendor de sua glória* e a expressão do seu ser" (1,2s). Aqui ainda "sua glorificação revela o ser profundo de J., e conduz a reconhecer sua filiação preexistente" (A. Vanhoye).

O Evangelho de João é atravessado pela questão de identidade de J.: "Quem és tu?" (4,10; 5,12s; 8,25; 12,34). J. por sua vez, "sabe de onde vem e para onde vai" (8,14). Contudo, é o movimento de sua existência que realiza essa revelação; porque "ninguém subiu ao céu, exceto aquele que desceu do céu" (3,13); ou ainda: "E se vísseis o Filho do homem subir para onde estava antes?" (6,62); "E agora, Pai, glorifica-me diante de ti, com essa glória que eu tinha junto a ti antes que o mundo existisse" (17,5). "O retorno revela a origem, a subida, a descida, a glória, o Filho do homem e a fundação do Reino*, o repatriamento, a pátria de origem" (H. Van den Bussche). O prólogo de João é a última palavra da crist. do NT. Faz-nos remontar até Deus, até esse começo absoluto daquele que *era* ao mesmo tempo junto a Deus e o próprio Deus, Verbo* divino e criador que se fez carne. Essa fórmula definitiva resume o movimento da crist. descendente.

A propósito desse movimento pôde-se falar de "projeção" do fim sobre o começo (W. Thüsing). Essa projeção não é psicológica, é antes "lógica" e de "necessidade intrínseca" (E. Jüngel), e mesmo "ontológica", em virtude deste princípio bíblico: "O que vale do fim deve também determinar já o começo" (W. Pannenberg, W. Thüsing) — porque o que concerne, Deus é de sempre e para sempre. Rigorosamente falando, não "se torna" Deus: J. foi manifestado segundo o que era desde sempre. A ideia de preexistência era apoiada pelas próprias afirmações escatológicas: o Ômega e o Alfa coincidem (M. Hengel, C. Perrot). Essa ideia tem atestações bíblicas (Is 41,4; 44,6; Ap 1,8; 21,6; 22,13) e encontra-se na *Epístola de Barnabé* (6,13; SC 172, p. 125).

2. O desenvolvimento do dogma cristológico

A confissão neotestamentária de J., como Senhor e Filho de Deus, foi retomada com firmeza nas primeiras confissões de fé desde a época dos Padres apostólicos*. Diferentes fórmulas coexistiram, primeiro fórmulas de autores, depois fórmulas de Igrejas. Os símbolos eclesiais são o fruto do encontro articulado entre dois tipos de confissões de fé: a confissão trinitária e a confissão propriamente cristológica que retoma os discursos querigmáticos dos Atos (cf. At 2). De um lado, o 2º artigo trinitário desenvolveu-se mencionando a titulação cristológica de J.; de outro lado, a sequência cristológica veio anexar-se ao 2º artigo.

Em um primeiro tempo, de Clemente de Roma a Justino, a crist. dos Padres recapitula o movimento da crist. neotestamentária. Todavia, não demora para o ponto de vista descendente dominar o ponto de vista ascendente, contudo, sempre presente. Em um sentido, a última palavra do NT: "O Verbo se fez carne" tornou-se a primeira palavra da crist. patrística, em ligação com outro texto, Fl 2, 6-11.

a) A cristologia pré-nicena. — A confissão do C. era duplamente provocante, tanto em relação ao mundo judaico, como ao mundo pagão da época: proclamava a divindade de um homem, o que parecia pôr em causa o monoteísmo*; afirmava que a salvação vinha de um homem que tinha sofrido o suplício mais degradante; falava enfim da conceição virginal, o que lembrava a uns e a outros as narrações mitológicas mais ou menos escabrosas. Assim, foi desde cedo contestada pelos judeus e pelos pagãos (Justino). A primeira contestação vinda dos meios cristãos questionou, por diferentes razões, a humanidade de C.: vinha em particular da gnose* e de seu docetismo*. A glorificação do Ressuscitado na esfera divina tornava incrível que o Verbo de Deus tivesse partilhado uma condição humana onerada de numerosas humilhações. O docetismo reduz, então, a manifestação de J. a uma simples aparição: sua carne é aparente; nada recebeu da Virgem; não foi ele quem sofreu na cruz. Diante dessa contestação tão grave da humanidade de J., a reação eclesial foi de grande nitidez. Desde as primeiras manifestações do docetismo, Inácio de Antioquia insiste na confissão de "J. C., da raça de Davi, (filho) de Maria, que *verdadeiramente* nasceu, que comeu e bebeu, que foi *verdadeiramente* perseguido sob Pôncio Pilatos, que foi *verdadeiramente* crucificado e morto [...] que também *ressuscitou* dentre os mortos" (*Aos Tral.* 9, 1; SC 10 *bis*, p. 119). A luta contra a gnose e o docetismo será incansavelmente retomada por Ireneu*, Tertuliano*, Clemente de Alexandria e Orígenes*. Para opor-se a ele, Ireneu foi o primeiro a articular, com grande realismo, uma cristologia do verdadeiro Deus que se tornou verdadeiro homem (*Adv. Haer.* III, 21, 4), "recapitulando" nele toda a história da salvação, de sua origem a seu fim, para levá-la a seu cumprimento (III, 23, 1 etc.). Ele sublinha em particular o paralelo simbólico entre a criação de Adão*, tirado de uma terra virgem pelas mãos de Deus, e a geração de J., formado no seio de uma virgem pela ação de

Deus (III, 21, 10). Tertuliano, por sua vez, será o defensor veemente da verdade da carne que é "o gonzo da salvação" (*A ressurreição da carne* 6; PL 2, 802). A defesa da geração de J. segundo a carne entende salvaguardar a verdade humana de seu itinerário, em particular a realidade de sua morte e ressurreição. Contudo, a tentação inversa procurava reduzir o mistério de C., fazendo de J. um homem adotado. Foi por esse motivo que Paulo de Samosata foi condenado (adocianismo*).

b) *A cristologia dos grandes concílios.* — A partir do início do s. IV, a crist. entra em nova fase, a fase propriamente conciliar que se inscreve entre Niceia I* e Niceia II*. (Como cada um dos sete concílios* é objeto de um artigo particular, basta aqui lembrar o movimento dialético segundo o qual se encadeiam.) Ario (arianismo*) punha em causa a autêntica divindade da pessoa* de J. de Nazaré, em nome de sua concepção de um Deus que é um e não poderia ser submetido a mudanças e a sofrimentos. O concílio de Niceia afirma, então, a filiação divina, eterna e consubstancial* do homem J. O movimento da resposta, esposando o da questão, vai do humano ao divino, em perspectiva ascendente. A confissão da divindade do C. em Niceia é objeto de um discernimento que, de um lado, a traduz em termos do pensamento grego, e de outro lado, redobra sua radicalidade. Essa definição, ligada à novidade da entrada do vocabulário conceitual da filosofia grega no texto do símbolo da fé, provocou no Oriente numerosas perturbações, que só se apaziguaram verdadeiramente no I concílio de Constantinopla*. Todavia, nesse ínterim, Apolinário (apolinarismo*), niceno convencido da divindade de C. recusava-lhe a posse de uma verdadeira alma* humana. Seu pensamento inscreve-se no esquema Verbo-carne (*Logos-sarx*) que era o de Alexandria, mas em um sentido que excluía a alma: o Verbo ocupava em Cristo o lugar do espírito humano, de sua vontade e de sua liberdade*. A motivação era simultaneamente religiosa (o Verbo divino não pode coexistir com um espírito humano verdadeiramente responsável e livre) e especulativa

(duas realidades "completas", a divindade e a humanidade, não podem formar uma unidade real). Entretanto, C. torna-se então uma sorte de monstro teológico, porque uma carne humana separada de um espírito humano, não constitui um homem. A argumentação escriturística e racional dos Padres* objetará que o único mediador deve ser tão completamente homem quanto é perfeitamente Deus. Até então as tentações de redução do mistério de C. tinham suscitado esclarecimentos capitais concernentes a integralidade de sua humanidade (carne, alma, espírito) e a plena verdade de sua divindade. Como esses pontos estão doravante sem contestação, o debate vai referir-se ao modo de união entre o Verbo de Deus e sua humanidade.

No s. V, por um contrachoque que se seguiu à definição de Niceia, a problemática parte, não mais do homem J., mas do Verbo de Deus e se interroga sobre a modalidade da encarnação ou da humanização do Filho eterno, enquanto ela condiciona a constituição ontológica constante de seu ser, ao mesmo tempo divino e humano. Por sua maneira de compreender a "conjunção" entre a divindade e a humanidade de C., Nestório (nestorianismo*) institui entre elas uma distância, a ponto de recusar as comunicações tradicionais dos idiomas*: se o Verbo sofreu uma segunda geração na carne, Maria é em um sentido verdadeiro "mãe de Deus"; o Verbo foi o sujeito de sua paixão, morreu em um sentido verdadeiro. Por isso o concílio de Éfeso* (431), canonizando uma carta que Cirilo* de Alexandria tinha dirigido a Nestório, afirma, à luz da regra de fé de Niceia, que o Filho eterno do próprio Deus apropriou-se da geração segundo a carne, em razão de seu ato de subsistir *segundo a hipóstase* (união hipostática*), i.e., não como uma realidade exterior a ele, mas como o que afeta sua pessoa mesma. O que se produziu nesse momento, compromete a unidade concreta do Verbo e de sua humanidade por toda a sua existência. Subjacente ao debate dogmático de Éfeso, permanece uma tensão entre as duas escolas, de Alexandria* e de Antioquia*: a primeira reflete no interior do esquema Verbo-carne, a segunda, com ajuda do esquema Verbo-homem (*logos-anthrôpos*). Foi preciso aguardar a ata de união de 433 para que as duas escolas se reconciliassem no texto de uma confissão cristológica de tipo mais antioqueno, que servirá de matriz à definição de Calcedônia.

No entanto, se o concílio de Éfeso valorizou a *unidade* de C., permanece impreciso quanto à distinção que nele existe entre a divindade e a humanidade. O monge Êutiques, prisioneiro do que ainda não estava esclarecido na linguagem de Cirilo, entende confessar uma só natureza depois da união; mas compreende a questão de maneira grosseira, e afirma uma fusão ou confusão entre humanidade e divindade, como se a primeira se tivesse perdido na segunda, como uma gota de água no mar (monofisismo*). Depois das vicissitudes do latrocínio de Éfeso (449), o concílio de Calcedônia* (451) recebeu a carta dogmática do papa Leão a Flaviano, e redigiu uma nova confissão de fé cristológica, que afirma claramente a unidade da pessoa de C. "em duas naturezas". Destacou, portanto, a *distinção*.

Unidade e *distinção* em C. ficarão sendo os dois polos do debate sobre a interpretação de Calcedônia. Esse concílio, recebido por alguns no Oriente como uma volta ao nestorianismo, provocou o cisma* de certas Igrejas, apegadas à linguagem monofisita de Cirilo. Os imperadores trataram de refazer a unidade religiosa de seus súditos intervindo por uma série de editos dogmáticos. Convocado pelo imperador Justiniano, em um clima de violento conflito com o papa* Virgílio, o II concílio de Constantinopla* (553) ia esforçar-se por reconciliar os monofisitas severianos com a letra de Calcedônia, propondo uma interpretação à luz da doutrina proclamada em Éfeso, i.e., destacando a *unidade* de C. Devia-se compreender o "em duas naturezas" segundo "unicamente uma consideração conceitual" (*the theorie mone*) e não pondo as duas naturezas separadamente na existência. A comunicação dos idiomas é ilustrada por uma fórmula extrema: "Aquele que foi crucificado na carne [...] é verdadeiro Deus, Senhor da glória e um da Santa Trindade*" (cân. 10).

No s. VII a controvérsia brotou novamente em torno da interpretação de Calcedônia. Na intenção de destacar a unidade de C., dois patriarcas orientais, depois de terem proposto uma doutrina ambígua de uma só operação teândrica de C. (monoenergismo*), fizeram o papa Honório aderir à doutrina de uma só vontade em C. (monotelismo*). A dificuldade antes posta por Apolinário vinha à tona: como duas vontades poderiam não entrar em oposição? No coração do debate encontrava-se a interpretação da agonia de C. Um primeiro concílio realizado em Latrão, em 649, afirmou, em fórmulas redigidas por Máximo* Confessor, que havia duas vontades em C., em função das duas naturezas, porque a vontade é uma faculdade da natureza. O III concílio de Constantinopla*, em novo ato de interpretação de Calcedônia insistindo essa vez na *distinção*, confirmou essas afirmações. O último concílio de alcance nitidamente cristológico foi Niceia II*. Depois da crise iconoclasta que se alastrou no Oriente no s. VIII, afirmou a legitimidade do culto das imagens*, com base na encarnação, porque o Verbo de Deus, a perfeita imagem do Pai, tornou-se visível em C. que podia dizer: "Quem me viu, viu o Pai" (Jo 14, 9). Com esse concílio, o desenvolvimento propriamente dogmático da crist. pode ser considerado concluído. Os concílios seguintes farão apenas breves alusões ao dogma* cristológico, na maioria das vezes para repetir as afirmações passadas. O último em data, Vaticano II*, fundará sua antropologia* (*GS*) no mistério de C., na intenção de mostrar que ele é a verdade do homem.

3. A cristologia medieval

A IM recebeu, portanto, como um dado de base o dado cristológico elaborado no período patrístico. O próprio dos teólogos escolásticos, cuja intenção era fazer passar o discurso teológico das *autoridades* para as *razões*, foi recuperar em questões especulativas o resultado do trabalho anterior. Assim, desde o concílio de Frankfurt, em 794, até Tomás* de Aquino, três opiniões, apresentadas por Pedro Lombardo, disputaram para si o favor dos autores a respeito do modo de união da pessoa divina à humanidade de C. (adocianismo*). Tomás sustenta a opinião segundo a qual o homem J. C. é constituído de duas naturezas, e que ele é uma só pessoa, simples antes da encarnação, que se tornou "composta" com ela; opinião que não é mais uma opinião, pois ele julga as duas outras condenadas (*ST* IIIa, q. 2, a. 6).

Outra questão foi posta na mesma linha metafísica: a humanidade de C. possui ou não uma existência distinta da do Verbo (um *esse* próprio)? As opiniões condenadas respondiam que sim. Contudo, isso é possível, à luz da única opinião válida? A unidade de *subsistência* reconhecida para as duas naturezas de C. implica necessariamente sua unidade de *existência*? Tomás optava pela unidade numérica do ato de existir em C. No entanto, depois, julgando que não se devia privar a humanidade de C. de um ato que lhe parecia pertencer à completude de sua natureza, a teologia escolástica* vai querer manter a tese dos dois *esse* em C., seja reconhecendo sua oposição a Tomás, seja tentando reduzir a tese dele à sua. O dossiê, recentemente retomado (A. Patfoort), mostra que o Doutor angélico correntemente professou a unidade de existência em C., com exceção de um só texto, que marcou um momento de hesitação.

Outro grande debate medieval concernia aos motivos da encarnação: já Anselmo* de Cantuária tinha escrito uma obra intitulada *Por que Deus se fez homem?* Mais tarde a questão foi colocada nestes termos: a encarnação é consequência exclusiva do pecado do homem (posição tomista) ou pertenceria ao desígnio criador de Deus (posição escotista, cf. encarnação*)? Tomás tampouco esquece de tratar longamente dos mistérios da vida de C. em uma abordagem concreta.

A IM desenvolveu igualmente toda uma reflexão sobre a ciência (e as ciências) de Cristo, que só há um século foi questionada pela teologia católica (consciência* de Cristo). Durante todo o período medieval, a espiritualidade e a piedade populares desenvolveram uma grande devoção à humanidade de J., como é atestada no hino atribuído a Bernardo* de Claraval, *Jesus, dulcis memoria*.

4. Os tempos modernos

A crist. de Lutero* permanece fundamentalmente a da tradição* antiga, embora tenha criticado sua orientação demasiado especulativa. De inspiração antes alexandrina, ressalta fortemente a divindade do Mediador que assumiu como homem um caminho de kenose. Para Lutero, C. é antes de tudo o Salvador, e o *solus Christus* é inseparável da *sola fide*. Teria ele privilegiado em sua interpretação da salvação o papel da divindade de C. em detrimento de sua humanidade (Y. Congar)? Se certos textos vão nesse sentido, a humanidade de C. desempenha todo seu papel para nossa salvação aos olhos de Lutero (M. Lienhard).

A crist. de Calvino* é de feição mais antioquena, às vezes próxima das fórmulas do papa Leão, e ressalta a humanidade de J.: a encarnação é o lugar mediador em que Deus e o homem são ao mesmo tempo diferentes e em relação dinâmica (P. Gisel). O princípio do *extra calvinisticum*, segundo o qual o Senhor encarnado nunca deixou de ter sua existência e sua verdade "também fora da carne", esteve na origem de uma polêmica com teólogos luteranos, em particular a propósito dos sacramentos*. Essa tese parecia pôr em causa a unidade das duas naturezas de Cristo. Segundo Calvino, essa unidade é dinâmica, mas não é fusional; Calvino recusa toda deificação da humanidade de J., toda "cristolatria" (P. Gisel).

Um dos pontos fortes da escolástica protestante dos Tempos modernos será o desenvolvimento da doutrina dos três ofícios (*officia*) ou funções de C. — de profeta, de sacerdote, de rei — que remonta, parece, a A. Osiander (1498-1552). C., com efeito, em razão de sua pessoa humano-divina, nosso único doutor e mestre (Mt 23,8ss), é sacerdote eterno segundo a ordem de Melquisedec (Sl 110,1) e é o rei que reina eternamente sobre a casa de Jacó (Lc 1,32ss). Essas três funções desenvolvem a ideia de unção, presente no termo "C.": no AT uma unção de óleo* era conferida ao rei e ao sacerdote, e uma unção do Espírito fundava o ministério dos profetas. Calvino fez disso um tema central da Reforma desenvolvendo essa doutrina em *A instituição cristã* e a fez incluir nos catecismos. Esse esquema dos três ofícios de C. serviu para a sistematização da doutrina da salvação. É notável que tenha sido adotado pela teologia católica no curso do s. XIX e utilizado em eclesiologia*. Encontra-se no Vaticano II* para exprimir as três funções do povo de Deus (em razão do sacerdócio* régio e universal) e também as três funções propriamente ministeriais do ministro ordenado (*LG* 25-27).

5. A cristologia do Oriente

O Oriente ortodoxo (Ortodoxia*) permaneceu sempre fiel à crist. dos Padres da Igreja e dos antigos concílios, que releu à luz dos que fizeram sua síntese, João Damasceno, Máximo Confessor, o Pseudo-Dionísio* e mais tarde Gregório* Palamas. Essa crist. permanece "descendente": é a do Verbo encarnado, o Deus feito homem. Todavia, permanece de sobreaviso contra certos desequilíbrios, decorrentes de tendências monofisitas, que deixam pouco lugar ao humano. Gosta de destacar a *energia teândrica*, divino-humana de C., como também a *sinergia* de suas duas naturezas. Sem esquecer a kenose de C., nem o mistério da cruz, o Oriente sublinha a ressurreição: a Igreja de Jerusalém, que os Ocidentais chamam igreja do Santo Sepulcro, é para os Orientais a da ressurreição (*anastasis*); em soteriologia, insiste na divinização do homem pela humanidade do Filho de Deus. A ortodoxia respeita a profundeza do mistério e não se interroga sobre o seu *como*. Cristo é, antes de tudo, o ícone mesmo de Deus no meio dos homens: "A humanidade de C. é a figura humana de sua divindade, o ícone de C. revela o mistério da unidade, desenha a imagem teândrica" (P. Evdokimov).

Por isso o Oriente ortodoxo permanece muito reticente ante as evoluções da crist. no Ocidente, acusando-o de cair em um monofisismo humano: "O equilíbrio do teandrismo crist. encontra-se rompido" (P. Evdokimov). Essa perplexidade dirige-se igualmente aos procedimentos contemporâneos de interpretação da Escritura no Ocidente.

6. A cristologia filosófica no Ocidente

O s. XVIII, século das Luzes, foi o da grande crítica racionalista da imagem dogmática de C., tal como as Igrejas a apresentavam. A filosofia* opôs-lhe uma interpretação de J. feita à luz da razão*, que exalta a qualidade exemplar de sua humanidade. J. é assim "o Sábio de Nazaré", o "mestre do gênero humano", o filósofo por excelência, que vai à morte "mais nobre que Sócrates", "mártir da verdade* e da virtude*"' (F. X. Arnold). É o J. de Herder. Kant*, em *A religião nos limites da simples razão* (1793), apresenta a primeira "cristologia filosófica": J. é o homem divino exemplar, sua ideia e sua imagem se deduzem a partir do ideal inscrito em nossa razão. O papel que então a filosofia assumia era traduzir na linguagem da razão a significação das representações reveladas. Mesmo se, na visão da fé cristã, essa empresa é redutora, a imagem de J. que propõe não é sem grandeza.

Hoje, filósofos e teólogos são sensíveis a um dado da maior importância: desde três séculos, a filosofia da Europa ocidental faz da pessoa de C. objeto central de sua preocupação. Isso é manifesto em Hegel*, mas encontra-se em muitos outros: na Europa, Espinosa, Leibniz*, Fichte, Hölderlin e Schelling*, Schleiermacher*, Kierkegaard*, Nietzsche*; e, na França, Pascal*, Maine de Biran, J.-J. Rousseau, Bergson, Blondel*, S. Weil e muitos outros. Com abordagens diversificadas, a crist. filosófica é uma pesquisa da *Idea Christi*, i.e., da manifestação do Absoluto na contingência da história*. C. esclarece as noções cardeais da filosofia: "a subjetividade e a intersubjetividade, o transcendental, a temporalidade, a corporeidade, a morte etc., todos dados dos quais se apropriou ao encarnar-se" (X. Tilliette).

O s. XIX abordou o problema de C. não do ponto de vista da razão, mas do da história: é o começo da oposição feita entre o "J. da história" e o "C. da fé", que condicionará ainda a primeira metade do s. XX (Jesus* da história).

7. O movimento cristológico da segunda metade do século XX

Há acordo geralmente em situar o ponto de partida do movimento cristológico contemporâneo em 1951, i.e., no momento do 15º centenário da definição de Calcedônia. No horizonte desse movimento, há que situar a obra de R. Bultmann* do lado protestante e a de K. Rahner* do lado católico. Tomando a direção oposta à da teologia liberal do s. XIX, Bultmann estima, por razões ao mesmo tempo exegéticas e teológicas, que não se pode saber quase nada sobre J. O que conta não é o C. segundo a carne, mas o C. pregado, que é o Senhor e cuja palavra me "interpela" hoje. O problema dogmático posto por Bultmann situa-se na distância posta entre o *fato* e o *sentido*. De seu lado, Rahner propôs, em 1954, um programa de renovação da cristologia: repensar a relação da cristologia clássica ao testemunho bíblico; completar a crist. ontológica por uma crist. existencial; interrogar a definição de Calcedônia, considerada mais como um começo do que como um fim; desenvolver uma crist. transcendental, i.e., deduzir as condições de possibilidade no homem da credibilidade* do C. Desde então, muitos teólogos protestantes (P. Tillich*, W. Pannenberg, J. Moltmann, E. Jüngel...) e católicos (H. von Balthasar*, K. Rahner, W. Kasper, P. Schoonenberg, E. Schillebeeckx, B. Forte, O. Gonzalez de Cardedal, J. Moingt, P. Hünermann...) produziram uma obra de crist.

Assinalemos apenas algumas características dominantes. Um primeiro cuidado é o da verificação: a crist. não pode mais construir-se sobre o fundamento da confissão de fé e das definições conciliares, sem fundar, por sua vez, essa confissão sobre a história e o destino de J. (W. Pannenberg, W. Kasper). Em outros termos, as questões da teologia fundamental* devem ser integradas à exposição da teologia dogmática. A segunda preocupação, solidária da primeira, concerne ao movimento da crist. Enquanto a crist. clássica partia imediatamente da encarnação, a teologia contemporânea, fiel nisso ao NT, dá prioridade à crist. "de baixo" ou ascendente, i.e. à consideração do homem J. confessado como Senhor, C. e Filho de Deus (W. Pannenberg, H. Küng). A "cristologia do alto" ou descendente vem então tomar sua vez, em um segundo tempo, à luz dos textos pauli-

nos e joaninos. Pela mesma razão, o movimento cristológico contemporâneo opera um retorno maciço à Escritura (particularmente em Schillebeeckx), respeitando a distância entre a crist. implícita e a crist. explícita, e a originalidade das diferentes tradições sobre C. A crist. desloca assim seu centro de gravidade tradicional da encarnação para o mistério pascal. Toma em consideração a história de J. e articula a relação entre história e fé à luz da correspondência entre o J. terrestre e o C. glorificado (W. Thüsing, W. Kasper). Os ensaios mais recentes dão todo seu peso às narrações tais como se apresentam, com os efeitos de sentido que lhes são próprios. Da preocupação pela história passa-se assim a uma crist. da narrativa*. Muitos autores leem a revelação do mistério trinitário na cruz de J. (Balthasar, Moltmann, Jüngel).

Nesse contexto, a difícil questão da consciência e da ciência de J., por muito tempo bloqueada em consequência da crise modernista, pôde ser retomada, em particular nas contribuições de Rahner, que primeiro sugeriu uma distinção entre "visão imediata", traduzindo a relação de J. com seu Pai, e visão propriamente "beatífica*", a segunda não sendo de modo nenhum necessária à primeira. Depois ele se deu conta da maneira como o dado da união hipostática podia tornar-se em J. uma experiência vivida, colocando-a no polo originário, "transcendental", de sua consciência e não no polo categorial, temático e objetivo (consciência* de Cristo).

Assinalemos, enfim, a originalidade da crist. da libertação (teologia da libertação*) na América Latina. Caracteriza-se pelo interesse que tem no J. da história que partilhou dos sofrimentos e das contradições humanas, para anunciar um reino de justiça* e de "libertação". A fé em J. pede não só a ortodoxia, mas também a "ortopraxis", i.e., a "justeza de agir à luz de C." (L. Boff). Essa teologia foi acusada de desvio revolucionário e marxista por sua maneira de promover a luta dos pobres por sua libertação. Contudo, a justiça pede para reconhecer que o que concerne à divindade do Ressuscitado não é de modo nenhum ocultado.

8. Cristologia e cosmo; Cristo e as outras religiões

A partir de meados do s. XX, uma reação contra uma crist. demasiado exclusivamente redentora repôs a questão da dimensão cósmica de C. (P. Teilhard de Chardin). Essa visão foi apoiada por um movimento patrístico que redescobria as crist. antigas de Ireneu e de Tertuliano, em que C. aparece ao mesmo tempo como Criador do cosmo* e como seu centro e seu fim. O cristocentrismo da criação tornou-se um dado comum, presente nos documentos do Vaticano II.

A questão levantada mais recentemente com grande acuidade é a da universalidade de C. em relação à salvação de todos os homens. Toma-se cada vez mais consciência de que o cristianismo é uma tradição religiosa entre numerosas outras. Na perspectiva do diálogo inter-religioso, pode-se considerar essas outras religiões como "vias de salvação" e em que sentido, sem pôr em causa a unicidade de C. Mediador, que se apresenta como "o caminho"? Três posições são arroladas sobre o assunto (J. Dupuis): exclusivismo (não há salvação senão pela Igreja* que professa J. C.); inclusivismo (a unicidade da pessoa de C. é o elemento constitutivo e universal da salvação); e "pluralismo" (teocentrismo em que a pessoa de J. é considerada seja como normativa, seja como não normativa). A última posição, que fala de "revolução copernicana", constitui um desafio radical à convicção cristã. O sentido desses debates ainda está em suspenso.

• *a*) OBRAS GERAIS: J. Feiner e M. Löhrer (sob a dir. de) (1969-1970), *MySal* III/1 e 2: *Das Christus Ereignis*, em part. R. Schnackenburg, "Christologie des NT" (III/1) e H. U. von Balthasar, "Mysterium Paschale" (III/2) (Petrópolis, 1973-1974). — B. Lauret e R. Refoulé (sob a dir. de) (1982), *Initiation à la practique de la théologie*, II: *Dogmatique 1*, Paris (1988[3]) (*Iniciação à prática da teologia*, T. 1, São Paulo, 1992).

b) CRISTOLOGIA NO NT: L. Cerfaux (1951), *Le Christ dans la théologie de saint Paul*, Paris. — V. Taylor (1953), *The Names of Jesus*, Londres. — O. Cullmann (1957), *Die Christologie des Neuen Testaments*, Tübingen. — F. Hahn (1963), *Christologische Hoheitstitel*, Göttingen. — P. Lamarche (1966), *Christ vivant*, Paris. — A. Feuillet (1966), *Le Christ, Sagesse de Dieu d'après les épîtres pauliniennes*, Paris. — P. Bonnard (1966), *La Sagesse en personne annoncée et venue: Jésus-Christ*, Paris. — A. Vanhoye (1969), *Situation du Christ. Hébreux 1-2*, Paris. — J. Guillet (1971, 1991[2]), *Jésus devant sa vie et sa mort*, Paris. — M. Hengel (1975), *Der Sohn Gottes*, Tübingen. — J. Dupont (sob a dir. de) (1975, 1989[2]), *Jésus aux origines de la christologie*, Louvain. — H. Schürmann (1977), *Comment Jésus a-t-il vécu sa mort?*, Paris. — Commission biblique pontificale (1984), *Bible et christologie*, Cidade do Vaticano. — J. A. Fitzmyer (1986), *Scripture and Christology. A Statement of the Biblical Commission with a Commentary*, Nova York-Mahwah. — B. Sesboüé (1994), *Pédagogie du Christ*. Paris.

c) DESENVOLVIMENTO DOGMÁTICO: M. Schmaus, A. Grillmeier *et al.* (sob a dir. de) (1965-1980), *HDG* III: *Christologie-Soteriologie-Mariologie*. — A. Grillmeier (1975), *Mit ihm und in ihm. Christologische Forschungen und Prospektiven*, Friburgo-Basileia-Viena; (1979, 1986, 1989, 1990), *Jesus der Christus im Glauben der Kirche* I, (1990[2]), II/1 (1991[2]), II/2, II/4, Friburgo-Basileia-Viena.

d) ESCOLÁSTICA: P. Kaiser (1968), *Die Gott-Menschlichte Einigung in Christus als Problem der spekulativen Theologie seit der Scholastik*, Munique. — F. Ruello (1987), *La christologie de Thomas d'Aquin*, Paris. — E.-H. Wéber (1988), *Le Christ selon saint Thomas d'Aquin*, Paris.

e) CRISTOLOGIA DA REFORMA: M. Lienhard (1973), *Luther, témoin de Jésus-Christ*, Paris. — N. Blough (1984), *Christologie anabaptiste. Pilgram Marpeck et l'humanité du Christ*, Genebra. — P. Gisel (1990), *Le Christ de Calvin*, Paris. — M. Lienhard (1991), *Au coeur de la foi de Luther: Jésus-Christ*, Paris. — N. Blough *et al.* (1992), *Jésus-Christ aux marges de la Réforme*, Paris. — P. Gisel (1995), "Jésus (images de)", *Encyclopédie du protestantisme*, Genebra-Paris, 750-785.

f) CRISTOLOGIA ORTODOXA: P. N. Trembelas (1959) (ed. grega; trad. fr. 1967), *Dogmatique de l'Église orthodoxe catholique*, t. 2, Chèvetogne. — P. Evdokimov (1959), *L'Orthodoxie*, Neuchâtel-Paris. — J. Meyendorff (1969), *Le Christ dans la théologie byzantine*, Paris.

g) CRISTOLOGIA FILOSÓFICA: W. Schönfelder (1949), *Die Philosophen und Jesus Christus*, Hamburgo. — S. Breton (1954), *La passion du Christ et les philosophes*, Teramo. — H. Küng (1970), *Menschwerdung Gottes, Eine Einführung in Hegels theologisches Denken als Prolegomena zu einer künftigen Christologie*, Friburgo. — Th. Pröpper (1975), *Der Jesus der Philosophen und der Jesus des Glaubens*, Mainz. — E. Brito (1979), *Hegel et la tâche actuelle de la Christologie*, Paris-Namur (*Hegel e a tarefa atual da cristologia*, São Paulo, 1983). — X. Tilliette (1986), *La christologie idéaliste*, Paris; (1990), *Le Christ de la philosophie. Prolégomènes à une christologie philosophique*, Paris; (1992) *La semaine sainte des philosophes*, Paris. — M. Henry (1996), *C'est moi la vérité*, Paris.

h) MOVIMENTO CRISTOLÓGICO CONTEMPORÂNEO. (ENSAIOS SISTEMÁTICOS): P. Tillich (1957), *Systematic Theology*, t. 2, Londres (*Teologia sistemática*, São Leopoldo, 2002).— K. Rahner (1974), "Problem der Christologie von heute", *Schr. zur Th.* 1, Einsiedeln, 169-222. — R. Bultmann (1958), *Jesus*, Tübingen. — K. Rahner (1960), "Zur Theologie der Menschwerdung", *Schr. zur Th.* IV, 137-156. — R. Bultmann (1961), *Theologie des Neuen Testaments*, Tübingen. — K. Rahner-W. Thüsing (1972), *Christologie. Systematisch und Exegetisch*, Friburgo-Basileia-Viena. — W. Pannenberg (1964), *Grundzüge der Christologie*, Gütersloh. — P. Schoonenberg (1969), *Hij is een Gog van Mensen*, Malmberg NV. — C. Duquoc (1968 e 1972), *Christologie*, t. I: *L'homme Jésus*; t. II: *Le Messie*, Paris. — H. U. von Balthasar (1969), *Herrlichkeit. Eine theologische Aesthetik*, III/2: *Neuer Bund*, Einsiedeln. — J. Moltmann (1972), *Der gekreuzigte Gott*, Munique. — C. Duquoc (1973), *Jésus, l'homme libre. Esquisse d'une christologie*, Paris. — W. Kasper (1974), *Jesus der Christus*, Mainz. — H. Küng (1974), *Christ sein*, Munique (*Ser cristão*, Rio de Janeiro, 1976). — E. Schillebeeckx (1974), *Jesus, heet verhaal van een levende*, Bloemendaal. — L. Bouyer (1974), *Le Fils éternel*, Paris. — A. Schilson e W. Kasper (1974), *Christologie im Präsens*, Friburgo. — O. Gonzalez de Cardedal (1975), *Jesus de Nazaret*, Madri. — H. U. von Balthasar (1976), *Theodramatik*, III/1: *Die Personen des Spiels*; (1978), II/2: *Die Personen in Christus*, Einsiedeln. — E. Schillebeeckx (1977), *Gerechtigheid en liefde. Genade en bevrijding*, Bloemendaal; (1977), "Jésus de Nazareth. Le récit d'un vivant" *LV(L)* 134, 5-45. — K. Rahner (1977), *Grundkurs des Glaubens*. Friburgo-Basileia-Viena (*Curso fundamental de fé*, São Paulo, 1986). — E. Jüngel (1977), *Gott als Geheimnis der Welt*, Tübingen. — F. J. Van Beeck (1979), *Christ proclaimed. Christology as Rhetoric*, Nova York. — B. Forte (1981), *Gesù di Nazaret, storia di Dio, Dio della storia*, Roma (*Jesus de Nazaré, história de Deus, Deus da história*, São Paulo, 1985).— B. Sesboüé (1982), *Jésus-Christ dans la tradition de l'Église*, Paris. — J. C. Dwyer (1983), *Son of Man and Son of God. A new Language for Faith*, Nova York. — H. U. von Balthasar (1985), *Theologik*, II: *Wahrheit Gottes*. — J. Moltmann (1989), *Der Weg Jesu Christi. Christologie in messianischen Dimension*, Munique. — J. Moingt (1993), *L'homme qui venait de Dieu*, Paris. — J. Dupuis (1993), *Introduzione alla cristologia*, Casale Monferrato. — P. Hünermann (1994), *Jesus Christus Gottes Wort in der Zeit*, Münster. — I. U. Dalferth (1994), *Der auferweckte Gekreuzigte. Zur Grammatik der Christologie*, Tübingen.

i) CRISTOLOGIA DA LIBERTAÇÃO (AMÉRICA LATINA): L. Boff (1972), *Jesus Cristo libertador*, Petrópolis. — J. Sobrino (1977), *Cristología desde America latina*, México (*Cristologia a partir da América Latina. Esboço a partir do seguimento do Jesus histórico*, Petrópolis, 1983); (1982), *Jesus en América Latina*, Santander (*Jesus na América Latina: seu significado para a fé e a cristologia*, Petrópolis, 1985). — J. L. Segundo (1982), *El hombre de hoy ante Jesus de Nazaret*, 3 vol. Madri (*O homem de hoje diante de Jesus de Nazaré*, 2 vol., Petrópolis, 1985). — J. Sobrino (1991), *Jesucristo liberador*, Madri (*Jesus libertador. A história de Jesus de Nazaré*, Petrópolis, 1996).

j) CRISTOLOGIA E COSMO; CRISTO E AS OUTRAS RELIGIÕES: R. Pannikar (1964), *The Unknow Christ of Hinduism*, Londres, nova ed. 1981. — P. Teilhard de Chardin (1965), *Oeuvres*, t. 9: *Science et Christ*, Paris. — G. Maloney (1968), *The Cosmic Christ: From Paul to Teilhard*, Nova York. — D. Flusser (1970), *Jésus*, Paris. — G. Vermes (1973), *Jesus the Jew*, Londres (*Jesus o judeu*, São Paulo, 1995). — P. Lapide (1976), *Ist das nicht Josephs Sohn? Jesus im heutigen Judentum*, Sttuttgart-Munique. — R. Arnaldez (1980), *Jésus, Fils de Marie, prophète de l'islam*, Paris. — E. P. Sanders (1985), *Jesus and Judaism*, Londres. — R. Arnaldez (1988), *Jésus dans la pensée musulmane*, Paris. — J. Dupuis (1989), *Jésus-Christ à la rencontre des religions*, Paris. — S. J. Samartha (1991), *One Christ-Many Religions. Toward a Revised Christology*, Nova York. — M. Fédou (1998), *Regards asiatiques sur la Christ*, Paris. — B. Vermander (sob a dir. de) (1998), *Le Christ chinois*, Paris.

k) IMAGENS DE CRISTO NA CULTURA: F. P. Bowman (1973), *Le Christ romantique*, Genebra. — D. Menozzi (1979), *Letture politiche di Gesù*, Brescia.

— A. Dabezies *et al.* (1987), *Jésus-Chrit dans la littérature française. Textes du Moyen Âge au XXe siècle.* Paris. — B. Cottret (1990), *Le Christ des Lumières. Jésus de Newton à Voltaire (1680-1760)*, Paris. — J. Pelikan (1997), *The Illustrated Jesus Through the Centuries* (ed. rev. de *Jesus Through the Centuries*, 1985), New Haven e Londres.

Bernard SESBOÜÉ

CRUZ → **paixão**

CRUZADAS → **peregrinação**

CULTO

a) A experiência de um culto novo. — "Culto" (c.) e "cultual" designam certo número de atos e de práticas para os quais as comunidades cristãs não dispunham de um termo comum, que teria "reunido em sua unidade a diversidade de práticas novas que se procuravam" (Perrot, 1983, 14). Conscientes da novidade do Evangelho e participantes de uma vida comunitária ativa e um tanto efervescente, os primeiros cristãos são os herdeiros de uma visão do c. amplamente introvertida e moralizada, haurida nos profetas* (Is 29,13), nos escritos de sabedoria* (Sb 3,6) ou nos salmos (Sl 50; 51), e na pregação* de Jesus*. Conhecem os termos que designam as práticas rituais e cerimoniais do Templo*, mas de certa maneira os descartam: é a vida de Cristo*, tornada destino salvífico, *opus salutis* de Deus*, para Deus e em Deus, que agora pensam em termos cultuais: oblação, sacrifício*, um sacerdócio* que abriu o acesso a Deus. Para designar a "ceia do Senhor", cria-se um nome novo: "eucaristia*". O novo "serviço de Deus" animado pelo Espírito* de Jesus, confunde-se, assim, com a vida nova vivida segundo as bem-aventuranças* e os mandamentos*; confunde-se com o serviço do próximo e o anúncio do Evangelho (Lyonnet, 1967). Inaugurada pelo batismo*, essa vida nova conhece o fervor da oração* individual e comum, o uso de um hinário cristológico (Fl 2,6-11; Cl 1,15-20; Ap 15,3), a leitura atenta das Escrituras*, a escuta da pregação, a partilha da ceia do Senhor: todas

práticas que a mantêm em sua originalidade de "c. novo". Para designar os serviços e os papéis, utilizam-se então termos de alcance geral, tais como *leitourgia* ou *diaconia* (Lengeling, 1968), ou termos particularmente distantes do vocabulário sacerdotal do Templo (e *a fortiori* do vocabulário dos c. pagãos). As palavras mantidas, apóstolos*, anciãos (*presbuteroi*), vigilantes (*episkopoi*) parecem querer insistir nas funções de guias legítimos que garantem a instrução, a coesão e o fervor do grupo dos fiéis (Lyonnet, 1967, 382).

O desenvolvimento das instituições cristãs, a estabilização das formas de oração, os exercícios religiosos (p. ex., o jejum), as reuniões litúrgicas e o calendário colocariam ulteriormente problemas novos, em correlação, muitas vezes movimentada, com as elaborações doutrinais: igualdade de adoração a dar às três pessoas* divinas, concepção da ação eucarística, lugar de honra em que colocar a Mãe de Deus etc. Estendida agora a populações misturadas, a ação pastoral não pode deixar de enfrentar questões práticas concernentes aos cultos familiares, aos costumes funerários, às múltiplas práticas supersticiosas da vida cotidiana. O confronto com o paganismo* de Estado* no tempo das perseguições, o encontro das correntes religiosas divergentes (neoplatonismo, gnose*), a elegância das concepções romanas de Cícero ou de Sêneca, tudo isso podia levar os teólogos cristãos a pensar o âmbito do "c." no concerto, mesmo discordante, das diversas correntes religiosas a que o cristianismo se opunha.

b) Agostinho sobre o culto. — É de fato o que se mostra evidente no livro VI da *Cidade de Deus*, em que Agostinho* parece querer regular de uma vez por todas o contencioso que opõe a Igreja a crenças e práticas cultuais da Antiguidade grega e romana.

Os problemas encontrados são primeiro de léxico. Em matéria de "c." a linguagem oriunda da prática religiosa romana, mesmo passando por autores tão sérios como Varrão, não permite verdadeiramente fazer entender a singularidade das práticas e dos pensamentos cristãos. As traduções* latinas da Bíblia*, de outro lado, manifestavam certa tendência a utilizar os termos da família *colere/cultus* (ausentes do saltério) para designar antes atos ou atitudes pagãs ou judaicas (Dn 3,17; At 17,23) e mais particularmente o c. dos ídolos, em passagens em que o grego utilizava *eidololatreia* (1Pd 4,3; 1Cor 10,14). Ademais, o uso fazia aparecer claramente que *colere*, diferentemente de verbos como *laudare, benedicere, adorare, glorificare,* jamais foi utilizado na primeira pessoa (de maneira performativa) na oração pública ou privada.

O problema teórico é posto, de entrada, no prefácio do livro VI. Entendendo-se por c. uma relação de homenagem, de reconhecimento, de dedicação, a estabelecer e a fomentar por meio de práticas rituais com um termo divino a que essa relação é devida como um serviço (*servitus,* gr. *latreia*), como a verdade do cristianismo pode manifestar-se, diante do erro do paganismo, no elemento dessa relação? O argumento de Agostinho consiste em mostrar que a relação cultual só pode dirigir-se ao Deus único e verdadeiro, criador de todo ser corporal e espiritual, capaz de dar a vida eterna, e não a uma multidão de deuses dotados cada um de uma função (*officium*) particular, conforme as crenças e as necessidades da cidade*, ou os socorros individuais que o indivíduo espera. Saudando de passagem as *Antiguidades* de Varrão, sábio universal, Agostinho o critica por fundar o c. sobre as necessidades humanas e as exigências da vida cívica ("como se o pintor precedesse o quadro", IV, 4) e por degradar, assim, as figuras da divindade. Os cristãos, por sua vez, têm certamente um "c." (*Nos Deum colimus* VII, 29), mas a unicidade do Deus criador faz que nele desapareça todo intermediário divinizado a quem pudesse ser atribuído esse elemento do mundo ou essa propriedade da criatura. De outro lado, esse Deus único não tem necessidade nenhuma de nossos dons e de nossos louvores, e a condição de pecadores nos torna inaptos a entrar em consonância com a liberalidade e a gratuidade de seus dons. — É portanto em Cristo, Verbo* de Deus e sua luz, que poderá estabelecer-se o *verus veri Dei cultus* anunciado pelos *sacramenta* da antiga aliança* (VII, 30).

Para designar essa realidade, as palavras disponíveis devem ser, então, reajustadas. Demasiado apegados à religião romana, e capazes de usos profanos pouco respeitáveis, os termos da família *colere/cultus* são desqualificados (X, 1-4). Ao contrário, a *latreia* grega parece a menos imprópria a exprimir a soberania absoluta de Deus e permite, simultaneamente, destacar a categoria oposta de idolatria*. E por exprimir também a ideia de um "serviço cultual" (*servitus*) susceptível de tomar forma tanto nos sinais sagrados (*sacramenta*) quanto em nós mesmos (*in nobis ipsis*), permite pensar simultaneamente o c. como gesto e ato e como atitude interiorizada (X, 3).

Essa interiorização pode, então, entender-se como inabitação de Deus no templo que nós somos, e que é o princípio de toda concórdia. Agostinho pode assim tecer a metáfora do c. "cordial" em que o coração* é o altar (*ara cordis*), no qual o Filho é o sacerdote*, e no qual o sacrifício é uma vida exposta "até ao sangue", e o incenso, é o perfume de um amor* santificado. Opera-se nesse templo uma circulação de dons concedidos e retribuídos. Na interioridade desse santuário do coração, faz-se memória dos benefícios divinos que lembram as festas e os dias consagrados. E para que essa memória suscite um sacrifício de louvor fervoroso, deve-se submeter o coração a uma purificação dos desejos. Na verdade trata-se de uma "consagração" (*eius nomine consecramur*), de uma reorientação de todo o ser de desejo (*appetitio*). O verdadeiro c. é, pois, uma escolha a refazer sem cessar, porque no fim das contas trata-se, na verdade, do amor de Deus sem partilha (*in toto corde, in tota anima, et in tota virtute*). Agostinho condensará seu lirismo em uma fórmula que fará fortuna: *nec colitur nisi amando, não há outro culto que o amor* (*Ep.* 140, ad Honoratum, 18, 45).

É em uma perspectiva próxima de Agostinho que *cultus* aparece também, fato raro, no texto de uma oração litúrgica. Lê-se com efeito no Sacramentário de Verona que em Cristo "a plenitude do culto divino entrou em nós", *Divini cultus nobis est indita plenitudo.* Os redatores da constituição sobre a liturgia* do Vaticano II* vão lembrar-se dessa fórmula (c. 1, § 5).

c) Culto e virtude de religião em Tomás de Aquino. — A *Suma teológica*, de Tomás* de Aquino, permanece muito dependente de Agostinho em seu tratamento do c.; porém uma real originalidade aparece quando Tomás liga o c., ato próprio e imediato da virtude* da religião, (*religio est quae Deo debitum cultum affert,* IIa IIae, q. 81, a. 5) à virtude cardeal da justiça*. O objeto formal da religião, com efeito, é manifestar ao Deus único uma reverência (*exhibere reverentiam*) para com sua excelência e sua soberania de Criador e governador de todas as coisas (q. 81, a. 3). Atestando a divina excelência e sua própria sujeição, o homem manifesta o eixo fundamental do c.; e esse eixo se desdobra segundo duplo movimento seja de manifestação em relação a Deus (*exhibendo aliquid ei*), seja de apropriação do que vem de Deus, primeiro os sacramentos* e os nomes* divinos (q. 89, prol.).

Os atos exteriores do culto, obviamente, estão subordinados a uma atitude interior, atividade espiritual orientada para Deus (*ordinatio mentis ad Deum* q. 81, a. 7), suficientemente estável para formar um hábito virtuoso — a virtude de religião — que só pode enriquecer-se com os atos que a fomentam. Esses atos exteriores, de outro lado, não mantêm com a virtude de religião simples relação de manifestação espontânea, mesmo de bel-prazer. O c. exterior que envolve corpo* e sensibilidade (q. 84, a. 2) é um c. devido em justiça (*cultus debitus*): criado e posto na posse da criação*, o homem deve a Deus, como tributo de "glorificação", fazer essa criação retornar a seu autor. O c., portanto, rende homenagem à soberania criadora; é a irradiação de uma fé* que se atesta nos sinais que a carregam. Desse modo, o c. supera de fato a oposição banal de interior e exterior: os gestos contêm a própria interioridade intencional e significante.

A ligação do c. à virtude de religião, que por sua vez é parte da justiça, leva Tomás a desenvolver certos paradoxos que não são sem consequências. Por ex., se não é pensável medir a caridade, o mesmo não ocorre com o c. e a religião: porque procedem de uma virtude "moral", incidem de fato sob o discernimento da "justa medida" (q. 93, a. 2). O discernimento deverá visar prioritariamente o estatuto dos destinatários da reverência cultual e, portanto o estilo cultual que esse estatuto atribui em cada caso a essa reverência: c. de "latria" reservado a Deus somente, ou c. de "dulia" que exprime a reverência a um ser criado segundo os diversos graus de honorabilidade (q. 94, a. 1; q. 103, a. 3). Todo desvio em relação à justa medida procederá assim da superstição, transferência excessiva e indébita da relação religiosa para objetos que não procedem dela, sendo a idolatria a forma mais grave da superstição.

Também por ligar o c. à virtude da religião, Tomás é levado a considerar que as realidades cultuais dependem em primeiro lugar da razão* natural, mesmo se é a um direito* positivo que cabe determinar as regras precisas e a forma dos ritos (q. 81, a. 2): aqui parece que se dá espaço a uma antropologia* dos ritos e do c., dirigida a compreender o homem como animal religioso. Contudo, a transição que leva das funções gerais do c. às suas determinações positivas obriga a tomar em consideração a historicidade irreversível da encarnação* e da paixão* de Cristo e, portanto, "o regime propriamente cristão da religião" (*ritum christianae religionis* IIIa, q. 62, a. 6). O caminho da interpretação tomista do c. é o que leva de uma exposição teocêntrica da relação cultual a uma exposição cristocêntrica que obriga a redefinir mais de um conceito proposto na primeira exposição.

No centro da interpretação está uma tese seriamente posta e fundamentada: Deus não é o objeto do c., mas seu fim. É característica das virtudes teologais ter a Deus como objeto próprio; assim se diz que o crente dá sua fé a Deus (*credere Deo*) (q. 81, a. 9) ou que a caridade "atinge" a Deus realmente (q. 24, a. 5). O c., ao contrário, é objeto (formal e material) da virtude de religião, a qual ordena e dispõe os seus meios, atitudes e atos, e ele aparece assim como uma das atestações da fé (*protestatio fidei per aliqua signa exteriora*) (q. 94, a. 1). Assim, apesar da relativa autonomia que lhe parece outorgada, o c. pode ser considerado uma sorte de mecanismo sagrado que "atingiria" a Deus independentemente do meio de graça* e de comunicação divinas que é o das virtudes teologais. Tomás precisa sua posição recorrendo ao conceito de *causa instrumental* (IIIa, q. 62, a. 4), tal como utilizado em teologia* dos sacramentos. O sacramento, que participa do c. divino, participa mais ainda da ação salvífica e santificante de Deus (III a, q. 60, a. 5), na medida em que aperfeiçoa o *habitus* de que vive o c., em virtude da paixão de Cristo, instituidor do c. novo (IIIa, q. 62, a. 5). Ato que põe em jogo palavras, coisas e pessoas em composição significante e sensível, o sacramento não pode ser reduzido a uma simples mensagem: "causa instrumental", remete em sua efetuação mesma, e com uma força propriamente performativa, ao domínio próprio em que se desenrola a ação cuja figura sensata manifesta, remete ao domínio do bom e soberano querer de Deus que age para santificar aqueles com quem fez aliança.

Enfim, são importantes as precisões trazidas por Tomás sobre a relação do c. em geral e dos sacramentos. A articulação da vida cultual e da experiência sacramental pode ser apreendida a partir da eucaristia: porque é nela que "consiste o c. divino como em seu princípio, enquanto é o sacrifício da Igreja, e o fim e a consumação de todos os sacramentos" (q. 63, a. 6). Ela pode ser apreendida a partir da ordem*: pois é pela ordem que nascem os agentes legitimamente qualificados para transmitir os sacramentos. E pode ser apreendida a partir do batismo e da confirmação*: porque é por eles que nascem os sujeitos capazes de participar da vida cultual e sacramental da Igreja*. Os três sacramentos (batismo, confirmação e ordem) conferem um "caráter" que habilita o crente ao exercício legítimo e santo do c. divino. Mais precisamente, "cada fiel é deputado a receber ou a transmitir aos outros o que concerne ao c. de Deus", pois cada um participa do sacerdócio de Cristo "ao qual os fiéis são configurados" (q. 63, a. 3 e 5), e que constitui o princípio de todo o c.

d) *Reformas e espiritualidade cultual.* — Foi em grande parte em torno de questões de teologia e de prática do c. que girou a crise da Reforma. Sob a diversidade de teorias e contrateorias, pode-se admitir que as diversas correntes reformadoras (dentre as quais convém colocar os artesãos da reforma católica) praticaram todas a mesma política de oposição do c. ao c. — de confronto das formas estabelecidas com as atitudes interiores que se pensava corresponder-lhes. Lutero* e Calvino* não hesitarão em pôr em causa toda a lógica das formas cultuais estabelecidas (crítica da mediação sacramental e eclesiástica, concepção do sacrifício), o concílio de Trento*, por sua vez, assumirá por tarefa, ao lado da reafirmação das práticas sacramentais e cultuais da Igreja, revalorizar sua prática restaurando sua "plenitude interior" (Duval, 1985, 23): um programa que se contava cumprir renovando a instrução cristã, reconduzindo à sua forma tradicional a celebração do c. e dos sacramentos, procurando para a Igreja ministros dignos de celebrar seu c., e favorecendo a verdadeira "participação" dos fiéis. O *Catechismus ad Parochos* publicado em Roma* em 1566 (uma das primeiras produções pastorais surgidas das decisões de Trento) oferece uma teoria dessa participação dos fiéis, que liga, no caso da eucaristia, ao caráter central da ação sacrificial (a única que é propriamente satisfatória, como tinha estabelecido a sessão 22 do concílio). Participar quer dizer: "participar dos frutos do sacrifício". Ora, o sacrifício de Jesus é, ao mesmo tempo, ação e atitude interior: é essa atitude e esse "mistério"* que os pastores* deverão explicar cuidadosamente, para que os fiéis possam deixar desenvolver-se neles uma atitude análoga (cân. 18, § 7).

Particularmente reveladora aqui é a distinção entre "sacramentaliter" e "spiritualiter" utilizada para designar duas dimensões implicadas uma na outra, na prática cultual (assim, na sessão XIII de Trento, cân. 8), e que justifica a prática da comunhão* que se dirá, precisamente, "espiritual": concepção paradoxal, mas que abre simultaneamente um campo imenso a uma piedade em que a eucaristia é o horizonte permanente do pensamento e da vida virtuosa, e horizonte a que se referem as formas múltiplas de devoções privadas e públicas (Duval, 1985, 21-59; Bremond, 1932, *passim*).

Os discípulos de Bérulle* deviam levar ao cúmulo a noção teológica e ascética do c. Ato supremo de adoração e reverência, o c. identifica-se com esse espírito de religião que permite à criatura, quando reconhece assim a suprema soberania de Deus, alcançar sua mais alta dignidade. Esse espírito de religião culmina na pessoa, nos estados e no sacrifício de Jesus, Verbo encarnado, "princípio de graça e de amor em nossa natureza" (Rotureau, 1944, 102); por conseguinte, todo desprendimento de um bem sensível deve ser operado e interpretado com referência aos estados religiosos de Jesus Cristo; e o sacrifício é o operador central desses estados, o ato que resume toda a obra de Cristo, e que a eucaristia torna participável aos cristãos.

Esta visão do c., além de seu peso ascético e moral, interessava também às teorias eclesiológicas pelo lugar central que atribuía à dimensão sacerdotal do ministério* ordenado, cuja renovação histórica será obra de discípulos e continuadores de Bérulle, Condren, João Eudes e J.-J. Olier. Enfim, é notável que essa visão aparentemente "espiritual" do c. e do sacerdócio levará de fato a revitalizar formas concretas de ação cultual: longe de ser a face exterior e formal de uma religião totalmente interior o c. da Igreja compreende-se fundamentalmente como convite a interiorizar os "exteriora", e a conformar-se existencialmente ao que se faz na celebração dos mistérios. Vicente de Paula e Olier farão desse princípio a chave de sua ação de formação dos sacerdotes.

*e) Ressecamento e reavaliação da experiência cultual.** — Contudo, a história* parece mostrar que o modo de imposição das reformas tridentinas a populações muitas vezes pouco dóceis levaria o pensamento e a prática do culto a sofrer uma sorte de processo de enxugamento (Certeau, 1975). Isso aparece claramente na divisão das matérias do ensino eclesiástico. O c., segundo uma perspectiva que não é mais a de Tomás de Aquino, encontra-se ligado à moral, por sua vez reconduzida aos deveres para com Deus e expressa no decálogo*. Trata-se do c. ao comentar os três primeiros mandamentos, e os próprios sacramentos são submetidos a esse

tratamento, e apresentados como coadjuvantes da vida moral ou como observâncias de caráter prescrito ou aconselhado ("mandamentos da Igreja"). Desse modo, o c. se encontra reduzido à unanimidade do bom exemplo, e o cerimonial a um didatismo sem grande inspiração. A instrumentalização do conjunto do culto público que aparece na idade das Luzes (de que Schleiermacher*, precisamente sob esse ponto, devia ironizar a "mania pedagógica"), não se fez sem certa concepção da divindade. "Os cristãos, escrevia Y. Congar, tinham perdido um pouco do sentimento da inclusão da 'filantropia' de Deus no teologal. Desse modo, o próprio teologal não era mais perfeitamente o do Absoluto que é Amor. Tendia a tornar-se um teologal do c., sim, um c., um dever prestado ao Absoluto concebido como tronando muito alto, numa espécie de Versailles celeste" (Congar, 1959, 158).

O sentimento do ressecamento da experiência cultual é partilhado no fim do s. XVIII e no início do s. XIX por grande número de espíritos religiosos. A eclosão dos movimentos de *despertar*, mostra-o em meio protestante. Em meio católico de língua francesa é talvez na obra de um discípulo muito próximo do primeiro Lamennais, o abade Gerbet, que a reversão da tendência descrita por Congar aparece com o máximo de clareza: e é na obra de Dom Géranger que aparecerá em toda nitidez a concepção moderna do c. 1/ Em suas *Considerações sobre o Dogma gerador da piedade católica* (1829), Gerbet ataca o racionalismo* e o deísmo*, mas também, sem nomeá-lo, o rigorismo moral e disciplinar, cujas origens jansenistas Géranger denunciará depois dele. Ante o espetáculo desse "deserto moral onde as fontes do amor secaram, de onde o c. vivo se retira", ele descarta a solução proposta pelo pietismo*, para promover uma volta ao que julga ser a dimensão "comunional" baseada em um dogma* cujo conteúdo é precisamente um agir divino "teândrico". A "filantropia divina" encontra-se pois restabelecida em seus direitos. A "caridade racional" pode dar lugar a uma "caridade mística" que vê "sobre a fronte de cada ser humano o selo de uma augusta fraternidade com o Homem-

Deus". O c. católico pode então "banir a lei do temor" e reencontrar nele mesmo sua dimensão constitutiva de "familiaridade divina", e pode, então, reconciliar o dogma com a vida mais vivida. 2/ As *Instituições litúrgicas* de Géranger (1840-1851) concordam com Gerbet em admitir um laço fundamental entre c. e encarnação*, porém sua abordagem é mais eclesiológica. O c. é um ato, e como tal, um ato pleno, não redutível a seus efeitos morais. Esse ato é ato da Igreja em sua realidade de sociedade*. A Igreja existe cultualmente "em ato de religião" e suas liturgias são a "forma social" de sua religião. Estaria enganado quem tomasse pretexto para "buscar a religião em seu próprio coração", porque sairia assim da "comunhão com essa sociedade santa", de uma comunhão que funda a própria religião. "O que faz a perfeição do cristianismo é que o Verbo eterno de Deus [...] *se fez carne* no tempo* e *habitou entre nós* para fundar a religião sobre o verdadeiro c., cujos símbolos *visíveis* contêm a graça, ao mesmo tempo que a significam." Assim, o aspecto social e sensível do c., doravante pensado como "liturgia", contém ao mesmo tempo o princípio e o meio de sua renovação, e torna-se para Géranger o recurso primeiro de uma regeneração cristã, e a transformação dos meios de expressão em uma verdadeira obra de civilização (Géranger, t. 4, [2]1885, 292-304).

O termo "liturgia" aparecerá, a partir de agora, como o mais adequado para designar a dimensão essencialmente ativa do c. H. Clérissac vê nela a "vida hierática da Igreja" (Clérissac, 1918, 77-104). O. Casel, relendo os Padres* e recolhendo as aspirações litúrgicas que permaneceram vivas nas Igrejas do Oriente, dedica-se a repensar a objetividade da ação cultual independentemente dos sentimentos subjetivos de seus atores. Pensado segundo a categoria de "mistério* ", o culto é então concebido como "ação divina revelada na intenção de fazer participar os celebrantes na própria realidade celebrada". Assim, o cristianismo não se reduz nem a um dogma e uma moral, nem a um aparelho ritual preocupado com o estetismo e com o aparato: o "mistério do c." é inseparavelmente

revelação* e cumprimento, "em Cristo", do que se revela de Cristo e por Cristo (Casel, 1922). Pio XII (encíclica *Mediator Dei*) integra as contribuições do movimento litúrgico ao ensino oficial do catolicismo*. Entendido analogicamente em toda a sua extensão, o conceito de c. serve aqui para pensar a ordenação de toda a existência humana a Deus. Associada por Cristo ao c. novo da nova aliança, a Igreja, corpo místico, em nenhuma parte melhor do que na liturgia manifesta essa ordenação. "A sagrada liturgia é pois o c. público que nosso redentor presta ao Pai, como cabeça da Igreja; é também o c. prestado pela sociedade dos fiéis a seu fundador, e por ele, ao Pai eterno: é, em uma palavra, o culto integral do corpo místico de Jesus Cristo, isto é, da Cabeça e de seus membros" (*La liturgie*, Solesmes, 1954, n. 521).

A constituição *Sacrosanctum concilium* do Vaticano II citará em parte essa última definição. O uso que faz, porém, do léxico do "c." é intencionalmente restrito. O conceito englobante é o de *opus*, a obra da salvação*, considerada em seu acabamento *em* e *por* Jesus Cristo. Realizada no mistério da Páscoa*, essa obra conjuga a salvação dos homens e a glorificação de Deus. Fundada na humanidade mesma do Verbo, introduz no meio dos homens a "plenitude do c. divino"; e assim, a Igreja anuncia e exerce por sua santa liturgia "essa obra de salvação a que Cristo a associa, e pela qual Deus é perfeitamente glorificado, e os homens são santificados".

Desse modo vê-se que o "c." cede lugar à "liturgia", cujo conceito parece mais apto a dar conta do alcance mistagógico da ação celebrante e de seu caráter "convidativo" (Audet, 1967). Por "c." ou "c. espiritual" restaria então a designar tudo o que brota de uma atitude interior de reverência e de adoração vividas perante Deus, e mesmo mais amplamente, tudo o que uma existência humana comporta que seja "oferenda agradável a Deus" (Vaticano II, *GS* 38, § 1). E, desse ponto de vista, a obra litúrgica comportaria de fato uma dimensão cultual — o que exprime claramente o *CIC* de 1983 (cân. 834-840).

• Agostinho (410-425), *Cidade de Deus*, BAug 33-37. — J.-J. Olier (1676), *Traité des Saints Ordres*, ed. J. Gautier, Paris, 1953. — F. de Fénelon (†1715), *Lettres sur divers sujets de métaphysique et de religion*, reed. Paris, 1864, 265-310. — P. Gerbet (1829), *Considérations sur de Dogme générateur de la piété catholique*, Paris. — P. Géranger (1840-1851), *Institutions liturgiques*, 3 vol., Paris-Bruxelas (2ª ed. [póstuma], 4 vol., Paris, 1878-1885). — H. Clérissac (1918), *Le mystère de l'Église*, Paris. — O. Casel (1922), *Das christliche Kultmysterium*, Ratisbonna. — Pio XII (1947), *Mediator Dei*, Cidade do Vaticano (*La liturgie*, col. "Enseigments pontificaux", Solesmes-Paris, 1954).

▸ L. Maury (1892), *Le réveil religieux dans l'Église réformée à Geneve et en France, 1810-1850*, Paris. — H. Bremond (1932), *Histoire littéraire du sentiment religieux en France*, t. 9, *La vie chrétienne sous l'Ancien Régime*, Paris. — G. Rotureau (1944), *Le Cardinal de Bérulle, Opuscules de piété*, Paris. — J. Galy (1951), *Le sacrifice dans l'école française de spiritualité*, Paris. — Y. Congar (1959), "Le Christ, image du Dieu invisible", *MD* 59, 132-161. — J.-P. Audet (1967), "Foi et expression cultuelle", *in La liturgie après Vatican II*, Paris, 317-356. — S. Lyonnet (1967), "La nature du culte dans le NT", *ibid.*, 357-384. — M. de Certeau (1975), *L'écriture de l'histoire*, Paris. — A. Duval (1985), *Des sacrements au concile de Trente*, Paris. — C. Perrot (1983), "Le culte de l'Église primitive", *Conc. (F)* 182-, 11-20. — J. J. von Almen (1984), *Célébrer le salut, Doctrine et practique du culte chrétien*, Genebra-Paris. — G. Lanczkowski *et al.* (1985), "Gottesdienst", *TER* 14, 1-97 (bibl.). — E. Jüngel (1990), "Derevangelisch verstandene Gottesdienst", *in Wertlose Wahrheit*, BevTh 107, 283-310. — W. Pannenberg (1983), *Systematische Theologie* 3, Göttingen, 314-369. — H. Waldenfels *et al.* (1995), "Gottesdienst", *LThK³* 4, 888-906. — B. Wannenwetsch (1997), *Gottesdienst als Lebensform*, Stuttgart.

Jean-Yves HAMELINE

→ *Liturgia; Mistério; Religião (filosofia da)*.

CULTO DOS SANTOS

a) Ideia fundamental. — Muito cedo no cristianismo, e mesmo se Paulo fala dos "santos" para designar o conjunto dos batizados (Rm 1,7; 2Cor 13,12), foi feita uma distinção entre duas categorias de defuntos; essa distinção marcou as práticas familiares junto aos túmulos (práticas que os cristãos tinham, em larga medida, em comum com os pagãos). Há defuntos pelos quais os cristãos oram e há outros cuja oração* invocam, a saber, os mártires e logo mais outros santos com eles. Essa invocação dos santos comportava dois aspectos, de um lado a celebração do aniversário de seu nascimento no céu, seu *dies natalis*, e de outro, de modo mais geral, o recurso à sua oração, a que se acrescentava a veneração de seu túmulo ou de suas relíquias*, por procedimento espontâneo, e logo também na liturgia* propriamente dita. O recurso à oração dos santos é um dos aspectos da "comunhão dos santos", ao mesmo tempo, comunhão de pessoas santas e comunhão a essas coisas santas que são os sacramentos*.

b) Desenvolvimento histórico. — Por volta do s. VII, tanto em Roma* como em Constantinopla o culto da Virgem Maria* e dos santos em geral, de certa maneira se deslocalizou (a celebração de um santo em todo lugar era antes uma exceção). Agora o culto está menos estritamente ligado às tumbas dos santos, mesmo que se continue, de fato, a venerá-las. E assim desenvolver-se-ia, p. ex., na área de influência da liturgia romana, e mais precisamente nos países francos quando os carolíngios decidiram adotá-lo, um calendário geral das festas dos santos, acrescentando-se às festas do calendário fundamental do ano* litúrgico (calendário esse que era completado por certas festas de caráter mais local). Além da Virgem Maria (Anunciação, Assunção, Natividade da Virgem), de São João Batista e dos apóstolos*, tendo após o Natal as festas de Santo Estêvão, São João Evangelista e os Santos Inocentes, esse calendário comportava, sobretudo, mártires romanos. Do tempo de Carlos Magno veio ajuntar-se-lhe a festa de Todos os Santos, invocados em conjunto. — Essa festa, de origem irlandesa, parece ter sido trazida para o continente pelo inglês Alcuíno.

c) Lugar do culto dos santos na liturgia. — Na liturgia romana, depois na romano-franca, o culto dos santos afeta principalmente, nos dias de festa, a missa, as horas principais do ofício divino e, eventualmente, as procissões, de modo que, em diversas circunstâncias, o canto da ladainha dos santos, seu primeiro núcleo, aparecido em Roma no s. VII em grego e depois em latim, introduziu pela primeira vez a invocação direta aos santos "Santa Maria, São Pedro, orai por nós".

d) Na missa e no ofício divino. — Na missa, está claro pelo menos desde Agostinho*, que o sacrifício eucarístico* é oferecido não aos santos, mas a Deus*, em honra dos santos, homenageados no dia de seu nascimento no céu e mencionados cada dia na oração eucarística. Isso corresponde à distinção, feita por Agostinho (p. ex., *Cidade de Deus* X, 1), entre o culto prestado a Deus (em grego *latreia*, latria) e a honra cultual dada aos santos (*douleia*, dulia). Essa distinção, que se tornará clássica na teologia* medieval (assim, Tomás* de Aquino, *ST* IIa IIae, q. 84-85 e 103), será completada no s. XIII pela categoria especial da "hiperdulia" para com a Virgem Maria (cf. Boaventura*, *In Sent.* III, d. 9, q. 3).

Na liturgia romana as orações, as leituras e os cânticos das festas antigas ficaram em muitos casos imutáveis da época carolíngia até ao s. XX. Além da eucaristia*, os santos foram celebrados pelas horas do ofício divino, notadamente pelas vigílias noturnas cuja importância foi muitas vezes considerável na piedade do povo cristão. É também no ofício divino que se lê no dia do aniversário, desde a época carolíngia, o martirológio, lista quotidiana dos mártires e dos outros santos.

e) O calendário dos santos. — A IM viu o número das festas dos santos aumentar consideravelmente, e a hierarquia das festas organizar-se de maneira mais complexa, essas chegando a prevalecer mesmo sobre a celebração do domingo. As festas novas referentes a novos santos, ou ainda a aspectos novamente honrados de santidade* — assim, a concepção de Maria (8 de dezembro) festeja Maria como preservada do pecado original* em sua concepção mesma. A partir do s. X, cada vez se recorre mais ao papa* para a inscrição do nome de um santo (canonização) na lista dos santos (martirológio).

A partir dos s. XII-XIII, os papas se reservaram o direito da canonização; e desde o fim da IM os teólogos católicos consideraram que as canonizações comprometiam a infalibilidade* papal. De outro lado, generalizou-se na segunda metade da IM, o uso de dar o nome de um santo às crianças por ocasião de seu batismo*.

Em seguida ao concílio* de Trento* o calendário dos santos ficou menos carregado, e acrescentou-se aos livros litúrgicos uma edição oficial do martirológio romano (1584). O que se referia às canonizações foi confiado a um organismo novo, a Congregação dos ritos (1588). No s. XVII uma distinção nova foi estabelecida entre os santos e os beatos, notando-se que essa segunda categoria se beneficiava apenas de um culto litúrgico local. É também a partir da mesma época que se desenvolveu uma pesquisa científica sobre a história dos santos e de seu culto (hagiografia), em especial entre um grupo de jesuítas belgas, chamados, segundo o nome de seu fundador, os "bolandistas".

A constituição do Vaticano II* sobre a liturgia marcou a necessidade de bem articular o culto dos santos com o mistério* pascal (*SC*, nº 104) e afirmou a oportunidade de retirar certas festas do calendário romano seu caráter geral (nº 111). O novo calendário romano (1969) levou em conta o trabalho dos historiadores para diminuir o número de santos celebrados obrigatoriamente, e introduziu um equilíbrio novo entre os santos locais de Roma* e os santos dos diferentes continentes. Nos textos litúrgicos, a originalidade espiritual da cada santo é mais marcada. Um novo martirológio romano ainda está em preparação.

f) A Reforma protestante e o culto dos santos. — Embora afirmando com força a primazia de Cristo* e protestando contra os abusos do culto dos santos, Lutero* quis purificar esse culto e não o rejeitou. O artigo 21 da Confissão de Augsburgo afirma que é preciso conservar a memória dos santos, mas não compreendê-los como mediadores da graça. Calvino* recusa o culto dos santos (*Inst.* I, 12, 1), mas dá grande importância à "nuvem dos eleitos", modelos da fé*. O concílio* de Trento* proclamou ao mesmo tempo o bem-fundado culto dos santos (*DS* 1841-1825) e a necessidade de lutar contra seus eventuais abusos.

• H. Delehaye (1940), *Martyrologium Romanum ad formam editionis typicae scholis historicis instructum*, Bruxelas. — P. Jounel (1983), "Le culte des saints", em G. Martimort (sob a dir. de), *L'Église en prière*, nova. ed., t. 4, Paris, 124-145. — K. Hausberger, C. Hannick, F. Schulz (1985), "Heilige, Heiligenverehrung", *TRE* 14, 646-672. — Ph. Harnoncourt (1994), "Der Kalender", in *Gottesdient der Kirche. Handbuch der Liturgiewissenschaft* 6/1, *Feiern im Rhythmus der Zeit* 2/1, Ratisbonna. — H. Auf der Maur (1944), "Feste und Gedenktage der Heiligen" *ibid*. — P.-M. Gy (1995), "Le culte des saints dans la liturgie d'Occident entre le IX et XIIII s.", in *Le culte des saints aux IX-XII s.*, Poitiers, 9-63.

Pierre-Marie GY

→ *Ano litúrgico; Santidade.*

CULTURA → inculturação

CUMPRIMENTO DAS ESCRITURAS

O conceito de cumprimento (c.) formou-se desde o AT. Cumprir as Escrituras* é, da parte do homem, executar uma vontade (preceitos* da Lei*). É, da parte de Deus*, manter uma promessa* ou realizar um oráculo (Profetas*): é também levar até ao fim um desígnio que o relato bíblico traça a partir da criação* (as narrações* bíblicas). A palavra de Jesus*: "Não vim abolir mas cumprir" (Mt 5,17) vale para esses três aspectos.

1. O Antigo Testamento

a) As constatações de cumprimento. — A ação de cumprir uma profecia não é expressa por um vocábulo específico. Deus "fará", "fez", porém mais frequentemente "*tem feito*" conforme tinha dito. Ele mantém sua palavra (lit. "faz levantar-se": *héqîm*) ou a "cumpre" (1Rs 2,27; 8,15.24; Jr 29,10; Dn 9,2; cf. Tb 14,4). Ele a faz "vir" (chegar), ela "chega", "não cai"; o que ele tinha dito "é".

Essas expressões servem ao historiador deuteronomista para interpretar as etapas de sua narração.

A entrada na terra prometida (Dt 9,5; Js 21,43; 23,14), a exclusão da linhagem sacerdotal de Silo (1Rs 2,27; cf. 1Sm 2,30-36), construção do Templo* (1Rs 8,15.20.24), que, para essa escola, tem mais importância do que a dinastia real, divisão dos dois reinos (1Rs 12,15; cf. 1Rs 11,29-39), exterminações sucessivas das linhagens efêmeras de reis do Norte (1Rs 15,29; 16,12...), queda de seu reino (2Rs 17,23), depois do reino do Sul, com o exílio (2Rs 22,16; 24,2), volta do exílio (2Cr 26,22; Esd 1,1): tudo isso acontece em c. da palavra divina.

A própria verificação traduz-se geralmente por "... *segundo* (uma ou várias palavras)". O acontecimento ocorreu "*a fim de que*" a palavra fosse verificada (Dt 9,5; 1Rs 2,4.27; Dn 9,2; Esd 1,1). Assim um endurecimento* humano inexplicável é primeiro anunciado e depois suscitado por Deus (1Rs 12,15; cf. o caso de Faraó em Ex 7,3). Muito frequentemente, o acento é posto em profecias de desgraça (2Rs 22,16; Jr 28,8s). Depois de um oráculo, c. limitados representam garantias de um desfecho final (1Rs 13,26.32; 1Rs 14,15.18). O efeito é cumulativo, daí as fórmulas de recapitulação "meus (seus) servos, os profetas" (2Rs 21,10; 24,2; cf. 2Rs 17,23: "todos"); ou [eu tinha dito] "cada dia", "sem cansar-me"; Jr 7,25 ("todos"); 25,4 ("todos"); 29,19; 35,15; 2Cr 36,15. A queda do Templo é uma desgraça tão radical que se diz anunciada "desde os dias antigos" (Jr 28,8; Lm 2,17).

b) O horizonte escatológico. — Em sua forma final, a coletânea de Jeremias marca uma virada: os anúncios de desgraça são confirmados, mas articulados com anúncios de salvação*, sendo o principal a volta do exílio (Jr 15,11s; 29,10); o tema da restauração do Templo provém de uma redação ainda mais tardia (Jr 33,14-26). Um limiar é transposto quando a palavra profética emitida "desde sempre" é compreendida como procedendo daquele que criou o mundo. É a hora do "dêutero-Isaías" (Is 40-55). Se a categoria do c., com a distinção das "primeiras coisas" e das coisas novas (Is 42,9; 48,3.6s) se anuncia como uma chave para a hermenêutica* do conjunto das palavras de Deus, pode-se dizer que é a partir desse autor. O c. vem doravante perfilar-se no horizonte da escatologia*. A releitura da profecia jeremiana pelo livro de Daniel (Dn 9,2) é uma nova virada: os setenta anos de espera que ela anunciava tornam-se setenta semanas (de anos) antes que sejam "seladas visão e profecia" (9,24). O c. acompanha-se aqui de uma interpretação revelada (revelação*) que leva a letra da Escritura ao extremo.

2. O Novo Testamento

Os escritores neotestamentários situam a vinda do Messias* no quadro do que é sua única Bíblia*, as Escrituras judaicas. E os evangelhos* fazem remontar essa maneira de lê-las ao próprio Jesus, testemunhando, assim, seu valor fundador em sua própria fé. O imponente conjunto de citações bíblicas no NT é pois apenas o afloramento visível de uma consciência do c. Não devem fazer esquecer outras invocações. Mais difusas, como os inumeráveis parentescos de linguagem entre os dois Testamentos. Mais ocultas, quando a experiência* da novidade de Cristo* revisita os grandes momentos narrativos do AT: história* dos Patriarcas, Páscoa*, dom do maná, ciclos de Elias e de Eliseu (comparar p. ex., Jo 6,8-14 e 2Rs 4,42-44) etc. Essa anamnese dá o primeiro lugar ao Pentateuco, ocasião de uma teoria incoativa dos "sentidos* da Escritura". Mais radicalmente ainda do que no tempo do exílio, o hoje só se volta para o passado para livrá-lo de sua ancianidade.

a) A verificação nas primeiras atestações da fé. — O enraizamento do NT no Antigo pertence à atestação da fé*, formulada por Paulo a partir de uma catequese* que ele primeiro recebeu: "Cristo morreu por nossos pecados* segundo as Escrituras" (1Cor 15,3s). Para os narradores, o acontecimento se produz, como no AT, "a fim de que" as Escrituras (proféticas, quase sempre) sejam cumpridas (Mt: 9 x; Jo: 9 x). Sem essa anterioridade da palavra divina sobre os momentos de Jesus, este não seria percebido em toda a sua dimensão.

A fórmula do tipo "a fim de que se cumprissem as Escrituras" acentua principalmente a paixão* e reveste várias modalidades: as Escrituras são citadas em detalhe por Mt (11 x), globalmente por Lc e At ("todos": Lc 18,31; At 3,18; 13,27; o conjunto das Escrituras: Mt 26,54; Lc 21,22; 24,44; cf. Mc 14,49; Jo 19,28.30; At 13,29). João o reserva à paixão, depois do fracasso dos "sinais" (Jo 12,38). Uma só ocorrência em Mc (14,49), mas na hora decisiva em que Jesus abandona sua liberdade nas mãos dos soldados. A constatação do c., em muitos momentos essenciais, (Mt 13,14; Lc 4,21) e, sobretudo, no momento derradeiro (Lc 22,37; Jo 13,18; 15,25; 17,12; 19,28) é posta na boca de Jesus mesmo, para fazer compreender que o c. das Escrituras foi vivido como tal e mesmo querido como tal por ele (Mt 5,17; 26,54; Mc 14,49; Lc 8,31).

b) Jesus, autor do cumprimento. — Jesus diante da morte* faz ato de "obediência" (Rm 5,19; Fl 2,8; Hb 5,8), cumpre a "vontade" (Mt 26,42) de seu Pai*. Seu Pai certamente lhe revela essa vontade, mas não deixa de ser verdade que pertencendo à história do homens, ele a conhece por ter aprendido a encontrá-la no Livro*. As Escrituras vêm mais de uma vez justificar o "é preciso" ou "era preciso" da paixão (Mt 26,54; Mc 8,31; Lc 22,37; 24,26.44; Jo 3,14). Esse "é preciso" pertence aos formulários dos apocalipses* (Dn 2,28 LXX; cf. Ap: 6 x). Assim, a necessidade do c. pela cruz deve ser compreendida como uma fatalidade à qual o "desígnio" (At 2,23; 4,28) de Deus submeteria seu Filho (filiação*)? O caráter inelutável de um acontecimento tão terrível é mais sublinhado do que velado. Contudo, se Jesus "ensina" (Mc 8,31) a correspondência de seu fim trágico com as Escrituras, isso significa que nelas encontra uma luz (Mt 16,21: ele "mostra"). Há uma necessidade inelutável dos efeitos do pecado. A novidade é que dessa vez Deus não interrompe mais seu curso, "a fim" de triunfar antes em seu termo e, por conseguinte, para sempre, mas fora da vista do "mundo*'" (Jo 14,22). Consentir a esse desígnio é a parte que cabe a Jesus no ato do c.

c) As duas faces do cumprimento. — No vocabulário, a raiz *pler*- implica o desfecho feliz, mas a raiz *tel*- implica o termo visado ou o corte que separa o processo. Essa distinção léxica transpõe-se por meio de formulações variadas do c. Porque Jesus Cristo sofreu "a fim de que" o c. viesse. Todavia, o c. cumula, é plenitude. Trata-se de núpcias (Mc 2,19 par.; Ap 21,2.9; 22,17), de promessa mantida, dado que o corpo* de Cristo ressuscitado é a primeira pedra do novo templo em construção. A ressurreição (ressurreição* de Cristo) cumpre as escrituras (Lc 18,31; 24,26.46; Jo 2,22; 20,9; At 2,31; 26,22s; 1Cor 15,54s); foi ensinada antecipadamente, com a paixão (Mc 8,31; 9,31 par.). Certos textos descrevem sobretudo o que já existe (Ef 2,11-17; 3,6). Isso implica obrigatoriamente a presença reconciliada dos Judeus e dos Gentios, que foi, com efeito, antecipada na primeira Igreja*. Em contraste com essa plenitude, a criação geme (Rm 8,22s). Diante da resistência de Israel, Paulo está despedaçado (9,2); a paixão permanece inacabada nele (Cl 1,24). Tanto a natureza inaudita do dom feito em Jesus Cristo, como sua extensão (participação plena e sem reserva das nações no povo de Deus) tornavam indispensável uma redefinição do estatuto e do regime desse povo, e obrigaram pouco a pouco a escolher entre a circuncisão e o batismo*, o templo de Jerusalém* e o corpo de Cristo, a separação ou a partilha na vida comum segundo fosse ou não observada a lei* mosaica. A mais bela expressão do c. está certamente nessas palavras do profeta Malaquias (começo da era do segundo templo) caso se queira entendê-las a respeito dos dois Testamentos: o profeta anunciado "… reconduzirá o coração dos pais para seus filhos, e o coração dos filhos para seus pais" (Ml 3,24; cf. Lc 1,16s). Para nós, hoje, esse oráculo dá também a medida do não cumprido.

• S. Amsler (1960), L'Ancien Testament dans l'Église, Neuchâtel. — J. A. Fitzmyer (1960-1961), "The use of Explicit Old Testament Quotations in Qumran Literature and in the New Testament", NTS, 7, 297-333. — G. von Rad (1964), "Antwort auf Conzelmanns Fragen", EvTh 24, 113-125. — K. Stendahl (1967²), The School of St. Mattew and Its Use of the Old Testament, Lund. — A. H. J. Günnneweg (1977), Vom Verstehen des Altes Testaments. Eine Hermeneutik, Göttingen. — P. Lenhardt (1978), "Voies de la continuité juive. Aspects de la relation maître-disciple d'après la litterature rabbinique ancienne", RSR 66, 489-516. — P. Beauchamp (1979), "Comprendre l'Ancien Testament, de A.

H. J. Günneweg", RSR, 67, 45-58. — P.-M. Beaude (1980), L'accomplissement des Écritures. Pour une histoire critique des systèmes de représentation du sens chrétien, Paris. — P. Beauchamp (1990), L'un et l'autre Testament, t. II, Accomplir les Écritures, Paris. — H. Hübner (1992), "New Testamnent, O.T. Quotations" AncBD. — P.-M. Beaude (1995), "Judaisme rabbinique et christianisme: deux modèles d'accomplissement", in "Ouvrir les Écritures", (col. Lectio Divina n° 162) 285-306. — P. Gisel, "Variations sur l'accomplissement", ibid., 327-348. — A. Obermann (1966), Die christologische Erfüllung der Schrift im Johannesevangelium. Eine Untersuchung zur johanneischen Hermeneutik anhand der Schriftzitate, Tübingen. — C. M. Tuckett (1977) (sob a dir. de), The Scriptures in the Gospels, BEThL CXXXI, Louvain.

Paul BEAUCHAMP

→ Apocalipse; Bíblia; Bíblica (teologia); Escatologia; Escritura sagrada; Exegese; Hermenêutica; Jesus da história; Mistério; Promessa; Profeta/profecia; Sentidos das Escrituras.

CURA

O hb. râfâ' (curar) deu rôfé' (médico). O grego Rhaphael em Tb, transcreve diretamente o hb.: "Deus* cura". Curar é também simplesmente, "viver", ou "fazer viver" (Gn 20,7; 2Rs 8,8). Os livros gregos empregam therapeuo ou iaomai para curar, somente iatros para médico; o neutro iama é reservado aos carismas de cura (c).

C., no sentido próprio, designa a libertação de um mal* físico, no sentido figurado a de um mal moral, a mitigação de uma dor. Enquanto o homem ocidental contemporâneo está habituado a distinguir claramente os dois registros, a Escritura* apresenta narrativa* em que o sentido próprio e o figurado estão enredados, na qual os registros da doença e do pecado* se entrecruzam: não se pode tratar do corpo* humano adequadamente senão no encontro dos dois planos. O conceito de c. não pode ser separado na noção da salvação* nem da de purificação (pureza/impureza*). O pedido de salvação na boca de um paciente pode também ser, de fato, tanto um pedido de cuidados orgânicos, quanto um apelo a uma palavra do terapeuta.

O AT relata curas obtidas pela prece* de um homem de Deus, ou por seus gestos. Nele se destacam especialmente: 1/a presença falante de um intermediário; 2/um trabalho de retorno da palavra do doente sobre seu sofrimento (Salmos*; Is 38,10: "Eu dizia..."); 3/a inserção nos símbolos do viver em comum. No NT a c. torna-se um lugar privilegiado em que se revela a figura de Jesus*, enquanto Cristo* e Salvador. As narrações de c. e os discursos de ensinamento estão associados tão estreitamente que se pode ver na dupla ensinar/curar uma chave de sua leitura.

1. Médicos, remédios, doentes: a relação

a) *A medicina.* — Jó acusa médicos e charlatães (Jó 13,4). Tobias conta que os unguentos não puderam curá-lo da cegueira (Tb 2,10), mas o anjo* recomendará um remédio. Diferentemente das grandes literaturas antigas do Egito ou da Mesopotâmia, o AT não faz grande caso da medicina. Ben Sirac expressa um juízo ponderado (38,1-14). Alguns remédios (cf. Is 1,6) são mencionados: o fel de peixe para os olhos em Tobias (Tb 6,4s; 11,8.12), bolos de figos para os tumores (2Rs 20,7), a sanguessuga (Pr 10,15), o uso das plantas medicinais (Sr 38,4; Sb 7,20c). Sb conhece e explora as ideias médicas do mundo grego. O NT menciona o vinho e o óleo (Lc 10,34), Jesus faz uso de sua saliva (Mc 7,33; Jo 9,6) e do tato (Mt 8,15; Lc 22,51). Na maioria das vezes a c. se opera no curso de uma troca verbal com os pacientes.

b) *Lugares de cura.* — A doença, muitas vezes contagiosa ou considerada como tal, é percebida como flagelo social, como no caso da lepra. Ela acarreta a exclusão, mas sua cura exige um controle: o doente, que se presume curado, deve deslocar-se para fazer-se examinar pelas autoridades competentes, sacerdotes e levitas. A descrição dos procedimentos e das prescrições ocupa um lugar importante da Torá (Lv 13s). Quando Jesus, nos evangelhos*, cura os leprosos, submete seus pacientes a essa lei*, enviando-os aos sacerdotes (Lc 17,14).

c) *Terapeutas.* — É só de Deus que vem a c. Os profetas* a obtêm dele: assim Elias (1Rs 17,17-24), Eliseu (2Rs 5) e, caso típico, Isaías (2Rs 20,1-11; Is 38). As narrações interessam-

se pelo que há de comum entre o doente e aquele a quem formula seu pedido: não há c. sem palavra verdadeira. Jesus inscreve a c. na obra criadora que reúne todos os homens em uma única humanidade. Por ordem de Javé (Gn 20,7), Abimelec, rei pagão, obtém a intercessão de Abraão (chamado então "profeta") e a cura.

Essa solicitação de cumprimento* da obra criadora exerce-se também pela oração (mediadores: Sl 35,13s). Os Salmos*, nos quais a maioria das provações se exprimem através de suas repercussões corporais, dirigem a queixa dos sofredores ao Deus salvador do inocente e do pecador. O homem ferido que se pôs a descoberto diante de Deus reencontra a proximidade cultual e social no louvor*.

2. Dimensão cristológica da cura

No deserto, o povo* foi curado da picada das serpentes (castigo de sua revolta) olhando para uma serpente de bronze fixada por Moisés em um mastro (Nm 21,6-9). A c. se concebe a partir dali como uma relação particular ao corpo de Jesus. A trajetória passa pela apresentação do Senhor como "Eu sou Javé que te cura" (Ex 15,26); passa pela visão do Servidor* como, ao mesmo tempo, "elevado" (Is 52,13; Jo 8,8; 12,40) e "curando" (53,6) os olhos cegos (Is 6,10c; Mt 13,15). Os doentes curados por Jesus são curados por seu corpo e para seu corpo. Entram no mundo dos viventes, dos falantes, dos videntes. Depois de Pentecostes, o paraplégico da Bela Porta (At 3,1-16), tomado "pela mão direita" de Pedro*, "não deixava mais Pedro e João". O lugar dado ao "nome*" de Jesus (vv. 6.16) nessa narração convida a compreender a c. como um enxerto sobre o corpo daqueles que recebem o nome por Jesus Cristo.

À luz das narrativas de c., o corpo aparece como a manifestação do inatingível e problemático encontro entre a palavra e a carne*, sugerindo assim o trabalho a fazer e os riscos a superar quando se trata de cuidar do que é e permanece em sofrimento em cada homem.

• H. W. Wolf (1974), *Anthropologie de l'Ancient Testament*, Genebra (*Antropologia do Antigo Testamento*, São Paulo, 1993). — E. de Rosny (1984),

"Les nouveaux guérisseurs africains", *Études* 361, 661-679. — F. Laplantine (1986), *Anthropologie de la maladie*, Paris. — L. Perrin (1987), *Guérir et sauver*, Paris. — D. Le Breton (1990), *Anthropologie du corps et modernité*, Paris. — J. Delorme (1991), *Au risque de la parole. Lire les Évangiles*, Paris, 17-92. — C. J. Groesbeck (1975), "The Archetypal Image of the Wounded Healer", *Journal of Analytical Psychology*, 20, 122-145. — G. Kowalski (1991), "Santé et salut à l'interface entre biologie et societé", *BICP*, 40, 197-224. — M. McGuive (1991), "Religion, santé, maladie", *Con.* 324, 109-121. — P. Gisel (1992), *Corps et Sprit,* *les mystères de l'incarnation et de la réssurrection*, Genebra. — X. Lacroix (1992), *Le corps de chair*, Paris. — T. Nathan (1994), *L'influence qui guérit*, Paris. — H. Avalos (1995), *Illness an Health Care in the Scient Near East: The Role in the Temple in Greece, Mesopotamia and Israel, Atlanta*.

Cécile TURIOT

→ *Alma-coração-corpo; Antropologia; Carne; Fé; Jesus da história; Milagres; Morte; Nome; Pecado; Pureza/impureza; Sacramento; Salmos; Salvação.*

CUSA, Nicolau de → Nicolau de Cusa

D

DANIEL (Livro de) → apocalíptica III. 2 a

DANTE, 1265-1321

Dante Alighieri (D.) não é só um dos grandes poetas europeus: deve igualmente ser considerado como um filosofo e um teólogo de alto nível, que soube colocar seu gênio poético a serviço de ideias muitas vezes originais e inovadoras.

1. Vida

D. nasceu em Florença em 1265 (maio ou junho) de uma família guelfa nobre, mas modesta. Depois de uma instrução elementar em gramática latina, o encontro com Brunetto Latini (homem político, poeta e filósofo) e os meios poéticos e políticos de Florença e de Bolonha foi decisivo. Permitiu a D. aprofundar seu conhecimento dos clássicos latinos, da retórica, da filosofia* e da poesia francesa, e entrar em contato com a poesia italiana contemporânea. Sua educação foi provavelmente completada por uma livre frequentação dos cursos no *Studium* franciscano de Santa Croce e no *Studium* dominicano de Santa Maria Novella. Essa formação adquirida fora das escolas lhe permitiu efetuar uma síntese pessoal dos diferentes saberes recebidos. Aos vinte anos, D. casou-se com Gemma Donati, com quem teve três ou quatro filhos. Em 1295, começou uma breve e desastrosa carreira política: primeiro, eleito para diversos conselhos de Florença, foi prior em 1300 (15 de junho a 15 de agosto). Implicado nas lutas que opuseram Guelfos brancos e Guelfos negros, lutas em que

cerrou fileiras ao lado dos primeiros, é condenado ao exílio (início de 1302), depois à morte*. Fica algum tempo nos confins da Toscana com outros exilados para organizar uma volta a Florença, mas começa, por volta de 1304, a viajar em busca de senhores hospitaleiros. Reside em Treviso, em Lunigiana, em Casentino, em Lucca, exercendo responsabilidades de diplomacia e de chancelaria. Profundamente marcado por seu exílio, apoia a ação de Henrique VII quando de sua expedição à Itália (1310), esperando desse soberano a restauração da justiça*, da paz* e da liberdade*. Contudo, a morte prematura do imperador (24 de agosto de 1313) põe fim a suas esperanças de *renovatio* ético-política. Passa seus últimos anos em Verona e Ravena, onde permanece até a morte (4 de setembro de 1321), desejando retornar a Florença em razão de seus méritos poéticos (*Paraíso* XXV, 1-9).

2. Obra

A *Vita Nuova* (c. de 1294) marca a primeira etapa do itinerário de D. O *"libello"* compõe-se de 31 poemas intercalados em um texto em prosa, (daí o nome de *prosimetrum*), que serve de quadro autobiográfico e autoexegético. A figura de Beatriz fornece a trama desse escrito, desde o primeiro encontro até a morte, que transforma a mulher* em "mediadora de conhecimento e de salvação*" (Contini), em um percurso que terá por termo a *Commedia*. Com a *Vita Nuova*, há que mencionar também as *Rime*, que testemunham "inesgotável experimentação" (Contini), assim como os *Fiore* e o *Detto d'amore*, dois remanejamentos do *Roman de la Rose*, cuja atribuição a D. funda-se em argumentos sérios. O tratado latino *De vulgari eloquentia*, redigido nos primeiros anos do exílio (1303-1305) e interrompido no livro II (cap. XIV) apresenta-se, com razão, como obra original. O objetivo de D. é justificar teoricamente a escrita em língua vulgar, arguindo que esta goza de prioridade e naturalidade em relação à artificialidade do latim. A obra comporta também importantes desenvolvimentos antropológicos sobre a origem, a função e a natureza da linguagem.

Redigido nos mesmos anos e igualmente inacabado (restam-nos 4 tratados em lugar dos 15 previstos), o *Convivio* é a primeira obra filosófica em italiano. Tratado autoexegético, que muito deve a Alberto* Magno e a Tomás* de Aquino, apresenta-se como uma coletânea de ensinamentos dados sob forma de poemas (*la vivanda* do banquete) acompanhados de rico comentário doutrinal (*il pane*). No primeiro livro, D. expõe as razões que o fizeram escrever seu comentário em italiano. Essa escolha se explica pelo público ao qual o tratado de dirige: às pessoas que ficaram *ne la umana fame* (no humano desejo) da sabedoria* por causa de obrigações familiares e civis. No segundo livro, que narra o conflito entre o amor antigo (Beatriz) e o amor vitorioso pela *donna gentile* (a Filosofia), D. expõe sua concepção dos sentidos* da Escritura, que aplica em seguida à sua obra. Distingue assim a alegoria dos poetas e a alegoria dos teólogos: a primeira expõe uma verdade espiritual oculta sob fatos imaginários e mentirosos, a segunda uma verdade espiritual oculta sob fatos históricos (essa diferença é apagada na *Commedia*, na qual a alegoria é utilizada em um sentido ao mesmo tempo poético e teológico). O terceiro livro é um elogio da filosofia, comparável a numerosos opúsculos contemporâneos devidos a mestres da faculdade de Artes. O quarto, enfim, é dedicado ao estudo do conceito de nobreza, entendido como "*perfezione di propria natura in ciascuna cosa*", onde D. aborda pela primeira vez a temática política que se encontra no centro do tratado latino *Monarquia* (redigido provavel-

mente a partir de 1316-1317). Com notável rigor silogístico, D. nele demonstra a necessidade de uma monarquia universal, a única que pode garantir a paz*, condição necessária para que a humanidade inteira realize seu fim, pela atualização do intelecto possível (intelectualismo*). E depois de ter afirmado o caráter romano do Império (livro II), D. funda no último livro a autonomia do Império em relação à Igreja*, refutando vigorosamente as interpretações hierocráticas do poder temporal do papado e provando notadamente o caráter ilegítimo da doação de Constantino. Afirma, enfim, que a autoridade imperial depende imediatamente de Deus*: porque o homem, que participa ao mesmo tempo da corruptibilidade e da incorruptibilidade, é ordenado a dois fins distintos, a beatitude terrena e a beatitude* eterna. Deus dispôs dois guias distintos e independentes, o imperador e o papa. Essa doutrina política fundada na nítida distinção do teológico e do filosófico, do domínio da fé* e do domínio da razão*, é o produto de uma reflexão pela qual D., apesar de uma constante presença do pensamento tomista, rompe claramente com o tomismo*.

A essas obras há que acrescentar um *corpus* de 13 cartas latinas: as *Epístolas* V, VI e VII foram escritas por ocasião da expedição de Henrique VII à Itália; a *Epístola* XI foi enviada aos cardeais italianos reunidos em conclave para eleger o sucessor de Clemente V; a *Epístola* XIII é uma introdução fundamental à *Commedia* e representa o terceiro comentário de D. por ele mesmo. Deve-se, enfim, mencionar duas éclogas latinas (1319-1320) e uma lição de filosofia natural intitulada *Quaestio de aqua et terra* (1320).

3. A Divina Comédia

Escrita provavelmente entre 1307 e 1321, a *Divina Comédia* não só é a obra mais importante de D., mas também representa sua síntese teológica. Rigorosamente ritmada e rimada pelas cifras 3 e 10, compõe-se de 100 cantos (em "terza rima") divididos em três cânticos (*Inferno, Purgatório, Paraíso*), cada um constituído de 33 cantos completados por um prólogo. A *Divina*

Comédia é o relato de uma viagem penitencial nos três reinos de além-túmulo, que o poeta realizou durante a semana santa do ano jubilar de 1300, guiado por Virgílio nos dois primeiros e por Beatriz (que Bernardo* de Claraval finalmente substitui), no terceiro. Verdadeira *Summa* do saber, que mistura muitos gêneros literários, em particular a visão e a literatura de viagem, o poema é a expressão multiforme de uma experiência simultaneamente poética, filosófica e teológica, e que realiza, e ao mesmo tempo que transcende, o projeto doutrinal e pedagógico do *Convívio*. O relato obedece a um desígnio prático e moral: a viagem dantesca é a viagem do conhecimento e, ao mesmo tempo, a viagem da renovação ética, política e eclesial.

a) O Inferno. — Situado, segundo *Inf.* XXXIV, 121-126, no centro da terra, a qual por sua vez forma o centro do universo, o inferno* possui a aparência de uma cratera dividida em nove círculos concêntricos, e esse lugar em que sofrem os condenados é estruturado segundo uma ordem ética rigorosa, inteligível para a razão humana. Virgílio, cujas explicações sobre a ordem do inferno (XI, 1-90) são consideradas muito claras porque explicam "muito bem esse abismo e as pessoas que encerra" (68-69), fundamenta sua classificação dos delitos humanos em uma distinção aristotélica (*EN* VII, 1, 1145 a 15-17) entre "incontinência, malícia e louca bestialidade". Os primeiros círculos do inferno contêm, por conseguinte, os que pecaram por excesso no domínio da carne, da comida, do uso dos bens temporais ou ainda por cólera ou preguiça (círculos II a V). Para hierarquizar os pecados* que procedem da malícia e da bestialidade, D. serve-se aqui de uma distinção ciceroniana (*De officiis* I, 13, 41) entre a injustiça (*iniuria*) por força e a injustiça por fraude. A violência* contra o próximo inclui a tirania; a violência contra si mesmo inclui o suicídio (XIII). Entre os homens violentos contra Deus, D. enumera os blasfemos (XIV), os sodomitas (XV- XVI) e os agiotas (XVII). Com particular minúcia descreve nos 10 "bolges" do VIII círculo as múltiplas formas de injustiça que o homem pode cometer para com o outro pelo embuste: o leque

vai da adulação (XVIII) à hipocrisia (XXIII) e inclui simoníacos (XIX), ladrões (XXIV), conselheiros pérfidos (XXVI-XXVII) e falsários. O círculo IX representa o indescritível "fundo do universo inteiro" (XXXII, 8), onde em um lago de gelo sofrem com Lúcifer, "o imperador do reino da dor" (XXXIV, 28, cf. demônios*), os que traíram seus pais, seus benfeitores e — pior ainda — o Império (Brutus e Cassius) e a Igreja (Judas). Porque a livre decisão constitui o fundamento dessa topografia ética* e do sistema punitivo que lhe corresponde, os indolentes, que contam entre eles os anjos* neutros (III) e os grandes espíritos da Antiguidade (IV g Paganismo*), ali não encontram lugar. Os hereges ocupam um lugar à parte no círculo VI, entre os incontinentes e os violentos.

b) O Purgatório. — Segundo D., o purgatório* é uma montanha situada no meio do oceano, formada no momento da queda de Lúcifer. Dividido em sete plataformas circulares (onde se expiam as inclinações viciosas por meio de penas purificadoras de ordem física ou moral), é precedido pelo antepurgatório (a morada dos que tardaram a arrepender-se), e culmina no Éden (onde se cumprem os últimos atos da regeneração espiritual).

A descrição desse reino, confiada como a do Inferno a Virgílio, ocupa o canto central do *Purgatório*, (XVII), mas transborda, com suas implicações doutrinais, sobre os cantos contíguos. No canto XVI, o irascível Marcos Lombardo, fiel a Tomás de Aquino (*ST* Ia, q. 115, a. 3-6), afirma o "libero voler" (76) do homem diante do determinismo astrológico, a sublinha assim que "se o mundo presente está transviado" (82), sua completa responsabilidade ético-política incumbe ao homem. A arquitetura do *Purgatório*, descrita no canto XVII, segue preceitos de origem escolástica* (em parte discordantes dos critérios aristotélico-ciceronianos do *Inferno*); a distribuição das almas* sobre as sete plataformas segue a ordem dos pecados capitais fixados por Gregório* Magno, e o fundamento doutrinal, emprestado estritamente de Tomás, depende do conceito cristão do amor*, causa de toda a boa ação

(*ST* Ia IIae, q. 28, a. 6). D. distingue (*ST* Ia, q. 60, a. 1-3) o amor natural (não culpável) do amor eletivo (raiz dos vícios e das virtudes*). Dessa distinção deriva uma subdivisão em três níveis, como no *Inferno*, porque o amor pode ser culpável de três modos (95-96): "por mau objeto" (o amor pelo mal* de outrem: orgulho; X-XII; inveja: XIII-XIV; cólera: XV- XVII), "por falta de vigor" (o amor de Deus declarado timidamente: preguiça: XVII-XVIII), "por demasiado vigor" (o amor desmedido pelos bens terrenos: avareza: XIX-XXI; gula: XXII-XXIV; luxúria: XXV- XXVII). Liberdade e amor são ainda analisados de maneira sintética no canto XVIII, a título de condições do agir humano. Interrogado por D., Virgílio explica o que é o amor nos limites da razão e como o homem é livre para seguir um impulso amoroso. Dotado de uma disposição inata ao amor (identificado ao desejo de unir-se a um objeto exterior), o homem possui a liberdade de julgar, de acolher ou de rejeitar as paixões* amorosas seguindo sua aspiração (essa também inata) ao verdadeiro bem*. A raiz da liberdade está, pois, na alma intelectiva, e mais precisamente na faculdade de julgar, que se encontra entre a apreensão (que ela pressupõe) e o apetite.

c) *O Paraíso.* — Para expor a subida até Deus, D. apoia-se na cosmologia de sua época: a ascensão na terceira parte, segue primeiro a ordem dos sete planetas; depois o peregrino sobe ao céu das estrelas fixas e ao céu cristalino, e chega finalmente ao empíreo. A topografia celeste obedece a uma lógica rigorosa. Os que praticaram as quatro virtudes* cardeais (temperança, prudência*, fortaleza e justiça) são alojados nos seis primeiros céus. No oitavo céu, D. passa por um exame sobre as três virtudes teologais (fé*, esperança*, caridade, XXIV-XXVI), antes de aceder ao céu cristalino, onde Beatriz, que figura a teologia*, explica-lhe o mundo angélico (XXVIII). E quando ao termo dessa purificação, D. chega ao céu empíreo, ao reino da luz, chega a esse "fim de todos os desejos" (XXXIII, 46) no qual o ardor do desejo se extingue (48) na visão de uma luz que é a verdade* (54), que só se compreende e entende

a si mesma e, entendendo-se, ama-se (125-126). A visão de Deus, princípio do amor que move o céu e todas as outras estrelas (145) constitui, portanto, ao mesmo tempo, o termo do poema sagrado e o fim da existência humana. Contudo, em nenhum momento a sublimidade da doutrina apaga as preocupações éticas e políticas de D.: é assim que se ouve uma invectiva de São Pedro* contra os abusos do papado (XXVII, 1-66), seguida de uma repreensão de Beatriz, constatando que a família humana perece por falta de ser governada (XXVII, 139-141); é assim que o canto VI celebra o Império, ou que no canto XXX Beatriz mostra a D. o trono do imperador Henrique VII colocado na rosa celeste (133-138). O exame a que os apóstolos* Pedro, Tiago e João submetem D. sob a vigilância de Beatriz, manifesta as convicções teológicas profundas da *Divina Comédia*. Esse contexto não serve somente para D. formular seu Credo (XXIV); permite-lhe também lembrar que o amor é o motor primeiro de toda a realidade.

Seria de todo nefasto ver na *Divina Comédia* apenas o relato de uma viagem no além, ou mesmo a expressão de uma experiência mística* extraordinária. Essa obra integra todo o saber de seu tempo para descrever o mundo transcendente em vista de uma reforma política e eclesial deste mundo: pinta o destino dos homens no além para mostrar o que deve ser. É, portanto, com razão que o próprio D., na *Epístola* XIII, a considera como uma obra ética.

• *Le opere di Dante*, texto crítico della Società Dantesca Italiana, Florença, 1921, 1960²; *La Commedia secondo l'antica vulgata*, ed. G. Petricchi, 4 vol., Verona, 1966-1967; *Il Convivio*, ed. C. Vasoli e D. de Robertis, in *Opere minori*, I, II, Milão-Nápoles, 1979; *Egloghe*, ed. E. Cecchini, *ibid.*, II; *Epistole*, ed. A. Frugoni e G. Brugnoli, *ibid.*, II; *Fiore e Detto d'amore*, ed. G. Contini, *ibid.*, I, I, 1984; *Monarchia*, ed. B. Nardi, *ibid.*, II; *Quaestio de aqua et terra*, ed. F. Mazzoni, *ibid.*, II; *Rime*, ed. G. Contini, *ibid.*, I, I, 1984. — *Vita Nuova*, sob a dir. de D. de Robertis, in *ibid.*, I, I; *De vulgari eloquentia*, ed. P. V. Mengaldo, *ibid.*, II; *Das Schreiben an Cangrande della Scala*, intr., trad. e com. de T. Ricklin, Hamburgo, 1993. Em português: *A divina comédia*, São Paulo, 1998; *Lírica*, Rio de Janeiro, 1996; *Vida Nova*, Rio de Janeiro, 1937; *Da monarquia*, Rio de Janeiro, 1993.

► Col. (1920s), *Studi danteschi*, Florença. — É. Gilson (1939), *Dante et la philosophie*, Paris, 1986[4]. — B. Nardi (1942), *Dante e la cultura medievale: nuovi saggi di filosofia dantesca*, Bari, 1949[2]; (1960) *Dal "Convivio" alla "Commedia" (sei saggi danteschi)*, Roma. — H. U. von Balthasar (1962). *Herrlichkeit* II/2, Einsiedeln, 365-462. — F. Mazzoni (1967), *Saggio di un nuovo commento alla "Divina Commedia": Inferno, canti I-III*, Florença. — G. Contini (1967), *Un'idea di Dante: saggi danteschi*, Turim. — G. Treccani (sob a dir. de, 1970-1978), *Enciclopedia dantesca*, 6 vol., Roma, 1984[2]. — G. Petrocchi (1983), *Vita di Dante*, Bari. — R. Imbach (1966), *Dante, la philosophie et le laïcs*, Friburgo.

Ruedi IMBACH e Silvia MASPOLI

→ *Contemplação; Escatologia; Escolástica; Intelectualismo; Naturalismo; Política (teologia); Sentidos da Escritura.*

DECÁLOGO

a) O termo. — O termo "decálogo" (d.) tem sua origem em três passagens do AT que oferecem a expressão *"as dez palavras"* (Ex 34,28; Dt 4,13: 10,4), mas não aparece na tradução* grega da Bíblia*. Encontra-se em Ptolomeu (*Carta a Flora*, 5, 3), na tradução latina de Ireneu* (*Adv. Haer.* IV, 15, 1; 16, 4) e em Clemente de Alexandria (*Paed.* III, 12); torna-se de uso corrente no s. III na linguagem cristã.

O d. apresenta-se sob a forma de duas versões, uma em Ex 20,2-17, outra em Dt 5,6-21, diferenciadas por cerca de vinte variantes, sendo algumas de pouca monta. Uma das mais importantes concerne à motivação que acompanha a prescrição do *sabbat**. Além dessas duas versões, o texto do d. encontra-se no Pentateuco dos samaritanos (ver traduções* antigas), assim como nos filactérios de Qumran (4Q 128-129, 134, 137) e sobre o papiro hebraico Nash (s. I a.C.) em que é seguido pelo começo do *Shema Israel*. Esses testemunhos revelam a importância do d.

b) O contexto. — O texto de Ex 20,1-17 está inserido em vasto conjunto literário, a teofania* do Sinai, mas corta em dois a narrativa* teofânica (Ex 19,1-25, que tem sua continuação em 20,18-21). Texto já constituído e inserido tardiamente, o d. encontra-se assim ligado à aliança de Deus* com Israel*. A versão do Dt oferece um contexto muito próximo. Com efeito, as prescrições do d. dadas por Deus "na montanha, no meio do fogo" (Dt 5,4), são escritas por ele em duas tábuas de pedra e entregues a Moisés (5,22): essas são chamadas "tábuas da aliança*" em Dt 9,9ss. Depois do episódio do bezerro de ouro, novas tábuas foram dadas por Deus a Moisés, que tinha quebrado as primeiras; ele as deposita na arca (Dt 10,4s). O d. se apresenta como um texto primitivamente independente, distinto dos conjuntos legislativos que são o código da aliança (Ex 20,22-23,33) ou o código deuteronômico (Dt 12,26) e, contudo, ligado à aliança que lhe dá toda a sua dimensão de revelação*. Ao menos por sua fórmula de abertura: "Eu sou o Senhor, teu Deus, que te fez sair da terra do Egito", Deus comunica diretamente (Dt 5,4,22s) o d. ao povo* de Israel, enquanto de ordinário é Moisés quem lhe transmite a lei* divina.

c) Gênese do decálogo. — O texto do d. é o termo de uma longa história literária. A existência de duas versões com suas diferenças é seu primeiro índice. A presença de prescrições de tamanho diferente, formuladas ora de maneira curta e negativa, ora de maneira positiva (para a observância do *sabbat* e a honra devida aos pais), uma fraseologia ao mesmo tempo próxima e diferente da do Deuteronômio, levaram os comentadores a propor um estado primitivo do d. A solução proposta com mais frequência consiste em descobrir dez palavras breves em forma negativa, mas tem um caráter claramente hipotético. Certamente, a existência desse texto permitiria entender a expressão *"dez palavras"*, mas isso não basta para provar que ela remonta muito alto no tempo. Há que observar simplesmente que é possível encontrar séries bastante comparáveis ao d. em Ex 23,1-9; Lv 18,7-17; 19,3s, mesmo em Dt 27,15-26 (série de maldições). Não é sem dificuldade, porém, que nos textos citados se chega ao número 10. De outro lado, séries mais breves puderam existir em um estado antigo, p. ex., a tríade *"assassinar-*

cometer adultério-roubar", que testemunham Os 4,2; Jr 7,9; Jó 24,14s, ainda que a ordem dos verbos não seja neles sempre idêntica. Enfim, é igualmente possível que o culto tivesse influência na elaboração de certas fórmulas, positivas ou negativas, como se vê no Sl 15,3s e 24; mas também aí nada permite afirmar que o d. tenha uma origem cultual. Essa origem escapa, mas o estado atual do texto deve situar-se no termo de um longo processo que só terminou na volta do exílio, quando toma lugar a observância do *sabbat* semanal. A motivação do *sabbat* em Ex 20,11, que não é mais como em Dt 5,15 a comemoração do fim do cativeiro, supõe um apoio em Gn 2,1ss, texto de redação sacerdotal. O repouso de Deus no sétimo dia serve, então, de fundamento ao repouso do homem.

d) Estrutura do decálogo. — Porque o texto do d. foi escrito, segundo a Bíblia, em duas tábuas, muitas vezes se repartiram as dez palavras em duas séries de cinco, a primeira consagrada a Deus, a segunda ao próximo. Essa divisão, em parte exata, não coincide com e estrutura literária do texto. A análise permite discernir três partes.

A *primeira* (Dt 5,6-10) abre-se com estas palavras: "Eu sou Javé, teu Deus, que te fez sair do país do Egito, da casa dos escravos", que encontram eco no v. 9: "Eu sou Javé, teu Deus". O locutor é Deus; lembra primeiro o sinal de sua autoridade* e de sua potência*: a saída do Egito, que foi para Israel a saída da servidão. Deus suscita a liberdade*. Contudo, a proclamação divina não remete apenas ao passado, é também voltada para o futuro de uma relação de aliança que se dirige a um povo no qual coexistem várias gerações e que está colocado diante de uma escolha, a de usar sua liberdade para observar, ou não, os mandamentos* de seu Deus. Esse Deus apresenta-se como um Deus ciumento (cf. Ex 3,14), revelando um amor* que não é indiferente ao que o outro vem a ser, um amor que castiga e que faz misericórdia*.

Na *segunda* parte, Deus não fala em primeira pessoa, mas seu nome* é pronunciado em terceira pessoa (Dt 5,11-16). Aqui é interpelado o israelita responsável por uma família, assim como por seu pai e sua mãe. A observância do *sabbat* está fundada no ato de saída do Egito, que se trata de rememorar. Dt 5,15 remete ao começo do d. e

articula o texto em torno da temática escravidão-liberdade.

Na *terceira* parte (Dt 5,17-21), Deus não é nomeado, mas o próximo, é quatro vezes (vv. 20s). O Israelita é convidado a respeitar a vida, a mulher*, os bens e a honra do "próximo".

Assim, o d. fixa de maneira condensada um caminho de vida e de liberdade. O número de formas negativas, doze ao todo, manifesta que o papel de Lei é abrir a ações positivas, incessantemente a inventar, no quadro da aliança.

e) Alcance do decálogo. — O segundo mandamento afirma: "Não farás imagens" (Ex 20,40), mas não é dirigido contra toda representação figurada, ao contrário, opõe-se apenas à imagem que é objeto de culto idolátrico. Assim, Ezequias chegou a destruir a serpente de bronze feita por Moisés porque os judeus queimavam incenso diante dela (2Rs 18,4). No Templo* de Jerusalém* podiam-se ver representações de animais*, que só tinham valor estético, qualquer que fosse sua significação na origem (cf. 1Rs 7,25.29). — O respeito ao Nome* de Javé (Ex 20,7) implica a proibição de fazer falso juramento invocando esse nome e, mais geralmente, a interdição de utilizá-lo sem motivo válido. — O "Não matarás" visa o homicídio ilegal e, portanto, o assassinato de um inocente (verbo hb. *râçah*). Essa proibição toma lugar no seio de uma sociedade* que não via na pena de morte* e na guerra* uma transgressão do d. — "Não roubarás" refere-se ao roubo em geral e não simplesmente ao rapto, como se poderia crer a partir de Ex 21,16 e Dt 24,7. A prescrição tem um alcance global. — O "próximo", mencionado nas últimas prescrições do d., pode ter alcance limitado, restrito ao companheiro israelita, mas o termo pode adquirir sentido mais amplo.

Assim, o d. funda a Lei como lei de liberdade, mas não é toda a lei: está dirigido primeiro a Israel no quadro da aliança, como o sublinha o lugar do *sabbat*, mas também a toda consciência humana chamada a reconhecer a criação como obra do Deus único (Ex 20,11).

f) Decálogo e Novo Testamento. — O d. é citado no NT mas nunca em totalidade e nunca segundo a sequência canônica. O episódio do chamamento do jovem rico (Mc 10,17-22; Mt 19,16,22; Lc 18,18-23) e o sermão da montanha (Mt 5,21.27) oferecem seu melhor exemplo, porque as citações do d. só concernem ao próximo. Em Rm 7,7, Paulo refere-se à última parte do d. Em Mt 19,19, as prescrições do d. sobre o próximo são retomadas de maneira condensada por uma citação de Lv 19,18: "Amarás teu próximo como a ti mesmo" (cf. Mt 5,43; Lc 10,27). Essa apresentação encontra-se também em Rm 13,9s, em que o amor ao próximo é considerado como o cumprimento de toda a lei (cf. Gl 5,13s). Tg 2,8-11 cita igualmente o d. e faz dele uma lei de liberdade em Cristo*.

Se o NT não cita o d. em sua integralidade, é talvez porque o conhecimento* do Deus único passa por Cristo*, que revela a Deus como Pai*. E tem toda autoridade: "O Filho* do homem é Senhor também do *sabbat*" (Mc 2,27). A primeira parte do d. não pode deixar de ser transformada por essa revelação.

- J. J. Stamm (1959), *Le décalogue à la lumière des recherches contemporaines*, Neuchâtel-Paris. — P. Grelot (1982), *Problèmes de morale fondamentale*, Paris, 107-115. — F. L. Hossfeld (1992), *Der Dekalog. Seine späten Fassungen, die originale Komposition und seine Vorstufen*, OBO 45, Friburgo-Göttingen. — J. Loza (1989), *Las Palabras de Yahwe. Estudios del Decalogo*, México. — G. Levi (1990) (sob a dir. de), *The Ten Commandments in History and Tradition*, Jerusalém. — W. H. Schmidt — H. Delkurt — A. Graupner (1993), *Die Zehn Gebote im Rahmen alttestamentlicher Ethik*, EdF 281. — A. Wénin (1995), *L'homme biblique. Anthropologie et éthique dans le Premier Testament*, Paris, 105-129.

Jacques BRIEND

→ *Aliança; Culto; Ética; Guerra; Idolatria; Liberdade; Lei; Mandamentos; Sabbat; Teofania.*

DEIDADE

1. Fontes

a) *A Bíblia.* — Em grego *theotes* ou *theiotes*, em latim traduzido por *deitas*, "deidade" (d.), mas também por *divinitas*, "divindade", significa Deus* considerado em sua essência. D.

remete então à dupla significação: 1/a essência divina tomada em geral e abstratamente, como distinta de sua criação* mas revelada por ela (Rm 1,20); 2/a natureza* divina enquanto se uniu à humanidade em Cristo* e à qual o cristão está reunido por seu batismo* (Cl 2,9). Esse segundo sentido desenvolveu-se também em teologia* trinitária até a significar a essência divina como distinta das três pessoas* divinas.

b) *Patrística grega.* — *Theotes* teve importante papel durante as grandes controvérsias trinitárias (p. ex., Cirilo* de Alexandria, *Diálogos sobre a Trindade* III, 465 d) e até o II concílio* de Constantinopla* (DS 421): significa, então, a unidade da substância divina, sua natureza única e idêntica, seu ser* comum às três pessoas (Trindade*). O termo é muitas vezes utilizado pelos Padres*, notadamente o Pseudo-Dionísio* (mais de 40 ocorrências) e João Damasceno, para designar a essência divina em geral. Refere-se, então, a Deus tomado em si mesmo, sob uma forma abstrata que significa o ser em si do princípio divino. Conota também a providência* divina, evocada pelas diversas etimologias de *theos*, Deus: ver (*theoro*), correr ou queimar, segundo Dionísio e João Damasceno. A d. designa às vezes a natureza divina de Cristo, distinta da "humanidade", i.e., a essência divina distinta e separada de qualquer outra essência. Isso pode produzir-se de duas maneiras. 1/A d. pode ser considerada a fonte de onde emanam todas as criaturas, as quais segundo seu grau de perfeição são imitações de uma perfeição suprema própria à natureza divina, que as contém todas previamente, por excelência (segundo uma interpretação neoplatônica de Rm 1,20). 2/A essência divina pode também ser considerada em sua relação com as pessoas divinas. Dionísio quase não desenvolve esse ponto, a não ser em referência à pessoa de Pai*, "fonte da supersubstancial d." (*DN* 2, 4, PG 3, 641 D), mas sem negar que as outras pessoas tenham igualmente a d.: "a Trindade que é d." (DN 13,3, PG 3.980c). A tradução latina do *corpus* dionisiano por João Escoto Erígena transmitiu aos latinos esse emprego de "d."

2. A teologia trinitária

a) No século XII. — Falando da origem do Espírito* Santo, Agostinho* tinha escrito: "O Pai é o princípio da Divindade, melhor, da Deidade" (*De Trinitate*, IV, 20, 29), embora o conceito de d. devesse ser objeto de ásperas discussões na teologia trinitária latina. Gilberto de la Porrée, bispo* de Poitiers (escola de Chartres*) não distinguia claramente os dois sentidos de "d.", a d. como princípio das criaturas e a d. como princípio das processões trinitárias. À dupla Deus/deidade corresponde nele a dupla do *quod est* e do *quo est*, do "aquilo que é" e do "aquilo pelo qual isso é", herdado de Boécio*, em quem ele exprime a composição própria do ente criado (tal como se opõe à simplicidade* divina). Deus, abstraindo das pessoas, é assim distinguido de sua d., definida como um princípio *quo est:* há, então, em Deus um princípio em razão do qual e segundo o qual Deus é Deus. Todavia, a distinção racional assim formulada, afirma Gilberto, não pode ser posta como real em Deus, que permanece em si mesmo um e simples.

Conduzidos por Bernardo* de Claraval, os adversários de Gilberto lhe opuseram violentas críticas, em particular no concílio de Reims (1148). Rejeitam toda composição em Deus e afirmam que "tudo o que é em Deus é Deus". O princípio *quo est* lhes aparece como uma causa de que Deus dependeria, um princípio anterior superior. E para diferenciar "Deus" e "d." só admitem a dupla gramatical do concreto e do abstrato. Assim, devem postular que os atributos* divinos (eterno, bom, sábio etc.) são puros sinônimos. Contudo, essa sinonímia corria o risco de esvaziar o sentido próprio de cada atributo, o que equivaleria a negar toda validade aos enunciados teológicos. Acusado de heresia* em Reims, Gilberto se defendeu com eficácia e competência, mas prevaleceu a opinião de que sua tese tinha sido censurada. O debate levou, em todo caso, os teólogos posteriores a fazer seu o axioma "tudo o que é em Deus é o próprio Deus". No entanto, o problema levantado ficou sem verdadeira solução até ao século seguinte.

b) No século XIII. — Os mestres do s. XIII retomaram a questão dispondo, graças a um melhor conhecimento da filosofia* greco-árabe, de instrumentos lógicos e conceituais mais finos. Em Deus, segundo Alberto* Magno, a essência (*quo est*) não difere realmente do que tem a essência (*quod est*), mas os dois dizem verdadeiramente alguma coisa de Deus: o *quo est*, com efeito, tem o papel de causa formal. Alberto retoma João Damasceno, para quem "a d. é" significa aquilo pelo qual Deus é — *quo est* (*Deus*) (*In De Divinis nominibus*, 12, 3, Simon, p. 328, 59-64). Segundo Tomás* de Aquino não se pode formar linguagem verdadeira em teologia trinitária sem considerar ao mesmo tempo a realidade significada e o modo de significação (*ST* Ia, q. 39, a. 4-5). Introduz, então, em Deus a noção de potência causal, e mostra que a geração do Filho deve entender-se, com Agostinho, como uma processão intelectiva que implica uma presença a si. E acrescenta: "Potência de gerar significa *id quo generans generat*, aquilo pelo que o genitor gera" (*ibid.*, Ia, q. 41, a. 4). O Princípio gerador gera de acordo com a forma segundo a qual é produtor, e por modo de assimilação a si, e o Filho é, pois, constituído semelhante em natureza ao Pai. Assim, aquilo pelo que o Pai gera é comum ao genitor e ao gerado (*ibid.*, a. 5). E pode-se dizer que a essência divina, enquanto objeto do pensamento divino, é o princípio *quo* da geração, princípio de unidade das pessoas e de sua distinção: Pai e Filho comunicam, ambos, por sua eterna correlação na mesma e única essência divina, princípio e medida do ato de ser gerado junto ao outro. Assim, "o Pai é princípio de toda a d." e Tomás nota que em teologia trinitária "deidade" é preferível a "divindade". Embora se confundam correntemente os dois termos, "divindade" que deriva de *divinum*, só exprime com efeito o que é participado da d., e não o que é d. por essência (a saber, cada uma das pessoas divinas: *Sent.* I, dist. 15, exp. 2ª, p. text.) E para explicar a dupla *quod est/quo est* Tomás recorre à distinção fundamental do que é "por participação" (*per participationem*) e do que é "por essência" (*per essentiam*).

c) Mestre Eckhart. — Tirando partido do debate sobre a d., o mestre renano retoma o termo a fim de interpretar a graça* como uma comunhão* à vida intratinitária de Deus (mística renano-flamenga*). Em um *Sermão alemão*, declara: "O Pai é o começo da d., porque em si mesmo compreende a si mesmo, e dele emana o Verbo* eterno que permanece nele. Dos dois, o Espírito Santo procede, embora permanecendo neles, — ele que é o termo da d." (*Serm. alem.* 15, *Deutsche Werke [DW]* I, 252, 2-4). "Para a distinção sem número, sem multiplicidade, cem não é mais que um. Se houvesse cem pessoas na D., seria preciso entender que sua distinção seria sem número, sem multiplicidade, nela reconhecendo o Deus Uno" (*Serm. alem.* 38, *DW* II, 234-, 3-5). Na Trindade a d. é anterior em natureza (mas de uma anterioridade intemporal) a toda emanação e a todo conhecimento que dela podemos ter. Ela é a essência divina como medida e critério das processões *ad intra* (*Serm. alem.* 21, *DW* I, 363, 10s). Ela é a "câmara do tesouro da eterna paternidade", onde o Filho está (ainda) inexpresso, e para onde, expresso, retorna, levando para lá a alma em graça, como a noiva do Sl 45 (*Serm. alem.*, *22*, DW I, 388, 1s e 10s.).

Eckhart previne: "Gosto de falar da d. porque dela emana toda nossa felicidade". O Pai [nos] diz: "Tu és meu filho, hoje te gero no esplendor da santidade*" (*Serm. alem.* 79, *DW* III, 369, 2s). E, para falar disso, retoma uma análise de Tomás para o qual a processão eterna do Filho é causa formal e final da missão temporal desse mesmo Filho na alma* do justo, que assim se torna filho adotivo. Deus não seria Deus se não se comunicasse (*Serm. alem.* 73, *DW* III, 265, 7-9), e é então, em virtude de sua d., que ele se comunica ao justo que a recebe. Ser batizado no Espírito Santo* é, pois nascer na d. em sua plenitude, lá onde o Pai gera o Filho permanentemente (*Serm. alem.* 29, *DW* II, 85, 4-86, 8). Numerosas fórmulas semelhantes prolongam assim a reflexão tomista sobre a d., ao mesmo tempo princípio da vida intratrinitária e fonte da graça.

A interpretação de Eckhart retomava certas perspectivas de Gilberto de la Porrée e justificava por meio de uma noética rigorosa uma teologia trinitária complexa e compatível com a eminente unidade própria do Deus trino. Entretanto, não foi compreendida, como o testemunha um texto de 1473, que evoca os debates internos dos teólogos da Universidade de Paris: "Os nominalistas sustentam que d. e sabedoria são uma única e absolutamente idêntica realidade, porque tudo que é em Deus é Deus. Os realistas afirmam que a sabedoria divina é distinta da d." (E. Baluze, *Miscellanea*, ed. J.-B Mansi, Lucca 1761, II, 293 a).

Édouard-Henri WÉBER

• Alberto Magno, *In Dionysium De Celeste Hierarchia*, ed. Simon-Kübel, *Op. Omnia*, XXXVI/1, Münster/W, 1993; *In Dionysium De Divinis Nominibus*, ed. P. Simon, *Op. Omnia*, XXXVII/1, 1971. — Eckhart, *Deutsche Werke*, I- III, ed. J. Quint, Stuttgart, 1936. — N. M. Häring, *The Commentaries on Boethius by Gilbert of Poitiers*, Toronto, 1966. — Tomás de Aquino, *ST* Ia, q. 3-42.

▶ A. Hayen (1935-1936), "Le concile de Reims et l'erreur théologique de Gilbert de la Porrée", *AHDL* 10, 29-102. — M. E. Williams (1951), *The teaching of Gilbert of Poitiers on the Trinity as found in his commentaries on Boethius*, Roma. — M. A. Schmitt (1956), *Gottheit und Trinität nach dem Kommentar des Gilbert Porreta zu Boethius, De Trinitate*, Basileia. — H. C. van Elswijk (1966), *Gilbert Porreta. Sa vie, son oeuvre, sa pensée*, Louvain. — J. Jolivet e A. de Libera (sob a dir. de) (1987), *Gilbert de Poitiers et ses contemporains. Aux origines de la "Logica modernorum"*, Nápoles.

→ *Asseidade; Deísmo/teísmo; Encarnação; Mística; Modalismo; Simplicidade divina; Triteísmo*

DEIFICAÇÃO → **santidade** → **mística** → **renano-flamenga** (mística) 2. b

DEÍSMO/TEÍSMO

O termo "deísta", como lembra P. Bayle (no D do artigo "Viret" de seu *Dicionário*), aparece em francês, em 1563, sob a pena do protestante Pierre Viret (*Instruction chrétienne*) para designar os que creem em um Deus* criador, na providência* divina e na imortalidade da alma*, mas rejeitam a revelação*, e especialmente o dogma* trinitário. Em inglês *deist* aparece na *Anatomy of Melancholy* (1621) de Burton, depois em Dryden, em 1682. Data-se por volta de 1620 o poema libertino intitulado

Les quatrains du déiste; Marsenne o refuta em 1624 na *L'impiété des déistes*, em que apresenta o deísta como um misantropo perdido por seu orgulho.

"Deísta" no início foi um qualificativo polêmico para designar o antitrinitarismo desconfiado do sobrenatural*, da revelação, e da tradição*, que reclama sempre provas racionais e se apoia em um fundo de religião antiga, de tonalidade estoica e neoplatônica, para justificar suas crenças pela teoria das noções comuns (Cícero, *De natura deorum* II) e reivindicar a possibilidade de uma salvação* dos justos em toda religião ou mesmo em nenhuma. O deísta, adversário da superstição, não conhece nem o medo da morte*, nem do inferno*, daí seu qualificativo de epicurista. Para melhor destruir os deístas, seus adversários esforçaram-se por classificá-los. G. Voetius (*Disputationes selectae*, Utrecht, 1648-1660) os classifica entre os "ateus práticos", em companhia de libertinos e epicuristas, mas S. Clarke propõe distinções mais finas: *a*/os "epicuristas", que creem em um Ser* eterno infinito e inteligente, criador da ordem do mundo, mas negam a providência; *b*/os que a afirmam, mas recusam todo caráter absoluto à distinção do bem* e do mal* (libertinos eruditos); *c*/aqueles que admitem tudo isso, mas negam a imortalidade da alma e recusam a univocidade de nossas virtudes* e as de Deus*; *d*/os que têm ideias sãs e justas de Deus e de seus atributos*, mas rejeitam a revelação. A glória dos filósofos pagãos é ter conhecido os deveres da religião natural; ao contrário, os deístas modernos são pessoas que ridicularizam toda religião. Clarke reduz finalmente o deísmo ao ateísmo*.

a) Religião natural. — Herbert de Cherbury, considerado como o ancestral do deísmo inglês, nunca empregou o termo; defendeu a "religião do leigo*", ou profana, que corresponde à religião natural verdadeiramente universal. Confiando nas forças da razão* humana e desconfiando de uma revelação julgada pervertida pela superstição e pelo gosto de poder dos clérigos*, ele queria estabelecer um núcleo comum a todas as religiões, anterior a toda história* e, portanto, a toda revelação.

A religião natural compreende um pequeno número de pontos fundamentais: a existência de um Deus supremo, inteligente, bom e providente, que é preciso honrar pela prática da virtude, que exige arrependimento das faltas e promete recompensa ou castigo depois da morte. Cristo* está ausente e Jesus* ("teísta israelita", segundo Voltaire) é considerado homem exemplar, modelo de vida reta. As modalidades do culto* exterior são consideradas coisas indiferentes, segundo o modelo das *adiaphora* estoicas. Os caracteres dessa religião primitiva, fundo comum de todas as religiões, são: a simplicidade, a racionalidade, a universalidade, a invariança, a tolerância para com todas as crenças e todos os ritos (sob a condição de não contradizer a moral), o primado inconteste da ética* sobre a dogmática* e do espírito sobre a letra. Uma das consequências geralmente admitidas é a subordinação do poder religioso ao poder civil. Seus principais representantes, além de Herbert de Cherbury, são Grotius (*De ver. rel. christ.*, I), Isaac d'Huisseau, Espinosa (*Tract. theol. pol.* c. XIV).

Em seus defensores, a religião natural cumpriu funções diversas; *irenista*, para reunir os cristãos divididos (Cherbury, D'Huisseau); *apologética* (Grotius, Abbadie) para preparar para o cristianismo os infiéis e os espíritos fortes; *polêmica a*/contra as religiões instituídas, consideradas dogmáticas e supersticiosas; *b*/contra a libertinagem erudita, que conserva a religião tradicional para conter a multidão, e reserva para si uma religião minimalista sem obrigação forte.

b) Deísmo/teísmo — No fim do s. XVII, a religião natural, posição de recuo perante os conflitos religiosos, torna-se uma máquina de guerra contra o cristianismo: especialmente na Inglaterra, onde, depois de Herbert de Cherbury, o deísmo caracteriza-se por sua crítica virulenta dos milagres* (Woolston) e do sobrenatural*. Em Toland, o deísmo deriva para o panteísmo*, e com Hume e Voltaire o termo, tornado eufemismo para "ateísmo", cede o lugar ao teísmo, religião depurada, própria aos filósofos.

"Teísmo" aparece em 1740 em Voltaire na *Metafísica de Newton*. O deísta, escreve Diderot

(*Suite de l'apologie de M. l'abée de Prades*, 1752), afirma a existência de Deus e a realidade do mal, mas nega a revelação e duvida da imortalidade da alma e da retribuição futura; ao contrário, o teísta admite esses pontos "e aguarda, para aceitar a revelação, que lhe seja demonstrada". Enquanto o deísta se atém a simples convicções que nada mudam na prática ao que a moral natural exige, o teísta admite a necessidade de um culto, mesmo que reduzido à oração* de adoração do infinito* diante do sol nascente, como em Voltaire. — Rousseau, Kant e J. Simon voltam à noção de religião natural (na "Profissão de fé do vigário saboiano", *Emile* IV, Rousseau deixa, contudo, pensar que "a vida e a morte de Jesus são de um Deus").

Kant* identifica a essência da religião à exigência ética: "reconhecer nos nossos deveres os mandamentos* divinos". A "religião nos limites da simples razão", sem dogmática porque a fé não dá nem saber nem culto, e que só contém preceitos* práticos incondicionados, é o ponto de chegada de um processo que parte das religiões supersticiosas e ritualistas até a pura fé* religiosa que liga consciência* da exigência moral ao postulado da divindade. A Igreja universal é a união de todos os homens justos; ela é pura, igualitária e livre.

No s. XIX, deísmo e religião natural só sobreviverão como inspiração das constituições maçônicas e para satisfazer uma aspiração ao eterno e ao infinito que se transforma em "religião de escola" no espiritualismo francês, especialmente em J. Simon que reivindica (ao mesmo tempo contra os livres pensadores e os ultramontanos) o direito de ser simultaneamente racionalista e religioso.

• *Les quatrains du deiste* (c. de 1620), in F. Lachèvre, *Le libertinage au XVII siècle*, t. 2, Paris (1909). — M. Marsenne (1624), *L'impieté des déistes*, Paris. — E. Herbert of Cherbury (1645), *De religione laici*, Londres. — A. Wissowaty (1676), *Religio rationalis*, Amsterdã. — E. Stillingfleet (1677), *A letter to a deist*, Londres. — J. Dryden (1682), *Religio laici or a layman's faith*, Londres. — C. Blount (1683), *Religio laici*, Londres. — J. Abbadie (1684), *Traité de la vérité da la religion chrétienne*, Paris. — J. Toland (1696), *Christianity not myste-rious*, Londres. — S. Clarke (1704), *Discours sur les devoirs immuables de la religion naturelle et sur la vérité et la certitude de la religion chrétienne*, Boyle Lectures (em Obras completas, Londres, 5 vol., 1744). — A. Collins (1713), *Discours of Freethinking*, Londres. — T. Halyburton (1714), *Natural religion insufficient and reaveal'd necessary*. Edimburgo. — M. Tindal (1730), *Christianity as old as the creation*, Londres. — M. Huber (1738), *Lettres sur la religion essentielle à l'homme*, Genebra. — J. Leland (1754), *A view of the principal deistical writers*, Londres. — D. Hume (1757), *The natural History of Religion*, Londres (1779), *Dialogues concerning natural religion*, Londres. — Voltaire (1768), *La profession de foi des théistes*, Genebra. — E. Kant (1793), *Die Religion innerhalb des Grenzen der blosen Vernunft*, Königsberg. — J. Simon (1856), *La religion naturelle*, Paris.

▸ J. Lecler (1954), *Histoire de la tolérance au siècle de la réforme*, Paris, 2t. (reed. 1994). — C. M. D. Accadia (1970), *Preilluminismo e deismo in Inghilterra*, Nápoles. — G. Gawlick (1973), *Der Deismus als Grundzug der Religionsphilosophie der Aufklärung*, Göttingen, 15-43. — Chr. Gestrich (1981), "Deismus", *TRE* 8, 392-406. — H. Gouhier (1984), *Les Méditations métaphysiques de Jean-Jacques Rousseau*, Paris. — Y. Belaval, D. Bourel (sob a dir. de) (1996), *Le siècle des Lumières et la Bible*, Paris. — J. Lagrée (1989), *Le salut du laïc*, Paris; (1991), *La religion naturelle*, Paris.

Jacqueline LAGRÉE

→ *Ateísmo; Kant; Panteísmo; Unitarismo; Virtudes.*

DEMOCRACIA

A "democracia" (d.) (do grego *demokratia*, poder do povo) designa uma organização política em que o povo* é soberano. Aproximado muitas vezes do liberalismo e do socialismo, o conceito de d. não implica necessariamente a preeminência dos direitos individuais própria da democracia liberal, nem a preocupação de justiça* social ou econômica própria da d. social.

A d. foi definida na Antiguidade a partir de experiência da d. grega (Platão, Aristóteles) e da República romana (Cícero), por oposição ao governo de um só (monarquia) ou de um pequeno grupo (aristocracia). Todavia, é à eclesiologia* e à teologia política* do fim da IM que é preciso remontar às origens do conceito moderno de d.

O consentimento implícito, sobre o que desde muito tempo se estava de acordo, tinha um papel para fundamentar a autoridade* política, mas foi a partir de 1250, mais ou menos, que surgiu a ideia de um governo pelo povo. A reaparição do pensamento de Aristóteles permitiu, então, pensar uma autonomia da sociedade* e da autoridade política, que não tinham mais necessidade de ser diretamente instituídas por Deus*, e introduziu a noção da participação do cidadão na vida da cidade*. Isso levou Tomás* de Aquino, contrariando a tradição agostiniana, a considerar que a vida política fazia parte integrante da natureza humana (De regimine I c. 1). A autoridade vem de Deus em última análise, mas Tomás admite que o consentimento de todos tem sua parte na constituição da sociedade política (ST Ia IIae, q. 90, a. 3; IIa IIae, q. 57, a. 2). Todavia, Tomás não admitia a soberania inalienável do povo, mas os juristas foram mais longe: a máxima do direito romano quod omnes similiter tangit ab omnibus approbetur (o que toca a todos por todos deve ser aprovado) tinha já servido muitas vezes para justificar a função consultiva dos parlamentos, e para dar um papel importante em direito* canônico às eleições eclesiásticas, mas Bartolo de Sassoferrato (c. de 1313-1357), p. ex., foi mais audacioso e fez a teoria da supremacia irrevogável do povo no governo das cidades-estados. Contudo, é Marsílio de Pádua (c. 1275-1280 – c. de 1343) que se conhece melhor nesse domínio. Para ele a autoridade reside no povo; impõe-se tanto à Igreja* quanto ao soberano temporal, que tem sua posição da eleição e a quem o povo delega seu poder sem aliená-lo (Defensor pacis, Dictio 1). Guilherme de Occam (c. de 1285-1347) é mais moderado e concede que a autoridade do povo é alienável; mas pensa também que o governo é somente um instrumento a serviço dos seres humanos originariamente livres. De maneira mais geral, o conciliarismo* (que se apoiava sobre as teorias dos canonistas para afirmar a supremacia da Igreja sobre o papa*) teve muita influência na formação do pensamento político moderno. J. Gerson (1363-1429) e seus discípulos utilizam uma analogia: assim como o concílio* geral

detém a autoridade legítima na Igreja, assim também a assembleia representativa a detém na sociedade leiga. Nicolau* de Cusa apoiou-se na ideia de liberdade* e de igualdade originais, que se encontra tanto nos Padres* como no direito romano, para justificar a existência de meios constitucionais para exprimir seu consentimento (1433, II c. 14); a representação, para ele, é delegação e não apenas personificação simbólica (ibid., c. 34).

O conceito de d. deve também muito à Reforma. A ideia luterana de sacerdócio* universal dos crentes tinha virtualidades igualitárias, mas essas foram em grande medida neutralizadas pela invisibilidade atribuída à verdadeira Igreja, e por sua subordinação prática à autoridade política. Ao contrário, o calvinismo* teve grande papel no desenvolvimento do pensamento democrático, pela importância que atribuía à ideia de aliança* como fundamento da comunidade, eclesial ou política. A renovação tomista do s. XVI, com os dominicanos F. de Vitoria (c. de 1485-1546) e D. de Soto (1494-1560) e os jesuítas Belarmino* e Suárez*, também contribuiu de maneira notável. Deve-se a esses autores a explicitação e a sistematização da doutrina tomista do caráter natural da sociedade política: portanto, de uma doutrina que implica que os homens são originariamente seres sociais, livres e iguais, e que justifica o caráter fundador do consentimento político. Para Suárez isso supunha que houve na origem um regime de d. direta (si non mutaretur, democratica esset, — "se não tivesse havido mudança [a sociedade] seria democrática", Defensio fidei, III, 2, 9), mas também que houvesse completa alienação no momento em que se escolhe o príncipe (non est delegatio sed quasi alienatio — "não é uma delegação, mas quase uma alienação", De legibus, III, 4, 1).

Para os autores huguenotes do final do s. XVI, a oposição à autoridade era justificada em certos casos, o que provavam com ajuda de argumentos calvinistas que permitiam conciliar certa resistência com a concepção paulina* da autoridade estabelecida por Deus (Rm 13,1-7). Alguns dos huguenotes recorreram mais às análises dos últimos escolásticos — o Vindiciae contra tyrannos

(1579) mantém em particular que o príncipe é ao mesmo tempo estabelecido por Deus e constituído pelo consentimento geral do povo, por meio de um contrato (*pactum*) entre o povo e ele (encontram-se ideias vizinhas em Teodoro de Beza, 1519-1605). Mais revolucionária era a atitude do escocês G. Buchanan (1506-1582), que rejeitou a ideia tomista de uma alienação irrevogável da autoridade do povo, ao mesmo tempo que a noção calvinista de aliança (*foedus*) entre o povo e Deus. E entre os *Levellers* ("niveladores") ingleses do s. XVII, partidários da igualdade de todos diante de Deus, viu-se aparecer, enfim, a teoria igualitária da soberania do povo, multidão de indivíduos iguais à qual o poder retorna se o príncipe é tirânico. É sabido como essas ideias receberam sua formulação clássica em Locke (1632-1704).

A oposição da Igreja católica ao racionalismo* e ao anticlericalismo da Revolução* francesa reforçou sua desconfiança a respeito da d. Os papas* rejeitaram as tentativas feitas pelo "catolicismo liberal" (sobretudo a de Lamennais, 1784-1854) para renovar o catolicismo* pela separação da Igreja e do Estado*, pelo reconhecimento da liberdade de consciência* e pelo estabelecimento do sufrágio universal, e condenaram em bloco as ideias liberais e democráticas (*Mirari vos*, 1832; *Singulari nos*, 1834; *Quanta cura* e o *Syllabus*, 1864). Nessas circunstâncias, abandonou-se pouco a pouco completamente a ideia de uma autoridade do príncipe que vem de Deus pelo povo, assim como se abandonarão as ideias virtualmente revolucionárias de liberdade e igualdade originárias, em favor de uma teoria da "designação" segundo a qual a autoridade é imediatamente conferida por Deus, enquanto o consentimento popular só serve para designar-lhe o portador (Rommen, 1945, 451-476).

O pensamento democrático deveria conhecer uma renovação no catolicismo* do século XX, sobretudo graças a J. Maritain (1882-1973), cujas ideias inspiraram largamente os partidos democrata-cristãos depois da Segunda Guerra Mundial (Fogarty, 1957). Em seu ensinamento oficial a Igreja afirma hoje o direito dos cidadãos de "contribuir para o bem* comum"

(*Pacem in terris*, 1963) e de "participar livre e ativamente para o estabelecimento das bases constitucionais da sociedade política" (*Gaudium et spes*, 1965), mas põe também em guarda contra certos perigos da democracia, em particular "o risco da aliança da d. como o relativismo* ético" (*Veritatis splendor*, 1994, 101). No protestantismo, teólogos de primeira linha defenderam a d. contra o totalitarismo, quer se trate de K. Barth*, de E. Brunner (1889-1996), de D. Bonhoeffer* ou, nos Estados Unidos, de R. Niebuhr (1892-1971). Como diz este último, "o homem é capaz de justiça, e por isso é que a d. é possível; mas o homem tende à injustiça; é por isso que a d. é necessária" (1944, 13). No final do s. XX parece óbvio, para as diferentes formas de teologia política, que as instituições democráticas, sob uma forma ou outra, são as melhores possíveis (Gruchy, 1995).

- J. Locke, *Two Treatises of Government* (1690), ed. P. L. Laslett, Cambridge, 1960 (*Dois tratados sobre o governo*, São Paulo, 2001). — Marsílio de Pádua, *Defensor pacis* (1324) (*O defensor da paz*, Petrópolis, 1997), ed. R. Scholz, Hanovre, 1932. — Nicolau de Cusa, *De concordantia catholica* (1433), in *Nicolai Cusani Opera omnia*, ed. G. Kallen, vol. 14, Hamburgo, 1959-1968. — F. Suarez, *Tractatus de legibus ac Deo legislatore* (1612), ed. L. Perena, V. Abril e P. Suner, Madri-Coimbra, 1971-1981. — Tomás de Aquino, *De regimine principum ad regem Cypri*.

▸ J. Maritain (1936), *Humanisme intégral*, Paris (*Humanismo integral*, São Paulo, 1965); *Man and the State*, Chicago, 1951 (*O homem e o Estado*, Rio de Janeiro, 1966). — R. Niebuhr (1944), *The Children of Light and the Children of Darkness*, Nova York. — H. Rommen (1945), *The State in Catholic Thought*, Saint-Louis, Mis. — Y. Simon (1951), *Philosophy of Democratic Government*, Chicago. — M. Fogarty (1957), *Christian Democracy in Western Europe, 1820-1853*, Londres. — J. Quillet (1970), *La philosophie politique de Marsile de Padoue*, Paris. — Col. (1974), *Les catholiques libéraux au XIXe siècle*, Collection du Centre d'histoire du catholicisme, Grenoble. — G. Mairet (1986), "Marsile de Padoue, *Le défenseur de la paix*", *DOPol*, 525-528, Paris. — B. Roussel, G. Vincent (1986), "Th. de Bèze, *Du droit des magistrats*", *DOPol*, 85-90 (bibl.) — J. de Gruchy (1995), *Christianity and Democracy*, Cambridge. — R. Song (1997), *Christianity and Liberal Society*, Oxford.

— D. Ferguson (1998), *Community, Liberalism an Christian Ethics*, Cambridge. — S. Power (1998), *Jaqcques Maritain: Christian Democrat*, Lanham Md. — S. Veca (2003), "Democracia", *DEFM*, v. 1, 395-400.

Robert SONG

→ *Direito; Igreja-Estado; Lei; Liberdade religiosa; Revolução; Sociedade.*

DEMÔNIOS

1. A Bíblia

a) *O Antigo Testamento e a literatura pós-bíblica.* — Como para os anjos* (a.) a demonologia bíblica assume a contribuição das civilizações anteriores, mas impondo-lhe tríplice correção: redução dos demônios (d.) ao estatuto criado, imputação de sua perversidade à sua própria liberdade*, e subordinação de sua ação à permissão divina.

Em contraste com as iras pré-bíblicas, os textos de antes do exílio são bastante sóbrios. Encontram-se ali bastantes alusões aos d.: Azazel (Lv 16,8.26), Lilith (Is 34,14), Rahab (Sl 89,11: Is 51,9), Leviatã (Is 27,1), mas o gênero* literário utilizado não incita a ler ali seres reais, nem tampouco a propósito do "espírito mau" agitando essa ou aquela pessoa (1Rs 22,22s; 1Sm 16,14-6,23). Mesmo *Satã*, o Acusador, o Adversário, o caluniador (LXX: *diabolos;* Vulgata: *diabolus,* diabo), em Jó (1,2-12; 2,1-7) qualificado de "filho de Deus", e a serpente maléfica e tentadora de Gn (3,1-5), embora no termo da narrativa* seja amaldiçoada por Deus* (3,14s), não são inicialmente apresentados como d. No entanto, o são depois do exílio (Zc 3,1s; Sb 2,24; Tb 3,8.17: o d. Asmodeu: 6,14). Isaías 14,12ss parece adaptar ao rei da Babilônia uma tradição relativa a um espírito fabuloso chamado Lúcifer, caído porque vencido por Deus. Em sua maleficência, os d. são associados a enfermidades e doenças e situados no deserto, região da sede e da desolação estéril. Os textos de Qumran e pós-bíblicos, em seu apocaliptismo (apocalíptica*) exacerbado, usam de um simbolismo obscuro. Em Qumran, a oposição é categórica entre o Espírito da luz e o Espírito da perversidade ou das trevas, entre Deus que preside o exército dos filhos de Deus, e os filhos de Satã ou Belial. O Islã oferece toda uma demonologia e evoca, presidida por Iblis, o

principal dos a. rebeldes, uma multidão de espíritos maus, tais como Ifrit, Shaitan, Harut e Marut, assim como os djinns.

b) *O Novo Testamento.* — A personificação de Satã (37 ocorrências) dito também o Diabo (36 ocorrências) ou o Inimigo (Mc 1,13; 4,13-20; Mt 13,25.28.39; Lc 10,19; At 13,10; Ap 12,9; 20,2s) agora é clara. Satã é o Maligno por excelência (Mt 13,19.38; 1Jo 2,13s; Ef 6,16), o Tentador (Mt 4,1-11; Lc 4,1-13; 1Ts 3,5), o Príncipe deste mundo (Jo 12,31; 14,30; 16,11) ou o "deus deste mundo" (2Cor 4,4; Ef 2,2), e também Belzebu, "príncipe dos d." (Lc 11,15; Mc 3,22; Mt 10,25; 12,24-27; 2Cor 11,14). Chefe de uma multidão de comparsas (Mt 25,41), tenta até mesmo a Jesus* (Mt 4,1-10), assim como a Pedro* e os discípulos (Mt 16,23; Lc 22,31). Sendo o Mentiroso e o Homicida (Jo 8,43s), sua influência mais perniciosa manifesta-se na rejeição obstinada de acolher o Cristo* revelador. Contudo, este é vencedor dos d. Ameaça-os e lhes dá ordens (Mc 5,9), e revela a proximidade do Reino* de Deus expulsando-os e curando doenças e enfermidades (Mc 3,22-27; Mt 8,16s; Lc 4,40s; 6,18s; 8,2,27-33; 13,16) em virtude de um poder que ele confia a seus apóstolos* (Mc 16,17s; At 5,16; 19,12).

2. A teologia

a) *Liturgia e magistério.* — Para continuar a vitória de Cristo sobre o d. e os d., a Igreja*, desde a origem, praticou o exorcismo* por ocasião da liturgia* do batismo* ou, segundo um ritual codificado, nos casos de possessão. Um sínodo* de Constantinopla (543) declara, contra o origenismo que postulava o arrependimento final do d. (apocatástase*), que a aversão livre deste é radical e definitiva e, portanto, que o inferno* é para ele eterno (*DS* 409-411). Contra o maniqueísmo* e o priscilianismo o I concílio* de Braga (561) lembra que o diabo foi criado por Deus em um estado excelente (*DS* 455, 457).

b) *Os Padres.* — Ireneu*, como outros Padres*, combate as posições dualistas e gnósticas sobre o mal* e o diabo. Os *Apoftegmas* dos monges do deserto (monaquismo*) narram de maneira imaginada sua luta contra os d. Gregório* de Nazianzo vê na falta de Satã um pecado de orgulho, e essa opinião se impõe contra a fábula de um pecado sexual que os anjos decaídos teriam cometido com as mulheres*. Agostinho* lembra que o demônio se endureceu no mal e corrige em suas *Revisões* (II, 30) sua exposição anterior sobre a possibilidade de um conhecimento direto dos pensamentos humanos que anteriormente tinha admitido nos d.: só lhes atribui a possibilidade de inferir, a partir de sinais, nossa vida interior.

c) *A teologia medieval.* — Nas pegadas dos Padres, Hugo de São Vítor (escola de São Vítor*) assegura, no s. XII que o orgulho do d. foi vontade de ser igual a Deus (cf. Gn 3,5). Pedro Lombardo (*c.* de 1100-1160) resume as principais teses da demonologia patrística, as de Agostinho sobretudo. Os teólogos do século seguinte fazem avançar a questão, notadamente Boaventura* e Alberto* Magno. Tomás* de Aquino elimina todo antropomorfismo* para ater-se ao domínio da inteligência e da vontade. Assim podem resumir-se suas posições: Deus submete todo sujeito criado à prova de tentação*, garantindo-lhe a graça* de poder resistir-lhe, de sorte que no homem, o d. nada pode contra a vontade que permanece livre; não se pode atribuir ao d. o desejo de ser igual a Deus, porque, sendo uma inteligência superior, sabe que essa pretensão é insensata para uma criatura; não há na vontade própria à essência espiritual do a., inclinação natural para o mal, porque só o bem* a solicita; a natureza do a. revoltado, obra do único criador, permanece, como ensina o Pseudo-Dionísio*, intacta e admirável; sua pessoa* é que é pervertida e mergulhada na desgraça e no sofrimento espiritual pela rejeição desse bem último que é a beatitude* própria a Deus, oferecida como dom da graça. Enfim, a propósito do momento da queda do a. supremo, Satã ou Lúcifer, discutido pelos autores anteriores, Tomás estuda a natureza da inteligência e da vontade angélicas e a duração própria ao puro espírito. Segundo ele, o a. descobre em uma primeira etapa os limites de sua perfeição, que, embora eminente no registro criado, não inclui a

plenitude absoluta do conhecimento e do amor* que é própria de Deus; vê que lhe é possível, renunciando a si mesmo como regra e critério, receber essa plenitude pelo fato da oferta divina de partilhar pela graça a beatitude infinita própria à vida trinitária (Trindade*). Diante desse convite da graça, o a. mau, em momento ulterior, livre e definitivamente se fecha nos próprios limites noéticos e volitivos. Assim fazendo, priva-se da coerência e da unidade radicais que lhe teria trazido a comunhão* à regra e à medida última de toda a verdade* e de todo o bem. Assim privado do que o teria confirmado em sua excelência própria, tudo o que ele é e tudo o que faz transmuda-se em escuridão e ódio. O fogo do inferno* é assim essencialmente uma dor que mutila a pessoa criada em seu querer e em sua inteligência gravemente obscurecida.

d) *Os tempos modernos.* — A análise de Tomás, como todas as outras "demonologias", depende de sua doutrina dos a., que por sua vez depende de sua antropologia*: depois dele, foi aceita, matizada, recusada, segundo o grau de acordo que se tinha com seus princípios fundamentais. Depois do ensaio de síntese de Suárez*, quase não houve desenvolvimentos da doutrina no catolicismo*, enquanto a partir do s. XVIII a concepção tradicional recuou no protestantismo* ([3]*LTHK* III, 4). A modernidade que já tem dificuldade em considerar seriamente a ideia de a., remete na maioria das vezes o d. à superstição mitológica, e os teólogos preferem calar-se a esse respeito. A ponto de que, desde Milton (1608-1674), pelo menos, são os poetas que têm a palavra em um domínio, é verdade, em que o conceito é sem voz. Basta pensar na tentação de Ivan Karamazov (Dostoiévski, 1821-1881), ou na de Adrian Leverkühn, o "Dr. Fausto", de Thomas Mann (1875-1955), ou ainda na de Eva, de *Voyage à Vénus*, de C. S. Lewis (1898-1963); longe de serem cenas pitorescas do gênero da *Tentação de Santo Antão*, elas revelam o abismo da liberdade criada no recesso possível sobre o mal radical. Há que notar que em obras tão diferentes — e se poderia pensar no *Monsieur Ouine*, de Bernanos (1888-1948) —, o d. aparece como um personagem ao mesmo tempo temível e insignificante, a. verdadeiramente decaído, "pessoa desfeita" (Marion, 1986). Seja o que for da verdade psicológica dessas cenas, há nelas, sem dúvida, também algo que dá a pensar aos teólogos.

* Anselmo, *De casu diaboli, Oeuvre* II, Paris, 1986. — Tomás de Aquino, *ST* Ia, q. 49; q. 63-64; q. 114; *CG* III, c. 4-15; c. 108-110; IV, c. 90; *De malo*, q. 1-3; q. 16.

▶ E. Mangenot, T. Ortolan (1911), "Démon", *DThC* 4, 321-409. — Col. (1948), "Satan", *EtCarm*, Paris. — P. Auvray *et al.* (1952), "Démons", *Cath* 3, 595-603. — N. Corte (1956), *Satan, l'adversaire*, Paris. — A. Lyonnet *et al.* (1957), "Démon", *DSp* 3, 141-238. — L. Cristiani (1959), *Présence de Satan dans le monde moderne*, Paris. — K. Rahner (1959), "Dämonologie", *LThK*[3] 3, 145-147. — Foerster e Schäferdiek (1964), "Satanâs", *ThWNT* 7, 151-165. — H. A. Kelly (1968), *The Devil, Demonology and Witchcraft. Christian Beliefs in Evil Spirits*, Nova York. — A. di Nola (1970), "Demonologia", *EncRel* (*I*) II 635-647. — D. R. Hillers, L. I. Rabinovicz (1971), "Demons, Demonology", *EJ* 5, 1521-1533. — Col. (1971), *Génies, anges et démons*, SOr VIII. — A. J. Wersinck (1971), "Tblis", EI(F) 3, 690-691. — E. H. Wéber (1977), "Dynamisme du bien et statut historique du destin créé. Du traité *Sur la chute du diable* de saint Anselme aux *Questions sur le mal* de Thomas d'Aquin", in *Die Mächte des Guten und Bösen*, MM 11, sob a dir. de A. Zimmermann, Berlim-Nova York, 154-205. — O. Böcher *et al.* (1981), "Dämonen", *TRE* 8, 270-300 (bibl.). — O. Böcher, W. Nagel (1982), "Exorzismus", *TRE* 10, 747-761. — J.-L. Marion (1986), "Le mal en personne", in *Prolégomènes à la charité*, Paris, 13-42. — J. Ries e H. Limet (sob a dir. de) (1989), *Anges et démons* (Homo religiosus 14), Louvain-la-Neuve. — Fac. Univ. St-Louis (1992), *Figures du démoniaque hier et aujourd'hui*, Bruxelas. — W. Kornfeld, W. Kirchläger (1992), "Satan (et démons)", *DBS* 12, 1-47. — W. Kirchläger *et al.* (1995), "Dämon", *LThK*[2] 3, 2-6; "Dämonologie", *ibid.*, 6-7.

Édouard-Henri WÉBER

→ *Anjos; Apocatástase; Inferno; Pecado.*

DESCARTES, René, 1596-1650

Descartes (D.) não é teólogo: repete em muitos lugares que "nunca fez profissão do estudo da teologia*", que só se aplicou a ela para sua "própria instrução", e sobretudo que ela não se ensina a não ser que uma "inspiração" ou "assistência" divina tornem capaz disso, i.e., segundo a autoridade* conferida pela Igreja* (VIae *Responsiones [Resp.]*). Essa reserva basta para indicar que D. entende por teologia a explicitação das "verdades* reveladas que … estão acima de nossa inteligência" (*Discurso do método*). Quanto ao comentário da Sagrada Escritura*, só raramente a ele se dedica e impelido pelas circunstâncias, mas com grande segurança em suas opções de interpretação, que lhe permitem situar-se na corrente da exegese* belarminiana, como testemunha a aplicação política direta de 1Cor 13 e de Mt 18,15-18, a título de "leis* da caridade", por ocasião de sua polêmica holandesa com o calvinista contrarremontrante Voet (calvinismo*). O que vai tornar-se objeto da teologia dita natural*, a demonstração da existência de Deus* e a da imortalidade da alma*, D., seguindo a Tomás* de Aquino (*ST* IIa IIae, q. 9, a. 2), transforma em objeto da filosofia* antes que da teologia, o que assinala o título mesmo das *Meditationes de prima philosophia in qua Dei existentia et animae immortalitas demonstratur* (Paris, 1641, transformado em … *in quibus Dei existentia et animae humanae a corpore distinctio demonstrantur*, Amsterdã, 1642). Entretanto, a epístola dedicatória das *Meditationes*, dirigida à faculdade de teologia da Sorbonne, remete-se ao programa prescrito pelo V concílio* de Latrão* aos "filósofos cristãos". Contudo, não é por suas provas* da existência de Deus e da distinção real da alma e do corpo* que D. interessa à teologia, nem pela redefinição dos graus de certeza respectivos alcançados pela fé* e pela razão* (*Regulae* III e XII, IIae *Resp.*), nem mesmo por uma teoria da liberdade* que permite ao homem descobrir a imagem de Deus (tese da ilimitação da vontade, *Med.* IV), mas sim: *a*) pelo primado que dá à onipotência entre os atributos* divinos; *b*) pela introdução do conceito de causa de si, que daí deriva, e *c*) pela explicação física da eucaristia* imposta por sua nova teoria da substância corporal.

a) *A onipotência incompreensível de Deus.* As célebres *cartas a Marsenne* de 15 de abril, 6 e 27 de maio de 1630 põem uma tese fundamental e invariante da metafísica cartesiana, a da livre disposição das verdades, com frequência chamada da criação* das verdades eternas. As verdades, quer se trate das essências ou das existências, têm em relação a Deus, cuja vontade é sua causa eficiente, o mesmo estatuto, o de criaturas: "Vós me perguntais por que gênero de causa Deus estabeleceu as verdades eternas. Respondo que é pelo mesmo gênero de causa que criou todas as coisas, i.e., como causa eficiente e total. Porque é certo que ele é tanto autor da essência quanto da existência das criaturas". Seria blasfemo submeter Deus à necessidade, mesmo que fosse lógica (o princípio de contradição), porque isso seria concebê-lo como finito, a ele cuja potência* é infinita e, portanto, incompreensível: se Deus pode fazer tudo o que podemos conceber, não é de modo nenhum limitado por nossa racionalidade e pode fazer o que não podemos pensar, em primeiro lugar, o que nos parece contraditório. D. retoma assim uma distinção agostiniana: podemos entender a Deus, mas não compreendê-lo. D. opõe-se assim a uma vasta corrente de pensamento oriunda de Abelardo*, na qual, uma vez posto que a sabedoria* de Deus limita a sua liberdade, chega-se a afirmar, ao mesmo tempo, que a vontade divina se determina segundo aquilo que seu intelecto lhe representa e que as racionalidades divina e humana são análogas, e mesmo, homogêneas; corrente que culmina em Suárez*, que afirma a univocidade do conhecimento e a univocidade do ente, que dele depende. D. foi o único em seu século a sustentar que "nenhuma essência pode convir univocamente a Deus e à criatura" (VIae Resp.). Diante desse movimento, que leva à "emancipação" da filosofia em relação à teologia, é forçoso classificar D. do lado de uma ortodoxia teológica que mantém em sua radicalidade a onipotência incompreensível de Deus, e instala-se firmemente na recusa de distinguir as faculdades em Deus: "É em Deus a mesma coisa querer, entender e criar, sem que um preceda o outro, nem mesmo em razão". Os três grandes pós-cartesianos, que são Espinosa, Malebranche e Leibniz*, rejeitarão, porém, as posições de D. e completarão esse movimento

de emancipação, afirmando que os possíveis se impõem a Deus, i.e., que verdades, idênticas para um intelecto finito ou infinito, impõem-se à sua vontade. A primeira consequência será o abandono, comum aos três, da doutrina da criação das verdades.

b) Deus, causa de si. — É, portanto, para "falar de Deus mais dignamente... do que fala o vulgo", (i.e., a escolástica* tardia), que as *Med.* e as *Resp.* (em particular Iae e IVae) fazem do infinito* pelo qual Deus é alcançado na *Med.* III (que culmina na sua contemplação*) ou da onipotência inesgotável (*inexhausta potentia*), conjugados em *infinita* ou *immensa potentia*, o nome* divino supremo. E porque é possível, a respeito de todo ente, inclusive Deus, procurar "a causa pela qual ele existe" (princípio de causalidade, Iae e IIae *Resp.*), D. vai até atribuir a Deus o conceito de *causa* (*efficiens*) *sui*, reputado impensável de Anselmo* a Suárez, para pensar *positivamente* sua asseidade*. A potência imensa é em Deus a "causa ou a razão" pela qual ele não necessita de causa para existir e, sendo essa causa *positiva*, Deus pode ser concebido como causa de si mesmo. Para opor-se às objeções do teólogo Caterus (1590-1655) e Arnauld (1612-1694), D. propõe posteriormente certas atenuações da *causa sui*, apresentando-a como um "conceito comum" à eficiência e à formalidade, ou como simples analogia* da causa eficiente, mas manterá sempre o princípio da submissão de toda existência à causalidade; torna assim possível, apesar de suas dificuldades, uma prova *a priori* da existência de Deus pela causalidade, sobre a qual repousa toda a arquitetônica das demonstrações e dos atributos divinos. Daí derivam as outras perfeições divinas enquanto são todas marcadas pela infinidade: a substância plena e indeterminada, a imensidade, a incompreensibilidade, a independência (asseidade), a onisciência.

Tornada inútil, por estar presa entre a teologia positiva* e a teologia mística*, a teologia especulativa está em plena crise "no momento em que D. aparece" (Gouhier). Assim D. é menos aquele que propõe os serviços de uma nova filosofia, a das ideias claras e distintas, a teólogos que aprenderam a dispensar a teologia especulativa para elaborar uma teologia "simples" (*ao estilo de Burman*, 1648) e eficaz ("ganhar o céu"), do que aquele que ocupa o lugar do último teólogo especulativo. É ao menos aquele cuja discussão dos atributos divinos nas *Med.* e nas *Resp.*, constitui a última repetição metafísica do tratado teológico dos nomes divinos (Marion), contemporâneo das últimas *Quinquaginta nomina Dei* de Lessius (Bruxelas, 1640, póstumo). É talvez a isso que Bérulle* tinha engajado o jovem D. em 1628, é em todo caso o que aprovaram os oratorianos Condren ou Gibieuf (*De libertate Dei et creaturae*, Paris, 1630). No entanto, é também a tensão que reina na arquitetura dos nomes divinos entre a infinidade, a perfeição e a *causa sui*, assim como o primado da onipotência incondicionada de Deus, que os teólogos cartesianos (Arnauld, Bossuet ou Fénelon) terão tanta dificuldade em manter contra a tese tornada dominante (Espinosa, Malebranche, Leibniz*, Berkeley) de uma racionalidade comum a Deus e à criatura, e contra o seu corolário, a exigência de uma teodiceia pela qual o s. XVIII intimará Deus a justificar-se. E se D. escreve o último tratado metafísico dos nomes divinos, é sem dúvida porque é o primeiro filósofo a dever trabalhar em um tempo em que fazia falta uma teologia especulativa constituída que tivesse uma linguagem filosoficamente convincente.

c) A eucaristia. — A partir do momento em que, considerando (desde os *Meteoros* e a *Dióptrica* [1637]) os acidentes reais como hipótese inútil, D. questionava totalmente a teoria aristotélica do sensível, ele tinha a obrigação de formular uma teoria da eucaristia diferente da dos escotistas e tomistas. Elabora nas IVae *Resp.* sua teoria, respondendo às objeções de Arnauld sobre o modo de conversão de uma substância em outra na transubstanciação: nossos sentidos jamais são afetados pela substância, mas só pela superfície. É preciso, pois, dar conta da permanência da superfície, que, sendo intermédia entre os corpos, não é uma qualidade dos corpos mesmos (*Principia philosophiae* [1644], II, art. 10 a 15), e pode permanecer quando os corpos mudam.

É assim que há mudança de substância sob a permanência modal da superfície. D. apoia-se no concílio de Trento*, que emprega o vocabulário das espécies — e não o dos acidentes (concílio de Constança*) — para pensar a conversão eucarística do pão e do vinho: a permanência da agitação dos corpúsculos do pão e do vinho, inteiramente explicável pelas figuras e pelos movimentos das partículas da matéria, antes e depois de sua conversão, assegura a invariância fenomenal da superfície e, portanto, da sensação. A *carta a Mesland* de 9 de fevereiro de 1645, mais problemática, desenvolverá o que concerne ao modo de presença do corpo de Cristo* na eucaristia. A explicação física cartesiana da eucaristia será retomada e prolongada por Maignan (1601-1676), Desgabets (1610-1678) e Cally (1630-1709). Com essa doutrina, aliás, D. buscou menos fazer teologia do que desenvolver rigorosamente sua teoria da substância. É por isso que a eucaristia — cuja explicação D. submete à autoridade* da Igreja* (muitas faculdades de teologia a censuraram no último terço do s. XVII) — não constituía mais, mas também não constituía menos, do que um experimento crucial da nova teoria da sensação.

• Para os anos 1800-1960, G. Sebba, *Bibliographia cartesiana. A critical guide to the Descartes literature*, Haia, 1964; para os anos 1970-, o *Bulletin cartésien*, bibl. anual publicada nos *ArPh*, 1972. — *Oeuvres de D.*, ed. C. Adam e P. Tannery (A-T), rev. por P. Costabel e B. Rochot, 11 vol. Paris, 1964-1974. Em português: *Discurso do método*, São Paulo, 1999; *Meditações metafísicas*, São Paulo, 2001; *Regras para a orientação do espírito*, São Paulo, 1999; *As paixões da alma*, São Paulo, 1998; *Princípios da filosofia*, Rio de Janeiro, 2003.

▶ É. Gilson (1913), *La liberté chez D. et la théologie*, Paris. — A. Koyré (1922), *Essai sur l'idée de Dieu et les preuves de son existence chez D.*, Paris. — H. Gouhier (1924), *La pensée religieuse de D.*, Paris (2ª ed. completada 1972). — E. Gilson (1930, ⁵1984), *Études sur le rôle de la pensée médiévale dans la formation du système cartésien*, Paris. — H. Gouhier (1962), *La pensée métaphysique de D.*, Paris. — B. Casper (1968-1969), "Der Gottesbegrieff ens causa sui", *PhJ*, 76, 315-331. — J.-R. Armogathe (1977), *Theologia cartesiana. L'explication physique de l'Eucharistie chez D. e dom Desgabets*,

Haia. — H. Gouhier (1978), *Cartésianisme et augustinisme au XVIIe siècle*, Paris. — J.-L. Marion (1981), *Sur la théologie blanche de Descartes*, Paris. — G. Rodis-Lewis (1985), *Idées et vérités éternelles chez D. et ses successeurs*, Paris. — J.-L. Marion (1986), *Sur le prisme métaphysique de D.*, Paris. — V. Carraud (1989), "Descartes et la Bible", *in* J.-R. Armogathe (sob a dir. de), *Le Grand Siècle et la Bible*, Paris, 277-291; (1993), "Descartes: le droit de la charité", *in* G. Canziani e Y.-C. Zarka (sob a dir. de), *Interpretazione nei secoli XVI e XVII*, Milão, 515-536. — R. Ariew e M. Grene (sob a dir. de) (1955), *D. and his contemporaries*, Chicago. — V. Carraud (1996), "Arnauld théologien cartésien? Toute-puissance, liberté d'indifférence et création des vérités eternelles", *XVIIe siècle*, 191, 259-273. — J.-L. Marion (1996), *Questions cartésiennes*, II, Paris, l. II. — G. Olivo (1997), "L'efficience en cause. Suarez, D. et la question de la causalité", *in* J. Biard e R. Rashed (sob a dir. de), *Descartes et le Moyen Âge*, Paris, 91-105. — S. Menn (1998), *D. and Augustine*, Cambridge. — D. Moreau (1999), *Deux cartésiens: la polémique entre Antoine Arnauld et Nicolas Malebranche*, Paris. — V. Carraud (1999), "La connaissance intuitive de Dieu (AT V, 136-139)", *in* J.-R. Armogathe *et al.* (sob a dir. de), *La biografia intellettuale di René Descartes attraverso la sua Correspondence*, Florença, 187-211.

Vincent CARRAUD

→ *Alma; Asseidade; Atributos divinos; Belarmino; Bérulle; Eucaristia; Latrão V; Mística; Natural (teologia); Provas da existência de Deus; Potência divina; Suárez; Trento (concílio).*

DESCIDA AOS INFERNOS

a) Atestações bíblicas. — Alega-se geralmente para elaborar o tema da descida (desc.) de Cristo* aos infernos* referências escriturísticas de duas ordens. 1/ Os textos que querem exprimir o rebaixamento do Filho em toda sua realidade, segundo o esquema descida/exaltação de Fl 2,5-11, e que afirmam dele que foi "ao centro da terra" (Mt 12,40), "às partes inferiores da terra" (Ef 4,9). É evidente que essas fórmulas designam mais que o sepultamento de Jesus*. A palavra mesma *sheol*/hades* é empregada para denominar o termo dessa descida, mas em uma citação do Sl 16,10 utilizada em At 2,27 (cf. também Ap 1,18, "as chaves da morte* e

do hades", que Cristo só detém por ter descido até lá). 2/ Os textos que falam de uma "visita" combatente e predicante de Cristo aos "mortos" (1Pd 4,6), junto aos "espíritos prisioneiros" (1Pd 3,14), a fim de arrancá-los das "portas do hades" (Mt 16,18). A interpretação de 1Pr 3,19, vê aí que uma alusão aos anjos* decaídos (demônios*) não é certa. Talvez a descrição dos túmulos que se abrem na morte de Cristo, em Mt 27,51ss, é ligada a esse tema. 3/ Resta uma última categoria, os textos que falam simplesmente de um regresso do meio dos mortos: "subir do meio dos mortos" (Rm 10,7), "ser levado do meio dos mortos" (Hb 13,20).

Essas afirmações discretas encontraram prolongamentos imaginados nas primeiras comunidades judeu-cristãs, a que a literatura intertestamentária (intertestamento*) podia fornecer todo um estoque de especulações sobre a sorte dos homens no *sheol* (*1 Enoque, 4 Esdras*): é o que aparece no *Pastor* de Hermas (*Sim.* 9,16, 5), em certos evangelhos apócrifos* (*Ev. de Nicodemos, Ev. de Pedro*) e ainda em Justino e Ireneu*, que citam um texto apócrifo que atribuem ora a Isaías, ora a Jeremias: "O Senhor Deus*, santo de Israel*, lembrou-se dos mortos que dormem na terra do túmulo, e desceu até eles para anunciar a Boa-Nova da salvação*." Os elementos de tipo imaginário se multiplicam, alega-se a presença de João Batista e mesmo, contra toda a cronologia, a dos apóstolos*.

b) Teologia patrística. — Na literatura patrística consagrada à desc. aos infernos, desde Inácio de Antioquia, o tema central é soteriológico. Contra a hiperespiritualização gnóstica do cristianismo, acentua-se a realidade de uma morte que conduz até a conhecer o *estado de morte*, e o estado dos mortos: é com essa condição que Cristo pode deter a chave "da morte e da morada dos mortos". Muito cedo acrescentou-se a isso uma teologia* da universalidade da salvação na qual a desc. aos infernos permite ao Cristo encontrar-se com toda a humanidade morta antes do anúncio do Evangelho e lhe oferecer a remissão dos seus pecados* (Ireneu, *Adv. Haer.* 4, 27, 2).

A introdução da fórmula *et descendit ad inferna* no confissão* de fé* batismal deve ser situada nesse contexto. Ausente do símbolo niceno-constantinopolitano, aparece nas fórmulas de fé semiarianas de meados do s. IV (concílios de Sirmium [PG 26, 693 a] e de Niceia [Teodoreto, *HE* 2, 21, 4], 359), depois com mais clareza na versão aquileiana do símbolo dos apóstolos (*DH* 16), e pouco a pouco nas diversas fórmulas de fé (cf. *DH* 23, 27s, 30, 76). Doravante fará parte do texto recebido do símbolo dos Apóstolos.

A problemática deslocou-se em seguida para o terreno cristológico, o que levou a colocar a questão da alma* humana de Cristo (que desce sozinha aos infernos, porque seu corpo* está no túmulo) antes mesmo da querela apolinarista. Hipólito fala assim da vinda de Cristo aos infernos como de uma presença de "uma alma com as almas" (*Fr. pasch.* 3, PG 10, 701 A). Omitida por Atanásio* (*Ad Epct.* 5, PG 26, 1060), Hilário* ou Ambrósio*, que atribuem diretamente ao Verbo* a desc. aos infernos, a mediação da alma criada de Cristo aparece ulteriormente (Dídimo, *In Ps.*, PG 39, 1233 A-C).

No Oriente como no Ocidente, a iconografia proporcionou ao tema da desc. aos infernos vasta difusão: representa-se assim Cristo rompendo as portas da morte, esmagando Satã e tomando pela mão Adão* e Eva e (mais ou menos reconhecíveis) os patriarcas.

c) Teologia medieval. — Mais do que a identidade dos mortos libertados por Cristo no sábado santo, é o conteúdo preciso dessa libertação o que interessa aos sistemáticos medievais. Desde Agostinho*, está mais ou menos entendido que essa libertação é outorgada aos justos do AT, que não sofriam nenhuma pena* por causa de uma falta pessoal e que estavam justificados pela fé que tinham, antecipadamente, naquele que devia vir (segundo Jo 8, 56). Privados da visão de Deus em razão do primeiro pecado, é dessa privação que deviam ser libertados (Tomás* de Aquino, *ST* IIIa q. 52, a. 5); quanto à pregação* mencionada em 1Pd 3,19, não pode, portanto, ser entendida como uma atividade de Cristo depois da morte, mas designa a ação apostólica que ele exerce pela Igreja*.

O vocabulário, de outra parte, ganha em precisão. Aos termos hebraicos de *geena* e de *sheol*, um deles designava a sorte lamentável dos condenados e outro o lugar de espera de todos os mortos, outras palavras vêm pouco a pouco substituir. O *inferno* (que tende a ser utilizado no singular e que se encontra cada vez mais demonizado) torna-se o lugar dos condenados, enquanto os infernos, entendidos como lugar de espera, são muitas vezes designados como limbos* (os "limbos dos Padres"), às vezes representados — cf. a *Divina Comédia* de Dante* — por um círculo na periferia do inferno propriamente dito.

d) Reavaliação contemporânea. — Recentemente a desc. aos infernos foi objeto de reavaliação na obra de H. U. von Balthasar*. Sob influência das experiências vividas por Adrienne von Speyr (associada misticamente à paixão* de Cristo, ela passava na Sexta-Feira Santa por sofrimentos que iam crescendo no Sábado Santo) Balthasar atribui um lugar central a esse tema. Em seu tratamento do mistério* da Páscoa*, faz dele a expressão do "desdobramento dos efeitos da cruz no abismo da perdição mortal". Rejeitando explicitamente toda ideia de uma atividade triunfal de Cristo nos infernos, Balthasar tenta ao contrário discernir no *descensus* uma última passividade: "o sermorto do Filho de Deus". Suas reflexões sobre o "lugar último" evocam motivos já presentes no tempo da Reforma em teologias (anabatistas e místico-espiritualistas) que consideravam esse episódio como o ponto mais baixo do itinerário de Cristo — motivos que o catecismo (calvinista) de Heidelberg opunha, aliás, à concepção tradicional defendida pela *Fórmula de concórdia* (luterana). Contudo, em Balthasar, a interpretação da desc. aos infernos não é uma tese teológica entre outras: é um eixo estrutural de toda sua teologia, e não será possível pronunciar sobre ela um julgamento definitivo enquanto os princípios postos em obra não forem objeto de uma recepção* teológica e eclesial. Em todo caso, pode-se sublinhar que essa concepção vem menos mediatizar a oposição da concepção origenista (salvação universal, apocatástase*) e da concepção agostiniana (salvação reservada a um pequeno número), do que a pôr em causa a concepção tradicional de uma maneira quase total — o que acarreta uma reinterpretação e uma ampliação sem precedentes da noção de "kenose*", como também uma redefinição do pecado, a meio caminho do mal* cometido (mal moral) e do mal sofrido (mal físico).

- J. Daniélou (1958), *Théologie du judéo-christianisme*, Paris, 1991², 295-311. — Ch. Perrot (1968), "La descente du Christ aux enfers dans le Nouveau Testament", *LV(L)* 85, 5-29. — H. U. von Balthasar (1969), "Mysterium Paschale", *MySal* III/2, 227-255 (Petrópolis, 1973).— A. Grillmeier (1975), "Der Gottessohn im Totenreich" em *Mit ihm und in ihm*, Friburgo-Basileia-Viena, 76-174. — W. Mass (1979), *Gott und die Hölle*, Einsiedeln. — E. Koch (1986), "Hölle", *TER* 15, 455-461 (bibl.). — M. Lochbrunner (1993), "Descensus ad inferos. Aspekte und Aporien einer vergessenen Glaubenartikels", in *FKTh* 9, 161-177). — M. Herzog (1997), *Descensus ad inferos: Eine religionsgeschichtliche Untersuchung der Motive und Interpretationen mit besonderer Berücksichtigung der monographischen Literatur seit dem 16. Jahrhundert*, Frankfurt.

Karl-Heinz NEUFELD

→ *Cólera de Deus; Confissões de fé; Inferno; Limbos; Morte; Ressurreição de Cristo; Salvação; Sheol.*

DESEJO DE DEUS → **sobrenatural** b. c.

DESENVOLVIMENTO DO DOGMA → **dogma** → **Newman** d.

DESPERTAR → **metodismo** → **Edwards**

DEUS

A. Problemática teológica

I. Teologia bíblica

Em suas ocorrências mais normativas (a da sarça ardente e a do *Shemaᶜ Yiṣerâél*) a nominação do Deus (D.) bíblico, *Javé Elohim*, é dupla. *Javé* registra uma revelação* histórica singular e insubstituível; *Elohim* designa também o que os pagãos chamavam "D.", mesmo que fosse um

ídolo. Essa bipolaridade mantém-se no NT, cuja mensagem não pode dizer-se sem a associação da palavra que nomeia Jesus* e da palavra que, nessa ou naquela língua, nomeia D.

1. Antigo Testamento

a) Como o Deus bíblico é conhecido? — O livro* não é imediatamente comunicação divina. Consigna narrativamente o fato de que certos homens, sobretudo nos primeiros tempos, ouviram a D. falar, diretamente ou não. Algumas vezes, Deus mostrou-se: o caso é excepcional (Ex 24,10; Is 6,1; Am 9,1), ou relatado com reserva, com corretivos (Dt 5,24ss; Nm 12,6ss), ou mesmo negado em bloco (Dt 4,15; cf. Ex 33,20; Jz 13,22). Os destinatários da comunicação divina foram ordinariamente indivíduos, escolhidos para interpelar a coletividade.

b) Objeto da comunicação divina. — Com D. sucede o mesmo que com os humanos: D. faz menos saber o que ele é, do que o que lhe agrada e o que ele sente. O que lhe agrada é declarado ao povo* pela lei* de Moisés e pelos profetas*. É sobretudo por estes últimos que D. mostra o que sente, a intensidade do *pathos* divino indo até a dar-se a ler na história carnal dos mensageiros (Is 8,1-4.18; Os 1-3; Jr 16,1-9; Ez 24,15-27). A sabedoria* transmite dos pais aos filhos a palavra com a vida, e faz remontar uma e outra até à origem divina (Pr 1-9).

c) Identidade de Deus. — A mensagem se autentica por sua assinatura, que é seu Nome*. Esse nome, "Javé" é referido à história*. Liga-se à lei mosaica: a sarça ardente é contígua ao Sinai (Ex 3).

A palavra "Javé" é formada de dois componentes: o sujeito (terceira pessoa: "Ele") e o verbo *ser* na terceira pessoa. A narrativa* tal como interpreta Javé como derivado do verbo na *primeira* pessoa, porque D. o enuncia primeiro assim em Ex 3,14 (retomado em Os 1, 9 hb. sob forma negativa!). Aqui a Vulgata, *Ego sum qui sum* (Ex 3,14a: "Eu aquele que *sou*", não mantido em 14b apesar do hb.) — é mais fiel ao hb. que o grego *ho on* ("o ente").

O nome de D. o faz conhecer como sujeito: é no ato de falar que sua essência de vivente se dá, ao assinar uma promessa*. A esse título ele interpela, é interpelado e anunciado sem que nunca se perca o vínculo que o liga ao acontecimento fundador (Ex 3,15 ab). A aliança* pode considerar-se como autorização e fundação da troca de palavras entre D. e o homem. Comprometido em uma aliança que não pode ir sem contencioso, o D. bíblico se expõe à história*. Um dos epítetos bíblicos que resumem melhor as manifestações divinas é o de "vivente" (1Rs 18,15; 2Rs 2,2; 3,14; Jr 10,10; 23,36). Vivente, ele o é, embora imortal. Correlativamente, o ídolo é um deus que não vive.

d) Deslocamentos. — "Javé nosso D. é Javé Um" (Dt 6,4). Ora, o monoteísmo* bíblico tem duas faces: seu exclusivismo e sua capacidade de infundir a identidade de Javé a manifestações do divino que, anteriormente, não se tinham reclamado dele:

> Segundo o Ex 6,3, se os patriarcas não conheciam Javé, é que ele lhes aparecia sob outro nome. Segundo uma tradição* diferente, Abraão sabe reconhecer Javé no "Altíssimo" (Gn 14,22) ao qual os reis cananeus prestam um culto* (v. 18). Obrigar o povo a escolher Baal ou Javé (1Rs 8,21) é também deslocar para Javé certas características de Baal (Os 2,18 b).

Esses tipos de ajustamentos não procedem forçosamente de um anexionismo. Mais que a superfície do ambiente, a narração quer conquistar o tempo* antes de Israel* até a origem. Mais que outros, cruza no caminho as culturas e as religiões dos outros: não apaga essas interferências. Merece atenção o fato de que um percurso tão atraído pelo Único tenha deixado traços tão visíveis de suas vicissitudes. Isso merece atenção. Há que acrescentar que a fidelidade ao D. uno não interessa primeiramente à cifra (*mono*teísmo): sustenta o esforço de não confundi-lo com o que seria outro, mesmo com seu nome.

e) Ambivalências. — D. falou "em muitas ocasiões e de muitas maneiras" (Hb 1,1): essa variação caracteriza também suas ações. Algumas se desenrolam em um misto de clareza e de trevas cuja ambivalência o narrador sublinha ou não consegue ocultar.

Momentos de angústia em que um ser humano-divino torna-se o inimigo de Jacó (Gn 32,23-33), em que Javé (Ex 4,24ss TM; LXX: seu Anjo) procura matar o filho de Moisés (ou Moisés?). Momento capital, no coração da história em que a divisão dos papéis ainda não era clara entre D. e o "Destruidor" (Ex 12,23-27) no extermínio dos primogênitos do Egito. D. já ratificava a violência* de toda a humanidade depois do dilúvio (Gn 9,2). A audácia de Ezequiel fazendo dizer a D. "Eu mesmo lhes dei leis que não eram boas" (Ez 20,25) é um caso único. Todavia, sobre todo o enorme maciço cultual dos sacrifícios* sangrentos, a incerteza não é eliminada: D. os quis (Jr 7,22; Am 5,25; Sl 51,18s mas v. 21) — ou não?

A narrativa bíblica exibe com precisão o que prepara de longe essas crises: nisso se constata o caráter irreprimível, antes que querido, de sua verdade*. Os textos não se apressam em querer que D. se dessolidarize das trevas. Sua opacidade é também seu peso. D. assume estranhamente as trevas do homem, como se não o pudesse curar senão acompanhando-o. O que o processo tem de mais convincente é sua lentidão, porque o desígnio de D. é que a cidade* inteira dos homens se torne uma sociedade* santa. Por isso é que ele é chamado rei, um dos seus títulos mais marcantes (Nm 23,21; Is 6,5; 44,6; Sl 24,7s; 48,3).

f) Santidade e amor. — "Eu sou santo", diz D. (Lv 11,44s; 19,2; 20,26; 21,8). Exprime-se então o que, sendo propriedade de D. enquanto único a ser D., é contudo capaz de tocar o homem (Lv 21,8) como o carvão ardente toca Isaías (Is 6,7). Essa propriedade investe todo o domínio ético* a partir de mais longe que ele, a partir de seu fundamento. Garante-lhe sua condição no respeito do singular, do nome próprio que assinala, na rede dos parentescos, o santuário de cada ser (Lv 18). A comunicação do que é único pode ser chamada amor*: D. ama Israel (Dt 4,37; 7,8; Os 11,1), convida Israel a amá-lo. O encontro da santidade* do D. bíblico é prova, tremor, "medo*". Não há por que espantar-se de que esteja em continuidade com a experiência* do amor de D.

g) Paternidade divina. — D. fala como sujeito. D. é vivente. D. é santo. D. ama. O estatuto do falante já põe D. em diferença consigo mesmo. E é a si mesmo que fala ("Façamos...") antes de fazer o homem à sua imagem. Que à sua imagem o faça masculino e feminino, poderia instruir-nos sobre o que ele é, a mais próxima dedução sendo que ele tem em si mesmo diferença. Gn 1,27 não chama "pai" o criador (apesar de Gn 5,3). Em Pr 8,22, a Sabedoria eterna sai dele antes dos séculos. Essa apresentação de um D. que gera a sabedoria, orienta para a identidade entre palavra* divina e vida divina, para um D. pai de vida e verdade. Esse D. é com efeito invocado, ainda que com parcimônia nos textos, sob o nome de Pai*. Chamá-lo assim tinha sido um privilégio do rei (Sl 2,7; 89,27; cf. 2Sm 7,14).

Israel ocupando o lugar da mãe e dos filhos (Os 2,4), D. aparece às vezes como seu esposo (Os 1-3) e como seu pai (Os 11,1), seu esposo e criador (Is 54,5; Is 62,5 [?]). Os afetos maternos não lhe são estranhos. A implicação de D. nas relações do casal dá todo o seu sentido ao *Cântico dos Cânticos*. Sua implicação nas genealogias, sobretudo ilustrada em Gn, é constantemente suposta. A interseção da linguagem nupcial e do registro político (p. ex. Jz 9,3; 1Sm 5,1; 19,13s e Gn 2,23) não autoriza a confundi-los, mas indica um lugar decisivo da manifestação divina.

h) Um Deus do excesso. — A lei mantém o mal*, mas igualmente o bem*, em seus limites. A transgressão da lei só é restabelecida e curada pelo excesso, que anunciam certos oráculos, surgidos do transtorno do exílio (Is 54-55: 59,21; Jr 31,31-34; Ez 16,59-63; 20,44; 36,16-32; Jl 3,1-5). Ao seu povo que romperá a aliança D. responderá dando-lhe mais do que lhe tinha dado: mais do que a recondução do pacto, a capacidade de lhe ser fiel, que o conhecimento do pecado* tornará possível. A principal superação do antropomorfismo* bíblico é, talvez, esse excesso de perdão: "Não darei curso ao ardor de minha cólera* (...) porque sou D. e não homem" (Os 11,9). Jeremias (31,31) chama-o "nova aliança". Israel interroga-se então sobre a compaixão de D. para com os justos sofredores.

2. Novo Testamento

O D. do NT faz-se conhecer pela voz dos que difundem a "Boa-Nova" (Evangelho), destinada primeiro a Israel (Rm 1,16), depois a todos os homens. A novidade anunciada consiste em que D. se dá todo a seu Filho, Jesus. Ora, esse dom se estende mais longe: "... como, com seu Filho, não nos dará tudo?" (Rm 8,32).

a) A diferença em Deus. — A relação de Jesus a D. faz-se entender na diferença. Jesus tomou lugar entre os judeus que prestam um culto* a D. Quando o chamam "bom", lembra que só D. é bom. Ao morrer, gritou: "Meu D., meu D." (cf. Jo 20,17b). O Pai, designado como D., em resposta (Hb 5,7) ressuscitou Jesus (At 3,14s), exaltou-o (At 5,31), o fez Senhor e Cristo* (At 2,36), Chefe e Salvador (At 5,31; cf. Rm 1,4 "estabelecido Filho de D.").

b) Unidade e unicidade divinas. — Essa diferença é a de um "Pai" e de um "Filho". O caráter da filiação* de Jesus é único (*monogenès*), D. tem em Jesus "seu próprio Filho" (Rm 8,32), seu "Filho bem-amado". Nenhuma outra expressão da relação de D. e de Jesus é tão largamente tematizada como a paternidade-filiação: a vida dada por D. é recebida por Jesus. É somente a maneira de ser de Jesus que revela em plenitude a condição de filho de D., e assim, a "condição divina" (Fl 2,6). Ser filho é não ser escravo. Os sinóticos já o fazem ver pelo estilo soberano do Filho: "Eu vos digo" (Mt 5), "autoridade*" libertadora (Mt 7,29; Mc 1,27), audácia de absolver os pecadores, apelos sem precedente bíblico para sofrer "por causa de mim" (Mt 5,11). João retoma isso esquematicamente: "Nunca homem falou como esse homem" (7,46). Os que ouvem a palavra veem os atos: "Quem me vê, vê o Pai" (Jo 14,9). O Filho pode revelar o Pai sem reserva porque o Pai, esse D. sem ciúme, "mostra-lhe tudo" (Jo 5,20). "Tudo o que é meu é teu, e tudo o que é teu é meu" (Jo 17,10); isso autoriza as fórmulas mais radicais do NT, como: "Eu e o Pai somos um só" (Jo 10,30) ou o "Meu Senhor e meu D." (Jo 20,28) dirigida ao Ressuscitado. Um hino retomado por Paulo põe o nome de Jesus com o nome outrora revelado a Moisés: "acima de todo nome" (Fl 2,9). A essência divina, mantendo-se ligada a uma série narrativa, confirma sua unicidade, significada pelo tema do nome: "... teu nome, tu me deste", diz o Filho (Jo 17,12; cf. Jo 6,27: o 'selo' do Pai).

c) A obra do Filho. — D. não é plenamente conhecido enquanto não é esclarecida a ambivalência, levantado o véu com que ele quis cobrir-se no "tempo da paciência" (Rm 3,26). O tempo da admirável lentidão bíblica está terminado: Jesus segue bem o ritmo que lhe indica sua "hora", mas esta precipita a vitória da luz, e rasga o véu. O próprio D., em seu Filho, faz mais que perdoar: entrega-se sem resistência nas mãos dos pecadores, experimenta o mal que ele cura. O ensinamento paulino mostrará que a cruz revela a maneira como o pecado e a morte* fizeram uso da lei em seu proveito. Já legível no AT, a maneira como D. experimenta a história dos homens vai até ao fim. As trevas não são vencidas a não ser que sejam atravessadas. O excesso que rasga o véu da lei antiga é também o mesmo que todo o AT anunciava. É no perdão que transforma o instrumento da maldição, a cruz, em instrumento de salvação* destinado primeiro àqueles que o quiseram, que D. revela definitivamente quem ele é, sem que nada possa ser acrescentado.

d) "Aqueles que o Espírito anima são filhos de Deus" (Rm 8,14). — A hora de Jesus introduz os irmãos na filiação que é a sua. A especificidade do dom do Espírito*, proposto aos homens, significa e faz que os "irmãos" sejam ao mesmo tempo "filhos" (*tekna*: Jo 13,33; *paidia*: Hb 2,13s), além de herdeiros, e continuadores de Jesus ao longo da história, e mais que discípulos (Jo 6,45; 16,12s): respiram da mesma vida-verdade que ele tinha recebido; é pela liberdade* que participam da condição de filho desse Jesus a quem chamam "Mestre e Senhor" (Jo 13,13). Essa dimensão, ainda inacabada da condição filial dá, ou dará, toda a sua dimensão à obra divina.

D. não se retira do tempo. A capacidade do D. bíblico de se descobrir como se já tivesse estado ali, vai aplicar-se ao Pai de Jesus Cristo. Para isso, uma era de paciência é reaberta. A

operação discursiva de uma releitura que confronta, um com o outro, os dois Testamentos, permite em extensão a propagação da mensagem evangélica e lhe garante a penetração em profundidade. Essa mensagem não ganha somente adeptos a uma nova religião: revela sua pré-história. O evangelho* de João, particularmente, exprimiu como a vinda do Verbo* encarnado revela o trabalho que o Pai operava antes dela nos "filhos de D. [ainda] dispersos" (Jo 11,52), em todo o grupo humano que "não é deste redil" (Jo 10,16): "Todo aquele que é [já] da verdade, ouve minha voz" (Jo 18,37 cf. 3,21). A bipolaridade, cujo traçado o AT formava, entre o D. de um grupo e o D. de todos é retomada como promessa.

- W. Thüsing (1986³), Per Christum in Deum. *Das Verhältnis der Christozentrik zur Theozentrik*, Münster. — J. Schlosser (1987), *Le D. de Jésus. Étude exégétique*, Paris. — H. Cazelles (1989), *La Bible et son D.*, Paris. — H. Niehr (1990), *Der Höchste Gott*, BZAW 190. — J. Briend (1992), *D. dans l'Écriture*, Paris. — A. de Pury, "Le D. qui vient en adversaire. De quelques différences à propos de la perception de D. dans l'Ancien Testament" *in* R. Kuntzmaann (1995) (sob dir. de), *Ce D. qui vient. Mélanges offerts à Bernard Renaud*, 45-68, Paris. — J. Schreiner (1995), *Theologie des alten Testaments*, Würzburg.

Paul BEAUCHAMP

→ *Antropomorfismo; Monoteísmo; Nome; Pai; Palavra de Deus; Teofania.*

II. Teologia patrística

1. Notas preliminares

A teologia* (t.) dos Padres* da Igreja* organiza-se inicialmente como discurso sobre o Deus (D.) Pai de Jesus Cristo, para tornar-se em Agostinho* uma teoria do D. Trindade. D. é, sem dúvida, o D. dos judeus (Justino, *Diálogo* 11, 1) e dos pagãos, mas é conhecido de maneira nova (Tertuliano*, *Prax.* 31, 2; Clemente de Alexandria, *Strom.* VI, 5, 41-42). No centro jaz um paradoxo: D. é ao mesmo tempo só e não só, único e múltiplo (Tertuliano, *Prax.* 5, 2: Hipólito, *Noet.* 10, ed. Nautin [1949], p. 251). O Pai não pode ser nomeado sem que sejam conomeados seu Filho e seu Espírito, que são como suas "duas mãos" (Ireneu*, *Adv. Haer.* IV, 7, 4; 20, 2). O Filho, por sua vez, não pode ser nomeado sem que o mundo e os homens venham ao tema: porque "D. é amor*" (1Jo 4,8.16), e amar o homem constitui sua "marca distintiva" (Gregório* de Nissa, *Or. Cat.* 15).

O D. cristão parece e não parece com o Absoluto conhecido pelo paganismo*. Nos pensamentos pagãos reina, com efeito, uma transcendência absoluta que só pode comunicar-se por intermediários em um sistema escalonado. Ora o D. cristão é um D. pessoal, cuja transcendência não proíbe a proximidade e que aparece na história como "Emanuel", "D. conosco". No paganismo, de outro lado, o Absoluto, o Um de Plotino, p. ex., gera necessariamente "como uma cratera que transborda" (Gregório de Nissa, *Or. Cat.* 29, 4; cf. *Enéadas* V, 1, 6), ou mais exatamente, não gera, mas irradia (é a segunda hipóstase que "gera" as Formas ou a Ideias: cf. P. Hadot in Plotino, *Tratado* 38, 1987, 37-43). Ele não dá nada, e sobretudo, ele não "se" dá. Ao contrário, o Pai de Jesus é portador em si mesmo de um mistério* de doação e de alteridade, em que se enraíza outro tipo de alteridade, a criação* na qual a teologia reconhece muito cedo um novo sinal de transcendência (criação *ex nihilo:* Hermas, *O Pastor*, 26 1 [Mand. 1]; cf. G. May, *Schöpfung aus dem Nichts*, Berlim, 1978, 151-182). Para ser compreendidas, as exposições dos Padres não devem ser cortadas de um duplo contexto: o nome de D. chama os nomes do Pai, do Filho e do Espírito, e a "t.", contemplação* de D. em D., é indissociável da "economia", na qual D. manifesta seu amor pelos homens, sua *filantropia* (Tt 3,4).

2. Antes do concílio de Niceia

É na vida quotidiana da Igreja que se fala de D. em sua experiência catequética ou cultual, antes que dele se fale no trabalho dos teólogos. Por isso, a linguagem* mais antiga (e uma linguagem que os teólogos saberão utilizar de maneira quase permanente) é a do querigma pascal, da doxologia, das liturgias* batismais que associam Pai, Filho e Espírito. Mas porque a linguagem cristã não tem só como finalidade permitir aos fiéis atestar e verificar comunitariamente o que eles creem, e é também linguagem destinada aos não cristãos, o cristianismo não poderá evitar de utilizar as palavras e os argumentos que passam por ser os mais universais — os da filosofia*. Já os *Padres apostólicos** manejam ocasionalmente um léxico de corte filosófico (Clemente de Roma, *Cor.* 20 e 24,5; Inácio de Antioquia, *Polyc.* 3, 2; *Eph.* 7, 2). Começada ademais antes da era cristã (Fílon de Alexandria), o confronto da fé* bíblica e da racionalidade grega impõe-se entre os Padres com os *apologistas**. Assim, Justino instrui o processo contra o culto dos ídolos em nome de uma concepção mais pura de D., da qual encontra vestígios entre os próprios pagãos (*Apol.* I, 5 e 46; II, 8-11). Mais ainda: ele transfere certos traços do D. da filosofia grega tardia para o D. de Jesus Cristo: D. recebe os títulos de não gerado (*agennétos*) e de impassível, é posto à distância do mundo. Torna-se impensável que o não gerado "tenha deixado os espaços celestes para aparecer em um canto da terra" (*Dial.* 60 e 127). Não foi ele, mas seu Verbo, que apareceu no AT (*Dial.* 60-61: 127-128; *Apol.* I. 63). Quando os apologistas afirmam que há em D. uma potência criadora que lhe permite entrar em contato com o que não é ele, têm quase o mesmo discurso que os filósofos — mas identificando essa potência com Jesus de Nazaré (Daniélou, 1961, 322-323), e tomam a maior distância possível em relação ao quadro conceitual da filosofia.

Se era preciso provar que não há equívoco entre a nominação cristã e a nominação filosófica de D., foi também preciso provar que o D. conhecido em Jesus Cristo é um D. pré-conhecido no AT. Contra o dualismo de Marcião e dos gnósticos, *Ireneu de Lião* afirma com força que o mesmo D. é criador e salvador, D. de Israel e Pai de Jesus, D. ao mesmo tempo justo e bom, reunindo nele atributos* superficialmente inconciliáveis. Nenhum D. está acima dele, porque ele tudo contém e tudo domina (*Adv. Haer.* II, 1, 1-4) — estamos aqui nas origens da primeira afirmação dos símbolos de fé ("Eu creio em um só D., o Pai todo-poderoso", cf. Ireneu, *ibid.*, I, 10, 1, *Traditio apost.* 85 [SC 11 *bis*, p. 85];

DS 1-15, 125, 150). Além de seu antijudaísmo consequente, a gnose representava um segundo desafio para a t.: pretendia precisamente ter de D. um conhecimento* (uma "gnose") superior à fé. Nos termos de Ireneu, a gnose* pretende conhecer a D. *segundo sua grandeza, e se mete assim num impasse, porque ninguém pode assim ver a D. e viver (Ex 33,20). *Segundo seu amor*, ao contrário, D. é "visto pelos homens, por aqueles que ele quer, quando quer e como quer" (*Adv. Haer.* IV, 20, 5): é no elemento da fé que D. é então conhecido, mediante as "diversas economias" que ele escolhe para dar-se a conhecer (*ibid.*, I, 10, 3; II, 28, 1-3; IV, 20, 5-7).

Entre os Padres pré-nicenos, foi a Orígenes* que coube fazer as proposições mais sistemáticas e mais especulativas, e talvez também ter a linguagem mais filosófica e mais bíblica. Orígenes herda de Clemente de Alexandria (p. ex. *Strom.* V, 12-13) uma necessária insistência na incognoscibilidade de D., e partilha também da convicção grega segundo a qual o infinito* é impensável como tal, impensável sem uma determinação. Entretanto, porque a paternidade divina é primeira em sua axiomática, falar do Pai "sem limites" (*apeiros, aperigraphos*) só é possível falando simultaneamente do Filho que é sua "delimitação" (*perigraphé*) e o torna então cognoscível e participável (cf. Ireneu, *Adv. Haer.* IV, 4, 2; IV, 6, 6; cf. também as teorias gnósticas, *ibid.*, I, 2, 2, Daniélou, 1961, 348-349, e Crouzel, SC 253, p. 213). Os conceitos são metafísicos, mas inscrevem-se em um quadro histórico no interior do qual a contemplação dos sofrimentos de Cristo autoriza Orígenes a questionar o dogma* grego da impassibilidade* divina: "Deve-se ousar dizer que a bondade de Cristo pareceu maior e *mais divina, e verdadeiramente à imagem do Pai* quando se rebaixou a si mesmo, tornando-se obediente até à morte da cruz" (*Com. in Joh.* I, 32, § 231). Conciliação da unidade divina e da multiplicidade do criado, tal que o mistério de Cristo permite compreender (*ibid.*, I, 20, § 119); conciliação da incompreensibilidade divina e da revelação em Jesus Cristo do segredo paterno de D. — de D. e de sua relação para com o homem, ressalta

bem em Orígenes que a teologia não pode falar sem elaborar um discurso trinitário. Mesmo se a t. trinitária de Orígenes sofre de um subordinacionismo* (p. ex. *ibid.*, XIII, 25, §§ 151-153) que será endurecido posteriormente por Eusébio de Cesareia e, mais ainda, por Ario, a linguagem que usa é totalmente cristã.

3. Depois do concílio de Niceia

Coube a Atanásio* de Alexandria, o melhor dos teólogos nicenos, elaborar um discurso trinitário que não recaísse nas trilhas do modalismo* ou do subordinacionismo, e que refutasse a concepção ariana do intermediário, do Filho que D. produziu para que produzisse o mundo (*Contra arianos* II, 24, PG 26, 200 A). O Filho não é filho por ser demiurgo: "Mesmo se D. tivesse julgado bom não criar o mundo, nem por isso teria deixado de ter seu Filho" (*ibid.*, II, 31). De outro lado, o mistério trinitário de D. é um mistério participável: "Não só D. criou os homens, mas ainda os chamou também de 'filhos', nesse sentido de que os gerou" (*ibid.*, II, 39). Não se pode falar de D. em regime cristão sem falar também do homem, porque é na unidade cristológica do humano e do divino que o divino pode ser apreendido tão plenamente quanto possível. E há mais: é de todo homem que se deve falar quando se fala de D., porque a relação divina do Pai e do Filho é uma relação aberta, na qual há lugar para uma "adoção filial" que realiza uma assunção do criado ao seio da Trindade*.

A t. de Niceia* devia prolongar-se e precisar-se na dos Padres capadócios, aos quais se deve, antes de tudo, a afinação do vocabulário trinitário: unicidade da *substância* divina, triplicidade das *hipóstases*, essas fórmulas governarão todas as afirmações da unidade divina. As questões clássicas do conhecimento e da participação deviam passar por uma afinação semelhante na controvérsia com Eunômio. Segundo este último, com efeito, o homem pode conhecer a D. como o próprio D. se conhece (Sócrates, *Hist. ecl.* IV, 7, PG 67, 474 B; cf. SC 28 *bis*, p. 155 n. 4 e 12), mas ninguém, nem mesmo o Filho, pode participar dele. A resposta de Gregório de Nissa permite-lhe inicialmente precisar uma teoria da *graça** que torna pensável uma participação do criado no incriado pela mediação do Filho. Permite-lhe, de outro lado, manter a absoluta incognoscibilidade do ser* de D. (de sua *ousia*) conferindo ao mesmo tempo uma significação positiva ao confronto do homem com infinidade divina. Ao infinito da *ousia* corresponde, com efeito, um desejo ao qual a divindade de D. abre um campo sem limites; é por isso que Moisés, "tendo posto o pé na escada no alto da qual estava D., não cessa de subir, porque cada degrau que ele alcança na altura vem a dar sempre num mais além" (*Vida de Moisés*, II, 227). A ciência teológica deve, pois, acompanhar-se de uma nesciência. No entanto, se a grandeza de D. julga a miséria de nossos conhecimentos de D., a graça e a condescendência de D. detêm as condições de um conhecimento e de uma relação felizes, no horizonte escatológico de um êxtase eterno do homem para D.

A especulação de *Agostinho* inaugurou nessas paragens do neoplatonismo o esquema da "saída" (*proodos*), da "conversão*" (*epistrophé*) e da "morada" (*moné*) em D., fornecendo, então, o quadro de um pensamento da subida para D., da *anagogia*. As exigências do período pós-niceno, porém, obrigaram logo a recorrer a um pensamento de *analogia** (O. du Roy, *L'intelligence de la foi en la Trinité selon saint Augustin*, 1966, 415-419) na qual a vida espiritual* do homem é a imagem finita da vida divina, de modo que se torna possível falar de D. nos termos que uma psicologia racional utiliza para falar do homem. Distinguindo, de um lado, a propósito de D. os nomes "absolutos", que convêm às três pessoas* divinas, e os nomes "relativos", que caracterizam cada uma delas em sua relação com as outras duas, Agostinho devia impor uma teoria da *relação*, coordenada com um pensamento da *substância* divina e destinada a reinar sobre a teologia ocidental. Devia também tomar suas distâncias das conceptualizações plotinianas em uma decisão da maior importância: não mais colocar acima de tudo, com Plotino, um Absoluto que seja "além do scr", mas na linha de uma metafísica dos "graus do ser" (inspirada, sem dúvida, em Porfírio), colocar acima de tudo

D.-Trindade identificado ao Bem supremo e ao Ser (*Sermão* 7; *Cidade de Deus* XI, 28; cf. du Roy 1966, 188 e 403; G. Madec, *La patrie et la voie*, Paris, 1989, p. 309; A. Solignac, *Les confessions*, BAug, t. 2, 550-552).

A tradição plotiniana, recebida no contexto de um pensamento da "saída" e do "regresso", *exitus; reditus* (Proclo), devia encontrar no Pseudo-Dionísio* seu mais notável campo de influência. A t. se desdobra aqui, de um lado, em uma teologia de afirmação (*catafática*), que enuncia as manifestações de D. em direção ao homem e, de outro lado, em uma teologia da negação (*apofática*) na qual o homem ultrapassa o conteúdo do que compreende para tender no êxtase para a união com D. Mais rica do que a via afirmativa, a via apofática distingue-se dela sobretudo porque o caminho que percorre é bem menos o de uma prática discursivo-conceitual que o de uma experiência. Quer o conhecimento apofático seja considerado como a última palavra de Dionísio (V. Lossky, 1944, 23-24), quer se apreenda como uma etapa para um terceiro momento, o da superação por eminência (H.-C. Puech, *En quête de la gnose* I, 1978, 122-129), quer, enfim, se deseje fundar a própria superação por eminência no mistério de Cristo tomado em suas dimensões integrais (M. Corbin, *RSPhTh* 69, 65-75), um ponto permanece primeiro e incontestável na contribuição dionisiana: em síntese, se é possível "falar de D.", a precisão exige confessar que se fala do "mistério de D."; e se, portanto, a t. se mostra adaptada a seu objeto, fazendo-se t. "mística", é à experiência* — à experiência daquele que se deixa iniciar no mistério — que D. se propõe, e para a experiência D. não é aquele de quem ela fala, mas aquele que ela "honra em silêncio".

O fim da idade patrística e a t. bizantina confirmarão, em algumas grandes sínteses criadoras, o trabalho dos séculos precedentes. Em Máximo* Confessor o paradoxo do D. cristão aparece ainda mais vivo à luz da cristologia* de Calcedônia*: D. se revela ainda mais D. por ser uno e trino, mas também porque se realizou em Cristo a união sem confusão nem separação do uno e do múltiplo (*Quaest. ad Thal.* 60; *Carta*

44; *Quaestiones et dubia* q. 173, CCG 10, p. 120). D. aparece em Cristo em toda verdade, como Senhor trinitário do universo. O homem aparece em Cristo em toda verdade, como filho adotivo existindo à imagem do Filho eterno. Permanece, então, um problema: o do verdadeiro estatuto da divinização (*theôsis*), que D. propõe ao homem como seu futuro absoluto. Como o imparticipável poderia ser participado? Dionísio satisfazia-se com nomear o problema: "Ele é participado imparticipavelmente". No entardecer da história bizantina, Gregório* Palamas tentará resolver o problema aplicando-lhe de maneira nova uma distinção já conhecida: distinção entre a essência divina, que permanece estritamente imparticipável, e as "energias incriadas" que divinizam aquele que delas participam. A novidade da teoria importa menos, sem dúvida, que a permanência das preocupações a que responde. O pensamento patrístico e os pensamentos que suscitou nunca cessaram de meditar a transcendência de D., a não ser para meditar uma condescendência que sabiam ser tão grande como ela; t. trinitária, cristologia, teoria da divinização, todos os discursos patrísticos visam a dizer a necessidade dessa múltipla meditação, tal como impõe o conhecimento de um D. reconhecido como Pai no Filho tornado um dentre os homens.

• J. Lebreton (1928), *Histoire du dogme de la Trinité*, t. 2, Paris. — G. L. Prestige (1936), *God in Patristic Thought*, Londres, (1955²). — V. Lossky (1944), *Théologie mystique de l'Église d'Orient*, Paris. — J. Daniélou (1961), *Message évangélique et culture hellénistique*, Paris, 1990². — A. H. Wolfson (1964), *The philosophy of the Church Fathers*, 2ª ed. rev. e corr. Cambridge, Mass. — R. M. Grant (1966), *The Early Christian Doctrine of God*, Charlottesville. — R. A. Norris (1966), *God and the World in Early Christian Theology*, Londres. — A. H. Armstrong (sob a dir. de) (1967), *The Cambridge History of Later Greek and Early Medieval Philosophy*, Cambridge. — W. Pannenberg (1967), "Die Aufnahme des philosophischen Gottesbegriffes als dogmatisches Problem der frühchristlichen Theologie", *Grundfr. syst. Th.*, 196-346. — J. Pelikan (1971), *The Christian Tradition*, t. 1, Chicago. — C. Stead (1977), *Divine Substance*, Oxford; (1994), *Philosophy in Christian Antiquity*, Cambridge.

Joseph WOLINSKI

→ *Gregório Palamas; Negativa (teologia); Platonismo cristão; Pseudo-Dionísio.*

III. Teologia medieval

1. O nome

Na IM, o nome de "D." (D. = *theos*) é ligado a duas origens: *theorô* ("eu vejo": Dionísio, *Noms divinos XII*, 2, 969 C), para designar a coincidência entre a visão divina e o ato criador, ou a *theô* ("eu corro"), para dizer a corrida cosmogônica do Verbo estendendo-se a todos os seres para lhes dar a vida (João Escoto Erígena, *De divisione naturae*, ed. I. P. Sheldon-Williams, t. I, Dublin, 1968, 452 C; trad. F. Bertin, *De la division de la nature*, 1995, 82). A unicidade de D., revelada pela Bíblia*, como também pelo Alcorão, e confirmada pelas especulações neoplatônicas, torna problemático seu uso no plural: D. é um nome próprio; falar de muitos "deuses" é impróprio, idolátrico, vazio de sentido (Guilherme de Auxerre, *Summa aurea* I, tr. IV, ed. J. Ribaillier, Paris, Grottaferrata, 1980, c. 6, p. 55). Contudo, é esse o nome mais próprio de D. mesmo? Sob influência de Maimônides, reserva-se esse estatuto ao nome de Javé, único nome que não é outro que D. (Boaventura*, *Sentenças* I, Quaracchi, 1882, d. 22, a. 1, q. 1, resp., 391 a), que o homem não pode pronunciar, e que só D. conhece. D. não pode ser nomeado senão por D., por isso é que se revela na Escritura* por nomes cuja multiplicidade compensa a abordagem parcial. Seguindo Agostinho, distingue-se principalmente o "nome de substância" ("O que é", Ex 3,14) do "nome de misericórdia*" ("Deus de Abraão, de Isaac e de Jacó", Ex 3,15) coordenando assim a economia e a t.

2. Conhecimento e revelação.

O conhecimento* de D. é uma resposta à revelação divina. Todavia, D. não se revela somente na Sagrada Escritura. Revela-se em sua obra, o "livro do mundo" (Hugo de São Vítor, PL 176, *De arca Noe morali* II, 12, 643-644; *Didascalicon* VII, 3, 814 B). As criaturas são "semelhanças místicas" que permitem contemplar seu autor (Bauduíno de Cantuária, *De sacramento altaris*, PL 204, 744 D). Assim desenvolve-se uma t.

simbólica, para qual a natureza* é um sistema de correspondências que diz a glória* de D. A estrutura mesma da t., articulada em torno da oposição entre coisas e signos (P. Lombardo, *Sententiae* I, Grottaferrata, 1971, d. 1), faz de D. o Significado por excelência de toda a criação. As enciclopédias medievais participam desse trabalho de recenseamento e de inteligência das obras divinas, para melhor conhecer seu autor.

Para a tradição agostiniana, é entrando em sua alma* que o homem pode alcançar aquele de quem é a imagem: por meio da imagem, perceberá o original (Agostinho*). A injunção de Sócrates: "Conhece-te a ti mesmo" torna-se assim o meio do conhecimento de D. (P. Courcelle 1975). D. está no mais íntimo da alma, mais alto que ela, porém alcançado por seu cimo. Essa união a D. pode ser feita por duas faculdades da alma, a inteligência ou o amor (intelectualismo*, voluntarismo*). "A caridade mesma é o olho pelo qual D. é visto" (Guilherme de São Thierry, *La nature et la dignité de l'amour*, n. 18, ed. M.-M. Davy, 1953, 94). De maneira mais velada, porém fundamental, D. é assim atingido numa dimensão ética e afetiva, como objeto do desejo ou do temor de D. Resgatadas em uma dimensão teologal, essas orientações implicam que ele seja presente e cognoscível pela caridade fraterna: "O amor fraterno é D." diz Pedro Lombardo (*Sentenças* I, d. 17, c. 4, n. 4, 143).

O conhecimento de D. termina na confissão de sua incognoscibilidade: ele supera toda imagem (Guilherme de São Thierry, *Meditativae orationes*, Ed. e trad. M.-M. Davy, 1934, II, p. 64-65, 68-70); ele é incompreensível (Alexandre de Hales, *Summa theologica*, I, Quaracchi, 1924, inq. 1, tr. 2, q. 2, 59 b): inacessível (Boaventura, *Hexaemeron*, Quaracchi, 1891, XX, 11, 447; trad. fr. 431-432). Entretanto, formular essa incognoscibilidade permanece a única maneira de apreendê-lo: pensar D. não é somente pensar um maior que tudo (*majus omnibus*), mas experimentar o impensável (*quo majus cogitari nequit*, Anselmo*), conhecer D. como desconhecido (Tomás* de Aquino).

Para essa *Douta ignorância* (Nicolau* de Cusa), a mais alta especulação sobre D. atinge o mesmo objeto que a fé do simples fiel. Implica, porém, uma travessia de posições impróprias, uma crítica dos elementos ingênuos, mágicos ou antropológicos. A t. tem, pois, como tarefa desprender o conceito de D. das metáforas, dos entrelaçamentos narrativos e das contradições textuais. Assim a *translatio in divinis* não cessa de pôr à prova a linguagem humana, e de submetê-la às regras lógicas para atingir de maneira pertinente a natureza e os atributos de D. (Boécio*). Muitas "vias" destinadas a purificar nosso conhecimento de suas imperfeições finitas e a elevá-las a uma perfeição pura convergem em seu cimo: há que fazer triagem entre o que se diz de D. sem verdade, e o que dele se diz com verdade, mesmo se isso possa ser negado com mais verdade ainda (Dionísio, *Nomes divinos*, I, 3); distinguir a imagem de D. do que é somente o rastro, o vestígio mais ou menos apagado, distinguir entre os nomes próprios e os nomes metafóricos, estranhos ou impróprios; distinguir as perfeições absolutas (*simpliciter*), que são melhores que suas negações, e que podem atribuir-se a D. ("melhor do que tudo que não é ele", segundo Anselmo), das perfeições mistas que podem atribuir-se a certos seres mas não a D. (analogia*). Essas vias são integradas de muitas maneiras, acentuando, ora a transcendência incognoscível de D., além de toda perfeição (mística renano-flamenga*, Nicolau* de Cusa), ora a constituição de um conceito transcendental aplicável a D. considerado como máximo de perfeição (Duns* Escoto: "Nós não amamos soberanamente negações", *Ordinatio* I, ed. C. Balic, Vaticano, 1934, d. 3, § 10, trad. O. Boulnois, *Sur la connaissance de D. et l'univocité de l'étant*, 1988, 85).

3. Princípio, meio e fim

Segundo um esquema platônico, D. é muitas vezes caracterizado como princípio, mediador e fim, tanto do universo como da existência humana. "Então, que é D.? Para o universo, o fim; para a eleição*, a salvação*; para ele mesmo, ele o sabe". (Bernardo*, *De consideratione*, ed. J. Leclercq, H. Rochais, *Opera omnia*, Roma, III, 1963, V, 11, n. 24, 486).

Fim último, D. é aquele de que se pode somente gozar (*frui*) e nunca usar como um meio (*uti*), aquele para o qual tendem todo o cosmo* e todo o agir humano, a beatitude* entrevista aqui na terra por esboços imperfeitos, que não será alcançada plenamente senão na pátria celeste. Princípio, D. é criador, a tal ponto que a capacidade de criar e de conservar o mundo basta para revelar sua natureza. "Que venha qualquer criatura, e faça um céu e uma terra como estes, e eu direi que é D." (P. Lombardo, *Sentenças*, I, d. 3, cap. 1, n. 2, 69). A natureza de D. é primeiro estudada numa reflexão sobre a Trindade, essencial no confronto com o judaísmo* e o Islã: a unidade da essência; distinguida, seguindo Agostinho e Boécio, da Trindade das pessoas, permite uma especulação sobre sua existência e sua natureza. Se D. é chamado substância, é em um sentido que transcende os limites dessa categoria, porque não admite acidentes. De natureza espiritual, é caracterizado como vida, soberano bem, perfeição e, sobretudo, caridade: D. ama por essência a si mesmo e a todas as coisas, o bem que ele fez e não o mal que nós fazemos. Assim, seus atributos são a verdade, a imutabilidade*, a simplicidade*, a tal ponto que tudo o que é em D. é D., inclusive suas operações: presciência (ciência* divina), providência*, onipresença*, predestinação* (= justiça* e misericórdia*), onipotência (potência* divina), vontade (na ordem das *Sentenças* de P. Lombardo e de seus comentários). Sua relação com o mundo põe o problema das relações não recíprocas entre a eternidade* e o tempo*: se D. é em si, Senhor desde toda a eternidade, só é "Dominador do mundo" depois da criação (Alexandre de Hales, *Summa theologica* I, inq. 1, tr. 2, q. 3, cap. 4 resp., 69 b).

Mediador, D. quer a salvação do homem, e só ele pode restaurá-lo à imagem de D. A história da salvação é assim marcada por grandes etapas, pensadas segundo um ritmo trinitário depois de Joaquim de Fiore e Boaventura: reino do Pai (criação, revelação), do Filho (encarnação*), do Espírito (na graça e nos sacramentos*). As questões então vêm a ser: Pode-se dizer que "D. é homem" ou foi somente a pessoa do Verbo que se uniu à humanidade (P. Lombardo, *Sentenças* III, d. 6, 49ss)? Deus pode sofrer? Está realmente presente na eucaristia*? O desenvolvimento autônomo de uma t. da essência torna essas questões tanto mais agudas.

4. Nascimento de uma teologia natural

A escolástica* assimilou a t. filosófica da Antiguidade (Proclo, *Elementos de teologia*) e entrou em confronto com a t. judaica (Maimônides) e muçulmana (Avicena). Depois dos confrontos com as disciplinas lógicas e gramaticais, ela constituiu a t. como disciplina científica. A possibilidade de uma t. filosófica, depois de uma filosofia teológica, está fundada em Rm 1,20, interpretado pela *Glosa* de P. Lombardo (PL 191, 1327). Ela desprende-se pouco a pouco da economia da salvação e da especulação trinitária para adquirir sua autonomia. A partir do s. XIII, o conhecimento da fé se desprende da Escritura e do mundo e constitui uma terceira forma de revelação (Alexandre de Hales, *in I Sent*. d. 2, § 6, 29).

Essa abordagem caracteriza-se pela constituição de D. em um conceito, distinto do uso quotidiano, natural e religioso. Em primeiro lugar, é substituído com frequência por um termo próprio elaborado pelo teólogo em sua especulação sobre D. Esse movimento é visível desde Anselmo* (*Monologion*), com os conceitos de "summa essentia", "summus spiritus" "ipsum bonum". Cada teólogo desenvolverá assim seu próprio nome de D., que permita atingir sua existência, sua natureza, seus atributos: "ipsum esse" para Tomás* de Aquino, "necesse esse" para Henrique de Gand, "ens infinitum" para Duns* Escoto (*De primo principio*, ed. e trad. de E. Roche, S. Bonaventure, NY, Louvain, 1949; trad. R. Imabach (dir.), *Traité du premier principe*, Cahiers de la *RThPh*, Genebra-Lausanne-Neuchâtel, 1983, e mais idiossincrático, "maximum et minimum", "não outro", e mesmo o intraduzível "possest" em Nicolau de Cusa (*Trialogus de possest*, ed. R. Steiger, Hamburgo, 1991). A esse movimento de especialização corresponde, em uma cisão infinita, uma série de chamados à ordem: Bernardo* de Claraval denuncia a utilização da lógica por Abelardo*, Boaventura* troveja contra os mestres em artes, Gerson exige que se volte ao vocabulário corrente (*Carta a Pierre d'Ailly, Oeuvres*, ed. P. Glorieux, t. 2, Paris etc. 1960, 2, 26). Os teólogos sublinham assim que o D. dos crentes possui atributos que os filósofos ignoram: liberdade, amor, onipotência (P. Damião, *Lettre sur la toute-puissance divine*, SC 191). O conceito construído só pela razão filosófica distingue-se cada vez mais do D. conhecido pela revelação.

Em segundo lugar, essa pluralidade de nomes divinos é confrontada com a afirmação ontológica de D. Como os nomes de D. devem transcender os limites das significações finitas do ser, eles são aceitáveis na medida em que exprimem determinado "transcendental". A escola agostiniana privilegia assim o Verdadeiro, uma corrente dionisiana prefere falar de D. como Bem mais do que como ser (Boaventura, *Itinéraire de l'esprit vers D.*, ed. e trad. H. Duméry, 1981[4], cap. 5, 2), outra, seguindo Proclo, como Uno (Dietrich de Freiberg, Berthold de Moosburg), outra, enfim, misturando aristotelismo e platonismo*, falará do próprio Ser (Tomás de Aquino). No entanto, todas correm o risco de nivelar-se no ente (*ens*) em geral, mesmo distinto como infinito (Duns Escoto). Uma maneira de transcender o próprio transcendental é, então, pensar D. como nada* (Escoto Erígena, *Divisão da natureza*, II, 589 BC, trad. p. 375-376, Hadewijch de Antuérpia, Eckhart, Suso, Ângela de Foligno).

Em terceiro lugar a t. escolástica constrói o nome filosófico de D. cada vez mais *a priori*, a ponto de formar uma verdadeira t. natural*: a razão* sozinha possui os princípios que permitem demonstrar a existência e a natureza de D. Enquanto as cinco vias de Tomás de Aquino deixam à fé o cuidado de reconhecer a unidade dos cinco resultados, e sua identidade com "o que todos chamam D." (*ST* Ia, q. 2 a. 3), Henrique de Gand sublinha a necessidade de partir de um conceito prévio que implique *a priori* a unicidade e a singularidade de "D.". Nesse autor, como em Duns Escoto, a prova *a posteriori* verifica simplesmente a existência

de um termo correspondente ao conceito. D. é alcançado metafisicamente, independentemente de toda cosmologia, como primeiro princípio, conforme seu conceito. O *Tratado do primeiro princípio*, de Duns Escoto (*c.* 1308), conclui esse percurso apresentando o primeiro tratado metafísico autônomo e D. Nicolau de Cusa manifesta suas virtualidades: o pensamento de D. torna-se concepção do Conceito (*Idiota de sapientia, Opera omnia V*, Ed. R. Teiger, Hamburgo, 1983, II, 59) e D. é absorvido no pensamento que o engendra. Occam (*Quadlibeta septem, Opera theologica* IX, ed. J. C. Wey, S. Bonaventure, NY, 1980, I, q. 1, concl. 4, 3), depois os nominalistas (nominalismo*) negarão que a prova* de D. alcance o D. único — confirmando assim a cisão entre t. e filosofia.

• J. Kilgenstein (1898), *Die Gotteslehre des Hugo von St. Viktor*, Würzburgo. — M. Chossat (1911), "D. (connaissance naturelle de)", *DThC*, 4/1, 756-874. — S. Guichardan (1933), *Le problème de la simplicité divine, en Orient et en Occident au XIVe et au XVe siècle: Grégoire Palamas, Duns Scot, Georges Scholarios*, Lyon. — M. Schmaus (1935), "Die Gotteslehre des Augustinus Triumphus nach seinem Sentenzenkommentar", *Aus der Geisteswelt des Mittelalters, Festgabe Martin Grabmann*, Münster (Westphalia), 896-935. — J. Déchanet (1945), "*Amor ipse intellectus est*", *RMAL* 1, 350-374. — H. de Lubac (1956), *Sur les chemins de D.*, Paris. — J. Leclercq (1956), *L'amour des lettres et le désir de D.*, Paris. — V. Lossky (1960), *Théologie négative et connaissance de D. chez Maître Eckhart*, Paris. — A. Lang (1962), *Die Entfaltung des apologetischen Problems in der Scholastik des Mittelalters*, Friburgo. — U. Horst (1964), *Die Trinitäts- und Gotteslehre des Robert von Melun*, Mainz. — E. Gössmann (1964), *Metaphysik und Heilsgeschichte. Eine theologische Untersuchung der Summa Halensis*, Munique. — A. C. Pegis (1968s), "Toward a new way to God: Henry of Ghent", *MS* 30, 226-247; 31, 93-116; 33, 158-176. — E. Gössmann (1971), *Glaube und Gotterserkenntnis im Mittelalter*, Friburgo. — K. Flasch (1974), "Gott VI. Mittelalter", *HWP* 3, 741-748. — L. Oeing-Hanhoff (1974), "Gotteserkenntnis im Licht der Vernunft und des Glaubens nach Thomas von Aquin", *in* Id. (sob a dir. de), *Thomas von Aquin, 1274-1974*, Munique, 97-124. — P. Courcelle (1975), "*Connais-toi toi-même*", *de Socrate à saint Bernard*. — P. Vignaux

(1976), *De saint Anselme à Luther*, Paris. — E. Zum Brunn, Z. Kaluza, A. de Libera *et al.* (1984), *Maître Eckhart à Paris. Une critique médiévale de l'ontothéologie*, Paris. — É. Gilson (1989²), *L'esprit de la philosophie médiévale*, Paris. — A. B. Wolter (1990), *The philosophical theology of John Duns Scotus*, Ithaca etc. — S. T. Bonino (sob a dir. de) (1995), *Saint Thomas et l'onto-th.*, R Thom, 95/1.

Olivier BOULNOIS

→ *Aristotelismo cristão; Deidade; Escolástica; Negativa (teologia); Provas da existência de Deus; Renano-flamenga (mística).*

IV. Reforma e teologia moderna

1. De Lutero às ortodoxias protestantes

As controvérsias teológicas suscitadas pela Reforma não tiveram por conteúdo a confissão trinitária e cristológica: Lutero* retomou aqui integralmente o legado da t. patrística e da t. medieval. A continuidade sem falha de uma confissão de fé não pode levar a negligenciar o fato de que a ordem das razões sofre também profundos transtornos. É, com efeito, a cristologia, mais precisamente a teologia da cruz, que fornece a Lutero um foco de organização teológico: D. é antes de tudo o Senhor transcendente da história, a onipotência e o querer soberano do qual tudo depende, e entre as suas mãos as criaturas não passam de "bonecos". Contudo, se é uma t. que assume por missão especular sobre o Senhor inacessível da criação — uma *theologia gloriae* —, essa t. sofre de um déficit: não pode conhecer o amor de D., não pode reconhecer que o Altíssimo é também, cristologicamente, o Totalmente-Próximo. Ora, trata-se justamente da caridade e da proximidade divina quando se articula a t. como "teologia da cruz", *theologia crucis*. O D. revelado sob seu contrário, na cruz de Cristo, o D. a quem só se acede pela fé, é dessa "fornalha ardente cheia de amor" que Lutero faz experiência, e é sua manifestação paradoxal que tematiza. Todo conhecimento natural é excluído: é em Cristo, e em nenhuma outra parte, que D. confia suas promessas, prova sua fidelidade e revela seu segredo trinitário. Não só a t. é a única que pode falar de D., mas ela só o pode fundando-se numa contemplação cristológica.

Um mesmo acordo fundamental sobre a fé confessada pela Igreja, junto a um novo traçado do caminho da t., encontra-se igualmente em Calvino* — e esse novo traçado não recorta sempre a via luterana. A majestade e a glória divinas são aqui os conceitos mestres. O D. de Calvino é, antes de tudo, aquele que criou todas as coisas para sua glória, e essa glória, conforme a doutrina da dupla predestinação (e em oposição com o indeterminismo luterano), manifesta-se tanto na eleição de uns quanto na reprovação de outros. A proximidade divina está, pois, ausente dessa t. Será uma das tarefas constantes do calvinismo*, diante do luteranismo*, propor uma t. na qual, em nome do princípio fundamental que julga o finito incapaz de abrigar o infinito (*finitum incapax infiniti*), D. se revela de toda maneira como o Altíssimo. Aqui o pensamento ainda é estritamente teológico, e a razão natural só pode chegar a conhecimentos infrutíferos. Entretanto, é incontestavelmente outra imagem de D. que se fornece. Semelhante teocentrismo está presente em Zuínglio*, que se nutre também de influências recebidas do humanismo. Quanto à t. de Bucer*, inicialmente estruturada como t. do Espírito, evoluirá em seguida na direção de um cristocentrismo.

As intuições primordiais dos reformadores deviam sofrer certa marginalização desde a segunda metade do s. XVI. Os *loci* de Melanchton — a primeira das dogmáticas* protestantes — testemunham, à medida que se fazem suas reelaborações, uma reentrada, com força, dos procedimentos teóricos que Lutero e Calvino tinham excluído. As provas* da existência de D. recuperam ali seu direito de cidadania teológica; a insistência de Lutero sobre o "D. oculto" é relembrada, mas não exerce influência profunda; a armação sistemática tende a ofuscar os interesses, antes de tudo existenciais, de Lutero. Na continuação, a t. protestante se constituirá como nova escolástica, que deve certamente aos reformadores a fé que confessa, mas que também deve boa parte de seu aparato conceitual à t. católica pós-tridentina, em primeiro lugar a Suárez*, ao mesmo tempo que escreve um novo capítulo na história do aristotelismo cristão.

2. O Deus das Luzes

Se D. aparece como onipotência e amor na orla da t. moderna, o racionalismo* clássico não deixou de pesar, em seu tempo, sobre a t. De Descartes* a Leibniz* e Wolff, o D. dos filósofos não sofreu grandes metamorfoses em relação às figuras antigas ou medievais, ao ser concebido como potência suprema e racionalidade suprema. Esse D., porém, que é também o D. garantidor de uma perfeita matematização do real (é também o D. de Newton), entrará na t. sem que seu conceito seja nela repensado. A t. das Luzes pretende ser *theologia more geometrico demonstrata*, e seu D. tomará emprestado mais de um traço característico ao teísmo*. A onipotência criadora tende, então, a ofuscar toda a revelação dada na história. O amor divino tende a interpretar-se em termos de uma universal benevolência, que por sua vez tende logicamente a proibir toda possibilidade de uma cólera divina. A questão da providência, diante da realidade confessada do mal, adquire uma acuidade que nunca tivera: e quando se trata de admirar a ordem do universo, tal como as ciências a desvelam, trata-se, por isso mesmo, de absolver D. no processo que lhe move o sofrimento dos homens. O conhecimento natural de D. termina afinal por ocupar o centro da t. — e mais ainda no protestantismo* que no catolicismo*. Da "físico-t." à "neologia" e ao "racionalismo" estrito, um caminho exemplar vê assim o coroamento teológico do D. da razão pura — um D. que talvez seja apenas a apoteose do intelectual esclarecido.

3. O Deus do sentimento

Os s. XVII e XVIII não são somente uma idade de racionalidade pura e de racionalismo* teológico. Já no s. XVII, o divórcio pronunciado por Pascal* entre o "D. de Abraão, de Isaac e de Jacó" e o "D. dos filósofos e dos sábios" estava prenhe de uma tarefa teológica que relançava os impulsos iniciais da Reforma. Essa tarefa devia precisar-se e, sem dúvida, ser desviada quando o pietismo* sobreveio para pedir à t. que lhe falasse de um D. "sensível ao coração*". Para além das barreiras confessionais, a "transposição afetiva das doutrinas" (J. Pelikan) é assim, no século das Luzes, a exato contrapeso de um racionalismo ao qual as Luzes não se reduzem. Ao Criador onipotente responde aqui o Salvador misericordioso; a um D. quase desprovido de face responde aqui o rosto doloroso do Crucificado; e a uma prática da t. em que só importam os requisitos científicos/racionais responde o restabelecimento de um laço estreito entre o trabalho teológico e a experiência espiritual do homem "regenerado". D. intervém pois como aquele que comove o homem: é de novo a "fornalha de amor" de que falava Lutero, e mesmo o em-si da divindade só importa em razão do que ela é para mim. Esses destaques, sensíveis na obra do maior teólogo anglo-saxão do século, J. Edwards*, encontram certamente sua mais importante (e conclusiva) expressão na obra de Schleiermacher*. Este tinha-se esforçado em seus *Discursos sobre a religião* (1799) por dar crédito à religião pela via de uma contemplação um tanto rousseauniana do universo. A *Dogmática* (1821) vai consideravelmente mais longe. Põe-se nela uma condição de acesso a D.: o "sentimento absoluto de dependência" na qual o homem abdica de toda pretensão à autonomia absoluta; "D." recebe seu sentido no elemento do sentir, do *Gefühl*. E, mais importante ainda, tudo o que se diz de D. só se diz obliquamente, e nos informa apenas o que o sentir apreende segundo sua lógica própria. Volatiliza-se, pois, o em-si da divindade: e as doutrinas que o teólogo não consegue situar sob a égide do sentir, só podem ser marginalizadas — assim a t. trinitária é relegada a um apêndice da obra.

4. O Deus da ética

Se Schleiermacher precisou recorrer ao sentimento, é porque a razão pura, em seu uso metafísico, não parece permitir ir a D. Ao pietismo efervescente, o D. da razão não se afigura como capaz de excitar a piedade. Contudo, entre esse pietismo e Schleiermacher, interveio Kant*: o D. da razão, depois da demolição das provas de sua existência a que ele procedeu na *Crítica da razão pura*, desapareceu para dar lugar ao D. da razão prática, ao mesmo tempo legislador moral, soberano Bem e juiz escatológico. Tendo reduzido a religião à moralidade, o resultado obtido por Kant não podia deixar de ser recebido pelo racionalismo: ele o acompanhou de fato até seu desaparecimento, quando se acabou a querela do racionalismo e do sobrenaturalismo, e quando o interesse do mundo teológico foi tomado pelas peripécias da herança de Hegel*. O D. moral devia reaparecer, talvez com mais força, na segunda metade do s. XIX, quando ver-se-á A. Ritschl (1822-1889) polemizar contra os "ídolos metafísicos", fundar sua t. na cristologia e no conceito de amor, e reduzir esse conceito a seu conteúdo ético*. O D. de Kant será o D. do protestantismo liberal: é portanto desse D. que Nietzsche* anunciará a morte*.

5. O Absoluto de Espírito

O D. da razão pura sem dúvida não foi morto pela crítica kantiana, e as filosofias do idealismo alemão deviam dar-lhe atualidade. Pensado como "Absoluto", como "Ideia absoluta", como "Espírito absoluto", como "Senhor do ser", o D. de Fichte, de Hegel e de Schelling* é a cada vez o D. de uma metafísica, um D. cuja manifestação *ad extra* ("econômica") pede que seja decifrada fundando-se sobre o momento da "imanência" da vida divina, e um D. que permanece desconhecido na esfera do sentimento. De um lado, as exigências *a priori* da racionalidade são novamente honradas: assim Hegel propõe ampla defesa e ilustração das provas da existência de D. Contudo, de outro lado, o D. de Hegel e de Schelling (mas não o de Fichte) é na verdade o D. de Abraão, de Isaac e de Jacó, que entrou na filosofia: neles se opera uma redefinição do "filosófico" em sua relação com o "teológico", que é talvez o acontecimento intelectual mais importante do século. Hegel, porém, teve de esperar o s. XX para ter uma recepção teológica respeitosa de suas intenções e da letra de seus textos, e a recepção teológica dos textos tardios de Schelling está ainda no início. A história do schellingianismo, no s. XIX, é a de um pensamento cuja influência foi grande (ver Th. Wolf, *PhJ*, 98 (1991), 145-160), mas que caiu quase no esquecimento. A história do hegelianismo* oferece o espetáculo patético de uma posteridade fiel e sem grande talento (os "velhos hegelianos"), incapazes de impedir os "jovens hegelianos" de procederem a uma secularização* integral do mestre. — Esse devia ser também o destino do protesto elevado por Kierkegaard* contra Hegel, em nome de uma subjetividade que busca o Absoluto, não na história* mas em uma lógica experiencial da fé (um protesto que não deve dissimular que os dois pensadores manifestam o mesmo desprezo pelas delimitações clássicas do filosófico e do teológico!), que só vai ser entendido no s. XX. O século XIX permanece o século de Schleiermacher.

• W. Gass (1854-1864), *Die Geschichte der protestantischen Dogmatik in ihrem Zusammenhange mit der Theologie überhaupt*, 4 vol., Berlim. — K. Barth (1947), *Die protestantische Theologie im 19. Jh.*, Zurique. — E. A. Dowey (1952), *The Knowledge of God in Calvin's Theology*, Nova York. — Th. L. Parker (1952), *The Doctrine of the Knowledge of God. A Study in the Theology of John Calvin*, Londres. — E. Hirsch (1954), *Geschichte der neuern evangelischen Theologie*, 5 vol., Gütersloh. — W. A. Neuser (1957), *Der Ansatz der Theologie Philipp Melanchtons*, BGLRK 9/1 Neukirchen. — G. Ebeling (1964), *Luther. Einführung in sein Denken*, Tübingen (1981⁴). — K. H. Ratschow (1964-1966), *Lutherische Dogmatik zwischen Reformation und Aufklärung*, 2 vol., Gütersloh. — J. Pelikan (1966-1968) (ed.), *Makers of Modern Theology*, 5 vol., Nova York. — A. Peters (1969), "Die Trinitätslehre in der reformatorischen Christenheit", *ThLZ* 94, 561-570. — U. Asendorf (1971), *Gekreuzigt und Auferstanden. Luthers herausforderung an die moderne Christologie*, Hamburgo. — R. Stauffer (1978), *D., la création et la providence dans la prédication de Calvin*, Berna etc. — A. I. C. Heron (1980), *A Century of Protestant Theology*, Guildford-Londres. — J. Pelikan (1984, 1989), *The Christian Tradition*, vols. 4 e 5, Chicago. — J. Wallmann (1990), *Der Pietismus*, Göttingen.

→ *Deísmo/teísmo; Descartes; Hegel; Kant; Kierkegaard; Lutero; Pietismo; Schelling; Schleiermacher; Ser.*

V. Teologia contemporânea

1. O Deus da crise

O gesto inaugural da t. contemporânea foi incontestavelmente romper com Schleiermacher e suas posteridades, e o manifesto dessa ruptura foi o *Römerbrief* de Barth* (1919): discurso em favor da transcendência e da alteridade divina, em favor da fé como único elemento de uma justa afirmação de D., em favor do estrito teocentrismo teológico. Quaisquer que tenham sido os nomes que pode receber a reorientação exigida pelo pastor de Safenwil ("t. dialética", "t. da crise"), a volta à pura concepção calvinista da majestade divina era incontestável. "D." intervém aqui como juiz e instância crítica do que o homem poderia dizer dele e que ele não disse, intervém como o inapropriável por excelência, denunciando as construções "religiosas" que fazem dele um deus à medida das necessidades humanas, ou um deus medido pelas experiências (*Erlebnisse*) humanas. A uma hermenêutica* do sentimento em seu funcionamento religioso (Schleiermacher) opõe-se aqui, de um lado, a Palavra na qual D. se diz objetivamente, e de outro lado a inacessibilidade divina que condena ao fracasso toda autotranscendência do homem em direção a D. A demolição de todo fundamento antropocêntrico será prosseguida com método, independentemente de todas as guinadas que Barth dará ulteriormente a seu pensamento — assim sua t. trinitária vai querer evitar o conceito de pessoa, em razão do peso da referência antropológica de que a modernidade o carregou, e se refugia no conceito de "modo de ser", *Seinweise*. A purificação da linguagem teológica leva também à rejeição de toda forma de t. natural* e a uma polêmica violenta contra o conceito de *analogia entis*, como uma "invenção do Anticristo"; somente a *liberdade* divina e o *amor* divino abrem o campo de um conhecimento de D. e de um discurso sobre D. Muitas temáticas saídas do primeiro Barth atravessarão o século com vigor, e cortarão muitas vezes as fronteiras confessionais.

a) A *indisponibilidade* de D., articulada pela crítica da linguagem objetivante fornecida por Heidegger* em *Ser e Tempo*, fornecerá um conceito organizador a todas as t. preocupadas em libertar D. da tutela do pensamento metafísico: quer se trate de escrever uma teologia do crucificado "entre teísmo* e ateísmo*" (E. Jüngel), de

pensar D. sem o ser (J.-L. Marion), de instruir o "processo da objetividade de D." (J. Colette *et al.*, CFi 41), ou ainda de pensar "D. sempre maior" ou "D. sempre mais D." (M. Corbin), o cuidado de deixar só D. dizer quem é D., é preocupação comum apesar da diversidade das abordagens.

b) A *incognoscibilidade* de D. fora da fé é um tema clássico da Reforma, mas que recebe um novo impulso a partir de Barth. Esse tema está ligado ao precedente: a crítica da t. natural é a crítica de um pensamento acusado de controlar D. segundo o mundo e o homem. Ela, porém, o complica, na medida em que a indisponibilidade de D. encontra-se ligada a uma t. da revelação ocupada em libertar "D." de toda significação e referência que não seja cristã. Quer seja pela via da crítica dos "ídolos" conceituais (J.-L. Marion), por via de uma contestação da linguagem "religiosa" em nome de uma leitura não religiosa dos textos bíblicos (Bonhoeffer*), ou por via de uma reelaboração de uma ontologia integralmente teológica (I. U. Dalferth), seja ela confessada ou não, a dívida para com Barth é patente.

c) Barth teve precursores. E. Schaeder já tinha protestado contra o antropocentrismo teológico, e a fenomenologia kantiana do sagrado, elaborada por R. Otto (*Das Heilige*, 1917), tinha preparado o caminho a uma afirmação exacerbada da alteridade divina. Contudo, essa segunda referência é paradoxal, porque a reticência ante o "sagrado" é uma nota característica da influência de Barth na t. E. Levinas fornece uma dupla conceitual útil quando, em um contexto que não é o da t. cristã, distingue "sagrado" de "santo": a distinção vai ao coração da crítica barthiana e pós-barthiana do "religioso". Percebe-se, então, que as t. da secularização* (Van Buren) ou as t. do mundo (J. B. Metz) talvez se tenham nutrido das migalhas caídas da mesa de Barth — se os encantamentos do sagrado revelam de fato um divino que não é D., então o desencantamento do mundo é um acontecimento a ser aplaudido.

2. O Deus da história

Outro caminho abria-se a quem quisesse acabar com o antropocentrismo teológico, fosse moral ou afetivo, o caminho de certa recepção de Hegel. Ao tema barthiano de uma eternidade divina juíza do tempo respondem então, em W. Pannenberg ou J. Moltmann, o tema de uma história universal à qual a manifestação divina é estritamente coextensiva, e o tema de um D. artesão da história e artesão do futuro. A contemplação da "diferença qualitativa infinita" que separa o criador da criatura cede, então, a uma t. essencialmente "econômica", ocupada com decifrar os traços de um interesse divino pela história dos homens; o D. da crise cede ao D. das promessas escatológicas já realizadas prolepticamente (Pannenberg), e cuja realização plena é o segredo da história (Moltmann). D. entra no discurso teológico como aquele que *veio*. Quer os traços de sua passagem sejam legíveis por qualquer historiador (posição extremista de Pannenberg), quer sua leitura exija uma hermenêutica crente (Cullmann), a primeira tarefa da t. permanece a mesma: identificar uma assinatura divina nos fatos do mundo. E na medida em que essas tentativas são contemporâneas da "nova pesquisa de Jesus* da história", lançada por E. Käsemann em 1953, é pouco surpreendente que a questão de D. aí se coloque primeiro em um quadro cristológico e que o horizonte trinitário só se descubra em um segundo tempo. Ao desaprumo presente do tempo pela eternidade (Barth) substitui-se assim um apelo de sentido vindo do fim, o desaprumo da história por seu cumprimento escatológico. À *memoria Dei in Christo* corresponde a espera da parusia*: D. é aquele que *virá*. O melhor manual de t. católica publicado nos últimos tempos, *Mysterium salutis* (1965-1976), apresenta-se também como ampla leitura da "história da salvação". E mesmo a mais especulativa das teologias católicas do período, a de H. U. von Balthasar, também se inscreve nessa lógica — uma lógica também apropriada pelo II concílio do Vaticano*.

3. O Deus da subjetividade e o Senhor da existência

Se a publicação do *Römerbrief* de Barth deve ser considerada a primeira vitória teológica de Kierkegaard, a subjetividade, a existência e o existente condicionaram outras teorias além da teologia da crise; e não o fizeram só sob a proteção de Kierkegaard.

a) É assim na dependência de certo kantismo (do tomismo* pós-kantiano surgido de P. Scheuer e J. Maréchal) que se organiza a t. transcendental de K. Rahner* — uma t. em que o histórico (o categorial*) não revela nada, ou quase nada, que não seja dedutível *a priori* ("transcendentalmente") na interpretação dos dinamismos espirituais da subjetividade ou das carências que a afligem. A antropologia* teológica torna a ser a matriz de toda a t. Rahner fará uma proposição terminológica próxima de Barth, sugerindo substituir à "pessoa", em t. trinitária, o conceito de "modo de subsistência", *Subsistenzweise*, e o fará pela mesma razão: evitar o antropomorfismo*. A perspectiva é, contudo, inversa: o ponto de partida de Barth era a irrupção de uma palavra de verdade no mundo dos homens; a de Rahner é uma qualificação ontológica/existencial que faz do homem um "ouvinte da Palavra" antes mesmo que tenha sido pronunciada.

b) Companheiro de estrada do jovem Barth, é sob a influência de Heidegger que Bultmann* foi levado a formular existencialmente a questão de D. A história aqui não é esquecida em favor do transcendental, mas em benefício da escatologia, pensada por sua vez nos termos da existência "autêntica", arrancada pela fé às desgraças "quotidianas" do ser-no-mundo. Sobre (*über*) o próprio D. a t. não pode falar; só pode falar de (*von*) D.; e dele, só pode confessar na fé sua graça e sua misericórdia. A referência histórica se volatiliza, antes mesmo que o ceticismo* exegético de Bultmann o levasse a fulminar de incognoscibilidade os fatos de que se reclamam as t. da história da salvação. Só conta o D. que me salva hoje. Pode-se parafrasear Fichte: é o existencial e não o histórico que dá a beatitude*.

c) A influência de Heidegger (mas dessa vez, de sua filosofia da linguagem) é igualmente muito perceptível nas t. hermenêuticas de E. Fuchs ou de G. Ebeling e, parcialmente, de E. Jüngel. O presente, aqui ainda, é central: é agora que a Palavra deve ser ouvida e recebida, porque é agora que o texto da Escritura se torna palavra para mim. E porque a interpretação teológica quer ser existencial, falar aqui de D. só é possível sob uma suposição, já adquirida desde Bultmann: que D. esteja em questão nas estruturas mesmas da existência. A Palavra acolhida no presente em que ela se dá é palavra pré-compreendida.

4. Morte de Deus

Se o cristianismo está perfeitamente equipado para compreender que mesmo a experiência da morte* de D. pode encontrar um lugar nele, coube ao s. XX pensar um sábado santo cuja escuridão nenhuma alegria de Páscoa* dissipa. O conceito de "ateísmo* cristão" pode primeiro assinalar, por modo de provocação, a recusa de deixar a lógica do teísmo pesar sobre a confissão do D. de Jesus Cristo — desse ponto de vista, quase toda a t. viva do s. XX partilha dessa recusa. Contudo, a "t. da morte de D." diz mais. Não diz menos, e sua proposta é despedir-se de um D. ontoteológico (p. ex. J. A. T. Robinson). Todavia, quer também anunciar uma tal concentração do divino em Jesus, que na Sexta-feira Santa é, de fato, toda a divindade que morre na cruz, sem que ninguém possa ressuscitá-la. O "evangelho do ateísmo cristão" (T. J. J. Altizer) é assim a Boa-Nova de uma transferência de significação: o que "D." significava passou integralmente para a história dos homens. Capítulos da t. ficam talvez por escrever depois da morte de D. (D. Sölle). Entretanto, essa morte é real, e o D. que morre no sentido hegeliano da fórmula permanece *morto* no sentido nietzschiano da fórmula: o que se dizia dele deve então passar a dizer-se de outro, ou deve morrer também. Uma geração mais tarde, as "ateologias" pós-modernas retomarão a maioria dos temas da t. da morte de D., transpondo-os em uma perspectiva hermenêutica e gramatológica inspirada de J. Derrida (M. C. Taylor, K. Hart etc.), e colocando muitas vezes seus trabalhos de "desconstrução" sob a proteção da t. negativa clássica. Sem pertencer à corrente — sobretudo anglo-saxã — da *Death of God*, H. Braun, enfim, navega nas mesmas águas quando atribui a "D.", como único conteúdo de sentido, "ser certa forma de interpessoalidade", *eine Art Mitmenschlichkeit*.

Há, certamente, no s. XX outros discursos. À crítica teológica do teísmo respondem as defesas e as ilustrações do D. da escolástica (p. ex. E. L. Mascall) ou das reelaborações estritamente metafísicas (p. ex. R. Swinburne, ou o D. "fundamento do ser" de J. Macquarrie), ou na t. ortodoxa contemporânea discursos trinitários atentos a não comprometer-se com a "essência" ou a "substância" divina (p. ex. J. D. Zizioulas). Essa crítica, de outro lado é exasperada na *Process* *Theology*, pondo de novo em questão a absolutez divina, e os desvios que traz ao conceito da eternidade divina. É igualmente exasperada nas diversas retomadas do tema teopasquita — sem que haja unidade de escola, o D. de K. Kitamori escapa às conceptualidades do teísmo clássico tanto quanto o D. de F. Varillon ou de W. M. Thomson. Um ponto em todo caso é muito claro: quer se trate (na maioria das tentativas) de despedir-se definitivamente dele, quer de celebrar com ele uma nova aliança (Rahner), o D. dos filósofos está sempre presente à teologia contemporânea, nos bastidores ou no palco.

- H. Zahrnt (1966), *Die Sache mit Gott. Die protestantische Theologie im 20. Jahrhundert*, Munique. — H. Vorgrimler e R. Vander Gucht (1969-1970), *Bilanz der Theologie im 20. Jh.*, 4 vol., Friburgo-Basileia-Viena. — J. Macquarrie (1981), *Twentieth-Century Religious Thought*, ed. revista, Londres. — P. Lonning (1986), *Der begreiflich Unergreifbare. Sein Gottes und modern-theologische Denkstrukturen*, Göttingen. — R. Gibellini (1992), *La teologia del XX secolo*, Brescia (*A teologia do século XX*, São Paulo, 1998). — E. Vilanova (1992), *Historia de la teologia cristiana*, t. 3, Barcelona. — K. Blaser (1995 a), *La th. au XXe siècle*, Lausanne; (1995 b), *Les théologies nord-américaines*, Genebra.

→ *Barth; Cristo/cristologia; Escatologia; Heidegger; Linguagem teológica; Ser.*

VI. Teologia sistemática

Instruído por cerca de vinte séculos de enunciação cristã do nome de D., e seja qual for a multiplicidade às vezes mal coordenável das linguagens contemporâneas, um discurso sistemático poderia organizar-se segundo as seguintes linhas de força.

1. Redução cristológica

As primeiras palavras da t. são uma confissão cristológica: *Kurios ho Jesous*, Jesus é Senhor, e sua primeira tarefa é associar D. à particularidade do destino de Jesus. O nome de D. não é decerto pronunciável no horizonte exclusivo do "acontecimento Jesus Cristo". Os testemunhos neotestamentários forçam, em todo caso, a admitir que esse horizonte é, pelo menos, o único adequado. Nunca ninguém viu a D., mas aquele que está voltado para o seio do Pai tornou-se seu intérprete (Jo 1,18); quem viu Jesus viu o Pai (Jo 14,9). E a partir da elaboração que essas afirmações receberam nos primeiros séculos do cristianismo, a mediação cristológica aparece como o princípio de identidade da t.: "Nele habita corporalmente toda a plenitude da divindade" (Cl 2,9). A coerência paradoxal do discurso cristão quer, pois, que se suspenda a uma interpretação cristológica tudo o que pode ser afirmado de D. A t. só fala de D. fundando-se em uma autorização divina: quer utilize, quer não seu conceito, ela vive de apelar perpetuamente a uma revelação, a um autodesvelamento divino; no destino de Jesus, é a figura acabada desse desvelamento que ela percebe. Assim, trata-se, antes de tudo, de pôr entre parênteses todos os conteúdos de significação da palavra "D." que não são adquiridos cristologicamente ou integrados cristologicamente. O elemento primordial da nominação cristã de D. é, pois, a *memória*. D. não é primeiro aquele que *é*, mas aquele que *veio*: sua divindade "imanente" só é confessável a rigor depois de primeiro ter sido confessada sua divindade "econômica". É certa hermenêutica da história que confere seu sentido exato à palavra "D."; o D. de que se fala teologicamente é um D. que se deu *lugar* e que se deu rosto.

2. Desdobramento trinitário

Se a razão teológica é uma razão em ato de memória, ainda convém precisar sem delongas que o D. conhecido em Jesus Cristo não é um Absoluto que se teria posto à disposição dos homens assumindo sua humanidade, que D. não morreu para sua divindade (para sua transcendência, para a sua "altura") por se ter dado, em Jesus, um ser-no-mundo. A economia cristológica da revelação, com efeito, não permite absolutamente reduzir o que dizemos de D. ao que podemos dizer de Jesus: ela é precisamente cristo-lógica, o que é mais que Jesus-lógica, porque Jesus é reconhecido como Cristo, como revestido de uma unção messiânica que não vem dele. Só uma hermenêutica trinitária pode fazer justiça ao "acontecimento Jesus Cristo", de modo que a "oposição de relação" entre Jesus e aquele que ele nomeia seu Pai (e entre Jesus e o Espírito que ele dá a seus discípulos) não contradiz a unidade estrita reivindicada pelo Cristo joanino*, e de modo que seja necessário falar de D. simultaneamente, no plural e no singular (*hèn esmen, unum sumus*, Jo 10,30). O conceito de autodesvelamento deve, então, ser precisado. Jesus não é o Senhor como *se* desvelando a si mesmo, mas como desvelado pelo Pai, e pelo "desconhecido além do Verbo" (Balthasar). Falar de D. exige, assim, que se tenha dupla linguagem: ao mesmo tempo a linguagem da *subsistência*, segundo a qual D. reside em Jesus, e a linguagem da *iconicidade*, segundo a qual Jesus é a "imagem do D. invisível" (Cl 1,15; cf. 2Cor 4,4) e "resplendor de sua glória" (Hb 1,3). Aquele que *vem* é mesmo aquele que *é*; e com isso não se designa o ser sem rosto de uma substância ou essência divina, mas o "mistério" (*musterion*) por excelência, ao qual o "acontecimento Jesus Cristo" se oferece para iniciar (*muein*) a razão, o mistério de uma vida que é *comunhão**. A ressurreição* de Jesus não é, pois, a primeira palavra da cristologia (Pannenberg, Moingt *et al.*) senão sendo a primeira palavra da t. trinitária. Esse D. manifesta-se ("economicamente") na vida, na morte e na ressurreição de Jesus, como ele é (de maneira "imanente"). Que "D.", *theos*, nomeie o Pai (no NT) ou a tríade das pessoas (a partir de Niceia), a fé cristológica, em todo caso, só se pode desdobrar sob o modo trinitário.

3. O Deus de Jesus Cristo Deus de Israel

D. se diz e se mostra em Jesus, a "plenitude" cristológica dos tempos (Gl 4,4) não pode, contudo, interpretar-se como a primeira tomada de palavra divina. O D. de Jesus Cristo não é um D. que se teria murado em sua transcendência até chegar a hora da condescendência — é o D. de Israel já conhecido, já ligado ao homem por um contrato de aliança. As pré-compreensões vetero-testamentárias, desse modo, não são facultativas em uma hermenêutica dos textos neotestamentários e da confissão* da fé cristã. O primeiro grande debate teórico em que a Igreja primitiva teve de entrar foi o debate suscitado pela gnose e o marcionismo*: um debate lançado pelas t. que anunciavam outro D., e a abrogação da experiência de Israel. Ora, se é preciso conceder que o cristianismo fala de D. de outro modo do que fala o judaísmo bíblico (e pós-bíblico), a lição desse debate foi, na verdade, que um cristianismo que desqualificasse o D. de Israel retiraria *ipso facto* os recursos semânticos, metafóricos e simbólicos necessários para estruturar uma afirmação cristológica. O discurso da alteridade ("D. como outro") não pode aqui ser enunciado sem ser dialeticamente ligado a um discurso de continuidade e, portanto, sem que seja formado o projeto de uma leitura cristológica do AT. Quando o véu do Templo* se rasga (Mt 27,51 par.) e quando D. só está presente no mundo *sub contrario*, sobre a cruz de Jesus, o deslocamento e a descontinuidade são óbvias — o D. de Jesus Cristo "escandaliza" Israel (1Cor 1,23). A descontinuidade, porém, só pode pensar-se no horizonte de uma continuidade mais forte que ela. O Israel pós-bíblico pode (e deve) tentar desjudaizar Jesus ("em seus lábios, não reconhecemos nossos próprios versículos" — E. Levinas) para proibir qualquer pretensão cristã à continuidade, mas a Igreja dos pagano-cristãos deve, ela própria, a toda força, manter a homogeneidade de um mesmo acontecimento de palavra que modelou a experiência de Israel e que torna possível o — difícil — reconhecimento do D. de Jesus Cristo como D. de Abraão, de Isaac e de Jacó.

4. Um sentido universal

Se "só D. fala bem de D.", é inevitável que os enunciados teológicos sistematizem-se em referência primeira à história na qual o Absoluto

plantou sua tenda no meio dos homens. A particularidade provincial da "história da salvação" não pode, no entanto, obnubilar o fato de que o nome de D. não é insoletrável fora das fronteiras de Israel e da Igreja. Isso deve ser levado em conta em muitos níveis.

a) O D. de Israel, primeiro, não se dá lugar entre os homens na particularidade de uma cultura e ao acaso de uma linguagem, senão manifestando-se nela identicamente como o Senhor de todo o cosmo*, e mais ainda, como o Senhor que inclui tudo que está no campo da aliança. O D. da aliança é o D. criador, e não um dos deuses que repartem entre si o império do mundo e dos povos. No entanto, reciprocamente, o D. criador é o D. da aliança: e isso quer dizer (pelo menos) que em nenhuma parte o homem poderia ser posto em questão, sem que o próprio D. também fosse posto em questão. É certamente "mais natural" à t. organizar-se cristológica e trinitariamente do que apelar para significações revestidas pela palavra "D." em outros campos de experiência que o de Israel e da Igreja. Contudo, o fato de que esse nome não seja propriedade exclusiva da t. é por si só um fato teológico da maior importância; entre o que a t. diz de D., e o que dizem as culturas ou religiões não bíblicas, não poderia reinar pura e simples equivocidade.

b) A universalidade de um sentido e de uma referência tem na racionalidade filosófica um segundo lugar de atestação. Aqui pouco importa que D. tenha entrado na filosofia para que seu nome fosse nela santificado, ou para que sua divindade fosse ali finalmente esquecida — só importa o acordo intersubjetivo sobre o que as palavras querem dizer; e o serviço que se pode exigir delas aqui, e que cumprem incontestavelmente, é evitar qualquer erro de referência. Um conceito tão mal afamado como o de *causa sui*, afinal, só tem D. como referente possível. Pode-se admitir sua extrema pobreza. Todavia, também há que admitir que nomeia D. sem nenhum equívoco. Desse modo, o "D. dos filósofos" não é diferente do "D. de Abraão, Isaac e Jacó" — diferentes são, incontestavelmente, os procedimentos de sua nominação, e diferentes podem ser os nomes, mas aquele que nomeiam é o mesmo. D. sem dúvida é *mal conhecido* onde não são confessadas ou pensadas as condições históricas de sua manifestação: contudo, D. não é ali *desconhecido*, nem incognoscível.

c) É por isso que o D. de Jesus Cristo não pode ser dito se não foi predito; e se a pré-dição tem por modalidade privilegiar a fé de Israel, ela se cumpre também na espera das nações. Embora sendo primeiras na ordem das razões sistematizantes, a cristologia e a t. trinitária não têm, contudo, a primeira palavra: seu discurso só é audível porque já se falou de D. E de qualquer maneira que se dê estatuto teológico à espera das nações (nos termos patrísticos de uma teoria da "preparação evangélica", ou em J. S. von Drey nos termos de uma teoria de uma "revelação originária" etc.), será decerto para notar que nunca se falou de D., cristologicamente/trinitariamente sem que essa linguagem fosse parcialmente receptível porque parcialmente pré-compreendida.

5. Palavra e liturgia

A t. fala de D. e constrói sequências proposicionais de estrutura semelhante às sequências construídas por qualquer outro saber. Contudo, o que quer que ela diga de D., não podemos dizê-lo sem confessar que D. não pode confrontar-se com o homem à maneira de um objeto supremo, mas à maneira de um Tu e, portanto, que nós falamos *de* D. pressupondo que podemos falar *a* D. A afirmação teológica não pode, assim, fechar-se sobre si mesma, e só manifesta toda a sua coerência nos laços que a unem à doxologia. Não basta, portanto, que D. possa ser universalmente objeto de transações semânticas bem-sucedidas: ainda é preciso que a comunidade daqueles que dão um mesmo sentido a "D." possa também existir como comunidade litúrgica de louvor* e de ação de graças. É certamente uma nota de nossa historicidade que possamos falar de D. e, aliás, que devamos fazê-lo. Entretanto, em meio às tarefas (querigmáticas, reflexivas etc.) que a história impõe à t., é também possível colocar toda a historicidade entre parênteses para antecipar liturgicamente um além da linguagem objetivante. O teológico,

sem dúvida, não poderia absorver-se totalmente no doxológico, porque o império da linguagem cobraria um preço elevado: o fechamento sobre si mesma da comunidade litúrgica e a interdição de dizer as razões do louvor. Contudo, o teológico não pode, tampouco, reduzir-se às dimensões de uma teoria do divino, pois isso seria retirar a essa teoria o campo da verificação existencial que só a experiência da liturgia, e de toda oração* lhe oferece. A oscilação é aqui essencial ao bom uso do nome de D. A teoria remete à prática litúrgica como ao melhor uso que possamos fazer de nossas palavras, e a prática litúrgica funda-se numa linguagem teológica como na condição de uma comunicação universal das razões de crer em D. e de falar a D.

Jean-Yves LACOSTE

→ *Filosofia; Linguagem teológica; Louvor; Teologia.*

B. Problemáticas filosóficas

1. Uma impossível definição

A metafísica busca um primeiro princípio incondicionado, um absoluto que excede a racionalidade própria da ordem do condicionado: por essa superação abre-se à possibilidade do encontro com aquele que está acima de todos os nomes finitos e que a própria tradição filosófica chamou, desde sua origem grega, *ho theos*, "Deus". No entanto, o que recobre esse nome é essencialmente problemático, porque como a filosofia (f.) se proíbe de aceitar como verdades os dados históricos recebidos por uma tradição, só pode saber de D. — se é que pode saber algo sobre ele — o que procede da investigação racional (Tomás de Aquino, *ST* Ia, q. 1, a. 1). Ora, que D. seja um objeto para o pensamento racional é um problema. Sobre D. a f. não propõe doutrina unânime, mas somente questões. Que é esse D. que nem se pode encontrar na experiência, porque é o fundamento suprassensível de toda a realidade empírica, nem conhecer em uma doutrina sagrada, porque a razão recusa a historicidade da revelação, nem encontrar em um face a face pessoal, porque os primeiros princípios são universais? Não é apenas um nome dado por comodidade à abstração de um X transcendental? Nesse caso, não se pode contestar a legitimidade dessa denominação e dessa identificação? Por que "D.", e por que não: o Absoluto, o Primeiro, o Ser supremo? Em vez de "D." não conviria falar do "Divino", princípio anônimo do suprassensível? Não é a vizinhança, importuna, mas insistente, das religiões que apelam para uma revelação, e em particular o cristianismo, que apesar das resoluções metodológicas, gera a contaminação do D. da metafísica pelo D. pessoal, e leva o filósofo, cristão mesmo sem querer, a dar o passo que separa a existência pessoal de um princípio de fundação e de ordem e a existência pessoal, que separa a *eternidade* das essências da *vida* eterna*? Entretanto, caso se deva suspeitar que a metafísica seja apenas uma t. disfarçada, uma introdução subreptícia à obediência da fé, uma f. liberada de toda autoridade não deveria contestar em seu princípio a pretensão de falar de D., e contentarse com uma crítica radical das práticas de poder que, em nome de D., e de um pretenso saber do suprassensível, mantêm as consciências numa dependência ideológica? A tarefa da f. seria, então, antes a desconstrução do D.-ídolo da metafísica. E, desse modo, é todo pensamento sobre D. que se encontra invalidado, ou somente uma tradição historicamente caduca?

Oscilando entre os polos extremos de um abismo metodológico e de um teísmo racional, o discurso filosófico desdobra todo o leque das atitudes humanas diante de D. Nada há que a f. possa dizer de D. que não remeta também ao homem, que não diga um modo do homem; porque é do homem que ela parte, incerta do termo de sua busca. A pretensão da f. não é, não pode ser, dizer tudo sobre D., mas ao menos ficar atenta ao que todo homem pode dizer sobre D. A questão é saber se o D. dos filósofos é só uma maneira de enunciar a essência do homem, ou se é possível à razão atingir o que a excede.

2. Deus e o divino

a) *O divino como imagem das Ideias.*— Discurso humano sobre D., nem por isso a f. é antropologia, porque sua exigência metodológica implica pôr entre parênteses dados culturais e religiosos a partir dos quais o homem chega a uma primeira formulação de sua relação para com o divino. A primeira f. grega, contestando a divindade dos elementos naturais, rompe com o universo da mitologia politeísta; Anaxágoras, Protágoras, depois Sócrates são condenados por impiedade. Platão procede a um sutil distanciamento do que ele chama "teologia" (*Rep.* II, 379 a), designando assim não o discurso filosófico sobre os deuses, mas a mitologia bem regrada dos poetas. Se a norma filosófica corrige as representações tradicionais, homéricas, é fundando-se, não sobre um conhecimento da natureza verdadeira dos deuses, mas sobre a ideia de justiça*, de que os deuses devem ser, para os homens, imagens adequadas. A t. psicocósmica do livro X das *Leis* não pretende enunciar uma verdade última sobre os deuses, mas apenas produzir um discurso persuasivo, encantatório (903 d), a crença em uma ordem de justiça distributiva, crença que, definitivamente, favorece com brandura e sem coerção, a obediência às leis.

Os deuses são assim imagens úteis, que significam para a alma o cuidado que deve ter de si, i.e., de seu enraizamento originário na verdade, como o mostra o mito da parelha alada no *Fedro* (246s). Os deuses são imortais. A alma é, portanto, imortal no que a aproxima do divino (cf. *Rep.* X, 611 e). "O divino, é o que é belo, sábio, bom e tudo o que é do mesmo gênero" (246 d). Os deuses são os bem-aventurados (247 a; cf. *Banquete* 202 c), cuja vida, evoluindo nas numerosas "contemplações bem-aventuradas", é consagrada ao "pensamento, alimentado de intelecto e de ciência sem mescla" (*Fedro* 247 d); eles têm o saber essencial (*Parm.* 134 e). O divino permite assim pensar a vida filosófica. "Só o pensamento do filósofo é alado" (*Fedro* 249 c) porque este, "sempre disposto por seus raciocínios para a ideia do ente [...] volta seus olhares para o divino" (*Sofista* 254 a-b); mas se o filósofo pode ser chamado divino, não é, em realidade, que se tenha tornado, ele mesmo, um deus, nem mesmo que encontre nos deuses modelos a imitar: é que ele acede à realidade mesma que faz os deuses (*ibid.*), da qual eles mesmos não passam de imagens. A vida divina, bem-aventurada, é uma imagem *ad usum populi* da vida filosófica: "Ele é possuído por um D., mas a multidão nem suspeita" (*Fedro* 249 c).

Platão não desenvolve, pois, uma t. por ela mesma, não busca a essência dos deuses, nem a do divino; o recurso ao discurso mítico é uma maneira de evocar as Ideias, de traduzir os conceitos filosóficos na linguagem da cultura grega.

b) O primeiro dos seres. — O que as ideias têm de comum com os Olímpicos é a separação; o D. ou o divino, ao qual o filósofo, para preservá-lo de toda particularidade, não confere nenhum nome mitológico, é o transcendente, aquele que, diferentemente do *daimôn*, "não se mistura com o homem" (*Banquete* 203 a; cf. também *Parm.* 134 e). Esse caráter essencial do D., Aristóteles o conserva criticando a teoria platônica da separação das Ideias. Resulta disso que o divino deixa de ser identificado ao mundo das Ideias e que uma t. torna-se possível como ciência autônoma, constituída por seu objeto próprio, e não como uma expressão da ideologia. A imanência do inteligível consagra a transcendência da inteligência: é o verdadeiro registro de nascimento de D. no pensamento filosófico. "Não há dúvida de que se o divino existe em alguma parte, existe nessa natureza <imóvel e separada> [...]" (*Metafísica* VI, 1, 1026 a 18s). Além disso, esse ser é, em relação a todo ser, "princípio primeiro e soberano" (*Met.* XI, 7, 1064 b 1). A ciência do ser enquanto ser estabelece pois com a t., ou f. primeira, uma relação privilegiada, quando não chega até mesmo a se confundir com ela: questão disputada. Não se pode pensar o que faz um ente ser o que ele é, sem pensar a causa primeira de todo ente, que é também seu fim.

Aristóteles põe em obra essa t. na *Met.* (XII, 6-10). Demonstra em um primeiro tempo (XII, 6) a existência de um ser imóvel, separado, eterno, que é a causa, o fim, o ato do movimento na natureza (cf. *Física* VII e VIII). Não basta, porém, ter descoberto um primeiro princípio para falar de D.; é preciso também garantir a excelência da vida que leva o princípio; porque o que pertence como próprio a D. é uma vida perfeita e eterna (*Met.* 1072 b 28). A perfeição, a felicidade que se experimenta na alegria, o prazer sem mescla, pertencem ao ato puro que não tem seu próprio fim fora de si; ora só a contemplação (b 24) ou

o pensamento conforme a si (b 18) cumpre, já no homem, essa coincidência do ato e do fim. É, então, enquanto "ato da inteligência" ou, dito de outro modo, "vida conforme a si do intelecto, excelente e eterna" (b 27), que o ato puro pode ser qualificado de divino. O cap. 9 precisa que "a identidade da inteligência e do inteligível" (b 21), que caracteriza o ato mesmo do pensamento em geral, implica não só que a vida de D. deve ser uma vida inteligente, mas, muito mais, que D. é o pensamento mesmo, conforme a si, é o "pensamento do pensamento" (b 34).

A t. não se reduz a um pensamento do princípio: está ligada a um pensamento da vida de excelência. A felicidade de D. excede tudo o que os mortais jamais experimentarão nos instantes mais perfeitos; mas é também a norma da felicidade do homem, que só é homem se, enquanto tal, não for somente homem (*Ética a Nic.* X, 7, 1178 a 5-7). Esse homem por excelência, o mais divino de todos, é o filósofo; para Aristóteles, como para Platão, falar de D. é falar da ciência do divino, que é também a ciência divina, a filosofia.

3. A contribuição filosófica à construção teológica

a) O Um e o único. — Para o pensamento grego, a superioridade, a transcendência mesma do divino, não implica a incomensurabilidade do homem e de D.; o divino é pensado como uma possibilidade extrema do homem. Paradoxalmente, D. não se torna radicalmente outro, senão na maior proximidade com o homem. Fazendo-se homem, D. deixa de ser divino e se torna estranho para o homem, loucura para os sábios, sabedoria para os loucos. D. não se manifesta como o homem o pensava. É por isso que foi preciso aguardar o cristianismo para que D. se torne o infinito que nenhum intelecto humano pode compreender, para que a relação entre D. e o homem se torne a do Criador com o *ens creatum.*

Quando o cristianismo for buscar um modelo filosófico a partir do qual construir uma t. não se voltará nem para Aristóteles nem para Platão, mas para uma interpretação tardia do platonismo que se funda em uma dissociação fundamental entre o Um primordial e a ordem aristotélica da inteligência, homóloga à do ser. A fórmula que Platão aplica à ideia do Bem (*epekeina tes ousias*, *Rep.* VI, 509 b) é a palavra mestra de uma t. que afirma em suas consequências mais radicais a transcendência do Um (cf. Plotino, *Enéadas*, V, 1, 8; V, 1, 10; Proclo, *Teologia platônica* (*TP*) I, 3, tr. 13, 20-23; I, 3, tr. 16, 23-24; II, 4, II, 4, tr. 31, 6-7; tr. 31, 11; cf. Dionísio Areopagita, *Nomes divinos*, I, 1 585 a; IV, 3, 697 a-c). Esse encontro entre a revelação monoteísta e a mística filosófica é um acontecimento capital não só para a t. cristã, mas também para a nominação filosófica de D. O nome "D." não é, em uma t. da hierarquia politeísta, o nome próprio do Um transcendente, ele estende-se à divindade de todos os outros deuses, dos quais participam os seres (*TP*, III, 4). Se o Um é "a causa de toda deidade", e se "todos os deuses devem ao primeiro D. o fato de serem deuses" (*TP*, III, 7, tr. 30,1-2), o nome "D." é por isso unívoco quando se trata do primeiro e dos outros? Em todo rigor, nenhum nome, nem mesmo o de "D.", convém ao primeiro. Ora a revelação opera, no campo mesmo da f., uma reversão dos termos: D. pode ser nomeado a partir das Sagradas Escrituras; e é ele que é dito incognoscível, transcendente. A analogia já não consiste em distribuir a divindade entre o primeiro e os outros, mas em distribuir os nomes (Ser, Um, Bem, seja qual for aquele a que se concede a preeminência) entre D. e as criaturas; por outro lado, o modo de ser de D. não pode ser partilhado por nenhum outro ser (cf. *ST* I a, q. 4, a. 3; 1, q. 13, a. 11, *Resp.*). Desse modo, a recuperação cristã da t. neoplatônica faz-lhe tomar um sentido totalmente diverso: é de D. mesmo que se fala, dando-lhe um nome que não se pode dar a nenhum outro ser (*ST* Ia, q. 13, a. 9).

b) Deus como ser. — Resta saber a que título a f. pode falar dele: se a passagem decisiva do pensamento do suprassensível ao pensamento de D. supõe a revelação, se D. não é *per se notus*, cognoscível por si só, i.e., pelo concurso só da razão, então a metafísica bem que pode ser *sermo de divinis* (Tomás de Aquino, *In metaphysicorum*, L. VI, I, 1168), *scientia divina* (*ST* Ia, q. 1 a. 11), mas não, com todo rigor, *theologia.*

Segundo Tomás de Aquino, o uso comum da razão não só não basta para o conhecimento da essência de D. (*ST* Ia, q. 12, a. 4 e a. 12), mas não chega sequer a compreender a significação do nome

"D.", porque certos homens (os estoicos), usando de sua razão, não recuaram diante da concepção de um D. corporal (*ST* Ia, q. 2, a. 1). Portanto, não é possível assegurar-se da univocidade das significações do nome "D." conforme ele é utilizado pelos filósofos, independentemente da revelação, e pelos teólogos ou pelos fiéis. Indo mais longe: mesmo que se admita, com Anselmo de Cantuária, que todo homem pode ser convencido *sola ratione* — unicamente pela necessidade da razão — da existência necessária de um *summum omnium quae sunt* (*Monologium*, I, Schmitt, p. 13, l. 11; p. 15, l., 12) e pode, a partir do conceito, deduzir sua essência, até ao ponto em que *huic soli summae essentiae proprie nomen Dei assignatur* (*ibid.*, LXXX, 86, 18), resta ainda que essa investigação racional tem um limite, porque D. não é somente, enquanto *quo maius cogitari nequit*, o objeto necessário do pensamento, ele é também *quiddam maius quam cogitari*, o que excede todo pensamento, todo entendimento finito (*Proslogion* XV, Schmitt, p. 122, l. 14-15; XIV, p. 112, l. 10-11; XIV, p. 112, l. 10-11).

Para que D. se torne objeto não só da t. revelada, mas da f. fundada na luz natural, é preciso que seja referido a um termo comum. Tomás de Aquino, embora reservando o conhecimento de D. à *doctrina sacra*, abre o caminho a uma secularização ao reencontrar, para além do neoplatonismo, equivalência entre D. e o ser. 1/Entre os nomes de D., "o que é", de preferência aos outros, lhe é próprio (*ST* Ia, q. 13, a. 11). 2/D. é identificado à sua própria natureza (deidade*) ou essência (*ST* Ia, q. 3, a. 3); "D. não só é sua própria essência [...] mas é seu próprio ser (existência)" (*CG* I, 21; *ST* Ia, q. 3, a. 4). 3/No plano puramente metafísico, a diferença entre *ens primum* e *ens commune* é abolida (*In Metaphysicorum*, Proemium; L. IV, 1. v, 593; L. VI, i, 1170; L. XI, 1. iii, 2203). A confusão entre o ser das criaturas e o ser de D. só é evitada por uma teoria da analogia, que preserva a supereminência do *esse divinum*. Contudo, para elevar-se até ele, há que abandonar as determinações que pertencem à finitude e, portanto, passar pelo *esse commune*, que não é o *esse divinum*, mas seu termo mais próximo da ordem do ser. Mesmo se a t. não é reduzida à ontologia, torna-se inseparável dela.

4. Deus e a natureza

a) *Deus, fundamento da ciência*. — O acontecimento inaugural da modernidade é a redução da natureza ao que é matematicamente cognoscível. Por conseguinte, o problema filosófico de D. encontra-se posto em termos novos, independentemente de toda t. revelada, quando a metafísica é definida, a partir de Descartes, como o fundamento da física.

Com efeito, o transtorno metodológico tem as seguintes consequências sobre o D. dos filósofos: 1/ O conhecimento natural de D. é diretamente fundado na ideia de D., que nem é recebida da tradição, nem derivada da experiência das criaturas, por ter a mesma racionalidade que as ideias matemáticas; 2/ Essa identidade metodológica entre a ciência de D. e a ciência da natureza permite fundar na primeira a certeza da segunda, porque o ato criador estabelece uma dependência, que tem a função de garantia, entre D. e as ideias das coisas; 3/Essa dependência implica a incomensurabilidade do infinito ao finito, de D. à natureza, como de D. ao espírito finito. Assim, a prova propriamente cartesiana da existência de D. (*Meditação* III) parte não tanto da ideia de D., "substância infinita, eterna, imutável, independente, onisciente, onipotente, e pela qual eu mesmo e todas as outras coisas que são [...] foram criadas e produzidas" (*ibid.*, A-T, IX, 36), quanto do fato de que o entendimento finito possa ter uma ideia dele. Se a ideia do infinito é a mais clara e a mais distinta de todas as ideias (*ibid.*), é o sinal da inscrição divina no pensamento do homem: é precisamente porque o infinito é incomensurável ao finito que o espírito deve pôr o Outro, que ele não é, como causa da ideia de D. O fundamento da ciência da natureza não é portanto o "eu penso", porque o retorno sobre si do pensamento não alcança a alteridade de um objeto a conhecer, mas D., porque só sua veracidade*, ligada à sua perfeição, garante a relação da ideia a um objeto, a uma essência (*Meditação* V) como a uma existência (*Meditação* VI).

Entretanto, essa dependência da física em relação a D., que caracteriza as f. do s. XVII e que é precisamente visada por Pascal quando fala do "D. dos filósofos [i.e. primeiro dos físicos] *e dos sábios*" (sublinhamos nós), reduz inversamente o papel de D. à sua dimensão epistemológica, ao desprezo do D. vivo. A vaidade moderna consiste em querer fundar a natureza por meio de um D. racional. O D. dos (meta) físicos modernos abre o caminho ao ateísmo. Com efeito, o estatuto metafísico de D. é ambíguo: o conhecimento racional de D. é decerto indispensável a título de filosofia primeira, mas tem seu fim naquilo que ele funda, a filosofia segunda. Ora esta, considerada em sua ordem própria, pode muito bem dispensar D.

b) *A necessidade de Deus causa sui*. — Seja que a racionalidade físico-matemática desenvolva suas potencialidades independentemente de todo fundamento; seja, ao contrário, que a t. racional estenda seu domínio desde o fundamento até a totalidade do real, e se torne um sistema exclusivamente racional e totalmente ontoteológico (Espinosa), o entendimento se libertou da autoridade divina no conhecimento da natureza, introduzindo nela o princípio da necessidade; ele deve obter o mesmo resultado no conhecimento de D. O preconceito fundamental dos teólogos e da maior parte dos filósofos é a identificação da potência com a indiferença. A natureza seria contingente em relação a D., embora seja necessária em relação a nós, como o mostra a física. É o inverso que é verdadeiro: nossa imaginação introduz contingência na natureza, enquanto as coisas que dependem da potência imutável de D. não podem ser diferentes do que são, porque "a vontade de D. não pode ser outra" (*Ética* I, prop. 33, escólio 2). O único pensamento conforme a razão é que "D. não produz seus efeitos pela liberdade da vontade" (*Ética*, I, 32, cor. 1), mas pela necessidade de sua natureza (*Ética*, I, 16, 17). A causalidade de D. não é a relação a uma exterioridade: ele é causa dos seres finitos enquanto causa de si; ele não se refere à natureza como a outra coisa diferente dele (*Ética*, I, 18). Em uma palavra, é impossível associar à ideia de D. a de transcendência. A relação de causa e efeito é interna à necessidade de D. (como relação da natureza naturante à natureza naturada, *Ética*, I, 29, esc.) e é só assim que ele pode ser dito causa livre (*Ética*, I, 17, cor. 2). A equivocidade radical entre o D. da razão e o D. dos teólogos leva a esta conclusão: admitindo-se o segundo, então o sistema fundado no primeiro é incontestavelmente um ateísmo. Se D. não é um ser separado, situado fora do ser da natureza, ele não tem ser próprio. Contudo, pode-se igualmente dizer que o sistema teológico tradicional é um ateísmo, por não saber de que fala ao usar o nome de "D.". "Os homens que fazem abertamente profissão de não ter nenhuma ideia de D. e de só conhecer as coisas criadas (cujas causas ignoram), não enrubescem de acusar os filósofos de ateísmo" (*Tratado teológico-político*, cap. II, Gebhardt, III, 30).

O sistema espinosista pensa em todo o seu rigor o que não se pode deixar de pensar sobre D. A necessidade da racionalidade coincide com a necessidade mesma de D. Segue-se que Espinosa esgotou tudo o que a razão pode dizer de D. e, por conseguinte, todo sistema racional vem a dar necessariamente no espinosismo, portanto, no ateísmo. Tal é a consequência que Jacobi tira do exame do espinosismo de Lessing, conduzindo o problema de D. a um dilema — seja o racionalismo ateu, seja o teísmo fideísta — que assim toca o dobre de finados para toda t., tanto racional quanto revelada, deixando ao sentimento e à crença o privilégio da relação com o D. vivo e verdadeiro.

3. O fim do conceito metafísico de Deus

a) Deus como ideia. — A crítica kantiana da metafísica confirma até certo ponto a análise de Jacobi. De um lado, a f. transcendental, que mostra como o objeto é constituído *a priori* nas faculdades de conhecer do sujeito, funda a ciência da natureza sem recorrer a D. De outro lado, a dialética transcendental põe em luz o defeito lógico que mina toda tentativa racional de passar do conceito de D. à sua realidade (*Crítica da razão pura, [CRP]* AA III, 397-403).

> Kant não nega a necessidade de pensar D. como *summum ens, ens realissimum, ens necessarium,* mas contesta a passagem dessa necessidade na ordem do pensamento para a afirmação de algo fora do pensamento, que correspondesse a essa necessidade. D. não é um conceito que descreva um ser real, tal que se possa ter dele uma experiência: é uma ideia, uma regra que a razão dá a si mesma para tematizar seu próprio movimento para

o incondicionado, "verdadeiro abismo da razão humana" (*CRP*, AA III, 409). Nada corresponde a D. na ordem do ser, i.e., na natureza constituída pelo entendimento. Ao ideal da razão pura, regulador no domínio teórico, corresponde no domínio prático um D. postulado pelas exigências racionais do dever-ser (*CRP*, AA V, 124-132). Entretanto, esse D. moral, autor moral do mundo (*Crítica da faculdade de julgar*, § 86-88), *imperans* universal do imperativo categórico (*Opus posthumum*, AA XXII, 119-122), é somente em nós, produto da razão prática, "ideal de uma substância que criamos para nós mesmos" (*Opus posthumum*, AA XXII, 130). Contudo, a razão, constituída como desejo, exige não só a transcendência, mas também a representação de D., graças a uma via analógica que permite não atingir, mas pensar a relação entre o termo suprassensível e nossa razão (*Prolegomenos*, § 57-59; *Crítica da faculdade de julgar*, § 90).

b) A crise da metafísica e a morte de Deus. — O desnível entre a f. e a vida, entre a razão e a crença, entre a especulação e a revelação, é o sintoma de uma crise. Como pode a razão ser privada do absoluto? Como o D. revelado pode estar oculto ao que, no homem, compreende? Essa crise tem sua origem no confronto entre a racionalidade moderna surgida das ciências da natureza e a metafísica tradicional. Na medida em que o método físico-matemático, norma de toda cientificidade, circunscreve o domínio do cognoscível ao do quantificável, empiricamente verificável, D. não pode ser objeto de conhecimento. Contudo, a extenuação do conceito de D. — um dos aspectos do que Nietzsche chama a morte de D. — não decorre somente da hegemonia epistemológica da natureza mensurável ou da emancipação do homem em relação a toda autoridade transcendente; é a consequência de uma confusão própria da metafísica mesma. Com efeito, essa se constituiu de tal forma que o nome de "D." veio a recobrir o que Aristóteles chamava o ser enquanto ser; dito de outro modo, esse nome foi carregado da verdade do ser em sua totalidade. Como tal, ele é regido pela necessidade: necessidade do pensamento — ele é aquele que não se pode não pensar — e necessidade do ser — é aquele que é necessariamente de tal modo, que é eterno e imutável (cf. *Metafísica*, XII, 7, 1072 b 10). O

s. XIX dá a esse sujeito da necessidade outro nome: a humanidade (A. Comte), o Grande ser, o ser por excelência, para quem a totalidade do ser é cognoscível pela ciência e que a si mesmo se manifesta no processo da história. A morte de D. é o momento de transição durante o qual o homem descobre que a posição do fundamento está vazia, mas ainda não compreendeu que ele mesmo deve ocupá-la, tornando-se sujeito em lugar de D.

c) *Deus, o sistema e a superação da metafísica.* — A equivocidade que mina o conceito de D. desde o encontro da f. grega com a revelação monoteísta vem de que o mesmo nome serve para designar o sujeito absoluto e o Santo da Escritura. O ponto de divergência das duas tradições é a criação, que supõe a não igualdade radical entre o criado e o Criador; a ruptura na continuidade da causalidade é uma contradição para a razão. É por isso que o artigo de fé encerra o essencial da revelação: essa permanece, pois, no essencial, incompreensível, portanto, oculta. No entanto, admitir um D. oculto não é renunciar a acolher a plenitude da revelação? D. como tal não é pensável a não ser que o absoluto racional e o mistério revelado sejam, não conciliados em uma justaposição dualista, mas totalmente identificados. O momento último da metafísica é aquele em que o conceito de D. se confunde com D. Tal é a lógica especulativa de Hegel: a contradição criadora é o movimento do conceito.

D. não só se manifestou: é a manifestação mesma; no ato criador, sai de si para se manifestar, portanto, é como criador o que ele é como D., a criação, como ato e como resultado, é consubstancial a ele (*Lições sobre a filosofia da religião*, ed. Jaeschke, I, 212). Do mesmo modo, o conceito lógico é o movimento de se pôr a si mesmo na finitude e, por meio dessa autodiferenciação, estabelecer uma relação infinita para consigo. Criar é identicamente o ato de D. e o ato da Ideia absoluta (*Enc.* Ad. § 163). Contrariamente à lógica do entendimento, que determina os conteúdos espirituais como objetos exteriores identificados a seus predicados, a especulação compreende as determinações de D. interiormente, como suas. Identificando-se com o D. da revelação, o D. da f. não é mais ser abstratamente oposto ao nada; é o movimento pelo qual o ser encontra seu sentido, e se encontra, negando-se; em uma palavra, ele é o Espírito (*Enc.* § 384).

A compreensão de D. pode indiferentemente ser interpretada como a santificação da f., tornada serviço divino, ou como dissolução do divino no humano. Dessa vez, não é só a razão, é a revelação mesma que parece reconduzir ao homem: D. se entregou completamente, e na sua manifestação não há nenhum resto. Segue-se que, depois de Hegel, D. não pode voltar à f. senão como aposentado (cf. Heidegger, *Beiträge*, *GA*, 65, § 252-256). Se todos os nomes de D. foram esgotados na história da metafísica, o fim da metafísica e, portanto, de sua t., abre a possibilidade de pensar — mas trata-se ainda de pensar? — aquele que Schelling, o primeiro pensador desse final, evoca como o *Unvordenklich*, aquele que não pode ser pensado antecipadamente.

- É. Gilson (1941), *God and Philosophy*, Yale (*Deus e a filosofia*, Lisboa, s.d.). — E. L. Mascall (1943), *He Who Is. A Study in traditional Theism: the existence of God and his relationship to the world*, Londres. — W. Schulz (1957), *Der Gott der neuzeitlichen Metaphysik*, Pfullingen. — H. D. Lewis (1959), *Our Experience of God*, Londres-Nova York. — D. Henrich (1960), *Der ontologische Gottesbeweis*, Tübingen. — C. Bruaire (1964), *L'affirmation de Dieu*, Paris. — J. Macquarrie (1967), *God-Talk. An Examination of the Language and Logic of Theology*, Londres. — R. Bambrough (1969), *Reason, Truth and God*, Londres-Nova York. — J. Moreau (1969), *Le Dieu des philosophes*, Paris. — Col. (1970), *Dieu et l'être*, Paris. — W. Weischedel (1972²), *Der Gott der Philosophen*, Darmstadt. — B. Welte (1973), "Versuch zur Frage nach Gott", *in* J. Ratzinger (sob a dir. de), *Die Frage nach Gott*, QD 56, 13-26. — C. Bruaire (1974), *Le droit de D.* Paris. — R. Swinburne (1977), *The Coherence of Theism*, Oxford. — W. Brugger (1979), *Summe einer philosophischen Gotteslehre*, Munique. — É. Gilson (1979), *L'athéisme difficile*, Paris. — A. Kenny (1979), *The God of Philosophers*, Oxford. — R. Swinburne (1979), *The Existence of God*, Oxford. — A. Jäger (1980), *Gott. 10 Thesen*, Tübingen. — R. Kearney e J. S. O'Leary (sob a dir. de) (1980), *Heidegger et la question de Dieu*, Paris. — J.-L. Marion (1982), *Dieu sans l'être*, Paris. — E. Levinas (1982), *De D. qui vient à l'idée*, Paris (*De Deus que vem à ideia*, Petrópolis, 2002). — J. Mackie (1982), *The Miracle of Theism. Arguments for and against the Existence of God*, Oxford. — J. Greisch (sob a dir. de) (1985), *Dieu*, Paris. — D. Dubarle (1986), *Dieu avec l'être*, Paris. — D. Braine (1988), *The Reality of Time and the Existence of God. The Project of Proving God's Existence*, Oxford. — A. Gouhier (1990), "Dieu", *LNPh* I, 646-653. — P. Magnard (1992), *Le D. des philosophes*, Paris. — W. Rod (1992), *Der Gott der reinen Vernunft*, Munique. — P. Henrici (1995), "Gott II. Philosophisch", *LThK* 4, 854-856. — P. Piret (1998), *L'ffirmation de D. dans la tradition philosophique*, Bruxelas-Namur.

Yves-Jean HARDER

→ *Amor; Filosofia; Heidegger; Nada; Razão; Schelling; Ser.*

DEUTEROCANÔNICOS → apócrifos

DEVER → mandamento

DEVOTIO MODERNA

Nascida nos Países Baixos setentrionais no fim do s. XIV, a "devoção moderna" é ao mesmo tempo um movimento espiritual, um conjunto de práticas de devoção, uma determinada concepção da piedade dos leigos* e uma prática de vida comunitária. Se Gerardo Grote (G.) (1340-1384) foi seu iniciador, seus discípulos muito cedo continuaram sua obra, por sua ação e seus escritos. Durante o s. XV, os ideais e as experiências características da "devoção moderna" espalharam-se em boa parte da Europa do Norte.

Depois dos estudos na Universidade de Paris e de um retiro entre os cartuxos (entre 1374 e 1377), G., filho de burgueses, tinha decidido levar em sua casa de Deventer uma vida consagrada à leitura, à meditação e à oração*, vida austera mas muito moderada em relação à ascese* e às penitências que se infligiam a certos "leigos religiosos" da mesma época. No momento de sua "conversão*", G. redigiu os *Conclusa et proposita, non vota*: a experiência que entendia viver era um "projeto" selado por uma "promessa", e não por "votos" no sentido tradicional. Para "glorificar, honrar e servir a Deus*", G. renunciava a numerosas atividades que enumera nos *Conclusa et proposita*, assumia um programa de leituras espirituais (que iam do Evangelho ao *Horologium* de Henrique Suso), e um regulamento destinado a favorecer a "abstinência". Na "Alocução moral", define uma espiritualidade para uso dos leigos que permanecem no mundo*. Sua experiência e seus escritos manifestam uma vontade de recuperar o cristianismo das origens e de laicizar o modelo apostólico.

G. havia cedido uma parte de sua casa em Deventer a algumas moças que não pertenciam a nenhuma ordem religiosa, mas tinham "necessidade de um teto para o amor* de Deus, a fim de melhor servir a Deus na humildade e na penitência*" (Estatutos de 1379 para a "casa de mestre Gerardo"). Por outro lado, sua atividade de pregador favorecia a formação de um primeiro grupo de discípulos que seu colaborador mais próximo, Florent Radewijns (1350-1400), instalou em Deventer em sua residência. Outras comunidades formaram-se em seguida, e seus membros, chamados "irmãos da Vida comum", partilhavam uma vida devota, dividida entre o trabalho da cópia de manuscritos, a oração, as obras de caridade e, logo mais, o apostolado.

G. já tinha conseguido que lhe conferissem as ordens* menores, para poder anunciar o evangelho ao povo, e tinha pedido ao bispo* de Utrecht uma autorização escrita que lhe permitia pregar nas paróquias. Dentro das casas da Vida comum, "conferências" (*collationes*) reuniam-se regularmente os irmãos, (designados às vezes como *collatiebroeders*) e os leigos que desejassem ouvir seus sermões semipúblicos. Esse tipo de evangelização* favoreceu a difusão dos ideais de "devoção moderna". Os irmãos tinham igualmente o hábito de ler a Sagrada Escritura* e os grandes autores espirituais, tomando notas pessoais, uso que está na origem dos *rapiaria*, espécies de florilégios ou de coletânea de citações que serviam de apoio à meditação. A maioria dos adeptos da "devoção moderna" compôs assim seu *rapiarium*. Alguns chegaram mesmo a constituir obras importantes, como o *Rosetum* redigido por João Mombaer (*c.* de 1460-1501), que reúne textos provindos de numerosas leituras. Uma das versões do *Rosetum*, que terá muitas edições, é precedida de um "invitatório aos exercícios de piedade". A leitura tinha a função exclusiva de fomentar a piedade.

Foi, portanto, Florent Radewijns que deu uma forma concreta — e institucional — ao projeto de G. Sem dúvida, empobreceu o pensamento de seu mestre: seu único cuidado foi, com efeito, definir um método susceptível de excitar a devoção sensível dos irmãos que tinha reunido, de exercitá-los no conhecimento de si mesmos e ajudá-los a reprimir as paixões*. O irmão Gerardo Zerbolt de Zutphen (1367-1398), a quem se atribui o tratado *Super modo vivendi hominum simul commorantium* — uma justificação ponto por ponto dos princípios fundamentais da Vida comum —, dedicou-se em seguida a sistematizar as ideias de G. e de Radewijns. Assim ele define, no *De reformatione virium animae* e no *De spiritualibus ascensionibus*, uma série de exercícios (exames de consciência*, meditações sobre os novíssimos e sobre a paixão*) que deveriam permitir a "ascensão espiritual" dos devotos. Thierry (Dirc) de Herxen (*c.* de 1381-1457), que administrou muitas casas da Vida comum, é autor de textos consagrados aos exercícios de piedade, à oração e à meditação, como também de quatro tratados pedagógicos que afirmam a necessidade de formar a juventude a serviço de Deus desde a mais tenra idade: porque passaram menos tempo no mundo, as crianças e os adolescentes são menos infectados pelo pecado* e mais abertos à instrução que os adultos. O ensino foi assim uma das atividades mais importantes dos irmãos da Vida comum, que estabeleceram escolas em várias cidades. A afirmação de um vínculo estreito entre o estudo e a vida (cristã), assim como certas inovações pedagógicas características das escolas dos irmãos (p. ex., divisão em classes de acordo com a idade e os conhecimentos dos alunos), anunciam segundo certos historiadores os ideais dos humanistas cristãos e de Erasmo*.

Paralelamente às casas da Vida comum, Radewijns tinha instituído em Windesheim, perto de Zwolle, um convento de cônegos regulares que se encontrou rapidamente à frente de uma importante congregação, que contava no fim do s. XV uma centena de casas, implantadas nos Países Baixos, na Renânia, na Westfália e no Norte da França. João Busch, reformador de vários conventos, dedicou-se a divulgar os princípios de piedade característicos da congregação de Windesheim (notadamente no *Liber de reformatione monasteriorum*). Ao contrário dos irmãos da Vida comum, os cônegos eram religiosos no sentido tradicional, que viviam segundo uma regra e dedicados à contemplação. O meio de Windesheim parece ter sido mais sensível a experiências místicas que o da Vida comum. Henrique de Mande (*c.* de 1360-1431), que tinha a reputação de ser favorecido por frequentes visões, descreveu em língua vernácula a contemplação* e a união da alma* a Deus. Gerlac Peters (1378-1411), primeiro, irmão da Vida comum, depois, cônego em Windesheim, tomou a defesa da mística*; anotou suas reflexões em um *Soliloquium* (que não parece ter sido destinado à difusão), inspirando-se muitas vezes de Ruysbroeck, de Tauler e de Eckhart.

Numerosas são as obras espirituais do s. XV consagradas às práticas de devoção e ao exercício das virtudes* que os historiadores ligam ao movimento da *Devotio moderna*: assim os longos tratados de Wessel Gansfort (*c.* de 1419-1489) sobre os diversos modos de oração, sobre o sacramento da eucaristia* e sobre a missa, ou a tão célebre *Imitação de Cristo*, anônimo atribuído a Tomás de Kempis (1380-1471), discípulo de Florent Radewijns e autor de numerosos tratados destinados à meditação. Os oitocentos manuscritos da *Imitação* (entre 1424 e 1500), as edições impressas, os remanejamentos e as traduções, atestam o sucesso considerável dessa obra consagrada à contemplação da humanidade de Cristo*. Os ideais característicos da "devoção moderna" estavam, então, amplamente difundidos; parece mesmo que certos pregadores franciscanos como Pierre-aux-Boeufs (*c.* 1370 – *c.* 1425/1430) ou João Brugman (*c.* 1400-1473) contribuíram para isso.

"Moderna", a nova devoção o foi a mais de um título. A importância da meditação pessoal e da vida interior, a ideia de uma "imitação de Cristo" pela meditação e pela caridade, essas tendências bastante comuns nos últimos séculos da IM, foram nela afirmados como nunca antes. O ponto notável, sem dúvida, é que a interioridade cultivada por discípulos e sucessores de G. caracterizava-se por grande desconfiança diante da forma excessiva ou descontrolada de piedade: mais que aos êxtases e às visões, os devotos deviam ligar-se a práticas prudentes de ascese e de devoção. De outro lado, sua vida devota os afastava de toda "vã ciência" (i.e., desligada da piedade) e das especulações puras; a esse respeito, a *Devotio moderna* marca uma ruptura, que não estava ainda acabada em G., entre teologia* e espiritualidade (teologia espiritual*). E admitindo-se que essa ruptura representa um dos traços característicos do catolicismo* nessa época, há que matizar, apesar de pontos comuns e do desaparecimento da maioria de casas da Vida comum no momento da Reforma, a influência da "devoção moderna" sobre o protestantismo*.

• P. Debongnie (1957), "Dévotion moderne", *DSp*, 3, 727-747. — W. Lourdaux (1967), *Moderne Devotie en Christelijk Humanisme*, Louvain. — R. R. Post (1968), *The Modern Devotion. Confrontation with Reformation and Humanism*, Leyde. — G. Épiney-Burgard (1970), *Gérard Grote (1340-1384) et les débuts de la Dévotion moderne*, Wiesbaden. — St. G. Axters (1971), *De imitatione Christi*, Kempen-Niedenheim. — A. Ampe (1973), *L'imitation de Jésus-Christ et son auteur*, Roma. — W. Lourdaux (1977), "Frères de la vie commune", *DHGE* 18, 1438-1454. — Col. (1985), *Gert Grote en Moderne Devotie*, Antuérpia. — K. Egger, W. Lourdaux, A. van Biezen (1988), *Studien zur Devotio moderna*, Bonn. — H. Martin (1989), "*Devotio moderna* et prédication (début XVe s. début XVIe s.), *Publication du Centre européen d'Études bourguignonnes (XIV-XV siècles)*, 29, 97-110. — G. Épiney-Burgard (1992), "Les idées pédagogiques de Dirc van Herxen" em *Serta devota. Pars prior: Devotio moderna Windeshemensis*, sob a dir. de W. Verbeke *et al.* Louvain, 295-304. — F. O. Schuppisser (1993), "Schauen mit den Augen des Herzens. Zur Methodik der spätmittelalterlichen Passionsmeditation, besonders in der "*Devotio moderna*", *Die Passion Christi in Literatur und Kunst des Spätmittelalters*, sob a dir. de W. Haug e B. Wachinger, Tübingen,

169-210. — A. G. Weiler (1994), "Il significato della '*devotio moderna*' per la cultura europea", *Cristianesimo nella storia*, 15, 51-69. — G. Epiney-Burgard (1998), *Gérard Grote, fondateur de la dévotion moderne. Lettres et traités*, Paris.

Michel LAUWERS

→ *Beguinas; Carmelo; Franciscana (espiritualidade); Imitação de Jesus Cristo; João da Cruz; Renano-flamenga (mística).*

DEZ MANDAMENTOS → decálogo

DIA DE JAVÉ → parusia

DIABO → demônios

DIACONISAS

a) Na tradição antiga. — O nome de diaconisas (*diakonissa*) aparece no s. IV em grego (I concílio* de Niceia* cân. 19) e em latim (*Thesaurus linguae latinae s. v.*). Contudo, no NT trata-se uma vez (Rm 16,1s) de uma mulher com o nome de Febe, *diakonos* da Igreja* de Cencreia. Hesitam os historiadores sobre o alcance exato do papel de Febe, como também sobre o das diaconisas e das viúvas na comunidade cristã dos primeiros séculos. Nem então, nem nos séculos posteriores, houve simetria pura e simples entre as tarefas litúrgicas respectivas das diaconisas (principalmente ajudar por ocasião do batismo* das mulheres adultas) e dos diáconos* (principalmente o serviço da mesa eucarística e a proclamação da Palavra*), nem de seus estatutos litúrgicos e teológicos respectivos. Os diáconos tiveram uma atividade importante no serviço caritativo; não se sabe se as diaconisas tiveram um papel comparável.

Na liturgia* bizantina, o rito da investidura ou da ordenação* das diaconisas é particularmente próximo do da ordenação dos diáconos. Seu papel parece ter cessado com o desaparecimento do batismo dos adultos. No s. XI, o grande canonista Balsamão (PG 137, 441) constata esse desaparecimento e considera como "abusiva" (*katakhrestikos*) a ordenação diaconal das abadessas de certas comunidades monásticas.

A hipótese da restauração de um diaconato feminino foi discutida na Igreja católica depois do Vaticano II*, levando em conta as diversas apreciações dos dados da tradição* (Vagaggini, Martimort), e também as interpretações possíveis da função do diácono e de sua relação com a eucaristia*.

b) No protestantismo, comunidades de diaconisas desenvolveram-se a partir do s. XIX para pôr em obra a ideia neotestamentária de diaconia, de maneira comparável às comunidades católicas comprometidas no serviço dos pobres.

* R. Gryson (1972), Le ministère des femmes dans l'Église ancienne, Gembloux. — C. Vagaggini (1974), "L'ordinazione delle diaconesse nella tradizione greca e bizantina", OCP 40, 145-189. — A.-G. Martimort (11982), Les diaconesses, essai historique, Roma. — D. Ansorge (1990), "Der Diakonat der Frau", in T. Berger e A. Gerhards (sob a dir. de), Liturgie und Frauenfrage, St. Ottilien, 31-65.

Pierre-Marie GY

→ Diácono; Mulher; Ordenação.

DIÁCONO

a) Novo Testamento. — Regularmente associados aos epíscopos (bispo*) (Fl 1,1; 1Tm 3,2.8.12), os diáconos (d.) têm suas qualidades descritas em 1Tm 3,8-13. Os Sete de Atos 6,1.6 não são os primeiros d., mesmo se a tradição* os indica com frequência. A atividade dos Sete é diferente: pregação*, batismo*, evangelização* (At 6,8ss; 8,5-13.26-40; 21,8). Eles não receberam esse título, enquanto este foi dado à cristã Febe (Rm 16,1).

b) Período patrístico. — Pouco preciso sobre suas funções, Inácio de Antioquia faz dos d. mensageiros do bispo (Philad. 10, 1; 11, 1). A Tradição apostólica 8 sublinha o vínculo direto do d. ao bispo: "Só o bispo lhe impõe as mãos porque ele não é ordenado para o sacerdócio*, mas para o serviço do bispo, a fim de fazer o que este lhe indique." As Constituições apostólicas (II, 29-32; SC 320, 248-250; III, 19: SC 329, 160-164) descrevem em detalhe seu ministério* perante o bispo: papel na assembleia litúrgica, cuidado dos necessitados (viúvas, órfãos, doentes, estrangeiros etc.). Encontram-se diaconisas*, sobretudo no Oriente.

Em Roma*, os Sete d. (para 42 sacerdotes) têm como em outros lugares a responsabilidade pelas finanças e pelas relações exteriores; o que os designa, de preferência aos sacerdotes*, para sucederem ao bispo. Contudo, pouco a pouco os diáconos serão em tudo subordinados aos sacerdotes. E Jerônimo, nivelando padres e bispos (Ep. 146), obterá uma hierarquia linear das três ordens, à qual só o arquidiácono escapará, conservando uma posição de "vigário-geral", responsável pelo temporal e pelo clero.

O sucesso dessa "opinio Hieronimi" alimentará a tese medieval da equivalência sacramental entre padres e bispos, e essa tese explica por sua vez, parcialmente, por que as Igrejas reformadas só raramente conservarão o episcopado.

c) Apagamento do diaconato.— A partir do s. VI os d., mesmo no Oriente, encontram-se limitados ao serviço litúrgico, e o resto de suas tarefas — sua diaconia — passa a outros. No s. XI o arquidiácono torna-se sacerdote e o diaconato geralmente é só uma ordem de passagem, salvo para alguns cardeais (assim, ainda Antonelli, secretário de Estado de Pio IX; o último morreu em 1902).

d) Restabelecimento do diaconato como ministério permanente. — Fundando-se em uma reflexão pastoral e teológica, sobretudo alemã e francesa, estimulada por Pio XII (que afirmou a sacramentalidade do diaconato em 1947, em Sacramentum ordinis), o Vaticano II* restabeleceu o diaconato como ministério permanente (LG 29; cf. AG 15-16). A Relatio prévia ao voto (Acta Syn. III, III, 1, 260-261) esclarece a originalidade desse ministério: sacerdotes e diáconos são ministros da palavra* e da liturgia*; o ministério pastoral especifica os primeiros, diaconia e caridade especificam os segundos. A longa lista das tarefas que se lhes confia não exprime a essência do diaconato e só tem valor empírico.

O CIC de 1983 parece, sem dúvida, falar dos d. como de pastores* e representantes do Cristo-cabeça, cuja participação às três funções de Cristo* só difere em grau relativamente à de padres e bispos. Contudo, quando se pronuncia especificamente a respeito do pastorado, no cân. 517, § 2, põe no mesmo nível o leigo* e o d.

Em relação a esse ministério, as expectativas do Vaticano II são complexas: renovar a diaconia em uma Igreja* servidora e pobre, suscitar novos recursos ministeriais, modificar o estatuto canônico dos clérigos*, reencontrar a plena diversidade do ministério ordenado com a ortodoxia*.

e) Teologia sistemática. — O eixo organizador do diaconato é a diaconia. A ordenação* de alguns não tem por finalidade torná-los exemplares no serviço, mas lhes dá graça* e encargo para estimular e organizar o serviço cristão por todos e cada um, e para tomar as iniciativas exigidas nesse sentido. O ponto focal de seu ministério vai colorir seu serviço da palavra e suas responsabilidades litúrgicas em conformidade com a tradição. Os d. da Antiguidade, com efeito, não pregavam: é somente em 1925 que se tornaram os ministros extraordinários do batismo* e das exéquias; e até ao Vaticano II não dão a bênção* nupcial nem no Oriente nem no Ocidente.

O ministério dos d., que tem seu próprio fundamento, faz deles os colaboradores dos bispos, porque em termos doutrinais não são os auxiliares dos sacerdotes. Podem exercer responsabilidades supraparoquiais ou diocesanas, e receber assim uma autoridade* setorial em relação aos sacerdotes. Desse modo, a articulação bispos-sacerdotes-diáconos é mais triangular que vertical; e o triângulo não é isósceles, porque segundo Niceia* (cân. 18) "os d. que servem o bispo estão situados em um grau menor que os sacerdotes" (*COD* 14-15).

f) Interesses pastorais. — O diaconato, previsto para revitalizar o serviço em uma Igreja servidora e pobre, desenvolveu-se, antes de tudo, nas Igrejas ricas: 62% dos d. do mundo encontram-se nos Estados Unidos e 40% dos d. europeus estão na Alemanha. Seu ministério foi previsto primeiro para as Igreja jovens (*AG* 15-16), mas 98% dos d. se encontram na antiga cristandade.

O d. é promissor para uma evangelização* capilar: vivendo na família*, em um bairro, exercendo uma profissão (podendo conservar segundo o direito* uma atividade sindical e mesmo política), os d. podem reduzir a distância que existe entre muitos espaços sociais e a Igreja. Sua experiência pode repercutir beneficamente sobre a pregação e as tomadas de decisão, e não só na celebração dos matrimônios* dos batismos e das exéquias...

Enfim, os católicos podem, graças aos d., fazer a aprendizagem de um ministério ordenado casado, e mais ainda, de uma prática de chamada ao ministério* que poderia ser fecunda no futuro. Eles, na sua maior parte, foram chamados sem se terem oferecido como voluntários, em função das necessidades do serviço do Evangelho na Igreja local*, e com a constatação de suas aptidões, e não a partir de sua candidatura, obrigatória para os sacerdotes (Cf. *Instrução da Congregação dos Sacramentos, AAS* 23, 1930, 127).

g) Perspectiva ecumênica. — O diaconato permanente aproxima a Igreja católica das Igrejas ortodoxas. Se a reforma, concentrando-se no ministério pastoral, acentuou a diaconia muito mais que os d., o "documento de Lima" (*BEM*, nº 31) oferece uma abertura importante, propondo a todos a adoção do tríplice ministério e descrevendo o diaconato em termos aceitáveis para os católicos.

• A. Amanieu (1935), "Archidiacre", *DDC* 1, 948-1004. — Th. Kaluser (1956), "Diakon", *RAC* 3, 808-903. — K. Rahner e H. Vorgrimler (sob a dir. de) (1962), *Diaconia in Christo*, Friburgo. — J. G. Plöger; H. Weber (1981), *Der Diakon. Wiederentdeckung und Erneuerung seines Dienstes*, Friburgo-Basileia-Viena. — H. Legrand (1985), "Le diaconat: renouveau et théologie", *RSPhTh* 69, 101-124. — J. N. Collins (1990), *Diakonia: Re-interpreting the Ancient Sources*, Nova York. — H. Renard (1990), *Diaconat et solidarité*, Mulhouse. — A. Weiser *et al.* (1985), "Diakon", *LThK*[3] 3, 178-184. — A. Haquin e P. Weber (sob a dir. de) (1996), *Diaconat, XXIe siècle. Actes du Colloque de Louvain-la-Neuve (13-15 Septembre 1994)*, Bruxelas. — A. Borras e B. Pottier (1998), *La grâce du diaconat. Questions actuelles autour du diaconat latin*, Bruxelas.

Hervé LEGRAND

→ *Bispo; Liturgia; Ministério; Presbítero/padre; Vaticano II.*

DIALÉTICA (Teologia) → **Barth** → **luteranismo**

DIÁLOGOS ECUMÊNICOS → **ecumenismo**

DIDACHÉ → **apostólicos (Padres)**

DIFISISMO

Doutrina, definida no concílio* de Calcedônia, segundo a qual Cristo* possui duas naturezas (*duo phuseis*), natureza humana e natureza divina. Antônimo de monofisismo*.

A REDAÇÃO
→ *Monofisismo.*

DILTHEY, Wilhelm → **hermenêutica** 2. b.

DIOCESE → **local (Igreja)** → **particular (Igreja)**

DIODORO DE TARSO → **Antioquia (escola de)** b

DIONÍSIO, O PSEUDO-AREOPAGITA → **Pseudo-Dionísio**

DIREÇÃO DE INTENÇÃO → **casuística** → **intenção**

DIREÇÃO ESPIRITUAL

Seria excessivo pretender que o cristianismo tenha criado, com todas as suas peças, a direção (d.) de consciência*. Já Aristóteles escrevia a Nicômaco que um pródigo desce bem baixo "se lhe falta a direção de um mestre". Ao contrário, "se encontra alguém para guiá-lo, é capaz de alcançar o justo meio e o sentimento do dever" (*EN* IV, 35). Sêneca igualmente estava persuadido de que não é possível elevar-se até à virtude* se ninguém nos estende a mão para sair de nossas fraquezas. O guia advoga sem

cessar a causa do bem*. É nesse espírito que os estoicos vão tratar os grandes temas como a tranquilidade da alma* e a brevidade da vida.

Na perspectiva cristã a d. se enriquece com as relações entre a alma* e o Deus* revelado. É tarefa difícil, e Gregório* de Nazianzo assegura que dirigir esse animal estranho que é o homem é "a arte das artes" (PG 35, 426); a expressão será repetida por Gregório* Magno (PL 77, 14).

Os Padres* da Igreja* veem na d. um dever pastoral essencial. Basílio*, nas *Grandes Regras*, convida a não deixar oculto nenhum movimento secreto da alma: é preciso revelar os arcanos do coração* àqueles que são designados para ocupar-se dos mais fracos. É uma verdadeira terapêutica (PG 31, 987). Agostinho* escreve a Paulino de Nola e à sua esposa Teresa, que conheciam as dificuldades na conduta a observar com os homens: "Conversai com algum médico do coração (*cum cordis medico*) que tenha mansidão" (PL 33, 355).

Na IM, dizia-se ser temerário constituir-se em seu próprio guia e desprezar o ministério* dos homens que na Igreja têm a missão de dirigir as almas. Bernardo* escreve: quem quer ser seu próprio mestre "faz-se discípulo de um tolo" (PL 182, 215). Toma-se a mão de um sedutor quando se recusa dá-la a um condutor. E Guilherme de São Thierry dá esse conselho a um cartuxo: "Se queres curar depressa, impõe-te nada fazer por tua própria iniciativa, sem ter consultado teu médico: e se procuras seus cuidados, deves, sem falso pudor, descobrir-lhe sempre tua úlcera" (PL 184, 324).

Nos tempos mais modernos, os tratados e as cartas de d. vão multiplicar-se. Com muita frequência, apresentam-se esses textos como manipulação da alma do dirigido pelo diretor, generalizando-se a partir de certos abusos. Ora, o respeito pelo outro não estava ausente. Hoje dir-se-ia que o fim procurado era fazer tomar consciência dos comportamentos afetivos que condicionam nossa maneira de ser diante de Deus. Entretanto, não se buscava deixar uma alma "de tal modo enquadrada" que fosse incapaz de fazer um julgamento adulto. Bossuet deplorava que de tanto refinar sobre os gostos e as sensibilidades, as almas não ousavam mais receber nenhum dom de Deus. O autor dirá aos "verdadeiros diretores" que devem tornar as almas livres: "Tanto quanto puderdes, ponde-as em estado de ter menos necessidade de vós, e de seguir sozinhas pelos princípios de conduta que lhes destes" (*Meditações sobre o Evangelho*, III, 56º dia).

Fénelon (1651-1715) escrevia em 1707 a Mme. de Montberon, que "é um perigoso remédio contra o amor próprio fazer muitas vezes a anatomia de seu próprio coração". E já M. Olier (1608-1657) desaconselhava a uma pessoa piedosa fazer tanta reflexão sobre si mesma: sob o pretexto de santificar-se, olha-se para si com satisfação (*Cartas*, 297).

É injusto acusar globalmente de tirania os diretores ou tratar suas diretivas como "prosa pretensiosa de higienistas da alma". Francisco de Sales convidava Mme. de La Fléchère "a não mais picotar sobre sua cara consciência". Para tanto, uma conduta espiritual permanece necessária. E Fénelon resumiu o problema em sua *Lettre sur la direction*, que condena a inclinação secreta de lisonjear-se a si mesmo: "É de vós que vêm as mais sutis tentações; sois vosso mais cruel inimigo: precisais de alguém que não tenha cometido nem vossos erros nem vossas paixões*, alguém que esteja fora de vós e vos ajude a sair de vós" (*OC*, t. 5, 731).

Muito se falou também do *pai espiritual*. Esse não é em primeiro lugar um mestre que trata com seus discípulos: é por aquilo que ele é que atinge o outro. M. Lagaut escreve (1974, 40): "Filiação e paternidade espirituais vêm à sua hora, por ocasião de um encontro privilegiado de dois seres que já estão secretamente preparados". Adivinha-se que essa atitude não é sem perigo, e o Dr. C. H. Nodet tinha razão de escrever (*Encyclopédie médico-chirurgicale*, 1955, 37750, A 10, 6) "Um homem, que por natureza deveria ter sido chefe de um lar, não deve psicologicamente aceitar muito facilmente permanecer toda a vida *filho* de um *pai* religioso". A verdadeira paternidade compromete o *filho* a uma autonomia crescente.

Hoje insiste-se no acompanhamento espiritual, e não é sempre um sacerdote* que o assegura. O acompanhador deve ter uma sensibilidade interior que lhe permita reconhecer a ação de Deus em outro. Não o precede nem o segue: indica os obstáculos. Contribui para harmonizar sem cessar a atividade humana com o impulso de Espírito*, na medida em que se pode auscultar essa moção em nosso coração. Acompanhar é andar ao lado, e os dois parceiros tiram proveito dessa caminhada porque cada um é convidado a uma conversão* contínua.

Há, pois, uma aproximação com o que a tradição pastoral reformada chama *a cura d'alma*. Esta é uma busca das indicações do Espírito Santo em uma perspectiva bíblica. Seguem-se as almas em sua marcha sinuosa, respeitando a inspiração individual de cada um. A teologia* protestante repete que o Espírito Santo é o verdadeiro doutor: importa, pois, ajudar uma alma a ser receptiva a essa condução. Convida-se essa alma a afastar-se de uma busca inquieta, e a não instalar-se em falsas seguranças e nas ilusões (J. D. Benoît, 1940, 161). Jamais a cura d'alma reivindicará um estado de dependência: é uma ajuda mútua de duas pessoas que caminham lado a lado.

O *Oriente cristão* não emprega a palavra "d.", pelo menos no sentido abstrato do termo. O starets ensina sobretudo como voltar seu coração para Deus sem cessar e, portanto, como obstinar-se a receber o "carisma da oração"* e da salmodia" (Evágrio Pôntico). Deve-se passar de impressões sensíveis à oração espiritual que se realiza no interior do coração, pois este último tem um papel central na vida de oração. Isaac, o Sírio, diz: "Aplica-te a entrar na câmara interior e verás a câmara celeste". Nem por isso, a prática das virtudes* é descuidada, especialmente a da humildade, da discrição e da caridade. Essas três virtudes garantem a coesão do edifício espiritual. Ora, para chegar a essa solidez, o socorro de um companheiro é às vezes muito útil, sobretudo nos inícios. João Clímaco garante que "o cenobita tem muitas vezes necessidade do apoio de um irmão" (em Gouillard, 1979, 88).

Insistiu-se, enfim, na literatura religiosa sobre o que *não é* o mestre espiritual. Seu papel é exercitar os outros em uma via mística*. Esse guia não é necessariamente um santo, ainda que devesse irradiar a virtude. Sobretudo, deve dizer-se que não é, antes de tudo, um sábio que dá um curso sobre o que aprendeu e sobre o que sabe. Não deseja comunicar um saber, mas orienta o próximo para certa maneira de viver. Note-se, porém, que o "diretor" católico não pode ignorar uma ética* que corresponda ao ensinamento da Igreja. Ante uma situação concreta, o conselheiro tem a função de responder a quem pergunta como agir, no espírito da Escritura* e da tradição*. Teresa de Ávila desejava, sobretudo, diretores "sábios" e dizia: "Sempre procurei confessores instruídos, porque os que só eram meio instruídos deram um grande prejuízo à minha alma" (*Vida*, V).

A psicologia profunda revelará mais tarde todos os equívocos possíveis de nossas motivações. Sabe-se que o Discípulo de Paul Bourget (1889) "tinha um gosto precoce pela dissecção íntima" e levava seus exames de consciência até um "trabalho de tortura secreta"; ora seus diretores não percebiam esses excessos, qualificando-os de criancices... Foi preciso um abade, A. Huvelin, para aconselhar a cada um não analisar-se demais, a nem sempre contar-se a si mesmo.

Quando R. Guardini (1885-1968) trata da melancolia (*Schwermut*), julga que ela encontra seu último impulso na inquietude que em nós provoca a proximidade do eterno. E acrescenta: "Está ali o que torna o homem feliz e, ao mesmo tempo, constitui para ele uma ameaça, *Beseligung und Bedrohung zugleich*" (*Vom Sinn der Schwermut*, Graz-Viena-Munique, 1951², 52). Talvez a d. espiritual tenha por missão essencial fazer compreender, à luz do Evangelho, que essa proximidade do Absoluto é, antes de tudo, fonte de paz* na fina ponta da alma.

• F. de Fénelon (1848-1852), *Oeuvres complètes*, Paris. — J.-J. Olier (1885), *Lettres*, Paris, t. I. — P. Bourget (1889), *Le Disciple*, Paris. — François de Sales (1892-1964), *Oeuvres*, Annecy, 27 vol. — R. de Sinety (1934), *Psychopatologie et direction*, Paris. — J. D. Benoît (1940), *Direction spirituelle et protestantisme*, Paris. — Col. (1951), *Direction spirituelle et psychologie*, *EtCarm*. — E. Thurneysen (1946), *Die Lehre von der Seelsorge*, Zollikon-Zurique. — E. Ringel e W. van Lun (1953), *Die Tiefenpsychologie hilft dem Seelsorger*. — I. Hausherr (1955, ²1981), *Direction spirituelle en Orient autrefois*, Roma. — F. Vandenbroucke (1956), *Direction spirituelle et hommes d'aujourd'hui*, Paris. — E. des Places *et al.* (1957), "Direction spirituelle", *DSp* 3, 1002-1214. — C. Huvelin (1959), *Écrits spirituels*, ed. póstuma, Paris. — J.-P. Schaller (1959), *Direction des âmes et médicine moderne*, Mulhouse. — T. Merton (1960), *Spiritual Direction and Meditation*, Collegeville, Minn. — A. Godin (1963), *La relation humaine dans le dialogue pastoral*, Paris. — J. Laplace (1965), *La direction de conscience ou le dialogue spirituel*, Paris. — Col. (1968), *Relation pastorale* (*La*) Paris. — M. Légaut (1974), *Un chrétien de notre temps*, Paris. — J. P. Schaller (1978), *Direction spirituelle et temps modernes*, Paris. — A. Gouillard (trad.) (1979), *Petite Philocalie de la prière du coeur*, Paris. — A. W. Barry e J. Conolly (1982), *The Practise of Spiritual Direction*, Nova York. — Y. Raguin (1985), *Maître et disciple. La direction spirituelle*, Paris. — P. Hadot (1987), *Exercices spirituels et philosophie antique*, Paris. — J. J. Maison (1989), *La direction spirituelle d'Alexandre Vinet*, Mont-sur-Lausanne, 2 vol. — A. Louf (1992), *L'accompagnement spirituel*, Paris.

Jean-Pierre SCHALLER

→ *Casuística; Espiritual (teologia); Hesicasmo; Inaciana (espiritualidade); Monaquismo; Salesiana (espiritualidade).*

DIREITO

"Direito" (d.) não é um termo fácil de definir. Entendendo-se como o conjunto de normas que regem a vida em sociedade*, o d. compreende tudo o que regula a conduta humana, quer se trate, p. ex., dos preceitos* da moral, das leis do Estado*, dos cânones da Igreja*, das regras que governam a vida familiar, dos usos comerciais, dos costumes. Mais precisamente, o d. consiste em um conjunto de normas editadas pela autoridade* política, e em sua efetivação por aqueles que estão submetidos à sua jurisdição*. Na tradição jurídica ocidental, é essencialmente ao Estado que incumbe a responsabilidade de instaurar o d. Contudo, outras instituições tiveram grande papel nesse domínio, notadamente a Igreja* com seu direito* canônico. A história religiosa do d. no Ocidente teve quatro épocas decisivas.

1. Roma antes e depois do cristianismo

a) O direito romano. — Até a conversão* de Constantino, o d. romano era *o* d. do Ocidente. Ele é que definia o estatuto das pessoas* e das associações, decidia ações e procedimentos legais, proibia delitos e crimes, velava pelo bem do Estado e regulamentava o comércio, a propriedade* privada, a herança e a família*. Segundo esse d. é que foi estabelecido o culto* imperial com seus sacerdotes, seus edifícios, seus rituais e suas festas. No s. I a.C. já se dispunha de uma jurisprudência elaborada, e Cícero (106-43 a.C.) ou Sêneca (4-65), p. ex., puderam aplicar ao d. a lógica, a retórica, e a hermenêutica de Aristóteles, e integrar nele os conceitos de justiça* natural, comunitária e distributiva. Deve-se a certo número de juristas romanos (Gaius [110-180], Ulpiano [†228], Pomponius [s. II]) a distinção clássica entre d. civil (*jus civile*), d. das gentes (*jus gentium*) e direito natural (*jus naturale*). O d. civil é o conjunto de regras e procedimentos que concernem às ações, às pessoas e aos bens em dada sociedade; o d. das gentes é o conjunto dos princípios, costumes e direitos comuns a várias sociedades; ele está na base dos tratados e das relações diplomáticas; o d. natural é um conjunto de princípios imutáveis percebidos pela razão*; sua autoridade é soberana, e deve prevalecer em caso de conflito jurídico ou diplomático.

b) A Igreja e o direito romano. — A Igreja inicialmente foi, em grande medida, hostil à sociedade romana. Os cristãos não podiam nem admitir o culto imperial nem tomar parte nas cerimônias pagãs exigidas pelo serviço militar, pelas relações comerciais e pelo processo judiciário. Seu ideal de liberdade* em relação ao *nomos*, termo que remete tanto ao aspecto institucional do d. quanto ao aspecto moral da lei*, e a fidelidade ao amor* evangélico os impelia a retrair-se em boa parte da sociedade. Documentos eclesiásticos como a *Didaché* (*c.* 120) ou a *Didascalia* (*c.* 250), totalmente impregnados do decálogo* e do ensinamento de Cristo* e dos apóstolos*, davam regras para o governo* da Igreja, para a liturgia*, para a disciplina* eclesiástica, a esmola, a família, a propriedade. A exemplo de Cristo e de Paulo, o clero recomenda-

va obedecer à autoridade política nos limites que a consciência* autorizava. Todavia, a exemplo de Tertuliano* e de Ambrósio*, o clero pressionava também as autoridades romanas a tomar medidas políticas e jurídicas conformes ao cristianismo. Essa atitude provocou desde o final do s. I editos imperiais severos e vagas de perseguição.

A conversão de Constantino em 312 e o estabelecimento do cristianismo como religião oficial do Império romano, em 381, provocaram a fusão de elementos romanos e cristãos. Viu-se no Império a comunidade cristã (*corpus christianum*) universal sobre a terra, e no Imperador, soberano da cristandade, algo de papa* e de rei. O d. romano, tal como foi codificado no *Corpus juris civilis* (534), era na verdade a forma original da lei (*jus civile*) e do costume (*jus gentium*), mas sua autoridade e o essencial de seu conteúdo derivavam, p. ex., segundo Agostinho* ou Isidoro de Sevilha (*c.* 560-636), do direito natural — no qual se via agora a expressão dos mandamentos* de Deus*, inscritos no coração* e na consciência de todos, e transcritos na Bíblia*, em particular no decálogo e nas bem-aventuranças*. O d. civil e o d. das gentes tornaram-se assim o meio de confirmar os preceitos essenciais da lei moral e natural. Quanto a saber exatamente que preceitos deviam tomar assim valor jurídico, isso foi um problema que os teólogos não cessaram de discutir a partir do final do s. IV.

Esse sincretismo romano-cristão permitiu à Igreja impregnar o d. romano de suas doutrinas. O *Codex Theodosianus* (438), o *Corpus juris civilis* de Justiniano (482-565) e as *Novellae* (565) incorporaram o ensinamento cristão sobre a Trindade*, os sacramentos*, a liturgia, o *sabbat*, a ética sexual*, a esmola, a educação. Igualmente, numerosas heresias* foram ali proscritas, sobretudo o arianismo*, o apolinarismo* e o maniqueísmo*. A Igreja, porém, via-se assim submetida à autoridade imperial. Os imperadores convocavam concílios* e sínodos*, nomeavam e revogavam clérigos*, estabeleciam e administravam paróquias, mosteiros e fundações caritativas, e tinham o controle dos bens eclesiásticos. Esse "césaro-papismo" foi aceito sem grande resistência pela Igreja oriental até meados do s. XIV. Os bispos* do Oriente não faziam uma separação bem precisa do profano e do sagrado, e deixavam os assuntos jurídicos da Igreja com o Imperador, vigário de Cristo, para consagrarem-se ao mistério* cristão e à liturgia. O césaro-papismo encontrou mais resistência no Ocidente, onde papas enérgicos como Gelásio I (492-496) e Gregório* Magno insistiram em uma separação mais nítida entre o espiritual e o temporal.

2. A revolução papal

a)A autonomia da Igreja. — A segunda época decisiva foi a da revolução realizada pelos papas do s. XI ao s. XIII para emancipar a Igreja do poder temporal. A iniciativa foi tomada por Gregório VII (*c.* 1021-1085) (querela das investiduras) e resultou na autonomia jurídica e política da Igreja. Esta pretendia agora exercer sua jurisdição sobre certo número de pessoas, clérigos*, peregrinos, estudantes, pobres, judeus e muçulmanos, e sobre certo número de assuntos: doutrina e liturgia, mas igualmente, bens e organização da Igreja, nomeação para benefícios, casamento* e família, educação, esmolas, herança, votos, juramentos, contratos, sem contar todos os tipos de crimes e de delitos de ordem moral ou ideológica. A Igreja fundava essas pretensões, em parte, na sua autoridade tradicional em matéria de sacramentos, em particular no poder das chaves conferido por Cristo a Pedro* (chave do conhecimento e chave do poder). Ela serviu-se da extensão dessa jurisdição para dar uma formulação jurídica ao dogma*. As mais antigas leis do direito canônico foram recolhidas pelo *Decreto de Graciano* (*c.* 1140) ao qual se acrescentou uma abundante legislação papal e conciliar, sem contar as glosas e os comentários jurídicos. No final do s. XIII, o d. canônico dominava no Ocidente — muitos particulares tinham recorrido aos tribunais eclesiásticos para os seus processos — e sua substância foi assimilada pelo d. civil. Canonistas como Hostiensis (Heinrich von Segusio, †1271) e João de André (*c.* 1270-1348) e civilistas que neles se inspiravam, como Alberto de Gandino (s. XIII), Bartolo de Sassoferrato (1314-1357) e Baldi de Ubaldi

(*c.* 1319-1400) propuseram novas concepções do d. público, do d. privado e o d. penal, definiram regras detalhadas para solucionar conflitos de leis e métodos de interpretação complexas para sua aplicação equitativa. Formularam também os conceitos de legislação, de julgamento, de execução pela administração, e muitos outros que formam ainda o essencial do d. constitucional ocidental. A eles também se deve boa parte do d. das corporações e das associações, assim como teorias elaboradas da soberania popular, da representação e do consentimento, dos direitos e das liberdades individuais e coletivos.

b)As teorias do direito. — Todo esse trabalho jurídico deu lugar a novas teorias do d. e da autoridade nos autores escolásticos*, Anselmo*, Abelardo*, João de Salisbury (*c.* 1115-1180), Alberto* Magno e Tomás* de Aquino. A síntese de Tomás foi a mais durável. Para ele, toda lei e toda autoridade têm suas raízes na lei eterna (*lex aeterna*), a razão divina que rege e ordena toda a criação*. Todos os homens participam dessa lei eterna pela lei natural (*lex naturalis*) que está neles (*ST* Ia IIae, q. 91, a. 2; q. 94), i.e., pelo conhecimento intuitivo dos primeiros princípios da razão prática (sindérese, Ia, q. 79, a. 12, cf. consciência*); esses princípios, fazer o bem*, evitar o mal*, conservar-se a si mesmo, viver em casal, ter filhos, buscar a verdade*, viver em sociedade e não prejudicar a outrem (Ia IIae, q. 94, a. 2), devem ser adaptados às circunstâncias particulares pelas leis humanas (*leges humanae*, q. 91, a. 3), d. canônico, civil, penal e costumeiro. Essa concepção do d. foi vivamente atacada por Duns* Escoto, depois por Guilherme de Occam (*c.* 1285-1347) e outros nominalistas, mas era dominante no catolicismo* na época do concílio de Trento* e da renovação escolástica espanhola devida a Vitória (*c.* 1485-1546) e a Suárez*.

3. A reforma

a) Os reformadores. — Com a Reforma abriu-se uma terceira época do d. Para os reformadores, fosse Lutero*, Bucer* ou Calvino*, o d. canônico impedia uma verdadeira escuta da Bíblia* e desnaturava a Igreja, transformando em corpo político o que era uma comunidade dos santos. A jurisdição dos bispos impedia a Igreja de cumprir sua missão* de pregar a Palavra*, administrar os sacramentos, instruir a juventude, ocupar-se dos pobres: além do que era usurpar o papel de Estado, percebido como representante da autoridade divina. Certamente, a Igreja devia ter leis internas de organização, de ensino, de disciplina. Devia também criticar a injustiça jurídica e opor-se à ilegitimidade política. No entanto, o d. era antes de tudo do domínio do Estado e não do seu.

b) Os efeitos da Reforma. — O d. europeu foi transformado pela Reforma e pelo humanismo* cristão. O domínio internacional da Igreja católica e do d. canônico desapareceu definitivamente, e a cristandade foi dividida em nações e regiões rivais, cada uma delas com seu sistema político e religioso. Os governantes dos Estados assumiram um poder de jurisdição em numerosos domínios que outrora dependiam da Igreja. Em regime luterano ou anglicano em particular, em que a inspiração vinha, segundo os casos, de Filipe Melanchton (1497-1560) ou de Ricardo Hooker (*c.* 1554-1600), como também em outras partes, de modelos romanos, o Estado acabou por exercer uma autoridade considerável sobre o pessoal, a organização e os bens da Igreja.

Essas mudanças não privaram imediatamente o d. ocidental de sua dimensão religiosa. O d. canônico era parte integrante do d. europeu, e continuou sendo uma das principais fontes jurídicas. Além disso, nos países católicos e nas colônias da América Latina o papado tinha ainda grande influência sobre os legisladores e os juizes. Nos países protestantes e nas colônias da América do Norte, certo número de ideias protestantes inspiraram um novo d.: novas leis sociais, novo d. penal, nova legislação do matrimônio e do divórcio, nova concepção de direitos e liberdades. A ideia de que o poder corrompe contribuiu para inspirar medidas como a separação dos poderes, a limitação dos mandatos e a codificação das leis.

4. A época das Luzes

a) Um individualismo revolucionário. — A quarta época decisiva da história do d. foi a das Luzes. Hume (1711-1776), Rousseau (1712-1778), Jefferson (1743-1826) propuseram então uma teologia* secularizada, tendo por valores o individualismo, o racionalismo* e o nacionalismo. O homem não era mais, antes de tudo, um pecador necessitado de salvação*. Para os filósofos, todos os homens eram criados iguais em dignidade, com os mesmos direitos à vida, à liberdade e à propriedade, e a mesma capacidade de escolher sua concepção da felicidade. A razão não era mais serva da revelação*, e o debate racional bastava para fundar a moral e o d. A nação não se identificava com uma Igreja nacional, ou com um povo* eleito. Merecia ser celebrada em si mesma. Sua constituição e suas leis eram textos sagrados que encarnavam a moral e os costumes da cultura nacional. Seus magistrados eram como sacerdotes, representantes da soberania e da vontade do povo.

Essas ideias foram revolucionárias em seu tempo e contribuíram de fato para as revoluções* americana e francesa; já estavam presentes na revolução inglesa de 1688. Aí também o d. ocidental conheceu mudanças consideráveis — medidas constitucionais para limitar o poder do Estado e garantir as liberdades civis, separação da Igreja e do Estado, renovação do d. penal e comercial, novas regras da propriedade e da herança, evolução para uma definição da responsabilidade penal ou civil, abolição da escravatura e desaparecimento gradual da discriminação fundada na raça*, na religião ou no sexo.

b) Influência sobre a filosofia do direito. — Pode-se ver a influência das ideias das Luzes em muitas teorias do d. Numerosos autores, de John Locke (1632-1704) a Thomas Paine (1737-1809), postularam um mítico estado de natureza anterior às leis e aos direitos naturais e que os continha. Mitos nacionalistas foram enxertados sobre esse mito* original, para unificar e sacralizar as tradições jurídicas nacionais. Assim, na Itália, os juristas apelaram para uma utópica herança romana, na Inglaterra, para antiguidade das constituições e para as raízes anglo-saxônicas, na França, para a lei sálica, na Alemanha, para as antigas liberdades constitucionais. Ninguém acreditou muito nisso tudo, e três filosofias* do d. terminaram por impor-se no final do s. XVIII e no s. XIX. O positivismo, com Jeremy Bentham e John Stuart Mill (utilitarismo*) sustentava que a fonte última do d. era a vontade do legislador, e sua sanção última, a força pública. Os partidários do d. natural, entre o quais Kant* foi o principal, buscavam a fonte última do d. na razão pura e na consciência, e sua sanção última na pressão moral. Os juristas da escola histórica alemã, Friedrich Karl von Savigny (1779-1861) ou Otto von Gierke (1841-1921), pretendiam que a fonte última do d. residisse nos costumes e no caráter do povo, e que a sanção última era a condenação dos crimes pela coletividade. Essas três filosofias existem ainda hoje, mesmo sofrendo a concorrência de todo tipo de novas teorias, realistas, socialistas ou feministas.

c) *Influência sobre as instituições jurídicas.* — As ideias das Luzes provocaram também a transformação e a secularização* das instituições jurídicas. O individualismo exprimiu-se nas medidas de proteção da vida privada, o racionalismo na liberdade de imprensa, de palavra e de associação; quanto ao nacionalismo, esse manifestou-se de formas diversas nas democracias*, no fascismo e no socialismo. A separação muito nítida entre a Igreja e o Estado, na América e em certos países europeus, contribuiu para fazer da religião um assunto privado e excluir as organizações religiosas da vida política. Cada vez há mais direitos em vez de um só direito: cada nação tende a ter seu sistema jurídico próprio, dividido, por sua vez, em muitos direitos segundo os domínios de aplicação. Essa tendência foi contrabalançada na segunda metade do s. XX pelo desenvolvimento do d. internacional e pelos novos programas sociais e políticos da teologia da libertação*, do catolicismo de depois do Vaticano II* e do movimento ecumênico (ecumenismo*). Entretanto, isso não impede certo número de autores de anunciar uma crise mundial do d.

Ainda hoje há bastantes laços entre o d. e a religião, e muitas interferências entre eles, que vão do domínio dos conceitos ao das instituições. Essas interações foram objeto, nesses últimos anos, de grande número de estudos interdisciplinares.

Pode-se desejar que esses trabalhos contribuam à melhor compreensão do d. e da justiça, e preparem o surgimento de um direito comum de toda a humanidade no próximo milênio.

• *Codex Theodosianus*, ed. T. Mommsen, 2 vol., Hildesheim, 1980. — *Corpus juris canonici*, ed. E. Friedberg, 2 vol., Graz, 1955 (reimpr.) — *Corpus juris civilis*, Ed. T. Mommsen e P. Krüger, Berlim, 1889. — *La Didaché, ou Doctrine des douze apôtres*, SC 248. — *La didascalie, ou Doctrine catholique des douze apôtres*, in *Constitutions apostoliques*, SC 320. — O. von Gierke, *Das deutsche Genossenschaftsrecht*, 4 vol., Berlim 1868-1913.
▸ J. Ellul (1946), *Le fondement théologique du droit*, Neuchâtel. — B. Tierney (1981), *Religion, Law and the Growth of Constitutional Thought 1150-1650*, Cambridge. — L. Vallauri e G. Dilcher (sob a dir. de) (1981), *Christentum, Säkularisation und modernes Recht*, 2 vol. Baden-Baden. — J. Gaudmet (1985), *Les sources du droit de l'Église en Occident du IIème au VIIème siècle*, Paris. — J. M. Kelley (1992), *A Short History of Western Legal Theory*, Oxford. — H. J. Berman (1993), *Faith and Order: The Reconciliation of Law and Religion*, Atlanta. — J. Witte, Jr. e J. D. van der Wyver (sob a dir. de) (1995), *Religious Human Rights in Global Perspective*, 2 vol., Haia. — B. Tierney (1947), *The Idea of Natural Rights*, Atlanta, Ga.

John WITTE

→ *Autoridade; Igreja-Estado; Lei.*

DIREITO CANÔNICO

"Direito canônico" designa o conjunto do direito (d.) que organiza a atividade da Igreja* católica e das Igrejas ortodoxas. As Igrejas oriundas da Reforma falam antes de "disciplina*". "Direito canônico" é sinônimo de "reto cânone", designação usual que aparece raramente: prefere-se traduzir por "direito canônico" a expressão tradicional latina *jus canonicum*.

a) *O direito da Igreja católica.* — O d. da Igreja está contido em dois códigos. O primeiro, *Codex iuris canonici* (Código de direito canônico), concerne à Igreja latina. Foi promulgado em 1983 pelo papa João Paulo II depois de um trabalho de revisão do primeiro código, promulgado por Bento XV em 1917. O segundo código, dito *Codex canonum ecclesiarum orientalium* (Código dos cânones das Igrejas orientais) concerne às Igrejas orientais católicas e foi promulgada em 1990. Retoma um trabalho de codificação inacabado, começado sob o pontificado de Pio XI e interrompido em 1958. João XXIII anunciou, em 25 de janeiro de 1957, a reunião do futuro concílio do Vaticano II, anunciando também, no mesmo dia, a revisão do Código de d. canônico. Assim já ressaltava o fato de que o d. canônico posterior encontraria suas referências nas declarações do Vaticano II*. Vinte anos foram necessários para que a revisão do código latino terminasse, depois de um trabalho de comissões em que intervieram canonistas do mundo inteiro. Do mesmo modo, o código dos cânones das Igrejas orientais seria preparado por um longo trabalho de dezesseis anos.

O d. da Igreja católica não se reduz aos dois códigos que, no entanto, formam a parte mais importante do d. *universal* da Igreja, i.e., do d. aplicável na Igreja toda e promulgado pelo papa*. O d. canônico está também contido em textos oficiais esparsos, raramente reunidos, seja de d. universal, seja formando o conjunto do d. *particular* da Igreja. Esta última categoria de d. é importante, porque emana de instituições capazes de criar seu d. ou concernem grupos que podem receber um d. próprio. Isso sucede com as Igrejas particulares* ou locais* e com seus agrupamentos (regiões e províncias eclesiásticas, conferências de bispos). É o caso também de todos os grupos associativos, identificáveis ou não com instituições de vida consagrada. O d. particular — tomado como aplicação direta do d. universal quando este o prevê ou, mais amplamente, promulgado em conformidade com ele — tem a vocação de ser mais maleável e mais próximo das realidades locais ou específicas. É com ele que as comunidades da Igreja contam para definir sua ação e manifestar sua identidade.

Não se deve esquecer de mencionar *outras fontes do d.*, mostrando, assim, que o d. canônico se apresenta como um sistema jurídico elaborado à maneira dos grandes sistemas jurídicos modernos. É o caso do costume, dos princípios gerais do d., e das interpretações autênticas dadas pelo próprio legislador. Acrescente-se a essas fontes a jurisprudência que emana de tribunais eclesiásticos, seja em matéria matrimonial quando os tribunais se pronunciaram sobre pedidos de reconhecimento de nulidade de matrimônio*, seja em matéria administrativa, em seguida a contenciosos levados à jurisdição, que pode receber queixas contra a decisão de pessoas que exercem o poder. Entretanto, conexos com o próprio d. canônico, dois corpos de d. são importantes. Primeiro, o d. *concordatário* formado de textos de todo tipo, que definem as relações entre a Igreja católica e os Estados* ou sociedades* políticas. Em seguida, o d. que na Igreja católica denomina-se d. *civil eclesiástico*, e que cobre o conjunto dos ramos do d. estatal que incluem o fato religioso, d. das pessoas físicas e morais, d. dos bens. Assim, na França, esse d. compreende o regime de separação aplicado aos cultos, o regime dos cultos reconhecidos e não reconhecidos de Alsácia-Mosela e os estatutos em vigor nos DOM-TOM.

b) *A codificação.* — O recurso ao fenômeno da codificação para apresentar o essencial das fontes do d. canônico é tardio. Data do fim do s. XIX, período em que o código de Napoleão representava um modelo. Com efeito, nessa época havia o problema da acessibilidade ao d.*, por causa do aumento do volume dos textos jurídicos no período que se seguiu ao concílio de Trento*, quando os papas tiveram grande atividade em matéria de legislação, notadamente através dos dicastérios da Cúria romana criados desde meados do s. XVI. Isso requeria, porém, um trabalho de construção lógica que operava uma ruptura com o modelo precedente — que até então respeitara o princípio do *Corpus iuris canonici* que consistia em oferecer ao trabalho do jurista o conjunto do trabalho que tinha sido promulgado antes. Até então o jurisconsulto podia resolver as questões que lhe eram propostas remontando no d. anterior até o d. romano, apoiando-se na autoridade dos textos publicados.

Deve-se lembrar que desde o s. IV, o d. canônico foi reunido em coleções, inicialmente cronológicas, depois temáticas, que reuniam fontes diversas, decisões conciliares, decretais pontifícias, e mesmo direito romano civil. Em 1140, um monge de Bolonha, Graciano, começou, sob forma privada, a procurar uma unificação do d. anterior, publicando uma compilação de textos sob o título *Concordia discordantium canonum*. Depois da apresentação de textos que emanavam de autoridades diversas, tratando de um mesmo assunto, dava um parecer que se chamou os *dicta Gratiani*. A obra teve grande sucesso, e deu lugar ao trabalho doutrinal dos chamados "decretistas" ou comentadores dos decretos de Graciano. Um século mais tarde, o papa Gregório IX ordenou realizar por Raimundo de Pennafort uma obra semelhante, a fim de conhecer não só o direito anterior a Graciano mas também o que fora promulgado depois. Quando a obra foi concluída, promulgou-a pela famosa bula *Rex pacificus* de 1234, dando um caráter oficial à obra. Depois disso, leis vieram aumentar esse texto chamado *liber decretalium* ou mais simplesmente *Decretais de Gregório IX*. Assim aumentadas e comentadas pelos que se chamarão decretalistas, todas as leis foram de novo reunidas em 1500 em um só volume chamado *Corpus iuris canonici*, e que pretendeu lembrar o *Corpus iuris civilis* de Justiniano.

Em 1917, os juristas encontraram-se diante de um texto jurídico novo em relação ao que haviam conhecido antes. Tiveram de transformar seu método de trabalho. Formados no raciocínio dos jurisconsultos, deviam agora raciocinar a partir do texto do código. Seguiu-se um período em que a atividade do canonista foi reduzida a um trabalho de exegese. Isso explica em boa parte a desafeição pelo d. canônico que se notou especialmente nos anos que se seguiram à Segunda Guerra Mundial, p. ex., na França em que a Igreja fez a experiência de um movimento pastoral missionário. O d. canônico não parecia poder enquadrar esse movimento: limitado por seu método, mais limitado ainda por suas categorias, apoiadas em uma eclesiologia* que definia somente a Igreja como *societas juridice perfecta*. Um novo interesse pelo d. canônico fez-se sentir depois da promulgação do segundo código em 1983. Foi posta a questão de saber se era para retomar o procedimento da codificação ou voltar a um método mais tradicional de apresentação do d. Isso, porém, embora fortemente debatido, não foi uma questão essencial. Teve-se por mais importante o fato de que o código tivesse integrado as categorias eclesiológicas do Vaticano II. O concílio apa-

recia, pois, como a origem de bom número de instituições e de elementos legislativos novos, em que o jurista podia apoiar-se para fundar suas interpretações.

c) Conteúdo dos dois códigos de direito canônico. — Em trinta títulos para o Código das Igrejas orientais e em sete livros para o código latino, a legislação apresenta-se a partir de alguns conjuntos-chave: organização da Igreja e seus ofícios canônicos de governo*, o d. que concerne ao exercício do culto* e o d. referente à função de ensino. Encontra-se, explicitamente no código latino, implicitamente no oriental, uma apresentação que se organiza em torno das três funções que Cristo — sacerdote*, profeta* e rei — confiou à Igreja, as funções de ensino, de santificação e de governo. Os batizados ou fiéis participam do exercício dessas funções seja individualmente (direito das pessoas físicas), seja agrupadas em associações (direito das comunidades associativas). Sua participação toma um aspecto particular no seio das comunidades erigidas pela própria Igreja, as dioceses e as paróquias. A realidade eclesiológica das Igrejas particulares "nas quais e pelas quais existe a Igreja católica" (cân. 368) é fundamental. Permite compreender e situar de outra maneira a legislação que concerne às instituições que exercem um poder hierárquico sobre a Igreja inteira (ou os patriarcados*, no caso das Igrejas orientais). Encontram-se, assim, conjuntos legislativos consagrados a instituições próprias à Igreja católica, como a vida consagrada* e um d. de sanções (ou, segundo a antiga acepção, d. penal).

d) A doutrina canônica. — Em razão do lugar dado ao ensino do d. canônico na Igreja católica, notadamente nas numerosas faculdades onde se proporciona um ensino universitário, existe uma doutrina, abundante e viva, acessível em algumas dezenas de revistas especializadas. Todas as questões que procedem do d. canônico e de seus institutos jurídicos podem ser ali tratadas. Note-se, contudo, que desde o final do Vaticano II, surgiram várias teorias sobre os fundamentos do d. canônico, chegando às vezes a organizar escolas. Entre as mais conhecidas, as que se alinham sob a designação ampla de "teologia do d. canônico" procuram dar um caráter essencialmente diferente ao d. canônico em relação ao d. estatal. É o caso do alemão Mörsdorf que, segundo sua abordagem, rejeita uma reflexão que parta de uma noção prévia e geral do d., mas dá um fundamento sobrenatural* ao d. canônico a partir das noções teológicas de Palavra* e de sacramento*. É também o caso do suíço Corecco, que estrutura o d. como *ordo fidei* e não como *ordo rationis*. Essa operação de fundação nova do d. canônico é apresentada geralmente como uma retomada na Igreja católica de um movimento inaugurado no mundo protestante alemão no meio do século, quando as Igrejas evangélicas se organizaram de maneira específica diante do Estado. Outras escolas, ao contrário, estão apegadas à autonomia da ciência canônica em relação à teologia*, assim como a equipe de redação da revista *Concilium* ou a escola de Navarra, que dá ao d. canônico a tarefa de constituir a justa relação entre a constituição da Igreja e sua realidade de sacramento da salvação*. Ao lado das escolas, existem métodos em que a prática e a aplicação do d. permitem dar um estatuto à sua evolução e à sua interpretação.

e) Direito canônico ortodoxo. — Para os ortodoxos, o d. canônico é uma disciplina teológica e jurídica. O conjunto da legislação canônica conciliar ecumênica, que se conhece sob a apelação comum de *nomocanon* ou *syntagma em XIV títulos*, foi oficialmente confirmado pelo sínodo* reunido em Constantinopla em 920. Ela constitui a *ratio materiae* desse direito. Trata-se dos 85 cânones atribuídos aos apóstolos*, dos cânones editados pelos 7 primeiros concílios ecumênicos do primeiro milênio, dos cânones editados por concílios locais (III-IX séculos) e dos cânones dos 13 Padres. Todo esse conjunto constitui o *corpus iuris canonici* da Igreja ortodoxa. Essa legislação conciliar faz parte integrante da tradição canônica. Os princípios canônicos fundamentais expressos por essa legislação são plenamente afirmados em nossos dias no texto de todos os *estatutos* ou *cartas* constitucionais das Igrejas ortodo-

xas e concernem à sua organização e ao seu funcionamento.

• (2001) *Código de Direito canônico. Edição revista e ampliada com a Legislação Complementar da CNBB*, São Paulo. — E. Corecco (1985), "La réception de Vatican II dans le Code de droit canonique", em G. Alberigo, J. P. Jossua (sob a dir. de), *La reception de Vatican II*, Paris, 327-391. — D. Letourneau (1988), "Dix ans d'application du code en France", *ACan* 34, 11-116. — P. Valdini (sob a dir. de) (1989), *Droit canonique*, Paris.

Patrick VALDRINI

→ *Disciplina eclesiástica; Direito; Jurisdição.*

DISCIPLINA ECLESIÁSTICA

A expressão "disciplina eclesiástica" designa um conjunto de leis, regulamentos, estatutos que concernem à organização e à atividade de Igrejas* e de comunidades religiosas. Tem um sentido preciso nas Igrejas protestantes, mas também possui uma acepção própria na Igreja católica, na qual se conhece um direito* canônico feito de cânones reunidos em código ou em *corpus*. No direito canônico, a expressão "disciplina eclesiástica" refere-se à parte desse direito (chamado às vezes "direito penal") em que se organiza o exercício de um poder coercitivo da Igreja em relação aos fiéis, tendo como figura de realização última a excomunhão. As Igrejas oriundas da Reforma, ao contrário, são muito reservadas em relação à excomunhão, embora esta seja conhecida nos textos fundadores.

a) Disciplina nas Igrejas protestantes — O termo "disciplina" é utilizado sobretudo nas Igrejas reformadas. Assim, a Igreja reformada da França edita uma coletânea intitulada *"Estatutos, disciplina, e regulamento geral de aplicação"*. Em sentido amplo, o termo pode designar de maneira geral o direito eclesial das Igrejas surgidas da Reforma. Entretanto, ao contrário do direito canônico da Igreja romana, que muitos comentadores tentam fundar ou explicar de uma maneira própria a partir da doutrina, a disciplina ou o direito eclesial, nesse sentido, apoia-se somente na necessidade de organizar-se. Por isso, essas Igrejas distinguem fundamentalmente a doutrina da disciplina. Essa organização deve ser justa para corresponder ao papel que se quer que as Igrejas desempenhem nas sociedades*, responsabilidade que compete às próprias comunidades, sobretudo por meio dos processos de deliberação. Esse direito contém regras de organização das Igrejas locais*, da catequese, dos ministérios*, e da organização dos sínodos* etc., todas as disposições que regulamentam e permitem a vida comum e, por isso, são susceptíveis de revisão e de adaptação.

b) *Disciplina eclesiástica e direito canônico*. — Um livro inteiro do Código de Direito canônico (l. VI) e um título do Código dos cânones das Igrejas orientais católicas são consagrados às sanções na Igreja católica. No código de 1917, esse direito era chamado penal e, como no código atual, as regras que nele se encontram são sobretudo técnicas. Os princípios aí afirmados explicam como se deve aplicar esse direito. O cânon 1317, p. ex., declara que "as penas* sejam dadas somente na medida em que se tornem verdadeiramente necessárias para melhor assegurar a disciplina eclesiástica". Contudo, não se encontra nenhuma explicação sobre a significação eclesiológica desse direito. Desde o início do livro VI do código de 1983, lê-se: "A Igreja tem o direito nativo e próprio de punir com sanções penais os fiéis delinquentes". Para conhecer essa significação há que recorrer aos comentaristas. *Uns* fundam a concepção do "direito nativo" no fato de ser a Igreja organizada como uma sociedade que deve reger as atividades dos fiéis, protegendo a instituição e sua ação contra os atos que a atingem. Sem coincidir totalmente, essa concepção inscreve-se na linha da eclesiologia* da *societas juridice perfecta*, que se desenvolveu em reação contra os Estados modernos que reivindicam o poder sobre seus súditos que estão submetidos à Igreja. *Outros* comentaristas, sem negar a necessidade de possuir um corpo de regras que garantam a disciplina no interior da Igreja, questionam o exercício de um poder eclesiástico de coerção. Isso lhes parece superado pela existência de uma eclesiologia de comunhão* afirmada nos textos do Vaticano

II* e, por conseguinte, pedem que um direito de natureza retributiva seja substituído por um "sistema penitencial *sui generis*."

Com isso, esses comentaristas obrigam a remontar na história* e na formação do poder coercitivo na Igreja. Os historiadores da Igreja antiga e medieval mostraram que desde as origens a Igreja recorreu a práticas jurídicas para sancionar as faltas (Mt 8,15-18; 2Cor 2,6; 1Cor 5,11ss). No entanto, antes do s. XII, o desenvolvimento dessas práticas fez-se sem que os processos penitenciais e a imposição de penas canônicas (excomunhões, suspensões, deposições) fossem totalmente distintos. Dos s. XII ao XIV fala-se de "interpenetração dos aspectos penitenciais e coercitivos da disciplina eclesiástica", mas também de "sua diferenciação progressiva ante o direito penal secular" (Munier, 1975). A distinção feita pelo direito canônico e a teologia* de um poder de jurisdição* ao lado de um poder de ordem permitiria formar um quadro de ação ao poder disciplinar da Igreja e marcar uma diferença em relação à disciplina penitencial. É esse poder de jurisdição que a Igreja reivindicará diante dos Estados, definindo, assim, o direito nativo da Igreja de impor penas. Contudo, a distinção feita entre a ação coercitiva da Igreja no foro externo e sua ação no foro interno ou foro da consciência* (pelo sacramento da penitência*, especialmente em virtude do princípio de que "todo delito é um pecado*") mostra que, para a sistemática jurídica atual, direito penal e disciplina penitencial ainda se completam.

- Ch. Munier (1975), "Discipline pénitentielle et droit pénal ecclésial. Alliances et différentiation", *Conc(F)* 107, 23-32. — A. Borras (1987), *L'excommunication dans le nouveau Code de droit canonique*, Paris. — B. Reymond (1992), *Entre la grâce et la loi. Introduction au droit ecclésial protestant*, Genebra.

Patrick VALDRINI

→ *Direito; Direito canônico; Jurisdição; Penitência.*

DITEÍSMO → **triteísmo**

DIVINDADE → **deidade**

DIVINIZAÇÃO → **santidade** → **mística** → **renano-flamenga (mística)** 2. b.

DOCETISMO

Esse termo tirado de verbo *dokein* ("parecer") designa uma concepção teológica partilhada por muitas heresias* gnósticas, antes de ser também adotada pelo maniqueísmo*: consiste em só admitir em Cristo* Salvador uma simples "aparência" (*dokesis*) de corpo humano. É a reação de um pensamento helenístico marcado pelo dualismo e preocupado em salvaguardar a transcendência e a incorruptibilidade do divino diante da matéria, reputada como princípio contrário. Cristo, ser espiritual, não podia ter vindo na "carne*", mas só como espírito que tomou a aparência da "carne".

1. Desenvolvimento

Nas épocas apostólica e pós-apostólica, as formulações cristológicas de João e alguns de seus ataques (Jo 1,14; 1Jo 4,2s), ou as precisões de Inácio de Antioquia sobre o caráter "completo" e "verdadeiro" da Encarnação*, permitem apenas entrever os precursores mal identificáveis do docetismo (d.) propriamente dito. Foi com o gnosticismo do s. II que o docetismo se afirmou.

a) *Entre os valentinianos*. — Seu sistema dissocia o Cristo do alto — éon oriundo do Pleroma — e o Cristo* "psíquico" emitido pelo Demiurgo. O Jesus* da história carregou um corpo que não tinha nele nenhuma corrução e cuja natureza era, segundo as diferentes escolas, seja "pneumático", seja "psíquico". Tinha passado por meio de Maria* (*per Mariam*), como a água por um tubo: toda geração desse corpo *ex Maria* era rejeitada. Sua "ressurreição*" só podia ser entendida como sua volta ao Pleroma.

b) *No marcionismo*. — O d. era aqui mais radical, porque Marcião suprimia todo nascimento e crescimento em Jesus Cristo. Segundo ele, o Filho do deus superior e estranho ao mundo, tinha aparecido subitamente no 15° ano de Tibério, em um corpo de adulto que não tivera mãe terrestre e só apresentava uma aparência, uma ilusão da "carne". Por uma singular disposição

divina, essa "carne" putativa — sem ser em si passível nem mortal — tinha conhecido *realmente* a paixão* e a morte sobre a cruz*. Esse d. rigoroso devia ser atenuado por Apeles, discípulo desviacionista de Marcião, que atribuía a Cristo um corpo verdadeiro, mas isento de nascimento e feito da substância dos astros.

Todas essas concepções cristológicas acompanhavam-se de uma mesma atitude negativa para com a ressurreição: o corpo humano de carne não podia ser salvo nem resgatado: salvação* e redenção concerniam somente as almas.

2. Reação da Igreja

Contra essas tentativas de "espiritualização" exagerada, Ireneu* e, em seguida, Tertuliano* definiram a "regra de fé", acentuando a encarnação verdadeira de Jesus Cristo e a historicidade real de seu ato redentor. Afirmaram com força a unidade de Cristo, que veio da conjunção do *Logos* divino e da "carne", sendo esta a designação da substância humana. É essa "carne" que, tendo recebido em Cristo participação na potência divina vivificadora, será destinada à salvação e à ressurreição. Tertuliano*, que afirma com vigor a realidade permanente da divindade (*deus*) e da humanidade (*homo*) na "pessoa*" única de Cristo Jesus (*Adv. Praxaen.* 27, 11) insiste também no caráter autêntico e completo desse componente humano, que comporta alma* e corpo material, que o Verbo* recebe pelo nascimento *da* Virgem: é revestindo uma "carne" verdadeira que Cristo pode salvar a dos homens e assegurar-lhes a ressurreição.

• P. Weigandt (1961), *Der Doketismus im Urchristentum und in der theologischen Entwicklung des 2. Jahrhunderts*, Heidelberg. — J.-P. Mahé ed. (1975), *Tertullien. La chair du Christ* (SC 216), Introduction p. 11-180. — A. Orbe (1975), "La Pasión según los gnósticos", *Gr.* 56, 5-43; (1976), *Cristología gnóstica. Introducción a la soteriologia de los siglos II y III*, I-II, Madri. — A. Grillmeier (1979), "Jesus der Christus im Glauben der Kirche", I, Friburgo-Basileia-Viena. — A. Orbe (1990 a), "En torno al modalismo de Marción", *Gr.* 71, 43-65; (1990 b) "Marcionítica", *Aug.* 31, 195-244; (1993), "Hacia la doctrina marcionítica de la redención", *Gr.* 74, 45-74. — C. Munier (1993), "Où en est la question d'Ignace d'Antioche?…" *ANRW* II, 27, 1 (em part. 407-413).

René BRAUN

→ *Apostólicos (Padres); Atributos divinos; Cristo/ cristologia; Encarnação; Gnose; Marcionismo; Ressurreição de Cristo.*

DOGMA

1. História do conceito e de sua interpretação

O "dogma" (d.) designa, no uso teológico atual, uma verdade que a Igreja* (I.) põe como algo que se deve crer. Se diversos conceitos ("artigos de fé", "verdade católica") puderam ser utilizados nesse sentido no passado, às vezes de maneira paralela, foi a noção de dogma que se impôs progressivamente desde a época das Luzes. Emprega-se também em sentido mais amplo, para designar verdades de fé* que não foram formalmente "erigidas em dogma" (como p. ex., a confissão trinitária).

a) O dogma no uso linguístico profano, judaico e cristão da Antiguidade. — O verbo grego *dokein*, empregado transitivamente, significa "crer", "decidir", e dá o substantivo *dogma*, "opinião" ou "decisão". Nesse sentido, "d." aparece como termo técnico da linguagem jurídica ("decreto" ou "lei": assim em Platão, *República*, 414 b; *Leis*, 644 d, 926 d), enquanto em sua primeira acepção pertence ao domínio da filosofia*. Em Platão, pode então significar "representação" (*Teeteto*, 156 d), "opinião" (*Sofista*, 265c) ou "princípio, doutrina" (*Rep.* 538 c). É nesse último sentido que a Stoá o retoma, e precisa, postulando, contra a suspensão do juízo (*epokhe*) pregada pelos céticos, a necessidade de um *dogma* (latim, *decretum*), de uma apreensão intelectual unívoca, como pressuposto do ato moral. (cf. Cícero, *Academ.* 2, 9, 27; Sêneca, *Cartas*, 95: Epitecto, *Discursos*, 4, 11, 8 *passim*; Marco Aurélio, 2, 3: Sextus Empiricus, *Hypotyposes pyrrhon.*, 1, 13-17). Esses princípios diferem segundo as escolas filosóficas.

Se raramente é questão de "d." nas traduções gregas do AT, e então quase exclusivamente no sentido jurídico (cf. *4 M* 4,23 s. 20 [LXX]; Dn 2,13 *passim* [Teodocião]), acontece que o judaís-

mo* helenístico designa por esse termo a própria tradição* mosaica, considerada como superior aos d. dos filósofos (cf. *3 Mc* 1,3; Flávio Josefo, *Contra Apião*, 1, 42; *Antiguidades*, 15, 126; Fílon, *Legum all.* 1, 54; 3, 1, 194 *passim*).

Esse uso helenístico encontra-se no NT (cf. Cl 2,14; Ef 2,15) paralelamente à acepção jurídica (cf. Lc 2,1; At 17,7; Hb 11,23, variante). Em At 16,4, as decisões disciplinares tomadas pelo que se convencionou chamar o "concílio dos apóstolos*" (cf. At 15,28) são designadas como *dogmata*. Os Padres apostólicos*, seguindo o uso do judaísmo helenístico, falam de "d. do Senhor" (*dogmata tou kuriou:* Inácio de Antioquia, *Cartas aos Magnésios*, 13, 1; *Epístola de Barnabé*, 1, 6) ou de "d. do Evangelho" (*dogmata tou euangeliou: Didaché*, 11, 3). Os apologistas* Justino, Taciano e Atenágoras — e igualmente os alexandrinos Clemente e Orígenes* — aplicam indistintamente o conceito de "d." às doutrinas filosóficas e aos ensinamentos cristãos, de modo que parece necessário qualificar adequadamente estes últimos. Orígenes fala assim dos "d. de Deus*" (*dogmata theou: Com. sobre S. Mateus*, 12, 23), Eusébio dos "d. da Igreja" (*ekklesiastika dogmata*) em referência ao seu conteúdo (cf. *HE* 3, 26, 4) como também à maneira como foram estabelecidos (p. ex., em consequência de uma decisão sinodal: cf. *ibid.*, 5, 23, 2; 6; 43, 2). As decisões tomadas em matéria de fé pelos concílios* da I. antiga seriam consideradas d. segundo os critérios atuais, mas não eram assim chamadas por essas assembleias; porém, o imperador Justiniano lhes concedeu esse título e as colocou assim no mesmo nível da Escritura* (*Corp. Iur. Civ.*, nov. 131).

O termo não se impõe mais nos Padres latinos. Aplicado na maioria das vezes às doutrinas filosóficas ou às heresias* cristãs, só serve ocasionalmente para designar a doutrina cristã. Assim ficará durante toda a IM. Só o *Communitorium* de Vicente de Lérins (*c.* 434) dá ao d. uma posição teológica central: o d. representa aqui o ensinamento da I. católica (*dogma divinum, caeleste, ecclesiasticum, catholicum* etc.), que fornece a norma de interpretação da Escritura e deve, pois, distinguir-se das doutrinas dos mestres do erro (*novum dogma* etc.). O critério do d. é "o que foi acreditado em toda parte, sempre, por todos" (cf. *infra*, 2). No decurso dos séculos, o ensinamento da I. pode mudar em sua letra, mas no fundo não sofre nem alteração nem diminuição (cf. *Commonitorium* 23).

b) *A concepção medieval: o artigo de fé.* — Na IM foi sob a denominação de "artigo de fé" que se discutiu a doutrina obrigatória da I. e da maneira como tinha sido estabelecida. Tertuliano* já tinha falado da ressurreição* como do "artigo por excelência de toda a fé" (*De ressurrectione mortuorum* 39: CChr. SL 2, 972). Foi por volta de 1150 que a expressão "*articulus fidei*" apareceu na literatura teológica, substituindo as fórmulas "*pars fidei*" e "*sententia symboli*", pelas quais até então se designavam as diferentes proposições contidas na confissão* de fé. Essa noção que só designa primeiramente a unidade mínima de um conjunto mais vasto, encontra sua primeira clarificação por volta de 1230 (cf. as três "definições" da *Summa de bono* de Filipe, o Chanceler, ed. N. Wicki, 618, 3-6). Esse trabalho de clarificação conceitual vai de par com uma reflexão aprofundada sobre o caráter obrigatório do artigo de fé, enquanto, de um lado, é necessário para a salvação* e, de outro lado, participa da verdade divina. Essa dupla raiz da obrigação encontra-se claramente destacada na definição falsamente atribuída a Ricardo de São Vítor: *Articulus est indivisibilis veritas de Deo artans [sic] nos ad credendum* (*ibid.*, 618, 5-6). Tomás* de Aquino entendia por artigo de fé verdades que: a/são reveladas diretamente nas Sagradas Escrituras; 2/têm grande importância para a fé e a vida da fé, na medida em que se referem ao fim último do homem e à visão beatífica*, e 3/pertencem a um símbolo (cf. sobretudo *ST* IIa IIae, q. 1, a. 6-10). Contudo, os artigos de fé não representam somente a norma do que o fiel é obrigado a crer e a base de toda a instrução cristã: são também o ponto de partida da teologia*.

Quando a grande escolástica* retomou a concepção aristotélica da ciência, teve de perguntar-se de que princípios a teologia devia partir para aceder, por via de dedução, a um saber realmente científico. Coube a Guilherme de Auxerre o mérito de ter sido o primeiro a considerar os artigos de fé como os princípios da ciência teológica (cf. os textos citados por Lang, 1964, 113-114). Embora o caráter científico da teologia ficasse controverso, não tardou a impor-se a ideia de que os artigos de fé constituíam a base da teologia. Mesmo se todas as verdades da salvação não são enunciadas nos artigos de fé do símbolo (é o caso da eucaristia*, p. ex.), estes aparecem aos grandes escolásticos como princípios particularmente fecundos de onde é possível tirar toda a riqueza da fé. A escolástica tardia do s. XIV atribuía não só aos artigos de fé, mas a todas as verdades contidas na Escritura, um valor de princípio primeiro para a ciência teológica (cf. os testemunhos fornecidos por Lang, 1964, 179-181). Ao mesmo tempo questionava-se que verdades deviam ser consideradas como "verdades católicas [...] necessárias à salvação", e que autoridade podia designá-las como verdades que se devem crer (Guilherme de Occam, *Diálogos*, p. I, l. 2 c. 1, *citado* por Koser, 1963, 67). Ficou claro que o corpo de verdades fundado na autoridade* do Deus* revelado (i.e., a fé divina, *fides divina*, correspondente ao conteúdo explícito e implícito da Escritura) forma o núcleo central de um domínio mais extenso, que cobre, além disso, as verdades reveladas aos apóstolos* e transmitidas oralmente, assim como as verdades consignadas pelos primeiros concílios ou reservadas a santos particulares (como, p. ex., as regras das grandes ordens monásticas); essas verdades possuem igualmente, em diversos graus, um caráter obrigatório. Quanto à autoridade habilitada a determinar a fé da I., não é mais atribuída só ao concílio, como representante da I. universal, mas também, cada vez mais, ao papa*.

c) *A redescoberta do "dogma" nos Tempos modernos.* — A Reforma acabava de relançar a controvérsia sobre a doutrina obrigatória da I., quando o *Communitorium* de Vicente de Lérins foi redescoberto e editado por J. Sichard (Basileia, 1528). O termo "d.", empregado nessa obra para designar o ensinamento perpetuado pela I., substituiu-se progressivamente à noção medieval de "artigo de fé", assumindo suas conotações. Contra a concepção católica tradicional — ainda retomada pelo concílio de Trento* —, para a qual a fé constitui um conjunto harmonioso que reúne diversos enunciados teológicos e disciplinares garantidos pela I., insistiu-se mais e mais em examinar o bem fundado da doutrina. As discussões sobre o jansenismo*, o galicanismo* etc., no seio da I. e as críticas formuladas pelos representantes das Luzes, de fora, reforçaram mais esse movimento.

A concepção moderna de d. encontra seu ponto de partida na tentativa de unificação das diferentes confissões em torno das verdades centrais da fé. Francisco de Veron (1578-1649) — que, porém, não emprega o termo de "d." — fala nesse contexto de enunciados que, revelados por Deus, são postos pela I. como verdades em que se deve crer: "É de fé católica tudo isso, e nada mais que isso, que foi revelado na palavra de Deus e proposto a todos pela I. católica como devendo ser crido de fé divina" (*Regula fidei catholica*, trad. lat., Louvain, 1702, reproduzido em Migne, *Theologiae cursus completus* I, Paris, 1839, 1037-1112). Seu contemporâneo, Henry Holden (1596-1662), designa esses enunciados pela expressão tradicional "artigos de fé", mas também pelo conceito de "d. da fé católica" ou "divina" (*catholicae* ou *divinae fidei dogma*). Esse uso mantém-se notadamente entre os teólogos influenciados pelas Luzes, como Felix Anton Blau (1754-1798; *Regula fidei catholicae*, Mainz, 1780) e Filipe Neri Christmann (*c.* 1751-1810; *Regula fidei catholicae et collectio dogmatum credendorum*, Kempten, 1792, reproduzido em Migne, *op. cit.*, VI, Paris, 1841, 878-1070). Para esse último, o d. da fé é "somente [...] uma doutrina e uma verdade revelada divinamente, e que é proposta pelo julgamento público da I., e que se deve crer por fé divina, de tal modo que a doutrina contrária é condenada pela I. como herética" (*ibid.*, § 5; Migne, 882). A neoescolástica, embora rejeitando a abordagem redutora desses autores, retoma por sua conta o conceito assim definido (cf. Joseph Kleutgen [1811-1883], *Die Theologie der Vorzeit verteidigt*, t. I, Münster, 1867[2], 47: "A fé católica cristã compreende tudo o que a I. proclama como verdade que

Deus lhe revelou, e não compreende nada além disso"). O I concílio do Vaticano*, sem utilizar diretamente o conceito, definiu o d. como um enunciado contido na palavra* de Deus e posto pelo magistério* ordinário e universal da Igreja como o que se deve crer ("Acrescentamos que se deve crer de fé divina e católica tudo o que está contido na palavra de Deus, escrita e transmitida pela Tradição, e que a I. propõe a crer como divinamente revelado, seja por um julgamento solene, seja por seu magistério ordinário e universal" [*DS* 3011]). O mesmo concílio apresenta a infalibilidade* pontifícia, cuja doutrina estabelece, como um "d. revelado por Deus" (*DS* 3073). Com isso, o conceito passou definitivamente para o uso oficial da Igreja (cf. já *DS* 2629; 2879s; 2909; 2922; 3017; 3020; 3041; 3043). O II concílio do Vaticano*, sempre sem utilizar o conceito (cf. *LG* 25; *DV* 7-10), debruçou-se de novo sobre o problema de fundo para propor uma visão menos doutrinal, mais individual, da revelação* e da fé. Faz eco, assim, às solicitações legítimas formuladas na virada do século pelos representantes do que se convencionou chamar modernismo*.

O protestantismo* não evoluiu da mesma maneira. Lutero*, que acentuava (sobretudo em sua controvérsia com Erasmo*) o caráter assertivo da fé, conservou a terminologia medieval, embora contestando o magistério da Igreja: "É a palavra de Deus, e ninguém mais, que deve estabelecer os artigos da fé" (*BSLK*, 421, 24s). Entretanto, ficou fiel à confissão trinitária e cristológica dos primeiros concílios, não porque lhe reconhecesse uma competência particular em matéria de doutrina, mas porque estimava que suas declarações eram confirmadas pela Escritura, e que eram, portanto, corretas. O termo "d." foi retomado em seguida pela ortodoxia* protestante para designar as doutrinas da I. antiga, mas a respeito do *corpus* doutrinal protestante constituído no s. XVI, falava-se antes de *confessio* e de *doctrina* (cf. Ebeling, 1964, 168-170). Depois das Luzes, o "d." tornou-se no seio do protestantismo o objeto de uma crítica fundamental, cujos móveis são em parte de ordem espiritual, em parte de ordem histórica. Todavia, enquanto desde o s. XIX o apelo protestante à subjetividade era em grande parte compreendido como abolição do "d." (F. Chr. Baur; A. von Harnack), Barth* se voltou com um interesse novo para essa noção: ele definiu o d. como "a pregação* eclesial enquanto coincide com a palavra de Deus contida na Bíblia*'" (*KD* I/1, 283), embora sublinhando a distância infinita que o separa desta. Contudo o d. foi amplamente posto de novo em questão sob a influência de Bultmann*, que reclamava uma reinterpretação atualizada do querigma cristão primitivo.

2. O dogma na teologia sistemática

Os d. são palavras que têm para a I. valor de obrigação: a esse respeito, apesar de sua especificidade, devem ser considerados como manifestação de um fenômeno de ordem universal. Toda comunidade se constitui e se consolida em torno de certas convicções fundamentais, cujo questionamento arruinaria o conjunto. Mesmo no Estado* de direito democrático, no qual repousam sobre o consenso de todos os cidadãos e são por isso consideradas revisáveis, essas convicções exprimem a "verdade" a partir da qual a comunidade vive e age. Ora, essa verdade, nas condições históricas contingentes de sua apreensão e de sua formulação, só pode ser apreendida nos enunciados categoriais particulares, que uma reflexão transcendental compreende como outras tantas indicações e antecipações da verdade absoluta. Isso é igualmente verdadeiro dos dogmas da Igreja, que querem exprimir a verdade divina de maneira obrigatória. Como todas as formulações humanas da verdade, apresentam um caráter analógico (cf. *DS* 806), i.e., só traduzem imperfeitamente essa verdade divina da qual não renunciam, contudo, exprimir. Os d., graças aos quais é possível pôr-se de acordo sobre a verdade e descrever a identidade cristã, cumprem, assim, na comunidade de comunicação da I., uma função indispensável. É o que já está atestado claramente no NT, em que aparece às vezes necessário, para fins litúrgicos ou catequéticos, resumir o querigma cristão primitivo em uma fórmula que impressione (cf. p. ex. Rm 10,9; 1Cor 15,3ss); é o que confirmam ainda os

símbolos da I. antiga, assim como as definições doutrinais dos concílios ecumênicos.

Esse estado de coisas é fundado em última instância na encarnação* como estrutura da revelação divina. Deus, em Jesus Cristo*, comunicou-se ao mesmo tempo sob o modo histórico e sob o modo escatológico; no Espírito* Santo, suscita o testemunho permanente e o reconhecimento sempre renovado dessa comunicação de si. A tarefa confiada à I. é levar, em meio às flutuações da história*, o testemunho permanente de uma verdade divina comunicada uma vez por todas. Para isso, a I. deve permanecer para sempre na verdade (indefectibilidade*) (cf. *LG* 12). Os dogmas não devem ser compreendidos como novas revelações, mas como o desdobramento — sob influxo de forças diversas (cf. *infra*, 3) — da revelação fundamental atestada na Escritura e transmitida pela tradição da I. (lugares* teológicos). Não basta retomar tal ou tal enunciado da Escritura, pois é justamente sobre sua interpretação correta que muitas vezes se dá o desacordo. Assim, o I concílio de Niceia* viu-se obrigado a recorrer a um termo não escriturístico (*homoousios*, "consubstancial"*) para pôr fim à querela que certos teólogos tinham travado a respeito da divindade do *Logos*, apoiando-se em várias citações bíblicas. O Credo de Niceia, com os cânones correspondentes (cf. *DS* 125s), pode ser considerado um d. antes da letra. No curso da história, vê-se a I. fixar verdades de fé sob diversas formas: além das confissões da I. antiga, convém citar em primeiro lugar as decisões conciliares, que se apresentam seja como confissões de fé (assim em particular os credos de Niceia I e de Constantinopla I*), seja ainda como exposições doutrinais, seja como determinações canônicas (por meio da fórmula tradicional: "*si quis dixerit [...] anathema sit*", ("se alguém diz [....] que seja anátema"). Essas decisões não se referem apenas às questões de fé no sentido estrito, mas também à vida cristã e à organização da I. Quanto aos cânones, julga-se desde o Vaticano I que o anátema qualifica como herética a tese incriminada e define assim sua contraditória como "verdade de fé divina e católica". Contudo, isso não é absolutamente verdadeiro dos cânones do concílio de Trento, nem mesmo dos do Vaticano I. Com efeito, até Trento, inclusive, não eram só anatematizadas opiniões que se afastavam da fé, mas também desvios disciplinares. E o Vaticano I quis condenar, além das heresias aparecidas no terreno da própria fé, erros que tocam os "preâmbulos da fé". Em seguida, o Vaticano II renunciou a proclamar anátemas, como também d. no sentido estrito, optando por um modo de exposição de caráter pastoral.

Tratando-se de decisões doutrinais da I., o magistério eclesial assumido pelos bispos*, juntamente com o papa, cumpre uma função particular como instância de testemunho. Segundo a concepção formulada pelo Vaticano I e retomada pelo Vaticano II, o magistério eclesial tem por tarefa expor sob forma definitiva e obrigatória as verdades da fé contidas na Escritura e na tradição. Isso pode ser feito seja pelo ensinamento concordante do papa e dos bispos dispersos por toda a terra (magistério ordinário), seja por uma decisão expressa de origem conciliar ou pontifícia (magistério universal) (cf. *LG* 25; *CIC* 1983, cân. 749). Não se trata ainda, para os crentes, senão se receber esses dogmas com obediência; mas atualmente a teologia insiste no papel de uma recepção* mais ativa dos enunciados doutrinais (cf. Beinert, 1991).

A ideia de "d.", tal como tinha sido destacada pelos teólogos das Luzes, visava antes a afastar os motivos de discórdia, restringindo o corpo das doutrinas obrigatórias. O magistério eclesial retomou essa concepção, embora sublinhando que a adesão do fiel não podia nem devia limitar-se aos d. formalmente definidos. A fé da I. constitui, segundo declaração do Vaticano II sobre a ordem ou a hierarquia* das verdades relativamente a seu fundamento cristológico (cf. *UR* 11), uma "estrutura global diferenciada" (W. Kasper, 1991, 302), em cujo quadro os enunciados particulares devem ser julgados e interpretados (notas* teológicas).

3. O problema do desenvolvimento dogmático

Todo conhecimento da verdade inscreve-se na história. Essa historicidade pode ser compreendida em sentido positivo, como qualidade de abertura e de inacabamento e, portanto, como tarefa atribuída à razão* humana de aprofundar constantemente sua percepção da verdade; mas pode também significar que não existe verdade, ou que não podemos apreendê-la de maneira adequada, ou mesmo que não podemos apreendê-la de modo nenhum. Já na filosofia antiga a palavra "d." exprimia a convicção de haver, apesar de todos os protestos céticos, um conhecimento verdadeiro, que, porém, não pode impedir o aparecimento de opiniões concorrentes. Em relação à fé cristã, a percepção do caráter histórico de sua formulação põe a questão do modo de constituição e do grau de verdade de seus enunciados particulares. Admitindo-se seriamente que Deus, em Jesus Cristo, comunicou-se a nós na realidade definitiva da escatologia*, que Jesus Cristo é, portanto, a insuperável verdade de Deus em pessoa* (cf. Jo 14,6; Hb 1,1ss), então não há que esperar por uma nova revelação. Deve-se, porém, ver em Jesus Cristo não somente o fim, mas também a plenitude de uma revelação que, sob a direção do Espírito Santo, nunca terminamos de compreender e de assimilar (cf. Jo 14,26; 15,26; 16,13). Referidas a esse pano de fundo, todas as teorias que interpretam unilateralmente o desenvolvimento como um movimento de abandono ou de progresso, revelam-se inadequadas. O desenvolvimento do d. só pode conceber-se, segundo os princípios que admitimos, como "a explicação do que está implicitamente contido na revelação original" (Kasper, 1991, 304).

Essa explicação não deve ser compreendida nem segundo um simples esquema biológico (cf. Vicente de Lérins, *Commonitorium* 23, citado por Vaticano I [cf. *DS* 3020]), nem em sentido puramente lógico (teologia da conclusão, neoescolástico). Faz-se melhor justiça ao processo real do desenvolvimento dogmático considerando a tradição da fé como um acontecimento vivo, mais do que como a transmissão de teses particulares (cf. *DV* 8). Depois disso, não passa de um ponto secundário saber se há de considerar esse acontecimento — para só citar algumas das teorias do desenvolvimento dogmático — de um ponto de vista dialético, como autointerpretação da ideia cristã (J. A. Möhler, J. E. Kuhn), de um ponto de vista tipológico, como o desdobramento incessante de novos aspectos da fé no quadro fixo de um tipo global (Newman*), de um ponto de vista vitalista, como tentativa sempre renovada de pôr a palavra de Deus à prova da ação (Blondel*), ou, enfim, do ponto de vista da teologia transcendental, como a articulação histórico-categorial de um conhecimento que inicialmente é de ordem transcendental (Rahner*). Até aqui perdeu-se de vista, com demasiada frequência, que ao compreender o desenvolvimento dogmático como um processo de explicação progressiva, há o risco, de dissolvê-lo na ideia de "progresso", e que é preciso também considerá-lo como um movimento de redução e de concentração em torno de uma verdade original, sem portanto cair na teoria do abandono. A revelação ocorreu uma vez por todas, e o testemunho está consignado na Sagrada Escritura; é voltando constantemente a ela que garantimos para nós um recurso crítico contra uma concepção do desenvolvimento dogmático demasiadamente subordinada ao "progresso".

Mesmo se a ação do Espírito divino transborda o quadro de uma teoria do desenvolvimento dogmático, é ela essencialmente que, segundo a convicção católica, governa a evolução da doutrina e da vida religiosa. O Espírito Santo age na I. por meio da fé do povo de Deus (*sensus fidelium*), assim como pela pregação da doutrina, que dependem uma da outra (cf. *LG* 12; *DV* 8). Entretanto, intervém também o trabalho dos teólogos, cuja tarefa não se limita, de modo nenhum, a preparar o terreno para o magistério, e a justificar posteriormente suas decisões: consiste também em estudar a palavra de Deus, tal como foi pronunciada uma vez por todas, em examinar as diferentes interpretações a que deu lugar no curso da história, em refletir sobre a coerência interna da mensagem cristã, e em assumi-la diante das questões do tempo. Se no passado foi, sobretudo, a existência de correntes heréticas no seio do cristianismo que suscitou os esforços de clarificação e de delimitação dogmática — exceto para os dois dogmas marianos

de 1854 e 1950, que respondiam antes a exigências cultuais —, o Vaticano II (notadamente na constituição pastoral *Gaudium et Spes*) considerou os grandes desafios do presente como "sinais dos tempos" que se tratava de interpretar à luz do Evangelho (cf. *GS* 4, *passim*). Com o recuo da história, os enunciados dogmáticos não aparecem de modo nenhum como resultado de uma discussão, mas antes como intervenções circunstanciais e contingentes, que não podem ser estendidas a outros contextos históricos senão ao preço de um trabalho de interpretação (cf. *Mysterium Ecclesiae* 5 [*AAS* 65 (1973), 402-404]). Essa interpretação, porém, não significa a ruína do d., mesmo que com a ajuda do saber histórico adquirido nesse domínio ela tome por guia a formulação encontrada pela I. e esforce-se por exprimir sua ideia conforme os dados de uma nova situação. Atualmente discute-se, sobretudo, para saber como a fé pode preservar e articular sua identidade não somente através de épocas sucessivas, mas também de uma cultura para outra. Enfim, para uma abordagem ecumênica, é essencial saber se as condenações pronunciadas nas confissões evangélicas do s. XVI e nos cânones do concílio de Trento ainda permanecem válidas hoje (cf. K. Lehmann — W. Pannenberg, 1986, 1989).

▶ G. Kittel (1935), "Dogma — dogmatizò", *ThWNT* 2, 233-235. — A. Lang (1942-1943), "Die Gliederung und die Reichweite des Glaubens nach Thomas von Aquin und den Thomisten. Ein Beitrag zur Klärung der scholastichen Begriffe: *fides, haeresis* und *conclusio theologia*", *DT* 20, 207-236, 335-346; 21, 79-97; (1953), "Der Bedeutungswandel der Begriffe 'fides' und 'haeresis' und die dogmatische Wertung der Konzilsentscheidungen von Vienne und Trient", *MThZ* 4, 133-146. — J. Ranft (1957), "Dogma I", *RAC* 3, 1257-1260. — E. Fascher (1959), "Dogma II", *RAC* 4, 1-24. — L. Hödl (1962), "*Articulus fidei*. Eine Begriffsgechichtliche Arbeit", in J. Ratzinger-H. Fries (sob a dir. de), *Einsicht und Glaube*, Friburgo, 358-376. — C. Koser (1963), *De notis theologicis. Historia, notio, usus*, Petrópolis. — M. Elze (1964), "Der Begriff des Dogmas in der alten Kirche", *ZThK* 61, 421-438. — G. Ebeling (1964), *Wort Gottes und Tradition*, Göttingen. — A. Lang (1964), *Die theologische Prinzipienlehre der mittelalterlichen Scholastik*, Friburgo. — H. Hammans

(1965), *Die neueren katolischen Erklärungen der Dogmenentwicklung*, Essen. — W. Kasper (1965), *Dogma unter dem Wort Gottes*, Mainz. — K. Rahner-K. Lehmann (1965), "Kerigma und Dogma", *MySal* I, 622-707 (Petrópolis, 1971). — J. Ratzinger (1966), *Das Problem der dogmengeschichte in der Sicht der katolischen Theologie*, Colônia-Opladen. — W. Pannenberg (1967), "Was ist eine dogmatische Aussage?", *Grundfragen systematischer Theologie* t. 1, Göttingen, 159-180. — H.-J. Pottmeyer (1968), *Der Glaube vor dem Anspruch der Wissenschaft*, Friburgo, 300-304. — H. Küng (1970), *Unfehlbar? Eine Anfrage*, Zurique; (sob a dir. de), *Fehlbar? Eine Bilanz*, Zurique. — J. Nolte (1971), *Dogma in Geschichte*, Friburgo. — K. Rahner (sob a dir. de) (1971), *Zum Problem Unfehlbarkeit. Antworten auf die Anfrage von Hans Küng*, Friburgo. — G. Söll (1971), *Dogma und Dogmenentwicklung*, Friburgo. — M. Elze (1972), "Dogma", *HWP* 2, 275-277. — K. J. Becker (1973), *"Articulus fidei* (1150-1230). Von der Einführung des Wortes bis zu den drei Definitionen Philipps des Kanzlers", *Gr.* 54, 517-569; (1976), "Dogma. Zur Bedeutungsgeschichte des lateinischen Wortes in der Christlichen Literatur", *Gr.* 57, 307-350. 658-701. — P. Schrodt (1978), *The Problem of the Beginning of Dogma in Recent Theology*, Frankfurt. — U. Wickert, C. H. Ratschow (1982), "Dogma", *TRE* 9, 26-41. — G. A. Lindbeck (1984), *The Nature of Doctrine. Religion and Theology in a Postliberal Age*, Philadelphia. — P. F. Fransen (1985), *Hermeneutics of the Councils and Other Studies*, Louvain. — W. Löser, K. Lehmann, M. Lutz-Bachmann (sob a dir. de) (1985), *Dogmengeschichte und katholische Theologie*, Würtzburg. — G. Mansini (1985), *"What is a Dogma?" The Meaning and Truth of Dogma in Edouard Le Roy and his Scholastic Opponents*, Roma. — K. Lehmann, W. Pannenberg (sob a dir. de) (1986), *Lehrverulteilungen-kirchentrennend?* t. I, Friburgo-Göttingen. — K. Lehmann (sob a dir. de) (1989), *Ibid.*, t. II, 15-170. — J. L. Segundo (1989), *El dogma que libera*, Santander (*O dogma que liberta*, São Paulo, 1991). — W. Beinert (sob a dir. de) (1991), *Glaube als Zustimmung*, Friburgo. — J. Drumm (1991), *Doxologie und Dogma*, Paderborn. — W. Kasper (1991), "Dogma/Dogmenentwicklung", *NHThG²* t. 1, 292-309. — N. Walter (1992), "Dogma", *EWNT²* t. 1, 819-822. — E. Schockenhoff, P. Walter (sob a dir. de) (1993), *Dogma und Glaube*, Mainz. — L. Scheffczyk (1997), *Grundlagen des Dogmas: Einleitung in die Dogmatik*, Aix-la-Chapelle.

Peter WALTER

→ *Dogmática (teologia); Fé; História; Lugares teológicos; Palavra de Deus; Revelação; Teologia.*

DOGMÁTICA (Teologia)

a) História. — "Dogmática" (d.) empregou-se como adjetivo na Antiguidade antes de ser usado como substantivo, p. ex. para qualificar uma atividade intelectual e opô-la às atividades "práticas" ou "éticas". A IM latina parece não ter conhecido essa palavra. É encontrada no Ocidente com os humanistas. Mas é somente em 1634, no luterano humanista G. Calixt (Ritschl, 1920, 260), que o adjetivo é unido à "teologia"* (t.). Em 1659, outro luterano, L. F. Reinhart, utiliza "t. d." no título de uma obra (Sauter, 1982, 42). A partir de 1680 (aproximadamente), a expressão aparece no título de muitos livros de t. católica. No s. XVIII, cursos e manuais trazem frequentemente "dogmático-escolástico" em seu título. Falar de t. d. serviu, então, a uma dupla distinção: de um lado com a t. moral (ética*) (que acabava de adquirir sua autonomia), e de outro lado com a t. escolástica* (que não dava nenhum espaço à pesquisa histórica sobre o material dogmático cristão).

Compreendida então como a construção de um "sistema" teológico justaposto à Escritura*, do modo como a t. protestante começou muito cedo a fazê-lo, e como a t. católica o fará mais tarde sob a influência do *methodus scientifica* da escola de Wolff (p. ex. Gazzaniga, 1786), a t. d. prolonga formas bem mais antigas da t. sistemática.

Considera-se em geral o *Peri Arkhôn* de Orígenes* ou (talvez com mais razão ainda) o *Grande discurso catequético* de Gregório* de Nissa (PG 45, 9-105), como os primeiros ensaios de articulação sistemática do conteúdo da fé cristã. A *Expositio de fide orthodoxa* (PG 94, 789 A — 1228 A) de João Damasceno († *c.* 749) possui mais claramente ainda as características de uma d. bastante completa: certamente mais preocupado com a ortodoxia do que com o aprofundamento especulativo, e mesmo se os processos de compilador ofusquem um pouco a coesão interna da exposição teológica, Damasceno é uma testemunha da maior importância da evolução da t. A t. latina, por sua vez, conhece uma primeira exposição sistemática com o *De doctrina christiana* de Agostinho* (PL

34, 15-122), e uma exposição que terá grande influência, pois as grandes categorias agostinianas (*res et signa, uti et frui*) estarão ainda operantes nas *Sentenças* de Pedro Lombardo (†1160) (Chenu, 1957, 116). A sistematização encontra, enfim, um acabamento nas diversas sumas que da enigmática *Summa sententiarum* (PL 176, 41-174) (Baron, 1958) à *Summa aurea* de Guilherme de Auxerre (†1231), verdadeiro iniciador na utilização teológica da filosofia* (f.), e às grandes construções do s. XIII, fazem da t. um organismo construído segundo as leis da ciência aristotélica e cujo laço com a Escritura tende a afrouxar.

O protestantismo* quis inicialmente apertar esse laço, e é todavia notável que a elaboração de uma t. sistemática começou ali muito cedo, como os *Loci communes* de Melanchton (1535) e a *Instituição* de Calvino* (1539). A sistematização aumentou ainda na ortodoxia luterana e calvinista da idade clássica, que não hesitou em utilizar mesmo os meios conceptuais do aristotelismo* (p. ex. J. Gerhard) para captar e apresentar os conteúdos doutrinais da maneira mais sistemática possível.

Elaboradas sobre o pano de fundo dessa tradição, as primeiras t. a qualificarem-se explicitamente de d. correspondiam, contudo, a um novo clima. 1/ O projeto de um pensamento d. significava em primeiro lugar a vontade de fugir das querelas de escola para voltar ao ensinamento oficial das Igrejas — o desejo de ensinar uma doutrina não submetida a disputas (Kasper, 1967, 35s) A t. d. compreendeu-se assim como uma "ciência do dogma* da Igreja*" (Rahner, 1959, 446; Sauter, 1982, 42, 52), que lhe cabia ao mesmo tempo justificar a partir da Escritura e da tradição*, e desdobrar por via de conclusão (Congar, 1962, 131, 172s). A sorte da nova disciplina não podia deixar de estar ligada estreitamente à outra disciplina nova que era a história científica dos dogmas. 2/ E porque o novo clima de pensamento era marcado pela "crise da consciência europeia" e pela luta das Luzes contra as crenças tradicionais, foi também para resistir ao questionamento do dogma que a sistematização teológica foi levada a desenvolver-se sob a forma moderna da d. (Kasper, 1991). Contudo, uma apologética do dogma estando necessariamente ligada na t. católica a uma defesa e ilustração da Igreja

como instância docente, essa evolução não era sem riscos: a t. católica pareceu encontrar doravante sua fonte imediata no magistério* — a *Theologia Wirceburgensis* (1771), p. ex., faz da Igreja uma *regula fidei proxima*, e a coloca na frente das duas *regulae fidei remotae* que são a Escritura e a tradição, por um procedimento que teria sido incompreensível tanto à t. patrística quanto à medieval.

A t. protestante do s. XIX começou, sob o impulso de Schleiermacher*, por um distanciamento das razões sistemáticas, suspeitas de favorecer uma confusão entre t. e f.: é como "doutrina da fé*" que se apresenta sua exposição sintética. Em sua esteira e influenciada por sua teoria do sentimento, a escola de Erlangen explicará o dogma a partir da experiência* da fé, enquanto a t. especulativa dos discípulos de Hegel* o compreenderá como a autoexplicitação do conteúdo absoluto e a escola de A. Ritschl o entenderá em uma perspectiva ética. Todavia, "d." voltou a usar-se no protestantismo, notadamente graças a Barth* e a E. Brunner (1946-1960), e seu projeto enuncia-se em perspectivas variadas: intenção "querigmática" em Barth, estabelecimento de correlação entre questões humanas e respostas teológicas (Tillich*), como exegese consequente (E. Jüngel), refundação da d. no quadro de uma teoria das ciências (W. Pannenberg) etc.

A teologia católica da primeira metade do s. XIX conheceu, por sua vez, o desabrochar de uma t. que conjugava um forte enraizamento eclesial e uma grande abertura às correntes intelectuais da época (a escola de Tübingen* é seu melhor exemplo). Um endurecimento — "uma mudança de estrutura na t. católica" (Welte, 1965, 380s) — produziu-se, contudo, nos meados do século; e a neoescolástica forneceu então a perspectiva de uma sistematização que tendia a considerar a história* como um elemento inassimilável e a modernidade como simples degradação. Caberá ao Vaticano II*, que retomou e concluiu numerosas ofertas de renovação (renovação patrística, "nova t." etc.), propor uma concepção mais dinâmica (Kasper, 1967, 37s; Sauter, 1982, 65-66): a d. é, de agora em diante, compreendida como obra de interpretação a serviço da manifestação atual de uma Palavra* pronunciada uma vez por todas (Geffré, 1983); ela recebe a exegese* como ponto de partida e a pregação* missionária como fim (não se trata, pois, de uma simples "apologética dos dogmas"). Muitas vias são então abertas. Os autores de *Mysterium salutis* adotaram a perspectiva da história da salvação*. K. Rahner* é marcado pela preocupação de pôr à luz a conivência ("transcendental") profunda entre a palavra de revelação* e a estrutura interna do espírito humano (1976), e um cuidado análogo move o método de B. Lonergan* (1972). A estética teológica de H. U. von Balthasar*, de seu lado, encontra seu centro de gravidade na soberana automanisfestação da glória* divina (1961-1969). Na verdade, as diferentes vias da t. católica atual — histórica, antropológica ou teologal — completam-se, e cada uma seria unilateral se desconhecesse a parte de verdade contida nos outros pontos de vista.

b) Objeto. — A t. d. não tem só por objeto os dogmas no sentido estrito; ela visa perceber de maneira englobante a totalidade da revelação cristã. Essa leitura total exige atenção aos resultados de t. bíblica*, que integra também na sua inteligência da palavra de Deus as interpretações trazidas pela tradição e pelo magistério e procura atualizar sempre o sentido permanente da Palavra (Kasper, 1991). Desse modo, a t. d. tem um discurso distinto do discurso proferido pelo magistério da Igreja, em relação ao qual opera à maneira de uma instância reflexiva. Nisso nada há de surpreendente. A transmissão da doutrina católica por uma autoridade* hierárquica nunca torna supérflua a inteligência teológica. E porque, submetida ao que lhe é revelado, a Igreja não pode em nenhum momento agir de modo arbitrário, é também incontestável que a t. nunca é sem significação para o próprio magistério (Congar, 1980) e para a evolução dos seus pronunciamentos.

O lugar hermenêutico* da d. é então o encontro da fé e da razão*. A d. não tem a linguagem da razão só, nem da fé só (Congar, 1962, 127s). E caso se considere que existe um trabalho próprio à t. fundamental*, que é o do *intellectus quaerens*

fidem, deve-se dizer que o trabalho próprio da d. é o da *fides quaerens intellectum.* Certamente os dois não podem dissociar-se, e pode-se admitir que os procedimentos críticos e justificativos da t. fundamental devem receber direito de cidadania em todos os níveis do trabalho e em todos os tratados da d. (Geffré, 1972, 17s; Kasper, 1988, 118-119). Tanto Rahner — lembrando que nunca há afirmação sobre Deus que não implique uma afirmação sobre o homem — quanto Balthasar — mostrando que uma doutrina teológica da percepção e uma teoria do êxtase são inseparáveis — insistiram, cada um a seu modo, no vínculo estreito dessas duas disciplinas.

c) Método. — O primeiro dever do método da d. é sem duvida, não dissociar o procedimento positivo do procedimento especulativo (Beumer 1954). Pelo fato de ter a t. escolástica dedicado um interesse medíocre às questões históricas e ao problema da história, o contragolpe era sem dúvida inevitável, e viu-se nascer uma t. positiva* quase autônoma e separada. E se, no momento do auge das ciências históricas, existiam autores, como M. Cano (1509-1560), que viam no método positivo uma função de toda a t., mais numerosos foram os sistematizadores da escolástica barroca que, com João de São Tomás (1589-1644), puderam ver o trabalho positivo como uma atividade preliminar e propriamente exterior à t. em sentido estrito, que só começava de fato quando se podia, enfim, silogizar... Ora, a t. só cumpre frutuosamente sua obra em um movimento de reenvio perpétuo pelo qual o *intellectus fidei* efetua um retorno "positivo" às fontes contingentes da fé, enquanto, reciprocamente, o *auditus fidei* se reflete na inteligência "especulativa" daquilo que se crê (Rahner, 1959, 449; Congar, 1962, 181s; Geffré, 1972, 63-64). A utilização teológica de todos os recursos da crítica histórica figura no caderno de encargos de toda d., no mesmo nível que a utilização teológica de todos os recursos da racionalidade filosófica. Nem por isso a razão d. se deixa reduzir a uma forma de razão histórica ou a uma forma de razão filosófica: ao contrário, a d. é fiel à sua própria razão quando a história e a razão são ao mesmo tempo assumidas, ligadas e levadas a termo nela, por uma verdade* que as supera (Rahner, 1968, 921-922: Kasper, 1991).

O segundo dever da d. seria, sem dúvida, não constituir-se (como fizeram a escolástica barroca e a neoescolástica) em ciência das conclusões. A concepção segundo a qual a d. teria por objetivo mais importante preparar novas definições, constitui de fato "uma doença da teologia" (Congar, 1962, 131). Antes de ser heurística, é como hermenêutica* que a d. pode organizar-se de maneira sadia, esforçando-se por recuperar as verdades da fé em sua unidade e em sua coerência interna (o *nexus mysteriorum*), mostrando simultaneamente sua correspondência com a busca de sentido dos homens de cada geração.

Um terceiro dever seria articular o serviço da Escritura e o serviço da Igreja. O Vaticano II considera a escritura como "a alma de toda a teologia" (*OT* 16). Decerto, de um ponto de vista católico, a Escritura deve ler-se no interior da tradição da Igreja; mas reciprocamente, a doutrina da Igreja, por seu lado, não pode interpretar-se senão a partir de Escritura, *norma normans non normata*. E se os fatos d. esclarecem a Escritura, enquanto a Escritura, em troca, permite perceber suas justas perspectivas, há ainda que acrescentar que uma d. só é verdadeiramente eclesial na medida em que permanece fiel à ortodoxia, mas também porque seu cuidado com a Escritura e a tradição é vivido em uma Igreja que enfrenta sempre as questões de seu tempo, recebendo-as como questões postas à sua própria fé (Kasper, 1967, 37-45).

d) *Articulação.* — A história da d. propõe-nos muitos tipos de articulação dos argumentos e dos tratados (Grillmeier, 1975, 613, 626-629; Kasper, 1991). 1/ O *Peri Arkhôn* de Orígenes, depois de um prólogo que expõe o projeto de seu autor, divide-se em duas partes, a primeira delas (subdividida em três seções) esboça as doutrinas de Deus, das criaturas racionais e do mundo, enquanto a segunda discute alguns pontos difíceis, e porque não se propõe a fornecer uma síntese teológica completa, a obra pode deixar de lado temas tão importantes como a economia da salvação e os sacramentos*. 2/ O *Grande discurso catequético* de Gregório de

Nissa é composto como um tríptico: sua primeira parte expõe a "t." no sentido patrístico estrito (a doutrina do Deus único em três pessoas*), a segunda trata da "economia" subdividida em uma apresentação da efetuação histórica da salvação (criação*, pecado*, encarnação*, cruz) e na sua apropriação (sacramentos, fé, vida espiritual*). 3/ A divisão em quatro livros do *De fide orthodoxa* de Damasceno deve-se a seus tradutores latinos, mas o quadro geral dos cem capítulos, nos quais se reparte a matéria da obra, tem alguma analogia com o que serão mais tarde as sínteses do s. XII (Dublanchy, 1910, 1541): doutrina do conhecimento* de Deus e da Trindade* (cap. 1-14, livro I), criação e antropologia* cristã (cap. 14-46, livro II), cristologia* (cap. 47-81, livro II e começo do IV), sacramentos, problema do mal* e escatologia* (cap. 82-100, resto do livro IV). 4/ O *De doctrina christiana* de Agostinho organiza-se segundo uma única grande articulação: o Deus trinitário (*res qua fruendum*) aparece ali como o termo de nossa *navigatio*, Cristo e a Igreja são os meios de chegar lá. 5/ Na esteira de Agostinho, as *Sentenças* de Pedro Lombardo coordenam uma exposição das *res* (livros I a III) e uma exposição dos *signa* (livro IV, sacramentos); e as *res* são por sua vez subdivididas segundo a dicotomia agostiniana do *frui* (o Deus trinitário, livro I) e do *uti* (as criaturas, livro II), o papel próprio de Cristo sendo o de conduzir dos *utilia* aos *fruibilia* (livro II). 6/Permanecendo fiel à ordem narrativa (*series narrationis*) da Escritura, Hugo de São Vítor (†1141) divide seu *De sacramentis christianae fidei* seguindo a *historia* (termo que designa não só o conteúdo da economia da salvação, mas também o método que permite apreendê-lo). O primeiro livro que expõe a "obra da criação", desdobra-se "do começo do mundo até e encarnação*"; o segundo, que expõe a "obra da reparação", desdobra-se "da encarnação do Verbo* até ao fim e a consumação de tudo".

É ainda um tema agostiniano que emprega Abelardo*: *fides* (Trindade-criação-encarnação), *caritas* (caridade-virtudes*-preceitos), *sacramentum*. Abelardo tem mais importância, na história da t., por ter sido o primeiro autor a abandonar totalmente a ordem histórica das razões e a reduzir todos os fatos da economia da salvação a categorias "científicas", que permitiam organizar tudo sob a luz de noções gerais e de princípios sintéticos. Quanto a Tomás* de Aquino, em busca de uma *ordo disciplinae* para sua *Summa*, não é nem a esquemas agostinianos, nem aos esquemas organizadores do cosmo* de Aristóteles, mas ao esquema neoplatônico da *emanação* e do *retorno* que recorre, e é nessa curva que situa os fatos e os gestos da história da salvação: as duas primeiras partes falam, pois, respectivamente, do Deus princípio e do Deus fim, enquanto a terceira é consagrada a Cristo, que é para nós o caminho em direção a Deus, *via est nobis tenendi in Deum* (Chenu, 1950, 260).

Duas correntes assim se distinguem, e o teocentrismo estrito de Tomás contrasta com uma tendência agostiniana, bernardiana e boaventuriana na qual a t. se constrói segundo um plano cristológico e soteriológico, atento à condições existenciais e à "sabedoria* da cruz". A t., nessas correntes, não se reduz certamente a uma economia de *minha* salvação. Compreende-se, contudo, o que lhes deve a rejeição radical de toda t. sapiencial expressa por Lutero* na oposição da *theologia gloriae* à *theologia crucis*.

Entre um teocentrismo essencial sempre tentado de esquecer que "a glória de Deus é o homem vivente", e um antropocentrismo existencial tentado de dissolver a substância própria do teológico, a d. não se encontra diante de um dilema. Seria, pois, um novo dever da d. ligar as duas abordagens: porque se o tema unificante da t. é o próprio Deus (Tomás de Aquino), esse Deus é o Deus dos homens por Jesus Cristo e no Espírito* — assim o teocentrismo deve incluir um antropocentrismo bem compreendido que apreende toda verdade de fé como verdade de salvação (Rahner, 1959, 450; Kasper, 1991).

• Keckerman (1602), *Systema SS. Theologiae*, Hannover. — G. Calixt (1634), *Epitome Theologiae moralis*, Helmstadt. — L. F. Reinhart (1659), *Synopsis Theologiae Christianae Dogmaticae*, Noribergae. — M. Gazzaniga (1786), *Theologia dogmatica in systema*, Ingolstadt. — F. D. E. Schleiermacher

(1821), *Der christliche Glaube*, Berlim. — M. J. Scheeben (1875-1903), *Handbuch der kath. Dogmatik*, Friburgo. — J. Pohle (1902-1905), *Lehrbuch der Dogmatik*, Paderborn. — B. Bartmann (1911), *Lehrbuch der Dogmatik*, Friburgo. — K. Barth (1932-1967), *KD*, Zurique. — M. Schmaus (1937-1955), *Katolische Dogmatik*, Munique. — E. Brunner (1946-1960), *Dogmatik*, 3 vol., Zurique. — P. Tillich (1951-1963), *Systematic Theology*, 3 vol., Chicago. — H. U. von Balthasar (1961-1969), *Herrlichkeit*, Einsiedeln. — B. Lonergan (1972), *Method in Theology*, Nova York. — K. Rahner (1976), *Grundkurs des Glaubens*, Friburgo-Basileia-Viena (*Curso fundamental de fé*, São Paulo, 1989).

▸ H.-E. Weber (1908) *Der einfluss der protestantischen Schulphilosophie auf die orthodoxe-lutherische Dogmatik*, Leipzig. — E. Dublanchy (1910), "Dogmatique", *DThC* 4, 1522-1574. — O. Ritschl (1920), "Das Wort dogmaticus in der Geschichte des Sprachgebrauchs bis zum Aufkommen des Ausdrucks theologia dogmatica", in *Festgabe für J. Kaftan*, Tübingen, 260-272. — K. Barth (1928), *Die Theologie und die Kirche*, Munique.— M.D. Chenu (1943), *La théologie comme science au XIIIème siècle*, Paris. — Y. Congar (1943-1946), "Théologie" *DThC* 15, 341-502. — J. de Ghellinck (1947), "Pagina et Sacra Pagina", in *Mélanges A. Pelze*, Louvain, 23-59. — M.-D. Chenu (1950), *Introduction à l'étude de saint Thomas d'Aquin*, Paris. — Y. Congar (1952), "Dogmatique", *Cath.* 3, 949-951. — J. Beumer (1954), "Positive und spekulative Theologie", *Schol.* 39, 53-72. — M.-D. Chenu (1957), *La théologie au XIIème siècle*, Paris. — R. Baron (1958), "Note sur l'énigmatique *Summa sententiarum*", *RThAM* 25, 26-41. — G. Gloege (1958), "Dogmatik", *RGG*[2] 2, 225-230. — K. Rahner (1959), "Dogmatik", *LThK*[2] 3, 446-459. — Y. Congar (1962), *La foi et la théologie*, Tournai. — W. Kasper (1962), *Die Lehre von der Tradition in der Römischen Schule*, Friburgo. — B. Welte (1965), "Zum Strukturwandel der katholischen Theologie in 19. Jahrhundert", in *Auf der Spur des Ewigen*, Friburgo, 380-409. — W. Kasper (1967), *Die Methoden der Dogmatik*, Mainz. — K. Rahner (1968), "Dogmatik", *SM(D)* 1, 917-924. — C. Geffré (1972), *Un nouvel âge de la théologie*, Paris. — A. Grillmeier (1975), "Vom Symbolum zur Summa", in *Mit ihm und in ihm*, Friburgo-Basileia-Viena, 585-636. — W. Pannenberg (1977), *Wissenschaftstheorie und Theologie*, Frankfurt. — Y. Congar (1980), "Le théologien dans l'Église aujourd'hui", in *Les quatre fleuves*, 12, 7-27. — G.

Sauter (1982), "Dogmatik I", *TRE* 9, 41-77. — C. Geffré (1983), *Le christianisme au risque de l'interprétation*, Paris. — W. Kasper (1991), "Dogmatik", *NHThG*, t. I, 310-320. — L. Scheffczyk (1977), *Gundlagen des Dogmas: Einleitung in die Dogmatik*, Aix-la-Chapelle.

Emilio BRITO

→ *Bíblica (teologia); Dogma; Eclesiologia; Escolas teológicas; Fundamental (teologia); Lugares teológicos: Notas teológicas; Teologia.*

DOMINGO

a) Origem do domingo. — O NT atesta (At 20,7-12); 1Cor 16,2; cf. Jo 20,26s) que os cristãos se reuniam no primeiro dia da semana, o dia em que Cristo* ressuscitou: esse dia recebeu em grego o nome de "dia do senhor" (Ap 1,10), em latim *dominica dies*, donde domingo (d.) em vernáculo. O mesmo ocorre nas outras línguas neolatinas, enquanto as línguas germânicas conservaram a denominação solar. O nome eslavo desse dia significa "ressurreição*".

Segundo a prescrição da antiga lei* (Ex 20,8), os judeus observavam o *sabbat** (sétimo dia) para o Senhor Deus* — uma observância cujos aspectos legalistas foram anulados por Jesus* quando declara ser o Senhor do *sabbat* (Mt 12,8). Não se vê claramente se os primeiros cristãos (ou alguns deles) observaram ao mesmo tempo o *sabbat* e o domingo, nem se a assembleia do primeiro dia da semana teve lugar inicialmente, segundo a maneira judaica de contar os dias, na véspera à tarde (portanto, no sábado) ou, ao contrário, já na manhã da ressurreição. Em todo o caso, desde o início do s. II, aparece com Inácio de Antioquia (*Magnésios*, 9) que há aí duas lógicas incompatíveis, e a epístola de Plínio, o Jovem, a Trajano (112) parece indicar que a assembleia do domingo era uma prática fundamental dos cristãos. Justino (*1ª Apologia*, 67) nos deixou a primeira descrição de uma assembleia eucarística dominical. Para os mártires de Abitena na Tunísia (304), essa assembleia é uma necessidade de sua fé*, mesmo se um edito imperial proíbe que ela ocorra. Ao contrário da proibição imperial precedente, Constantino favorecerá o culto pagão do sol ao mesmo tempo que o cristianismo, ao fazer do primeiro dia da semana um feriado (321).

b) Teologia. — Na teologia* dos Padres* da Igreja*, o d. é o dia em que Cristo ressuscitado está presente no meio dos discípulos como por ocasião das refeições que se seguiram à Páscoa*, e é também o dia de sua volta no fim dos tempos. É o primeiro dia da semana, e faz assim memória da criação* do mundo, e é o oitavo dia, o dia que vem depois do *sabbat*, portanto, o dia do mundo que virá. O tema da ressureição é talvez mais insistente na liturgia* bizantina ordinária do domingo (como já em Jerusalém* no s. IV um dos evangelhos* da ressurreição de Cristo é lido na vigília noturna), enquanto a liturgia romana presta mais atenção à exposição sucessiva da palavra* de Deus ao longo do ano.

O cristianismo antigo dava grande importância a dois sinais distintivos da liturgia do d., a saber, a ausência de jejum e o uso de orar em pé, e não de joelho, a oração de pé evocando simbolicamente Jesus* erguido dentre os mortos. O fato de que o domingo fosse um dia feriado a partir da época constantiniana, deu ao repouso dominical uma importância que não era sem analogia, apesar da diferença de sentido, com a atitude veterotestamentária em relação ao *sabbat*. Segundo a disciplina católica (*CIC*, cân. 1247), a obrigação dominical refere-se essencialmente à participação na eucaristia; os teólogos buscam pôr em plena luz o princípio dessa obrigação: há ali participação numa reunião da Igreja, que decorre da natureza mesma da Igreja como assembleia. De outra parte, quando a missa não é acessível, uma liturgia da palavra é vivamente recomendada na Igreja ou nas famílias* (*CIC*, cân. 1248). Ao contrário, as tradições religiosas surgidas da Reforma protestante não deixam lugar a uma obrigação nesse ponto; de outro lado, alguns se esforçam por dar valor, no culto* dominical, a uma celebração da eucaristia* frequentemente limitada ainda a quatro d. por ano (porque os reformadores não admitiam eucaristia sem comunhão).

• Rordorf (1981), "Ursprung und Bedeutung der Sonntagfeier im frühen Christentum. Der gegenwärtig Stand der Forschung", *LJ* 31, 145-156. — H. Auf der Maur (1983), *Feiern im Rythmus der Zeit I, Herrenfeste in Woche und Jahr*, Ratisbona, 35-49. — P. Jounel (1983), "Le dimanche", in A.-G. Martimort (sob a dir. de), *L'Église en prière*, nova ed., t. IV, Paris, 23-41. — *LMD* 166 (1986), *Le lectionnaire dominical de la messe*. — Congrégation du Culte Divin (1988), "Directoire pour les célébrations dominicales en l'absence de prêtre", *Not.* 24, 366-378. — P. Bradshaw (1955), *La liturgie chrétienne en ses origines*, Paris, 217-219. — João Paulo II (1988), *Carta Apostólica* Dies Domini, *DC* 95, 658-682.

Pierre-Marie GY

→ *Ano litúrgico; Culto; Mistério; Páscoa; Sabbat.*

DONATISMO

Movimento de contestação que deve o nome a seu fundador, Donato, e que abalou a Igreja da África durante três séculos e meio (IV a VII), o donatismo deixou poucos textos, excetuando algumas atas de concílios*, de mártires e o *Liber regularum* de Ticônio. É conhecido, sobretudo, pelos que o refutaram: Optato de Mileva e Agostinho*.

Esse movimento teve também por causas as divisões sociais, econômicas e religiosas da África do Norte da época, mas se lhe reconhece uma origem mais precisa, ligada à questão dos *lapsi*, termo utilizado para designar os que tinham caído, i.e., que tinham renegado sua fé* por ocasião das perseguições, na época de Cipriano*. O Sínodo de 251 tinha proposto readmitir os *lapsi* na Igreja* após um tempo de penitência*. As novas perseguições de 303-305 levaram numerosos membros do clero a entregar os livros das Escrituras ("traidores"). Os donatistas deram, então, prova de intransigência com relação a eles, banindo-os para sempre da Igreja. Para dar a essa atitude todo o seu peso, começaram por questionar a consagração episcopal de Ceciliano, celebrada rapidamente depois da morte* de seu antecessor Mensurius, sem esperar a chegada dos bispos* de Numídia. Eles depuseram Ceciliano, que devia ser reabilitado pelo edito de Milão, em 313, e pelo concílio (c.) de Arles de agosto de 314, depois restabelecido na sede de Cartago, em 10

de novembro de 316. No entanto, os donatistas questionaram, sobretudo a presença, por ocasião da consagração de Ceciliano, de outro bispo, Félix de Aptonga, suposto traidor, e que foi oficialmente absolvido em 15 de fevereiro de 315. A atitude dos donatistas levou o imperador Constantino a promulgar contra eles uma lei severa. Isso não os deteve. Eles organizaram sua propaganda multiplicando os atos dos mártires e, em 336, Donato já podia reunir em Cartago um c. de 270 bispos consquitados por ele.

Querendo uma Igreja de puros, aspirando ao martírio*, proclamando que há um só batismo* e uma só Igreja, afirmando que tinham necessariamente razão, os donatistas se definiam como os verdadeiros herdeiros da Igreja na África. Apresentavam-se como os herdeiros de Cipriano, o que lhes assegurava certa audiência junto ao povo, mas reinterpretavam amplamente seus pontos de vista. Provocaram mesmo movimentos de revolta, que foram logo condenados por intermediário das bandas que fizeram reinar o terror nos campos: os circunceliões. O imperador Constante reprimiu duramente os donatistas, enviou Donato para o exílio, onde morreu em 355. Contudo, quando em 361 e 363 Juliano, o Apóstata, chamou de volta os bispos donatistas, o movimento se reconstituiu e ganhou força.

Em 24 de abril de 394, o cisma* foi consumado no concílio de Bagaï: 310 bispos são favoráveis a Primiano, o sucessor de Donato. Agostinho é, depois de Optato de Mileva, um dos únicos bispos a poder vencer os donatistas. Depois de todo um concurso de circunstâncias, os católicos podem reunir em 403 uma conferência destinada a definir quem representa verdadeiramente a Igreja na África do Norte. Primiano recusa-se a participar da reunião. Em 405, o imperador toma certo número de medidas contra os donatistas; e em 411, quando o equilíbrio era ainda frágil, a Conferência de Cartago dá aos católicos a vitória. Pouco a pouco os donatistas perdem influência, mas continuam a resistir até ao século VII.

Em sua oposição aos traidores, os donatistas foram levados a proclamar que a validade dos sacramentos* dependia da santidade* dos ministros. Contra essa tese, Optato de Mileva e Agostinho argumentaram pondo em luz a catolicidade da Igreja, sua universalidade que ultrapassa os limites da África. E contra uma eclesiologia* que excluía os pecadores, fizeram ressaltar que o batismo pode ser conferido por todo cristão, e que, se os "ministros podem mudar, os sacramentos são imutáveis" (Contra os donatistas V, 4,5): a santidade dos sacramentos vem de Cristo*.

• Conferência de Cartago em 411, ed. S. Lancel (SC 194-195, 224, 373). — Agostinho, Traités antidonatistes (BAug 28-32). — Optato de Mileva, Traité contre les donatistes (SC 412-413).

▶ P. Monceaux (1912-1923), Histoire littéraire d'Afrique chrétienne, t. IV-VII, Paris. — Y. Congar (1963), "La théologie donatiste de l'Église et des sacrements", in Introduction aux traités antidonatistes de saint Augustin, BAug 28, Paris, 9-133. — R. A. Markus (1964), Donatism, the Last Phase: Studies in Church History, I, Londres. — R. Crespin (1965), Ministère et sainteté pastorale du clergé et la solution de la crise donatiste dans la vie et la doctrine de saint Augustin, Paris. — S. Lancel (1979), "Les débuts du donatisme: la date du protocole de Cirta et de l'élection épiscopale de Silvanus", REAug 25, 217-229, Paris. — W. H. C. Frend (1971), The Donatist Church, a Movement of Protest in Roman North Africa, Oxford. — J.-L. Maier (1987-1989), Le dossier du donatisme, 2 t., Berlim. — C. Pietri (1995), "Les difficultés du nouveau système en Occident: la querelle donatiste (363-420)", in Histoire du christianisme, t. 2: Naissance d'une chrétienté (250-430), Paris, 435-451.

Marie-Anne VANNIER

→ História da Igreja; Ministério; Unidade da Igreja.

DOUTOR DA IGREJA

Proveniente do título neotestamentário de didaskalos (At 13,1; 1Cor 12,28 etc.), docente carismático a serviço das primeiras comunidades cristãs, "doutor" (d.) assumiu progressivamente um sentido técnico, sobretudo a partir do papa* Leão Magno, para designar o ministério* eclesial das figuras mais importantes da teologia*. O ministério doutoral deveria ganhar ulteriormente uma conotação universitária, e numerosos serão os professores de teologia,

e também outros teólogos medievais, a serem conhecidos sob um título doutoral (Bernardo* de Claraval é d. melífluo, Tomás* de Aquino, d. angélico, Alexandre de Hales, d. irrefragável, Boaventura*, d. seráfico, Duns* Escoto, d. sutil, Ruusbroec, d. extático, Guilherme de Occam, d. invencível, Gerson d. cristianíssimo, Gregório de Rimini, d. agudo etc.).

Por iniciativa do papa Bonifácio VIII, em 1298, o magistério* romano começou a conferir o título de d. da Igreja* a teólogos considerados como testemunhas privilegiadas da tradição* cristã (cf. Vaticano II*, PO 19). As primeiras promulgações apenas ratificaram uma escolha já antiga do cristianismo latino, que colocava habitualmente sua teologia sob a proteção de Ambrósio*, Jerônimo*, Agostinho*, Gregório* Magno. Quanto ao Oriente cristão, esse tinha escolhido desde o s. IX atribuir uma preeminência a Basílio* Magno, Gregório* de Nazianzo, e João* Crisóstomo.

Enumeram-se 33 d. da Igreja. Alguns foram reconhecidos como tais pela tradição: do s. IV, os santos Basílio de Cesareia, Gregório de Nazianzo, João Crisóstomo, Atanásio* de Alexandria, Ambrósio de Milão. Do s. V, Gregório Magno, Agostinho de Hipona, Jerônimo. A maior parte deles foi proclamada solenemente (data da proclamação em algarismos arábicos): os santos Tomás de Aquino (s. XIII, 1567), Boaventura (s. XIII, 1568), Anselmo* de Cantuária (s. XI, 1720), Isidoro de Sevilha (s. VII, 1722), Pedro Crisólogo (s. V, 1729), Leão Magno (s. V, 1754), Pedro Damião (s. XI, 1828), Bernardo de Claraval (s. XII, 1839), Hilário* de Poitiers (s. V, 1851), Afonso* de Ligório (s. XVIII, 1871), Francisco de Sales (s. XVII, 1871), Cirilo* de Alexandria (s. V), Cirilo de Jerusalém (s. V), João Damasceno (s. V) (esses três em 1893), Beda, o Venerável (s. VIII, 1899), Efrém de Nisibe (s. IV, 1920), Pedro Canísio (s. XVI, 1925), João* da Cruz (s. XVI, 1926), Roberto* Belarmino (s. XVII, 1931), Alberto Magno (s. XIII, 1931), Antônio de Pádua (s. XIII, 1946), Lourenço de Brindisi (s. XVIII, 1959), Teresa de Ávila (s. XVI, 1970), Catarina de Sena (s. XIV, 1970), Teresa de Lisieux (1873-1897, 19 out. 1997).

A criteriologia teológica anterior ao Vaticano II considerava que a qualidade de d. da Igreja correspondia a quatro notas distintas: 1/santidade* de vida; 2/ortodoxia da doutrina; 3/qualidade e amplidão da obra teológica (*eminens eruditio*); 4/reconhecimento formal da Igreja (*expressa ecclesiae declaratio*). Os três primeiros critérios aplicam-se também aos Padres* da Igreja, dos quais os d. se distinguem pelo fato de poderem pertencer a um período recente da Igreja, e pelo fato de que uma aprovação solene (e não uma *approbatio Ecclesia* de contornos muito vagos) deve lhes ser conferida.

O fato de que os três d. mais recentemente proclamados, Teresa de Ávila, Catarina de Sena e Teresa de Lisieux, sejam pela primeira vez mulheres, e mulheres que não possuíam nenhuma competência técnica em teologia, incita a rever os critérios tradicionais. O da *eminens eruditio*, evidentemente, perde aqui toda pertinência (o fato de que o título de d. tenha sido aplicado a Maria* [ver Dublanchy, *DThC* IX, 2434], a título de "conselheira dos apóstolos" pesava também contra esse critério). Ortodoxia doutrinal e santidade de vida mantêm, de outra parte, uma relação nova e mais rica nos doutores a quem se pode reconhecer — *cum grano salis* — uma contribuição teórica ("pequena via" de Teresa de Lisieux), mas o que parece importar sobretudo é que encarnam figuras da *experiência* * cristã (portanto, uma "ortopraxia"; ver Balthasar, 1970, 48-73).

As promulgações de 1970 e de 1997 (os d. reconhecidos ou promulgados anteriormente eram todos homens pertencentes à hierarquia* eclesiástica), pedem, de outro lado, que uma distinção seja feita entre o *carisma* dos d. e o exercício de um *magistério* na Igreja (cf. Garrone, 1971), deixando com isso um tanto caduca a distinção entre Igreja *docente* e Igreja *discente*.

O papel doutrinal dos d. na Igreja é distinto do "consenso unânime dos Padres" (noção que leva tradicionalmente a ter o ensinamento dos Padres como infalível enquanto fornecem uma interpretação convergente das Escrituras*), mas a atribuição do título a autores posteriores à época dos Padres, sejam quais forem os limites que se atribuam a

esta, traduz provavelmente o desejo de deixar a IM, e depois a modernidade, dar também Padres (ou Madres) à Igreja. Todavia, nem as obras dos Padres nem as dos d. são julgadas absolutamente isentas de erros ou de imprecisões teológicas. Toma-se em consideração simplesmente que sua intenção principal, o conjunto de sua doutrina, e se a maior parte de suas teses estão em perfeita comunhão* com o ensinamento ortodoxo (Séjourné, *DThC* XIV, 176; Amman, *ibid.*, 1821).

Se foi reconhecida certa primazia a Tomás de Aquino entre os d. da Igreja em um período de renascimento escolástico, que foi sobretudo uma renascença tomista (Leão XIII, encíclica *Aeterni Patris*, 1879; ver ainda Vaticano II, *GE* 10 e *OT* 16), a lista dos doutores basta para mostrar que a intenção da Igreja nunca foi canonizar uma ou algumas escolas* teológicas. Os d. da Igreja são mestres privilegiados da doutrina e da experiência cristã. Contudo, a diversidade das escolas ou tendências, no interior da mesma fé* confessada, é um dado positivo — e encorajado — da vida intelectual e espiritual da Igreja.

• Ver a bibliografia de "Padres da Igreja", e: E. Valton (1910), "Docteur de l'Église", *DThC* 4, 1509-1510. — G. Marsot (1952), "Docteurs de l'Église", *Cath.* 3, 936. — K. Rahner, H. Vorgrimler (1961), *Kleines theologisches Wörterbuch*, Friburgo. — H. U. von Balthasar (1970), *Schwestern im Geist*, Einsiedeln, 14-349. — G.-M. Garrone (1971), "Sainte Catherine de Sienne et sainte Thérèse, docteurs de l'Église", *DC* LXVIII, 25-29.

Gilbert NARCISSE e
Galahad THREEPWOOD

→ *Magistério; Lugares teológicos; Padres da Igreja; Teologia.*

DOXOLOGIA → glória de Deus → louvor

DREY (Johann Sebastian von) → **Tübingen (escolas de)**

DUNS ESCOTO (*c.* de 1265-1308)

1. Biografia

João Duns Escoto (Es.) nasceu em Duns, na Escócia. Torna-se franciscano em 1280, estuda nos colégios de sua ordem, é ordenado sacerdote* em 1291, e completa sua formação em Oxford, por volta de 1291-1293. Ali comenta as *Sentenças* de Pedro Lombardo por volta de 1300-1301. Chamado para ensinar na Universidade de Paris no início do ano letivo de 1300 ou 1302, bacharel sob a tutela de Gonzalve da Espanha, teria participado de uma disputa opondo Eckhart (mística renano-flamenga*) e seu mestre. Inicia em todo caso um novo *Com. das Sentenças*, a *Reportatio Parisiensis*. No entanto, este é abreviado em junho de 1303: o rei Filipe, o Belo, apela a um concílio contra o papa* Bonifácio VIII, e Es., que se recusa a assinar uma petição nesse sentido, é obrigado a exilar-se e volta a Oxford. Recomeça provavelmente a ensinar em Paris no final do ano de 1305. Doutor em 1305, é o mestre regente (diretor de estudos) no convento franciscano em 1306-1307. No final de 1307, parte para Colônia como leitor e ali morre em 8 de novembro de 1308. Chamado de Doutor sutil, objeto de uma veneração particular na ordem franciscana (sobretudo por sua defesa da Imaculada Conceição), depois na diocese de Nola, sua beatificação foi confirmada pela Igreja universal em 1993. Deixa uma obra abundante, em diálogo crítico com seus contemporâneos (Godofredo de Fontaines) e seus predecessores (Henrique de Gand, na universidade, Pedro de Olieu, entre os franciscanos); comentários de Porfírio, de Aristóteles e um volumoso *Quodlibet*, três comentários das *Sentenças*, uma primeira versão que representa seu ensinamento em Oxford, a *Lectura (Lect.)*; umas anotações sobre seu ensinamento em Paris, as *Reportationes parisienses* (Rep.), e uma última versão interrompida em pleno remanejamento, a *Ordinatio (Ord.)*.

2. O pensamento

a) A arquitetura da teologia. — Depois das condenações de 1277, que concerniam a 219 teses inspiradas pela filosofia (naturalismo*), e como muitos discípulos de Boaventura*, Es. está persuadido da insuficiência da filosofia* e da necessidade da teologia*: "Os filósofos defendem a perfeição da natureza e negam a perfeição sobrenatural", mas "os teólogos conhecem a falha da natureza* e a perfeição sobrenatural" (*Ord.* Prólogo = Prol. § 5). Todos os homens desejam a beatitude*, diz bem Aristóteles, mas essa só é conhecida em geral: o filósofo só atinge uma ideia abstrata de Deus*

em uma parte incompleta do homem (a alma*), e nas intermitências do pensamento em ato; por isso o homem necessita de uma revelação para conhecer distintamente seu fim, para saber que o alcançará em sua carne de maneira perpétua (§ 16). "Deus é o fim natural do homem, embora esse fim não possa ser realizado naturalmente, mas sobrenaturalmente (§ 32; sobrenatural*). É somente pela revelação que o homem sabe que atos são meritórios, i.e., livremente aceitos por Deus, como permitindo-nos ser bem-aventurados (§ 18). A Escritura* é, pois, necessária e suficiente ao homem para atingir seu fim: mostra em particular o fim (a beatitude do corpo* e da alma) e os meios necessários para alcançá-la: os dez mandamentos* que se resumem na caridade (Dt 6,5; Mt 22,37ss).

O ideal da teologia como ciência única é inacessível. Há, portanto, várias teologias: em si (adequada a seu objeto) e para nós (à medida de nossa inteligência). Têm por objeto a Deus, não como objeto comum (sujeito de todas as proposições teológicas), mas como objeto virtual (capaz de causá-las todas). Em si, a teologia é a intuição que Deus tem de si mesmo e de todas as coisas, e os bem-aventurados recebem uma participação dela. Nossa teologia, ao contrário, é abstrativa; visa, com efeito, o conceito de Deus mais perfeito que possamos produzir, o de ser infinito* (*ens infinitum*) (§ 168). É dele que se dizem as primeiras verdades necessárias ("Deus é Trindade*"); e quanto às outras, são ditas dele, mas não por causa dele: assim a onipotência* divina não é deduzida do conceito de Deus, mas recebida pela fé* e ligada ao conceito que dá uma unidade a todos os atributos* divinos.

Toda ciência deve preencher quatro critérios: certeza, necessidade de seu objeto, evidência das premissas e rigor silogístico (§ 208). A teologia dos bem-aventurados corresponde a essas quatro condições. A teologia divina em si responde às três primeiras, mas é intuitiva; mais que uma ciência, é uma sabedoria*. Quanto à nossa teologia, que lida com uma revelação e uma história* contingentes, não cumpre a segunda condição, mas é isso justamente que leva a uma reformulação do conceito de ciência: deve-se dizer, então, que o rigor formal importa mais do que a necessidade de seu objeto, que pode ser revelado em sua contingência (§ 212); nossa teologia não é pois "subalternada" (subordinada) à dos bem-aventurados (contra Tomás* de Aquino). Enfim, o fim da revelação é a caridade. Por conseguinte, a teologia é uma ciência prática (*Lect.* Prol. § 164). É prático tudo o que depende da razão prática, i.e., da vontade. A moral é pois a arte de conformar seus atos à caridade pela vontade, e de preparar-se assim a receber a recompensa suprema, a beatitude. Assim, na teologia, tudo o que não é metafísico tende à caridade (*Ord.* Prol. § 322; cf. Boulnois, 1997).

b) *Unidade e Trindade de Deus.* — A primeira parte da teologia, o necessário, tem por objeto o ser divino em seu desdobramento trinitário. A existência de Deus é conhecida a partir do conceito do "ente infinito", que garante a identidade e a unicidade do primeiro princípio, alcançado pelas diversas vias metafísicas (*Ord.* I, d. 2; *De primo principio*) — é o começo da teologia natural*. Com efeito, Deus é conhecido de maneira positiva no conceito de ser* (*ens*), que se diz dele e da criatura, como seus atributos e como o conceito de pessoa* (analogia*); as negações são aqui apenas maneira de negar a imperfeição da criatura e de afirmar a perfeição divina. Deus distingue-se da criatura por sua infinidade. Os diferentes atributos distinguem-se entre eles por sua não identidade formal — o que os historiadores chamam "distinção formal" (Deus é realmente a justiça* e é realmente a misericórdia*, mas a justiça permanece radicalmente outra que a misericórdia, cf. Boulnois, 1988). As processões trinitárias articulam-se rigorosamente: o Verbo* é gerado por modo de natureza, o Espírito* por modo de vontade. Assim, a caridade é o sumo da deidade*, e aplica-se a uma pessoa (o Espírito*), embora definindo a Deus em sua essência por excelência.

Além das pessoas divinas, a teologia necessária trata das emanações internas e externas, dos "instantes de natureza", momentos do pensamento divino — reflexão sobre si e sobre o plano da salvação*. Em um primeiro instante, Deus pensa-se a si mesmo (como infinito*), depois produz as essências finitas (as ideias divinas), depois as pensa como imitando parcialmente sua perfeição, e enfim pensa as combinações possíveis de essências (*Ord.*, I, d. 43, § 14. 16; trad. Boulnois, 1994, 276-277, os "compossíveis"), no seio dos quais sua vontade escolherá um mundo, produzindo livremente a criação* fora dele. Tudo o que é criado vem depois dessas emanações necessárias e, portanto, é contingente. Todavia, Deus possui também a presciência eterna deles: há em Deus uma ciência* do contingente, ela mesma contingente porque dependente de um consentimento de sua vontade.

c) *A ordem dos fins e a primazia de Cristo.* — A segunda parte da teologia, o contingente, tem por origem a vontade divina. Com efeito, para Es. a contingência do mundo não provém de uma flutuação nas causas segundas, mas da autodeterminação da vontade divina. Assim, no momento em que uma coisa é criada, ela poderia não ser. A potência absoluta de Deus pode, a cada momento, intervir no mundo para fazer surgir outro possível; a potência ordenada de Deus é sem cessar revogável (Knuuttila, in Boulnois, 1994). Contudo, a vontade divina é estruturalmente boa: quer necessariamente o bem* infinito, que é o próprio Deus, e de maneira contingente todos os outros bens finitos, contudo de modo gradual, porque busca neles os maiores bens.

O querer divino é ordenado, e como tal quer o fim antes dos meios. Porque Deus é o fim último, "ama-se primeiro a si mesmo", em suas três pessoas, inclusive o Verbo, que se une à humanidade. A união da natureza divina com a natureza humana em Cristo* é, portanto, o fim último em vista do qual Deus quer a criação: "*Primo*, Deus se ama a si mesmo; *secundo*, ama-se para os outros (*amat se aliis*), e é o puro amor (*amor castus*); *tertio*, quer ser amado pelo outro que pode no mais alto grau amá-lo fora dele mesmo; *quarto*, previu a união dessa natureza que devia amá-lo no mais alto grau, mesmo se ninguém tivesse pecado" (*Rep.* III, d. 7, q. 4, § 5; Wadding (W.) XI, 451). Segundo um movimento platônico de processão e de retorno,

Deus difunde seu amor* infinito pelos graus de sua criação, e é amado, em retorno, por Cristo com um amor infinito. Cristo é o fim de todas as coisas (Rm 9), nele todos são predestinados (Ef 1), para ele tudo foi criado (Cl 1,15ss); na ordem dos fins, Cristo é querido por ele mesmo (como o único capaz de amar com um amor infinito), o homem é querido em seguida, depois é querida a criação. Assim, a encarnação* era querida, e ocorreria mesmo que Adão* não tivesse pecado. Es. responde então à questão de Anselmo*, *Por que um Deus homem?*, mas de maneira totalmente diferente: Deus devia fazer-se homem independentemente do pecado*.

Contudo, na ordem dos fatos, aconteceu o pecado de Adão*. Deus não o quis, mas o permitiu. Também o previu, e previu uma encarnação redentora, que encontraria a Paixão* e a morte* (*Rep.* III, d. 7, q. 4, § 4; W. XI, 451). Entretanto, no plano divino, essa significação só intervém posteriormente: Deus quer primeiro a união hipostática* e em seguida a salvação* de todos os homens, depois prevê a queda destes e o remédio correspondente, "a redenção por um mediador" (§ 3). Os dois sentidos articulam-se: *de fato*, a encarnação do Filho tem por fim o resgate da humanidade, mas "ocorreria mesmo se o homem não tivesse pecado" (*Opus Oxoniense = Ox.*) III, d. 7, q. 3, § 3; W. VII, 202). A encarnação* é uma manifestação metafísica "e não ocasional" (*Ox.* III, d. 19, q. 1, § 6; W. VII, 415) da generosidade divina. O *motivo* da encarnação não é o pecado. "De sorte que previu e predestinou à graça* e à glória* o Cristo em sua carne e todos os eleitos, antes de prever a paixão de Cristo como uma medicina contra o pecado — assim como um médico quer primeiro a saúde do homem antes de receitar um remédio para curá-lo" (*ibid.*).

A Imaculada Conceição (Maria*) decorre da primazia de Cristo. Em primeiro lugar, o pecado original* não é transmitido como uma infeção da carne (a concupiscência), mas reside na vontade imaterial (*Ox.* II, d. 30, q. 2, § 2; W. VI, 936). Além disso, Deus tem a potência necessária para preservar a Virgem de todo pecado em sua alma. Enfim, a ordem dos fins

não é cronológica: no plano de Deus, convém que o mais perfeito mediador mediatize da maneira mais perfeita; e assim, preservando antes a Mãe de Cristo, primeiro laço do Cristo com a humanidade (*Ox.* III, d. 3, q. 1, § 4: W. VII, 92), Deus lhe deu a mesma graça, desde sua animação, que deu aos outros homens pelo batismo* (*ibid.*, § 9; W. VII, 94). Ele não seria o mais perfeito Redentor "se não tivesse merecido que Maria fosse preservada do pecado original" (*ibid.*, § 4; W. VII, 92). A primazia de Cristo e a Imaculada Conceição decorrem do mesmo princípio de economia.

d) A graça e a predestinação. — Em razão da identidade entre a vontade e a caridade de Deus, o primado da vontade divina é o da graça, contra todo pelagianismo*. Um ato* só é meritório se Deus o aceita como tal, por uma vontade livre; nenhum ato finito pode, portanto, obrigar Deus a aceitá-lo (voluntarismo*). Deus nada deve a ninguém, e a graça não é outra coisa senão "a vontade gratuita de Deus" (*Ox.* III, d. 2, q. 2, § 15; W. VII, 83), sem a qual nenhum ato é meritório: é uma "forma disforme" (*Quodl.* q.17, § [5], 12; Alluntis, 616), que dá seu estatuto a todo ato humano, uma "participação a Deus"(*Ox.* III, d. 13, q. 4, § 14; W. VII, 270), é a inabitação do Espírito Santo no homem. O concurso de Deus com o ato humano é então o de duas causas concorrentes, contribuindo para o mesmo efeito (e tornando-o mais poderoso): a graça modifica a natureza do ato, por exemplo, o ato virtuoso, mas aumenta sua intensidade, e o marca com a aceitação divina. Intelecto e vontade no homem buscam seu objeto naturalmente, mas a graça torna esses atos mais fáceis, mais eficazes, e sobretudo agradáveis a Deus. Há, pois, uma autonomia perfeita do pensamento humano em relação à fé, do agir e da vontade em relação à caridade.

A liberdade* divina não é arbitrária, mas só quer que advenham bens que imitem sua bondade (*Rep.* I, d. 47, q. 2, § [2]; W. XI, 237 a). A única aceitação necessária é a do Bem infinito, que é Deus, pela vontade infinita, que é Deus. Por sua parte, o criado é objeto de uma vontade contingente e eficaz, pela qual a vontade divina o determina a existir (*Quodl.* q. 16, § [7], 29; Alluntis 595): é o segundo momento da aceitação. Vem em seguida o terceiro momento, pelo qual Deus conduz o finito à beatitude eterna (*Rep.* I, d. 17, q. 2, § [4], W. XI, 96 b; cf. *Ox.* III, d. 32, § [2]; W. VII, 689).

A verdadeira beatitude não é adquirida, como a dos filósofos, mas recebida (*Ord.* Prol., § 18). Nenhum ato humano é *causa* exclusiva da beatitude. Nada é devido, nada é por si mesmo meritório diante de Deus, senão o que ele aceita livremente reconhecer como tal: o ato do homem é apenas uma condição *sine qua non* da beatitude, e deve ainda ser ratificado pela vontade divina para que o homem possa receber a felicidade final. "A razão do mérito provirá completamente da vontade divina, que ordena tal ato a uma recompensa" (*Ord.* I, d. 7, § 144 — talvez contra Eckhart, *Sermões* 14 e 15). O ato só se torna meritório quando ratificado por duas liberdades, a de Deus e a do sujeito intelectual finito: o *ato* está no poder do homem, pois tem o uso de seu livre-arbítrio, mas o que faz é só dispor-se a receber o estatuto de *mérito*; é uma livre disposição divina que virá completar essa disposição. Portanto, o mérito é, na verdade, "um ato da potência livre, realizado segundo um dom da graça e aceito por Deus como digno da recompensa da beatitude" (*Ord.* I, d. 17, § 146). E mesmo se Es. exagera sua bipolaridade, livre-arbítrio e predestinação* são, a seus olhos, perfeitamente compatíveis, como o são a contingência do mundo e a presciência divina (*Lect.* I, d. 39).

e) A ética e os sacramentos. — Deus só se relaciona com a natureza por sua liberdade. Nada do que há na natureza*, nem a excelência moral nem os sacramentos* pode causar necessariamente a graça divina. O ato finito apenas solicita o consentimento da liberdade divina. Deus não está submetido a necessidade nenhuma, mas compromete sua liberdade por uma aliança* ou um pacto com o homem em que aceita certo sinal ou ato moral como digno de receber a graça. A procura da virtude* é necessária, mas a virtude e a observância da lei* natural não são, em si mesmas, um mérito: só se

tornam mérito quando inspiradas pela caridade (*Ox.* II, d. 7, q. 1, § 11; W, VI, 566; *Quodl.* 17, § [5-9]; Alluntis, 615-622). Com a condição de agir em vista da caridade, o homem pode, portanto, ser salvo, conformando-se às leis que Deus promulgou como condições da graça e da caridade — os dez mandamentos. Aliás só os três primeiros são de lei natural, porque sua verdade* se impõe ao intelecto divino por uma necessidade interna, enquanto os outros são contingentes, fixados por uma vontade divina que pode dispensar deles (*Ox.* III, d. 37, q. 1; W. VII, 857s).

Igualmente, as fórmulas sacramentais não possuem nenhuma virtude intrínseca, são apenas uma condição *sine qua non*, que conferem a graça em virtude de um livre consentimento da vontade divina, que se comprometeu a acompanhar certo sinal com sua graça. (*Ox.* IV, d. 1, q. 4-5, § 4; W. VIII, 81-82). O que faz da penitência* um sacramento não são os três atos humanos (contrição, confissão e satisfação), mas a vontade divina de absolver, que se realiza quando o sacerdote pronuncia a fórmula de absolvição — mesmo que o sacerdote, ignore, o juízo* de Deus e a penitência apropriada a tal pecado. (*Ox.* d. 16, q. 1, § 7; W. IX, 247). Na teologia da eucaristia, Es. critica especialmente o conceito teológico de "transubstanciação". A fé, segundo ele, se atém à "conversão" do pão em corpo de Cristo; não há aniquilação do primeiro e produção do segundo, mas transformação (*translatio*); não há nova substância, mas nova presença de Deus (*Ox.* IV, d. 11, q. 3, § 13, 14, 22; W. VIII, 616-617, 618, 625-626).

3. A posteridade de Escoto e a escola escotista

O vigor do pensamento de Es. e a fama de seu ensinamento fizeram dele o grande doutor franciscano do s. XIV, e seus adversários, tomistas e nominalistas, não deixaram de referir-se a ele. Mais do que as respostas de Es., difíceis e de interpretação incerta, foi o deslocamento das questões postas que marcou época. Occam confirmará sua importância, tomando muitas vezes posição oposta à dele (nominalismo*). Quanto a seus discípulos imediatos, tentaram sobretudo preencher as lacunas de sua obra inacabada. Guilherme de Alnwick (†1333) tentou harmonizar suas teorias sobre o objeto do pensamento divino. Os maiores tentaram ir mais longe, mas só os aspectos filosóficos de sua obra foram objeto de estudos e de edições. Pedro de Auriol (†1322) investigou a teoria do conhecimento por modo de aparição de fenômenos (*notitia apparentium*). Francisco de Meyronnes (†1327), apoiando-se no Pseudo-Dionísio*, reforçou a transcendência de Deus, que segundo ele não entra mais no "ente comum": Deus não é mais o ser infinito, mas o infinito fora do ser. Meyronnes dá, assim, uma interpretação forte da distinção formal e chega até a pôr "formalidades" realmente distintas compondo a natureza das coisas simples. João de Ripa (meados do s. XIV) esforçou-se por integrar a prova* de Deus como infinito em uma cosmologia que admite a infinidade do mundo criado: Deus deve, então, chamar-se imenso, e sua imensidade integra uma pluralidade de infinitos.

Assim instituiu-se uma escola escotista, com seus manuais, sua tradição, seus instrumentos de trabalho, suas guerras "picrocholinas". Ela brilhou na disputa (enfrentamento Cajetano — Trombeta, cf. Boulnois, 1993). Por fazer da encarnação de Cristo um fim em si, influenciou a escola francesa de espiritualidade (Bérulle*). A doutrina da Imaculada Conceição difundiu-se na ordem franciscana, depois na Igreja católica (concílio de Basileia*, 1439, porém em uma sessão considerada cismática), até sua proclamação em 1854. Por permitir uma teologia natural autônoma que trata metafisicamente de Deus, essa escola influenciou desde a metafísica de Suárez* até Kant* (Honnenfelder, 1979, 1990). Porque opunha os dois polos teológicos da graça e da natureza, construía o pano de fundo que tornou possível a reviravolta teológica operada por Lutero* (Vignaux, 1934). Por considerar a razão prática como pertencendo ao domínio da vontade, sem outra consequência que a de tornar o homem digno de ser feliz, preparava estruturalmente a obra de Kant (Möhle, 1995).

- *Opera omnia*, ed. Wadding, Lyon, 1639, reimp. Hildesheim, 1968. — *Opera omnia editio nova*

juxta editionem Walddingi, ed. Vivès, 1891s (dessas duas edições serão utilizadas: *Quaestiones super universalia Porphyrii; Quaestiones in libros Elenchorum; Quaestiones in I et II librum Peri hermeneias; Quaestiones in librum Praedicamentorum; Quaestiones de anima; Quaestiones subtilissimae super libros Metaphysicorum Aristotelis* (até o livro *IX*); *Collationes; Theoremata; Reportata Parisiensia*).— Ed. crítica em curso: *Opera omnia, cura et studio commissionis scotisticae*, ed. C. Balic, Vaticano, 1950s: *Ordinatio* I-II, d. 3 (t. I-VII publicados); *Lectura* I-II (t. XVI-XIX, publicados). Acrescentar edições esparsas: — G. Guarrae, J. Duns Scoti, P. Aureoli, *Quaestiones disputatae de Immaculata Conceptione*, Quaracchi, 1904. — *Additiones magnae secundi libri*, ed. C. Balic, *Les commentaires de Jean Duns Scot sur les quatre livres des "Sentences", Appendice*, Louvain, 1927. — *Quaestio de cognitione Dei*, ed. C. R. S. Harris, *Duns Scotus*, vol. 2, *The philosophical doctrines of Duns Scotus, Appendix*, Oxford, 1927. — *Tractatus de primo principio*, ed. E. Roche, St. Bonaventure, NY etc., 1949. — *Cuestiones cuodlibetales*, ed. Alluntis, Madri, 1968. — *Reportatio* I A, d. 2, ed. A. B. Wolter, M. McCord Adams, "Duns Scotus' Parisian Proof for the existence of God", *FrSA*, 42 (1982), 249-321. — A. B. Wolter, *Duns Scotus on the will and morality*, Washington DC, 1986; *Duns Scotus' Political and economic philosophy*, Santa Barbara, 1989; *Duns Scotus' Early Oxford Lecture on individuation*, Santa Barbara, 1992. Em português: *Escritos filosóficos*, São Paulo, 1989; *Tratado do primeiro princípio*, Lisboa, 1998; *Prólogo da Ordinatio*, Porto Alegre, 2003.

Escola escotista: Francisco de Meyronnes, *Doctoris illuminati passus super universalia*, Bolonha, 1479; *Opera*, Veneza, 1520; *Quaestiones quodlibetales*, Veneza, 1507; *Sent.* I, Basileia, 1489; II a IV, Veneza, 1505-1507. — Guilherme de Alnwick, *Quaestiones de esse intelligibili et de quodlibet*, Florença, 1937. — João de Ripa, *Conclusiones*, ed. A. Combes, 1957; *Lectura super primum sententiarum*, 1961; *Questio de gradu supremo*, ed. A. Combes, 1964; "De modo inexistendi divinae essentiae in omnibus creaturis", ed. A. Combes, F. Ruello, *Tr.* 23 (1967), 191-209; *Lectura super primum Sententiarum, Prologi quaestiones ultimae*, ed. A. Combes, Paris, 1970.

Traduções: A. de Muralt, "Signification et portée de la pensée de Jean Duns Scot, Intr., trad. et comm. à la distinction 17 de l'*Opus Oxoniense* II", *StPh* 33 (1973), 113-149; "Pluralité des formes et unité de l'être, Intr., trad. et comm. de deux textes de Jean Duns Scot, *Sentences*, IV, d. 11, q. 3; *Sentences* II, d. 16, q. 1" *StPh* 34 (1974), 57-92; *Traité du premier principe*, *CRThPh*, n° 10, R. Imbach *et al.*, 1983. — A. de Muralt, "Comm. du premier livre des *Sentences*, d. 3, p. 3 (precedido de uma introdução sobre o *esse objectivum*)", *Philosophes médievaux des XIIIe et XIVe siècles*, 1986, 167-206. — O. Boulnois, *Sur la connaissance de Dieu et l'univocité de l'étant*, Paris, 1988. — G. Sondag, *Le principe d'individuation*, (*Ord.* II, d. 3, p. 1), Paris, 1992. — G. Sondag, *L'image* (*Ord.* I, d. 3, p. 3, q. 1-4), Paris, 1993. — G. Sondag, *La théologie comme science pratique* (Prologue de la *Lectura*) Paris, 1996.

▸ P. Vignaux (1934), *Justification et prédestination au XIVe siècle: Duns Scot, Pierre d'Auriole, Guillaume d'Occam, Grégoire de Rimini*, Paris. — J. Owens (1948), "Up to what point is God included in the metaphysics of Duns Scotus?", *MS*, 10, 165-171. — É. Gilson (1952), *Jean Duns Scot, Introduction à ses positions fondamentales*, Paris. — A. Magrini (1952), *Johannis Duns Scoti doctrina de scientifica theologiae natura*. Roma. — W. Pannenberg (1954), *Die Prädestinationslehre des Duns Scotus in Zusammenhang der scholastische Lehrentwiclung*, Göttingen. — J. Finkenzeller (1961), *Offenbarung und Theologie nach der Lehere des Johannes Duns Skotus*, BGPhMA 38. — W. Dettloff (1963), *Die Entwicklung der Akzeptations- und Verdienslehre von Duns Scotus bis Luther*, Münster. — E. Wölfel (1965), *Seinsstruktur und Trinitätsproblem. Untersuchungen zur Grundlegung der natürlicher Theologie bei Johannes Duns Scotus*, Münster. — L. Veuthey (1967), *Jean Duns Scot, pensée théologique*, Paris. — F. Wetter (1967), *Die Trinitätslehre des Johannes/Duns Scotus*, Münster. — F. Walter (1968), *Das Glaubensvertändnis bei Johannes Duns Scotus*, Munique. — M. Pellegrini (1970), *La rivelazione nell'insegnamento di Duns Scoto*. Roma. — P. Vignaux (1972), "Infini, liberté et histoire du salut", *StSS* 5, Roma, 495-507. — A. Ghisalberti (1972), "Il Dio dei teologi e il Dio dei filosofi secondo Duns Scoto", *StSS* 5, 153-164. — L. Honnefelder (1979), *Ens inquantum ens. Der Begriff des Seienden als solchen als Gegenstand der Metaphysik nach der Lehre des Johannes Duns Scotus*, Münster. — C. Bérubé (1983), *De l'homme*

à Dieu selon Duns Scot, Henri de Gand et Olivi, Roma. — P. Vignaux (1978), "Lire Duns Scot aujourd'hui", *Regnum hominis et regnum Dei*, Acta Quarti Congressus Scotistici Internationalis, Roma (= *Philosophie au Moyen Âge*, 1987, 243-265). — L. Honnefelder (1990), *Scientia transcendens. Die formale Bestimmung der Seiendheit und Realität in der Metaphysik des Mittelalters und der Neuzeit*, Hamburgo. — A. B. Wolter (1990), *The philosophical theology of John Duns Scotus*, Ithaca etc. — O. Boulnois (1993), "Puissance neutre et puissance obédientielle. De l'homme à Dieu selon Duns Scot et Cajetan", in B. Pinchard e S. Ricci (sob a dir. de), *Rationalisme analogique et humanisme theologique, la culture de Thomas de Vio "Il Gaetano"*, Nápoles, 31-70; (1994) (sob a dir. de), *La puissance et son ombre*, Paris. — M. Burger (1994), *Personalität in Horizon absoluter Prädestination. Untersuchen zur Christologie des Johannes Duns Scotus und ihrer Reception im modernen theologischen Ansätze*, Münster. — O. Boulnois (1995), "Quand commence l'ontothéologie? Aristote, Thomas d'Aquin et Duns Scot", in S.-T. Bonnino (sob a dir. de), *Saint Thomas et l'onto-théologie, RThom.* t. 95, 85-108. — H. Möhle (1995), *Ethik als scientia practica nach Johannes Duns Scotus. Eine philosophische Grundlegung*, Münster. — A. de Libera, I. Rosier (1997), "L'analyse scotiste de la formule dela consécration eucharistique et ses enjeux logico-sémantiques", *in* C. Marmo (ed.), *Eleventh european symposium for medieval logic and semantics*, Vestigia, Imagines, Verba, Turnhout. — O. Boulnois (1997), *Duns Scot, La riguer de la charité*, Paris. — O. Boulnois (sob a dir. de) (1999), *Duns Scot, de la métaphysique à l'éthique*, Philosophie n° 61.

BIBLIOGRAFIAS: O. Schäfer (1950), *Bibliographia de vita, operibus et doctrina Johannis Duns Scoti*, Roma. — S. Gieben (1965), *Bibliographia scotistica recentior* [1953-1965] Roma: atualizada nas *Coll. franc.*

Olivier BOULNOIS

→ *Boaventura; Escolástica; Justificação; Predestinação; Tomás de Aquino; Tomismo; Voluntarismo.*

DUPLA VERDADE → **naturalismo** → **verdade** B

E

ECKHART DE HONENHEIM (Mestre) →
renano-flamenga (mística)

ECLESIOLOGIA

A eclesiologia (e.) é a reflexão consagrada
à Igreja* (I.). Capítulo importante da teologia*
dogmática*, ao mesmo título que a cristologia*,
a pneumatologia, a escatologia*, a antropologia* etc., lugar teológico em que a I. reflete
sobre ela mesma, a e. está na confluência das
pesquisas sistemáticas, históricas e práticas, que
ela desenvolve e traduz para a comunidade dos
crentes que vivem e confessam hoje sua fé* em
contextos culturais e sociológicos pluralistas.
Concretização e atualização da mensagem bíblica na vida quotidiana do povo* de Deus*, tais
são os motivos do discurso eclesiológico.

1. Desenvolvimentos históricos

Apesar das menções da I. e da maioria dos
dados que fundarão as e. futuras, os textos
bíblicos não propõem tratado de e. (Igreja*,
1, a-f). A reflexão eclesiológica aparece nos
Padres*. Inácio de Antioquia, p. ex., vê a I.
como um dado cósmico, que abrange céu e terra
(*Carta aos Efésios*, 9, 1; *aos Esmirniotas*, 7, 2);
Hipólito de Roma a compreende como comunidade santa, prefigurando a realidade escatológica (*Comentário de Daniel*, I, 14-18); Ireneu*
de Lião fala da I. fundada sobre o Espírito* e a

verdade*, daí derivam as marcas da I. (*Contra
as heresias*, III, 24). Mais tarde, Cipriano* de
Cartago afirma a necessidade da I. para a salvação* (*De ecclesia catholicae unitate*, 6) e o
lugar particular do ministério do bispo* (*ibid.*,
17). Agostinho*, por sua vez, propõe distinguir
entre I. visível e I. invisível (*De civitate Dei*, XI-
XXII), uma distinção que será central para as e.
futuras. Contudo, não se poderia falar, a respeito
dessas reflexões, de uma e. global apresentada
de maneira sistemática. A época está marcada
por diversas e. que refletem estruturas* eclesiais
variadas sem que uma e. particular seja definitivamente fixada pelos concílios*.

No Ocidente, a unificação do direito* canônico na época de Graciano, no s. XII, tem por
consequência uma reflexão eclesiológica mais
sistemática. Em seguida, aparecem os primeiros
tratados teológicos completos consagrados à I.
(cf. *O governo cristão* de Jacques de Viterbo,
ou *O poder da I.*, de Gilles de Roma, no qual se
inspirará a bula de Bonifácio VIII, *Unam Sanctam*, de 1302 – *DS* 870s). O mais significativo é
provavelmente o do dominicano espanhol João
de Torquemada, por volta de 1450 (*Summa de
Ecclesia*, cf. *DThC* XV/I, 1235s).

Diferentemente das e. do fim da IM, que são
geralmente comentários do direito canônico, as
e. desenvolvidas pela Reforma do s. XVI têm
uma orientação mais dogmática e mais catequética. Para os reformadores, a e. é uma exposição

teológica que dá conta da fé dos crentes confessando uma I. santa católica e apostólica. Essa orientação será retomada pela teologia católica que distinguirá, depois do s. XVIII, entre uma e. do domínio da teologia fundamental*, um tratado que desenvolve uma visão da I., meio e instrumento de transmissão da revelação* divina, e uma e. do domínio da teologia dogmática, cujos temas essenciais de reflexão são a origem da I., sua natureza, suas estruturas e sua organização, suas tarefas e sua missão*, suas mediações, seus sacramentos* e seus ministérios*, seu culto*, sua liturgia, sua pregação* sua piedade e seu futuro (escatologia).

O s. XIX é marcado por diversas proposições exaustivas de e., que emanam em primeiro lugar de teólogos individuais, como J. A. Möhler ou M. J. Scheeben*. O Vaticano I* tinha intenção de propor uma e. global, mas só o cap. 9 de seu *Schema de ecclesia*, a constituição dogmática *Pastor aeternus* (*DS* 3050s) foi aprovado em 1870. As encíclicas *Satis cognitum* de Leão XIII (1896 – *DS* 3300s) e a *Mystici corporis* de Pio XII (1943 – *DS* 3800s) marcarão novas etapas significativas. Será preciso, porém, aguardar o Vaticano II* para que a I. católica proponha seu primeiro tratado completo de e. autorizado pelo magistério*: a constituição dogmática sobre a I., *Lumen gentium*.

Por sua preocupação com a unidade* da I., o diálogo ecumênico contemporâneo está logicamente centrado sobre os problemas eclesiológicos. Esse diálogo levou a maioria das grandes famílias confessionais* a repensar e a reformular sua e. Pode-se citar como exemplo as I. luteranas e reformadas europeias, que aprovaram e adotaram em 1994 "*A Igreja de Jesus Cristo*", seu primeiro tratado de eclesiologia comum desde o s. XVI (*Accords et Dialogues*, II, 81s), ou os trabalhos de comissão *Fé e Constituição* do CEI, que em 1991 propôs uma importante apresentação eclesiológica "*Igreja e mundo*".

2. A dificuldade particular da eclesiologia

Do ponto de vista da teoria do conhecimento, a e. depende de um gênero particular. A I. é, como regra geral, ao mesmo tempo sujeito e objeto de sua pesquisa, pois o lugar privilegiado da pesquisa eclesiológica é a própria I. O maior problema, contudo, nasce da dificuldade de definir a I., objeto da pesquisa. O mesmo termo "I." designa correntemente um dado espiritual assim como realidades muito diferentes: da vida cultual às estruturas e autoridades eclesiásticas, da comunidade local às organizações nacionais e internacionais, da missão nesse mundo aos dados sociológicos, e até mesmo a simples designação de edifícios. Essa multiplicidade de sentidos é significativa, e constitui a consequência inevitável da inscrição da I., realidade espiritual, na vida concreta da sociedade* humana.

Se a pesquisa eclesiológica limita-se aos dados visíveis e acessíveis à lógica humana, a instituição e as manifestações da Igreja, e também sua história* e sua sociologia, corre o risco de esquecer a especificidade da I., seu laço com a realidade divina da graça*, que é seu verdadeiro fundamento. Se a investigação se concentra sobre esse último aspecto, ela não pode mais recorrer a suas abordagens científicas clássicas, e deverá servir-se de imagens e analogias* — como a Sagrada Escritura* e a tradição* insistem, p. ex., sobre a I., "povo de Deus", "esposa do Senhor", "corpo de Cristo*", "templo do Espírito". Nenhuma, porém, poderia traduzir em plenitude o ser único da I., que ultrapassa cada uma das imagens, e mesmo, a soma de todas elas.

De maneira geral, a e. moderna parte do testemunho bíblico e orienta-se a partir da confissão* de fé da I. ao longo dos séculos. A fé cristã vive da certeza de que o Espírito* Santo suscita a fé e reúne os crentes na I. una, santa, católica e apostólica, a comunhão* dos santos. Essa I., dado de fé, manifesta-se sob formas concretas que diferem segundo os séculos e os lugares. A partir dessas duas dimensões, a teologia busca tornar complementares a abordagem teológica e as pesquisas empíricas.

3. A eclesiologia em debate

Encarregada de acompanhar esses debates, a e. é inevitavelmente crítica em relação às expressões eclesiais contemporâneas que analisa. Provoca inevitavelmente questionamentos suscetíveis de gerar conflitos em todos os níveis. Essa constatação vale para cada tradição* eclesial particular (p. ex. os debates suscitados no seio da I. católica pelos teólogos H. Küng e L. Boff). Aplica-se também ao diálogo ecumênico moderno, em que os problemas eclesiológicos permanecem pedras de tropeço na busca da unidade* das I.

A dificuldade aparece quando se trata de articular a I., objeto da fé, e a I., realidade empírica. Isso provoca definições contraditórias que se exprimem sobretudo em três domínios estreitamente ligados uns aos outros e em torno dos quais se focalizam os grandes debates da e. contemporânea.

a) Um primeiro problema é a articulação entre a I., objeto de fé, e a instituição eclesial. Todos estão de acordo para dizer que a comunhão dos crentes não poderia existir sem estrutura institucional, mas nem todos dão a mesma importância a esta última. Assim, para as I. saídas da Reforma do s. XVI, a I. de Jesus Cristo ultrapassa toda forma institucional. Nenhuma expressão concreta da I. neste mundo pode pretender ser em plenitude a I. instituída por Cristo. A instituição eclesial depende do direito humano, é imperfeita e sempre a reformar. A I. católica e as ortodoxas são reticentes quando se trata de relativizar suas expressões estruturais e institucionais. Consideram-se, com efeito, como queridas assim por Deus, mesmo se depois do Vaticano II a I. católica não se considere mais como a única expressão possível da I. de Cristo (cf. ecumenismo*). Em e. essa abordagem tem consequências evidentes para a concepção da hierarquia*, do governo* da I. e da autoridade* na I., ou para a compreensão dos diversos ministérios. Essa questão não é só interconfessional, mas é debatida no seio de cada família cristã. Não depende só do tempo e do lugar, mas exprime e. divergentes.

b) A segunda dificuldade maior da e. nasce do lugar que se atribui à I. no conjunto do mistério* divino. Para uns, a e. será consequência da cristologia e da soteriologia (Schmaus, 1958; *MySal*, 1972-1973). Para outros, será um capítulo da pneumatologia (Pannenberg,

1993), enquanto outros enfim a consideram a chave de abóbada de toda a teologia dogmática (Tillard, 1987; Siegwalt, 1986s). Essas opções individuais refletem uma escolha fundamental. O Vaticano II aborda-a ao afirmar que "há uma ordem ou uma 'hierarquia'*, das verdades da doutrina católica, em razão de sua relação diferente com o fundamento da fé cristã" (decreto sobre o ecumenismo *UR* 11). Mesmo se o concílio não explica essa hierarquia, é inegável que a I. é uma doutrina central, como o precisa a constituição eclesiológica *Lumen Gentium*. Certas correntes protestantes, seguindo a Schleiermacher*, consideraram a e. como simples apêndice da dogmática, pois a I. era para eles, enquanto sociedade de crentes, uma realidade sobretudo empírica. Os diálogos contemporâneos permitiram nítidos progressos, e as I. saídas da Reforma do s. XVI entendem hoje em dia que a comunhão na I. não poderia ser dissociada da justificação* do crente (*A Igreja de Jesus Cristo* II, 87). Nem por isso o lugar da I. na obra salvadora de Deus deixa de ser uma questão aberta no diálogo ecumênico, já que uns concedem à I. e a suas mediações uma importância que outros não poderiam partilhar (cf. Birmelé, 1986). Essas diferentes abordagens resultam em e. divergentes, que levam certas tradições cristãs a considerar-se como a única expressão verdadeira da I., corpo de Cristo.

c) Um terceiro problema central das e. é a articulação entre a I. e a sociedade contemporânea. Todos estão de acordo em sublinhar a necessidade de um engajamento da I. neste mundo*, mas não definem da mesma maneira as condições dessa missão e as consequências para a I. Enquanto alguns pregam a distância entre a santa I. e o mundo profano (Zizioulas, 1981), outros defendem uma osmose (p. ex. Rendtorff, 1969). Insistindo na dignidade humana e na interação necessária entre I. e mundo em proveito da humanidade inteira, a constituição pastoral proposta pelo Vaticano II, *A Igreja no mundo de hoje* (*GS*), desenvolveu um visão global largamente partilhada por outras confissões cristãs. Não obstante, a relação I. Estado*, a compreensão da laicidade (leigo*), as questões ligadas à cultura (inculturação*), assim como os aspectos mais sociológicos como a relação minoria/maioria, continuam sendo problemas eclesiológicos muitas vezes controvertidos, não só entre as I. cristãs, mas no seio de cada uma delas.

Em todos esses domínios, a e. deve esforçar-se para propor respostas que permitam à I. cumprir sua vocação. Ela é levada a tomar posição. Uma reflexão sistemática a respeito da I. não poderia permanecer neutra.

- Agostinho, *De civitate Dei* (PL 41). — Cipriano de Cartago, *De ecclesiae catholicae unitate* (CChr.SL 3). — Hipólito de Roma, *Comentário sobre Daniel* (*SC* 14). — Inácio de Antioquia, *Cartas aos Efésios, aos Magnésios, aos Filipenses, aos Romanos, aos Esmirniotas, aos Tralianos* (SC 10). — Ireneu de Lião, *Contra as heresias, I-III* (SC 263, 264, 293, 294, 210, e 211). — *Vaticano II, decretos: COD* 817-1135 (*DCO* II/2, 1661-2300). — *Église et monde. L'unité de l'Église et le renouveau de la communauté humaine* (texto de convergência de *Foi et constitution*, CEI), Paris 1993. — *L'Église de Jésus-Christ*, in A. Birmelé e J. Terme (ed.), *Accords et dialogues oecuméniques*, Paris, 1995.

▸ Y. Congar (1941, 1966²), *Esquisse du mystère de l'Église*, Paris. — H. de Lubac (1953), *Méditation sur l'Église*, Paris 1975². — M. Schmaus (1960s), *Katolische Dogmatik*, t. III/1, Munique. — H. Rahner (1964), *Symbole der Kirche. Die Ekklesiologie der Vater*, Salzburgo. — H. Küng (1967), *Die Kirche*, Friburgo, Munique 1980² (*A Igreja*, Lisboa, 1970). — T. Rendtorff (1969), *Christentum ausserhalb der Kirche*, Hamburgo. — Col. (1972, 1973), *MySal*, IV/1 (contribuições de H. Schlier, W. Beinert, H. Fries, O. Semmelroth e Y. Congar) e IV/2 (contribuições de P. Huizing e B. Dupuy) (Petrópolis, 1975, 1977). — A. Dulles (1976), *Models of the Church: A Critical Assessment of the Church in all its Aspects*, Dublim. — W. Kreck (1981), *Grundfragen der Ekklesiologie*, Munique. — H. Rikhof (1981), *The concept of the Church. A Methodological Inquiry into the Use of Metaphors in Ecclesiology*, Londres/Shepherdstown. — J. Zizioulas (1981), *L'être ecclésial*, Genebra. — L. Boff (1981), *Igreja carisma e poder*, Petrópolis. — G. Siegwalt (1986s), *Dogmatique pour la catholicité évangélique*, Paris/Genebra. — A. Birmelé (1986), *Le salut en Jésus-Christ dans les dialogues oecuméniques*, CFi 141. — H. Döring (1986), *Grundriss der Ekklesiologie*, Darmstadt. — J.-M.

Tillard (1987), *Église d'Églises*, CFi 143. — W. Pannenberg (1993), *Systematische Theologie*, t. III, Göttingen. B. Forte (1995), *La Chiesa Icona della Trinitá*, Milão. — K. Rahner (1995), *Selbstvollzug der Kirche, SW 19*, Dusseldorf-Friburgo. — J.-M. Tillard (1995), *L'Église locale*, CFi 191.

André BIRMELÉ

→ *Autoridade; Comunhão; Concílio; Disciplina eclesiástica; Ecumenismo; Estruturas eclesiais; Eucaristia; Governo da Igreja; Hierarquia; Igreja; Igreja/Estado; Indefectibilidade da Igreja; Infalibilidade; Local (Igreja); Magistério; Ministério; Particular (Igreja); Sacerdócio; Sacramento; Sínodo; Unidade da Igreja.*

ECOLOGIA

A ecologia (e.) é o estudo da natureza tomada como um todo em que todas as realidades, inclusive os homens, dependem umas das outras. Do ponto de vista científico, o conjunto dos seres vivos forma uma ecosfera que compreende grande número de ecossistemas. E de um ponto de vista filosófico, religioso ou ético, o dado primeiro dos ecossistemas leva a reflexões que insistem no valor próprio e na interdependência de todos os seres vivos da natureza. Com efeito, é de pouco tempo que se tem consciência de que a intervenção humana desconhece e destrói a interdependência e a autonomia dos ecossistemas naturais, e torna-se responsável por uma crise ecológica mundial que põe em perigo a natureza. Surge, então, uma tarefa teológica, a de criticar e repensar ao mesmo tempo a visão cristã do lugar do homem na criação* e sua responsabilidade para com as outras criaturas. Nesse sentido, teologia* e ética* ecológicas são disciplinas recentes, mas levam em conta toda a reflexão teológica que as precedeu.

Quatro temas bíblicos nutrem a reflexão cristã em matéria de e.: 1/a dominação humana: Deus* ordenou ao homem e à mulher*, no momento da criação, que "submetessem" a terra e "dominassem" os seres vivos (Gn 1,28; Sl 8,6-8). Seu papel é único na criação, assim como sua criação à imagem de Deus é única (Gn 1,26-27; 9,6), o que os habilita a representar a Deus para reinar sobre as coisas criadas.

No entanto, a Bíblia* não diz, de modo nenhum, que toda a criação existe *para* a humanidade. 2/ A comunidade da criação: os seres humanos estão certamente acima das outras criaturas, mas são também criaturas que partilham a terra com todos os seres que Deus criou. É assim que, depois do dilúvio, Deus faz aliança* com os homens e com todos os animais* (Gn 9,8-17). Segundo o Sl 104, para o qual o homem é somente uma das criaturas viventes de que Deus tem cuidado, a terra é o hábitat dos seres viventes e Deus dá a cada um seu lugar. A mesma ideia encontra-se nas leis* que limitam a exploração da terra (Ex 33,11; Lv 25,2-7), e no ensinamento de Jesus* (Mt 6,25s). 3/ A criação como realidade teocêntrica: a criação não existe para a humanidade, mas para a glória* de Deus; toda criatura, animada ou inanimada, louva-o e adora-o (Sl 148; Ap 5,13). Portanto, toda criatura tem um valor, que é um dom do Criador e que lhe é oferecido de novo no louvor*. 4/ A salvação de toda a criação: a soteriologia não separa os seres humanos do resto do mundo, mas sabe que são solidários de todo o criado (Cl 1,20). A esperança* da salvação* estende-se a toda a criação que, no fim dos tempos*, será libertada da corrupção (Rm 8,20-21) e toda renovada (2Pd 3,13; Ap 21,1). Os homens não têm futuro independente dela.

Até ao início dos Tempos modernos, os teólogos pensaram a dominação do homem sobre a natureza com a ajuda de ideias aristotélicas e estoicas. É daí que vem a ideia de uma criação feita para o homem, ideia que leva a ler a narrativa* do Gênesis de maneira tendenciosa. Dominar é, então, para o homem o direito de servir-se de todas as criaturas para seus fins. Muitos críticos contemporâneos seguiram a Lynn White (1967) e acreditaram ver na Bíblia a origem ideológica da exploração da natureza, que produziu a crise ecológica atual, mas é uma visão demasiado sumária. Até a Reforma, nenhum teólogo viu nessa "dominação" a obrigação de o homem estender seu domínio sobre a natureza; aliás não se tinha a menor ideia da possibilidade de transformá-la completamente. Dominá-la era simplesmente o direito de usar dela da maneira limitada que

então se conhecia. Além disso, a ideia de que o mundo existe para o homem era corrigida pela ideia mesma da criação, que fazia dos homens criaturas de Deus ao lado das outras.

O projeto moderno de domínio tecnológico da natureza não tem raízes diretas na tradição* teológica: é nas modificações que lhe trouxeram o humanismo do Renascimento e Francis Bacon (1561-1626) que encontrou terreno favorável. Esse domínio do mundo era tão soberano e tão criador, para o humanismo, que os homens tinham ao mesmo tempo a capacidade e o direito de transformar a natureza a seu bel-prazer. Todo sentido de limitação próprio à criatura desapareceu em benefício de uma aspiração, sem limites, de dominar e de criar. O Renascimento fornece assim a visão que inspirou o projeto moderno da natureza, mas é a Bacon que se deve o fato de ter tirado do Gênesis o programa de um empreendimento científico e técnico, segundo o qual o domínio das leis da natureza devia permitir submetê-la inteiramente às necessidades dos homens.

Contudo, não é essa a única maneira de conceber o papel do homem no universo. Na IM, aparece outra concepção, p. ex., nos textos hagiográficos que pintam homens vivendo em harmonia paradisíaca com todas as criaturas, em um simbolismo escatológico impressionante. Dominar é aqui governar com benevolência e com um sentido muito forte do que todas as criaturas têm em comum. Pensa-se evidentemente em Francisco de Assis (1181-1226) e no *Cântico das criaturas*.

No s. XVII surgiu na Inglaterra uma ideia que hoje exerce influência considerável (Wilkinson, 1980, p. ex.), que faz do homem intendente da criação. Segundo ela, os homens receberam a missão de gerir a obra de Deus em seu nome, e são responsáveis diante dele pela maneira como o fazem. Fora da humanidade, a criação tem um valor que não é só sua utilidade para os homens; esses têm o dever de tratá-la de acordo com isso. O que supõe que a natureza tem necessidade da intervenção ativa do homem, enquanto para os partidários de uma teologia verdadeiramente ecológica a humanidade tem tão pouca importância no universo, que isso deve limitar toda noção de um reinado sobre a criação. Há variações recentes sobre esse tema, p. ex., os homens sacerdotes da criação, e permitindo que essa última seja para o louvor de Deus (Gunton, 1992, p. ex.), ou servos da criação, participando do papel salutar de Cristo* que livra a criação de sua opressão pelo homem.

A teologia recente fez diversas tentativas para pensar as relações de Deus, dos homens e do resto do mundo substituindo a ideia de dominação hierárquica pela de inter-relação ecológica. Pode-se citar, p. ex., a interpretação fortemente cristológica e pneumatológica dessas relações por Moltmann (1985, 1989), a existência de teologias ecofeministas (mulher* C), para as quais a dominação da natureza é um aspecto do patriarcado (p. ex., Ruether, 1993), ou de espiritualidades da criação como as de Matthew Fox (1988) ou de Thomas Berry (Berry e Swimme, 1992) e, enfim, as reflexões que tentam superar o antropocentrismo voltando à noção de "respeito à vida" de Albert Schweitzer (1885-1965) (p. ex., L. K. Daly, *in* Birch *et al.* 1990). Tentou-se mesmo mostrar que o valor intrínseco das criaturas não humanas obriga não somente os homens a reconhecer sua responsabilidade para com elas, mas supõe também que há direitos dos animais (p. ex. Linzey, 1994), ou mesmo de todos os participantes da ecosfera (Moltmann, 1989).

• L. White, Jr. (1967), "The Historical roots of our Ecological Crisis" *in* I. G. Barbour (sob a dir. de) (1973), *Western Man and Environmental Ethics*, Reading, Mass. — D. S. Wallace-Hadrill (1968), *The Greek Patristic View of Nature*, Manchester. — L. Wilkinson (sob a dir. de) (1980), *Earthkeeping: Christian Stewardship of Natural Resources*, Grand Rapids, Mich. — J. Moltmann (1985), *Gott in der Schöpfung: ökologische Schöpfungslehre*, 2ª ed. rev., Munique (*Deus na criação. Doutrina ecológica da criação*, Petrópolis, 1993). — M. Fox (1988), *The Coming of the Cosmic Christ*, San Francisco. — R. D. Sorrell (1988), *St. Francis of Assisi and Nature*, Oxford. — J. Moltmann (1989), *Der Weg Jesu Christi*, Munique — R. F. Nash (1989), *The Rights of Nature: A History of Environmental Ethics*, Madison, Wis. — C. Birch, W. Eakin, J. B. Daniel (1990) (sob a dir. de), *Liberating Life: contemporary Approaches to Ecological Theology*, Nova York. — T. Berry e B. Swimme (1992), *The Universe Story*, San Francisco. — C. E. Gunton (1992), *Christ and Creation*, Carlisle. — *Com(F)* XVIII/3 (1993), *L'écologie*. — R. R. Ruether (1993), *God and Gaia: An Ecofeminist Theology of Earth Healing*, Londres. — *Éthique* (1994/3), *L'écologie. Humanisme ou naturalisme?* — A. Linzey (1994), *Animal Theology*, Londres.— M. Oeschlager (1994), *Caring for Creation: An Ecumenical Approach to the Environmental Crisis*, New Haven. — M. Northcott (1996), *The Environment and Christian Ethics*, Cambridge. — L. Rasmusson (1996), *Earth Community, Earth Ethics*, Genebra. — J. B. Callicott (2003), "Meio ambiente", *DEFM*, v. 2, 158-161.

Richard BAUCKHAM

→ *Adão; Antropologia; Cosmo; Franciscana (espiritualidade).*

ECONOMIA DA SALVAÇÃO → salvação

ECONÔMICA (moral)

A Igreja* nunca esteve à vontade com as forças do mercado. Ou rejeita sem matizar toda atividade comercial, por falta de informação ou por incompreensão, ou então aceita cegamente o *statu quo*. Entretanto, alguns autores cristãos têm bastante competência científica e cultura teológica para compreender o mundo econômico e, eventualmente, criticá-lo de maneira construtiva.

1. O Antigo Testamento

O AT diz muitas coisas sobre a conduta da vida econômica. A unidade econômica de base é a terra. A Terra prometida que Deus* dá a Israel* é uma terra fértil (Dt 8,7-10) a ser valorizada. Pode-se livremente vender e comprar, e a terra pode mudar de proprietário, ou mais exatamente, pode ser alugada por tempo limitado porque a cada cinquenta anos, durante o ano jubilar, a propriedade* deve voltar a seu primeiro possuidor (Lv 25,8-17). A terra deve ter também um repouso sabático (*sabbat**) a cada sete anos, para evitar seu esgotamento (Lv 25,1-7). A Lei* preocupa-se das dificuldades possíveis dos pobres: assim, os campos não devem ser ceifados até o fim para que se possa respigar neles (Lv 19,9s), o salário do obreiro deve ser pago sem atrasos (Lv 19,13), é proibido emprestar a juros a outro israelita (Ex 22,24-26; Lv 25,35-37). Ao contrário, a autorização de emprestar a juros aos estrangeiros (Dt 23,20) permite a Israel ter um papel no comércio do Médio Oriente antigo. Nas descrições da atividade comercial sob o reinado de Salomão, p. ex. (1Rs 3-10) vê-se que a nação tinha ganho com isso grande riqueza, mesmo que estivesse excessivamente concentrada na corte. Os profetas* do s. VIII condenam a exploração dos pobres pelos ricos (Am 5,21-24; Mq 3,9-12); a literatura de Sabedoria*, ao contrário, vê na prosperidade a recompensa do esforço industrioso, mas recomenda igualmente a probidade e a retidão (p. ex. Pr 10,9; 12,11).

2. O Novo Testamento

No NT, o princípio de base da necessidade do trabalho* permanece (p. ex. 2Ts 3,6-13), mas as questões econômicas não estão no primeiro plano. Houve quem pretendesse que nas parábolas*, como na dos obreiros da undécima hora (Mt 20,1-16) e na dos talentos (Mt 25,14-30), Jesus* dava princípios concernentes aos salários (seja muito igualitários, seja, ao contrário, muito meritocráticos!), mas isso é muito duvidoso, e essas parábolas são antes meios de fazer compreender o que ele tinha a dizer das relações de Deus e da humanidade. De outro lado, Jesus alertou muitas vezes contra os perigos da riqueza e da adoração de Mamon (Mt 6,19-34; Mc 10,17-31; Lc 12,15-21; 16,13). Os mercadores estão incluídos com os príncipes e os navegadores na condenação de Babilônia pelo Ap 18, que só vê neles traficantes a serviço do luxo.

3. Da época patrística à Reforma

A diferença de concepção entre o AT e o NT explica que a ideia de comércio e as atividades comerciais tenham sido mais bem aceitas pelos judeus do que pelos cristãos na época patrística e medieval. Todavia, por mais que a Igreja procurasse tomar distância das realidades dessa ordem, não podia abstrair completamente delas,

— ao menos porque sua existência institucional exigia da Igreja uma atividade produtora de riqueza que lhe permitisse sobreviver. Isso se vê muito bem no caso das ordens religiosas, que faziam, no entanto, voto de pobreza: a ordem de Cister, p. ex., terminou por ter um poder econômico considerável. Nos s. XIII-XIV tratava-se das questões de moral econômica nas cátedras de teologia* dominicanas e franciscanas de Paris. Três problemas dominavam os debates.

a) A necessidade (jus necessitatis). — Tomás* de Aquino é partidário do direito de propriedade, sob reserva da consideração do bem* comum. É um dever socorrer os que estão em necessidade; e se isso não se faz, a necessidade extrema dá o direito de roubar (*ST* IIa IIae q. 66, a. 7). Esse último ponto não se tornou unânime, e outros autores (os puritanos mais tarde, em particular) defenderam o direito dos proprietários.

b) O justo preço. — Encontra-se em Tomás, em Duns* Escoto e em Pedro de Olivi (1248-1298) a noção do *justo preço*: é o que remunera o vendedor e satisfaz o comprador. O vendedor pode premunir-se contra o prejuízo, mas não deve aproveitar-se da necessidade do comprador. A mesma noção existe em Lutero*, mas esse reconhece que o cálculo preciso do justo preço é um assunto complexo, pondo em jogo o custo do trabalho, a distância a percorrer, o nível de risco incorrido, o que tornava o preço capaz de variar segundo a lei local, o costume ou a consciência* de cada um.

c) A usura. — Basílio* (*Hom. II in Ps. 14*, PG 29, 264 D - 280 D), Ambrósio* (*De Tobia*, PL 14, 591-622) e João* Crisóstomo (*Hom. in Matt.* 56, 5-6, PG 58, 555-558) condenam sem matizes o que chamam usura, i.e., o fato de receber juros, o que, segundo eles, é contrário ao dever cristão do amor* e da misericórdia* (foi só muito mais tarde que o termo "usura" tomou o sentido de "taxa excessiva de juro"). Essa condenação encarnou-se durante um milênio nas leis eclesiásticas, a partir do concílio* de Elvira (306) sem nunca ter sido ab-rogada, mesmo se nunca foi completamente aplicada. Invocava-se todo tipo de razão para condenar a usura: algumas eram tiradas da Bíblia* (p. ex. Lc 6,35 ao lado de textos do AT), outras fundavam-se na lei natural (p. ex., a ideia de Aristóteles de que o dinheiro é essencialmente estéril e, portanto, "não é natural fazê-lo produzir", *Política* I, 10, 1258 b 7). Tomás diz que o dinheiro só vale por seu uso, e que não se pode em um empréstimo fazê-lo pagar duas vezes sem cometer injustiça (*ST* IIa IIae, q. 78). Contudo, autoriza o pagamento de uma compensação do risco em que o credor incorreu, exceção que outros teólogos escolásticos* formalizaram pela expressão de *danum emergens*, e que se generalizou, na prática, no momento do empréstimo. Hostiensis (†1271) e Antonino (1389-1459) autorizam os juros pelo que se deixa de ganhar (*lucrum cessans*). Portanto, foi antes da Reforma que se começou a contestar a proibição do empréstimo a juros; mas foi depois dela que perdeu toda sua força. Calvino* não considerava a proibição bíblica como universal, (era para ele um aspecto da lei mosaica própria da "constituição política" de Israel); autorizava assim os juros, a taxas modestas, enquanto se respeitasse a caridade e a equidade (CR 24, 679-683). A partir do s. XVI prevaleceu a tendência de avaliar os empréstimos em função da taxa de juros demandada, e não mais em função do motivo invocado (isso se reflete em diversas legislações, p. ex., no Ato de 1571 na Inglaterra).

4. Os Tempos modernos

Explica-se muitas vezes a maior tolerância de Calvino para com o comércio pela expansão econômica do s. XVI. Buscando compreender por que os países protestantes tiveram um crescimento mais rápido que os países católicos, Max Weber acreditou descobrir um laço entre o espírito do capitalismo nascente e a doutrina calvinista da predestinação*, porque segundo ele a incerteza da salvação* levava a buscar o sinal da bênção* divina na prosperidade material. O sentido da economia e do trabalho, a ideia de que o mundo criado por Deus estava pronto para ser descoberto e desenvolvido, contribuíram sem dúvida para criar uma "ética* do trabalho" que abriu o caminho à revolução industrial. Contudo, essa ética foi pouco a pouco secularizada,

assim como a economia, que terminou por ser considerada uma disciplina autônoma, em que a lei da oferta e da procura é a autoridade suprema em matéria de fixação dos salários e dos preços. Quanto mais complexa se tornou a economia global, mais diminuiu a influência das Igrejas, mesmo se intervêm às vezes nesse domínio. Certos cristãos e certas organizações de inspiração cristã (na Inglaterra, p. ex., os sindicatos de inspiração metodista [metodismo*]) tiveram assim um papel na luta contra as condições desumanas do início da industrialização.

5. Problemas atuais

O crescimento da empresa moderna deve-se, em boa parte, à legislação sobre as sociedades anônimas, que reduz o risco que há em investir. Mesmo se esse tipo de organização permitiu fornecer à indústria capitais que lhe eram necessários, alguns (Goyder, 1987) não a veem com bons olhos. Primeiro, a gestão da empresa é separada da propriedade, porque os acionistas (que são cada vez mais representados por instituições intermediárias como os fundos de pensão) nada têm a ver com a direção da empresa. A participação dos assalariados nas suas empresas, decerto compensa um pouco essa situação. Mas esse sistema não favorece o exercício da responsabilidade moral da empresa, porque os credores de uma sociedade em falência nem sempre são pagos.

O anonimato e as dimensões de muitas empresas modernas, assim como o caráter repetitivo do trabalho na linha de produção, foram igualmente criticados (Schumacher, 1987) por não respeitarem a pessoa* humana, e não darem espaço à criatividade e à responsabilidade. Mas a situação evolui nesse domínio, em que se observam reestruturações em unidades menores e em grupos de trabalho semiautônomos, enquanto o trabalho não especializado é confiado cada vez mais a robôs. Daqui aliás nasce outro problema, porque isso produz o desemprego de trabalhadores não qualificados.

Outra crítica visa à publicidade. Denunciam-se no marketing (Packard, 1957) suas técnicas de venda forçada, suas mentiras, a utilização da publicidade subliminar e, enfim, o incentivo ao materialismo. Todavia, se o mercado deve funcionar, é preciso decerto que haja um processo de informação que faça consumidores e produtores se comunicarem. Isso não se opõe a uma vigilância atenta dos processos utilizados.

Restam, enfim, questões de fundo, sempre debatidas. Alguns cristãos (Novak, 1991, p. ex.) são ardorosos partidários do liberalismo econômico, que outros criticam abertamente de um ponto de vista marxista (teologia da libertação*). Entretanto, a história da Europa do Leste basta para mostrar que uma economia totalmente centralizada não é viável. Uma visão mais equitativa do capitalismo, de outro lado, reconhece que ele não é somente um sistema injusto. Aliás, há sem dúvida vários capitalismos, mais do que uma só entidade com esse nome: que se considere a diferença entre as preocupações sociais ou comunitárias da Alemanha ou do Japão, de um lado, e o individualismo dos Estados Unidos ou da Inglaterra de outro, sem contar os paradoxos franceses na matéria.

Sem dúvida, o principal problema moral dos países ricos hoje é o da ajuda ao terceiro mundo; não se trata só de intervir em casos de urgência, mas de encontrar o meio que permita aos países mais pobres participar realmente da economia mundial. Atualmente os produtores desses países se debatem entre as taxas mais elevadas dos empréstimos que o Ocidente lhes concede (cf. a crise da dívida dos anos 1980) e os baixos preços das matérias-primas. Não se vê como o problema poderia ser resolvido, a menos que apareça uma nova espécie de investidores e consumidores "éticos" prontos a sacrificar-se, ou que os cidadãos desses países acedam a posições de poder e de influência nas multinacionais. Tudo isso é, no momento, pouco provável.

• M. Weber (1920), *Die protestantische Ethik und der Geist der Kapitalismus, in Gesammelte Aufsätze zur Religionsoziologie*, t. 1, Tübingen (*A ética protestante e o espírito do capitalismo*, São Paulo, 1999). — R. Tawney (1926), *Religion and the Rise of Capitalism*, Londres — W. Temple (1942), *Christianity and Social Order*, Harmondsworth. — J. Ellul (1964), *L'homme et l'argent*, Neuchâtel. — J. T. Noonan (1957), *The Hidden Persuaders*, Nova York — C. J. H. Wright (1983), *Living as a people of God*, Leicester. — B. Griffiths (1984), *The creation of Wealth*, Londres. — A. Storkey (1986), *Transforming Economy*, Londres. — G. Goyder (1987), *The Just Enterprise*, Londres. — C. Schumacher (1987), *To Live and Work*, Bromley. — M. Tamari (1987), *With All Your Possessions*, Londres. — D. Hay (1989), *Economics Today*, Leicester. — João Paulo II (1991), *Centesimus annus, AAS* 83, 793-867. — M. Novak (1991), *The Sprit of Democratic Capitalism*, Londres. — R. H. Preston (1991), *Religion and the Ambiguities of Capitalism*, Londres. — O. Langholm (1992), *Economics in the medieval Schools*, Leyde. — R. Higginson (1993), *Called to Account*, Guildford. — T. J. Gorringe (1994), *Capital and the Kingdom*, Londres. — H. Puel (1995), *L'étique au défi*, Paris. — S. Pattison (1997), *The Faith of the Managers*, Londres. — P. Selby (1997), *Grace and Mortgage*, Londres. — O. Langholm (1998), *The Legacy of Scholasticism in Economic Thought*, Cambridge. — P. van Parijs (2003), "Economia", *DEFM*, v. 1, 496-503.

Richard HIGGINSON

→ *Ética; Marx; Propriedade; Sociedade; Trabalho.*

ECUMENISMO

1. Origem e significação

a) *Oikoumene*, particípio passivo do verbo *oikein* ("habitar"), é empregado por Heródoto (*c.* de 490 – 425/420 a.C.) para designar o universo habitado. Os escritos bíblicos quase não recorrem a esse termo, embora fosse corrente no mundo helênico de sua época. Os Setenta o utilizam para traduzir algumas passagens dos Salmos*, o NT para designar o Império romano (Lc 2,1; Mt 24,14). Em Hb 2,5, o termo evoca a unidade da humanidade e de Deus* na escatologia*.

Na Igreja* antiga, *oikoumene* tem um sentido ao mesmo tempo político (o mundo romano) e eclesial (o conjunto dos cristãos), os dois terminando por ser confundidos sob o reinado de Constantino (306-337). Um lugar decisivo cabe aos sínodos* ou concílios* chamados "ecumênicos", porque suas decisões aplicam-se a toda a cristandade e a todo o Império. O fim dos Impérios romano e bizantino priva a *oikoumene* de seu sentido político, e fica somente sua designação eclesial: significa a Igreja universal. No s. VI o patriarcado* de Constantinopla fez-se chamar "ecumênico" para significar sua preeminência sobre muitas Igrejas orientais, preeminência já reconhecida pelo imperador Constantino. Esse uso suscitou vivas reações do papa* Gregório I (590-604). No Ocidente a Reforma, reticente quanto ao termo "católico", geralmente sinônimo de "católico romano", dá uma nova atualidade à *oikoumene*. Essa noção designa então a plenitude e a unidade* da Igreja universal, a cristandade de todos os países, reunida e guiada pelo Espírito* Santo. A Igreja é ecumênica porque, anunciando o Evangelho ao mundo inteiro, é una e católica, é a Igreja na plenitude dada por Deus*.

b) Foi somente no s. XX que o arcebispo sueco N. Soederblom (1866-1930) deu a *oikoumene* e ao adjetivo "ecumênico" o sentido que é corrente hoje na teologia*: tudo o que diz respeito à aproximação, à reconciliação e à unidade das Igrejas no seio do que se chama "movimento ecumênico". O substantivo "ecumenismo" (ec.) foi introduzido em 1937 pelo dominicano francês Yves Congar, depois retomado e confirmado pelo Vaticano II* (Decreto sobre o ec., *Unitatis Redintegratio [UR]*, 4). Em um estudo fundamental (*Geschichte und Sinn des Wortes "ökumenisch"*, 1953), W. A. Visser't Hooft (1900-1985), primeiro secretário do Conselho ecumênico das Igrejas* (CEI), nota sete sentidos do adjetivo "ecumênico" no curso da história*: "que pertence ao mundo habitado ou o representa", "que pertence ao Império romano ou o representa", "que tem um valor eclesial universal", "que concerne à tarefa missionária universal (missão*)", "que toca as relações entre as Igrejas ou os cristãos de origens confessionais diferentes", "a consciência espiritual de pertencer à comunhão* mundial das Igrejas cristãs" e "a disponibilidade de se engajar pela unidade da Igreja".

c) O uso da palavra "ec." hoje ultrapassa o quadro eclesial. Alguns a utilizam para evocar o diálogo da Igreja com outras religiões, outros veem nela um qualificativo para todo esforço de consenso ou de unidade entre pessoas e grupos humanos.

2. Engajamento das Igrejas no ecumenismo

a) Em um primeiro momento, o ec. foi preocupação das Igrejas protestantes. A necessidade de melhor cooperação entre Igrejas levou, ao final s. XIX, a criar as primeiras organizações internacionais que dariam origem ao CEI em 1948. Esse procedimento foi facilitado pela abordagem eclesiológica do protestantismo*. Embora compreendendo a si mesma como expressão plena e verdadeira da única Igreja de Cristo*, uma igreja nascida da Reforma nem por isso pretende ser a única expressão autêntica da Igreja una, santa, católica e apostólica. A Igreja de Cristo existe alhures sob outras formas ou tradições. A divisão e o não reconhecimento mútuo das Igrejas são, porém, inaceitáveis. A comunhão na celebração da Palavra* e dos sacramentos* é a condição necessária e suficiente para que duas Igrejas sejam uma, sem serem por isso uniformes. A preocupação dos anglicanos, luteranos, reformados, metodistas, batistas etc. era dupla. De um lado era preciso superar as controvérsias doutrinais que produziram as condenações mútuas e, de outro, encontrar formas de engajamento comum no seio da sociedade*. Esses dois cuidados foram retomados pelo setor de *Fé e constituição* e pelo setor *Cristianismo prático*. As prioridades de uns nem sempre coincidem com as de outros, e certa tensão, ou mesmo oposição, entre as duas opções caracterizou o ec. entre as Igrejas oriundas da Reforma. Ainda hoje ela é perceptível tanto no seio do CEI como das Igrejas particulares*. Certas tradições como a comunhão anglicana e as Igrejas luteranas insistem mais no caráter eclesial do movimento ecumênico, o engajamento comum sendo a consequência da unidade redescoberta. Outras orientações protestantes concedem menos importância à eclesiologia* e dão prioridade às ações sociais, éticas e políticas comuns. A unidade visível da Igreja será uma das consequências desse ec. A compreensão protestante do ec. permanece marcada por essa diversidade de abordagens, mesmo se todos concordam em dizer que a unidade da Igreja não poderia ser dissociada da renovação de toda a humanidade.

b) Insistindo no caráter autocéfalo das Igrejas irmãs, as Igrejas ortodoxas sempre se engajaram por uma visão conciliar de uma Igreja una, fundada na tradição ininterrupta dos sete concílios ecumênicos (de Niceia I* – 323 até Niceia II* – 787). Embora considerando-se como a única verdadeira Igreja de Cristo, não excluem a presença de uma vida eclesial além de seus limites. Essa opção lhes permite procurar o diálogo e a cooperação com outras comunidades cristãs, sem por isso pronunciar-se sobre a sua qualidade eclesial. Em uma encíclica de 1920, o patriarca de Constantinopla desejou uma comunhão universal das Igrejas. Muitas Igrejas autocéfalas e algumas antigas Igrejas orientais participaram desde 1927 da primeira conferência mundial de *Fé e constituição* em Lausanne. A Ortodoxia* considera o consenso doutrinal como prévio a todo progresso ecumênico. Vistas as dificuldades de chegar a esse consenso, escolheu uma atitude de prudência e expectativa. O conjunto das Igrejas dessa tradição veio, porém, unir-se ao CEI em 1961, embora mantendo diversas reservas e marcando, quando necessário, sua diferença.

c) A entrada no ec. da Igreja católica romana e das Igrejas orientais que reconhecem a autoridade do papa* foi mais tardia. Em um primeiro tempo, toda ideia de ec. foi rejeitada. A encíclica de Leão XIII (1878-1903) *Satis cognitum* (1896 — *AAS* 28 [1895-1896], 709s) precisa que só existe uma Igreja de Cristo, a Igreja colocada sob a responsabilidade do pontífice romano. Deixar essa Igreja equivale a afastar-se do caminho da salvação* (*SC* 614). A encíclica de Pio XI (1922-1939), *Mortalium animos* (1928 — *AAS* 20 [1928] 13s) proíbe toda relação com as outras comunidades cristãs e todo contato com o movimento ecumênico. A abertura veio no Vaticano II e foi concretizada pela publicação do decreto sobre o ec. (*UR*). A Constituição dogmática sobre a Igreja (*Lumen gentium [LG]*) tornou essa evolução possível ao precisar que "a única Igreja de Cristo […] subsiste na Igreja católica governada pelo sucessor de Pedro* […]" "(*LG* 8). Esse *subsistit in* substitui o *est* tradicional, e permite ao concílio constatar que 'numerosos elementos de santificação e

de verdade*' existem fora da Igreja católica, e que muitas ações sagradas da religião cristã se realizam entre nossos irmãos separados" (*LG* 8 e *UR* 3). Embora insistindo na unicidade da Igreja católica unida ao papa, a única Igreja em plenitude, o concílio propõe a oração* comum, o diálogo doutrinal em vista de um melhor conhecimento recíproco e do restabelecimento da unidade, assim como uma colaboração no serviço neste mundo (*UR* 4 a 12). Esse engajamento no ec. foi várias vezes confirmado nos anos pós-conciliares (cf. a encíclica de João Paulo II *Ut unum sint*, 1995). A Igreja católica engajou-se em numerosos diálogos ecumênicos sob a responsabilidade do Secretariado para a unidade (hoje Conselho pontifício para a unidade). Conselhos de Igrejas foram instituídos em numerosos países, os cultos* e os encontros ecumênicos tornaram-se frequentes. Sua autocompreensão como única Igreja em plenitude não lhe permite, porém, reconhecer as Igrejas e as comunidades separadas como parceiras "equivalentes". Esse ponto permanece um obstáculo à sua plena participação no CEI.

3. Um ecumenismo plural

O ec. — à imagem de toda vida eclesial — é uma realidade complexa e plural cuja integridade e indivisibilidade impedem que se reduza a um só aspecto. Contudo, pode-se distinguir algumas orientações fundamentais cuja interação determina o conjunto.

a) *O ecumenismo doutrinal.* — Como a divisão das Igrejas foi sancionada por condenações doutrinais, deu-se uma importância particular aos diálogos teológicos entre as Igrejas (unidade* de Igreja). A maioria das famílias confessionais* se engajou nisso e pôde chegar a consensos notáveis, permitindo superar as controvérsias tradicionais. Os resultados mais significativos foram obtidos no trabalho multilateral de *Fé e constituição* e nos diálogos bilaterais, essencialmente entre católicos romanos e anglicanos, entre católicos romanos e luteranos, assim como entre as diversas tradições surgidas da Reforma. Entre essas últimas o consenso é tal que em numerosos lugares a plena comunhão foi estabelecida, já que as comunidades se reconhecem mutuamente como expressão plena e autêntica da Igreja una de Cristo. No diálogo dessas Igrejas como a Igreja católica romana, os progressos são reais, mesmo se a última etapa, a do pleno reconhecimento mútuo, ainda não foi transposta. A pendência que permanece refere-se, antes de tudo, à compreensão do papel da Igreja na ação salvadora de Deus, a natureza dos ministérios*, o exercício da autoridade*, o primado e a infalibilidade* do papa. Numerosas divergências clássicas (compreensão da salvação*, fé* e obras*, referência à Sagrada Escritura*) foram, contudo, superadas e um cancelamento mútuo das condenações já não pertence mais à utopia. Convém notar que esse ec. doutrinal desenvolveu-se particularmente no mundo ocidental. É mais difícil quando os parceiros não têm a mesma origem cultural, o que mostra o diálogo da Igreja católica com a ortodoxa. Suas convergências significativas não foram ainda seguidas pelas consequências desejáveis e já possíveis.

b) Ecumenismo espiritual. — Desde 1941, católicos, ortodoxos e protestantes celebram anualmente, em janeiro, uma semana de oração* pela unidade. Todas as Igrejas sublinham a necessidade de orações e de cultos comuns, pois a unidade da Igreja é, antes de tudo, obra do Espírito Santo, uma realidade espiritual dada por Deus. As traduções da Bíblia* comuns a todas as Igrejas de uma entidade litúrgica foram realizadas (cf. a Tradução Ecumênica da Bíblia em francês, 1972-1988, trad. portuguesa, Loyola 1994). Desenvolveram-se em todos os países grupos de oração, de estudos bíblicos comuns e de partilha, que permitiram uma ancoragem do ec. nas realidades comunitárias locais. Esse ec. espiritual, estreitamente ligado à vida das paróquias e das iniciativas dos cristãos de diversas origens no mesmo lugar dado, dá todo sentido a todas as outras dimensões do ec. Esse *ec. local* encontra-se muitas vezes em oposição com o ec. nacional ou internacional das direções de igrejas, cuja lentidão e prudência o irritam.

c) O ecumenismo no testemunho e no serviço. — Essa dimensão, central desde a origem do ec.

moderno, como o atesta o movimento *Cristianismo prático*, insiste na ação comum das Igrejas diante das necessidades do mundo contemporâneo. O ec. local, nacional ou internacional não poderiam negligenciar esse engajamento ético e social comum, porque a preocupação com a renovação, com a reconciliação, com a superação de toda miséria humana, e com a unidade de toda a humanidade, faz parte da missão de toda Igreja. A história e os diversos programas do CEI são ilustrações concretas desse engajamento comum das Igrejas (cf. p. ex., o programa de luta contra o racismo, os programas de educação, de ajuda aos refugiados, de luta contra a exclusão e para assegurar o lugar das mulheres* e dos jovens, o movimento justiça*, paz* e integridade da criação* etc.). Esse ec. é chamado em numerosos países, em particular nas regiões ditas do Terceiro mundo em que sua urgência é grande, de *ecumenismo contextual*. É lamentável que se tenha visto muitas vezes em oposição com as outras formas de ec. (p. ex., os defensores do *ec. secular* por volta de 1968). Igual visão unilateral não leva em conta a complexidade do ec. e atenta contra sua integridade.

d) Ecumenismo institucional. — O movimento ecumênico contemporâneo nasceu à margem das Igrejas constituídas. No início, era assunto de alguns pioneiros. No presente, a grande maioria das Igrejas integrou a preocupação ecumênica, e mesmo a ancorou institucionalmente. Essa ancoragem ocorre em nível local, nas instâncias nacionais que estabeleceram numerosas comissões ecumênicas, e no nível das grandes organizações mundiais. Igual evolução era desejável e necessária. Contudo, pode ser acompanhada de certo peso que faz o movimento perder seu ímpeto, aprisionando-o nas estruturas administrativas. Essa evolução contribui para dar a impressão de uma estagnação atual do ec. É verdade que a época das aberturas espetaculares está ultrapassada, e que é chegada a hora da recepção* das aquisições desses últimos anos.

Procurando superar as barreiras interconfessionais, nacionais, sociais, culturais e étnicas, e promover, assim, a unidade da igreja e da humanidade, o ec. conhece as alegrias e encontra as dificuldades que caracterizam toda a vida eclesial.

- Y. Congar (1937), *Chrétiens désunis. Principes d'un oecuménisme catholique*, Paris. — (1966), *Actes du concile Vatican II*, Paris. — W. A. Visser't Hooft (1967), "Geschichte und Sinn des Wortes 'ökumenisch'", *Ökumenischer Aufbruch. Hauptschriften II*, Stuttgart-Berlin, 11-28. — Col. (1970), "L'oecuménisme séculier", *PosLuth* 18, 48-61. — E. Fouilloux (sob a dir. de) (1976), "L'oecuménisme contemporain", *2000 ans de christianisme*, t. X, Paris. — Col. (1983), "L'oecuménisme au plan local", *PosLuth* 31, 3-51. — H. J. Urban (1985-1987) (sob a dir. de), *Handbuch der Oekumenik I-III*, Paderborn. — K. Lehmann e W. Pannenberg (ed.) (1966), *Lehrverurteilungen-Kirchentrennend?*, Friburgo-Göttingen. — J.-P. Willaime (sob a dir. de) (1989), *Vers de nouveaux oecuménismes*, Paris. — N. Lossky *et al.* (ed.) (1991), *Dictionary of the Ecumenical Movement*, Genebra. — R. Frieling (1992), *Der Weg des oekumenischen Gedankens*, Göttingen. — Col. (1994), "Crise et défi du mouvement oecuménique. Intégrité et indivisibilité", *PosLuth* 42, 289-331. — João Paulo II (1995), *Ut unum sint*, Cidade do Vaticano. — A. Birmelé e J. Terme (ed.) (1995), *Accords et dialogues oecuméniques*, Paris.

André BIRMELÉ

→ *Conselho ecumênico das Igrejas; Família confessional; Protestantismo; Unidade da Igreja.*

EDWARDS, Jonathan, 1703-1758

Nascido em Connecticut, Jonathan Edwards (E.) faz seus estudos no Yale College onde, ao lado da leitura dos clássicos e dos manuais do puritanismo*, descobre Newton e Locke. Nomeado, em 1727, pastor* em Northampton (Mass.), tem um papel central no movimento pietista do Grande Despertar (*Great Awakening*) (1741-1742), do qual se torna o teólogo. Em consequência de desacordos a respeito da admissão à ceia, é demitido por sua comunidade. Enviado em 1750 a Stockbridge (Mass.) como missionário dos índios, redige ali suas obras mais importantes. Eleito presidente do colégio de New Jersey, em Princeton, morre quase imediatamente depois assumir suas funções, em 1758. E. é considerado o primeiro filósofo e o maior teólogo protestante do novo mundo; dois grandes elementos doutrinais são particularmente dignos de menção.

a) Pecado e responsabilidade. — E. parte da seguinte dificuldade: só há pecado* quando livremente se escolhe o mal*; mas há livre escolha quando a vontade é determinada? Para resolvê-la, preocupado ao mesmo tempo com evitar a falsa culpabilidade que ameaça o puritanismo, e inquieto ante a influência crescente do arminianismo (calvinismo*), E. estabelece uma teoria da vontade (1/) e uma explicação fundada sobre a identidade da pessoa* (2/).

1/Para compatibilizar a responsabilidade e a ausência de autonomia moral, E. distingue entre a determinação da vontade no tempo e a sua natureza. A vontade só age se sua inclinação se encontra determinada; ora, esta depende da percepção de um bem*, real ou aparente: logo a vontade nunca pode ser verdadeiramente autônoma. Para sê-lo, deveria determinar-se a si mesma, i.e., seus atos deveriam ser determinados por uma volição precedente: pode-se, então, evitar a regressão ao infinito? De duas, uma: ou não se chega a uma primeira volição, ou então, se é primeira, não é verdadeiramente uma volição porque é determinada por outra coisa e não por uma volição anterior. Para evitar essas contradições deve-se admitir que a vontade, embora sendo sempre determinada, permanece voluntária (*Freedom of the will*, 1754). O pecador não escolheu, ele mesmo, querer o pecado de Adão*: mas porque ele o quer efetivamente, é culpado. E. alia pois determinação da vontade e responsabilidade, que a tradição filosófica declara incompatíveis. Pode então completar sua teoria sobre a vontade antes do pecado, desenvolvendo a doutrina do pecado original* (*The great christian doctrine of original sin*) e a análise do "servo arbítrio".

2/Se o que torna má a vontade do pecador em cada ato* é, evidentemente, sua oposição ao bem, o exercício contínuo desse malquerer, que só permite atribuí-lo a um sujeito, decorre de uma constituição anterior. Os atos bons ou maus, são em si mesmos, apenas atos isolados, e a identidade do sujeito que os realiza depende de uma criação contínua. A teologia* nos ensina que nossa condição de sujeito moral (na continuidade temporal) é fundada por um ato divino, que estabelece uma relação de identidade entre a personalidade de Adão e cada um de seus descendentes. Somos,

certamente, autores responsáveis de nossas volições, mas só somos nós mesmos em virtude do
ato fundador que nos liga a Adão. Ao contrário,
Deus*, embora sendo autor a cada instante de
nossa instituição "em" Adão, permanece estranho
ao mal que nós mesmos queremos. Para além
de sua hipótese original sobre a transmissão do
pecado original, E. redescobre a tese clássica
que distinguia no mal um elemento material atri-
buível a Deus, e um elemento formal imputável
ao homem.

b) *Os sentimentos religiosos.* — O discernimento da condição espiritual do crente constitui uma preocupação central do puritanismo.
As boas obras* são os frutos da justificação*
(a doutrina da justificação só pela fé*: é um
dos grandes lugares-comuns da pregação* de
E.) mas não constituem seus sinais unívocos.
Quanto à crença, a adesão puramente intelectual
aos mistérios* cristãos permanece sempre ao
alcance do hipócrita. Nutrido pela tradição*
espiritual calvinista, revivificada pelo imenso
ímpeto espiritual do Grande Despertar, E. reconhece, assim, a verdadeira religião por certas
"afeições", a primeira das quais é o amor*. O
diabo pode imitar o processo da conversão*, mas
é incapaz de contrafazer sua natureza: o amor.
Toda uma gama de sinais — E. enumera doze
deles — ajuda o crente a discernir interiormente
sua condição, mas esses sinais são para os outros
homens apenas critérios universais objetivos, e
não permitem formar um juízo* público sobre
a fé de um crente. O resultado mais alto da conversão é uma "beleza" espiritual que reflete a
"santa beleza" de Deus; e é por isso que 1Pd 1,4
é a citação escriturística favorita de E., segundo a
qual "a graça* que está no coração* dos santos é
da mesma natureza (embora de um grau menor)
que a santidade* divina" (*Religious Affections*).
Uma eclesiologia* decorre* imediatamente
desse cuidado de coerência e de autenticidade.
Os fundadores do congregacionismo* na Nova
Inglaterra exigiam a profissão de uma experiência* de conversão pessoal para a admissão
à ceia. Esse princípio pouco a pouco caiu em
desuso. Entretanto, E., recusando-se a satisfazer
o laxismo ambiente, acabará por exigir dos comungantes a confissão de sua conversão.

O que se chamou a "New Theology" testemunha a posteridade de E. Seus discípulos,
sistematizando seu pensamento, apresentaram
um exemplo único no protestantismo* de uma
síntese fecunda da ortodoxia dogmática com
o pietismo evangélico: E. e J. Bellamy (1719-
1770), S. Hopkins (1721-1803), N. Emmons
(1744-1840); é preciso mencionar também o
pregador mais importante do "segundo Grande
Despertar", Timothy Dwight (1752-1817), seu
neto. A leitura de E. influenciou consideravelmente J. Wesley, como também G. Whitefield.

• *The Works of President Edwards*, 1817-1847, 10 vol.
reed. Nova York, 1968. — *The Works of Johnathan
Edwards*, New Haven, 1957 (ed. crítica em curso
de publicação.

▶ F. H. Foster (1907), *A History of New England Theology*, Chicago. — J. Ridderbos (1907), *De Theologie
van Jonathan E.*, Haia. — J. Haratounian (1932),
Piety versus Moralism Nova York. — C. Cherry
(1966), *The Theology of Jonathan E.: A Reapprai-
sal*, Garden City. — J. P. Carse (1967), *Jonathan E.
and the Visibility of God*, Nova York. — A. Delattre
(1968), *Beauty and Sensibility in the Thought of Jo-
nathan E.*, New Haven. — T. Erdt (1980), *Jonathan
E., Art and the Sense of the Heart*, Amherst. — M.
X. Lesser (1981), *Jonathan E., a Reference Guide*,
Boston. — N. Manspeaker (1981), *Jonathan E.'s
Moral Thought and its British Context*, Chapel Hill.
— M. Vetö (1987), *La pensée de Jonathan E.*, Paris.
— R. W. Jenson (1988), *America's Theologian. A
Recommendation of Jonathan E.*, Nova York. — A.
V. G. Allen (1989), *Jonathan E.*, Boston, 1989.

Miklos VETÖ

→ *Calvinismo; Congregacionismo; Liberdade; Luteranismo; Metodismo; Pecado original; Puritanismo.*

ÉFESO (Concílio), 431

a) *A ocasião e o motivo.* — O III concílio* (c.)
ecumênico teve sua origem, em grande parte, na
tensão entre duas grandes correntes de cristologia*, a de Antioquia* de Síria e a de Alexandria.
Ilustrada por Atanásio* no c. de Niceia* (325),
a escola de Alexandria* punha especialmente à
luz a unidade e a divindade de Jesus*, Verbo*
gerado pelo Pai* e consubstancial* ao Pai.
Antioquia, largamente tributária da luta contra
Apolinário (apolinarismo*), insistia na dualida-

de de naturezas e na verdade da humanidade do Filho de Deus. Essa tendência foi exacerbada, a partir de 428, pela contestação do título de Mãe de Deus (*theotokos*) dado a Maria*, como de qualquer outro uso da comunicação dos idiomas* em Cristo*. Embora a apelação de *theotokos* fosse tradicional, Nestório (nestorianismo*), novo patriarca da capital, afirmava que Maria devia ser dita mãe de *Cristo* ou mãe de *Jesus*, mas não mãe de *Deus* (Loofs, 1905, 183-186). A associação do Verbo e de Cristo era uma conjunção (*sunapheia*) que conferia dignidade e autoridade, mas não unidade estrita (*henosis*) de "um só e o mesmo" (*ACO* I, 5, 1, 29-31).

Cirilo*, patriarca de Alexandria, toma a defesa do título *theotokos* em nome da estrita unidade do sujeito no Verbo encarnado (*DCO* II/1, 107). Antes do final de 429 se estabelece uma troca de correspondências, à qual o papa* Celestino é logo associado como árbitro. Um concílio romano exige que Nestório se retrate em dez dias (*ACO* I, 2, 7-12). Um sínodo* realizado em Alexandria, em novembro de 430, envia a Constantinopla a 3ª carta de Cirilo a Nestório e uma série de 12 anátemas (*DCO* II/1, 124-146).

b) O desenrolar do concílio. — Em 19 de novembro, o imperador Teodósio II avisa Cirilo e os outros metropolitas que convoca um concílio em Éfeso, para Pentecostes de 431 (7 de junho) (*ACO* I, 1, 1, 114-116). Instruções fixam o procedimento calcado no do Senado, e o objeto dos debates (*ibid.*, 120-121). Depois de quinze dias de espera, em 22 de junho, Cirilo abriu o c. diante de 154 bispos*, na ausência dos bispos orientais (Síria) e dos legados romanos, apesar do anúncio de sua próxima chegada, e dos esforços de dissuasão do conde Candidiano, delegado do imperador, e do protesto de 68 bispos, dos quais só 17 eram de origem oriental (*ACO* I, 4, 25-30).

Dispõe-se do relatório detalhado da sessão de 22 de junho. Depois da leitura das peças do processo, a pedido de Cirilo, e da convocação infrutuosa de Nestório à assembleia, leu-se a segunda carta de Cirilo a Nestório (*DCO* II/1, 104-112) e a resposta do inculpado (*ibid.*,

112-124). Pediu-se depois aos bispos que aprovassem a carta de Cirilo e reprovassem a de Nestório, à luz da doutrina de Niceia. A votação foi unânime nesse sentido. Seguiu-se o ato de deposição de Nestório:

> "[...] chegamos, não sem muitas lágrimas, a esta triste sentença contra ele: Nosso Senhor Jesus Cristo, blasfemado por ele, decidiu mediante este santíssimo concílio presente que Nestório está doravante degradado da dignidade episcopal e separado de todo o corpo sacerdotal" (*DCO* II/1, 146-148).

Instala-se a confusão depois da chegada dos orientais, em 26 de junho. Sua assembleia de uns cinquenta bispos depõe Cirilo e Memnon, bispo de Éfeso (*ACO* I, 1, 5, 119-124). Um rescrito do imperador anula a reunião de 22 de junho e ordena a retomada do concílio (*ACO* I, 1, 3, 9-10). Os legados romanos, aos quais se tinha ordenado que se conformassem com os atos de Cirilo, chegam em 10 de julho. Cinco sessões realizam-se em sua presença, de 10 a 25 de julho, nas quais se aclama Cirilo e Celestino e se anulam as condenações feitas contra eles pela assembleia dos Orientais (*ACO* I, 1, 3, 15-26; 53-63; I, 1, 7, 84-117). No início de agosto Teodósio dissolve o concílio (*ACO* I, 1, 7, 142).

c) Apreciação do concílio. — Todos os juízos foram emitidos, desde a Antiguidade até nossos dias, sobre o valor canônico e o alcance doutrinal desses acontecimentos: "difamações sistemáticas" e "apologias fáceis" se sucederam (Camelot, 1962, 61). A precipitação e as manobras de Cirilo, como os exageros e a susceptibilidade dos Orientais, não facilitam em nada a apreciação dessas assembleias difíceis. Contudo, foi a Cirilo que o papa Celestino confiou a presidência do concílio (*ACO* I, 2, 5-6), foi a ele que os legados romanos se juntaram desde sua chegada a Éfeso e entregam as cartas do papa (*ibid.*, 22-24). É o concílio de Cirilo que será aprovado solenemente pelo papa Sisto III, sucessor de Celestino em julho de 432 (*ACO* I, 1, 7, 143-145).

Mesmo se Cirilo tivesse inicialmente feito do concílio um "processo de heresia*" de Nestório (A. de Halleux, 1993, 51-64) e se os votos de deposição de Nestório tivessem formalmente um caráter disciplinar, foi por razões doutrinais que se tinha oposto a Nestório. Foi apoiando-se sobre "a fé* de Niceia" que se pronunciou; o que estava em causa era a doutrina da união segundo a pessoa* em Cristo (união hipostáti-ca*), e como corolário, a maternidade divina de Maria. "Recusou-se sistematicamente a acrescentar qualquer coisa ao símbolo de Niceia. Contudo, a opinião não se enganou ao tomar as decisões do concílio como equivalentes de uma definição" (Jouassard, *Maria*, 1949, I, 135).

A importância dada por Éfeso à tradição* dos Padres* e particularmente "à fé de Niceia", confissão* a que o concílio proíbe que se acrescente outra (*DCO* II, 152-156), é muito impressionante. Afirma-se também, de maneira decisiva, a autoridade* da sede de Roma*, a partir dos apelos de Cirilo e de Nestório a Celestino, em 429, o julgamento do sínodo de Roma em 430, o envio de legados e de seu papel no desfecho do concílio.

d) Epílogo: a fórmula de união de 433. — Depois de um incrível vai e vem de correspondências entre cirilianos e orientais, Éfeso encontrou felizmente seu epílogo em 433, na fórmula de união que João de Antioquia retoma quase literalmente a seu "c." (PG 83, 1420) e que Cirilo subscreve com entusiasmo:

> "Nosso Senhor Jesus Cristo, Filho de Deus, o único gerado, é Deus perfeito e homem perfeito [...] gerado do Pai antes dos séculos segundo a divindade, o mesmo no fim dos dias, por nossa causa e por nossa salvação foi gerado de Maria segundo a humanidade, o mesmo consubstancial ao Pai segundo a divindade. Houve, com efeito, união (*henôsis*) de duas naturezas: é por isso que confessamos um só Cristo, um só Filho, um só Senhor. Em razão dessa noção da união sem mistura, [...] confessamos que a Santa Virgem é Mãe de Deus (*Theotokos*), porque o Deus Verbo se encarnou, tornou-se homem, e desde o momento da conceição uniu-se a ele mesmo o Templo que tirou da Virgem" (*DCO* II/1, 164-172).

Essa fórmula utiliza três vezes o termo ciriliano de *henôsis*, não a palavra nestoriana de *sunapheia*, para designar a união sem mistura na única *prosopon*. Cirilo, pessoalmente, fala nitidamente de duas naturezas depois da união e renuncia às fórmulas da carta de anátemas.

- F. Loofs (1905), *Nestoriana*, Halle. — Atas: *ACO* I. — A. J. Festugière (1982), *Éphèse et Chalcedoine. Actes des conciles*, Paris. — Decretos: *COD* 37-74 (*DCO* II/1, 97-174).
- ▶ P. Th. Camelot (1962), *Éphèse* et *Chalcedoine*. Paris. — J. Liébaert (1963), "Éphèse (concile d')", *DHGE* 15, 561-574. — A. de Halleux (1993), "La première session du concile d'Éphèse (22 juin 431)", *EThL* 69, 48-87: (1995), "L'accord christologique de 433, un modèle de réconciliation ecclésiale?", *Communion et réunion. Mélanges J.-M. R. Tillard*, Louvain, 293-300.

Gilles LANGEVIN

→ *Calcedônia* (*concílio*)*; Cirilo de Alexandria; Cristo/ cristologia; Hipostática* (*união*)*; Idiomas* (*comunicação dos*)*; Nestorianismo.*

ELEIÇÃO

1. Antigo Testamento

A iniciativa de Deus* a respeito de Israel* é descrita como "escolha", sobretudo no Deuteronômio, que sublinha fortemente sua gratuidade: enquanto a escolha é humanamente sempre motivada, da parte de Deus, ao contrário, a escolha de Israel é pura predileção, incompreensível, não motivada, enchendo de estupor e de gratidão (Dt 4,37; 7,6ss; 10,14s; cf. Sl 32,12; 135,4). O engajamento ao serviço e à fidelidade que essa gratidão comporta não é senão uma resposta a essa predileção (Dt 14,1s).

a) Terminologia. — O termo "escolher" (*bâhar* 164 x, grego: *eklegesthai*) pertence em geral ao cotidiano; escolhem-se pessoas ou coisas adaptadas a um fim: guerreiros para uma operação (Ex 17,9), pedras para a funda (1Sm 17,40) etc. — A eleição exprime-se também por outros termos: tomar (*lâqah:* Js 24,3), amar (*'âhab*: Os 11,1; Ml 1-3), conhecer (*yâda'*: Am 3,2; Gn 18,19) ou subentende-se em expressões como "povo* do Senhor" (Ex 19,5; Dt 26,18s; Sl 28,9 etc.).

b) Beneficiários da eleição. — A categoria da eleição é utilizada para reler o passado: Abraão (Ne 9,7), Jacó (Sl 105,6), Moisés (Sl 106,26; Eclo 45,4), o êxodo (Ez 20,5). É aplicada no interior do povo, aos reis (Dt 17,15; 2 Sm 6,21; 16,18), aos sacerdotes (Nm 16,4-7; Dt 18,5; 21,5; 1Sm 2,28), e sobretudo a Jerusalém * (Dt 12,18 e *passim*; Js 9,27; Sl 78,68; 132,13s) e à dinastia davídica (2Sm 7,14ss; 1Rs 8,16; Sl 78; 89; cf. messianismo*).

c) *A dramática da eleição.* — Os profetas* não gostam de falar de "eleição" para eles mesmos (cf. "tomar"). Am 7,15; "mandar": Is 6,8; "estabelecer": Jr 1,10 etc. Temem que essa ideia seja entendida como garantia automática de salvação*; os mais antigos não falam de eleição de Israel ou de Sião; parecem relativizá-la pura e simplesmente (Am 9,7: "Para mim, não sois como filhos de Kushitas, filhos de Israel? Não fiz subir Israel do país de Egito, os filisteus de Kaftor e Arâm de Qir?"), ou ver nisso um motivo de maior responsabilidade (Am 3,2: "Somente vós, eu vos conheci entre todas as famílias da terra: é por isso que vos farei dar conta de todas as vossas iniquidades").

É assim que começam a aflorar as aporias teológicas contidas na ideia de eleição. Desenha-se o conceito oposto, "rejeitar" (*ma'as*). Encontra-se "não escolher", "afastar", como para os irmãos de Davi (1Sm 16,6-10), mas também o sentido mais forte de "repudiar", "anular a escolha já feita", como para Saul (1Sm 16,1) ou para os antigos lugares de culto (Sl 78,67). Diante da infidelidade do povo, sente-se obrigado a interrogar a Deus: "Tu reprovaste Judá, Sião te desagradou?" (Jr 14,19; cf. 6,30; 7,29; Sl 89,39-46). A obra histórica do Deuteronômio não dá uma resposta clara: constata a infidelidade dos dois reinos e sua "rejeição" (2Rs 17,20; 23,27; 24,20); se alguma esperança* subsiste, não é formulada expressamente (2Rs 25,27-30).

Ao contrário, durante o exílio e depois, segundo os profetas, a possibilidade de rejeição é excluída de maneira decisiva, quer se fale de uma nova eleição de Israel (Zc 1,17; 2,16; Is 14,1) quer se sublinhe a irrevogabilidade da primeira (Jr 31,37; 33,23-26; Is 41,8s; 44,1-5; Ez 20,32ss), fundada na gratuidade (Is 43,20s; 45,4). A perfeita fusão entre a escolha divina e a resposta humana é esboçada na figura misteriosa do "Servidor*", "o Eleito" (Is 42,1; 49,7).

Estando adquirida a ideia da indefectibilidade* da eleição do povo de Deus, fica o problema para os indivíduos: quem pertence realmente ao povo eleito? A expressão "os eleitos", usada primeiro para nomear todo o povo (Sl 105,43; 106,5; Is 65,9.15.22; 1Cr 16,3) chega a tomar uma conotação escatológica: oposta aos "ímpios" e posta em paralelo com "os justos", "os humildes", "os santos" (Is 65,9.15; Sb 3,9; *1Henoc 1, 1*; 5,7s; 38,2ss; 39, 2s e *passim*), não coincide com o Israel empírico. Em Qumran, a expressão "os eleitos" torna-se uma autodesignação da comunidade, mas sempre em uma perspectiva escatológica (1QSVIII, 6; XI, 16; 1QHII, 13; 4QFlorI, 19 etc.).

2. Novo Testamento

O tema, embora conservando sua referência à eleição de Israel (At 13,17), que Paulo afirma ser irreversível (Rm 11,28s), é aplicado a Jesus*, à Igreja* e ao crente tomado individualmente.

a) *Jesus, o Eleito de Deus.* — Utilizado em textos pouco numerosos, mas importantes, para exprimir a íntima relação entre Jesus e o Pai*, tendo no fundo a figura do Servidor* (Jo 1,34 [variante]; Lc 9,35; 23,35), o tema não se desenvolveu, pois o título de "Filho" mostrou-se mais apto a exprimir a unicidade de Jesus.

b) *A Igreja, a Eleita* — A escolha divina está na base do chamamento não só dos doze (Lc 6,13; At 1,2; Jo 15,16.19; cf. Mc 3,13s) e de Paulo (At 9,15), mas de todo cristão (1Ts 1,4; At 15,7). Tem por conotação a gratuidade absoluta, a preferência pelos pobres (1Cor 1,26ss; Tg 2,5). A qualificação de "reino de sacerdotes, nação santa, povo eleito" (Ex 19,6 e Is 43,20 LXX) é aplicada à Igreja em 1Pd 2,9. As comunidades locais podem ser designadas simbolicamente pelo nome de "eleita" (2Jo 1,13; 1Pd 5,3). Os cristãos são chamados os "eleitos" (Cl 3,12; 1Pd 1,1; 2Tm 2,10); Rm 16,3 é o único texto que emprega o singular "Rufus, o eleito no Senhor", — sentido atenuado de "cristão eminente"?

O *corpus* paulino, muito especialmente, utilizando as categorias da apocalíptica*, reconduz a eleição ao eterno desígnio de Deus, e a interpreta cristologicamente: por pura graça*, o Pai nos amou e escolheu em Cristo*, por meio dele e em vista dele, desde toda a eternidade* (Rm 8,28ss; Ef 1,3-14).

c) *A eleição do cristão.* — O cristão, contudo, fica submetido ao prazo do juízo* final. A eleição divina é um motivo de confiança: "Quem acusará os eleitos de Deus?" (Rm 8,33); mas os fiéis devem engajar-se "com temor e tremor" (Fl 2,12). "Por isso, irmãos, redobrai esforços para fortalecer vossa vocação e vossa eleição" (2Pd 1,10). Em Jo, a trágica proximidade do traidor Judas projeta uma sombra de incerteza: ele também era eleito (Jo 6,65; 10,29; 17,2) ou não era (Jo 6,70; 13,18)? Em certos textos o acento dominante é alertar: "Certamente, a multidão é chamada, mas poucos são os escolhidos" (Mt 20,16; 22,14), e o termo conserva todo seu valor escatológico (Mc 13,20.22.27; par. Mt 24,22.24.31; Lc 18,7; Ap 17,14).

- G. Schrenk, G. Quel (1942), *"eklegomai/ekloge/eklektos"*, *ThWNT* 4, 147-197. — H. H. Rowley (1950), *The Biblical Doctrine of Election*, Londres. — P. J. Daumoser (1954), *Berufung und Erwählung bei den Synoptiken*, Eichstatt. — K. Koch (1955), "Zur Geschichte der Erwählugsvorstellung in Israel", *ZAW* 67, 205-226. — P. Altmann (1964), *Erwählungstheologie und Universalismus im AT*, BZAW 92. — H. Wildberger (1970), "Die Neuinterpretation des Erwählungsglaubens Israel in der Krise der Exilzeit", *in* H. D. Stoebe (sob a dir. de), *Wort-Gebot-Glaube. Beiträge zur Theologie des AT. W. Eichrodt zum 80. Geburtstag*, AThANT 59, 307-324. — J. Bergmann, H. Ringgren e H. Seebass (1973), *"bhr"*, *ThWAT* 1, 592-608. — J. Coppens (1981), "L'Élu et les élus dans les Écritures saintes et les écrits de Qoumrân", *EThL* 57, 120-124. — P. Beauchamp (1995), "Élection et Universel dans la Bible", *Études* 382, 373-384.

Vittorio FUSCO

→ *Aliança; Israel; Messianismo/messias; Povo; Predestinação; Universalismo.*

ENCARNAÇÃO

"Encarnação" (e.) remete em primeiro lugar ao prólogo do Evangelho* de João, no qual se lê: "O Verbo* se fez carne". Apresentamos aqui uma breve interpretação desse prólogo, lembramos como o tema foi tratado na teologia* antiga e depois medieval, enfim, apresentamos alguns problemas levantados na teologia recente pela utilização do conceito de e.

1. Teologia joanina

Para compreender a perspectiva joanina* deve-se mostrar primeiro que a conexão estabelecida no prólogo do IV evangelho* entre os dois títulos de Cristo* que nele figuram, "Verbo" e "Filho", é esclarecida pelo conceito de "carne".

a) João, sem dúvida, deu à palavra *Verbo* (*logos*) a significação mais ampla possível. Do ponto de vista bíblico, "Verbo" remete à *Palavra* profética que marca as intervenções de Deus* na história* e revela seu desígnio (cf. Hb 1,1). Remete também (e do ponto de vista da forma literária, em primeiro lugar) à *Sabedoria* que assiste a Deus na criação* do mundo, e mesmo, segundo os textos mais recentes (Eclo 24; Br 3,37s; Sb 7,17; 10 etc.), na história de Israel* — uma sabedoria à qual a especulação bíblica tardia parece atribuir um caráter hipostático ainda incerto, e que Paulo vê efetivamente realizada em Cristo. Sb 9,1s associa "Palavra" e "Sabedoria" na mesma relação com Deus. O Verbo é igualmente aproximado do *mistério**, i.e., do desígnio de salvação* oculto em Deus desde a eternidade*.

Contudo, todas essas significações bíblicas e intertestamentárias são aqui assumidas por uma palavra grega, *logos*, que significa no estoicismo a "razão*" imanente e eterna da coesão do mundo, o princípio vivo de sua inteligibilidade, e que visa no médio-platonismo uma primeira emanação do Deus desconhecido, emanação pela qual ele se manifesta. Entre o grego e o hebraico uma interação complexa não deixou de produzir-se. Todas essas significações são relativas ao mundo e aos homens assim como a Deus, considerado em sua economia. Contudo, a fórmula inicial do prólogo (v. 1) utiliza uma preposição ("*junto a* Deus") e um verbo ("*era* Deus") que introduzem entre Deus e seu *logos* uma paradoxal relação de diferença e de identidade simultâneas.

b) "E o Verbo se fez carne" (v. 14), essas palavras de onde provém o vocábulo "encarnação", dizem mais que a união do Verbo à natureza humana. "Carne*" conota a precariedade da condição dos viventes, sujeitos à morte*. A palavra sugere também uma comunicação com os homens que utiliza os caminhos da história da salvação.

c) O título de "Filho" é, à primeira vista, complementar ao de Verbo. Com o epíteto que o acompanha *monognès*, "unigênito" (termo próprio de João), "Filho" diz a um tempo a relação do Verbo único à unicidade de Deus e o que o distingue dos outros "filhos" gerados de Deus (v. 12). A glória* é o sinal mesmo de Deus, e aquilo em que o Pai* comunica-se com seu Filho. Esse Filho "único" é "aquele que está no seio do Pai" (v. 18) e aquele que o "*conta*" (*ibid.*), que o exterioriza.

Toda sua atividade no mundo aparece assim como uma manifestação de Deus, uma exteriorização para os homens e em seu proveito "da glória que [o Filho] tinha junto ao Pai antes que o mundo fosse feito" (Jo 17,5). Em outras palavras, "tudo o que aconteceu" (v. 3a), i.e., a criação e a salvação — encontra seu sentido em um acontecimento preciso e histórico; "o que aconteceu nele" (v. 4 a). Ora, tanto esse acontecimento como seu sentido, e todos os outros acontecimentos com sua significação, têm uma existência em Deus, que o *logos* exprime. Reciprocamente, o *logos* se exterioriza nos acontecimentos da criação e da história, até o momento decisivo da e.: por esta e por aqueles, revela Deus aos que creem.

Cristo revela assim a glória do Pai *em* e *por* uma história autenticamente humana. A e. do Verbo e "tudo o que aconteceu nele" são verdadeiramente desta terra, mas exprimem igualmente um mistério* interior a Deus e a ele conduzem, comunicando a realidade divina de que estão repletos. Aliás, essa carne não está isolada na história: ela cumpre o que se passou em Israel e recapitula toda a obra da criação. Constata-se assim uma continuidade marcada entre uma série de níveis distintos: nível teológico (o que é em Deus), nível da criação, nível "israelita" (o que aconteceu antes da e., representado aqui por Moisés e João Batista), nível eclesial e enfim nível da e.

No prólogo de João, a cristologia* é primeiro uma teologia: toma sua unidade no "junto a Deus" e no "seio do Pai". Os dois momentos, teológico e histórico, embora conservando cada um sua especificidade, são indissociáveis.

2. A elaboração patrística

Na época patrística, a dimensão histórica presente na perspectiva global de João foi parcialmente ocultada. O que importa na maioria das vezes aos Padres* da Igreja* é a salvação pelo conhecimento*. Para que tal doutrina da salvação seja possível, é preciso que o Verbo tenha realmente contemplado o que é em Deus a fim de revelá-lo — e é preciso que ele seja verdadeiramente Deus, porque só Deus pode conhecer perfeitamente a Deus. Isso supõe, de outro lado, que o Verbo se tenha tornado verdadeiramente homem: desse modo não há separação entre quem revela e aqueles a quem ele é revelado, nem do ponto de vista último do conhecimento, nem do ponto de vista intermediário das etapas pelas quais o homem (e muito particularmente o homem pecador) torna-se capaz de conhecer a glória de Deus. É preciso enfim que, "consubstancial* a Deus segundo sua divindade, consubstancial ao homem segundo sua humanidade" (Calcedônia*), Cristo seja realmente um. Uma teoria sistemática da e. foi assim elaborada, na qual a mediação do ser* de Cristo deixava um tanto de lado algumas significações (criação, história da salvação) essenciais à teologia joanina.

As etapas históricas da discussão são bem conhecidas. No mundo cultural de Alexandria*, a atenção se dirige ao *logos*, privilegiando uma perspectiva cristológica inspirada em Jo 1,14, dominada pela distinção Verbo/corpo*, *logos/ sarx*, e em que se encontra alguma dificuldade em atribuir a Cristo uma alma* humana criada. Às vezes, trata-se mesmo de uma recusa explícita, e o Verbo substitui então a alma, esta considerada como criada (arianismo*) ou como incriada e consubstancial (apolinarismo*); pode-se também observar um silêncio prudente sobre essa questão difícil (Atanásio*). Quando, em reação, vem à tona a necessidade de destacar a total humanidade de Cristo (*logos/anthropos*), a questão desloca-se então para o modo de união: e é a partir dessa necessidade que se precisa compreender primeiro o acento posto em Éfeso, na unidade de Cristo proclamado verdadeiramente Deus, compreender em seguida o esforço desenvolvido em Calcedônia para estabelecer uma distinção entre as duas "naturezas" e a unidade da "pessoa*", compreender enfim as afirmações relativas à vontade, depois à ação humana de Cristo, às quais se procederá durante os dois últimos séculos da era patrística. Ao longo dessas etapas, um princípio hermenêutico* fundamental está em ação: afirmar a perfeição do divino e do humano na unidade de Cristo permite assumir a salvação do homem pelo conhecimento verdadeiro.

Esse trabalho, prosseguido durante muitos séculos, permitiu à teologia reelaborar categorias filosóficas tomadas aos autores gregos com os quais se dialogava ou polemizava. Os conceitos de "substância", "relação", "essência", "natureza", "faculdade", depois a análise do conhecer e do querer, as precisões exigidas pelo tema da comunicação dos idiomas*, tudo isso representa um bem conceptual comum do pensamento ocidental. O substantivo "e.", *ensarkôsis*, aparece em Ireneu* (*Adv. Haer.* III, 18, 3). *Incarnatio* ganha direito de cidadania em latim no s. III.

3. Teologia escolástica

A teologia escolástica* recebeu da tradição* um conceito já elaborado de e., em parte por uma releitura dos textos conciliares antigos. O dogma* cristológico era fixado, e o conceito de e. não parecia exigir novas precisões. Assim podemos nos contentar de relevar dois motivos mais insistentes: o do modo da união e o do motivo da e.

a) Considerando o problema da manutenção da humanidade na divindade de Cristo, muitas soluções permanecem possíveis, que vêm a dar na questão da união hipostática*. Essas hipóteses ou "opiniões" tinham sido resumidas num texto célebre de Pedro Lombardo (adocianismo*) que abriu caminho às especulações clássicas de Tomás* de Aquino sobre a "união na pessoa" e as suas análises das propriedades de cada natureza de Cristo, sobretudo a natureza humana.

b) A questão do "motivo da e." pode ser formulada assim: "Na ausência de um pecado* a resgatar, o Verbo se teria encarnado?". Por trás dessa suposição desenham-se em realidade dois tipos de teologia. Uma está centrada no tema da criação, considerada como manifestação suficiente do ser, da potência* e da eternidade de um Deus cuja unidade é talvez mais central do que a trindade*: nessa perspectiva, a e. não é requerida para manifestar o ser mesmo de Deus, mas testemunha em favor de sua misericórdia* infinita (cf. Tomás de Aquino, *ST* IIIa, q. 1, a. 3, ad 2). A outra teologia vê, ao contrário, na e. o fim sempre atribuído ao desígnio de Deus para o mundo. A história da salvação e o ser trinitário de Deus estão assim no centro. A e. é o momento central da manifestação de Deus no Verbo criador do mundo, inspirador das Escrituras*, salvador dos homens e pleroma de todas as coisas e de todos os acontecimentos (cf. Boaventura*, *Coll. in Hexaemeron*, Prol. e I, 10-26). Sobre esse assunto, cf. G. Martelet, "Sur le motif de l'incarnation" *in* Col., *Problèmes actuels de christologie*, Paris, 1965, 35-80.

4. Problemas atuais

"O Verbo se fez carne": esta é a primeira palavra dos tratados *De Verbo incarnato* — mas nas cristologias que no s. XX tomaram o lugar dos tratados escolásticos e neoescolásticos, é antes como última palavra que ela aparece. Um breve percurso dos tratados cristológicos mais notáveis que foram escritos a partir dos anos 60 basta para manifestar um importante deslocamento. No *Esboço* de Pannenberg (1964), o ponto de partida — segundo a ordem das razões — é um reconhecimento pascal da divindade de Jesus* que permite interpretar, depois de sucedidos, os fatos anteriores à Páscoa* e só os últimos teoremas chegam a pensar essas *cruces interpretum* que são a anipostasia* e a comunhão dos idiomas: a e. é na verdade a última palavra. No *Deus crucificado* de Moltmann (1972), uma *theologia crucis* absorve tudo e reduz à porção côngrua o tema da ressurreição*; e a paixão do futuro (inclusive "o futuro de Jesus Cristo") torna sem interesse toda questão "não histórica" sobre a e. No *Jesus* de Schillebeeckx (1973), sem dúvida a mais articulada das tentativas recentes, a utilização conjunta de um método exegético e crítico e de um procedimento hermenêutico* permite acompanhar Jesus, desde sua pregação* até à morte para interpretar em um segundo tempo o teologúmeno da ressurreição, e fixar o sentido mesmo da cristologia que é "em Jesus a salvação definitiva nos vem de Deus" (p. 11). Em seu livro também complexo de 1978, O. González de Cardedal organiza primeiro uma antropologia* do encontro de Deus pelo homem, antes de adotar três perspectivas destinadas a precisar a "novidade" de Cristo, um horizonte metafísico, um horizonte antropológico e um horizonte ético* secular; e porque o acento é posto inicialmente em Cristo vivo e encontrado, a e. é tanto suposta quanto silenciada. Outro exemplo, enfim, *Jesus de Nazaré* de B. Forte (1981), constitui um esforço convincente para responder a uma boa questão: "Como um sujeito divino pode ser o agente de uma história humana?", e para ligar os fatos de antes da Páscoa com os fatos de depois da Páscoa por meio de uma hermenêutica bastante maleável — mas cujo lugar não é certamente o do prólogo de João.

É preciso, pois, constatar que alguns põem entre parênteses a cristologia da e. Pode-se certamente citar o ensaio neoclássico de J. Galot (1980), o ensaio mais eclético de L. Bouyer (1974), em que a e. é confessada com ajuda das tradições patrísticas, e sem dúvida também uma singular obra de teologia espiritual*, *O inocente* de M.-J. Le Guillou (1973), meditação "inatual" sobre o Cristo joanino e sua consciência*. Pode-se ainda citar, de G. Lafont (1969), o esboço de uma cristologia interessada em um Verbo que se deu uma consciência de homem, e desde então aplicado "a alargar, senão [...] transformar o instrumento metafísico em uso na teologia pós-nicena". Pode-se também notar que um luteranismo* de feitura clássica — Jüngel 1976 — quando tenta abrir caminho entre teísmo* e ateísmo* no tempo da "morte de Deus", é muito bem equipado para desenvolver uma

theologia crucis, que acede aos segredos do amor* trinitário, ligando "palavra da cruz" e "palavra feita carne" sob o tema da "humanidade de Deus". Mas diante dessas defesas de uma teologia que poucos ainda praticam, convém também ouvir as críticas. Da ideia mesma de e., J. Hick e diversos autores anglo-saxões manifestaram ruidosamente que não era talvez a melhor teoria a permitir dar razão do divino em Cristo (Hick, 1977; Lampe, 1977), e que o cristianismo podia muito bem prescindir desse mito*. De outro lado, a crítica um pouco frouxa da linguagem "metafísica" em todos aqueles que leram um pouco de Heidegger*, conduz ritualmente a observar que "pessoa", "natureza", "hipóstase", *logos* são termos ligados a uma *episteme* e que nenhuma *episteme* tem as palavras da vida eterna*; é assim que J.-M. Pohier propunha acabar de vez com a "metafísica" da e., para falar, em Jesus, de uma presença de Deus "pelo modo de Shekinah". Enfim, uma nova acentuação — política — da *theologia crucis* leva com muita frequência a suspeitar de um discurso de depois da cruz (ressurreição) e, sobretudo, de antes da cruz (e.) que seja surdo ao grito dos pobres (Sobrino, 1978).

Na verdade, respostas há — ou se esboçam. Teólogo, mas também físico diletante (a ponto de ser autor de uma edição crítica de J. C. Maxwell), T. F. Torrance consagrou à inscrição espaçotemporal da e. e da ressurreição, duas obras (1969 e 1976) que não pouco fizeram para dar cidadania à dimensão cosmológica da cristologia. O problema dos enunciados metafísicos, na verdade, não é descuidado. Não é certo que o tratado de J. Moingt (1993) consiga cumprir seu ambicioso programa, remontar continuamente dos simples "rumores" sobre Jesus à fé* pascal dos discípulos, a uma cristologia do tempo de antes da Páscoa, e finalmente a uma reapropriação do consubstancial niceno, embora utilizando categorias fluidas e históricas tomadas largamente de Hegel* — mas é importante que isso possa ser tentado. D. M. MacKinnon (1972) tinha também emitido algumas dúvidas sobre o caráter supostamente "metafísico" dos enunciados cristológicos.

Talvez em todas essas tentativas o que se procura não é nada mais do que uma cristologia integral. Durante muito tempo parasitada pela oposição entre "cristologias decendentes" e "cristologias ascendentes" — da qual se disse que causava mais obscuridade que luz (Lash, 1980), a pesquisa atual pode ao menos premunir-se contra toda cristologia unidimensional. Seu objeto é um objeto temporal — o "acontecimento Jesus Cristo"— a interpretar em toda a sua lógica, e no percurso minucioso dos rastros escritos desse acontecimento. Terá pouca importância então que a cristologia queira ter o prólogo de João como abertura ou como final. No entanto, importará, sobretudo, organizar uma teologia rica da e., rica de todas as perspectivas oferecidas por outros conceitos fundamentais, e capaz de concluir uma pesquisa sobre "Jesus terrestre", depois sobre "Cristo ressuscitado e glorioso", por uma contemplação do "mistério de Jesus Cristo" (p. ex. Kasper, 1974). Assim dir-se-á, p. ex., que "no fundamento do movimento pelo qual Jesus, o mesmo que nós, cumpre a verdade* do que somos e se revela como o Outro divino e filial, há outro movimento, uma iniciativa impensável para o homem, pela qual o Outro entrou livremente no devir, ou fez entrar o devir nele" (Sesboüé, 1982, 302).

• Cf. a bibl. geral do artigo "Cristo/cristologia". — P. Lamarche (1964), "Le Prologue de Jean", *RSR* 497-537. — W. Pannenberg (1964), *Grundzüge der Christologie*, Gütersloh. — R. E. Brown (1966), *The Gospel according to John* I, Garden Cuty, NY. — G. Lafont (1969), *Peut-on connaître Dieu en Jésus-Christ?*, CFi 44. — T. J. Torrance (1969), *Space, Time and Incarnation*, Londres. — D. M. MacKinnon (1972), "Substance in Christology", *in* S. W. Sykes e J. P. Kleyton (sob a dir. de), *Christ, Faith and History*, Cambridge, 279-300. — J. Moltmann (1972), *Der gekreuzigte Gott*, Munique. — M.-J. Le Guillou (1973), *L'innocent*, Paris. — L. Bouyer (1974), *Le Fils éternel*, Paris. — W. Kasper (1974), *Jesus der Christus*, Mainz. — E. Schillebeeckx (1975), *Jesus. Die Geschichte von einem Lebenden*, Friburgo-Basileia-Viena. — E. Jüngel (1976), *Gott als Geheimnis der Welt*, Tübingen. — T. F. Torrance (1976), *Space, Time and Ressurrection*, Edinburgo. — J. Hick (1977) (sob a dir. de), *The Myth of God*

Incarnate, Londres. — G. Lampe (1977), *Gog as Spirit*, Oxford. — O. González de Cardedal (1978), *Jesus de Nazaret. Aproximación a la Cristologia*, Madri. — J. Sobrino (1978), *Christology at the Crossroads*, Nova York. — M. Gouder (1979) (sob a dir. de), *Incarnation and Myth*, Londres. — J. Galot (1980), *Who is Christ? A Theology of the Incarnation*, Roma-Chicago. — N. Lash (1980), "Up and Down in Christology" *in New Studies in Theology*, t. 1, Londres, 31-46. — B. Forte (1981²), *Gesù di Nazaret, storia di Dio, Dio della storia*, Roma (*Jesus de Nazaré: história de Deus, Deus da história*, São Paulo, 1985). — A. E. Harvey *et al.* (1981) *God Incarnate, Story and Belief*, Londres. — B. Sesboüé (1982), *Jésus-Christ dans la tradition de l'Église*, Paris. — G. Lafont (1986), *Dieu, le temps e l'être*, Paris. — J. Moingt (1993), *L'homme qui venait de Dieu*, CFi, 176.

A REDAÇÃO

→ *Calcedônia (concílio); Cristo/cristologia; Éfeso (concílio); Hipostática (união); Kenose; Verbo*

ENDURECIMENTO

a) Antigo Testamento e judaísmo. — A terminologia é riquíssima: dureza, rigidez, (*hâzaq, qâshâh;* gr. *skleruno, skleros; poroo, porosis,* às vezes sinônimo de "cegueira"); pesadume (*kâbéd,* gr. *baruno, bareo*); obesidade, impermeabilidade (*shâmén,* gr. *pachuno*); surdez, cegueira (às vezes geminadas: Dt 29,3; Is 6,10; 42,18ss; Jr 5,21); atordoamento (Dt 28,28), vertigem (Is 19,14); torpor (Is 29,10); embriaguez (Sl 60,5); delírio (Dt 28,28); (Zc 12,4) etc. São atingidos os olhos, os ouvidos, mas, sobretudo, o coração*, no sentido semítico, como centro da vida consciente.

É a consequência mais grave a que o pecado* pode levar: uma situação espiritual em que não somente o pecador não se quer converter, mas não pode mais fazê-lo (Jr 13,23): o bem*, o caminho da salvação*, a voz de Deus* não é simplesmente recusada: ela não é mais percebida. O autor do endurecimento às vezes é indicado. Como no caso do Faraó, é às vezes o próprio homem (Ex 7,13.14: 8,15; 9,35; Dt 29,18; Sl 95,8; Jr 7,24; 9,13; 11,8; Zc 7,11s). Contudo, o autor é muitas vezes Javé, que pode causá-lo com intenção punitiva (1Sm 2,25; 1Rs

12,15) mas igualmente salvadora (Ex 4,21; 7,3.22; 9,12; 10,1.20.27; 14,4.8.17).

Nos escritos posteriores, vê-se aparecer uma tendência a eliminar esse modo de expressão, de um lado (cf., p. ex., as modificações dos LXX em Is 6,9s), e de outra parte a acentuá-la, frisando mesmo uma linguagem dualista e predestinacionista. Contudo, o que está em jogo nisso não é só uma imperfeição de pensamento ou de linguagem, uma sensibilidade menos atenta a distinguir entre consequência e finalidade, entre "permitir" e "querer", entre "causa primeira" e "causa segunda". Para além de todas essas considerações psicológicas ou linguísticas, por necessárias que sejam, resta um conteúdo propriamente teológico, ineliminável, ligado ao núcleo mais profundo da fé* de Israel*, à concepção bíblica de Deus e do homem.

Ao sublinhar a gravidade, o caráter humanamente incurável e irremediável da situação criada pelo pecado*, a ideia de endurecimento abre o caminho a uma compreensão mais profunda da salvação como graça*, dom de Deus (Sl 51,12; Is 63,17; Jr 31,18), acontecimento escatológico. Um dia, a incurável obstinação do coração humano será vencida, em Israel como nas nações (Jr 3,17): Deus arrancará o coração petrificado e dará um coração novo (Ez 11,19; 36,26s; 39,29; Jr 24,7; 31,33; 32,39; Dt 30,6); olhos e ouvidos capazes de ouvir (Is 32,3; Br 2,31).

b) Novo Testamento. — Mais que aos pagãos ou aos incrédulos e aos pecadores em geral (Ef 4,18; 2Cor 4,3s; Hb 3,8.15; 4,7), o endurecimento é aplicado à incredulidade de Israel. Aproximado sobretudo de Is 6,9ss, o fato tão enigmático e tão chocante é esclarecido, pelo menos em parte. Estamos ao mesmo tempo diante de uma argumentação apologética (mesmo por ter sido rejeitado, Jesus* cumpriu as Escrituras*!) e também, mas talvez sobretudo, diante de uma interpretação teológica. A situação em questão tinha sido pensada e permitida já no passado pelo próprio Deus. Se ocorre igualmente agora diante da pregação* cristã (Rm 9,18; 11,7; 2Cor 3,14s; At 28,26s), mas em seu tempo, já diante do próprio Jesus (Mc 4,11s par.; Jo 12,40), é evidente que ela procede do mistério* de Deus.

A cegueira, porém, não equivale de modo nenhum à maldição nem à rejeição definitiva. Longe de exprimir uma atitude "antijudaica", esse tema teológico tem por pressuposto a irreversível eleição* de Israel como povo* concreto e a certeza de sua plena participação na salvação escatológica (Rm 11,25-32; cf. também 2Cor 3,14ss; provavelmente também Mc 4,21-25, Mt 23,39, par.; Lc 13,35; 21,24).

• K. L. Schmidt M. A. Schmidt (1954), *"pakhuno ktl."*, *ThWNT* 5, 1024-1932. — J. Gnika (1961), *Die Verstockung Israels, Isaias 6, 9-10 in der Theologie der Synoptiker*, StANT 3. — H. Räisänen (1972), *The Idea of Divine Hardening. A Comparative Study of the Notion of Divine Hardening, Leading Astray and Inciting to Evil in the Bible and in the Qur'an*, SESJ 25. — V. Fuco (1980), *Parola e Regno. La sezione delle parabole (Mc 4, 1-34) nella prospettiva marciana*, Aloi, 13, 221-304. — J. Delorme (1982), "Savoir, croire et communication parabolique", in *Actes sémiotiques — Documents* IV/38, CNRS, Paris; (1987), "La communication parabolique d'après Marc 4", *Sémiotique et Bible* 48, 1-17. — C. A. Evans (1989), *To See and not Perceive. Isaiah 6, 9-10 in Early Jewish and Christian Interpretation*, JSOT.S 64. — R. Küschelm (1990), *Verstockung, Gericht und Heil. Exegetische und bibeltheologische Untersuchung zum sogenannten "Dualismus" und "Determinismus" in Joh 12, 35-50*, BBB 76. — L. Perrone (sob a dir. de) (1992), *Il cuore indurito del faraone. Origene e il problema del libero arbitrio*, Gênova.

Vittorio FUSCO

→ *Alma-coração-corpo; Cólera de Deus; Conversão; Graça; Misericórdia; Pecado; Predestinação.*

ENHIPOSTASIA → **anipostasia**

EPICLESE

A noção bíblica de epiclese (ep.), de invocação, i.e., ao mesmo tempo homenagem religiosa e recurso a Deus* e a seu nome*, tomou na tradição* cristã posterior ao NT seja um sentido de ato de dirigir-se à Trindade* — assim no ato batismal e talvez também na perspectiva mais antiga da oração eucarística (O. Casel) — seja progressivamente o sentido de um pedido, de uma invocação a Deus Pai* (ao qual se dirige no mais das vezes a oração* eucarística), a fim de que ele envie o Espírito* Santo. Na oração eucarística da *Tradição apostólica* de Hipólito (s. III), o Espírito é invocado em vista da unidade* da Igreja*. Nos s. IV e V, nas orações eucarísticas de Antioquia (Taft, 1992), e depois de Jerusalém*, o Espírito é invocado ao mesmo tempo e inicialmente em vista da santificação do pão e do vinho. No Egito, na mesma época, a oração eucarística dita de Serapião comporta uma ep. que não faz apelo ao Espírito, mas ao *Logos*: os historiadores não podem dizer com certeza se se trata de uma tradição própria do Egito ou apenas, o que é mais provável, de uma tentativa isolada, pretendendo-se colocar sob o patrocínio de Serapião, bispo* de Thmuis e campeão da ortodoxia com Atanásio*, mas cujo objetivo, na realidade, seria não confessar a divindade do Espírito.

Constata-se em todo caso que nas orações eucarísticas antioquenas a ep. é colocada depois das palavras de Cristo* na ceia, enquanto nas orações eucarísticas egípcias é colocada antes dessas palavras, a menos que haja uma dupla ep., antes e depois dessas palavras. Na tradição romana anterior ao Vaticano II*, a oração eucarística não comporta invocação ao Espírito; mas tem isto de comparável com as orações eucarísticas egípcias, nas quais desde o s. IV, a narração da instituição da eucaristia* foi precedida de um parágrafo de pedido, que se poderia, a rigor, compreender como uma ep. em sentido amplo.

No contexto das orações eucarísticas de tipo antioqueno (Antioquia, Constantinopla), é como interpretação das palavras da ep., pronunciadas, então, depois da narração da instituição, que se desenvolveu a doutrina da conversão do pão e do vinho no corpo* e no sangue de Cristo, enquanto, desde o tempo de Ambrósio* de Milão, são as palavras de Cristo na ceia que são compreendidas como tendo, na oração eucarística romana, um papel consagratório. Na segunda IM (carta de Bento XII [1341] a propósito dos armênios, *DS* 1017), as duas perspectivas antioquena e romana terminarão por não mais parecer compatíveis, mesmo se nunca se deixou

de celebrar as orações eucarísticas gregas na comunhão* da Igreja romana.

Na missa romana segundo o Vaticano II, as novas orações eucarísticas II, III e IV comportam uma dupla ep.: o Espírito Santo é invocado uma primeira vez antes das palavras de Cristo, em vista da transformação do pão e do vinho no corpo e sangue de Cristo, e uma segunda vez depois da anamnese, em vista da santificação dos comungantes. Sejam quais forem as justificações históricas invocadas a esse propósito nas tradições litúrgicas de Roma e do Egito, essa disposição tem o mérito de ter dado um lugar ao Espírito Santo na piedade eucarística romana, no momento em que ela procurava centrar-se de novo na oração eucarística.

O conjunto das liturgias* eucarísticas protestantes comporta atualmente uma ep.

- O. Casel (1923), "Zur Epiklese", *JLW* 3, 100-102; (1924), "Neue Beiträge zur Epiklese-Frage", *ibid.*, 4, 169-178. — E. J. Kilmartin (1984), "The active role of Christ and the Holy Spirit in the sanctification of the eucharistic elements", *TS* 45, 225-253. — J. H. MacKenna (1992), "Eucharistic Prayer: Epiclesis", in A. Heinz, H. Rennings (ed.), *Gratias agamus. Mélanges B. Fischer*, Friburgo (Suíça), 283-291. — R. Taft (1992), "From *Logos* to Spirit: On the early History of the Epiclesis", *ibid.*, 489-502.

Pierre-Marie GY

→ *Espírito Santo; Oração.*

EPIQUEIA

O termo epiqueia (ep.) vem da transcrição do grego *epieikeia* (adjetivo *epieikes*), para o latim medieval. Designa uma virtude* difícil de definir, a virtude ordinária, se se pode dizer, a virtude de cada dia, sem nada de heroico nem excepcional. No NT e nos Padres*, é a virtude que se espera dos cristãos. Os textos nos fornecem uma descrição completa da ep.: com ela, o homem tem a cabeça fria, bom senso, juízo; é bondoso, tolerante, compreensivo, reservado sem afetação, nada faz com ostentação. A ep. é então essencialmente moderação, indulgência, discrição. Quem é *epieikes*, é gente "de bem".

Ep. torna-se um termo técnico no s. XIII, com a tradução da *Ética a Nicômaco* na qual se encontra toda uma exposição (1137 a 31 – 1138 a 2) da relação entre a ep. e a justiça*. São virtudes distintas, mas não genericamente diferentes. A ep. é justa, mas não justa segundo a lei*. É um corretivo da justiça legal e lhe é, portanto, superior. A lei limita-se necessariamente a pôr regras gerais, e pode assim não ter previsto um caso particular. Ao contrário, a ep. corrige a omissão e faz o que faria o legislador se estivesse lá. Impede que se ponha seus direitos na frente, e que se exija todo o devido: faz aceitar compromissos razoáveis.

Esse texto foi levado em conta pelos pensadores medievais: tem-se um bom exemplo no uso da ep. em Roberto Grosseteste (c. de 1175-1253), tradutor de Aristóteles e comentador da *Ética a Nicômaco*, que dela se serve para denunciar os excessos da cúria romana (diante de Inocêncio IV, em 1250, em Lião). A ep. está "a meio caminho entre a justiça natural e a justiça legal" e se revela na pouca disposição de um juiz para punir infrações à lei positiva que não violam a lei natural, p. ex., a recusa de contribuições, legais mas excessivas, por ocasião das visitas pastorais. A referência à justiça natural mostra que é em parte graças a uma noção que já existia na jurisprudência ocidental, a de equidade, que a ideia de ep. pode desenvolver; e isso dá a seu uso cristão um contexto jurídico que não existia em Aristóteles. Assim, a ep. e a consciência nunca são confundidas: ambas dizem respeito à aplicação da lei, mas a consciência, do ponto de vista de quem age, e a ep., do ponto de vista de quem julga as ações. Tomás* de Aquino identifica explicitamente ep. e equidade (*ST* IIa IIae, q. 120, a. 1). Há casos em que a lei é inadequada, e então é verdadeiramente respeitá-la não tomá-la ao pé de letra, e fazer o que a justiça e o bem* comum exigem. A ep. tem mais a ver com a virtude da justiça do que com a da temperança (*ibid.*, a. 2); e a noção contribuiu assim à mistura de jurisprudência e de teologia moral de onde saiu a casuística*.

Com o Renascimento e a Reforma, a ênfase passa da moderação para a mansidão. O *De clementia* de Sêneca, muito lido na época, faz da clemência a "tendência à doçura" que caracteriza os bons juízes. Não se trata de agraciar, ou fazer prova de "compaixão" (que é um vício para Sêneca), porque o fim é apreender com a máxima exatidão o que a justiça exige: não se sai do domínio da lei. A clemência, assim concebida, foi facilmente identificada com a ep., o que levou a criticar ainda mais a justiça estrita: não é só nesse caso particular, mas em todos os casos é preciso levar em conta o contexto para moderar a severidade com que se consideram as infrações. Para o agostinismo*, em alta no s. XVI, era óbvio que esse contexto incluía o sentimento de que o próprio juiz dependia da misericórdia* divina. O episódio da mulher adúltera (Jo 7,53 – 8,11), que os mistérios tinham popularizado, e a insistência da Reforma na justificação* pela fé* fizeram, então, conceber a ep. — equidade — clemência como o fato de julgar com a humildade e a moderação que convêm a homens conscientes de ser pecadores (cf. Shakespeare, *Medida por medida* e *O mercador de Veneza*). É assim que William Perkins (1558-1602), que funda seu estudo sobre a ep. em Fl 4, 5 ("que vossa ep. — *to epieikes* — seja conhecida de todos os homens. O Senhor está perto"), explica esse versículo por sua última parte. A proximidade do juízo* de Deus* exige de nós a humildade quando julgamos, porque esperamos, também nós, ser tratados com misericórdia. Somos "carne* e sangue e cheios de fraquezas", e a sociedade* não suportaria que julgássemos com o rigor dos anjos*. Isso não é certamente uma razão para renunciar à justiça. Entretanto, a justiça deve dar a mão à misericórdia (cf. Sl 85 (84), 11, texto que se aplicava tradicionalmente à crucifixão). As leis do príncipe não podem ser "perfeitas e absolutas" como as de Deus; mas o príncipe pode ter um julgamento misericordioso que dê testemunho à obra divina da reconciliação.

Isso explica que se tenha acabado por ver uma expressão da ep. no poder de dispensar da lei. Os papas* sempre defenderam com firmeza seu direito de dispensar da legislação eclesiástica universal (*DS* 731). R. Hooker pensava que era perfeitamente legítimo que o poder secular dispensasse da lei em caso de necessidade

(*Laws...* V, 9). Há males que não se podem fazer desaparecer, mas que podem ser um tanto mitigados por medidas de equidade (V, 9), já que "o preceito* propõe sempre a perfeição" (V, 81, 4) — o que inverte a oposição tradicional entre preceito* e conselho*. Grotius, enfim, renovou a concepção da ep., como justiça superior distinguindo justiça "no sentido estrito" e justiça "no sentido amplo", justiça "de satisfação" e justiça "de atribuição". Essa última concerne aos "bens e aos males a vir e o que pode levar a eles", assim como "a maneira prudente de aumentar para os indivíduos e as coletividades seus bens próprios" (prol, 9s; cf. I, 1, 8).

- R. Grosseteste, ed. S. Gieben, "Robert Grosseteste at the papal curia: edition of the documents", *Collectanea Franciscana* 41 (1971), 340-393. — Hugo Grotius, *De jure belli ac pacis*, ed. P. C. Molhuysen, Leyde, 1919. — Richard Hooker, *Laws of Ecclesiastical Polity*, in *Works*, ed. W. S. Hill, Cambridge (Mass.), 1977-1993. — William Perkins, *Epieikeia or a Treatise of Christian Equitie*, in *Works*, Londres, 1608. — Tomás de Aquino, *ST* IIa IIae q. 120; q. 80 a.1, ad 5; Ia IIae q. 96 a. 6.

▶ P. G. Caron (1971), *"Aequitas" romana, "misericordia" patristica, ed "epicheia" aristotelica nella dottrina dell' "aequitas" canonica*, Milão. — F. d'Agostino (1976), *La tradizione dell'epikeia nel Medioevo latino*, Milão. — John D. Cox (1989), *Shakespeare and the dramaturgy of power*, Princeton. — R. W. Southern (1999²) *Robert Grosseteste: The growth of an English mind in medieval Europe*, Oxford. — G. Haas (1997), *The Concept of Equity in Calvin's Ethics*, Carliste.

Oliver O'DONOVAN

→ *Casuística; Direito; Justiça; Lei; Virtudes.*

EPÍSTOLA A DIOGNETO → **apostólicos** (Padres)

EPÍSTOLA DE BARNABÉ → **apostólicos** (Padres)

EQUIPROBABILISMO → **Afonso de Ligório**

EQUIVOCIDADE → **analogia**

ERASMO, 1469-1536

Se Erasmo (E.) não se apresenta como um teólogo de escola, suas teses em defesa do livre-arbítrio (em 1524, contra Lutero*), em favor da volta a um ensinamento evangélico e patrístico, e sobre a redução dos artigos de fé* necessários à salvação* e sobre o cristocentrismo e o primado da ortopraxia sobre a ortodoxia, tiveram alcance teológico imenso no início da Reforma. Rejeitando o modo de argumentação escolástica e seus neologismos, E. usa todos os gêneros literários para defender a "filosofia de Cristo": prefácios a suas traduções latinas ou edições da Escritura* e dos Padres*, *Anotações* filológicas, *Paráfrases* da Bíblia* *Colóquios* ou *Adágios* (Cristo* apresentado como sileno). Sua abundante correspondência, escrita em estilo irônico e pronto à digressão, permite-lhe muitas vezes defender de passagem uma teologia* cristocêntrica, mais moral que especulativa, sem fechar-se em posições dogmáticas rígidas. Foi em 1516 (ano da publicação de seu NT) que apareceu a expressão *Philosophia Christi* (ou ainda filosofia* "cristã", "evangélica", "celeste"), expressão que vai marcar, a partir de então, seu biblismo cristocêntrico: "Ora, a filosofia de Cristo, que ele mesmo chamou renascimento, que é senão a restauração da natureza* criada boa?" (*Paraclesis*, p. 145).

Filho natural (Filho de um padre e batizado com o nome de Didier, deu a si mesmo o prenome Erasmo), formado na escolástica* tradicional, depois no espírito da *devotio* *moderna*, E., monge de Steyn, parte para formar-se em teologia em Paris (1495), depois na Inglaterra junto a John Colet, que o iniciou em Paulo e no platonismo* florentino. Doutor em teologia em Turim (1506), publica a partir do grego uma tradução do NT dedicada ao papa Leão X (1516). Seu amor das "belas letras", sua insistência na religião interior, o primado do amor* sobre o saber ("Amas as letras? está bem, se é para Cristo [...] É melhor saber menos e amar mais", *Manual*), sua independência e maleabilidade de espírito, ao mesmo tempo que sua fidelidade indefectível a fé e à unidade* da Igreja*, valeram-lhe julgamentos severos das faculdades de Louvain e de Paris, que o classificaram entre esses *humanistae theologizantes* que elas reprovavam. Consagra o fim de sua vida em Basileia à edição dos Padres da Igreja; suas edições de Agostinho*, de Jerônimo e de Orígenes* serão autoridade por muito tempo. Censurado, depois recuperado pela religião natural e pelo pensamento das Luzes, E. reaparece no s. XX em sua verdadeira dimensão de teólogo católico, irenista e moralista, um dos mestres do humanismo* cristão do s. XVI.

O pensamento cristocêntrico de Erasmo está fundado na Sagrada Escritura, e notadamente no NT. A "filosofia de Cristo" — o amor de Cristo Sabedoria* — é desenvolvida em toda a sua obra. A exortação à vida cristã proposta no *Enchiridion*, Manual (ou punhal) *do soldado cristão* (1503, reed. 1518), é um livre comentário de Ef 6,11-17. E. defende nesse livro uma antropologia* paulina* tripartida e algumas regras do verdadeiro cristianismo. Podem resumir-se assim: "Que nada ames, nada admires, nada esperes senão de Cristo ou por causa dele" (cân. 4). É nisso que reside a verdadeira piedade, que abrange religião, teologia e vida cristã.

O Elogio da loucura (1511), dedicado a seu amigo Tomás Moro, escrito em estilo paradoxal e lúdico que lhe permite arranhar todas as instituições (universidades, ordens religiosas, estruturas* eclesiásticas) discursa em favor do ensino das Bem-aventuranças, dirigido aos pequenos e aos simples, não aos sábios: a fraqueza aqui se torna força, a morte* ignominiosa da cruz se muda em ressurreição* gloriosa. "O que não cessam de gritar todos esses textos da Escritura, senão que todos os mortais são loucos, mesmo os devotos? [e] que Cristo, para vir em ajuda à loucura dos mortais, de certa maneira tornou-se louco" assumindo a natureza humana e salvando-a pela loucura da cruz? O discurso eleva-se em seguida à forma de um comentário de Paulo, que se apresenta, também ele, como louco (2Cor 11,16s) para significar o êxtase místico*.

Em sua *Diatribe sobre o livre-arbítrio* (1524), E. dá inicialmente uma definição teológica do livre-arbítrio como "força da vontade que permite ao homem dedicar-se ao que conduz à salvação", e multiplica as referências escriturísticas favoráveis ao livre-arbítrio para defender uma sinergia entre a graça* divina e a vontade humana: a graça inclina, depois leva a termo a vontade que responde a seu apelo. Incapaz depois do pecado* de encontrar sozinha o bem, a vontade livre coopera, contudo, com o bem, desde que a graça a oriente e estimule; se assim não fosse, o pecado não seria imputável; e Deus não passaria de um tirano.

A *Paraclesis*, um dos prefácios à tradução do NT, leva até à fonte dessa mensagem precisando um método teológico. "A pura e autêntica filosofia de Cristo em nenhuma parte se apresenta mais felizmente do que nos livros dos evangelhos*, do que nas epístolas dos apóstolos*...; se se filosofa piamente, orando mais do que argumentando, buscando transformar-se mais do que armar-se..., se buscamos um ideal de vida por que acharíamos preferível outro exemplo que o modelo, o próprio Cristo?" A filosofia cristã não é senão o Evangelho, ou antes, o próprio Cristo doutor ensinando (*ipse Christus*) no NT.

A teologia de E. é, pois, mais próxima da piedosa leitura da Escritura do que da especulação e da controvérsia, da imitação* do Evangelho e de Cristo do que da observação das "regras judaicas", i.e., dos rituais cristalizados. Contudo, exceto em alguns pontos em que sua audácia teórica apoia-se em um vivo sentido da historicidade das posições doutrinais, assim como quando debate o papel atribuído ao amor mútuo como condição de indissolubilidade do matrimônio* cristão, é difícil encontrar E. em falta de fidelidade doutrinal. Lutero bem o viu, no debate que o opôs a E. sobre o livre-arbítrio, que seu contraditor soube colocar-se no centro do debate teológico e manifestava firme apego à tradição* católica. Praticando uma teologia evangélica e patrística, frequentemente levado a propor uma exegese* espiritual e mesmo alegórica (seus mestres não são Orígenes, Agostinho e Jerônimo?), hábil em conciliar sempre com um conhecimento científico do texto, E. oferece o exemplo de uma aliança fecunda da ciência (histórica, filológica) com a sabedoria cristã.

- *Opera omnia*, ed. J. Le Clerc, 1703-1707, Leyde, reimp. Olms, 1961; *Opera omnia Desiderii Erasmi Rotterdami*, ed. crítica de Amsterdã, 1969; *Oeuvres choisies*, ed. J. Chomarat, 1991, Paris; *Oeuvres choisies*, trad. Blum *et al.*, Paris. Em português: *Elogio da loucura*, Porto Alegre, 2003.

‣ A. Renaudet (1926), *Érasme, sa pensée religieuse et son action d'après sa correspondance* (*1518-1521*), Paris. — E. Gilson (1932), "Le Moyen Âge et le naturalisme antique" in *Héloïse et Abélard* (9138), 183-224. — H. de Lubac (1964), *Exégèse médiévale*, II, 2, Paris. — L. Halkin (1969), *Erasme et l'humanisme chrétien*, Paris. — J.-P. Massaut (1969), "Humanisme et spiritualité chez Érasme", *DSp* VII/1, 1006-1028. — M. A. Screech (1980), *Erasmus. Ecstasy & The Praise of Folly*. — G. Chantraine (1981), *Erasme et Luther, libre et serf arbitre*, Paris-Namur. — A. Godin (1982), *Érasme, lecteur d'Origène*, Genebra. — L. Halkin (1991), *Erasme*. Paris. — P. Walter, *Theologie aus dem Geist der Rhetorik*, Mainz. — P. Jacopin e J. Lagrée (1996), *Erasme, humanisme et langage*, Paris.

Guy BEDOUELLE

‣ *Escritura sagrada; Filosofia; Humanismo cristão; Liberdade; Lutero; Platonismo cristão.*

ERASTIANISMO

É um tanto inopinado que o nome do médico Tomás Erasto (Liber), 1523-1583, tenha-se vinculado, em países de língua inglesa, a uma versão de uma tradição medieval do pensamento político-eclesiástico.

a) Tomás Erasto. — Nascido na Basileia, Erasto tornou-se, em 1558, catedrático de medicina em Heidelberg, onde o Eleitor Frederico III estava prestes a introduzir uma Confissão Reformada. Liber era um proeminente oponente do modelo genebrino de governo da Igreja, com jurisdição independente, e defendeu, com sucesso, a subordinação do presbitério ao governo civil. Sua obra intitulada *Explicatio Gravissimae Quaestiones*, que negava às autoridades da Igreja até mesmo a prática independente da excomunhão, antecipou Bodin em seu argumento por uma soberania civil indivisível. Atraindo a atenção do Arcebispo Whitgift de Canterbury como uma possível apologia da Supremacia Real, a obra foi postumamente publicada em Londres, no ano de 1589. Entre as Igrejas Reformadas, aquelas que estavam sob a Coroa britânica — na Escócia e na Igreja inglesa da Confissão de Westminster (1643) — seguiram uma posição erastiana, como na Holanda fize-

ram os remonstrantes, cujo poder foi esmagado no Sínodo de Dordrecht (1619).

b) História da teoria erastiana. — Enquanto o conceito da soberania civil sobre os assuntos da Igreja tinha remotas raízes na doutrina romana do império e suas expressões bizantinas e carolíngias cristianizadas, seu desenvolvimento subsequente originou-se das disputas medievais entre o papado e os poderes reais e imperiais. Na virada do s. XIV, reivindicações papais extremas por "plenitude de poder" (*plenitudo potestatis*) temporal e espiritual suscitaram reações estrepitosas. Nas disputas entre Filipe IV da França e o papa Bonifácio VIII, acerca das propriedades e dos privilégios eclesiásticos, os apologistas reais chegaram quase a afirmar a supremacia jurisdicional do rei, preparando assim o terreno para a teoria plenamente desenvolvida da soberania civil indivisível, proposta em 1324 por Marsílio de Pádua (outro médico!), logo antes de envolver-se na guerra de Ludwig da Bavária com o papa João XXII.

A exposição da soberania civil indivisível realizada por Marsílio tinha três princípios fundamentais. Somente o segundo desses princípios era partilhado por Erasto e Bodin: a saber, a soberania popular, o igual pertencimento ao Estado eclesial e ao Estado civil, e a distinção radical, no interior da comunidade moral-política humana, entre os fins mundanos e os fins supramundanos. De acordo com Marsílio, a vontade comum do povo (*populus universitas*) é a fonte original e perpétua da autoridade política e da lei: os governantes regem como seus representantes escolhidos, cujas ações são instrumentos da corporação política e dela dependem. Uma vez que o corpo civil, em um Estado cristão, é igualmente o corpo de fiéis, sua vontade unificada a respeito de assuntos eclesiásticos e também seculares deve ser expressada em uma única jurisdição coercitiva. Os assuntos eclesiásticos sob a competência jurisdicional do corpo de fiéis e seu agente governante pertencem aos aspectos mundanos — isto é, aos aspectos institucionais públicos — da fé e da prática cristãs, e incluem a seleção, a educação e a nomeação do clero, a disposição das finanças e das propriedades da Igreja, a determinação da doutrina e da prática da Igreja com base na autoridade, e a punição da heresia e de outras violações graves da lei divina. As questões de fé e moral concernentes exclusivamente à autoridade sacerdotal dizem respeito ao julgamento de Cristo e à salvação dos fiéis "no outro mundo", e não envolvem a competência jurisdicional humana neste mundo.

A teoria de Marsílio da soberania unitária contribuiu com uma influente corrente laicizante para o movimento conciliarista do final do s. XIV e do s. XV, na medida em que ele investiu, com a autoridade de definir a doutrina e a prática, o corpo universal dos fiéis, representado em um concílio geral da Igreja, a ser convocado não pelo papa, mas pelo governo imperial, que também (junto com os governantes civis secundários) imporia as decisões conciliares. Durante os períodos da baixa IM, do Renascimento, e do início da Reforma, os poderes reais e imperiais viam os concílios gerais da Igreja como instrumentos para restringir as pretensões jurisdicionais do papado, o que tentaram fazer os concílios de Constança (1414-1418) e da Basileia (1431-1449), e o conciliábulo de Pisa (1511-1512).

A tradição do conciliarismo sorbonista, desde d'Ailly e Gerson até Almain e Mair, proporcionou formulações cruciais de uma base no direito natural para o Estado eclesial no s. XVI, fomentando desse modo tanto a eclesiologia erastiana como a eclesiologia galicana. A reforma inglesa, sob o governo de Henrique VIII e Eduardo VI, assegurou a autoridade do monarca como "líder supremo da Igreja na Terra, depois de Cristo", porém preservou um dualismo de jurisdição sob a Coroa por meio do papel da Convocação ao lado do Parlamento. Na era elisabetana, enquanto a retórica era diminuída (atribuindo-se à rainha "o governo principal"), também a jurisdição foi unificada, e o Parlamento assumiu o papel dominante. A exposição mais formativa da posição erastiana na Igreja inglesa: *Laws of Ecclesiastical Polity*, de Richard Hooker, realizou sua defesa da Determinação Elisabetana por meio da combinação de modelos teológicos bíblicos e modelos

do direito natural de uma maneira característica dos mestres de Paris. Contudo, sua insistência no igual pertencimento — em uma comunidade cristã — ao Estado eclesial e ao Estado civil e nos poderes exclusivamente sacramentais do sacerdócio aproxima-o mais de Marsílio que de seus predecessores sorbonistas.

* G. de Lagarde (1934-1946), *La naissance de l'esprit laïque au déclin du moyen âge*, Paris. — H. Kressner (1953), *Schweizer Ursprünge des anglikanischen Staatskirchentums*, Gütersloh. — R. Wesel-Roth (1954), *Thomas Erastus: ein Beitrag zur Geschichte der reformierten Kirche und zur Lehre von der Staatssouveränität*, Lahr/Baden. — W. Speed Hill (sob a dir. de) (1972), *Studies in Richard Hooker: essays preliminary to an edition of his works*, Cleveland. — M. Löffelberger (1992), *Marsilius von Padua: das Verhältnis zwischen Kirche und Staat im "defensor pacis"*, Berlim. — A. S. McGrade (sob a dir. de) (1997), *Richard Hooker and the Construction of Christian Community*, Temple, AZ. — C. Russell (2000), "Parliament, the Royal Supremacy and the Church", *Parliamentary History* 19, 27-37.

Joan Lockwood O'DONOVAN e
Oliver O'DONOVAN

→ *Calvinismo; Conciliarismo; Concílio; Galicanismo; Igreja-Estado; Sociedade; Teologia política.*

EROS → amor

ESCÂNDALO

O escândalo (es.) no sentido mais geral, é uma conduta que fere a sensibilidade moral. Mais precisamente, é a ocasião da queda causada por essa conduta. Na teologia* moral o es. designa uma palavra, uma ação ou omissão que, por serem maus ou o parecerem, podem ser ocasião de pecado*.

A origem da noção é bíblica. No sentido literal, o es. é uma armadilha, ou mesmo originalmente o que a destrava, *skandalon*, ou o que faz tropeçar (*proskomma*). No sentido religioso ou ético, é tudo o que é causa ou ocasião de tentação* ou de queda. Assim, Israel* não deve ligar-se com as populações que permanecem na terra prometida, porque seriam para ele um es.

(Js 23,13). No NT, o termo designa, sobretudo, a maneira totalmente imprevista como Deus* salva o mundo*. O próprio Jesus* é um es. para o mundo pecador, e que se crê justo (Mt 11,2-6; Mc 6,3; cf. Lc 2,34). É "uma pedra de tropeço e um rochedo que faz cair" (Rm 9,33; 1Pd 2,8). Por sua frequentação dos pecadores, sua liberdade* diante dos costumes, sua atitude para com o *sabbat*, escandaliza os fariseus (Mt 12,14); e sua morte* é tão escandalosa quanto sua vida (Mt 16,22s; 1Cor 1,22ss). É em relação a ele que se toma a decisão da fé* ou da recusa de fé. O es. é, antes de tudo, assunto de fé e não de ética*. Contudo, Jesus não tem termos bastante fortes para condenar o es.: "Infeliz o homem pelo qual vem o es." (Mt 18,6s; Lc 17,1): haveria aí base para elaborar toda uma teologia moral do es.

Não há que atenuar o aspecto escandaloso da fé. Todavia, como diz Paulo a propósito das carnes imoladas aos ídolos, a verdade* não deve ser ocasião de queda para um irmão (1Cor 8,4-13; Rm 14,13-21). Paulo fala nesse texto de ações que não são más, porém, em certos casos, podem arrastar os outros ao pecado.

A palavra de Jesus "e impossível que não venha es." (Lc 17,1) fez que se perguntasse em que sentido o es. é necessário. Isso significa que se o Evangelho for pregado sem comprometimento, é inevitável que alguns se escandalizem com ele? E qual é o alcance do que Jesus diz a Pedro*: "Vai para trás, Satanás, tu és para mim um es."? Para Tomás* de Aquino, es. quer dizer aqui "obstáculo", e não "es." no sentido próprio (*ST* IIa IIae, q. 43, a. 5, ad 1).

Tomás define o es. como "uma palavra ou uma ação a que falta retidão (*minus rectum*) e que é ocasião de queda" (a. 1). *Minus rectum* significa ou que um ato seja mau, ou que pareça sê-lo (p. ex. 1Cor 8,9ss, *loc. cit.* a. 1 ad 2). O es. é ocasião e não causa de pecado, porque este só depende da vontade.

Pode haver es. *per se* e *per accidens. Per se*, quando se tem a intenção* de incitar ao pecado, ou então, o que se faz ou diz incita de fato ao pecado. *Per accidens*, quando, sem ter má intenção, o que se faz ou diz é ocasião de pecar para alguém que já está mal disposto. O es. pode ser ativo (do ponto de vista de quem o causa) ou passivo (do ponto de vista de quem o sente [ad 4]). É preciso estar muito atento quando se age de maneira boa ou legítima, e, contudo, isso pode ser ocasião de queda para os fracos. Há que renunciar aos bens espirituais para evitar o es.? Evidentemente, é proibido pecar mortalmente para salvar o outro. Entretanto, há bens espirituais que não são indispensáveis à salvação*. Nesse caso, há que distinguir os que se escandalizam por malícia dos que se escandalizam por incompreensão. Os primeiros não querem os efeitos positivos do que rejeitam, como os fariseus escandalizados por Cristo* (Mt 15,12); há que levar em conta a fraqueza e a ignorância dos segundos e tentar explicar o que está em causa; se perseveram, já é malícia, e então é preciso deixar de lado (a. 7).

Essas ideias foram retomadas pelos manuais de teologia moral e repetidas com poucas variantes durante séculos. A obra de Afonso* de Ligório representa bem essa tradição* (*Th. mor.* 1, 2, 3, 5). É sempre proibido causar um es. ativo. No resto, os autores se lançam ao exame detalhado dos casos em que é permitido — ou não — fazer algo que possa ser ocasião de pecado. É óbvio que nunca se deve cometer um ato* intrinsecamente mau ou ter a intenção de incitar ao pecado. Contudo, há casos em que o es. passivo pode ser autorizado por uma razão conveniente. Essa tradição foi acusada de juridicismo: mas esses velhos autores tinham um sentido muito vivo da sedução paradoxal da proibição e da complexidade da rede de relações que existe entre os seres.

Eles formularam o que é ainda hoje a posição católica oficial: o es. direto é sempre mau, mas o indireto, causado por uma ação boa em si mesma, pode justificar-se em certos casos na base do princípio do duplo efeito (intenção*). O es. direto é assimilado à sedução, que é um esforço deliberado, disfarçado ou não, para incitar ao pecado. Não se trata só de atos individuais de sedução, nem só do domínio da sexualidade: há também uma sedução cultural, social, política, econômica (a propaganda, p. ex.). A sedução pode agredir diretamente a moralidade ou a fé de sua vítima, sedução que se pode com razão chamar "diabólica". Pode também ter necessidade de satisfação pessoal, e de não ficar sozinho no mal*. A sedução é, portanto, uma perversão muito profunda da amizade.

A análise teológica do es. vê seu aspecto objetivo, a natureza das palavras ou dos atos escandalosos, e o aspecto objetivo, a culpabilidade dos que o causam ou experimentam. Do ponto de vista moral, o es. está estreitamente ligado à sedução e à cumplicidade no mal. Tudo isso se compreende pela estrutura relacional da vida moral. Um ato moral deve ao mesmo tempo vir da pessoa* em sua autenticidade e testemunhar da vida moral diante do outro, sem contar que não se age sempre só. A teologia moral tradicional despendeu muito esforço em estudar a complexidade do que se chama a "cooperação no mal". Exprimiu a importância da relação na vida moral pela exigência de que a totalidade desta seja informada pelo amor* de caridade. O es., a sedução e a cumplicidade são faltas profundas de amor e, ao mesmo tempo, de virtudes* específicas, como a justiça*. Opõem-se à responsabilidade que temos pela salvação do outro (Häring, 1978). Donde a necessidade de reparar, quando se é culpado de algum es.

Mesmo quando levavam em conta realidades políticas, culturais e econômicas, os manuais, destinados primeiro aos confessores, tinham uma concepção antes de tudo individualista do pecado. É para corrigir essa tendência que a teologia contemporânea apela para a noção de pecado estrutural.

Os defensores do proporcionalismo* puseram em questão a teoria do es., em particular a ideia de que existem atos intrinsecamente maus, a diferença do es. direto e indireto, e enfim a validade do princípio de duplo efeito. Para muitos proporcionalistas, só são intrinsecamente maus os atos cuja essência é visar um mal moral, p. ex., o fato de impelir deliberadamente a ir contra sua consciência* ou a fazer o que se julga imoral (Schüller, 1979).

É particularmente difícil aplicar o princípio do duplo efeito quando se trata de escolher entre dois atos maus. Tradicionalmente, nunca é permitido cometer esse ato, mesmo se se trata ocasionalmente de um mal menor. Hoje, ao contrário, é evidente para certos autores que entre dois males deve-se *escolher* o menor. O problema é que aconselhando o mal menor, é sempre um mal que se aconselha. Tem-se um exemplo no debate atual sobre o preservativo; deve-se aconselhar os que não podem abster-se a usar preservativo para evitar a AIDS? Não será isso causa de escândalo? Mas Afonso de Ligório pensa (e está longe de ser o único) que se alguém está bem decidido a pecar, é permitido aconselhar-lhe o pecado menos grave.

Agostinho* já dizia que divorciar-se de uma esposa adúltera para casar-se com outra é menos grave do que matá-la para isso, pois um só pecado é melhor do que dois (*De conjugiis adulterinis*, 2, 15). Isso deu lugar a certo número de argúcias nos manuais, de que os críticos contemporâneos não estão convencidos: antes veriam ali uma confirmação a mais da inadequação do princípio do duplo efeito.

Os críticos desse tipo de teologia moral a acusam de restringir a noção bíblica de es. e sua relação essencial à fé. A possibilidade de que a própria Igreja* seja objeto de es. não é evocada, embora os autores dos manuais não tenham ignorado os comportamentos escandalosos de certos membros do clero. É preciso não fazer um absoluto do que Paulo diz do es. dos fracos: a necessidade de evitar o es. e de proteger os "fracos" é muitas vezes invocada para resistir às mudanças necessárias na Igreja e na sociedade*. É também muitas vezes o meio de proteger a reputação das instituições e das pessoas eclesiásticas.

Enfim, e isso é outro aspecto da questão, alguns teólogos contemporâneos falam do es. da criação*, afirmando que o ateísmo de nossa época vem em grande parte do sofrimento dos inocentes. Como compreender então a "necessidade" do es.?

- Afonso de Ligório, *Theologia moralis*, ed. L. Gaudé, Roma, 1905. — Agostinho, *De conjugiis adulterinis*, BAug 2, 101-233. — Jerônimo, *Comentário sobre S. Mateus*, SC 242 e 259. — Tomás de Aquino, *ST* IIa IIae, q. 43; IIIa q. 42, a. 2

- Conferência Episcopal Norte-americana (1989), *Called to Compassion and Responsability: a Response to the HIV/AIDS Crisis, Origins* 19, 429. — João Paulo II (1994), "Aos farmacêuticos católicos", *OR* 30 janeiro. — La commission sociale des évêques de France (1995), *Sida, la societé en question*, Paris.

▸ G. Stählin (1930), *Skandalon. Untersuchen zur Geschichte eines biblischen Begriffes*, Gütersloh. — N. Jung (1939), "Scandale", *DThC* 14, 1246-1254. — A. Humbert (1954), "Essai d'une théologie du scandale dans les synoptiques", *Bib* 35, 1-28. — X. Léon-Dufour (1962), "Scandale", *VThB* 1000-1003. — G. Stählin (1964), "Skandalon", *ThWNT* 7, 338-358. — R. Schnackenburg (1970), "Skandal", *Encyclopedia of Biblical Theology*, Londres. — J. M. McDermott (1977), "Luke 12, 8-9: Stone of Scandal", *RevBib* 84, 523-537. — E. McDonagh (1977), "Le jugement de scandale", *Conc* (F) 127, 117-124. — B. Häring (1978), *Free and Faithful in Christ*, vol. 2, Nova York (*Frei in Christus*, Friburgo-Basileia-Viena, 1980). — B. Schüller (1979), "Direct killing/indirect killing", *Readings in Moral Theology N° 1*, ed. C. E. Curran e R. A. McCormick, Mahawah, NJ, 138-157.

Brian JOHNSTONE

→ *Casuística; Intenção; Tentação.*

ESCATOLOGIA

1. A noção

O termo "escatologia" (e.) — literalmente: "doutrina da coisa última" (*eschaton*) — apareceu no s. XVII, mas somente depois de Schleiermacher* é que serve cada vez mais correntemente para designar a problemática (o "tratado") que era abordado por último no curso teológico e que se tinha antes o costume de intitular *De novissimis*, "Das coisas últimas". De maneira geral, a e. trata do fim e do cumprimento da criação*, e da história* (individual e universal) da salvação*. O cumprimento aqui não significa apenas um acabamento (no tempo*) e um termo (no espaço), mas tematiza a esperança* cristã: tudo o que Deus* criou para chamar a uma "plenitude de vida" não só não volta para o nada*, mas acede em sua totalidade e em cada uma de suas partes à plenitude interior e durável de sua essência, ao ser admitido a participar da vida eterna* de Deus. Porém isso pressupõe que o mundo*, tal como o apreendemos, tenha acabado de existir no tempo e no espaço, ou melhor: que nosso mundo atual seja libertado da fragilidade na ordem espacial

e temporal. Com efeito, é impossível pensar o cumprimento, i.e., a plenitude integral e durável de um todo com a totalidade de seus componentes, nas condições do espaço e do tempo.

2. História da escatologia

a) A Igreja primitiva. — Nos dois primeiros séculos de nossa era, o fim do mundo e a volta de Cristo* eram em geral considerados iminentes, e o anúncio neotestamentário da ressurreição* de Cristo — que realizava e intensificava, ao mesmo tempo, as promessas do AT — não suscitou por essa razão nenhuma reflexão aprofundada sobre o cumprimento prometido. Esse era antes considerado uma consequência direta, mesmo um simples "prolongamento" da ressurreição de Cristo. Os primeiros grandes sistemas teológicos que surgiram a partir do começo do s. III integraram antes a e. em uma vasta teologia* da história* mediante o prisma da cristologia*. Ireneu* de Lião fala assim da "recapitulação e do cumprimento da história da salvação em Cristo", e Agostinho* tematiza o acontecimento do cumprimento sob a fórmula: "Do Cristo só (*Christus solus*) ao Cristo total (*Christus totus*), cabeça e corpo". Ao lado dessas grandes perspectivas, encontram-se também afirmações e reflexões escatológicas detalhadas sobre o "como", o "quando" e o "onde" do cumprimento. Nascem da aproximação muitas vezes forçada de passagens escriturísticas relativas a essas questões de desenvolvimentos intertestamentários e apocalípticos* sobre a espera do fim do mundo e de considerações filosóficas sobre o cumprimento dos tempos. Também acontece que uns autores invocam temas particulares da e., como a ressurreição* dos mortos, para combater a gnose* e seu espiritualismo desencarnado, ou como o prazo do julgamento* e das penas do inferno*, para melhor exortar os homens a agir de maneira moralmente responsável (esses dois temas aparecem notadamente em Ireneu e Tertuliano*).

Ficava por resolver a tensão que existia entre, de um lado, uma concepção do cumprimento como *resultado interior* da dinâmica presente da história da salvação e, de outro lado, uma concepção do cumprimento que se refere a uma salvação toda pronta no além, e que "bastaria" ao homem ir a seu encontro. Quando prevalece essa última concepção finalmente não histórica (o cumprimento como uma espécie de passagem deste mundo presente para um além celeste), não é raro ver desenvolverem-se ideias milenaristas sobre a instauração de um reino terrestre e messiânico antes do fim do mundo: isso a fim de fazer justiça à ideia, atestada notadamente no AT, de uma era de salvação, pertencendo (também) ao tempo da história, e na qual desembocaria a dinâmica interna do reino* de Deus que desde agora se prepara (Justino, Papias, Ireneu). Como se vê, muitas questões e contradições subsistiam na concepção que a Igreja* primitiva fazia sobre a e. "Só a extrema espiritualização da e. de um lado, e o milenarismo* integral do outro, foram finalmente rejeitados" (E. May, *TRE* 10, 300).

b) A Idade Média. — A situação começa a mudar na teologia medieval, que conclui doravante a dogmática* com um tratado específico consagrado à e.

Seu quadro sistemático é em geral fornecido, desde Pedro Lombardo, pela doutrina dos sacramentos* (Alexandre de Hales). Mas existem outras abordagens: os temas escatológicos são introduzidos numa teologia da criação e/ou da graça* (Tomás* de Aquino, Boaventura*). Porém, como na Igreja primitiva, a e. é sobretudo considerada ou como a conclusão ou como parte integrante da cristologia. Todas essas perspectivas, em si mesmas pertinentes, não se encontram contudo integradas numa reflexão global, completa e coerente sobre a e.

A escolástica* determinou o desenvolvimento ulterior da e. inscrevendo-a no horizonte de uma ontologia cosmológica dominada pelo ideal científico aristotélico, cortando-a assim de um fundo de crenças escatológicas e apocalípticas frequentemente vivas na piedade popular. Isso significou encerrá-la numa *doutrina* dos acontecimentos e lugares futuros, vistos mais ou menos como *coisas* que deviam realizar-se no fim da história e no seu mais além. A e. tornou-se de certo modo uma "instância de informação" sobre a efêmera realidade terrestre, sobre o além futuro e sobre os acontecimentos relativos à passagem de uma para a outra esfera, sem que

um vínculo essencial, interno, entre a história e o cumprimento escatológico fosse claramente estabelecido (com exceção da ideia de uma estrita correspondência entre a localização no céu ou no inferno e o comportamento do indivíduo no curso de sua existência terrestre). Todos os enunciados bíblicos sobre a e. (volta de Cristo, fim do mundo, ressurreição etc.) sendo exclusivamente referidos por seus intérpretes ao *fim* futuro e ao *além* de toda a história (com uma insistência particular depois da constituição dogmática *Benedictus Deus* de 29 de janeiro de 1336 [*DS* 1000-1002] sobre o cumprimento da *alma* individual) era pelo menos a temer que a e. não se tornasse uma questão cada vez mais estranha ao mundo; a esperança cristã tinha aqui o risco de perder de vista a realidade presente da vida quotidiana, e a necessidade de se confrontar com a história. A escolástica tardia e — em seu seguimento — a neoescolástica perpetuaram essa abordagem coisificante, que devia degenerar numa verdadeira "física dos *eschata*" (Y. Congar).

c) Os Tempos modernos. — Se a teologia dos reformadores marcou a emergência de uma abordagem mais "existencial" e cristocêntrica da e. (para Lutero*, p. ex., a fé justificante é uma realidade *realmente escatológica* — cf. Asendorf 334), o que se convencionou chamar "ortodoxia reformada" percorreria caminhos mais tradicionais. Na época das Luzes, a e. — tanto católica quanto protestante — focalizou a questão da imortalidade da alma, fechando-se assim em uma perspectiva puramente funcional de uma doutrina da sanção das condutas morais. E assim, a e. teológica tornou-se em grande medida responsável por sua própria secularização*. Porque se a moralidade constitui o tema central da e., então toda dimensão transcendente se revela finalmente e definitivamente supérflua. O principal não é que agindo bem a humanidade se humaniza, e se instaura assim "o reino de Deus sobre a terra"? A e. da época das Luzes dará origem às utopias modernas que desembocará finalmente no marxismo (Marx*).

Somente com Schleiermacher, e sob sua influência, concepções mais globais afirmaram-se de novo na teologia protestante, como também na escola católica de Tübingen* do s. XIX. Essas novas abordagens fundam-se numa convicção influenciada pela filosofia* idealista: a história possui uma teleologia interna que remete a um reino de Deus que se desenvolve e progride em direção à sua forma cabalmente realizada. Se essas perspectivas foram eliminadas da teologia católica pela concepção neoescolástica da e., nisso conforme à escolástica tardia, a ideia do reino de Deus encontrou-se, ao contrário, reduzida, nas Igrejas originárias da Reforma (com o "protestantismo liberal"), a uma realidade moral dada no presente da existência cultural do homem (A. Ritschl): uma interpretação que deformava um conceito bíblico central num sentido perfeitamente antiescatológico.

d) Teologia contemporânea — Uma verdadeira renovação da e. desenhou-se nos primeiros anos do s. XX entre os representantes do que se chamou "a e. consequente" (J. Weiss, A. Schweitzer), que protestaram conta a "redução" da e. mostrando que a espera de uma irrupção iminente do *eschaton* na história era um traço determinante do cristianismo primitivo. O irrevogável sentimento de iminência, em que o NT tinha sido escrito, foi integrado de maneira programática, mas não sem profundas modificações, na teologia dialética. Barth* afirma certamente que "um cristianismo que não fosse absoluta e integralmente e. seria absoluta e integralmente estranho a Cristo" (*Der Römerbrief*, 1922², 298). Mas para o primeiro Barth, a palavra bíblica era apenas um argumento e um meio conceptual para rejeitar a síntese operada pelo protestantismo* liberal entre o reino de Deus e o mundo da cultura humana, e de restabelecer uma relação antitética entre Deus e o homem: todos os enunciados escatológicos não passam de *cifras* da transcendência soberana de Deus em relação à contingência e a inanidade da criatura, que só é tocada por Deus de maneira "tangencial" no instante de seu encontro. Nesse *kairos*, o *eschaton* está sempre presente como o sentido transcendental de todos os instantes. Por conseguinte: "O fim anunciado no NT não é um acontecimento temporal, não é um fabuloso 'fim do mundo', não tem a menor relação com hipotéticas catástrofes históricas, telúricas ou cósmicas" (*ibid.*, 484). Em seguida, Barth se distanciou dessa concepção, e devia fazer uma confissão retrospectiva: "Pareceu [...] que se eu tinha tomado a sério a transcendência do reino de Deus que vem, eu me tinha arriscado a não tomar totalmente a sério sua vinda como tal [...] Vê-se [...] como, com arte e eloquência, eu menosprezava a teleologia que ela [a Escritura] atribui ao tempo, e a ideia de seu encaminhamento para um fim real" (*KD* II/1, 716).

Bultmann* seguiu em outra direção. No horizonte da analítica existencial do primeiro Heidegger*, ele descreve o querigma neotestamentário como "acontecimento escatológico", no sentido em que a proclamação da palavra* de Deus arranca o homem de sua não liberdade para fazê-lo aceder à liberdade*. Essa liberdade nova é o *eschaton* dado e realizado no presente, e toda consideração de um futuro ainda mantido em reserva no tempo encontra-se radicalmente relativizado: "Não busques em torno de ti na história universal; ao contrário, deves procurar em tua história pessoal [...] Em cada instante dormita a possibilidade de que seja o instante escatológico. Deves tirá-lo desse sono" (*Geschichte und E.*, Tübingen 1958, 181).

Essa e. chamada "axiológica" da teologia dialética e existencial produziu um alargamento geral do conceito, na medida em que "escatológico" desde então tornou-se sinônimo de "definitiva ou supremamente válido". Esses ensaios conservam sua importância: aqui, é a primeira vez que se tenta compreender de maneira coerente o mundo das imagens e das fórmulas escatológicas e expor seu sentido teológico. Contudo, os defensores da e. tradicional (notadamente O. Cullmann) responderam a essas tentativas fazendo ver que ao reinterpretar o futuro temporal no sentido de uma abertura teológica ou existencial para o futuro, afastava-se ou eliminava-se a dimensão do futuro concreto que o mundo e a história nos reservam. É precisamente esse défice que determina hoje uma reorientação da e.

3. Prioridades e problemas atuais da escatologia

a) A escatologia nas teologias da graça e da história. — Na segunda metade do s. XX, a e. é sobretudo determinada pela vontade de compreender na perspectiva de uma teologia da história o que a Bíblia* e a tradição* dizem sobre o fim dos tempos.

A "nova teologia" (notadamente Lubac*) mostrou como a graça de Deus está presente em toda realidade e tende de maneira dinâmica para seu próprio cumprimento. Em seu conjunto e em todas suas proposições particulares, a e. diz algo sobre o cumprimento do que desde agora está em obra na criação e na história, a dinâmica da graça de Deus.

O tratamento da e. sob o ângulo de uma teologia da história remete, antes de tudo, aos nomes de W. Pannenberg e de J. Moltmann (e quanto a este último, ao diálogo que estabeleceu com o marxismo [E. Bloch]). Esses dois teólogos mostraram, cada um à sua maneira, que a história da salvação (culminando em Jesus Cristo) assinala-se por antecipações do cumprimento prometido, e torna-se assim um estímulo tanto para a inteligência da história universal (Pannenberg) como para a ação humana (Moltmann). Aos olhos deste último autor, Deus não é o "totalmente Outro" [*der ganz Ändere*] situado *acima* da história, mas (por reclamar o engajamento histórico do homem) aquele que "modifica tudo" [*der ganz Ändernd*] na história. Assim, o *eschaton* prometido é sempre um questionamento crítico de todos os poderes que recusam o futuro prometido por Deus (a e. como crítica social). No domínio católico são sobretudo Rahner* e — sob sua influência — J. B. Metz que ressaltarão essa função crítica e responderão ao desafio marxista, articulando o futuro da promessa divina e o futuro da ação humana no seio da história. O "futuro absoluto" de Deus inscreve-se aqui na contramão das utopias intra-históricas, mas deixa o homem livre para modelar adequadamente seu futuro, porque rejeita a ideia de uma programação *totalitária* do futuro e coloca todo ato* sob uma "reserva escatológica". De outro lado, o crente percebe uma contradição entre as promessas* bíblicas e sua situação presente de não liberdade e de perdição, de sorte que as negações críticas concretas implicitamente contidas nos enunciados escatológicos, abrem-lhe possibilidades e motivos de ação. Diante dessa concepção de

um vínculo antes indireto e dialético entre um futuro escatológico transcendente e um futuro imanente, a teologia sul-americana da libertação* tenta ordenar de maneira mais direta, senão identificar pura e simplesmente, essas duas dimensões do futuro. É assim que G. Gutiérrez escreve: "O crescimento do reino é um processo que se realiza historicamente *na* libertação, na medida em que essa significa uma melhor realização do homem, a condição de uma sociedade nova. Mas vai além: porque se realiza em fatos históricos portadores de libertação, denuncia seus limites e suas ambiguidades, anuncia seu pleno cumprimento e o impele efetivamente à comunhão total. Não estamos diante de uma identificação. Sem acontecimentos históricos libertadores, não existe crescimento do Reino" (Gutiérrez, 1971).

A partir de premissas totalmente diversas, P. Teilhard de Chardin esforça-se por conciliar a história (e o cosmo*) com a e. Compreende o conjunto da realidade, desde a natureza inanimada até ao homem e suas expressões culturais, como um processo de evolução* contínua em direção ao futuro absoluto do "ponto ômega" em que o Todo se une a um Deus que é o motor, o ponto de convergência e a garantia — numa palavra, o princípio — da evolução (Teilhard, 1955, 320). Essa tentativa, contudo, teria um lugar à parte, para não dizer marginal, no quadro dos mais recentes desenvolvimentos da e., sem dúvida também por causa das questões científicas e dos problemas de interpretação que suscita.

b) A hermenêutica escatológica. — Fora das perspectivas abertas pela teologia da graça e a teologia da história, veem-se desenvolver, desde a metade do s. XX, diferentes tentativas que visam constituir uma hermenêutica* específica dos textos escatológicos; propõem uma nova compreensão dos *eschata*, contra a "coisificação" e a "historicização" de que foram objeto na escolástica tardia. Admite-se geralmente que tal hermenêutica obedece aos "princípios" seguintes:

1/Os enunciados escatológicos concernem o cumprimento prometido por Deus e esperado pelo homem: o fim de toda a criação, para o qual a história se encaminha ainda atualmente. Desse ponto de vista, esses enunciados são *indicações* proféticas da vinda de Deus e da realização de sua promessa, que chamam o homem a preparar-se e a pôr-se no caminho na esperança, mas não são *predições* apocalípticas que nos informariam sobre o desenrolar de um fim programado previamente no plano divino, ou sobre um futuro já aprontado no além, e para o qual a criação teria apenas de avançar.

2/Como a esperança visa o cumprimento da história individual e universal junto a Deus, em Deus e com Deus, todos os conteúdos escatológicos devem ser interpretados num sentido resolutamente pessoal e não objetivo ou local. Agostinho já observava que nosso lugar depois da morte é Deus mesmo. A e., nesse sentido, não se refere nem a uma encenação dramática do "juízo final", nem à felicidade celeste etc., mas a Deus que *existe* "como o céu que ganhamos, como o inferno a que escapamos, como o tribunal que nos examina e o purgatório* que nos purifica" (Balthasar*, 1960, 282). Mas como Deus é o segredo que ultrapassa infinitamente o homem, todos os enunciados relativos ao cumprimento remetem essencialmente ao coração do mistério* e devem ler-se como formados por uma teologia negativa* antes que por uma teologia afirmativa.

3/Não se deve perder de vista que as fórmulas escatológicas devem ser tomadas no sentido figurado. Porque, na medida em que a esperança se volta para algo humanamente "impossível", é precisamente a função da imagem abrir o espaço do imaginário e prepará-lo ao que advém, para além das possibilidades humanas, a partir de Deus. Porém as imagens da esperança cristã não são simples "visões de sonho", mas a "extrapolação" (isto é, o "prolongamento" no futuro) da experiência já adquirida, concernente a salvação (ou a perdição). Deus não vem somente "no fim" para completar a criação do exterior: é a história toda que leva a marca da vinda salvadora de Deus, da qual cada ato remete para além dela mesma, a um absoluto. Por isso a história da salvação consignada na Escritura* fornece já uma "documentação" donde é possível "extrapolar" o cumprimento futuro e suas estruturas. É somente dessa manei-ra, como "imagens extrapoladas", e não como "reportagens do futuro" que se devem interpretar as fórmulas escatológicas para desvelar seu verdadeiro "conteúdo".

Encontram-se na teologia contemporânea dois projetos que, embora com acentos diferentes, visam desenvolver uma interpretação sistemática e mais precisa dessa operação hermenêutica. Para Balthasar, a e. é antes de tudo uma "cristologia prolongada": todos os enunciados escatológicos referem-se em primeiro lugar a Cristo, em seguida e "por extrapolação" também a nós mesmos. O que se passa na morte, o que são o julgamento, o céu, a e., é preciso primeiro "ler" no Cristo, depois "prolongar" até nós, mas de tal modo que Cristo seja e permaneça sempre a mediação indispensável do cumprimento da criatura. Ao contrário, Rahner vê sobretudo na e. uma "antropologia* prolongada" (que pode aliás encontrar na figura de Cristo sua expressão condensada), i.e., que o *eschaton* cumpre o que já está dado nas experiências presentes da graça. Essas constituem a base a partir da qual podem ser "extrapoladas" em direção de um cumprimento futuro e de lá referir as imagens escatológicas bíblicas e tradicionais a seu verdadeiro conteúdo. Essas duas maneiras de pôr em obra uma hermenêutica própria à e. não se excluem, mas são estritamente coordenadas.

4. Os enunciados centrais da escatologia em seu contexto

O cumprimento prometido por Deus é certamente *um*, mas refere-se à criação em sua multiplicidade e sua temporalidade e, portanto, reveste uma forma múltipla e temporal.

a) O cumprimento escatológico concerne o homem, como indivíduo e como membro de uma comunidade. Por isso a e. tanto fala do fim do indivíduo na morte* e de seu cumprimento individual (imortalidade da alma ou ressurreição, purificação [purgatório], felicidade junto de Deus), como fala do fim da humanidade e de seu cumprimento universal enquanto entidade "solidária" (fim do mundo, juízo final, céu/inferno). E já que a criação comporta uma dimensão espiritual e uma dimensão material, a e. deve também ter cuidado em distinguir seus modos de cumprimento respectivos ("alma separada", ressurreição dos corpos, novo céu/nova terra).

b) O cumprimento não consiste só para a alma em desenvolver-se progressiva e harmoniosamente em Deus: a história está, ao contrário, marcada por antagonismos nascidos do mal* e da impiedade, do sofrimento e da inanidade. É por isso que a e. fala de julgamento, no qual o que é capaz de cumprimento é "separado" do que não é.

c) Porque no cumprimento é Deus mesmo que realiza a plenitude do homem, mas no "tempo de peregrinação" desta vida a liberdade humana pode conformar-se a Deus ou recusar-se a ele, a e. não deve falar somente do céu como da felicidade cumprida, mas também do inferno como da *consequência imanente* a que se expõe uma liberdade que se recusa radicalmente a Deus. No entanto o céu e o inferno não se situam no mesmo plano, como duas possibilidades essencialmente simétricas. Porque Deus tudo pôs em obra para a salvação do homem; e o próprio homem, tal como foi criado, inclina-se mais para o sim do que para o não. É por isso que a esperança em um cumprimento positivo, i.e., e esperança do céu, prevalece absolutamente sobre o temor do inferno. A recusa radical e, portanto, o inferno, assim mesmo permanecem como uma possibilidade insuperável da liberdade humana.

d) Mesmo se a e. fala do futuro definitivo da criação junto a Deus no fim dos tempos, não deixa de ser verdade que Deus se comunica já ao mundo durante todo o decurso do tempo; nos acontecimentos exteriores da história da salvação (culminando em Cristo), nos atos sacramentais da Igreja e na comunicação da graça ao homem. Desse ponto de vista, a e. não é só o tratado particular que na dogmática se refere ao futuro, mas é também uma dimensão decisiva da teologia em sua totalidade; existem, com efeito, numerosas formas de "e. presente", nas quais o último e o definitivo se projetam por antecipação, incitando os homens a suportar e a modelar a realidade "penúltima" do mundo e da história em vista da realidade "última". A existência e a história terrestres tornam-se assim — como diz o II concílio do Vaticano* — a antecâmara em que o homem pode já ter "um relance do mundo por vir", mais ainda: é nelas que se

forma esse "material do reino celeste" que o homem deve levar como produto da história no cumprimento que há de vir (*GS* 38, 39). Uma tal concepção conserva certas intenções centrais do milenarismo e do utopismo intramundano (insistência no cumprimento da busca terrestre de justiça* e paz*, e da humanização, portanto, sobre o cumprimento da história terrestre), mas enganar-se-ia quem pensasse ter esgotado assim o potencial de esperança da criação, e perdesse de vista o antagonismo durável que atravessa a história. O cumprimento da criação só pode produzir-se além do mundo existente, junto do próprio Deus, pelo fato de que a humanidade como comunhão* dos santos é admitida a participar da vida de comunhão do Deus trino.

• P. Teilhard de Chardin (1955), *Le phénomène humain*, Paris. — K. Rahner (1960), "Thologischen Prinzipien der Hermeneutik Eschatologischer Aussagen", *Schr. zur Th.*, 4, 401-428, Einsiedeln-Zurique-Colônia. — H. U. von Balthasar (1960), "Umrisse der E.", *Verbum caro*, Einsiedeln, 276-300. — J. Mouroux (1962), *Le mystére du temps*, Paris. — J. Moltmann (1964), *Theologie der Hoffnung*, Munique (*Teologia da esperança*, São Paulo, 1971). — K. Rahner (1965), "Marxistische Utopie und christliche Zukunft des Menschen", *Schr.zur Th.* 6, 77-88, Einsiedeln-Zurique-Colônia. — W. Pannenberg (1967), *Grunfragen systematischer Theologie*, Göttingen, 91-185. — G. Greshake (1969), *Auferstehung der Toten*, Essen. — K. Rahner (1970), "Die Frage nach der Zukunft", *Schr. zur Th.* 9, 519-540, Einsiedeln-Zurique-Colônia. — G. Gutiérrez (1971), *Teología de la liberación*, Lima (*Teologia da libertação*, Petrópolis, 1976).— D. Wiederkehr (1974), *Perspektiven der E.*, Einsiedeln-Zurique-Colônia. — G. Martelet (1975), *L'au-delà retrouvé*, Paris, 1995, nova ed. — G. Greshake-G. Lohfink (1975), *Naherwartung-Auferstehung-Unsterblichkeit*, Friburgo-Basileia-Viena, 1982[5]. — Chr. Schütz (1976), "Allgemeine Grundlegung der E.", *MySal* V, 553-700 (Petrópolis, 1983). — J. Ratzinger (1977), *E. Tod und ewiges Leben*, Regensburgo, 1990[6]. — U. Asendorf (1982), "E.", *TRE* 10, 310-334. — H. U. von Balthasar (1983), *Theodramatik* IV, Einsiedeln. — M. Kehl (1986), *E.*, Würzburg. — G. Greshake — J. Kremer (1986), *Ressurrectio Mortuorum*, Darmstadt, 1992[2].

Gisbert GRESHAKE

→ *Beatitude; Esperança; História; Inferno; Limbos; Parusia; Vida eterna; Visão beatífica.*

ESCOLA DE ALEXANDRIA →
Alexandria (escola de)

ESCOLA DE ANTIOQUIA → Antioquia
(escola de)

ESCOLA DE CHARTRES → Chartres
(escola de)

ESCOLA DE SÃO VÍTOR → São Vítor
(escola de)

ESCOLA FRANCESA DE
ESPIRITUALIDADE → Bérulle

ESCOLA ROMANA → Scheeben

ESCOLAS DE TÜBINGEN → Tübingen
(escolas de)

ESCOLAS TEOLÓGICAS

Num universo cultural em que as duas coisas estavam estreitamente ligadas, não foi só como um movimento religioso que o cristianismo apareceu, mas também como uma escola de pensamento, uma *hairesis*. Assim, o apologista* Justino fornece o exemplo puro de uma investigação filosófica que se concluiu por uma conversão* ao cristianismo, sem renegar seus primeiros interesses (*Dial.*, prólogo). Contudo, foi no interior do próprio cristianismo que cedo surgiriam escolas, para difratarem, numa pluralidade de teologias*, a miscelânea não sistemática dos ensinamentos neotestamentários. O NT já remete à existência de grupos que merecem quase o nome de escolas: a teologia paulina* e a teologia joanina* não são apenas obra de pensadores individuais, e nosso *corpus* inclui textos de discípulos (para os deutero-paulinos), ou é constituído de textos que traem a presença de um meio e de suas opções teológicas, por ex. (a crer em R. Brown) a "comunidade do discípulo bem-amado". Foi contudo necessário que a teologia se compreendesse cada vez mais como discurso sistemático ou exegese* sistemática

das Escrituras*, e de outro lado, que adotasse uma política geral de empréstimos em relação às filosofias* dominantes da Antiguidade tardia, para que aparecessem escolas bem individualizadas. Essas escolas podiam já estar ligadas a uma instituição de ensino: o florescimento da teologia alexandrina, que brilhou de Clemente a Cirilo* de Alexandria, deve-se em parte à "escola catequética", o *didaskaleion*, fundado por Panteno por volta de 180. Sua orientação podia também ser atribuída a um (ou mais de um) Mestre fundador. Os debates doutrinais dos s. V e VI deviam provar a contribuição das escolas teológicas à formulação do dogma* cristão; deviam também forçar a hierarquia* eclesiástica a arbitrar o debate que opunha as diferentes escolas — no caso, Alexandria* e Antioquia*. Na idade patrística, muitos fatos teológicos são patentes. 1/As instâncias supremas do ensinamento da Igreja*, os concílios* ecumênicos, podem dar o estatuto de doutrina cristã oficial a uma teologia particular: assim, a canonização da cristologia* alexandrina pelo concílio de Éfeso*, ou a da cristologia neocalcedônica pelo II concílio de Constantinopla*. 2/O processo em que a Igreja precisa sua confissão* de fé* jamais põe termo a uma discussão sem suscitar novos debates: a ideia de definição dogmática não é a de uma última palavra. 3/Pode suceder também que uma teologia particular não se possa integrar em seus termos, na doutrina cristã tal como se desenvolve: a tumultuosa história da cristologia antioquena é a de uma tendência teórica cujas intenções ortodoxas eram bem claras, e que soube proporcionar um corretivo precioso a interpretações extremistas da cristologia ciriliana, mas que era difícil, entre Éfeso e Constantinopla II, coordenar de maneira frutuosa com a ortodoxia definida. 4/Acontece, enfim, que a arbitragem não se faça canonizando uma teoria de escola, mas propondo uma *via media* que nunca foi opinião da escola mesma: assim a cristologia promulgada em Calcedônia* é sobretudo a do *Tomo* do papa* Leão a Flaviano, que pode considerar-se uma contribuição inovadora suscitada pelo desejo de apaziguar o debate aporético que opunha a cristologia alexandrina/ciriliana e a cristologia antioquena.

Enquanto a teologia bizantina, a partir do s. VI, não conheceu querelas que opusessem verdadeiramente escolas, exceto o conflito que opôs a tradição hesicasta ao movimento filosófico latinofone, a IM latina veria aparecer uma organização do trabalho teológico em que as escolas tiveram um papel mais preponderante que nunca. Dois fenômenos da maior importância exigem aqui interpretação: primeiro, a existência de centros de pesquisa teológica, ligados a comunidades monásticas ou a igrejas catedrais; em seguida, o surgimento de tradições teológicas específicas no seio das ordens religiosas. 1/É como a história dos diversos lugares de ensino que se deve escrever a história da teologia medieval até ao s. XII. Uma abadia onde ensina um mestre de teologia reputado atrai monges desejosos de adquirir a melhor formação teológica: Anselmo*, p. ex., tornou-se monge do Bec em razão do prestígio de Lanfranc. Em Chartres*, em Laon e alhures, a teologia ensina-se e cria-se no centro mesmo da vida das dioceses e sob o patrocínio dos bispos*. Assim nascem as tradições, que geralmente transmitem menos teologúmenos ou "opiniões" próprias a cada escola do que certo estilo feito de referências comuns, de utilização comum das mesmas fontes, de concepção comum da teologia. 2/Dois fatos caracterizam a escolástica* no sentido estrito, a criação das universidades e a das casas de estudos (*studia*) destinadas aos religiosos, em primeiro lugar aos das ordens mendicantes (Franciscanos e Dominicanos). No quadro oferecido pela instituição, desenvolveu-se primeiro uma nova maneira de ensinar e de produzir teologia: a teologia doravante será a da Escola (da *schola*) antes de ser desta ou daquela. No interior das universidades são, contudo, *certas* teologias que aparecem, de tal maneira que nenhuma universidade medieval pode ser assimilada a uma escola única. Tradicionais na universidade são somente as disciplinas e o currículo de estudos. As escolas teológicas que nasceram no s. XIII foram, portanto, filhas do processo em que as ordens religiosas recentemente criadas asseguram para si um patrimônio teológico,

reconhecendo uma autoridade particular a seus principais doutores. O albertino-tomismo não se tornou a propriedade exclusiva da ordem dominicana, nem o bonaventurismo ou escotismo a propriedade exclusiva da ordem franciscana: os grandes doutores regulares ensinam primeiro na universidade ao lado de mestres seculares, sua influência ali transborda os limites de sua família religiosa, certas famílias religiosas não se dotarão nunca de uma tradição religiosa que lhes seja própria, mas viverão de empréstimos (p. ex., o Carmelo*). Uma família religiosa como o franciscanismo, de outro lado, contará em seu seio tal número de pensadores originais, de orientações a tal ponto diversas, que quase não é possível identificar uma escola franciscana homogênea depois de Alexandre de Hales, Boaventura* e Duns* Escoto (e na expectativa de Occam). Resta em todo o caso o fato importantíssimo de uma diversidade. De um lado, certas teses teológicas tornam-se pouco a pouco o bem próprio de uma escola: há uma solução tomista ao motivo da encarnação*, e há uma solução escotista; há uma posição tomista e uma posição escotista sobre a questão da Imaculada Conceição de Maria* etc. De outro lado — esse segundo fato conta provavelmente mais — é de uma ideia da teologia mesma que as escolas se tornam herdeiras e transmissoras: o conceito "científico" da teologia fornecerá um dos seus sinais de identificação à tradição tomista, enquanto a tradição bonaventuriana se reconhecerá sempre numa concepção "prática" e sapiencial, herdada em grande parte de Agostinho*. E porque cada escola faz também repercutir sua voz no exterior de suas zonas de influência, que lhes garantem lugares de ensino que lhes pertencem como próprios, seu discurso, adaptado às exigências do mundo acadêmico, sempre confrontado com as contestações de que a *disputatio* é a ocasião privilegiada, pode defender sua particularidade sem deixar de pretender ao universal. As escolas teológicas não eram capelas teológicas.

As escolas teológicas não apenas atravessaram todo o fim da IM, mas em parte lhe sobreviveram: tomismo* ou escotismo têm uma história

627

que ainda não se pode dizer encerrada. Contudo, apareceu um fato novo: o papel desempenhado na teologia da Contrarreforma por dois enfrentamentos teológicos em que sistemas fundadores fizeram escola, em condições que condenaram essas escolas a uma repetição um tanto estéril de sua teoria de referência. A principal querela que agitou a teologia católica, do concílio de Trento* até o s. XVIII, foi um vasto debate sobre a graça* em que teses e sistemas se entrechocaram violentamente. Foi sobretudo um debate que Roma quis decidir sem consegui-lo: se a heterodoxia do baianismo* e do jansenismo* era clara e foi nitidamente condenada, o encerramento não conclusivo das congregações *de auxiliis* consagradas ao exame do bañezianismo* e do molinismo* foi sobretudo uma confissão de impotência. Com efeito, Roma foi incapaz de decidir apesar dos nove anos de discussões teológicas, da proibição feita às partes de se anatematizarem reciprocamente, e da proibição de novas publicações a respeito. Entre as teorias em presença (às quais se pode acrescentar, aparecido posteriormente, o agostinismo saído de Norris, Berti e Bellelli, que Bento XIV declarou lícito em 1749 num breve que encoraja a existência de escolas teológicas), havia talvez diferença de perspectiva, mas havia também contradição. Incapaz de propor um discernimento (mas concedendo com isso mesmo que o debate se travava sobre construções teológicas e não sobre a fé confessada pela Igreja), Roma constrangia cada um a instalar-se sobre suas posições. Desde então, nem a teoria de Molina nem a de Bañez puderam se beneficiar de uma recepção* criadora. A teoria bañeziana da "premoção física", nascida na ordem dominicana, ficou seu *xibolete* até a s. XX, assim como a "ciência média" de Molina ficou sendo o da Companhia de Jesus. Porém, tal como os dois sistemas foram formulados, assim foram transmitidos, com uma fidelidade que não os dotou de nenhuma história. Quanto ao jansenismo, esse agostinismo* "transviado" (H. de Lubac) nunca esteve em situação de fazer escola — sua relação fundamentalista ao *Augustinus* só lhe deu como existência a de um partido na Igreja.

A história das escolas teológicas não se encerra no século de Luis XIV. Unidade de lugar, unidade de influências fundadoras, concepção unificada da teologia, defesa das teses teológicas próprias à escola sobre assuntos que a doutrina oficial da Igreja deixa serem debatidos, tudo ou parte desses traços encontram-se regularmente na história recente da teologia. As escolas de Tübingen*, a escola (protestante) de Erlangen, ou a escola romana ilustram bem, no s. XIX, a importância continuada de um centro intelectual vigoroso em que a produção teológica é em parte comum e mesmo que sua história tenha sido breve, a escola dominicana de Saulchoir e a escola jesuíta de Fourvière fornecem uma boa ilustração contemporânea do fenômeno. Tendências recentes — teologia da libertação*, teologia feminista — mostram-se bastante duráveis e agrupam autores que têm tanto em comum para que sua pertença à história das escolas teológicas seja provável, mesmo na ausência da unidade de lugar. Rebento institucionalizado da escola romana, a neoescolática transformada em teologia (e filosofia*) católica oficial por Leão XIII, pôs-se como reencarnação da Escola (só do tomismo, de fato) com bastante perseverança, com um sentido muito claro de seus objetivos, apoderando-se muito nitidamente de certos lugares de ensino, para ser escola teológica de pleno direito. Porém, impõem-se duas restrições. De um lado os teólogos mais importantes do s. XX (Barth*, Balthasar*, Lubac*, Rahner*...) exerceram sua influência sem fazer escola. (Barth passou por fundador de escola, mas sua "teologia dialética" era apenas a associação provisória de alguns teólogos cujos caminhos deviam separar-se muito depressa. Lubac era uma figura da teologia de Fourvière, mas sua carreira professoral foi interrompida por circunstâncias que deviam fazer dele um pesquisador solitário etc.). De outro lado, a instância acadêmica que garantia na IM o confronto perpétuo de opiniões de escolas e impedia assim de degenerarem em bandos ou em *lobbies*, quase deixou de ter esse papel na história recente — a linguagem (ou a metalinguagem) comum parece faltar, o que permitiria a avaliação crítica das perspectivas e tomadas de partido. A aparição de *modas* teológicas não é uma novidade. Há porém um traço novo: a ausência de todo confronto metódico dos discursos, os que se pretendem novos, os que se pretendem muito velhos, os que se dizem "outros"...

Que a teologia subsista concretamente na pluralidade dos "discursos todos frágeis, todos destinados a se tornarem caducos, que a Igreja necessariamente acumula através dos séculos para dizer a verdade da Escritura" (Chapelle, 1973, 125); que essa pluralidade tenha sua fonte penúltima nas "contrariedades" inerentes às Escrituras, e sua fonte última na incompreensibilidade do mistério* de Deus*, de que "a universalidade do verdadeiro descobre-se sempre determinada e, portanto, parcial, sempre determinante e, portanto, entregue ao movimento da história*" (*ibid.*) — dessas verdades elementares a história da teologia fornece uma confirmação maciça. Não é tampouco necessário provar que cada teologia particular procede de uma comunidade, da qual traduz as perspectivas e os "interesses de conhecimento" (J. Habermas). É também evidente que pertencer a um grupo definido por um estilo e um projeto próprios não impede de revestir as vestimentas (modernas) do "autor", mas compõe o pano de fundo necessário sobre o qual se destaca toda originalidade verdadeira. Admitir tudo isso deveria, em todo caso, levar a uma reapreciação do fenômeno das escolas teológicas, das quais muitos traços característicos merecem uma atenção que não é arqueológica: projetos teológicos capazes de reunir comunidades de maneira ao mesmo tempo sincrônica e diacrônica; projetos capazes de dar forma à práxis eclesial dessas comunidades (quer seja contemplativa, apostólica, ou ambas) deixando que esta a alimente em troca; projetos contextuais (um tempo, um lugar, um meio) que transbordam do quadro dos discursos requeridos por esse tempo ou esse lugar e tentam contribuir globalmente a toda inteligência da fé; projetos ainda, que só podem existir no plural, num debate perpétuo cujos termos podem modificar-se quando a Igreja define oficialmente sua fé, mas que não deixa de ser relançado quando cada nova

definição abre o campo de um novo *indefinido*; projetos enfim que não podem dizer-se teológicos a não ser aceitando permanecer ao mesmo tempo como tarefas de Igreja e tarefas científicas. Duas dialéticas abrigam assim o sentido permanente do que toda escola teológica revela de maneira parcial: dialética da tradição* e da criatividade, dialética da experiência teológica e da experiência comunitária.

- K. Eschweiler (1926), *Die zwei Wege der neueren Theologie*, Augsburgo. — G. Paré, A. Brunet. P. Tremblay (1933), *La renaissance du XIIe siècle. Les Éc. et l'enseignement*, Paria-Ottawa. — M.-D. Chenu (1937), *Une éc. de th.*, *le Saulchoir*, Paris, 1985². — E. Hocédez (1947-1952), *Histoire de la th. au XIXe siècle*, Paris-Bruxelas, 3 vol. — A. M. Landgraf (1952-1956), *Dogmengeschichte der Frühscholastik*, I/1 — IV/2, Ratisbona. — M.-D. Chenu (1957a), *La th. au XIIe siècle*, Paris; (1957 b), *La th. comme science au XIIIe siècle*, 3ª ed. revista e aum., Paris (1ª ed. 1927, *AHDL*, t. 2, 31-71). — R. Aubert (1961), "Aspects divers du néothomisme sous le pontificat de Léon XIII", in G. Rossini (sob a dir. de), *Aspetti della cultura cattolica dell'età di Leone XIII. Atti del convegno tenuto a Bologna il 27-28-29 dicembre 1960*, Roma. — Y. Congar (1963), *La foi et la th.*, Paris. — K. Rahner (1959), "Le pluralisme en th. et l'unité du credo de l'Église", *Conc(F)*, nº 46, 93-112. — A. Chapelle (1973), *Herméneutique*, cours polycopié, Institut d'études théologiques, Bruxelas. — P. Eicher e D. Schellong (1985), "Neuzeitliche Theologien", *NHThG* 4, 128-144. — A. Le Boulluec (1987), "L'école d'Alexandrie. De quelques aventures d'un concept historique", in *Alexandrina. Mélanges offerts à Claude Mondésert*, Paris, 403-417. — A. Orbe (1987), *Introduccion a la teologia de los siglos II y III*, Roma. — R. Marlé (1990), "La question du pluralisme en th.", *Gr* 71, 465-486. — H. Crouzel (1993), "Le discussioni su Origene e l'origenismo", *Storia della Teologia, I. Epoca patristica*, Casale Monferrato, 215-220. — G. Pelland (1994), "Le phénomène des éc. en th.", *Gr* 75, 431-467.

Jean-Yves LACOSTE

→ *Hermenêutica; História da Igreja; Teologia.*

ESCOLÁSTICA

A teologia (t.) escolástica (es.) não é a teologia medieval (por oposição à teologia patrística), é a teologia da "escola", quer dizer, a da universidade, uma instituição original surgida no início do s. XIII no Ocidente latino (Verger, 1996). Nisso distingue-se tanto da t. monástica (Leclerc, 1957, 179-218; Anselmo* de Cantuária, Bernardo* de Claraval) como das outras formas de pesquisa da "inteligência da fé*" (*intellectus fidei*), poderosamente instrumentadas pela dialética e desenvolvidas nas escolas* teológicas urbanas do s. XII.

A t. es. não é só es. por sua situação institucional, mas é es. também por seus métodos, seus objetos, seu projeto mesmo, inseparável da ideia aristotélica da ciência (aristotelismo* cristão). Com efeito, o que a caracteriza é querer ser uma ciência, e não apenas uma arte, nem sobretudo uma simples apologia defensiva da religião, como, p. ex., é o caso da *kalâm* no Islamismo. Essa escolha da ciência está ligada à entrada do *corpus* aristotélico, acompanhado dos textos filosóficos e científicos árabes, que trouxeram conceitos, instrumentos e procedimentos novos; mas é também solidário dos progressos realizados no próprio mundo latino, tanto no domínio das artes da linguagem quanto no da lógica em particular. A t. es. é filha da *logica modernorum*, da semântica e da filosofia* da linguagem elaboradas desde Abelardo*; está igualmente ligada ao desenvolvimento dos métodos de discussão próprios do universo pedagógico da universidade, com seu cortejo de *disputationes*, *quaestiones*, *sophismata*. A t. es. não é, pois, um bloco monolítico. Apresenta rupturas e mudanças de paradigmas científicos comparáveis aos que conhecem o conjunto da vida universitária. Como caracterizá-los? Um dos enfoques possíveis é a relação da teologia e da filosofia, p. ex., das faculdades de teologia e de filosofia, tal como revelam os estatutos universitários, as censuras acadêmicas e as condenações (McLaughlin, 1977) — e desse ponto de vista, as diversas medidas tomadas contra o ensino da filosofia natural aristotélica, tendo por auge as condenações parisienses de 1277 (Hissette, 1977), fazem parte integrante de uma história da t. es. marcando as etapas de um itinerário que conduz da proscrição à prescrição de Aristóteles

(Bianchi, 1990). Sendo dado o vínculo da lógica e da t., pode-se também fundar-se na evolução da lógica, e das mentalidades científicas que dela resultam ou a motivam, para distinguir as idades teológicas. É então o aparecimento das *subtilitates anglicanae* (Murdoch, 1978) que virá ao primeiro plano, com a hegemonia dessas técnicas e problemáticas 'inglesas' que sofrerão o fogo cruzado de Lutero* (em sua *Disputatio contra theologiam scholasticam*) e dos humanistas italianos (em suas invectivas contra os "bárbaros bretães"). Essas duas eras da t. es., a era "aristotélica" e a era "inglesa", não são sucessivas: estão no cerne da oposição entre *Via antiqua* e *Via moderna*. Encontram-se, pois, sob diversas formas, segundo a natureza dos problemas considerados; o conflito dos realistas e dos nominalistas é uma dessas formas que sustentam e atravessam todo o s. XV (Kaluza, 1988, nominalismo*). Seja qual for a grade de leitura imposta à história da t. es., uma mesma observação impõe-se em todo caso: o descrédito que pesava até há pouco sobre o s. XIV, considerado como fator de desintegração da "síntese es." que foi alcançada no s. XII, época de ouro das *Sumas de t.*, não é mais considerado legítimo; e associação automática da IM tardia com as noções de "criticismo" e de "ceticismo" já não se considera como um dado incontestável.

I. Natureza e especificidade da teologia escolástica

A t. es. não é uma filosofia cristã. O teólogo escolástico é formado em filosofia (que faz parte de seu itinerário de formação, durante os dez anos que passa na faculdade de artes). Acontece-lhe abordar questões filosóficas (a recíproca sendo proibida pelos estatutos universitários). É dotado de certa cultura científica e recorre frequentemente aos instrumentos da filosofia. Mas nem por isso adota o ponto de vista filosófico. A t. tem suas próprias questões, seu próprio universo, o da "providência* voluntária" e não da "providência natural". Pode-se contudo ser tentado a apoiar-se sobre o que foi na IM tardia a relação entre a filosofia e a t., e a dar assim uma visão da história da t., tirando dali o princípio de uma periodização que permita explicar a ruptura ocorrida entre o s. XIII e o s. XIV.

1. Relação entre a filosofia e a teologia segundo É. Gilson. Problemas de periodização

O elemento central da tese de Gilson é a importância que atribui à condenação parisiense de 1277, concebida como uma condenação do averroísmo (naturalismo*). Segundo ele, é essa condenação, em que P. Duhem via o registro de nascimento da ciência moderna, que separa duas figuras teológicas paradigmáticas do final do s. XIII, Tomás* de Aquino e Duns* Escoto, abrindo assim o caminho para evoluções posteriores. A condenação das 219 teses filosóficas pelo bispo* de Paris, Étienne Tempier, teria por consequência que depois dessa data os teólogos perdessem a confiança na filosofia. O sinal dessa mudança é a maneira como Tomás e Escoto se referem a suas fontes filosóficas: Gilson diz pois que Tomás rompe com Averróis "como filósofo no terreno da filosofia", enquanto Escoto "rompe com Avicena como teólogo, acusando-o de ter enfeitado a filosofia com as plumas da teologia", e "reduzindo ao mínimo os limites de validade da t. natural*". Assim, Tomás "não desespera da filosofia porque a transforma: sua obra é uma vitória da teologia *na* filosofia", mas Escoto, por seu lado, desespera da filosofia pura: "porque a considera como um fato" sua obra só pode ser uma "vitória da t. *sobre* a filosofia". O desencantamento filosófico de Duns Escoto terminaria assim uma fase da história; e a "revolução do s. XIV", com Occam e os occamistas, teria tido por consequência acentuar a "separação da filosofia e da t.". Além disso, o occamismo teria permitido superar o aspecto puramente negativo dessa reação antifilosófica dos teólogos, desarmada por um tempo pelo tomismo*: atacando a filosofia pela filosofia, trouxe com efeito razões filosóficas fortes e bem ligadas para não submeter a essência divina às análises especulativas da razão* natural. O s. XIV é assim dominado ou pelo occamismo, um *separatismo teológico*, ou então pelo averroísmo, um *separatismo filosófico*, que saiu indene das condenações de 1277 (Gilson, 1944).

2. Novos paradigmas históricos

Duas leituras forçam a retocar a imagem gilsoniana da t. es.

a) A primeira leva em conta a interação entre o desenvolvimento teológico e o progresso das ciências, particularmente da lógica, e põe em valor o poderoso desenvolvimento de métodos, de objetos e de problemas trazidos pela t. inglesa da IM tardia, acentuando a interação notável que existia entre as disciplinas: a t. suscitou, com efeito, uma evolução rápida da lógica, confrontando o aristotelismo a situações ou entidades fora do padrão, e beneficiou, em retorno, inovações trazidas no domínio da lógica da mudança (para a questão teológica do momento preciso da transubstanciação ou a do deslocamento local dos anjos*), da lógica deôntica (para a teoria dos imperativos contrários ao dever) ou da lógica epistêmica (para a reflexão sobre os conteúdos da crença). Desse ponto de vista, o s. XIV deixa de aparecer como uma época de "desintegração", e o ideal de "síntese", ilustrado pelas *Sumas* do s. XIII, deixa de ser percebido como um modelo único ou mesmo absoluto.

b) Outra perspectiva, que não exclui a anterior, consiste em revalorizar a pluralidade das escolas e das tradições (Courtenay, 1987; Trapp, 1956), o estudo dos contextos institucionais e intelectuais em que se formam e circulam os enunciados; o estudo da reprodução dos textos e da confecção dos instrumentos do saber. A história da t. es. torna-se então a das faculdades de t. e dos centros de estudos (*studia*), a dos estatutos que organizam a vida comunitária, a das censuras e das relações como o poder político e religioso.

II. O método escolástico

Desde a obra pioneira de M. Grabmann, a *História do método escolástico* (Grabmann, 1904-1911), vários quadros se propuseram para descrever a emergência da t. como ciência. M.-D. Chenu isolou alguns dos fatores que permitiram aos latinos, a partir dos anos 1150, passar da assimilação dos dados filosóficos e teológicos da Antiguidade tardia à produção de linguagens, de métodos e de problemas novos

(Chenu, 1969). No nível das técnicas pedagógicas, passagem da *lectio* à *quaestio*; quanto aos gêneros literários, passagem do florilégio e das glosas às sumas; na prática epistemológica, passagem da *defloratio* dos dados autênticos (*authentica*) à determinação das soluções magistrais (*magistralia*). Contudo, essa primeira evolução só dá conta de certos aspectos da t. es. do s. XIII, e deixa quase inteiramente sem explicação a t. es. dos s. XIV e XV.

1. Nascimento da teologia escolástica

O primeiro elemento decisivo para a emergência e a evolução da t. es. é a dialetização do saber teológico, iniciada no s. XI por Anselmo* de Cantuária (Cantin, 1996) e prosseguida decisivamente por Abelardo* no s. XII (Jolivet, 1996).

a) Introdução da dialética na teologia. — A submissão da t. à discussão lógica, tal como efetuada por Abelardo, é uma especificidade do Ocidente latino — os tímidos ensaios de um João Italos, por volta de 1055, e de um Eustrato de Niceia, cerca de 1100 em Bizâncio, não tiveram continuidade. Submeter à crítica os textos sagrados por meio do instrumento lógico, que se praticou em larga escala desde os anos 1220 na universidade ocidental, foi o que garantiu o progresso da t. es. e de seu ritual acadêmico, com sua hierarquia de provas fortemente argumentadas (as *disputationes* ordinárias, a questões *quodlibetais*) produzindo novos modos de pensamento.

b) Elaboração de manuais: as 'Sentenças' de Pedro Lombardo. — Se Abelardo fornece à t. es. a primeira formulação de seu método, é outro pensador do s. XII, Pedro Lombardo (†22 de julho de 1160) que lhe fornece a ocasião de seu exercício, redigindo um manual que servirá de base ao ensino da t. de ponta a ponta da IM tardia: as *Sentenças*. Distribuídas em quatro livros, as *Sentenças* ventilam segundo uma ordem temática e sob forma de questões, o saber acumulado na t. patrística. O plano da obra apresenta sucessivamente o mistério* da Trindade* (l. I), o problema da criação* (l. II), a encarnação* e a ação do Espírito* Santo (l. III) e os sacramentos* (l. IV). Esse plano vai servir de núcleo às *Sumas teológicas*. Seu papel

não ficou só nisso: desde o s. XIII, o trabalho principal do teólogo universitário foi comentar as *Sentenças*.

c) Axiomatização e método científico. — Foram as *Regras do direito celeste* de um terceiro autor do s. XII, Alain de Lille, que abriram caminho a essa definição aristotélica da cientificidade teológica que marca a primeira época da t. es. A tese central das *Regulae* é que "Toda ciência serve-se de regras e de princípios como de fundamentos que lhe são próprios", e graças a eles chega a conclusões. Ora essa tese não funda apenas a possibilidade da ciência teológica exposta nas *Sumas*, mas dá também seu fundamento à t. de conclusões, *conclusiones*, que vai apoderar-se no s. XIV de toda literatura sentenciária e tornará inútil a confecção de "sínteses". A axiomática de Alain de Lille leva pois às duas eras da t. es. É ela ainda que inspira o projeto eckhartiano de um *Opus propositionum*, agrupando as mil teses necessárias a uma axiomatização do saber teológico.

2. Gêneros literários

O modelo introduzido pelas *Sentenças* de Pedro Lombardo determinou duas formas de pesquisa teológica: uma primeira, durável, é o comentário das *Sentenças*; uma segunda, limitada ao s. XIII, é a suma de teologia.

a) O gênero sentenciário. — Desde 1922, Heidegger* (*Interprétations phénoménologiques d'Aristote*, Mauvezin, 1992, 32) ligava toda possibilidade de "compreender a estrutura científica da teologia medieval ao estudo de um gênero até então negligenciado, os *Comentários das "Sentenças"* de Pedro Lombardo. Julgado irrealizável na época, esse projeto foi o que recebeu atenção privilegiada dos medievalistas (Vignaux, 1976). Está longe de ter dado todos os frutos. O *Repertorium commentariorum in Sententias Petri Lombardi* estabelecido em 1947 por F. Stegmüller contém mais de 1400 entradas, e a quase totalidade dos textos está por editar. A importância do gênero sentenciário não é só estatística: exprime uma verdadeira mentalidade teológica. Um dos traços marcantes da t. es. é, com efeito, ter progressivamente substituído os comentários do texto de Lombardo à explicação da Bíblia* — um paradigma que Roger Bacon será quase o único no s. XIII a denunciar como um dos "sete pecados*" dos estudos teológicos na Universidade de Paris. A importância do gênero é em seguida metodológica: a evolução formal dos comentários do s. XIII até o fim do s. XV, é o mais seguro revelador das mudanças que intervieram na t.

b) A suma de teologia. — Outro derivado das *Sentenças*, as sumas de t. realizaram, em sua estrutura mesma, a exigência de ordenamento disciplinar (*ordo disciplinae*) que preside à formulação de uma ciência concebida ao modo de uma interrogação dos textos: livros, *quaestiones* e artigos integram o momento oral da disputa na trama fornecida por Lombardo (Biffi, 1995). Essa forma quase arquitetural foi durante muito tempo a mais estudada. Todos os grandes escolásticos do s. XIII contribuíram para isso: Alexandre de Hales, Alberto* Magno, Tomás* de Aquino. A *Summa aurea* (III, 3, 1, 1) de Guilherme de Auxerre (†1231) merece uma menção especial, porque foi nesse texto que se formulou pela primeira vez o princípio de uma ciência teológica conforme aos critérios aristotélicos da cientificidade: os artigos de fé são para a t. o que os princípios, conhecidos por si mesmos, são para a ciência demonstrativa. O método geral da t. deriva desse princípio: consiste em raciocinar sobre o não aparente a partir do evidente por si (o artigo de fé, que tem sua *evidência* de *Deus** mesmo, única *causa* de nosso assentimento). Com Guilherme, a fé não é mais somente uma busca da inteligência, como em Anselmo; tende por sua própria *natureza* a desenvolver-se em argumento, seguindo um método axiomático (*probatio credendorum per rationes*), porque se trata menos de provar o objeto de uma crença (o artigo de fé) por meio de um raciocínio, do que de provar todo o objeto da t. (os *credenda*) a partir desse objeto de crença.

III. Os conteúdos da teologia escolástica

Não seria possível enumerar todos os problemas ou conteúdos patrísticos elaborados pelo método escolástico. Limitamo-nos a notar os que estão especialmente ligados a seu modo de elaboração.

1. O sujeito da teologia

A delimitação do sujeito da t. é uma questão clássica da t. es. (Biffi, 1992). Seu ponto de partida é a doutrina de Pedro Lombardo, com uma dupla distinção (herdada de Agostinho): de um lado, as "coisas de que se goza" (o Pai*, o Filho, o Espírito Santo); de outro, as "coisas que se utilizam" (o mundo e o que é criado nele). A partir daí, diversas opiniões se enfrentam. Segundo a primeira, sujeito da t. é tudo de que ela trata, ou por outras palavras, "as coisas e os signos", ou em outra formulação, a "Cabeça e os membros", isto é, o "Cristo total" (*Christus integer*), "o Verbo* encarnado e seu corpo que é a Igreja*" (Ruello, 1987, 22-23, 347-348). Conforme a segunda, o sujeito é o que é "principalmente buscado na ciência teológica": Deus. De acordo com a terceira, é o "crível" (*credibile*), e a t. distingue-se das outras ciências em que pressupõe "a inspiração da fé" (Boaventura*). Segundo outros, são as obras da "restauração" [da salvação] (e "as obras da primeira criação" fornecem o objeto das outras ciências). Segundo outros (Tomás de Aquino) é "o ser divino cognoscível pela inspiração".

No s. XIV, essa problemática do sujeito — no sentido de "matéria" (*materia subjecta*) — foi repensada no plano epistemológico, numa "abordagem posicional" característica do nominalismo, graças à distinção occamista entre o objeto (*objectum*) de uma ciência, entendido como qualquer das proposições que nela são demonstradas ("objeto da ciência é só a proposição enquanto verdadeira"), e o "sujeito" (*subjectum*) da ciência, i.e., o sujeito de cada uma das proposições. Enunciado por Occam (I *Sent*. Prol. q. 9), o princípio segundo o qual "quantos sujeitos de conclusões, tantos sujeitos para uma ciência", acompanhou a revolução "formal" engajada no sistema das *conclusiones* na ponta da t. da IM tardia. É o que explica que a teoria do *significável complexo* (Gregório de Rimini e Ugolino de Orvieto, uma teoria que vê o objeto da ciência no "complexamente significável" i.e., no significado próprio e adequado de uma proposição) tenha sido sobretudo trabalhada num contexto teológico. Pode-se estimar que esse avanço epistemológico arriscava dissolver a unidade material do sujeito da t. es. Ela foi em todo caso paralela à evolução que sofreu, no mesmo tempo, a problemática do sujeito da metafísica.

2. O estatuto da teologia

Se a ideia da t. como ciência constitui o horizonte insuperável da t. es., a cientificidade da t. foi por sua vez redefinida à medida que a ideia de ciência passou de um modelo lógico aristotélico a um modelo formalmente mais poderoso, saído diretamente do trabalho semântico e epistemológico dos teólogos. Essa evolução foi acompanhada de outras interrogações sobre a finalidade mesma da ciência assim obtida. Seria a t. uma ciência teórica, visando a *speculatio* ou a *contemplatio veritatis*, ou uma ciência prática, visando a *operatio recta*? Ou mais radicalmente: a t. *deve* ser uma ciência? A resposta de Tomás consistiu em fazer da t. uma ciência prática e teórica (I *Sent.*, prol., q. 1, a. 3), ultimamente orientada para a "teoria" na medida em que tem a mesma finalidade que a existência humana, a visão beatífica*, por sua vez entendida como contemplação* intelectual. Essa tese parecia arruinar a ideia de um primado do afeto e do amor* na condição presente do homem, comprometer o caráter universal da mensagem evangélica, isolando o teólogo do resto de uma comunidade principalmente composta de *illiterati*, ou simplesmente deixar de lado os atos* humanos em favor de um estudo unicamente das *res divinae*, e outras respostas não podiam deixar de aparecer (voluntarismo*). Alguns, especialmente entre os franciscanos, defenderam a ideia de Boaventura: a t. é uma *sabedoria*, e desse modo nem puramente teórica nem puramente prática. Outros atacaram mais diretamente a ideia mesma de ciência, assim Guilherme de la Mare para quem a t. é em sentido estrito uma lei* (i.e., um corpo de prescrições) e não uma ciência (i.e., um corpo de enunciados verificáveis ou falsificáveis). Outros, como Gilles de Roma, viam na t. uma

ciência "afetiva", tendo por objeto a caridade. Outros, como Guilherme de Ware, viam nela uma ciência "contemplativa" orientada "para o amor de Deus" (Putallaz, 1996, 81-90). Outros enfim, como Alberto Magno ou Mestre Eckhart, faziam do conhecimento místico* o ponto terminal da fé teologal própria ao homem viandante: e superando a oposição do amor de Deus *in via* e do conhecimento* de Deus *in patria*, superavam também a oposição da ciência prática e da ciência teórica (mística renano-flamenga*).

3. Novos objetos

A t. es. levou a um ponto de quase perfeição teórica várias problemáticas desencadeadas antes dela. É o caso da questão dionisiana dos Nomes divinos (Pseudo-Dionísio*), cujo tratamento elaborou utilizando a semântica da referência (*suppositio*) e da significação no quadro da lógica terminista e da gramática especulativa. É o caso também de uma questão conexa, a interpretação do Nome* de "Ser*" revelado a Moisés (Ex 3,14). A t. es. deu igualmente um poderoso relevo teórico à questão da transubstanciação e fez da t. da eucaristia* um terreno importantíssimo de inovação, tanto para a filosofia da linguagem (com a descoberta da dimensão do "performativo") como para a lógica e a física. Ao escrutar o problema do corpo de Cristo* durante o *triduum pascal*, permitiu a eclosão de uma reflexão sobre a referência vazia que transtornou os quadros da semântica filosófica. Pode-se objetar que essas contribuições dizem mais respeito à filosofia que à t. Nada é menos verdadeiro. A elaboração es. da t. trinitária, das "missões divinas", da graça* e dos carismas, a formulação es. dos diversos modelos da onipotência divina, absoluta e ordenada (Oakley, 1984; Randi, 1987; potência* divina), as visões es. da liberdade* (Putallaz, 1995) e a pobreza (Burr, 1989) etc., todo esse trabalho permitiu autênticas aberturas *teológicas*. A originalidade da t. es. é precisamente oferecer esse duplo balanço filosófico e teológico; ter contribuído para o racionalismo* em geral, contribuindo para a racionalidade religiosa em particular. Não sendo possível retomar em detalhe cada uma de suas contribuições à t. cristã, é esse efeito indireto que é preciso acentuar, porque inscreve, de pleno direito, a t. es. numa história dos estados da razão. Essa versão forte da t. foi atacada desde Petrarca, pelos defensores de uma t. mais "fraca". Escolhendo a "boa velha piedosa" contra os teólogos de ofício, Petrarca anunciava uma redistribuição de papéis que de fato correspondia a uma tendência subterrânea da t. a partir dos meados do s. XIV: a crítica dos privilégios concedidos à "cientificidade" (Bianchi-Tandi, 1993). É o enfrentamento da *vetula* e do teólogo que sancionará no s. XV a rejeição do *theologus logicus*.

• M. Grabmann (1906-1911), *Geschichte der scholastischen Methode*, Friburgo (2 vol.). — É. Gilson (1944), *La philosophie au Moyen Âge. Des origines patristiques à la fin du XIVe siècle*, Paris (1962²) (*A filosofia na Idade Média*, São Paulo, 1995). — D. A. Trapp (1956), "Augustinian Theology of the XIVth Century. Notes on Editions, Marginalia, Opinions and Book-Lore", *Aug* (*L*) 6, 146-274. — J. Leclerc (1957), *L'amour des lettres et le désir de Dieu*, Paris. — H. A. Obermann (1963), *The Harvest of Medieval Theology. Gabriel Biel and Late Medieval Nominalism*, Cambridge (Mass.). — M.-D. Chenu (1969), *La théologie comme science au XIIIe siècle*, Paris. — P. Vignaux (1976), *De saint Anselme à Luther*, Paris. — R. Hissette (1977), *Enquête sur les 219 articles condamnés à Paris de 7 mars 1277*, Louvain-Paris. — M. M. McLaughlin (1977), *Intellectual Freedom and Its Limitations in the University of Paris in the Thirteenth and Fourteenth Centuries*, Nova York. — J. Murdoch (1978), "*Subtilitates Anglicanae* in Fourteenth Century Paris: John of Mirecourt and Peter Ceffons" *in* M. P. Cosman e B. Chandler (sob a dir. de), *Machaut's World. Science and Art in the Fourteenth Century*, Nova York, 51-86. — F. Oakley (1984) *Omnipotence, Covenant and Order. An Excursion in the History of Ideas from Abaelard to Leibniz*, Ithaca-Londres. — E. Randi (1987), *Il sovrano e l'orologiaio. Due immagini di Dio nel dibattito sulla potentia absoluta fra XIII e XIV secolo*, Florença. — F. Ruello (1987), *La christologie de Thomas d'Aquin*, Paris. — W. J. Courtenay (1987), *Schools and Scholars in Fourteenth-Century England*, Princeton. — Z. Kaluza (1988), *Les querelles doctrinales à Paris. Nominalistes et réalistes aux confins du XIVe et du XVe s.*, Bergamo. — D. Burr (1989), *Olivi and Franciscan Poverty*, Filadélfia. — L. Bianchi (1990), *Il Vescovo e i Filosofi.*

La condanna pariginia del 1277 e l'evoluzione dell'aristotelismo scolastico, Bergamo. — I. Biffi (1992), *Figure medievali della teologia*, Milão. — L. Bianchi e E. Randi (1993), "Le théologien et la petite vieille", *in Verités dissonantes. Aristote à la fin du Moyen Âge*, Friburgo-Paris. — I. Biffi (1995), *Teologia, Storia e Contemplazione in Tommaso d'Aquino*, t. 3, *La Costruzione della Teologia*, Milão. — F. -X. Putallaz (1995), *Insolente liberté, controverses et condamnations au XIII s.*, Friburgo-Paris. — A. Cantin (1996), *Fede e Dialettica nell'XI secolo*, Milão. — J. Jolivet (1996), *Abelardo. Dialettica e Mistero*, Milão. — F. -X. Putallaz (1996), *Figure Francescane alla fine del XIII secolo*. Milão. — J. Verger (1996), *Istituzzioni e Sapere nel XIII secolo*, Milão.

Alain de LIBERA

→ *Intelectualismo; Filosofia; Mística; Renano-flamenga (mística); Teologia; Voluntarismo.*

ESCRAVIDÃO → liberdade B

ESCRITURA SAGRADA

1. Origem do nome

Em 2Cr 30, 5, conta-se que sob Ezequias as prescrições mosaicas relativas à celebração da Páscoa* não tinham sido observadas "como está escrito" (*kakkâtoûb*), o que os LXX traduziram por *kata ten graphen*, "segundo a Escritura" (E.). Em outros lugares, os livros* do AT são às vezes chamados "os (santos) livros" (Dn 9,2; 1Mc 12,9; 2Mc 8,23; *2 Clemente* 14, 2; talvez 2Tm 4,13; Flávio Josefo, *Antiguidades judaicas, Proem.*). Sem dúvida, a partir das expressões "porque está escrito", "como está escrito", chegou-se no NT a designar os livros do AT como o nome "as E." (Mt 21,42; Lc 24,45; Rm 15,4; 2Pd 3,16) ou as "sagradas E." (Rm 1,2). Sua unidade é valorizada pelo singular "a E." (Jo 10,35). Essas E. são chamadas sagradas enquanto inspiradas por Deus* e enquanto comunicam a sabedoria* em vista da salvação* em Cristo* Jesus* (2Tm 3,15ss). A partir do s. II, em todo caso, se não mais cedo ainda (ver 1Tm 5,18 citando como E. uma frase de Lc 10,7 ao lado de Dt 25,4), os livros do NT são também considerados parte integrante das sagradas E. É possível que a expressão "os livros santos" designe antes os livros mesmos na sua materialidade, enquanto o termo "as E." remeteria mais ao seu conteúdo.

2. Situações respectivas da tradição e da Escritura em sua comum relação à palavra de Deus

Focalizando a atenção sobre a E. e seus autores, a problemática da inspiração poderia favorecer uma identificação indevida, na medida em que ela seria absoluta e exclusiva, entre a E. e a palavra* de Deus, enquanto a tradição* teve um papel importante na elaboração progressiva das E.

a) No antigo Testamento. — A revelação* se faz por meio de uma experiência vivida pelo povo* de Deus e interpretada numa palavra. Esses dois elementos conjuntos não foram conservados e transmitidos primeiro pela escrita, mas antes na continuidade de uma prática comunitária como, p. ex., a celebração pascal que comportava a recordação dos grandes feitos divinos (Ex 12,25ss). Foi progressivamente, e bem mais tarde, que os fatos e as palavras do passado foram postos por escrito. Pode-se então dizer que, de um lado, a tradição viva desenvolveu as virtualidades da mensagem e a adaptou em função de situações novas, e que a passagem para o escrito progressivamente permitiu a mensagem escapar às vicissitudes da transmissão oral e prática.

b) No Novo Testamento. — A missão de fazer conhecer ao mundo o Evangelho foi confiada ao grupo dos apóstolos*. A tradição apostólica, norma fundamental e permanente da fé* e da vida prática das Igrejas*, é constituída da lembrança dos atos e das palavras de Jesus, retidos e compreendidos em profundidade à luz de sua ressurreição* e de seu mistério* total. As E. apostólicas vão progressivamente fixar uma tradição apostólica diversificada e multiforme, elaborada em função das múltiplas necessidades da vida eclesial. Essa colocação por escrito não foi sistemática nem completa. Representando autenticamente a tradição apostólica, o NT porém não faz conhecer todas as suas riquezas.

É por isso que a confissão católica rejeita o princípio luterano da *Scriptura sola**, entendido como dando uma imagem truncada da tradição apostólica. Aliás, embora permanecendo fiéis a esse princípio, os teólogos protestantes contemporâneos (E. Käsemann, G. Ebeling, P. Gisel) sublinham quanto as E. não apresentam simplesmente uma palavra de Deus uniforme e oferecida à nossa interpretação, mas constituem já atos de interpretação que têm toda uma história* e testemunham sobre a palavra de Deus.

3. A inspiração das Escrituras

No prolongamento da tradição judaica, todas as confissões cristãs fazem referência, de maneira privilegiada, a uma coletânea de textos (cânon*) tratados como normativos para a fé e a vida da comunidade, porque tidos como inspirados por Deus, ou como palavra de Deus. Essa profissão de fé está ligada à convicção de que Deus e seu desígnio para a humanidade se revelaram por meio da aliança* com Israel* e da nova aliança em Jesus Cristo. A fé na inspiração das E. é, portanto, uma modalidade da fé em que as tradições judaica e cristã são um lugar privilegiado da revelação divina.

Na própria Bíblia* encontram-se já muitas indicações dessa fé. Deus fala pela voz dos profetas* (Is 1,2; 6,6-9; Jr 1,9; Ez 3,10; Hb 1,1s); Deus escreve a Lei* (Ex 24,12; Dt 4,13; 10,4) ou a dita a Moisés (Ex 24,4; Dt 31,9); prescreve que se escrevam seus grandes feitos para que não se perca sua memória (Ex 17,14; Nm 33,2). Na mesma linha, o cristianismo primitivo recebeu as E. judaicas do AT como palavra de Deus (Mt 15,6). Quando cita Jr 31,33, o autor de Hb o introduz pelas palavras "o Espírito* Santo também no-lo atesta" (Hb 10,15ss) e, em At 28,25, a citação de Is 6,9s começa por essas palavras de Paulo: "como é justa essa palavra do Espírito Santo que declarou a vossos pais pelo profeta Isaías...". Mais claramente ainda, 2Tm 3,15s fala das "santas Letras que têm o poder de comunicar a sabedoria que conduz à salvação pela fé", e toda E. é dita "inspirada por Deus" (*theopneustos*). Enfim, a propósito das profecias da E., 2Pd 1,21 afirma que "não é a vontade humana que jamais produziu uma profecia, mas, sim, conduzidos pelo Espírito Santo, que homens falaram da parte de Deus". Essa última citação mostra bem a insistência própria à tradição bíblica. A parte pessoal dos profetas ou escritores não é destacada. Mas porque isso não é óbvio, a insistência é posta no fato que nessa E. se encontram expressos a palavra e o desígnio de Deus. A operação teândrica, a saber, a articulação, a cooperação do autor divino e do autor humano não prende a atenção nesse momento, nem é objeto de explicação alguma.

As mesmas convicções e a mesma ausência de elaboração teórica sobre a operação teândrica encontram-se na época patrística. A contribuição dos Padres* da Igreja, que quase não distinguem teologia da inspiração e teologia da revelação*, é dupla. Primeiro, porque Jesus cumpre as E., eles tratam igualmente como inspirados os textos provenientes dos meios apostólicos a seu respeito. Para os Padres, Deus é o autor de um e do outro Testamento, cada um a ser preservado no conjunto de suas partes (contra o marcionismo* e o maniqueísmo*). Em segundo lugar, para falar da inspiração, recorrem a diversas imagens.

Gostam de falar da "Escritura ditada pelo Espírito Santo" (Eusébio, *HE*, 5, 28, 18; PG 20, 517; SC 41, 78), ou ainda do "Espírito Santo que ditou essas coisas pelo Apóstolo" (Jerônimo, *Carta* 120; PL 22, 997; CSEL 55, 500). Na mesma linha, de maneira mais fina, Agostinho* escreve: "Cristo é a cabeça de todos os seus discípulos, que são como membros de seu corpo*, por meio da natureza humana que assumiu. Por esse fato, quando os discípulos escreviam o que Cristo tinha mostrado e dito, pode-se dizer que era o próprio Cristo que escrevia, pois os membros exprimiam o que sabiam por ditado da cabeça" (*De consensu evangelistarum*, 1, 35; PL 34, 1070; CSEL 43, 60). A outra imagem utilizada, a de instrumento musical, abre a porta a uma interpretação mais matizada. Segundo Atenágoras, "o Espírito de Deus põe em movimento as bocas dos profetas como instrumentos (…) O Espírito servia-se deles como o flautista que sopra sua flauta" (*Súplica a respeito dos cristãos*, 7, 9: PG 6, 904.908). Na *Cohortatio ad Graecos* (PG 6, 256s; obra pseudo-justiniana do s. II ou III) diz-se também que para receber a revelação divina

"bastava-lhes oferecer-se sinceramente à ação do Espírito Santo, para que esse plectro divino, descido do céu, servindo-se de homens justos como de instrumentos musicais, cítara ou lira, nos revelasse as realidades celestes e divinas".

No domínio da inspiração, é antes de tudo a inspiração profética que interessa aos teólogos medievais. Quanto à E., sua inspiração é pressuposta. Quase não faz objeto de ensinamento, a ponto de não se encontrar exposta, p. ex., na coletânea de sentenças de Pedro Lombardo. Os teólogos escolásticos tentam, por sua parte, elaborar uma teoria da inspiração com ajuda de categorias filosóficas. Para exprimir os papéis respectivos de Deus e do autor humano, Alberto* Magno fala de "causa eficiente primária" e "causa eficiente próxima" (*Institutiones biblicae* 20), enquanto Tomás* de Aquino designa o Espírito Santo como "autor principal" e o homem como "autor instrumental" (*Quodlibet* 7, art. 14, ad 5), e Henrique de Gand fala de um "autor principal que é o único verdadeiro autor" e do "autor secundário que faz a função de ministro" ou, ainda, de um "autor verdadeiro, embora de segunda classe" (*Summa* a. 9 q. 2).

A reforma de Lutero* valoriza a autoridade* da Sagrada E. tida por única fonte e a norma exclusiva da fé e da pregação* cristãs (*Scriptura sola*). O esforço é então considerável para desenvolver um conhecimento efetivo da Bíblia. A relação individual de cada cristão para com a Escritura é julgada essencial mesmo se praticamente é pelo culto* e o ensinamento catequético que o conhecimento da Bíblia se difunde. Em reação, a Contrarreforma católica (Belarmino*) põe em primeiro plano a relação do cristão com a Igreja, e é só por intermédio dessa última que o acesso à E. é julgado legítimo. Para defender a autoridade da E., a teologia protestante ulterior funda-se num ensinamento estrito da inspiração verbal da Sagrada E. Essa concepção largamente partilhada pelos católicos na época, provocou uma contestação parcial ou total da inspiração, em seguida ao estabelecimento da crítica bíblica desde o s. XVII (Richard Simon). As representações usuais, às vezes maximalistas, da origem divina da E., notadamente sob a forma de um ditado quase verbal, foram fortemente abaladas com a redescoberta do papel dos autores humanos e do caráter culturalmente datado de sua visão do mundo; se a Igreja do Oriente fica centrada numa exegese* patrística e não parece ter sido tocada por tais debates, o confronto com as ciências da natureza e com as ciências humanas, sobretudo históricas, provocou uma crise particularmente grave nas Igrejas do Ocidente, no s. XIX, com o desenvolvimento da exegese histórico-crítica.

Do lado protestante, o surgimento da crítica liberal tende a fazer desaparecer da teologia a doutrina da inspiração escriturística, em favor de uma doutrina mais geral da revelação. Contudo Schleiermacher*, p. ex., admite a inspiração pessoal dos apóstolos. Estima porém que os livros bíblicos não exigem um tratamento hermenêutico* e crítico que se afaste das regras comuns, e que se fundaria numa inspiração divina. Mais tarde, a teologia dialética (Barth*) torna a colocar claramente em destaque a afirmação de uma inspiração escriturística matizada, enquanto a inspiração verbal estrita é sempre defendida pelo fundamentalismo*.

Do lado católico, para resolver a crise, propuseram-se diferentes visões redutoras da inspiração. Essas teorias foram julgadas inadequadas por não corresponderem à fé constante na origem divina das E.

J. Jahn (1802) propõe uma teoria segundo a qual a inspiração consistiria numa assistência divina permitindo evitar os erros, enquanto segundo D. F. Haneberg (1850), seria a aprovação subsequente da Igreja que tornaria o texto sagrado (teorias rejeitadas pela constituição *Dei Filius* do Vaticano I*; cf. *EB* 77). Ou ainda, A. Rohling (1872) propõe limitar materialmente a inspiração unicamente às passagens que constituem o fundamento indispensável de uma proposição dogmática* ou moral (teoria recusada pela encíclica *Providentissimus Deus* de Leão XIII em 1893) (ver Burtchaell, 1969).

Recorrendo à síntese tomista, M.-J. Lagrange apresenta a inspiração escriturística como um caso particular da colaboração Criador-criatura: Deus causa a atividade hagiográfica e, ao mesmo tempo a faz verdadeiramente livre. Deus é a causa principal e o escritor é a causa instrumental, porém livre. A inspiração

é um carisma pelo qual Deus penetra e se apropria da atividade humana livre do autor sagrado, de tal maneira que esse último possa ser chamado instrumento de Deus. A encíclica *Divino afflante Spiritu* de Pio XII (1943) fala de um "instrumento vivo e dotado de razão* [...] que sob a moção divina, se serve de suas faculdades e de seus talentos de tal modo que a partir do livro saído de sua pena todos podem facilmente descobrir 'sua personalidade própria e as marcas e os traços que a distinguem'". A constituição *Dei Verbum* do Vaticano II* é ainda mais explícita a esse propósito: "Na redação dos livros sagrados Deus escolheu homens, dos quais se serviu fazendo-os usar suas próprias faculdades e capacidades, a fim de que, agindo Ele próprio neles e por eles, escrevessem, como verdadeiros autores, tudo e só aquilo que Ele próprio quisesse" (*DV* § 11).

Baseada nessas aquisições, a teologia ulterior faz sair notadamente a inspiração escriturística do isolamento em que tinha sido confinada desenvolvendo as analogias da inspiração (P. Benoît). A inspiração divina diversifica-se em três tipos: a inspiração dramática ou pastoral que anima os pastores do povo eleito, e por meio deles, a história sagrada; a inspiração oratória que acompanha e completa a inspiração pastoral; a inspiração escriturística que anima a fixação por escrito das coisas feitas e ditas. Isso permite integrar numa teoria da inspiração escriturística o fato de o texto bíblico resultar de uma história* às vezes longa e movimentada, toda ela movida pelo Espírito Santo. O carisma do escritor é apenas um dos carismas relativos à palavra de Deus, aquele que permite essa palavra tornar-se E.

Aliás, explicita-se de bom grado a analogia* posta em valor por *DV* § 13, entre os mistérios da inspiração e da encarnação*: "Pois as palavras de Deus expressas por línguas humanas se fizeram semelhantes à linguagem humana, tal como outrora o Verbo* do Pai* eterno, havendo assumido a carne da fraqueza humana, se fez semelhante aos homens". É nessa linha que a teologia* se esforça hoje por pensar a colaboração de Deus, verdadeiro autor, e os verdadeiros autores humanos (*DV* § 11), evitando elaborar sobre o modo da concorrência, que se revelou tão perniciosa no passado, como foi também o caso na cristologia*. A Bíblia é do homem e de Deus, porque é o resultado de seu encontro e comunhão*, que tem como tipo acabado Jesus Cristo, a Palavra encarnada.

4. A verdade das Escrituras

Os Padres não elaboraram teoria sobre esse tema. A verdade* da E. para a salvação é admitida e serve de pano de fundo às reflexões teológicas. No máximo, perante as contestações de adversários judeus ou pagãos, tais como Celso, Porfírio, ou Juliano o Apóstata, elaboram algumas explicações simples para as pretensas contradições entre os dois Testamentos ou entre os quatro evangelhos*.

Foi sobretudo o progresso das ciências que, a partir do Renascimento, levou a questionar a verdade da Bíblia. O conflito surgiu primeiro a partir das ciências da natureza. É ilustrado nesse domínio pela questão de Galileu (1564-1642). Ele professava no domínio astronômico o sistema heliocêntrico proposto por Copérnico (1473-1543). Essa contestação do sistema geocêntrico provocou um processo de heresia* conduzido pela Inquisição, que impôs a Galileu a obrigação de abjurar. Com efeito, seu novo sistema não corresponde à representação do mundo dos autores bíblicos, e contradiz passagens tais como Js 10,12s, em que Josué faz parar a sol. Contudo as questões só estavam começando e iriam multiplicar-se. Elas foram das menores (é erro classificar a lebre entre os ruminantes, como fazem Lv 11,6 e Dt 14,7) até às maiores: que sobra de verdade na narração da criação e do pecado original, quando confrontadas como as teorias da evolução* e do poligenismo*? As primeiras reações eclesiais são de dois tipos; seja julgar que a ciência deve dobrar-se diante da verdade da E. (processo de Galileu), seja querer mostrar, a toda força, o acordo admirável entre os ensinamentos científicos da Bíblia e os da ciência contemporânea (concordismo). Verifica-se porém que esses dois caminhos levam logo a impasses. O concordismo se equivoca sobre a natureza da ciência, e tem muito rapidamente por aquisição definitiva o que para os cientistas é apenas hipótese, no interior de um determinado sistema de interpretação. Além disso, ambos os caminhos se equivocam sobre a natureza da Bíblia e do ensinamento que nos traz.

Nessa matéria, seria prudente voltar ao grande princípio já enunciado por Agostinho*: "O Espírito Santo, que falava por eles (os escritores sagrados) não quis ensinar aos homens coisas que não são úteis à salvação (*ista ... nulli saluti profutura*)" (*De Genesi ad litteram*, 2, 9, 20; PL 34, 270). É esse princípio que Leão XIII retoma na encíclica *Providentissimus Deus*, precisando as coisas que não são úteis pelas palavras: "isto é, a constituição íntima das coisas sensíveis". Agostinho dizia também: "Não se lê no Evangelho que o Senhor tivesse dito: eu vos envio o Paráclito para que vos ensine o curso do sol e da lua; com efeito, ele queria fazer cristãos e não matemáticos" (*Contra Felicem*, 1, 10; CSEL 25, 812). Inspirando-se nisso, o cardeal Baronius, amigo de Galileu dizia: "O Espírito Santo não tem a intenção de nos ensinar como vai o céu, mas como se vai para o céu".

O conflito ressurgiu no s. XIX com o desenvolvimento de uma ciência histórica positivista, concebida segundo o modelo das ciências* da natureza e investigação ansiosa da objetividade perfeita. Nessa base, o valor documentário dos livros bíblicos foi rapidamente contestado. É um dos pontos quentes da crise modernista. O impasse durou enquanto a apologética tradicional contestou o valor da pesquisa histórica para a fé cristã, em lugar de criticar as premissas de uma concepção racionalista da história. Não se pode sair desse impasse a não ser criticando essas premissas, e entrando numa concepção ao mesmo tempo mais profunda e mais maleável da história.

Diante dessas contestações, os primeiros ensaios de solução não foram muito felizes. As teorias da limitação material da inspiração ou da inerrância (ausência de erro) são rejeitadas explicitamente pela encíclica *Providentissimus Deus*. Aliás, se essa encíclica já oferece um grande princípio de solução para o que concerne as relações entre a Bíblia e as ciências da natureza, é somente em 1943, com a encíclica *Divino afflante Spiritu*, que a Igreja católica abre largamente as portas à crítica literária e histórica da Bíblia. Pio XII recomenda que se aplique "às ciências vizinhas, especialmente a história" o princípio agostiniano que Leão XIII tinha aplicado às ciências da natureza. Aliás, declara que é dever para os exegetas católicos pesquisar "que gêneros* literários os escritores desses tempos remotos quiseram empregar e, de fato, empregaram".

Com efeito, "nos escritores sagrados, como em todos os antigos, encontram-se certos procedimentos de exposição e de narração, certos idiotismos, próprios especialmente às línguas semíticas, o que se chamam aproximações, certas expressões hiperbólicas, às vezes até paradoxais, que imprimem mais fortemente o pensamento nos espíritos. Dessas maneiras de dizer, de que se servia habitualmente a linguagem humana nos povos antigos, sobretudo nos Orientais, para exprimir o pensamento, nenhuma está excluída dos Livros Sagrados, embora com a condição de que a linguagem empregada não repugne de modo algum à santidade* de Deus nem à sua veracidade*".

A constituição *Dei Verbum*, a mais discutida do Vaticano II, confirma essas aquisições fundamentais. O vocabulário apologético estreito de "inerrância" é aqui decididamente abandonado em proveito do vocabulário positivo de "verdade" no singular. Deixa-se uma concepção intelectualista da revelação: não se trata mais de defender verdades, doutrinas religiosas, mas de promover a busca da verdade salvífica, que se revela em palavras e atos na E. Não se trata mais de limitar materialmente a verdade das E., mas se esclarece que a verdade bíblica se enuncia sob o ângulo formal particular da ordem da salvação: "Os livros da E. ensinam com certeza, fielmente e sem erro a verdade que Deus em vista da nossa salvação (*veritatem quam Deus nostrae salutis causa*) quis fosse consignada nas Sagradas Escrituras" (§ 11). Esse princípio teológico fundamental encontrou muita oposição no Concílio, antes de ser finalmente adotado, embora seja totalmente tradicional. Não somente Agostinho já o enunciava, mas podia-se também ler em 2Tm 3,15: "As sagradas Letras são aptas a te proporcionar a sabedoria que conduz a salvação". E Tomás de Aquino, citando Jo

16,13, acrescentava-lhe duas palavras: "Quando o Espírito vier, ele vos ensinará toda a verdade *necessária à salvação (saluti necessariam)*" (*De veritate*, q. 12, a. 2).

Um dos elementos que ajudou a sair do impasse em que a apologética tradicional se tinha encerrado, ao não contestar as premissas racionalistas, foi a redescoberta da noção bíblica de verdade.

Com efeito, a concepção grega da verdade (*a-létheia*) está ligada a um desvelamento da realidade, ou ainda a uma exposição à luz do que antes estava escondido. A verdade é assim a verdadeira natureza das coisas, a realidade enfim desvelada pela inteligência. Nessa representação, a dominante é intelectual. Para a Bíblia, conhecer a verdade (*'emèt*) é conhecer o desígnio ao qual Deus é fiel pela sua aliança (AT), esse desígnio sendo plenamente revelado e realizado por Cristo e em Cristo (NT). Assim, a verdade não se revela primordialmente por meio de ensinamentos, mas pelas pessoas e pelas ações em que se exprime uma fidelidade fundamental. A verdade de Deus designa antes de tudo sua fidelidade (raiz *'mn*) à sua promessa* visando à salvação do homem. Pode falar de verdade dinâmica no sentido em que se trata de fazer a verdade nos humanos, o que significa também de salvá-los.

Utilizando esse conceito de verdade, tal como é estabelecido na própria Bíblia, podem-se evitar muitos falsos problemas, derivados do equívoco sobre o tipo de verdade que a Bíblia entende desenvolver. Essa redescoberta abre a porta a um diálogo sereno e fecundo com as outras ordens de verdade, com as quais a verdade salvífica da Bíblia não está mais em concorrência. A verdade bíblica procede da confissão de fé, da confiança num Deus fiel a suas promessas. Longe de ser confundida com a verdade das ciências experimentais, deve ser percebida em sua dimensão poética, no sentido em que Ricoeur elaborou a noção de verdade poética.

Por outro lado, as pesquisas exegéticas sublinham sempre mais a pluralidade e a diversidade que existem no interior da Bíblia, biblioteca cuja composição se estende por muitos séculos e está ligada a múltiplas situações geográficas e históricas muito diferentes. Ora, a verdade leva em si mesma o anelo da unidade. Tentações não faltaram, na história cristã, de querer realizar a unidade à força e pela força. A teologia atual é atenta à "reserva escatológica": a unidade do verdadeiro não será plenamente realizada a não ser escatologicamente. Palavra em muitos tempos e palavra a muitas vozes, a E. só é apreendida em sua verdade dinâmica quando se tem em conta o conjunto, sem isolar essa ou aquela parte para criar a ilusão de uma verdade total e simples. Aliás, os leitores da E. são levados a hierarquizar a pluralidade para visar, da melhor maneira possível, a palavra de Deus que se dá e se oculta por trás das palavras da E. Nem todas se referem à mesma chave de interpretação. Em sua busca da verdade, os judeus encontram o princípio unificador da Bíblia na Lei, enquanto os cristãos o encontram em um NT que remete à pessoa* de Cristo. Mais precisamente ainda, os teólogos protestantes o situam nas cartas paulinas (Rm e Gl para Lutero) e os católicos, nos evangelhos*.

5. A autoridade e a função da Sagrada Escritura nas comunidades crentes

Para manifestar sua força santificadora, não basta que a E. seja inspirada. Deve também ser inspirante e para isso acolhida pelas comunidades crentes, "lida e interpretada naquele mesmo Espírito em que foi escrita" (DV § 12). Escutada, vivida, rezada, modelada nas comunidades de Israel e nas Igrejas primitivas, a palavra de Deus foi transmitida nas E. inspiradas que, por sua vez, inspiram a vida, a oração* e a ação das comunidades atuais. Sempre idêntica e sempre a traduzir, a Bíblia desafia os tempos e as gerações para as quais é fonte de fé e de vida. Sua autoridade não é a de um tirano; está ao serviço da liberdade* dos filhos de Deus. Santa como testemunha da alteridade, da transcendência e do engajamento do amor* de Deus para com seu povo, a E. é santificadora na medida em que sua leitura anima a vida de um povo em aliança com Deus. Poder-se-ia então esperar que uma frequentação da E. fosse recomendada a todos os cristãos, porque é a fonte de vida e de fé para o povo de Deus. Contudo, nem sempre ocorreu assim.

a) Na Igreja católica. — Certamente, a lectio divina foi valorizada desde a Antiguidade. Essa leitura longa e paciente, desenvolvida na meditação, na contemplação* e na oração, particularmente cultivada na vida monástica (Regra de São Bento, c. 48), foi recomendada a todos os clérigos* pelo papa* Pio XII em 1950 (De Scriptura sacra; EnchB 592). Mas, no que concerne o povo cristão, seu contato com a Bíblia se estabelecia sobretudo, ao menos da Igreja católica, indiretamente por meio da liturgia*. Essa mesma Igreja durante muito tempo manifestou uma reticência explícita à leitura direta da Bíblia por pessoas que não pertenciam ao clero.

Assim, a célebre quarta regra do Index de Trento* (1564) "subordinava a leitura da Bíblia em língua vulgar a uma permissão escrita concedida pelo bispo* sobre o parecer do pároco ou do confessor" (Savart, 1985, 22). Só muito tempo depois de ter caído em desuso na prática é que essa regra foi tacitamente abolida, porque não foi retomada por Leão XIII em sua constituição Officiorum et munerum (1897), embora sua formulação permaneça negativa: "Todas as versões em língua vernácula, mesmo as publicadas por católicos, são absolutamente proibidas se não foram aprovadas pela Sé apostólica, ou editadas sob a fiscalização dos bispos com as anotações tiradas dos Padres* da Igreja e dos escritores doutos e católicos". O caminho percorrido na Igreja católica mede-se tanto melhor quando se vê a Dei Verbum reconhecer a necessidade de "que o acesso à Sagrada Escritura seja amplamente aberto aos fiéis" e contemplar a eventualidade de traduções que "forem feitas inclusive em colaboração com os irmãos separados", de modo que possam "ser utilizadas por todos os cristãos" (DV § 22).

Certamente os membros do clero* são convidados em primeiro lugar a uma leitura assídua e a um estudo aprofundado das E., mas os fiéis são também exortados a isso. Porque, diz o concílio retomando uma frase de Jerônimo, "ignorar as E., é ignorar a Cristo" (DV § 25). Compete aos bispos não ensinar o conteúdo do livro dispensando sua leitura, mas "educar oportunamente os fiéis que lhes foram confiados para o correto uso dos livros divinos" (ibid.). Enfim recomenda-se difundir judiciosamente a Sagrada E. "para o uso até dos não cristãos" (ibid.). Parece assim legítimo afirmar "que uma proposição de leitura bíblica, feita segundo a abertura do mistério de Deus, tem por destinatário adequado não exclusivamente o homem que reconhece nela a fé cristã, mas quem quer que abra todo seu ser a uma outra verdade além daquela que poderia dominar" (Beauchamp, 1987, 42).

Outra mudança importante ocorreu por ocasião do Vaticano II e diz respeito ao uso da E. na liturgia*.

A utilização litúrgica das línguas vernáculas diminuiu a distância sagrada mantida diante dos textos santos, e desenvolveu sua função de comunicação do sentido, a insistência na homilia (sermão com base no texto) acentuando mais o movimento nessa direção. Aliás, até ao concílio, a liturgia romana só hauria com parcimônia nas fontes escriturísticas. Assim, o praticante regular do domingo e das grandes festas não ouvia quase nenhum texto do AT e só 4% de Mc e 2% do Ap., sendo o livro mais utilizado Mt (32%), e os mesmos textos eram repetidos a cada ano (Savart, 1985, 32). Seguindo a recomendação do concílio de que "dentro de um ciclo de tempo estabelecido se leiam ao povo as partes mais importantes da Sagrada E." (De *sacra liturgia*, II, 51), a reforma litúrgica permitiu num ciclo de três anos a leitura contínua dos evangelhos e das cartas paulinas e de partes substanciais do AT, retidas por sua coerência temática com o Evangelho.

Em outro plano, recuperando a tradição antiga, *DV* § 24 recomenda que o estudo da Sagrada E. seja como a alma da teologia, e espera disso um rejuvenescimento constante da teologia. Por meio desses esforços é um acréscimo de vida que o concílio espera para a Igreja da leitura das E.: "Assim como a vida da Igreja se desenvolve pela assídua participação no mistério eucarístico, assim é lícito esperar um novo impulso de vida espiritual* de uma acrescida veneração pela palavra de Deus" (*DV* § 26).

Resta a precisar que, para a Igreja católica, a E., sozinha, não dá todo o conhecimento* de Deus e da salvação*. "Alguém leu a E. antes de nós, e nos propõe para ela uma chave, declarando que é bem conforme à E. Se aceitais essa chave, é sobre sua palavra que entrais no Livro, e esse processo corresponde ao que se entende por tradição" (Beauchamp, 1987, 42-43). O

magistério* está a serviço da transmissão da verdade evangélica na Igreja, embora submetido à palavra de Deus que tem o encargo de interpretar. E se há uma legítima pluralidade de interpretações, como bem o explicitou o recente documento da pontifícia comissão bíblica sobre "A interpretação da Bíblia na Igreja" (1993), "em último recurso é o magistério que tem o encargo de garantir a autenticidade da interpretação, e eventualmente, de indicar que uma determinada interpretação particular é incompatível com o autêntico Evangelho", esse encargo sendo apresentado como serviço da comunhão do corpo de Cristo (III, B, 3). A pluralidade de interpretações, apresentada sob uma luz favorável pela Comissão bíblica, é por si só um testemunho do interesse atual pela Bíblia, e das múltiplas maneiras como o povo cristão vai ao encontro de sua Sagrada E.

b) Nas Igrejas protestantes. — A autoridade da E., a recomendação dirigida a todos de lê-la individual e coletivamente, constituem nessas Igrejas uma evidência de base. Para facilitar o acesso de todos a essa leitura, o acento foi posto muito cedo na tradução da Bíblia para língua vernácula. E sua difusão foi assumida por numerosas sociedades bíblicas muito eficazes. Nessa linha, a Aliança bíblica universal fundada em 1946 assume constantemente a tarefa da tradução da Bíblia no máximo de línguas e dialetos do mundo (2.092 traduções totais ou parciais em 1995), assim como sua difusão em edições de preços baixos. Dessa maneira facilita a leitura privada das E. pelo maior número.

Por outra parte, a interpretação e a utilização puramente moralistas da Bíblia por Kant*, exerceu grande influência nos meios intelectuais protestantes no s. XIX. Em reação, o ensinamento catequético tenta opor-se a isso, que é considerado um desvio, para valorizar antes o diálogo do Deus trinitário com o leitor. Assim, longe de comunicar de maneira neutra um saber bíblico, o docente tem por tarefa anunciar a palavra de Deus e traduzi-la em função da linguagem e da pré-compreensão dos leitores.

Na segunda metade do s. XX o interesse pela Bíblia e o papel que lhe é atribuído passaram por uma evolução considerável, em razão do lugar concedido à dimensão hermenêutica. De um lado, o debate sobre a interpretação da E. é relançado com audácia por E. Käsemann, segundo o qual o cânon* neotestamentário não funda a unidade* da Igreja. Com isso, encontra-se posta a questão de um cânon no cânon, ou ainda, de saber como um cânon interpretativo é inevitável na leitura de uma E. diversa. De outro lado, durante a segunda guerra mundial, já Bonhoeffer* sublinhava como a Bíblia não traz, por ela só, resposta a todas as nossas questões. Se antes a Bíblia gozava de uma autoridade indiscutível em todos os domínios da vida, a partir dos meados dos anos 60, foi submetida a um questionamento crítico por parte de cristãos sempre mais numerosos. A solução a numerosos problemas pessoais e coletivos é cada vez menos buscada na E., mas antes nos conhecimentos científicos e éticos. Isso produz uma perda de motivação parcial pela Bíblia e pelo trabalho bíblico, mas também um recentramento sobre sua função essencial de apelo, de interpelação e de instância crítica quanto ao sentido da vida.

Mesmo se o renovamento bíblico do s. XX ocultou um pouco uma evolução semelhante entre os católicos, tal evolução é contudo bem real entre eles igualmente. No povo cristão, os elementos de pré-compreensão ligados a um pensamento secularizado, atravessa as diferenças confessionais. Por outro lado, o modo de abordagem das E. sofre uma evolução cada vez mais paralela nas duas confissões do Ocidente. O que é sem dúvida devido parcialmente aos trabalhos comuns dos exegetas de ambas as confissões, sem esquecer a vontade ecumênica dos pastores. A Tradução ecumênica da Bíblia (TEB) realizada no Brasil em 1994, é uma etapa importante nesse caminho.

• M.-J. Lagrange (1896), "Inspiration des livres saints", *RB* 5 199-220. — R. Bultmann (1933), "*Alètheia*", *ThWNT* 1, 233-248. — K. Rahner (1958), *Über die Schriftsinspiration*, Friburgo. — P. Grelot (1965), *La Bible, parole de Dieu*, Paris. — P. Lengsfeld — H. Haag — G. Hasenhütl (1965), *MySal* I/2 (Petrópolis, 1971). — B.-P. Dupuy (sob a dir. de), *Vatican II. La révélation divine*, 2 vol., Paris. — P. Benoit (1968), "Inspiration scripturaire et heméneutique", *in* Id., *Exégese et théologie*, t. III, Paris, 17-156. — J. T. Burtchaell (1969), *Catholic Theories of Biblical Inspiration 1810: A Rewiew and Critique*, Cambridge. — E. Käsemann (1970⁶), "Begründet der neutestamentliche Kanon die Einheit der Kirche?" *Exegetische Versuche und Besinnungen*, t. 1, Göttingen, 214-223. — L. Alonso Schökel (1971), *La Palabra inspirada*, Barcelona. — J. Beumer (1972), *L'inspiration de la Sainte Écriture* (Histoire des dogmes, 5), Paris. — E. Oikonomos (1976), *Bibel und Bibelwissenschaft in der orthodoxen Kirche*, SBS 81. — P. Ricoeur (1977), "Herméneutique de l'idée de révélation", *in* Col., *La révélation*, Bruxelas. — P. Gisel (1977), *Vérité et histoire. La théologie dans la modernité. Ernst Käsemann*, Paris-Genebra. — H. Wildeberger, *"'mn, fest, sicher"*, *THAT* 1, 177-209. — H. G. Reventlow (1980), *Bibelautorität und Geist der Moderne*, Göttingen. — G. Wanke, E. Plümacher, W. Schneemelcher, H. Karpp, K. Wegenhast (1980), "Bibel", *TRE* 6, 1-109. — C. Savart, J.-N. Aletti (sob a dir. de) (1985), *Le monde contemporain et la Bible*, (BTT 8). — K. R. Trembath (1987), *Evangelicals Theories of Biblical Inspiration. A Review and Proposal*, Nova York-Oxford. — P. Beauchamp (1987), *Parler d'Écritures saintes*, Paris. — H. Bourgeois, P. Gilbert, M. Jourjon (1989), *La cause des Écritures. L'autorité des Écritures en christianisme*, Lyon. — Commission biblique pontificale (1993), *L'interprétation de la Bible dans l'Église*, Paris.— J. A. Fitzmeyer (1995), *The Biblical Commission's Document "The Interpretation of the Bible in the Church"* (Studia Biblica, 18), Roma. — F. Martin (1996), *Pur une théologie de la lettre. L'inspiration des Écritures*, CFi 196, Paris. — R. E. Brown, J. A. Fitzmeyer, R. E. Murphy (sob a dir. de) (1989), *The New Jerome Biblical Commentary*, Englewood Cliffs, Part 2 (Topical Articles): R. F. Collins, "Inspiration", 1023-1033; R. E. Brown e R. F. Collins, "Canonicity", 1034-1054.

Camille FOCANT

→ *Bíblia; Bíblica (teologia); Cânon das Escrituras; Cumprimento das Escrituras; Ecumenismo; Exegese; Hermenêutica; História; Liturgia; Livro; Magistério; Modernismo; Palavra de Deus; Protestantismo; Sentidos da Escritura; Teologia; Tradição; Veracidade; Verdade.*

ESOTERISMO → **teosofia**

ESPERANÇA

a) *Teologia bíblica.* — "Espera certa da beatitude* a vir" (Tomás* de Aquino, *ST* IIa IIae, q. 18, a. 4), unida pela teologia* paulina* à fé* e à caridade* (1Cor 13,13), a esperança (es.) só é inteligível em teologia no quadro de referências bíblicas em que a categoria da promessa* ocupa uma posição privilegiada. À concepção cíclica do tempo*, que predomina no paganismo*, a experiência* de Israel* substitui com efeito a concepção linear do tempo ordenado em uma história*; nessa história Deus* se manifesta como Senhor do futuro, e destina o homem a um futuro — o nome* mesmo de Javé, tal como é revelado em Ex 3,14, já constitui a garantia de um futuro. Aberta por promessas, a es. de Israel devia também conhecer uma história. À oferta de uma terra, sucedem as promessas feitas à monarquia de Davi (2Sm 7,12-17) ou o anúncio profético de uma salvação* escatológica (p. ex. Is 8,23b-9,6). A tradição* deuteronomista alimenta a es. de uma renovação e de uma universalização da aliança* (Ez 34,25; 37,26), de uma revivescência do homem (Ez 11,19s; 18,31: 36,26), de uma nova presença de Javé no meio do povo* (Ez 40-47). A es. exprime-se, nos Salmos*, como confiança na provação (13,6; 22,5 etc.) ou como fonte de louvor* (33,18-22). As diversas representações messiânicas orientam a história em direção a um futuro absoluto do povo; e diante da morte* a teologia de estilo apocalíptico* orienta para um futuro absoluto do indivíduo (Is 26, Dn 12,1ss), enquanto se vê também aparecer uma confiança na proximidade de Deus no coração mesmo da morte (Sl 73,26ss).

A uma experiência colocada sob o signo do não cumprimento, o NT opõe, antes de tudo, a experiência do cumprimento*, de tal modo que a es. não pode ali ocupar o primeiro lugar e, paradoxalmente, a plenitude das realidades teológicas é oferecida primeiro a um ato de memória. O acontecimento sobre o qual se funda a inteligência cristã do homem e de Deus — o acontecimento Jesus Cristo — adveio na "plenitude dos tempos" (Gl 4,4); em Jesus* de Nazaré, é igualmente a "plenitude da divin-

dade" que habitou entre os homens (Cl 1,19; 2,9); e na sexta-feira santa é ainda uma palavra de cumprimento que o evangelho de João põe nos lábios do Crucificado (Jo 19,30). À espera messiânica imprecisa que caracteriza o tempo do ministério* pré-pascal, sucede o tempo da confissão messiânica; e se Jesus é na verdade o Messias* de Israel e Salvador das nações, é preciso dizer que nele terminou o tempo da promessa. A primeira palavra da pregação* de Jesus anunciava a proximidade do Reino* (Mc 3,2; Mt 10,7; Lc 10,9) e suscitava uma espera — no dia da Páscoa* fica claro que o tempo da espera já passou.

Contudo, o redesdobramento de promessas é essencial à experiência cristã, mesmo se só ocorre num segundo tempo. Desde os fatos fundadores dos quais as liturgias* fazem memória, o definitivo — o *eschaton* — imprime sua marca no provisório — a história —, e o cânon* do NT refrata essa marca numa pluralidade de concepções escatológicas que ligam, de diversas maneiras, o escatológico e o cristológico. Para além dessa pluralidade irredutível (em Mateus, escatologia* do cumprimento das promessas feitas a Israel; em João a teologia da glória* de Deus manifestada no mundo; em Lucas, elucidação do sentido do tempo da Igreja* etc., cf. Woschitz, 1979), permanece o fato de que em Jesus novas promessas foram feitas aos homens e que, no tempo do mundo, só podem ficar sem cumprimento. Lida como promessa (p. ex., Rm 8,29), a ressurreição* de Jesus é instituidora da es.; mesmo para comunidades que esperavam o regresso próximo de Cristo*, era perfeitamente necessário nomear a es. ao mesmo tempo que a fé e a caridade (1Cor 13,13); e os símbolos da fé exprimirão o sentido da mais primitiva es. cristã quando dirão a espera na "ressurreição* dos mortos" ("da carne") e na "vida do mundo que há de vir" ("vida eterna"*).

b) *Teologia patrística e medieval.* — Para a Antiguidade clássica, a preocupação do presente pelo futuro, sob os dois modos da es. e do temor, pertencia à lógica dos afetos e somente a ela; e a ética* estoica tinha concluído que o acesso à virtude — à ataraxia — supunha o domínio de toda es. Ora, de Zenão de Verona († *c.* de 375), autor do primeiro tratado *De spe fide et caritate* (PL 11, 269-280) até Tomás de Aquino, passando por Ambrósio* (*In Ps.* 118 *sermo tertius*, PL 15, 1223-1240) e Agostinho* (*Enchiridion de fide, spe et caritate*, PL 40,230-290), a teologia da es. vai integrar o *pathos* da espera no quadro de uma doutrina das virtudes*.

O presente da experiência cristã, com efeito, não pode abrigar verdadeiramente a vida bem-aventurada. E mesmo se sua experiência pode ser a de uma paz* — *hèsukhia, quies* — essa nunca é a posse de bens definitivos, mas o gozo de seus penhores (*arras*) (cf. 2Cor 1,22; Ef 1,14). À visão antiga de um futuro incerto que perturba o presente, substitui-se então a visão de um presente preocupado por uma beatitude prometida que não está na medida de nenhuma felicidade de que se possa fazer experiência no tempo do mundo, uma beatitude que não é algo que o homem possa dar a si mesmo, e só pode ser esperada na base de uma iniciativa divina (de uma graça*) que faz do homem um ser que espera. A ordem da es. é a do teologal: como a fé e a caridade, a esperança é portanto *totaliter ab extrinseco* (Tomás, *ST* Ia IIae, q. 63, a. 1).

Mas, assim como a fé e a caridade teologais não constituem as únicas experiências humanas do que querem dizer amar e acreditar (como existe também uma experiência "natural" do crer e do amor*), assim também a lógica sobrenatural da es. se deixa interpretar sobre o fundo de uma capacidade "natural" de esperar, que por sua vez pode tomar lugar numa teoria da virtude. Agostinho já tinha interpretado os modos naturais da temporalidade como outras tantas pré-compreensões da lógica elementar da esperança cristã. Tomás vai além. Afirma que existe uma relação virtuosa do homem com o futuro, e identifica a *magnanimidade* como essa virtude que se mantém (em bons termos aristotélicos) entre os dois vícios da presunção e do desespero, para reservar um acolhimento prudente ao que ainda não é.

Pode-se então propor uma análise da es. que valha no elemento natural como no teologal (*In Sent.* III, d. 16, q. 1-5). O próprio da es. é tender

para um *bem*, para um bem de *difícil* acesso (*arduum*), para um bem *futuro*, enfim, para um bem *possível*. O presente de toda esperança é pois afetado de penúria: assim como não se "vê" o que se "crê", assim não se possui o que se espera, na ordem natural como na teologal. Mas porque a não posse está teologalmente ligada a uma certeza, não produz nenhuma infelicidade. Tomás certamente reconhece que certa insegurança (*anxietas, angustia*) pode afetar a consciência esperante (*ST* Ia IIae, q. 40, a. 8). O futuro absoluto a que se refere a es. teologal é contudo prometido com bastante força para que a es. espere "certamente"; as razões de crer fundam as razões de esperar; assim, a es. é tão razoável quanto virtuosa.

c) A esperança secularizada. — A es. espera o *eschaton*, sob a formalidade de uma beatitude escatológica que o tempo do mundo não pode abrigar. Seu conteúdo é pois o do último artigo dos símbolos de fé, e sobretudo é *só* esse; e se os bens históricos podem também ser esperados, serão exclusivamente "os bens espirituais ou temporais que valem como meios para obter a vida eterna" (Billot, 1905, 358). A história assim é apenas história. E se essa história tem seu segredo teológico, que é abrigar a "cidade* de Deus" em suas peregrinações temporais, a es. não cessa de nenhuma maneira de ser ali o modo como os crentes se referem às realidades definitivas. A teologia clássica da es. (a teologia para a qual nada do que advém neste aquém da morte pode ser objeto de uma es. teologal, exceto o que no mundo o encaminha para a beatitude eterna) não é contudo a primeira palavra da teologia, nem a última figura possível de uma es.

Nas origens da Igreja*, a tentação milenarista (aguardar um tempo, antes do fim dos tempos, que vê Cristo reinar visivelmente no meio dos seus) não era a de uma possível abolição da es., mas conduzia na certa a uma nova messianização da história. E, se o novo milenarismo* de Joaquim de Fiori não esperava tampouco que o *eschaton* se realizasse sem resto na "idade do Espírito" que ele anunciava, em todo caso sua esperança postulava que há ainda promessas divinas que numa história a vir (ou numa história iminente) vão ser realizadas. O milenarismo antigo foi finalmente considerado incompatível com uma escatologia cristã ortodoxa, e o joaquinismo apareceu desde o s. XIII como uma versão heterodoxa da es. cristã. Mais importante que as críticas do joaquinismo por Boaventura* (Ratzinger, 1959) ou Tomás de Aquino (Saranyana, 1979) foi contudo a "posteridade espiritual" (Lubac*, 1979/1980, e já Löwith, 1949) de uma visão da história cuja influência foi considerável sobre as direções modernas da es. cristã. Pode ser pensável uma história que não deixe mais nada a esperar? É o que sugerem na modernidade pensamentos que têm como ponto comum substituir-se de fato aos discursos teológicos tradicionais sobre a história. Esboçando um tratamento da ideia de história universal, Kant* observa que "a filosofia* tem também seu milenarismo" (Weischedel VI, 45). Em Hegel* é desde um fim da história que se escreve a filosofia; e se esse fim não é o fim dos tempos, pelo menos abre um éon novo em que nenhuma tensão escatológica parece mais poder animar o homem. Em Schelling*, a riqueza pneumatológica do presente e a mística* da Igreja "joanina" desinteressam-se igualmente da es. E só falta um passo para que um Deus, que já não impõe ao homem o dever de esperar, morra em proveito dos processos imanentes que governam o mundo, e que o homem pode também compreender a dominar, de maneira a dar-se a si mesmo razões de esperar.

A idade clássica terá também conhecido, com a querela do quietismo*, um debate teológico em que a defesa e ilustração da es. entrou significativamente nas decisões do magistério* romano (DS 2201-1169, 2351-2374). Quando proclamavam uma experiência espiritual colocada sob o signo da "quietude", os quietistas pareciam desinteressar o homem de seu futuro absoluto: o amor puro dá-se a Deus por amor de Deus, e não na es. de que Deus cumpra suas promessas; os "filhos" de Deus "amam o Pai* sem nenhum motivo interessado, nem de es. nem de temor*" (Fenelon, Explication des maximes des saints... ed. Chérel, Paris, 1911, 135). A linguagem é aqui, de fato, a linguagem da antecipação escatológica, e deve pois ser tomada com prudência. Fenelon tinha razão ao lembrar os direitos da experiência mística*. Porém esses direitos só podem ser defendidos lembrando ao mesmo tempo que nenhuma antecipação põe o místico na posse do futuro absoluto: a es. mais "desinteressada" não deixa de ser uma es. e de provar que o orante vive hoje no elemento do provisório; toda lógica sã da vida espiritual* deve necessariamente incluir uma lógica do desejo escatológico.

A secularização* moderna da es. acompanhou-se, em parte por um desaparecimento da ideia de beatitude. Em Fichte ainda e em Hegel era possível ter a linguagem da beatitude para exprimir uma experiência filosófica que punha em jogo o Absoluto. Mas quando se trata de dar uma esperança a homens que não são comovidos por nenhuma promessa divina, é uma felicidade vivida à sombra da morte que a filosofia lhes prometerá. As escatologias ateias e secularizadas podem certamente apelar para a es. (Exemplo-chave: Bloch, 1954-1955). Elas podem pôr a serviço de seu messianismo todo o aparelho das imagens e dos símbolos bíblicos. Podem ter a linguagem da salvação (do mundo como laboratorium possibilis salutis). Podem criticar o presente em nome de uma "ontologia do ser* que ainda não é", para a qual a forma elementar não é que um sujeito receba um predicado (o céu é azul, "S é p"), mas que a predicação ainda não é possível (o mundo não é ainda a morada feliz do homem, "S ainda não é p"). Porém tropeçam na morte como no impensável, que só podem calar ou trivializar; e a es. que suscitam é, de fato, desesperança.

d) Orientações contemporâneas. — Às secularizações da escatologia, a teologia respondeu pela reafirmação espetacular de seu próprio logos e por uma afirmação do peso escatológico de todo seu discurso. Contudo, essa resposta não é unificada, e claras tendência aparecem. 1/Influenciado pela analítica existencial de Heidegger*, por um lado e, por outro, herdeiro de um projeto desmitologizador cujas origens remontam ao Iluminismo, Bultmann* pensa o eschaton no presente: a existência que entra em posse do que tem de mais próprio — que acede à sua autenticidade — é existência escatológica. O sentido de seu presente certamente não pode (lição heideggeriana) desdobrar-se só nesse presente: a existência escatológica deve ter sua relação própria com o futuro. Mas na medida em que as representações tradicionais do futuro absoluto são rejeitadas como outros tantos produtos mitológicos, uma teologia em que o par de conceitos "disponível/indisponível" (*verfügbar/unverfügbar*) substituiu o de "natural/sobrenatural*", não terá nada melhor a tematizar, quando falar de esperança, senão uma abertura para o futuro, entendida como uma abertura ao Deus que vem; e da qual se postula que dissipe os temores da morte (1961, 90) — uma es. de conteúdo bastante pobre para prestar-se às manipulações de F. Buri, cuja escatologia "desquerigmatizada", confiará de novo o homem às suas próprias forças e proporá uma es. à medida de um "novo protestantismo* liberal" (*Dogmatik*... III, 277-576). 2/A uma teoria para a qual o *eschaton* é um predicado da existência respondem (Moltmann, 1964; Metz, 1968) teorias para as quais o *eschaton* é instância fecunda de uma prática histórica. A preocupação com as "últimas coisas" está em primeiro lugar, porque a primeira palavra pertence à ressurreição de Jesus. Porém a es. não espera unicamente as últimas coisas. O tempo de antes do fim dos tempos, — o tempo das "penúltimas coisas"— merece também ser visado sobre o modo da es. teologal: promessas divinas não foram ainda cumpridas. Nas teologias em que "o ser* mesmo deve ser pensado a partir do futuro" (Pannenberg, 1967, 396), Deus e Cristo conservam pois um "futuro", e é pondo-se a serviço desse futuro de Deus (*ibid.*, 398) que o cristão vive sua es. A "pátria", segundo Bloch, é o que o homem dará a si mesmo no fim (Bloch, 1955, *explicit*). À oferta de um Reino secularizado, a teologia responde duplamente. De um lado, concede que o campo presente da experiência cristã não é a pátria escatológica, mas afirma que a es. escatológica dos cristãos tem contudo um estatuto de uma "força histórica que suscita utopias criadoras" na história do mundo (Moltmann, 1969, 334). De outro lado lembra que as promessas que permitem a esperança vêm além da morte de tal modo que o aquém da morte não poderia acolher as realiza-

ções de todas essas promessas. A possibilidade de manter ao mesmo tempo essa concessão, essa afirmação e essa lembrança é sem dúvida o *articulus stantis et cadentis* dessa teologia. 3/Não é o menor mérito da teologia recente ter reaprendido a esperar no plural. O lugar da es. é a Igreja, e ser-em-Igreja é ser-em-comunhão. A ideia de um ato de esperar nos limites de meu destino escatológico, e somente dele, não deixa de parecer então inconsistente. Formulada em 1689 pelo jesuíta Muniessa, exumada e defendida por P. Charles [1889-1954], (*NRTh* 1934, 1009-1021 e 1937, 1057-1075), a ideia de uma es. de Cristo contradiz o axioma agostiniano de que só se espera para si (cf. *Enchiridion*... PL 40, 235). E se Cristo esperou (no tempo de sua vida terrestre) e espera ainda (até que todos os predestinados estejam na posse da glória celeste), é porque o objeto da es. não é a beatitude eterna daquele que espera, mas a de todos os que são capazes dela. A es. se vive na comunhão* dos santos. Em uma análise quase puramente filosófica, Gabriel Marcel faz também a observação: "'Eu espero em ti por nós', essa pode ser a expressão mais adequada e mais elaborada do ato* que o verbo esperar traduz de maneira ainda confusa e escondida" (1944, 77). Balthasar* (1986) insistirá igualmente nisso: o futuro absoluto do outro não é objeto de especulações escatológicas, mas objeto de uma esperança que se estende a todos. J. Daniélou (1905-1974) já o tinha dito: "A es. se refere à salvação de todos os homens — e é somente na medida em que estou englobado neles que a es. se refere a mim" (*Essai sur le mystère de l'histoire*, Paris, 1953, 340). 4/No prolongamento das teses de Muniessa e de Charles, a teoria clássica que vê na es. uma maneira virtuosa de viver no elemento do provisório não poderia deixar de ser contestada. Em Balthasar, a interpretação cristológica da esperança se duplica com uma interpretação trinitária: o verdadeiro sentido da es. é o de uma lógica de dom, de abandono e de confiança no outro, em que se deve ver uma imagem da vida divina (1984). Rahner* fez uma proposição análoga. Pensada como "modalidade fundamental da relação com o definitivo" (1967, 570), a es. rahneriana não se interpreta no horizonte de uma "posse" escatológica destinada a aboli-la, mas integra-se a uma tipologia espiritual do que tem vocação de "permanecer" (1Cor 13,13): porque Deus não pode ser "possuído" enquanto estiver eternamente "indisponível" (*unverfügbar*), a es. pertence tanto à estrutura do provisório quanto à do definitivo. 5/A es., enfim, durante a primeira metade do s. XX não passou mais despercebida dos filósofos. Quer se trate em E. Minkowski de tematizar (numa perspectiva bergsoniana) a conversão de nosso "devir" num "porvir" (*Le temps vécu*, Paris, 1933), ou em O. F. Bollnow (1941) de esclarecer uma es. alojada na raiz de nossa vida afetiva, em Pieper (1935) de coser os hábitos novos de uma teoria da es. "natural" que possa articular-se harmoniosamente com uma teologia da es. "sobrenatural", ou em B. Welte de meditar es. e angústia como dois modos de ser originários, e de decifrar naquela uma necessidade e uma demanda de salvação tais que a descrição filosófica conduza ao "limiar" da fé (1982, 84), em todo o caso a conclusão de Lain-Entralgo não está jamais muito longe: "O homem espera, por natureza, algo que transcenda sua natureza; o que é natural no homem, é abrir-se ao sobrenatural*" (1956). Um *pathos* semelhante habita também os textos de J. Monchanin: "A es. é consubstancial ao movimento mesmo que vai da matéria à consciência por meio da vida e tem seu acabamento no homem superando-se, ao aceitar ser polarizada pelo Absoluto" (1949, 35).

e) Interrogações. — As filosofias da es. não podem contudo disfarçar um fato da máxima importância, instaurador de uma nova situação hermenêutica. Espera o homem *a priori*, em virtude de uma determinação transcendental do que ele é? E então o trabalho querigmático da teologia consiste em responder a es. frouxas, ou a despertar es. que se conhecem mal, dando as *razões* de esperar? Isso foi, no quadro eminentemente moderno de um *conflito das es.*, em que parecia absolutamente adquirido que o homem é um animal esperante, e em que importava somente provar que o cristianismo dá, pelo menos, tanto a esperar quanto os escatologistas secularizados e todos os progressistas históricos (Moltmann, Metz, Lash etc.). Ora, os últimos anos do s. XX viram aparecer um questionamento de toda es. Ao tempo do "princípio esperança" sucedeu o tempo de "princípio de responsabilidade" (H. Jonas); ao tempo das utopias sucedeu um tempo em que as mais altas expectativas humanas são apenas as da comunicação bem-sucedida (J. Habermas, K. O. Apel). Assim é, de fato, sobre a possibilidade de esperar *como tal* que convém discutir: não mais interrogar-se sobre *o que* podemos esperar (Kant), supondo que queremos esperar, mas radicalmente saber *se* somos ainda capazes de esperar, e o que nos dará razões disso. A teologia usava classicamente a linguagem da es. pressupondo sua inteligibilidade e podia então assumir como única tarefa manifestar a verdade de seu discurso. Mas, a partir do momento em que pré-compreensões e pressentimentos faltam, surge um trabalho novo que dita um novo programa à teologia fundamental* da es.: provar que a linguagem da es. é uma linguagem *sensata*. Apoiada em um dos conceitos cristãos mais veneráveis, a interpretação teológica clássica da es. falava a linguagem do cumprimento: as promessas transmitidas pelo cristianismo vinham cumular um desejo — desejo de eternidade, desejo de beatitude — presente em todas as expectativas humanas. Mas se o tempo da "morte de Deus" é também o tempo em que esse desejo conhece o mais extremo recalcamento, uma nova teologia prática da es. torna-se necessária, cuja tarefa primeira é ensinar a esperar.

Ora, as razões da esperança cristã não são à medida de nosso presente, e só se desenvolvem segundo um trabalho de memória (p. ex. H. Thielicke, *Der ev. Glaube*, t. III, Tübingen, 1978, 99). E se o mundo não oferece (mais) nenhuma prenoção de uma esperança possível, se as palavras mais sábias são ali palavras de resignação (ou serenidade: a *Gelassenheit* heideggeriana), se nenhum teísmo* não tem mais verdadeiramente os meios de propor uma es. que lhe corresponda, é a montante, no "passado absoluto" do "acontecimento Jesus

Cristo" que se pode reconstituir uma lógica da es. Ao homem que vive num tempo que o leva à morte, as palavras de promessa pronunciadas e prolepticamente cumpridas na história de Jesus dizem que se trata ali de um tempo pré-pascal, de um ser *em direção* da morte, que não é um ser *para* a morte. Os que fazem memória do ressuscitado permanecem mortais. Mas em seu ato de memória, aprendem que seu destino está ligado ao dele. Sua fé, de certo modo, os *obriga* à es. (Lacoste, 1990, § 66-95).

Talvez esta situação de época revele um pouco melhor que outras a condição factual do homem chamado a crer e a esperar no tempo do mundo. A quem sugere que a es. é cristã, por essência, não faltam patrocínios prestigiosos. A existência pagã define-se em Ef 2,12 pelo ateísmo e a desesperança. Na *Enfermidade mortal*, Kierkegaard* só tem uma coisa a dizer: que o desespero é o segredo da experiência pagã (inclusive de um paganismo vivido no seio do cristianismo visível). E quando (em Heidegger) o homem não existe mais a não ser nos limites do mundo, então a realidade concreta de todas as es. é medida somente pela única escatologia que permanece de agora em diante — a morte —, e toda ideia de um futuro absoluto some na noção de um presente "autêntico", para o qual a morte, conceptualizada como a última possibilidade, permanece a única dona do sentido. A ideia de uma natureza humana aberta essencialmente a um destino sobrenatural, donde deve derivar a ideia de certa aptidão natural à es., nem por isso se encontra invalidada: não é a onipresença suposta de um fato psíquico que é chamada a provar a existência e a tópica do *desiderium naturale*. Mas um deslocamento é, com toda a evidência, necessário. Quem diz ser-no-mundo diz desespero, ou antes desesperança (G. Marcel). Mas o mundo*, entendido em seu sentido neotestamentário como em seu sentido fenomenológico, é aquilo cuja experiência a vida teologal permite em parte subverter, numa subversão que restitui o homem às determinações mais profundas de seu ser — a existência autêntica é a existência teologal. O *a priori* protológico (desejo natural da visão beatífica*

e, portanto, es. transcendental) é um *a priori* rasurado restituível no interior de um ato de fé. As virtudes teologais vêm ao homem do exterior dele mesmo — *totaliter ab extrinseco* — para suscitar nele gestos elementares da existência vivida diante de Deus e na memória do mistério* de Páscoa. Na experiência dessas virtudes, o homem vai além do *Dasein*, como ultrapassa o "mortal".

- L. Billot (1905[2]), *De virtutibus infusis commentarius...*, t. 1, Roma, 355-385. — J. Pieper (1935), *Über die Hoffnung*, Leipzig (*Werke*, t. 4, Hamburgo, 1996, 256-294) — O. F. Bollnow (1941), *Das Wesen der Stimmungen*, Frankfurt, 1995[8]. — G. Marcel (1944), "Esquisse d'une phénoménologie et d'une métaphysique de l'espérance", *in Homo Viator*, Paris, 1963[2], 37-86. — K. Löwith (1949), *Meaning in History*, Chicago. — J. Monchanin (1949), "La crise de l'espérance", *Église vivante* 1, Louvain, 18-35. — E. Bloch (1954-1955), *Das Prinzip Hoffnung*, 2 vol., Frankfurt. — R. Le Senne (1955), *La découverte de Dieu*, Paris, 249-278. — P. Lain-Entralgo (1956), *La Espera y la Esperanza*, Madri — J. Ratzinger (1959), *Die Geschichtstheologie des heiligen Bonaventura*, Munique-Zurique — R. Bultmann (1959), "Die christliche Hoffnung und das Problem der Entmythologisierung", *GuV* 3, 81-90. — J. Moltmann (1964), *Theologie der Hoffnung*, Munique, 1969[8] (*Teologia da esperança*, São Paulo, 1971). — G. Sauter (1965), *Verheissung und Erfüllung, Das Problem der Zukunft in der gegenwärtigen theologischen und philosophischen Diskussion*, Zurique. W. Pannenberg (1967), "Der Gott der Hoffnung", *Grundfr. Syst. Th.*, 387-398. — K. Rahner (1967), "Zur Theologie der Hoffnung", *Schr. zur Th.* 8, 561-579. — J. B. Metz (1968), *Zur Theologie der Welt*, Mainz. — F. Kerstiens (1969), *Die Hoffnungsstruktur des Glaubens*, Mainz. — H. de Lubac (1979-1880), *La posterité spirituelle de Joachim de Flore*, Paris-Namur, 2 vol. — R. Schaeffler (1979), *Was dürfen wir hoffen? Die katholische Theologie der Hoffnung zwischen Blochs utopischem Denken und der reformatorischen Rechtsfertigunsgslehre*, Darmstadt. — J. I. Saranyana (1979), *Joaquin de Fiore y Tomás de Aquino, Historia doctrinal de una polemica*, Pamplona. — K. M. Woschitz (1979), *Elpis-Hoffnung. Geschichte, Philosophie, Exegese, Theologie eines Schlüsselbegriffs*, Friburgo-Basileia-Viena. — B. Welte (1982), "Dasein als Hoffnung and Angst" em *Zwischen Zeit und Ewigkeit*, Friburgo-Basileia-Viena, 72-95. —

H. U. von Balthasar (1983), *Theodramatik IV, Das Endspiel*, Einsiedeln, 122-167, "Die Gestalt der christlichen Hoffnung". — J. Ratzinger (1983), "Über die Hoffnung", *IKaZ* 13, 293-305 — H. U. von Balthasar (1984), "Die Einheit der theologischen Tugenden" em *IKaZ* 13, 306-314; (1986) *Was dürfen wir hoffen?* Einsiedeln. — N. Lash (1986), "All Shall Be Well: Christian and Marxist Hope", *in Theology on the Way to Emmaus*, Londres, 202-215. — J.-Y. Lacoste (1990), *Note sur le temps. Essai sur les raisons de la memoire et de l'espérance*, Paris. — O. González de Cardedal (1995), *Raíz de la esperanza*, Salamanca.

Jean-Yves LACOSTE

→ *Amor; Beatitude; Escatologia; Fé; História.*

ESPÍRITO SANTO

A. TEOLOGIA BÍBLICA

I. Antigo Testamento

1. Terminologia

No AT, *roûah* (fem., 378 x) tem o sentido físico de vento ou sopro em pouco mais da metade dos casos. Designa também (80 x) o espírito do homem, no sentido psíquico do termo. A pertença divina do Espírito (E.) diz-se por expressões "E. de Javé", "E. de Deus*" e — em contexto — "meu E." (13 x), "seu E." (10 x), "teu E." (8 x). Em Gn 1,2b, "a *roûah* de Deus" circula sobre as águas. "Espírito Santo" é raro: Is. 63,10s; Sl 51,13; Sb 9,17.

2. Ações do Espírito

O tema aparece em três áreas principais com seu conteúdo teológico: 1/Tradições arcaicas relativas à súbita intervenção de um indivíduo possuído pelo E.: os salvadores do período dos Juízes, o rei Saúl, Elias e Eliseu. Então o E. está "sobre" ou vem "sobre" alguém. Pode ser "mau" (1Sm 16,23) e, no entanto, vir de Deus (Jz 9,23; 1Sm: 4 x; 1Rs 22,2s). 2/Os 9,7 chama o profeta "homem da *roûah*". Ressalta de Nm 11,16s. 24-30 e Jl 3,1 que o exercício da profecia é um dom do E. (cf. Nm 11,25; 24,2; Ne 9,30, e por contraste, 1Rs 22,24). 3/O E. pode ir de um inspirado a um sucessor (caso de Moisés: Dt 34,9 — imposição das mãos — e de Elias: 2Rs 2,15) ou mesmo a um povo*: Is 59,21.

3. Propriedades do Espírito

O caráter imaterial e pessoal da *roûah* torna-a própria para significar a circulação, a intimidade, a comunicação da intimidade. O E. é difundido (Is 32,15; 44,3), ele enche, faz viver (Ez 37). Santo, ele santifica. Aproxima-se da Sabedoria* quando se torna uma presença permanente ligada a um eleito, ou ao povo (Is 11,1s; Pr 1,23; Sl 51,8.13; Sb 1,6; 7,7.22ss; 9,17).

4. O Espírito prometido

Nos escritos tardios do AT, o conceito de E. é associado aos tempos escatológicos (Jl 3,3s; cf. Is 63,19: a "ruptura dos céus", retomada em Mc 1,10), à promessa*. É na medida em que se inscreve numa nova concepção da aliança* (Is 59,21; Ez 11,19s; 36,25ss depois de Jr 31,33) que o E. será visto como o objeto principal da promessa (cf. Lc 24,49). O conceito de criação* é pensado por meio dessa novidade (Sl 51,12s).

Paul BEAUCHAMP

II. Novo Testamento

1. Terminologia

O substantivo gr. *pneuma* (379 x) reveste no NT quatro sentidos: 1/o sentido literal de sopro ou de vento (3 x); 2/o sentido antropológico (cerca de 47 x): "E." designa então o sopro, o espírito de vida (Mt 27,50 etc.), mas também o homem em sua totalidade ou ainda o homem visto sob o aspecto de sua interioridade; 3/o sentido demonológico que remete aos E. impuros ou maus (antes de tudo nos evangelhos* e Atos [cerca de 38 x]); 4/o sentido teológico, que é dominante (o E. transcendente de Deus e de Cristo*, cerca de 275 x). O E. no sentido teológico é utilizado 149 x no sentido absoluto; 93 x como E. Santo ou de santidade* (*pneuma hagion* ou *hagiosunès*), 18 x como E. de Deus, 1 x como E. do Pai, 5 x qualificado cristologicamente. Deve-se notar que exceto no corpo lucano, a expressão "E. Santo" não é dominante no NT.

2. Emprego pré-paulino

a) O Jesus histórico. — Todos os *logia* do Jesus* terrestre sobre o E. Santo são provavelmente *logia* de depois da Páscoa (cf. p. ex. Mc

3,29 par.; Mt 12,28; 28,19; Lc 4,18; 11,13). Contudo, segundo toda verossimilhança, o Jesus histórico deu-se como investido do E. (profético). A autoridade* que reivindica em sua pregação* e em seus atos o demonstra: proclamação da proximidade do reino* de Deus, interpretação soberana da Lei* (Mt 5,21ss), envio dos discípulos em missão* (Mc 6,7 par.) e interpretação escatológica dos exorcismos (Lc 11,20).

b) *Páscoa*. — As fórmulas pré-paulinas mais antigas discernem na ressurreição* de Jesus um ato de Deus, às vezes descrito como a expressão da atividade do E. de Deus (Rm 1,3s; 8,11 etc.).

c) *Os helenistas e as comunidades helenísticas*. — O grupo dos helenistas (cf. At 6-7) foi provavelmente o primeiro a ter reivindicado a posse do E. escatológico. Em apoio a essa tese, deve-se notar a atividade taumatúrgica, a crítica do Templo* e da Lei que caracterizam esse movimento. Essa viva consciência da posse do E. foi provavelmente a razão profunda da ruptura com a comunidade primitiva de Jerusalém*. Em seguida, perpetuou-se na comunidade helenística de Antioquia, e esteve na origem da missão entre os pagãos (paganismo*) (cf. o exemplo de Paulo, herdeiro da teologia antioquena e apóstolo* dos Gentios). Não se poderia, ao contrário, afirmar com certeza que o judeu-cristianismo* palestino (em particular a comunidade de Jerusalém) tenha partilhado dessa consciência pneumatológica.

3. Paulo

Para entender a concepção paulina do E. Santo, há que ter em conta, de um lado, o caráter circunstancial das cartas do Apóstolo, de outro lado, prestar atenção ao desenvolvimento teológico que marca seu pensamento (partindo das afirmações rudimentares de 1Ts, passando pela controvérsia com os coríntios sobre os fenômenos pneumáticos para concluir na pneumatologia elaborada de Rm 8). A dinâmica da existência cristã constitui o lugar privilegiado em que a compreensão paulina do E. aparece em plena luz.

a) *Fundamento e cumprimento da existência cristã segundo o Espírito*. — 1/ *Cristologia**. A proclamação do Evangelho de Cristo* é obra do E. (1Ts 1,5; 1Cor 2,4; Rm 15,18s). O E. suscita a fé* (1Cor 12,3). Só o E. permite confessar Jesus como Senhor. 2/ *Soteriologia*. O E. cria a *vida*. Pelo E., o homem é arrancado à potência do pecado* e da morte* e colocado no espaço de vida e liberdade* inaugurado por Cristo (cf. Rm 8; Gl 5; 2Cor 3,17). O sinal sacramental dessa mudança de vassalagem é o batismo*. 3/ *Eclesiologia**. O E. une os homens na *comunhão** visível do corpo* de Cristo (cf. 1Cor 12). Na controvérsia com o entusiasmo coríntio (1Cor 12-14), Paulo sublinha, com ajuda da noção de corpo*, que toda manifestação do E. deve ordenar-se à edificação da comunidade. O maior dos carismas é o amor* (1Cor 13) que se torna assim a norma crítica de todos os dons do E. A perspectiva teológica que sustenta essa concepção é a teologia* da cruz. 4/ *Ética**. O E. é o agente de toda a ação que corresponda à vontade de Deus (cf. a metáfora "fruto do E." em Gl 5,22), que só pode ser cumprida no amor. A expressão concreta da liberdade cristã é o amor.

b) *Escatologia*. — O E. age enfim de maneira central no *cumprimento** da existência cristã. Mesmo quando, conforme a tradição*, Paulo compreende a Igreja como dom escatológico, ele opera uma clara distinção entre o E. e o *eschaton*: o dom do E. constitui somente as primícias da glória* vindoura (1Cor 1,22; 5,5; Rm 8,23). Por esse título, é o fundamento da esperança* (Rm 8).

4. A obra lucana

a) *A história da salvação*. — Essa concepção é determinante para a noção lucana do E. A promessa do E. domina *o período veterotestamentário*. Durante *a vida de Jesus*, a atividade do E. se concentra quase exclusivamente na pessoa do Nazareno, que se torna de certo modo seu depositário exclusivo. Seu nascimento manifesta a atividade criadora de Deus (Lc 1,35). Seu batismo faz dele o portador messiânico (3,22). O relato da tentação* mostra que Satã deve retirar-se ante o portador do E. (o tempo de Jesus é um tempo do qual Satã está ausente até à paixão*: 4,13; 22,3). A pregação inaugural em Nazaré liga o dom do E. e a proclamação do Evangelho (8,18s). Só quando elevado para junto do Pai* é que Jesus vai transmitir o E. aos crentes (Lc 24,49; At 1,8; 2,33). *O tempo da Igreja** caracteriza-se pelo dom do E. a todos os crentes: Pentecostes (At 2) é a ata de fundação da primeira Igreja cristã, e a abertura do tempo da Igreja. Tornando-se parte constituinte do terceiro período da história da salvação*, o E. já não é, propriamente falando, uma grandeza escatológica, mas um elemento do tempo penúltimo.

b) A recepção do Espírito durante o tempo da Igreja. — Batismo* e recepção do E. estão também ligados em Lc, mas sua articulação pode revelar formas diferentes. De um lado, o batismo em nome* de Jesus não é outra coisa senão a expressão da conversão* do homem a Deus e a Jesus; por esse título, precede o dom do E. (cf. At 2,38). A oração* também pode preparar à recepção do dom do E. (At 4,31). De outro lado, a recepção do E. pode também preceder o batismo (At 10,45-48). Quanto a isso, deve-se notar o papel que tem o gesto da imposição* das mãos (At 8,14-17; 19,2-6).

c) Funções e efeitos do Espírito. — Durante o tempo da Igreja, são em número de quatro: 1/ O E. é dado a todos os membros da Igreja e de maneira durável. 2/ O E. pode manifestar-se de maneira perceptível; os fenômenos físicos e psíquicos extraordinários são então os sinais exteriores e irrefutáveis da presença do E. (At 2,3s; 4,8.31; 19,6). 3/ A função mais importante do E. é de natureza profético-querigmática. O E. permite decifrar o futuro (At 11,28; 20,23); constitui antes de tudo o fundamento da pregação da Igreja (At 1,8; 4,8.31; 6,10; 18,25 etc.). Ao contrário, os atos milagrosos, de um lado e, de outro, a fé, a oração e o amor não são apresentados explicitamente como frutos do E. 4/ Enfim, há que notar a concentração de Lucas na dimensão *eclesiológica* da *história da salvação*. O E. determina o caminho da Igreja e a guia. Garante assim a continuidade da última fase da história da salvação.

5. João

a) Pontos comuns. — Pondo à parte o discurso de despedida (Jo 13-17), a concepção joanina do E. é próxima da concepção do cristianismo primitivo clássico (em particular Paulo e Lucas), embora não se possam ignorar as diferenças de acento. O E. é concebido como uma grandeza divina e transcendente (Jo 3,6; 6,63). É, por excelência, o dom escatológico próprio do tempo pós-pascal (7,38s; 20,22). Comunicado por ocasião do batismo (3,35), é uma força vivificante (6,63). Só o E. conduz a uma oração autêntica (4,23s) e alcança o perdão dos pecados (2,22s).

b) Discurso de despedida. — É nele que se torna visível a concepção especificamente joanina sobre o E. Está marcada pelo aparecimento de um novo conceito, o de "Paráclito" (P.) que está em relação estreita com o de E. Santo (14,26), ou do E. de verdade* (14,17; 15,26; 16,13). Os cinco ditos sobre o P. encontram-se em Jo 14,16s; 14,26; 15,26; 16,7-11; 16,13ss. 1/ É quase impossível dar uma tradução do conceito de P. porque as traduções clássicas (ajuda, consolador, advogado) só transmitem um de seus aspectos. 2/ A relação entre o P. e o Cristo joanino caracteriza-se por uma identidade de funções. O que Jesus terrestre há pouco disse e cumpriu, o P. o diz e cumpre no hoje da Igreja. Nesse sentido, o P. não é mais que o representante autêntico de Jesus na época pós-pascal. 3/ Essa subordinação da pneumatologia à cristologia* tem por consequência que a função central do P. está ligada à *palavra**. No essencial, o P. é o agente pós-pascal da pregação escatológica de Jesus (essa concentração do E. na palavra é única no quadro do cristianismo nascente). 4/ O primeiro papel do P. consiste em *fazer memória* das palavras de Jesus (Jo 14,26). Abre de maneira retrospectiva à compreensão da pessoa e da história de Jesus. Nesse sentido, é o agente central da nova interpretação da história de Jesus, de que o IV evangelho é a figura. A reflexão subsequente sobre o P., que se inicia em Jo 16, mostra que ele não só atualiza o passado da revelação*, mas interpreta o tempo pós-pascal em sua dimensão presente e futura (função judiciária: 16,8-11; hermenêutica*: 16,13). 5/De acordo com o conjunto do cristianismo nascente, Jo vê no P. um *dom dos últimos tempos*. Contudo, radicaliza essa concepção: o

P. não é uma figura provisória entre o tempo da encarnação* e o tempo do cumprimento final. Na vinda da P., é a vinda mesma do Cristo elevado que se cumpre: Páscoa*, Pentecostes* e parousia* tornam-se um só e o mesmo acontecimento. Sempre de novo a "parousia" se faz acontecimento na vinda do P.

- E. Käsemann (1958), "Geist. IV. Geist und Geistesgaben im NT", *RGG*[6], 2, 1272-1279. — E. Schweitzer (1959), *"pneuma, pneumatikos. Das Neue Testament"*, *ThWNT* 6, 394-449. — D. Lys (1962), "Rûach". *Le souffle dans l'Ancient Testament*, Paris. — F. Hahn (1974), "Das biblische Verständnis des heiligen Geistes", *in Erfahrung und Theologie des heiligen Geistes*, sob a dir. de C. von Heitman e H. Mühlen, Munique 131-147. — H. Schlier (1974), *ibid.*, "Herkunft, Ankunft und Wirkungen des Heiligen Geistes im Neuen Testament", 118-130. — J. Kremer (1983), *"pneuma"*, *EWNT* 3, 279-291. — J. Guillet *et al.* (1991), "Saint-Esprit. II. Nouveau Testament", *DBS* 11, 172-398. — F. W. Horn (1992), "Holy Spirit", *AncBD* 3, 260-180.

Jean ZUMSTEIN e Andreas DETTWILER

→ *Amor; Carne; Comunhão; Cumprimento das Escrituras; Escatologia; Igreja; Joanina (teologia); Palavra de Deus; Promessa; Santidade; Trindade.*

B. Teologia histórica e sistemática

O Espírito Santo (E.S.) é a terceira pessoa* da Trindade*. É único, igual ao Pai* (P.) e ao Filho (F.), da mesma substância e da mesma natureza que eles (concílio de *Toledo* XI, 675, *DS* 527). Distingue-se do Pai e do Filho enquanto "pessoa" mas não faz número com eles enquanto "Deus*" (D.). (*Catecismo da Igreja Católica*, 1992, § 253-256). O E.S. distingue-se das outras duas pessoas por uma relação de origem, relação compreendida diferentemente na tradição* católica e na tradição ortodoxa. O P. envia o F., e pelo F., o E.S. para uma história* de salvação* que começa no AT (intervenções do E. no profetismo) e se acaba no NT, com a encarnação* do F. (dom do E. filial), mas atualiza-se ainda no tempo*, pelo E. Nesse contexto o E. recebe muitos nomes*: *Paráclito, Dom, Santificação, Energia, Imagem do Filho, Unção e Selo, Amor* e Caridade.* Outros nomes ainda são comentados no *CEC* (§ 691-702).

1. O Espírito Santo na tradição até ao concílio de Florença (1439-1445)

A teologia* do E.S. elaborou-se entre duas tendências extremas. A primeira, iluminista, já evocada por Paulo (os *entusiastas* de 1Cor 6,12-19), sonha viver um Pentecostes universal e uma experiência sensível do E.: montanismo* (s. II), messalianismo* (s. IV), Macário-Simeão (†430?), Joaquim de Fiori (†1202) (milenarismo*), ordens mendicantes na IM, movimentos pietistas posteriores à Reforma. No polo oposto, uma tendência racionalista (arianismo*) faz do E.S. um princípio vital superior ao homem, intermediário entre D. e o homem, e que não é D. Entre esses dois limites, constitui-se uma teologia que progressivamente põe em valor a divindade do E. e sua existência pessoal.

a) Os debates. — O cristianismo primitivo é caracterizado pela experiência* fundamental da presença de D. no homem pelo E. (*TRE* 12, 194), transbordamento sobre os homens da ressurreição* de Cristo* (At 2, Jl 3,1-5, Ef 1,18ss), que lhes traz a alegria, a paz*, a liberdade* interior, liberdade diante de Deus (*parrèsia*), amor fraterno entre eles, amor filial para com Deus. O mistério pascal inaugura uma era nova. Dessa novidade, a garantia é o E.

A fé* no E.S. enraíza-se no querigma pascal (At 2,7; 2,32s), na fórmula batismal (Mt 28,19) e na celebração eucarística (Justino, *Apologias* I, 65 e 67; *Martírio de Policarpo*, 14, 2-3). O E. inspira o bispo* (Inácio, *Aos fil.* 7, 1-2) e os "profetas*". O espírito profético abandonou o povo* judaico para concentrar-se em Cristo, a partir do qual foi dado a todos os crentes (Justino, *Diálogo*, 87, 5-6; Orígenes, *Tratado dos princ.* [*De Pincipiis*] II, 7, 2). Montano apresenta-se (*c.* de 155-160) em Frígia (Ásia Menor) como o profeta em quem o E.S. Paráclito (Jo 14,26) se encarnou, para inaugurar, à margem da Igreja*, o tempo de E. Depois de 200, o montanismo ganha o Ocidente, onde Tertuliano o adota, imprimindo sua marca. A individualidade do E. não é sempre evidente (p. ex., Atenágoras, *Súplica* 10, 4; 22, 2; SC 379). Certos textos que não mencionam o E.S. passam às vezes por binitários (Tertuliano não montanista, Hermas, *O Pastor*, 59: cf. R. Joly, SC 53, p. 32).

Ireneu* de Lião foi o primeiro a descrever mais longamente a obra do E.S. (*Adv. Haer.* III, 17; *Demonstração* 5-7). Distingue bem o F. e o E.S., que são como as duas mãos do P. (*Adv. Haer.* V, 20, 1; II, 7, 5). A atividade do E. está a serviço do F., que por sua vez está submetido ao P. (*Dem.* 6-7). Sem dúvida contra os montanistas, insiste no vínculo entre o E.S. e a Igreja (*Adv. Haer.* III, 1, 1; 4, 1-2; 24, 1) e, contra os gnósticos, na economia da salvação (*Adv. Haer.* IV, 20, 6-7).

Tertuliano*, em sua reação contra o monarquianismo de Praxéas, que negava a individualidade própria do E., retoma imagens binárias montanistas acrescentando-lhes um terceiro termo: "Eles são três. Terceiro é, com efeito, o E. a partir de D. e do F., igualmente terceiro a partir da raiz é o fruto que sai do ramo, e terceiro a partir da fonte, o regato que sai do rio, e terceiro a partir do sol a ponta que sai do raio" (*Contra Praxéas* 8). A relação de origem é bem considerada, mas em segundo plano: a perspectiva é antes de tudo *econômica*. — "O E. de D." designa ora o E.S., ora o F., ora o ser* (*substantia*) de D. P., que se desdobra em F. e E.S. Esse último é uma "porção" da substância total do P. Faz número com ele desde o começo (isto é, desde sempre) porque ele está "no F.", que faz número com o P. (Moingt, *Théol. trin. de Tert.*, 1064). O F. nasce do P. e se volta para ele (Novaciano, *Trin.* 31). Zenão de Verona precisa que disso vem o E., exultação de um no outro (*Tractatus* II, 3; cf. I, 2, 9; II, 5, 1: PL 11). Seu papel unificador na Igreja deriva da unidade trinitária (Cipriano*, *Da unidade na Igreja católica; Carta* 74, 4). Para Mário Vitorino (*c.* de 360: *Hinos*, SC 68, 620 e 650), e sobretudo para Agostinho (BAug 15, 587-588), o E. é o vínculo (*copula, complexio*) do P. e do F. — Ambrósio* insiste na unidade de nome e de substância em D., a ponto de atenuar-se, o que é próprio ao E. na atividade comum (*De Spir.* I, 13; *De sacram.* VI, 2, 5: PL 16 e SC 25 *bis*). Ocorre não se ver sempre o que distingue o E. no seio da Trindade (Rufino, *Com. do símbolo* 35: PL 21).

Orígenes*, com base no batismo*, associa o E. ao P. e ao F. (*De Princ.* I, 3, 2 e 5) e indaga sobre sua origem, de que a Escritura* não fala. (*ibid.*, Pref. 1; I, 3, 1). Contra os monarquianos, aplica ao E. Jo 1,3: "Tudo adveio (*egeneto*) por ele (o F.)", dando a *egeneto* o sentido amplo de uma simples derivação no ser. O E. recebe pois "do F.", e é por isso que se distingue dele. (*Comm. Jn* II, § 75-76). No século seguinte, a derivação do E. em relação ao F. será uma evidência para os arianos e os macedônios visados pelo I concílio* de Constantinopla* (381). Para Orígenes, o E. que recebe do F. "fornece, por assim dizer, a *matéria* dos carismas/dons de D. (*hule ton kharismaton*) que, produzida a partir do P. pelo F. subsiste segundo o E." (*Comm Jn* II § 77: cf. *De Princ.* II, 7). Os dons subsistem nele na medida em que os atualiza em nós (*Sobre a oração*, II, 6; *Comm. Jn* VI, § 225; *Fr.* 8 *sobre Ef* 1, 13; *Ser. Comm. Mt* 134). Esse tema está notavelmente desenvolvido em *De Princ.* I, 3, 5-8 e II, 7.

b) Século IV. — Ausente de Niceia* (325), a questão do E. só veio a ser discutida a partir de 359-360. Cristãos do baixo Egito que aceitavam a unidade do F. com o P., faziam do E.S. um "espírito servidor" que só diferia dos anjos em grau (Atanásio*, *A Serapião* I, 1; SC 15). Em 374, os "macedônios" (do nome de Macedonius, patriarca de Constantinopla, deposto em 360), aproximam-se de Niceia (*homeousianos*), mas recusam-se também a confessar o E.S. como D., sem dizer, no entanto, que é criatura (Sócrates, *Hist. Ecles.* II, 45; Ps.-Dídimo, *De Trin.*, II, 7, 3 e II, 8; Ps.-Atanásio, *Dial. Maced.* I, 4; I, 15). Um anônimo macedônio dá a chave para a sua atitude: "Ninguém pode dizer: Jesus* é Senhor, a não ser no E.S. (1Cor 12,3). Ser introduzido a D. se faz necessariamente por outro, o E.S. Por conseguinte, se eu adoro o E.S., por quem teria eu acesso a ele [E.S.] para adorá-lo?" (*Dial. Maced.* I, 4: PG 28, 1293 CD). O F. não estando mais presente para lançar uma ponte imaginária entre D. e o homem, o E.S. toma seu lugar para fazê-lo. É o que se recusam a admitir Atanásio e Basílio* de Cesareia. Se o E.S. diviniza, não há dúvida alguma de que sua natureza seja a de D. (Atanásio, *A Serapião* I, 23; I, 25). Ele o faz vindo, ele mesmo, ao homem como potência* transformadora (*energeia*) e doação (*dorea*) (*ibid.*, I, 20; cf. Basílio, *De Spir.* 16, 47: SC 17 *bis*). Mas no E. que vem, há o F. que o doa, e no Filho, o P. (*A Serapião*, I, 30).

Os Padres* capadócios (Basílio e os dois Gregórios, de Nissa e de Nazianzo), defendem a divindade do E.S. contra o ariano Eunômio. Para este último, o ser (*ousia*) de D. pode ser conhecido porque foi revelado, mas não pode ser comunicado, nem mesmo ao F. Gregório* de Nissa afirma, ao contrário, que o ser de D. é absolutamente incognoscível à criatura, mas que é comunicado ao F., na geração eterna, e que pode ser participado pelas criaturas graças às "energias" (*energeiai*) que D. difunde em sua direção e que se identificam com o E.S. enquanto esse se dá aos crentes. Basílio, de seu lado, insiste no fato de que o E.S. revela o F. sem intermediário, "em si mesmo" (*en heauto*: *De Spir.* 16, 47). Basílio defende também a fórmula litúrgica atacada pelo homeousianos: "O Pai é glorificado *com* (*meta*) o F. e *com* (*sun*) o E.". Reservando ao P. o título de D., exprime a divindade do E.S. fazendo ver sua *homotimia* (igualdade de honra) com o P. e o F. Aliás, precisando o que é próprio a cada um dos três na tríade, destaca as propriedades de *paternidade*, de *filiação** e de *santificação* (*Carta* 236, 6; cf. *Carta* 214, 4). Gregório* de Nazianzo substitui à *santificação* a palavra *processão* (*ekporeusis*: *Discurso* 3, 18). O laço com a criatura, ainda sensível na palavra *santificação* (Basílio), desaparece com o emprego da palavra *processão*, que toma um sentido plenamente intratinitário (Gregório). Isso sublinha a perfeita independência de D. em relação à criatura, mas tem o risco de fazer esquecer o laço que D. livremente estabeleceu com ela, e que as Escrituras testemunham.

c) Agostinho. — É com Agostinho* que se impõe no Ocidente a doutrina do E.S. como amor, ou caridade (*De Quant. animae*, 34; *De Fide et Symbolo*, 9, 19-20; *Trin.* VI, 5, 7; XV, 19, 37). O E. é o amor do P. e do F., "hipostasiado" em uma terceira "pessoa", mas também o amor de D., difundido em nossos corações* (Rm 5,5, citado mais de 200 vezes por Agostinho). O

tema do E.-amor é um dos temas que estruturam o pensamento de Agostinho (Y. Congar, BAug 28, 111-115).

No contexto anagógico do esquema emanatista neoplatônico, o E. constitui, no termo do *exitus-reditus*, a estabilização (*mone*) do amor que unifica e faz feliz (*Solilóquios*, I, 1, 3; *De vera relig.* 55, 113). A analogia* psicológica põe-no em paralelo com a vontade e o amor no homem. A aproximação do E.S. com o amor encontra aqui uma das justificações (O. du Roy, *L'intell. de la foi en la Trin. selon saint Augustin*, 1966, 432-450).

O recurso de Agostinho à distinção entre nomes divinos *absolutos* e nomes divinos *relativos* (Trindade*) é problemático, porque no duplo nome "relativo" *Espírito Santo*, os dois nomes convêm igualmente ao P. e ao F., o que é próprio dos nomes "absolutos". Agostinho vê nisso o indício de que o E.S. pertence aos dois (Filioque*). O nome *Dom de D.* (At 8,20) tem na verdade um caráter "relativo", mas *ad extra*. Agostinho recorre então a dois outros nomes, *donabile* e *donatum*. O E.S. é, desde toda a eternidade*, susceptível de ser dado (*donabile*), e é por isso que no tempo é efetivamente dado (*donatum*). A obra salvífica encontra assim um certo fundamento em D. mesmo.

d) A Idade Média. — Agostinho não ousou aplicar a tríade "amante, amado, amor" (*Trin.* VIII, 10, 14) a D. mesmo. Ela é utilizada por Ricardo de São Vítor († 1141; *De Trin.* III, 2; III, 18). O amor implica abertura e alteridade (*condilectio, consocialis amor*) e, portanto, "Trindade", tema retomado por Boaventura* (I *Sent.* d. 13, q. 1). Sobreviverá sob sua forma agostiniana, tal como ilustrada notadamente por Anselmo* de Cantuária († 1109), que sublinha a coincidência inaudita do amor intratinitário (*Monologium*, 53) com seu transbordamento *ad extra* (*De la procession du S.E.* 9, em M. Corbin [sob a dir. de] [1990], *Oeuvres*, t. IV, 275 e 311-314).

Como Agostinho, Pascásio Radberto († 860) e Guilherme de Saint-Thierry († c. de 1149), Pedro Lombardo († 1160) identifica o E. e o amor (*caritas*). O E. é um só com a graça*, o Doador identificando-se com o dom (I *Sent.* d. 14 e 17; III, d. 22, q. 13 e d. 23, q. 30). Alexandre de Hales (†1245) une a graça criada (no homem) e a graça incriada (o E.S. presente) na base da união hipostática*. Com a graça da cabeça comungam os membros de corpo o todo (*Summa*, III, inq. I, tract. I, q. 2, n° 609 resp.; tract. III, q. 1, n° 99 resp. e n° 112, resp.). Tomás de Aquino, ao contrário, distingue entre a graça, dom criado, e a pessoa de E.S., dom incriado, realmente dada (*ST* IIa IIae, q. 110; *De Ver.*, q. 27, a. 2; *ST* IIa IIae, q. 23, a. 2 resp. em que Tomás se opõe à I *Sent.*, d. 17 de Pedro Lombardo).

Tomás* de Aquino sistematiza os dados de Agostinho: a processão do E.S. faz-se por via de vontade. Procede do P. e do F., "como de um só princípio" por uma única "espiração" (Trindade*). Em seu *Com. das Sentenças* de Pedro Lombardo, Tomás apresenta o mistério* trinitário como o lugar em que se enraíza uma teologia da graça. Todo um edifício espiritual funda-se sobre o dom do E., amor pessoal intratrinitário que se faz dom temporal, princípio dos dons concedidos ao homem para adotá-lo e divinizá-lo no F. — a *ST* retoma esses dados, mas atenuando a articulação *Trindade/divinização do homem*. A Trindade é considerada, em si mesma, as pessoas divinas como tais sendo isoladas da obra da salvação. Pode-se ver nisso um "recuo" do mestre sob a influência de um agostinismo* que dissocia a Trindade de sua obra (Bouyer, 1980, 272). Na linha do *inseparabiliter operari* (Agostinho, *Trin.* I, 5, 8), trata da adoção filial no mesmo nível que a criação*, como uma obra *ad extra*. A consequência disso é que, no rigor dos termos, somos filhos não do P., mas da Trindade (*ST* IIIa, q. 23, a. 2 resp. e ad 2; cf. Gregório* Palamas, PG 110, 1213 AC). É nesse contexto, contra uma teologia tornada demasiado especulativa, que reagem os movimentos espirituais da IM, e na aurora dos Tempos modernos, a Reforma de Lutero*.

e) O espírito e os místicos. — Herdeiro de Tomás e de Agostinho, mas também de Orígenes, Mestre Eckhart (†1327) retoma o tema do crente sem cessar gerado pelo P. "no E.S." (*Deutsche Werke*, p. 109: cf. *Livre consol. divine*, ed. Libera, 1993, 154; cf. M. Vanini, "La justice et la génération du *Logos*" em *Voici Maître Eckhart*, 1994, 147-148). Para João* da Cruz, a alma* ama D. tanto quanto é amada por ele, "porque ele o ama com a vontade de D. mesmo, no mesmo amor com o qual ele ama, que é o E.S." (*Cântico espiritual* 38, 2). O E.S. a informa, "a fim de que ela aspire a Deus com a mesma aspiração de amor que o P. aspira ao F. e o F. ao P., — que é o E.S. mesmo" (*ibid.*, 39, 3).

2. As definições conciliares

Ponto de referência da maior importância para a fé cristã, o concílio de Niceia (325) menciona o E.S. no fim de seu "símbolo" numa fórmula muito breve, mas significativa enquanto traço da prática do batismo* na confissão* de fé: "E [eu creio] no E.S. (*DS* 125). — Constantinopla I (381) menciona o E. em duas passagens: "Cremos [...] em Jesus Cristo, feito carne do [*ek*] E.S. e [de] Maria Virgem*". E mais longe: "Cremos no E.S. Senhor e vivificador, que procede [*to ekporeuomenon*] do P. [*ek tou patros*], que com o P. recebe a mesma adoração e a mesma glória*, que falou pelo profetas* " (*DS* 150). Esse segundo desenvolvimento defende a divindade do E. contra os macedônios. A substituição de *ek* ao *para* de Jo 15, 26 refere-se sem dúvida ao *ek* niceno, que tem o sentido forte da origem "*a partir da substância*" (do P.). Mas o vocabulário técnico de Niceia não é retomado. A origem a partir do P. é o sinal principal que testemunha a "divindade" do E., igualmente sugerida pelo título divino de Senhor (*to kurion*), e a ação divina de vivificar (*kai zoopoion*). A adoração e a glorificação do E. *com* o P. e *com* o F. significam que têm a mesma posição que eles (*conumeração*: Basílio, *De spir.* 17, 42-43), mas igualmente que é uma "pessoa" divina, recebendo como ele e com eles o mesmo culto*. Por sua referência litúrgica e soteriológica, o símbolo reencontra a perspectiva "econômica" da Escritura. — Outros concílios mencionam o E.S.: Toledo (vários concílios: *DS* 188, 470, 485, 490, 527), Lião II* (1274), que precisa que o E.S. procede do P. e do F. "não como a partir de dois princípios, mas como de um só princípio …, por uma única espiração" (*DS* 850), e Florença* (1439-1445), que retoma longamente a questão do Filioque (*DS* 1300-1302) e lembra que "em Deus tudo é um, onde não faz obstáculo uma oposição de relação" (*DS* 1300).

3. A virada da Reforma

a) Rompendo com a leitura tradicional da Escritura, *Lutero** descarta a mediação da Igreja em sua interpretação do texto sagrado, para deixar todo o espaço ao E.S. Sua concepção da justificação* aumenta ainda a importância do E. O homem é justificado na medida em que, pela presença do E., Cristo cobre com sua justiça* a injustiça do pecador (*WA* 56, 280). O dom da graça deve ser acolhido sobre o fundo de um pecado* que permanece. Por isso, o E.S. é ao mesmo tempo o Iluminador que faz compreender, pelo "testemunho interior", a palavra* de Deus, e o Consolador que arranca ao desespero. A Igreja permanece o lugar em que o Evangelho é anunciado. A salvação se cumpre nela, mas não vem dela. Atinge diretamente os indivíduos, que constituem a Igreja invisível, cuja unidade* é assegurada pelo E. (J. L. Witte, *DSp* 4, 1961, 1318-1333; F. Refoulé, *RSPhTh* 48, 1964, 428-470.

*Calvino** retoma e organiza o pensamento de Lutero. Insiste sobre o laço do E. com a Igreja visível. A presunção trabalha em favor da Igreja quando se trata de interpretar a Escritura, mas em última instância a decisão cabe ao crente, que recebe o testemunho imediato do E. (*De Ins.* IV, 12; cf. *DSp* 4, 1327).

À margem do protestantismo* tradicional, os movimentos pietistas (pietismo*) também acentuam a ação pessoal da E., de maneira que torna às vezes ininteligível o "testemunho externo" da Igreja. Não chegam a superar a vaga racionalista do s. XVIII, que dissocia a atividade de Cristo e a do E. Cristo torna-se um simples exemplo moral; o E., uma "força divina" identificada à inteligência humana. O idealismo do s. XIX, com Hegel* especialmente, desenvolverá uma noção do E. (*Allgeist*) na qual se encontra dificilmente a terceira pessoa da Trindade. Schleiermacher* (1768-1834) tenta conciliar o discurso cristão com as exigências da nova racionalidade, mas às custas da personalidade divina do E. A. Ritschl (1822-1889), em nome da razão*, abandona a doutrina da Trindade como dogma* de fé. A. von Harnack na Alemanha e A. Sabatier na França reduzem as fórmulas dogmáticas a simples expressões transitórias do pensamento cristão, que se podem explicar a partir das condições históricas de sua elaboração, e que não têm valor obrigatório para hoje. — É contra essas tendências de uma teologia dita "liberal" que se opõe no começo do s. XX a "teologia dialética" de Barth.

b) *Karl Barth** desenvolveu muito cedo uma pneumatologia fundada sobre o *senhorio* do E.S. (cf. 2Cor 3,17: "o *Senhor*, é o Espírito"). Esse se exerce sobre o destino do homem que deve reconhecer-se radicalmente pecador, colocado sob o julgamento* de Deus, para que nele nasça o homem novo, obra do E. Esse é apresentado como a "revelação* subjetiva" de Deus, vindo ao homem pelo F. — A encarnação do F. não torna inútil a missão do E., mas a postula. Com efeito, o homem é incapaz de abrir-se por si mesmo ao F. enquanto D., e ao P. A abertura do homem para D., de um lado, e a liberdade de D. de vir como homem, de outro, identificam-se com o E.S. dado. O E. atualiza *em nós* o que é revelado, a saber, nossa redenção. Essa perspectiva coincide com a dos Padres da igreja, particularmente dos Padres gregos, que o s. XIX começou a redescobrir.

4. Questões atuais

a) *A inabitação do Espírito Santo no homem*. — No fim do s. XIX, Scheeben* e Th. de Régnon (†1893), utilizando os trabalhos e D. Petau (†1652) sobre os Padres da Igreja, tentaram valorizar de novo o papel pessoal de E.S. na obra da salvação. O dossiê da questão foi reunido por P. Galtier (*Le Saint-Esprit en nous d'après les Pères grecs*, Roma, 1946). Esse reduz sua crítica a Régnon à refutação da tese que lhe empresta, e que viria a atribuir ao E.S. uma atividade tão pessoal ("hipostática") que chegaria a excluir o papel das outras pessoas. Mas essa acusação, que deforma a tese de Régnon, não leva em conta os textos patrísticos, nem o verdadeiro alcance de um "tornar-se filho" que põe o homem não no exterior da Trindade, mas *nela*: "Não se trata [...] de puras relações com o que está fora, já que na verdade a graça nos faz penetrar realmente *ad intra Dei"* (G. Philips, *EThL*, 1948, 134). Mais recentemente, Bouyer (1980, 421-432), Rahner* (*Écrits th.* 1, 110-111; 3, 65-69) e Congar (1979, t. 2, 108-131; cf. *Chrétiens en dial.* 1964, 257-272) mostraram o acordo da abordagem patrística com a Escritura.

b) O discernimento dos espíritos. — Na perspectiva primitiva, o homem é rodeado de diferentes espíritos que dependem uns do espírito bom, outros do espírito mau. Importa reconhecer o que vem de um e do outro, sendo entendido que o espírito mau procura enganar o homem, fazendo-se passar por bom (cf. Gn 3). Esse tema já está presente na obra de Hermas no s. II (*O Pastor* 33-49: SC 53). Atinge um auge em Orígenes, que influenciará duravelmente o monaquismo* oriental, depois ocidental (*DSp* 3, 1248-1250). Encontrará no ensinamento e na prática de Inácio de Loyola (†1556) (espiritualidade inaciana*) uma ressurgência significativa (*ibid.*, 1266-1275).

c) O Espírito Santo e a Igreja. — *A teologia ortodoxa russa* (Ortodoxia* moderna e contemporânea) foi estimulada a partir do s. XIX pelo pensamento de Khomiakov, segundo o qual a Igreja não é primeiro uma instituição visível, mas uma realidade invisível animada pelo E. O que a constitui não é a cifra numérica dos fiéis, nem sua assembleia visível; é o laço mesmo que os une. A Igreja é a revelação do E.S. ao amor mútuo dos cristãos, e esse amor mesmo que os leva ao Pai por seu Verbo* encarnado*" (*L'Église latine et le protestantisme*, Lausanne, 1872, 266-267). Essa eclesiologia pneumatológica será reequilibrada pela contribuição de outros autores ortodoxos (Soloviev*, Boulganov, Florovsky, Afanasieff, e recentemente J. Zizioulas). Mas a revalorização do E.S. ficará como um dado adquirido. Encontra-se igualmente na Alemanha (J. A. Moehler, 1796-1838) e na Inglaterra (Newman*).

Na Igreja católica foi dada certa importância ao tema do E., *alma da Igreja*. Ele é raro nos primeiros séculos. Em Orígenes, é o Verbo que tem esse papel (*Contra Celso*, VI, 48). Agostinho fala disso duas vezes (*Sermões*, 267, 4 e 268, 12; prenúncios no *Com. sobre João*, XXVI, 6, 13 3 XXVII, 6, 6). Tomás de Aquino o retoma e precisa (*De veritate*, 29, 4c). Encontra-se em Leão XIII e em Pio XII (*Mystici corporis*, 1943; Tromp, *Litt. encycl.*, 3ª ed. 1958). A comparação só pode ser útil se for sublinhada sua diferença com a *união hipostática*. O E. na Igreja só intervém no nível das liberdades (V. Lossky, *Essai sur la th. mystique de l'Église de l'Orient*, 1944, 162-166, e já Orígenes, *De princ.*, I, 3, 5: "O E. só age sobre os santos, que aderem livremente a Cristo"). É a partir do coração dos crentes que ele instaura com Cristo — e entre eles — um tipo particular de unidade.

Mühlen (1964, 1, 101, 307, 376, 407) partindo da concepção antiga de *persona* (Tertuliano; Agostinho e a única *"persona"* do "Cristo total", juntamente Cabeça e Corpo-Igreja), retoma de Tomás de Aquino a expressão "pessoa mística" para dizer que o E.S. é "uma pessoa em múltiplas pessoas". "Pessoa" designa aqui o E. enquanto comprometido num jogo complexo de relações no seio da Igreja, "corpo de Cristo" no sentido de *corpo coletivo*, na linha do *basar* (carne) do AT, mas transposto para designar uma "personalidade moral" ou "corporativa" (J. T. A. Robinson, *The Body*, Londres, 1952; J. de Fraine, *Adam et son lignage*, Paris, 1959; R. H. Gundry, *Sôma*, Cambridge, 1976). É em relação com Cristo ressuscitado que se constitui esse "corpo" de Cristo, a comunidade nova dos crentes. Cristo desdobra-se num "grande Eu" (Mühlen, I, 384) que não é o prolongamento da encarnação, mas uma realidade distinta constituída sob a influência do E.S.: "Assim como o *Logos* realmente se *fez homem* na única natureza humana [cf. Jo 1,14], assim também o E. de Jesus realmente se '*fez*' *Igreja* no organismo social da Igreja" (*ibid.*, 2, 55; cf. 2, 121).

Yves Congar também sublinha a importância do E.S. na teologia depois do *Vaticano II**, para reequilibrar uma insistência legítima mas às vezes demasiado unilateral na cristologia*. O papel de Cristo não se limita a estabelecer estruturas visíveis. No quadro de uma "cristologia pneumatológica", ele deve ser compreendido em ligação com a ação do E., necessariamente invisível. Mas o E., por sua vez, não pode ser isolado de Cristo. A Igreja é o corpo (místico) de Cristo, não do E.S. (Congar, 1979, 2, 266-268; cf. Id., *Melanges G. Philips*, Gembloux, 1970, 41-64).

d) Das seitas aos movimentos carismáticos. — As seitas (tomadas no sentido sociológico do termo) concedem grande importância ao E. Em geral, é aceito como a terceira pessoa da Trindade, mesmo se o mistério dessa é muitas vezes ocultado. Sua função consiste em realizar no crente "a iluminação interior" que une ao E. mesmo ou a D. O acento é posto na experiência sentida de uma intervenção pessoal do E. no indivíduo, com uma atenção particular dirigida a certos *carismas* (dons particulares: 1Cor 12), ligados ao acontecimento de Pentecostes. Um caso particular deve distinguir-se do das seitas, porque oficialmente reconhecido pela hierarquia* católica, o dos "movimentos carismáticos" ou de "renovação", que desempenham há algum tempo um papel não desprezível na vida das Igrejas (Congar, 1979, 241-255; cf. Pentecostismo*).

e) A relação "teologia/economia" e o Filioque. — A teologia ortodoxa, na medida em que mantém um monopatrismo radical (o E. procede *somente* do P.) não por um *teologúmeno*, mas por um dogma de fé, não pode admitir a transposição do plano da economia, em que o F. intervém no dom do E., ao da teologia, em que não intervém (cf. a declaração de S. Verkhovsky no colóquio de Saulchoir (1950), *Russie et chrétienté* 221). Para a teologia católica, ao contrário, impõe-se a correspondência de um plano com o outro (*ibid.*, 120). Tudo o que no NT nos é revelado sobre Deus está num contexto econômico. Rahner propõe o axioma segundo o qual "a Trindade que se manifesta na economia da salvação é a Trindade imanente, e reciprocamente" (*Écrits Theol.* 8, 1967, 120-121: *MySal* II/1, 328). Na economia, Deus revela-se tal como é nele mesmo, porque seu desígnio é fazer-nos participar de sua vida intratinitária tal como é nela mesma, fazendo de nós "filhos no Filho" pelo dom do E.

Segundo Barth (1932) igualmente, não há, por trás da realidade da revelação, outra realidade que, essa sim, seria D. "É por causa da comunhão* intradivina e recíproca do E.S. que procede *do Pai e do Filho* que há, na revelação, uma comunhão de D. e do homem, em que D. não somente está ali para o homem, mas — e é nisso que está o *donum Spiritus sancti* — o homem está ali verdadeiramente para D." A inconcebível possibilidade de comunhão com D. existe já na Trindade: é o E.S., fundamento eterno em D. do que é dado ao homem no tempo.

f) Entre outros assuntos ainda por considerar pode-se mencionar: 1/A questão da *epiclese* eucarística (A conversão do pão e do vinho em corpo e sangue de Cristo na consagração eucarística depende das palavras pronunciadas pelo sacerdote, em nome de Cristo, ou da invocação do E.S.?) com a questão mais geral do papel do *E.S. na liturgia*, e 2/a questão do E. no *movimento ecumênico*. Outro assunto quase não estudado: *o laço entre o E.S. e o mistério pascal,* embora sugerido claramente na Escritura (At 2; Rm 1,4). O tema da ressurreição já começada (2Tm 2,18; Fl 3,1), como um transbordamento sobre toda a humanidade da ressurreição de Cristo, atravessa toda a literatura patrística, mais como uma evidência que não se procura demonstrar. Esconde-se sob um vocabulário em que a palavra "ressurreição" não aparece, mas em que o E.S. tem um papel importante. Aprofundar esse tema na Escritura e nos Padres da Igreja poderia ser a ocasião de desenvolver uma teologia que interroga o mistério de D. a partir do inaudito do dom que ele faz de si mesmo a si mesmo por meio do homem — no E.

- T. de Régnon (1892 e 1898), *Études de th. positive sur la Sainte Trinité*, 4 vol., Paris. — K. Barth (1932), KD I/1, § 12. — Col. (1950), "Le Filioque", *Russie et chrétienté*. — J. Guillet *et al.* (1961), "Esprit Saint", *DSp* 4, 1246-1333. — Col. (1963), *Le Saint-Esprit*, (Genebra). — H. Mühlen (1964), *Una mystica persona. Eine Person in vielen Personen*, Paderborn. — G. Kretschmar (1968), "Le développement de la doctrine du S.-E., du NT à Nicée", *VC* 88, 5-55. — P. Evdokimov (1969), *L'E.-S. dans la tradition ortodoxe*, Paris. — Col. (1978), "La procession du S.-E.", *Ist*, 17, 261-456.

— K. Rahner (1975), *Schr. Zur Th. XII*, Zurique-Einsiedeln-Colônia. — Col. (1978), *L'Esprit Saint*, Bruxelas. — F. Bolgiani (1979), "La th. de l'E.S. de la fin du Ier s. au concile de Constantinople" (381), *Les quatre fleuves*, n° 9, 33-72. — Y. Congar (1979-1980), *Je crois en l'E.-S.*, 3 vol., Paris; reed. em 1 vol., 1995. — L. Bouyer (1980), *Le Consolateur*, Paris. — J. Lison (1980), *L'E. répandu. La pneumatologie de Gregoire Palamas*, Paris. — Col. (1983), *Credo in Spiritum Sanctum*, Atti del Congresso di Pneumatologia, 2 vol., Roma. — J.-Y. Lacoste (1987) "La th. et l'E.", *NRTh* 109, 660-671. — H. U. von Balthasar (1987), *Theologik 3. Der Geist der Wahrheit*, Einsiedeln. — A. de Halleux (1990), *Patrologie et oecuménisme*, 303-442 (reimp. de 6 estudos de pneumatologia). — W. Pannenberg (1993), *Systematische Theologie III*, Göttingen, 13-114, — O. González de Cardedal (1997), *La entraña del cristianismo*, Salamanca, 683-870, "El Espíritu, la Iglesia y el Mundo". — B. J. Hilberath (1994), *Pneumatologie*, Düsseldorf.

Joseph WOLINSKI

→ *Cristo/cristologia; Deus; Filioque; Pai; Trindade; Verbo.*

ESPIRITUAL (Teologia)

I. Definições

1. Relações com outros domínios da teologia

A expressão "teologia espiritual" (t.e.) é moderna, e testemunha, como aliás, "misticismo", uma crise de cultura que se pode fazer remontar pelo menos ao fim da IM e à Reforma. Essa expressão serve para se distinguir do resto da teologia* (t.): a *t. dogmática** é demasiado cerebral e demasiado afastada da verdadeira vida cristã, e se a *t. bíblica* é totalmente desejável, ainda é preciso arrancá-la da "crítica". Assim cauciona-se um anti-intelectualismo, que por sua vez é uma das reações da cultura ou da t. moderna à crise em questão. A t.e., como o misticismo, busca suas raízes numa tradição* que remonta ao período patrístico, senão à própria Bíblia, e que pretende encontrar uma t. que não sofra dos deslocamentos da modernidade.

2. A noção de "espiritual"

Tal concepção da t.e. é demasiado ligada ao que ela rejeita para ter verdadeiramente valor.

Pode-se tentar renovar as coisas partindo da noção de "espiritual" na dupla acepção do termo. Com efeito, "espiritual" pode referir-se ao Espírito* Santo e designar uma relação vital com ele. A t.e. consiste então em tentar compreender o que significa nossa relação com Deus*. Mas "espiritual" pode também referir-se mais diretamente a uma dimensão do ser humano que muitas vezes se chama "coração*", e que é a alma*, a interioridade, a capacidade de entrar em relação com Deus. A t.e. consiste então em explorar o mundo que se abre quando se toma consciência dessas realidades (é o que se chama "descoberta do coração"). Essas duas maneiras de conceber a t.e. coincidem parcialmente e podem esclarecer-se mutuamente, mas são fundamentalmente diferentes: uma depende da noção bíblica do Espírito de Deus e do dogma* da Trindade*, a outra é mais filosófica e tem afinidades com o platonismo. O tema "coração", que é bíblico, pode eventualmente aproximar os dois pontos de vista.

II. Esboço de uma teologia espiritual

1. O "espiritual" e o Espírito

Uma primeira abordagem consiste em partir do que nos diz a Escritura*, e em aprofundar particularmente as noções joaninas* e paulinas*: habitação do Espírito em nós (Jo 14-16), adoração em espírito (Jo 4,24), ação do Espírito no batizado para incorporá-lo ao Filho, despertar do sentimento da comunicação com o Pai* na oração*, tudo isso em solidariedade com todo o cosmo* (cf. Rm 8). Os Padres* chamam "mística*" (Bouyer, 1986) essa realidade oculta da vida cristã manifestada pelo Espírito. O sentido "místico" da Escritura é, pois, seu sentido interior, revelado pelo Espírito que faz entrar a Igreja* na intimidade do Verbo* encarnado, objeto de toda a Escritura. Do mesmo modo, o sentido "místico" dos sacramentos*, especialmente da eucaristia*, é sua realidade interior, realizada pela invocação do Espírito. Outra dimensão dessa vida "mística" é a "vida escondida com Cristo* em Deus" (Cl 3,3), que é o verdadeiro estado do batizado. O objeto da t.e. assim entendida não é somente, aliás, a interioridade pessoal, mas a da Igreja em sua compreensão da Escritura e na sua vida litúrgica. É assimilada às vezes ao paraíso, porque foi nesse estado e para esse estado que os homens foram criados. Pode-se ainda perceber esse paraíso pelos "sentidos espirituais", que são ao mesmo tempo um prolongamento dos cinco sentidos habituais e uma maneira de superá-los.

2. O "espiritual" e o interior

A outra forma da t.e. aborda a interioridade mais filosoficamente, e de um ponto de vista mais claramente individualista. Porém sua concepção da realidade interior influenciou profundamente a concepção cristã tradicional da vida espiritual*. Aqui, a alma é considerada dividida em duas partes, racional e irracional: na primeira encontra-se o *nous*, o espírito, capaz de uma consciência pura da realidade última, na segunda, por sua vez dividida em duas, temos a agressividade, fonte da energia psíquica, e o desejo, mais perto do corpo*. Essa análise da alma forneceu o quadro da definição das virtudes* que fazem a beleza da vida cristã, e da definição dos vícios (originalmente, tentações) que a desfiguram, e permitiu definir seu fim: um estado de tranquilidade (*apatheia*) em que o *nous* não seja mais molestado pela agitação da parte inferior da alma, e possa contemplar a realidade do cosmo, e finalmente a Deus mesmo.

3. O coração

a) *A Escritura.* — A noção de coração* (em hebraico *lèv*, em grego *kardia*, em latim *cor*) é particularmente importante para a t.e. *Coração* é um termo bíblico que designa o centro da pessoa*. Não se trata daquilo que se entende em geral por "coração", mas de algo mais profundo e mais amplo que a afetividade. Nos Salmos*, o coração é o lugar da alegria (Sl 4,8; 15,9) e da tristeza (Sl 12,3), mas também medita (Sl 18,15; 48,4 etc.), procura a Deus (Sl 26,8), pode inclinar-se para ele e para os seus testemunhos (Sl 118,36. 111ss etc.), pode ser perturbado (Sl 54,5; 108,22), ser partido (Sl 50,19), aliás um

coração partido não será desprezado por Deus, e pode-se pedir um coração novo (Sl 50,12). Não é só o órgão do sentimento, é o da decisão, da reflexão, mas antes de tudo é essa parte da alma que está no centro de nossa relação com Deus. O coração *ora*: eis aí seu aspecto mais profundo. Falar de coração, nesse sentido, é designar a interioridade da pessoa, o que se chama alma, ou melhor, o *nous* na tradição filosófica evocada acima, mas sem o intelectualismo dessa tradição. Pelo fato de estar o coração fisicamente no meio do corpo, e ser indispensável à vida, essa linguagem* não só evita o intelectualismo*, mas mostra que não se esquece a unidade do ser humano.

b) *O pensamento cristão.* — Há na história da t.e. toda uma gama de opiniões a respeito do tema do coração. Em Orígenes* e Evágrio, por exemplo, coração é apenas um equivalente bíblico de intelecto: coração e *noûs* são utilizados como sinônimos, conforme a sugestão mais provável do contexto (cf. Evágrio, *Tratado prático* 47). Ao contrário, nas *Homilias* do Pseudo-Macário, p. ex., coração é uma noção mais vasta ainda que a de alma; e a expressão "profundezas do coração" (Cf. *Hom.* 43, 9; 15, 32) designa uma interioridade que se estende bem além da consciência e inclui desejos e paixões* que o espírito consciente não conhece, capazes de afetar o comportamento de maneira imprevisível. Desse ponto de vista, o coração é o centro da pessoa, mas é preciso descobri-lo, porque pela culpa do pecado original* perdemos contato conosco mesmos, enganamo-nos sobre nossos desejos e nossas paixões, e somos incapazes de nos conhecer e de nos dominar. O coração é assim o palco de um conflito de tendências, e está exposto ao mesmo tempo aos assaltos dos demônios* e à influência da graça*. É um lugar de discernimento, um lugar de combate, um lugar de oração: a pureza* do coração permite conhecer-se a si mesmo, adivinhar o inconsciente, e tornar-se livre para amar a Deus e a seu próximo. O esforço para chegar à oração pura é muitas vezes considerado como uma busca do coração: as técnicas mais tardias do hesicasmo*, que visam à oração pura, se dão explicitamente como métodos para encontrar o verdadeiro lugar do coração.

4. Os sentidos espirituais

O tema dos sentidos espirituais é igualmente um tema tradicional da t.e. (Rahner*, 1932, 1933). Paulo distingue o homem interior do homem exterior: também se faz a distinção, desde a época de Orígenes, entre os cinco sentidos do homem exterior e seus equivalentes interiores. O homem interior é que foi criado à imagem e semelhança de Deus e que pode, portanto, unir-se com ele no amor*. O homem exterior é o homem voltado para fora, para o mundo percebido pelos sentidos; o homem interior é o homem voltado para dentro, para o mundo percebido pelos sentidos espirituais. Esses sentidos percebem, com efeito, o mundo espiritual, o domínio de Deus, dos anjos* e das almas que são despertas para a realidade espiritual. O pecado e a queda voltaram os homens para o exterior, de forma que eles se espalham no mundo exterior, que não é tanto o mundo físico, quanto o mundo julgado do ponto de vista das coisas exteriores — um mundo de reputação, de ambição, de posses e de consumo. A maior parte dos seres humanos estão a tal ponto enredados nele que a realidade espiritual lhes é estranha, ou antes, são estranhos a ela. Se eles se voltarem para o interior, se aceitarem ouvir o apelo de Deus, despertarão pouco a pouco para o mundo espiritual *de dentro*, se se pode dizer; e quando estiverem habituados com ele, seus sentidos espirituais despertarão. Esse mundo interior parece às vezes concebido segundo o modelo do reino platônico das Formas, em que a verdade* é essencialmente imaterial. Mas às vezes, mais profundamente, é a totalidade do mundo criado, visto em seu valor próprio de criatura, é um mundo transfigurado, visto por sentidos espiritualmente transfigurados. Para Máximo* Confessor, essa transformação do olhar é devida à presença do Espírito nos sacramentos, sobretudo na eucaristia, mas também à purificação do coração pela ação ao mesmo tempo da ascese* e da graça do Espírito Santo (*Ambigua*, 41; *Mistagogia*, 1-7, 24).

III. O nascimento da teologia espiritual no Ocidente

1. O coração e os sentimentos

A partir do s. XII, aproximadamente, veem-se estabelecer no Ocidente as condições de aparição da noção moderna de t.e., com a evolução em particular do que se entende por "coração": nela se vê, cada vez mais, a sede das emoções, e compreende-se toda a linguagem bíblica do coração como implicando uma oposição ao intelecto. A ideia já antiga de que Deus não é objeto de conhecimento é entendida então no sentido de que, se não pode ser conhecido, pode ser amado: é o amor de Deus que é o conhecimento* de Deus — *amor ipse intellectus est* (Guilherme de São Thierry, *Epistula aurea* 173). Ao mesmo tempo que essa mudança na concepção do coração (por sua vez ligado ao *fino amor* e à aparição da noção moderna de amor romântico), há uma mudança na concepção da Igreja.

2. A aparição da "mística"

a) *Evolução da noção de Igreja.* — Antes do s. XII, a expressão *corpo de Cristo* (*corpus Christi*) designava a Igreja; depois dessa época, veio a designar o corpo eucarístico de Cristo (mais particularmente a hóstia consagrada), e a Igreja tornou-se o *corpo místico de Cristo* (*corpus Christi mysticum*) (Lubac, 1944). Certeau partiu daí para mostrar como apareceu então uma separação entre o sacerdócio*, que tinha o poder exclusivo de consagrar o corpo de Cristo, e a realidade escondida da Igreja ("escondida" no sentido original de *mysticus*). É a essa realidade que pretendiam ter acesso aqueles cujas graças especiais se manifestavam pela contemplação*, cada vez mais considerada como uma forma de oração sobrenatural* (Oração* IV 2b), e por fenômenos extraordinários como as visões, a levitação, os estigmas, e assim por diante. Essas experiências, que começavam a ser chamadas "místicas", davam uma validade sobrenatural a uma autoridade capaz de desafiar a autoridade institucional do sacerdócio (autoridade* na Igreja), e aberta aos que não tinham acesso a esse sacerdócio, especialmente às mulheres (Bynum, 1987). A oposição entre coração e intelecto foi reforçada pela oposição entre hierarquia* institucional e pretensão a uma experiência mística direta. Muitos escritos espirituais do fim da IM distinguem assim claramente a teologia intelectual escolástica* (reserva exclusiva dos clérigos, aliás), de uma teologia da vida espiritual* muitas vezes abertamente anti-intelectualista (cf. a *Nuvem do não conhecimento* e *Imitação de Cristo*).

b) O enquadramento da teologia espiritual. — Essa t.e. não foi deixada em paz pelos teólogos escolásticos (ou ao menos por teólogos que tinham uma formação escolástica), e embora concedendo à oração mística seu caráter sobrenatural, fez-se todo o possível para limitar suas pretensões. Foi assim, p. ex., que desde o início do s. XIV, o chanceler da Universidade de Paris, Gerson, atacava o místico flamengo Ruusbroec (mística renano-flamenga*). A evolução da t.e. depois do s. XVI pode explicar-se por esse conflito entre uma experiência espiritual que pretende ter uma autoridade inerente, e uma hierarquia que só admite tal pretensão quando sua própria autoridade for reconhecida como suprema. A condenação de Molinos e 1685 e, mais ainda, a censura obtida por Bossuet contra Mme. Guyon em 1694 e contra Fénelon em 1699, por sua doutrina do "puro amor" (quietismo*), testemunham esse conflito. Pode-se ver também um sinal disso na complicação crescente da terminologia nesse domínio. Não só se fala explicitamente de "t.e." nessa época, mas ainda se a divide em "t. ascética" e "t. mística". A t. ascética tinha por objeto as práticas que favorecem a oração e a piedade, e tudo de que se pode ter o controle nesse domínio. Quanto à oração, tratava da oração vocal (sobretudo da recitação do ofício divino) e da meditação; essa era concebida como uma reflexão sobre passagens da Escritura ou sobre os mistérios* da fé* destinada a dispor para uma oração afetiva; tratava também do que concerne o jejum e as práticas ascéticas: todas as coisas que o homem pode fazer por si mesmo. A t. "mística" tinha por objeto a "oração sobrenatural" ou contemplação, que só Deus podia conceder. Era em princípio uma raridade: poucas pessoas poderiam ter experiência dela (bem fechadas aliás em conventos de "contemplativos" enclaustrados). Essa maneira de conceber a t.e. tornou-se a norma na Igreja católica depois do concílio* de Trento*: encontra-se em dois tratados de 1754 de Scaramelli (*Il direttorio ascetico* e *Il direttorio mistico*), e vê-se ainda no livro de 1901 de A. Poulain (*Des grâces d'oraison*), que se chama "tratado de teologia mística".

3. Problemas atuais

a) Desaparecimento do antigo consenso. — No início do s. XX discutia-se ainda para saber se a contemplação era acessível a todo cristão sério. Poulain continua a crer que se trata de uma graça rara, enquanto outros (Saudreau, 1900; Arintero, 1908) pensam que é o coroamento da vida de oração de todo batizado. De fato, toda essa controvérsia foi superada por mudanças mais amplas produzidas no catolicismo*, por duas razões em particular. De um lado, teve-se cada vez mais consciência, em particular nos meios próximos ao modernismo*, da autenticidade da vida espiritual de muitos não cristãos, como se vê em Fr. Heiler (1892-1967), R. Otto (1869-1937), Fr. von Hügel (1852-1925) ou E. Underhill (1875-1914). De outro lado descobriram-se de novo os Padres* da Igreja, graças sobretudo aos trabalhos de H. de Lubac*, de H. U. von Balthasar* e de J. Daniélou (1905-1974), e à influência, sobre a teologia ocidental, de emigrados ortodoxos como V. Lossky (1903-1958) e M. Lot-Borodine (1882-1957). Se hoje em dia fala-se tanto de "t.e." é porque em boa parte o conflito implicado pelos termos "ascética" e "mística" não significa mais nada, e porque existe maior abertura às riquezas espirituais das outras tradições religiosas.

b) O futuro. — O futuro está aberto. Existe uma nova corrente que opõe a t.e. às tradições dogmáticas das diferentes confissões cristãs, e mesmo a todas as tradições religiosas em geral, e busca ali um meio de ultrapassar todos os dogmas, considerados como fatores de divisão. Mas para outra corrente (os cristãos ortodoxos, e muitos outros concordam com eles neste ponto) a t.e. não implica nenhum desprezo pela tradição dogmática da Igreja; ao contrário, busca compreender o que é a vida de oração e de comunhão* com Deus, que se revelou da maneira que os dogmas da Igreja buscam, de seu lado, precisar. Sabe-se que o pensamento dos Padres não se molda facilmente nas distinções que se fizeram mais tarde. P. ex., a infinidade (infinito*) divina é objeto, em Gregório* de Nissa, de uma investigação ao mesmo tempo explicitamente dogmática, quando defende a Trindade contra Eunômio, e espiritual, quando mostra em seus escritos sobre a oração que a infinidade de Deus e a experiência que a alma faz da escuridão são correlativas. Nos tratados de Máximo Confessor, encontram-se lado a lado na mesma obra arrebatamentos especulativos, a análise de termos teológicos e estudos sobre a oração e a contemplação. Igualmente no s. XIV, quando se questionaram os métodos de oração do Monte Athos (hesicasmo*), os argumentos da defesa fundaram-se sobretudo na distinção dogmática entre a essência e as energias de Deus. Tudo isso é o indício de um equilíbrio teológico que seria preciso reencontrar, deixando de distinguir a t.e. da t. dogmática, ou pior ainda, de a opor a ela.

- Anônimo, *The Cloud of Unknowing* e *The Book of Privy Counselling*, EETS 218, Londres, 1944. — Evágrio, *Traité pratique* ou *Le Moine*, SC 170-171. — J. Gerson, *De mystica theologia*, Lugano, 1958. — Guilherme de São Thierry, *Lettre aux frères du Mont-Dieu* (*Epistula aurea*) SC 223, — Macário, *Die 50 Geistliche Homilien...*, PTS 4. — Máximo Confessor, *Ambigua*, CChr.SG 18 *Mystagogia*, PG 91, 657-717 — J. van Ruusbroec, *Opera omnia*, CChr.CM 101, 102, 110. — Tomás de Kempis, *omnia opera*, 7 vol., Friburgo, 1902-1921.

▸ G. B. Scaramelli (1754a), *Il direttorio ascetico, nel quale si insegna il modo di condurre le anime per le vie ordinarie della grazia alla perfezione cristiana*, Veneza; (1754b), *Il direttorio mistico, indirizzato ai direttori di qualle anime che Iddio conduce per la via della contemplazione*, Veneza. — A. Saudreau (1900), *La vie d'union à Dieu et les moyens d'y arriver d'après les grands maîtres de la spiritualité*, Paris. — A. Poulain (1901), *Les grâces d'oraison*, Paris. — J. Arintero (1908), *The mystical Element of Religion, as studied in Sainte Catherine of Genoa and her Friends*, 2 vol., Londres.— E.

Underhill (1911), *Mysticism, A Study in the Nature and Development of Man's spiritual Consciousness*, Londres. — R. Otto (1917), *Das Heilige*, Stuttgart (*O santo*, Porto Alegre, 1993). — F. Heiller (1918), *Das Gebet, Eine religionsgeschichtliche und religionspsychologische Untersuchung*, Munique. — C. Butler (1927), *Western Mysticism. The Teaching of Ss. Augustine, Gregory and Bernard on Contemplation and the contemplative Life. Neglected Chapters in the History of Religion* (2ª ed. aumentada com "Afterthoughts"), Londres. — H. Brémond (1929-1933), *Histoire litteraire du sentiment religieux en France depuis la fin des guerres de religion jusqu'à nos jours*, 11 vol., Paris. — K. Rahner (1932), "Le début d'une doctrine des cinq sens spirituels chez Origène", *Ram* 13, 113-145; (1933), "La doctrine des 'sens spirituels' au Moyen Âge, en particulier chez saint Bonaventure", *RAM* 14, 263-299. — H. de Lubac (1944), *L'Eucharistie et l'Église au Moyen Âge*, Paris. — V. Lossky (1944), *Essai sur la théologie mystique de l'Église d'Orient*, Paris. — A. Stolz (1947²), *Théologie de la mystique*, Chevetogne. — R. A. Knox (1950), *Enthusiasm. A Chapter in the History of Religion with Special Reference to the XVII and XVIII Centuries*, Oxford. — H. U. von Balthasar (1961), *Herrlichkeit. Eine theologische Ästhetik*, t. I, Einsiedeln. — M. Lot-Borodine (1970), *La déification de l'homme*, Paris. — M. de Certeau (1982), *La fable mystique. XVI-XVII siècles*, Paris. — O. Clément (1983), *Sources. Les mystiques chrétiens des origines*, Paris. — L. Bouyer (1986), *Mysterion. Du mystère à la mystique*, Paris. — C. W. Bynum (1987), *Feast and Holy Fast. The religious significance of food to medieval women*, Berkeley.

Andrew LOUTH

→ *Ascese; Contemplação; Mística; Oração; Vida espiritual.*

ESPIRITUALIDADE → vida espiritual → espiritual (Teologia)

ESPIRITUALIDADE FRANCISCANA → franciscana (Espiritualidade)

ESPIRITUALIDADE INACIANA → inaciana (Espiritualidade)

ESPIRITUALIDADE SALESIANA → salesiana (Espiritualidade)

ESSÊNCIA → ser → deidade → natureza

ESTADO → Igreja — Estado

ESTOICISMO CRISTÃO

Presente no mundo helenístico como filosofia* moral, mais do que como metafísica, o estoicismo (est.) oferece ricos recursos conceptuais à teologia* cristã dos primeiros séculos, e sua influência devia fazer-se sentir de novo no início dos Tempos modernos.

a) Estoicismo dos Padres da Igreja. — O est. marcou sobretudo os Padres* gregos (Clemente, Orígenes*) pela da importância da escola estoica de Alexandria*, mas sua influência marcou também os latinos, desde Tertuliano*, pela retomada de uma temática parenética, pelo empréstimo de títulos — *De officiis ministrorum* de Ambrósio* de Milão (389) inspirado em Cícero, *De vita beata* (Sêneca, Agostinho*) — e pelo gênero retórico da consolação. Porém há que distinguir dois tempos e duas atitudes:

Num primeiro tempo, alguns Padres tomam de empréstimo ao est. (como ao platonismo*) teses filosóficas que lhes parecem pertinentes para exprimir a experiência* ou a doutrina cristãs: a unicidade e a transcendência do Deus* *Logos*, a unidade de filiação de toda a humanidade, a concepção organicista da sociedade* universal do gênero humano. "É a lei natural que nos encadeia à humanidade inteira, de modo que nossa relação de um como o outro é como a das partes de um corpo" (Ambrósio, *De off.* III, 19). Faz-se aproximação entre a conflagração estoica e o apocalipse — mas Orígenes (*Contra Celso*, VIII, 72) opõe os retornos cíclicos da *ekpurosis* estoica à regeneração oferecida uma vez por todas pelo *Logos* salvador. Em virtude de uma assimilação fácil entre o *logos* estoico e o *logos* joanino, fórmulas como "seguir a natureza é seguir a Deus" ou "Só o honesto é bom" parecem aceitáveis num sentido cristão.

Porém muito cedo a incompatibilidade entre certas teses fundamentais do Pórtico (o corporalismo integral) e a fé* cristã levaram a conservar do est. mais formulações do que teses, e a sublinhar os lugares de oposição. O deus estoico, princípio agente organizador do cosmo*, não é o Deus criador e salvador: a impassibilidade* divina (*apatheia*) não exclui a bondade nem a cólera* de Deus (Lactâncio, *De ira Dei*). A sabedoria* divina, fonte de um mundo bem ordenado, implica uma providência* particular, cuidadosa do bem* de cada um, e que se opõe à providência impessoal e determinista do estoicismo, o que vai de par com uma luta contra a astrologia e a adivinhação. A afirmação estoica de uma comunidade de natureza entre o homem e o universo (o homem microcosmo de Numênio de Éfeso) influencia Basílio*, mas Gregório* de Nissa (*De hom. op.* XVI, PG 44) acentua a insuficiência desse naturalismo em relação à criação* do homem à semelhança de Deus. Seguem-se daí consequências éticas: seguir a natureza (Cícero, *Off.* I, 100) certamente, mas "assimilar-se a Deus quanto possível" significa mais que um progresso sempre maior na racionalidade. O vocabulário estoico da alma* (o hegemônico) é adotado, mas negando que seja de natureza corporal (exceto Tertuliano*). Porém a moral do estoicismo imperial suscita tal entusiasmo que se faz passar por cristão um plágio do *Manual* de Epicteto e uma falsa correspondência do apóstolo* Paulo e de Sêneca aparece no s. IV. Adotam-se assim esquemas estoicos na análise das paixões* e a determinação das normas morais, mas o direito do sábio ao suicídio (Agostinho, *Civ. Dei*, I, 22-29) e sua autossuficiência permanecem pontos de tropeço. Sêneca estima o sábio superior a deus, porque deve suas virtudes* ao próprio esforço e não à sua natureza* — isso alimentará uma crítica cristã contra o orgulho dos estoicos. Mas o ideal de *ataraxia* será assumido pela ascese* monástica, especialmente sob o tema da "santa indiferença" (Mestre Eckhart em particular).

b) A época moderna. — O est. está presente na IM como uma moral naturalista que acentua a forma e a intenção mais que o conteúdo, e que se põe como rival do aristotelismo* dominante. No entanto, a partir do Renascimento, com a multiplicação dos florilégios morais de inspiração estoica (p. ex., as *Flores Senecae* de Erasmo*, 1534) e a redescoberta de Sêneca vulgarizado por Justo Lípsio (1604), é que o est. cristão vai conhecer um novo período de influência, na moral mas também na filosofia primeira e, portanto, na teologia*. Calvino* comenta o *De clementia* de Sêneca (1532) antes de opor-se a uma concepção do destino e da paciência que lhe parece como obstinação orgulhosa (*Inst.* XVII). Justo Lípsio apresenta a teologia estoica em sua *Física dos estoicos*, introdução à leitura das *Questões naturais* de Sêneca. A concepção de um Deus transcendente e imanente, princípio de toda vida e de toda ordem, anuncia o deus do deísmo*, evita as querelas sobre a Trindade* e a cristologia*; a teoria providencialista estoica, encadeando o Deus único, bom e onipotente, a providência universal e os destinos particulares, oferece uma explicação racionalista da existência do mal*. O destino de cada indivíduo, entendido como sistema determinado de causas no qual (no caso do homem) a vontade livre entra como causa determinante, permite justificar a inevitabilidade do que acontece, e inserir a sequência dos eventos num processo racional e bom, porque querido por Deus, embora seu sentido e sua justiça* só aparecerão no fim. Pierre Charron (1541-1603) e Guilherme Du Var (1556-1621) adotam essencialmente do est. um modelo de sabedoria moral e de impassibilidade diante das desgraças públicas. Charron insiste no valor intrínseco da natureza*, enfraquecendo com isso o papel do pecado original*. A perfeição do homem reduz-se a "seguir a natureza": "O bem, o fim do homem no qual reside seu repouso, sua liberdade* e seu contentamento, numa palavra, sua perfeição neste mundo, é viver e agir segundo a natureza, quando o que é mais excelente nele comanda, isto é, a razão*: a verdadeira probidade é uma reta e firme disposição da vontade de seguir o conselho da razão" (*Sagesse*, II, 3). Certamente é necessária também a graça* de Deus, como o sopro que faz cantar o órgão de que a vontade humana é

a instrumentista, mas essa "procede" da virtude natural que a torna digna de uma recompensa eterna, e não é um elemento constitutivo da beatitude*: é antes um acréscimo. A prudência ou a probidade substitui-se à caridade e vem ocupar a função de virtude arquitetônica, a que organiza e resume todas as outras.

Na idade clássica, os tratados de inspiração estoica pretendem ser uma preparação para o cristianismo: "A filosofia estoica é a serva da sabedoria cristã" (Gaspard Scioppius [1575-1674], *Elementa* § 167). Propõem um caminho fácil e aberto a todos para ganhar o céu (João de Bona, 1609-1674) ou ainda, defendem uma religião natural afastada da superstição, fundada no reconhecimento de um Deus providente, aberta a uma pluralidade de Igrejas* (Mackenzie, *Religio stoici*). A indiferença estoica (*apatheia*) entendida como "polícia do juízo", boa para suscitar a resignação diante da providência divina, arrisca porém a passar por atitude orgulhosa daquele que crê poder penetrar pela razão "o conselho da natureza como se fizesse suas leis" (Yves de Paris, 1593-1678). Em geral, a referência ao naturalismo estoico suscitará, como em Leibniz*, a crítica de só conduzir a "uma paciência sem esperança*", de favorecer o necessitarismo e, portanto, os desvios do naturalismo* espinosista. Daí a assimilação da moral cartesiana, que esvazia as causas finais, ao est. Já em 1595, S. Goulart, tradutor de Sêneca, sublinhava o abismo que separa uma filosofia pagã, mesmo se fosse apta a reformar os costumes, de uma religião revelada: "Nada há em seus escritos nem em sua morte, que se aproxime da crença e da confissão cristã; ao contrário, estimo que a filosofia estoica é diretamente oposta à verdadeira religião. Porque uma ensina o homem a glorificar-se a si mesmo, a outra a renunciar a si e a glorificar a Deus" (*Vida de Sêneca*, § XII). A partir de Pascal* (*Entretien avec M. de Saci*, 1655, publ. 1728), que o opõe ao ceticismo* de Montaigne, o est. não pode mais ser considerado como a linguagem filosófica do cristianismo. Discurso justo no que apresenta a grandeza do homem, é também um discurso abusivo porque parcial, que ignora sua miséria. Erigindo em princípio filosófico o que desconheceu, aparece então como a retomada teórica do próprio pecado original. Mais fundamentalmente, o naturalismo estoico, estritamente homogêneo, é radicalmente estranho à ideia do sobrenatural* como à de natureza decaída. Sua concepção do tempo*, centrada no instante presente, proíbe enfim pensar uma salvação* pessoal e coletiva, inscrita numa história* e aberta a uma escatologia*.

* A. de Riveaudeau (1567), *La doctrine d'Epictècte stoicien, comme l'homme se peut rendre vertueux, libre, heureux*, Poitiers. — Juste Lipse (1584), *De constantia*, Antuérpia; (1604) *Manuductio ad stoicam philosophiam; Physiologia stoicorum*, Antuérpia. — S. Goulart (1595), *Oeuvres morales et mesclées de Sénecque*, Paris, 3 t.; no t. 3, *Ample discussion sur la doctrine des stoïques*, (4ª ed., 1606, Genebra). — G. Du Vair (1590), *Traité de la constance et de la consolation es calamités publiques*, Paris; (1600), *De la sainte philosophie*, Paris. — P. Charron (1601), *De la sagesse*, Paris (ed. revista, Paris, 1604). — G. Scioppius (1606), *Elementa philosophiae stoicae moralis*, Mainz. — Yves de Paris (1638), *De la indifférence*, Paris. — J. de Bona (1658), *Manuductio ad coelum*, Colônia. — P. du Moulin (1661), *Traité de la paix de l'âme et du contentement de l'esprit*, Paris. — A. de Sarasa (1664), *Ars semper gaudendi ex principiis divinae providentiae et rectae conscientiae deducta*, Antuérpia. — G. Mackenzie (1665), *Religio stoici with a friendly adresse to the Phanaticks of all sects and sorts*, Edinburgo. — J. Abbadie (1693), *L'art de se connaître soi-même*, Roterdã.

▶ G. Verbeke (1945), *L'évolution de la doctrine du pneuma du stoicisme à saint Augustin*, Paris. — E. von Ivanka (1964), *Plato christianus*. — M. Spanneut (1969²), *Le stoïcisme des Pères de l'Église*, Paris. — J.-C. Fredouille (1972), *Tertulien et la conversion de la culture antique*, Paris. — G. Verbeke (1973), "Le stoïcisme une philosophie sans frontières", *ANRW* I, 4, 3-42. — Julien-Eymard d'Angers (1976), *Recherches sur le stoïcisme aux XVIe et XVIIe siècles*, Hildesheim. — G. Abel (1978), *Stoizismus und frühe Neuzeit*, Berlim-Nova York. — J.-C. Fredouille (1981), "Les normes morales du stoïcisme chez les Pères de l'Église", *StMor* XIX, 2, 153-175. — M. L. Colish (1985), *The stoic Tradition from Antiquity to Early Middle Ages*, 2 vol., Leyde. — H. Gouhier (1987), *L'anti-humanisme au XVIIe siècle*, Paris. — A. Jagu (1989), "La morale

d'Epictète et de christianisme", *ANRW* XXXVI, 3, 2165-2199. — V. Carraud (1992), *Pascal et la philosophie*, Paris. — J. Lagrée (1994), *Juste Lipse et la restauration du stoïcisme*, Paris. — G. Olivo (1994), "Une patience sans espérance? Descartes et le stoïcisme", *in Le stoïcisme aux XVIe et XVIIe siècles*, J. Lagrée (sob a dir. de), *CPPJ*, 25, 131-146. — T. Gregory (1999), *Genèse de la raison classique, de Charron à Descartes*, Paris.

Jacqueline LAGRÉE

→ *Alexandria (escola de); Aristotelismo cristão; Deísmo; Erasmo; Humanismo cristão; Orígenes; Pascal; Platonismo cristão; Providência; Tertuliano*

ESTRUTURAS ECLESIAIS

A noção de estruturas (e.) eclesiais indica que a Igreja* de Jesus Cristo* constitui um conjunto organizado. Diferentes tipos de e. apareceram no curso da história*. Pode-se, simplificando, distinguir: a e. *primacial*, que depende de um pontífice supremo, a e. *episcopal*, centrada no ministério* do bispo*, a estrutura *sinodal*, em que a responsabilidade se exerce colegialmente, a e. *congregacional*, em que cada comunidade particular detém o conjunto do poder, a e. *consistorial*, marcada por um caráter administrativo. Na realidade, porém, nenhum desses tipos aparece em estado puro. As constituições eclesiais nunca dão a preponderância a um desses elementos, sem admitir também outros. A tarefa do teólogo é aqui interrogar se os fatores de organização repousam na função positiva da Igreja, tal como instituída por Deus* (*jure divino*), no "direito* natural", querido por ordenamento divino, ou numa necessidade puramente histórica (*jure humano*).

1. Histórico

A problemática que se desenha aqui encontra-se já inscrita nos primeiros desenvolvimentos da Igreja. Essa, segundo o NT, é o mistério* da ação salvadora de Deus, que opera no tempo* e no espaço pela Palavra* e pelos sacramentos*. Enquanto tal, transcende a ordem institucional, mas ao mesmo tempo, só pode cumprir sua tarefa histórica por meio de uma organização e com a ajuda de instituições que permanecem sempre aquém de sua realidade essencial. É o que exprimem as imagens fundadoras pelas quais a Igreja é designada no NT: a relação a Deus (ao Deus trinitário) sempre está ali sublinhada, mas é também o caso de determinado elemento estrutural que não coincide necessariamente com o que se encontra valorizado por outras concepções. A noção de *povo* de Deus*, p. ex., implica uma relação de igualdade entre todos os membros, enquanto a imagem *corpo de Cristo* pode dar lugar a uma interpretação hierárquica, e a de *templo do Espírito* Santo* significa tanto a unidade (pois todos receberam o Espírito) quanto a e. episcopal da Igreja (sucessão* apostólica). É por isso que encontramos, desde a época neotestamentária, muitos modelos de e. eclesiais: nas comunidades paulinas, rigorosamente submetidas à autoridade* do Apóstolo*, é a divisão funcional das tarefas segundo os diversos carismas que predomina (cf. 1Cor 12,4-31a com a referência ao corpo de Cristo); nas comunidades gregas, encontra-se uma organização colegial da Igreja (Fl 1,1: bispos e diáconos*; Tt 1,5: presbíteros*; At 20,28: presbíteros e bispos); a organização presbiteral reina em Jerusalém*. Somente no s. II é que a e. episcopal, com a tríade hierárquica de bispo, sacerdote e diácono se constitui nas comunidades (Igrejas locais*), assim como nas assembleias de Igrejas locais, regidas pelo princípio sinodal e nas quais o bispo representa a Igreja. Depois da instauração de Igreja imperial (381), e paralelamente à autoridade aumentada da Sé pontifícia de Roma*, a constituição toma um caráter metropolitano e patriarcal. A partir do s. IV, as comunidades monásticas e as ordens religiosas podem desenvolver suas próprias e. com relativa independência. A Igreja do Oriente, por seu lado, organiza-se em torno de outro princípio: fundamento eucarístico da Igreja local (episcopal), pentarquia (primazia dos cinco patriarcados* mais antigos: concílio de Niceia*, cân. 6-7) e "sinfonia" entre a Igreja e o Estado* [bizantino] (concílio de Calcedônia*, cân. 17). No Ocidente, um sistema fortemente centralizado se desenvolve desde o s. XI; seus elementos principais são o primado

quase absoluto do papa* (numa história que vai de Gregório VII, no s. XI, até ao Vaticano I* no s. XIX), a unificação do direito* canônico (com Graciano no s. XII) e a insistência na desigualdade entre o clero e os leigos*. Os elementos sinodais subsistem apenas pelos direitos de participação dos capítulos catedrais e colegiais, assim como na instituição conciliar. Essa concentração do poder suscitou no fim da IM uma oposição (movimentos de pobreza, conciliarismo*, secularização dos bens da Igreja pelos soberanos) que, por meio da Reforma, deveria dar origem a novas confissões organizadas no modelo sinodal (luteranismo*), presbiteral (Igrejas reformadas) ou congregacional (Igrejas livres). O s. XX viu nascer alianças confessionais (famílias confessionais*) em nível mundial, continental e nacional, assim como um Conselho* ecumênico das Igrejas, que reúne as principais Igrejas, com exceção da Igreja romana; porém essa instituição não introduz nenhum princípio de organização na comunidade de seus membros.

2. As estruturas eclesiais nas Igrejas cristãs hoje em dia

a) A Igreja católica. — Ela se compreende como a comunidade visível dos crentes, que porém não se confunde absolutamente com a Igreja de Cristo (*LG* 8). Todos os fiéis que estão em comunhão* com ela participam de sua missão. Alguns são membros do clero, outros são leigos: diferença fundada no sacramento da ordem*. A autoridade* compete essencialmente ao clero, que possui uma dupla e.: uma e. vital, fundada na ordenação* que liga aos apóstolos os bispos ("sucessão apostólica"), os padres e os diáconos; uma e. jurídica fundada no poder de jurisdição concedido ao papa e aos bispos: esses, em comunhão* com o papa (*communio hierarchica*), exercem o poder na Igreja universal e nas dioceses (Igreja local). Essa e. primacial-episcopal é completada por traços sinodais (o sistema dos conselhos, presentes desde o nível mundial até a simples paróquia), assim como por elementos congregacionais (que revalorizam o papel do leigo e das comunidades locais e afirmam os direitos fundamentais do cristão).

b) As Igrejas ortodoxas. — O fundamento da e. eclesial é aqui a independência da Igreja local, centrada no sacramento da eucaristia* e submetida à autoridade do bispo situado na sucessão apostólica. Não existe instância jurisdicional primacial, porque todas as Igrejas locais são iguais e todos os bispos participam da mesma sucessão dos apóstolos. A eucaristia sendo também em toda a parte a mesma, as diferentes Igrejas locais — e portanto os diferentes bispos — estão unidos pelo elo da comunhão, que se realiza e se manifesta, antes de tudo, nos concílios*. O princípio sinodal é, portanto, a verdadeira e. da Igreja do Oriente. Mas compreende também aspectos primaciais — com o sistema patriarcal —, assim como elementos congregacionais — com a insistência na recepção* notadamente na teologia* russa (Ortodoxia* moderna e contemporânea) desde Khomiakov (princípio da *sobornost* como participação de todos os crentes à vida da Igreja).

c) As Igrejas surgidas da Reforma. — As Igrejas surgidas da Reforma ou fundadas depois possuem e. muito diversas. Todas porém coincidem na rejeição estrita do princípio primacial, e na acentuação dos traços sinodais, congregacionais e muito amplamente também consistoriais de suas constituições. Nas Igrejas escandinavas, na comunhão anglicana e em parte dos Estados Unidos, e. episcopais foram conservadas, ou — no caso da Alemanha depois de 1918 — restabelecidas. As Igrejas surgidas da Reforma mantêm também relações muito diversas com o poder político (ora o soberano tem o estatuto de *summus episcopus*, ora Igreja é uma Igreja do Estado, com o chefe de Estado como instância estrutural, ora a Igreja e o Estado*, ao contrário, são rigorosamente separados).

• A. Khomiakov (1870), *Die Einheit der Kirche*, Berlim. — K. Küng (1960), *Strukturen der Kirche*, Friburgo-Basileia-Viena. — A. Dulles (1967), *Models of the Church*, Dublin. — W. Aymans (1970), *Das synodale Element in der Kirchenfassung*, Munique. — H. Frost (1972), *Strukturprobleme evangelischer Kirchenverfassung*, Göttingen. — W. de Vries (1974), *Les structures ecclésiales vues dans l'histoire des sept premiers conciles oecuméniques*, Paris. — E. Wolf, E. Thul (1975[2]) "Kirchenverfassung", in *Evangelisches Staatslexikon*, Stuttgart-Viena, 1248-1293. — G. Alberigo (1981), *Chiesa conciliare*, Brescia. — K. Walf (1984), *Einführung in das neue katholische Kirchenrecht*, Zurique. — H. Frost (1989), "Kirchenverfassungen" in *EKK*[3], 2, 1192-1202. — A. Jensen (1986), *Die Zukunft der Ortodoxie. Konzilpläne und Kirchenstrukturen*, Zurique-Einsiedeln-Colônia. — A. Anton (1989), *Conferencias episcopales — instancias intermedias*, Salamanca. — H. J. Pottmeyer (sob a dir. de) (1989), *Kirche im Kontext der modernen Gessellschaft. Zur Strukturfrage der römisch-katholischen Kirche*, Munique-Zurique. — R. Puza (1993[2]), *Katholisches Kirchenrecht*, Heidelberg. — M. Kehl (1993[2]), *Die Kirche*, Würzburg. — W. Aymans (1955), *Kirchenrechtliche Beiträge zur Ekklesiologie*, Berlim.

Wolfgang BEINERT

→ *Catolicismo; Colegialidade; Eclesiologia; Hierarquia; Igreja/Estado; Jurisdição; Ortodoxia; Protestantismo; Salvação; Sínodo.*

ETERNIDADE DIVINA

O Eterno é meu rochedo, meu pastor, minha luz, dizem os Salmos*. Durante muito tempo achou-se muito natural substituir esse adjetivo ao nome de Javé, em mais de uma tradução da Bíblia*. Boécio* dizia (*Cons. Phil.*) que todo homem de senso reconhece que Deus* é eterno. Mas que é que reconhece?

1. A Escritura

O termo que se traduz muitas vezes por "eterno", "eternidade" (et.), '*olam — aion* nos LXX (traduções* antigas da Bíblia) — não designa primitivamente a intemporalidade de Deus. Primeiro se lhe atribui, mais simplesmente, uma duração imensa, reconhecendo nele uma existência imemorial e indestrutível: por oposição à precariedade do mundo* (Sl 102,26ss, texto aplicado a Cristo* por Hb 1,10ss) e à condição mortal da humanidade (p. ex. Sl 90; Dt 5,23-26), Deus é Deus vivo (Dt 32,40, "eu vivo para sempre..."). Sua presença e seu agir dominam o tempo*: a seus olhos, "mil anos são como um dia" (Sl 90,4; 2Pd 3,8) e lembra-se de sua aliança* "para sempre" (le 'olam), para "mil gerações" (Sl 105,8). Deus é "desde toda eternidade" (me 'olam, Sl 93, 2), "antes da criação* do mundo, de et. em et." (Sl 90,2). Nesse sentido a et. é nitidamente um atributo* divino desde Isaías (Sasse, 1933, 201). Esse tema é reforçado pelo da preexistência da Sabedoria* (Pr 8,22-31, Eclo 1,1 [eis ton aiona]; 24,9) e de Cristo (Jo 1; Fl 2,6 p. ex.).

2. A teologia

a) A Concepção clássica. — A et. é primeiro na Escritura* um tempo sem fim. Aliás não se pode representar a et. de outro modo, como muitas vezes se disse (cf. al-Razzi, in Arnaldez 1986, 97b, Sasse, 201-202; Ernst 1995, 1083), o que não significa que assim se atribua a Deus uma duração do mesmo tipo que a nossa, mesmo que fosse ilimitada. Essa ilimitação mesma requer ser pensada, e só pode ser com os recursos da filosofia*. Por isso é inútil lamentar com Cullmann a helenização* do cristianismo nesse ponto. Aliás não é seguro que os primeiros cristãos tivessem uma visão "ingênua" da eternidade divina como um tempo indefinidamente prolongado (Cullmann, 1946, cap. 3), e talvez mesmo, foi sua fé* num Deus eterno que lhes fez encontrar afinidades com o platonismo (Pannenbreg, 1988, 436), particularmente sob a forma que tomou com Plotino. Para esse, quando se diz que o eterno é sempre, é uma imagem para dizer que ele é verdadeiramente (En. III, 7, 6). Plotino não se limita, com efeito, a opor uma eternidade intemporal a um tempo sem relação com ela; faz dela a plenitude de uma vida totalmente presente a si mesma. "A et. é Deus mesmo mostrando-se... tal como é" (En. 7, 5), aquele "a quem nada pode faltar, e a quem o não-ser não poderia acrescentar-se" (7, 4), ou, para dizer com Bossuet meditando a et. divina, "aquele em quem o não-ser não tem lugar" (Élévations sur les mystères I, 3). Há, de outro lado em Plotino uma relação do tempo com a eternidade, mesmo que só na forma mítica de uma queda da alma*, que produz o tempo em sua inquietude (7, 11). Esses elementos não podiam deixar de servir à reflexão teológica. Encontram-se, com as mo-

dificações queridas, no que se pode chamar a reflexão clássica sobre a questão, até ao s. XVII pelo menos (p. ex., Petau, 1644). Agostinho* liga estreitamente a eternidade de Deus à sua imutabilidade* e opõe radicalmente o tempo, criado (Conf. XI, 13 p. ex.) e característico da criatura mutável (En. Ps. 121, PL 37, 1623), à et., "substância mesma de Deus, na qual não há mudança" (En. Ps 101, PL 37, 1311).

Boécio está mais perto do pensamento de Plotino, como mostra sua definição da et. como "posse completa, simultânea e perfeita da vida sem fim" (interminabilis vitae tota simul et perfecta possessio, Cons. V, 6). A palavra interminabilis não significa aqui "interminável" no sentido ordinário, que conota toda a experiência e a impaciência do tempo, mas designa a infinidade positiva do ser* de Deus, que só apreendemos negativamente (cf. ST Ia, q. 10, a. 1, ad 1). Boécio marca bem a diferença entre uma vida simplesmente "interminável" e a plenitude de presença a si mesma de uma vida a que não se pode atribuir um termo (aliud et... per interminabilem dici vitam... aliud interminabilis vitae totam pariter complexum esse praesentiam). O mundo pode ser "perpétuo"; só Deus é "eterno".

Esses pensamentos serão assumidos e sistematizados por Tomás* de Aquino, para quem não é certamente o fato de não ter começo nem fim que define a et. em relação ao tempo (ST Ia, q. 10, a. 4), mas a simultaneidade da presença a si (Ia, q. 13, a. 11). Nesse sentido, Deus não está no tempo, mas o tempo está em Deus (ibid., a. 2, ad 4; Ia, q. 14, a. 13; q. 57, a. 3). É assim que Tomás explica o paradoxo do conhecimento dos futuros contingentes por Deus: ele não os prevê, mas os vê como presentes (prout sunt in sua praesentialitate, Ia, q. 14, a. 13), já que "em todo instante do tempo a et. está presente" (CG I, 66).

b) A modernidade. — Essa concepção clássica foi ainda adotada no final do s. XIX pelo Vaticano I*, que faz figurar a et. na lista dos atributos divinos (DS 3001; cf. Latrão IV*, DS 800), e contudo já não era mais óbvia, ao contrário do que acreditava Boécio. Sem dúvida o aspecto negativo da eternidade tinha prevalecido sobre seu aspecto positivo na teologia escolar, a eternidade não era mais concebida senão como simples intemporalidade. Ora, são os filósofos do vir-a-ser e das aventuras do Espírito ou do Absoluto (Hegel*, Schelling*) que dominavam então e levavam pois a valorizar a historicidade antes de tudo. Quanto à et. que Zaratustra amava, não é a mesma que era cara a Agostinho (*cara aeternitas, Conf.* VII, 10), mas uma absolutização exaltada do vir-a-ser, do "eterno retorno" em que Nietzsche* punha todas suas complacências. Tudo isso tornou difícil ver na imutabilidade, na impassibilidade, na et. atributos positivos da divindade. Pareciam mais próprios para definir a morte* do que a vida, de que Boécio falava. Não havia vida se não houvesse dinamismo, vir-a-ser, progresso, e isso devia ser verdadeiro do Vivente por excelência. Esse ponto de vista não desapareceu: vê-se bem hoje ainda quanto o nome "estático" é pejorativo, por oposição à positividade que a teologia antiga via no *nunc stans*. À questão de Agostinho, *vis tu... stare?* (PL 37,1623), a tendência seria responder resolutamente: não! A teologia contemporânea esforça-se assim, em muitos casos, para pensar o "dinamismo" de Deus, ou pelo menos seu elo íntimo com a temporalidade e com a história*, que parece indispensável para compreender seu amor* pelos homens. Nos casos extremos, como na "Process* Theology" dilui-se e et. no vir-a-ser indefinido dos "eventos" que nem sequer constituem um mundo. Nas teologias mais clássicas, não se abandona a reflexão antiga, mas esforça-se por retomá-la começando de novo, retornando às categorias bíblicas. Assim Barth* chega a pensar a et. divina como uma duração — o tempo de Deus (*KD* II/1, 691) — tão plena que não conhece nenhuma das limitações do tempo criado, sua instabilidade e suas disjunções (691); que constitui de certa maneira a forma da vida trinitária (693-694); que contém o tempo (698) — Deus "tem tempo para nós", "tem o tempo porque tem a eternidade" (689) — e que tem a possibilidade de tornar-se temporal em Jesus Cristo (695-696), a ponto de poder defini-la como pré-, super-, e pós-temporalidade (698).

Esse senhorio de Deus sobre o tempo reconhecido por Barth (692) é também afirmado por Ratzinger (1959, 1269), que tampouco se contenta com uma concepção negativa da et. Esse senhorio concretiza-se na encarnação*, em que Deus participa do tempo para fazer o homem participar de sua et. (*ibid.*). Compreende-se que, desse ponto de vista, a vida "eterna*" prometida aos homens não seja em nada uma vida perpétua, que nada teria da et. divina — e aqui se volta a Boécio. É aliás um dos interesses da noção de *aevum*, elaborada pelos escolásticos* para tentar pensar a duração dos anjos* e das almas: procurar definir uma duração paradisíaca, que não seja nem o tempo do mundo nem a et., própria só de Deus, mas que participa dos dois: os seres "eviternos" são fixados em sua essência, mas suas operações são sucessivas (*ST* Ia, q. 10, a. 5 e 6).

• Boécio, *A consolação da Filosofia*, V, 6 (LCL 74). — K. Barth, *KD* II/1, § 31.3. — Plotino, *Enéadas*, III. 7. — Tomás de Aquino, *ST* I a, q. 10.

▶ D. Petau (1644), *Theologica Dogmata*, t. I, 1. III (ed. Vivès, Paris, 1865). — J. Guitton (1933, 1959³), *Le temps et l'éternité chez Plotin et saint Augustin*, Paris. — H. Sasse (1933), "Aiôn", *ThWNT* 1, 197-209. — O Cullmann (1946), *Christus und die Zeit*, Zurique. — J. Schierse, J. Ratzinger, K. Jüssen (1959), "Evigkeit", "Ewigkeit Gottes", *LThK²* 3, 1267-1271. — E. Jüngel (1976), *Gottes Sein ist im Werden*, Tübingen. — R. Arnaldez (1986), "Kidam" *EI*(F), nova ed., 5, 97b-101. — D. H. Preuss (1986), "'olâm" *ThWAT* 5 1144-1159. — W. Pannenberg (1988), *Systematische Theologie*, t. 1, c. 6, § 6, Göttingen. — W. Hasker (1989), *God, Time and Knowledge*, Ithaca-Londres, — A. Paus, J. Ernst, P. Walter (1995), "Ewigkeit, Ewigkeit Gottes", *LThK³* 3,1082-1084.

Irène FERNANDEZ

→ *Atributos divinos; Ciência divina; Imutabilidade divina/impassibilidade divina; Justiça divina; Onipresença divina; Platonismo cristão; Potência divina; Predestinação; Providência; Simplicidade divina; Vida eterna.*

ÉTICA

Toda sociedade* mantém sua identidade, sua coerência e sua continuidade com ajuda de um conjunto de regras, de valores e de costumes que constituem sua tradição moral. Isso é possível porque os seres humanos são seres que dependem uns dos outros e que não buscam apenas seu interesse pessoal. Isso é necessário porque também são seres egoístas que têm tendência a fazer passar seu interesse na frente do interesse do outro. As tradições morais têm por função permitir aos homens entender-se, propondo-lhes um modelo de comportamento que tenha autoridade. Fornecem também pontos de referência que permitem definir aspirações e ideais pessoais.

Chama-se em geral "ética" o estudo sistemático da moral. Pode ser normativa e querer sistematizar as regras, ou descritiva e querer sistematizar o conjunto de obrigações, valores e virtudes* reconhecidos por uma sociedade colocando-os no contexto de suas tradições históricas, à luz de um ou de vários princípios de fundo. A ética cristã, por sua vez, é o estudo do que constitui a vida moral à luz da crença no Deus* criador e redentor. É pois essencialmente uma "ética teológica", fundada na sabedoria* e na vontade de Deus, seja qual for o papel que atribua à intuição moral e à razão*. (O uso católico consiste aliás em chamá-la "teologia* moral".) É enraizada na Escritura* e na tradição*, mas recorre, evidentemente, à filosofia; e no começo de sua história deveu muito à herança greco-romana, como o restante das doutrinas cristãs.

1. A herança greco-romana

a) *Moral e religião.* — A mitologia continha muitas histórias pouco edificantes que os filósofos julgavam não poder ser dadas como exemplo. A ética filosófica tinha então, explicitamente ou não, certa autonomia* em relação à religião e permitia julgar independentemente da verdade* das crenças religiosas.

b) *Lei e natureza.* — Se a moral não depende da vontade dos deuses, depende então da vontade dos homens? E, nesse caso, de que homens? Sófocles (c. de 496 – 406 a.C.) descreve em *Antígona* o conflito moral que opõe Antígona a Creonte. É em nome da razão de estado que Creonte proíbe sepultar Polinice, e se Antígona passa por cima dessa proibição é porque é a seu irmão que faz os últimos obséquios. Observando assim a piedade devida à família*, apela para uma lei* mais profunda que a do Estado*, e que tem mais autoridade.

c) *A força e o direito.* — A discussão sobre a origem da autoridade moral fez levantar questões sobre sua natureza. Para os sofistas, uma declaração moral só tem a autoridade de seu autor, porque as opiniões morais são apenas o reflexo dos interesses da cada um. A moral de uma sociedade é assim o reflexo dos interesses dos que ali detêm o poder: tal a posição atribuída por Platão a Trasímaco no primeiro livro da *República* (338 a-348 b). Sócrates, ao contrário, parece ter consagrado uma parte de sua vida a combater esses pontos de vista, porque a discussão moral só é possível se existe uma norma constante e imutável, e não somente uma variedade infinita de opiniões.

d) *O tempo e a eternidade.* — Platão prossegue a reflexão de Sócrates dando-lhe um fundamento metafísico. Só pode haver normas éticas se fundadas em Formas transcendentes, cada uma delas imutável e eterna. A mais alta dessas Formas é a do Bem*, que está além de todo ser* e de todo conhecimento, e só é acessível à intuição intelectual depois de uma longa educação.

e) *Moral e felicidade.* — Aristóteles rejeitou a teoria do Bem por não esclarecer em nada os problemas morais práticos da existência humana. Em seu lugar, tratou de buscar o que os homens querem realmente, e definir os meios de chegar lá. Todo homem, segundo ele, deseja a felicidade (*eudaimonia*). Com isso, Aristóteles não entende uma simples satisfação subjetiva, mas uma plenitude de vida em que entram ao mesmo tempo sentimentos subjetivos e elementos objetivos. Essa felicidade depende do exercício ativo e constante das virtudes que são próprias ao ser humano: a mais alta entre elas é a virtude intelectual da contemplação*, que dá a maior felicidade por ser a que mais se aproxima da atividade divina.

f) *Prazer e dever.* — Na época helenística apareceram novas ideias éticas. O indivíduo substituiu o cidadão, e os valores que tinham caracterizado a inserção numa sociedade particular deram o lugar a valores, seja individuais, seja universais. Os discípulos de Epicuro preocupavam-se com o que sentiam os indivíduos e pregavam uma vida tranquila de prazer e de satisfação, enquanto os estoicos preferiam a racionalidade universal que regulava, segundo eles, as normas do comportamento humano. Agir de acordo com a razão era agir de acordo com a natureza última das coisas, inclusive a natureza do homem.

Toda essa tradição filosófica deu aos primeiros teólogos cristãos o quadro conceitual de sua reflexão ética. As crenças morais dos cristãos eram em larga medida de origem judaica, mesmo se sua vida social era a do mundo helenístico (cf. os "códigos domésticos" que determinam as relações entre maridos e mulheres, pais e filhos, senhores e escravos, p. ex. em 1Pd 2,18-25; 3,1-17b; Cl 3,18-4,1; Ef 5,21-6,9). Quanto às questões éticas que surgiam, eram as mesmas que as dos filósofos gregos: natureza, fonte e fundamento da obrigação moral, relação entre indivíduo, comunidade e humanidade em geral, relação entre o natural, o convencional e o metafísico, assim como entre liberdade* e obediência, ou virtude e felicidade. A isso acrescentava-se a questão teológica capital da relação entre a moral segundo a razão e a moral segundo a revelação*.

2. A tradição judeu-cristã

O coração da ética bíblica é a fé* no Deus único, criador e redentor, e a confissão da aliança* que Deus fez com seu povo*, aliança com os Israelitas depois da saída do Egito, nova aliança em seguida com todos os que põem sua confiança em Jesus Cristo, ressuscitado dos mortos. Para uma ética fundada na aliança, os conceitos de base são o dom e o apelo, a promessa* e o mandamento*

a) A aliança mosaica. — Segundo os termos da aliança feita com Moisés, Deus prometia uma vida nova numa terra nova e próspera, e seu mandamento era observar a Lei, resumida no decálogo* e explicitada em todo Pentateuco. A ética da aliança era pois uma ética prescritiva que fazia da obediência à lei divina o caminho da salvação*: se o povo observasse a lei, estaria seguro de "viver", e se a violasse, estaria seguro de "morrer" (Dt 30,15-20; cf. Ex 20,1-21; Dt 5-7).

b) As duas eras e a nova aliança. — A história da obediência e da desobediência de Israel* inspirou, depois do exílio, o simbolismo das "duas eras": a era presente, em que a luta era contínua entre Deus e as forças do mal*, e a era por vir, a era messiânica, em que Deus estabeleceria um reino universal e em que o povo de Deus viveria na santidade*, na justiça* e na paz*. No coração da mensagem de Jesus* havia o anúncio de um reino* iminente, e a necessidade de preparar-se para ele na oração*. Havia muitas maneiras na época de representar-se a natureza desse reino, e é possível hesitar sobre o sentido preciso da pregação* de Jesus (cf. a passagem de Lc 17,20 sobre o reino de Deus, que está, segundo as traduções, "dentro de vós", "no meio de vós" ou "ao vosso alcance"). De qualquer modo, o efeito dessa pregação era duplo. De um lado, confirmava que a obediência a Deus era o essencial da vida cristã, uma obediência que dá graças a Deus por seu amor*, e chamava os homens a imitar esse amor em suas relações entre eles. De outra parte, relativizava tudo o que se podia dever às instituições humanas como a família e o Estado. Amor de Deus e amor do próximo deviam caracterizar o discípulo, e a categoria de "próximo" era muito ampla, por incluir todos que precisavam ser ajudados (Lc 10,25-37).

Pouco antes de sua morte*, Jesus, antecipando a vinda do reino, estabelece uma nova aliança na última ceia (Mc 14,22-25 par.). Após sua morte e sua ressurreição*, a espera do Reino persistiu (parusia*). Os discípulos continuaram a aceitar as instituições e os costumes sociais, mas sabendo que pertenciam a uma era que passava, e que, se era preciso respeitá-las, era "em Cristo*" ou "no Senhor". Essa maneira de pensar deixava certamente as coisas serem o que eram — mas continha também germes de uma crítica e de uma transformação radicais.

c) A Igreja e o mundo. — A tensão de uma vida tomada entre as coerções da era presente e a espera da era a vir durou muito tempo depois que a espera da parusia deixou de ser central na consciência dos cristãos. Pode-se vê-la atuante na dialética que se instaurou entre deserto e cidade*, entre condenação radical das riquezas e cuidado de bem usá-las, entre celibato e casamento*, entre renúncia à violência* e uso da força para manter a ordem e a segurança. Antes da conversão* de Constantino (c. de 274-337) e a transformação do cristianismo em religião de Estado, a ética cristã podia permitir-se ser uma ética de dissidência, mas depois teve de admitir, de um modo ou de outro, as exigências da vida social e política. A aspiração à vida perfeita da nova era foi, assim, confrontada com o realismo da era presente com suas necessidades morais e sociais. Essa situação deu lugar, de um lado, a uma teologia ascética (ascese*), testemunhada pelos mais antigos documentos da *Filocalia*, e de outro lado a uma ética social maduramente refletida, adaptada à vida política do regime imperial.

d) *Agostinho e as duas cidades*. — Há na *Cidade de Deus* uma filosofia da história* e um fundamento filosófico da ética. De acordo com Aristóteles, Agostinho* postula que todos os seres humanos buscam a felicidade (*Cidade de Deus* 10, 11). Por serem criados por Deus e para Deus, sua verdadeira felicidade, sua beatitude* está nele, que é o único a poder satisfazer seu mais profundo desejo. A ética da realização de si mesmo e a ética da obediência revelam-se assim serem uma só e a mesma ética. Os amores por objetos menos elevados são trampolins para o amor supremo (*CD* 15, 22; *De doct. christ.* 1, 27). Mas o pecado* do amor de si perverteu e suplantou o amor de Deus, criando assim a cidade terrestre onde os cidadãos da cidade de Deus em peregrinação estão presentes até ao fim da história (*CD* 14, 28 p. ex.) Na era presente, a lei divina não só fez conhecer o verdadeiro fim dos homens e o meio de realizá-lo, mas ainda definiu os limites morais que ninguém deve transgredir. Segundo a autoridade de Deus, a cidade terrestre mantém a ordem pela coerção e a repressão (p. ex. *Ep.* 153, 6, 16), enquanto a cidade de Deus é governada pela graça* e a persuasão do amor (p. ex., *CD* 19, 23). Porque Deus quer que o mal seja reprimido, o recurso

à força é justificado para os cristãos em certas circunstâncias, mas só se eles têm uma responsabilidade política a serviço da comunidade (*CD* 5, 24; cf. *Ep.* 93 e 185 — onde estão os fundamentos do que depois se tornaria a teoria da guerra* justa). Já que os cristãos fazem sempre parte das duas cidades, uma ética que se quer cristã busca em geral um meio termo entre dois extremos: rejeição total do uso da força de um lado, e utilização da força para fins espirituais, de outro. Encontra-se constantemente na história dessa ética uma tensão entre as exigências da lei, da ordem e da justiça, e os apelos à paciência, ao perdão e ao amor: que se pense na teoria das "duas espadas" na IM, e na dos "dois reinos" em Lutero*, na opção pela não violência por certas confissões cristãs, e na justificação da violência revolucionária (revolução*) por certas teologias da libertação*.

e) *Tomás de Aquino e a ética da lei*. — Segundo Tomás*, tanto a beatitude final do homem como a organização quotidiana de sua vida dependem da sabedoria divina, cuja estrutura imutável constitui a lei eterna. A essa lei faz eco no mundo uma tríplice lei, natural, divina e humana (*ST* Ia IIae, q. 91). A lei nova do Evangelho é a presença no coração* do crente do Espírito* de Jesus Cristo, que faz nascer uma livre resposta de sabedoria e de amor e dá o discernimento espiritual (*ibid.*, q. 106, a. 1). A lei é a expressão da ordem, da harmonia, do cumprimento, e a conformidade à lei é a obra da razão prática. É portanto o amor e a sabedoria que formam o pivô da vida boa, e o Espírito de amor pode fazer discernir a vontade particular de Deus, tanto como os preceitos* da lei escrita. Em certo sentido, apesar da diferença de sua abordagem, Tomás está aqui mais perto da Igreja ortodoxa (ortodoxia*) e de sua insistência na "economia", que de outros tipos de pensamento latino, como também dos que se encontram nos penitenciais, com suas tarifas precisas para cada categoria de pecado*.

f) *A consciência, a comunidade e Cristo*. — O equilíbrio salvaguardado por Tomás — entre a imediatez do discernimento espiritual e as mediações abstratas da aplicação dos princípios — não era fácil para todos, e grande era o risco e privilegiar seja a confiança intuitiva nos conselhos do Espírito, seja o detalhe da casuística*. Esse risco foi acentuado pelas querelas da Reforma e da Contrarreforma. As Igrejas da Reforma condenavam as estruturas* hierárquicas da Igreja medieval, e sustentavam que o crente tem um acesso direto à graça de Deus por Jesus Cristo, desconfiando de todo sistema ético capaz de gerar um juridismo, insistiam particularmente em que os crentes fossem livres para formar seu próprio julgamento, com a ajuda da Escritura e da incitação interior do Espírito. Foi para opor-se a essa tendência que o concílio* de Trento* reforçou a prática da confissão privada. Desse modo a teologia moral não teve mais grande coisa a fazer do que definir o mínimo requerido pela lei, e teve de deixar os aspectos mais profundos da vida espiritual* à teologia ascética ou mística*.

A ideia de que a consciência* é uma autoridade subjetiva suprema que deve sempre ser obedecida, mas que deve ser formada e informada pela ordem objetiva da moralidade, tem dois inimigos, o relativismo* e o juridismo; o primeiro dá à consciência uma autoridade objetiva que não lhe pertence, o segundo faz preferir as abstrações de uma ordem impessoal aos problemas reais dos homens.

3. A época das Luzes e o desafio da secularização

A partir da época das Luzes, a autoridade* tradicional da Igreja foi radicalmente posta em questão. Não era mais a tradição que devia justificar as crenças morais e religiosas, mas a razão, como em Kant*, ou o sentimento, como em Hume (1711-1776): o fundamento incontestável da moral devia encontrar-se na natureza humana. A moral então passou às vezes por ter a evidência das matemáticas, ou ao contrário, por ter a imediatez aparente da percepção, a menos que lhe dessem por princípio a maximização do interesse. Mas de qualquer maneira, esses modos de fundá-la tornavam-na autônoma em relação à religião, e crer ou não crer em Deus tornava-se então sem importância no plano mo-

ral. Seria difícil achar uma asserção mais nítida da autonomia* da ética que a célebre nota de Kant: "Mesmo o Santo do Evangelho deve ser comparado com nosso ideal de perfeição moral antes de ser reconhecido como tal" (*Fundamentos... AA 4, 408*).

Essa ideia de autonomia da ética tinha um fim, eliminar o arbitrário da ideologia religiosa e fazer justiça à liberdade*, à dignidade e à responsabilidade moral do homem. O espírito humano tomava o lugar de Deus, e o sentido inato do dever substituía a obediência à lei divina. Essa passagem do objeto ao sujeito da lei moral para o agente moral trazia, contudo, em si os germes de um subjetivismo mais radical, e de uma rejeição da ideia mesma de objetividade em matéria moral. O conhecimento cada vez maior da diversidade e da incompatibilidade de crenças e costumes fez passar por uma ilusão a ideia de natureza humana e de moral universal. Pareceu então que havia morais, mas não moral, e que as diferentes concepções de moral não podiam ser reduzidas a um denominador comum. Em tal situação só impede uma total anarquia moral o fato de que os seres humanos devem mesmo viver em conjunto, e têm assim necessidade de uma moral social que ponha ordem em seus interesses contraditórios e se funde também em seus interesses comuns. Fora dessa moral social, compete a cada um escolher seus valores e seu estilo de vida. A virtude essencial já não é pois a obediência à lei natural, universal e o sentido do que se deve ao outro, é a sinceridade e a autenticidade. E em relação à sociedade, não se trata mais de responsabilidade, mas de direitos (cf. Sartre, 1943 ou Nozick, 1974).

O subjetivismo radical da ética contemporânea, mesmo que frequentemente criticado, e mesmo que se tenha reanimado o interesse dos filósofos e dos teólogos por noções de comunidade e de dever, o debate não está terminado entre os que creem que há normas morais universais e os que creem que essas normas são relativas a determinado sistema de crenças e valores. Do ponto de vista cristão, o debate é sobre a relação da moral natural e da moral revelada, da moral que em princípio compete a todo homem enquanto imagem de Deus, e a que é inspirada pela Escritura e a tradição cristã. Porém, mesmo se a ética cristã concerne prioritariamente a comunidade dos resgatados, visa à realização da "verdadeira" humanidade do homem, e tem por princípio um alcance universal.

4. O futuro da ética

O choque das culturas e ideologia que ameaça substituir os conflitos entre nações torna tanto mais urgente o advento de uma ética universal. Mas é possível, ou mesmo desejável, como dizem os pluralistas mais radicais? Se é assim, seria somente uma ética negativa, proibindo a violação de certos direitos fundamentais? Ou teria uma parte positiva, prescrevendo certas virtudes, valores e costumes propícios à felicidade dos homens? E nesse caso, como se definiria a felicidade? Há que incluir o cuidado pela felicidade dos animais* e mesmo do meio ambiente (ecologia*)?

Na segunda metade do s. XX a teologia moral e a ética teológica conheceram uma renovação certa, em grande parte graças ao Vaticano II*. O concílio* declarou: "consagre-se cuidado especial ao aperfeiçoamento da teologia moral cuja exposição científica, mais alimentada pela doutrina da Sagrada Escritura, evidencie a sublimidade da vocação dos fiéis em Cristo e sua obrigação de produzir frutos na caridade, para a vida do mundo" (Optatam totius 16). Isso constitui um apelo para renovar a antropologia* teológica e a melhor conceber o elo entre a liberdade e a obediência. Trata-se de combinar a fé na criação* dos homens à imagem de Deus, com tudo o que sabemos de outras fontes sobre o que torna os homens verdadeiramente humanos — e a ideia de humanidade "verdadeira" não implica necessariamente o estereótipo.

- Agostinho, De doctrina christiana, BAug 11, 149-541; De civitate Dei, BAug 33-37; Epistula 153, CSEL 44. — H. Bergson, Les deux sources de la morale et de la religion, Paris, 1932. — I. Kant, Grundlegung der Metaphysik der Sitten, AA 4, Berlim, 1910. — J.-P. Sartre, L'être et le néant, Paris, 1943. — Tomás de Aquino, ST Ia IIae, q. 91-94; 100; 106-108.

▶ K. Barth (1951), KD III/4.— H. R. Niebuhr (1951), Christ and Culture, Nova York. — H. Thielicke

(1951-1958) Theologische Ethik, 3 vol., Tübingen. — B. Häring (1954), Das Gesetz Christi, Friburgo (A lei de Cristo, São Paulo, 1966). — P. Ramsey (1967) Deeds and Rules in Christian Ethics, Nova York. — G. H. Outka e P. Ramsey (sob. a dir. de) (1968), Norm and Context in Christian Ethics, Londres. — K. Barth (1973-1978) Ethik, 2 vol., Zurique — R. Nozick (1974), Anarchy State and Utopia, Nova York (Anarquia, Estado e Utopia, Rio de Janeiro, 1994). — J.-M. Hennaux (1975), Cours de morale fondamentale, policopiado, Institut d'études théologiques, Bruxelas. — J. Gustafson (1979), Protestant and Roman Catholic Ethics, Londres. — R. M. Hare (1981), Moral Thinking: Its Levels, Methods and Point, Londres. — W. Schrage (1982), Ethik des neuen Testament, Göttingen. — S. Hauerwas (1984), The Peaceable Kingdom: A Primer in Christian Ethics, Londres. — J. McClendon (1986), Ethics, Nashville. — J. Macquarrie e J. Childress (sob. a dir. de) (1986), A New Dictionary of Christian Ethics, Londres. — O. O'Donovan (1986), Ressurrection and Moral Order, Leicester. — B. Chilton, J. McDonald (1987), Jesus and the Ethics of the Kingdom, Londres. — A. MacIntyre (1990), Three Rival Versions of Moral Enquiry, Londres. — R. Spaemann (1990), Glück und Wohlwollen, Stuttgart (Felicidade e benevolência, São Paulo, 1996). — C. Pinto de Oliveira (1992), Étique chrétienne et dignité de l'homme, Friburgo e Paris. — R. Mc Inerny (1993), The Question of Christian Ethics, Washington. — J. Hare (1996) The Moral Gap, Oxford. — C. E. Curran (2003), "Teologia moral", DEFM, v. 2, 675-681.

Peter BAELZ

→ Ascese; Autonomia da Ética; Bem; Consciência; Econômica (moral); Médica (ética); Sexual (ética); Sociedade.

ÉTICA MÉDICA → médica (ética)

ÉTICA SEXUAL → sexual (ética)

EUCARISTIA

A. TEOLOGIA BÍBLICA

O termo "eucaristia" (ação de graças) provém de Lc 22,19 e 1Cor 11,24. "Ceia do Senhor" (1Cor 11,20) e "fração (= partilha) do pão" (At 2,42; cf. 20,7) referem-se à última ceia de Jesus* com seus discípulos antes de sua morte*.

Ocorreu no último anoitecer ("nunca mais": Lc 22,18; cf. Mt 26,29; Mc 14,25), "quando chegou a hora" (Lc 22,14-20), "na noite em que Jesus foi entregue" (1Cor 11,23-27). Segundo Jo 13, a ceia é feita também à noite, mas as palavras eucarísticas são evocadas no discurso de Jo 6 (v. 51-58).

1. Formas literárias e origem

a) Duas tradições. — Mc, Mt, Lc e 1Cor põem em primeiro plano uma tradição* *litúrgica*, com o texto da instituição da ceia eucarística. Jesus dá seu corpo* e seu "sangue da aliança*'" para comunicar sua vida. A forma que, segundo esses textos, Jesus dá a essa ceia é litúrgica, nesse sentido que é voltada para o futuro, "memória do futuro", em que se viverá uma comunhão* de vida (sobretudo em 1Cor). Essa liturgia* é estruturada em três eixos: Jesus e Deus*, Jesus e os discípulos, a orientação do presente para o futuro. A outra tradição, representada sobretudo por João, é de forma *testamentária*, no estilo de discurso de despedida: os sinóticos (em especial Lc) conservaram também alguns vestígios disso. Essa tradição faz memória do que Jesus realizou oferecendo-se "pela multidão" (melhor tradução do que "por muitos"). Os círculos joaninos celebram também a eucaristia (6,51-58). Mas no curso de um longo discurso de despedida pronunciado um dia antes da Páscoa*, Jo 13 substitui a instituição do lava-pés aos gestos e palavras da instituição da ceia.

Esses dois tipos de tradição permitem encontrar-se com o Ressuscitado e participar hoje de sua vida (Léon-Dufour, 1982, 208, 331).

b) Sítios originais — Os quatro textos de prioridade litúrgica não têm a mesma origem: 1Cor é o texto mais antigamente atestado (55 d.C.). Paulo o cita e pôde tê-lo recebido em Antioquia por volta de 40 d.C. *Paulo e Lucas* têm muitos pontos comuns, corpo e aliança em vez de corpo e sangue, a fórmula da anamnese ("em memória de mim") e um vocabulário mais helenístico. É a tradição *antioquena*. Marcos e Mateus, com seu paralelismo exato das palavras: "Isto é meu corpo", "Isto é meu sangue", com sua linguagem mais semítica,

com a fórmula "pela multidão", representam uma tradição *palestina* ou *marciana* que proviria de Cesareia, ou mesmo de Jerusalém* (Mc). Mateus tem marcas siríacas. Porém os lugares de origem são difíceis de precisar. Embora de redação mais antiga, a fórmula antioquena é de tradição mais recente.

2. A eucaristia foi ou não uma ceia pascal?

Mc 14,12; Mt 26,17 e Lc 22,7 colocam a ceia no dia (Mc Mt: "primeiro dia") dos ázimos (Dt 16,1-8: festa dos pães sem fermento), mas Mt omite a precisão de Lc sobre o dia "em que se imolava a páscoa". A tarde em que começava o 14 Nisan, todo fermento devia ser afastado das casas e o cordeiro* pascal devia ser imolado "entre as duas tardes" (no crepúsculo). A ceia desenrolou-se portanto numa atmosfera pascal, sem que se esteja totalmente seguro de que seu ritual tenha sido exatamente o de uma ceia pascal.

Para os sinóticos, a data da Ceia é a vigília da Páscoa, que é o começo do dia de Páscoa. Para João, ao contrário, Jesus morre no momento em que o cordeiro é imolado em vista da ceia pascal. Então a ceia, segundo essa narração, não podia ter sido uma ceia pascal. A tese de A. Jaubert (1957) supõe que o calendário solar essênio, fixando sempre a Páscoa numa quarta-feira, Jesus teria podido seguir o mesmo calendário e comer a Páscoa terça feira à tarde, sua crucifixão tendo ocorrido na sexta feira, véspera da Páscoa oficial judaica naquele ano, como o quer João.

Todas as narrações dão a impressão de uma ceia da antiga aliança transformada em ceia da nova aliança, devido à iniciativa de Jesus. É possível que tenha sucedido um dia antes da Páscoa judaica. É a morte e a ressurreição* de Jesus que lhe conferem todo o seu sentido.

3. Análise das tradições

a) Paulo e Lucas (tradição antioquena, com um vestígio testamentário em Lc). — Lc 22,15s é o único a relatar e a reescrever como tal a ceia da Páscoa: "[…] comer essa Páscoa convosco antes de sofrer: […] não a comerei mais até que ela seja realizada no reino de Deus". Lc 22,17s prossegue: "[…] tendo recebido um cálice, depois de ter dado graças disse: 'Tomai isso e partilhai entre vós'. Jesus faz então circular um cálice que é um encontro marcado no reino de Deus". 1Cor, Mc e Mt omitiram essa narração profética.

Lc 22,19-20 oferece uma recensão longa que figura na maior parte dos manuscritos e uma recensão curta num texto dito "ocidental". Esta omite a continuação depois de "Isto é meu corpo". No texto curto, Lc não teria o cálice da eucaristia, mas somente o do encontro marcado. O texto curto poderia corresponder às menções que só comportam a partilha do pão (Lc 24 e Atos) e remontaria talvez a uma tradição antiga que teria o cálice antes do pão, na ordem seguida por 1Cor 10,16s: "O cálice de benção* que abençoamos não é a comunhão ao sangue de Cristo? O pão que partimos não é a comunhão ao corpo de Cristo?".

Paulo em 1Cor 11,24 e Lucas têm a expressão "dar graças" (*eukharistèsas*), mais helenística que "abençoar" (*eulogèsas*, mais semítico: Mc-Mt). Em 1Cor 11,25, na fórmula "igualmente também o cálice depois da ceia", a locução adverbial "igualmente" não ocupa o mesmo lugar que em Lc 22,20. Na perspectiva sugerida por Paulo, a ceia pascal que se tornou ceia do Senhor seria compreendida entre os dois ritos eucarísticos (pão e cálice), o que explicaria sua fórmula. Paulo e Lucas têm em comum: "para vós". "Isso é meu corpo (dado: Lc) por vós (Paulo-Lc)". Paulo enfim coloca depois do pão (como Lc), e mais uma vez depois do cálice, a fórmula da anamnese: "Fazei isso em memória de mim". "Esse cálice é *a nova aliança em meu sangue*" ("meu": 1Cor; "de mim": Lc) precisa a fórmula de Mc-Mt: "Isto é *meu sangue da aliança*". Em 1Cor-Lc, o paralelismo "corpo-sangue" é rompido em proveito do paralelismo "corpo-nova aliança".

As duas tradições de Paulo e de Lucas apresentam aproximações. Lucas, com: "Tomai" (Mc-Mt) e "dado por vós" (Paulo; "que é para vós") faz da fórmula; "Isto é meu corpo" algo diferente de uma constatação objetiva: é uma palavra que liga e compromete aquele que fala e dá com aquele que ouve e recebe. Aquele que se nutre do pão entra em comunhão de vida com Jesus. A tradição lucana e a tradição paulina são aqui marcadas por uma cristologia na qual Jesus é aquele que se dá, ou se oferece, e que realiza nele a aliança nova (cf. Jr 31,31ss).

b) *Mc-Mt* (tradição litúrgica palestina com alguns traços testamentários). — Os dois textos são estreitamente aparentados. Em Mt, Jesus só dá o pão abençoado e partido aos *discípulos*. Mc já indicou em 14,17 que Jesus comia com *os Doze*. Mt acrescenta *comei* ao *tomai* de Mc. Originalidade de Mt, a adição de "em remissão dos pecados*" à ação de graças sobre o cálice (Mt 26,28). Assim é evocada a aliança que implica o perdão dos pecados. O "para" expresso pela preposição *huper*, "em favor e em lugar de" em Paulo, Lc e Mc (cf. Rm 5,1-10: "Cristo morreu por"...), é expresso com uma força menor por *peri* em Mt 26,28.

A Páscoa nova tem lugar no quadro da Páscoa antiga. A notação "enquanto eles comiam", repetida de 26,21 em Mt 26,26, indica que a segunda parte da ceia pascal começa. Jesus inova então: 1/Por "Isto é meu corpo"; a liturgia enraíza esse elemento na história dos sofrimentos e da morte de Jesus. 2/O verbo "ser" utilizado em grego não é expresso em aramaico, que diria "Isto, meu corpo". Essa palavra liga Cristo aos discípulos e o compromete com eles. 3/Os discípulos nada trazem, mas recebem. O sangue, sempre posto em relação com a aliança, é derramado pela multidão, portanto dado como oferenda/sacrifício de Cristo, em sinal de aliança e não como expiação. Sela o perdão expresso por "em remissão dos pecados". A reação do AT contra as práticas das religiões vizinhas já se traduzira ao espiritualizar cada vez mais os ritos sacrificais: o essencial tornava-se aí o "sacrifício* de louvor*" (cf. Léon-Dufour, 1982, 54-57). O acento posto em "abençoar" ou "dar graças" lembra que Cristo faz sem cessar passar da morte para a vida.

Assim 1Cor, Mc, Lc e Mt pressupõem a existência litúrgica dessa ceia de comunhão, que tem lugar pela multidão. Nada se diz sobre sua frequência e seu ritmo. Não explicam quem será habilitado a presidi-la. Todos devem beber do cálice. Mesmo se "nova" não figura diante de "aliança" em Mc-Mt, é bem o sentido da menção da aliança, explicitado em 1Cor e Lc (sacramento*).

4. Conclusão

Inspirando-nos no ensaio mais breve (nossas adições e modificações estão em itálico) de X. Léon-Dufour (1982, 205) para alcançar as palavras ditas pelo próprio Jesus, obtém-se:

Na época da Páscoa, ao entardecer, Jesus tomou com seus discípulos uma última ceia. Ao começar a refeição principal (isto é, depois das entradas) Jesus toma o pão e tendo-o abençoado, o parte e dá aos discípulos e diz: "Tomai e comei, isto é meu corpo *dado* por vós. *Fazei isso em memória de mim*". *Igualmente também* toma ao cálice no fim da ceia (*depois da ceia*) dá graças e lhes dá dizendo: *Bebei todos dele*. Isso é *o cálice* da nova aliança, meu sangue derramado (*derramado pela multidão*) por vós. *Fazei isto em memória de mim*. E lhes diz: "Nunca mais beberei do fruto da vinha até a esse dia em que o beberei, novo, no reino (*reinado*) de Deus".

Deve-se notar que "última ceia" deve ser especificada por "antes de sua morte", porque houve refeições tomadas com o Ressuscitado. Assim, Pedro*, no discurso de At 10,39ss, testemunha: "[...] nós que comemos e bebemos com ele depois de sua ressurreição dentre os mortos". Acrescentemos a partilha do pão com os discípulos de Emaús (Lc 24,30s) e a refeição partilhada com sete discípulos em Jo 21,13.

As palavras sobre o pão e sobre o cálice de aliança acompanham dois gestos aos quais estão indissoluvelmente ligados. Jesus dá o pão: mostra assim "que ele se dá para". Faz circular o cálice: mostra então que derrama o seu sangue. É todo o dinamismo da vida de Cristo que a ceia eucarística representa e comunica (Dussaut, 1972, 286-295).

- F.-J. Leenhardt (1955), *"Ceci est mon corps": explication de ces paroles de Jésus-Christ*, Cth 37. — A. Jaubert (1957), *La date de la cène. Calendrier biblique et liturgie chrétienne*, Paris. — R. le Déaut (1963), *La nuit paschale. Essai sur la signification de la Pâque juive a partir du Targum de l'Exode XII, 42, AnBib* 22. — J. Coppens (1964), "L'Eucharistie, sacrement et sacrifice de la Nouvelle Alliance, fondement de l'Église", *in* (col.) *Aux origines de l'Église*, RechBib. VII, 125-158. — J.-J. Allmen

(1966), *Essai sur le repas du Seigneur*, Cth 55. — J. Jeremias (1967[4]), *Die Abendmahlsworte Jesu*, Göttingen. — L. Dussaut (1972), *L'Eucharistie, Pâques de toute la vie*, LeDiv 74. — Col. (1982), *La Pâque du Christ, mystère du salut. Mélanges offerts au Père Durrwell*, LeDiv 112. — X. Léon-Dufour (1982), *Le partage du pain eucharistique selon le NT*, Paris. — S. Légasse (1994), "Jours et heures", in *Le procès de Jésus, l'histoire*, LeDiv 56, 113-120. — A. Marx (1994), *Les offrandes végétales dans l'Ancien Testament. Du tribut d'hommage au repas eschatologique*, Leyde.

Maurice CARREZ

→ *Bênção; Comunhão; Corpo; Culto; Expiação; Jesus da história; Liturgia; Paixão; Páscoa; Sacrifício.*

B. TEOLOGIA HISTÓRICA

Noção. *Eucaristia*, palavra atestada desde o fim da era apostólica, ou pouco depois, pela *Didachè* (9, 1. 5), pelas cartas de Inácio de Antioquia (*Sm*. 7, 11; 8, 1; *Ef*. 13, 1; *Filad*. 4, 1) e por Justino (*I Apol*, 65-66), para designar ao mesmo tempo a ação eucarística, que consiste em dar graças sobre o pão e o vinho, e esse pão e esse vinho, depois de "eucaristiados" (com efeito, o verbo *eucharistein* tem valor transitivo no grego cristão). Deve-se notar dois pontos:

a) A eucaristia (euc.) cristã opera um deslocamento em relação à categoria judaica de bênção* (*berakah*), e esse deslocamento teve por consequência no judaísmo* pós-cristão a atenuação de toda insistência na ação de graças, enquanto levava os cristãos bem cedo a oporem a euc. cristã e a bênção judaica. Assim no tratado hipolitiano *Contra as heresias* (cap. 14; ed. Nautin, 257): "Os judeus deram glória* ao Pai*, mas não lhe deram graças, porque não reconheceram o Filho". A isso deve-se acrescentar que *eucharistein* é próximo de *anapherein*, oferecer, o que levará no s. VI a dar o nome de anáforas às orações eucarísticas gregas.

b) Em latim, a ação eucarística será chamada *gratiarum actio*, enquanto o termo grego *eucharistia* será conservado, para designar o pão e o vinho "eucaristiados". A relação entre *eucharistia* e ação de graças será logo esquecida; e após Isidoro de Sevilha, toda a IM latina pensará que *eucharistia* significa "boa graça", *bona gratia.* A IM latina, de outro lado, dará à ação eucarística o nome de *missa*, que apareceu pelos s. V-VI, numa época em que esse termo tinha passado de seu sentido original de demissão ao de "parte da ação litúrgica". Por reação a toda interpretação sacrificial da missa, e por cuidado de ater-se ao NT, os reformadores do s. XVI tomaram de Paulo o nome de *ceia* para substituir o de missa; e para o *Book of Common Prayer* da liturgia anglicana, Cramer adotará o de *Holy Communion*.

1. A Eucaristia e sua teologia no cristianismo antigo

a) Do II ao IV século. — Desde o s. II veem-se aparecer os dados fundamentais da celebração eucarística, que principalmente no domingo*, dia do Senhor, reúne o bispo* e a comunidade eclesial. A eucaristia, doravante separada da refeição fraterna a que se dá o nome de ágape*, é precedida por uma liturgia* da palavra (é possível que essa seja continuação do culto* sinagogal do judaísmo*). Os batizados presentes, exceto os penitentes, comungam cada domingo, e a comunhão* é levada também aos enfermos ausentes. Assim como o *corpus* dos textos do NT se constituiu no s. II, é na mesma época, ou um pouco mais tarde, que parece ter-se constituído progressivamente, por trocas e cumulação, uma espécie de *corpus* de práticas sacramentais cujo testemunho principal é a coletânea chamada *Tradição apostólica*, atribuída por certos historiadores a Hipólito, sacerdote* romano no primeiro terço do s. III (atribuição e data recusadas por outros), coletânea que se apresenta como testemunho da tradição* vinda dos apóstolos*.

Nos testemunhos mais antigos, a oração* eucarística não se apresenta como um texto transmitido palavra por palavra, nem como dotado de estrutura uniforme, mas numa diversidade relativa de estruturas. A oração eucarística da *Tradição apostólica*, cujo texto forma uma unidade, primeiro dá graças a Deus Pai pela salvação que operou na história* e concluiu na obra redentora de Cristo*. Essa ação de graças leva à narração da Ceia e das palavras de Cristo sobre o pão e o vinho. As palavras de Cristo são seguidas de um parágrafo que exprime ao mesmo tempo que se faz memória de sua morte* e de sua ressurreição*, e que se oferece ao Pai o pão e o vinho eucaristiados. Pede-se depois o envio de Espírito* Santo sobre a oferenda e sobre os comungantes (epiclese*), e dá-se glória. Essa oração não comporta nem o *Sanctus* (introduzido na mesma época na oração eucarística no Egito e na Síria) nem outros desenvolvimentos secundários.

Na Síria, outra oração eucarística, que se chama de Addaï e Mari — os fundadores da Igreja* de Edessa —, próxima no tempo daquela da *Tradição apostólica*, dela difere sob vários aspectos, sobretudo porque parece composta de muitas orações justapostas (o que a aproxima das formas judaicas de oração) e porque não cita expressamente as palavras de Cristo na ceia, mesmo se a elas se refere na passagem que faz memória da morte e da ressurreição. Esse segundo ponto provocou interrogações entre os especialistas: o texto estaria no mesmo estado antes do s. VII? Deve-se ver ali um estado talvez primitivo da oração eucarística, o que E. Mazza chama a "pré-anáfora"? Pode-se pensar que as palavras de Cristo tinham seu lugar outra passagem da celebração? Ou, em sentido contrário, não se deve dar muita importância ao fato, pois F. Hamm reuniu muitos exemplos de que as palavras da euc. durante os primeiros séculos foram objeto de uma transmissão sobretudo oral?

Em sua forma principal, mas não exclusiva, a celebração eucarística é então a de uma celebração presidida pelo bispo* rodeado, segundo o caso, de sacerdotes* e de diáconos* e reunindo toda uma comunidade cristã. Na medida em que as práticas antigas nos são conhecidas, os sacerdotes associam-se por um gesto ao que faz o bispo, e ocupam um lugar distinto na assembleia. Somente no s. VII-VIII é que se observa, em Roma* (*Ordo romanus*, III), que os sacerdotes pronunciam a fórmula eucarística com o papa*: uma prática de que até depois da IM não se conhecem exemplos nas liturgias* orientais, mesmo para as palavras de Cristo.

Os modernos falam aqui de concelebração, embora interrogando-se retrospectivamente sobre o alcance exato do ato dos concelebrantes. De outro lado, a Igreja romana praticou até à IM o rito do "fermento", parcela eucarística consagrada que se levava da celebração papal às outras celebrações da cidade, para ser ali misturada com os pães consagrados, em sinal de comunhão eclesial, antes que esses fossem distribuídos aos fiéis.

Ao mais tardar no s. IV estabeleceu-se o costume de não tomar nem alimento nem bebida antes de comungar, com as únicas exceções da Quinta-feira Santa e dos moribundos. Na Igreja católica, essa regra foi consideravelmente abrandada no s. XX.

b) As principais orações eucarísticas do s. IV e suas catequeses. — Em razão de sua raridade, as orações eucarísticas dos três primeiros séculos constituem para nós documentos excepcionais. Ao contrário, nosso conhecimento dos s. IV e V é rico em documentação, da qual não é possível dar aqui uma lista completa. Assim, há que se limitar forçosamente a alguns exemplos mais importantes da prática e da teologia* eucarística cristãs: a oração eucarística romana (que alguns manuscritos chamam "cânon da missa"), comentado em Milão por Ambrósio*; as duas orações eucarísticas ditas de Basílio* e de João* Crisóstomo; hoje pode-se ter como estabelecido que ambos reescreveram ou completaram as orações eucarísticas de suas Igrejas respectivas de Cesareia de Capadócia (Basílio) e de Antioquia (Crisóstomo). Podem-se acrescentar-lhes as catequeses* sobre a iniciação* cristã (inclusive sobre a ação eucarística) de Crisóstomo, de Teodoro de Mopsueste e as do bispo de Jerusalém* Cirilo, ou antes de seu sucessor, João. Embora tendo grande importância, essas catequeses não bastariam sozinhas para permitir-nos reconstituir o texto das orações eucarísticas correspondentes: as catequeses de Ambrósio, p. ex. (a saber, o *De sacramentis*, de que temos as notas de ouvintes, e o *De Mysteriis*, cujo texto foi trabalhado pelo próprio Ambrósio) interpretam de modo pessoal o texto da oração romana.

Nessa época, as orações eucarísticas gregas e latinas coincidem em dois pontos: 1/ o lugar central dado à narração da instituição; 2/ logo depois dessa narrativa*, um parágrafo exprime que é feita memória do mistério* (pelo menos, da morte e da ressurreição de Cristo) — as liturgias modernas falam aqui de anamnese (palavra grega correspondente à memória em nossa língua); 3/ é feita menção de uma oferenda, ao menos na anamnese. Em outros pontos, ao contrário, constatam-se importantes diferenças de acento entre as tradições eucarísticas locais: 1/ a tradição antioquena dá graças, demoradamente, pelo desenvolvimento da história da salvação, enquanto o cânon romano concentra sua atenção na euc. considerada como sacrifício*; 2/ a perspectiva escatológica da euc. (cf. já Inácio de Antioquia, *Ef.* 20, 2, a ideia de que a euc. é "remédio de imortalidade", *pharmakon athanasias*) é expressa de maneiras diversas: em Antioquia numa anamnese que faz simultaneamente memória da morte e da ressurreição de Cristo e memória de sua parusia*, em Roma num parágrafo do cânon sobre o altar celeste (*Supplices*) assim como nas orações variáveis da missa; 3/ enfim, desde Ambrósio, o papel das palavras de Cristo toma um relevo crescente na oração eucarística: não é só o sacerdote que a pronuncia, mas o próprio Cristo, *ipse clamat* (*De Mysteriis*, 54); essas palavras santificam ou consagram o pão e o vinho e os mudam em corpo e sangue de Cristo. Em Antioquia, a oração eucarística de João Crisóstomo, quase contemporâneo de Ambrósio, diz, no texto mesmo de sua epiclese, que o pão e o vinho são mudados.

Agostinho* é entre os Padres* da Igreja o que atribui mais importância aos efeitos da euc. sobre a Igreja, corpo místico de Cristo. Esse tema doutrinal, magistralmente estudado por H. de Lubac* (1944), está certamente presente no conjunto da tradição* cristã e nos teólogos da IM, mas não ocupa um grande lugar nas orações litúrgicas. Seria, porém, um erro pensar que a maneira como Agostinho percebe os efeitos da euc. é afastada da visão escatológica da euc. à qual outros Padres, p. ex., Teodoro de Mopsueste, dão tanta importância.

2. A eucaristia no cristianismo medieval

a) *A prática eucarística medieval.* — A celebração eucarística (a divina liturgia para os gregos, a missa para os latinos) não teve sua estrutura modificada na IM. Porém, no Ocidente, como já mais cedo no Oriente, a oração eucarística veio a ser pronunciada em voz baixa: e nos séculos em que a celebração privada do sacerdote se tornou mais frequente, o *ordo missae* se viu completado por um conjunto de orações privadas, especialmente no momento do ofertório. Sob influência dos liturgistas gregos, a missa latina foi objeto, a partir do liturgista carolíngio Amalário, de uma interpretação simbólica dos detalhes de seu desdobramento, que referia seus momentos aos diferentes momentos da vida de Cristo — uma interpretação que no Ocidente de certo modo recobriu a ação eucarística até depois da IM, e que em larga medida se manteve até nossos dias na liturgia bizantina.

Mais que as formas da celebração, foi a prática eucarística que mudou na IM, e a teologia em interação com ela. Foi na época carolíngia, ou pouco depois, que se adotou no Ocidente o uso do pão ázimo (não fermentado) para a euc. e que o sacerdote começou a dar a comunhão* na boca. A comunhão dos fiéis, na medida em que os historiadores podem saber, parece ter-se tornado menos frequente que a assistência à missa, o que não deixou de afetar a maneira como se compreendia a euc. Pelo menos no Ocidente, a confissão sacramental tornou-se durante séculos o preliminar obrigatório da comunhão, e a comunhão pareceu sancionar um alto nível de vida cristã. Do período anterior, os gregos conservaram o acesso das criancinhas à comunhão, assim como a comunhão do cálice; mas no Ocidente, a comunhão do cálice e a comunhão das criancinhas caíram progressivamente em desuso por volta do s. XII. Com efeito, nessa época, a atenção à recomendação de Paulo pedindo que o homem se ponha à prova antes de comungar (1Cor 11,28-31) tomou um lugar tão grande na consciência cristã que favoreceu o abandono da comunhão das crianças e a insistência na primeira confissão. É nessa perspectiva que o cânon 21 do IV concílio* de Latrão* (*DS* 812) fixou como regra mínima da prática a partir da idade do discernimento moral, a confissão anual e a comunhão pascal — o que se chamará, na lista dos mandamentos* da Igreja formulada no fim da IM, o terceiro (o da confissão) e o quarto (o da comunhão pascal). A raridade habitual da comunhão explica também que se tenha insistido no dever de comungar no momento de morrer, como viático (provisão de viagem) em direção ao Reino*. Aliás, o concílio de Constança* julgou legítimo o costume de comungar somente no pão (*DS* 1198-1200).

Não obstante a fraca frequência das comunhões, ou talvez em certa medida para compensá-la ao mesmo tempo que em reação contra a heresia de Bérenger de Tours (cf. *infra, b*), e sob efeito de uma devoção crescente para com a humanidade de Cristo, a devoção à presença real conheceu então um grande desenvolvimento, de muitas maneiras: no momento da elevação durante a missa e no culto da euc. fora da missa, coroado pela festa de *Corpus Christi*. A elevação da hóstia (desde o s. X, mais ou menos, chama-se "hóstia" o pão destinado à euc.), depois também do cálice, logo depois das palavras de consagração, a fim de que os fiéis, colocados atrás do sacerdote, tivessem a possibilidade de vê-los e adorá-los, foi introduzida a pedido dos fiéis, no início do s. XIII, inicialmente em Paris, de onde se generalizou rapidamente. A festa de *Corpus Christi* — ou como se dizia comumente, Corpo de Deus — deve sua instauração em parte ao fato de que a liturgia da quinta-feira santa dava mais atenção à traição de Jesus* por Judas, do que à instituição da euc., e, por outro lado, à devoção dos cristãos da região de Liège no segundo quarto do s. XIII (Juliana do Monte Cornillon). Em 1264, o papa Urbano IV, que tinha sido sacerdote em Liège, instituiu (*DS* 646-847) a festa na intenção de toda a Igreja latina, com um ofício composto por Tomás* de Aquino. Essa festa, com a procissão eucarística, de que era ocasião, teve uma importância crescente antes e depois da Reforma protestante: o mesmo se deu com a adoração do Santíssimo Sacramento fora da missa.

A época carolíngia viu desenvolver-se no Ocidente as missas ditas "privadas" (a assistência reduzida a um ajudante ou a um pequeno número de pessoas), cuja celebração era motivada seja pelo desejo pessoal que o sacerdote tinha de oferecer a euc., seja por uma intenção determinada, o que significa que a missa não era oferecida, como no domingo, pela assembleia eclesial como tal e por ela, mas especialmente por um vivo ou um defunto. Sobretudo nos últimos anos da IM, multiplicou-se o que se chamava as fundações de missas, e numerosos sacerdotes tiveram como tarefa própria assegurar seu serviço.

b) A teologia eucarística medieval. — Numa situação cultural diferente da que havia na época patrística, a teologia eucarística de Agostinho corria o risco de ser mal compreendida e de parecer contradizer a de Ambrósio, que correspondia amplamente à liturgia e à piedade comum. Esse risco se tornou realidade no s. IX em terra franca, numa primeira controvérsia que opôs Pascásio Radberto abade de Córbia, ao monge agostiniano Ratramne. E no s. XI, o grande debate suscitado pelo dialético Bérenger de Tours, que opunha uma à outra a interpretação simbolista e a interpretação realista, em lugar de as sintetizar, teve por efeito (Lubac, 1944, 257) forçar a teologia a tomar partido pelo realismo (como na profissão de fé* imposta a Bérenger em 1059 [*DS* 690]) e provocou uma forte reação dos fiéis na devoção eucarística. Mas é preciso também admitir que as formulações agostinianas do *sacramentum*, reunidas por Bérenger durante esse debate, contribuíram muito para as pesquisas sobre o conceito de sacramento* feitas pelas gerações seguintes de teólogos, e serviram para pôr em luz o septenário sacramental.

A segunda profissão de fé imposta a Bérenger em 1079 (*DS* 700) sustém que pela consagração o pão e o vinho são "mudados substancialmente" em corpo e sangue de Cristo. A fé na mudança eucarística vem da Igreja antiga (cf. *supra* 1. b); e quanto à categoria de "substancial", possui aqui um sentido pré-filosófico, o que será também o caso da categoria de "tran-substanciação", que surgirá em meados do s. XII e ficará claro que esse era o seu sentido quando for adotada (1215) na profissão de fé de Latrão IV* (*DS* 802). O termo "transubstanciação" não tem nessa época a importância que lhe será atribuída no debate confessional do s. XVI, e Tomás de Aquino prefere o termo "conversão" em vez dele. Resta que a *Metafísica* de Aristóteles, recebida pelos teólogos ocidentais na segunda metade do s. XII, fornecer-lhes-á com a distinção entre substância e acidentes, o instrumento conceitual que permitia certo refinamento em relação ao ultrarrealismo da confissão de fé de 1059 — no rigor dos termos o que os dentes do comungante mastigam são os acidentes (cf. *DS* 690), enquanto a mudança substancial se refere a uma afirmação absoluta do ser*. Aliás, o teólogo não utilizava exclusivamente o instrumento filosófico aristotélico: a reação negativa dos averroístas contra Tomás de Aquino precisamente sobre essa questão, mostra-o bem.

A profissão de fé *Firmiter credimus* de Latrão IV exprime o dogma* eucarístico dizendo (*DS* 802) que o "corpo e sangue de Cristo são verdadeiramente (*veraciter*) contidos sob as aparências (*species*) do pão e do vinho transubstanciados". Essa formulação obrigaria a pensar que a conversão eucarística era total, ou permitiria pensar que a realidade do pão e do vinho estava ainda presente? Tomás de Aquino, que comentou esse documento (opúsculo *In Primam Decretalem*) sustém que esses termos (que inspiram a oração da festa do *Corpus Christi*) excluem que o pão e o corpo de Cristo estejam ambos contidos simultaneamente no sacramento. No s. XIV, Duns* Escoto, depois os nominalistas seriam tentados a aceitar essa simultaneidade (a "consubstanciação") se não fosse a autoridade do concílio. Isso ajuda a compreender a posição que Lutero* adotará.

A distinção entre substância e acidentes influenciou a teologia eucarística de Tomás de outra maneira. Desde Hugo de São Vítor, os teólogos falam da "presença corporal" de Cristo na euc., com referência a Mt 28,20: "Eu estou convosco todos os dias até ao fim do mundo". Ora Tomás recusa a interpretação eucarística desse texto e considera que a presença procede da categoria da localização. No documento que instituía a festa do *Corpus Christi*, (bula *Transiturus*) Urbano IV põe em circulação a noção de "presença real" (*DS* 846): mas a liturgia da festa não fala disso, nem se refere a Mt 28,20. Até ao concílio de Trento, embora atendo-se às formas dogmáticas de Latrão IV, os teólogos recorreram ocasionalmente à noção de "presença real".

O destaque das palavras de Cristo na oração eucarística romana, da qual constituem a chave de abóbada, tinha sido fortemente marcado por Ambrósio, e sua influência foi muito grande, tanto na piedade dos fiéis quanto na teologia sacramental — com efeito, os teólogos pensavam saber, graças a um texto de Gregório* Magno a propósito de Pai Nosso (*Registro* 9, 26), que Cristo tinha consagrado a euc. por essas breves palavras, e que o cânon da missa lhes tinha sido acrescentado ulteriormente. Do ponto de vista teológico, Tomás de Aquino acreditou poder isolar completamente do resto da oração eucarística a eficácia consagratória das palavras de Cristo, ponto em que os outros teólogos não o seguiram. Aliás outra ideia de Tomás foi comumente admitida: o sacerdote pronuncia as palavras consagratórias *in persona Christi*, desempenhando sacramentalmente o papel de Cristo.

3. A reforma, o concílio de Trento e a teologia moderna

Antes mesmo dos reformadores do s. XVI, há que mencionar as duas exigências de Hus* a respeito da euc.: a comunhão dos fiéis ao cálice e a comunhão das criancinhas.

a) A doutrina dos reformadores do s. XVI. — Os reformadores estavam de acordo entre eles para ter como referência exclusiva as palavras da Escritura*, mas seus desacordos sobre a euc. foram também um fator essencial dos debates que os opuseram uns aos outros, em particular o debate de Lutero com os reformadores suíços, Zuínglio* em primeiro lugar. Lutero (*Cativeiro de Babilônia* [1520]) reivindica a comunhão ao cálice e nega que a euc. seja um sacrifício (*Fór-*

mula de concórdia, Epítome VII, *BSLK* 801): com efeito, entende por sacrifício uma "obra boa" cumprida pelo homem, e a euc. é pura graça divina. Recusa a noção de transubstanciação (*ibid.*), como recurso indevido a Aristóteles, mas sustenta a presença real, e a esse respeito considera-se mais perto dos católicos que dos reformadores suíços (*CA* 10, *BSiLK* 64-65, cf. Calvino* *Inst.* IV, 17). Insiste, de outro lado, na liturgia da palavra e condena a missa privada.

b) O concílio de Trento. — O estado anterior das práticas católicas, ao mesmo tempo que as circunstâncias do concílio, fizeram que Trento se ocupasse da euc. em muitos documentos distintos e tratasse separadamente do sacramento, da comunhão e do sacrifício* da missa.

Primeiro, em reação contra os reformadores suíços, o concílio, na sessão XIII (1551) reafirmou a fé de Latrão IV (decreto sobre a euc., cap. 1 [*DS* 1636] e cân. 1 [*DS* 1631] e excluiu o termo consubstanciação em proveito de transubstanciação, cujo uso é dito muito apropriado (*aptissime*) (cân. 2 [*DS* 1652]). Onde Latrão IV dizia que o corpo e o sangue estão "verdadeiramente contidos", os Padres preferem (1547) uma formulação ampliada: "verdadeira e realmente contidos", que completam em seguida (1551) pelo termo "substancialmente". Será dito também que Cristo está "presente sacramentalmente". Na continuação, a noção de presença real tornar-se-á corrente na teologia e na catequese católica. O concílio reivindica também a legitimidade do culto* dado à presença real. E entre outras práticas em relação com a euc., lembra que a confissão sacramental das faltas graves é prescrita antes de comungar, mas não apresenta esse ponto de vista como uma verdade* de fé (*DS* 1661).

Dez anos mais tarde, na sessão XXI (1562), o concílio afirma que a comunhão ao cálice e a comunhão das criancinhas não fazem parte do que é necessário à salvação*: a Igreja exerce em tais coisas o poder que lhe é confiado sobre os sacramentos, o essencial sendo que sua substância esteja salva (*DS* 1728, 1731, 1734). Dois meses mais tarde, o concílio remetia ao papa a questão de conceder o cálice onde fosse preciso.

A concessão, feita em 1564 aos metropolitanos dos países de língua alemã e da Hungria, durou vinte anos: a comunhão ao cálice já se tinha tornado um sinal de diferenciação confessional.

Na sessão XXII (igualmente em 1562), o concílio definiu o conteúdo da fé católica sobre a missa: é sacrifício não sangrento, oferecido pelos vivos e pelos mortos, no qual se torna presente o sacrifício da cruz, e o ministério* desse sacrifício foi instituído na ceia ao mesmo tempo que a eucaristia (*DS* 1740, 1751-1754). Nessa ocasião, o concílio descarta o pedido de que a missa fosse celebrada em língua vulgar, mas recomenda que seja explicada aos fiéis (*DS* 1747).

c) *O missal romano de 1570.* — A reforma do missal e do breviário foi confiada pelo concílio ao papa. O missal reformado por Pio V "segundo a norma dos Padres", quer dizer, da antiga Igreja, atém-se, de modo geral, ao estado em que a liturgia se encontrava quatro ou cinco séculos mais cedo; mas, conforme a prática do s. XVI, adota como forma fundamental a missa lida pelo sacerdote com uma pequena assistência, em lugar da celebração na assembleia eclesial. Sem ter sido inicialmente imposto às Igrejas que tinham uma tradição litúrgica própria, esse missal contudo se tornou nos séculos seguintes a forma quase exclusiva de toda celebração eucarística na Igreja católica do Ocidente.

d) *A teologia eucarística depois de Trento.* — Durante mais de três séculos os teólogos católicos pesquisaram de que maneira a euc. se realiza como sacrifício. A história das doutrinas tentou agrupar as diversas explicações (Lepi, 1926): teorias da "imutação real de Cristo" (assim Roberto Belarmino* e Afonso* de Ligório); teorias de sua "imutação mística", ou ainda teorias da oblação (a "escola francesa", Bérulle* e o Oratório da França e também Bossuet). O s. XX conheceu com Casel e sob sua influência uma volta a uma ideia próxima de Tomás de Aquino, a ideia de "presença mística" (*Mysteriengegenwart*) do ato de Cristo no sacrifício da missa — uma ideia que parece permitir aos teólogos luteranos superar as dificuldades sentidas no s. XVI.

4. Doutrina e reforma litúrgica do Vaticano II

O Vaticano II* não elaborou documento algum que tratasse especialmente da euc., porém seus textos tratam abundantemente dela, em sua relação com o mistério da Igreja, com o ecumenismo*, com o ministério dos sacerdotes, e sobretudo no quadro da liturgia e da reforma litúrgica. Os pontos seguintes são objeto de uma insistência particular: 1/ Correlação entre as duas mesas, da palavra e da euc. (*SC* 48, 51 etc.); 2/ Relacionamento da euc. não só com o sacrifício da cruz (*SC* 47), mas com o mistério pascal em sua totalidade; 3/ Lugar da euc. entre os sacramentos da iniciação* cristã (SC 71 etc.); 4/ Interação entre a Igreja e a euc. (cf. LG 26), na perspectiva aberta por H. de Lubac, com o deslocamento do acento, para passar de uma teologia da Igreja vista sobretudo como sociedade* organizada (p. ex. em Belarmino) a uma teologia da Igreja como sacramento; 5/ Importância da participação ativa dos fiéis na celebração euc., na linha desenvolvida depois de Pio X (*SC*); 6/ A euc. ao mesmo tempo fonte e ápice da vida cristã (*LG* 11). A instrução *Eucharisticum Mysterium* recapitulará em 1967 os ensinamentos do concílio sobre a euc.

A reforma litúrgica decidida e programada pelo concílio tocava em particular, para a celebração da eucaristia: 1/ A possibilidade do uso de língua vernácula; 2/ A elaboração de um ciclo de leituras muito ampliado, que comporta aos domingos uma leitura suplementar (do AT) e uma insistência nova na homilia; 3/ A restauração da oração universal; 4/ A simplificação das orações do ofertório; 5/ A concelebração dos sacerdotes; 6/ A recitação em voz alta da oração eucarística, e a proposição de várias orações eucarísticas, comportando notadamente uma epiclese*; 7/ A comunhão ao cálice ao mesmo tempo que ao pão consagrado.

5. Tendências recentes da teologia

Certamente é muito cedo para tentar uma síntese das correntes da teologia eucarística contemporânea. Pode-se observar, pelo menos, a atenção dos teólogos (reclamada por Bouyer, 1966) à forma fundamental da ação, quer se trate de comparar o *memorial* ao *zikkaron* hebraico ou de buscar desprender a *Sinngestalt* da ação, sua forma fundamental (Lies, 1978; Ratzinger, 1981). Sublinha-se a relação da euc. com o mistério pascal, com a história da salvação e com a escatologia* (p. ex. Tillard, 1964; Durrwell, 1980); sua dimensão pneumatológica (importância da epiclese). Na problemática da presença propuseram-se conceitos novos, alguns dos quais a encíclica *Mysterium fidei* de Paulo VI julgou gravemente insuficientes de um ponto de vista católico ("transfinalização", "transignificação"). Igualmente, tentou-se exprimir a linguagem da presença em contextos filosóficos novos (assim Marion, 1982) ou recorrendo à filosofia* da linguagem (Ladrière, 1984). A teologia eucarística foi utilizada como foco de organização da eclesiologia*, numa corrente particularmente criativa da teologia ortodoxa (Afanassieff, 1975; Zizioulas, 1985, cf. McParthan, 1993); pôde-se assim articulá-la com uma antropologia* (Martelet, 1972) ou propor uma iluminação vinda da moral (Lacoste, 1984). A reflexão ecumênica, enfim, esforça-se por retirar a parte de mal-entendido dos debates do s. XVI (Thurian, 1981).

- Noção: G. Dix (1945), *The Shape of the Liturgy*, Londres. — J.-A. Jungmann (1949), *Missarum solemnia*, Friburgo, 1962⁵. — Ch. Mohrmann (1965), *Études sur le latin des chrétiens*, t. III, Roma, 351-376 (sobre *missa*). — H. B. Meyer (1989), *Eucharistie. Geschichte, Theologie, Pastoral*, Regensburg. — P.-M. Gy (1990), *La liturgie dans l'histoire*, Paris; (1992a), "De l'Eucharistie-Prière au pain et vin eucharistiés", *in* A. Heinz, H. Rennings (sob a dir. de), *Gratias agamus. Studien zum eucharistischen Hochgebet. Mélanges B. Fischer*, Friburgo, 111-116; (1992b), "Le 'nous' de la prière eucharistique", *MD* 191, 7-14. — T. J. Taley (1992), "Structures des anaphores anciennes et modernes", *ibid.*, 15-43. 1/A Hänggi, I. Pahl (1968), *Prex Eucharistica. Textus e variis liturgiis antiquioribus selecti*, Friburgo, Suíça. — B. Botte (1972⁴), *La Tradition apostolique de saint Hyppolyte*, Münster. — G. Kretschmar (1977), "Abendmahlsfeier. I. Die alte Kirche" e "Abendmahl II/1 Die alte Kirche", *TRE* 1, 59-89 e 229-278. — A. Verheul (1980), "La prière eucharistique d'Addaï et Mari", *QuLi* 61, 19-27. — P. Bradshaw (1995), *La liturgie chrétienne en ses origines*, Paris, 151-181.

1. *a*/F. Hamm (1928), *Die liturgischen Einsetzungsberichte im Sinn vergleichender Liturgieforschung untersucht*, Münster. — B. Botte (1953), "Note historique sur la concélébration dans l'Église ancienne", *MD* 35, 9-23. — E. Cutrone (1990), "The Liturgical Setting of the Institution Narrative in the Early Syrian Tradition", *in* J. N. Alexander (sob a dir. de), *Time and Community. Mélanges Talley*, Washington, DC, 105-114. — E. Mazza (1992), *L'Anafora eucaristica. Studi sulle origini*, Roma. — T. J. Talley (1993), "Word and Sacrament in the Primitive Eucharist", *in* E. Carr *et al.* (sob a dir. de), *Eulogèma. Mélanges Taft*, Roma, 497-810. — P.-M. Gy (1995), *"The Shape of the Liturgie de Dom Gregory Dix* (1945)", *MD* 204, 31-50.

1. *b*/J. Betz (1955-1963), *Die Eucharistie in der Zeit der griechischen Väter*, Friburgo. — Lies (1978), "Eulogia-Überlegungen zur formalen Sinngestalt der Eucharistie", *ZKTh* 100, 69-120.

2. *a*/M. Rubin (1991), *Corpus Christi. The Eucharist in Late Medieval Culture*, Cambridge.

2. *b*/H. de Lubac (1944), *Corpus Mysticum. L'Eucharistie et l'Église au Moyen Âge. Études historiques*, Paris. — H. Jorissen (1965). *Die Entfaltung der Transsubstationslehre bis zum Beginn der Hochscholastik*, Münster. — I. Furberg (1968), *Das Pater noster in der Messe*, Lund. — J. de Montclos (1971), *Lanfranc et Bérenger. La controverse eucharistique du XI siècle*, Louvain. — B.-D. Mariangeas (1978), *Clés pour une théologie du ministère:* In persona Christi, in persona Ecclesiae, Paris. — D. Burr (1984), *Eucharistic Presence and Conversion in Late Thirteenth-Century Franciscan Thought*, Filadélfia. — G. Macy (1984), *The Theologies of the Eucharist in the Early Scholastic Period. A Study of the Salvific function of the Sacrament according to the Theologians c. 1080-c.1080*, Oxford. — R. Imbach (1993), "Le traité de l'Eucharistie de Thomas d'Aquin et les averroïstes", *RSPhTh* 77, 175-194.

3. *a*/K. Lehmann e W. Pannenberg (sob a dir. de) (1986), *Lehrverurteilungen-Kirchentrennend?*, Friburgo-Göttingen.

3. *b*/M. Lepin (1926³), *L'idée du sacrifice de la messe d'après les théologiens depuis l'origine jusqu'à nos jours*, Paris. — A. Härdelin (1965), *The Tractarian Understanding of the Eucharist*, Upsala. — J. Wohlmuth (1975), *Realpräsenz und Transsubstantiation im Konzil von Trient*, Berna-Frankfurt.

4/Instruction *Eucharisticum Mysterium* (1967), *DC* 64, 1091-1122. — R. Kaczynski (1976, 1988, 1997), *Enchiridion documentorum instaurationis liturgicae* I (1963-1973), Turim; II (1973-1983), Roma; III (1893-1993), Roma.

5/Vasta bibliografia das publicações recentes em M. Zitnik (1992), *Sacramenta. Bibliographia Internationalis*, 4 vol., Roma. — J.-M. Tillard (1964), *L'eucharistie, Pâque de l'Église*, Paris. — L. Bouyer (1966), *Eucharistie Théologie et spiritualité de la prière eucharistique*, Paris. — N. Lash (1968), *His Presence in the World*, Londres. — L. Ligier (1971), *Il sacramento dell'Eucaristia*, Roma. — G. Martelet (1972), *Ressurrection, eucharistie genèse de l'homme*, Paris. — N. Afanassieff (1975), *L'Église du Saint-Esprit*, CFi 83 (original russo, Paris, 1971). — F. X. Durrwell (1980), *L'euch., sacrement pascal*, Paris. — J. Ratzinger (1981), *Das Fest des Glaubes*, Einsiedeln. — M. Thurian (1981), *Le mystère de l'eucharistie, une approche oecuménique*, Paris. — J.-L. Marion (1982), *Dieu sans l'être*, Paris, 225-258, "Le présent et le don". — J.-Y. Lacoste (1984), "Sacrements, éthique, eucharistie", *RThom* 84, 212-242. — J. Ladrière (1984), "Approche philosophique d'une refléxion sur l'eucharistie", *L'articulation du sens*, t. 2, CFi 125, 308-334 (*Articulação do sentido*, São Paulo, 1977). — J. D. Zizioulas (1985), *Being as Communion*, Creswood, N.Y. — H. B. Meyer (1989), *Eucharistie, Geschichte, Theologie, Pastoral*, Regensburg, 441-463. — P. McPartlan (1993), *The Eucharity Makes the Christ: Henri de Lubac and John Zizioulas in Dialogue*, Edinbugo. — W. Pannenberg (1993), *Systematische Theologie 3*, Göttingen, 314-369. — O. González de Cardedal (1997), *La entraña del cristianismo*, Salamanca, 463-522.

Pierre-Marie GY

→ *Batismo; Comunhão; Confirmação; Matrimônio; Mistério; Ordenação/ordem; Penitência; Sacramento; Sacrifício da missa; Ser; Unção dos enfermos.*

EUDES, João → **coração de Cristo** a

EUQUITAS → **messalianismo**

EUTANÁSIA → **morte** B

EUTIQUES → **Calcedônia** → **monofisismo**

EVÁGRIO PÔNTICO → **ascese** IV. 2

EVANGELHOS

Segundo o uso corrente, a palavra "Evangelho" (Ev.), do gr. *eu-aggelion*, significa no singular o anúncio ou a mensagem da Boa-Nova da salvação* em Jesus Cristo. No plural, designa de ordinário os quatro evangelhos (ev.) ditos canônicos, isto é, recebidos nas Igrejas* segundo a regra (gr. *kanon, cânon**) da fé*. Trata-se dos ev. de Mateus (Mt), Marcos (Mc), Lucas (Lc) e João (Jo), segundo a ordem atualmente recebida. Mas essa ordem (que não tem significação cronológica) mudou segundo os lugares e os tempos, pondo, p. ex., João como primeiro, ou seguindo a sequência Mt, Jo, Lc e Mc. Aliás conhecem-se outros ev. chamados apócrifos*: assim o *Evangelho de Pedro*, de que se possui mais de um fragmento, e diversos elementos do *Evangelho dos hebreus*, que era utilizado por certos judeu-cristãos. Enfim, outros ev. circulavam ainda nos meios gnósticos de origem posterior, à maneira dos ev. de *Tomás* e de *Filipe*, recentemente redescobertos no Egito, em Nag Hammadi. Os ev. canônicos, progressivamente reconhecidos como tais entre os s. II e III, circularam primeiro sob forma de escritos anônimos antes de receberem um título de autor: *segundo Mateus* e *segundo João*, conforme o nome de dois apóstolos*, depois, *segundo Marcos e segundo Lucas*, os dois evangelistas. Mesmo assim, tal atribuição foi conhecida muito cedo, desde a época de Papias, um bispo* de Hierápolis, no começo de s. II. Essa atribuição tem toda chance de verificar-se historicamente válida, embora seja preciso, sem dúvida, pôr certa distância entre a escrita grega do ev. dito de Mateus e a tradição* semítica oriunda desse apóstolo galileu. É também provável que um real espaço de tempo separe as primeiras tradições orais recolhidas no círculo do apóstolo João, e a redação final desse ev. Isso é já dizer a dificuldade de datar com certeza cada um dos escritos evangélicos. Como primeira aproximação e segundo um amplo consenso exegético que não exclui as discussões a respeito, situamos: 1/ a escrita em grego de Mc por volta do ano 70, provavelmente em Roma* depois da morte de Pedro*, segundo

Ireneu* (*Adv. Haer.* III, 1, 2); 2/ a de Mt, por volta de 80-85 em Antioquia; 3/ o mesmo para Lc, talvez na Grécia; 4/ Jo cerca de 95, sem dúvida em Éfeso, na Ásia menor.

Note-se aqui que um dos mais antigos fragmentos evangélicos conhecidos, escritos em papiro, diz respeito ao ev. de João, e data da primeira metade do s. II (*Papyrus Rylands 52*), quer dizer, algumas décadas apenas depois dos originais. Já não possuímos mais os originais dos textos do NT. Mas numerosos testemunhos manuscritos de data antiga permitem designar com segurança o estado primeiro dos originais desaparecidos: é o caso de cerca de 108 fragmentos em papiros que vão do s. II ao IV, e cerca de 274 manuscritos em escrita grega uncial (maiúsculas), do IV ao IX séculos, sem falar das antigas versões em latim e em siríaco (em aramaico oriental). Decerto, existem entre esses manuscritos lições-variantes relativamente numerosas, mas de importância muitas vezes secundária; as principais estão assinaladas nas edições críticas do NT (p. ex., em K. Aland e B. Metzger, *The Greek New Testament*, United Bible Societies) e com muita frequência apontadas nas diversas traduções. Os especialistas da crítica textual conseguem, ainda assim, reconstituir com solidez os diversos estados do texto evangélico veiculado nas Igrejas no s. II e depois e demonstrar a fidelidade da tradição e da transmissão dos quatro ev.

Na continuação, Ireneu (martirizado *c*. de 202) comparou os ev. aos quatro rios de paraíso (Gn 2,10-14) e aos quatro seres vivos que carregavam o carro divino (Ez 1,5-14 e Ap 4,6ss). Daí provém, por intermédio de Jerônimo, os símbolos iconográficos dos ev. (o homem: Mt; o leão: Mc; o touro: Lc; a águia: Jo).

I. O jogo da primeira palavra cristã

O Ev., ou anúncio da Boa-Nova, inscreve-se primeiro no registro da palavra e, portanto, da oralidade, antes de encontrar sua expressão escrita nos quatro ev., redigidos no amplo contexto da destruição do templo* de Jerusalém*, do ano 70 ao fim do s. I. Ainda na época de Paulo (entre 51 e 58), a tradição evangélica continuava oral. Diversos termos designam então esse primeiro trabalho da palavra, em particular: "proclamar" e "proclamação", "testemunhar" e "testemunho", "evangelizar" e "evangelho".

1. Três modalidades da palavra

"Proclamar" (*kerussein*), "testemunhar" (*marturein*) e "evangelizar" (*euaggelizomai*) evocam a ideia de uma palavra* de salvação, soberanamente enunciada por alguém que não se designa a si mesmo como seu autor: ela tem por princípio Deus*, Jesus* ou seu Espírito*. Tal como uma palavra de revelação*, à maneira dos antigos profetas* de Israel*, é dita em nome* de Deus. Nisso se distingue do simples dizer (*lalein* ou *legein*) ou mesmo de um ensinamento dado sobre Deus ou sobre o seu Cristo* (*didaskein*). Na continuação, contudo, os ministros estabelecidos nas Igrejas, sucessores do apóstolos e dos primeiros profetas cristãos, usarão antes o vocabulário do ensinamento ou tenderão a assimilar uns com os outros os verbos enumerados acima. No entanto, cada um tinha seu matiz próprio, no quadro da antiga retórica (tipo deliberativo ou persuasivo para a proclamação [*kerugma*]), tipo judiciário para o testemunho [*marturein*], tipo demonstrativo escolar para o ensino [*didakhe*] em que o locutor se situa objetivamente, como que a distância da palavra enunciada). Vamos examinar sucessivamente essas três modalidades.

a) Proclamar. — O "querigma", ou proclamação, é uma palavra pronunciada em voz alta, em público e em nome de uma autoridade* de referência. Pela boca do arauto (*kerux*), essa palavra anuncia a realização dos jogos e das festas religiosas. Nas *aretalogias* (coleção de relatos de milagres* e de outros títulos de glória) ou no quadro dos cultos* de mistérios, proclama as obras de potência de algumas divindades. Esse contexto pagão limitou, sem dúvida, o emprego do termo pelos LXX (só 33 x, inclusive Gn 41,43 LXX) (cf. traduções* antigas da Bíblia*). Contudo, o verbo "proclamar" é retomado em alguns textos proféticos que tiveram um papel da maior importância na releitura cristã, em particular Is 61,1; Sf 3,14 e Zc 9,9 em que a palavra está ligada aos motivos de libertação e de salvação. Fora da tradição joanina, o verbo *kerussein* será muitas vezes empregado no NT (perto de 61 x) para designar, não uma simples pregação*, mas essa palavra performativa que opera a salvação ao proclamá-la. À maneira de uma palavra profética, ela já é um ato de Deus. Jesus proclama a vinda do reino, e já o opera (Mt 4,17; Mc 1,38s). Os discípulos, por sua vez, a proclamam (Mc 3,14; 13,10). Em Paulo sobretudo, tal proclamação está ligada diretamente ao motivo da cruz do Ressuscitado (1Cor 1,23: "Nós proclamamos um Cristo crucificado"); o Apóstolo proclama "a palavra da fé" (Rm 10,8). Mas, assim como um arauto à maneira grega era honrado por todos, tanto o *kerux* de uma tal palavra aparecia como sua imagem invertida.

b) Evangelizar. — "Evangelizar", no sentido de anunciar a Boa-Nova, inscreve-se também no registro de uma palavra performativa, mas o conteúdo da palavra é ali claramente visado: o Ev. é a Boa-Nova de uma salvação que toca o presente em sua novidade e o futuro dos tempos* últimos. É uma palavra performativa de confissão* da fé (Rm 1,16); é de si missionária e orientada para o cumprimento* (Mc 13,10). Nesse ponto ainda a diferença é grande com o uso do mesmo verbo no mundo helenístico, onde conota somente a ideia de um destino qualquer, senão de uma boa fortuna; o substantivo *euaggelion* evoca nesse contexto o pensamento de uma simples recompensa ou de uma vitória. No contexto tardio do culto imperial, acontece às vezes que designe a Boa-Nova de um nascimento ou da entronização de um imperador. Na Bíblia hebraica, o verbo *bâśar*, no sentido de anunciar a alegre nova de uma vitória (2Sm 4,10), reveste já mais importância: está ligado às vezes ao motivo da salvação (Sl 96,2; Is 40,2; 52,7; 61,1). Mas o correspondente grego desse verbo não é quase valorizado nos LXX; e o substantivo "ev." é ignorado, ou quase, no hebraico como no grego. Pode-se encontrar, porém, em Qumran, essa citação de Isaías: "A fim de que [o Mestre da Justiça] anuncie a Boa-Nova no tempo de tua bondade, evangelizando os humildes segundo a abundância de tua

misericórdia*'" (1 QHXVIII, 14; cf. Lc 4,18). Ora, o verbo e seu substantivo tomaram uma importância muito grande em Paulo (60 x) e nas Igrejas que estavam sob sua influência. Assim também na obra de Lc (Lc e At). A tradição joanina não usa a palavra, embora o motivo do testemunho tenha ali um grande espaço.

c) Testemunhar. — O testemunho, de tipo judiciário, encontra lugar numa situação de conflito em que a palavra de salvação reclama sua confirmação por testemunhos autênticos. Essa vez, o verbo (*marturein*) e seu substantivo são amplamente conhecidos no mundo helenístico e também nos LXX (Is 43,9-12). Jo e Lc usam-no com frequência. A prova do tempo e as perseguições explicam essa insistência no motivo de uma atestação verídica, prestada por testemunhas do acontecimento da salvação (At 1,8.22). Isso vai até dar sua vida para os certificar (Ap 2,13). Donde a palavra "martírio*" no sentido atual.

2. O evangelho de Paulo e a escrita de Marcos

Nos escritos paulinos, cuja composição se escalona entre 51 e 58 aproximadamente, *evaggelion*, sem nenhuma referência a um texto escrito, chama toda a força de uma palavra que opera a salvação: "O Ev. é potência* de Deus para todo crente, nele se declara a justiça* de Deus" (Rm 1,16s). No sentido paulino, "justiça" designa o ato salvador de Deus que perpassa essa palavra e age em sua proclamação mesma. Cristo — e portanto a palavra que o proclama — é doravante a única potência de salvação, e não mais a lei* de Moisés como tal. Não que essa tenha perdido todo valor de revelação, mas deve situar-se em relação ao Ev. novo, como a promessa* que designa seu cumprimento* em Cristo.

Sobre esse ponto preciso, os primeiros grupos cristãos manifestaram algumas divergências. Alguns judeus tornados cristãos queriam guardar a Lei em sua integralidade, enquanto o Apóstolo das nações insistia na novidade radical da fé em Jesus Cristo, oferecida a todos os crentes, judeus ou não, e eficazmente transmitida por *seu* ev. (Rm 2,16 e Gl 1,7). Esse ev. confessa altamente a cruz do Ressuscitado, como sendo o princípio da salvação. Paulo o proclama sem mesmo fazer uso para isso dos relatos ou dos discursos que constituirão em seguida o essencial dos textos evangélicos. O Apóstolo conhece certamente essas tradições evangélicas, mas sem praticamente referir-se a elas, exceto a narração da ceia (1Cor 11,23ss). Recria do interior as palavras e os gestos de Jesus (na linguagem paulina, "imita" o Senhor), mais do que o repete. Seu evangelho é a proclamação da salvação pela cruz do Senhor da Páscoa*. Às vezes, pareceria até minimizar a importância de um outro conhecimento de Jesus: "segundo a carne*" (2Cor 5,16).

Certamente o Apóstolo dá todo seu lugar à cruz do Senhor sempre vivo. Mas a duração da vida eclesial que se prolongava e os abalos políticos que acompanharam a sublevação judaica dos anos 63 a 73, puseram diretamente em perigo a memória dos fatos e dos gestos de Jesus. Fazer-lhe alusão, à maneira de Paulo, já não bastava. Era preciso reunir as diversas tradições eclesiais de Jerusalém, de Antioquia e de outros lugares, salvar a tradição. Sem dúvida depois de diversas tentativas evocadas em Lc 1,1-4, o primeiro conjunto narrativo escrito chamado "ev." (Mc 1,1) foi provavelmente o de Marcos. Está a meio caminho entre a proclamação de fé, à maneira paulina, e uma representação da história de Jesus, trazendo ao presente sua vida e suas palavras, segundo uma organização didática. Na continuação, Mateus insistirá mais na palavra de Jesus e o historiador Lucas imporá ao conjunto uma apresentação de corte mais biográfico. De seu lado, João oferecerá uma apresentação de todo diferente, ao mesmo tempo precisa e simbólica: coloca-se no coração da interioridade de Jesus e daquele que se designa como "o discípulo que Jesus amava" (Jo 21,7).

II. Formas e funções dos escritos evangélicos

O trabalho narrativo de Mc, na novidade de sua representação de conjunto de Jesus, hauria sua riqueza de fontes diferenciadas. Uma leitura crítica dos quatro ev. permite distinguir ainda as especificidades desses blocos tradicionais. M. Dibelius e R. Bultmann* puseram-no particularmente em evidência, na primeira metade do s. XX. Enumeremos apenas alguns desses elementos mais importantes, primeiro veiculados oralmente nas comunidades, antes de serem parcialmente postos por escrito. Cada um dos evangelistas utilizará os dados à sua maneira, segundo a visão cristológica e missionária que lhe é própria.

1. As formas literárias mais importantes

O Ev. é antes de mais nada uma confissão* de fé, formulando brevemente o querigma de uma comunidade cristã em função de suas necessidades. Traços dessas confissões de fé são particularmente encontrados nos escritos paulinos (1Ts 1,9s; 1Cor 15,1-8), aparecem também nos ev. (cf. Mc 15,39; Jo 29,28 etc.). Encontram-se igualmente alguns elementos de bênção* (Mc 11,9s) e mesmo antigos hinos judeu-cristãos aplicados a Maria* ou a Zacarias (Lc 1,46-55, 67-79), ou doxologias (Lc 2,14). Mas os principais materiais evangélicos se repartem sobretudo em relatos e discursos.

a) Os relatos. — Há vários tipos. O da Paixão* é o único a seguir uma sequência cronológica constante (Mc 14,1-16,8). Os outros relatos, primeiro transmitidos isoladamente pela tradição oral das comunidades, compreendem: apotegmas em que uma palavra (em grego, um logion) de Jesus é inserido num pequeno quadro narrativo (Mc 10,13-16); relatos de controvérsia ou de polêmica (Mc 3,1-6); relatos de milagre (Mc 1,29ss) e de exorcismo* (Mc 5,1-20), pondo em valor a ação de salvação de Jesus e sua luta contra as forças do mal*, em vista de proclamar ativamente a vinda do reino de Deus; relatos de conteúdo biográfico e cristológico (Mc 1,9ss e 9,2-10); lendas populares (Mc 6,17-28); enfim, relatos de aparição do Ressuscitado (Mt 28,2 e Lc 24). Depois, redigidos a uma época mais tardia, vêm os relatos de infância (Mt 1-2 e Lc 1-2).

b) Os discursos. — Os discursos são agregados de palavras, ou logia, do Senhor, como empilhados em função de um tema comum. Assim, os cinco discursos de Mt: o sermão da montanha ou programa de vida evangélica; o discurso de missão* dando as regras a seguir pelos enviados, "apóstolos" de Jesus (Mt 10); o discurso em parábolas* sobre o reino de Deus (Mt 13); o discurso sobre a vida comunitária (Mt 18); o discurso escatológico sobre a destruição de Jerusalém e os últimos tempos (Mt 24-25). Esses discursos têm paralelo em Mc e Lc, mas em forma reduzida.

2. Os primeiros agrupamentos narrativos

Além dos agregados de *logia* acima enumerados, também se reconhece a existência de agrupamentos narrativos: p. ex., em Mc, um grupo de controvérsias (Mc 2,1-3,6), um grupo de milagres (Mc 4,35-5,43), um grupo de apotegmas, ou de palavras "enquadradas" por uma narração: (Mc 10,1-31). Alguns desses agrupamentos, que facilitam a tarefa dos pregadores cristãos sobre um assunto dado, devem ter sido postos por escrito muito rapidamente, ficando reconhecível o toque literário de cada um dos evangelistas. Tal constatação nada tem que possa surpreender na cultura de então: assim, os historiadores do mundo grego antigo reuniam seus materiais por tópicos, segundo o assunto, sem grande cuidado com a cronologia dos eventos. Isso equivale a dizer antecipadamente que a localização de uma palavra ou de uma narrativa evangélica não implica, de si, nenhuma conclusão sobre a situação histórica precisa no decurso de ministério* de Jesus.

3. As quatro narrações evangélicas

A partir das tradições isoladas e dos blocos de narrações e de discursos recolhidos nas diversas comunidades, Mc foi o primeiro que soube organizá-las em um conjunto narrativo indo do batismo* à paixão. Retomou então da tradição esse vasto esboço de corte biográfico de que são eco At 1,22 e o discurso de Pedro em Jope (At 10,37-43). Mt e Lc trabalham depois sobre esse texto, eventualmente corrigindo-o, reorganizando-o e mais ainda, arrumando com a ajuda de novas peças. A tradição joanina é muito mais independente. De qualquer maneira, cada evangelista oferece no quadro de sua Igreja particular a síntese de tudo o que constrói sua vida: recolhe a memória viva do Senhor, resu-

me a confissão de fé de sua comunidade como também as regras de comportamento a ter para com os crentes ou adversários, sem esquecer os gestos (batismo e ceia) que estruturam sua comunidade. Precisemos um pouco a configuração de cada livro*.

a) Marcos. — O evangelista Mc apresenta um discurso de finalidade querigmática e confessional, no quadro de uma narração seguida, indo do batismo à cruz. A introdução conta o batismo de Jesus por João Batista (Mc 1,1-13). A figura de Jesus, designado como Filho de Deus no sentido mais forte, e seus gestos de salvação são continuamente postos no primeiro plano por meio de três etapas localizadas. São estas: o ministério* de Jesus na Galileia até as suas fronteiras (Mc 1,14-8,26); a subida de Jesus a Jerusalém (8, 27-13,37) pontuada por três anúncios da paixão (8,31ss; 9,30ss e 10,32ss); enfim, o relato da paixão: Mc 14,1-16,8. Mc 16,9-20 é uma adição datada do s. II. O conjunto, aliás, está estruturado em torno de três pivôs, em que o próprio Deus revela seu Filho: Batismo, transfiguração (Mc 1,9ss e 9,2-10) e ao pé da cruz, confissão de fé do centurião romano "Verdadeiramente, esse homem era o Filho de Deus" (15,39). No final, Deus, por intermédio de seu anjo, declara Jesus ressuscitado: é o coração da mensagem pascal (Mc 16,6). Pelo ano 70, provavelmente em Roma no quadro de uma Igreja amplamente aberta às nações, Mc retomou uma antiga catequese* judeu-cristã, conhecida no círculo de Pedro, embora pondo mais em evidência o motivo da salvação pela cruz, o que o aproximava de Paulo, de quem tinha sido companheiro (At 12,25). Assim, Mc, "o intérprete de Pedro", como o designa Papias no início do s. II, situa-se na confluência de uma dupla tradição.

b) Mateus. — O ev. de língua grega Mt, que é tradicional colocar no círculo de influência do apóstolo galileu Mateus, retomou e completou a narração de Mc. No quadro de uma Igreja sobretudo judeu-cristã, seu ev. apresenta-se antes como uma catequese, construída sobretudo a partir dos cinco discursos acima mencionados. O plano segue amplamente o de Mc. Acrescenta um relato de infância (Mt 1-2) e relatos da aparição do Ressuscitado (Mt 28,9-20). Agrupa os relatos de milagres na base de Mc (Mt 8-9) e retoma muitos elementos, desconhecidos de Mc, de uma segunda fonte, dita "Fonte Q" (do alemão *Quelle*). Esse evangelista judeu-cristão insiste fortemente na figura messiânica de Jesus, que é o Cristo (= messias*), filho de Davi e Senhor.

c) *Lucas*. — O evangelista de língua grega Lc quer fazer obra de historiador (Lc 1,1-4) num amplo escrito disposto em dois grandes tomos: o primeiro (Lc) conta a vida de Jesus, e o segundo, Atos dos Apóstolos (At), a história das primeiras Igrejas em torno de Pedro e de Paulo. No quadro de uma Igreja pagano-cristã, em parte herdeira da ação apostólica de Paulo, Lc retoma, por sua vez, a trama de Mc. Possui além disso, o relato da infância (Lc 1-2) mas muito diferente do de Mt, assim como narrações de aparição do Ressuscitado (Lc 24,13-53). Afasta certos elementos de Mc (Mc 6,45-7,37), pouco compreensíveis para os gregos, e sobretudo acrescenta todo um conjunto de palavras de Jesus, amplamente hauridas na fonte Q (Lc 9, 51-18, 14). Lc designa logo de entrada (Lc 2,11) Jesus como o Senhor, à maneira de Paulo que aplica a Jesus esse título que significa a transcendência, e que designa a Deus nos LXX.

d) *João*. — O plano evangélico de João, indo do testemunho do Batista à ressurreição*, é muito diferente do dos sinóticos. Esta vez a palavra e a ação de Jesus têm por quadro a Judeia tanto quanto a Galileia, numa sequência de acontecimentos selecionados, acompanhados em geral por um discurso (Jo 5,1-18 e 19-47). Fora de uma dezena de relatos que encontram um paralelo em Mc (p. ex. Jo 6,1-15), João contentou-se com destacar alguns fatos particularmente significativos, a começar pelo milagre de Caná, o primeiro dos sinais postos por Jesus (Jo 2,1-12). Porque lhe importa antes de tudo, entrar e fazer entrar os seus na inteligência profunda da palavra do Senhor antes que acumular os *logia* ou os gestos de Jesus à maneira dos sinóticos. E mesmo, mais de uma vez, o evangelista dá a impressão de trazer um esclarecimento mais místico* e simbólico. Oferece-nos, além disso, uma vista do ministério de Jesus mais precisa e mais exata que a de Mc. A alusão à construção do templo de Jerusalém (Jo 2,20) e a uma tríplice peregrinação* de Jesus a essa cidade por ocasião da Páscoa* judaica (Jo 2,23; 6,4; 12,1) permitem situar seu ministério desde o ano 27 aproximadamente e durante mais de dois anos. Essas grandes diferenças entre Jo e os sinóticos postulam a existência de um meio comunitário muito particular, de tipo judeu-cristão também, mas marcado sem dúvida pelo essenismo e mais ainda por uma alta cristologia* do Verbo* de Deus preexistente ao mundo* (Jo 1,1; 8,58 e 20,28).

III. Breve história da exegese evangélica

Desde a época de Justino, pelo menos (início do s. II: *I Apol.* 67), os textos evangélicos são lidos no contexto da liturgia* em ligação com a ceia do Senhor. Os evangelhos "funcionam" de certo modo segundo sua finalidade primeira: confessar a fé em público e fazer viver a comunidade. Desde os primeiros séculos, certamente, houve quem tentasse atenuar, senão apagar, as diferenças entre os quatro relatos, mas Ireneu pediu, desde o final do s. II que fosse respeitada a unidade de sua mensagem na diversidade de suas formulações. Muito mais tarde, a partir do s. XVIII, sobretudo com Reimarus na Alemanha, Voltaire e os enciclopedistas na França, a linguagem evangélica, penetrada de imagens e de símbolos à maneira semítica, pareceu cada vez mais hermética, avançando na contramão das visões modernas sobre a história*. No contexto do positivismo histórico dessa época, nada parecia então subsistir — ou quase nada — da vida de Jesus. A vida romanceada de Galileu, escrita por Renan, tentava escapar de algum modo a essa camisa de força positivista, mas seu sucesso literário não compensava suas falhas metodológicas. Uma melhor inteligência da linguagem neotestamentária, favorecida pelas grandes descobertas literárias e arqueológicas do Médio Oriente, em Qumran, particularmente desde 1947, permitiu enfim balizar com mais pertinência as modalidades de escrita que usavam os autores antigos.

Há mais de um século, a partir de J. Weiss e J. Welhausen, o estudo crítico dos evangelhos afirmou-se com vigor, utilizando várias pistas sucessivas: 1/ primeiro, pela crítica das fontes as relações literárias entre os sinóticos foram melhor esclarecidas. Duas teses se opõem: uma postula a existência de duas fontes na base de Mt e de Lc, a saber, o evangelho de Mc e a fonte Q (retomando os elementos comuns a Mt e Lc, mesmo que esses dois evangelistas não se conhecessem entre eles); assim, em nossos dias, F. Neirynck (Louvain). A outra (L. Vaganay, M.-E. Boismard, X. Léon-Dufour) situa um ou muitos escritos em aramaico ou em grego na base dos três sinóticos. 2/ Mas, desde 1920, aproximadamente, Dibelius e Bultmann atraíram a atenção para duas antigas formas literárias saídas da tradição oral e renovaram profundamente a leitura dos evangelhos (*Formgeschichte*, escola da história das formas). Por outro lado, Bultmann está no ponto de partida de uma nova hermenêutica* dos evangelhos, inspirada em Heidegger*. 3/ Mais tarde, a partir de 1959 o interesse voltou-se mais para a composição literária (*Redaktionsgeschichte*) e sobre a teologia* ou a cristologia* de cada autor: assim H. Conzelmann para Lc. Então, a exegese dita histórico-crítica estava melhor equipada para apreender a gênese literária de cada livro e seguir a história de sua tradição, desde as primeiras tradições orais até as redações escritas, mais ou menos tardias segundo o caso: *Traditionsgeschichte*). 4/ Ora, desde 1970 uma reação se operou em relação às precedentes leituras que reconstruíam a história literária de um texto em vez de ler o evangelho tal como era. Métodos literários novos fizeram-se conhecer pouco a pouco: a análise semiótica inspirada em A. J. Greimas, ou ainda a exploração dos procedimentos estruturais ou retóricos da antiguidade. 5/ Em nossos dias, o estudo de um texto evangélico utiliza, sem opô-los, os procedimentos de tipo sincrônico (o texto lido em sua atual literalidade e seu funcionamento interno) e os do tipo diacrônico (o texto reconstruído segundo as etapas de sua gênese). A atenção volta-se particularmente, no quadro dos estudos sociorreligiosos, para os diferentes meios comunitários judeu-cristãos e heleno-cristãos que viram surgir os primeiros elementos

da memória cristã de Jesus. Esse diversos trabalhos permitem pronunciar-se sobre a história de Jesus levando em conta os textos ao mesmo tempo que seus contextos sociais e comunitários. Em reação contra certas posições de Bultmann, E. Käsemann pôs a base de uma metodologia histórica que pudesse autorizar as avaliações de autenticidade no que diz respeito às palavras e aos gestos de Jesus, inclusive a seus milagres. Longe das vidas romanceadas de Jesus e sem prejudicar de modo algum uma leitura religiosa e interiorizada, o trabalho crítico permanece aberto a uma melhor inteligência dos evangelhos, e por eles, a uma abordagem da figura de Jesus que não deixa de guardar o seu mistério.

• INTRODUÇÃO GERAL: X. Léon-Dufour (1963), *Les évangiles et l'histoire de Jésus*, Paris; (1976), "Les évangiles synoptiques", *in* A. George e P. Grelot (sob a dir. de), *Introduction à la Bible. L'annonce de l'Évangile* III/2, 11-237. — R. Brown — J. A. Fitzmyer — R. E. Murphy (sob a dir. de) (1990), *The New Jerome Biblical Commentary*, Avon. — SOBRE OS EVANGELHOS APÓCRIFOS: E. Hennecke (1959), *Neutestamentliche Apokryfen* I-II, Tübingen. — J. Jeremias (1963), *Unbekannte Jesusworte*, Gütersloh. — SOBRE A CRÍTICA TEXTUAL (Estudo dos manuscritos): B. M. Metzger (1968[2]), *The Text of the New Testament*, Oxford. — L. Vaganay, C. B. Amploux (1986), *Initiation à la critique textuelle*, Paris. — ALGUNS COMENTÁRIOS CRÍTICOS DOS EVANGELHOS: J.-M. Lagrange escreveu uma série de comentários sobre os evangelhos publicados nos EtB, 1927-1929. — V. Taylor (1952, 1969), *The Gospel According to St. Mark*, Londres. — P. Benot-M.-E. Boismard (1965, 1972), *Synopse des quatre évangiles*, I-II, Paris. — P. Bonnard (1966-1970), *L'Évangile selon saint Matthieu*, Neuchâtel. — R. Brown (1966, 1970), *The Gospel According to John* I-II, Anchor Bible, Nova York. — R. Pesch (1976, 1977), *Das Markusevangelium*, I-II, Friburgo. — M.-E. Boismard — A. Lamouille (1977), *L'évangile de Jean* III, Paris. — J. A. Fitzmyer (1981), 1985), *The Gospel According to Luke* I-II, Nova York. — F. Bovon (1991) *L'évangile selon saint Luc*, I, Genebra. — O PROBLEMA SINÓTICO E OS DIVERSOS ESTUDOS SOBRE A HISTÓRIA DA TRADIÇÃO: M. Dibelius (1933[2]), *Die Formgeschichte des Evangeliums*, Tübingen. — L. Vaganay (1954), *Le problème synoptique*, Paris. — W. Marxsen (1956), *Der Evangelist Markus. Studium zur Redaktionsgeschichte des Evangeliums*, Göttingen. — J. Dupont

(1958, 1969, 1973), *Les béatitudes*, I-III, EtB. — H. Conzelmann (1960[2]), *Die Mitte der Zeit. Studien zur Theologie des Lukas*, Tübingen.— E. Trocmé (1963), *La formation de l'évangile selon Marc*, Paris. — R. Bultmann (1971[3]), *Die Geschichte der synoptischen Tradition*, Göttingen. — M. Didier (sob a dir. de) (1971), *L'évangile selon Matthieu. Rédaction et théologie*, Gembloux. — M. Sabbe (sob a dir. de) (1974), *L'évangile selon Marc. Tradition et rédaction*, Louvain. — J. Dupont (1985), *Études sur les évangiles synoptiques*, I-II, Louvain. — G. Lasserre (1994), *Les synoptiques. Elaboration et usage*, Subsidia biblica 19, — SOBRE A HISTÓRIA DE JESUS: A. Schweitzer (1913, 1951[2]), *Geschichte der Leben-Jesu Forschung*, Tübingen, dá indicações preciosas sobre os autores antigos: Reimarus, Paulus, D. Strauss, J. Weiss e J. Wellhausen. — E. Käsemann (1954), "Zur Frage des historischen Jesus" *ZThK* 51, 125-153. — C. Perrot (1979, 1993[2]), *Jésus et l'histoire*, Paris. — J. P. Meier (1991 e 1994), *A Marginal Jew*, I-II, Nova York.

Charles PERROT

→ *Bíblia; Cânon; Confissões de fé; Cristo/cristologia; Gêneros literários: Intertestamento; Jesus da história; Livro; Messianismo/messias; Mito; Narrativa; Parábola; Paixão.*

EVANGELISMO → anglicanismo → metodismo → protestantismo

EVANGELIZAÇÃO → missão/ evangelização

EVOLUÇÃO

1. O ponto de vista das ciências positivas

a) o fato da evolução biológica. — A realidade da evolução (ev.) das espécies não é contestada por nenhum cientista, seja qual for a interpretação que dela se dê. Por si sós, as provas arqueológicas bastam para estabelecê-la: a datação de fósseis permite constatar a complexificação e a diversificação progressivas das formas, no conjunto dos dois reinos animal e vegetal. A isso acresce um feixe de argumentos convergentes tirados da embriologia, da anatomia comparada e da biologia molecular. Essa realidade da ev. engloba também a aparição da espécie humana (cf. *infra c*). Resumindo, os primeiros "fósseis químicos" são contemporâneos das mais antigas rochas sedimentares conhecidas, remontando a cerca de três bilhões e meio de anos. Seriam devidos à ação de imensas colônias de bactérias, depois de cianofíceas (algas azuis). Os primeiros eucariotes (protozoários e protófitos) aparecem há cerca de um bilhão e meio de anos. Para o fim do pré-cambriano vêm os metazoários (pluricelulares). No cambriano médio manifestam-se os primeiros cordados, depois os vertebrados no siluriano. Desde o começo do secundário, em que triunfam os répteis, aparecem os primeiros mamíferos, que se desenvolverão no terciário ao mesmo tempo que as aves; os primeiros primatas remontam ao cretáceo, enquanto se extinguem os dinossauros.

b) As teorias explicativas. — A unanimidade desaparece quando se trata das teorias explicativas da ev.; nenhuma parece verdadeiramente satisfatória e corresponder ao critério de cientificidade popperiana da "refutabilidade" (*falsifiability*). Durante muito tempo dominou a teoria sintética ou neodarwinista: seu caráter problemático aparece melhor hoje em dia. Na realidade, o pai do evolucionismo não é Darwin (1809-1882), mas sim Lamarck (1744-1829), injustamente desacreditado pelo biólogo inglês e seus herdeiros. A teoria lamarckiana foi esboçada desde 1802; pela primeira vez, a continuidade, a diversificação e a complexificação das espécies animais em sua gradação natural foram observadas e compreendidas como uma filiação em que o mais complexo descende do mais simples. No entanto, sua explicação do mecanismo da ev. não será confirmada experimentalmente. Repousava sobre duas leis: em todo animal*, o uso de um órgão o fortifica "e lhe dá uma potência proporcional à duração desse uso", enquanto a falta de uso o atrofia; e certos caracteres adquiridos transmitem-se hereditariamente. Essa última lei constitui o calcanhar de Aquiles do lamarckismo.

De seu lado, a teoria darwinista da seleção natural foi estabelecida em 1858 por C. R. Darwin e por A. R. Wallace (1823-1913). Era sem dúvida influenciada pelo *Ensaio sobre o princípio de população* (1798) de Th. R. Malthus (1766-1834). Em seguida recebeu o apoio eficaz de A. Weismann (1834-1914), distinguindo o *germe* que compreende o patrimônio hereditário e o *soma*, corpo perecível sem influência sobre a hereditariedade — distinção que dava o golpe de graça no lamarckismo. A teoria sintética foi elaborada pouco a pouco por volta de 1930-1950, juntando ao princípio darwinista as leis de hereditariedade de G. Mendel (1822-1884) e a teoria das mutações de Hugo de Vries (1848-1935). Ao neodarwinismo assim constituído aderiu durante muito tempo a ampla maioria dos biologistas. Contudo, "o darwinismo, seja qual for a sua forma, não explica a grande ev. que concerne o plano de organização e de ramificação da classe e da ordem" (P.-P. Grassé). Mesmo no nível da formação das espécies, só se dispõe de um sistema de hipóteses verossímeis — sem ter, até aqui, teste experimental decisivo. Quanto ao tempo* necessário para dar conta das diversas ortogêneses, sem falar da evolução dos sistemas simbióticos, aquele que a teoria sintética suporia, parece de outra ordem de grandeza que a duração, espantosamente breve, da ev. efetiva.

Quanto à "teoria neutralista" ou "não darwinista" de M. Kimura *et al.* (1971), considerando as variantes enzimáticas seletivamente neutras associadas a vastos fenômenos de deriva genética, suas previsões não foram confirmadas pela experiência. Parece, pois, que *nenhuma* teoria explicativa se beneficia atualmente de uma verdadeira confirmação experimental.

c) A aparição do homem. — A paleontologia dos grandes primatas indica a emergência progressiva das espécies aproximando-se por degraus do homem moderno, segundo um esquema que se integra naturalmente na ev. das espécies animais. Os hominianos se teriam nitidamente distinguido dos outros primatas antropoides há cerca de cinco milhões de anos, na África oriental e austral. Os mais antigos fósseis conhecidos pertencem ao grupo dos australopitecos da forma *gracilis* — a forma *robustus* só apareceu há 2,5 milhões de anos,

para desaparecer há 1 milhão de anos. Esses hominianos tinham uma marcha bípede e uma posição ereta, mas não são do gênero *homo*. Os primeiros hominídeos apareceram na África oriental sob a forma do *Homo habilis* (fósseis indo de 2,3 a 1,6 milhões de anos), o primeiro a fabricar seus instrumentos de pedra ou de basalto. Apareceu em seguida o *Homo erectus* (de 1,6 milhão de anos até menos de 300.000 anos) que, da África oriental parece ter colonizado a Ásia (especialmente Java e China), depois a Europa. Descoberto em Java em 1886 e batizado então "Pitecantropo", o *Homo erectus* chegou ao domínio do fogo (traços indubitáveis em Chu-Ku-Tien, perto de Pequim, datando de mais de 500.000 anos). Depois, ele daria lugar — por transformação progressiva? — ao *Homo sapiens* neandertalensis, com seu grande cérebro de 1.500 cm cúbicos que poderia remontar a perto de 200.000 anos (presente essencialmente na Europa ocidental e no Médio Oriente). Os Neandertais foram os primeiros a enterrar seus mortos (morte*) e com gestos simbólicos (de alcance religioso?). Há 35 mil anos, desapareceram completamente para deixar lugar ao *Homo sapiens sapiens*, ou "homem de Cro-Magnon", nossa espécie atual. Nossos antepassados viriam diretamente da África oriental, passando pela Palestina, onde há restos datados de 100.000 anos, para chegar a Europa há 35.000 anos, no momento do desaparecimento do homem de Neandertal. As duas populações que estiveram lado a lado por muito tempo no Oriente Médio, nunca se misturaram. Todos os homens atuais são do único tipo *sapiens sapiens* (chegado à América e à Austrália há cerca de 25.000 anos).

2. Perspectivas filosófico-teológicas

a) Definição do homem. — Para julgar o impacto teológico das teorias da ev., é preciso dispor de uma justa definição do homem. Os pressupostos positivistas de certas formas de evolucionismo as tornam, com efeito, inaceitáveis para toda teologia* cristã, e explicam certas reações excessivas (cf. *infra* b). Se o dualismo cartesiano não parece capaz de resolver a questão, um puro monismo nos reduziria, pela ev., à animalidade pura e simples, pouco compatível com a dignidade de *imago Dei*. Como encontrar a unidade na distinção entre o aspecto biológico, pelo qual pertencemos à ordem dos primatas, e um aspecto "espiritual" que transcende realmente o primeiro? Ora, os dados biológicos não bastam para definir rigorosamente onde começa verdadeiramente o humano. Nenhum dos critérios tradicionais, nesse domínio, parece impor-se. A disposição de uma linguagem articulada e simbólica parece um (*o*?) fator decisivo, mas não deixa traços fósseis. E resta a saber se a ev. das espécies basta para explicá-la.

Segundo G. Isaye (1987), que situava sua pesquisa no quadro de uma justificação crítica dos pontos de partida do conhecimento, podem-se estabelecer pelo menos dois caracteres específicos do homem, irredutíveis à materialidade biológica: a consciência da obrigação moral, de uma parte, a possibilidade de justificar sem círculo vicioso os primeiros princípios do conhecimento, da outra (segundo o princípio aristotélico da retorsão). Nesse contexto, a evolução biológica forneceria somente a *condição material de possibilidade* — necessária, mas não suficiente — ao advento de um homem consciente e livre. O domínio da linguagem que permite a aparição da cultura viria então *humanizar* o hominídeo formado por essa ev., sem explicar-se adequadamente pelas transformações fisiológicas que a possibilitaram. Para a teologia cristã, a *imago Dei*, fruto de um ato criador específico (criação*), apareceria com a linguagem, abrindo para a consciência* e para a liberdade*.

b) O choque das concepções no s. XIX e sua solução no s. XX. — Na ausência de acordo sobre a definição do homem, o choque das concepções só podia ser frontal no s. XIX. Apesar dos esforços muito louváveis de A. R. Wallace, distinguindo oportunamente entre os aspectos biológicos e culturais do homem, Darwin e seus sucessores desenvolveram com efeito uma forma de biologismo materialista contrário às concepções de todas as Igrejas* cristãs. Agnósticos militantes, como T. H. Huxley (1825-1895) ou E. Haeckel (1834-1919), encontraram-se con-

frontados com homens de Igreja que entendiam defender a fé* cristã, como o bispo* anglicano S. Wilberforce (1805-1873), num clima passional. Se não houve nenhuma condenação oficial da parte do magistério*, o concílio* provincial de Colônia, em 1860, declarou o transformismo, aplicado ao corpo* humano, contrário à Escritura* e à fé católica. De seu lado, o concílio Vaticano I* limitou-se a lembrar mais serenamente que as verdades da fé e da razão* não poderiam contradizer-se (constituição *Dei Filius*, c. 4, *DS* 3015-3020).

No mesmo tempo desenvolveu-se uma série de tentativas concordistas, como as de S. G. Mivart (1827-1900), em vista de conciliar a ciência com a letra da Bíblia*. Por não respeitar os diferentes planos, essas tentativas estavam votadas ao fracasso. A justa solução da crise devia vir, ao contrário, em boa parte da renovação dos estudos bíblicos, a partir de círculos protestantes não racionalistas do fim do s. XIX, e depois, no domínio católico, pela obra de M.-J. Lagrange (1855-1938). A distinção dos gêneros* literários na Sagrada Escritura*, o caráter próprio da revelação* bíblica, que não é, de modo algum, da ordem das ciências* positivas, junto a uma mais justa avaliação dessas, deviam levar à resolução do conflito, sancionado na Igreja católica pelas declarações do magistério — desde a encíclica de Pio XII *Divino afflante Spiritu*, sobre os princípios da exegese* bíblica até as diversas constituições e declarações do Vaticano II*, e ao discurso de João Paulo II a 22 de outubro de 1996 na Academia Pontifícia de Ciências (*OR*, 29 outubro). (Para a encíclica *Humani Generis*, 1950, cf. monogenismo*/poligenismo*). Entrementes, apareceu uma obra importante para a assimilação da ev. pelo pensamento cristão, a de Pierre Teilhard de Chardin, que temos de tratar brevemente.

c) Teilhard de Chardin (1881-1955). — Teilhard encontrou-se, contra sua vontade, no meio de intermináveis controvérsias. Muito tempo suspeito de heterodoxia, e mesmo de panteísmo*, sem nunca ter sido formalmente condenado, mas "convidado" a nada publicar fora de sua competência científica no sentido estrito e desservido por interpretações falsas de seus admiradores como de seus adversários, não é fácil pronunciar sobre ele um juízo equilibrado, sobretudo em poucas linhas. H. de Lubac (1962) fez justiça à sua ortodoxia religiosa; resta que a comunidade filosófica, como a dos teólogos, recusa-se sempre a reconhecê-lo como um dos seus.

Entrado em 1899 no noviciado da Companhia de Jesus em Jersey — onde teve por companheiro e amigo Auguste Valensin, discípulo de Blondel* — Pierre Teilhard de Chardin é antes de tudo um cientista, geólogo e paleontólogo cuja reputação internacional não era usurpada, ocupando a cátedra de geologia no Instituto Católico de Paris, depois de uma tese sobre os mamíferos do eoceno superior (1922) e tendo contribuído de maneira decisiva para a descoberta do *Homo erectus* de Chu-Ku-Tien. Mas não pôde impedir-se de refletir sobre as implicações filosóficas e teológicas essenciais de semelhantes descobertas. Não apreciando a filosofia escolástica*, por demasiado nocional e dedutiva, que recebera no decurso de seus estudos eclesiásticos, Teilhard entende fazer entrar suas concepções evolucionistas numa visão cósmica de alcance universal, concebida como "hiperciência", para recolher o crescimento irreversível da unidade na complexidade em todos os níveis do vir-a-ser "biface" da matéria e do espírito. É na verdade uma *cosmologia* realista, mais dogmática do que crítica, que constrói desse modo: a lei da complexidade-consciência, da convergência ascendente na qual "a união diferencia" desempenha o papel do motor essencial.

Se ele conheceu, sobretudo por meio de Édouard Le Roy (1870-1954), o evolucionismo — muito diferente do seu — de Bergson (1859-1941), Teilhard deve certos aspectos essenciais de seu pensamento a Maurice Blondel, com o qual Auguste Valensin o pusera em contato. Assinalemos dois deles que estão unidos: de um lado, sob a ambiguidade da expressão, o "pancristismo", ligado à hipótese leibniziana do *vinculum substantiale*; de outro lado, a dialética blondeliana da ação, que ele transporá, em plano mais naturalista, para "Energética integral do universo". Se Teilhard perde assim

o rigor crítico de Blondel, em compensação fará entrar diretamente o evolucionismo no pensamento cristão, o que foi justamente retido pela posteridade.

- J.-B. Lamarck (1809), *La philosophie zoologique*, Paris, 1883; (1972), *Inédits*, Paris. — C. Darwin (1859), *L'origine des espèces* (trad. fr. 1887) (*Origem das espécies*, Belo Horizonte, 1994). — A. R. Wallace (1870), *La sélection naturelle, Essais* (trad. fr. 1972). — J. Huxley (1942), *Evolution, the Modern Synthesis*, Londres. — E. C. Messenger (sob a dir. de) (1952), *Theology and Evolution*, Londres. — D. L. Lack (1957), *Evolutionary Theory and Christian Belief*, Londres. — P. G. Fothergill (1961), *Evolution and Christians*, Nova York. — M. Kimura e T. Ohta (1971), *Theoretical Aspects of Population Genetics*, Princeton. — P.-P. Grassé (1973), *L'évolution du vivant*, Paris. — F. C. Lewontin (1974), *The Genetic Basis of Evolutionary Change*, Nova York-Londres. — E. Mayr (1974), *Populations, espèces, évolution*, Paris. — F. Ayala (1976), *Molecular Evolution*, Sinauer. — C. Petit e E. Zuckerhandl (1976), *Évolution*, Paris. — P.-P. Grassé (1978), *Biologie moléculaire, mutagenèse, évolution*, Paris. — M. J. D. White (1978), *Modes of Speciation*, Freeman. — P.-P. Grassé (1980), *L'homme en accusation*, Paris. — L. Szyfman (1982), *Lamarck et son époque*, Paris. — J. Ruffié (1986), *Traité du vivant*, Paris. — G. Isaye (1987), *L'affirmation de l'être et les sciences positives*, ed. por M. Leclerc, Paris-Namur. — H. de Saint-Blanquat (1987), *Les premiers Français*, Tournai. — A. Scott (1988), *The Creation of Life*, Oxford. — J. Reichholf (1990), *Das Rätsel des Menschwerdung*, Munique; (1992), *Der Schöpferische Impuls, eine neue Sicht of Evolution*, Munique. — M. Denton (1992), *Évolution, une théorie en crise*, Paris. — St. Parker (1992), *L'aube de l'humanité*, Friburgo (Suíça) — L. Duquesne de La Vinelle (1994), *Du Big Bang à l'homme*, Bruxelas. — P. Tort (sob a dir. de) (1996), *Dictionnaire du darwinisme et de l'évolution*, 3 vol., Paris. — J. Arnould (1998), *Dire la création après Darwin*, Paris, — G. Martelet (1998), *Évolution et création*, t. I. *Sens ou non-sens de l'homme dans la nature*, Paris.

▶ P. Teilhard de Chardin, (oeuvre édité à Paris (1955), *Le phénomène humain* (*O fenômeno humano*, São Paulo, 1999); (1956), *L'apparition de l'homme*; (1956), *Le grupe zoologique humain*; (1957), *Le milieu divin* (*O meio divino*, São Paulo, 1987); (1959), *L'avenir de l'homme*; (1962), *L'énergie humaine*; (1965), *Science et Christ (Ciência e Cristo*, Petrópolis, 1974); (1965), *Écrits du temps de guerre, 1916-1919*; (1976), *Le coeur de la matière*; (1961), *Lettres de voyage (1923-1955)*; (1974), *Lettres intimes à Aug. Valensin etc. 1919-1955*; Blondel et Teilhard de Chardin, corresp. coment. por H. de Lubac, Paris (*Blondel e Teilhard de Chardin*, Lisboa, 1968). — C. Cuénot (1958), *Teilhard de Chardin. Les grandes étapes de son évolution*, Paris. — H. de Lubac (1962), *La pensée religieuse du P. Teilhard de Chardin*, Paris. — M. Barthélemy-Madaule (1963), *Bergson et Teilhard de Chardin*; (1967), *La personne et le drame humain chez T. de Chardin*, Paris. — H. de Lubac (1968) *L'éternel féminin*, seguido de *T. de Chardin et notre temps*, Paris. — Cl. Cuénot (1962), *Ce que T. de Chardin a vraiment dit*, Paris. — G. Martelet (1998), *Évolution et création*, t. I: *Sens ou non-sens de l'homme dans la nature*, Paris.

Marc LECLERC

→ *Adão; Ciências da natureza; Exegese.*

EXEGESE

A exegese (e.) é um conjunto de procedimentos destinados a estabelecer o sentido de um texto. Tem-se necessidade dela cada vez que um texto suscita um interesse durável, ou é sempre considerado importante, como é o caso das leis*, dos tratados ou dos clássicos da literatura. O texto não necessita dela no momento de sua composição: os autores ou redatores trabalham para serem perfeitamente compreendidos. Não é tampouco um assunto privado entre o texto e um leitor individual, permitindo uma interpretação sem limites. É o produto das necessidades de uma comunidade para a qual o texto é útil ou precioso.

A e. tem particular importância numa comunidade religiosa que funda suas doutrinas, suas normas morais, sua espiritualidade em textos que crê inspirados. Essa comunidade terá ao mesmo tempo o cuidado de elaborar procedimentos que permitam descobrir no texto insuspeitados sentidos e aplicações e controlar os tipos de exegese capazes de influenciar as crenças e a conduta de seus membros. No que nos concerne, temos, pois, de estudar aqui *a*) a e. judaica, *b*) a da Igreja* e *c*) a do mundo científico.

a) *A exegese judaica.* — Em princípio, toda exegese judaica pressupõe um *corpus* de textos escriturísticos definido, canônico e dotado de autoridade. Na realidade, as Escrituras* hebraicas conheceram uma evolução que durou séculos, e a necessidade de fazer a e. de suas partes mais antigas já é manifesto em suas partes mais recentes. Leis que se referiam originalmente a uma pluralidade de santuários, foram assim reinterpretadas como prescrevendo um culto* único e centralizado (Ex 20,24; Dt 12,5-14). As advertências e as profecias* referindo-se originalmente a certo momento foram consideradas como aplicando-se a desenvolvimentos históricos de mais longo termo (Is 1-23; 24-27). Narrações* foram remanejadas para pôr em evidência o alcance religioso e moral da história* de outrora (1 e 2Sm; 1 e 2Rs; 1 e 2Cr). A reinterpretação das antigas profecias à luz de acontecimentos recentes, forma particular de e. presente nos escritos hoje classificados no gênero apocalíptico*, encontra-se já no Deuteronômio (Dt 9,1s) e prolonga-se durante séculos depois da fixação do cânon hebraico. Inspira também muitos escritos sectários conservados nos rolos do Mar Morto. Um bom exemplo é o comentário de Habacuc (1QpHab) em que a expressão *pesher*, muito frequente, podia ser traduzida: "a e. dessa passagem é...". Em uma exegese desse gênero, reconhece-se o cumprimento* das antigas profecias nos acontecimentos do presente ou do futuro imediato.

Mesmo se não fosse ignorada no mundo greco-romano, uma e. desse tipo é especificamente judaica. Porém as comunidades judaicas praticavam também uma e. de estilo mais internacional, sobretudo em Alexandria, particularmente na volumosa obra de Fílon (c. de 20 a.C. – 30 d.C.). Seu instrumento principal, a interpretação alegórica, já era conhecida no mundo pagão (Teageno: s. VI-V a.C.; os estoicos) e por razões em parte semelhantes. Tomado literalmente, o comportamento dos deuses de Homero podia parecer chocante para uma sensibilidade cultivada; tomado alegoricamente, podia exprimir importantes verdades. Sucedia o mesmo com as Escrituras judaicas:

o aspecto terra a terra de muitas narrações e o antropomorfismo* aparentemente grosseiro da linguagem utilizada para falar de Deus* poderiam fazer recuar os simpatizantes pagãos e perturbar os judeus que refletiam. Não sabemos a que categoria dessas pertenciam as leituras de Fílon; mas, nos dois casos, eles seriam tranquilizados ao verem a e. alegórica mostrar um acordo entre os escritos inspirados e as verdades discernidas pela filosofia* pagã.

Havia, porém, limites à utilização de semelhante técnica. O próprio Fílon criticava (*De Migr. Abr.*, § 89-93) aqueles a quem a prática da interpretação alegórica levava a negligenciar as observâncias que davam sua identidade ao povo* judeu — o *sabbat**, as leis alimentares e as festas. De fato, foi enquanto código de leis que as Escrituras tiveram mais influência no povo judaico, e a forma mais característica de sua e., desde a época de Esdras até seu pleno desenvolvimento na Mishna e no Talmude, é uma reinterpretação contínua — transmitida sobretudo de maneira oral até o s. II de nossa era — dos textos legais, a fim de mostrar sua relação com todos os aspectos novos da vida pessoal ou social. Na literatura rabínica, a *halakha*, a maneira justa de "andar" — é o fim principal da e. bíblica. Aplicando regras lógicas simples e interpretando sem cessar os textos uns pelos outros, os sábios tinham a intenção de honrar seu código sagrado (a *Torá*), deduzindo as regras capazes de reger todos os aspectos da vida de sua época e também tirando dele instruções capazes de validar as regras de conduta que, embora estabelecidas por um longo uso, não se encontravam expressamente na Escritura.

Porém, não era essa a única forma de e. que os rabinos praticavam. A Escritura não se reduzia à lei e à instrução moral; havia também nela um rico filão que só aguardada "investigação" (um dos sentidos da palavra *midrash*) para levar a um maior conhecimento* de Deus e de sua vontade para os homens. As Escrituras eram de agora em diante um sistema fechado, e podia-se encontrar nelas tudo o que fosse necessário para sua interpretação. Todos os detalhes deviam ser olhados de perto para ali encontrar os indícios

de uma interpretação correta, ou mais satisfatória, não importando que termo ou texto do cânon podia ser utilizado para elucidar qualquer outro: as contradições ou obscuridades podiam ser dissipadas por comparações minuciosas com outros casos, sem considerar a intenção original ou o contexto. Mas apesar da sedução e da fecundidade inesgotável dessa e. não jurídica (*haggada*), foi a *halakha* que sempre constituiu a principal forma de e.

b) *A exegese da Igreja.* — "Essas coisas lhes aconteceram para nos servir de *exemplos*". É assim que Paulo (1Cor 10,6) descreve a significação de uma série de acontecimentos que sucederam com os israelitas no deserto. Essa palavra "exemplo" para Paulo é praticamente sinônimo da "alegoria" (Gl 4,24), mas serve para manifestar a ideia essencial da nova e. cristã do AT. Um fator novo apareceu na história com a pessoa* e a obra de Jesus Cristo. Ao mesmo tempo não era novo, na medida em que era possível descobrir que tinha sido predito e prefigurado nas Escrituras dos Hebreus. A verdade* do que os cristãos pretendiam a respeito de Jesus era confirmada pelos "exemplos" veterotestamentários de seu destino de salvação*; ao mesmo tempo, os cristãos tinham agora uma chave exegética que lhes permitia discernir sentidos até então insuspeitados nos textos da Escritura (sentidos* da Escritura). O acordo das profecias e dos "exemplos" do AT com as realidades novas das quais viviam os cristãos era uma fonte constante de estímulo (*paraklesis*, At 13,15; Rm 15,4) e de edificação (2Tm 3,15s).

Era também um meio importante de defender a nova fé* contra seus inimigos e suas críticas. A oposição encarniçada da sinagoga foi um elemento da vida da Igreja nos dois primeiros séculos de sua história. Para ser plausível aos olhos dos judeus, a afirmação de que Jesus era o Messias* que eles esperavam devia ser apresentada como o cumprimento do verdadeiro sentido dos textos do AT. A e. estava então no centro do debate, e uma interpretação cristológica (tanto das profecias reconhecidas como messiânicas pelos exegetas judeus, como de muitos outros textos, que tomavam agora um sentido novo como prefiguração da paixão*, da morte* e da ressurreição* de Jesus [p. ex. Sl 22; 118,22s; Is 53]) tornou-se um elemento básico na apologia cristã antijudaica: forma já a substância do argumento no Pseudo-Barnabé e em Justino. Com exceção de raríssimos autores, essa forma de exegese tipológica ou alegórica é corrente nos escritos cristãos dos períodos pós-apostólico e patrístico.

No s. II a Igreja foi atacada não só pelo judaísmo, mas pela gnose*, cujas elaborações especulativas se apoiavam em interpretações alegóricas da Escritura bem mais largas que as da ortodoxia cristã. Para combater essa ameaça, era preciso impor limites ao uso da alegoria e insistir ora no sentido literal do texto, ora numa alegoria cristã oposta a dos gnósticos. Tem-se um bom exemplo na interpretação que dava do Gn 1-3 um bom número de Padres* da Igreja (Justino, Ireneu*, Tertuliano*, Teófilo de Antioquia), que tendiam a ver nele uma relato fatual para contestar as especulações cosmológicas dos gnósticos. Nesses escritores já se vê aparecer uma tensão que deveria caracterizar a e. durante toda a época patrística e além dela: sentia-se, de um lado, a necessidade de descobrir sentidos cristológicos no AT com ajuda de técnicas tipológicas e alegóricas, e de outro, a de combater o uso imoderado da alegoria pelos hereges, insistindo no sentido literal de certos textos. Na ausência de princípio hermenêutico* claro para guiá-los, esses escritores recorriam de bom grado ao princípio já enunciado no NT (p. ex. Tt 3,9ss) que é herética toda e. não autorizada pela Igreja.

Até então a e. cristã tinha sido um instrumento a serviço de outros fins, a apologética, a catequese*, a liturgia*. Com um comentário de *João* do valentiniano Heracleon (s. II) e outro do *Deuteronômio* por Hipólito (204), vê-se aparecer uma nova forma que se encontrará constantemente no período patrístico, a de um comentário seguido de um texto bíblico. Nessa nova fase não se vê a Bíblia* tanto como um meio de estabelecer e de defender a fé dos cristãos, e sim, como um tesouro capaz de trazer incalculáveis riquezas aos crentes, graças ao zelo do intérprete qualificado. Porém, há sempre a mesma tensão entre a e. literal e a e. não literal. Para o AT, considera-se óbvia a existência de pelo menos um sentido mais profundo e mais edificante por trás do sentido literal; para o NT, é o sentido literal que conta antes de tudo (sobretudo para opor-se às alegorizações gnósticas que tendiam a fazer pouco caso da historicidade dos evangelhos*); contudo, certos detalhes, notadamente nas parábolas, eram alegorizados de maneira elaborada. Em Alexandria*, as possibilidades da alegoria foram exploradas brilhantemente e sem reservas por Clemente († antes de 215) e Orígenes*. A escola de Antioquia* (Diodoro, no s. IV, Teodoro de Mopsueste em 352-428, João* Crisóstomo) praticava um método mais rigoroso e literal. Porém no conjunto, seja qual for a importância, pequena ou grande, concedida ao sentido literal, a e. patrística pressupõe sempre que em quase todos os casos o verdadeiro sentido da Escritura encontra-se num nível mais profundo que o da leitura literal do texto. Essa concepção da escritura como um conjunto de palavras divinas inspiradas, cujo sentido deve ser elucidado por uma exegese rigorosa mas imaginativa, permaneceu fundamental pelo menos até ao fim da IM.

c) A exegese científica. — Esse interesse primordial pela e. não literal tinha por consequência o postulado suplementar segundo o qual a Escritura podia ser interpretada a partir do interior: nenhuma necessidade de informação vinda do exterior, pois a própria Bíblia continha todos os indícios necessários à compreensão do sentido de qualquer passagem. Não é que os exegetas tenham sido sempre cegos ao que se podia extrair dos estudos linguísticos e históricos: desde Jerônimo (*c.* de 347-419/420) houve sempre certo número a constatar o interesse que havia, apesar dos preconceitos antijudaicos da Igreja, em consultar os sábios judeus para elucidar textos difíceis do AT. Mas foi a erudição do Renascimento que deu um golpe fatal na e. alegórica, ao introduzir critérios e informações exteriores à Bíblia. Uma das justificações mais frequentes de uma leitura alegórica dos textos era porque seu sentido literal parecia ininteligível, escandaloso ou absurdo. Mas se era possível encontrar paralelos ou exemplos comparáveis nas outras literaturas antigas, essa pretensa estranheza se tornava ilusória, e o recurso à interpretação alegórica parecia injustificado. Isso foi a origem de uma série de comentários enriquecidos pelo estudo do domínio comparado das literaturas, pagã e judaica. J. B. Lightfoot na Inglaterra (*Horae Hebraicae et Talmudicae*, 1658-1678), J. Wettstein na Holanda (*Novum Testamentum Graecum*, 1751-1752) P. Billerbeck na Alemanha (H. Strack e P. Billerbeck, *Kommentar zum NT aus Talmud und Midrasch*, 1922-1928), J. Bosirven na França (*Textes rabbiniques ... à intelligence du NT*, 1955) e recentemente ainda S. Lachs nos Estados Unidos (*A Rabbinic Commentary on the NT*, 1987): são exemplos de um tipo de comentário em que o progresso da e. está em relação com um maior conhecimento do mundo antigo. Esse conhecimento não se limitava à literatura: a arqueologia (p. ex., em relação com as partes históricas do AT ou com as viagens de Paulo), a filologia (dando possibilidade de melhor interpretar as palavras hebraicas raras, ou aplicando aos textos do NT o conhecimento da *koine* tirado das descobertas de papiros) e sobretudo o estudo histórico das culturas vizinhas tornaram-se uma parte essencial das competências necessárias à e. Esse fato teve por sua vez uma consequência de grande alcance. Utilizava os meios e as disciplinas livremente acessíveis no mundo universitário e era praticada por cientistas para os quais a liberdade* da pesquisa era mais importante que a obediência escrupulosa à Igreja. Por isso os progressos mais rápidos foram feitos por exegetas protestantes: as dificuldades criadas na Igreja católica pela tensão entre a autoridade do magistério* e as necessidades da participação na tarefa científica verificam-se em uma série de declarações papais e conciliares (a encíclica *Divino afflante Spiritu* de 1943, a constituição *Dei Verbum* do Vaticano II* [1965] p. ex.) e nos conflitos de consciência dos cientistas católicos (M.-J. Lagrange [1855-1938], 1967, cf. P. Grelot 1994). A avaliação oficial dos métodos exegéticos no documento romano de 1993: *A interpretação da Bíblia na Igreja*, editado pela Pontifícia Comissão Bíblica, mostra-se mais aberta, embora insista sempre na autoridade última do magistério em toda questão exegética.

A utilização exegética das fontes não bíblicas é bem representada pela escola dita da "História das religiões" (*religionsgechichtliche Schule*: J. Weiss, 1863-1914; W. Bousset, 1865-1920; G. Grunkel, 1862-1932). Esse grupo de eruditos, na maioria alemães, sustentava que era a influência das religiões pagãs helenísticas que melhor explicava muitos traços da religião do NT. Essa ideia, violentamente criticada na época, e que só foi confirmada — quando o foi — no caso do AT (em que a influência da religião cananeia é inegável), suscitou certa reação em favor da exegese intratextual. A própria Bíblia tornou-se, uma vez mais, a fonte primeira de conhecimento. Mas enquanto a alegoria via nas bizarrias e nas contradições do texto o sinal de um sentido mais profundo, a crítica moderna vê indícios de sua história pré-literária. A presença de duas narrações dificilmente compatíveis da criação* no Gênesis devia ser atribuída a um compilador que utilizava materiais cuja fonte não era única; a não coerência da utilização do nome* divino (Javé *vs.* Eloim) era o sinal de que materiais de diferentes tradições tinham sido amalgamadas num só texto. Distinguindo esses elementos, era possível discernir tendências particulares a cada um (p. ex., na tradição "sacerdotal", "P", um interesse evidente por questões de rito).

Nos primeiros tempos dessa "crítica das fontes" (AT: teoria dos quatro documentos, K. H. Graf, 1866; J. Wellhausen, 1876-1884; NT: teoria das fontes, H. J. Holtzmann, 1863 etc.), pensava-se que os materiais subjacentes consistiam em documentos escritos (livro*). Possibilidades inteiramente novas de interpretação abriram-se quando se percebeu que boa parte deles — leis, narrações, cantos litúrgicos — tinham primeiro sido transmitidos oralmente. O estudo da tradição oral nas outras culturas revelou que a transmissão exigia *formas* (gêneros* literários) estabelecidas, correspondendo às circunstâncias nas quais se utilizavam aqueles materiais. As leis, p. ex., tinham em geral uma forma casuística quando citadas perante um tribunal, mas uma forma de exortação ("apodítica") quando utilizadas no culto. A coexistência dessas formas era um sinal de que vinham de diferentes "localizações na vida" ("da sociedade"*) [*Sitz im Leben*], o que podia dar informações preciosas sobre a história religiosa e cultural do povo.

Embora tivesse começado com o estudo do AT e tivesse nesse domínio sucessos notáveis, p. ex. com o trabalho de H. Gunkel sobre os Salmos* (*Comentário*, 1926; H. Gunkel — J. Begrich, *Einleitung in die Psalmen*, 1928-1933), o que se chamou "a história das formas" (*Formgeschichte*) influenciou o estudo dos evangelhos * (M. Dibelius, *Die Formgeschichte des Evangeliums*, 1919; R. Bultmann, *Die Geschichte der synoptischen Tradition*, 1921). Era fácil notar que algumas seções curtas do texto (perícopes) — p. ex. um adágio, uma parábola* um relato de exorcismo — estão presentes em diversos contextos nos diferentes evangelhos: donde se podia concluir que deviam ter existido independentemente de qualquer contexto antes de serem incorporadas num evangelho. A boa maneira de abordar um evangelho não era mais ver nele a criação literária ou inspirada de um só autor, mas a compilação de um redator utilizando pequenos fragmentos que deviam sua preservação a um período de transmissão oral. Tomadas à parte, verificou-se que essas perícopes tinham certo número de formas distintas. Dessas formas e da estrutura de sua distribuição nos evangelhos (algumas eram mais frequentes que as outras), era possível interferir seu *Sitz im Leben* e, portanto, os interesses e as preocupações das Igrejas em que esses materiais tinham sido preservados.

Essa atenção a uma suposta fase pré-literária da compilação de um evangelho acabou por criar interesse pela personalidade do último compilador. Seria somente um redator fazendo o que podia com uma massa de material a granel? Ou teria uma opinião pessoal e capacidade de dar um caráter peculiar à sua narração? Notando as mudanças sutis que cada evangelista parece ter feito no tratamento de certo elemento (cada vez que a comparação é possível) e distinguindo um estilo dessas mudanças que pudesse indicar o que interessaria particularmente ao autor, pareceu possível fazer o retrato de cada evangelista e considerá-los não só como bons redatores, mas como escritores criativos e mesmo — aprovação suprema! — como "teólogos" de pleno direito.

Esse procedimento exegético recebeu o nome de *Redaktionsgeschichte* (estudos das etapas e dos pontos de vista da redação: W. Marxsen para Mc em 1956; G. Bornkamm para Mt em 1948; H. Conzelmann para Lc: *Die Mitte der Zeit*, 1953); houve, com a *Formgeschichte*, duas consequências que seus primeiros defensores dificilmente teriam previsto: 1/ primeiro, desviando a atenção das narrações evangélicas (de Jesus) para os fatores que determinaram a forma atual dessas narrações — quer se trate das preocupações da Igreja (*Formgeschichte*), ou dos interesses e talentos dos evangelistas (*Redaktionsgeschichte*) — relegaram ao segundo plano a "busca do Jesus* da história" (cf. A. Schweitzer, *Von Reimarus zu Wrede*, 1906; E. Käsemann, *ZThK* 51, 1954; J. M. Robinson, *A New Quest of the Historical Jesus*, 1959). Segundo opinião geral, a aplicação desses métodos críticos tinha já lançado dúvidas sobre a possibilidade de reconstruir um mínimo da vida de Jesus de maneira historicamente fundada. E apesar de sua maior fineza, a "nova busca do Jesus da história", característica do terceiro quarto do s. XX, embora encontrando razões de discutir o ceticismo extremo dos principais representantes da *Formgeschichte*, não chegou a um acordo científico sobre o qual pudesse construir uma vida de Jesus aceita por todos. Muitos especialistas hoje parecem menos prontos a admitir que o interesse dos exegetas deve concentrar-se nos escritores e nos escritos do NT: Jesus — que nada escreveu — corre grande risco de ser perdido de vista quando é considerado inacessível do ponto de vista do historiador. 2/ A segunda consequência foi restringir consideravelmente, até aos últimos tempos, o campo da pesquisa, na medida em que se interpretavam os escritores essencialmente com ajuda de textos bíblicos e de um número relativamente pequeno de escritos intertestamentários. Os representantes mais influentes da *Formgeschichte* — M. Dibelius e R. Bultmann — abordaram sua tarefa com uma riqueza de conhecimentos devidos a uma cultura clássica aprofundada, completada por um estudo avançado da literatura judaica que tinha relação com o assunto. Seus epígonos não se beneficiavam de uma cultura tão extensa, e é por isso que decerto afinaram suas técnicas críticas, mas sem alimentar com a e. uma relação verdadeiramente nova. Assim seu trabalho, concentrando-se em pontos de desacordo cada vez menores, começou a dar sinais de menor rentabilidade e a decepcionar os que estimam que a e. científica tem a vocação de fortificar e de enriquecer o ensinamento e a pregação* da fé cristã.

> O fato de que a e. crítica pôde parecer estranha às necessidades de toda comunidade de fiéis foi em parte responsável pelo movimento chamado *Canonical criticism* (busca da função assinalada a um texto na elaboração de um corpo visando ser completo [cânon]), inspirado e essencialmente representado por B. Chields (cf. sobretudo *Exodus*, 1974). Segundo ele, embora dando seu lugar legítimo aos métodos histórico-críticos para estudar as etapas que levaram à formação de um texto bíblico e a historicidade dos acontecimentos de que fala, é mais importante para a e. considerar o fato de que o texto faz parte do cânon da Escritura, que se formou numa comunidade crente. Assim o fato de que a narração do Êxodo tenha sido posta em primeiro lugar na estrutura do AT e que se lhe faça referência muitas vezes em outros textos canônicos, constitui um fator tão importante a seus olhos para a compreensão e para a e. da narração, quanto as conclusões de uma pesquisa histórica sobre o que pôde realmente ter acontecido, ou quanto uma reconstrução crítica da maneira como os textos bíblicos tomaram sua forma atual.

Essa última escola, embora respeitada, não encontrou grande audiência (cf. J. Barr, 1983). As técnicas críticas modernas faziam a e. correr o risco de não mais discutir, no interior de um paradigma de interpretação admitido por todos, a não ser pontos de detalhe cada vez mais insignificantes: perigo que foi em certa medida afastado pela chegada à cena de disciplinas desenvolvidas em outros domínios. Ainda que haja verdadeiramente poucos materiais para isso no NT, os modelos de interpretação tomados da sociologia pareciam tornar possível a reconstrução das condições econômicas e sociais existentes durante o período do AT (Max Weber, 1923), ou no meio de Jesus e da Igreja primitiva (G. Theissen, *ZThK* 70, 245-271; W. Meeks, *The First Urban Christians*, 1983); igualmente certas técnicas de crítica literária podiam servir para orientar com mais segurança a e. para o sentido e o efeito originalmente queridos pelo autor, ou implicados pela estrutura do texto (o estruturalismo e o conjunto dos métodos inspirados pelo funcionamento dos conjuntos verbais: revistas *Semeia*, ou ainda *Semiotique et Bible* e outras publicações do CADIR [sob a dir. de J. Delhorme, Lyon]; D. Patte 1983); o estudos dos gêneros literários e dos meios retóricos (J. Muilenburg, 1968; G. Kennedy, 1984; R. Meynet, 1989) utilizados consciente ou inconscientemente pelos autores gregos antigos, podia servir para elucidar, p. ex., a argumentação de uma carta de Paulo. Mas mesmo se essas aberturas recentes, e ainda outras, renovaram o ar um tanto confinado do ambiente da pesquisa bíblica contemporânea, não é seguro que tenham ainda preenchido todos os requisitos para fazer avançar muito a e. em sentido amplo. Não é nem uma reconstrução sociológica do ambiente bíblico, nem uma análise cerrada da forma e da estrutura literária que contribuem necessariamente por si sós a fazer compreender o sentido da Escritura e o alcance de sua mensagem para hoje. Muitos crentes podem ser tentados a perseverar na ideia de que a e. é hoje um exercício que só apresenta interesse para círculos universitários. Não é por acaso que a e. mais popular hoje em muitas igrejas é uma leitura que se pretende "simples" do texto, que recusa deixar-se entulhar ou desviar do essencial por abordagens críticas, fazendo um *slogan* do princípio "o sentido está na superfície" (*The meaning Lies on the Surface*: G. Gundry, *Mark*, 1993).

As pesquisas sobre os princípios de interpretação suscitaram um interesse novo nos tempos modernos. Alguns exegetas tiraram proveito da obra de H.-G. Gadamer e da obra de P. Ricoeur. A influência sem dúvida mais importante, embora muitas vezes a menos notada, foi a da sociologia do conhecimento (J. Habermas, 1987). A palavra famosa de A. Schweitzer, dizendo que quem procura reconstruir a vida de Jesus encontra-se na situação de um homem olhando para o fundo de um poço e vendo somente o reflexo de sua própria face, revelou-se ter um alcance mais amplo. A teoria moderna do conhecimento levou a questionar o grau de possibilidade de uma interpretação objetiva de *todo* texto antigo. Cada cultura, cada geração dedica-se a isso com seus próprios pressupostos, suas próprias prioridades, sua própria pauta. A teologia da libertação* pôs isso em luz de maneira particularmente nítida (J. Miguez Bonino, *Revolutionary Theology Comes of Age*, 1975). Os exegetas do passado tinham, além de sua ciência, certa segurança, certo bem-estar material. Mas hoje a e. está também nas mãos de cientistas que se identificaram com os pobres, com os oprimidos e com os excluídos, e que participam de sua vida. Sob seu olhar, à luz de seus pressupostos e de suas prioridades próprias, os textos podem tomar um sentido novo e um novo alcance (Rowland e Corner, 1990). Isso vale para os teólogos negros, ou feministas, ou asiáticos (inculturação*), de fato para todos os grupos cuja experiência e concepção do mundo não são as mesmas das pessoas formadas num meio teológico tradicional. Cada um deles pode ter seu estilo próprio de e. e contestar interpretações tradicionais: cada um deles terminará com o tempo por deixar ver seus próprios preconceitos; todos devem renunciar a qualquer pretensão de dar uma leitura do texto sagrado que valha uma vez por todas. Nunca a e. poderá acreditar-se em posse de seu termo definitivo. Essa obra de exploração e de revisão contínua é o sinal da vitalidade da comunidade de fé à qual a e. deve estar ligada.

- J. Guillet (1947), "Les exegèses d'Alexandrie et d'Antioche, conflit ou malentendu?", *RSR* 34, 257-302. — H. J. Kraus (1956), *Geschichte der historisch-biblischen Erforschung des Alten Testaments*, Neukirchen; (1967), *Au service de la Bible. Souvenirs personnels*, Paris. — *Cambridge History of the Bible* 1 [Église primitive] (1970), 412-453; 2 [Moyen Âge] (1969), 155-219. — W. Kümmel (1970), *Das NT im 20. Jahrhundert. Ein*

Forschungsbericht, Stuttgart. — R. Kieffer (1972), *Essais de méthodologie néotestamentaire*, Gleerup-Lund. — J. F. A. Sawyer (1972), *Semantics in Biblical Research*, Londres. — F. Dreyfus (1975), "Exégèse en Sorbonne, exégèse en Église", *RB* 82, 321-359. — *Sémiotique et Bible, Bulletin d'études et d'échanges publié para le Centre d'analyse des discours religieux* (*CADIR*) (1975-) Lyon. — G. Vermes (1975), Bible and Midrash, *Post-Biblical Jewish Studies* 59-91 (bibl.), Leyde. — D. e A. Patte (1978), *Structural Analysis: from Theory to Pratice*, Filadélfia. — B. S. Childs (1979), *Introduction to the Old Testament as Scripture*, Filadélfia. — B. de Margerie (1980-1983), *Introduction à l'histoire de l'exégèse*, Paris, 3 t. — A. Gibson (1981), *Biblical Semantic Logic. A Preliminary Analysis*, Oxford. — M. Simonetti (1981), *Profilo storico dell'esegesi patristica*, Roma. — J. Barr (1983), *Holy Scripture: Canon, Authority, Criticism*, Oxford. — J. Barton (1984), *Reading the OT: Methods in Biblical Study*, Londres. — M.-A. Chevallier (1984), *L'exégèse du Nouveau Testament. Initiation à la méthode*, Genebra. — M. Fishbane (1985), *Biblical Interpretation in Ancient Israel*, Oxford. — P. Guillemette, M. Brisebois (1987), *Introduction aux méthodes historico-critiques*, Québec. — R. E. Brown, A. Suelzer etc. (1989), "Modern Criticism" *in* R. E. Brown, J. A. Fitzmyer, R. E. Murphy (sob a dir. de), *The New Jerome Biblical Commentary*, Englewood Cliffs, Part 2, §§ 69-70. — A. de Pury (sob a dir. de) (1989), *Le Pentateuque en question. Les origines et la composition des cinq premiers libres de la Bible à la lumière des recherches récentes*, Genebra. — B. Holmberg (1990), *Sociology and the New Testament. An Appraisal*, Mineapolis. — C. Rowland e M. Corner (1990), *Liberating Exegesis*, Londres. — J. Delorme (1992), "Sémiotique", *DBS* 12, 281-333 [bibl. importante]. — C. Coulot (sob a dir. de) (1994), *Exégèse et herméneutique. Comment lire la Bible?*, Paris. — J. A. Fitzmyer (1995), *The Biblical Commission's Document "The Interpretation of the Bible in the Church"* (Subsidia Biblica, 18), Roma. — R. Smend (1997), "Rad, G. von", *TER* 28, 89-91 (bibl.). — P. Grelot (1994), *Combats pour la Bible en Église*, Paris. — P. Ricoeur (1994), *Lectures 3. Aux frontières de la philosophie*, Paris (*Leituras 3. Nas fronteiras da filosofia*, São Paulo, 1996).

Anthony E. HARVEY

→ *Bíblia; Bíblica (teologia); Escritura Sagrada; Evangelhos; Fundamentalismo; Gêneros literários na Escritura; Hermenêutica; História; Jesus da história; Livro; Magistério; Narrativa; Padres da*

Igreja; Sentidos da Escritura; Tradição; Traduções antigas da Bíblia.

EXEMPLARISMO → **Boaventura III**

EXINANIÇÃO → **kenose**

EXORCISMO

Do grego *exorkizo*, conjurar, "exorcizar" quer dizer, expulsar um demônio* conjurando-o por significantes da potência* divina: nome* de Deus*, sinal da cruz, imposição* das mãos, água benta etc. Os exorcismos imperativos contêm injunções diretas ao demônio; os exorcismos "deprecativos" são orações* pedindo a Deus para afastar um mal*, personificado ou não. Pode-se distinguir entre exorcismos batismais, praticados sobre os catecúmenos (batismo*); antigos exorcismos de objetos inanimados (bênção*); exorcismos de possessos, isto é, de pessoas consideradas como invadidas por um demônio. Os exorcismos estão praticamente ausentes do AT: no NT, curas de possessos por Jesus* — de um modo não ritual — são sinais de sua filiação divina e da vinda do reino de Deus (Mt 8,16s; 28-34; 12,28 par). Frequente na Igreja* antiga, a prática do exorcismo tornou-se rara, em consequência de abusos, de críticas e de mudanças na percepção do mundo.

Se católicos e ortodoxos nunca o abandonaram, somente a Igreja católica tem uma codificação litúrgica e canônica normativa do exorcismo como sacramental (sacramento*), enquanto os protestantes conhecem uma grande diversidade de abordagens. Os exorcismos são particularmente frequentes nos meios de tipo fundamentalista e pentecostal, e nos meios impregnados de magia: continuam como objeto de discussões teológicas quanto à sua pertinência e a suas modalidades.

A compreensão do exorcismo está estreitamente ligada à antropologia* e à soteriologia (salvação*). A libertação do mal, em todas as suas dimensões, toca a essência do cristianismo: por isso é do dever da Igreja que a salvação seja significada àqueles que estão possuídos por um conflito espiritual, ligado à sua saúde psicossomática, e do qual não podem sair vencedores por suas próprias forças (cura*). O exorcista deve ser atento às modalidades da encarnação* e da graça*, e mais precisamente à inculturação* e à articulação específica, sem confusão nem exclusão, do psíquico e do espiritual.

- W. Kasper e K. Lehmann (sob a dir. de), *Teufel, Dämonen, Bessenheit*, Mainz. — H. A. Kelly (1985), *The Devil at Baptism*, Ithaca. — A. Vergote (1992), "Anthropologie du diable: l'homme séduit en proie aux puissances ténébreuses" *in* Col., *Figures du démoniaque hier et aujourd'hui*, Bruxelas. — D. Trunk (1994), *Das messianische Heiler*, Friburgo. — M. Ott *et al.*, (1995), "Exorcismus", *LThK*[3] 3, 1125-1128. — P. Dondelinger (1997), *L'exorcisme des possédés selon le Rituel romain*, Paris.

Patrick DONDELINGER

→ *Cura; Demônios.*

EXPERIÊNCIA

a) Noção. — Fato primitivo, originário, a experiência (exp.) é contato com o real, condição de todo saber, de toda ação. Há que distinguir esse contato do saber que dele resulta (*empeiria, Erfahrung*), como também da experiência adquirida pela simples prática da vida (*Erlebnis*) e da experimentação dirigida por determinada interrogação ou hipótese (*Experiment*). Alguns (W. Jankélevitch, M. Dufrenne) propõem a distinção empiria/metempiria: a primeira designaria o curso quotidiano da vida, a segunda, um certo instante de graça, de inspiração, que furtivamente irrompe nele.

Como contato, a exp. é consciência de uma relação com o mundo, com o outro, com Deus*, encontro de uma alteridade. Melhor que um simples conhecer, a exp. é pressentir, sentir, ressentir. Mas enquanto o mundo é inconsciente dele mesmo e de mim, a exp. do outro implica reciprocidade das consciências encarnadas.

Como saber adquirido, a exp., nascida de percepções múltiplas reunidas, é memória, sublinha Aristóteles (*Metafísica*, I, 1, 980 a 28 – 981 a 1). A exp. condensa "os vividos da consciência", supera a duração, antecipa o acontecimento, reconhece-o no instante, volta para ele pela memória e pelo pensamento. Só há exp. verdadeira pela possibilidade do retorno reflexivo: a morte*, supressão desse retorno, não é uma exp.

Além disso, devo estar inscrito na duração de meu corpo*. A exp. do corpo próprio (cenestesia, kinestesia, sensações diversas, prazer, dor...) subentende e condiciona toda exp. do outro, do mundo, e mesmo de Deus.

A mais profunda condição de toda exp. é a presença de si a si mesmo, que constitui a consciência. Mas essa não é dada de início como perfeita: não deixa de crescer pela exp. externa: a alteridade promove a consciência de si.

Isso significa que apesar das diversas formas do empirismo, a experiência não é um simples padecer, algo sofrido em estado puro. No polo oposto, o idealismo tende a ver na exp. uma espontaneidade, uma criação do espírito: se real é só o espírito, a exp. se reduz à exp. de si e de suas representações, e a alteridade constitui então um problema insolúvel. De fato, a exp. é, ao mesmo tempo, recepção e criação, acolhida e espontaneidade em proporções infinitamente variáveis.

Com Mouroux (1952, 24), distingamos na exp. vários graus de profundidade. A *empírica* designa a exp. vivida sem "retomada" pela reflexão crítica. Com a *experimental*, acede-se à exp. provocada: coordena elementos da exp. para constituir a ciência. A *experiencial* marca o engajamento mais completo da pessoa*, que a ela se entrega com seu ser* e seu ter, sua reflexão e sua liberdade*; e nela assume, acrescentemos, uma significação singular diante do acontecimento, e esse "sentido" novo pode fornecer matéria ao testemunho. "Nesse sentido, sublinha Mouroux, *toda exp. espiritual a autêntica é de tipo experiencial*". Assim, a exp. que nasceu com o simplesmente vivido, eleva-se, na ciência ao racional; e exalça-se nesse momento privilegiado ao existencial ou "metempírico". É a esse último tipo que pertence a exp. religiosa.

b) A experiência do sagrado. — O sentimento do sagrado é critério da humanidade, dado primitivo, "arcaico", portanto também universal. Aquém de toda referência a um transcendente pessoal, o sentido do sagrado pressente que além do sensível, do utilitário, situa-se uma ordem de realidade diferente que ultrapassa, envolve o precedente e lhe confere uma significação misteriosa. O sagrado escapa a todas as minhas apreensões: real invisível, inaudível, intangível. O contato direto me faria correr os riscos supremos da morte, e mesmo de uma condenação.

Ora essa "essência" reservada multiplica paradoxalmente suas "manifestações" (Van der Leeuw, 1955) ou "hierofanias" (Eliade, 1965; 1968). Quer se trate do sagrado "natural" ligado aos dados cósmicos (a montanha, a tempestade...) ou do sagrado "existencial" percebido em certos tempos fortes da vida (nascimento, casamento*, morte), o sagrado une os caracteres aparentemente opostos, mas de fato indissociáveis, da transcendência e da imanência. É porque domina todo o campo do humano que o sagrado o penetra. Isso vale dos dois polos do sagrado: o divino, o santo, o augusto, o "consagrado", e o diabólico, o perverso, o maldito, o "execrável".

Contra o que diz Girard (1972), o sagrado não está ligado essencialmente à violência*: apresenta um caráter irradiante, atravessa múltiplas experiências, dá-lhes colorido, alia-se com elas, constitui uma de suas dimensões. Assim, a experiência estética é a de um acréscimo de realidade e de valor que envolve o objeto sensível, subtrai-o ao utilitário, entrega-o à contemplação* feliz dos sentidos e do espírito. Destruir o belo equivale a uma profanação, negação do sagrado como tal. A exp. moral é a de um absoluto: o Bem*, que julga não somente minhas ações mas também meus sentimentos e pensamentos mais secretos, impõe-se com uma força sagrada extrema: pode arrastar-se até ao sacrifício de meu ter, de minhas afeições, da vida mesma. Quanto ao vínculo entre o sagrado e a exp. ontológica, foi assinalado por Eliade. Enquanto o profano é da ordem da precariedade no ser, o sagrado *é* absolutamente: no fluxo das coisas e nas vicissitudes da história*, ele permanece imutável. É também princípio de valor, portanto "hermenêutico*" e doador de sentido. Por isso, as sociedades dessacralizadas sofrem do não sentido existencial e recorrem, em vão, ao sagrado de substituição.

A exp. do sagrado parece ser uma condição necessária, um "preâmbulo" da exp. religiosa no sentido estrito, supera-se nela mas permanece no aquém: tal será o caso de certas formas de animismo, de humanismo — *res sacra homo* — ou da religião cívica da Antiguidade greco-romana. Parece contudo que além da mitologia tradicional, da religião astral, até ao Deus de Platão — a Ideia do Bem (*República*, VI, 505 a – 509 d) —, e ao Deus de Aristóteles — Pensamento do Pensamento — (*Metafísica*, XII, 7 e 9) — e ao Uno de Plotino (*Enéadas*, VI), a alma* pagã tenha estado em busca de uma transcendência sempre mais alta e mais pura. O estoicismo, sobretudo em seus representantes da época imperial — Epicteto, Sêneca, Marco Aurélio —, oferece o ilogismo de unir à afirmação panteística (panteísmo*) de um deus impessoal e material, um sentimento religioso de verdadeira dependência. A religião de Epicteto, sobretudo, é feita de louvor, de ação de graças em relação a um Deus onisciente, providente, quase pessoal.

c) Experiência religiosa. — A reflexão expressa sobre essa exp. está ligada ao interesse crescente dedicado ao assunto na cultura ocidental. Se na zona de influência do protestantismo* coloca-se a fé* na vontade e na afetividade; se, de outro lado, com o romantismo rejeita-se o deísmo* ressecante das Luzes, chega-se com Schleiermacher* (*Reden...*, ed. H. J. Rothert, Hamburgo, 1958; *Discours sur la religion à ceux de ses contempteurs qui sont des esprits cultivés*, 1944) a identificar religião e emoção religiosa. Intuição, sentimentos, indissociavelmente ligados, constituem a religião, fora de toda referência a uma objetividade dogmática recebida de uma revelação*. É nele mesmo que o homem encontraria o religioso. Não sem alguma tendência panteísta, convida-se o crente a perceber a Deus presente em tudo, a fundir-se no universo, no divino.

Encontram-se as mesmas orientações fundamentais em W. James (*The Varieties of Religious Experience*, Nova York 1902; *L'expérience religieuse*, 1931). A religião reduz-se a um fato de exp. interior, sendo excluído todo elemento institucional ou dogmático. Sé se reconhece na afirmação de Deus um valor prático: traz ao crente o reconforto das emoções religiosas, a exp. tônica de uma alegria que transfigura a existência e torna aceitáveis sofrimento e sacrifício. Em suma, esse pragmatismo ensina menos servir a Deus do que servir-se dele. Segundo o título mesmo da obra (*The Varieties...*), o específico religioso é dissolvido no vaporoso da emoção e do sentimento.

Esse específico apresenta, decerto, os dois elementos do temor* (o *tremendum*) e de sedução (o *fascinosum*) distinguidos por Otto (1917). Mas a atitude religiosa vai muito mais além desses elementos: caracteriza-se por um sentimento de total dependência em relação ao Deus transcendente. É desse Deus que o homem religioso confessa receber a totalidade de seu ser, essência e existência, a norma de suas ações, o sentido e o fim de seu destino. Eu o chamo "meu Deus" não porque o possua, mas ao contrário, porque me dá inteiramente a mim mesmo, e encontro minha alegria nessa dependência. O "lugar" desse reconhecimento é a oração* privada ou ritual, diálogo entre o *Eu* humano e o *Tu* divino. Na complexidade do ato religioso: atitude corporal, recolhimento do espírito, oferendas, sacrifícios*, o homem exprime por todo seu ser sua radical contingência, sua admiração reverencial pelo Absoluto do ser, do valor e do sentido.

No monoteísmo* judaico, a exp. religiosa é especificada por elementos decisivos: Deus, criador, falou na história: escolheu para si um povo*, libertou-o da escravidão no Egito, concluiu com ele uma aliança* de salvação* codificada na Lei*; no Sinai, revelou a Israel* sua santidade*, sua glória* e o esplendor insustentável de seu mistério*. Pela voz dos profetas*, cuja inspiração não se reduz à expressão, mesmo privilegiada, de uma exp. pessoal (cf. Pio X, encíclica *Pascendi*, 1907, *DS* 3490-3491), por acontecimentos fastos ou nefastos, Deus, autor da salvação e Revelador, sustenta a esperança* messiânica de seu povo, corrige suas infidelidades, previne-o contra a infidelidade suprema: a idolatria*. Porém, a consciência religiosa de Israel leva no fundo de si mesma uma ruptura: de um lado, desejo de conhecer melhor o Deus santo e sua glória, desejo de vê-lo (Sl 63; 84), mas de outro lado, sofrimento de não podê-lo: criatura, pecador, o homem não pode ver a Deus sem morrer (Gn 28,16s; Ex 3,4ss; 19,12; 33,18-23). Além disso, no encontro da aliança, as partes são demasiado desiguais: a incerta fidelidade do homem aí confronta-se com a infalível fidelidade de Deus.

d) Experiência religiosa cristã. — Com a fé na encarnação* do Filho de Deus, opera-se uma mutação decisiva na exp. religiosa. Na humanidade de Jesus*, o crente pode agora ver a Glória sem morrer (Jo 1,14; 14,9). Não é mais da boca dos profetas que o homem ouve a palavra* de Deus, mas da boca do Filho (Hb 1,1s). Pode-se mesmo apalpar a carne do Ressuscitado para convencer-se de sua realidade (Lc 24,39s, Jo 20,24-28); exp. sensoriais coordenadas, criticadas, reiteradas (1Jo 1,1ss), especialmente no decurso das refeições pós-pascais (Lc 24,26-43; Jo 21,9.14; At 1,3s; 10,41). Exp. destinadas a suscitar e alimentar a fé sem de modo algum coagi-la, porque se trata de um apelo por sinais: a ambiguidade do sinal salvaguarda a liberdade de adesão da fé. Em volta de Jesus, os homens se dividem em adversários e em discípulos. Mas para esses, a exp. feita é a tal ponto privilegiada que produz irresistivelmente, depois de Pentecostes, o dever e o ato de testemunho, mesmo às custas de prisão, flagelação e a própria morte (At 1,6; 4,1-32; 5,15-41; 6,8-15; 7 etc.).

Outro tipo de exp. cristã: aquela que depois da ascensão se nutre só com a pregação* apostólica. Faz-se então a "exp. de Jesus" por meio da pessoa e da palavra de testemunhas diretas: vê-se, ouve-se, toca-se por meio deles e de sua força de presença: exp. mediata, exp. de Jesus "no outro" — como a de um Policarpo, discípulo do apóstolo João.

Depois da morte dos doze, outro tipo de exp.: a Igreja* alimenta sua fé só com o testemunho verbal consignado pela Escritura* na tradição*; exp. da fé somente, portanto mais austera, mas

que confere aos que não terão conhecido nem Jesus nem os apóstolos* o pleno benefício de uma beatitude* particular: "Bem-aventurados os que não viram e creram!" (Jo 20,29).

Situa-se essa exp. no interior da comunhão* eclesial, matriz da existência cristã, com o apoio da instituição. Exp. das realidades de fé, sob a conduta do Espírito* Santo (Jo 14; 15ss e 26; 16,12-15; Rm 8,16; 1Cor 12) com a salvaguarda do magistério*. Exp. humana e contudo, sobrenatural, tornada possível pela graça* batismal e feita de um diálogo com Deus na oração, de certa visão (1Cor 13,12; 2Pd 1,19), de certa presença (Mt 28,20); exp. de luta quotidiana contra o pecado*, a lei dos membros que sempre se insurge contra a lei do Espírito (Rm 6,12-19; 7,14-25; 1Cor 9,24-27); exp. combativa ainda contra as falsas evidências do mundo* opostas às luzes da fé (1Cor 1,17-2,16); exp. das vicissitudes entre fé nua e fervor sensível (2Cor 3-11; 12,1-10), os ímpetos da afetividade religiosa não sendo nem a fonte nem a medida da fé teologal; exp. da perseguição pelo sangue, a contradição, o desprezo (Mt 5,11s; 10,23; Lc 21,12-19; Jo 15,18-16,4); exp. sobretudo de uma relação íntima, pessoal, entre o crente e o Deus trinitário (1Jo 5,5-12) e entre o *Eu* humano e o *Tu* divino; exp. de uma reciprocidade particular entre o homem crente e o homem-Deus (Jo 14,19ss); exp. da assembleia cristã, da oração litúrgica; da ação ritual, do encontro sacramental entre o Deus salvador e o homem a salvar, da comunhão eucarística, do sacrifício do Cordeiro* ressuscitado e glorificado; exp. de estar no mundo, solidário de todo humano a salvar, sem ser do mundo (Jo 15,18-21; 17,14-18; 1Jo 3,13); exp. da unidade cristã sempre a perfazer no amor* de Deus e seus irmãos (Jo 17,11.211-26; 13,34s); exp. da missão* (Mt 28,20) e do testemunho (At 1,8); exp. da paciência de Deus (Rm 2,4; 3,26; 9,22) da impaciente mas bem-aventurada esperança*: "Vem Senhor Jesus!" (Ap 22,20).

• E. Cramausel (1908), *La philosophie religieuse de Schleiermacher*, Montpellier. — H. Pinard de la Boullaye (1913), "Exp. religieuse", *DThC*, V/2, 1786-1868. — R. Otto (1917), *Das Heilige. Ueber* das Irrationale in der Idee des Göttlischen und sein Vehältnis zum Rationalen, Munique (O Santo, Porto Alegre, 1993). — H. Pinard de la Boullaye (1921), "La théorie de l'expérience religieuse de Luther à James", RHE 63ss; 306ss; 547ss. — A. J. Festugière (1932), L'idéal religieux des Grecs et l'Évangile, Paris. — L. Cristiani (1939), "Schleiermacher", DThC 14/1, 1495-1508. — R. Lenoble (1943), Essai sur la notion d'exp., Paris. — G. van der Leeuw (1995), Phénoménologie de la religion, Paris. — J. Mouroux (1952), L'exp. chrétienne. Introduction à une théologie. Paris. — L. Bourgey (1955), Observation et exp. chez Aristote, Paris. — H. D. Lewis (1959), Our Experience of God, Londres. — H. U. von Balthasar (1961), Herrlichkeit, I, Einsiedeln, 211-410, "Die Glaubenserfahrung". — F. Alquié (1966), L'exp., Paris. — M. Eliade (1968), Traité d'histoire des religions, Paris (Tratado de história das religiões, São Paulo, 1993). — P. Miquel (1972), "La place et le role de l'exp. dans la théologie de saint Thomas", RThAM, 39, 63-70. — R. Girard (1972), La violence et le sacré, Paris (A violência e o sagrado, São Paulo, 1990). — M. Simon (1974), La philosophie de la religion dans l'oeuvre de Schleiermacher, Paris. — P. Miquel (1977), L'exp. de Dieu, Paris. — E. Herms (1978), Theologie. Eine Erfahrungswissenschaft, Munique. — J. B. Lotz (1978), Tranzendentale Erfahrung, Firburgo-Basileia, Viena. — J.-P. Torrell (1981), "Dimension ecclésiale de l'exp. chrétienne", FZPhTh 28, 3-25. — R. Schaeffer (1982), Fähigkeit zur Erfahrung. Zur tranzendentalen Hermeneutik des Sprechens von Gott, QD 94. — L. Bouyer (1990), "Exp.", Dictionnaire théologique, Paris. — W. P. Alston (1991), Perceiving God. The Epistemology of Religious Experience, Ithaca/Londres. — E. Barbotin (1991), "Témoignage", DSp 15, 134-141. — J. Rudhart (1992), Notions fondamentales de la pensée religieuse et actes constitutifs du culte dans la Grèce classique, Paris. — P. Rostenne (1993), Homo religiosus ou l'homme vertical, Bourdeaux. — J.-Y. Lacoste (1994), Exp. et Absolu, Paris. — E. Barbotin (1995), Le temoignage, Turnhout. — C. Berner (1995), La philosophie de Schleiermacher, Paris. — J. I. Gellman (1997), Experience of God and the Rationality of Theistic Belief, Ithaca/Londres. — R. Schaeffler (1995), Erfahrung als Dialog mit Wirklichkeit, Friburgo-Munique.

Edmond BARBOTIN

➔ Credibilidade; Mística; Pietismo; Religião (filosofia da)

EXPIAÇÃO

I. Antigo Testamento

I. Expiação entre homens

a) Compositio. — A expiação (e.) corresponde à regulação de conflitos por compensação, em lugar da sanção ou da violência* (Gn 32,21; Pr 6,35; 16,14). Espontânea (p. ex. Gn 32,21) ou institucionalizada pelo direito* ("Código da aliança*": Ex 21,18-36), é excluída em caso de homicídio premeditado (Ex 21,12ss; Nm 35,31). A exclusão de um procedimento de transação (compositio) para um homicídio voluntário, distingue o direito israelita dos direitos antigos. O fim da e. é a reconciliação, graças ao reconhecimento de uma responsabilidade (civil) e à compensação dada. A e. substitui o conflito pelo entendimento mútuo e a pena por uma compensação.

A e. como tal não implica substituição, mas um mediador (intercessor, árbitro, juiz) pode contribuir para a compositio (Ex 21,22; 32,30; Mc 12,1-11 par). A vantagem da composição oferecida ou aceita (Gn 31,8-11) é a repartição equilibrada dos efeitos negativos: ao dano sofrido corresponde a restituição reclamada e concedida. É a satisfação que compensa as perdas materiais e morais. A e. é: 1/ negociada: as duas partes buscam um equilíbrio entre elas; 2/ orientada para o interesse de todos, quer dizer, as partes em conflito e a sociedade* que tem necessidade de paz para prosperar; 3/ racional; em lugar de haver duas negatividades (prejuízo causado, sanção violenta), é a positividade da reparação que amortece o dano causado; 4/ mais durável porque não traumatizante, diferentemente da sanção.

b) Ethos da expiação. — A e. supõe moderação e brandura, excluindo vingança e desmedida, preferindo paz* e equidade à violência (Pr 16,14; Sl 103,9s) no interesse geral. Resolve os conflitos com clemência e poupando as partes: reclama da parte lesada, magnanimidade, e da parte faltosa, a vontade de reparar. É criadora: recusando-se a destruir, cria a compensação e a paz. Essas qualidades explicam porque a compositio entre homens foi transposta para a relação Deus*-homens.

2. Expiação religiosa

Antes de P (documento "sacerdotal", cf. Bíblia*), a e. raramente é mencionada, mas 1Sm 6; 26,19; 2Sm 21,3 etc., provam sua existência em época remota. Em P, a e. é organizada num sistema sacrificial complexo. Os principais sacrifícios* de e.: *ḥaṭṭâṭ* (gr. *hamartia*), '*âshâm* (gr. *plemmeleia* e outros) distinguem-se por um rito próprio de aspersão do sangue (Lv 4-5). Mas o holocausto também é expiatório (Lv 1,4).

Esses sacrifícios formam com o Dia das expiações (*yôm [há]kippoûrîm*, gr. *hemera [ex] hilasmou*) (Lv 23,27s; 25,9) um sistema de perdão para diferentes categorias de pecados*. Nas narrações* de P existem outros meios de expiação: incenso (Nm 17,11ss), imagem da serpente (Nm 21,8s), *zelo*, (no sentido de "ciúme por Deus") (Nm 25,10-13; Sl 106,30), intercessão (Ex 32,30; Sl 106,23 etc.), imposto sagrado pessoal por ocasião do recenseamento (Ex 30,11-16; 2Sm 24), oferendas votivas (Nm 31,50). Mas é sobretudo o sangue de um animal — ou, para o pobre, a farinha (Lv 5,11ss) — que realiza a e. (Lv 17,10ss; cf. Hb 9,22).

3. Interpretações

Historicamente, a interpretação mais difundida explica a e. como substituição do culpado, substituído por uma vítima (inocente) que sofre a morte* em seu lugar. Apoia-se numa concepção do sacrifício definido como imolação de uma vítima animal, especialmente a partir do rito da imposição das mãos (*semîkâ*) do pecador sobre a cabeça da vítima, sendo esse rito explicado como identificação do culpado com essa vítima ou transferência do pecado para ele. A teoria da substituição vicária punitiva (a vítima inocente punida em lugar do culpado) quase não é mais defendida hoje, mas a identificação do sujeito humano com a vítima (Gese, Janowski) ou a derivação da violência social sobre uma vítima emissária são variantes dela. Milgrom interpreta os sacrifícios de e. do *Yôm kippoûrîm* como ritos de *purificação*. Parece que essas interpretações negligenciam a analogia profana do culto* de e.: a oferenda como compensação oferecida e aceita restabelece a paz. Os ritos particulares do sangue dos sacrifícios de e. e do Dia das expiações fazem esguichar o sangue para o véu do santuário, e fazendo-o penetrar no Santo dos Santos (Lv 16,14s), na presença de Javé. Esse rito parece significar a *apresentação* do sangue pelo homem pecador como compensação simbólica, prescrita por Javé. O rito

do bode* expiatório no Dia das expiações (Lv 16,20ss) exprime o afastamento dos pecados e das impurezas* (cf. "o pássaro expiatório", Lv 14,7.53). A imposição das duas mãos (Lv 16,21) distingue da imposição de uma só mão, que precedia todos os sacrifícios (Lv 1,4; 3,2 etc.). Essa última (*semîkâ*) parece significar que a vítima se torna um bem de Javé, ou que o oferente é seu proprietário.

4. Teologia bíblica da expiação

A e. cultual representa em símbolos litúrgicos a reconciliação entre Deus e os homens (indivíduos e comunidade). O pecado é nela compreendido como negatividade e dano causado, que produziu uma ruptura de relação e uma "responsabilidade" (obrigação de reparar) no pecador, Deus sendo a parte lesada. Deus renuncia à sanção oferecendo a possibilidade de uma reconciliação por um signo cultual, a saber, pela liturgia* da e. e o sangue (Lv 17,10ss), expressões de sua *graça**. A oferta de sacrifícios trazidos pelo pecador corresponde à compensação que significa o arrependimento pelo mal* causado e o desejo de acolher a reconciliação oferecida por Deus. A e. é uma troca da qual Deus toma a iniciativa; o pecador lhe responde. Assim, sanção ou violência vingadora, efeitos da cólera* de Deus, são substituídas pela reparação designada e aceita por ele, graças à sua brandura. A e. é a resposta divina não violenta. Não é o termo *satisfação* que é bíblico, mas sim a ideia da substituição da sanção divina (*poena*) por uma compensação designada, dada e recebida em vista de uma reconciliação pacífica e definitiva.

II. Novo Testamento

A reconciliação entre Deus e os homens é tematizada em narrações (parábolas*) e no emprego da terminologia cultual da e. no AT.

1. Parábolas

Mc 12,1-11 par., Mt 5,25s par., Lc 15,11-32 relatam conflitos de dinheiro em que os protagonistas podem aceitar ou recusar um arranjo amigável, favorecendo o acordo mútuo e a parte faltosa ou devedora. Em Mc 12,1-11 par., o filho do proprietário interpõe-se entre o pai* e os arrendatários para obter uma solução negociada não violenta. A sanção dos devedores rebeldes é diferida graças à brandura do proprietário, para dar lugar a um arranjo amigável que fracassa. Em Lc 15,11-32, o pai prefere a reconciliação com brandura à perda do dinheiro, o filho mais velho prefere a sanção do caçula a essa perda. Nas três parábolas a *compositio* profana, solução humana, mas difícil, é a imagem da reconciliação com Deus, que prefere a paz à justiça* estrita ou à sanção violenta.

2. O logion do resgate (Mc 10,45 par.; 1Tm 2,6) e o logion sobre o cálice (Mc 14,24 par.; 1Cor 11,25).

O logion do resgate é uma parábola em germe: o "Filho* do homem" serve a "multidão" (os povos?, cf. Dn 7, Is, 53) pagando por ela e em seu lugar o "resgate", i.e., a compensação necessária à *compositio*. A terminologia não é cultual, mas jurídica. A metáfora do "pagamento de um preço" pelo dom da vida, indica que o "Filho do homem" se compromete até ao extremo (Mc 8,35s par.) em favor da reconciliação da multidão com Deus. O logion sobre o cálice conserva a expressão "pela (*huper*) a multidão" e substitui a vida a pagar como compensação pelo "sangue a derramar", designação metafórica do martírio* e evocação da e. cultual. Esses dois logia lidos juntamente sugerem a ideia do *martírio* do "Filho do homem", em vista de uma reconciliação entre Deus e "a multidão", utilizando metaforicamente a linguagem da *compositio* profana e da e. cultual (Is 53).

3. Terminologia da expiação cultual

Em Ef (5,2), Cl (1,24), 1Jo (2,2; 4,10), Hb 9s, 1Pd (1,2), Ap (5,9s), as expressões cultuais da e. do AT servem para interpretar o sentido da morte violenta de Cristo* Jesus*. O "sangue" evoca o rito do sangue, que é típico da e. litúrgica (*yôm kippoûrîm*). Rm 3,25 e Hb 9s estabelecem uma relação tipológica entre culto de e. do AT e a morte/ressurreição* de Cristo. 2Cor 5,21 pode ser lido como alusão ao sacrifício pelo pecado (*hattât, hamartia*). O fundamento da terminologia da e. cultual do NT parece ser a metáfora "*sangue derramado*" para o martírio. Essa sugeria

também o sangue *dado* por Javé sobre o altar para realizar o perdão (Lv 17,11). Porque o martírio, em Israel*, reconcilia Deus com seu povo* (2Mc 7,37s) e se substitui aos sacrifícios (Dn 3,38ss). Os mártires são os justos postos à prova até ao extremo, obtendo como intercessores a salvação* dos pecadores e de Israel. A terminologia da e. no NT combina a teologia* do mártir/intercessor com o da reconciliação cultual, a morte de Jesus sendo compreendida como martírio de um justo, pois o martírio dos justos foi acrescentado, depois da perseguição do s. II a.C., como outra via de reconciliação; uma vez que a e. cultual tinha sido supressa pela perseguição.

4. Conclusão

O NT liga a e. ao martírio porque ambos realizam a reconciliação entre Deus e a comunidade. O vocabulário do "martírio" funda-se na execução histórica de Jesus, o Justo, o de e. funda-se sobre a graça da reconciliação. Ora, o martírio de um justo obtém essa graça para o conjunto do povo ("a multidão"), mas a e. cultual, expressão simbólica da graça de reconciliação oferecida por Deus ao pecador individual ou coletivo, tem o mesmo efeito. Nota-se uma diferença: a e. cultual celebra-se sem intermediário a não ser o sacerdote* (cf. tipologia sacerdotal de Hb), mas o mártir é intercessor para outros. A mediação de Cristo Jesus para reconciliar os homens com Deus funda-se em sua morte como martírio, não sobre a e. A terminologia da e. serve para sublinhar a *graça* dessa reconciliação com Deus que prefere a brandura à violência, o acordo pacífico à sanção.

• K. Bahr (1839), *Symbolik des mosaischen Cultus*, t. 2. Heidelberg. — J. Herrmann (1905), *Die Idee der Sühne im AT*, Leipzig. — A. Médebielle (1924), *L'expiation dans l'Ancien et le Nouveau Testament*, Roma. — D. Schötz (1930), *Schuld — und Sündopfer im AT*, Breslau. — A. Büchler (1929), *Studies in Sinn and Atonement in the Rabbinic Literature of the First Century*, Nova York. — J. Hermann-F. Büchsel (1938), *"hileôs, hilaskomai etc."*, ThWNT, 3, 300-324. — L. Moraldi (1956), *Espiazione sacrificale e riti espiatori nell'ambiente biblico e nell'AT*, Roma. — L. Sabourin (1961), *Rédemption sacrificale*, Bruges. — E. Lohse (1963), *Märtyrer und Gottesknecht*, Göttingen. — R. J. Thompson (1963), *Penitence and Sacrifice in Early Israel Out-*

side the Levitical Law, Leyde. — R. de Vaux (1964), *Les sacrifices de l'AT*, Paris. — K. Elliger (1966), *Leviticus*, Tübingen. — St. Lyonnet, L. Sabourin (1970), *Sin, Redemption and Sacrifice*, Roma. — R. Girard (1972), *La violence et le sacré*, Paris (*A violência e o sagrado*, São Paulo, 1990). — K. Kertelge (sob a dir. de) (1976), *Der Tod Jesu im NT*, Friburgo. — J. Milgrom (1976), *Cult and Conscience. The ASHAM and the Priestly Doctrine of Repentance*, Leyde. — H. Gese (1977), *Zur biblischen Theologie*, Munique. — H. Schürmann (1977), *Comment Jésus a-t-il vécu sa mort?* Paris. — R. J. Daly (1978), *Christian Sacrifice*, Washington. — A. Wallenkampf (sob a dir. de) (1981), *The Sanctuary of Atonement*, Washington. — M. Hengel (1981), *The Atonement. The Origins of Doctrine in the NT*, Londres. — F. Vattioni (1981) (sob a dir. de), *Sangue e Antropologia Bíblica*, t. 1-2, Roma. — M. Hengel (1981), *La crucifixion dans la Antiquité et le message de la folie de la croix*, Paris. — B. Janowski (1982), *Sühne als Heilegeschehen*, Neukirchen. — A. Schenker (1982), "Substitution du châtiment ou prix de la paix?" *in* M. Bezenrath *et al.* (sob a dir. de), *La Pâque du Christ. Mystère de salut. Mélanges Durrwell*, Paris. — J. Milgrom (1983), *Studies in Cultic Theology and Terminology*, Leyde. — R. Rendtorff (1985-), *Leviticus*, BK, Neukirchen. — B. Lang (1984), "*kipper*", *ThWAT* 4, 303-318. — P. Bovati (1986), *Ristabilire la giustizia. Procedure, vocabolario, orientamenti*, Roma. — A. Schenker (1887), *Chemins bibliques de la non-violence*, Chambray-lès-Tours. — N. Kiuchi (1987), *The Purification Offering in the Priestly Literatur*, Sheffield. — B. Levine (1989), *Leviticus*, Filadélfia. — J. Milgrom (1990), *Numbers*, Filadélfia. — J. Milgrom (1991), *Leviticus I-XVI*, Nova York. — A. Schenker (1991), *Text and Sinn im AT*, Friburgo (Suíça)-Göttingen. — F. Crüsemann (1992), *Die Tora*, Munique. — A. Schenker (1992), "Die Anlässe zum Sculdopfer Ascham", em A. Schenker (sob dir. de), *Studien zu Opfer and Kult im AT*, Tübingen, 45-66. — R. Péter-Contesse (1993), *Lévitique*, 1-16, Genebra

Adrian SCHENKER

→ *Bode expiatório; Cólera de Deus; Cordeiro de Deus; Culto; Eucaristia; Paixão; Pecado; Pureza/impureza; Sacrifício; Servo de Javé; Vingança de Deus.*

EXTREMA-UNÇÃO → unção dos enfermos

F

FAMÍLIA

Uma concepção religiosa da família (f.) era óbvia desde a época dos patriarcas de Israel*: f. feita para a procriação*, destinada a transmitir os patrimônios e garantir a proteção de seus membros, quer sejam parentes pelo sangue, pelo casamento* ou pela adoção. Esses pressupostos deixaram de ser admitidos. Sabendo que a f. e as estruturas de parentesco são multiformes nas diferentes culturas, somos tentados a dizer que a f. é apenas uma instituição social — e alguns exageram essa afirmação ao dizer que essa construção é inimiga da liberdade* individual, ou da expansão afetiva, ou da igualdade de sexos. Resta porém que nenhuma sociedade* conhecida deixa a sexualidade humana ser vivida de maneira puramente anárquica, e que a multiplicidade das estruturas familiares apresenta o ponto comum de que existem em toda parte regras de casamento e sistemas de parentesco. O contexto contemporâneo é, na sociedade ocidental, o de uma crise da f. "tradicional", e a globalização da economia tende a provocar semelhante situação crítica no interior de outras culturas. Diante dessa crise, e pelo fato de não ser um acontecimento exterior à Igreja*, pode-se ao menos esperar da teologia moral que preste um serviço: em uma situação de total incerteza dos discursos seculares sobre a f., que forneça coordenadas teologicamente exatas de uma palavra cristã sobre ela. A crise presente prova talvez que a f. é "uma ideia nova, ainda por descobrir" (Chapelle, 1996).

a) A família na Bíblia. — No AT a f. repousa numa estrutura patriarcal de parentesco, essencialmente patrilinear e endógamo, cujo principal cuidado é a perpetuação de uma linhagem. Israel* precisa de filhos: para garantir uma continuidade à fé* e às tradições* do povo* (Ex 13,14s; Dt 6,20-25) como também para transmitir as terras (no período pré-exílico; ver porém Nm 27,1-11 e 36,1-14, sobre a transmissão da herança às filhas na ausência de um herdeiro varão). Assim, a identidade social e religiosa da mulher* funda-se antes de tudo em seu estatuto de mãe: eis o fim primordial da mulher, mesmo se os esposos devem aliás ser idealmente associados, amigos, ligados pela fidelidade mútua (Gn 1–3). Da época patriarcal ao fim da monarquia aproximadamente (Gn 29,21-30; 2Sm 5,13-16; 1Rs 11,1s), o casamento é eventualmente polígamo e o concubinato autorizado (Gn 16,1-4; 30,1-13). A lei* do levirato, que obriga um homem a desposar a viúva de seu irmão para ter um filho em seu nome, oferece uma proteção à viúva assegurando, ao mesmo tempo, a continuidade familiar (Gn 38,8; Dt 25,5-10). Só o marido pode tomar a iniciativa do divórcio (Dt 24,1-4; mas ver Ml 2,14 para a crítica desse estado de coisas). Está fora de questão a sexualidade fora do casamento, mas a proibição é bem mais forte para as mulheres do que para os homens (Lv 20,10; Dt 22,22-29, Pr 5; 7,5-27), por causa dos perigos que uma promiscuidade feminina faria pesar sobre a transmissão patrilinear da herança.

Ora essa moral familiar sofre no NT, se não uma subversão, pelo menos uma sensível reorganização. O casamento e a f. são o pano de fundo de muitas parábolas* e ditos de Jesus*, e encontra-se neles pelo menos uma tomada de posição contra o direito* israelita da f., no caso a rejeição do divórcio (Mt 5,27s; 19,9; Mc 10,11s; Lc 16,18; 1Cor 7,10). Porém mais importante é o apelo a unir-se a uma comunidade de discípulos cuja estruturação nada deve ao estatuto marital ou familiar. Não só a experiência fundadora, apelo individual e resposta individual, ocorre à margem da estrutura familiar, mas ainda os laços familiares podem fazer obstáculo às exigências do Evangelho (Mt 10,37; 12,46-50; Mc 3,31-35; 10,29; Lc 8,19s; 14,26; Gl 3,28). Certamente será possível para a teologia, no final da IM, tomar a "Sagrada Família" — Jesus, Maria e José — por modelo de toda família crente; mas para encontrar suas legitimações escriturísticas esse modelo deve ser percebido pelo que ele é, o de uma f. que a iniciativa divina torna aberrante em relação a qualquer outro modelo recebido.

No Império romano, em que o cristianismo inicialmente se expandiu, a f. (*familia*), colocada sob a autoridade do *paterfamilias*, abrangia tanto os escravos, os domésticos e os bens como os parentes propriamente ditos. Na forma de casamento mais difundida no s. I da era cristã, a mulher permanecia sob a autoridade de sua *familia* de origem, e não era portanto membro da de seu marido, embora tivessem o mesmo teto. Inversamente, os filhos casados do *paterfamilias* permaneciam membros de sua *familia*, mesmo que não residissem na casa dele. A pertença familiar pesava consideravelmente na identidade e no papel social de cada um. A adoção (de um adulto, que tivesse de preferência um laço de parentesco com a *familia*) era um meio comum de transmitir ou de proteger um nome ou uma linhagem. O casamento servia a esse mesmo fim, e servia também para aumentar a influência e a riqueza da f. A amizade (hierárquica) dos esposos e a duração estável do casamento eram um ideal,

mas ideal raramente realizado, sobretudo nas classes sociais mais altas. A diferença de idade entre os esposos era muitas vezes muito grande (as moças casavam-se aos doze anos), o que não favorecia uma relação igual; a sexualidade fora do matrimônio era aceita no caso dos homens, mas proibida no caso das mulheres que tinham direito de cidadania. Divorciar-se e casar de novo eram frequentes, tanto por razões políticas como pessoais. Assim, a precariedade era um traço importante da experiência familiar. Nesse contexto, a aparição de um grupo, os cristãos, que atenuava o peso das relações familiares e se considerava primordialmente como uma comunidade de irmãos punha claramente em questão a instituição patriarcal.

Nas primeiras comunidades cristãs, a expectativa da parusia*, que se julgava iminente, levou certamente a duvidar se convinha fundar uma f. Essa reticência deveria dissipar-se à medida que a parusia era adiada para o futuro: porém deixará uma marca, a atribuição de um significado escatológico impressionante ao celibato "escolhido pelo Reino*". Mais importante, sem dúvida, é o aparecimento, muito cedo, de "códigos domésticos" para os cristãos casados, códigos amplamente inspirados por modelos filosóficos gregos e que mostram uma Igreja* preocupada em ter uma linguagem normativa sobre a vida familiar (em parte, por causa da ameaça da perseguição). Os membros de uma casa de f. são considerados em suas relações hierárquicas (marido/mulher, pai/filhos, senhor/escravo); recomenda-se aos subordinados a submissão, exortando o *paterfamilias* ao amor* e à moderação (Ef 5,21-6,9; Cl 3,18-4,1; 1Pd 2,18-3,7). Fazendo abstração total de todos os testemunhos neotestamentários, esses textos deviam incontestavelmente servir no curso dos séculos para estabelecer na f. uma autoridade do homem, e uma subordinação da mulher*, que não está de acordo com a dinâmica igualitária de pregação* do Reino. Aparece assim uma tarefa teológica da maior importância: porque o *eschaton* não foi realizado no "acontecimento Jesus Cristo", garantir às estruturas familiares o direito de ter lugar, de pleno direito, entre as realidades cristãs; mas, porque o *eschaton* foi verdadeiramente antecipado, permitir à experiência fraterna dos discípulos ser medida e norma da experiência familiar.

b) A família na tradição cristã. — Rejeitadas muito cedo pela Igreja, as tendências ("encratitas") que desvalorizavam radicalmente a dimensão carnal da existência sobreviveram de forma atenuada na patrística; assim certos Padres*, como Jerônimo (*c.* de 342-420), que é o caso mais notável, procedem a um elogio da virgindade que leva quase à condenação do casamento. A corrente principal, representada por Clemente de Alexandria (*c.* de 150-215), considera que o casamento vivido no domínio de si e para ter filhos é compatível com a vida cristã (*Stromata*, 2, 23, Sc 38; *O Pedagogo*, 2, 10, SC 108). É então por ser um lugar de transmissão da fé* que a f. possui legitimações teológicas: a educação religiosa e o bem* espiritual dos filhos são sua verdadeira razão de ser. João* Crisóstomo, a quem se deve a assimilação da f. a uma pequena Igreja, exorta assim os casais a se afastarem da riqueza e do luxo para formar os membros de sua f. para uma vida de oração* e de serviço (*Hom. in Eph.* 20, PG 62, 135-148).

A indissolubilidade impôs-se pouco a pouco, em teologia e em direito* canônico: protegendo a mulher contra o divórcio, tomado por iniciativa do marido ou do pai, a indissolubilidade favorecia a igualdade no casal* e dava aos casais certo poder de resistir ao poder paterno. Com as reformas de Gregório VII (*c.* de 1015-1085), o direito canônico proíbe casar-se de novo depois do divórcio. Para a teoria dos fins do matrimônio que inclui o exercício lícito da sexualidade, cada um dos parceiros do casal tem o direito de exigir do outro o cumprimento do "dever conjugal". Homens e mulheres de todas as classes sociais tinham a possibilidade de entrar na vida religiosa, em nome de um ideal de virgindade que prevalecia sobre as exigências da vida familiar.

A posição dos reformadores é uma reação: de um lado, contra os abusos que a regulamentação eclesiástica do matrimônio tinha ocasionado, de outro lado contra o celibato que a Igreja não conseguia impor aos clérigos* de maneira

satisfatória. Na lógica dessa reação, a f. e o matrimônio são estados de vida ordinários e abençoados, ordenados por Deus* para o bem dos homens, e em relação aos quais a Igreja não tem outra função além de atestar a bênção* divina. Em Lutero* a vida familiar aparece como a unidade de base da vida em sociedade: é o domínio privilegiado em que o cristão leva a sua cruz e serve a Deus e ao próximo. Posteriormente, o puritanismo* estabelecerá um laço particularmente forte entre f. e identidade religiosa. A "aliança* de graça*", com efeito, estabelecia-se com os crentes e seus descendentes; e se a salvação* das crianças* não era, na certa, uma consequência da fé dos pais, os pais podiam, em todo caso, cooperar para isso (o mesmo valia para os domésticos, aos quais se fazia participar da disciplina religiosa da f.). A assimilação da f. a uma forma elementar de comunidade cristã estará ainda presente no mais importante moralista anglicano do s. XIX, F. D. Maurice (1805-1872), e estará mesmo no centro de um "culto da vida familiar" em autores como Alexandre Capbell (1788-1866). No catolicismo*, o s. XX conheceu uma evolução notável no tratamento dos fins do matrimônio; os textos do Vaticano II* e o novo Código de direito canônico (1983) fazem agora passar ao primeiro plano a comunidade de amor e o socorro mútuo (*mutuum adjutorium*).

c) A modernidade. — As ideias e a realidade do mundo moderno não podiam deixar de pesar sobre a f. em geral e sobre a ideia cristã da f. As ideias são as das Luzes: um ideal de dignidade, de responsabilidade e de liberdades individuais. A realidade é a de um mundo industrializado, que separa o domínio privado das mulheres (lar e educação dos filhos) do domínio público dos homens (trabalho assalariado e política). Com o advento de uma economia monetária, apareceu uma situação em que o casamento dos filhos não dependia mais de uma herança e (portanto) da aprovação dos pais. Nos países industrializados, a fecundidade diminuiu rapidamente no final do s. XIX, ao mesmo tempo que o direito à instrução e o direito de voto tornavam-se acessíveis às mulheres. O prolongamento da vida, por outro lado, coloca hoje o problema do cuidado com os membros idosos da f. Como a f. moderna é móvel, sobretudo por razões de emprego, não dispõe mais de redes de parentesco que permitiam nas gerações precedentes o cuidado dos filhos, dos doentes e dos velhos. (Porém nesse ponto há que evitar um excesso de generalização: mostrou-se que a f. nuclear não apareceu com a industrialização.) Essas novas circunstâncias mostram que não basta querer obedecer ao mandamento* de honrar aos pais, mas que é preciso o apoio de um meio. Porque as formas da f. mudam, o exercício das responsabilidades familiares é chamado também a assumir nova fisionomia.

Herdeiras de uma tradição intelectual já antiga, que privilegia as relações contratuais em detrimento das relações familiares, a Europa e a América do Norte mostram de fato pouca habilidade no tratamento (teórico e prático) das realidades familiares: se os laços interpessoais autênticos nascem do consentimento, os laços biológicos tornam-se quase sem direito. Assiste-se também à rejeição da f. patriarcal e à aparição de relações familiares "não tradicionais" entre heterossexuais e homossexuais; técnicas médicas destinadas a fornecer remédio à esterilidade permitem a compra, a venda ou a troca de gametas e de embriões, o que cria uma nova relação do homem com seus filhos. A relação biológica dos pais e dos filhos parece não ter sentido nela mesma. Os fatos da natureza parecem totalmente absorvidos em práticas totalmente culturais — a f. não é mais um dado a pressupor, mas uma realidade maleável totalmente entregue às mãos dos homens.

A coerência da educação põe igualmente um problema grave. As legislações ocidentais autorizam casamentos sucessivos — mas depois do divórcio os homens são menos responsáveis por seus filhos que nas f. africanas ou asiáticas, que autorizam a poligamia ou o concubinato institucional. A ausência de segurança (econômica, social ou afetiva) para as mulheres e os filhos sobretudo é uma das consequências mais dolorosas da fragilidade do casal. Em certos países o Estado* toma a seu encargo as funções de apoio e de educação, outrora próprias da f. Porém não é certo que uma criança possa tornar-se um adulto responsável sem a ajuda de um meio familiar sólido.

d) A posição cristã. — Um discurso cristão sobre a f. deve organizar-se em torno de muitas doutrinas. De um lado, as teorias da criação*, do pecado* original e da encarnação* fornecem a base de toda teologia do corpo* possível; e implicam uma ética das realidades corporais que percebe na procriação e no parentesco determinantes importantes do laço familiar. De outro lado, a posição ocupada pelo amor na lógica das virtudes* — é, ao mesmo tempo, a "forma" de todas e o qualificador das relações inter-humanas como da relação com Deus — impede considerar a f. como um mecanismo social dotado de fundamentos biológicos e destinado a organizar eficazmente a reprodução, a vida material e a proteção. E porque em boa lógica o amor humano deve ver no amado (ou na amada) um dom de Deus que solicita uma fidelidade, a ideia de uma série indeterminada de contratos que se pode escolher ou romper à vontade, conforme seus interesses, não é suscetível de nenhuma recepção cristã.

Recentemente a Igreja católica pôs de novo em voga a concepção patrística da f. como "Igreja doméstica" (Vaticano II*, *LG* 11; *GS* 48, cf. João Paulo II, *Familiaris consortio* 21). Protestantes, como p. ex. Éric Fuchs, fizeram o mesmo. A ideia remonta às comunidades dos tempos apostólicos e subapostólicos, reunidas em casas de particulares para a celebração do culto* e para o ágape* (Rm 16,3-5). O conceito decerto conservou sua força ao mesmo tempo descritiva e prescritiva, mesmo se exige ser ainda melhor determinado. As relações familiares não podem, p. ex., reclamar-se com consistência de uma dignidade estritamente eclesial, sem que seja nelas estabelecida uma igualdade maior do que no passado, sobretudo entre os sexos; e se a f. cristã deve ser um lugar de evangelização, será também permitindo a seus membros adquirir virtudes sociais/cívicas, tanto como virtudes familiares. A ideia de Igreja doméstica não é a de um porto moral e religioso privado, à margem da cidade*, mas a de uma escola de fé, de paz* e de esperança* a serviço do bem comum. Todas as Igrejas cristãs dispõem de recursos escatológicos necessários para permitir à f. assumir de maneira coerente sua tarefa de uma coexistência vivida como comunhão* e como serviço. Todas também dispõem de uma experiência da tradição* capaz de projetar sua luz sobre as mediações familiares.

Diferentemente da Igreja, a f. não tem futuro escatológico. Sua ordem é a dos "mandatos" divinos que o homem cumpre no tempo* do mundo. Porém a teologia sabe que as realidades provisórias recebem um sentido novo na experiência* cristã — a f. deve então aparecer como uma realidade penúltima (Bonhoeffer*), destinada a apagar-se, mas capaz de engendrar o que não passará.

- Agostinho, *De bono conjugali*, BAug 2, 15-99; *De nuptiis et concupiscentia*, BAug 23, 41-289; *Ep.* 188, CSEL 57. — João Paulo II, *Familiaris Consortio, AAS* 74, 81-191. — M. Lutero, *Genesisvorlesung*, *WA* 44; *Von Ehelichen Leben*, *WA* 10/2. — Cotton Mather, *Cares about Nursery*, 1702. — F. D. Maurice, *The Church a Family*, Londres, 1850.

▸ E. S. Morgan (1944, 1966), *The Puritan Family: Religion and Domestic Relations in Seventeenth-Century New England*, Nova York. — P. Ariès (1960), *L'enfant et la vie familiale sous l'Ancien Régime*, Paris. — N. Davies (1975), *Society and Culture in Early Modern France*, Londres. — L. Stone (1977), *Family, Sex and Marriage in England 1500-1800*, Nova York. — J. L. Flandrin (1979), *Families in Former Times: Kinship, Household and Sexuality*, Cambridge-Nova York. — Col. (1981), "Pour une théologie de la famille", *EeT* 12. — D. Schneider (1984), *A Critique of the study of Kinship*, Ann Arbour, Mich. — J. Brundage (1987), *Law, Sex and Christian Society in Medieval Europe*, Chicago. — S. Okin (1989), *Justice, Gender and Family*, Nova York. — B. Fox (sob a dir. de) (1993), *Family Patterns, Gender Relations*, Toronto-Oxford-Nova York. — L. Calill e D. Mieth (sob a dir. de) (1955), *La famille, Con(F)* 261. — Col. (1995), *La famille. Des sciences à l'éthique* (Actes du Colloque européen de l'Institut des sciences de la famille, Lyon, abril 1994), Paris. — É. Fuchs (1995), "La famille. Reflexions théologiques et éthiques", *EeT* 26/1, 43-60. — H. G. Gruber (1995), *familie und christliche Ethik*, Darmstadt. — W. Right (1995), *The Moral Animal: The New Science of Evolutionary Psychology*, Londres. — M. Banner (1996),

"Who are my Mother and my Brothers?": Marx, Bonhoeffer and Benedict and the Redemption of the Family, in *Studies in Christian Ethics*, 9/1, 1-22. — A. Chapelle (1996) "La famille dans la pensée moderne", *NRTh*, 118, 398-409. — Col. (1996), *Famille en crise, Étique* nº 21. — T. Breidenthal (1997), *Christian Households*, Boston. — D. Browning *et al.* (1997), *From culture Wars to common Ground*, Louisville, Ky. — É. Fuchs (2003), "Amor familial e conjugalidade", *DEFM*, v.1, 81-84.

Lisa Sowle CAHILL

→ *Casal; Matrimônio; Mulher; Procriação; Sexual (ética).*

FAMÍLIA CONFESSIONAL

a) Sentido e uso. — No início do s. XIX, o teólogo católico J. A. Mohler (*Symbolik*, 1832) chama de "confissões" as diversas correntes eclesiais internas ao cristianismo, até então chamadas "religiões", "partidos religiosos" ou "grandes sociedades cristãs". "Confissão", que já teve diversos sentidos complementares em teologia*, é desde então o termo técnico utilizado para designar uma tradição* cristã particular, uma família confessional (f.c.).

Explica-se esse uso, histórica e teologicamente, na perspectiva da Reforma. Tendo questionado as estruturas magisteriais e ministeriais da Igreja*, e o exercício centralizado da autoridade* como cimento e expressão da unidade* da Igreja, a maioria das comunidades surgidas da Reforma definem-se em relação a referências doutrinais expostas em confissões* de fé*. Assim, a Confissão de Augsburgo de 1530 torna-se a Carta comum das Igrejas luteranas; os 39 artigos, a carta da comunhão* anglicana; a Confissão de Fé da Rochelle (1559), a das Igrejas reformadas francesas. Por ocasião de sua ordenação*, os pastores* se comprometem sobre a base desses textos. Embora sua intenção tenha sido universal, essas confissões definirão a fé e a identidade de Igrejas particulares* que por essa razão, quando várias entre elas se referem a um mesmo documento, chamam-se "confissões" ou "f.c.". A extensão geográfica leva as f.c. a organizar-se em Igrejas mundiais e a dotar-se de estruturas internacionais, pelo fim do s. XIX. Assim, o anglicanismo* organiza em 1867 o primeiro encontro da Conferência de Lambeth, que reúne todos os bispos* dessa f.c. As Igrejas reformadas fundam em 1877 a Aliança Reformada Mundial; as Igrejas metodistas, em 1881, o Conselho Metodista Mundial. Em 1905 foi criada a Aliança Batista Mundial, depois, em 1947, a Federação Luterana Mundial.

O catolicismo* e a ortodoxia* recusaram sempre ser considerados como f.c. Essas Igrejas não se compreendem como tradições eclesiais ao lado das outras, mas cada uma se considera como a única expressão em plenitude da Igreja una de Jesus Cristo*. Uma abordagem mais sociológica da "confissão", como expressão de uma identidade eclesial particular, pode contudo levar a incluir essas Igrejas no conjunto das f.c. Essa opção está indiretamente confirmada pela participação regular dos representantes do patriarcado* ortodoxo e do Conselho pontifício para a unidade (Vaticano) nos encontros dos responsáveis das f.c. que, desde 1979, preferem a denominação "Comunidades Cristãs Mundiais" (CCM).

b) *Caráter e estrutura das famílias confessionais.* — As f.c. entendem que a Igreja una, santa, católica e apostólica concretiza-se nesse mundo sob formas plurais. Cada f.c. se compreende como uma expressão dessa Igreja una. Muitas se consideram como Igrejas mundiais e são assim estruturadas. Tal é o caso da comunhão anglicana ou da comunhão das Igrejas luteranas, que assim estão próximas da autocompreensão das Igrejas católicas e ortodoxas. Outras, ao contrário, insistem mais em seu caráter de livre associação ou de federação de Igrejas. No seio de uma mesma f.c. as Igrejas participantes estão conscientes de pertencer a uma mesma família espiritual que participa de uma mesma herança histórica. As formas de piedade e as celebrações litúrgicas, as referências doutrinais, as estruturas* eclesiais, como as visões e prioridades são as mesmas, ou pelo menos muito próximas umas das outras. As famílias membros de uma mesma f.c. vivem geralmente em plena comunhão* eclesial: comunhão na celebração da palavra* de Deus e dos sacramentos*, assim como no reconhecimento mútuo dos ministérios*. Suas instâncias internacionais são estruturas análogas (assembleias gerais regulares, comitês executivos, presidência e secretariado geral, comissão de teologia, de ajuda mútua, de formação etc.). Porém a autoridade* das estruturas internacionais permanece limitada; as Igrejas-membros, geralmente estruturadas em comunidades regionais e nacionais, insistem em sua autonomia, que lhes confere o poder de decisão. Depois de um período difícil em que muitos consideravam o Conselho Ecumênico das Igrejas* (CEI) como o lugar de superação de todas as f.c., instalou-se hoje uma boa cooperação entre o CEI e as f.c., quase todas as Igrejas-membros sendo também membros do CEI. As f.c. são o lugar privilegiado dos diálogos teológicos entre as tradições cristãs. A reconciliação que já interveio entre as diversas f.c. é essencial para a unidade* de toda a Igreja.

- H. E. Fey (1970), "Confessional Families and Ecumenical Movement" *in* Id. (sob a dir. de), *A History of the Ecumenical Movement*, vol. 2; *1948-1968*, Genebra, 115-142 (2ª ed. 1986). — Y. Ischida, H. Meyer e E. Perret (1979), *The History of theological concerns of World Confessional Families*, LWF, R 14.

André BIRMELÉ

→ *Anglicanismo; Batistas; Calvinismo; Catolicismo; Confissões de fé; Conselho ecumênico das Igrejas; Ecumenismo; Luteranismo; Metodismo; Ortodoxia; Pentecostalismo; Unidade da Igreja.*

FÉ

A. TEOLOGIA BÍBLICA

A fé é uma atitude interior daquele que crê. As palavras da Bíblia* que traduzimos por "fé" ou "fidelidade" ('*emunah*, '*emèt*) e por crer (*he'èmîn*) provêm em hb. da mesma raiz ('*mn*); assim como em grego *pistis* (fé) e *pisteuein* (crer). A ideia de base, em hb., é a de firmeza; em gr., a de persuasão.

1. Antigo Testamento

Em nossa língua, "crer" diz-se tanto de uma opinião incerta como de uma adesão firme, fundada numa relação interpessoal. Na Bíblia, trata-se desse segundo sentido. Donde a frequência do vocabulário da fé nos Salmos* (84 x), cf. Dt (23 x), Is (34 x), Jr (21 x).

a) Fiar-se em Deus. — O verbo "crer" faz sua primeira aparição em Gn 15,6, texto fundamental. Deus*, tendo feito a Abraão uma promessa* inverossímil, "Abraão creu em Javé, o que lhe foi contado como justiça*". Quando Deus lhe pediu que oferecesse o filho da promessa, a fé de Abraão foi submetida a uma prova (Gn 22,1), que ele atravessou na obediência (22,2s.18) e na confiança: "Deus proverá" (22,8.14). Fé, confiança, obediência estão constantemente ligadas. O inverso também é verdadeiro: diante da terra que lhe foi prometida, o povo* recusou (Nm 13-14; Dt 1,19-45; Hb 3,7-4,11): é que não tiveram fé em sua palavra* (Sl 106,24). No deserto, em vez de crer em Deus por sua palavra (Sl 78,22.32.37), eles o "tentavam": vv. 18,41,56: (tentação*); i.e., queriam forçar sua mão (Sl 95,7b-10; Ex 17,1-7; Nm 20,2-13).

Sendo adesão a Deus, a fé só é possível na medida em que Deus se faz conhecer. Deus fala aos homens. Abre os olhos de Jó sobre as obras da criação* (Jó 38,1-42,6). Dirige-se a uma assembleia (Dt 5,22ss), e mais frequentemente a uma pessoa* (Gn 12,1; Ex 3,4ss etc.), que põe em relação íntima com ele (Jr 15,16) dando-lhe uma missão* em benefício de outras pessoas (Gn 12,1ss; Ex 3,10; Is 6,8-13; Jr 1,9s).

b) Fiar-se nos homens de Deus. — Por sua vez, o enviado deve ser crido. Em que base? Em muitos casos sua mensagem será reconhecida porque está na linha das intervenções precedentes de Deus. Em outros casos Deus o acredita por prodígios, como Moisés (cf. Ex 4,1-9; 14,31; cf. 19,9) ou Elias (1Rs 17,1-24 etc.). Mas os milagres são ambíguos (cf. Ex 7,11; Dt 13,2ss). O discernimento é necessário.

Aceitando a mediação dos mensageiros acreditados, os crentes entram numa comunidade de fé: assim é a que os israelitas formam por sua fé "em Javé e em Moisés" (Ex 14,31) depois de libertados do Egito. É o caminho da aliança* (Ex 19,5s; 24,3-8) em que predominam a fidelidade e a obediência, permanecendo como base a iniciativa generosa e gratuita de Deus. O reconhecimento de tais benefícios para Israel*

e para todos os homens permanecerá sempre a essencial "confissão* de fé" do AT.

c) Fé, religião, ética. — A começar por Elias, campeão da fé javista contra o culto* do Baal cananeu, os profetas* lutam contra a idolatria* (Os 8,4ss; Jr 2,26ss; 10,2-5; Ez 8,9-12) e contra uma concepção ritualista da religião, acompanhada de desobediência prática a Deus. Dão vigor ao laço entre fé e prática da justiça. A política da cidade* deve também ter a fé por base. Isso acarreta a recusa de apoiar-se na potência militar ou nas alianças com os grandes. Isaías, muito especialmente, traçou esse caminho: "Sem firme confiança, não vos firmareis" (Is 7,9; 28,16). A prova do exílio levou Israel, paradoxalmente, a fortificar sua fé monoteísta (Is 40,12-41,29; 44,6-46,13). Mas a mensagem que concerne ao Servidor* de Javé é considerada pelo segundo Isaías como chocando-se com uma recusa de crer: "Quem, pois, acreditou?" (Is 53,1; cf. Jo 12,38; Rm 10,16). Abre-se a porta sobre o que serão mais tarde as grandes revelações* apocalípticas* (Dn 7-12), inclusive a ressurreição* dos mortos (Dn 12,2; 2Mc 7,9-29; Sb 5,1-5).

2. Novo Testamento

a) Os evangelhos sinóticos. — Nesse contexto histórico, Jesus* anunciou a instauração próxima do Reino* de Deus (Mt 3,17, par.). Mc resume sua mensagem nos termos da primeira pregação* cristã: "crede no Evangelho" (1,15). Mas já o próprio Jesus pusera em relevo o lugar fundamental da fé. Diz à pessoa que ele curou: "Foi a fé que te salvou" (Mt 8,22 par.; Lc 7,50). "Tudo é possível àquele que crê" (Mc 9,23; cf. Mt 7,20 par.; 21,21 par.). Em geral, Jesus não determina a quem a fé se dirige. Não diz: "Crede em mim", mas as circunstâncias revelam que a fé em Deus que ele quer suscitar está ligada à fé na sua própria pessoa. "Falava como quem tem autoridade*" (Mt 7,27ss, par.), como um enviado plenamente acreditado. A expressão "Amém, eu vos digo" lhe é própria (o hb. *'amén* afirma a certeza). Os sinais e os prodígios que acompanham suas palavras são sobretudo curas*, que lhes são pedidas com fé (cf. Mt

9,2 par.; 9,28ss; 13,58). Pedro* adquiriu a convicção de que Jesus era o Messias* (Mc 8,29). Mas Jesus previa para si mesmo uma sorte que parecia indigna do Messias. Sua morte na cruz provoca uma recusa de crer que nos é relatada em termos que evocam as provações do povo no deserto (Mc 15,32 par.; cf. Sl 78,18-22). Provoca também uma adesão de fé (Mc 15,39 par.). A Boa-Nova será anunciada para ser crida no mundo inteiro (Mc 16,15ss).

b) *Os Atos dos Apóstolos.* — Para essa narrativa* a fé e o batismo* "em nome de Jesus Cristo" garantem aos crentes o perdão dos pecados* (At 2,28; 26,18), a purificação do coração* (15,9), a justificação* (13,39), a salvação* (16,31). Primeiro são chamados à fé cristã os judeus* (3,26), em seguida também os pagãos (3,46ss). "A multidão dos *crentes* era um só coração e uma só alma*" (4,32). Unidos pela fé, eles formavam a Igreja* (9,31).

c) *Os escritos joaninos*.* — O verbo "crer" encontra-se 98 x nesses escritos. Diferentemente dos sinóticos, os relatos de João a respeito de Jesus falam muitas vezes em "crer *nele*" (Jo 2,11; 3,16.18 etc.). O próprio Jesus convida a isso (14,1), precisando que quem nele crê crê em Deus, que o enviou (12,44). O aspecto *interpessoal* da fé é acentuado, sobretudo pelo paralelismo entre "vir a" e "crer em" (6,35.64s; 7,37s). A fé estabelece Jesus e o crente numa interioridade recíproca (15,15, cf. 6,56; 17,20). Aparece também um *aspecto doutrinal* importante, atestado pela superabundância do vocabulário de conhecimento* e de verdade*. A palavra de Jesus revela quem é ele (4,26; 6,35 etc.). É apoiada por obras divinas que atestam sua união com o Pai* (5,36; 10,30,38) e são os "sinais" próprios a suscitar a fé (2,11.23; 20,30s). O apego a "sinais e prodígios" (4,48) impede de crer em Jesus pela palavra, de crer nas testemunhas que o viram ressuscitado (20,25): feliz aquele que acreditará sem ver! (20,29). A fé vai exprimir-se em confissões* de fé explícitas (6,29; 11,27). O fim declarado de escrever o Evangelho é levar os leitores a "*crer que* Jesus é o Cristo*, o Filho de Deus" (20,31). A fé joanina abarca ao mesmo tempo

o Evangelho e as Escrituras* do AT (Jo 2,22; 5,46; 20,8s; comparar Lc 24,25.44-47). Ela é a fonte de vida (Jo 20,31; 11,25s).

d) *As cartas paulinas* insistem muito na fé (54 x "crer"; 152 x: "fé") e em seu aspecto interpessoal. Cristo vive no crente (Gl 2,20; Ef 3,17); esse está "em Cristo" (2Cor 5,17; Fl 3,9 etc.), está crucificado com ele (Gl 9,19; 5,24; Rm 6,6), para viver com ele ressuscitado (Rm 6,4.11). O aspecto doutrinal não deixa de ser sublinhado: adesão à mensagem (1Cor 15,3s; Rm 10,5).

Apóstolo* dos pagãos, Paulo compreendeu que os homens são "justificados" pela fé em Cristo e não pela observância da lei* de Moisés (Gl 2,16; Rm 3,28). Paulo define assim a base da vida cristã. Quem crê em Cristo "morto por nossos pecados" é libertado de suas faltas "gratuitamente" (Rm 3,24). Paulo recusa, com razão, admitir para essa justificação fundamental duas bases heterogêneas que seriam a fé em Cristo e as "obras* da lei". Gl 3,6 e Rm 4 baseiam-se em Gn 15,6, relido à luz da situação cristã.

Talvez para combater mal-entendidos suscitados pelos paradoxos de Paulo, a carta de Tiago (Tg 2,14-26) demonstra que a justificação não se obtém pela fé sem as obras*. Seu ponto de vista é diferente: não tem em vista a justificação inicial, mas o juízo* final, e não fala das obras da lei, mas das obras "da fé" (2,22). Paulo também exige que a fé não permaneça estéril: o juízo final será feito "segundo as obras" (Rm 2,6; cf. 2Cor 5,10; Gl 7-10).

Nas cartas do cativeiro nota-se uma insistência na "sabedoria* e na inteligência", proporcionadas pela fé (Ef 1,8.17-20; Cl 1,9), e no "mistério*" (Ef 6 x; Cl 4 x). As cartas pastorais preocupam-se com preservar a fé do naufrágio (1Tm 19; 6,20; 2Tm 2,18), alertando contra as "fábulas" (1Tm 1,4; 4,7 etc.) e convidam a uma fé e uma doutrina sãs (8 x).

e) *A Carta aos Hebreus* apresenta Cristo glorificado como nosso "grande sacerdote, fidedigno (gr. *pistos*) para as relações com Deus" (Hb 2,17; 3,2; cf. Nm 12,7, LXX); alerta contra a desastrosa "falta de fé" (3,12-19) e convida a uma "plenitude da fé" (10,22). Hb 11,1-40, esplêndido elogio da fé e também dos grandes crentes do AT, mostra a fé na origem de todas as realizações válidas, de triunfos conseguidos, de provações superadas. Com o aspecto interpessoal (11,6. 8.11.26s) aparecem certos aspectos de doutrina (11,3.6.19.35), mas a frase inicial define a fé por seus efeitos. Nem especificamente cristã, nem mesmo religiosa, essa definição une duas perspectivas, uma existencial, mais bíblica (aceitar com fé uma promessa é "uma maneira de já possuir o que se espera"), a outra mais helenística (aceitar com fé a palavra de uma pessoa competente é "um meio de conhecer o que não se vê"). Ambas as perspectivas encontram-se no resto do capítulo.

f) Pistis Christou. — Essa expressão grega (Gl 2,116c; Fl 3,9) e muitas outras semelhantes suscitam discussões, porque são ambíguas. De fato, a ação de crer, com tanta frequência mencionada no NT (gr. *pisteuein*: 241 x) nunca é atribuída a Jesus. O NT fala, de outro lado, muitas vezes em "crer nele" (42 x) ou de "fé nele" (9 x). Por conseguinte, *pistis Christou* pode traduzir-se como "fé em Cristo", e *pistis Theou* (Mc 11,22), "fé em Deus". Mas pode-se igualmente traduzir-se como "fidelidade a Cristo". Enfim, pode inspirar-se em Rm 3,3, em que *pistis* corresponde ao hb. *'emèt* e designa a absoluta "confiabilidade" de Deus.

- P. Antoine (1938), "Foi (dans l'Écriture)", *DBS* 3, 276-312; (1955), "Qu'est-ce que la foi? Données bibliques", *LV (L)* 22, 425-531. — A. Weiser, R. Bultmann (1959), "*pisteuô, pistis*", *ThWNT* 6, 174-230 — P. Vallotton (1960), *Le Christ et la foi*, Genebra. — E. D. O'Connor (1961), *Faith in the Synoptic Gospels*, Notre Dame, Ind. — H. Ljungmann (1964), *Pistis*, Lund. — E. Grässer (1965), *Der Glaube im Hebräerbrief*, Marburgo — H. Wildberger (1968), "Glauben im AT", *ZThK* 65, 129-159. — F. M. Braun (1969), "La foi selon saint Jean", *RThom* 69, 357-377). — Colloque oecuménique (1970), *Foi et salut selon saint Paul*, Roma. — A. Jepsen (1973, "*âman*", *ThWat* 1, 313-348. — W. Mundle (1973), *Der Glaubensbegriff des Paulus*, Leipzig. — J.-M. Faux (1977), *La foi du NT*, Bruxelas. — J. Guillet (1980), *Glaube im Neuen Testament*, Neukirchen. — R. B. Hays (1983), *The Faith of Jesus Christ*, Chicago. — C. D. Marshall (1987), *Faith as a Theme in Mark's Narrative*. — A.

R. Dulles (1994), *The Assurance of Things Hoped for*, Nova York.

Albert VANHOYE

→ *Conhecimento de Deus; Dogma; Fideísmo; Graça; Justificação; Liberdade; Lei; Lutero; Obras; Paulina (teologia); Pregação; Revelação; Salvação; Verdade.*

B. TEOLOGIA HISTÓRICA E SISTEMÁTICA

1. Patrística

Herdando das Escrituras*, que reconhecia como canônicas, um estoque de imagens e de conceitos da fé tão flexível quanto rico, a primeira teologia* cristã não se destaca por uma sistematização dessas imagens e desses conceitos, mas pela escolha de perspectivas. Essa escolha era simultaneamente missionária e exegética.

Classificado muito cedo, segundo a taxonomia sociológica da Antiguidade tardia, entre as escolas de pensamento (as *hairesis*), sem nunca tentar adotar a identidade de um grupo étnico, o cristianismo é missionário por essência: comunidade enviada por aquele que o Pai* tinha enviado. Ora, efetua-se essa missão de um modo totalmente exotérico. Há um culto* cristão e os mistérios* cristãos, como existem na mesma época o culto e os mistérios de Mitra; há pois uma iniciação* cristã e ações litúrgicas às quais só os crentes são admitidos. Mas, ao contrário do mitraísmo e de toda religião de mistérios, o cristianismo compreende-se desde o início como portador de uma palavra verdadeira capaz de ser anunciada sobre a *agora* ou o *forum*, assim como nas sinagogas judaicas, e à qual só a teologia judaica e a filosofia pagã podiam dar uma réplica. Nenhuma apologética era necessária para defender perante Israel* a ideia bíblica da fé: a *pistis* de que falavam os cristãos enunciava em grego uma conduta sem equivalente grego (*vs* Buber, 1950). Mas, diante do helenismo, impunham-se precisões, e Clemente de Alexandria foi o primeiro a fornecê-las.

No quadro conceitual platônico, com efeito, a "fé" representava um conhecimento pobre diante do saber verdadeiro (*episteme, gnosis*). A estratégia de Clemente foi dupla. 1/ Seu primeiro gesto foi o de apoiar-se, contra o platonismo, no aristotelismo. Pois Aristóteles propõe para a fé um conceito que se presta à recepção teológica. Certamente, a fé é diferente do saber rigoroso, cujo modelo são os raciocínios silogísticos e as induções de base experimental. Mas, sendo diferente, nem por isso é menor: definida, ao contrário, como apreensão de verdades evidentes, é na verdade mais segura que a própria razão*. Assim Clemente pode, por sua vez, definir utilizando o helenismo contra o helenismo: "A fé, que os Gregos caluniam por julgar vã e bárbara, é uma antecipação voluntária, um assentimento religioso" (*Strom*. II, 2, 8, 4). 2/ Era, em consequência, possível ver na fé um quase sinônimo do conhecimento, *gnosis*, e foi esse segundo termo que tornou a experiência* cristã plenamente inteligível (e que, portanto, poderia ser apropriada) em uma missão* em terra grega. O gnosticismo heterodoxo reclamava-se na certa do "conhecimento" (e também da fé); mas em Clemente, como mais tarde em Orígenes*, a realização da vida cristã na experiência contemplativa da *gnosis* não deixa espaço para nenhuma ambiguidade. A *gnosis* não vem abolir a *pistis*: é simplesmente seu pleno exercício. Contra Celso, Orígenes enriquecerá a teoria com uma reflexão sobre a fé dos simples: o ato de fé possui a mesma dignidade de uma entrada na filosofia, mas põe a experiência de tipo filosófico ao alcance de todos. Igualmente contra Celso, ele esclarece a confiança crente em Deus com uma análise do papel desempenhado pela confiança, em geral, na vida interpessoal. Sob influência de Antioquia, e apoiando-se também em Aristóteles, Teodoreto de Cyr fornece uma nova versão da teoria. Aqui também a fé é o fundamento que permite aceder à *gnosis*; aqui também a *gnosis* é interpretada como conhecimento mais que filosófico, e não como um conhecimento não filosófico; aqui também o caráter intuitivo da apreensão da fé opõe-se à discursividade. E Teodoreto define, por sua vez: "A fé é o assentimento voluntário (*ekousios sugkatathesis*) da alma, seja a contemplação* (*theoria*) de um objeto invisível, seja uma tomada de posição perante o que é (*peri to on stasis*), quer uma apreensão (*katalépsis*) direta do mundo invisível, em harmonia com nossa

natureza, quer uma disposição (*diathesis*) não equívoca enraizada na alma* dos que a possuem" (*Terapêutica*... 1, 91, SC 57/1).

A partir do s. IV, *pistis* torna-se com frequência o sinônimo de "confissão* de fé" na patrística grega: fala-se assim da "fé de Niceia*". As contribuições mais notáveis à doutrina da fé virão de fato da teologia monástico-mística. Duas correntes mais importantes afirmam-se e opõem-se, e a conciliação de suas tendências permaneceria um dos problemas permanentes do pensamento cristão: uma tradição neo-origenista (Evágrio) que pensa a vida da fé em termos estritamente intelectualistas, e a tradição macariana, em que a fé se exprime em termos estritamente afetivos. A noética do Pseudo-Dionísio* fornece, de outro lado, um quadro conceitual no qual se enuncia precisamente o excesso da razão comum pelo jogo dialético do conhecimento e do não conhecimento próprio da fé.

A concepção alexandrina não foi recebida tal e qual por toda a patrística latina. Em Tertuliano*, p. ex., a fé é uma relação à verdade*, mas a racionalidade do crível é negada, com acentos retóricos bem conhecidos: a morte* do Filho de Deus* "é crível porque é insensata"; e sua ressurreição* "é certa porque é impossível" (*credibile est, quia ineptum est ... certum est, quia impossibile, De carne Christi* 5). Contudo, a contribuição teórica dos Padres* latinos é feita de afirmações importantes: vínculo da fé e da *regula veritatis* eclesial em Ireneu*, afirmação do caráter *livre* da fé em Zenão de Verona, afirmação em Ambrósio* do caráter *virtuoso* da fé, distinção nítida entre crer e compreender (*intelligere*) em Hilário*. Caberá a Agostinho* fazer a síntese de elementos esparsos. Interrogando-se sobre a relação do crer e do conhecer, ele vê na fé o preliminar de todo conhecimento: Is 7,9 (Vulg.), *si non credideritis, non intellegetis*, "se não crerdes, não compreendereis", é uma de suas citações bíblicas favoritas. Indagando sobre as razões da fé, remete a motivos de credibilidade* — o cumprimento* das profecias* em Cristo*, os milagres*, o sucesso do cristianismo — e funda sua recepção numa teologia da autoridade* da Igreja* ("De minha parte, eu não acreditaria no Evangelho se não fosse trazido pela autoridade da Igreja católica", CSEL 25, 197). A racionalidade da fé é inteira, mas de um modo que transcende o uso mundano da razão. Agostinho formula enfim duas distinções que ficarão canônicas. De um lado, distingue o conteúdo da fé e o ato de fé: *aliud sunt ea quae creduntur, aliud fides qua creduntur* (*Trin.* 13, 2, 5). E de outro lado distingue no acesso à fé uma sequência de três atos, "crer Deus", "crer a Deus" e "crer em Deus" (*credere Deum, credere Deo, credere in Deum*), sendo que só o terceiro deles caracteriza a experiência cristã.

Em 529, o segundo concílio de Orange, reunido e inspirado por Cesário de Arles, depois ratificado pelo papa* Bonifácio II, canonizou as principais teses de Agostinho sobre o pecado* original*, a graça* e a fé. O fim da era patrística vê então o Ocidente cristão confessar dogmaticamente que "devemos, com a ajuda de Deus, pregar e crer que o pecado do primeiro homem desviou e enfraqueceu de tal modo o livre-arbítrio que ninguém, desde então, pode amar a Deus como é devido, nem crer, nem fazer o bem para Deus, se a graça da misericórdia* divina não o tiver prevenido" (*DS* 396). O Oriente cristão, que não teve de refutar o pelagianismo* e não aguçou suas formulações até esse ponto, teria sem dúvida assinado embaixo essas afirmações. E por não ter conhecido na verdade nenhum debate sobre a fé a história de sua teologia da fé é a da posse pacífica das concepções patrísticas.

2. Teologia medieval

É também como uma exegese* especulativa de Is 7,9 que se organiza a maioria das teologias medievais da fé. Em Anselmo* o *leitmotiv* de uma fé em busca de inteligência, *fides quaerens intellectum*, deve entender-se pelo que diz: as argumentações e o desejo, na aparência exorbitante, de encontrar "razões necessárias", *rationes necessariae*, procedem totalmente de um procedimento crente (cf. Barth*, 1931), realizado por uma razão à qual o ato mesmo de crer restituiu pela graça as competências que possuía antes da queda. O propósito de Anselmo não é primeiramente apologético: é o de uma lógica da linguagem da fé. Mas, porque essa lógica desenrola-se sob a pressuposição de uma harmonia do racional e da fé, é também

a lógica de uma razão enfraquecida (mas não aniquilada) que seu dinamismo íntimo leva a procurar a fé (e num segundo tempo a buscar-se e a encontrar-se a si mesma).

Ao contrário, é uma nova teologia missionária que se encontra em Abelardo*. Nutrido pelas "artes da linguagem" (*artes sermonicales*) que o Ocidente latino então descobre (lógica, retórica, gramática), essa teologia tem por finalidade a transmissão da fé aos simples, ou sua defesa e ilustração diante dos hereges e não cristãos (assim no *Diálogo entre um filósofo, um judeu e um cristão*). Como quase todos os teólogos da fé e da razão, Abelardo comenta Hb 11,1 (Vulg.): *Est autem fides sperandarum substantia rerum, argumentum non apparentium*, "a fé é a substância das coisas que se esperam, e a prova das que não aparecem", e concentra o peso do comentário em sua interpretação de *argumentum*, que glosa como *existimatio*, "avaliação". Isso supunha uma alta ideia da razão: o crente que se dirige assim aos não crentes ou aos outros crentes deve ele mesmo possuir um *intellectus fidei* capaz de provar que a linguagem da fé é plenamente dotada de sentido. Abelardo sabia porém os limites da racionalidade discursiva: o verdadeiro conhecimento* de Deus, a *cognitio*, não tem lugar no mundo e na Igreja: é somente uma realidade escatológica. A teoria de Abelardo encontrou em Bernardo* de Claraval um adversário encarniçado. Bernardo possui uma concepção anselmiana da razão curada pela fé, que poderia tornar possível uma apreciação positiva dos esforços de Abelardo. Mas sua teologia monástica, ordenada à experiência espiritual, não podia dar espaço à instrumentalização das teorias filosóficas, e sua insistência no voluntário e afetivo, como também a de seu discípulo Guilherme de São Thierry, levava a uma concepção diferente da vida da fé e do ato de fé.

Devem-se aos teólogos de São Vítor* muitas concepções e proposições novas. Interessado também ele no problema da fé dos simples, Hugo recorre para interpretá-la à solidariedade dos crentes: a fé dos simples, como a dos justos do AT (cuja fé cristológica era apenas implícita), é sustentada pela dos clérigos e dos religiosos. Hugo esboça, de outro lado, uma gnosiologia ilustrada pelo modelo dos "três olhos" — o olho da carne, que permite o conhecimento do mundo, o olho da razão, que permite o conhecimento de si, o olho da contemplação, que permite o conhecimento de Deus. O olho da carne não ficou cego pelo pecado, o que permite remontar do mundo* a Deus; e os três modos de conhecimento estão, de outro lado, em situação de interdependência, de tal modo que a fé, permitindo a contemplação, age também sobre o conhecimento de si e do mundo. Ao comentar Hb 11,1, Hugo descarrega o peso de seu comentário em *substantia*, e sustenta que já são os bens escatológicos que "subsistem" na experiência do crente. Apresenta enfim sua própria definição: a fé é *certitudo quaedam animi de rebus absentibus, supra opinionem et infra scientiam*, "uma certeza intelectual a respeito de realidades ausentes, superior à opinião e inferior à ciência" (*De sacram.*, PL 176, 330); e contribui para pensar o equilíbrio dos fatores racionais e afetivos afirmando que a *fides quae* procede da razão, e a *fides qua* das potências do afeto, que a "matéria" da fé está no conhecimento, mas sua "substância" na *affectio*. — Em Ricardo, o comentário de Is 7,9 não leva a uma teoria do conhecimento teológico, como em Anselmo, mas imediatamente a uma teoria do conhecimento místico*. Segundo ele, é no quadro de uma contemplação mística que a fé apreende as *rationes necessariae*, de maneira bastante próxima à de Anselmo.

Deve-se primeiro a Pedro Lombardo a formulação de um problema que ia reaparecer em todos os teólogos posteriores, o da fé dos demônios* (*Sent.* III, d. 23, cf. Tg 2,19). Se for preciso conceder que os demônios creem, tem-se de admitir a existência de uma fé morta e inútil à salvação*, reduzida a um puro ato de saber. Para manifestar *a contrario* a verdadeira natureza do *credere in*, Lombardo é então levado a alargar o campo da *quaestio de fide* até as dimensões da experiência teologal inteira (fé-esperança*-caridade). E é na *caritas*, identificada com o Espírito* Santo, que situa o fundamento da vida teologal, e um fundamento garantido por aquilo

que se assemelha a uma inspiração. Refletindo, quanto a ele, sobre a relação entre a fé e a razão, Gilberto de la Porrée observa uma inversão: nas coisas do mundo, a razão precede a fé; nas coisas de Deus, a fé precede a razão. Gilberto é antes de mais nada um teórico da prática científica da teologia, em que o *intellectus fidei* é idêntico ao conhecimento teológico. Mas, como Anselmo, é um trabalho da razão assumido inteiramente sob a proteção do ato de fé que ele descreve. Modifica também uma fórmula agostiniana clássica: onde Agostinho definia a fé como *cum assentione cogitare*, um "pensar com assentimento", ele a define como um *cum assentione percipere*, um "perceber com assentimento". Um primeiro interesse para o que se tornará mais tarde a *analysis fidei* começa a aparecer. Assiste-se assim a outro começo com Nicolau de Amiens, primeiro pensador a conceber a razão como encarregada de fornecer "preâmbulos à fé".

Duas grandes tarefas foram assim legadas aos teólogos do s. XIII: a de tornar preciso o plano ocupado pela fé no interior de todas as experiências cognitivas e a de integrar mais rigorosamente a fé na economia geral da experiência cristã. O desejo de desempenhar-se de ambas as tarefas é universalmente manifesto. Em Guilherme de Auxerre, p. ex., encontra-se uma teoria do conhecimento teológico em que os artigos da fé formam um elenco de axiomas nos quais deve fundar-se uma teologia rigorosa — mas a experiência especulativa não pode por isso abstrair-se do todo da vida cristã, porque a fé suscita também o amor* de Deus. Em Guilherme de Alvérnia, a fraqueza da razão em seu uso mundano é afirmada com tal ênfase que a fé se torna improvável, *improbabilis* — mas a graça da fé é afirmada com a mesma ênfase, e a experiência teológica testemunha uma superação da razão por ela mesma, que lhe permite dissipar toda improbabilidade. Na *Summa halensis*, a teoria da fé é primeiro a dos fundamentos de uma ciência, mas de uma ciência que alcança seu objeto "saboreando-o" — *secundum gustum* — no seio de uma experiência que tem a coesão assegurada por fatores afetivos e pelo trabalho da vontade.

Em Boaventura* a teoria da fé inscreve-se numa teologia da história* em que os preâmbulos da experiência* cristã não são assegurados por um trabalho filosófico (é primeiro como herança de um passado percorrido que a filosofia lhe aparece constantemente), mas pela história de Israel: é a uma teologia do AT que cabe proporcionar as pré-compreensões e pré-experiências — concretas — da fé cristã. No centro de sua interpretação a tríade da "memória", da "inteligência" e da "vontade" constitui no homem a "imagem da Trindade*", *imago creationis*. O pecado quase apagou essa imagem, mas a vida teologal a restitui sob o modo excelso de uma *imago recreationis*. A fé, assim, é um acontecimento nas dimensões integrais da consciência. Porque o homem não goza de uma imediatez escatológica em sua relação com Deus, sua fé requer os serviços especulativos dos saberes discursivos — mas, no itinerário que leva o espírito a Deus, a fé é ordenada à experiência mística e nela se realiza como relação imediata. Discípulo de Boaventura, Mateus de Aquasparta precisará a relação do voluntário com o intelecto em termos que terão grande influência: a fé refere-se *causaliter* ao querer, mas refere-se ao intelecto *formaliter et essentialiter*. É ele também o autor de uma teoria do conhecimento segundo a qual a fé e o saber podem coexistir no mesmo homem.

A análise proposta por Tomás* de Aquino permanece a mais categórica, a mais desobstruída de matizes. Seu pressuposto é intelectualista: "crer" é um assentimento a verdades garantidas pela própria Verdade primeira. Mas se há lugar na estruturação tomista do saber para um assentimento unicamente racional (para uma coerção pura e simples exercida pela verdade sobre a inteligência), o jogo natural da razão não pode ir além de uma afirmação metafísica de Deus, tal como Tomás fornece a matriz nas primeiras questões da *Suma teológica*. A lógica do crer distingue-se então de uma lógica da intelecção pura por ser assentimento intelectual movido pela vontade: por isso é, ao mesmo tempo, processo de conhecimento no sentido estrito (sua ordem é a da *theoria*) e obra de liberdade* (por-

tanto, meritória). Porque ninguém crê senão em razão de uma atração exercida por Deus sobre ele (Jo 6,44), a fé é virtude *infusa*. E porque não consiste num ato pontual, mas na permanência de uma maneira de ser, é *habitus* e *virtude* infusa. Porém, a experiência cristã não se reduz à da fé: a caridade, com efeito, é a "forma das virtudes*", das virtudes teologais (fé e esperança), como das outras. A fé, de outro lado, aquiesce a verdades propostas sob forma linguística e que formam sistema, mas seu dinamismo espiritual vai além — *actus credendi non terminatur ad enuntiabile sed ad rem, ST* IIa IIae, q. 1 a. 2, ad 2 — e visa ao próprio Deus por meio do que ele faz dizer de verdadeiro a seu respeito. E no quadro de uma escatologia* intelectualista em que o futuro absoluto do homem é um cúmulo de saber a fé recebe também certa coloração escatológica: no aquém da morte, é como um "pré-gosto da visão futura" (*In Sent.* III, d. 23, q. 2. a. 1, ad 4) que promete aos homens. A necessidade de crer, enfim, está inscrita na natureza criada (antes da queda, Adão* devia crer) e não nas condições concretas da vida piedosa.

A partir de Duns* Escoto, e depois de Occam, a teologia medieval foi objeto de uma reorganização cujo fruto mais claro é uma redução do campo do conhecimento filosófico e, portanto, uma ampliação do domínio da fé. Quando a ordem das coisas não apareceu mais senão como o produto do querer divino concebido sobre o modelo do arbitrário, a ideia anselmiana de um discernimento das "razões necessárias" estava fadada a desaparecer para dar lugar a outros conceitos, o de uma fé definida como "douta ignorância", ou como "apreensão incompreensível do incompreensível" (Nicolau* de Cusa), ou de uma confiança que recusa fundar-se numa credibilidade* qualquer e pactuar com uma filosofia qualquer.

3. Reforma e teologia moderna

a) *A teologia de Lutero* * faz obra de concentração; concentração teológica, de um lado, e, de outro, concentração sobre a experiência viva da fé. Segue-se daí certo número de recusas: recusa de considerar a existência de uma "fé morta" (o único pecado mortal é o pecado contra o Espírito, e sua consequência é o desaparecimento de toda fé), recusa da distinção agostiniana entre *fides quae* e *fides qua*, ou da distinção operada por Pedro Lombardo entre *fides catholica* e *fides cum caritate*, recusa enfim de distinguir entre fé adquirida e fé infusa (*WA* 6, 84-86). Essas recusas procedem de posições. A fé se entende primeiro, segundo Lutero, como um processo salvífico cuja obra é realizada no homem pelo Espírito. Entende-se em seguida como ato de nascimento do homem novo — *fides facit personam* (*WA* 39/1, 283, 1). Entende-se também como o foco da experiência teologal (fé-esperança-caridade) da qual não pode ser abstraída, e na qual se apropria aliás dos traços próprios à esperança e à caridade. A fé ainda nasce da Palavra* — *fides ex auditu*, Rm 10,17 — e não exige nenhuma legitimação. Por fundar-se em Jesus Cristo e ser vivida como fé *nele* (*credere in*), não podem isolar-se os conteúdos da fé que o homem poderia meditar num primeiro tempo para dar seu assentimento num segundo tempo. Enfim, só a fé permite reconhecer a divindade de Deus, e Lutero encontra uma linguagem provocadora para afirmar: "*Fides est creatrix divinitatis, non in persona, sed in nobis* — A fé é criadora da divindade, não em si mesma, mas em nós; fora da fé, Deus perde sua justiça, sua glória etc.; onde falta a fé, nada resta de sua majestade e de sua divindade" (*WA* 40/1, 360, 5ss).

A *sola fide* luterana só é inteligível com a condição de perceber que depende de um novo balizamento do domínio da fé, em virtude do qual "crer" recebe uma extensão inédita. Recusando-se a distinguir no ato de fé um trabalho da razão e um trabalho do querer (e dos afetos), Lutero põe de fato que a fé é um dom do Espírito a toda a pessoa* e oferenda de toda a pessoa a Deus. Essa concepção bem que merece chamar-se "existencial", o que é mostrado também pelo desinteresse de Lutero pelas especulações protológicas (sobre a fé ou o conhecimento de Adão*) ou escatológicas. A fé é ato do homem todo, e é isso de uma maneira não analisável. Se enfim sua lógica de confiança, *fiducia*, é também uma lógica de co-nhecimento, porque o próprio da fé é reconhecer Deus dado aos homens na cruz de Jesus*, não possui nenhum preâmbulo racional e não abre para um novo uso da razão especulativa — o problema da fé portanto não se põe, já que o ato de fé é o mesmo em todos, e não existe no mundo um além do ato de fé.

Porém a teoria exigiu reformulações logo que a revolta de um só contra o catolicismo* medieval tomou a forma de um movimento de massa organizando-se finalmente em Igreja. A fé vivida teve de inscrever-se em livros simbólicos, e as confissões de fé reformadas ressuscitaram no protestantismo* a instância da *fides quae*. A experiência da pregação* e, sobretudo, a experiência das polêmicas confessionais provarão também que o recurso à pureza do Evangelho exige, de fato, a elaboração de uma teologia. Foi assim que coube ao melhor discípulo de Lutero, Melanchton, sistematizar sob forma didática os ensinamentos fundadores da Reforma. Dessa sistematização o primeiro traço é a reacentuação do conteúdo da fé: "*Fides est assentio, qua accipis omnes articulos fidei, et est fiducia acquiescens in Deo propter Mediatorem* — A fé é assentimento daquele que recebe todos os artigos da fé, e é a confiança daquele que toma partido por Deus em razão do Mediador" (CR 23, 456). O ato de fé decompõe-se então em três tempos — "percepção" (*notitia*), "assentimento" (*assensus*) e "confiança" (*fiducia*); percepção e assentimento são a obra da razão, a confiança é obra do querer —, concepção que pode dizer-se neoclássica, que não distorce a ideia mestra da fé só justificante, e cujo esquema geral será retomado por Calvino*. A esse último deve-se a introdução de um fator novo na análise, a incredulidade, que ele afirma estar "sempre misturada com a fé" (*Inst.* 1536, 3, 2, 4). A teologia protestante do s. XVIII não vai alterar essa arrumação.

Foi em seu decreto sobre a justificação* que o *concílio* de *Trento** respondeu às teologias protestantes da fé. Trento recusou primeiro a concentração operada sobre a fé e reafirmou a doutrina das virtudes teologais: a união do homem e de Deus não pode realizar-se só no elemento da fé, mas requer a esperança e a caridade (*DS* 1531). Rejeitou, em seguida, o conceito de *fiducia*, suscetível de fazer crer na possibilidade de uma *certeza subjetiva* da salvação: ... *cum nullus scire valeat certitudine fidei, cui non potest subesse falsum, se gratiam Dei esse consecutum* (*DS* 1534). O concílio lembrou, de outro lado, que a vida teologal responde no homem a uma graça preveniente (*DS* 1553), que torna o livre-arbítrio capaz de cooperar com o trabalho do Deus que o "chama". Enfim, a graça de Deus não ressuscita o livre-arbítrio que o pecado original teria abolido ("servo arbítrio"), mas efetua sua restauração.

b) De Trento aos inícios do século XX, dois problemas distintos mas ligados absorveriam a maior parte dos esforços da *teologia católica*: a análise do ato de fé e a dos preâmbulos (racionais) à fé. De uma história complexa, podem destacar-se duas tendências mais importantes.

1/Às suspeitas que a Reforma tinha feito pesar sobre as competências da razão respondeu uma reorganização da apologética da qual nasceria uma "teologia fundamental*", munida de um programa minucioso: demonstrar a "verdade do religioso", a "verdade cristã" e a "verdade católica" (*demonstratio religiosa, demonstratio christiana, demonstratio catholica*). Necessidades missionárias novas acrescentavam-se às da polêmica confessional. Foi preciso argumentar em favor do fato religioso contra os libertinos. Teve-se de evangelizar um "novo mundo". O dever de falar pressupunha a possibilidade de um discurso inteligível e verdadeiro. Sem a noção de uma razão universalmente partilhada por todos, sempre presente no homem pecador e aspirando intimamente a crer, esse programa não poderia ser cumprido. Não foi sem significação que a ponta de lança de um catolicismo missionário, a Companhia de Jesus, tenha assumido como teólogo oficial Tomás de Aquino, um dos pensadores medievais mais confiantes nos poderes da razão. Mas enquanto a argumentação dos medievais, inclusive a de Tomás de Aquino, propunha-se primeiro explorar o campo da experiência racional aberto pela fé e, secundariamente, discernir os preâmbulos racionais da fé, a apologética

moderna paradoxalmente construiu-se para retardar o momento de crer, a fim de melhor fundar a racionalidade do crer. As afirmações (cristológicas e trinitárias) centrais do discurso cristão certamente não incidiram nunca sob o golpe de uma demonstração apologética — as ambições de sua apologética pesaram muito na condenação, em 1835, do "racionalismo"* de G. Hermes. Mas, em apoio de sua pregação, a Igreja podia recorrer tanto a *fatos* (cumprimento das profecias e milagres, a ressurreição de Jesus constituindo o milagre supremo) reconhecíveis por todos como também a verdades universais da razão, antes de tudo a existência de Deus. E com perfeita coerência o Vaticano I* devia finalmente pôr toda a autoridade da Igreja em definir em benefício da fé os direitos de um conhecimento não teológico de Deus — os direitos de um trabalho teórico não teológico conduzido sob o governo da teologia.

O mesmo período veria aparecer no pensamento católico a forma de irracionalismo conhecida sob o nome de *fideísmo**. Sob a forma — condenada — que revestia em Bautain, o fideísmo não se identificava com a rejeição de toda credibilidade e de todo preâmbulo à fé. Mas ao *leitmotiv* do intelecto em busca da fé substituía a ideia de um *cor quaerens fidem*, cuja lógica levava necessariamente a diminuir as exigências da racionalidade, tanto quanto a deixar inutilizados os instrumentos da apologética racional. Porém vale a pena notar um ponto importantíssimo: a condenação do fideísmo fez-se pela afirmação da *possibilidade* de um conhecimento certo de Deus pela razão natural (*DS* 2751; retomada no Vaticano II*, *DV* § 6), e também, mais tarde (no Juramento antimodernista), da possibilidade de uma prova* *demonstrativa* da existência de Deus (*DS* 3538), mas os textos não sugerem que esse conhecimento seja realizado em alguma parte sob uma forma normativa. Os textos falam de uma tarefa perpétua da razão, dizendo que, em direito, pode ser cumprida.

2/Tais preocupações levariam a novas indagações sobre o ato de fé. O motor da fé (seu "objeto formal") é a "autoridade do Deus que [se] revela"; é por haver livre obediência que há fé, consentimento em *crer* quando não se *vê*. Um problema seguia-se para os teóricos da *analysis fidei*: pensar a contribuição própria do homem a seu ato de fé. Sobre a estrita sobrenaturalidade da fé, tal como definida no concílio de Orange, não se tratava certamente de voltar atrás. Porém, depois das perturbações teóricas e eclesiais causadas pela Reforma, era preciso esforçar-se em novo contexto para dizer de novo que o ato de fé era — também — uma decisão livre. As preocupações do humanismo* cristão tais como Erasmo* tinha defendido contra Lutero foram então sucedidas pelas preocupações missionárias dos s. XVI e XVII; aqui ainda, o papel predominante desempenhado pelos jesuítas nos empreendimentos pastorais da época, seja na formação intelectual e espiritual das elites do velho mundo, seja na evangelização* de culturas recentemente conhecidas, explica em grande parte o cuidado de conceder aos homens que eram chamados a crer a maior liberdade que uma teologia pudesse reconhecer-lhes. A teologia grega tinha resolvido esse problema na época patrística produzindo o conceito de uma cooperação entre Deus e o homem (*sunergeia*) tal que a operação divina não diminuía a operação do homem, mas a tornava plenamente possível. Porém esse conceito nunca se tinha desenvolvido em sistema (o que talvez explique que tenha conservado toda a sua força de sugestão). O catolicismo da Contrarreforma, ao contrário, quis sistematizar, o que o levou tanto a construções heterodoxas (os "agostinianos transviados" [Lubac*], Baius e Jansenius) quanto a construções antagônicas entre as quais o magistério* romano terminou por se reconhecer incapaz de decidir, bañezianismo* e molinismo*. Os debates não trataram só da fé: a predestinação* e a presciência divina, o estatuto do mal* e sua permissão divina foram as questões mais discutidas. Mas, quer se defenda então uma teoria da graça em que um gesto divino — "a premoção física" — condiciona a montante toda decisão espiritual do homem (Bañez) ou uma teoria da "concórdia" entre natureza* e graça (Molina), o ato de fé não pode deixar de aparecer muito cedo no debate. As intenções que presidiram a esse aparecimento eram sem dúvida puras. Mas o tipo de análise teológica a que levaram (e a que levaram todas as partes em questão)

— decomposição do ato de fé em momentos, repartição dos fatores intelectuais e dos fatores voluntários/afetivos segundo os momentos em que entram em jogo, localização dos socorros da graça — teve por resultado pôr em circulação teorias, ou, se se prefere, um ambiente teórico no qual a fé perdia toda a sua unidade vivida. E a assimilação do conteúdo da fé a um sistema de enunciados verdadeiros, tentação constante da teologia pós-tridentina, acrescentava um traço de despersonalização às doutrinas propostas.

c) *No mesmo período, a teologia protestante* teve de integrar simultaneamente os requisitos de um irracionalismo — o pietismo* — e os do racionalismo — a *Aufklärung*.

1/O pietismo foi uma teologia da vida cristã, mais do que uma teologia do acesso ao cristianismo, e sua primeira nota distintiva é a orquestração em grande escala de um tema tradicional que os reformadores não tinham esquecido — o da experiência cristã como vida nova ou vida regenerada: o que os pietistas afirmarão ligando justificação e santificação, insistindo na inabitação do Espírito no homem, mas também reprovando todo conceito somente imputativo da justificação, em proveito de uma concepção da fé como "vida de Cristo em nós", como experiência de um *Christus inhabitans* (já em V. Weigl). Aparecida mais tardiamente, a segunda nota distintiva é a atribuição da experiência cristã ao domínio do "coração*". O trabalho da teologia pietista foi então efetuar uma "transposição afetiva da doutrina" (J. Pelikan) em que os conteúdos da fé eram enunciados de tal modo que chamavam o assentimento do coração antes que o da razão, e em que a fé engajava por sua vez em uma vida de "piedade" e de santificação inteiramente regida pelo sentimento. Essa teologia queria ser "experimental" (F. C. Oetinger), entendendo por isso a experiência imediata do Espírito. E revelava sua verdadeira carga provocadora quando afirmava que só possuía a *fiducia* (para dar o nome aos bois: que só possuía verdadeiramente a fé) quem tinha conhecido tal experiência. Essas premissas não impediram o pietismo de ser missionário. No fim do s. XVIII os *Discursos* de Schleiermacher* e o *Gênio do cristianismo* de Chateaubriand provaram que a religião do sentimento também pode organizar-se em apologética, antes que a *Fé cristã* de Schleiermacher propusesse uma dogmática* sobre a qual o sentimento religioso reina de ponta a ponta.

2/Foi antes de tudo como resposta às Luzes que as apologéticas do sentimento se conceberam, e a fé que propõem é uma fé que sabe e crê saber que a razão já não conduz a Deus. Pela voz de Kant*, a ala moderada do *Iluminismo* dissera ao mesmo tempo que a razão teórica nada sabia de Deus, e que isso deixava o campo livre à fé. A filosofia das Luzes, de outro lado, tinha também seus radicais, e esses fizeram saber que os limites do racional são os limites do cognoscível. Múltiplas eram as consequências: uma gramática do crer traduzida em postulados da razão prática (Kant), um cristianismo desprovido de mistério (Toland), uma primeira "desmitologização" pelos historiadores das origens cristãs (Reimarus), um racionalismo cético que não conhecia outro acesso a Deus senão o "salto" da fé (Lessing) e ainda outros. Uma fé que não buscava a razão, uma razão que não procurava a fé, esse dilema sumário não distorce muito o espírito do tempo. Duas táticas teológicas eram então possíveis e foram seguidas: a de uma teologia racionalista, antes de tudo cuidadosa em justificar todos os seus dizeres perante a razão esclarecida (o racionalismo teológico, no sentido técnico do termo), e a de uma teologia sistemática do sentimento para a qual só o afeto é o órgão de conhecimento em matéria religiosa (Schleiermacher e sua posteridade). O s. XIX viu porém abrir-se uma terceira via — a da redefinição dos estatutos recíprocos da "razão" e da "fé".

d) As obras de Hegel* e de Schelling*, destinadas a não conhecer influência teológica fiel à sua intenção antes do s. XX, contêm uma contribuição quase revolucionária à *disputatio de fide*: os conteúdos da fé, seja na *Fenomenologia* e na *Lógica* (Hegel), seja na *Filosofia da Revelação* (Schelling), tornam-se objetos filosóficos de pleno direito. O exoterismo cristão é assim levado a seu cúmulo. A positividade do cristianismo, a inscrição do crível cristão numa história e em fatos, tudo isso é oferecido ao trabalho da inteligência, com a única condição de que a racionalidade não fixe a si mesma nenhum limite *a priori* — com a condição de que queira verdadeiramente fazer obra de razão (*Vernunft*) e não contentar-se, como as Luzes, com um trabalho do entendimento (*Verstand*). A suspeita de racionalismo nasce então facilmente. Se resta lugar para a fé religiosa, em Hegel, no itinerário do espírito cognoscente, esse itinerário se conclui numa experiência plena do racional: um "saber absoluto" que conhece a fé melhor do que ela conhece a si mesma, e conhece os conteúdos da fé melhor do que ela mesma os conhece, pois os conhece pelo modo de conceitualização, enquanto a fé os conhece por modo de "representação". Contudo, uma razão essencialmente apta a pensar o que a fé crê coincide em parte com o interesse anselmiano pelas "razões necessárias"; e a ideia de uma filosofia que em si mesma assinala posições centrais da cristologia* e de uma teologia trinitária derruba uma divisória que se tinha levantado no s. XIII para separar o campo filosófico e o campo teológico, e que o próprio Boaventura verdadeiramente não conhecia. A questão de um saber — *gnosis* — que sabe mais e melhor que a fé suscita porém objeções a que os textos não podem responder de maneira satisfatória. Vê-se aqui culminar um intelectualismo* teológico para o qual a fé dos simples não pode encarnar uma plenitude de experiência. Por antecipação, proíbe-se a Teresa de Lisieux desempenhar na Igreja um papel doutoral.

e) A obra de *Kierkegaard** (K.), à margem dos debates de seu tempo, teve também de esperar o s. XX (o aparecimento da "teologia dialética", no caso) para exercer uma verdadeira influência. Comporta duas faces, sendo que a primeira disfarça facilmente a segunda. Contra o intelectualismo hegeliano (o "sistema") K. é primeiro o teórico de um voluntarismo* estrito que se compraz em relembrar o "salto na fé" de Lessing. Concebido de maneira estritamente apofática como "paradoxo absoluto", separado do homem por uma diferença qualitativa infinita, o Deus de K. proíbe os jogos tradicionais do *intellectus quaerens fidem* e da *fides quaerens intellectum*. De outro lado, a fé só faz obra de ruptura em relação a qualquer outro ato* humano (quer ele seja intelectual ou afetivo). De outro lado a fé define-se como restauradora de uma razão enfraquecida pelo pecado (Boaventura), ou como instauradora de uma razão mais razoável ainda que a de Adão — o ato puro de crer é insuperável. Um fideísmo tão rigoroso quanto possível está, porém, ligado a uma reorganização do conhecer, na qual, de maneira muito paradoxal, K. realiza com outros meios uma parte do projeto hegeliano e schellinguiano. Aqui ainda, uma divisão do trabalho tornada canônica é abolida em proveito de um campo unificado no qual a lógica da "existência" só recebe, no fundo, um único encargo: defender e ilustrar a *fides facit personam* de Lutero. As razões que presidem a essas migalhas ditas "filosóficas" são as da cristologia. Uma dialética da existência que certamente não visa a fundar a fé a não ser sobre o paradoxo do Deus que veio incógnito para o meio dos homens desenrola-se porém de tal modo, que a experiência cristã opera uma verdadeira reunião do sentido. Não há "sistema da existência", diz K.; a questão da fé, de outro lado, não trata de um *corpus* de verdades a crer, mas da pessoa do Deus que convida a segui-lo. A coincidência do acesso ao cristianismo com o acesso a si mesmo (à verdade da subjetividade) torna, contudo, possível uma recapitulação de todo o homem na vida vivida diante de Deus. E, negando enfim que crer seja mais fácil ao discípulo da primeira geração que ao homem moderno, K. é levado a formar um conceito de "contemporaneidade" que fornece uma primeira resposta profunda aos desafios da crítica histórica dos fundamentos da fé, seja a crítica das Luzes, seja a dos hegelianos de esquerda.

A teologia protestante do s. XIX ficará dividida entre as fontes de influências acima evocadas. A concepção de Schleiermacher de uma fé nas dimensões do sentir foi predominante. O trabalho da *Aufklärung* prossegue de outro lado sob a forma de uma demolição histórico-crítica das fontes cristãs, que culminaria no juízo da incognoscibilidade total que Schweitzer pronunciaria sobre Jesus*, e na proposição, pelo mesmo autor, de um ato de fé que não pode mais reclamar-se com certeza de um Evangelho. O protestantismo liberal enfim questionou a estrutura cristológica que a corrente principal do cristianismo tinha sempre reconhecido à fé: distinguir a fé *em* Jesus da fé *de* Jesus (assim A. von Harnack, *Das Wesen des Christentum*, 1900), em favor desta, permite então o aparecimento de uma nova *notitia* (encarregada de perceber o que a história crítica deixava intacto no cristianismo) e de um novo *assensus* (encarregado de aquiescer à Boa-Nova de um Deus Pai) — e se a *fiducia* subsistia, era unicamente sob a forma de certa piedade.

Da Restauração ao primeiro concílio do Vaticano, as intervenções do magistério* romano na vida teológica permitem balizar um caminho, o da fé sem fideísmo e de uma razão sem racionalismo, e o aparecimento de uma neoescolástica conquistadora pareceu muitas vezes indicar como convinha tomar esse caminho. Porém a crise modernista provaria que mais amplas reformulações eram necessárias. Nasceu primeiro das repercussões da exegese protestante na inteligência católica. E, quando explodiu, tradição* católica e tradição protestante estavam a ponto de dar-se de novo uma história comum.

4. Teologia contemporânea

"Novo pensamento": o título de um artigo em que o filósofo judeu F. Rosenzweig esquematizava as teses de seu livro *Estrela da redenção* diz também a ambição dos cristianismos contemporâneos. Por meio de escolas e confissões, surgiram necessidades comuns, e novas possibilidades se manifestaram.

1/As primeiras estão ligadas à aparição de filosofias ditas "da pessoa*". Utilizado para nomear o homem concreto, tomado no jogo de todas suas faculdades, o conceito de pessoa podia prestar um serviço apreciável: evitar as divisões sutis entre fatores racionais, fatores voluntários e fatores afetivos como fazia a teologia clássica. O mérito de P. Rousselot (1878-1915) foi aqui propor a primeira descrição do acesso à fé que procede por via de integração concreta de todas as dinâmicas em obra (credibilidade* b). Rousselot, por sua vez, sofria a influência da *Gramática do assentimento* de Newman*, um livro de 1870 publicado antes de sua hora e que, em lugar de tratar o assentimento como o último momento de um processo intelectivo-discursivo, liga-o a uma intuição complexa fundada sobre um "sentido da inferência", *illative sense*. Somente depois de Rousselot é que a epistemologia newmaniana se tornou um bem comum.

2/O léxico do "pessoal" aparece aliás para criticar a representação de uma atividade racional "objetiva" e sem engajamento, uma representação cuja utilização era muito desconfortável numa teoria do ato de fé. Aqui, o livro importante foi o *Personal Knowledge* do químico e epistemólogo M. Polanyi (Londres, 1958). Consagrado a esclarecer as pressuposições não criticadas de todo trabalho intelectual, e as crenças tácitas que supõe, a mostrar a parte de autoimplicação (portanto, de não objetidade) que comporta, a provar a necessidade de certa destreza teórica (de *skills*) que só nasce no contato concreto com o real, o livro liquidava com uma caricatura da racionalidade científica; assim fazendo, permitia melhor perceber que o ato de fé não é racional *apesar* do que comporta de autoimplicação ou de decisão (cf. T. F. Torrance [sob a dir. de], *Belief in Science and Christian Life. The Relevance of M. Polanyi's Thought for Christian Faith and Life*, Edinburgo, 1980).

3/Outro fato ligado: a recepção teológica da hermenêutica* de Gadamer. O livro *Verdade e método*, de H.-G. Gadamer (Tübingen, 1960), procedia com efeito a uma crítica em grande estilo dos "preconceitos contra o preconceito" que permitia melhor apreender a lógica ("hermenêutica") segundo a qual o ato de fé inclui um ato de compreensão que, por sua vez, repousa sobre pré-compreensões. E por incluir uma recusa de toda teoria individualista e situar todo trabalho de interpretação no interior de tradições interpretativas permitia também situar o ato de fé no interior de todo o trabalho interpretante da comunidade cristã.

4/O estatuto eclesial da fé devia assim tornar-se um cuidado primordial. Disso as teologias ocuparam-se de modo diverso. No *catolicismo* de H. de Lubac* (1938), "crer" é conjugado no plural, mostrando a presença de elementos eclesiológicos na arquitetura do dogma* cristão. As filosofias da pessoa, na mesma época, tentavam propor um conceito de "nós" (p. ex., Gabriel Marcel). Mais tarde, J. D. Zizioulas insistiria na novidade estritamente "ontológica" da pertença à Igreja. Quanto às teologias narrativas*, essas forneciam uma descrição útil da fé como entrada numa comunidade que afirma sua identidade contando suas histórias (*stories*) fundadoras e como apropriação pessoal dessas histórias.

5/Não podia pois faltar, depois de uma longa tradição de silêncio indiferente, a indagação do que significa biblicamente "crer". Certamente era ainda possível, em 1952, escrever um tratado da fé em que o presente da fé não é pensado como reatualização de gestos inscritos de maneira normativa na experiência de Israel e da primeira geração cristã (M.-L. Guérard des Lauriers, *Dimensions de la foi*), mas como aquiescência a uma doutrina, e assim ratificar a oposição, proposta por Buber, entre a fé judaica ("histórica") e a fé cristã ("doutrinal"). Porém, contra Buber, a corrente principal da teologia pôde estabelecer que a continuidade predomina sobre a descontinuidade (cf. Flusser, 1994; R. J. Z. Werblowsky, *JJS*, 1988, 92-101), de modo que as aptidões de Israel para a experiência de Deus entram também numa experiência cristã tomada em suas dimensões existenciais integrais. A fé cristã não é uma atitude grega.

6/Outra recuperação: a das fontes patrísticas, e com elas a de um conceito de "conhecimento" rico de todos os harmônicos da *gnosis* de Clemente de Alexandria e de Orígenes. O conceito de *fides quaerens intellectum* deixava assim de ser o de uma fé buscando dotar-se de instrumentos conceituais, e podia designar de novo uma pulsação nativa da fé: a "intelecção" deixava de ser compreendida primeiro como produção de saber e revelava uma lógica mais complexa (e mais experiencial) do conhecimento.

7/Impôs-se progressivamente uma ideia menos rígida da racionalidade no s. XX, de modo que a crença com frequência deixou de ser uma figura do irracional, para ser integrada positivamente à lógica do contrário. Em Husserl podia-se aprender que a consciência vive nativamente no elemento da crença. Ao interessar-se pela linguagem ordinária e pelas experiências que essa traduz, a filosofia analítica pôde também constatar que a fronteira do crer e do saber é menos certa que os antigos modelos da razão deixariam supor — o "fideísmo wittgensteiniano", do qual D. Z. Phillips é considerado o mais antigo promotor (cf. K. Nielsen, *Philosophy* 42 [1967] 191-209), é o caso mais brilhante no mundo anglo-saxão de uma filosofia que afirma a plena legitimidade do crer, proibindo, de outro lado, toda manobra de fundação.

8/O desaparecimento da teoria proposicional da revelação* (um produto da dogmática póstridentina) permitiu igualmente proibir toda dissociação entre "crer em" e "crer que" (cf. Price 1965) em benefício deste último. Mais do que a aquiescência a um corpo de verdades (o que ele é ainda em Rousselot), o ato de fé aparece então, na corrente principal das teologias de todas as confissões, como descoberta de um Tu divino. Uma apologética da *prova* tende então necessariamente a apagar-se por trás de uma pedagogia da experiência espiritual, que visa a iniciar de maneira unificada a uma *experiência cristã* cuja possibilidade sabe estar inscrita *a priori* em todo homem: assim o "tomismo transcendental" de J. Maréchal (J. B. Lotz, K. Rahner*, E. Coreth etc.), bem como em R. Schaeffler (*Fähigkeit zur Erfahrung*, QD 94, 1982) no quadro de uma hermenêutica do sentido, e também em J. Mouroux num procedimento que associa inspiração tomista e influências personalistas (*L'expérience chrétienne*, Paris, 1954).

9/Enfim, pode-se notar um novo interesse pela linguagem da fé. A questão era classicamente a dos conteúdos da fé, da linguagem verdadeira tida por aquele que crê, a influência das pesquisas sobre as linguagens autoimplicativas (D. D. Evans, *The Logic of Self-involvement*, Londres, 1963) levou contudo os contemporâneos a interpretar, com mais simpatia, a linguagem das confissões de fé, a linguagem da oração* e a da liturgia* (Bruaire 1977; Ladrière, 1984). — Quanto às numerosas pesquisas filosóficas consagradas, em terra anglo-saxã e de maneira leiga, ao fenômeno da crença (H. H. Price, L. J. Cohen, P. Helm etc.), elas ainda aguardam sua recepção teológica, de onde poderia nascer uma reavaliação da *fides quae* e uma

nova percepção das relações da fé teologal, do crer em geral e do saber.

Dois traços comuns reúnem a maioria dessas tendências. 1/O primeiro é uma interpretação da fé que percebe primeiro nela uma realidade destinada a permanecer. Atribuir à fé uma dimensão escatológica, ou pré-escatológica, não é verdadeiramente uma novidade teológica. Mas, enquanto a teologia medieval sublinhava antes de tudo a distância que separa fé e "visão", a teologia contemporânea insiste de preferência numa continuidade. Insistência essa que conheceu uma forma radical em H. U. von Balthasar*, que sustenta paradoxalmente que a fé é maneira de ser divina (1984). Outra forma radical é fornecida pela escatologia realizada de Bultmann*, para o qual a fé capta para si hoje a verdade da existência de tal maneira que nada resta a esperar. Fora de tais casos extremos, as teologias do s. XX estão de acordo, em todo caso, para descrever a experiência da fé como instituidora no homem de modos de ser que caracterizam sua humanidade de maneira definitiva. 2/Uma teologia preocupada com discernir os fatores — intelectuais, afetivos, voluntários — que entram sob forma de sequência na gênese do ato de fé foi substituída por uma teologia mais cuidadosa em descrever a cooperação simultânea de tudo o que faz o homem (ou a "pessoa"). Na teoria da fé proposta por Balthasar, a preeminência concedida ao conceito de *evidência* e a escolha de um modelo estético ligando de maneira significativa verdade e experiência (evidência é a experiência da verdade) dão à experiência um duplo conteúdo intelectual e afetivo. O que se dá a crer, tal como se dá a crer, dá-se também a amar, e dá motivos para esperar. Uma teoria integrante da fé não parece pensável se não se organiza de fato como antropologia* teologal.

• Karl Barth (1931), Fides quaerens intellectum. *Anselms Beweis des Existenz Gottes im Zusammenhang seines theologisches Programms*, Zurique, *GA* II/2, 1981 — M. Buber (1950), *Zwei Glaubensweisen*, Zurique, 1994² Gerlingen. — R. Bultmann (1953), *Theologie des Neuen Testaments*, Göttingen, 1980⁸, §§ 35-37. — J. Hick (1957), *Faith and Knowlege*, Londres, 1988³. — H. D. Lewis (1959), *Our Experience of God*, Londres — K. Jaspers (1962), *Der philosophische Glaube angesichts der Offenbarung*, Munique. — H. H. Price (1965), "Belief 'in' and Belief 'that'", *RelSt* 1, 11-27. — H. U. von Balthasar (1967) "Bewegung zu Gott" in *Spiritus creator, Skizzen zur Theologie 3*, Einsiedeln 13-50. — J. Mouroux (1968), *À travers le monde de la foi*, CFi 31. — L. Malevez (1969), *Pour une théologie de la foi*, ML. T 63. — H. de Lubac (1970), *La foi chrétienne. Essai sur le symbole des apôtres*, Paris, 2ª ed. revista e aumentada, 149-407. — C. Bruaire (1977) (sob a dir. de), *La confession de la foi*, Paris 231-276 (art. de G. Kalinowski, M. Constantini e J.-L. Marion). — W. Pannenberg (1980), "Wahrheit, Gewissheit und Glaube", *Grundfr. syst. Th.*, 2, Göttingen, 226-264. — G. E. M. Anscombe (1981), "Faith", in *Ethics, Religion and Politics. Collected Philosophical Papers*, 3, Oxford. — R. Swinburne (1981), *Faith and Reason*, Oxford. — J. Ratzinger (1982), *Theologische Prinzipienlehre*, Munique, 15-87. — H. U. von Balthasar (1894), "Die Einheit der theologischen Tugenden", *IKaZ* 13, 306-314. — I. U. Dalferth (1984), *Existenz gottes und christlicher Glaube*, BEvTh 93, § 134-174. — J. Ladrière (1984), *L'articulation du sens*, CFi 125 e 126 (*Articulação do sentido*, São Paulo, 1977). — G. Lanczkowski *et al.* (1984), "Glaube", *TRE* 14, 275-365. — H. Fries (1985), *Fundamentaltheologie*, Graz, 17-103. — G. Picht (1991), *Glauben und Wissen*, Stuttgart. — D. Flusser (1994), "Bubers" "Zwei Glaubenweisen", anexo a M. Buber, *Zwei Glaubensweisen*, Gerlingen, 186-247. — W. Lad Sessions (1994), *The Concept of Faith: a Philosophical Investigation*, Ithaca-Londres.

Jean-Yves LACOSTE e Nicolas LOSSKY

→ *Amor; Credibilidade; Esperança; Filosofia; Razão; Verdade.*

FÉ DE CRISTO → consciência de Cristo

FEBRONIANISMO

Doutrina episcopalista alemã, análoga ao galicanismo*, que teve por manifesto, em 1763, o *De statu ecclesiae et legitima potestate Romani Pontificis liber singularis* de J. Febronius (pseudônimo de J. N. Hontheim, bispo auxiliar de Trèves e porta-voz dos bispos eleitores da Alemanha). O febronianismo propõe-se como uma reforma da Igreja* católica, tomando por modelo a Igreja primitiva, só conservando para

o papa* um primado de honra, desejando maior poder para os bispos* e mais ampla autonomia dos poderes seculares. As ideias febronianistas traduziam os desejos de boa parte dos bispos e de príncipes do Santo Império. Um novo programa foi proposto em 1786 pelos arcebispos do Império. Propunha entre outras medidas a diminuição dos poderes dos núncios — mas não teve consequência. As transformações políticas oriundas da Revolução francesa modificaram o estado de espírito do episcopado alemão: o tempo do febronianismo foi seguido pelo do ultramontanismo*.

- W. Pitzer (1983), "Febronius/Febronianismus", *TER* 11, 67-69 (bibl.).
- R. Reinhardt (1995), "Episkopalismus", *LThK*³, 3, 726-728.

A REDAÇÃO

→ *Galicanismo; Ultramontanismo.*

FELICIDADE → beatitude → sobrenatural

FERRARA (concílio) (1439-1445) → Basileia-Ferrara-Florença (concílio) (1431-1446)

FIDEÍSMO

O fideísmo (f.), como o nome indica, atribui à fé* (*fides*) o papel principal no conhecimento religioso; o que porém o leva, em última instância, a questionar a possibilidade mesma de um acesso à fé. Reagindo ao racionalismo* exclusivo das Luzes, o f. permanece contudo tributário de certos pressupostos fundamentais da posição que combate: não apenas perpetua a oposição entre a "razão*" e a "fé", concebidas como duas entidades independentes, mas também aceita a concepção técnico-matemática da "razão", tal como prevalecia no s. XVIII, e lhe opõe uma visão do conhecimento que concede um lugar privilegiado à intuição imediata, à realidade histórica concreta, à dimensão afetiva e psicológica. Além disso, reivindica a mediação da autoridade* e da tradição*, denunciada pelo racionalismo das Luzes. Esses temas permitem compreender o desenvolvimento do f. nos inícios do s. XIX, e a importância que ganhou depois do fracasso da Revolução francesa e das guerras napoleônicas, no contexto em que se restabeleceu um sistema de ensino da teologia católica. Sua influência fez sentir-se não só na França, mas também — mais moderadamente — em outros países (escola de Tübingen*).

Os representantes mais conhecidos desse movimento foram, de um lado — sob a etiqueta do "tradicionalismo*" — L. de Bonald (1754-1840) e H.-F.-R. Lamenais (1798-1854), e de outro lado — sob a etiqueta de "f." — Ph.-O. Gerbet (1798-1864), L.-E.-M. Bautain (1796-1867) e A. Bonnetty (1798-1879). Seus ataques contra a escolástica* de seu tempo, julgada racionalista, provocaram controvérsias que versavam essencialmente sobre o estatuto do conhecimento no quadro de uma teologia* fundamental*.

Sob influência de F. X. von Baader, de Hegel*, de Schelling* e de F. H. Jacobi, o professor estrasburguense L. Bautain acentuava a oposição ao racionalismo apoiando-se nas distinções de Agostinho* e definindo a verdadeira filosofia* como uma busca da sabedoria* que se confunde com a religião. Porém suas posições suscitaram, primeiro com seu bispo, dificuldades que deram lugar a discussões aprofundadas em Roma*. Em consequência dessas últimas, Bautain teve de assinar em 1840 uma série de teses (DS 2751-2756) que admitiam a possibilidade de chegar pela via indutiva ao conhecimento* da existência de Deus*, podendo assim a razão preceder à fé e mesmo levar a ela. Essas proposições foram colocadas à testa da edição alemã dos documentos do magistério* sobre A fé da Igreja (Ratisbona, 1938), de modo a pôr em relevo o alcance decisivo das questões debatidas, e para acentuá-lo foram anexados extratos da carta Qui pluribus de 1846, em que o papa* Pio IX tomara posição, de um lado, sobre o f. e o tradicionalismo, e de outro lado, sobre o racionalismo no pensamento católico (G. Hermes). O magistério esforçava-se desse modo por afastar as ameaças de um lado e do outro, definindo uma posição média entre os dois extremos. Seguiram-se outras tomadas de posição, até o Syllabus e os decretos do I Concílio* do Vaticano* em 1870.

A denominação "f." foi também reivindicada na época por um grupo de protestantes franceses representados por A. Sabatier e E. Ménégoz, que aplicavam os princípios de Schleiermacher* e retomavam impulsos vindos da história das religiões.

É certo que se pode tentar resolver esses problemas do s. XIX retendo uma fórmula mediana que coloca os extremos no mesmo nível, embora salvaguardando a "parcela de verdade" que, no caso do f., reside na insistência sobre a dimensão sobrenatural da verdade* cristã e seu conhecimento; mas não se satisfaz com tentativas que consistem em justapor superficialmente os diversos enunciados, marcando-os simplesmente com um valor positivo ou negativo. (É a crítica que deve ser feita às declarações do magistério, como também ao texto fundador de Blondel*, Histoire et dogme [1904], cuja abordagem filosófico-teológica visava contudo a superar uma justaposição puramente extrínseca das teses em pauta.) Na medida em que põem em jogo as relações entre revelação* e razão, essas controvérsias encontram prolongamento nos debates ecumênicos atuais: pode o homem aceder ou abrir-se à revelação? E os meios de que dispõe universalmente (ideias, conceitos, linguagem, conhecimentos adquiridos, associações lógicas ou sistemáticas, determinações históricas, sociais, jurídicas, culturais) podem servir para exprimir tal verdade? Essas teses obrigam, portanto, a colocar a questão da antropologia* cristã, e notadamente o conceito de conhecimento que supõe. Por indispensáveis que sejam as distinções nesse domínio, não seria então crível defender uma posição unilateral que se contentasse em constatar a presença na verdade evangélica seja de um elemento racional, seja, ao contrário, de um elemento sobrenatural* que supere a simples razão; nem tampouco seria mais aceitável, igualmente, isolar cada um dos dois componentes de maneira a excluir toda articulação interna entre eles. Com efeito, o cristianismo compreende sua mensagem e a fé que lhe responde como realidades inscritas também na ordem da razão, como fatos que apontam seguramente para além de um mundo* puramente racional, mas não podem em caso algum conceber-se como contrários à razão — é o que torna essa verdade comunicável, sem de maneira alguma prejudicar seu conteúdo específico, nem alterar-lhe a essência profunda. Porque dessa possibilidade de comunicação dependem a dignidade mesma do homem e o sentido de sua existência, mas também o sentido da história* que une Deus ao homem no mundo. Quanto a isso, não se pode admitir a existência de *uma* verdade englobante, dotada de sua lógica própria, sem introduzir uma concepção aberta da realidade, cujos componentes se ordenam segundo relações positivas que determinam entre elas as diferenças reais sem as erigirem em entidades autárquicas, bloqueadas em seu antagonismo ou em sua exclusão recíproca. Há que perceber assim o f. como uma tentativa de fazer justiça, desde o nível da experiência* humana, à realidade concreta e imediata no que tem de irredutível às análises da razão: representa a busca de uma sabedoria superior ao puro saber, a vontade de manter a realidade aberta a uma transcendência possível e ao que ela implica.

Todos esses temas encontram em nossa época um interesse crescente. Pode-se sentir nisso a atração por certo irracionalismo (que por sua vez exigiria a reafirmação dos fatores racionais do cristianismo, se sua influência devesse desenvolver-se). Porém melhor seria definir uma abordagem que mantivesse o equilíbrio entre os dois polos, de modo a tornar supérfluo esse movimento pendular de um para o outro. Uma "lógica da fé" deveria fazer justiça simultaneamente à existência humana e ao sentido do Evangelho. Chegaria lá, sem dúvida, se soubesse desconfiar das abordagens restritivas que contradizem em última instância a realidade mesma do homem e expõem-no, individual e socialmente, a perigos inúteis. A razão é parte constitutiva de uma fé cristã que comporta aliás elementos humanos de caráter não racional: deve pois ser possível, antes mesmo de ter plenamente esclarecido a ideia do que é a fé cristã, proceder a uma articulação constante do racional e do não racional, proporcionando assim um acesso espiritual à fé sobrenatural.

• E. Dumerge (1892), *L'autorité en matière de foi et la nouvelle école*, Paris. — M. Blondel (1904), "Histoire et dogme", *La Quinzaine* 56, reed. em *Les premiers écrits de M. Blondel*, Paris, 1956, 149-222. — E. Dumerge (1906), *Les étapes du fidéisme*, Paris; (1907), *Le dernier mot du fidéisme*, Paris. — H. Haldimann (1907), *Der Fideismus*, Paderborn. — W. F. Hogan (1957), *A. Bonnetty and the Problem of Faith and Reason*, Washington. — P. Poupard (1961), *Un essai de philosophie chrétienne au XIXe siècle. L'abbé L. Bautain*, Paris. — N. Hötzel (1962), *Uroffenbarung im französischen Traditionalismus*, Munique. — H. Bouillard (1964), *Logique de la foi*, Paris (*A lógica da fé*, São Paulo, 1968). — P. Walter (1980), *Die Frage der Glaubensbegründung aus innerer Erfahrung auf dem I Vatikanum*, TTS 16. — E. Coreth *et al.* (sob a dir. de) (1987), *Christliche Philosophie im katolischen Denken des XIX Jahrhunderts*, t. 1: *Neue Ansätze im XIX Jahrhundert*, Graz.

Karl-Heinz NEUFELD

→ *Credibilidade; Fé; Modernismo; Racionalismo; Razão; Tradicionalismo.*

FILHO DE DEUS → filiação

FILHO DO HOMEM

"O Filho do homem" (F.h.), esse título é o único a ser colocado exclusivamente na boca de Jesus* (exceto em At 7,56, em que Estêvão o emprega). Título enigmático, porque não se encontra nenhum traço dele fora dos evangelhos* canônicos, notadamente no *corpus* paulino.

> Distribuição: 9 textos próprios a Mt; 10 próprios a Lc; 5 textos comuns a Mt e a Mc, ou seja, 9 x, pois um paralelo de Mc não tem F.h.; 8 textos sinóticos comuns a Mt, a Mc e a Lc, portanto, 24 x ao todo: 8 textos comuns a Mc e Lc (fonte "Q": cf. Evangelhos*), portanto, 16 x ao todo. Sinóticos: 68 x; Jo 13 x. F.h. é sempre acompanhado de dois artigos: "O Filho do homem".

1. Origens do título

F.h. conheceu o favor das comunidades cristãs de língua grega, mesmo quando parece provir de meios semíticos, e resultar de uma combinação entre Sl 110,1 e Dn 7,13. Sua formação pode ter sido influenciada pelo uso de Sl 8 (Mc 12,36) e por processos exegéticos análogos aos que estavam em uso em Qumran.

Ezequiel é denominado 93 x "filho de homem" (hb. *ben 'adam*, i.e., "homem"), fórmula sem artigo. Em Dn 7,13, "como um filho de homem" (aramaico, *bar-nasha*), mais perto de F.h., designa o homem celeste, coletivo personificando os santos, talvez o povo* judaico ideal. "Filho do homem" substitui-se às vezes um pronome pessoal: "eu", "tu" ou "ele". As *Parábolas* de Henoc foram por muito tempo utilizadas ao mesmo título que Daniel para decifrar a significação de F.h. Mas na medida em que foram tidas como cristãs por numerosos pesquisadores deixaram de pertencer ao dossiê. O F.h. messiânico está ausente dos textos qumranianos. Em *4 Esdras*, as expressões: "filho de homem", "como filhos dos homens", como "filhos de homem", "semelhanças de homem" tomaram um sentido messiânico, indicando o homem verdadeiro das origens e do fim dos tempos.

2. O Filho do homem e Jesus

Jesus emprega F.h. em terceira pessoa como se ele fizesse falar outro que ele mesmo: "O F.h. veio não para ser servido, mas para servir". Esse título (que permite evitar os dois termos "Filho de Deus*" e "Messias*") não é uma criação das primeiras Igrejas, mas remonta ao próprio Jesus.

Em Lc 6,22, os que são perseguidos "por causa do F.h." são ditos bem-aventurados, o que Mt 5,11 formula de outro modo: "por causa de mim". F.h. pode assim ser equivalente a um pronome pessoal como em Ez. Mc 8,38 é um bom exemplo do jogo entre o pronome "eu" e "F.h.": "Se alguém tem vergonha de mim... o F.h. terá também vergonha dele...". Jesus nunca diz: "Eu sou o F.h.", e nunca as primeiras comunidades o confessaram como F.h. Mt e Lc ampliaram e às vezes precisaram o uso que Jesus pôde ter feito de F.h., em particular para textos que descrevem seus sofrimentos. Mc 9,1 e Lc 9,27 têm "reino de Deus" em lugar de F.h. de Mt 16,28.

3. Alcance da expressão

a) *Os sinóticos*. — As palavras relativas a F.h. repartem-se em três grupos: 1/ as sentenças sobre a ação e o poder atuais do F.h.: perdão dos pecados* (Mc 2,10), ser o Senhor do *sabbat* * (Lc 6,5); 2/ as declarações que anunciam que o F.h. deve sofrer e ser rejeitado, ausentes da tradição Q (Mt + Lc). Elas não podem vir do judaísmo*; algumas podem remontar a Jesus; 3/ as menções da vinda do F.h. à terra e da parusia*. O pensamento corresponde aqui em larga medida à expectativa apocalíptica* em Dn 7, em que o F.h. sobe da terra com as nuvens para receber a investidura do Antigo dos dias. Nos apocalipses dos sinóticos (Mt 24, Mc 13, Lc 17 e 21), e por ocasião do comparecimento de Jesus diante do sinédrio, "como um filho de homem" torna-se "o Filho do homem". Maleável e impreciso, F.h. pode designar tanto *o Filho* quanto *o homem*, e recobrir os outros títulos cristológicos.

b) *O quarto evangelho*. — O papel do F.h. é valorizado em Jo 1–13: o céu sempre aberto sobre o F.h. (1,51) o indica como o portador de uma aliança* nova e permanente. Único a ter descido do céu, será elevado sobre a cruz e junto ao Pai* (3,13s). O Pai deu-lhe o poder de realizar atualmente o julgamento* (5,27) porque é o F.h. Dá a vida eterna* (6,27; cf. 6,53: comer "a carne do F.h."). João cria assim um emprego eucarístico original. O F.h. é o revelador: "Quando tiverdes elevado o F.h. então conhecereis que eu sou" (8,28). Ao cego de nascença curado, Jesus diz: "*É ele* [o F.h.] *que te fala*" (9,35ss). Por ocasião da ceia, depois da saída de Judas, Jesus antecipa sua morte* na cruz: "Agora o F.h. foi glorificado e Deus foi glorificado nele" (13,31). As palavras "Eis o homem" (19,5), pelas quais Pilatos apresenta Jesus à multidão, têm sem dúvida um elo com "F.h.", mas esse título não podia ser posto na boca de um pagão. João valoriza assim o papel tradicional de F.h. acentuando seu papel humano de cabeça da humanidade nova em um movimento de descida-subida.

- S. Légasse (1977), "Jésus historique et le Fils de l'homme, aperçu sur les opinions contemporaines", *in* Col., *Apocalypses et théologie de l'espérance*, Paris, 271-298. — F. J. Moloney (1979[2]), *The Johannine Son of Man*, Roma. — B. D. Chilton (1992), "The Son of Man: Human and Heavenly", *in The four Gospels* (*Festschrift F. Neirynck*), Louvain, t. I, 203-218). — M. D. Hooker (1992), "The Son of Man and Synoptic Problem", *ibid.*, 189, 202.

Maurice CARREZ

→ *Adão; Apocalíptica; Intertestamento; Jesus da história; Joanina (Teologia); Messianismo/messias; Parusia.*

FILIAÇÃO

Na Bíblia*, o termo "filho" (hb. *bén*; gr. *huios*) é utilizado para designar, além das relações de parentesco, relações de origem, de dependência ou de pertença. A denominação de Jesus* como Filho único de Deus* e a filiação (f.) adotiva que daí deriva para o crente ocupam um lugar central no NT.

I. A filiação no Antigo Testamento

1. Parentesco físico e sentidos figurados

Filho (ou filha) é aquele que nasceu de um pai* e de uma mãe. Mais amplamente, os descendentes são chamados "filhos" (Gn 29,5; 31,28), os israelitas são designados como "filhos de Israel*" (Gn 32,33; Ex 1,7; 3,10), enquanto "filhos dos homens" designa a humanidade em geral (Sl 4,3; 12,2). Segundo a lei* de Moisés, o primogênito de uma família* é consagrado ao Senhor (Ex 13,1). São igualmente designados como "filhos" no AT o companheiro, o discípulo, o servidor, aquele que está ligado a um grupo, originário de um determinado lugar.

2. Filiação em relação a Deus

Os anjos* são às vezes chamados "filhos de Deus* " (Sb 5,5; Jó 1,6; 2,1; 38,7). Herança das religiões circunvizinhas, a expressão tem aqui um sentido fraco: significa que os anjos ocupam na escala dos seres uma posição perto da divindade, sem que Deus seja considerado seu pai.

Quando Israel é chamado filho de Deus, trata-se de traduzir em termos de parentesco humano as relações entre Deus e o seu povo*: o povo que o Egito tinha tratado como escravo foi adotado por Deus como filho (Ex 4,22; Os 11,1; Jr 3,19; Sb 18,13). Israel nada fez por merecer tal f.: vive de recebê-la e de permanecer fiel à Lei. Por extensão, os membros do povo que permanecerão fiéis à aliança* concluída no Sinai serão chamados filhos para o Senhor (Dt 14,1). O salmista que guarda seu coração* puro não trai a "raça dos filhos" do povo de Deus (Sl 73,15). O justo é perseguido por ter-se chamado a si mesmo "filho de Deus" (Sb 2,18). Inversamente, Deus pode lamentar-se de que os filhos que criou "se rebelaram" contra ele (Is 1,2): são então "filhos rebeldes" (Is 30,1) ou "filhos apóstatas" (Jr 3,14). Permanece contudo a esperança* de que o povo se lembre de sua adoção e volte para seu Pai (Is 63,7-16, cf. v. 8 e 16; 64,7).

Se um oráculo fundador apresenta o rei Davi numa relação de filho para com Deus (2S 7,14; cf. Sl 89,27s), não é jamais no sentido das realezas circundantes: Davi nunca é divinizado. Trata-se antes de insistir no lugar particular que ocupa, com sua descendência, na economia da eleição*: o Messias*, da descendência de Davi, será, também ele, adotado por Deus, reconhecido como filho (cf. Sl 2,2.7s).

II. A filiação no Novo Testamento

1. Fora da cristologia

Encontra-se no NT o universo semântico do termo tal como se apresenta no AT: relações familiares; sentidos figurados: filho do Reino* (Mt 8,12); filhos da paz* (Lc 10,6); filho desse século (Lc 16,8); filho de luz (Lc 16,8); filho da perdição (Jo 17,12); filho dos profetas* (At 3,25).

2. A filiação de Jesus

A originalidade do NT reside na apresentação da f. de Jesus.

a) Evangelhos sinóticos (Mt, Mc e Lc). — Se Jesus é filho de José e de Maria* (Mc 6,3; Lc 2,48), as narrações* da infância (Mt 1-2; Lc 1-2) ressaltam o caráter particular de sua f.: o anjo Gabriel anuncia a Maria que seu filho será chamado "Filho do Altíssimo" (Lc 1,32) ou "Filho de Deus" (Lc 1,35). Mt 1,20 e Lc 1,35 traduzem em narração uma afirmação teológica (*teologúmeno*): a dupla natureza de Cristo*, filho de uma mulher* e Filho único de Deus. A narração do batismo* (Mc 1,9ss) e a da transfiguração (Mc 9,2-10) sublinham a qualidade dessa f. divina de Cristo: Jesus é Filho do Pai numa relação de comunhão* única, a do filho "bem-amado", quer dizer, de Filho único.

Dessa relação de Jesus a seu Pai, a expressão "Filho de Deus" dá conta de um modo não isento de ambiguidade. No relato da tentação* (Mt 4,1-11), Satã utiliza o título como um sinal da onipotência*; também nas confissões dos demônios* expulsos por Jesus (Mc 3,11; 5,7). Ora, a narração evangélica nos faz descobrir que Jesus é "Filho de Deus" no rebaixamento e aceitação da finitude: é a passagem pela morte* que é o sinal verdadeiro de sua f. divina, perspectiva inaceitável para os discípulos, que concebem, eles também, a f. divina sob o signo da onipotência (cf. Mc 8,27-33/Mt 16,13-23). Pedro*, depois da confissão de Cesareia, é designado por Jesus com o nome de "Satã" por recusar a perspectiva da cruz. Finalmente, no Getsêmani, na obediência total à vontade de Deus (Mc 14,32-42), Jesus manifesta plenamente sua f. única: na nominação de Deus como Pai (*Abba*), junto com a aceitação da morte, Jesus revela outra compreensão de Deus. A confissão do centurião romano (Mc 15,39) sublinha essa descoberta nova da f. de Jesus na cruz.

A notar enfim a utilização do título messiânico tradicional de "Filho de Davi", insuficiente, como mostram os evangelhos*, para dar conta da novidade operada em Cristo (cf. Mc 12,35ss).

b) Paulo. — Se Jesus nasceu de uma mulher, é enquanto Filho de Deus (cf. Gl 4,4, em que coexistem f. biológica e divina). Essa f. divina de Jesus é reconhecida na ressurreição* (Rm 1,3.4.9). Isso significa que Deus, pelo fato de revelar-se aos homens na morte de seu Filho, contesta a imagem habitual que os homens têm dele (cf. 1Cor 1,18-25). Numa linguagem* totalmente diferente (a do sacerdócio* do Filho), a Carta aos Hebreus prolongará a aproximação paradoxal, entrevista pelos evangelhos e por Paulo, entre f. e dom do Filho para a morte (cf. Hb 1,2.8; 5,1-8; 7,3; 7,28).

c) Evangelho de João. — A apresentação de Jesus como Filho único, que revela o Pai, é fundamental para o 4º evangelho. Tudo o que é preciso saber de Deus é doravante cognoscível

no encontro de fé* com o Filho, o Enviado que revela plenamente aos homens o amor* de seu Pai (Jo 1,18; 3,16-18.35s; 5,19-30). Como em outros lugares do NT, essa revelação* passa pela morte (a "glorificação", 12,16.23.28; 13,31s).

3. A filiação dos crentes

É a partir da f. particular de Jesus que se desenvolve a noção de f. adotiva dos cristãos.

a) Evangelhos sinóticos. — A relação entre os "filhos" e o "Pai" é descrita muitas vezes por meio da linguagem parabólica (cf. Mt 21,28-32; Lc 15,11-32): na palavra de Jesus, Deus se revela como um Pai que tem compaixão de seus filhos.

b) Paulo. — Os grandes textos em que o tema da adoção (*huiothesia*) é desenvolvido são aqui Gl 4,1-7 e Rm 8,14-17. A condição nova do crente é a do filho adotivo, herdeiro do Pai e não mais escravo (cf. Gl 4,21-31; o crente não é mais filho da escrava — Agar — porém filho da mulher livre — Sara). É a fé em Cristo e não mais a obediência à lei (Rm 3,21-31) que torna possível a adoção, e é o Espírito* que faz de nós "filhos adotivos … pelo qual nós clamamos: *Abba*, Pai" (Rm 8,15). O batismo*, associando o crente à morte de Cristo, é o sinal por excelência de sua nova condição (Rm 6,1-14).

c) Evangelho de João. — O crente "nasceu do alto" (Jo 3,7), isto é, encontra sua origem em Deus Pai. A liberdade* caracteriza esse recém-nascido (Jo 3,8: como o vento, ninguém sabe donde vem nem aonde vai). Ao contrário, a escravidão caracteriza os que, não tendo reconhecido em Jesus o portador da palavra* do Pai, são "filhos do diabo" embora se afirmem "filhos de Abraão" (Jo 8,31-59): sublinha-se assim que o homem é sempre "filho de alguém", sempre em estado de dependência, nunca autônomo. Só aquele que o Filho liberta é realmente livre (8,36). As cartas de João prolongam a mesma intuição teológica: aquele que confessa o Filho "tem o Pai" e permanece "no Filho e no Pai" (1Jo 2,22-24).

III. Conclusão: do Filho único aos filhos adotivos

Do conjunto dos testemunhos do NT, ressalta que a f. de Jesus, se preexiste à criação* (Jo

1,1-10), cumpre-se e dá-se a contemplar na encarnação*. É por sua face de finitude em Jesus que Deus chama todo homem à f. Jesus revela aos homens o novo rosto de um Deus que se desvela em sua limitação voluntária: não o Pai onipotente que julga e condena, mas o Pai amoroso que acolhe a adota. Esse Pai abre aos homens os caminhos de uma liberdade que, por ser finita, isto é, humana, não será menos uma das atribuições principais de uma f. reencontrada (Gl 5,1s.13).

* O. Cullmann (1957), *Die Christologie des Neuen Testaments*, Tübingen. — F. Hahn (1963, 1966[3]), *Christologische Hoheitstitel*, Göttingen. — A. George (1965), "Jésus Fils de Dieu dans l'Évangile selon saint Luc", *RB* 72, 185-209. — H. Conzelmann (1967), *Grundriss der Theologie des Neuen Testaments*, Munique. — W. von Martitz *et al.* (1969), *"Huios"*, *ThWNT* 8, 334-402; 482-492. — C. Burger (1970), *Neutestamentliche Theologie*, I: *Die Verkündigung Jesu* — A. Descamps (1974, 1988[2]), "Pour une histoire du titre Fils de Dieu", *in* M. Sabbé (sob a dir. de), *L'Évangile selon saint Marc*, Louvain, 529-571. — M. Hengel (1975), *Der Sohn Gottes*, Tübingen. — J. D. Kingsbury (1975), "The Title *Son of God* in Mattew's Gospel", *BTB* 5, 3-31; (1976), "The Title *Son of David* in Mattew's Gospel", *JBL* 95, 591-602. — J. Ansaldi (1980), *La paternité de Dieu: libération ou névrose*, Montpellier. — F. Hahn (1983), *"Huios"*, *EWNT* 3, 911-938. — W. Loader (1989), *The Christology of the Fourth Gospel*, Frankfurt. — C. Breytenbach (1991), "Grundzüge markinischer Gottessohn-Christologie", *in* C. Breytenbach e H. Paulsen (sob a dir. de), *Anfänge der Christologie*, Göttingen, 169-184. — C. Dietzfelbinger (1991), "Sohn und Gesetz. Überlegungen zur paulinischen Christologie", *ibid.*, 111-129. — J. M. Scott (1992), *Adoption as Sons of God. An Exegetical Investigation into Background of "UIOTHESIA" in the Pauline Corpus*, Tübingen.

Élian CUVILLIER

→ *Adão; Adocianismo; Antropologia; Arianismo; Casal; Consubstancial; Família; Filho do homem; Messianismo/messias; Mulher; Oração; Pai; Sabedoria; Verbo.*

FILIOQUE

As palavras o indicam, a querela do Filioque (Fq.) gira em torno da tese teológica *latina* segundo a qual o Espírito* Santo procede (*procedit*) do Pai* *e do Filho*.

a) Dos testemunhos da Escritura ao cisma de 1054. — O Evangelho* de João fala do Espírito que "procede do Pai" (*para tou Patros ekporeuomenon*) (15,26), e que "recebe" do Filho (16,14). Paulo fala do Espírito do "Filho" ou "de Cristo*" (Rm 8,4; 2Cor 3,18; Gl 4,6 etc.). O Símbolo do I concílio* de Constantinopla* afirma que o Espírito "procede do (*ek*) Pai". Uma confissão* de fé* batismal recolhida no *Ancoratus* de Epifânio (374) fala do Espírito que "procede do Pai e recebe do Filho" (Hahn, § 126).

No final do s. IV, a teologia* latina começa a afirmar que o Espírito procede do Pai e do Filho. Os primeiros esboços dessa afirmação encontram-se em Hilário* (cuja fórmula favorita é que o Espírito procede "do Pai pelo Filho"); a tese aparece em Ambrósio*, que só emprega a fórmula a propósito da missão (Trindade*) do Espírito (PL 16, 762, 783, 800, 810), mas ela só está plenamente argumentada no *De Trinitate* de Agostinho*. Leão Magno a fez sua numa fórmula pouco clara (SC 74, 150), e em 447 de maneira explícita (PL 54, 680 – talvez um apócrifo*). O Fq. figura no símbolo dito de Atanásio.

A doutrina está ausente da patrística grega. Algumas fórmulas de Epifânio e de Cirilo* de Alexandria lhe são próximas. Cirilo tem mesmo palavras vizinhas dos termos da teologia latina (p. ex. PG 75, 585 b): fala do Espírito "próprio" (*idion*) ao Filho (PG 71, 377 d), diz que o Espírito "provém" (*proeisi*) e "se difunde para a frente" (*prokheitai*) do Filho (PG 76, 173 a-b). A fórmula favorita dos Padres* gregos atém-se às palavras bíblicas: o Espírito procede do Pai e recebe do Filho (p. ex. Pseudo-Cirilo, PG 94, 1140 b, João Damasceno, PG 94, 821 b), "do Pai pelo Filho" é, de fato, pouco corrente (já em Orígenes*, *In Joan.* II, 73-75, *dia tou logou*; Gregório* de Nissa, Jaeger III/1, 56; VIII/2, 76).

A não coincidência das teologias latina e grega foi analisada pela primeira vez por Máximo* Confessor, em sua carta a Marinos, na qual observa que o Fq., confessado pelo papa* Martinho I, é equivalente a "do Pai pelo Filho". Máximo, pessoalmente, admite uma processão do Espírito "por meio do *Logos*" (*dia mesou tou Logou*) (PG 91, 136). João Damasceno (*c.* de 675-*c.* de 749) recusará explicitamente o Fq: é "Espírito do Filho, não porque dele sai (*ouk ôs ek autou*), mas porque vem por ele (*all'os di'autou*) do Pai, porque só o Pai é causa (*monos aitios ho Patèr*)" (PG 90, 849 b).

A inserção do Fq. numa confissão de fé oficial foi sem dúvida uma iniciativa espanhola destinada a combater o arianismo* (sublinhando a igualdade do Pai e do Filho) e o modalismo* priscilianista. A confissão de fé do rei Recaredo no concílio II de Toledo (589), afirma o Fq. Em 587, o II concílio de Niceia* (imagens*) afirma que o Espírito procede "do Pai pelo Filho" (Mansi 12, 1122). O concílio de Frankfurt, reunido por Carlos Magno em 974, recusa esse ponto: "pelo" não é equivalente a "do" Filho (PL 98, 1117).

Acrescentou-se no s. IX um problema litúrgico às divergências das teologias grega e latina. A liturgia* eucarística grega parece ter incluído uma confissão de fé desde o s. V (o iniciador da prática seria o patriarca de Antioquia, Pedro de Foulon), mas a inserção dessa confissão na missa latina é mais tardia. Toledo III pediu que o símbolo de Niceia-Constantinopla fosse cantado durante a liturgia. O uso se difundiu. Em 794, Carlos Magno o fez cantar (com adição do Fq.) em Aix-la-Chapelle. Em 807, o abade do Monte das Oliveiras introduziu essa prática em Jerusalém*: a adição do Fq. suscita então uma disputa com os monges gregos de São Sabas. O assunto é remetido ao papa Leão III e a Carlos Magno. Os teólogos do imperador compõem muitos tratados sobre o Espírito (Teobaldo, Esmaragdo, um Pseudo-Alcuíno). Leão III confessa o Fq. (PL 102, 1030-1032), mas recusa-se a inseri-lo nos textos litúrgicos romanos e pede sua supressão de todo formulário litúrgico (PL 102, 971-976). O pedido foi inútil: a inserção do Fq. foi finalmente admitida por Bento VIII em 1014 (data em que o Credo entra na liturgia eucarística de Roma*). Os Reformadores do s. XVI vão reter a adição.

O argumento de inovação litúrgica voltará constantemente na polêmica grega contra o Fq. O concílio de Éfeso* declarou intangível o símbolo (a "fé" *pistis*) de Niceia-Constantinopla (*COD* 65, 16s), o concílio de Calcedônia* tinha reiterado a declaração (*COD* 87, 3s), a prática litúrgica latina violaria então a disciplina* da Igreja*. Parece

contudo que esse argumento estava ausente dos primeiros debates. Fócio não o utiliza. Foi preciso que em 1054 o cardeal Humberto, em suas discussões com Nicetas Stethatos, acusasse os gregos de ter suprimido o Fq. do símbolo, para que o patriarca Miguel Cerulário se desse conta de que os latinos é que o tinham acrescentado.

Entrementes, as objeções gregas encontram uma forma enrijecida em Fócio, patriarca de Constantinopla, que lhe opõe em 867 uma teologia em que o Espírito procede "somente do Pai" (monopatrismo) (PG 102, 292, e também 271-242). O problema do Fq. será uma das causas do cisma* e figurará no centro dos debates entre Oriente e Ocidente, em que ocupará um lugar mais importante, provavelmente, que o primado de Pedro*.

b) Evolução teológica e tentativas ecumênicas. — A partir do s. XI, a teologia latina não varia em sua afirmação do Fq. No mundo grego, Gregório de Chipre propõe fórmulas matizadas: "[...] O Espírito acompanha o Verbo, é por ele que provém, que resplende, que aparece segundo seu esplendor eterno e pré-eterno" (PG 142, 290 c). Gregório* Palamas retoma as ideias de Gregório de Chipre e reserva um lugar possível ao Fq. na ordem da "manifestação energética": o Espírito, não enquanto hipóstase, mas enquanto enipostasia a energia divina, difunde-se a partir do Pai "pelo Filho" (*dia tou Huiou*) (PG 147, 269-300). O Fq. será ratificado pelo IV concílio de Latrão* em 1215, reafirmado no concílio unionista Lião II* (1274) e ainda no concílio de união de Florença* (1439), que afirmará a equivalência do Fq. e da fórmula "do Pai pelo Filho", embora concedendo uma preferência ao Fq., mas sem exigir dos gregos sua incorporação no símbolo.

A união de Florença foi de pouca duração, mas foi ainda o desejo de união que presidiu no fim do s. XIX e no s. XX a novos exames do dossiê. Em 1874-1875, uma conferência reuniu em Bonn delegados da ortodoxia* russa e delegados da Igreja veterocatólica: esses admitem integralmente a teologia grega. Na sequência dessa conferência, importantes teses de B. Bolotov são publicadas em 1898. Segundo Bolotov, a fórmula de Fócio "somente do Pai" é um teologúmeno e não um dogma*. De outra parte, "o Fq. como opinião teológica particular não poderia [...] ser um *impedimentum dirimens* para o restabelecimento da comunhão* eclesiástica" (tese 27): essa tese será admitida no s. XX por S. Boulgakov, P. Evdokimov e L. Voronov, mas recusada por V. Lossky. A Igreja anglicana, já presente à conferência de Bonn, repetidamente se disse pronta a suprimir o Fq. do símbolo, "sejam quais forem os méritos ou deméritos de seu conteúdo doutrinal" (*Irén.* 48 [1975], 362). K. Barth* é o defensor notável do Fq. na teologia protestante contemporânea (*KD* I/2, 273s), mas as Igrejas protestantes estão globalmente dispostas a renunciar ao uso litúrgico do Fq. O episcopado católico da Grécia, por sua vez, renunciou a isso em 1973.

A busca da solução ao problema do Fq. tomou diversas formas na história da teologia depois de 1054. A Duns* Escoto parece impensável que possa haver heresia* seja na pneumatologia latina ou na dos gregos (*1 Sent.*, dist. 11, q. 1). Boaventura* distingue a fé comum a todos, as explicações que produziram a divergência e as fórmulas que alimentam a controvérsia. Tomás* de Aquino tenta definir em que condições pode-se dizer que o Espírito procede do Pai pela *mediação* do Filho, e em que condição pode-se dizer que ele procede *imediatamente* do Pai (*I Sent.*, dist. 12, q. 1, a. 3), e percebe que o *ek* grego não é equivalente ao *ab* latino (*ibid.*, a. 2, ad 3). Porém os progressos mais significativos são aquisições da pesquisa recente. Um é o conceito grego de *ekporèse*, outro o conceito latino de *processão* (que entrou na teologia com Tertuliano*). Para pensar a relação (eterna) do Espírito para com o Pai, e sua relação eterna para com o Pai e o Filho, a teologia grega dispõe de dois verbos, *ekporeusthai* e *proienai*, quando a dogmática* latina só utiliza um: o *procedere*. A teologia trinitária grega, de outro lado, está organizada em torno do conceito de "monarquia" do Pai: somente o Pai é "princípio" (*arkhè*) e causa (*aitia*). Ora, a teologia latina é capaz de dizer que o "Espírito procede principalmente (*principaliter*) do Pai, e pelo dom intemporal desse ao Filho, de um e do outro em comunhão* (*communiter*)" (Agostinho, *De Trin.*, XV, 25, 47; PL 42, 1095); e é mesmo capaz de dizer que o Pai e o Filho são "um só princípio" em relação ao Espírito

(Agostinho, PL 42, 921), que o Espírito procede do Pai e do Filho "como de um só princípio", *tamquam ex uno principio* (*COD* 314, 10; 526, 40-42) — o que seria absurdo no quadro conceitual da teologia grega. Uma fórmula que fizesse justiça à teologia oriental e à teologia ocidental deveria respeitar esses desvios conceituais. J. M. Garrigues propõe a formulação seguinte: "Creio no Espírito Santo Senhor e vivificante, que saído do Pai (*ek tou Patros ekporeoumenon*) procede do Pai e do Filho (*ex Patre Filioque procedit, ek tou Patros kai tou Huiou proion*)" (1981, 84). Uma recepção* ortodoxa do Fq. não é impensável (Lossky, 1967, 69, 92), e mesmo uma recepção católica do monopatrismo não é impensável (Halleux, 1990). O *Catecismo da Igreja Católica* (1992) talvez emita mais que um voto piedoso quando fala de uma "legítima complementaridade" que, "se não for enrijecida, não afeta a identidade da fé na realidade de um mesmo mistério* confessado" (§ 248). Mais de um teólogo ortodoxo reconhece, em todo caso, que o Filho "não é estranho" à ecporese do Espírito (B. Bobrinskoy, J. Zizioulas).

• H. B. Swete (1876), *On the History of the Doctrine of the Procession of the Holy Spirit from the Apostolic Age to the Death of Charlemagne*, Cambridge. — B. Bolotov (1898), "Thesen über das 'Filioque'", *RITh* 3, 89-95. — S. Boulgakov (1946), *Le Paraclet*, Paris. — J. N. D. Kelly (1950), *Early Christian Creeds*, Londres (1972³). — *Russie et chrétienté* (1950), "Où en est la théologie du Filioque?", 123-244. — V. Lossky (1967), *À l'image et à la ressemblence de Dieu*, Paris, 67-93. — S. Bilalis (1972), *Hè hairesis tou Filioque*, Atenas. — Y. Congar (1980), *Je crois en l'Esprit Saint*, t. 3, Paris. — J.-M. Garrigues (1981), *L'Esprit qui dit "Père" et le problème du Filioque*, Paris. — L. Vischer (sob a dir. de) (1981), *La théologie du Saint-Esprit dans le dialogue oecuménique entre l'Orient et l'Occident*, Paris-Cluny. — T. Stylianopoulos (1986), "The Filioque: Dogma, Theologoumenon or Error?", *GOTR* 31, 255-288. — H. U. von Balthasar (1987), *Theologik 3, der Geist der Wahrheit*, Einsiedeln 198-209. — A. de Halleux (1990), *Patrologie et oecuménisme*, Louvain (études 8 a 12). — T. Stylianopoulos (1991), "An Ecumenical Solution to the Filioque Question?", *JES* 28, 260-280. — Conseil pontifical pour la promotion de l'unité des chrétiens (1995), "Les traditions grecque et latine concernant la procession du Saint-Esprit", *DC* 2125, 941-945.

A REDAÇÃO

→ *Espírito Santo; Pai; Trindade; Verbo.*

FILOPON (João) → **triteísmo** a → **aristotelismo cristão** a

FILOSOFIA

a) O logos e a cruz. — Foi no quadro geral de um confronto do cristianismo com a Antiguidade clássica que a filosofia (fil.) obteve o estatuto de objeto teológico. Esse confronto inaugura-se no *corpus* paulino, onde toma a forma de uma desqualificação: se o paganismo* define-se por uma busca de sabedoria*, *sophia*, a autocompreensão do cristianismo é feita, ao contrário, sob o signo de uma "loucura" divina, a loucura da cruz (1Cor 1,23). Do mesmo modo que faz violência às razões do judaísmo, o *logos* próprio ao cristianismo aparece pois, de início, como contraditor de todo o dispositivo da racionalidade pagã (1Cor 3,19). A causa de Deus* é a do Crucificado, e a palavra da cruz é o que nada na *episteme* da Antiguidade clássica pôde pré-compreender nem aceitar de qualquer modo que fosse. Atenas nada tem em comum com Jerusalém* (Tertuliano*, e também Taciano, *Oratio ad Graecos* etc.).

Os termos *philosophia* e *philosophos* só aparecem duas vezes no NT. Em Cl 2,7, a nota distintiva da fil. é enganar, e isso por estar ligada aos "elementos deste mundo*" (*stoikheia tou kosmou*), isto é, às forças mitológicas e talvez demoníacas que operavam no paganismo (cf. E. Lohse, HThK XI/1 *ad loc.*). At 17,18 vê os filósofos — filósofos epicuristas e estoicos — entrarem em cena e provocarem o discurso apologético de Paulo. Mas será finalmente para rirem dele: Atenas nada quer em comum com Jerusalém. Constata-se aliás em Paulo certo conhecimento da fil. popular helenística: conhece, p. ex., o paradoxo cético do mentiroso (Tt 1,12).

b) O cristianismo como filosofia. — Entretanto a recíproca exclusão do teológico e do filosófico não podia pretender ser a última palavra. E porque o discurso cristão pretende ser recebido pelos pagãos, como pretende ser recebido por Israel*, a questão da racionalidade e, na sua esteira, da credibilidade* não podia ser tratada pelo (demasiado) simples recurso a contradições. As palavras que o cristianismo tem por vocação transmitir não podem ser transmitidas — como toda palavra — sem que uma comunidade de linguagem exista entre o cristão e o pagão: não surpreende, pois, que boa parte dos esforços teológicos da era patrística, desde o tempo dos apologistas*, consiste em produzir uma interpretação do filosófico que dota a evangelização* do mundo greco-romano de uma teoria à sua medida. A instância filosófica encontrou uma pertinência teológica de duas maneiras: 1/Porque a Antiguidade clássica, à medida que a teologia* se esforçava em interessá-la por alguns fatos diversos ocorridos na Palestina, revelava que sua história não era somente a da idolatria*, mas também a de um verdadeiro desejo de Deus; era preciso, necessariamente, que suas razões estivessem pré-ordenadas ao Evangelho (que houvesse ali uma "preparação ao Evangelho"). E porque um só Deus é Pai* e criador de todos a hipótese de uma verdade* (de "sementes de verdade", p. ex., Justino, *I Apol.* 44, 16, *II Apol.* 8, 13 e 13, 5; Clemente de Alexandria, *Strom.*, VI 68, 2, VII 74, 7 etc. [apologistas* c]) presente nas buscas pagãs de sabedoria podia fundar-se sem dificuldade na origem comum de todos os homens: se acontece de a fil. dizer a verdade, é que Deus lhe fez a graça de um desvelamento parcial de seu mistério*; talvez a sabedoria filosófica se enraizaria de fato, numa *prisca philosophia* ou numa *sapientia antiqua*, — um fundo arcaico (e desaparecido) comum às palavras pagãs e às palavras bíblicas; e Clemente de Alexandria não hesitará em conceder à fil. grega o estatuto teológico de uma *aliança* (*Strom.*, VI, 8, 67). 2/ Um fato não podia passar muito tempo despercebido. A teologia não dispõe de palavras que pertençam exclusivamente a ela, e nunca deixou de tomar emprestadas à fil. — popular ou erudita — palavras e, muitas vezes, razões. Os mesmos teólogos que tomavam por empréstimo conceitos de proveniência filosófica bem estabelecida não deixavam certamente de protestar que queriam falar "à maneira do pescador e não à maneira de Aristóteles", *alieutikôs, ouk aristotelikôs* (cf. *ACO* II 5, 84, 2-3). A escolha feita no I concílio* de Niceia* de introduzir na confissão* de fé* uma conceituação não bíblica (o conceito de *homoousia*) de qualquer modo nunca foi questionada. Orígenes* foi o primeiro a justificá-la: o cristianismo é autorizado a pilhar as reservas filosóficas do mundo pagão como os hebreus no dia do Êxodo foram autorizados a apoderar-se dos "despojos dos egípcios" (*Ep. Greg Thaum.* 1-2, SC 148, 186-191; cf. Agostinho, *De doctrina christiana* II, 40). Piedosas fábulas vinham acrescentar-se aos argumentos teológicos: a sabedoria grega, de fato, não seria mais que um rebento da sabedoria bíblica: não só a sabedoria de Moisés é mais antiga que a de Homero (cf. J. Pépin, *RevSR* 29 (1955), 105-122), mas ainda a Grécia teria vivido de empréstimos de Israel — empréstimos de Salomão (Orígenes, GCS 8, 75, l. 23), roubos dos pitagóricos (Orígenes, *Contra Celso* I, 15), dívidas de Platão para com o judaísmo encontrado no Egito (*ibid.*, VI, 19). Um ponto em todo caso ganhava força de axioma: não só o diálogo do filósofo e do teólogo era possível, sobre um fundo de racionalidade comum, mas ainda o teólogo se definia por sua maior sabedoria e não por uma crise da sabedoria.

Era então possível a reversão que consistia em reivindicar para o cristianismo o estatuto de verdadeira sabedoria e verdadeira fil., tachando de irracionalidade a Antiguidade clássica: basta o título da *Terapêutica das doenças helênicas* de Teodoreto de Cyr (*c.* de 393 – *c.* de 466) para mostrar que no espaço de quatro séculos a teologia deixou de compreender-se a si mesma como uma desrazão munida de cauções divinas; quer doravante ser guardiã e juíza de toda racionalidade. Não é assim surpreendente que o cristianismo se apresente como representante da fil. verdadeira, entendida como existência conforme à natureza das coisas, como escolha da vida boa: é assim que Evágrio começa seu *Discurso ascético*, afirmando que "numerosos gregos, e judeus igualmente numerosos, tenta-

ram filosofar, mas só os discípulos de Cristo* desejaram a sabedoria verdadeira" (*Filocalia*, ed. Astir, t. 1, 190). Ao que parece, foi João* Crisóstomo o primeiro a falar de "fil. cristã" (PG 48, 956). Alguns anos mais tarde, Sinesius, nomeado bispo*, poderia afirmar que sua passagem para o cristianismo "não é abandono da fil., mas uma ascensão para ela". Durante o mesmo período, o monaquismo cristão apresenta-se como encarnando a verdadeira fil. (cf. p. ex. Cassino, *Collatio* 4. PL 49, 583 C). Quando em 529 Justiniano fechou a escola filosófica de Atenas, poderia com isso parecer que a fil. a desertou. O monge, que leva a vida mais digna de ser vivida, ocupa, na topologia da experiência cristã (na retomada pela "contemplação*" cristã de todo o conjunto teorético-religioso que formava a *theoria* pagã), o lugar de herdeiro do filósofo: não só o cristianismo diz a verdade e assume em seus dizeres todas as verdades que o paganismo teve a graça de apreender, mas ainda o asceta cristão vive a verdadeira vida, a sabedoria ou a *hesukhia* que sanciona existencialmente a plena realização da experiência filosófica. "Nossa fil." (p. ex., Taciano, *Or. ad Graecos*, PG 6, 868 C), a "fil. dos cristãos" (p. ex., Evágrio, PG 32, 248 A), a "fil. inspirada" (p. ex. Eusébio, *HE* VI, 19, 10, SC 41, 116), "a fil. tirada da divina Escritura*" (p. ex., Clemente de Alexandria, *Strom.* VI, 17, 149), essas e outras expressões tornam-se correntes desde que o cristianismo começou a argumentar com a Antiguidade clássica. Tratava-se primeiro de dizer a verdade de uma experiência, antes que a de uma teoria. Mas o deslizamento do sentido que afeta "fil." na Antiguidade tardia, de que o uso cristão é bom testemunho, não cria porém nenhum equívoco: também é realmente da racionalidade filosófica que o cristianismo dizia nesses termos que participava e, finalmente, que se tinha pura e simplesmente apoderado dela. Ninguém leva a verdadeira vida se não dispõe do saber que dá acesso a essa vida.

c) A filosofia a serviço da teologia. — Tomada em seu sentido existencial, a fil. devia permanecer cristã, em meio monástico, durante uma longa parte da IM, tanto no Oriente (Dölger, 1953) como no Ocidente, em que o mosteiro é "escola de fil. cristã" (Guerrie d'Igny, PL 185, 101 B), o monge, "verdadeiro filósofo de Cristo" (Pedro Damião, PL 145, 251 C), a experiência monástica "verdadeira fil." (Bernardo* de Claraval, PL 183, 206; Pedro de Celle, PL 202, 605 A etc.), e em que a própria Maria* se torna uma figura filosófica (Leclercq, 1956) e, finalmente, "Cristo é a fil. mesma", *ipsa philosophia Christus* (Rochais, 1951). Esses temas ressurgirão no humanismo* cristão, e de maneira central em Erasmo*, que conhece também uma "fil. cristã", uma fil. "doutrina" ou "sabedoria" de Cristo (entendo com isso não a experiência de uma categoria particular de crentes, mas um traço da experiência cristã como tal). Porém na IM tiveram de apagar-se perante um fenômeno mais espetacular: a dissociação estrita da fil. e da teologia, tal como foi sancionada na organização do trabalho universitário. O período mesmo em que a teologia começa a existir sob o nome de *theologia* — e começa a pensar-se a si mesma como ciência — vê com efeito organizar-se uma rigorosa divisão do trabalho intelectual em que a fil. perde o sentido global e existencial que antes possuía, e não é mais tematizada senão como tarefa teórica. É ainda possível, nas escolas* do s. XII, ver em Moisés o mais inteligente dos filósofos (Thierry de Chartres*). Mas desde o s. IX a querela opondo "dialéticos" e "antidialéticos" tinha bem mostrado que de agora em diante a fil. era cada vez mais percebida — e praticada — como uma técnica desvinculada da experiência cristã, quer se veja nessa técnica o prelúdio para um mais alto saber, quer se veja um exercício "carnal", "mundano", "secular" e "vão" (Pedro Damião, Otloh de Santo Emeran etc.). As distinções tornam-se mais nítidas quando a teologia dá a si mesma um conceito estritamente "científico", que aparece em Guilherme de Auxerre, e quando isso permite forjar um conceito também "científico" da fil. Uma fórmula já antiga, *"philosophia ancilla theologiae"* (cf. Baudoux, 1937; a teoria está presente já em Orígenes, cf. Crouzel, 1962, 139-165), adquire então um novo alcance: é por sua integração a

um currículo científico, que culmina no ensino da teologia, que a fil. pode ser frutuosa. De um lado, a razão filosófica é uma razão profana, protocolarmente ignorante dos mistérios da fé. De outro lado, não interessa por ela mesma, mas pelos serviços que presta à inteligência da fé; se o amor da Escritura pode acompanhar-se de um amor da fil., diz Boaventura*, é que esta pode "confirmar" a fé (Quaracchi, 9, 63 A). Certamente, admite Tomás* de Aquino, "o estudo da fil., tomado em si, é autorizado e louvável, em razão das verdades de que as filosofias se apoderaram" (*ST* IIa IIae, q. 167, a.1, ad 3). Mas não é por ela mesma que o teólogo recorre à fil.; e a existência de uma relação de subordinação permite à teologia "dar ordens" à fil. e utilizar seus conteúdos (Tomas, *In Sent.* I d. 1, q. 1 a. 1), para dar mais evidência a seus próprios encadeamentos de razões (*ST* Ia. q. 1 a. 5, ad 2). Na certa que se podem notar diferenças de acento, que são devidas a concepções diferentes da teologia. Porém essas diferenças só são inteligíveis no interior da mesma organização de trabalho teórico e da relação à verdade. A fil. é objeto teológico, nas sistematizações escolásticas*, por duas razões principais: como reserva de instrumentos conceituais e como disciplina limítrofe da teologia. De um lado, o teólogo não pode delimitar seu domínio sem saber onde passa a fronteira do teológico e do filosófico; de outro lado, não pode habitar frutuosamente seu domínio sem fazer uso das técnicas do conceito que os filósofos lhe oferecem. Todo problema de coexistência é então regulado entre a Faculdade das Artes e a Faculdade de Teologia — mas sob a reserva de que a fil. consinta em encarnar uma figura de saber menos rica que a teologia, por ignorar *a priori* tudo o que se sabe no elemento da fé e, portanto, não ser capaz de proferir uma palavra última.

Nem a instrumentação do aristotelismo*, a que os teólogos procederam em grande estilo, nem a função de saber subordinado, conferida pelos teólogos à fil., puderam contudo evitar que um aristotelismo puramente filosófico se desenvolvesse entre os Mestres em Artes da Universidade de Paris, nas mãos de um Siger de Brabante (1240-1284) ou de um Boécio de Dácia (?-c. de 1270).

O fenômeno é complexo. Pôde-se ver em ação, nos "artianos", a reivindicação de uma legítima independência da razão* profana (Dante* porá Siger ao lado de Tomás* em seu *Paraíso*). Porém mesmo o autor das condenações de 1227, Estêvão Tempier, é paradoxalmente o verdadeiro autor da "teoria das duas verdades"; o aristotelismo averroizante já continha *in nuce*, ou talvez mais, os fundamentos da desqualificação da razão teológica e uma redução do verdadeiro racional ao filosófico (cf. Bianchi, 1990 e naturalismo*).

Não é sem importância, aliás, que um ideal profano de "vida filosófica" renasça então, que leve a certa assimilação da beatitude* e da experiência filosófica (ou ao menos a produzir um conceito de "felicidade" filosófica que relega a um plano secundário a beatitude teologal), e transfira para a fil. os traços mais significativos da vida religiosa (cf. Siger, *Quaest. mor.*, Boécio de Dácia, *De summo bono*): tinha-se considerado o monge como o verdadeiro filósofo, e eis que o filósofo reaparece aqui e adorna sua experiência com os prestígios de que antes gozava o monge ou o religioso.

d) A filosofia separada. — O equilíbrio pretendido pelos escolásticos era instável, ou só parecia estável em razão da hegemonia exercida pelas Faculdades de teologia. Desde o final do s. XIII, a história da fil. não pode mais escrever-se a não ser como um distanciamento (Paqué, 1970, particularmente 263-304: cf. também Libera, 1991). As fil. que se organizam no século de Occam e depois dele não estão certamente nutridas de antiteologismo implícito ou explícito, e aliás a teologia bem que tentará pô-las a seu serviço. Porém são os filósofos que tenderão a fechar-se cada vez mais sobre eles mesmos e sua própria racionalidade. Henri de Gand expressou o voto epistemológico do s. XIII atribuindo ao filósofo e ao teólogo um objeto único, que cada um trata de maneira diferente: o caminho da fil. vai das criaturas ao conhecimento* de Deus, o da teologia leva de Deus às coisas criadas; o filósofo considera Deus por meio das determinações gerais pelas quais Deus se revela nas coisas criadas, o teólogo o considera segundo as propriedades das pessoas* divinas (*Summae quaest. ordin.*, a. 7 q. 1, fol. 48 E). Ora, tal harmonia da prática filosófica e da prática teológica já não é possível desde que a fil. deixa de

existir só para cumprir o papel que a teologia lhe assinala e se constitui como um saber autônomo. Porém a teologia não deixará de tratar as fil. que se sucederão como outras tantas minas de conceitos e de armações teóricas. A teologia de Gabriel Biel e de seus contemporâneos porá o nominalismo* a seu serviço; para esquivar-se ao interdito que pesa sobre a teologia natural* nos primeiros tempos da Reforma, a lógica de Ramus (Pierre de la Ramée, 1515-1572) servirá para organizar uma fil. primeira destinada aos teólogos ("filipo-ramista"; cf. *HWP* 7 (1989), 671s); quando tiver quase esquecido seu ódio original pela fil., a ortodoxia luterana do s. XVIII produzirá teologias de feitio neoaristotélico, depois de feitio suareziano (cf. Petersen, 1921; Wundt, 1935); grande parte da teologia alemã do s. XVIII ("físico-teologia", "neologia") será wolfiana — e nada permite pensar que esse processo de empréstimos conceituais, quase tão antigo como o cristianismo, seja algo de que se deva falar no passado. A originalidade da nova *episteme* que se estabelece entre os s. XIV e XV é, no entanto, que a fil. — quer o filósofo ocupe ou não uma posição universitária — é doravante praticada em situação de independência crescente e de emancipação em relação aos lugares institucionais de produção dos textos teológicos. A fil. moderna não recusará necessariamente submeter-se a censuras teológicas (Descartes*) ou, ao menos, debater com os teólogos (de Montaigne a Leibniz* e até Hegel*). Mais ainda, essa fil. às vezes não se recusará a cumprir por ela mesma uma tarefa teológica (Leibniz sobre a teologia da eucaristia* e da graça* etc.). Mas nunca mais se compreenderá a si mesma como uma ciência auxiliar da teologia. Quer ser um saber liberto de toda subordinação e que muito cedo reivindica a honra de possuir uma cientificidade exemplar. A partir daí as histórias divergem. A delimitação do teológico e do filosófico era um problema (teol.) importantíssimo para Alberto* Magno, Tomás de Aquino ou Duns* Escoto — para os teólogos de primeiro plano que contavam também entre os grandes gênios filosóficos de sua época. Essa delimitação não é mais um problema, ao contrário, quando a história da teologia deixou-se reduzir a uma história da escolástica tardia, depois da escolástica barroca, portanto, a uma história da teologia que quase não conta mais verdadeiras cabeças filosóficas entre seus praticantes, enquanto a história da fil. pode escrever-se sem referência, ou quase, à teologia oficial das Igrejas e das Faculdades de teologia.

A nova relação entre fil. e teologia — sua relação "moderna" — tornou progressivamente impossível toda coordenação entre os dois discursos. Ao censurar Pomponazzi, no V concílio de Latrão*, a Igreja advogará solenemente pela unidade do verdadeiro e pela antiga distribuição das responsabilidades teóricas (*COD* 605-606). Mas se era preciso conceder que o princípio de contradição não pode ser posto entre parênteses quando se comparam enunciados teológicos e enunciados filosóficos, contudo o segundo ponto não passava de um voto piedoso. Escrito na maioria das vezes a partir do Renascimento por intelectuais sem relações com as escolas onde a teologia continuava a defender seu posto de rainha das ciências (Marsílio Ficino, Pico de la Mirândola, Descartes etc.), o texto filosófico é de agora em diante um texto "separado". Esse texto pode ser muito religioso — assim Ficino diz que "o filósofo [...] nos eleva até à contemplação de Deus [e] nos inflama de amor* pela bondade divina" (ed. Kristeller, I, 854); assim, Descartes tem uma linguagem de adoração na conclusão da terceira *Meditação*. Porém não é mais um preliminar à teologia. E isto importa mais que aquilo.

Crítica ou censura teológica das fil., instrumentalização teológica de conceitos ou teorias produzidos sem cuidado de manter uma relação ancilar do filósofo ao teólogo, é nesses dois gestos que se faz e se prova a relação moderna da teologia à fil. A fil., assim, deixa de preocupar os teólogos mais cuidadosos de identificar nas fil. o que pode merecer uma recepção teológica. O catolicismo* dar-se-á sem dúvida, do meio do s. XIX até o s. XX, a possibilidade cômoda de fazer apelo a uma fil. de referência que esteja incontestavelmente a serviço da teologia, mesmo com o risco de caricaturar involuntariamente os

instrumentos filosóficos que a grande escolástica tinha integrado a suas construções teológicas. Mas em toda parte em que a existência de uma *philosophia perennis*, bem identificada e constituída pela harmonia preestabelecida como auxiliar da teologia, não é pressuposta para servir a estratégias intelectuais ditadas pelo medo das fil. sobre as quais a teologia (e simplesmente a Igreja*) não exerce nenhum controle, ali a teologia só poderá indagar de cada nova fil. se pode emprestar-lhe uma parte, ou o todo, de suas razões a uma instrumentalização teológica. Por terem um discurso "separado", as fil. da modernidade são suspeitas *a priori*: seu projeto não é ser o que uma fil. devia ser. Mas porque seus discursos parecem dotados de consistência e de força descritiva, convém também pôr ao serviço da fé a parte de verdade inédita que contêm. As divergências confessionais darão acentos diferentes à recepção das diversas fil. O processo de recepção perpétua, ao contrário, não conhecerá verdadeiramente barreira confessional e será um dos principais motores da evolução teológica.

e) *O teológico na filosofia*. — O paradoxo quer contudo que a fil., na modernidade, não mantenha sempre o discurso que seria de esperar de uma ciência liberta de toda tutela teológica, e que tomando suas distâncias em relação à teologia acadêmica lhe ocorra assumir para si mesma ambições teóricas mais teológicas do que francamente filosóficas. A recepção do idealismo alemão na escola católica de Tübingen* é um episódio importante da história da teologia católica. Porém mais importante é o fato de que a teologia, por pouco que se interesse por Hegel ou Schelling*, interessa-se ali por pensamentos que se deram quadros conceituais explicitamente tomados do cristianismo e de sua teologia. Pode uma fil. incluir uma cristologia* e uma teologia trinitária sem deixar de ser uma fil.? A teologia (ou ao menos, contribuições à teologia) poderia elaborar-se fora dos lugares acadêmicos e eclesiais que lhe estão reservados? Seja qual for a maneira como se responda a essas questões — ou para afirmar o caráter ilegítimo da utilização hegeliana ou schellinguiana de teologúmenos cristãos, ou para passar recibo do desabamento de uma distinção rígida entre fil. e teologia, sobre a qual a fil. não tinha sido consultada —, é em todo caso patente que a teologia recente se constituiu também, e mesmo primeiro, em textos filosóficos ou que passam comumente por tais.

O problema teológico da fil. põe-se assim em termos surpreendentes, como o de uma nova topologia do saber em que dois traços ressaltam: um apagamento certo e geral do teológico, em sua realidade eclesial e universitária, e uma tomada em conta, episódica, pela fil. de questões que antes pertenciam a um tratamento exclusivamente teológico. A universidade medieval propunha um currículo orgânico, culminando no estudo de uma teologia que reinava sobre as ciências — e uma teologia que goza de boa saúde não pode renunciar ao oneroso privilégio de ser o mais alto saber. Mas se a Faculdade de teologia distinguiu-se incontestavelmente, no tempo da grande escolástica, por uma efervescência criadora pouco banal, tal que a história das ideias medievais é antes de tudo uma história das ideias teológicas na IM, é igualmente incontestável que a teologia universitária, depois da IM, já não participou, se não de maneira marginal, dos debates mais importantes que agitaram o mundo intelectual. E se foi constantemente, desde as origens, que a teologia evoluiu ao sabor da recepção que reservava à fil. (a acolhida que o s. XIII reservou ao aristotelismo* é seu caso mais brilhante, mas não passa de um caso), o espetáculo dessas recepções toma um aspecto um tanto patético quando a teologia parece esperar das fil. às quais pede ajuda, além de certos conceitos novos e de alguns novos problemas, uma vitalidade e uma respeitabilidade novas. E quando as fil. que a teologia quer pôr a seu serviço, i.e., a serviço de uma reorganização de seu discurso, são já pensamentos que ofereceram uma generosa hospitalidade aos temas fundamentais da fé cristã, então pode-se perguntar, com alguma razão, se o trabalho específico da Faculdade de teologia não se reduz ali a produzir uma versão ortodoxa de sínteses geniais, mas um pouco heterodoxas, saídas da Faculdade de fil.

A história teológica da fil. não se encerra porém com um desabamento da Faculdade de teologia, reduzida ou a perpetuar para uso dos aprendizes teólogos uma fil. de escola que nunca passou da esquematização morta dos conceitos filosóficos bem vivos, cujo concurso a escolástica assegurara para si, ou então a suspender toda a pertinência de seu propósito à apropriação apressada da última fil. dominante, quer seja teologicamente neutra (p. ex. a fenomenologia), quer nutrida de ideias cristãs (p. ex. Hegel, Schelling, Kierkegaard*), quer feita de desmentidos às doutrinas do cristianismo (p. ex. Nietzsche*). Um último fato de história* deve ser tomado em consideração: a incerteza que caracteriza a relação da fil. contemporânea com sua própria identidade. Quando o próprio filósofo (aqui, Heidegger*) fala de um "fim da fil.", que sentido tem ainda encontrar um protocolo frutuoso para regular as relações da teologia com a fil.? E antes de ver no fato de que a fil. se encarrega de questões teológicas a prova de certo esquecimento da natureza e dos limites da fil., não seria preciso ver nisso uma recusa filosófica da fil. "separada" e a aparição de um modelo novo da racionalidade? Essas questões revelam a perda de um objeto e o aparecimento de um outro. Uma definição estrita do filosófico (permitindo então reconhecer a um ou a outro o posto de Filósofo por excelência), eis o que era perfeitamente possível quando a teologia procedia simultaneamente à sua própria autodefinição e à definição dessa outra instância, dita "filosófica", com a qual se sabia ou se acreditava ligada de modo vital. Logo que a fil. pôde assumir o direito, no Ocidente cristão, de fixar ela mesma seus procedimentos e seus fins, não podia deixar de decepcionar as expectativas da teologia; e fez isso, primeiro, negando os axiomas e as razões da teologia. Mas não é na verdade a discursos expressamente seculares ou expressamente hostis ao cristianismo que cabe, no tempo de modernidade, suscitar a maior inquietação na teologia: isso cabe de fato a essas fil. (seja qual for o nome dado a essas novas práticas da racionalidade) que questionam a fronteira que deveria separá-las da teologia.

Não faltam certamente em toda a modernidade teorias filosóficas teologicamente neutras que possam instruir o teólogo sobre verdades perfeitamente profanas, mas suscetíveis de pesar sobre a consistência e a pertinência de um discurso teológico (fil. da linguagem e fil. analítica são casos bastante puros). Tampouco faltam teorias abertamente negativas das razões cristãs, mas que possam, inteligentemente subvertidas, fecundar uma inteligência teológica das coisas. Nos dois casos, a fil. pode ainda cumprir, na verdade, sob formas modernas, o serviço que dela esperava a teologia antiga: ela pode ser posta a serviço de um projeto teológico. A noção de uma fil. que dá a pensar ao teólogo deve porém ser substituída, nos casos mais notáveis, pela ideia de uma relação circular, ou relação de troca, em que a fil. e a teologia se dão mutuamente a pensar, sem que a identidade da instância "filosófica" seja, nem deva ser, determinada de um modo claro e distinto; a ideia, pois, de uma "fil." à qual a teologia já deu a pensar. Porque a Faculdade de teologia não reina mais sobre a universidade, a ideia de uma fil. de condição ancilar deixou desde o Renascimento de ser uma ideia sustentável; desde então, as únicas fil. que estiveram às ordens da teologia foram fil. factícias produzidas no interior mesmo da Faculdade de teologia, ou sob o seu controle institucional: fil. aristotélico-tomista da neoescolástica ou metafísicas de escola do luteranismo* germânico. Resta que a ideia de uma fil. que possa ignorar metodicamente o que a teologia permite pensar é talvez, ela também, uma ideia antiquada.

O debate consagrado na França, entre 1927 e 1932, à "fil. cristã" fez claramente que viessem à tona as questões em jogo. Para E. Bréhier, que provocou o debate por várias intervenções, a ideia de fil. cristã é a que na mesma época é para Heidegger (*GA* 40, p. 9; 48 p. 163; cf. J. Beaufret, "La philosophie chrétienne", *in Dialogue avec Heidegger*, t. 2, Paris, 1973, 9-27): um círculo quadrado — "O cristianismo é essencialmente a história misteriosa das relações de Deus com o homem, história misteriosa que só pode ser revelada, e a fil. tem por substância o racionalismo*, isto é, a consciência clara e distinta da razão que

está nas coisas e no universo" (*BSFP*, t. XXXI, 1931, 49-52). A resposta de Maritain deixa intacta a distinção das instâncias: a fé do filósofo pode tornar-lhe mais fácil seu trabalho filosófico, nada tira à pura racionalidade do filósofo. Gilson, ao contrário, atraiu a atenção para os filosofemas cuja origem teológica (ou em todo caso a origem cristã) lhe parecia poder ser afirmada de maneira convincente: noção de pessoa ou de criação*. (É porém uma teoria cuja genial paternidade Gilson atribui ao cristianismo em geral e a Tomás* de Aquino em particular, a identificação de Deus com o ato puro de ser*, mas parece bem que esteja mais do que esboçada em um texto atribuído a Porfírio — cf. P. Hadot, "Dieu come acte d'être", *in* Col. *Étienne Gilson et nous*, Paris, 1980, 117-121.) Blondel* foi mais longe, até a formular a teoria de uma fil. aberta aprioristicamente à luz de teologia: sua tarefa é mostrar como a razão, longe de tudo estabilizar em conceitos fechados, descobre nela necessidades que a natureza não satisfaz, um inacabado, sempre naturalmente inacabável e contudo incoercivelmente ávido de acabamento (*Le problème de la philosophie catholique*, Paris, 1932, 135). Na mesma época, Barth* exprimia suas dúvidas sobre o conceito de "fil. cristã": "Se é *fil.*, não pode ser cristã; se é *cristã*, não pode então ser fil." (*KD* I/1 p. 4). Esse *diktat* de teólogo choca-se porém com as resistências de uma história na qual as fil. talvez não se quiseram "cristãs", mas certamente permitiram que uma racionalidade nascida do cristianismo fizesse nelas sua obra. No catolicismo*, pelo menos, o debate francês deu o toque de finados para a "fil. separada". (Para uma abordagem do problema *ad mentem* Wittgenstein, ver D. Z. Philiips, *Belief, Change and Forms of Life*, Londres, 1986, 104-119, "Can there be a Christian Philosophy?".)

Que a teologia não possa cumprir sua tarefa eclesial sem enfrentar também racionalidades de fil. seculares, isso não é duvidoso. Porém mais importante é o fato de fil. que parecem não mais poder desempenhar-se de sua tarefa própria sem medir suas razões com as razões da teologia. É ainda possível no s. XX conceber a fil. como prática profana supondo que se ponha entre parênteses todo conhecimento teológico e toda vida teologal, e que assim se proceda em nome da fil. (Heidegger) ou da teologia (Barth). Não seria essa possibilidade um tanto anacrônica? É o que sugerem, desde o fim das Luzes, mais de uma metamorfose do filósofo e mais de uma troca entre fil. e teologia. Mas é seguramente muito cedo para pronunciar-se sobre a reorganização do racional, tentada por pensamentos que não se deixam trabalhar pelas razões da teologia ou por pensamentos que procuram romper o quadro "metafísico" que o Ocidente deu à sua busca de sabedoria.

• P. Petersen (1921), *Geschichte der aristotelischen Philosophie im protestantischen Deutschland*, Leipzig (1964² Stuttgart-Bad Cannstatt). — B. Baudoux (1937), "Philosophia ancilla theologiae", *Anton.* 12, 293-326. — M.-D. Chenu (1937), "Les 'philosophes' dans la philosophie chrétienne médiévale", *RSPhTh* 26, 27-40. — J. Leclercq (1939), "La théologie comme science d'après la littérature quodlibétique", *RThAM*, 11, 351-374. — M. Wundt (1939), *Die deutsche Schulmetaphysik des 17. Jahrhunderts*, Heidelberg. — G. Bardy (1949), "'Philosophie' et 'philosophe' dans le vocabulaire chrétien des premiers siècles", *RAM* 25, 97-108. — H. Rochais (1951), "Ipsa philosophia Christus" *MS* 13, 244-247. — J. Leclercq (1952), "Pour l'histoire de l'expression 'philosophie chrétienne'", *MSR* 9, 221-226. — F. Dölger (1953), "Zur Bedeutung von *Philosophos* und *Philosophia* in der byzantinischer Zeit", *in Byzanz und die europäische Staatenwelt*, Ettal, 197-208. — J. Leclercq (1956), "Maria christianorum philosophia", *MSR* 103-106. — H. Blumenberg (1959), "Kritik und Rezeption antiker Philosophie in der Patristik", *StGen* 12, 485-497. — W. Pannenberg (1959), "Die Aufnahme des philosophischen Gottesbegrifs als dogmatisches Problem der frühchristlichen Theologie", *in Grundfr. syst, Theol.*, Göttingen, 296-346. — H. U. von Balthasar (1961), "Philosophie, Christentum, Mönchtum", *in Sponsa Verbi*, Einsiedeln, 349-387. — J. Daniélou (1961), *Message évangélique et culture hellenistique au IIe et IIIe siècles*, Paris-Tournai, 11-128. — É. Gilson (1960), *Le philosophe et la théologie*, Paris; (1961), "Autour de Pomponazzi. Problématique de l'immortalité de l'âme en Italie au début du XVIe siècle", *AHDL* 28, 1163-279. — A.-M. Malingrey (1961), *"Philosophia". Étude d'un groupe de mots dans la litterature grecque...* Paris, 119s, 137s, 148s. — H. Crouzel (1962), *Origène et la philosophie*, Paris. — B. Welte (1965), "Die Philosophie in der Theologie", *in Auf der Spur des Ewigen*, Friburgo-Basileia-Viena, 366-379. — H. Chadwick (1966), *Early Christian Thought and the Classical Tradition*, Oxford. — A. Henrichs (1968), "Philosophy the Handmaiden of Theology", *GRBS* 9, 437-450. — L. Malevez (1968), "Le croyant et le philosophe", *in Pour une théologie de la foi*, Paris-Bruges, 9-44. — B. J. F. Lonergan (1970), "Philosophy and Theology", *in A Second Collection*, Toronto, 1996², 193-208. — R. Paqué (1970), *Das Pariser Nominalistenstatut*, Berlim. — O. Michel (1973), "Philosophia", "Philosophos", *ThWNT* 9, 169-185. — G. Podskalsky (1977), *Theologie und Philosophie in Byzanz*, Munique. — S. Breton (1981), *Le Verbe et la croix*, Paris. — A. Plantinga (1983), "Reason and Belief in God", *in A. Plantinga and N. Wolterstorff (sob a dir. de), Faith and Rationality*, Notre Dame e Londres. — H. M. Schmidinger (1987), "Zur Geschichte des Begriffs 'christliche Philosophie'", *in E. Coreth et al. (sob a dir. de), Christliche Philosophie im katholischen Denken des 19. und 20. Jahrhunderte*, t. 1, Graz-Viena, 29-45. — I. U. Dalferth (1988), *Theology and Philosophy*, Oxford. — H. M. Schmidinger (1989), "Philosophie christliche", *HWP* 7, 886-898. — L. Bianchi (1990), *Il vescovo e i filosofi. La condanna parigina del 1277 e l'evoluzione dell'aristotelismo scolastico*, Bérgamo. — J.-F. Courtine (1990), *Suárez et le système de la métaphysique*, Paris, 9-99. — X. Tilliette (1990), *Le Christ et la Philosophie*, CFi 155, 17-136. — A. de Libera (1991), *Penser au Moyen Âge*, Paris. — J. Pieper (1995), *Schriften zum Philosophiebegriff, Werke* t. 3, Hamburgo. — M. Henry (1996), *C'est moi la verité. Pour une philosophie du christianisme*, Paris. — W. Pannenberg (1996), *Theologie und Philosophie*, Göttingen.

Jean-Yves LACOSTE

→ *Deus; Razão; Ser; Teologia; Verdade.*

FILOSOFIA DA RELIGIÃO → religião (filosofia da)

FINITUDE → infinito → morte A → nada

FINS ÚLTIMOS → escatologia

FLORENÇA (Concílio) (1439-1445) → Basileia-Ferrara-Florença (Concílio) (1431-1446)

FORMGESCHICHTE → gêneros literários na Escritura → exegese c

FÓRMULAS DE FÉ → confissões de fé

FRANCELINO João Batista → tradição A. d.

FRANCISCANA (espiritualidade)

As perspectivas e as atitudes que caracterizam a espiritualidade franciscana têm sua origem na experiência de Francisco de Assis (1182-1226) (Fr.): sua figura, sua vida, seu projeto. Essa espiritualidade conheceu no curso dos séculos evoluções e acentuações variadas.

1. A figura fundadora e sua originalidade

a) Nosso conhecimento de Fr. e de sua visão repousa sobre duas categorias de documentos antigos: as narrações *hagiográficas* (apareceram cerca de oito nos quarenta anos que seguiram sua morte) e os *escritos de Fr.* (cerca de trinta textos de tamanho e conteúdo variáveis). Há que acrescentar a eles a contribuição feminina de Clara de Assis (1194-1253): seus escritos, sua vida.

b) A originalidade da espiritualidade franciscana consiste no fato raro, se não único, de que provém da experiência* cristã de um leigo* sem formação escolar clerical (ele designa-se a si mesmo como *ignorans et idiota*). Se tira certos traços dos movimentos pauperísticos dos s. XII-XIII, Fr. contudo não é marcado pelas correntes intelectuais e espirituais da época. É de uma apreensão global, imediata e fresca da mensagem evangélica que tira sua visão de Deus*, do homem e do itinerário pessoal. Um equilíbrio surpreendente permite-lhe evitar o fundamentalismo* na interpretação; apresentada sem elaboração conceitual sistemática, sua "doutrina" não deixa de ter uma amplidão teológica e espiritual certamente mais próxima dos Padres do deserto que da escolástica*.

2. Os eixos de espiritualidade de Francisco

Os relatos hagiográficos apresentam e interpretam a figura de Fr., mas são seus escritos que revelam melhor a visão que o habitava e as atitudes espirituais que ela implicava. Os eixos que estruturam essa visão parecem ser os seguintes.

a) *O Evangelho como primeira referência.* — Fr. não se refere a correntes espirituais existentes, a suas sínteses e práticas. O que propõe é "a vida do Evangelho de Jesus Cristo", o Evangelho entendido e compreendido não de maneira seletiva, mas segundo todo o seu equilíbrio, enquanto revelação* do amor* de Deus em Jesus Cristo e da vida nova daí decorrente.

b) *"Deus acima de todo desejável".* — Fr. teve uma experiência muito profunda do mistério* trinitário. Embora permanecendo discreto sobre suas repercussões subjetivas, ele a propõe com insistência a todo crente, que convida a "amar, honrar, adorar e servir, louvar e bendizer a Deus, totalmente acima de qualquer desejável". Seu olhar sobre Deus tem algo de joanino*: primazia do Pai*, Filho como Revelador do Nome* paterno, Espírito* que, somente ele, introduz a ele. O Filho é contemplado na humildade, na fragilidade e na pobreza de seu abaixamento; suas palavras muitas vezes citadas são "espírito e vida"; sua presença no tempo da Igreja* tem como foco a eucaristia*.

O crente é convidado a ter sempre "o coração* voltado para o Senhor", numa atitude feita, antes de tudo, de adoração, pasmo, louvor* e ação de graças.

c) *Pobreza radical do ser.* — "As boas palavras, as boas ações e todo bem* que Deus faz e diz no homem e pelo homem pertencem a Deus, e devem ser-lhe restituídos em ação de graças. O homem só tem de próprio vícios e pecados*. Também só pode gloriar-se de suas fraquezas e levar cada dia a cruz de Cristo*. Ali se encontram a verdadeira alegria, a verdadeira virtude e a salvação* do homem".

A pobreza material que Fr. propõe em suas *Regras* (mas não nos textos dirigidos aos leigos) é o sinal contundente dessa pobreza radical do ser diante de Deus. Daí decorre a exigência de se comportar como pequenos ("menores") submetidos a todos, servos de todos, e não como senhores e mestres.

d) *Amor "materno" por todo ser humano.* — O outro, seja "irmão bendito, amigo ou inimigo, ladrão ou bandido, será acolhido com bondade, alegria espiritual, respeito. Mesmo se pecar mil vezes, não se deixará de amá-lo, sem desejar que se torne melhor cristão para nosso conforto". Em toda relação humana deve reinar tal confiança "que cada um manifeste aos outros suas necessidades, como um filho à sua mãe. Porque é preciso que cada um queira bem e alimente seu irmão como uma mãe a seu filho".

e) Presença de fraternidade, de paz, de alegria. — Fr. descreve assim a presença fraterna a todos os homens: "Que evitem as disputas, as querelas de palavras, os juízos negativos, e manifestem aos outros a doçura, a paz*, a serenidade, a benevolência, a humildade, a cortesia". Essa espécie de utopia evangélica não se aplica somente aos homens; estende-se ao mundo da matéria e às realidades cósmicas, chamadas irmãos e irmãs. Supõe, paradoxalmente (Fr. tem uma visão antes sombria sobre o homem), um otimismo fundamental, o da criação* e da salvação. Funda a vontade de ser o "irmão" de todos, o cuidado de criar harmonia, reconciliação e paz.

3. Tradição franciscana e suas evoluções

a) A influência espiritual de Fr. não está limitada ao núcleo de seus discípulos religiosos. Estendeu-se aos cristãos leigos, para quem Fr. redigiu um projeto de vida, a *Carta aos fiéis*. O conteúdo de sua mensagem foi apresentado ao longo dos séculos com acentuações diversas. A figura do santo ocupava-lhe o centro, com sua insistência sobre os aspectos espetaculares: radicalismo da pobreza, estigmas, devoção sensível à humanidade de Cristo.

b) Pode-se distinguir na tradição dois períodos particularmente ricos em contribuições e desenvolvimento: o s. XIII e os s. XV-XVII.
1/O s. XIII continua, de um lado, uma corrente vizinha do pensamento e do estilo de Fr., representado por figuras próximas dele: os irmãos Richer de Muccia (†1236), Egídio de Assis (†1274) e Rogério de Provença (†1310), e do lado feminino Angela de Foligno (†1309). Essa corrente é marcada por traços fortemente místicos e exprime-se numa linguagem simples, fora de toda sistematização.

Paralelamente, afirma-se uma tendência erudita ligada à escolástica*. Dela fazem parte teólogos e espirituais: Boaventura* (†1274), Pedro João Olivi (†1284), Ubertino de Casale (†1329), Angelo Clareno (†1337). Elaboram sínteses que integram as grandes intuições de Fr. em quadros sistemáticos marcados pelo intelectualismo* da época e pelas preocupações da hora (lutas em torno da pobreza).
2/Nos s. XV a XVII, depois de pregadores como Bernardino de Sena (†1444), vê-se aparecer uma cadeia de personalidades que servirão de correia de transmissão à espiritualidade renano-flamenga*, embora marcando-a com seu cunho franciscano. O belga Henri Herp (Harpius, †1477) é seu mais ilustre representante. Sua *Theologia mystica* vai difundir-se na Europa do Sul, e por intermédio dos franciscanos espanhóis Francisco Ossuna (†1541) e Bernardino Laredo (†1540) influenciará a espiritualidade carmelitana por meio de Teresa de Ávila. O mesmo caso irá reproduzir-se na França no s. XVII: a *Regra de perfeição* do capuchinho Bento de Canfeld (†1610) terá um papel considerável nas origens da escola francesa e suscitará continuadores franciscanos na França e na Bélgica. Uma estranha afinidade liga assim a espiritualidade nórdica, muito abstrata, e uma abordagem franciscana que visa ao amor para além de todo conceito. No fim dessa época, uma mulher, Santa Verônica Giuliani, capuchinha (1727), é testemunha da permanência da tradição* mística* no seio da espiritualidade franciscana.

c) Ainda hoje "o espírito de Assis" conserva seu fascínio. Apela para a figura de Fr., para traços de suas mensagens: benevolência, fraternidade universal, paz, reconciliação, certa leveza (poética) do ser, amor e respeito da natureza. Porém o mais importante é a raiz desses valores, sem a qual não teriam sentido nem possibilidade: levar a sério o Evangelho todo, profunda experiência de Deus, pobreza radical do ser.

- K. Esser (1976), *Die Opuscula des Hl. Franziskus von Assisi*, Roma. — Francisco de Assis (1981), *Escritos* (SC 285). — Clara de Assis (1985), *Escritos* (SC 325). — E. Menestó (sob a dir. de) (1995), *Fontes Franciscani*, Assis.

▶ H. de Lucerne (1924), *L'idéal de saint Fr. d'Assise*, Paris. — A. Gemelli (1935), *Le message de saint François au monde moderne*, Paris. — E. Lonpré

(1966), *Fr. d'Assise et son expérience spirituelle*, Paris. — K. Esser e E. Grau (1967), *Antwort der Liebe*, Werl/West. — K. Esser (1975), *Origini e inizi del movimento e dell'Ordine francescano*, Milão. — A. Rotzetter (sob a dir. de) (1982), *Un chemin d'Évangile, l'esprit franciscain hier et aujourd'hui*, Paris. — T. Desbonnet (1983), *De l'intuition à l'institution*, Paris. — O. van Hasseldonk (1985), *La Lettera e lo Spirito*, t. 1, 351-479, Roma. — M. Bartoli (1989), *Chiara d'Assisi*, Roma. — D. Flood (1989), *Francis of and the Franciscan Movement*, The Franciscan Institute of Asia, Quezon City. — Col. (1991), *La sp. de saint Fr. de Assise*, Paris. — A. Caciotti (1992), "Amore e conoscenza nel francescanesimo, alcuni aspetti", *Anton*. 67, 305-329. — G. Iammarone (1993), *La spiritualità francescana*, Pádua. — T. Matura (1996), *Fr. d'Assise, "auteur spirituel"*, Paris.

Taddée MATURA

→ *Beguinas; Boaventura; Carmelo; Devotio moderna; Imitação de Jesus Cristo; Renano-flamenga (mística).*

FRANCISCO DE ASSIS → franciscana (espiritualidade)

FRANCISCO DE SALES → salesiana (espiritualidade)

FREUD, Sigmund, 1856-1938

a) Psicanálise da religião e teoria da cultura. — Freud (F.) é conhecido por ter operado uma aproximação cada vez mais assegurada entre religião e neurose obsessiva: "Podia-se arriscar a conceber a neurose obsessiva como o equivalente patológico da formação religiosa", escreve em 1907 ("Ações compulsivas e exercícios religiosos"). Tal aproximação, que atravessa toda a obra de F., não é um diagnóstico extraído de experiências clínicas e de observações de certas constantes (repetição indefinida de rituais, expectativa mágica de sua eficácia, fabulações proliferantes sobre sua origem); ele engaja antes uma teoria da religião, e com ela uma interpretação da cultura. Na interseção da proto-história, da etnologia e da psicanálise, F. faz valer que a instauração de práticas rituais

coletivas e o reconhecimento do próximo têm por matriz comum a dissolução da organização social sob o efeito de um impulso sexual que gera ademais a neurose.

Por ocasião dos acontecimentos fundadores da vida coletiva, tal impulso teria desagregado a identificação imaginária e megalomaníaca dos membros da horda primitiva com a pretensa onipotência sexual de seu chefe. Tal identificação, submetendo-os à autoridade* do "Pai* arcaico" e às coerções que garantiam a vida do grupo, dava-lhes toda satisfação sexual mediante a expectativa de uma herança imaginária. Esse Pai arcaico teria sido levado à morte em condições que excluíam a substituição costumeira; a organização do grupo teria então desabado, e teria exigido um pacto fraterno — isto é, uma nova organização social sustentada por uma nova repartição da energia sexual: os filhos têm doravante acesso às mulheres* e se reconhecem semelhantes e iguais; mas, tendo-se apenas evitado a catástrofe, a energia sexual em parte se volta contra si. A angústia impregna então a sexualidade e organiza sua expressão (tabu do incesto, exogamia, interdição da eliminação do rival); ela põe-se em cena individualmente nas obsessões e coletivamente em um culto totêmico que oscilava entre expiação do assassinato primitivo, nostalgia de um retorno sob a autoridade ao Pai arcaico e exaltação de sua evicção. A instauração do totem significaria que o Pai arcaico não está morto e que sua potência protetora subsiste. Sua veneração onerosa restabeleceria a submissão de outrora e mereceria sua contrapartida. Quanto ao sacrifício periódico do totem e a sua devoração, repetiriam simbolicamente o gesto dos conjurados e confortariam seus descendentes na posse da onipotência arrebatada ao Pai arcaico. O totemismo trabalharia assim pela manutenção do vínculo fraterno mas deixaria a culpabilidade propagar-se e repetir-se.

Todas as religiões, portanto, uniriam assim de modo obsessivo uma reivindicação de prazer e de desejo de reafiliar-se a uma onipotência dominada por práticas sacrificais proliferantes. Operando um vínculo entre reconhecimento do próximo, religião e neurose, a religião torna-se um parceiro ambíguo da cultura: doma instintos antissociais e participa à elaboração psíquica do medo; mas de outro lado não evita a crítica inevitavelmente suscitada pelo conflito entre esperanças ilusórias e sacrifícios reais que se impõem ao homem desde sua juventude, limitando assim o desenvolvimento de sua inteligência.

Tal análise aplica-se ao judaísmo* e, em menor medida, ao cristianismo. Quanto à religião judaica, F. pensa poder estabelecer que Moisés teria sido morto por escravos judeus, arrastados para além do mar Vermelho. Jogando com a lembrança inconsciente do assassinato primitivo, esse crime teria violentamente esquartejado a consciência* judaica entre a espera de uma eleição* maximal e a necessidade de submeter-se à lei* divina. Daí teria resultado uma tensão ética* sem igual que encontra sua contrapartida numa identidade inteiramente fundada na exaltação e no trabalho da inteligência. Também o cristianismo estaria incluído no âmbito do totemismo: na eucaristia* tratar-se-ia de um herói todo-poderoso, de sua condenação à morte e da incorporação simbólica de sua potência (potência* divina). Mas, em razão da proximidade histórica da morte* de Jesus*, Paulo, criador dessa "nova religião", não teria podido identificar a onipotência de Cristo* à do Pai arcaico. Retomando fantasmas anteriores do totemismo e detectáveis nos cultos das deusas-mãe, Paulo teria feito do cristianismo uma "religião do Filho", para a qual Jesus seria o depositário de uma onipotência a partilhar e não a disputar. Essa religião proporia uma regressão própria a reativar tendências politeístas (culto de Maria* e culto dos santos*) e teoricamente sem influência sobre a cultura. F. contudo registra a importância cultural do cristianismo, e põe-na em grande parte a crédito da Reforma.

b) Recepção da crítica freudiana. — A análise de F. perdeu os apoios de que se prevalecia no começo: a proto-história logo descartou a hipótese da horda primitiva, e a etnologia, a de uma filiação de todas as formas religiosas a partir do culto totêmico: os biólogos contestam a possibilidade de uma herança cultural, e os psicanalistas se espantam com o silêncio a respeito da posição das mulheres. Além do mais a teoria freudiana do cristianismo desenvolve uma segunda teoria da religião pouco compatível com a primeira, negligencia as elaborações da teologia da Trindade* e sobrestima o culto da Virgem.

Ademais as reflexões freudianas não parecem ter impressionado muito os espíritos: mal recebida pelos meios de cultura judaica, foi considerada um desastrado desvio (O. Pfister, R. Laforgue). Se alguns discípulos (E. Jones, G. Roheim) nela se inspiram para estudar os mitos*, não atraíram a atenção dos especialistas da história da mitologia. Quanto aos outros leitores de F., ou não procuraram precisar num ponto particular uma reserva de conjunto contra a psicanálise, ou deram mais atenção às relações entre religião e psicanálise de inspiração lacaniana (C. Lévi-Strauss, D. Vasse).

Seria possível então ater-se à conclusão de que na teoria freudiana da religião só se trata de uma extrapolação, fora do campo em que é operante, do *nil nisi sexuale* caro a F. — a menos que se considere que traz um esclarecimento interessante sobre o assédio e sobre a contaminação da religião pela neurose.

Pode-se porém ir mais longe: a abordagem freudiana do totemismo sob as categorias do arcaico, do sexual e do infantil constitui decerto um mito (F. mesmo a trata de "mito científico"); realiza contudo um deslocamento importantíssimo em relação à interpretação positivista da religião. Ao fazer da parusia do espírito positivo o eixo estruturante da história*, A. Comte (1798-1857) tinha reforçado as posições do racionalismo* perante a religião: já que a humanidade não pode não sair da crença, convém suportar o ritmo dessa libertação. Ora, longe de reiterar servilmente o credo positivista, *O futuro de uma ilusão* afirma que, embora haja nisso ilusão e que se deva desejar-lhe o pronto desaparecimento, não se pode esperar um apagamento puro e simples: nela trabalha — mesmo desastradamente — uma dinâmica psíquica fundadora da cultura. *Mal-estar na civilização* meditará de novo sobre a impotência do *logos* para dar conta, de maneira imediata, do devir humano. Um espinho irritante está assim inscrito no coração da convicção racionalista, e não é sem razão.

A filosofia* clássica interessava-se pela representação enquanto depositária de saberes; caracterizavam-se como religiosas as representações desprovidas de todo valor sociológico assinalável. Tal determinação simplista do religioso desequilibra-se porém sob a pressão de um movimento crítico interno à racionalidade: o advento das ciências* da natureza e o papel que nelas tem a percepção permitiram, com efeito, conceber que as representações não provêm de duas fontes, uma racional e outra afetiva, mas que tudo se realiza num processo representativo que funciona na junção das apetências individuais e das excitações provindas da realidade. Retomando essa tese, a psicanálise interessa-se por uma dialética do desejo desenvolvendo-se nas representações religiosas e em sua encenação ritual. Sem aderir a tudo o que diz, pode-se concordar que não desonra esse objeto procurando-o como o sexual, compreendido como o aguilhão de um desejo incontornável pelo outro, que está atuante nele e serve, mesmo de maneira desajeitada, à evolução conjunta da sociedade e da cultura: a psicanálise tentaria, pois, compreender a transmutação de *eros* em *agapè* (amor*).

- S. Freud, *GW*, Londres, depois Frankfurt, 1947-1987, 19 t., 18 vol.; (1907), "Zwangshandlungen und Religionsübungen", *GW* VII, 129-139; (1908), "Die 'kulturelle' Sexualmoral und die moderne Nervosität", *GW* VII, 143-167; (1909), "Bemerkungen über einen Fall von Zwangsneurose", *GW* VII, 381-463; (1910), "Psychanalitische Bemerkungen über einen autobiographisch berschriebenen Fall von Paranoia (Dementia Paranoides)", *GW* VIII, 239-320; (1911), "Gross ist Diana der Epheser", *GW* VII, 359-361; (1913), "Totem und Tabou", *GW* IX; (1921), "Massenpsychologie und Ich-Analyse", *GW* XIII, 71-161; (1927), "Die Zukunft einer Illusion", *GW* XIV, 3323-380; (1929), "Das Unbehagen in der Kultur", *GW* XIV, 421-506; (1939), "Der Mann Moses und die monotheistische Religion", *GW* XVI, 101-246. Em português: *Edição eletrônica brasileira das obras completas de S. Freud.* Versão 2.0, Rio de Janeiro, 2000; *S. Freud. Obras psicológicas completas*, 24 vol., edição standard brasileira, Rio de Janeiro, s.d.

- O. Pfister (1919), *Au vieil Évangile par un chemin nouveau*, Berna; (1928), "Die Illusion einer Zukunft", *Imago* XIV, 2-3. — R. Bienefeld (1938), *Die Religion des religionslose Juden*, Viena. — C. Lévi-Strauss (1949), *Les structures élémentaires de la parenté*, Paris. — G. Roheim (1950), *Psychana-*

lisis and Antropology, Londres. — E. Jones (1951), *Essays in Applied Psycho-Analysis* II, Londres. — C. Lévi-Strauss (1951), *Le totémisme aujourd'hui*, Paris. — R. Laforgue (1963), "Freud et le monothéisme", *in Au-delà du scientisme*, Genebra, 93-117. — P. Ricoeur (1965), *De l'interprétation. Essai sur Freud*, Paris (*Da interpretação: ensaio sobre Freud*, Rio de Janeiro, 1977). — D. Vasse (1969), *Le temps du désir*, Paris. — A. Vergote (1974), *Dette et désir*, Paris. — J. Gagey (1982), *Freud et le christianisme*, Paris. — H. Schott (1997), "Psychiatrie", *TRE* 27, 672-676. — K. Winkler (1997), "Psychoanalise/Psychoterapie", *ibid.*, 677-684.

Jacques GAGEY

→ *Heidegger; Marx; Nietzsche; Paulina (teologia); Pecado; Sexual (ética).*

FUNDAMENTAL (Teologia)

O cristianismo é uma religião revelada; isso é o que atribui à teologia fundamental (t.f.) sua tarefa primeira e constante, seu "conteúdo" próprio. "A fé vem do que se ouve" (Rm 10,17). Mas em que a Boa-Nova proclamada e ouvida é crível, por quem é garantida? Ao direito de tomar livremente posição ante a provocação da pregação* cristã corresponde o dever de dar conta dessa decisão, quanto for racionalmente possível, para si mesmo e para o outro: a própria Bíblia* fixa o programa da t.f.: "Estai sempre prontos a justificar vossa esperança diante dos que pedirem conta dela" (1Pd 3,15; cf. Fl 1,7.16).

I. História da teologia fundamental

A história da t.f. é primeiro a de seu conteúdo, em segundo lugar a dos nomes que lhe foram dados.

1. As etapas da apologia ou da apologética

a) Antiguidade e Idade Média. — A apologia cristã durante a Antiguidade e a IM de um lado dirige-se ao judaísmo*, de outro ao ambiente grego "pagão" em que viviam os primeiros cristãos, e mais tarde ao Islã. Já os escritos do NT procuravam ressaltar sua concordância com o AT, lido na perspectiva de uma prefiguração tipológica da figura messiânica de Jesus*. O *Diálogo com Trifão*, de Justino (*c.* de 160) inaugura quase um milênio de literatura polêmica *Adversus Judeos*. Uma dúzia de apologistas* clássicos (cf. F. Morel, *Corpus Apologetarum*, Paris 1615) erguem-se no s. II contra as acusações e os erros dos "helenos". Contra os "maometanos" ou os "mouros" ver-se-á mais tarde desenvolver-se uma enorme argumentação (cf. p. ex. o *Pugio fidei adversus Mauros et Judeos* de Raimundo Martini, *c.* de 1220-1284).

b) *Da Reforma às Luzes*. — Foi durante esse período que a apologética conheceu um desenvolvimento bastante sistemático para merecer esse nome, que só aparece no fim do s. XVIII (na literatura protestante! cf. Ebeling 1970). Em Marsílio Ficino (1433-1499) assiste-se à passagem de uma apologia circunstancial a uma apologética mais fundamental, que devia atingir sua plena expansão nas perturbações históricas do s. XVI, e depois dos s. XVII e XVIII (cf. Niemann, 1983, 89-198: "De l'apologie médiévale à l'apologétique des temps modernes"). Já certos precursores da Reforma — João Wyclif (†1384) e João Hus* — tinham contestado a legitimidade da Igreja* papal e de sua hierarquia*. Em reação contra essas críticas apareceram os primeiros *Tractatus de Ecclesia* (João de Ragusa, 1431; João de Torquemada, 1486). A grande reforma da Igreja latina do Ocidente (Lutero*, Zuínglio*, Calvino*) deu em seguida uma viva atualidade a esse esforço para definir a "Igreja verdadeira" por seus caracteres essenciais, as *notae Ecclesiae*. Entre essas qualidades que se atribuíam à Igreja de Jesus vieram a cristalizar-se quatro notas, fundadas nos antigos símbolos: a unidade*, a santidade*, a catolicidade (no sentido etimológico de universalidade) e a apostolicidade (cf. Thils, 1937 para a Igreja católica; Steinacker, 1982 para as Igrejas protestantes). A Igreja de Roma* reivindicou sua posse exclusiva, e uma parte sistemática de sua apologética — a *demonstratio catholica* — foi essencialmente dedicada à justificação dessa pretensão.

Deve-se à apologia *Trois vérités...* de Pedro Charron (1541-1603), publicada em 1593, uma divisão tripartida das questões que deviam fazer escola até além da época das Luzes.

Os tratados correspondem às três verdades (2ª ed. aumentada, Paris, 1595):
1/A *religião* em geral: "Há religião recebível de todos e de cada um: contra todos os Ateus e Irreligiosos" (1)
2/O *cristianismo*: "De todas as religiões a cristã é a melhor: contra todos os descrentes, Gentios, Judeus e Maometanos" (113).
3/A *Igreja católica*: "De todas as partes que são a cristandade, a Católica Romana é a melhor: contra todos os hereges e cismáticos" (193, e até a p. 607!).
Sobre o fundo, Savonarola (*Triumphus crucis*, 1497) tinha já tratado a tríplice problemática da religião, do cristianismo e da Igreja, mesmo se só abordava a eclesiologia* de maneira marginal. Ao contrário, o huguenote Filipe Duplessis-Mornay (1549-1623), argumentando contra o catolicismo*, devia consagrar a essa uma obra particular (*Tratado da Igreja*, 1578), enquanto a questão fundamental de Deus* e do cristianismo, encarado sob o ângulo da revelação*, é objeto de outro livro, *Da verdade da religião cristã* (1581).

Na estrutura tripartida da apologética, a defesa estritamente confessional é precedida por duas partes consagradas respectivamente à *demonstratio religiosa* e à *demonstratio christiana*, e é essa última que os teólogos das Luzes acentuam. Agora já não se trata de diferenças intracristãs, mas do cristianismo como religião revelada, que o deísmo* queria substituir por uma religião da natureza* e da razão*. Contra isso os teólogos invocam, como provas da missão "sobrenatural"* e divina de Jesus, seus milagres* e a realização das profecias* messiânicas do AT. Vê-se então aparecer, no seio da *demonstratio christiana*, uma primeira subparte consagrada à *revelação*, cuja possibilidade e cuja necessidade são com mais frequência discutidas numa perspectiva racionalista, independentemente do fato de ter acontecido realmente em Jesus.

Na abundante literatura apologética do s. XVIII (cf. Niemann 1983, 199-300), o princípio de divisão tripartida pode ser ilustrado, p. ex., na obra de Beda Mayr, OSB, *Défense de la religion naturelle, chrétienne et catholique* (1787-1789), onde a parte do meio é dividida em dois tomos. O irlandês L.-J. Hook, ensinando na Sorbonne, escreveu também uma *Religionis naturalis et reve-*

latae principia (1754) sobre o esquema "religião natural — religião revelada — Igreja".

c) *Os séculos XIX e XX.* — Estava reservado aos s. XIX e XX ver difundir-se o ateísmo* radical da última fase das Luzes, sob a forma de materialismo vulgar, de um materialismo "dialético" doutrinário, ou ainda um *pathos* da liberdade fundado sobre postulados existenciais. Soou então para a apologética a "hora" de sua terceira parte sistemática, a hora da *demonstratio religiosa*, que estabelece a existência de Deus como condição de uma revelação possível, e discute suas propriedades, assim como sua relação com o mundo* e o homem. Essas questões fundamentais tomaram um grande espaço nas obras volumosas que por volta de 1900 apareceram em língua alemã com o título *Apologia do cristianismo* (p. ex. os livros de P. Schanz, F. Hettinger, A.-M. Weiss). O pensamento neoescolástico, elevado à categoria de doutrina oficial da Igreja católica, desde Leão XIII e sua encíclica *Aeterni Patris*, de 1879 (cf. DH 3135-3140), regia-se pelo ensinamento de Tomás* de Aquino, que inspirará até em pleno s. XX uma multidão de manuais, como p. ex. os de R. Garrigou-Lagrange (Le Saulchoir, Bélgica, 1929-1931[3]), H. J. Diekemann, SJ (Valkenburg, 1925-1930), e S. Tromp, SJ (Roma, 1937[4]).

Notemos enfim que A. Lang, na Alemanha, escreveu três livros sobre a religião (1957), a missão de Jesus e o ministério da Igreja (1954, 1967[4]-1968); igualmente, os três primeiros volumes do recente manual de t.f. de Kern *et al.* (1985-1988) (*HFTh*) contêm tratados da religião, da revelação e da Igreja.

2. Teologia fundamental: o nome e o conteúdo

A primeira obra a levar t.f. no título foi o manual em dois volumes de J. N. Ehrlich (1810-1864), publicado em Praga em 1859 e 1862; o autor acrescentou-lhe em 1863/1864 dois cadernos de *Complementos apologéticos...* sublinhando no § 34 (cf. § 16) que a tarefa da t.f. "é a mesma que a da apologética".

Aparecera antes em latim a obra de J.-B. Schwetz (Viena), *Theologia generalis* (1850), que será reeditada com reveladoras mudanças de títulos:

Theologia generalis seu fundamentalis (1854[2]), depois *Theologia* fundamentalis *seu generalis* (1858-1882[3-7]).

Encontra-se igualmente de A. Knoll (Innsbruck, 1852): *Institutiones theologiae dogmaticae generalis seu* fundamentalis, e de I. L. Guzmics (Turim, 1828): *Theologia christiana* fundamentalis. A metáfora geral do "fundamento" encontra-se na literatura apologética desde o início do s. XVIII, e bem parece que t.f. seja uma réplica do título então corrente de *Filosofia fundamental* (cf. HWP 2, 1972, 1134s).

A finalidade de Ehrlich é mostrar que a revelação salvadora advinda em Jesus constitui o pivô de toda a história* humana. Nisso trai a forte influência da escola católica de Tübingen* (primeira metade do s. XIX), particularmente de J. S. Drey (1777-1853) e do professor de Friburgo, F. A. Staudenmaier (1800-1856); e por meio deles, é de Schleiermacher* que Ehrlich se revela herdeiro. A obra principal de Drey, *L'apologétique comme démonstration scientifique de la divinité du christianisme dans sa manifestation* (1838-1847) comporta três volumes:

I. "A filosofia da revelação"; II "A religião em seu desenvolvimento histórico e em seu cumprimento da revelação de Cristo*"; III "A revelação cristã na Igreja católica".

O cristianismo é então situado no contexto da história universal das religiões, que nele encontra sua plena realização e que constitui em sua totalidade orgânica e em sua coerência interna uma história da revelação divina. Porque toda religião repousa, segundo Drey, em "um contato e laço [originais] do homem com Deus", uma "revelação interior" (I, 125), uma inspiração dada no ato mesmo da criação. Mas também é preciso uma "revelação *exterior*" (cf. I, 123-126), a fim de que a "imagem interior" de Deus no homem tome forma explicitamente. Assim como a criação subdivide-se nas duas esferas do espírito e da natureza, assim também a revelação divina opera-se pela inspiração e pelo milagre. A realidade só se deixa demonstrar pela realidade (cf. I, 376). A apologética, cujo nome Drey conserva, torna-se aqui, no fundo, uma t.f.

A neoescolástica e o I concílio do Vaticano* bloquearam a difusão dos textos da escola de Tübingen. Mas os manuais, mesmo quando seguiam de fato uma linha apologética mais tradicional, continuaram a aparecer sob o título moderno *t.f.*, que faz referência ao mesmo tempo à justificação da fé como decisão e à fundação da teologia.

3. A doutrina fundamental

Esse termo designa em teologia um conceito global que pode cobrir uma dupla orientação: 1/ uma abordagem formal e epistemológica das fontes e dos métodos teológicos; 2/ uma abordagem material e hermenêutica das questões fundamentais da fé cristã.

a) A "Teoria do conhecimento teológico". — É esse um dos títulos — entre outros, tais como: *Enciclopédia teológica, Teologia geral, Introdução..., Prolegômenos à dogmática* — de certos livros que visam a lançar os fundamentos de um estudo científico da teologia. Pedro Annat (1638-1715) aceita que a *Theologia positiva*, que consagrou a essas questões, seja designada como *Fundamentalis Theologia* — a mais antiga ocorrência desse termo encontrada até hoje (Stirnimann, 1977, 460-476).

Inicialmente, o que se destacava era o caráter *enciclopédico* dessas obras.

> A *Breve exposição dos estudos teológicos* de Schleiermacher (1811) exerceu uma influência determinante sobre os teólogos católicos Drey (*Breve introdução...* 1819) e Staudenmaier (*Enciclopédia...* 1834). Na *Enciclopédia teológica* de A. F. L. Pelt (1843), a t.f. ou "doutrina fundamental" — primeira parte da teologia sistemática — é consagrada à discussão dos "princípios da única Igreja cristã.. e [dos] princípios sobre os quais repousam as diferentes confissões" (375).

É também nessa perspectiva que se inscrevem os trabalhos de Gehard Ebeling (1970; 1975), que suscitaram no campo protestante um interesse novo pela t.f., considerada muito tempo como uma "especificidade católica". Aqui a t.f. é abordada como a ciência dos fundamentos sobre os quais repousam a teologia em seu conjunto e todas as disciplinas teológicas particulares (1970, 505s). Wilfrid Joest, em 1974, realizou à

sua maneira o programa de Ebeling publicando a primeira obra protestante que tinha o título de *Teologia fundamental* (subtítulo: "Problemas teológicos que concernem aos fundamentos e aos métodos"). A parte metodológica tem por objeto a função e as fontes (exclusivamente escriturísticas) da teologia, seus problemas hermenêuticos, lógicos e semânticos e, para terminar, seu caráter científico.

Do lado católico, a teoria do conhecimento teológico pode reclamar-se dos *Loci theologici* (lugares* teológicos) de Melchior Cano (1563). A obra escolástica clássica é a *Teoria do conhecimento teológico*, de M. J. Scheeben* (1874). A evolução do pensamento católico deste último século — marcada, entre outros, pelo Vaticano II* — não ficou sem efeito sobre a epistemologia teológica, à qual está consagrado o quarto tratado do *HFTh*. Os temas são: a palavra* de Deus e a fé, a Sagrada Escritura*, a tradição*, a catequese*, a teologia como ciência da fé e sua prática científica.

b) Para uma teologia fundamental do cristianismo. — A necessidade de tal teoria faz-se amplamente sentir. "Falta-nos uma verdadeira pesquisa aprofundada sobre o conteúdo essencial do cristianismo" (Seckler, 1988, 467, n. 52), sobre seu fundamento e sua mensagem central. A escola de Tübingen abriu vastas perspectivas nessa direção; pequenas marcas são postas hoje em dia no que se diz sobre os "artigos fundamentais" (desde os s. XVII e XVIII), o "centro da Escritura", a "essência do cristianismo", a "hierarquia das verdades" (Vaticano II, *UR* 11), as "fórmulas abreviadas da fé". O *Tratado fundamental da fé* (1976) de K. Rahner* quer também ser uma introdução ao "conceito do cristianismo". Um projeto mais antigo de Rahner, retomado por G. Söhngen (cf. *LThK*[2] [1960], 205s e 452-459) visava a constituir uma noologia da revelação, como ciência primeira e rigorosamente formal. (Não teria sido oportuno dar a essa disciplina o nome inicialmente previsto, de *Fundamentale Theologie*, que não se distinguiria da *Fundamentaltheologie* tradicional senão por um artifício gráfico intraduzível.)

W. Joest, na parte de sua t.f. consagrada aos princípios da teologia (§ 1-5; cf. Seckler, 1975, 287-292), reflete sobre o "fundamento da fé" (26), sobre a "confiança última que funda a fé" (50); esse fundamento primeiro é Jesus Cristo, em quem "Deus mesmo está presente no meio de homens" (55). Mas o "como" dessa presença só é descrito do *interior* da fé: resta a responder a questão primeira da *justificação*, não da fé em si mesma, mas da credibilidade* da proclamação da fé.

II. Compreender a revelação e justificar sua credibilidade

1. A abordagem tradicional do Vaticano I

O Vaticano I, em sua constituição *Dei Filius*, promulgada a 24 de abril de 1870, põe contra o fideísmo* e o tradicionalismo* esta definição: "Deus, fim e origem de tudo, pode ser conhecido com certeza pela luz natural da razão a partir das coisas criadas" (*DH* 3004; cf. Rm 1,20); a "teologia natural* (ou filosófica)", que expõe esse conhecimento, faz parte dos "preâmbulos da fé". Contra o racionalismo* (mais exatamente: o semirracionalismo de H. Hermes e A. Günther [*LThK*[2] 5, 258-261; 4, 1276-1278], que, seguindo respectivamente Kant* e Hegel*, admitem que mesmo os "mistérios*" da revelação sobrenatural, uma vez reconhecida a realidade desta, podem ser compreendidos pela razão em sua possibilidade interna), o concílio afirma que há enunciados de fé que "ultrapassam inteiramente a inteligência do espírito humano" (*humane mentis intelligentiam omnino superant*), de sorte que sua revelação por Deus é "absolutamente necessária" (*DH* 3005); portanto, neles se crê "não em razão de sua razão intrínseca distinguida pela luz da razão natural (*non propter... intrinsecam veritatem*), mas em razão da autoridade mesma de Deus como autor da revelação..." (*DH* 3008, cf. 3032. 3041). São "segredos dissimulados em Deus" (*DH* 3015), "*propria dicta mysteria*" (*DH* 3041), entre os quais o ensino teológico enumera em primeiro lugar a Trindade*, a encarnação*, a eucaristia*.

O conhecimento da revelação (sobrenatural) é antes de tudo justificado pelos milagres*, con-siderados como "sinais absolutamente certos, compreensíveis para todos os homens", assim como pelo cumprimento* das profecias* (*DH* 3009, cf. 3033s). A Igreja é "por ela mesma, uma fonte poderosa e constante de credibilidade... em razão de sua maravilhosa propagação, de sua eminente santidade e sua inesgotável fecundidade em todo bem" (*DH* 3013; o concílio tomava emprestada essa ideia ao cardeal V.-A. Deschamps). Aliás é possível que "a razão esclarecida pela fé aceda a certa inteligência, às vezes extremamente produtiva, dos mistérios da fé (*aliquam ... mysteriorum intelligentiam*), apoiando-se tanto na analogia* dos objetos do conhecimento natural quanto na solidariedade dos mistérios entre si e com o fim último do homem" (*DH* 3016). — O Vaticano I, ao lado dos critérios externos, admite pois critérios ao mesmo tempo *objetivos e internos* que justificam a credibilidade da revelação.

2. A nova abordagem do Vaticano II

A evolução do Vaticano I ao Vaticano II é marcada pela influência de Pascal* e de Newman*, pelo que se chamou a "apologética da imanência" (Blondel*, mas também, Ollé-Laprune [1839-1898, *De la certitude morale*, 1919[8]]; L. Laberthonnière [1860-1932]; A. Gardeil [1859-1931]). Para essa abordagem não somente o intelecto, mas o homem em sua totalidade, em sua vontade e em sua afetividade, deve buscar aceder à revelação (cf. Aubert, 1958, 265-392; Waldenfields, 1969).

A antiga apologética, criticada por apegar-se quase exclusivamente aos critérios externos da revelação, era antes de tudo a dos manuais de teologia, que se atinham ainda e sempre ao esquema demonstrativo da *Suma teológica* de Tomás de Aquino (IIIa, q. 43, a. 1): "Como o que releva da fé supera o entendimento humano, isso não pode ser provado por razões humanas", mas só "pelo argumento da potência* atual de Deus: de sorte que quando alguém opera o que só Deus pode operar, o que ele diz é crido como vindo de Deus"; segue essa comparação: "Como quando se traz uma carta timbrada com o selo real, e então o conteúdo é recebido como expressão da vontade do rei".

a) A plena inteligência da revelação. — A comparação empregada por Tomás ilustra quanto o acontecimento da revelação se encontra aqui reduzido à expressão de uma autoridade doutrinal formal que, uma vez legitimamente instalada, deve ser admitida sem exame, seja qual for o ensinamento que proclame. Isso supõe, em primeiro lugar, que se possa fundamentalmente *separar* o *fato* e o *conteúdo* da revelação. Mas não é nada disso. Segundo a constituição do Vaticano II *Dei Verbum*, "Aprouve a Deus [...] revelar-se a si mesmo e tornar conhecido o mistério de sua vontade (cf. Ef 1,9), pelo qual os homens, por intermédio do Cristo [...] se tornam participantes da natureza divina (cf. Ef 2,8; 2Pd 1,4). Mediante esta revelação, portanto, o Deus invisível (cf. Cl 1,15; 1Tm 1,17) [...] fala aos homens como a amigos (cf. Ex 33,11; Jo 15,14-15), e com eles se entretém (cf. Br 3,38) para os convidar à comunhão consigo e nela os receber. Este plano de revelação se concretiza através de acontecimentos e palavras intimamente conexos entre si..." (*DV* 2; cf. 6). A revelação não consiste só em palavras, nem só em diversas *verdades* — no plural — a respeito dos mistérios, mas na *realidade* do *único* mistério do ato pelo qual Deus se comunica aos homens. É no "fato" da revelação que seu conteúdo essencial — Deus mesmo — se oferece a nós. O fato implica o conteúdo; o conteúdo explicita o fato. É por isso que nada se conhece do fato da revelação se não se for existencialmente confrontado com seu conteúdo.

b) Justificação cumulativa. — A revelação assim compreendida já não se presta às demonstrações tradicionais. Se é impossível separar o fato e o conteúdo da revelação, deve-se abandonar o segundo pressuposto da citação de Tomás de Aquino, e negar que a revelação, como fato, possa e deva ser objeto de uma argumentação direta e rigorosa, baseada na realidade histórica de milagres que só se pode atribuir à potência atual de Deus. Isso seria reduzir o conteúdo da revelação, o mistério global da fé ao nível das verdades naturais acessíveis à razão humana.

Isso devia conduzir a repensar o apelo apologético do *milagre*, no qual não se deveria mais ver uma ruptura das leis da natureza pela onipotência divina, mas — seguindo Agostinho (*Civ. Dei* 1, 21; *Contra Faustum* 29, 4) — um ato que contradiz não a natureza, mas somente nossa *experiência da natureza*, um ato "que vai contra o curso *geralmente conhecido* da natureza". Seria então preciso definir os milagres como acontecimentos inabituais encerrados na estrutura de sentido global que a religião instaura, acontecimentos que o homem compreende, quando a eles se abre, como produzidos por Deus de maneira particular (por intermédio de causas intramundanas, "segundas").

A ressurreição* de Jesus deixa muito atrás dela todos os "milagres físicos": Paulo enumera em 1Cor 15,5-8 os que foram testemunhas das aparições do Crucificado, reconhecido como vivo. Quanto à *via empírica*, a justificação empírica da credibilidade da revelação pela prática da Igreja atual (segundo o Vaticano I, cf. *supra*), ela passa pela "contribuição do cristianismo a um mundo mais humano" (*HFTh* IV, 278-314), pela defesa da dignidade da pessoa humana, pela afirmação dos direitos de todos os homens à liberdade e à igualdade...; mas também por esse vértice da apologia literária que é *Le génie du christianisme* (1802) de F.-R. de Chateaubriand (1768-1848) (com *Les martyrs ou le triomphe de la religion*, 1809); por certos documentos oficiais da Igreja como a constituição pastoral "A Igreja no mundo de hoje" (*GS* 5) do Vaticano II e a encíclica inaugural do papa João Paulo II, *Redemptor hominis*. Os critérios "exteriores", em sua multiplicidade e em sua diversidade, contribuem por sua convergência global — no sentido de "*illative sens*" de Newman (*Grammar of Assent*, c. IX) — a formar uma certeza "moral" quanto à legitimação divina de Jesus e da Igreja que vive e proclama seu Evangelho.

c) O "logos interior" da revelação. — "Os milagres de Jesus demonstram também que o Reino já chegou à terra... (Lc 11,20; cf. Mt 12,28)": com isso o Vaticano II estabelece que os milagres não são *só sinais exteriores*. O Reino de Deus, antes de tudo, "está manifesto na pessoa* mesma de Cristo". Sua Igreja constitui "o sinal e o instrumento da união mais íntima com Deus, como a unidade de todo o gênero humano" (*LG*

5, 1); seus membros devem ser "um sinal que permita tornar a Cristo visível de maneira perfeitamente adaptada a nosso tempo" (*AA* 16). Tudo isso nos indica que no *íntimo* mesmo de Jesus e de sua obra transparece a revelação que ele não só proclamou mas realmente encarnou.

O Vaticano I admite que o ensinamento de Jesus, tal como recolhido nos escritos do NT e interpretado pelos concílios dos primeiros séculos, permite, por si mesmo, adquirir certa inteligência dos mistérios de fé (*DH* 3016, cf. *supra*). Até onde se pode avançar nessa via, de que a t.f. até agora não tirou partido suficiente, até onde se estende o programa da "*fides querens intellectum*", da "fé buscando uma inteligência racional" (cf. Anselmo*)?

> A t.f. pode e deve ater-se a este programa: "Em sua tentativa para compreender os conteúdos da fé, a razão humana pode alcançar 'razões materiais' que contribuem para satisfazer as exigências de justificação" (Pottmeyer, 1988, 390). Há que mostrar aqui "a *coerência interna* da mensagem da revelação, e a interpretação fiel que é possível dar, graças a essa mensagem, da experiência* da realidade" (395): há que pôr em evidência sua "racionalidade interior" (396). Mas a coerência interna da fé trinitária deixar-se-ia demonstrar — como Hegel* empreendeu fazer — "no elemento da racionalidade intersubjetiva" (Seckler, 1988, 509), deixar-se-ia mesmo "integrar nos quadros cognitivos não cristãos para *neles encontrar-se*" (510)? O *HFTh* contém exemplos (I, 189-193, e II, 71-83; cf. também, em plano mais "material", II, 193-222) que atribuem por tarefa à t.f. "abrir ao conhecimento" (IV, 486) o "conteúdo da fé" (487) — na medida em que a verdade "mediatizada na fé pode abrir-se à razão governada por Deus" (477)! É uma tarefa que poderia preencher um tratado sobre a "teoria do cristianismo" (cf. *supra* I. 3. b). Mas seria trair sua intenção legítima pedir-lhe respostas que não pode fornecer.

d) Justificação pelo testemunho. — Aquele que representa uma autoridade crível, digna de confiança, chama-se uma "testemunha". É o "intermediário apropriado da mensagem da revelação" (Pottmeyer, 1988, 399; cf. 386-406). Todos os cristãos devem, segundo o Vaticano II, ser "as testemunhas da ressurreição e da vida de Nosso Senhor Jesus" (*LG* 38) e "exercer-se em

testemunhar a esperança que neles existe (1Pd 3,15)" (*GS* 2). Mais que testemunho verbal, o concílio destaca o testemunho vivido. Decerto, o que importa em última instância é o testemunho dito sobre Deus e seu Reino, assim como sobre o destino eterno de cada ser humano. Mas "o testemunho não pode separar-se daquilo que testemunha, nem a atestação, do conteúdo sagrado" (J. Ratzinger, em *LThK*², *Erg.* II, 511; cit. Pottmeyer, 389). As testemunhas dão ao reino de Deus uma realidade física e um rosto humano na história concreta. O testemunho aparece assim como um meio indispensável para tornar a revelação crível por meio da experiência, porque a verdade adquire em quem a testemunha uma presença convincente, uma transparência imediata. Essa representação da verdade *na* testemunha e *por meio* dela faz aparecer com uma nitidez particular a conjunção de razões interiores e exteriores em que sempre se funda, em proporções variáveis, a fé na revelação.

III. Para construir a teologia fundamental

A história da t.f. e a discussão da articulação central entre revelação e credibilidade sugerem o plano seguinte:

A. A t.f. como ciência das fundações ("parte material"):
1. Religião do Deus único,
2. Religião em e por Jesus,
3. Estruturas da Igreja;
B. A t.f. como ciência dos fundamentos ("parte reflexiva"):
4. Epistemologia teológica,
5. Reflexão sobre a t.f.,
6. Teoria do cristianismo.

Expliquemos brevemente esse plano: a *parte A* conserva a tripartição da apologética, tal como apareceu desde o início dos tempos modernos e manteve-se por meio de todas as mudanças de abordagem. Entende-se aqui por "apologética" não só a defesa do cristianismo (para o exterior), mas primeiro e sobretudo a responsabilidade do cristão para consigo mesmo e para com seus companheiros na fé. Em *B. 4*: a epistemologia teológica não discute só as fontes e os métodos da teologia como ciência (cf. *supra*, I. 3. a), assim como suas subdivisões e diferentes disciplinas, mas além disso indaga, e mais profundamente, como a Igreja, enquanto comunidade de fé, adquire conhecimentos específicos (cf. Seckler, em *ThQ* 163, 1984, 40-46). *B. 5* reflete mais particularmente, como aqui tentamos fazê-lo breve e imperfeitamente, sobre a disciplina da t.f. (Para *B 6*, cf. *supra*, I. 3. b).

- K. Werner (1861-1876), *Die Geschichte der apologetischen und polemischen Literatur der christlichen Theologie*, 5 vols., Schaffhouse (campo católico). — O. Zöckler (1903), *Geschichte der Apologie des Christentums*, Gütersloh (campo protestante). — A. Gardeil (1908), *La credibilité et l'apologétique*, Paris. — X. M. Le Bachelet (1910), artigo "Apologétique. Apologie", *DAFC* I, 189-215. — P. Rousselot (1910), "Les yeux de la foi", *RSR* 1, 241-259 e 244-275. — G. Thils (1937), *Les notes de l'Église dans l'apologétique catholique depuis da Reforme*, Gembloux. — R. Aubert (1958³), *Le problème de l'acte de foi*, Louvain. — H. Bouillard (1964), *Logique de la foi*, Paris (*A lógica da fé*, São Paulo, 1968). — J.-P. Torrell (1964-1984), Chronique de la théologie fondamentale, *RThom.* — H. J. Pottmeyer (1968), *Der Glaube vor dem Anspruch der Wissenschaft*, Friburgo. — J. Schmitz (1969), "Die Fundamentaltheologie im 20. Jahrhundert", *in Bilanz der Theologie...* II, Friburgo. — H. Waldenfels (1969), *Offenbarung (Vat. II "auf dem Hintergrund der neueren Theologie")*, Munique. — G. Ebeling (1970), "Erwägungen zu einer evangelischen Fundamentaltheologie", *ZthK* 67, 479-524. — A. Dulles (1971), *A History of Apologetics*, Londres. — H. Bouillard (1972), "La tâche actuelle de le théologie fondamentale", *Le point Théologique* 2, 7-49. — E. Castelli (sob a dir. de) (1972), *Le témoignage*, Paris. — W. Joest (1974), *Fundamentaltheologie. Theologische Grundlagen- und Methodenprobleme*, Stuttgart. — G. Ebeling (1975), *Das Studium der Theologie. Eine enzylopädische Orientierung*, Tübingen (partic. 162-175). — M. Seckler (1975), "Evangelische Fundamentaltheologie", *ThQ*, 155, 281-299. — H. Stirnimann (1977), "Erwägungen zur Fundamentaltheologie", *FZPhTh* 24, 191-365 e 460-476. — L. W. Barnard, K. G. Steck, H.-R. Müller-Schwefe (1978), "Apologetik", *TRE* 3, 371-429 (omite os s. VI-XV). — J.-P. Torrell (1979), "Questions de théologie fondamentale", *RThom.* 87, 273-314. — G. O'Collins (1981), *Fundamental Theology*, Ramsey NJ e Londres (*Teologia fundamental*, São Paulo, 1991). — J. Doré (1982, 1983, 1986, 1990, 1991, 1995), "Bulletin de théologie fondamentale", *RSR*. — P. Latourelle, G. O'Collins (sob a dir. de) (1982), *Problèmes et perspectives de la théologie fondamentale*, Paris-Montréal (*Problemas e perspectivas da teologia fundamental*, São Paulo, 1993). — P. Steinacker (1982), *Den Kennzeichen der Kirche*, Berlim. — F.-J. Niemann (1983), *Jesus als Glaubensgrund in der Fundamentaltheologie der Neuzeit*, Innsbruck. — H. Wagner (1983), "Fundamentaltheologie", *TRE* 11, 738-752. — R. Fisichella (1985), *La rivelazione: evento e credibilità*, Bolonha. — H. Fries (1985), *Fundamentaltheologie*, Graz. — W. Kern, H. J. Pottmeyer, M. Seckler (sob a dir. de) (1985-1988), *Handbuch der Fundamentaltheologie (HFTh)*, 4 vols., Friburgo. — H. Waldenfels (1985), *Kontextuelle Fundamentaltheologie*, Paderborn. — G. Ruggieri (sob a dir. de) (1987), *Enciclopedia di Teologia Fondamentale, I*, Gênova. — R. Fisichella (sob a dir. de) (1988), *Gesù Rivelatore*, Piemme. — A. P. Kustermann (1988), *Die Apologetik J. S. Dreys*, Tübingen. — J. Reikerstorfer (1988), "Fundamentaltheologishe Modelle der Neuzeit", *HFTh*, 347-372.— H. J. Pottmeyer (1988), "Zeichen und Kriterien der Glaubwürdigkeit des Christentums", *ibid.*, 373-413. — M. Seckler (1988), "Die Fundamentaltheologie: Aufgaben und Aufbau, Begriff und Namen", *ibid.*, 450-514. — S. Pié y Ninot (1989), *Tratado de Teología Fundamental*, Salamanca. — H. Bouillard (1990), *Verité du christianisme*, Paris. — R. Latourelle, R. Fisichella (sob a dir. de) (1990), *DTF*. — F.-J. Niemann (1990), *Jesus der Offenbarer* (textos), 2 vols. Graz. — H. Verweyen (1991), *Gottes letztes Wort. Grundriss der Fundamentaltheologie*, Düsseldorf. — M. Kessler, W. Pannenberg, H. J. Pottmeyer (sob a dir. de) (1992), *Fides quaerens inlellectum*, Tübingen. — G. O'Collins (1993), *Retrieving Fundamental Theology*, Nova York. — E. Schockenhoff, P. Walter (sob a dir. de) (1993), *Glaube-Dogma. Bausteine zu einer theologische Erkenntnislehre*, Mainz. — O. González de Cardedal (1997), *La entraña del cristianismo* (1982²), Salamanca.

Walter KERN

→ *Dogmática (teologia); Hermenêutica; Teologia; Verdade.*

FUNDAMENTALISMO

Chama-se "fundamentalismo" a certo tipo de reação religiosa contra toda forma de modernidade. No cristianismo, o fenômeno é sobretudo próprio do protestantismo*, mas é também observado no catolicismo*.

a) Protestantismo. — O termo foi criado no início do s. XX nos Estados Unidos. Somente pelo final do século foi aplicado a certos movimentos católicos.

Entre 1900 e 1915 um grupo de protestantes evangélicos conservadores publicou uma série de brochuras sob o título *Princípios fundamentais (The Fundamentals)*. Fazia eco a certo número de discussões que tinham agitado o protestantismo americano nos cinquenta anos anteriores. Sem serem unificadas, as Igrejas* evangélicas tinham certa unidade de ponto de vista: mas no fim do s. XIX três debates as dilaceraram. O primeiro devia-se à aceitação das teorias darwinistas da evolução* por certo número de protestantes liberais e modernistas. O segundo, ao ensinamento, em seminários importantes, da crítica bíblica (exegese*). O terceiro, à visão progressista da história* própria do protestantismo liberal: um Deus* imanente fazendo vir seu reino* por meio de esforços humanos. E essas ideias eram defendidas no momento mesmo em que havia evangelistas que se faziam apóstolos de visões milenaristas e apocalípticas* sobre a iminência do fim do mundo*.

Durante a Primeira Guerra mundial as diferentes Igrejas lutaram pelo poder. Os conservadores (principalmente, entre os batistas* e os presbiterianos) buscavam conservá-lo quando o tinham, ou retomá-lo quando o tinham perdido. Batiam-se sobretudo a propósito do ensinamento da teologia* e da direção das missões*. Em 1919, uma associação mundial (the World's Christian Fundamentals Association) tornou-se seu intérprete comum junto a todas as Igrejas em causa. Em julho de 1920, um jornalista batista, Curtis Lee Laws, redator-chefe do *Baptist Watchman-Examiner*, convidou aos que pensavam como ele a se dizerem "fundamentalistas", termo que se impôs. Laws condenava a passividade dos conservadores: a Igreja tinha necessidade de homens prontos a lutar pelo Senhor. Consideravam-se então os que aderiam ao fundamentalismo como combatentes contra o modernismo*. Todos praticavam uma interpretação literal da Bíblia*: para eles, é literalmente que houve nascimento virginal (Maria*),

castigo de Cristo* em nosso lugar (expiação*), ressurreição* física dos corpos e segunda vinda; e na base de tudo isso havia uma concepção literal da inerrância da Bíblia.

Durante esses debates, o fundamentalismo ganhou uma incômoda publicidade por ocasião de um processo em Tenessee a propósito do ensino da evolução na escola. Os moderados e os liberais conservaram o controle de suas Igrejas, embora os fundamentalistas vencidos as deixassem para fundar seus próprios grupos confessionais, seus colégios bíblicos, seus jornais e suas estações de rádio etc. Contra suas posições extremistas, os moderados criaram em 1942 uma Associação evangélica nacional, que os fundamentalistas atacaram. Esses fizeram-se notar de novo no último terço do século, reagindo contra as tendências liberais das principais Igrejas protestantes.

Nos Estados Unidos, o primeiro fundamentalismo era em geral apolítico; os movimentos mais recentes, ao contrário, são aberta e agressivamente políticos. Aliados a conservadores evangélicos um pouco mais moderados, organizaram-se para conquistar o poder político; desde 1980, foram influentes, sobretudo entre os republicanos. Durante esse tempo, forças idênticas, embora menos politizadas, ganhavam terreno no protestantismo canadense, na América Latina e em outros países para onde os Estados Unidos enviavam missionários. É assim que um partido fundamentalista esteve várias vezes no poder na Guatemala.

b) Catolicismo. — Trata-se de movimentos sem grande importância. A doutrina católica da inspiração das Escrituras oferece menos motivos ao fundamentalismo: o catolicismo dá lugar ao desenvolvimento do dogma (Newman*) e à importância da tradição*, e, ao contrário dos fundamentalistas, não considera a Bíblia como a única e exclusiva autoridade*.

Hoje, porém, podem observar-se alguns movimentos católicos quase fundamentalistas. Apoiam-se sobre documentos pontifícios conservadores dos últimos séculos, desconfiam dos decretos moderados do Vaticano II* (assim o movimento fundado por Dom Lefèbvre na França). Esses movimentos, parece, têm atraído menos a atenção da hierarquia* do que certos desenvolvimentos informais de fundamentalismo em certos católicos influenciados por suas relações com os protestantes — assim nos movimentos carismáticos, que atravessam fronteiras confessionais.

c) Características do fundamentalismo. — Os diversos conservadorismos, ortodoxias* e outros tradicionalismos* não são necessariamente fundamentalismos. Essas atitudes devem transformar-se para tornar-se fundamentalismos. Devem primeiro tornar-se bem mais militantes do que ordinariamente são. Os fundamentalismos pretendem ser ortodoxos, mas têm a tendência de escolher as doutrinas e as práticas que qualificam de fundamentais. Sentindo-se ameaçados pelas forças destrutivas da modernidade, apoderam-se com avidez do que pode ajudá-los a repelir a ameaça feita à sua fé* e à sua identidade pessoal e social.

Determinados a defender-se, tomam posição a partir de um documento determinado (trata-se, na maioria das vezes, da Bíblia), que lhes serve de regra para discernir o que é verdadeiramente "fundamental". Têm tendência a constituir grupos à parte, distinguindo-se nitidamente, e mesmo de maneira maniqueísta, do resto dos cristãos e do mundo que os rodeia. Não há nenhum terreno de entendimento com eles, nem lugar para os moderados. Os "verdadeiros crentes" acham ademais esses moderados muito mais perigosos que os modernistas e os "infiéis". Armados de seus princípios, aplicam a palavra de ordem de Laws:

batalhar por Deus. Consideram-se especialmente eleitos para cumprir os desígnios divinos, enquanto seguem com confiança para um fim apocalíptico* da história. Movimentos mais moderados, pentecostais ou conservadores, têm, na verdade, mais sucesso que os fundamentalistas, mas não deixa de ser verdade que esses últimos encontram um clima favorável nas convulsões do mundo e da Igreja do fim do segundo milênio. Dirigem-se com um ar de autoridade a pessoas cansadas de esperar, e lhes propõem um modelo de Igreja que os proteja dos outros e lhes permita atacar as forças que julgam hostis ao Senhor.

• E. R. Sandeen (1970), *The Roots of Fundamentalism; Britsh and American Millenarianism, 1800-1930*, Chicago. — G. M. Marsden (1980), *Fundamentalism and American Culture*, Nova York.— N. T. Ammermann (1987), *Bible Believers: Fundamentalists in the Modern World*, New Brunswick, NJ. — B. B. Lawrence (1989), *Defenders of God: The Fundamentalist Revolt Agaisnt the Modern Age*, São Francisco. — M. E. Marty e R. S. Appleby (1991), *Fundamentalism Observed*, Chicago.

Martin E. MARTY

→ *Eleição; Escatologia; Gêneros literários na Escritura; Messianismo/messias; Mito; Política* (teologia); *Salvação; Secularização; Tradicionalismo.*

G

GABRIEL BIEL → **nominalismo** III. 5

GADAMER, Hans-Georg → **hermenêutica** 2. d

GALICANISMO

"Galicanismo" (g.) é um termo cômodo para designar uma série de comportamentos especificamente franceses, mesmo se parece sugerir erroneamente a existência de uma doutrina universal. O princípio unificador é uma resistência às interpretações maximalistas do primado pontifício, tanto no plano político como no eclesial. Porém o substrato do g. é antes de tudo político: é o que se chama a "separação das potências", a distinção absoluta do espiritual e do temporal.

1. História

Os fundamentos de todo g. futuro foram provavelmente estabelecidos pelos legistas que desenvolveram o princípio dessa separação por ocasião do conflito entre Bonifácio VIII e Filipe, o Belo (1303), como também pelos clérigos* que desenvolveram simultaneamente seus aspectos dogmáticos* (João de Paris, 1302). Esse g. primário, que põe em jogo uma concepção da sociedade* tipicamente medieval, será uma referência durável, mas as interpretações a ser dadas serão releituras e atualizações. Outro

elemento fundador de uma concepção "galicana" foi a perspectiva de uma reforma interna da Igreja* efetuada pelo concílio* geral (Durande de Mende, 1312), e o cisma* do Ocidente tornou essa perspectiva muito real e muito próxima. Proclamando a superioridade do concílio como representante da Igreja militante, a assembleia de Constança* (1414-1417) marcou, com efeito, uma virada importante. E se autores franceses tiveram um lugar particular na elaboração das teses conciliaristas isso não foi apenas por sua proposição de uma eclesiologia* de tipo místico-corporativo (J. Gerson, P. d'Ailly), mas também por sua argumentação contra os defensores da potência papal, uma argumentação que se fundava de preferência sobre um antigo direito* eclesiástico, de que só a França tinha guardado vestígios, sobre essas *Liberdades da Igreja galicana* da qual a monarquia era a protetora. A essas referências abstratas e a essas reconstruções tendenciosas acrescentou-se a *Pragmática sanção* de Bourges (1438), recepção modulada dos decretos conciliaristas de Basileia. Nunca aplicado, esse texto tornar-se-á uma referência idealizada. Uma concordata entre a França e a Santa Sé (1516) o substituiu: mantinha, abrandando, certas exigências da *Pragmática* a respeito das intervenções romanas, mas suprimia as eleições para os benefícios, e confiava à monarquia as nomeações, ficando reservada ao papa* a ratificação. Desde essa data, a realeza francesa arroga-se um papel mediador entre as exigências galicanas de legistas e de teólogos, cujo cuidado era manter um modelo eclesial de participação, e os teóricos romanos mais extremos. A Reforma tornará a situação mais complexa. Obrigando os católicos franceses a escolher entre a fidelidade ou a rejeição a Roma*, só podia enfraquecer o comportamento galicano nos que desejavam permanecer fiéis a Roma; mas, do outro lado, o desejo de manter a integridade do reino estimulará uma atitude mais "política" que favorecerá o diálogo com os protestantes e a busca de uma união. O comportamento dos franceses em relação ao concílio de Trento* tornará patente esses elementos. No encerramento do concílio, duas formas de catolicismo* se enfrentam na França, manipuladas pela monarquia que tenta assim melhor dominá-las. De um lado, encontra-se um partido de "romanos" ou ultramontanos, desejosos de reformar a Igreja segundo o modelo tridentino e as demandas do papado; de outro, encontram-se os "galicanos", que razões de unidade nacional (mas também motivos ideológicos) impelem a rejeitar essa concepção, opondo-lhe os princípios da Igreja antiga. É assim que foram postas em forma as coletâneas de *Liberdades da Igreja galicana*, destinadas a aduzir as *provas* de uma prática diferente, i.e., seus precedentes autorizados (P. Pithou, 1598, P. Dupuy, 1639). Nessa etapa, a resistência galicana vem tanto do meio parlamentar quanto das fileiras dos teólogos.

A obra de Edmundo Richer (1559-1631), da Faculdade Teológica de Paris, assume a esse respeito uma importância particular. Ao publicar os escritos de Gerson e de outros conciliaristas mais extremos, Richer se pôs, na verdade, como reformador do g. eclesiológico. Ele próprio distanciava-se da concepção democrática de Gerson (seus discípulos do s. XVIII voltarão a ela), para desviar-se num sentido "sacerdotalista": acrescentava-lhe sobretudo uma componente política, ao expor um regalismo sistemático em seu curto *Libellus de eclesiastica et politica potestate* (1612). Richer foi condenado (sínodo de Sens*, 1612) e o clero rejeitou um artigo proposto nos Estados gerais de 1614, o que

mostra que essas ideias não eram majoritárias. Só no fim do século as edições e reedições das obras de Richer exercerão uma real influência; mas no reinado de Luís XIII, o g. dos políticos como dos eclesiásticos consistia sobretudo em manter a independência nacional, conservando uma relação prudente com Roma, sobre a qual se receava a influência espanhola. O exemplo de Richelieu, utilizando a argumentação galicana como meio de pressão ou mesmo de chantagem (questão do patriarcado das Gálias) confirma o pragmatismo dessa atitude.

Pedindo ao papado para intervir contra o jansenismo*, a França forneceu-lhe certamente a ocasião de afirmar sua supremacia. Os prelados franceses fizeram questão de efetuar a recepção de *Cum Occasione* (1653) acrescentando-lhe sua própria interpretação. Esse comportamento, que tinha por alma o arcebispo de Toulouse, P. de Marca, revelou ao mesmo tempo os diversos estratos do g., os primeiros sucessos de uma renovação da teologia católica do episcopado e a influência de trabalhos históricos consagrados aos grandes exemplos do passado.

As intervenções sucessivas dos papas sobre a questão jansenista e as dificuldades que suscitavam encorajaram uma asserção mais vigorosa da infalibilidade* pontifícia. Daí resultou uma tensão nos meios teológicos, que tomou logo uma feição política com o conflito entre Luís XIV e Alexandre VII (1662). Nessa ocasião a Faculdade de Teologia de Paris foi "convidada" a expor sua doutrina sobre os pontos em litígio. Ela o fez em seis artigos (1663). Os três primeiros exprimem a doutrina da "separação das potências", da independência da potência real, do dever de obediência. Os três outros contêm um reconhecimento das liberdades galicanas, uma negação da supremacia pontifícia sobre o concílio e uma negação da infalibilidade. Essas proposições de redação prudente foram em parte retomadas em 1682 nos *Quatro artigos do clero de França*.

A ocasião para isso foi novo conflito entre a França e o papado, dessa vez sobre o direito de regalia, que fora estendido ao conjunto do reino. Para pressionar Inocêncio XI, o rei e os ministros suscitaram uma assembleia do clero que produziu uma declaração de quatro artigos. Esses, cuja redação Bossuet assumiu insuflando um espírito patriótico, oferecem uma codificação do que até então só tinha sido um feixe de convergências.

1/Nas coisas temporais, reis e soberanos não estão submetidos a nenhuma potência eclesiástica por ordem de Deus*; não podem ser depostos direta ou indiretamente, invocando a autoridade* dos chefes da Igreja; essa autoridade não pode dispensar seus súditos da submissão e obediência que lhes devem, nem os absolver do juramento de fidelidade.

2/A plenitude do poder que a Sé apostólica e os sucessores de Pedro*, vigários de Jesus Cristo, têm sobre as coisas espirituais é tal que os decretos do concílio ecumênico de Constança conservam contudo toda sua força.

3/O uso da autoridade apostólica deve reger-se pelos cânones feitos pelo Espírito* de Deus e consagrados pelo respeito geral de todo o mundo. As regras, os costumes e as constituições recebidos no reino e na Igreja galicana devem conservar toda a sua força, e os usos tradicionais permanecer inabaláveis.

4/O papa tem a parte principal em matéria de fé* e seus decretos contemplam todas as Igrejas e cada Igreja em particular. Porém seu julgamento não é irreformável, a menos que intervenha o consentimento da Igreja.

Essa declaração constituía verdadeiramente um g., i.e., uma doutrina particular à França, porque foi ordenado que seria ensinada em toda parte. E dado que, em vez de condenar explicitamente a constituição apostólica *Inter multiplices* de Alexandre VIII (1690), visava mais ao processo de promulgação que o conteúdo (*DS* 2281-2285), Roma preferiu encorajar as refutações, comentários e defesas foram publicados que contribuíram para o aprofundamento e a disseminação das ideias galicanas.

Longe de reduzir o conflito com Inocêncio XI, a declaração o agravou, e o papa recusou-se a conceder a investidura aos bispos* escolhidos entre os membros da assembleia. Em 1688, Luís XIV fez apelar ao futuro concílio geral, acrescentando assim um perigoso precedente

ao arsenal galicano. Um compromisso foi negociado com Inocêncio XII: os bispos nomeados tiveram de desautorizar a declaração e Luís XIV comprometer-se a que não fosse ensinada. O rei não manteve a palavra, e o ensino dos artigos de 1682 permaneceu obrigatório durante todo o Antigo Regime — é o que dá ao s. XVIII sua aparência de homogeneidade galicana.

Desejoso de controlar a situação religiosa francesa, Luís XIV aproximou-se de novo de Roma e pediu-lhe intervenção nos assuntos do quietismo* (breve *Cum alias*), depois do jansenismo* (*Vineam Domini, Unigenitus*). Nessas ocasiões, os bispos fizeram questão de verificar o julgamento pontifício, antes de dar sua aceitação (assembleias do clero de 1700, 1705, 1714). Era anunciar a componente galicana do longo conflito que ia girar em torno da *Unigenitus*, uma componente aliás multiforme, porque ao "g. autoritário" dos bispos e da monarquia juntavam-se interpretações mais extremas, inspiradas, por outros conciliaristas, por intermédio das obras de Richer, então redescobertas. O apelo ao concílio, em 1717, foi o ponto culminante desse "g. de participação", porque suscitou a oposição conjugada do papa e do rei. Desde então, subsistiram na França dois g., que exerceram também uma influência sobre o catolicismo* europeu. Os dois modelos persistiram até a Revolução francesa, na qual se opuseram a propósito da Constituição civil do clero (1790). A Igreja constitucional e seus defensores (H. Grégoire, M. Tabaraud) marcaram o ponto de chegada dessa concepção richerista, o episcopado e numerosos membros do clero refratário manifestaram a presença contínua da outra posição.

A restauração do catolicismo no tempo de Napoleão fez-se de acordo com o pontificado, cuja autoridade era bem posta em evidência, e marcou o fim da Igreja galicana. Notam-se sobrevivências do g., mas pertencem ao domínio das tradições e das mentalidades: continuidade cultural, antes de tudo, por meio de tratados de teologia e de história* ou das práticas litúrgicas; presença também de um g. administrativo, facilitado pelos artigos orgânicos acrescentados à concordata de 1801, desejosa de controlar a atividade religiosa e também de orientá-la. Esses elementos e sobretudo esses comportamentos avivaram o ultramontanismo*, e sua consequência foi a reação de vários bispos e teólogos em favor de um episcopalismo moderador. Pode-se então falar de um neog., que prefere situar-se na linha de Gerson e de Bossuet, mas que é sobretudo resposta aos exageros dos ultramontanos (D. Darboy, D. Maret). O Vaticano I* permitiu um grande debate sobre essas questões. Além da proclamação da infalibilidade pontifícia, a afirmação do primado do papa e da irreformabilidade de seus julgamentos marcava bem o fim do g.

2. Principais traços

Dessa exposição histórica há de reter-se o caráter pragmático da posição galicana: trata-se de uma reação a condições particulares, geralmente a tensões diretas ou indiretas com a autoridade pontifícia. Um elemento dialético a isso se associa: trata-se de resistir a uma concepção ou a uma asserção bem caracterizada. Nesse sentido, o g. é a resposta, passo a passo, às exigências do ultramontanismo, dois termos forjados no s. XIX que indicam bem um ponto de vista ideológico.

O g. opõe-se ao ultramontanismo no plano da "separação das potências", pois recusa ao papado todo direito de intervenção no temporal e rejeita, além das exigências da *Unam sanctam*, até mesmo a teoria do poder indireto. Opõe-se ao ultramontanismo ao defender a jurisdição* episcopal (em particular em tudo o que toca às ordens religiosas isentas) levando a ação colegial no primeiro plano. Nega a infalibilidade pontifícia para acentuar o consenso eclesial. Relativiza o primado e, sobretudo, submete o magistério* do papa a um processo de recepção* ativa que limita consideravelmente sua autoridade.

Essa resistência e essa oposição apoiam-se numa argumentação historicizante que extrai do passado elementos que permitam reconstruir um modelo eclesiológico ideal. Assim, não existe um só g., mas múltiplos, segundo o modelo eclesiológico ao mesmo tempo utópico e prático que cada personagem ou autor particular constrói, combinando suas referências.

3. Modelos galicanos

a) Duas constantes. — A primeira é uma concepção jurídica herdada da IM, que se liga ao caráter constitucional de uma Igreja regida por cânones: é o sentido das *Liberdades da Igreja galicana*. Apoia-se em referências à Antiguidade — o espelho da Igreja dos primeiros tempos — unidas a uma preocupação reformista — recuperar a pureza original. Essa visão é estimulada pelo cuidado de restaurar a unidade* cristã e de reabsorver o cisma da Reforma, cujos danos se sentem no plano nacional. Apoia-se numa visão estática e idealizada dos primeiros tempos da Igreja e recusa toda evolução tanto na doutrina quanto na disciplina*. De outro lado, põe em evidência a comunhão*, expressa pela ação conjugada dos bispos unidos à Santa Sé; vê nos sínodos, nos concílios provinciais e nacionais, como também no concílio geral, acontecimentos do desenvolvimento normal da Igreja.

A segunda constante é uma concepção nacional das relações entre Igreja e Estado*. O papel da monarquia não é percebido da mesma maneira pelos políticos e pelos eclesiásticos, mas todos concordam em reconhecer ao poder secular um direito de regulamentação e de "proteção", principalmente nas relações com a Sé apostólica. Na última variante jansenista aceita-se transferir os poderes da realeza para a nação representada em seus eleitos.

b) Dois modelos. — Essas constantes permitiram o desenvolvimento de modelos eclesiológicos muito diferentes, que repousam em duas concepções da sociedade*. Há de um lado um g. de participação, de outro lado um g. autoritário. O primeiro retoma todo um substrato medieval fundado na *Política* de Aristóteles e desenvolve um modelo democrático fixado nas noções de representação e de recepção. Representação: um processo de formulação da verdade* que parte da base e sobe pelas instâncias de autoridade para expressar-se no nível mais elevado. E recepção: processo inverso de adesão que confirma e autentifica a decisão. Esta é a concepção dos meios universitários e parlamentares, a que adotarão os oponentes da *Unigenitus*. Quanto ao g. autoritário, adapta o modelo hierarquizado tridentino aos interesses da monarquia e do episcopado; então falar-se-á de regalismo e de episcopalismo. Bom número de traços veiculados pelas eclesiologias de tipo galicano pertencem ao fundo ortodoxo, assim o princípio de comunhão, posto de novo em vigor nas últimas décadas. Sua utilização polêmica suscitou condenações, e as condenações trouxeram os esclarecimentos necessários.

• E. Puyol (1976), *Edmond Richer, Étude historique et critique sur la rénovation du gallicanisme au commencement du XVIIe siècle*, Paris. — V. Martin (1919), *Le gallicanisme et la reforme catholique*, Paris; (1929), *Le gallicanisnme politique et le Clergé de France*, Paris. — E. Préclin (1930), "Edmond Richer (1539-1631), Sa vie, son oeuvre, le richerisme", *RHMo* 55, 241-269; 321-336. — F. Gacquère (1932), *Pierre de Marca (1594-1662), sa vie, ses oeuvres, son gallicanisme*, Paris. — J. Lecler (1932-1934), "Qu'est-ce que Libertés de l'Église gallicane?", *RSiR* 23, 385-410, 542-568; 24, 47-87. — V. Martin (1939), *Les origines du gallicanisme*, Paris. — J. Orcibal (1939), *Louis XIV contre Innocent XI. Les appels au futur concile de 1688 et l'opinion française*, Paris. — A.-G. Martimort (1953), *Le gallicanisme de Bossuet*, Paris. — R. Thysman (1957), "Le gallicanisme de Mgr. Maret et l'influence de Bossuet", *RHE* 52, 401-465. — J. R. Palanque (1962), *Catholiques liberaux et gallicans en France face au concile Vatican, 1867-1870*, Aix-en-Provence. — G. de Lagarde (1963), *La naissance de l'esprit laïque à la fin du Moyen Âge*, Louvain-Paris. — R. Duchon (1970), "De Bossuet à Febronius", *RHE* 55, 375-422. — A.-G. Martimort (1973), *Le gallicanisme*, Paris. — L. B. Pascoe (1973), *Jean Gerson's Priciples of Church Reform*, Leyde. — H. J. Sieben (1988), *Die Katholische Konzilidee von der Reformation bis zur Aufklärung*, Paderborn. — J. M. Gres-Gayer (1991), "Le gallicanisme de L. Ellies Du Pin", *Lias* 18, 37-82. — P. Blet (1955), *Le clergé du Grand Siècle en ses assemblés, 1615-1715*, Paris. — J. M. Gres-Gayer (1995), "Le gallicanisme d'Antoine Arnaud. Éléments d'une enquête", *ChPR* 44, 31-51. — J. Bergin (1996), *The Making of the French Episcopate*, Yale.

Jacques M. GRES-GAYER

→ *Conciliarismo; Jansenismo; Ultramontanismo*

GATTUNGSGESCHICHTE → **gêneros literários na Escritura**

GAUTHIER DE SÃO VÍTOR → **São Vítor (escola de)** e

GEENA → **inferno**

GÊNEROS LITERÁRIOS NA ESCRITURA

Antes de pertencer ao campo bíblico e aos estudos da exegese*, o conceito de *gênero literário* (g.l.) pertence ao campo da literatura universal, e induz, mais precisamente, à ideia de literatura comparada: por sua natureza mesma, todo gênero literário — toda "categoria de obras literárias ou artísticas definida por um conjunto de regras e de caracteres comuns" (*Larousse* em cinco volumes, 1987) — atravessa literaturas diferentes no tempo como no espaço e é, portanto, reconhecível de um campo e de uma época a outra. Nesse sentido, ele procede do princípio de *classificação*, com suas exigências de pontos de referência e certo imobilismo de concepção. Em sua elaboração teórica, a noção de g.l., como seu sistema de categorização ou classificação, tem suas origens em Platão (*República*, III) e Aristóteles (*Poética*), mais próximo de nós em Goethe (Notas e observações para o *Divã ocidental-oriental*), i.e., em nossa área cultural: o universalismo da noção encontra-se assim relativizado. Mas, sejam quais forem as teorias, a determinação dos gêneros pertence também à prática comum espontânea, p. ex. ao exame da correspondência ou à leitura do jornal que faz que se reconheça e distinga espontaneamente na primeira uma fatura, uma comunicação de falecimento ou uma carta de amor, e no outro um editorial, um boletim meteorológico e um fato diverso.

Às vezes confundido com a *forma literária*, o g.l. distingue-se dela contudo com bastante nitidez na história* desses dois últimos séculos, em particular na história da exegese bíblica. Marcado pela "escola da história das formas" (*formgeschichtliche Schule*), surgida na Alemanha no início do s. XIX e em cuja origem há que citar o nome de Hermann Gunkel (1862-1932), o conceito de *forma* é mais dinâmico que o de "gênero" (*Gattung*); serve para designar o aspecto literário de um elemento evangélico particular, mas também, e mesmo sobretudo, as diversas transformações sofridas pelos materiais que se transmitiram na Igreja* primitiva entre a morte* de Jesus* e a composição do primeiro evangelho* escrito. Nesse sentido, o termo é antes sinônimo de "formação" ("Formas, método crítico das" *EU, Thesaurus*, 1996, col. 1316). Dois exegetas marcaram aqui a elaboração: Martin Dibelius, com *Die Formgeschichte des Evangeliums* (Tübingen, 1919), e Rudolf Bultmann*, com *Die Geschichte der synoptischen Tradition* (Göttingen, 1921).

Há porém um laço orgânico entre os dois conceitos, mesmo se às vezes é difícil de precisá-lo; tanto a acepção de um e como a do outro varia segundo os críticos literários e os exegetas da Bíblia*.

De certa maneira, a exegese crítica bíblica, a partir da segunda metade do s. XVII e sobretudo durante o s. XIX, sobrecarregou notavelmente o conceito de g.l. em razão da *questão de verdade**, e particularmente de verdade histórica, implicada pela leitura da Bíblia. O recurso à distinção e, portanto, à diversidade e à multiplicidade dos g.l. está em estreita dependência das questões que a leitura da Bíblia pôs à consciência racional e crítica moderna: o que explica a desconfiança que pesou sobre esse recurso por parte das autoridades* eclesiásticas, especialmente católicas, no fim do s. XIX e no início do s. XX, até ser coberto e mesmo recomendado pela autoridade pontifícia de Pio XII em sua encíclica *Divino afflante Spiritu* (1943).

Pode-se distinguir no quadro bíblico *três possibilidades de determinação dos g.l.*: pela designação explícita no *corpus* bíblico, pela determinação implícita e pela contribuição mais ou menos extrínseca de uma exegese propriamente dita do texto. São *explicitamente designados*, p. ex., a *parábola**, quando se diz que Jesus "falava em parábolas" (Lc 6,39; 8,4-10), o *cântico* (Is 5,1) e o *oráculo* nos profetas* (Am 3,10.13...), ou ainda nos *salmos** (seja qual for sua variedade) na coletânea que leva esse nome, os *provérbios* no livro dos Provérbios etc. São

implicitamente determinados os gêneros que surgem do contexto, tais como a parábola que o profeta Natan conta a Davi, o qual denuncia por sua conduta injusta (2Sm 12,1-15), a profecia* quando é posta na boca de um personagem designado como tal ou fazendo ocasionalmente função de profeta (Caifás em Jo 11,47-52), a sabedoria* nos livros que pertencem a esse gênero. Em todos esses casos, subclassificações serão muitas vezes necessárias.

Mais delicado é o estabelecimento de um g.l. pela exegese crítica, operação que pode depender de dois métodos ou técnicas, a de "reconhecimento" de um gênero a partir de outras culturas em que esse gênero foi encontrado e homologado, e a de um gênero próprio ao corpo bíblico e, portanto, estabelecido a partir de um texto. Em um caso e no outro, mesmo se o rigor de análise e de precisão é a regra, as coisas são sempre relativas e sujeitas a caução e a revisão. É bastante fácil, em especial devido às inverossimilhanças históricas e à ampliação narrativa, reconhecer, p. ex., os caracteres do *conto* nos livros de Jonas e de Judite, segundo as leis desse gênero em toda literatura, desde que se precise que é um gênero edificante próprio do contexto bíblico. Ao contrário, é mais delicado falar de *mito** ou de narrativa* mítica a propósito dos quatro primeiros capítulos do Gênesis, ou dos evangelhos da infância de Cristo* (Mt 1–2 e Lc 1–2), mesmo se ali se pode reconhecer traços míticos próprios do Oriente Próximo antigo. Aqui a cultura do exegeta entra em jogo: ele terá visto o conceito de mito variar durante cerca de dois séculos, entre a herança helenística, as concepções da etnografia e da história das religiões, a psicanálise e os estudos próprios à Bíblia mesma. Essa determinação encontra-se igualmente complicada pelo fato de que no *corpus* do AT (de Gn a 2Rs) e nos evangelhos os g.l. assim designados são aplicados a elementos de livros tomados num conjunto de síntese histórica que, em princípio, ab-roga toda distinção.

É por isso que o g.l. não pode ser reduzido ao imobilismo de uma classificação, por universal e extensa que seja: o estudo da Bíblia, e não somente a história de sua exegese, obriga a um constante afinamento dos conceitos na medida em que tanto no AT como no NT todo elemento literário revela uma situação particular, uma necessidade precisa e uma função específica. Se portanto toda designação de um g.l. pela exegese do texto implica sempre a possibilidade de uma revisão, permite ao menos descobrir a complexidade de um texto, ele mesmo produto de uma rica história.

- H. Gunkel (1910²), *Genesis, XI-LXXXIX*, Göttingen. — A. Robert (1957), "Litteraires (Genres)", *DBS* 5, 405-421. — O. Eissfeldt (1966³), *Einleitung in das Alte Testament*, Tübingen. — H. Bausinger (1968), *Formen der "Volkspoesie"*, Berlim. — C. Koch (1974³), *Was ist Formengeschichte? Methoden der Bibelexegese*, Neukirchen. — P. Gilbert (1979), *Une théorie de la légende. Gunkel et les légendes de la Bible*, Paris. — E. Kushner (sob a dir. de) (1984), *Renouvellement dans la théorie de l'histoire littéraire*, Ottawa. — H. Dyserinck e M. S. Fischer (1985), *Internationale Bibliographie zur Geschichte und Theorie der Komparatistik*, Stuttgart. — Y. Chevrel (1995³), *La littérature comparée*, Paris.

Pierre GIBERT

→ *Bíblia; Bultmann; Escritura Sagrada; Evangelhos; Exegese; Hermenêutica; História; Livro; Mito; Narrativa; Parábola; Verdade.*

GENTIOS, GENTILIDADE →
universalismo → **paganismo**

GERDIL, Jacinto Sigismundo →
ontologismo

GILBERTO DE LA PORRÉE
(GILBERTO DE POITIERS) → **Chartres**
(escola de) d → **deidade** 2. a.

GILSON Étienne → **tomismo** 3. c

GLÓRIA DE DEUS

a) Antigo Testamento. — Enquanto o gr. *doxa* orienta para a reputação, a celebridade, o hb. *kâvôd* (adj. *kâvéd*) diz o peso, o valor de uma pessoa* (Gn 13,2) ou de uma cidade (Is 62,2).

O termo é escolhido para designar os bens (cf. Sl 49,17; Jó 19,9; 29,20), os de Abraão (Gn 13,2) e de Jacó (31,1), o "peso" ou "importância" de José na corte do Faraó. A glória (gl.) caracteriza o rei, seja divino (Sl 24 etc.) seja humano (Pr 25,2). A gl. de um orante pode ser o próprio Deus* (Sl 3,4: 57,9; 62,8). A gl. da carne é perecível (Is 40,6; cf. 17,4: LXX). A gl. de Deus ("gl. de Javé": 53 x nos Sl) está associada a seu nome* (Ex 33,19; cf. Sl 29,2; 72,19; 79,9; 96,2s.7s; 102,16; 113,3s; 115,5; 145,5), a seu esplendor (*tife 'âráh*: Is 63,12.14). Está presente na nuvem (Ex 40,34s; 2Mc 2,8), sobre a arca (1Sm 4) e no Templo* (1Rs 4,5; 24,23; 60; 62,2; 66).

Se a santidade* define Deus em si mesmo, a gl. é sua irradiação (Is 6,3). É Deus comunicando-se no que é pelo que faz.

É porque são criados pela Palavra* (Gn 1,1-2,4a) que os céus "falam" contando sua gl. (Sl 19,1), que é celebrada em resposta (Sl 104,31-34; 147,12). O cosmo* (Sr 43,1.9.12) e o homem (Sr 44,2) atestam a permanência de sua gl. As teofanias* revestem aspectos cósmicos (Jó 38,31-38); os salmos* ditos "de Javé rei" (Sl 24; 29; 96; 97; 145 etc.) glorificam o criador e o juiz escatológico.

As teofanias da aliança* dão todo o seu relevo ao tema da gl. (Ex 24,15ss). Uma vez que Moisés se tornou sensível a essa gl., mesmo e sobretudo depois da idolatria* do bezerro de ouro (contraste "glória/ídolo": Sl 106,20; Jr 2,11: cf. Rm 1,23), ele só pode aspirar a vê-la ainda (Ex 33,20) sem que seja agora ligada a um fenômeno cósmico. De sua face saem "raios de luz" (Ex 34,29s.35), o que os LXX traduzem por *doxazesthai*, "ser glorificado".

Ezequiel, embora tendo como sacerdote o sentido agudo da presença do Senhor em seu templo, percebe também (e é o mesmo) quanto a gl. divina transborda de seu lugar de manifestação. A mesma gl. que aparece sob forma pessoal ao profeta* (Ez 1,28; 8,2.4) está presente no Templo, mas sem limitar-se a ele (10,18s); acompanha o povo* no exílio (11,22s) e na volta do exílio (43,4). Gl. e Espírito* compenetram-se numa concepção que desenvolve a da aliança

771

nova segundo Jr 31,31 (cf. Ez 36,26). Profeta da gl. de Javé, Ezequiel é também, e correlativamente, profeta de seu Espírito. A descrição do Templo futuro, habitado de novo pela gl., prepara os prolongamentos apocalípticos* (evocados também por Ag 2,3.9; Zc 2,9).

As fontes literárias mais harmonizadas com o tema da gl. são as que emanam dos círculos próximos do Templo (sacerdotes, salmistas); esses contribuíram para descrever as grandes teofanias do Sinai (Ex 24; 40; Lv 9,6,23; Nm 14,10). Em época tardia, os escritos sapienciais veem na Sabedoria* a manifestação divina que engloba, pouco a pouco, todas as outras, ligamnas ao tema da gl. (Sr 24,17) e sublinham seu paralelismo com a gl. do culto* (Sr 45; 50,5-13). A Sabedoria mesma é "irradiação da gl. do Onipotente" (Sb 7,25; cf. 9,11).

b) Novo Testamento. — Doxa, no sentido teológico, é muito abundante no NT (mais de 200 x). O sentido complexo de *kaukhasthai* ("glorificar-se, pôr sua altivez") não se deve desconhecer: pode-se ver aí uma característica do conjunto paulino (mais de 50 x): esse termo diz em que o homem é valorizado, seja de maneira vã (Rm 3,27; Gl 6,13), seja em Deus, em Cristo* (Rm 5,11) e em sua cruz (Gl 6,14) e, particularmente, na comunidade dos discípulos do Apóstolo* (1Cor 15,31; 2Cor *passim*).

A continuidade entre a gl. do Templo e a gl. nova é atestada pelo hino de Lc 2,29-32: é no Templo que Simeão reconhece em Jesus* menino a "glória de Israel". O mesmo júbilo repercute por meio dos autores.

2Cor 3,4–5,6, *locus classicus* da estética teológica paulina (Balthasar*, 1969), vincula estreitamente os temas da gl., da "aliança nova" e do Espírito a partir de uma citação de Ex 32 e 34. A gl. de Deus em Cristo comunica-se à comunidade dos crentes pela integração da Torá, dos profetas (citação de Jeremias), da sabedoria (tema da "leitura": 2Cor 3,15) e da apocalíptica* (v. 13; o *telos*).

Em Jo, a gl. do Filho na carne culmina em sua última oração* (Jo 17,5). Essa representa uma síntese do tema: aquele, "cuja gl. vimos" (1,14), mostrou-a em numerosos sinais (2,11) até coincidir com a visão dessa gl. por Is (12,41). Porém não obteve a adesão pessoal do "crer". A recusa é interpretada como preferência concedida à gl. que vem dos homens, antes que à gl. dada por Deus (12,43). Inversamente, Jesus exalta a comunicação da gl. entre o Pai*, ele próprio e seus discípulos. Mostra assim sua natureza: "A gl. que tu me deste, eu a dei a fim de que sejam um como nós" (17,22). Certamente, foi preciso esperar a cruz, a paixão* e a ressurreição* para uma manifestação total dessa gl. aos discípulos. Mas para Jo 13,31s, essa gl. é de sempre e para sempre, de sorte que, por meio do prólogo, a perspectiva estende-se a toda a história* dos homens.

Na tradição sinótica, um lugar especial na revelação* da gl. é reservado à transfiguração (Mt 17,1-8 par.). A substância desse episódio repercutiu sobre a narrativa* do batismo* de Jesus (Mt 3,3-17 par.) e da agonia do Getsêmani (Mt 26,36-46 par.). Toda a vida de Jesus é assim atravessada por sua gl.

Entendem-se por doxologias as fórmulas (mantidas na "gl. a..." de todas as liturgias* cristãs) pelas quais são glorificados Deus e seu Cristo. Sua frequência nos escritos paulinos (Rm 1,25; 9,5; 11.36; 16,2ss; 2Cor 1,20; cf. 4,15; Gl 1,5; Ef 3,21; Fl 4,20) mostra que essa homenagem de louvor* ocupava o lugar principal na oração das primeiras comunidades. É que a gl. é a finalidade de todas as coisas (Ef 1, 6.14); a de Deus e a do homem, que no termo formam uma só. O apocalipse o ilustra por suas doxologias (1,6; 5,12s; 19,1) e pelo quadro (inscrito nas visões tradicionais) da Jerusalém* iluminada pela gl. de Deus, para a qual converge " a gl. das nações" (Ap 21).

- H. U. von Balthasar (1969), *Herrlichkeit* III/2, Einsiedeln. — Y. Simoens (1981), *La gloire d'aimer. Structures stylistiques et interprétatives dans le Discours de la Cène* (Jo *13-17*), AnBib. 90, Roma. — M. Weinfeld (1982-1984), *"Kabôd"*, *ThWAT* 4, 23-40. — Y. Simoens (1977), *Selon Jean, 1. Une traduction, 2. Une interprétation*, Bruxelas, 29-77. — F. J. Moloney (1998), *The Gospel of John* (Sacra Pagina Series 4), Collegeville, 33-48.

Yves SIMOENS

→ *Espírito Santo; Louvor; Nome; Sabedoria; Sacerdócio; Santidade; Templo; Teofania; Verbo.*

GNOSE

a) Gnose e gnosticismo. — No início da era cristã, o termo "gnose" (*gnosis*), que significa "conhecimento", serve para designar em emprego absoluto um gênero particular de conhecimento referente ao essencial (os mistérios do mundo divino, os seres celestes) e ultrapassando a simples fé* (*pistis*): e ao que a possui por iniciação — o "gnóstico" — ela garante a salvação*. Esse conceito é suscetível de uma utilização teológica ortodoxa: assim, Clemente de Alexandria e outros Padres* em seu seguimento propuseram um ideal do "verdadeiro gnóstico", do cristão perfeito que se deixa transformar pelo conhecimento, de modo a viver em harmonia com Deus*. Ao termo "gnose" deve-se pois preferir o de "gnosticismo" (gn.) para designar o movimento religioso que nos primeiros séculos do cristianismo se desdobra numa multidão de seitas que partilhavam uma comum concepção de gnose, combatida e rejeitada pela Igreja*. Esse movimento nos é conhecido pela polêmica dos heresiólogos, que dá a seu respeito uma imagem muitas vezes deformada, mas também por textos originais que descobertas vieram enriquecer, sendo a mais recente (1945) e a mais importante a da biblioteca copta de Nag-Hammadi.

b) Características do gnosticismo cristão. — Na falta de uma definição de conjunto, que a variedade de sistemas torna impossível, pode-se apontar estes traços distintivos principais: 1/ Um fator dualista, que leva a dissociar a criação* da redenção, como leva também a separar totalmente o mundo sensível, dominado pelas potências más ou limitadas, e o mundo espiritual, domínio do Deus transcendente e "desconhecido". É desse que emanam as almas* dos homens, almas de essência espiritual, prisioneiras desse mundo inferior: é dele também que desce o salvador que deve reconduzir ao mundo superior as almas dos eleitos — daqueles que detêm a gnose. Esse dualismo explica-se pela prioridade angustiante dada ao problema do mal*, de sua origem e de seu porquê; visa a isentar a alma humana de toda responsabilidade pessoal. 2/ A ideia de um conhecimento privilegiado, transmitido por meio de uma tradição secreta que desvela os mistérios do mundo celeste. 3/ Uma especulação que explora a plenitude do divino (ou Pleroma) e indaga sobre as entidades (ou *eons*) que o formam, de um modo que leva com frequência a uma verdadeira mitologização. 4/ Um antijudaísmo que não quer ver no "deus dos judeus" senão o Demiurgo criador do universo.

c) Os grandes gnósticos do século II. — Deixando de lado Marcião*, que não é gnóstico em sentido estrito, há que nomear Basílides e Valentino. O sistema do primeiro é mal conhecido; parece ter tido ressonâncias filosóficas e comportar uma concepção negativa do ser*: o deus "desconhecido" torna-se nele um deus "não existente" que produz uma semente — sorte de caos primitivo — encerrando nela toda a evolução* futura; sua escatologia* é marcada de pessimismo, tudo aqui de baixo deve retornar para um estado de esquecimento cósmico. Mais importante é Valentino, cuja seita foi a mais florescente. Metafísico mitólogo, é autor de um sistema dominado pela noção de "sizígia" (conjunção) de entidades masculinas e femininas. A partir do Pai* (que é Abismo e Silêncio), o Pleroma valentiniano desdobra-se por emanações sucessivas em pares de éons. O último éon, Sofia, está na origem da produção do mundo sensível pelo Demiurgo. A humanidade divide-se em três categorias: homens carnais ("hílicos"), psíquicos e espirituais (pneumáticos) — e é a esses últimos somente que é prometida com certeza a salvação trazida por Jesus* Salvador, fruto do Pleroma. Valentino encontrava a justificação de seu sistema no AT e no NT e usava um método exegético particular em que a alegoria tinha grande importância. Suas reflexões teológicas estimularam a reflexão dos Padres e contribuíram para sua elaboração do dogma trinitário. A seita conheceu um desenvolvimento que produziu variações doutrinais e exegéticas, com duas escolas, a itálica e a oriental. Vários documentos de Nag-Hammadi (notadamente o *Evangelho de verdade*) contribuíram para um melhor conhecimento do valentinismo e das etapas de sua evolução.

d) Origens do gnosticismo cristão. — Esse problema é extremamente difícil e ainda não está elucidado. Os Padres perceberam o gn. como um desvio interno ao cristianismo, devido a uma contaminação pela filosofia*, sobretudo pelo platonismo, o que coincide *grosso modo* com a explicação de Harnack ("helenização* aguda do cristianismo"). Porém a tese é simplista, e a pesquisa recente considera antes o fenômeno gnóstico como uma atitude intelectual ou espiritual de alcance ou extensão universais. Tende-se assim a inscrever o gn. dos primeiros séculos cristãos no desenvolvimento do sincretismo religioso oriundo das conquistas de Alexandre (influência do dualismo iraniano). Sublinha-se também a existência de uma gnose pré-cristã (Simão de Samaria) e sobretudo judaica (elementos gnósticos presentes nos escritos intertestamentários). Não se excluem, tampouco, ressurgências da mentalidade religiosa egípcia.

- E. de Faye (1913), *Gnostiques et Gnosticismes*, Paris. — S. Pétrement (1947), *Le dualisme chez Platon, les gnostiques et les manichéens*, Paris. — F.-M. Sagnard (1947), *La Gnose valentianienne et le témoignage de saint Irenée*, Paris. — G. Quispel (1951), *Gnose als Weltreligion*, Zurique. — R. M. Wilson (1958), *The Gnostic Problem*, Londres. — J. Doresse (1958-1959), *Les livres secrets des Gnostiques d'Égypte*, Paris. — H. Jonas (1958), *The Gnostic Religion*, ed. revista 1970. — A. Orbe (1958-1966), *Estudios valentinianos*, Roma. — G. G. Scholem (1960), *Jewish Gnosticism, Merkabah, Mysticism and Talmudic Tradition*, Nova York. — R. M. Grant (1964), *La gnose et les origines chrétiennes*, Paris. — Col. (1967), *The origins of Gnosticism*, Colloque de Messine, Leyde. — M. Tardieu (1974), *Trois mythes gnostiques...*, Paris. — *The Nag Hammadi Library in English* (1977), Leyde. — H.-C. Puech (1978), *En quête de la gnose*, 2 vol., Paris. — M. Tardieu-J.-D. Dubois (1986), *Introduction à la litterature gnostique* I, Paris. — C. Markschies (1992), *Valentinus Gnosticus?*, Tübingen. — M. Simonetti (1993), *Testi gnostici in lingua greca e latina*, Milão. — W. A. Löhr (1996), *Basilides und seine Schule*, Tübingen. — K. Rudolph (1996), *Gnosis und spätantike Religiongeschichte. Gesammelte Aufsätze*, Tübingen.

René BRAUN

→ *Alexandria (escola de); Heresia; Intertestamento; Judaísmo; Maniqueísmo; Marcionismo; Padres da Igreja; Platonismo cristão; Sentidos da Escritura.*

GODESCALC DE ORBAIS → **agostinismo** I. 2 d. e II. 1. f.

GOMARISMO → **Arminianismo**

GOVERNO → **autoridade**

GOVERNO DA IGREJA

O governo (g.) da Igreja* (I.) engloba todas as tarefas e poderes concedidos à I. de Jesus Cristo* para permitir-lhe cumprir sua missão na história*. Essa missão, conforme o mandato fundamental da I., é proclamar o Evangelho, ministrar os sacramentos*, dirigir as comunidades em espírito pastoral, respeitando os diversos contextos socioculturais. Ora, a I. não pode concretamente alcançar essa meta sem que a função de g. tenha nela certa dimensão institucional. As diversas confissões, segundo seus princípios eclesiológicos respectivos, estabeleceram diferentes formas de g.; porém coincidem na medida em que conservam, no essencial, todos os componentes estruturais prescritos pelo NT, embora cada um os ordene à sua maneira. É por isso — seja qual for o *exercício* muitas vezes unilateral do g. em cada I. — que o diálogo é um elemento importante e uma promessa de sucesso para a obra eclesiástica. No curso da história, a questão do que deve ser o g. da I. esteve muitas vezes ligada ao problema das relações entre a I. e o Estado*, primeiro do ponto de vista de sua articulação externa (cesaropapismo/papocesarismo, I. de Estado/I.-Estado ou cidade* de Deus*), depois do ponto de vista da integração de formas políticas de g. no seio da I. (a I. como monarquia, debate sobre a democracia*).

a) A Igreja católica. — Sua organização fundamental não é estabelecida por uma carta constitucional mas encontra-se codificada no meio de outros regulamentos, principalmente no *CIC* de 1983. Sustenta-a a convicção de que a instituição visível da I. encarna a realidade religiosa da graça*. Como povo* de Deus, a I. compõe-se de crentes entre os quais "existe, quanto à dignidade e à atividade, uma verdadeira igualdade em virtude da qual todos cooperam para a edificação do Corpo de Cristo, segundo a condição e a função próprias a cada um" (cân. 208, *CIC*). São guiados nisso por certo número de deveres e direitos, entre os quais a liberdade* de opinião, a atividade apostólica, a direção* espiritual, a liberdade de associação (cân. 209-231). A I. estrutura-se verticalmente em I. universal, I. local* e comunidade (paróquia). A autoridade* é exercida por um poder eclesial (*sacra potestas*), organizado hierarquicamente, e de direito* divino, no seio do qual há que distinguir o poder de ordem (*potestas ordinis*) e o poder de jurisdição* (*potestas jurisdictionis*). O primeiro é conferido pelo sacramento da ordem*, é absolutamente inalienável e compõe-se de atribuições ligadas à ordenação* episcopal, presbiteral ou diaconal. O segundo pode ser limitado no tempo; subdivide-se em poderes legislativo, executivo e judiciário. O papa* detém a jurisdição suprema sobre a I. universal, sobre todas as I. particulares* e sobre cada crente: sua autoridade é ilimitada e não depende de nenhum outro órgão de g. É eleito pelos membros do colégio de cardeais que não passarem da idade de oitenta anos completos e reveste sua dignidade (se já for bispo*) pelo simples fato de aceitar sua eleição. Só a perde com a morte, a não ser que abdique, torne-se culpado de heresia* ou seja afetado de alienação mental. Dispõe, para exercer seu ministério* universal, do sínodo* dos bispos, do colégio dos cardeais, da Cúria romana, dos legados e dos núncios. O bispo recebe seu ministério por delegação do papa, dirige uma I. local, da qual é o legislador, o administrador e o juiz supremo. Apoia-se nessas funções numa cúria diocesana (ordinariato), que reúne os titulares de diversos cargos: vigário geral, vigário episcopal, oficial, chanceler, notários, conselho de administração dos bens episcopais e ecônomo. O capítulo catedral é muitas vezes substituído por um conselho de padres diocesanos ou um colégio de consultores. Os bispos pertencem ao colégio episcopal, cujos membros estão hierarquicamente unidos (*communio hierarchica*) a seu chefe, o papa; fora dessa união não são portadores do poder supremo da I. nem nos concí-

lios* ecumênicos, nem nos atos oficiais comuns que cumprem pelo mundo. Os bispos, além disso, estão geralmente reunidos no âmbito de uma conferência episcopal. No nível da comunidade, é o pároco que exerce as responsabilidades do g. (por delegação do bispo). Essa construção rigorosamente hierárquica está ligada por polaridade a um princípio sinodal de corresponsabilidade, i.e., à colaboração de todos os membros da I. segundo seu estatuto. Esse princípio manifesta-se no nível da *I. universal*, no concílio ecumênico e no sínodo dos bispos (que é desde 1965 uma assembleia de bispos de diferentes regiões que serve de órgão consultivo junto ao papa). No nível da *I. regional ou nacional*, na conferência episcopal (assembleia permanente dos bispos de uma região ou de um país que ali exercem colegialmente suas responsabilidades pastorais; é instituída pelo papa e constitui uma pessoa moral distinta), assim como nos concílios regionais (concílio pleno para a zona de competência de uma conferência episcopal; concílio provincial para uma província eclesiástica); no nível da *I. local*, no sínodo diocesano, no conselho presbiteral, no conselho pastoral diocesano, como também no conselho de administração dos bens diocesanos. No nível da *paróquia*, no conselho pastoral e no conselho de administração dos bens paroquiais. Todos esses órgãos sinodais — com exceção do conselho ecumênico e das instâncias que administram os bens das I. particulares — têm apenas um papel consultivo, e não põem em causa o princípio hierárquico.

b) *As Igrejas ortodoxas.* — Se as diferentes I. regionais ou nacionais da área ortodoxa são regidas por um direito comum, o princípio da autocefalia e a ausência, no curso do segundo milênio, de concílios ecumênicos que fizessem autoridade para o conjunto da I. não permitiram codificar as inumeráveis práticas particulares. As dispensas e o princípio de "economia" (que adapta a legislação às diferentes situações concretas) servem, por outro lado, a validar em direito as faltas contra as regras editadas pelos sete primeiros concílios reconhecidos por todos. A estrutura* eclesial de base é aqui a I. local, dispensadora da eucaristia* e governada por um bispo, que a catolicidade da I. une (na *koinonia*, a *communio*) a todas as outras I. locais, mediante seus próprios bispos. Concretamente, as comunidades locais desde cedo se reuniram em uniões regionais, de que saíram os patriarcados* e as I. autocéfalas. A I. ortodoxa não conhece g. central como o catolicismo*. Uma I. autocéfala é uma I. particular, cujo chefe, geralmente um patriarca, não é nomeado por uma instância superior (patriarca, metropolita ou arcebispo), mas eleito e entronizado por um sínodo de bispos. Detém então a integralidade de poder de jurisdição, porém sob a reserva de que sejam salvos os direitos de cada bispo particular. O sacerdote e o chefe verdadeiro de uma I. local é o bispo, ao qual compete o poder de ordem (*exousia hieratikè*), de ensino (*exousia didatikè*) e de jurisdição (*exousia dioitikè*). Sua autonomia não pode ser questionada por nenhum outro membro da hierarquia* (a menos que seja acusado de derrogar os deveres de seu ministério). O verdadeiro princípio constitucional da I. ortodoxa é a estrutura sinodal, que encontra seu fundamento teológico na igualdade de todas as I. locais (e, portanto, de seus bispos). Concretiza-se esse princípio da seguinte maneira: o sínodo regional (*sunodos topikè*) é o órgão doutrinal, legislativo e judiciário supremo de uma I. autocéfala e dispõe do direito de eleger seu chefe (patriarca ou outro hierarca). O sínodo regional é episcopal (composto unicamente de bispos) ou eparquial (igualmente aberto aos sacerdotes, aos monges e aos leigos*). O *sunodos endèmousa*, estrutura tipicamente bizantina, reunia quase diariamente os bispos presentes na sede patriarcal. Possui equivalentes (o santo sínodo) na maioria das I. autocéfalas. Sobre o *sínodo ecumênico*, cf. concílio*. Porém o princípio primacial intervém também na I. ortodoxa, por meio da autoridade (mais ou menos marcada segundo os casos) do bispo sobre a diocese, do metropolita sobre a província, do patriarca sobre a I. autocéfala e do patriarca ecumênico sobre o conjunto das autocefalias (a competência desse último é certamente contestada, mas tende-se agora a admitir que a unidade da I. requer também a autoridade de uma instância superior). Os leigos — a comunidade confiada à solicitude da hierarquia — ocupam no edifício eclesiástico uma posição relativamente forte, que se traduz sobretudo por uma compenetração característica da I. e do Estado, no modelo da *sumphonia* entre o patriarca (a I.) e o imperador (o Estado), que permitiu ao aparelho do Estado tomar uma grande influência sobre a I. O princípio de catolicidade suscitou na teologia* russa e eslavófila do s. XIX (A. S. Khomiakov, 1804-1860) um interesse pela implicação de todos os cristãos no destino da I.: segundo essa abordagem, as responsabilidades do governo em matéria administrativa e doutrinal estendem-se a todos os crentes, pela recepção* das regras hierárquicas, assim como pelo ensinamento nas Faculdades de teologia* (geralmente confiado aos leigos) e pela pregação* (que também pode ser confiada a eles). Além disso, a I., em seu conjunto, é infalível.

c) *As Igrejas oriundas da Reforma.* — Por sua origem, elas diferenciam-se claramente da estrutura hierárquica da I. católica, contra a qual sublinham o sacerdócio* comum a todos os crentes e a unidade do ministério espiritual, cujas diferentes expressões dependem, a seus olhos, do direito humano (*ius humanum*). Todos os cargos eclesiásticos são, por princípio, limitados no tempo. A liberdade que as I. protestantes assim assumiram, mas também as circunstâncias históricas (como nenhum bispo da Alemanha adotou o luteranismo* no s. XVI, as funções de bispo foram transferidas ao príncipe como *summus episcopus in externis*) suscitaram uma pululação de formas de governo, codificadas na regulamentação fundamental das diferentes I. Podemos somente citar aqui alguns elementos que todas têm mais ou menos em comum. Encontramos muitas vezes no *luteranismo* uma construção de três níveis: no plano da comunidade paroquial, as tarefas de g. e de administração incumbem a um pastor* ou a vários, como também a um órgão colegial (conselho presbiteral) composto desses últimos e de membros eleitos da comunidade. As paróquias agrupam-se em associações de nível intermediário (inspeções, circunscrições eclesiásticas, decanatos, consistórios) geralmente governadas por um ministro, um conselho ou um órgão sinodal. A instância suprema é a I. provincial ou regional (*Landeskirche*), e seu modo de g. difere profundamente de uma região a outra. A autoridade, em geral, é detida pelo sínodo, pelo bispo (ou presidente da I. regional) ou por um diretório; sua tarefa é preservar a unidade* da I. regional, coordenar suas atividades e sustentar as comunidades em suas ações eclesiais. A elas se acrescentam uma estrutura administrativa e uma instância judiciária. Existem além disso federações confessionais de nível nacional (Aliança Nacional das Igrejas Luteranas da França) e internacional (Federação Luterana Mundial). Nas *I. reformadas* foi a forma presbiteral de g. que se impôs desde o começo, com a tétrade ministerial do pastor, do doutor, do ancião e do diácono*. Em 1559, o sínodo nacional da França integrou essa forma de g. no quadro de uma organização sinodal (os *moderamina*). A autoridade nunca está vinculada a um ministério individual. A *Comunhão anglicana* (que conservou o episcopado), ao contrário, concede ao bispo, situado na sucessão* apostólica, uma ampla autoridade de direito divino. A I. da Inglaterra é uma I. de Estado, que concede um papel importante às instâncias episcopais e, em menor medida, às instâncias sinodais. Está submetida à Coroa, tendo o g. e o parlamento também um direito de intervenção. O g. da I. articula-se hierarquicamente em torno dos ministérios de bispo, do sacerdote e do diácono. Os conselhos paroquiais, os capítulos catedrais, as assembleias diocesanas e o sínodo geral da I. possuem seus direitos particulares. Esse último pode adotar leis, que porém devem ser ratificadas pelo parlamento.

• E. Wolf (1961), *Ordnung der Kirche*, Frankfurt. — H. Dombois (1961-1974), *Das Recht der Gnade*, 3 vol., Witten e Bielefeld. — A. Boussé, A. Mandouze (1963), *L'évêque dans l'Église du Christ*, Paris-Tournai. — G. Caprile (1968-1978), *Il sinodo dei vescovi*, 5 vol., Roma. — W. Aymans (1970), *Das synodale Element in der Kirchenfassungen*, Göttingen. — W. Murer (1976), *Die Kirche und ihr Recht*, Tübingen. — J. Listl, H. Müller, H. Schmitz (1983), *Handbuch des katholischen Kirchenrechts*, Regensburg. — K. Walf (1984), *Einführung in das neue katholische Kirchenrecht*, Zurique. — E. G. Moore, T. Briden (1985[2]), *Moore's Introduction to English Canon Law*, Londres-Oxford. — G. Ghirlanda (1985), "De natura, origine et exercitio potestatis regiminis iuxta novum codicem", *PRMCL* 74, 109-164. — A. Jensen (1986), *Die Zukunft der Orthodoxie*, Zurique, etc. — H. Frost, E. Wolf, W. Aymans (1987), "Kirchenverfassung", *EstL*[3] I, 1711-1771. — A. Anton (1989), *Conferencias episcopales — instancias intermedias*, Salamanca. — W. Aymans (1991), *Beiträge zum Verfassungsrecht der Kirche*, Amsterdã. — M. Kaiser, "Potestas iurisdictionis?", in W. Aymans (sob a dir. de) (1991), *Fides et ius*, Regensburgo, 81-107. — R. Puza (1993[2]), *Katolische Kirchenrecht*, Heidelberg.

Wolfgang BEINERT

→ *Colegialidade; Comunhão; Eclesiologia; Indefectibilidade da Igreja; Infalibilidade; Jurisdição; Local (Igreja); Ortodoxia; Particular (Igreja); Protestantismo.*

GRAÇA

Graça (g.) é a essência mesma da solicitude divina para com o homem, tal como se encarna em Jesus Cristo e se comunica ao mais profundo da natureza* humana como dom do Espírito* Santo. Resume igualmente a relação que, a partir desse dom, se instaura entre Deus* e um homem, que terá ainda necessidade da g. para corresponder à g.

I. Teologia bíblica

1. O Antigo Testamento

A Bíblia* toda dá testemunho do ato da g. de Deus. Essa destinação cristaliza-se em diferentes conceitos do AT, combinados de muitas maneiras nas fórmulas de reverência (p. ex. Ex 34,6); ela mostra ao mesmo tempo a importância central que assume para a fé* do AT o confronto do homem com um Deus de g.

O hebraico *ḥnn*, que designa nas relações humanas uma atitude de benevolência, na maioria das vezes por parte de um superior para com um subordinado, é a expressão teológica do amor* insondável de Deus (Gn 6,8). A *ḥèsèd* divina funda certa relação com o homem, uma relação que é marcada pela fidelidade (Jr 31,3) e se concretiza nos favores prodigalizados por Deus (Gn 32,11); *rhm* traduz a ternura parental (Is 49,15; Sl 103,13), *çdq*, uma ação ditada pela fidelidade à comunidade (Sl 36,6s).

A concepção do AT sobre a g. caracteriza-se pela consciência da solicitude livre e incondicionada de um Deus (Ex 33,19; Dt 7,7s) que existe para seu povo* (Ex 3,14). Sua g. toma corpo na aliança* com Israel*, ao qual se liga como a uma noiva (Os 2,21s). Sua solicitude traduz-se no perdão e na misericórdia*, Javé respondendo à infidelidade por um amor redobrado (Is 54,7-10). A g. divina manifesta-se nos acontecimentos históricos (Is 63,7; Sl 136) — muito particularmente no Êxodo —, é ela que afasta um extremo perigo ou uma perseguição injusta, que perdoa uma falta e favorece a prosperidade terrestre (concedendo uma descendência ou um país). O ato de g. de Deus dirige-se em primeiro lugar ao povo; mas à medida que a crença em sua eleição se encontra abalada a experiência da g. tende a individualizar-se.

O judaísmo* rabínico pós-bíblico compreende os acontecimentos da salvação*, em particular a aliança e a Torá, como testemunhos da g.

2. O Novo Testamento

Para o NT, o ato da g. de Deus encontra sua figura escatológica em Jesus Cristo, no qual o reino* de Deus se aproximou (Mc 1,15 par.) e a vida se desvelou (Jo 3,16). É só na teologia paulina* que o termo *kharis* se torna, ele mesmo, um conceito central da mensagem cristã. A g., aqui, cumpre-se antes de tudo na justificação* dos pecadores por Jesus Cristo, que se entregou por eles (Rm 3,23s; 5). Nele, a g. é oferecida a todos os homens sem consideração de seus méritos (Gl 2,21). É a potência que triunfa do pecado* e da morte*, e que traz assim a liberdade* (2Cor 3,17). O homem participa da g. pela proclamação do Evangelho*, pela fé (Rm 1,16) e pelo batismo* (Rm 6). O ato de g. de Deus desdobra-se nos carismas que constroem o corpo de cristandade (Rm 12,3-21; 1Cor 1,4-9). As cartas deuteropaulinas põem em evidência a existência atual na g. (Ef 1,3-14) concedida em Jesus Cristo (2Tm 1,9s), o qual é a própria g. (Tt 2,11).

II. História da teologia

1. A Igreja antiga

a) Os Padres apostólicos. — Assim como as epístolas do NT já associavam a consolação da g. oferecida em Jesus Cristo à exortação de viver de acordo com ela, assim também numerosos textos dos Padres apostólicos* acentuam a exigência ética* que deriva do dom da g. É muito particularmente no monaquismo* que se perpetuará, no curso da história do cristianismo, esse interesse pelas consequências éticas da g.

b) A patrística grega desenvolve uma doutrina da g. integrada à perspectiva universal da história da salvação*. Ireneu* de Lião compreende assim a g. como um acontecimento salvífico (*oikonomia*) pelo qual Deus, num processo pedagógico (*paideia*), leva o homem a participar da vida divina, conforme ao fim que lhe é assinalado desde sua criação*. Encontra-se aqui em germe a distinção entre uma g. original (semelhança com Deus) e uma g. salvadora (deificação). O acontecimento central desse cumprimento da g. é a encarnação*, pela qual a imagem degradada de Deus se encontra restaurada e completada no homem.

É também na perspectiva da deificação última do homem que se inscreve a concepção da g. exposta por Clemente de Alexandria (140/150– c. de 216/217) e Orígenes* sob influência do platonismo*. Sublinhando a livre cooperação do homem no dom da g., abrem caminho para uma mística* de inspiração neoplatônica (Evágrio Pôntico [345-399], Pseudo-Dionísio*), que interpreta a g. como purificação, iluminação e união.

> Entre os s. IV e V, a doutrina cristológica e pneumatológica desenvolve-se sob impulso da ideia da deificação, na medida em que essa pressupõe a divindade do Filho e do Espírito. Isso permite simultaneamente precisar o laço entre a g. deificante e o Homem Deus, Jesus Cristo, e com a ação regeneradora do Espírito, como também a dimensão trinitária da g. como inabitação das três pessoas* divinas no homem.

c) Uma palavra sobre a ortodoxia. — A doutrina oriental da g. perpetua a concepção dos Padres* gregos. A g. de Jesus Cristo, a vida divina dispensada ao homem pela abundância da vida de Cristo*, está estreitamente ligada à operação do Espírito. A g. torna o homem semelhante a Deus, e o inclui na comunhão* da vida intratrinitária. É antes de tudo na liturgia* que essa deificação se efetua. A teologia de Gregório* Palamas teve papel importante na doutrina ortodoxa da g.

d) A patrística ocidental. — Essa doutrina da g. que a Igreja oriental encara num plano universal e cósmico, o Ocidente a integra em contexto totalmente diverso. O cristianismo é aqui compreendido como a instauração e a materialização de uma nova relação jurídica entre Deus e o homem. Trata-se de saber como o indivíduo, prisioneiro de sua culpa, pode encontrar o caminho da salvação por sua liberdade* pessoal. A g. nessa perspectiva é considerada como força divina que ajuda o homem a aceder à salvação. Essa tendência, já sensível em Tertuliano* e Cipriano*, concretiza-se na teologia de Agostinho*, para o qual a impotência do pecador para fazer o bem*, assim como sua não liberdade devem ser abolidas, curadas e transformadas do interior pela g. de Deus, antes que o homem possa, por si mesmo, marchar em direção à sua salvação. Por essa estrita delimitação dos poderes respectivos da liberdade e da g., Agostinho estabelecia entre elas uma relação de concorrência que ocuparia consideravelmente a teologia*.

A concepção agostiniana da g. suscitou a oposição de Pelágio e de seus discípulos, que quiseram conter o que supunham ser tendências laxistas, remetendo o homem a uma g. imanente, já manifestada em suas próprias disposições naturais, assim como nas formas exteriores da g. (*gratia externa*): a Lei*, Jesus Cristo, a Escritura* e a Igreja*. Porque Deus nada exige que o homem não possa cumprir, é fundamentalmente possível a ele viver sem pecado depois de seu batismo, e deve esforçar-se por fazê-lo. E é justamente essa possibilidade que Agostinho exclui, numa análise aprofundada do círculo vicioso do pecado. Para além das instruções e dos modelos exteriores, o homem tem necessidade de uma força interior (*gratia interna*) cuja iniciativa determina, radical e integralmente, o processo salvífico.

Contra o pelagianismo*, o concílio* regional de Cartago declara em 418 — sob influência de Agostinho, mas sem segui-lo em todos os pontos — que o homem tem absolutamente necessidade da ajuda particular da g. (*DS* 225-230). Em resposta a Agostinho, João Cassiano (*c.* de 360-435) e os teólogos monásticos da Provença defendem uma teologia que concede mais espaço à liberdade do homem. Batizada de "semi-pelagianismo" muito tempo depois, essa teologia será recusada em 529 no concílio de Orange (*DS* 370-397).

2. A Idade Média

a) O desenvolvimento escolástico. — A problemática agostiniana (a g. como força particular pela qual Deus determina interiormente, o homem, a relação entre a g. e a liberdade) permaneceu viva até o período medieval. Conforme a perspectiva antropológica que leva o Ocidente a privilegiar o aspecto prático-ético da fé, a g. então se encontra muitas vezes integrada à doutrina das virtudes*. Pedro Lombardo (*c.* de 1095-1160), como bom agostiniano, resolve a questão da relação entre a g. e a liberdade no sentido da anterioridade da primeira: a g. precede o movimento do livre-arbítrio, é uma qualidade "infusa" (*habitus infusus*) e não "adquirida". Quanto a Tomás de Aquino, o essencial de sua concepção da g. está exposto na *ST* Ia IIae, q. 109-114: o homem, segundo ele, está desde a origem destinado à comunhão* com Deus, mas não pode chegar à realização desse destino sem a g. (de qualquer modo, e independentemente do pecado, não o poderia — embora de fato seja também seu pecado que lhe torna a g. necessária). Sendo a g. assim situada em relação aos princípios exteriores da ação, fica claro que o homem não a possui por si mesmo, mas a recebe de Deus como g. santificante (*gratia sanctificans*), de tal modo porém que se lhe torna verdadeiramente interior (graça habitual, *gratia habitualis*). A esse duplo aspecto da g. corresponde a distinção entre g. incriada (*gratia increata*), que não é senão o próprio Deus em sua relação de amor com o homem, e a g. criada (*gratia creata*), que é o efeito do ato da g. divina no homem.

b) A escolástica tardia. — Esse laço interno entre o aspecto divino e o aspecto humano da g. dissolve-se na escolástica* tardia, o que explica, p. ex., que os fautores do nominalismo* tenham podido questionar se a adoção do homem por Deus dependia da interiorização da g. Para salvaguardar a liberdade de Deus, considerava-se que havia ali uma simples necessidade de fato, o que não impedia de olhar com muito otimismo a capacidade natural por meio da qual o homem se prepara à g., por seus próprios méritos. É contra isso que vão protestar, em primeiro lugar, os reformadores.

3. Os tempos modernos

a) A Reforma. — É antes de tudo como ato de justificação* do homem que Lutero* compreende a g. divina. O pecador, que busca em vão justificar-se por suas obras* contra as acusações da Lei, não pode encontrar g. aos olhos de Deus fora da justificação que lhe é trazida por Jesus Cristo (justificação *forense*) e que só recebe na fé. A união com Cristo produz uma justiça* real que regenera o homem desde seu interior, mas que não lhe pode ser imputada como mérito: não requer nenhuma raiz ontológica — nenhuma g. criada permanece no homem —, mas aparece antes como o fruto de uma nova relação com Deus, que dá ao homem a certeza libertadora de ser salvo. Na tradição luterana, um interesse pela g. salvífica (g. santificante) desenvolve-se já com Melanchton (1497-1560), e o pietismo* tornará ainda mais aparente o laço entre a justificação e a santificação. Calvino* compreende antes a g. como um traço de união: entre, de uma parte, a obra justificadora e redentora de Cristo e, de outra, sua assimilação na vida dos cristãos, sob efeito do Espírito. A teologia federalista de Zuínglio* considera a g. de um ponto de vista teocêntrico, pondo em evidência a aliança global de Deus com suas criaturas.

b) O concílio de Trento rejeita as posições dos reformadores, mas responde a elas com esclarecimentos essenciais: sublinha assim a necessidade da g. e subordina a doutrina da g. à

da justificação, sem contudo reduzir uma à outra (*DS* 1520-1583). A g. de Deus, que desperta e socorre a criatura (*DS* 1525), possui uma prioridade absoluta sobre toda ação humana; mas a liberdade do homem (*DS* 1521; 1554s) e a possibilidade, para ele, de cooperar de maneira meritória com a g. (*DS* 1545-1549; 1582) não ficam por isso abolidas. Se o concílio, na polêmica que o opõe ao campo protestante, deve marcar distância das teses reformadoras sobre a fé e a certeza da salvação (*DS* 1531s; 1562; 1533 a; 1563-1566), é antes o acordo de fundo entre suas posições respectivas que nos impressiona hoje. Suspeitando que para os reformadores a justificação não transforma realmente o homem, o concílio detalha a ação da g. criada em termos de efeitos *no* homem e *sobre* o homem; a distinção será retomada muitas vezes. Nessa base, a teologia da Contrarreforma vai prender-se principalmente ao aspecto psicológico da g.: à g. criada e às consequências éticas da justificação.

c) A teologia pós-tridentina. — A relação entre g. e liberdade, e a ideia de que aqui existe uma relação de concorrência, suscita de 1597 a 1607 a "querela sobre a g.". O teólogo tomista Bañez caracterizava a g. como infalivelmente eficaz (*gratia efficax*), a liberdade do homem só sendo preservada pelo conceito-limite de uma g. suficiente (*gratia sufficiens*) que de fato não alcança o seu fim. Ao contrário, o jesuíta Molina acentuava a liberdade do homem, e a soberania de Deus só era então preservada pela "ciência média" (*scientia media*), que lhe permite prever o resultado das ações humanas. Em 1607, o papa Paulo V proibiu aos defensores desses dois sistemas da g. condenarem-se mutuamente (*DS* 1997) (bañezianismo-molinismo-baianismo*).

Por trás dessa querela são duas imagens do homem que se enfrentam; e a fratura aparece à luz do dia quando Baius, Jansênio e Quesnel (1634-1719) retomam as opiniões de Agostinho sobre a corrupção efetiva da natureza pelo pecado para estendê-las ao conceito abstrato da natureza (à natureza em sua essência), de sorte que esta fica incompleta no homem sem a g. e se aniquila na queda. A g. é necessária à realização essencial da natureza, mas com isso encontra-se naturalizada, i.e., compreendida como uma parte integrante da natureza. Essa concepção será oficialmente condenada (*DS* 1901-1980 [1567]; 2001-2007 [1631]; 2301-1332 [1690]; 2400-2502 [1713]).

Tornou-se então necessário precisar que o conceito teológico da natureza não inclui a g., e esse esclarecimento terminológico suscitou especulações da escolástica barroca e da neoescolástica sobre a "natureza pura" (*natura pura*), uma natureza fechada sobre si mesma, orientada para um fim próprio, e à qual uma g. extrínseca vem acrescentar-se, à maneira de um estágio suplementar. É nesse horizonte que se desenvolveram o otimismo das Luzes (e a sobrevalorização dos poderes da natureza) e os processos de secularização* (ocupados em desembaraçar o mundo profano de uma g. doravante privada de significação para a existência natural do homem). A apologética da imanência de Blondel* tentará responder a essas tendências que buscam cortar, uma da outra, a g. e a natureza.

4. Teologia contemporânea

Na teologia protestante, mais receptiva ao pensamento das Luzes, Barth* opôs-se mais que ninguém, em nome do caráter incomensurável da g., a que ela fosse reduzida a uma simples força ética. Do lado católico, o mérito dos historiadores da teologia foi exumar as concepções patrísticas da história da salvação e dar acesso às verdadeiras intuições do pensamento escolástico. O personalismo dialógico, de outro lado, contribuiu poderosamente a revivificar a percepção de uma realidade que foi praticamente reduzida à sua dimensão ôntica e natural (E. Brunner; R. Guardini). Houve teólogos que fizeram reviver as teorias da inabitação do Espírito no homem (Scheeben*) ou o ato primeiro de comunicação de si de Deus (Rahner*), e desse modo puseram fim ao interesse unilateral pela g. criada, que se encontra agora vinculada mais claramente à iniciativa de um Deus de g. Assim encontravam-se meios de evitar que a relação da natureza e da g. fosse concebida em termos de justaposição ou de sobreposição: reconhecer que a primeira é metafisicamente ordenada à

segunda (Eschweiler, Schmaus) e atribuir ao homem um desejo natural de comunhão sobrenatural com Deus (J. Maréchal). Além disso, a teologia contemporânea já não fala de uma natureza abstrata dotada de finalidade própria, e sim do homem real. É o homem em seu ser histórico e concreto que, desde sua criação, apela para a g. ("nova teologia", cf. Lubac*); com efeito, move-se desde o início no horizonte do ato de g. pelo qual Deus quis comunicar-se a ele, e que o determina à maneira de um existencial (o "existencial sobrenatural"* de Rahner). Isso nada tira, aliás, do caráter gratuito da g., sublinhado pela encíclica *Humani Generis*, de 1950: a ideia de que Deus livremente instaurou a finalidade sobrenatural da natureza humana, anteriormente a toda obra, é, ao contrário, sua mais segura garantia. A partir dessas precisões teóricas, pode-se enfim dar à teologia da g. um campo mais vasto que o da instituição cristã e estender seus efeitos até o conjunto do processo cósmico (P. Teilhard de Chardin).

Essa articulação mais estreita da natureza e da g. encontrou igualmente sua expressão no Vaticano II* (cf. p. ex., *LG* 36; 40), que evoca a dimensão comunional da g. e se interessa pelos sinais da g. fora da Igreja (*LG* 13; 16).

Os trabalhos mais recentes tratam do sentido da g. para a realização da humanidade do homem (Schillebeeckx, Küng), da inteligência da g. como advento da liberdade (Rahner, Greshake, Pröpper), de sua dimensão comunional e eclesial (Greshake), do caráter intramundano de sua experiência e seu prolongamento na ação ética e política (política* [teologia], libertação* [teologia da]).

III. Teologia sistemática

1. A perspectiva da história da salvação

A g. é, antes de tudo, o próprio Deus, o Deus trino e gracioso que oferece seu amor. Em sua vontade universal de salvação, destinou desde a origem o homem a comungar com ele, não para oferecer-lhe *alguma coisa*, mas para dar-lhe a participar *dele mesmo* e de sua vida divina. Como porém essa participação é destinada a desembocar numa relação dialógica, a eterna vontade de salvação não deve ser concebida como um horizonte intemporal, mas ao contrário concretiza-se na história* e oferece-se à livre escolha dos homens. O pecado, pelo qual o homem se esquiva ao apelo da g., introduz nesse ato divino um novo acento: a g. significa agora o perdão misericordioso e o ato redentor pelo qual o pecador se encontra justificado, assim como o socorro que lhe permite voltar aos caminhos de Deus e neles persistir.

A história da aliança, em que Deus testemunha pela primeira vez seu favor ao povo eleito de Israel, culmina na encarnação do *Logos*, que estende a aliança à humanidade inteira. Jesus Cristo não é só o mediador exterior da g. de Deus; é a própria g. que se encarnou na vida humana para a endossar e divinizar irrevogavelmente. A vida de Jesus* materializa a proximidade e o amor* de Deus pelo pecador. Substituindo ao homem no sofrimento, assumiu o pecado pelo qual o homem se fecha a Deus e, portanto, à g.; e desse modo, estabelece um nova relação entre Deus e o homem, em sua própria pessoa, o lugar de sua reconciliação. Elevado ao céu, envia o Espírito, que é Deus fazendo dom de si mesmo e habitando o coração* do homem, o Espírito que, para a Igreja como para o indivíduo, transforma a figura exterior de Jesus numa realidade interior pela qual participam, um e outro, da vida de Deus. O fim do ato de g. divino é a perfeita comunhão do reino de Deus.

2. A graça (gratuita) e a natureza

Deus, em seu ato de g., é inteiramente livre e soberano. Interessa-se pelo homem unicamente por pura eleição de g. Essa não é, pois, em primeiro lugar, uma reação ao homem e a seus méritos, mas um amor original, que é o único a suscitar as qualidades do homem e a torná-lo digno de amor. Com mais forte razão, o pecador encontra-se justificado fora de todo mérito prévio de sua parte, por um puro ato de g. Sua conversão* e sua fé pressupõem que Deus se voltou para ele com preveniência (*gratia praeveniens*). A prioridade da g. como livre iniciativa de Deus não se apoia contudo no fato de que se oferece sem razão ao homem mergulhado no pecado; manifesta-se já na criação, pela qual Deus fez do homem um ser voltado para além dele mesmo. Nessa perspectiva, não é a natureza que exige

ser implementada pela g., mas é a g. que dá a si mesma uma natureza capaz de receber a g. e disposta a encontrar ali sua plenitude.

A tradição* esforçou-se por definir essa relação admitindo a existência no homem de um ponto de ancoragem passiva (potência obediencial, *potentia obœdientialis*) ou de um desejo ativo de comunhão com Deus (desejo natural da visão beatífica*, *desiderium naturale visionis beatificae*). O axioma segundo o qual "a g. não destrói a natureza, mas a sustém e completa" tematiza a unidade de fato da g. e da natureza. A g. pressupõe a natureza e a conduz à sua plenitude: não funda pois uma "sobrenatureza", mas introduz na realidade natural a dimensão complementar, e contudo nova, da g.

Porém, a natureza e a g. relacionam-se uma com a outra como realidades distintas. A natureza representa aqui um conceito-limite (a "pura" natureza, *natura pura*), em que se exprime o fato de que a relação de g. entre Deus e o homem não é dedutível nem da essência humana nem da essência divina, mas decorre de uma conduta que Deus escolhe livremente adotar para com o homem. Paradoxalmente, a g. — enquanto justamente é livre, gratuita e pede ser aceita livremente — constitui o dom desse amor de que o homem tem necessidade para encontrar sua última plenitude.

3. Graça e liberdade

Deus chama o homem a uma comunhão pessoal com ele, de sorte que a livre solicitude divina para com o homem não tem realmente efeito a não ser que ele lhe aquiesça livremente. É por isso que não existe relação de concorrência entre a g. e a liberdade. A g. age decerto soberanamente, mas não faz violência* ao homem. Este, de seu lado, não é uma faculdade estática posta perante Deus, mas uma liberdade criada em vista de Deus, uma liberdade que o apelo da g. atualiza e torna capaz de aderir à dinâmica que a habita.

A liberdade, oferecida por Deus e orientada para ele como para seu fim, permanece porém uma liberdade aberta, que portanto pode igualmente recusar-se à g., mas ela recusa então a solicitude de Deus, sem a qual perde-se a si mesma. Diante do homem em perdição, a g. apresenta-se como uma força de iniciativa que começa por romper os grilhões da liberdade acorrentada. Mas nem por isso o homem é capaz de elevar-se a Deus por suas próprias forças, mas pelo menos recobra uma liberdade capaz de ser solicitada.

Em última instância, é impossível definir as partes respectivas da g. e da liberdade na fé, impossível também dizer como se conciliam, de um lado, a possibilidade de resistência da liberdade humana perante a eficácia soberana da g. e, do outro lado, o poder que esta tem de vencer as resistências humanas. Há nisso um duplo mistério* em que se enraíza a problemática da predestinação*.

No jogo de interação da g. e da liberdade, Deus e o homem não representam, pois, duas causalidades concorrentes. A g., ao contrário, vem ao encontro da liberdade, liberta-a (g. operante ou preveniente, *gratia operans* ou *praeveniens*) para agir em conjunção com ela (g. cooperante ou concomitante, *gratia cooperans* ou *concomitans*). É nessa cooperação da g. divina e da liberdade humana que cada uma encontra — conforme o modelo cristológico de Calcedônia* — sua eficácia inteira e específica, sem por isso anular a do polo oposto: a g. se desdobra como força que inicia, torna possível, sustenta o esforço em direção a Deus; a liberdade humana como força que Deus quer solicitar nesse esforço.

4. Graça incriada e graça criada

Porque a g. visa a instaurar uma relação, o conceito não designa só o próprio Deus de g. (g. incriada), mas também as diferentes maneiras como a g. abarca a realidade mundana e o homem mesmo, para transformá-los (g. criada). O movimento de encarnação da g., feita homem em Jesus Cristo, prolonga-se por meio da Igreja e de numerosas mediações categoriais, que encontram sua mais alta expressão na Palavra* e nos sacramentos*. A g. abarca muito particularmente o homem como indivíduo, em sua realidade plural e corporal, nas diferentes etapas de sua vida. Ela deve adaptar-se, de um lado, às situações e, de outro, ao ser* do próprio homem, em que faz surgir uma forma nova e um novo princípio de sentido (*habitus*, *gratia habitualis*). Esses não resultam de ne-

nhum aprendizado humano, mas encontram-se integralmente assimilados pelo homem. Pois o movimento da g. visa a instaurar uma relação dialógica, e por essa razão mantém o homem num estado em que se torna capaz de responder ao amor a partir de sua própria realidade. Se a g. criada tem pois como objeto a relação entre Deus e o homem, não se pode, sem lhe perder a substância essencial, considerá-la como uma aquisição dissociável do ato de g. Os dons de Espírito, em particular, estão aí para lembrar-nos que o homem só pode assimilar a g. que lhe é oferecida se é de novo sustentado pela g. divina.

5. O caráter comunional da graça

Como a dinâmica da economia da salvação está ordenada a um ser-em-comunhão, a g. do Deus trino não instaura somente uma nova comunhão com Deus, mas cura e transforma igualmente as relações entre os homens. É por isso que, fazendo-nos participar dele mesmo, Jesus Cristo funda a Igreja como seu corpo*. Para instaurar essa comunhão e cumprir a missão eclesial, a g. se dá nos carismas* (*gratia gratis data*) que incluem o homem no movimento de amor de Deus. Entre os deveres que a g. significa para o homem está o de se engajar, com a força que ela lhe insufla, no trabalho da erradicação do pecado.

6. A experiência da graça

Na medida em que a g. se alia à natureza e se articula no plano categorial, inscreve-se também na existência concreta do homem. Porém não há que perder de vista que só apreendemos pela experiência* as formas mediatizadas da g., enquanto sua origem primeira, i.e., o próprio Deus, escapa a toda experiência. Deve-se igualmente lembrar que a experiência da g. é essencialmente ambivalente e que a g. mesma permanece sempre escondida: não se deixa captar como g. a não ser pela fé, e pode igualmente dissimular-se nas provações e na cruz, i.e., em seu contrário, *sub contrario*.

- J. Van der Meersch (1925), "Grâce", *DThFC* 7/2, 1554-1687. — H. Bouillard (1944), *Conversion et grâce chez saint Thomas d'Aquin*, Paris. — H. de Lubac (1946), *Surnaturel*, Paris (nova ed. 1991). — A. M. Landgraf (1952), *Dogmengeschichte der Frühscholastik* 1/1, Regensburgo. — K. Rahner (1954-1960), *Schr. zur Th.* 1, 323-345, 347-375; 3, 105-109-; 4, 209-236. Einsiedeln. — U. Kühn (1961), *Natur und Gnade*, Berlim. — J. de Baciocchi (1963), "Grâce", *Cath.* 5, 135-172. — H. Rondet (1964), *Essais sur la théologie de la grâce*, Paris. — M. Flick, Z. Alszeghy (1964), *Il Vangelo della grazia*, Florença. — H. de Lubac (1965), *Le mystère du surnaturel*, Paris. — K. Rahner (1968), *Gnade als Freiheit*, Friburgo. — G. Greshake (1962), *Gnade als konkrete Freiheit. Eine Untersuchung zur Gnadenlehre des Pelagius*, Mainz. — H. J. Stoebe (1971), *"hm gnädig sein", THAT* 1, 587-597. — H. Conzelmann, W. Zimerli (1973), *"kharis* etc." *ThWNT* 9, 363-393. — Gross *et al.* (1974), *Mysal* IV/2, 595-984, "Gottes Gnadenhandeln" (Perópolis, 1975). — K. Koch (1976), *"sdk* gemeinschaftstreu/ heivoll sein", *THAT* 2, 507-530. — G. Liedke (1976), *"shpt* richten", *ibid.*, 999-1009. — L. Boff (1977[2]), *A graça libertadora no mundo*, Petrópolis. — G. Greshake (1977), *Geschenkte Freiheit*, Friburgo (nova ed. 1992). — Y. M.-J. Congar (1979), *Je crois en l'Esprit Saint*, t. II: *"Il est Seigneur et Il donne la vie"*, Paris. — J. Martin-Palma (1980), *Gnadenlehre. Von der Reformation bis zur Gegenwart*, *HDG* III/5 b, Friburgo. — O. H. Pesch, A. Peters (1981), *Einführung in die Lehre von Gnade und Rechfertigung*, Darmstadt. — M. Theobald (1982), *Die überströmende Gnade*, Regensburgo. — O. H. Pesch (1983), *Frei sein aus Gnade*, Friburgo. — H. Reventlow *et al.* (1984), "Gnade", *TRE* 13, 459-511. — T. Popper (1988,1991[3]), *Erlösungsglaube und Freiheitsgechichte*, Munique. — A. Ganoczy (1989), *Aus seiner Fülle haben alle empfangen*, Düsseldorf.

Eva-Maria FABER

→ *Agostinismo; Aliança; Antropologia; Bañezianismo-molinismo-baianismo; Jansenismo; Natureza; Pecado original; Pelagianismo; Santidade; Sobrenatural.*

GREGÓRIO DE NAZIANZO,

c. 330-390

a) Vida. — Conhecido na tradição* do Oriente cristão como o "teólogo", doutor* como Atanásio*, da Igreja* oriental, Gregório de Nazianzo (Gr.) faz parte com seus amigos Basílio* de Cesareia e Gregório* de Nissa dos Padres* capadócios —

o s. IV será considerado "a idade de ouro" da patrística. Filho do bispo de Nazianzo, pequena cidade da Capadócia, Gr. enriqueceu sua formação cristã com estudos retóricos e filosóficos realizados em Constantinopla e depois em Atenas, ao mesmo tempo que Basílio. Seu desejo de conciliar cultura grega e fé* cristã torna-o muito virulento contra a política religiosa do imperador Juliano (*Discursos* 4 e 5, sem dúvida posteriores à morte* de Juliano), que em 362 afastou os cristãos do ensino. Ordenado sacerdote* e depois bispo (contra a sua vontade, parece, pois a vida monástica tinha sua preferência) Gr. terá um papel importante na Igreja* de Constantinopla, na qual depois da morte do bispo Melécio presidirá o concílio* de 381, antes de demitir-se e ser substituído por Nectário. Sua obra autobiográfica (*Carmina de se ipso*, PG 37), acrescentada à sua correspondência, revela as inquietudes e os ímpetos místicos de um poeta cristão. Contrariando uma tradição atestada até o s. XVI, hoje se tem muitas dúvidas de que seja autor do *Christus patiens* (SC 149), centão de Eurípedes que constituía uma tragédia cristã, provavelmente da época bizantina.

b) Contribuição teológica. — Pregador e teólogo, Gr. contribuiu com Basílio e Gregório de Nissa ao triunfo da ortodoxia de Niceia* contra os adeptos do arianismo* (*Disc.* 27, "Contra os discípulos de Eunômio"). Pronunciados em 380, os *Discursos* 27 a 31 (conhecidos como *"Discursos teológicos"*, são a fonte principal da irradiação e da posteridade de Gr.) apresentam sua teologia* trinitária num estilo que associa rigor dogmático e lirismo, e ao mesmo tempo sublinham o que sua tarefa exige do teólogo: ele é daqueles "que passeiam sobre as pistas do abismo" (Jó 36,16; *Disc.* 28, 12) e o discurso apofático deve contrabalançar nele a elaboração de conceitos teológicos — é bem o caso em Gr.

É a noção de relação (*skhesis*) que permite a Gr. definir a distinção das três pessoas* no seio da Trindade*: "O Pai* não é um nome de substância nem um nome de ação: é um nome de relação, um nome que indica a maneira como o Pai é em relação ao Filho, ou o Filho em relação ao Pai" (*Disc.* 29, 16). Por sua vez, sua teologia do Espírito Santo* prolonga audaciosamente os desenvolvimentos do *Tratado do Espírito Santo* de Basílio, e será determinante por ocasião do concílio de 381. Contra os pneumatômacos, que acusa de diteísmo (*Disc.* 31, 13), Gr. sublinha que o argumento escriturístico permite legitimamente afirmar a divindade do Espírito Santo; e não hesita, de outro lado, em aplicar ao Espírito Santo o termo *homoousios* (*Disc.* 31, 10), ponto em que o concílio de 381 não o seguirá. Cabe também a Gr. ter introduzido o termo *ekporese* (*ekporeusis*, "processão", *Disc* 31, 8), que lhe permite diferenciar a relação do Espírito Santo ao Pai da geração do Filho (Filioque*). Sublinhando que cada uma dessas pessoas da Trindade conheceu uma revelação* progressiva, Gr. conclui o discurso consagrado ao Espírito Santo mostrando que sua divindade só foi plenamente manifesta depois da vinda de Cristo* (*Disc.* 31, 26).

A cristologia* de Gr. precede as respostas que os concílios de Éfeso* e de Calcedônia* trouxeram aos nestorianos e afirma a unidade da pessoa de Cristo. Porém sua apresentação da humanidade de Cristo fracassa na dupla questão de sua vontade e de sua ignorância; também Máximo* Confessor, em seu *Ambiguorum liber*, tropeça em muitos pontos da cristologia de Gr., que precisará ser desenvolvida por ele para afirmar sua plena ortodoxia (ver A. Ceresa-Gastaldo, em C. Moreschini 1992, 43-48).

c) Posteridade. — A acuidade de sua teologia trinitária e seu papel no I concílio de Constantinopla garantiram a glória de Gr. A composição, com Basílio, da *Filocalia* das obras de Orígenes*, que foi amplamente difundida e nos conservou fragmentos de obras hoje perdidas, testemunha a fidelidade de Gr. para com a exegese* alexandrina. Evágrio Pôntico, transmissor do origenismo no primeiro monaquismo*, reconheceu seu mestre em Gr., a quem serviu como diácono* em Constantinopla. Sua obra dogmática, e principalmente os *Discursos teológicos*, traduzidos para o latim por Rufino de Aquileia desde o fim do s. IV, foram até a IM objeto de numerosos comentários no Oriente e no Ocidente.

- PG 35-38; *Discours*, SC 247, 250, 270, 284, 309, 318, 358; *Lettres*, ed. e trad. fr. P. Gallay, 2 vol., CUFr, 1964-1967, Paris; *Lettres Théologiques*,

SC 208; (1997) *Le Dit de as vie*, texto e trad. fr., Genebra.

▸ P. Gallay (1943), *La vie de saint Gr. de Nazianze*, Paris. — F. Lefherz (1958), *Studien zu Gregor von Nazianze*, Bonn. — J.-M. Szymusiak (1963), *Éléments de théologie de l'homme selon saint Gr. de Nazianze*, Roma. — J. Rousse (1967), "Gr. de Nazianze", *DSp*. 6, c. 932-971, Paris. — J. Bernardi (1968), *La prédication des Pères cappadociens*, Paris. — T. Spidlik (1971), *Gr. de Nazianze*, Roma. — F. Trisoglio (1974), *S. Gregorio di Nazianzo in un quarantennio di studi (1925-1965)*, Turim. — C. Moreschini e G. Menestrina (sob a dir. de) (1992), *Gregorio Nazianzeno teologo e scrittore*, Bolonha. — J. Bernardi (1995), *Grégoire de Nazianze. Le théologien et son temps (330-390)*, Paris.

Françoise VINEL

→ *Constantinopla I (concílio); Espiritual (teologia); Helenização do cristianismo; Negativa (teologia).*

GREGÓRIO DE NISSA, *c.* 331-394

1. Vida e obras

a) Vida. — Com seu irmão Basílio* de Cesareia, Gregório de Nissa (Gr.) vem de uma família aristocrática da Capadócia. Nascido por volta de 331 no Ponto, pertence à terceira geração cristã. Parece que se voltou para uma formação retórica e filosófica depois de ter ocupado na Igreja* as funções de leitor. Casado, foi chamado ao episcopado na sede de Nissa, perto de Cesareia, em 372, aproximadamente. Sobretudo depois da morte de Basílio, afirma-se como o representante da fé de Niceia*. Vítima de opositores arianos, Gr. foi deposto de seu cargo de bispo*, sem dúvida em 375-376, e obrigado a exilar-se até o fim de 377, data em que o imperador Valens pôs fim às sentenças de exílio; retomou então sua sede em Nissa (ver Basílio, *Ep.* 225). Para tentar pôr fim às divisões doutrinais ligadas à crise ariana (ver *Ep.* 2. 3. 5), visita várias sedes episcopais da Ásia menor, vai até Jerusalém*: sua presença marca o I concílio* de Constantinopla* em 381.

O sucesso que o monaquismo* conheceu na Capadócia sob impulso de Basílio* encontrou também em Gr. um partidário; ele encorajou o desenvolvimento do pequeno mosteiro fundado na propriedade familiar de Macrina e de sua mãe (*De virginitate; Vida de Macrina*).

b) Obra. — A cronologia das obras de Gr. é incerta. Suas *Cartas*, à imagem das correspondências mais abundantes de Basílio e de Gregório* de Nazianzo, dão-nos algum testemunho da maneira como assumiu seu cargo de bispo num período conturbado. As três partes do *Contra Eunômio*, os pequenos tratados trinitários (*Adversus Arium et Sabellium de Patre et Filio, De deitate Filii et Spiritus Sancti, De differentia essentiae et hypostaseos*), assim como o *Discurso catequético*, fixam os grandes traços de sua teologia*. Gr. neles se apresenta explicitamente como o continuador da obra de Basílio, e atribui também um papel à sua irmã Macrina: é assim que numa encenação que lembra o *Fédon*, ou como Diotima inspirando Sócrates, Macrina responde às inquietações de Gr. sobre a morte* e o além (*Tratado da alma e da ressurreição*). Enfim, os comentários da Escritura — principalmente as *Homilias sobre o Cântico* e a *Vida de Moisés*, escritas nos últimos anos de sua vida — mostram quanto os diferentes sentidos* da Escritura* tornam inseparáveis exegese*, teologia e mística*. A hermenêutica* nissena deve muito a Orígenes* e portanto à exegese alexandrina, filoniana em primeiro lugar. Gr. reconhece sua "leitura atenta e fervorosa" de Orígenes (*Hom. I sobre o Cant.*). A ideia de *akolouthia*, do "encadeamento" lógico dos versículos da Escritura, serve-lhe para evidenciar a revelação* em ação no texto bíblico, e permite-lhe, mais ainda, pôr a razão humana em consonância com a lógica da economia divina.

2. Doutrina e espiritualidade

a) Teologia da criação e antropologia. — Comentador, como Basílio, do *Hexemeron*, o qual prolonga por um tratado da criação* do homem (*De hominis opificio*), Gr. apropria-se dos conceitos da ontologia grega, não sem certo ecletismo (cf. Stead, 1985). Mas por uma evolução decisiva o acento posto na distinção entre sensível e inteligível atenua-se nele em proveito da distinção do criado e do incriado, definindo então pelos conceitos de limite e de medida o *diastema* (espaçamento, intervalo temporal) da criação. Gr. associa estreitamente cosmologia e antropologia* em sua reflexão sobre a natureza* (*physis*); e articula a ética* e a "física" —, co-

mentado por Gr. (*Homilia sobre o Eclesiastes*), é na tradição* patrística o livro da "física", do conhecimento do universo criado e de seus limites — graças à ideia de medida. O próprio homem está na fronteira, nos confins (*methorios*) do sensível e do inteligível; e conforme a uma perspectiva antropocêntrica é o cimo da criação (cf. *De hom. op.*, cap. 2-4). O conceito de pleroma (cf. Ef 1,23), aplicado tanto ao cosmo* quanto à natureza comum da humanidade e à Igreja em busca de sua unidade*, significa aqui um cumprimento ao qual todo o criado aspira.

O versículo de Gn 1,26: "Façamos o homem à nossa imagem e semelhança" constitui uma referência-chave para a antropologia nissena. A afinidade (*suggeneia*) de natureza que liga o homem com o divino manifesta-se segundo Gr. na existência de uma liberdade* fundamental, de uma capacidade de desejar e de fazer o bem, que constitui sua definição. A finalidade da existência humana, por sua vez, é "assimilação a Deus*", expressão platônica (*Teeteto*, 176 b) retomada por Gr. Tomar o caminho do bem* (ver *In Inscriptiones Psalmorum*, sobre o salmo 1) "é o resultado de uma escolha livre (*prohairesis*) e somos assim, em certo sentido, nossos próprios pais" (*V. de Moisés* II, 3) — afirmação audaciosa, repetida muitas vezes por Gr. Criadas por Deus, as realidades só podem ser boas; por conseguinte, o mal* é apenas "o que não é", e que só aparece em razão de um mau uso da liberdade.

A definição do homem pela imagem de Deus predomina amplamente em Gr. sobre a tese estoica do homem microcosmo, que ele também usa, mas expressa em termos dualistas: Gr. utiliza assim uma distinção da alma* e do corpo* grandemente tributária do platonismo, e localiza o pecado* no domínio dos impulsos sensíveis e do irracional, que obscurecem a imagem de Deus sem contudo apagar totalmente o cunho da "imagem". A diferenciação sexual (cf. Gn 1,27) nem é a causa nem o resultado do pecado, e é por um efeito da previdência (*De hom. op.* 16-17) que assegura a continuidade do criado na sua finitude. Para definir a alma e sua "localização", Gr. é primeiro levado a refutar a teoria (defendida em particular por

Orígenes) da preexistência das almas, e com isso a rejeitar a ideia de metempsicose (*De hom. op.* 28-29; *Sobre a alma e a ressurreição*, 88s). Bem ao contrário, a criação da alma e a do corpo são concomitantes — e o interesse de Gr. pelas concepções médicas de seu tempo permite-lhe aqui uma abordagem concreta da constituição do homem (*De hom. op.* 30). É a parte intelectiva da alma que autoriza no homem a livre escolha de seus atos; inversamente, a "irreflexão" (*aboulia*) é o que leva ao pecado. Para descrever a natureza decaída do homem (Daniélou, 1944[2]; *Hom. sobre o Cant.*), Gr. fala das "túnicas de pele" (cf. Gn 3,21), interpretadas em sentido metafórico. Gr. consagra enfim a última parte do tratado *Sobre a alma e a ressurreição* à doutrina da ressurreição*: "é a restauração de nossa natureza em seu estado primitivo" (*apocatastasis*, cf. apocatástase*), e tudo o que causa uma dissolução na natureza — paixões*, pecado, morte* — é finalmente aniquilado pela potência* divina.

b) Doutrina trinitária e cristológica. — Em seu *Contra Eunômio*, muito mais desenvolvido que o de Basílio, Gr. responde à argumentação lógica de seu adversário sublinhando primeiro os limites do conhecimento* que o homem pode ter de Deus — e portanto os limites da linguagem humana quando se aplica a Deus (ver Canévet, 1983). Os nomes* divinos manifestam diversamente as energias de uma divindade (*theotès*) incognoscível, oferecida somente à contemplação* (*thea*: jogo de palavras sobre os dois termos no *A Ablabius. Que não há três deuses, GNO* III, 1, 44). O tratado opera uma classificação desses nomes, dos termos bíblicos que designam Deus pelas realidades mais materiais até os nomes mesmos do Pai*, do Filho e do Espírito*, e Gr. insiste em seu caráter analógico: a essência da divindade está "além de todo nome" (Fl 2,11). As três pessoas* atuam conjuntamente no seio da Trindade* e manifestam-se numa ordem que revela a distinção dos nomes. Para estabelecer uma distinção clara entre *ousia* e *hypostasis*, Gr. recorre à analogia* e funda-se na distinção entre natureza comum e indivíduo; e refutando assim a acusação de triteísmo*

confessa um só Deus em três pessoas (*prosôpa*) ou "hipóstases" (*Aos gregos, a partir das noções comuns, GNO* III, 1, 33) — *posopon* e *hypostasis* designam pois pessoa, o que clarifica notavelmente o debate trinitário.

A encarnação*, na percepção nisseana da economia divina, é antes de tudo resposta ao cúmulo do mal, ao seu desdobramento máximo no mundo (*Dis. cat.* 29, 4). Contra o apolinarismo*, Gr. se dedica a conciliar a afirmação da impassibilidade* divina e a plena humanidade de Cristo. Encarnando-se, o Filho participa da "natureza comum" a todos os homens, o que inclui crescimento e "paixões" (ou seja, capacidade de mudança, do nascimento à morte, *Orat. cat.* 16, 6), "com exceção do pecado" (Hb 4,15). Para significar a união das duas naturezas em Cristo, Gr. privilegia continuamente o vocabulário da mistura; e pode afirmar que a dupla união da divindade à alma e ao corpo de Jesus* subsiste até na morte (*Ep.* 3, 22: *De tridui spatio*, GNO IX, 273-306, *O Cristo pascal*, hom. 2, p. 45-71), como penhor da total ressurreição do composto humano. É também porque há mistura da alma imaterial e do corpo, mesmo depois da morte, que é possível uma ressurreição da carne; e cada alma possui, além disso, a capacidade de reconhecer o corpo ao qual esteve unida (*Sobre a alma e a ressur.*, 97; ver Le Boulec, 1995). O *Discurso cat.* insiste enfim na dimensão cósmica da cruz, sobre a qual Cristo "une a si estreitamente o universo e o ajusta a si mesmo, conduzindo as diferentes naturezas do mundo a um só acordo e a uma só harmonia" (32, 6).

c) Teologia mística. — "A grandeza e a beleza das criaturas conduzem por analogia a contemplar seu Criador" (Sb 13,5): em muitas ocasiões Gr. apoia-se nesse versículo (*CE* 2, 13.154; *In Ecl.* 1 e 8; *De hom. op.* 2) para definir ao mesmo tempo, paradoxalmente, a capacidade do homem de conhecer e nomear a Deus e os limites desse conhecimento diante do infinito* divino. Gr. faz de Moisés o modelo de acesso ao inacessível, e para dar conta dessa experiência espiritual privilegia as metáforas da treva e da nuvem luminosa (*Vida de Moisés; Homilia sobre o Cântico*).

Se o tratado *Sobre a alma e a ressurreição* fica numa concepção do desejo como paixão votada a desaparecer, a *Vida de Moisés* e as *Hom. sobre o Ct.* fornecem a doutrina de outro desejo, a "epectase" (cf. Fl 3,13, "esquecendo o caminho percorrido e tendendo, de todo, para frente — *epekteinomenos*"; ver Daniélou 1944², 291-307): e na lógica desse desejo o homem que se volta para Deus é arrastado numa ascensão sem fim. Moisés (*Vida de Moisés* II, 224s) e a esposa do Cântico proporcionam a Gr. modelos dessa ascensão jamais acabada: "Aquele que sobe não para nunca, indo de começo em começo, e o começo dos bens sempre maiores nunca tem fim" (*Hom. VIII sobre o Cântico*). O conceito de *epectase* serve assim a dar toda sua extensão a uma percepção dinâmica do *eschaton*: e, à imagem do mistério* da união das duas naturezas em Cristo, o movimento que leva o criado "de glória em glória" (2Cor 3,18) não contraria em nada a permanência da divindade: "A alma nunca deixa de crescer, mas o bem do qual participa permanece o mesmo, manifestando-se sempre também transcendente à alma que dele participa sempre mais" (*Hom. IV sobre o Ct.*).

3. Posteridade

O primeiro sinal da influência durável de Gr. é dado pela difusão de sua obra, particularmente do tratado *Sobre a criação do homem* e das *Hom. sobre o Ct.*, dos quais existiram traduções nas diferentes Igrejas do Oriente; o segundo sinal é fornecido por trechos de seus comentários que se encontram nas *Correntes* sobre a Escritura, constituídas a partir do s. VI, e nos florilégios de textos patrísticos. As traduções latinas deram a seu comentário sobre o *Cântico*, como ao de Orígenes, grande irradiação nos meios monásticos medievais.

A teologia capadócia contribuiu para pôr um termo à crise ariana, garantindo um equilíbrio entre as cristologias de inspiração antioquena e de inspiração alexandrina. Por sua envergadura filosófica, Gr. assimila e metamorfoseia traços fundamentais do platonismo* e do neoplatonismo, desse modo integrados à expressão comum da fé* (cf. Ivánka, 1964). Sua teologia mística, continuada sobretudo por Máximo* Confessor,

e pelo Pseudo-Dionísio* inspira amplamente a espiritualidade do Oriente cristão.

- PG 44-46; *Gregorii Nysseni Opera* (*GNO*), ed. W. Jaeger, H. Langerbeck *et al.*, 10 vol. edit., Berlim depois Leyde, 1921-. — SC 1 *bis* (*Vida de Moisés*), 6 (A *criação do homem*), 119 (*Tratado da virgindade*), 178 (*Vida de Macrina*), 363 (*Cartas*), 416 (*Hom. sobre o Eclesiastes*); (1908) *Discurso catequético*, trad. L. Méridier, Paris; (1992), O *Cântico dos Cânticos* (*Homilias*), Paris; (1994), O *Cristo pascal* (seleção de homilias traduzidas para o francês), Paris; (1995), *Gregory of Nyssa's Treatise on the inscriptions of the Psalms, Introduction, translation and notes*, R. E. Heine, Oxford; (1995) *Traité de l'âme et de la résurrection*, trad. J. Terrieux, Paris.

▸ M. Altenburger, F. Mann (1988), *Bibliographie zu Gregor von Nyssa. Editionen, Übersetzungen, Literatur*, Leyde. — H. U. von Balthasar (1942), *Présence et pensée. Essai sur la philosophie religieuse de Gr. de Nysse*, Paris, 1988². — J. Daniélou (1944²), *Platonisme et théologie mystique. Doctrine spirituelle de Gr. de Nysse*, Paris. — H. Merki (1952), Homoiôsis Theô, *Von der platonischen Angleichung an Gott zur Göttähnlichkeit bei Gr.*, Friburgo. — J. Gaïth (1953), *La conception de liberté chez Gr. de Nysse*, Paris. — J. Lebourlier (1962-1963), "À propos de l'état du Christ dans la mort", *RSPhTh* 46, 629-649 e 47, 161-180. — E. von Ivánka (1964), *Plato christianus. Übernahme und Umgestaltung des Platonismus durch die Väter*, Einsiedeln, cap. IV. — D. L. Balàs (1966), Metousia Theou. *Man's Participation in God's perfections according to saint Gregory of Nyssa*, Roma. — W. Jaeger (1966), *Gregor von Nyssa's Lehre vom Heiligen Geist*, Leyde. — M. Canévet (1967), "Gr. de Nysse", *DSp* 6, 471-1011. — J. R. Bouchert (1968), "Le vocabulaire de l'union et du rapport des natures chez saint Gr.", *RThom* 68, 533-582. — M. Harl (1971) (sob a dir. de), *Écriture et culture philosophique dans la pensée de Gr. Actes du Colloque de Chevretogne*, Leyde. — J. Fontaine, Ch. Kannengieser (sob a dir. de) (1972), Epektasis. *Mélanges patristiques offerts au cardinal Daniélou*, Paris. — R. Hübner (1974), *Die Einheit des Leibes Christi bei Gregor von Nyssa*, Leyde. — H. Dörrie *et al.* (1976), *Gregor von Nyssa und die Philosophie. Zweites Internationales Kolloquium über Gregor von Nyssa*, Leyde. — M. Alexandre (1981), "Protologie et eschatologie chez Gr.", in U. Biachi (sob a dir. de), *L'antropologia di Origene e di Gregorio di Nissa*, Milão, 122-159. — M. Canévet (1983), *Gr. et l'hermeneutique biblique. Études*

des rapports entre le langage et la connaissance de Dieu, Paris. — D. L. Balàs (1985), "Gregor von Nyssa", *TRE* 14, 173-181. — C. G. Stead (1985), *Substance and Illusion in the Christian Fathers*, Londres. — Th. Ziegler (1987), *Les petits traités trinitaires de Gr., témoins d'un itinéraire théologique (379-383)*, tese datil., Univ. de Estrasburgo. — H. R. Drobner e Ch. Klock (sob a dir. de) (1990), *Studien zu Gr. und der christlichen Spätantique*, Leyde. — G. Castellucio (1992), *L'antropologia di Gr.*, Bari. — B. Pottier (1994), *Dieu et le Christ selon Gr.*, Bruxelas.— A. Le Boulluec (1995), "Corporeité ou individualité? La condition finale des ressuscités selon Gr.", *Aug.* 35, 307-326.

Françoise VINEL

→ *Alexandria (escola de); Apolinarismo; Arianismo; Estoicismo cristão; Platonismo cristão.*

GREGÓRIO DE RIMINI → nominalismo III. 3

GREGÓRIO MAGNO, *c.* 540-604

1. Vida e obras

De família senatorial, Gregório I (Gr.) foi prefeito de Roma em 573. Monge em 574, foi legado do papa (*apocrisarius*) em Constantinopla por volta de 578. Regressando a Roma por volta de 585, tornou-se abade, depois papa* em 590. Consagrou-se então ao mesmo tempo aos deveres pastorais de sua missão e ao desenvolvimento de uma teologia do ministério* episcopal.

a) Gr. teve um grande papel na evolução que levou o bispo* de Roma* a reivindicar e a estabelecer sua supremacia em relação aos outros patriarcados*. Na época de Gr. o papado, sempre mais autônomo, tinha se encarregado amplamente da administração da cidade; isso lhe acrescentava uma autonomia temporal que devia pesar mais tarde no curso da grande luta da Igreja* e do Estado* que a IM conheceu.

b) Como abade, Gr. parece ter pregado sobre *I Reis*, sobre os *Profetas*, os *Provérbios*, e o *Cântico dos Cânticos*. Por volta de 591, acabou as *Morais sobre Jó*, sem dúvida sua obra mais lida na IM. Na mesma época, trabalhava na *Regra pastoral*. Em 591, doente e incapaz de pregar, compôs sermões sobre os evangelhos*. Foi na Roma sitiada pelos lombardos que pronunciou suas *Homilias sobre Ezequiel*, publicadas mais tarde em dois livros (601). Houve dúvidas quanto à autenticidade dos *Diálogos* (593-594), que contêm notadamente uma vida de São Bento e narrações de milagres*, mas parece antes que Gr. ensaia nesses diálogos um gênero literário diferente, próximo das Vidas dos Padres do deserto. Tem-se dele uma correspondência importante.

2. Teologia

Sem ser um pensador original, Gr. consegue tornar acessível a um auditório popular boa parte do pensamento de Agostinho*, e consegue integrar algo da espiritualidade oriental numa apresentação equilibrada da vida cristã. Para isso, servia-se sobretudo do comentário da Escritura*, e suas imagens e interpretações eram tão impressionantes que garantiram sua popularidade na IM.

a) Para Gr., a pregação* oferece ao bispo o meio de cumprir verdadeiramente sua função de defensor e de guardião da fé*. É a ele em grande parte que se deve o modelo dos quatro sentidos* da Escritura, que seria utilizado no Ocidente até o s. XVI: sentido literal ou histórico; sentido alegórico; sentido anagógico (figurando a vida eterna*); sentido topológico ou moral.

b) Gr. vê na eucaristia* a manifestação de uma harmonia do universo. É a mediação entre o homem e Deus*, cura de toda separação. Nela os santos estão já unidos a Deus nesta vida. Cristo* na eucaristia é oferecido como vítima (*hostia*) e sacrifício* (uma tese afirmada por Gr. com insistência, e que é uma de suas contribuições importantes), com uma humildade e uma obediência que são um modelo para todo cristão. A eficácia da eucaristia depende da participação ao corpo de Cristo, o que significa que os cristãos não devem só entregar-se à contemplação*, mas procurar também servir o seu próximo. A eucaristia enfim pode fazer bem às almas depois da morte*.

O próprio Gr. sentiu sempre a existência de uma tensão entre contemplação e ação, e lhe associa uma bipolaridade do "interior" (o espiritual) e do "exterior" (o corporal). Exteriormente, tudo é dor, mudança, decrepitude. Interiormente, reinam a paz*, a tranquilidade, o antegosto do céu que podem desejar tanto platônicos quanto cristãos — e ricas imagens servem aqui a Gr. para dizer de uma maneira nova a oposição da alma* e do corpo* que preocupou toda a Antiguidade no seu final. Gr. insiste também na iluminação de maneira tipicamente platônica — mas para ele é a divina luz da graça* que mostra o que não poderíamos ver sem ela, em nossa cegueira de pecadores.

c) Gr. faz grande uso de imagens bíblicas para falar de Cristo, e exerceu assim grande influência na linguagem cristã. Cristo, Esposo da Igreja, é o modelo da intimidade que deve existir entre Cristo e a alma. Cristo Porta permite aos cristãos entrar na presença de Deus, e nisso o imitam os pregadores. A própria Igreja é porta entre esse mundo e o outro. O Cristo Cabeça da Igreja é o modelo da autoridade* do bispo. O Cristo Juiz pesa os méritos dos homens com justiça* e misericórdia*

3. Posteridade

A Regra pastoral deveria influenciar a concepção medieval sobre o papel do bispo. Bernardo* de Claraval serviu-se dela para escrever o De consideratione, dirigido ao papa Eugênio III, e teve também influência nas teorias do primado do papa no fim da IM.

Os Diálogos tiveram papel importante no sucesso do monaquismo* beneditino, que forneceu a regra da vida religiosa no Ocidente, pelo menos até o s. XII. Gr. aconselhou também Agostinho de Cantuária, que enviara em missão à Grã-Bretanha, a fazer uma escolha razoável em todos os ritos existentes, para criar um rito que conviesse aos novos cristãos da ilha. Certo número de práticas litúrgica ocidentais, p. ex. o uso do Pai-nosso no fim da oração eucarística, parecem devidas a seus conselhos. O Sacramentário gregoriano, enviado pelo papa Adriano I a Carlos Magno, c. de 790, e que foi muito difundido em seguida no império franco, remonta ao pontificado de Gregório.

* PL 66 e 75-79; CChr. SL 140-144: Homilias sobre o profeta Ezequiel, SC 327 e 360; Comentário sobre o 1º livro dos Reis, SC 351 e 391; Morais sobre Jó, SC 32 bis, 212 e 221; Diálogos, SC 260 e 265; Registro de Cartas, SC 370-371; Regra pastoral, SC 381-382.

▸ R. Wasselinck (1965), "L'influence de l'exégèse de saint Grégoire le Grand", MSR 22, 209-219. — C.

Dagens (1977), Saint Grégoire le Grand, culture et expérience chrétienne, Paris. — J. Richards (1980), Consul of God: The Life and Times of Gregory the Great, Londres. — W. D. McCready (1981), Signs of Sanctity: Miracles in the Thought of Gregory the Great, Toronto. — D. Norberg (1982), Critical and exegetical notes on the Letters of St. Gregory the Great, Estocolmo. — J. M. Petersen (1984), The Dialogue of Gregory the Great in their late antique cultural background, Toronto. — G. R. Evans (1986), The Thought of Gregory the Great, Oxford. — L. La Piana (1987), Teologia e ministerio della parola in San Gregorio Magno, Palermo. — C. Straw (1988), Gregory the Great: Perfection in Imperfection, Berkeley. — R. Godding (1990), Bibliografia di Gregorio Magno (1890-1989), Roma.

Gillian R. EVANS

→ Platonismo cristão; Sacrifício da missa; Santidade.

GREGÓRIO PALAMAS, 1296-1359

Fenômeno maior da cultura médio-bizantina tardia, doutrina constitutiva para a Igreja* ortodoxa, nó polêmico entre o Oriente e o Ocidente cristãos, a teologia* de Gregório Palamas (G.P.), formulação dogmática da espiritualidade hesicasta, representa um dos pontos em jogo no diálogo ecumênico, tanto pela soteriologia que determina como pelas noções conexas que implica em matéria de tradição*, de pneumatologia, de escatologia*.

a) Coordenadas históricas — Monge de Athos, arcebispo de Tessalônica, canonizado em 1368, G.P. é comemorado como "doutor* da graça*". Seu ensinamento, exposto em seu Tomo hagiorético de 1340, depois aprovado pelos sínodos* constantinopolitanos de junho e de agosto de 1341, foi solenemente confirmado pelo concílio* de Blachernes em 1351. Ele figura, ademais, no Synodikon, uma coletânea dogmática proclamada liturgicamente no domingo chamado "Triunfo da ortodoxia". Pode-se encontrar suas exposições mais sistemáticas nas Tríades (1341) e nos CL Capítulos (1349). O advento do palamismo resultou de uma controvérsia ligada ao relativismo pregado pelo filósofo Barlaam a respeito do Filioque* por ocasião das conversações com Roma*. Os ataques virulentos de Barlaam contra os meios hesicastas ampliaram a controvérsia. Complicada pela guerra* civil de 1341-1347, essa controvérsia dividiu irremediavelmente os intelectuais bizantinos. De ordem gnosiológica, articulada em torno de temas recorrentes tais como a qualidade das práticas de oração, o valor da sabedoria* profana, ou a autoridade das fontes patrísticas, tratou essencialmente a natureza da experiência* mística* enquanto conhecimento* de Deus*. A oposição a G.P. reuniu duas correntes do humanismo antimonástico regularmente marginalizadas desde o período iconoclasta: a primeira, de inspiração sobretudo neoplatônica (Barlaam, N. Grégoras), queria a emancipação da filosofia*; a segunda, de sensibilidade conservadora (G. Akyndinos) ou pré-escolástica (J. Kypariossitès), tomava posição em favor de uma teologia racional, e terminaria por se reconhecer tomista (P. e D. Kydonès). Animados de um mesmo cuidado de volta ao helenismo, e de um interesse comum pelos pensamentos novos vindos do Ocidente (entre eles, o escotismo), os pensadores das duas correntes rejeitaram as teses palamitas, julgando-as heréticas; eles mesmos foram anatematizados por "ateísmo*". Um século mais tarde, tanto os representantes da primeira corrente (Bessario, G. Plethon) como da segunda (M. Kalekas, M. Crisobergès) serão os promotores da União de Florença, enquanto os palamitas estritos (Marcos de Éfeso) ou mitigados (G. Scholarios) a recusarão. Desde então o "erro palamita" iria tornar-se um *leitmotiv* dos polemistas católicos, alimentado no s. XVI pelos gregos latinizados (Allatius, Arcadius etc.), retomado no s. XVII pelos "missionários" jesuítas (F. Richard) e dominicanos (Le Quien), assim como pelos sistemáticos (D. Petau), perpetuado enfim pelas congregações greco-católicas até o início do s. XIX. Entre as duas guerras, continuava-se assim a apresentar G.P. como um pietista obscurantista, autor de uma dogmática* insensata, sem antecedente nem posteridade (M. Jugie, 1936). No mesmo tempo, a escola neopatrística, principal expressão da renovação teológica da Ortodoxia* contemporânea, conferia ao palamismo a qualidade de referente doutrinal e de eixo sintético de toda a tradição oriental. Preparada pela refundação metodológica de V. Lossky e de G. Florovsky, assim como pelos trabalhos de B. Krivochéine, D. Staniloae e C. Kern, a tese de Meyendorff (1959) renovou a pesquisa. A irredutibilidade do palamismo a um efeito ideológico da romanidade imperial (Meyendorff), seu papel formador no apostolado neo-hesicasta dos s. XIV e XV (D. Obolensky 1971), sua permanência e sua função dogmática na Ortodoxia moderna (G. Podskalsky

1988) estão de agora em diante estabelecidas. O debate não gira mais sobre a validez histórica, mas sobre sua coerência teórica.

b) Aspectos doutrinais. — A intenção primeira de G.P., a normatividade do quadro de seu pensamento, a atualidade de certos pontos salientes de sua espiritualidade, tudo isso foi igualmente demonstrado. Ressalta disso um conjunto orgânico, centrado sobre um conceito de participação real a Deus que implica uma realização presente do *escaton*, um conjunto que integra ao mesmo tempo os esquemas conceituais da patrística grega e do pensamento bizantino (Gregório de Chipre), os postulados ascético-místicos do hesicasmo* primitivo (Evágrio, Macário) e os do hesicasmo posterior (Simeão, o Novo Teólogo, Gregório, o Sinaíta).

Do ensaio polêmico das *Tríades* à exposição recapitulativa dos *CL Capítulos*, destacam-se assim muitos eixos sintéticos, clássicos do pensamento ortodoxo: concepção cristológica da história da salvação* (*Tr.* III, 1, 16), na qual a encarnação* determina, da criação* à parusia*, uma dinâmica cósmica de transfiguração (*Cap.* 2); definição teocêntrica e monista da antropologia*, na qual as noções de oração* ininterrupta, de sentido espiritual, de iluminação conjunta do intelecto e do coração* (*Tr* II, 2, 12-13) entram numa teoria da existência corporal que visa a provar a superioridade do homem sobre o anjo* (*Cap.* 39); eclesiologia* carismática em que o primado da contemplação* tem por corolário o ministério* profético do monaquismo* (*Tr.* II. 1, 36), sem contudo dissociá-lo da ordem sacramental (*Cap.* 57).

Admitindo esse conjunto (Kern, Meyendorff, Mantzarides), o signo cardeal do palamismo permanece contudo sua dogmática*. Como conciliar a transcendência e a comunhão*? Enquanto os antipalamitas querem ver nisso um "diteísmo", a distinção-unidade da *ousia* e da *energeia* em Deus, serve a G.P. para fundar uma teoria da deificação. Finalidade da experiência* cristã, a visão de Deus ("imediata, supraintelectual, transfigurante") implica que "a graça* que procede do Pai* eterno seja incriada" (*T. Hag.*,

PG 150, 1225 a); a distinção de essência e de energia corresponde a essa implicação: com efeito, ela descreve como "sem sair de sua não manifestação", a essência manifesta-se numa energia — G.P. fala também de "energias" utilizando um plural que não significa nenhuma divisão — que lhe é inseparável, "irradiação", glória* e esplendor divino que revela e dá a vida trinitária pela potência* do Espírito* Santo (*T. de 1341*, PG 150, 680 B). O palamismo define-se assim como um desenvolvimento dos concílios ecumênicos: à comunhão *kat'ousian* da Trindade* (uma natureza, três hipóstases) e à comunhão *kat'hupostasin* do Verbo* encarnado (uma hipóstase, duas naturezas) deve acrescentar-se a comunhão *kat'energeian*, que permite a "miríades de hipóstases humanas tornarem-se participantes, pela graça, da divindade única" (T. de 1351, PG 151, 448 B). A distinção revela, pois, um mistério* que sua estrutura antinômica manifesta como tal; ela não depende de nossa intelecção desse mistério mas é "real" (V. Lossky).

c) *Perspectivas teológicas.* — Essa construção opõe-se em grandes linhas à teoria escolástica* e latina da visão beatífica* da essência, que se funda sobre a simplicidade divina e sobre uma concepção mediata, intencional, da participação. A contraditória canonização dessas perspectivas pela Ortodoxia* e pelo catolicismo* explica o debate contemporâneo. Para Meyendorff, G.P. levou a cabo a herança patrística e conciliar contra os desvios secularizantes que anunciavam a Renascença e a Reforma, corrigindo seus excessos platonizantes em uma linha bíblica e personalista: o palamismo, incompreensível em um sistema, é então percebido como a expressão apofática de um existencialismo místico. Recebido pelo mundo ortodoxo (com exceção de J. Romanidès), essa tese justifica o caráter palamita de pesquisas contemporâneas consagradas à crítica da ontoteologia (C. Yannaras), à metafísica da pessoa* (O. Clement), à fenomenologia da eclesialidade (J. Zizioulas) ou do Espírito Santo (B. Bobrinskoy). Deu lugar, aliás, a uma acolhida contrastada no mundo católico. Encontram-se, de uma parte, refutações

globais: seria na contramão de sua intenção que o palamismo, saído de uma querela puramente bizantina (H. G. Beck), cristalizaria uma leitura errônea da tradição grega ao ponto de libertá-la de um platonismo latente, com o resultado de dissolver as aquisições cristológicas num essencialismo que só dá lugar a uma participação degradada na divindade (Ivánka, 1964); seria então preciso diferenciar o palamismo real do neopalamismo, retorno disfarçado a Máximo* Confessor, porém truncado de sua evolução para a intencionalidade tomista (Le Guillou, 1974). De outro lado, encontram-se tentativas de conciliação: reconhecer a legitimidade interpretativa de G.P permitiria aceitar uma "pluriformidade teológica no seio da unidade da fé*, e fora de todo exclusivismo dogmático" o palamismo poderia contribuir para resolver certas dificuldades da tradição latina (de Halleux, 1973). De fato, o debate das fontes — "o palamismo antes de G.P." — parece superado, e os comentadores mais importantes estão de acordo para ver na estrutura de pensamento e nas elaborações conceituais dos Padres capadócios (de Halleux 1975), do Pseudo-Dionísio* (J. Kühlmann) e de Máximo (L. Thunberg) prefigurações ou modelos conaturais da distinção palamita. De fato, mesmo a reforma da herança agostino-tomista proposta por K. Rahner* e, em seu seio, a revisão do debate sobre a natureza* e a graça parecem em harmonia com o cuidado e a sensibilidade palamitas: uma compreensão mais realista e mais otimista da salvação implicaria a noção de graça incriada. Mas isso bastaria para superar a oposição fundamental dos círculos hermenêuticos oriental e ocidental? Desse ponto de vista a pneumatologia palamita do *Eros* (J. Lison, 1994) parece essencial. Como a existência eterna do Espírito Santo se articula com a manifestação de seus dons na economia divina? Para G.P. a divinização é o acontecimento do Reino* recebido aqui na terra em adoção. Ora, a Igreja não é o Reino, mas seu ícone: a dimensão pessoal da santidade permanece pois irredutível. Haveria assim, segundo uma teoria esboçada por V. Lossky, mas depois abandonada pela teologia ortodoxa, uma "dupla economia", una mas distinta, do Filho e do Espírito. Tal é, ao que parece, a chave das pesquisas futuras.

- G. Palamas (1959), *Défense des saints Hésychastes*, ed. e trad. de J. Meyendorff, SSL 30-31; (1962-1988), *Suggrámata*, ed. P. Krestou, Tessalônica, 4 t.; (1988) *The One Hundred and Fifty Chapters*, ed. e trad. de R. E. Sinkewicz, STPIMS, Toronto; *Traités apodictiques sur la procession du Saint Esprit*, trad. E. Posoye, Paris. — N. Gregoras (1976), *Antirrhetica* I, ed. e trad. de H. V. Beyer, WBS 12, Viena. — G. Akyndinos (1983), *Letters*, ed. e trad. de A. C. Hero, Washington.

- M. Jugie (1936), *Theologia Dogmatica* II, Paris, 68-183. — B. Krivochéine (1938), "The Ascetic and Theological Teaching of Gr. P.", *ECO* e, 26-33. — Vl. Lossky (1944), *Essai sur la théologie mystique de l'Église de l'Orient*, Paris. — C. Kern (1950), *Antropologiia S. Gregoriia Palamy*, Paris. — J. Meyendorff (1959), *Introduction à l'étude de G. P.*, Paris. — J. Romanidès (1960-1961), "Notes on the Palamite Controversy", *GOTR*, 6, 186-205. — H. G. Beck (1963), "Die Byzantinische Kirche: Das Zeltalter Palamismus" in *HKG*(J), III, 2, 588-624. — E. von Ivánka (1964), *Plato Christianus*, Einsiedeln. — J. Kühlmann (1968), *Die Taten des Einfachen Gottes*, Würzburgo, 43-104. — D. Obolensky (1971), *The Bizantine Commonwealth*, Londres. — G. Mantzaridès (1973), *Palamika*, Tessalônica. — M. J. de Guillou (ed.) (1974), "Jugements sur les Églises d'Orient au XVIIe s.", *Ist* 19, 301-320. — A. de Halleux (1975), "P. et tradition", *Iren* 48, 479-493. — L. Thunberg (1985; 1995² ed. aumentada, Chicago-La Salle), *Man and the Cosmos*, Nova York, 131-156. — G. Podskalsky (1988) *Griechische Theologie in der Zeit der Türkenherschaft*, Munique. — J. Lison (1994), *L'Esprit répandu*, Paris.

Jean-François COLOSIMO

→ *Ecumenismo; Espiritual (teologia); Hesicasmo; Padres da Igreja; Tomismo; Visão beatífica.*

GROTE (Gérard) → *devotio moderna*

GUERRA

A. Dados bíblicos

1. A política e a guerra no Oriente antigo

Na origem dos exércitos, tanto na Mesopotâmia (Gilgamesh I ii 7-17) como na Palestina,

encontram-se em primeiro lugar as milícias compostas dos proprietários membros da comunidade (da aldeia, da tribo). Nas sociedades* ainda não estruturadas em Estado*, o desafio consiste em reunir, em caso de perigo, pequenos contingentes suscetíveis de formar uma força suficiente (Jz 5,14-18; 1Sm 11; Am 5,3) para a guerra (g.). Desde que surgiram os Estados, veem-se aparecer, além das milícias, tropas permanentes fazendo parte da "Casa do rei", tropas que podem ser constituídas de feudais, de mercenários ou de escravos (1Sm 11s; Dt 17,16). Davi, inicialmente um "senhor da g.", apoiando-se num bando de fora da lei (1Sm 22,2; cf. também Jz 11,3 a propósito de Jefté) dispõe, uma vez tornado rei de Jerusalém*, de uma guarda estrangeira: "os keretianos e os peletianos" (2Sm 8,18; 20,23). Os "profissionais" são em geral melhor equipados e mais eficazes que os milicianos. Depois de sua fuga para a Transjordânia, é Davi que com seus "servidores" vence a "milícia de Israel" ('am yisra'el) dirigida por Absalão (cf. 2Sm 18,7). Nas narrações* referentes ao período pré-monárquico, vemos muitas vezes as milícias tentarem compensar sua inferioridade operacional recorrendo a astúcias de g. (Js 7ss; Jz 1,24ss; 7; 9,43ss).

O modo de organização das tropas era antes administrativo — divisões em unidades de 10, 50 etc. — do que tático. Antes de uma batalha o comandante podia dispor suas tropas no terreno, mas, uma vez lançado o ataque, não tinha mais nenhum meio de intervenção. A ação dos soldados consistia a precipitar-se no corpo-a-corpo fazendo o máximo de barulho possível, na esperança de que o inimigo, sob efeito do pavor, tomasse a fuga (cf. Jz 7,16ss). Quando isso não se produzia, cada parte considerava-se vitoriosa (exemplo, a batalha de Qarqar entre Salmanasar II e a coalizão síria em 853 a.C.). A batalha mesma não fazia muitas vítimas (menos de 100 mortos nas batalhas de Tutmés III). Massacres podiam produzir-se na perseguição do exército derrotado, mas todos sabem que um fugitivo, aliviado de seu equipamento, corre mais depressa que um soldado em armas. A utilização do carro, desde o tempo dos hiksos até os persas, servia antes de tudo para incutir terror na infantaria inimiga (cf. Ex 14,7;

Jz 1,19; 4,3; 5,22), mas sua eficácia real era limitada, especialmente em terreno acidentado ou mole (Ex 14,25; 15,21; Jz 5,20s). Fora do campo de batalha, era apenas um símbolo de prestígio (2Sm 15,1). De maneira geral a g. só se travava na boa estação (2Sm 11,1), isto é, quando o fim das chuvas tornava o terreno mais praticável, e as primeiras colheitas permitiam o abastecimento das tropas.

2. A teologia da guerra

a) *Originalidade de Israel?* — Em 1951, G. von Rad postulava a existência, por trás dos textos bíblicos, de uma instituição de "g. santa" (expressão não bíblica) que julgava única em seu gênero e específica do Israel antigo. Hoje, abandonou-se de todo essa posição. De um lado, dá-se uma parte maior ao que é reelaboração literária, e muitas vezes tardia, de práticas arcaicas reais ou imaginárias. De outro lado, sobretudo, deu-se conta de que todos os elementos que Rad tinha por marcas da "g. de Javé" — ritos de convocação, regras de pureza*, consulta do oráculo divino, presença simbólica de Deus* num *palladium* de g. (a arca), intervenção de Deus no combate, terror divino paralisando o inimigo, oferenda do saque a Deus depois da vitória etc. — não eram de modo algum uma particularidade israelita, mas encontravam-se igualmente nas narrações de g. do Oriente antigo, em especial entre os assírios (cf. Weippert).

b) *Conteúdo.* — A concepção subjacente é sempre a mesma: foram os deuses que fundaram a ordem do mundo e só eles têm o poder de preservá-la ou modificá-la. O rei é encarregado de executar a vontade divina protegendo a ordem contra o caos. Sua missão consistirá pois em bater-se contra tudo o que, do exterior ou do interior, ameaçar a criação*, inimigos humanos ou bestas selvagens, e é assim que a g. e a caça se tornam obrigação (mas também prerrogativa) real por excelência. Assim, é natural que os deuses intervenham na g. (Ex 14,14; Jz 5,4ss) e que o rei e suas tropas se conformem às exigências rituais (Js 7; 1Sm 13-15; 2Sm 2,1; 11,11). A vitória, por sua vez, é sempre atribuída à divindade.

Só a divindade (que acompanha seu protegido, o rei, no campo de batalha) está em condições de disparar o pânico que desfará o inimigo (ver o modo como as vitórias de Ramsés III sobre os exércitos estrangeiros e manadas de animais* selvagens estão representadas nas paredes do templo de Medinet Habu). Tudo isso é verdadeiro sobretudo a partir da segunda metade do II milênio: a iconografia de Síria-Palestina testemunha para esse período uma "militarização" crescente do panteão (cf. Keel e Uehlinger, 1992, 68-76).

Israel inscreve-se também nesse contexto: ao dizer-se '*am Javé*, expressão que antes de "povo* de Javé" significa primeiro "milícia de Javé" (Jz 5,2) — mulheres, crianças e velhos não fazem parte dela (cf. Lohfink, 1971, 281s). Israel compreende-se como um exército a serviço de Javé. Nesse sentido J. Wellhausen não estava errado ao dizer que para Israel o campo militar tinha sido "o berço da nação" (1884, 26). A função primeira de Javé era conduzir as "*g. de Javé*" (função temida mesmo pelos seus inimigos, cf. Jz 5; 1Rs 20,23).

c) *Releituras e reinterpretações.* — Depois da queda do reino do Norte em 720 sob os golpes dos assírios, israelitas e judeus quase não ficaram mais em condições de fazer g., e compensaram o que podia aparecer como uma derrota de Javé no campo de batalha por uma intensa atividade literária, produzindo narrações em que o próprio nascimento de Israel era descrito como a vitória de um Deus guerreiro sobre um inimigo poderoso (Ex 14). Nessa literatura, que chamamos "deuteronomista", a existência de Israel no país é atribuída a um ato fundador violento (mas historicamente fictício), a conquista de Canaã sob Josué, uma conquista cujo caráter radical se gosta de sublinhar (Js 11,16-20). O caráter guerreiro de Javé encontra-se ainda acentuado, e mesmo exacerbado, e isso, paradoxalmente, num época em que Israel já não dispõe de Estado nem de exército. Porém é verdade que nessa utopia da g. a ação divina é tão poderosa e tão determinante que se basta a si mesma, e os atores humanos são reduzidos à passividade (Ex 14,13s; Js 10,10; Jz 4,15; 1Sm 7,10). Donde o que se pôde chamar "pacifismo" da "g. santa" em Israel.

d) Oposições. — De início, a teologia* deuteronomista foi formulada em resposta à invasão assíria; mas desde o começo essa radicalização de Javé guerreiro suscitou algumas vozes discordantes. Na tradição* dos profetas* clássicos encontram-se muitas passagens que denunciam o excesso da violência* (Is 3,9 b; Os 1,4) ou o caráter ilusório da potência militar (Is 31,1; Os 1,7), e que aspiram ao desaparecimento da g. (Is 2,4; 11,6-9; Os 2,20; Mq 4,1-4; comparar Jz 4,10). Em Amós, nos oráculos contra as nações (Am 1,3–2,3), encontra-se mesmo o começo de uma reflexão sobre os "crimes de g.": num contexto de g. que parece atribuído à fatalidade, o profeta denuncia com precisão atos que, por não se explicarem mais por necessidades estratégicas, procedem da crueldade gratuita: massacre de populações inteiras (1,3), deportação maciça (1,6), abrir o ventre de mulheres* grávidas (1,13) e a profanação de cadáveres (2,1), essas duas últimas perversidades simbolizando um encarniçamento contra a vida para além dos limites de uma vida humana (cf. Amsler, 1981). Na legislação deuteronomista sobre a g. (Dt 20) encontram-se, ao lado de prescrições que se inspiram diretamente na brutalidade assíria (v. 10-18), acréscimos que procuram humanizar a g. (v. 19s), mesmo torná-la impraticável nos fatos (v. 5-9).

A corrente teológica que mais totalmente se afastou da perspectiva deuteronomista foi a corrente sacerdotal. A versão sacerdotal do nascimento de Israel não apresenta a saída do Egito como uma batalha e não concebe a entrada em Canaã como uma conquista. Para ela, a violência faz parte da corrupção da criação (Gn 6,9-13). Também por ocasião da aliança* concluída com Noé (isto é, com a humanidade inteira), e na intenção de inaugurar um mundo fundado sobre a justiça* e não sobre a violência, Deus mesmo renuncia à violência; significa isso suspendendo seu arco (a arma por excelência da g. divina) na nuvem. Visível para todos os homens, o arco-íris deve servir-lhes de recordação permanente de que Deus depôs e guardou sua arma e que eles são também convidados a conceber sua existência sem recurso à g. (Gn 9,12-17) (cf. Zenger; Batto). Particularmente interessado pelo Templo, o Cronista introduz na narração antiga uma visão nova, resolutamente oposta à g.: se Deus não autoriza Davi a construir o Templo é porque derramou o sangue nas batalhas (1Cr 22,8).

3. O Novo Testamento

Na medida em que estão habitados pela espera de um desfecho escatológico iminente, os escritos do NT testemunham um distanciamento considerável em relação ao Estado e a suas instituições. Tampouco a g. entra no quadro de suas preocupações. O evangelho* de Lucas, que é o único a fazer-lhe alusão, parece só considerar a g. como um fenômeno longínquo (cf. Lc 14,31), que pouco afeta as condições de vida do cristão (e mesmo do soldado cristão, cf. Lc 3,14). No máximo, a herança guerreira da tradição do AT aparece na palavra de Jesus*: "Não vim trazer a paz* mas a espada!" (Mt 10,34). Em Paulo, encontram-se metáforas tiradas do combate guerreiro ou esportivo, mas têm mais a ver com a retórica polêmica do apóstolo do que com uma posição sobre a g. (Cf. Merkelbach, 1975, 108-136). O Apocalipse desdobra grandes cenas guerreiras, mas seu centro é o Cordeiro* imolado (Ap 5,6; cf. 12,11).

• J. Wellhausen (1984), *Israelitische und jüdische Geschichte*, Berlim. — G. von Rad (1951, 1959[5]), *Der Heilige Krieg im alten Israel*, Göttingen. — R. de Vaux (1960), *Les Institutions de l'Ancien Testament*, II, Paris. — N. Lohfink (1971), "Beobachtungen zur Geschichte des Ausdrucks *'am yawh*", in H.-W. Wolff (ed.), *Probleme biblischer Theologie. Festschrift von Rad*, Munique. — F. Stolz (1972), *Jahwes und Israels Kriege. Kriegstheorien und Kriegserfahrungen im Glauben des alten Israels*, AThANT 60. — M. Weippert (1972), "'Heilige Krieg' in Israel und Assyrien", *ZAW* 84, 460-493. — R. Merkelbach, H. C. Youtie (1975), "Der griechische Wortschatz und die Christen", *ZPE* 18, 101-154. — S. Amsler (1981), "Amos et les droits de l'homme", *in* P. Grelot (ed.), *De la Torah au Messie. Mélanges H. Cazelles*, Paris, 181-187. — A. de Pury (1981), "La guerre sainte israelite, réalité historique ou fiction litteraire?", *ETR* 56, 5-38 (sobre a história da pesquisa). — N. Lohfink (1983), "Die Schichten des Pentateuch und der Krieg", *in* N. Lohfink (sob a dir. de) *Gewalt und Gewaltlosigkeit im Alten Testament*, QD 134, 51-110. — E. Zengler (1983), *Gottes Bogen in den Wolken*, SBS 112. — R. M. Good (1985), "The Just War in Ancient Israel", *JBL* 104, 385-400. — B. F. Batto (1987), "The Covenant of Peace. A Neglected Ancient Near Eastern Motif", *CBQ* 49187-211. — S. M. Kang (1989), *Divine war in the Old Testament and in the Ancient Near East*, BZAW 117. — A. Van der Lingen (1990), *Les guerres de Yahvé*, LeDiv 139. — P. Beauchamp, D. Vase (1991), *La violence dans la Bible*, CEv 76. — O. Keel, Chr. Uehlinger (1992), *Göttinen, Göter und Gottessymbole*, QD 134 (1993²). — W. Klassen (1992), "War in NT", *AncBD* 6, 867-875. — J. Keegan (1993), *History of Warfare*, Nova York. — S. Niditch, *War in the Hebrew Bible. A Study of the Ethics of Violence*, Nova York, Oxford. — R. P. Knierim (1994), "On the Subject of War in Old Testament and Biblical Theology", *HBT* 6, 1-19. — E. Otto (1994), "Das Kriegslager — die Wiege der altisraelitischen JHWH-Religion?", *in* H. M. Niemann (ed.), *Nachdenken über Israel, Bibel und Theologie, Festschrift für Klaus-Dietrich Schunck*, Frankfurt, 357-373. — T. R. Hobbs, "*BTB* Readers Guide: Aspects of Warfare in the First Testament World", *BTB*25, 79-90.

Albert de PURY

→ *Animal; Apocalíptica; Cidade; Criação; Decálogo: Israel; Paz; Povo; Sacerdócio; Violência.*

B. TEOLOGIA MORAL

Há na história do cristianismo três posições a respeito da g.: o pacifismo (não há verdadeira justificação cristã da g.), a teoria da g. justa (há critérios que justificam moralmente a g.) e o realismo (não há limites à g., senão a razão de Estado). A teoria da g. justa, para a qual pode ser um dever defender a justiça* e a ordem da cidade* pela g., contribuiu para a formação do direito* internacional da g.

a) *A época patrística.* — A Igreja* não teve de pôr a questão da participação na g. antes do s. IV. Até então os cristãos tinham em geral se mantido longe de todo engajamento social. Têm-se contudo provas de que cristãos tinham servido no exército romano desde antes de 200, mesmo se os bispos* e os teólogos pediam aos fiéis que não fossem soldados e não derramassem sangue (assim Atenágoras no s.

II, Clemente de Alexandria [*c*. de 150 – *c*. de 215], Tertuliano*, Orígenes*, Lactâncio [*c*. de 240 – *c*. de 320]). Os pacifistas apelavam para o amor* aos inimigos (Mt 5,44) e para o cuidado de evitar o derramamento de sangue.

Agostinho*, como também Ambrósio*, sustentava que não se deve defender-se por própria conta contra a violência*, mas que se pode ter o dever de defender o inocente. Por isso o sábio, segundo ele, pode fazer uma g. justa (*Cidade de Deus*, XIX, 7). Se ele justifica a necessidade trágica da g., é porque tem a convicção de que a injustiça é pior que a morte* (*Contra Fausto* XXII, 74). Sua obra contém em germe todos os princípios da ideia de g. justa (p. ex. *Ep.* 47, 189). O soldado obedece com razão quando a autoridade* política lhe ordena combater por uma justa causa, os males da g. sendo limitados aos que são necessários para remediar a injustiça.

b) *A Idade Média e o século XVI.* — Para Tomás* de Aquino, há três critérios da g. justa: 1/ a legitimidade do soberano que a decide; 2/ a existência de uma justa causa (corrigir uma injustiça); 3/ a existência de uma intenção* reta, que visa a favorecer o bem* e evitar o mal* (*ST* IIa IIae, q. 40). É preciso também que certas pessoas, entre as quais os sacerdotes* e os religiosos, não participem do combate.

Os sucessores de Tomás desenvolveram essas ideias com ajuda de argumentos tirados do direito natural, do direito das gentes e do Evangelho, e elaboraram uma casuística* teológica e jurídica da g. Essa definia quem tinha legitimamente autoridade* para fazer tanto as "g. privadas" como as g. decididas pelo Estado*, qual era a natureza da justa causa e quais eram os meios justos que se podia utilizar: era assim que se recomendava tratar humanamente as mulheres*, as crianças e os prisioneiros. Essa tradição deu todos os seus frutos com a obra de Vitória (*c.* de 1483-1546) e de Suárez*. Vitória opôs-se a certos aspectos das g. de conquista feitas pela Espanha na América do Sul; criticou vivamente algumas das justificações invocadas pelos conquistadores e condenou sua desumanidade. Pensava (o que não convenceu todo o mundo) que as duas partes de um conflito podiam ambas ter razão de considerar-se como defendendo uma causa justa (*De iure belli*, 2, 4). Suárez juntava à precisão da análise um sentido vivo das realidades concretas. Uma justa causa consiste em princípio em "uma injustiça grave que não pode ser vingada ou reparada de nenhuma outra maneira", e Suárez acrescentava que uma questão aparentemente sem importância pode ser grave por causa das consequências que pode acarretar (*De bello*, diss. XIII, 4 em *De fide, spe et caritate*). Grotius (1583-1645) pertence à mesma tradição de síntese da teologia* e do direito. Porque há uma analogia entre a g. e os procedimentos judiciários, os que empreendem fazê-la estão submetidos a coerções jurídicas. Só há uma causa legítima, o prejuízo sofrido; a razão da g. deve portanto ser ou a legítima* defesa ou o castigo de uma injustiça (*De iure belli ac pacis* II, I, 2). Grotius distingue (*ibid.*, III, 8, 6-12) a conduta efetivamente permitida pelo direito internacional e as exigências da moderação ditadas pela lei* natural e pelo Evangelho (p. ex. o fato de poupar os prisioneiros — *temperamenta belli*, o que abranda a g.). Sempre rejeitou a ideia de que a g. escaparia à coerção da lei porque seria apenas assunto de razão de Estado. Essa síntese nova da lei natural e do direito das gentes, compreendido como o direito costumeiro das nações, contribuiu muito para lançar os fundamentos do direito natural.

O uso da força raramente foi considerado um meio legítimo de promover a fé* cristã, apesar das cruzadas. Houve assim mesmo, de tempo em tempo, pretensões à g. santa, justificadas eventualmente invocando o AT ou a vontade de Deus*, p. ex., quando se acreditava com Inocêncio III que o papa* pode permitir a g. para punir os pecados* ou acabar com a heresia*, ou com João Knox (*c.* de 1514-1572), que é um dever religioso revoltar-se contra a idolatria*. Os principais teóricos da g. justa nunca foram até esse ponto, mas não repudiavam todo uso da força quando a justiça o exigia. Para Vitória, p. ex., é legítimo fazer a g. para garantir a livre passagem dos missionários (*De Indis*, 3, 2).

c) Do século XVII ao XIX. — Os argumentos de Grotius em favor de um direito das gentes foram praticamente ignorados pela comunidade internacional. A mudança de clima político e filosófico fez desaparecer a ideia de g. justa do s. XVII ao XIX. De uma moralidade política cujo quadro era fixado por Deus passou-se a uma moralidade social fundada sobre os direitos do indivíduo, o que deu uma importância crescente à justificação da g. pela legítima defesa. Quando essa, fundada sobre o direito do indivíduo à conservação de sua vida, torna-se o elemento essencial da justiça, termina por levar à ideia de uma g. total, porque o direito de conservar sua vida pode legitimar efetivamente toda ação que tende para esse fim. Pode-se também justificar a g. total dizendo que quanto mais atroz for a g. mais se será desencorajado de fazê-la, ideia que será mais tarde importante nas teorias da dissuasão (Cf. Tolstoi, *Guerra e paz*, III, 2, 5).

d) O século XX. — O direito da g. teve de esperar as convenções de Haia (1899, 1907) para ser codificado de maneira sistemática. Essas convenções não puseram o problema da causa justa e só se ocuparam dos limites a impor à condução da g. Não puderam ter todo seu efeito por causa do progresso tecnológico da aviação, em particular, que transformou as condições da g. no s. XX. O esforço para renová-las (Convenções de Genebra, 1949) voltou-se sobretudo para o aspecto humanitário do direito, i.e., sobre o tratamento dos prisioneiros de g., dos feridos e dos civis, antes que sobre a condução da g., e o cuidado tradicional do *ius in bello* não foi modernizado em direito internacional antes do protocolo de Genebra de 1977. Entretanto, a Carta das Nações Unidas (1945) tinha transformado o direito da causa justa para só permitir aos Estados independentes um recurso defensivo à g.

A renovação da teoria da g. justa só aconteceu com a Segunda Guerra mundial. Até então, as reações das Igrejas se dividiam entre o pacifismo e o realismo. A tradição da g. justa quase não sobrevivia a não ser sob a forma de uma lista mais ou menos convencional dos sete critérios da justiça. Cinco deles concerniam ao justo recurso à g. (*ius ad bellum*): só a autoridade legítima pode fazer a g.; a g. deve ter uma causa justa; a intenção deve ser boa (p. ex., restabelecer a paz*); a g. deve ser o último recurso; deve haver uma perspectiva razoável de sucesso. Os outros dois referiam-se à justa condução da g. (*ius in bello*): não deve haver ataque direto contra os que não contribuem materialmente para o combate (princípio de discriminação); o custo da g. deve ser proporcionado à vantagem que dela se espera (princípio de proporção).

O bombardeio aéreo das cidades pôs de novo forçosamente em questão a ideia de g. total e ilimitada (Ford, 1944). As armas e a dissuasão nucleares puseram questões novas e urgentes; o enfraquecimento da tradição da g. justa e a repugnância em relação à g. arrastaram muitas adesões a uma forma ou outra de pacifismo. Para relacionar os critérios da g. justa com a g. moderna, o princípio da discriminação tinha evidentemente necessidade de ser precisado. Segundo P. Ramsey (1913-1988) (1968) o princípio exige não que os não combatentes estejam totalmente protegidos de todo perigo, mas que não sejam atacados diretamente (o princípio do duplo efeito [intenção*], permitindo que os civis sofressem um dano não intencional). Além disso, no que concerne aos bombardeios aéreos, não é necessário distinguir precisamente entre combatentes e não combatentes, porque se sabe muito bem quando se atacam populações civis e quando se atacam forças armadas. Ramsey pensa que o princípio de discriminação não sofre exceção. Do ponto de vista do realismo, W. O'Brien (1981) ou R. Harries (1986) interpretam-no com mais maleabilidade como um aspecto do princípio de proporção. O debate é complexo, p. ex., a propósito da questão difícil do armamento nuclear e da relação moral que há nesse caso entre utilização e dissuasão. Os defensores mais decididos da discriminação (W. Stein, 1961, J. Finnis, G. Grisez, 1987) tendem para o "pacifismo nuclear" (o uso das armas nucleares nunca sendo autorizado), ponto de vista muitas vezes difícil de distinguir do pacifismo puro (p. ex. J. Yoder, 1984). Muitos outros esforçam-se por reconciliar a tradição com as complexidades da teoria da dissuasão e o cuidado da segurança internacional (p. ex. J. Hehir, 1976; D. Hollenbach, 1983; F. Blöckle, 1984). O Vaticano II* e os bispos* católicos americanos (1983) concedem à dissuasão nuclear uma legitimidade provisória, a título de disposição temporária. Os realistas sublinham a vantagem da dissuasão, enquanto outros só pensam na urgência do desarmamento. Outros ainda fazem notar que é a esperança de uma segurança total que alimenta as estratégias de dissuasão, e que a esperanças políticas mais limitadas devem corresponder possibilidades de g. mais limitadas (P. Ramsey; O. O'Donovan, 1989).

A renovação contemporânea da ideia de g. justa não concerne somente à dissuasão nuclear. No próprio direito internacional houve uma forte pressão moral para limitar os meios de g., o que teve influência sobre a política de armamento. As relações entre a autoridade internacional e os Estados obrigam a colocar de novo o problema da autoridade legítima e do direito de intervenção (cf. a g. do Golfo, 1991). Com o desmoronamento do império soviético e o fim da g. fria, é o problema do direito das nações a dispor delas mesmas que vem ao primeiro plano. A moralidade da guerrilha e de sua repressão põe ainda problemas mais difíceis, que é preciso tratar ao mesmo tempo do ponto de vista do *ius ad bellum* e do *ius in bello*.

A tradição da g. justa nada perdeu de sua atualidade, com a condição de admitir sua tese central e de crer que é possível impor limites jurídicos e morais a uma g. justificada. Maritain (1882-1973) notava que a moralidade é a pretensão da razão de governar a vida (*in* Ramsey, 1968, 391). A g. é, de sua maneira, uma atividade racional e, portanto, potencialmente submetida às exigências da lei natural e do Evangelho — pelo menos segundo a tradição em questão.

• P. T. Forsyth (1916), *The Christian Ethic of War*, Londres. — J. C. Ford (1944), "The Morality of Obliteration Bombing", *TS* 5/3, 261-273, 308-309 (reed. *in* Miller 1992, 138-177). — J. C. Murray (1959), "Remarks on the Moral Problem of War", *TS* 20, 40-61 (reed. *in* Miller 1992, 247-271). — P. Ramsey (1961), *War and the Christian Conscience*,

Durham, NC. — W. Stein (1961), *Nuclear Weapons and Christian Conscience*, Londres. — R. H. Bainton (1961), *Christian Attitudes Toward War and Peace*, Londres. — João XXIII (1963), *Pacem in terris*, *AAS* 55, 257-304. — J. M. Hornus (1963), *Évangile et labarum*, Genebra. — Vaticano II (1965) *GS*. — P. Ramsey (1968), *The Just War: Force and Political Responsability*, Nova York. — S. D. Bayley (1972), *Prohibitions and Restraints in War*, Oxford. — J. Ellul (1972), *Contre les violents*, Paris. — R. Aron (1976), *Penser la guerre, Clausewitz*, Paris. — J. Hehir e R. Gessert (1976), *The New Nuclear Debate*, Nova York. — Conferência nacional dos bispos americanos (1983), *The Challenge of Peace*, Nova York. — D. Hollenbach (1983), *Nuclear Ethics: A Christian Moral Argument*, Nova York. — J. H. Yoder (1984), *When war is Injust*, Minneapolis. — F. Böckle e G. Krell (sob. dir. de) (1984), *Politik und Ethik der Abschreckung*, Mainz. — R. Harris (1986), *Christianity and War in a Nuclear Age*, Oxford. — J. Finnis, J. Boyle, G. Grisez (1987), *Nuclear Deterrence, Morality and Realism*, Oxford. — J. Helgeland (1987), *Christians and the Military: The Early Experience*, Londres. — O. O'Donovan (1989), *Peace and Certainty*, Oxford. — R. B. Miller (sob a dir. de) (1992), *War in the Twentieth Century*, Louisville, Ky. — C. W. Morris (2003), "Guerra e paz", *DEFM*, v. 1, 702-709.

David ATTWOOD

→ *Autoridade; Direito; Revolução; Violência.*

GUILHERME DE AUXERRE →
escolástica II. 2. b

GUILHERME DE CHAMPEAUX →
São Vítor (escola de) b

GUILHERME DE CONCHES →
Chartres (escola de) c

GUILHERME DE OCCAM →
nominalismo III. 1

GUILHERME DE SÃO THIERRY →
Bernardo de Claraval

H

HADEWIJCH DE ANTUÉRPIA →
HADEWIJCH DE ANTUÉRPIA →
renano-flamenga (mística)

HARNACK, Adolf von → **helenização do cristianismo**

HEGEL, Georg Wilhelm Friedrich, 1770-1831

a) Vida e obras. — Georg Wilhelm Friedrich Hegel (H.) nasceu em Stuttgart em 27 de agosto de 1770. Depois dos estudos de filosofia* e de teologia* no *Stift* de Tübingen (1788-1793) — onde tem por amigos F. Hölderlin (1770-1843) e Schelling* —, interessa-se, entre outras coisas, por Kant* e pelos ideais da Revolução francesa. Renuncia ao pastorado e torna-se preceptor em Berna e em Frankfurt (1793-1807), e redige então diversos opúsculos sobre problemas religiosos. Ensinando em Iena (1801-1807), publica *Diferença entre os sistemas de Fichte e de Schelling* (1801); colabora com Schelling no *Jornal crítico de filosofia*, mas rompe com ele no momento da publicação da *Fenomenologia do Espírito* (1807). Diretor do ginásio de Nuremberg, publica a *Ciência da Lógica* (1812-1816). Depois de curta passagem por Heidelberg (1816-1818), durante a qual precisa seu sistema filosófico (*Enciclopédia das ciências filosóficas*, 1817), torna-se enfim professor na Universidade de Berlim. Em 1821 aparecem os *Princípios da filosofia do direito*, e em 1822 prefacia o livro de H. F. Hinrichs sobre a religião e a ciência, escrito contra Schleiermacher*. Morre em 14 de novembro de 1831. Seus cursos sobre a fi-

losofia da religião*, sobre a filosofia da história*, a estética e a história da filosofia serão objeto de publicação póstuma (Rosenkranz, 1844).

b) Escritos teológicos de juventude. — Em suas primeiras notas de trabalho, H. considera a ideia de uma religião subjetiva e não positiva, que respondesse às exigências da razão* prática e animasse contudo a sensibilidade (*GW* 1, 75-164), e parece-lhe essencial à humanidade transformar a "fé*-fetiche" para melhor aproximá-la da religião racional. Esta opõe-se a uma religião objetiva que se exprime mais num saber teológico do que na ação moral. H. interroga-se então sobre a possibilidade de constituir uma religião popular que, por sua arte e suas festas, favorecesse o desenvolvimento espontâneo dos belos sentimentos morais e privilegiasse o espírito sobre a letra; a Revolução francesa representava já para ele a vitória do espírito vivo de um povo sobre instituições mortas (Legros, 1980). A *Vida de Jesus*, redigida em Berna e inspirada por Kant, só vê em Jesus* o pregador de uma religião puramente moral e inteiramente derivada da razão prática (*GW* 1, 205-278) e concebe o nascimento do cristianismo como o resultado da rejudaização do Evangelho (Peperzak, 1969). Quanto a *A positividade da religião cristã* (*GW* 1, 2811-378), o texto vê na religião do próprio Jesus uma tendência, acentuada pelo espírito sectário dos apóstolos*, a uma religião de autoridade* exterior (Legros, 1987).

Ao período de Berna e à sua exegese* fortemente inspirada por Kant sucede, durante o período de Frankfurt, uma perspectiva mais "mística*" (Bourgeois, 1970). *O Espírito do cristianismo e seu destino* é assim dominado pelas noções de vida e de amor* (Nohl, 1907, 241-342): a vida, como unidade originária, dilacera-se e torna-se hostil a si mesma; mas supera essa cisão reconciliando-se consigo mesma. O amor é então concebido como o sentimento da vida que se reencontra; nele o destino reconcilia-se (Haering, 1929). E a fé em Jesus, que tudo reconciliou no amor, pressupõe uma unidade do espírito, i.e., uma presença do destino no próprio crente (Nohl, 312-315; Léonard, 1970). Porém tal presença ficaria imperfeita nos primeiros discípulos: esses apegaram-se ao Ressuscitado em lugar de reconhecer o Espírito* que, neles, os chamava (Nohl, 334-337). Tal compreensão da religião cristã em termos de vida e de espírito prefigura a noção de dialética como unidade que inclui toda cisão e a suprime (Marsch, 1965; Brito, 1983).

c) *Os escritos de Iena.* — Em *Fé e saber* (1802) H. considera a palavra "Deus* está morto" como a expressão da cultura de seu tempo, como "o sentimento sobre o qual repousa a religião dos tempos novos" (*GW* 4, 315-414; Link, 1974). Não se trata para H. de justificar o ateísmo*, mas de superá-lo, concebendo essa morte* como o acontecimento da negação de Deus por si mesmo: Deus não quer ficar "em si", nem abandonar o mundo* à sua finitude (Brunkhorst e Hasenclever, 1976; Brito, 1986).

A *Fenomenologia do espírito* expõe o progresso da consciência desde a primeira oposição imediata entre ela e o objeto até o saber absoluto. A riqueza aparentemente caótica dos fenômenos do espírito é aqui exposta segundo uma ordem necessária. Nessa ordem, os fenômenos imperfeitos dissolvem-se progressivamente e passam para fenômenos superiores que constituem sua mais próxima verdade* (Heinrichs, 1974): encontram finalmente sua última verdade na religião (*GW* 9, 363-421) e, em seguida, no saber do absoluto como resultado do todo. Até chegar à adequação com o sistema das "essências", a consciência* não corresponde exatamente a seu conceito e é precisamente esse deslocamento entre o que é em si mesma e o

que é para si mesma que a impele para frente. No termo dessa marcha, a religião desdobra o conceito do absoluto, mas em sua relação para com a consciência, i.e., como fenômeno.

Três etapas escandem esse desenvolvimento fenomenológico: na religião natural, o espírito apreende a si mesmo de maneira imediata (*GW* 9, 369-376); na religião grega da arte, conhece-se a si mesmo na figura da naturalidade suprassumida ou do Si (*GW* 9, 376-399); com o cristianismo pensado como religião manifesta, o espírito está na forma da unidade da consciência e da consciência de si (*GW* 9, 400-421). O para-si subjetivo da consciência infeliz e o em-si substancial da fé conjugam-se e implementam-se na dupla desapropriação (*Entäusserung*) cristã: a substância, ou Deus, despoja-se de sua abstração encarnando-se na consciência de si, enquanto a consciência de si desapropria-se ela mesma na essência universal (*GW* 9, 403). A *Fenomenologia* articula então os momentos do conteúdo espiritual cristão: a pura essência trinitária, o tornar-se-outro da essência (criação*, queda, reconciliação) e a comunidade (Guibal, 1975).

d) *O sistema enciclopédico.* — A *Enciclopédia* expõe o sistema hegeliano em sua estrutura definitiva: lógica, filosofia da natureza, filosofia do espírito. Retomando o essencial da *Lógica*, o primeiro momento estabelece uma identidade entre as leis do pensamento e as do ser*, no sentido de que o movimento do ser desemboca na realização do conceito. A dialética segue aqui um esquema ternário: ser (imediatez), essência (reflexão), conceito (liberdade*). Seguindo uma tradição neoplatônica e cristã, H. compara a Ideia-*Logos* (Verbo*) com a essência eterna de Deus antes da criação da natureza e de um espírito finito (Bruaire, 1965; Lakebrink, 1968). Mas a lógica contém já em germe os dois outros momentos da filosofia: com efeito, enquanto idêntico a si mesmo, o pensamento é retorno a si a partir do ser outro diferente de si; é a negação de sua própria diferenciação; a distância de si a si implicada por essa identificação *con*sigo constitui a ideia como natureza, e assim funda a filosofia da natureza como ciência do ser em sua particularidade (*GW* 20, 235-375); o ato de identificação con*sigo*, quanto a ele, constitui a ideia como espírito e funda a filosofia do espírito enquanto ciência da ideia em sua singularidade (*GW* 20, 379-572).

Os diversos momentos do espírito subjetivo (alma*, consciência, consciência de si e razão, espírito teórico e prático) são tantas outras articulações no caminho pelo qual o espírito se desfaz da contradição de sua imediatez natural e chega a tomar consciência de seu próprio conceito, a liberdade. Na segunda etapa de sua libertação, na do espírito objetivo (direito*, moralidade, família*, sociedade*, Estado*, história), o espírito aparece sob os traços de um mundo que produz como tal. Libertado de toda dependência em relação à natureza — donde emergia como espírito subjetivo e na qual se inscrevia como espírito objetivo, — o conceito do espírito tem finalmente, como espírito absoluto, sua realidade no Espírito; a arte, a religião e a filosofia são os momentos nos quais se afirma a identidade do espírito absoluto com o seu conceito. Libertando-se progressivamente da unilateralidade formal da arte e da religião, a filosofia as eleva à forma absoluta da ideia pensante. Sendo para si mesmo relação de si a si, o espírito absoluto é, globalmente, religião (Theunissen, 1970), mas sua forma mais perfeita só aparece no termo, na filosofia. Esta, colocando-se acima da figura da fé, domina assim a religião em um sentido restrito (*GW* 20, 555-569).

e) A filosofia da religião. — As *Lições sobre a filosofia da religião* (*GW* 17) foram com razão consideradas como a "suma teológica" de H. (Küng, 1979, 427): retomam, com efeito, os pontos principais da dogmática* cristã, visando à inteligência da fé: coincidem com as perspectivas da teologia e poderiam aproximar-se de uma concepção da teologia como ciência submetida ao conhecimento* de Deus por Deus. Contudo, longe de limitar-se a considerar Deus como essência, a filosofia da religião, no sentido de H., só conhece o Deus-Espírito que só é para o espírito, e distingue-se assim da teologia natural* tradicional.

H. articula o conceito da religião e, portanto, a estrutura das *Lições* em três momentos: a determinação objetiva, a dimensão subjetiva da consciência e a reconciliação de ambas as vertentes no culto* (*GW* 17, 33s). Os dados da representação coincidem assim com a definição especulativa da religião, saber de si próprio do espírito absoluto (Jaeschke, 1986). H. precisa que o conteúdo da religião e o da filosofia é "o mesmo", a saber, "Deus e sua explicação"; mas o conteúdo absoluto que a religião se contenta com representar, a filosofia deve elevá-lo à forma do pensamento ao captar sua idealidade.

Na primeira das três partes, essa obra expõe "o conceito da religião", o germe lógico que esgota virtualmente as possibilidades religiosas da humanidade. Desdobrando em seguida os diferentes momentos da religião (ser, essência, conceito) em seu ser objetivo, H. traça, na segunda parte, o desenvolvimento da "religião determinada" ou finita, religião que não atinge ainda a plenitude da ideia (religiões da natureza, da individualidade espiritual, da finalidade). Enfim, apresenta num último tempo a religião absoluta (o cristianismo), em que o conceito de religião, completamente objetivado para si mesmo, revela-se como espírito. Expondo cada uma dessas religiões segundo o mesmo ritmo (conceito metafísico, representação concreta, culto), H. vê o conceito da religião absoluta em Deus que se dá a si mesmo a objetividade e que é assim a ideia absoluta; o Deus cristão pode assim determinar-se metafisicamente segundo a prova ontológica que, embora em linguagem inadequada, conduz do conceito de Deus a seu ser (provas* da existência de Deus; Ogiermann, 1948). A representação concreta da religião cristã desdobra-se em três esferas. A primeira, no elemento do pensamento, considera o Deus trinitário em sua eterna essência junto de si, na forma da universalidade. A segunda, no elemento da representação no sentido estrito, considera a criação, a conservação do mundo finito e a particularidade natural como fenômenos da Ideia. A terceira, no elemento da efetividade intuitiva, presente na história cristã da salvação* (o pecado original*, a encarnação*, a redenção*), como a objetividade realizada na história do espírito em sua absoluta singularidade. A transição ao culto cristão indica não só a passagem do único à multidão, mas também o da representação objetiva de Deus sob uma forma humana à região da imanência subjetiva da comunidade espiritual. Depois da determinação geral (o Espírito de Cristo*) e da realidade objetiva da comunidade (fé e culto, eucaristia*), as *Lições* evocam seu desaparecimento espiritual: além dela mesma, a Igreja* realiza-se na eterna presença da filosofia (Fackenheim, 1967; Schlitt, 1990).

f) A estrutura da teologia. — Segundo H., não se pode pensar a revelação* cristã sem desdobrar a pluralidade de intencionalidades da consciência religiosa: às diferentes dimensões dessa correspondem níveis diferentes da linguagem* teológica (Bodamer, 1969).

1/Ao nível da consciência representativa corresponde o ponto de vista da "dogmática": tal dogmática começa pelo conceito lógico do Deus cristão, aborda em seguida a representação naturalmente objetivante da história da salvação e se conclui com a passagem ao reino espiritual (reino* de Deus) da comunidade e do culto. Essa "teologia positiva*" articula-se segundo a ordem sucessiva da representação tradicional e dá um espaço considerável à língua da efetividade histórica.

2/O nível da consciência de si determina a perspectiva teológica própria à *Fenomenologia*. Conforme o movimento global pelo qual o procedimento fenomenológico arranca-se da consciência imediata para desembocar no elemento lógico, essa teologia "ascética" (ascese*) discerne na representação da consciência de si o lugar espiritual em que a religião manifesta se liberta da naturalidade e acede à racionalidade do saber absoluto.

3/A razão encontra-se em seu modo próprio na teologia da *Enciclopédia*; a universalidade do verdadeiro não aparece aí nem numa arqueologia do conceito de religião cristã (cf. as *Lições*), nem como escatologia* finalizante da ciência (*Fenomenologia*), mas como o elemento próprio do discurso (Chapelle, 1971). A verdade revelada descobre-se então como a absoluta mediação do Espírito que, assumindo a objetividade natural da representação histórica e refletindo sobre as exigências subjetivas da consciência, aí articula sistematicamente sua vida eterna* (*GW* 20, 549s).

g) O pensamento do conteúdo dogmático. — H. não reduz os atributos* divinos a representações da reflexão abstrata e recusa todo agnosticismo* que rejeita o infinito* em um além, do qual a palavra não poderia aproximar-se (Brito, 1991). Em vez de dissociar, como o nominalismo*, a predicação metafísica da verdade concreta, H. concebe a doutrina dos nomes* divinos como a captação especulativa do livre desdobramento da revelação histórica de Deus. A Trindade*, a criação e a história sagrada são assim compreendidas como os momentos correlativos de um mesmo processo de revelação.

H. entende falar da Trindade mesma (Splett, 1965), em sua pura eternidade*, mas a pensa dialeticamente, mediante seu engajamento histórico nas missões do Filho* e do Espírito. A especulação trinitária de Hegel elabora-se como o desdobramento da carência que apaga, uma pela outra, a penúria primeira do universal abstrato e a pobreza nativa da diferença determinada, no assentimento final do Espírito ao seu necessário dilaceramento e à sua livre reconciliação (Chapelle, 1967).

Quanto à representação do *ex nihilo*, essa não é segundo H. indispensável à teologia cristã: a Ideia absoluta, com efeito, põe tudo a partir de si (Brito, 1987). Embora admitindo a unidade originária da Ideia criadora e da natureza criada, H. distingue absolutamente o Filho eterno e o mundo temporal. A criação é obra de liberdade, por ser o desdobramento do Espírito; mas essa liberdade exclui o livre-arbítrio e implica que o Criador esgota suas possibilidades criadoras. H. mantém assim a diferença entre o possível e o real, mas recusa a possibilidade de outro real e, portanto, a contingência da escolha criadora: desse modo, a contingência pura e o possível somente possível só são postos pela liberdade criadora para serem negados.

H. reduz a representação da queda ao conceito do homem natural, dilacerado pela contradição entre sua imediatez natural e sua virtualidade espiritual (Ringleben, 1977; Pottier, 1990). Na esteira da versão luterana da comunicação dos idiomas*, a concepção hegeliana da encarnação articula dialeticamente a unidade virtual e a união efetiva das naturezas divina e humana: longe de conservar suas propriedades, cada natureza deve negar-se em seu outro. H. não nega que o *Logos* se tenha feito carne na singularidade de *um* homem; mas, se a divindade deve pôr-se fora de si mesma na finitude individual negada, a humanidade revela-se em definitivo absorvida na divindade do *Logos* (Brito, 1983). H. aparece por conseguinte como um pensador da cruz: coloca a cruz no centro de seu sistema onde se concentram todas as negatividades e todas as contradições (Schultz, 1964).

Na morte* de Cristo, a cisão da Ideia deixa-se apreender; nela, Deus cumpre a transposição de seu ser trinitário na efetividade da história humana, de tal modo que a irrupção do reino na realidade efetiva faz da história o lugar de todas as reconciliações. Com a "morte da morte" de Cristo, a presença individual imediata se apaga e a intimidade do Espírito infinito irrompe como negativo do negativo (Tilliette, 1992). Assim, a ressurreição* é somente o retorno já contido na morte. A subida para o Pai sendo especulativamente excluída, H. não conhece outra exaltação a não ser na cruz, que lança os discípulos na dor infinita. Assim, na renúncia a tudo o que é visível, a comunidade descobre a vida imanente a ela. Com uma força inigualável, H. pensou o Calvário do Absoluto; mas não desdobrou no discurso especulativo a plenitude positiva da Páscoa* (Brito, 1983; Stähler, 1928).

• K. Steinhauer (1990), *Hegel-Bibliographie*, Munique. — *Sämtliche Werke* (1927-1939), ed. dita "do Jubileu" por H. Glockner, 20 vol., Stuttgart. — *Gesammelte Werke* (1968-), Hamburgo. — *Hegels theologische Jugendschriften* (1907), Ed. H. Nohl, Tübingen. — *Vorlesung über Philosophie der religion* (1983-1985), 4 vol., ed. W. Jaeschke, Hamburgo. Em português: *Fenomenologia do espírito*, 2 vol., Petrópolis, 1993[2]; *Enciclopédia das ciências filosóficas*, São Paulo, 1995-1997; *Cursos de estética*. v. 1, São Paulo, 2001; v. 2, São Paulo 2000; v. 3, São Paulo, 2002; *Estética: a ideia e o ideal, o belo artístico ou o ideal*, São Paulo, 2000; *Como o senso comum compreende a filosofia*, Rio de Janeiro, 1995; *A razão na história: uma introdução geral à filosofia da história*, São Paulo, 2001; *Introdução à história da filosofia*, Rio de Janeiro, 1986; *Princípios de filosofia do direito*, São Paulo, 1997; *Filosofia da história*, Brasília, 1995; *Discursos sobre a educação*, São Paulo, 1994; *Propedêutica filosófica*, Lisboa, 1989; *O sistema da vida ética*, Lisboa, 1991.

▸ K. Rosenkranz (1844), *G. W. F. Hegels Leben*, Berlim. — W. Stälher (1928), *Zur Unsterblichkeitsproblematik in Hegels Nachfolge*, Münster. — Th. Haering (1929), *Hegel. Sein Wollen und sein Werk*, I, Leipzig. — H. Ogiermann (1948), *Hegels Gottesbeweise*, Roma. — W. Schultz (1964), "Die Transformierung der *Theologia Crucis* bei Hegel und Schleiermacher", *NZSTh* 6, 290-317. — A. Chapelle (1964), *Hegel et la Religion*, t. I (*La problématique*), Paris. — C. Bruaire (1965), *Logique et religion chrétienne dans la philosophie de Hegel*,

Paris. — W.-D. Marsch (1965), *Gegenwart Christi in der Gesselschaft. Eine Studie zu Hegels Dialektik*, Munique. — J. Splett (1965), *Die Trinitätslehre G. W. F. Hegels*, Friburgo-Munique. — A. Chapelle (1967), *Hegel et la religion*, t. 2 (*Dieu et la création*), Paris. — E. Fackenheim (1967), *The Religious Dimension in Hegel's Thought*, Bloomington. — B. Lakebrink (1968), *Die europäische Idee der Freiheit*, I. *Hegels Logik und the Tradition der Selbstbestimmung*, Leyde. — Th. Bodamer (1969), *Hegels Deutung der Sprache*, Hamburgo. — A. Peperzak (1969), *Le jeune Hegel et la vision du monde*, Haia. — B. Bourgeois (1970), *Hegel à Frankfort*, Paris. — H. Küng (1970), *Menschwerdung Gottes. Eine Einführung in Hegels theologisches Denken als Prolegomena zu einer künftigen Christologie*, Friburgo-Basileia-Viena. — A. Léonard (1970), *La foi chez Hegel*, Paris. — M. Theunissen (1970), *Hegels Lehre vom absoluten Geist als theologisch-politischer Traktat*, Berlim. — A. Chapelle (1971), *Hegel et la religion*, t. 3 (*La théologie et l'Église*), Paris. — R. Heede (1972), *Die göttliche Idee und ihre Erscheinung in der Religion. Untersuchungen zum Verhältnis von Logik und Religionsphilosophie bei Hegel*, Münster. — J. Heinrichs (1974), *Die Logik der "Phenomenologie des Geistes"*, Bonn. — C. Link (1974), *Hegels Wort "Gott selbst ist tot"*, Zurique. — E. Schmidt (1974), *Hegels System der Theologie*, Berlim-Nova York. — F. Guibal (1975), *Dieu selon Hegel. Essai sur la problématique de la "Phénomenologie de l'Esprit"*, Paris. — A. Brunkhorst e Hasenclever (1976), *Die Transformierung der theologischen Deutung des Todes bei Hegel*, Berna-Frankfurt. — E. Jungel (1977), *Gott als Geheimnis der Welt*, Tübingen. — J. Ringleben (1977), *Hegels Theorie der Sünde*, Berlim-Nova York. — R. Legros (1980), *Le jeune Hegel et la naissance de la pensée romantique*. Em apêndice: *Le Fragment de Tübingen*. Bruxelas. — E. Brito (1980), *La christologie de Hegel*. — W. Jaeschke (1983), *Die Religionsphilosophie Hegels*, Darmstadt. —— E. Brito (1986), "La mort de Dieu selon Hegel. L'interprétation d'Eberhard Jüngel", *RTL* 17, 209-308. — W. Jaeschke (1986), *Die Vernunft in der Religion. Studien zur Grundlegung der Religionsphilosophie Hegels*, Stuttgart-Bad-Cannstadt. — X. Tilliette (1986), *La christologie idealiste*, Paris. — E. Brito (1987), "La création chez Hegel et Schelling", *RThom* 87, 260-279. — R. Legros (1987), "Introduction à Hegel, *Fragments de la période de Berne*", Paris. — B. Pottier (1990), *Le peché originel selon Hegel*, Namur. — G. Fessard (1990), *Hegel, le christianisme et l'histoire*, Paris.

— D. M. Schlitt (1990), *Divine subjectivity. Understanding Hegel's Philosophy of Religion*, Londres-Toronto. — E. Brito (1991), *Dieu et l'être d'après Thomas d'Aquin et Hegel*. — X. Tilliette (1992), *La Semaine sainte des philosophes*, Paris. — P. Soual (1998), "Amour et Croix chez Hegel", *RPFE* 188, 71-96.

Emilio BRITO

→ *Hegelianismo; Kant; Kenose; Kierkegaard; Luteranismo; Marx; Nietzsche; Paixão; Pecado original; Schelling.*

HEGELIANISMO

a) Divisão da escola hegeliana. — A cisão da escola hegeliana numa direita de "velhos hegelianos" e uma "esquerda" de jovens hegelianos foi produzida por diferenças mais políticas e religiosas do que filosóficas (Moog, 1930; Gebhardt, 1963; Serreau, 1971). A distinção, ainda hoje utilizada, foi operada primeiro por D. F. Strauss, depois por K. L. Michelet. Entre os "velhos hegelianos" (o termo designa inicialmente a escola fundada pelo próprio Hegel* [H.]), encontravam-se H. F. Hinrichs, K. F. Göschel, G. A. Gabler, K. Daub, como a maior parte dos que publicaram as obras de H. (L. von Henning, H. Hotho, F. Förster, Ph. Marheineke). Qualificam-se também como "velhos hegelianos" os que, depois do período revolucionário, foram os verdadeiros conservadores da filosofia* hegeliana (K. Rosenkranz, R. Haym, J. E. Erdmann e K. Fischer). K. L. Michelet ocupou uma posição intermediária entre os jovens e os velhos hegelianos: sua longa vida (1801-1893) permitiu-lhe operar uma junção entre o hegelianismo das origens e o neohegelianismo moderno (Löwith, 1941).

A expressão "jovens hegelianos" só designava no início a jovem geração dos alunos de H.: em seguida, tomou a significação de "hegelianos de esquerda" (Löwith, 1962) e aplicou-se ao grupo de pensadores revolucionários que se reclamavam de H.: L. Feuerbach, A. Ruge, M. Hess, M. Stirner, B. Bauer, Marx*. Para esses filósofos, seduzidos pelo princípio hegeliano da negação dialética, a tese da *Filosofia do direito* segundo a qual o real é também o racional (tese interpretada em sentido conservador pela direita), volta-se em seu contrário: o racional é também o real.

Esses hegelianos de esquerda concentraram seus esforços numa reversão metódica da filosofia de H. e quiseram libertar seu mestre dele mesmo. Esses esforços aplicaram-se primeiro à sua teologia* filosófica. D. F. Strauss (1808-1874) atribui assim a H. a ideia de uma crítica da história* evangélica, crítica que a filosofia de H. já continha na medida em que assimilava os fatos históricos a formas da representação. Mas, de uma parte e da outra, os métodos divergem: H. transpõe em conceitos a representação religiosa, enquanto Strauss a reduz ao mito* (Brito, 1979). E essa interpretação mítica leva à conclusão de que a humanidade é o conteúdo verdadeiro e absoluto da cristologia* (Strauss, 1835-1836).

Independentemente de objeções "teístas" (deísmo/teísmo*) a propósito da personalidade de Deus* (cf. C. H. Weisse e I. H. Fichte), a teologia filosófica de H. será historicamente submetida a três críticas que, ligando-se aos problemas da imortalidade da alma* e da humanidade de Deus, reduzirão, todas as três, a essência da religião ao homem: as de L. Feuerbach, de B. Bauer e de K. Marx. Tendo partido, como Strauss, da teologia protestante, L. Feuerbach (1804-1872), submete o tema da imortalidade pessoal a uma luz hegeliana: a subjetividade dos indivíduos, destinada a superar-se na objetividade da Razão*, implica a morte* (Feuerbach, 1830). Esse tema ocupa aliás lugar preponderante no debate relativo ao conteúdo religioso da filosofia de H. Assim, na esteira de Feuerbach, F. Richter sublinha que a imortalidade pessoal é incompatível com a concepção hegeliana de uma razão absoluta (Richter, 1833; Cornehl, 1971); hegelianos de direita tentaram provar o contrário. Feuerbach, por sua vez, via na filosofia de H. o último refúgio da teologia: recusando transformar, como H., as "imagens" em "pensamentos", quer despojar a religião de sua "essência teológica" para reconduzi-la à sua verdade* antropológica (antropologia*) (Feuerbach, 1841); volta assim ao "sentimento" ridicularizado por H. Considerando Deus como o espelho do homem, Feuerbach transtorna a identificação hegeliana do homem e de Deus: para H., com efeito, a tese segundo a qual o absoluto é a essência do homem não significa a divinização do homem, mas, ao contrário, sua relativização.

Em sua crítica religiosa, A. Ruge (1802-1880) parte da "espiritualização" hegeliana das representações cristãs e adota uma atitude próxima da de Feuerbach: no termo da evolução religiosa, o humanismo deve substituir-se ao cristianismo. B. Bauer (1809-1882) finge um pietismo* ortodoxo para desmascarar o ateísmo*, que, segundo ele, H. dissimulava sob a capa de uma reabilitação filosófica dos dogmas* (Bauer, 1841); em definitivo, H. tinha posto a consciência de si em lugar de Deus.

Enfim, não descobrindo na religião outra coisa que o "mundo* invertido", gerado pela miséria real, Marx já não reconhece, no processo da objetivação, a negatividade absoluta do espírito acedendo a si, e assim, já não distingue a *Entäusserung* (desapropriação) e a *Entfremdung* (alienação) da consciência*.

b) Hegelianismo e teologia protestante. — K. Daub e Ph. Marheineke são os representantes típicos de uma dogmática* especulativa de origem hegeliana. Marcado primeiro por Kant* e em seguida por Schelling*, Daub (1765-1836) repensou, a partir de 1818, toda sua teologia no espírito da filosofia de H. Baseado menos nos dados bíblicos e nas confissões* de fé* do que sobre uma apreensão especulativa da ideia de Deus, sua dogmática, centrada na doutrina trinitária que procura elevar-se da fé ao saber pela dedução de sua necessidade, não podia resistir à subordinação hegeliana da história ao conceito (Daub, 1833).

Ao menos em sua segunda edição, a *Dogmática* de Marheineke é a de um hegeliano ortodoxo, aliás reconhecido como tal por H. Apesar de seus trunfos (a importância que concede ao conceito de revelação* e ao esquema trinitário), ela tende, em razão da identidade que põe entre o pensamento e o ser*, a abolir a diferença entre o Espírito* divino e o espírito humano. Mais que Daub, Marheineke interessou-se por Lutero* e a afinidade de sua teologia com a cristologia luterana pôde ser sublinhada por alguns autores, notadamente por Barth* (1969, 295).

O sistema de H. levou F. C. Baur (1792-1860) — o fundador da nova escola protestante de Tübingen* — a entender a história como a manifestação do automovimento da ideia. Refratário a toda mistura do humano e do divino, o exegeta e sistemático W. Vatke (1806-1882) tende a voltar de H. a Kant. Pelo cuidado de elevar-se da representação ao conceito especulativo, a *Dogmática* de seu discípulo A. E. Biedermann (1819-1885) testemunha contudo a atração persistente de H. (Biedermann, distancia-se contudo de H. ao negar que o espírito infinito possa ter uma existência pessoal). Não querendo contentar-se nem com a especulação sobre o objetivo, nem com a especulação sobre o subjetivo, o dogmático I. A. Dorner (1809-1884) tenta associar H. e Schleiermacher* e distingue-se assim de ambos (Barth, 1969).

c) Neo-hegelianismo. — Contra toda a expectativa, o hegelianismo parece ressuscitar no início do s. XX, graças especialmente aos trabalhos (1905) de W. Dilthey (1833-1911) sobre o jovem H., e à publicação por H. Nohl dos *Escritos teológicos de juventude* (1907). Em 1905, o pastor G. Lasson empreende uma edição crítica das *Obras completas* de H. Em seu célebre discurso de 1910, W. Windelband proclama oficialmente a "renovação do hegelianismo". Interessa-se por H. primeiro no sentido de um hegelianismo ortodoxo, mesmo de uma afirmação prusso-protestante (R. Kroner, H. Glockner, T. L. Haering), depois numa linha marxista ou marxizante (G. Lukács, E. Bloch, a escola de Frankfurt, H. Marcuse).

Na França. J. Hyppolite (tradutor da *Fenomenologia do espírito*, 1941) e A. Kojève exerceram grande influência sobre os existencialistas e estimularam uma retomada dos estudos (Kojève, 1947). O jesuíta G. Fessard (1897-1978) pertence à plêiade de pensadores que participaram entre 1934 e 1939 do célebre seminário de Kojève. Filósofo da liberdade* e da história, Fessard inspira-se de maneira teologicamente fecunda da dialética de H.; mas, longe de pregar um "cristianismo hegeliano", mostra-lhe o limite, criticando particularmente o primado hegeliano do signo sobre o símbolo (Fessard, 1990). Tendo-se articulado primeiro, seguindo a Fessard, num debate sobre a lógica de H. — assumindo seus desafios dialéticos e formas silogísticas — a obra do pensador católico C. Bruaire (1932-1987) mostrará cada vez melhor que o empreendimento hegeliano deixa de perceber o tema da superabundância, constitutivo da pneumatologia cristã (Bruaire, 1980).

807

Entre as teologias da morte de Deus que fizeram fortuna nos anos de 1960, a de Th. Altizer (nascido em 1928) interpreta com ajuda de H. a autonegação pela qual Deus se torna Emanuel. A tentativa de J. Moltmann (nascido em 1926) de superar dialeticamente a concepção teísta de um Deus impassível pareceria mais pertinente se não ligasse de maneira quase hegeliana a Trindade* à história da paixão* terrestre.

* H. F. Hinrichs (1822), *Die Religion im innern Verhältnisse zur Wissenschaft*, Heidelberg. — Ph. Marheineke (1827), *Die Grundlehren der chrislichen Dogmatik als Wissenschaft*, Berlim. — K. F. Göschel (1829), *Aphorismen über Nichtwissen und absolutes Wissen*. Berlim. — L. Feuerbach (1983), *Gedanken über Tod und Unsterblichkeit*, Nuremberg. — F. Richter (1833), *Die Lehre von letzten Dingen*, Breslau. — K. Daub (1983), *Die Dogmatische Theologie jetziger Zeit*, Heidelberg. — D. F. Strauss (1835-1836), *Das Leben Jesu kritisch bearbeitet*, Tübingen. — L. Feuerbach (1841), *Das Wesen des Christentums* (*A essência do cristianismo*, Lisboa, 1994). — B. Bauer (1841), *Die Posaune des jüngsten Gerichts über Hegel den Atheisten und Antichristen*. Leipzig. — M. Stirner (1845), *Der Einzige und sein Eigentum*, Leipzig. — G. Lasson (1916), *Was heisst hegelianismus?* Berlim. — R. Kroner (1921-1924) *Von Kant bis Hegel*, Tübingen. — W. Dilthey (1925), *Die Jugendgeschchite Hegels, Gesammelte Schriften* IV, 1-1287, Leipzig-Berlim. — A. Kojève (1947), *Introduction à la lecture de Hegel*, Paris (*Introdução à leitura de Hegel*, Rio de Janeiro, 2002). — C. Bruaire (1980), *Pour la métaphysique*, Paris. — G. Fessard (1990), *Hegel, le christianisme et l'histoire*, Paris.

► W. Moog (1930), *Hegel und die Hegelsche Schule*, Munique. — K. Löwith (1941), *Von Hegel zu Nietzsche*, Zurique. — H. Arvon (1954), *Aux sources de l'existentialisme: Max Stirner*, Paris. — K. Löwith (1962), *Die Hegelsche Linke. Einleitung*, Stuttgart-Bad Cannstadt. — H.-M. Sass (1963), *Untersuchungen zur Religionsphilosophie in der Hegelschule 1830-1850*, Münster. — J. Gebhardt (1963), *Politik und eschatologie. Studien zur Geschichte der Hegelschen Schule um den Jahren 1830-1840*, Munique. — K. Barth (1969), *La théologie protestante au XIXe siècle*, Genebra. — P. Cornehl (1971), *Die Zukunft der Versöhnung. Eschatologie und Emanzipation in der Aufklärung, bei Hegel in der Hegelschen Schule*, Göttingen. — R. Serreau (1971), *Hegel et l'hégélianisme*, Paris. — E. Brito (1979), *Hegel et la tâche actuelle de la christologie*,

Paris-Namur (*Hegel e a tarefa atual da cristologia*, São Paulo, 1993). — J. Simon (1985), "Hegelianismus", *TRE*, 14, 550-560.

Emilio BRITO

→ *Kierkegaard; Luteranismo; Religião (filosofia da); Schelling; Schleiermacher; Tübingen (escolas de).*

HEIDEGGER, Martin, 1889-1976

A relação de Heidegger (H.) com o cristianismo e com sua teologia* é antes de tudo biográfica. Uma breve tentativa de entrar na Companhia de Jesus, dois anos de estudos teológicos em Friburgo, igualmente interrompidos por razão de saúde, a reputação cedo adquirida de ser a melhor esperança filosófica do catolicismo* alemão, reconhecimento das dívidas para com a neoescolástica, cursos sobre Paulo e Agostinho*: primeiro período. Recusa de batizar seu primeiro filho na Igreja* católica, simpatia declarada pela teologia luterana, frequentação dos teólogos de Marburgo (Bultmann* em primeiro lugar) durante seus anos de professor extraordinário nessa universidade, reivindicação para a filosofia* do direito a um ateísmo* metodológico: segundo período. Depois da volta a Friburgo, terceiro período, marcado por uma discreta — mas incontestável — polêmica anticristã: a fé* cristã proibiria ao crente toda experiência filosófica. Depois a partir da *Kehre*, da "virada" destinada a pensar o ser* a partir dele mesmo e não mais a partir do homem, quarto período e o mais longo: aparição do "divino" e dos deuses, elaboração (desde os *Beiträge* de 1936, depois em "A Coisa") de uma verdadeira fenomenologia da experiência pagã, novo diálogo com os teólogos, reconhecimento de "origens teológicas" que conservam talvez um peso de futuro ("Herkunft aber bleibt stets Zukunft", em *Unterwegs zur Sprache*, *GA* 12, 92). Os funerais de H. foram celebrados na Igreja católica de sua cidade, Messkirch, mas sem ritual católico. O filósofo B. Welte (sacerdote* católico) fez ali uma curta alocução. O enterro seguiu o ritual católico. Porém o túmulo de H. não possui nenhum símbolo cristão.

a) Teologia e existência: a recepção de Ser e tempo. — Em carta de 19 de agosto de 1921, endereçada a seu aluno K. Löwith, H. ainda se definia como "teólogo cristão". Ao contrário, em 1927 *Ser e tempo* apresenta-se como um tratado filosófico totalmente desteologizado. O homem — o *Dasein* — é "lançado" no mundo*, mas essa "queda" não faz referência a nenhuma protologia, a nenhum *status pristinus* que se tivesse perdido. A experiência da culpa está ali presente, mas a culpabilidade não alude nem a uma inocência perdida, nem a um perdão recebido ou esperado. Nesse mundo o *Dasein* existe incontestavelmente na ausência de Deus*, e nele pode apropriar-se do que lhe é mais próprio, existir "autenticamente" sem que seja preciso convocar para isso um Absoluto. Que tenha havido recepção teológica de sua obra pode surpreender, porém a surpresa logo se dissipa. Com efeito, o ateísmo do *Dasein* não implica a inexistência de Deus. Assinala a estrutura de uma experiência (o ser-no-mundo) em que não resta nenhum espaço para conhecer a Deus e para falar dele. O mundo heideggeriano, assim, pode prestar-se a um interpretação que nele vê um equivalente desse *kosmos* paulino em que, justamente, o homem vive sem Deus, ateu (Ef 2,12). Assim aparecem as condições de uma leitura teológica. O homem não tem direito, por simples direito de nascença, à proximidade com Deus. Uma hermenêutica* da "facticidade", do simples fato de ser no mundo, fala pois da miséria do homem. Deus é aquele que sobrevém; e pensar sua sobrevinda exige também que se entenda sobre a angústia do homem depois da queda. Em outros termos: a condição de pecador seria o que reduz o homem a existir no modo do *Dasein*. Compreende-se que tenha sido fácil a Hans Jonas instrumentalizar os conceitos hegelianos numa interpretação da experiência gnóstica (*Gnosis und spätantiker Geist* I, Göttingen, 1934), percebida como a exasperação de certas experiências cristãs fundamentais. Outra leitura teológica do livro era possível, e aliás foi mais facilmente praticada, que consistia em ler *Ser e tempo* a partir de um centro fornecido pela teoria hermenêutica do compreender. O que está em causa — o ser e seu sentido — é que o *Dasein* sempre já foi compreendido previamente.

Pode-se então proceder a um deslocamento: em Bultmann, que aliás forjará o termo "pré-compreensão", *Vorverständnis*, é também o próprio Deus que o compreender implica: existir no modo de compreender é de fato interrogar-se sobre Deus; o discurso teológico é portanto essencialmente resposta, e sua primeira tarefa é tematizar as questões teológicas inscritas na lógica da existência; e se pressupõe-se que o homem ao qual se dirige o querigma cristão é bem aquele de que fala a analítica heideggeriana do *Dasein*, então será possível um último passo, que permitirá interpretar o acesso à fé como passagem exemplar do "inautêntico" ao "autêntico". Sejam quais forem as leituras teológicas em conflito, o peso teológico da obra permanece incontestável. Na conferência "Fenomenologia e teologia" (de 1927-1928) H. afirmava axiomaticamente que "a teologia é uma ciência positiva e, por esse título, absolutamente distinta da filosofia" (Frankfurt, 1970, 15), e precisava que "a teologia, como ciência positiva, está fundamentalmente mais perto da química e das matemáticas que da filosofia" (*ibid.*). Trata-se, sem dúvida, de um veredicto que certas teologias podiam entender muito bem: é a uma separação igualmente estrita do teológico e do filosófico que Barth* recorre para negar toda validade ao empreendimento de Bultmann. Mas sem dúvida também esse veredicto poderia ser contestado em nome dos recursos oferecidos por *Ser e tempo* a toda interrogação sobre o destinatário da teologia e da "revelação*" de que ela argui.

b) *Teologia e ontologia: Deus e o ser.* — Sobre as relações entre a ontologia e a teologia, H. pronunciou-se da maneira mais contundente por ocasião de um encontro com estudantes em Zurique: "Ser e Deus não são idênticos, e jamais tentarei pensar a essência de Deus por meio do ser. [...] Se me acontecesse ainda ter de escrever uma teologia — ao que me sinto às vezes incitado — então o termo *ser* não poderia em caso algum intervir. A fé não necessita do 'pensamento' do ser. Quando a ele recorre, já não é mais fé" (in *Poesia* 13, 60-61). A consequência teológica é clara: essas frases confirmam a morte do Deus dos filósofos; e negando que exista um "ponto de ancoragem" (*Anknüpfungspunkt*) entre os discursos da filosofia e os da teologia convidam a uma reconstrução teológica teologicamente pura. Pensar um Deus "não contaminado pelo ser" (E. Lévinas), pensar "Deus sem ser" (J.-L. Marion) como amor* que não tem de ser para amar e dar, a lição foi ouvida. H. multiplica aliás as advertências. Fazendo entrar Deus na filosofia, e forçando-o a servir de chave de abóbada ao edifício da metafísica, a um edifício "ontoteológico", era bem a morte* de Deus que se preparava. Inscrevendo a Deus nos dispositivos conceituais, esquecia-se que a relação do homem a Deus é antes de tudo uma relação cultual, litúrgica, que Deus tem menos necessidade de ser pensado que de ser adorado. A tarefa teológica, assim, é dupla: emancipar-se de um lado de toda a convivência com a metafísica, e de outro lado dissociar seu destino do pensamento, que depois da metafísica tenta acolher a verdade do ser. A determinação de uma tarefa não dá certamente os meios de cumpri-la. Mas se a posição heideggeriana sobre a questão do ser é correta então a teologia deve enfrentar essa tarefa, sob pena de despojar a Deus de sua divindade.

c) *Palavra, acontecimento, hermenêutica.* — Nenhuma porção do *corpus* heideggeriano prestava-se melhor a uma leitura teológica que os textos consagrados à linguagem. Desde 1934, o comentário de textos poéticos — Hölderlin, Trakl, Rilke, George — e a reflexão sobre a essência do dizer são preocupações centrais de H. Essas preocupações são estritamente ontológicas: a palavra é pensada como a morada do ser, a questão posta não concerne pois a outra coisa que ao advento do ser e das significações correlatas (dicção do sagrado, da terra e do céu etc.). Mas recusando-se a ligar a interrogação sobre a palavra a uma interrogação sobre aquele que fala, recusando que a produção de enunciados seja a obra primordial e essencial da palavra, e pensando a palavra a partir dela mesma ("a palavra fala", *die Sprach spricht*), H. duplicava secularmente o discurso que a teologia tem sobre outra palavra, que é a palavra*

de Deus. Palavra como acontecimento, palavra como manifestação, esses temas não tiveram necessidade de ser forçados excessivamente para dar nascimento, desde antes da publicação de *Encaminhamentos para a palavra*, nas hermenêuticas teológicas de E. Fuchs (*Hermeneutik*, 1954) ou G. Ebeling ("Hermeneutik", *RGG*[3] 3, 1959, 243-263; "Wort Gottes und Hermeneutik", *Wort und Glaube* I, 1960, 319-348) e em toda a corrente conhecida com o nome de "nova hermenêutica", a tentativas de leituras cuidadosas de deixar a Palavra no ato em que ela se dá. "Acontecimento da palavra", *Sprechereignis, Wortgeschehen*, esses conceitos não pretendem dizer que H. teria emprestado à palavra do poeta ou do filósofo uma força viva que só pertenceria à palavra de Deus — mas dizem ao menos que qualquer filosofia da linguagem não pode entrar a serviço de uma teologia da Palavra, e postulam que não há teologia da Palavra que não deva repousar numa filosofia da linguagem. A influência de H. vai também exercer-se, de maneira mediata, por meio de H.-G. Gadamer.

d) *O sagrado e os divinos: o avesso do teológico.* — Deus está morto talvez por ter entrado na constituição da metafísica, Deus permanece talvez teologicamente pensável para quem o separa de toda relação ao ser; seria possível contudo a H. falar filosoficamente do divino, e mesmo de Deus. A *Carta sobre o humanismo* (1947) diz exatamente as condições dessa possibilidade: "Não é senão a partir da verdade do ser que se deixa pensar o sagrado. Não é senão a partir da essência do sagrado que a essência da divindade é pensável. É somente na luz da essência da divindade que pode ser pensado e dito o que deve nomear a palavra 'Deus'" (*GA* 9, 351). Esse divino subordinado ao ser toma lugar, nas obras tardias de H., no interior da estrutura do "Quadripartido", do *Geviert*, em que se respondem e se correspondem "terra" e "céu", os "mortais" e os "divinos". A transcendência de Deus não cede pois à transcendência do ser e a seu governo; e a teologia que se estabelece desde os *Beiträge* é supremamente ateológica. O segredo "teológico" de H. seria então a busca de um substituto à experiência* cristã e à organização cristã do pensável? A centralidade atribuída à "serenidade" (*Gelassenheit*), na ausência de toda esperança*; a subordinação de Deus a um sagrado sem rosto; uma escritura da história da filosofia em que toda referência cristã é apagada — esses e outros traços devem permitir afirmar que a teologia nada tem a aprender aqui, senão o que ela não é, de modo algum. O que aliás é uma lição muito útil.

* *Gesamtausgabe*, Frankfurt, 1976- (102 vol. previstos). Obras publicadas em vida de H. e ainda não editadas na *GA: Vorträge und Aufsätze*, Pfullingen, 1954; *Was heisst Denken?*, Tübingen, 1954; *Was ist das - die Philosophie?*, Pfullingen, 1956; *Identität und Differenz*, Pfullingen, 1957; *Zum Sache des Denken*, Tübingen, 1969; *Phänomenologie und Theologie*, Frankfurt, 1970; *Schellings Abhandlung über das Wesen der menschlichen Freiheit*, Tübingen, 1971. Em português: *Ser e tempo*, Petrópolis, 2 t., 2002; *Seminários de Zollikon*, São Paulo-Petrópolis, 2001; *Ensaios e conferências*, Petrópolis-São Paulo, 2002; *Conferências e escritos filosóficos*, São Paulo, 2002; *Os conceitos fundamentais da metafísica: mundo, finitude, solidão*, Rio de Janeiro, 2003; *O caminho da linguagem*, Petrópolis-Bragança Paulista, 2003; *Heráclito: a origem do pensamento ocidental, lógica: a doutrina heraclítica do logos*, Rio de Janeiro, 1998; *Carta sobre o humanismo*, Rio de Janeiro, 1995; *Nietzsche: metafísica e niilismo*, Rio de Janeiro, 2000; *Introdução à metafísica*, Rio de Janeiro, 1987; *Caminhos da floresta*, Lisboa, 2002; *O conceito de tempo*, Lisboa 2003; *Que é metafísica?*, São Paulo, 1969; *Sobre a essência da verdade. A tese de Kant sobre o ser*, São Paulo, 1970; *Que é isto — a filosofia? Identidade e diferença*, São Paulo, 1971; *Sobre a essência do fundamento. A determinação do ser do ente segundo Leibniz, Hegel e os gregos*, São Paulo, 1971; *Da experiência do pensar*, Porto Alegre, 1969; *Sobre o problema do ser. O caminho do campo*, São Paulo, 1969; *O fim da filosofia ou a questão do pensamento*, São Paulo, 1972; *A origem da obra de arte*, Lisboa, 2000.

▶ G. Siewert (1959), *Das Schicksal der Metaphysik von Thomas zu Heidegger*, Einsiedeln. — J. M. Robinson, J. B. Cobb (sob a dir. de), *The later Heidegger and Theology*, Nova York. — B. Welte (1965), "Die Gottesfrage im Denken Heideggers", *in Auf der Spur des Ewigen*, Friburgo-Basileia-Viena, 262-276. — J. Macquarrie (1965), *An Existentialist Theology. A Comparison of Heidegger and* *Bultmann*, Nova York-Londres.— G. Nöller (ed.) (1967), *Heidegger and die Theologie*, ThB 38 (art. e textos clássicos de K. Heim, R. Bultmann, K. Löwith, E. Brunner, E. Fuchs, K. Barth, H. Jonas, etc.). — J. Macquarrie (1968), *Martin Heidegger*, Londres. — J. Möller (1968), "Zum Thema 'Der spätere Heidegger und die Theologie'", *TThQ* 147, 386-431. — K. Lehmann (1969), "Christliche Geschichtserfahrung und ontologische Frage beim jungen Heidegger", *in* O. Pöggeler (sob a dir. de), *Heidegger. Perspektiven zur Deutung seines Werkes*, Colônia, 140-168. — A. Gethmann Siefert (1974), *Das Verhältnis von Philosophie und Theologie im Denken Martin Heideggers*, Friburgo. — A. Jäger (1978), *Gott. Nochmal Martin Heidegger*, Tübingen. — R. Schaeffler (1978), *Frömmigkeit des Denkens? Martin Heidegger und die katholische Theologie*, Darmstadt. — R. Kearney, J. S. O'Leary (sob a dir. de) (1980), *Heidegger et la question de Dieu*, Paris. — A. C. Thielson (1980), *The Two Horizons. New Testament Hermeneutics and Philosophical Description with special reference to Heidegger, Bultmann, Gadamer and Wittgenstein*, Exeter.— L. Weber (1980), *Heidegger und die Theologie*, Königstein (Taunus). — J.-L. Marion, (1982), *Dieu sans l'être*, Paris. — H. G. Gadamer (1987), "Die Marburger Theologie", *GW* 3, Tübingen, 197-208. — H. J. Braun (sob a dir. de) (1990), *Martin Heidegger und der christliche Glaube*, Zurique. — F. Dastur (1994), "Heidegger et la théologie", *RPL* 92, 226-245. — P. L. Coriando (sob a dir. de), *"Herkunft aber bleibt stets Zukunft". Martin Heidegger und die Gottesfrage*, Frankfurt. — P. Capelle (1998), *Philosophie et théologie dans la pensée de Martin Heidegger*, Paris. — E. Brito (1996), "Les théologies de Heidegger", *RTL*, 27, 432-461 (bibl.).

Jean-Yves LACOSTE

→ *Deus B; Experiência; Filosofia; Hermenêutica; Ser.*

HELENIZAÇÃO DO CRISTIANISMO

a) Judaísmo e helenismo. — O principado da Judeia, governado pelos ptolomeus de 301 a 198, depois pelos selêucidas até 63, não escapou ao movimento geral de helenização que tocou todos os territórios do antigo Império persa, conquistado por Alexandre: a introdução do grego "comum" (a *koinè*) como língua oficial e vernácula, a criação de cidades novas, a implantação de um modo de vida helênico nas antigas cidades (assim construiu-se em Jerusalém* um ginásio e uma palestra). Apesar das resistências, às vezes furiosas, o helenismo penetrou profundamente na vida cotidiana dos judeus, mesmo dos grupos mais apegados à lei*, p. ex. os sectários de Qumran; só suas pretensões religiosas (em primeiro lugar o desejo de reinterpretar o culto* de Javé para fazer dele uma forma local do culto dado a Zeus Urânio) foram rejeitadas de maneira global, pelo menos a partir da revolta macabeia.

De outro lado, a época helenística conheceu, em razão da severa política fiscal aplicada na Palestina, uma vasta emigração judaica em direção aos países vizinhos. Rodeada de uma população helenófona, a diáspora judaica adotou também um estilo de vida helênico (cf. Hengel, 1969, c. 1 e 2), e o grego tornou-se a linguagem corrente (os "helenistas" de At 6,1 e 9,39). Foi em intenção desses judeus helenófonos que a Bíblia* foi traduzida para o grego em Alexandria, na versão dos LXX, impregnada do gênio grego. No meio de um tal judaísmo* é que foi possível a atividade filosófica e teológica de um Fílon de Alexandria, contemporâneo de Jesus*, e cujo projeto apologético foi reavivar as crenças tradicionais abandonadas por doutrinas helênicas, mostrando que o pensamento bíblico e essas doutrinas (antes de tudo o platonismo) eram de fato complementares.

b) Origens cristãs. — Portanto, a helenização do cristianismo não nasceu do encontro tardio de duas entidades já constituídas independentemente uma da outra, em seus contextos respectivos, nem tampouco ocorreu num mundo em que somente a cultura e a civilização gregas merecessem o qualificativo de "helênicas". Ao contrário: se o "acontecimento Jesus Cristo" procede diretamente da tradição* judaica, inscreve-se ao mesmo tempo no quadro helênico ampliado — e foram aliás documentos redigidos em grego helenístico e marcados pelas *realia* helenísticas que consignaram e transmitiram seu principal testemunho.

A tríplice pertença do apóstolo* Paulo, religiosa (fariseu), cultural (grega) e política (cidadão romano), ilustra bem a complexidade dos meios judaicos que forneceram ao cristianismo o ponto de partida de sua missão*. Paulo utiliza fontes literárias gregas (At 17,28), mostra bastante familiaridade com a filosofia* popular para praticar o gênero da *diatribe*, à imagem dos pregadores estoicos, ou para manejar o paradoxo cético do "mentiroso" (Tt 1,22), a serviço de um discurso que encontra sempre suas fontes nas Escrituras* judaicas, sempre lidas na versão dos LXX. Quando opõe judeus e gregos (1Cor 1,21s), ou judeus e pagãos, a oposição não é a de duas culturas: trata-se ali do choque de dois destinos espirituais, ambos prometidos a encontrar sua plena realização na fé* cristã.

Foi assim de maneira espontânea que as primeiras comunidades fundadas na diáspora e em meio pagão deram nascimento a um cristianismo explicitamente helenístico, utilizando o grego como língua litúrgica (o latim aguardará o s. IV para tornar-se a língua litúrgica da Igreja* do Ocidente) e que tomou uma importância preponderante para o conjunto do mundo cristão. Em contrapartida, o cristianismo judaico da Palestina e da Síria devia desaparecer entre a revolta judaica de 66 e a excomunhão final dos judeu-cristãos pelo sinédrio em Jamnia (adjunção da *birkat ha-minin* às "Dezoito bênçãos" sob Gamaliel II, *c.* do ano 90).

c) Época patrística. — Retoricamente e conceptualmente, o discurso proferido pelos Padres* gregos e latinos não podia deixar de ser um discurso helênico. Mas, se a cultura grega é bem sua cultura, o cristianismo constitui, até certo ponto, para muitos autores cristãos, uma espécie de cultura paralela ou contracultura, o que mostra neles o uso do grego dos LXX ou do latim da Ítala (a primeira tradução* latina da Bíblia), ou ainda sua utilização nos primeiríssimos textos cristãos, ainda despidos de todo cuidado literário. E porque as apologias do cristianismo dirigiam-se a uma civilização ao mesmo tempo pagã e grega, uma avaliação global do helenismo era requerida. Três posições distintas surgiram:

1/Rejeição total de toda doutrina filosófica helênica, considerada como filosofia mentirosa e imoral (Taciano, *Ad Graecos*): "Que há de comum a Atenas e a Jerusalém? Que há de comum à Academia e à Igreja*? (Tertuliano, *De praesc.* 7,9).

2/Abertura moderada que tira argumento de uma dependência suposta dos filósofos gregos em relação aos livros hebraicos, e insiste nas tendências monoteístas do pensamento grego: "Ver a Deus*, tal é o fim da filosofia de Platão" (Justino, *Dial.* 2, 6; cf. Atenágoras, *Pro christ.* 6).

3/Avaliação positiva que vai até a defesa apaixonada do helenismo: "chuva benéfica" da verdade* semeada pelo *Logos* nos filósofos gregos (Clemente de Alexandria, *Strom.* 1, 37, 2), necessidade de um conhecimento aprofundado da Grécia (Orígenes*, *Contra Celsum*).

d) *Idade Média.* — A influência do helenismo prossegue nas teologias — bizantina e latina — que recolheram a herança patrística, e que conservarão durante muito tempo uma dívida importante para com o platonismo*, seja pela caução dada por Agostinho* aos *libri platonici*, seja pela reorganização do cosmo* platônico pelo Pseudo-Dionísio*. A IM, de outro lado, conheceu uma crise intelectual notável, sancionada pelas condenações parisienses de 1277. O aristotelismo*, introduzido nas universidades recém-criadas do mundo cristão, graças aos tradutores e comentadores árabes, não somente tinha proporcionado novos instrumentos conceituais aos teólogos: em sua versão averroizante tinha presidido (p. ex., em Siger de Brabante [1240-1284] ou em Boécio de Dácia [*c.* 1270]) a um movimento de emancipação do trabalho filosófico e a um renascimento dos ideais de *vita philosophica* que pareceram ameaçar tanto as doutrinas cristãs (p. ex. a da criação* do mundo, a da liberdade*) quanto o estilo próprio de existência cristã (assim, quando uma utilização entusiasta do conceito da magnanimidade, chave da ética de Aristóteles, levava a recusar o nome de virtude* à humildade). Ao condenar 219 teses de proveniência aristotélica e averroísta, em 7 de março de 1277, o bispo de Paris e seus teólogos em certo sentido apenas sublinhavam uma velha regra do método teoló-

gico, a necessidade de uma recepção* crítica do helenismo, e pode-se considerar que as faculdades de teologia entenderam a advertência. Mas as condenações não impediram a sobrevivência universitária (nas faculdades de filosofia) de um helenismo não cristianizado, encarnado em filosofias que se queriam livres de toda ingerência teológica, nas quais intelectuais cristãos assumiam por tarefa cultivar um pensamento grego puro de toda inflexão cristã.

e) *Renascimento e humanismo.* — O Renascimento é a época do *De transitu Hellenismi ad Christianismum* de G. Budé (Paris, 1535), um texto em que o problema do helenismo cristão se põe com verdadeira urgência. É a época em que uma nova e última censura foi feita (pelo V concílio* de Latrão* em 1515) contra o aristotelismo averroizante (no caso, o de P. Pomponazzi). É também a época de um retorno à Antiguidade clássica, para além do que a IM mantivera dela em vida, e que se propôs muitas vezes como instaurador de um estilo de vida que devia mais ao paganismo* que ao cristianismo. Também é a época em que Lutero* desenvolveu uma "teologia da cruz" que retirava todo sentido a uma recepção cristã dos elementos alógenos, e acreditava discernir nas alianças passadas do cristianismo e do helenismo um fermento corruptor da Igreja. Desde então, a hipótese de uma falsificação da verdade* cristã pelo espírito grego conservou sempre uma atualidade, enquanto o interesse pela Grécia tendia cada vez mais a encarnar certo protesto em favor do paganismo (Veillard-Baron, 1979).

f) *Desenvolvimentos modernos, metafísica e problema da inculturação.* — Assim, quando A. von Harnack (1851-1930), numa definição célebre, fala do dogma* cristão como de "uma obra do espírito grego na terra do Evangelho" (*Lehrbuch*, 1909[4], I, 28), a escrita da história dos dogmas aparece então como uma tentativa de emancipação que visa a reencontrar uma essência travestida do cristianismo. Porém a tentativa estava votada ao fracasso, como está votada ao contrassenso toda justaposição de um helenismo puro e de um judeu-cristianismo* pretensamente intacto de toda influência exterior (cf. Meijering, BZRGG 20, 1978). E, contra Harnack, a pesquisa recente pôde resgatar os princípios de uma análise mais fina das relações entre cristianismo e helenismo.

1/Ao mito que opunha um "pensamento grego", substancialista e a-histórico, a um "pensamento hebraico", factual e histórico (p. ex. Boman, 1954) pôde-se responder que era ele sobretudo construído sobre confusões semânticas e lógicas (Barr, 1961): as estruturas de uma língua não constituem o *a priori* teórico do povo que utiliza essa língua.

2/À hipótese de uma desfiguração do querigma cristão pelo recurso a uma conceptualidade de origem grega a patrística recente pôde responder sublinhando as torções infligidas pela teologia patrística aos esquemas helênicos que utiliza (p. ex. Ivánka, 1964). Mais que concessões à Grécia, a teologia está plena, na verdade, de conceitos à maneira grega, que constituem todos, em termos gregos, monstros conceptuais: vínculo do *logos* e da "carne*" na teologia joanina*, acidentes privados de sua substância nas especulações sobre a transubstanciação eucarística etc.

3/À ideia de culturas fechadas sobre si mesmas de maneira a proibir toda tradução de seus conteúdos na linguagem de outras culturas, os tratamentos recentes da inculturação* têm razão em opor a ideia de um cristianismo essencialmente traduzível e capaz de utilizar os recursos linguísticos e conceptuais de toda cultura. O encontro do helenismo e do cristianismo, desde o berço deste, pode de fato servir de modelo a toda evangelização* preocupada em transmitir suas boas-novas de forma inteligível e a toda atividade pastoral preocupada em enriquecer a Igreja com os valores inscritos em todo meio de cultura (Neuner, 1995).

O debate ainda não está concluído. A discussão recente viu ainda J. B. Metz e J. Habermas criticar os conceitos fundamentais de uma metafísica supostamente demasiado rígida "para poder restituir racionalmente, sem mutilá-las, sem nada perder da multidão de suas significações específicas, essas experiências de redenção, de aliança universal e de individualidade insubstituível que foram expressas em termos

judeu-cristãos de história* da salvação*" (Habermas, 1992, 135). E, interpretando a "metafísica", criação grega, como uma figura fechada do pensamento, governada por impensados que determinam esse fechamento, os quais importa abandonar para verdadeiramente "pensar", Heidegger* renovou a problemática e pôs questões às quais falta ainda fornecer respostas que não sejam ingênuas. Nenhuma verdade teológica obriga a crer na existência de uma verdade perene do helenismo como tal, nenhuma razão teológica obriga tampouco a querer proteger o discurso cristão contra toda contaminação "metafísica". E, se a história da metafísica, tomada em sentido heideggeriano, ainda está por escrever, a história das doutrinas cristãs é bastante bem conhecida para que possa aparecer como a de uma fidelidade fundamental às palavras das origens.

• R. Cohen (1939), *La Grèce et l'hellénisation du monde antique*, Paris. — H. R. Niebuhr (1951), *Christ and Culture*, Nova York. — Th. Boman (1954²), *Das hebräische Denken im Vergleich mit dem Griechischen*, Göttingen. — J. Barr (1961), *The Semantics of Biblical Language*, Oxford, Londres, 1983⁷. — P. H. Camelot (1962), "Hellénisme", *Cath.* 5, 588-592. — E. von Ivánka (1964), *Plato christianus*, Einsiedeln. — A. D. Nock (1964), *Early Gentile Christianity and its Hellenistic Background*, Nova York. — H. Chadwick (1966), *Early Christian Thought and the Christian Tradition*, Oxford. — B. F. J. Lonergan (1967), "The Dehellenization of Dogma", *in A Second Collection*, Toronto 1996², 11-32. — P. Stockmeier (1968), "Hellenismus und Christentum", *SM(D)* 665-676. — P. H. Camelot (1969), "Hellénisme", *DSp.* 7, 145-164. — M. Hengel (1969, 1973²), *Judentum und Hellenismus*, Tübingen. — J.-C. Fredouille (1972), *Tertulien et la conversion de la culture antique*, Paris. D. M. Mackinnon (1972), "'Substance' in Christology — A Cross-Bench View", *in* S. W. Sykes e J. P. Clayton (sob a dir. de), *Christ, Faith and History*, Cambridge, 279-300. — C. Andresen (1978), "Antike und Christentum", *TRE* 3, 50, 99. — J.-L. Veillard-Baron (1979), "Platonisme et paganisme au XVIIIe siècle", *ArPh* 42, 439-456. — M. Hengel e H. Lichtenberger (1981), "Die Hellenisierung des antike Judentums als *praeparatio evangelica*", *in Humanitische Bildung*, Ostfildern-Stuttgart, 1, 30. — E. S. Gruen (1984), *The Hellenisntic World and the Coming of Rome*, 2 vol., Berkeley, Calif. — H. D. Betz (1986), "Hellenismus", *TRE* 15, 19-35. — E. Arens (sob a dir. de) (1989), *Habermas und die Theologie*, Düsseldorf. — J. Habermas (1992[2]), "Exkurs: Tranzendenz von innen, Tranzendenz ins Diesseits", *in Texte und Kontexte*, Frankfurt, 127-156.— C. Stead (1994), *Philosophy in Christian Antiquity*, Cambridge, 79-244. — P. Neuner (1995), "Die Hellenisierung des christentums als Modell von Inkulturation", *StZ*, n° 213, 363-376. — J. Pelikan (1997), *What Has Athens to Do with Jerusalem? Timaeus and Genesis in Counterpoint*, Ann Arbor.

Michel GITTON

→ *Aristotelismo cristão; Estoicismo cristão; Filosofia; Inculturação; Judeu-cristianismo; Platonismo cristão; Ritos chineses; Ser.*

HENOC → **apocalíptica** III. 2. b.

HERESIA

a) O conceito.— A *TRE* (protestante) recomenda (t. 15, 320; cf. 325) utilizar o conceito de "heresia" (h.) no sentido tradicional, tal como o define o direito* canônico católico (*CIC* 1983, c. 751): a h. consiste para um batizado em negar (ou pôr em dúvida) obstinadamente determinada verdade* de fé*: distingue-se, de um lado, do *cisma**, no qual o crente recusa a comunhão* com o papa* ou outros membros da Igreja* católica, e de outro lado da *apostasia*, que é a rejeição total da fé cristã.

b) História da heresia e da heresiologia. — No NT, os Atos designam os partidos religiosos dos saduceus (5,17) e dos fariseus (15,5; 26,5) como *haireseis*, o que a seita dos cristãos é também aos olhos dos judeus (24,5; 28,22). Para Paulo as tensões e cisões internas das comunidades cristãs são h. e "cismas" (Gl 5,20; 1Cor 11,18s). Os ensinamentos perniciosos são claramente estigmatizados em Tt 3,10 e 2Pd 2,1 como "h.". As cartas pastorais evocam falsas doutrinas presentes e vindouras (1Tm 1,3-11; 4,1-5; 2Tm 2,14; 4,2ss; Tt 1,10-16; 3,9ss). — Inácio de Antioquia (†117) denuncia como "heterodoxia" (*Magn.* 8, 1) a h. do docetismo*, que nega a realidade dos sofrimentos e da morte* do Filho de Deus*; "h.", para Inácio, significa "separação" (*Ef.* 6, 2; *Tral.* 6, 1). O filósofo

e mártir Justino (†165), que nos transmitiu a palavra de Jesus*: "Haverá cismas e h." (*Dial.* 35, 5), escreve, *c.* de 150, um *Syntagma* (hoje perdido) contra todas as heresias; obra que marcará os catálogos de h. posteriores. Para Justino, a h. é quase sempre uma falsa doutrina sobre Deus: é obra dos demônios* e o arquiheresiarca é Simão o Mago (*Apol.* I, 20, 4; cf. At 8,2-9-24). Deve-se a Ireneu* de Lião († *c.* de 202) um *Adversus haereses*, suma contra os gnósticos que permanece nossa principal fonte de informação sobre uma h. que ameaçava mortalmente o cristianismo do s. II. Segundo o jurista Tertuliano* († *c.* de 220), o gnósticos qualificavam-se, logo de entrada, por seu desacordo com a tradição* da fé. A h. atingiu um cúmulo — puramente quantitativo — com o *Panarion* de Epifânio de Salamina (†402), uma "história universal" que faz o inventário não crítico de oitenta h. que datam de antes e de depois de Cristo*. A luta contra o arianismo*, por um tempo triunfante, atravessa todo o s. IV. No século seguinte, Agostinho*, em seu combate sem trégua contra o maniqueísmo*, o pelagianismo*, o donatismo* anabatista, deverá finalmente apelar para o poder civil. Desde 385, tinha-se, pela primeira vez, executado um herege, o espanhol Prisciliano, em Treves. Nos s. XII e XIII acusam-se de h. os cátaros (do grego, *katharos* = puro) como os valdenses, cuja seita existe ainda hoje, e os albigenses; mais tarde, Hus* e Wyclif são por sua vez denunciados como hereges. Os reformadores serão denunciados no s. XVI pelos católicos e, inversamente, os "papistas" pelos reformadores — mas essas duas grandes Igrejas estarão de acordo para condenar a h. dos antitrinitários (socinianos) e dos "fanáticos" (anabatistas* etc.). Sob a influência do humanismo, do pietismo* e das Luzes, o julgamento se inverte algumas vezes: Sebastião Frank (1499-1542) estigmatiza como h. toda ortodoxia estabelecida, enquanto Godofredo Arnold, em sua *História imparcial das Igrejas e das heresias*, contenta-se com reservar sua simpatia às segundas.

c) "É preciso que haja haireseis *no meio de vós".* — Segundo 1Cor 11,19, as cisões são necessárias para pôr os cristãos à prova. A revelação* cristã funda a "radicalidade de uma ética* totalmente particular da verdade*'" (Rahner, 1962, 527), da qual depende a salvação* eterna do homem. Segundo Paulo (Gl 1,8s), mesmo se um anjo* do céu anunciasse outra coisa, "que seja anátema!". Sem dúvida, a tentativa de desenvolver um sistema teológico a partir de uma ideia *única* comporta inevitavelmente uma tendência à h. Foi da *oposição* entre diferentes h. (p. ex. entre monofisismo* e nestorianismo*, entre modalismo* e triteísmo*) que os grandes concílios* da antiga Igreja tiraram os dogmas* cristológicos e trinitários. Hoje ainda o erro e a contradição podem ajudar a Igreja a progredir no conhecimento da verdade (como igualmente devem fazer sair Israel* de sua cegueira: cf. Rm 9–11), na medida em que certos traços essenciais do cristianismo, que a Igreja possui virtualmente nela, não foram ainda plenamente atualizados (cf. Rahner, *LThK2*, 5, 8-10).

d) Onde reside hoje a heresia? — O II concílio do Vaticano* não emprega o termo "*h.*". Já que o concílio não exclui da salvação nenhum homem de boa vontade (*NA* 2; *LG* 16; *GS* 22) e designa os cristãos não católicos como "irmãos separados" (*UR passim*), a questão dirige-se aos próprios católicos. Suas tendências heréticas parecem antes de tudo exprimir-se *na* Igreja (Cf. Rahner, 1970), e isso contribui talvez para preservá-los dessa "obstinação" que distingue a h. "formal" da h. puramente "material" (cf. *supra, a*).

• G. Welter (1950), *Histoire des sectes chrétiennes des origines à nos jours*, Paris. — J. Brosch (1956), *Das Wesen der Häresie*, Bonn. — K. Rahner (1962), "Was ist Häresie?", *Schr. zur Th.*, 5, 527-576. — E. Droz (1970-1976), *Chemins de l'hérésie*, 4 vol., Genebra. — K. Rahner (1970), "Häresien in der Kirchen heute", *Schr. zur Th.*, 9, 453-478. — Y. Congar (1972), "Die Häresie", *MySal* IV/1, 426-439 (Petrópolis, 1975). — M. D. Lambert (1977), *Medieval Heresy*, Londres. — H. D. Betz, A. Schlindler, W. Huber (1985), "Häresie I-III", *TRE* 14, 313-348. — K. Lehmann, W. Pannenberg (sob a dir. de) (1986-1990), *Lehrverurteilungen-kirchentrennend?* 3 vol., Friburgo-Göttingen. — L. Gerosa (1993), "Schisma und Häresie", *ThGl* 2, 195-212. — A. Séguenny (sob a dir. de) (1980-), *Bidi*, Baden-Baden. — B. Neveu (1995), *L'erreur et son juge*, Nápoles.

Walter KERN

→ *Autoridade; Cisma; Disciplina eclesiástica; Jurisdição; Notas teológicas.*

HERMAS → apostólicos (Padres)

HERMENÊUTICA

Arte ou ciência da interpretação, a hermenêutica (herm.) é filha das distâncias — culturais e/ou cronológicas — que prejudicam a inteligência dos textos. Frente ao problema posto pelos objetos significantes cuja significação nos escapa, ou que supomos terem um sentido profundo a que não temos (ou já não temos) acesso, a herm. propõe-se determinar o que esses objetos querem verdadeiramente dizer e provar se o que dizem tem uma pertinência aqui e agora. Ora, a teologia* não atinge sua "coisa" — Deus* e todas as realidades visadas *sub ratione Dei* — a não ser pela mediação de objetos textuais marcados pelo selo de uma cultura e de um "mundo" que ninguém habita mais por direito de nascença. É pois necessário que ela comporte um momento hermenêutico.

O termo latino *hermeutica* surgiu no s. XVII para designar a *ars interpretandi* num momento em que se tornava uma disciplina completa, auxiliar da teologia (*hermeneutica sacra*), da filosofia* ou da filologia (*hermeneutica profana*), ou ainda do direito* (*hermeneutica juris*).

1. Pré-história

a) Antiguidade clássica. — Não possuindo textos sagrados, foi na leitura dos clássicos, mais precisamente do *corpus* homérico, que a Grécia sentiu a necessidade de postular a existência de um sentido profano oculto sob a letra do texto (Pépin, 1988). Em seu estádio primitivo, foi então sob a forma de alegorese que nasceu a herm., a fim de tornar de novo legíveis discursos que se tornavam chocantes, seja porque atribuíam aos deuses comportamentos indignos de sua divindade, seja porque era filosoficamente exigido do mito* que justificasse sua existência revelando-se detentor de um conteúdo racional. Ainda tímida em Platão, a alegorese devia ser empregada de maneira mais sistemática no estoicismo. Fílon de Alexandria herdou essa tradição filosófica, e a fez servir a uma ampla leitura alegórica da Bíblia* judaica, que pesou decisivamente na alegorese patrística, de Clemente de Alexandria a Ambrósio*.

b) Teologia patrística e medieval. — A necessidade de interpretar nasceu no cristianismo de uma das primeiras decisões doutrinais tomadas pela jovem Igreja*, a de dar um estatuto canônico às Escrituras* judaicas. Se o Deus de Jesus Cristo é o Deus de Israel*, e se é preciso rejeitar as tendências antissemitas da gnose* ou do marcionismo*, é em termos de cumprimento que se há de pensar a relação entre a experiência judaica e a experiência* cristã. O problema é pois fornecer uma leitura cristã do que se torna assim o "Antigo Testamento". As questões postas eram numerosas: os textos legislativos judaicos teriam sentido para uma comunidade que se disse autorizada a não mais observar os mandamentos* da Torá? A história guerreira e violenta do povo de Israel seria ainda rica de ensinamentos para uma comunidade que pretende viver por antecipação da paz* e da doçura escatológicas? A tais questionamentos, a exegese* patrística respondeu operando uma multiplicação dos sentidos: é dos sentidos* da Escritura (no plural) que uma prática espontânea da *tipologia* e da *alegoria* permitirá teorizar. A herm. que assim se constituiu, e que governou a leitura cristã da Bíblia até a Reforma, era uma herm. "regional", feita à medida de um texto que a fé* afirmava ser único, e do qual ela fazia depender toda decisão — o que se passou (letra, *littera gesta docet*), o que se deve crer (alegoria, *quid credas allegoria*), o que é preciso fazer (tropologia, *moralis quid agas*) e o que é preciso esperar (anagogia, *quo tendas anagogia*). Mas, a propósito de um texto, encontrava problemas de interpretação postos por qualquer texto a que se reconhece uma autoridade*.

c) Da Reforma às Luzes. — Duas recusas e uma afirmação constituem o centro da herm. lu-

terana. De um lado, a teoria dos sentidos da Escritura é abandonada em benefício exclusivo do sentido literal, que basta para que a palavra* de Deus se diga pelas Escrituras. De outro lado, os discursos eclesiais extraescriturísticos deixam de valer como norma de uma justa leitura das Escrituras. A Escritura enfim é palavra enquanto fala de Cristo*, centro e foco da revelação* divina. E, se se admite ainda com Lutero* que o sentido literal das Escrituras é globalmente claro, o problema da interpretação não se porá. Se há obscuridade, um melhor conhecimento da língua e o recurso aos textos paralelos bastarão para dissipá-la (Matias Flacius Illiricus, *Clavis Scripturae Sacrae*, 1567).

Mais que do século da Reforma e do humanismo, mais que de um tempo que considerava de fato a legibilidade superlativa dos textos antigos como artigos de fé, é da aparição ulterior de uma consciência da história* que vai nascer uma verdadeira necessidade de herm. Desenvolvimento da historiografia e aparecimento da filosofia da história, nascimento da ciência moderna e de uma epistemologia organizada em torno do conceito de "fato", questionamento dos processos de tradição*, é a esses fatores que as Escrituras cristãs devem ter se tornado parcialmente obscuras. Num mundo em que não há milagres*, as narrações* de milagres conservariam algum sentido (Hume, Lessing)? Num mundo em que se interroga sobre a verdadeira "meta" de Jesus* e de seus discípulos (Reimarus), que veracidade* atribuir à interpretação neotestamentária do que realmente se passou? Questões mais gerais se põem, que concernem ao estatuto de toda obra de significação. Num mundo cujas fronteiras se dilataram e transbordam as da *oikoumenè* ocidental, as distâncias culturais são objeto de aguda percepção: a opacidade é algo que os monumentos do cristianismo partilham com os da China. Num mundo em vias de secularização*, todo texto religioso começa a possuir essa estranheza que I. T. Ramsey reconhecerá como essencial à linguagem religiosa. Num mundo em que o real começa a identificar-se com o constatável, que cognoscibilidade atribuir ao passado? Que valor dar a um processo passado de significação? Para responder a esses questionamentos, nem a filologia nem a exegese bíblica poderiam ser de grande socorro.

2. História

a) *Schleiermacher.* — Deve-se a Schleiermacher* o primeiro projeto geral de uma herm. capaz de interpretar todo objeto significante. Teólogo e filólogo, ele era bastante filho das Luzes para saber o preço da crítica. Por isso a primeira tarefa da herm. é "gramatical" (ou "objetiva", ou "negativa"): só quem conhece a cultura de um autor e a língua que falava poderá em um segundo tempo perceber as doações de sentido a que esse autor procedeu de maneira original. Schleiermacher é também um pensador romântico, e a segunda tarefa da herm. (dita "técnica" ou "psicológica") consiste então, para "compreender um autor bastante bem, e melhor do que ele compreendeu a si mesmo" (*Herm.*, ed. Kimmerle, p. 56), em praticar uma intropatia próxima da adivinhação. Recolhendo da filosofia romântica "sua convicção mais fundamental, a saber, que o espírito é o inconsciente criador trabalhando nas individualidades geniais" (Ricoeur, 1975, 182), é de fato numa concepção da conaturalidade que Schleiermacher funda a possibilidade de interpretar. Por mediação da obra, o espírito fala ao espírito.

b) *Dilthey.* — Entre Schleiermacher e W. Dilthey (1833-1911) decorreu um século que viu a ciência histórica chegar ao apogeu. Escrevendo depois de Ranke ou de Droysen, num clima intelectual em que predominava a influência neo-kantiana, Dilthey é o homem de um projeto: construir uma crítica da razão histórica. E também porque a época de Dilthey foi a de um certo triunfo do positivismo (reino da objetividade considerada como medida de toda realidade), sua ambição era fundar um conhecimento tão válido quanto o científico, mas servido por instrumentos cognitivos totalmente diversos. O próprio das ciências objetivas é "explicar" (*erklären*), o das ciências do espírito (*Geisteswissenschaften*) é "compreender" (*verstehen*). E o que há a compreender é a *vida* de outrem,

tal como se exprime sob formas estruturadas e significantes. Dilthey é votado a coincidir com a herm. psicológica de Schleiermacher. Aqui ainda, a herm. tem seu momento filológico; mas aqui também é transfigurando-se no outro que o intérprete pode captar para si o sentido. É ao autor da obra que se pede que entregue seus segredos, e se prejulga que o pedido possa receber uma resposta satisfatória.

c) *Heidegger.* — Se em Dilthey trata-se de interpretar a "vida" tal como ela se objetiva, é num sentido novo que se trata de herm. em Heidegger*. No centro de *Ser e tempo* está uma reversão. A herm. supunha que se interpreta a fim de compreender. Ora, segundo Heidegger, é de fato o compreender que fornece o objeto à interpretação. Compreender é o que o homem, o *Dasein*, sempre já fez. Quando nos interrogamos sobre o sentido (trata-se para Heidegger de um arquissentido, "do sentido do ser") é uma questão à qual já respondemos antecipadamente pelo simples fato de existir; a "existência", pela qual se deve entender um modo de ser que nos pertence, e só a nós pertence, é de toda maneira ato de compreender; a herm. será pois a interpretação da "facticidade" — interpretação de uma existência situada num mundo, interpretação de uma finitude que se vive no duplo modo da *Befindlichkeit* (da "afeição", do "sentido da situação") e do *Verstehen*. Estrutura circular da herm. ("círculo hermenêutico"), substituição de um problema ontológico ao problema epistemológico que inquietava Schleiermacher e Dilthey, abandono de uma teoria do compreender por via de intropatia em benefício de uma relação de mim ao mundo, generalização de um cuidado hermenêutico que se aplica à totalidade do cognoscível, e não mais a produtos da palavra e da arte humanas: a reorganização teórica é completa.

d) *Gadamer.* — Foi a um dos alunos de Heidegger, H.-G. Gadamer (1900-2002), ouvinte dos ensinamentos sobre herm. ministrados antes da publicação de *Ser e tempo*, que coube retomar um diálogo com as ciências do espírito, ou do homem, ao qual a ontologia fundamental de seu mestre não dava nenhum espaço. De

Heidegger, Gadamer conservou a ideia de uma estrutura antecipadora do conhecer, que lhe permite recusar o "preconceito contra o preconceito". É uma marca essencial da finitude humana, ao contrário, que só conheçamos no interior de tradições que nos fornecem um estoque de pré-interpretações. De outro lado, é essencial à obra de arte possuir uma "história de seus efeitos" (*Wirkungsgeschichte*), cuja influência se exerce sobre cada consciência que se confronta a essa obra (e que é assim definida como *wirkungsgechichtliches Bewusstsein*). Assim, a tarefa da herm. não vai requerer a adoção de um "método" científico, suspeito de estabelecer entre o sujeito e o objeto uma distância alienante (*Verfremdung*); vai requerer a existência de uma relação de pertença (*Zugehörigkeit*) no seio da qual os horizontes próprios à obra poderão fundir-se com os horizontes próprios ao leitor. A "fusão dos horizontes" (*Horizontveschmelzung*) permite assim que a relação do leitor e da obra termine num diálogo. Desse diálogo não nascerá jamais a última palavra da interpretação, nem aliás uma melhor interpretação: é uma *outra* interpretação que surgirá, na qual o texto falará na intenção do leitor e do mundo que o habita.

e) Ricoeur. — Entre Gadamer e P. Ricoeur (1913-) sobreveio um acontecimento que marcou a herm. desse último, o impulso das "ciências do texto" oriundas do estruturalismo linguístico e da semântica estrutural. A ambição de Ricoeur, em resposta à aparição de disciplinas analíticas e objetivantes globalmente recebidas por ele como fecundas, foi acabar com a distinção diltheyana do "explicar" e do "compreender", para fazer da explicação o pressuposto do compreender. O distanciamento objetivante deixa então de valer como um obstáculo à interpretação, e a fascinação exercida por crítica e método junta-se provavelmente à influência mais antiga da fenomenologia husserliana para que se possa pôr em princípio que a tarefa primordial da herm. é deixar o texto ser ele mesmo, de tal maneira que se deva *ler* o texto antes de interpretá-lo. Ulteriormente, a fenomenologia fornecerá também ao compreender um conceito capaz de enunciá-lo. Em torno de texto bem lido, diz Ricoeur, um

"mundo" se desdobra, que é proposto ao leitor para que o habite. Que o "mundo do texto" possa tornar-se meu mundo, isso prova ao mesmo tempo a classicidade do texto e a exatidão da interpretação. E quando compreendo o texto clássico de fato se me propõe compreender-me a mim mesmo por sua mediação: "Só nos compreendemos pelo grande desvio dos signos de humanidade depositados nas obras da cultura" (1975, 214). Há que notar também uma despedida: na herm. de Ricoeur, como nas "ciências do texto" que a preocupam, o autor da obra desapareceu; o fim da interpretação não é a "busca patética das subjetividades escondidas" (*ibid.*, 184), é a procura de um sentido disponível na obra.

3. *Recepções teológicas*

a) De Bultmann à "nova hermenêutica". — Inacabada e publicada como obra póstuma, a *hermenêutica* de Schleiermacher só no s. XX tornou-se uma obra de referência, e de fato foi a influência de Heidegger sobre Bultmann*, seu colega em Marburgo, que determinou os interesses hermenêuticos da teologia recente. De Heidegger, Bultmann aprendera que o compreender é sempre precedido por "pré-compreensões" (*Vorverständnisse*), cuja função é "tornar possível uma orientação no pensamento, e não ditar o que se deve pensar" (Greisch, 1985, 111). De sua própria prática da exegese, de outro lado, tinha ele aprendido que o texto bíblico é talvez o mais difícil de todos os textos. Das Luzes, enfim, conservara o sentido muito vivo de uma modernidade que condenava à obsolescência a visão do mundo admitida pelos textos bíblicos (cf. Thistleton, 1980, 205-292). Impunha-se então uma dupla tarefa: resgatar as questões humanas a que o texto oferece uma resposta, liberar o texto de todos os elementos ("míticos") que não podem contribuir para suscitar uma inteligência teológica de si. Historicidade da existência, estrutura antecipadora do compreender, isso é tomado a uma herm. *geral* que se interessa por todo o interpretável e para a qual tudo deve ser interpretado. Desmitologização, relacionada com a verdadeira "coisa" (*Sache*) do texto e das questões últimas do homem, esses procedimentos são, ao contrário, os de uma herm. especificamente teológica cujo fim é permitir ao texto falar em nome de Deus.

As contribuições propriamente teológicas de Bultmann e uma renovação dos estudos luteranos explicam que a *palavra* tenha sido o centro das preocupações herm. de dois grandes discípulos, E. Fuchs (1903-1983) e G. Ebeling (1912). A referência a Lutero, sobretudo em Ebeling, permite nomear precisamente o problema (estritamente teológico) da herm.: por meio de um texto é à palavra de Deus que a interpretação deve permitir fazer-se ouvir. Essa necessidade teológica, reforçada por influências heideggerianas, levava a atribuir o estatuto de conceitos hermenêuticos-chave ao que Fuchs e Ebeling nomeavam "processos de palavra" (*Wortgeschehen*) ou "acontecimento de palavra" (*Sprachereignis*). A instância crítico-exegética não é renegada, porém é marginalizada. A circularidade herm. é sempre pressuposta, mas o trabalho hermenêutico urgente é deixar a Palavra falar sua própria linguagem (em Fuchs, a do amor*) e desaprumar qualquer outra linguagem, em virtude de sua dimensão escatológica. Enfim, é exemplarmente na pregação* que a palavra advém: o desejo de construir uma teologia que possa ser pregada permite assim à "nova herm." coincidir com uma preocupação central do jovem Barth*.

b) Recepção teológica de Gadamer. — A discussão filosófica das teses propostas em *Verdade e método* não saiu da ordem do dia desde que o livro apareceu. Objeções não faltam. Para o "racionalismo crítico" popperiano, encarnado na Alemanha por H. Albert (1971), a herm. de Gadamer teria por traço principal uma rejeição da racionalidade herdada das Luzes. A essa crítica Habermas (1970) acrescentava que a reabilitação do "preconceito" impedia toda crítica das ideologias, portanto, toda práxis social. Em Berti (1967), é uma defesa e ilustração do "método" assim como a utilização de cânones objetivos da interpretação que são opostos a Gadamer. Enfim, as objeções mais radicais nasceram da crítica da palavra elaborada depois

de 1962 por J. Derrida: para um pensamento que afirma a prioridade do escrito ("gramatologia"), entendido como "traço", como princípio de "diferância" e de "disseminação", a herm. incide evidentemente sob o golpe de todas as condenações da "metafísica", do "logocentrismo", da "mitologia branca" etc.

Foi primeiro na teologia católica, por razões evidentes, que a reabilitação gadameriana do preconceito foi recebido com mais açodamento: encontrava-se ali, com efeito, à primeira vista, a ideia diretora de uma teologia fundamental* da tradição. Mas logo se tornou claro (cf. Hilberath, 1978; Stobbe, 1981) que a teologia concebe na verdade seu trabalho como o de uma leitura interpretante dos testemunhos fundadores da fé no seio da mesma comunidade que fixou esses testemunhos fundadores, mas concebe também a interpretação como procedimento crítico (p. ex. Schillebeeckx, 1971; Geffré, 1983): e é então o princípio de uma multiplicidade aberta de leituras, todas diferentes e nenhuma delas definitiva, que se aprende com Gadamer. Sem repousar numa alternativa, a escolha aqui incide sobre a parte respectiva da herm. geral e da herm. (especial) dos teólogos. Uma herm. teológica pode desenvolver-se a partir das teses de Gadamer, e assumir como finalidade pôr em luz um princípio de continuidade e a existência de um lugar — a Igreja — no seio do qual a "fusão de horizontes" e a habitação do "mundo das Escrituras" advêm sem choque: veem-se assim teorias extremistas conhecerem tão bem as condições eclesiais que podem fundar-se em um paradigma fornecido pela eclesiologia* eucarística (o bispo* concentrando em si mesmo toda competência teológica quando comenta liturgicamente as Escrituras) para resolver brevemente toda questão herm. (p. ex. Marion, 1982). Porém o debate é dominado por vozes mais prudentes, unidas pela recusa de todo discurso teológico que pretenda possuir um ponto de vista absoluto, unidas no reconhecimento de uma tensão fecunda entre tradição e crítica, mas portadoras de acentos diversos conforme admitam, com Ricoeur, que a "coisa" do texto bíblico, o "ser novo" que ele manifesta, possui a realidade de um mundo habitável (ver também Tracy, 1981) ou partilhem com Bultmann o medo dos mundos passados que se crê abolidos pela história (p. ex. Jeanrond, 1991).

c) *Perspectivas.* — Finitude da existência e finitude do saber, esses dois axiomas da herm. filosófica foram recebidos por quase todas as teologias recentes. O próprio Pannenberg (1967) reconhece a verdade do problema hermenêutico, e o reformula no quadro de referências históricas que ele, em grande parte, empresta de Hegel*. A constituição de uma herm. geral autorizada a impor seus problemas à teologia, e a lhe ditar em parte suas soluções, foi também objeto de uma ampla recepção. Contudo resta espaço para um dissenso fundado na unidade que a fé reconhece ao texto bíblico: pôde-se assim sublinhar, fundando-se na semiótica estrutural, que a Bíblia "não é um texto" (Constantini, 1976); assim pôde-se encontrar fundamento nas pesquisas de H. de Lubac* (*Exégèse médievale*, Paris, 1959-1964, cf. van Esbroeck, 1968) para propor uma aliança da herm. contemporânea com a antiga teoria do sentido espiritual, ou ainda (Chapelle, 1973) para esboçar uma organização sistemática da linguagem* teológica. As questões que ocuparam a pré-história da herm. permanecem de pé, e impedem que se acredite muito depressa na existência de uma herm. que bastaria aplicar aos textos cristãos: cumprimento* do AT no NT (cf. Beauchamp, 1977 e 1990), leitura das Escrituras na comunhão* de uma tradição que reivindica o direito de fornecer uma interpretação normativa dessas Escrituras. Teoria do dogma* (Rahner*, 1960), teoria do discurso magisterial, teoria da teologia, teoria dos lugares* teológicos: serviços hermenêuticos são esperados, que resta ainda a prestar de maneira satisfatória.

- F. D. E. Schleiermacher (1805-1833), *Hermeneutik, nach den Handschriften neu herausgegeben und eingeleitet von Heinz Kimmerle*, Heidelberg, 1974². — W. Dilthey (1883 a), *Einleitung in die Geisteswissenschaften, GS* 1-2, Stuttgart-Göttingen 1959²; (1883 b), *Vorlesung zur Einleitungen in die Geisteswissenschaften, GS*, 20, Göttingen 1990, 127-164; (1910), *Der Aufbau der geschichtlichen Welt in den Geisteswissenschaften, GS* 7, Stuttgart-Göttingen, 1958². — M. Heidegger (1927), *Sein*

und Zeit (*GA* 2, Frankfurt, 1976) (*Ser e tempo*, Petrópolis, 2 t., 2003). — R. Bultmann (1952), "Das Problem der Hermeneutik", *GuV* 2, 211-235. — E. Fuchs (1954), *Hermeneutik*, Bad Cannstadt (1958² com complementos). — G. Ebeling (1959 a), "Hermeneutik", *RGG*³, 3,243-262; (1959 b), "Wortes Gottes und Hermeneutik", *Wort und Glaube* I, Tübingen, 1960 (1967³), 319-348. — M. Heidegger (1959), *Unterwegs zur Sprache* (*GA* 12, Frankfurt, 1985) (*Caminhos da linguagem*, Petrópolis-Bragança Paulista, 2003). — E. Fuchs (1960), *Zum hermeneutischen Problem in der Theologie*, Tübingen. — H. G. Gadamer (1960), *Wahrheit und Methode*, Tübingen (*Verdade e método*, 2 t., Petrópolis, 2002). — J. Derrida (1962), *La voix et le phénomène*, Paris. — E. Betti (1967), *Allgemeine Auslegungslehre als Methodik der Geisteswissenschaften*, Tübingen (trad. abrev. e revista pelo autor de sua *Teoria generale della interpretazione*, Milão, 1990², 2 vol. — E. Fuchs, *Marburger Hermeneutik*, Tübingen. — J. Habermas (1970), "Die Universalitätsanspruch der Hermeneutik", *in* R. Bubner, K. Cramer, R. Wiehl (sob a dir. de), *Hermeneutik und Dialektik. Festschrift für Hans-Georg Gadamer*, Tübingen, 73-104 — H. Albert (1971), *Plädoyer für den kritischen Rationalismus*, Munique. — P. Ricoeur (1975), "La tâche de l'hermeneutique" et autres essais, *in* F. Bovon e G. Rouiller (sob a dir. de), *Exegesis*, Neuchâtel, 179-228.

▶ K. Rahner (1960), "Überlegungen zur Dogmenentwicklung", *Schr. zur Th.* 4, 11-50. — E. Castelli (sob a dir. de) (1963), *Ermeneutica e tradizione*, Roma. — J. M. Robinson, J. B. Cobb (sob a dir. de), *The New Hermeneutics*, Nova York. — W. Pannenberg (1967), "Hermeneutik und Universalgeschichte" e "Über historische und theologische Hermeneutik", *Grundfr. syst. Th.*, 91-122 e 123-158. — C. E. Braaten (1968), *History and Hermeneutics*, New Directions in Theology Today 2, Londres. — B. Casper (1968), "Die Bedeutung der philosophischen Hermeneutik für die Theologie", *ThQ* 148, 283-302. — M. van Esbroeck (1968), *Herm., structuralisme et exégèse. Essai de logique kérygmatique*, Paris. — R. E. Palmer (1969), *Hermeneutics: Interpretation Theory in Schleiermacher, Dilthey, Heidegger and Gadamer*, Nortwestern University Press. — E. Biser (1970), *Theologische Sprachtheorie und Hermeneutik*, Munique. — E. Schillebeeckx (1971), *Glaubensinterpretation. Beiträge zu einer hermeneutischen und kritischen Theologie*, Mainz. — A. Chapelle (1973), *Herm.*, cours polycopié, Inst. d'études theologiques, Bruxelas. — H. W. Frei (1974), *The Eclipse of Bibli-*

cal Narrative. A Study in Eighteenth and Nineteenth Century Hermeneutics, New Haven-Londres. — R. Marlé (1975), *Parler de Dieu aujourd'hui. La th. herm. de G. Ebeling*, CFi. — J.-P. Resweber (1975), *La Th. face au défi herm.*, Louvain-Paris. — M. Constantini (1976), "La Bible n'est pas un texte", *Com(F)* 1/7, 40-54. — F. Mussner (1976), *HDG* I. 3 c (2). — P. Beauchamp (1977), *L'Un et l'Autre Testament* I; (1990), II Paris. — B. J. Hilberath (1978), *Theologie zwischen Tradition und Kritik. Die philosophische Hermeneutik H. G. Gadamers als Herausforderung des theologischen Selbstvertänisses*, Düsseldorf. — S. Breton (1979), *Écriture et Révélation*, CFi 97. — A. C. Thiselton (1980), *The Two Horizons. New Testament Hermeneutics and Philosophical Description with special reference to Heidegger, Bultmann, Gadamer and Wittgenstein*, Exeter. — D. Tracy (1981), *The Analogical Imagination. Christian Theology and Culture of Pluralism*, Londres, em part. 99-153. — G. Stobbe (1981), *Hermeneutik — ein ökumenisches Problem. Eine Kritik der katholiscen Gadamer-Rezeption*, Öth 8. — J.-L. Marion (1982), "Du site eucharistique de le th.", *in Dieu sans l'être*, Paris. — C. Geffré (1983), *Le christianisme au risque de l'interprétation*, CFi 120, 19-104. — J. Greisch (1985), *L'âge herm. de la raison*, CFi 133, em part. 15-121. — J. Pépin, K. Hoheisel (1988), "Hermeneutik", RAC 14, 722-772. — W. G. Jeanrond (1991), *Theological Hermeneutics*, Londres. — W. Alexander (1993), *Hermeneutica generalis. Zur Konzeption und Entwicklung der algemeinen Verstehenslehre im 17. und 18. Jahrhundert*, Stuttgart. — J. Grondin (1993), *L'universalité de l'herm.*, Paris (*Einführung in die philosophische Hermeneutik*, Darmstadt, 1991); (1994), *Der Sinn für Hermeneutik*, Darmstadt. — J. Ladrière (1993), "Interprétation et vérité", *LTP* 49, 189-199. — J.-Y. Lacoste (1994), "Urgences kerygmatiques et délais herm. Sur les contraintes élémentaires du discours théologique", *RPL* 92, 254-280.

Jean-Yves LACOSTE

→ *Cumprimento das Escrituras; Exegese; Sentidos da Escritura.*

HERMETISMO → teosofia

HESICASMO

Conceito-chave da literatura ascético-mística do Oriente cristão, atestado desde as origens do monaquismo* até hoje, de etimologia incerta (*hèstai* = estar sentado?), dificilmente traduzível (quietude? vacuidade?), submetido a diversas evoluções históricas, o complexo semântico formado por *hesukhia* e seus derivados serve para designar: um estado de alma* (feito de retiro, de paz* e de silêncio), um modo de vida (a condição eremítica), uma prática de oração* (chamada *monologistos* ou "oração de Jesus*"), uma teoria da contemplação* (ligada à soteriologia dos Padres* gregos), um sistema teológico (desenvolvido por Gregório* Palamas no s. XIV), um referencial cultural comum a diferentes movimentos religiosos (entre os quais o da *Filocalia* a partir do s. XVIII) — o conjunto desses traços e significações representa para a Igreja* ortodoxa uma espiritualidade metódica, ordenada à dogmática*.

a) O hesicasmo primitivo. — Anacorese objetiva e ascese* interior: desde o s. IV a *hesukhia* recapitula as duas obrigações fundamentais da vida monástica. Os escritos atribuídos a Antão (†356) e a seus discípulos, os *Apotegmas dos Padres*, as narrações das crônicas eclesiásticas (da *História lausíaca* [*c.* de 420] de Paládio ao *Prado espiritual* [*c.* de 610] de João Moscos), todos reservam a qualidade de hesicasta somente aos eremitas. Não há *hesukhia* sem *monosis*, sem solidão ou, ao menos, isolamento. A organização em grandes mosteiros ("lauras"), a dimensão apostólica da direção* espiritual (reconhecida pela primeira *Carta sobre a hesukhia* de Amonas), a vocação igualmente contemplativa do cenobismo (inerente às *Regras de Pacômio*, †346) e o modelo de reclusão em comunidade (promovido por Barsanufo de Gaza, †540) sublinham contudo o rápido predomínio do sentido interior. Modo de vida, a *hesukhia* é também "uma arte e uma graça" (Evágrio Pôntico [†399], *Tratado*, PG 40, 1260-1262 a). Requer a *apatheia*, o domínio das paixões*; a *amerimnia*, a indiferença absoluta aos cuidados; a *katharsis*, o discernimento e a erradicação dos pensamentos (*logismoi*); a *nepsis*, a guarda do intelecto e do coração*. O meio e o fim desses estados é a *mneme tou theou*, o desprendimento do mundo sensível, imaginoso e noético, que permite lembrar-se de Deus* — ou mais precisamente de Jesus — na oração. Fundada numa exegese* tipológica da excelência mística (com as figuras de Moisés, Elias, Maria de Betânia e João, "o discípulo amado") e numa compreensão literal do mandamento* neotestamentário da oração ininterrupta (Lc 18,1; Ef 6,18; 1Ts 5,17), a *melete*, a oração meditativa, consiste na repetição oral ou na ruminação mental de uma fórmula de compunção, geralmente tirada do saltério (Sl 6,3; 25,16; 51,3 etc.) ou do Evangelho* (o publicano, o cego, a cananeia). Via de epiclese* constante (é o que constitui segundo Cassiano [†432] o "segredo original" da tradição* do deserto [*Conferências*, X, 10]), a *hesukhia* abre para a antecipação do Reino* e para a visão* de Deus (Ps. Macário, s. V, *Hom.* I, 12).

b) A oração de Jesus e a escola sinaítica. — A formulação doutrinal do hesicasmo foi confrontada desde as origens com duas descrições mais importantes da vida monástica, ambas suspeitas de heterodoxia: de um lado, o *corpus* evagriano, de notável arquitetura psicológica e léxica, posteriormente disseminada sob identidades de empréstimo, e que repousa num intelectualismo* extremo, de inspiração origenista; de outro lado, o *corpus* pseudoepigráfico das *Homilias macarianas*, de poderoso realismo bíblico, marcado pelas noções de experiência*, de coração e de graça* sentida; mas seu possível messalianismo* é questionado. Diádoco de Foticeia (s. V) opera nos *Capítulos gnósticos* sua síntese cristocêntrica e sacramental a que a escola sinaítica vai conferir sua forma clássica. A prática denominada "oração a/de Jesus" liga-se a ela, segundo um processo de lenta evolução no seio de uma transmissão contínua. João Clímaco (†649), que define a *hesukhia* como "um serviço ininterrupto de Deus", pede "que a lembrança de Jesus se torne uma só coisa com o sopro" (*Escada* 27). Hesíquio de Batos (s. VIII), que insiste na oração perpétua, usa muitas vezes o tema da respiração (*Centúrias* I, 5, PG 93, 1481 d). Numerosos paralelos associam assim à oração monológica o nome* de Jesus e/ou atividade respiratória. Seu valor e sua significação exatos (p. ex. Nilo de Ancira

[† *c.* de 430] *Cartas* III, 33, PG 79, 392 b) ou sua datação precisa (p. ex. Filémon, s. VII? *Discurso utilíssimo, Filocalia* II, 241-252) permanecem em debate. Depois do s. VIII, porém, toda interpretação metafórica é excluída e a invocação conforma-se ao modelo que se conhece: "Senhor Jesus Cristo*, Filho de Deus, Salvador, tende piedade de mim, pecador".

c) O método de oração. — O renascimento hesicasta do monte Athos, nos s. XIII-XV, coincide com a divulgação de uma técnica psicossomática, sem dúvida anterior e endógena, que completa a oração de Jesus. O *Método da santa oração* do Pseudo Simeão (talvez devido a Nicéforo [† *c.* 1280], autor de um opúsculo *A Nèpsis e a guarda do coração*), assim como dois tratados de Gregório Sinaíta (†1346) intitulados *Dos modos de oração* e *Preceitos para os hesicastas* compõem sua exposição normativa. O exercício, esquematicamente, consiste em retirar-se numa cela escura, ficar sentado e de cabeça inclinada, controlar a respiração e repetir ritmicamente a oração. Embora certas explicações fisiológicas e algumas evocações de seus efeitos pareçam contradizer o caráter puramente instrumental do método, ele conserva como único objetivo a disponibilidade à graça (*Dos modos*, PG 150, 1329 b – 1332 a): Teolepto de Filadélfia (†1326), discípulo de Nicéforo, não o menciona (*Sobre a atividade secreta*, PG 143, 388 ab) e Gregório Palamas (†1359), ligado ao Sinaíta, minimiza sua importância a fim de descartar toda concepção mecânica da *hesikhaia* (*Tr.* I, 2, 3-9). Mas nem por isso deixará de ser o pretexto da "controvérsia hesicasta" e o revelador de problemas teológicos bem mais determinantes.

d) O neo-hesicasmo bizantino. — "Circunscrever o espiritual numa morada corporal" (Clímaco, *A Escada*, 27); tanto doutrina como espiritualidade, o hesicasmo participa da gnosiologia dos Padres gregos. Verifica-a experimentalmente e confere-lhe uma representação concreta, confirmando a realidade da divinização: a plena comunhão* pessoal com Deus realiza aqui na terra a promessa escatológica; a participação no mistério* é real, e nada atenua dele. Em estreita correspondência com a identificação do dogma* cristológico, a corrente mais importante do pensamento patrístico, dos Padres apostólicos (s. IV) até João Damasceno (†749), integra o vocabulário da *hesukhia*, sua utilização da apófase (formulações negativas) e da antinomia (construções contraditórias), sua redução discursiva exclusivamente aos princípios soteriológicos. A teoria da inabitação divina adota a antropologia* do deserto e suas principais articulações — transfiguração do corpo*, sentidos espirituais, coração como projeção do *nous* (o intelecto, o "eu-transcendente") e da totalidade humana. O hesicasmo contribui igualmente para formar uma representação da deificação (pela temática da luz, da glória*, dos dons), proibindo ao mesmo tempo sua conceptualização: a passagem — a Páscoa — que faz "o homem Deus por graça" opera uma disjunção radical com todo o criado (Máximo* Confessor [†662], *Cap. Teol. e Ec.* I, 51-60, PG 90, 1101-1105). A partir do s. IX, a teologia* bizantina formalizará essa dialética da incomunicabilidade e da comunicação divinas, aplicando-a à pneumatologia. Defensor da natureza carismática da Igreja, Simeão o Novo Teólogo (†1022) põe a visão de Deus no horizonte de um batismo* conscientemente vivido (*Cat.* XIV, 68-164). Em Gregório Sinaíta, a análise do intelecto e de suas manifestações leva a afirmar uma superação absoluta da oração pura, sob a moção só do Espírito* Santo (*Da hekhusia*, PG 150, 1303-1312): para além do fenômeno menor do êxtase, o estado de divinização revela-se ao mesmo tempo estável e dinâmico. Gregório Palamas enfim, reagindo contra os violentos ataques dos filósofos e humanistas de seu tempo, dotou o hesicasmo de uma expressão dogmática definindo a unidade/distinção da essência e das energias* incriadas. Apoiado numa vontade de reforma litúrgica, numa volta às fontes da iconografia e numa intensa atividade de tradução, sustentado pelo patriarcado* de Constantinopla conquistado ao palamismo, o neo-hesicasmo estende-se então a todo o mundo bizantino, propagado por Teodoro de Tarnovo (†1363) na Bulgária, Romil de Vidin (†1375) na Sérvia, Nicodemos de Tis-

mana (†1409) na Valáquia, Sérgio de Radonega (†392) e o metropolita Cipriano († *c.* de 1420) na Rússia. Essa herança terá um papel decisivo na formação da ortodoxia* moderna.

e) *A renovação da* Filocalia. — O hesicasmo exerce ainda a função de referência teológica na crise geral que afeta a Igreja ortodoxa nos s. XVI e XVII: embora marginalizados, os "não possuidores" — cuja *Regra*, editada por Nilo de Sora (†1508), preconiza o método de oração — levam a cabo sua recepção na Rússia. Embora restrito, o esforço de edição que acompanha a missão interior empreendida pelo patriarca de Jerusalém* sob os pontificados de Nectário, Dositeu e Crisanto (1661-1743) permite um melhor acesso aos textos. Em razão da importância que se atribui aos mosteiros e à instituição de Pai espiritual (o *geron*, o *starets*) na preservação da fé*, a oração de Jesus comunica-se a amplos círculos leigos*. Foi porém com a publicação da *Filocalia* em 1782 que a reconquista teórica se implementou. Essa antologia que corre do s. IV ao s. XV, compilada por Macário de Corinto (†1805) e Nicodemos o Hagiorita (†1809), tem por objeto declarado opor ao racionalismo* das Luzes uma enciclopédia do hesicasmo, palamita de ambição e ligando o dogma* à espiritualidade. Essa renovação afirma-se primeiro no âmbito dos que falam grego ou árabe. Graças ao *Dobrotolubije*, versão eslava da edição grega, publicada em Moldávia por Paissy Velichkovsky (†1794) e editada paralelamente em Moscou em 1793, transmite-se à Europa central, aos Bálcãs e a Rússia. Essa conhecerá no s. XIX uma floração do espírito filocálico. À tradução da coletânea inicial (São Petersburgo, 1857) pelo bispo* Inácio Briantchanonov (†1867) sucede a nova compilação de Teófanes o Recluso (1894), mais volumosa; nela porém cortes e adendos revelam uma orientação pietista (Moscou, 1877). Ilustrada por grandes figuras da santidade* como Serafim de Sarov (†1833) ou os *startsi* de Optino — particularmente Ambrósio (†1891) —, popularizado pela obra anônima intitulada *Os Relatos sinceros de um peregrino a seu pai espiritual* (Kazan, *c.* de 1870), consagrada pela arte e pela literatura (*Os Irmãos Karamázov* de

Dostoievsky é só um exemplo), o hesicasmo retoma todo seu valor cultural. Mas em 1912-1913 a condenação dos "onomatólatras", esses monges do monte Athos que veneravam o divindade mesma do nome de Jesus, mostrará as dificuldades próprias dessa difusão.

f) Perspectivas. — No s. XX, de maneira significativa, a monumental *Filocalia* romena de Dimitru Staniloae (†1994) concede um lugar preponderante aos escritos teológicos, e em primeiro lugar a Máximo Confessor e a Gregório Palamas. Na teologia ortodoxa contemporânea, a escola neopatrística considera, de fato, o hesicasmo como uma topologia recapitulativa da experiência* cristã e um prisma para a sua leitura. Ao mesmo tempo, o movimento de revivificação do monaquismo reivindica sua total herança; e como atestam os escritos de José o Hesicasta (†1954) ou de Païssios de Capadócia (†1995) conserva por epicentro o monte Athos. Essa completude e essa permanência são mais que características. Não se pode reduzir o hesicasmo a uma técnica infrarreligiosa, e as comparações com o *prânâymâ yoga*, o *Japa* indiano e o *nembûtsû* do budismo zen (com exceção do *dhikr* sufi em razão de um possível elo genético) procedem da antropologia fundamental ou da sociologia do sentimento sincrético. Tampouco pode assimilar-se o hesicasmo a uma variante da oração jaculatória, da *quies* beneditina ou dos Exercícios inacianos, porque as analogias superficiais são aqui anuladas pela diferença de amplidão sistemática e histórica. A *hesukhia* mantém em união, na consciência ortodoxa, espiritualidade e teologia, profecia* e tradição, verdade* e Espírito Santo. O melhor equivalente que se lhe possa encontrar é ainda "lógica da graça", com a condição de entender com isso uma experiência que permanece irredutível a todo enunciado.

• Atanásio de Alexandria, *Vida e conduta de nosso pai Santo Antão*, PG 26, 837-976; SC 400; SpOr 28. — *Apotegmas dos Padres*, "série alfabética", PG 65, 71-440, "série sistemática", PL 73, 851-1222; SC 387. — Evágrio Pôntico, *Tratado prático*, PG 40, 1220-1276; SC 170-171. — Macário, *Homilias espirituais*, PG 34, 449-822 SpOr 40; *Die 50 geistlichen Homilien des Makarios*, ed. H. Dörries,

PTS 4. — Diádoco de Foticeia, *Obras espirituais*, SC 5 *ter.* — João Clímaco, *A Escada santa*, PG 88, 631-1164; SpOr 24. — Simeão o Novo Teólogo, *Catequeses*, SC 96, 104, 113; *Hinos*, SC 156, 174, 196. — Gregório Sinaíta, *Obras*, PG 150, 1237-1330.— Gregório Palamas, *Da deificação do ser humano*, trad. J.-M. Monsaingeon e J. Paramelle, Lausanne, 1990 (texto inédito). — Nicodemos o Hagiorita e Macário de Corinto, *Filocalia*, Veneza, 1787 (reimp. Atenas 5 t., 1957-1963); SpOr, 11 t. (2ª ed. 1994-1995, 2 t.).— Paissy Velichkovsky, *Autobiografia de um starets* (trad. fr. SpOr 53). — Inácio Brianchaninov, *Aproximações da oração de Jesus* (1867), São Petersburgo. — Teófanes, o Recluso, *Dobrotoloubije*, Moscou 1877-1905, 5 t. (reimp. Nova York 5 t., 1963-1966). — Dimitru Staniloae, *Filocalia*, Sibiu-Bucarest, 1949-1990, 12 t. — José, o Hesicasta, *Grammata*, Monte Athos, 1982.

▸ K. Hohl (1898), *Enthusiasmus und Bussgewalt beim griechischen Mönchtum*, Leipzig. — J. Bois (1901), "Grégoire le Sinaïte et l'hésycasme à Athos au XIVe siècle", *EOr* 5, 65-73. — I. V. Popov (1906), "Ideia obozhenia v drevne — Vostochnoi tserkvi" ("L'idée de divinisation dans l'Église orientale"), *Voprosi Filosofij i Psixologij* 97, 165-213. — S. L. Epifanovich (1915), *Propodobnyi Maksim Ispovednik i vizantiiskkoe bogoslovie*, Kiev. — J. Gross (1938), *La divinisation du chrétien d'après les Pères grecs*, Paris. — H. Dörries (1941), *Symeon von Mesopotamien: Die Überliferung der messalianischen "Makarios" Schriften*, TU 55, 1, Leipzig. — P. Galtier (1946), *Le Saint-Esprit en nous d'après les Pères grecs*, AnGr 37, Roma. — J. Gardet (1952-1953), "La mention du nom divin dans la mystique musulmane", *RThom* 52, 662-679; 53, 197-216. — S. Boulganov (1953), *Filosofia Imeni*, Paris. — W. Nölle (1954), "Hesycasmus und yoga", *Byz.*, 47, 95-103. — A. Scrima (1958), "L'avènement philocalique en Roumanie", *Ist* 3, 295-328. 443-474. — I. Haussher (1960), *Noms du Christ et voies d'oraison*, OCA 157, Roma. — A. Guillaumont (1962), *Les "Kephalaia gnostica" d'Évagre le Pontique et l'histoire de l'origenisme chez les Grecs et les Syriens*, Paris. — V. Lossky (1962), *Vision de Dieu*, Neuchâtel. — J. Leclercq (1963), "A propos de l'hésycasme en Occident", *Le millénaire du Mont-Athos* I, 253-264, Chèvetogne. — L. Thunberg (1965), *Microcosm and Mediator*, Lund. — W. Völker (1965), *Maximus Confessor als Meister des geistlichen Lebens*, Wiesbaden. — D. J. Chitty (1966), *The Desert a city*, Oxford — I. Haussher (1966), *Hésycasme et Prière*, OCA 176,

Roma. — M. Lot-Borodine (1969), *La définition de l'homme*, Paris. — A. Scrima (1969), "L'apophase et ses connotations selon la tradition spirituelle de l'Orient chrétien", *Hermès* 6, 157-169. — K. Ware (1979), "Tradition and personal experience in late byzantine theology", *ECR* 3, 131-141. — G. Maloney (1973), *Russian Hesycasm. The Spirituality of Nil Sorskij*, Haia — J. Meyendorff (1974), *Byzantine hesycasm*, Londres. — J. B. Dunlop (1978), *Starets Amurosy*, Oxford. — H. Dörries (1978), *Die Theologie des Makarios/Symeon*, Göttingen. — I. Gorainoff (1979), *Seraphim de Sarov*, Paris. — A. Guillaumont (1979), *Dans la lumière du Christ: Saint Symeon le nouveau Théologien*, Chèvetogne. — J. Gouillard (1981), *La vie religieuse à Byzance*, Londres. — D. Staniloae (1981), *Prière de Jésus et expérience du Saint-Esprit*, Paris. — J. Meyendorff (1983²), *Byzantine Theology*, Nova York. — B. Fraigneau-Julien (1985), *Les sens spirituels et la vision de Dieu selon Syméon le Nouveau Theologien*, ThH 67, Paris. — P. Deseille (1986), *L'Évangile au désert*, Paris. —T. Spidlik (1988), *La spiritualité de l'Orient chrétien*, OCA 206 e 230, Roma. — O. Clément, J. Serr (1989²), *La prière du coeur*, SpOr 6 b. — P. Miquel (1989), *Le vocabulaire de l'expérience spirituelle dans la patristique grecque*, ThH 86, Paris. — B. Bobrinkoy (1992), *Communion du Saint-Esprit*, SpOr 56. — K. Papoulidès (1993), *Hagioretika*, Mont-Athos.

Jean-François COLOSIMO

→ *Conhecimento de Deus; Experiência; Gregório Palamas; Monaquismo; Negativa (teologia).*

HEXAPLES → **traduções antigas da Bíblia**
→ **Orígenes**

HIERARQUIA

A palavra "hierarquia" (h.) (do grego *hieros*, "sagrado", e *arkhè*, "origem", "dominação") designa no direito* canônico uma estrutura religiosa caracterizada e determinada por um poder de origem transcendente. Tal estrutura só aparece num contexto em que decisões essenciais devem ser tomadas constantemente; quando se trata apenas, como numa religião da Lei* ou do Livro*, de interpretar princípios estabelecidos, não pode haver h. É por esse motivo que h. representa um fenômeno tipicamente cristão.

a) O desenvolvimento da hierarquia no cristianismo. — O conceito de h. não se encontra no NT, que porém admite distinções de posto entre os mais próximos a Jesus* (primazia dos "Doze", papel particular de Pedro*) e nas comunidades pós-pascais (autoridade de Paulo, gradação de ministérios [1Cor 12,28], insistência no papel do *episkopos*), distinções de que sairá no s. II a tríade ministerial (bispo*-presbítero*-diácono*). Foi sem dúvida o Pseudo-Dionísio* o primeiro a aplicar o termo "h." às estruturas* eclesiais, operando uma aproximação analógica entre a triplicidade da ordem celeste e a organização ternária da Igreja* na terra: a h. constitui aqui uma categoria especulativa que permite interpretar a ordem da salvação* (cf. *Cael. Hier.* 3, 1). Com o desenvolvimento da eclesiologia* canônica no s. XII, a Igreja aparece como uma sociedade* (*societas perfecta*) comparável à coletividade política composta de classes desiguais — clero e laicato* — cujas diversas funções determinam, por sua vez, novas diferenças de posto. Por essa razão, pela importância do clero para o conjunto da Igreja, a h. tornou-se um conceito canônico central. Mas pressupõe uma ordem sacramental (ministério*) de sorte que só se encontra — de fato e em ideia — nas confissões cristãs que conhecem uma tal ordem (Igreja católica, Igrejas ortodoxas, Comunhão anglicana). As Igrejas oriundas da Reforma ordenam também seus ministros, mas em razão da doutrina do sacerdócio* universal o ministério só apresenta nelas um caráter funcional.

b) A posição católica até o II concílio do Vaticano. — Na origem, os bispos, como verdadeiros detentores do ministério, recebiam com a ordenação* o poder pleno (*potestas sacra*) em relação a uma determinada Igreja local* (ordenação relativa). No s. XII impõe-se a ideia de que o poder eclesial contém dois elementos, um resultante da ordenação (*potestas ordinis*) e outro da jurisdição* sobre uma Igreja determinada (*potestas iurisdictionis*). O poder de ordem é gradualmente conferido pelo sacramento* da ordem (diácono, sacerdote*, bispo) e determina a h. da ordem; o poder de jurisdição está ligado aos ministérios do papa* e dos bispos, compete ao primeiro pela aceitação de seu cargo, e aos segundos pela designação. Todos os outros cargos apenas participam de um desses dois graus hierárquicos. O papa possui assim um primado em matéria de jurisdição, mas não em matéria de ordem. A rigor, os dois elementos deveriam articular-se de tal maneira que só o ministro ordenado tivesse também o poder de jurisdição; mas na prática esse princípio não é respeitado nos dias de hoje (*CIC* de 1983, cân. 129, segundo o qual a *potestas regiminis* cabe aos ministros ordenados, enquanto os leigos* têm direito a participar do *exercitium potestatis*). Hoje ainda, a solidariedade fundamental desses dois elementos manifesta-se no fato de que a ordem hierárquica é referida ao "direito divino" (cân. 330-331, 335, 1008). Mas porque a Igreja se compreende como uma comunidade de crentes que constituem o povo de Deus, e porque a ordenação (sob sua forma normal de ordenação relativa) define sempre a h. na sua relação a uma comunidade particular, um absolutismo hierárquico nunca pôde instaurar-se. É o que põem claramente em evidência a doutrina do *sensus* *fidei* e do *sensus fidelium*, o lugar da teologia* científica e as reflexões sobre sua recepção*.

c) *O Vaticano II e o direito atual da Igreja católica* — O Vaticano II* esforçou-se por combinar o modelo medieval da Igreja como "sociedade" com a concepção da *communio*, tal como tinha sido desenvolvida na Igreja antiga; isso levou a reavaliar a função do bispo, das Igrejas locais e dos leigos. O conceito de *communio hierarchica* permite articular as duas abordagens (*LG* 21). Sublinhou-se muito particularmente o elo absoluto da Igreja com o papa (*LG* 22, *nota praevia* 3). Conservou-se a distinção entre ordenação sacramental e missão canônica pondo o acento na segunda. A estrutura hierárquica apresenta-se no *CIC* da seguinte maneira: o *papa* detém o poder supremo — um poder pleno, direto, regular e universal que pode exercer livremente e a todo momento — nos planos legislativo, executivo, judiciário e doutrinal (e nesse campo goza de uma competência infalível quando fala *ex cathedra*). O *colégio episcopal*, dirigido pelo papa, participa dessa

plena e suprema potência nos atos oficiais de seus membros, quer dispersos pelo mundo, quer reunidos em concílio* ecumênico. A isso acrescentam-se certos órgãos comuns da Igreja: o sínodo* dos bispos, o colégio dos cardeais, a Cúria romana, os legados e núncios apostólicos. (O *CIC* de 1983 não conhece mais o substantivo *hierarchia*; só se encontra ainda o adjetivo *hierarchicus* — associado aos termos "estrutura", "constituição", "comunidade", "recurso", "superiores".)

- Manuais de direito canônico. — R. F. Hathaway (1969), *Hierarchy and the Definition of Order in the Letters of Ps. Dionisius*, Haia. — H. Dombois (1971), *Hierarchie*, Friburgo-Basileia-Viena. — P. Krämer (1973), *Dienst und Vollmacht in der Kirche*, Trèves. — H. Patee (1973), *Hierarchy Theory*, Nova York. — E. Schillebeeckx (1988), *Das geistliche Amt*, Düsseldorf. — G. O Daly (1989), "Hiérarchie", *RAC* 15, 42-74. — P. Eicher, "Hiérarchie", *NHThG²*, 2, 330-349. — G. Muselli (1992), *Storia del diritto canonico*, Turim.

Wolfgang BEINERT

→ *Autoridade; Comunhão; Governo da Igreja; Igreja-Estado; Indefectibilidade da Igreja; Infalibilidade.*

HIERARQUIA DAS VERDADES

A expressão *hierarquia das verdades* encontra-se enunciada no nº 11 do decreto do Vaticano II* sobre o ecumenismo*, *Unitatis Redintegratio*: "[Os teólogos católicos], comparando as doutrinas, lembrem-se de que existe uma ordem ou 'hierarquia' de verdades na doutrina católica, já que o nexo delas com o fundamento da fé* cristã é diverso". Essa frase foi saudada por Cullmann como muito importante (cf. "Complements on the decret of Ecumenism", *ER* 17 de abril de 1965, 94): mesmo sendo ainda objeto de interpretações diferentes, tanto dentro como fora da teologia* católica, permite com efeito discernir um princípio hermenêutico* de grande fecundidade.

1. Os antecedentes históricos da noção

a) A formulação é nova, mas a ideia de uma natureza orgânica da fé cristã e de uma articulação das verdades em torno de um centro encontra-se na mais antiga tradição patrística (Valeske, 1968, 69s). A noção mesma de *regula fidei* implica uma distinção entre as verdades fundamentais do Credo e as verdades menos importantes. Para os Padres*, todas as verdades da fé organizam-se em torno de um centro, a salvação* oferecida por Deus* em Jesus Cristo. Discernem também uma hierarquia de heresias*, sendo as mais graves as que comprometem a fé trinitária. Na IM, Boaventura* ou Tomás* de Aquino utilizam a distinção entre *articula fidei* e *alia credibilia*. E no interior mesmo dos artigos de fé Tomás distingue as verdades que têm relação direta com o objeto da revelação* e as que só têm uma relação indireta em razão de sua relação com as precedentes (*ST* Ia IIae, q. 106, a. 4, ad 2). Depois dele, a teologia falará geralmente das "verdades necessárias à salvação" contidas na Escritura* e na tradição*, distinguindo-as das verdades secundárias. Porém, depois do concílio* de Trento*, a insistência sobre o caráter normativo das verdades da fé, tais como propostas pela autoridade* eclesial, relegou ao esquecimento a ideia mesma de uma ordem ou hierarquia entre as verdades.

b) A noção de hierarquia das verdades não só tem antecedentes na história do pensamento cristão, mas tem também equivalentes em outros domínios que o do dogma*. Na exegese*, p. ex., é usual dizer que todas as *Escrituras* são divinamente inspiradas, enquanto suas diferentes partes se referem diversamente ao mesmo centro que é o mistério* de Deus e de Cristo*, tomado em toda a sua profundeza (Cl 1,26; Ef 3,4). Ou ainda, todas as confissões cristãs do Ocidente concedem uma prioridade aos sete primeiros concílios ecumênicos, e alguns teólogos não hesitam em estabelecer uma hierarquia entre eles, em função de sua ligação mais ou menos estreita com o mistério de Cristo e da Trindade*. Ou ainda, o setenário sacramental oferece um perfeito exemplo de "hierarquia" no seio de uma mesma ordem de realidades que concernem diretamente à fé, na medida em que os outros sacramentos se referem aos dois "grandes sacramentos*" que são o batismo* e a eucaristia*. Enfim, todas as

festas do ano litúrgico e as festas dos santos referem-se ao centro ou fundamento constituído pelo mistério pascal (Páscoa*).

2. Tentativa de interpretação

O grupo misto de trabalho da Igreja católica e do CEI* organizou a partir de setembro de 1985 várias consultas sobre a hierarquia das verdades. Esse trabalho resultou em janeiro de 1990 num documento de estudo que tem por objeto "compreender e interpretar a intenção do concílio Vaticano II quando fala da hierarquia das verdades". Sem dissipar todas as ambiguidades, esse documento (GMT), publicado pelo Conselho pontifício para a Promoção da Unidade dos Cristãos, nº 74 (1990), pode ajudar a discernir a verdadeira intenção do concílio e a afastar as falsas interpretações.

a) *A intenção do Vaticano II*. — Em contraste com uma concepção jurídica em que todas as verdades da fé estariam em plano de igualdade em razão de um ponto de vista formal fornecido pela obrigação de crer, o concílio apresenta o conteúdo da fé como uma totalidade orgânica no interior da qual cada verdade mantém uma relação diferente com o fundamento da fé. Em um *modus* que inspirou diretamente a redação do nº 11 de *UR*, o cardeal Koening desejava que as verdades de fé fossem objeto de uma *avaliação* mais que de uma enumeração. O princípio da hierarquia das verdades testemunha uma concepção da verdade* que privilegia seu caráter de atestação antes que sua força de obrigação. É possível estabelecer uma hierarquia das verdades de dois pontos de vista: o ponto de vista objetivo do conteúdo da fé, o ponto de vista de sua recepção* pela Igreja*.

Do ponto de vista objetivo. — Trata-se do elo (*nexus*) diferente com o fundamento da fé: "Devemos ver a importância ou o 'peso' de cada verdade em relação ao fundamento da fé, na relação existencial dos cristãos e de suas comunidades" (GMT, 26). Os dogmas constituem uma totalidade estruturada. Remetem uns aos outros e pedem ser interpretados em função de sua relação com o fundamento da fé e em suas relações mútuas (Kasper, 1987, 69). Nessa perspectiva, é legítimo aproximar a hierarquia das verdades do Vaticano

II do *nexus mysteriorum* ou "analogia da fé" do Vaticano I*.

Do ponto de vista da recepção pela Igreja. — Trata-se aqui de não considerar somente a relação diferente de cada verdade para com o fundamento da fé, mas de levar em conta a *recepção* diferente* da mesma fé pela Igreja segundo as épocas. As expressões dogmáticas próprias de determinado momento histórico devem ser compreendidas do ponto de vista de sua relação dinâmica à verdade que tentam exprimir (cf. a expressão de Tomás de Aquino: "O ato de fé não se conclui num enunciável, mas na realidade (*res*)", *ST* IIa IIae, q. 1. a. 2, ad 2). Apesar de seu valor permanente, o léxico da transubstanciação, p. ex., não é o único meio de exprimir o mistério da "presença* real" (Tavard, 1971, 284). E há várias maneiras legítimas de explicar a relação do Espírito Santo* e do Filho no seio da Trindade (Congar, 1982, 191).

b) *As interpretações inexatas.* — A ideia de hierarquia das verdades não é a volta pura e simples à questão controvertida dos "artigos fundamentais" rejeitada pelos papas* Pio XI (*Mortalium animos*) e Pio XII (*Orientalis Ecclesiae*), e que repugna também à tradição ortodoxa. Para essa última "não há nenhuma distinção fundamental entre verdades principais e secundárias, entre doutrinas essenciais e não essenciais" (GMT 16). Para os ortodoxos como para os católicos, é a própria Igreja que garante a continuidade da doutrina, e não determinadas verdades. Ao contrário, para as Igrejas da Reforma, são as verdades fundamentais que asseguram a continuidade da Igreja. Mas, se se considera o conteúdo material da fé (e não unicamente o motivo formal, i.e., a autoridade* de Deus que se revela) — o que parece, na verdade, ser a intenção do nº 11 de *UR* —, então deve-se reconhecer que há na tradição* prenúncios de uma teoria dos "artigos fundamentais", mesmo que fosse somente o consenso que pode estabelecer-se entre as Igrejas a propósito dos sete primeiros concílios ecumênicos.

Em todo caso, não se pode reduzir a ideia conciliar da hierarquia das verdades às qualificações antigas utilizadas para determinar a importância das teses teológicas: "*de fide definita*", "*de fide*", "*proximae fidei*", "*theologice certae*" (notas* teológicas). Recorrendo à ideia de hierarquia das verdades, parece que se tenha querido superar uma concepção que pensa, com excessiva exclusividade, a fé de uma maneira jurídica, disciplinar — do obrigatório ou do facultativo (Marlé, 1968, 2). Igualmente errôneo querer aproximar o princípio de hierarquia das verdades da distinção das três categorias de verdades tal como enunciada na *profissão de fé* exigida desde fevereiro de 1989 dos que exercem cargos em nome da Igreja (*DC* 1989, 378-379), e tal como figura (nº 23) na Instrução da Congregação para a Doutrina da Fé, sobre *A vocação eclesial do teólogo*, de 24 de maio de 1990. (Com efeito, nesse último texto a classificação das verdades é estabelecida em nome do grau de autoridade do magistério* e do grau de obrigação do sujeito crente.)

3. Alcance ecumênico

Na medida em que as Igrejas tendem a uma plena comunhão* recíproca, o princípio da hierarquia das verdades proporciona ao diálogo ecumênico um princípio hermenêutico muito fecundo. Embora lhes falte a expressão mesma, nota-se uma preocupação semelhante na tradição ortodoxa e nas Igrejas da Reforma. "Teólogos ortodoxos sugerem que a noção da hierarquia das verdades poderia contribuir para distinguir os ensinamentos de fé permanentes e comuns, tais como os símbolos proclamados pelos sete concílios ecumênicos e outras confissões* de fé, dos ensinamentos que não foram formulados ou sancionados pela autoridade dos concílios" (GMT 16).

Igualmente, é em relação ao Evangelho, centro da fé, que as Igrejas protestantes estabelecem certa hierarquia entre as verdades da fé. A noção católica de hierarquia das verdades e a concepção luterana de "centro do Evangelho" não são idênticas mas são próximas (cf. *Rapport de Malte*, 25). Há atualmente um amplo consenso entre cristãos separados sobre a salvação gratuita dada em Jesus Cristo, porém o lugar que ocupa a doutrina da justificação* em relação ao fundamento da fé é diferente segundo as Igrejas. Assim, no diálogo mútuo, o princípio da hierarquia das verdades nos fornece um critério que contribui "para fazer uma distinção entre as diferenças na compreensão das verdades da fé, que são pontos de conflito, e de outras diferenças que não deveriam sê-lo" (GMT 28).

Por ocasião dos diálogos bilaterais ou multilaterais, as Igrejas tendem a chegar a certos consensos sobre verdades fundamentais. Em todo caso, discernem melhor as divergências que procedem de fatores históricos e culturais e as diferenças que concernem o fundamento da fé. É certo, p. ex., que numa perspectiva católica, a concepção fundamental da Igreja e a natureza de sua instrumentalidade concernem diretamente as bases da fé, o que não é o caso para os protestantes. O futuro mesmo do diálogo ecumênico repousa porém sobre a convicção comum de que o consenso é de certa maneira "mais fundamental" do que a diferença fundamental (Birmelé, 1986, 305). Por ocasião do 450º aniversário da *Confissão de Augsburgo*, a 25 de junho de 1980, o papa João Paulo II pôde constatar um consenso fundamental entre católicos e luteranos sobre as verdades centrais da fé cristã (*DC* 1980, 696).

- H. Mühlen (1966), "Die Lehre des Vaticanum II über die *Hierarchia veritatum* und ihre bedeutung für oekumenischen Dialog", *TuG* 55, 303-335. — U. Valeske (1968), Hierarchia veritatum. *Theologie geschichtlich Hintergründe und mögliche Konsequenzen eines einzes Hinweises im Oekumenischen-decret des II Vatikanischen Konzils zum zwischenkirchlichen Gespräch*, Munique. — G. Tavard (1971), "*Hierarchia veritatum. A preliminary investigation*", *TS* 32, 278-289. — W. Hryniewicz (1978), "La hierarchie des vérités. Implications oecuméniques d'une idée chrétienne", *Irén.* 51, 470-491. — G. Thils (1979), "*Hierarchia veritatum*", décret sur l'oecuménisme nº 11, *RTL* 10, 208-215. — Y. Congar (1982), *Diversités et communion*, Paris. — R. Marlé (1986), "L'idée conciliaire d'une 'hiérarchie' des vérités de la doctrine catholique", *Doc. épisc.* 13, 1-6. — A. Birmelé (1986), *Le salut en Jésus-Christ dans les dialogues oecuméniques*, Paris. — W. Kasper (1987), *Theologie und Kirche*, Mainz.

Claude GEFFRÉ

→ *Ecumenismo; Magistério; Notas teológicas; Vaticano II.*

HILÁRIO DE POITIERS, ? – † c. 366-368

Nos anos de 350-360, Hilário (H.), bispo* de Poitiers, é um porta-voz dos mais qualificados do Ocidente niceno. Excetuando seus laços com Martinho de Tours, cujo projeto monástico favoreceu, sua vida, para nós, no estado presente da documentação, confunde-se, com sua obra inteiramente — ou quase — saída de seu engajamento em favor de Niceia*. Se não possui a virtualidade especulativa de um Mario Vitorino, seu exato contemporâneo, ele se afirma como exegeta de primeiríssimo plano, apto a desenvolver uma teologia* bíblica* de rara amplitude.

a) Um brilhante exegeta. — A mais antiga de suas obras chegadas até nós, um comentário sobre *Mateus*, já testemunha sua grande agilidade hermenêutica* a serviço da interpretação alegórica dos evangelhos*, muito original no Ocidente, prova da difusão dos princípios da exegese* origeniana independentemente de um conhecimento direto dos tratados do mestre alexandrino. O grande cuidado de método que anima H., atento em construir um sistema, o mais coerente possível, de deciframento das Escrituras*, alia-se à vontade pouco corrente de propor uma leitura unitária do texto evangélico: numa compreensão de conjunto, muito irineana, da economia da história da salvação*, trata-se de interpretar todos os fatos e ditos da vida de Cristo* preservando geralmente, ao mesmo tempo, seu sentido literal, como anúncios de suas consequências próximas (incredulidade dos judeus, passagem da Boa-Nova para os gentios, crescimento da Igreja*). Por meio das anotações de caráter doutrinal que pontuam a obra, percebe-se a dívida de H. para com Tertuliano* e Novaciano — e para com Cipriano*, quando o comentário toca a eclesiologia*; também se discernem ali as primeiras pontas de uma polêmica antiariana (*In Mt* 16,4; 31,2s).

b) Um niceno entre Oriente e Ocidente. — Vítima da política de contenção do episcopado ocidental praticada por Constâncio II (imperador desejoso de garantir a unidade religiosa do Império na base de uma fórmula de fé* hostil ao concílio de Niceia*) e seguida nas Gálias pelo bispo de Arles, Saturnino, H. foi exilado para a Ásia Menor em 356. Essa permanência de quatro anos no Oriente não só lhe permitiu descobrir as riquezas da tradição* exegética, espiritual e teológica oriental — os *Tractatus super Psalmos* e o *Tractatus mysteriorum*, sem dúvida compostos na volta do exílio, manifestam a influência renovada de Orígenes* —, mas igualmente familiarizar-se, de primeira mão, com os documentos essenciais da controvérsia ariana, tais como a *Carta de Ário a Alexandre de Alexandria* ou certas confissões* de fé de sínodos* antinicenos, quando ele confessa só ter descoberto o símbolo de Niceia na véspera de sua relegação (*De synodis*, 91). Melhor do que qualquer outro ocidental, foi levado a medir a complexidade do campo teológico-político oriental no momento em que esse, com o desabamento da frente antinicena, conhece profundas evoluções e recomposições. Estabelece assim contatos estreitos com os principais representantes da corrente homeousiana, refratários ao *homoousios* (consubstancial*), mas vigorosamente opostos tanto ao arianismo* radical de Aécio ou Eudóxio quanto ao homeísmo promovido por Valente de Mursa e Ursácio de Singidunum no concílio* de Sirmium de 357. Nesse contexto, H. percebe a necessidade de matizar sensivelmente a visão esquemática e redutora, amplamente tributária da de Atanásio* de Alexandria, que os Ocidentais, mal informados, têm da crise ariana e das posições teológicas de seus diversos atores. A seus olhos, nem todos os adversários do *homoousios* são necessariamente arianos, e os nicenos devem esforçar-se por encontrar um acordo com os antinicenos e os antiarianos num momento crucial da crise ariana (a convocação dos dois concílios* de Rimini e de Selêucia acabava de ser anunciada). Ele propõe-se assim ser uma espécie de mediador (*Syn* 7) entre as duas correntes, e é para esse efeito que dirige (fim de 358/começo de 359) aos bispos das Gálias e da Bretanha, dos quais alguns o tinham consultado, o *De Synodis*, em que tenta mostrar o acordo substancial das teses homeousianas e homoousianas, para além do desacordo terminológico.

Em uma primeira parte (§ 1-65) apoia-se na rejeição homoeousiana da "Blasfêmia de Sirmium" de 357 (comentário dos anátemas do sínodo que Basílo de Ancira reuniu para esse fim em 358) para examinar as confissões de fé que esse partido subscreveu: Antioquia, 341; Sárdica, 343; Sirmium, 351. (H. já tinha começado a instaurar um método de colação de um dossiê de *testimonia* histórico-dogmáticos, numa obra de que hoje só restam fragmentos, publicada com o nome de *Collectanea antiariana parisina*; suas etapas de composição permanecem obscuras.) H. se compraz em explorar os silêncios e as imprecisões desses diversos Credos sobre os pontos-chave da controvérsia, assim como as condenações repetidas do arianismo radical, e pretende dali extrair uma teologia* trinitária conforme aos cânones antigos. Note-se de passagem a acuidade que demonstra H.: é um dos primeiros e raríssimos ocidentais a perceber (§ 32) que o termo latino *substantia* pode traduzir tanto *ousia* como *hypostasis*, entendidos respectivamente como a expressão grega da unidade de substância e da distinção das pessoas*.

Na segunda parte, (§ 66-92) H. compara o *homoousios* e o *homoiousios* a fim de mostrar a equivalência das duas fórmulas. Ele não se ilude quanto à dificuldade da tarefa e às resistências que suscita dos dois lados (a obra comporta uma dedicatória aos bispos homeousianos), mas esforça-se em todo caso por dar uma exegese homoousiana do *homoiousios*, no quadro de uma homologia entre *similitudo* e *aequalitas*.

No imediato, os esforços de H. ficarão sem resultado ou quase: enquanto as posições homeanas triunfam finalmente nos concílios de Rimini e de Selêucia (359), e as intervenções de H. junto a Constâncio II em favor de sua vinda a Constantinopla em 360, terminam em fracasso — como testemunham o *Ad Constantium* e o *In Constantium* —, Lúcifer de Cagliari e outros nicenos o acusam de traição. Atanásio, quanto a ele, no *Peri sunodôn* que compõe em 359-361, lança no redemoinho do arianismo as confissões de fé caras aos homeousianos; talvez tenha tomado emprestado o título de sua obra a H., mas não o menciona jamais em nenhuma de suas obras. O sucesso de H. será, pois, antes de tudo, gaulês: sua influência na sinodal do concílio de Paris de 360-361 (*Coll. ant. par.* A. I), dirigida a bispos orientais, é patente. Em 364-365, fracassa, em companhia de Eusébio de Verceil, numa tentativa de expulsar o homeano Auxêncio da sede de Milão (Cf. *Contra Auxentium*). Profundamente consciente de seus deveres de pastor*, compõe — um dos primeiros no Ocidente — hinos antiarianos, dos quais só fragmentos subsistem. Sua contribuição mais durável é uma grande obra, provavelmente elaborada inteiramente no Oriente, o *De Trinitate*, conforme a denominação dada a essa obra desde o s. VI, que manifesta claramente os frutos de seu exílio oriental.

c) *Ajustamentos doutrinais e novo estilo da teologia nicena: o* De Trinitate. — Esse imponente tratado em doze livros, em língua muitas vezes difícil, não é uma suma teológica elaborada segundo um plano preestabelecido desde a origem (cf. Simonetti, 1964). Obra de amplidão excepcional no Ocidente niceno, procede à refutação das teses arianistas e de sua argumentação, não sem repetições, digressões e antecipações, e apresenta uma defesa e uma ilustração bem específicas de Niceia. A rejeição de uma argumentação técnica, amplamente devedora de campo filosófico, em benefício de uma rica teologia bíblica* se duplica com escolhas léxicas bem significativas: o *homoousios* niceno ali quase não aparece, segundo uma reticência que testemunha claramente o *De Syn.* contemporâneo. Diferentemente de Atanásio, de Mário Vitorino ou de Gregório de Elvira, H. considera que na ausência de glosa esse vocábulo, como *homoiousios*, é suscetível de uma interpretação tanto "herética" quanto "ortodoxa" (*Syn.* 70-71). É que em contato com os homeousianos H. adquiriu uma viva sensibilidade antissabeliana (Simonetti) que o fez condenar, além de Fotino, Marcelo de Ancira (VII, 3). Assim, não deixou de evitar todas as analogias* tradicionais destinadas a dar conta das relações do Pai* e do Filho: raiz/planta; fonte/regato; fogo/chama (IX, 37). De outro lado, tem uma forte consciência da inadequação da linguagem humana para falar de Deus* (IV, 14; X, 67), e suas argumentações procedem antes de tudo da exegese, dos escritos joaninos muito particularmente. Nem por isso abandona a tradição teológica inaugurada por Tertuliano e Novaciano;

utiliza-a abundantemente para marcar, ao mesmo tempo, a unidade e a pluralidade em Deus (*natura/persona*), assim como a copresença de dois centros de atribuição distintos em Cristo Jesus*. Porém não se escraviza a essa tradição: abandona a doutrina tertulianista da corporeidade da alma*; desenvolve também uma doutrina original (mas não isenta de traços docetistas) do corpo celeste de Cristo (X, 14s), e apesar do título com o qual a obra é conhecida concede um lugar muito limitado ao Espírito* Santo, que considera como um dom e não qualifica nunca como *persona*. Todo seu esforço visa a manifestar, no Pai e no Filho essa compenetração total de ser, de agir e de querer que sua origem distingue claramente: porque o Pai gera e o Filho é gerado.

Agostinho saberá lembrar-se dessa primeira tentativa feita para enfrentar globalmente os problemas doutrinais mais profundos da crise ariana — uma tentativa sintetizada no *Tract. in Ps CXXXVIII*.

• E. Dekkers (1995), *Clavis Patrum Latinorum*, 3ª ed. Turnhout, nº 427-472, — *Tractatus mysteriorum* (SC 19 *bis*); *Tractatus super Psalmos* (CSEL 22) do qual *Tract. sup. Ps. CXVIII* (SC 354 e 357); *In Mathaeum*, (SC 254 2 258); *De Trinitate* (CChr. SL. 62-62^A); *De Synodis* (PL X, 479-546, e TU 133, 539-547); *Collectanea anti-ariana parisina* (CSEL 65, 433-193); *Liber II ad Constantium* (CSEL 65, 193-205); *Liber in Constantium* (SC 334); *Contra Auxentium* (PL X, 609-618); *Hymni III e cod. Aretino* (CSEL 65, 209-216).

▶ P. Smulders (1944), *La doctrine trinitaire de saint Hilaire de Poitiers*, Roma. — A. Fierro (1964), *Sobre la gloria en San Hilario*, Roma. — M. Simonetti (1964), "Note sul commento a Matteo di Ilario di Poitiers", (*VetChr.* 1, 35-64; (1965), "Note sulla struttura e la cronologia del 'De Trinitate' di Ilario di Poitiers", *Studi Urbinati* 39/1, 274-300. — C. F. A. Borchardt (1966), *Hilary of Poitiers' role in the Arian Struggle*, Haia. — Ch. Kannengiesser (1968), "L'héritage d'Hilaire de Poitiers", *RSR* 56, 435-456. — Col. (1969), *Hilaire et son temps. Actes du Colloque de Poitiers à l'occasion du XVIe centenaire de la mort de saint Hilaire*, Paris. — Ch. Kannengiesser (1969), "Hilaire de Poitiers", *DSp* 7/1, 466-499. — J. Doignon (1971), *Hilaire de Poitiers avant l'exil*, Paris. — M. Simonetti (1975),

La crisi ariana nel IV secolo, Roma. — C. Moreschini (1975), "Il linguaggio teologico di Ilario di Poitiers", *La Scuola Cattolica* 103, 339-375. — L. F. Ladaria (1977), *El Espritu Santo en San Hilario de Poitiers*, Madri. — G. M. Newlands (1978), *Hilary of Poitiers: A Study in Theological Method*, Berna. — A. Grillmeier (1979), *Jesus der Christus im Glauben der Kirche, I: Von der apostolischen Zeit bis zum Konzil von Chalkedon (451)*, Friburgo-Basileia-Viena, (1990²) — P. C. Burns (1981), *The Christology in Hilary of Poitiers' Commentary on Matthew*, Roma. — E. P. Meijering (1982), *Hilary of Poitiers on the Trinity*, De Trinitate, 1, 1-19, 2, 3, Leyde. — M. Figura (1984), *Das Kirchenverständnis des Hilarius von Poitiers*, Friburgo. — M. Simonetti (1985), *Lettera e/o allegoria. Un contributo alla storia dell'esegesi patristica*, Roma; (1986), "Hilaire de Poitiers", *in Initiation aux Pères de l'Église, IV: Les Pères latins*, sob a dir. de A. Di Berardino. — M. Durst (1987), *Die Eschatologie des Hilarius von Poitiers. Ein Beitrag zur Dogmengeschichte des IV Jhdts*, Bonn. — R. C. P. Hanson (1988), *The search for the Christian Doctrine of God. The Arian Controversy 318-381*, Edimburgo. — J. Doignon (1993), "Hilaire de Poitiers", *in Nouvelle histoire de la litterature latine*, sob a dir. de R. Herzog e P. Lebrecht Schmidt, vol. 5, Turnhout, § 582, 503-537. — Col. (1995), *Biblia patristica (Index des citations et allusions bibliques dans la litterature patristique)*, vol. 6, Estrasburgo. — P. Smulders (1995), *Hilary of Poitiers' Preface to his* Opus historicum. *Translation and Commentary*, Leyde.

Michel-Yves PERRIN

→ *Arianismo; Atanásio; Trindade.*

HIPÓSTASE → pessoa

HIPOSTÁTICA (união)

a) Em Cirilo de Alexandria e no concílio de Éfeso. — A união hipostática (u.h.) é a expressão que desde o concílio* de Éfeso* designa a união da divindade e da humanidade num só e mesmo sujeito, Cristo* (DS 250). Quer traduzir em linguagem técnica a afirmação do evangelho* de João: "O Verbo* se fez carne" (1,14) e a confissão* do concílio de Niceia*: "Um só Senhor Jesus Cristo, o Filho de Deus*, único gerado pelo Pai* [...] que por nós, homens, e por nossa salvação* se encarnou, se fez homem (*DS* 125)". A fórmula responde à questão: sob que condição aquele que foi gerado pelo Pai desde toda eternidade* nasceu — um só e o mesmo — de Maria* no tempo? Como um só e o mesmo pode ser verdadeiro Deus e verdadeiro homem?

A u.h., tal como a compreenderam Cirilo* e o concílio de Éfeso, implica muitos dados estreitamente ligados entre si: 1/ Cristo não é feito de dois seres subsistentes concretos, como se o Filho de Deus e Cristo fossem "diferentes entre si" ou como se o Verbo, em vez de tornar-se um homem, se tivesse unido a um dentre eles. 2/ A união é íntima a tal ponto que se dá no nível do ato* concreto de subsistir, ali onde o Verbo "reivindica o nascimento temporal como seu"; não no nível das naturezas, a humanidade e a divindade ficando intactas e distintas. 3/ O ato de subsistir só pode ser o do Verbo, o Filho eterno, que imprime à humanidade seu ato próprio de existir. 4/ A humanidade de Jesus* não tem existência anteriormente à encarnação* nem independentemente do fato de ser assumida como sua pelo Verbo. 5/ As propriedades das naturezas comunicam entre elas, não diretamente, mas por intermédio do sujeito "daquele que existe" — o nascimento temporal do Verbo, p. ex., diz-se do *Verbo* ou de *Deus*, e não da *divindade*, como o atesta o título de "Mãe de Deus" (*theotokos*) reconhecido a Maria na Igreja*.

b) Os antecedentes da palavra "hipóstase". — Essa noção de hipóstase percorreu um longo caminho antes que Cirilo, o primeiro segundo M. Richard (1945, 250-252), o introduzisse na cristologia*, para designar o princípio de existência ou de realidade, diante da *physis* ou da essência de uma coisa. A palavra, tomada da ciência natural grega, foi, primeiro, sinônimo de *precipitado* com as notas óbvias de solidificação e de manifestação. Para os estoicos, significou em seguida o último estádio da individualização de uma essência. A teologia* cristã, com Orígenes* (*Contra Celso*, 8, 12; SC 150, 201), e depois nos capadócios, utilizou a palavra para caracterizar as pessoas* da Trindade* perante a essência (*ousia*) da divindade.

O ensinamento de Cirilo, talvez proposto no começo à maneira de uma intuição, antes que como uma definição, constituirá uma contribuição decisiva que os concílios ulteriores, de Calcedônia* a Constantinopla III*, apenas repetirão e aprofundarão.

c) *Dificuldades modernas.* — A u.h., com a hegemonia do elemento divino que comporta, pareceu em nossos dias pôr em perigo a autenticidade da humanidade de Cristo ou privá-lo da consistência que dá a personalidade. Além de o sentido antigo, propriamente ontológico, não compreender a acepção psicológica moderna, foi dito que "afirmar a transcendência do sujeito divino até na u. h. é garantir ao mesmo tempo a independência do homem e a alteridade de Deus" (R. Vigouroux, *RSR* 28, 1980, 27). De outro lado, a humanidade assumida pelo Verbo, longe de ser despersonalizada, recebe o em-si da pessoa que lhe dá o ser.

d) *Reformulações recentes.* — Contando com a identidade fundamental do ser* e da consciência, e tomando assim por modelo primeiro do ser não a coisa opaca para si mesma, mas o sujeito cognoscente e livre, K. Rahner* tentou uma transposição "ontológica" da doutrina da u.h. Expressa até então de um modo "ôntico", a u.h. é para Rahner como a união de uma questão e de uma resposta absoluta. A questão é a natureza humana cuja atividade de conhecimento* e de amor* é polarizada e animada pela busca de Deus: a natureza humana é, em si mesma, ato fundamental de transcendência, recebido de Deus e voltado para ele. A resposta, é a autocomunicação de Deus a essa abertura, que Deus suscita, neste caso, para ser acolhido como *dom absoluto.* Porque a questão é um elemento intrínseco da resposta, ela é ao mesmo tempo realidade distinta de Deus e realidade regida por ele desde o começo.

Para Donald Baillie, cuja influência foi considerável no mundo anglo-saxão, o "paradoxo da graça*" atua de maneira soberana na encarnação. Assim como Deus, por sua graça, faz no homem aquilo de que esse fica plenamente responsável (1Cor 15,10), Deus é plenamente presente naquele Jesus, que "faz *sempre* o que é agradável a Deus" (1948, 131). Mas questiona-se por que é que a

constância da ação introduziria, entre a condição de Cristo e a dos cristãos, outra coisa além de uma diferença de grau (Robinson, 1966, 30-39).

- A. Michel (1922), "Hypostatique (union)", *DThC*, 7/1, 437-568. — M. Richard (1945), "L'introduction du mot 'hypostase' dans la théologie de l'incarnation", *MSR* 2, 5-32, 243-270. — M. Nédoncelle (1948), "*Prosopon* et *persona* dans l'Antiquité classique", *RevSR* 22, 277-299. — D. M. Baillie (1966), *God Was in Christ*, Londres. — H. N. G. Robinson (1966), *Theologians of Our Time*, Edimburgo. — J. Meyendorff (1969), *Le Christ dans la théologie byzantine*, Paris. — K. Rahner (1977), *Grundkurs des Glaubens*, Friburgo-Basileia-Viena (*Curso fundamental de fé*, São Paulo, 1986). — A. de Halleux (1992), "Les douze chapitres cyrilliens au concile d'Éphèse (430-433)", *EThL* 23, 425-458.

Gilles LANGEVIN

→ *Anipostasia; Cirilo de Alexandria; Constantinopla II (concílio); Cristo/cristologia; Éfeso (concílio); Trindade.*

HIRSCHER, Johann Baptist von → Tübingen (escolas de)

HISTÓRIA

a) *Teologia bíblica.* — A teologia* da h. nasce da experiência* de Israel*. Experiência de um passado percebido como doação de ordem e de finalidade: o homem vive numa criação*, no interior da qual uma lógica de eleição* e de salvação* governa o destino do povo*. Experiência de um presente estruturado pela lei* divina e pela aliança*, e em que a liturgia* faz perpetuamente memória dos altos feitos de Deus* (*ma'asey elohim*). Experiência, enfim, orientada para um futuro absoluto: a aliança é nutrida de promessas* divinas que impõem uma esperança* que o profetismo, o messianismo* e a apocalíptica* vêm recordar. A uma experiência cíclica do tempo*, ritmada religiosamente por rituais agrários, se sobrepõe uma temporalidade linear à qual a iniciativa divina garante a inteligibilidade e a continuidade. Nas contingências violentas da ação humana, ou simplesmente na sucessão das gerações (*toldoth*), permanece em ato um desígnio transcendente de paz* e de salvação definitivas.

O NT vê uma linguagem de cumprimento* — e de cumprimento iminente — tomar o lugar da linguagem da promessa. Não só a pregação* de Jesus* anuncia a extrema proximidade do reino de Deus (Mt 3,17 par. etc.), não só Jesus é apresentado como aquele no qual se cumprem as esperanças e as Escrituras* de Israel (Mt 1,22; Mc 14,49; Lc 4,21; Jo 12,38 etc.), mas ainda seu reconhecimento como messias* força a outorgar à sua missão um sentido estritamente escatológico. A h. de Israel chegou a seu termo. E porque essa h. é biblicamente indissociável da h. de todas as nações a "plenitude dos tempos" (Gl 4,4) pode passar pelo fim puro e simples da h.: o cristianismo primitivo sabe que saiu de uma h., sabe que um novo éon se abre com ele, não sabe nem se crê investido de outra missão a não ser a de chamar à conversão*, esperando a volta iminente (a parusia*) do messias ressuscitado. A ideia de que a Igreja* possa ter uma h. não está ausente da consciência cristã primitiva, quer o sentido dessa h. resida na missão* junto aos pagãos (Paulo, Lucas), quer se funde na "paciência" do Deus que concede prazos para a conversão (2Pd 3,8s). De outro lado, a primeira Igreja nos aparece como uma comunidade estruturada, e não como uma seita entusiasta incapaz de sobreviver ao retardamento da parusia. Um traço em todo caso é capital: a realidade da h. que prossegue é apenas interina. Que a h. do mundo prossiga depois de que foi cumprida a salvação do mundo, eis o que representou um problema teológico de grande importância. No fim da idade apostólica, o problema está resolvido nos fatos. Mas o NT não propõe certamente mais do que os primeiros rudimentos de uma teologia da h. para uso dos crentes, para quem o futuro não está mais carregado de nenhuma promessa de salvação ou de revelação*.

b) *História da Igreja e cidade de Deus.* — A rejeição radical do mundo e da h. é uma das características essenciais da gnose*, e a recusa cristã do gnosticismo manifesta, entre outras coisas, uma aliança do cristianismo e da h.: retrospectivamente na experiência de Israel e pros-

pectivamente na da Igreja, a h. está submetida ao governo benévolo da providência* divina. Uma impaciência escatológica está na certa presente em numerosos textos patrísticos (e reaparecerá cronicamente). Os prazos concedidos à h. são breves (Lactâncio ainda espera o fim do mundo para o ano 500). O milenarismo*, de outro lado, manifesta sua insatisfação ante as condições presentes da existência histórica, esperando uma h. por vir (um *"millenium"*) que verá Cristo* reinar visivelmente no mundo. O futuro pertencia porém a outros pensamentos. Em Ireneu* (e apesar de suas simpatias pelo milenarismo), uma teologia da tradição* e da recapitulação (*anakephalaiôsis*) escatológica permite garantir ao mesmo tempo as condições de uma fidelidade perpétua da Igreja à sua missão e as de um devir histórico frutuoso. Eusébio de Cesareia, por sua vez, teoriza a nova posição ocupada pela Igreja no mundo romano depois da conversão de Constantino. A cristianização do Império, nessa primeira de todas as teologias políticas* cristãs, aparece como o cumprimento da h.; o triunfo da monarquia imperial e o triunfo do monoteísmo* são dois fatos providencialmente ligados; a noção de "preparação evangélica" permite uma ampla escritura da h. universal em que tudo culmina na dupla e única proposição aos homens da *pax romana* e da *pax christiana*.

A teologia bizantina reterá o esquema diretor de Eusébio, e não deixará de ressurgir na teologia latina cada vez que um poder secular passar por protetor providencial da Igreja. A crítica teológica de toda confusão foi, porém, fornecida desde o s. V. Em 410, o saque de Roma* por Alarico marca o fim da *pax romana*. Para Orósio, discípulo de Agostinho*, esse fim vivido sem grande drama indica uma transição: a missão civilizadora do império passa para a Igreja. Para Agostinho, que escreve sua *Cidade de Deus* entre 412 e 426, a morte do império do Ocidente é ocasião para uma interpretação global da h. que sabe que as civilizações são mortais, e que tira daí as lições. De fato, a h. é dupla: h. da "cidade* de Deus", que começa com Abel, h. da "cidade terrestre", que começa com Caim. Depois da vinda de Cristo, a humanidade vive uma última idade do mundo (a sexta), cuja duração não importa. Durante essa idade, como durante as precedentes, a cidade de Deus existe no mundo no modo de peregrinação* (*peregrinatio*), sem conhecer progresso, fortalecida sempre por um idêntico amor* de Deus, visível na Igreja sem identificar-se com a Igreja visível, e sem que as duas cidades deixem de estar "entrelaçadas" e "intimamente misturadas" (*Civ. Dei* I, 35). Os detalhes da h. universal perdem então sua importância. A h. não é mais que o campo em que se enfrentam "os dois amores que construíram as duas cidades". O sentido teológico da h. universal é somente arbitrar esse enfrentamento e revela-se, portanto, em todo lugar de experiência. A providência pode pôr uma civilização a serviço da cidade de Deus — mas as próprias civilizações e sua h. são apenas realidades seculares.

Sempre verbalmente admitida, a teologia agostiniana da h. devia sofrer na IM um apagamento gradual, à medida que a atenção se deixava prender pelos sucessos visíveis da Igreja: assim, Otto de Freising conclui sua *Historia de duabus civitatibus* (1147) observando que as duas cidades não formam mais que uma, que é a Igreja. De outro lado, a IM deveria ver surgir a teoria sem precedente (Lubac*, 1978, 19-42) de Joaquim de Fiore (milenarismo B*): a ideia de uma idade iminente do Espírito* sucedendo à Idade do Pai* (AT) e à idade do Filho; a ideia de uma Igreja monástico-ascética sucedendo à Igreja dos clérigos (à *ordo clericorum*); a ideia de um "Evangelho eterno" que o tempo presente ignorava ainda, retomada ulteriormente pelos "franciscanos espirituais" e destinada a ter uma rica posteridade. Joaquim foi refutado por Tomás* de Aquino; suas preocupações históricas (e as dos franciscanos espirituais) encontraram uma resposta mais articulada ainda em Boaventura*. Mas com exceção desse debate importante os interesses da IM pela h. são escassos, e seus interesses por um pensamento teológico da h. praticamente nulos. Autores como Gehroh de Reichersberg, Honorius de Autun (c. de 1080 – c. de 1156), Hugo de São Vítor (†1141), Ruperto de Deutz (c. de

1070-1129), Anselmo de Havelberg (†1158) ou Hildegarda de Bingen (1098-1179) fazem da h. (bíblica e universal) objeto de uma leitura simbólica e tipológica que merece atenção — mas a escolástica* tomará outros caminhos.

Os acentos agostinianos voltariam com insistência nas polêmicas teológicas da Reforma, quer se trate de rejeitar as pretensões da Igreja visível a ser puramente e simplesmente o reino* de Deus, quer de sustentar, na teologia radical de S. Franck (1499-1542), que a verdadeira Igreja não teria existido jamais senão como "invisível diáspora". De Agostinho a Lutero* ou às apologias do catolicismo* contra a Reforma (p. ex. em C. Baronius [1538-1607]), um fato permanece em todo caso constante: na medida em que aparece, é primeiro como objeto teológico que a h. aparece; e a h. profana não merece ser nomeada a não ser em razão dos serviços teológicos que presta à Igreja ou não lhe presta.

c) História, profanidade, filosofia. — Pode-se considerar que o mesmo período, o s. XVI, viu nascer uma h. científica da Igreja e viu a h. perder seu estatuto de objeto unicamente teológico. Em J. Bodin (1529-1596), a *historia divina* coexiste, em princípio, com uma *historia naturalis* e uma *historia humana*, mas é essa última, privada de todo motor teológico, que de agora em diante atrai toda a atenção. As significações cristológicas e soteriológicas não são negadas — o acento passa contudo para um futuro que elas não determinam verdadeiramente, e do qual se admite que está entregue às mãos dos homens. Simetricamente, as especulações de I. de la Peyrère (1594-1676) sobre os "pré-adamitas" abrem a h. sobre um passado pré-bíblico. Bossuet pode ainda propor em 1681 uma leitura bíblica da h. regida pela providência e conduzindo ao triunfo da Igreja. Mas é bem uma tese dominante que formulará Lord Bolingbroke (1678-1751) quando dirá que "o homem é o sujeito de toda história".

G. B. Vico (1668-1744) publica em 1735 a primeira edição de sua *Scienza nuova*, e Voltaire cunha em 1765 a expressão "filosofia* da história". Vico é cristão e Voltaire deísta, porém as afinidades são mais fortes que as dessemelhanças. À busca de um fundamento inabalável sobre o qual construir sua "nova ciência", Vico, com efeito, tinha concluído pela convertibilidade do verdadeiro e do feito (do que o homem "faz"); e se ele fala de uma providência divina que deu a história aos homens e a governa de maneira puramente imanente nada distingue factualmente esse governo imanente da responsabilidade somente inicial exercida sobre a h. pelo Deus de Voltaire. Nas subidas e descidas (*corsi e ricorsi*) que constituem, segundo Vico, o ritmo originário da h., os fatos bíblicos não gozam de nenhuma posição privilegiada — e a transição é fácil para a ideia voltairiana de uma h. das civilizações na qual a experiência bíblica não aparece mais, comparada p. ex. à sabedoria chinesa, senão como um puro caso de barbárie.

No século das Luzes, os motivos teológicos não desaparecem totalmente na filosofia da h. novamente organizada. G. E. Lessing (1729-1781) estabelece um nexo positivo entre razão* e revelação na "educação do gênero humano"; J. G. Herder (1744-1803) fala de um homem que faz a h. por ter recebido o "dom divino da razão". Porém esses motivos chegam a apagar-se num processo que vê a ideia de progresso laicizar as de providência e de salvação. Foi sem dúvida a Rousseau (que não era um pensador do progresso) que coube fornecer a primeira interpretação totalmente secular da h. As inflexões de Voltaire, por sua vez, acentuam-se nas visões progressistas de Turgot (1727-1781) ou de Condorcet (1743-1794): "O triunfo do cristianismo", escreve esse último, "foi o sinal da completa decadência tanto das ciências como da filosofia" (*Esquisse d'un tableau historique des progrès de l'esprit humain*, Paris, 1795, 136). E se Lessing tem um papel importante na h. da teologia é primeiro por ter crido e dito que uma beatitude* eterna não podia fundar-se em "verdades históricas contingentes".

No entanto, a teologia da h. deveria ressuscitar no interior da própria filosofia. Em 1799, Novalis (1772-1801) pôde afirmar no contexto de uma reabilitação romântica da IM que "toda h. é evangelho" — sua leitura será prolongada pela de F. Schlegel (1772-1829). Desde 1800,

Schelling* propõe o conceito de uma h. movida pela manifestação do Absoluto — é também o que a h. será para Hegel*. O tradicionalismo* católico e a escola católica de Tübingen*, cada um a seu modo, farão eco dessas reapreciações. Para J. S. von Drey (1777-1853), no princípio da h. universal está uma revelação originária que lhe garante a coerência teológica; a h. aparece menos como um artefato humano do que como o lugar do desvelamento, e como a condição sob a qual esse desvelamento pode chegar ao homem. Utilizando uma axiomática teológica totalmente diversa, Schleiermacher* é também um pensador do sentido teológico da h., em que o Espírito é a "força última que constrói o mundo" — um apelo ao Espírito que se encontra, p. ex. em J. T. Beck (1804-1878) ou em F. A. G. Tholuck (1799-1877). Os teólogos da escola de Erlangen (G. C. A. Harless [1806-1879], J. C. K. Hofmann [1810-1877], F. H. R. von Frank [1827-1894]) fornecerão enfim, com o conceito de "h. da salvação", *Heilgeschichte*, o toque de reunir de toda teologia da h. por vir.

Os desenvolvimentos da crítica histórica e sua aplicação às fontes da teologia não tardarão a provar que, para responder aos pensamentos secularizantes, as afirmações dogmáticas, mesmo apoiadas nas melhores filosofias da época, não bastavam. E se é verdade que a direita hegeliana era incontestavelmente mais fiel às intenções de Hegel, nem por isso o s. XIX deixou de conhecer a vitória dos discípulos de esquerda (D. F. Strauss em primeiro lugar) cujo trabalho histórico minava as fundações de toda teologia da h. — Marx* devia selar essa vitória propondo uma secularização* radical da h., junto com uma escatologia* igualmente secularizada. Assim, só existe a cidade terrestre; e no fim da h. (em seu termo e em sua meta) a única salvação pensável é oferecida pela mediação de uma classe messiânica, o proletariado, que não recebe sua unção de Deus, mas das leis dialéticas imanentes ao mundo. A ironia quer que o ateísmo* se tenha apoderado dos bens mais próprios da teologia num período que viu também aparecer, sob os traços do protestantismo* liberal (do protestantismo "cultural"), uma teologia notável por ter expulso para fora de seu campo todo motivo escatológico.

d) História da salvação e sentido escatológico da experiência cristã. — Sem dúvida, o crítico mais consistente do cristianismo não é Marx, mas Nietzsche*. A aporia do historicismo ateu reside na produção de teodiceias sem Deus (Löwith, 1949; Marquard, 1973), a afirmação nietzschiana do "eterno retorno do mesmo" leva a negação do Deus cristão à sua única consequência totalmente coerente: se esse Deus morreu, a h. morreu também. Não é talvez por acaso que o tempo da negação mais radical coincidiu teologicamente, aproximadamente, com a reabertura de um dossiê havia muito tempo fechado, mas agora um novo exame permitiu uma reconceptualização teológica da h., o da escatologia bíblica. Com efeito, na virada do s. XIX para o XX, a reabertura desse dossiê permitiu tomar uma consciência nova do verdadeiro problema teológico do tempo da h. Em 1892 e 1893, J. Weiss (1863-1914) e R. Kabisch (1868-1914) reinserem a pregação de Jesus no contexto apocalíptico* de uma espera do fim. Em 1906, A. Schweitzer (1875-1965) sustenta que a ideia de uma h. que lhe sobreviveria era estranha à escatologia "consequente" de Jesus Cristo. Contra a escatologia consequente, a influência de Heidegger* levou Bultmann* a elaborar uma escatologia "existencial", em que a existência "autêntica" à qual a fé* acede é *ipso facto* fim da h. E paralelamente a Bultmann (mas sem grande interesse sistemático) C. H. Dodd (1884-1973) propôs ler a teologia joanina sob a cifra da "escatologia realizada". Essas leituras deviam encontrar seu contrapeso nos trabalhos de O. Cullmann sobre a consistência teológica própria do tempo da Igreja. O conflito científico das interpretações da escatologia devia ulteriormente levar à observação de que o NT não propõe uma teologia unificada dos últimos tempos, mas uma pluralidade de tendências (H. Conzelmann, W. G. Kümmel, E. Käsemann etc.). Seja o que for de um debate que não se pode dar por acabado, sejam quais forem também as opções confessionais subjacentes, pode-se pelo menos afirmar que o fruto

principal do debate está na tomada de consciência, ela mesma incontestada, de um fato: para uma teologia fiel a seu *logos*, o escatológico é sempre o primeiro, e o histórico sempre significante pela relação que mantém com ele.

Restituição das significações escatológicas e derrocada as filosofias sistemáticas da h., esses dois acontecimentos têm no fundo levado a teologia recente a organizar-se como um novo agostinismo*. Certamente, as antigas coordenadas do problema não desapareceram. A teologia da esperança de J. Moltmann (1926), p. ex., apresenta-se como uma revivescência do joaquimismo suscitado por um confronto com Marx e o marxismo utópico de E. Bloch, em que o futuro acaba por fornecer "um novo paradigma da transcendência". A recepção teológica de Hegel, seja na teologia protestante (W. Pannenberg, 1928-) seja na teologia católica (G. Fessard, 1897-1978), leva a um pensamento da h. que vê nela um pouco mais que o campo das "peregrinações" da cidade de Deus. Porém entre uma teologia da existência que ignora a h. e uma teologia da h. que imporia ao cristianismo a espera de uma cidade de Deus encarnada na cidade terrestre, a alternativa seria falsa. A experiência cristã tem seu lugar, que é a Igreja; e se alguma confissão cristã (inclusive o catolicismo) já não tem (ou já não pode ter) a tentação de escrever uma h. do mundo que culmine apoditicamente nos sucessos presentes da Igreja, a relação *missionária* da Igreja para com o mundo impõe um pensamento da h. (p. ex. Daniélou 1953), tanto como impõe, num cristianismo dividido, a relação *ecumênica* da Igreja para com ela mesma. Se, de outro lado, a teologia católica contemporânea compraz-se em falar da Igreja como "sacramento* da salvação" entre os povos (p. ex. Vaticano II*, *LG* 48), o termo não trai nenhum retraimento cultural, antes assinala uma retomada da teologia de Ireneu sobre a recapitulação — assim em Balthasar*, no que se pode considerar como um movimento de dedução e de redução cristológica da h.

O *eschaton*, pois, *não está* realizado onde quer que o homem apreenda o que o define teologicamente: de um lado, porque a esperança cristã não concerne prioritariamente ao futuro absoluto do indivíduo, mas ao de um povo (p. ex. Lubac, 1938, 75-92), de outro lado porque o crente é pecador e mortal, e o presente de sua experiência é sempre um presente *julgado*, vivido na certeza de um perdão, mas nunca restabelecido numa inocência definitiva. O *eschaton* não é por isso o além abstrato da h. — é seu segredo teológico presente. O *eschaton* não é somente o que a h. não pode engendrar, nem é somente a instância crítica de h., ele já imprime nela sua marca. E dessa marca não se pode então falar sem apelar para a razão prática.

A h., tomada em seu sentido moderno mais neutro, é o campo indefinido do agir humano. A teologia pode definir esse campo, assinalar-lhe limites e teleologia — mas pode defini-lo com a condição de não mais interpretar ingenuamente a h. como manifestação clara e distinta da benevolência divina (com a condição de rejeitar a proposição de uma teodiceia concebida sobre o modelo de Leibniz*), mas de decifrar nela os "sinais" oferecidos por um Deus escondido. A h., dizia Lutero, é o "disfarce de Deus" (*WA* 15, 373). Porém o espetáculo do mundo seria um jogo teologicamente malsão se o homem esquecesse que figura primeiro na h. a título de agente. O lugar preciso da experiência cristã é o entredois, o entretempo, que separa o "mundo*" do "Reino". Nesse entretempo as palavras de Barth* possuem uma verdade total: "O julgamento* de Deus é o fim da h.; uma gota de eternidade* tem mais peso que o mar das coisas submetidas ao tempo" (*Römerbrief*, 1922², 51). Mas ninguém pode entregar-se a essa contemplação se não se recusa também a deixar a "cidade terrestre" ser a única senhora da h. O sentido escatológico da experiência cristã perder-se-ia em sonhos se a teologia da h. não vinculasse os pedidos mais antigos do cristianismo ("Que teu Reino venha", "Que venha tua graça* e que o mundo passe" — *Didachè* X, 6) às exigências concretas da ética* teológica e da teologia política*.

• H. Thielicke (1935), *Geschichte und Existenz*, Gütersloh (1964²). — C. H. Dodd (1936), *The Apostolic Preaching and its Developments*. Londres. — H. de Lubac (1938), *Catholicisme. Les aspects sociaux du dogme*, Paris. — O. Cullmann (1946), *Christus und die Zeit. Die urchristliche Zeit-und Geschichtsauffassung*, Zurique (1962³). — J. Taubes (1947), *Abendländische Eschatologie*, Berna. — K. Löwith (1949), *Meaning in History*, Chicago (*Weltgeschichte und Heilsgeschehen*, Stuttgart, 1953). — N. Niebuhr (1949), *Faith and History*, Nova York. — H. Conzelmann (1953), *Die Mitte der Zeit*, Tübingen. — J. Daniélou (1953), *Essai sur le mystère de histoire*, Paris (1982²). — R. Bultmann (1957), *History and Eschatology*, Edimburgo (*Geschichte und Eschatologie*, Tübingen, 1958, 1979³). — H. U. von Balthasar (1959), *Theologie der Geschichte, neue Fassung*, Einsiedeln. — J. Ratzinger (1959), *Die Geschichtstheologie des heiligen Bonaventura*, Munique-Zurique. — G. Fessard (1960), *De l'actualité historique*, Paris, 2 vol. — E. Käsemann (1960, 1964) *Exegetische Versuche und Besinnungen*, Göttingen, 2 vol. reed. em 1 vol. 1970. — H. U. von Balthasar (1963), *Das Ganze im Fragment*, Einsiedeln. — J. Moltmann (1964), *Theologie der Hoffnung*, Munique (1969⁸). — M. Seckler (1964), *Das Heil in der Geschichte. Geschichtstheologisches Denken bei Thomas von Aquin*, Munique. — O. Cullmann (1965), *Heil als Geschichte*, Tübingen. — G. Jossa (1965), *La teologia della Storia nel Pensiero cristiano del secondo secolo*, Nápoles. — W. G. Kümmel (1965, 1978), *Heilsgeschehen und Geschichte*, Marburgo, 2 vol. — J. V. Langmead Casserley (1965), *Toward a Theology of History*, Oxford. — G. Sauter (1965), *Zukunft und Verheissung*, Zurique. — E. Heimann (1966), *Theologie der Gechichte*, Berlim. — W. Pannenberg (1967), "Heilsgeschehen und Geschichte", *Grundfr. syst. Th.*, Göttingen, 22-78. — H.-I. Marrou (1968), *Théologie de l'h.*, Paris. — F. Flückiger (1970), *Theologie des Geschichte*, Wuppertal. — R. A. Markus (1970), *Saeculum: History and Society in the Theology of St. Augustine*, Cambridge. — O. Marquard (1973), *Schwierigkeit mit der Geschichtsphilosophe*, Frankfurt (1982²). — F. P. Hager, G. Scholtz (1974), "Geschichte", *HWP* 3, 344-398. — H. de Lubac (1978, 1980), *La posterité spirituelle de Joachim de Flore*, Paris-Namur, 2 vol. — J. I. Saranyana (1979), *Joachin de Fiore y Tomas de Aquino*, Pamplona. — J.-Y. Lacoste (1990), *Note sur le temps*, Paris. — B. Forte (1991), *Teologia della storia*, Milão. — R. Schaeffler *et al.* (1995) "Geschichte", *LThK³* 4, 553-563.

Jean-Yves LACOSTE

→ *Escatologia; História da Igreja; Tempo.*

HISTÓRIA DA IGREJA

A história* (h.) da Igreja* (I.) representa para a teologia* cristã um nó em que se cruzam questões eclesiológicas (natureza da I.) e dogmáticas (teologia da encarnação*) e um discurso muitas vezes narrativo em que se joga, numa dimensão apologética, sua credibilidade perante a cultura em que está imersa.

1. Referências cronológicas

a) Antiguidade. — A expressão "h. da I." toma sentido quando os membros da I. cristã tentam interpretar seu próprio destino religioso à luz dos acontecimentos. Pode-se considerar que os Atos dos Apóstolos constituem seu primeiro ensaio. Mas os outros escritos do NT estão igualmente atravessados por uma reflexão sobre o sentido da h.* humana e o impacto que o acontecimento cristão tem sobre ela.

A *História eclesiástica* de Eusébio de Cesareia (265-340) vai do nascimento de Jesus* até 323. Propõe ao mesmo tempo uma explicação cosmológica (a luta da I. contra o mundo* reproduz a que Deus* trava contra Satanás) e uma justificação apologética: a I. permanece fiel apesar das perseguições e das heresias. Essa visão histórica constitui um modelo que prolongam Sócrates, o Escolástico (*c.* 380 – *c.* 450), Sozómenos (*c.* 400-443) e Teodoreto de Cyr (393 – *c.* 460), do ponto de vista ortodoxo, enquanto Filostorgo (368 – *c.* 425) defende o ponto de vista ariano. Teodoro, o Leitor (*c.* 525- †?) e Evágrio, o escolástico (536-600), situam-se na mesma perspectiva. No s. XIV, Nicéforo Calisto (†1350), escreve a h. eclesiástica até o começo do s. X.

Na I. latina Rufino de Aquileia (*c.* de 340-410) traduz, abreviando-a, a *História eclesiástica* de Eusébio, e a continua até o fim do s. IV. Em sua *Crônica*, Jerônimo (*c.* 347-420) retoma o trabalho de Eusébio e de Rufino. Seu livro sobre os grandes homens da I. é prolongado por Genádio (†495) e Isidoro de Sevilha (*c.* 570-636). Em sua *Historia sacra*, o sacerdote gaulês Suplício Severo (*c.* 360 – *c.* 420) retoma a história do mundo desde a criação* e a leva até à I. no fim do s. IV. Cassiodoro (*c.* 480 – *c.* 575), a partir dos trabalhos de Sócrates, Sozómenos e

Teodoreto, compõe uma *Historia Ecclesiastica Tripartita* que, com a de Eusébio, servirá de referência durante toda a IM.

b) Idade Média. — As grandes sínteses deixam em seguida lugar para as h. locais ou nacionais, muitas vezes redigidas por monges, como a *Historia Francorum* na qual Gregório de Tours (*c.* 538 – *c.* 594) propõe as principais datas da h. do mundo, seguidas pela h. eclesiástica das Gálias, ou como a *Historia ecclesiastica gentis Anglorum* (731) de Beda, o Venerável (637-735), que começa com a conquista da Inglaterra por Júlio César.

c) Humanismo e Reforma. — O s. XVI traz uma profunda renovação da consciência histórica cristã. De um lado, o humanismo* leva a uma tomada de consciência da idade dos documentos sobre os quais o historiador trabalha, como Lourenço Valla (1407-1457) o demonstra a propósito da falsa doação de Constantino. De outro lado, a Reforma recoloca a questão da heresia*, e os campos protestante e católico utilizam a h. eclesiástica para estabelecer sua legitimidade doutrinal. Nas *Centúrias de Magdeburgo*, publicadas em Basileia de 1559 a 1574, sob a direção do luterano Flácio Ilírico (1520-1575), a perspectiva aproxima-se da apologética da Antiguidade, mas a luta entre a I. e o mundo é apresentada de maneira diferente: Satã introduziu-se na I., engendrando a superstição e o erro: o papado é visto como a obra do Anticristo. Pesquisando nos arquivos pontifícios, o cardeal Barônio (1538-1607) opõe às *Centúrias* seus *Anais eclesiásticos*, publicados em Roma de 1588 a 1607. Nos dois casos a h. da I. serve para instrumentar a controvérsia confessional. Os autores católicos, como Florimundo de Raemond (†1602), assimilam o protestantismo* às heresias do passado e reivindicam, como Bossuet (1627-1704), a herança dogmática dos Padres* e dos concílios*, que opõem à variedade doutrinal dos protestantes. No campo protestante, autores como Flacius ou S. Goulart (1543-1628) procuram estabelecer que o verdadeiro cristianismo foi sempre professado por uma minoria, que desde o fim dos tempos apostólicos se opôs a Roma*; outros, como J. Daillé (1594-1670), querem provar que a doutrina protestante concorda com a dos Padres da Igreja. À afirmação católica da permanência perpétua da fé* os protestantes opõem uma leitura crítica das origens do cristianismo medieval.

d) Da Idade clássica às Luzes — No s. XVII porém a h. da I. já não está completamente prisioneira da controvérsia, como o testemunham o trabalho de edição dos textos patrísticos (mauristas) e conciliares (J. Hardouin, 1646-1729), as pesquisas sobre a vida dos santos (bolandistas), o nascimento da diplomacia (J. Mabillon, 1632-1707) e a emergência de uma consciência histórica crítica (P. Bayle, 1647-1706). A multiplicação dos instrumentos de trabalho — que prosseguiu no século seguinte (S. Le Nain de Tillemont, 1637-1698; J. D. Mansi, 1692-1769) — e a elaboração de métodos rigorosos desembocam progressivamente na aparição da h. dos dogmas*. O viés de defesa da ortodoxia é do outro lado questionado: por Gottfried Arnold (1666-1714), que desvaloriza a importância das querelas dogmáticas e manifesta certa simpatia para com os hereges; por J. L. von Mosheim (1694-1755), que quer analisar a I. como qualquer sociedade*, com um máximo de objetividade; por J. S. Semler (1725-1791), que claramente toma suas distâncias em relação a pressupostos dogmáticos e confessionais: o dogma não é imutável, mas, ao contrário, inconstante e fluido. Sabe-se que essa ideia de uma relatividade da verdade* dos dogmas será retomada por Loisy (1857-1940) e no modernismo*.

2. História da Igreja e teologia hoje

a) A história como autocompreensão da Igreja? — A h. da I. pensa-se e pratica-se numa tensão — por vezes uma contradição — entre as exigências do método e as expectativas da teologia*. Do ponto de vista da teologia, é geralmente concebida como um momento do pensamento cristão, um "lugar* teológico" (Congar), uma função da consciência da I. O genitivo da expressão "h. *da* I." é então não só objetivo, mas igualmente subjetivo, pois se

concebe como esforço de autocompreensão (*Selbsvertändnis*) da I. (H. Jedin), esforço legítimo e indispensável num quadro sistemático fundamentalmente estruturado pela vinda do próprio Deus na h. humana. Mas essa concepção clássica é problemática, porque a h. da I. se revela como a de sua própria *incompreensão*, tanto a consciência de si pode ser ilusória ou mentirosa (É. Poulat); porque, na medida em que a cristandade é atravessada por conflitos de interpretação exegéticos, eclesiológicos, dogmáticos e historiográficos, é preferível falar de uma *pluralidade de autocompreensões*; porque a cientificidade da pesquisa histórica depende em parte da capacidade que tem o historiador de desprender-se do objeto que estuda.

b) História e teologia da história. — Assim, a h. da I. aparece ambígua epistemologicamente: de um lado, é herdeira de uma disciplina da teologia que tem por tarefa pensar a eclesiologia* como expressão da revelação* de Deus na h.; mas, de outro lado, tende a alinhar-se segundo os métodos da h. geral, quer dizer, pensar sua prática independentemente de todo pressuposto de fé*. Certamente pode-se distinguir tipologicamente uma h. da I. que se elaboraria no seio da I., que constituiria um momento de sua reflexão sobre sua identidade e seu papel no mundo, de uma "h. do cristianismo" que abordaria a questão do fenômeno cristão na h. sob um ângulo exterior. A distinção é pertinente na medida em que sublinha a especificidade da posição do historiador eclesiástico, cujo discurso remete, a montante como a jusante de sua pesquisa, a uma reflexão teológica. Mas não se sustenta no plano metodológico: num caso e no outro, a h. se constrói pela elaboração de hipóteses, ordenação, tratamento e cruzamento de fontes cuja linguagem aliás recusa-se a reproduzir (p. ex. redobrando os anátemas por heresia). Além disso, a h. da I. não se limita mais a um conjunto de textos conciliares, de catálogos heresiológicos e hagiográficos, ou de sínteses dogmáticas. Profundamente tocada pela renovação das abordagens, dos métodos ou dos objetos da disciplina em geral, procura diversificar seus campos de investigação e suas fontes, como também integrar o campo das ideias teológicas e das mentalidades religiosas no vasto campo de uma h. das representações e das práticas. Aliás, não se concebe mais como uma história *das Igrejas*, e renunciando à síntese impossível em que os pressupostos metodológicos da h. e os da teologia seriam ambos honrados tende a deixar para os sistemáticos que operam numa *teologia da* história a retomada reflexiva de seus resultados.

Em qualquer hipótese, a I. enquanto instituição e enquanto povo* de crentes permanece um lugar incontornável da h. religiosa. Aliás, a h. (de uma I. em particular, mas também a h. em geral) permanece um ponto de passagem obrigatório da reflexão teológica; de um lado, essa deve dar conta da h. de um mundo que Deus quis habitar em Jesus Cristo; de outro lado, a comunidade crente encontra em sua própria h. um dos critérios pelos quais pode medir sua fidelidade ao Evangelho que recebeu por missão anunciar.

- F. Bonifas (1879), "Histoire de l'Église", *in* F. Lichtenberger (sob a dir. de), *Encyclopédie des sciences religieuses*, 6, Paris, 279-296. — A. Flichte, V. Martin (sob dir. de) (1934-1694), *Histoire de l'Église depuis les origines jusqu'à nos jours*, 21 vol., Paris. — H. Jedin (1961), "Kirchengeschichte", *LThK²*, 6, 209-218. — R. Aubert, A. Weiler (sob a dir. de) (1970), "L'histoire de l'Église au tournant", *Conc* (*F*) 57. — A. Weiler (sob a dir. de) (1971), *L'histoire de l'Église comme autocompréhension de l'Église*, *Conc*(*F*), 67. — E. Stöve (1988), "Kirchengeschichtsschreibung", *TRE* 18, 535-562. — F. Lebrun (sob a dir. de) (1989), *Les grandes dates du christianisme*, Paris. — G. Bedouelle (1992), *L'histoire de l'Église, science humaine ou théologie?*, Milão. — K. Ganzer *et al.* (1997), "Kirchengeschichte", *LThK³* 6, 2-10. — J.-M. Mayeur *et al.* (sob a dir. de), *Histoire du christianisme*, 14 vol. previstos, Paris (no final de 1997 tinham aparecido 10 vol.).

Hubert BOST

→ *Apologistas; Catolicismo.*

HOMEM → **Adão** → **antroplogia**

HOSPITALIDADE EUCARÍSTICA → **intercomunhão**

HOUTERIANOS → **anabatistas**

HUGO DE SÃO VÍTOR → **São Vítor (escola de)** a e b

HUMANISMO CRISTÃO

Segundo a historiografia clássica, uma revolução pedagógica ocorreu a partir da segunda metade do s. XV e durante todo o s. XVI. Devida sobretudo à redescoberta das línguas antigas, enaltecidas e ensinadas pelos professores dos *studia humanitatis*, os humanistas, difundiu-se em seguida como um movimento de pensamento, chamado "humanismo" (hum.) pelos historiadores. É verdade que esse substantivo nascerá na Alemanha com as Luzes, enquanto "humanista" era utilizado de maneira corrente no Renascimento. Porém não se deve esquecer que nesse período os defensores do hum. cristão, que não eram todos professores, mesmo se tinham sede de aprender e de comunicar, partilhavam de muitas convicções que formavam uma visão coerente, uma espécie de antropologia* teológica, e tinham consciência de ali encontrar as grandes intuições bíblicas e patrísticas. Do ponto de vista do método, como também do conteúdo, o hum. cristão do Renascimento entende voltar às fontes.

Situando-se muitas vezes em oposição à escolástica* medieval, que ele manifesta com mais ou menos discrição, o hum. define-se, quanto ao método, por um retorno às fontes da Antiguidade pagã e cristã. Trata-se primeiro de voltar à Bíblia*, ou mais exatamente a seus textos originais, que a supremacia da Vulgata tinha destronado.

O ponto de partida desse interesse foi dado por Lourenço Valla, comparando o texto do NT na tradução latina de Jerônimo com manuscritos gregos e descobrindo nela inexatidões. Em 1504, a descoberta de uma das versões dessa obra de Valla leva Erasmo* a traduzir o NT, a anotá-lo e a fazer dele o centro de sua teologia*. Os estudos bíblicos se desenvolvem assim graças a inúmeras novas traduções* em latim mais exato ou mais clássico que as antigas, e logo depois em línguas vulgares. Os ateliês dos humanistas se mobilizam para efetuar edições poliglotas, como em Alcalá, depois em Antuérpia. No convento dominicano de São Marcos em Florença, Sante Pagnini executa traduções de que todo o s. XVI vai se beneficiar.

A chegada ao Ocidente de numerosos intelectuais gregos que fugiram ante a chegada dos turcos a Constantinopla (1453) e ensinavam sua língua contribuiu fortemente para esse entusiasmo pelo grego, que se acompanha da descoberta, não só dos Padres* gregos, mas também dos filósofos da Antiguidade, e de um olhar mais preciso sobre o texto desses manuscritos. Marsílio Ficino reinterpreta Platão e os neoplatônicos; Lefèvre d'Étaples oferece uma apresentação pedagógica de Aristóteles; Johann Reuchlin, enfim, descobre Pitágoras. Esse humanista alemão interessa-se também pelo hebraico e pelos escritos do Talmude e da Cabala.

Essa curiosidade geral que arriscava dispersar-se é, contudo, o indício de uma atitude positiva em relação ao saber. Os humanistas desejam encontrar nos autores pagãos "preparações evangélicas", mas comparando, datando, buscando compreender o sentido visado por todos os autores, sejam quais forem, também se inclinam por um procedimento mais histórico. Os séculos do Renascimento são bem a idade da perspectiva, nascida na pintura italiana, e significa inevitavelmente tomada de distância, implicação do espectador e certa relativização do objeto. Desde a segunda metade do s. XV, a invenção da imprensa vai permitir a esses textos e a essas ideias receberem uma difusão sem precedente.

Ora esses meios, esses métodos, esses multiplicadores apoiam-se numa visão teológica que, a partir de uma meditação da encarnação*, reconhece no homem criado dignidade e liberdade*, e deseja levá-lo à caridade, fundamento da verdadeira paz*.

a) *Dignidade e liberdade do homem.* — O tema da dignidade do homem é frequentemente tratado no Renascimento italiano no s. XV. Assim, Bartolomeu Fazio em 1442, depois Gianozzo Manetti em 1452 exaltam "a excelência do homem". Mas é sobretudo Pico de la Mirandola que em 1486 desenvolve esse tema em sua *Oratio de dignitate hominis*. Amigo de Ficino, embora não sendo seu discípulo, pois preferia ser discípulo de Savonarola, Pico mostra que a dignidade não é uma simples qualificação do homem mas pertence ao seu ser* mesmo. Foi criado por Deus* para amar e admirar a criação*, da qual ele mesmo é como um microcosmo por sua nobre inteligência. Esse intelecto tem por fonte o Deus uno e trino, que criou o homem "à sua imagem".

Assim é fundada a liberdade do ser humano, liberdade que faz dele um ser de metamorfoses, e que o faz oscilar, pois participa dos dois universos, entre Deus e a besta. Em sua liberdade, o homem deve escolher entre a animalização e a transfiguração; sua grandeza é precisamente que, "senhor de si mesmo, escolhe para si a forma que prefere". Pico exprime nisso ao mesmo tempo a natureza aberta do homem e sua vocação divina.

A afirmação da liberdade é acompanhada nos humanistas cristãos da defesa mais técnica de um livre-arbítrio. Sobre esse tema Valla tinha já escrito seu *De libertate arbitrii*, que mostrava que a presciência divina não impõe nenhuma coação à nossa vontade. Na polêmica com Lutero*, que o acusa de pelagianismo*, Erasmo defende com uma rara acuidade o que os humanistas consideram ser o nó mesmo da antropologia cristã e da lógica da criação: a ideia de um Deus que salva e renova a liberdade da criatura que reflete sua imagem, numa misericórdia* tão generosa que a faz colaborar em sua própria salvação*. Ao contrário do que pensa Lutero, a cruz de Cristo* nem por isso é esvaziada. Com efeito, se Deus coroa os próprios méritos de Cristo ao coroar os méritos do homem, esses últimos não deixam de ter consistência. Em termos mais escolásticos, o concílio* de Trento* reafirmará essa convicção do hum. cristão que o precedeu, precisando as noções de mérito e de obras* que convergem para a caridade (amor*).

b) *Da "filautia" à caridade.* — O hum. cristão tem da caridade uma visão dinâmica, plena, propriamente teologal, que rejeita o egoísmo e o amor de si, e, seguindo os Padres gregos, o Renascimento a chama "filautia". No *Tiers livre* de Rabelais é Panurgo que encarna essa má escolha. "Filautia e amor de si vos decepcionam" (*TL* XIX). Tomado entre casamento* e celibato em sua perplexidade egocêntrica, Panurgo é possuído do amor de si mesmo. Rabelais, como Erasmo, recomenda então o que é loucura aos olhos dos homens: "Esquecer-se de si mesmo, sair fora de si mesmo [...] O que vulgarmente é imputado à loucura" (*TL* XXXVII). Assim, a caridade é ensinada pelos pobres em espírito, pelo sermão da montanha que funda a "filosofia de Cristo".

O reino* de Deus é feito para os corações* puros e caridosos, que se desprendem da "filautia" cumprindo a vontade de Deus. A abadia de Telemo, cujo nome significa "vontade", é proibida aos hipócritas, já rejeitados no Evangelho. Sua divisa: "Faze o que quiseres", deve compreender-se como escolha da vontade de Deus, i.e., da caridade.

Assim como a *Utopia* de Tomás Moro é uma sutil construção humanista para indicar à comunidade dos crentes o que a razão* natural permite já pressentir e realizar da justiça* do Reino, assim também a utopia de Rabelais só afirma seu enraizamento na natureza humana para melhor abrir os olhos sobre o ideal do Evangelho. O cômico rabelaisiano, com seus gracejos sexuais ou escatológicos, deve então aparecer como uma recordação incessante da natureza animal do homem, tal como é unida ao espírito. Como para Pico, o homem é verdadeiramente *copula mundi*. Essa comédia humana, ao mesmo tempo humanista e cristã (Screech, 1979), significa que só há sabedoria* cristã se o homem se lembra de seu lugar na criação e no desígnio de Deus.

c) *Harmonia, concórdia e utopia.* — Marcado com o selo de um otimismo que se poderia qualificar de teologal, o hum. cristão busca a harmonia. Pico é obsedado pela reconciliação de Platão e de Aristóteles. Contudo, o jovem filósofo, escrevendo a Aldo Manúcio, sabe que só a revelação* tem a chave da unidade dos pensamentos humanos: "a filosofia* busca a verdade*, a teologia a encontra, a religião a possui".

Cristo, princípio de síntese e príncipe da paz, é essa verdade. Com efeito, a busca da unidade é acompanhada em Pico por uma vontade de concórdia religiosa. Situa-se na linhagem que vai de Nicolau de Cusa a Jean Bodin.

A mesma tentativa encontra-se em Lefèvre de Étaples, primeiro editor de Nicolau* de Cusa. Seu ideal hermenêutico* é conciliar a exegese* literal com o sentido espiritual. Eleva a "concordância das Escrituras*" a princípio de interpretação a fim de unir AT e NT num mesmo olhar sobre Cristo. De outro lado, Lefèvre tenta não opor a fé* e as obras quando comenta a epístola de Tiago. Melanchton, o discípulo de Lutero, tenta também não sacrificar o livre-arbítrio à justificação* pela fé. Os sonhos arquiteturais ou sociais das utopias, escritas na pedra ou no papel, desde a cidade de Pienza (inacabada) do papa Pio II até as obras de Tomás Moro (1516) ou Campanella (1602), procedem dessa aspiração à reconciliação e à unidade que são aspirações a uma vinda do reino de Deus. Erasmo é pacifista e precursor da tolerância, numa lógica do primado da caridade que o levou a ser acusado de relativismo*.

É paradoxal que o s. XVI seja precisamente o tempo dos grandes dilaceramentos religiosos do Ocidente. O fim do século já não possui esse entusiasmo que tinha predito a volta de uma idade de ouro. Chegou a hora de outros gênios, Montaigne, Cervantes ou Shakespeare, mas neles é mais difícil encontrar o pensamento cristão.

Francisco de Sales (espiritualidade salesiana*), místico* e pastor*, guarda o dinamismo do primeiro hum. O equilíbrio salesiano é ao mesmo tempo a maturação e a superação do movimento humanista. Tocado pela graça da imitação* de Cristo, o santo ensina a humildade e igualmente a testemunha. Não queria ele, nos últimos meses de sua vida, depois de seu *Tratado do amor de Deus*, redigir uma *História teândrica* em quatro volumes? Não teve tempo de escrever o que teria sido a suma do hum. devoto, organizando as intuições de quase dois séculos de hum. cristão.

• C. Vasoli (1968), *La dialettica e la retorica dell'Umanesimo*, Turim. — H. de Lubac (1974), *Pic de la Mirandole*, Paris. — A. Prévost (1978), *L'Utopie de Thomas More*, Paris. — M. A. Screech (1979), *Rabelais*, Londres. — J. C. Margolin

(1981), *L'humanisme em Europe au temps de la Réforme*, Paris. — C. B. Schmitt (1983), *Aristotle and the Renaissance*, Cambridge, Mass.-Londres. — L. W. Spitz (1986), "Humanismus/Humanismusforschung", *TRE* 15, 639-661) (bibl.). — G. Bedouelle e B. Roussel (sob a dir. de) (1989), *Le temps des Réformes et la Bible*, Paris. — J. Pic de la Mirandole (1993), *Oeuvres philosophiques*, (ed. O. Boulnois e G. Tognon), Paris. — B. Pinchard, S. Ricci (sob a dir. de) (1993), *Rationalisme analogique et humanisme théologique. La culture de Thomas de Vio "Il Gaetano"*, Nápoles. — G. Fraccadori (sob a dir. de) (1994), *Bessarione e l'umanesimo*, Nápoles. — E. Rummel (1995), *The Humanist-Scholastic Debate in the Renaissance and Reformation*, Cambridge, Mass.

Guy BEDOUELLE

→ *Aristotelismo cristão; Ceticismo cristão; Erasmo; Estoicismo cristão; Platonismo cristão.*

HUMILDADE → **Bernardo de Claraval**
3. a → **nada**

HUS, João, *c*. de 1369-1415

João Hus (de Husinec, na Boêmia), teólogo checo, foi condenado pelo concílio* de Constança* e queimado vivo. Sua morte e a de seu companheiro Jerônimo de Praga, queimado em Constança um ano mais tarde, são uma das razões da revolução hussita em 1419. Reagrupados, os defensores de Hus e os partidários de Wyclif criaram um movimento hussita em ruptura com o papado, o que levou à organização, com o imperador Sigismundo de Luxemburgo, de cruzadas sucessivas contra a Boêmia. É em consequência desses fatos que os checos consideram Hus como um mártir de verdade*, da causa nacional e da Reforma.

Hus fez seus estudos sob direção de Estanislau de Znoyma, primeiro wyclifista de importância em Praga.

João Wyclif (1328-1384), reformador inglês, mestre em artes em 1361, é doutor em teologia em 1372. Entrado no serviço da coroa, de que foi embaixador junto a Gregório XI, opõe-se à política da França e do papado. Defende contra o nominalismo* um realismo muito forte: os universais são de dois tipos, incriados e criados;

existem realmente nos entes singulares, de que se distinguem formalmente; entre os dois estende-se o ser* análogo, criado instantaneamente, no qual estão depositados os modelos dos gêneros e das espécies segundo os quais Deus* criou os entes singulares. Wyclif defende um retorno a Agostinho* e à Bíblia*; empreende uma síntese platônica da filosofia* e da teologia* no *De benedicta incarnatione* (1370). Sua obra tem forte implicação política, evidenciada já pelos títulos de suas obras: *De dominio divino* (1375), *De civili dominio* (1376), *De officio regio* (1378) e *De potestate papae* (1379). O Deus de Wyclif exerce seu poder diretamente sobre todos os bens terrestres, sem a mediação do papa*: os reis não têm portanto de dar conta senão a Deus, e a Igreja não tem direito a nenhuma propriedade. Sua posição — gibelina — é então próxima da de Marsílio de Pádua. A verdadeira Igreja é o conjunto dos crentes em estado de graça, a "reunião dos predestinados": sendo Deus a causa única da predestinação*, o homem só pode esperar fazer parte da comunidade dos eleitos esforçando-se por imitar a Cristo*. A posse de um cargo na Igreja deve ser a simples consequência de uma vida de graça*; ela é contudo, anulada pelo pecado* mortal. Porque os abusos do clero e o escândalo do cisma* tornam urgente uma reforma da Igreja, Wyclif projeta uma volta à Igreja antiga, anterior à doação de Constantino, o que implica o abandono da estrutura hierárquica. Como o perdão dos pecados vem diretamente de Deus, sem mediação humana, as indulgências* não têm razão de ser. Ninguém a não ser Deus poderia justamente designar o papa, que seria melhor escolher por sorteio. Já crítico para com o papado, que considera um "acréscimo" às verdades evangélicas, Wyclif evolui nitidamente na época do cisma: doravante o Anticristo não é mais o antipapa, mas o papa mesmo. Wyclif parece admitir os sacramentos*, com a condição de que o sacerdote* esteja em estado de graça (sem o que têm apenas um valor moral). Confessa a presença real de Cristo na eucaristia*, mas critica as teorias da transubstanciação: o corpo* de Cristo está realmente presente na natureza do pão, mas por sua potência (*virtualiter*) e não por sua substância — porque segundo as suas dimensões a natureza de Cristo só no céu se encontra. Admite a confissão, mas recomenda uma confissão pública. Organiza a propagação de suas ideias enviando seus discípulos, os "lolardos", a pregar nos campos. Mas sua pregação* vira revolta social (revolta dos trabalhadores, 1381). Condenado pelo arcebispo de Cantuária em 1382, afetado de paralisia, morre em 1384. O concílio de Constança (1415) renova a condenação de seus escritos. Mas, propagados por círculos clandestinos em Oxford, onde se copiam continuamente seus escritos (no momento em que Ana de Boêmia, mulher de Ricardo II, atrai a elite checa para a corte da Inglaterra), difunde-se seu ensino na Europa central, inspirando o movimento hussita.

Hus, mestre em artes em Praga em 1396, torna-se decano da Faculdade em 1401, e reitor da Universidade em 1409. Ordenado sacerdote em 1400, faz estudos teológicos; contudo, em razão dos acontecimentos, não chegará ao grau de doutor. Em 1402 é nomeado reitor e pregador da capela de Belém, fundada para "dar à população checa a instrução religiosa em sua língua materna" (De Vooght). Essa atividade provoca uma série de conflitos com o clero, agravados por uma crise da Igreja* que então atinge o apogeu (rivalidade dos três papas), pelo enfraquecimento do poder real e pelas divisões internas da universidade. Hus torna-se então o chefe dos reformistas, principalmente dos partidários de Wyclif, agrupados em torno dele e de sua cátedra; rompe com o arcebispo Zbynec, do qual tinha sido por cinco anos o colaborador mais ouvido. Em Praga, onde muitos reformadores antes dele tinham anunciado a chagada próxima do Anticristo, Hus identifica a causa de Zbynec com a do Anticristo. Sua luta aberta contra o arcebispo, como sua crítica pública da pseudocruzada de João XXII contra o rei de Nápoles e o tráfico das indulgências* que deveria sustentá-la financeiramente valeram-lhe três excomunhões, das quais uma maior em 1412. Nessa data exila-se de Praga. Dois anos mais tarde vai ao concílio de Constança, onde é feito prisioneiro, julgado, condenado à morte e executado em 6 de julho de 1415. A sucessão de conflitos mostra que existe sempre para Hus uma autoridade* superior àquela que o julga e castiga a cada etapa. Assim, apela de seu bispo* ao papa, do papa ao futuro concílio geral, para terminar em Constança por um apelo solene a Jesus Cristo.

Perfeitamente bilíngue, Hus escreve em latim, compõe e traduz em checo. Sua obra universitária comporta discursos de circunstância, sermões, textos polêmicos e questões, um *Quodlibet* (1411) discutido na Faculdade de Artes, um comentário das *Sentenças* (1407-1408) e um tratado *De ecclesia* (1413), censurado em Praga, Paris e Constança. Além de seus sermões, sua obra checa engloba escritos de espiritualidade e de exegese*. Suas doutrinas, tanto filosóficas quanto teológicas, são influenciadas por Wyclif, mas a natureza e os limites dessa influência são discutidos.

Seu *Comentário às Sentenças* é, porém, tradicional. Silencia, p. ex. a doutrina de Wyclif sobre a criação* em dois tempos (aliás, de origem agostiniana) e a de um mundo criado cuja aniquilação por Deus é impossível, embora aceite suas consequências filosóficas: a noção do ser* análogo (que se deve distinguir da analogia* do ser) e o realismo dos gêneros e espécies. Essa mesma prudência também se observa em Hus reformador: terrível crítico do clero, das práticas simoníacas, das indulgências e das excomunhões, então numerosas e abusivas, é simultaneamente um tímido tradicionalista que reconhece a função sacerdotal e a autoridade da hierarquia*.

Antes e depois do concílio de Constança, os adversários de Hus criticavam sua concepção realista dos universais e o acusavam por considerá-los seres eternos e incriados, existindo fora de Deus*. Em geral se lhe atribui um "realismo extremo", sem maior precisão. O fato é que segundo Hus, como segundo Wyclif, os gêneros e as espécies existem seja em cada ser análogo ("a primeira das coisas criadas", segundo o *Livro das causas*), seja nos singulares. No primeiro caso, são os modelos das coisas singulares; no segundo, têm o ser real, mas formal. A distinção formal (cf. Duns* Escoto), aceita por toda a escola de Wyclif, é pois de primeira importância. Pedro de Ailly quis fazer um nexo entre o realismo de Hus e a tese remanentista, segundo a qual as verdadeiras substâncias do pão e do vinho permanecem depois da consagração eucarística — mas Hus rejeitou constante e claramente tal opinião, e isso contra o pensamento de muitos teólogos de Praga.

Hus definia a Igreja universal como o conjunto dos predestinados vivendo no passado, no presente e no futuro. A essa noção opõe-se a da Igreja particular*, cujo sentido é seja geográfico, seja moral, p. ex. o agrupamento de alguns predestinados (*De ecclesia*, c. 1). No absoluto, a unidade da primeira "consiste na unidade da predestinação [...] e na unidade da beatitude*". No tempo*, "consiste na unidade da fé*, e das virtudes*, e na unidade da caridade" (c. 2). "Reunidos e unidos pelo laço da predestinação", os membros da Igreja constituem o corpo místico, do qual só Cristo é a cabeça (c. 3). A análise das noções de Igreja universal, de fé, de fundamento e de poder eclesiástico leva Hus a excluir a identificação da Igreja romana e a dos predestinados (c. 7-11).

A eclesiologia* de Hus põe no entanto numerosos problemas ao intérprete e sua análise depende muitas vezes das condições pessoais do historiador. A tradição não católica mostra o lugar ocupado no pensamento de Hus pela noção de predestinação, a importância de sua distinção entre o estado de graça* e o de pecado* mortal para tornar legítimo ou não o poder eclesiástico e civil, as semelhanças com as doutrinas de Wyclif, a interpretação da simonia como uma heresia*, a possibilidade de um apelo a Cristo. A leitura católica de Hus esforça-se ao contrário por colocar sua eclesiologia na tradição*, trata de distinguir o que efetivamente afirmou e o que seu texto pode implicar — e do que seus adversários nele condenaram. Dá importância à análise precisa da linguagem de Hus e dos limites aos quais se reduz a influência de Wyclif (algumas vezes mesmo substitui a análise histórica por uma referência ao estado atual do saber teológico). Em suma, a tradição não católica sublinha o que separa Hus da Igreja católica, enquanto a leitura católica mostra em que se aproxima dela.

• P. Spunar (1996), *Repertorium auctorum Bohemorum provectum idearum post Universitatem Pragensem conditam illustrans*, I, Wroclaw, Academia polonesa das ciências, 211-213. — Hus, *Opera omnia*, ed. inacab. de W. Flajshans e M. Kominková, 8 vol. Praga, 1903-1907; *Opera omnia*, ed. em curso da Academia das ciências. Editados: vol. 1 e 4 (escritos checos), 7-9 (*Sermones de tempore, Passio Christi, Lectionum pars prima*); 13 (*Postilla adumbrata*) e 22 (*Polemica*), Praga 1959; *Tractatus responsivus*, ed. S. Harrison Tomson, Praga, 1927; *Quodlibet*, ed. B. Ryba, Praga, 1948; *Tractatus de ecclesia*, ed. S. Harrison Thomson, Cambridge (Mass.), 1956 (mesmo texto na edição de Praga 1958). — Wyclif, *The Latin Works*, 35 vol. Londres, 1883-1922, reimp. Frankfurt, 1964; *Tractatus de Universalibus*, ed. I. J. Mueler, Oxford, 1985.

▶ M. Vischer (1955), *J. Hus, Aufruhr wider Papst und Reich*, Frankfurt. — P. De Vooght (1960), *L'hérésie de Jean Hus*, Louvain (1975²); (1960), *Hussiana*, Louvain (1975²). — M. Spinka (1966), *John Hus' Concept of the Church*, Princeton, NJ. — P. De Vooght (1969), "Hus (Jean)", *DSp* VII/1, 1194-1200. — J. Macek (1973), *Jean Hus et les traditions hussites*, Paris. — W. R. Thomsom (1983), *The latin writings of John Wyclif. An annoted catalog*, Toronto. — E. Werner (1991), "Jan Hus im Spiegel moderner Historiographie", *Heresis. Revue d'hérésiologie médiévale*, 16, 37-54. — Fr. Machilek (1986), "Hus/Hussiten", *TRE* 15, 710-735. — O. Chaline (1998), *La reconquëte catholique de l'Europe centrale (XVIe-XVIIIe siècle)*, Paris.

Zénon KALUZA

→ *Constança* (concílio de); Eclesiologia; Predestinação; Protestantismo.

I

ÍCONES → imagens → Niceia II (concílio)

IDIOMAS (Comunicação dos)

Essa expressão designa uma das maneiras clássicas de exprimir a convicção da unidade da pessoa* de Jesus*, ao mesmo tempo plenamente Deus* e plenamente homem: associam-se a atributos que lhe concernem como homem, títulos que o designam como Deus e vice-versa. Fundada na concepção do estatuto ontológico de Jesus, que está no centro do cristianismo, é essencialmente uma regra de linguagem* que permite empregar expressões deliberadamente paradoxais, como Maria* "mãe de Deus" ou "um da Trindade* morreu na cruz".

a) O Novo Testamento. — Vê-se aparecer esse uso no NT, em que se encontram expressões desse gênero utilizadas para sublinhar a verdadeira identidade de Jesus, o Messias* crucificado, p. ex. At 3,15 ("vós reclamastes a graça para um assassino, enquanto deixastes morrer o príncipe da vida"), 1Cor 2,8 ("eles não teriam crucificado o Senhor da glória*") ou Rm 9,5, tal como se entendia no começo do cristianismo ("é deles [dos judeus] que Cristo* saiu segundo a carne, ele que é Deus acima de tudo"). O que é postulado por essas expressões é que Jesus tem sua origem e sua identidade no mistério* de Deus (cf. Lc 1,35; Jo 1,14; Pd 2,5-11; Tt 2,13).

b) O uso patrístico. — O primeiro a notar esse uso e a dar sua razão foi Orígenes* (*De principiis*, II, 6, 3). Para mostrar até que ponto o Filho de Deus se identificou com a alma* de Jesus e com "a carne que assumiu", pode-se dizer verdadeiramente que "O Filho de Deus morreu" e que o Filho* do homem "virá na glória de Deus Pai*"; "é por essa razão", diz Orígenes, "que toda a Escritura* fala em termos humanos da natureza divina, e que a natureza humana por sua vez recebe ali títulos que pertencem de direito a Deus".

Na época das controvérsias cristológicas que oporão no s. V as escolas de Antioquia* e de Alexandria*, essa troca paradoxal de atributos teve um grande papel na intensificação do debate. A escola de Antioquia tinha grandes reticências ante a ideia de que Deus tinha verdadeiramente tomado parte na história* humana, sobretudo na submissão e no sofrimento físicos; contra essa posição, Cirilo* de Alexandria insistiu na importância da qualificação de Maria como "mãe de Deus" (que Nestório tinha questionado) e marcou bem que "a carne do Senhor é vivificante" e que "o Verbo* de Deus sofreu na carne e foi crucificado na carne", porque o Verbo forma uma só hipóstase ou indivíduo concreto com sua "carne" ou sua humanidade (*Ep.* 3 a Nestório, anat. 1, 2, 11, 12). Esse princípio foi aceito, não sem hesitação, pelos teólogos de Antioquia Teodoro de Mopsueste (*Homilias catequéticas*, 6, 7) e Teodoreto de Cyr (*Eranistès*, dial. 3).

Foi só no s. VI que se recorreu ao vocabulário de Porfírio e do neoplatonismo (platonismo* cristão) para designar o fundamento ontológico dessa linguagem com o nome de "comunicação dos idiomas". Em termos neoplatônicos, um indivíduo (*atomon, hypostasis*) é definido e mesmo constituído pelos "traços particulares" (*idia, idiômata*) que permitem reconhecê-lo (Porfírio, *Isagogè*, CAG IV, 3, 90, 6s). Porque a única hipóstase de Cristo une concretamente a natureza de Deus e a natureza humana, escreve Leôncio de Bizâncio, "seus traços característicos (*idiômata*) lhes são comuns", enquanto cada natureza permanece sem mudança em seus traços próprios (*Epil.*, PG 86, 1941 A; *Contra Nest. et Eut.* PG 86, 1289 C 6-8). Para a escolástica* grega do s. VI, como para toda a tradição teológica ulterior, falar da "comunicação" (*antidosis*) mútua ou da troca (*perikhôrèsis*) dos "idiomas" entre as duas naturezas de Cristo não quer dizer que houve mudança nessas naturezas, e não lhes atribui traços estranhos; é simplesmente uma maneira de mostrar que a pessoa única de Cristo, que pode receber ao mesmo tempo títulos humanos e títulos divinos, possui como próprias todas as qualidades das duas naturezas.

c) *O uso ulterior.* — Esse princípio teológico, reafirmado no II concílio de Constantinopla* (553), é desde o s. VI uma pedra de toque da ortodoxia* cristológica para ortodoxos, católicos e protestantes. Está também por trás dos paradoxos que poetas e pregadores gostam de evocar a propósito de Cristo, sobretudo no Natal (p. ex. Gregório* de Nazianzo, *De oratione* 38, 13; Agostinho*, *Sermões*, 184, 3; 187, 1; 191, 1) e explica as práticas de piedade em que se adoram certos aspectos da humanidade de Jesus, como o Sagrado Coração (coração* de Cristo) ou o Precioso Sangue.

• Gregório de Nissa, *Contra Eunômio* III, 4, 64; *GNO* II, 158s; *A Teófilo, GNO* III/1 137 s. — João Damasceno, *Expositio fidei 47s, in Die Schriften des Johannes von Damaskos* (B. Kotter ed.), Berlim, 1973, II, 115-118; *Contra Jacobitas* 81, Kotter IV, Berlim, 138 s. — Leão Magno, *Tomus ad Flavianum* 5, *ACO* II/2, 1, 29. — Leôncio de Bizâncio, *Contra Nestorianos et Eutychianos*, PG 86, 1289-B2 - D3; *Epiluseis*, PG 86, 1940 C11- 1941 A14, 1945 B4-D6. — Leôncio de Jerusalém, *Contra mo-*

nophysitas, 25, PG 86, 1785 B14-D1. — Máximo Confessor, *Opuscula*, PG 91 189 C8- 192 D8-240 A9; *Diálogo com Pirro*, PG 91, 296 D4 -297 A6. — Orígenes, *De Pricipiis*, II, 6, 3, SC 252, 314s — Pseudo-Cirilo (VIIs), *De Trinitate* 27, PG 77, 1172 A7 -D14. — Teodoreto, *Eranistès*, Dial. III, ed. G. Ettlinger, Oxford, 1975, 226s — Teodoro de Ancira, *Expositio symboli nicaeni* 16, PG 77, 1336 D4-11. — Tomás de Aquino, *Suma teológica*, IIIa, q. 16 (sobretudo a. 4).

▸ A. Michel (1922), "Idiomes (communication des)", DThC 7/1, 595-602. — K. Barth (1955), *KD* IV/2, 79-91. — A. Grillmeier (1979, 1989), *Jesus der Christus im Glauben der Kirche* I, II/2, Friburgo-Basileia-Viena.

Brian E. DALEY

→ *Anipostasia; Calcedônia (concílio); Constantinopla II (concílio); Cristo/cristologia; Éfeso (concílio); Hipostática (união); Nestorianismo.*

IDOLATRIA

a) *O vocabulário é* variado, concreto ou metafórico. — Para descrever materialmente o ídolo, o AT fala de *çèlèm*, escultura, gravura (Nm 33,52), de *'açabbîm*, esculturas (2Sm 5,21), mais raramente (5 x) de *sèmèl*, figura (Dt 4,16), sobretudo de *massékâh*, obra em metal fundido (Ex 32,4,8), e de *pèsèl*, escultura de pedra (Is 21,9) ou de madeira (40,20). Um juízo de valor é dado em termos de *gilloûlîm*, sujeiras (Lv 26,30), *'ellîlîm*, nulidades, (Lv 19,4) *shiqqouç*, horror, (Ez 20,7s) *to'ebât*, abominação (Is 44,19), *hèbèl*, vaidade, (Jr 10,14-15), ou pela expressão *ma'asêy yâdèykâ*, obra de tuas mãos (Dt 31,29; Mq 5,12; Is 2,8; Jr 25,6). Fabrica-se (*'asâh*) um ídolo (1Rs 14,9), marcha-se atrás dele (Jr 2,5.23.25), prosterna-se diante dele (Is 44,17), serve-se ao ídolo (*'abâd*: Ez 20,30): isso é prostituir-se (*zânâh*: Ez 20,30), cometer adultério (*nâ'af*: Jr 3,9) e provocar o ciúme* de Javé (*qn'hifîl*: Sl 78,58).

Os LXX conhecem os termos clássicos *agalma*, estátua (Is 21,9), e *eikôn*, imagem (Dt 4,16), mas introduzem o termo *eidôlon* no sentido de ídolo (imagem, no grego clássico). Quanto ao NT, a ele deve os nomes idólatra (7 x, como em Ef 5,5) e idolatria (4 x, como em Cl 3,5).

b) *História.* — Nas épocas antigas conhece-se certo número de representações no culto de Javé. O bezerro de ouro (Ex 32) não era percebido por Aarão como infidelidade religiosa, pois o animal* simbolizava o pedestal da divindade não figurada; pode dar-se o mesmo com os dois bezerros de ouro estabelecidos em Betel e em Dan por Jeroboão depois do cisma* de 931 (1Rs 12,28s). Mika (Jz 17–18) no tempo dos Juízes tinha em casa uma representação de Javé (ou de seu pedestal de bovino) em madeira talhada recoberta de prata. Acrescentou um 'éfôd e terâfim (Jz 17,3ss): o 'éfôd (cf. Jz 8,27) pode ter sido um revestimento de estátua, e os terâfim, mencionados desde a época de Jacó (o roubo de Raquel: Gn 31,19.34), ídolos domésticos; esses objetos teriam servido à adivinhação (1Sm 15,23); inicialmente tolerados (Os 3,4; 1Sm 19,13-16; 21,10), acabaram por ser proscritos (1Sm 15,23; 2Rs 23,24). O mesmo se deu com a serpente de bronze que Ezequias destruiu (2Rs 18,4). Em contrapartida, os chérubîm (Ex 25,18; Ez, 10,18) colocados na arca da aliança*, compreendidos mais tarde como anjos*, eram admitidos. A desaparição de qualquer outra representação no culto de Javé depende da proibição feita pelo Decálogo*: Ex 20,4 = Dt 5,8, de datação discutida. Os profetas* do s. VIII, em todo caso, atacaram essas figurações (Os 8,5; 10,5s; 13,2; Am 8,14). O sarcasmo os considerou como ídolos pelos quais se trocara a glória* de Javé (Os 4,7; Jr 2,11; Sl 106,20; cf. Rm 1,23).

É que os vizinhos dos hebreus e os povos cujos territórios conquistaram figuravam seus deuses, na maior parte das vezes sob forma humana: a estátua de Dagon (1Sm 5,1-4) é um de seus testemunhos mais antigos. Durante a época real, o combate religioso volta-se contra os cultos pagãos; a influência cananeia com Baal, Astarté e Ashera ficou viva por muito tempo; e mais tarde (Am 5,26, citado em At 7,43) as divindades assírias foram introduzidas. Elias lutou contra o culto de Baal para defender o culto* único de Javé, mas parece que foi só depois dele que se empreendeu eliminar os ídolos. Os reis tinham introduzido essas práticas idolátricas; delas se acusava sobretudo a Salomão (1Rs 11,5-8; 2Rs 23,13), Atalia (ídolo de Baal: 2Rs 11,18), Acaz (id. de Baal (2Cr 28,2) e Manassés (id. de Ashera: 2Rs 21,7). Uma reação anti-idolátrica é já atribuída a Asa (fim do s. X: 1Rs 15,12s), mas foram Ezequias e Josias que, sob a influência dos profetas e com a reforma deuteronomista, reagiram vigorosamente. A idolatria tornou-se uma das acusações mais fortes dos profetas, que anunciavam o castigo dos culpados (Am 5,26; Jr 16,18) e a destruição dos ídolos (Mq 1,7; Is 2,18; Jr 10,11.15; Ez 7,20; Zc 13,2). O exílio foi por eles anunciado como a punição, entre outras coisas, dessa infidelidade (Jr 13,24-27; 16,16s; 15,6s; Ez 22,3s), e a conversão* do povo* foi também profetizada (Is 30,22; Ez 11,18; 20,39-44). Mesmo os ídolos dos pagãos desaparecerão (Is 21,9; Jr 51,18.52; Ez 30,13; Na 1,14). Durante o exílio, o dêutero-Isaías marcou uma etapa importante de clarificação sobre o nada dos ídolos (cf. infra, c).

Depois do exílio, a tentação cananeia desapareceu, mas no s. II, com a influência helenística, o combate contra os ídolos pagãos recomeçou: a pressão dos selêucidas, de Antíoco IV sobretudo, provocou a revolta dos Macabeus (1Mc 1,43; 2Mc 12,40; Dn 3). A sátira da idolatria ampliou-se (Dn 14,1-22; Ep. Jr.). Na proximidade da era cristã, a reflexão fez-se mais rica na síntese de Sb 13–15, que retoma os temas clássicos da crítica anti-idolátrica acrescentando-lhes a dos mistérios e do culto dos soberanos.

Na comunidade judaica a que Jesus se dirigia, a idolatria já não tinha espaço: pelo menos nenhuma palavra de Jesus* parece aludir a ela. Ao contrário, o contato do cristianismo com o mundo helenístico levou fatalmente a retomar o tema.

Paulo, sobretudo, encontra-se em confronto com os ídolos (em Atenas, At 17,16,29; em Éfeso, At 19,26). Convida os pagãos a renunciar a eles para voltar-se para o Deus* vivo criador (At 14,15), o que tinham feito os tessalonicenses (1Ts 1,9) e os coríntios (1Cor 12,2). Se At 15,20.29 proíbe o consumo de idolotitos (carnes oferecidas aos ídolos), Paulo fixa as condições para que sejam comidos (1Cor 8; 10,14-30). Em todo caso, convida a fugir da idolatria (1Cor 10,14). Para ele, a imoralidade do paganismo deriva da idolatria (Rm 1,23; cf. Sb 14,11-31). Essa está incluída no catálogo dos vícios (1Cor 5,10; 6,9); em Ef 5,5 e Cl 3,5 a própria cupidez é idolatria (cf. Mt 6,24). Seguindo Dt 32,17, 1Cor 10,20 e Ap 9,20 assimilam os ídolos aos demônios*. Enfim, Ap 14,9ss anuncia o castigo dos idólatras da Besta. É no sentido metafórico de doutrinas errôneas e de falsos profetas que 1Jo 5,21, como os qumranianos (1QH 4, 15s), convida a guardar-se dos ídolos.

c) *Argumentação bíblica.* — Em Horeb-Sinai Javé não tinha se mostrado; só sua voz foi ouvida. Eis o que justifica, segundo Dt 4,12 (texto deuteronomista), a recusa de toda representação de Javé.

A idolatria é antes de mais nada uma infidelidade a Javé: o Decálogo deixa entendê-lo; os profetas (Os 14,4: Is 57,11; Jr 2,26-29) e a história deuteronomista (2Rs 17,7-17; 21,22) o afirmam. Os ídolos são nada (1Sm 12,21), "vaidade" (Sl 97,7: *hbl*, vacuidade), e vaidade tornam-se seus adeptos (Os 9,10; Jr 2,5; Sl 115,8). Eles contrastam com Javé, criador (Jr 10,8ss); não podem salvar (Os 14,4; Jr 2,28), porque são obra das mãos humanas (Is 2,8), são mudos (Hab 2,18s), incapazes de mover-se (Sl 115,4-7). Ironiza-se sua fabricação (Jr 10,3ss.9). Insistindo no monoteísmo* javista, o dêutero-Isaías aprofunda a crítica: Javé é o único Deus, as divindades pagãs não existem, e portanto os ídolos nada são. O profeta põe em cena processos confrontando Javé e os deuses pagãos com seus ídolos (41,1ss; 43,9ss): único criador, único Senhor da história, único anunciador do futuro, Javé é o único Deus. Ele é que modelou Israel* e o libertará, enquanto as nações modelam divindades impotentes (40,19s; 41,6s; 44, 9-20; 46,6s). À semelhança do Decálogo (Ex 20,3ss = Dt 5,7ss) e da tradição* bíblica (Dt 4,16-19; Jr 7,1–8,3; Ez 8; Dn gr. 14), que seguem também Fílon (*Decálogo*, 52-81) e a *Carta de Aristeu* (134-139), Sb 13–15 insere sua crítica da idolatria num conjunto que visa também aos outros cultos errôneos dos pagãos. A idolatria é um não senso: modelado por Deus à sua imagem, o homem modela para si um ídolo que se lhe assemelha; essa inversão dos papéis (Sb 15,11.16s) é estéril. Além do mais, a idolatria gera a imoralidade (14,11-31; cf. Os 4,1), o que Paulo (Rm 1,18-32) desenvolverá por sua vez, mostrando assim quanto o paganismo* tem necessidade da redenção (3,21ss).

• A. Gelin (1949), "Idoles, idolâtrie", *DBS* 4, 169-187. — M. Gilbert (1973), *La critique des dieux dans le Livre de la Sagesse* (*Sb 13-15*), Roma. — W. M. W. Roth (1975), "For life, He Appeals to Death (Wis. 13: 18). A Study of Old Testament Idol Parodies", *CBQ* 37, 21-47. — E. M. Curtis (1992), "Idol, Idolatry", *AnCBD* 2, 376-381.

Maurice GILBERT

→ *Decálogo; Imagens; Monoteísmo; Paganismo; Sabbat; Trabalho.*

IGREJA

I. Raízes bíblicas

a) O Antigo Testamento. — No contexto da teologia* cristã só se pode falar de uma "eclesiologia* (e.) veterotestamentária" em sentido indireto: a Igreja (I.), tal como a concebe o cristianismo, só apareceu na época do NT e pressupõe a vinda de Jesus Cristo. Porém, a ideia que os cristãos fazem de si mesmos enquanto I. não deixa de ser marcada por certos traços tirados do AT. É o que indica em primeiro lugar o conceito de "*ekklèsia*", termo central pelo qual a I. é designada no NT, e que era já a tradução mais frequente do hebraico "*kahal*" (assembleia da comunidade política e cultual) na Bíblia* dos Setenta. Esse nexo manifesta-se igualmente em certas imagens que designam a cristandade como "comunidade sacerdotal do rei" (1Pd 2,5.9), "templo*" (p. ex. 1Cor 3,16), "povo* de Deus*" (Hb 4,9), ou na maneira como Paulo utiliza a imagem da oliveira para ligar a comunidade dos cristãos às promessas* do AT (Rm 11,18). Bem mais que a simples repetição de ideias antigas, encontra-se aqui a expressão de uma continuidade material entre a antiga e a nova aliança*.

É o conceito de "povo de Deus" que fornece a principal das "prefigurações" veterotestamentárias do que mais tarde levará o nome de I. Utilizada primitivamente para designar o grupo familiar patrilinear, servirá cada vez mais para significar todo o Israel* em oposição aos outros povos. Segundo Dt 4,7 e 7,7, Israel é um povo do qual Deus está particularmente perto, um povo menor que os outros, mas que se distingue de todos os outros por ter sido adotado e eleito por Deus. Recebeu sua identidade por ação de Deus, que o fez sair do Egito e com ele concluiu a aliança do Sinai: constitui assim uma entidade ao mesmo tempo política e religiosa. A evolução da ideia de eleição* no judaísmo* primitivo mostra porém que se desenha sempre mais, no seio mesmo de Israel, uma separação entre eleitos e pecadores. É o que confirmam os dois outros conceitos fundamentais da I. veterotestamentária, os de *kahal* e de *edah*. O primeiro designa a assembleia dos que recebem a lei* de Javé e praticam o culto* divino. Embora essa assembleia não se confunda "com o povo constituído em Estado" (Berger, 1988, 220), o elo com a realidade política é aqui mais fortemente marcado do que no conceito paralelo de *edah*, que não designa mais que a comunidade cultual. Essas noções e representações tomarão uma importância particular na medida em que a identidade política de Israel será posta em questão, e encontrarão seu prolongamento no pensamento do judaísmo helenístico. A e. do AT afasta-se assim progressivamente das opções políticas fundadoras para buscar definir o verdadeiro israelita, que a esse título poderá sair vencedor das provas últimas (apocalíptica*). Aqui vê-se esboçar a ideia da comunidade neotestamentária que já não se compõe somente de uma nação, mas reúne "judeus e pagãos", marcados por sua pertença a Cristo* e pelo batismo* que a sela.

b) Jesus e a Igreja. — Não se encontra tampouco e. explícita em Jesus* de Nazaré. Certamente, o NT o faz pronunciar a palavra *ekklésia*, mas segundo toda verossimilhança deve-se ver nisso uma contribuição da comunidade cristã primitiva (Mt 16,18 e 18,18). A comunidade póspascal, desenvolvendo a I., e sua instituição, teria deformado, portanto, a mensagem de Jesus (A. Loisy: "Jesus anunciava o reino* de Deus, mas foi a I. que aconteceu")? Ainda uma vez, deve-se antes falar de uma continuidade fundamental, e parece mesmo possível atribuir a Jesus algo como uma "e. implícita" (W. Trilling). Isso significa que, ao proclamar o reino de Deus, Jesus não lançou sua mensagem, por assim dizer, no vazio: também chamou discípulos e determinou as formas como deveriam comprometer-se a seguí-lo. Os discípulos chamados eram aqueles que aceitavam as três marcas essenciais da "realeza de Deus": a abertura radical a um Deus de bondade e de misericórdia*, fonte única de vida e de futuro; a prática radical da nova justiça* e do mandamento* de amor* até a reconciliação e o amor ao inimigo; a vontade radical de sacrifício*, até a morte*. Se se pode ver nessas disposições a base concreta donde ia sair a "I.", então não foi sem motivo profundo que a comunidade primitiva emprestou a Jesus ditos eclesiológicos explícitos (o que quer que se possa dizer do uso que se fará deles na história* da I.)

c) A Igreja como assembleia cultual. — As narrações do NT mostram que os que creram em Jesus começaram a reunir-se em assembleias depois da Páscoa*. Nos Atos, esse movimento é ligado à efusão do Espírito* Santo e ao discurso de Pedro* no dia de Pentecostes, que resultou na conversão* e no batismo de um grande número de pessoas. At 2,42 destaca o modelo ideal da comunidade primitiva, que tem por traços essenciais o ensinamento dos apóstolos*, a fração do pão, a oração*, assim como certas formas de vida comum de caráter caritativo. Encontram-se outros elementos em outros lugares do NT, particularmente em Paulo, como sinais distintivos da I. Essa organização — notadamente no seio da comunidade primitiva de Jerusalém* — não deixava de pôr problemas de articulação e de demarcação para com o judaísmo, como o testemunham o *corpus* joanino e também essa indicação de que os cristãos em Jerusalém reuniam-se no Templo* para orar (At 2,46). A imagem desses ajuntamentos, dessas reuniões, sugere muito particularmente o emprego do termo *ekklésia*.

d) Paulo: a Igreja como corpo de Cristo. — A reflexão teológica sobre a I. como comunidade de Cristo declina-se segundo diferentes modelos. É incontestavelmente em Paulo (e seus discípulos) que se encontra a concepção mais desenvolvida. Um traço fundamental da e. paulina é sua ancoragem cristológica. Os cristãos formam uma comunidade por sua existência "em Cristo". O batismo faz participar da morte* e da ressurreição* de Cristo (Rm 6), e essa pertença a Cristo retira às diferenças entre os homens (segundo o sexo, a nacionalidade, a posição social) todo poder de separação (1Cor 12,12s; Gl 3,26ss). Da mesma maneira, a ceia do Senhor nos dá parte (*koinônia*) no corpo e no sangue de Cristo, de sorte que os que assim participam de Cristo não formam mais que um só corpo: o "corpo de Cristo" (Rm 12,5), e mesmo o próprio Cristo (1Cor 12,12) Essa ideia associa-se em Paulo à imagem, tirada da filosofia* política grega, que assimila a cidade* a um corpo composto de muitos membros, cada um cumprindo sua tarefa própria. A descrição da realidade comunitária do ponto de vista da diversidade de cargos e de ministérios* em Rm 12,4-8 e 1Cor 12,12ss segue esse modelo. Mas não é o mesmo nas cartas deuteropaulinas aos Efésios e aos Colossenses, em que Cristo é apresentado como cabeça do corpo (Ef 1,22; 5,23; Cl 1,18): aqui é a diferença entre Cristo e seus membros que é sublinhada.

Paulo pode também descrever a comunidade do ponto de vista da potência do Espírito*. O espírito de vida nova é o "Espírito de Cristo" (Rm 8,9). O Senhor mesmo é o Espírito (2Cor 3,17). No Espírito, fomos batizados num só corpo, e fomos abeberados por um só Espírito (1Cor 12,13; cf. 10,4); e a multiplicação dos ministérios é um só dom (*charisma*) do único Espírito (1Cor 12,11). Vê-se que a diferença entre e a realidade espiritual da I. e sua manifestação concreta não constitui ainda o problema fundamental em torno do qual vai girar a e. ulterior.

e) *A Igreja e Israel.* — Além dos esquemas centrais do *corpus* paulino, o NT oferece outras vias para interpretar a realidade teológica da I. Mateus, p. ex., propõe uma imagem da I. que se descreveu como centrada no "verdadeiro Israel" (Trilling). Desenha-se notadamente nas passagens em que se trata de uma missão de Jesus dirigida mais particularmente a Israel (Mt 10,5s; 15,24), dos doze apóstolos como representantes do Israel por vir (Mt 10,1s; 19,28), da "Torá do verdadeiro Israel", tal como se encontra resumida antes de tudo no sermão da montanha (Mt 5-7), e como se concretiza na ordem da comunidade cristã (Mt 18). Porém a visão de Mateus dá espaço, de um lado, à consciência da culpa de Israel, que não reconheceu a hora de sua visitação (Mt 21,33ss; 23), e, de outro lado, à ideia de uma salvação* universal que estende a missão* à terra inteira, e inclui todos os povos na I. (Mt 28,19ss; 5,15; cf. também At 28,26-28). O tema "Israel e a I." aparece ainda, sob diferentes aspectos, em outras passagens do NT: p. ex. na imagem do esposo e da esposa, esta representando Israel para quem o Messias* veio (Lc 12,36; os discípulos pertencem ao esposo: Mt 25,1-13), e a comunidade dos cristãos (2Cor 11,2). A imagem da Jerusalém celeste (Gl 4,26ss; Hb 12,22s; Ap 21,10-27) inscreve a I. entre os acontecimentos futuros aguardados pelos judeus, dissociando-a pois da realidade presente de Israel. De outro lado, o NT põe também em evidência um elo de permanência e de continuidade, p. ex. nos capítulos sobre Israel de Rm 9–11, em que a I. dos pagãos é incluída na promessa feita a Abraão (11,17ss), ao mesmo tempo que exprime a esperança de ver todo o Israel finalmente salvo. As passagens sobre o templo, que é a comunidade (1Cor 3,16), ou sobre o povo de Deus, ao qual um repouso está ainda reservado (Hb 4,9), mostram a mesma continuidade entre Israel e a I.

f) *Serviços e ministérios.* — Desde a época neotestamentária a I. desenvolveu suas estruturas ministeriais, que porém apresentam uma multiplicidade de formas e não são de natureza a fornecer um modelo direto à I. de hoje em dia. Jesus mesmo não "instituiu" nenhum ministério, mas a escolha dos doze apóstolos, que deve sem dúvida ser atribuída ao próprio Jesus, mostra que desde antes da Páscoa o movimento não é desprovido de articulações internas. Distingue-se, em seguida, nas primeiras comunidades, ao menos dois tipos de estruturas. De um lado, existem os ministérios fundados nos carismas enumerados nas epístolas paulinas (1Cor 12; Rm 12); entre eles se conta particularmente o apostolado, o que mostra que o caráter carismático desses ministérios não exclui necessariamente o exercício da autoridade* doutrinal e pastoral. Ao apóstolo compete além disso dar o testemunho ocular da ressurreição, função que não pode naturalmente ser perpetuada por nenhuma estrutura permanente. De outro lado, reconhece-se uma forma de organização — manifestamente tributária de modelos judaicos — fundada sobre o papel dos anciãos (cf. At 19), na qual os diferentes cargos (particularmente as funções doutrinais e pastorais ligadas ao apostolado) podem também ser transmitidos pela ordenação* (1Tm 4,1-4; 5,22; 2Tm 1,6). Vê-se aqui desenhar-se o problema do "protocatolicismo*", sobre o qual se pode questionar até que ponto reflete simplesmente as exigências que pesavam sobre a comunidade à medida que a vida, morte e ressurreição de Jesus se afastavam no tempo (p. ex. a exigência de preservar a identidade cristã diante do perigo crescente dos erros doutrinais), e em que medida tem a ver com a ruptura da comunidade cristã com o judaísmo (cf. Berger, 1988, 208). O problema, de qualquer modo, não podia ser ignorado, e não deixou de manter a I. na incerteza. Sem dúvida alguma, a I. não *é* o reino de Deus. Mas é, na variedade das formas, enquanto realidade social empírica, o povo desse reino, que atesta sua vinda e espera seu cumprimento. A realidade social da I. deverá em todo caso, em cada época, ser avaliada e criticada relativamente ao que testemunha e ao que espera.

2. As representações e as concepções da Igreja no curso de sua história

a) A Igreja antiga. — A I. dos primeiros tempos desenvolveu as estruturas* eclesiais contidas em germe no NT. O problema da unidade* interna e externa da I. e, portanto, sua capacidade de permanecer na verdade* punha-se de maneira sempre mais premente. Como pontos característicos dessa evolução, há que indicar o papel crescente desempenhado pelo bispo*, que responde por cada I. particular*, garante sua verdade em Cristo e reserva para si a presidência na celebração da eucaristia* (cf. Inácio de Antioquia, *Ad Smyrn.* VIII). Algumas sedes episcopais ganham além disso uma influência considerável em razão do desenvolvimento das comunidades urbanas, erigidas em centros eclesiásticos regionais (mais tarde tornar-se-ão metrópoles e patriarcados*). Ireneu* de Lião foi o primeiro a introduzir importantes acentos eclesiais na teologia antiga. A I. é, para ele, o lugar do Espírito de Deus, a causa da verdade e da salvação: está fundada nas Sagradas Escrituras*, que conserva na fidelidade à pregação* dos apóstolos. Os ministros, colocados na sucessão* apostólica, garantem a transmissão integral da verdade apostólica. Hipólito de Roma vai mais longe que Ireneu, afirmando que os pecadores não pertencem verdadeiramente à I., tese que o põe em conflito com o papa Calixto I. Esse desacordo traduz já a tensão que reina entre a I. verdadeira e sua realidade material-institucional.

Na teologia oriental do s. III, Clemente de Alexandria sublinha a coincidência da I. terrestre e da I. celeste, enquanto Orígenes* insiste na necessária santidade* espiritual e moral dos membros da I., em particular de seus ministros. No Ocidente, além de Tertuliano*, convém antes de tudo assinalar na mesma época a importância de Cipriano* de Cartago; sua e. atribui um lugar central à função episcopal. Cipriano está convencido de que a unidade da I. deve ser garantida pela unidade dos bispos: é a essa I. estruturada e representada pelos bispos que cabe ser o único caminho da salvação ("fora da I. não há salvação").

b) Agostinho. — A teologia da I. antiga não desenvolveu projeto eclesiológico mais importante que o de Agostinho*. Mais que os outros, ele reflete a situação nova que se criou, e as novas questões que se põem, depois que a I. (por ação de Constantino) se estabeleceu no espaço político. Contra as tendências que, notadamente no Oriente, visam estabelecer entre a I. e o Estado* uma relação positiva, significativa no plano da história da salvação, Agostinho sublinha na *Cidade de Deus* as diferenças entre as duas ordens. Distingue assim duas grandes "cidades": a de Deus, que é a comunhão* daqueles que se encaminham para o fim divino, e a do diabo, que reúne os homens e os anjos* que escolheram a via do mal*. Saber quem pertence a um ou ao outro grupo é privilégio da predestinação divina. Quanto a I., é manifestamente um composto de bons e de maus, de eleitos e de réprobos. O chamado pelo batismo não se confunde com a eterna eleição de Deus. A e. agostiniana reconhece, pois, uma tensão entre a verdadeira I. dos eleitos e a instituição exterior e visível, o que anuncia bem os desenvolvimentos posteriores do pensamento teológico. A instituição visível da I. sob a condução dos bispos, nem por isso deixa de ser o corpo salvífico, ao qual há que pertencer necessariamente para aceder à beatitude*. Nesse sentido (como *conditio sine qua non*), o antigo princípio "fora da Igreja não há salvação" vale ainda para Agostinho. Ao contrário, o Estado, "esse grande bando de facínoras", não tem outra função do que integrar e moderar todos os motivos egoístas dos homens, de modo a preservar quanto possível a paz* exterior. Nesse sentido, apoia a obra da Igreja.

c) A Idade Média. — A questão do primado do papa* tem um papel importante e constante na e. da IM latina. Isso se explica pelas ambições políticas crescentes do bispo de Roma* e pelos conflitos que o opõem ao mesmo tempo aos representantes do poder temporal (imperador, príncipes) e às outras autoridades eclesiais (bispos, concílios*). Se a primeira escolástica* ensina uma relativa independência do poder temporal em relação ao papa (Ruperto de Deutz), outras vozes elevam-se para dar à I. (quer dizer, ao papa) a supremacia sobre o poder temporal (Gerhoh de Reichersberg), em virtude da soberania universal de Cristo. Essa última linha, que prevalecerá contra a tese da independência dos soberanos temporais, transparece claramente nas ambições de Inocêncio III, que reclama a plenitude do poder espiritual e temporal sobre o povo cristão. Encontra sua expressão suprema em 1302, na bula *Unam Sanctam* de Bonifácio VIII. Segundo esse documento, Cristo confiou ao papa duas espadas, a temporal e a espiritual, e a submissão total da criatura ao papa é uma condição necessária de sua salvação. A crise do papado nos s. XIV e XV suscitará em seguida uma querela das relações entre o papa e o concílio. A opção "conciliarista", que submete o papa à autoridade da I. e de seus concílios (decreto *Haec sancta synodus* do concílio de Basileia* em 1415), opõe-se aqui à opção "papalista", que concede um primado

absoluto à potência e à autoridade pontifícias (bula *Laetentur caeli* do concílio de Florença* em 1439) e condena o conciliarismo*.

Até o s. XIV, a teologia latina não comporta tratados dogmáticos* especialmente consagrados à e.: examina antes a natureza da I. no quadro da teologia sacramental ou da cristologia*. Tocamos aqui um segundo foco, mais estritamente teológico, da e. medieval. O batismo e a eucaristia são os dois sacramentos* aos quais a primeira escolástica (Hugo de São Vítor) atribuía o poder de integrar o crente na I., corpo místico de Cristo. A eucaristia é não só o símbolo (como sinal da abundância do trigo e da uva) mas também a causa eficiente e o princípio vital do corpo místico da I.: ao recebê-la dignamente, os crentes se unem e constituem uma unidade na paz da I. Ao mesmo tempo, a oferenda do sacrifício* eucarístico pelo sacerdote é compreendida como um ato do qual participa a I. inteira, como uma espécie de comunhão sacrifical misteriosa (Pedro Damião, Eudes de Cambrai). A grande teologia escolástica (Boaventura*, Tomás* de Aquino) dá a essa ideia um aprofundamento cristológico considerando que é a *gratia capitis* de Cristo que, em sua superabundância, transborda sobre os membros do corpo da I. Segundo Tomás, a humanidade de Cristo é o *instrumentum coniunctum* (instrumento conjunto) dessa operação, e o sacramento, o seu *instrumentum separatum* (instrumento separado) (*ST* IIIa, q. 62, a. 5). Os membros da I. são os santos do céu (inclusive os da antiga aliança) e os justos da terra, que possuem a fé* e o amor, enquanto os pecadores, que não estão em estado de graça*, são muitas vezes considerados como membros mortos ou imperfeitos. Daí a escolástica tardia tirará a ideia de que só os predestinados são verdadeiramente membros da I. (J. Wyclif, Hus*); a tese adversa (anunciando a posição de Belarmino*) definirá a I. como a comunhão* daqueles que observam e confessam exteriormente a verdadeira fé, que participam dos sacramentos e se submetem ao papa (João de Ragusa, João de Torquemada). A I. universal confunde-se, assim, com a I. de Roma.

d) A Reforma. — Lutero* forja sua concepção da I. conta a pretensão da "I. papal" de ser a única verdadeira. Compreende, por seu lado, a Igreja como o povo de Deus, que, reunido no Espírito Santo, recebe sua existência e sua santidade da Palavra* divina (a I. como "criatura do Verbo", *WA* 6, 650). A pregação da Palavra é, pois, a característica essencial da I. verdadeira, mesmo se outras marcas poderão ser-lhe acrescentadas (batismo, ceia, ministros, oração, cruz, respeito da autoridade). Para Lutero, a I. de Roma não é a "verdadeira velha I.", porque falsificou o Evangelho.

As teses eclesiológicas dos escritos confessionais luteranos — redigidos na maior parte por Melanchton — definem a I. como "a assembleia dos santos, na qual o Evangelho é ensinado na sua pureza e os sacramentos administrados segundo as regras" (*CA* VII). A I. representa a assembleia cultual de todos os que vivem da fé justificante, e que nela são regenerados pelo Espírito Santo. Os sinais e as marcas distintivas dessa assembleia são a pregação* do Evangelho e a administração dos sacramentos (pelos ministros ordenados: *CA* XIV): somente elas fazem uma I., porque transmitem sem cessar o Espírito que suscita a fé (*CA* V). Basta, para preservar a verdadeira unidade da Igreja, que o Evangelho seja pregado e os sacramentos administrados segundo a Escritura: o cerimonial do culto pode variar, e é ainda menos necessária uma estrutura hierárquica determinada (bispos, papas), mesmo se os luteranos admitem explicitamente o episcopado como instância regional de caráter essencialmente doutrinal, sem poder temporal (*CA* XXVIII). Contra a posição católica, os luteranos fazem uma diferença entre a I. compreendida como assembleia visível, reunida na participação dos sacramentos, e a I. verdadeira, compreendida como comunhão dos corações* no Espírito Santo; essa permanece porém reconhecível pelos sinais exteriores da Palavra e dos sacramentos (duplo sentido da I. em *Apol.* VII).

Na continuação, Melanchton acentuará cada vez mais a I. visível, que considera como uma assembleia de chamados (*coetus vocatorum*), às vezes também designada como *coetus scholasti-*

cus. Da pluralidade dos ministérios que Lutero ainda admitia, Melanchton, pouco a pouco, não conserva mais do que um só, ao qual incumbe em primeiro lugar a pregação pública da palavra. Quase não se interessa pela significação específica dos sacramentos para a essência da I.

A e. de Calvino*, que terá papel determinante para as I. reformadas, está fundada no pensamento da predestinação* (a I. como comunhão dos eleitos em Cristo, como *electorum turba, Inst.* IV, 1, 2); de outro lado, Calvino fala sobretudo da I. visível, que descreve como a mãe de todas as almas* piedosas. A I. verdadeira, a da pura pregação e da administração dos sacramentos, opõe-se à falsa I. papal. Cristo instituiu quatro tipos de ministros: os pastores*, os doutores*, os anciãos e os diáconos*, entre os quais os primeiros (aos quais incumbe a pregação da Palavra) ocupam o cargo mais importante. Os anciãos devem, em primeiro lugar, velar pela boa conduta dos membros da comunidade e, portanto, também pelas medidas disciplinares no seio da I. (de acordo, se preciso, com as autoridades civis). A esse respeito, a tradição reformada aborda a I. de um ângulo totalmente diverso do luteranismo*.

e) O protestantismo ulterior. — O protestantismo ulterior, por oposição à Reforma e à ortodoxia protestante, desenvolveu sua concepção da I. a partir das orientações particulares dos crentes que dela se reclamavam. No pietismo* é o ponto de vista da fé e da santificação pessoais que relega a segundo plano a pura pregação da doutrina (Ph. J. Spener, N. L. von Zinzendorf); na época das Luzes é o sentimento moral que reúne os indivíduos numa "República governada pelas leis da virtude", enquanto a I. institucional, com seus ritos e dogmas* "estatutários", só preenche, no máximo, uma função propedêutica para aqueles que não têm a força moral de dispensá-los (Kant*). Essas duas tendências se juntam no pensamento de Schleiermacher*, que define a religião como um "sentimento de dependência absoluta"; sentimento esse que a ninguém "animou" tão poderosamente como a Jesus de Nazaré, e que representa a "vida global" em que comungam todos os que creem nesse mesmo Jesus; encontra também — e aqui

Schleiermacher se afasta de Kant — sua forma necessária na I. visível, que faz parte da sociedade* na medida em que introduz a religiosidade ligada a Jesus na realidade social e cultural (vê-se aqui despontar a abordagem "cultural" do protestantismo* liberal). Apesar de certas divergências decisivas no plano da filosofia da religião*, será ainda essa concepção cultural da I. que guiará os teólogos protestantes de inspiração hegeliana — até R. Rothe, segundo o qual a forma eclesial do cristianismo tende a dissolver-se no conjunto do corpo social e de sua organização estatal. Teólogos como A. Ritschl, para quem Jesus, anunciando o Reino de Deus, visa a uma "organização moral da humanidade", e E. Troelsch, para quem o cristianismo representa a mais importante expressão histórica jamais aparecida da religiosidade *a priori* do homem, são também, de uma forma ou de outra, tributários dessa abordagem neoprotestante.

Foi do luteranismo confessional (W. Löhe, A. F. C. Vilmar, Th. Kliefoth e, em menor medida, A. von Harless e Th. Harnack) que veio, no s. XIX, a mais forte reação contra essa visão de uma I. reduzida exclusivamente ao plano da consciência* religiosa ou moral. Para esses autores, a I. é antes de tudo instituição de salvação, fundada por Cristo. Deve ministrar a Palavra e — muito particularmente — os sacramentos, por intermédio de um ministro ordenado que está à frente da comunidade em nome de Cristo. A confissão* de fé — quer dizer, a confissão de fé luterana, a única verdadeira — tem aqui um papel determinante; e em relação a ela a consciência moral, a religião e a piedade aparecem como fatores subjetivos de importância secundária.

f) O século XX. — Foi antes de tudo Barth* que teve a incumbência de tomar posição contra o neoprotestantismo e sua concepção da I. Para Barth, a tarefa central da I. é anunciar a palavra do Deus revelado em Cristo. Assim em sua *Dogmática* trata longamente da reunião, da edificação e da missão da comunidade cristã, tais como foram operadas por Cristo no Espírito. Essa e. missionária de Barth teve papel determinante na imagem que a I. confessional

alemã fazia de si mesma na época do nacional-socialismo, no combate contra as falsas doutrinas que pretendiam acomodar a única palavra de Cristo acrescentando-lhe outras palavras de ordem, como o "povo", a "raça*", a "história*". Com a máxima de Bonhoeffer*, reclamando uma "I. para os outros", ela marcou também a consciência da I. evangélica sob a dominação comunista (Aliança das I. evangélicas da RDA), como o atesta o projeto de uma I. "comunhão de testemunho e de ministério", cuja ideia foi retomada no conjunto da *oikoumenè*.

Fora dessa visão da I., e fora da renovação da concepção confessional luterana (W. Ellert, P. Althaus), outras abordagens ficavam mais fiéis à herança do s. XIX. Há que mencionar aqui o pensamento do último E. Brunner, que queria essencialmente ver na I. um simples encontro de pessoas*, desprovido de todo caráter institucional. (Repetia nisso a tese do canonista R. Sohm quanto à contradição fundamental entre a I. e o direito*.) Deve-se lembrar também a concepção eclesiológica de Tillich*, para quem a noção de "comunhão espiritual" tem um papel central. Essa comunhão espiritual encontra certamente na I. "manifesta" (caracterizada pela pregação, pelos sacramentos e pela confissão de fé) sua expressão decisiva — por sua referência explícita a Cristo — exemplar, mas se produz igualmente em numerosos outros movimentos ou grupos, fora mesmo do quadro religioso e filosófico cristão. Tillich dedica-se assim a estudar a influência do espírito cristão na cultura e a denunciar as pretensas contradições que existiriam entre a pregação cristã e o mundo de hoje.

Essa linha de pensamento foi recentemente retomada na discussão sobre o problema da I. multitudinária. Contra essa visão da I., compreendida como comunhão de confissão e de serviço, certos teólogos retomam as perspectivas da sociologia da religião e defendem uma eclesialidade que leve também em conta as pessoas afastadas da I., em seu cristianismo concreto. Como "instituição de liberdade* (T. Rentdorff), a I. propõe o Evangelho sem prescrever nenhuma forma social particular, nenhum engajamento comunitário; quer simplesmente encorajar o desenvolvimento de uma consciência religiosa e ética*, cristã no sentido mais amplo possível, e dotando-se assim da abertura interior necessária à sua presença na cultura e na sociedade.

g) *A eclesiologia católica desde o século XVI.* — O desenvolvimento da e. católica desde o s. XVI é marcado por um acento antirreformista. Contra uma visão fundada na fé justificante e na pregação da palavra, Belarmino, repetindo os princípios anteriores à Reforma, descreve a I. como uma reunião de pessoas* que apresentam três características: confessam a mesma fé, participam dos mesmos sacramentos, reconhecem a autoridade do romano pontífice. A I. assim definida é, segundo ele, tão visível quanto a república de Veneza. O galicanismo* no s. XVII e o febronianismo no s. XVIII buscaram (finalmente sem êxito) limitar a soberania do papa em benefício do concílio geral. Na época das Luzes, a I. é descrita como uma sociedade espiritual cujos membros buscam a felicidade por meio de práticas religiosas comuns, e que educa os homens para a humanidade no espírito dessa religião: tal é precisamente o fim a que tende a ordem hierárquica instaurada por Cristo. No s. XIX coube sobretudo à escola católica de Tübingen* (J. S. Drey, J. A. Möhler, I. Döllinger) desenvolver uma reflexão aprofundada sobre a essência espiritual da I. Para esses autores, a I. é um organismo impregnado pelo Espírito Santo, que cria em diferentes níveis as articulações hierárquicas — cargo e ministros — necessárias à manutenção de sua unidade. Inversamente, a escola dita de Roma (Scheeben*) prepara as teses eclesiológicas ao Vaticano I*, tendo por eixo exclusivo a estrutura jurídica da I. A constituição dogmática *Pastor aeternus* promulgada por esse concílio (em 18 de julho de 1870) só trata, de fato, do papa: estabelece dogmaticamente sua supremacia jurisdicional na I., e correlativamente sua infalibilidade* doutrinal quando se pronuncia *ex cathedra*. O concílio, que inicialmente previa elaborar um projeto de e. global, não chegou a tratar seus outros capítulos, e a ideia eclesial encontrou-se assim, de fato, reduzida à sua dimensão jurídico-hierárquica.

Essa concepção será em seguida alargada em diferentes direções, graças a uma nova abordagem do culto* divino (movimento litúrgico, encíclica *Mediator Dei* de Pio XII [1947]), a uma reflexão cristológica aprofundada, que, com base na Escritura, compreende e descreve a I. ao mesmo tempo como uma instituição de direito e de amor (encíclica *Mystici corporis* de Pio XII [1943]), graças também ao movimento do apostolado leigo* e, finalmente, na e. do Vaticano II* (em particular com a constituição dogmática *Lumen Gentium* [1964]). Em mais de um ponto o concílio vai muito além da e. oficial, tal como estabelecida até então: destaca-se por sua utilização das diferentes imagens bíblicas, muito em especial a ideia do povo itinerante de Deus; por sua atitude positiva para com as confissões cristãs não católicas (e o mundo não cristão), que integra numa concepção ecumênica da I.; pelo desenvolvimento da doutrina do colégio episcopal, que — notadamente quando se reúne em concílio — detém com o papa a autoridade suprema na I.; por uma nova compreensão do ministério de bispo, relativamente à sua consagração e a suas funções; e pela reintrodução do diaconato como ministério eclesial específico. A evolução da concepção católica da I. depois do Vaticano II girou particularmente em torno do conceito de "*communio*", que apresenta porém uma profunda ambivalência, segundo descreve a reunião da cristandade, em toda sua diversidade, em volta do altar, ou então a unidade eclesial fundada no papa e legitimada só por ele.

3. As diferentes abordagens da Igreja no diálogo ecumênico atual

Pode-se distinguir, sumariamente, três abordagens eclesiológicas no movimento ecumênico contemporâneo, conforme a I. seja compreendida a partir da perspectiva ortodoxa, da perspectiva católica ou do ponto de vista dos herdeiros da Reforma. Porém a e. ortodoxa não conheceu uma evolução histórica comparável à das duas grandes tradições* ocidentais, tais como acima esboçamos; e as I. provindas da Reforma oferecem um amplo espectro de concepções eclesiológicas que divergem entre elas no detalhe.

a) *Igrejas orientais.* — O pensamento eclesiológico das I. orientais caracteriza-se por um recurso consciente ao modelo trinitário. Buscando uma via mediana entre o "sacramentalismo cristológico", que leva ao institucionalismo e ao clericalismo, e o "profetismo pneumatológico", que corre o perigo de um espiritualismo subjetivo (Kallis, *TRE* 18, 253), compreendem a I. por meio da imagem do corpo de Cristo, como um organismo vivo, que encontra na celebração da eucaristia seu centro e sua fonte permanente (é a "e. eucarística" de N. Afanassieff, A. Schmemann, J. Zizioulas), e que o Espírito de Deus transforma em nova criação (divinização, *theôsis*). No plano organizacional, essa e. que tem seu eixo na I. local* utiliza, de um lado, o princípio da autocefalia, segundo o qual a I. local, ou nacional, não constitui a parte de um *todo*, mas a *concretização* do todo; obriga, de outro lado, as I. locais a agrupar-se em sínodos*, regidos pelo princípio do consenso e que garantem assim a unidade do corpo de Cristo. O ministério de bispo, colocado na sucessão apostólica, constitui o elo que mantém essa unidade no tempo* e no espaço. Enquanto portadora da verdade ditada pelo Espírito, a I. ortodoxa reconhece a existência de outras I. cristãs, mas não pode entrar com elas em plena comunhão eucarística a não ser que haja um consenso nas questões fundamentais da fé.

b) *Igreja católica.* — No s. XX a e. da I. católica encontrou sua formulação nos decretos do Vaticano II. A principal diferença com a abordagem oriental reside na forma jurídica herdada da tradição latina, e muito particularmente do I concílio do Vaticano: a I. católica aparece aqui como uma entidade jurídica dirigida pelo bispo de Roma, que detém o supremo poder de jurisdição e a autoridade doutrinal absoluta (infalível em última instância). Paralelamente e conjuntamente com o papa, o colégio episcopal (colocado na sucessão apostólica) representa o órgão pastoral e doutrinal da I. universal, um órgão que ganhou importância nova depois do Vaticano II, notadamente sob a forma extraordinária do concílio. O quadro jurídico constitui o laço pelo qual a I., enquanto povo espiritual

de Deus, é reunida e governada. Como na e. oriental, o centro da vida espiritual é a celebração eucarística, à qual os outros sacramentos, em especial o batismo, estão coordenados. A pregação da palavra de Deus contribui para a edificação dos corações, a educação das consciências e a proclamação da vontade de Deus para o mundo. Na I. e com ela todos seus membros — particularmente os que se chamam leigos — são chamados a servir uns aos outros e servir ao mundo no amor. É nessas perspectivas eclesiais fundamentais, a que estão submetidos todos os membros da I., que se inscrevem os diferentes ministérios; o do bispo (dotado da plenitude do sacramento da ordem*) e o do sacerdote, cada um revestindo uma função sacerdotal, doutrinal e pastoral, assim como o do diácono*. A I., nesse sentido complexo, é globalmente designada como um "sacramento", i.e., como "um sinal e um instrumento pelo qual se opera a união íntima com Deus, assim como a unidade de todo o gênero humano" (*LG*). Apesar dos laços espirituais tecidos com outras I. cristãs, e em primeiro lugar com as I. orientais — mas também com os fiéis de outras religiões e com todos os não crentes de boa vontade —, a finalidade dos esforços ecumênicos continua sendo a unidade de todos os cristãos e de todas as I. em comunhão com o bispo de Roma.

c) *As Igrejas provindas da Reforma.* — As I. que reivindicam a herança da Reforma diferenciam-se em três pontos principais das I. orientais e da I. romana. Caracterizam-se, em primeiro lugar, pela primazia eclesiológica atribuída à palavra de Deus transmitida pela Escritura e pela pregação. Fiéis à fórmula de Lutero que definia a I. como "criatura do Verbo divino", sob muitos aspectos privilegiaram a Palavra sobre os sacramentos, ao ponto de não ver neles senão formas específicas da Palavra. A segunda particularidade dessa tradição consiste em só conceder à questão do ministério e das estruturas eclesiais um papel relativamente secundário. Certamente, todas as I. evangélicas possuem ministérios, entre eles, por regra geral, um ministério especial de pregação pública da palavra e da administração dos sacramentos, conferido pela ordenação. Numerosas I. provindas da Reforma admitem também o episcopado, ou pelo menos a função de uma *episkopè* regional. Mas a estrutura episcopal não representa, em nenhum caso, uma condição necessária da eclesialidade ou da unidade eclesial, o que explica que a ruptura (forçada) da sucessão apostólica dos bispos nas I. evangélicas da Europa central não constitua, a seus olhos, um déficit eclesial essencial, contrariamente ao que é objetado pela I. ortodoxa e pela I. católica. Isso implica naturalmente outra concepção da unidade eclesial: segundo *CA* VII, para que haja uma verdadeira unidade, basta um acordo na pregação do Evangelho e na administração dos sacramentos (batismo, ceia) conforme à instituição; e essa tese — que figura no atual cânon ecumênico das I. protestantes — constitui uma das mais graves dificuldades para o diálogo ecumênico. Sua abordagem específica da questão dos ministérios leva as I. oriundas da Reforma — sua terceira grande característica — a implicar o laicato em responsabilidades administrativas e doutrinais da I. É o que testemunha claramente o sínodo evangélico, que composto ao mesmo tempo de leigos e de membros ordenados do clero é em grande medida encarregado de fixar os regulamentos eclesiais, o que implica muitas vezes decisões doutrinais.

Na base dessas orientações específicas existe contudo uma ampla variedade de opções e formas de organização possíveis. É assim, p. ex., que a I. anglicana, a I. episcopal norte-americana, mas também as I. luteranas da Escandinávia concedem uma importância particular ao cargo episcopal e à sucessão apostólica, sem que isso constitua um obstáculo insuperável à sua comunhão eucarística com outras I. fundadas em princípios diferentes. Encontram-se também certas I. de tipo congregacionista (congregacionismo*, discípulos de Cristo), em que as estruturas universais são pouco desenvolvidas ou mesmo inexistentes. Há enfim I. (batistas*, quakers) em que os sacramentos são compreendidos e ministrados de modo totalmente diverso de outros lugares. As posições divergem igualmente quanto ao valor doutrinal normativo das confissões de fé. Essas diferenças são objeto

de discussões interconfessionais, que muitas vezes abriram possibilidades de comunhão eclesial (na base dos critérios de *CA* VII) inconcebíveis em outras grandes tradições. Pode-se acrescentar que a I. veterocatólica, sob influência da tradição católica, e certas I. particulares (notadamente na Índia), sob influência da ortodoxia, mostram-se mais maleáveis quanto às condições da unidade eclesial que as correntes principais e suas tradições respectivas.

4. Princípios de uma eclesiologia ecumênica

A I. é, em primeira análise, a *comunhão* de todos aqueles que Deus chamou no Espírito por Jesus Cristo, quer se considere essa comunhão no plano local ou em escala mundial. Se não se pode falar de uma instituição explícita da I. por Jesus antes da Páscoa, pode-se, ao contrário, ver sua origem "implícita" no reino de Deus cuja vinda Jesus proclama, assim como no grupo de homens que chama a ele e que liga à sua mensagem. A I. é obra do Espírito Santo, por meio da Palavra, da fé e do batismo. No Espírito, Jesus Cristo crucificado e ressuscitado está presente como fundamento real e constante da I. Em sua realidade primeira, a I. é uma assembleia cultual em que se prega o Evangelho e celebra a ceia em memória do Senhor, em que se ora a Deus, reconhecendo as próprias culpas, dando graças e implorado sua ajuda (cf. At 2,42). Nessa prática cultual, em particular na participação do corpo e do sangue eucarísticos, a I. se constitui e não deixa de se constituir de novo como o "Corpo de Cristo" (1Cor 10,16s). Pelo Espírito de Deus, ela pode confessar o Senhor Jesus (1Cor 12,3). É o único "templo" em que habita o Espírito Santo (1Cor 3,16), e afirma-se como comunhão no amor e edifica-se como comunidade por meio da multiplicidade de dons e ministérios dispensados pelo Espírito (1Cor 12,12ss), entre os quais figura também o ministério conferido pela ordenação. Ao mesmo tempo, a I. é enviada para anunciar o Evangelho no mundo inteiro (Mt 28,19ss) e para servir a todos os homens. Enquanto "povo de Deus" (Hb 4,9) sabe que pode apoiar-se nas promessas* feitas aos pais da antiga aliança (cf. Rm 11,18) e se compreende em marcha por todas as épocas para o fim escatológico que lhe foi assinalado (Hb 13,14).

As marcas ("notas") da I. são, segundo o símbolo de Niceia-Constantinopla: a *unidade*, que lhe confere a vocação de Deus que a chama pelo Cristo no Espírito, como povo de Deus ao longo das épocas sucessivas, a despeito de todas as divergências confessionais e de todas as disparidades culturais, mas também como comunhão dos vivos e dos mortos; a *santidade*, que Deus lhe concede, apesar de seus pecados*, perdoando-a e regenerando-a a cada dia; a *catolicidade*, como plenitude qualitativa da salvação que lhe é oferecida, como também a toda a criação*, e que lhe confere, em sentido mais quantitativo, sua significação salvadora para todos os homens; *apostolicidade*, porque está fundada no testemunho e no ministério dos apóstolos, e porque é enviada ao mundo como mensageira do reino de Deus. Os signos distintivos da I., ao mesmo tempo que seus elementos constitutivos, são a pregação do Evangelho na fidelidade a Cristo e a celebração dos sacramentos — em particular a ceia do Senhor (a eucaristia) e o batismo — conforme à sua instituição. A I. como comunhão eucarística é antes de tudo uma comunidade local, mas existe também nos planos regional e universal. É o lugar e a comunicação da salvação em Cristo, o que porém não exclui a possibilidade de salvação fora da I.

Essa I. da confissão de fé, cuja "ideia" assim descrevemos, vive-se *de facto* sob uma forma empírica e concreta — portanto *marcada pela ruptura do pecado*. A I. como comunhão de todos os batizados é uma mistura ("*corpus permixtum*") dos que em seu coração* e em sua vida seguem o apelo que lhes foi dirigido no batismo e dos que não vivem essa vocação. Os numerosos graus intermediários entre essas duas opções proíbem toda partilha que queira ser definitiva (Mt 13,24ss) e põem o verdadeiro problema da I. multitudinária. A imperfeição da I. concreta traduz-se também por divisões confessionais, que não refletem apenas uma diversidade legítima, mas também a deformação da única verdade cristã e as inevitáveis querelas que daí decorrem. O movimento ecumênico, porém, mostrou que os predicados "verdadeira" ou "falsa" não podem univocamente ser atribuídos a uma ou a outra I. confessional.

À medida que o testemunho original dos apóstolos se afastava no tempo e que a I. se encontrava confrontada com outras situações culturais, existenciais e políticas inéditas, o problema de um eventual desvio histórico em relação à única verdade se punha de maneira cada vez mais aguda. Ao mesmo tempo, o desenvolvimento da I. fazia de sua unidade uma questão de sobrevivência. Desde a época da I. primitiva, esses dois fatores levaram à criação de *instituições* que deviam permitir à cristandade permanecer na verdade e continuar a viver em comunhão; é a esse cuidado que correspondem o cânon* das Sagradas Escrituras, a confissão de fé (assim como as decisões dogmáticas que a I. tomará mais tarde) e as estruturas eclesiais (em particular a estrutura episcopal e a estrutura sinodal ou conciliar). A isso acrescenta-se o fato de que as instituições são, de maneira geral, indispensáveis para fixar as regras de conduta comuns e definir as leis a que deve submeter-se uma comunidade viva, de maneira a prevenir as discussões que poderiam ameaçar sua existência. A distinção tradicional entre instituição de direito divino (os sacramentos, o ministério) e as instituições de direito humano só possui a esse respeito um valor relativo, na medida em que é preciso também pôr o problema de sua justificação respectiva e de sua delimitação concreta.

Esse problema encontra uma expressão particularmente aguda na questão, igualmente debatida no seio do movimento ecumênico, do *ministério* eclesial. O ministério que se confere hoje pela ordenação não é atestado nessa forma no NT; pode-se ainda menos dizer que foi instituído por Jesus de Nazaré. Isso vale para o ministério da pregação da Palavra e da administração dos sacramentos, que a tradição luterana considera como instituído por Deus (*CA* V), tanto como para a estrutura episcopal na concepção ortodoxa e católica. Encontram-se certamente no NT prefigurações do ministério pastoral, já que os apóstolos e seus sucessores eram os responsáveis pelo ensinamento e pela vida prática no seio de sua comunidade, mas esse cargo não está ainda ligado a qualquer poder de administração dos sacramentos. De outro lado, encontram-se, pelo menos nas comunidades paulinas, uma multiplicidade de serviços e de títulos que fazem já aparecer certo grau de diferenciação estrutural. Mas, se a teologia não tem direito de referir ao próprio Cristo a instituição ulterior de um ministério eclesial conferido por ordenação, é porque ela considera que se produziu na história uma evolução conforme à intenção de Cristo, uma evolução que o Senhor da I. pôs a seu serviço. Aí está precisamente o que impede distinguir em última instância entre um direito "divino" e um direito "humano". Mas isso significa antes de tudo que a realidade do ministério, tal como se desenvolveu no curso da história, não tem para a I. a importância constitutiva que é preciso atribuir à pregação do Evangelho e à administração dos sacramentos. A mesma constatação aplica-se à sucessão apostólica dos bispos — que representa decerto um sinal apropriado, mas não pode ser nem uma garantia nem uma condição de validade* dos ministérios (Lima, Porvoo) — e à forma histórica do papado — cujo papel, dogmaticamente fixado pelos dois concílios do Vaticano, constitui ainda hoje um obstáculo entre as I. O que se pode dizer a respeito é que deve necessariamente existir no plano local um ministério específico, dotado de uma competência particular em matéria de doutrina, de administração dos sacramentos e de unidade eclesial, que possa assim garantir o exercício comum dos dons e dos cargos. Se convém que tal instância exista também nos níveis regional e universal, é não menos necessário que esse ministério, na medida em que é responsável pelos problemas de doutrina e de disciplina*, esteja ligado nos planos local, regional e universal a estruturas sinodais e conciliares igualmente abertas (conforme a abordagem protestante) aos membros não ordenados da I. É por isso que determinada forma tomada pelo ministério não pode ser erigida em condição *sine qua non* da unidade eclesial e da verdadeira eclesialidade. Certamente é necessário encontrar, notadamente no nível universal, formas de tomada de decisão comuns às diferentes I., e a questão de um ministério universal da unidade eclesial merece ser tomada em consideração, mesmo na perspectiva protestante. Mas o modelo ecumênico — que considera a unidade eclesial como uma comunhão conciliar reunindo I. diferentes tanto no plano confessional quanto no plano cultural — parte em todo caso do princípio de que as diferenças de estrutura não fazem obstáculo a tal comunhão, enquanto o cargo de uma *episkopè* regional for bem exercido nessas I., de uma maneira ou de outra. É preciso também que se desprenda um consenso fundamental em matéria de fé e de doutrina, como também na compreensão dos sacramentos, o que porém não exclui eventuais divergências nas formulações dogmáticas. Enfim, é necessário que a perfeita comunhão das I., tal como se realiza à mesa do Senhor, também se confirme diante dos problemas do mundo atual, em comum responsabilidade de serviço e de amor.

5. Aspectos éticos e sociológicos

Se a compreensão da I. implica aspectos éticos, não é só no sentido de que os membros são regenerados no Espírito e chamados a uma vida nova no amor e na responsabilidade. É também a I. mesma que deve ser considerada um sujeito (coletivo) de uma ação eticamente responsável. Esse aspecto de sua realidade revela-se tanto no plano interno como no externo, na maneira como determina e gerencia suas estruturas e na maneira como, por suas tomadas de posição e por sua conduta coletiva, assume ou ignora sua responsabilidade. Os temas admitidos da "democracia*" ou da "burocracia" na I. forçam a questionar lanços inteiros da realidade eclesial cujo modo de funcionamento, tal como foi estabelecido pelos homens, pôde ser mais ou menos fiel à essência dessa realidade. A verdade prometida à I. é certamente, em si mesma, intangível e não pode depender de uma decisão democrática. Mas a busca de expressões pertinentes e atuais, a maneira de assumir sua responsabilidade na pregação e de escolher, em particular, seus responsáveis em determinado domínio particular (p. ex. elegendo os bispos), tudo isso, numa I. que se compreende como povo de Deus, apela para procedimentos e estruturas democráticos (sínodo).

É também por uma escolha ética que a I. decide como assumirá sua tarefa na sociedade e que estruturas devem ser escolhidas para esse fim. No curso de sua história, a I. progressivamente viu-se exercendo uma parte de responsabilidade sobre o conjunto do corpo social (com a virada constantiniana, que teve um papel fundamental sobretudo para a ordem medieval). Nos tempos modernos, o processo de secularização* acarretou um recuo da I. na vida pública; ela não representa mais, em certos países da Europa, senão uma parte minoritária da população. As pretensões teocráticas da I. para com a sociedade não seriam somente contestáveis de um ponto de vista dogmático e ético; seriam também anacrônicas. A liberdade de opinião e de consciência deve continuar garantida aos cidadãos. Segundo a teoria funcionalista-pluralista da sociedade (N. Luhmann), a religião e a I. que a "administra" têm a cobrir um número limitado de necessidades que existem ainda na sociedade moderna ("domínio sobre a contingência"). Porém a I. não está disposta a limitar-se a esse papel, já que reconhece como sua missão profética e diaconal afirmar a benevolência de Deus para com todos os homens, orientando sua ação, criticando seus descaminhos e trazendo-lhes o socorro da caridade. A I. não pode renunciar a esse mandato, mesmo quando a sociedade oficial quisesse contestá-lo, como, p. ex., sucede nas ditaduras modernas.

É nessa perspetiva que se deve considerar a relação do Estado e da I. Partindo do princípio da separação jurídica entre as duas ordens, princípio conforme tanto à compreensão que a I. tem de si mesma quanto à ideia moderna de um Estado livre de todo credo, poder-se-ia imaginar uma estrutura que facilitasse o encontro da I. e das pessoas na sociedade secular, sem por isso submeter a I. a uma tutela legal. O modelo jurídico da "pessoa moral de direito público" forneceria a esse respeito, do ponto de vista da I., um melhor fundamento que o da instituição de direito privado. Isso seria também para a

sociedade moderna, que enfrenta numerosos perigos, uma ocasião de levar em conta, por certo número de ajustes estruturais e regras contratuais, a contribuição da I. para a preparação de um futuro digno do homem.

• *Lumen Gentium*, Vaticano II, Constituição dogmática sobre a Igreja, 21 nov. 1964, *AAS* 57 (1965), 5-75. — *Batismo, eucaristia, ministério* (texto de convergência de *Fé e Constituição*), Paris, 1982.

▶ Y. Congar (1941, 1966²), *Esquisse du mystère de l'Église*, Paris. — L. Cerfaux (1942), *La théologie de l'Église suivant saint Paul*, Paris. — H. de Lubac (1953), *Méditation sur l'Église*, Paris. — O. Semmelroth (1953, 1963³), *Die Kirche als Ursakrament*, Frankfurt. — T. F. Torrance (1955), *Royal Priesthood*, Edimburgo. — K. Barth (1964), *L'Église*, Genebra. — H. Mühlen (1964), Una Mystica Persona: *Die Kirche als das Mysterium der Identität des heiligen Geistes in Christus und den Christen — eine Person in vielen Personann*, Munique-Paderborn-Viena, 1967² revista e aumentada. — H. Rahner (1964), *Symbole der Kirche. Die Ekklesiologie der Vater*, Salzburgo. — H. Küng (1967), *Die Kirche*, Friburgo (*A Igreja*, Lisboa, 1970). — N. Nissiotis (1968), *Die Theologie der Ostkirchen im oekumenischen Dialog. Kirche und Welt in Ortodoxer Sicht*, Stuttgart. — L. Bouyer (1970), *L'Église de Dieu, Corps du Christ et Temple de l'Esprit*, Paris. — J. Feiner (sob a dir. de) (1963ss), *Mysterium Salutis* (contribuições de N. Füglister, H. Schlier, W. Beinert, H. Fries, O. Semmelroth e Y. Congar, t. IV, 1 [1972], de P. Huizing e B. Dupuy, t. IV, 2, [1975]). — Y. Congar (1975), *Un peuple messianique, salut et libération*, Paris. — J. Moltmann (1975), *Die Kirche in der Kraft des Geistes*, Munique. — W. Pannenberg (1977), *Ethik und Ekklesiologie*, Göttingen. — U. Kühn (1980, 1990²), *Kirche*, HST 10, Gütersloh. — J. Zizioulas (1981), *L'être ecclésial*, Genebra. — B. Lauret, F. Refoulé (sob a dir. de) (1983), *Initiation à la pratique de la théologie*, t. III, Dogmatique 2 (1993³) (contribuição de J. Hoffmann, H. Legrand, J.-M. Tillard), Paris. — H. Houtepen (1984), *People of God*, Londres. — G. Martelet (1984-1990), *Deux mille ans d'Église en question*, 3 vol., Paris. — H. Döring (1986), *Grundriss der Ekklesiologie*, Darmstadt. — J.-M. Tillard (1987), *Église d'Églises*, CFi 147. — K. Berger *et al.* (1988), "Kirche" (K. Berger, G. May, J. Finkenzeller, A. Kallis, U. Kühn, W. Härle, M. Honecker e uma importante bibliografia), *TRE* 18, 198-344. — E. Herms (1990), *Erfahr-*

bare Kirche. Beiträge zur Ekklesiologie, Tübingen.
— W. Pannenberg (1993), *Systematische Theologie*
3, Göttingen, 13-567. — A. Birmelé, J. Terme (sob
a dir. de) (1995), *Accords et dialogues oecuméniques*, Paris, 81-117 ("L'Église de Jésus-Christ: la
contribution des Églises issues de la Reforme").
— A. Birmelé (1995), "L'Église", *in* P. Gisel (sob a
dir. de), *Encyclopédie du protestantisme*, Genebra-
Paris, 483-499. — B. Forte (1995), *La Chiesa della
Trinità*, Roma. — K. Rahner (1995), *Selbstvollzug
der Kirche*, SW 19, Düsseldorf-Friburgo. — J.-M.
Tillard (1995), *L'Église locale*, CFi 191. — O.
González de Cardedal (1997), *La entraña del cristianismo*, Salamanca, 247-300, 683-811 e *passim*.

Ulrich KÜHN

→ *Autoridade; Batismo; Cisma; Comunhão; Concílio;
Disciplina eclesiástica; Eclesiologia; Estruturas
eclesiais; Eucaristia; Governo da Igreja; Hierarquia; Igreja-Estado; Indefectibilidade da Igreja; Infalibilidade; Local (Igreja); Magistério; Ministério;
Palavra de Deus; Particular (Igreja); Sacerdócio;
Sacramento; Ser; Sínodo; Unidade da Igreja.*

IGREJA ANGLICANA → **anglicanismo**

IGREJA CATÓLICA → **catolicismo**

IGREJA LOCAL → **local (Igreja)**

IGREJA PARTICULAR → **particular
(Igreja)**

IGREJAS LUTERANAS → **luteranismo**

IGREJAS METODISTAS → **metodismo**

IGREJAS ORTODOXAS → **ortodoxia**

IGREJAS REFORMADAS → **calvinismo,
Zuínglio**

IGREJA-ESTADO

Segundo a Bíblia* só Deus* é o soberano
Senhor dos homens, dos povos, da história*.
Todo poder procede dele (Jo 19,11; Rm 13,1)

para ser posto a serviço da justiça* e da paz*. Tal
é a esfera de ação limitada de César em relação
à de Deus, virtualmente ilimitada (Mt 22,21). A
consciência*, a verdade*, o sentido dependem só
de Deus. O poder que pune o crime e dispõe para
o bem* "está a serviço de Deus". Rm 13,5 e 1Pd
2,13-15 exortam a obedecer-lhe em consciência.
Mas quando o poder sai da "ordem estabelecida por Deus" e se diviniza "é preciso obedecer
antes a Deus que aos homens" (At 5,29). Quando
o poder se diviniza, há que lhe opor resistência
e condenação (cf. At 13,7-18). O problema das
relações Igreja-Estado é posto pela maneira
como a comunidade cristã compreende seu papel social e pelo grau de controle que o Estado
entende exercer sobre a vida religiosa. Essas
relações podem ser de distinção ou de osmose,
de separação hostil ou de cooperação.

1. Da perseguição à osmose

a) Antiguidade. — Até 313, o cristianismo
era *religio illicita*. Os apologistas* dos s. II e
III reclamavam para os cristãos o direito de
existir. Tertuliano* pede a *libertas religionis* (cf.
Apologeticum, 24, 6; *Ad Scapulam*, 2, 2) para os
cristãos no seio do Estado pagão, protestando sua
lealdade para com o Império. As perseguições de
Décio (250), Valeriano (257), Diocleciano (303-
304) e Galero (305-311) tentaram entravar maciçamente, mas sem sucesso, o fenômeno cristão.

Constantino e Licino (Milão, 313) concedem
aos cristãos a liberdade de honrar a divindade
suprema segundo seu rito, pessoalmente e enquanto unidade corporativa. Constantino confia
aos bispos* tarefas administrativas civis e judi-
ciárias, e toma iniciativa para resolver as crises
donatista e ariana, convocando os concílios* de
Arles (314) e de Niceia* (325). Exila os bispos
depostos: nasce a confusão entre as esferas
política e eclesial. Ao mesmo tempo, Eusébio
de Cesareia elabora uma teologia* política*
segundo a qual o imperador recebeu de Deus
a missão de governar a Igreja* como "bispo
comum" ou "bispo de fora". Assim, a compenetração entre poder político e poder eclesial
está iniciada: vê-se logo mais Teodósio I impor
a todo o Império a fé* nicena (380).

O modelo "monista" bizantino funcionou até 1453, prolongado nas Igrejas de Estado ortodoxas. As Igrejas autocéfalas tendem a identificar-se com uma nação ("filetismo"). O monarca dirige a Igreja, inseparável do corpo político, deixando aos bispos a administração dos sacramentos* e da pregação* do dogma*.

No Ocidente, desde o s. IV, acentua-se a distinção entre as esferas de competência. Ambrósio* de Milão faz compreender a Teodósio que ele está "na Igreja e não acima da Igreja" (*Ep.* 20, 36). O papa* Gelásio I condensa numa fórmula célebre a necessária distinção entre a *auctoritas* sacerdotal e a *potestas* imperial (*Ep. ad Anastasium*), tendo ambos Deus por sua fonte. Há dois polos na sociedade* que se tornou cristã. O modelo "dualista" — a dialética do poder temporal/poder espiritual — próprio ao Ocidente está assim colocado.

b) Idade Média. — Os reinos germânicos consideram que os bens e os ministros da Igreja estão à disposição do soberano. Entre os francos e os visigodos da Espanha, o rei, sacralizado pela unção, designa os bispos, e estes são instrumentos de governo.

Alcuíno sopra a Carlos Magno que ele é o novo Davi. Ele mesmo escreve ao papa que se restrinja à oração*. A direção da *christianitas* pertence ao rei. Mas já sob os sucessores de Luís, o Piedoso, o poder imperial dividido pulveriza-se, e os bispos francos tornam-se a consciência da nação (concílio de Metz, 859).

Na época do feudalismo, bispos e abades são escolhidos por seus suzeranos, que lhes confiam o cargo pastoral (*officium*) com o bem temporal (*beneficium*). A consequência dessa "secularização*" da hierarquia* é a venalidade dos ofícios eclesiais e um relaxamento dos costumes do clero (nicolaísmo). No rasto das reformas monásticas de Cluny e de Gorze, as forças de renovação se concentram no papado a partir de Leão IX (1073-1154) e culminam na ação de Gregório VII. A "reforma gregoriana" marca a virada da IM. Em nome da *libertas Ecclesiae*, trava o combate para a liberdade* das investiduras, obtida na concordata de Worms (1122) com o Império, e nos acordos semelhantes com os grandes reinos

ocidentais. As eleições serão livres, o poder temporal não conferindo mais do que o *beneficium*. A Igreja hierárquica põe-se mais uma vez como distinta do poder político e muitas vezes erguida contra ele. Desde o s. VII o papado está à frente de um Estado (o patrimônio de São Pedro) destinado a garantir sua independência.

Com suas duas cabeças reconhecidas, a *christianitas* ocidental lança-se entre 1150 e 1300 na luta hegemônica do *Sacerdotium* e do *Regnum*, que se conclui em vantagem do papado. De Inocêncio III (1198-1216) a Bonifácio VIII (1294-1303), a cristandade está no ápice do poder temporal. Sustenta que o poder espiritual deve controlar o poder temporal e intervir, eventualmente (*occasionaliter*), quando esse último falha em sua missão (*ratione peccati*). A teoria do "poder direto" que prevalecerá nos textos de Bonifácio VIII (Bula *Unam Sanctam*, 1302) afirma que o papa, enquanto vigário de Cristo*, é depositário de seu poder ao mesmo tempo na ordem temporal e na ordem espiritual.

O "exílio em Avignon" (1305-1376) e os dilaceramentos do Grande Cisma* (1378-1417) tiveram por consequência reforçar os poderes dos monarcas cristãos. Inspirados por Guilherme de Occam, certos teóricos transferem ao poder temporal a missão de garantir a unidade cristã. Na Inglaterra, Wyclif convida a ver no rei o chefe da Igreja nacional. No s. XV, os Estados "nacionais" arrancam ao papado concessões cada vez mais amplas em matéria de nomeações episcopais, como a *Sanção pragmática* de Bourges de 1438 e mais tarde a concordata de Bolonha (1516).

c) Reforma e confessionalismo. — Nessa óptica, as Reformas luterana, calvinista e anglicana propõem concepções novas das relações Igreja/Estado. Lutero* contempla uma separação radical entre "reino temporal", votado a conservar a sociedade no direito*, mas sem valor na ordem da redenção, e "reino espiritual", governado só pela palavra* de Deus e os dons do Espírito*, mas sem incidência na ordem temporal. O príncipe está encarregado de convocar os sínodos* e de velar pela pureza da fé. A Igreja, que é "espiritual", vive escondida no seio de uma comunidade política às ordens do príncipe. Assiste-se assim a uma secularização da instituição eclesial, associada a uma nova sacralização do poder temporal. O direito protestante, com Samuel Pufendorf, precisará que a Igreja só existe juridicamente em virtude dos direitos que o príncipe se apraz em conceder-lhe. No Império reina de 1555 a 1806 o princípio do Estado confessional (luterano, reformado ou católico), segundo o princípio *cuius regio eius religio*. A Reforma anglicana coloca a Igreja do reino sob o domínio do rei.

Os soberanos católicos tinham obtido direitos eclesiais por concessões papais. A Espanha e Portugal exerciam desde o s. XVI um direito do padroado, i.e., de controle completo da vida eclesial, em suas colônias da América Latina, das Índias e das Filipinas. Na Europa, os soberanos impunham a censura do *placet* sobre os documentos vindos de Roma e julgavam em "apelo *ab abusu*" todo recurso contra a jurisdição* eclesiástica. Nos países germânicos o febronianismo (movimento caracterizado por tendências episcopalistas e comparável ao galicanismo*) acentuava a vontade de concentrar-se sobre as Igrejas nacionais. Na Áustria, José I suprimia os conventos e as fraternidades e impunha uma regulamentação minuciosa do culto* e do ensinamento religioso. Na época das Luzes, as instituições eclesiais eram toleradas na medida em que serviam à coesão e ao controle social e, portanto, aos fins do poder político.

Foi nesse contexto que se desenvolveu uma nova disciplina canônica, "o direito público eclesiástico". Cultivado pela escola de Würzburgo, apelava para uma categoria já utilizada por Belarmino* no s. XVI, a saber, que a Igreja é uma sociedade regida por um direito próprio, que não é derivado do direito do Estado. Nos assuntos mistos, os dois poderes, a serviço das mesmas pessoas, são chamados a cooperar.

2. Entre neutralidade e hostilidade do Estado

a) *As revoluções americanas e francesa* rompem a osmose secular entre os dois poderes. Um novo modelo nasce nos Estados Unidos. A primeira Emenda à Constituição (1791) proíbe que se faça "Qualquer lei concernente ao estabelecimento de uma religião, ou proibindo seu livre exercício". A América preconizava a liberdade dos cidadãos e a neutralidade positiva do Estado em matéria de religião. Na França, a *Declaração dos direitos do homem* de 1789 concedia a liberdade para todas as "opiniões, mesmo religiosas" (art. 10). A Convenção tinha contudo tentado nacionalizar a Igreja, impondo-lhe a legislação unilateral da *Constituição civil do clero* (1790). A filosofia da Concordata de Bonaparte (1801) e dos *Artigos orgânicos* relativos aos "cultos reconhecidos" (católico, protestante, israelita) é que a religião, útil ao enquadramento da sociedade, deve ser controlada pelo Estado e remunerada por ele.

b) *A nostalgia do Estado confessional no s. XIX.* — Sob a égide do ultramontanismo, o papado torna-se o centro afetivo do mundo católico, enquanto o regalismo dos séculos precedentes sobrevive nos Estados católicos, na Europa e na América latina.

Gregório XVI e Pio IX condenam as ideias liberais sobre a liberdade religiosa*, o racionalismo*, o indiferentismo, a separação da Igreja e do Estado (cf. *Syllabus*, 1864). Para Leão XIII, Igreja e Estado são distintos, mas chamados a cooperar na concórdia. A partir de 1860, o direito público da Igreja teoriza as relações da Igreja e do Estado como as de "duas sociedades juridicamente perfeitas". A Igreja quer salvar sua independência afirmando-se como sociedade que dispõe, em igualdade com o Estado, de todos os elementos necessários à sua missão*. A Igreja reivindica sua liberdade enquanto instituição. Autores deduziram desse modelo a teoria do "poder indireto da Igreja *in temporalibus*".

No s. XX, exceto em 1941 na Espanha, nenhum direito de apresentação ou de nomeação episcopal será concedido ao poder civil. As concordatas assinadas por Pio XI sancionam o duplo princípio da autonomia da Igreja em seu domínio próprio e de colaboração com os Estados nas matérias ditas mistas, tais como a legislação do matrimônio*, a educação religiosa nas escolas públicas, a assistência religiosa nas forças armadas, nas prisões e nos hospitais. A criação do Estado da Cidade do Vaticano pelos

Acordos de Latrão (1929) visava a garantir à Santa Sé sua independência temporal.

c) As separações hostis. — Violentas reações anticlericais provocaram a ruptura unilateral dos laços tradicionais entre a Igreja e o Estado em países católicos como França (1905), Portugal (1910), México (1910) e Espanha republicana (1931). As concordatas com a Itália fascista (1929) e a Alemanha nazista (1933) não impediram Pio XI de condenar essas duas ideologias, respectivamente com *Redemptor hominis* e *Mit brennender Sorge* (1937).

Desde 1917 as Igrejas enfrentavam na União soviética e em seguida, depois de 1945, nos satélites europeus e nos países comunistas da Ásia e da África um tipo de Estado que se identificava com uma ideologia antirreligiosa. Em suas constituições, esses países enunciavam o princípio da dupla separação entre a Igreja e o Estado e entre a Igreja e a escola, estabelecido em 23 de janeiro de 1918 pelo *Decreto dos Sovietes dos Comissários do povo.* Afirmavam a liberdade de consciência e de cultos ao mesmo tempo que a liberdade da propaganda antirreligiosa. O Estado impunha o materialismo dialético como filosofia oficial e praticava a discriminação para com os crentes declarados. A China acrescentava que nenhuma comunidade religiosa devia receber ordem do exterior (1949), o que resultou na criação, em 1957, da Associação Católica Patriótica, sem laços com Roma*. A Albânia comunista reivindicava o privilégio de ser o primeiro Estado absolutamente ateu no mundo. A queda do comunismo na Europa central e oriental, em 1989 e 1990, levou esses países a adotar os princípios liberais em matéria de liberdade religiosa.

d) O direito à liberdade religiosa. — Depois de 1945 prevalecia nas constituições dos Estados democráticos e nos instrumentos internacionais o princípio da liberdade religiosa. Desde 1948, e de novo em 1961, o Conselho Ecumênico das Igrejas* adota uma declaração sobre a liberdade religiosa que vê nessa um direito decorrente da dignidade da pessoa*, e de que o Estado deve garantir o exercício efetivo. No Vaticano II* (1962-1965), com a declaração *Dignitatis humanae* (*DH*), a Igreja católica passa, por sua vez, de uma concepção moral a uma concepção jurídica do direito, e admite que o Estado deve garantir aos cidadãos e a suas comunidades religiosas o espaço de liberdade necessário requerido pelos diversos aspectos pessoais, familiares, educativos, cultuais, associativos da fé religiosa, nos limites da salvaguarda da ordem, da saúde, da moralidade públicas e dos direitos de terceiros (*DH* 7). *DH* 13 afirma que a liberdade da Igreja como grupo social é suficientemente garantida quando lhe é assegurado o direito comum à liberdade religiosa. Lembra, além disso, que o direito divino inato da Igreja à liberdade é o "princípio fundamental das relações da Igreja com os poderes públicos e com toda a ordem civil". A constituição *Gaudium et Spes* (76, 2-3) reafirma a autonomia recíproca e a cooperação necessária entre a Igreja e o Estado.

3. Modelos em vigor

Continuam marcados pelas tensões do passado.

a) Perseguição. — Existem ainda regimes confessionais que proíbem o exercício de outras religiões (Arábia Saudita) ou discriminam seus adeptos. Igualmente, certos Estados oficialmente ateus limitam a liberdade de religião.

b) Igreja do Estado. — As "Igrejas estabelecidas", a Igreja anglicana ou as Igrejas luteranas da Escandinávia são administradas pelo legislador e pelo poder executivo civis. Porém seu estatuto não acarreta limitação à liberdade religiosa dos outros cultos. A Igreja ortodoxa grega ou as Igrejas reformadas de certos cantões suíços gozam de um estatuto de Igrejas protegidas e controladas pelo Estado.

c) Separação institucional. — Nos Estados Unidos, na França desde a lei de separação de 1905, nos Países Baixos desde 1982, as Igrejas só têm um estatuto de direito privado.

d) Separação e cooperação institucional. — Na Irlanda, a Igreja gere o sistema educacional. Nos países latinos, a cooperação é precisada por concordata: Portugal (1940), Espanha (1976-1978), Itália (1984). A Alemanha, a Áustria e a maior parte dos cantões suíços oferecem a forma mais acabada de cooperação institucionalizada, garantida pela constituição e completada por concordatas ou acordos bilaterais com os diversos cultos. As Igrejas são reconhecidas como corporações de direito público, habilitadas a cobrar impostos de seus membros.

e) Cultos reconhecidos. — O modelo francês de 1801 sobreviveu na legislação dos cultos na Bélgica, no Luxemburgo, na Alsácia-Mosela, departamentos em que a concordata de Bonaparte ainda está em vigor.

f) A especificidade internacional da Santa Sé. — A Santa Sé, e não o Estado do Vaticano, entra em relação, seja como membro, seja como observador, com organizações internacionais do sistema das Nações Unidas; participa também de conferências internacionais e assina certo número de convenções internacionais, embora sublinhando sua especificidade. Na relação Igreja católica/comunidade internacional, a Igreja intervém em virtude de sua constituição própria de sociedade transnacional e soberana em sua ordem, e mantém relações com os Estados em um plano de paridade jurídica. A posição internacional da Santa Sé, fruto da história e da autodefinição da Igreja como sociedade *sui iuris*, autônoma e independente em relação a todo poder temporal, é conforme ao modelo Igreja/Estado que a Igreja católica defendeu no curso dos séculos.

• J. B. Lo Grasso (1940), *Ecclesia et Status. Fontes selecti*, Roma (2ª ed. 1952).

▸ A. Ottavianni (1925), *Institutiones Iuris Publici ecclesiastici*, 2 vol., Vaticano (4ª ed., 1958, 1960). — H. Rahner (1964), *L'Église et l'État dans le christianisme primitif*, Paris. — G. Barberini (1973), *Stati socialisti e confessioni religiose*, Milão. — E. R. Huber — W. Huber (I 1973, II 1976, III 1988), *Staat und Kirche im 19. und 20. Jahrhundert*, Berlim. — L. Listl (1978), *Kirche und Staat in der neueren katolischen Kirchenrechtswissenschaft*, Berlim. — L. Spinelli (1979), *Libertas Ecclesiae*, Milão. — J. Téran-Dutari (sob a dir. de) (1980), *Simposio sudamericano-alemán sobre Iglesia y Estado*, Quito. — R. Minnerath (1982 a), *Le droit de l'Église à la liberté. Du Syllabus à Vatican II*, Paris; (1982 b), *L'Église et les États concordataires (1846-1981)*, Paris; (1986), "Église et État dans l'Europe des Douze", *Consc.Lib* 32, 11-143. — M.

Pacaut (1988), *La théocratie. L'Église et le pouvoir au Moyen Âge*, Paris. — L. Bressan (1989), *La libertà religiosa nel diritto internazionale*, Pádua. — R. M. Grant *et al.* (1989), "Kirche und Staat", *TRE* 18, 354-405. — J.-B. d'Onorio (sob a dir. de) (1989), *Le Saint-Siège dans les relations internationales*, Paris; Id. (1991), *La liberté religieuse dans le monde*, Paris. — Col. (1991 a), "La liberté religieuse dans les pays musulmans", *Consc.Lib*, 41, 7-109; (1991 b), "La lib. religieuse en Europe de l'Est", *ibid.*, 42, 36-127; (1992), "La lib. religieuse en Afrique", *ibid.*, 43,17-107; (1993), "La lib. religieuse en Amérique latine", *ibid.*, 45, 21-113; (1994), "La lib. religieuse dans le Pacifique Sud", *ibid.*, 47, 36-119. — *Revue européenne des relations Églises-État* (1994-), Louvain.

Roland MINNERATH

→ *Autoridade; Governo da Igreja; Igreja; Secularização; Sociedade.*

ILLATIVE SENSE → **Newman**

IMACULADA CONCEIÇÃO → **Maria** B. 1. 2

IMAGEM DE DEUS → **antropologia** → **traço (*vestigium*)**

IMAGENS

1. Definição e preliminares

a) "Imagem" é uma noção cuja riqueza semântica produz equivocidade. Estudaremos aqui a *reflexão teológica* sobre a história do *uso cristão* (abstenção, recusa, destruição, fabricação, posse, exposição, veneração, devoção e piedade) da *imagem plástica*. Essa é um fragmento de matéria — de duas ou três dimensões — delimitado como tal (por suas bordas, seu quadro, sua superfície) e composto segundo certa ordem — com mais ou menos arte, sensibilidade, estilo, ciência ou eloquência — para servir de ponto de referência e atrair a ele o olhar, embora enviando-o para mais além. Deixaremos de lado, apesar da conexão (pensável mais tênue) das questões, a teologia* da imagem nos sentidos cristológico (Cristo*, imagem do Pai*), antropológico (o homem criado "à imagem de Deus"), literário (metáforas, símbolos, analogias de que usam a Bíblia* e depois a espiritualidade e, em grau menor, a teologia e a pregação*), psicocultural do termo (p. ex. "a imagem" do pai ou da mulher* ou de Deus*) tais como pode reconstrui-los a história das mentalidades religiosas.

b) Tanto em latim (*icona, vera icona, imago, simulacrum, idola, statua, effigies* etc.) como em hebraico (*çèlém, pèsèl, massékât* etc.) e em grego sobretudo (*agalma, eidôlon, eikôn* etc.), os termos que servem para designar as imagens cultuais foram muito mais numerosos do que nas línguas europeias atuais, o que testemunha a riqueza dos usos religiosos da imagem na Antiguidade. *Imago* e *eikôn* são as palavras mais gerais para designar dois mundos que se recobrem em grande parte.

c) Porém, mais ainda que um vocabulário, o cristianismo nascente herdou uma situação de fato e uma proibição ligadas à proibição do Decálogo* ("Não terás outros deuses diante de mim. Não farás imagem esculpida, nada que pareça com o que está nos céus, acima, ou na terra, embaixo, ou nas águas ou sob a terra", Ex 20,3) e à sua primeira interpretação, literal e restritiva durante todo o tempo das perseguições. Destinada a impedir toda idolatria*, essa proibição não impediu os judeus de ornar de afrescos algumas de suas sinagogas, como a Doura Europos, determinante para o nascimento da arte cristã (meados do s. III; Weitzmann-Kessler, 1990); e foi muito cedo confrontada pelos cristãos, com outros testemunhos, em sentido aparentemente contrário, sobre a existência de imagens desde a primeira aliança* (a serpente de bronze, Nm 21,9; os querubins da arca, Ex 25,18-22; a decoração do templo* de Salomão, 1Rs 6,18.35; 7,23-26).

2. Apanhado histórico

a) Jesus* parece ter sido alheio ao problema da arte religiosa. Para pregar o Reino* e revelar o Pai não recorreu a nenhuma imagem plástica; não estimulou os discípulos a fazer imagens dele mesmo ou de sua mãe, e ainda menos de seu Pai que está no céu. Tampouco há vestígio

de uma preocupação com imagens na pregação dos apóstolos*. Ora, a imagem esculpida, de pequeno ou de grande formato, pululava nas cidades em volta do Mediterrâneo. Assim, a pregação da Boa-Nova pôde prescindir da imagem, e não é vetado pensar que sempre foi assim. Certamente, os cristãos ortodoxos permanecem muito ligados à convicção tradicional de que a pregação* do Evangelho teria ocorrido desde os inícios pela imagem tanto como pela palavra (Ouspensky, 1980). Mas as ciências históricas não levam a crer na historicidade das imagens aquiropoéticas (lenda de Abgar, Mandilion ou Verônica, Santo Sudário; Cellier, 1992) ou "apostólicas" (imagem da Virgem supostamente pintada por São Lucas), sem falar das estátuas de Cristo que teriam feito esculpir a hemorroíssa (segundo Eusébio de Cesareia) e Nicodemos (Belting, 1990).

b) Nos três primeiros séculos, para marcar distância dos cultos pagãos que delas faziam grande uso, e também em razão das perseguições que os privavam dos meios de fabricação e de exposição de imagens, os cristãos só criaram — ou reinterpretaram — poucas imagens (como a da orante, do pescador, do Bom-pastor: ver Prigent, 1995), ou só o fizeram em pequenos objetos (vasos, cálices) e nas catacumbas (desde o s. II); antes, desconfiavam delas e se opunham a seu uso cultual (concílio* de Elvira; Minúcio Felix, *Octavius*). O advento de Constantino (313), a cuja irmã Eusébio de Cesareia escreve (entre 313 a 324) que Cristo não é representável (Dumeige, 1978, 225-227), não constituiu uma virada iconófila: a virada parece contemporânea do reconhecimento do cristianismo como religião do império sob Teodósio (em 386). É então que se desenvolve uma arte cristã (relevo dos sarcófagos, porta esculpida de Santa Sabina em Roma, mosaicos, ourivesaria etc.; a escultura em alto-relevo continua rara, mesmo proscrita), que constitui o início de uma superação da hesitação teológica sobre a interpretação do segundo mandamento*. Essa hesitação só será superada no segundo concílio de Niceia.

c) De Niceia I* (325) a Niceia II* (787) constrói-se lentamente, à luz da própria elaboração cristológica e por meio de crises, a justificação teológica da imagem, a começar pela de Cristo, que os iconófobos (de Eusébio a Constantino V), afirmam ser ilegítima, em nome de uma alternativa: é impossível figurar Deus em Jesus Cristo; e é renegar a fé* figurar nele o homem (concílio de Hieria, 754). Os únicos "ícones" toleráveis, na opinião dos chefes do partido iconófobo (como Constantino V), seriam a cruz e a eucaristia*. Todo o esforço da teologia iconódula (João Damasceno, Nicéforo de Constantinopla) consistirá em sair dessa aporia, explicando que o ícone de Cristo não representa nem a natureza humana, nem a natureza divina, mas a união das duas, "sem mistura nem confusão" (ver Calcedônia*) na "hipóstase teândrica" (a pessoa humano-divina) de Jesus Cristo (Schönborn, 1976). Coroando a obra cristológica dos seis primeiros concílios ecumênicos, essa doutrina triunfa em Niceia II, depois que Bizâncio conheceu a "querela das imagens" (Dumeige, 1978). Faz da iconodulia uma consequência do cristocentrismo da revelação*. Tem o ícone por uma tradição* recebida dos apóstolos, e não por uma inovação; enuncia que a imagem tem sua justificação na medida em que confirma à sua maneira o que o querigma anuncia, a saber, a "encarnação real e não ilusória do Verbo* de Deus"; assim, o ícone (e no seu rasto, sob benefício de inventário, a imagem religiosa) pode ser compreendido como uma segunda voz, apoiando sem a suplantar a primeira voz do querigma, a do testemunho em corpo próprio disposto a ir até o martírio* (Boespflug, 1993). O decreto conciliar enumera quatro temas do ícone: Cristo, a Virgem, os anjos* e os santos (passa em silêncio a Trindade* ou Deus Pai: silêncio de exclusão deliberada, não de omissão); recomenda fabricá-los e expô-los em toda parte, de modo a ser afirmada a pertença a Cristo da oikoumenè; além disso, aplicando-lhe uma afirmação cristológica de Basílio* Magno (Tratado do Espírito Santo), o concílio sublinha que se a adoração compete a Deus somente, a imagem ícone, como o sinal da cruz, é objeto de uma legítima veneração (por prostrações, beijos, velas acesas etc.) na medida em que a honra que lhe é atribuída não para na matéria mas "remonta ao protótipo" (doutrina do transitus), i.e., à pessoa santa que representa.

No Oriente, depois da reafirmação de Constantinopla* em 870, esse decreto conciliar ficará até nossos dias uma referência efetiva e uma fonte de inspiração que dá prova, sem solução de continuidade, se não da própria fecundidade artística (os ícones têm sido muitas vezes repetitivos), ao menos de seu poder regulador sobre o ícone, arte de Igreja*. De fato, as Igrejas do Oriente quase não conhecem outra arte religiosa além dessa que leva à veneração: não conhecem a arte puramente ornamental, nem a arte puramente didática, mesmo na esfera privada.

No Ocidente, ao contrário, apesar das declarações dos pontífices, que no mais forte dos debates de ontem e de hoje, de Gregório II (PL 89, 511) a João Paulo II (Carta apostólica Duodecimum saeculum de 1987), marcaram sem cessar sua posição iconófila, e depois sua comunhão com o decreto de Niceia II (ver É. Lanne em Boespflug-Lossky, 1987, 219-228), a recepção* desse decreto conciliar pela Sé romana não foi sempre seguida por efeitos na arte religiosa. O Ocidente dos últimos séculos do primeiro milênio tinha, com efeito, uma percepção da imagem já marcada pelo ponto de vista estritamente didático formulado em 600, por ocasião de um acesso iconoclasta em Marselha, pelo papa* Gregório* Magno (as imagens não devem ser adoradas, mas têm direito de cidadania na medida em que são, para os que não leem, o que a Bíblia é para os que sabem ler). Logo convencidos, contra a letra do decreto, mas baseados numa tradução errada, de que os Padres orientais encorajavam a adoração das imagens, os teólogos carolíngios passaram a refutar nesse ponto Niceia II (Livres carolins, concílio de Frankfurt), crendo que deviam recordar que "Deus não pode ser pintado". Quanto ao resto, a questão teológica das imagens não suscitou no Ocidente os mesmos enfrentamentos passionais que no Oriente. A. Chastel não receava sustentar que, estritamente falando, o Ocidente nunca tivera teologia da imagem. Mas isso não impediu a arte religiosa dos latinos de produzir, notadamente a partir do s. XII, todos os tipos de figurações de considerável densidade teológica, tais como a Majestas Domini e a Virgem com o Menino.

d) O Ocidente e o ícone. — Desde a IM até nossos dias, a posição teórica professada pelo

Ocidente quanto à veneração das imagens pretende ser idêntica ou conforme à de Niceia II: testemunha-o Tomás* de Aquino em sua *ST* IIIa, q. 25, a 3, a propósito da veneração devida às imagens de Cristo. Contra a Reforma e seu questionamento às vezes violento (Zuínglio* e Calvino* estimularão vagas de iconoclasmo) da veneração das imagens religiosas, tidas por mediações comprometidas com as indulgências* e o sistema culpável da "fé pelas obras*"', o concílio de Trento*, por sua vez, vai remeter ao concílio de Niceia II durante sua XXV sessão (1563), o que fizeram igualmente os principais *Tratados das santas imagens* escritos por católicos (Molanus, 1570 e 1594; cardeal Paleotti, 1594, ver Prodi, 1962). Da mesma maneira o Vaticano II* cita-o duas vezes (ver J.-R. Bouchet, *in* Boespflug-Lossky, 1987). Resta que essa referência comum ao sétimo concílio ecumênico resultou no Oriente e no Ocidente em duas formas de arte cujas diferenças — não só de estilo e de iconografia, mas de estatuto — vão acentuar-se, sendo deploradas as influências de uma sobre a outra, ainda em nossos dias, pela parte influenciada.

Não é que o ícone seja ignorado no Ocidente, ou logo perca ali todo prestígio: é totalmente o contrário, em razão de sua "importação" no Ocidente (mais restrita do que se diz) em seguida às cruzadas e ao saque de Constantinopla (1204). Mas até mesmo quando um bom número de temas (em particular os dos ciclos da encarnação e da paixão*: anunciação, natividade, batismo* de Cristo; *Ecce Homo*, descida da cruz, "imagens de piedade") são tomados de empréstimo por ele à arte do ícone, a arte ocidental segue por um caminho cada vez mais autônomo: sua linguagem emancipa-se em relação à Igreja magisterial, aos teólogos e, em certa medida, à liturgia*. Enquanto o hesicasmo*, no Oriente, aprofunda a doutrina da luz incriada (Gregório* Palamas) e leva a conceber o ícone como antecipação da glória* escatológica e presença misteriosa dos santificados-transfigurados — o ícone é, por esse título, uma "janela aberta sobre o Absoluto" —, a arte religiosa na IM ocidental faz-se exploratória, exotérica, decorativa, lúdica. Propõe-se como tradução vi-

sual da Escritura* e da doutrina, como narração da vida dos santos, apresentação virtuose das repercussões entre o AT e o NT. A "tipologia" medieval, que se expande no s. XII, informa essas sábias redes de imagens que são, entre outras, a nova basílica de Saint-Denis inspirada por Suger, a *Bíblia moralizada*, o *Speculum humanae salvationis*, a *Bíblia pauperum*, sem falar dos afrescos, vitrais, capitéis e tímpanos das Igrejas romanas ou góticas: tantos outros livros a decifrar que inventam numerosas formulações que se fazem eco dos sentimentos ligados a devoções. De uma maneira que o recuo torna espetacular, o cristianismo reconcilia-se no Ocidente, por intermédio dos "relicários falantes", com a estatuária em alto relevo, quase ausente durante o primeiro milenário no Ocidente, e até nossos dias no Oriente.

e) Exagerou-se muito a influência da teologia sobre a arte medieval. Muito ligados até o s. XII aos *scriptoria* monásticos, os artistas latinos serão cada mais numerosos, no decurso da segunda parte da IM, a trabalhar no quadro dos ateliês das corporações urbanas e/ou para o prazer dos comanditários (príncipes, mercadores) cujas necessidades só têm uma relação aleatória, e às vezes tênue, com a teologia e a liturgia da Igreja; donde uma arte de corte, tocante e sofisticada, mas nem sempre em perfeita harmonia com a teologia cristã e a revelação. Com o movimento da criação das comunas e das universidades aparece, com efeito, uma novo tipo de artistas: artistas leigos*, às vezes muito procurados e muito bem remunerados, que vão constituir-se em magistério autônomo. Giotto, Masaccio, Piero della Francesca inauguram assim novos caminhos, criam novo espaço pictural. Com o fim da IM, a reaparição do retrato, a descoberta da perspectiva, o interesse pela anatomia e pela paisagem, a obra de arte religiosa torna-se, antes de tudo, uma obra de arte: começa o período da arte, *das Zeitalter der Kunst* (Belting, 1990). O artista é magnificado por sua imaginação, por seu gênio. Donde também múltiplos "abusos" devidos à popularidade crescente da imagem religiosa; representações desviantes, demasiado numerosas ou demasiado luxuosas, práticas de devoções supersticiosas. Contra os prestígios invasores da imagem, seu custo, sua "mundanidade", o risco de "distração" que representa, certos teólogos elevam-se de tempos em tempos (Bernardo* de Claraval, Savonarola). Fazem-se também ouvir protestos contra certos tipos iconográficos julgados aberrantes ou perigosos (Antonino de Florença, Gerson) ou contra certos usos supersticiosos (Erasmo*): em suma, bem antes da Reforma, a ideia de uma reforma necessária dos abusos da arte religiosa estava no ar.

O concílio de Trento vai esforçar-se por remediar isso. Mas havia algo de durável, de irreversível nessa evolução. Durante muito tempo e frequentemente, na arte do Ocidente, o tema religioso permanecerá uma ocasião, ou mesmo um pretexto. A crítica lancinante mas nem sempre injusta que os cristãos iconófilos (sejam eles orientais ou ocidentais) dirigem contra essa arte concentra-se em algumas censuras: naturalismo, sensualismo, mundanidade, mau gosto. Entre essa arte e a veneração do mistério*, os laços se afrouxam: perde-se algo de uma moderação e de uma regulação eclesial, de uma distância teologicamente instruída, que sabe usar o simbolismo. É assim que no limiar do s. XVIII, como Hegel* fará a constatação, a imagem reputada santa não provoca mais a flexão do joelho.

3. Uma pedra de toque: a questão das "imagens de Deus"

Uma prova dessa evolução é fornecida pelo desenvolvimento (do s. IX ao XII) e pela difusão (a partir do s. XIII) da figura de Deus Pai como ancião, e por via de consequência de um conjunto de figurações antropomorfas da Trindade que saem definitivamente do traçado feito por Niceia II e nunca terão direito de cidadania no Oriente (F. Boespflug, Y. Zaluska, 1994). Mede-se a distância teológica que se abriu entre as duas formas de arte comparando duas obras, a *Trindade* de Roublev e a de Masaccio em Santa Maria Novella de Florença, que em tudo se separam, a não ser no tema e na data (*c.* de 1420-1430). Enquanto a primeira ilustra a Hospitalidade de Abraão, interpretada como

uma prefiguração da Trindade, a segunda adota um tipo iconográfico especificamente ocidental (o trono da graça), que não pode reclamar-se de nenhuma teofania* escriturística, supõe uma bricolagem de motivos, trata Deus Pai como um ancião jupiteriano que prenuncia o Criador da Capela Sistina, e disso se aproveita para oferecer uma primeira demonstração das descobertas de Brunelleschi sobre a perspectiva linear. Mais de dois séculos depois, o Grande concílio de Moscou (1666) condenava mais uma vez a figuração de Deus Pai, enquanto no Ocidente, em 1690, o papa Alexandre VII tomava, ao contrário, partido contra os jansenistas e sua oposição às imagens (Boespflug, 1984, 240). O estatuto dessas imagens ocidentais de Deus e da Trindade permanece problemático. O concílio de Trento declarou-as "simbólicas", i.e., sem relação de semelhança com o "protótipo", o que equivale a excluí-las da lista das imagens a venerar. Porém pode-se duvidar que essa distinção entre imagens representativas e imagens simbólicas tenha sido compreendida pelos fiéis.

A Igreja católica continua a ensinar que a imagem religiosa é para ser venerada: ora, esta, quando é de criação recente, e sejam quais forem aliás seus méritos, quase não é mais venerável, nem procura sê-lo. As imagens de Deus Pai como ancião coroado (como rei, imperador ou papa) ou como Júpiter cristianizado (Michelangelo) já não conseguem manifestar seu mistério de maneira crível: a humanização de Deus foi levada a seu cúmulo, como a confusão entre a "Trindade econômica" e a "Trindade imanente". E, mesmo se esses temas quase não foram mais retomados pelas artistas há um século, um balanço crítico deve ser instaurado dessa aventura figurativa: pode-se, com efeito, suspeitar que essa figura de um Deus "humano, demasiado humano" não seja isenta de responsabilidade nessa subida da indiferença religiosa e talvez do ateísmo*. Mas a reflexão teológica sobre o alcance dessa evolução singular está apenas encetada.

4. Algumas tarefas teológicas

As questões postas pelas imagens cristãs de ontem ou de hoje à reflexão teológica são indissociáveis de uma reinterpretação do decreto de Niceia II.

a) Imagem e verdade. — Em um mundo onde a imagem abunda, onde sua referência ao real se desfaz, pode-se perguntar se a teoria do *transitus* pode ser mantida sem equívoco. A imagem religiosa, com efeito, atualmente corre o risco de se ver amputada da função que lhe atribuíam os Padres de Niceia II: testemunhar a realidade histórica e "não ilusória" da encarnação. A acumulação cotidiana das imagens cruzadas mas não contempladas deporta-as de sua verdadeira função e as desrealiza. Como poderiam assim testemunhar uma verdade* histórica? A resposta apela para uma nova prática cristã da imagem, ao mesmo tempo frugal, atenta e seletiva. Por sua vez, essa prática implica uma formação cristã para o uso da imagem religiosa e uma reapropriação crítica do patrimônio tradicional.

b) Imagem e estilo. — Dissociada, se não dissociável de uma abordagem teórica da arte, da beleza* ou da linguagem, a teologia cristã ainda pouco se preocupou com o que da imagem é propriamente imagem. Porém é difícil admitir que esta se reduza a linhas e a cores, que a transmissão do Evangelho pela imagem esteja em igual harmonia com todos os estilos e que sua "mensagem" ou sua "presença" sejam independentes de sua linguagem específica. Se o princípio de inculturação, lembrado pelo Vaticano II ("A Igreja não considera nenhum estilo artístico como o seu próprio [...] mas admitiu os gêneros de cada época": *SC* VII, 122-123), permanece a melhor garantia da liberdade das Igrejas locais* e de seus artistas, sua reafirmação não deve eludir o problema da legibilidade da imagem, do seu teor teológico e de suas funções eclesiais.

c) Imagem e ecumenismo. — O caráter controvertido da prática cristã das imagens foi muito tempo o principal aspecto sob o qual os teólogos encontravam essa questão. Ora, neste século não há mais entre os cristãos controvérsia viva sobre esse assunto. A última "querela da arte sagrada" remonta aos anos 1950, e foi, no essencial, intracatólica. Depois disso, por causa de uma rede de fatores históricos — falência da arte piedosa, relações cada vez mais longínquas

entre o mundo da arte e as Igrejas, raridade e caráter vaporoso das encomendas, aniconismo disfarçado e aliturgismo crônico das tendências recentes da arte de ponta, movimento de depuração das Igrejas, difusão dos ícones em vagas sucessivas, estando as principais ligadas à emigração russa dos anos 1920 e à Renovação pouco depois de 1970 — assiste-se a uma lenta convergência das práticas de imagens, enquanto as doutrinas oficiais permanecem instaladas sobre suas posições. Seus dois sinais mais importantes são a reavaliação da imagem em certos meios reformados ocidentais (Ramseyer, 1963; Cottin, 1994) e as redescobertas do ícone e do catolicismo*, um acontecimento que no espaço de duas décadas consagrou o ícone da Trindade de Roublev como a mais difundida das imagens de Deus, com todos os equívocos que acarreta esse transplante não preparado.

d) Imagem e anúncio do Evangelho. — As Igrejas cristãs estão de agora em diante confrontadas, de um lado, com a necessidade crescente de imagens religiosas tradicionais e, de outro lado, com o desafio constituído pelas novas técnicas de comunicação, seja nas mídias clássicas, seja nas redes de multimídias mais recentes. No entanto, por falta de gosto e de formação, inclinados como são, por causa de sua tradição, a só ver nisso um *adiaphoron*, uma questão sem importância, os teólogos católicos, em sua maior parte, se desinteressam pelo problema, privilegiando outras questões reputadas mais urgentes, fazendo da imagem religiosa, ao máximo, um *hobby*, e preferindo eventualmente refletir sobre o cinema, a televisão e a imagem publicitária, mesmo sobre imagens virtuais e multimídias, em suma, sobre imagens que têm mais relação com o poder. Daí uma distância considerável entre a riqueza do patrimônio artístico da arte cristã na Europa e no mundo tocado pelas missões e a relativa pobreza da criação contemporânea no domínio da arte sagrada de inspiração bíblica e cristã. A reflexão teológica sobre esse distanciamento é também muito rara, o que explica o caráter pelo menos improvisado e talvez aventureiro das decisões adotadas em relação às mídias (difusão televisiva da missa, por exemplo).

Não há dúvida alguma de que a reflexão deva intensificar-se nas próximas décadas: a teologia das imagens — levando em conta a situação concreta que espera o testemunho de fé no 3º milênio da era cristã — sofre precisamente de certo déficit de elaboração e de atualização.

- H. Hennephof (1969), *Textus byzantini ad iconomachiam pertinentes*, Leyde. — Nicéforo, o Patriarca (1990), *Discours contre les iconoclastes*, trad. dos *Antirrhetiques* (PG 100), por M.-J. Mondrain, Paris. — D. Menozzi (1991), *Les images. L'Église et les arts visuels*, col. "Textes en mains", Paris. — Saint Jean Damascène (1992), *La foi ortodoxe*, seguido pela *Défense des icônes*, trad. e notas E. Ponsoye, Suresnes. — H. G. Thümmel (1992), *Die Frühgeschichte der Ostkirchlichen Bilderlehre, Texte und Untersuchungen zur Zeit vor dem Bilderstreit*, TU 139. — F. Boespflug, O. Christin, B. Tassel (1996), *Molanus, Traité des Saintes Images (1570, 1594)*, Paris. — Theodore Abu Qurrah (1997), *A Treatise on the Veneration of the Holy Icons*, trad. Ing. S. H. Griffith, Louvain.

▶ M. Denis (1890), *La peinture religieuse*, Paris. — V. Grumel (1927), "Images (culte des)", *DThC* VII/1, 766-844. — H. Jedin (1935), "Entstehung und Tragweit de Trienter Dekrets über die Bildverehrung", *ThQ* 116, 143-188 e 404-429. — V. Lossky, I. Ouspensky (1952), *The meaning of Icons*, Berna-Nova York, 1982². — A. Grabar (1957), *L'iconoclasme byzantin. Le dossier archéologique*, Paris, 1984². — P. Prodi (1962), "Ricerche sulla teoria delle arti figurativa nella riforma cattolica", *AISP* 4, 121-212. — J.-P. Ramseyer (1963), *La parole et l'image*, Neuchâtel. — R. W. Lee (1967), "Ut Pictura Poesis", *in The humanistic Theory of Painting. XV-XVIII c.*, Nova York. — G. Lange (1968), *Bild und Wort. Die katechistischen Funktionen des Bildes in der griechischen Theologie*, Würzburg. — A. Grabar (1968), *Early Christian Art. From the Rise of Christianity to the Death of Theodosius*, Nova York. — C. von Schönborn (1976), *L'icône du Christ. Fondementes théologiques élaborés entre le I et le II concile de Nicée (325-787)*, Friburgo (Suíça); (1986²), Paris. — C. Muttay (1977), "Art and the early Church", *JThS* 28, 303-345. — P. Dumeige (1978), *Nicée II*, Paris. — A. Grabar (1979), *Les voies de la création en iconographie chrétienne. Antiquité et Moyen Âge*, Paris. — L. Ouspensky (1980), *La théologie de l'icône dans l'Église orthodoxe*, Paris. — H. Belting (1981), *Das Bild und sein Publikum im Mittelalter. Form und Funktion früher Bildtafeln der Passion*,

Berlim. — F. Boespflug (1984), *Dieu dans l'art*, Paris. — P. Brown (1985), "Une crise des siècles sombres: aspects de la controverse iconoclaste", *in La Societé et le sacré dans l'Antiquité tardive*, Paris, 199-244. — F. Boespflug, N. Lossky (sob dir. de) (1987), *Nicée II, 787-1987. Douze siècles d'images religieuses*, Paris. — J. Wirth (1989), *L'image médiévale. Naissance et développements (VI-XV siècle)*, Paris. — K. Weitzmann, H. Kessler (1990), *The Frescoes of the Dura Synagogue and Christian Art*, Washington. — H. Belting (1990), *Bild und Kult. Eine Geschichte des Bildes vor dem Zeitalter der Knust*, Munique. — J. E. Ziegler (1990), *Sculpture of Compassion. The Pietà and the Beguines in the Southern Low Countries*, Bruxelas-Roma. — G. Thümmel (1990), *Bilderlehre und Bilderstreit. Arbeiten zur Ausseinandersetzung über der Ikone und ihre Bedeutung vornehmlich im 8. und 9. Jarrhundert*, Würzburg. — N. Duval (sob a dir. de) (1991), *Naissance des arts chrétiens. Atlas des monuments paléochrétiens de la France*, Paris. — O. Celier (1992), *Le signe du linceul: le Saint Suaire de Turin, de la relique à l'image*, Paris. — F. Boespflug (1993), "Le Seconde voix. Valeur et limites du service rendu par l'image à la prédication", *in* F. Boespflug-D. Menozzi, "Predicazione della parola e immagini", *CrSt* XIV/3, 647-672. — J. Cottin (1994), *Le regard et la parole. Une théologie protestante de l'image*, Genebra. — S. Michalski (1994), *The Reformation and visual arts*, Nova York. — F. Boespflug, Y. Zaluska (1994), "Le dogme de la Trinité et l'essor de son iconographie, de l'époque caroligienne au IV c. de Latran (1215)", *CCMéd.* XXXVII, 181-240. — P. Prigent (1995), *L'art des premiers chrétiens. L'héritage culturel et la foi nouvelle*, Paris.

François BOESPFLUG

→ *Antropomorfismo; Arquitetura; Catequeses; Liturgia; Música; Niceia II; Sentidos da Escritura.*

IMENSIDADE DIVINA → infinito

IMITAÇÃO DE JESUS CRISTO

As três principais confissões cristãs têm concepções diferentes mas complementares da imitação (i.) de Jesus Cristo. No catolicismo*, essa i. consiste em adquirir, por uma verdadeira *mimesis*, as virtudes* de que Cristo* (C.) é o exemplo, e implica certa ascese* moral. Para os protestantes, trata-se antes de uma "conformidade com C.", que o discípulo manifesta "seguindo" (*akolouthein*) Jesus* nos atos de amor* ao próximo: aqui acentua-se menos a aquisição das virtudes que a salvação* pela graça* recebida na fé*. Quanto aos ortodoxos, concebem a "i." como uma "participação" na vida divina por uma "cooperação" (*sunergeia*) com Deus*, pela comunhão* sacramental em vista da deificação* (*theôsis*).

a) Fundamentos bíblicos. — Os *sinóticos* pouco explicitam o tema da i. de Jesus, mas esse está subjacente: Jesus é o Filho, e ensina seus discípulos a ter para com Deus uma atitude de filho (filiação*) na oração*, no apelo a serem perfeitos "como vosso Pai* celeste" (Mt 5,48; cf. Lv 19,2). Convida-os a ter disposições que são as suas, tais como estão expressas nas bem-aventuranças (Mc 5; Lc 6). Jesus envia os discípulos, na linha de seu próprio ministério*, a anunciar o Reino* e expulsar os demônios*. Uma sorte comum é prometida por Jesus aos seus: serem rejeitados (Mt 10,25). A necessidade de *seguir* Jesus é mais explícita: pede que se tome sua cruz e que se o siga (Mc 8,34ss e par.; cf. Mc 10,39). Servo* sofredor e Filho* do homem, C. arrasta seus discípulos pelo caminho da obediência à vontade do Pai, o que implica necessariamente o caminho da cruz que ele mesmo seguiu.

A *tradição joanina** faz da i. de Jesus um preceito* formal. O episódio do Lava-pés insiste no exemplo (Jo 13,15s). Em Jo 15,12 o mandamento* do amor fraterno apoia-se no "como eu vos amei" e essa expressão deriva do "como o Pai me amou" de 15,9. É assim que Pedro*, chamado a apascentar as ovelhas de Cristo, "seguirá" seu Mestre até o martírio* (Jo 21,15ss). A i. de C. é ao mesmo tempo um comportamento (*fazer* o que Jesus fez) e uma participação naquele que *é* o caminho, a verdade* e a vida (Jo 14,6). Em 1Jo, ser "semelhantes" a Jesus apresenta-se como objeto de uma esperança* (3,2), mas é desde este mundo (4,17), e "como" Jesus, que o cristão está "na luz" (1,7), "puro" (3,3), "justo" (3,7), quando caminha "na estrada em que Jesus caminhou" (2,6).

Para as *epístolas paulinas*, C. é "a imagem de Deus" (2Cor 4,4; Cl 1,15), arquétipo da *agapè* ou do amor que se dá (1Cor 13). O cristão é predestinado a ser "conforme" à imagem do Filho de Deus (Rm 2,29). A i. de C. para Paulo é antes de tudo uma conformidade à morte* e à ressurreição* de Jesus (Rm 6). A i. não é separável de uma "participação" sacramental: pelo batismo*, mas também pela comunhão eucarística (1Cor 10,16ss).

Paulo porém pode falar de si mesmo como de um "imitador de C." (cf. "Sede meus imitadores como o sou de C.", 1Cor 11,1; cf. 1Cor 4,16; 1Ts 1,6; 2,14; e a única ocorrência de *summimetès* "imitador com", em Fl 3,17). Como alhures no NT, o verbo utilizado com *mimètès*, imitador, é *gignomai*, "ser" ou "tornar-se". Supõe um combate espiritual contra o pecado* que habita em nós (Rm 7,7-25), uma luta contínua no e pelo Espírito* Santo, que leva a uma vida "de acordo com o C. Jesus" (Rm 15,5), "conforme ao Espírito de C." (Fl 2,5). Porém a i. de C. segundo Paulo não consiste em reproduzir à letra os atos específicos ou o tipo de comportamento de Jesus, é antes uma obediência absoluta à vontade de Deus para edificar e santificar a Igreja*: "Sede imitadores de Deus como filhos bem-amados, e segui o caminho do amor, a exemplo de C., que nos amou e se entregou por nós, oferecendo-se a Deus em sacrifício* de agradável odor" (Ef 5,1s).

Em outros lugares, o NT fala de imitar outros exemplos que o de C., p. ex. o dos antigos israelitas (Hb 11). Mas também é Jesus, enquanto "chefe de nossa fé", que é o modelo por excelência da conduta cristã (Hb 12,2). A expressão suprema disso permanece sua paixão* e sua morte redentora. "C. também sofreu por vós deixando-vos um modelo para que sigais seus traços" (1Pd 2,21).

b) Do testemunho dos Padres à Reforma. — Desde os primeiros séculos cristãos, a i. de C. tem um lugar central na definição de um modo de vida específico, mas as interpretações que lhe são dadas variam segundo os contextos históricos e a situação própria dos cristãos no Império romano. Até o início do s. IV e o reconhecimento oficial do cristianismo, e sobretudo nos períodos de perseguição, imitar C. é antes de tudo aceitar, se não buscar, o martírio*. Inácio de Antioquia, no início do s. II, suplica aos cristãos de Roma* que não se oponham a seu próprio martírio, para que ele possa, diz ele, "imitar a paixão* de [seu] Deus" (*Aos Romanos*, 6, 3). A difusão das narrações dos Atos e das Paixões de mártires, assim como a instituição de festas litúrgicas em sua honra, atestam quanto a perfeição cristã se define primeiro por essa i. do sofrimento e da morte de C. Essa teologia* do martírio tem bom lugar, no s. III, nas cartas que Cipriano* de Cartago dirige aos confessores da fé antes de sofrer ele mesmo o martírio; Orígenes* e Tertuliano* escrevem tratados de exortação ao martírio (ver os textos reunidos em *Le martyre dans l'Eglise ancienne*, Paris, 1990). Os textos paulinos sobre o batismo colocavam a i. da paixão e da morte de C. no coração da definição desse sacramento*, e as catequeses* batismais e os tratados sobre o batismo* dos primeiros séculos o recordam frequentemente. Basílio* de Cesareia sublinha que essa i. é, indissociavelmente, i. das perfeições de C. e, pelo batismo, i. de seu sepultamento (*Tratado do E. S.*, XV). É pois toda a vida cristã que deve ter conformidade a C., sendo então a i. de C. fundamento da moral cristã; por isso a homilética dá um grande espaço a esse tema. O lugar eminente atribuído à vida monástica sublinha esse ideal do pleno cumprimento das virtudes*. Porém a insistência de Hb sobre C., Grande Sacerdote, leva também à elaboração de uma teologia do sacerdócio* centrada na i. de C.: "A dignidade pontifical [...] implica a i. do grande pontífice, Jesus" (*Constituições apostólicas*, VIII, 46, 4).

Ao acentuar a condição pecadora do homem, no curso de sua polêmica contra o pelagianismo*, Agostinho* criou as condições para o questionamento da i. de C. Sua concepção, inserida numa teologia de inspiração sobretudo paulina*, encontrou de fato considerável eco nos reformadores luteranos. A i. de C. (*Nachahmung Christi*) foi então geralmente compreendida como marcha em seguimento de C. (*Nachfolge Christi*), sob o primado da justificação* só pela fé ou pela graça*, e a ideia de uma transformação moral ou espiritual com

ajuda de uma disciplina ascética foi substituída pela de uma obediência do discípulo — uma distinção, aliás, que Agostinho rejeita explicitamente ("Que é ser discípulo se não for imitar?" *Quid est enim sequi, nisi imitare? — De sancta virginitate*, 27). Para Calvino* e os reformadores genebreses, ao contrário, uma imitação ativa — tomar sua cruz renunciando a si mesmo para participar verdadeiramente da santidade* de C. — nunca deixou de ser o ponto central de uma ética fundada na Bíblia*. De fato, foi talvez entre os quietistas do s. XVII, sobretudo Miguel de Molinos (†1697), que coube negar mais radicalmente toda ideia de i.: para eles, com efeito, a perfeição não consiste na i. de C., mas numa experiência em que o homem rejeita todo esforço, toda responsabilidade, o que resulta numa passividade total deixando livre curso à ação divina.

c) *A* Imitação de Cristo *de Tomás de Kempis.* — A atribuição da *Imitação* a Tomás Hemerken a Kempis (*c.* 1380-1471) não é mais contestada (Delaissé, 1956). A Obra mais difundida da cristandade depois da Bíblia, o título provém de seu editor do fim do s. XV, momento em que a voga de Plutarco obriga a pensar toda pedagogia em termos da i. de homens ilustres. Trata-se de uma coletânea (ou *rapiarium*) de sentenças facilmente memorizáveis por seu ritmo, destinada a nutrir a oração dos jovens cônegos regulares da abadia do monte Santa Inês (Países Baixos). Filiada à congregação de Windesheim, a abadia encontrava-se na confluência da mística* ruusbroeckiana, da erudição de São Vítor* de Paris e da interioridade da *devotio* moderna* dos Irmãos da Vida Comum. Tomás estudou com eles em Deventer no tempo de Gert Groote e de Florenz Radewijns, iniciadores da tradição escolar pré-jesuíta. Forneceram à *Imitação* o essencial de sua substância, sendo que a contribuição de Tomás esteve mais em dar forma ao fio de sua própria *ruminatio* monástica.

Com a *Imitação*, a espiritualidade moderna floresce, mais psicológica que intelectual ou moral, preocupada em descobrir e discernir os movimentos da alma* que resolveu seguir C. A vida espiritual* será doravante vida interior. Para dar conta disso, a expressão bíblica é privilegiada: 1.500 citações, na maioria das vezes implícitas, notadamente dos Salmos*, dos livros sapienciais e de Paulo. Abundantes igualmente são os empréstimos a Agostinho, Bernardo* de Claraval, Boaventura* e Davi de Augsburgo; e a Suso, enfim, que confere ao texto sua tonalidade melancólica, mesmo um certo pessimismo de tom.

Enganado pelo título, por certo estoicismo* também — o de Sêneca, que acompanha toda a espiritualidade moderna —, às vezes a *Imitação* foi lida em chave ascética. Mas o aspecto moral do conjunto não é grande coisa ao lado de sua intenção decididamente mística: trata-se de convidar o jovem monge a dialogar interiormente com Jesus, a enviá-lo sem cessar a essa fonte nele escondida, onde brota a vida divina. Essa pedagogia religiosa coloca a *pietas* pessoal acima da observância regular, e por isso mesmo fornece seu alicerce espiritual a todas as formas de vida consagrada* que se expandirão no Renascimento.

Esse cristocentrismo absoluto apoia-se na consideração da humanidade de Jesus, o Amigo (no sentido cavalheiresco que será o de Inácio de Loyola), antes que o Esposo, até na união mística. Dos quatro livros que compõem a *Imitação*, o segundo e o terceiro (verdadeiro diário espiritual do autor) concentram essa doutrina da amizade como forma do "puro amor", enquanto o primeiro livro é uma iniciação à vida monástica segundo o ideal de Windesheim, e o quarto, um conjunto de elevações sobre a eucaristia*.

d) A imitação de Cristo e a vida cristã hoje. — Muito caminho foi feito hoje graças ao movimento ecumênico (ecumenismo*) no conhecimento de atitudes pelo menos comparáveis entre os cristãos de tradições diferentes. Isso concerne também à i. de C. Uma grande maioria de cristãos redescobriu a teologia patrística e sua recusa de separar teologia e espiritualidade. Ao lado da coleção SC, há que mencionar a aproximação — e a constatação de uma experiência* muitas vezes comum — entre os religiosos das diferentes Igrejas. Se as formas da i. de C. não são sempre as mesmas,

o sentido profundo é sentido por todos como um crescimento da vida em C.

Já não se pode dizer, como certos teólogos ortodoxos o faziam no início do s. XX, época conflitiva entre Oriente e Ocidente, que o Oriente não conhece a i. de C. (isso referia-se a uma i. de C. "naturalista"). Com efeito, mesmo que só fosse durante toda a semana santa, a tradição bizantina encerra numerosos textos como este: "Iniciando teus discípulos, Senhor, Tu os instruías com essas palavras: Ó meus amigos, vigiai! Que nenhum temor vos separe de mim. O que sofro, é pelo mundo*. Não fiqueis perturbados a respeito de mim, porque não vim para ser servido mas para servir, e dar minha vida em resgate pelo mundo. *Se sois meus amigos, fazei como eu*: aquele que quer ser o primeiro, seja o último. Que o Senhor seja servo: permanecei em mim e vós produzireis fruto porque eu sou a vinha da vida".

A teologia protestante contemporânea, de outro lado, deve a Bonhoeffer* e depois a Barth* ter nela reaclimatado vigorosamente a *sequela Christi*, retomando as intuições já presentes em Kierkegaard*.

A visão da i. de C. une a maior parte dos cristãos numa tensão para o ensinamento de C. (Lc 22,24-27): "Eu estou no meio de vós como aquele que serve", e na memória de Gl 3,27: "Vós todos, batizados em C., revestistes o C."

• D. Bonhoeffer (1937), *Nachfolge*, Munique (*DBW* 4, Munique 1994). — J. Hausherr (1948), "L'i. de J.-C. dans la spiritualité byzantine", *in Mélanges offerts au R. P. F. Cavallera*, 231-259, Toulouse. — L. M. J. Delaissié (1956), *Le manuscrit autographe de Thomas à Kempis* et L'imitation de J.-C: *examen archéologique et édition diplomatique du Bruxellensis 5855-61* (2 vol.), Londres. — E. J. Tinsley (1960), *The I. of God in C.: An Essay on the Biblical Basis of Christian Spirituality*, Londres. — A. Shulz (1962), *Nachfolgen und Nachahmen: Studien über das Verhältnis der neutestamentlichen Jüngerschaft zur urchristlichen Vorbildethik*, Munique. — K. Barth (1964), *KD* IV/2, *Die Lehre von der Versöhnung*, 603-6225. — H. D. Betz (1967), *Nachfolge und Nachahmung im Neuen Testament*, Tübingen. — M. Hengel (1968), *Nachfolge und Charisma*, *BZNW* 34, Berlim. — R. Lovatt (1968). "The *I. of C.* in Late Medieval England", *Transac-*

tions of the Royal Historical Society, 5th series, 8, 97-121. — E. Cothenet *et al.* (1970). "I. du C.", *DSp* VII/2, 1536-1601. — A. Ampe, B. Spaapen (1970). "*Imitatio Christi* (*I. de J.-C.* [livro])", *ibid.*, 2338-2368. — W. C. Creasey (1989), *The* I. of *C. by Thomas a Kempis*, Macon, Ga. — U. Luz *et al.* (1994), "Nachfolge Jesu", *TRE* 24, 678-713. — M. Sales (1998), "Nécessité, impasses et paradoxe de l'exemplairité dans la genèse de l'être humain", *Conférence* 7, 13-72.

John BRECK

→ *Conversão; Coração de Cristo; Experiência; Kenose; Monaquismo; Santidade.*

IMPANAÇÃO → consubstanciação

IMPOSIÇÃO DAS MÃOS

A imposição das mãos (ou da mão: o uso é hesitante) é um gesto utilizado em numerosas religiões; gesto polissêmico, sua significação deve ser a cada vez precisada pelo contexto.

O AT conhece seu uso (sob o nome de *semikah*) nos sacrifícios* (Lv 4), nas bênçãos* (Gn 48,13-20), na instalação em uma função (Nm 27,15-23) ou para excluir um perturbador (Lv 24,14). A maioria dos autores admite a existência de uma *semikah* para a instituição dos rabinos; Ehrardt (1954) julga que isso só pode datar de depois do ano 70; Hoffman (1979) a recusa.

Como no judaísmo* de seu tempo e no mundo pagão, Jesus* impõe as mãos para curar (Mc 6,5) ou para abençoar as crianças (Mc 10,16). A Igreja* primitiva usava a imposição das mãos como complemento do batismo* (At 8,17; 9,17ss; 19,6; Hb 6,2), como designação para uma função (At 6,6; 13,1ss) e como rito de ordenação* (1Tm 4,14; 5,22; 2Tm 1,6), e também como gesto de cura* (At 9,12).

A Igreja antiga utiliza abundantemente a imposição das mãos. A *Tradição apostólica* (Roma*, *c.* de 215) conhece-a como rito de exorcismo* utilizado no catecumenato (nº 20; cf. 19), como gesto de invocação do Espírito* (gesto epiclético) cumprido pelo bispo* depois do rito da água do batismo (nº 21). A ordenação do bispo*, do presbítero*, do diácono* faz também apelo à imposição das mãos (nº 2, 7 e 8).

Essa última passagem precisa: "Na ordenação do diácono somente o bispo impõe as mãos, porque ele [o diácono] não é ordenado ao sacerdócio*, mas ao serviço do bispo"; e a propósito da viúva: "Não se lhe imporá a mão, porque ela não oferece a oblação e não tem serviço litúrgico (*leitourgia*)" (nº 10). Os presbíteros e os bispos fazem também uma imposição das mãos durante a oração eucarística (nº 4). Cipriano* menciona igualmente que a Igreja romana impunha as mãos para a reconciliação dos hereges (*Ep.* 74,2,2-3; cf. Batismo* II, 1).

Essas práticas prosseguiram ulteriormente, embora a imposição das mãos tenha lugar hoje no ritual de todos os sacramentos*, com significações diversas (exorcismo, cura, bênção); tem na maioria das vezes um valor pneumatológico e eclesiológico (confirmação*, epicleses eucarísticas, ordenações).

A imposição das mãos é utilizada por outras Igrejas cristãs; a Ortodoxia distingue entre *chirotonia* (imposição das mãos em vista das funções principais) e a *chirothesia* (para as funções subalternas).

• J. Coppens (1925), *L'imposition des mains et les rites connexes dans le NT et dans l'Église ancienne*, Wetteren-Paris. — A. Ehrardt (1954), "Jewish and Christian Ordination", *JEH* 5, 125-138. — L. Hoffman (1979) "L'ordination juive à la veille du christianisme", *MD* 138-7.47. — J. Coppens (1979), "L'imposition de mains dans les Actes des Apôtres", *in* J. Kremer (sob a dir. de), *Les Actes des Apôtres. Traditions, rédaction, théologie*, BEThL 48, 405-438.

Paul DE CLERCK

→ *Liturgia; Sacramento.*

IMPUREZA → pureza/impureza

IMUTABILIDADE DIVINA/ IMPASSIBILIDADE DIVINA

I. Filosofia e escritura

Por volta do início da era cristã, era tradicional opor a razão*, força estável e relativamente autônoma, e a afetividade, domínio da "paixão", no sentido de "submissão a uma força estranha" (Frohnhofen, 1987, 13-123). Mas só os estoicos eram partidários da *apatheia*, estado ideal de impassibilidade em que não se conhece mais nenhum tipo de perturbação. Quanto às realidades transcendentes, eram concebidas, seguindo Platão e Aristóteles, como estranhas à mudança e à paixão.

Muitas passagens da Bíblia* pareciam opor-se a essa noção e descreviam um Deus* passível de arrependimento, de piedade ou de cólera* (Gn 6,6). Mas outras passagens (p. ex. Ml 3,6, "Eu, Javé, não mudo"; cf. Sl 102,27; Tg 1,17) davam a pensar que essas expressões tinham um sentido figurado ou supunham em Deus sentimentos que só dependiam dele mesmo. A mesma dualidade era ainda mais forte quando se tratava de Cristo*; Inácio de Antioquia fala mais explicitamente do que o NT da "paixão* de [seu] Deus" (*aos Romanos*, VI, 3), ao mesmo tempo em que evoca "o impassível que por nós se fez passível" (*a Policarpo*, III, 2).

II. Debates patrísticos e escolásticos

I. A paixão e o sentimento

De todos os Padres* da Igreja*, só Clemente de Alexandria, para quem o amor* era um verdadeiro conhecimento (*gnosis*), tem a opinião dos estoicos no que concerne à *apatheia*. Em geral, os Padres são antes partidários, como Agostinho* (*Cidade de Deus*, VIII, 17), do bom uso das paixões* e gostam de adotar o *eros* platônico (assim os capadócios, Agostinho, o Pseudo-Dionísio*). Mas os Padres e os escolásticos* vão mais longe que os filósofos, atribuindo à divindade sentimentos constantes como o amor e a compaixão; estão assim na origem da distinção entre o sentimento e a paixão (João Damasceno, *Expositiones de Fide*, 3, 118; Tomás* de Aquino, *ST* Ia, q. 20, a. 1).

2. Apatheia e ortodoxia

A partir do s. XIX tem-se a tendência de pensar que a questão da *apatheia* se põe ao pensamento cristão porque este está tomado entre a necessidade de lidar com um Deus que não seja impassível e as exigências lógicas da metafísica. Há nisso certa verdade* e já Anselmo*, p. ex., perguntava como Deus pode ser ao mesmo tempo "compas-sivo" e "impassível" (*Proslogion*, 8). Porém, mais profundamente, pode-se sustentar que estava na lógica interna da ortodoxia cristã pensar cada vez mais claramente o Absoluto como imutável e impassível, na medida em que os conceitos herdados da filosofia* eram trabalhados de dentro pelos ensinamentos da Bíblia. Daí resultaram novas distinções, não só a do sentimento e da paixão, mas também a da passividade e da receptividade. É possível vê-las elaborar-se em particular nos domínios da criação*, da teoria do *logos* (Verbo*) e da cristologia*.

a) A criação. — Nos primeiros séculos da era cristã, a ideia de mediação ontológica entre criatura e Criador tinha mais lugar que a de distinção absoluta entre eles. O *logos*, cuja divindade não era plenamente reconhecida, podia ser passível, embora os sofrimentos de Cristo não estivessem em questão (Mozley, 1926, 28-52, 94-104; cf. R. Williams, *Arius*, 95-117). A isso acrescentava-se às vezes, a ideia de que se Deus era por natureza impassível *ele* tinha livremente acolhido ser acessível ao sofrimento. Mesmo autores que admitiam a plena divindade do *logos* pensavam assim de seu sofrimento na carne* (Mozley, 63-76). Os debates cosmológicos do s. II são de extrema importância desse ponto de vista; ver, em particular, a obra de Metódio de Olimpo († c. de 311). Para ele, havia uma distinção ontológica radical entre a criatura e o Criador, embora não se pudesse dizer, como Orígenes*, que na criação algo de Deus procede para fora dele, e se encontra afetado passivamente por ele: a criação do mundo nada muda para o Deus impassível (*De creatis*, PG 18, 331-344). Igualmente a encarnação* não introduz mudança alguma no *logos*; Deus não se submete ao sofrimento nos sofrimentos de Cristo; eles são então puro paradoxo: ele padeceu permanecendo impassível (*De cruce et passione Christi*, PG 18, 398-403). Outro ponto muito importante no pensamento de Metódio é a negação (contra Orígenes) da eternidade do mundo, e de toda espécie de subsistência ou permanência da matéria como princípio das coisas: senão, com efeito, o Deus criador teria de se ver com uma realidade que lhe era exterior, e seria, nessa medida, "passivo". É por essa razão que gnósticos como Valentino negavam que Deus fosse o supremo criador. Dionísio de Alexandria († c. de 264) tinha aliás notado que se a matéria fosse incriada era estranho que não fosse, como Deus, impassível e imutável (*Epistolae*, ed. C. L. Feltoe, Cambridge, 184). Foi preciso a afirmação, sem reserva, da criação *ex nihilo* (por Metódio e por outros) para fazer desaparecer essa dificuldade e garantir a plena atividade do Deus criador. Basílio* e Gregório* de Nissa (*Conta Eunômio* 6, 3) acrescentaram a isso que se a criação *nada* é em si mesma então não existe nela nenhuma passividade ontológica; há somente graus de participação na atividade divina. O mundo é constituído de feixes de qualidades ativas, não de compostos de forma e de matéria. Tal concepção combina muito bem com a ideia que se encontra em Atanásio* (*Sobre a encarnação do Verbo*, SC 199, 7) e a restauração dessa incorruptibilidade pela encarnação. Se, pois, se quer pensar até o termo o que implica essa criação *ex nihilo*, é preciso ver que não é tanto a plena atividade de Deus e a passividade essencial das coisas finitas, mas a plena atividade das realidades criadas (antes do pecado*), que apesar disso não recebem jamais a medida infinita da atividade divina. Há aqui como um paradoxo: *participar* da atividade divina não é *recebê*-la completamente em sua infinita plenitude — paradoxo que só a teologia* trinitária pode esclarecer.

b) O logos. — Uma das razões da oposição de Ário e de Eunômio à divindade do Filho era que a impassibilidade divina seria afetada com isso, primeiro porque se há geração em Deus há passividade e, em seguida, porque a emanação do *logos* está intrinsecamente ligada à obra da criação e, portanto, a um engajamento na paixão (Mozley, 74-104). O arianismo* era uma solução de tipo valentiniano, graças a uma teologia voluntarista para a qual um Deus absolutamente uno e simples, em sua essência, tinha querido condescender em criar e em encarnar-se. Sua exaltação da soberania divina e sua preferência por uma teologia negativa* quase não lhe deixavam a possibilidade de atribuir a Deus *sentimentos*; e por isso, mesmo se os arianos admitiam os sofrimentos do *logos*, nada havia neles que implicasse naturalmente a deidade* na finitude e na passibilidade. Para os pensadores mais ortodoxos (Tertuliano*, p. ex.) disposições divinas como o amor e a misericórdia* são permanentes e inalteráveis. Vê-se que atribuir, de certo modo, a afetividade ao Absoluto, com a Bíblia, exige bem uma ideia "essencialista" da imutabilidade e da impassibilidade divinas.

Atanásio, contra Ário, e Gregório de Nissa, contra Eunômio, afirmam que em Deus a geração não implica necessariamente a passividade: mesmo a geração natural não divide necessariamente a essência das coisas, e na geração divina há um só ato do Pai* e do Filho, luz que nasce da chama. É possível conceber uma recepção tão íntima ao ser que recebe, de modo que ele não é, no sentido estrito, passivo em relação com essa recepção, mas *é* essa recepção (Gregório de Nissa, *Contra Eunomio* 1, 13). A criação, em sua finitude, não participa totalmente da plenitude do ato divino, *não* por ser essencialmente passiva, mas porque, diferentemente do *logos*, não é plenamente receptiva. Há nisso uma redefinição da ação mesma, que significa "dar, efetuar, influenciar" e, ao mesmo tempo, "receber, ser efetuado, ser influenciado". Já se sabia que os sentimentos podiam ser ativos e que a criação não se opunha à autonomia; via-se agora que a relação e a recepção podiam ser atos. A ideia da impassibilidade era desse modo reforçada em um sentido *novo*: quanto mais se reconhecia a emanação ou a expressão do *logos* como plenamente divina, menos a natureza divina podia estar sujeita ao sofrimento, e nenhum ato de vontade podia nela mudar.

c) Cristologia. — A ortodoxia trinitária tornava então impossível a solução voluntarista do problema do sofrimento de Deus, solução que de toda maneira era suspeita de atribuir ao Pai os sofrimentos de Cristo (patripassionismo). Os sucessores dos capadócios e da escola de Alexandria* repetiram que o *logos* não sofre nem mudança nem sofrimento na encarnação. Ao mesmo tempo, o primado da salvação* em Atanásio e Cirilo* levam-nos a afirmar que é a iniciativa divina que nos cura e que não podemos escapar à paixão e ao sofrimento, a não ser que Deus os assuma primeiro, tomando nossa condição mortal (Atanásio, *loc. cit.*). Por isso é que Cirilo insiste tanto no fato de que foi o *logos* que sofreu a paixão, repetindo as fórmulas paradoxais de Metódio (*Epistola dogmatica* 3), cujo fundamento apareceu sempre mais à medida que se formulou a doutrina da união hipostática*. Porque o elo da humanidade e da divindade de Cristo não tem realidade substancial, a mesma hipóstase divina, que de si não pode sofrer, pode conhecer, *ao mesmo tempo*, a impassibilidade eterna própria do divino e o sofrimento próprio da natureza humana. Mas esse sofrimento nada tem de passivo, por ser livremente escolhido, o que é impossível a uma criatura pecadora, já que o sofrimento involuntário é uma consequência inevitável do pecado. E, porque um sofrimento sem nada de suportado passivamente transfigura-se em pura atividade, a noção de *apatheia* serve então para definir a especificidade do sofrimento *redentor*: um sofrimento sem passividade nem ressentimento, certamente imposto de fora, mas que consiste em um dom oferecido livremente de dentro e que revela a constância do amor.

III. A modernidade

Lutero* vai ainda mais longe que Cirilo na concepção da comunicação dos idiomas*, e declara que Deus mesmo sofreu e morreu por nós. Não se sabe que alcance dava a essa afirmação, que aliás foi rejeitada por muitos escolásticos luteranos e pelos calvinistas (Mozley, 122-126). Só no s. XIX a impassibilidade divina foi objeto de uma rejeição geral pelos kenóticos luteranos, e mais ainda por um grupo de teólogos ingleses e escoceses.

Só um Deus capaz de tristeza e de compaixão era, segundo eles, um Deus que se pudesse reconhecer como o verdadeiro Deus. À primeira vista, poder-se-ia crer que essas teologias de um Deus compassivo ou essencialmente histórico, que essas cristologias da kenose* em que o *logos* perde sua qualidade de Deus liberam a visão bíblica dos entraves da metafísica. Mas trata-se antes de uma capitulação ante as categorias do mundo. Porque todas essas construções têm por verdadeiro que a evolução* é a realidade de base e que o progresso se faz a golpes de lutas e de sacrifícios*. Perde-se de vista nelas a ideia de perfeição original da criação e a da queda (pecado original*), e absolutiza-se uma experiência humana que se projeta em Deus de maneira idólatra. O anglicano Storr escreve, p. ex.: "Deus entra na criação, faz experiência da luta e da dor de toda a criação. Age assim porque é da natureza do amor sair de si mesmo e sacrificar-se" (Mozley, 154). Chega-se a só achar Deus digno de amor e de adoração porque se engajou no mesmo combate que os homens, e porque desempenhou um papel particularmente heroico. Essas teorias tiveram duas consequências. Primeiro, esqueceu-se a ideia de que a redenção implica a transformação da condição mortal, e fez-se um Absoluto de fins puramente humanos: a luta da humanidade por seu futuro, a busca da cidade perfeita. Em seguida, se desconhece a natureza do sofrimento redentor. Porque, onde o sofrimento é eternamente inevitável (cf. a fórmula difundida no s. XIX de uma "cruz eternamente presente no coração de Deus") e onde o sacrifício passa pela essência da virtude*, glorifica-se estritamente o mal* que provoca o sofrimento, por ser uma ocasião de heroísmo (Mozley, 162). A verdade é que o sofrimento só é redentor se é aceito (em caso de necessidade) para manifestar um dom de si anterior a todo mal, de forma que sofrer é continuar a dar, nas piores condições, antes do que se mostrar "virtuoso".

Essa reação contra a ideia de impassibilidade tinha o risco de deformar o cristianismo e fazer dele uma celebração doentia do sacrifício e da fraqueza. Nesse sentido, a reação de Nietzsche* foi salutar. A teologia do s. XX está longe de ter tirado dela todas as lições.

Nos debates recentes, pode-se notar a oposição de E. Jüngel e H. U. von Balthasar* a esse respeito. Para o primeiro, Deus não "se estabelece" a não ser pelo encontro com o absurdo, com o sofrimento e a morte*, posição que tem os inconvenientes que se acaba de ver. Para Balthasar, ao contrário (1993, II, 4), as *processões sem paixão* da vida trinitária não deixam de ser o fundamento do engajamento de Deus no mundo e no sofrimento. Nisso se encontra o melhor do pensamento patrístico.

- J. K. Mozley (1926), *The Impassibility of God*, Cambridge. — B. R. Brasnet (1928), *The Suffering of the Impassible God*, Londres. — G. Koch (1968), *Die Zukunft des toten Gottes*, Hamburgo. — K. Kitamori (1972), *Theologie des Schmerzes Gottes*, Göttingen (1ª ed. japonesa, 1946). — J. Maritain (1973), "Quelques réflexions sur le savoir théologique", *in Approches sans entraves*, Paris. — W. Maas (1974), *Veränderlichkeit Gottes*, Paderborn. — F. Varillon (1975), *La souffrance de Dieu*, Paris. — J. Galot (1976), *Dieu souffre-t-il?*, Paris. — E. Jüngel (1978), *Gott als geheimnis der Welt*, Tübingen. — H. U. von Balthasar (1983), *Theodramatik* IV, Einsiedeln, 191-222. — H. Frohnhofen (1987), *Apatheia tou Theou*, Frankfurt.

John MILBANK

→ *Asseidade; Atributos divinos; Ciência divina; Eternidade divina; Justiça divina; Onipresença divina; Potência divina; Simplicidade divina.*

INACIANA (espiritualidade)

A espiritualidade inaciana não está ligada a uma visão teológica particular, mas a um "modo de proceder" para buscar Deus* em todas as coisas, ajudar as almas e servir à Igreja*. Porém essa maneira de agir implica pressupostos teológicos.

I. Inácio de Loyola (1491-1556)

Sua conversão* em Loyola e sua solidão em Manresa (1522) o despertaram para o discernimento dos espíritos e abriram sua inteligência aos mistérios da Trindade*, da criação*, da encarnação* e da presença de Cristo* na eucaristia*. "Ele compreendeu e conheceu numerosas coisas a respeito tanto das realidades espirituais como da fé* e das letras, com uma iluminação tão grande que todas as coisas lhe pareciam novas" (*Autobiografia*, nº 30)

1. Os Exercícios espirituais

a) Fontes. — A redação do texto, acabada em Roma, onde recebeu a aprovação pontifícia em 1548, enriqueceu-se com sua utilização na prática e com os estudos de Inácio na Universidade de Paris. Mas a essencial data de Manresa, em que já anotava o que podia servir aos outros. Marcado fortemente pelas leituras do *Flos Sanctorum* (*Legenda dourada*) de Jacques de Voragine (†1288) e da *Vita Christi* de Ludolfo de Saxônia (†1377), que marcaram sua conversão em Loyola, foi tributário em Manresa da *"devotio* moderna"* por meio da *Imitação de Jesus Cristo* e do *Compendium breve*, manual dos retirantes de Montserrat, influenciado pela *Exercitatio* do abade Garcia de Cisneros (†1510). Nesses textos convergem a influência das correntes franciscana (a devoção à humanidade de Cristo nas *Meditações* do Ps.-Boaventura) e agostiniana (a meditação segundo as três potências da alma*, memória, inteligência e vontade) e a dos Padres do deserto por meio de Cassiano (discernimento dos espíritos).

b) Originalidade. — Nadal, testemunha e intérprete de Inácio, diz que "Os *Exercícios* não têm quase nada que não se encontre em outros livros". Mas o conjunto é remanejado pela intuição que informa todo o processo, o das contemplações* centrais do Reino e das Duas Bandeiras (apelo do Rei eterno a trabalhar com ele para estabelecer seu Reino* e combater

Satã), e por sua relação às regras da eleição e do discernimento. O fim dos *Exercícios* é dispor-se, por um processo intensivo de quatro semanas, a uma experiência* de união com Deus suficientemente estruturada para levar a uma decisão plenamente livre que comprometa um destino. Esclarecem assim a consciência* ante um problema fundamental da modernidade, "o da atualidade histórica e da livre decisão pela qual nela se constitui e realidade humana, tanto social quanto individual" (G. Fessard). Nesse sentido, propõem uma *espiritualidade de decisão*, ou ainda uma mística* do serviço, segundo a palavra de Inácio ("é preciso buscar e encontrar Deus em todas as coisas"), que Nadal traduzia como "contemplativo na ação".

c) Influência. — Seguindo a *"devotio moderna"*, e de maneira mais radical, os *Exercícios* estendem a espiritualidade cristã a todo estado de vida. Por seu enfoque sobre a eleição e sua adaptabilidade, visam à integração da existência na vida segundo o Espírito*. Assim, vão ser rapidamente estendidos não só à reforma dos religiosos e à formação do clero, mas aos leigos* de qualquer condição, em particular no seio das congregações marianas. Numerosos institutos ditos "inacianos" vão adotá-los como eixo maior de sua espiritualidade ou como elemento de uma síntese original. Francisco de Sales neles se inspira diretamente, em particular em sua doutrina sobre a indiferença. Muitos outros fundadores e reformadores fizeram os *Exercícios* (C. Borromeu, Bérulle*…). Os *Exercícios* tornaram-se um bem da Igreja, como mostram hoje as práticas de releitura da vida, ou do exame ou referência às *Regras do discernimento*.

2. Outros escritos

A correspondência de Inácio (6.800 cartas), a Autobiografia muitas vezes chamada "Relato do Peregrino", as *Constituições S. J.* e o *Diário espiritual* fazem parte também dos documentos fundadores.

II. A tradição inaciana

Foi sempre marcada pela tensão entre a oração e a ação. Embora Inácio, homem de grande oração, tivesse manifestado sua preferência pela busca de Deus no serviço ao próximo — donde sua insistência no "exame" —, tendências nitidamente contemplativas (Baltasar Alvarez, Cordeses, Alverez de Paz) vieram à tona desde as primeiras gerações. Uma carta do geral Aquaviva sobre a oração dirimiu em 1590 o debate: a oração deve tender sempre a um fim prático e não parar nas alegrias da contemplação*, sempre que as necessidades apostólicas tornam premente a ação. É preciso ir a Deus por uma intenção reta que transforme a ação em oração, o que aliás supõe o hábito da oração. Isso desenvolve a doutrina de Nadal sobre o "círculo da oração e da ação", que não deixará de ser comentado em seguida.

A tendência mística encontrará sua forma clássica no s. XVII com Louis Lallemant, Jean-Joseph Surin, Jean Rigoleuc, Jean-Baptiste Saint-Jure, no meio de uma floração de inumeráveis tratados espirituais publicados na Espanha, na Itália, na Alemanha, na Polônia, na Lituânia e nos Países Baixos. A outra tendência, mais ascética, triunfou com a condenação de Molinos em 1687 e a do quietismo* em 1699. Afetado por esse "crepúsculo dos místicos" (Louis Cognet) e depois pelo racionalismo* das Luzes, o equilíbrio inaciano só será salvo do voluntarismo* por meio de alguns mestres notáveis (Jean-Piere de Caussade, Pierre-Joseph de Clorivière no s. XVIII) e pela mística de serviço, realizada na epopeia missionária e educativa do s. XIX. O período contemporâneo viu, a partir de 1950, um verdadeiro renascimento do espírito inaciano pela redescoberta dos *Exercícios* e do discernimento, graças em particular às publicações dos *Escritos* inacianos, à obra de teólogos (H. e K. Rahner*, F. Varillon, G. Fessard) e à difusão do carisma inaciano no seio das comunidades leigas e religiosas.

III. Traços característicos

1. Buscar a vontade de Deus

O homem não se une a Deus pela oração ou pela ação, mas pela união das vontades; e isso pressupõe um estado de liberdade* interior que permite "procurar e encontrar a vontade divina na disposição de sua vida" (*Ex*. 1). Essa indiferença, orientada pelo desejo de conformidade a Cristo, permite o discernimento dos movimentos interiores (moções espirituais) que surgem diante das alternativas. Nesse sentido, a vida espiritual* se decide nesse ponto em que a oração* e a ação não são mais duas atividades separadas, mas se unificam num só ato de liberdade que quer o que Deus quer.

2. Seguir a Cristo e em sua missão

O crescimento dessa liberdade compreende-se numa perspectiva cristocêntrica. Os *Exercícios* fazem pedir "o conhecimento* interior do Senhor que por mim se fez homem a fim de melhor amá-lo e segui-lo". O olhar de Inácio sobre Cristo é absorvido pela missão que este recebeu do Pai* e pelo apelo que dirige a todos para trabalharem "com ele" para estabelecer o Reino*, combatendo as forças do mal*. A união a Cristo não é considerada segundo a simbólica nupcial, mas como uma *sequela*, um companheirismo apostólico.

3. No seio das criaturas

Nada do desprendimento budista na indiferença, mas antes o princípio de uma ação tanto mais encarnada quando mais desprendida das "afeições desordenadas" e ratificada pela "reta intenção". Deus, com efeito, "deseja ser glorificado e servido com o que ele dá como Criador, que é a natureza*, e com o que dá como autor da graça*, que é o sobrenatural*" (carta de 18 de julho de 1548). É por isso que Inácio não propõe somente a contemplação dos mistérios* evangélicos, a fidelidade sacramental, a meditação dos mandamentos* e dos conselhos*, mas também o discernimento dos espíritos, que permite "sentir" aquilo a que o Espírito de Cristo impele nas situações existenciais. Isso subentende que o Criador fala à criatura por meio do que a constitui como criatura (sensibilidade, memória, inteligência, vontade). E leva também à regra inaciana do agir, formulada por Hevenesi (1705) e comentada por Fessard: "Confia em Deus como se o sucesso dependesse inteiramente de ti, e nada de Deus. Contudo, utiliza todos os meios como se nada tivesses a fazer, e Deus tudo".

4. Na obediência

Funda-se a obediência no caráter sacramental da Igreja, corpo místico de Cristo, organizado hierarquicamente. A obediência ao papa* para as missões, 4° voto que o jesuíta pronuncia por ocasião de sua profissão solene, é, segundo a palavra de Pedro Fabro, "nosso princípio e nosso fundamento essencial". Com efeito, a verdadeira obediência "não olha a quem é prestada, mas por quem. E se for prestada por nosso único Criador e Senhor, é a ele, Senhor de todos, que se obedece" (Const. 84). Portanto, ela só é "cega" com a condição de não ser muda, porque "é não somente muito importante, mas é capital, que o superior tenha um pleno conhecimento das inclinações e moções daqueles de quem é responsável" (Const. 92). É por isso que a obediência concerne também ao superior.

- *Monumenta historica Soc. Jesu, Fontes narrativi*, Roma, (1984-). — Ign. de Loyola (1991), *Écrits*, Paris. (A série "Textos" da col. "Christus" contém os principais textos fundadores.) — M. Ruiz Jurado (1965-1990), *Orientaciones bibliograficas sobre san Ign. de Loyola*, Roma. Em português: *Diário espiritual de Santo Inácio de Loyola*, São Paulo, 1977; *Cartas de Santo Inácio de Loyola*, São Paulo, 1988.
- ▶ E. Przywara (1938-1940), Deus semper maior, *Theologie der Exerzitien*, Augsburgo. — J. de Guibert (1953), *La spiritualité de la Compagnie de Jésus*, Roma. — G. Fessard (1956, 1966, 1984), *La dialectique des Exercices spirituels de saint Ignace de Loyola*, Paris, 3 vol. — K. Rahner (1958), "Die Logik der existentiellen Erkenntnis bei Ignatius von Loyola", *in Das Dynamische in der Kirche*, Basileia. — H. Rahner (1964), *Ignatius von Loyola als Mensch und Theologe*, Friburgo. — Col. (1990), *Chercher et trouver Dieu: lectures des Exercices spirituels d'Ignace de Loyola*, Christus, 124 HS, Paris. — H. U. von Balthasar (1977), *Christlicher Stand*, Einsiedeln; (1993), *Texte zum ignazianischen Exerzitienbuch*, Einsiedeln. — J. Servais (1994), "Une théologie de l'obéissance ignatienne", *NRTh* 116, 353-373; (1996) *Théologie des Exercices spirituels: H. U. von Balthasar interprète saint Ignace*, Bruxelas. — A. de Jaer (1998), *Faire corps pour la mission. Lire les Constitutions de la Compagnie de Jésus*, Bruxelas. — H. P. Kolvenbach (1998), *Fous pour le Christ. Sagesse de Maître Ignace*, Bruxelas.

Claude FLIPO

→ *Ascese; Carmelo; Franciscana (espiritualidade); João da Cruz; Missão/evangelização; Salesiana (espiritualidade)*.

INÁCIO DE ANTIOQUIA → **apostólicos (Padres)**

INÁCIO DE LOYOLA → **INACIANA (Espiritualidade)**

INCOMPREENSIBILIDADE DIVINA
→ **conhecimento de Deus** → **negativa (teologia)**

INCULTURAÇÃO

A inculturação (inc.) conta entre os fatos teológicos, pastorais, litúrgicos etc. mais marcantes do fim do s. XX. Definida como relação adequada entre a fé* e toda pessoa* (ou comunidade) humana em situação sociocultural particular, a inc. é sem dúvida uma realidade tão antiga como a história* da salvação*, e poder-se-ia mesmo afirmar que todo procedimento da fé, toda inteligência e experiência* da fé são em definitivo uma questão de inc. Foi porém o encontro missionário das "velhas cristandades" da Europa com povos de culturas e crenças diferentes e, depois, a opção do Vaticano II* por uma evangelização* e uma Igreja* em laço estreito com o "mundo* deste tempo" que fizeram perceber com novos olhos a importância e a urgência do enraizamento cultural da mensagem da salvação. O neologismo "inc." corresponde portanto a uma tomada de consciência nova.

1. A inculturação, um conceito novo

Para designar o encontro da mensagem bíblica e das culturas foi utilizada uma variedade de termos tão insatisfatórios uns como outros: pontos de encontro, adaptação, acomodação, indigenização, implantação, contextualização, encarnação etc. Foi preciso um duplo progresso, da teologia* e das ciências sociais, para pôr à nossa disposição o conceito de inc. Os antropólogos norte-americanos, que estão na origem do termo, falavam de *aculturação*, desde 1880, para designar os fenômenos de contato e de interação entre culturas diferentes. Com os anos 1930, e no mesmo campo de influência antropológica, "aculturação" encontra-se ligada a "inc." para definir o mecanismo de integração permanente de todo indivíduo na cultura de seu grupo de pertença.

Não seria sob influência conceitual dessas pesquisas de antropologia* cultural que a teologia missionária e depois os discursos oficiais da Igreja começaram a empregar indiferentemente "aculturação" e "inc."? É nesse sentido que a partir de 1953 o missionário belga P. Charles e outros teólogos depois dele utilizam "aculturação". O papa* João Paulo II utilizará também o termo como um sinônimo de "inc.", precisando que "esse neologismo exprime perfeitamente um dos elementos do grande mistério* da encarnação*".

Pouco a pouco, "inc." impor-se-á de preferência a "aculturação", para sublinhar que o encontro entre Evangelho e cultura não é redutível a uma simples relação entre culturas, mas quer antes fazer da Boa-Nova um fator da conversão* e do enriquecimento da cultura, fazendo ao mesmo tempo da cultura um lugar de aprofundamento da mensagem de salvação. É nesse sentido que se utiliza em Louvain, em 1959, na XXIX Semana de Missiologia, para designar a exigência de um catolicismo* aberto aos grandes grupos culturais da humanidade. Y. Congar declara em 1975 que a palavra "inc." teria sido empregada no Japão como modificação do termo "aculturação", no sentido de "plantar o germe da fé numa cultura, e fazer que ali se desenvolva, se exprima segundo os recursos e o gênio dessa cultura". Mas foi somente em 1977 que um documento romano oficial, a mensagem ao povo* de Deus* do sínodo* sobre a catequese*, utilizou a palavra pela primeira vez.

Desde então, o conceito de inc. é tanto objeto cotidiano de pesquisas teológicas como da declaração do magistério*. Em mais de uma Igreja local*, onde todas confissões e países estão confundidos, a inc. apresenta-se como uma práxis de ordem litúrgica, catequética, pastoral etc., como um conjunto de procedimentos concretos destinados a que a fé possa aderir à vida, que seja compreendida, celebrada, proclamada e vivida em relação com as aspirações e as interrogações do meio circundante.

Desse modo, a noção de cultura implicada pela inc. não pode definir-se com ajuda de uma análise sumária de "sociedades arcaicas" enredadas nos mitos, nos ritos e nos símbolos de tempos primordiais. O Vaticano II teve a fórmula feliz ao afirmar que a pessoa humana não acede verdadeira e plenamente à humanidade a não ser pela cultura, definindo a cultura como "tudo aquilo pelo qual o homem afirma e desenvolve as múltiplas capacidades de seu espírito e de seu corpo*, transforma o universo, humaniza a vida social, conserva as grandes experiências espirituais e as aspirações fundamentais do homem" (*GS* 53, 1).

Daí resulta uma tríplice característica que se encontra desde a Antiguidade até nossos dias em todas as culturas. *Primeiro*, toda sociedade* é sujeito e objeto de cultura, i.e., geratriz e gestora de representações normativas, de um projeto de ser coletivo. Não existe sociedade sem patrimônio e identidade culturais próprios. Em outros termos, a cultura representa, ao mesmo tempo, a razão de ser e a maneira de ser de uma sociedade. Compreende-se então, e é a *segunda* característica, que haja pluralidade de culturas e de especificidades culturais, pois cada sociedade humana tem seu patrimônio próprio, fonte de valores particulares e universais. Enfim, *terceira* característica, a cultura não tem outra finalidade senão levar o indivíduo e a sociedade a implementar-se, interiorizando na lógica do sistema as modalidades endógenas e exógenas disponíveis.

Essas considerações, embora rápidas, confirmam que a inc. é não somente um procedimento necessário a toda vida de fé e, portanto, a toda Igreja local, mas ainda uma realidade tão antiga como a história da salvação.

2. A inculturação, uma realidade permanente

O processo de inc. nunca esteve ausente ao longo da história da salvação. Conhecem-se "as dívidas do AT para com as culturas ambientes" (Cazelles, 1981). Assim, a circuncisão, uma das práticas judaicas mais antigas e mais sagradas (Jesus* foi submetido a ela), é na origem um rito de iniciação ao matrimônio* próprio às culturas totêmicas. O sacrifício* da Páscoa* é um sacrifício de primavera entre os nômades que partiam em transumância. O *sabbat**, nome dado em certa época ao repouso do sétimo dia, era já conhecido dos semitas (Ugarit). Decerto a Bíblia*, assimilando esses elementos culturais, vai submetê-los a profundas mutações; mas por tê-los guardado conservou algo das aspirações dos povos aos quais pertenciam. É assim com o respeito a Deus e ao próximo, recomendado pelas "Dez palavras" (Ex 34,20; Dt 4,13;10,4) e que se encontra no Egito e na Babilônia, em fórmulas diferentes, mas estereotipadas. Igualmente, o Deus de Abraão honrado com o nome de El era o deus supremo do panteão cananeu-fenício (Ugarit), venerado nos santuários cananeus que os patriarcas frequentavam (Gn 14,19; 16,13; 21,33). No início da monarquia, Israel* honra seu Deus sob o nome de "Baal", "o senhor" (Ishbaal, filho de Saul, 1Cr 8,33), um nome que a Bíblia recusará mais tarde (Os 2,18). O helenismo também vai pôr problemas de inc. ao judaísmo*, um termo aparecido em 2Mc para exprimir o modo de vida dos povos da Torá. Sob influência da racionalidade e das artes gregas, os grupos nascidos da cisão do judaísmo não terão a mesma interpretação da Torá — mas uma referência permanente à revelação* fará que respeitem integralmente o valor divino da Torá, permitindo-lhes atravessar os séculos em osmose com diversas civilizações. A Bíblia não está, assim, ligada a nenhuma cultura; utiliza antes as culturas para exprimir e fixar uma experiência religiosa que se conclui no Evangelho de Jesus Cristo.

O processo de inc. prossegue no NT. As quatro versões do único Evangelho*, escritas em função das particularidades culturais e contextuais das comunidades locais, a linguagem específica das cartas paulinas, um ensinamento estreitamente ligado às questões religiosas e existenciais da época etc. são outras tantas práticas de inc. do Verbo* de Deus feito carne na história dos homens. A relação do cristianismo com o judaísmo, depois com o paganismo*, é então fonte de tensões e de conflitos. Os debates de Jesus com os escribas e os fariseus e as dissensões no seio da comunidade cristã de Jerusalém* (At 6,1-6) ou entre judeu-cristãos e pagãos convertidos (At 15: concílio de Jerusalém) põem o espinhoso problema da passagem da fé de uma cultura para outra: problema da fidelidade aos dados da fé diante das exigências de conversão e de promoção das diversas culturas.

A Igreja sempre enfrentou esse problema, como o declara o Vaticano II: "desde o começo de sua história, aprendeu a exprimir a mensagem de Cristo servindo-se de conceitos e de línguas dos diversos povos" (*GS* 44-2, *UR* 14-3). Assim, a questão dos diversos ritos e costumes das Igrejas locais há muito tempo foi objeto de debates muito vivos entre o papado e os episcopados (Congar, 1982). No final do s. II, Ireneu* tenta impedir o papa Vítor de excomungar as Igrejas da Ásia porque rompiam o jejum no 14 Nisan e celebravam a Páscoa em qualquer dia da semana. "Tal diversidade de observância", escreve ele, "não se produziu agora, em nosso tempo, mas muito tempo antes, sob nossos predecessores [...] Nem por isso todos eles deixaram de conservar a paz* uns com os outros; a diferença do jejum confirma o acordo da fé". Em abril de 591, foi a vez do papa Gregório Magno escrever a Leandro, bispo* de Sevilha, a propósito do rito de imersão do batismo*: "Se há unidade da fé, uma diferença de costume em nada prejudica a santa Igreja". A unidade* na diversidade tornar-se-á um princípio de base das diversas Igrejas locais confrontadas com o desafio da inc. Certamente um papa como Dâmaso defenderá que a unidade da fé chama à unidade de disciplina* e o próprio Gregório* Magno o dirá; Gregório VII chegará até a ordenar que se abandone a liturgia* hispano-visigótica para adotar a de Roma*. A expansão do Evangelho em outras tradições culturais, no entanto, levara quase sempre a Igreja a reafirmar o imperativo da inc. Assim, em 1659, uma instrução da Sagrada Congregação da Propaganda (hoje, Congregação para a Evangelização dos Povos) dirigida aos vigários apostólicos das missões do Vietnã e da China, da Coreia e da Tartária, recomenda o respeito pelos usos do país. Leão XIII (carta apostólica *Ad extremas*, 1893) e Bento XV (encíclica *Maximum Illud*), sem esquecer Pio XI (encíclica *Rerum Ecclesiae*, 1926) nem Pio XII (encíclicas *Summi Pontificatus*, 1939, e *Evangelii Praecones*, 1951), insistirão, por sua vez, que sejam tomados em consideração os valores particulares dos povos evangelizados. Mas será preciso aguardar o Vaticano II e, em seu seguimento, Paulo VI e depois João Paulo II para ouvir falar da troca cultural como de uma fonte de enriquecimento mútuo na própria Igreja e para que se exortem assim as jovens Igrejas a assumir, dos costumes e tradições de seu povo tudo o que pode contribuir a amadurecer nelas a vida cristã.

É nessa tradição*, tão antiga quanto a história da salvação, que se inscreve a questão da inc. na África, na América Latina ou na Ásia. Como o afirmavam em 1994 os bispos da África, reunidos pela primeira vez em Roma para um sínodo continental, a inc. é uma prioridade e uma urgência para as Igrejas particulares*, uma questão de suma importância na caminhada para uma plena evangelização. Não se trata de simples estratégia pastoral, que seria então facultativa e secundária, mas de uma condição de pertinência e de credibilidade na evangelização. E com isso a inc. apresenta-se não apenas como elemento essencial da maneira de evangelizar, mas ainda, e antes de tudo, como uma característica própria do Evangelho mesmo. Em São Domingos, a IV Conferência Geral do episcopado latino-americano declarava em outubro de 1992: "A analogia* entre a encarnação e a presença cristã no contexto social, cultural e histórico dos povos nos leva à perspectiva teológica da inc. A inc. é uma dinâmica que vai do Evangelho ao que é o coração de cada povo e comunidade, pela mediação da linguagem e dos símbolos acessíveis e recebidos pela Igreja".

3. A inculturação, uma exigência da fé

A fé cristã tem por objeto o que Jesus Cristo, plenitude da revelação, mostrou sobre Deus e o homem, e tem por objeto, então, a relação entre Deus e o homem, e entre o homem e seu ambiente cósmico. A Boa-Nova do Verbo feito carne é, portanto, o fundamento de sua própria relação com o sujeito crente; fornece, por conseguinte, o critério decisivo do conteúdo, das normas hermenêuticas, metodológicas e práticas da inc. A questão teológica da inc. desenvolve-se pois de maneira tríplice: em relação à teologia trinitária, à criação* e à encarnação redentora.

a) A unidade na diversidade no seio do Deus-Trindade. — O mistério do Deus-Trindade, objeto primordial e total da fé, é o da comunhão* de três pessoas realmente distintas, e de uma comunhão em que a especificidade de cada uma é tão essencial como sua unidade. O Pai* só é Deus enquanto Pai, o Filho só é Deus enquanto Filho, o Espírito Santo só é Deus enquanto Espírito*. Deus só é Deus e Deus único na unidade de natureza e na distinção das pessoas, numa perfeita relação de amor* (1Jo 4,16), que pode qualificar-se de "comunhão de diferenças". Em Deus, a diferença não é obstáculo à comunhão, é exigência de comunhão perfeita. A teologia da inc. pode encontrar aqui um modelo: se aceita fundar-se analogicamente em Deus, a tarefa da inc. não tira primeiro suas verdadeiras riquezas da particularidade de uma cultura dada, mas antes de tudo do inesgotável mistério de amor do Deus-Trindade, criador de todas as coisas.

b) A unidade na diversidade no coração da criação. — Fazendo os homens à sua imagem e semelhança, Deus os criou ao mesmo tempo semelhantes a ele e diferentes dele, de um lado; e semelhantes (da mesma natureza) e diferentes entre eles (homem e mulher) (Gn 1,26s), de outro lado. Via assim estabelecer com os homens e entre os homens uma relação de amor — ao mesmo tempo identidade e alteridade — cujo segredo é trinitário. A teologia trinitária da criação confirma assim que a problemática da inc. é bem a de uma relação da unidade na diversidade, a comunhão das diferenças. Cada homem e cada povo sendo uma imagem inédita e irresistível das riquezas infinitas do Criador, é claro que tal imagem, constitutiva de sua dignidade própria, é o lugar necessário de sua inteligência e de sua experiência* crentes. Chega-se assim a uma dupla implicação. Primeiro, e porque criado à imagem e semelhança de Deus, todo ser humano é uma "história sagrada", portador de valores específicos e úteis ao gênero humano: e a inc. leva precisamente em conta essa dimensão do homem, ajuda a ser consciente dela e a enriquecê-la para uma fidelidade maior à sua dignidade. Assim, é a segunda implicação, as relações interpessoais e interculturais não poderiam definir-se a priori em termos de oposição conflitiva, nem de interesses antagonistas, mas em termos de encontro entre iguais e de trocas complementares. Por visar à comunhão das diferenças, a inc. opõe-se assim a toda discriminação e a toda exclusão.

c) *O mistério da encarnação redentora, um empreendimento de inculturação.* — Percebido como uma entrada real do Filho eterno, Palavra de Deus e Deus mesmo, no universo humano e carnal, o acontecimento Jesus Cristo é o desenvolvimento do amor de Deus Trindade na história dos homens e do mundo. O Verbo de Deus habitou verdadeiramente entre nós; armou aqui sua tenda (Ap 21,3). Foi reconhecido homem como todos os homens, precisa Paulo (Fl 2,7s); e a Epístola aos Hebreus sublinha que em todos pontos Jesus se fez semelhante a seus irmãos (2,17). O Verbo encarnado é assim o primeiro a inculturar-se (cf. Sales, 1980-1981). Ele o faz, antes de tudo, por sua "tomada de carne" — o Evangelho de João fala do "tornar-se carne" do Verbo (Jo 1,14) antes que de "tornar-se homem", e marca assim o realismo de sua humanidade e de sua inserção total na história dos homens. Ele o faz também por sua morte* — porque ao morrer crucificado como um vulgar criminoso Jesus vai até o fim como homem, votado à morte, e isso na condição mais ignominiosa. E faz, enfim, por sua ressurreição* — glorificação, porque assim encontra e realiza plenamente o desejo de beatitude* escatológica

própria a todo homem. Há que acrescentar que a inc. do Verbo não é solidariedade conformista com o gênero humano; visa antes a arrancar o homem a tudo que atenta contra sua dignidade de criatura de Deus. Poder-se-ia falar aqui de "solidariedade dissolidarizante". Cristo* aparece assim como o único modelo inculturado e inculturante, como norma decisiva e única de todo empreendimento de inc.

A problemática da inc. revela-se assim essencialmente cristocêntrica. Imagem do Deus invisível, primogênito de toda criatura, primogênito dentre os mortos (Cl 1,15.18), só Cristo funda e revela a origem e a finalidade de toda relação entre o Criador e suas criaturas; só ele realiza, de maneira perfeita, em sua pessoa e por ela, a relação de amor de Deus com o homem na qual se dá a realização definitiva de todo homem. É ali que está certamente o objeto e a finalidade da inc., que visa com efeito a encarnar a mensagem de salvação de Cristo em todos os setores da vida, de modo que toda experiência de fé possa exprimir-se com seus dados culturais próprios, e sobretudo se torne princípio de inspiração, de interpretação e de conversão desses dados culturais mesmos. A inc. põe assim o duplo problema correlativo da evangelização das culturas e da compreensão cultural do Evangelho. Foi na certa tal movimento de vaivém entre a fé e a cultura que levou João Paulo II a dizer em 1982: "A síntese entre cultura e fé não é só uma exigência da cultura, mas também da fé. Uma fé que não se torna cultura não é plenamente acolhida, inteiramente pensada e inteiramente vivida" (DC *1832*, 1982, 604-606).

• M. J. Herskovits (1936), *Man and his work*, Nova York. — R. Redfield, R. Linton, M. J. Herskovits (1938), "Outline for the Study of Acculturation", *AmA*, 38, 149-152. — P. Charles (1956), *Études missiologiques*, Louvain. — Col. (1959), *Missions et cultures chrétiennes*. Rapport et compte rendu de la XXIX Semaine de missiologie, Louvain. — J. Mason (1962), "L'Église ouverte sur le monde", *NRTh* 84, 1032-1043. — T. Tshibangu (1974), *Le propos d'une théologie africaine*, Kinshasa. — M. Hegba (1976), *Émancipation d'Églises sous tutelle. Essai sur l'ère postmissionnaire*, Paris. — Col. (1979), *Libération ou adoption? La théologie afri-

caine s'interroge, Colloque d'Accra. — B. Adoukonou (1980), *Jalons pour une théologie africaine.
Essai d'une herméneutique chrétienne du "vodun"
dahoméen*, 2 vol., Paris. — J.-M. Ela (1980), *Le cri
de l'homme africain. Questions aux chrétiens et aux
Églises d'Afrique*, Paris. — P. de Meester (1980),
Où va l'Afrique? Paris. — A. Shorter (1980), *Théo-
logie chrétienne africaine*, Paris. — M. Sales (1980-
1981), "Le christianisme, la culture et les cultures",
Axes, Octobre 1980 — janvier 1981, 3-40 (reed. em
Le corps de l'Église, Paris, 1989, 145-179). — J.-M.
Ela, R. Luneau (1981), *Voici le temps des héritiers.
Églises d'Afrique et voies nouvelles*, Paris. — O.
Bimwenyi-Kweshi (1981), *Discours théologique
négro-africain. Problèmes des fondements*, Paris.
— E. Eboussi-Boulaga (1981), *Christianisme sans
fétiche. Révélation et domination*, Paris. — H.
Cazelles (1981), "Quelques dettes de l'Ancien
Testament envers les cultures ambiantes", *in* Col.,
Foi et culture à la lumière de la Bible, Turim, 17-
27. — Y. Congar (1982), *Diversités et communion*,
Paris. — A. T. Sanon, R. Luneau (1982), *Enraciner
l'Évangile. Initiations africaines et pédagogiques de
la foi*, Paris. — C. Geffré (1993), *Le christianisme
au risque de l'interprétation*, Paris. — Col. (1984),
Théologie et choc des cultures, Paris. — E.-J.
Pénoukou (1984), *Églises d'Afrique: propositions
sur l'avenir*, Paris. — J.-M. Ela (1985), *Ma foi
d'Africain*, Paris. — F. Lapointe (1985), *Une
expérience pastorale en Afrique australe pour les
communautés enracinées et responsables*, Paris.
— E. Messi Metogo (1985), *Théologie africaine et
ethnophilosophie. Problèmes de méthode en théologie africaine*, Paris. — E. Mveng (1985), *L'Afrique
dans l'Église: Paroles d'un croyant*, Paris. — J.
Doré (sob a dir. de) (1986), *Chemins de christologie
africaine*, Paris. — M. J. Agossu (1987), *Christianisme africain. Une fraternité au-delà de l'ethnie*,
Paris. — H. Carrier (1987), *Évangiles et cultures.
De Léon XIII à Jean-Paul II*, Paris. — C. Geffré
(1987), "Mission et inculturation", *Spiritus*, 109,
406-427. — R. Luneau (1987), *Laissez aller mon
Peuple: Églises africaines au-delà des modèles*,
Paris. — A. Mbembe (1988), *Afriques indociles.
Christianisme, Pouvoir de l'État et societé postcolo-
niale*, Paris. — A. Peelman (1988), *L'inculturation.
L'Église et les cultures*, Paris. — P. Poupard (1989)
*L'Église au défi des cultures: inculturation et évan-
gélisation*, Paris. — F. Eboussi-Boulaga (1991), *A
contretemps: l'enjeu de Dieu en Afrique*, Paris. — F.
KaBasileiae-Lumbala (1993), *Le christianisme en
Afrique: une chance réciproque*, Paris. — K. A.
Mana (1993), *Théologie africaine pour temps de
crise: christianisme et reconstruction de l'Afrique*,
Paris.

Éfoé-Julien PÉNOUKOU

→ *Helenização do cristianismo; Religiões (teologia
das); Ritos chineses.*

INDEFECTIBILIDADE DA IGREJA

A Igreja*, segundo o símbolo de Niceia*,
é "santa"; mas os teólogos também a descreveram, em sua realidade concreta, como um
corpus permixtum, composto de membros pecadores e, por um lado, indignos, um corpo que
tem constantemente necessidade de ser reformado. Embora a santidade* e o pecado* não sejam
diretamente opostos, pode-se perguntar em que
medida tais julgamentos são compatíveis com
a ideia de uma "Igreja santa".

O II concílio do Vaticano*, em sua constituição sobre a Igreja (*LG* 8), diz que a Igreja
"é santa, mas tem também necessidade de ser
purificada". O decreto sobre o ecumenismo*
(*UR* 3) reduz o alcance dessa declaração, estabelecendo que o povo* de Deus*, durante sua
peregrinação, permanece "sujeito ao pecado de
seus membros".

A teologia* protestante, por sua vez, não
hesitou em falar de uma Igreja inteiramente
entregue ao pecado. As fórmulas de Lutero*
às vezes levaram a fazer da "Igreja pecadora"
(*peccatrix*, *WA* 34/1, 276, 7s) um "critério" confessional (Jüngel, 1983, 450), caracterizando a
maneira como a Igreja considera sua relação
com Deus. Mas apesar das fórmulas divergentes
pode-se duvidar se existe a esse respeito uma
diferença de fundo entre católicos e protestantes, porque "a crença na indestrutibilidade, na
continuidade e na permanência da Igreja una
e santa constitui também para a Reforma luterana um caráter essencial de sua concepção da
Igreja" (Meyer, 1989, 400).

Voltando-se para a tradição* patrística, é
impressionante a abundância de imagens pelas
quais essa questão é tratada (Balthasar*, 1960).
Para os Padres* é sobretudo a prostituta Rahab,
ímpia e impura (Js 6,25; Hb 11,31; Tg 2,25),
que se torna o paradigma do pagano-cristia-

nismo, e assim da Igreja de Cristo*. Atribui-se também à Igreja a palavra da esposa do *Cântico dos Cânticos* (1,5): "Que a Igreja diga: 'Sou negra mas formosa': negra segundo vosso julgamento, mas formosa segundo a irradiação da graça*'" (Gregório* Magno, PL 79, 486). Tomás* de Aquino declara: "A Igreja gloriosa sem mancha nem ruga" (Ef 5,27) é o fim último ao qual somos conduzidos pela paixão* de Cristo. Portanto, só se realizará na pátria celeste, e não nesta vida em que nos "enganamos a nós mesmos se pretendemos estar sem pecado (1Jo 1,8)" (*ST* IIIa, q. 8, a. 3, ad 2).

Na discussão ecumênica atual, um documento elaborado por luteranos e católicos, *Igreja e justificação*, tentou encontrar formulações comuns. O texto confirma assim a doutrina da *LG* segundo qual a Igreja é "indefectivelmente santa" (150; *LG* 39). Desse ponto de vista, é possível dizer que "não há entre as duas partes nenhum diferendo quanto ao fato de que a Igreja é ao mesmo tempo 'santa' e 'pecadora'" (156).

Que sentido preciso dar ao termo *"indefectibilitas"* em *LG* 39? Não há dúvida de que todos os cristãos, enquanto membros da Igreja, devem orar: "Perdoai nossas culpas!" (Mt 6,12). Constata-se aliás que o texto não atribui o predicado da santidade somente à Igreja eterna, mas também à Igreja terrestre, visando assim à santidade "subjetiva" de seus membros e não à santidade "objetiva" das instituições e das doutrinas. Mas enquanto os membros particulares da Igreja podem ser, para os católicos como para os protestantes, "ao mesmo tempo justificados e pecadores", os católicos não estendem essa característica à Igreja mesma. Essa não é simplesmente *simul justa et peccatrix*, porque sua santidade prevalece sobre seu pecado. A santidade é uma nota essencial da Igreja, determinante em relação ao pecado (Rahner, 1965, 342-344).

No mesmo contexto (*LG* 41), a graça ministerial (*gratia muneris*) dos bispos* e dos sacerdotes é apresentada como fonte de sua santidade exemplar. Embora o conceito de indefectibilidade aqui não apareça, o laço estreito entre a santidade da Igreja e a de seus ministros

pode suscitar problemas ecumênicos, em particular porque a *UR* (3, 22) releva "defeitos" (*defectus, defectus sacramenti ordinis*) nas outras Igrejas cristãs.

Embora as Igrejas protestantes utilizem muitas vezes sem reserva a expressão "Igreja pecadora", é evidente que uma Igreja local* não pode aceitar pura e simplesmente os pecados patentes de uma Igreja irmã. As discussões ecumênicas sobre o que se chama o *status confessionis* ilustram a atitude das Igrejas protestantes em casos desse gênero. A exclusão, para fora da comunidade ecumênica, das Igrejas sul-africanas que praticavam o *apartheid* foi assim referida ao *status confessionis*, sem o qual não se poderia identificar e condenar uma "Igreja pecadora". As discussões não permitiram estabelecer se o *apartheid*, na ocorrência, era considerado uma heresia* ou uma falta moral (ou as duas ao mesmo tempo).

• *LG*, AAS 57, 1965, 5-64. — *UR*, AAS 57, 1965, 90-99). — *Kirche und Rechtfertigung*, Paderborn, 1994.

▸ H. U. von Balthasar (1960), *Sponsa Verbi*, Einsiedeln. — K. Rahner (1965), "Sündige Kirche nach Dekrete des Zweiten Vatikanischen Konzils", *Schr. zur Th.*, Einsiedeln, 321-347. — E. Jüngel (1983), "Die Kirche als Sakrament?", *ZKTh* 80, 432-457. — A. Birmelé (1987), "La peccabilité de l'Église comme enjeu oecuménique", *RHPhR* 67, 399-419. — H. Meyer (1989), "Sündige Kirche? Zur katholisch/evangelischen "Grunddifferenz", *ÖR* 38, 1989, 397-410. — F. Herzog (1991), "Status confessionis", *in Dictionary of the Ecumenical Movement*, Genebra, 956-957.

Risto SAARINEN

→ *Igreja; Infalibilidade; Pecado.*

INDULGÊNCIAS

"A indulgência (i.) é a remissão diante de Deus* da pena* temporal devida pelos pecados cuja culpa já foi perdoada, uma remissão que o fiel bem disposto, e sob certas condições definidas, obtém pelo socorro da Igreja*, a qual, enquanto ministro* da redenção, distribui e aplica com autoridade* o tesouro das satisfações de Cristo* e dos santos" (Paulo VI em 1965, definição retomada pelo *CIC* de 1983, cân. 992). As condições definidas são uma obra espiritual (peregrinação* ou visita em uma igreja, orações*, esmolas etc.). A i. pode ser parcial ou plenária (cân. 993); pode ser aplicada aos vivos e aos defuntos (cân. 994).

a) O nascimento de uma prática. — Os primeiros testemunhos relativos às i. remontam ao s. XI, e estão ligados à mutação da disciplina penitencial. Para a disciplina pública antiga, a conversão* do pecador não pode ser cumprida sem uma *duração* de penitência* proporcional à gravidade da culpa, durante a qual o pecador arrependido é afastado da eucaristia* e submetido a diversas práticas ascéticas. A reconciliação só é concedida no termo do processo, acompanhada da oração da Igreja, julgada indispensável para obter o perdão. Os dois aspectos da prática se combinarão na i.: o pecado acarreta uma "pena temporal"; o cumprimento dessa pena é inseparável da oração da Igreja.

A partir do momento em que a absolvição é dada imediatamente depois da confissão, e antes do cumprimento de uma satisfação muitas vezes rigorosa e longa (precisada nas "tarifas" dos penitenciais e expressa em semanas, meses, anos), distingue-se a absolvição sacramental da culpa, e a liberação das "penas temporais" devidas ao pecado, sendo que a i. só intervém neste último campo. De outro lado, os fiéis pedem que uma pena longa possa ser comutada (condonação) em uma pena mais rápida, ainda que essa comporte um ato oneroso, como uma peregrinação. A Igreja, de seu lado, tem consciência de poder ajudar o pecador por sua intercessão e contribuir para a atenuação da "pena temporal" invocando a solidariedade* eclesial — que não é senão a comunhão* dos santos — e aplicando o "tesouro espiritual" dos méritos de Cristo — do qual vem toda a redenção — e dos santos justificados por sua graça*. Tal é a origem das i. pelas quais os bispos* ou o papa* propõem aos cristãos certas práticas satisfatórias breves em lugar das penas temporais de seus pecados.

As i. multiplicaram-se no s. XII. A mais célebre foi a da Porciúncula, ligada a uma peregrinação. Quanto à ideia de uma i. plenária, surgiu quando os papas* liberaram de todas as penas temporais os cristãos que se engajavam na cruzada. Em 1300, o papa Bonifácio VIII promulga o primeiro Jubileu com i. "plenária" para os cristãos que visitassem as quatro basílicas romanas.

b) A teologia clássica das indulgências — Abelardo* tinha vigorosamente rejeitado o princípio das i. Os primeiros teólogos escolásticos* são hesitantes. Tomás* de Aquino dá sobre a i. uma doutrina que se tornará clássica (*ST*, Suppl. q. 25-27). Vê seu fundamento no "poder das chaves" que Cristo confiou à sua Igreja, um poder que tem valor no céu, diante de Deus, como sobre a terra, na Igreja, e do qual o papa é o depositário. A Igreja serve-se então da "chave da jurisdição*", que não é sacramental. A i. repousa na abundância do tesouro da Igreja e só tem valor se é cumprida na caridade e na piedade.

A teologia* católica sempre permaneceu circunspecta sobre esses dois pontos. De um lado, o sucesso alcançado pelas i. foi fonte de abusos por parte das autoridades que as concediam, e sua multiplicação reduziu-as, com frequência, à insignificância. Os fiéis viram facilmente nelas uma obra* que age automaticamente, uma espécie de seguro para a salvação*. Essa mentalidade veiculou uma concepção "bancária" do tesouro de Igreja e uma percepção comercial da troca dos méritos em proveito dos defuntos. De outro lado, o modo de eficácia da i. põe, ele mesmo, um problema. Distinguiu-se uma ação "por modo de absolvição" para os vivos e uma ação "por modo de intercessão" a favor dos defuntos, que escapam à jurisdição da Igreja. E contudo "mesmo no caso da i. plenária [...] não se pode dar a segurança de que a pena seja inteiramente perdoada no tribunal de Deus" (Didier, 1963, 1526).

c) A contestação da Reforma. — Apesar de certas intervenções conciliares (Latrão IV*, 1215), depois das severas críticas de J. Wyclif (1378) e de J. Hus* (1420), a prática proliferante das i. nos s. XIV e XV (este último estende sua aplicação aos defuntos) tinha dado lugar a um desvio financeiro por ocasião de "coletas indulgenciadas". As i. tornavam-se objeto de um comércio organizado. Sua cobrança era arrendada a coletividades e mesmo a banqueiros. Sua pregação* dava lugar a um simplismo perigoso. A i. pregada pelo dominicano Tetzel (seu produto devia servir para a construção de São Pedro de Roma) era acompanhada, segundo Lutero*, desta fórmula: "Apenas o dinheiro tilintou na caixa de esmolas, a alma salta do purgatório*". A questão das i. será central no conflito da Reforma. Lutero as recusa radicalmente em suas 95 teses de Wittemberg em 1517: estima que contradizem a doutrina da justificação* só pela fé*, independentemente de toda obra, e que as i. são um exemplo dos abusos do poder espiritual na Igreja romana.

Diante dessa situação, o concílio de Trento* lembrou o princípio doutrinal das i.: o poder de conferi-las foi concedido por Cristo à Igreja; seu uso, salutar para o povo cristão, deve ser preservado; são anatematizados os que afirmam que são inúteis ou que recusam à Igreja o poder de concedê-las (sessão 25). O concílio reconhece também os abusos a que deram lugar e proíbe todo tráfico de dinheiro a respeito das i.

d) Uma renovação da doutrina. — Em 1948, B. Poschmann propôs uma "nova" concepção teológica a que K. Rahner* deu seu acordo: a i. "combina a antiga 'absolvição' das penas temporais do pecado — absolvição eficaz como *'oração da Igreja'* — e uma remissão jurisdicional das penitências eclesiásticas. Mesmo no caso da i. plenária, a Igreja apenas visa à remissão temporal de todas as penas do pecado, mas não pode garantir certamente que as penas são plenamente perdoadas por Deus" (K. Rahner, 1955). Tomada nesse sentido, a i. age sempre por via de intercessão, quer pelos vivos, quer pelos mortos. Mas trata-se ali de uma intercessão oficial, cumprida pela Igreja sob a autoridade do ministério* apostólico, o qual se apoia nos méritos de Cristo e dos santos. Essa posição foi defendida no Vaticano II* pelo patriarca Maximos IV.

Em 1967, o papa Paulo VI retomou a doutrina das i. e promulgou novas normas. Recusa o conceito "bancário" do tesouro da Igreja: não se trata de uma soma de bens, mas do próprio Cristo. A doutrina do "tesouro" não é senão a da comunhão* dos santos. Na i., porém, a Igreja, "dispensadora da redenção de Cristo [...] não apenas ora, mas por sua autoridade distribui aos fiéis o tesouro das satisfações de Cristo e dos santos, para a remissão da pena temporal" (*DC* 62, 210). Contudo, a conversão* é necessária, senão a i. não passaria de ilusão. As normas práticas que acompanham a Constituição de Paulo VI suprimem, enfim, toda quantificação das i. parciais. K. Rahner estimou então que não se deve opor oração e autoridade, que as i. são uma forma de oração ao mesmo tempo que um ato de autoridade, e que são portadoras de toda eficácia da intercessão da Igreja. Bem compreendida, a teologia das i. é, pois, um aspecto da teologia da graça e da comunhão dos santos, e sua prática é da ordem das obras da fé: não põe em causa a doutrina da justificação. O ensinamento da Igreja católica ganharia, porém, ao empregar uma linguagem que evitasse toda a ideia de eficácia mecânica ("ganhar" uma i.) e ao insistir em seu valor de intercessão.

• F. Beringer (1925[4]), *Les indulgences. Leur nature et leur usage*, Paris. — B. Poschmann (1948), *Der Ablass im Licht der Bussgeschichte*, Bonn; (1951), *Busse und lezte Ölung*, Friburgo. — K. Rahner (1955), "Bemerkungen zur Theologie des Ablasses", *Schr. zur Th.*, 185-210. — J.-C. Didier (1963), "Indulgences", *Cath.* 5, 1520-1528. — K. Rahner (1967), "Kleiner theologischer Traktat über den Ablass", *Schr. zur Th.* 8, 472-487; "Zur heutigen kirchenamtlichen Ablasslehre", *ibid.*, 488-518. — Paulo VI (1967) Const. apost. *Indulgentiarum doctrina*, *DC* 64, 198-218. — G. A. Benrath (1976), "Ablass", *TRE* 1, 347-364. — H. Vorgrimler (1978), *Busse und Krankensalbung*, *HDG* IV/3, 203-214. — B. Sesboüé (1983), "Les indulgences. Problème oeuménique à nouveau posé?", *Études*, 359, 115-121.

Bernard SESBOÜÉ

→ *Comunhão; Expiação; Justificação; Lutero; Obras; Penitência; Purgatório; Solidariedade.*

INERRÂNCIA

Conceito utilizado em eclesiologia* e em epistemologia teológica juntamente com o da infalibilidade* e o da indefectibilidade*. Conceito negativo (como os outros dois), inerrância significa, por um lado, que a Sagrada Escritura*, pelo duplo título de palavra* de Deus* e de palavra sobre Deus, não pode induzir em erro (ao conceito negativo de inerrância corresponde aqui o conceito positivo de inspiração). Inerrância significa, de outro lado, que a Igreja* não pode "errar" na sua doutrina (ao conceito negativo de inerrância corresponde aqui o conceito de assistência do Espírito à Igreja*). Nas discussões recentes sobre o exercício do magistério* na Igreja católica, a inerrância tende a ser considerada um conceito englobante — a Igreja não pode enganar em seu ensinamento — muitas vezes ligado a uma teoria da doutrina que admite a irreformabilidade do dogma* católico, mas a perpétua possibilidade de uma reformulação. Inerrância diz assim a continuidade de uma palavra verdadeira na multiplicidade diacrônica das palavras e dos conceitos que servem para a afirmação dessa doutrina. Um ensinamento da Igreja, enfim, poderia beneficiar-se do carisma da inerrância sem engajar a infalibilidade tal como foi definida pelos dois concílios do Vaticano.

Jean-Yves LACOSTE

→ *Indefectibilidade; Infalibilidade; Sagrada Escritura.*

INERRÂNCIA DAS ESCRITURAS →
Escritura santa 4

INFALIBILIDADE

a) O emprego do conceito. — O carisma da infalibilidade (i.), segundo a doutrina católica romana, é concedido à Igreja* (I.): compete igualmente ao corpo episcopal quando exerce o magistério* supremo conjuntamente com o sucessor de Pedro* (*LG* 12, 25).

A doutrina católica da i. sublinha que as verdades reveladas permanecem inalteradas na proclamação da I. Essa qualidade fica porém subordinada a condições históricas dadas e à natureza analógica de todos os enunciados teológicos. Por isso é que mesmo as decisões doutrinais infalíveis não podem exprimir toda a verdade* do objeto sobrenatural da fé* (Lang, 1965, 487).

As I. protestantes não ensinam a i. Porém, a maior parte das confissões cristãs definiu as condições a que deve satisfazer o ensinamento na I., partindo do princípio de que a continuidade da fé cristã é garantida pelo Espírito* Santo. A Reforma luterana ensina assim que a I. em seu conjunto não pode errar, porque Cristo* prometeu (Jo 10,28) que ninguém a arrancaria de sua mão (Pannenberg, 1993, 461).

A i. da Sagrada Escritura*, consequência e prova de sua inspiração verdadeira, é sublinhada em numerosas I.

b) História do conceito. — A ideia da i. da I. está sobretudo fundada, no NT, nas passagens em que Jesus* dá aos discípulos ou aos apóstolos* a autoridade* para ensinar (p. ex. Lc 10,16), ou na definição da I. como coluna e fundamento da verdade (1Tm 3,15). Encontra-se também nos primeiros Padres*, p. ex. em Ireneu*, enunciados que caracterizam a I. como guardiã do conjunto da verdade cristã.

Se tais passagens mostram efetivamente que, desde as origens do cristianismo a I. exercia um controle sobre as opiniões doutrinais de seus membros, a crítica histórica não pode contudo encontrar nisso uma verdadeira doutrina da i.: "Sobre a i., no sentido de uma impossibilidade de cair no erro, trata-se tão pouco nos textos da Escritura quanto nas raras citações dos Padres" (Küng, 1970, 54).

Embora o controle da I. se apresentasse muitas vezes em toda a IM, sob rigorosas formas disciplinares, é forçoso constatar que no plano dos conceitos *infallibilis* permanece — p. ex. em Tomás* de Aquino e em Lutero* — antes de tudo uma característica de Deus*, consequência de sua presciência e de sua providência*. A questão da i. foi discutida na IM sob os aspectos mais diversos (Tierney, 1972). Os partidários da i. papal (por ex., Pedro Olivi ou Guido Terreni) resgataram, contudo, desde o fim da IM as grandes articulações teológicas dessa questão.

O conceito de i. tomou relevo particular depois das decisões do I concílio* do Vaticano* (1870). A constituição dogmática *Pastor aeternus* atribui a i. ao papa* quando intervém *ex cathedra*, i.e., quando decide, no exercício de seu cargo de pastor* e de doutor de todos os cristãos, que uma doutrina em matéria de fé ou de "costumes" (*mores*) deve ser admitida pelo conjunto da I. (*DH* 3074). Desde 1870, a questão da i. papal domina o debate teológico público.

O Vaticano I tinha já previsto expor uma doutrina geral da i. da I., mas não chegou a tratar dessas questões. Foi preciso esperar os textos do Vaticano II*, em particular a constituição sobre a Igreja (*LG*), para encontrar um desenvolvimento detalhado dessa ideia. O documento sublinha que a comunidade dos fiéis não pode errar e que os leigos* participam do sentido sobrenatural da fé (*sensus* *fidei*) (*LG* 12, cf. também *DH* 4852).

No quadro dessa comunidade, o papa detém a i. "em virtude de seu cargo". Porém, a i. comum aos bispos* é também sublinhada: quando ensinam de maneira unânime e autêntica pontos de fé ou de costumes, proclamam infalivelmente a doutrina de Cristo (*LG* 25).

Esse alargamento da doutrina católica da i. foi muitas vezes criticado depois do Vaticano II. Esse tema foi central na polêmica suscitada pelas teses de Hans Küng (1970). Em sua declaração *Mysterium Ecclesiae* (1973, *DH* 4530-4541), a Congregação para a Defesa da Fé confirma os resultados dos dois concílios do Vaticano.

c) A infalibilidade na discussão interconfessional. — Entre as diferentes confissões cristãs, os ortodoxos e os anglicanos são relativamente acessíveis à ideia de i. da I., embora recusem o primado do papa. No texto comum estabelecido sob o título "Declaração de Dublin" (1984, 29-30), resumem como segue sua concepção de i.: "Os ortodoxos, como os anglicanos, consideram que a i. não é o privilégio de uma pessoa particular na I. [...] Cremos que todos os bispos detêm, em virtude de seu ministério*, o poder de atestar a verdade; mas se a doutrina da i. significa que é possível, por critérios exteriores, garantir a ausência de erro em determinada declaração de um bispo particular, então não podemos admitir essa doutrina. Tal garantia tampouco pode ser dada quanto a declarações de uma assembleia de bispos, pois a ecume-

nicidade de um concílio só se manifesta pelo reconhecimento de toda a I.".

Apesar de todas essas reservas, o princípio da i. não é negado. Em particular, os concílios ecumênicos reconhecidos pela I. podem ser infalíveis. Os sete primeiros concílios preenchem as condições postas e são, portanto, infalíveis. A "Declaração de Dublin" (29) cita além disso o acordo anglicano-católico (ARCIC 1982, 32) segundo o qual a i. "só é aplicada em sentido absoluto a Deus". Esse postulado evidente traduz o fato, importante para numerosas confissões, de que a i. é sobretudo considerada na história do dogma* como uma característica divina e não pode por essa razão ser estendida diretamente à I. terrestre.

No diálogo luterano-católico, constatava-se em 1972: "Apesar das vicissitudes históricas da pregação*, luteranos e católicos estão convencidos de que a I. é sem cessar introduzida na verdade pelo Espírito Santo, e por ele guiada, guardada nela. É nesse contexto que devem ser compreendidas as noções, correntes na tradição* católica, de indefectibilidade* e de i. [...] A i. deve ser entendida, antes de tudo, como um dom feito à I. toda, como povo* de Deus."

Embora a i. continue sendo um problema ecumênico, luteranos e católicos constatam ainda em documento comum publicado em 1985: "Nas duas I. existe pois uma responsabilidade supralocal em matéria de doutrina; é exercida de maneira diferente, mas com certo paralelismo. Nas duas I., a responsabilidade em matéria de doutrina inscreve-se no interior do testemunho de fé do conjunto da I. As duas I. se sabem colocadas nisso sob a norma do Evangelho".

Além da questão do magistério, a discussão atual sobre a i. é marcada pelo problema fundamental de saber se a ideia de teses infalíveis *a priori* pode ter uma legitimidade teológica, na medida em que a verdade dessas proposições não teria então necessidade de ser reconhecida pelos fiéis. De acordo com o Vaticano I, o exercício de um magistério infalível é uma prerrogativa do papa que não depende em nada da recepção eclesial do seu ensinamento (*DS* 3074). Ora, é "um fato conhecido desde os primeiros tempos do cristianismo" (Pannenberg, 1993, 463), um reconhecimento partilhado por todos os defensores do diálogo com o catolicismo, que nenhuma doutrina pode ter autoridade se não é admitida por aqueles aos quais é comunicada.

- *LG, AAS* 57, 1965, 5-64. — ARCIC, *The final Report*, Londres, 1982, 79-98. — H. Meyer *et al.* (sob dir. de), *Dokumente wachsender Übereinstimmung*, 1-2, Paderborn, 1983-1992. — *The Dublin Agreed Statement*, Londres, 1984. — Commission internationale catholique-luthérienne, *Face à l'Unité*, Paris, 1986.

▸ A. Lang (1965), "Unfehlbarkeit", *LThK*², 10, 482-487. — E. Castelli (sob a dir. de) (1970), *L'infaillibilité*, Paris. — H. Küng (1970), *Unfehlbar? Eine Anfrage*, Zurique. — K. Rahner (sob a dir. de) (1971), *Zum Problem Unfehlbarkeit*, Friburgo. — B. Tierney (1972), *Origins of Papal Infalibility*, Leyde. — P. Chirico (1977), *Infallibility: The Crossroads of Doctrine*, Londres. — H. Fries (1985), *Fundamentaltheologie*, Graz, § 58, 480-495. — W. Pannenberg (1993), *Systematische Theologie*, t. III, Göttingen 458-472.

Risto SAARINEN

→ *Igreja; Magistério; Ministério; Palavra de Deus.*

INFÂNCIA ESPIRITUAL

A expressão "infância espiritual" é inseparavelmente ligada hoje à "via de infância" de Teresa do Menino Jesus (1873-1897), a qual termina por designar em forma uma atitude bíblica, depois cristã, fundamental.

a) *Raízes bíblicas.* — Só há criança onde há pai*. A experiência sempre mais viva da paternidade de Deus*, sobre Israel* primeiro ("Assim fala Javé; meu primogênito é Israel", Ex 4,22), depois sobre todo homem a partir da eleição* de Israel ("Dir-se-á de Sion: todo homem nasceu ali", Sl 86,5), atravessa toda a revelação* judeu-cristã, o próprio Jesus* apresentando-se como o Filho único, "primogênito de uma multidão de irmãos" (Rm 8,29), fazendo da relação pai-filho aquela de que todas as outras procedem (Ef 3,15).

Nessa perspectiva, o tema da infância espiritual cristaliza-se em torno da atenção de Javé por seu povo*, que ele sustenta "como um pai sustenta seu filho" (Dt 1,31), a ponto de ser o fiel convidado a descobrir-se em total dependência de Deus ("Não é Javé teu pai que te gerou, que te fez e por quem subsistes?", Dt 32,6), fora do qual sua fragilidade é absoluta ("Ah! Ah! Senhor, sou apenas uma criança", Jr 1,6). A atitude justa será, pois, uma confiança total ("Não digas: sou apenas uma criança!", *ibid.*), implicando uma quietude e uma passividade que definem o estado interior normal do homem diante de Deus: "Não tomei um caminho de grandezas; conservei minha alma* em paz* e silêncio, como uma criancinha nos braços de sua mãe" (Sl 131,2). Notemos que em tudo isso, se há ternura ("Uma mulher esqueceria a criança que nutriu?", Is 49,15), há sobretudo humildade; e a civilização bíblica quase não vê na infância o estado ideal de inocência positiva que caracteriza o olhar da modernidade sobre ela.

No NT e na tradição*, é por essa humildade que a criança exprime a atitude espiritual apropriada ao novo nascimento (Jo 6,1-6): "Quem não recebe o reino de Deus como uma criancinha não entrará nele" (Lc 18,17). Como referência última, haverá sempre o exemplo do próprio Jesus, que, "nascido de uma mulher" (Gl 4,4), veio a nosso encontro em nossa fragilidade constitutiva, ensinando-nos a viver como filho de Maria* e de José.

b) *Até Teresa.* — No decorrer dos séculos, a vida cristã como nascimento e crescimento da vida divina faz da infância espiritual um tema teológico central, explorado entre os místicos* em direção da necessária passividade do homem nas mãos de Deus. Inumeráveis são os autores que desenvolveram um ou outro aspecto, antes de ser tratado como uma via interior específica nos autores do s. XVII francês: Bérulle* e o Oratório, assim como os carmelos* reformados (particularmente o de Beaune) associam essa via da infância à contemplação* de Jesus Menino, i.e., à "aderência" ao Deus escondido sob as fraquezas de sua encarnação* e que nos diviniza na medida de nossa própria infância espiritual.

c) *Teresa do Menino Jesus.* — É com Teresa, ao receber o título de doutora* da Igreja em 1997, que a infância espiritual se torna uma escola espiritual em pleno sentido. Na linha beruliana, é como apropriação da infância de Jesus que ela percebe sua vocação apostólica na noite decisiva do Natal de 1886: "Nessa noite em que Ele se fez fraco e sofredor por meu amor*, Ele me tornou forte e corajosa, Ele me revestiu de suas armas" (*Manuscrito A*, 44 v.) Nela acaba de operar-se a revolução copernicana que caracteriza a infância espiritual: de todo impotente diante das grandes e pequenas provações da vida, ela fará dessa impotência mesma a mola de um total abandono em Deus, não cessando de se "gloriar de suas fraquezas" (2Cor 12,5), nunca se aplicando a superá-las por si mesma. Suas próprias fragilidades tornam-se assim uma capacidade suplementar de deixar Jesus manifestar sua força na sua fraqueza, até na própria morte* que recebeu na mais extrema dor e no mais extremo júbilo. Dois meses antes, tinha explicado à sua irmã o que entendia por "ficar criancinha diante do bom Deus": "É reconhecer seu nada*, tudo esperar do bom Deus, como uma criancinha espera tudo do pai; é não inquietar-se por nada, não ganhar fortuna. Mesmo entre os pobres dá-se à criança o que lhe é necessário, mas logo que cresce seu pai não quer mais alimentá-la e lhe diz: Trabalha agora, podes bastar-te a ti mesma. É para não ouvir isso que eu não quis crescer, sentindo-me incapaz de ganhar minha vida, a vida eterna* do Céu" (*Conversação* de 6 de agosto de 1897). Sua "pequena via" submergirá a espiritualidade ulterior, fazendo de Teresa a mística mais popular dos tempos modernos, e da infância espiritual a forma quase obrigatória de toda vida interior. Restará à filosofia* dar-se mais tarde um pensamento sobre a infância: assim em F. Ulrich, *Der Mensch als Anfang*, e em G. Siewerth, *Metaphysik der Kindheit*.

- Henri Bremond (1921), *Histoire litteraire du sentiment religieux en France*, III, 2, Paris, 202-249. — A. Combes (1948), *Introduction à la spiritualité de sainte Thérèse de l'Enfant-Jésus*, Paris. — H. Paissac (1951), "Enfant de Dieu", *VS* 85, 256-272. — M. F. Berrouard *et al.* (1959), "Enfance spirituelle", *DSp* 4, 682-714. — H. U. von Balthasar (1979), *Schwestern im Geist*, Einsiedeln, 14-349. — P. Descouvemont (1990), "Thérèse de

l'Enfant-Jésus", *DSp* 15, 576-611. — "Thérèse de l'Enfant-Jésus" (1992), *OC*, Paris.

Max HUOT DE LONGCHAMP

→ *Mística; Vida espiritual.*

INFERNO

A. TEOLOGIA BÍBLICA

"Eu pus diante de vós a vida e a morte*" (Dt 30,19): no tempo de Jesus* uma parte importante do judaísmo* já tinha compreendido essa alternativa no sentido de uma felicidade eterna diante de uma destruição definitiva, ou mesmo uma infelicidade eterna. Mas nem sempre foi assim.

a) Antigo Testamento. — Até o período helenístico, em que aparece o gênero apocalíptico*, o sheol* é somente a morada das sombras. O castigo do pecador fica sendo a vida infeliz, a morte. É raríssimo que um prodígio divino fira o indivíduo pecador (Nm 16,30-34: a terra se abre; cf. 2Rs 1,9-12). Sobre o além, Is 66,24 ("verme imortal" e "fogo que não se apaga" — conclusão da coletânea!) amplia sem dúvida Jr 19,2-15: cadáveres insepultos junto a Jerusalém* destruída no vale (*géy*) de Bem-Hinnôm, que se tornará "geena" de *geenna* (gr. NT) <aram. *gehinnem* < hb. *géy hinnom*. Dt 12,2 só tem duas palavras ("horror eterno"), claras quando se conhece a escatologia* da época (*c.* de 160 a.C.); cf. *1 En* 10,7-16; 27,2s; 63,6. *Jub* 36,7-11 declara mesmo passível de fogo eterno quem quer que prejudique a seu irmão. Sb (começo do período romano) propõe em termos velados uma transposição escatológica do Êxodo: destruição do pecador por seu próprio pecado* (Sb 11,16; 12,23; 17,21), intervenção do cosmos* (5,20; 16,17; cf. Lv 18,27s) afetado por esse pecado. Sb 4,19 comenta Dn 12,2.

b) Novo Testamento. — Para Mt 3,10-12, o fogo que não se apaga está, por assim dizer, no primeiro plano da mensagem de João Batista. Jesus acentua outra parte. Ele não é menos claro, é mesmo mais explícito do que ninguém em toda a Bíblia*. O que diz do castigo final toma todo seu relevo nas parábolas*: cizânia, peixes rejeitados, conviva não vestido com o traje nupcial, mordomo infiel, servo que esconde seu talento, mau rico. Levando em conta todo esse conjunto, é provável que expressões como "Eu o renegarei ante meu Pai*'" (Mt 10,33) ou "Eu não vos conheço" (Mt 25,12), menos imaginosas, não anunciem ao réprobo sorte melhor. Jesus é o único a falar da geena (11 x). A imagem mais frequente é o fogo (Mt 13,40.50; 18,8s; Lc 16,24), o sofrimento é corporal (Mc 9,43-47: mão, pés, olhos!). Mesmo a dor da separação é dita em termos físicos: "Choro e ranger de dentes" (Mt 13,42.50; 22,13; 24,51; Lc 13,28). "Não entrar no Reino*…" (Mt 5,20; 18,3; 23,13) subentende provavelmente um castigo de igual gravidade. Estar "fora" é também uma maneira de dizer o inferno (Mt 8,12; 22,13; 25,30). O inesperado é o contraste entre o delito e essa pena* que não vem castigar senão a simples omissão de gestos compassivos (Mt 25,24-28.5). Deve-se ver ali uma chave para a interpretação: as compatibilidades são afastadas, a humanidade é confrontada com duas opções inconciliáveis, tão prementes nas coisas pequenas como nas grandes. O que está em jogo, em cada uma delas, é revelado sem equívoco. — O Hadès (o sheol dos gregos; 4 x nos sinóticos) é como o "Abismo" (Lc 8,31), uma parte do cosmo destinada à relegação nas maiores profundezas (Lc 10,15), com ou sem tormentos. Não é o "fogo eterno" preparado para "o Diabo e seus anjos*" (demônios*) (Mt 25,41). Ainda que sejam sobretudo relativas ao corpo*, as imagens de Jesus ficam aparentadas às dos apocalipses, que são sobretudo cósmicas: "lago de fogo" (Ap 20,14s), "lago ardente de fogo e de enxofre" (20,10; 21,8). A morte mesma se destrói sem fim, porque é ali (20,14) que é lançada. Os pecadores são os que pactuam com ela.

Paulo (teologia paulina*) exprime-se de modo totalmente diverso. Decerto, descreve em estilo apocalíptico* o castigo final em 2Tm 1,9: "ruína (olethros) eterna, longe da face do Senhor e do esplendor de sua majestade". Em outros lugares atêm-se à "perdição" (apollumi, apolluiô, apoleia: Rm 9,22; 1Cor 2,15; 4,3; Fl 3,19). À vida eterna* para uns opõe "a cólera* (thymos) e a indignação" para os outros, na perspectiva do "dia da cólera" (orgè: Rm 2,5-8).

É a "cólera que vem" (1Ts 1,10). Deve-se notar que katargein (1Cor 2,6; 15,24; 2Ts 2,8) é mais próximo de um aniquilamento dos espíritos do mal* que de sua punição. — Hb 10,26-31 não descreve um inferno eterno, mas sugere um castigo pior do que a morte.

João tem poucas imagens (só Jo 15,6). Deixa o destinatário interpretar as palavras "ressurreição de condenação" (5,29; ressurreição* dos mortos) ou "vós morrereis em vossos pecados" (8,21-24), "perecer" em lugar de ter "a vida eterna" (3,16). Determinado pecado difere dos outros em que "conduz à morte" (1Jo 5,16s): trata-se então da "segunda morte" (Ap 2,11; 20,6.14; 21,8).

- J. Jeremias (1933), "Hadès", ThWNT 1, 146-50; "Geenna", ibid., 655-656. — F. Lang (1959), "Pur", ThWNT 6, 927-948. — X. Léon-Dufour (1979), Face à la mort. Jésus et Paul, Paris, 47-61.

Paul BEAUCHAMP

→ Alma-coração-corpo; Apocalíptica; Cólera de Deus; Cosmo; Demônio; Endurecimento; Escatologia: Juízo; Limbos; Mal; Morte; Purgatório; Ressurreição dos mortos; Sheol; Vingança de Deus

B. Teologia histórica e sistemática

Tratar como teólogo palavras da Escritura* sobre o inferno é antes de mais nada aceitar o sentido que o ensinamento autorizado da Igreja* lhes reconhece e a interpretação que lhes dá.

a) As afirmações dogmáticas. — No curso dos séculos, esse ensinamento, sem nunca enriquecer, jamais variou. Desde o credo dito de Dâmaso, datando do s. V (DS 72), é declarado que, "por ocasião da ressurreição* geral, a vida eterna* recompensará o bem* merecido, e a pena de um suplício eterno será aplicada aos pecados*". O símbolo Quicumque (DS 76), igualmente do s. V, e o concílio* de Latrão* no início do s. XIII (DS 852), os concílios de Florença* nos meados do s. XV (DS 1351) e de Trento* em 1547 (DS 1735), todos retomam a mesma doutrina. Em 1992, o CEC faz o mesmo, por sua vez: "O ensinamento da Igreja afirma a existência do inferno e sua eternidade. As almas* dos que morrem em estado de pecado mortal descem imediatamente depois da morte* para os infernos, onde sofrem as penas do inferno, 'o fogo eterno'" (n° 1035).

O que liga a linguagem da Igreja à da Escritura é que ela não se esquiva e é sem lítotes. Porém as duas diferem em que a Escritura fala de ordinário em imagens que a Igreja, tratando-se do inferno, reduz a uma só, terrível aliás em sua unicidade: a do "fogo eterno". Sem afirmar com força o caráter metafórico desse fogo, com receio de esvaziar a devoração espiritual que o fogo simboliza, o magistério* se proíbe todas as imaginações nas quais a pregação* popular se comprouve por muito tempo — e muito em vão.

Em nossos dias, os historiadores (Delumeau, 1983; Minois, 1991 e 1994) estigmatizam sem dó nem piedade tais excessos. O "infernalismo" sob todas as suas formas mais desacreditou a fé* do que formou corações* verdadeiramente cristãos. Contribuiu para criar um mundo cultural esvaziado de Deus*, por desfiguração de seu verdadeiro rosto. Seja o que for desses excessos, o magistério da Igreja nunca repousou neles, mas antes unicamente na Escritura, e no que ela nos revela concernente ao julgamento*.

b) *Inferno e julgamento.* — Entre as passagens bem conhecidas — como Mt 25 —, 2Pd 3,7, fazendo eco ao texto de Malaquias sobre o dia de Javé, merece aqui uma menção especial. Fala explicitamente "de julgamento e perdição dos ímpios". Quanto a Malaquias, que sintetiza a doutrina profética sobre o "Dia de Javé", declara abertamente aos crentes que o êxito histórico dos maus impressiona: "Então vereis de novo a diferença entre o justo e o mau, entre o que serve a Deus e o que não o serve. Porque eis que vem o dia, brilhante como um forno. Todos os arrogantes e os maus não serão mais que palha. O dia que vem os abrasará, diz o Senhor Todo-poderoso" (Ml 3,18s). Aguardando que seja julgada a conduta dos homens, a Escritura é formal: não há para Deus e, portanto, também para nós confusão historicamente ou escatologicamente possível entre o bem e o mal*. É nessa evidência que João Paulo II se inspira em sua Encíclica *Veritatis Splendor* (n° 35, 41, 54 com referência a *GS* 16). O inferno

significa, primeiro, que a diferença entre o bem e o mal jamais será revogada, ela que abre as portas do Reino* ou as fecha segundo seja respeitada ou violada, dando assim o direito e o dever de distinguir os "malditos" dos "benditos" (Mt 25,41.34). Contestar o inferno, como sinal absoluto dessa distinção do bem e do mal, seria abalar os fundamentos eternos do mundo. Portanto, não se trata disso.

Compreende-se que os evangelhos* devam empregar as expressões mais violentas, as únicas capazes de denunciar durante o curso total da história* o erro do qual precisamos ser libertados a qualquer preço. Falam então, para o dia do julgamento, de um "fogo que nunca se apaga", de "geena", de "verme roedor", de "trevas exteriores". É o que a Igreja traduz dizendo: para uma liberdade* que tem o poder de escolher "para sempre, sem retorno" o pecado mortal (*CEC*, n° 1861), ceder a essa "possibilidade" é expor-se a "esse estado de autoexclusão definitiva da comunhão* com Deus e com os bem-aventurados, que se designa pela palavra 'inferno'" (*CEC*, n° 1033). Escolha de uma gravidade sem igual, cujo horror alguns pensam evitar vendo no inferno uma aniquilação dos condenados e não um castigo eterno (Lassiat, 1974, 1979; Schillebeeckx, 1989). Tal posição, apesar dos esforços feitos para justificá-la, invocando autores do s. II (cf. Lassiat sobre Ireneu*, em especial) é estranha à tradição*: para essa nenhuma criatura pode aniquilar-se, mesmo por seu pecado, e tampouco Deus pode aniquilá-la.

c) *Questões em suspenso.* — Contudo, a maneira como Agostinho* (p. ex. *De civitate Dei* XXI, 12), seguido nesse ponto por Tomás* de Aquino, (*ST* Ia, q. 20-25; Ia IIae, q. 87; *De malo*, q. 5), só vê no julgamento uma obra de justiça*, dá de Deus uma imagem tão impiedosa que é indigna daquele cuja essência é o amor* (1Jo 4,6). Os excessos da pregação popular podem encontrar na racionalização do inferno feita por Agostinho, conforme à ideia que tinha da predestinação*, uma justificação lamentável. Ora, sem abolir em nada a distinção do bem e do mal, pode-se, permanecendo fiel ao Evangelho, pensar o inferno não como uma realidade inexorável para a liberdade que se acreditaria ou se quereria votada ao mal, mas como uma eventualidade evitável, que nos remete à grandeza inata e ao desafio vital de uma liberdade dada a si mesma para poder responder ao Amor* que a funda (Fessard, 1967).

Porém, a Escritura declara que essa eventualidade não destrói a realidade do inferno, ao menos em um caso singular: o do "diabo" (demônios*) e de "seus anjos" (Mt 25,41), i.e., do "príncipe deste mundo*", figura emblemática e primeiro responsável (Jo 8,44) do mal vencido por Cristo* (Jo 12,31).

Mais uma vez, sem suprimir a diferença do bem e do mal, nem o castigo que exige, com justiça, sua incompatibilidade, que se representa na Escritura pela "cólera do Cordeiro*" diante da qual "ninguém pode subsistir" (Ap 6,16s), não se deveria distinguir, de resto, o *critério* do julgamento do *ato* do julgamento? Sem dúvida esse ato deve implicar um exercício rigoroso da justiça, senão como seria um julgamento? Mas esse julgamento não deve ser, não pode ser, apenas de justiça, enquanto o julgamento é reservado ao Único que "sonda os rins e os corações" (Sl 7,10) e de quem João nos diz que "é maior do que o nosso coração" (1Jo 3,20)? Deus não teria o poder, embora tratando o pecado como merece ser tratado, de não identificar com ele o pecador, por culpado que fosse? Quando entrevemos a possibilidade enlouquecedora de uma "eternidade pelo avesso" (Durrwell, 1994), pesam sobre nós a "obscuridade das obscuridades" (Ratzinger, 1960) e o escândalo dos escândalos: como essa infernal realidade pode existir, ainda que fosse somente para um ser? Diante do infinito da felicidade transmudada em desgraça, "incurável e estéril" (Elluin, 1994), os Padres* da Igreja (Orígenes* em primeiro lugar), místicos e teólogos se esforçam por encontrar uma saída de socorro para essa aberração de nossa liberdade e para o contrassenso que supõe no próprio condenado.

Somos postos diante da tentação* de reduzir finalmente o mistério* de Deus ao de uma justiça que é difícil, nesse caso, não chamar puramente vindicativa. Também estamos diante de uma dupla anomalia: de um lado, dá-se a um ser finito, ao qual foi recusado, com razão, o poder de salvar-se por si só, o poder de perder-se, que é, de certo modo, infinito; de outro lado, constrói-se para sempre, no termo da história, um antiDeus, ao qual se recusa, com razão, a existência no princípio. É então que surge, em contraponto, espiritualmente inevitável, uma esperança* que não pode ser confundida. Aqui, tanto ou mais que alhures, "o abismo chama o abismo" (Sl 42,8): o abismo do horror chama o da esperança. Balthasar* (1986, 1987) (e Elluin antes dele) tornou-se no fim de sua vida o defensor corajoso de tal esperança, de ordinário negligenciada nesse domínio, a não ser pela teologia ortodoxa (Evdokimov, 1959). Talvez reste a dizer que ela repousa nas profundezas trinitárias.

d) Em Cristo, a insondável abertura trinitária. — Nossa criação* em Cristo fez de nós, por vocação, seres aos quais o Pai* é tão essencial quanto o é por geração ao Filho mesmo. Mas não podemos esquecer a outra vertente desse mistério, no qual aparecemos em Cristo, tão insubstituíveis para o Pai quanto o Filho o é eternamente para ele. Diante da decisão suicida de inverter no ódio o amor pelo qual fomos criados e que nos torna, aos olhos do Pai, inseparáveis da pessoa* de seu Filho, poderia Deus, mesmo por respeito à nossa liberdade, abandonar para sempre aquele que se destruiria nas autotorturas de sua aberração? Como o poderia, esse Deus que, no Cristo, quer por pura graça* promover-nos à sua semelhança e nos promete partilhar a vida de seu Filho incriado? Tal é na eleição* a insondável profundeza de seu amor por nós. Assim, não há regra humana nenhuma e nenhuma garantia de moralidade que possam proibir a Deus de amar, até à loucura, o louco que acredita que para existir deve dispensar-se de amar aquele que é o amor mesmo! A contra-loucura de Deus consiste então em pôr em ação todos os recursos de seu amor para ajudar o rebelde a sair de sua recusa demencial de amar. Porque o que seria de um Deus, declarado aliás onipotente, para sempre incapaz de libertar, de seus mortais sortilégios, uma liberdade recebida sem que fosse solicitada, que pudesse ser para quem dela se beneficia uma armadilha de dor e de ódio, e isso durante a eternidade*?

Confrontados pelas luzes do Reino à noite, de si sem esperança, do inferno, somos então habilitados pela fé a nos lançar em total nudez no amor de Deus. Devemos, como dignos filhos de Abraão, "esperar contra toda a esperança" (Rm 4,18) que o abismo sem fundo da paternidade de Deus, da paixão* de Cristo e dos recursos do Espírito* permitam sair da prisão de fogo que é o inferno. Nada podemos dizer do *como*: mas devemos ter uma confiança absoluta nas reservas de amor, de graça e de glória* que têm por única medida o amor do Pai pelo Filho no Espírito, amor no qual somos para sempre incluídos. Aliás, já que Deus nos revelou em seu Filho que somos salvos e salváveis por pura graça, e nunca por nossas obras* (Rm 1–4), como seria diferente quando se decide a escatologia* de toda criatura, momento por excelência em que deve cumprir-se o mistério de graça no qual somos, pelo próprio Deus, desde sempre instituídos?

Nessa perspectiva, o inferno torna-se, aos olhos de uma fé sem limite, o lugar todo designado da vitória de Deus sobre a mais incompreensível das recusas — vitória que se poderia dizer humanamente inesperada e que permanece todavia, para a oração* do espiritual e para a reflexão do teólogo, "esperável".

* M. Richard (1924), "Enfer", *DThC* 5/1, 28-120. — S. Merkle (1930), "Augustin über die Unterbrechung der Höllestrafen", in *Aurelius Augustinus*, Colônia, 197-201. — K. Adam (1951), "Zum Problem der Apokatastasis", *ThQ*, 131, 129-138. — G. Jacquemet (1956), "Enfer", *Cath.* 4, 1168-186. — J. de Mahuet (1956), "Iconographie", "Enfer" V., *ibid.*, 186, 187. — P. Evdokimov (1959), *L'Ortodoxie*, Neuchâtel, 324-334. — J. Ratzinger (1960), "Hölle", *LThK²* 5, 446-449. — A. Turincev (1966), "Une approche de l'escathologie orthodoxe", *Contacts* 18, n° 54. — G. Fessard (1967), "Enfer éternel ou salut éternel?", *AF*, 223-264. — K. Rahner (1967), "Theologische Prinzipien der Hermeneutik eschatologischer Aussagen", *Schr. zur Th.* 4, Einsiedeln-Zurique-Colônia, 401-428. — H. Lassiat (1974), *Promotion de l'homme en Jésus-Christ d'après Irénée de Lyon, témoin de la tradition des Apôtres*, Paris, 393-434. — G. Martelet (1975), *L'au-delà retrouvé*, Paris, 1995, nova ed. — O. Rousseau (1977), "L'éternité des peines de l'enfer et l'immortalité naturelle de l'âme selon saint Irénée", *NRTh*, 834-864 (sobre e contra Henri Lassiat). —— H. Lassiat (1978), "L'anthropologie d'Irénée", *NRTh*, 399-417 (resposta à crítica de Olivier Rousseau); (1979), *Jeunesse de l'Église, la foi au II siècle*, t. II, Paris, 77-93. — J. Delumeau (1983), *Le péché et la peur. La culpabilisation en Occident, XIII-XVIII siècles*, Paris (*O pecado e o medo: a culpabilização no Ocidente, séculos 13-18*, São Paulo, 2003). — H. U. von Balthasar (1986), *Was dürfen wir hoffen?*, Einsiedeln; (1987), *Kleiner Diskurs über die Hölle*, Ostfildern. — E. Schillebeeckx (1989), *Mensen als verhaal van God*, Baarn (*A história humana, revelação de Deus*, São Paulo, 1994). — G. Minois (1991), *Histoire des enfers*, Paris. — G. Martelet (1992), "Malédiction, damnation, enfer...", *VS* 147, 59-75 (sobre o pensamento de Balthasar sobre o inferno). — E. Guerriero (1993), *Hans Urs von Balthasar*, Prefácio de J. Guitton, Paris, 316-321. — G. Minois (1994), *Histoire de l'enfer*, Paris. — F.-X. Durrwell (1994), *Regards chrétiens sur l'au-delà*, Paris. — J. Elluin (1994), *Quel enfer?* Prólogo de Y.-M. Congar, prefácio de G. Martelet, Paris. — G. Martelet (1996), "Sur l'ultime violence", *LV* (*L*), 226, 53-62.

Gustave MARTELET

→ *Demônios; Escatologia; Juízo; Limbo; Mal; Predestinação; Purgatório; Vida eterna; Visão beatífica.*

INFERNOS → descida aos infernos → sheol

INFINITO

O atributo de infinito (i.) designa em teologia* a ausência de limites intrínsecos própria da essência divina. No sentido absoluto, o i. só convém a Deus*: significa a perfeição, a simplicidade* e a unicidade divinas. Um ser cuja essência é ilimitada possui toda perfeição possível em soberano grau: sendo i. não poderia entrar em composição com nada; é igualmente impossível que outro ser partilhe esse atributo*; é, portanto, único. O i. absoluto exclui além disso toda indeterminação, na medida em que Deus é um ser distinto, singular. Enfim, a essência divina permanece incognoscível para um intelecto finito. A infinidade da essência de Deus funda, pois, sua incognoscibilidade.

A teologia* sempre concebeu a potência* de Deus como infinita, mas a aplicação do *conceito* de "i." à essência divina não pareceu sempre legítima. A Bíblia* fala, decerto, da perfeição divina (Mt 5,48; Is 40,17), da eternidade* (Dt 32,40) etc., mas nenhuma passagem diz que Deus é infinito: a que mais se aproxima é o versículo 3 do Salmo* 144 (Vulg.): *magnitudinis eius non est finis*. Se a afirmação não parece fazer problema para certos neoplatônicos, e para alguns Padres*, teve de ser conquistada em alta luta no Ocidente latino. Aliás será preciso esperar o s. XIX para que um texto conciliar proclame explicitamente a infinidade da essência divina (Vaticano I*, *DS* 3001).

I. A Antiguidade grega

a) Dos pré-socráticos a Platão. — O primeiro a dar o nome de i. ao princípio primeiro foi Anaximandro. Para ele, a origem não pode ser identificada com nenhum dos elementos de que é a fonte: o princípio, portanto, só pode ser indeterminado ou i. Entre os pitagóricos, o i. continua a desempenhar um papel-chave, mas o *apeiron* se conjuga com o finito na produção das coisas; o i. é um princípio material, o finito um princípio estruturante e determinante. O i. não encontra mais lugar no pensamento de Parmênides. O Uno é imutável e simples, mas finito. Outro eleata, Melisso, opõe-se a seu mestre nesse ponto. A unicidade do Uno pressupõe, segundo ele, sua infinidade: o uno não seria único se fosse finito; e é como i. que é o princípio positivo e real. Anaxágoras, Leucipo, Demócrito e Epicuro concebem também o i. como uma perfeição, no que se opõem ao mesmo tempo a Parmênides e a Pitágoras, mas também a Platão e Aristóteles.

No *Filebo* de Platão, o i. e o finito voltam a ser, como entre os pitagóricos, os dois princípios constitutivos da realidade: o i. de indeterminação conota a desmedida, a imperfeição e exige, para a constituição das coisas, o limite (*peras*). Encontra-se à vezes na segunda parte do *Parmênides* (137 d) uma alusão rápida à infinidade do Uno, que se harmoniza mal com a doutrina do *Filebo*. Platão, com efeito, levanta a hipótese seguinte: "Ele é i., se é verdade que não tem nem começo nem fim". E como o *Parmênides* foi abundantemente comentado pelos neoplatônicos, que viam nessas hipóteses descrições do real antes que exercícios lógicos, esse texto constitui uma fonte da doutrina plotiniana (e mesmo dionisiana) do i. e do Uno.

b) Aristóteles. — Mesmo se Aristóteles não conhece o i. ontológico, suas longas análises da *Física* III exercerão um influência capital sobre a história desse conceito nas ciências e na teologia. Para Aristóteles, o i. é um atributo exclusivo da quantidade (numérica ou dimensional), e não se encontra nunca sob a forma de um todo acabado: o i. é sempre em potência: donde a ideia de que "o i. é incognoscível enquanto i.", citada na IM como apoio da incognoscibilidade divina, e o princípio segundo o qual "nada é maior do que o i.", invocado a favor do caráter absoluto e inesgotável da essência divina.

c) Plotino. — Plotino foi o primeiro pensador a dar importância à infinidade divina. O Uno é i., segundo ele, pelo fato de não ser contido por nenhuma forma, e escapa a toda determinação específica ou material; como tudo o que é possui uma determinação essencial, é o i. que o distingue radicalmente de todo intelecto, da alma* e do ser*. Essa caracterização do i. não é, de modo algum, negativa ou extrínseca, não equivale a dizer que o Uno possui uma limitação individualmente diferente daquelas que afetam os entes: implica, ao contrário, que o Uno é, por essência, livre do toda limitação.

II. A era cristã

1. A patrística

São numerosos os Padres* da Igreja*, latinos e sobretudo gregos, que concebem a Deus como i. Mário Vitorino considera Deus como existir puro, como ser-infinitivo, distinto e anterior ao ser-particípio (o ente). Se todo ente é uma coisa particular que é, uma forma que participa parcialmente do ser, o ser puro, quanto a ele, é i. e sem limites (*infinitum, interminatum*). Se a determinação do ser-particípio implica limitação (porque certo ente não é o outro), Deus só é determinado pela infinidade mesma do ser que ele é plenamente. Ligando o i. ao ser de Deus, a doutrina de Vitorino anuncia assim a de Tomás* de Aquino.

Porém, diferentemente deste último, Mário considera a infinidade do ser incompatível com a simplicidade ou unicidade de Deus. O ser puro, afirma ele, é a tal ponto não participado que deve, por excelência, ser concebido como *antes do um e além da simplicidade*. Vitorino porém não sente necessidade de falar de uma superinfinidade, como Pedro de Candia fará no s. XIV — o que mostra que o conceito de i. já traduz bastante, por ele mesmo, a transcendência absoluta.

Agostinho* pouco fala do i. como atributo da essência divina: o i. aparece nele, segundo os contextos, como um sinônimo da eternidade*, da onipotência* ou da incompreensibilidade: significa em Deus ausência de limites espaciais e temporais. Como regra geral, Agostinho considera o i. em seu sentido matemático; mas no final de sua vida evoca a possibilidade de que Deus seja i. *aliter*.

Em sua *vida de Moisés*, Gregório* de Nissa descreve o divino como i. segundo sua natureza, i.e., como não circunscrito por um limite. E no *Contra Eunomium* dá a primeira definição do i. como atributo positivo: "O i. (to *aoriston*) não é tal segundo uma relação a outra coisa, mas pensado segundo ele mesmo escapa a todo limite". Basílio*, igualmente, faz de Deus um *aoristos* e *apeiros*, que nenhum limite contém. Observações análogas encontram-se em Clemente de Alexandria e Gregório* de Nazianzo.

Se o i. está pouco presente na especulação latina entre os s. V e XII, o mesmo não ocorre, a partir do Pseudo-Dionísio*, na tradição bizantina. A reflexão dionisiana trai duas influências, que alimentam nele duas doutrinas antinômicas do i. De um lado, um conjunto de textos subordina *peras* e *apeiron* ao Uno, segundo a tradição neoplatônica (Proclo, Damácio); mas numa série de outros textos Dionísio atribui diretamente o i. a Deus. Escreve assim nos *Nomes divinos*, c. 5, que "Deus não existe dessa maneira ou de outra, mas possui todo o ser desde a origem, simplesmente e sem limites (*aperioristôs*)".

As reflexões dionisianas serão conhecidas no s. XII latino num *Corpus dionisiano* em que são enquadradas por glosas atribuídas a Máximo* Confessor. Uma delas (devida em realidade a João de Citópolis) descreve a Deus como i. (*aoristos*), "porque não incide sob limite algum", asserção que Alberto* Magno comentará aplicando-a diretamente à essência de Deus. João de Damasco explica, por sua vez, que "*Qui est*" é o nome que melhor convém à essência de Deus — donde sua incompreensibilidade para uma inteligência finita.

2. A Idade Média latina

a) Antes do século XIII. — Os autores latinos dos s. XI e XII quase não dão importância à i. divina. Anselmo*, p. ex. jamais escreve que "Deus é i.". Um século mais tarde, Pedro Lombardo dirá que Deus é infinitamente poderoso, sem pensar em aplicar o i. à essência divina. Pedro de Poitiers, no último terço do s. XII, não emprega a palavra, e tampouco Roberto de Melun. Estêvão Langton vê nela somente um sinônimo de indeterminação e Hugo de São Vítor, apenas um sinônimo da incompreensibilidade divina. Porém foi no s. XII que se traduziu o *Liber de causis*, uma obra árabe de inspiração neoplatônica, que nomeia explicitamente o Primeiro "ser i.". Não sendo senão o seu próprio ser, o Primeiro é ser puro, desprovido de toda determinação formal (*hilyah*). Sua determinação reside em sua infinidade mesma: esta é constitutiva da ipseidade de Deus.

b) A condenação doutrinal de 1241. — A questão do i. levanta-se com uma controvérsia sobre a possibilidade de ver a essência de Deus *in patria* (visão beatífica*). Certos autores do início do s. XIII, influenciados por Dionísio e Escoto Erígena, aplicaram-se, com efeito, em acentuar a distância entre Deus e a criatura, e insistiram particularmente na incognoscibilidade da essência divina. Eles podiam servir-se de uma rica tradição*, mas até mesmo Aristóteles foi chamado a contribuir: o *De caelo* enuncia que "entre o finito e o i. não há nenhuma proporção". Invocar esse lema era reconhecer que Deus é i. e se distingue da criatura por esse atributo. Ora, essa concepção foi condenada em 1241, e certos autores contestaram, em seguida, o direito de predicar da essência divina um atributo que Aristóteles só dizia aplicável às grandezas quantitativas. Para Guerric de São Quintino, p. ex., a questão "Deus é finito ou i.?" é desprovida de sentido; a essência divina, por definição imaterial, não está no número das coisas das quais se pode perguntar se são finitas ou infinitas; falar de uma essência i. é, pois, cometer um *erro de categoria*. Segundo Boaventura*, contemporâneos de Guerric teriam mesmo dito que Deus era finito relativamente à essência. A verdadeira dificuldade da época era, de fato, conciliar a simplicidade* divina (que exclui a composição) com a i. (que a supõe), e essa conciliação logo se operará. Ricardo Fishacre, Alberto Magno, Alexandre de Hales e João Pagus são os primeiros autores a sustentar que Deus é ao mesmo tempo cognoscível pelo intelecto beatificado, e simples e i. em sua essência. Boaventura e Tomás de Aquino inspiram-se na solução que eles deram.

c) As proposições da grande escolástica. — A ausência de textos bíblicos enunciando claramente a infinidade de Deus punha um problema para os medievais que se preocupavam em conferir legitimidade a esse conceito controverso. O silêncio da Escritura* é interpretado por alguns como uma caução. O autor da *Summa halensis* explica assim que Deus deve ser i. em sua essência, já que a Bíblia não afirma o contrário! Na ausência de referências bíblicas, tentam ligar-se a autoridades conciliares — mas quase nada se encontra a não ser o (pseudos)símbolo de Atanásio que fala de imensidade. Boaventura não precisa de mais nada, pois identifica imensidade e infinidade, e como fará mais tarde João de Ripa encontra ali um ponto de contato suficiente entre a autoridade* e a nova doutrina. Para pôr-se de acordo com o pensamento de Aristóteles, segundo o qual o i. só se podia dizer de substâncias quantitativas, era preciso reservar outra acepção desse termo, utilizável em teologia. Três distinções são então introduzidas. De um lado, entre dois gêneros de quantidade, a quantidade "dimensional" (a de Aristóteles) e a quantidade

"virtual" (essa designando o grau de perfeição de um ser que se pode considerar como i. sem trair o pensamento de Aristóteles). De outro lado, entre dois tipos de i., privativo e negativo: é privativamente i. um ser ao qual compete ter um fim, mas não tem; é negativamente i. um ser que não tem fim, mas ao qual não compete tê-lo (é nesse último sentido que Deus é i.). Enfim, entre o i. absoluto (*simpliciter*) e o i. relativo (*secundum quid*): uma distinção que premune contra todo risco de confusão entre Deus e a criatura, porque um i. realizado na matéria — a supor tal coisa possível — nunca seria mais que um i. relativo. Um corpo infinitamente grande seria limitado pela matéria em que se encontrasse. Assim, Deus só é i. no sentido pleno.

Se essas distinções se difundiram na IM, seu uso exato depende de cada autor. Assim, no tomismo*, a dupla i. privativo e i. negativo articula-se com a distinção i. material e i. formal. A matéria é determinada (*finitur*) pela forma, e a forma é determinada pela matéria; mas, enquanto a falta de determinação (formal) na matéria é sinônimo de imperfeição, a ausência de determinação (material) permite à forma alcançar sua plena realização. Aqui, a matéria age como entrave; ali, age como condição necessária de acesso à substancialidade.

Em Alexandre de Hales, Alberto Magno, Tomás de Aquino, Boaventura, o i. qualifica propriamente a essência divina, mas sempre a título de atributo *negativo*. O i. diz ausência de limites, conota decerto uma perfeição, mas faz isso negando que a essência tenha um termo — não designa em Deus nada de positivo que correspondesse à nossa ideia de i. Outra concepção, esboçada por Boaventura, aparece pelo fim do s. XIII em Henrique de Gand e Ricardo de Middleton, para culminar com Duns* Escoto. O i., segundo Escoto, é ao mesmo tempo o conceito mais adequado de Deus e sua modalidade distintiva, anterior a toda propriedade. Posso pensar Deus sem pensá-lo como perfeito e bom, mas não posso pensá-lo sem pensá-lo como infinito. O i. torna-se um atributo positivo, que acrescenta algo a Deus. A primazia ontológica do i. funda-se para Escoto em uma verdadeira demonstração do caráter "pensável" desse conceito: assim, mostra Escoto, especialmente no quinto *Quodlibet*, que se pode partir do i. em potência de Aristóteles para chegar a um i. intensivo que encerra toda perfeição da entidade. Seu discípulo Francisco de Mayronnes estabelecerá um laço ainda mais estreito entre o i. e Deus, afirmando uma prioridade do i. sobre a existência.

d) *A Idade Média tardia.* — Para Nicolau* de Cusa, Deus concebe-se como um i. em que se dissolvem as oposições do finito. A infinidade de Deus já não se opõe simplesmente a um universo que contém i. em potência, e sim a um universo que constitui um i. em ato, na ordem da quantidade. O mundo* fechado da quantidade se despedaça, para deixar lugar a um universo cuja existência mesma testemunha a potência infinita de seu criador. Em Giordano Bruno, a infinidade do espaço, conjugada à de Deus e de sua potência, acarretará a existência de uma infinidade de mundos. A diferença entre a i. de Deus e a i. do mundo tende a apagar-se (panteísmo*).

III. A época moderna

Uma reversão da concepção clássica do i. negativo culminou em Descartes*. Já para Escoto o i. designava uma pura positividade; mas Descartes deu um passo a mais colocando a primazia do i. em relação ao finito na própria ordem da gênese ideal. Atributo adequado de Deus, o i. possui por excelência o estatuto de ideia clara e distinta, por ser a ideia de uma perfeição absoluta, em relação à qual a substância pensante se apreende como limitada e maculada de imperfeição. É mesmo a absolutez dessa perfeição que faz compreender ao eu pensante que ele só poderia ter por causa um ser que possuísse na realidade formal o mesmo grau de perfeição que aquele que possui na realidade objetiva (pensável). A ideia do i. — que Descartes distingue do indefinido, característico dos números ou das grandezas geométricas ou físicas — é ontologicamente anterior à ideia do finito. Por isso é que ele nega "que concebamos o i. por negação do finito, visto que ao contrário toda limitação compreende em si a limitação do i.". Espinosa

dará o último passo: a existência da substância infinita torna impossível sua coexistência com qualquer outra substância. Não se poderá ir mais longe na afirmação da primazia do i.

No s. XVII outros autores também merecem ser mencionados: Charron, Malebranche, Pascal* e Leibniz*. Inspirando-se nos resultados do cálculo infinitesimal, Leibniz refuta o axioma aristotélico relativo à impossibilidade de um i. em ato na natureza; e admite a existência de i. atuais, no seio do contínuo como no seio das substâncias, simples ou compostas. A concepção do i. divino nem por isso se encontra afetada: "Deus é absolutamente perfeito: a perfeição não sendo senão a grandeza da realidade positiva, tomada precisamente, pondo à parte os limites e os termos nas coisas que os têm".

A unanimidade desenhada na IM em torno de conceber a Deus como i. conhece uma exceção na tradição empirista. Hobbes, p. ex., professa na matéria um agnosticismo impenitente: como todo conhecimento vem dos sentidos, o i. nunca nos é dado na experiência* e não poderia ser objeto de nenhum conhecimento. Esse ceticismo preludia a desconfiança generalizada que o s. XVIII reservará à teologia natural*. Para d'Alembert, p. ex., interrogar-se sobre a infinidade de Deus não é senão fazer "metafísica abusiva". Kant* não fará exceção, a tal ponto que se pôde descrever seu pensamento como uma "filosofia* da finitude". Nele, o problema é levantado no quadro das antinomias insolúveis para a razão pura: o i. cai fora do campo de aplicação das categorias da razão* pura. Kant descreve, pois, a natureza divina como "onipotente" ou "perfeita" antes que como infinita.

Em Hegel*, ao contrário, o finito e o i. interpenetram-se. Uma nova distinção aparece nele, a de um mau i. (*schlechte Unendlichkeit*), que é simplesmente a negação do finito, e de um i. verdadeiro (*warhhaft Unendliche*), considerado por ele como a negação da negação, como conquista de si pela mediação do outro. O verdadeiro i. é antes de tudo o do Espírito, concebido como negatividade, e o Espírito não alcança a plena infinidade senão como Espírito absoluto, no termo de um processo de autorrealização, no curso do qual se liberta ativamente de toda finitude. De um lado, a admissão recíproca do finito e do i. conduz ao apagamento da distinção entre o Espírito absoluto e o ser criado. De outro lado, essa concepção, ao mesmo tempo dinâmica e negativa, do i. proíbe ver nesse último um atributo que remetesse à imutabilidade, à autarquia do ser divino.

IV. A época contemporânea

Os s. XIX e XX não abandonaram a especulação sobre o i., mas foi sobretudo no terreno da ciência (física e matemática) e no da ética* que se situaram as reflexões mais originais.

a) A ciência e o infinito. — Coube a G. Cantor (1845-1918) introduzir em matemática um recurso ao i. em ato — os matemáticos, inclusive Leibniz, atinham-se classicamente à noção (de origem aristotélica) de i. em potência. A descoberta de Cantor está ligada à teoria dos conjuntos. Chama-se conjunto i., na teoria, um conjunto que pode ser posto em correspondência biunívoca com um (pelo menos) dos seus subconjuntos próprios: assim o conjunto dos números inteiros e seus subconjuntos, o dos números quadrados, cúbicos etc. Cantor demonstrou que a mesma biunivocidade pode ser estendida aos números racionais, e mesmo aos números algébricos. E a todos esses conjuntos pode-se, em consequência, atribuir o mesmo poder, ou cardinalidade, que Cantor designa por *aleph-0*. Mostra-se em seguida que existem conjuntos de poder superior, p. ex. o conjunto dos números reais, ao qual se pode atribuir a cardinalidade que é a do conjunto das partes do conjunto dos inteiros, e ao qual, portanto, se deve atribuir a potência $2^{aleph-0}$. Reiterando essa operação, obtém-se uma escala de cardinais i.: e outra operação permite chegar a uma escala de ordinais i.

Em consequência, a ideia de um i. "o maior possível" é uma ideia contraditória. E Cantor, que era platônico e crente, distinguia o "transinfinito" (i. matemático, i. criado) do i. divino, que é i. absoluto. Ele resumia suas descobertas numa fórmula: "Tudo que é finito ou i. é *definido* e, exceto Deus, pode ser determinado pelo intelecto". Mesmo que as teorias de Cantor

tenham inquietado certos meios (neoescolásticos), a existência do transinfinito não compromete a infinidade divina: as matemáticas confiam simplesmente uma tarefa à filosofia e à teologia: dizer como o i. divino transcende o transinfinito.

b) Ética e infinito. — Foi no pensamento de E. Levinas que a doutrina do i., em sua acepção teológica tradicional, conheceu no s. XX sua expressão original. Enraíza-se esse pensamento numa reflexão sobre a alteridade. A consciência ocidental, em sua função epistemológica, teve sempre tendência a reduzir o outro ao mesmo. Ora, a análise cartesiana do i., na *Meditação* III, permitiria inverter essa lógica de assimilação. Com efeito, para Levinas, a ideia cartesiana do i. tem isso de notável, que seu *ideatum* ultrapassa sua ideia: pensando o i., eu penso mais do que penso. É porém no terreno da ética (e não da teologia), segundo Levinas, que o i. toma todo seu sentido. A experiência do i. é a de uma alteridade irredutível, e o paradigma desta é revelado a mim na face do outro e na resistência que ele opõe a meu desejo de assimilação. A estrutura lógica da análise cartesiana é assim retida de preferência ao referente divino que ela estava destinada a manifestar: o conceito de i., que os medievais tinham se esforçado por cavilhar à essência divina, é doravante considerado como utilizável em outros contextos.

Bom número de contribuições originais balizam a história do i., mas pode-se dizer que o essencial já foi entrevisto em Mario Vitorino, talvez mesmo em Plotino, e claramente enunciado pelos escolásticos do s. XIII: todos dizem a existência de um ser i., único e distinto, em razão mesmo de sua infinidade. É ainda essa intuição fundamental que Descartes e Espinosa recolhem, modulando-a, e que Cantor não renegou.

• Aristóteles, *Física III*, cap. 4-8. — Agostinho, *Cidade de Deus* XII, cap. 2, 4, 8-9. — Boaventura, *Sentenças* I, d. 43, art. único, q. 2 (Quaracchi, t. I). — Descartes, *Méditations métaphysiques* (A-T, t. IX, 1). — Duns Escoto, *Quodlibet* V (Vivès, t. 5). — João Damasceno, *De fide orthodoxa*, I, cap. 9; II, cap. 3 (Kotter, I, II). — E. Levinas, "La philosophie et l'idée de l'i.", *RMM* 62 (1957), 241-253). — Tomás de Aquino, *ST* Ia. q. 7, a. 1.

▶ H. Guyot (1906), *L'infinité divine depuis Philon le juif jusqu'à Plotin*, Paris. — A. Edel (1934), *Aristotle's Theory of the Infinite*, Nova York. — C. de Vogel (1959), "La théorie de *l'apeiron* chez Platon e dans la tradition platonicienne", *RPL* 49, 21-39. — É. Gilson (1954), "L'infinité divine chez saint Augustin", *AusgM*, I, 569-574. — P. Vignaux (1976), "Être et i. selon Duns Scot et Jean de Ripa", *in De saint Anselme à Luther*, 352-366. — J. W. Dauben (1977), "Cantor and Pope Leon XIII: Mathematics, Theology and the Infinite", *JHI 38, 85-108*. — L. Sweeney (1992), *Divine Infinity in Greek and Medieval Thought*, Berna-Nova York. — A. Côté (1995 a) "L'infinité divine dans l'Antiquité et au Moyen Âge", *Dialogue (Revue canadienne de phlosophie)* 34, 119-137; (1995 b) "Guerric de Saint-Quentin et le problème de l'infinité divine", *in Les philosophies morales et politiques au Moyen Âge. Actes du IX Congrès international de philosophie médiévale* III, Ottawa, 1132-1148.

Antoine CÔTÉ

→ *Atributos divinos; Duns Escoto; Negativa (teologia); Onipresença divina; Potência divina.*

INICIAÇÃO CRISTÃ

Iniciação (i.) entende-se em três sentidos. Para os Padres* da Igreja*, que tomam a noção das religiões de mistérios*, designa os sacramentos* pelos quais a pessoa se torna cristã (i. *por*). A isso sobrepõe-se hoje a ideia de progressividade e encaminhamento (i. *a*). Enfim, no sentido etnológico, designa os processos pelos quais os indivíduos acedem a um estatuto novo de membro da tribo ou de um grupo particular.

Os Padres conheciam a noção de i. desde o s. II, mas quase não a exploraram antes do fim do s. IV; utilizam-na então para designar os sacramentos que determinam a identidade cristã, o batismo* e os ritos conexos que depois receberão o nome de confirmação*, assim como a primeira eucaristia*. Segundo Kretschmar (1977, 9) batismo é "o nome original da i. em sua totalidade".

A noção é ignorada durante a IM, salvo no vocabulário dos noviciados religiosos (o deslocamento é significativo). Será revivificada pelos doutos a partir do Renascimento, e singular-

mente no fim do s. XIX por L. Duchesne, que lhe consagrou um capítulo em suas *Origines du culte chrétien* (1889). É adotada pelo II concílio* do Vaticano*: *AG* 14 (que engloba também o catecumenato) e *PO* 2 falam dos *sacramenta initiationis christianae*; *SC* 71 afirma "[...] o laço íntimo desse sacramento [a confirmação] com toda a i. cristã", e a Constituição apostólica que abre o *Ritual* da confirmação (1971) fala, pela primeira vez num documento oficial, da "unidade da i. cristã". Desde então, a menção *i. cristã* serve de título aos Rituais do batismo e da confirmação, e à apresentação dos três sacramentos no *CEC*.

O interesse teológico da noção é restituir uma visão englobante dos três sacramentos, para além de sua autonomização medieval. As *Notas doutrinais e pastorais* do *Ritual da i. cristã dos adultos* exprimem-no vigorosamente: "Segundo o uso mais antigo [...] um adulto não será batizado sem receber a confirmação logo após o batismo, salvo se graves razões se opuserem a isso. Esse laço manifesta a unidade do mistério pascal, a relação estreita entre a missão do Filho e o dom do Espírito* Santo, e a conjunção desses sacramentos pelos quais Cristo* e o Espírito se comunicam, junto com o Pai*, aos batizados" (n° 34; cf. *CIC*, cân. 866). Portanto, a unidade desses três sacramentos não é apenas conjuntural: procede da teologia* trinitária. Porém essa unidade teológica realiza-se de maneira diferente para os adultos e para as crianças. Por ocasião da vigília pascal os primeiros recebem normalmente os três sacramentos conferidos pelo bispo*, e em sua ausência, de pleno direito, pelo sacerdote* (*Ritual*, 228). Para as crianças, o Ocidente pratica uma dissociação das três celebrações: a noção de i. permite nesse caso não isolá-los, mas considerá-los numa unidade dinâmica. Essas perspectivas são recebidas com nuanças por ortodoxos e católicos (documento de Bari, 1987).

Outra questão diz respeito às relações entre as estruturas da i. de uma sociedade* determinada e a i. cristã. Ela não é sem influência na história* do Ocidente (questão do parentesco espiritual, cf. Lynch, 1986): é hoje crucial em numerosos países da África (Sanon, 1982), onde o debate tem por objeto sua pertinência para o futuro de um continente cada vez mais influenciado pelos modos de vida ocidentais.

• P.-M. Gy (1977), "La notion chrétienne d'i. Jalons pour une enquête", *MD* 132, 33-54 (retomado em Id. [1990], *La liturgie dans l'histoire*, Paris, 17-39). — G. Kretschmar (1977), "Nouvelles recherches sur l'i. chrétienne", *MD* 132, 7-32. — A. T. Sanon, R. Luneau (1982), *Enraciner l'Évangile. Initiations africaines et pédagogie de la foi*, Paris. — J. Lynch (1986), *Godparents and Kinship in Early Medieval Europe*, Princeton. — J. Ries, H. Limet (1986), *Les rites d'i.*, Louvain-la-Neuve. — Commission mixte internationale catholique-ortodoxe, (1987), "Foi, sacrements et unité (doc. de Bari), *DC* 85, 1988, 122-126. — A. de Halleux (1988), "Foi baptême et unité. À propos du document de Bari", *Irén.* 61, 155-187. — E. Lanne (1988), "Réflexions complémentaires sur le document de Bari", *ibid.*, 189-205. — A. Fayol-Fricout, A. Pasquier, O. Sarda (1991), *L'i. chrétienne, démarche cathéchuménale*, Paris.

Paul DE CLERCK

→ *Batismo; Confirmação; Eucaristia; Inculturação; Sacramento.*

INSPIRAÇÃO DAS ESCRITURAS →
Sagrada Escritura 3

INTEGRISMO

Termo de sociologia e de história religiosa ao qual falta quase toda elaboração religiosa (e filosófica). Entende-se comumente por integrismo (i.) no mundo católico a conjunção do fundamentalismo*, do ultramontanismo* e de um conceito errôneo de tradição*, e do temor inspirado pela modernidade. O i. quer preservar a integridade e a integralidade das doutrinas e das instituições da Igreja*, mas ao preço de uma interdição estrita de todo desenvolvimento das doutrinas e de toda reforma legítima das instituições. O antônimo de i. é "progressismo", outra realidade não teologizada ou subteologizada.

▸ Y. Marchasson (1993), "Integrisme", *in* P. Poupard (sob a dir. de), *Dictionnaire des religions*, Paris, 3ª ed. I, 963-968.

A REDAÇÃO

→ *Fundamentalismo; Liberalismo; Tradicionalismo.*

INTELECTUALISMO

1. Definição

"Intelectualismo" (i.) fez sua aparição no fim do s. XIX na historiografia da IM latina como antônimo do "voluntarismo*" (v.), e é prudente não esquecer que se trata de um conceito de comentadores, ausente dos textos. É utilizado para designar muitas teses diferentes, mas que têm uma comum inspiração: a afirmação do primado do intelecto sobre a vontade. Utiliza-se às vezes em um sentido menos preciso para designar uma confiança na capacidade do intelecto para alcançar o divino, confiança que se apoia na afirmação da natureza divina do intelecto mesmo.

2. Período de referência

O modelo privilegiado a que aplicar esse conceito, em seu sentido estrito, é o pensamento escolástico* dos s. XIII e XIV. As controvérsias que surgem nesse período, em particular as que opõem franciscanos e dominicanos, põem claramente a alternativa, até então apenas latente, de um primado da inteligência ou da vontade. O pensamento dominicano é então majoritariamente intelectualista e opõe-se ao que se chamou o "v. franciscano". Durante o mesmo período, aparece outra corrente de tendência intelectualista que se funda na retomada, por Alberto* Magno, da noção peripatética de "conjunção" (aristotelismo* cristão). Desenvolve-se essa corrente em duas direções: de um lado, o averroísmo latino, notadamente em João de Jandun (naturalismo*), e, de outro lado, a escola dominicana alemã, notadamente em Mestre Eckhart e em Dietrich de Freiberg (mística renano-flamenga*). Nós a deixaremos de lado: com efeito, é a felicidade filosófica que essa corrente põe antes de tudo em jogo, e sem que isso implique uma teoria intelectualista da beatitude*, enquanto o debate do i. e do v., nos s. XIII e XIV, nasceu sobretudo de questões teológicas.

Se o i. tomou tal impulso no s. XIII, foi em virtude de sua relação privilegiada com Aristóteles, cujos textos tinham sido então redescobertos pelo Ocidente, notadamente as teorias da escolha (*Etica a Nic.*, III 5; VII, 5), da felicidade (*Etica a Nic.*, X, 7), e do conhecimento (*De Anima*, III, 5). Não é porém no s. XIII que se deve situar o nascimento do i., nem se deve referi-lo somente a Aristóteles . É ao i. (no sentido amplo) platônico e à sua retomada em contexto cristão que se deve atribuir a primeira aparição do i. *stricto sensu* desde a patrística grega.

3. Desafios teológicos

Afirmar o primado do intelecto sobre a vontade nas criaturas levanta, antes de tudo, duas questões: a do fundamento da liberdade* nas criaturas superiores e a da natureza da operação beatificante.

a) A liberdade. — É intelectualista uma teoria da liberdade que funda o livre-arbítrio no intelecto e não na vontade. A vontade é ordenada ao bem* absoluto. Ora, nada realiza totalmente a noção do bem aqui na terra, onde todo bem é misturado com o mal*. Seguem-se então duas consequências: de um lado uma coisa finita nunca pode ser desejada a não ser como meio em vista do fim, e escapa assim à necessidade que liga a vontade a seu fim; de outro lado, nenhuma coisa finita fornece à vontade um meio necessário para chegar a seu fim. O livre-arbítrio se exerce, pois, nas determinações dos meios em vista do fim. Mas para o i. essa escolha de meios não cabe à vontade: é o intelecto que determina a vontade a querer certo objeto, e que a determina em função da maneira como concebe esse objeto, apresentando-o à vontade como algo bom ou mau. Portanto, a apreensão do objeto decide sobre o desejo ou a repulsa que a vontade sentirá a respeito desse objeto, porque a vontade não tem o poder de recusar o que o intelecto percebe como bom, ou de desejar o que o intelecto percebe como mau. O conhecimento intelectual tem assim o papel determinante na especificação dos atos da vontade. A vontade, segundo a concepção intelectualista do livre-arbítrio, não é livre para escolher o que ela quer, nem seu fim, nem os meios que a ele conduzem. É o objeto, enquanto conhecido, que causa a determinação dos atos voluntários: portanto, o livre-arbítrio funda-se na indeterminação do

juízo e não numa indeterminação da vontade mesma. Coube historicamente aos comentários de Boécio* sobre Aristóteles fornecer aos latinos uma concepção intelectualista da liberdade como *liberum de voluntate judicium* (PL 64, 492-493). Essa concepção, para a qual o livre-arbítrio reside na razão*, foi retomada e desenvolvida por Abelardo* e Prévotin de Cremona, depois por Guilherme de Auxerre, antes de expandir-se em Tomás* de Aquino e Godofredo de Fontaines. Alguns averroístas a retomarão por sua conta, notadamente Siger de Brabante. Na lista das teses condenadas por Estêvão Tempier em 1277, as proposições 151 e 162 a 166 correspondem a essa posição (naturalismo*).

b) Natureza da operação beatificante. — É intelectualista, no tratamento dessa questão, a teoria segundo a qual a essência da beatitude reside principalmente no ato* do intelecto, e não no da vontade. Muitos argumentos podem apoiar essa afirmação do caráter intelectual da felicidade última. Pode-se fundar primeiro na superioridade do intelecto como *faculdade*. Dir-se-á então que o intelecto é uma faculdade mais nobre do que a vontade, porque esta é um apetite, e porque todo ente é dotado de apetite, enquanto o intelecto só pertence às criaturas superiores: é mais conveniente então que a operação pela qual as criaturas alcançam seu fim próprio seja produzida pelo intelecto. Sucede também que a concepção intelectualista se funda na comparação dos *atos* de intelecção e de volição relativamente ao fim visado, a saber, a união com Deus*. Em razão da capacidade unitiva desses atos, uma hierarquia opera-se entre as faculdades. A questão em debate tem a máxima importância. O acesso mais perfeito à divindade depende do conhecimento* ou do amor*? Qualquer resposta a esta questão exige que se determine qual desses dois atos une mais ao seu objeto, e que se decida se o amor pode ser ou não concebido como o que permite ir além dos limites do conhecimento. Segundo a resposta intelectualista, o ato pelo qual somos mais intimamente unidos a Deus é um ato de intelecção, e o amor não vai além do conhecimento. Como todo ato da vontade, o amor procede do conhecimento, e dele recebe seus limites; porque seu objeto lhe é exterior, fica aquém do tipo de união ao objeto que a intelecção pode produzir. A tese aristotélica de um intelecto que se torna todas as coisas permite aqui descrever a união com Deus em termos que garantam a superioridade da intelecção.

Deve-se notar que essa tese não se aplica necessariamente ao conhecimento intelectual *in via* (o i. não é um naturalismo, embora seja o naturalismo sua constante tentação). A questão do primado do conhecimento intelectual sobre o amor complica-se quando se distingue a realidade histórica — *in via* — da realidade escatológica — *in patria* — de um e do outro desse atos. Assim, uma concepção intelectualista é perfeitamente compatível com a tese segundo a qual o êxtase amoroso supera nesta vida todo conhecimento intelectual de Deus (Gregório* de Nazianzo, Pseudo-Dionísio*...), ou simplesmente com um primado da vontade nos limites desta vida (Tomás de Aquino).

A concepção intelectualista da beatitude reclama-se muitas vezes de Jo 17,3 e aparece desde a patrística grega, em particular em Justino (apologistas*), Clemente de Alexandria e Orígenes*. Vai desenvolver-se mais tarde entre os latinos, em particular em Abelardo*. E nos s. XII e XIV é sob a influência do tema da felicidade teorética na *Ética a Nicômaco* de Aristóteles que se vê a concepção intelectualista da beatitude afirmar-se tanto na faculdade de artes (filosofia*), como na faculdade de teologia*. Quer se identifique então felicidade e beatitude (como o Ps.-Peckham e Arnoul de Provença), quer se conceba a felicidade filosófica como uma beatitude imperfeita (segundo Tomás de Aquino, Boécio de Dácia ou Gilles de Orléans), a descrição aristotélica da felicidade teorética fornece nos dois casos o modelo segundo o qual conceber a beatitude; é principalmente ao intelecto que ela concerne. Foi em particular nesse ponto que o franciscano Guilherme de la Mare atacou Tomás de Aquino em seu *Corretório*, e a ordem franciscana lhe concedeu oficialmente seu apoio em 1282, proibindo toda leitura da *Suma teológica* que não fosse completada pela

do *Corretório*. Godofredo de Fontaines e a literatura dos "corretórios do corruptor" tomaram a defesa de Tomás — e reforçaram o i. E essa questão estará ainda no coração do debate que oporá — direta ou indiretamente — Mestre Eckhart e Gonzalve de Espanha nos primeiros anos do s. XIV (um debate em que as "razões de Eckhart" são nitidamente intelectualistas). As oposições não eram sempre tão radicais como parece: é o que testemunham precisamente a concepção eckhartiana da beatitude (que implica tanto o amor quanto o conhecimento) ou ainda, no dominicano João de Paris (Quidort), uma concepção da visão reflexiva que tenta combinar i. e v.

4. A teoria intelectualista aplicada a Deus

Certa maneira de conceber a liberdade e a potência* divinas merece também chamar-se intelectualista. Mas o i. aqui não pode mais significar um primado da inteligência sobre a vontade, que aliás não se distinguem realmente em Deus: é a questão da relação entre a vontade divina e o bem, ou da relação entre o intelecto divino e os possíveis, que lhe oferece uma resposta. O bem, de um lado, impõe-se a Deus, ou Deus determina o bem? De outro lado, o possível impõe-se a Deus, ou a potência de Deus estende-se até a determinação do possível? Tais são as interrogações.

Na primeira discussão, parece que só Hugo de São Cher e Descartes* tenham afirmado que Deus determina o possível. Tomás de Aquino, Duns* Escoto, Guilherme de Occam (nominalismo*), mais tarde Leibniz*, todos afirmam, de uma maneira ou de outra, que o possível não depende de Deus.

A segunda discussão tem origens patrísticas, e Agostinho* já apresenta uma concepção da ação divina segundo a qual Deus não determina o bem e não pode determinar o mal. Essa inspiração encontra-se em Abelardo, que orienta a ação divina para o melhor, de sorte que Deus não pode fazer o mal, mas sobretudo só pode fazer o que faz. Essa tese extrema, que limitava a liberdade de Deus em nome de sua sabedoria*, foi condenada pelo concílio de Sens. Os principais autores do s. XIII, notadamente Tomás de Aquino, pertencem a essa tradição. Foi somente no s. XIV, com as especulações sobre a potência divina, que a tese adversa se desenvolveu, em particular na corrente nominalista — a vontade divina, com efeito, não tem de submeter-se ao bem, pois, ao contrário, é ela que o determina (voluntarismo*). Leibniz retornará à tradição "intelectualista" permitindo ao princípio do melhor dar norma à ação divina.

• Abelardo, *Epitome theologiae christianae*, c. 20, PL 178, 1724-1728; *Introductio ad theologiam*, l. III, c. V, *ibid.*, 1093-1103. — Boécio, *In librum Aristotelis de interpretatione libri sex.*, PL 64, 492-493. — Boécio de Dácia, *Opuscula*, Copenhague, 1976. — *Chartularium Universitatis Parisiensis*, ed. Denifle-Chatelain, Paris, 1889-1891. — Clemente de Alexandria, *Stromata*, V, SC 278, cap. X-XIII, p. 124-172 e XIV, 94-3, 96-3, p. 180-182. — Dionísio, o Ps. Areopagita, *De divinis nominibus*, ed. B. R. Suchla, PTS 33, 1990; *De mystica theologia*, ed. G. Heil e A. M. Ritter, PTS 36, 1991. — P. Glorieux, *Les premières polémiques thomistes*, t. 1: *Le correctorium coretorii "quare"*, n. 24, 54, 58, Kain, 1927; t. II: *Le correctorium correctorii "sciendum"*, Paris, 1956. — Godefroid de Fontaines, *Quodlibeta,* em *Les philosophes belges*, t. 2, 3, 4, 5 e 14, Louvain, 1904, 1931, 1935, 1938, em especial II q. 9; III, q. 15-16; VI, q. 7-10; VIII, q. 16. — Guilherme de Auxerre, *Summa aurea*, l. II, t. X, c. II, Paris-Roma 1980-1987. — João Quidort (ed. J.P. Muller), *Le correctorium correctorii "circa" de Jean Quidort de Paris*, Roma, 1941. — Justin, *Dialogus cum Triphone judeo*, texte et traduction fr. G. Archambault, 2 vol. Paris, 1909, cap. 2-6. — Orígenes, *Contra Celsum*, SC 132, 136, 147, 150 227 *passim*, cf. índice *gnosis, noûs, pisteuein, pistis.* — Siger de Brabante, *Quaestiones in Metaphysicam*, l. V, q. 8; l. VI, q. 9, Louvain, 1981 e 1983; *Quaestiones super librum de causis*, q. 25, Louvain-Paris, 1972. — Tomás de Aquino, *ST* Ia. q. 82 a. 1, 2, 3; q. 83, a. 1, 3, 4; Ia IIae, q. 3 a. 4; q. 8, q. 9 a. 1, 3, 4; q. 10, a. 1, 2; *De veritate*, q. 22 e 24; *Quaestiones disputatae de malo*, q. 6.

▶ P. Rousselot (1924), *L'intellectualisme de saint Thomas*, Paris. — O. Lottin (1925), "L'intellectualisme et la morale thomiste", *Xenia thomistica* I, Roma 411-427. — M. Grabmann (1940), "Das Studium der aristotelischen Ethic an der Artistenfakultät der Universität Paris in der ersten Hälfte des 13. Jhs", *PhJ* 33, 339-354. — O

Lottin (1942), *Psychologie et morale aux XII e XII siècles*, Louvain. — J.-P. Muller (1947) "La thèse de Jean Quidort sur la béatitude formelle", *Mélanges A. Pelzer*, Louvain. — N. Wicki (1954), *Die Lehre von der himmlischen Seligkeit in der Mittelalterichen Scholastik von Petrus Lombardus bis Thomas von Aquin*, Friburgo (Suíça). — R. A. Gauthier (1964), "Les *quaestiones supra librum Ethicorum* de Pierre d'Auverne", *RMAL* 20, 233-260; (1975), "Le cours sur l'*Ethica nova* d'un maître ès arts de Paris, (1235-1240)", *AHDL* 42, 711-141. — R. Hissette (1977), *Enquête sur les 219 articles condamnés à Paris le 7 mars 1277*, Paris-Louvain. — E. zum Brum, Z. Kaluza, A. de Libera (1984), *Maître Eckhart à Paris, une critique médiévale de l'ontothéologie*, Paris. — A. de Libera (1984), *Introduction à la mystique rhénane*, Paris. — A. J. Celano (1986), "The *finis hominis* in the thirteenth century commentaries on Aristotle's Nichomachean Ethics", *AHDL* 53, 23-53. — O. Boulnois (sob a dir. de) (1994), *La puissance et son ombre, de Pierre Lombard à Luther*, Paris. — F.-X. Putallaz (1995), *Insolente liberté. Controverses et condamnations au XIII siècle*, Friburgo-Paris. — C. Trottmann (1995), *La vision béatifique, Des disputes scolastiques à sa définition par Benoît XII*, Roma.

Laurence RENAULT

→ *Amor; Beatitude; Liberdade; Visão beatífica; Voluntarismo.*

INTENÇÃO

a) Definição. — A intenção (i.) é o fim que se propõe atingir quando se age. Como os fins podem ser imediatos ou a longo termo, e como um ato* pode ter razões múltiplas, a i. concerne a tudo o que dá sentido ao ato. A i. é um aspecto essencial, mas não o único, da moralidade da ação.

b) A análise de Tomás de Aquino. — No resumo do princípio da ação (*ST* Ia IIae, q. 12) a i. vem primeiro, já que toda ação começa pelo desejo de alcançar um fim. Esse fim pode ser geral e válido para todos, como a saúde, ou pode ser próprio a alguém, como a ambição de ser arquiteto. Nesse último caso, uma verdadeira i. implica que se faça o que é preciso para tornar-se arquiteto. A i. não é uma vaga aspiração.

A i. abrange ao mesmo tempo o fim e os meios (ou as séries de meios) que a ele conduzem. Um determinado fim não pode ser realizado senão por determinados meios, e há que escolher os meios que convêm para começar a realizar a ação. Assim, há na i. ao mesmo tempo um objetivo real ou um fim "último" do ato, p. ex. a saúde, e seu objeto ou fim "próximo" (p. ex. a preparação de um remédio (*ST* Ia IIae, q. 12, a. 3). O desejo de um fim pertence como próprio à vontade, que é atraída pelo que lhe parece bom (Ia IIae, q. 8, a. 1); mas também o intelecto tem um papel, porque não há i. sem conhecimento do fim (Ia IIae, q. 12, a. 1, ad 1).

c) *Pontos de vista modernos.* — A reflexão moral moderna tende a considerar a bondade do fim como condição suficiente da bondade do ato, esquecendo que a i. inclui os meios desse fim. Sob a influência do utilitarismo* em particular, encontram-se facilmente justificáveis os atos de que se esperam bons resultados. Existe também uma tendência a concentrar-se sobre fins subjetivos (Pinckaers, 1961). A i. então já não tem por objeto verdadeiros bens*, mas vagos sentimentos, p. ex. de benevolência.

d) *O "duplo efeito".* — Compreende-se melhor a natureza da i. quando se estuda o problema posto pela ação que tem dois efeitos, um bom e outro mau, dos quais o bom é querido e o outro é arrastado pelo primeiro, sem que se queira. Tomás* de Aquino invoca essa possibilidade quando trata da legítima* defesa (*ST* IIa IIae, q, 64, a. 7): há o direito de defender-se pela força contra um ataque injusto, até o ponto de matar eventualmente o agressor. Mas a i. primeira deve ser salvar a própria vida, e não fazer mal ao outro, e o uso da força deve ser proporcionado ao que pede a situação.

A elaboração dessa ideia, sobretudo por Vitória (*c.* de 1485-1546), Suárez* e João de São Tomás (1589-1644) resultou na formulação dos seguintes critérios: 1/ o ato mesmo deve ser bom ou indiferente; 2/ o bom efeito deve ser o que o agente deseja; 3/ o bom efeito não deve ser produzido pelo mau; 4/ é preciso uma razão grave e proporcionada para admitir o mau efeito. Certos intérpretes acham que se está bem na linha de Tomás (Mangan, 1949), outros que se afasta muito de seu pensamento, do que se

acusa sobretudo João de São Tomás (Ghoos, 1951).

Os críticos do duplo efeito dizem que se as consequências do mau efeito são previstas, então são intencionais, porque se sabe que o ato, livremente executado, terá esses resultados (sabe-se, p. ex., que atacar um grupo de terroristas acarretará a morte de alguns civis). Os efeitos negativos fazem parte da ação e incidem sob a responsabilidade do agente. Mas o que a objeção não vê é que a i. não é somente assunto de consciência, mas também de vontade, e que não são os resultados de uma ação que determinam seu valor moral.

Também vê-se melhor o papel da i. distinguindo cooperação formal e cooperação material para o pecado*; essa última consiste em vir em ajuda a um criminoso ou a um pecador sem aprová-lo, enquanto a primeira consiste em partilhar da intenção e estar de acordo com o fim do pecador.

Apesar dos perigos de cegueira ou de racionalização (em particular em tempo de guerra*), há necessariamente que reconhecer a importância da i. para julgar sobre o valor de um ato. Se a doutrina do duplo efeito parece artificial ou casuística* no mau sentido, deve-se ver que a ideia de providência* dá lugar à mesma análise. Com efeito, explica-se a presença do mal no mundo distinguindo a i. criadora de Deus* — que o universo seja bom — de seus resultados previsíveis, que são o pecado e o mal.

• H. D. Simonin (1930), "La notion de *intentio* dans l'oeuvre de saint Thomas d'Aquin", *RSPhTh* 19, 445-463. — J. T. Mangan (1949), "An Historical Analysis of the Principle of Double Effect", *TS* 10, 41-61. — J. Ghoos (1951), "L'acte à double effet: étude de théologie positive", *EThL* 27, 30-52. — S. Pinckaers (1961), "Le rôle de la fin dans l'action morale selon saint Thomas", *RSPhTh* 45, 393-421. — E. Anscombe (1963), *Intention*, Oxford. — J. Finnis (1991), "Object and Intention in Moral Judgments according to Aquinas", *Thom* 55, 1-27.

Daniel WESTBERG

→ *Consciência; Ética; Legítima defesa.*

INTERCESSÃO → indulgências → oração

INTERCOMUNHÃO

a) Definição. — "Intercomunhão" (i.) significa, no sentido mais geral, comunhão* eucarística entre Igrejas* diferentes, mas seu sentido tornou-se menos amplo no curso do s. XX. Por ocasião da primeira Conferência mundial "Fé e Constituição" (1927), a expressão "i. completa" era sinônimo de "plena comunhão" ou de "colaboração completa" (*Actes*... 453, 462), mas o termo mesmo i. era já criticado como ambíguo (462).

De fato, as Igrejas não se admitiam mutuamente à eucaristia*, o que levou a comissão "Fé e Constituição" a preparar para a III conferência mundial de Lund (1952) um estudo aprofundado da i. Em suas definições, a conferência distinguiu a i. da "plena comunhão". Há i. "onde duas Igrejas que não são da mesma família confessional* convêm em permitir a seus membros comungantes tomar parte da santa ceia ou participar da eucaristia livremente numa ou na outra Igreja". Na maior parte dos casos, a i. implica intercelebração, i.e., que "os ministros podem celebrar o sacramento* [...] livremente em uma ou outra Igreja" (*Rapport* 1952, 144). A pedido do CEI* em 1968, a comissão tratou de novo a questão, e redefiniu a i. simplesmente como "admissão recíproca" à eucaristia de duas ou mais Igrejas (1971, 369).

Essa última definição corresponde ao que se entende hoje por "i.". Há i. entre duas Igrejas quando cada uma admite oficialmente os membros da outra à partilha da eucaristia. A i. é ainda mais forte quando as Igrejas não se limitam a admitir os membros das outras Igrejas à comunhão, mas os convidam e engajam seus próprios membros a aceitar igual convite.

b) História e situação atual. — Na Igreja antiga a i. sem plena comunhão significava um pacto com o cisma* ou com a heresia*; foi portanto rejeitada (Elert, 1954). Depois da Reforma, luteranos e calvinistas tiveram a mesma posição: a i. era um sinal da unidade da fé* e pressupunha portanto essa unidade (Baillie, March, 1952, 58-83). As Igrejas ortodoxas, a Igreja católica e certas Igrejas protestantes conservadoras não mudaram esse ponto de vista.

Na primeira metade do s. XX, a questão da i. impediu certos acordos bilaterais de chegarem à plena comunhão (p. ex. entre a Igreja anglicana e as Igrejas luteranas escandinavas). A partir de meados do s. XX, reservar a comunhão aos membros de sua própria Igreja ou somente das Igrejas em plena comunhão com ela pareceu cada vez menos admissível a muitos protestantes (cf. p. ex. *Koinonia* [1957] ou *Intercomunion Today* [1968], dois estudos respectivamente das Igrejas luteranas alemãs e da Igreja anglicana). Em 1954, a Aliança Reformada Mundial recomendou solenemente admitir todos os batizados à eucaristia, seja qual for sua Igreja de origem. Muitas Igrejas luteranas fizeram o mesmo. As declarações explícitas de i. entre essas Igrejas perderam então, de fato, sua importância, porque a i. é implicitamente praticada por todas as Igrejas, no sentido de que seus membros são admitidos à comunhão. Quase não há mais declarações dessas, a não ser na medida em que são um elemento entre outros de declarações de comunhão mais gerais (p. ex. o acordo de Leuenberg [1973] entre Igreja luteranas, reformadas e unidas da Europa).

c) Problemas teológicos. — A i. põe a questão da relação que existe entre a comunhão realizada pela admissão mútua à eucaristia e a unidade* existente ou procurada da Igreja. As Igrejas que admitem todos os batizados à eucaristia dizem às vezes que a unidade criada pelo batismo* exige a generalização da i. A i. exprime então a unidade de todos os cristãos, antes que a unidade de uma Igreja determinada.

Às vezes veem-se as primícias da plena comunhão, a que as Igrejas aspiram, nas declarações oficiais de i., sobretudo quando acompanhadas por celebrações comuns da eucaristia (cf. os acordos de Meisen [1991] entre a Igreja anglicana e a Igreja protestante alemã — a *Evangelische Kirche Deutschlands*).

Para a Igreja ortodoxa, a eucaristia, sacramento da unidade da Igreja, é incompatível com a divisão. Falar de "inter-comunhão" é uma contradição nos termos, pois "comunhão" supõe a unidade da Igreja, e o "inter-", a pluralidade das Igrejas. A eucaristia só pode ser celebrada e recebida de pleno direito por aqueles que pertencem à Igreja una.

Para a Igreja católica também a "comunhão eucarística" está "ligada inseparavelmente à plena comunhão eclesial" (Diretório ecumênico, 129). Há pois uma recusa de princípio da i. Contudo, porque existe uma comunhão real, embora imperfeita, com todos os batizados, com outras "comunidades eclesiais" e sobretudo com as Igrejas ortodoxas, a Igreja católica está aberta a "uma certa comunhão in sacris, portanto na eucaristia" com os ortodoxos (CEC, 1399), e aceita dar os sacramentos em caso de urgência a "cristãos que não estão em plena comunhão com a Igreja católica, contanto que manifestem a fé* católica a respeito dos sacramentos e se encontrem nas disposições requeridas" (ibid., 1401). Como ela não reconhece a validade* do sacramento da ordem* (sacerdócio*) nas Igrejas protestantes, "a i. eucarística com essas comunidades não é possível para a Igreja católica" (ibid., 1400).

• Fé e Constituição (1927), Actes officiels de la Conférence mondiale en Lausanne, Paris. — D. Baillie, J. March (1952), Intercommunion, Londres. — Fé e Constituição (1952), Rapport de la Conférence oecuménique de Lund, Paris. — W. Elert (1954), Abendmahl und Kirchengemeinschaft in der Alten Kirche, hauptsächlich des Ostens, Berlim. — Oekumenischer Ausschuss der Vereinigten evangelisch-lutherischen Kirche Deutschlands (1957), Koinonia — Archbishops' Commission on Intercommunion (1968), Intercommunion Today. — Fé e Constituição (1971), "Au-delà de l'intercommunion", in Ist 16, (1971), 352-375. — G. Limouris (1986), "The Eucharist as the Sacrament of Sharing: An Orthodox Point of View", ER 38, 410-415, — Cathécisme de l'Église catholique (1992), Paris, part. 1398-1402.

Michael ROOT

→ Comunhão; Igreja; Eucaristia; Unidade da Igreja.

INTERPRETAÇÃO → hermenêutica

INTERTESTAMENTO

1. Terminologia

A palavra "intertestamento" (i.) cobre ao mesmo tempo um período do s. II a.C. ao s. II d.C. e também uma produção literária. Mas,

com o manuscrito do Livro astronômico de Henoc, encontrado em Qumran (4QEnastr), hoje em dia remonta-se ao fim do s. III a.C. Do ponto de vista literário o i. reúne ao longo desses séculos escritos judaicos heterogêneos que representam a interpretação da revelação* bíblica em diferentes círculos.

Há quem rejeite o termo "i." como muito ambíguo e prefira falar de "literatura judaica antiga". Motivos: 1/ Cronologicamente, o i. não se situa "entre" o AT e o NT, mas abarca as duas eras. 2/ A ideia de i. é cristã (o judaísmo prefere falar de "literatura judaica entre a Bíblia* e a Mishnah" (Nickelsburg, 1981). 3/ Esse título mesmo é equívoco. Porque o conceito de Bíblia enquanto livro* fechado supõe um cânon* das Escrituras*, delimitação que entre os judeus, como entre os cristãos, só ocorre nos começos do s. II, quando justamente termina o i.

No entanto, desde cedo considerou-se a lei* mosaica como livro por excelência (Sr 24,23) e o ponto focal da revelação divina, apoiado pelos escritos dos profetas* (Prólogo grego de Ben Sira; Mt 5,17). Os diferentes círculos judaicos balizaram o eixo central por diversos escritos que lhes permitiam precisar suas orientações próprias. Como a cultura helenística ambiente, a cultura judaica desse período gosta de fixar por escrito a história* e as tradições*, a fim de identificar-se em relação aos outros grupos ou nações. Alguns desses livros entraram no cânon do judaísmo helenístico (tais Tb, Jt, as adições a Dn e Est); outros foram excluídos do cânon, enquanto algumas Igrejas* os canonizavam: assim o Apocalipse siríaco de Baruc (Igreja caldaica) ou o Henoc etíope. Desse modo, a fronteira entre escritos "bíblicos" e escritos "intertestamentários" torna-se porosa.

É difícil precisar mais aqui o conceito de i. e traçar "o espaço social do livro" (A. Paul, EU 15, p. 996), tudo o que, em sua diversidade, o mundo judaico antigo testemunha sobre sua maneira de receber e de interpretar a revelação divina de que se reclama.

2. Os problemas

A exegese* cristã durante muito tempo manifestou um interesse privilegiado pelas influências que inseriram a Igreja* antiga nas correntes heleno-orientais, gnosticismo, mandeísmo. Valorizava-se assim o cristianismo como o filho liberado de sua matriz judaica, e a literatura do i. servia para valorizar as ideias cristãs manifestando sua superioridade em relação ao judaísmo. De seu lado, a pesquisa judaica esvaziava do i. como heterodoxo tudo o que o judaísmo rabínico excluía (Urbach, 1979, 7-9), a saber, os apocalipses e os pseudepígrafos (ou apócrifos*) do AT. Desde o começo de nosso século, autores cristãos tiveram a intuição de que as origens do cristianismo explicavam-se melhor por seu solo judaico do que pelas influências helenísticas ou maneanas. Donde o monumento literário do *Pfarrer* P. Billerbeck, patrocinado por H. L. Strack: *Kommentar zum neuen Testament aus Talmud und Midrash* (1926ss). Mas a documentação reunida por Billerbeck é muitas vezes demasiado tardia para esclarecer validamente o NT. Igualmente as obras ulteriores de vulgarização que, partindo da documentação talmúdica (s. IV e V), tendem a fazer de Jesus* um rabino (cf. Tassin, 1986, 5-9).

O interesse atual pelo i. procede de uma reorientação metodológica. Se o judaísmo rabínico consecutivo à ruína do Templo* em 70 apresenta-se como um mundo unificado, o judaísmo anterior, ao contrário, é polimorfo, cindido. Sua diversidade manifesta-se tanto nas traduções antigas da Bíblia quanto nos pseudepígrafos. Esse judaísmo é um mosaico que abrange os fariseus, os saduceus, os essênios, os batistas, o movimento de Jesus, sem esquecer a diáspora judaica que se aplicou em traduzir a mensagem bíblica em um ambiente helenístico.

Os judeus do s. I liam uma Bíblia que não estava nua, mas revestida espontaneamente de tradições interpretativas que se ramificaram na pululação do i. Por ex., a exultação de Abraão em Jo 8,56 compreende-se no quadro de um judaísmo que, em Gn 17,17, corrige em alegria o riso incrédulo do patriarca: donde a tradução do targum de Onqelos: "Ele se alegrou". Ora, esse tema já está sublinhado, no s. II a.C., no livro dos Jubileus (14,21; 15,17; 16,19 — Grelot 1988, *RdQ* 49-52, 621-628). O i. requer, pois,

um trabalho crítico que se esforça por datar o desenvolvimento das tradições (Vermes, 1961) a fim de discernir as que são suscetíveis de restituir a perspectiva judaica no NT. *A Noite pascal* (Le Déaut, 1963) representa um modelo desse método.

3. As obras

É impossível enumerar e classificar todas as obras que têm em comum sua origem judaica e se distinguem por isso dos apócrifos do NT. Englobam a apocalíptica* e os pseudepígrafos do AT. Esta última categoria inclui os livros que "reescrevem" a Bíblia, tal como o *Gênesis apócrifo* (em aramaico) encontrado em Qumran, ou os textos que bordam, sobre um personagem bíblico, tal como *José e Asenet*, um romance religioso de amor e de cavalaria. Mas outras obras não entram nessa categoria. Apoiando-se sobre a narrativa* dos mártires de 2Mc 6–7, o *IV livro dos Macabeus* (s. I a.C.), desenvolve um discurso marcado pelo estoicismo sobre o valor da "razão* piedosa" nas provas. Certas narrativas religiosas não se enraízam diretamente nos textos bíblicos. A *Carta de Aristeu a Filocrates* (s. II a.C.) conta a origem lendária da Bíblia dos LXX. O *III livro dos Macabeus* (s. I a.C.) é um romance, muitas vezes verificado pelas vicissitudes da história, sobre uma perseguição sofrida pelos judeus do Egito. Bem diverso ainda é o estatuto das obras de *Fílon de Alexandria* (nascido por volta do ano 15 a.C.), e de *Flávio Josefo* (nascido em 37 a.C.)

O estudo do i. encontra três problemas:

a) A datação. — As obras são muitas vezes anônimas ou escondem seu autor sob um pseudônimo, tais as *Sentenças* de Focílides (s. I d.C.), um poema gnômico que "transpõe em forma grega elementos da sabedoria* judaica" (Grelot, 1994, 137). Quanto aos apocalipses, mascaram acontecimentos sob imagens codificadas. Em suma, a tarefa de datar esses documentos como anteriores ou posteriores ao começo de nossa era é particularmente complicada.

b) Os remanejamentos — Desde o fim do s. I d.C. o judaísmo desinteressou-se por essa literatura prolixa em benefício dos escritos dos

Sábios. Os cristãos, por sua vez, salvaram esses textos nos quais viam, segundo o título de Eusébio de Cesareia, uma providencial *Praeparatio evangelica*. A transmissão não se fez portanto sem interpolações cristãs, tal a doxologia trinitária na conclusão do *Testamento de Abraão*. Porém a identificação dos acréscimos cristãos muitas vezes é objeto de debates, p. ex. a propósito do *Testamento dos XII Patriarcas* (Lévi, 18,6-8; Juda, 24,2).

c) A língua de transmissão. — Vários desses escritos, sobretudo em Alexandria, foram redigidos em grego, uma língua que garantia ampla difusão, mesmo se é duvidosa uma irradiação dessa literatura fora do mundo judaico (Tcherikover, 1956, *Eos*, 48, 169-193). Por causa de sua transmissão cristã, certos livros da Palestina só sobreviveram nas línguas das antigas Igrejas: o latim (*Antiguidades bíblicas do Pseudo-Fílon*, *Testamento de Moisés*), o siríaco (*2Baruc*) o etíope (*1Henoc, Jubileus*) ou o eslavo (*2Henoc*). Mas os fragmentos descobertos em Qumran restituíram a antiguidade e a língua original de muitas obras: o aramaico para *1Henoc*, o hebraico para *Jubileus*.

4. Elementos de classificação

Sem pretender estabelecer uma classificação minuciosa, distinguimos cinco conjuntos:

a) As obras de Fílon e de Josefo. — Estão bem situadas no tempo, e se nos faltassem quase nada saberíamos da história judaica desde o fim da época persa até o fim da guerra* judaica contra Roma* (Filo: *In Flaccum, Legatio ad Gaium*; Josefo: *Guerra judaica, Autobiografia*). Além disso, Josefo expôs sua concepção das instituições mosaicas e da história bíblica (*Antiguidades dos judeus, Contra Apion*). Com isso, faz eco a leituras interpretativas e, por cotejo, confirma a antiguidade de documentos bem menos datados. Igualmente, sob o exterior alegórico dos comentários de Fílon, deixam-se ver tradições palestinas antigas. Assim em Ex 28, Fílon, Josefo e o Targum concordam em dar uma interpretação alegórica da vestimenta do grande sacerdote.

b) Os escritos de Qumran. — Não apresentam apenas o perfil de uma seita particular. Os manuscritos bíblicos das grutas esclarecem doravante certos desvios das traduções antigas. Os comentários bíblicos de Q. (*peshatim*) e outros florilégios ou *Testimonia* confirmam a convergência de interpretações bíblicas conhecidas por outros documentos no que concerne às esperas escatológicas: os profetas Elias, Moisés e o Messias*, e mesmo a exploração da figura de Melquisedec na Epístola aos Hebreus (substituído por Elias na tradição rabínica).

c) Os pseudepígrafos do AT. — Incluem apocalipses, histórias lendárias (*3Mc*), instruções sob forma narrativa (*Jubileus*), obras poéticas: em Alexandria, p. ex., Ezequiel, o trágico, põe em cena o êxodo dos hebreus sob forma de uma tragédia em verso. Note-se a frequência dos "Testamentos": ficticiamente, um herói bíblico, a ponto de morrer, reúne seus herdeiros e lhes entrega seu testamento espiritual. Esse gênero influenciou o NT (Lc 22; Jo 13–17; 2Tm; 2Pd). Fica difícil avaliar a amplidão e a identidade dos públicos tocados pelos pseudepígrafos.

d) Os Targuns. — Eles atingem, ao contrário, o amplo auditório das sinagogas. Trata-se de versões da Bíblia em aramaico, inicialmente orais, no quadro da liturgia*, para destinatários que já não compreendiam o hebraico. O targum recorre muitas vezes à paráfrase. Mesmo se as recensões sinagogais de que dispomos são tardias e exigem um trabalho crítico, esse tipo de escrito é antigo, pois se encontrou em Qumran um targum de Jó (4QtgJob). As tradições veiculadas pelo targum dirigem-se ao meio popular das sinagogas, que recusa espontaneamente interpretações excessivamente sectárias ou demasiado inovadoras. Desse modo refletem uma espécie de consenso que se difundirá na literatura rabínica.

e) Os midrashim, a Mishnah, o Talmude. — Nas sinagogas antigas e nas escolas, a interpretação explícita da Lei era muitas vezes confiada aos "sábios" ou "escribas" (Mt 23,2). Entre o começo de nossa era e o começo do s. III, eles formam a geração dos *Tannaïm* ("repetidores"). Sua pesquisa nutre-se do i. e o retroalimenta.

Concretiza-se nos *midrashim* (comentários) do Pentateuco, de que só temos recensões tardias. Terá como fecho a edição da *Mishnah* (ver Strack-Stemberger, 1986). Com a Mishnah começa uma triagem na codificação das tradições abundantes do i. O que não passava ainda de "tradições dos antigos" torna-se a lei oral, atribuída a Moisés mesmo, e dotada de uma autoridade* igual à da lei escrita, e que se precisará no Talmude.

Começa aí uma nova história. De um lado, os cristãos recolhem os escritos do i. No quadro de sua missão* em direção aos pagãos, apreciam os pseudepígrafos que na diáspora judaica tentavam uma explicação grega da revelação bíblica. Quanto às tradições palestinas de interpretação da Escritura*, põem-nas ao serviço da fé em Jesus Messias. De outro lado, na época que seguiu à ruína do Templo*, o judaísmo abriu mão dos escritos judeu-helenísticos, como de uma dispersão demasiado perigosa para uma identidade a reconstruir, e selecionou, na herança do i., tudo o que pôde polarizar os crentes em torno da Torá e somente da Torá. Em suma, o i. foi o caldo de cultura que permitiu aos discípulos de Jesus identificar-se como "Igreja" e ao judaísmo antigo tornar-se o judaísmo rabínico.

• A. Dupont-Sommer, M. Philonenko (sob a dir. de) (1987), *La Bible. Écrits intertestamentaires*, Paris. — J. H. Charlesworth (sob a dir. de) (1983-1985), *The Old Testament Pseudepigrapha*, 2 vol., Londres. — M. Schuhl (ed.) (1974, 1983³), *Les maximes des Pères* (texto e trad.), Paris. — A. Pelletier (1962), *Lettre d'Aristée à Philocrate* (Texto e trad.), Paris. — R. Arnaldez, J. Pouilloux, C. Mondésert (sob a dir. de) (1961-1988), *Les oeuvres de Philon d'Alexandrie* (texto e trad.: 36 vol.), Paris. — Th. Reinach (sob a dir. de) (1900-1932), *Flavius Josèphe, Oeuvres complètes*, Paris. — Flavius Josèphe, *Contra Apion* (1930), texto estab. por Th. Reinach; trad. L. Blum, Paris.— A. Pelletier (ed.) (1975-1984), *La guerre des Juifs* (texto e trad.). 5 vol., Paris.

▸ P. Dalbert (1954), *Die Theologie der hellenistisch-judischen Missionsliteratur*, Hamburgo. — G. Vermes (1961), *Scripture and Tradition in Judaism*, Leyde. — R. Le Déaut (1963), *La nuit pascale. Essai sur la signification de la Pâque juive*, AnBi 22. — A.-M. Denis (1970), *Introduction aux pseudépigraphes d'Ancien Testament*, Leyde. — A. Paul (1972-), "Bulletin critique" bisannuel sur l'Intertestament, *RSR*; (1975). *Intertestament* (*CahÉv.* 14), Paris. — E. E. Urbach (1979), *The Sages* (2 vol.) Jerusalém. — A. Dupont-Sommer (1980⁴, 1996), *Écrits esséniens découverts près de la mer Morte*, Paris. — J. H. Charlesworth (1981), *The Pseudepigrapha and Modern Research*, Missoula. — G. W. E. Nickellsburg (1981), *Jewish Literature between the Bible and the Mishna*, Londres. — A. Diez Macho (1982), *El Targum*, Madri. — J. Cazeaux (1983), *Philon d'Alexandrie* (Suppl. au *CahEv* 44), Paris. — R. Le Déau (1984), "La Septante, un Targun?", *in* R. Kuntzmann, J. Schlosser (sob a dir. de), *Études sur le judaisme hellénistique*, Paris. — M. E. Stone (1984), *Jewish Writings of the Second Temple Period*, Assen-Filadelfia. — H. L. Strack, G. Stemberger (1986), *Introduction au Talmud et au Midrash*, Paris. — C. Tassin (1986), *Le judaisme* (CEv 55), Paris. — A. Paul (1987), *Le judaisme ancien et la Bible*, Paris. — S. Safrai (1987), *The Literature of the Sages*, Assen/Maastricht-Filadelfia. — M. Hadas-Lebel (1989), *Flavius Josèphe*, Paris. — Ver no *New Jerome Biblical Commentary* (1989), p. 1054-1082: R. E. Brown, "Jewish Apochrypha", §§ 1-52; "Dead Sea Scrolls", §§ 79-123; A. J. Saldarini, "Philo, Josephus, Rabbinic Literature", §§ 124-143 (bibl.). — P. Grelot (1994²) *L'espérance juive à l'heure de Jésus*, nova ed., Paris.

Claude TASSIN

→ *Apocalíptica; Apócrifos; Bíblia; Cânon das Escrituras; Escritura Sagrada; Evangelhos; Israel; Judaísmo; Lei; Livro; Traduções antigas da Bíblia.*

INVESTIDURAS (QUESTÃO DAS) → Latrão I (concílio)

IRENEU DE LIÃO, *c.* 140-200

1. Biografia

a) *Vida.* — Temos poucas informações sobre a vida de Ireneu (I.). Todas provêm de obras que ainda possuímos ou de obras que se perderam, das quais alguns extratos foram conservados por Eusébio de Cesareia em sua *História eclesiástica* (*HE*). I. é originário da Ásia, talvez de Esmirna. Foi lá, em todo caso, que ainda jovem ouviu os ensinamentos do bispo* Policarpo já idoso (*HE*, 5, 20, 5-8). A diferença de idade entre I.

e Policarpo, e a data do martírio* desse último (155/156 ou 167) permitem situar o nascimento de I. por volta de 140.

Sem que se saibam verdadeiramente as razões, senão que existiam laços muito fortes entre as comunidades cristãs de Lião e da Ásia, I. veio para Lião. Ali já se encontra por ocasião da perseguição de 177, durante a qual Potino, primeiro bispo* da cidade, encontra a morte. I. o sucede, antes de ir a Roma como representante da comunidade para levar uma carta ao papa* Eleutério (*HE* 5, 4,1). Também intervém junto ao papa Vítor (189-198) sobre a questão, então controvertida, da data da Páscoa*. Nada mais sabemos de I., nem mesmo a data de sua morte. A tradição que faz de I. um mártir é do começo do s. VI.

b) Obras. — I. escreveu em grego muitas obras cuja lista figura em Eusébio (*HE* 5, 26; 5, 24; 5, 20, 1). Somente duas delas foram conservadas.

Composto de cinco livros, o *Esclarecimento e refutação da pseudognose* só subsiste completo numa tradução latina do s. IV. Além dos fragmentos em armênio e em siríaco, possui-se uma tradução armênia dos livros IV e V. Do texto grego restam apenas fragmentos, sobretudo para o livro I. Essa obra é mais conhecida sob o título *Contra as heresias* (*Adv. Haer.*), dado por certos manuscritos e pelos primeiros editores. A segunda obra intitula-se *Demonstração da pregação apostólica* (*Dem.*) e só existe em tradução armênia do s. VI.

Pode-se datar essas duas obras? Na conclusão da *Dem.*, I. faz referência a *Adv. Haer.* Isso pode indicar que as duas obras foram redigidas ao mesmo tempo, ou, o que é mais provável, que a *Dem.* segue de perto o primeiro tratado de I. Além disso, em *Adv. Haer.* 3, 3, 3, I menciona como bispo de Roma* Eleutério, o predecessor de Vítor. Pode-se portanto afirmar de *Adv. Haer.* que ao menos os três primeiros livros foram redigidos antes de 189, começo do episcopado de Vítor.

A *Dem.* é uma catequese* que interpreta a história sagrada* de Israel* como sendo uma profecia* de Cristo* Jesus*. O *Adv. Haer.*, ao contrário, é um tratado de teologia* em que I. refuta as heresias*, essencialmente de três tipos, ebionita, marcionita e gnóstica. Concretamente, I. não tinha encontrado, ele mesmo, o gnosticismo. Mas o tratado, de caráter sistemático, abarca, de fato, todo o campo teológico e serve-se das heresias como contraprovas para expor a doutrina católica.

2. A teologia de Ireneu

a) Fontes e método teológico. — I. leu seus predecessores. Mas sobretudo trabalhou as Escrituras*, e é no domínio bíblico que foi mais marcado por seus predecessores. Deles tem os *Testimonia*, essas coletâneas de citações escriturísticas mais ou menos desenvolvidas. Deles ainda, notadamente de Papias, de Policarpo e de Justino, recebeu uma maneira de interpretar as Escrituras. De Justino, enfim, retomou a maneira de compreender o AT como profecia* do NT. O AT narra as ações realizadas por Deus em favor dos homens naquele tempo, e as palavras que lhes transmitiu, e as ações e as palavras prefiguram e anunciam Cristo Jesus. As Escrituras formam um todo, o NT é o cumprimento* do AT (*Adv. Haer.* 4, 26, 1).

As Escrituras e sua interpretação pela Igreja* são o coração da doutrina pregada, em particular por ocasião do ensinamento batismal, e que resumem especialmente a regra da fé* e a regra da verdade* (*Adv. Haer.* 1, 9, 4). Escrituras e doutrina fazem parte da tradição* da Igreja, uma tradição inseparável da sucessão* apostólica dos bispos. Segundo I., a Igreja só pode efetivamente existir em torno do bispo que transmite a tradição e garante a origem apostólica da Igreja por pertencer a uma sucessão que remonta aos apóstolos* (*Adv. Haer.* 3, 3, 1). A estrutura* episcopal da Igreja certamente só se impôs no s. II e em relação a outros tipos de organização mais antigos. Mas para I., que só conheceu esse modelo com Policarpo, é indubitável que remonta aos apóstolos.

A reflexão sobre a fé efetua-se, nas Igrejas dirigidas pelos bispos, pela tradição que transmitem e pela regulação que asseguram. Os que não reconhecem a organização episcopal estão, pois, para I. fora da comunhão* da Igreja: são esses os hereges que refuta.

I., que não cita nenhum documento marcionita, verossimilmente tomou emprestada a Justino sua apresentação do marcionismo* e os argumentos para refutá-lo. Quanto ao gnosticismo, I. leu vários escritos gnósticos, em particular valentinianos. Aqui também completou sua informação com a ajuda de Justino.

Tal como nos aparece, a documentação reunida por I. não lhe permitiu uma abordagem exata e aprofundada do gnosticismo. Apesar disso, soube perceber as questões teológicas que opunham a grande Igreja ao gnosticismo. Trata-se primeiro da salvação do homem em sua alma* e em seu corpo*, e por conseguinte da salvação do mundo material. O debate trava-se correlativamente sobre a condição do Filho e do Espírito* em relação ao Pai*; só dele dependem, e não procedem da economia.

Nesse contexto, I. põe em obra, de maneira pessoal, várias noções presentes na Escritura e em seus predecessores, nos quais porém tinham papel limitado; serve-se delas para explicitar o ensinamento da Igreja sobre a salvação e sobre Deus. A teologia torna-se então uma reflexão sobre a economia da salvação que conduz ao mistério* de Deus.

b) *A economia da salvação.* — Deus tem um desígnio e o realiza: é o que I. chama "economia da salvação*", noção central em sua teologia. Deus criou o homem para fazê-lo participar de sua vida (*Adv. Haer.* 4, 14, 1), e a criação* é feita para o homem a fim de permitir-lhe o encontro de Deus e do homem (*Adv. Haer.*, 4, 7, 4; 4, 20, 4; 5, 29,1). I. retoma das Escrituras diferentes maneiras de pensar a salvação.

Uma primeira noção é de filiação* adotiva (Gl 4,4-6) que Jesus Cristo traz aos homens pelo dom do Espírito (*Adv. Haer.* 3, 6, 1; 3, 19, 1). Outra noção é fornecida pelo tema do homem criado à imagem e semelhança de Deus (Gn 1,26). O homem, corpo e alma, é naturalmente à imagem de Deus por sua corporeidade (*Dem.* 11). Mais precisamente, é imagem do Verbo* feito homem, Cristo Jesus, protótipo da humanidade levada a seu acabamento pelo dom do Espírito* em que consiste a semelhança (*Adv. Haer.* 5, 6, 1). A presença do Espírito acaba assim a moldagem do homem, que se torna cada vez mais semelhante a Cristo.

Os exemplos precedentes mostram que a economia se divide em duas fases. A primeira parte do começo do mundo e prepara a encarnação* do Verbo de Deus; durante a segunda, a humanidade é levada à perfeição. A passagem de uma fase para a outra é cumprida pelo Verbo de Deus feito homem, o Cristo Jesus. É a *recapitulação, anakephalaôsis.* Esta opera a

transformação de todo o gênero humano, não só das gerações futuras até o fim dos tempos, quando a criação mesma será transfigurada (*Adv. Haer.* 5, 36,1.3), mas também das gerações anteriores até Adão*, inclusive (*Adv. Haer.* 3, 23, 1; *Dem.* 78).

Pela recapitulação, Cristo Jesus reúne todos os homens. Vence igualmente o diabo, o pecado* e a morte, e deles liberta os homens (*Adv. Haer.* 3, 18, 7). Dá, enfim, ao homem sua perfeição, comunicando-lhe o Espírito Santo (*Adv. Haer.* 4, 33, 8; 5, 20, 2).

Durante a segunda fase é ao Espírito, e não mais ao Filho, a quem I. refere a economia. Depois da ascensão e do dom do Espírito, Cristo, com efeito, age pelo Espírito Santo que habita nos homens. O Espírito prolonga a obra de Cristo. Renova os homens libertando-os, reunindo-os e tornando-os perfeitos (*Dem.* 6). I. percebe assim duas características na efusão do Espírito. De um lado, o Espírito foi difundido sobre todo o gênero humano (*Adv. Haer.* 3, 17, 1-2; *Dem.* 6 e 89). De outro lado, é dado aos crentes pelo batismo* (*Dem.* 42) e pela eucaristia* (*Adv. Haer.* 4, 18, 4-5 5 5, 2, 3) para constituir a Igreja como seu lugar visível (*Adv. Haer.* 3, 24, 1).

c) *Recapitulação de Adão por Cristo: criação e salvação.* — Adão* é o primeiro homem. Mas é também uma figura coletiva, porque todos os homens tiram sua origem dele pela sucessão de gerações, e por isso constituem um único gênero humano (*Adv. Haer.* 4, 33, 15).

Da mesma maneira, Cristo é o princípio da humanidade nova, i.e., espiritual. Em sua obra de recapitulação, está em relação com o gênero humano na mesma situação que Adão, porque é moldado a partir de uma terra virgem, como Adão tinha sido: "E como esse primeiro homem moldado, Adão, recebeu sua substância de uma terra intacta e virgem ainda... do mesmo modo, recapitulando Adão em si mesmo, ele, o Verbo, foi de Maria* ainda virgem que a justo título recebeu essa geração que é a recapitulação de Adão" (*Adv. Haer.* 3, 21, 10).

Porém, colocado em situação idêntica, Cristo teve êxito onde Adão fracassara. Com efeito, à desobediência do primeiro — que submeteu o homem ao pecado*, à morte* e a Satã — corresponde a obediência do segundo, que libera o homem dessas potências (*Adv. Haer.* 3, 18, 6-7; 3, 19, 3; 5, 21, 3). Porém Cristo traz, além do mais, a vida divina que Adão não podia dar. Enquanto homem e Verbo, podia, de um lado, ser provado e obedecer ao Pai e, de outro lado, ser glorificado para assim transmitir a vida divina aos outros homens (*Adv. Haer.* 4, 20, 2).

Finalmente, assim como Adão transmite aos homens sua natureza e sua condição de pecado, Jesus lhes dá o Espírito que completa essa natureza e corrige essa condição, destruindo o pecado. A relação entre Adão e Cristo exprime assim o elo entre a criação e a salvação. Adão dá sua humanidade ao Filho, por intermédio de Maria, mas é em função da vinda de Cristo que Adão foi criado. A salvação é o cumprimento da criação.

d) Cristo Jesus, princípio e fim da economia. — A economia da salvação supunha a existência de um salvador e de homens a salvar. Mas para I. o Salvador não existe porque existem homens a salvar — ao contrário, existem homens a salvar porque preexiste um Salvador. "É também por isso que Paulo chama o próprio Adão a 'figura daquele que devia vir' (Rm 5,14): porque o Verbo, Artesão do universo, tinha esboçado previamente em vista dele mesmo a economia futura do gênero humano em sua relação com o Filho de Deus; pois Deus estabeleceu em primeiro lugar o homem psíquico a fim de que, com toda a evidência, ele fosse salvo pelo homem espiritual. Com efeito, já que preexistia quem ia salvar, era preciso que quem ia ser salvo viesse também à existência, a fim de que o Salvador não fosse sem razão de ser" (*Adv. Haer.* 3, 22, 3).

Nesse texto (cf. Fantino, 1944, 247s) I. estabelece que a relação entre Adão e Cristo é a do homem psíquico para com o homem espiritual (1Cor 15,45s), a da figura para com a realidade acabada. Adão é assim a figura de Cristo Jesus, que veio realizar nele a humanidade perfeita (Rm 5,14). Mas como o ensina Paulo (1Cor 15,42-48; citado em *Adv. Haer.* 5, 12, 2), o que primeiro existe é o esboço, Adão, o homem psíquico, transformado depois em um homem perfeito, em homem espiritual. Encontram-se assim as duas fases da economia. A criação da humanidade vem em primeiro lugar, e em segundo vem seu acabamento pela encarnação do Filho, Cristo Jesus, que comunica o Espírito a todo o gênero humano. Porém, é só no fim dos tempos* que intervirá o dom pleno do Espírito Santo, acontecimento ligado à ressurreição* e ao advento do Reino* do Pai.

A chave de toda a economia manifestada na encarnação não é a existência do mal ou do pecado, mas a pessoa do Salvador. O pecado é integrado à realização da economia, que compreende, com efeito, a libertação do pecado (*Adv. Haer.* 3, 19, 3; 3, 23, 1).

I. não identifica o mal ao pecado. O mal psíquico tem a ver com a natureza do criado, porque é devido à oposição de forças contrárias e ao encadeamento de acontecimentos que obedecem às leis naturais: o que parece ser um mal em pequena escala é um bem em escala do cosmo* (*Adv. Haer.* 2, 25, 2). O segundo tipo de mal, o mal moral, é o pecado. Provém da inveja de Satã e de certos anjos* que arrastaram Adão para a transgressão (*Adv. Haer.* 3, 23; *Dem.* 16). Na linha dos escritos joaninos, I. considera o pecado como uma condição da existência humana, mais do que uma soma de atos pessoais.

Em sua presciência, Deus previu o pecado do anjo* e do homem, assim como suas consequências, e o permitiu (*Adv. Haer.* 3, 29, 1; 3, 23, 11; 4, 38, 4; 5, 36, 1). Mas pôr o homem à prova faz parte do desígnio original de Deus (*Adv. Haer.* 5, 24, 3; *Dem.* 15). Porque é pela experiência* que o homem adquire o conhecimento e, portanto, o conhecimento do bem* e do mal* (*Adv. Haer.* 4, 37, 6-7; 4, 38, 4).

e) A economia revela o mistério do Pai, do Filho e do Espírito. — É a partir da economia que I. reflete sobre a salvação que Deus dá ao homem e sobre a maneira como esta lhe é oferecida por Deus. O Filho e o Espírito nos comunicam efetivamente a vida de Deus porque eles mesmos possuem essa vida. Não são portanto criados, sua existência não é "econômica".

I. põe assim uma distinção nítida entre o incriado que é Deus e o criado. O criado é o mundo temporal, visível e invisível. Ao incriado pertencem o Pai, o Filho e o Espírito, que são coeternos. Mas se o Filho e o Espírito Santo são incriados têm contudo sua origem no Pai.

I. marca de maneira precisa a diferença de origem do Filho e do Espírito Santo, por um lado, e a origem da criação, por outro. O criado provém da vontade divina. O Filho e o Espírito, porém, saíram da substância do Pai. O ato de geração estabelece a unidade do Pai e do Filho assim como sua diferença. Quanto ao Espírito Santo, I. é mais discreto. O Espírito é coeterno ao Pai e ao Filho, não é uma criatura mas procede de Deus e reside em permanência com o Pai e o Filho.

A unidade dos Três não é só na ordem do agir, mas também na ordem do ser. I. reconhece uma única substância de Deus. Mas exprime essa unidade recorrendo a imagens, p. ex. a do Deus que tem sempre com ele suas Mãos, o Filho e o Espírito (*Adv. Haer.* 5, 8, 4). Esse procedimento sublinha a presença contínua e, para tudo dizer, eterna do Filho e do Espírito junto ao Pai.

I. reconhece, no entanto, uma diferença entre os Três na economia, e atribui um papel específico a cada um. Aqui ainda, segue o hábito das Escrituras: o Pai decide, o Filho faz e o Espírito ordena e faz crescer, mas há somente um agir divino (*Adv. Haer.* 4, 20, 1; 4, 38, 3). Isso está de acordo com o fato de que a teologia de I. está fundada na economia. Por essa, com efeito, os homens acedem ao Pai, ao Filho e ao Espírito, que cumprem a economia criando o homem e levando-o ao seu termo: encontrar e amar a Deus, i.e., os Três. Em teologia, a passagem da economia para o mistério de Deus é normal para I., porque corresponde ao movimento da economia que é conduzir a Deus.

- *Contra as heresias*, ed. e trad. de A. Rousseau (1965-1982), SC 100, 152-153, 210-21, 263-264; *Demonstração da pregação apostólica*, Ed. K. Ter-Mekertschian (1919), PO 12, trad. A. Rousseau (1995), SC 406; *Novos fragmentos armênios de* Adversus Haereses *e de* Epideixis, ed. e trad. C. Renoux (1978), PO 39.

▸ A. Houssiau (1955), *La Christologie de saint I.*, Louvain-Gembloux. — A. Benoît (1960), *Saint I., Introduction à l'étude de sa théologie*, Paris. — A. Orbe (1969), *Antropología de san Ireneo*, Madri. — L. Doutrelau, L. Regnault (1971), "I. de Lyon",

DSp. 7, 1923-1969. — H. J. Jaschke (1976), *Der Heilige Geist im Bekenntnis der Kirche*, Münster. — R. Berthouzoz (1980), *Liberté et grâce suivant la théologie d'I. de Lyon*, Paris-Friburgo. — A. Orbe, (1985-1968). *Teologia de san Ireneo, comentario al libro V del* Adversus Haereses, Madri.— Y. de Andia (1986), Homo vivens, *incorruptibilité et divinisation de l'homme selon I. de Lyon*, Paris. — J. Fantino (1986). *L'homme image de Dieu chez saint I. de Lyon*, TRE 16, 258-268. — H. J. Jaschke (1987), "Irenaüs von Lyon", *TRE* 16, 258-268. — J. Fantino (1994), *La théologie d'I.*, Paris. — R. Aubert (1995), "I. (saint)", *DHGE* 25, 1477-1479.

Jacques FANTINO

→ *Apologistas; Confissões de fé; Gnose; História; Salvação.*

IRMÃOS DA VIDA COMUM → *devotio moderna*

ISRAEL

1. Antigo Testamento e judaísmo

a) *Terminologia.* — "*Yiserâ'el*" está entre os nomes próprios utilizados mais frequentemente no TM (2514 x). No Gênesis, designa essencialmente o patriarca Jacó depois de sua mudança de nome*, o que Gn 32,29 (cf. Os 1,4) interpreta por "combater com Deus*" (mas nos nomes teóforos Deus é sujeito: "*Deus* combate", "*Deus* reina"). Na continuação, Israel (I.) designará quase sempre o povo* ("filhos de I.", 637 x; "casa de I.": 146 x; "terra de I.": 17 x) — mas há maneiras diferentes de designá-lo ("meu povo", "Jacó", "Jerusalém*", "Sion", "vós" etc.).

Desde a origem, o aspecto étnico e o aspecto religioso são inseparáveis: "I." designa uma liga de tribos unidas não somente por laços políticos, mas também pela aliança* com o Senhor, o qual por sua vez é definido pela sua relação com o seu povo: "Deus de I." (20 x; no total 231 com outros sintagamas análogos: "o santo de I." etc.).

Essa constante mantém-se nas vicissitudes da história*. Depois do cisma das dez tribos (1Rs 12,20-33), "I." designa o reino setentrional e "Judá" o reino meridional (1–2Rs, *passim*, sobretudo nos contextos políticos). Trata-se talvez de um retorno a uma terminologia mais antiga (1Sm 17,52; 18,16; 2Sm 2,8-11; 5,1-12; 19,41-44 etc.). Mas em contextos de caráter mais religioso I. continua a indicar o povo inteiro, sobretudo nos Profetas* (Is 1,3; 8,18; Am 3,1; 9,7...) e no Deuteronômio.

Depois do exílio, o povo é reduzido praticamente à tribo de Judá, e o nome "judeu" (hb. *yehoûdî*; aram. *yehoûdây*; gr. *ioudaios*) torna-se corrente: seja na boca de estrangeiros (Esd 5,1; 1Mc 11,30), seja na boca dos próprios judeus, em contexto etnopolítico (1Mc 12,3). Porém subsiste o nome I., tomando de maneira mais decisiva um valor religioso (Is 4,5; Esd 2,2; Ne 9.1s; Sr 36,11; Jt 4,1.8; 1Mc 13,26).

b) Dimensão teológica. — Embora o acento seja posto cada vez mais na responsabilidade pessoal (cf. Ez 3,16-21; 18,1-32) o aspecto coletivo conserva todo seu espaço no desenvolvimento da reflexão teológica, que relê o passado pelo ângulo da história da salvação* (eleição*, promessa*, aliança*) e se projeta para um futuro escatológico. O destinatário das promessas não é um conjunto de indivíduos, mas o povo como tal. Este é muitas vezes limitado, na perspectiva do julgamento*, a um "resto" fiel (Is 11,9; 4,2-6; 10,20-23; Jr 21,7; Am 3,12; 5,15; 9,8s; Mq 4,7; 5,6s; Sf 3,12s etc.); é também às vezes incluído globalmente na salvação, que será dom gratuito, obra da potência* de Deus (Jr 31,31ss; Ez 36,26s).

A reconstituição das doze tribos torna-se objeto de oração*, de esperança* escatológica (Ez 47,13–48-35; Sr 48,10; *Ps Sal* 17). Com a imagem da peregrinação* a Sion, as nações são associadas à perspectiva da salvação final sem perder sua identidade respectiva (Is 2,1-5; 25,6-9; 45,14-25; 60,1-22; 66,18s; Zc 14,16).

2. O Novo Testamento

a) Jesus e Israel. — Ao anunciar o Reino de Deus*, Jesus* proclamou não uma mensagem ético-religiosa geral, mas antes o cumprimento* escatológico esperado por I. Pela constituição do grupo dos Doze, exprimia sua consciência de ser enviado em vista da constituição do I. escatológico (Mt 19,28 par.; Lc 22,28ss). Falava

da salvação dos pagãos recorrendo às imagens veterotestamentárias da peregrinação e do banquete (Mt 8,11; Lc 13,29). Jesus veio "submetido à Lei*" (cf. Gl 4,4), interpretando-a "como homem que tem autoridade*" (Mt 7,29), mas de modo algum abolindo a Lei ou derrogando partes dela. Cumpriu seu serviço em favor dos circuncisos (Rm 15,8), delimitando sua atividade e a de seus discípulos às "ovelhas perdidas da casa de I." (cf. Mt 10,5s; 15,24, formulações talvez pós-pascais, mas inspiradas na realidade histórica). Seus encontros com os pagãos (Mc 5,1-20 par.; 7,24-30 par.; Mt 15,31; Jo 12,20ss) ou os samaritanos (Lc 17,11-19; Jo 4,1-42) assumem sempre um caráter ocasional.

Interpretando sua própria missão no horizonte da fé* de I., Jesus oferecia, ao mesmo tempo, a interpretação definitiva desta; o que fazia quando ligava o Reino* ao mistério* de sua própria pessoa* e exigia uma adesão de fé incondicionada daqueles que chamava a "segui-lo", além de todo outro critério e de toda outra autoridade. Nesse sentido, o movimento provocado por ele, mesmo se podia aparecer, em nível puramente sociológico, como um dos numerosos "movimentos de reforma" que então nasciam no interior do judaísmo*, não se reduz a isso. Os desenvolvimentos ulteriores, mesmo realizados de maneira gradual e atormentada — conflitos com a autoridade judaica, constituição de uma Igreja* como comunidade religiosa distinta, evangelização dos pagãos, superação da Lei — têm sua fonte não só no acontecimento pascal, mas também no ensinamento e na prática pré-pascais de Jesus.

b) A reflexão neotestamentária sobre Israel. — O quadro lexical é formado pelo termo mais solene e religioso "Israel", mas também por outros como "judeus", "o povo", "essa geração" etc. Quanto ao quadro histórico, os escritos neotestamentários refletem a experiência da pregação* cristã entre os judeus e os pagãos. No que concerne aos judeus, ela só tem êxito parcial e resulta em fracasso e ruptura, enquanto, para os pagãos é cada vez mais bem-sucedida até acabar por torná-los, ao menos tendencialmente, majoritários e por dar-lhes uma posição dominante. Esses escritos refletem também a tentativa de interpretar teologicamente tais experiências para situá-las no desígnio de Deus. Essa reflexão, nunca plenamente sistemática (nem mesmo é sistemática em Rm 9–11!), põe em obra categorias múltiplas e resulta em perspectivas diferentes.

O autor que enfrenta mais em profundidade o problema é justamente aquele que sublinha com mais força a novidade cristã, Paulo. Sua visão o leva de uma visão mais conflitiva (1Ts 2,14ss; Gl 3–4) à visão mais serena e positiva de Rm 9–11. Sem renegar toda sua visão teológica da fé e da cruz, ou melhor, dando à gratuidade o estatuto de instância fundamental, que coroa esses capítulos com o anúncio da salvação final de todo I.

Em certos escritos, como Marcos e mais fortemente João, aflora uma veia polêmica contra a incredulidade do judaísmo (trata-se sempre do judaísmo contemporâneo de Jesus e das primeiras comunidades). Essas posições coincidem com outras que reconhecem seu papel especial na história da salvação (Jo 4,22; 11,51s), sem que nenhuma síntese seja esboçada. Mais sistemático é Mateus, no qual parece prevalecer o esquema polêmico da "substituição": "o reino de Deus vos será tomado e será dado a um povo que produzirá frutos" (Mt 21,43). Uma vez a prioridade de I. respeitada pelo Jesus terrestre (mas com um resultado negativo), o Crucificado, sem fazer mais menção de I., envia imediatamente seus discípulos às nações (Mt 28,16-20). É só de passagem que faz alusão à salvação futura desse povo (Mt 23,29).

Em Lucas e nos Atos, ao contrário, o Crucificado pede aos discípulos que não se afastem de Jerusalém*, que deem testemunho dele sobretudo nessa cidade (Lc 24,46-49; At 1, At 5). Gradualmente a evangelização* abarcará também os pagãos (At 11,18), "os outros homens também" (11,17; cf. Lc 2,32: "Luz para a revelação* aos pagãos e glória de I. teu povo"). Esses pagãos serão recebidos não para preencher um lugar deixado vazio, mas para cumprir as profecias* universalistas do AT. A incredulidade dos judeus é considerada como não

definitiva (Lc 13,34s; At 1,6ss). Sua consequência histórica será que, a partir de certo ponto, a pregação só poderá dirigir-se aos pagãos (At 13,46; 18,6; 28,25-28): é dessa maneira que a reconstrução histórica de Lucas transforma-se em legitimação da Igreja missionária.

O Apocalipse, por sua vez, também distingue, na visão dos eleitos, entre os das tribos de I. e os das nações (Ap 7,1-10; cf. também 21,12.24). Porém em outros escritos a distinção parece pertencer só ao passado (Ef 2,11-18); e nenhuma menção se faz dela em Hb.

Contudo, o papel de I. na história da salvação jamais é negado, como acontecerá em seguida, p. ex., com Marcião (marcionismo*). Não se afirma nunca uma rejeição definitiva do povo judeu como tal, nem sua pura e simples substituição pela Igreja. O termo conserva sempre o sentido originário; a ideia da Igreja como "verdadeiro Israel" permanece substancialmente estranha ao NT; a despeito de alguns textos que parecem ir nessa direção (Gl 6,16, *Israèl tou Theou*), permanece controvertida. 1Cor 10,16, *Israèl katà sarka*, não é o oposto de um "I. espiritual". Se as prerrogativas salvíficas de certos judeus são algumas vezes negadas (Rm 9,6s; Jo 8,31-58; Ap 2,9; 3,9), as do povo em geral nunca o são. Às vezes são estendidas aos cristãos, chamados descendência de Abraão (Gl 4,21-31), povo de Deus (At 15,14), linhagem eleita, povo santo (1Pd 2,9), povo da diáspora (Tg 1,1). Essas expressões não têm o sentido que às vezes lhes será dado depois, o de uma exclusão do I. histórico.

• E. Peterson (1933) *Die Kirche aus Juden und Heiden*, Salzburgo. — G. von Rad, K. G. Kuhn, W. Gutbrod (1938), "Israel", *ThWNT* 3, 356-394. — G. A. Danell (1946), *Studies in the Name Israel in the Old Testament*, Uppsala. — M. Simon (1948), Verus Israel. *Étude sur les relations entre chrétiens et juifs dans l'Empire romain*, Paris, 135-425. — J. Jeremias (1956), *Jésus et les païens*. Neuchâtel-Paris. — W. Trilling (1964³), *Das wahre Israel. Studien zur Theologie des Matthäus-Evangelium*, StANT 10. — A. George (1968), "Israel dans l'oeuvre de Luc", *RB* 75, 481-525, reed. em *Études sur l'oeuvre de Luc*, Paris, 1978, 87-125. — R. de Vaux (1971), *Histoire ancienne d'Israel des origines à l'installation en Canaan*, ÉtB. — J. Jervell (1972), *Luke and the People of God*, Minneapolis. — L. de Lorenzi (sob a dir. de) (1977), *Die Israelfrage nach Röm 9-11*, Roma. — F. Mussner (1979), *Traktat über die Juden*, Munique. — V. Fusco (1980), *Parola e Regno. Le sezione delle parabole (Mc 4,1-34) nella prospettiva marciana*, Aloi 13. — H. J. Zoblel (1982), "Jisrâ'el", *ThWAT* 3, 986-1012 — M. Remaud, *Chrétiens devant Israël serviteur de Dieu*, Paris. — E. P. Sanders (1983), *Paul, the Law and the Jewish People*, Filadélfia. —— F. Refoulé (1984), "... *et ainsi tout Israël sera sauvé: Romains 11, 25-32*", LeDiv 117. — V. Fusco (1986), "Progetto storiografico e progetto teologico nell'opera lucana", *in* Col., *La storiografia nella Bibbia*, Bolonha, 123-152. — R. Albertz *et al.* (1987), "Israel", *TRE* 16 368-193. — V. Fusco (1989), "Rivelazione di Gesù — rivelazione di Dio. Il problema del 'Dio di Gesù Cristo, nella prospettiva marciana'", *ScC* 117, 149-166. — J. D. G. (sob a dir. de) (1992), *Jews and Christians. The Parting of the Ways. A.D. 70-135*, WUNT 66. — G. M. Smiga (1992), *Pain and Polemic. Anti-Judaism in the Gospels*, Mahwa, N.J. — V. Fusco (1993a) "Gesù e le Scritture di Israele", *in* E. Norelli (sob a dir. de), *La Bibbia nel'antichità cristiana, I. Da Gesù a Origine* (La Bibbia nella storia, 15/a), Bolonha, 3-63; (1993 b), *Le Scritture nella tradizione sinottica e negli Atti, ibid.*, 105-149. — D. Marguerat (1994), "Juifs et chrétiens selon Luc-Actes. Surmonter le conflit des lectures", *Bib* 75, 126-146. — D. Sänger (1994), *Die Verkündigung des Gekreuzigten und Israel. Studien zum Verhältnis von Kirche und Israel bei Paulus und im frühen Christentum*, WUNT 75. — D. Marguerat (sob a dir. de) (1996), *Le déchirement. Juifs et chrétiens au premier siècle*, Genebra, — G. Caron (1997), *Qui sont les juifs dans l'Évangile de Jean?*, Quebec. — A. Marchadour (sob a dir. de) (1998), *Procès de Jésus, procès des Juifs*, Paris.

Vittorio FUSCO

→ *Apóstolo; Cumprimento das Escrituras; Eleição; Escatologia; Igreja; Jerusalém; Jesus da história; Judaísmo; Messianismo/messias; Paganismo; Paulina* (teologia); *Povo; Promessa; Universalismo.*

J

JANSENISMO

No sentido estrito, o jansenismo (j.) é uma heresia* delimitada por várias condenações do magistério* pós-tridentino; no sentido mais amplo, designa-se dessa maneira um movimento interno do catolicismo* que nega a necessidade dessas condenações e limita seu alcance, e que procura sobretudo apresentar do cristianismo uma imagem mais fiel às suas origens e aos seus objetivos.

1. A heresia jansenista

Na origem, está o *Augustinus* (1640), obra de Cornélio Jansen (1585-1638), professor de Sagrada Escritura* na Universidade de Louvain e depois bispo* de Ypres. A elaboração dessa síntese agostiniana sobre a salvação* e a graça* era uma contraofensiva destinada a enfraquecer a importância das opiniões molinistas (molinismo*) ensinadas por alguns jesuítas. Sua publicação violava as decisões pontificais que proibiam disputas sobre esses temas a partir do encerramento das congregações *De auxiliis*. Essa foi a razão de uma primeira série de condenações, a principal das quais tendo sido a bula *In Eminenti* (1642, publicada 1643). Essa censura foi explicitamente apresentada como não questionando o estatuto privilegiado do agostinismo* (a.) acerca dessas questões.

A contenda destacou-se na França, assumindo nesse país o matiz político-religioso que a carac-terizaria até o fim. Um amigo de Jansen, Jean du Vergier de Hauranne, abade de Saint-Cyran (1581-1643), exercia aí uma grande influência, preconizando uma reforma católica com base no modelo da Igreja* primitiva (escritos sob o nome de *Petrus Aurelius*) e numa espiritualidade de renovação interior. Ele fizera de um mosteiro de religiosas cistercienses, Port-Royal, o foco de irradiação dessas perspectivas. Opondo-se às alianças protestantes de Richelieu, ele também se mostrara adversário do cardeal no que se referia à penitência* (questão da atrição). Ele encarregou um de seus discípulos, doutor da Sorbonne — Antoine Arnauld (1612-1694) —, de expor a tradição* antiga da Igreja sobre a penitência e a eucaristia*, e a exposição enfrentou algumas dificuldades em Roma* (*La fréquente communion*, 1643). Arnauld assumiu também a defesa do *Augustinus*, que atacava publicamente o teologal de Paris, Isaac Habert.

Foi por intermédio de defesas de teses na Faculdade de Teologia de Paris que o j. foi objeto de uma primeira formulação. Ao pedir à Faculdade que assumisse uma posição (1649), o síndico Nicolas Cornet procurava impedir o fortalecimento do a., limitado às gerações jovens. Os doutores estavam muito divididos para agir, e cinco proposições sobre os sete pontos principais do *Augustinus* foram submetidas ao julgamento da Santa Sé por numerosos bispos franceses. Elas foram julgadas heréticas e condenadas pela const. apost. *Cum Occasione* (31 de maio de 1653, *DS* 2001-2007).

Eram as seguintes as cinco proposições:
1/Alguns mandamentos* de Deus são impossíveis aos justos que desejam e se esforçam segundo as forças que têm atualmente; falta-lhes também a graça que os tornaria possíveis.
2/No estado de natureza* decaída, nunca se resiste à graça interior.
3/Para merecer e deixar de merecer no estado de natureza decaída, a liberdade* que exclui a necessidade não é requerida; a liberdade que exclui a obrigação é suficiente.
4/Os semipelagianos admitiam a necessidade da graça interior preveniente para cada ato* particular, mesmo para o ato de fé* inicial, e eram heréticos no sentido de que desejavam que essa graça fosse tal que a vontade pudesse seja resistir a ela, seja obedecer-lhe.
5/É semipelagiano dizer que Jesus Cristo morreu ou que derramou seu sangue em geral por todos os homens.

Os consultores romanos procederam, segundo seu hábito, fixando-se no sentido contido nas proposições examinadas. Eles situavam a condenação na continuidade do ensinamento de Trento*, sobre o qual ela oferecia precisões necessárias. Só "a primeira das proposições se encontra textualmente no *Augustinus*; as outras quatro formulam corretamente uma doutrina contida, longamente exposta, desenvolvida sob muitas formas" no livro (la Brière, 1916). Podia essa condenação recair sobre o a.? Inocêncio X afastara isso explicitamente. Por outro lado, era a obra de Jansênio, duas vezes mencionada, que fornecia o contexto da condenação. E foi o vínculo entre as proposições e o livro que reavivou a querela, suscitando novas intervenções. Contra Arnauld e seus amigos, que admitiam a condenação abstrata (o *direito**) mas negavam o *fato*, i.e., a presença *verbatim* das proposições no livro, Alexandre VII, seguindo o clero da França, afirmou que elas se encontravam nesse contexto e que tinham sido condenadas no sentido do autor (*Ad Sanctam*, 1656, *DS* 2010-2012), e impôs mais tarde um formulário nesse sentido (*Regiminis apostolici*, 1665, *DS* 2020). A decisão era importante, pois afirmava a autoridade* da Igreja no estabelecimento de "fatos dogmáticos" e requeria o assentimento da fé nesse sentido. Acusado de ter, na *Seconde Lettre à un Duc et Pair* (1655), renovado o erro condenado na primeira proposição, e acusado de demonstrar desrespeito ao negar a fé, Arnauld foi censurado pela Faculdade de Teologia* de Paris e excluído juntamente com vários doutores (1656). Essa decisão se devia a considerações mais políticas do que religiosas, tendo suscitado a contraofensiva bem-sucedida das *Lettres provinciales* de Pascal*. Este último, com efeito, soube sutilmente deslocar o debate para o plano da teologia moral. E não o fez sem sucesso, já que tanto a Faculdade de Paris como a Inquisição romana publicaram então severas condenações de proposições laxistas (1665-1666; *DS* 2021-2065, 1679, *DS* 2101-2167).

Negociada em 1669 para resolver as tensões galicanas suscitadas pelas diversas condenações romanas, a "Paz da Igreja" deveria marcar o fim da contestação, uma vez que admitia implicitamente a distinção ao autorizar um "silêncio respeitoso". Esse foi, para o contexto de Port-Royal, um período frutuoso, destinado a uma renovação bíblica, patrística e litúrgica numa perspectiva antiprotestante (*Perpetuité de la Foi*, Bíblia de Sacy). Não obstante, as tensões permaneceram, chegando mesmo a ampliar-se em virtude de manobras subterrâneas de uma parte e de outra. Elas foram relançadas em 1704 pela publicação de um "caso de consciência" submetido à Faculdade de Teologia de Paris e que se referia à adesão interior às condenações pontificais. Isso suscitou uma reiteração dos julgamentos anteriores (*Vineam Domini*, 1704, *DS* 2390) e sobretudo a censura pela const. *Unigenitus* (1713) de 101 proposições extraídas das *Réflexions morales* de Pasquier Quesnel, um discípulo de Arnauld (*DS* 2400-2502). Esta última condenação manifesta que o j. assumira então uma extensão nova, visto que às posições referentes à graça (prop. 1 a 43) ela associa uma concepção extrema do papel da caridade teologal (prop. 44 a 93), assim como da origem e do caráter dos poderes na Igreja (prop. 94 a 101). O texto romano carecia entretanto de clareza, e qualificações aplicadas *in globo* eram nele suscetíveis de interpretações diferentes.

Importantes e sobretudo muito ruidosas, as resistências à *Unigenitus* expuseram oposições muito vivas no interior do catolicismo francês (apelo ao concílio, 1717). Elas suscitaram uma nova condenação, *Pastoralis officii* (1717), bem como a vigorosa intervenção do poder político. Essas resistências deram sua identidade específica a um catolicismo das Luzes (*katholische Aufklärung*), que teve simpatizantes durante o s. XVIII na maioria dos países católicos. Nos Países Baixos, elas provocaram o cisma dos veterocatólicos (1724). As atas do sínodo* de Pistoia (1783), censuradas pela bula *Auctorem fidei* (1794), fornecem o exemplo mais acabado desse j. do qual se encontram também elementos na Igreja advinda da Constituição civil do clero (1790). *Auctorem fidei* condenava assim (*DS* 2600-2700) alguns erros sobre a constituição e a autoridade da Igreja (prop. 1-15), sobre a condição natural e sobrenatural do homem (prop. 16-26), sobre os sacramentos* (prop. 27-60), sobre o culto* (prop. 61-79), sobre os religiosos (prop. 80-84), sobre a convocação de um concílio nacional (prop. 85).

2. Um catolicismo reformado

A historiografia recente tende a pôr em evidência os matizes e as divergências que impedem a consideração do j. como um conjunto coerente. No plano dogmático*, é inegável, o a. intransigente de Jansênio não é encontrado em absoluto em seus discípulos ulteriores. O próprio A. Arnauld, em suas explicações sucessivas, foi levado a aproximar-se do pensamento tomista. No entanto, existem alguns traços comuns que, para além dos componentes políticos, manifestam uma visão particular do catolicismo, a mesma visão que as condenações romanas quiseram proscrever, direta ou indiretamente, com medidas que tiveram repercussões graves sobre a evolução da fé e da prática cristã em geral.

a) Um cristianismo austero e exigente. — Trata-se da imagem popular do j., que se opõe assim a um catolicismo fácil e extrovertido apresentado pela Companhia de Jesus. A oposição real era menos clara, pois o rigorismo é antes característico da reforma católica em geral, mas permanece o fato de que as zonas de influência jansenista foram marcadas por uma concepção severa da salvação. Esta se achava ligada a uma rejeição da concepção molinista da graça e, sobretudo, à ênfase na primazia do amor* de Deus e na eficácia do socorro divino. É essa rejeição da "graça suficiente", retomada desde a publicação do *Augustinus*, que justifica da parte dos antijansenistas as acusações sintetizadas nas Cinco proposições.

b) A insistente exigência de uma prática "em verdade", sacramental — principalmente a penitência e a eucaristia —, mas também litúrgica, ao lado de uma exigência de participação ativa que esteve na origem de numerosas traduções (Escritura, missal, breviário) e de uma reformulação da liturgia* (liturgia neogalicana).

c) Uma eclesiologia de participação* e, portanto, uma resistência profunda e ativa a uma Igreja de tipo autoritário. Essa perspectiva, já presente em Saint-Cyran, simplesmente ampliou-se nas reações às decisões magisteriais. Ela corresponde a uma forma particular de galicanismo*; ela teve seus derivativos de tipo milenarista, convulsionário, figurista. Essas tendências de algum modo retrógradas pretendem espelhar-se na Igreja antiga, se conjugavam todavia a elementos progressistas, o que explica a mutação das Luzes.

d) Individualismo. — Ao opor seu sentido ao julgamento dos papas*, os defensores do *Augustinus*, e depois das *Réflexions morales*, exprimiam os direitos da consciência* e da liberdade cristã.

e) Racionalismo.* — Enfatizando o caráter racional de sua trajetória, eles empregavam um processo discursivo importante, marcado pela influência da lógica (*Lógica de Port-Royal*, 1662) e da filosofia cartesiana.

f) Teologia política.* — Ao justificar, por fim, sua desobediência às leis do Estado*, eles elaboravam uma nova e influente teologia da autoridade.

O j. desapareceu com a tormenta revolucionária, ainda que a designação tenha sido amplamente empregada pelos ultramontanos do

s. XIX para desqualificar seus adversários rigoristas e galicanos.

* Y. de la Brière (1916), "Le j. de Jansenius", *RSR* 6, 270-301. — A. Gits (1940), *La foi ecclésiastique aux faits dogmatiques dans la théologie moderne*, Louvain. — L. Ceyssens (1957), "L'origine romaine de la bulle *In Eminenti*", in *Jansenistica. Études relatives à l'histoire du j.*, Malines, 9-110. — L. Cognet (1961), *Le j.*, Paris. — B. Plongeron (1969), "Recherches sur l'*Aufklärung* catholique en Europe occidentale (1770-1830)", *RHMC* 16, 555-605. — L. Ceyssens (1971), "Les Cinq propositions de Jansenius à Rome", *RHE* 66, 449-501; 821-886. — B. Plongeron (1973), *Théologie et politique au siècle des Lumières (1770-1820)*, Genebra. — L. Ceyssens (1980), "L'authenticité des Cinq propositions condamnées de Jansenius", *Anton.* 50, 368-424. — M. Rosa (sob a dir. de) (1981), *Cattolicesimo e lumi nel settecento italiano*, Roma. — L. Ceyssens e J.A. Tans (1987), *Autour de l'*Unigenitus, Louvain. — J. M. Gres-Gayer (1988), "The *Unigenitus* of Clement XI: A Fresh Look at the Issues", *TS* 49, 259-282. — J. Orcibal (1989), *Jansenius d'Ypres (1585-1638)*, Paris. — L. Ceyssens (1993), "Que penser finalement de l'histoire du j. et de l'anti-j.?", *RHE* 88, 108-130. — B. Neveu (1993), *L'erreur et son juge. Remarques sur les censures doctrinales à l'époque moderne*, Nápoles. — P. Stella (1995), *Il Giansenismo in Italia. La Bolla* Auctorem Fidei *nella storia dell'ultramontanismo. Saggio introdutivo e documenti*, Roma. — P. Blet (1993-1994), "Louis XIV et les papes aux prises avec le j.", *AHP* 31, 109-192; 32, 65-148. — J. M. Gres-Gayer (1996), *Le j. en Sorbonne, 1643-1656*, Paris. — L. Kolakowski (1995), *God Owes Us Nothing. A Brief Remark on Pascal's Religion and the Spirit of Jansenism*, Oxford.

Jacques M. GRES-GAYER

→ *Agostinismo; Bañezianismo-molinismo-baianismo; Galicanismo; Graça; Pascal; Ultramontanismo.*

JAVÉ → **nome**

JERÔNIMO → **traduções antigas da Bíblia** → **sentidos da Escritura** III. 4

JERUSALÉM

O nome Urusalim é atestado desde Amenófis IV (1377-1358); no AT, tem-se *Yeroûshâlaim*; nos LXX, a forma semítica *Ierousalem*, retomada no NT, mas também a forma helenística *Hierosoluma*.

a) Antigo Testamento. — Jerusalém (Jm) não é nomeada no Pentateuco, que evoca apenas por antecipação o lugar que Javé "teria escolhido para nele fazer habitar o seu nome*'" (Dt 14,23). Gn 14 vincula provavelmente Jm com a "Salém" em que o rei Melquisedec recebe o dízimo de Abraão (Sl 110,4; Hb 7,4). Davi faz de Jm, que permanecera até então nas mãos dos cananeus jebusitas (Js 10,1; 15,63), sua cidade (2Sm 5,9; Is 22,9; 29,1); nela instala a arca e adquire o terreno em que Salomão edificará o Templo* (1Rs 6-8). Jm se tornará então o centro religioso de todo Israel*, apesar da construção de santuários concorrentes no reino do Norte. O velho nome cananeu "Sião" designa o monte do Templo. Sitiada pelos assírios em 701 (2Rs 18,17–19,35), Jm é tomada pelos babilônios em 597, retomada e saqueada em 587 (2Rs 24,10–25,21).

Reconstruída na volta do exílio, na época persa (Esd 3–6; Ne 3–6), Jm permanece tanto para os judeus da diáspora como para os da Palestina o grande polo de atração (Is 60; Sl 122; 126).

"Filha de Sião" fora uma denominação coletiva dos exilados acolhidos (Is 1,8) num bairro de Jm depois da destruição do reino do Norte. A partir do exílio, "Filha de Sião" será o nome dado à população de toda a cidade (Is 52,2; 62,11; Zc 9,9).

Dominada pelos sucessores de Alexandre, dilacerada por lutas intestinas, a cidade é libertada pelos macabeus (reconsagração do Templo, profanado por Antíoco IV: 1Mc 4,36-59). Depois, sob os romanos, Herodes devolve seu esplendor à cidade e ao Templo.

O livro* de Isaías e os Salmos* (Sl 46; 48; 84; 87; e, entre os "cânticos de subida", 122; 125-129; 132-134) são as principais testemunhas da extraordinária carga simbólica e teológica de que se investe a cidade. A cidade* personificada (Is 5,3; 40,2.9…) é recriminada pelos profetas* por causa de seus crimes (Is 1,21; 5,3; 28,14; Jr 2,1-3,5); eles preveem a sua ruína (Is 29,1-7; Jr 7,1-8,3; 11,11; 26) e pranteiam (*Lamentações*). Mas, em nome de uma promessa* irrevogável (Is 28,16; 54,6), ela verá o paroxismo escatológico da felicidade (Is 51–54; 60–62; cf. os oráculos de salvação acrescentados às coletâneas depois da desventura: Is 1,25ss; 4,4ss; 6,13c; Jr 3,14-18)... Esposa que Javé não pode repudiar, mãe de todo homem e das outras cidades perdoadas (Ez 16,53-63), Jm lavada e purificada voltará a tornar-se lugar definitivo de Deus* (Ez 48,35), da justiça*, ponto de encontro do "resto" (Is 4,2s; Jl 3,1-5), centro eleito de uma visão de salvação* para toda nação (Is 2,2ss; 65,18-21; Mq 4,1ss; Ag 2,6-9; Zc 14,16; Tb 13). Seu destino está ligado ao da dinastia davídica (Sl 132; Is 22,9; Jr 33,15s) ou (Ez 45,7–46,18) dele se afasta.

b) Novo Testamento. — Na narrativa* evangélica, Jm é antes de tudo o lugar da paixão* e da ressurreição* de Jesus Cristo. Pela entrada final em Jm (Mt 21,5; Jo 12,15), Jesus* realiza a profecia* de Zc 9,9: o nome simbólico e profético "Filha de Sião" é retomado. Jo separa-se dos sinóticos pontuando sua narração com diversas passagens de Jesus em Jm a partir de 2,13-25.

Em Marcos, a subida de Jesus a Jm assusta os discípulos que o seguem; Jm torna-se o lugar da paixão e da morte* (Mc 10,32s). Em contraposição, a Galileia se transforma no lugar da ressurreição e da revelação* (14,28; 16,7). Mateus modifica Marcos: quando da morte de Jesus, a cidade rebelde se torna a "cidade santa" (Mt 27,53 preparado por 4,5) em que os eleitos ressuscitados por um tempo aparecem a um grande número de pessoas.

Lucas atribui a Jm um lugar muito significativo. Ele reúne num único dia todas as aparições do Ressuscitado (Lc 24) em Jm ou em seus arredores: ela se torna então o centro único do drama redentor e a cidade do Ressuscitado, o lugar do Pentecostes e dos inícios da Igreja* (At 1–7), em que se cumpre o desígnio de Deus, onde Jesus realiza a salvação na história*. É a comunidade de Jm (At 15 cf. Gl 1,18-2,10) que é o ponto de partida da missão* (Lc 24,47; At 1,8) e o centro da fé* nova (At 2,14; 5,28; 9,21).

Várias vezes, parece que Lucas utiliza propositadamente a forma helenística "Hierosoluma" para designar a cidade infiel: assim, em At 21–23, quando Paulo é nela preso e detido antes de ser enviado a Cesareia, essa forma tem prevalência (La Potterie, 1981 e 1982; Sylva, 1983): At 16 x e 7 variantes prioritárias. O IV evangelho*, escrito depois da destruição de Jm, atém-se a essa forma. Em Gl, Paulo usa a forma semítica para o sentido simbólico positivo ou negativo (4,25s) e a forma grega para o sentido geográfico (1,17s; 2,1).

Em Hb 12,22, os cristãos se aproximaram do monte Sião e da cidade do Deus vivo, a Jm (forma semítica) celeste. Maior do que a cidade* de Davi e prefigurada por ela, Jm é a "Jm celeste", denominada "nova Jm" em Ap 21,2, fundada por Deus de maneira definitiva e inabalável (Hb 11,16; 12,22); ela desce do céu de junto de Deus (Ap 21,2.10-27). Ela revela o caráter verdadeiro da Igreja que, povo* de Deus, é ao mesmo tempo corpo e cidade.

- J. Jeremias (1962³), *Jerusalem zur Zeit Jesu*, Göttingen. — W.D. Davies (1975), "Jérusalem et la terre dans la tradition chrétienne", *RHPhR*, 491-533. — E. Otto (1980), *Jerusalem, die Geschichte der Heiligen Stadt. Von den Anfängen bis zur Kreuzfahrerzeit*, UB 308. — I. de la Potterie (1981), "Les deux noms de Jérusalem dans l'Évangile de Luc", *RSR* 69, 57-80; (1982), "Les deux noms de Jérusalem dans les Actes des Apôtres", *Bib* 63, 153-187. — Dennis D. Sylva (1983), "Ierousalem and Hierosoluma in Luke-Acts", *ZNW* 74, 207-222.

Maurice CARREZ

→ *Apocalíptica; Cidade; Escatologia; Israel; Jesus da história; Parusia; Reino de Deus; Roma; Templo; Universalismo.*

JESUS CRISTO → Cristo/cristologia → Jesus da história

JESUS DA HISTÓRIA

Denomina-se "Jesus da história" ou "Jesus histórico" (J.h.) o Jesus cuja vida pode ser reconstituída com base em dados históricos "cientificamente neutros"; a neutralidade opõe-se aqui seja à intervenção da fé* (transformando os dados da história*), seja aos efeitos do tempo* (alterando a memória das testemunhas).

I. Como reconstruir o Jesus da história?

Reconstruir a vida e a palavra de uma personagem da Antiguidade suscita dificuldades de método, devidas à raridade da informação disponível e à sua natureza; no caso do J.h., a tarefa é ao mesmo tempo facilitada pela multiplicidade das fontes e complicada pela intenção não historiográfica dos testemunhos.

1. As fontes documentais

Não dispomos de um acesso imediato ao pensamento de Jesus; nenhum documento de sua autoria chegou a nós. O conjunto dos testemunhos históricos oferece um acesso indireto, formado por cinco tipos de fontes documentais (ver Meier, 1991, 41-166).

a) Fontes cristãs canônicas (em ordem cronológica). — A mais antiga é a correspondência paulina (entre 50 e 58). Além da crucificação-ressurreição* de Jesus, Paulo menciona quatro vezes uma "palavra* do Senhor" (1Cor 7,10; 9,14; 1Ts 4,16s; Rm 14,14). O Apóstolo* parece conhecer algumas primeiras coleções de sentenças de Jesus, que ele utiliza (às vezes sem citá-las) em sua argumentação. Encontra-se nesta última a estrutura fundamental da ética* de Jesus, que é uma ética do amor* (comparar Gl 5,14 com Mc 12,29ss), bem como a ideia de uma coerência essencial entre a vida e a morte* de Jesus (2Cor 8,9; Gl 1,3; Rm 3,24s). A segunda fonte é uma coletânea de sentenças de Jesus, a fonte dos *logia* (ou fonte Q). Esse documento, hoje perdido, é postulado pela maioria dos exegetas como pano de fundo dos evangelhos* de Mt e Lc; ele reuniu, desde os anos 50-60 na Palestina, uma série de ditos que Jesus enuncia como mestre de sabedoria* tendo como horizonte o reino* escatológico. A terceira fonte é o Evangelho de Mc (por volta de 65), que integra pela primeira vez o ensinamento de Jesus à narrativa* de sua vida; Mc toma como base as coletâneas de milagres*, de parábolas* ou de sentenças apresentados por sua tradição*; ele é herdeiro de um ciclo narrativo da paixão* fixado desde os anos 40 no seio da Igreja* de Jerusalém*. Têm lugar em seguida os evangelhos de Mt e Lc (que integraram a fonte dos *logia*), assim como o Evangelho de João (portador de informações históricas fragmentárias).

b) Fontes cristãs apócrifas. — A Antiguidade e a segurança histórica dos escritos extracanônicos são vivamente discutidas. Os mais antigos datam de meados do s. II, mas as tradições que eles recolheram podem ter preservado formas arcaicas próximas do J.h. Esse poderia ser o caso do papiro Egerton 2 e do papiro do Fayoum; os Padres nos transmitiram fragmentos de evangelhos judeu-cristãos (evangelho dos nazoreus, dos ebionitas, dos hebreus). O *Evangelho copta de Tomé* (por volta de 170) apresenta 114 sentenças; algumas traem uma influência gnóstica tardia; outras apresentam uma versão mais sóbria (portanto arcaica?) de falas de Jesus atestadas pelos sinóticos; outras ainda poderiam emanar do ensinamento de Jesus e só ter sido preservadas nesse contexto (exemplo: "Jesus disse: Aquele que está perto de mim está perto do fogo, e aquele que está longe de mim está longe do Reino", *Evangelho de Tomé* 82). Um fragmento do *Evangelho de Pedro* (por volta de 150) narra a paixão e a ressurreição de Jesus fazendo uso de motivos próximos de Mt. O *Protoevangelho de Tiago* (150-200) relata a infância de Maria* e a de Jesus; não está excluído que suas ficções teológicas ocultem alguns fragmentos de verdades históricas. De modo geral, evitaremos julgamentos globais sobre o valor das fontes apócrifas, preferindo avaliar caso por caso a credibilidade dos materiais veiculados por essas narrações.

c) Fontes judaicas. — São raríssimas: a rivalidade entre judeus e cristãos explica esse quase mutismo, assim como a agressividade relativa ao herói fundador do movimento cristão. O *Talmude* apresenta quinze alusões a Yechou; elas enunciam sua atividade de agente de cura e sua condenação à morte (*Baraïtha Sanhédrin* 43 a; *Abodah Zara* 16b-17a). Uma coletânea popular do s. V, os *Toledoth Yechou*, ironiza a impureza* de Jesus e faz dele, contradizendo o nascimento virginal, o filho natural do soldado Pentera, que teria subornado Maria. De um tipo inteiramente diverso, um fragmento do historiador judeu Flávio Josefo, o *Testimonium Flavianum*, data de 93-94: "Nessa época, houve um homem sábio chamado Jesus, cuja conduta era boa; suas virtudes* foram reconhecidas. E muitos judeus e pessoas de outras nações se tornaram seus discípulos. E Pilatos condenou-o a ser crucificado e a morrer..." (*Ant* 18,3,3; cf. 20,9,1). O texto atual foi glosado por um escriba cristão, mas é possível atribuir a Josefo um núcleo primitivo; ele constitui a única atestação sobre Jesus independente do cristianismo.

d) Fontes romanas. — Os historiadores latinos se pronunciam antes sobre a fé dos primeiros cristãos do que sobre seu mestre. O documento mais antigo é uma carta de Plínio, o Jovem, a Trajano (por volta de 111-112). Em seguida: Tácito (*Anais* 15,44) e Suetônio (*Vida do imperador Cláudio* 25,4).

2. As dificuldades

Sobre a vida de nenhuma outra personagem da Antiguidade os historiadores não dispõem de uma documentação histórica tão abundante e tão próxima do evento. Se foram redigidos entre 65 e 90, os evangelhos se baseiam numa tradição oral e em coleções de sentenças ou de relatos hoje perdidos, que remontam para alguns aos anos 40. A distância cronológica, para a historiografia antiga, é mínima.

Mas a exploração dessas fontes se choca com grandes dificuldades. Com efeito, as fontes não são nem documentos de primeira mão nem exposições neutras; elas não ambicionam de maneira alguma chegar à exatidão documental que se exige de um historiador moderno. Nisso, não diferem das biografias e dos livros de história da Antiguidade judaica ou greco-romana; embora o historiador antigo sem dúvida se restrinja a uma ética de precisão e de verificação dos fatos (ver Luciano de Samosata, por volta de 160: *Como se deve escrever a história*), ele escreve também para defender uma posição ou um ponto de vista, o que o leva a selecionar, a interpretar, a matizar os dados que coleta. A neutralidade não é uma preocupação da historiografia antiga, seja ela grega, judaica ou romana.

Ora, os evangelhos acrescentam ao trabalho do historiador uma dificuldade suplementar. Não apenas sua compreensão da história é governada por uma confissão* de fé como também, se eles relatam a história passada de Jesus e de seus discípulos, isso ocorre em virtude de sua fé no Senhor glorificado. O historiador moderno em busca do J.h. submete, pois, os evangelhos a um questionamento de tipo documental que não coincide com a perspectiva de edificação teológica que os anima. É falso dizer que a Igreja antiga não se interessava em retratar os fatos e gestos do Jesus terrestre; ela estava convencida, pelo contrário, de que o Senhor glorificado não podia ser conhecido fora do âmbito da vida do homem de Nazaré. Mas seu interesse pela história de Jesus nada tem de arqueológico; ele conserva os gestos e as palavras que são portadores de sentido no presente da comunidade. Assim, os milagres de cura* são relatados na medida em que atestam o poder* de Deus* que age em Jesus, mas também porque esse poder ressurge no quadro da comunidade. Assim, as palavras de Jesus são preservadas, porém, como têm reconhecida a sua autoridade*, evoluem num processo de adaptação à situação de seus receptores.

Portanto, a busca do J.h. é levada a suspeitar do quadro narrativo atribuído aos fatos e gestos de Jesus, que, tal como o mostrou a escola da forma literária (*Formgeschichte*), diz respeito na maioria das vezes à atividade literária dos evangelistas. Ela é levada igualmente a preencher as lacunas informativas dos evangelhos quanto aos contextos social, cultural, econômico e religioso do país de Jesus. É necessário um conhecimento dos escritos judaicos intertestamentários (intertestamento*), assim como da historiografia judaica (Flávio Josefo), da literatura dos rabis (a *Mishnah*) e do direito romano. A antropologia* cultural permite também ter uma ideia do tecido social de uma sociedade agrária na Antiguidade (ver Crossan, 1991).

3. Critérios de autenticidade

Fundamentalmente, O. Cullmann não se equivoca ao afirmar que na tradição de Jesus tudo é secundário, já que filtrado pela fé da comunidade pós-pascal, e que ao mesmo tempo tudo é autêntico, pois se há modificações promovidas pela comunidade esta as faz para transmitir a mensagem de Jesus (Cullmann, 1925). Porém, tendo em vista remontar aos estratos mais antigos da tradição de Jesus, a pesquisa recorre a quatro critérios de autenticidade principais e dá quatro critérios secundários (ver Meier, 1991, 167-195; Fusco, *in* Marguerat, 1997).

Os critérios principais: 1/ *A atestação múltipla*: são considerados autênticos as palavras e os atos de Jesus atestados por pelo menos duas fontes literárias independentes uma da outra (Fonte Q, Mc, Paulo, João, *Evangelho de Tomé* etc.) ou por mais de uma forma literária (parábola, controvérsia, milagre, *logion* etc.). 2/ *O embaraço eclesiástico*: são conservados os fatos e gestos de Jesus que criaram uma dificuldade (histórica ou teológica) em sua aplicação no interior das primeiras comunidades cristãs. 3/ *A descontinuidade*: é considerada autêntica toda tradição que "não pode ser nem deduzida do judaísmo* nem atribuída à cristandade primitiva, e especialmente quando o judeu-cristianismo* moderou por julgar audaciosa ou refez a tradição que recebera" (Käsemann, 1954). Este critério deve ser equilibrado por meio do seguinte. 4/ *A explicação suficiente* (ou continuidade histórica): pode ser atribuído ao J.h. aquilo que permite explicar certos fatos indiscutíveis de seu destino (p. ex., o conflito com as autoridades de Jerusalém e sua eliminação física) e o que faz compreender a pluralidade das trajetórias dele provenientes na cristandade primitiva (p. ex., as posições diversas sobre a questão da Torá).

Alguns *critérios secundários* são agregados: 5/ *A coerência*: é postulado que as diversas características atribuídas ao J.h. não devem manter entre si uma relação de contradição. 6/ *A linguagem*: as palavras atribuídas a Jesus deveriam permitir uma retroversão em aramaico e apresentar características da retórica semítica (paralelismo antitético, aliteração, passivo divino etc.). 7/ *A conformidade com o meio palestino*: os fatos e gestos conservados apoiam-se em costumes, crenças, procedimentos jurídicos, práticas comerciais e agrícolas, condições sociopolíticas historicamente atestadas na Palestina do s. I.

A presunção de autenticidade exige o uso conjugado de vários desses critérios.

4. Quadro da biografia de Jesus

A reconstituição da vida do J.h. se opera no interior de um quadro cronológico e geográfico balizado pelo testemunho das fontes e pelos dados da historiografia judaica. Os dados seguintes são objeto de consenso entre os pesquisadores.

Nascimento: ano 4 (ano da morte de Herodes, o Grande).

Morte: 7 de abril de 30; segundo o calendário judeu: sexta-feira, 14, Nizan (a data 3 de abril de 33 é também possível).

Atividade pública: três anos, vividos principalmente na Galileia (milagres, pregação* junto aos humildes, infrações ao código de pureza*); depois, subida a Jerusalém, onde estoura o conflito com as autoridades religiosas, precipitando a decisão de fazê-lo morrer.

II. A busca dos historiadores

Até o século das Luzes, a resposta à pergunta "Quem é Jesus?" era formulada em termos dogmáticos*; a dúvida sobre a pertinência dessa resposta tem seus precursores na escola do deísmo* inglês, no fim do s. XVII (John Locke *et al.*).

1. O iniciador

A obra de H. S. Reimarus (*Von dem Zwecke Jesu und seiner Jünger*), publicada postumamente por Lessing em 1778, desencadeou uma onda de indignação. O autor sustentava que o ensinamento de Jesus fora falsificado por seus discípulos, decepcionados com o fracasso do mestre em sua pretensão à messianidade política. Reimarus fundava um novo gênero literário, a "Vida de Jesus", que exibia de imediato três características: 1/ a reconstrução de uma biografia do J.h. aquém dos dados evangélicos, e com frequência contra eles; 2/ a formulação de uma alternativa entre o caráter judaico de Jesus e sua qualidade de fundador de um movimento novo (se um é afirmado, a outra tende a ser negada); 3/ esses trabalhos receberiam na Igreja uma acolhida polêmica: seriam censurados por exercer um efeito subversivo e mesmo blasfematório.

2. A busca racionalista

Uma primeira corrente das "Vidas de Jesus" submete a tradição evangélica a uma crítica racionalista, que desconfia de todo o sobrenatural*. H. E. G. Paulus (1828) e F. D. Schleiermacher* (1832) admitem o miraculoso na exata medida em que ele se curva a uma explicação racional. Uma corrente mitológica (D. F. Strauss, 1835-1836; L. Couchoud, 1924) e a escola de Tübingen* (F. C. Baur) veem nos evangelhos a expressão simbólica de verdades espirituais; a realidade histórica da vida de Jesus se dissolve para ser apenas uma concreção mitológica advinda do imaginário religioso dos primeiros cristãos.

3. A busca liberal

Os meados do s. XIX marcam o vigoroso retorno da humanidade de Jesus: os evangelhos são recebidos como documentos de tipo biográfico, nascidos do interesse espontâneo dos adeptos do mestre; Jesus é percebido como uma personalidade religiosa fascinante, cuja evolução psicológica deve ser reconstituída. As "Vidas de Jesus" liberais são abundantes: E. Renan (1863), A. Sabatier (1880), B. Weiss (1882), A. Reville (1897). A obra de Renan teve um retumbante sucesso, que por si só não explica o excelente estilo literário da obra; Renan realiza uma síntese audaciosa que conjuga a herança positivista ("tudo na história tem sua explicação humana") e a imaginação e a sensibilidade da tradição romântica.

4. A busca apocalíptica

A. Schweitzer, esboçando o balanço de dois séculos de "Vidas de Jesus", chegou em 1906 a uma constatação devastadora sobre sua fragilidade metodológica: cada época veste "seu" Jesus com as características ideológicas que lhe são próprias. Mas seu combate contra a recuperação do J.h. pela modernidade não se detém aí. Inspirado pelos trabalhos de J. Weiss (1901), Schweitzer afirma que o reino de Deus, que representa o cerne da pregação de Jesus, deve ser compreendido no sentido da apocalíptica* judaica: Jesus tem consciência de viver a iminência do fim do mundo, bem como de precipitar sua vinda por sua atividade profética; sua ética é radical porque vale para esse curto período intermediário que separa da grande reviravolta. O duplo traumatismo provocado pela publicação de Schweitzer detém o fluxo das biografias liberais; com efeito, ele consagrava o término do projeto de oferecer à modernidade um Jesus "não dogmático" portador de valores universais. Mas, ao fazer isso, o restabelecimento da imagem do J.h. em seu tempo era tão poderoso que ele o cortava brutalmente do movimento dele proveniente. O famoso *slogan* de A. Loisy (1902) concretiza essa posição: "Jesus anunciou o Reino, e foi a Igreja que veio."

5. A busca existencial

Situados logo depois de Schweitzer, os trabalhos da escola da forma literária acabavam por ver na Igreja primitiva o autor da tradição sobre Jesus; esse veredicto tolhia toda possibilidade de reconstruir a biografia de Jesus. O "Jesus" de Bultmann* (1926) ilustra esse projeto, que abre um fosso intransponível entre Jesus e o querigma. Entretanto, a partir de 1953, sob o impulso de E. Käsemann, esboça-se uma nova busca em torno da vontade de articular os dois polos que são o J.h. e o querigma. Encontram-se nesse contexto J. Jeremias (1947), E. Fuchs (1956), H. Conzelmann (1959), J.-M. Robinson (1960), N. Perrin (1967) e, sobretudo, G. Bornkamm. Embora reconhecendo a origem pós-pascal das formulações cristológicas, esses discípulos de Bultmann valorizam a dimensão salvadora das palavras e dos gestos de Jesus, em quem se concretiza a oferta presente do Reino; reconhece-se além disso na ação histórica de Jesus uma função mediadora cujo alcance cristológico permanece todavia "implícito".

6. Retorno ao caráter judaico de Jesus

A busca do J.h. divide-se atualmente em três correntes, cujo denominador comum é uma revalorização do caráter judaico do homem de Nazaré.

Uma primeira corrente é alimentada pela redescoberta do judaísmo palestino para aquém das caricaturas que a história nos legou; enfatiza-se a pertinência de Jesus à efervescência apocalíptica de seu tempo e sua proximidade com relação aos ideais messiânicos de restauração de Israel*. Nessa ótica, a integração de Jesus à fé judaica é admitida sem reservas (G. Vermès, 1973; E. Sanders, 1985).

Uma corrente neoliberal, em contrapartida, purifica a tradição de Jesus de todo elemento apocalíptico (considerado pós-pascal). Ela volta a centrar a pregação de Jesus numa mensagem moral de tipo sapiencial, mensagem de comunhão* direta com Deus, de igualitarismo material e de fraternidade espiritual. Com base numa vigorosa exploração das tradições extracanônicas (J. D. Crossan, 1991), a pregação provocadora de Jesus é identificada com o ensinamento dos filósofos cínicos (ver Chilton-Evans, 1994).

Uma corrente sociopolítica detecta no Israel do s. I um estado de crise social e cultural. A série de erupções messiânicas que caracterizou esse período deve ser compreendida como um conjunto de tentativas de reforma da sociedade* palestina; Jesus é alinhado nessa cadeia de reformadores protestatários (R. A. Horsley, 1985; G. Theissen, 1986).

III. Jesus, uma figura única?

O judaísmo palestino do tempo de Jesus nada tem de monolítico; trata-se de um tecido sociocultural diverso e variegado em que se acomoda uma profusão de grupos, partidos ou conventículos de proselitismo às vezes muito ativo. Pode o grupo de Jesus ser identificado com algum deles?

1. As figuras próximas

Com os saduceus (a aristocracia sacerdotal) e os sectários de Qumran (que praticam o isolamento do mundo) Jesus pouco tem em comum. As figuras mais próximas são: o rabi, o zelota e o profeta messiânico (ver Schubert, 1973).

Várias características aproximam Jesus do *rabi fariseu*: o interesse de comentar a Torá (cf. Lc 6,20-49 e os relatos de controvérsia); a

preocupação pedagógica de educar o povo; a constituição de um círculo de alunos que partilham a vida do mestre. O judaísmo conhece também a figura do rabi fazedor de milagres (Honi, o Traçador de Círculos, Onias, o Justo, e Hanina ben Dosa no s. I a.C.; ver Vermès, 1978). Foi possível mostrar que a quase totalidade das sentenças do Sermão da Montanha mantinha uma estreita analogia com o ensinamento dos rabis tal como preservado pela *Mishnah* (ver Klausner, 1933). Mas o J.h. escapa parcialmente ao modelo: seu ensinamento não entra no jogo da casuística* dos rabis (Mt 5,21-48); o estado de discípulo não é voluntário, nem provisório, mas permanente e vinculado ao apelo do mestre; Jesus não é casado, é nômade e incita a romper com a família* (Lc 14,26), o que contradiz a ética familiar e de sedentarização dos rabis.

Quanto ao movimento dos *zelotas*, Jesus separa-se radicalmente dele por sua ética de não resistência ao outro (Lc 6,27-35). Não obstante, a consciência de uma crise desencadeada pela iminência do Reino e a reação ativa por ela requerida segundo Jesus explicam a aproximação com o programa zelota, com o qual Pilatos parece de fato ter consentido (Mc 15,2-9.17-20; Jo 19,19).

Os *profetas* *messiânicos* que se multiplicam no s. I (ver Grelot, 1978) apresentam uma proximidade mais estreita. João Batista anima um movimento popular de redespertar e batiza no Jordão com vistas à remissão dos pecados* (Mc 1,4s). Pouco depois da morte de Jesus, um profeta samaritano arrebatava uma multidão de adeptos ao monte Garizim, com a promessa de fazê-los ver a baixela sagrada que Moisés ali havia enterrado (*Ant* 18,85); a repressão de Pilatos foi tão homicida que lhe custou o posto. Todo o período dos procuradores é marcado pelo surgimento dessas figuras carismáticas que anunciam o advento de um "sinal" que retomará tipologicamente a história da salvação*; esses milagres remetem ao êxodo ou à entrada em Canaã, restaurando o passado sagrado de Israel. Assim, Theudas reconectou centenas de homens à causa messiânica prometendo-lhes atravessar o Jordão a pé, antes de sucumbir à repressão romana (*Ant* 20,97s; cf. At 5,36). Outro profeta dos tempos novos, o egípcio de que fala At 21,38, reconduzia a multidão ao monte das Oliveiras, predizendo que dali se veriam desmoronar os muros de Jerusalém como no tempo de Jericó (*Ant* 20,168-171).

Jesus, arrebanhador de discípulos, pregador das multidões, anunciador do Reino, fazedor de sinais e de milagres, encontra na figura dos profetas messiânicos uma analogia mais próxima do que com os rabis e os zelotas. Essa opinião parece ter circulado entre seus contemporâneos, visto que, segundo os evangelhos, a multidão considera Jesus um profeta (Lc 7,16; Mc 14,65; Lc 7,39; cf. Mc 6,4) ou o aproxima dos profetas do passado (Mc 6,15; 8,28 b). O povo exige dele um "sinal" (Lc 11,29). O pão partilhado no deserto (Mc 6,30-44) é sem dúvida um substituto do maná. Deve-se acrescentar igualmente o fato de que o discurso de Jesus ostenta várias formas típicas da linguagem dos profetas: anúncios de salvação, ameaças, previsões, visão (Lc 10,18).

Mas a que se deve atribuir essa profusão de profetas messiânicos no Israel do s. I?

2. Os movimentos messiânicos de protesto

Atentando-se aos componentes socioculturais da sociedade palestina do s. I, verifica-se uma situação de crise social e religiosa (ver Theissen, *in* Marguerat, 1997). O país beneficia-se porém da notável estabilidade política que o Império Romano conhece durante o Principado (a *pax romana*). Mas essa calmaria política permite desenvolver, nas províncias submetidas à autoridade romana, uma poderosa estratégia de assimilação cultural. O governo de Pilatos (26-36) é pontuado de iniciativas que têm como objetivo a aculturação da Palestina aos valores do Império: cunhagem de moedas com símbolos pagãos; introdução em Jerusalém de insígnias militares com a efígie do imperador; espoliação do tesouro do Templo* para o financiamento de trabalhos públicos (*Ant* 18,38).

Foi na Palestina, considerado todo o Império, que eclodiu a resistência mais viva a essa política de assimilação. Quando da morte de Herodes, o Grande (4 a.C.), uma "guerra dos

bandoleiros" fez surgir numerosos pretendentes messiânicos ao trono; o pastor Athronges cingiu o diadema real no entusiasmo de seus fiéis. Por ocasião da deposição de Arquelau (6 d.C.), Judas, o Galileu, encabeçou uma campanha de recusa ao imposto, em nome de uma teologia* da pertinência da terra a Javé; esse ideal teocrático inflamou seus partidários, que foram esmagados pelas legiões romanas. Flávio Josefo (*Ant* 18,117-119) enfatiza a viva crítica feita por João Batista a Herodes Antipas em nome da moral e do respeito à Lei*. Não deve surpreender que, nesse clima tenso, Jesus tenha sido interrogado sobre a questão emblemática do imposto devido a César (Mc 12,13-17).

O impulso tomado pelos messianismos* na Palestina do s. I deve ser compreendido contra esse fundo de resistência a um processo de assimilação cultural. Resistência popular, já que a aristocracia judaica e galileia (inclusive os saduceus) se atinha sobretudo aos valores do poder. Essa crise de integração punha em jogo a sobrevivência das tradições religiosas de Israel, ameaçadas pela pressão do modernismo romano; ela provocou uma efervescência da piedade messiânica, centrada na imperiosa necessidade de restaurar a pureza de um país maculado pela presença de pecadores e de ímpios; ela suscitou o aparecimento de profetas carismáticos, verdadeiros aventureiros espirituais, que exacerbavam o nacionalismo judaico brandindo o ideal teocrático do reino de Deus.

Por conseguinte, a atividade do J.h. deve ser situada num contexto de ascensão dos messianismos protestatários. Esse clima permite que se compreenda o interesse que Jesus despertou no povo, mas também a decepção e a rejeição opostas àquele que não subscrevia a defesa do nacionalismo judaico.

3. Jesus, discípulo do Batista

Os evangelhos deixam vislumbrar uma afinidade muito estreita com um desses profetas, cujo papel foi metamorfoseado, mais tarde, pela tradição cristã: João Batista. Jesus proclamava como ele uma mensagem de conversão*. Os primeiros cristãos fizeram dele o precursor de

Jesus, mas isso é inverter os papéis: ele era o mestre e Jesus, o discípulo.

As semelhanças são patentes. Jesus se apresentou ao batismo* de João, episódio a que se liga a manifestação da filiação* divina de Jesus (Mc 1,9ss). A atividade pública de Jesus na Galileia sucede à de João (Mc 1,14). Os dois homens são associados numerosas vezes, por Herodes (Mc 6,16), pelas multidões (Mc 8,28; 6,14) ou pelo próprio Jesus, que associa sua rejeição à do Batista (Mc 11,27-33; Mt 11,18s). Jesus homenageou João e o elevou mais alto do que os profetas do AT (Mt 11,9; Lc 7,26).

Essas semelhanças não foram inventadas pelos primeiros cristãos. Pelo contrário, a proximidade desses dois profetas do Reino não tardou a tornar-se incômoda para a Igreja primitiva, envolvida numa relação de rivalidade com os círculos batistas. Neste caso, aplica-se o critério do embaraço eclesiástico. A cristandade esforçou-se por subordinar o Batista a Jesus; o IV evangelho é a testemunha mais clara dessa inversão de hierarquia (Jo 1,19-36; 3,22-4,3).

É muito verossímil que, quando da execução de João no ano 28, Jesus tenha substituído seu mestre (Mc 1,14). Tal como este, ele exorta à conversão e nela funda a urgência com relação à proximidade do Reino (Mt 3,8; 4,17). Tal como ele, destrói toda segurança espiritual baseada na pertença ao povo* santo (Mt 3,7; 12,41; 8,11s). Seus primeiros discípulos provêm do círculo de João (Jo 1,29-42). Jesus não funda uma comunidade separada à maneira de Qumran ou dos fariseus, mas, tal como João, se dirige a todo o povo, e sobretudo aos párias da religião oficial (Lc 3,12ss; 7,29; Mt 21,32).

Mas essas estreitas afinidades permitem também balizar a originalidade de Jesus. Pois o próprio fato de que o movimento batista e o movimento de Jesus não tenham tardado a entrar em concorrência assinala que essas duas teologias, nascidas de um mesmo lugar, não se recobrem. Primeira diferença: Jesus não é um asceta; ele não se retira para viver no deserto, mas privilegia os lugares públicos. Ele será censurado por não jejuar (Mc 2,18) e será tratado como glutão (Lc 7,33s). Segunda diferença: embora a pregação de João só tenha chegado a nós de modo fragmentário, seu anúncio da conversão parece de fato operar com base na cólera* de Deus. Jesus transforma a pregação batista do juízo para reestruturá-la em torno de um Deus de graça* que rompe a correlação delito-sanção. O Deus de Jesus é um Deus do amor sem limites, um Deus que ama tanto os maus como os bons (Mt 5,45). Com Jesus, o anúncio do juízo* persiste; mas a primazia da salvação, apoiada nos milagres, é evidente: a cólera divina deixa de fornecer a razão de agir. Sobre esse ponto capital, o Galileu inverteu a mensagem de seu mestre (ver Becker, 1972 e 1996).

Uma terceira diferença diz respeito ao estatuto de Jesus. Jesus não anuncia, realiza. Por seus atos de exorcismo*, faz intervir a realeza de Deus como uma realidade presente, e não mais futura. "Mas, se é pelo dedo de Deus que eu expulso os demônios, então o Reinado de Deus já vos alcançou" (Lc 11,20). João brandia a ameaça de uma vinda iminente do Deus de cólera; Jesus, por suas palavras e por seus gestos, tem consciência de realizar essa virada da história conclamada pelos encantamentos dos profetas messiânicos. O futuro de Deus pressiona a tal ponto o presente que já o invade; o Reino está "entre vós" (Lc 17,21). O homem de Nazaré tem consciência de que com ele a história de Deus e dos homens está prestes a oscilar.

IV. O horizonte do reino de Deus

As iniciativas de Jesus concretizam uma forte convicção: Jesus tem consciência de viver, e de apressar por seus gestos e suas palavras, a vinda do reino de Deus. Toda a sua atividade se investe diante da *basileia tou theou*, que é um conceito ao mesmo tempo espacial (reino de Deus) e temporal (reinado de Deus), aberto à imediaticidade de um "já aí" e à iminência de um "ainda não".

1. Uma irreprimível urgência

Palavras e gestos de Jesus são dominados por um sentimento de urgência. O chamado a segui-lo já abala as solidariedades mais intocáveis: não é mais questão de despedir-se dos seus (Lc 9,61s) nem de prestar as homenagens fúnebres ao próprio pai (Lc 9,59s); seguir Jesus exige "repudiar" pai, mãe, mulher e filhos (Lc 14,26). O ataque aos ritos funerários e aos deveres familiares é brutal; na Antiguidade, ele não tem equivalente senão nos filósofos cínicos gregos.

Outros sinais de urgência: a necessidade de anunciar o Reino pressiona a tal ponto que os discípulos recebem a ordem de não levar nem bolsa nem sandálias, bem como de não saudar ninguém pelo caminho (Lc 10,4). Jesus cura num dia de *sabbat**, sob a imperiosa necessidade de salvar uma vida (Mc 3,4; Lc 13,15). Quando Jesus comenta a Torá, o imperativo do amor ao outro desvaloriza qualquer outra prescrição; o próprio rito sacrifical no templo de Jerusalém deve ser interrompido diante da necessidade de reconciliar-se com o outro (Mt 5,23s). De sua parte, as parábolas do juízo induzem a uma reação rápida e decidida diante do prazo que se aproxima (Mc 13,34-36; Mt 25,1-13; Lc 12,42-48; 16,1-8).

Em suma, tanto o chamado de Jesus a segui-lo (*sequela Christi*) como as curas, tanto a leitura da Lei como o discurso em parábolas fazem parte de um estado de urgência ditado pela iminência do Reino: "Na verdade eu vos digo, dentre os que aqui estão, alguns não morrerão antes de ver o Reinado de Deus vindo com poder" (Mc 9,1). Jesus tem a convicção de viver a imediata proximidade da vinda de Deus, que por seu julgamento suprimirá toda causa de sofrimento e reunirá em torno de si os seus. A partir de então, nada mais importa senão exortar à conversão antes que venha a grande libertação (Mc 1,15).

2. Os sinais

A convicção do Reinado próximo se concretiza em atos que têm força de sinal: curar e falar em parábolas.

A atividade milagrosa de Jesus deixou numerosos vestígios nos evangelhos. Cinco tipos de milagre lhe são atribuídos: curas (que chegam à reanimação de mortos), exorcismos (em que um homem é libertado do espírito mau que o desapossa de si mesmo), milagres que justificam uma regra (p. ex., o perdão dos pecados), prodígios de generosidade (a abundância dos pães) e, por fim, salvamentos no lago (onde o medo dos discípulos é vencido).

Ora, nenhum desses tipos de milagre é desconhecido dos escritos judaicos ou da literatura greco-romana: os romanos tinham seus agentes de cura, como Apolônio de Tiana; os judeus conheciam os rabis fazedores de milagres e os profetas messiânicos autores de prodígios. A atividade milagrosa de Jesus não constituía, pois, uma exceção: o Galileu exibe as mesmas competências de outros taumaturgos do s. I, e sua maneira de curar um surdo-mudo (colocar um dedo nos ouvidos, cuspir e tocar a língua: Mc 7,33) alinha-se entre os gestos terapêuticos conhecidos pela cultura antiga.

No entanto, não se deve concluir que as curas de Jesus se fundam na banalidade da medicina popular antiga. Pois Jesus lhes dá um sentido fora do comum: ele faz de seus milagres os sinais do Reino já presente (Lc 7,20ss; Mt 11,2-5). Essa pertinência dos milagres ao reino de Deus marca a diferença entre Jesus e os agentes de cura de seu tempo: curas e exorcismos assinalam que o titânico combate de Deus contra o mal* se desenrola, aqui e agora, na luta de Jesus contra a doença que desfigura a humanidade. Ele exclama aos setenta e dois discípulos que encarregara do poder de exorcizar: "Eu via Satanás cair do céu como o relâmpago. Eis que eu vos dei o poder de calcar aos pés serpentes e escorpiões, e toda a potência do inimigo, e nada poderá vos prejudicar" (Lc 10,18s). Por seus gestos de cura, Jesus restaura a dignidade do humano na ordem da criação; ele contesta uma cultura religiosa na qual o mal era recebido como uma fatalidade, como uma sanção divina, e em que o doente via atribuída a si a responsabilidade por seu sofrimento (Jo 9,2s).

Jesus não é tampouco o inventor das parábolas; mas ele faz uso dessa forma de comunicação com muito mais frequência do que os rabis, de quem as toma de empréstimo. Os evangelhos lhe atribuem cerca de quarenta parábolas; portanto, não repugnava a Jesus usar o encanto do relato. Mas por quê? Por seu discurso indireto e velado, as parábolas são a linguagem que convém ao Reino; elas informam que interveio no presente um acontecimento que muda a aparência das coisas. Mas esse mistério deve ser buscado. As parábolas de crescimento permitem vislumbrar que a grandeza do Reino deve ser descoberta, paradoxalmente, no contexto modesto e derrisório da atividade de Jesus (Mc 4,3-9; Lc 13,18-21). A relação entre a história e o Reino não é mais a dos apocalípticos, para quem a história decai rumo a um fim brutal; a relação se inverte: é o Reino que investe o presente. Desse modo, a parábola leva à linguagem a presença oculta de um Deus cujas iniciativas surpreendentes revolucionam a ordem do cotidiano (Lc 15,11-32; Mt 20,1-16).

Parábola e atividade de Jesus se correspondem. Percebe-se isso na dimensão biográfica das parábolas. As refeições do Galileu com os pecadores emergem na parábola do filho pródigo (Lc 15,11-32) e no convite para o festim (Lc 14,15-24). Sua oferta de perdão desponta na história do devedor impiedoso (Mt 18,23-35). Sua abertura aos marginais religiosos mostra-se na parábola do samaritano (Lc 10,30-37) ou na do fariseu e do coletor de impostos (Lc 18,9-14). O patrão dos operários da undécima hora legitima seu aparente desprezo pela Lei (Mt 20,1-16). Assim, a matéria narrativa das parábolas, fruto da livre imaginação do Galileu, é igualmente formada por sua vida, seus encontros e seus conflitos. Ela verbaliza suas experiências e contém uma dimensão claramente autobiográfica.

3. As escolhas de solidariedade social

Há um consenso entre os evangelhos e o Talmude no sentido de afirmar a liberdade* chocante que foi a de Jesus em seus relacionamentos. Jesus tornou-se solidário de todas as categorias sociais que a sociedade judaica da época marginalizava, quer por desconfiança social, por suspeita política ou por discriminação religiosa.

Jesus não partilha o ostracismo a que são relegados os coletores de impostos por razões políticas (Lc 19,1-10; Mt 11,19) e os samaritanos por razões religiosas (Lc 17,11-19). Ele escolhe a criança como modelo de abertura a Deus (Mc 10,13-16). Admite mulheres* em seu ambiente (Lc 8,2s), rompendo com a desqualificação religiosa que as atinge. Permite que os

doentes se aproximem dele e o toquem, fazendo de suas curas instrumento de reintegração dessas pessoas ao povo santo. Dirige-se ao povo do campo, esse povo da terra (ham-ha-aretz) depreciado pelos fariseus por sua incapacidade de satisfazer ao código de pureza e de pagar os três dízimos exigidos sobre cada produto.

As refeições de Jesus com os marginalizados e as mulheres de má vida oferecem o sinal mais marcante dessa recusa de todo particularismo (Mc 2,15s; Lc 15,2). Essas refeições não assinalam apenas uma opção de tolerância social e religiosa; elas se inscrevem sobre o pano de fundo da espera do festim messiânico no final dos tempos (Mt 8,11s). As refeições de Jesus antecipam esse banquete da salvação e passam a englobar já todos aqueles que o reino de Deus acolherá no futuro. Observemos que também em Qumran as refeições comunitárias eram concebidas como a antecipação do festim messiânico a que presidirá o Messias-sacerdote (1Qsa II, 17-21; 4Q521). Verifica-se, portanto, que as refeições de Jesus são "a própria expressão da missão e da mensagem de Jesus (Mc 2,17); são banquetes escatológicos, primícias do festim da salvação dos últimos tempos (Mc 2,19)" (Jeremias, 1971). A comensalidade com os marginalizados mostra a esperança* de Jesus num reino que engloba toda a sociedade de seu tempo; essa esperança contradiz a estrutura fechada que a ordem religiosa fundada na Torá e no Templo construíra na sociedade judaica.

4. Discípulos e agregados

Os evangelhos acentuam o grupo dos doze discípulos reunidos em torno do seu mestre, contudo o cortejo do J. h. se compunha de três círculos concêntricos. Em primeiro lugar, o círculo dos Doze, todos galileus. Depois, homens e mulheres que seguiam Jesus (Lc 8,1-3; Mc 15,40s). Por fim, um círculo mais amplo de simpatizantes, como José de Arimateia, Nicodemos, Marta e Maria.

Esse amplo leque é justamente o contrário de uma seita. Diferindo do Mestre de Justiça qumraniano, Jesus não funda nenhum conventículo e não se retira para o deserto a fim de preservar a pureza de seus adeptos. A composição do grupo dos Doze confirma essa opção de abertura: nele se encontram um coletor de impostos, um zelota, nomes gregos e nomes hebraicos (Mc 3,16-19). Todos, ou quase todos, provêm do "povo da terra" deixado à margem da Lei. Essa composição antielitista surpreende tanto mais na medida em que o número doze, escolhido por causa do número das tribos de Israel, é o indício de uma reconstituição simbólica do povo de Deus (Lc 22,30): por conseguinte, o círculo dos Doze prefigura o Israel do Reino, a família de Deus. Para reunir em seu reino, o Deus de Jesus não procede nem por seleção nem por classificação; ele acolhe aqueles que se reconhecem em busca de perdão (Mc 2,17).

Percebe-se aqui que a estratégia de Jesus opera de maneira inversa à dos fariseus, de João Batista ou dos profetas messiânicos; uns e outros agem por exclusão com vistas a constituir o puro Israel. Jesus adota, pelo contrário, uma postura de integração. Ele não funda nenhuma seita nazarena, nem um resto de Israel, nem uma sinagoga separada chamada a tornar-se a Igreja. Sua ambição era reformar a fé de Israel expulsando os integrismos internos que alimentavam a esperança do Reino. O grupo dos Doze simboliza e realiza ao mesmo tempo uma salvação da qual ninguém é excluído. Aqui se prepara uma teologia do Deus universal, o Deus de todos e de cada um, que será desenvolvida mais tarde pelos primeiros cristãos (At 10,34s; Rm 1,16).

5. A recomposição da Torá

No âmbito da extraordinária diversidade do judaísmo do s. I, a Torá representa a sede por excelência da identidade; dessa forma, não surpreende o fato de que Jesus tenha sido interrogado sobre sua interpretação da Lei pelos representantes das facções judaicas desejosas de avaliá-lo.

Os evangelhos apontam suas infrações à lei do sabbat, fundadas no axioma: "O sabbat foi feito para o homem, e não o homem para o sabbat" (Mc 2,27). Essa posição, que retoma as correntes mais liberais do judaísmo, não invalida, em seu princípio, a prescrição sabática. O que é novo em Jesus é que ele não regulamenta os casos de

isenção como os rabis; ele propõe um absoluto, que é o chamado a preservar a vida; sua gestão é deixada à liberdade de cada um, mas diante desse absoluto a regra deve curvar-se.

A postura adotada a propósito do sabbat é exemplar da posição de Jesus diante da Lei. Jesus situa-se no interior da prática da Torá, que ele ratifica a exemplo de todo judeu praticante. Mas seu assentimento ao imperativo divino se faz acompanhar de uma recomposição da Lei em torno do chamado ao amor: a vontade de Deus é inteiramente recapitulada no duplo chamado a amar a Deus e a amar ao próximo (Mc 12,28-34). Jesus não é o primeiro a optar pela prioridade da lei ética sobre a lei ritual; o judaísmo helenístico já o fizera. A focalização no amor, e notadamente o alinhamento do amor ao próximo com o amor a Deus, não é estranho ao grande rabi liberal Hillel, que viveu uma geração antes de Jesus. Mas essas aproximações, embora confirmem a integração de Jesus ao debate do judaísmo sobre a Torá, não devem ocultar a originalidade do Galileu em sua interpretação da Lei; apreendemo-la em sua releitura do decálogo* (Mt 5,21-48).

Primeiramente, a decisão de fazer o amor predominar é de uma extrema gravidade; ela instala no centro da Torá uma instância que deve presidir à sua leitura, instância que autoriza a validar ou a invalidar essa prescrição. Assim, o interdito do assassinato deve ser ampliado à cólera (Mt 5,21s), enquanto a lei do talião é abrogada (Mt 5,38s). Portanto, a Lei não deve ser mais respeitada por ser a Lei; ela deve ser seguida porque serve ao amor, e quando serve ao amor.

Em segundo lugar, quando recompõe a Torá em torno do imperativo do amor, Jesus não respeita a regra rabínica que exige o apoio de sua exegese* na tradição dos antigos. Jesus opõe aos antigos o seu "eu", que é ao mesmo tempo soberano, impertinente e libertador (ver Marguerat 1991). O "mas eu vos digo" das antíteses (Mt 5,21-48) assinala que Jesus obtém sua autoridade de Deus, sem fazê-la derivar de Moisés. O impulso do amor incondicional a Deus é, pois, tão forte nele que o conduz a opor-se ao dogma* mais caro ao judaísmo: a infalibilidade da Lei. Só a obediência guiada pelo amor pode ter pretensões à infalibilidade, segundo Jesus. Mas que imagem de Deus o autoriza a revolucionar assim a Lei?

6. O Deus de Jesus

Ao lado da referência ao Deus do Reino que acolherá no banquete escatológico, ao lado da referência ao Deus-juiz que retribuirá a cada um segundo suas obras, o discurso ético de Jesus se abre a tonalidades próximas da literatura dos sábios de Israel.

O apelo de Jesus referente a não se preocupar com o amanhã funda-se no exemplo dos pássaros do céu e dos lírios dos campos, a cujas necessidades Deus atende com magnificência (Mt 6,25-34). A exortação feita aos discípulos no sentido de testemunhar sem medo remete ao Deus-providência* a quem não escapa o destino de nenhuma criatura (Mt 10,29s). A exortação moral é governada aqui por uma teologia da criação* que não se reduz ao registro escatológico.

O mesmo acontece quando Jesus recorre à experiência de Deus: "Amai vossos inimigos e orai pelos que vos perseguem, a fim de serdes verdadeiramente filhos do vosso Pai* que está nos céus, pois ele faz nascer o seu sol sobre os maus e os bons, e cair a chuva sobre os justos e os injustos" (Mt 5,44s). Várias parábolas abordam essa antecedência da oferta graciosa de Deus com relação à resposta do fiel: o convite para o festim (Mt 22,1-10; Lc 14,16-24), o servo impiedoso (Mt 18,23-35), a figueira (Lc 13,6-9), o tesouro no campo e a pérola (Mt 13,44ss). Esses relatos confirmam o lugar preponderante ocupado pela antecedência da bondade de Deus com relação ao chamado a agir. O Deus de Jesus é um Deus de amor incondicional. Essa convicção funda em Jesus tanto sua prática da acolhida (as refeições com os marginalizados) como o convite a chamar Deus pelo nome familiar *abba*, i.e., "papai" (Mc 14,36), e o chamado ao amor ilimitado ao outro (Mt 5,43-48).

Toma-se contato aqui com uma dimensão sapiencial da pregação de Jesus que levou a perguntar se o Galileu não deveria ser aproximado antes dos sábios do que dos profetas messiânicos (ver Chilton-Evans, 1994). Mas um fator estabelece claramente a diferença entre Jesus e os sábios: a ausência em Jesus de toda reflexão sobre a possibilidade de agir segundo a obediência requerida. A ética do sermão da montanha, com suas exigências imoderadas (não resistir ao malfeitor, não se preocupar com o amanhã), contradiz o cuidado tomado pelos sábios e rabis no sentido de delimitar a obediência de tal forma que esta não ultrapasse os limites do razoável. Jesus não se confina a essa política do aceitável. A consciência de Deus que o habita é a tal ponto imperiosa que a sombra do Reino invade por completo o presente. O tom que convém só pode ser o do excesso e do absoluto (Marguerat, 1997).

V. A crise

Segundo o cenário conservado pelos evangelhos sinóticos, a crise desencadeada entre Jesus e os dirigentes religiosos de Jerusalém culminou com a estada de Jesus na cidade santa no fim de sua vida.

1. A agressão contra o Templo

Permanecem obscuras as razões que impeliram o J.h. a deixar a Galileia, lugar de sua atividade e do recrutamento dos discípulos, para subir a Jerusalém por ocasião da peregrinação da Páscoa* do ano 30. Profeta local até então, desejava ele conferir à sua mensagem uma amplitude nacional? Foi ele impelido por seus discípulos? O ataque espetacular do Templo era o seu único objetivo?

No caso em questão, sua entrada na cidade santa revelou uma efervescência messiânica sempre pronta a inflamar-se (Mc 11,1-10). A celebração de uma última refeição com seus companheiros denota de todo modo a consciência que Jesus tinha da gravidade da crise desencadeada com as autoridades sacerdotais; na ausência de nela projetar a dimensão salvífica de sua morte — dimensão que será desenvolvida pelos primeiros cristãos —, observa-se aqui a maneira pela qual Jesus integrara a eventualidade de sua morte possível como manifestação de sua convicção teológica (Schürmann, 1975 fala de "pró-existência").

De sua vida em Jerusalém, as fontes relatam essencialmente a agressão do Templo (Mc 11,15ss):

esse gesto não retoma apenas o protesto profético contra a perversão moral dos ritos cúlticos (Jr 7,11); sua simbologia destruidora se inscreve na perspectiva messiânica do desaparecimento do antigo templo em benefício do novo, que devia caracterizar a era da salvação (ver E. Sanders, 1985). Os primeiros cristãos não tardaram a interpretar esse gesto como uma abolição da instituição do Templo em proveito de uma mediação com Deus realizada no quadro da comunidade, corpo de Cristo* (1Cor 3,16s; 6,19; Mc 14,58; At 6,14; Jo 2,19ss); não seria possível postular na origem dessa leitura o comentário feito por Jesus de seu ato no círculo de seus seguidores? Seja como for, esse gesto custará ao Nazareno a simpatia, conquistada até então, da multidão; sua oposição ao profeta de Nazaré, facilitada pela manipulação das autoridades religiosas, retirou de Jesus toda sustentação popular.

2. A crucificação

Jesus foi condenado a morrer por crucificação em decorrência da aplicação da *Lex Juliae majestatis*, que pune com a pena capital o crime de alta traição ao Estado*. É notório que os procuradores, e em particular Pôncio Pilatos, faziam um uso extensivo dessa jurisdição. Mas a denúncia, sem sombra de dúvida, foi judaica; o sinédrio, dominado pela aristocracia saduceia, fornece a Pilatos o motivo.

A execução por crucificação impunha um longo suplício ao termo do qual, como consequência de uma progressiva tetanização, o condenado morria de asfixia. A agonia do Nazareno foi anormalmente breve, sinal de uma constituição pouco robusta; Pilatos surpreendeu-se com isso (Mc 15,44). Sua morte ocorreu no dia da preparação da Páscoa, à tarde (Mc 15,34). No Templo, já se degolavam os cordeiros e as famílias se preparavam para partilhar a refeição pascal. José de Arimateia, um adepto, conseguiu que o cadáver de Jesus não fosse lançado aos cães, mas que se beneficiasse de uma sepultura.

3. Por que Jesus foi condenado?

O delito de insurreição messiânica era suficiente para desencadear o aparelho repressivo de Pôncio Pilatos, que o rei Agripa I descreve no ano 40 como um governador de uma impiedosa crueldade (cf. Lc 13,1). Mas qual foi o verdadeiro motivo da eliminação física do Galileu?

A cena do processo diante do sinédrio é uma recomposição cristã (Mc 14,53-65). O judaísmo não denuncia aos romanos por pretensão messiânica. Em compensação, o atentado ao Templo se revelava de infinita gravidade, levando-se em conta o papel simbólico desempenhado pelo Templo na consciência nacional. Flávio Josefo relata o caso de Jesus ben Ananias, profeta oracular que, quatro anos antes da Guerra Judaica, percorria Jerusalém anunciando a ruína da cidade e de seu templo: ele foi entregue pela aristocracia sacerdotal aos romanos, que o soltaram por considerá-lo louco (*Guerra Judaica* 6, 300-309). Esse paralelo corrobora a ideia de que Jesus foi rejeitado por falsa profecia* (messiânica) e por sacrilégio com relação ao Lugar santo.

J. Klausner, um erudito judeu, disse acerca de Jesus que o judaísmo se achava na obrigação de desembaraçar-se dele em virtude de seu extremismo. Segundo ele, Jesus era extremista, de um lado, por causa de sua interpretação radical e extravagante da Torá e, de outro, em função de uma crítica das práticas religiosas que punha em perigo a coesão nacional. Por seus exageros, Jesus dava ao judaísmo "o beijo da morte" (Klausner, 1933, 542). Deve-se observar que Klausner arrola também, entre as causas da rejeição, a liberdade tomada por Jesus quando interpreta a Lei. É verossímil que esse motivo tenha desempenhado um papel adicional, se é que não bastou, por si só, para acusar o Nazareno. A ausência de qualquer menção a uma participação farisaica no decorrer do procedimento poderia, de fato, indicar não apenas que a simpatia despertada por Jesus nessas camadas não se extinguira, como também que o litígio não se vinculou primordialmente com a Torá. Alguns anos mais tarde, em Jerusalém, Estêvão foi apedrejado sob esta dupla acusação: delito contra o Templo e a Lei (At 6,13s).

VI. Jesus Messias

Que consciência tinha o J.h. de si mesmo, de seu papel, de sua missão? As forças documentais colocam-nos diante de um paradoxo: por um lado, Jesus silencia sobre a sua identidade; por outro, sua pregação do Reino deixa transparecer uma claríssima reivindicação de autoridade*.

1. Jesus e o Filho do homem

Tratando-se de sua identidade, a quase totalidade das declarações de Jesus sobre si mesmo (ver os enunciados joaninos em "Eu sou") emana da comunidade cristã. Os sinóticos respeitaram essa discrição do Nazareno sobre sua identidade: nem o título de Filho de Deus, nem o de Filho de Davi nem o de *mâshîah* ou Cristo (exceto em Mc 12,35ss) é colocado em seus lábios. Em contrapartida, "Filho* do homem" aparece com frequência em suas falas.

A expressão "Filho do homem" designava, desde as parábolas de Henoc (*1Hen* 37–71), uma figura celeste ligada ao julgamento escatológico. Jesus associa várias vezes sua pessoa ao Filho do homem (Mc 2,10; Lc 7,34s; 9,58; 12,8s, 17,26-30; Mt 19,28), embora a locução aramaica que ele usa, *bar nasha*, seja também suscetível de ser compreendida banalmente como o equivalente de um "eu". Jesus apoia-se no título Filho do homem para reivindicar o poder de perdoar os pecados (Mc 2,10), tornando imediatamente obsoleta a mediação representada pelo culto* sacrifical. Ele estabelece que a atitude adotada com relação a ele será sancionada no Reino pelo Filho do homem (Lc 12,8s). Ele põe em contraste a dignidade do Filho do homem e a fragilidade de sua existência nômade (Lc 9,58).

A opinião dos exegetas sobre esse ponto mostra-se muito dividida: alguns negam toda autenticidade dos ditos sobre o Filho do homem, enquanto outros pensam que Jesus se declarou Filho do homem. Mas deve-se observar: 1/ que nunca Jesus se identifica explicitamente com o Filho do homem; 2/ que a profusão dos ditos sobre o Filho do homem impede a sua atribuição *a priori* à Igreja primitiva. Em suma: o J.h. se compreendeu como aquele que, por seus gestos e suas palavras, introduz o reino de Deus na história. Ele se viu como o iniciador do fim, mas sem confundir-se com o ator principal do fim. Ele estava porém convencido de que a posição adotada com relação a ele seria um critério decisivo na ocasião do juízo por parte do Filho do homem (Lc 12,8s; *Evangelho de Tomé* 82).

2. Uma cristologia explícita

Jesus declarou-se Messias*? Quando a pergunta lhe é formulada, os evangelhos lhe atribuem uma resposta oblíqua (Mt 11,2-5), exceto na recomposição cristã de Mc 14,62. Essa fluidez acerca da identidade é a assinatura de um homem que se apaga por detrás do acontecimento que faz eclodir: o Galileu não se coloca como o Messias, mas como o "dedo de Deus" (Lc 11,20). Jesus tinha sem dúvida consciência de suplantar os profetas. Ele afirma categoricamente estar ali mais do que Jonas e mais do que Salomão (Lc 11,31s), mas percebe-se até que ponto a fórmula se furta a qualquer fixação clara de identidade. Nele, o anúncio da irrupção do Reino prevalece sobre toda forma de pretensão messiânica. Sua pregação é milenarista; ela não é a arenga de um pretendente ao título. Sobre esse jogo sutil pode-se apor a etiqueta de "cristologia* implícita".

A recusa de endossar todo título messiânico poderia traduzir realmente seu recuo diante da ideologia nacionalista que alimentava todos os messianismos judaicos, fossem eles de tipo profético, real ou sacerdotal. Mas, alterando assim o jogo das aspirações messiânicas, reivindicando as prerrogativas do Filho do homem sem se confundir com ele (Mc 2,10), remetendo aos sinais messiânicos sem se declarar (Mt 11,2-5), Jesus anuncia e prepara a superação das categorias messiânicas na qual trabalhará a fé dos primeiros cristãos (ver Grappe, *in* Marguerat, 1997).

Não resta dúvida de que Jesus foi condenado pelos romanos como pretendente messiânico (Mc 15,18.26; Jo 19,19). Isso confirma até que ponto os gestos e as propostas de Jesus, apesar da reserva por ele demonstrada, estimularam as aspirações messiânicas populares (Mc 6,30-44; 8,27-30; 11,1-10).

3. A Páscoa, eclosão da fé

Os acontecimentos da Páscoa inscrevem-se na história como uma vigorosa experiência espiritual advinda aos companheiros de Jesus. Ainda que os contornos dessa revelação permaneçam historicamente inapreensíveis (as divergências entre os evangelistas são irreconciliáveis), seus efeitos na história são evidentes: os discípulos em fuga se reúnem; seu medo transmuta-se em coragem; a morte de Jesus não é mais vista como fracasso, mas como solidariedade de Deus com a impotência do marginalizado. Tem início a rememoração das palavras do Mestre. Testemunhas transcendidas, os discípulos oferecem uma declaração decisiva: a identidade do Crucificado/Ressuscitado não deve ser desvinculada da do Galileu.

A Páscoa funcionará como o ponto focal da releitura, ou antes, das releituras, da história de Jesus. A questão da identidade do Galileu torna-se primordial: o desenvolvimento das cristologias* tornará portanto explícito aquilo que o Mestre deixara de propósito em suspenso. As diferentes cristologias devem ser compreendidas como um conjunto de tentativas de responder ao mistério* daquele que não deixava de ser uma questão para aqueles que o encontravam. As primeiras formulações da fé em Jesus encontrarão na apocalíptica judaica, reservatório das esperanças messiânicas, sua matriz cultural.

VII. O Jesus da história e a teologia

Ao preservar e canonizar quatro evangelhos, que constituem releituras pascais da história do Jesus terrestre, a Igreja primitiva sancionou uma escolha teológica: a identidade de Cristo não pode ser apreendida fora do âmbito de uma narração que recompõe a vida do Galileu. A partir de então, todo discurso cristológico encontra sua norma e seu limite na exposição dos feitos e gestos de Jesus de Nazaré. A escritura dos evangelhos refere para sempre o conhecimento do Senhor confessado pelos cristãos ao campo de uma história passada; ela obriga qualquer um que pretenda aproximar-se do Cristo da fé a verificar seu conhecimento vinculando-se, pela mediação do relato, aos passos e às propostas do Jesus da história.

Essa escolha é teológica. Estabelecendo como critério de toda palavra cristológica a irreduti-

bilidade da história do Galileu, o Evangelho atribui à teologia um dever de conformidade à encarnação*. Uma teologia conectada aos acasos da vida do Galileu, aos seus encontros e aos seus conflitos, às suas cóleras e à sua compaixão, não tenderá a transformar-se numa espiritualidade de evasão. Em regime cristão, a referência ao Jesus terrestre constitui o lugar de verificação obrigatória de toda palavra sobre a salvação.

Já dissemos (cf. I. 2) que a memória do Jesus terrestre, que estrutura a teologia de Paulo, Marcos ou João, não deve ser confundida com a reconstrução do J.h. empreendida pela pesquisa moderna. Os teólogos do primeiro cristianismo não aderem certamente aos cânones da exatidão histórica, muito embora, à sua maneira, uma preocupação de historiador não seja estranha ao trabalho de Lucas. Mas esses dois esforços — o dos evangelistas e o da busca do J.h. — participam do mesmo movimento de retorno ao Jesus da história. Pela canonização de quatro evangelhos, a Igreja primitiva ratificou a pluralidade dos acessos ao Jesus terrestre e, por isso mesmo, a impossibilidade de reivindicar uma leitura única da vida do Galileu. A busca do J.h. confirma esse veredicto por seu próprio não acabamento, já que, como todo empreendimento histórico, ela se abre continuamente a novas reconstruções; mas essa ausência de acabamento da pesquisa faz sentido teologicamente: pela incerteza que faz permanecer sobre a biografia do Galileu, ela impede todo fechamento do debate dogmático sobre Cristo.

* H.S. Reimarus (1778), *Vom dem Zwecke Jesu und seiner Jünger*, editado por G. E. Lessing, Braunschweig. — E. Renan (1863), *Vie de Jésus*, Paris. — A. Loisy (1902), *L'Évangile et l'Église*, Paris. — A. Schweitzer (1906), *Von Reimarus zu Wrede. Eine Geschichte der Leben Jesu-Forschung*, Tübingen. — O. Cullmann (1925), "Les récentes études sur la formation de la tradition évangélique", *RHPhR* 5, 459-477, 582-594. — R. Bultmann (1926), *Jesus*, Berlim. — J. Klausner (1933), *Jésus de Nazareth. Son temps — sa vie — sa doctrine* (original hebraico), Paris. — E. Käsemann (1954), "Das Problem des historischen Jesus", *ZThK* 51, 125-153. — G. Bornkamm (1956), *Jesus von Nazareth*, Stuttgart. — H. Conzelmann (1959), *"Jesus Christus"*, *RGG*³ 3, 619-653. — E. Fuchs (1960),

Gesammelte Aufsätze, II: *Zur Frage nach dem historischen Jesus*, Tübingen. — J. M. Robinson (1960), *Kerygma und historischer Jesus*, Zurique. — X. Léon-Dufour (1963), *Les Évangiles et l'histoire de Jésus*, Paris. — D. Flusser (1968), *Jesus*, Reinbeck. — J. Jeremias (1971), *Neutestamentliche Theologie*, I: *Die Verkündigung Jesu*, Gütersloh (*Teologia do Novo Testamento: a pregação de Jesus*, São Paulo, 1980). — E. Trocmé (1971), *Jésus de Nazareth vu par les témoins de sa vie*, Neuchâtel. — J. Becker (1972), *Johannes der Täufer und Jesus von Nazareth*, Bst 63. — G. Vermés (1973), *Jesus the Jew*, Glasgow (*Jesus o judeu*, São Paulo, 1995). — K. Schubert (1973), *Jesus im Lichte der Religiongeschichte des Judentums*, Viena. — J. Dupont (1975) (sob a dir. de), *Jésus aux origines de la christologie*, BEThL 40. — H. Schürmann (1975), *Jesus ureigener Tod*, Leipzig. — P. Grelot (1978), *L'espérance juive à l'heure de Jésus*, Paris. — Ch. Perrot (1979), *Jésus et l'histoire*, Paris. — E. Sanders (1985), *Jesus and Judaism*, Londres. — R. A. Horsley (1985), *Bandits, Prophets and Messiahs. Popular Movements at the Time of Jesus*, São Francisco. — W. G. Kümmel (1985), *Dreissig Jahre Jesusförschung (1950-1980)*, BBB 60. — G. Theissen (1986), *Der Schatten des Galiläers*, Munique. — J. Schlosser (1987), *Le Dieu de Jésus*, LeDiv 129. — C. A. Evans (1989), *Life of Jesus Research. An Annotated Bibliography*, NTTS 13. — D. Marguerat (1990), *L'homme qui venait de Nazareth. Ce qu'on peut aujourd'hui savoir de Jésus*, Aubonne. — J. D. Crossan (1991), *The Historical Jesus. The Life of a Mediterranean Jewish Peasant*, São Francisco. — D. Marguerat (1991), "Jésus et la Loi dans la mémoire des premiers chrétiens", in *La mémoire et le temps. Mélanges P. Bonnard*, Genebra, 55-74. — J. P. Meier (1991 e 1994), *A Marginal Jew. Rethinking the Historical Jesus*, Nova York, 2 vol. — B. Chilton, C. A. Evans (1994) (sob a dir. de), *Studying the Historical Jesus. Evaluation of the State of Current Research*, NTTS 19. — J. Becker (1996), *Jesus von Nazareth*, Berlim-Nova York. — D. Marguerat (1997) (sob a dir. de), *Jésus de Nazareth. Nouvelles approches d'une énigme*, Genebra.

Daniel MARGUERAT

→ *Apocalíptica; Apóstolo; Bultmann; Consciência de Cristo; Cristo/cristologia; Evangelhos; Filho do homem; História; Lei; Maria; Messianismo/messias; Milagre; Mito; Narrativa; Paixão; Parábola; Reino de Deus; Ressurreição de Cristo; Templo, Teologia.*

JOANINA (Teologia)

Mais do que qualquer outro escrito do NT, o evangelho* (ev.) de João (Jo) é o produto de uma redação longa e complexa, escalonada em várias gerações, com duas grandes etapas: *a*) no meio palestino, antes de 70; *b*) no mundo pagão, uma vez consumada a ruptura entre a sinagoga e a comunidade joanina (joan.). Portanto, não surpreende encontrar no IV ev. pontos de vista diferentes e até contraditórios. Contudo, a edição definitiva, no interior de um livro* único, autoriza a falar de uma teologia joan. unificada, mesmo que as múltiplas tensões internas do discurso não possam ser ignoradas. Evocou-se por outro lado, para dar conta da singularidade do IV ev. com relação aos sinóticos, diversas origens: correntes gnósticas (R. Bultmann*) ou herméticas (C. H. Dodd), religião samaritana, movimentos judaicos heterodoxos, tal como a seita de Qumran. Entretanto, a pertinência ao gênero* comum "ev." não é objeto de nenhuma dúvida: a primeira conclusão (Jo 20,30s) é explícita sobre o objeto do livro*. Por fim, o IV ev. se inscreve num *corpus* que inclui as três epístolas de Jo, assim como o Apocalipse (Ap). Há uma quase unanimidade no sentido de tratar o Ap separadamente, tendo em vista a importância das diferenças estilísticas e teológicas com relação ao IV ev. Em compensação, as três epístolas parecem indissociáveis do ev.; assim, para R. E. Brown, a primeira constitui uma releitura da teologia joan., como reação a certos desvios que apareceram no interior da comunidade no fim do s. I ou bem no início do s. II.

1. O Filho enviado do Pai

Tal como o recorda a conclusão de Jo 20,30s, o objeto do IV ev. é suscitar a fé* em "Jesus Cristo, Filho de Deus*". O eixo central é radicalmente cristológico, mas a vontade de ilustrar o mistério* do Filho levanta infalivelmente a questão de sua relação com o Pai*.

a) *Reinterpretação dos títulos messiânicos.* — No estágio final da redação, os títulos "Cristo*" e "Filho de Deus", aplicados a Jesus* (20,31), cujas ações são relatadas pelo livro (20,30), assumem uma plenitude de sentido propícia às elaborações teológicas ulteriores. Mas o IV ev. não deixa de atestar o enraizamento veterotestamentário dessas designações. A primeira cena do ev. (1,19-51), dedicada ao testemunho de João Batista (v. 19), inscreve-se no pano de fundo de uma esperança* messiânica multiforme, associando ao messias* real davídico (vv. 20.25), traduzido por "Cristo" (v. 41), as figuras de Elias que retorna à vida ou do profeta* mosaico (vv. 21.25), segundo a perspectiva de Dt 18,15. De fato, os atores da narrativa* declinam uma série de títulos que — todos eles — podem remontar à espera messiânica, exacerbada no meio batista: por exemplo, o cordeiro* de Deus (Jo 1,29.36), o filho de Deus (vv. 34.49) (variante "o eleito de Deus": v. 34), o rei de Israel* (v. 49). Acrescentam-se a isso traços característicos como a presença do Espírito* Santo (vv. 32s), o caráter desconhecido (vv. 31.33) que convém ao Messias (cf. Justino, *Diálogo com Trifão*, 8,4; 49,1; 110,1), a recapitulação das Escrituras* (v. 45) e, considerando-se o vínculo do Messias com Belém (7,40ss.52), o espanto de Natanael relativamente a Nazaré (v. 46). Nesse sentido, a cristologia* joan. não procede de especulações tardias, mas encontra sua origem na primeira memória cristã, aplicando a Jesus de Nazaré o conjunto dos títulos ou caracteres que, segundo se supõe, qualificam o enviado divino inspirador dos tempos salvíficos.

b) Desenvolvimento de categorias "descendentes". — Enraizada na pregação* apostólica, a cristologia joan. insiste no caráter celeste do enviado divino. Mais do que um homem providencial, ao qual poderiam convir os títulos tradicionais, a figura do Filho* do homem, de origem apocalíptica* (Dn 7,13), constitui o horizonte de compreensão da perícope inicial (Jo 1,19-51). Identificado com a escada de Jacó (1,51), Cristo ocupa uma posição mediadora entre Deus e a humanidade, e o futuro ("verás; vereis": vv. 50s) exorta a decifrar o conjunto do relato evangélico como ilustrando a condição quase divina daquele que o Batista e os primeiros discípulos reconheceram como Cristo Messias. Nessas condições, os títulos antigos adquirem um acréscimo de sentido. Isso vale particularmente para

a filiação*, chamada a exprimir não apenas a eleição* divina mas a comunhão de destino com Deus. Do mesmo modo, na sequência do ev., diversos debates ilustram a igualdade de Jesus com Deus, por exemplo, a respeito do repouso sabático, julgado contraditório com a permanência da atividade divina (5,17-21). Ou ainda, pressionado a situar-se com relação a Abraão (8,53), Jesus afirma sua antecedência absoluta (8,56) e coloca sua existência sob o signo de um eterno presente que o identifica com o próprio Deus: "Antes que Abraão fosse, eu sou" (8,58). Uma reivindicação de divindade desse tipo constitui aos olhos dos judeus uma blasfêmia (10,33). Se Jesus escapa então ao apedrejamento (10,31), o estreito vínculo entre a ressurreição* de Lázaro e o complô final revela, para além de argumentos propriamente políticos (11,48s), a recusa judaica de uma cristologia "descendente". Esta é consecutiva à experiência pascal, mas o IV ev. propõe dela uma formulação explícita antes mesmo do acontecimento da cruz.

c) O impacto do prólogo. — O prólogo (pr.) (Jo 1,1-18) abre o relato evangélico, vinculando-o com categorias de pensamento familiares ao leitor (teologia* do Verbo*) e até com a experiência litúrgica da comunidade (hipótese de um hino primitivo retocado pelo redator do pr.). Ele determina assim suas condições de interpretação, como a gramática do texto. Ora, o cerne do pr. diz respeito à identificação entre o Jesus histórico, objeto do testemunho do Batista (vv. 6ss) e fundador de uma comunidade de fiéis (vv. 12s), e o Verbo divino preexistente à criação (vv. 1s), ao mesmo tempo distinto de Deus (v. 1b) e identificado com ele (v. 1c). Fonte de vida e princípio da criação* (vv. 3ss), o Verbo dirige-se ao conjunto da humanidade (o "mundo", v. 9); as respostas são diversas (vv. 10ss), mas a universalidade de sua missão* não deixa de ser aí vigorosamente afirmada. Nessas condições, o ser concreto de Jesus (a "carne", v. 14) refere-se a uma singularização operada a partir do universal mais amplo, preexistente ao universo e que engloba a história*.

Quaisquer que sejam a origem do pr. e o momento em que ele passou a encabeçar o ev., sua função proléptica exorta a ler o conjunto da narração que a ele se segue não apenas segundo a temática binária das duas alianças* (v. 17), mas como a manifestação decisiva de Deus, pela mediação do Filho único, ele próprio Deus numa perfeita proximidade com relação ao Pai (v. 18). Uma perspectiva dessa espécie autoriza a consideração dos enunciados cristológicos segundo o seu nível de sentido mais elevado.

d) A relação com o Pai. — A origem divina de Jesus é sua verdadeira legitimação (cf. a imagem do "selo" real, que funda a autoridade* de um ministro devidamente investido: 6,27). Filho do homem vindo do céu (3,12), Jesus se apresenta como o Filho único de Deus (o "unigênito": 1,18; 3,16.18); ele define sua missão como a de um enviado (3,31s) de junto do Pai (6,46), encarregado de dizer as palavras que lhe foram confiadas (3,34; 12,49s) e que goza de plenos poderes (3,35). Eis por que a atitude adotada a seu respeito exprime de maneira adequada a acolhida ou a recusa de Deus (3,33.36). A participação dos homens na obra de Deus nada mais é do que a fé em Jesus enquanto enviado de Deus (6,30; 12,44; 13,20). A adesão de Jesus ao projeto divino é tal que mesmo a aceitação de sua pessoa* depende da iniciativa do Pai (6,37.38.44). Entre o Pai e o Filho existe uma perfeita comunhão* de vontades (6,37-40), na qualidade de um amor* que, por ser recíproco, não deixa de proceder em primeiro lugar do Pai (3,35), ao qual o ev. reconhece uma perfeita prioridade de iniciativa.

Se, portanto, a existência e a missão de Jesus provêm do Pai, a paixão* e a morte* são, por sua vez, retorno ao Pai (13,1; 16,28). A angústia e o sofrimento (12,27; 13,21) parecem ocultados pela certeza de realizar uma missão, em conformidade plena com a vontade do Pai e levada a seu termo no âmbito de uma perfeita organização (motivo da "hora": 12,23; 13,1; 17,1). A união íntima do Pai e do Filho atinge então sua perfeição e, sem negar a superioridade do Pai (14,28), o amor partilhado se mostra plenamente recíproco: a mútua coabitação do Pai e do Filho (14,10s) funda a pretensão de Jesus de realizar a obra do Pai, em completa fidelidade à missão recebida (14,31).

2. O Filho revelador do Pai

a) O motivo da glória. — Desde o pr., a relação íntima que qualifica Jesus como Filho (1,14) constitui o objeto de uma comunicação com os fiéis, eles próprios nascidos de uma vontade divina (v. 13) que chega ao ponto de fazê-los partilhar a condição de filhos de Deus (v. 12). Ora, essa manifestação de Jesus enquanto Filho, que constituirá o corpo do ev. (v. 18), é denominada a "glória*" (2 x no v. 14), termo ao qual deve ser atribuído seu pleno valor relacional.

Presente desde o sinal inaugural de Caná (2,11), o motivo da glória se afirmará principalmente na hora da paixão, constituindo um verdadeiro *leitmotiv* ao longo dos discursos antes da cruz (cap. 14–17) (substantivo *doxa*: 17,5.22.24; verbo "glorificar", *doxazein*: 14,13; 15,8; 16,14; 17,1.4s.10). A iniciativa do Pai permanece plena de sentido: somente a ele cabe o poder de manifestar-se em Jesus, seu Filho, revelando ao mesmo tempo sua própria paternidade, pela não violência do crucificado (8,54; 12,28; 13,31s; 16,14; 17,1-5.10). No entanto, Jesus não é simplesmente passivo: sua própria obediência, livremente consentida, tem o valor de manifestação do Pai e contribui para revelá-lo a ele mesmo como Filho (13,31s; 14,13; 15,8; 17,6ss). Em suma, na ótica do IV ev., a glória não é um atributo estático de Deus, mas reside na revelação* recíproca do Pai e do Filho (17,1-5), desde os primeiros dias da vida pública (em Caná: 2,11) e até o cumprimento* da cruz.

De modo essencial, os discípulos estão plenamente associados a essa manifestação de glória, não apenas como espectadores (1,14; 17,24), mas na medida em que eles mesmos contribuem para essa revelação, na qualidade de uma missão (15,15ss) que os capacita a ser testemunhas no meio do mundo* (17,18). Centrada no motivo da unidade* comunitária (17,21s), a oração* dita "sacerdotal" do cap. 17 atribui aos discípulos a tarefa (14,12s) de dar prosseguimento à revelação do Pai e do Filho em sua mútua relação (17,10s.23.26).

b) A mediação do Paráclito. — Testemunhas e atores da revelação mútua do Pai e do Filho, os fiéis beneficiam-se do apoio do Espírito* Santo, qualificado de "paráclito" (14,16.26; 15,26; 16,7), termo social que designa o advogado, "chamado para junto" (verbo *parakalein*) de um réu para assisti-lo em sua defesa. Identificado com o Espírito de verdade* (14,17; 15,26; 16,13), o Paráclito apresenta-se como um ser pessoal, sujeito de certo número de ações pertencentes principalmente ao registro do conhecimento*: ensinar, rememorar, testemunhar (14,26; 15,26), ou ainda: falar, anunciar, glorificar (16,13s), e isso sempre a propósito do Filho e a partir do ensinamento deste último.

A missão do Paráclito é, de todo modo, mitigar a ausência de Cristo (14,16): sua vinda para o meio dos homens é condicionada pela partida de Jesus (7,39; 16,7). Substituto do Filho, o Espírito paráclito vem do Pai (15,26); pode-se dizer que ele é enviado ou dado pelo Pai (14,16.26), mas é pela oração do Filho (14,16) ou em seu nome (14,26), quando não é simplesmente o Filho que o envia (15,26), mas a partir de junto do Pai. Assim, as relações do Espírito com o Pai e suas relações com o Filho se mostram intimamente mescladas: sobre esse ponto surgirão as dificuldades teológicas ulteriores (cf. Filioque*).

Elaborada na seção dos discursos (14–17), a teologia joan. do Espírito Santo elucida o conjunto do relato evangélico: do batismo* (1,32ss) à cruz (19,30), o dom do Espírito acompanha a designação de Jesus como Filho e marca o advento da Igreja* (representada em 20,22 pelos discípulos), ela própria votada ao universal, segundo o princípio de um novo culto* "em espírito e verdade" (4,23s). De igual modo, cabe ao Espírito assegurar a compreensão "espiritual" dos ensinamentos de Jesus, para que sejam recebidos como revelação de sua missão divina (3,5-8; 6,63).

c) A ambiguidade dos sinais. — Enquanto os discípulos depois da Páscoa*, assistidos pelo Espírito Santo, têm a faculdade de recuperar o sentido profundo dos gestos e das palavras de Jesus (2,22; 12,16), as testemunhas da vida pública eram confrontadas com ações cujo caráter espetacular ou inédito devia bastar para revelar a personalidade singular de Jesus. Pode-se assim falar de uma série de sinais (cf. milagres*), coextensiva à existência terrestre de Jesus (2,11; 4,54; 20,30s) e considerada capaz de encaminhar diretamente à fé (2,11; 2,23; 6,2; 6,14; 12,18), a partir do momento em que os sinais pertencem ao processo de revelação ou "glória" (2,11).

Ora, o grande mal-entendido da multiplicação dos pães revela o fracasso parcial dos sinais, isto é, o não reconhecimento de sua função de sinal e o apego excessivo à realidade material aparente (6,26). Nesse sentido, a exigência reiterada de sinais (2,18; 6,30) é menos a marca de um apego a Jesus do que a recusa de segui-lo em seu próprio domínio. De igual modo, as buscas consecutivas de sinais permanecem vagas e imprecisas (3,2; 6,14; 7,31; 9,16), às vezes até hostis (11,47). Compreende-se a impaciência de Jesus diante de uma acolhida do sinal que o reduz a um vulgar prodígio (4,48). Finalmente, o IV ev. sublinha a incapacidade dos sinais de suscitar a fé (12,37).

Em contrapartida, a nudez da cruz e o vazio do túmulo exigem um ato de fé (19,35; 20,8) para além de toda aparência sensível, numa ausência de sinais que se harmoniza com o próprio excesso do mistério*: somente então se opera a perfeita conjunção do "ver" e do "crer" (20,8). Uma experiência desse tipo é proposta aos discípulos depois da Páscoa (20,29), os quais, tal como Tomé, são chamados a encontrar sua felicidade numa fé nua, sem outro suporte além das chagas abertas do Crucificado (20,27), recordação da cruz e do túmulo. Assim, a experiência pascal do primeiro dia da semana (20,1.19), renovada oito dias depois (20,26), informa o tempo* da Igreja*, tempo do anúncio missionário (20,17.21), na continuidade de um testemunho (21,24) cuja fonte se vincula com o próprio lugar da cruz (19,35). Esta é o lugar da "elevação" (3,14; 8,28; 12,32) de Jesus.

d) O debate sobre as obras. — Se as ações de Jesus não são verdadeiramente sinais senão no quadro de uma releitura eclesial do conjunto de sua carreira (20,30s; 21,24s), o motivo das obras*, igualmente familiar ao IV ev., exprime um ponto de vista complementar quanto à função reveladora do Filho e às condições de sua recepção pelos homens.

No discurso a Nicodemos, Jesus rejeita deixar-se confinar à problemática dos sinais, alegados pelo rabi farisaico (3,3), porta-voz do mundo judaico (2,23). O chamado a nascer "do alto" (3,3) ou ainda "da água e do espírito" (3,5-8) introduz a uma compreensão espiritual dos ensinamentos de Jesus (3,8). Eles têm por objeto não apenas as "realidades terrestres", relativas à condição de discípulo (3,12), mas também as "realidades celestes": a origem divina do Filho (3,13) e sua missão salvífica (3,15.17), manifestas no acontecimento da cruz (13,14). Nesse contexto, faz-se menção às obras, boas ou más (3,19s), que por sua vez têm como efeito revelar o ser profundo do homem que as realizou.

Aplicado à atividade de Jesus, o motivo das obras tem valor de revelação: ele esclarece a estreita conivência entre a ação do Filho e a vontade do Pai que o enviou (5,19s; 14,10ss; 15,24; 17,4). Assim, as obras de Jesus figuram no número das testemunhas autorizadas (5,36), na mesma qualidade da palavra* do Pai (5,37s) ou da letra das Escrituras (5,39s). Da mesma maneira, um gesto simbólico como a cura* do cego de nascença constitui uma manifestação das obras de Deus (9,3) e atesta a unidade entre a atividade de Jesus e a vontade do Pai que o enviou (9,4). Por fim, as grandes controvérsias dos cap. 8 e 10 atestam a oposição entre as obras de Jesus, realizadas em nome* do Pai (10,25s.32.38), e a obstinação na incredulidade, demonstrada pelas autoridades judaicas de Jerusalém* (8,39-47; 10,33). Longe, pois, de suscitar automaticamente a adesão de fé, as obras de Jesus reforçam a hostilidade de seus adversários (15,24s) e aceleram o processo judicial desencadeado contra ele (8,59; 10,3; 11,53).

Quanto aos fiéis, eles que recebem as obras de Jesus como o indício de sua comunhão íntima com Pai (14,10), entram num movimento de amor que os habilita a realizar, por sua vez, obras semelhantes, até "maiores" do que as de Jesus (14,12). Assim, para cumprir sua função

de revelação, as obras exortam ao engajamento do discípulo, num ato de fé (20,30s) sem o qual as ações de Jesus permanecem destituídas de significado.

3. O Filho mediador da salvação

De imediato (1,51), a identificação de Jesus com a escada de Jacó designa o Filho do homem como o mediador, instaurando entre céu e terra uma perfeita comunicação: a abertura definitiva (particípio perfeito: v. 51) do céu torna inútil a laceração do véu do Templo*, relatada pelos sinóticos.

a) *As imagens da salvação.* — Por duas vezes (3,17; 12,47), o verbo "salvar" (*sôzein*) designa explicitamente a atividade de Jesus com relação ao mundo. Porém, mais do que descrever o conteúdo dessa ação, o IV ev. a opõe ao seu contrário, o "juízo*", entendido em termos de condenação, dada a malignidade dos homens, mais voltados a "amar a treva" do que "a luz" (3,19). A missão do Filho enviado pelo Pai consiste em "salvar" o mundo, evitando-lhe o "juízo" e a morte que se seguiriam se os homens, deixados a si mesmos, só devessem produzir suas próprias obras (3,20). Em contrapartida, em função do próprio fato de sua fé em Cristo (3,16), os fiéis se expõem à luz, que lhes revela sua própria verdade (3,21a) e permite às suas obras encontrar em Deus sua realização (3,21b).

As metáforas da vida (6,33.35.48.51.53.57), com frequência qualificada de eterna (4,14; 6,27.47.54.58), e da luz (8,12), associadas desde o prólogo (1,4), constituem as expressões privilegiadas de uma salvação* expressamente ligada à pessoa de Jesus. Renovando os milagres do deserto, ele se apresenta como alimento (6,33.41.48.51) e fonte de água viva (4,10.14). As vitórias sobre a fome (6,35) e a sede (4,14; 6,35) são metáforas de uma salvação que nasce da fé (6,35), ela mesma reconhecida como obra de Deus (6,29), como dom gratuito (6,44.65). Essa salvação suscita mais do que uma adesão intelectual. Ela faz entrar na comunhão com a vida divina, permite ser engendrado na condição filial (1,12s) por um nascimento a partir do alto (3,5) e, enfim, uma ressurreição definitiva (6,39s). Assim, crer em "Jesus Cristo, Filho de Deus" e "ter a vida em seu nome" (20,31) constituem as duas faces inseparáveis da salvação.

Não obstante, o IV ev. manifesta certa reserva com relação às curas* físicas, enquanto os sinóticos sublinham a sua continuidade com a experiência global da salvação, notadamente mediante o perdão dos pecados*. Uma única passagem evoca a cura física como uma forma de salvação (11,12), mas a enunciação figura na boca dos discípulos e traduz antes uma incompreensão do desígnio de Jesus: só a vitória sobre a morte exprime adequadamente a radicalidade da salvação (11,13).

Por fim, a universalidade do projeto divino de salvação (3,16s; 12,47) não exclui a mediação histórica de Israel* (4,22), mesmo que Jesus revele à samaritana a superação das clivagens étnicas e religiosas (4,21.23).

b) *O tempo da salvação.* — Coincidente com o ato de fé em Jesus Cristo, Filho de Deus (20,31), a salvação se inscreve na condição atual do fiel (17,3). O acesso à vida eterna* não implica tanto a projeção num horizonte longínquo quanto a consideração do presente como lugar de um possível discernimento (3,18ss; 5,24). Segundo as perspectivas de uma escatologia* dita "realizada" ou "antecipada", o dom da vida se exprime amiúde no presente (6,27.32s.50.53s.56), mas encontra-se também no futuro (6,35.51.57), aí incluída a evocação de um juízo final, abertura para a ressurreição final (5,28s; 6,39s.44.54).

A tensão entre o "já aí" da salvação e o "ainda não" de sua realização encontra sua expressão no motivo da "hora". Identificada com o momento da cruz (7,30; 8,20; 12,27; 13,1; 19,27), a hora joan. se apresenta como já "chegada", não apenas com relação ao destino histórico de Jesus (12,23; 13,1), mas em suas manifestações ulteriores: reunião universal dos fiéis (4,23); ressurreição dos mortos (5,25); desencadeamento das perseguições (16,32). Entretanto, a antecipação da hora ("E ela é chegada..."; "E é agora...") é inseparável da tensão voltada

para uma plenitude esperada ("Vem a hora": 4,21ss; 5,25-28; 16,2.25). Só a I epístola, numa crispação ligada à prova, ousará identificar pura e simplesmente o "agora" da crise eclesial e a "última hora" do Anticristo como prelúdio da última revelação.

A ênfase posta na escatologia realizada decorre da apresentação cristológica do IV ev.: a cruz constitui de fato o lugar próprio de revelação (17,1-5), mas a vida pública antecipa a plena manifestação do Filho. É o caso da "glória" de Caná (2,11), na sequência direta do pr. (1,14) e em conformidade com a promessa* dirigida a Natanael (1,51). Seria contudo errôneo pensar que o "já aí" da glória possa ocultar a referência à cruz como o acontecimento central da salvação. Em Caná, a manifestação de Jesus e a adesão dos discípulos vinculam-se com a glória (2,11), sem que haja confusão com a hora da cruz (2,4).

c) *O lugar da Igreja.* — A preferência joan. pelas metáforas existenciais, tais como a vida (10,10), a luz (8,12), o conhecimento (8,19), suscita uma relativa parcimônia nas expressões coletivas ou históricas da salvação. Assim, a noção de reino* de Deus figura num único texto (3,3.5), sem que se saiba se se trata de um elemento primitivo, anterior às perspectivas propriamente joan., ou de um traço redacional tardio, de intenção harmonizadora. De igual modo, as metáforas tradicionais do povo de Deus (rebanho, vinha) tendem a um sentido pessoal. A ênfase é então posta sobre a relação entre o Cristo cepa e cada um de seus sarmentos (15,1-10), ou então sobre o estreito conhecimento que liga ao pastor cada uma das ovelhas (10,1-5.27s); a imagem da porta (10,8s) faz da salvação uma passagem pessoal em Cristo.

A realidade eclesial não sai incólume dessa individualização da salvação. Não somente os Doze se distinguem por sua inadequação ao projeto de Jesus (donde a inabilidade de suas intervenções: 13,22; 14,5.8.22; 16, 17s — aí incluído Pedro*: 13,6.8s.36), mas sua própria existência, enquanto coletivo simbólico da Igreja (6,70), procede de uma seleção rigorosa, operada pelo discurso sobre o pão da vida (a multidão: 6,22.24; os judeus: 6,41.52; os discípulos: 6,60.66; por fim os doze: 6,67.70s). Constituindo o último resto a transpor a prova da fé (6,67ss), os Doze permanecem expostos à divisão, simbolizada por Judas, qualificado de "diabo" ou "divisor" (6,70s).

Em contrapartida, a referência privilegiada ao discípulo bem-amado, intérprete manifesto das propostas de Jesus (13,23-26), testemunha ocular da cruz (19,25ss.35), iniciador do ato de fé pascal (20,8;21,7), atesta o caráter particular de uma comunidade zelosa de sua singularidade. A autoridade do "discípulo" (21,24) toma o lugar da função referencial dos Doze, mas o último estágio da redação (cap. 21) procede a uma redistribuição dos papéis (21,10) em torno da figura simbólica de Pedro, reconhecido como pastor* (21,15ss) em virtude de seu martírio* (21,18s).

d) O papel dos sacramentos. — Sendo o projeto joan. encaminhar a uma fé que seja em primeiro lugar uma "vida" em Cristo (20,31), não é surpreendente que, desde os Padres* da Igreja, os comentadores tenham reconhecido múltiplas alusões ao pão e ao vinho eucarísticos (discurso de Cafarnaum; 6,22-71; bodas de Caná: 2,1-12), assim como à celebração batismal (nascimento da água e do espírito: 3,3-8; fonte transbordante de vida eterna: 4,14; iluminação do cego enviado à piscina de Siloé: 9,6s; lava-pés como participação no mistério pascal do Cristo servo*: 13,7s).

Não obstante, o estudo aprofundado dos textos mostra que o motivo sacramental não é o primeiro nem o único. Assim, o discurso sobre o pão da vida constitui primordialmente uma homilia sobre a fé no enviado divino (6,27ss), cuja vinda à terra renova o milagre do maná (6,31s) e constitui o verdadeiro alimento dos fiéis (6,35.48.51a). A prática eucarística só aparece secundariamente, com a alusão explícita à realidade sacramental (ingestão do pão: 6,54.56ss; dualidade das espécies: 6,53-56), efetuada como memorial da cruz (6,51 b).

Do mesmo modo, o relato do lava-pés concilia dois aspectos. Ele representa um ato simbólico realizado como prefiguração da cruz (13,7s),

segundo uma perspectiva próxima da do batismo. E oferece também um ensinamento de Jesus relativo ao comportamento comunitário (13,12-16), vivido em forma de serviço, imitando o gesto exemplar realizado por Jesus (13,14s).

Assim, as práticas sacramentais não constituem o principal objeto do relato joan., mas se inscrevem na lógica de um discurso centrado na pessoa de Cristo e na comunhão com sua vida (20,31). A dupla efusão de água e de sangue na hora da morte* (19,34), mais do que designar explicitamente batismo e eucaristia*, atesta a continuidade entre o ser concreto de Jesus e a comunicação do Espírito (19,30; ver 1Jo 5,6-9), segundo a promessa* feita aos discípulos (7,39; 14,17; 15,26; 16,13.20.22).

Conclusão

Marginal a um grande número de títulos, a comunidade joan. não deixará de ver sua teologia canonizada pelos grandes concílios* dos s. IV e V. Assim, o motivo da encarnação*, inaugurado pelo pr. (1,14) no quadro de uma cristologia "descendente" que implica a preexistência do Verbo (1,1), se tornará a expressão autorizada da fé cristã em Jesus Cristo, Filho de Deus e Salvador. Compreende-se a partir disso o interesse de dar ao cap. 21 seu esclarecimento histórico, relativo à integração da comunidade joan. e, com ela, da audaciosa teologia de seu livro no conjunto da Grande Igreja.

• R. Bultmann (1941), *Das Evangelium des Johannes*, Göttingen. — C. H. Dodd (1953), *The Interpretation of the Fourth Gospel*, Cambridge; (1963), *Historical Tradition in the Fourth Gospel*, Cambridge. — R. Schnackenburg (1965-1971-1975), *Das Joannesevangelium, ThK* IV, 1-3. — R. E. Brown (1966-1970), *The Gospel according to John*, 2 vol., Nova York. — O. Cullmann (1976), *Le milieu johannique. Étude sur l'origine de l'Évangile de Jean*, Neuchâtel-Paris. — R. E. Brown (1979), *The Community of the Beloved Disciple*, Nova York. — R. A. Culpepper (1983), *Anatomy of the Fourth Gospel, a Study in Literary Design*, Filadélfia. — X. Léon-Dufour (1987, 1990, 1993, 1997), *Lecture de l'Évangile selon Jean*, 4 vol., Paris. — Col. ACFEB, A. Marchadour (ed.) (1990), *Origine et postérité de l'Évangile de Jean*, Paris. — J.-D. Kaestli, J.-M. Poffet, J. Zumstein (ed.) (1990), *La Communauté jo-*

hannique et son histoire (*La trajectoire de l'évangile de Jean aux deux premiers siècles*), Genebra. — Y.-M. Blanchard (1995), *Des signes pour croire? Une lecture de l'Évangile de Jean*, Paris.

Yves-Marie BLANCHARD

→ *Amor; Bultmann; Carne; Cordeiro de Deus; Encarnação; Escatologia; Espírito; Filiação; Glória; Juízo; Mundo; Obras; Pai; Sacramento; Verbo; Verdade.*

JOÃO CASSIANO → **oração** IV. 2

JOÃO CRISÓSTOMO, *c.* 350-407

Nascido em Antioquia num meio aristocrático, João Crisóstomo (JoCr) pertence a uma família* cristã e estará desde a juventude em contato com os meios monásticos. Ordenado sacerdote* em 386, logo vê confiado a si, pelo bispo* Flaviano, o encargo da pregação* na Igreja* de Antioquia, e sua reputação explica seu sobrenome "crisóstomo", "boca de ouro". Em 398 torna-se bispo de Constantinopla, depois da morte de Nectário. Não tardando a entrar em conflito com a família imperial, e notadamente com a imperatriz Eudóxia, é duas vezes condenado ao exílio e morre de esgotamento em 407. Considerado mártir, é muito homenageado no mundo ortodoxo.

a) *Uma definição da vida cristã.* — No final do s. IV, JoCr medita sobre os inícios da história* da Igreja: suas homilias sobre os Atos dos Apóstolos, o único comentário integral dos Atos a chegar a nós do período patrístico, mostram que ele via na primeira comunidade um modelo para seus contemporâneos e, além disso, um modelo renovado para a vida angélica dos primeiros monges. Desde Pentecostes, que ele denomina a "metrópole das festas cristãs", o Espírito* é plenamente difundido e exorta os batizados a uma vida perfeita, cujo modelo é dado pelo apóstolo* Pedro*. JoCr tem consciência de que a partir de então se trata de alicerçar os costumes cristãos numa Igreja de massa ("multitudinária"). O batismo* faz entrar numa vida nova (*Catequeses batismais*, SC 50 e 366), e o pregador desenvolve uma espiritualidade das virtudes* cristãs (Wenger, 1974); seu elogio da virgindade e o lugar eminente atribuído à vida monástica se fazem acompanhar de um elogio do matrimônio* e do papel dos pais na educação na fé*.

b) *O sacerdócio.* — O tratado sobre o sacerdócio* (SC 272) teve ampla difusão na Igreja antiga. Designando pelo termo *hiereus* tanto o bispo como o padre, JoCr afirma o caráter único do ministério* episcopal e define os seus três traços distintivos: o bispo é o chefe dos fiéis e dirige a Igreja, celebra a eucaristia* e, garantia da integridade da fé, deve assegurar a sua transmissão. A abundância da obra em forma de homilias de JoCr atesta a importância por ele atribuída à atividade da pregação. Ele próprio exposto a violentas oposições, insurge-se contra as manobras políticas que presidem a certas eleições eclesiásticas (*Sobre o sacerdócio* III,11).

c) *O pensamento social.* — Seguindo Basílio* de Cesareia e Gregório* de Nissa, JoCr vê na escravidão, tal como na propriedade privada, uma das consequências do pecado* original*. Chegando a conceber uma sociedade* em que a escravidão não existiria mais, ele expõe, especialmente em suas homilias sobre os Atos, um projeto de reforma social que inclui a partilha dos bens, a exemplo da primeira comunidade cristã (*Sobre os Atos* 11, 3, PG 60,96). É ao bispo que se deve confiar a gestão do patrimônio eclesiástico e a organização das diversas obras de assistência — JoCr é neste ponto o representante de uma concepção centralizadora das funções clericais. Mas a novidade do pensamento de JoCr reside também no lugar atribuído à educação (*Sobre a vanglória e a educação das crianças*, SC 188): é primordialmente aos pais — insiste JoCr — que cabe o encargo de formar as novas gerações de uma sociedade cristã.

d) *A polêmica contra os cristãos judaizantes e os judeus.* — As homilias *Contra os judeus* de JoCr e o lugar ocupado em toda a sua obra pela polêmica contra os cristãos judaizantes e os judeus são insuportáveis ao leitor contemporâneo, e é preciso reconhecer seu papel histórico no desenvolvimento do antijudaísmo e do antissemitismo cristãos. Os historiadores (Wilken, 1983) incitam contudo a matizar com algumas observações essa condenação sem apelação. Em Antioquia, onde são pronunciadas as homilias

Contra os judeus, a comunidade judaica não é uma minoria oprimida, mas uma comunidade numerosa e dotada de poder, que representa, além disso, uma força de atração para muitos cristãos; e JoCr tem também na memória os favores de que os judeus se beneficiaram sob o reinado de Juliano, notadamente com o projeto de reconstrução do templo* de Jerusalém*. Formado na escola de Libânio, JoCr recorre com virulência e má-fé a uma retórica da difamação e utiliza todo um florilégio de argumentos já bem conhecidos, aí incluídas as profecias* do AT contra Israel*. Mas seu discurso pertence ao domínio da polêmica, não sendo um apelo à violência* e à perseguição, e essa polêmica não poderia ser definida como antissemita, já que a referência racial não desempenha nenhum papel nesse contexto. JoCr chega até a dar como exemplo a seus fiéis a piedade judaica — mas ele não pode com certeza conceber uma continuação do judaísmo depois de Cristo, sobretudo tendo-se em conta que a tomada de Jerusalém e a destruição do segundo Templo marcam a realização das profecias. Pode-se acrescentar a essas considerações históricas que as traduções francesas da obra de JoCr feitas no fim do s. XIX não são, por seu turno, isentas de antissemitismo, devendo ser utilizadas com precaução; mais ainda, seria conveniente rever toda a tradição manuscrita para localizar nesse contexto interpolações bizantinas suscetíveis de forçar a polêmica contra os judeus.

• PG 47-64; mais de 20 volumes já publicados em SC, editados em particular por A.-M. Malingrey. — Palladius, *Dialogue sur la vie de Jean Chrysostome* (SC 341-342).

▸ Ch. Baur (1920-1930), *JnChr. und seine Zeit*, Munique. — A.-J. Festugière (1959), *Antioche païenne et chrétienne: Libanius, Chr. et les moines de Syrie*, Paris. — D. C. Burger (1964), *A complete Bibliography of the Scholarship on the Life and Works of Saint JnChr.*, Evanston (Illinois). — E. Nowak (1972), *Le chrétien devant la souffrance: étude sur la pensée de JnChr.*, ThH 19. — A. M. Ritter (1972), *Charisma im Verständnis des JnChr. und seiner Zeit*, Göttingen. — G. Dragon (1974), *Naissance d'une capitale. Constantinople et seus institutions de 330 à 451*, Paris. — A. Wenger (1974), "JnChr.", *Dsp* 8, 331-355. — Col. (1975), *JnChr. et Augustin* (*Actes du Colloque de Chantilly, 22-24 septembre 1974*), Paris. — R. L. Wilken (1983), *JnChr. and the Jews*, Berkeley. — M. A. Schatkin (1987), *JnChr. as Apologist*, Analekta Vlatadon 50, Tessalônica.

Jean-Marie SALAMITO

→ *Batismo; Bispo; Judaísmo; Propriedade; Sacerdote; Virtudes.*

JOÃO DA CRUZ, 1542-1591

a) Humanista e místico no âmago do século de Ouro espanhol. — Juan de Yepes nasce em Fontiveros (Ávila), terceiro filho de uma família de tecelões. Órfão de pai desde seus primeiros meses, sua mãe tem de confiá-lo a um lar de crianças indigentes em Medina del Campo, no qual sua primeira formação se orientará para o artesanato. Muito cedo, uma excepcional sensibilidade religiosa e artística se revela nele. Descoberto por um benfeitor, ele poderá receber dos jesuítas da cidade um sólido ensinamento clássico, antes de entrar em 1563 para o Carmelo* (C.) local. De 1564 a 1568 estuda na Universidade de Salamanca, ainda aureolada pelo prestígio de Vitoria e de Melchior Cano, onde no momento brilhava Luis de León, e na qual todas as escolas* teológicas estavam representadas e podiam liberalmente entregar-se ao debate. Além de uma sólida formação bíblica e patrística, ele receberá aí a possibilidade de remeter ulteriormente os fatos místicos a uma teologia* tecnicamente irrepreensível.

A Espanha acha-se então em plena explosão espiritual; e, apesar das censuras (a bem da verdade, pouco eficazes) dirigidas contra o iluminismo dos alumbrados, as obras dos místicos do Norte e a interioridade da *Devotio* moderna, que entraram por Montserrat por volta de 1500, se difundem por lá abundantemente. Em 1567, João recebe o sacerdócio* e encontra Teresa de Jesus. Esta o faz renunciar a um projeto de retiro completo na cartuxa para pedir sua ajuda na reforma do C., a que ela acaba de dar início. Em 1568, volta a Medina, depois começa a reforma do ramo masculino do C. fundando o pequeno convento de Duruelo, onde toma o nome de João da Cruz (J. da C.). A partir de então ele se dividirá entre a formação espiritual dos C. reformados e o governo da reforma. As oposições internas e externas, que culminarão com seu encarceramento por nove meses no calabouço do convento de Toledo em 1577-1578, acabarão por marginalizá-lo em sua própria família religiosa — por gosto e por lucidez, ele nunca fará nada para impor-se à instituição da qual foi o renovador. Morre de osteíte no dia 14 de dezembro de 1591, no convento de Ubeda.

b) Obras e influência. — Foi ao sair do calabouço de Toledo que J. da C. começou a divulgar uma obra poética em que se revela seu perfeito domínio do estilo novo, levado da Itália por Garcilaso de la Vega, bem como a fixar por escrito os comentários que desenvolvia oralmente nos parlatórios dos carmelitas. O *Cântico Espiritual* (*Ct.*), que retraça o itinerário místico* por meio dos jogos amorosos dos esposos do *Cântico dos Cânticos*, recebe uma primeira conclusão em 1584 e será dedicado a Ana de Jesus, companheira de Teresa, que o enviará ao norte da Europa por ocasião de sua reforma dos C. franceses e belgas a partir de 1604. A trajetória desse texto essencial, retrabalhado até a morte de J. da C., nos escapa logo depois. A *Chama Viva* (*Ch.*), redigida em algumas semanas por volta do final de 1585, será a descrição fulgurante dos últimos desenvolvimentos da perfeição mística. No mesmo momento, ele dá início mais pausadamente à redação da *Subida ao Carmelo* (*S.*) e da *Noite Escura*, que juntos formam uma exposição mais ordenada de sua doutrina espiritual.

O descrédito vinculado com a sua memória na segunda geração espanhola da reforma, a destruição e a dispersão dos manuscritos, ao mesmo tempo que remanejamentos doutrinais evidentes introduzidos em circunstâncias difíceis de elucidar, impedem hoje ainda uma edição realmente crítica de suas obras, impressas por etapas a partir de 1618. Sua reabilitação progressiva só conduzirá à sua beatificação em 1675 (enquanto a canonização de Teresa ocorreu em 1622!). A França foi o país em que sua influência foi a mais precoce e a mais profunda (graças à magnífica trad. fr. das *OC* por Cipriano da Natividade da Virgem [1605-1680], 1641),

embora suas obras sejam igualmente conhecidas em italiano, latim, holandês e alemão menos de cem anos depois de sua morte*. No dia 24 de agosto de 1926, seu título de doutor* da Igreja* consagra-o como referência mestra em matéria de doutrina mística para o Ocidente moderno.

Falando melhor do que outros a língua dos teólogos, mais exposto a ser atacado no terreno destes, J. da C. pagará um alto preço pelo divórcio entre teologia e mística. As permanentes contestações de que foi objeto sua obra, o moralismo quase universal de seus tradutores e de seus comentadores mais bem dispostos, as oposições apaixonadas com as quais ele mesmo e seus discípulos se chocaram mostram até que ponto a mística se tornou ininteligível para a teologia moderna: onde J. da C. descreve um itinerário que supõe a aquiescência do homem, mas ao longo do qual só Deus* é o motor, hábitos apologéticos e racionalistas se obstinaram em ver a difícil escalada de um condenado da ascese*. Ora, tal como todavia nos previne, ele fala de uma teologia "em que se sabe por amor*, e na qual apenas se sabe, mas onde ao mesmo tempo se saboreia" (*Ct.*, prólogo).

c) A subida do monte Carmelo. — "Meu principal propósito não é o de falar a todos, mas a algumas pessoas de nossa santa Religião das primícias do Monte Carmelo, a quem Deus concedeu a graça* de pô-las na pista desse monte..." (*S.*, prólogo). Toda a doutrina de J. da C. supõe essa vocação, que não é senão a de deixar realizar-se balizando o caminho para o cume "em que só residem a honra e a glória* de Deus" (desenho do monte Carmelo). Ora, a honra e a glória de Deus consistem em unir-se ele ao homem por amor: "O cume desse monte é o elevado estado de perfeição que denominamos união da alma com Deus" (*S.*, argumento). E toda a obra de J. da C. não faz senão desenvolver esse tema da união. Sobre o caminho que conduz a isso, ele não cria nenhum sistema: ele deixa Deus fazer e elimina os pretextos a não deixá-lo fazer, reconduzindo a todo instante a alma* à passividade de uma fé* incondicional.

A entrada na contemplação* propriamente dita corresponde a esse penetrar na passividade.

Para reconhecê-la, J. da C. dá três sinais, que se tornaram clássicos em termos de direção* espiritual: ela é autêntica se 1) a alma se tornou incapaz de meditar; 2) ela se sente afastada do que não é Deus; 3) ela se sente estabelecida "em atenção simples e amorosa a Deus" (*S.* II, 13).

Nesse caminho inteiramente de luz, algumas fases de ofuscação, de hiperlucidez são percebidas dolorosamente: é o tema das noites, ou seja, do processo de acomodação da alma. J. da C. distingue duas noites principais, correspondentes às duas regiões da alma, sensitiva e espiritual, que devem ser recolhidas, levadas do exterior para o interior. No fim dessas noites, a alma é restabelecida em seu estado original à imagem de Deus; a partir de então, "nesse estado, a alma não pode exercer atos*. É o Espírito Santo* que os realiza a todos e move a alma nesse contexto — o que é a causa de todos esses atos serem divinos, já que ela é movida e operada por Deus" (*Ch.* 1, 4). Esse estado de união é denominado "matrimônio espiritual", no sentido de que supõe um compromisso recíproco e livre da alma e de Deus, ao qual conduzia toda a pedagogia das noites, e que inaugura um regozijo estável e contínuo dos dois parceiros. A própria morte será recebida nesse estado como uma plenitude de amor, uma assunção completa do homem em Deus: "Aqui vêm se reunir todas as riquezas da alma, e os rios do amor da alma começam a entrar no mar…, todos os seus tesouros unindo-se para acompanhar o justo que se vai e parte para o seu reino" (*Ch.* 1,30).

d) *A atitude espiritual fundamental*. — A necessária passividade da alma assume a dupla forma da solidão e da pobreza, dois vetores de todo progresso espiritual. A solidão é necessária porque o amor é secreto, impossível de ser detectado a partir do exterior, tratando-se do tema do esconderijo, do disfarce da alma que deve passar despercebida aos olhos do mundo, do tentador e aos seus próprios olhos, a fim de avançar na total segurança daquele que se deixa guiar por quem vê melhor do que ele: "Em uma noite escura,/De amor em vivas ânsias inflamada,/Oh! ditosa ventura!/Saí sem ser notada,/Já minha casa estando sossegada. — Na escuridão,

segura,/Pela secreta escada, disfarçada,/Oh! ditosa ventura!/Na escuridão, velada…" (poema da Noite). Quanto à pobreza, ela é libertação para melhor usufruir da verdadeira riqueza: esse é o recurso do famoso *todo y nada* (*S.* I,13), que é recurso da contemplação e não da ascese: é porque a alma já tem tudo, esse tudo que estava no início de sua vocação, que pode julgar nada todo o resto. No começo e no fim de sua célebre litania sobre a exigência de despojamento total para avançar rumo ao cume do Carmelo ("tomar a si sempre o mais difícil, o mais insípido, o mais fatigante etc."), J. da C. apresenta o único motivo que deveria bastar para nos tranquilizar: "Unicamente para a honra e a glória de Deus…, por amor a Jesus Cristo" (*ibid.*).

Nessa solidão e nessa pobreza, a alma sabe que a união já se acha realizada desde a Sexta-feira Santa (cf. *Ct.*, 28), embora oculta a seus olhos, e que seu desvelamento supõe somente dirigir-se a Deus, que, desde o início, faz todo o trabalho. Daí o otimismo fundamental que permeia a obra de J. da C.: no período mais escuro da noite, todas as suas palavras são de encorajamento, e se lhe ocorre sentir-se fragilizado quando o essencial está em jogo ele reserva suas palavras mais duras tão somente aos diretores pusilânimes, que, assustados com a escuridão da noite, desencorajam as almas chamadas a esse salto na luz.

- Silverio de Santa Teresa (1929), *Obras de San Juan de la Cruz*, Burgos. Em português: *Obras completas*, Petrópolis, 2000; *Pequena antologia amorosa*, Rio de Janeiro, 2000; *Palavras de luz e amor*, Aparecida, 2001; *Chama viva de amor*, São Paulo, 1999.

▸ R. Garrigou-Lagrange (1923), *Perfection chrétienne et contemplation*, Saint-Maximin. — J. Baruzi (1924), *Saint J. de la C. et le problème de l'expérience mystique*, Paris. — Crisógono de Jesús (1929), *San Juan de la Cruz, su obra científica y su obra literaria*, Ávila. — J. Maritain (1932), *Distinguer pour unir ou les degrés du savoir*, Paris, 615-765. — Crisógono de Jesús (1946), *Vida de san Juan de la Cruz*, Madri. — H. Sanson (1953), *L'esprit humain selon saint J. de la C.*, Paris. — G. Morel (1960), *Le sens de l'existence selon saint J. de la C.*, Paris, 3 vol. — J. Orcibal (1966), *Saint J. de la C. et les mystiques rhéno-flamands*, Paris.

— F. Ruiz Salvador (1968), *Introducción a San Juan de la Cruz*, Madri. — M. Andrés (1976), *La teología española en el siglo XVI*, Madri. — A. Cugno (1979), *Saint J. de la C.*, Paris. — M. Huot de Longchamp (1981), *Lectures de Jean de la Croix*, Paris; (1991), *Saint J. de la C.*, Paris. — Col. (1991), *Juan de la Cruz: espíritu de llama*, Roma-Kampen. — O. Steggink, "E. de la Madre de Dios" (1992), *Tiempo y vida de san Juan de la Cruz*, Madri.

Max HUOT DE LONGCHAMP

→ *Carmelo; Contemplação; Mística; Renano-flamenga (mística).*

JOÃO DE RIPA → **Duns Escoto** 3

JOÃO DE SALISBURY → **Chartres (escola de)** h

JOÃO DE SANTO TOMÁS → **tomismo** 2 c

JOÃO DUNS ESCOTO → **Duns Escoto**

JOÃO EUDES → **Coração de Cristo** a

JOÃO EVANGELISTA → **joanina (teologia)**

JOÃO FILOPON → **triteísmo** a → **aristotelismo cristão** a

JOÃO HUS → **Hus**

JOAQUIM DE FIORE → **milenarismo** B

JUDAÍSMO

a) Contexto histórico e social. — As relações entre judaísmo (j.) e cristianismo têm também um contexto concreto, a presença de comunidades judaicas em terra cristã. Se a vida destas últimas, com seus aspectos econômicos e sociais, não tem interesse para nós aqui, ela sobredetermina a questão propriamente teológica. Por um lado, ela situa o confronto das ideias sobre um fundo que o falseia necessariamente: os judeus estão no poder de soberanos cristãos. Por outro lado, ela intervém como argumento: considera-se que a situação de dominados dos judeus prova que o favor divino prometido a Israel* lhe foi retirado.

As leis que proíbem que os judeus possuam terra não deixam a eles senão os ofícios ligados ao dinheiro, ao comércio e ao empréstimo a juros (este é proibido aos cristãos). Dando-lhes uma dimensão institucional, elas favorecem a persistência de ressentimentos antijudaicos anteriores ao cristianismo (cf. Juvenal, Tácito), complicados por alguns fantasmas, como a acusação de "crime ritual". As conversões* forçadas são proibidas pelo concílio* de Toledo (633), depois pela bula de Calisto II, *Sicut judeis* (1122 ou 1123), que define o estatuto jurídico dos judeus em terra cristã. Latrão IV* (1215) impõe que se use uma veste distintiva, que se tornará a pequena roda usada pelos judeus presa à roupa.

A polêmica intelectual é viva e recíproca. Ela é às vezes institucionalizada: os judeus são obrigados a participar de disputas (*wikkuah*), com frequência por ordem de convertidos. Os tratados contra os judeus, da parte dos cristãos, se dirigem na maioria das vezes a outros cristãos. Os tratados judaicos contra o cristianismo tampouco estão ausentes durante todo o período medieval, antes da expulsão da Espanha (1492) (Lasker, 1977). Eles são escritos primeiramente em árabe, no Oriente islâmico, depois em hebraico, em terra cristã, e até em catalão, como a *Refutação dos princípios dos cristãos* de Crescas (manuscrito de 1412). Na época moderna, a polêmica de resto subsiste, num tom mais moderado, mas também no espaço público que a publicação em línguas modernas permite: filósofos judeus esboçam uma teologia* do cristianismo, às vezes retomando categorias forjadas por teólogos cristãos. É o que acontece na Alemanha (Hirsch, Formstecher) e na Itália (Benamozegh) (Fleischmann, 1970).

Entretanto, a polêmica não se confunde com a relação com o j. e não impede os intercâmbios intelectuais (Dahan, 1990). Isso é verdadeiro mesmo no domínio teológico: a exegese* judaica, com Rachi, exerce uma influência importante sobre a exegese dos vitorinos, depois de Nicolau de Lyre, e mesmo, por meio deste último, de Lutero*; a filosofia* e a teologia de Maimônides influenciam Tomás* de Aquino (Wohlman, 1988) e Mestre Eckhart. Reciprocamente, a escolástica* tardia está presente, sem citação explícita, talvez em Gersonide, mas em todo caso em Crescas (Pines) e Joseph Albo, literalmente em Hillel de Verona. A Cabala marca o Renascimento e o humanismo. Na época contemporânea, teólogos católicos e protestantes leem Martin Buber, Franz Rosenzweig ou Emmanuel Levinas.

b) Pensar a continuidade. — A relação com o j. não está para o cristianismo no mesmo plano que sua relação com as outras religiões, que, ou ignoram a tradição* abraâmica (religiões da Índia e da China) ou dela se prevalecem, mas rejeitam os Livros santos anteriores (Islã). Cristianismo e j. não são simplesmente exteriores um ao outro. O cristianismo "saiu" do j. nos dois sentidos desse verbo. Ele se constituiu como tal distinguindo-se dele. Portanto, para ele, pensar o j. é também, indiretamente, pensar-se a si mesmo.

O cristianismo nasceu e se desenvolveu em primeiro lugar no meio judaico. Jesus* e os apóstolos* eram judeus, assim como todos os autores do NT, exceto sem dúvida Lucas. A Igreja* cristã não apareceu de imediato senão como uma tendência no j. do s. I. A separação se operou progressivamente, a partir do momento em que a solução de Paulo prevaleceu sobre a de Tiago: só impor aos convertidos vindos do paganismo* um respeito mínimo à Lei* (At 15). Comunidades judeu-cristãs subsistiram durante séculos. A Igreja do s. II foi fortemente tentada a levar ao extremo o paulinismo e a rejeitar o AT. Marcião (marcionismo*) escolheu recusar este último atribuindo-o ao criador mau pressuposto pela gnose*. Com Tertuliano* e Ireneu* a Igreja repeliu a tentação.

Ainda era necessário mostrar que o AT anunciava a vinda de Cristo* e uma lei nova. Invocaram-se sobre o primeiro ponto passagens como os Sl 2 e 110, e, antes de tudo, a profecia de Isaías sobre o Servo* sofredor (Is 53), em segundo lugar a profecia de Jeremias sobre a nova aliança* inscrita nos corações* (Jr 31,31-34). O problema suscitado pelo abandono de certas disposições legislativas recebeu diversas soluções. Primariamente numa distinção simples em princípio, mas de aplicação delicada, entre o que é permanente e o que só tinha um valor pedagógico e, portanto, provisório. As leis ditas "cerimoniais" não estão mais em vigor; em compensação, as leis morais são permanentes e receberão às vezes a denominação estoica "naturais" (Justino, *Diálogo com Trifrão* 45, 3; p. 197 Archambault). Em seguida, os mandamentos* receberam uma interpretação alegórica (*Epístola de Barnabé* 9, 7; SC 172, 146 *sq*). As profecias* sobre os tempos messiânicos foram interpretadas como válidas não para a primeira vinda de Jesus, mas para o seu retorno pleno de glória.

Era preciso igualmente mostrar como o cristianismo não retornava à afirmação monoteísta. A teologia da Trindade* esforça-se por distinguir esta de uma triplicidade qualquer. Ela busca anúncios seus no AT, como no plural "façamos o homem" (Gn 1,26) ou na passagem em que Abraão acolhe três personagens (Gn 18). De igual modo, era necessário mostrar que o culto* às imagens* ou à cruz não era idolatria*.

A relação com a antiga aliança e com os textos que recolhem a sua história* (o AT) não passa, entretanto, de um aspecto da relação com o j. O j. pós-cristão se cristalizou depois da destruição do Templo* e da perda da terra. As tendências que se centravam nesses dois elementos, como o saduceísmo, desapareceram, deixando em cena tão somente os fariseus, centrados no estudo da Torá.

c) Pensar a subsistência. — Para o cristianismo, a questão é saber que papel resta ao que de Israel não se converteu. O problema atormentava já Paulo, que, ele próprio nascido judeu de estrita observância, faz coexistir vários temas nem sempre fáceis de conciliar. Por um lado, o judeu, apegando-se à Lei, recusa a graça* (Gl 5,4). Fundando-se em Jr 31,31-34, a Epístola aos Hebreus observa no mesmo sentido: "Ao falar de uma aliança *nova*, ele (Deus* pela boca de Jeremias) tornou antiga a primeira; ora, o que fica antigo e envelhece está prestes a desaparecer" (Hb 8,13). Por outro lado, "os dons e o chamamento de Deus são irrevogáveis" (Rm 11,29) e, por consequência, "Todo Israel será salvo" (Rm 11,26). Os escritos joaninos conhecem a mesma ambiguidade: é no quarto evangelho* que os adversários de Jesus são designados uniformemente como "os judeus"; mas é também nesse contexto que é afirmado que "a salvação* vem dos judeus" (Jo 4,22).

Os Padres* da Igreja introduzem um novo tema: a Igreja é *verus Israel*, a "verdadeira raça israelita" (Justino, *Diálogo com Trifão*, 135; 3; t. 2, p. 341 Archambault). As promessas* feitas ao antigo Israel são tidas como válidas para a Igreja, e até para a cristandade. O fato de que o cetro tenha deixado Jacó prova que "aquele a quem ele devia retornar" — se se interpreta assim a palavra *šîlᵒh* — chegou (Gn 49,10); nada de espantoso, portanto, no fato de que os judeus sejam privados de sua terra, de todo poder político e dispersos por todo o mundo. Nem tampouco no fato de que, pelo contrário, os cristãos se apropriem dos traços culturais vindos do AT e abandonados pelo j. como a unção dos reis ou a imagética do sacerdócio* que se remete a Aarão. As profecias universalistas são interpretadas a partir da conversão das nações à Igreja.

A reivindicação pela Igreja de ser o verdadeiro Israel é interpretada como exclusiva: as comunidades judaicas deixaram de sê-lo (Agostinho, *En. Ps.* 75,2; Cchr.SL 39, 1038), o que as situa como fora de si mesmas. Sua subsistência deve receber uma explicação. A causa eficiente é o endurecimento* dos corações e a cegueira — a Sinagoga de olhos vendados. A causa final é o testemunho que elas dão, apesar de si mesmas, da validade do Evangelho. É o que acontece em Agostinho*: os judeus são mantidos na dispersão para poder testemunhar (Agostinho, *Cidade de Deus* XVIII, 46; BAug 36,653).

Observa-se uma mudança nos temas no s. XII (Funkenstein, 1968). A partir de 1240, aproximadamente, o procedimento de alegorização da Bíblia* é estendido ao Talmude, até então pouco

conhecido pelos cristãos, depois aos escritos da Cabala: considera-se que ambos anunciam um messias* semelhante a Jesus.

d) Desenvolvimentos recentes. — O contexto favorável permitido pela neutralidade religiosa dos Estados modernos, embora não explique tudo, facilita as coisas. Em contrapartida, o nascimento de um antissemitismo moderno, social e pseudobiológico, dissocia este do antij. cristão, ainda que herde certos esquemas seus (Hadas-Lebel, 1993). A *shoah*, consequência última desse antissemitismo, desemboca na concretização do projeto sionista e na criação do Estado* de Israel.

Mas fatores intelectuais também entram em jogo: a emancipação permite que os judeus participem da vida intelectual moderna. Do lado cristão, uma atitude mais positiva era preparada havia séculos. Bernardo* de Claraval foi denominado "santo" também por alguns judeus, em virtude de sua ação contra os *pogroms* ligados à 2ª cruzada (Joseph ha-Cohen, *La vallée des pleurs* [...], ed. J. Sée, Paris, 1881, p. 33). Abelardo*, na mesma época, dá um exemplo de diálogo irênico, até mesmo sensível aos sofrimentos de Israel (*Diálogo entre um filósofo, um judeu e um cristão*, l. 254-321; ed. M. Fumagalli Beonio Brocchieri, Milão, 1992, 58-64). O conhecimento do hebraico se difunde a partir do s. XV. O progresso dos estudos bíblicos permite uma melhor tomada de consciência daquilo que implica a origem judaica de Jesus. Para a Igreja católica, a ideia do "povo* deicida" é explicitamente condenada, a partir do concílio de Trento*. Em *Le salut par les juifs* (1892), o escritor Léon Bloy (1846-1917) se opõe ao antissemitismo. Jacques Maritain (1882-1979), em seguida a ele, depois Erik Peterson (1932), Charles Journet (1945), o jesuíta Gaston Fessard (1960) aprofundam uma meditação irênica do mistério* de Israel — ao passo que, de sua parte, os judeus redescobrem a pessoa de Jesus.

O Vaticano II* é uma etapa importante, mas não um recomeço a partir do zero. A declaração *NA*, § 4, prolongada pelas *Orientações e sugestões para a aplicação da declaração conciliar Nostra Aetate* (1975), depois pelas *Notas para* *uma apresentação correta dos judeus e do j. na pregação* e na catequese* da Igreja católica** (1985), procura reorientar o ensinamento cristão em seu conjunto. A obra de Franz Mussner (1979) é importante, quando mais não fosse pelo que o seu título simboliza: ela marca uma passagem de um discurso *contra* os judeus a outro *sobre* os judeus.

No entanto, o problema teológico do estatuto do Israel não convertido não é precisado por nenhum documento oficial e permanece controverso. Ele é complicado, por um lado, pela divisão do povo judeu em diversas tendências (liberal, conservadora, ortodoxa) e, por outro, pela fundação do Estado de Israel. Ele é em si misterioso e reservado tão somente a Deus. Entre as questões abertas, algumas dizem respeito ao próprio estatuto de Israel, outras se relacionam com a Igreja.

Paulo exorta desde agora à conversão (Rm 12,31), embora sugerindo que uma conversão se produzirá (Rm 11,25). Para que momento tem a Igreja o direito de esperar essa conversão? Na história humana? De forma progressiva ou maciça? Ou se trata de um acontecimento escatológico, reservado para a segunda vinda de Cristo?

Há dois povos de Deus? A Igreja só será verdadeiramente o povo de Deus depois da conversão de Israel. Acaso há um caminho de salvação separado para Israel, que não teria necessidade de crer em Cristo? Sem dúvida, "não há senão um único mediador, Cristo" (1Tm 2,5). Mas a aceitação deste último, que é para os cristãos uma fé*, poderia ser para os judeus uma visão — a visão, escatológica, do Transpassado (cf. Jo 19,37 citando Zc 12,10).

• E. Peterson (1933), "Die Kirche aus Juden und Heiden", *Theologische Traktate*, Munique, 1951, 241-292. — C. Journet (1945), *Les destinées d'Israël*, Paris. — M. Simon (1948, 1964[2]), Verus Israel. *Étude sur les relations entre Chrétiens et Juifs dans l'Empire romain (135-425)*, Paris. — G. Fessard (1960), *De l'actualité historique*, I. *A la recherche d'une méthode*, Paris. — S. Pines (1967), *Scholasticism after Thomas Aquinas and the Teaching of Hasdai Crescas and his Predecessors*, Jerusalém. — A. Funkenstein (1968), "Changes in the patterns of Christian anti-Jewish polemics in

the 12th century" (hebr.), *Sion* 23, 126-144. — E. Fleischmann (1970), *Le christianisme "mis a nu". La critique juive du christianisme*, Paris. — D. J. Lasker (1977), *Jewish Philosophical Polemics Against Christianity in the Middle Ages*, Nova York. — C. Thoma (1978), *Christliche Theologie des Judentums*, Aschaffenburg. — F. Mussner (1979), *Traktat über die Juden*. — P. van Buren (1980-1987), *A Theology of the Jewish-Christian Reality*, São Francisco. — J.-M. Garrigues (sob a dir. de) (1987), *L'unique Israël de Dieu*, Paris. — A. Wohlman (1988), *Thomas d'Aquin et Maïmonide. Un dialogue exemplaire*, Paris. — M. Sales (1989), *Le corps de l'Église*, Paris. — C. Thoma (1989), *Theologische Beziehungen zwischen Christentum und Judentum*, Darmstadt. — G. Dahan (1990), *Les intellectuels chrétiens et les Juifs au Moyen Âge*, Paris. — M. Hadas-Lebel (1993), "Renan et le judaïsme", *Commentaire* 62, 369-379. — H. U. von Balthasar (1995), "Le problème Église-Israël depuis le Concile" (póst.), *Com(F)* XX/3, 23-36.

Rémi BRAGUE

→ *Eclesiologia; Eleição; Igreja; Israel; Judeu-cristianismo; Monoteísmo; Paulina (teologia).*

JUDEU-CRISTIANISMO

a) Uma diversidade de concepções. — A noção de judeu-cristianismo (jdc.), utilizada na história* do cristianismo (cr.) antigo e na história das doutrinas cristãs, deseja exprimir o vínculo do cr. nascente com o judaísmo* (jud.). O conteúdo varia de um autor para outro, mas três concepções principais se destacam.

Num primeiro sentido, o jdc. representaria cristãos, nascidos judeus, que confessam a messianidade de Jesus*, sua ressurreição* dentre os mortos e a vida nova que ele inaugura segundo o anúncio feito aos profetas*. Esses cristãos que continuam a praticar as observâncias ligadas à lei* judaica se tornam minoritários no fim do s. I, quando se desenvolvem comunidades cristãs em que se encontra uma grande parcela de fiéis provenientes do paganismo*.

Retomamos a definição, dada em seu tempo por L. Marchal, de "judeu-cristãos" (*DThC* 8, 1925, col. 1681): *cristãos advindos do judaísmo que conservam as observâncias mosaicas embora confessando a fé* cristã.* Segundo essa hipótese, a confissão da divindade de Cristo* traçaria o limite entre judeu-cristãos ortodoxos e heterodoxos. Haveria de um lado os nazarenos e de outro os ebionitas e os elchasaítas, conjunto de comunidades cristãs marginais mencionadas ou descritas por alguns Padres* da Igreja* de meados do s. II ao s. IV.

Segundo outra perspectiva, o jdc. abrangia as comunidades provenientes do jud. que reconhecem Jesus como Messias* mas que recusam que ele seja Deus*. Os judeu-cristãos constituiriam assim comunidades heterodoxas do cr. primitivo, à margem das outras comunidades cristãs, no fim do s. I ou no começo do s. II.

Outra linha de pesquisa parte da constatação de que as comunidades cristãs exprimem e celebram sua fé por meio das concepções teológicas e litúrgicas judaicas retomadas a partir do meio em que nasceram. Nessa perspectiva, designa-se por jdc. uma teologia* e uma prática cristãs de origem e de contornos judaicos.

Essas diversas concepções fazem parte de um mesmo procedimento. Com efeito, todas elas querem pôr em evidência maneiras intelectuais judaizantes, ou práticas judaizantes, no interior de um número mais ou menos significativo de comunidades cristãs desenvolvidas notadamente depois de 70. Ao fazê-lo, todas essas concepções situam a problemática do jdc. depois da primeira guerra judaica (66-73) e identificam o jud. de então com o jud. rabínico advindo da tradição farisaica. E segundo essa perspectiva a maioria das comunidades cristãs se caracterizaria nessa época pelo abandono das observâncias judaicas tradicionais, isto é, farisaicas.

Ao revelar o jud. do s. I em sua diversidade e não como uma entidade uniforme, as pesquisas recentes exortam contudo a reconsiderar a questão.

b) Cristianismo e judaísmo no século I. — O jud. é então composto por grupos diversos que partilham um conjunto de práticas e de crenças: fé no Deus único que se revelou aos Pais, aliança* estabelecida por Deus com Israel*, Lei que requer observâncias, em particular o culto* celebrado num Templo* único. Sobre essa base comum, cada grupo se caracteriza por práticas e interpretações doutrinais particulares, e o cr. surge então como um grupo recém-aparecido

dentre outros mais antigos, saduceu, farisaico, essênio, zelota... O mesmo termo, *hairèsis* (seita ou grupo), designa-os a todos, na literatura tanto judaica (por exemplo, Flávio Josefo, *Antiguidades bíblicas* 13, 5, 9; 18, 1, 2) como cristã (At 5,17; 15,5; 24,5 etc.) dessa época. A Igreja e o jud. rabínico não provêm, pois, de um jud. uniforme de contornos bem definidos, mas são originários de duas tradições diferentes do jud. do s. I (cf. Neusner, 1991; Dunn, 1991).

Em seu início, o cr. conheceu assim uma fase em que, embora fazendo parte do jud., elaborava suas próprias práticas. Essa fase durou até a separação com relação ao jud., tendo esta última ocorrido depois da primeira guerra* judaica, nos primeiros decênios do s. II. Após essa guerra, com efeito, alguns grupos que constituem o jud. declinarão mais ou menos rapidamente, em particular os essênios, os saduceus e os zelotas. Nada indica todavia um desaparecimento total destes; e, embora a maioria das tradições judaicas diferentes da farisaica e da cristã tenham então perdido importância, o jud. de que o cristianismo se separou não pode ser identificado tão somente com o grupo farisaico.

De fato, foi até o início do s. II que as autoridades romanas consideraram os cristãos como pertencendo ao jud. Até esse período, as mesmas acusações são lançadas contra judeus e cristãos, o que mostra que eles não são distinguidos (Flávio Josefo, *Contra Apião* 79; Suetônio, *Nero* 16,3; Tácito, *Anais* 15,44).

Em seguida, ao longo do s. II, embora existam, as perseguições contra os cristãos permanecem ocasionais. Elas são obra de magistrados que exercem seu poder de polícia para restabelecer a ordem, e sua atitude mostra que começa a estabelecer-se uma distinção entre cristãos e judeus. Assim, a perseguição dos cristãos em 111-112, aproximadamente, por Plínio, o Jovem, governador do Ponto e de Bitínia, mostra que os cristãos não são mais considerados como judeus. A troca de cartas que ocorreu nessa ocasião entre Plínio e o imperador Trajano constitui, pois, o primeiro documento que atesta a separação, ao menos nesse local. Está-se longe da data habitualmente fornecida, ou seja, o reinado de Nero (54-68) ou o de Domiciano (81-96).

c) Perspectiva nova sobre o judeu-cristianismo. — A questão do jdc. deve ser formulada a partir do que é o jud. do s. I. O cr. é então um grupo novo no interior do jud. e, durante o período em que faz parte do jud., ele pode legitimamente ser denominado jdc. (cf. Dunn, 234). A duração desse período foi variável segundo as comunidades, visto que a diversidade que caracteriza o jud. do s. I marcou também todos os grupos que o constituíam. O cr. não escapou dessa situação. Com efeito, ele partilhou com os outros grupos que constituíam o jud. do segundo Templo um fundo de práticas e crenças comuns que compreende também as Escrituras* (AT), um conjunto de orações* e de práticas litúrgicas e uma maneira de organizar as comunidades. Mas esse fundo foi interpretado e valorizado de diferentes modos de acordo com as comunidades. Em virtude disso, houve tensões e conflitos, não apenas entre o cr. e os outros grupos do jud., notadamente o grupo farisaico, mas também no interior do cr., a ponto de, por ocasião da separação entre cr. e jud. no s. II, algumas comunidades cristãs não encontrarem lugar no cr. tal como ele será definido. Trata-se das comunidades que os Padres da Igreja do s. II perceberão como judaizantes.

A noção de jdc., assim redefinida, dá conta da diversidade característica das primeiras comunidades cristãs e do caráter judaico de suas práticas. Nessa perspectiva, as interpretações clássicas do jdc. refletem de fato, em sua divergência, a situação do cr. durante a primeira fase, judeu-cristã, de sua história.

• M. Simon (1948; 1964[2]), Verus Israel. *Étude sur les relations entre chrétiens et juifs dans l'Empire romain (135-425)*, Paris. — H. Schoeps (1949), *Theologie und Geschichte des Judenchristentums*, Tübingen. — J. Daniélou (1958; 1991[2]), *Théologie du judéo-christianisme*, Tournai-Paris. — M. Simon, A. Benoît (1968; 1994[4]), *Le judaïsme et le christianisme antique*, Paris. — G. Strecker (1988), "Judenchristentum", *TRE* 17, 310-325. — J. H. Charlesworth (sob a dir. de) (1990), *Jews and Christians. Exploring the Past, Present and Future*, Nova York. — J. E. Taylor (1990), "The Phenomenon of Early Jewish-Christianity: Reality or Scholarly Invention?", *VigChr* 44, 313-334. — J. Neusner (1991), *Jews and Christians. The Myth of a Common Tradition*, Londres-Filadélfia. — J. D. Dunn (1991), *The Partings of the Ways Between Christianity and Judaism and their Significance for the Character of Christianity*, Londres-Filadélfia. — S. Mimouni (1992), "Pour une définition nouvelle du judéo-christianisme ancien", *NTS* 38, 169-182. — L. L. Grabbe (1994), *Judaism from Cyrus to Hadrian*, Londres.

Jacques FANTINO

→ *História da Igreja; Judaísmo.*

JUÍZO

1. Observação filosófica prévia

O homem percebe o real ao mesmo tempo como *ser** e como *dever-ser*, ele se experimenta a si mesmo como um ente que, ao mesmo tempo em que se relaciona com o mundo exterior, lança certo olhar ao seu próprio comportamento. A filosofia* ocidental dá testemunho dessa dualidade irredutível: a metafísica e a filosofia prática (na tradição clássica), a crítica da razão* pura e a crítica da razão prática (em Kant*) são formas fundamentais da atividade filosófica. Disso se segue que a história* não é nem uma simples facticidade nem uma realização imediata da moral. Ela é de natureza mesclada e exige ser avaliada. É então inevitável que, do interior da fé*, a partir do Deus* vivo e revelado, seja postulado um ato de Deus que avalia e julga. Deus não pode relacionar-se de outro modo com a história. Portanto, a ideia do juízo (j.) divino não é essencialmente uma alegoria extraída da prática judiciária humana e tranposta por analogia* a Deus. Que a realidade e a história requerem o j. é percebido por nós por meio de uma experiência transcendental, implicitamente contida em tudo o que vivemos. A difundida opinião que vê no discurso da teologia* sobre o j. de Deus uma sobrevivência mitológica que deve ser abandonada, ou simplesmente um símbolo (cf. p. ex. Tillich*, *Systematic Theology*, t. 3, Chicago, 1963, 398-401), não leva em conta esse ponto de partida. Se é de resto verdadeiro que a relação de Deus com a história é determinada pela graça*, j. e cumprimento* da história constituem duas noções indissociáveis.

Peter HÜNERMANN

2. Antigo Testamento

As categorias do procedimento judiciário são amplamente utilizadas na literatura bíblica, tanto no AT como no NT, já que o exercício da justiça humana e divina se encontra representado nesse contexto num grau elevado. O conceito de justiça*, em particular, tem um alcance específico, na medida em que condensa toda uma série de operações efetuadas para "fazer justiça" lá onde a justiça está ameaçada ou achincalhada.

a) O procedimento judiciário em Israel. — Entre os homens estouram conflitos, amiúde provocados por erros sofridos ou presumidos; aquele que se sente lesado em seus direitos dá início a um processo (*rîb*) contra aquele que é considerado responsável e leva essa petição à instância judiciária competente, a fim de que seja feita justiça. A lei* disciplina esse procedimento (Dt 19,1s; 25,1; 2Sm 15,2), que comporta fases organicamente estruturadas cujo desenrolar assegura a regularidade do j.

O ponto de partida de toda consideração judiciária é o ato criminoso, isto é, o fato de uma violação do direito*. É necessário, por outro lado, que o delito chegue ao conhecimento da autoridade legal à qual se atribui o título e a competência de *juiz* (*shôfét*), e que assumirá a ação penal.

Num estágio evoluído da história* de Israel*, os organismos judiciários parecem ter sido diversificados segundo jurisdições específicas: os "anciãos" presidiam provavelmente aos tribunais locais "às portas" da cidade* (Dt 21,19; 22,15; 25,7; Js 20,4; Pr 31,23 etc.); os "sacerdotes" decidiam questões referentes às normas do sagrado (Nm 5,15-28; Dt 17,8ss; 19,17ss; 2Cr 19,8-11) ao rei e a seus funcionários eram reservados os casos mais difíceis (1Rs 3,16-28) e talvez as apelações (2Sm 14,4-8; 2Rs 8,1-6). O órgão judiciário assume habitualmente uma forma colegiada, a fim de garantir maior imparcialidade; é com base nesse modelo que se imaginará também o tribunal celeste, em que Deus* administra a justiça assistido por um conselheiro (1Rs 22,19; Sl 82,1; Jó 1,6).

O juiz tem o encargo de todos os atos necessários para que o j. seja regular (*shêfèt*). Simplificado ao máximo, o procedimento prevê que o magistrado examine a legitimidade dos dados jurídicos pertinentes: por meio de averiguações cuidadosas (Dt 13,15; 17,4.9; 19,18), ele se assegura dos fatos e das circunstâncias e, por meio do interrogatório das testemunhas e do réu, forma a convicção que conduz ao pronunciamento da sentença (1Sm 22,7-16; 2Sm 14,5ss; 1Rs 3,16-27; 2Rs 6,28; 8,6; Dn grego 13,50-59). O aspecto público de todo procedimento será enfatizado, assim como o envolvimento do povo* nas diversas fases do processo (Jr 26).

O conjunto dos atos decididos ou controlados pelo juiz é denominado "j." (*mishepat*).

Cada momento do procedimento pode significar, por metonímia, a sua totalidade; assim, "acusar", prender um culpado ou enviar o culpado às mãos do executor, cada um desses atos pode bastar para designar todo o procedimento. Isso vale sobretudo para os textos poéticos, que preferem uma linguagem alusiva à terminologia técnica do direito.

O termo "j." é aplicado em particular à fase conclusiva do processo, tornando-se sinônimo de "veredicto": sentença de condenação ou de absolvição, motivos, o todo formando o fim e ápice da ação judiciária em seu conjunto.

A finalidade do j. punitivo é tríplice: repressão do mal* (Dt 13,6; 17,7.12; 19,19; 21,21 etc.), dissuasão social (Dt 13,12; 17,13; 19,20; 21,20; 1Rs 3,28 etc.), correção do culpado (2Rs 19,4; Jr 2,19; Sl 6,2 etc.).

b) O julgamento na tradição profética. — Todo o procedimento judiciário gira em torno da figura do juiz, dele dependendo que a justiça seja feita, porque os atos de qualquer outro sujeito jurídico são tornados vãos se não desembocam na decisão da instância competente, no ato de fala que define com autoridade a verdade judiciária restritiva para todos. Para isso, a lei prescreve que a designação dos magistrados leve em conta o nível de sabedoria* e de retidão moral que é indispensável a uma função desse tipo: com efeito, os juízes devem ser "homens de valor, que temem a Deus, homens de verdade*, que abominam a venalidade" (Ex 18,21; cf. também Dt 1,15). A imparcialidade e a incorruptibilidade são como as colunas do tribunal (Ex 23,6; Lv 19,15s; Dt 1,16s; 16,18s).

A história de Israel não corresponde a esse ideal. Com efeito, os profetas* denunciam de forma recorrente a perversão dos atos judiciais, submetidos ao engodo do ganho (1Sm 8,3; Is 1,23; Jr 5,28; 22,17; Ez 22,27; Mq 3,11 etc.) e utilizados por poderosos contra os quais o inocente não pode defender-se. Tendo-se em vista que a má administração da justiça é o sinal fundamental de um governo iníquo (*shâfat* significa tanto julgar como governar), os profetas anunciam que o próprio Deus instaurará um tribunal superior, para emitir um j. contra os juízes e os soberanos; assim, uma vez abatidos os poderosos e salvos os pobres, a justiça reaparecerá na terra.

Muitos exegetas identificaram assim a mensagem dos profetas com a proclamação do j.

O gênero* literário característico da profecia* seria "o discurso judiciário" (*Gerichtsrede*). Deve-se contudo observar que para poder falar de j. é necessária uma estrutura jurídica de três polos; isto é, que as duas partes em causa devem estar presentes. Elas assumem a figura do *acusador* (acompanhado de suas testemunhas) e a do *acusado* (que pode eventualmente ter um defensor, mas que amiúde é deixado só). O juiz, terceiro elemento, mantém-se acima das partes; ele escuta (tem "audiência") e decide (separa o bem* do mal). Ora, nem todos os procedimentos jurídicos da Bíblia* têm essa estrutura. Assim, os profetas evocam com mais frequência o procedimento do processo (*rîb*), que é essencialmente bilateral e não prevê, pois, uma mediação entre acusado e acusador. Esse procedimento tem sua localização típica na *família* e encontra uma aplicação metafórica lá onde relações de aliança* estão em vigor. O acusador procura convencer o acusado a reconhecer suas faltas, a recuperar as condições de um entendimento fundado no respeito recíproco e, quando suas palavras se mostram inúteis, ele pode também recorrer a meios punitivos, na medida do necessário, sempre, no entanto, na intenção de atingir uma reconciliação. Enquanto na dinâmica do j. o acusador tende a fazer condenar a parte contrária, na lógica do processo bilateral aquele que reprova, mesmo que ameace num espírito de cólera, deseja apenas que o outro confesse seu erro e que assim possa ser perdoado.

c) *O juízo de Deus.* — O poder de julgar é, na Bíblia, reservado em particular àqueles que detêm também outra forma de autoridade* (política e religiosa); portanto, é claro que, como a soberania sobre toda a terra é reconhecida como pertencente a Javé, o qualificativo Juiz lhe é também atribuído (Gn 18,25; Ex 5,21; 1Sm 24,13-16; Is 2,4; Jr 11,20; Sl 7,12; 9,5; 82,1 etc.)

O j. de Deus por certo não se aplica somente aos casos, na verdade limitados, de *ordálio*, quando os homens, na impossibilidade de decidir, deixam ao acaso ou a rituais definidos a tarefa de designar culpado e inocente (Ex 22,6ss; Nm 5,16-28; Js 7,16-19; 1Rs 8,31s). A Escritura* vê toda a história dos homens subordinada ao j. constante do Deus do céu, que conhece tudo e intervém por toda parte em que os homens se omitem de fazer justiça.

As histórias de Caim e Abel (Gn 4,9-12), de Sodoma (Gn 18,16-33), da libertação do jugo egípcio (Ex 3,20) etc. são exemplos do preço que Deus atribui a um j. equitativo, para punir os culpados, para reabilitar e salvar as vítimas inocentes. Assim se revelam não apenas a absoluta e imparcial justiça de Deus como também sua atenção soberana com relação aos pobres: com efeito, ele escuta a queixa dos fracos, e seu j. equivale a uma intervenção salvadora. Isso explica por que o j. de Deus e sua justiça são com frequência sinais de salvação* (1Sm 26,23s; Is 19,20; Ez 34,22; Sl 7,9; 26,1; 43,1; 54,3 etc.). Deve-se observar também que o j. de Deus se realiza amiúde graças a uma ação guerreira; a derrota por ocasião de uma guerra* é, com efeito, considerada o resultado de um veredicto de condenação emitido por Deus contra o povo culpado.

Essa visão das coisas, que comanda substancialmente a narração bíblica (não somente deuteronômica) e inspira amplamente a literatura profética e sapiencial, corresponde ao axioma segundo o qual "Deus dá a cada um segundo suas obras*" (Sl 62,13; Pr 24,12; Jó 34,11; Ecl 12,14; Rm 2,6 etc.). Os eventos negativos da história individual e coletiva são interpretados como uma manifestação do justo j. de Deus, que pune a falta com um rigor inflexível. O exílio do povo de Israel deveria ser lido como o trágico resultado de uma história subordinada ao j. divino, imagem de uma condenação análoga para todas as nações (Jr 25).

A metáfora do j. de Javé pretende explicar o sentido da história. Não obstante, essa doutrina é criticada por diversas correntes proféticas e sapienciais, que lhe contrapõem o fato de que os maus prosperam no mundo, enquanto os pobres continuam a sofrer injustiças e abusos. Ao protesto dos profetas (Jr 12,1s; Hab 1,2-4,13; Ml 3,15) e dos suplicantes de Israel (Sl 10,13; 73,3-12; 94,3-7.20s) faz eco a denúncia dos sábios (Jó 21,7-33; Ecl 7,15; 8,14; 9,2). Por conseguinte, a história não revela de maneira adequada o governo divino do mundo. Para manter então uma fé* integral numa suprema justiça inerente aos eventos humanos, a metáfora do tribunal se desloca rumo ao ato de conclusão da história; o j. torna-se o "j. final", ou último, o ato *escatológico* por excelência, que separará de modo definitivo os justos dos maus (Is 26,20s; Jl 4,1-17; Ml 3,19-21; Dn 7,9-14). O livro* da Sabedoria (Sb 5) adota essa linha interpretativa. Os textos do NT anunciam como "iminente" o evento final do j. de Deus (Mt 3,7-12; 24-25 par.).

• H. Boecker (1964, 1970²), *Redeformen des Rechtslebens im Alten Testament*, WMANT 14. — J. Vella (1964), *La giustizia forense di Dio*, Brescia. — A. Gamper (1966), *Gott als Richter in Mesopotamien und im Alten Testament: zum Verständnis einer Gebetsbitte*, Innsbruck. — J. L. Crenshaw (1970), "Popular Questioning of the Justice of God in Ancient Israel", *ZAW* 82, 380-395. — S. Amsler (1974), "Le thème du procès chez les prophètes d'Israël", *RThPh* 24, 116-131. — H. J. Boecker (1976), *Recht und Gesetz im alten Testament und im alten Orient*, NStB 10. — K. Nielsen (1978), *Yahweh als Prosecutor and Judge. An Investigation of the Prophetic Lawsuit (Rib-Pattern)*, JSOT.S 9. — K. W. Whitelam (1979), *The Just King. Monarchical Judicial Authority in Ancient Israel*, JSOT.S 12. — H. Niehr (1986), *Herrschen und Richten. Die Wurzel shpt im Alten Orient und im Alten Testament*, FzB 54. — P. Bovati (1986), *Ristabilire la giustizia. Procedure, vocabolario, orientamenti*, AnBib 110. — H. Niehr (1987), *Rechtsprechung im Alten Testament. Untersuchungen zur Geschichte der Gerichtsorganisation im Alten Testament*, SBS 130. — J. Krasovec (1988), *La justice de Dieu dans la Bible hébraïque et l'interprétation juive et chrétienne*, OBO 76. — M. Weinfeld (1995), *Social Justice in Ancient Israel and in the Ancient Near East*, Jerusalém-Mineápolis.

Pietro BOVATI

→ *Cólera de Deus; Escatologia; Justiça; Profeta; Salvação; Vingança de Deus.*

3. Novo Testamento e teologia da história

a) O pano de fundo veterotestamentário, o *mishepat* de Javé, é indispensável a toda compreensão da pregação* do Batista. Também ele relaciona imediatamente a condenação e o favor de Deus: ninguém pode sentir-se em segurança diante do j. que se prepara. Só a conversão* e a penitência*, seladas pelo batismo*, prometem a salvação (Mt 3,7-12). Reduzindo-se a fórmulas, parábolas* etc. o j. anunciado por Jesus* perder-se-ia de vista que a proclamação do reino* de Deus — assim como a mensagem de João Batista — associa a ideia de uma solicitude sem reservas para os pecadores *e* a de sua condenação (cf. em especial o sermão da montanha [Mt 5,22.26 *passim*] ou as imagens propostas em Mt 13,24-30.47-50; 24,50s, *passim*). A medida dessa dupla justiça* divina é o mandamento* do amor*, que vale tanto para os judeus como para os pagãos (Mt 25,32). O homem pode ser salvo da condenação divina pelo perdão divino, que é concedido sem restrição ao pecador (Lc 15), seja qual for a gravidade de sua falta (cf. Lc 7,36-50; Mt 18,21-35). Mas o homem só será salvo se, de sua parte, fizer sua essa vontade incondicional de perdoar (cf. Mt 6,14; 18,22.35 *passim*). O reino de Deus, em que se inscreve o j. divino, é o futuro que se prepara no limiar do presente, um futuro que assume forma nos atos e nas palavras de Jesus. Se apenas alguns exegetas afirmam que Jesus se designou a si mesmo como o Filho* do homem por quem se cumpre o j. (Mc 14,62), não há nenhuma dúvida, em contrapartida, de que a Igreja* pós-pascal esperou que o Cristo* elevado ao céu voltasse para julgar os homens (cf. para os sinóticos Mt 13,41; 24,31; 24,35-51; 25,31, *passim*; At 10,42; 17,31; 2Ts 1,5-10; 1Cor 4,5; 1Pd 4,5 etc.). Aquele que vem julgar os homens é salvador e instaurador do direito* quando condena o mal.

Essa estrutura fundamental da proclamação de Jesus e da fé pascal relativamente ao j. de Deus em e por Jesus Cristo é encontrada sob formas variadas nos diferentes *corpus* de textos do NT. Os escritos paulinos, pela doutrina da justificação* do pecador, desenvolvem o aspecto atual do j. e do perdão operados por Deus em Jesus Cristo. Eles colocam a justificação em relação com o j. vindouro de Deus (Rm 2,6) ou de Cristo (2Ts 1,7). Paulo, na proclamação do j. final, recorre a numerosos elementos apocalípticos, e a comparação de 1Ts 4,13-5,11 e de 1Cor 15,20-58 mostra com que liberdade ele varia essas imagens. O anúncio da salvação e do j. funda-se aqui na morte* e na ressurreição* do Senhor, primícias da ressurreição* dos mortos (cf. 1Cor 15,17.20). A iminência dos eventos finais é assim atenuada em certa medida. Os escritos deuteropaulinos (cf. Ef 2,1s; Cl 3,1-4) enfatizam mais fortemente o caráter atual, já em vigor, do mistério* de Jesus Cristo, sem todavia excluir a dimensão futura. Esse aspecto do j. se encontra ainda mais claramente acentuado no *corpus* joanino. "Quem crê nele não é julgado; quem não crê já está julgado" (Jo 3,18). Vê-se em Jo 5,24-30 como a linguagem apocalíptica* é utilizada para proclamar o evento *presente* do j., a realidade já dada da ressurreição para a vida eterna* e da condenação. H. Conzelmann faz o seguinte comentário: "A dimensão futura não é eliminada, mas antes atualizada [...] João, naturalmente, conhece a espera da parusia* (como a da ressurreição e do j.). Ele não a elimina, mas integra-a na compreensão presente da salvação" (*Grundiss der Theologie des NT*, Munique, 1967², 388). A dimensão futura do j. aparece com clareza em João (Jo 5,28ss; 6,39s etc.). Alguns enunciados inteiramente semelhantes são encontrados nos Atos. Cristo reúne as realidades atual e futura do j. e do cumprimento: ele *é* o Senhor, e ele *vem* como Senhor. No *corpus* joanino, o j. é entendido como condenação. O fiel não é submetido ao j.; este afeta tão somente "esse mundo" (Jo 12,31). Se, de acordo com os sinóticos, mesmo aqueles que creram ou amaram são submetidos ao j. (Mt 25,31), como discípulos de Jesus eles são também aqueles que

com ele exercem o j. (cf. Mt 19,28; Lc 22,30). No evangelho* de João, em conformidade com o seu interesse pelo aspecto presente do j., a Igreja é criada pelo Espírito* para confundir e julgar o mundo (cf. Jo 16,8.11).

b) Os primeiros formulários de fé da Igreja primitiva — tal como a grande maioria das confissões* de fé ocidentais e orientais, aí incluídos os símbolos de Niceia* e de Constantinopla* (cf. *DH* 10-76) — atestam a crença no j. de Deus ou no retorno de Jesus Cristo para julgar os vivos e os mortos. Os debates acerca do marcionismo*, da gnose*, do milenarismo*, da doutrina da apocatástase* (cf. Constantinopla II*, *DH* 433) suscitam desenvolvimentos teóricos aprofundados, no plano tanto ético como teológico, que remontam em parte a Platão (*Apol.* 40 *c ss*; *Gorg* 523 *a*-527 *a*; *Rep.* X, 614-615 *d*) e que tampouco são estranhos às ideias de Plutarco, dos neopitagóricos e dos neoplatônicos sobre o j. Os três capadócios, em particular Basílio* (cf. *Com. a Is* I,43, PG 30, 201), compreendem o j. divino estritamente como o ponto de chegada da liberdade* humana, embora mesmo o homem condenado por Deus aceite a sentença divina. O j. é assim o advento da liberdade na verdade*. Com isso, a liberdade* da criatura é implicitamente concebida não somente como capacidade de escolha, mas também como aptidão para o bem* e para o mal*, um pensamento que encontrará sua plena expressão teórica, na época moderna, em Kant e Schelling.

A teologia latina do j. é em seguida determinada, de modo essencial, pela profunda síntese agostiniana dos *eschata* ou fins últimos (cf. *Cid. de Deus* XX-XXII) e pelas discussões de caráter mais parenético de Gregório Magno. Ambos serão as testemunhas de peso que os teólogos medievais invocarão para defender a ideia de um j. particular depois da morte, uma doutrina que só aparece implicitamente na teologia oriental e na primeira teologia latina, p. ex. no culto* dos mártires e dos santos. A arte e as práticas religiosas mostram como a crença num j. universal marcou profundamente a espiritualidade e a piedade. Encontram-se abundantes testemunhos disso nas igrejas romanas e, muito particularmente, góticas, assim como nas pinturas dos monges ilustradores. Paralelamente, o j. constitui um dos temas principais da pregação, indo além da própria Reforma e da Contrarreforma; ele ocupa também um lugar central na literatura e nas artes plásticas.

A teologia da alta IM, até o s. XII, inclusive, não apresenta ainda uma discussão sistemática do j. divino no quadro dos *eschata*. Esta só é tornada possível no s. XIII, com a elaboração de uma antropologia* dotada de um aparato conceitual estruturado. A morte representa agora o limiar pelo qual a *alma** chega à sua plenitude, depois de ter sido, portanto, objeto de um *j. particular*. Como princípio racional, ela encontra sua suprema perfeição na visão beatífica*, isto é, na visão imediata da essência divina, concedida por Deus sem a mediação de nenhuma criatura; em contrapartida, a danação se caracteriza pela privação eterna dessa visão, à qual as almas do purgatório* só chegam, por sua vez, ao final de um período de purificação. Quanto ao *corpo**, princípio material do homem, está inextricavelmente ligado ao mundo físico, mas sua realidade se prolonga para além da morte do indivíduo (cf. Tomás* de Aquino, *ST* IIIa, q. 59, a.5): eis por que ele é incluído no *j. universal*. Ele é ressuscitado para esse j. e recebe então sua sentença. Os teólogos da grande época medieval enfatizam desse modo que um estreito vínculo une o j. individual e o j. universal: a ressurreição e a exaltação do corpo — segundo, p. ex., Tomás e Bento XII — trazem à alma humana um crescimento ao mesmo tempo quantitativo *e* qualitativo de sua felicidade.

Essa sistematização da escatologia* suscitou uma tensão entre a teologia latina e a teologia oriental, já que esta última não se envolveu no mesmo trabalho de elaboração conceitual da antropologia. Se os formulários latinos da alta IM se contentam ainda em sublinhar o j. de Cristo "segundo as obras" (cf. *DH* 574; 681 *passim*), o credo do II concílio de Lião* reflete já a sistematização da escatologia latina (cf. *DH* 856-859). A constituição *Benedictus Deus* (*DH* 1000-1002) de Bento XII, destinada a corrigir os sermões de seu predecessor João XXII,

retoma a doutrina de uma avaliação divina das almas individuais depois da morte, sem todavia utilizar o termo "j.", tendo Tomás sido o primeiro dos teólogos a fazê-lo.

A atribuição do poder judiciário a Jesus Cristo é um tema abundantemente debatido na teologia medieval. Segundo Tomás de Aquino, a *iudiciaria potestas* de Cristo se funda no fato de que ele é, enquanto Filho, a verdade e a arte do Pai* (*ST* IIIa, q. 59, a.1). Esse poder lhe cabe enquanto homem, como chefe da humanidade e autor da salvação. Para Tomás, o j. faz essencialmente parte do desvelamento salutar da verdade, a do homem e a da história. As três sentenças possíveis do j. de Deus ou de Jesus Cristo — a beatitude* eterna, a danação eterna, a purificação — são justificadas com base num modo estritamente argumentativo.

c) Martinho Lutero* opõe-se a essa ideia de um duplo j.: ele evoca um sono da alma até o j. final, rejeita a doutrina do purgatório e compreende o j. de Cristo como uma condenação, antítese da graça. Esses dois elementos, a condenação e a graça, se encontram de novo imediatamente associados, embora de maneira diferente da tradição medieval, em Calvino*, com a noção de uma predestinação* positiva (cf. *Inst.* III, 20-22). A polêmica protestante contra a piedade das obras, por outro lado, denuncia não sem razão uma concepção das indulgências* que apresenta com frequência, na pregação, na fé popular e mesmo na teologia da época, traços mágicos que tendem a hipotecar o j. soberano de Deus e de Jesus Cristo. O concílio de Trento*, em seu decreto sobre a justificação (*DH* 1545-1549, 1582), caracteriza Jesus Cristo como o "juiz imparcial" que concede a vida eterna *tanquam gratia... et tanquam merces*. O concílio rejeita os principais traços de uma "justiça pelas obras" e conserva o purgatório como um momento do j. (*DH* 1580; 1820).

Se a escolástica* católica da idade barroca e a ortodoxia protestante apresentam numerosos pontos comuns relativamente à doutrina do j. universal, o pensamento das Luzes levará a teologia a concentrar-se quase exclusivamente na moral. O j. divino, nessa perspectiva, serve para reforçar a motivação moral dos homens. Vê-se assim a doutrina do j. desaparecer por completo de certas dogmáticas* protestantes liberais. Apesar da reação da teologia dialética de Barth*, H. Merkel pode constatar a inutilidade do conceito de j. na teologia protestante atual: "Aquele que proclama o caráter absolutamente gratuito da graça não pode mais atribuir uma importância decisiva ao j. segundo as obras" (*TRE* 12, 492). O desenvolvimento da teologia católica segue outros caminhos. Sob o efeito do confronto com Schleiermacher*, o idealismo alemão e o romantismo, a escola de Tübingen* volta a conceder um lugar particular à escatologia. Em sua *Enciclopédia das ciências teológicas* (1834-1840), A. Staudenmaier trata do j. universal como de um momento essencial no cumprimento da revelação* e do reino de Deus. Pelo contrário, os teólogos neoescolásticos — que não se distinguem em geral por um sentido muito desenvolvido da história — concebem a doutrina tradicional do j. como um estrito pôr em julgamento o homem e o mundo, distinguindo alguns deles claramente entre um período de misericórdia* divina, que vai até a morte do indivíduo, e um período de justiça rigorosa, que tem início depois da morte; essa ideia é levada ao extremo na obra de J. Bautz, *Weltgericht und Weltenende. Im Anschluss an die Scholastik und die neuere Theologie dargestellt* (Mainz, 1886). Certo número de autores anglicanos, mas também neoescolásticos, lançam à modernidade um olhar em que se traduz a espera, não desprovida de acentos apocalípticos, de um j. iminente (cf. P. Toulemont, "La question de la fin du monde et du règne de Dieu sur la terre", in *Études*, 1868, 552-581, 696-728, 843-880).

A reflexão hermenêutica* sobre os enunciados escatológicos (Rahner*), uma melhor articulação do j. particular e dos *eschata* individuais com o que se diz de uma ressurreição e de um j. universais (Y. Congar, M. Schmaus, R. Guardini, P. Teilhard de Chardin), a vinculação do j. ao domínio da soteriologia e da cristologia* (Balthasar*, Blondel*), todos esses desenvolvimentos relançaram a reflexão teológica recente.

O Concílio Vaticano* II, por seu turno, integra seus artigos sobre o j. às perspectivas escatológicas universais da experiência* cristã da fé (cf. *LG* 48, *GS* 45).

- M. Blondel (1946), *La philosophie et l'esprit chrétien*, Paris. — D. Mollat (1949), "Jugement II. Dans le NT", *DBS* 4, 1344-1394. — L. Scheffczyk (1957), "Das besondere Gericht im Lichte der gegenwärtigen Diskussion", *Schol.* 32, 526-541. — K. Rahner (1960), "Gericht", V, "Systematisch", *LThK*² 4, 734-736. — M. Blondel (1961), *Carnets intimes*, Paris. — J.-P. Martin (1963), *The Last Judgement in Protestant Theology from Ortodoxy to Ritschl*, Edimburgo-Londres. — K. Rahner (1965), "Schuld-Verantwortung- Strafe in der Sicht der katholischen Theologie", *Schr. zur Th.* 4, Einsiedeln, 238-261. — J. N. D. Kelly (1968⁴), *Early Christian Doctrines*, Londres, em particular 459-485. — G. Augustin (1969), "Das Gericht Gottes. Interpretationsversuch zu einem eschatologischen Thema", *Conc(D)* 5, 3-9. — P. Grelot (1971), *De la mort à la vie éternelle. Études de théologie biblique*, Paris; (1974), *Le monde à venir*, Paris (*O mundo futuro*, São Paulo, 1977). — H. U. von Balthasar (1983), *Theodramatik* IV: *Das Endspiel*, Einsiedeln, em part. 223-337. — K. Seybold *et al.* (1984), "Gericht Gottes", *TRE* 12, 459-497. — M. Schmaus *et al.* (sob a dir. de) (1986s), *HDG* IV 7 a-d. — R. Schaeffler (1987), "Vollendung der Welt oder Weltgericht. Zwei Vorstellungen vom Ziel der Geschichte in Religion und Philosophie", *in* H. Althaus (sob a dir. de), *Apokalyptik und Eschatologie. Sinn und Ziel der Geschichte*, Friburgo-Basileia-Viena. — W. Pannenberg (1993), *Systematische Theologie* 3, Göttingen, 656-677.

Peter HÜNERMANN

→ *Escatologia; Inferno; Limbos; Misericórdia; Parusia; Purgatório; Reino de Deus.*

JURISDIÇÃO

O termo "jurisdição" (j.) é de origem romana. Ele diz respeito ao exercício de um poder ou *potestas*. Em direito* canônico, os comentadores lhe darão uma acepção mais precisa a partir do s. XII, época do renascimento do direito romano, em virtude de questões concretas suscitadas, questões antigas, é preciso dizê-lo, mas para as quais eles desejavam dispor de instrumentos jurídicos de análise. Dois grandes problemas se apresentavam, o da validade* das consagrações eucarísticas e das ordenações* feitas por ministros excomungados, heréticos ou cismáticos*, e o da origem do poder exercido pelo papa* e pelos bispos* antes de sua consagração. A doutrina recorreu cada vez mais sistematicamente à distinção entre dois poderes, um de ordem, *potestas ordinis*, o outro de j., *potestas iurisdictionis*. O primeiro, inamissível, é adquirido na ordenação e dá competência para exercer atos sacramentais. O outro é dado na missão canônica e autoriza a exercer o poder de reger como de ensinar, notadamente de exercer atos magisteriais, sendo estes últimos apreendidos em sua dimensão jurisdicional, que permite impor aos fiéis uma doutrina na qual crer e a seguir. A distinção em dois poderes é encontrada como tal no Código de Direito Canônico de 1917.

O Concílio* Vaticano* II emprega pouco o termo "j.". Ele procura sobretudo superar a dualidade ordem e j. consagrando um modo de apresentação das funções da Igreja* a partir de uma repartição que a teologia* católica utilizara desde o s. XIX depois de Calvino*: o Cristo* sacerdote*, profeta* e rei dá à Igreja* a missão de exercer cargos de ensinamento, de santificação e de governo*. O direito canônico católico, depois do Vaticano II, se inspira nessa maneira de apresentar a atividade da Igreja, mas não abandona por isso a distinção clássica entre poder de ordem e poder de j. Teorias novas sobre a origem do poder do papa e dos bispos foram formuladas, visto que o concílio não pôde dar elementos claros sobre uma posição a tomar. Ele assinalou de maneira clara a sacramentalidade do episcopado e introduziu a noção de *potestas sacra* dada na ordenação, mas não tornou mais claro o papel eficiente desempenhado pela missão canônica. Se a ordenação é fonte do poder dos bispos, a missão canônica determina simplesmente um lugar de exercício desse poder ou confere uma parte de um poder que só pode ser adquirido plenamente com a missão canônica? Uma *nota praevia* anexada à constituição dogmática *Lumen gentium* não respondeu às questões que a doutrina ainda suscita.

No *CIC* de 1983, o poder de j. é também denominado "poder de governo" (*potestas regiminis*). Ele pode ser exercido pessoalmente ou em nome de outro. Nesse caso, o poder é dito próprio ou vicário. Ele pode ser delegado. As categorias jurídicas que organizam o poder de j. são descritas por si mesmas ou por ocasião da definição das competências atribuídas aos diferentes ofícios ou cargos canônicos. Entretanto, mesmo que a organização da Igreja se apresente como uma estruturação de cargos que podem ser confiados a fiéis clérigos* ou leigos*, alguns desses cargos cabem aos ministros ordenados e, no caso em que lhes é vinculada uma competência que comporta o poder de j., são reservados àqueles que receberam a ordem sagrada, bispos e padres. O cân. 129 do Código de direito canônico latino inova ao declarar que os fiéis leigos podem cooperar para o exercício do poder de governo. Mas a prudência dos termos empregados mostra que o princípio do vínculo entre ordenação e j. permanece um princípio essencial da organização da Igreja.

É mais do lado do encargo pastoral (*cura pastoralis*) nas comunidades que se deve buscar elementos de reflexão sobre o exercício do governo na Igreja católica. Com efeito, esta é organizada de tal modo que os fiéis participam do poder que é confiado ao bispo posto à frente de uma diocese ou ao pároco situado à frente de uma paróquia. O direito canônico procedente da revisão que ocorreu depois do Vaticano II desenvolveu consideravelmente a implementação da participação no poder de governo* na Igreja. É necessário também mencionar o lugar que assumiu o movimento de valorização dos sínodos* na Igreja, sínodos em que a participação no poder legislativo é institucionalizada. É o caso dos sínodos diocesanos, antigas instituições da Igreja que com frequência foram reunidos nas dioceses depois do Vaticano II. Tratando-se da participação no poder executivo, o direito apresenta princípios a ser implementados no interior de instituições de participação cuja competência pode ser estendida. Pelo exercício desse poder, é dada ao titular a possibilidade de um ofício de tomar decisões, mas também pode lhe ser atribuída a obrigação, em casos determinados, de divulgar as decisões que deseja tomar para ouvir opiniões ou obter o consentimento.

Por fim, o direito canônico implanta mecanismos de controle do exercício do poder de j., cujos elementos constitutivos vêm da tradição* canônica e da experiência de grandes sistemas estatais. O poder legislativo é objeto de controle pelo Conselho Pontifical para a Interpretação dos Textos Legislativos, órgão que tem competência sobre toda a Igreja e pode receber queixas relativas à não conformidade de leis* particulares às leis universais. Esse recurso a uma instituição não é possível no que se refere às leis universais, que permanecem sujeitas ao princípio de queixas graciosas. O poder executivo é, por seu turno, suscetível de ser controlado em caso de recurso impetrado contra decisões particulares julgadas ilegais ou exigindo reparação por violação de direitos subjetivos. O direito canônico oferece um sistema de recursos administrativos, depois de recursos a uma j. administrativa, cuja implementação data de 1967 e para a qual a doutrina canônica exige um desenvolvimento. Por fim, o exercício do poder judiciário é ele mesmo exercido com uma hierarquia de j. que exige das pessoas que pedem reparação para direitos desrespeitados por um fiel terceiro que façam conhecer sua queixa por um juiz ou que façam reconhecer um fato jurídico, como no caso das nulidades de casamento*. Essa hierarquia de tribunais é antiga; ela compreende tribunais diocesanos, regionais ou interdiocesanos e um tribunal em Roma, a *Rota Romana*, que julga em nome do papa e desempenha, em larga medida, o papel de tribunal de apelação.

- J. Gaudemet (1985), "Pouvoir d'ordre et pouvoir de juridiction. Quelques repères historiques", *Acan* 29, 83-89. — P. Valdrini (1994) (sob a dir. de), "Charge pastorale et communautés hiérarchiques. Réflexions doctrinales pour l'application du cân. 517, § 2", *Acan*, 37 25-36.

Patrick VALDRINI

→ *Direito; Direito canônico; Disciplina eclesiástica; Hierarquia.*

JUSTIÇA

Em nossa época, a "justiça" (j.) designa o ideal de uma distribuição imparcial das vantagens que se tiram da vida em sociedade e dos encargos que ela impõe. Trata-se essencialmente de uma virtude* das instituições e da organização social; é na verdade a principal virtude de uma sociedade*. Na Antiguidade e na IM, em contrapartida, a j. era mais uma virtude pessoal, definida como "a vontade constante e perpétua de retribuir a cada um o que lhe é devido" (*Digesto* I, 1 tit. 1, leg. 10). Isso não a impedia evidentemente de ter uma dimensão social: era antes de tudo (embora não exclusivamente) a virtude dos governantes e dos juízes.

1. A Antiguidade

a) *O Antigo Testamento.* — Na Bíblia*, *mishpat*, que é geralmente traduzido por "j.", pode ter diferentes sentidos. Ele designa às vezes uma das prescrições legais do Pentateuco, às vezes um costume ou uma prática comum — e sem ter nesse caso uma conotação moral positiva. Pode designar também, e isto é o mais importante aqui, a ordem justa da sociedade, que nem sempre é respeitada na realidade, mas cujo respeito é uma obrigação moral. Tomado nesse sentido, ele é com frequência acompanhado de *çedâqâh*, "equidade", e os dois juntos caracterizam Deus* (p. ex. Am 5,24). Para o Pentateuco e para os escritos proféticos, a j. obriga a preocupar-se particularmente com os pequenos, as viúvas, os órfãos, os estrangeiros, os trabalhadores, os pobres (p. ex., Am 5,7-13; 8,4-8; Mq 6,9-14).

b) *A Grécia.* — Na Grécia, na época homérica, o termo que costuma ser traduzido por "j.", *dikè*, designa a ordem eterna das relações justas que estruturam o mundo natural e o mundo social. Socialmente, essa ordem assume a forma de uma hierarquia de papéis em que cada um encontra seu lugar; o papel de cada um, por sua vez, determina suas obrigações com relação aos outros e o que pode esperar deles e da sociedade em geral. Considera-se que os deuses e os juízes humanos estejam ligados por essa ordem, e a j. de determinada lei ou de determinado julgamento é avaliada em função de sua conformidade à *dikè*.

Com a urbanização da sociedade grega, esse modelo de j. foi cada vez mais criticado, e é nesse contexto que se deve compreender a obra de Platão e de Aristóteles. Na *República* e nas *Leis*, Platão faz da j. uma das quatro qualidades que constituem a bondade moral, aí situando-se a origem da definição tradicional da j. como uma das quatro virtudes cardeais (*Rep* IV, 433 *b-c*; *Leis*, I, 631 *d*). Ele interioriza a j., vendo nela a qualidade da alma* que permite submeter as paixões* à razão* (*Rep* IV, 434 *d-* 445 *c*). A j. é assim pressuposta pelas outras virtudes.

Há duas espécies de j. e de injustiça para Aristóteles. No sentido mais amplo, a j. está presente em todas as virtudes na medida em que elas têm um efeito sobre outrem. Correlativamente, todo ato* mau que prejudica outrem pode ser considerado uma forma de injustiça (*EN* 5, 1129 *b* 1 – 1130 *a* 30); numa transação, nenhuma das partes deve ser favorecida com relação à outra ou em detrimento da outra (*EN* 1132 *a* 10 – 1132 *b* 20). Segundo Aristóteles, essa concepção da igualdade da j. era compatível com uma estrita hierarquia social, já que os homens eram para ele naturalmente desiguais (*Política* 1, 1260 *a* 9-15).

Por fim, a ideia estoica de lei* natural (a ideia de uma ordem moral fixada pela natureza e discernida pela razão) serviu de referência ao debate sobre a j. durante séculos. Embora nunca tenha tido um conteúdo bem definido, essa lei natural supunha sempre para os estoicos a ideia de igualdade dos homens enquanto agentes morais e, portanto, a ideia do caráter convencional e não natural das instituições sociais. Com a ideia conexa de j. natural, a ideia de lei natural foi o veículo da noção clássica de uma ordem da moralidade mais fundamental do que esta ou aquela organização da sociedade e que podia servir de princípio para criticá-la.

2. As concepções cristãs

a) O Novo Testamento. — No NT, é a justiça* divina que serve de princípio para julgar todas as concepções humanas da j. Nos evangelhos* sinóticos, esse ideal está na base da reavaliação radical das relações humanas que se encontra no sermão da montanha (Mt 5,1–6,29; cf. Lc 6,14-29), segundo esta injunção: "Sede per-feitos como vosso Pai* celeste é perfeito" (Mt 5,48). Mas a oposição paulina* entre a j. de Deus, manifesta em Cristo*, e a indignidade do homem foi mais importante ainda para a reflexão teológica. De acordo com Paulo, o homem não pode atingir a j. por seus próprios esforços, mesmo pela obediência à Lei (Rm 2,12-29). A justificação* (*dikaiosunè*), isto é, o fato de encontrar graça* diante de Deus, só sobrevém pela fé* em Cristo (Rm 5,1-11).

b) Agostinho. — Agostinho* (A.) expõe suas concepções sobre a j. na *Cidade de Deus*. Ele parte de Cícero (106-43 a.C.) e de sua definição do corpo político como comunidade organizada em torno de um bem* comum para dizer que nem o Império Romano nem nenhuma outra sociedade nunca atingiram a verdadeira j. (*Cidade de Deus* XIX, 21). Pois não pode haver j. se não se reconhece o verdadeiro Deus e se toda a vida não se ordena em função dele (*ibid.*, XIX, 21, 23). Não pode sequer haver uma verdadeira ideia da j. fora da revelação* de Deus em Cristo. A. reconhece entretanto que as sociedades humanas podem atingir uma espécie de j. que tem seu valor, uma vez que a vida seria impossível sem ela. O cristão pode portanto — e por isso deve — inserir-se nas sociedades terrestres, com a condição de reconhecer o seu caráter imperfeito e transitório (*ibid.*, XIX, 5-6-17-26).

c) Tomás de Aquino. — Tomás* (T.) admite a ideia, partilhada pelos juristas e pelos canonistas de seu tempo, de uma j. natural cujas exigências são conhecidas por todos, ao menos em linhas gerais (*ST* Ia IIae, q. 94, a.6; IIa IIae, q. 57, a. 2). Por conseguinte, ele pensa, contrariamente a A., que pode existir uma verdadeira justiça mesmo entre os não cristãos, e essa j. natural força os cristãos a respeitar os direitos legítimos dos não cristãos (IIa IIae, q. 10, a. 12). A j. é para T. também uma das quatro virtudes cardeais; trata-se da virtude específica da vontade (Ia IIae, q. 56, a. 6; q. 61, a. 2; IIa IIae, q. 58, a. 4). Ele admite a definição tradicional da j. como vontade de restituir a cada um o que lhe é devido segundo a regra da igualdade (IIa IIae, q. 58, a. 1, 2, 11). Com base nisso, ele distingue j. comutativa e j. distributiva (IIa IIae, q. 61, a.

1, 2). A j. distributiva é constituída pelas regras segundo as quais a sociedade distribui recompensas e castigos (pena*) e impõe obrigações aos seus membros. A j. comutativa é constituída pelas regras que governam as relações entre indivíduos, aí incluída a regra de não prejudicar outrem, que compreende, p. ex., a interdição do homicídio, do adultério e do roubo. T. integra também à sua concepção da j. a virtude tradicional de *epikia** ou equidade (trata-se da virtude que permite não seguir a letra da lei se isso é necessário ao respeito das intenções* do legislador, cf. IIa IIae, q. 120, a.1). Para compreender a importância da equidade aos olhos de T., é necessário de fato considerar que para ele não há nenhuma regra moral que possa ser aplicada com toda a certeza em todas as situações possíveis (Ia IIae, q. 94, a. 4; IIa IIae, q. 47, a. 2, ad 3).

3. Concepções modernas e contemporâneas

No fim da IM e durante a Reforma, o problema da justificação* tomou o lugar do da j. nas preocupações dos teólogos, com exceção da escola de Salamanca (Vitória [v. 1485-1546], Suárez*, p. ex.), que fez um trabalho pioneiro no domínio que viria ser o dos direitos do homem. No começo dos tempos modernos, com efeito, a concepção cristão-estoica da lei natural se transformou em teoria dos direitos naturais, uma teoria que permitiu às reivindicações morais não levar em conta barreiras sociais e foi um elemento revolucionário na transformação política das sociedades. No fim do s. XVIII, e sobretudo no s. XIX, ela foi substituída pelo utilitarismo* nos países anglófonos.

a) As teorias contemporâneas da justiça. — Na filosofia* política de língua inglesa, é a *Teoria da justiça* de J. Rawls (1921-2002) que tem mais influência hoje. Rawls critica a concepção utilitarista da ordem social em nome de uma teoria construtivista que pensa poder estabelecer as normas da j. perguntando pelas regras sociais que seriam aceitas por legisladores racionais que nada saberiam de sua situação nem de seus interesses particulares. Segundo Rawls, seres racionais entrariam em acordo nesse caso para criar uma ordem social caracterizada pelo respeito às liberdades* fundamentais; além disso, as desigualdades sociais e materiais só se justificariam nesse contexto na medida em que elevassem mais o nível de vida dos mais desfavorecidos do que o faria uma sociedade mais igualitária.

Na Europa, foi a escola de Frankfurt que mais marcou a reflexão sobre a j. O representante mais influente dessa escola é sem dúvida J. Habermas (1929-), cuja concepção da j. se funda em sua teoria da ação comunicativa. Como Rawls, Habermas pensa que as normas sociais não podem ser justificadas senão por uma troca de argumentos que desemboque no consenso daqueles que estão submetidos a essas normas. Ele deseja além disso que essa troca ocorra num debate público, no qual todos os participantes se coloquem verdadeiramente no lugar de seus interlocutores. Ao contrário de Rawls, ele crê que a concepção da j. pode fundar-se sobre algo mais universal do que a tradição particular do universalismo liberal, a saber, sobre os traços universais da interação linguística e social.

A reflexão teológica sobre a j. não é completamente estranha ao pensamento filosófico sobre a questão, mas ela tem prioridades diferentes. De igual modo, algumas questões centrais hoje para a filosofia política mal são evocadas nas discussões teológicas (p. ex., a distinção entre as concepções substancial e procedimental da j.), enquanto alguns problemas são quase exclusivamente do domínio da teologia* (p. ex., o dos limites das sociedades humanas do ponto de vista da j. divina).

b) O problema da justiça social. — Desde o começo dos Tempos modernos, os teólogos nunca se privaram de criticar alguns governos, tanto na Europa como nos Estados Unidos. No fim do s. XIX, foi sobre a própria sociedade que se concentrou essa crítica. No protestantismo*, isso gerou os movimentos do cristianismo social na Europa (com Charles Gide, p. ex. [1847-1932]) e do *Social Gospel* nos Estados Unidos (com W. Rauchenbusch [1861-1918], *A Theology for the Social Gospel* [1917]); no catolicismo*, a encíclica *Rerum novarum* (1891) assentou a primeira pedra do que se tornaria a "doutrina social da Igreja". Os movimentos protestantes queriam pôr o ensinamento moral de Jesus* na base de uma ordem social caracterizada pela igualdade social e econômica. A encíclica de 1891 não era tão radical, mas desejava igualmente propor uma reação cristã à injustiça social. Era ao marxismo que ela respondia: ela reconhecia a força da crítica de Marx* e lhe opunha outro modelo de sociedade no qual trabalhadores e detentores do capital trabalhariam juntos para o bem comum.

Os teólogos protestantes foram sensíveis às ideias sociais dos movimentos que acabamos de citar; e se as duas guerras* mundiais os levaram a perder suas ilusões eles não cessaram de inspirar-se nesses ideais até meados do s. XX. A mais influente dessas teorias protestantes da j. é sem dúvida o "realismo cristão" de Reinhold Niebuhr (1892-1971). Para ele, os cristãos são moralmente obrigados a cooperar com os outros para criar a melhor ordem social possível, embora reconhecendo que nenhuma sociedade pode realizar plenamente o ideal do amor* cristão. O debate de Karl Barth* e de Emil Brunner (1889-1966) sobre a possibilidade de uma j. natural foi também muito importante para o pensamento protestante.

O pensamento católico inspirou-se na *Rerum novarum* e acrescentou uma terceira categoria de j. às que Tomás distinguira, a j. social, que diz respeito às obrigações da sociedade diante de seus membros. A figura mais importante da renovação do pensamento político tomista foi Jacques Maritain (1882-1973), cuja defesa dos direitos do homem teve muita influência; associar-se-á a ele o jesuíta alemão O. von Nell-Breuning, inspirador de numerosos documentos pontifícios. Recentemente, a combinação de elementos marxistas e de doutrina social da Igreja que constitui a teologia da libertação*, com sua insistência em reafirmar o amor que Deus tem pelos pobres, quis questionar radicalmente a ordem econômica mundial. Ela foi criticada de todos os lados, mas algumas de suas ideias entraram no ensinamento católico oficial, em particular a da "opção preferencial pelos pobres".

A título de crítica do liberalismo selvagem, essa ideia tem certamente um valor duradouro.

• O. Lottin (1931²), *Le droit naturel chez saint Thomas d'Aquin et ses prédécesseurs*, Bruges. — J. Rawls (1971), *A Theory of Justice*, Cambridge (Mass.) (*Uma teoria da justiça*, São Paulo, 2002). — C. Bruaire (1974), *La raison politique*, Paris. — R. Tuck (1979²), *Natural Rights Theories*, Cambridge. — J. R. Lucas (1980), *On Justice*, Oxford. — O. von Nell-Breuning (1980), *Gerechtigkeit und Freiheit. Grundzüge katholischer Soziallehre*, Viena. — J. Habermas (1983), *Moralbewusstsein und kommunicatives Handeln*, Frankfurt (*Consciência moral e agir comunicativo*, Rio de Janeiro, 1989). — G. Grant (1985²), *English-speaking Justice*, Toronto-Notre Dame, Ind. — K. Lebacz (1986), *Six Theories of Justice*, Mineápolis. — A. MacIntyre (1988), *Whose Justice? Which Rationality?*, Notre Dame, Ind. (*Justiça de quem? Qual racionalidade?*, São Paulo, 1991). — M. Colish (1990), *The Stoic Tradition from Antiquity to the Early Middle Ages*, Leyde. — T. Nagel (1991), *Equality and Partiality*, Oxford. — D. Forrester (1997), *Christian Justice and Public Policy*, Cambridge. — C. Audard (2003), "Justiça", *DEFM*, v. 1, 877-885.

Jean PORTER

→ *Autoridade; Direito; Epiqueia; Justiça divina; Justificação; Lei; Política (teologia); Sociedade.*

JUSTIÇA DIVINA

Não se pode partir de uma definição da justiça* (j.) (*çedâkâh, dikaiosunè*) para tratar da j. divina, por causa da polissemia do termo neste caso. Antes de ser tematizada como uma propriedade da essência divina, a j. foi compreendida ou vivida como uma ação ou uma manifestação de Deus* diante dos homens (Descamps, 1949, 1460; Quell e Schrenk, 1935, 197). Trata-se de todo modo, de maneira muito evidente, de um atributo relativo a Deus (atributos* divinos, III). Mas todo o problema consiste em saber de que relação se trata.

1. A Escritura

a) O Antigo Testamento. — "Javé é justo (*çaddîq*) em todos os seus caminhos, misericordioso em todas as suas obras" (Sl 145,17). Essa j. divina, confessada em toda parte no AT, tem de imediato um duplo aspecto, um aspecto jurídico ou judiciário em conformidade com a norma, segundo a qual o juiz recompensa ou pune, e um aspecto de intervenção para libertar e salvar (Johnson, 1987, 903). Este último corresponde à função de juiz no Oriente antigo, função essencial do rei encarregado de estabelecer a paz* e a prosperidade de seu povo*. Os dois sentidos se implicam um ao outro, pois é ao julgar os homens, individual e coletivamente, que Deus lhes comunica sua salvação*.

Deus é primordialmente o juiz justo, que não faz distinção entre as pessoas (retomado no NT, Rm 2,11; Ef 6,9; Gl 2,6; Cl 3,25; 1Pd 1,17; At 10,34; Tg 2,1), o que quer dizer em primeiro lugar que ele não pode ser corrompido (Dt 10,17; 2Cr 19,7; Jó 34,19), que não favorece, portanto, o rico e o poderoso, pelo contrário (Sb 6,1-8), que faz justiça ao pobre e ao isolado, à viúva, ao órfão, ao estrangeiro (Dt 10,18). Assim, recorre-se a ele nos Salmos* quando se está certo de seu direito, de sua própria "justiça" (p. ex. 7, 9-12; 34,18-21; 35,24). Mas ele é também o juiz do pecado*, diante de quem se reconhece a própria falta (Sl 130,3; 51,5s) e cujo perdão se implora.

Ao libertar o oprimido e ao perdoar o pecador, Deus manifesta a plenitude de sua j., mais preocupada com a salvação do que com o castigo, tal como o mostra, p. ex., o episódio da intercessão de Abraão por Sodoma (Scharbert, 1984, 408-409). Longe de ser apenas punitiva (do opressor ou do pecador), a j. divina é essencialmente fidelidade à promessa* e à aliança*, dom da salvação, "comunicação de graça" e de glória* (Descamps, 1949, 1459), numa perspectiva universalista (*ibid.*, 1449 e 1458; Aubert, 1974, 1624) e mesmo cósmica (*ibid.*, 1622-1623; Pidoux, 1954).

b) O Novo Testamento. — Nos textos não paulinos, o tema da j. divina é retomado muito raramente (Descamps, 1506; Aubert, 1625-1626), a não ser de um ponto de vista escatológico (Ap 15,3s; 16,5.7; 19,2.11, p. ex.). Sem dúvida, Paulo prega também o juízo* final (At 17,31), no qual se colherá o que se tiver semeado (Gl 6,7ss) e em que Deus retribuirá "a cada um segundo suas obras" (Rm 2,5s — cf. nota BJ sobre esse versículo), mas ele emprega sobretudo a expressão "j. de Deus" num sentido novo, que nem sempre é fácil de articular com o precedente: não se trata mais da j. própria de Deus, mas daquela que ele comunica ao homem "justificado pela fé*" (justificação*, teologia paulina*). Todo o NT é permeado pelo tema da redenção pela morte* de Cristo*, que paga a dívida da humanidade pecadora com relação à j. divina (Mt 20,28; 26,28; Mc 10,45; Gl 3,13; Ef 1,7; 1Tm 2,6; 1Pd 1,18s; Ap 1,5; 5,9; p. ex., cf. 1Cor 6,20; 7,23).

2. A teologia

a) Os Padres. — A tensão latente entre os dois aspectos da j. divina se tornou mais difícil de transpor e de unificar no contexto greco-romano em que se desenvolveu o cristianismo. A Bíblia* foi primeiramente lida em grego nesse âmbito, e os LXX (traduções* antigas da Bíblia) traduzem na maior parte do tempo *çedâqâh* por *dikaiosunè* (*ThWAT* 6, 922-923); ora, esse termo (não mais do que *justitia* em latim) em nada evoca a ideia de uma j. salvífica e misericordiosa (*ibid.*, 923; cf. *ThWNT* 2, 197), mas sobretudo o conceito aristotélico de j. distributiva (cf. *EN* 5) (Aubert, 1630-1632). Se a j. de Deus consiste em retribuir a cada um segundo o que lhe é devido, se portanto deve-se "não ter senão o que se merece", como esperar então a salvação e a vida divina? A *massa peccati*, para falar como Agostinho*, tem uma dívida insolúvel a pagar à j. divina (*Quaestiones ad Simplicianum*, BAug 10, 480; *De diversis quaestionibus*, BAug 10, 274). Como, por conseguinte, o amor* e a misericórdia* de Deus podem conciliar-se com sua j.? Em resposta a essas perguntas, quase todos os Padres* apresentam uma linguagem soteriológica: se a salvação consiste no fato de Cristo ter pago essa dívida, um vínculo profundo une, pois, j. e amor. Ireneu*, por exemplo, opõe-se à distinção gnóstica (gnose*) de um deus bom e de um deus justo (*Adv. Haer.* III, 25, 2-5). A j. e a bondade divinas explodem no resgate que o Verbo* de Deus faz dos homens por seu sangue (*Adv. Haer.* V, 1, 1); Deus "retoma seu próprio bem em toda j. e bondade" (V, 2, 1). Em toda j. visto que ele paga por nós o preço devido, em lugar de exercer a violência*, mesmo que contra o demônio* (mesma ideia em Agostinho, *Trin.*

XIII, 14-15; BAug 16, 314-319; em Gregório* de Nissa, *Oratio catechetica* 20-26, PG 45, 55-70). Agostinho entende também a j. divina no sentido de Paulo: "A j. de Deus não significa aquilo pelo qual Deus é justo, mas essa j. que Deus dá ao homem a fim de que ele seja justo graças a Deus" (*Homilias sobre o Ev. de João* 26, BAug 72, 482; cf. concílio de Trento*, sessão 6, cap. 7).

b) A Idade Média. — Para Anselmo*, Deus "é j." (*existit justitia — Monologion* 16), e a j. é o próprio exemplo (*ibid.*) dos atributos divinos que pertencem por essência à natureza suprema (*summa natura*). Mas a misericórdia* é também um desses atributos, visto que sabemos de fato que Deus perdoa e salva. Muito consciente do problema levantado pela atribuição a Deus de propriedades que parecem contraditórias (como aquele que é a própria justiça "pode fazer algo que não é justo" poupando os maus? — *Proslogion* 9), Anselmo resolve a antinomia remetendo à unidade da essência divina e à coincidência misteriosa nela de todos os atributos do soberano bem*: Deus é justo, não no sentido de tratar-nos segundo nossos méritos, mas no sentido de tratar-nos da maneira que convém ao que ele é: "Tu és justo, não porque nos retribuis o que nos é devido, mas porque fazes o que é digno de ti, Bem soberano" (*ibid.*, 10. Observar a mesma ideia em Barth*, *KD* II/I, 423, 432, 439).

Esse deslocamento de sentido com relação à concepção comum da virtude* da j. é encontrado também em Tomás*, para quem Deus se dá, sendo justo, o que deve a si mesmo (*ST* Ia, q. 21, a. 1, ad 3). Essa justiça é bem distributiva (*CG* 1, 93), mas é sobretudo fundadora, pois consiste em "dar a cada um o que lhe convém em virtude de sua natureza". E ela tem um alcance cósmico, na medida em que constitui assim uma ordem do universo (q. 21, a. 1). Não há uma oposição entre j. e misericórdia (que são tratadas na mesma questão), uma vez que a misericórdia é a plenitude (*ibid.*, a. 3) da j. Ainda mais profundamente, ela é a sua "raiz" e o seu "fundamento", pois nada é devido à criatura senão pela vontade de seu criador, mas tudo é dado com superabundância, "mais do que o exige a proporção das coisas" (a. 4).

c) A modernidade. — Aparentemente, Tomás foi pouco entendido, e a j. divina, reduzida cada vez mais tão somente à justiça retributiva ou vindicativa, com todas as dificuldades que isso acarreta para pensar a justificação. Quando Lutero*, em todo caso, volta a enfatizar a j. de Deus no sentido paulino e agostiniano — aquela de que Deus nos reveste, que ele denominava a "j. passiva" —, ele o fez para opô-la a uma "j. ativa" que, com efeito, não passava em sua opinião de uma j. de condenação (cf. p. ex. *WA* 40/1, 45, 25-26; 40/2, 331). Isso explica que ele não compreenda a j. como um atributo divino, mas como ação salvadora de Deus (Hauser, 1974, 334).

Deve-se a K. Barth* o ter repensado a unidade da misericórdia e da j. mantendo com relação a esta última seu conceito próprio de "j. distributiva" ("contra as interpretações modernas", *KD* II/1, 439). Essa j. se manifesta na morte de Cristo, castigo do pecado e do pecador (*ibid.*, 446) e *por isso mesmo* misericórdia salvadora. Barth é certamente um dos raros teólogos de seu tempo a atribuir ainda uma j. a Deus e a afirmar assim a seriedade da redenção (§ 30, 2, 3, p. ex.). À força de ser absorvida na misericórdia, que de resto muda assim de natureza, a j. divina nela se dissolve e, sem ser negada explicitamente, costuma desaparecer hoje da lista dos atributos divinos (Pesch, 1995, 506). Talvez também os modernos tenham dificuldade de discernir a j. de Deus na criação* e na história*; afinal de contas, como o diz um deles, "a visão da j. é o prazer tão somente de Deus".

- Anselmo, *Monologion* 16; *Proslogion* 9-11. — Tomás, *ST* Ia, q. 21; *CG* 1, 93. — Lutero, *Comentário à Ep. aos Gálatas* (1531), *WA* 40/1, *Comentário ao Sl 51*, *WA* 40/2. — K. Barth, *KD* II/1, § 30,2.

▶ G. Quell e G. Schrenk (1935), "Dikaiosunè", *ThWNT* 2, 194-214. — A. Descamps, L. Cerfaux (1949), "J. et justification", *DBS* 4, 1417-1510 (bibl.). — G. Pidoux (1954), "Un aspect négligé de la j. dans l'Ancien Testament. Son aspect cosmique", *RThPh* 4, 283-288. — J.-M. Aubert (1974), "J. (de Dieu et de l'homme, Justification)", *Dsp* 8, 1621-1640 (bibl.). — R. Hauser (1974), *in* "Gerechtigkeit", *HWP* 3, 330-334 (bibl.). — J. Auer (1978), "Die Rede der Gerechtigkeit Gottes", *KKD*

2, § 43, 523-532. — J. Scharbert (1984), "Gerechtigkeit" I, 3, *TRE* 12, 408-411. — H. Merkel (1984), "Gerechtigkeit" V, *ibid.*, 420-424. — B. Hägglund (1984), "Gerechtigkeit" I, *ibid.*, 432-440. — B. Johnson (1987), "Çadaq", *ThWAT* 6, 898-924. — K. Kertelge, O.H. Pesch (1995), "Gerechtigkeit Gottes", *LThK*³ 4, 504-507.

Irène FERNANDEZ

→ *Atributos divinos; Ciência divina; Cosmo; Eternidade divina; Imutabilidade divina/impassibilidade divina; Juízo; Justiça; Justificação; Onipresença divina; Poder divino; Providência; Simplicidade divina.*

JUSTIFICAÇÃO

a) O Novo Testamento. — Como os homens podem agradar a Deus*? Ou, mais precisamente, como podem eles entrar em comunhão* com ele? Para a teologia* cristã, só se pode responder a essa questão levando em conta os dois pontos seguintes: por um lado, a situação de pecado* em que os seres humanos mergulharam os torna incapazes dessa comunhão; eles não podem libertar-se da visão deformada, nem da fraqueza ou da corrupção da vontade que essa situação lhes impõe; por outro lado, a liberdade* de Deus é total; ele não pode ser nem forçado nem mesmo persuadido a agir de uma maneira ou de outra. Se, pois, os homens devem encontrar graça a seus olhos, isso só pode acontecer por obra sua.

Fala-se já nos rolos do Mar Morto de uma ação de Deus para permitir aos homens entrar em comunhão com ele graças à sua justiça* (*tsedâqâh*). A justiça divina não condena, liberta: "Graças à justiça de Deus, minha justificação (j.) durará para sempre" (1QS11, 12); "Tua justiça me faz entrar no serviço de tua aliança*" (1QH7, 19). É verdade que o sentido primeiro das palavras hebraicas ligadas à raiz *ts-d-q* é "pagar", "declarar inocente"; mas é preciso também observar que, para vários dos textos de Qumran, a ação de Deus efetua uma mudança no homem pecador e o torna capaz de dar real testemunho da aliança. Veem-se aparecer assim as dificuldades que deviam marcar a reflexão cristã ulterior: é a ação divina *antes de tudo* uma

absolvição (uma simples declaração) ou é *antes de tudo* uma transformação?

O uso neotestamentário de *dikaioun* (justificar) e de *dikaiosunè* (justiça) não resolve o problema. Na parábola* do fariseu e do publicano (Lc 18,14), vê-se que o publicano volta para casa "justificado", isto é, inocente aos olhos de Deus, porque não teve pretensão a uma inocência ou a uma virtude* que lhe seja própria; mas não se pode tirar daí nenhuma conclusão acerca do efeito que isso pôde produzir nele. Paulo estende-se longamente sobre essa questão, em particular na Epístola aos Romanos; ele se interessa sobretudo pelas razões mediante as quais Deus nos trata como se não fôssemos culpados, o que não se funda senão em sua livre decisão. Assim, somos "justificados" pela graça* de Deus manifesta em Jesus Cristo (Rm 3,24ss) ou pelo sangue de Jesus* derramado na cruz (Rm 5,9). Quando reconhecemos plenamente a ação divina, recebemos os seus frutos; é assim que se pode dizer que somos justificados pela fé* (Rm 3,28; 5,1; Gl 2,16; 3,24). Portanto, é inocente, aos olhos de Deus, todo aquele que tem confiança no que se realizou pela morte* de Jesus (Rm 3,26). A fórmula discutível, mais tardia, a "j. *só pela fé*", o *sola fide* de alguns protestantes, não se encontra nesses termos em Paulo; e a própria expressão "j. pela fé" deve ser compreendida no contexto de todo o drama exposto em Romanos e Gálatas, no qual Deus, em Jesus, resgata e perdoa os pecados — caso contrário, podemos esquecer que foi *Deus* que tomou essa iniciativa sem igual.

Para Paulo, a absolvição divina é o começo, na história*, de um processo de transfiguração do homem que tem contudo sua origem na presciência eterna de Deus (Rm 8,29s). Mas essa não é a única coisa que ele tinha a dizer da salvação*, e não se deve isolar esse ponto do conjunto da concepção que ele tem a respeito disso: a salvação compreende também a "glorificação", e se realiza em união com o Cristo* glorificado, pela participação em sua morte e em sua ressurreição* e pela incorporação ao seu corpo, a Igreja*. Não tardou entretanto a parecer que a intensidade, o próprio exagero da linguagem de Paulo (em Romanos e Gálatas), quando trata de uma "justiça" totalmente distinta da obediência à Lei*, podia ser interpretada num sentido antinomiano ou quietista; assim, a epístola de Tiago opõe-se vigorosamente à ideia de que se possa ser "justificado" apenas pela fé, sem evitar o pecado e sem praticar a justiça e a generosidade nas relações humanas (2,14-26).

b) *Antes de Agostinho.* — A questão não é abordada em absoluto na literatura cristã antes de Agostinho* (A.), embora Orígenes* esteja muito próximo do pensamento paulino* em seu comentário de *Rm* (4,1): "Não se pode dizer que a justiça nasça das obras*, é o fruto das obras boas que nasce da justiça"; e essa "justiça" vem da fé, visto ser com relação àquele que faz ato de fé que Deus exerce seu poder de concedê-la. Orígenes utiliza também *dikaioun* no sentido menos técnico, mais significativo de "retificar" (*Contra Celso* 4,7): desse ponto de vista, "justificar" os seres humanos consiste em fazê-los viver em conformidade com o princípio racional que está neles e, portanto, com a vontade de Deus. Afora Orígenes, são pouco numerosos os Padres* gregos que tratam verdadeiramente da questão. A catequese* grega mais tardia (em Cirilo de Jerusalém ou João* Crisóstomo, p. ex.) reconhece em geral que a liberdade* humana desempenha um papel na observação dos mandamentos*, mas não julga que seja através disso que nossa relação com Deus atingirá sua plenitude. Encontra-se um excelente resumo da atitude oriental sobre esse tema numa obra atribuída a Marcos, o Asceta (sem dúvida do s. V), *Sobre os que pensam que são justificados pelas obras: duzentos e vinte e seis textos*. As obras boas fazem contrapeso ao pecado, sendo definidas essencialmente de maneira negativa. Elas permitem "conservar a pureza*" batismal. Mas a perfeição ("justiça" ou "santificação") consiste em viver plenamente como filhos adotivos de Deus, livres de toda paixão (paixões*). Trata-se de um estado interior devido unicamente à graça de Deus, mas para o qual é possível preparar-se pela ascese* e pela oração* atenta. A problemática da j. situa-se aqui no contexto tipicamente monástico

da relação entre a *praktikè*, a prática ativa das virtudes, e a *theologia*, o dom da pureza e da estabilidade interiores. Não é, sem dúvida, um ponto de vista muito paulino, mas seria um erro ver nele apenas pelagianismo*.

c) *Agostinho.* — A. é o primeiro a levar de fato a sério a doutrina paulina no sentido em que o próprio Paulo a concebera; e, apesar do que se diz com frequência, não foi apenas a controvérsia pelagiana que suscitou sua convicção absoluta da prioridade soberana da graça de Deus. Desde suas obras dos anos 390, com efeito, ele acentuava cada vez mais a iniciativa de Deus em tudo o que diz respeito à salvação: nossa vontade é corrompida e sem liberdade, e mesmo quando percebemos fugitivamente o bem* somos incapazes de realizá-lo (este ponto está no cerne de sua teologia, como se vê pelas *Confissões*). É certo, não obstante, que a controvérsia pelagiana o levou a formular de modo cada vez mais enérgico a ideia central de que Deus, "quando coroa os nossos méritos, não faz senão coroar seus próprios dons" (*Ep.* 194, 19). Deixada a si mesma, nossa vontade nada pode fazer para merecer os dons de Deus, já que não é capaz de voltar-se para ele. É necessário contudo reconhecer que para A. a justiça divina é precisamente o que faz de nós *justos*: ser um justo é cumprir a lei; mas o cumprimento da lei, segundo Paulo, é o amor* (*Rm* 13,10). E esse amor é o dom que nos é feito do Espírito* Santo (*Rm* 5,5), muito embora, em última análise, ser justo seja participar da vida divina (*Tratado* 26,1). *Justitia* é efetivamente um equivalente de *caritas* para A.: a justiça é, pois, incorporação ao corpo de Cristo e habitação da Trindade* em nós, mediante a operação do Espírito (*De Trinitate* 15, 18, p. ex.). De um ponto de vista um pouco diferente, pode-se também dizer que ser *justo* é estar em seu lugar no universo, visto que *justitia* pode designar igualmente o equilíbrio e a interconexão de todas as coisas em sua ordem e em sua hierarquia próprias (*Cidade de Deus* 19, p. ex.): ser "justificado" é então ter essa relação justa com o resto das criaturas e com o Criador. Nosso amor deve ser ordenado convenientemente, de forma a tomarmos as coisas criadas pelo que são, e não por Deus; assim, a vida divina presente nos batizados se manifestará por um amor moderado ao mundo. Se Deus está verdadeiramente presente em nós, não é possível confundir a sua beleza* com a beleza do mundo. A justiça interior da vida divina se exprime na justiça exterior de relações ordenadas, o que exige o exercício de uma vontade resgatada e curada: "Ele te criou sem ti, ele não te justificará sem ti; ele te criou sem que tu o soubesses, ele te justifica com o acordo da tua vontade" (*Fecit nescientem, justificat volentem*, Sermão 169, 3). Não se trata de os nossos atos de vontade causarem nossa j.; trata-se de que o processo de j. suscita em nós uma atividade voluntária. A j. não seria real se não se manifestasse numa transformação da vontade.

d) A Idade Média latina. — Para A., a j. é inseparável de uma série de processos que incluem nossa adoção como filhos de Deus, nossa santificação e mesmo nossa "deificação". Até o s. XIII, o Ocidente latino aceitou esse modelo, atribuindo, por um lado, uma grande importância à quase identidade do Espírito Santo e da graça justificadora e santificante, e tratando, por outro lado, a questão do ponto de vista da presença divina na alma*. A escolástica*, entretanto, se interessou mais pelo efeito criado dessa presença. A partir de observações feitas de passagem por A. sobre a necessidade de manifestar nossa justiça pela vontade do bem, ela formulou a teoria do que receberia o nome de "graça criada" (esta expressão, vinda sem dúvida da *Summa Alexandri* do s. XIII, não é característica de Tomás* de Aquino). A causa "formal" de nossa j. é o conjunto das disposições criadas produzidas em nós pela ação e pela presença divinas. Não há a menor dúvida sobre o autor da verdadeira iniciativa: é Deus que efetua a j. Mais concretamente, a j. é uma transformação, é a aquisição de novas disposições, a formação de um estado moral e espiritual particular. A graça de Deus age para nos dispor a receber seus dons em plenitude, bem como para que esses dons se enraízem em nós. Tal como em A., não podemos estritamente fazer nada por nós mesmos para merecer o favor divino, mas a graça não nos pega de surpresa. Há, com efeito, uma preparação para a graça, que nos torna dignos de recebê-la. Esse "mérito" que nos dispõe à vida sobrenatural é ele mesmo a obra de Deus em nós, e nada tem de criação de uma obrigação por parte de Deus. Em todas as etapas, a ação de Deus permanece livre. Distingue-se então entre o mérito *de condigno*, em que há uma proporção exata do ato e de suas consequências, e o mérito *de congruo*, que é uma abertura ou uma aptidão geral aos dons de Deus. Para alguns autores, o segundo tipo de mérito oferece aos homens uma iniciativa limitada (mas nunca existe sem auxílio divino). Em geral, Tomás e os dominicanos limitam o papel do mérito *de congruo*, ao passo que os primeiros franciscanos (Alexandre de Hales e Boaventura, p. ex.) lhe abrem mais espaço, e pensam que há uma relação previsível entre a atividade humana (assistida pela graça) e o aperfeiçoamento do dom de Deus na j.: aquele que se esforça por fazer o que Deus lhe inspira não tem nenhum *direito* à j., mas pode esperar razoavelmente que a misericórdia* de Deus não lhe faltará.

No s. XIV, sobretudo entre os franciscanos influenciados por Duns* Escoto, chegou-se a enfatizar muito mais fortemente a gratuidade absoluta da iniciativa divina, ao ponto de que a causa formal da j. fosse cada vez mais definida como a declaração por Deus de nosso estado de justiça; é verdade que o hábito criado pela graça deriva daí, e pode-se até mesmo considerá-lo uma segunda causa formal, mas não se deve sobretudo ver nele a razão da decisão que Deus toma de nos olhar de modo favorável. Deus decide desde toda a eternidade* que alguns pecadores serão tratados como justos *e* que serão distinguidos de outros pecadores pelo fato de receber a graça de viver no amor sobrenatural; mas esta última decisão não é a condição da primeira. Deus *teria podido* decidir que a distinção fosse inteiramente diversa. Foi assim que no fim da IM o problema da j. foi discutido por meio da ideia dos "dois poderes" de Deus, *potestas absoluta* e *potestas ordinata*, poder absoluto de fazer o que lhe agrada e poder em que ele se limita e decide que "reagirá" desta ou daquela forma a este ou àquele estado de coisas. A mesma ênfase é colocada na prioridade e na liberdade da vontade divina em Guilherme de Occam, Gabriel Biel e outros partidários da *via moderna* nos s. XIV e XV, e encontramo-la também, na mesma época, em numerosos teólogos da ordem dos agostinianos, por exemplo Gregório de Rimini. Todos estão de acordo em dizer que não há nada na vida de graça de um ser criado, com tudo o que disso resulta em termos de fé, de amor e assim por diante, que *obrigue* Deus a aprová-lo. Essa vida pode ser, em abstrato, meritória no plano moral, mas essa qualidade moral nada tem a ver com a salvação. No entanto, Deus decidiu que aprovaria essa vida; se, portanto, vivemos segundo a lei de Deus, podemos conjeturar que nossa salvação é provável, mantendo todas as reservas todavia, uma vez que nunca sabemos com certeza se observamos a lei tanto quanto poderíamos fazê-lo.

e) A Reforma. — É um traço característico do pensamento do fim da IM separar por completo j. e participação na vida divina. Para A. e para muitos outros autores mais antigos, ser agradável a Deus era viver uma vida que refletisse a natureza de Deus; mas para os teólogos da *via moderna* nada há na vida de graça que tenha um vínculo intrínseco com a natureza divina. É paradoxal que as duas principais correntes da Reforma tenham voltado ao modelo anterior, embora de forma radicalmente diferente. Lutero* é fiel a certos aspectos da *via moderna*, sobretudo ao princípio de que só Deus pode ser a causa do que Deus faz ou decide, mas ele extrai disso a conclusão de que o princípio de nossa justiça deve ser Deus *em Cristo**. A fé apreende o fato primeiro e decisivo de que Deus escolhe considerar-nos tal como se a justiça de Cristo fosse a nossa. Essa justiça permanece "estranha" a nós, nunca podemos possuí-la, cultivá-la ou desenvolvê-la, não podendo, portanto, tratar-se de algum hábito de graça que nos fosse inerente. É um erro, como se reconhece hoje em geral, dizer que Lutero faz a j. depender de *nossa* fé: a fé é uma consequência da j., que é simplesmente a decisão de Deus de nos imputar a justiça e a fé de Cristo. Os cursos de Lutero sobre a Epístola aos Gálatas (início dos anos 1530) oferecem

uma concepção muito forte da unidade do fiel e de Cristo (por *conglutinatio* e *inhaesio*); e essa unidade depende em primeiro lugar da decisão de Deus, sendo em seguida apenas apreendida pela fé. A justiça de Cristo permanece portanto sempre exterior a nós; contudo, à medida que a fé toma consciência da realidade da decisão divina, chegamos a agir de maneira apropriada ao nosso novo estatuto; nossa vida reflete então o fato de que somos aceitos por Deus e reflete, por conseguinte, também o fundamento dessa aceitação, a justiça de Cristo.

Para A. e os autores mais antigos em geral, a j. implica uma participação na justiça de Cristo e, portanto, na vida de Deus; para Lutero, pelo contrário, há de fato identidade entre Cristo e nós, mas ela depende sempre da vontade de Deus e nunca de algo que pudesse ser conatural a nós. Apesar disso, o caráter cristocêntrico de sua teologia nesse domínio e a força da linguagem* que utiliza para falar da identidade efetiva que reina aos olhos de Deus entre Cristo e nós fazem que ele esteja sempre próximo da tradição patrística. Entre os luteranos da geração seguinte (luteranismo*), em contrapartida, é o caráter puramente *jurídico* da j. que se torna primordial: a j. é considerada um resgate da dívida sem pagamento (humano). O termo técnico latino *acceptilatio* foi amiúde usado para isso (Erasmo* observara que podia designar a decisão de considerar reembolsada uma dívida não paga, e Melanchton [1497-1560] parece partir daí para compreender o que significa a "imputação" da justiça): ela é distinguida da *acceptatio*, que supõe que se tenha verdadeiramente sido pago. Os teólogos, assim, se ocuparam cada vez mais da maneira pela qual Cristo paga por nós a nossa dívida, e cada vez menos daquilo que interessava a Lutero, a união entre Cristo e o fiel. Este último ponto recebeu um tratamento mais aprofundado, de fato, numa parte da teologia calvinista (calvinismo*). Calvino* partilha com Lutero a convicção de que a justiça e a obediência de Cristo podem ser imputadas ao fiel em virtude de sua união com ele, que suscita o dom da santificação. Cristo se "consagrou" ou santificou a si mesmo por nós, segundo o quarto evangelho* (Jo 17,19; na Vulgata [traduções* antigas da Bíblia], *pro eis ego sanctifico meipsum*), e Deus considera como nossas sua justiça, sua perfeita obediência, sua santidade*, assim como o sacrifício* que ele ofereceu por nós como nosso grande sacerdote. Outros teólogos calvinistas insistem mais na absolvição eterna e incondicional pronunciada por Deus. Calvino e John Knox (1505 ou 1513-1572) são os que enraízam mais claramente ao mesmo tempo j. e santificação em nossa adoção por Deus em Cristo. O pensamento protestante do s. XVII é quase inteiramente dominado pela ideia da aliança entre Deus e a humanidade em geral (aliança de obediência à lei que promete a graça sob a antiga dispensação, e nova aliança em que a salvação é prometida em troca da fé em Cristo); encontram-se aí muitos ecos das especulações do fim da IM sobre as decisões em que Deus limita o seu poder, mas essa teologia está cada vez mais longe do próprio Calvino.

f) A Contrarreforma. — A reação católica à Reforma foi extremamente complexa, mas o decreto do concílio* de Trento* sobre a j. (COD 671.681) está, de fato, muito mais próximo de Lutero e de Calvino do que do debate medieval, notadamente porque abandona em ampla medida o vocabulário técnico da escolástica para retomar uma linguagem agostiniana e até paulina. A j. não tem lugar sem o dom de um novo estatuto de filhos adotivos de Deus, dom que perdoa os pecados em virtude da incorporação ao segundo Adão*. E, mesmo que o batismo* seja definido como a causa instrumental da j., é dito muito claramente que ela tem uma e somente uma causa formal, a justiça de Deus, compreendida como a justiça pela qual ele nos torna justos. Ao ligar de modo tão nítido a j. à natureza de Deus *em ato*, o concílio afirmava claramente que não pode haver uma causa criada da j. Pode-se sem dúvida falar do mérito *de congruo* para caracterizar alguns dons concedidos antes da j. propriamente dita, mas se tomarão então as palavras no sentido dominicano, segundo o qual o mérito "congruente" nunca é eficaz antes da graça da j. A brevidade e a generalidade do decreto de Trento abriram todavia a porta

a muitos debates ulteriores sobre a prioridade relativa da graça criada e da graça incriada.

As controvérsias católicas do final do s. XVI mostram que os desacordos sobre a j. não obedecem a uma repartição confessional; alguns autores católicos desse período estão mais próximos de certos teólogos protestantes do que de seus próprios correligionários; e das diversas opiniões teológicas apresentadas no sínodo calvinista de Dordrecht em 1619 há mais de uma que teria recebido o acordo completo de alguns católicos. A condenação do baianismo* pelo papa*, em 1567, dirigia-se contra a ideia de uma graça que seria necessária, mesmo para realizar as ações referentes à ordem natural das coisas — uma visão da condição humana muito mais pessimista do que a de Calvino. Mas nenhuma decisão papal pôs fim ao debate *de auxiliis* que teve início na Espanha, no fim do século, entre jesuítas e dominicanos. A posição jesuíta, representada por Molina, atribuía um importante papel à liberdade na j.: Deus cria as condições que sabe (por sua presciência perfeita) serem suficientes para que uma vontade humana se volte para ele. Os dominicanos, cujo representante mais temível era Domingos Báñez (que foi confessor de Teresa de Ávila) (bañezianismo-molinismo-baianismo*), afirmavam que era sempre em razão de uma "premoção física" da graça divina que a alma se voltava para Deus. O último documento romano sobre a questão (em 1607) evitava claramente tomar partido. Mas a condenação ulterior do jansenismo* levaria a teologia católica a inclinar-se a certo molinismo*.

A teologia anglicana dessa época (anglicanismo*) conheceu igualmente um debate sobre o problema da j. Encontravam-se então na Inglaterra partidários de uma posição dura, que recusavam categoricamente toda ideia de uma graça "interior" à alma justificada — posição mais extrema do que a de Calvino e que levava a concluir que os católicos estavam definitivamente fora da verdadeira Igreja* e excluídos da salvação. Richard Hooker (*c*. 1554-1600) pronunciou-se contra essas concepções nos anos de 1580, o que lhe valeu ser tratado por alguns como traidor do protestantismo*; mas sua concepção da relação entre j., adoção e santificação teria se harmonizado em larga medida tanto com a de Lutero como com a de Calvino. Ele a formula no primeiro de seus sermões sobre o tema: nesta vida, a justiça que nos justifica (a de Cristo) é "perfeita mas não inerente"; a que nos santifica, e que depende inteiramente da primeira, é "inerente, mas não perfeita": ela exprime, mas não causa nem condiciona de forma alguma a justiça pela qual somos adotados e incorporados a Cristo. A teologia anglicana evoluiu em seguida, na melhor das hipóteses, para uma espécie de molinismo e, na pior, para um pelagianismo de fato. O ensinamento de Newman* (ainda anglicano) sobre o assunto pertence, em linhas gerais, a essa tradição, embora ele atribua grande importância à prioridade da presença divina.

g) Os tempos modernos. — O pensamento religioso das Luzes rompeu de maneira radical com a preocupação central do protestantismo e rejeitou a ideia de uma prioridade absoluta da ação divina em nossa reconciliação com Deus, que parecia especialmente arbitrária. Em *A religião nos limites da simples razão*, Kant* transpõe engenhosamente para o plano moral e individualista a ideia de uma j. por uma justiça que não é a nossa: as virtudes do homem recém-nascido de uma livre conversão* à virtude moral podem ser imputadas ao velho homem que era antes da sua orientação para o bem, o que lhe assegura o perdão dos pecados, visto que Deus considera o velho homem como se fosse novo, convertido. De igual modo, uma vez que a vontade se voltou para o bem, Deus considera a pessoa novamente virtuosa (ainda que imperfeitamente) como se ela já tivesse atingido a virtude perfeita: ele olha uma pessoa desse tipo com aprovação e supre as deficiências. (Mas já estamos longe do estilo de pensamento encontrado em outro lugar nessa época, e que opera uma estrita proporção entre virtude e recompensa.) Schleiermacher* tem uma posição semelhante à de Kant, mas muito mais cristocêntrica. Temos necessidade de uma salvação que não venha de nós, e isso se realiza pelo dom da participação ou da comunhão com Cristo, no qual há uma perfeita correlação entre a bondade moral e o favor divino.

A contribuição mais importante para o estudo da questão, no final do s. XIX, é por certo a de A. Ritschl (1888-1889[3]), em razão do equilíbrio que soube encontrar entre os aspectos objetivos e subjetivos da j. A j. é o perdão concedido por Deus ao pecador, tal como o revela Cristo, e esse perdão tem como objetivo o estabelecimento da sociedade* perfeitamente justa, o reino* de Deus. A meta da j. é, pois, uma certa situação moral, a existência no mundo de uma comunidade justa e em paz*; e para que ela advenha, são necessárias a liberdade e a ação do fiel a fim de que se torne manifesto o desígnio de Deus revelado pela absolvição de nossos pecados. Ritschl fala pouco da maneira pela qual o evento Jesus Cristo nos revela o fato (eterno) de que Deus é um Deus que perdoa, tendo sido criticado por não ter esclarecido a especificidade da ação de Deus em Cristo.

Barth* trata de diferentes maneiras o problema da j. Em suas primeiras obras, sobretudo no segundo *Comentário da Epístola aos Romanos* (1921), ele afirma com insistência que nenhuma virtude, conhecimento ou realização humanos são comensuráveis com a justiça de Deus; a incomensurabilidade é tal, em contrapartida, que sem a graça nós não poderíamos sequer saber que ela existe — sem a graça, com efeito, não possuímos nenhum critério de comparação. Por outro lado, descobrimos a justiça de Deus ao mesmo tempo que o juízo* de Deus sobre todas as nossas obras, boas ou más. É no momento em que ouvimos o Não aniquilador pronunciado por Deus sobre tudo o que somos que ouvimos ao mesmo tempo o Sim divino, porque aprendemos então o que Deus é e quem ele é — um Deus que não se esconde, mas se manifesta. "A justiça de Deus é o lugar em que nos mantemos na incerteza, isto é, aí onde é impossível manter-se... o lugar em que estamos inteiramente em suas mãos, para que ele nos trate como lhe agrada" (*Der Römerbrief* [1922], nova ed. corr., 1967, p. 68). Revelar-se como justo é, para Deus, revelar sua vontade de reconciliação. Barth dirá a mesma coisa nas primeiras partes da *Dogmática*, o que levou à crítica da concepção de uma salvação aparentemente fundada exclusivamente num progresso do conhecimento. Mas na quarta parte (cf. sobretudo § 13) a teoria é completada por uma referência à obra de Cristo que se deixa julgar em nosso lugar. Ao aceitar ser condenado, e mesmo "aniquilado", em nosso lugar, ele mostrava com efeito que não pode haver nesse âmbito mais nenhuma condenação para ninguém, e instaurava assim uma humanidade verdadeiramente nova, um estatuto objetivamente novo de comunhão com o Deus que nos elegeu a todos nós em si. A tendência a privilegiar o conhecimento está sempre presente, mas se acha mais claramente ligada aos temas tradicionais da incorporação e da adoção.

Uma das mais importantes contribuições ecumênicas sobre esse tema é devida a Hans Küng (1957): segundo ele, não há nenhuma diferença fundamental entre a teoria da j. de Barth (ou dos grandes reformadores) e o ensinamento da Igreja católica. O que os reformadores e Barth têm a dizer sobre a fé na j. teria mais sentido, em geral, se fosse interpretado no contexto da doutrina católica da esperança*: demonstramos confiança em Deus para que ele nos olhe à luz de seu desígnio escatológico. Essa preocupação com a escatologia* se manifesta na declaração sobre "a j. pela fé", procedente do diálogo luterano-católico (Estados Unidos) de 1983, e no documento *A salvação e a Igreja* da ARCIC II (1987). Esses textos são a prova de que católicos e não católicos podem chegar a um consenso acerca dos aspectos essenciais da doutrina, e reconhecer notadamente que a comunidade dos fiéis, se existe *in via*, é ainda capaz de anunciar e de realizar sacramentalmente a santidade de Cristo sobre a qual repousa. O protestantismo contemporâneo reconhece cada vez mais que a ideia de santificação na Igreja, ou mesmo pela via comunitária e sacramental da Igreja, não submete Deus a nenhuma "obrigação" com relação a esta última. E o catolicismo contemporâneo está cada vez mais disposto a integrar à sua teologia uma reflexão sobre os pecados da Igreja na história, bem como a admitir que a justiça de Cristo, celebrada e tornada presente e eficaz nos sacramentos*, é sempre dada de modo totalmente gratuito e incondicional. Coisas que provam

um acordo entre luteranos e católicos aprovado por Roma em 1998 (*Declaração comum da Igreja católica e da Federação luterana mundial sobre a doutrina da j., DC* XCIV [1997], nº 2168, 875-885: comentário católico oficial em *DC* XCV [1998], nº 2187, 713-715).

* A. Ritschl (1888-1889[3]), *Die christliche Lehre von der Rechtfertigung und Versöhnung*, Bonn. — K. Barth (1922), *Der Römerbrief*, Munique (nova ed. corr., Zurique, 1967); (1953), *KD* IV/1. — F.J. Taylor (1954), *The Doctrine of Justification by Faith*, Londres. — H. Küng (1957), *Rechtfertigung: Die Lehre Karl Barths und eine katholische Besinnung*, Einsiedeln. — J. Chéné (1961), *La théologie de saint Augustin. Grâce et prédestination*, Le Puy-Lyon. — W. Joest (1963), "Die tridentinische Rechtfertigungslehre", *KuD* 9, 41-59. — T. F. Torrance (1965), *Theology in Reconstruction*, Londres. — O. H. Pesch (1967, 1985[3]), *Theology der Rechtfertigung bei Martin Luther und Thomas v. Aquin*, Mainz. — O. Loyer (1979), *L'anglicanisme de Richard Hooker*, Lille. — O. H. Pesch, A. Peters (1981, 1989[2]), *Einführung in die Lehre von Gnade und Rechtfertigung*, Darmstadt. — J. Reumann (1982), *Righteousness in the New Testament: Justification in the United States Lutheran-Roman Catholic Dialogue*, Filadélfia. — E. P. Sanders (1983), *Paul, the Law and the Jewish People*, Filadélfia. — G. H. Tavard (1983), *Justification: An Ecumenical Study*, Nova York. — H. Anderson *et al.* (1985), *Justification by Faith* (*Lutherans and Catholics in Dialogue*, t. 7), Mineápolis. — A. McGrath (1986), *Iustitia Dei. A History of the Christian Doctrine of Justification*, 2 vol., Cambridge. — K. Lehmann, W. Pannenberg (sob a dir. de) (1987), *Lehrverurteilungen-Kirchentrennend?*, t. 1: *Rechtfertigung, Sakramente un Amt im Zeitalter der Reformation und heute*, Friburgo-Göttingen. — K. Lehmann (sob a dir. de) (1989), *Lehrverurteilungen-Kirchentrennend?*, t. 2: *Materialen zu der Lehrverurteilungen und zu Theologie der Rechtfertigung*, Friburgo-Göttingen. — U. Kühn, O. H. Pesch (1991), *Rechtfertigung im Disput*, Tübingen. — M. Beintker *et al.* (1995), *Rechtfertigung und Erfahrung*, Gütersloh.

Rowan WILLIAMS

→ *Agostinismo; Ciência divina; Cólera de Deus; Eleição; Indulgências; Juizo; Misericórdia; Natureza; Predestinação; Puritanismo.*

JUSTINO DE NAPLUSA → **apologistas**

K

KANT, Immanuel, 1724-1804

É necessário primeiramente apresentar a noção de religião tal como é elaborada na obra de Kant (K.). Ela servirá de fio condutor para expor como o pensamento de K. pode interessar à teologia* e para compreender o sentido de sua influência efetiva sobre a teologia cristã.

a) A noção kantiana de religião. — "A religião é o reconhecimento de todos os nossos deveres como mandamentos divinos." O primeiro aparecimento dessa definição se encontra na *Crítica da razão prática* (*CRPr*) (1788, AA V, 129). Ela continua a vigorar sobretudo nos dois principais escritos dedicados à religião: *A religião nos limites da simples razão* (1793) e *O conflito das faculdades* (1798). Ela faz parte daquilo que a *CRPr* denomina "primado da razão* prática" (AA V, 119), que remete por um lado às tomadas de posição teológicas da *Crítica da razão pura* (*CRP*) (1781-1786) e, por outro, às principais características da teologia da *CRPr*.

Esse primado existe em detrimento da razão teórica, cujo projeto de *conhecer*, apoiado numa demonstração, fracassa quando se trata da ideia de Deus* (conhecimento* de Deus). Um conhecimento desse tipo restringe-se, com efeito, ao objeto fenomênico, dado à sensibilidade, e do qual podemos dispor, um último traço suficiente para fazer compreender por que uma prova* da existência de Deus está excluída. Mas é necessário poder *pensar* Deus, o que só se pode a partir de nosso conhecimento sempre ligado ao sensível. K. recupera então um uso analógico da ideia de Deus, que não hesita em designar como um antropomorfismo* (AA III, 457-459). O que importa, com efeito, é não permanecer no *deísmo* (o "Ser supremo") e passar ao *teísmo*, à afirmação do Deus pessoal, que implica uma analogia* com a pessoa* humana.

A teologia da *CRPr* é dupla. Por um lado, a obrigação moral presente na consciência* da lei* moral (o "imperativo categórico") não tem necessidade de fundação teológica, visto que a lei moral é a partir de então *autonomia* (aquilo em que uma razão se reconhece). Mas, se a relação com Deus não é anterior ao dever e ao seu cumprimento, ela é contudo requerida por uma exigência inscrita no próprio imperativo moral, a da possibilidade de uma *realização*, o "soberano bem", no qual se juntam virtude* realizada e felicidade (*CRPr*, AA V, 110-113). Isso equivale então a "postular" imortalidade da alma* e existência de Deus, objetos de uma "fé* da razão" (*CRPr*, AA V, 142-146).

A religião... expõe num primeiro momento uma religião da razão, transcrevendo o pecado* original* em *mal* radical* e postulando em Cristo* "a ideia de um homem agradável a Deus" (AA VI, 62-63). Num segundo momento, a lei moral, tomada nas violências* da história*, exige tornar-se, como lei de liberdade*, lei não apenas dos indivíduos como do grupo. É assim pôr um legislador de lei interior, aquele que "escruta os corações", laço de um "povo* de Deus sob leis éticas (AA VI, 98-100). É preciso ver aí uma interpretação da *Igreja*.

b) A teologia cristã. — O problema colocado é o de uma *racionalização da religião reduzida à moral* (redução em que se pode ver um vestígio do pietismo* no qual K. foi criado). Ele se encontra em todo o decorrer da recepção teológica de K., com, não obstante, diferenças notáveis entre a teologia protestante (protestantismo*) e a teologia católica (catolicismo*).

A recepção protestante começa durante a vida de K., em torno do debate sobre a "religião da razão". Sua interpretação moral, colocando o valor do ato* primordialmente no respeito à lei, não nas "obras*", recusando todo "mérito", faz explicitamente eco aos evangelhos* (*CRPr*, AA V, 81-83) e se harmoniza com o pensamento de Lutero*. Mas é fácil ver aí uma interpretação livre da revelação* bíblica (Bíblia*). Schleiermacher* pode ser evocado: ele se inclina primeiramente em favor de K., mas afasta-se dele quando se volta para uma teologia hermenêutica. — Deve ser observada, no tempo do neokantismo, a obra de A. Ritschl (1822-1889), que enfatiza particularmente a dimensão sociopolítica dos escritos religiosos de K. Com Barth*, a teologia dialética se oporá a uma posição desse tipo e recusará com firmeza toda redução da palavra* de Deus a uma moral ou a uma política.

É notável que do lado católico o debate remonte da noção de religião a seus fundamentos, à crítica das provas da existência de Deus e à moral da autonomia. Durante a vida de K., é no sul da Alemanha que se enfrentam partidários e adversários. No s. XIX, G. Hermes (1775-1831) mantém com firmeza uma dogmática* que conserva de K. a dignidade da pessoa e suas análises da fé. O ensinamento de seu pensamento é proibido por Roma* em 1835. A figura negativa de K. marcará o início da neoescolástica (escolástica*), no fim do século. Uma mudança de grande importância se produz na primeira metade do s. XX, quando o jesuíta belga J. Maréchal (1878-1944, *O ponto de partida da metafísica*, caderno 5, *O tomismo diante da filosofia crítica*, Bruxelas-Paris, 1949) introduz K. para realizar o propósito inicial da neoescolástica: voltar a Tomás* de Aquino, mas levando em conta a modernidade, o que não po-

deria ser feito se K. fosse apenas o adversário. O *a priori* kantiano é retomado, no horizonte do "objeto formal" tomista, sendo o acesso ao ser* entretanto mantido. O desenvolvimento, no contexto alemão, se enriquece com o contato com Heidegger, assim como com J.-B. Lotz. É nesse terreno do "tomismo transcendental" que se forma Rahner* — o único que testemunha a fecundidade dessa corrente.

c) Teologia num mundo plural. — O que acaba de ser dito, tanto do lado protestante como do lado católico, indica que K. pode ainda "dar o que pensar" ao teólogo. Não é um acaso que a recepção católica, sem dúvida mais hesitante do que a protestante, tenha encontrado seu desenvolvimento mais fecundo quando, com J. Maréchal, viu em K. uma das interrogações mais radicais formuladas a um pensamento cristão, a da possibilidade de ser homem, na apreensão e na realização do imperativo moral, *sem explicitar primeiramente a relação com Deus*.

Exemplar é o texto da *Crítica da faculdade de julgar* em que K., reconhecendo o pleno sentido moral do ateu (ateísmo*), conclui que, para não diminuir o poder de transformação da lei moral, ele se tornará "fiel de um ponto de vista prático" (§ 91, AA V, 469-470). — Isso é pôr radicalmente a possibilidade de um *mundo* plural, que forma um todo apesar das diferenças radicais das opções religiosas. — O "ponto de vista prático" pretende dizer que nenhuma confissão* de fé pode separar-se de uma *troca entre liberdades*. Toda proposição sobre Deus só pode ser obra de um pensamento livre, o que não quer excluir que ele esteja envolvido nos laços de solidariedade* que podem ser os de uma Igreja.

Não foi junto aos teólogos que K. buscou inspiração: sua retomada da encarnação* é pobre e contrasta fortemente com o tratamento que recebe em Hegel*. É sobretudo à Escritura* que K. volta. Ele sabe propor um estatuto de leitura para ela, como se vê no apêndice à primeira seção do *Conflito das faculdades*. No tocante a isso, P. Ricoeur se enquadra na melhor tradição kantiana em sua proposta programática: "o símbolo dá o que pensar", um longo caminho em que K. é apenas o ponto de partida.

• (1922), *Kant's gesammelte Schriften* herausgegeben von der königlich preussischen Akademie der Wissenschaften, Berlim-Leipzig (AA). — *Kant-Bibliographie 1945-1990*, M. Ruffing ed., Frankfurt. Em português: *Crítica da razão prática*, São Paulo, 2003; *Duas introduções à crítica do juízo*, São Paulo, 1995; *Manual dos cursos de lógica geral*, Campinas-Uberlândia, 2003; *Crítica da razão pura*, São Paulo, 2000; *Realidade e existência. Lições de matafísica: introdução e ontologia*, São Paulo, 2002; *Sobre a pedagogia*, Piracicaba, 2002; *Crítica da faculdade do juízo*, Rio de Janeiro, 2002; *Ideia de uma história universal do ponto de vista cosmopolita*, São Paulo, 1986; *Fundamentação da metafísica dos costumes*, São Paulo, 2002; *Doutrina do direito*, São Paulo, 1993; *Lógica*, Rio de Janeiro, 1992; *Prolegômenos a toda metafísica futura*, Lisboa, 1988; *A religião nos limites da simples razão*, Lisboa, 1992; *O conflito das faculdades*, Lisboa, 1993; *a paz perpétua e outros opúsculos*, Lisboa, 1995; *Os progressos da metafísica*, Lisboa, 1995; *Primeiros princípios metafísicos da ciência da natureza*, Lisboa, 1990.

▶ K. Jaspers (1952), "Le mal radical chez Kant", *Deucalion* 4, 224-252. — P. Ricoeur (1960), *La symbolique du mal*, Paris. — J.-L. Bruch (1968), *La philosophie religieuse de Kant*, Paris; (1969), *Kant. Lettres sur la morale et la religion*, Paris. — O. Reboul (1971), *Kant et le problème du mal*, Montreal. — R. Malter (1980), *Das Reformatorische Denken und die Philosophie, Luthers Entwurf einer transzendental-praktischen Metaphysik*, Bonn. — F. Marty (1980), *La naissance de la métaphysique chez Kant. Une étude sur la notion kantienne d'analogie*, Paris. — H. D'Aviau de Ternay (1986), *Traces bibliques dans la loi morale chez Kant*, Paris.

François MARTY

→ *Agnosticismo; Autonomia (da ética); Conhecimento de Deus; Ética; Hegel; Kierkegaard; Razão; Racionalismo; Schleiermacher.*

KENOSE

1. Fundamento escriturístico

O termo "kenose" (k.), formado pelos Padres* gregos a partir do verbo *kénoô*, "esvaziar" (e, portanto, com o pronome reflexivo, "esvaziar-se de si mesmo"), encontra sua origem numa expressão do hino de Fl 2,7. A designação de Jesus* como Senhor (2,9) é precedida nesse contexto de uma sequência que descreve a hu-

milhação daquele que era "de condição divina" (2,6). Sua elevação vem ao fim de uma descida e de uma aniquilação (*heauton ekenôsen*) até a obediência da morte* na cruz. Todo o evento de Jesus é fruto da livre iniciativa daquele "que não considerou como presa a agarrar o ser igual a Deus*" (2,6), mas escolheu a "condição de servo". Quer o texto vise aqui ao Filho* antes de sua encarnação* (segundo a tradição* antiga) ou já encarnado em Jesus (segundo os exegetas modernos mais numerosos), a preexistência é suposta. Jesus vem de Deus e retorna à glória* de Deus, depois de ser despojado numa existência de homem. No evangelho de João, o itinerário de Cristo* é também representado como uma descida e uma ascensão dramáticas. A carreira por ele percorrida começa no céu (1,1s) e o leva à terra (1,11s), até a cruz (19,17s); vem então a nova elevação do Ressuscitado à sua glória anterior. De acordo com o prólogo de Jo, o Verbo* divino se fez carne (1,14): por mais divino que o Verbo possa ser em Deus, sua presença na "carne" não deixa de ser absolutamente real. A originalidade da contribuição joanina reside na acuidade desse contraste. Para o espírito grego, com efeito, não se poderia conceber maior oposição do que a que existe entre *logos* e *sarx*.

2. Retomada do tema nos Padres da Igreja

O problema da k. permanecia desconhecido quando, com a gnose*, não se atribuía ao Verbo senão um corpo aparente, quando, com o arianismo*, se negava a igualdade de ser* do Filho com o Pai ou quando, com o nestorianismo*, se enfatizava a "promoção" de um homem à dignidade de homem-Deus. Na luta contra essa tríplice frente, a ortodoxia tinha de passar através de um estreito desfiladeiro: não defender a imutabilidade* divina de maneira que pusesse o Verbo ao abrigo de um acontecimento real e, por outro lado, não soçobrar na afirmação imediata de uma mudança em Deus. Uma primeira ideia fundamental foi empregada por *Atanásio** contra Ário e Apolinário, por *Cirilo** contra Nestório e por *Leão* contra Êutiques: a decisão divina de fazer o Verbo tornar-se homem significava uma verdadeira humilhação. A encarnação não é para Deus um "crescimento", mas uma exinanição. *Hilário** dá um passo adiante. Para ele, tudo se produz em virtude da liberdade* soberana de Deus, que, embora permanecendo em si, tem o poder de deixar sua forma de glória* (*De Trin.* VIII, 45; PL 10,270). Se as duas formas fossem simplesmente compatíveis (como o pensavam os três doutores* antes mencionados), nada se passaria em Deus. Para Hilário, o sujeito permanece sem dúvida o mesmo; mas entre a forma de escravo e a forma de glória há a "disposição de aniquilação" (*ibid.*, IX, 41; PL 10, 314 B); esta não muda o Filho de Deus, mas significa o ato* de "esvaziar-se no interior de seu poder" (*ibid.*, XI, 48; PL 10, 432 A). Falta simplesmente a essas afirmações a dimensão trinitária. A k. da encarnação tem, com efeito, sua condição de possibilidade eterna no dom tripessoal. Pois o "poder*" divino é constituído de tal modo que pode dispor em si da possibilidade de uma exinanição de si, como a representada pela encarnação e pela cruz.

3. Ensaios teológicos modernos sobre a kenose

Distinguem-se habitualmente uma teoria impropriamente dita da k. (a) e um kenotismo (kmo) propriamente dito (b).

a) Nos séculos XVI e XVII. — O kmo luterano dessa época tem por fundamento a concepção da "comunicação dos idiomas*'" adotada pelo reformador. Segundo *Lutero**, certos atributos* da natureza divina de Cristo se tornam atributos da natureza humana. Em seguida, falar-se-á de uma "atenuação" ou k. desses atributos "divinos" na humanidade, de forma a não alterar o seu caráter divino. A escola de Giessen, inspirando-se em *M. Chemnitz* (1522-1586), ensinará que Cristo possui, em sua humanidade e desde a sua vida terrestre, a majestade divina, mas renuncia habitualmente ao seu uso. É apenas com a glorificação que ele exercerá o uso pleno dessa majestade. Os teólogos de Tübingen*, pelo contrário, depois de *J. Brentz* (1499-1570), afirmarão que Cristo nunca renunciou ao uso de seus atributos divinos, mas que apenas os ocultou por algum tempo,

"segundo a economia". Eles censuram em seus adversários o fato de abandonar os princípios luteranos para adotar a doutrina *calvinista* dita do *extra*, de acordo com a qual durante todo o tempo da encarnação o governo do mundo devia ser confiado ao Verbo considerado fora de sua carne. Sejam quais forem as divergências dessas teorias, para elas a k. afeta diretamente a humanidade. Elas consideram a exaltação e a humilhação de Cristo tão somente segundo sua natureza humana, e não uma humilhação do próprio Filho de Deus. Dessa maneira, eles não tocam o ponto central da k.

b) Nos séculos XIX e XX. — Os kenoticianos *alemães* do s. XIX escrevem sob a influência de Hegel*, para quem o sujeito absoluto, a fim de tornar-se concreto e para-si, se torna finito na natureza e na história* do mundo. Ao contrário das escolas de Tübingen e de Giessen dois séculos mais cedo, o sujeito da k. não é mais aquele que se tornou homem, mas aquele que se torna homem, o próprio Verbo divino. Trata-se de uma "autolimitação" do divino (G. Thomasius, 1802-1875). O Verbo abandona os atributos relativos da divindade, que dizem respeito à Trindade* concebida em suas relações com o mundo* (onipotência, onisciência, onipresença*), mas não os atributos absolutos da Trindade* imanente (verdade*, santidade*, amor*), que, longe de ser afastados, se revelam na encarnação. *F. Frank* (1827-1894) falará mais radicalmente de uma autodegradação da consciência* do Filho eterno numa consciência de si finita; o Filho feito homem tem contudo consciência de ser o Filho de Deus. Para o calvinista *W. F. Gess* (1819-1891), uma lacuna incompreensível interrompe o próprio curso da vida divina: o Verbo feito homem renuncia às propriedades imanentes de Deus e à sua eterna consciência de si. Ele só recobra esta última de modo progressivo, mediante seu vir-a-ser humano (notadamente por uma reflexão sobre as profecias* que lhe dizem respeito); uma vez glorificado, ele recupera seus atributos divinos e suas funções divinas.

A "torrente kenótica" da teologia *anglicana* entre 1890 e 1910, suscitada sem dúvida, sob a influência de T. H. Green, por Hegel, constitui uma tentativa independente, mais prudente e menos especulativa, de conciliar a teologia* patrística com o realismo terrestre do homem Jesus, iluminada pela pesquisa sobre os evangelhos*. *Ch. Gore* (1853-1932) admite uma k. mitigada e rejeita dividir os atributos divinos e postular uma metamorfose em Deus. De acordo com ele, o Verbo não abandona seus atributos, mas limita o seu uso; no ato de sua encarnação, ele restringe sua onipotência e recusa-se a tudo conhecer; ele não se limita senão com relação à esfera de sua humanidade individual. Mas, enquanto criador, mantém o pleno uso de todos os seus atributos. Com isso, Gore é obrigado a postular dois centros vitais de consciência no Verbo, segundo sua natureza divina. A dualidade censurada na escolástica* não é mais repartida segundo as duas naturezas, mas é concebida como uma divisão psicológica na natureza e, portanto, na própria pessoa* divina. *F. Weston* (1871-1924) deseja harmonizar a concepção dos concílios* com uma ideia psicológica da pessoa. Opondo-se a Gore, ele afirma que não há em Cristo senão uma única consciência de si; ele admite, entretanto, duas faculdades voluntárias e inteligentes, permanecendo uma função da outra. Pela encarnação, o Verbo limita o uso de seus atributos divinos de forma que eles sejam sempre condicionados pelo estado de sua humanidade.

O kmo invadiu também a Ortodoxia *russa. V. Tareev* (1866-1934) desenvolve a ideia de que a própria criação* é um ato kenótico. Mas suas ideias mais originais dizem respeito às tentações* sobre as quais Cristo triunfa ratificando seu estado kenótico; essa ratificação chegava a suscitar uma prova mais profunda para sua "fé*". Segundo *S. Boulgakof* (1871-1944), só há k. divina na encarnação porque há uma k. na Trindade como um todo e uma k. divina na criação. A k. na Trindade consiste no amor mútuo das pessoas divinas, que ultrapassa toda individuação. A criação põe Deus no tempo* e comporta certo risco de insucesso para ele. A k. da encarnação situa-se antes de tudo em Deus, na vontade de amor do Verbo (é o infinito* que

se limita a si mesmo). O Verbo deixa de ser subjetivamente uma hipóstase divina, embora permaneça assim em seu ser objetivo. Enquanto Verbo encarnado, ele não tomará consciência de sua filiação* divina senão na medida de sua humana e progressiva consciência de si. O Pai e o Espírito* participam da k. eterna da encarnação, assim como da k. realizada historicamente até a morte de Cristo. Parece possível despojar a concepção básica de Boulgakof de seus pressupostos sofiológicos (sofiologia*) e da tentação gnóstica que o leva a pensar que a cruz histórica não é senão a tradução fenomênica de um Gólgota metafísico.

4. Presença do tema na filosofia

O kmo do s. XIX não teria provavelmente existido sem o impulso da filosofia* hegeliana. *Hegel* restituía assim à teologia o que ela lhe emprestara. Um esquematismo kenótico intenso está no cerne de seu sistema: a Ideia absoluta se esvazia como o Verbo. Foi ele que fundamentou em filosofia o vocábulo *Entäusserung*, que traduz a k. na Bíblia* de Lutero. Na *Fenomenologia do Espírito*, esse termo só revela todo o seu alcance espiritual na representação do Espírito absoluto, a religião*. Ele evoca o duplo movimento da substância fazendo-se consciência de si e da consciência de si fazendo-se Si universal. A encarnação redentora do Verbo aparece como a *Entäusserung* da Essência absoluta que, esvaziando-se de si mesma, nada deixa de estranho ao cumprimento de sua k. A *Entäusserung* do Espírito absoluto implica a desapropriação das consciências finitas; mas essa abnegação não devolve a consciência estranha a si mesma. Despojando-se de si, a consciência chega na verdade, de acordo com Hegel, à sua Essência mais autêntica. Pode-se temer, não obstante, que Hegel reduza a representação religiosa da k. a uma espécie de alegoria especulativa. *Schelling** preservou melhor a positividade do cristianismo. Ele oferece uma concepção original da k. A encarnação desvela a verdadeira divindade e a k., despojamento da glória divina adquirida no decorrer do processo mitológico, não retira do Verbo senão uma glória falaciosa. Ao contrário de Schelling, *Kierkegaard** não identifica a encarnação e a k. Sua teoria kenótica atinge o modo da encarnação, exinanição incessante do Verbo que se põe ao alcance da criatura. Ela não suscita um eclipse da divindade.

Em compensação, o Cristo do barão *F. von Hügel* (1852-1925) é mergulhado corpo* e alma* na obscuridade humana; a k. oblitera a consciência de sua divindade. *Blondel** protesta que sua consciência divina não poderia em nenhum momento abandonar Jesus Cristo e que a exinanição é por inteiro condescendência e caridade. Ela reside na "simpatia estigmatizante" pela qual Cristo experimenta os sofrimentos humanos. Cristo não se conhece como Deus senão pela sua identificação com os homens por amor. A humanidade, nossas humanidades servem de "tela à sua", que, de outra forma, seria abrasada e volatilizada pelo fogo da divindade. A união divina do homem Jesus é também um fechamento mortificante. Mas "o vaso de sua humanidade" é "dilatado pela divindade". Para *S. Weil* (1909-1943), a atitude divina que dita à criatura seu comportamento é kenótica de parte a parte. O Criador se retirou para nos deixar ser. Deus afastou-se a uma distância infinita. "Essa distância infinita entre Deus e Deus, dilaceração suprema [...], maravilha de amor, é a crucificação" (Weil, 1950, 87).

5. Avaliação de conjunto

A cristologia* deve levar a sério o fato de que o próprio Deus, no Filho, se humilhou embora sendo e permanecendo por inteiro Deus. Em sua total impotência, na angústia mortal do Crucificado, encontra-se sem diminuição a plena divindade de Deus. A humilhação de Deus mostra a superabundância de seu poder; a grandeza "deixa-se perceber na baixeza sem decadência da sua elevação" (Gregório* de Nissa, PG 45, 64 D). Enquanto autorrenúncia de Deus, a k. depende da soberana liberdade* divina (Hilário) — o que exclui toda concepção segundo a qual se trataria de um processo natural e gnóstico ou lógico e hegeliano. O problema da verdadeira humanidade de Jesus só se põe quando se mantém sua verdadeira divindade; não se poderia, portanto, deduzir a partir da k. uma condição realmente pecadora de Jesus. Para

unir os extremos, podemos referir-nos ao tema do "Cordeiro* degolado desde a fundação do mundo" (Ap 5,6-9.12; 13,8), que não deve em absoluto ser concebido como um sacrifício* celeste independente do Gólgota, mas como o aspecto de eternidade* do sacrifício histórico oferecido na cruz. O sacrifício celeste do Cordeiro religa o mundo e Deus; nele, a criação e a redenção se entrecruzam. A cruz faz "descobrir um mistério* da própria vida divina" (Temple, 1924, 262). Só Deus vai até o extremo do abandono de Deus. Da mesma maneira, convém considerar a k. num tríplice nível. Seu último pressuposto é o "desinteresse" das pessoas (enquanto puras relações) na vida intratrinitária do amor. Em seguida, uma k. fundamental intervém na criação porque Deus, desde toda a eternidade, assume a responsabilidade pelo sucesso da criação e, prevendo o pecado*, traz à consideração a cruz. Por fim, no mundo pecador, a paixão* redentora de Cristo começa desde a sua encarnação. E, como o querer da k. redentora é um querer indivisivelmente trinitário (Boulgakof), Deus Pai e o Espírito Santo se encontram aí seriamente envolvidos (Balthasar*, 1969).

• G. Thomasius (1853, 1857, 1861), *Christi Person und Werk*, 3 vol., Erlangen. — F. Frank (1878-1880), *System der christlichen Wahrheit*, Erlangen. — W. Gess (1887), *Das Dogma von Christi Person und Werk*, Basileia. — Ch. Gore (1891), *The Incarnation of the Son of God*, Londres. — F. Weston (1907), *The One Christ*, Londres. — P. T. Forsyth (1909), *The Person and Place of Christ*, Londres. — W. Temple (1924), *Christus Veritas*, Londres. — S. Boulgakof (1943), *Du Verbe incarné*, Paris. — S. Weil (1950), *Attente de Dieu*, Paris.

▸ F. J. Hall (1898), *The Kenotic Theory*, Nova York. — O. Bensow (1903), *Die Lehre von der Kenose*, Leipzig. — N. Gorodetsky (1938), *The Humiliated Christ in Modern Russian Thought*, Londres. — J. St. Lawton (1947), *Conflict in Christologies*, Londres. — P. Henry (1957), "Kénose", *DBS* 5, 7-161, esp. 136-158. — P. Althaus (1959), "Kenosis", *RGG*[3] 3, 1244-1246. — A. M. Ramsey (1960), *From Gore to Temple*, Londres. — D.G. Dawe (1962), "A Fresh Look at the Kenotic Christologies", *SJTh* 15, 337-349. — P. Lamarche, Y. Congar (1967), "Kénose", *Cath.* 6, 1399-1403. — R. P. Martin (1967), *Carmen Christi. Philippians II 5-11 in Recent Interpretation and in the Setting of Early Christian Workship*, Cambridge (bibliografia). — H. U. von Balthasar (1969), "Mysterium Paschale", *MySal* III/2, 133-326 (Petrópolis, 1973). — M. Lienhard

(1973), *Luther témoin de Jésus-Christ*, Paris. — X. Tilliette (1975), "L'exinanition du Christ: théologies de la kénose", *Les Quatres fleuves* 4, 48-60. — E. Brito (1983), *La christologie de Hegel*, Paris. — X. Tilliette (1986), *La christologie idéaliste*, Paris; (1990), *Le Christ des philosophes*, Paris.

Emilio BRITO

→ *Anglicanismo; Calvinismo; Consciência de Cristo; Hegelianismo; Hipostática (união); Joanina (teologia); Luteranismo; Modernismo; Ortodoxia moderna e contemporânea; Paulina (teologia).*

KIERKEGAARD, Søren Aabye, 1813-1855

1. Vida

Na época de Kierkegaard (K.), a Dinamarca estava envolvida num processo de modernização e de liberalização que questionava as fontes tradicionais da autoridade* na Igreja* e no Estado*. O tempo de sua juventude foi também o da "idade de ouro" da literatura dinamarquesa, período de um idealismo extremo a que sucederia uma reação mais materialista e mesmo cínica. O próprio K. defendeu várias vezes os valores das gerações precedentes. A crítica que ele faz de Hegel* tem muitas afinidades com a de filósofos dinamarqueses mais antigos como P. M. Moller ou F. C. Sibbern: todos censuram no sistema hegeliano o fato de não possuir o sentido da personalidade individual (humana ou divina) e de não compreender corretamente a relação entre a lógica e a vida. Isso não impediu K. de interessar-se pelos hegelianos (hegelianismo*) dinamarqueses como J. L. Heiberg, cuja influência é particularmente clara em sua concepção formalista da arte. Suas obras ostentam também a marca das dúvidas dos anos 1830 e 1840, e ele próprio acabaria por atacar o *establishment*, Igreja e Estado. Ele herdou do pai uma disposição melancólica mas profundamente religiosa. O curto noivado (1840-1841) com Regine Olsen parecia prometer-lhe uma vida normal, mas um sentimento de culpa mesclado a algo que era da ordem da vocação religiosa o levou a romper esse noivado para dedicar-se inteiramente à sua obra. Depois de ter concluído os livros publicados com pseudônimos e que fizeram sua reputação, ele se envolveu numa polêmica acerba com um jornal satírico, *O Corsário* (1846), o que o isolou cada vez mais. No último ano de sua vida (1854-1855), publicou uma série de panfletos que reprovavam amargamente a Igreja estabelecida por seus compromissos com os valores do mundo*.

2. Pensamento

A obra de K. pode ser dividida em quatro partes: as obras publicadas com pseudônimos, os discursos religiosos, as obras literárias e outras publicadas com o seu próprio nome, e os importantes cadernos póstumos. A influência de K. está estreitamente ligada à primeira categoria de obras. Ele soube porém manter um distanciamento com relação às ideias nelas expressas e afirmar que os pseudônimos não eram intercambiáveis; é legítimo portanto perguntar-se até que ponto seu pensamento propõe uma concepção sistemática das coisas. Mesmo a tríplice distinção do estético, do ético* e do religioso não passa de uma das maneiras de localizar-se na complexidade da obra. Não se deve tampouco negligenciar que a força dessa obra deve muito às parábolas, aos relatos e aos aforismos que ela contém, bem como a seus elementos de sátira, de ironia e de humor: tudo isso é feito para impedir o leitor de abordar os seus temas fundamentais de maneira puramente intelectual. Dois desses temas são todavia centrais: a natureza problemática da liberdade* humana e a transcendência qualitativa de Deus*. A órbita elíptica que ele descreve em torno desses dois pontos permite ver nele o precursor tanto de Bultmann* como de Barth*. Resta saber qual dos dois aspectos tem primazia ou se há entre eles tensão e equilíbrio.

a) Antropologia. — O conceito de angústia é um estudo psicológico do pecado* original*. O estado dos seres humanos antes da queda (Adão*) é, segundo ele, um estado de inocência, do qual analisa em particular o estranho aspecto de nada*, correlato de uma liberdade potencial que não tem ainda objeto. Na angústia de sua liberdade — indeterminação do futuro —, o sujeito "se apropria da finitude" e se acha submetido a todas as compulsões, à sexualidade em particular. Assim, embora a "subjetividade seja a verdade*", como o diz Johannes Climacus (um dos pseudônimos de K.), o sujeito está na não verdade enquanto fracasso de um projeto. Esse fracasso, denominado "desespero", é analisado em *A alternativa* nas diversas formas de sua encarnação estética; K. apoia-se para isso em sua tese sobre *O conceito de ironia*, em que denunciara o idealismo romântico como um solipsismo e uma fuga diante do que exige a realidade da ética. Em *Duas épocas*, trata-se sobretudo das formas coletivas do fracasso: tagarelice, inveja, gregarismo, covardia, igualitarismo — todos os traços de uma "idade de crítica". Mais tarde, em *A doença mortal*, a ênfase recai na incapacidade do eu de fazer a síntese das oposições em torno das quais ele se constrói, possibilidade e necessidade, finitude e infinito*, tempo* e eternidade*.

Pode-se escapar ao desespero? Em *a alternativa*, o assessor Wilhelm, que defende o ponto de vista ético, sustenta que há um ato* transcendental de escolha, pelo qual o sujeito se recebe a si mesmo "da mão de Deus" na totalidade de sua existência. Mas uma escolha desse tipo é possível? Em *Migalhas filosóficas*, a recordação de uma verdade imanente ao homem — que parece implicada pela posição de Wilhelm — é considerada como essencialmente socrática e como desconhecendo o que o cristianismo revela de um erro humano de caráter incorrigível. Em *Temor e tremor*, a partir do episódio do sacrifício* de Isaac, K. distingue uma resignação infinita, em que se renuncia ao mundo em favor da eternidade, e uma fé* autêntica na qual, pelo poder do absurdo, o "cavaleiro da fé" crê que recuperará aquilo a que renunciou. (A fé de Abraão não consiste, pois, em ter consentido em sacrificar Isaac, mas em não ter cessado de crer que Deus lhe restituiria este último *nesta vida*. Mas, acrescenta K., somos capazes de compreender Abraão?) Em *A repetição*, um jovem poeta que abandonou a noiva apoia-se no exemplo de Jó para esperar que uma "repetição" seja possível e que Deus possa transformá-lo e torná-lo capaz de casar-se. A repetição é portanto a ideia de que a escolha do sujeito nunca é um dado constitutivo do eu, e que deve ser repetida sem cessar — mas o sujeito tem em si aquilo a partir do qual postular tal ato?

Segundo os *Discursos edificantes*, contemporâneos de todos esses livros, e que representam uma forma imanente de religiosidade, o ato supremo do sujeito é um ato voluntário de aniquilação que suprime aquilo que se opõe à transfiguração por Deus da finitude humana. Mas essa antropologia* psicológica tem necessidade de um fundamento teológico e dogmático*.

b) Teologia. — As fontes teológicas de K. são antes de tudo o luteranismo e, mais particularmente, o pietismo*. Em obras como as *Migalhas filosóficas* ou o *apêndice definitivo e não científico às Migalhas filosóficas*, ele sublinha que uma verdadeira relação com o deus é impossível sem a atividade redentora do próprio deus, tal como se encarnou sob forma humana. De fato, só a revelação da encarnação* do deus num indivíduo único manifesta radicalmente nossa impotência e nossa necessidade de redenção. A fé, por outro lado, torna todo fiel *contemporâneo* desse evento, ao passo que o conhecimento histórico e a especulação filosófica são impotentes nesse contexto. A fé exige também do indivíduo um salto qualitativo, o que leva K. a reconhecer suas afinidades com G. E. Lessing (1729-1781) e D. Hume (1711-1776), contra Hegel. E como esse salto anula todas as diferenças devidas à história*, o discípulo contemporâneo de Jesus* (que verdadeiramente o viu e ouviu) não se beneficia de nenhum privilégio com relação ao fiel do s. XIX.

No entanto, a fé, se era apenas uma declaração puramente exterior de crenças religiosas, ou um estado de interioridade passiva (quietismo*), poderia também ser um meio de esquivar-se à tarefa de chegar à autenticidade do eu. Eis por que em suas obras seguintes K. insiste cada vez mais na importância do que denomina "reduplicação", e que consiste em completar a fé pelas obras*, sobretudo mediante o sofrimento ativo, testemunho da verdadeira imitação* de Cristo*. Apesar de seu respeito por Lutero*, ele critica a maneira pela qual sua concepção da fé torna a vida cristã menos exigente. Ele insiste também no caráter único da pregação* apostólica e querigmática e se opõe à ideia de que a autoridade apostólica possa ser julgada segundo critérios tão humanos quanto o talento poético ou a profundidade intelectual.

Em seus discursos religiosos, K. estuda com perspicácia a oração*, a prova espiritual e a prática do amor* de Deus. Ele recomenda que o indivíduo se submeta a Deus com toda paciência, silêncio e obediência. Aquele que aspira a essa vida deve aceitar aniquilar-se e dar graças por todas as coisas, mesmo os sofrimentos, desejando apenas o "mínimo necessário" da vontade de Deus para si, no arrependimento. Pois mesmo que esteja separado da humanidade por uma "diferença qualitativa infinita" Deus cuida do fiel como um pai cuida de seus filhos, com uma providência* especial para cada um. O autoabandono na adoração é o único meio de renovar a imagem de Deus na humanidade. Os lírios dos campos e os pássaros do céu (Mt 6,25-30) são constantemente citados como "educadores" da fé. É preciso mencionar entre esses escritos as curtas meditações para a comunhão* da sexta-feira; elas alcançam verdadeiramente o fundo da compreensão luterana da eucaristia* como oferenda do perdão pelo Cristo presente.

A Bíblia* está no centro da espiritualidade de K. Ele aborda a Escritura* com muita originalidade e remaneja ou desenvolve os temas bíblicos com uma imaginação particular; desse modo, ele faz da encarnação o conto de fadas do amor de um rei por uma humilde jovem, ou leva Davi a criticar a parábola de Natan por razões estéticas. Ao lado do Sermão da Montanha, o texto que mais utiliza é a epístola de Tiago, com sua insistência nas obras (apesar das críticas de Lutero). Ele não confia na aplicação do método crítico, ortodoxo ou não (exegese*), à Escritura, não só porque esse método tende a reduzir esta última a um texto puramente humano, mas também porque lhe falta a paixão que deveria abrasar todo homem verdadeiramente empenhado na palavra* de Deus. A Escritura, com efeito, é um espelho em que nosso destino se dá a decifrar, e deveríamos lê-la com tanto ardor quanto lemos uma carta de amor.

K. afirmava a autoridade absoluta da fé, mas nem por isso era um espírito dogmático, e sua obra tem um forte componente apologético. É necessário, de fato, que ele encontre seus leitores onde eles se acham, e deve portanto transmitir a verdade sob formas que advêm da não verdade. Sua crítica da atitude estética, p.

ex., se apresenta na forma do mais alto grau estético — e suas obras são textos literários importantes. É Johannes, o Sedutor, que é um dos principais representantes da atitude estética em K., e sua atividade literária sem dúvida era, a seus olhos, uma espécie de sedução, um engano do leitor por uma boa causa. Outro modelo de "comunicação indireta" é Sócrates, o Sócrates que se compara a uma parteira que ajuda os outros a ver a verdade que está neles. Mas em K., por sua vez, a maiêutica é feita para mostrar que não se possui a verdade fora da fé. K., de todo modo, sempre afirmou que sua atividade literária era religiosa desde a origem, o que ele considerava demonstrado pela publicação simultânea de seus discursos religiosos e de suas obras estéticas pseudônimas.

A "comunicação indireta" é para K. de uma importância que não pode ser exagerada. Seria distorcer a essência de seu projeto apresentar suas ideias como se se tratasse de conclusões objetivas: em seus termos, com efeito, é só no processo de apropriação da verdade que pode nascer plenamente essa paixão subjetiva que é uma precondição necessária da fé. O estilo único de seus livros é construído para despertar essa autopreocupação subjetiva e, nas últimas obras, para fazer passar do refúgio da interioridade oculta à etapa do testemunho público. K. tem duas razões para empregar essa comunicação indireta: as exigências de um procedimento apologético e a necessidade de ser fiel ao princípio da encarnação. Pois o Deus-homem, tal como diz K. em *A escola do cristianismo*, é um sinal de contradição: sua humanidade humilde e sofredora não tem termo de comparação com a realidade de sua divindade. Por conseguinte, sua verdade nunca pode ser diretamente transmitida por nenhum sistema humano, mesmo teologicamente "exato".

c) Filosofia. — Se K. teve uma influência predominante na filosofia* contemporânea, isso se deveu sem dúvida, em primeiro lugar, ao fato de Heidegger* ter retomado algumas de suas análises antropológicas em *Ser e tempo*: os temas "existenciais" da angústia, da culpa, da repetição, do nada, da subjetividade e do

989

absurdo estão todos já presentes em K. É também o que ocorre com a crítica dos sistemas de verdade totalizantes e com os efeitos despersonalizantes da cultura de massas.

Ao mesmo tempo, K. contribuiu de maneira importante para a crítica do idealismo ao mostrar, no *Apêndice*, que todo idealismo é essencialmente cético. Nenhuma filosofia pode assegurar de maneira completa seus próprios pressupostos, sendo-lhe necessário aceitar o caráter dado do ser*. Portanto, o idealismo só pode servir para elucidar o conceito, não para estabelecer a existência do que ele visa. Um sistema lógico e *a priori* é sem dúvida possível, um sistema existencial é absolutamente impossível, a não ser do ponto de vista de Deus.

Sua contribuição mais interessante à filosofia advém sem dúvida de seu esforço para definir as fronteiras dos diferentes tipos de discurso, psicologia, lógica, fé etc. Deve-se observar, assim, que ele não procura tanto demonstrar o erro do sistema de Hegel quanto mostrar a não pertinência de seu método para tratar dos problemas religiosos. Conhece-se a admiração de Wittgenstein por K., e é permitido ver neste último um precursor das filosofias linguísticas, p. ex. quando indica as diferentes regras que regem a diversidade dos jogos de linguagem, sobretudo quando se trata de Deus.

* (1901-1906), *Samlede Verker*, Copenhague, 15 vol. (1962³, 20 vol.); (1909-1948), *Papirer*, Copenhague; *Søren Kierkegaards Skifter*, Copenhague, 1997-, 28 vol. de texto e 27 vol. de comentários a ser publicados, versão impressa e versão eletrônica.

Em português: *Diário de um sedutor*, Rio de Janeiro, 2002; *Desespero humano*, Rio de Janeiro, 2001; *Johannes Climacus ou é preciso duvidar de tudo*, São Paulo, 2003; *O conceito de ironia*, Petrópolis, 1991; *Migalhas filosóficas*, Petrópolis, 1995; *Temor e tremor*, Rio de Janeiro, 1993; *Das profundezas*, São Paulo, 1990; *Ponto de vista explicativo da minha obra*, Lisboa, 1986; *O banquete*, Lisboa, 1996

▶ Georg Brandes (1877), *Søren Kierkegaard*, Copenhague. — E. Hirsch (1933), *Kierkegaard Studien*, Gütersloh. — J. Wahl (1938), *Études kierkegaardiennes*, Paris. — G. Malantschuk (1968), *Dialektik og Eksistens hos S. Kierkegaard*, Copenhague. — L. Mackey (1971), *Kierkegaard: A Kind of Poet*, Filadélfia. — J. Colette (1972), *Histoire et absolu, Essai sur Kierkegaard*, Paris. — N. e M. M. Thulstrup (1978-1988), *Bibliotheca kierkegaardiana*, 16 vol., Copenhague. — M. Theunissen, W. Greve (1979) (eds.), *Materialen zur Philosophie S. Kierkegaards*, Frankfurt. — N. Viallaneix (1979), *Écoute, Kierkegaard. Essai sur la communication de la parole*, 2 vol., Paris. — H.-B. Vergote (1982), *Sens et répétition. Essai sur l'ironie kierkegaardienne*, 2 vol., Paris. — R. L. Perkins (ed.) (1984-), *International Kierkegaard Commentary* (24 vol.), Macon, Ga. — G. Pattison (1992), *Kierkegaard: The Aesthetic and the Religious*, Basingstocke. — J. Colette (1994), *Kierkegaard et la non-philosophie*, Paris.

Georges PATTISON

→ *Beleza; Fideísmo; Hegel; Kant; Linguagem teológica; Marx; Nietzsche; Racionalismo; Schelling; Schleiermacher.*

KUHN, João Evangelista → **Tübingen (escolas de)**

L

LAICIDADE → leigo/laicato

LATRÃO I (Concílio), 1123

Os três primeiros concílios* (c.) de Latrão estão em continuidade com a ação de Gregório VII (1073-1085): esforço para libertar a Igreja* de toda tutela leiga, em particular a do imperador germânico; desejo de reforma, do clero antes de tudo.

A querela dita das Investiduras encontraria uma solução sob o pontificado de Calisto II (1119-1124). O antipapa Gregório VIII foi preso e morreu em 1121. A concordata de Worms foi assinada no dia 23 de setembro de 1122: o imperador renunciaria à investidura dos prelados no plano espiritual (investidura "pelo báculo e pelo anel"); respeitaria a plena liberdade das eleições e das consagrações; restituiria as possessões da Santa Sé e os bens das outras Igrejas. O prelado eleito receberia do imperador, "pelo cetro", suas possessões do domínio temporal (*regalia*) e observaria os compromissos assim estabelecidos com relação ao soberano. Os acordos de Worms foram ratificados pelo "c. geral" reunido em Latrão de 19 a 27 de março de 1123, na presença de pelo menos duzentos bispos* ou abades. Os cân. 3, 4, 8 e 12 fazem alusão a essa questão.

No plano jurisdicional e disciplinar, Latrão I reforçou o poder episcopal em várias matérias: absolvição dos excomungados (cân. 2), instituição canônica e cargo pastoral nas igrejas servidas por monges (cân. 12). Ele proíbe a simonia — toda prática que consiste em dar ou receber um bem espiritual (p. ex., o sacramento* da ordem*) em troca de um bem temporal, em geral de dinheiro (cân. 1). Condenou todo salto de graus no acesso às ordens (cân. 6), assim como a coabitação dos clérigos com mulheres que não suas parentes próximas (cân. 7). Proibiu o matrimônio* aos clérigos* principais e lhes impôs a separação em caso de violação dessa lei* (cân. 21). Renovou as prescrições anteriores relativas à "paz*" e à "trégua" de Deus*, à segurança dos viajantes e dos peregrinos (cân. 14 e 15), ao estatuto dos cruzados, à proteção de suas famílias e de seus bens (cân. 10). O c. condenou também as uniões consanguíneas (cân. 9) e os fabricantes de moeda falsa (cân. 13).

Se c. anteriores (Clermont em 1095 ou Toulouse em 1119) inspiraram Latrão I, este c. serviria por sua vez de exemplo a numerosos sínodos* reformadores da Europa Ocidental. Além disso, os cân. 1, 4, 6, 9, 10, 15, 17, 18 e 20-22 foram integrados ao *Decreto de Graciano* (por volta de 1140).

- Atas: Mansi 21, 277-304; decretos: *COD*, 187-194 (*DCO* II;1, 409-425). — R. Foreville (1965), *Latrão I, II, III e IV, HCO*, 44-72 e 165-179. — G. Alberigo (sob a dir. de) (1990).

Jean LONGÈRE

→ *Clero/clericatura; Disciplina eclesiástica; Estruturas eclesiais; Igreja-Estado.*

LATRÃO II (Concílio), 1139

O II concílio* (c.) de Latrão foi, tal como o I, celebrado quando da extinção de um cisma*, o de Anacleto II (1130-1138). Convocado por Inocêncio II (1130-1143), ele reúne uma centena de participantes, principalmente da Europa Ocidental, de 2 a 9 de abril. Inocêncio II abre a assembleia com um discurso solene sobre a unidade* da Igreja; ele destituiu os partidários de Anacleto, entre os quais Pedro de Pisa (cân. 30), que no entanto foi religado depois de vários meses e defendido por Bernardo* de Claraval.

Os 30 cânones de Latrão II são mais elaborados do que os de Latrão I. Eles se apoiam com frequência nas Atas dos concílios de Clermont (1130) e de Pisa (1135).

É grande a insistência na disciplina* eclesiástica: são condenadas a simonia (cân. 1, 2, 24), a investidura leiga (cân. 25), a detenção de igrejas ou de dízimos por parte dos leigos*, a atribuição de cargos eclesiásticos a adolescentes ou a clérigos* que não tenham recebido as ordens exigidas (cân. 10). É proibido aos monges e cônegos o exercício com fins lucrativos das profissões de advogado e de médico (cân. 9). A vacância das sés episcopais não pode suplantar três meses (cân. 28). A decisão do c. de Pisa (1135) que declara nulo o matrimônio* contraído por um clérigo principal ou um monge é reiterada (cân. 6 e 7) e estendida às monjas (cân. 8). Proclamar nulo o matrimônio de um clérigo principal é uma medida de importância capital na legislação relativa ao celibato eclesiástico.

Por outro lado, o c. assume a defesa dos sacramentos* (corpo e sangue de Cristo* [eucaristia*], batismo* das crianças, sacerdócio*, matrimônio*) contra os heréticos, isto é, os cátaros (cân. 23). Ele alerta contra a "falsa penitência*", que consiste, p. ex., em arrepender-se tão somente de um de seus pecados* (cân. 22) e renova a proibição dos matrimônios consanguíneos.

No plano da moral social, ele deseja limitar a violência* exortando à trégua e à paz* de Deus* (cân. 11-12), reprova os torneios (cân. 14) e procede a várias condenações: as dos incêndios voluntários (cân. 18-19), da brutalidade com relação aos clérigos e da violação do direito de asilo (cân. 15), do emprego de armas mortais contra outros cristãos (cân. 29).

Quinze cânones de Latrão II figuram no *Decreto de Graciano*: 2, 4, 6, 7, 8, 10, 15, 16, 18, 19, 20, 22, 26, 27, 28.

* Atas: Mansi 21, 423-546; decretos: *COD*, 195-203 (*DCO* II/1, 427-445). — R. Foreville (1965), *Latran I, II, III et IV, HCO*, 73-95 e 180-194. — G. Alberigo (sob a dir. de) (1990), *Storia dei concili ecumenici*, Bréscia.

Jean LONGÈRE

→ *Catarismo; Cisma; Disciplina eclesiástica; Heresia; Latrão I (concílio); Unidade da Igreja.*

LATRÃO III (Concílio), 1179

No dia 7 de março de 1159, Roland Bandinelli é eleito papa sob o nome de Alexandre III; uma minoria pronunciou-se a favor de Otaviano, que Frederico Barba-Roxa reconhecerá no concílio de Pavia (1160) sob o nome de Vítor IV. Esse novo episódio da luta do Sacerdócio e do Império é marcado pelas incursões do imperador na Itália, pelos exílios do papa*, pelo apoio que lhe dá a maioria dos soberanos da Europa. A paz* celebrada em Veneza (julho de 1177) é uma vitória para o papado; o acordo prevê um concílio* geral de ratificação destinado a garantir a unidade* da Igreja, fortemente abalada há decênios pelos cismas* e por uma sucessão de antipapas. Aberto por um discurso de Rufino, bispo* de Assis, sobre o tema da universalidade e da unidade da Igreja em torno de Roma*, o III concílio* (c.) de Latrão se desenrola em três sessões de 5 a 19 de março. Ele reúne cerca de trezentos membros, entre os quais predominam os bispos da Itália, mas conta também com a presença de oito padres do Oriente latino e de representantes da Europa Central.

Para evitar os cismas devidos a eleições contestadas, decide-se que o soberano pontífice será designado por uma maioria de dois terços (cân. 1), princípio que passa a ser seguido desde então; de igual modo, as nomeações feitas pelos "heresiarcas" (antipapas) são declaradas nulas (cân. 2). A decisão da maioria e dos mais velhos se aplica a toda eleição (cân. 16).

No plano doutrinal, Latrão III examinou opiniões cristológicas atribuídas a Pedro Lombardo, que lecionara em Paris antes de tornar-se seu bispo (1158-1160, escolástica*). Ele era censurado por suas concepções relativas à humanidade de Cristo*: enquanto homem, Cristo "não era uma coisa"; alguns concluíam daí "que ele não era nada", o que valia o nome de "niilismo cristológico" a essa curiosa posição que, segundo se julga hoje, é sobretudo de inspiração abelardiana (Abelardo*). Alguns adversários de Lombardo e o próprio Alexandre III julgaram às vezes com severidade seu ensinamento cristológico. Mas eram numerosos os Padres, ligados à sua pessoa e ao seu pensamento, que não desejavam que sua memória fosse atingida por qualquer sentença de reprovação. E o c. não tomou nenhuma decisão dogmática contra ele.

Sem precisar os erros incriminados, Latrão III condena os cátaros (catarismo*), aqueles que os protegem e, da mesma forma, bandos armados que "destroem e devastam tudo". Contra eles, é permitido pegar em armas (cân. 27). Dois cânones regulam e limitam as relações dos cristãos com os judeus e os sarracenos (cân. 24, 26). O c. quis também ampliar o acesso ao saber: assim, cada catedral passa a ser obrigada a proporcionar um benefício ao mestre a fim de que ele possa lecionar gratuitamente; o c. exige que a autorização de ensinar (*licentia docendi*, cân. 18) seja entregue gratuitamente.

Latrão III contribuiu muito para tornar incontestável o direito de controle do bispo sobre o conjunto dos padres de sua diocese. Ele procurou preservar o patrimônio das igrejas (cân. 4, 9, 14, 15, 17), proibiu o acúmulo dos benefícios e a não residência (cân. 13, 14), tendo concedido aos leprosos um sacerdote* e uma capela (cân. 23).

As obras de teologia* moral do final do século divulgarão em parte o ensinamento de Latrão III. De maneira especial, seus 27 cânones serão inseridos nas coleções das decretais papais (*Compilationes* 1-5) no final do s. XII e no começo do s. XIII. Todos eles figuram na coletânea das *Decretais* de Gregório IX (1234).

• Atas: Mansi 22, 209-468; decretos: *COD*, 205-225 (*DCO* II/1, 447-485). — R. Foreville (1965), *Latran I, II, III et IV, HCO*, 116-158 e 210-223). — J. Longère (sob a dir. de) (1982), *Le troisième c. du Latran (1179). Sa place dans l'histoire*. Comunicações apresentadas à Mesa Redonda do CNRS no dia 26 de abril de 1980, Paris. — G. Alberigo (sob a dir. de) (1990), *Storia dei concili ecumenici*, Bréscia.

Jean LONGÈRE

→ *Cisma; clero/clericatura; Cristo/cristologia; Disciplina eclesiástica; Estruturas eclesiais; Igreja-Estado.*

LATRÃO IV (Concílio), 1215

Em seguida à queda de Jerusalém* (1187), o papa* conseguiu que os soberanos do Ocidente suspendessem suas querelas e acorressem em auxílio do Oriente. A terceira cruzada, um semissucesso, desemboca na tomada de Saint-Jean-d'Acre (1189). Desejada por Inocêncio III (1198-1216), a quarta cruzada foi desviada para Constantinopla, com fins puramente políticos, apesar da oposição do papa; este pensou durante certo tempo, equivocadamente, que essa situação poderia favorecer a união dos gregos e dos latinos e a retomada da cruzada em bases melhores.

No Ocidente, continuam os conflitos entre a França e a Inglaterra, o imperador da Alemanha e a Itália meridional. A heresia* cátara assola o sudoeste da França; ao sul dos Pireneus, a reconquista marca pontos com a vitória de Las Navas de Tolosa (1212). Em Paris, em torno de Notre-Dame, que está sendo construída, a atividade teológica é intensa: ela tem finalidade pastoral, insiste-se aí nos sete sacramentos*, sendo estabelecida a obrigação de pregar para os mestres das faculdades. Foi em Paris, depois em Bolonha, que o futuro Inocêncio III se formou. Por volta de 1205, o bispo de Paris Eudes de Sully promulga estatutos sinodais cujos vários cânones inspirarão Latrão IV e que, tomados em conjunto, orientarão toda a legislação sinodal das dioceses da Europa no s. XIII. A partir de 1206, Domingos prega, sozinho ou com alguns companheiros, nos países tomados do catarismo*. No mesmo ano, Francisco de Assis se despoja de seus bens e parte para Gubbio; os primeiros frades reúnem-se a ele em 1208.

A personalidade de Inocêncio III marca fortemente o governo* da Igreja. Apesar das derrotas e dos desvios, ele nunca abandonou a ideia de cruzada. Ele pensa que o desenvolvimento da heresia cátara deve muito à decadência geral dos costumes, à passividade pastoral dos clérigos e a seu espírito de lucro, em particular entre os prelados.

No dia 19 de abril de 1213, ele lança a bula de convocação do IV concílio* (c.) de Latrão e, ao mesmo tempo, a de indicção da cruzada, sobre a qual reivindica a responsabilidade a fim de evitar toda distorção para fins propriamente temporais.

A afluência ao c. (novembro de 1215) é considerável e suplanta em muito, em termos de número e representatividade, a dos três c. anteriores: ao menos quatrocentos padres estão presentes, entre os quais vários do Oriente latino. Os superiores de ordens, os abades, os enviados das igrejas catedrais ou dos colegiados acorrem em profusão. Todos os soberanos do Ocidente enviam delegados.

Latrão IV tem início com um cânon, *Da Fé Católica*, amiúde designado por sua primeira palavra, *Firmiter*. Ele retoma assim as preocupações dogmáticas próprias dos primeiros concílios ecumênicos. Esse cânon tem três partes. A primeira aborda a Trindade* e a criação*. A segunda tem como temas os mistérios da encarnação* e da redenção; ela insiste no juízo* e nas sanções escatológicas (escatologia*). A terceira parte é dedicada à Igreja* e a questões de teologia sacramental: sobre a eucaristia*, o batismo*, a penitência*.

Sem nomeá-los, o cân. 1 designa os cátaros e os valdenses*. Ele alude aos primeiros afirmando a bondade de toda a criação: os demônios* criados bons se tornaram maus por sua falta e arrastam o homem atrás de si (liberdade*). E alude aos últimos quando declara ser o sacerdote* o único ministro da eucaristia, e o batismo como necessário à salvação* tanto das crianças como dos adultos. O cân. 3, sobre os pregadores sem missão, entre outros pregadores itinerantes, visa também aos valdenses.

A acusação de triteísmo* foi levantada durante o c. contra Joaquim de Fiore (†1202), a propósito de uma obra perdida na qual atacava Pedro Lombardo. Mas o pensamento do Abade de Fiori, no resto de sua obra, é sempre ortodoxo no que se refere à unidade divina. Foi sobretudo por ter enfrentado Pedro Lombardo que Joaquim de Fiore (milenarismo B*) foi condenado por Latrão IV (cân. 2), sentença que representaria um duro golpe à sua memória, muito embora o c. tenha reconhecido a sua fidelidade à Igreja, e Honório III tenha falado em favor de sua pessoa e de sua ordem (dez. 1220).

O cân. 2 "reprova e condena a crença extravagante do ímpio Amaury". Ele não relata nenhuma heresia de Amaury de Bène, sem dúvida por causa da notoriedade do anátema do c. de Paris (1210), que proibiu o ensinamento dos livros de filosofia natural de Aristóteles.

O c. trata também de todos os sacramentos*, exceto da confirmação*. Além do posicionamento em favor do batismo das crianças (cân. 1), ele proíbe toda reiteração — isso contra os gregos, que tiveram "a temeridade de fazê-lo" (cân. 3).

A decisão mais célebre (cân. 21) diz respeito à obrigação de confessar-se ao menos uma vez por ano ao seu pároco e de receber a eucaristia na Páscoa*, exigências que muitos fiéis seguirão até o s. XX. O mesmo cânon exorta o confessor ao discernimento, à prudência* pastoral e ao estrito respeito ao segredo sacramental. Padres e fiéis devem testemunhar uma grande deferência com relação à eucaristia (cân. 19-20). O c. autentica o verbo *transsubstantiare* para qualificar a conversão do pão e do vinho em corpo e sangue de Cristo*: um termo recente, utilizado e discutido pelos teólogos a partir de meados do s. XII, cunhado independentemente de toda influência aristotélica, e que desde então fará parte do vocabulário dogmático*.

Por preocupação pastoral, restringem-se os impedimentos do matrimônio* por consanguinidade (cân. 50); por desejo de salvaguardar a liberdade dos esposos e a unidade do casal, os matrimônios clandestinos são condenados (cân. 51).

O c. interessou-se igualmente pelo governo* da Igreja e pela vida dos clérigos. A diversidade dos ritos e das línguas para um mesmo lugar é admitida sob a responsabilidade de um único bispo* (cân. 9). São instituídos pregadores para ajudar os ordinários em sua tarefa de ensinar (cân. 10), instituem-se também mestres, que em cada catedral formarão os clérigos (cân. 11; cf. Latrão III*, cân. 18). Os monges terão capítulos gerais a cada três anos (cân. 12). A proibição de ordens novas (cân. 13) não conseguirá frear a eclosão de novas famílias religiosas, mas a obrigação de escolher uma regra existente conduzirá os irmãos pregadores a assumir a Regra de Santo Agostinho* e a ser considerados cônegos.

Latrão IV procura consolidar a dignidade do estado clerical: ele condena o não respeito pela castidade e faz acompanhar a condenação de pesadas sanções. Várias interdições são feitas aos clérigos (cân. 14-18). Latrão IV denuncia de novo toda forma de simonia ou de cupidez da parte destes (cân. 62-66). Positivamente, ele lhes faz várias recomendações: simplicidade de vestimentas, digna celebração dos ofícios, atenção à limpeza das igrejas, à conservação do santo crisma e da eucaristia, à escolha e à veneração das relíquias* (cân. 16, 17, 19, 20, 62).

Se o c. reconhece os patriarcados* do Oriente e o lugar eminente de Constantinopla, depois de Roma*, sua concepção centralizada e piramidal da Igreja é completamente estranha à ortodoxia* (cân. 5).

Por fim, a constituição "Para Libertar a Terra Santa" (14 de dez. de 1215, cân. 71) mobiliza as pessoas e os recursos, fixa os tempos e lugares de reunião, precisa as medidas de proteção que envolvem toda cruzada, promulga uma paz* de quatro anos para reservar todas as forças para a expedição. Ela renova a indulgência* de cruzada. Inocêncio III morre, tendo no máximo 56 anos, no dia 16 de julho de 1216, antes da partida para o Oriente fixada para o dia 1º de junho de 1217. A quinta cruzada verá a tomada (1218-1219) e a perda (1221) de Damiette.

Todos os cân. de Latrão IV, exceto o cân. 71, foram integrados às *Decretais* de Gregório IX (1234).

• Atas: Mansi 22, 953-1086; decretos: *COD*, 227-271 (*DCO* II/1, 487-577). — R. Foreville (1965),

Latran I, II, III et IV, HCO, 227-386. — G. Alberigo (sob a dir. de) (1990), *Storia dei concili ecumenici*, Bréscia.

Jean LONGÈRE

→ *Clero/clericatura; Escolástica; Estruturas eclesiais; Hierarquia; Matrimônio; Ministérios; Penitência.*

LATRÃO V (Concílio), 1512-1517

O V concílio (c.) de Latrão foi celebrado em Roma de 3 de maio de 1512 a 16 de março de 1517, sob os pontificados de Júlio II e de Leão X. Seu contexto é essencialmente político: tratava-se de opor-se às intrigas do rei da França, Luís XII. Com efeito, este último, para assegurar suas possessões territoriais na Itália, conseguira reunir em Pisa, depois em Milão, uma pequena assembleia eclesiástica, qualificada de "conciliábulo" pelos partidários do papa*. Ainda que sua legitimidade não seja em absoluto questionada, os historiadores foram severos para com Latrão V, dito "rascunho do c. de Trento" ou ainda "c. de veleidosos". Erasmo* chegou a perguntar se se podia verdadeiramente falar de um c.!

Embora se tenham recordado sem cessar, durante as deliberações, os três objetivos atribuídos ao c. — obter a paz* na Europa, empreender a reforma "na cabeça e nos membros" e decidir a cruzada contra os turcos —, foram por certo os projetos de reforma da Igreja* que ocuparam a maior parte do c., tanto em sua preparação como em seu desenrolar.

A assembleia reunida em Burgos em novembro de 1511 pelo rei Fernando de Aragão, o *Libellus* dos dois camáldulos venezianos Paulo Giustiniani e Pedro Quirini, ou ainda os grandes discursos pronunciados no c. por Gilles de Viterbo, Cajetano, Pucci e outros (Minnich, 1993, IV), ou, por fim, pouco antes da última sessão, o *De reformandis moribus* de Jean-François Pico de la Mirândola — tudo isso abre caminhos dos quais Trento saberá beneficiar-se. Mas é verdade que mesmo a contribuição teológica de Latrão V parece ser ditada mais pela urgência ou pela atualidade — p. ex. a legislação sobre os penhores — do que pela ampla visão que teria sido necessária.

a) A eclesiologia. — O c. quis em primeiro lugar reagir às tendências próximas do conciliarismo* ou do galicanismo* que a reunião de Pisa-Milão explorara. Sua vitória sobre a reunião cismática é em si mesma uma afirmação da eclesiologia* pontifical, determinada na 11ª sessão (1516): "O papa tem autoridade* sobre todos os c.; ele tem portanto pleno poder de convocá-los, de adiá-los e de dissolvê-los" (Mansi, 32, 967). A doutrina eclesiológica do c. inspira-se na que lhe foi proposta pelo dominicano Cajetano (tomismo*) desde o dia 17 de maio de 1513 (Mansi, 32, 719-727), e que se pôde qualificar de "curialista" (La Brosse, 1975, 92). A estrutura monárquica da Igreja* visível é claramente afirmada nesse contexto — uma monarquia que deseja imitar o único Senhor Jesus Cristo que reina sobre a Jerusalém* celeste.

Nessa perspectiva, o c. não legislou especialmente sobre as responsabilidades dos bispos*, tendo se contentado em reafirmar a dignidade destes e sua necessária independência com respeito aos poderes seculares. O c. considerou também suas relações com os religiosos; mas os problemas pastorais suscitados pela isenção da jurisdição* episcopal, privilégio dos regulares, foram regulamentados de maneira muito mais prática do que teórica.

Já realizada desde o s. XIII, a união dos cristãos maronitas com Roma*, negociada a partir de 1514, constituiu o objeto de um reconhecimento oficial. Ela foi um dos sucessos do papado homologados pelo c. e contribuiu para o prestígio do pontífice; a conclusão de uma concordata com a França foi um sucesso desse tipo.

b) A obra doutrinal. — Leão X renunciou a levar à discussão do c. a delicada questão da Imaculada Concepção da Virgem Maria* e se ateve às constituições de Sisto IV (1477 e 1483).

Contra a escola averroísta de Pádua, representada por Pomponazzi (1462-1525, professor em Bolonha na época do c.), que considerava, contrariamente a Tomás* de Aquino, que a doutrina cristã da imortalidade da alma* não podia ser defendida em termos filosóficos (i.e., nos termos de Aristóteles), Latrão V recordou as decisões do c. de Vienne* (1312) e reafirmou a doutrina da alma como forma do corpo*, imortal e infundida individualmente na multiplicidade dos corpos (bula *Apostolici regiminis* de

1513, Mansi, 32, 842); o c. refutou ao mesmo tempo a tese averroísta segundo a qual existe um intelecto único para todos os homens (o próprio Pomponazzi se opunha a essa tese). O texto continua exortando os "filósofos cristãos" a combater os argumentos em favor da mortalidade da alma ou da unicidade da alma intelectiva em todos os homens, e condenando a ideia de "dupla verdade*": "toda asserção contrária à verdade de fé é falsa", pois "o verdadeiro não pode ser contrário ao verdadeiro".

O decreto conciliar obrigou Pomponazzi a retratar-se, o que ele fez em 1518, mas isso não encerrou a controvérsia que confrontou, acerca da interpretação do texto, teólogos como Spina, Javelli, Contarini, Nifo. *Apostolici regiminis* previa que os clérigos* não poderiam estudar filosofia* nem letras sem ter previamente se formado em teologia*. Latrão assumia, pois, uma atitude desconfiada com relação ao humanismo*, mesmo cristão.

c) O concílio e o humanismo. — No entanto, havia no c. humanistas de talento como Gilles de Viterbo, o grego Alexis Celadoni, o astrônomo Paul de Middelbourg ou o próprio Cajetano. Latrão V é contemporâneo do "caso Reuchlin", humanista alemão censurado por preconizar aos cristãos o estudo dos livros judaicos. Esse é o motivo pelo qual a const. *Inter sollicitudines* de 4 de maio de 1515 (Mansi, 32, 912-913), embora felicitando-se pela invenção da imprensa, "dom da Providência*", prevê os seus perigos para a fé* e os bons costumes, e organiza uma censura prévia à impressão dos livros.

Em sua última sessão, o c. votou um texto sobre o dever e a importância da pregação* na Igreja, alertando contra os sermões escandalosos. Menos de um ano mais tarde, Lutero* se opunha às indulgências*, primeiro passo rumo a um protestantismo* que pretende fundar-se na pregação da "pura palavra* de Deus".

• Mansi 32, 665-1002; *COD* 593-655 (*DCO* II/1, 1211-1338). — P. Pomponazzi (1516), *Tractatus de immortalitate animae*, Bolonha. — O. de La Brosse et al. (1975), *Latran V et Trente, HCO* 10, Paris. — É. Gilson (1986), *Humanisme et renaissance*, Paris. — N. H. Minnich (1993), *The Fifth Lateran Council (1512-1517)*, Aldershot.

Guy BEDOUELLE

→ *Conciliarismo; Filosofia; Galicanismo; Humanismo cristão; Trento (concílio); Verdade.*

LEÃO MAGNO → **Calcedônia (concílio)** 1. b

LEGÍTIMA DEFESA

A questão de saber se se justifica moralmente matar para defender-se é uma questão moral importante em si mesma, e a resposta dada a ela é determinante para a ética* da guerra*. Acaso é só a justiça* que permite infligir a morte* ou há um direito de legítima defesa (l.d.) que é a justificação mais fundamental da guerra? Das origens aos nossos dias, a concepção cristã da l.d. mudou.

A reação de Tertuliano*, que se atém a textos como Mt 5,39 e 26,52, é típica dos Padres*. Ele pensa que os cristãos devem antes se deixar matar do que matar, e que não devem se vingar dos males que lhes são feitos, mesmo diante de um tribunal (CChr.SL 1, 148, 2, 1 056). Nada no mundo, nem mesmo salvar a própria vida, pode justificar que a pessoa se macule com um assassinato.

Ambrósio* e Agostinho* estão de acordo nesse ponto, sem ser tão radicalmente opostos à guerra como Tertuliano. Segundo Ambrósio, não é legítimo que um sábio salve sua vida no curso de um naufrágio em detrimento de um marinheiro ignorante; por analogia, não é mais legítimo salvar a própria vida em detrimento da de um agressor (*De officiis* [CUFr] III, IV, 27). Para Ambrósio e para Agostinho, que o segue nesse ponto, a necessidade de se defender não justifica o assassinato. "Matar homens", diz Agostinho, "para que eles não matem outros, eis o que não posso admitir, a menos que o executor seja soldado ou funcionário, legitimamente habilitado a fazê-lo, e que não aja por sua conta, mas para os outros" (*Ep.* 47).

A tradição muda com Tomás* de Aquino, que considera legítimo que se use a força contra um agressor injusto para salvar a própria vida (*ST* IIa IIae, q. 64, a 7). É ao abordar esse problema que ele formula a doutrina do "duplo efeito" ou da "dupla intenção*". Lutero*, pelo contrário,

dirá claramente que "nenhum cristão tirará a espada nem se utilizará dela em favor de si e por sua causa" (*WA* 11, 267). A manutenção da ordem e a guerra dependem exclusivamente da autoridade* pública.

A Contrarreforma precisou e sistematizou a autorização dada por Tomás. Ao lado de muitos outros, Vitoria (*c.* de 1485-1546) considera a l.d. uma espécie de guerra privada (*bellum privatum*) e utiliza as discussões dos escolásticos* sobre o que pode justificar que uma pessoa se defenda em caso de agressão (*De iure belli* 1, 2). Alguns só admitiam a l.d. em casos de urgência, para salvar a própria vida, enquanto outros a estendiam à defesa da honra e dos bens. Vitoria pensa que um indivíduo pode legitimamente declarar uma "guerra privada", mas apenas para defender-se e no arrebatamento da ação. Não se pode travar uma guerra privada para vingar-se ou punir, enquanto essas são razões que um Estado* pode invocar para declarar a guerra, mesmo que seu objetivo imediato seja o de defender-se. Para Suárez*, do mesmo modo, só a necessidade de defender a própria vida e os próprios bens autoriza a l.d., não sendo questão de estender esse direito ao duelo. Defender deliberadamente a própria honra colocando-se na situação de matar o adversário nada tem de comparável com o fato de defender-se de uma agressão real. Ser desafiado para um duelo não é uma agressão (*De bello*, diss. XIII, 9, in *De fide, spe et caritate*).

Segundo Grotius (1583-1645), a l.d. só é admissível contra um agressor efetivo. O perigo deve ser imediato e indubitável. O próprio agressor pode não ter nada a censurar-se quando se trata "por exemplo, de um soldado agindo de boa-fé ou alguém que toma você por outro", mas isso não abole o direito de l.d. Contudo, Grotius não chega ao ponto de permitir que se mate um inocente que atrapalhe a sua fuga. Evidentemente, isso seria compreensível "se se levasse em conta tão somente a natureza", mas a lei* do Evangelho não autoriza o assassinato do inocente (II, 1, 3-5).

Quando no s. XVII a doutrina dos direitos do homem substituiu a tradição clássica da lei natural, a l.d. substituiu a justiça como razão fundamental da guerra, p. ex. em S. Pufendorf (1632-1694) ou E. de Vattel (1714-1767). Para este último, todos os homens e todos os Estados têm um direito absoluto ao que é necessário à sua conservação. Esse ponto de vista se impôs pouco a pouco, sendo pressuposto, p. ex., no ensinamento de João XXIII sobre a guerra: esta não é mais considerada um instrumento adaptado ao restabelecimento da justiça; não pode, pois, continuar a haver uma guerra de reconquista ou de represálias, só pode haver guerras defensivas (*Pacem in terris* 127). De igual modo, a Carta das Nações Unidas fala do direito natural de l.d., individual ou coletiva, contra um ataque armado (art. 51). O pensamento moral assumiu assim uma direção totalmente diversa daquela seguida por Ambrósio e Agostinho.

- H. Grotius, *De iure belli ac pacis*, ed. W. Whewell, Cambridge, 1853. — M. Lutero, *Von weltlicher Obrigkeit*, *WA* 11, 245-280. — João XXIII, *Pacem in terris*, *AAS* 55, 257-304. — E. de Vattel, *Le droit des gens, ou Principes de la loi naturelle appliquée à la conduite et aux affaires des nations et des souverains*, Londres, 1758. — F. de Vitoria, *Relectio de iure belli*, ed. L. G. Alonso Gatino, Madri, 1933-1936.

▶ G. Fletcher (2003), "Legítima defesa", *DEFM*, v. 2, 27-30.

David ATTWOOD

→ *Amor; Guerra; Intenção; Violência.*

LEI

A. Teologia bíblica

Toda interpretação da lei (l.) de Deus no âmbito da teologia* cristã deve em princípio referir-se ao ensinamento de Jesus*. Mas se cada um dos escritos do NT pretende de fato transmitir esse ensinamento, isso é feito mediante a sua interpretação para uma comunidade concreta. Para recuperar o pensamento de Jesus numa tal discordância, a pesquisa moderna hesita (Marguerat, 1991, 57-58). Se ele recusou claramente a l. de Moisés, como é o pensamento de alguns, é Mateus quem judaíza. Inversamente, se ele nunca ab-rogou a l., foi Paulo quem teria traído. Mas estão os termos do debate bem formulados? O ensinamento de Paulo referente

à l. se funda na cruz que abre os tempos messiânicos. Ele enfatiza o que é novo, e a novidade é tal que sua posição não oferece nada que possa esclarecer o comportamento pessoal de Jesus. De resto, os discípulos de Jesus não teriam estado mais dispostos a preconizar uma radical mudança do regime da l. se o Mestre os tivesse encorajado a fazê-lo mediante a sua própria prática? Por outro lado, ninguém acusou Jesus, durante o seu processo, de ter transgredido a l. Constatamos que, ao falar da l., o NT faz em geral referência à *Tôrâh* (T.) judaica. Por conseguinte, só se pode chegar a uma visão coerente por meio de um estudo de conjunto desta última.

I. A lei no Antigo Testamento

1. O vocabulário

Na origem, cada um dos diferentes nomes da l. remete à autoridade* particular de que ela emana: aos sacerdotes para *tôrâh* e '*edoût*, aos juízes para *mishepat*, ao rei para *hôq* e *miçewâh*... Mais tarde, o salmista se comprazerá em meditar amorosamente todos os nomes da l. para afirmar a sua unidade e dela fazer viver todo um povo*.

— *T.* designa primitivamente um oráculo obtido por um sacerdote, após consulta, para decidir acerca de um ponto contestado (Os 4,6; Is 8,20). No Dt, a palavra designará uma compilação da l. Os LXX traduziram por *nomos*, um equivalente mais do que uma tradução. — '*Edoût* é uma resposta obtida do Deus* que se encontra sobre a Arca (Ex 25,22). O plural designa as prescrições do Deus da aliança* (Dt 4,45). As estipulações dos tratados de aliança no Oriente Próximo são de resto denominadas '*adey*' em aramaico — *Mishepât* significa primordialmente a arbitragem para restabelecer a paz* num clã. Em Israel*, a prosperidade do Estado* dependerá do respeito pelo rei do *mishepât*, vinculado com Moisés (Ex 21,1ss) e com o Deus do Sinai. — *Hôq* é um decreto real. 1Rs 3,3 fala das *houqqôt* de Davi, e Miqueias das de Omri (6,16). Diz-se de Moisés, como de um rei, que deu a Israel um *hôq* (Ex 13,10; 15,25). Em Ex 18,16.20, o termo não designa senão leis escritas. — *Miçewâh*: ordem real. Abimélek (Gn 26,11) ou Faraó (Gn 47,11), Davi (1Rs 2,1.43) dão ordens. Deus impõe suas *miçewôt* (Gn 2,16; 3,11;

1Sm 13,13; 1Rs 13,21…). Os LXX traduziram em geral por *entolè*. — Os *devârim* são as palavras do código de Ex 34 e os dez mandamentos* do decálogo* (Ex 20,1 e Dt 5,22). No Dt, o singular designará por fim a "palavra* de Deus".

Por meio desses diversos aspectos, o que se impõe é a unidade da l. Deus está em sua origem. A Bíblia*, ao contrário dos códigos do Oriente Próximo, não reuniu suas l. sob o nome de seus reis; o direito* vem de Deus por intermédio de Moisés: assim o deseja a fé* de Israel.

2. Os conjuntos legislativos

Segundo recente pesquisa (Crüsemann, 1990), as l. agrupadas no Pentateuco seriam aquelas que foram promulgadas sob a autoridade do rei persa para ser a l. de Israel no retorno do exílio. Esse conjunto é formado de duas grandes tradições*, o Dt e o escrito sacerdotal, que até então estavam em concorrência. A união de l. e de narrações* que estrutura a T. estimula a prática atual dos mandamentos ilustrando-os pelos exemplos dos pais. Ao lado de códigos aplicáveis na Judeia, as histórias patriarcais propõem também uma vida judaica mais praticável pela diáspora oriental.

As partes legislativas compreendem em primeiro lugar as l. agrupadas em torno do Sinai (Ex 20,1 — Nm 28,1–30,17). Além do decálogo, distinguem-se aí: o código da aliança (Ex 20,22–23,19), o código deuteronômico (Dt 12–26), a l. de santidade* (Lv 17–26). Vem em seguida o testamento de Moisés (Dt 4,45–30,20).

O código da aliança é sem dúvida o mais antigo. Ele precisa as consequências da fé no Deus único para a vida concreta. — O código deuteronômico propõe um programa exigente: um único Deus, um único santuário, um único povo, uma única l. Ele é feito de uma compilação de prescrições amiúde retomadas do código da aliança (p. ex., Dt 15,1-11 e Ex 23,10ss; Dt 15,12-18 e Ex 21,2-11; Dt 15,19-23 e Ex 22,28ss), mas com fórmulas e um espírito novos. Uma de suas características é a preocupação com o outro, próximo ou estranho (15,12-18; 24,6.10-13,17-22 etc.). — A l. de santidade interessa-se pelos ritos e pelo sacerdócio*, mas também pelo matrimônio* e pela sexualidade (ética sexual*). Javé exorta Israel a revelar sua santidade ao mundo* por sua prática da T. Observar-se-ão os paralelos com o código deuteronômico (p. ex., Lv 19,26 e Dt 18,10; Lv 19,27ss e Dt 14,1; Lv 19,29 e Dt 23,18), com uma atenção ao pobre e ao imigrado.

3. As formas da lei

As l. *apodíticas* são puramente imperativas: sentenças breves, sancionadas pela morte*, em Ex 21,12.15-17; crimes submetidos à maldição em Dt 27,15-26; interditos sexuais em Lv 18,7-17. Dt 27,1-11 dá-nos o contexto dessas l.: uma festa solene em que todos reafirmavam as cláusulas da aliança. Essa formulação é especificamente israelita e antiga. — As l. *casuísticas* têm por esquema a exposição de um caso ("se…"), seguida da decisão ("então…"). Os códigos do Oriente Próximo revelaram l. muito semelhantes a estas últimas.

II. A **Tôrâh** *no mundo judaico*

Antes de 70, o mundo judaico é multiforme. Conhecemos bem os judeus de Qumran (sem dúvida essênios), em virtude da descoberta de sua biblioteca (a partir de 1947), e os fariseus, cuja literatura rabínica transmite a tradição. Dos saduceus, igualmente importantes, sabemos poucas coisas.

1. A Tôrâh *dos fariseus*

Desde a aceitação da T. no Sinai no quadro da aliança, cada israelita deve confessar a soberania de Deus sobre a terra, atribuir a ele "o jugo do Reino* dos céus", entrar na prática concreta de toda a T., atribuir a ele "o jugo dos mandamentos".

a) Tôrâh *escrita e oral*. — A T. dá apenas princípios gerais: é necessário precisá-la; ela comporta contradições: é necessário conciliá-las; por fim, por mais perfeita que seja, ela não pode regular a vida de uma vez por todas: a necessidade de atualização é permanente. Os fariseus não hesitam em dizer que "Moisés recebeu" no Sinai "duas T." (*TB Shab.* 31 a; *TJ*

Péah 2, 6, 17a), uma escrita e outra oral, que se encontram em viva complementaridade. Assim, os mestres asseguram, pelo debate e pelo voto majoritário, a responsabilidade de dizer aqui e agora a prática para Israel.

b) *A* Tôrâh *nos dias do Messias.* — O Messias* será um novo Moisés, mas as fontes judaicas afastam a ideia de uma mudança radical da T. Sobre o seu estatuto nos tempos* messiânicos, a tradição dá duas respostas: 1/ uma radicalização: a compreensão e a observância da T. serão perfeitas; 2/ uma renovação mística*, pois um preceito* não pode em absoluto ser o mesmo quando o homem luta contra o mal* ou quando a T., presente em seu coração*, é praticada em liberdade*.

2. *A* Tôrâh *em Qumran*

A Regra (1QS) afirma que todo noviço deve jurar "voltar à l. de Moisés" segundo "tudo o que dela foi revelado aos filhos de Sadoq" (5,8-9; cf. CD 6, 18s). A l. será reescrita, a fim de tornar-se um código mais atual e mais coerente. Assim, o "Rolo do Templo*" (11QT) promulga l. novas para Israel sob a própria autoridade de Deus. O *Livro dos Jubilados* reescreve Gn e Ex, embora proclamando o "estatuto perpétuo" da T. Em Qumran, a l. é também interpretada em vista da prática, de que dá testemunho, p. ex., 4QMMT (cf. *DJD* X,5): os sadocitas censuram os sacerdotes de Jerusalém* por abandonar, sob a influência dos fariseus, as regras de pureza* do Templo em mais de vinte casos precisos.

3. *Os saduceus*

Este grupo venera primordialmente a T. mas sem rejeitar profetas* e salmos*. Sua exegese* é literal: a T. é clara por si mesma. Com os fariseus, a disputa baseia-se no conteúdo, mas mais ainda na autoridade e na obrigação da tradição.

III. A lei no Novo Testamento

1. *Paulo e a lei*

Em Paulo, *nomos* significa em geral a l. de Moisés. Mas o termo nunca é definido (em nenhum momento l. morais e l. rituais são distinguidas): supunha-se, portanto, que os des-

tinatários imediatos fossem competentes para perceber as variações de sua significação.

a) *Impotência e necessidade da lei.* — A l. não pode salvar. Para Paulo, tal como para todo judeu, só Deus salva o homem. Um judeu deve praticar "toda a l.", mas sabe que nunca pode chegar a fazê-lo, existindo os dias de penitência* para recordá-lo disso. Paulo parte dessa fé, que ele radicaliza (Gl 3,10; Rm 2,17-24; 3,19-23; 8,7s), e passa do fato à afirmação de princípio; ele compreendeu mediante sua experiência* de Cristo este paradoxo: em seu esforço para tornar-se justo diante de Deus, ele se tornava "inimigo de Deus", recusando a dependência que é a verdade* da criatura e a glória* do Criador. A essa luz, Paulo releu toda a história* de seu povo e compreendeu o perigo que o ameaçava. Por outro lado, ao manifestar ao homem seu pecado* (Rm 7,7-10), a l. é seu "pedagogo" (Gl 3,23ss); ela lhe revela sua verdade e o abre à espera de um Salvador (Rm 8,1-4).

b) *"O fim da lei é Cristo" (Rm 10,4).* — À luz da relação AT/NT (1Cor 10,1-11), todos os eventos em que a l. está presente devem ser compreendidos como manifestação de Cristo*. Em Rm 10,5, é preciso ir ao fim do raciocínio: o homem não vive senão por Cristo, portanto a justiça* que vem da l., de que fala Moisés, vem hoje de Cristo. O comentário que Rm 10,6ss oferece de Dt 30,12ss o confirma: só o Cristo "descido do céu" e "elevado do abismo" dá essa justiça que o AT anunciava.

c) *Os tempos messiânicos do Espírito.* — Jesus inaugura os tempos messiânicos. Para Paulo, a l. é interiorizada e, no Espírito*, cada um pratica toda a l.: trata-se da "l. de Cristo". Deixar-se conformar a Cristo, eis a "l. do Espírito": foi o que Paulo fez (1Cor 9,21) e ensinou (Fl 2,5-8); é isso o que oferece o batismo* (Rm 6,1-11). Paulo vê o cumprimento* da l. no amor*, cujo mandamento ele pode a partir de então enunciar com toda segurança (Rm 13,8ss; Gl 5,14).

2. *Mateus e a lei*

Único dos sinóticos a fazê-lo, Mt torna a l. um tema central.

a) Jesus e Moisés. — Moisés, no Sinai, recebeu toda a *T.* (cf. *Abot* I, 1): era a fé tradicional dos fariseus. "Tudo me foi transmitido por meu Pai*" (Mt 11,27) é a sua transposição para Cristo. Para Mt, é preciso entrar na escola de Jesus pois a l. de Moisés aí encontra a sua plenitude (11,28-31): é o plano de Deus (11,26). Jesus se apresenta como tendo autoridade sobre a l. (7,29), residindo nesse contexto uma radical novidade. Jesus, novo Moisés, recebeu a autoridade do Pai*. Ele tem o poder de ordenar a seus apóstolos* que façam discípulos (cf. *Abot* I, 2), mas que sejam de todas as nações; ele lhes ordena também que transmitam a T. (cf. *ibid.*), mas tal como a receberam dele; ele tem igualmente o direito de assegurar, por fim, que é para sempre o único "Mestre" (Mt 28,18ss).

b) Cumprimento. — Jesus veio cumprir toda a T. (5,17), em primeiro lugar por sua interpretação; por sua vida e sua Páscoa* também; finalmente, pela inauguração dos tempos messiânicos. O cristão deve investir toda a sua vida na fidelidade à T. (6,33), numa "justiça perfeita" (5,20). Trata-se primordialmente de um chamado a seguir Cristo; assim a felicidade do Reino é assegurada (5,6.10). O cumprimento* vai até a radicalização da l.: Jesus chama a "fazer mais" do que os fariseus (5,20) nesses dias que são os do Messias. As duas últimas "antíteses" do sermão da montanha (5,38-48) mostram que esse "mais" é o amor*, que pode conduzir à própria transgressão da l. (Mt 12,15-22; 15,1-20). Jesus exorta a transcender toda hipocrisia (Mt 23), para chegar à conversão* do coração*. Ele restaura a meta primeira da l.: o direito* e a misericórdia* (9,13; 12,7). Imitar Deus é o motivo último que ele propõe.

3. A Epístola de Tiago e a lei

Tg polemiza contra uma justificação* pela fé separada das obras* (2,14-26). A l. deve ser integralmente praticada (2,11); resumida no decálogo, ela se cumpre na "l. real" (2,8) que é o amor ao próximo. A "l. de liberdade" (1,25; 2,12) habita o coração do fiel. Para Tg, é a "piedade" (*eleos*) que cumpre toda a l. e triunfa sobre o juízo* (2,13).

4. A lei na tradição joanina

A l. é o bem próprio dos judeus (Jo 8,17; 10,34; 15,25; 18,31), mas Jo se empenha em mostrar que Jesus a cumpre (5,16s; 7,21-24), que ela testemunha em seu favor (1,45; 8,16-20), que ele a interpreta melhor do que seus adversários (10,34-36), que são de fato violadores da l. (7,17.19.24.51; 8,15).

a) "A verdade". — Jo afirma em princípio que se a T. permanece um dom de Deus a verdade trazida por Jesus é a sua plena compreensão (1,17). Duas expressões resumem isso: "Fazer a verdade", para os judeus, é agir segundo a T.; em Jo (Jo 3,21; 1Jo 1,6), é reconhecer Jesus, revelação* de Deus. "Andar na verdade" é, para os judeus, ser fiel à T.; em Jo (2Jo 4; 3Jo 3.4), é seguir os passos de Cristo.

b) Os "mandamentos". — Relacionado com a vontade do Pai (Jo 4,34; 7,17), o mandamento se concentra no amor (10,18; 12,25s; 13,34). Jesus deixa a seus discípulos seus mandamentos (14,15; 15,10; cf. 1Jo 2,3; 3,22.24; 2Jo 6), seu mandamento novo do amor (Jo 15,12; cf. 1Jo 3,23). E "guardar" os mandamentos não é um fardo (1Jo 5,3), visto que Deus, pelo dom da fé, permite que o cristão vença o mal e os pratique "facilmente": sinal dos tempos messiânicos.

c) Jesus, norma do agir cristão. — "Eu sou o caminho" (Jo 14,6); "Aquele que me segue não andará nas trevas" (8,12): o verdadeiro discípulo pratica a "halakha" do Mestre. É pela l. (*Abot* III,19) que um judeu se torna filho de Deus, ao passo que, para Jo, é pela fé no Filho único (1,12).

d) Jesus é a lei perfeita. — L. e sabedoria* (Br 4,1; Sr 24,23), l. e Palavra (Sl 119,15-18) são identificadas no AT: com base nisso, Jo afirma que Jesus é Palavra e Sabedoria encarnadas. O que os judeus ensinam do papel da l. na criação*, de sua preexistência, Jo o diz do Filho único (1,3.14.18).

As diversas interpretações do NT não podem, pois, levar a esquecer que elas convergem para um ponto: a l. encontra seu cumprimento em Jesus, o Messias. Eis por que a releitura cristológica que nos é proposta nesse contexto — o

Evangelho recebido como T. oral messiânica — deveria ser o fundamento de todo agir cristão.

• A. Alt (1934), *Die Ursprünge des israelitischen Rechts*, Leipzig. — H. Cazelles (1946), *Études sur le Code de l'Alliance*, Paris. — W. D. Davies (1952), *Torah in the Messianic Age*, Filadélfia. — N. Lazure (1965), *Les valeurs morales de la théologie johannique*, EtB, Paris, 119-159. — H. Cazelles (1966), "Le sens religieux de la Loi", in *Populus Dei*, CPIUI 10, 177-194. — G. G. Scholem (1971), *The Messianic Idea in Judaism*, Nova York. — S. Pancaro (1975), *The Law in the 4th Gospel*, NTTS 42. — Col. (1977), "L'enracinement du droit canonique dans l'Écriture, XIIIe sess.-SIDC", *Acan* 21,19-230. — U. Lutz (1978), "Die Erfüllung des Gesetzes bei Mt", *ZThK* 75, 398-435. — D. Marguerat (1979), "Jésus et la L. selon Mt", *CBFV* 18, 53-76; (1982), "L'avenir de la L.: Mt à l'épreuve de Paul", *ETR* 57, 361-373. — E. P. Sanders (1982), "Jesus, Paul and Judaism", in *ANRW* 25,1, 390-450; (1983) *Paul, the Law, and the Jewish People*, Filadélfia, 3-167. — M.-J. Seux (ed.) (1986), *L. de l'Ancien Orient*, CEv.S 56. — H. Cazelles (1987), "Le Pentateuque comme Torah", *in* M. Tardieu (sob a dir. de), *Les règles de l'interprétation*, Paris, 35-68. — R. Martin-Achard (1987), *La L. don de Dieu*, Aubonne. — B. Lindars (sob a dir. de) (1988), *Law and Religion, Essays on the Place of the Law in Israel and Early Christianity*, Cambridge. — S. Amsler (1989), "Les documents de la L. et la formation du Pentateuque", *in* A. de Pury, T. Römer (sob a dir. de), *Le Pentateuque en question*, Genebra, 235-257 (2ª ed., 1990). — G. J. Brooke (sob a dir. de) (1989), *Temple Scroll Studies*, JSPE.S 7.— E. P. Sanders (1989), *The Jewish Law from Jesus to Mishnah*, Londres. — D. Marguerat (1991), "Jésus et la L. dans la mémoire des premiers chrétiens", *in* D. Marguerat, J. Zumstein (sob a dir. de), *La mémoire et le temps*, Genebra, 55-74. — F. Crüsemann (1992), *Die Torah, Theologie und Sozialgeschichte des AT Gesetzes*, Munique. — G. Lasserre (1993), "Quelques études récentes sur le Code de l'alliance", *RThPh* 125, 267-276. — D. Luciani (1993), "Paul et la L.", *NRTh* 115, 40-68. — L. H. Schiffman (1993), *Law, Custom and Messianism in the Dead Sea Scrolls* (hebraico), Jerusalém. — E. Quimron (1994), "The Halakha", *DJD* X, 5, Oxford, 123-130. — G. Lasserre (1994), *Synopse des lois du Pentateuque*, VT.S., Leyde. — C. Focant (sob a dir. de) (1997), *La Loi dans l'un et l'autre Testament* (LeDiv 168), Paris. — J.-N. Aletti (1998), *Israël et la Loi dans la lettre aux Romains*, Paris.

Matthieu COLLIN

→ *Aliança; Casuística; Cumprimento das Escrituras; Decálogo; Espírito; Ética; Fé; Jesus da história; Judaísmo; Judeu-cristianismo; Juízo; Justificação; Liberdade; Mandamento; Obras; Paulina (teologia); Pureza/impureza; Sacerdócio; Sacrifício; Violência.*

B. A LEI COMO PROBLEMA TEOLÓGICO E FILOSÓFICO

1. Moisés e Jesus: continuidade ou inversão categorial?

A problemática da "lei" (l.) e do sentido constante ou variável que essa noção assume ao longo da Bíblia* pode ser resumida na seguinte questão: o paralelo traçado em Jo 1,17 deve ser compreendido como uma síntese ou como uma antítese? A *Epístola de Barnabé* (Padres apostólicos*), desde cerca de 130 d.C., opta claramente pela primeira solução quando evoca "a l. nova de Nosso Senhor Jesus Cristo" (*Barn* 2,6); por essa interpretação do Evangelho (Ev.) como "l. nova", ela coloca o fundamento sobre o qual a Igreja* primitiva desenvolverá uma doutrina da l. da qual o catolicismo* conservará a marca. Em contrapartida, pode-se encontrar em Paulo (teologia paulina*) uma oposição entre Cristo (i.e., o Ev.) e a l. de Moisés (2Cor 3,6) — é a abordagem que será valorizada no protestantismo*. Desde seu início, o cristianismo contém, portanto, em germe interrogações que até hoje não encontraram uma resposta unânime no interior da *oikoumenè*.

2. Abordagem conceitual

a) O conceito e a visão da lei. — A teologia*, segundo as orientações bíblicas fundamentais de que acabamos de falar, deve primeiramente compreender a l. como l. de Deus*. Ela precisa determinar o que deve ser atribuído a essa l. divina no plano do conteúdo, assim como as tarefas e as funções que esta preenchia outrora e preenche ainda hoje. Formula-se além disso a questão da relação da l. divina com o direito* positivo, tal como ele se exprime na legislação das sociedades* que a história* viu nascer e desaparecer. Essas duas l. são igualmente dependentes desta ou daquela situação particular, exigem ambas ser atualizadas à medida que essas situações evoluem? Ou então é preciso atribuir à primeira, ou a uma parte desta, uma validade supratemporal?

b) O conceito e a visão do direito natural. — A l., em todos os casos, requer uma autoridade* fundadora. Na Sagrada Escritura*, é Deus que é essa autoridade, enquanto Platão ou os estoicos, p. ex., invocam antes um direito natural. Trata-se aqui de uma ordem universal inscrita nas Ideias, ou no *Logos* que rege o mundo, e de que o homem pode ter conhecimento pela contemplação* da natureza ou em sua própria consciência*, na medida em que ela participa dessa ordem universal. O cristianismo, com a ideia de criação*, combina as duas referências e remete simultaneamente à autoridade divina da l. bíblica e ao direito natural (cf. *infra*, 4.a). A crítica das Luzes, em compensação, visa a fundar a evidência do que seria melhor denominar um "direito racional", ao qual o indivíduo só chega pelo exercício de sua vontade e de sua inteligência próprias. Contra os teóricos do direito positivo e os partidários do utilitarismo*, que rejeitam toda norma suprahistórica, restabeleceram-se no entanto com acerto — sobretudo depois da experiência dos sistemas políticos totalitários — "ideias" como a justiça* (cf. *infra*, 4.f) ou a dignidade humana em sua função de normas últimas.

3. A compreensão da lei na tradição católica

a) Os inícios. — Essa combinação do Ev. compreendido como "l. nova" com a tradição filosófica do direito natural se viu reforçada na Igreja primitiva por certo número de controvérsias internas e externas. Ela oferecia, por um lado, o meio de rejeitar a hostilidade da gnose* com relação à l. (o *antinomismo* gnóstico) e, mais ainda, as diástases do marcionismo*; ela se inscreve, por outro lado, no prolongamento da tentativa dos apologistas* de demonstrar que o cristianismo representava a verdadeira filosofia*. Por conseguinte, alguns elementos fundamentais da tradição* são postos em jogo desde essa primeira fase do cristianismo: Tertuliano*, p. ex., compreende o duplo mandamento* do amor*, assim como a segunda tábua do decálogo*, como a l. natural já dada a Adão*, e vê em Jesus* o portador da "l. nova", que prolonga a lei mosaica espiritualizando seus preceitos cerimoniais.

b) Agostinho. — Agostinho* identifica a l. eterna (noção estoica que designa a razão* ordenadora de Deus), a l. natural e a l. mosaica, mas, instruído por Paulo, relaciona essa l. única à graça* (g.): a l. acusa o homem e o convence do pecado*, a fim de que ele se abra à g., da mesma maneira que, inversamente, a g. coloca o homem no estado de satisfazer as exigências da l. Agostinho aprofunda essa ideia na querela com o pelagianismo*, para o qual a g. consiste na atribuição do livre-arbítrio, no dom da l., no exemplo de Cristo e na remissão dos pecados: o homem, com isso, teria condições de cumprir a l. Para Agostinho, pelo contrário, o pecado original* acarreta a perda do livre-arbítrio (do "poder de não pecar" [cf., p. ex., *Civ. Dei* 22, 30]), e produz assim um retorno fundamental da vontade (que a partir de então "não pode mais não pecar"), fundada numa corrupção efetiva da natureza humana. Esta última não pode ser curada por nenhuma obra* do homem, mas tão somente pela g. (*gratia sanans*), i.e., pela remissão dos pecados e pela infusão do Espírito* de amor (Rm 5,5). Apenas a g., ou a fé* que ela produz, permite ao homem ser justo diante de Deus, ou seja, santificado: "A fé obtém o que a l. ordena" (p. ex., *En. Ps. 118* XVI, 2).

c) Tomás de Aquino. — Tomás* de Aquino, em seu tratado da l. (*ST* Ia IIae, q. 90-108), distingue a l. eterna, a l. humana e a l. divina, dividindo-se esta última, por sua vez, em l. antiga (AT) e l. nova (NT). É antes de tudo a l. humana que parece poder-se definir como "uma ordenação da razão com vistas ao bem comum, promulgada por aquele que tem o encargo da comunidade" (q. 90, a. 4). Mas a definição se aplica igualmente, num plano superior, à l. divina, na medida em que ela constitui, com a g. (*ST* Ia IIae, q. 109-114), um socorro "exterior" pelo qual Deus ajuda o homem a obter a beatitude*, a progredir no caminho do amor que o conduz a seu criador: "O princípio exterior que nos faz agir bem é Deus, seja instruindo-nos pela sua l., seja sustentando-nos com a sua g." (q. 90, prol.). A antiga e a nova lei sucedem, na história da salvação*, à l. natural (que, no sentido amplo, exige a fé e sobretudo o amor de Deus, mas que pode também limitar-se aos mandamentos da segunda tábua do decálogo, tais como a razão natural sabe reconhecê-los independentemente da própria revelação* divina). Assim como o homem, em virtude da queda, não podia mais atingir a beatitude somente por meio da l. natural, assim também ele não podia mais fazê-lo no quadro da antiga aliança*, que, impotente para operar a g., não podia ser efetivamente satisfeita e desempenhava por isso uma função de acusação, até de morte*: é só pela l. nova, i.e., pela nova aliança, que o homem recupera a g. (q. 106, a. 1) de que gozava no estado original para cumprir a lei natural. A g. é a l. nova enquanto l. conferida (*lex indita*), l. de liberdade* (Tg 1,25; 2,12), l. do Espírito que dá a vida (Rm 8,2). Por conseguinte, Tomás considera, diferentemente de Agostinho, a relação entre a l. e g.: Cristo, como pivô da história da salvação, cumpre perfeitamente a l., e, pelo ato salvador de sua vida e de sua morte, abole a antiga l. Sem dúvida, Cristo é também legislador, de maneira secundária; mas a l. nova que ele estabelece consiste principalmente na g., sendo a esse respeito que Tomás fala de Cristo como o "fundador da nova aliança" (*auctor novi testamenti*, q. 107, a. 1, ad 3). Como age na l. nova, essa g. permite ao homem amar a Deus e oferecer-se a ele numa "mescla singular de liberdade e de dependência" (Pesch, 1967, 861) — e assim retornar ao seu criador.

d) O nominalismo e a piedade medieval tardia. — Tomás só fala de "l. nova" num sentido derivado, ele só fala da função legisladora de Cristo em segundo lugar, mas fala sobre ela. Era o bastante para encorajar a tradição ulterior a fazer de novo do Ev., compreendido como l. nova, um caminho que o homem pode e deve percorrer por si mesmo — é verdade que com a assistência da g. — para chegar à salvação. Vê-se assim aparecer na teologia o nominalismo* e, mais ainda, nas formas de piedade que lhe estão ligadas tendências legalistas que não têm mais grande coisa a ver nem com Agostinho nem com Tomás. Lutero* pode assim denunciar o pelagianismo de um Gabriel Biel (antes de 1410-1495), que — retomando uma ideia condenada por Tomás sob essa forma (*ST* Ia IIae, q. 112, a. 3) — ensinava que Deus não recusava a g. àqueles que fazem o que está neles (cf., p. ex., *Collectorium* II, d. 27, q. un. O). E, se a crítica de pelagianismo não faz justiça ao conjunto do pensamento teológico de Biel, Lutero, de sua parte, não se contenta em reformular as teses de Agostinho e de Tomás: retomando essencialmente o ensinamento de Paulo, ele desenvolve uma compreensão autêntica e profunda do Ev. e de sua ação justificadora independente de toda l. (cf. *infra*, 4. a-c).

e) O concílio de Trento. — É principalmente no quadro de uma doutrina da justificação* que a Reforma formula sua concepção da l. Por seu turno, o concílio* de Trento* se dissocia das tendências medievais tardias de que falamos, e seu decreto sobre a justificação (do dia 13 de janeiro de 1547) — primeira definição dogmática* dessa doutrina — relaciona a salvação com a g. (mediatizada pelos sacramentos*) e não com os méritos do homem; mas, ao ensinar que este último pode, em virtude da g. criada (*gratia creata*), cooperar com a ação da g. divina (sem precisar formalmente o que cabe à liberdade humana nessa cooperação, questão que gerará mais tarde o conflito entre o bañezianismo* e o molinismo*), o concílio rejeitava também certas concepções centrais da Reforma. O cap. 11 trata assim da "observância dos mandamentos, [de] sua necessidade e [de] sua possibilidade" (*DH* 1536-1539), e o cân. 2 estabelece que "Cristo Jesus foi dado por Deus aos homens [...] como um legislador a quem obedecer" (*DH* 1571). Exprimindo com clareza a recusa de confessar Cristo exclusivamente como "redentor", essa proposição, com os cân. 18-20 (*DH* 1568-1570), opõe um flagrante desmentido à doutrina de Lutero sobre a justificação unicamente pela fé e à distinção entre l. e Ev. (cf. *infra*, 4. b e Pesch, 1995), que Jerônimo Seripando (1492-1563), geral dos agostinianos, tinha em vão tentado fazer admitir em Trento.

f) O estado atual da discussão. — É "antes de tudo no sermão da montanha" que o *Catecismo da Igreja Católica* (1992, nº 1965) reconhece "a l. nova, a lei do Ev.", mesmo que possa igualmente tratar-se da g. a esse propósito (nºs 1949-1986). Do mesmo modo, o diálogo ecumênico tem mais a esperar das novas pesquisas sobre Tomás de Aquino e de sua preocupação de interrogar diretamente as fontes, a montante do tratamento que elas receberam na tradição tomista. Não é fortuito que esse trabalho de exumação, efetuado segundo as grandes linhas que destacamos (cf. *supra*, 3. c), constitua justamente um dos pilares do ecumenismo (Kühn, 1965; Pesch, 1967).

4.A compreensão da lei em Lutero e na doutrina protestante

a) A universalidade da lei: o decálogo e a lei natural. — Também a Reforma associa o decálogo à l. natural e afirma assim o alcance universal da vontade de Deus. Esse universalismo* é atestado na Escritura* santa, p. ex. em Mateus, em que a regra de ouro "pagã" é posta no mesmo plano do duplo mandamento do amor: "Esta é a L. e os Profetas*" (Mt 7,12; cf. 22,40); ele é atestado na imbricação de uma moral da fidelidade a Cristo (p. ex., Lc 9,57-62) e de uma moral familiar, ou ainda na retomada paulina dos temas estoicos (p. ex., Rm 2,14s). Lutero invoca esse texto, assim como Rm 1,19-21 e 3,29, para afirmar que "os dez mandamentos... nada mais são do que a l. da natureza, naturalmente inscrita em nossos corações*" (*WA* 16, 431, 26-28).

Se o decálogo possui para Lutero essa validade universal é porque ele confirma a palavra* do Criador, tal como o mostra a comparação entre Gn 2,16s e Ex 20,2s. A primeira e a última palavra de Deus ao homem são uma promessa* de vida (Gn 2,16; Ex 20,2), reforçada por uma ameaça de morte (Gn 2,17; Ex 20,3). Devo temer a Deus se não confio em seu amor. Nesse sentido, o primeiro mandamento se opõe como um "Não vos inquieteis!" (Mt 6,25) à preocupação existencial do homem: ele nos remete à finitude e nos descarrega de toda inquietação

referente ao infinito*. Esse laço de correlação entre o primeiro mandamento e a palavra do Criador poderia formular-se assim: sem o primeiro mandamento, a preocupação do mundo seria cega; sem a preocupação do mundo, o primeiro mandamento seria vazio.

Essa tese significa, além disso, que a doutrina da l. em Lutero está constitutivamente ligada à sua teoria dos três "estados". Estes representam formas de vida fundamentais, modos de ser irredutíveis que a palavra criadora de Deus concedeu à humanidade: a Igreja, a economia (que inclui o matrimônio* e a família*) e a organização política. A Igreja, compreendida como "estado", não designa a Igreja cristã em particular, mas a condição fundamental (antes de toda determinação econômica ou política) de cada homem diante de Deus, tal como ela se encontra inscrita na criação (Gn 2,16s). Esses "estados" *precedem* o mandamento — o quarto mandamento, p. ex., pressupõe o matrimônio* e a família*, como o primeiro pressupõe a Igreja, concebida como ordem da criação (Bayer, 1994, 395-397).

Nesse sentido, o decálogo se aplica universalmente a cada indivíduo. É com base nesses mandamentos que Deus quis e criou, que ele quer e conserva a vida no mundo. Mas os mandamentos só têm um alcance positivo no plano da imanência: eles só valem no domínio da "justiça civil" (*iustitia civilis*). Não desempenham, em contrapartida, nenhum papel na justificação do homem diante de Deus. A ruptura marcada pelo batismo* — uma ruptura que, segundo a tradição católica, nos obriga de modo inteiramente especial a observar a l. (*DH* 1620-1622) — deve ser compreendida, de acordo com Lutero, como uma renovação da inteligência (Rm 12,2) que remete o homem a esses mandamentos intramundanos. Mas a l. não tem nenhum efeito sobre a justificação.

b) A lei e o Evangelho. — Que o respeito da l. não desempenha nenhum papel em nossa justificação diante de Deus — eis o que Lutero aprendeu com Paulo e Agostinho, constituindo também o que ele próprio vivenciou profundamente. Ele pode assim descrever sua obra reformadora como a descoberta da diferença entre a l. e o Ev. (*WA.TR* 5, nº 5518). Pois a l. confunde o homem, julga-o, chega a matá-lo: na l., Deus vem a mim com perguntas duras, inelutáveis: "Adão! Onde estás?" (Gn 3,9), "Onde está teu irmão?" (Gn 4,9). Questões desse tipo me confundem; vejo surgir à luz do dia aquilo de que eu não tinha consciência (Sl 90,8). Só então sou descoberto: "Esse homem és tu" — esse homem destinado à morte (2Sm 12,7.5). Não posso me dizer essas coisas a mim mesmo: elas devem vir de fora, de um Outro. E fico no entanto tão claramente confuso que pronuncio ao mesmo tempo a minha própria condenação (2Sm 12,5). A exterioridade da l. não significa nenhuma heteronomia.

Mas se, na l., Deus fala *contra* mim, ele fala *por* mim no Ev. Essa palavra decisiva e definitiva de Deus me absolve, me promete a vida, me faz viver. É a essa promessa que responde, no homem, a fé: só ela o justifica (*sola fides iustificat*). O Ev. não é, pois, uma l. nova; mesmo sob a forma da g., ele não se confunde com a l. (cf. *supra*, 3. c), ele é "outra coisa", uma segunda *palavra de Deus*. Ele não pode ser relacionado com a palavra da l. por referência a um terceiro termo — que seria, p. ex., a única automanifestação de Deus (cf. *infra*, 4. d e e) —, da mesma forma como não é possível reduzir essas duas palavras uma à outra. Não se pode trapacear com a distinção entre a l. e o Ev.: negligenciá-la é, na realidade, só reconhecer a l., que nenhum homem pode satisfazer e que é, pois, portadora de morte.

Mas tampouco é suficiente desincumbir-se dessa distinção apenas no plano do saber. Ela não se confunde com a distinção feita entre a antiga e a nova aliança, como o mostra a comparação de Gn 2,16s e de Ex 20,2s (cf. *supra*, 4. a). Ela deve, pelo contrário, ser reefetuada a cada instante, e muito particularmente em situações de tentação*. As técnicas da homilética ou da direção* espiritual não são aqui de nenhuma ajuda — visto que se trata da palavra divina, pela qual o próprio Deus nos oferece a consolação ou o terror, a morte ou a vida. A distinção entre a l. e o Ev. escapa assim aos decretos de nossa vontade: ela vigora, e é um dom a cada vez renovado.

O que se pode dizer é que se o Ev. é promessa* a fé é poder e permissão. É preciso evitar que o Ev. se torne uma l., à qual a fé responderia como um ato positivo. É isso que Lutero procura pôr em evidência quando distingue, em Cristo, entre o dom e o exemplo: Cristo deve em primeiro lugar ser aceito como um dom, pelo qual Deus nos concede gratuitamente todos os seus bens, antes de poder fornecer um modelo para a minha ação. Se já possuo em Cristo todos os dons divinos, minha ação não visará mais à justiça diante de Deus, mas será completamente dirigida ao meu próximo.

c) *O duplo uso da lei.* — Lutero fala nessa perspectiva de uma dupla função da l. — *duplex usus legis*, segundo a terminologia consagrada. O "primeiro uso" é o "uso político da l.", i.e., sua aplicação ao domínio da justiça civil (cf. *supra*, 4. a), o "segundo uso" é o "uso elêntico ou teológico da l.": esta me convence de meus pecados e, por meio disso, remete à realidade distinta do Ev. (cf. *supra*, 4 b). É este segundo ofício que, aos olhos de Lutero, constitui o "principal" (*praecipuus*) uso da l., em conformidade com o lugar preponderante que a doutrina da justificação ocupa em sua teologia. A comparação com a tradição católica ressalta a significação de que se reveste aqui esse segundo uso: se, no domínio da justiça civil, Lutero pode ainda admitir o direito natural, ele não lhe atribui nenhum lugar no plano da justiça diante de Deus. Seguindo Paulo e Agostinho, ele acede a essa intuição decisiva da Reforma, que o Ev. não é uma l. nova, nem uma exigência, mas um resgate e uma consolação, que realiza o que ela promete: *promissio* (Bayer, 1971).

d) *A lei e os regenerados na doutrina da Reforma.* — Se o concílio de Trento (cf. *supra*, 3. e) recusou finalmente seguir Lutero nesses caminhos, a evolução interna do protestantismo mostra que podiam surgir divergências entre aqueles que, no fundo, aderiam ao projeto reformador: foi o que se passou com as querelas sobre o "antinomismo" e sobre o "terceiro uso da l.". O confronto aqui se estabelece entre — segundo a posição adotada diante da l. — diferentes concepções quanto à maneira de fundar e de implementar uma ética* cristã: o homem que o Ev. proclama justo realizou já por si mesmo a vontade de Deus ("toda boa árvore produz bons frutos", Mt 7,17s) ou deve — pode — ser exortado e conduzido pela l. a fazer essa vontade? Inversamente: a l., por suas exortações e suas diretrizes, pode levar a uma prática realmente cristã ou desemboca num puro legalismo, que não vê mais no próximo o primeiro critério de uma ação livre, segundo o duplo mandamento do amor? Para formular a questão sem rodeios: a prática cristã tem necessidade de uma l.? Ou esta última será para ela sempre um entrave?

O termo "antinomismo", no âmbito da história* da Igreja, designa duas controvérsias surgidas durante o século da Reforma, e que, sem se confundir, versam ambas sobre o poder e a forma do Ev. Este último, com efeito, pode ser obnubilado de duas maneiras diferentes: pode-se, por assim dizer, pedir-lhe demasiado, atribuindo-lhe as funções da l. e privando-o assim de sua especificidade, que é consolar e resgatar. Mas pode-se também pedir-lhe muito pouco quando, por medo do entusiasmo e do mau uso da liberdade que ele nos concede e nos garante, se busca de algum modo acorrer em sua ajuda para sustentar a sua ação.

Desses dois perigos, o primeiro foi suscitado por J. Agricola (1499?-1566), que afirmava que o Ev. não era somente o anúncio da g., mas também uma palavra de penitência* e de julgamento*. Ora, se não se distingue entre a l. e o Ev., se se atribui a este último o ofício próprio da l., que é acusar, convencer o homem de seus pecados e levá-lo assim à penitência, não se faz senão desconhecer o papel da l., não se cai apenas no "antinomismo": desconhece-se sobretudo, por um contragolpe imprevisto, o caráter específico do Ev., sua forma de pura promessa. Essa promessa não comporta nenhuma ambiguidade; ela é assim a fonte de toda certeza.

São Ph. Melanchton (1497-1560) e seus discípulos ("filipistas") que estão na origem do segundo perigo, surgido no quadro da discussão sobre a santificação e sobre o papel da l. com relação aos justificados. Essa questão foi debatida no capítulo do "terceiro uso da l." (*tertius usus legis*)

ou do "uso da l. entre os regenerados" (*usus legis in renatis*), termos que não aparecem apenas em Melanchton (p. ex., *Loci*, 1559; *StA* II/1, 325 *sq*), mas também e sobretudo em Calvino*. Contrariamente a Lutero (cf. *supra*, 4. b), Calvino não faz da distinção entre a l. (que condena) e o Ev. (que absolve) o centro e o princípio da teologia: ele subordina, por seu turno, essa oposição paulina à unidade da aliança divina. O Ev., assim, se acha reduzido de fato a uma obediência nova com relação à l. Ele não é mais uma pura palavra de consolação e de absolvição, mas a consolação e a absolvição não são senão um aspecto da palavra única de Deus, que comporta, além disso, a exigência de cumprir a l. numa vida em conformidade com a vontade divina. O interesse se desloca da justificação para a santificação dos fiéis, sendo esta última compreendida como um processo distinto, orientado para a palavra *única* de Deus que assume neste caso os traços da l. A função central da l., a partir de então, não é mais acusar e convencer o homem de seus pecados (embora Calvino admita ainda esse "uso elêntico", de que ele faz, contra a ordem estabelecida por Lutero, o "uso primeiro" da l. [*Inst.*, 1560, II, 7, 6 *sq*]), mas dar forma à moralidade cristã: é esse "terceiro uso" que constitui o "uso principal da l.", *praecipuus usus legis* (*Inst.*, 1560, II, 7, 12). A questão teológica central não é mais saber como o homem condenado pela l. pode encontrar regeneração, mas como o homem regenerado pode viver segundo a vontade de Deus. A prática ética concreta encontra assim uma eminente legitimação teológica.

Por comparação, a ética de Lutero, que nunca se afasta do evento da justificação, é notavelmente livre. Essa liberdade teológica deixa ao Ev. todo o espaço para cumprir sua obra de vivificação e de regeneração do homem — com todos os efeitos que ela acarreta no plano ético. Mas na medida em que continua a pertencer ao mundo antigo o cristão permanece até a morte sob a ação da l. em seu duplo uso, tal como a *Fórmula de Concórdia* de 1577 o enfatiza em seu artigo VI, retomando no fundo a posição de Lutero (*BSLK* 793-795 e 962-969, em particular 969, 16-37).

e) Monismo e dualismo: a querela entre K. Barth e W. Elert. — Essa querela em torno da concepção luterana da l. repercutiu no protestantismo do s. XX, quando o teólogo reformado K. Barth* inverteu a ordem instaurada por Lutero entre a l. e o Ev. (Barth, 1935). Tal como Calvino com a ideia de aliança divina, Barth reconduz o Ev. e a l. à unidade superior da palavra única de Deus, que compreende antes de tudo numa perspectiva cristológica. A partir de seu postulado de base — "Que Deus nos fale é já, em si, de toda maneira, uma g." (6) —, ele chega à tese: "A l. não é senão a *forma* necessária do Ev., cujo conteúdo é a g." (13).

Essa abordagem monista suscitou vivas críticas da parte de certos luteranos. Assim, W. Elert (1885-1954), opondo-se a Barth e ao próprio princípio de um "terceiro uso da l.", apoiou-se resolutamente em Lutero para afirmar de modo sempre enérgico a validade do par conceitual l./ Ev. (Elert, 1948).

f) Revelação cristológica contra direito natural. — Foi em outra perspectiva que E. Brunner (1889-1966), teólogo reformado e antigo aliado de Barth nos primeiros tempos da "teologia dialética", se opôs ao monismo cristológico deste último: ele censurou em Barth o fato de negligenciar a outra tarefa da teologia, que é pôr em evidência as repercussões antropológicas da palavra de Deus. Sua concepção fundamental do homem o levava a interessar-se pela justiça tal como podemos realizá-la no mundo; e para apreender esse nível de realidade — em especial diante do nacional-socialismo (em 1943!) —, ele recorreu deliberadamente à ideia de um direito natural e de uma ordem da criação.

5. A lei e o Evangelho nos Tempos modernos

O que faz o verdadeiro teólogo, segundo Lutero, é sua capacidade de distinguir a l. do Ev. (cf. *supra*, 4. b). Mesmo entre os protestantes, o conteúdo preciso dessa distinção foi com frequência negligenciado ou reduzido a uma preocupação puramente circunstancial própria da Reforma e de sua teologia. O problema gira em torno, não obstante, da relação entre a razão e a fé, a fé e a política; ele subentende a condenação do mal* e da violência*, a reflexão sobre a possibilidade de vencê-los e, portanto, sobre o futuro da humanidade; ele toca assim as questões fundamentais da antropologia*, da ética e da escatologia*.

Pode-se esclarecer a problemática por meio da seguinte tese: os tempos modernos, ao dar um sentido universal ao Ev., são antinomistas, mas voltam também, cada vez mais, a uma concepção que se poderia denominar "nomista".

Ao designar-se como "moderna", a época nova trai já uma característica "evangélica": ela se compreende como uma ruptura sem equivalente, colocada sob o signo da liberdade*. Mas, nessa generalização entusiasta, a determinação cristológica concreta do Ev. assume um caráter abstrato. A fórmula cristológica "tudo está consumado" (Jo 19,30) é substituída pela ideia de uma libertação já realizada desde sempre: todos os homens são, por natureza, "emancipados" e "maiores", *naturaliter maiorennes* (Kant*, *Resposta à questão: que é a Aufklärung*, 1784). Pressupõe-se que a l. se acha, fundamentalmente, já abolida: o homem em si mesmo é livre, bom e espontâneo (Rousseau). Nesse sentido, a modernidade é antinomista (cf. *supra*, 4. d).

Mas o que esse homem novo é desde sempre ele precisa ainda tornar-se. O Ev. universal da liberdade obriga ao mesmo tempo o homem a conformar-se a isso e a corporificá-lo. O homem não é apenas — como na promessa concreta do Ev. — liberto, ele é "condenado" a ser livre (J.-P. Sartre, *O existencialismo é um humanismo*, 1946). Não sou *autorizado* a ser livre, *devo* libertar-me. Vê-se assim esboçar-se, ao contrário do antinomismo, um "nomismo".

O antinomismo e o "nomismo" são as duas faces de um mesmo processo. Em suas formas seculares, ou secularizadas, este é compreendido como relação da l. e da liberdade. Kant, com o conceito de "autonomia", busca um lugar para além do antinomismo e do "nomismo"; Hegel* discute a liberdade como "l. e convicção" e depara assim, por sua vez, com a questão da liberdade secularizada, na qual se pode ver a versão pós-cristã do problema "da l. e do Ev.". A importância que Lutero atribuía a essa distinção mantém assim toda a sua atualidade (Bayer, 1992, 35-56).

* *a*) Textos conciliares ou confessionais: *DH* 1520-1583 (*COD* 671-678). — *BSLK*. — *CEC.*
  b) Textos de teólogos particulares: Tomás de Aquino, *ST* Ia IIae, q. 90-114. — M. Lutero, p. ex., *Comm. de l'Ép. aux Galates*, *WA* 40/1, *Comm. de l'Ép. aux Romains*, *WA* 56. — Ph. Melanchton (1559), *Loci praecipui theologici*, in *StA* II, 164-780, 1952 (II/1) e 1953 (II/2). — J. Calvino (1559), *Inst. de la religion chrétienne*, 1560, ed. J.-D. Benoît, Paris, 1957-1963. — K. Barth (1935), "Evangelium und Gesetz", *TEH* 32 (reed. *TEH* 50, 1956; cf. também *infra*, E. Kinder — K. Haendler [1968]). — W. Elert (1948), "Gesetz und Evangelium", in *Zwischen Gnade und Ungnade. Abwandlungen des Thomas Gesetz und Evangelium*, Munique. — E. Brunner (1943, 1981³), *Gerechtigkeit. Eine Lehre von den Grundgesetzen der Gesellschaftsordnung*, Zurique.

▸ U. Kühn (1965), Via caritatis, *Theologie des Gesetzes bei Thomas von Aquin*, KiKonf 9. — O. H. Pesch (1967), *Theologie der Rechtfertigung bei Martin Luther und Thomas von Aquin. Versuch eines systematisch-theologischen Dialogs*, WSAMA.T 4. — E. Kinder-K. Haendler (ed.) (1968), *Gesetz und Evangelium*, WdF 142. — O. Bayer (1971), Promissio. *Geschichte der reformatorischen Wende in Luthers Theologie*, Göttingen (reed. 1989, Darmstadt). — K. Koch *et al.* (1984), "Gesetz", *TRE* 13, 40-126 (bibl.). — A. Peters (1989), "Gesetz 3.", *EKL*³ 2, 143-149 (bibl.). — O. Bayer (1992), *Leibliches Wort. Reformation und Neuzeit im Konflikt*, Tübingen; (1994), *Theologie*, HST 1. — St. Feldhaus — W. Korff (1995), "Gesetz V", *LThK*³ 4, 586-588. — O. H. Pesch (1995), "Gesetz und Evangelium II-IV", *LThK*³ 4, 591-594 (bibl.). — L. Cromartie (sob a dir. de) (1997), *A Preserving Grace*, Grand Rapids, Mich. — J.-F. Kervégan (2003), "Lei", *DEFM*, v. 2, 30-36.

Oswald BAYER e Axel WIEMER

→ *Casuística; Direito; Evangelhos; Justiça; Justificação.*

LEIBNIZ, Gottfried Wilhelm, 1646-1716

Durante uma longa vida de trabalho levada como jurista e conselheiro de príncipes alemães (em Mainz, depois em Hanover), Leibniz (L.) escreveu muito e publicou pouco. Ao lado de suas tarefas administrativas de jurista, feudista e historiador, ele dedicou grande parte do tempo às ciências, sobretudo à matemática, e à reflexão filosófica e teológica. Num período marcado pelas mudanças de religião ligadas às peripécias políticas dos Estados germânicos, esse luterano manteve uma longa e abundante correspondência com eminentes católicos, anglicanos e calvinistas. "Patriota" alemão antes de tudo (ele inventa a palavra), recusou toda conversão* (mesmo para tornar-se bibliotecário da Vaticana), mas participou ativamente dos colóquios públicos e secretos para a união das diferentes Igrejas*. A primazia de sua preocupação religiosa explica em parte sua hostilidade inicial ao cartesianismo, que ele aproximou mais tarde do espinosismo. No entanto, é nessa hostilidade que ele edifica seu próprio sistema, renovando pelo conceito de força a noção de substância, reintroduzindo a formalidade no método, respondendo pela harmonia ao problema da união da alma* e do corpo*.

As bases metafísicas do edifício leibniziano condicionam a responsabilidade moral: toda substância simples, ou mônada, possui uma força interna que é o seu princípio de ação; a pluralidade dos possíveis mantém a contingência; a finalidade dos espíritos torna-os capazes de escolher deliberadamente o melhor. Mas isso não eclipsa a responsabilidade individual: se os mundos possíveis são em número infinito, todas as nossas deficiências pessoais são englobadas no mundo que é chamado à existência em razão de sua bondade fundamental e em vista da perfeição mais elevada (*cartas a Arnauld*). Deus* é para as criaturas "o que um inventor é para a sua máquina", e para os espíritos "o que um príncipe é para seus súditos, e mesmo um pai para seus filhos" (*Monadologia*, § 84, 1714). A harmonia da "cidade* divina dos espíritos" e sua felicidade são então asseguradas pelo "reino das causas finais". L. está porém longe de esquivar o "labirinto" constituído pela questão da origem do mal*, do qual ele propõe uma tríplice determinação — metafísica, física e moral — para tornar compatíveis as teses da onipotência* de Deus, de sua bondade e da existência do mal (*Teodiceia* e *Causa Dei*,

1710). L. afirma ao mesmo tempo a liberdade* do homem, mesmo que este ignore o plano divino, e a confiança proporcionada pela certeza razoável da melhor escolha. Contra os ateus, ele acrescenta às provas* correntes da existência de Deus (aquelas que se qualificarão de cosmológica e de ontológica) uma prova da razão* divina, fonte dos possíveis que implica uma vontade capaz de escolher: "Seu entendimento é a fonte das essências, e sua vontade é a origem das existências" (*Teodiceia* I, § 7). Deus tem o dever de "agir em perfeição segundo a soberana razão" (*Discurso de metafísica*, § 3, 1686). L. é um defensor ao mesmo tempo da univocidade do existente e da do conhecimento, e, como em Malebranche, a perfeição da obra passa pela simplicidade dos caminhos; mas o mundo, que permanece contingente, remete necessariamente a um criador, a quem se remonta como "última razão das coisas" pelo princípio da razão suficiente, que L. é o primeiro a formular nas *Demonstrações católicas* (1668-1669), e que assumirá uma dupla forma canônica: nunca nada ocorre sem que haja uma razão: 1/ pela qual essa coisa existe; 2/ pela qual ela existe antes assim do que de outra maneira (*Teodiceia* I, § 44). Mas é difícil determinar em que medida, para L., o próprio Deus se acha submetido ao princípio que nos permite chegar a ele, como em Descartes* Deus se submetia *de alguma maneira* ao princípio da causalidade sob a forma da *causa sui*.

A unidade racional e razoável do pensamento leibniziano lhe impôs a urgência de uma reunião das Igrejas, já sugerida por razões de geopolítica europeia diante dos turcos. Seguindo Georg Calixt e alguns mestres da Universidade de Helmstädt, vivendo ele próprio em ambiente católico, em Frankfurt e em Mainz, assim como em Paris ou na corte de Hanover, Leibniz provoca e multiplica encontros e correspondências: com Bossuet, com Nicolau Sténon, protestante dinamarquês, sábio anatomista, que se tornou católico, sacerdote*, bispo*, encarregado das missões* no norte da Europa, com Spinola, bispo de Neustadt, mas também com o pastor* calixtino Molanus, presidente do consistório de Hanover, e o anglicano Burnett. Seu interesse pelas missões, pela China em particular, procede da mesma preocupação (ritos* chineses); ele encontra nos jesuítas e nos modelos monásticos traços em comum com seus projetos acadêmicos e religiosos. A união das Igrejas, com efeito, não está somente ligada à conjuntura; trata-se realmente, para ele, da exata aplicação de seu sistema, vinculado com três questões principais: 1/ a graça*, visto que há uma harmonia preestabelecida entre o reino da natureza* e o reino moral da graça; 2/ o puro amor*, em que sua definição e o uso das distinções clássicas (prazer/interesse, concupiscência/benevolência/cupidez) não são favoráveis a Fénelon ("Não é possível que se possa ter um amor de Deus sobre todas as coisas separado de todo nosso bem, já que o prazer que encontramos na contemplação* de suas perfeições é essencial ao amor", *carta à princesa Sofia*); 3/ a eucaristia*, para a qual ele propõe, desde os anos 1670, uma explicação racional da transubstanciação. Como a extensão não é primitiva, a essência do corpo consiste na força. Não é, pois, impensável que uma substância corporal (o corpo de Cristo*) possa agir em vários lugares ao mesmo tempo. A presença real é então uma presença de força ou de virtude, a distância, e a transubstanciação equivale a uma "multipresença real" (*a Arnauld*, 1671): ela é a operação sobrenatural pela qual o pão e o vinho se transformam em espécies da substância corporal de Cristo. Em sua correspondência com o jesuíta Des Bosses, trinta anos mais tarde, a teoria do "laço substancial" virá completar e complicar essa primeira explicação, a fim de pensar a unidade do corpo sem reduzir o organismo à fenomenalidade do *unum per accidens*. Na transubstanciação, segundo a nova teoria, Deus aplicaria sobrenaturalmente um novo laço substancial (o do corpo de Cristo) aos acidentes do pão. A morte de L. interrompeu a correspondência e deixou sem decisão a hipótese complexa do laço substancial. Essa foi a última grande tentativa de explicação física da eucaristia. Ela fornece a Blondel* o tema de uma tese importante.

As teorias de L. sobre a liberdade humana, a racionalidade divina e a unidade da substância lhe permitiam esperar um consenso sobre essas questões controversas: o sistema ou os sistemas leibnizianos sucessivos têm virtude ecumênica. Diante dos fracassos e das incompreensões, L. recorreu a um cristianismo universal: ele se propunha assim reunir, para além das Igrejas que manteriam suas confissões* de fé particulares, um corpo de elite, uma "ordem da caridade", que realizaria praticamente a unificação dos cristãos dogmaticamente separados.

* *L.-Bibliographie*, pub. por K. Müller e ampl. por A. Heinekamp *et al.*, I. *Die Literatur über L. bis 1980*, 1967 (2ª ed., 1984); II. *1980-1990*, 1996, Frankfurt. — *Sämtliche Schriften und Briefe*, 29 vols. publicados, Darmstadt depois Berlim, 1923. — C. J. Gerhardt (ed.) (1879), *Die philosophischen Schriften*, 7 vol., Berlim (reed. Hildesheim, Nova York, 1978). Entre os numerosos textos disponíveis em francês: J. Baruzi (ed.) (1905), *Trois dialogues mystiques inédits*, Paris (reed. 1985). — P. Schrecker (ed.) (1934), *Lettres et fragments inédits sur les problèmes philosophiques, théologiques, politiques de la réconciliation des doctrines protestantes (1669-1704)*, Paris. — G. Grua (ed.) (1943, 2ª ed. 1999), *Textes inédits*, Paris. — Y. Belaval (ed.) (1961), *La profession de foi du philosophe*, Paris. — C. Fremont (ed.) (1987), *Discours sur la théologie naturelle des Chinois*, Paris. — M. Fichant (ed.) (1991), *De l'horizon de la doctrine humaine. La restitution universelle*, Paris. Em português: *Sistema novo da natureza e da comunicação das substâncias e outros textos*, Belo Horizonte, 2002; *Discurso de metafísica*, Lisboa, 2000; *Novos ensaios sobre o entendimento humano*, São Paulo, 1980.

▸ M. Blondel (1893), *De vinculo substantiali et de substantia composita apud Leibnitium*, Paris. — J. Baruzi (1907), *L. et l'organisation religieuse de la terre*, Paris; (1909), *L.* (com numerosos textos inéditos), Paris. — A. Boehm (1926), "L.", *DThC* 9, 173-195. — J. Baruzi (1927), "Le problème du salut dans la pensée religieuse de L.", retomado em *L'intelligence mystique*, Paris, 1985. — G. Preti (1953), *Il cristianesimo universale di G.G.L.*, Milão-Roma. — G. Grua (1953), *Jurisprudence universelle et théodicée selon L.*, Paris. — E. Naert (1959), *L. et la querelle du pur amour*, Paris. — V. Mathieu (1960), *L. e des Bosses (1706-1716)*, Turim. — J. Jalabert (1960), *Le Dieu de L.*, Paris. — Y. Belaval (1962), *L. Initiation à sa philosophie*, Paris. — J. Le Brun (1976), "L.", *Dsp* 9, 548-557. — E.

Holze (1991), *Gott als Grund der Welt im Denken des Gottfried Wilhelm L.*, Stuttgart.

Jean-Robert ARMOGATHE

→ *Descartes; Ecumenismo; Eucaristia; Luteranismo; Quietismo; Ritos chineses.*

LEIGO/LAICATO

Do ponto de vista lexicográfico, *leigo* (l.) e seus derivados remetem a dois campos semânticos principais. É l., por um lado, aquele que "é independente de toda confissão religiosa" (Robert *sv*): uma acepção moderna na qual se falará de Estado* leigo ou de ensino leigo, para manifestar a *ausência* de toda referência religiosa no sistema político ou educacional. Existe, por outro lado, um sentido especificamente ligado à estruturação da Igreja* como sociedade* religiosa: opõem-se então os *l.* — membros dessa sociedade, mas não exercendo nela senão as atividades decorrentes da pertinência comum à Igreja pelo batismo* — aos *clérigos*, que recebem nessa sociedade um estatuto específico donde derivam atos de governo*, de ensino e de presidência das assembleias cúlticas. Esta segunda acepção (é l. aquele que "não pertence ao clero") tem às vezes sido transposta a outras sociedades religiosas, mas pertence especificamente à tradição* eclesiástica cristã.

A acepção moderna do termo deriva desse segundo sentido, na medida em que se enraíza no processo pelo qual os poderes civis do Ocidente cristão se esforçaram desde o fim da IM por afirmar sua independência no conflito que opunha os dois poderes, o espiritual (o poder do papa* e da Igreja) e o temporal (sendo o poder dos príncipes concebido como não clerical e, portanto, *leigo*). A partir do s. XVIII, o conflito se tornou cada vez mais violento, tendo condicionado toda a história* religiosa e política do s. XIX para desembocar em soluções jurídicas bastante diversas: estatuto jurídico de separação da Igreja e do Estado ou concordatas. O espírito leigo, que reivindica a autonomia absoluta do poder temporal e se define pela recusa a toda referência à dimensão religiosa do homem (ver Bedouelle, Costa, 1998), é o último fruto desse conflito.

I. Determinação histórica

A significação do termo l. na Igreja se construiu em várias grandes etapas, que são por si mesmas reveladoras dos problemas teológicos e eclesiais subjacentes a essa realidade. Não foi por acaso que um dos grandes eclesiólogos do s. XX, Y. Congar, articulou todo um aspecto de sua reflexão eclesiológica sobre esse tema numa obra clássica, *Marcos para uma teologia do laicato* (1953).

1. Um termo ausente da tradição bíblica?

"L." vem do grego *laïkos* (aquele que pertence ao povo ou provém dele: não oficial, civil, comum, Liddell-Scott *sv*). Enfatiza-se de bom grado a ausência do termo no NT. É preciso contudo recordar que *laïkos* é um adjetivo derivado de *laos* (povo), um termo em si mesmo onipresente tanto no AT como no NT (cf. p. ex. as citações-chave de Ex 19,5 — retomadas frequentemente no NT, em 1Pd 2,5.9; Ap 1,6; 5,10; 20,6 — e de Lv 26,12 e Jr 31,33 — retomadas em 2Cor 6,16; Hb 8,10; Ap 21,3; ver Grelot 1970). E como a pertinência ao povo* de Deus* é o constitutivo formal da experiência* cristã (compare-se com o fato de que os discípulos de Jesus* não tardaram a receber da parte dos pagãos o nome de *christianus* [At 11,26], que é precisamente uma alcunha de pertinência [-*anus* = partidário de] a *Chrestos*), pode-se ter como provável que *laïkos*, quando apareceu no vocabulário eclesiológico, era portador desse sentido. O *laïkos* é, portanto, aquele que pertence ao povo de Deus, constituído herdeiro das alianças* e beneficiário da promessa* da salvação*: "Vós também, l., Igreja eleita de Deus, escutai isto: Igreja quer dizer em primeiro lugar povo; sois a santíssima Igreja católica, o sacerdócio real, a multidão santa, o povo adotado, a grande assembleia, a esposa adornada para o Senhor Deus" (*Didascalia* II, 26, 1). Assim, por conseguinte, "nossa palavra 'l.' se liga a uma palavra que, na linguagem judaica, depois cristã, designava propriamente o povo consagrado por oposição aos povos profanos" (Congar, 1953, 19).

O termo aparece de fato em certos textos como Clemente, *Ep. aos Cor.* 40,5 ou Tertuliano,

Praescr. 41, 8, que enumeram séries de funções distintas na assembleia (sumo sacerdote, sacerdotes*, levitas, 1.), mas não se deve projetar nesse fato as categorias, ligadas a uma abordagem eclesiológica posterior, que fazem da oposição entre clérigos e l. um princípio de reflexão. Estamos neste estágio, sublinha Congar, num contexto em que a instituição eclesial não é ainda concebida "como ordem dos meios da vocação à salvação" (*ibid.*, 21). Assim, pois, mesmo que a acentuação progressiva de uma hierarquização da vida e da pertinência eclesiais tenha surgido na consciência cristã a partir do s. III, e tenha conduzido notadamente a ver nas *ordines* os elementos estruturadores dessa sociedade (Hipólito, *In Danielem* I, 17; Tertuliano, *Ad uxorem* I, 7; *De monogamia* 12; *De exhort. cast.* 7, 3 e 14, 1-4; Metódio de Olimpo, *Banquete* VII, 3 etc.), o que desembocou na repartição proposta por Gregório I entre *pastores, continentes* e *conjugati* (cf. *Moralia* I, 14; V, 13 e 30 etc.), não se pode falar ainda de uma divisão sistemática na qual os l. seriam definidos tão somente pela oposição negativa aos clérigos ou pastores*. A reflexão eclesiológica sempre sentiu instintivamente o caráter fundador da pertinência batismal e sacramental ao povo de Deus, seja qual for o estatuto específico de cada um.

2. O desvio canônico da questão do laicato na época medieval

É difícil ainda avaliar a importância decisiva das orientações pastorais, canônicas e eclesiológicas da reforma gregoriana. Numa Europa Ocidental que retoma consciência de si mesma ao atualizar a dupla herança do pensamento político antigo e da tradição teológica agostiniana (as duas cidades*), o posicionamento mútuo da Igreja e dos príncipes vai colocar-se então em termos de conflito de poderes (espiritual e temporal). Globalmente, a repartição se fará da forma seguinte: a Igreja exerce seu poder na pessoa dos clérigos (papa e bispos*); os príncipes, que não são clérigos mas l., tornam-se detentores do poder temporal. Surge então a tarefa de determinar em termos jurídicos a força dos dois poderes; e intervém um novo esquema, no qual os l. não têm de exercer nenhum poder na Igreja, pois somente os clérigos têm essa responsabilidade. Essa nova abordagem eclesiológica, pesadamente condicionada pelas circunstâncias político-sociais, desemboca num tríplice resultado: *em primeiro lugar*, um esforço para elucidar e distinguir os domínios respectivos da sociedade natural (política) e da sociedade eclesial, com um inevitável endurecimento lógico opondo o que depende do temporal (poder dos príncipes l.) e o que depende do espiritual (poder dos clérigos); *em seguida*, para justificar a especificidade dos clérigos com relação aos l., a introdução maciça de uma problemática jurídica do poder no interior da vida e do mistério* da Igreja — é nesse quadro que se pode situar o axioma do decreto de Graciano *Duo sunt genera christianorum...*, opondo os "clérigos dedicados ao ofício divino, consagrados à contemplação* e à oração*, afastados dos assuntos do mundo*, aos l., que possuem bens temporais, podem casar-se, cultivar a terra, exercer a justiça* humana, conduzir negócios e oferecer dons no altar" (c. VII, c. XII, q. 1; cf. comentário de Congar, 1953, 27-34, e GVEDL I, 678); *por fim*, um poder eclesial que pretende exercer-se sobre a sociedade até em sua estrutura "natural", a Igreja considerando que pertence ao seu papel ajudar na construção de um mundo presente que seja verdadeiramente marcado em suas instituições pelas consequências éticas, sociais e culturais da revelação*.

É aqui que se pode avaliar de que maneira diferente evoluíram as duas apreciações do laicato próprias da Igreja do Ocidente e da Igreja do Oriente. Esta última, por ter sempre existido numa sociedade civil e política já constituída, foi sempre espontaneamente compreendida em sua essência sacramental; o poder político (o *Basileus* bizantino) é assim apreendido, nesse contexto, como um componente real desse dado da Igreja-sacramento, e reconhece-se nele uma identidade sacerdotal particular e o direito formal de aí intervir enquanto tal (cf. Dagron, 1996, em part. 315-322): trata-se, pois, de uma perspectiva de *integração* do príncipe e da sociedade natural no mistério* da Igreja. A Igreja

do Ocidente, em contrapartida, não tardará a definir-se pela *separação* do *sacerdotium* e do *imperium* (simbolizando a doação de Constantino, pelo "dom" dos Estados pontificais, essa autonomia radical do *sacerdotium*), o que cedo criará entre os dois poderes uma situação de conflito que verá o poder espiritual tentar perpetuamente afirmar sua supremacia sobre o poder temporal.

3. A crise da Reforma e a redescoberta contemporânea do sacerdócio batismal

O surgimento da Reforma está profundamente ligado às reivindicações de autonomia do poder secular tanto quanto a uma crítica radical da Igreja como mediação objetiva de salvação, e é no pano de fundo de uma situação nova que se deve compreender as posições de Lutero* e sua afirmação de uma primazia absoluta do sacerdócio* comum dos fiéis, radicalmente oposto ao sacerdócio ministerial. Por reação, essa situação de crise suscitou na Igreja católica um endurecimento da oposição clérigos/l. no próprio *interior* da vida eclesial, numa teologia que enfatizava contrastes como o da Igreja que ensina (os clérigos) e a Igreja ensinada (os l.), e que via no estado clerical o representante eminente da identidade cristã.

O aparecimento de sociedades fundadas no reconhecimento do indivíduo livre, sujeito de direitos e de deveres, uma releitura crítica das fontes históricas (bíblicas, patrísticas, medievais), uma renovação da evangelização* nas sociedades de tradição cristã (ação católica) — esses fatores deveriam permitir à teologia contemporânea retomar as grandes noções eclesiológicas e, portanto, também a noção de l./laicato. A Y. Congar, já citado, é preciso acrescentar os trabalhos de M.-D. Chenu, H. de Lubac*, H. e K. Rahner*, que exerceram, todos eles, uma profunda influência no *aggiornamento* eclesial desejado pelo papa João XXIII e formulado de maneira programática nos grandes textos do Vaticano II* (notadamente *LG*, cap. II, IV e V, *GS, AA, AG*, cap. VI, *IM, DH, GE*, sem esquecer as *Mensagens do Concílio*, respectivamente de 20 de outubro de 1962 e de 8 de dezembro de 1965). A implementação desses grandes escritos programáticos teve prosseguimento, de modo particular, pelo sínodo* romano de outubro de 1987 sobre "a vocação e a missão* dos l. na Igreja e no mundo vinte anos depois do Vaticano II", e pela publicação, por João Paulo II, da exortação apostólica pós-sinodal *Christifideles laici* (*CL*), de 30 de dezembro de 1988. A reflexão teológica atual não é verdadeiramente unânime; as diversas tendências se inscrevem porém no interior de algumas grandes convicções comuns.

II. Abordagem dogmática

1. Dificuldades de uma abordagem "positiva" da noção de laicato

Como o mostra a história, a dificuldade que se encontra no sentido de definir a realidade do *laicato* advém do fato de utilizar-se um conceito negativo: formalmente, é *l.* todo membro da Igreja que não pertence à clericatura, i.e., que não recebeu o sacramento* da ordem*. Por essa razão, a tripartição habitual dos membros do povo de Deus em sacerdotes, religiosos(as) e l. é formalmente inexata, visto que os religiosos são ou religiosos-clérigos (se são ordenados) ou religiosos-l. (se não o são). Em termos fundamentais, a noção de laicato é uma noção pastoral-canônica que permite decretar comodamente a respeito dos membros do povo de Deus segundo o estado de vida ou as atividades ministeriais que lhes são próprias. É o que manifesta claramente o procedimento do *CIC* de 1983 quando este começa por definir os *christifideles* como aqueles "que, enquanto incorporados a Cristo* pelo batismo, são constituídos como povo de Deus" (cân. 204. l), e afirma em seguida que, "por instituição divina, há na Igreja, entre os fiéis, os ministros consagrados que por direito (*in jure*) são denominados clérigos, e os outros que são chamados de l." (cân. 207.1; cf. *LG* 31).

O principal problema é, pois, de metodologia eclesiológica: pode-se partir de um dado prático de caráter pastoral e jurídico e dar-lhe valor dogmático em eclesiologia* sem cometer certo paralogismo? É a partir de uma questão desse

tipo que é preciso compreender as tentativas de algumas teologias* que desejam definir *positivamente* o laicato (todas as tendências confundidas): as de canonistas (Corecco, 1990, 249-279), as de teólogos preocupados em promover a especificidade de certos carismas próprios de movimentos l. (G. Chantraine), as de membros desses movimentos (*Comunhão e Libertação* e *Opus Dei* principalmente — no que se refere à Europa), aquelas ainda, anteriormente, dos teóricos da *ação católica* que faziam derivar o apostolado dos l. de um *mandato* da hierarquia*, aquelas, por fim, dos historiadores que, preocupados com a "desclericalização", criticam a "estrutura bipolar" da Igreja (A. Faivre, p. ex., *Ordonner la fraternité*, Paris, 1992).

Na aparente diversidade das abordagens, o seu ponto de partida é de fato sempre o mesmo: é a vida da Igreja, concebida essencialmente por intermédio da *funcionalidade*, da *atividade* e dos *poderes*, que legitima as interrogações. Em consequência, certas teologias do laicato podem assumir um aspecto conflituoso ou reivindicativo e organizar-se essencialmente para perguntar o que os l. podem fazer ou não, por referência ao ministério presbiteral ou diaconal: um aspecto sem dúvida exacerbado pela situação atual de uma Igreja que não conhece só uma profunda crise de vocações, mas também uma considerável incerteza sobre a identidade do sacerdócio ministerial. De igual modo, fazer da distinção entre carisma e instituição (Congar) um elemento constitutivo da eclesiologia acarreta o perigo de identificar instituição e responsabilidade ministerial, por um lado, vida leiga e diversidade espontânea dos carismas, por outro lado, o que leva a desejar uma "promoção" do laicato em termos de diversificação carismática (Correco, 1990; Chantraine, 1987) — um prolongamento moderno da teologia dos carismas fundadores dos institutos religiosos. Outra tendência, por fim, que pode com razão prevalecer-se da tradição e de certos textos conciliares (notadamente *LG* 31, "o caráter secular *[indoles saecularis]* é o caráter próprio e particular dos l.", retomado em *CL*), parece querer dar uma especificidade positiva ao laicato cristão confiando-lhe a preocupação com os assuntos do mundo (*saeculum*) — o que fornece uma versão contemporânea da repartição medieval dos poderes, tendo os clérigos a preocupação com os assuntos da Igreja e os l. a dos assuntos temporais. Entretanto, essa dicotomia, mesmo bastante atenuada, não parece poder responder à questão fundamental da determinação *teológica* do estatuto dos l. na Igreja. A questão remete, com efeito, à do par sacerdócio batismal/sacerdócio ministerial, sendo esse par que estrutura a Igreja em seu próprio ser.

2. Retomada do problema pela via da sacramentalidade da Igreja

Para responder às exigências eclesiológicas atuais, uma teologia do laicato parece dever suplantar as oposições canônicas que a definem negativamente por referência ao sacerdócio ministerial e recorrer a uma teologia da sacramentalidade da Igreja tal como definida em *LG* 1: "Sendo a Igreja, em Cristo, de algum modo o sacramento, isto é, ao mesmo tempo o sinal e o meio da *união* íntima com Deus e da *unidade* de todo o gênero humano [*intimae cum Deo unionis totiusque humani generis unitatis*]…". Essa afirmação implica, por conseguinte, que a Igreja é inseparavelmente o que *significa* (*sacramentum*) a comunhão* que ela *é* (*unio* ou *communio*).

A forma fundamental e inexcedível na qual a Igreja se significa na e pela existência e pelos atos de seus membros é o sacerdócio comum ou real dos batizados: todos os membros (l. ou clérigos) recebem, pois, pelo *batismo*, essa existência sacerdotal definida na Escritura em Rm 12,1 ("Portanto, eu vos exorto, irmãos, pela misericórdia* de Deus, a vos oferecerdes vós mesmos em sacrifício vivo, santo e agradável a Deus: este será o vosso *culto* espiritual*'; cf. Rm 1,9; 15,15s). Não há outro fundamento para a existência de todo fiel senão esse dom filial de sua vida ao Pai* no e pelo sacerdócio único de Cristo, "único Mediador entre Deus e os homens". O Vaticano II comenta da seguinte maneira:

> "Cristo Senhor, Pontífice tomado dentre os homens (cf. Hb 5,1-5), fez do novo povo 'um reino de sacerdotes para Deus Pai' (cf. Ap 1,6; 5,9s). Pois os batizados, pela regeneração e unção do Espírito* Santo, são consagrados como casa espiritual e sacerdócio santo, para que por todas as obras do homem cristão ofereçam sacrifícios espirituais e anunciem os poderes Daquele que das trevas os chamou à sua admirável luz (cf. 1Pd 2,4-10). Por isto, todos os discípulos de Cristo, perseverando em oração e louvando juntos a Deus (cf. At 2,42-47), ofereçam-se como hóstia viva, santa, agradável a Deus (cf. Rm 12,1). Por toda parte deem testemunho de Cristo. E aos que o pedirem deem as razões da sua esperança da vida eterna (cf. 1Pd 3,15)" (*LG* 10).

Portanto, o problema não é ser l. (não clérigo), mas ser *batizado* (*laïkos* como membro do povo [*laos*] de Deus): não mais uma definição canônica por diferenciação negativa, mas um reconhecimento positivo da sacramentalidade de toda a existência cristã tanto no seio do mundo como no seio da Igreja, sacramentalidade do sacerdócio real batismal fundada no sacerdócio único de Cristo. Como é dada pela graça* de um modo sacramental, a existência cristã é ela mesma chamada a ser totalmente sacramental: "Os pastores devem reconhecer e promover os ministérios*, os ofícios e as funções dos fiéis l. *que têm seu fundamento sacramental no batismo, na confirmação* e para muitos no matrimônio*'" (*CL* 23).

É aqui que se formula a questão da relação entre os dois sacerdócios (sacerdócio batismal e sacerdócio ministerial). O texto essencial do Vaticano II formula-o assim: "O sacerdócio comum dos fiéis e o sacerdócio ministerial ou hierárquico ordenam-se um ao outro, embora se diferenciem na essência e não apenas em grau (*licet essentia et non gradu tantum differant*). Pois ambos participam, cada qual a seu modo, do único sacerdócio de Cristo (*suo peculiari modo de uno Christi sacerdotio participant*)" (*LG* 10). Mesmo que o texto não dê uma solução formal acerca do constitutivo dessa diferença essencial, pensamos que se trata de uma diferença *na ordem da significação*: os dois sacerdócios (batismal e ministerial) significam a mesma *res* (o único sacerdócio de Jesus Cristo), mas segundo dois registros de significação diferentes (ora, isso basta para afirmar uma diferença *essencial*, pois dois sinais, enquanto sinais, não diferem em grau mas em essência, ainda que designem uma mesma realidade). Um e outro significam o mesmo Cristo grande pontífice, mas sob dois aspectos diferentes. O sacerdócio ministerial significa Cristo agindo para salvar o mundo, o Senhor tomando a iniciativa de cumprir o desígnio do Pai, fundando e instituindo os gestos da salvação, Verbo* eterno se fazendo *meio e operador da salvação por graça*: sempre que a Igreja aparece como sinal sacramental do Cristo Salvador, o sacerdócio ministerial significa a gratuidade da graça dada nesse ato salvador. O sacerdócio batismal, por seu turno, significa Cristo enquanto realiza em nós e recapitula em si sua obra de salvação, o Cristo-Pleroma, aquele que nos configura à sua semelhança na medida em que se ofereceu ao Pai "de uma vez por todas", que contém tudo e em quem todas as coisas são reunidas.

Conceber a existência batismal como sacramento do sacerdócio de Cristo permite então articular a condição do l. na Igreja segundo a teologia da "tríplice função" (profética, real e cultual). É possível esquematizá-la da seguinte forma:

a) Função profética: Na medida em que toda a vida batismal repousa na confissão da fé*, tudo o que diz respeito à confissão, ao testemunho e à proclamação da fé pertence de pleno direito a todos os batizados. Só a função de autenticação da fé sob todas as suas formas depende do ministério como *charisma veritatis* (Ireneu*).

b) Função real: Se a função real do sacerdócio batismal consiste no exercício de uma liberdade* movida pela caridade que é o Espírito Santo, ela pertence igualmente a todo batizado e dá a nota fundamental da sacramentalidade de sua existência cristã, nas formas infinitamente variadas exigidas pela diversidade das necessidades e das angústias humanas. Só a função crítica de unificação desses carismas a serviço da comunhão depende formalmente do sacerdócio ministerial.

c) Função cultual: A função cultual é a obra de toda a assembleia: "Esta cidade resgatada por inteiro, isto é, a assembleia e a sociedade dos santos, é oferecida a Deus como um sacrifício* universal pelo grande pontífice que, sob a forma de escravo, chegou ao ponto de se oferecer por

nós em sua paixão*" (Agostinho*, *A cidade de Deus* X, VI). Assim, toda ação litúrgica é obra de todos, manifestando o sacerdócio ministerial nesse contexto, pelo sinal sacramental de presidência, a iniciativa transcendente do Cristo-Cabeça, fonte da graça.

Nessa perspectiva, é claro que a realidade do sacerdócio ministerial se acha totalmente subordinada à do sacerdócio real como um meio com relação a um fim, já que a realidade última da Igreja é a participação de todos (pela via filial adotiva) no eterno dom de si do Filho ao Pai no Espírito. Não se pode imaginar um reconhecimento mais fundamental da dignidade do estado de l. batizado na Igreja.

• Y. M.-J. Congar (1953), *Jalons pour une théologie du laïcat*, Paris. — K. Rahner (1955), "Über das Laienapostolat", *Schr. zur Th.* 2, Einsiedeln, 339-373. — Y. M.-J. Congar (1950), "Conscience ecclésiologique en Orient et en Occident du VIe au XIe siècle", *Ist*6, 187-236. — M. Jourjon (1963), "Les premiers emplois du mot l. dans la littérature patristique", *LV (L)* 65, 37-42. — B. D. Dupuy (1967), "L." (teologia e direito canônico), *Cath* 6, 1627-1643. — P. Grelot (1970-1981³), "Peuple", *VThB*, 979-991. — P. F. Bradshaw (1983), "Modèles de ministères, le rôle des l. dans la liturgie", *MD* 154, 127-150. — G. Chantraine (1987), *Les l., chrétiens dans le monde*, Paris. — E. Poulat (1987), *Liberté, laïcité. La guerre des deux France et le principe de modernité*, Paris. — M. Spinelli (1990), "L.", *DECA* 2, 1399-1400. — E. Corecco (1990), *Théologie et droit canon. Écrits pour une nouvelle théorie générale du droit canon*, Friburgo (Suíça). — A. M. Ritter *et al.* (1990), "Laie", *TRE* 20, 378-393. — D. Bourgeois (1991), *L'un et l'autre sacerdoce*, Paris. — G. Dagron (1996), *Empereur et prêtre. Étude sur le "césaropapisme" byzantin*, Paris. — G. Chantraine *et al.* (1996), *Baptême et ordre: l'un et l'autre sacerdoce*, Com (F) XXI/6, 9-83. — G. Bedouelle e J.-P. Costa (1998), *Les laïcités à la française*, Paris.

Daniel BOURGEOIS

→ *Batismo; Clero/clericatura; Igreja; Ministério; Sacerdócio; Sacramento.*

LENDA → **mito**

LEVINAS, Emmanuel → **infinito** IV. b

LEX ORANDI → **liturgia** 1. c

LIÃO I (Concílio), 1245

O I concílio* (c.) de Lião pertence à série dos c. *gerais* ou *pontificais* da IM (cf. Latrão I*); a tradição canônica pós-tridentina o considera o XIII c. ecumênico.

O papa* Inocêncio IV, instalado em Lião em 1244, convocou nessa cidade um c. destinado a regulamentar os problemas da cristandade — o principal era a disputa que opunha a Igreja* romana ao imperador Frederico II, cujas vontades hegemônicas ameaçavam o papa na Itália.

Acorrem a Lião cerca de 150 bispos* e prelados, aos quais é preciso acrescentar abades, príncipes como o imperador latino de Constantinopla, embaixadores também, contando-se entre eles representantes de Frederico II. Depois de uma reunião preparatória em 26 de junho de 1245, o c. tem sua primeira sessão em 28 de junho de 1245. O papa pede ao c. que encontre um remédio para as cinco dores ou cinco queixas da Igreja: corrupção moral dos clérigos* e dos leigos*, aflição da Terra Santa, enfraquecimento do império latino do Oriente diante da reconquista grega, ameaças dos tártaros (mongóis) e, por fim e sobretudo, a perseguição da Igreja por parte de Frederico II. A segunda sessão (5 de julho) trata essencialmente da questão imperial. No decorrer da terceira e última sessão (17 de julho), apesar da oposição de alguns bispos e embaixadores, o imperador é reconhecido culpado pela maioria: ele é excomungado e deposto.

A deposição de Frederico II é o principal feito do c. A dimensão teológica e a vontade reformadora estavam praticamente ausentes dele. A história dos decretos do c. é confusa; alguns textos compostos fora do c. foram associados a ele por Inocêncio IV. Além da bula de deposição de Frederico II, consideram-se em geral como textos oficiais dois conjuntos de documentos. O primeiro abrange 22 decretos ou constituições de ordem canônica referentes aos processos eclesiásticos (1-3, 6 e 8-17), às eleições (4-5), aos poderes dos legados (7), às sanções contra os assassinos de aluguel (18) e à excomunhão (19-22). O segundo comporta cinco constituições mais desenvolvidas, que retomam as quatro primeiras queixas da Igreja evocadas pelo papa na abertura do c.: estabelecem-se assim medidas contra os abusos na gestão dos bens da Igreja e contra a usura (1), promete-se ajuda ao império latino de Constantinopla (2), encoraja-se a luta contra os tártaros (4), tomam-se disposições para relançar a cruzada (taxas, medidas contra os judeus, interdição da venda de produtos estratégicos para os sarracenos) (3 e 5). A quase totalidade dos 22 decretos foi inserida no *Sexto*, coletânea canônica de Bonifácio VIII (1298).

Conserva-se sobretudo de Lião I o fato de que ele marca uma nova etapa na afirmação da "teocracia" pontifical, ao mesmo tempo que oficializa a irrupção no universo eclesial dos povos da Ásia, suscitando primariamente o medo diante do nascimento de uma nova perspectiva de evangelização*.

- Mansi 23, 605-686 — *COD* 273-301 (*DCO* II/1, 581-633). — *Brevis nota* (relato contemporâneo do desenrolar do c.), ed. L. Weiland, MGH.L, 1886, IV, 2, *Constitutiones* II, 513-516 (nº 401). — Matthieu Paris, *Chronica majora* (o cronista narra o c. a partir de testemunhos), ed. H. R. Luard, Rolls Series 57, 4, Londres, 1877, 2ª ed. 1964, vol. 4, p. 410-414, 430-478.

▸ J.-B. Martin (1905), *Conciles et bullaire du diocèse de Lyon*, Lyon. — H. Wolter e H. Holstein (1966), *Lyon I et Lyon II, HCO* 7 (bibl.). — M. Mollat e P. Tombeur (1974), *Les conciles Lyon I et Lyon II, Concordance, Index, Listes de fréquence, Tables comparatives*, Conciles oecuméniques médiévaux 2, Louvain. — B. Roberg (1990), "Zur Überlieferung und Interpretation der Hauptquelle des Lugdunense I von 1245", *AHC* 22, 31-67; (1991) "Lyon I", *TRE* 21, 634-637 (bibl.). — G. Alberigo (1990) (sob a dir. de), *Storia dei concili ecumenici*, Bréscia.

Jean COMBY

→ *Igreja-Estado, Política (teologia)*.

LIÃO II (Concílio), 1274

O II concílio* (c.) de Lião pertence, tal como Lião I, à série dos c. *gerais* ou *pontificais* da IM (cf. Latrão I*); a tradição canônica o considera o XIV c. ecumênico.

Gregório X, eleito em 1271, depois de uma vacância de três anos da sé romana, enquanto assistia em Saint-Jean d'Acre à agonia dos estabelecimentos cristãos da Terra Santa, e às intrigas dos latinos contra o Império Grego restabelecido em 1261, não tardou a decidir a reunião em Lião de um c. que teria três objetivos: o relançamento da cruzada, a reunião das Igrejas* grega e latina, a reforma dos costumes cristãos.

Preparado por relatórios enviados ao papa*, em particular os do franciscano Guibert de Tournai, do dominicano Humbert de Romans e do bispo* de Olmutz, Bruno de Holstein-Schauenberg, o c. reuniu um impressionante número de prelados. Algumas fontes falam de quinhentos bispos e de várias centenas de outros prelados. Tomás* de Aquino morreu a caminho, mas estiveram presentes nele Boaventura*, superior geral dos frades menores, e Pierre de Tarentaise, dominicano, ex-arcebispo de Lião, cardeal e futuro Inocêncio V. Além das seis sessões oficiais (7 e 18 de maio, 4 de junho, 6, 16 e 17 de julho), o c. teve acontecimentos memoráveis: a chegada dos representantes da Igreja grega e uma primeira celebração comum (24 e 29 de junho), a recepção de embaixadores tártaros e o batismo* de um deles (4 e 16 de julho), a morte* e os funerais de Boaventura (15 de julho).

Gregório X demonstrava demasiado otimismo quando pensava que o c. realizara os objetivos propostos. A constituição *Zelus fidei* reorganizava a cruzada instituindo um dízimo distribuído em seis anos e indulgências* para os dons espontâneos. As décimas, muito impopulares, não vigoraram, e o último estabelecimento da Terra Santa, Saint-Jean d'Acre, caiu em 1291.

O c. enriqueceu a legislação canônica. Os 31 decretos foram quase todos integrados ao *Sexto* (1298), e vários tiveram alguma aplicação. A constituição *Ubi periculum* (cân. 2) regulamenta a eleição pontifical ao instituir o conclave. Na designação aos cargos e aos benefícios, o procedimento tradicional da eleição e as condições da ordenação* são precisadas com mais rigor (3 e s). Os clérigos* são recordados de seu dever de residência (14) e da interdição da acumulação (18). As ordens religiosas criadas sem o consentimento do papa devem ser dissolvidas (23). Algumas medidas dizem respeito à salvaguarda da dignidade do culto* e das igrejas, e a devoção em nome* de Jesus* é recomendada (25). Recorda-se a interdição da usura (empréstimo a juros), sendo a sepultura religiosa

recusada aos usurários (26-27). Aborda-se ainda a questão da excomunhão (19-31).

Lião II permaneceu na memória como o c. da reunião efêmera das Igrejas grega e latina. A vontade de reunião que precedeu o pontificado de Gregório X se inscreve numa conjuntura político-religiosa complexa. O imperador Miguel VIII Paleólogo, que restaurara o poder bizantino sobre Constantinopla (1261), avaliava que a reconciliação com a Igreja romana favoreceria um retorno ofensivo dos barões latinos; e estava decidido pelas concessões necessárias recusadas pelo patriarca, pelos bispos*, pelos sacerdotes* e pelos monges bizantinos. Os papas tinham razões mais religiosas para acolher essa aproximação, mas queriam impor o ponto de vista romano sem discussão. A união será proclamada na quarta sessão do c., em 6 de julho, dia em que o representante de Miguel Paleólogo nele lê a profissão de fé do imperador bizantino. Não se trata nesse caso de um texto elaborado em comum entre teólogos latinos e teólogos gregos, mas de uma fórmula imposta e retocada várias vezes por alguns papas, em particular por Clemente IV, morto em 1268. O imperador professa o Filioque*, reconhece que "a santa Igreja romana possui a primazia e autoridade* soberana e integral sobre o conjunto da Igreja católica", e aceita certo número de pontos de doutrina e de disciplina contestados pelos gregos, referentes à escatologia* e à teologia dos sacramentos: a retribuição imediata depois da morte*, o fogo do purgatório*, o septenário (incluindo a confirmação*, cujo ministro é o bispo, e a unção dos enfermos), a legitimidade do pão ázimo para a eucaristia*, o conceito de transubstanciação, o caráter lícito das segundas e terceiras núpcias depois da morte de um dos cônjuges, a condenação da reiteração do batismo* por ocasião da passagem de uma Igreja a outra. O imperador exigiu porém que os gregos não mudassem nada em suas fórmulas tradicionais. Toda a assembleia cantou o credo em latim, depois em grego, integrando a ele *ex patre filioque procedit*.

A constituição *Fideli ac devota* sobre a Trindade* (cân. 1) é o único traço oficial dessa aproximação entre as duas Igrejas que o c. conservou. Trata-se simplesmente de uma recordação da teologia* latina do Filioque: "O Espírito Santo* procede eternamente do Pai* e do Filho, não como de dois princípios, mas como de um princípio, não por duas espirações mas por uma única espiração."

Exigia-se dos gregos uma capitulação pura e simples. O imperador Miguel esforçou-se por impor pela força uma união que todos em Constantinopla recusavam. O patriarca Joseph foi rebaixado e substituído por João Bekkos, que aceitou a teologia latina antes de ele próprio cair em desgraça. Miguel morreu duplamente excomungado, por Roma* por não ter realizado a união, e pela Igreja Grega por ter querido impô-la. A união não tardou a ser denunciada (1283). Lião II em última análise, apenas aumentou o fosso que separava as duas Igrejas. O dossiê será retomado em melhores condições no c. de Florença* (1439).

- Atas: Mansi 24, 37-136. — *COD* 303-331 (*DCO* II;1, 637-689). — *Brevis nota* ou *Ordinatio Concilii generalis Lugdunensis per Gregorium Papam X* (relato contemporâneo do c.), ed. A. Franchi, Roma, 1965. — V. Laurent e J. Darrouzès, *Dossier grec de l'union de Lyon (1273-1277)*, Paris, 1976.

▶ J.-B. Martin (1905), *Conciles et bullaire du diocèse de Lyon*, Lyon. — H. Wolter e H. Holstein (1966), *Lyon I et Lyon II, HCO* 7 (bibl.). — M. Mollat e P. Tombeur (1974), *Les conciles Lyon I et Lyon II, Concordance, Index, Listes de fréquence, Tables comparatives*, Conciles oecuméniques médiévaux 2, Louvain. — Col. (1977), *1274, année charnière. Mutations et continuités*, Paris. — C. Capizzi (1985), "Il II Concilio de Lione e l'Unione del 1274. Saggio bibliografico", *OCP* 51, 87-122. — B. Roberg (1989), "Einige Quellenstücke zur Geschichte des II. Konzils von Lyon", *AHC* 21, 103-146; (1990), *Das zweite Konzil von Lyon (1274)*, Paderborn; (1991) "Lyon II", *TRE* 21, 637-642 (bibl.). — G. Alberigo (sob a dir. de) (1990), *Storia dei concili ecumenici*, Bréscia (*Les conciles oecuméniques*, I; *L'histoire*, 1994, 192-201 e 259-272).

Jean COMBY

→ *Ecumenismo; Filioque; Florença (concilio); Lião I (concílio).*

LIBERALISMO

"Liberal", "liberalismo" (lmo.) são termos que designam comumente diversas correntes de ideias — políticas, econômicas, religiosas, teológicas — que apareceram na época da Reforma e se solidificaram entre o tempo das Luzes e o s. XIX. Têm em comum apelar para o conceito de liberdade (l.) mas nunca formaram um todo homogêneo. Na história da teologia, lmo. protestante e lmo. católico encarnam duas formas próximas mas distintas de um debate entre cristianismo e modernidade, ou entre cristianismo e Luzes, no qual l. e autoridade mantêm sempre certa relação de antagonismo primordial.

a) Liberdade e liberdades. — A filosofia moderna não inventou o conceito de l., porém o inscreveu em novas estruturas significantes. Em sua realidade moderna, o Eu se põe em Descartes* pondo entre parênteses a autoridade das tradições filosóficas. A l. do cristão afirmava-se em Lutero* limitando as pretensões do magistério* eclesiástico. No século de Lutero, a razão científica afirmava-se também em Bacon, que jogava a autoridade do real contra a autoridade dos discursos tradicionais. No mesmo século, textos e testemunhos (inclusive textos religiosos) viram-se igualmente submetidos ao olhar crítico do filólogo e do historiador (humanismo* cristão, surgimento de uma história* crítica da Igreja* em Valla, depois Barônio etc.). O mesmo período viu também renascer o ideal grego clássico da l. do cidadão: e a partir dos filósofos políticos ingleses do s. XVII um poder político absoluto deixou de aparecer como um poder político razoável.

As ideias do século das Luzes e de seus ideais apenas radicalizaram (e popularizaram) os princípios de uma direção já tomada. L. de consciência, l. religiosa, esperança de uma reconstituição racional dos laços sociais e políticos, a maioria dos temas estava presente antes. A consciência aguda de pertencer a uma nova época fez em todo caso a unidade intelectual do s. XVIII: consciência de representar uma humanidade chegada à idade adulta que ousou enfim saber. Assim Kant*, no seu manifesto publicado em 1784, *Was ist Aufklärung?* (Weischedel, IX 53-61), considera a consciência de si como consciência de uma ruptura e de um "progresso".

Apegado ao ideal de l. e a algumas aquisições da Revolução francesa, herdeira das Luzes, católicos como Chateaubriand tornam-se durante a Restauração os defensores da l. de imprensa e de opinião. Quando, em 1830, revoluções liberais explodem em toda a Europa, Lamennais e seus discípulos Lacordaire e Montalembert fundam o jornal *L'Avenir*, que reclama seis l. em seu programa: 1/ l. de consciência ou de religião (portanto, separação da Igreja e do Estado*); 2/ l. de ensino; 3/ l. de imprensa; 4/ l. de associação; 5/ l. de sufrágio (extensão do princípio de eleição); 6/ l. de administração local (contra a centralização revolucionária e imperial). Essa escola católica liberal entusiasma-se pela l. dos povos (belga, polonês, irlandês): "a l., como na Bélgica", novo Estado beneficiário de instituições liberais, torna-se um *leitmotiv*, e Gregório XVI escandaliza quando exorta os poloneses revoltados a submeter-se ao Tsar.

b) Catolicismo e revolução. — É de notar a particularidade do catolicismo: sua recepção das Luzes — ou sua recusa de recebê-las — esteve sempre ligada a uma interpretação da Revolução francesa. O catolicismo liberal traduz-se assim, primeiro, pela leitura moderada da Revolução, que distingue a Constituinte e sua obra (1789) da Convenção e do Terror (1793) (p. ex., em Maret e Ozanam), enquanto o catolicismo conservador (Maistre, Bonald) traduz-se antes de tudo por teorias explicitamente contrarrevolucionárias, para as quais a queda do Antigo Regime francês é um acontecimento teológico e o produto indiferenciado das forças do mal. O catolicismo contrarrevolucionário será levado por sua lógica a formar epistemologias teológicas tradicionalistas (de que o Magistério da Igreja dirá a parte de heterodoxia). A lógica do catolicismo liberal, ao contrário, levará a teorizações mais limitadas: busca de um método teológico aliando história* e filosofia dos dogmas* ("Dignidade da razão humana e necessidade da revelação divina", Maret, 1856), defesa da democracia cristã (*A Era nova*, de Maret e Ozanam, 1848), defesa da separação da Igreja e do Estado ("a Igreja livre no Estado livre" — Montalembert em Malines, 1863).

Certamente, o verdadeiro problema teológico era o anúncio do Evangelho numa sociedade* mudada e numa nova cultura. E se essas mudanças primeiro se manifestaram (mas não unicamente) nas Luzes sob a forma de uma crítica do cristianismo, por não cristãos ou maus cristãos, o cristianismo liberal assumiu como objetivo principal a crítica do cristianismo (tradições* e instituições) pelo próprio cristianismo (mensagem evangélica). Uma teologia renovada no contato com as filosofias dominantes do momento (escola de Tübingen*), o cuidado de identificar a "parte de verdade" das objeções formuladas contra o cristianismo (assim as tomadas de posição de Mons. D'Hulst em relação a Renan), o cuidado de garantir ao trabalho científico do teólogo uma independência suficiente na Igreja não permitem classificar como uma escola "liberal" no catolicismo do s. XIX, mas constituem, sem dúvida, os traços distintivos de uma tendência.

c) Protestantismo e modernidade. — A Revolução francesa nunca foi objeto de temores e de reprovações dos protestantes, e a história do protestantismo dito liberal é a de uma continuidade: correntes sucessivas, todas portadoras de um projeto de modernização ou de "revisão" da teologia cristã. Na sucessão dessas figuras, o protestantismo liberal aparece depois da físico-teologia, da neologia e do racionalismo*, assim como depois de Kant e de Schleiermacher*. Surge de outro lado sob sua forma pura, depois que os hegelianos de esquerda (a *Vida de Jesus* de D. F. Strauss, Feuerbach etc.) ou os teólogos ditos "livres" (A. I. Biedermann, E. Zeller, F. Overbeck etc.) mostraram até onde pode ir sua crítica ao cristianismo — até uma redução antropológica ou uma demitologização que nada deixa subsistir das afirmações crentes. Contra esse esvaziamento, o protestantismo liberal quer ser cristão, embora sendo supremamente científico. Mas quando Harnack fornecer seu catecismo ao protestantismo liberal (conferências sobre *A Essência do cristianismo*) mostrará perfeitamente a que redefinição do cristianismo conduz o movimento de que ele é a última e mais grandiosa figura: o traço distintivo do cristianismo deixa de ser a fé* *em* Cristo para tornar-se a fé *de* Cristo, a qual revela Deus como Pai*; e sob os golpes de múltiplas críticas do desenvolvimento dos dogmas cristãos as afirmações tradicionais da fé cristã já não aparecem mais (a Harnack, ainda) senão como "obras do espírito grego sobre o solo do Evangelho". Recusa das formas helenizadas de Cristo, recusa da "metafísica" em nome das implicações morais da fé cristã (A. Ritschl), oposição do "método histórico" e do "método dogmático" em teologia (E. Troeltsch) ou ainda recusa das origens judaicas do cristianismo (Harnack, *Marcion: Das Evangelium vom fremden Gott* [reimpresso em Darmstadt 1991]), o protestantismo liberal (ou "cultural") tinha boas intenções, as de um *aggiornamento* do discurso cristão para torná-lo audível e acreditável para uma nova cultura — mas em lugar de permitir um novo acesso ao "essencial" o caminho que tomou foi o da redução do cristianismo a um humanismo burguês.

d) Rejeições e condenações. — No interior do catolicismo, a história das tendências liberais, do fim das guerras napoleônicas até meados do s. XX, é parcialmente a de seu fracasso. Gregório XVI condena em 1832 (encíclica *Mirari vos*) o lmo. de Lamennais, notadamente a ideia de l. de consciência, na qual o papa vê um "delírio" decorrente do indiferentismo e prolongando-se na l. de imprensa. No compêndio dos "erros modernos" que é o *Syllabus* de Pio IX (1864), o que não visa diretamente ao lmo., visa-o indiretamente, "sob todas as suas formas: racionalismo ou tendência do espírito humano a emancipar-se da autoridade da revelação* e do magistério doutrinal; indiferentismo moral e religioso ou tendência a rejeitar as normas da moralidade e as exigências da verdade* em nome dos direitos do indivíduo; laicismo ou rejeição da influência da Igreja na vida das sociedades; galicanismo*, no qual se via, cada vez mais em Roma* uma tendência a conceber a organização da Igreja à imagem dos governos parlamentares e a reduzir a autoridade divina do papa* em proveito dos poderes subordinados" (Aubert, 1963, 502). Antes disso, a recusa de confiança à conferência dos cientistas católicos, presidida

em Munique por Döllinger (1863), censurando a reivindicação dos teólogos de uma l. de pesquisa em relação ao magistério. Montalembert, enfim, foi censurado por ter defendido em seu discurso de Malines (1863) que a extensão da l. civil e política era favorável à l. da Igreja.

De outro lado, os mesmos anos viam a constituição de um projeto teológico-filosófico, a neoescolástica, à qual J. Kleutgen forneceu a carta (*Die Theologie der Vorzeit vertheidigt, Die Philosophie der Vorzeit vertheidgt*), e que se tornou sob o pontificado de Leão XIII projeto oficial da Igreja. Reprimido, o lmo. voltará com força para ser condenado com mais força ainda: mas então terá o nome de modernismo*. (E por ironia da história a crise modernista foi detonada com a publicação do "livrinho" de Loisy *L'Évangile et l'Église*, que seu autor tinha concebido como uma refutação das teses defendidas por Harnack em *A essência do cristianismo*.)

Na teologia protestante, o comentário de Barth* sobre a *Epístola aos Romanos* queria tocar o dobre de finados do lmo. em nome de tudo o que este recusava e que, sem dúvida, é muito (o sentido escatológico da experiência* cristã, a responsabilidade eclesial do trabalho teológico, a fidelidade às confissões* de fé etc.). Uma célebre correspondência entre Barth e Harnack (em Barth, *Fragen und Antworten, Gesammelte Vortäge* 3, 1957, 7-31) resume os diferendos teológicos da maneira mais clara e mais breve. À ideia de um confortável enraizamento do cristianismo na cultura de seu tempo, a teologia "dialética" opunha a de uma perpétua crise do homem — e de seu tempo, e de sua cultura, e também de sua religiosidade — provocada pela Palavra* de Deus. A uma teologia que Barth diz totalmente oriunda de Schleiermacher, e para a qual Deus* arrisca sempre ser a variável de que o homem religioso, o homem moral e o homem de ciência são a constante, a teologia dialética opunha a prioridade absoluta de um Deus ao qual Bultmann*, tomando de empréstimo um termo de Heidegger, sublinhava a "indisponibilidade". Além disso, à teologia liberal política e economicamente míope a teologia dialética vai opor uma atenção insistente às questões sociopolíticas, e uma simpatia marcada pelo cristianismo social, ilustrado antes de Barth, na Suíça, por H. Kutter e L. Ragaz.

e) Reabilitações. — A história do lmo. teológico não termina com a crise modernista nem com as saudáveis violências dos teólogos dialéticos. 1/ Chamada por Barth (cuja obra-prima é uma dogmática "eclesial", *Kirkliche Dogmatik*) às exigências da eclesialidade, a teologia protestante não podia por isso romper com as exigências da cientificidade universitária, de crítica das fontes etc. O melhor discurso de defesa da cientificidade da teologia é de um dos discípulos de Barth, T. F. Torrance. Seja qual for ainda a fidelidade continuada de Bultmann às intuições que guiavam os fundadores da teologia dialética, o mesmo Bultmann é também autor de um programa de "desmitologização" ao qual precisou acrescentar pouco para que um discípulo, F. Buri, tirasse dali os princípios de um "neoprotestantismo liberal". 2/ Sem dúvida porque os lmos. nunca revestiram forma violenta, o catolicismo contemporâneo soube romper com uma política de condenação indiferenciada para fazer justiça ao que as reivindicações liberais têm de profundamente justo. Contra os totalitarismos, Pio XI e Leão XIII defendem a l. *das* consciências, distinta da l. *de* consciência, na qual veem uma reivindicação indevida da criatura em relação ao Criador. No domínio político, o *"ralliement"* (congraçamento) pedido por Leão XIII aos católicos da França sancionou a existência dos modos de governo oriundos da Revolução, e o catolicismo soube, posteriormente, acomodar-se muito bem com os regimes de separação da Igreja e do Estado. No domínio econômico, a "doutrina social da Igreja", constituída no sulco da encíclica *Rerum Novarum* (Leão XIII, 1891), permite tomadas de posição sempre mais diferenciadas e sempre menos ingênuas. No domínio da exegese* bíblica, uma tardia mas eficaz liberação do trabalho crítico (encíclica *Divino Afflante Spiritu*, 1943) ao mesmo tempo que saneou a atmosfera dos meios teológicos, deu frutos científicos brilhantes. Apesar das perseguições

que se seguiram à crise modernista, até o fim da Segunda Guerra mundial, os pensadores inovadores estranhos à restauração escolástica, de Newman* a Lubac ou Congar, passando pelo jovem Blondel*, foram escutados e muitas vezes receberam agradecimentos. Nos textos e muitas vezes nos fatos, enfim, o concílio Vaticano II teve o mérito de acabar com certo medo católico da modernidade e transformar em tarefa sempre urgente uma atualização dos conceitos e das práticas eclesiais antes tratadas como tentação perversa.

Contudo há problemas que permanecem e outros que aparecem. Ao lmo., vozes teológicas, sobretudo americanas, objetam que é filho de uma situação superada: se a idade presente é a da pós-modernidade* (J. Lyotard *et al.*), a teologia deve ter a ambição de ser um pós-lmo. (G. Lindbeck *et al.*). A crítica hegeliana das Luzes (essas só encarnariam uma face pobre do pensamento, o "entendimento", *Verstand*, e lhes faltaria a verdadeira "razão", *Vernunft*), faz-se ouvir hoje mais do que outrora e recentemente. Se a oposição da l. e da autoridade aparece cada vez mais como nascida de mal-entendidos, tanto sobre a essência da l. como sobre a da autoridade, permanecem tensões para as quais não se conhece solução teológica precisa e suficiente. Tanto no catolicismo quanto no protestantismo faz falta uma teologia fina do magistério, e no catolicismo as l. concedidas aos biblistas parecem às vezes recusadas aos exegetas dos documentos desse magistério. Seja como for, um ponto é claro: a teologia deve ir mais longe do que o lmo. e as Luzes, porém com a condição de ir tão longe quanto eles.

● H. Stephan (1911), *Die heutigen Auffassungen von Neuprotestantismus*, Giessen. — R. Aubert (1963), *Le pontificat de Pie IX* em A. Flichte e V. Martin (sob a dir. de), *Histoire de l'Église depuis les origines jusqu'à nos jours*, nova ed., Paris. — M. Prelot e F. Gallouedec (1969), *Le libéralisme catholique*, Paris. — Col. (1974), *Les catholiques libéraux au XIXe siècle*, avant-propos de J. Gadille, Grenoble. — G. Mathon (1975), "Libéralisme", *Cath* 7, 548-563 (bibl.). — M. Prelot (1975), "Libéralisme catholique", *Cath* 7, 563-577. — B. Reardon (1975), *Liberalism and Tradition*, Cambridge. — C. Bressolette

(1978), *L'abbé Maret, le combat d'un théologien pour une démocratie chrétienne, 1830-1851*, Paris. — J. J. Sceejan (1978), *German Liberalism in the 18th. Century*, Chicago (2ª), Atlantic Higlandas, NJ. — U. Dierse *et al.* (1980), "Liberalismus", *HWPh* 5, 256-272. — R. S. Michaelsen, W. C. Roof (1980) (sob a dir. de), *Liberal Protestantism: Realities and Possibilities*, Nova York. — J. Schmidt (1989) (sob a dir. de), *Aufklärung und Gegenaufklärung in der europäischen Literatur, Philosophie und Politik von der Antike bis zur Gegenwart*, Darmstadt. — D. Langewiesche, H. Vorländer (1991), "Liberalismus", *TRE* 21, 78-83. — H. M. Müller (1992) (sob a dir. de), *Kulturprotestantismus. Beiträge zu einer Gestalt des modernen Christentums*, Gütersloh. — W. Behr (1995), *Politischer Liberalismus und christliches Christentum.* — J.-Y. Guiomar (1996), "Romantisme politique", *DPhP*, 583-588. — M. Lilla (1996), "Anti-Lumières", *DPhP*, 16-19. — Ph. Raynaud (1996), "Libéralisme", *DPhP*, 338-344. — P. Colin (1997), *L'audace et le soupçon. La crise du modernisme dans le cath. français*, Paris.

Claude BRESSOLETTE e
Jean-Yves LACOSTE

→ *Galicanismo; Modernismo; Racionalismo; Ultramontanismo*

LIBERDADE

A. Teologia sistemática

O conceito cristão de "liberdade" (l.) se desenvolveu essencialmente numa relação de confronto com a Antiguidade greco-romana, notadamente com as concepções antigas da necessidade (*anagkè*) e do destino (*moira*). Foi como perspectiva de salvação* que Paulo integrou a l. ao anúncio cristão.

1. Conceitos

No plano linguístico, o grego conhece primeiramente o adjetivo "livre" (*eleutheros*), que designa o homem que não depende de nenhum senhor, donde sairá finalmente a "l." (*eleutheria*) em sua acepção filosófica. O termo latino *libertas* é compreendido no mesmo sentido, e sem dúvida nunca se pensou, em Roma*, em qualquer tipo de garantia dos direitos cívicos individuais. As palavras "livre", "l.", "libertar" se relacionam em primeiro lugar com a *pólis*

como entidade urbana, e com o estatuto do cidadão.

Ao falar do uso filosófico do termo, pode-se distinguir uma série de conceitos de conteúdos diferentes: *a*) o grego *ekon* (aparentado com "autônomo") designa a l. individual, e significa que o homem não está sujeito nem entravado por nenhum poder exterior; *b*) a l. socrática consiste em "fazer o que é o melhor" (Xenofonte) e encontra a mais justa caracterização no princípio de autarquia (*autarkeia*), de autossuficiência; *c*) Aristóteles compreende o homem como um ser capaz de escolher, e compreende portanto a l. como l. de escolha (*proairesis*), por oposição à vontade (*boulèsis*); *d*) Agostinho* distingue a *voluntas*, faculdade fundamental do homem, da l. de decisão (*liberum arbitrium*); *e*) e, a partir de Kant*, a l., em sua realidade transcendental, é vinculada com a faculdade de agir de modo espontâneo, independentemente de toda determinação estranha (causalidade como l.; l. como autonomia). — Quanto ao conceito cristão de l., ele assume seu sentido numa dupla referência, à "l. de Deus*" e à "l. do homem"; e é tarefa de toda teologia* cristã determinar a justa relação que pode unir esses dois termos.

2. A liberdade de Deus

a) *A Bíblia.* — A Bíblia* não propõe um conceito elaborado da l.: a noção grega de *eleutheria* não possui nenhum equivalente exato no AT. A ação libertadora de Deus é, contudo, atestada em todo o decorrer dos escritos veterotestamentários. A l. nunca aparece independentemente dessa ação divina, sendo entendida, pois, sempre como libertação. Como a saída do Egito constitui o ato de nascimento simbólico do povo de Israel*, o êxodo fornece sua referência central à ideia bíblica de l.: "Eu sou o Senhor, teu Deus, que te fiz sair da terra do Egito, da casa da servidão" (Ex 20,2). Em Dt, a ação libertadora de Deus aparece pela primeira vez, contra o uso jurídico/profano da palavra (Ex 21,8.30), sob a categoria teológica da redenção (*pdh* = franquear, libertar; Dt 7,8; 9,26; 13,6; 21,8; 24,18; cf. Mq 6,4): "Tu te lembrarás de que eras escravo na terra do Egito e que o Senhor, teu Deus, te resgatou" (Dt 15,15). O elemento determinante é aqui que Israel compreende a intervenção de Deus como um ato de poder* ao qual não corresponde nenhuma compensação humana. O testemunho dos profetas* relaciona por fim a salvação do povo* — associada ao fim desejado do exílio — com a libertação definitiva do último dia (Is 35,10; 51,11; Jr 31,11).

No NT, também, a l. aparece como ação libertadora de Deus. O advento do Reino* na vida, na morte e na ressurreição* de Jesus* pode ser inteiramente interpretado como um livre decreto e um livre dom de Deus: Deus desvela em Jesus Cristo o plano de salvação universal pelo qual, em sua vontade insondável, livre e graciosa, ele destinou os homens a entrar em comunhão* consigo (Ef 1,3-14; a família de palavras "eleutheros, eleutheroô, eleutheria" só exprime a esse respeito, no NT, uma parte da história* da ação libertadora de Deus com relação aos homens). Vê-se assim desenvolver-se em Paulo o esboço de uma teologia da l., na qual esta última aparece como um dom de Cristo* (Gl 5,1; 2,4). A l. sem dúvida não é verdadeiramente um conceito central do corpus paulino. Seu conceito não se acha, porém, desprovido de função. Compreendida como um bem salvífico universal, a l. paulina* atesta o caráter gratuito da salvação que libertou o homem de todos os poderes, aí incluídos os da morte* (Rm 8,2.19.21). A l. adquire assim uma dimensão escatológica.

b) Da Igreja antiga à teologia contemporânea. — Em seu debate sobre a l. com a filosofia* grega, os teólogos da época patrística se apoiam exclusivamente na concepção bíblica, sendo antes de tudo numa perspectiva teológica que eles desenvolvem o tema da l. Ireneu* leva o pensamento cristão a dar um passo decisivo quando estabelece que só Deus é absolutamente livre, que ele "por si mesmo, livremente e por sua própria iniciativa, fez e ordenou todas as coisas e [que] apenas sua vontade é a substância de que ele tirou tudo" (Adv. Haer. II, 30, 9, cf. IV, 20, 2). Enquanto nos teólogos gregos a l. divina se enraíza na onipotência do Deus

criador, que integra a reconciliação e a redenção num único plano de salvação, Agostinho pensa-a como concessão e poder da graça* de Deus. Na teologia ocidental, serão em seguida as especulações sobre a vontade divina que determinarão as concepções da l. — por exemplo, em primeiro lugar, em Tomás* de Aquino, que vincula a vontade de Deus com seu intelecto: a vontade de Deus é sua essência, que tem toda l. de agir eficazmente (CG I, 72; I, 73). O nominalismo* fornecerá em seguida a figura pura de uma teoria da l. divina incondicionada: p. ex., em Guilherme de Occam e outros, a determinação da vontade divina depende por inteiro de uma potentia absoluta, de um poder* divino que se limita ao dar objetivos (potentia ordinata), mas cuja ilimitação absoluta é o verdadeiro segredo, teológico e metafísico.

Em seu debate com a teologia medieval tardia e o humanismo, Lutero* recuperará a temática bíblica da libertação e porá a graça de Deus no cerne de sua ação salvífica. A ideia de l., então, se inscreve inteiramente no tema diretor da justificação*. Só a Deus cabe o livre-arbítrio, que é exclusivamente "um nome* divino" (De servo arbitrio, WA 18, 636). A ideia é expressa ainda mais claramente em Calvino* (Inst. III, 19,1).

Por intermédio do idealismo alemão (tal como o expuseram, em particular, Hegel* e Schelling*), mas também do pensamento kierkegaardiano, caberá a Barth* dar à l. de Deus um lugar central na teologia protestante recente: determinando "o ser" do Deus vivo e amoroso" como "seu ser na l.", e recolocando desse modo a questão da l. no plano da determinação da essência divina, Barth pode assim perceber na graça e no amor* de Deus a origem de sua l. (KD II/1, 340, 394). E. Jüngel se apoiará em Barth para meditar o ser de Deus, em seu advento ao mundo, de um ponto de vista trinitário e a partir de sua autodeterminação como amor. E, no âmbito católico, Rahner* tematizará a essência do Deus transcendente como o evento de uma "autocomunicação perdoadora" de Deus, que "deve ser compreendida como ato de l. suprema e pessoal" (Grundkurs des Glaubens, 129). Assim sendo, torna-se possível expor a doutrina clássica da graça sob a forma de uma doutrina da l. Essa abordagem foi retomada pela teologia da libertação*, que identifica radicalmente a ação de Deus, em sua história com os homens, com a abolição das estruturas injustas que pesam sobre as comunidades humanas.

3. A liberdade do homem

a) A Bíblia. — No AT, não se trata explicitamente da l. do homem: o homem está submetido ao poder de Deus, o único que pode libertá-lo da escravidão e do cativeiro. A atenção se concentra na oposição entre o escravo e o homem livre, de modo que a l. humana não é absolutamente evocada senão no contexto da alforria dos escravos (Ex 21,2.5; Lv 19,20; Lv 25,10; Dt 15,12s). É também nesse sentido jurídico e social que a l. intervém primordialmente no NT (1Cor 7,21; 12,13; Gl 3,28; 4,22; Ef 6,8; Cl 3,11). Paulo, entretanto, interpreta essa oposição escravo/homem livre num sentido cristológico e escatológico, e destaca assim uma nova perspectiva, especificamente cristã, que influenciará profundamente a concepção da l.: "Pois o escravo que foi chamado no Senhor é um liberto do Senhor. Do mesmo modo, aquele que foi chamado quando era livre é um escravo do Cristo" (1Cor 7,22). No interior da comunidade cristã, as oposições que se estabelecem no mundo* são abolidas: o escravo chamado no Senhor goza dos mesmos direitos do homem livre. A título de bem escatológico, dom e presente gratuito de Jesus Cristo (Gl 5,1.13; 2,4), a l. é universal. Para o cristão chamado por Cristo, ela se concretiza como l. com relação ao pecado* e ao poder da morte: "O nosso homem velho foi crucificado com ele, para que seja destruído esse corpo de pecado e, assim, não sejamos mais escravos do pecado. Pois aquele que está morto está libertado do pecado" (Rm 6,6s). Mas trata-se aí da obra exclusiva de Cristo, de que o homem não participa em absoluto: "Libertados do pecado, vós vos tornastes escravos da justiça*" (Rm 6,18). E estando o homem liberto do poder do pecado a l. aparece em última análise como libertação com relação à lei* e a toda piedade fundada em obras* (Rm 7,5s). Isso não leva, evidentemente, à arbitrariedade e à licenciosidade, pois o amor é a regra da l. (Rm 13,18; Gl 5,14). Liberto por Cristo, o cristão recebe o Espírito* na fé* e se torna assim um homem livre (Gl 3,14), porque cumpre a vontade de Deus.

b) A Igreja antiga. — Foi abrindo para si um caminho entre a tradição filosófica grega, os escritos bíblicos e a proclamação eclesial que o pensamento cristão primitivo se esforçou por estabelecer uma justa relação entre a graça divina e a l. humana. Clemente de Roma vincula o comportamento humano com os mandamentos* divinos, estando a l. assim ligada ao amor que se tem a Deus. Segundo Ireneu, o homem pode participar da perfeita l. divina sob a condição de optar livremente por Deus e de integrar-se com obediência à ordem criada por Deus (Adv. Haer. IV, 34,2). Clemente de Alexandria e Orígenes* insistem na livre decisão do homem (proairesis) a ponto de acentuar o caráter antinomista da l. A patrística oriental atinge um último ápice no pensamento de Máximo* Confessor: este associa l. humana — concebida como autodeterminação — e graça divina na obra de divinização (theôsis) do homem. O homem, cuja vontade tende à salvação, esforça-se por desenvolver em sua l. o germe de bem que carrega em si (Ambigua ad Iohanenn 7; PG 91, 1081-1084); a l. aparece assim como um processo de assimilação (homoiôsis), ela é uma realização da imagem de Deus (eikôn), e seu princípio está inscrito em sua natureza desde a criação* (Amb. Io 42; PG 91, 1345). E é em seu movimento de amor a Deus que o homem se realiza como homem (Amb. Io 45; PG 91, 1353).

c) A Antiguidade tardia e a Idade Média. — Foi na querela de Agostinho com Pelágio (pelagianismo*) que a questão da relação da graça divina e da l. humana foi conceptualizada explicitamente pela primeira vez. Agostinho, levado por sua experiência do encontro imediato com Deus, desvia-se da visão oriental, centrada na história da salvação, e enfatiza o primado da vontade. A voluntas representa aqui a faculdade fundamental e o princípio ativo da natureza espiritual do homem; e ela se exerce, enquanto livre-arbítrio, no ato de decisão (*De spiritu et littera* V; *De libero arbitrio* I, 12, 26; II, 19, 51; III, 3, 7). Como toda vontade está, em última instância, voltada para Deus, ela se cumpre, portanto, como uma decisão pró ou contra o que é exigido por ele. O mal*, a partir daí, não provém senão do livre-arbítrio do homem, na medida em que este último se desvia conscientemente de Deus (*De civ. Dei* XII, 6). Inclinando o homem a amá-lo, Deus dá à vontade toda a sua importância. A l. humana encontra assim sua realização na capacidade dada ao pecador de amar a Deus. A l. está tão radicalmente relacionada com a graça divina que o homem parece incapaz de ganhar esta última por si mesmo e não pode senão recebê-la (*Retractationes* II, 1). A l. cristã, a partir de então, será sempre tematizada em incontestável relação dialética com a graça. Na escolástica* primitiva, Anselmo* de Cantuária contribuirá para elaborar uma definição da l. que transcenda fundamentalmente a concepção agostiniana: a l. da vontade é determinada, nesse contexto, a partir de seu fim, designada pela razão* e livremente escolhida pela vontade (*De libertate arbitrii* III). Tomás de Aquino, por fim, busca as raízes metafísicas da l. Como é no próprio Deus que se encontra a fonte da l., o homem realiza sua l. unindo-se a Deus; em cada ato, com efeito, a l. se relaciona implicitamente com Deus, e ela se materializa assim nas decisões concretas da vontade (*ST* Ia, q.83). O voluntarismo*, cujas bases são assim lançadas por Tomás, será desenvolvido ulteriormente por Duns* Escoto; Guilherme de Occam retomará essas posições sem ultrapassá-las.

d) A Reforma. — O problema da l. se delineia na querela sobre o livre-arbítrio: de que é este último capaz por si mesmo, diante da salvação vinda de Deus? Os humanistas viam na doutrina luterana da justificação uma ameaça mortal para a l. do homem. Por "livre-arbítrio" Erasmo* entende "a ação eficaz da vontade humana que permite ao homem ater-se ao que o conduz à salvação eterna ou dela desviar-se" (*Diat. de lib. arb.* I b, 10). Obscurecida mas não extinta pelo pecado, a vontade é corrompida; mas a graça

que lhe perdoa esse pecado torna-a de novo livre para abrir-se à vida eterna* e a sustenta constantemente nesse esforço (*ibid.*, IIa, 3). Lutero, respondendo a Erasmo, declara pelo contrário confiar inteiramente na revelação* cristã. No face a face de Deus e do homem, é absurdo falar de livre-arbítrio: "Pois, se posso obter a graça por meu próprio esforço, qual a necessidade da graça de Cristo?" (*De servo arbitrio*, WA 18, 777). A vontade humana não é por certo inexistente; mas está tão corrompida que não pode fazer senão "coisas contrárias à vontade de Deus" (*WA* 18, 709). Com Paulo, Lutero afirma, por conseguinte, que o homem só é justificado pela graça de Deus, independentemente de suas obras. — Entretanto, Lutero também fala em termos positivos da l. humana. Ela é para ele o fruto da libertação operada por Cristo, provém, portanto, da fé e significa que o cristão é soberanamente livre, nunca estando submetido a ninguém. Quando a fé se une à caridade, o homem encontra aí a l. de tornar-se um escravo ligado pelo amor ao seu próximo: nesse sentido, o cristão é um servo zeloso submetido a todos (*Von der Freiheit eines Christenmenschen*, WA 7, 21). A fé na justificação restitui à l. cristã a possibilidade de se exercer como espontaneidade.

e) Os tempos modernos. — Os tempos modernos veem enfim emergir uma concepção puramente humana da l., que busca afirmar-se e delimitar-se diante da l. cristã. Essa vontade fundamental de l. traduz a exigência ética da época, tal como foi ela exemplarmente definida por Kant. A ideia da l. humana encontra assim sua expressão apropriada no conceito de autonomia: a l. é poder determinar-se como ser de razão. Sem dúvida, Kant mostra — contra a interpretação idealista que Fichte e Hegel desenvolverão — que o homem não pode representar-se a l. senão como a origem indeterminável da realização incondicionada de si mesmo (*Crítica da razão prática* I, § 6). Nesse sentido, o princípio de autonomia serve para elucidar uma lógica de obrigação absoluta inerente à l. humana, da mesma maneira como constitui também, aos olhos de Kant, o fundamento da dignidade humana (*Fundamentação da metafísica dos costumes*, 2ª seção). É sobre esse fundamento que se organizará a ética* contemporânea dos direitos do homem; e um pensamento cristão atual só poderá afirmar-se, pois, mediante um diálogo fecundo com o conceito moderno de l. tal como foi desenvolvido no horizonte desses direitos. A l. cristã deve poder expor-se como promessa* contida na graça de Deus, e a graça, como advento de um sentido que não anula a l. humana, mas a realiza. Para a fé cristã, a dignidade e, por conseguinte, a l. da pessoa humana estão fundadas na graça que chama à comunhão sobrenatural com Deus.

- E. Gilson (1913), *La liberté chez Descartes et la théologie*, Paris, reed. 1982. — H. de Lubac (1965), *Le mystère du surnaturel*, Paris (1ª ed. 1946, *Surnaturel. Études historiques*, Paris). — E. Jüngel (1966), *Gottes Sein ist im Werden*, Tübingen (1976³). — J. Schwartländer (1968), *Der Mensch ist Person. Kants Lehre vom Menschen*, Stuttgart etc. — W. Warnach, O. H. Pesch, R. Spaemann (1972), "Freiheit", *HWP* 2, 1064-1098. — D. Nestle (1972), "Freiheit", *RAC* 8, 269-306. — K. Rahner (1976), *Grundkurs des Glaubens*, Friburgo-Basileia-Viena (*Curso fundamental de fé*, São Paulo, 1986). — J. J. Stam (1976), "*Pdh*, auslösen, befreien", *THAT* 2, 389-406. — G. Ebeling (1979), *Dogmatik des christlichen Glaubens*, t. III, Tübingen. — H. Krings (1980), *System und Freiheit*, Friburgo-Munique. — G. Greshake (1981²), *Geschenkte Freiheit*, Friburgo-Basileia-Viena. — G. Chantraine (1982), *Érasme et Luther. Libre arbitre et serf-arbitre*, Paris-Namur. — W. Kasper (1982), *Der Gott Jesu Christi*, Mainz. — H.-W. Bartsch *et al.* (1983), "Freiheit", *TRE* 11, 497-549. — W. Thönissen (1988), *Das Geschenk der Freiheit*, TTS 30. — G. Bausenhart (1992), "*In allem uns gleich, ausser der Sünde". Studien zum Beitrag Maximos' des Bekenners zur altkirchlichen Christologie*, TSTP 5. — K. Niederwimmer (1992), "*Eleutheros*", *EWNT* 1, 1052-1058. — F. Ricken, J. Eckert, Th. Pröpper (1995), "Freiheit", *LThK³* 4, 95-105. — Th. Pröpper (1995), "Freiheit Gottes", *ibid.*, 108-113.

Wolfgang THÖNISSEN

→ *Antropologia; Graça; Justificação; Pecado original.*

B. Teologia moral

a) A liberdade cristã. — No NT, é sobretudo nas epístolas de Paulo que se trata de liberdade

(l.) (mas há também passagens importantes em Tg e em Jo 8); o termo praticamente não aparece nos sinóticos. Entretanto, os trabalhos contemporâneos que associam mais especialmente a mensagem de Jesus* à espera da restauração de Israel* (E. P. Sanders, p. ex.) mostram bem que não se deve atribuir demasiada importância a esses problemas de terminologia. O AT tinha seu próprio vocabulário para designar a libertação de Israel, "redenção" ou "salvação*", p. ex., cf. 1Mc 4,9-11. O reino* de Deus era uma sociedade transformada em que Israel seria liberto de toda opressão, fosse ela política, demoníaca, moral ou natural. Assim, os "filhos do reino" não são submetidos ao imposto (Mt 17,26), uma "filha de Abraão" é "liberta" de sua enfermidade (Lc 13,12). A liberdade política ("salvar-nos de nossos inimigos") estava incluída na "remissão dos pecados*" esperada por Israel (Lc 1,71ss). A concepção cristã da l. comportava, portanto, elementos tanto psicológicos como políticos. Por outro lado, ela tinha também afinidades com o paradoxo estoico segundo o qual *todo homem de bem é livre* (Fílon, *Oeuvres...*, Paris, 1961-1988, t. 28): isso conduzia a fazer da l. uma realidade moral, mas nunca levou a negligenciar seu aspecto social, enquanto esta era a tendência do estoicismo.

A filosofia* política distingue há muito tempo duas espécies de l., a l. negativa ou formal e a l. positiva ou material: a primeira é o sonho do escravo, escapar à opressão, a segunda é a condição da realização pessoal, é o voto do aristocrata. Uma tem por único objetivo o desaparecimento daquilo que impede de se fazer o que se quer; a outra nada tem a negar para aproximar-se de seu objetivo. Essas duas ideias têm um valor teológico: a primeira, porque os cativos não se libertam por si (cf. Lc 4,18) e porque seria falso, de um ponto de vista cristão, não admitir a necessidade dessa alforria só em nome da l. positiva (Jo 8,32-36); a segunda, porque a l. não consiste apenas em escapar aos entraves mas também em entrar numa vida nova (Gl 5,1), vida de l. que tem sua própria lei* (Rm 8,2; Tg 1,25; 2,12). Uma l. puramente negativa não daria nenhuma segurança, ela abriria o caminho a novas escravidões. Uma dialética paradoxal faz assim da l. do fiel uma "servidão à justiça*'" (Rm 6,18). A concepção da l. como vontade sem entraves ("viver ao bel-prazer", Aristóteles, *Política* 1317 *b*) se eclipsa diante de algo que se assemelha mais ao ideal romano: "ser escravo das leis para poder ser livre" (*legum servi... ut liberi esse possimus*, Cícero, *Pro Cluentio* 146). Que o serviço de Cristo* seja a l. perfeita é um lugar-comum nos Padres* (Ambrósio* de Milão, *De Spiritu sancto* 44, 60, p. ex.). Seus antecedentes se encontram tanto em Sêneca (*De beneficiis; Cartas a Lucilio*) como em Paulo.

A vida livre é uma vida disponível para os outros e mesmo, paradoxalmente, para o "serviço" dos outros por amor* (Gl 5,13). É uma vida social e não solitária. De igual modo, na história do cristianismo, as discussões sobre a l. ocorreram sobretudo a propósito da "l. da Igreja*'" (*libertas Ecclesiae*), i.e., da maneira de organizar a comunidade cristã numa única obediência a seu Senhor. Na época moderna, a ideia teológica de l. chocou-se com a ideia contratualista de um estado de natureza em que o indivíduo é em primeiro lugar considerado livre de todo laço social. O famoso início do *Contrato social*, "o homem nasceu livre, e em toda parte se encontra acorrentado", parece ser um eco direto da fórmula de Ambrósio, *"ut qui nascimur in libertate moriamur in servitute"* ("embora nascidos livres, morremos escravos", *Ep.* 7, 32), mas tem um sentido inteiramente oposto. Para Ambrósio, o homem nasceu num estado de l., aí incluído o de l. social, do qual a queda o privou. Mas na sociedade eclesial o indivíduo é um parceiro livre, o membro de uma fraternidade. O sinal de sua l. é o batismo*, que cada fiel pede voluntariamente (apesar dos problemas suscitados pelo batismo das crianças). Sem a comunidade, o fiel não teria um lugar para se determinar assim; sem o ato do fiel, a comunidade não se reconheceria a si mesma como comunidade livre. Na Igreja, as distinções são em princípio abolidas (Gl 3,28; Tg 2,1ss). Mas as estruturas naturais da ordem social permanecem, o que permite conceber uma livre obediência — seja da mulher* ao marido, do filho aos pais e assim por diante —, que é preciso

compreender na perspectiva do serviço mútuo do amor (Cl 3,18ss; Ef 5,21-6,9; 1Pd 2,12-3,7).

A obediência é muito importante na vida monástica (monaquismo*), na qual ela não está isenta de perigos, na medida em que pode perder sua relação dialética com a l. e apresentar-se como renúncia ao juízo pessoal, visto que se submete ao juízo e à autoridade de outro (*ambulantes alieno judicio et imperio, Regra do Mestre* [SC 105-107] 7; cf. *Regra de São Bento* [SC 181-186] 5). Por contraste, a ideia de l. no Espírito* Santo (2Cl 3,17) contribuiu para formar a ideia de democracia* na Europa. A experiência de Pentecostes (At 2,18), compreendida à luz do oráculo de Joel segundo o qual mesmo os escravos, homens e mulheres, profetizariam (Jl 2,28ss), era de fato a de uma l. de expressão para todo fiel, sem privilégio de uma casta sacerdotal. No NT, a palavra *parrhèsia* (sobretudo At e Jo) designa essa l. de palavra e essa segurança, em particular quando se trata de anunciar o Evangelho.

b) A escravidão. — A atitude dos primeiros cristãos diante da escravidão foi amiúde mal compreendida. Não se trata de negar os fatos, mas de interpretá-los corretamente. Desde o grande debate sobre a abolição da escravidão nos s. XVIII e XIX, vê-se nela uma instituição que pode existir ou não em todas as sociedades, e que pode, pois, ser criticada em si mesma, independentemente do contexto econômico e social. Mas o cristianismo primitivo não pensava assim. Havia várias formas de dependência e de servidão, a das mulheres, das crianças, dos súditos, e o estado de escravo não passava de um entre outros. Via-se aí a imagem da verdadeira servidão, da impotência moral e psicológica a que se era reduzido pelo pecado. Incluíam-se portanto mais coisas na escravidão, que se definia de modo menos preciso. Passava-se facilmente de uma manifestação de dependência à outra e não havia nenhuma distinção clara entre "servidão" e "serviço", o que facilitava os paradoxos. Somos tentados a julgar que os primeiros cristãos não queriam ver a realidade da escravidão, mas é possível imaginá-los retrucando que tomamos muito ao pé da letra as estruturas econômico-jurídicas, desprezando a história* (e não sem certo farisaísmo, considerando-se todas as formas de dependência que existem ainda no mundo moderno).

Quanto às fórmulas que definem em princípio a escravidão antiga, p. ex. o escravo propriedade do amo (*lex Aquila*, 286 a.C.), ou a impossibilidade da amizade entre escravo e homem livre, os primeiros cristãos as recusaram sempre categoricamente (p. ex. Gregório* de Nissa, *Hom. sobre o Eclesiaste* 4 [SC 416]). Eles não faziam senão retomar, de resto, as posições estoicas sobre o sujeito (estoicismo* cristão). O paradoxo estoico — todo homem de bem é livre, todo malfeitor é escravo — não era apenas a expressão metafórica de uma verdade* psicológica; ele queria evidenciar uma realidade social oculta por detrás das aparências jurídicas. Sua humanidade comum tornava iguais o escravo e o homem livre. Recusar-se a respeitar a natureza humana era ser vítima de uma ilusão (Fílon, Sêneca). A escravidão sociojurídica era uma ficção que só prevalecia sobre o espírito cego pela paixão*. A esfera jurídica da escravidão material não merecia ser tomada a sério em termos filosóficos.

Os cristãos partilhavam esse ponto de vista, mas acrescentaram a ele seus próprios argumentos. O escravo e o amo eram ambos servos de Cristo, ou ambos libertos de Cristo. Enquanto tais, sua relação era determinada pela obrigação mais elevada que cada um deles reconhecia de sua parte. Devia-se, portanto, repensá-la como um livre serviço mútuo. Os papéis formais permaneciam os mesmos, mas eram vivenciados diferentemente. Vendo em seu amo um irmão, o escravo reconhecia que a relação deles pressupunha confiança e amor (1Tm 6,2); o amo, consciente de seu próprio estatuto de escravo, reconhecia que seu escravo tinha direito "à justiça e à equidade" (Cl 4,1). Ser escravo de Cristo impedia de ser escravo dos homens; essa certeza podia sem dúvida alimentar o desejo de emancipação, mas mostrava ao menos que se podia ouvir o chamado de Cristo à l. (1Cor 7,20-23) em todos os estados de vida. A principal diferença com o estoicismo era que a l. assumia em princípio uma

forma concreta numa Igreja em que as barreiras sociais caíam. É assim que Paulo considera que não tem nenhuma obrigação jurídica de devolver Onésimo, escravo fugitivo, a seu amo, embora pedindo a este que renuncie a puni-lo como a lei romana lhe dava o direito (Fm 4-20).

A ideia de que a Igreja não faz nenhuma distinção entre escravo e homem livre estava sempre presente na época patrística (Lactâncio, *Instituições Divinas* V, 16 [SC 204 e 205]; Ambrósio, *Sobre Lucas* 9,29 [SC 45 e 52]). A alforria diante de um bispo* tinha valor legal, ao menos depois da legislação de Constantino em 321. A emancipação fazia parte das obras de misericórdia*. Mas o papel essencial que eles desempenhavam numa economia agrícola tornava inevitável a posse de escravos, e no s. IV Igrejas e particulares não tinham renunciado a isso. Os pregadores pediam que eles fossem tratados com humanidade, que se respeitasse a sua dignidade, em particular no plano sexual, o que incluía o respeito por seu matrimônio*. Os escravos podiam entrar num mosteiro sem a autorização de seu amo (o mesmo não acontecia com a ordenação*); recuava-se em geral diante da ideia de reduzir alguém à escravidão (Agostinho, *Ep.* 24 [BAug 46 B]), mas considerava-se não ser essa a pior das situações para uma vítima de catástrofe econômica ou de guerra*. A ideia de que a escravidão, como toda outra forma de servidão, era uma maneira providencial (providência*) de punir o pecado levou mais tarde a negar que a condição de escravo fosse hereditária (Wyclif, *De dominio civili* I, 32-34). O desaparecimento da escravidão na Europa (efetiva em quase toda parte no fim do s. XII) foi às vezes atribuída à crítica a ela feita pelo cristianismo (cf. Leão XIII, p. ex.). A posição cristã teve sem dúvida sua importância, mas a evolução da economia foi nesse caso preponderante. O reaparecimento da escravidão nas colônias fundou-se no direito* romano, que permitia tornar escravos os prisioneiros de guerra. Em certos meios humanistas, esse ponto de vista foi reforçado pela ideia aristotélica de que existem "escravos por natureza" (raça*), ideia combatida pelos teólogos.

- J. Maritain (1933), *Du régime temporel et de la liberté*, in J. e R. Maritain, *OC* 5, Paris-Friburgo, 1982. — C. Verlinden (1955), *L'esclavage dans l'Europe médiévale*, Bruges. — I. Berlin (1969), *Four Essays on Liberty*, Oxford (*Quatro ensaios sobre a liberdade*, Brasília, 1981). — H. Gülzow (1969), *Christentum und Sklaverei in den ersten drei Jahrhunderten*, Bonn. — J. Ellul (1973), *Éthique de la liberté*, Genebra. — C. Taylor (1979), "What's Wrong with Negative Liberty", in A. Ryan (sob a dir. de), *Idea of Freedom: Essays in honour of Isaiah Berlin*, Oxford, 175-193. — R. Minnerath (1982), *Le droit de l'Église à liberté. Du Syllabus à Vatican II*, Paris. — U. Faust (1983), Christo Servire Libertas Est: *zum Freiheitsbegriff des Ambrosius von Mailand*, Salzburgo-Munique-Pustet. — J. Raz (1986), *The Morality of Freedom*, Oxford. — R. Klein (1988), *Die Sklaverei in der Sicht der Bischöfe Ambrosius and Augustinus*, Stuttgart. — H. Chadwick (1994), "Humanität", *RAC* 16, 663-711. — L. Field Jr. (1998), *Liberty, Dominion and the Two Swords*, Notre Dame, Ind.

Oliver O'DONOVAN

→ *Democracia; Mandamento; Liberdade religiosa; Sociedade.*

LIBERDADE RELIGIOSA

A liberdade* religiosa (l.r.) é um aspecto da l. política e deve ser distinguida da ideia de l. que se encontra no NT. Tal como as outras l., ela compreende os direitos e as prerrogativas do cidadão numa comunidade política organizada e a garantia de que o Estado* respeitará esses direitos. Nas democracias* ocidentais, a l.r. é essencialmente liberdade negativa de praticar ou de não praticar a religião de sua escolha, de se associar e de se reunir com fins religiosos e de mudar de religião.

Até o s. IV, a reflexão teológica não teve a oportunidade de formular as questões que deviam mais tarde dividir os cristãos e de perguntar se a autoridade* política devia sustentar ativamente a religião cristã, abolir o paganismo*, reconhecer oficialmente a autoridade* eclesiástica ou castigar a heresia*. A Escritura* nada diz da l.r., mas os primeiros apologistas* e os primeiros mártires apreciavam citar Pedro*: "É melhor obedecer a Deus* do que aos homens" (At 5,29). Ao obedecer à injunção de Cristo* de não dar a César o que é de Deus, eles testemunhavam a possibilidade de outra sociedade*, capaz de resistir às pretensões totalitárias do Império.

De sua luta para libertar-se da tutela imperial, a Igreja* tirou pouco a pouco a ideia de duas autoridades de ordem diferente — o que foi mais tarde sistematizado na teoria dos dois gládios, ou da autonomia da Igreja e do Estado, cada um em sua esfera. A formulação mais clara é encontrada na carta amiúde citada do papa* Gelásio (492-496) ao imperador Anastácio I, em 494: "Há dois poderes que regem o mundo, a autoridade (*auctoritas*) sagrada dos sacerdotes* e o poder (*potestas*) real" (PL 59,41-47). Seguiram-se séculos de discussão sobre a relação dos dois poderes e sobre o sentido preciso da "superioridade" do espiritual — é em todo caso manifesto que, ao adotar essa distinção, se acabava com a concepção que governou toda a Antiguidade, a de uma relação de dependência entre a religião e a cidade*. O conceito moderno de l.r. não teria podido nascer sem todos esses debates.

Depois do édito de Milão (313, in SC 39), que proclamava a tolerância universal de todas as religiões no Império, o cristianismo não tardou a adquirir um estatuto privilegiado com relação ao paganismo. Compreende-se então que, aos olhos de uma Igreja que fora perseguida durante dois séculos, e que sempre estivera convencida, mesmo na mais forte das perseguições, de que "as autoridades são constituídas por Deus" (Rm 13), Constantino tenha parecido enviado por Deus. Mas logo ficou claro que o apoio do imperador suscitava novos problemas para a Igreja e ameaçava a sua l. O Estado se imiscuía cada vez mais nos assuntos da Igreja, donde decorria o risco de ver comprometidas doutrinas essenciais por razões políticas. No s. IV, p. ex., o Império apoiou por algum tempo o arianismo*.

Constantino não se interessava pela controvérsia teológica sobre a consubstancialidade (consubstancial*) do Verbo* e do Pai* e considerava infantilidades todas essas discussões (Eusébio, *Vida de Constantino*, GCS I, 67-71). Mas ele estava igualmente convencido de ser colega dos bispos* (*Vida...*, GCS I, 84, 20-23), "o bispo dos assuntos exteriores" (*ibid.*, I, 124, 9, 11). Como a querela teológica ameaçava a unidade do Império, ele não podia abstrair das controvérsias trinitárias; foi assim que aconselhou com frequência os bispos ortodoxos a chegar a um acordo com os arianos, ameaçando-os com sanções em caso de recusa. Quando seu filho Constâncio quis impor o arianismo, a Igreja tomou consciência do perigo que corria a sua independência.

Ela foi também obrigada a refletir sobre a política que os dirigentes ortodoxos deviam manter diante das diversas heresias, sobretudo aquelas que ameaçavam a unidade do Império. O problema foi particularmente grave no momento da crise donatista (donatismo*), que teria influência durante séculos por causa do papel aí desempenhado por Agostinho* (A.). A. foi primeiramente partidário da gentileza com relação aos donatistas e recusou que se recorresse ao poder secular para obrigá-los a voltar à comunhão* da Igreja; ele devia porém mudar de opinião e aceitar a intervenção das autoridades legítimas (*ordinatae a Deo potestates*), considerando que a coerção tinha permitido a muitos donatistas que permaneciam tais por hábito voltar à verdade e à salvação (cf. Markus, 1970, 140). "Vemos muitos que renunciaram à sua antiga cegueira; como poderia eu lhes recusar a salvação* dissuadindo meus colegas de exercer sua preocupação paternal, que acarretou esse resultado?" (*Ep.* 93, CSEL 34-2). A. legitimou também o uso da força para fazer os heréticos voltar à Igreja invocando Lc 14,23 ("força as pessoas a entrarem").

Como esse não é o único aspecto da teologia política* de A., que nem sempre tem essa visão triunfalista de um "império cristão", pode-se perguntar por que ele não teve a ideia, em suas reflexões sobre a obrigação religiosa, de definir os limites da ação do Estado. Isso se deve por certo ao fato de ele não considerar os dirigentes ou os funcionários cristãos como os membros de um aparelho de Estado, mas como membros da Igreja, cujo poder esta última utilizava para fins justos. Ele continuou assim "a falar sem problemas de imperadores cristãos muito tempo depois de ter abandonado toda ideia de império cristão" (Markus, 148-149).

A concepção de A. encontrou facilmente aplicação no mundo pré-feudal da alta IM, em que se reconhecia em princípio a distinção das autoridades eclesiásticas e civis, mas em que se pensava com muito mais facilidade as realidades políticas do ponto de vista dos príncipes e dos magistrados do que por meio de conceitos políticos abstratos como os de Estado ou de governo. A obrigação devia ser excepcional para A., mas o seu uso acaba por generalizar-se, em parte por causa de sua autoridade.

Para Tomás* de Aquino, a fé* é por natureza um ato* de liberdade, não se devendo, portanto, forçar os infiéis (judeus, muçulmanos ou pagãos) a tornar-se cristãos (*ST* IIa IIae, q. 10, a. 8). Isso não quer dizer que se deva tolerar a prática de sua religião numa *res publica* cristã. Essa tolerância, com efeito, não é aceitável a não ser que cause um grande bem* ou evite um grande mal* (*ibid.*, a. 1). Os judeus (judaísmo*) podem praticar sua religião, já que são os anunciadores da fé cristã e já que de certa forma dão testemunho desta, mas as outras religiões não devem ser autorizadas, salvo para evitar um mal maior (a. 11). Quanto ao herético que se obstina na heresia, Tomás exprime a concepção comum dizendo que "a Igreja abandona a esperança de sua conversão* e pensa na segurança dos outros excomungando-o e deixando-o ao poder secular para ser condenado à morte" (IIa IIae, q. 11, a. 3). — Com efeito, a heresia mostra-se aos medievais como um erro de que se pode culpar o homem, um exemplo de hipocrisia e de má-fé, erro que não se pode deixar expandir-se como um câncer num corpo político moralmente e religiosamente unificado.

Essa ideia persistiu depois da divisão da cristandade em nações e depois da ruptura da unidade cristã ocidental por ocasião da Reforma. A *Confessio belgica* (1619, *BSKORK* 119-136) resume bem as concepções reformadas. Diz-se dos magistrados civis que seu ofício não é apenas cuidar do bem do Estado, mas também proteger o ministério* sagrado, impedir e prevenir toda idolatria* e falsa religião (art. 36). De igual modo, a confissão* de Westminster (1647) declara que é dever do magistrado "agir de forma que a unidade* e a paz* reinem na Igreja, que a verdade* divina permaneça pura e inteira, que todo blasfemo e toda heresia sejam suprimidos, toda corrupção e todo abuso no culto* e na disciplina*, prevenidos ou reformados e todos os mandamentos* de Deus impostos e observados" (cap. 23). As duas heresias passíveis da pena* de morte no código de Justiniano (482-565) — a negação da Trindade* e a reiteração do batismo* (decisões originalmente dirigidas contra os arianos e os donatistas) — serviram assim para justificar a perseguição dos antitritinários (p. ex., M. Servet, 1511-1553) e dos anabatistas*. Lutero*, Melanchton (1497-1560) e Calvino* recorreram todos à lei imperial. Só os anabatistas constituíram exceção e rejeitaram toda restrição em matéria de fé, pois pensavam que o compromisso e o espírito do mundo* caracterizariam inevitavelmente as Igrejas estabelecidas.

O ideal de uma sociedade unificada por uma fé e um batismo comuns durou por muito tempo depois que a heresia se transformou num erro de que o homem não pode ser culpado. *Cujus regio, eius et religio*: o princípio foi imposto à paz de Augsburgo em 1555. E quando se pretendia encontrar soluções para as dissensões de origem religiosa mediante a adoção de um ponto de vista cético ou relativista não se foi em absoluto mais favorável à l.r., quando não foi ela totalmente suprimida em nome da razão de Estado, como em Hobbes (1588-1679), ou pelo estabelecimento de uma "religião civil", como em Rousseau (1712-1718). Se algumas afirmações ou certas práticas religiosas são por natureza indiferentes, nada impede de penalizá-las ou de proscrevê-las para salvaguardar a unidade política.

Antes do Vaticano II*, a posição católica se exprimia por meio das noções de tese e de hipótese: o pluralismo religioso era tolerado *in hypothesi* e rejeitado *in thesi* em favor de um Estado católico confessional, ideia defendida ainda por Leão XIII em *Immortale Dei* (1885). Essa doutrina foi rejeitada na declaração conciliar sobre a l.r. (*DH*), que se deve em grande parte aos esforços do jesuíta americano John Courtney Murray. *Dignitatis humanae* é um dos mais importantes documentos eclesiásticos sobre o problema da l.r. Ele afirma claramente o seu princípio, embora seja um texto de compromisso que invoca razões diversas em seu favor. Encontra-se aí, p. ex., ao lado de argumentos escriturísticos, a ideia do direito e do dever de obedecer à própria consciência* e de buscar a verdade*, assim como o princípio constitucional de limitação do poder. Murray, que era o defensor do "argumento constitucional", julgava os outros pouco convincentes.

• M. A. Huttmann (1914), *Establishment of Christianity and the Proscription of Paganism*, Nova York. — W. K. Jordon (1932-1946), *The Development of Religious Toleration in England*, 4 vol., Cambridge (Mass.). — H. Rommen (1945), *The State in Catholic Thought*, Nova York. — J. Lecler (1946), *L'Église et sa souveraineté de l'État*, Paris. — R. H. Bainton (1951), *The Travail of Religious Liberty*, Nova York. — S. L. Guterman (1951), *Religious Toleration and Persecution in Ancient Rome*, Londres. — G. H. Williams (1951), "Christology and Church-State Relations in The Fourth Century", *ChH* 20 (setembro), 3-33. — W. H. C. Frend (1952), *The Donatist Church*, Oxford. — J. Lecler (1955), *Histoire de la tolérance au siècle de la Réforme*, 2 vol., Paris. — M. Bevenot (1954), "Thesis and Hypothesis", *TS* 15, 440-446. — A. F. Carillo de Albornoz (1959), *Roman Catholicism and Religious Liberty*, Genebra. — H. Rahner (1961), *Kirche und Staat im frühen Christentum*, Munique. — G. H. Williams (1962), *The Radical Reformation*, Filadélfia. — H. A. Deane (1963), *The Political and Social Ideas of St. Augustine*, Nova York. — W. H. C. Frend (1965), *Martyrdom and Persecution in the Early Church*, Oxford. — E. A. Goerner (1965), *Peter and Caesar: Political Authority and the Catholic Church*, Nova York. — J. C. Murray (1965), *The Problem of Religious Freedom*, Westminster, Md.; Id. (sob a dir. de) (1966), *Religious Liberty: An End and a Beginning*, Nova York. — G. Leff (1967), *Heresy in the Middle Ages*, 2 vol., Nova York. — R. Regan (1967), *Conflict and Consensus*, Nova York. — R. Markus (1970), Saeculum: *History and Society in the Theology of St. Augustine*, Cambridge. — N. H. Baynes (1972), *Constantine the Great and the Christian Church*, Londres. — P. R. Brown (1972),

"St. Augustine's Attitude to religious coercion", in *Religion and Society in the Age of St. Augustine*, Londres, 260-278. — J. H. Yoder (1985), *The Priestly Kingdom: Social Ethics as Gospel*, Notre Dame, Ind. — D. Gonnet (1994), *La liberté religieuse à Vatican II: la contribution de John Courtney Murray*, Paris. — K. J. Pavlischek (1994), *John Courtney Murray and the Dilemma of Religious Toleration*, Kirksville, Mo. — O. O'Donovan (1997), *The Desire of the Nations*, Cambridge.

Keith J. PAVLISCHEK

→ *Anabatistas; Donatismo; Igreja-Estado; Liberdade; Martírio; Ortodoxia; Relativismo; Revolução.*

LIBERTAÇÃO (teologia da)

a) Origens. — A teologia* da libertação (t. da lib.) nasceu na América Latina nos anos de 1960, no clima de pensamento que sucedeu ao Vaticano II* e seu chamado a estar atento aos "sinais dos tempos". O concílio* atribuiu às transformações políticas e sociais do mundo moderno mais valor do que nunca na Igreja* católica, e admitiu que a salvação* tinha uma dimensão social (Sigmund, 1990, 14-28.2). Acrescentou-se a isso o fato de que a burguesia e a *intelligentsia* latino-americanas tinham perdido a confiança no "desenvolvimento" ou no progresso à maneira da Europa ou dos Estados Unidos, cuja imitação os levara a adotar a economia de mercado, a democracia* liberal e, às vezes, a religião protestante (*ibid.*, 28-52). A conferência dos bispos* latino-americanos reunidos em Medellín (1968) adotou vários temas do que se tornaria a t. da lib., o mais importante dos quais era a declaração de que a Igreja devia ter uma "opção preferencial pelos pobres".

b) O tema da "libertação". — Na t. da lib., a palavra "lib." remete a quatro ideias: 1/ Ela evoca o Êxodo e a ideia de que a salvação implica também o desaparecimento da injustiça social e a construção de uma sociedade* justa nesta terra (Assmann, 1976; Miranda, 1974). Desde o primeiro livro de Gutierrez, os teólogos da lib. tiveram muitas dificuldades para demonstrar que Jesus* não abandonara esse tema em benefício de uma fé* puramente "pessoal" e "interior". 2/ A ideia geral de secularização* como lib. de todo obstáculo, tomada de empréstimo em parte a teólogos europeus ou norte-americanos (Friedrich Gogarten, Harvey

Cox). 3/ A certeza de que o processo de lib. seria decuplado pela destruição do capitalismo e pelo aparecimento de uma sociedade sem classes. 4/ A ideia de Rahner* segundo a qual existe nos seres humanos uma tendência *a priori* a libertar-se das restrições naturais, sinal de sua disponibilidade diante de Deus.

c) A relação com o marxismo. — Nenhum teólogo da lib. é marxista no sentido próprio. Entretanto, todos eles têm uma concepção mais ou menos dialética da história* e pensam que não há progresso sem luta (Dussel, 1985; Segundo 1973-1974). Eles afirmam também que tomar o partido dos oprimidos não compromete a missão da Igreja, visto que os opressores se conduzem de modo manifestamente "idólatra". Eles mantêm do marxismo o tema da "prioridade da práxis", mas compreendem esta última como fazendo da t. seja o reflexo da prática cristã, seja o comentário da reflexão teórica sobre a práxis política (Gutierrez, Segundo, C. Boff). O papel central atribuído à práxis aproxima-os das correntes humanistas e voluntaristas do marxismo. Em compensação, o papel central dos "pobres" é antes um desvio com relação ao marxismo. Nem todos os teólogos da lib. estão de acordo acerca do problema da violência* revolucionária. Em geral, a revolução* pacífica de Cristo* não é pura e simplesmente identificada com a revolução marxista. Esta última é todavia considerada como justificável em certos casos, segundo os critérios católicos tradicionais da guerra* justa. Às vezes, porém, relativiza-se a oposição de Jesus à violência: em sua época, com efeito, as condições históricas da revolução proletária não existiam ainda (Segundo). Quando não houve mais interesse pelo marxismo e pela revolução socialista na América Latina, sobretudo depois do fracasso da experiência da Nicarágua, na qual a t. da lib. estava fortemente envolvida (Berryman, 1984), esta evoluiu pouco a pouco e preocupou-se mais com a eclesiologia*, p. ex., das práticas das "comunidades de base", assim como com programas políticos, sociais e econômicos mais concretos (Sigmund, 1990, 175-225).

d) A reação romana. — Nos anos de 1980, João Paulo II e o cardeal Ratzinger criticaram várias vezes a t. da lib. Eles censuravam nela sobretudo a retomada da ideia de que a violência é necessária ao progresso da história, a redução da doutrina a mera expressão, limitada histórica e culturalmente, do impulso religioso, o fato de fazer da história* da Igreja um puro epifenômeno da história

1033

das relações de produção, de tomar partido na luta de classes, de identificar os pobres da Bíblia* e as vítimas do capitalismo e, por fim, de fazer do teólogo um "intelectual orgânico". Mas o que irritou mais o Vaticano foi o livro de Leonardo Boff (1982) que defendia a ideia de uma estrutura conciliar da Igreja (conciliarismo*) e desejava uma redefinição da supremacia papal (Sigmund, 1990, 154-176). Reprovava-se nele sobretudo o fato de ver na estrutura* atual da Igreja um meio quase diabólico de impedir o trabalho evangélico, bem como de aplicar as categorias marxistas às relações clérigos*/leigos*, considerando que os primeiros se apropriam dos meios de produção espiritual e deles privam os últimos. Apesar de tudo, a encíclica *Sollicitudo rei socialis* (1988) autorizava certos temas da t. da lib. ao defender a "preferência pelos pobres", ao mesmo tempo que o "direito de iniciativa econômica".

Deve-se observar que o gosto da modernidade é tão importante na t. da lib. quanto o aspecto marxista. Embora professem formalmente a ortodoxia, os teólogos da lib. atenuam ou relativizam os aspectos metafísicos, míticos, doutrinais, místicos da fé*, dando testemunho, uma vez mais, do fascínio exercido sobre a *intelligentsia* latino-americana pelo protestantismo* liberal. É verdade que eles exprimem a esperança de que a América Latina não siga o mesmo caminho do resto do mundo ocidental, e de que a modernidade não conduza ao declínio da religião, mas isso se assemelha mais a um voto piedoso do que a qualquer outra coisa. Apesar de todas as censuras feitas à t. da lib. por seu coletivismo ou seu idealismo utópico, raramente se observava até que ponto sua concepção da religião é individualista. A influência de Rahner leva-a a pensar que o conteúdo da revelação* está fora da história, indiferente às manifestações concretas e, portanto, estranhamente insensível aos processos dialéticos, que são em compensação onipotentes num domínio social considerado *a priori* profano. Isso explica que a t. da lib., até ultimamente, tenha atribuído pouca importância à eclesiologia e à edificação de uma doutrina social especificamente cristã.

• J. Comblin (1970), *Th. de la révolution*, Paris. — G. Gutierrez (1971), *Teología de la Liberación*, Lima (*Teologia da libertação*, São Paulo, 2000). — J. L.

Segundo (1973-1974), *Theology for Artisans of a New Humanity*, 5 vol. (*Teologia aberta para o leigo adulto*, 5 vol., São Paulo, 1977), Nova York. — J. Comblin (1974), *Th. de la pratique révolutionnaire*, Paris. — J. P. Miranda (1974), *Marx and the Bible*, Nova York. — J. L. Segundo (1976), *The Lib. of Theology*, Nova York (*Libertação da teologia*, São Paulo, 1978). — L. Boff (1978), *Jesus Christ Liberator*, Nova York (*Jesus Cristo libertador*, Petrópolis, 1977); (1982), *Church, Charism and Power*, Nova York (*Igreja carisma e poder*, Petrópolis, 1981). — E. Dussel (1985), *A Philosophy of Lib.*, Nova York (*Filosofia da libertação*, São Paulo, 1995). — C. Boff (1987), *Theology and Praxis: Epistemological Foundations*, Nova York (*Teologia e práxis: teologia do político e suas mediações*, Petrópolis, 1978).

▶ D. E. Mutchler (1971), *The Church as a Political Factor in Latin America*, Nova York. — G. Fessard (1973), *La th. de la lib.*, Paris. — H. Assmann (1976), *Theology for a Nomad Church*, Nova York. — Internazionale Theologenkommission (1977), *Theologie der Befreiung*, Einsiedeln (contribuições de K. Lehmann, H. Schürmann, O. González de Cardedal e H. U. von Balthasar). — G. Fessard (1978), *Chrétiens marxistes et th. de la lib.*, Paris-Namur. — P. Berryman (1984), *The Religious Roots of Rebellion*, Londres. — J. Ratzinger (1984), Libertatis Nuntius. — João Paulo II (1988), *Sollicitudo rei socialis*, AAS 80, 513-586. — P. E. Sigmund (1990), *Lib. Theology at the Crossroads? Democracy or Revolution*, Oxford. — G. Collet *et al.* (1994), "Befreiungstheologie", *LThK*[3] 130-137.

John MILBANK

→ *Catolicismo; Econômica (moral); Liberdade; Marx; Propriedade.*

LIGÓRIO, Afonso de → **Afonso de Ligório**

LIMBOS

Palavra latina que significa "franja", *limbus* chegou a designar ao mesmo tempo o sheol* veterotestamentário do qual Cristo* libertou os justos da antiga aliança* e a parte do inferno* habitada pelas crianças mortas sem batismo*.

a) Limbos dos Pais. — Sobre o destino escatológico dos justos mortos antes da ressurreição* de Cristo reina um consenso teológico. "Paraíso" e "inferno" são realidades cristológicas, que não podem existir senão uma vez realizada a salvação* do mundo. A escatologia* de Israel* é válida até a Páscoa*: é no sheol que sobrevivem os mortos; ou ainda, eles repousam "no seio de Abraão" (cf. Lc 16,22). Mas como a salvação oferecida por Cristo se dirige também àqueles que não o conheceram, o ícone do sábado santo representa o Filho de Deus* quebrando as portas do sheol para abrir o Reino* aos justos do AT, a quem 1Pd 3,19 diz que ele veio pregar o Evangelho (*ekèruxen*). Os "limbos (l.) dos Pais" se veem portanto desescatologizados: não são mais do que uma realidade penúltima. Boaventura* precisará que os l. dos Pais são de fato um lugar infernal — mas que se trata de um inferno habitado por uma esperança* (*In Sent.* IV, dist. 45, a. 1, q. 1).

b) Limbos das crianças. — Gregório* de Nissa dedicou um tratado às crianças mortas prematuramente. Efrém coloca as criancinhas em seu paraíso, mas foi preciso esperar a teologia* agostiniana do pecado* original* para que o destino das crianças mortas sem batismo* se tornasse um tema de preocupação teológica premente. Nos termos escolhidos por Agostinho*, a questão só pode receber uma única resposta: as crianças mortas sem batismo têm a danação como destino. O concílio* antipelagiano de Cartago (418) fornece uma ratificação oficial à teoria. "Se alguém diz que o Senhor disse 'há muitas moradas na casa de meu Pai*' (Jo 14,2) para nos fazer compreender que haverá no reino dos céus um lugar intermediário — seja onde for — em que viverão bem-aventuradas as criancinhas que deixaram esta vida sem o batismo, sem o qual não se pode entrar no reino dos céus, isto é, a vida eterna*, que seja anátema. Pois visto que o Senhor diz que 'ninguém, a não ser que nasça da água e do Espírito, pode entrar no Reino de Deus' (Jo 3,5), que católico duvidará de que pertence ao diabo aquele que não mereceu ser co-herdeiro de Cristo?" (*DS* 224). Admitida a tese, ainda seria necessário haver um consenso sobre as penas infernais destinadas às criancinhas. Era possível uma visão extremista que consistia em destinar as crianças ao "suplício do fogo eterno" (p. ex., Ps-Agostinho, *De*

fide ad Petrum, PL 40, 774). Também possível, uma posição média prevaleceu; ela consistia (com o próprio Agostinho) em reservar às crianças a pena* mais amena que pode haver: "Tratar-se-á sem dúvida do mais ameno de todos, o castigo daqueles que não acrescentaram nenhum pecado ao que contraíram originalmente" (PL 40, 275). A corrente principal da teologia* latina medieval se empenhará, portanto, em reduzir as penas infernais infligidas às crianças mortas sem batismo. A solução encontrada é a de Pedro Lombardo (II *Sent.*, dist. 33, c.2): a pena sofrida por elas é a pena do "dano", privação eterna da visão beatífica*, não sofrendo elas a pena do "sentido", isto é, os sofrimentos físicos experimentados pelos condenados em seu corpo* ressuscitado. O papa* Inocêncio III formula em 1201 o que passa ser a opinião comum: "O castigo sofrido em razão do pecado original é o de ser privado da visão de Deus, o castigo sofrido em razão do pecado atual é o suplício da geena perpétua" (*DS* 780). Uma palavra nova, "l.", é usada doravante; vê-se então reaparecer de fato a concepção do lugar intermediário condenada em Cartago. Assim, Boaventura afirma acerca das crianças que, no l., "elas de algum modo estão no meio entre os bem-aventurados e os que são punidos com o fogo eterno" (*In Sent.* II, dist. 33, a. 3, q. 1). Só faltará um passo, dessa maneira, para formular com Tomás* de Aquino a noção de l., que são no fundo um lugar de beatitude* natural (*Quaest. disp. de malo* 5) — a noção será retomada por Duns* Escoto (*In Sent.* II, dist. 33). Diante das elaborações teológicas, posições oficiais do magistério* dão mostras de um desejo menos intenso de saber e de descrever. O concílio de Florença* definirá a *disparidade* das penas do inferno (*DS* 1306). Pio VI recordará, contra o concílio jansenista de Pistoia, que a existência dos l. não é uma "fábula pelagiana" (*DS* 2626 — o único documento oficial em que os l. são designados por seu próprio nome). Mas, desde o fim da IM, a questão do destino das crianças mortas sem batismo deixou de ser dominada pela certeza de sua condenação, e a teologia se esforça majoritariamente, a partir de então, para pensar as condições de sua salvação*. Durand de Saint-Pourçain (c. 1275-1334), J. Gerson (1363-1429) e depois Cajetano (1469-1534) elaboram uma teoria destinada a influenciar todas as discussões vindouras: a intercessão dos pais valeria de fato como "voto do sacramento*", *votum sacramenti*. Rahner* (*Schr. zur Th.* 2,7-94) precisará: ao voto dos pais é acrescentado um "voto da Igreja", *votum Ecclesiae*. H. Schell proporá uma hipótese interessante: a morte das crianças não batizadas valeria como quase sacramento na medida em que, como Cristo, elas fazem penitência* pelos pecadores (*Kath. Dogmatik* III/2, Paderborn, 1893, 478). Ao menos um ponto parece estabelecido: mesmo que ainda fosse possível a Maritain, em 1972, propor uma imperturbável retomada da teoria tomasiana, os l. das crianças não existem mais em absoluto hoje senão para o historiador da teologia latina.

* *a*) LIMBOS DOS PAIS: I. Lans (1583), *De limbo patrum*, Colônia. — L. A. Muratori (1755), *De Paradiso*, Veneza. — T. M. Mamochi (1766), *De animabus iustorum in sinu Abrahae ante Christi mortem*, Roma. — C. Geschwindt (1911), *Die Niederfahrt in die Unterwelt*, Münster. — J. Kroll (1922), *Beiträge zum Descensus ad inferos*, Königsberg; (1932), *Gott und Hölle. Der Mythos vom Descensus Kampfe*, Leipzig. — G. Philips (1932-1933), "La descente du Christ aux enfers", *REcL* 24, 144-145; "L'oeuvre du Christ aux enfers", *ibid.*, 272-286. — I. Chaine (1934), "Descente aux enfers", *DBS* 2, 391-435. — A. Grillmeier (1975), "Der Gottessohn in Totenreich", in *Mit ihm un in ihm. Christologische Forschungen und Perspektiven*, Friburgo-Basileia-Viena, 76-174.

b) LIMBOS DAS CRIANÇAS: V. Bolgeni (1787), *Stato dei bambini morti senza Battesimo*, Macerata. — J. Didiot (1896), *Morts sans baptême*, Lille. — D. Stockum (1923), *Das Los der ohne die Taufe sterbenden Kinder*, Friburgo. — A. Michel (1948), "Salut des enfants morts sans baptême", *L'ami du clergé* 58, 33-43. — I. Lelièvre (1948), "Sort des enfants morts sans baptême", *La pensée catholique* 2, 43-50. — A. Michel (1951), "Encore le sort des enfants morts sans baptême", *L'ami du clergé* 61, 97-101; (1954), *Enfants morts sans baptême*, Paris. — P. Gumpel (1954), "Unbaptized Infants: May They Be Saved?", *DR* 72, 342-358. — W. A. van Roo (1954), "Infants Dying Without Baptism:

A Survey of Recent Literature and Determination of the State of the Question", *Gr* 35, 406-473. — P. J. Hill (1961), *The Existence of a Children's Limbo According to Post-Tridentine Theologians*, Shelby, Ohio. — V. Wilkin (1961), *From Limbo to Heaven*, Nova York. — G. J. Dyer (1964), *Limbo, Unsettled Question*, Nova York. — J. Maritain (1992²), "Idées eschatologiques", in *Approches sans entraves*, OC 13, Paris-Friburgo, 455-464.

Galahad THREEPWOOD

→ *Descida aos infernos; Inferno; Salvação; Sheol; Vida eterna; Visão beatífica.*

LINGUAGEM TEOLÓGICA

O problema da linguagem (l.) teológica, de sua coerência e de seus critérios de validade não é novo em teologia*. Mas o debate contemporâneo mais importante a esse respeito ocorreu sem dúvida na Inglaterra, quando a questão da validade da l. religiosa foi formulada pela filosofia* linguística. Esta parte do princípio de que os problemas metafísicos tradicionais não são verdadeiros problemas, mas uma sequência de mal-entendidos linguísticos: muitas asserções têm na realidade uma função completamente diversa de sua função aparente.

a) *O positivismo lógico*. — A filosofia linguística posterior a 1945 era uma reação contra o positivismo lógico que dominava a filosofia de língua inglesa, e notadamente a filosofia da religião*, desde a publicação de *Language; Truth and Logic* (1936) por Alfred J. Ayer (1910-1989). No meio século que se seguiu, não se pôde trabalhar essas questões sem dedicar longas preliminares à natureza da l. religiosa.

O positivismo lógico, nascido em Viena nos anos de 1920, era ele mesmo uma reação contra o idealismo metafísico. Para seus partidários, não havia proposições senão analíticas ou sintéticas, e todas as proposições sintéticas eram empíricas, isto é, baseadas na observação sensível. Donde decorre um problema metafilosófico — as proposições filosóficas são empíricas ou tautológicas? Mas o que interessava sobretudo aos vienenses era dar um conteúdo empírico aos termos empregados pelas ciências* da natureza. Se eles não eram diretamente redutíveis à observação sensível, era necessário ao menos que fizessem parte de uma teoria que comportasse proposições verificáveis ou falsificáveis pela observação. Isso equivalia a dizer que a l. científica tinha um fundamento na experiência, enquanto a l. metafísica ou *a fortiori* a l. teológica não o possuíam. Eram portanto l. desprovidas de sentido. Quanto à l. da ética ou da estética, era uma maneira mascarada de exprimir emoções: essa l. dos valores tinha assim um sentido, mas nenhuma pretensão à verdade*. Fatos e valores eram rigorosamente distintos.

A teologia foi rapidamente questionada. De fato, foi sua própria existência que se tornou problemática: era ela verdadeiramente um discurso racional, com asserções verificáveis ou falsificáveis? Como levar a sério uma disciplina que não indicasse em primeiro lugar sua solução do problema do valor de verdade e do estatuto cognitivo da "l. religiosa"? Com efeito, era a "l. religiosa" e não a "l. teológica" que se discutia, o que é enganador, visto que se tratava de fato da justificação e do estatuto de verdade das asserções teológicas. Foi só muito tardiamente que, por exemplo, se manifestou interesse pela metáfora e pelo símbolo. Quanto ao que constitui o essencial da l. religiosa para os fiéis, e também para os liturgistas, os historiadores e os sociólogos da religião (os ritos e os gestos etc.), é como se não existisse.

Ayer esforçou-se em vão por modificar sua versão do positivismo lógico na sequência de sua obra; ele rejeitou sempre (ver sua última obra importante de 1973) o valor de verdade de pretensas asserções sobre Deus*. Mas para isso fundava-se bem mais na distinção fato/valor do que sobre toda a contribuição da filosofia da l. E, efetivamente, os termos do debate sobre o estatuto cognitivo da l. religiosa foram amplamente ditados por filósofos que não tinham ideias muito sutis ou inovadoras em matéria de l., mas que, como bons herdeiros de Hume, eram obnubilados por essa distinção. Segundo este, nenhum dever (*ought*) pode deduzir-se de um fato (*is*); há um tal "hiato lógico" entre fato e valor que se pode em princípio separar em qualquer enunciado o que se refere a eles respectivamente. Esses filósofos estavam de resto mais interessados na ética* do que na teologia e, paralelamente ao debate de que falamos, eles evoluíam para o não cognitivismo moral. Ayer, p. ex., classifica em quatro categorias o que se tinha até então em ética como afirmações providas de um valor de verdade: 1/ definições de termos, 2/ descrições de fenômenos morais, 3/ exortações a bem conduzir-se e 4/ juízos éticos. Ora, só a primeira dessas categorias é filosoficamente respeitável, visto ser ela analítica no sentido kantiano. A segunda é do domínio das ciências moles, como a sociologia e a psicologia. As exortações não têm nenhuma relação com a realidade, são "exclamações ou ordens cujo objetivo é levar o leitor (*sic*) a esta ou àquela ação". Quanto aos juízos éticos, "só exprimem sentimentos". Foi assim que Ayer formulou sua versão da teoria moral conhecida pelo nome de emotivismo.

O mesmo critério de verificabilidade aplica-se em seguida às asserções concernentes a um Deus transcendente. As afirmações dos fiéis só exprimem aquilo que eles sentem, e não são capazes de descrever ou de representar aquilo que está ou poderia estar na realidade.

Como observou Ayer, não sem malícia, essa análise se coaduna bastante bem com a ideia de teologia negativa*: ao final, os teólogos apreciam dizer que a existência e a natureza divinas estão para além da l. É preciso fazer a aposta de Pascal* ou dar o salto de Kierkegaard*, mas renunciar ao pensamento de que os enunciados teológicos falam da realidade das coisas. Ayer não cita nenhum teólogo (é difícil crer por outro lado que ele nunca tenha lido um único), mas vê-se bem que um fideísmo* radical poderia se harmonizar, ao menos superficialmente, com enunciados teológicos puramente subjetivos. Com efeito, os teólogos que desejavam manter-se atualizados sentiram-se obrigados a adotar o ponto de vista do positivismo lógico e a renunciar a uma boa parte do discurso teológico habitual. Em vez de ir ao fundo das coisas e de opor-se à redução a um estatuto não cognitivo de todos os enunciados estéticos, éticos e religiosos, bom número de teólogos, dos anos 1940 a 1980, tentou, pelo contrário, reformular o teísmo* cristão de maneira que satisfizesse todos os princípios de Ayer.

b) O empirismo lógico em teologia. — É preciso citar aqui o ensaio de David Cox "The Significance of Christianity" (*Mind*, 1950), por ser ele um notável documento, um excelente sintoma de reducionismo teológico: a palavra "Deus" só é utilizada legitimamente em expressões como "encontrar Deus"; ela é tomada, em contrapartida, num sentido impróprio se a fazemos designar uma realidade independente da experiência* subjetiva do locutor. Não se deve tomar como informação a proposição "Deus é amor*": ela significa na verdade que não se pode chamar de "encontrar a Deus" o encontro de uma pessoa que não é alguém que o ama. A afirmação de que "Deus criou o mundo a partir do nada" (criação*) significa que tudo aquilo que dizemos ser "material" pode servir ao bem-estar dos homens. Esse tipo de reinterpretação permite ao cristianismo escapar, de acordo com o autor, "ao exílio a que a metafísica é relegada, com justiça, pelos positivistas lógicos". O exemplo de Cox é, evidentemente, um caso extremo de submissão aos critérios do positivismo lógico. Mas muitos outros teólogos admitem que a l. teológica não pretendia alcançar a verdade e nada perderia se fosse considerada como puramente expressiva.

R. B. Braithwaite, p. ex. (*An Empiricist's View of the Nature of Religious Belief*, 1955), sustenta a ideia de que o cristianismo oferece um fundo de "narrações*" que nos ajudam a nos conduzir bem, mas que a questão da sua verdade ou falsidade absolutamente não se põe. O próprio das narrações cristãs é inspirar "uma disposição ao *agapé*". A teoria da "verificação escatológica" de John Hick manifesta um pouco mais de respeito pelo estatuto cognitivo dos enunciados teológicos: para ele, afirmações religiosas que não são suscetíveis de verificação experimental sê-lo-ão no mundo vindouro (*Faith and Knowledge*, 1957). Richard M. Hare, cuja influência no debate foi grande, sustenta, por sua vez, que os juízos morais e certos juízos religiosos têm um sentido "prescritivo". Dizer que um ato* é bom ou mau, p. ex., não equivale a lhe atribuir um valor em si, mas a afirmar que é universalmente imperativo pô-lo ou evitá-lo neste ou

naquele caso. Para Hare, as afirmações religiosas por certo não representam a realidade; ele propõe todavia (*in* Flew e MacIntyre, 1955) que as consideremos como pontos de vista quase metafísicos sobre o mundo (ele chega ao ponto de encontrar para elas um nome, "blik"!).

Julga-se normal pôr o problema da l. religiosa nesses termos, mas percebe-se retrospectivamente que uma escolha dilemática entre uso factual e uso emotivo da l. não podia levar a nada e estava condenada à incompreensão, tanto no domínio religioso como nos domínios moral e estético.

Permanecendo no quadro essencialmente positivista da análise linguística, certos filósofos, Ian T. Ramsey, p. ex. (1915-1972), se esforçaram muito para mostrar a "estranheza" das expressões religiosas. Ainda que não tenham o realismo que lhes é tradicionalmente atribuído, as proposições teológicas, submetidas a um rigoroso escrutínio, não são completamente desprovidas de conteúdo cognitivo (como o acreditam Ayer, Cox, Braithwaite e Hare), do mesmo modo como não dão informações diretas sobre o mundo (como se pensava que o realismo metafísico tradicional acreditasse). Como bem o viu Ramsey, dizer que a l. teológica não se refere à realidade não é fruto do progresso excepcional da filosofia da l., mas o sinal de que persiste a distinção fato/valor. Ora, a importância de certas afirmações religiosas vem, de acordo com ele, do fato de poderem exprimir ou criar aquilo que Ramsey chama de situações "de revelação". Ele tenta mostrar, a partir de expressões familiares — "quebrar o gelo", "saltar aos olhos" —, que um evento cotidiano é às vezes uma "revelação", e que as relações comuns podem ser encontros que mudam a vida. Ramsey fornece assim o exemplo perfeito de um teólogo fundamentalmente ortodoxo que aceita as regras do empirismo lógico, e que deve então adotar a vida corrente para encontrar casos em que a l. escapa à distinção fato/valor. Suas conclusões são de qualquer modo válidas: há um emprego da l. que, ao tempo que exprime a subjetividade, pode revelar e transformar uma situação real.

c) O princípio de falsificação. — As coletâneas de ensaios que apareceram sob a direção de A. Flew e A. MacIntyre (1955) e de I. T. Ramsey (1966) permitem que se perceba uma evolução das ideias, que leva da posição inflexivelmente antiteológica de Flew, p. ex. ("Theology and Falsification", 1949), a um agnosticismo* mais aberto, como o de R. W. Hepburn e de Iris Murdoch ("Vision and Choice in Morality", 1956).

Segundo o "princípio de falsificação", uma proposição é desprovida de sentido se não pode ser falsificada, ao menos em princípio, por uma observação empírica. Uma proposição que não pode ser falsificada também não pode ser verificada: falta-lhe, pois, estatuto cognitivo. Se se aplica esse princípio, como o faz Flew, às proposições teológicas que falam de um Deus criador e amoroso, deve-se dizer, sempre segundo Flew, que o estado observável de coisas — a ordem da natureza — é o mesmo quer se diga que há ou não um criador. Não se acrescenta nem se retira nada dessa ordem com essa afirmação ou essa negação. A noção de criador é, por conseguinte, vazia. O mesmo se aplica à proposição "Deus é amor", que é vazia de sentido, visto ser evidentemente compatível com o sofrimento mais atroz. É somente jogando sem cessar com o sentido da palavra "amor" que se pode evitar a contradição entre amor de Deus e sofrimento ou fugir dela. Numa fórmula célebre, Flew diz ser essa uma palavra cem vezes morta sob o peso de sutilezas, i.e., palavra que se esvaziou gradualmente de todo sentido empírico por não excluir nenhum estado de coisas observável, nenhum sofrimento específico.

Admite-se de modo geral na cultura anglo-americana que só as proposições empiricamente verificáveis são cognitivas, e que todas as outras são ou analíticas (tautológicas) ou não cognitivas (emotivas). Não faltam teólogos que adotam esse ponto de vista. Don Cupitt, p. ex., é o representante mais eloquente da teologia não cognitivista e não realista. De acordo com ele, a religião, grande obra de arte coletiva, expressão profunda do espírito humano, jorro espontâneo de fé criadora, "não pode, estritamente falando, ser atribuída nem a Deus nem ao eu, visto ser ela anterior a toda distinção entre os dois" (*Life Lines*, 1986). E, daí segue-se que a religião pode, ao mesmo tempo, obedecer aos critérios do po-

sitivismo lógico e ser aquilo que Cupitt chama de expressivismo estético.

d) Filosofia antiempirista da religião. — Ao tempo em que se interessam pela linguagem ordinária e, portanto, sem desprezar a análise linguística, outros filósofos, como Hepburn ou Murdoch, não deixam de lado a poesia e a escritura (I. Murdoch é igualmente romancista). Como ela diz no ensaio de 1956, primeiro sinal de uma evolução da filosofia moral que lhe permitiu afastar-se do emotivismo para recuperar certo realismo, é preciso distinguir "o homem que crê que os valores morais são tipos de atividades empiricamente observáveis que ele aprova e aquele que crê que eles são visões, inspirações, forças vindas de uma fonte transcendente que ele é chamado a descobrir e da qual ele não sabe muita coisa no momento". Mas os filósofos tinham ainda um longo caminho a percorrer antes de compreender que a análise linguística era prisioneira da oposição fato/valor e de voltar à metafísica.

Na época em que Ayer veio a Viena, Wittgenstein* (W.) (1889-1951) já descobrira que os membros do Círculo de Viena não tinham verdadeiramente compreendido o *Tractatus Logico-Philosophicus* e o julgavam defensor do positivismo lógico. No início de sua carreira, de fato, W. fora muito influenciado pela obra de B. Russell (1872-1970) sobre os fundamentos da matemática e da lógica. Russell procurava reconstruir a matemática sobre uma base puramente lógica. Para chegar a isso, ele utilizava um tipo de lógica em que a verdade (ou a falsidade) de um todo (p. ex., "ele chora e é sexta-feira") é completamente determinada pela verdade de cada uma de suas partes ("ele chora"; "é sexta-feira") consideradas *separadamente*. A verdade de um todo é função da verdade de suas partes. Isso inspirou em Russell uma concepção da realidade que ele denominou "atomismo lógico": a realidade é essencialmente constituída de átomos de observação sensível, cada um dos quais é certo e indubitável, formando eles a base de todo conhecimento. Pode-se determinar a verdade ou a falsidade de toda afirmação reduzindo uma declaração complexa a seus átomos de base, e comparando-os um a um, por meio de observação, com fatos "atômicos". No *Tractatus*, W. procurou, por seu turno, mostrar quais são as proposições que têm ou que não têm sentido nos limites dessa lógica; verifica-se que há bem poucas que o têm. E em todo caso não se pode mais falar nem de ética, nem de estética, nem de metafísica, nem de teologia. Mas isso não fazia de W. forçosamente o aliado do Círculo de Viena. W. acreditava, pelo contrário, que a realidade ultrapassava o que se podia dizer dela e que o *indizível* era bem mais importante do que o dizível. "O sentido do mundo se mantém fora do mundo" (§ 6, 41); mas "aquilo de que não se pode falar, deve-se calar" (§ 7). A última observação do *Tractatus* está longe de reforçar o positivismo, pelo contrário: "Mesmo que se tenham resolvido todas as questões científicas, não se tocaram os problemas da vida" (§ 6, 52). O pensamento de W., instalado em Cambridge desde 1930, permite à filosofia inglesa libertar-se da tirania da oposição fato/valor. Segundo ele, quando os filósofos falam de conhecimento, de ser*, de sujeito, de objeto e assim por diante, é preciso sempre questionar se esses termos têm o mesmo sentido na linguagem ordinária — "trata-se de reconduzir esses termos do uso metafísico ao uso cotidiano" (1953, § 116). Isso se assemelha aparentemente ao projeto antimetafísico do positivismo lógico e, efetivamente, assim foi amiúde compreendido. Mas a distinção fato/valor é tão metafísica quanto as proposições atacadas pelo positivismo lógico, e ela não resiste, segundo os princípios de W., se é "reconduzida" à l. ordinária. Em lugar de falar da l. no abstrato, como se acusava W. de ter feito no *Tractatus*, basta ver como a l. é realmente utilizada para definir o que pode e o que não pode ser dito, e para compreender o que se quer dizer. Falar é como jogar um jogo ou, sobretudo, vários jogos. W. inventou a expressão "jogo de linguagem" para assinalar com clareza que falar faz parte de uma atividade, de uma "forma de vida": trata-se de dar ordens, de obedecer, de descrever, de fazer um ensaio, de contar uma história, de cantar, de gracejar, de jurar, de saudar, de rezar (1953, § 23). Embora ele não tenha escrito muita coisa sobre o uso religioso da l. (ver contudo *Lectures and Conversations on Aesthetics, Psychology and Religious Belief*), sua insistência na "multiplicidade dos jogos de l." foi profundamente libertadora.

John Wisdom (1904-1994), já autor de uma obra importante no domínio do atomismo lógico, escreveu alguns ensaios de teologia filosófica sob a influência de W.; um deles, "Gods" (1944, in *Philosophy and Psychoanalyis*), é um texto de referência em filosofia da religião. Trata-se

essencialmente de uma discussão da posição de Hume, destinada a mostrar que sua concepção da razão* é demasiadamente estreita. Recorrendo à autoridade da l. ordinária, Wisdom inspira-se em W. para criticar uma teoria filosófica insatisfatória. Ele mostra com muita precisão que o tipo de raciocínio em tela não corresponde à oposição fato/valor. É como num processo (seu exemplo preferido): os fatos podem ser conhecidos, mas isso não dispensa que se faça deles uma interpretação ponderada; e não é porque se chega a isso mediante um procedimento informal, e não por dedução, que ela será arbitrária ou inteiramente subjetiva. Por essa reflexão sobre o uso real da l., Wisdom mostra bem até que ponto nossos pensamentos são mais ricos e mais complicados do que o exprimem às vezes as teorias filosóficas. Sua reabilitação do que denomina o "raciocínio informal" exerceu influência sobre certos teólogos (p. ex., Renford Bambrough, *Reason, Truth and God*, 1969, e Basil Mitchell, *The Justification of Religious Belief*, 1973).

Para Kai Nielsen, é característico do "fideísmo wittgensteiniano" escapar assim ao trabalho da prova* (a propósito da afirmação de que Deus existe), não estudando senão a maneira de falar de "Deus" num contexto religioso (*Philosophy*, 1967). Houve de todo modo um filósofo, D. Z. Phillips, que não tardou a ser considerado o fideísta à W. por excelência. Atribui-se a ele a ideia de que a l. religiosa é um jogo de tal forma distinto dos outros que só pode ser compreendido por iniciados; a ideia de que a l. tem sentido no discurso religioso não é decidível senão pelos fiéis, de que as proposições religiosas não podem ser criticadas a partir do exterior e, por fim, de que as crenças religiosas não podem ser afetadas pela evolução do mundo. A religião é nesse caso um "jogo de linguagem" ou uma "forma de vida" que tem suas próprias regras de sentido e de verdade, nas quais o não fiel não pode portanto entrar. Nilson não aceitou essas concepções, em nome de um ateísmo* que pretendia poder dizer que compreendia bastante bem a l. religiosa para demonstrar que é falsa. Não é, porém, certo que Phillips seja verdadeiramente fideísta dessa maneira. Ele parece sobretudo defender a ideia de que, como a religião se relaciona necessariamente com o nascimento, a morte*, a sexualidade, a l. dos fiéis, ao menos em suas formas fundamentais (liturgia*, oração*), se acha bem próxima da de todo homem. Uma vez mais, o procedimento wittgensteiniano consiste em recordar como a l. é verdadeiramente utilizada, apesar de tudo o que disso podem dizer as teorias filosóficas. Para Phillips, a filosofia religiosa universitária não deixou verdadeiramente de ser lógico-positivista na Inglaterra, sendo necessário, portanto, combater o racionalismo* teológico que consiste em aplicar às crenças e às práticas religiosas critérios que não lhes convêm. A l. teológica deve enraizar-se na l. da piedade e da vida cristã, sem ignorar as preocupações mais gerais da humanidade.

A obra de J. L. Austin (1911-1960), independente das últimas pesquisas de W., deve muito à tradição aristotélica de Oxford; ela teve uma influência considerável. Na perspectiva de uma "fenomenologia linguística", ele é o autor da distinção entre enunciados performativos e constatativos (1962). Os enunciados constatativos ou descritivos são verdadeiros ou falsos; os enunciados performativos são "felizes" ou "infelizes", mas não podem ser nem verdadeiros nem falsos. Por exemplo, o enunciado "batizo este navio de *Queen Elizabeth*" não pode ser falso, mas pode ser "infeliz", se não cabe a mim fazê-lo, ou se não se trata do momento adequado. Em compensação, "batizei este navio" é verdadeiro ou falso. Austin distinguia três atos de linguagem: o ato locutório, em que se fala para descrever o que acontece; o ato ilocutório, no qual se diz algo a alguém com certa "força"; o ato perlocutório, que é o efeito indireto do enunciado sobre os ouvintes. Ele acaba por pensar que todo enunciado é ao mesmo tempo locutório e ilocutório, e, no momento de sua morte prematura chegara a abandonar essas distinções, exceto a título de primeira aproximação para restituir à filosofia contemporânea o sentido da l. que se observa na *Retórica* de Aristóteles. Na esteira de Austin, John Searle (1969) examinou as condições lógicas necessárias à realização de atos ilocutórios como "prometer", "dar uma ordem" e assim por diante. Isso permite aos teólogos compreender melhor que o perdão, a bênção*, o louvor* têm uma função diferente do relato e da descrição (cf. A. C. Thiselton, *New Horizons in Hermeneutics*, 1992). Mas percebe-se bem hoje que a teoria dos atos de l. não passava de um esforço a mais para escapar à distinção fato/valor.

Por volta de 1970, sob a influência de W. e de Austin, os filósofos ingleses não abordavam mais o problema da l. religiosa com a agressividade empírico-positivista dos primórdios; eles se tinham aberto também à filosofia "continental", em particular graças a P. Ricoeur. Bom conhecedor da filosofia anglo-americana, Ricoeur amplia a reflexão sobre a l. integrando a ela a contribuição de Freud* e da tradição fenomenológica de E. Husserl e de M. Merleau-Ponty. Se ele não marcou a filosofia de língua inglesa em geral, sua influência é cada vez mais clara no domínio da teologia e da filosofia da religião.

e) Para além do debate sobre a linguagem religiosa? — A filosofia analítica, hoje, interessa-se bem mais pelo problema do sentido, da verdade, da referência (Quine, Dummett, Davidson) do que pelo da l. Filósofos da religião — e portanto teólogos — perguntam-se se não é tempo de deixar de questionar-se sobre o estatuto cognitivo da l. teológica para abordar o problema mais geral do realismo metafísico e ético. O livro de J. Soskice (1985) ou os ensaios compilados por J. Runzo (1993) tratam da questão sem permitir que seu procedimento seja ditado pelo positivismo lógico. É visível a evolução nos manuais: em 1967, o índice de um deles (*God-Talk* de John Macquarrie) tem mais referências à "l." do que a qualquer outro conceito; em 1982 sequer se encontra a palavra "l." no índice do de Brian Davies (*Philosophy of Religion*). Pode-se, pois, considerar que, na filosofia de língua inglesa, a questão da l. religiosa, que durou de 1936 a 1986, está agora encerrada e faz parte da história.

Isso não quer dizer que ela não tenha marcado os espíritos. Não é possível desconfiar da metafísica durante anos e anos sem perder todo dogmatismo, e filósofos e teólogos anglófonos são hoje muito discretos em matéria de afirmações, o que de resto só apresenta vantagens. Para uma filósofa como Soskice, pelo contrário, é preciso afastar as teorias deformadas da l. (e a rejeição da metafísica que se acreditou que elas autorizassem) e reexaminar as possibilidades cognitivas da metáfora, da analogia e do símbolo. Ao estudar o aspecto referencial da metáfora, ela sustenta que os teístas podem razoavelmente pretender falar de Deus — mas esta afirmação está ligada a uma estratégia mais geral que visa a falar validamente em outros domínios também do que não se pode definir totalmente. Com a ajuda dos trabalhos de H. Putnam em particular, ela se afasta do empirismo do qual a filosofia linguística e a análise da l. religiosa não chegavam a desembaraçar-se e se aproxima do realismo metafísico.

- L. Wittgenstein (1922), *Tractatus Logico-philosophicus*, Londres (*Tractatus Logico-philosophicus*, São Paulo, 2001). — A. J. Ayer (1936), *Language, Truth and Logic*, Londres (*Linguagem, verdade e lógica*, Lisboa, 1991). — L. Wittgenstein (1953), *Philosophical Investigations*, Oxford (*Investigações filosóficas*, Petrópolis, 1996). — L. Wittgenstein (s.d.), *Lectures and Conversations on Aesthetics, Psychology and Religious Belief*, Berkely-Los Angeles, 53-72. — A. Flew, A. MacIntyre (sob a dir. de) (1955), *New Essays in Philosophical Theology*, Londres. — I. T. Ramsey (1957), *Religious Language*, Londres. — J. L. Austin (1962), *How to do Things with Words*, Oxford (*quando dizer e fazer: palavras e ação*, Porto Alegre, 1990). — J. M. Bochénski (1965), *The Logic of Religion*, Nova York (*Logik der Religion*, Paderborn 1981[2]). — I. T. Ramsey (sob a dir. de) (1966), *Christian Ethics and Contemporary Philosophy*, Londres. — J. Macquarrie (1967), *God-Talk*, Londres. — John Searle (1969), *Speech-Acts*, Londres. — D. Z. Phillips (1970), *Faith and Philosophical Enquiry*, Londres. — A. J. Ayer (1973), *The Central Questions of Philosophy*, Londres. — B. Casper (1975), *Sprache und Theologie. Eine philosophische Hinführung*, Friburgo-Basileia-Viena. — I. Murdoch (1975), *The Sovereignity of Good*, Londres. — I. U. Dalferth (1981), *Religiöse Rede von Gott*, Munique (bibl.). — J. M. Soskice (1985), *Metaphor and Religious Language*, Oxford. — M. Dummert (1991), *The Logical Basis of Metaphysics*, Londres, 322-351. — H. Putnam (1992), *Renewing Philosophy*, Londres. — J. Runzo (sob a dir. de) (1993), *Is God Real?*, Londres. — I. U. Dalferth (1995), "Sprache und Theologie", *EKL* 4, 425-434.

Fergus KERR

→ *Conhecimento de Deus; Credibilidade; Deísmo/ teísmo; Filosofia; Hermenêutica; Narrativa (teologia); Nominalismo; Provas da existência de Deus; Religião (filosofia da); Verdade.*

LITERATURA

Há duas razões principais para interrogar-se sobre "teologia* e literatura". De um lado,

as fontes da teologia pertencem à história da literatura, e a própria teologia pertence à história da língua escrita. De outro lado, a criação literária pode ter uma pertinência teológica. Essa segunda razão se desdobra: de um lado, a criação literária pode possuir ambições propriamente teológicas. De outro lado, a teologia pode tentar interpretar seus objetos no espelho das obras literárias.

a) A Bíblia como literatura. — A Palavra* a que o cristianismo se remete está inscrita em textos e numerosos gêneros* literários encontram-se nela utilizados: a narrativa*, de pretensão histórica, a saga, o poema, o provérbio etc. Entre esses textos alguns têm um valor literário (os Salmos, o *Cântico dos Cânticos*), outros estão escritos em uma língua mal dominada (grande parte do NT está nessa categoria), mas possuem uma composição literária muito elaborada. Os textos cristãos pós-bíblicos apresentam também muitos casos: muitas vezes a língua é medíocre, mas Agostinho* é um dos maiores prosadores que utilizaram o latim. De outro lado, a liturgia* muito cedo foi criadora de textos, e a hinografia cristã (como também a judaica) contém belas composições literárias. As traduções* antigas da Bíblia* são frequentemente de medíocre qualidade literária (cf. o grego dos Setenta e o latim da Vetus latina), mas seu exercício deu também origem a grandes obras: a Bíblia de Lutero* em alemão, a *Authorized Version* em inglês, o saltério francês de Clément Marot, mais recentemente o saltério inglês de P. Levi. Entre os estudos mais fecundos que o *corpus* bíblico suscitou recentemente, as contribuições de historiadores da literatura, ou dos teóricos da literatura, ocupam um lugar de escolha (p. ex. Frye, 1982).

b) Literatura espiritual. — A literatura espiritual ou mística abunda de belos textos, em prosa (a *Nuvem do desconhecimento*, a obra de S. Francisco de Sales etc.) ou em poesia (Jacopone de Todi, Hadewijch de Anverd, João* da Cruz, a tradução francesa de João da Cruz por Cipriano da Natividade etc.) Acrescentemos que pensadores importantes são também escritores importantes (Montaigne, Pascal*), e que a teologia escrita em línguas vernáculas, desde o s. XVI, conta com prosadores do primeiro plano (Newman, Calvino na *Instituition* etc.). Mencionemos a obra apologética de G. K. Chesterton e os escritos teológicos de C. S. Lewis, dois mestres da língua inglesa. Acrescentemos que teólogos escolheram utilizar também o gênero da ficção literária (p. ex. os romances de Newman, *Callista* e *Loss and Gain*, ou os *Fragmentos de Tegel* de Bonhoeffer*). A história literária do sentimento religioso é uma história muito rica, e testemunha uma considerável contribuição cristã à literatura universal. O mérito definitivo de Brémond foi fazer admitir o fato.

c) Literatura e intenções teológicas. — Ao lado de obras de finalidade edificante e de grande valor literário, como os sermões de Bossuet ou os discursos religiosos de Kierkegaard*, toda uma literatura de ficção serviu de transmissão para temas teológicos. O exemplo mais puro seria fornecido pelas obras de ficção de C. S. Lewis, ou as de seu amigo J. R. R. Tolkien. Aqui e ali, a forma literária da narrativa feérica ou da narrativa de ficção científica é utilizada para permitir a reescrita de acontecimentos bíblicos, ou então para subcriar (Tolkien, 1947) mundos de história rica em ensinamentos espirituais. E aqui a obra não é teológica a não ser de maneira anônima ou pseudônima (cf. Lacoste, 1990); em Lewis (*Crônicas de Nárnia*) a figura cristológica é um leão chamado Aslan; em Tolkien, cabe a elfos e a duendes encarnar os agentes tradicionais, anjos*, demônios* e outros dos relatos cristãos. (Ver J.-Y. Lacoste, *FZPhTh* 36 [1989], 341-373.) Ao lado desses casos extremos, a apropriação literária (ou a tradução em literatura) de temas e episódios cristãos é um fato superabundante: tragédias bíblicas de Racine, reescritas literárias do martírio das carmelitas de Compiègne (em G. von le Fort e Bernanos), hagiografia teatral ainda no *Polyeucte* de Corneille, um floreado sobre o episódio bíblico no "Booz adormecido" de V. Hugo, epopeia protológica e escatológica em Milton, toda uma parte da literatura ocidental está escrita nas margens da Bíblia e de uma história da Igreja*, e existe um texto literário da maior grandeza que ocupa

um lugar importante em teologia: a *Divina comédia* de Dante*. Acrescentem-se a isso certos textos escritos nessas margens sem finalidade teológica cristã, p. ex. o "Moisés" de Vigny, ou o *Port-Royal* de Montherland. Quantos outros textos se fizeram eco de uma filosofia da religião*, p. ex. o *Natan o Sábio* de Lessing. E pôde-se escrever nas margens da Bíblia textos que contestam violentamente o cristianismo (p. ex. Kazantzakis).

d) Literatura, imagens de experiência, criação de linguagens. — Outros textos literários prestam-se também a uma leitura teológica em razão das realidades que espelham e em razão do modo como fazem obra de espelho. Lógica das experiências espirituais nos romancistas crentes (p. ex. Dostoïevski, Bernanos, W. Pater, G. Greene, Flanery O'Connor), lógica do mundo totalmente ateu nos romancistas sem interesse cristão (Stendhal, Flaubert), lógica do mal* no *Doutor Fausto* de Th. Mann, o romance é muitas vezes a melhor chave hermenêutica da modernidade. A poesia que aqui toma a aparência de confissão de fé* (p. ex. em Claudel ou Péguy) ou da expressão de posições teológicas (p. ex. a mistura de escotismo e nominalismo em Hopkins) importa de toda maneira porque, como dizia Heidegger*, torna o "ente mais ente", manifesta o real melhor do que o real se dá a nós fora da mediação dos textos: significações eucarísticas em Hölderlin ou Trakl, sentido do louvor em Pessoa, sentido da oração* em Rilke, sentido do arrependimento em Apollinaire, sentido do cosmo em Hugo etc., a poesia reflete tudo isso. Pode também — Celan — dizer a angústia do homem depois do horror, e tentar fazer o que Adorno dizia impensável, escrever poesia depois de Auschwitz (cf. Dupuy, 1994). Nada é "impoetizável". Toda poesia, em certo sentido, pode suscitar o comentário teológico (e o comentário filosófico). E toda poesia pode dar palavras novas para falar de Deus.

e) "Teologia literária". — O interesse da teologia pela literatura é recente mas considerável. Há muitos motores e muitos aspectos. 1/ A existência de universidades secularizadas em que os textos bíblicos e cristãos são protocolarmente entregues aos mesmos leitores que qualquer texto forçou a questionar o caráter especificamente literário das fontes bíblicas do cristianismo: leituras estruturais, narratologia etc., a multiplicidade dos gêneros literários presentes nas fontes do cristianismo mobilizou tudo isso (cf. p. ex. Frye, 1982). No mesmo contexto da secularização* questionaram-se as maneiras propriamente "religiosas" de ler um texto (Griffiths, 1999). 2/ A influência de Henri Bremond (1865-1933) permitiu uma revisão da história da literatura francesa em que os textos espirituais recebem a atenção que merecem literariamente, e permitiu também lançar pontes entre experiência literária e experiência religiosa; pode-se juntar a Bremond Charles Du Bos (1882-1939), leitor exemplar de Claudel, de Bérulle*, de Pater, dos poetas ingleses e também comentador de *Prière et poésie* de Bremond. 3/ A influência de H. U. von Balthasar não se deve subestimar, e fez admitir que os melhores teólogos modernos eram, muitas vezes, homens de letras. Foi também por mediação de Balthasar — tanto de seus livros como de suas traduções — que Hopkins, Bernanos, Péguy etc. foram aceitos no recinto dos teólogos. 4/ A questão da linguagem renovou-se profundamente na filosofia*, depois na teologia recente, e levou a uma reavaliação da imagem, da metáfora, da narrativa, tudo o que nunca se deixa reduzir a uma tradução em termos proposicionais estritos. Admitir que toda linguagem religiosa é metafórica (cf. J. M. Soskice, *Metaphor and Religious Language*, Oxford, 1985) leva a uma melhor inteligência do discurso por parábolas* e da simbólica bíblica, da formulação narrativa das ideias teológicas (teologia narrativa*). Pode-se também notar a defesa e a ilustração da palavra litúrgica por K. Pickstock, *After Writing* (Oxford, 1998), resposta original à crítica do "fonocentrismo" de D. Derrida. 5/ A reforma litúrgica oriunda do Vaticano II* suscitou um trabalho literário e teológico: composição de novos prefácios e de novas anáforas, traduções dos textos bíblicos para uso litúrgico etc., tudo isso contribuiu para uma colaboração entre homens de letras e teólogos: o poeta P. de la Tour du Pin, p. ex.,

foi associado à tradução francesa do missal de Paulo VI. 6/ De modo simétrico, o interesse dos homens de letras pela teologia suscitou tentativas fecundas: em P. Levi (1931-2000) a poesia quer ser capaz de falar, entre outros temas, do Natal e da Sexta-Feira Santa; a poesia de C. Campo (1923-1977) está saturada de temas cristãos. De modo mais geral, a existência continuada de uma poesia que se interessa pelo "religioso" (Rilke, T. S. Eliot, K. Raine) contribui para fazer da poesia um "lugar teológico" *sui generis*. 7/ Ao fornecer enfim o conceito de "mundo de um texto", a hermenêutica de P. Ricoeur deu os meios de ligar leitura e existência, de maneira tão fecunda em teologia como em filosofia. A teologia bíblica* tem hoje mais meios do que nunca de atrair a atenção para a "habitabilidade" dos textos bíblicos. — Uma nova disciplina está em vias de aparição, sob a ação conjugada de todos esses fatores, a "teologia literária", que procura "manifestar a chance possível de uma renovação da linguagem da fé, não utilizando os escritores, mas pondo-se à sua escuta" (J.-P. Jossua).

▶ H. Bremond (1916-1936), *Histoire litteraire du sentiment religieux en France*, Paris, 12 vols. — C. Du Bos (1930-1931), *Du spirituel dans l'ordre littéraire*, Paris 1967. — J. R. R. Tolkien (1947), "On fairy-stories", *in Essays presented to Charles Williams*, Oxford, 38-89. — H. U. von Balthasar, *Herrlichkeit* II/1 e II/2, Einsiedeln. — N. Frye (1982), *The Great Code. Bible and Literature*, Londres. — J.-P. Jossua (1985), *Pour une histoire religieuse de l'expérience humaine*, Paris — J.-Y. Lacoste (1990), "Théologie anonyme et théologie pseudonyme: C. S. Lewis, 'Les chroniques de Narnia'", *NHThG* 112, 381-393. — R. Faber *et al.* (1991), "Literatur und Theologie", *NHThG*, 3, 240-278. — P. Gerlitz *et al.* (1991), "Literatur und Religion", *TER* 21, 233-306 (bibl). — B. Dupuy (1994), "Selon le mot d'Adorno — Invocation par Paulo Celan de la poésie de Mandelstam", *Istina* 39, 242-267. — O. González de Cardedal (1996), *Cuatro poetas desde la otra ladera*, Madri. — K. J. Kuschel (1997), *Im Spiegel der Dichter. Mensch, Gott und Jesus in der Literatur*, Dusseldorf. — P. J. Griffiths (1999), *Religious Reading. The Place of Reading in the Pratice of Religion*, Oxford.

Jean-Yves LACOSTE

LITURGIA

"Liturgia" (l.) designa aqui o culto* cristão considerado globalmente, em especial em suas formas históricas e em sua relação com a tradição* da Igreja* e as regras de sua disciplina*. Remeteremos ao verbete *culto* para a interpretação teológica dos atos pelos quais o homem exprime sua relação religiosa com Deus*.

1. Significações da palavra "liturgia" na história; termos equivalentes

a) A palavra *leitourgia*, em grego cristão como já na tradução grega do AT, teve empregos diversos sem servir, como ocorreu no Ocidente moderno, para designar a l. cristã em sua totalidade. A designação "divina l." tornou-se na tradição bizantina a designação própria da ação eucarística. No Ocidente, esse termo começou a ser empregado depois da reforma protestante, quando se buscou uma denominação neutra que permitisse evitar as duas designações confessionais de "missa" (denominação católica) e de "ceia" (denominação protestante). Nos s. XVII e XVIII, "l." teve uma penetração global entre os católicos, os anglicanos e mais progressivamente no protestantismo* em geral. Uma vez fixada essa noção global, toda uma série de termos derivados apareceram: "liturgista" (especialista em l.), "litúrgico" (ano* litúrgico; direito litúrgico; ciência litúrgica — com as conotações particulares do alemão *Liturgiewissenschaft* e do inglês *liturgiology*); e, mais tarde, reforçou-se também o alcance da palavra "l." referindo-a à sua etimologia, que permitia enfatizar uma dimensão de serviço público, de serviço ao povo* (*laos*) de Deus em sua prática religiosa.

b) Os equivalentes históricos são numerosos. Na IM latina, as denominações globais que correspondem ao sentido moderno da palavra "l." são a de "ofícios eclesiásticos" (*officia ecclesiastica*), atestada já no s. VII por Isidoro de Sevilha, que recolheu e transmitiu a cultura da Antiguidade tardia, ou ainda a de "serviço divino" (a que corresponde o alemão *Gottesdienst*). Teólogos e juristas (estes últimos sob a influência do direito romano) empregam também a expressão *cultus Dei*, tendo-se em vista que a palavra latina possui, até o limiar da época moderna, um alcance muito geral (como o português "cultivar" e o inglês *worship*), e que tão somente o complemento (de Deus, divino) lhe dá um alcance religioso. O Renascimento toma de empréstimo à Antiguidade a expressão "ritos e cerimônias", donde derivam expressões como "cerimônia religiosa", "cerimonial", "ritual" e, sobretudo, a utilização da palavra "rito" para designar o conjunto das práticas litúrgicas de uma Igreja particular*, sobretudo no caso das Igrejas orientais.

2. A liturgia e os diversos aspectos da teologia

a) *Liturgia e teologia dos sacramentos.* — Por volta do s. XII, os teólogos ocidentais destacaram no interior da l. um núcleo essencial constituído pelos sete sacramentos*, o que, no decorrer dos séculos posteriores, levou por vezes a perder de vista a importância da l. em seu conjunto. O Vaticano II*, pelo contrário, procurou revalorizar uma visão global.

b) *Liturgia e mistério da Igreja.* — No grego do NT, a palavra *ekklèsia* designa, de acordo com o caso, a comunidade eclesial local* ou a Igreja universal, ou mesmo a assembleia litúrgica tomada como tal. É, portanto, essencial à l. ser ação da Igreja (Congar, 1967; Pottie, 1988), uma ação na qual os papéis são sacramentalmente diversificados.

c) *A liturgia como lugar teológico.* — Encontra-se aqui um dos pontos de referência fundamentais no âmbito da teologia* católica e ortodoxa, e que vale para a fé* do conjunto dos cristãos, assim como para o trabalho dos teólogos. A teologia católica refere-se a esse respeito a uma fórmula atribuída ocasionalmente ao papa* Celestino I (*DS* 246), segundo a qual a oração litúrgica (oração* III.1) exprime aquilo em que se deve crer: *lex orandi, lex credendi*.

d) *Liturgia e vida orante do cristão na Igreja.* — Parece de fato que existem algumas diferenças bastante profundas a esse propósito entre a ortodoxia*, a abordagem dos reformadores protestantes e a visão católica tal como se exprime atualmente.

Na perspectiva ortodoxa, a prática litúrgica está profundamente ligada à experiência* do mistério* cristão, por um lado, e, por outro, à identidade de uma comunidade eclesial concreta — e ela nunca foi dissociada disso.

Os diferentes reformadores protestantes do s. XVI se empenharam em destacar o que vem propriamente do NT das contribuições posteriores, todas consideradas facultativas, mesmo que a maneira de vivê-las possa colorir fortemente a identidade das diversas comunidades.

Na prática e na teoria católica, existiram no decorrer dos últimos séculos, em termos de l., tensões entre o direito*, a espiritualidade e a dogmática* sacramental. Na sequência do movimento litúrgico desenvolvido a partir de Dom Prosper Guéranger (1805-1875), o Vaticano II e sua reforma litúrgica procuraram restaurar a unidade entre vida espiritual* e prática litúrgica, bem como a contextualizar a experiência da Igreja, a fim de que esta última seja percebida menos em sua realidade institucional do que em seu mistério* e em sua realidade sacramental. Esse movimento parece ter sido amiúde objeto de um real interesse nas Igrejas advindas da Reforma.

3. Os livros litúrgicos e o direito litúrgico

De acordo com a sua concepção da Igreja e da tradição, as diferentes perspectivas cristãs têm posições de princípio diversas sobre a relação de cada celebração com os usos tradicionais e com os livros de que a celebração dispõe. Nos extremos, encontra-se, por um lado, o sentimento de que os livros ou as regras apenas oferecem uma simples comodidade à celebração tal como ela se organiza de fato e, por outro lado, a preocupação de uma conformidade mais detalhada ao que é previsto pelo costume ou pelas prescrições dos livros litúrgicos. Na história* e na prática, a l. foi praticada mais de memória e por costume, durante séculos e em ampla medida, do que fazendo uso dos livros, mas ela progressivamente abriu um espaço cada vez maior ao escrito — aos livros litúrgicos e às regras escritas —, assim como ao desejo de harmonizar-se à prática das principais Igrejas,

sobretudo as de Roma* e de Constantinopla. No Ocidente, os livros litúrgicos se distribuíram primariamente segundo o papel de cada pessoa (bispo*, sacerdotes*, diáconos*, cantores) na l., depois, em razão da crescente importância da missa privada e da recitação individual do ofício divino, de acordo com as ações litúrgicas completas (missal, breviário).

No catolicismo* do Ocidente, a reforma litúrgica do Vaticano II afrouxou a uniformidade e atribuiu uma parte de responsabilidade litúrgica aos bispos dos diferentes países.

4. Línguas litúrgicas

Na Igreja antiga, as principais línguas em uso na l. foram o grego, o siríaco, depois também o latim — o lat. substituiu o gr. na Igreja Romana a partir dos s. III e IV, aí permanecendo por séculos a língua da cultura e da l., enquanto deixava progressivamente de ser compreendido pela maioria dos fiéis. No s. XVI, a utilização litúrgica das línguas faladas foi adotada pelos reformadores, ao passo que na Igreja católica o concílio de Trento* mantinha o uso praticamente exclusivo do lat. na l. O Vaticano II deixou aos bispos dos diferentes países a determinação das línguas a empregar na celebração, tal como acontecia tradicionalmente nas Igrejas do Oriente.

• A.-G. Martimort (sob a dir. de) (1984), *L'Église en prière*, nova ed., t. 1, Paris.
1/J. Oehler (1925), "Leiturgie", *RECA* 12/2, 1871-1879. — O. Casel (1932), "Leiturgia — Munus", *OrChr* 3/7, 289-291. — H. Frank (1936), "Leiturgia — Munus", *JLW* 13, 181-183. — P.-M. Gy (1990), *La l. dans l'histoire*, Paris, 50-57, 177-194.
2/Y. Congar (1967), "L'*Ecclesia* ou communauté chrétienne, sujet intégral de l'action liturgique", *in* J.-P. Jossua, Y. Congar (sob a dir. de), *La l. après Vatican II*, Paris, 246-282. — I.-H. Dalmais (1984), "La l. et le dépôt de la foi", *in supra*, A.-G. Martimort (1984), 282-289. — Ch. Pottie e D. Lebrun (1988), "La doctrine de l'*Ecclesia* sujet intégral de la célébration dans les livres liturgiques depuis Vatican II", *MD* 176, 117-132.
3/P.-M. Gy (1990 *a*), "Typologie et ecclésiologie des livres liturgiques", in *La l. dans l'histoire*, Paris, 75-89; (1990 *b*), "Traits fondamentaux du droit liturgique", *MD* 183, 7-22. — Th. Elich (1991),

"Using Liturgical Texts in the Middle Ages", *in* G. Austin (sob a dir. de), *Fountain of Life*, Washington DC, 69-83.
4/A.-G. Martimort (1966); "Essai historique sur les traductions liturgiques", *MD* 86, 75-105.

Pierre-Marie GY

→ *Arquitetura; Culto; Imagens; Música; Oração.*

LIVRE-ARBÍTRIO → liberdade

LIVRE-ESPÍRITO → beguinas → renano-flamenga (mística) → Vienne (concílio)

LIVRO

O hb. *séfèr* (cerca de 190 x) vem sem dúvida do acadiano *sipru* (carta, documento escrito), que origina também *saparu*: decreto, documento legal. Ele é na maioria das vezes traduzido nos LXX pelo gr. *biblion*, às vezes *biblos* (fem.). Mesmos termos no NT (*biblion*: 34 x; *biblos*, num sentido próximo: 10 x). A transposição do plural gr. (1Mc 1,56), que se tornou em latim *biblia*, originou nosso feminino "Bíblia*". A tradução pelo termo "livro" (l.) recobre significações muito variadas, a controlar caso por caso. Trata-se na Bíblia de um documento escrito, com suportes diversos — pedra (as "tábuas" de Ex 24,12; 31,18; cf. 32,15), argila, madeira, papiro, couro (pergaminho), cobre — de extensão muito variável, revestido de uma autoridade* particular e destinado à leitura para um grupo humano determinado.

Por causa dos materiais utilizados e sobretudo das dificuldades da escrita, o texto escrito permanece por muito tempo uma prática reservada a escribas especializados. Sua atividade se exerce em cinco domínios privilegiados. Há em primeiro lugar tudo o que diz respeito aos *mitos* fundadores* (p. ex., *Gilgamesh* e o poema da criação*, *Enuma elish*, que assumem sua forma clássica na Babilônia sob Nabucodonosor I). Gravam-se também os *textos de leis*, como o código de Hamurabi (Babilônia, s. XVIII a.C., diorito, Museu do Louvre). Os textos eram com frequência conservados nos templos (cf. Dt 31,24-26). Escrevem-se os *tratados diplo-*

máticos ou comerciais. Os escribas conservam também por escrito *os anais dos reis*, como os de Sennachérib ou de Assurbanipal (s. VII). Não dispomos mais das fontes citadas pelos redatores bíblicos, com o "L. dos Atos de Salomão" (1Rs 11,41), o "L. dos anais dos reis" de Israel* ou de Judá (1Rs 14,19.29; 2Rs 23,28; 24,5). Por fim, os escribas se dedicaram a conservar relatos de *sabedoria*, amiúde muito antigos (Sabedoria Egípcia de Amenemopeu e Pr 22,17-23,14). Dt 6,9 e 11,20 supõem uma democratização da escrita: o pai* de família* escreverá para sua casa extratos da lei*.

Num mundo em que, depois dos sistemas pictográficos do Egito e da Mesopotâmia, o alfabeto, sobretudo por volta do primeiro milênio, assegurava uma difusão mais rápida da escrita, atestada pela arqueologia, o advento da realeza em Israel coincidiu com uma ampla escrituração das tradições* orais. A escrituração tornava-se necessária para permitir a todas as tribos dispor de uma história* comum. Não possuímos mais o "L. das guerras* de Javé", citado em Nm 21,14, nem o "L. do Justo" (cf. Js 10,13; 2Sm 1,18), sem dúvida relativos à entrada em Canaã. — O l. será também o instrumento de uma lei comum. É dado um grande espaço à descoberta do l. no Templo*, em 622 (2Rs 22–23). A identificação desse l. com uma parte do Deuteronômio (De Wette, 1817) é hoje admitida por todos. A esse l., conservado no Templo, faltavam leitores. Com a reforma de Josias, o "l. da Lei", segundo a fórmula deuteronomista (Dt 28,58.61; 29,20; 31, 26s; Js 1,8; 8,34; 24,26; cf. Ne 8,3; 9,3), torna-se referência para o povo*. O que está escrito é normativo, mesmo para o rei (Dt 17,18). É "o l. da aliança*" (2Rs 23,2.21), i.e., contém o que é preciso fazer para permanecer nessa aliança. A perda e o esquecimento do l. acarretam a perda e o esquecimento da aliança. — A palavra do profeta* morre no próprio instante em que é dita. Mas, para que a sua palavra não morra e para que subsista um testemunho de suas sentenças contra Israel* infiel à lei, os profetas e, com mais frequência, seus discípulos (Jr 36,18; cf. Is 29,11s) o puseram por escrito (Is 30,8; Jr 30,2; 36,2.6; Hab 2,2). Essa escritura terá prosseguimento amiúde por vários séculos, antes de encerrar-se num l. acabado que contém oráculos aos quais "nada será suprimido" (Tb 14,4). A documentação que 2Mc 2,13ss diz ter sido reunida por Neemias baseia-se essencialmente nos reis e nos profetas. A escritura, longe de ser uma palavra desvalorizada, torna-se realidade subsistente, que faz sentido para outros tempos e outras situações diferentes do tempo da proclamação da palavra, e que suporta as repetições em função dos leitores sempre novos.

Progressivamente, o "l." pode tornar-se portador de uma forte carga simbólica. Enquanto Jr (1,9) devorou as palavras* de Deus*, foi dado a Ezequiel um "l." para comer (3,1): o profeta se incorpora a uma vontade divina que assume a forma de um desígnio global sobre toda a história. O Sirácida identificará a Sabedoria personificada com o "l. da aliança" (Eclo 24,23), no qual descobre a obra de Deus desde a criação*. Vem o tempo dos apocalipses, que valorizam o tema do l. selado, revelação* última (Dn 7,10; Ap 5,1-10; 20,12). O NT (sobretudo Lc) porá em cena Jesus* com o l. (Lc 4,16-21) e Jesus hermeneuta de todas as Escrituras* (Lc 24,27.44s).

• L. Alonso-Schoeckel (1965), *La Palavra inspirada*, Barcelona. — S. Breton (1979), *Écriture et Révélation*, Paris. — L. Febvre (1971), *L'apparition du livre*, Paris. — A. Lemaire (1981), *Les écoles et la formation de la Bible dans l'ancien Israël*, OBO 39. — B. Gabel, Ch. B. Wheeler (1986), *The Bible as Literature*, Oxford. — W. Kelber (1991), *Tradition orale et écriture*, Paris. — J. Goody (1993), *The Interface between the Written and the Oral*, Cambridge. — A. Paul (1995), "Les diverses dénominations de la Bible", *RSR* 83, 373-402.

Alain MARCHADOUR

→ *Apocalíptica; Bíblia; Cânon; Escritura sagrada; Lei; Palavra de Deus.*

LOCAL (Igreja)

Designa-se por Igreja (I.) local (l.) a I.* presente num lugar. Definição, significação e papel da I.l. evoluíram na história* e diferem segundo as famílias cristãs. A I. universal é a comunhão* das I.l.

a) O NT utiliza "I." (*ekklèsia*) no singular para denominar a Igreja una de Cristo* (Mt 16,17s; 1Cor 12; Rm 12,4ss; Ef 4,4ss; 1Pd 2,4-9 etc.), e no singular ou no plural para designar as I.l.: a I. de Deus* que está em Corinto, ou em Roma (1Cor 1,2; 2Cor 1,1 etc.), as I. da Ásia ou as I. domésticas (1Cor 16,19; Rm 16, 3-5; Cl 4,15; Fm 2). A diversidade não é apenas territorial: ela pode também ser teológica (comunidades pagão-cristãs ou judeu-cristãs) ou repousar sobre estruturas* eclesiais diferentes. Formulada desde a origem, a questão da unidade* das I.l. no interior da I. una de Cristo foi resolvida graças a visitas, sínodos* ou assembleias comuns (como, p. ex., o "concílio dos apóstolos" em At 15), e ulteriormente mediante uma referência comum ao cânon* das Escrituras*.

b) Na estrutura triádica do ministério* instituída pela I. antiga, o bispo* é o responsável pela I.l. ou territorial. Ele é assistido por presbíteros* e diáconos*, aos quais pode delegar certas funções. No Império Constantiniano, em que o cristianismo se tornou religião de Estado*, a I.l. é uma circunscrição eclesiástica: *eparquias* (províncias) no Oriente e *dioceses* no Ocidente (do grego *dioikèsis*, que designa primariamente uma região administrativa do império). Paróquia (*paroikia*), antes sinônimo da I.l. governada pelo bispo, designa seja a diocese ou os diversos lugares geográficos da diocese onde vivem comunidades cristãs. Ao lado das I.l. diocesanas aparecerão as ordens religiosas, que não são I.l. em nenhum sentido, mas que gozam canonicamente de uma "isenção" que as subtrai à jurisdição* do bispo, e que acaba por tornar-se um problema eclesiológico no s. XIII; os próprios mosteiros serão às vezes concebidos como *ecclesiolae in Ecclesia*, mas a expressão não possui nenhuma importância canônica.

c) O Vaticano II* confirma que "a diocese, ligada a seu pastor* e por ele reunida no Espírito Santo*, graças ao Evangelho e à eucaristia*, constitui uma I. particular* na qual se encontra verdadeiramente presente e atuante a I. de Cristo, una, santa, católica e apostólica" (*CD*, 11). Sem dúvida, a terminologia é "hesitante" (H. Legrand, 1983), visto que as dioceses recebem seja o nome de I.l., seja o de I. particular. A visão eclesiológica é clara: a diocese, I.l., é o lugar em que se realiza a I. de Cristo. Contudo, sua plenitude só lhe é dada na comunhão* com as outras I.l., que formam com ela a I. católica. A unidade é mantida pelo colégio dos bispos, pastores das I.l. sob a responsabilidade do bispo de Roma*, o papa*, que tem poder de jurisdição e de magistério* sobre o conjunto das I.l. e sobre cada uma delas.

d) As I. ortodoxas têm uma abordagem análoga, mas insistem na autonomia das I.l. Na celebração eucarística (*sunaxis*), cada I.l. exprime em plenitude a I. única de Cristo. Os bispos zelam pela unidade das I.l. Existe uma autoridade* centralizada dotada de um poder de jurisdição no nível das I. autocéfalas (é na verdade o que as caracteriza), mas não existe no nível da I. ortodoxa como um todo.

e) No protestantismo*, a I.l. é a paróquia. Há I. onde os cristãos celebram juntos a Palavra* e os sacramentos*: a I.l. não é, pois, definida por relação à pessoa do bispo, cujo poder foi contestado vivamente pela Reforma. Em certas famílias confessionais* (anglicanismo*, luteranismo* etc.), a direção do conjunto das I.l. é fruto de um consenso entre os representantes diretos das I.l. reunidos em sínodo*, por um lado, e os bispos ou presidentes das estruturas de I. regionais ou nacionais, por outro (sistema episcopaliano sinodal); em outras tradições (p. ex., a tradição calvinista), ela ocorre sinodalmente (sistema presbiteriano sinodal); em outras tradições, ainda, a autonomia de cada I.l. ou paróquia é central e a única decisiva (congregacionalismo*).

f) A desintegração e a perda de identidade das entidades locais, em todos os domínios da sociedade*, não deixa de ter consequências para as I.l. Ao lado da estrutura geográfica das paróquias existem comunidades categoriais (confrarias escolares, hospitalares e profissionais, ação católica etc.); algumas opções espirituais comuns engendram novos lugares de I., às vezes transconfessionais. A unidade dessa pluralidade de lugares de I. é uma questão posta no interior

de cada família cristã, e posta entre as diferentes I. Há aí um novo desafio eclesiológico, que exige uma nova forma do ministério* de *épiskopè* a serviço da comunhão dessas diferentes I. presentes num mesmo lugar.

- W. Elert (1954), *Abendmahl und Kirchengemeinschaft in der alten Kirche, hauptsächlich des Ostens*, Berlim. — H. de Lubac (1971), *Les Églises particulières dans l'É. universelle*, Paris. — J. Neumann (1980), "Bistum", *TRE* 6, 697-709. — H. Legrand (1983), "La réalisation de l'É. en un lieu", e J. Hoffmann (1983), "La recomposition de l'unité", *in* B. Lauret, F. Refoule (sob a dir. de), *Initiation à la pratique de la théologie*, t. 3, Paris, 143-345 e 347-384. — Chr. Möller (1984), "Gemeinde I", *TRE* 12, 316-335. — A. Houssiau (1985), "Paroisse", *Cath* 10, 671-687. — J.-M. R. Tillard (1987), *É. d'Églises. L'ecclésiologie de communion*, Paris. — G. Siegwalt (1992), *Dogmatique pour la catholicité évangélique* II/2, 11-82, Paris; (1993), "Confessionnalité et catholicité", *PosLuth* 41, 222-238. — M. Lienhard (1995), "La direction personelle, collégiale et communautaire de l'É.", *PosLuth* 43, 177-202. — J.-M. R. Tillard (1995), *L'É.l. Ecclésiologie de communion et catholicité*, Paris.

Gérard SIEGWALT

→ *Bispo; Comunhão; Particular (Igreja); Pastor; Presbítero/padre; Sínodo.*

LOGOS → Verbo

LONERGAN, Bernard John Francis, 1904-1984

Bernard J. F. Lonergan (L.), jesuíta canadense, filósofo e teólogo, foi professor em Montreal, em Toronto, bem como na Universidade Gregoriana de Roma*. Ele dedicou sua obra a compreender cada vez melhor a um só tempo a inteligência humana e os mistérios da fé* cristã.

a) *Os trabalhos sobre Tomás de Aquino.* — Em *Grace and Freedom: Operative Grace in the Thought of St Thomas Aquinas*, L. retraça a evolução da teologia* da graça* de Agostinho* (A.) a Tomás* de Aquino (T.); ele expõe os vínculos entre graça operante e graça cooperante e analisa o pensamento de T. sobre a causalidade, a operação, a transcendência divina e a liberdade* humana. Esse trabalho convenceu L. de que não era suficiente reconstruir historicamente, filosoficamente ou teologicamente a obra de T. para compreender-lhe verdadeiramente o espírito, ou, antes, de que essas reconstruções não podiam ser fiéis sem profundas mudanças naqueles que trabalham com elas.

L. aprendeu a partir de A. que a conversão* a Jesus Cristo comporta dimensões intelectuais e morais, e não apenas religiosas. As descrições psicológicas e fenomenológicas da conversão intelectual de A. à verdade*, de sua conversão moral ao bem*, assim como de sua conversão religiosa a Deus* revelado em Jesus Cristo enraízam na experiência* o que T. desloca em benefício do teórico quando funda a divisão das virtudes* em virtudes intelectuais, morais e teologais (*ST* Ia IIae, q. 55-67; IIa IIae, q. 1-170). É assim que L. tomou consciência de que, para compreender o avanço teórico capital da teologia de T., foi-lhe necessário passar pelo que mais tarde ele denominou uma "conversão intelectual".

A noção de Verbo nos escritos de Santo Tomás de Aquino é em primeiro lugar uma exposição das noções em jogo na teoria do conhecimento de T. Esse livro mostra também como essas noções têm sua fonte na experiência humana da interrogação, da compreensão e do julgamento.

A apreensão das imagens faz nascer a compreensão, que por sua vez se exprime em conceitos. Mas não nos basta pensar, queremos saber o que é verdadeiro; interrogamo-nos sobre a verdade e, quando as provas nos parecem suficientes, chegamos ao julgamento e, por conseguinte, à verdade ou ao erro. L. mostra que "a luz do intelecto agente enquanto participação criada à luz divina" (assim como T. a denominava) é de fato a capacidade humana de formular sempre mais questões.

b) Os estudos sobre o conhecimento humano e o método teológico. — Em *Insight: A Study of Human Understanding*, L. atualiza a teoria do conhecimento extraída de T. Esse livro exorta o leitor a se apropriar verdadeiramente de seus próprios atos de experiência, de compreensão e de julgamento. A primeira parte define a atividade de *insight* (de "apreensão"), mostrando como a atenção aos atos de inteligência torna o leitor capaz de ligar entre si os métodos das

ciências, e de chegar assim a uma concepção do mundo* coerente e aberta, denominada "probabilidade emergente". Fundada na tomada de posse de si do leitor enquanto ser que conhece, a segunda parte mostra então como os métodos genético e dialético funcionam em domínios (metafísica, ética*, teologia natural*) dotados de uma base cognitiva. A obra mostra que a inteligência humana consiste, de fato, em operações conexas e recorrentes, e que não puderam ser omitidas sem provocar contradições dialéticas na cultura, na filosofia* e na teologia modernas. L. resume da seguinte maneira o projeto de seu livro: "Se se compreende por completo o que é compreender, não apenas compreender-se-ão as grandes linhas de tudo o que deve ser compreendido, mas dispor-se-á também de uma base segura, uma invariante de referência, que dá acesso a todos os outros desenvolvimentos do conhecimento" (*Insight*, xxviii).

L. apoiou-se nos resultados de *Insight* para escrever *Método em teologia*, em que mostra que sua concepção de um método* transcendental pode transformar a prática da teologia. Esse método, nem cartesiano (Descartes*) nem kantiano (Kant*), é um conjunto de operações mentais ligadas que dá resultados progressivos e cumulativos. Depois de ter tratado do bem humano, do sentido e da religião, o livro aborda a noção de especialidade funcional em teologia. Há três tipos de especialidades: 1/ as especialidades por domínio dividem indefinidamente os campos de dados a explorar (p. ex., no domínio dos estudos bíblicos), 2/ as especialidades por assunto classificam os resultados das pesquisas para poder ensinar esses resultados (criam-se assim departamentos de história* hebraica, das origens do cristianismo etc.), 3/ as especialidades funcionais distinguem as diferentes etapas que fazem passar dos dados aos resultados das pesquisas.

• *The Collected Works of Bernard L.* (*CW*), Toronto, 1988-; (1957), *Insight: A Study of Human Understanding*, Londres (*CW* III, 1992); (1967), *Verbum: Word and Idea in Aquinas*, Notre Dame, Ind.; (1967), *Collection*, Londres (*CW* IV, 1988); (1971), *Grace and Freedom: Operative Grace in the Thought of St Thomas Aquinas*, Londres; (1972), *Method in Theology*, Nova York; (1976), *The Way to Nicea: The Dialectical Development of Trinitarian Theology*, Londres; (1980), *Understanding and*

Being: An Introduction and Companion to Insight (*CW* V, 1990); (1982), *Les voies d'une théologie méthodique*, Paris (coletânea de artigos teológicos de L.); (1991), *Pour une méthodologie philosophique*, Montreal (coletânea de artigos filosóficos de L.).

▸ H. Meynell (1976), *An introduction to the Philosophy of Bernard L.*, Londres. — Col. (1978), *The L. Workshop*, Atlanta. — M. O'Callaghan (1980), *Unity in Theology: L.'s Framework for Theology in Its New Context*, Londres. — M. Lamb (1981) (sob a dir. de), *Creativity and Method: Essays in Honor of Bernard L.*, Milwaukee. — L. Roy (1982), "La méthode théologique de Bernard L.", *Com*(*F*) VII/1, 66-74. — *Method: A Journal of L. Studies*, Los Angeles (1983-1991), Boston (1992-). — M. Lamb (1984), *History, Method and Theology*, Atlanta. — V. Gregson (1988) (sob a dir. de), *The Desires of the Human Heart: An Introduction to the Theology of Bernard L.*, Nova York. — F. Crowe (1992), *Lonergan*, Londres. — J. M. McDermott (1994), "Person and nature in Lonergan's *De Deo Trino*", *Ang.* 71, 153-185.

Matthew L. LAMB

→ *Agostinho; Bíblia; Conhecimento de Deus; Ética; Método teológico; Mistério; Natureza; Tomás de Aquino; Tomismo.*

LOUVOR

Dirigir a Deus* seu louvor (l.) é reconhecer sua grandeza e a magnificência de seus dons, é render-lhe homenagem e glorificá-lo. O l. aparece como a forma mais perfeita da oração*, visto ser atenção integral a Deus numa transcendência desejada dos interesses particulares. O verbete "Salmos*'" expõe as principais características do l. no AT. Descreveremos aqui o lugar ocupado por esse tema nos escritos do NT, bem como o lugar que lhe dá Jesus Cristo, em quem o l. dos orantes do AT é levado à sua perfeição.

a) O vocabulário do louvor. — O l. exprime-se no NT por meio do verbo *aineô* e de seu substantivo *ainos.* No gr. dos LXX, *aineô* traduz na maioria das vezes o hb. *hâlal*, "louvar", do qual dois terços dos empregos se concentram nos *Salmos.* Os outros equivalentes hb. de *aineô* são esclarecedores. Encontram-se *bârak*, "bendizer", *yâdâh*, "louvar", "celebrar", "confessar", *rû*, "gritar", termo que evoca o grito de guerra* mas que pode ser também grito de alegria ou de triunfo, *shîr*, "cantar", *shâbah*, "louvar", "celebrar", com o sentido reflexivo de "glorificar-se". Outra raiz, *hâdar*, acrescenta as ideias de esplendor, de beleza*, de honra.

Os termos relacionados com *aineô* no NT recobrem em grande parte essas nuanças de sentido, não sem adicionar alguns toques originais. O verbo mais frequentemente empregado é *doxazô*, "glorificar", "dar glória*". Encontra-se também *megalunô*, "magnificar", "exaltar". Situam-se nesse contexto *eulogeô*, "bendizer", *exomologeomai*, "confessar", "celebrar". O canto também faz parte do l. com os verbos *adô*, "cantar", *humneô*, "cantar um hino ou um salmo". Celebram-se aí a glória de Deus, *doxa*, sua honra, *timè*, sua força e seu poder*, *kratos*.

O verbo composto *epaineô* traduz igualmente *hâlal* e *shabah*. Trata-se do verbo utilizado para saudar um homem, enquanto *aineô* é reservado a Deus.

b) O louvor de Deus no Novo Testamento. — Lucas é o evangelista do l., que ele faz intervir nos momentos decisivos de sua obra, desde o l. do exército celeste e dos pastores no Natal (Lc 2,13.20) até o dos discípulos depois da partida de Jesus* (Lc 24,53). Acerca da primeira comunidade cristã, Lucas recorda que ela louvava a Deus (At 2,47). É sempre Deus o objeto do l. Este brota dos milagres* operados por Jesus (Lc 19,37) ou por seus discípulos em seu nome* (At 3,8s). Os pagãos convertidos celebram a grandeza de Deus (At 10,46) e lhe dão glória (At 13,48). O l. não se reduz a um fervor sentimental. Intimamente ligado à escuta da Palavra* e à fé*, ele exprime a admiração mais profunda (Lc 2,18ss). No evangelho* da infância, Lucas conservou três cânticos notáveis (Lc 1,46-55.68-79; 2,28-32).

As grandes epístolas de Paulo contêm fortes expressões de l. Elas concluem as grandes partes da Epístola aos Romanos (Rm 11,33-36; 16,25s). A Segunda Epístola aos Coríntios tem início com uma fórmula de bênção* (2Cor 1,3). O l. é ainda mais marcado nas epístolas do cativeiro. A Epístola aos Efésios abre-se com uma grande bênção (Ef 1,3-14) escandida pela repetição da fórmula "no l. de sua glória", enquanto a primeira parte do texto se encerra com uma doxologia (Ef 3,20s). A linguagem litúrgica desses textos adapta-se particularmente à expressão do l. Os hinos de Fl 2,6-11 e de Cl 1,15-20 são memoráveis. Permeadas de numerosos fragmentos litúrgicos, as epístolas pastorais desenvolvem o l. de Deus em todo o decorrer do texto (cf. 1Tm 1,17; 6,15s).

A presença de numerosos cânticos é uma das originalidades do Apocalipse (Ap 1,4-8; 11,16ss; 14,1-5; 15,3s). O l. se acha integrado ao livro. O cântico das núpcias do Cordeiro* (Ap 19,1-8) remete aos Salmos por algumas de suas referências e seus quatro Aleluia.

c) O louvor de Deus em Jesus Cristo. — Muito próximo da ação de graças, o l. enraíza-se no conhecimento* admirativo de Deus. Ele supõe uma disponibilidade à escuta da palavra de Deus e a capacidade de discerni-lo em suas ações e suas obras. Ele se exprime na alegria e na fé. É confissão que proclama o amor* de Deus, bênção que remete ao bem feito por ele, glorificação de um Deus que manifestou sua glória.

Ápice da oração, o l. é o lugar por excelência em que Deus é reconhecido como Deus e em que o homem se situa na verdade* de seu ser diante de Deus. Nesse contexto, Deus é celebrado com fervor por suas qualidades e seus atributos*, por sua obra na criação*, por suas ações magníficas na história* da salvação*. O homem, sujeito principal do l., realiza sua vocação na medida de sua capacidade de celebrar o poder e o amor desse Deus que o chama livremente a unir-se a ele. Seus atos* de l. são chamados a fundir-se num caminho que será, todo ele, l. à glória do Pai.

Mediador único, Jesus é no sentido forte sujeito e objeto do l. Ele leva o fiel a entrar em sua oração de l. e de ação de graças (Mt 11,25-27), porque ele é o Cordeiro imolado digno de receber poder, riqueza, sabedoria*, força, honra, glória e l. (Ap 5,12). Levando a seu termo os sacrifícios* da antiga aliança*, ele é aquele por quem oferecemos sem cessar a Deus um sacrifício de l. (Hb 13,15; cf. Lv 7,11-15). A vida do homem unida à oferenda de Jesus torna-se l.

• H. Schlier (1933), *"Aineô, ainos"*, *ThWNT* 1, 176-177. — J. Gaillard (1976), "Louange", *DSp* 9, 1020-1034 (em part. 1020-1024). — H. Balz (1980), *"Aineô, ainesis, ainos"*, *EWNT* 1, 94-95.

Joseph AUNEAU

→ *Culto; Liturgia; Oração; Salmos.*

LUBAC, Henri Sonier de, 1896-1991

a) Dados biográficos. — Henri de Lubac (L.), nascido em Cambrai no dia 20 de fevereiro de 1896, entrou no noviciado da Companhia de Jesus em 1913. De 1915 a 1917, sua formação jesuíta foi interrompida pela guerra, quando foi ferido na cabeça. Durante seus seis meses de juniorado na Cantuária, no decorrer do primeiro semestre de 1920, foi "seduzido" pelas *Confissões* de Agostinho* e pelos três últimos livros do *Adversus Haereses* de Ireneu*. Foi aí também que leu "maravilhado" o artigo "Jesus Cristo" de L. de Grandmaison (1868-1927) e a tese de P. Rousselot (1878-1915) sobre *O intelectualismo de Santo Tomás*. De 1920 a 1923, faz seu curso de filosofia* na ilha de Jersey, onde estabelece uma sólida amizade com C. Nicolet (1897-1961), G. Fessard (1897-1978), e também A. Valensin (1879-1953), Y. de Montcheuil (1899-1944), P. Teilhard de Chardin (1881-1955). Doze anos depois da condenação (1907) do modernismo* por Pio X, cuja atmosfera de escolasticismo se percebe, L. e seus companheiros vivenciam com dificuldade o ensinamento muito suareziano (Suarez*) de P. Descoqs. Em compensação, os cursos de J. Maréchal (1878-1944) são apreciados. Em companhia de Auguste Valensin, encontra em 1922, em Aix-en-Provence, M. Blondel*, de quem já lera *L'Action* em sua versão de 1899. Em 1924, depois de seu magistério em Mongré, começa seus estudos de teologia* em Hastings, dando-lhes continuidade, a partir de 1926, em Fourvière. Ordenado sacerdote em 1927, começa a ensinar teologia fundamental* no Instituto Católico de Lião em 1929. Também aí dará um curso de história* das religiões a partir de 1931.

Amigo de J. Monchanin (1895-1957), sacerdote da diocese de Lião, que lê sânscrito e se prepara para partir para a Índia, L. se inicia em particular no budismo ao trabalhar com os livros do Museu Guimet. Em 1935, começa um curso de complementação sobre o budismo na Faculdade Jesuíta de Fourvière. Renova o contato com Teilhard, conhece P. Claudel (1868-1955) e torna-se amigo de H. U. von Balthasar*, na época jesuíta e estudante de teologia em Fourvière junto com J. Daniélou. Em 1938, a instâncias de Y. Congar (1904-1995), publica *Catolicismo*, seu primeiro livro. No início dos anos 1940 ele interrompe seu curso em Fourvière e se engaja, ao lado de P. Chaillet (1900-1972) e G. Fessard, num "combate espiritual" contra o nazismo. Participa com eles, em zona neutra, da criação dos *Cahiers du Témoignage chrétien*. Com base numa ideia de V. Fontoynont, funda a coleção "Sources chrétiennes", da qual J. Daniélou (1905-1974) foi o correspondente em zona ocupada. A partir de 1924, L. começara, seguindo uma sugestão de J. Huby, uma pesquisa sobre o problema do sobrenatural* que questionaria a interpretação corrente do conceito de "natureza pura" em Tomás* de Aquino. É. Gilson (1884-1978) lhe confirmará a "centralidade" de sua proposta. *Sobrenatural* é publicado em 1946 e não tardará a tornar-se objeto de uma polêmica ligada à querela da "nova teologia". Em 1947 ele é nomeado diretor das *Recherches de science religieuse*, mas na vaga de desconfiança que, a partir de Roma*, se abate em 1950 sobre vários teólogos franceses, é dispensado desse posto assim como de sua cadeira no Instituto Católico.

L. aproveita seus problemas de saúde, consequência de seu ferimento na guerra, para ler os *in folio* do Migne e todos os autores antigos ou modernos que o interessam. Ele se torna um grande conhecedor dos escritores latinos da IM e procura elucidar a cesura do Renascimento. Tendo já escrito em 1950 uma obra sobre a compreensão da Escritura* em Orígenes*, ele publica entre 1959 e 1964 a sua *Exégèse médiévale*, da qual P. Ricoeur reconhecerá a importância para os desenvolvimentos recentes da hermenêutica*.

Publicado em 1953 (mas constituído de textos anteriores a 1950), *Meditação sobre Igreja* desempenhou um pouco na vida de L. o papel da *Apologia* na de Newman*. João XXIII acaba por reabilitá-lo chamando-o em agosto de 1960 a tornar-se, com Congar, consultor da comissão teológica preparatória do Vaticano II*. No começo pouco à vontade nesse trabalho, L. viria a tornar-se um dos especialistas mais ouvidos do concílio*. Depois deste último, ele sofreu por constatar certa "traição dos clérigos", que não fez senão acentuar sua própria solidão, mesmo no interior da Companhia. Ele sustenta o empreendimento de *Communio* e redige vários comentários de *Dei*

Verbum, Gaudium et Spes ou *Lumen Gentium*. Mas dá prosseguimento sobretudo a pesquisas de envergadura, sendo esse fato testemunhado, em 1979 e 1981, pela publicação de dois volumes dedicados à *Posteridade espiritual de Joaquim de Fiore*, em que critica a utopia escatológica. Tornado cardeal em 1983 por João Paulo II, morre no dia 4 de setembro de 1991.

b) Aspectos de uma obra. — Embora vários escritos de L. possam ser considerados, segundo sua própria expressão, "teologias de ocasião", é preciso reconhecer, com Balthasar, que ele é o autor de uma "obra orgânica". *Catolicismo* fornece a maioria dos temas que ele abordará em seguida. L. mostra aí o caráter social, histórico e interior do dogma* cristão. Suas exposições, mediante um procedimento tornado célebre, se mostram repletas de citações extraídas do tesouro inesgotável de uma tradição* em que o autor se sente em casa. O estilo é de um escritor, a reflexão corresponde às expectativas do momento. Tom e conteúdo, tudo confunde os leitores habituados a teses de manual.

Em *Corpus mysticum, ensaio sobre a Eucaristia e a Igreja na Idade Média* (1944), L. mostra que a expressão *corpus mysticum*, até meados do s. XII, designava exclusivamente a eucaristia*. Sua aplicação à Igreja* apenas ressaltou melhor o realismo sacramental (sacramento*) da doutrina paulina* do corpo* de Cristo*. Donde as célebres fórmulas que a *Meditação sobre a Igreja* amplificará: "A Igreja faz a Eucaristia [...] a Eucaristia *faz a Igreja*." Por detrás do historiador do dogma, delineia-se já um dos inspiradores da eclesiologia* do Vaticano II. Não obstante, seria sobretudo graças a *Sobrenatural* (1946) que L. viria a renovar em profundidade o campo da teologia. Em confronto com a crítica, ele fornecerá, com *O mistério do sobrenatural* (1965), sua síntese mais acabada sobre esse tema.

L. teve de redescobrir o sentido profundo dos textos tomasianos para além de quatro séculos de comentários "tomistas" que se apoiavam num contrassenso de Cajetan (1468-1533), substituído por Suarez. Segundo esses autores, Tomás de Aquino teria defendido a ideia de uma finalidade própria do homem como natureza*, à qual sua finalidade sobrenatural teria sido *acrescentada*. Daí o desvio de uma teologia que, deixando uma "filosofia separada" tratar de tudo o que diz respeito à vida e à história dos homens, se limitava a falar exclusivamente a partir das margens *extrínsecas* dessa realidade.

Mesmo que outras questões lhe tenham, como ele confessou, exigido mais trabalho (sobretudo no âmbito da história das religiões), é de fato no desejo natural de Deus*, inato no homem criado à sua imagem (criação*), que se deve buscar o fio de Ariadne de todos os trabalhos de L. Esse é o "paradoxo" do homem, criatura espiritual mas finita, cuja única finalidade é sobrenatural. "Daí essa espécie de derreamento, essa misteriosa claudicação, que não é apenas a do pecado*, mas primordial e mais radicalmente a de uma criatura feita de nada, que, estranhamente, toca Deus" (*Mystère du surnaturel*, 149). A veia propriamente humanista de L. se desenvolveu em numerosas obras que encontram nesse "paradoxo" sua chave de leitura essencial. *Pico de La Mirândola* (1974) é um modelo do gênero.

O empreendimento de L., conjuntamente com os trabalhos de Rahner*, Balthasar, M.-D. Chenu (1895-1990), Y. Congar e outros, permite à teologia sair de um "exílio" que lhe impedia todo contato com o pensamento vivo. De sua parte, ele enfrentou este último tanto pelo "ateísmo* ocidental" de P.-J. Proudhon (1809-1865), Marx* e A. Comte (1798-1857) (*O drama do humanismo ateu*, publicado pela primeira vez em 1944, teve sete edições ainda durante a vida de L.), como do "ateísmo oriental", em particular do budismo. A contribuição específica de L. à reflexão fiel de seu século se condensa numa teologia do *chamado* que se abre ao mistério* da Igreja como *convocatio* e *congregatio*.

c) A "nova teologia". — Sob esse vocábulo, utilizado pela primeira vez no *Osservatore Romano* por P. Parente, os representantes da ortodoxia neotomista fustigaram todo um esforço de renovação da teologia na França do pós-guerra. Primeiro foi o livrinho de M.-D. Chenu *Uma escola de teologia. O Saulchoir* (1937), que foi posto no Index por ter ousado recorrer à função positiva da teologia contra a hipertrofia de sua função especulativa. A controvérsia se ampliou com um artigo de Daniélou, nos *Études* de abril de 1946, "Les orientations présentes de la pensée religieuse".

Nele, Daniélou preconizava afoitamente um *retorno às fontes* escriturísticas, patrísticas (Padres* da Igreja) e litúrgicas (liturgia*) do pensamento cristão, a fim de torná-lo novamente capaz de um encontro com o pensamento contemporâneo. M. Labourdette respondeu-lhe na *Revue thomiste*, logo substituído no *Bulletin* do Angelicum por R. Garrigou-Lagrange (1877-1964): *Para onde vai a nova teologia?* Este se atinha notadamente ao livro de um jovem companheiro de L., H. Bouillard, *Conversão e graça em Tomás de Aquino* (1944). Os dominicanos de Saint-Maximin, seguindo Garrigou-Lagrange, pretenderam defender a noção tomista da graça* e contestaram o método de investigação dos jesuítas de Fourvière. B. de Solages, decano do Instituto Católico de Toulouse, assumiu a defesa destes últimos para "a honra da teologia".

L., já suspeito, não tardou a ficar no centro da polêmica por causa de um artigo das *Recherches de science religieuse* (1948) dedicado ao problema do desenvolvimento do dogma (Newman*). C. Boyer, decano da Universidade Gregoriana, não descansou enquanto não obteve com Garrigou-Lagrange a condenação de uma mítica "escola de Fourvière" da qual L. seria o chefe. A partir do dia 19 de setembro de 1946, ele conseguiu que a "nova teologia" fosse mencionada negativamente pelo próprio Pio XII numa alocução no encerramento de uma Congregação Geral dos Jesuítas. A encíclica *Humani generis* (1950), embora não mencione abertamente ninguém, foi considerada uma vitória do clã conservador e marcou uma pausa provisória na renovação da teologia.

Embora a "nova teologia" possa ser considerada hoje, segundo o julgamento *a posteriori* de Y. Congar, um "tigre de papel", o debate dos anos 1938-1950 não pode ser definitivamente encerrado. Os adversários da renovação de então, impelidos por sua fobia antimodernista, se equivocaram ao farejar em toda parte o relativismo* doutrinal. Mediante um recurso à "teologia simbólica" dos Padres, seus partidários tinham razão, pelo contrário, de recusar vincular-se estreitamente a uma "teologia das conclusões", que ignorava a dimensão histórica do dogma*. Mas, de acordo com a expressão de Guardini, o dogma permanecerá sempre como um "arco estendido entre dois polos". Ele exige portanto um esforço de rigor que possibilite discernir um autêntico desenvolvimento de suas distorções. Por outro lado, a erudição não pode prescindir de um sentido da mística* cristã e de um contato pessoal com as grandes tradições espirituais. A obra de L. testemunha-o de maneira singular.

- *OC* (1998), Paris, 57 vol. previstos. — K.-H. Neufeld e M. Sales (1974), *Bibliographie Henri de Lubac, 1925-1974*, Einsiedeln. — Para o período 1974-1989, ver H. de Lubac (1990), *Théologie dans l'histoire* II, 408-420, Paris, e *Com(F)* (1992), 17; 5, 133-137. — E. Guerriero (ed.) (1991-), *Henri de Lubac, Opera Omnia*, Milão. — H. U. von Balthasar (1976), *Henri de Lubac. Sein organisches Lebenswerk*, Einsiedeln. — H. de Lubac (1985), *Entretien autour de Vatican II*, Paris; (1989), *Mémoire sur l'occasion de mes écrits*, Namur.

▶ M. Figura (1979), *Der Anruf der Gnade, Über die Beziehung des Menschen zu Gott nach Henri de Lubac*, Einsiedeln. — E. Maier (1979), *Einigung der Welt in Gott. Das Katholische bei Henri de Lubac*, Einsiedeln. — H. U. von Balthasar, G. Chantraine (1983), *Le cardinal Henri de Lubac. L'homme et l'oeuvre*, Paris. — A. Russo (1990), *Henri de Lubac: Teologia e dogma nella storia. L'influsso di Blondel*, Roma. — R. B. Martinez (1991), *La teologia del sobrenatural en los escritos de Henri de Lubac*, Burgos. — B. Sesboüé (1992), "Le surnaturel chez Henri de Lubac", *RSR* 80, 373-408. — O. de Berranger (1994), "Des paradoxes au Mystère chez J. H. Newman et H. de Lubac", *RSPhTh* 78, 45-79. — A. Russo (1994), *Henri de Lubac*, Paris. — R. Winling (1994), "Nouvelle théologie", *TRE* 24, 668-675. — Col. (1995), *Henri de Lubac et la philosophie*, *Eph* 161-267. — A. Vanneste (1996), *Nature et grâce dans la théologie occidentale. Dialogue avec H. de Lubac*, Louvain. — F. Inciarte (1999), "Natur und Übernatur. Ihr Verhältnis nach Henri de Lubac", *ThPh* 74, 70-83.

Olivier de BERRANGER

→ *Aristotelismo cristão; Balthasar; Blondel; Dogma; Filosofia; História; Humanismo cristão; Inaciana (espiritualidade); Newman; Nietzsche; Padres da Igreja; Sobrenatural; Tomismo.*

LUGARES TEOLÓGICOS

A teologia* (t.) católica dá o nome de *lugares teológicos* (l. teol.) aos diversos domínios a partir dos quais o conhecimento teol. pode elaborar seu saber ou às diversas fontes nas quais se inspira: a Escritura*, a tradição*, os Padres*, o magistério*, a liturgia* etc. A problemática elaborada em torno dessa expressão é essencialmente obra do teólogo dominicano Melchior Cano (1509-1560), cujo tratado *De locis theologicis* (*DLT*), nascido no contexto histórico do concílio* de Trento*, conheceu uma posteridade de vários séculos e exerceu uma influência decisiva sobre a história da t. e de seu ensino.

a) Melchior Cano e a reforma da teologia católica. — A renovação da t. católica no s. XVI é o resultado de confrontos entre diversas tendências — o tomismo*, o escotismo, o nominalismo*, o agostinismo* — e sobretudo do desafio que representou a obra radical de Lutero*. Ela se caracteriza pelo segundo impulso dado ao método escolástico nas escolas espanholas, pelo retorno a uma latinidade e a uma cultura clássica, o humanismo*, e pelo peso atribuído aos argumentos tirados da *autoridade** da Igreja* (cf. o concílio de Sens, celebrado em Paris em 1528). É assim que Inácio de Loyola redigirá "regras a seguir para nunca nos afastarmos dos verdadeiros sentimentos que devemos ter na Igreja militante" (*Exercícios Espirituais*, 11ª regra, n. 363).

A Espanha conhece então uma renovação do tomismo, da qual Tomás de Vio (Cajetano, 1470-1534) é a mais brilhante personalidade e a escola dos dominicanos de Salamanca é a ponta de lança antes do nascimento da Companhia de Jesus. O grande teólogo Francisco de Vitoria (1483-1560) é, nesse contexto, o mestre de Domingos de Soto (1494-1560) e de Melchior Cano (C.). O tratamento de cada questão teológica exige nessa escola a exploração sucessiva dos diversos domínios que serão em seguida denominados os l. teol. Esses métodos, transmitidos aos primeiros jesuítas, Laynez e Salmerón, serão utilizados em Trento.

C. foi professor na Universidade de Salamanca, bispo* das Canárias, artesão ativo das decisões do concílio de Trento. Um historiador atual julga-o severamente: "intelectual fanático pela doutrina e apegado ao poder da palavra universitária"; "grande artesão da política de repressão e de fechamento" (A. Milhou, *Histoire du christianisme*, Paris, 1992, 614). Por detrás do grande inquisidor Fernando de Valdès, ele tomou parte ativa na Inquisição: contra o iluminismo, às vezes contra os jesuítas, e mesmo contra o dominicano Bartolomeu Carranza (confessor de Carlos Quinto e de Filipe II, provincial dos dominicanos, teólogo no concílio de Trento, arcebispo de Toledo).

C., que Gardeil denomina "o fundador do método teol.", critica amargamente a escolástica* decadente, em primeiro lugar por sua falta de rigor. Ele estigmatiza assim aqueles que transformam as opiniões de escola em dogmas* indiscutíveis, e em heresias* as opiniões contrárias. Vitoria lançara um movimento, C. ia codificá-lo. J. de Maldonat (1533-1583) será em seguida o fiel propagador do método salmantino de C., e definirá o ideal da t. como a união das letras sagradas e do método escolático.

b) Fontes da noção de lugar teológico. — Se a obra de C. não tem precedentes, a noção cardeal do *DLT* não é radicalmente nova. Nele, C. recorre evidentemente à de "lugares dialéticos", repertórios de argumentos para a disputa erística codificados por Aristóteles, nos *Tópicos*, a partir das noções mais gerais (os predicáveis: gênero, espécie, diferença, próprio e acidente). Mas é menos no próprio Aristóteles do que no *De inventione dialectica* de Rodolfo Agricola (1527) e, por meio dele, nos *Tópicos* de Cícero que C. se inspira para introduzir a noção em t. Como a t. recorre a proposições particulares e de origens diversas, e como usa amplamente e com precisão o argumento de autoridade, os tópicos de Cícero e de Agricola, que são teorias da argumentação retórica, se aplicam melhor do que as de Aristóteles a um estudo dos princípios da fé — estes últimos, com efeito, devem ser ligados entre si para que se possa chegar a uma conclusão mais geral.

A própria noção de l. teol. era corrente na época do *DLT*, mas designava as posições mestras da teologia ou de um teólogo, ou ainda os lugares comuns da t., ou os lugares dos teólogos protestantes (cf. Lang, 1924, c. II, § 2-3). Melanchton escrevera desse modo um *Loci*

communes rerum theologicarum (1521, revisado em 1559, *Loci praecipui theologici*). Trata-se de uma exposição dos principais temas que se encontram no cerne da Escritura: a condição humana decaída, o pecado*, a justificação*, a fé*. Tal como a entende C., em contrapartida, e em conformidade com o espírito dos *Tópicos*, a noção designa o repertório dos domínios de onde podem ser extraídos os argumentos (*loci arguandi*) da disciplina teol. Ele os define como os "domicílios de todos os argumentos teol., nos quais os teólogos encontrarão de que alimentar todas as argumentações, seja para provar, seja para refutar" (*DLT* I, III). Um esboço da doutrina de C. aparece já, curiosamente, num discurso pronunciado no concílio de Trento em 1547 por B. Carranza, sem que se possa dizer qual desses dois "inimigos" influenciou o outro. Ambos recorrem a um texto de Tomás* de Aquino (*ST* Ia, q. 1, a. 8, ad 2) em que *locus* aparece furtivamente aplicado à t., com o esboço de uma enumeração. Vitoria deu destaque a isso. Mas é menos a essa passagem do que à prática teol. de Tomás que C. se refere com frequência, tomando-o como modelo na utilização (invenção) dos l. teol. (*DLT* XII, c. III). A originalidade reivindicada por C. não poderia todavia ser-lhe contestada, visto que a sistematização da t. por ele proposta a partir dos l. teol. lhe é extremamente característica.

c) A organização do DLT. — Publicados em 1563, um ano depois do encerramento do concílio de Trento e três depois da morte de C., os doze livros (de catorze previstos) do *DLT* são apresentados por seu autor como uma obra sistemática e original. A enumeração dos dez l. teol. não deve todavia ser julgada a de um decálogo exaustivo (*DLT* I, III). Ele os divide e subdivide da seguinte maneira (*DLT* I, III e XII, III):

(A) Os *l. próprios* são os que recorrem à autoridade*; eles se distinguem em *l. fundamentais*, que contêm toda a revelação*: 1/ a autoridade da Sagrada Escritura e 2/ a das tradições (orais) de Cristo* e dos apóstolos*, e *l. declarativos*, concernentes exclusivamente à conservação, à interpretação e à transmissão do conteúdo revelado, eles mesmos distinguidos segundo forneçam princípios absolutamente *certos*: 3/ a autoridade da Igreja* católica, 4/ os concílios (sobretudo gerais), 5/ a autoridade da Igreja Romana (magistério do papa), ou *prováveis*: 6/ os santos antigos, i.e., os Padres da Igreja, 7/ os teólogos escolásticos e os canonistas. (B) Os *l. anexos* recorrem à razão* e corresponderiam ao uso das *ciências humanas* em t.; são os seguintes: 8/ a razão natural; 9/ os filósofos e os juristas, 10/ a história*, os documentos e as tradições orais.

O trabalho* do teólogo, de acordo com C., é então praticar ao mesmo tempo a *invenção* (i.e., a busca dos elementos inteligíveis do dado revelado) e o *julgamento*. A arte teol. está na combinação dos dois: nem apenas na invenção nem apenas na discussão pelo amor da discussão (acadêmicos), nem tampouco apenas na conclusão (estoicos). A *invenção* descobrirá seus argumentos nos dez l. teol. O julgamento teol., por seu turno, deverá formar-se de maneira a usar com pertinência os l. teol., apreciando a natureza e a força comprovadora de cada autoridade em toda questão determinada; poderá ocorrer então, p. ex., que a história humana, ainda que l. teol. inferior, seja uma autoridade mais segura (um l. teol. mais eficaz) do que a referência a um versículo da Escritura num sentido demasiadamente vago. As "notas* teol." destinadas a qualificar certas proposições do ponto de vista de seu acordo ou de seu desacordo com a fé católica servirão aqui para avaliar as questões e as conclusões teol.: e, quando estas são unânimes, quer procedam da Igreja, de um concílio, do papa ou dos santos, pertencem à fé na mesma qualidade do conteúdo das Escrituras e das tradições apostólicas (*DLT* XII, V).

A segunda parte da obra, que começa com o livro XII, teria exposto a maneira de utilizar os l. segundo os interlocutores e os contextos: disputa escolástica (XII), explicação da Escritura (XIII), controvérsia com os heréticos, os judeus, os maometanos, os pagãos (XIV).

d) Aspectos da teologia do DLT. — O *DLT* representa bastante bem a t. tridentina, que C. contribuiu vigorosamente para formar. Recurso

central à autoridade *e* recurso necessário a uma erudição (escriturística, patrística, magisterial) abundante: a sistematização pelos l. teol. deu esse duplo traço distintivo a quase toda a t. católica dos séculos seguintes.

Quanto à Escritura, C. trata de sua inspiração, de sua inerrância e da determinação do cânon* (sendo a canonicidade distinguida da autenticidade) pela Igreja. Ele defende o valor da Vulgata. Sobre a tradição, algumas formulações muito próximas de Trento não podem ocultar que sua teoria diz dela um pouco mais do que textos conciliares, no fundo bastante prudentes (cf. Ratzinger, *in* Rahner, Ratzinger, *Offenbarung und Überlieferung*, Friburgo, 1965). C. fala na maioria das vezes das tradições, no plural, considera-as de forma objetiva como "coisas transmitidas" e sublinha que se trata de um l. teol. independente da Escritura, sendo a Igreja mais antiga do que esta última. Diante do *sola scriptura* dos discípulos de Lutero, parece, portanto, que se pode atribuir-lhe a paternidade de uma teologia das duas fontes da revelação (*partim... partim*, expressão entretanto retirada por Trento), que será por longo tempo um modelo dominante (cf. Holstein, 1969).

É sem dúvida a propósito dos l. declarativos certos, que precisam as diversas formas da autoridade da Igreja, que C. apresenta suas exposições mais influentes, antes por sua sistematicidade, uma vez mais, do que por seu conteúdo. A autoridade da Igreja católica é a da totalidade do corpo da Igreja visível, que não pode enganar-se em sua fé (*in credendo*), seja qual for a época. A inerrância é também a dos pastores* e doutores em seu ensinamento (*in docendo*). C. hierarquiza a autoridade dos concílios segundo sua representatividade: os concílios gerais, ecumênicos e suficientemente numerosos, representam de fato toda a Igreja e têm, portanto, uma autoridade equivalente à desta, se foram convocados e confirmados pelo papa. A decisão de um concílio é infalível se apresenta o caráter de uma obrigação universal e definitiva, mesmo que seu objeto não pertença à fé, embora sendo suficientemente ligado à revelação para que a Igreja garanta a sua proposição. Por fim, a autoridade do papa está ligada à de Pedro*, sendo sua inerrância garantida por Cristo. A inerrância papal é, por conseguinte, uma verdade de fé limitada ao exercício público da autoridade do papa; e, contra os partidários da inerrância absoluta e universal, C. diz que o papa "não tem necessidade de nossa mentira nem tem necessidade da nossa adulação" (Lang, citado por Sesboüé 1996, 170, n. 1).

e) Influência. — O *DLT* teve trinta reedições até 1890. O contexto histórico da obra de C. e o descrédito progressivo do método escolástico em filosofia* e em t. justificam seu sucesso. Este, ao lado da amplitude e da formulação do *DLT*, explica a sua influência. Sem opor radicalmente o estilo das *Sumas* medievais, que davam o melhor lugar à argumentação especulativa, ao dos *tratados* — e particularmente dos tratados *De locis*, calcados no modelo de C. — e manuais que florescem a partir do concílio de Trento, pode-se datar a partir do *DLT* o verdadeiro nascimento da t. positiva*. A importância dada em C. à autoridade — a da Escritura e do magistério eclesiástico —, depois à argumentação dos Padres e dos teólogos, assim como seu recurso à história mostram com efeito sua preocupação de apoiar a prova dogmática sobre dados positivos. O próprio C. não emprega o termo (que tem, no entanto, um uso mais antigo, já que pode ser encontrado em Jean Mair em 1509 e, em 1556, na regra IX das Constituições de Inácio de Loyola) e ele não poderia, de resto, em virtude de sua vinculação ao método especulativo, ser considerado de outra maneira, senão como o iniciador *per accidens* (Gardeil 1926, col. 740) da t. positiva. A expressão se impõe no fim do século para qualificar um modo de ensinar que insiste mais na afirmação do dado revelado do que no questionamento especulativo. Foi somente de forma progressiva que se distinguiram como dois ramos separados a t. positiva, encarregada de estabelecer o conjunto da matéria de estudo do teólogo, e a t. especulativa ou escolástica, limitada à argumentação racional a partir do que tiver sido estabelecido pela positiva. Mas a prioridade dada ao estabelecimento positivo da doutrina, à qualificação

desta ou daquela tese pela nota teol. que precisa o grau de assentimento que lhe é devido, antes de mostrar suas razões especulativas e daí tirar eventuais conclusões teol. (contrariamente à ordem seguida por Tomás nos capítulos de *CG*, tal como o observa C., *DLT* XII, XI), anuncia o abandono do método escolástico como caminho principal de ensino.

Duas consequências, bastante independentes, se não contraditórias, podem ser atribuídas à influência da t. dos l. de C. A primeira é a concentração progressiva da ciência teol. nos problemas de história crítica, quer se tratasse da história santa ou da história* da Igreja, o que deu ao último l. (10) uma importância crescente. O s. XVII de Petau e Thomassin desenvolve já, no retorno aos Padres e numa abundante erudição histórica em t., uma linha iniciada no século precedente. A importância nova atribuída à autoridade foi reforçada pela importância dada pelas Luzes à razão em si e pela influência destas últimas sobre a t. reformada. O s. XIX da escola de Tübingen* e de Newman* verá o apogeu do método positivo (Hocedez, 1949-1952) e de uma t. ensinada segundo a ordem de seus l. (o *DLT* será assim modernizado por J. Berthier em seu próprio *De locis theologicis*, Turim, 1900), sob a pressão das ciências humanas nascentes e dos teólogos reformados, cuja argumentação "científica", exegética e patrística é com frequência orientada contra as especulações da tradição católica. A própria ideia de uma história dos dogmas e depois a de um desenvolvimento do dogma, têm certamente uma importante fonte em C.

A outra influência deve ser buscada na evolução da noção de magistério pontifical e no papel crescentemente importante que este último foi levado a desempenhar a partir de Trento, por intermédio de bulas, breves e constituições. Se a própria noção de magistério só é elaborada no s. XVIII, a organização estatal da Igreja, com base no modelo dos Estados* modernos, a regulamentação universal pelas diferentes formas de censura (definidas por Bento XIV, 1740-1758) e o debate sobre a indefectibilidade* (antes da infalibilidade* definida pelo Vaticano I*) do papa e dos concílios, assim como sobre a superioridade relativa do primeiro ou dos segundos (polêmica jansenista), estabelecem a ligação entre Trento e o Vaticano I. A refundação das universidades católicas no s. XIX fez-se acompanhar pela difusão do ensino romano por intermédio das encíclicas (*Mirari Vos*, 1832), pela recordação da tradição magisterial (primeira edição do Denzinger), pela preocupação de atribuir notas teol. e notas dogmáticas aos ensinamentos antigos e contemporâneos.

Se, por razões históricas e pedagógicas, a ênfase fora posta na base positiva da t. e na autoridade das diversas fontes de ensino, essa mudança de perspectiva se realiza sem ser acompanhada por uma nova concepção da ciência teol.: C. permanece aristotélico e não sabe definir a ciência senão pela dedução das conclusões. Seus seguidores não aceitaram o desafio. A elaboração de uma doutrina da ciência adaptada à sua nova realidade, tal como Tomás de Aquino o fizera em seu tempo em sua recepção de Aristóteles, não ocorreu. C. e os séculos que se seguiram fizeram por muito tempo coexistir uma t. "positiva" das fontes, advinda das exigências novas do pensamento, e uma t. "escolástica" que conservara um estatuto medieval (Tshibangu, 1964, 330). Esse equilíbrio instável, finalmente rompido na época contemporânea, talvez explique em parte a evolução a partir de então caótica da "ciência teol.".

• M. Cano, *De locis theologicis* (1714), ed. H. Serry, Pádua; (1839), ed. Migne, *Cursus completus*, t. I; (1890), ed. Cucchi, 3 vol., Roma; uma nova ed. pela univ. de Navarra se encontra em preparação. — M. Jacquin (1920), "Melchior Cano et la th. moderne", *RSPhTh* 9, 121-141. — A. Lang (1924), *Die loci theologici des Melchior Cano und die Methode des dogmatischen Beweises*, Munique. — A. Gardeil (1926), "L. théol.", *DThC* 9, 712-747. — E. Marcotte (1949), *La nature de la th. d'après Melchior Cano*, Ottawa. — A. Duval (1949), "Cano (Melchior)", *Cath.* 2, 465-467. — E. Hocedez (1949-1952), *Histoire de la th. au XIXe siècle*, 3 t., Bruxelas. — V. Beltrám de Heredia (1953), "Cano (Melchior)", *DSp*2/1, 73-76. — J. Beumer (1954), "Positive und Spekulative Theologie. Kritische Bemerkungen an Hand der *Loci theologici* des Melchior Cano", *Schol.* 29, 53-72. — C. Pozo (1962), *Fuentes para la historia del método teológico en la escuela de Salamanca*, t. 1: *Francisco de Vitoria, Domingo de Soto, Melchior Cano y Ambrosio de Salazar*, Granada. — Th. Tshibangu (1964), "Melchior Cano et la th. positive", *EThL* 40-300-339; (1965), *Th. positive e th. spéculative. Position traditionnelle et nouvelle problématique*, Louvain e Léopoldville, em part. 169-210. — G. Holstein (1969), "Les deux sources de la Révélation", *RevSR* 57,375-434. — J. Belda-Plans (1982), *Los lugares teológicos de Melchior Cano en los comentarios a la Suma*, Pamplona. — B. Körner (1994), *Melchior Cano. — De locis theologicis. Ein Beitrag zur theologischen Erkenntnislehre*, Graz. — B. Körner (1994), "Cano M.", *LThK*[3] 2, 924-925. — B. Sesboüé (1996), "Melchior Cano et les lieux théologiques", *in* Id. (sob a dir. de), *Histoire des dogmes*, t. 4: *La parole du salut*, 165-173.

Cyrille MICHON e Gilbert NARCISSE

→ *Hermenêutica; Notas teológicas; Revelação; Teologia.*

LÚLIO, Raimundo → positiva (teologia) a

LUTERANISMO

1. Conceito e origem

Designa-se pelo nome de "luteranismo" (l.) o conjunto dos cristãos, das Igrejas* (I.) e das comunidades cristãs cuja vida e cuja fé* trazem distintamente a marca de uma nova apreensão da mensagem bíblica de salvação*, formulada e defendida pela Reforma wittemberguesa do s. XVI e notadamente por Martinho Lutero*. Esse movimento por certo se inscreve no quadro das revoluções sociais, culturais e políticas do tempo, e disso sofre a influência. Mas tratou-se essencialmente de um acontecimento espiritual, que marcou a revivescência da mensagem bíblica de salvação* numa época em que ela parecia não mais estar sendo anunciada de maneira satisfatória. Essa reorientação se efetuou pelo recurso ao testemunho apostólico, tal como este era conservado de forma normativa na Sagrada Escritura*, mas reivindicava ao mesmo tempo um vínculo de continuidade com a proclamação e a doutrina da I. antiga. O qualificativo "luterano" (lno) foi primariamente utilizado pelos adversários da Reforma, ao passo que seus partidários, e Lutero em primeiro lugar, só admitem o termo com reticência, porque ele parecia dar uma importância central à pessoa do reformador. A designação é, contudo, perfeitamente justificada, tanto no plano histórico como no teológico.

2. Convicções fundamentais

Essa nova apreensão da mensagem bíblica de salvação se traduz em três convicções fundamentais, estreitamente ligadas entre si.

a) *A condescendência desinteressada de Deus diante do homem constitui o único caminho de salvação.* — Em Jesus Cristo, o próprio Deus* vem na direção dos homens e os retoma em comunhão com ele. Trata-se da salvação. Não é necessário que o homem se eleve na direção de Deus. Pela virtude da encarnação*, o encontro entre Deus e o homem se opera na finitude, isto é, na palavra audível da pregação* do Evangelho e na materialidade dos sacramentos*.

b) *A justificação* do pecador constitui o centro da proclamação e da doutrina eclesiais, assim como o cerne da existência cristã.* — Em Cristo*, Deus acolhe misericordiosamente o pecador, isto é, o homem atingido pelo juízo*. Aquele que crê de todo o coração* nesse evento é justificado por Deus e aberto ao mesmo tempo a uma nova vida. Eis aí o "elemento principal" ou o "centro" da mensagem cristã, com o qual toda proclamação e todo ensinamento cristãos devem harmonizar-se.

c) *A Lei e o Evangelho devem ser distinguidos e ordenados um com relação ao outro.* — A palavra* de Deus é, por um lado, uma palavra de mandamento* e de juízo (Lei*); por outro, uma palavra de absolvição e de regeneração (Evangelho). As duas coisas devem ser claramente distinguidas, mas não dissociadas. É preciso distingui-las para garantir o caráter gratuito da salvação, é necessário ordená-las ou associá-las uma à outra para evitar compreender o Evangelho da graça* de Deus como a concessão de uma "justa graça". Essas convicções fundamentais estão ligadas a certa *visão da I.*,

concebida como "comunhão* dos fiéis" e "criatura do Evangelho" (*creatura evangelii*). Isso significa que a I. nasce e vive do Evangelho que conduz os homens a Deus e, através disso, os reúne também entre si por meio da pregação e dos sacramentos (o batismo* e a ceia). Por esses dois caminhos, os homens recebem o Evangelho, que cria a I. O ministério* eclesial conferido pela ordenação* nem por isso é suprimido. Ele é instituído por Deus. Como ministério da pregação e da administração dos sacramentos, ele é o instrumento da proclamação do Evangelho.

A compreensão lna do mundo e da sociedade* e a ação do l. no domínio cultural, social e político se articulam segundo três linhas de direção: a) uma atitude positiva diante do mundo, considerado a obra boa que Deus não abandona, mesmo diante do poder destruidor do pecado* e do mal*; b) a ideia de que a profissão terrestre (trabalho*) constitui o quadro que Deus atribui ao cristão a fim de que ele aí realize e ateste a sua "santidade*", isto é, a liberdade* que lhe foi concedida na fé para servir a seu próximo; c) a doutrina dos dois reinos (ou das duas ordens de soberania) pelos quais Deus combate o mal no mundo: por um lado, o reino espiritual, que Deus exerce pelo Espírito* Santo fazendo proclamar o Evangelho pela palavra e pelos sacramentos, e, por outro, o reino mundano, que Deus assume através da autoridade civil. Essa doutrina não deve ser interpretada no sentido de uma separação dos dois reinos de Deus, como o l. chegou a fazer em certas épocas e em certas situações.

3. A doutrina eclesial e a confissão de fé

Tanto no plano dos princípios como na prática, a doutrina eclesial desempenha um papel mais importante no l. do que nas outras I. protestantes. Não tardam a aparecer confissões* de fé lnas, fundadas no credo da I. antiga. A primeira é a *Confissão de Augsburgo* (*CA*) (1530), à qual sucedem outros escritos confessionais; todos eles serão finalmente reunidos no *Livro da Concórdia* (1580). A vinculação com os credos da I. antiga (símbolo de Niceia-Constantinopla, símbolo dos Apóstolos e mesmo o apócrifo Símbolo de Atanásio) e com os escritos confessionais lnos é afirmada em todas as constituições das I. lnas. A confissão eclesial é claramente subordinada à autoridade* da Sagrada Escritura, admitida como "única regra e medida". Embora seja percebida como historicamente determinada, a confissão de fé conserva um caráter de obrigação permanente nas I. Ela serve antes de tudo para garantir a autenticidade da proclamação eclesial. A *CA* é o primeiro e o principal escrito confessional, sendo reconhecida em quase todas as I. lnas. As outras, que não foram tão amplamente recebidas, são compreendidas pela maioria como interpretações e complementos da *CA*. Entre esses escritos, o *Pequeno Catecismo* (1537) de Lutero exerceu uma influência particular, notadamente no plano do ensinamento religioso e das atividades paroquiais. De fato, o credo lno não evoluiu desde o encerramento do *Livro da Concórdia* (1580), o que parece — hoje mais do nunca — suscitar um problema. Quando novos desenvolvimentos se esboçam em função de especificidades contextuais (como, p. ex., na Indonésia), a I. se empenha em preservar o "acordo substancial" com a confissão histórica. Entre a teologia* de Lutero e os escritos confessionais lnos existem relações complexas, que não excluem tensões ocasionais. Com efeito, se o l. é inconcebível sem a primeira, é a doutrina oficialmente confessada pelas I. que na maioria das vezes é privilegiada.

4. A instituição eclesial

A Reforma lna foi primeiramente, e durante muito tempo, compreendida como um movimento de renovação no interior da I. Católica. Os reformadores não imaginavam em absoluto fundar a sua própria I. Mas, na medida em que a I. existente não estava pronta a tolerar um movimento desse tipo em seu interior, era inevitável que este último se constituísse em I. Essa evolução operou-se sob as condições sociopolíticas que reinavam então nos diferentes países da Europa. Ela mostra dois sinais característicos: por um lado, a intenção universal — poder-se-ia dizer "ecumênica" — do movimento reformador, para o qual a visão nova da mensagem bíblica de salvação devia referir-se a toda a cristandade; por outro lado, a convicção de que a transformação do movimento em I. teria apenas um caráter provisório. Mas o fim das querelas religiosas e a conclusão da paz de Augsburgo (1555) anunciavam um desfecho diferente, que foi selado pela paz de Vestfália (1648), no qual soçobra o projeto universal, ecumênico da Reforma lna. Rompendo com a I. estabelecida, o l. formou suas próprias I. No norte da Europa, países inteiros passaram assim ao l. Na Alemanha, diferentes I. regionais se formaram e se consolidaram no quadro sociopolítico estabelecido. Em outros lugares, as comunidades e as I. lnas se desenvolveram em oposição ao poder político vigente.

As hesitações da Reforma lna diante da nova I. que dela nascia, sua intenção primitiva de constituir um movimento de renovação no interior da única I. permaneceram, entretanto, vivas no l. Elas se manifestam hoje sob a forma de um vigoroso engajamento ecumênico (ver *infra*, 8).

5. A propagação do luteranismo

Na Alemanha, o período de extensão do l. se encerra, no que se refere ao essencial, em 1580 — o mais tardar em 1648 (paz de Vestfália). Pode-se dizer o mesmo dos Estados escandinavos, em que o l. se tornou a religião oficial ou dominante, e dos países da Europa Central e Oriental, em que permaneceu minoritário. A emigração alemã e escandinava dos s. XVIII e XIX acarretou a constituição de I. lnas em primeiro lugar na América do Norte e na do Sul, depois na Austrália. Nos s. XIX e XX, a atividade missionária suscitou I. lnas na Ásia e na África. Contam-se hoje cerca de 58 milhões de cristãos lnos no mundo. É incontestavelmente nos países escandinavos, com 21 milhões, e na Alemanha, com 15 milhões de fiéis, que a presença lna é quantitativamente mais forte. Os lnos são 8,7 milhões na América do Norte, 5,5 milhões na África, 4,5 milhões na Ásia, 1,6 milhão na Europa Central e Oriental, 1,2 milhão na América Latina.

6. A diversidade interna do luteranismo

Um profundo acordo no que se refere à compreensão e à confissão da fé permite ao l. materializar-se sob as formas mais diversas: I. de Estado, I. multitudinárias ou I. livres; estrutura episcopal, sinodal ou congregacionalista; liturgia* carregada, tributária da missa clássica, ou liturgia despojada, alicerçada principalmente na pregação. Atualmente, não obstante, a tendência vai claramente no sentido de uma celebração frequente e regular da ceia, bem como de uma valorização do ministério episcopal. Essa diversidade das formas do culto* e das estruturas eclesiais é permitida e justificada pela concepção lna de I. e de sua unidade*. Aos olhos dos lnos, a condição necessária e suficiente dessa unidade reside no acordo fundamental sobre a compreensão do Evangelho e sobre sua proclamação pela palavra e pelos sacramentos. A partir daí, a forma particular do culto e da constituição eclesial não passa de uma questão secundária, à qual é permitido responder de diferentes maneiras. Essa convicção e a prática dela resultante não são todavia inócuas. Elas podem conduzir à indiferença e a um pluralismo desenfreado em matéria de liturgia e de constituição, que poriam em perigo a comunidade eclesial. Essas duas atitudes eram estranhas à Reforma lna: também no que concerne a esses temas, ela tinha claramente consciência dos limites nos quais a diversidade podia ser tolerada e se esforçava por preservar a maior coerência possível.

7. As reuniões de Igrejas

Na segunda metade do s. XIX, viram-se operar em nível nacional e regional (na Europa e na América do Norte) aproximações entre I. e grupos lnos que, antes, viviam amiúde separados uns dos outros, às vezes até em conflito uns com os outros. No início do s. XX, esses esforços de unificação interna se estenderam ao conjunto do l. e desembocaram em 1947 na criação da *Federação Luterana Mundial*. Quase todas as I. lnas — salvo a Lutheran Church Missouri Syone na América do Norte e algumas I. livres — fazem parte hoje dessa organização, que reúne cerca de 55 milhões de cristãos. Durante muito tempo, a Federação Luterana Mundial foi compreendida como uma estrutura puramente federativa, cuja constituição não considerava a comunhão eucarística das I. membros. Mas a consciência da solidariedade universal dos luteranos se aprofundou de tal modo nestes últimos tempos que a Federação se considera hoje oficialmente uma "comunhão de I.", unidas na comunhão de púlpito e de altar.

8. O engajamento ecumênico

Da Reforma lna — que se compreendia como um movimento de renovação no interior da I. estabelecida e não desejava fundar uma I. nova —, o l. conservou nos primeiros tempos uma forte orientação ecumênica. Os lnos se relacionavam então regularmente com representantes da I. oficial, mas também com membros do ramo suíço da Reforma e da I. da Inglaterra; eles chegaram mesmo a estabelecer vínculos com as I. ortodoxas do Oriente. Esses esforços ecumênicos, de maneira geral, se reduziram no decorrer dos séculos seguintes. No começo do s. XIX, viram-se formar na Alemanha I. de união lnas reformadas, que foram não obstante rejeitadas por amplas parcelas do l. As I. e certas personalidades lnas desempenharam em seguida um papel às vezes essencial (como, p. ex., o arcebispo Söderblom) no movimento ecumênico de nosso século, e a Federação Luterana Mundial se atribuiu como objetivo, em sua constituição, encorajar a unidade* cristã. O diálogo interconfessional que se abriu logo depois do Vaticano II* deu um novo impulso a esse esforço ecumênico. As I. lnas e a Federação Luterana Mundial estiveram desde o princípio entre os principais promotores desse diálogo. A partir daí, teceu-se uma vasta rede de intercâmbios nacionais e internacionais, da qual participam as I. lnas. Alguns desses intercâmbios, como, p. ex., os diálogos entre os lnos e os reformados da Europa, já desembocaram na criação de uma comunhão de I. ("Concórdia de Leuenberg" de 1973); outros, como o diálogo com os anglicanos, ao menos se aproximaram desse objetivo.

A forma desse engajamento ecumênico é determinada pela concepção lna da I. (cf. *supra*, 2. e 6.): a comunhão das I. — e portanto a unidade da I. — é essencialmente comunhão na confissão da única fé apostólica. Por consequência, essa comunhão na fé apostólica é a meta específica dos esforços ecumênicos das I. lnas. Isso significa que os lnos dão prioridade ao diálogo *doutrinal* com as outras I. e que se mostram mais reservados no que se refere a tentativas ecumênicas desenvolvidas em outras direções. Mais do que no passado, admite-se hoje que essa comunhão na confissão da fé apostólica pode realizar-se mesmo quando as I. apresentam e formulam de maneiras diferentes sua confissão de fé e sua doutrina. Nesse sentido, é também e sobretudo do lado lno que o objetivo do movimento ecumênico é compreendido como a "unidade numa diversidade reconciliada".

9. A história do luteranismo

Por volta do fim do s. XVI, o l. se cristaliza naquilo que se denominou a "ortodoxia lna". Esta se propõe como tarefa desenvolver e consolidar — sob a pressão, fundamentalmente, da polêmica com os católicos — o edifício eclesial e doutrinal proveniente da Reforma, para fazer dele o quadro de uma experiência específica da fé. Enfatiza-se a preservação da herança lna. Isso não ocorre, entretanto, sem que haja modificações e redirecionamentos consideráveis na teologia e na piedade propriamente lnas. É assim, p. ex., que a partir das concepção lna da Sagrada Escritura é elaborada uma doutrina que abrange e sublinha a inspiração literal da Escritura de maneira inteiramente diversa da do tempo da Reforma. Os escritos confessionais são isolados de seu contexto histórico e erigidos como normas doutrinais imutáveis. Organiza-se uma teologia sistemática que merece o nome de escolástica, e que revela de resto uma considerável influência da teologia latina (notadamente de Suarez*). De igual modo, algumas mudanças sensíveis intervêm no domínio da piedade e do culto: a fé pessoal na salvação assume características intelectualistas, e a pregação se orienta amplamente para a exposição pedagógica.

A partir do fim do s. XVII, o l. se vê confrontado com o pensamento moderno, que atribui ao sujeito um lugar central na compreensão do mundo. O pietismo* e a teologia das Luzes são duas tentativas diferentes de responder a esse desafio.

No *pietismo*, o novo princípio da subjetividade se encontra associado de diversas maneiras à herança da Reforma lna. Alguns elementos dessa herança, que tinham sido ocultados na ortodoxia lna, voltam assim a ser focalizados, com a insistência na compreensão pessoal da fé cristã, o retorno à Sagrada Escritura como fonte viva da fé, a valorização do sacerdócio* universal e da colaboração dos leigos*, contra a tendência a instituir uma I. de pastores*, e, por fim, com a visão de uma I. que consistisse numa comunhão de indivíduos. Mas, sob outros aspectos, a compreensão moderna da realidade e do homem desvia também o pietismo da herança da Reforma luterana: o sujeito piedoso, i.e., o indivíduo regenerado, assume uma tal importância que os dados objetivos que fundam a fé e a vida cristãs são amplamente obliterados. Assim, a I. é antes de tudo concebida como a reunião ou a assembleia dos indivíduos regenerados. A vida sacramental corre o risco de dissolver-se, porque se enfatiza a dignidade da pessoa que recebe o sacramento e a transformação de sua vida. A significação da confissão eclesial é relativizada, e os vínculos confessionais se afrouxam. Mesmo no terreno da justificação, o interesse recai menos na graça concedida por Deus e na fé que a recebe do que na pessoa justificada e nos efeitos perceptíveis da justificação na vida do cristão.

O pensamento moderno marcou mais profundamente ainda o ramo do l. que se desenvolveu sob a influência das Luzes. Todo vínculo com a inspiração original da Reforma parece às vezes ter se perdido entre os representantes dessa tendência, que se consideram porém seus herdeiros e continuadores. A Reforma é aqui compreendida como um protesto — anunciador, por assim dizer, das Luzes — contra todas as tutelas sacerdotais, supranaturalistas ou institucionais que pesam sobre o sujeito humano autônomo. A relação imediata do homem com Deus é afirmada contra a mediação da I. e as restrições impostas à fé; resulta disso um novo recuo da liturgia, bem como uma nova dissolução do elemento eclesial e sacramental do serviço divino. A fé é essencialmente concebida no plano ético*, i.e., como a realização moral de si a que o homem é conduzido pela religião cristã. A pregação recebe assim uma forte orientação moral e pedagógica. Um dos traços positivos dessa abordagem, na qual se reencontram as preocupações da Reforma, é o lugar atribuído à Bíblia* e o intenso trabalho de interpretação que ela suscita (na perspectiva de uma abordagem histórico-crítica).

Uma *renovação lna* (neol.) se esboça no s. XIX, como reação à teologia das Luzes e o domínio do Estado* sobre a I. Trata-se globalmente de uma refocalização na I. institucional, em sua dimensão confessional e cultual. Esse movimento comporta, é verdade, alguns elementos reacionários, opondo de maneira geral à abordagem revolucionária um pensamento fundado num princípio de evolução orgânica. Ele não se limita contudo a uma revivescência artificial do passado ou a um fechamento no terreno puramente eclesial. O l. abre-se aqui a novas dimensões, graças ao desenvolvimento de um trabalho missionário vivo e diversificado, assim como de uma intensa atividade social e diaconal. A ampliação do interesse pela I. se manifesta de múltiplas maneiras, p. ex. na importância atribuída à confissão de fé, na revalorização do ministério eclesial, na vontade de restabelecer o serviço divino em sua dimensão litúrgica e sacramental.

A influência do neol. se faz sentir ao longo do s. XX. Ela se acha em parte reforçada, em parte corrigida pelo "retorno a Lutero" iniciado desde a Primeira Guerra Mundial. A isso se agregam os impulsos decisivos provenientes da "teologia dialética", que, de muitas formas, se reconecta igualmente com a teologia dos reformadores. Essas influências e esses impulsos moldaram o l. do s. XX até o limiar da geração atual.

• H. Stephan (1907), *L. in den Wandlungen seiner Kirche*, Berlim (1952²). — W. Elert (1931-1932), *Morphologie des Luthertums*, 2 vol., Munique

(1965³). — P. Althaus (1962), *Die Theologie Martin L.*, Gütersloh (1980⁵). — Col. (1976), "L'identité lne face aux défis de notre temps", *PosLuth* 24, 214-220. — Th. Bachmann (1977), "Luterische Kirchen in der Welt", *LR* 27, 163-500. — V. Vajta (1977) (sob a dir. de), *Die evangelisch-lutherische Kirche, Vergangenheit und Gegenwart*, Stuttgart (1983²). — Col. (1980), *La Confession d'Augsbourg, 450° anniversaire. Autour d'un colloque oecuménique international*, PoTh 37. — A. Birmelé (1981), *La tradition lne*, Chambray. — M. Lienhard (1983), *Martin L., un temps, une vie, un message*, Paris-Genebra (1991³). — A. Birmelé e M. Lienhard (1991) (sob a dir. de), *La foi des Églises lnes, Confessions et catéchismes*, Genebra-Paris. — A. Joly (1993), "Histoire de l'Église lne à Paris. Affermissement et expansion, 1809-1872", *PosLuth* 41, 5-19. — A. Birmelé (1993), "Responsabilité et engagement des Églises lnes dans le domaine de la théologie", *ibid.*, 20-37. — G. Siegwalt (1993), "Les Églises lnes, responsabilité et engagement dans le domaine de la spiritualité", *ibid.*, 38-47. — P. Bühler (1993), "La responsabilité devant Dieu, fondement théologique de l'engagement éthique", *ibid.*, 48-67.

Harding MEYER

→ *Anglicanismo; Calvinismo; Congregacionalismo; Ecumenismo; Família confessional; Lutero; Metodismo; Protestantismo; Puritanismo.*

LUTERO, Martinho, 1483-1546

Martinho Lutero (L.) foi o iniciador de um vasto movimento religioso, denominado "Reforma", cujas consequências eclesiais, culturais e políticas se fazem sentir até em nosso século.

a) A formação. — Depois de estudos na faculdade de artes da Universidade de Erfurt, L. entrou em 1505 no convento dos eremitas agostinianos. Nesse ambiente, passou por uma crise interior: obsessão diante de Cristo* percebido antes de tudo como um juiz, experiência* da permanência do pecado* e da impossibilidade de produzir a prova de uma obediência perfeita a Deus* que lhe permitisse subsistir diante dele.

No decorrer de seus estudos na faculdade de artes e depois na de teologia*, L. viu-se confrontado com a *via moderna* e o nominalismo*, representados por Gabriel Biel (†1495), ele mesmo tributário do pensamento de Occam (†1349), de Duns Escoto e da tradição franciscana anterior (Boaventura*). Por sua concepção de Deus como vontade e não como ser* supremo, pela insistência na revelação* como única fonte de seu conhecimento*, por suas críticas à utilização de Aristóteles em teologia e, na forma mais do que no fundo, por sua concepção da salvação*, essa corrente marcou L. de maneira duradoura. Ele sofreu igualmente a influência de Agostinho*, notadamente dos tratados antipelagianos, e isso o levará a combater vigorosamente a ideia segundo a qual o homem pode mediante seus esforços dispor-se a obter a graça*. (De acordo com Lortz, o agostinismo* de L. ter-lhe-ia permitido transcender, pela crítica ao nominalismo, "um catolicismo* que não era católico" mas neopelagiano [pelagianismo*]. Mas o occamismo nunca foi condenado pelo magistério*; e os ataques de L. serão tais que englobarão toda a escolástica* na mesma reprovação.) A mística* alemã intervém igualmente no itinerário de L. Como Tauler, ele situa a raiz do pecado na vontade e na afirmação de si; e em sua insistência na humilhação, é o discurso de Tauler, discurso sobre a redução *ad nihil*, i.e., sobre a aniquilação do homem, que ele retoma.

As leituras de L. serão sempre seletivas, não desprovidas de mal-entendidos, sensíveis às convergências antes de descobrir as diferenças. Se, com Agostinho, fala do pecado como de uma verdadeira corrupção do homem, ele vai de fato mais longe: depois da conversão*, subsiste no homem mais do que um "resto" de fraqueza. O pecado é, segundo L., uma realidade presente de maneira permanente na própria vontade humana. Quanto à graça, que Agostinho considerava um dom infuso que confere ao homem uma qualidade e uma força novas, L. a vê sobretudo como uma atitude de Deus. O neoplatonismo de Agostinho, por outro lado, está ausente em L., com exceção de algumas reminiscências no primeiro curso sobre os salmos*. E no que diz respeito à mística alemã L. não seguiu nem sua orientação especulativa nem sua concepção do homem julgado capaz, "na fina ponta de sua alma*", de apreender Deus.

O humanismo* sem dúvida marcou L. mais do que em geral se admite a partir de seu confronto com Erasmo*. A preferência dada aos Padres* da Igreja* sobre a tradição* ulterior, a aversão pela teologia escolástica, a atenção dada à Bíblia*, o exame crítico dos textos, a utilização de autores antigos e a influência da retórica humanista, todas essas coisas dão testemunho disso.

b) *No cerne da ação de Lutero: a Sagrada Escritura.* — Em seu primeiro curso sobre os salmos (1513-1515), L. interpreta o texto segundo o esquema tradicional dos quatro sentidos* da Escritura* (Escr.), mas novas orientações se esboçam: opondo-se ao exegeta medieval Nicolau de Lyre, que só estabelecia o sentido literal, L. explica os salmos num sentido literal-profético. Por outro lado, ele reorienta o sentido tropológico ao estabelecer um vínculo entre o texto bíblico e a existência do fiel: o que é dito de Cristo é aplicado ao cristão. O fiel apropria-se assim de Cristo, de sua vida, de sua obra e de sua morte*. O esquema dos quatro sentidos será abandonado a partir do *Comentário sobre a Epístola aos Romanos* (1515-1516); a alegoria nunca desaparecerá totalmente, mas L. se concentrará doravante no sentido literal. Nas controvérsias, em particular, só o sentido literal tem autoridade a seus olhos. Ele não se limitará porém a um comentário de ordem filológica, mas destacará sempre a ideia fundamental do texto, o *"scopus"*, relacionada com a situação dos fiéis, atualizada. A interpretação da Escr. inscreve-se ainda numa perspectiva mais ampla, em função da mensagem salvadora proclamada claramente pela Epístola aos Romanos. Em Jesus Cristo se revela o amor* de Deus; por causa de Cristo, Deus concede graça ao pecador, independentemente de suas obras* e de seus méritos. A partir disso, Jesus Cristo se torna como salvador a chave de uma interpretação de conjunto dos livros bíblicos. Ele é o centro da Escr., "seu ponto matemático" (*WA. TR* 2, nº 2383).

Quando a experiência do "ver o Evangelho" (Ev.) for recusada pelas autoridades eclesiásticas, L. chegará a proclamar que a autoridade* primeira cabe à Escr., e negará que em sua interpretação a última palavra caiba ao magistério. A seu ver, a Escr. é suficientemente clara para ser compreendida por todo cristão. Sem dúvida, não é o livro* enquanto tal que é palavra* de Deus (p. de D.). O Ev. é de fato um "bom grito" antes de ser um texto. Trata-se de uma mensagem viva, primariamente confiada aos apóstolos*, depois transmitida ao longo das eras, mas sempre remetida à mensagem apostólica. É verdade que foi preciso recorrer ao escrito diante das deformações heréticas da pregação*, e o escrito constitui também uma espécie de contrapeso com relação aos ministros; ele permite uma distância crítica dos fiéis a seu respeito. "A Escr. interpreta-se a si mesma" (*WA* 10, III, 238,10), afirmará L., opondo esse princípio ao mesmo tempo a Roma*, que concede demasiados poderes ao magistério, e aos diversos espiritualistas, que querem acrescentar-lhe o Espírito*. O Espírito vem ao leitor por meio da Escr. e não fora dela. L. enfatiza igualmente a clareza da Escr.: ordenada com relação a seu centro, que é Jesus Cristo, ela é suficiente para elucidar o homem sobre o que é necessário saber de Deus e da salvação. Costumes eclesiais tradicionais poderão sem dúvida ser mantidos se não contrariarem a mensagem bíblica; e a tradição doutrinal e dogmática da Igreja antiga será útil, a título de autoridade segunda, para ajudar a ler a Escr.

c) A justiça de Deus. — Em seu curso sobre a Epístola aos Romanos e em diversas teses, L. ergue-se contra a concepção do homem que vê neste um sujeito autônomo chamado a produzir certo número de atos* para realizar-se como pessoa*. Quando falar do pecado, L. não visará a uma falta moral, mas mais radicalmente a uma tendência humana a afirmar-se diante de Deus, a desejar viver a partir de sua própria justiça* e não daquela que Deus quer dar — e de sua crítica nascerá uma visão do homem original, na qual a instância fundadora é uma relação com uma realidade exterior, Cristo (ver em part. os comentários sobre o *Magnificat* de 1521 e as teses sobre o homem de 1536). A escolástica, de acordo com L., não teria verdadeiramente pensado a fundo o pecado e o homem pecador — ela teria simplesmente acrescentado a necessidade de obter uma ajuda sobrenatural, i.e., a graça, que, uma vez infusa, se tornaria uma qualidade inerente da alma, "como a brancura da parede", segundo a expressão crítica de L. Ora, a seus olhos, a vontade do homem pecador é estritamente incapaz de realizar atos que suscitem a atribuição da graça, não podendo

esta última tornar-se uma qualidade da alma (L. rejeita o conceito de graça "habitual"). Só uma nova relação com Deus suscitada por sua palavra de perdão faz do homem um justo diante de Deus, capaz de realizar obras justas. A justificação* do homem pela fé* não repousa nas qualidades ou nas realizações próprias do homem, por um lado, e não é adquirida de uma vez por todas, por outro lado, em razão da permanência do pecado — o cristão, de acordo com L., será portanto, ao mesmo tempo, pecador e penitente em função do que é em si mesmo, e justo pelo perdão divino que lhe imputa a justiça* de Cristo.

Mas se L. critica a ideia occamista segundo a qual a justificação intervém quando Deus instila sua graça como uma qualidade nova naquele que "faz o que está em seu poder", acaso não se submete ele a outra concepção occamista, a que postula que o homem poderia ser justo porque Deus, em sua *potentia absoluta*, o aceitaria como tal independentemente de qualquer infusão da graça, por simples imputação da justiça? A objeção não é exata, visto que a concepção luterana da imputação não funda a salvação tão somente na onipotência* divina, mas na realização* da lei* por Jesus Cristo e em seus méritos. Ao sentido abstrato da imputação occamista ele opõe seu princípio do *propter Christum*, "por causa de Cristo". Em textos autobiográficos ulteriores, L. evoca a libertação que teria constituído para ele a descoberta do sentido exato das palavras: "justiça de Deus revelada pelo Ev." (Rm 1,17). Ele teria compreendido então que não se tratava da justiça punitiva do Deus que visa às obras do homem, mas da justiça (passiva) pela qual o justo vive do dom de Deus: a justiça pela fé (ver em part. *WA* 54, 186, 8-9; a data dessa experiência libertadora é controversa: ou 1514-1515, ou a primavera de 1518).

d) O conflito com Roma e a questão da autoridade na Igreja. — As 95 teses que L. redigiu em outubro de 1517 contra as indulgências* o fizeram rapidamente conhecido do grande público. Segundo ele, as indulgências suscitam uma segurança enganadora: os fiéis não as recebem apenas como uma redução da pena* temporal imposta ao penitente depois que este confessou sua falta e recebeu a absolvição, mas como uma dispensa de contrição autêntica e como uma garantia de salvação. Ele rejeita também a ideia de um "tesouro" constituído pelos méritos suplementares de Cristo e de seus santos, e do qual a Igreja poderia dispor como de uma espécie de conta bancária celeste para com ela beneficiar os fiéis menos ricos em santidade*. O único tesouro que ela pode e deve transmitir é a palavra de Deus. E as indulgências, que L. não recusa enquanto tais, não se estendem de resto senão às penas canônicas impostas pela Igreja na terra, e não às penas do purgatório*.

A questão das indulgências remete ao papa*, evocado em mais de um terço das teses. Não era ele que lhes dava autoridade? L. não se erige como revolucionário contra as autoridades tradicionais, mas pretende reconduzi-las à norma da Escr. Referindo-se ao canonista do s. XV Nicolau de Tudeschi, ele afirma desde 1518 que "tanto o papa como o concílio* podem errar" (*WA* 1, 656, 32) — e, no decorrer da disputa de Leipzig que o oporá em 1519 a João Eck, ele dirá que a Igreja não tem necessidade de um chefe terrestre, já que só Cristo é sua cabeça. Confrontado com o legado do papa, o cardeal Cajetan, ele recusa retratar-se sem ter sido refutado por argumentos bíblicos e afirma que "a verdade* está acima inclusive do papa" (*WA* 2, 18, 2). O debate com Cajetan aborda também a certeza da salvação. Segundo a teologia escolástica, é somente sob forma de *conjetura* que o fiel individual pode afirmar sua salvação, quando consegue discernir em sua existência sinais de vida cristã: ninguém pode saber com certeza se se encontra em estado de graça. Ora, de acordo com L., a salvação é atribuída ao homem a partir do exterior, pela promessa* de Deus, e isso funda uma certeza. É unicamente se o fiel se beneficia da certeza pessoal da salvação que a graça justificadora lhe é útil quando da absolvição dos pecados.

e) Os sacramentos e a Igreja, a fé e as obras. — A partir de 1517-1518, L. publica numerosos tratados; alguns, em língua alemã, se dirigem aos leigos; outros, mais técnicos e redigidos em latim, se destinam sobretudo aos teólogos. Os mais importantes são publicados em 1520: *Das boas obras, Do papado de Roma, Manifesto à nobreza cristã da nação alemã, Prelúdio ao cativeiro babilônico da Igreja, Da liberdade cristã.*

Abordando a questão dos sacramentos*, L. acentua que só o fiel faz deles um uso salutar. Ele recusa assim a distinção escolástica entre os sacramentos da antiga aliança*, que agiam somente *ex opere operantis*, i.e., com base na fé dos que deles fazem uso, e os sacramentos da nova aliança, que agem simplesmente mediante sua celebração, *ex opere operato*, se o fiel não lhes cria um obstáculo opondo-lhes conscientemente um *obex*. Mas em L. a ênfase recai na atitude interior — o *opus operantis* — daquele que faz uso do sacramento, tendo em vista sem dúvida que a fé é ela mesma obra de Deus. L. reage, por outro lado, contra a tendência medieval que conduzia a ampliar a importância dos sacramentos com relação à da palavra pregada, sendo como meio de salvação que ele trata esta última: a graça não é comunicada apenas pelos sacramentos, mas também pela pregação.

Reduzindo, por outro lado, o número de sacramentos a dois, batismo* e eucaristia* (ceia), os únicos a possuir para ele legitimações bíblicas, é como forma visível da promessa de Deus que ele os percebe. É por essa razão que ele combaterá o que considera o principal erro da Igreja romana: o erro não é nem a comunhão* sob uma única espécie (que se afasta porém do relato evangélico da instituição), nem a doutrina da transubstanciação (inútil hipótese escolar), mas a doutrina da missa como sacrifício* e como obra humana oferecida a Deus, o que impede de perceber que há promessa de Deus, Ev. que exorta à fé. Várias consequências litúrgicas decorrem desse pressuposto teológico: proclamação em voz alta do relato da instituição, recusa das missas destinadas a fins particulares, missas particulares ou missas em voz baixa sem participação dos fiéis.

Desse modo, a questão da Igreja é inevitavelmente formulada. A excomunhão pela Igreja romana, afirma L., não priva o fiel da comunhão* com a Igreja de Jesus Cristo; o dom da graça não está ligado unicamente aos sacramentos dispensados pela Igreja romana; tanto o papa como o concílio podem enganar-se; não existe entre sacerdotes* e leigos* senão uma diferença de função. Afirmações desse tipo questionavam o tríplice poder tradicional da Igreja (santificação, magistério e jurisdição*) em benefício do poder único e exclusivo da palavra de Deus. A Igreja, de acordo com L., é uma comunhão de fé que se estende sobre toda a terra e não se identifica com o organismo da Igreja romana: não é a pertença a uma comunidade visível que faz o cristão. É verdade que os dois tipos de cristandade não podem ser dissociados: eles estão ligados como a alma e o corpo*. Mas, como comunhão espiritual, a cristandade só tem a Cristo como chefe, pois apenas ele pode infundir a fé. Ele utiliza sem dúvida mensageiros, mas não tem, propriamente falando, representante ou vigário na terra. Ele se comunica com os homens pelo Ev. e pelos sacramentos. Quando a pregação, o batismo e a ceia estão em conformidade com o Ev., a verdadeira Igreja está presente.

O que é então um cristão? O grande critério é a fé, que L. descreve como confiança, união com Cristo, vinculação com a Palavra, e que ele opõe à crença puramente intelectual, ao moralismo e ao sentimentalismo. Há fé porque Deus fala: "A alma pode prescindir de tudo, exceto da palavra de Deus" (*WA* 7, 22, 9-11). Esta última toca o homem sob uma dupla forma, como lei e como Ev. Há na Escr. textos cuja função é acusar o homem e levá-lo a tomar consciência* de seu pecado (p. ex., o decálogo*); outros, pelo contrário, lhe anunciam o perdão de Deus (são portanto "Ev."). Só essa distinção permite preservar a fé do moralismo revelando, por um lado, a impotência do homem e valorizando, por outro, o milagre* da graça.

Ligado pela fé tão somente a Deus, o cristão é soberanamente livre, tanto no que concerne às suas condições de vida como no que se refere às acusações apresentadas pela lei de Deus. Ele é livre também para aproximar-se diretamente de Deus, em confiança — nesse sentido, todos os fiéis são sacerdotes. Uma fé sincera, não obstante, se traduz necessariamente por obras boas às quais ela dá sua orientação. Elas não se dirigem a Deus para obter sua graça, visto que a salvação é atribuída ao homem gratuita-

mente; elas têm por destinatário o próximo, em conformidade com a vocação (*Beruf*) que Deus confia a cada homem.

Em junho de 1520, Roma intimava L. a retratar-se num prazo de sessenta dias. Ele instou a ser convencido de seus "erros" mediante argumentos escriturísticos. No dia 3 de janeiro de 1521, ele foi excomungado. Autorizado a comparecer diante da dieta de Worms em abril, ele deu a célebre resposta: "A menos que seja convencido pelo testemunho da Escr. e por razões evidentes, pois não creio nem na infalibilidade* do papa nem na dos concílios, uma vez que se acha estabelecido que eles amiúde se enganaram e contradisseram, estou impedido pelos textos bíblicos que citei. Enquanto minha consciência for cativa da palavra de Deus, não posso nem quero retratar-me, já que não é nem certo nem salutar agir contra a própria consciência" (*WA* 7, 838, 3-8).

f) *O pastor e o inspirador das Igrejas evangélicas.* — A ação de L. se exercerá em primeiro lugar por meio de sua tradução da Bíblia (o NT aparece em 1522, o AT é concluído em 1534), que teve um sucesso considerável, até o s. XX inclusive. Seus comentários e suas pregações (2.000 sermões conservados) desempenharam um papel importante, assim como seus conselhos para a implementação de um culto* "evangélico". Ele pede que se levem em conta os fracos, que se convença antes de introduzir mudanças e, sobretudo, que se distinga entre o necessário — as coisas da fé — e o relativo — o que tem o direito de variar nos usos litúrgicos e nas estruturas* eclesiais. Com relação a outros, os primeiros formulários litúrgicos que ele publica em 1523 são bastante conservadores, ainda que purificados de tudo o que possa sugerir uma concepção sacrifical da missa. Ele contribui igualmente para o desenvolvimento do canto litúrgico ao compor 36 cânticos, entre os quais o célebre *Ein fester Burg ist unser Gott* ("Um grande amparo é nosso Deus"). A necessidade de instruir a juventude, em particular na fé, não tardou igualmente a impor-se a ele (1529, *Pequeno* e *Grande Catecismo*). Depois de 1525, L. pede ao príncipe eleitor para agir na qualidade de "bispo provisório" (*Notbischof*), mandando inspecionar as paróquias por juristas e teólogos a fim de pôr ordem no serviço pastoral e regulamentar os problemas financeiros. Nasce assim a Igreja territorial, na qual a autoridade política exercerá um poder maior do que L. concebera de início.

Julgou-se com frequência discernir em L. a vontade de separar totalmente o domínio religioso do domínio sociopolítico. De fato, mesmo que não caiba aos pregadores estabelecer eles próprios novas instituições ou elaborar um programa político, L. avalia de fato que eles estão obrigados à vigilância, que devem exortar os governantes a seu dever, instruir todos os Estados da cristandade sobre "o que é útil e salutar", e, caso necessário, emitir críticas. O objetivo é aguçar as consciências, portanto dirigir-se aos indivíduos, assim como pronunciar-se sobre as diversas instituições da vida social — as escolas (que é preciso promover), os sistemas comerciais, o matrimônio*, o direito* e as instituições políticas —, a fim de examinar se elas atendem às necessidades concretas dos homens e se estão em conformidade com a vontade de Deus. Por meio de sua correspondência (2.650 cartas redigidas por ele mesmo) e de numerosos escritos circunstanciais, L. exerce assim a *cura animarum* ("cura da alma") e dá diretrizes pastorais, esclarecendo alguns sobre a atitude a adotar em tempos de peste, assumindo a defesa do batismo das crianças, dando indicações para a oração*, consolando ou repreendendo, aconselhando autoridades desejosas de introduzir a Reforma.

g) *Os conflitos doutrinais.* — A controvérsia com os teólogos da Igreja tradicional sempre será contínua (ver em part. *Contra Latomus, Resposta a Ambrósio Catharin*, os *Artigos de Smalkalde*). Ela versa sobretudo sobre a justificação pela fé, sobre a Igreja e os sacramentos, e sobre o papado. Desde 1518, instaurou-se a desconfiança em L.: como o papa estabelecia novos artigos de fé e não queria conformar-se à Escr., talvez pudesse ser enquanto instituição (e não em sua pessoa) o Anticristo anunciado em 2Ts 2,4. Incerto a esse respeito até 1521, L. travará em seguida contra o papado um combate cada vez mais acerbo. A partir de 1522 surgem também controvérsias que opõem L. a parceiros que estiveram próximos dele, mas que se tornaram mais radicais, ou mais matizados, como, p. ex., Erasmo; assim, o tratado *Do servo arbítrio* (1525) mostra L. negando uma vez mais que a vontade do homem possa prepará-lo para obter a graça e cooperar para sua salvação. Nas coisas cotidianas, o homem dispõe de certa liberdade de escolha; mas com relação a Deus ou a realidades que dizem respeito à salvação ou à perdição não existe nenhum livre-arbítrio (*WA* 18, 638, 9-10). Opondo-se assim àqueles que qualifica de "entusiastas" (*Schwärmer*), L. recusa as legitimações veterotestamentárias que eles apresentam para erguer as imagens* das igrejas (ponto de vista de Carlstadt) ou para implantar uma espécie de teocracia da qual os ímpios seriam excluídos (Thomas Müntzer). Ele estigmatiza também nos "entusiastas" um comportamento que, segundo ele, incita a uma experiência imediata do Espírito Santo de um modo que relativiza a Bíblia e a palavra pregada. Por fim, L. censura neles o fato de voltar a tornar-se prisioneiros da justificação pelas obras, ao fazer de Cristo antes um exemplo a seguir do que o Salvador proclamado pelo Ev. da justificação pela fé.

Entre 1525 e 1529, L. opõe-se a Zuínglio* a propósito da presença real de Cristo na ceia, em particular em *A firmeza inabalável das palavras "Isto é meu corpo"* (1527) e no tratado *Da ceia do Cristo* (1528). Como Cristo, depois de sua ascensão, não pode mais estar presente na terra em sua humanidade — argumentava Zuínglio —, a ceia tem apenas uma significação simbólica. Contra essa afirmação, L. mantém vigorosamente a ideia de presença real: o pão *é* o corpo de Cristo. A ascensão, de fato, não encerrou Cristo num lugar determinado, mas o colocou "acima e em todas as criaturas". L. retoma então distinções occamistas para defender a existência de vários gêneros de unidade, bem como a existência de uma unidade pensável, uma unidade sacramental, entre o pão e o vinho da ceia, por um lado, e, por outro, o corpo e o sangue de Cristo. A presença real, a seu ver, prolonga a encarnação*. É o próprio Cristo, tal como realizou a obra redentora, que se oferece ao fiel e funda assim a sua certeza. Ao lado da palavra, esse sacramento é um dos caminhos escolhidos por Deus para comunicar a salvação.

A partir de 1527-1528 L. entra também em conflito com aqueles que denominará os antinomistas. Segundo o porta-voz destes, João Agricola, a verdadeira penitência* não se opera pela pregação da lei, como o afirmava L., mas tão somente pela pregação do Ev., e a lei não mais concerne ao cristão. Para L., em contrapartida, pregar o Ev. sem a lei equivale a perder o Ev. como "Boa-Nova"; embora sem dúvida não justifique, a lei força todo homem — inclusive o cristão, na medida em que este permanece pecador — a receber o Ev., i.e., o perdão. Deixar de distinguir a lei do Ev. impede de fato de reconhecer o papel redentor de Cristo. L. admite porém que a penitência, no sentido pleno do termo, é suscitada pela fé; e que para o homem que permanece simplesmente sob a lei nada mais resta senão o desespero.

h) Deus, Cristo, o homem: a história na teologia de Lutero. — A maioria dos escritos de L. — mais de 100 volumes, cerca de 60.000 páginas, na edição de Weimar — se constituiu de obras de circunstância. Ele foi antes comentador da Bíblia do que sistematizador: seu pensamento não se apresenta sob a forma de um corpo doutrinal, mas como um procedimento teológico sempre centrado em Cristo e na Bíblia, e expresso com diferentes ênfases segundo os momentos e as circunstâncias.

A implicação existencial do teólogo é aqui primordial. Com efeito, só aquele que se deixa julgar e libertar pela palavra de Deus pode apreender verdadeiramente os mistérios* da fé. A escuta do Ev. libertador se faz por meio de um incessante esforço de leitura e de interpretação da Escr. A ideia de que a razão* poderia, por via analógica, remontar da criação* ao Criador numa trajetória puramente teórica é, portanto, excluída. L. sublinha assim, nas teses da *Disputa de Heidelberg*, que o verdadeiro Deus só pode ser conhecido na carne do Crucificado. E a uma teologia que fala de Deus sem essa referência (uma "teologia da glória*'') L. opõe uma "teologia da cruz" para a qual o poder de Deus se revela em sua fraqueza: Deus se revela ocultando-se, e é morrendo para si mesmo que o homem viverá. Não há conhecimento* de Deus senão num homem que renuncia à especulação para ater-se à paradoxal revelação* escolhida por Deus, e que renuncia à glória das obras para viver numa fé experimentada à sombra da cruz.

O Deus de L. é pessoa que fala e a quem o homem fala. A incessante atividade do Criador é acentuada (*WA* 7, 574, 29-31); e se insiste na soberania de Deus com relação ao mundo L. pode também descrever sua transcendência nos termos de uma presença oculta no próprio íntimo do ser da criatura. Deus é antes de tudo amor; sua característica específica é criar e dar àquele que nada merece. Mas, diante do pecado do homem, o texto bíblico fala também da cólera* de Deus, uma cólera que deve recordar ao fiel que o amor de Deus não é autoevidente, mas que é em Jesus Cristo vitória de Deus sobre o que acusa o homem, a cólera e a lei. Cólera e lei são de alguma forma a "obra imprópria" de Deus, e fazem o homem acorrer ao coração* de Deus.

Apesar de certas reservas acerca do vocabulário empregado, L. retomou os dogmas* trinitário e cristológico da Igreja antiga. Eles são a bem dizer fundamentais em sua perspectiva soteriológica: se Jesus Cristo não fosse verdadeiro Deus, o homem não seria salvo. E como chegaria o homem à fé, único acesso à salvação, sem a obra divina do Espírito Santo? De maneira bastante ocidental, L. também insistiu na unidade entre as três pessoas da Trindade*, de tal sorte que se pôde acusá-lo de modalismo*. Mas, se a fé nasce quando o homem descobre em Jesus Cristo o rosto do Pai*, L. sabe também exprimir, de diversas formas, o face a face do Pai e do Filho. Teólogo da encarnação, ele insiste, notadamente contra Zuínglio, na estreita união das duas naturezas; para que Cristo possa estar presente na ceia, ele se faz teórico da comunicação dos idiomas*; e a mesma teoria lhe permite também dizer que a natureza divina participa do sofrimento do homem Jesus*. A propósito da redenção, o discurso luterano é igualmente tradicional, retomando sob muitos aspectos o de Anselmo* no *Cur Deus homo*. Mas, se é de fato em nosso lugar que Cristo satisfaz a lei e sofre sua acusação, sua ação substitutiva não provocou o amor de Deus: esse amor é prévio e se manifestou pelo envio do Filho. O Cristo que reconcilia, por outro lado, é também aquele que liberta o homem dos poderes maléficos que são classicamente a morte* e o diabo, aos quais L. acrescenta a lei e a cólera* de Deus. A obra de "satisfação" e de redenção de Cristo, por fim, não se confina ao passado. Cristo não desencadeou graças; ele se mantém "diante do Pai como um reconforto [para o homem] e um intercessor" (*WA* 20, 634, 18), e se oferece ao fiel como sua justiça.

A "justificação unicamente pela fé" está no cerne da mensagem lna para afirmar que o homem não se encontra diretamente diante de Deus senão por sua fé em Cristo. Ainda é necessário precisar que a "fé" assume um sentido pleno que a tradição escolástica não lhe atribuía. Com efeito, a fé é interpretada nesse contexto como o ato de uma razão que aquiesce à revelação, devendo um procedimento desse tipo ser aí completado pelo amor por Deus. Mas em L. a fé implica de imediato toda a pessoa; ela não é apenas conhecimento, mas confiança. Essa concepção existencial é uma das razões pelas quais L. reage contra tudo o que na teologia e na prática da Igreja possa fazer da graça uma espécie de força sobrenatural transmitida pelos sacramentos e que se inscreve na alma como uma qualidade: não se pode falar da fé e da graça sem insistência na palavra, a de Cristo e a de suas testemunhas. Insistir na mediação — de Cristo, das testemunhas, da palavra, inclusive sob a sua forma sacramental — alerta também contra numerosas formas de mística ou de espiritualismo. A teologia de L. acentua com grande ênfase a imediaticidade de uma relação fiel, mas não levou ao aparecimento de um individualismo absoluto e não reduziu o cristianismo à interioridade piedosa.

L. não falou apenas da fé ou das realidades interiores. Ele evoca com muita frequência a ação de Deus na criação e na história, e exorta os fiéis a cooperar com isso. Diante de uma piedade ascética, ele revaloriza o corpo humano e tudo o que constitui a vida terrestre, notadamente o matrimônio. O cristão não está de maneira permanente no mundo*, por melhor que este seja em virtude da vontade do Deus criador. Sensível à realidade do mal*, confrontado com a incessante atividade de Satã, ele se conserva um estrangeiro na terra e aspira à irrupção do

"último dia". L. evoca amiúde o diabo, e isso é nele mais do que uma herança medieval. Ele percebe a história* como um combate ininterrupto entre o Deus criador e Satã, o destruidor. Este combate às instituições boas desejadas por Deus destrói a sociedade* civil mediante sedições (a insurreição dos camponeses), usura ou a guerra*. Mas ele age também no domínio da fé para perverter o anúncio do Ev. ou atacar suas testemunhas. Em conformidade com a distinção lna dos dois reinos, o combate contra Satã se efetua de maneira dupla: por um lado, por meio das instituições temporais, o direito e a restrição, por outro mediante o anúncio do Ev. e a vida dos cristãos. É à sua aguda percepção da permanência do mal que L. deve uma espera escatológica livre de todo milenarismo*. Não haverá nenhum estado perfeito, nem na Igreja nem na sociedade secular. Os progressos serão sempre relativos. Só o último dia verá a manifestação de Jesus Cristo e a destruição total dos poderes demoníacos.

- A edição de base, dita Edição de Weimar, Böhlau, 1883 (citada como *WA*), abrange quatro seções: 1/ Os escritos propriamente ditos (tratados, comentários, pregações etc.): t. 1 a 59, 61 a 63; 2/ A correspondência, 18 t. (*WA.B*); 3/ Os *Sermões à mesa* (*Tischreden*), 6 t. (*WA.TR*); 4/ A série "Bíblia alemã", 12 t. (15 vol.) (*WA.DB*). — Coleção complementar: *Archiv zur Weimarer Ausgabe* (5 vol. publicados). — Em francês, *Oeuvres* de Lutero, Genebra, 17 vol. publicados de 1957 a 1993. — Seleção de textos: *Luther. Les grands écrits réformateurs*, ed. por M. Gravier, Paris, 1945; *Luther et l'autorité temporelle 1521-1525*, ed. por J. Lefebvre, Paris, 1973; *Les Propos de table*, ed. por L. Sauzin, Paris, 1932, reed. 1992. — *BSLK* e *FEL* contêm os dois catecismos e os *Articles de Smalkalde*. Em português: *Ética cristã*, São Leopoldo, 1999; *Consolo no sofrimento*, São Leopoldo, 2000; *Educação e Reforma*, São Leopolodo, 2000; *O programa da reforma: escritos de 1520*, São Leopoldo, 2000; *Catecismo menor*, São Leopoldo, 2001; *Eucaristia, louvor e dádiva*, São Leopoldo, 2001; *Economia e ética*, São Leopoldo, 2001; *Vida em comunidade*, São Leopoldo, 2000; *Da liberdade do cristão*, São Paulo, 2001; *Como reconhecer a Igreja*, São Leopoldo, 2001; *Interpretação bíblica: princípios*, São Leopoldo, 2003; *Da autoridade* secular, São Leopoldo, 1979; *Pelo evangelho de Cristo*, São Leopoldo, 1984; *Dez sermões sobre o credo*, São Leopoldo, 1987; *Os primórdios: escritos de 1517 a 1519*, São Leopoldo, 1987; *Debates e controvérsias*, São Leopoldo, 1992; *Como orar*, São Leopoldo, 1999.

▶ K. Holl (1927, 7ª ed., 1948), *Gesammelte Aufsätze zur Kirchengeschichte*, t. 1, *L.*, Tübingen. — L. Febvre (1928, 5ª ed., 1988), *Un destin. Martin L.*, Paris. — P. Vignaux (1935), *L., commentateur des "Sentences"*, Paris. — L. Grane (1962), *Contra Gabrielem. Luthers Auseinandersetzung mit Gabriel Biel in der Disputatio Contra Scholasticam Theologiam 1517*, Copenhague. — H. Strohl (1962), *L. jusqu'en 1520*, Paris. — P. Althaus (1963, 3ª ed., 1983), *Die Theologie Martin Luthers*, Gütersloh; (1965), *Die Ethik Martin Luthers*, Gütersloh. — T. Süss (1969), *L.*, Paris. — J. Lortz (1970), *La Réforme de L.*, 2 vol., Paris. — M. Lienhard (1973), *L., témoin de Jésus-Christ. Les étapes et les thèmes de la christologie du Réformateur*, CFi 73. — L. Grane (1975), Modus loquendi theologicus. *Luthers Kampf um die Erneuerung der Theologie 1515-1518*, Leyde. — W. Joest (1975), *Ontologie der Person bei L.*, Göttingen. — D. Olivier (1978), *La foi de L. Sa cause de l'Évangile dans l'Église*, Paris. — O. H. Pesch (1982), *Hinführung zu L.*, Mainz. — M. Brecht (1982), *Martin L.*, t. 1, *Sein Weg zur Reformation 1483-1521*, Stuttgart. — Y. Congar (1983), *Martin L. Sa foi. Sa Réforme. Études de théologie historique*, Paris. — H. Junghans (1983), *Leben und Werk Martin Luthers von 1526 bis 1546*, Berlim. — M. Lienhard (1983, 3ª ed., 1991), *Martin L. Un temps, une vie, un message*, Paris-Genebra. — G. Ebeling (1983), *L. Introduction à une réflexion théologique*, Genebra. — M. Monteil (1983), *Martin L., la vie, oui la vie*, Paris. — H. Junghans (1984), *Der junge L. und die Humanisten*, Weimar. — M. Brecht (1986), *Martin L.*, t. 2, *Ordnung und Abgrenzung der Reformation 1521-1532*; t. 3, *Die Erhaltung der Kirche 1532-1546*, Stuttgart. — R. Schwarz (1986), *L.*, Göttingen. — M. Lienhard (1989), *L'Év. et l'Église chez L.*, Paris; (1991), *Au coeur de la foi de L.: Jésus-Christ*, Paris. — H. Guicharrousse (1995), *Les musiques de L.*, Genebra.

Marc LIENHARD

→ *Batismo; Eclesiologia; Erasmo; Fé; Graça; Indulgências; Lei; Luteranismo; Nominalismo; Obras; Palavra de Deus; Papa; Sacrifício da missa; Sagrada Escritura; Zuínglio.*

M

MAGISTÉRIO

a) O magistério segundo a Igreja católica.
— Assim como as universidades medievais possuíam um corpo de mestres autorizados a ensinar e a avaliar os pontos de doutrina, assim também o magistério (m.) designa na Igreja* (I.) católica uma instância habilitada a pronunciar-se em matéria de teologia* e de prática eclesial. De acordo com a concepção católica, é o próprio Cristo* que confiou à I. a herança da fé* instituindo um m. autêntico (*DH* 3305). A I. tem o direito e o dever de expor a doutrina revelada, já que é a sua guardiã e a dispensadora (*DH* 3012, 3020).

O m. não acrescenta nada de novo à herança da fé; ele explica o que podia antes parecer obscuro ou reafirma o que foi questionado (*DH* 3683). Os representantes do m., i.e., o papa* e os bispos*, não recebem uma nova revelação* (*DH* 4150-4151). O m. não prevalece sobre a palavra* de Deus; ele a serve ao ensinar unicamente o que foi conservado pela tradição (*DH* 4214). Por natureza, o m. só pode ser exercido no interior da comunidade hierárquica que reúne o chefe e os membros do colégio episcopal (*DH* 4145).

O papa é o doutor* supremo da I. Ele tem o direito de definir os artigos de fé e de interpretar as decisões conciliares (*DH* 3067). Os bispos sucedem ao colégio dos apóstolos* no exercício do m.; eles conservam a doutrina apostólica e dirigem, "no lugar de Deus" (*loco Dei, LG* 20), o rebanho que lhes é confiado (*DH* 4144, 4146, 4233). O colégio episcopal detém o poder supremo sobre o conjunto da Igreja e o exerce solenemente no decorrer do concílio* ecumênico (*DH* 4146). O concílio não é todavia superior ao papa (*DH* 3063). O m. se exerce de maneira *ordinária* (no ensinamento e na pregação dos bispos e do papa) ou *extraordinária* (ensinamento de um concílio ou decisão dogmática do papa).

b) O desenvolvimento histórico do magistério.
— Desde os primeiros tempos, compreenderam-se certas passagens do NT (p. ex., Mt 16,16-19; Lc 10,16; Jo 21,15ss) como atestação do m. conferido por Cristo. A exegese* histórico-crítica não pode, entretanto, tirar desses textos nenhuma consequência precisa. A ideia e a realização prática do episcopado monárquico no s. II (notadamente nas cartas de Inácio de Antioquia), assim como a organização do ministério* eclesiástico com base no modelo da administração imperial romana desempenharam um papel determinante na formação histórica do m. Como o mostram os estudos de Congar (1976), *magisterium* exprimia na origem, no latim da I., uma situação de autoridade* ou de direção.

Na IM, a discussão sobre o m. se inscrevia no quadro da teoria dos dois poderes — ou seja, a "autoridade* sagrada" dos bispos e o "poder real" dos príncipes. No próprio interior da I. o clero ocupava uma posição superior ao laicato*. Tomás* de Aquino distinguia além disso entre o *magisterium cathedrae pastoralis* dos bispos e o *magisterium cathedrae magistralis* dos teólogos de universidade. As controvérsias entre papalistas e conciliaristas complicavam ainda mais o quadro.

O termo *magisterium*, em sua significação atual, foi sobretudo introduzido pelos canonistas alemães do início do s. XIX (cf. Congar, 1976). Mas, propriamente falando, é preciso esperar o Concílio Vaticano* I (1870-1871) para ver estabelecer-se uma doutrina normativa e coerente do m., com a afirmação do primado jurisdicional e doutrinal do papa sobre o conjunto da I., não apenas em matéria de fé e de costumes, mas também no domínio da disciplina* eclesiástica.

c) *O magistério fora do catolicismo.* — A teologia dos ministérios no tempo da Reforma e no protestantismo* ulterior foi com frequência determinada por oposição ao catolicismo*. Quanto mais a I. católica dava ao seu m. um fundamento teológico amplo e circunstanciado, tanto mais o protestantismo insistia na liberdade* dos cristãos. Essa constatação geral exige porém ser matizada.

Assim, pode-se encontrar já certas variações, de acordo com os contextos, nas declarações de Lutero* sobre o poder dos dirigentes eclesiásticos. De um ponto de vista terminológico, o conceito de "ministério" recobre em Lutero e, amiúde, na totalidade do protestantismo o conjunto das questões que os católicos tratam sob o termo "m.". Segundo os escritos confessionais luteranos, Deus estabeleceu o ministério da pregação* (*CA* 5). Um ministro da I. deve ter sido nomeado dentro das regras (*CA* 14). O poder episcopal é compreendido como ordem divina de pregar o Evangelho, de perdoar os pecados* e de administrar os sacramentos*. Em seu governo espiritual, os bispos não têm o direito de introduzir regras contrárias ao Evangelho (*CA* 28). Destaca-se desses princípios que, mesmo no luteranismo*, o ministério eclesiástico é de direito divino, muito embora o poder do clero seja rigorosamente limitado. É a Sagrada Escritura*, e somente ela, que fornece o critério do m. da I.

Acrescentemos que no protestantismo o conceito de "doutrina" (*Lehre*) costuma ser utilizado no sentido amplo, para significar a proclamação, o testemunho, a confissão. A própria fórmula "*pure docere*" (*CA* 7) pode querer dizer "dispensar um puro ensinamento" ou "pregar a verdadeira palavra", a tarefa do m. (*Lehramt*) que consiste antes de tudo em pregar e em ensinar mais do que em definir artigos de fé normativos. Os escritos confessionais luteranos, p. ex., desejam todavia expor as linhas gerais da doutrina (*forma doctrinae*, *BSLK* 833), o que confere também a seus artigos o estatuto de uma norma doutrinal no sentido estrito. Os dirigentes eclesiásticos — no caso, os bispos — são incumbidos de zelar para que o Evangelho seja efetivamente anunciado em conformidade com o conteúdo da confissão* de fé.

Para os anglicanos, o episcopado é um ministério de direito divino que pode ser relacionado com um ato de instituição dos apóstolos* ou do próprio Cristo. Essa valorização do cargo episcopal aproxima a concepção anglicana do m. do catolicismo* conciliarista. Também na I. ortodoxa o bispo representa a instância espiritual central e suprema. É por meio dele que o Espírito* põe em ação o dom profético do ensinamento. O bispo ortodoxo goza em sua diocese de um poder absoluto e independente, sendo todos os bispos, por outro lado, absolutamente iguais entre si no plano teológico. Só um sínodo* ecumênico tem autoridade sobre o conjunto das I. ortodoxas. Por seu episcopalismo coerente, a concepção ortodoxa do m. apresenta ao mesmo tempo traços hierárquicos e elementos democráticos.

d) *A disciplina doutrinal.* — Apesar de suas concepções diferentes do m., todas as I. dispõem de fato de procedimentos de disciplina doutrinal que permitem ao m. controlar as declarações dos ministros. O direito* canônico católico (*CIC*) precisa longamente os deveres e os direitos dos clérigos*, assim como as sanções e os processos em que estes incorrem em caso de falta. Um teólogo que professa opiniões desviantes pode, p. ex., ver retirada de si a autorização de ensinar (*missio canonica*).

Quanto às teses teológicas problemáticas, o m. católico estabelecera com a ajuda da ciência canônica uma série de censuras que qualificavam diversamente essas teses. Uma proposição podia assim ser julgada herética, próxima da heresia*, cismática, falsa, temerária, errônea, escandalosa, blasfematória, ímpia ou inadequada. A utilização das "notas* teológicas" caiu em desuso no s. XX.

Do lado protestante, os votos de ordenação* dos pastores* comportam amiúde engajamentos doutrinais. São esses votos e esses engajamentos que são formalmente invocados no decorrer dos procedimentos disciplinares. Os dirigentes eclesiásticos examinam então, geralmente a instâncias da paróquia, o ensinamento do ministro incriminado, a fim de determinar se se harmoniza à confissão em uso.

e) O magistério na discussão ecumênica. — O movimento ecumênico multilateral evitou discutir jurisdições* concretas sobre as quais se pudesse fundar a "unidade* visível" das I. Os modelos de unidade partem amiúde do princípio de que as I. locais devem conservar suas estruturas* específicas no interior da I. una (é a "unidade de todos em cada lugar"), ou de que as I. confessionais podem subsistir enquanto unidades estruturais embora reconhecendo sem reservas os ensinamentos das I. irmãs (trata-se da "unidade na diversidade reconciliada").

Nessas discussões complexas, a relação entre pluralismo e doutrina obrigatória põe um problema fundamental, que, relativamente ao m., pode ser formulado da seguinte maneira: deve um m. teológico dispor de uma jurisdição única para ser realmente eficaz? As discussões ecumênicas tendem a responder negativamente, relativizando a necessidade do componente jurídico. A comissão católico-luterana declarou o seguinte em 1972: "Uma visão mais histórica da I. [...] nos obriga hoje a repensar as noções de *ius divinum* e de *ius humanum*. Nessas duas expressões, a palavra *ius* não é empregada senão num sentido analógico. O *ius divinum* nunca se distingue por completo do *ius humanum*" (31). Essa ideia encontra seu prolongamento em 1994: "As disposições jurídicas em vigor na I. têm sempre, mesmo onde são avaliadas e ditas 'de direito divino', formas e uma realização históricas e oferecem,

pois, matéria para a renovação e a reestruturação" (*Kirche und Rechtfertigung*, 227).

Por outro lado, os protestantes admitem hoje em certa medida o princípio de um m. de caráter jurídico: "Católicos e luteranos dizem em comum que Deus, que estabelece fórmulas institucionais em sua graça* e sua fidelidade, e serve-se disso para conservar a I. na verdade do Evangelho, emprega também com esse objetivo o direito e as disposições jurídicas" (*ibid.,* 224).

• *CIC* 1983. — H. Meyer *et al.* (sob a dir. de), *Dokumente wachsender Übereinstimmung 1-2*, Paderborn, 1983-1992 (Comissão Internacional Católico-Luterana, *Face à l'Unité*, Paris, 1986). — *BSLK (FEL), DH, DS. — Kirche und Rechtfertigung*, Paderborn, 1994.

▸ Y. Congar (1976), "Pour une histoire sémantique du terme *magisterium*" e "Bref historique des formes du 'magistère' et de ses relations avec les docteurs", *RSPhTh* 60, 85-98 e 99-112. — W. Bassett, P. Huizing (sob a dir. de) (1975), *Conc.* 12, n° 8-9. — D. Michel *et al.* (1978), "Amt", *TRE* 2, 500-622. — J. Lécuyer (1980), "Magistère", *DSp* 10, 76-90. — A. Maffeis (1991), *Il Ministero della chiesa, uno studio del dialogo cattolico-luterano (1967-1984)*, Roma. — J. Brosseder, W. Hüffmeier (1992), "Lehramt, Lehrbeanstandung", *EKL*[3] 3, 60-70.

Risto SAARINEN

→ *Autoridade; Colegialidade; Concílio; Bispo; Hierarquia; Ministério; Papa.*

MAL

A. Teologia fundamental

a) A teoria clássica. — O mal tem um ser? Todos os seus instintos teóricos impeliram a Antiguidade clássica a responder a essa pergunta atenuando o estatuto ontológico daquilo que se contrapõe à ordem harmoniosa das coisas. Aristóteles negava que houvesse mal entre as realidades eternas (*Met* VIII, 9, 1051 a). Para Plotino, o mal não pode residir nem naquilo que é nem no que transcende o ser; ele só está presente nas realidades materiais, porque elas se acham mescladas de não-ser (*En.* I, VIII, 3); da mesma maneira, esconde-se o mal sob a beleza* "a fim de que sua realidade permaneça invisível aos deuses" (*En.* I, VIII, 15). Mas mais ainda do que à razão* filosófica, é pela coerência do teológico que a pergunta deveria mostrar-se urgente. Se o mundo, com efeito, é obra de um Deus* bom e onipotente, que estatuto atribuir ao mal? A resposta clássica foi fornecida como réplica à gnose* (para a qual o mundo não passa de obra imperfeita de um demiurgo, e não do Deus supremo) e sobretudo ao maniqueísmo*. De fato, este afirmava a existência substancial do mal. Tanto quanto o bem*, o mal é. Desde o princípio, desde a origem, o combate do bem e do mal carrega o sentido da história*. Já em Orígenes*, o cristianismo sabe articular uma resposta: "Não suponhas que Deus é a causa da existência do mal, nem imagines que o mal tem uma subsistência (*hypostasis*) própria. A perversidade não subsiste como se fosse algo vivo; nunca se terá diante dos olhos sua substância (*ousia*) como existente verdadeiramente" (*De Princ.* II, 9, 2, *In Joh.* II, 17, PG 14, 137; cf. também Basílio*, PG 31, 341). Mais ainda em Agostinho*, admitir a realidade do mal se mostra como uma concessão feita ao dualismo. E para tornar o dualismo impraticável a desrealização do mal se transforma numa tática teológica elementar (p. ex., *Conf.* III, 7, 12). O mal de fato não é; ele não possui outra posição senão a de "privação do bem", *privatio boni*; ele é a ausência do que deveria ser; e do não-ser Deus não poderia ser a causa (*De quaest.* 83, q. 21). A ontologia medieval dos transcendentais fornecerá um amplo quadro no qual inscrever a irrealidade do mal. Se o que é, enquanto é, é uno, verdadeiro e bom, se *ens et bonum convertuntur*, então o mal, sob todas as suas formas, deve ser excluído de todo inventário ontológico do mundo, no qual ele não figurará senão como limite do ser. "O reino do bem se estende, portanto, tão longe quanto o do ser, já que o único elemento positivo que distingue o próprio mal do nada* puro e simples, ou seja, a existência de ser, o dever-ser, é ainda um bem, e a esse título o fundamento indispensável para que haja o mal" (Geiger, 1969, 71). E na medida em que o mal existe realmente dir-se-á então comumente que Deus, "moderador universal de todo o ser", *universalis provisor totius entis* (Tomás* de Aquino,

ST Ia, q. 22, a. 2), "julgou melhor tirar o bem do mal do que não permitir a existência de nenhum mal" (Agostinho, *Enchir.*, cap. 27). Precisar-se-á que Deus castiga (que ele deseja o mal da "pena*"), mas que sua responsabilidade não está envolvida no mal moral, dito de "culpa". E, por pouco que se aceite responder brevemente à questão do mal físico (uma resposta que se poderá de resto precisar ou complicar, acrescentando que os anjos* decaídos [demônios*] são parcialmente responsáveis pelos males físicos de que sofrem os homens), a questão do mal moral poderá receber uma solução elegante: atribuir-se-á aqui ao homem o privilégio de ser causa primeira (Tomás de Aquino, *ST* Ia IIae, q. 112, a. 3, ad 2), esclarecendo sem dúvida que ele não cria assim a não ser do nada. Numa retomada original dos temas de Tomás, Maritain poderá desse modo interpretar a falta como "iniciativa aniquiladora da vontade criada" (1963, *passim*, já 1946). Nos termos escolhidos por Journet, o mal moral não é propriamente falando uma questão de ação, mas de "deação", de ação deficiente (1961, 78). Aqui e ali, a desrealização do mal impõe portanto a tarefa de um discurso racional sobre o não-ser; se a ontologia não pode oferecer hospitalidade ao mal, pode-se tentar dar-lhe um tipo de ontologia adequada a ele.

A teoria clássica não podia deixar de levantar o problema da providência*. Admitindo-se que Deus é bom e que só ele é Deus, era necessário atribuir-se como dupla tarefa a de não fazer pesar sobre ele a responsabilidade do mal e a de fazê-la recair sobre as liberdades* criadas. Mas, se o homem é causa primeira do mal moral, o destino da criação* não escapa a Deus? Para assentar sua tese, Maritain concedia ao homem o poder de erigir um obstáculo à graça* divina: o homem que entra na lógica do mal por "não consideração da regra moral" recebe de fato *moções* divinas, mas essas moções são *quebradiças*. Foi possível então objetar (Nicolas, 1960) que Deus perde assim sua soberania, que ele deixa de ser o autor do drama para tornar-se o seu ator principal. E à ideia de uma graça à qual o pecador resiste eficazmente (mas que se realiza como "moção inquebrantável" naquele cuja vontade não esmorece) pôde-se opor um conceito de origem tomasiana, o de "decreto permissivo antecedente", vinculando-o com o conceito tomista (bañeziano) de *premoção física*. As mesmas objeções deviam reaparecer a propósito de uma nova defesa da inocência divina (Garrigues, 1982), fundada no princípio — tomasiano — segundo o qual Deus, não conhecendo o criado senão na medida em que o causa, não pode conceber a ideia do mal (cf. Tomás, *ST* Ia, q. 15, a. 3, ad 1): se se desejar garantir radicalmente a inocência divina, poder-se-á chegar a pensar num Deus tão transcendente a ponto de perder o governo de sua criação (Nicolas, *RThom* 83, 649-659).

b) O melhor dos mundos. — Como o mal, mesmo privado de fundamento real, não deixa ao menos de figurar em todo inventário experiencial do mundo — "pôr a natureza negativa do mal não é pôr a sua negação" (Geiger, 1969, 63) —, nem toda questão era resolvida com sua desrealização principial. Talvez porque o dualismo não seja verdadeiramente para ele um inimigo a combater (tendo sido ainda, sob sua versão cátara, para Tomás de Aquino), o pensamento moderno não hesita em admitir que o mal existe, e se exime de questionar se essa "existência" é ou não dotada de um ser. E é num quadro moderno, o da teodiceia, que ele abordará o seu problema. Devido à presença do sofrimento e da má vontade, deve o mundo ser tachado de imperfeição? E pode-se afirmar com consistência que um Deus bom e onipotente criou *este* mundo no qual existe o mal? Deus deve ser absolvido no processo que lhe movem os homens, responde Leibniz, porque o mundo tal como é constitui o melhor dos mundos possíveis; nele, o mal não é irreal, seja como *mal metafísico* (a limitação inerente ao criado, tomado como tal), como *mal físico* ou como *mal moral*, mas é aí necessário à promoção do maior bem criado possível. Deus teria podido criar um mundo no qual o mal estivesse ausente; e um mundo desse tipo seria menos perfeito do que o nosso, em que somos livres para desejar o mal, mas também para querer o bem. Já presente em Agostinho, o argumento conhecerá uma longa posteridade (p. ex., Swinburne, 1979).

É mérito de A. Plantinga, na discussão recente, ter fornecido uma reorganização significativa do argumento. Por um lado, a argumentação leibniziana é invalidada, porque o conceito de "melhor dos mundos" encerra de fato uma mesma espécie de contradição da do "maior número primeiro": para

todo mundo existente, pode-se sempre conceber um mundo melhor. Por outro lado, o recurso às discussões consagradas aos "mundos possíveis" na lógica modal contemporânea permite identificar mundos que, em termos de lógica estrita, Deus não teria podido "atualizar". Por fim, o exame do mal moral permite identificar uma malícia que não vale apenas para este mundo, mas também para outros mundos possíveis — *transworld depravity* —, e torna inconsistente a ideia de um mundo no qual Pedro, permanecendo Pedro, não teria agido como agiu neste mundo. Admitir as necessidades lógicas que pesam sobre o próprio Deus permite dessa maneira afirmar, num quadro que não é o de uma teodiceia mas o de uma "defesa do livre-arbítrio", que a existência do mal não contradiz ciência* e poder* divinos. (Cf. as precisões apresentadas em *The Nature of Necessity*, Oxford, 1974, cap. 4-8.)

O mal deixa assim, em seu tratamento moderno, de constituir um escândalo ontológico: cabe à teologia* da providência* dar conta dele. Quanto a Hegel*, cabe-lhe fornecer além disso, com o conceito do *negativo*, o meio de pensar a contribuição do mal para a história do espírito a título de momento dialético necessário — e de dotar assim o pensamento de um instrumento teórico capaz de ratificar a realidade do mal, no quadro de uma ontologia preocupada em suplantar a oposição elementar do ser e do nada, sem envolver a responsabilidade de Deus (que de resto constitui em si mesmo a prova do negativo) e sem permitir nenhum desvio dualista.

c) O mal e o sentido. — Do fato de o mal ser desprovido de ser para a teoria clássica, bem como do fato de ele não estar necessariamente presente, de acordo com a teoria moderna, senão para favorecer o maior bem, não decorre que sua experiência seja desprovida de sentido. Já onipresente nas críticas feitas pelas Luzes contrariando a teoria cristã (Hume, Voltaire *vs* Leibniz etc.), o sofrimento dos homens tem de teoricamente notável o fato de ser suscetível de receber um sentido — um sentido porém que ele não recebe nos limites de sua própria experiência, mas do sofrimento e da morte humanos assumidos por Deus em Jesus Cristo. A experiência escandalosa do mal — quer se trate do tremor de terra de Lisboa, para o pensamento das Luzes, ou de Auschwitz, para o pensamento contemporâneo — só se esclarece teologicamente se comparada com o evento do Gólgota. Na cruz, Deus não toma a si todo sofrimento, já que resta aos homens sofrer depois que o Crucificado sofreu. Mas ele permite que a todos os sofrimentos humanos se atribua um peso de significação cristológica. O sofrimento não é apenas o educador do homem: o sofrimento dos fiéis completa "o que ainda falta aos sofrimentos de Cristo*" (Cl 1,24). — Sem pretender "explicar" o mal, uma teologia da criação poderá também perceber no ato criador uma "autolimitação" divina (Jüngel, 1990), que não é idêntica a uma pura e simples "kenose*" da onipotência divina (como é o caso em Jonas, 1984), mas que permite à teoria cristã distanciar-se com relação ao Deus da metafísica — e, portanto, também com relação às interpretações metafísicas do mal.

O sentido teológico do mal sofrido se encontra, por outro lado, radicalizado quando a teologia tenta introduzir o *pathos* no próprio Deus. A ideia de um Deus que seja o "companheiro de sofrimentos" do homem (A. N. Whitehead), assim como toda a orquestração que ela recebe nas diversas teologias do sofrimento de Deus, nas cristologias* teopasquitas etc., realiza no fundo, de um modo hiperbólico, o projeto das teodiceias: não há um processo a fazer, já que de certa maneira a prova do sofrimento sela uma comunhão* entre Deus e o homem. O sofrimento que este mundo inclui não é o expediente que permite engendrar um maior bem: ele aparece como a mais humana das experiências, embora sendo uma experiência que Deus conhece em seu ser.

É preciso enfim racionalizar o mal (cf. Philipps, 1986 *vs* Swinburne, 1979 e Hick, 1966)? Dever-se-á sem dúvida distinguir com G. Marcel e admitir que não há exatamente um *problema* do mal (implicando a existência do problema a possibilidade de uma solução completa), mas um *mistério** do mal (Geiger, 1969, 177). Contra toda teoria, por outro lado, foi possível fazer aqui uma acusação de cinismo (p. ex., G. Baudler, *Wahrer Gott als wahrer Mensch*,

Munique, 1977, 19-30). Desrealizar o mal ou integrá-lo às lógicas frutuosas que fazem a história, tudo isso talvez tenha feito esquecer que a questão é menos teórica do que prática, e que o mal não exige prioritariamente ser compreendido, mas ser combatido. O Ivan Karamázov de Dostoiévski funda um ateísmo* cujos argumentos se baseiam no sofrimento dos inocentes, mas a única resposta que ele recebe é fornecida obliquamente pela experiência* espiritual do *stáret* Zózimo. A presença do mal é "radical" no homem (Kant*), mas a boa vontade pode existir. O sofrimento dos homens é patente, mas temos o dever de mitigá-lo — o papa* Pio XII soube evitar algumas armadilhas teóricas quando declarou moralmente legítimos o parto sem dor e a utilização dos analgésicos (*DC*, t. 53, 87; t. 54, 326-340). E, se é banalmente verdadeiro que a moralidade ou a santidade* mais inteligente não expulsará o mal do mundo, a teologia fala sob a pressuposição de uma "resposta" de Deus sobre o mal, que é integralmente ação antes de ser ato de fala (Bouyer, 1946): se o homem não pode acabar com todo o mal, a ressurreição* de Cristo manifesta que Deus tem esse poder e o exerce. A questão do nível ontológico presente do mal pode, pois, ser deixada em suspenso de maneira totalmente deliberada: pois mesmo se Deus não é mais um Deus escondido sua obra no mundo permanece *opus absconditum*.

• F. Billicsich (1936, 1952, 1959), *Das Problem des Übels in der Philosophie des Abendlandes*, Viena, 3 vol. — L. Lavelle (1940), *Le mal et la souffrance*, Paris. — C. S. Lewis (1940), *The Problem of Pain*, Londres. — L. Bouyer (1946), "Le problème du mal dans le christianisme antique", *Dieu vivant* 6, 17-42. — J. Maritain (1946), *Court traité de l'existence et de l'existant*, Paris, retomado em *OC* IX, em part. 98-118. — A. G. Sertillanges (1948, 1951), *Le problème du mal*, Paris, 2 vol. — K. Barth (1950), *KD* III/3. — B. Welte (1959), *Über das Böse*, Friburgo-Basileia-Viena. — J.-H. Nicolas (1960), "La permission du péché", *RThom* 60, 5-37, 185-206, 509-546. — Ch. Journet (1961), *Le Mal*, Paris-Bruges. — J. Maritain (1963), *Dieu et la permission du mal*, Paris, 1993³. — J. Hick (1966), *Evil and the God of Love*, Londres. — L.-B. Geiger (1969), *L'expérience humaine du mal*, Paris. — D. Sölle (1973), *Leiden*, Stuttgart-Berlim.

— A. Plantinga (1974), *God, Freedom and Evil*, Nova York, 7-64. — R. Swinburne (1979), *The Existence of God*, Oxford, 200-224. — H. U. von Balthasar (1980), *Theodramatik* III, Einsiedeln, 125-186. — Y. Labbé (1980), *Le sens et le mal*, Paris. — W. Sparn (ed.) (1980), *Leiden. Erfahrung und Denken, Materialen zum Theodizeeproblem*, Munique. — J.-M. Garrigues (1982), *Dieu sans idée du mal*, Limoges, nova ed. Paris, 1990. — H. Jonas (1984), "Der Gottesbegriff nach Auschwitz", *in* O. Hofius (ed.), *Reflexionen finsterer Zeit*, Frankfurt, 61-86. — D. Z. Phillips (1986), "The Challenge of What We Know: The Problem of Evil", *in Belief, Change and Forms of Life*, Londres, 52-78. — E. Jüngel (1990), "Gottes ursprüngliches Anfangens als schöpferische Selbstbegrenzung", in *Wertlose Wahrheit*, BEvTh 107, 151-162.

Jean-Yves LACOSTE

→ *Bem; Guerra; Paz; Ser; Violência.*

B. TEOLOGIA MORAL

O conceito de mal moral diz respeito ao domínio da ação; ele pressupõe que o mal não tem um estatuto ôntico, mas situa-se por completo no domínio do acontecimento.

> Constituiu de imediato uma heresia* para o cristianismo, inimigo da gnose*, ver a razão do mal na materialidade do mundo e mais especialmente do corpo*. O NT não é favorável a uma hostilidade ascética aos atos da vida física — comer, beber, ter relações sexuais etc. —, pois isso seria hostil à criação* (1Tm 3,3s, p. ex.). Quando fala da carne* para designar a tendência do agente moral ao mal, o NT não pensa no corpo enquanto tal, mas numa disposição psicológica, *phronèma sarkos* (Rm 6,6), em que se é dominado por necessidades materiais que impedem o agir livremente.

O mal tem dois aspectos, visto que pode ser ativo ou passivo (*malum actionis, malum passionis*), pecado* ou sofrimento. Para a tradição* teológica judeu-cristã, em que a fé* nos desígnios da providência* divina é fundamental, o sofrimento deve ser compreendido a partir da interação intencional de Deus* e do homem. O sofrimento de um ser humano não pode ser o sofrimento bruto dos animais*. Ele deve corresponder a um desígnio de Deus se faz parte da história de um agente moral. "Se acontece uma catástrofe na cidade, não é o Senhor que a fez?" (Am 3,6). O sofrimento assume então um sentido moral pela reação, boa ou má, que suscita: paciência ou impaciência diante da tentação*, honestidade ou dissimulação diante do castigo (pena*), coragem ou covardia diante do perigo etc.

Ao recorrer-se ao conceito de pecado, reconhece-se que o mal é inerente à própria ação má e não é imputável a condições ou circunstâncias. Mas o ato* pode ser qualificado de mau objetiva ou subjetivamente. No primeiro caso, considera-se a natureza do ato; no segundo, a disposição do sujeito. Opõem-se por vezes esses dois pontos de vista, mas ambos são necessários, e cada um deles corrige o outro quando se trata de definir o mal moral.

Objetivamente, uma ação má é uma ação que não é o que deve ser. Visto assim, o pecado é "transgressão" ou "afronta", o que supõe de fato que o ato realizado não deveria tê-lo sido. O termo grego *hamartia*, que passa por resumir essa concepção, costuma ser oposto a um hipotético sentido judaico da "radicalidade do pecado", mas essa oposição não vale grande coisa, dado que não há absolutamente entre os dois senão uma diferença de ênfase. Pode-se mesmo dizer que a concepção do pecado como transgressão era justamente a característica específica da moral farisaica criticada por Jesus* ("É o exterior da taça e do prato que purificais...", Lc 11,39), e que pertence à cultura legalista do antigo judaísmo*. Esse é de resto o ponto de vista em que se coloca tradicionalmente uma ética* da deliberação, que supõe a noção de lei* moral, a distinção entre os pecados por ação e por omissão etc. Nessa perspectiva, é preciso distinguir as diferentes formas de pecado especificando as transgressões possíveis. O fato de a *hamartia* ser "multiforme", como o diz Aristóteles (*EN* 1106 *b* 28), vem da multiplicidade das possibilidades de ação oferecida pela complexidade do mundo. Quando se buscam regras de ação, tem-se necessidade de uma tipologia dos atos maus: eles ainda não fazem parte de nenhuma história pessoal, e a única coisa a considerar é sua relação formal com as leis morais específicas. Uma ética desse tipo não pode, portanto, prescindir da casuística*.

Mas se se parte daí — e é nisso que consiste a crítica que Jesus faz da interpretação farisaica da lei — nunca se leva em conta a dimensão pessoal e histórica do mal. O pecado não passa de uma possibilidade, o pecado passado não é senão um acidente contingente. Entretanto, por detrás de todo ato mau há a realidade subjetiva do mal: "É do interior, é do coração* do homem que saem as más intenções*…", Mc 7,21. Desse ponto de vista, o pecado é "falta", mal subjetivo inerente à orientação moral do sujeito. Para reconhecer que os atos que se cometeram são maus, é preciso não apenas reconhecer o erro ou o fracasso da ação, mas também a desordem da maneira de agir.

Não se deve confundir o que Jesus diz do "coração" com a concepção moderna (s. XVIII) do "motivo", ato mental puramente "possível" que estaria por detrás de cada ação exterior e que não é a raiz de *todos* os atos. A noção de "coração" situa-se antes entre a de caráter* e a de "pecado original*", de implicação no mal de toda a humanidade. Sejam quais forem as formas que o pecado pode ter objetivamente, e Jesus enumera certo número delas, é sua fonte comum que conta antes de tudo (Mc 7,21-23). Para Agostinho*, essa raiz do pecado é o amor* de si, por oposição ao amor de Deus (*Cidade de Deus* 14, 28). Como não há de fato outra coisa senão Deus que se possa amar, só se pode tomar a si mesmo como objeto, negando tudo o que existe num solipsismo raivoso.

Percebe-se a complementaridade das duas concepções quando se vê que cada uma adota certos pontos fortes da outra. Por um lado, é o mandamento* supremo do amor que unifica o que Jesus ensina a respeito da lei; é ele que subjaz a todas as regras e que define a falta que determina todas as outras: "Mesmo que eu fale em línguas, a dos homens e a dos anjos, se me falta o amor…" (1Cor 13,1; cf. Mc 12,28-31). Por outro lado, a ideia de uma raiz do mal é precisada pela especificação de todas as corrupções de que o homem é capaz. É o caso da frequente análise das desordens da alma* em termos de "pecados capitais" na teologia espiritual* de tradição evagriana (p. ex., em Máximo* Confessor).

Para que o agente reconheça o mal em suas próprias ações, é necessário que ele entre nessa dialética da subjetividade e da objetividade. Caso contrário, a ideia de responsabilidade perde todo o sentido e se é levado, na ausência de definição do mal moral, à incompreensibilidade pura do sofrimento bruto. De um ponto de vista puramente objetivo, a transgressão não é mais do que um fracasso que afeta um ato acidentalmente sem que haja responsabilidade do agente, como quando um atleta não chega a bater um recorde de velocidade por causa de um vento contrário. E de um ponto de vista puramente subjetivo a raiz do mal se encontra tão profundamente escondida que não afeta em nada a natureza da ação objetiva, que se torna moralmente indiferente. Não há mais nenhuma aceitação responsável daquilo que se pode ter feito de mal. Na Antiguidade censurava-se o estoicismo por favorecer essa conclusão mediante sua doutrina das "realidades indiferentes"; e em nossa época faz-se a mesma crítica ao proporcionalismo*, por causa de sua clara diferenciação do mal pré-moral e do mal moral: o primeiro não tem importância moral, e o segundo está tão enraizado nas profundezas da "opção fundamental" que só aparece na consciência* infeliz e não em atos precisos. Entre os dois, o culpado, procurado contudo por todos os filósofos, escapa a seus perseguidores.

• Agostinho, *La nature du bien*, BAug 1, 437-509; *La Cité de Dieu*, BAug 33-37. — J. Edwards, *On the Nature of True Virtue*, in *Ethical Writings*, P. Ramsey (ed.), New Haven, 1989. — I. Kant, *Die Religion innerhalb der Grenzen der blossen Vernunft*, AA 6, 1968. — Tomás de Aquino, *De malo*.

▶ K. Barth (1950), *KD* III/3. — I. Hausherr (1952), *Philautie*, Roma. — B. Welte (1959), *Über das Böse*, Friburgo-Basileia-Viena. — P. Ricoeur (1960), *Finitude et culpabilité*, Paris. — O. O'Donovan (1979), *The Problem of Self-love in St. Augustine*, New Haven. — G. R. Evans (1982), *Augustine on Evil*, Cambridge. — L. Thunberg (1995²), *Microcosm and Mediator*, Chicago.

Oliver O'DONOVAN

→ *Ato; Bem; Consciência; Ética; Pecado.*

MALEBRANCHE, Nicolau → **agostinismo**
II. 2. g → **ontologismo** 2. a

MANDAMENTO

Em teologia* moral, a noção de mandamento (m.) de Deus* tem por função seja indicar o fundamento primeiro da obrigação moral, seja determinar seu conteúdo, seja por fim dar-nos o meio de saber o que é exigido de nós. Ela não dá conta do conceito de obrigação enquanto tal.

a) O que obriga? — Para materialistas como Hobbes (1588-1679), a obrigação (o.) se reduz ao instinto de conservação. O que nos obriga é o medo do sofrimento e da morte*. Quando somos capazes de prudência*, esse instinto nos impele a firmar com os outros contratos que são do interesse de todos. Mas quaisquer que sejam as o. suscitadas por esses contratos elas são secundárias e estão a serviço da única o. que conta: a de evitar a morte.

Os teólogos que se situam na tradição teleológica de Agostinho* e de Tomás* de Aquino consideram, também eles, que a o. não é primordial, mas sem que se possa reduzi-la a uma realidade não moral. Ao lado do medo da morte, há nos seres humanos um desejo natural do bem*, e a conservação da vida não é senão um bem entre muitos outros, como a amizade ou o conhecimento da verdade* e assim por diante. Para os proporcionalistas (proporcionalismo*), como R. A. McCormick, a o. essencial é a de realizar tantos bens quanto possível e, se necessário, promover alguns em detrimento dos outros. Para outros autores (John Finnis e Germain Grisez, p. ex.), trata-se de ter a intenção de nunca prejudicar o que quer que seja de bom. Nos dois casos, a o. não retira sua força nem do medo da morte nem de um desejo qualquer, mas do desejo específico de conservar e de promover alguns bens.

Para os teólogos, pelo contrário, que aceitam um deontologismo de tipo kantiano, a o. não depende de outra coisa senão de si mesma; ela constitui um fenômeno inteiramente *sui generis*. O que nos obriga não é o desejo ou a inclinação, mas o puro respeito da lei* moral; ou, se se prefere, é a autoridade intrínseca da lei que suscita o respeito. (Pode-se ver uma forma teológica dessa posição na importância atribuída por Barth* à obediência aos m. divinos.) Para os kantianos, não se pode portanto reduzir a o. moral a um desejo não moral. Mas quando se pergunta por que é preciso respeitar a lei moral eles não tocam na questão; é de resto para eles uma questão imoral, e aquele que a formula é simplesmente alguém que se recusa a reconhecer o caráter axiomático que a lei possui com relação à razão* prática.

Não se trata contudo de uma questão despropositada. Pode-se perfeitamente perguntar qual a razão de ser de uma lei: isso porque a lei não é axiomática em si mesma. Tomemos duas das fórmulas do imperativo categórico dadas por Kant* — "age unicamente segundo a máxima que possas querer ao mesmo tempo que venha a ser uma lei universal" e "age de tal maneira que trates sempre a humanidade, tanto em tua pessoa* como na pessoa de qualquer outro, como um fim e nunca apenas como um meio" (*Fundamentação*, seção 2). Elas só são compreensíveis, de fato, na medida em que exortam a respeitar certos bens cuja evidência pressupõem, ou seja, o bem da existência razoável e o bem da "humanidade" ou, mais exatamente, da autonomia moral do ser humano.

b) Obrigação subjetiva e objetiva. — A distinção do aspecto objetivo e do aspecto subjetivo da o. é feita de modo muito vigoroso por Kant, que privilegia este último. O "dever" não designa tanto determinado ato* particular ao qual se é obrigado quanto o motivo da ação boa, e é o motivo que determina a qualidade moral do ato. A bondade moral reside unicamente no princípio da vontade que age mediante o respeito pela lei moral, ou mediante o "sentido do dever". Kant pensava dar assim conta da opinião comum segundo a qual alguém que realiza um dever objetivo por uma razão egoísta (p. ex., cuidar dos pais idosos esperando a herança que lhe deixarão) não tem nenhum mérito. Para ser moralmente louvável, não é preciso apenas agir *em conformidade com o dever*, mas *por dever*.

A motivação conta muito também para Tomás de Aquino, visto que ele diz que se deve sempre agir segundo a própria consciência*, mesmo que ela esteja errada (*ST* Ia IIae, q. 19, a. 5). É preciso sempre agir segundo aquilo que se crê justo, ainda que se esteja enganado, mais do que obedecer a uma regra que não se aceita. Dando um valor desse tipo à percepção subjetiva da o., Tomás e Kant mostram, ambos, toda a importância que atribuem à virtude do sujeito moral; mas Tomás distingue a qualidade moral subjetiva do agente e a qualidade moral objetiva do ato, tendo a consciência para ele, necessariamente, relação com a ordem objetiva da moralidade.

No extremo oposto encontram-se os defensores de um consequencialismo para o qual nada conta senão obedecer à o. objetiva de realizar o ato que suscitará a maior proporção de bem em determinadas circunstâncias.

c) Os conflitos de obrigações. — Sabe-se que há casos em que o. evidentes (manter suas promessas, dizer a verdade ou não prejudicar outrem) estão em conflito e nos quais não há nenhuma ação possível que não negligencie uma delas. Num caso desse tipo, é a importância respectiva das o. que deve determinar a que se impõe de modo prioritário. Mas como julgar essa importância? Um dos que se formularam a questão, W. D. Ross (1877-1940), recusava toda hierarquia dos deveres e confiava na intuição (*The Right and the Good*, Oxford, 1930). Não há aí nenhum problema para os consequencialistas, por outro lado, uma vez que só existe uma única o., efetuar o ato cujas consequências são as mais benéficas, e que basta calcular de que ato se trata. Mas para alguns de seus críticos (Grisez e Finnis, p. ex.), esse cálculo só tem uma aparência de racionalidade, e nos casos em que não se pode obedecer a uma o. senão em detrimento de outra (p. ex., dizer a verdade nos casos em que isso prejudica outrem) sua solução é tomar como o. de base a vontade de não prejudicar e de aplicar o princípio do duplo efeito (intenção*).

Alguns filósofos preferem distinguir o. e dever. O dever é para eles uma o. ligada a um papel social, papel que talvez não tenhamos escolhido (p. ex., os deveres dos pais com relação aos filhos, e reciprocamente). O dever opõe-se então à o. como aquilo que é contratual ao que é natural, ou como aquilo que é parcial e pessoal ao que é impessoal e imparcial. A questão aqui é saber se os deveres com relação à família* ou aos compatriotas têm prioridade sobre as o. referentes aos estranhos.

d) A razão divina como fundamento último da obrigação. — Para a teologia moral, é em Deus que se encontra o fundamento da o. E se ele se acha assim alojado na razão divina os seres humanos terão acesso a esse fundamento apreendendo pela consciência a ordem da moralidade ou da lei natural, tal como ela estrutura a realidade criada e reflete a lei eterna do espírito divino. Pensar-se-á então a o. em função da busca de certos fins naturais (Tomás de A.), ou da conformidade aos axiomas da razão prática (Kant).

Nessa perspectiva metaética, os mandamentos de Deus propostos pela Bíblia* — sobretudo o decálogo* — são repetições do que é exigido pela ordem moral natural. Para Tomás, essa repetição é necessária por causa do obscurecimento da consciência devido ao pecado*. Para Kant, pelo contrário, que tem uma confiança absoluta na capacidade da razão prática, a moral revelada é supérflua: o ensinamento e o exemplo de Jesus* devem ser julgados segundo as normas dessa razão, e não o inverso (*Fundamentação*, seção 2).

e) A vontade divina como fundamento último da obrigação. — Alguns teólogos preferem situar o fundamento da o. na vontade de Deus. São então os mandamentos divinos que criam nossos deveres. Esses mandamentos se encontram essencialmente na Bíblia, mas também ocasionalmente em certas inspirações do Espírito* Santo. Há várias razões para esse tipo de voluntarismo*: a ideia ou de que a vontade é mais importante do que a razão, ou de que a onipotência de Deus faz que ele não possa ser restringido por nenhuma lei e seja livre para ordenar o que lhe apraz; a necessidade de explicar passagens da Bíblia em que Deus ordena algo de imoral — o caso mais famoso é o do sacrifício* de Abraão (Gn 22,1-19); ou ainda a necessidade de abalar a suficiência ou a rigidez de um racionalismo* ético que pretende resolver todos os problemas, ou a de afirmar a importância da responsabilidade e da autenticidade contra o conformismo moral. Os três primeiros fatores inspiram a metaética voluntarista e a moral dos mandamentos características de Duns* Escoto e de Guilherme de Occam (1284-1285/1349) e, por meio de Occam, a posição de Lutero*. Os dois últimos são essenciais no caso de Kierkegaard* (cf. *Temor e tremor, OC* 5, 97-109) e de Barth (*KD* II/2).

Há quatro objeções principais a esse tipo de ética*. Em primeiro lugar, a soberania de Deus exige apenas que ele esteja livre de toda restrição externa e, em absoluto, que escape à ordem interna de sua própria razão; em seguida, uma ética dos mandamentos não leva suficientemente em conta a primeira pessoa da Trindade*, o Pai* e Criador; quanto às passagens em que a Bíblia mostra Deus ordenando algo imoral, podem passar pela expressão de uma teologia que não possuía ainda a luz de Jesus Cristo; por fim, se Deus pode fazer o que deseja da razão moral, que meio existe de distinguir um mandamento de Deus de uma fantasia perversa?

f) Os mandamentos de Deus na Bíblia. — As prescrições bíblicas têm em geral um papel secundário no catolicismo* quando se trata de conhecer o próprio dever; no protestantismo*, pelo contrário, elas são essenciais. Alguns calvinistas (calvinismo*) e luteranos (luteranismo*) fizeram do decálogo (Ex 20,1-17; Dt 5,6-21) a base de sua ética (cf., por exemplo, os *Loci communes theologici* de Johann Gerhardt [1582-1637]). Os anabatistas*, pelo contrário (p. ex., John H. Yoder e Stanley Hauerwas), julgam que uma ética cristã deve sobretudo extrair suas normas do Evangelho* e do exemplo de Cristo*. Barth, cuja ética partilha esse cristocentrismo, desconfia do moralismo e do jurisdicismo, que podem advir de um interesse exclusivo pela moral, e deseja que se interpretem o decálogo e o sermão da montanha no contexto mais amplo da história da salvação*.

g) Os mandamentos de Deus na Igreja. — O catolicismo da Contrarreforma reage contra o direito à interpretação pessoal da Escritura* que o protestantismo reconhecia caber a todos; ele via nisso um fator de anarquia e afirmou, portanto, fortemente o papel do magistério* ou da autoridade* da Igreja* relacionada com o ensino, tanto em matéria moral como teológica. Sob a pressão da querela jansenista (jansenismo*) e, depois, de todas as dificuldades devidas à filosofia das Luzes, à Revolução Francesa e a Napoleão, essa autoridade se concentrou cada vez mais nas mãos dos bispos* e do papa*. Segundo certas teorias conservadoras do magistério (p. ex., Grisez), algumas declarações dos bispos ou do papa em matéria de moral (natural ou revelada) se acham tão acima da crítica e exigem tanta deferência que têm praticamente a autoridade do próprio Deus. Outra eclesiologia*, mais paulina*, mais protestante, talvez em maior conformidade com o Vaticano II* (cf. *Gaudium et spes*), vê na Igreja mais uma comunidade do que uma hierarquia*, e pensa que o conhecimento dos mandamentos de Deus passa antes pelo diálogo do que pelas declarações oficiais.

Nem por isso se deve opor a prática do diálogo e o exercício da autoridade. É raro chegar ao consenso pelo diálogo e, quando se trata de problemas morais de base, a opinião majoritária não é decisiva. É preciso, pois, que algumas pessoas de competência e de sabedoria* reconhecidas tenham a autoridade necessária para julgar e definir o que a Igreja crê serem os mandamentos de Deus. Mas para que elas julguem com inteira responsabilidade pode-se pensar que devem levar em conta honestamente as opiniões contrárias e permanecer abertas à possibilidade de modificações ulteriores, caso estas se imponham de modo razoável.

• W. A. Pickard Cambridge (1932), "Two Problems about Duty", *Mind* 41, 72-96, 145-172, 311-340. — G. E. Hughes (1944), "Motive and Duty", *Mind* 53, 314-331. — B. Brandt (1964), "The Concept of Obligation and Duty", *Mind* 73, 374-393. — J. Henriot (1967), *Existence et obligation*, Paris. — G. Outka (1973), "Religion and Moral Duty: Notes on 'Fear and Trembling'", *in* G. Outka, J. P. Reeder (sob a dir. de), *Religion and Morality*, Nova York, 204-254. — O. Nell [O. Neill] (1975), *Acting on Principle: an Essay in Kantian Ethics*, Nova York. — P. L. Quinn (1978), *Divine Commands and Moral Requirements*, Oxford. — J. M. Idziak (ed.) (1979), *Divine Command Morality: Historical and Contemporary Readings*, Nova York. — J. Finnis (1980), *Natural Law and Natural Rights*, Oxford. — P. Plé (1980), *Par devoir ou par plaisir?*, Paris. — P. Helm (ed.) (1981), *Divine Commands and Morality*, Oxford. — A. B. Wolter (1986), *Duns Scotus on the Will and Morality*, Washington, DC. — N. Biggar (1993), *The Hastening that Waits: Karl Barth's Ethics*, Oxford.

Nigel BIGGAR

→ *Autoridade; Lei; Ética; Liberdade.*

MANIQUEÍSMO

Até o início do s. XX, o maniqueísmo (m.) só era conhecido pelos escritos polêmicos dos Padres* e principalmente de Agostinho* (Ag.). Partidário do m. durante dez anos (enquanto ouvinte, no entanto, e não enquanto eleito), este último conhecia a sua doutrina a partir de dentro; e apesar da refutação que dela fez depois de sua conversão* ele constitui uma fonte segura e cita fielmente os textos, tal como o ressaltaram as recentes descobertas do Tourfan (no começo do século), de Tébesse em 1918, de Médînet Mâdi em 1929 e de Oxyrynchos em 1979.

a) As fontes maniqueístas. — Essas três séries de descobertas confirmaram a nova imagem do m. à qual chegara a pesquisa. Até o s. XVIII, com efeito, o m. aparecia como uma *heresia* cristã* combatida pelos Padres. Foi apenas com Isaac de Beausobre, em 1728, que as fontes maniqueístas foram estudadas de maneira crítica pela primeira vez, e que a figura de Manes (M.) deixou de ser definida como a do herético e se tornou a de um fundador de religião. Um século mais tarde, F. C. Baur mostrou que a principal fonte do dualismo maniqueísta deve ser buscada na religião da Índia, nas paragens do budismo. A partir daí, o m. ocupou um lugar na história das religiões. A assiriologia forneceu elementos complementares e enfatizou as origens babilônias do pensamento de M. Mas a mudança decisiva adveio da descoberta recente dos textos maniqueístas: com efeito, eles mostram que o maniqueísmo não era somente uma seita, mas uma *grande religião oriental*. Essa religião repousava, por um lado, em escritos: conservam-se os textos consignados no *Shabuhragan* (dedicado ao rei Shabuhr I), os *Kephalaia* encontrados em Médînet Mâdi, que retomam as revelações* recebidas por M., e uma parte do *Codex Mani* (descoberto numa tumba de Oxyrynchos no sul do Cairo), que contém três fragmentos do evangelho de M. Essa religião dispunha, por outro lado, de uma organização litúrgica e comunitária, e possuía missionários que ensinavam um *catecismo*, tal como o encontrado no Tourfan.

b) Vida de Manes. — A vida de seu fundador, M., é doravante conhecida graças ao *Codex Mani*, que se inspira nos evangelhos* da infância. Nascido no dia 14 de abril de 216 em Mardînu, na Babilônia do Norte, tal como o indica no *Shabuhragan*, M. viveu certamente de 220 a 240, com o pai, Pattikios, numa comunidade elcesaíta, em que os ritos ocupavam um lugar preponderante. Ele teve em 228 uma primeira aparição do anjo*, seu gêmeo, tendo a segunda ocorrido em 240. Foi então que lhe "foi revelado o mistério da luz e das trevas, da luta destes e da criação do mundo [...]" (*Kephalaïon* I): essa revelação o levou a romper com os elcesaítas, a recusar o AT e a partir em missão* para anunciar sua nova religião. Protegido pelo rei Shabuhr I, M. funda comunidades e, em 270, sua religião é implantada em todo o Irã. Mas em 277 ele é condenado à morte por Vahram, o filho de Shabuhr I. Depois de sua morte, seus discípulos difundiram a sua doutrina tanto no Oriente como no Ocidente, e sua influência se mostrou duradoura até a IM, época em que foi parcialmente retomada pelo catarismo*. Na época de Ag., as comunidades maniqueístas eram particularmente atuantes na África do Norte e agrupavam a elite intelectual do país.

A doutrina de M. se acha consignada principalmente em duas obras: o *Shabuhragan*, que expõe as bases do dualismo maniqueísta por meio da doutrina dos dois princípios, e

Pragmateia, que desenvolve a cosmogonia maniqueísta. Esta última se efetua em três tempos. No momento anterior, há somente dualidade dos princípios "bom" e "mau". No momento do meio, diversos confrontos entre o rei da Treva e o Pai da Luz dão lugar a várias emanações, entre as quais a Mãe dos Vivos, o Homem primordial, o Espírito vivo, os arcontes, Jesus esplendoroso... O momento final não se encontra ainda realizado; a escatologia maniqueísta espera um juízo* último e o triunfo final do m.

c) Agostinho e o maniqueísmo. — Compreende-se que Ag. tenha sido atraído por essa religião de um tipo novo que unia mistérios*, nos quais ele esperava ser iniciado, à exigência ética* por ele buscada. Seu encontro com Fausto de Mileva o levou contudo a questionar as duas doutrinas cardeais do sistema maniqueísta, a doutrina dos dois princípios e a dos três tempos (anterior, médio, final); e no *De Gn contra Manichaeos*, ele fará o tema de uma criação* boa substituir o tema maniqueísta de um mundo mau resultante de diversas emanações que são de fato degradações. Essa polêmica contra o m. não tardou a impor-se a Ag., desde o seu retorno à África, já que ele teve de se justificar e mostrar que não pertencia mais ao m., embora tivesse sido maniqueísta no início. Mais tarde, foi enquanto pastor* que ele teve de defender sua comunidade contra os maniqueístas; e foi essa a razão pela qual escreveu o *De natura boni* e o *De libero arbitrio*, em que mostra que o mal* não vem de um princípio mau, mas de uma livre escolha da vontade (cf. também BAug 17, *Seis tratados antimaniqueus*).

- P. Alfaric (1918), *Les écritures manichéennes*, 2 vol., Paris. — H. C. Puech (1972), "Le m.", *Histoire des religions* II, col. "Pleiade", 637-641 (lista das fontes), Paris. — *Der Kölner Mani-Kodex* (1988), publicado por L. Koenen e C. Römer, Opladen.
- I. de Beausobre (1734-1739), *Histoire critique de Manichée et du m.*, 2 vol., Amsterdã. — F. C. Baur (1831), *Das Manichäische Religionsystem nach den Quellen neu untersucht und entwickelt*, Göttingen. — H. C. Puech (1949), *Le m., son fondateur, sa doctrine*, Paris; (1979), *Sur le m.*, Paris. — M. Tardieu (1981), *Le m.*, Paris. — J. Ries (1988), *Les études manichéennes*, Louvain-la-Neuve. — A.

Böhlig (1992), "Manichäismus", *TRE* 22, 25-45 (bibl.).

Marie-Anne VANNIER

→ *Criação; Escatologia; Mal; Religiões (teologia das).*

MARCIONISMO

Propagador de uma heresia* cristã que, mais do que qualquer outra, foi temível para a "Grande Igreja" na segunda metade do s. II, Marcião (M.) só é conhecido pelo que dele disseram seus adversários. A literatura patrística antimarcionita fornece um contratestemunho que permite todavia reconstituir os traços originais da doutrina e do movimento.

1. Doutrina

A intuição fundamental de M. foi teorizar a oposição entre AT e NT. Para acentuar a separação radical entre a Lei* e o Evangelho*, ele edificou um sistema dualista governado pelo diteísmo.

a) Teologia. — Há uma oposição entre dois deuses, um deus* justo e um deus bom. Aquele, o primeiro a ser conhecido, se manifestou no AT. Demiurgo ou criador do universo que organizou a partir de uma matéria preexistente, princípio do mal*, ele também criou o homem, de quem é o senhor despótico. Sem ser mau por essência, esse deus do mundo e dos judeus se caracteriza por uma preocupação exclusiva com a justiça* e com a vingança, por sua inconstância e sua imprevisibilidade. Acima dele — e por ele desconhecido — reina o deus superior, o deus de pura bondade que não julga nem pune. Esse deus permaneceu *estranho* ao nosso mundo até a sua revelação* em Jesus Cristo*. E, por sua manifestação no Evangelho, veio libertar o homem do poder do Criador e lhe oferecer a salvação*.

b) Cristologia e soteriologia. — Elas são de caráter essencialmente docetista. O Filho do deus superior — ser espiritual que mal se distingue do Pai* — *apareceu* subitamente em Jesus Cristo no décimo quinto ano do reinado de Tibério, sem ter conhecido as humilhações de um nascimento humano. Numa "carne" de pura aparência, ele manifestou sua divindade por suas pregações e seus milagres*, começando na sinagoga de Cafarnaum. Sua obra consiste em desfazer a do Criador e em substituir os ensinamentos e instituições dessa obra pelos seus próprios. Ele sofre a paixão* e a morte* na cruz, vítima dos poderes e dos fiéis do Criador, sendo a esse preço que "compra" o homem de seu amo. Aqueles que creem em Jesus Cristo são "salvos" por sua fé*, mas essa salvação refere-se exclusivamente à alma*: a "carne*" ou "matéria" é indigna da salvação e está fadada à aniquilação, tal como o próprio Criador será aniquilado uma vez cumprida sua função na economia do mundo e da história*.

c) *Moral.* — Fundada na lei de amor* que se enuncia nas "bem-aventuranças*"' e que se opõe às prescrições judaicas como o talião, a ética* marcionita visa sobretudo desvincular o homem do domínio de uma "carne" fundamentalmente má, e seu princípio é a recusa de perpetuar o mundo* do Criador. Ela preconiza, portanto, práticas ascéticas que são as do encratismo: abstenção rigorosa do matrimônio* e da procriação*, alimentação vegetariana, jejuns, aceitação das provas e notadamente do martírio*.

d) Instrumentum *escriturístico.* — A originalidade de M. reside em ter legitimado sua doutrina por meio de uma reconstrução histórico-filológica baseada na ideia de que a Igreja* se afastou do Evangelho original ao distorcê-lo com interpretações e interpolações judaizantes. Foi assim constituído por M. um *instrumentum*, resultante de uma revisão da literatura neotestamentária e provido de um tratado explicativo que serve de alicerce. Esse tratado, intitulado *Antíteses*, comportava sem dúvida esclarecimentos sobre o papel de Paulo, único detentor do Evangelho autêntico, assim como uma colocação em paralelo e em oposição dos feitos e gestos do Criador e dos de Jesus Cristo. Quanto ao *instrumentum* propriamente dito, ele se compunha de um evangelho sem o nome do autor (o de Lucas, corrigido e destituído de seus primeiros capítulos) e de um *apostolicon* (dez cartas de Paulo, também com retoques, e numa ordem

particular, que dava a primazia a Gl por causa do incidente de Antioquia). Além da noção de "cânon*" escriturístico, que talvez tenha ajudado a Igreja a estabelecer, M. estimulou a reflexão dos Padres* ao recusar toda exegese* cristológica e tipológica do AT, notadamente de suas profecias*: com efeito, ele adotava para esses textos a interpretação literalista do judaísmo.

2. Organização e história do movimento

Nativo de Sinope e filho de bispo, segundo Hipólito, M. teria chegado a Roma em 140, aproximadamente, depois de ter sido excomungado pelo pai por imoralidade. E 144 seria o ano em que ele teria rompido com a comunidade cristã de Roma* e constituído sua própria Igreja, que se difundiu rápida e amplamente pelo Império. Esse sucesso deve ser explicado ao mesmo tempo pelo caráter radical da atitude marcionita com relação ao judaísmo* e por um rigor moral que iam ao encontro de certas tendências das mentalidades pagãs do tempo. Vida sacramental e vida litúrgica estavam calcadas nas dos "católicos", com algumas diferenças: o batismo* só era concedido à custa de um compromisso com a continência absoluta; a eucaristia* era praticada com pão e água; a hierarquia* era menos rígida; e as mulheres* ocupavam alguns ministérios. Se no Ocidente, e notadamente na África, o movimento deixou de inquietar a Igreja desde meados do s. III, ele conservou sua vitalidade bem mais longamente no Oriente, em que acabou por fundir-se no maniqueísmo*.

3. Interpretações dos modernos

Incluído pelos heresiólogos da época patrística no número dos gnósticos, acaso M. não foi, na realidade, um teólogo cristão subjugado por uma concepção paulina* (a oposição da lei e da fé) que seu diteísmo teria impulsionado até as últimas consequências? Essa é a posição do livro — de resto fundamental — de Harnack (1924). A posição foi recentemente renovada por Hoffmann (1984), que a combina com concepções retomadas de Knox (1942) e um novo questionamento da cronologia, e que vê em M. um restaurador do cristianismo autêntico, um intérprete legítimo do evangelho paulino, ignorante de uma tradição* apostólica elaborada de fato para lhe fazer oposição. A crítica enfatizou as deficiências dessa tese, sob suas duas formas sucessivas, e o ponto de vista que costuma prevalecer retoma a interpretação dos Padres: apesar do traço particular que é sua recusa de especular sobre o pleroma, M. seria de fato um gnóstico, marcado pela filosofia* de seu tempo, e que teria extraído de um "revestimento" cristão uma doutrina dualista alimentada por preocupações essenciais da gnose* (depreciação sistemática do mundo e da matéria, crença num deus superior e "separado").

- A. von Harnack (1924²), *Marcion. Das Evangelium vom fremden Gott*, Leipzig (reimpr. 1960, Darmstadt; trad. ingl. parcial 1990, Durham). — J. Knox (1942), *Marcion and the New Testament*, Chicago. — E. C. Blackman (1949), *Marcion and his Influence*, Londres. — U. Bianchi (1958), *Il dualismo religioso*, Roma; (1967), "Marcion théologien biblique ou docteur gnostique", *VigChr* 21, 141-149. — B. Aland (1973), "Marcion. Versuch einer neuen Interpretation", *ZThK* 70, 420-447. — G. Quispel (1981), "Gnosis", *Die orientalischen Religionen im Römerreich*, EPRO 91, 425-426. — R. J. Hoffmann (1984), *Marcion. On the Restitution of Christianity*, Chico (Calif.). — G. May (1986), "Ein neues Markionbild", *ThR* 51, 404-413. — E. Norelli (1987), "Una 'restituzione' di Marciano", *CrSt* 8, 609-631. — G. May (1988), "Marcion in contemporary views: Results and open questions", *SecCent* 6, 129-151; (1993), "Marcione nel suo tempo", *CrSt* 14, 205-220. — A. Orbe (1990), "En torno al modalismo de Marción", *Gr* 71, 43-65; (1991), "Marcionitica", *Aug.* 31, 195-244. — D. W. Deakle (1991), *The Fathers against Marcionism*, tese, Universidade de Saint-Louis.

René BRAUN

→ *Cânon; Cristologia; Docetismo; Gnose; Tertuliano.*

MARÉCHAL, Joseph → tomismo 3. c

MARIA

A. Teologia bíblica

Maria (M.), mãe de Jesus*, ocupa relativamente pouco lugar no conjunto do NT. A teologia* e a piedade deram um peso considerável aos textos que fazem menção a ela, com diferenças significativas de apreciação entre confissões cristãs. Também o exegeta deve estar atento a estabelecer uma distinção entre os dados objetivos dos textos e as construções posteriores, por mais legítimas que sejam elas do ponto de vista dogmático* (cf. *Mary in the New Testament* [1978], trabalho exemplar realizado por exegetas católicos e luteranos dos Estados Unidos).

1. Paulo, sinóticos, Atos

a) Paulo. — Teólogo do mistério pascal, Paulo fala pouco sobre a vida de Jesus. Ele evoca uma única vez seu nascimento: "Deus enviou seu Filho, nascido de uma mulher* e sujeito à Lei*" (Gl 4,4). A expressão surpreende: esperar-se-ia o nome do pai. Aqui, Paulo enfatiza a solidariedade de Cristo* com os homens, a fraqueza do Filho de Deus*, nascido de uma mulher num povo* submetido à Lei.

b) Marcos. — No Evangelho de Marcos, que não relata o nascimento de Jesus, transparece a oposição aos judeu-cristãos. M. só figura em dois episódios. Em Mc 3,21, as "pessoas da parentela" se mostram hostis, mas M. não é nomeada senão mais tarde (oposição entre família segundo a carne e família daqueles que fazem a vontade de Deus [3,31.34s]). Em Mc 6,3 ("Não é ele o carpinteiro, o filho de Maria e irmão de Tiago, de Joset, de Judas e de Simão?"), a designação "filho de M." é notável, ao passo que em Mt e Lc, testemunhas da concepção virginal, lê-se: "o filho do carpinteiro".

c) Mateus. — Mt compila pelo contrário as tradições* judeu-cristãs, embora com uma abertura à missão universal (28,18ss). O prólogo (1–2) responde às questões (K. Stendahl): "Quem é o Messias*?", "De onde vem ele?". Os estudos do tipo "Os relatos de infância na *haggada*" (C. Perrot), especialmente os da infância de Moisés (R. Bloch), fornecem um esclarecimento decisivo para avaliar o gênero* literário desses capítulos.

A genealogia de Jesus Cristo, filho de Davi, filho de Abraão, comporta anomalias (mulheres estrangeiras ou pecadoras) e termina curiosamente por "José, o esposo de Maria, da qual nasceu Jesus, que é chamado de Cristo" (1,16). Mt 1,18-25 é escrito do ponto de vista de José, o homem justo posto à prova que recebe a missão de introduzir Jesus na linhagem davídica. A revelação* funda-se na concepção virginal de M. (cf. *infra* 2) sob a ação do Espírito* Santo, de acordo com Is 7,14 (LXX). Mt opõe-se assim aos ebionitas, para quem Jesus é "filho de José". Sendo o foco cristológico, Mt 1,25 ("mas não a conheceu até quando ela deu à luz um filho") não visa ao que advirá em seguida. O episódio da epifania se apoia nos temas antigos do astro real (Nm 24,17) e do messias davídico (Mq 5,1). Enquanto em outra passagem José desempenha o papel principal, aqui os magos veem "o menino com Maria, sua mãe" (Mt 2,11), encarregada de apresentar o filho às nações. Na vida pública de Cristo, Mt suprime o que podia parecer ofensivo em Mc (comparar Mt 12,46-50 com Mc 3,21 e 31ss).

d) Lucas, Atos. — Aos pagão-cristãos tentados a rejeitar a herança judaica, Lc mostra que a vida e a obra de Cristo não podem ser compreendidas sem seu enraizamento no AT: continuidade do desígnio de Deus apesar das rupturas da história*. Ao contrário de Mt, Lc 1–2 se interessa mais por Maria do que por José. O estilo inspira-se no AT, especialmente na história do jovem Samuel. Um esquema prototípico vincula duas narrativas*: anúncio de Gabriel a Zacarias (1,11-20), anunciação a M. (1,26-38). Nesse contexto, são valorizadas as diferenças: assim, M. crê e Zacarias duvida. A comunicação do anjo* a M. (*khairé*) parece ser a retomada dos oráculos exortando a "filha de Sião" à alegria messiânica (Sf 3,14; Zc 9,9). M. é saudada como objeto por excelência da *kharis* de Deus (i.e., de seu plano salvífico). Nessa saudação se enxertará o dogma* católico da Imaculada Conceição (M. preservada do pecado* original* desde o seu nascimento).

O "Não conheço homem" (Lc 1,34) tem por objetivo introduzir a sequência da revelação e não pode ser interpretado no sentido de um voto de virgindade. O evento é apresentado em dois momentos: realeza messiânica do menino e, em virtude do Espírito, origem divina. Falou-se de um "apocalipse" (Legrand, 1981), como desvelamento, à luz pascal, do plano divino de salvação*. Projetando na origem as fórmulas de fé* posteriores, Lc valoriza o livre consentimento que M., a "serva do Senhor", dá a uma intervenção de Deus mais surpreendente ainda do que a relacionada com Isaac (Lc 1,37 e Gn 18,14).

As aproximações entre a visitação (Lc 1,39-45) e a história da arca da aliança* (Laurentin, 1964) são muito tênues para ser conservadas no plano exegético. Isabel louva a fé de M. (1,45). Esta pronuncia o "Magnificat", herdeira da hinologia judeu-cristã (com ênfase em Israel*, espera de uma justiça* próxima para os pobres). A piedade mariana se inspirará em 1,48: "Todas as gerações me proclamarão bem-aventurada". — A fé de M. é ainda sublinhada como permeada de obscuridade (2,41-52), busca do sentido dos eventos (2,19.51), acolhida da Palavra* (8,15, cf. 11,28). — Com José, ela é descrita como fiel que observa a Lei. A previsão de Simeão ("um gládio te trespassará a alma": 2,35) refere-se à rejeição do messias pelos seus e será aplicada à compaixão de Maria ao pé da cruz (Jo 19,25). Tal como Mt, Lc evita tudo o que pudesse sugerir uma oposição entre Jesus e sua mãe. — Depois da ressurreição, M. ora no Cenáculo com os apóstolos, algumas mulheres e os irmãos de Jesus (At 1,14). Há correspondência entre a irrupção do Espírito* na Igreja* em At 2 e a vinda do Espírito sobre Maria em Lc 1,35.

2. Concepção virginal

Mt e Lc são os únicos autores do NT a afirmar que Jesus nasceu miraculosamente de M. A leitura de Jo 1,13 no singular (*qui natus est*) é muito fracamente atestada para poder ser mantida. Em compensação, Jesus é muitas vezes designado como "filho de José" (Lc 3,23, "ao que se pensava"; 4,22; Jo 1,45; 6,42). Portanto, numerosas questões são formuladas: origem da tradição* sobre a concepção (c.) virginal, seu alcance teológico.

Em consonância sobre a afirmação, Mt e Lc são demasiadamente divergentes em sua apresentação para depender um do outro. Cada um dos textos exige, pois, ser explicado por si mesmo.

O meio de Mateus está familiarizado com a *haggada* judaica, que não conhece uma c. virginal. O oráculo de Is 7,14 evoca a *'alemah* (no sentido de jovem mulher, casada ou não) como mãe do herdeiro real. A isso se vincula Mq 5,2. Esses textos se esclarecem pelo papel desempenhado na corte real pela rainha-mãe (H. Cazelles). Ora, Mt cita Is 7,14 não segundo o hebraico, mas segundo os LXX: *parthenos* (leitura defendida por Justino e Ireneu* contra *neanis* de Áquila, em maior conformidade com o hebraico). Será preciso dizer que uma c. virginal nasceu na Alexandria? Fílon, comentando o nascimento de Isaac, desenvolverá a alegoria do engendramento das virtudes*, mas os evangelistas visam a um nascimento real (Grelot, 1972). Nos LXX, *parthenos* é empregado também como qualificativo de cidades que nada têm de exemplar (Is 47,1; Lm 1,15; 2,13; cf. Dubarle, 1978). A simples leitura de Is 7,14 não pode, portanto, ter suscitado o relato de Mt: de resto, o início do relato baseia-se na c. pelo Espírito, tendo a citação valor apenas como esclarecimento lateral. Nos relatos bíblicos da criação*, o Espírito tem como papel comunicar a vida (Gn 2,7; Sl 104,30). Segundo a fisiologia do tempo, a mulher apenas recolhe a semente que se desenvolverá em seu seio.

No texto de Lc, não se encontra nenhuma alusão a Is 7,14, mas um crescendo é estabelecido com relação a João Batista repleto do Espírito Santo desde o seio de sua mãe (1,15). Aqui, o Espírito age no que se refere à própria c. Sua intervenção é indicada por um verbo que evoca a presença da glória* de Deus sobre a arca da aliança (*episkiazein*, como em Ex 40,35; Nm 9,18.22; 10,34). Jo 1,14 recorre para a vinda do *Logos* à mesma tipologia. Essa aproximação explica que, para alguns autores do s. II, o Verbo* se tenha formado, ele mesmo, no seio de M. De todo modo, não se pode especular aqui sobre o caráter pessoal do *pneuma* divino: princípio de vida, ele assegura a origem divina do menino.

No meio judeu-cristão com que se vincula Mt, qualquer empréstimo das mitologias pagãs parece impensável. A delicadeza com que Lc aborda seu tema mostra bem que ele está nos antípodas do erotismo da mitologia greco-romana.

A partir daí, trata-se tão somente de um *theologoumenon*, de uma interpretação teológica sem base factual, ou de uma afirmação fundada na realidade das coisas? O silêncio do resto do NT favoreceria a primeira hipótese. Deve-se contudo reconhecer que a interpretação literal não tardou a se impor na Igreja, sendo Inácio de Antioquia (*Aos esmirnienses* 1,1; *Aos tralias* 1 X,1), para nós, a testemunha privilegiada, depois Ireneu, que desenvolve o paralelo entre M. e a terra virgem de onde foi tirado Adão* (*Adv. Haer.* 111, 21, 10). De sua parte, o exegeta faz valer o caráter inaudito dos textos de Mt e Lc e a grande dificuldade de encontrar uma explicação satisfatória para eles fora do âmbito de uma tradição que, afinal de contas, deve de fato remontar à própria M., por mais discreta que ela de resto tenha sido.

3. João, Apocalipse 12

a) *João.* — João interessa-se antes de tudo pela origem divina do *Logos* feito carne (1,14). Ele não nomeia M. Entretanto, ela aparece, como "mãe de Jesus", em duas cenas que se correspondem. Primeiramente em Caná, com o grupo dos "irmãos" (2,1.12). Nesse protótipo dos "sinais" realizados no terceiro dia (indício pascal), ela intervém, mas atrai primeiramente para si um fim negativo (2,4). Aqui, como nos sinóticos, Jesus marca sua distância com relação à sua família. Mas a palavra que M. dirige aos servos (cf. Gn 41,55) manifesta a superação do conflito. Para aqueles que discernem nesse relato uma réplica da aliança do Sinai, M. exprime o engajamento do povo* ao qual está destinado o vinho da nova aliança (Serra, 1978).

Em 8,41, Jo faria alusão às acusações de ilegitimidade levantadas contra Jesus pelos judeus? Elas são atestadas por Celso e provocaram a réplica do *Protoevangelho de Tiago* (v. 175). No nível de Jo, os indícios são bastante tênues.

Segunda cena: o relato da crucificação, "hora" do *agapé* de Cristo. Só Jo menciona a mãe de Jesus ao pé da cruz, com o discípulo bem-amado (19,25ss). Na fala "Mulher, eis o teu filho", os Padres* da Igreja reconheceram um sinal de solicitude filial. Como consequência, o "Eis a tua mãe" serviu de ponto de apoio para ensinar a maternidade espiritual de M. Os modernos, sob formas variadas, enfatizam o caráter simbólico da cena. Acaso a surpreendente designação "Mulher" (cf. 2,4) não justificaria a tipologia Eva-Maria? Mas para Justino e Ireneu, primeiras testemunhas dessa aproximação, é na anunciação que M. repara a desobediência de Eva. Se o discípulo é exortado a levar M. "para casa" (por conseguinte, na comunidade de que ele é o fundador), não é isso um apelo a manter os laços com o Israel de Deus, representado por M.? Conhece-se o cuidado com o qual Jo se empenha em mostrar que Jesus é de fato o "rei de Israel" (1,49), o Messias esperado.

b) Apocalipse 12. — O sinal da Mulher é o símbolo do Israel de Deus (Ap 12,1ss), predestinado e não obstante exposto à raiva da serpente das origens (12,9). Gn 3 constitui assim um pano de fundo essencial para a compreensão do texto. Embora o parto seguido da elevação ao céu se relacione com a "hora" da Páscoa*, não se pode eliminar toda referência a M., presente no Calvário. No nível de uma teologia bíblica* que constrói suas figuras a partir dos diversos dados do NT, as aproximações entre Caná, o Calvário e o sinal de Ap 12 exortam a estabelecer uma correspondência tipológica entre Eva, mãe dos vivos, e M., mãe do povo da nova aliança. A aplicação do texto à assunção de M. é relativamente tardia.

A leitura global precedente desvela uma "trajetória" no interior do NT no que diz respeito a M. Ela vai de Mc ao *corpus* joanino, dando a Lc um lugar central. A constatação desse aprofundamento legitima o desenvolvimento da tradição ulterior que desembocará na proclamação de M. como *theotokos*, "mãe de Deus". Em contraponto, aparecem a extrema discrição de Paulo e a reserva de Marcos; elas devem ser levadas a sério pelo teólogo e servir de corretivos contra as distorções mariológicas.

4. Os irmãos de Jesus

O termo "irmão" é suscetível de uma extensão bastante variada. Segundo o uso do AT e do mundo oriental, "irmão" aplica-se aos próxi-

mos, seja qual for o grau exato de parentesco. A palavra *anepsios* (primo) figura uma única vez em todo o NT (Cl 4,10). Os discípulos recebem o título de irmãos (p. ex., 1Cor 15,6). Um grupo se destaca, originário de Nazaré (p. ex., Mc 6,3); eles nunca são ditos formalmente "filhos de M.". Inicialmente incrédulos (Mc 3,21; Jo 7,3ss), eles figuram entre os discípulos depois da Páscoa (At 1,14). O mais destacado, "Tiago, o irmão do Senhor" é o chefe da comunidade judeu-cristã de Jerusalém (Gl 1,19).

Trata-se de irmãos uterinos, de meio-irmãos ou de primos de Jesus? Está em causa a *virginitas post partum* (depois do parto) de M., afirmação que o título de primogênito (Lc 2,7) conferido a Jesus não é suficiente para questionar. O exame dos textos do NT comporta numerosas dificuldades. Assim, Tiago e Joset, "irmãos de Jesus" em Mc 6,3, aparecem como filhos de outra Maria em Mc 15,40.47; 16,1. "Irmão do Senhor" é um título honorífico, decalque de um original aramaico. Por conseguinte, não se pode dizer que o NT impõe que se tome em sentido estrito a expressão "irmãos do Senhor".

Desde o fim do s. II, o *Protoevangelho de Tiago* defende contra os judeus a virgindade perpétua de M. e apresenta os irmãos de Jesus como nascidos de um primeiro casamento de José. Sem valor histórico, esse apócrifo* nem por isso deixou de receber uma extraordinária difusão, surgindo diante de nós como a primeira testemunha de uma crença que se tornaria o bem comum da Igreja, até as contestações recentes.

• R. Laurentin (1964), *Structure et théologie de Luc 1-11*, Paris. — A. Paul (1968), *L'évangile de l'enfance selon saint Matthieu*, Paris. — P. Grelot (1972), "La naissance d'Isaac et celle de Jésus. Sur une interprétation 'mythologique' de la conception virginale", *NRTh* 94, 462-487; 561-585. — J. McHugh (1975), *The Mother of Jesus in the New Testament*, Paris. — C. Perrot (1976), *Les récits de l'enfance de Jésus* (CEv 18), Paris. — R. E. Brown (1977), *The Birth of the Messiah*, Nova York (1993[2] ed. ampliada). — Col. (1978), *Mary in the New Testament*, Londres. — A.-M. Dubarle (1978), "La conception virginale et la citation d'Is 7,14 dans l'Évangile de Matthieu", *RB* 85, 362-380. — A.

Serra (1978), *Maria a Cana e presso la Croce*. — M. Thurian (1980), *Marie mère du Seigneur*, Paris. — L. Legrand (1981), *L'annonce à Marie (Luc 1,26-38)*, LeDiv 106. — E. Cothenet (1988), *Exégèse et Liturgie* ("Le Protévangile de Jacques comme premier témoin da la piété mariale populaire", 327-344; "Le signe de la Femme [Ap 12]", 305-323), Paris. — I. de la Potterie (1988), *Marie dans le mystère de l'alliance*, Paris. — J.-P. Michaud (1991), *Marie des Évangiles* (CEv 77). — A. Cuvillier (1994), *Qui donc es-tu, Marie?*, Aubonne.

Édouard COTHENET

→ *Casal; Cristo/cristologia; Encarnação; Filiação; Israel; Jesus da história; Mistério; Mulher.*

B. TEOLOGIA HISTÓRICA

A teologia* mariana (m.) elaborada a partir da Escritura* tem um início bastante modesto antes do s. IV, quando toma forma. Ela se desenvolve na IM e constitui o objeto de definições dogmáticas no catolicismo* nos s. XIX e XX. Seus principais temas serão estudados de um ponto de vista antes histórico do que sistemático (mas as conexões serão observadas), dando-se uma atenção especial à época patrística. Abordaremos em primeiro lugar os temas doutrinais (virgindade, santidade* e Imaculada Conceição (IC), maternidade divina, Assunção) e em seguida o lugar de Maria (M.) na piedade e no culto* (maternidade espiritual, M. e a Igreja*, "mediação" de M. e cooperação na salvação*, culto* m.), antes de concluir com a contribuição do Vaticano II*.

I. Temas doutrinais

1. Virgindade

A primeira teologia m., nos s. II e III, está inteiramente incluída na cristologia*: trata-se de afirmar a *concepção virginal* de Cristo*.

a) No século II, Inácio de Antioquia menciona M. com um duplo objetivo: atestar contra o docetismo* a realidade da encarnação*, uma vez que Cristo nasceu verdadeiramente de uma mulher* (*Smyrn.* I, 1; *Trall.* IX, 1; *Éphés.* VII, 1), e mostrar pelo seu nascimento de uma virgem que não é um simples homem (*Éphés.* XVIII-XIX: Cristo é "da semente de Davi e do Espírito* Santo"; *ibid.*, VII, 1; Cristo é "de

(*ek*) M. e de Deus*""). *Éphés.* XIX, 1 sublinha a humildade e o silêncio desse nascimento ignorado do príncipe deste mundo (cf. *Ascensão de Isaías*, IX-XI). De igual modo, a *Ode de Salomão* 19 (s. II) faz talvez alusão à concepção e ao nascimento virginal, se a "virgem" não é nesse contexto uma figura simbólica.

Justino, no *Diálogo com Trifão* (por volta de 150), quer mostrar que a profecia* de Is 7,14 (*a virgem conceberá...*, havendo uma controvérsia sobre o termo, "virgem" ou "uma jovem", segundo o gr. ou o hebr.) só é realizada por Jesus* (*Dial.* 66). Ele vê também na concepção virginal o sinal de que Jesus é mais do que um profeta* inspirado ou do que o Messias* (67; cf. *Apologie* 30): ele não nasceu de uma obra humana, mas da vontade de Deus (*Dial.* 76), que intervém na história* como por ocasião da criação* (84). Justino faz pela primeira vez (*Dial.* 100) o paralelo entre Eva e M. (cf. *infra*, 1.c). Depois dele, Ireneu* vê na concepção virginal a marca do próprio Criador: a virgindade de M. remete à da terra de que Adão* foi feito (*Demonstração* 32, cf. *Contra as heresias* [*Adv. Haer.*] III, 21, 7 e 10) e refuta a gnose* vinculando criação e salvação (cf. *infra*, 1.c, paralelo Eva-M.). Encontra-se a dupla significação da concepção virginal: verdadeiro nascimento humano (*Adv. Haer.* III, 19,3) e sinal de que Jesus não é mais do que um simples homem (*Adv. Haer.* III, 21, 4; *Dém.* 57). Não há então interesse por M. fora da cristologia. Ireneu precisa que Cristo verdadeiramente *recebeu* de M. a carne (*Adv. Haer.* III, 22, 1-2; cf. I, 7,2). O *Protoevangelho de Tiago*, em contrapartida (s. II?), centra-se por completo em M. para atestar sua pureza* desde o nascimento e sua virgindade conservada até o parto (XX,1) e para sempre (os "irmãos de Jesus" são filhos que José tinha tido de um primeiro casamento*).

A insistência do s. II na concepção virginal mostra que ela era posta em dúvida: pelos ebionitas, para quem Jesus era um simples homem nascido de M. e de José, e pela polêmica judaica, às vezes substituída pelos pagãos, que fazia de Jesus o filho ilegítimo de M. e de um pai fortuito (cf. Orígenes*, *Coment. sobre Jo* XX,

XVI, 128; *Contre Celse* I, 32). Alguns grupos gnósticos faziam da concepção virginal um puro símbolo (cf. *Evangelho segundo Filipe* 17). Tertuliano*, preocupado com o realismo, replica que M. perdeu os sinais da virgindade ao trazer Cristo ao mundo (*A carne do Cristo* XXIII, 2-5; Cf. Orígenes, *Hom. XIV sobre Lc*, 3). Ele vê nos irmãos de Cristo filhos de Maria (*Contra Marcião* IV, 19, 7). A concepção virginal torna-se uma prova da divindade de Cristo (Tertuliano, *A carne do Cristo* XVIII; Orígenes, *Contre Celse*, I, 69; no s. IV, Eusébio de Cesareia, *Demonstr. Evang.* VII, 1,30; no s. V., Proclo de Cízico, *ACO* I, 1, 1, 104, 3-6).

b) A partir do s. III, com o desenvolvimento do ascetismo cristão, passa a haver um interesse pela virgindade de M. por si mesma. O Ps.(?)-Justino dizia que pela virgindade da mãe de Cristo Deus quisera mostrar que é possível prescindir de atos sexuais (*Tratado da Ressurreição* 3). Clemente de Alexandria, pouco depois de 200, atesta a crença na virgindade de M. depois do parto (*post partum*) (*Strom.* VII, XVI, 93-94). Orígenes afirma que M. não teria podido unir-se a um homem depois de ter dado Cristo ao mundo; ela é o arquétipo da virgindade feminina, tal como Cristo o é da virgindade masculina (*Comm. Mt* X, 17; cf. no s. IV Atanásio*, *Carta às virgens*, 86-88, e em 371 Gregório* de Nissa, *De la Virginité* II, 2, 18-25; XIV, 1, 24-30); Atanásio (*ibid.*, 100-101) atribui além disso a M. um papel de intercessão junto a Cristo pelas virgens; Ambrósio* imita-o (*De virgin. ad Marc.* II,9). Agostinho* chega a atribuir a M., por causa de Lc 1,34, um *voto de virgindade* que precedeu a anunciação (*Sobre a santa virgindade* IV, 4, que faz nascer toda uma tradição).

No fim do s. IV, a *virgindade perpétua* de M. durante o parto e depois dele (*in partu, post partum*) torna-se praticamente um artigo de fé*, defendido por Ambrósio (*Da instit. das virgens*, 35-62, com a imagem que passou a ser clássica da porta fechada, Is 44,2) e Jerônimo contra Helvídio, Joviniano e Bonósio, ou por Epifânio (*Panarion* 78) e Agostinho contra outros que negavam a virgindade de Maria (antidicomarianitas). Encontra-se o título "sempre

virgem" (*aeiparthenos*) em Epifânio em 374 (*Ancor.* 119, depois *Panarion* 78, 5, 5 etc.), provavelmente em Dídimo (as outras passagens ou fragmentos são duvidosos). A virgindade perpétua de M. doravante não será mais contestada, nem no Oriente nem no Ocidente. Mas ela é discutida como opinião livre nas Igrejas procedentes da Reforma.

A virgindade *in partu* é afirmada no tempo do concílio* de Éfeso* (431), do lado ciriliano (Proclo, *ACO* I, 1, 1, 104, 3-6) e do lado oriental (Teodoreto de Cyr, *Da encarnação do Senhor* 23). As atas de Calcedônia* (451) canonizam o *Tomo a Flaviano* (449), em que o papa Leão a professa (*COD* 77, 31-33). Constantinopla II* (553) dá a M. o título de "sempre virgem" (*aeiparthenos/semper virgo*) na sentença contra os Três Capítulos e no 2º anatematismo (*COD* 113, 17 e 114, 20-21). O concílio de Latrão (649) age da mesma forma no cânon 3 (*DS* 503), como o decreto final de Niceia II* em 787 (*COD* 134, 45).

c) Maria, nova Eva. — Lido por certo número de exegetas em Ap 12, o paralelo Eva-M. aparece no s. II. Justino compara a virgindade das duas mulheres, e opõe desobediência e corrupção (Eva) a obediência e alegria (M.). O paralelo também é feito no *Protoevangelho de Tiago* XIII, 1, mas em outra ótica (José crê que Maria pecou, como Eva, quando estava só). Ele é explorado pela gnose para mostrar que o novo Adão é espiritual e não carnal (*Evangelho segundo Filipe* 83). Ireneu o desenvolve *a contrario* para mostrar a continuidade AT-NT (*Dem.* 33; *Adv. Haer.* III, 22, 4; 23, 7; V, 19, 1; 21, 1). Também é encontrado, pouco depois de 200, em Tertuliano (*A carne do Cristo*, XVII). Ele se eclipsa durante certo tempo em benefício do paralelo Eva-Igreja. Não obstante, é encontrado no começo do s. IV em Vitorino de Pettau, e, no fim, em Epifânio (*Panarion* 78, 18-19), que afirma que o título *Mãe dos vivos* (Gn 3,20) convém a M., que engendrou a vida, mais do que a Eva, que provocou a morte* (cf. um pouco mais tarde Pedro Crisólogo, *Sermão* 140). Ele volta a partir do s. V (opõem-se Gn 3 e Lc 1). Esse paralelo não suscita a ideia de que M. seria a *esposa* ou a *noiva* de Cristo. Em particular, Gn 2,24 ou o Ct compreendem Cristo e a Igreja, não Cristo e M.: exceto uma vez em Ambrósio, que não retira dele o tema nupcial (*Do Instit. das virgens* 89 *sq*), é somente a partir do s. XII (Ruperto de Deutz, Honório d'Autun) que se faz uma leitura m. do Ct, talvez porque se estendam a M. os atributos da Igreja, a começar pela maternidade espiritual (*infra*, II.1). Guerric d'Igny, *Sobre a assunção* I, 2-4, é uma testemunha da passagem de Eva-M. a Eva-Igreja (*ibid.*, II, 1-4, para a interpretação m. do Ct). Da mesma maneira, no início do s. XI, começa-se a fazer uma leitura m. de Gn 3,15. Na época moderna, Scheeben* desenvolve de novo o tema de M. nova Eva, esposa de Cristo (cf. *Maria* III, 553-571). O Concílio Vaticano II (*LG* 56, *COD* 893) contenta-se em recordar o paralelo Eva-M. ao citar os Padres*.

2. Santidade e Imaculada Conceição

a) *A fé e as dúvidas de Maria.* — A santidade de M. é distinta de sua virgindade: os mesmos autores (Orígenes, João* Crisóstomo, Efrém) preconizam sua virgindade perpétua e lhe atribuem falhas na fé ou sentimentos de vaidade. Não há, até o começo do s. V, uma posição unânime sobre a questão, mesmo que o título de "santa" seja bastante comum desde o s. IV, inclusive nos autores que pensam que M. teve necessidade de ser santificada com a encarnação. Por outro lado, a santidade de M. passará a evoluir por muito tempo rumo à doutrina da IC. Desde o s. II, o *Protoevangelho de Tiago* apresenta a Virgem como totalmente santa desde a origem; o texto sugere talvez ter sido ela concebida virginalmente. A santidade é vista nesse contexto como separação total do mundo profano. Se há um esboço lendário da IC, ele é então isolado.

Várias passagens do NT levaram alguns comentadores a pensar que M. era criticada por sua falta de fé ou por sua jactância: Mt 12,46-50 par.; Lc 1,34; 2,35; 2,48; Jo 2,4: as narrativas* da paixão*. Tertuliano lê em Mt 12,48 que Cristo renega sua mãe e seus irmãos por causa de sua falta de fé (*Contra Marcião* IV, 19, 11-13, cf. *A carne de Cristo* VII,9). Orígenes (*Hom. VII sobre Lc*, 4) fala de um herético que afirmava que Cristo renegara M. porque ela se teria unido a José antes de seu nascimento. Para Orígenes, M. não acreditou de imediato na promessa do anjo* (*Hom. I sobre Gn*, 14), ela não tinha ainda uma fé integral durante a infância de Jesus

(*Hom. XX sobre Lc*, 4), ela duvidou durante a paixão (*Hom. XVII sobre Lc*, 6-7), o que não impede de ter profetizado, porque estava "cheia do Espírito Santo desde o instante em que teve em si o Salvador" (*Hom. VII sobre Lc*, 3). Tito de Bostra (fim do s. IV) interpreta Lc 2,49 (TU 21-2, 152) como uma censura de Jesus a M., recordando-lhe a concepção virginal, que significa que ele tem Deus por pai e não José. Efrém fala da dúvida de M. em Caná (*Com. sobre Diatess.* 5,2-4). João Crisóstomo é também pouco enaltecedor ao comentar a anunciação, Caná e Mt 12,48 (*Hom. sobre Mt* 4,4; *sur Jn* 21(20), 2; *sobre Mt* 44,1s). No século V, Cirilo* de Alexandria escreve que M. duvidou diante da cruz (*Com. sobre Jo* XII, *ad* Jn 19,25), tal como seu contemporâneo Hesíquio de Jerusalém*, que interpreta nesse mesmo sentido, seguindo muitos outros, a profecia do gládio de Simeão (*Hom. I de hypapante* 8). A dúvida de M. quando do anúncio do anjo se encontra ainda, no s. VI, em Romanos, o Melodioso (*Hino 9 sobre a Anunciação* 7). De igual modo, diversos autores do s. IV avaliam que M. precisara de uma *purificação* antes da encarnação: Hilário* de Poitiers (*De Trin* II, 26), Gregório de Nazianzo (*Disc.* 38, 13), Cirilo de Jerusalém (*Catech.* 17, 6); Ático de Constantinopla o afirma ainda no início do s. V (hom. siríaca *Sobre a santa Mãe de Deus*).

b) *Santidade e ausência de pecado.* — Para Ambrósio, o primeiro, M. é a única cuja fé não esmoreceu diante da cruz (*Carta* 63, 110; *Do Instit. das virgens* 49). Ela foi destituída de falhas, imaculada (*Carta* 42, 4 a Sirice). A controvérsia pelagiana (pelagianismo*) assinala uma transformação. Em *A natureza e a graça* XXXVI (42), em 415, Agostinho faz eco a Pelágio ao rejeitar falar de pecado* a propósito da Virgem, mas precisa que é por causa da honra do Senhor e por um acréscimo de graça* que ela saiu vitoriosa. Mais tarde, Juliano d'Éclane, outro pelagiano que considera M. sem pecado, acusa Agostinho de "entregar M. ao diabo" em virtude de sua teologia do pecado original* que marca todo nascimento. Este responde em 428-430 (*Obra inacabada contra Julião* IV, 122) que "a condição (inata) de M. é liberta pela graça do renascimento", expressão pouco clara que foi interpretada de diversos modos, mas que não concebe para M. uma isenção especial da herança do pecado. O fato de os pelagianos terem sido os primeiros a sustentar que M. era isenta do pecado original e a oposição de Agostinho impediram por muito tempo os latinos de admitir a IC. Ainda no começo do s. VI, alguns discípulos de Agostinho precisam que M. herdou uma "carne de pecado" (Rm 8,3), ao contrário de Cristo (Fulgêncio de Ruspe, Cchr. SL 91 A, 571-572, Ferrando de Cartago, PL 67, 892-893); a expressão "carne de pecado", aplicada a M., vem de Agostinho, *Sobre a pena e a remissão dos pecados* II, 24.

c) *Rumo à Imaculada Conceição? — No Oriente*, o concílio de Éfeso, celebrado em 431 na igreja "Santa M.", suscitou homilias em louvor a M. (Proclo de Cízico, Acácio de Melitênio); mas é preciso observar que algumas palavras, como incorrupção ou pureza, não significam com frequência senão a virgindade de M. preservada pelo nascimento de Cristo (Teódoto de Ancyra, *ACO* I, 1, 2, 74, 25-26; cf. Fulgêncio, *loc. cit.*). Depois do concílio, a liturgia* torna-se o principal lugar da teologia m., sobretudo no Oriente (em que a homilética e a hínica são preferidas à argumentação), e menos no Ocidente (mas, desde o pós-concílio, em Roma*, assiste-se à reconstrução e à consagração de Santa Maria Maior por Sisto III). Em 634, Sofrônio de Jerusalém celebra "M. santa, resplandecente, dotada de sentimentos divinos, livre de toda mácula do corpo*, da alma* e do pensamento", e fala da Virgem "santificada em seu corpo e em sua alma" (talvez se trate ainda de uma purificação antes da encarnação), "pura, santa e sem mácula" (PG 87-3, 3160 D – 3161 B). Ele contesta a exegese* habitual da profecia do gládio: trata-se da dor de Maria diante da cruz, não de uma dúvida em sua fé. No século seguinte, André de Creta, em seus *Cânones* (PG 97, 1305s) ou em suas homilias para as festas m. (notadamente a Concepção de Ana), celebra também a pureza sem mácula de M. desde a sua concepção. No s. IX, Teodoro Stoudite (PG 96, 684 C – 685 A) evoca a ausência de todo pecado à qual Deus predestinava a Virgem desde toda a eternidade*. Fócio reiterará essa afirmação (cf. *DThC* 7/1, 924-925). A ideia de M. sem pecado parece ter se imposto tranquilamente na área teológica bizantina, mas sem chegar à afirmação

própria da IC e sem nunca constituir o objeto de uma definição precisa.

No Ocidente, depois de um período de silêncio, a atenção volta à questão a partir do s. XII. A expansão da festa da Concepção de M. (*infra*, II.3) suscita alguns debates: Bernardo* de Claraval e, depois, Tomás* de Aquino se opõem à IC de M., persuadidos de que a união carnal dos esposos é forçosamente marcada pelo pecado e transmite a sua herança. Essa convicção, largamente difundida, explica que a IM, seguindo talvez o *Protoev. de Tiago*, tenha desejado crer na concepção virginal de M. para preservá-la de todo pecado (cf. a confusão, com frequência feita hoje, entre IC e concepção virginal). Diante dessas objeções, os franciscanos (entre os quais Duns* Escoto) preparam o caminho da teologia católica moderna ao afirmar que M. foi resgatada em previsão dos méritos de seu Filho.

O concílio de Basileia (na 36ª sessão, não ecumênica, do dia 17 de setembro de 1439) declara a IC "doutrina piedosa em consonância com o culto da Igreja, da fé católica, da reta razão e da sagrada Escritura" (Mansi, 29, 183 B-C). O papa* Sisto IV aprova e encoraja por várias vezes a crença na IC e na festa da Concepção da Virgem (Constit. *Cum praeexcelsa* em 1477, *DS* 1400; Constit. *Grave nimis* em 1483, *DS* 1425-1426). O concílio de Trento*, no decreto sobre o pecado original (5ª sessão, junho de 1546, *COD* 667, 21-25), declara não querer incluir a Virgem nesse contexto. Clemente XI prescreve que se celebre por toda parte a festa (Constit. *Commissi nobis divinitus* de 1708). Como as últimas hesitações foram pouco a pouco superadas no interior do catolicismo (e tendo em vista a afirmação clara de que o privilégio da Virgem é uma graça advinda de antemão da redenção realizada por seu Filho), o dogma* da IC é definido por Pio IX, depois de uma longa consulta, na bula *Ineffabilis Deus* de 8 de dezembro de 1854 (*DS* 2803): "Desde o primeiro instante de sua concepção, por graça e privilégio únicos do Deus todo-poderoso, a bem-aventurada Virgem M. foi, em consideração aos méritos do Cristo Jesus, salvador do gênero humano, preservada pura de toda mácula do pecado original". A bula insiste no título de "mãe de Deus" como fundamento da IC (mais que no paralelo Eva-M., formulado por Newman*, cf. *Maria* III, 540-544).

Observemos a importância das festas litúrgicas como lugar* teológico, tanto no Oriente como no Ocidente. A festa da Concepção da Virgem (*infra*, II. 3. a) tem por lógica celebrar o primeiro instante da salvação remontando, a partir da encarnação, ao nascimento da Virgem (celebrada desde o s. VI no Oriente) e à sua concepção. Nascida de uma crença implícita, ela provoca novas precisões dogmáticas.

A atitude com relação à IC nas outras Igrejas é diferente. A ortodoxia* opõe-se ao próprio princípio de uma definição romana (cf. *Cath.* 5, 1284-1290; *DThC* 7-1, 962-979 e 1211-1214) e à sua linguagem, preferindo falar de ausência de todo pecado em M., pura desde o primeiro instante, a falar de isenção do pecado original. Quanto às Igrejas procedentes da Reforma (salvo certos meios anglicanos), são maciçamente hostis à IC, tanto por razões de conteúdo (a IC parece fazer M. escapar à redenção) como pelo próprio princípio da "dedução" de dogmas tanto tempo depois do encerramento da revelação*, sem esquecer o risco de encorajar uma "mariologia" como disciplina autônoma no interior da teologia (queixas presentes também no catolicismo atual).

3. Maternidade divina

O tema teológico da maternidade divina de M. está ligado, não sem exagero, ao concílio de Éfeso (431). A querela a respeito do título de *theotokos* (mãe de Deus, literalmente "que dá à luz Deus", em latim *deipara*) atrai a atenção para o problema cristológico da comunicação dos idiomas*. Pode-se dizer que M. é "mãe de Deus" mais do que simplesmente "mãe de Cristo" (em sua humanidade)? Cirilo de Alexandria defende o título de *theotokos* contra Nestório (nestorianismo*). Por detrás da palavra, duas cristologias se confrontam. A interrogação recai então sobre a antiguidade e a legitimidade do título de *theotokos*.

Antes da palavra, surge muito cedo a ideia de atribuir ao Verbo* preexistente o nascimento a partir de M. (Justino, *Dial.* 100), encorajada talvez pela

expressão "mãe de meu Senhor" em Lc 1,43. A palavra *theotokos* se encontra num papiro (s. III?: John Rylands Library, 470). As outras ocorrências anteriores ao s. IV são muito suspeitas. Alexandre de Alexandria parece ser o primeiro a empregar corretamente a palavra numa carta por volta de 320 (Teodoreto, *Hist. Eccl.* I, 4, 54, GCS t. 44, 23, 3). O termo se encontra em Atanásio (PG 26, 349 C; 385 A; 393 A e B; mas *Vida de Antonio* 36, 4 é suspeito; cf. REAug 41, 1995, 157); em Basílio*, se a homilia é autêntica (PG 31, 1468 B), Gregório de Nazianzo (SC 208, 42) e Gregório de Nissa (PG 46, 1136 C, e, se a homilia é dele, 1157 B e 1176 B também com *theomètôr*, "mãe de Deus"). Teodoro de Mopsueste, mestre de Nestório, talvez o tenha empregado (cf. *Maria* I, 94, n. 36). Do lado latino, Ambrósio emprega duas vezes "mãe de Deus" (*Sobre as virgens* II, 2, 7 e *Exameron* 5, 20, 65), e duas vezes "aquela que engendrou Deus" (*Com. Lc* X, 130, CChr.SL 14, 383 e *Sobre as virgens* II, 2, 13), expressão encontrada sem dúvida em Atanásio (*Carta às virgens*, CSCO 151, 59). O próprio Cirilo não o empregava antes de Éfeso.

A partir de Éfeso, o título de *theotokos* é enaltecedor e torna-se frequente na homilética (Proclo de Constantinopla, Hesíquio de Jerusalém). Ele assume um lugar no patrimônio comum mesmo entre os orientais favoráveis a Nestório: Teodoreto de Cyr aceita-o acrescentando-lhe *anthropotokos*, mãe do homem (PG 75, 1477 A). Em Éfeso, canonizou-se a *Segunda carta a Nestório*, de Cirilo, que defende o termo (*COD* 44,2): Calcedônia retomou-o em sua definição de fé (*COD* 44, 2), como Constantinopla II em seu 6º anatematismo (que se refere a Calcedônia e não a Éfeso, *COD* 116, 29). A maternidade divina permanece uma questão cristológica antes de ser um "privilégio" de M.; ela foi explicitada depois de outros temas (p. ex., a virgindade perpétua) e não pode, historicamente, ser considerada um ponto de partida do qual os outros privilégios se deduziriam.

4. Assunção

O último dogma mariano definido no catolicismo é o da Assunção, que se refere ao destino final de M. A tradição* antiga dedica muito pouca atenção a isso. No fim do s. IV, Epifânio declara sua ignorância a esse respeito (*Panarion* 78, 11, GCS, t. III, 462). A partir do s. V, além dos escritos apócrifos *Sobre a transferência de M.*, encontram-se na homilética alusões ao destino de seu corpo (cf. *DECA* I, 280-281). Os textos (Mimouni, 1995) oscilam entre as noções de dormição (o corpo de M., separado da alma e transportado a um lugar oculto, espera na incorrupção a ressurreição* final) e de assunção (a alma se reúne ao corpo elevado para junto de Cristo na glória), com ou sem ressurreição; pois, em certos textos, M. é imortal. A crença na dormição parece ser a mais antiga, com frequência suplantada em seguida pela assunção (certos textos têm a dormição seguida da assunção). A assunção parece voltar a ser questionada a partir do s. IX, no Oriente (João, o Geômetra e outros, cf. Jugie, 1944, 315-359) e no Ocidente (Ps.-Jerônimo, *alias* Pascásio Radberto). Na época moderna, mesmo no Oriente, a maioria dos teólogos parece admitir a assunção. Mas só o catolicismo faz dela um dogma definido, algo que a ortodoxia recusa.

Em 1950, instado por numerosas vozes, Pio XII proclama (Constit. Apost. *Munificentissimus Deus, DS 3900-3904*) que "a Imaculada Mãe de Deus, M. sempre Virgem, tendo acabado o tempo de sua vida terrestre, foi elevada em corpo e alma à glória celeste". Ele argumenta a partir da maternidade divina, da união da Virgem com Cristo que é Vida, de seu lugar na economia da salvação, de seu título de nova Eva e de sua IC, e menciona a antiguidade da festa da Dormição ou da Assunção da Virgem (*infra*, II.3). Embora precise que pela graça de Cristo o corpo de M. não conheceu a corrupção, ele não se pronuncia sobre a questão de sua morte. Não mais do que acontece com a IC, essa definição não pode prevalecer-se de um apoio escriturístico explícito (os versículos citados, como Ap 12, são lidos simbolicamente); ela tem o caráter de uma dedução de motivação doutrinal (o corpo que carregou Cristo *não poderia* ser deixado à corrupção; aquela que esteve tão intimamente associada a Cristo *não pode* ser separada dele em seu destino final), o que explica sua recusa pelas Igrejas protestantes.

II. Maria na piedade e no culto

Tendo em vista o lugar único de M. na história da salvação, questionou-se seu papel *ativo* na obra redentora e em sua recepção pelos homens. Surgiram alguns temas, entre os quais alguns permanecem bastante discutidos: maternidade espiritual, "mediação" universal, "corredenção".

1. Maternidade espiritual: Maria e a Igreja

Vários fatores contribuíram para o aparecimento desse tema: Jo 19,26s; a teologia da virgindade afirmando a fecundidade espiritual das virgens que têm M. como modelo; o paralelo entre M. e a Igreja, ela também mãe espiritual; por fim, o paralelo Eva-M., que faz de M. a "mãe dos vivos" mais do que Eva (*supra* I.1). É difícil dizer que fator foi o primeiro ou o mais decisivo.

Orígenes esboça o tema a partir de Jo 19,26 (*Coment. sobre Jo* I, IV, 23): como João, todo fiel "em quem Cristo vive" (cf. Gl 2,20) é filho de M. Ambrósio vê M. sob a figura da Igreja (*Do instit. das virgens* 89, e *supra*, I, 1. c, para a leitura do Ct). Para Agostinho, a Igreja é virgem e mãe (*Da santa virgindade* II, 2); e M., como ela (VI,6), é mãe segundo o espírito de todos os membros do corpo de Cristo (já Ambrósio, *op. cit.* 98). No s. XIII, o *Missal* (Q. 29) do Ps.-Alberto Magno fala do sofrimento de M. na cruz, que a tornou mãe de todo gênero humano. Bernardino de Sena no s. XV atribui essa maternidade ao consentimento ao anúncio do anjo (*Serm. 6 sobre o consentimento*, 2). O catolicismo moderno desenvolve a maternidade espiritual de M. (Leão XIII, *DS* 3262 e 3275 que cita Jo 19,26s). Mas esse tema nunca foi objeto de uma definição. O Vaticano II evoca o laço M.-Igreja segundo Agostinho (*LG* 53 e 63-65, *COD* 892-894). Mas o papa Paulo VI desejou, à margem do texto conciliar, proclamar M. "Mãe da Igreja", sem dar a esse título um alcance dogmático (*DC* 61 [1964], 1544).

2. A "mediação" de Maria e sua cooperação na obra da salvação

A tradição católica exaltou o papel de M. como auxiliar da obra de seu filho, insistindo ora na recepção da salvação (M. mediadora de toda graça), ora na própria salvação (cooperação de M. na salvação, corredenção).

a) *"Mediação"*. — Desde o s. IV, M. teve um papel de intercessão pelas virgens (*supra*, I. 1. b). Com o tempo, reconhece-se nela um papel mais amplo: Bernardo de Claraval denomina-a "mediadora da salvação" (PL 182, 333 B). O *Salve regina* (s. XII, aproximadamente) a nomeia advogada (mesma ideia de proteção e de intercessão na tradição bizantina). Em 1896, para explicar 1Tm 2,5 (Cristo como o único mediador), Leão XIII precisa que M. é "mediadora junto ao mediador", enfatizando assim seu papel subordinado e não paralelo (Encícl. *Fidentem piumque, DS* 3321). Mas a mediação de M., apesar das exigências do s. XX, não foi definida. O Vaticano II mencionou esse título uma única vez (*LG* 62), de maneira marginal, no quadro de uma série de termos que exprimem a intercessão de M. No entanto, João Paulo II fez disso um tema importante de sua encíclica *Redemptoris Mater*, mas falando de "mediação maternal", "participada e subordinada", expressando-se pela intercessão da Mãe de Deus (*DC* 84 [1987], 399-401).

b) *Cooperação na salvação: "corredenção?"* — O paralelo Eva-M. tende a dar a M. um papel tão importante na obra da salvação quanto o que se atribui a Eva na queda; a preservação de todo pecado (do pecado original para os latinos) põe M. à parte e a associa a Cristo; por fim, o sim de M. ao anjo é como o primeiro ato da salvação. Ireneu (*Adv. Haer.* III, 22, 4) opõe Eva, causa de morte, a M., "causa de salvação" para ela e para todo o gênero humano (Hb 5,9, transposto de Cristo a M.). O Ps.-Alberto do *Missal* aplica Gn 2,20 a Cristo e à Virgem, "ajuda semelhante a ele".

O título de *corredentora* aparece no s. XVI e torna-se comum no s. XVII (Carol, 1950, a corrigir por Laurentino, 1951). A ideia é encontrada em Leão XIII. Pio X declara em 1904 que "em razão da comunhão de sofrimento e de vontade de M. com Cristo, ela mereceu tornar-se reparadora do mundo perdido" (Encícl. *Ad diem illum, DS* 3370). Bento XV faz uma leitura sacrifical da paixão: a Virgem oferece o Filho e pode-se dizer que, com Cristo, ela resgata o gênero humano (*Inter sodalicia, AAS* 10, 1918, 182; cf. Carol, 1950, 524). A lógica faz recair em M. o que diz respeito à obra de Cristo, uma vez que o seu sim é o ponto de partida desta. Pio XI emprega a palavra "corredentora" em 1935 numa mensagem radiofônica. O magistério* nunca se pronunciou sobre esse título (intencionalmente evitado pelo Vaticano II e a partir deste), justamente contestado em razão de sua ambiguidade (há o risco de diluição da singularidade de Cristo) e da recusa protestante (cf. Barth* em sua *Dogmática*). A ideia legítima é a da graça concedida a M., cooperar mediante a resposta de sua fé numa salvação da qual é a primeira beneficiária.

3. O culto mariano

a) *A liturgia*. — O calendário litúrgico cristão tem, desde a Antiguidade, integrado festas dedicadas a M., em vista do louvor* anunciado por Lc 1,48.

Se se excetua o Natal, a primeira festa de temática parcialmente m. é a do Hipapante ou encontro de Cristo e de Simeão, atestada em Jerusalém e na Capadócia desde o s. IV, no dia 14 e depois no dia 2 de fevereiro. A primeira festa propriamente mariana é a da memória de M. (ou M. *Theotokos*), na maioria das vezes ligada ao ciclo do Natal-Epifania, celebrada em Jerusalém no dia 15 de agosto desde o s. V, em datas diferentes em outros lugares (Mimouni, 1995, 429-438), imposta em todo o Império como festa da Dormição e da Assunção no dia 15 de agosto pelo imperador Maurício pouco antes de 600 (*ibid.*, 67, n. 95). É possível que a Anunciação remonte ao s. IV, mas não se dispõe de documentos para estabelecê-lo. A Natividade de M. aparece sem dúvida em Jerusalém no dia 8 de setembro, a partir do s. VI; por fim, a Concepção de M. (ou de Ana), no dia 9 de dezembro, é atestada desde o s. VIII no Oriente e passa ao Ocidente a partir dos territórios bizantinos da Itália; ela é celebrada aí sob a expressão Concepção da Virgem, no dia 8 de dezembro; depois de algumas contestações, ela renasce no s. XII na Inglaterra ou em Lião. Essas festas suscitaram textos litúrgicos sobre a Virgem. A partir do s. VI, Romanos, o Melodioso, dedica-lhe vários *kontakia*; data da mesma época o *Hino acatista* (recitado em pé). Por outro lado, desde o s. IV, anáforas (orações eucarísticas) orientais mencionam a Virgem (J. Doresse — E. Lanne, *Un témoin archaïque de la liturgie copte de saint Basile, Bibliothèque du Muséon* 47, Louvain, 1960).

O aparecimento bastante tardio e lento dessas festas, que têm, todas elas, um fundamento bíblico ou doutrinal, exclui a ideia recebida de uma influência dos cultos pagãos que teriam dado origem ao culto da Virgem no cristianismo, mesmo que, uma ou outra vez, o risco de divinizar M. tenha sido real (os "coliridios" segundo Epifânio, *Panarion* 79). Isso levou pouco a pouco a precisar em que sentido a Virgem é homenageada como mãe de Deus (João Damasceno, *Exposição da fé* 88, 63, Kotter II, 205) e a distinguir o culto de adoração (latria) devido a Cristo da homenagem que se presta às criaturas (culto de dulia para os santos, sendo o culto de M. enfatizado como *hiperdulia*: Tomás de Aquino, *ST* IIIa, q. 25, a. 5). Por essa razão, em termos rigorosos, o fiel não "ora" a M., mas se recomenda à sua oração: "Santa Maria, Mãe de Deus, rogai por nós [...]".

b) A devoção. — No Ocidente, somente em meados do s. V (Barré, 1963) se vê uma oração* dirigida a M. (o *Sub tuum* oriental seria um século mais velho segundo o papiro citado em I.3). As grandes orações e antífonas m. se constituem pouco a pouco na IM, no decorrer da qual se difunde a devoção do *rosário*, que associa a repetição da *Ave Maria* à contemplação* dos mistérios* de Cristo. A devoção m. é essencialmente litúrgica na Ortodoxia; no catolicismo, ela constituiu várias vezes o objeto de reequilíbrios (das *Avis salutaires* de 1673 ao Vaticano II, que encoraja a devoção litúrgica de preferência à privada, *LG* 66-67, *COD* 897-898, não sem ter de resto incentivado a própria liturgia a recentrar-se em Cristo, suprimindo certo número de festas m.).

Entre os temas de devoção modernos, a *realeza de M.* se difundiu desde a IM no Oriente e no Ocidente (Barré, 1939); Lutero* lhe era hostil. Encorajada pelo magistério católico (instituição da festa de M. rainha do mundo por Pio XII em 1954, *Ad coeli Reginam, DS* 3913-3917), ela não foi objeto de uma definição.

Conclusão: O Vaticano II, por unanimidade, integrou a doutrina m. ao esquema sobre a Igreja (em lugar de fazer dela um documento à parte): trata-se do capítulo 8 da *LG*. Pela primeira vez um concílio apresenta uma exposição sintética sobre a Virgem situando-a "no mistério de Cristo e da Igreja": por um lado, uma teologia bíblica* e patrística muito sóbria relaciona os mistérios da vida da Virgem com sua significação na economia da salvação; por outro lado, M. é posta no interior da comunhão* dos santos e do corpo místico, e seu vínculo com a Igreja é expresso por três termos principais: membro, tipo ou modelo, Mãe na ordem da graça. Desde o concílio, Paulo VI retomou as exigências do culto m. (*Marialis cultus, DC* 71 [1974], 301-309), e João Paulo II lhe dedicou uma importante encíclica situada, em termos essenciais, na esteira do texto conciliar. Hoje, a reflexão teológica enfatiza o tema de M.-Serva e o vínculo de M. com o Espírito Santo.

• D. Casagrande (1974), *Enchiridion Marianum Patristicum*, Roma. — S. Alvarez Campos (1970-1985), *Corpus Marianum Patristicum*, Burgos, 8 vol. — G. Gharib (1988-1991), *Testi Mariani del Primo Millenio*, 4 vol., Roma.

▸ Dicionários: *DThC 7/1, 1927, 845-1218* (IC). — *DSp 4/2, 1961, 1779-1784* (Eva-Maria); 10, 1980, 409-482 (M.) — *Cath. 5, 1963, 1273-1291* (IC); 8, 1979, 524-585 (M.) — *TRE 22, 1992, 115-161* (M.).
Revistas: *EtMar 5*, 1947 (santidade de Maria); 6-8, 1948-1950 (Assunção); 9-11, 1951-1953 (M. e a Igreja); 12-15, 1954-1957 (M., nova Eva); 16-18, 1959-1961 (maternidade espiritual); 19-21, 1962-1964 (mariologia e ecumenismo). — *Conc (F)* 188, 1983 (mariologia e ecumenismo).
Enciclopédias: H. du Manoir (sob a dir. de), *Maria, Études sur la Sainte Vierge*, I-VIII, Paris, 1949-1971. — R. Baümer e L. Scheffezyk (sob a dir. de), *Marienlexicon*, St. Ottilien, 1988.
Estudos: H. Barré (1939), "La royauté de M. pendant les neuf premiers siècles", *RSR* 29, 129-162, 304-334. — M. Jugie (1944), *La mort et l'assomption de la Sainte Vierge. Étude historico-doctrinale*, StT 114. — C. Balic (1948-1950, *Testimonia de Assumptione Beatae Virginis Mariae ex omnibus saeculis*, Academia mariana, 2 vol., Roma.

— G. Jouassard (1949), "M. à travers la patristique. Maternité divine, virginité, sainteté", *Maria* I, 69-157. — J. B. Carol (1950), *De Corredemptione* (Franciscan Institute Publications), Roma, Vaticano. — H. Barré (1951), "M. et l'Église du vénérable Bède à saint Albert", *EtMar* 9, 59-143. — R. Laurentin (1951), *Le titre de corédemptrice*, Paris; (1952-1953), *M., l'Église et le sacerdoce*, Paris, 2 vol. — Col. (1954-1958), *Virgo Immaculata*, 18 vol. (atas do congresso de Roma, 1954), Academia mariana, Roma. — Ch. Journet (1954), *Esquisse du développement du dogme m.*, Paris. — H. Coathalem (1954), *Le parallélisme entre la Sainte Vierge et l'Église dans la tradition latine jusqu'à la fin du XII siècle*, AnGr 74, Roma. — K. Rahner (1954), "Die Unbefleckte Empfängnis", *Schr. zur Th.* 1, 223-237; "Zum Sinn des Assumpta-Dogmas", *ibid.*, 239-252; "Le principe fondamental de la théologie mariale", *RSR* 42, 481-522. — A. Wenger (1955), *L'Assomption de la T. S. Vierge dans la tradition byzantine du VIe au Xe siècle. Études et documents*, Institut français d'études byzantines, Paris. — K. Rahner (1960), "Virginitas in partu", *Schr. zur Th.* 4, 173-205. — D. M. Montagna (1962), "La liturgia mariana primitiva (sect. IV-VI). Saggio di orientamento", *Mar.* 24, 84-128; "La lode alla Theotokos nei testi greci dei secoli IV-VII", *ibid.*, 453-543. — W. Tappolet (1962), *Das Marienlob der Reformatoren*, Tübingen. — M. Thurian (1962), *M., Mère du Seigneur, Figure de l'Église*, Taizé. — J. A. de Aldama (1963), *Virgo Mater*, Granada. — W. Delius (1963), *Geschichte der Marienverehung*, Munique-Basileia. — H. Graef (1963-1965), *Mary. A History of Doctrine and Devotion*, 2 vol., Londres. — R. Laurentin (1963), *La question m.*, Paris (*A questão marial*, São Paulo, 1966); (1965), *La Vierge au concile*, Paris. — O. Semmelroth (1965), *M. archétype de l'Église*, Paris. — R. Laurentin (1967), *Court traité sur la Vierge M.*, ed. pós-conciliar, Paris. — R. Caro (1971-1973), *La homiletica Mariana Griega en el siglo V*, Dayton (Ohio). — A. Kniazeff (1990), *La Mère de Dieu dans l'Église orthodoxe*, Paris. — S. M. Perella (1994), "Il parto verginale di Maria nel dibattito teologico contemporaneo (1962-1994). Magistero-Esegesi-Teologia", *Mar.* 146, 95-213. — S. C. Mimouni (1995), *Dormition et assomption de M. Histoire des traditions anciennes*, Paris. — B. Sesböüé (sob a dir. de) (1995), *Histoire des dogmes*, III: *Les signes du salut*, Paris, 563-621.

Maurice JOURJON e Bernard MEUNIER

→ *Calcedônia (concílio); Cristo/cristologia; Culto; Igreja; Éfeso (concílio); Vaticano II (concílio).*

MARITAIN, Jacques → **tomismo** 3. c

MARSÍLIO DE INGHEN → **nominalismo** III. 4

MARTÍRIO

1. Origem e sentido do termo

"Martírio" (mro) vem do grego *marturia* ou *marturion*, que significa "testemunho"; no sentido cristão, ele designa mais precisamente o fato de morrer para dar testemunho de Cristo*. (Os "confessores" são aqueles que sofrem por Cristo sem morrer por essa causa.) Esse sentido técnico não é atestado antes da segunda metade do s. II, com *O martírio de Policarpo*, e há várias explicações para seu aparecimento. Os romanos utilizavam a tortura para verificar os depoimentos das testemunhas (se elas não eram *honestiores*, de família honrada): por seu sofrimento e por sua morte*, a testemunha, *martus*, manifesta a verdade* do testemunho que presta a Cristo e ao Evangelho. Mas o mártir (m.) é sobretudo a testemunha da verdade do mundo vindouro, como se pode inferir da narrativa* da paixão* em Lucas, em que se vê Jesus* passar diretamente da cruz ao paraíso, levando consigo o bom ladrão (Lc 23,43), ou do relato da morte do primeiro m. cristão, Estêvão, que vê ao morrer "o céu aberto e o Filho* do homem em pé à direita de Deus*" (At 7,56), ou ainda da visão do Apocalipse, na qual João, exilado em Patmos "por causa do testemunho de Jesus" (Ap 1,9), vê o céu aberto (cf. Ap 4,1) e uma imensa multidão de m., com palmas na mão, adorando Deus e o Cordeiro* (Ap 7,9-17). Essa concepção do m. (sem o termo) existia já no judaísmo*, no qual ela se desenvolveu sobretudo a propósito dos m. da época dos Macabeus. O m. estava assim no limiar do mundo vindouro. Sua morte expiava as faltas daqueles que esperavam essa vinda e a tornava mais próxima. Ela fazia parte da luta final entre o bem* e o mal* que o antecedia: os adversários dos m. não eram tanto as autoridades terrestres quanto os poderes das trevas que mais tarde receberiam o nome de demônios* (Ef 6,12).

2. O mártir como santo

A morte de Jesus era bem mais do que um mro; e Lucas é o único, de resto, a apresentá-lo, de certa forma, como o arquétipo do mro. Não obstante, Jesus é às vezes qualificado de m. no NT (1Tm 6,13; Ap 1,5; 3,14) e vê-se logo no m. o discípulo perfeito: a própria palavra "perfeição", *teleiôsis*, veio a significar esse tipo de morte. O m. não tardou a ser identificado com Cristo, e sua morte com o mistério* pascal celebrado na eucaristia*. É assim que Inácio de Antioquia suplica aos cristãos de Roma que nada façam que o impeça de ser "um imitador da paixão de [seu] Deus" (*Rm* 6,3) e considera seu corpo* martirizado como tornando-se "um puro frumento de Cristo" (*ibid.*, 4,1); de igual modo, a oração* de Policarpo antes da morte é uma paráfrase de oração eucarística (*Mpol* 14). Uma vez que o m. entraria no paraíso e se encontraria diante de Deus em companhia dos anjos*, ele era, portanto, um intercessor particularmente eficaz, ainda em vida, e suas palavras possuíam um valor profético (*MPol* 16,2): o próprio Jesus prometera que o Espírito* falaria pela boca daqueles que dele dessem testemunho (Mc 13,11 par.). Após a morte, os corpos dos m. eram conservados preciosamente como relíquias*, sendo construídos altares sobre suas tumbas (arquitetura*); festejava-se o aniversário de seu mro (seu "nascimento celeste") celebrando a eucaristia sobre esses altares. A figura do m. tornou-se assim a do santo: tratava-se daquele que realizara a vocação de todo cristão à santidade* (cf. Rm 1,17; 1Cor 1,2; 1Pd 2,9; e a designação habitual dos cristãos como *hagioi* — santos — nos Atos e em Paulo). O m./santo não era apenas um modelo, mas também um amigo de elevado nível; podia-se recorrer a ele, ele se preocupava em particular com os que viviam onde vivera durante sua vida terrestre ou que manifestassem por ele uma devoção especial. Não é de surpreender que a Igreja* tenha experimentado a necessidade de desencorajar aqueles que buscavam o mro (o "mro voluntário") e o tenha apresentado como uma vocação que não devia ser nem buscada nem rejeitada.

3. Martírio e perseguição no Império Romano

Essa concepção do mro desenvolveu-se de maneira muito rápida, e encontramos já quase todas as suas características em *O Martírio de Policarpo*, relato redigido em meados do s. II por testemunhas oculares. Três séculos de perseguição pelo Império Romano o inscreveram na consciência cristã, a tal ponto que se consideraram em seguida esses séculos como o tempo dos m. e se exageraram a natureza e a amplitude das perseguições. Não se sabe com certeza por que eles de fato ocorreram. Sem dúvida, a veneração de um condenado à morte não era feita para suscitar o entusiasmo oficial, sem dúvida não houve grande hesitação em tratar duramente pessoas que se recusavam a realizar o que não passava na verdade de um ato de polidez diante dos deuses, ato de que dependia a prosperidade do império, ou de lealdade diante do imperador deificado, cujo culto* simbolizava a frágil unidade desse império. Vê-se nas Atas dos m. que se podia ser condenado à morte simplesmente porque se era cristão ("pelo Nome*"), mas nunca ninguém tentou exterminar sistematicamente os cristãos (como aconteceu, p. ex., com os druidas); nos dois primeiros séculos, a perseguição parece ter sido local e esporádica. O fato é que tornar-se cristão envolvia o risco de se encontrar um dia diante da alternativa de morrer ou de apostasiar. A perseguição geral — em todo o Império e por decreto do imperador — parece ter ocorrido pela primeira vez sob Décio (200-251, aproximadamente), quando se exigia que todos oferecessem sacrifícios aos deuses, naquilo que se assemelha a um último esforço para assegurar-se de seu apoio enfraquecido. Houve grande número de apóstatas e muitos m. A Igreja passou então por uma crise, visto que os m. à beira da morte (denominados confessores no Ocidente) atribuíam a si o poder de absolver de sua apostasia os cristãos mais frágeis, usurpando assim o poder dos bispos*. Alguns bispos admiram o princípio — p. ex., Dionísio de Alexandria (Eusébio, *HE* VI, 42, 5 *sq*) —, outros se opõem a ele — p. ex., Cipriano* de Cartago. Outras perseguições gerais sublinharam os limites da integração do cristianismo no império pagão, sendo a principal a "grande perseguição" de Diocleciano a partir de 303. Tratou-se dessa vez de um esforço duradouro para dar um golpe mortal à Igreja, à força de torturas, de prisões e de trabalhos forçados; e também nesse contexto houve muitas apostasias e numerosos m. A perseguição acabou brutalmente em 312 com a conversão* de Constantino e a tolerância do cristianismo instituída pelo *édito de Milão*.

4. O ideal do martírio depois da paz da Igreja

Com a apostasia de grande número de cristãos que desejavam em seguida voltar à Igreja* e, pelo contrário, a firmeza na fé* de alguns deles, as perseguições levaram a atribuir grande importância à intercessão dos m. e puseram à prova a autoridade* dos bispos, que passaram a exercer maior controle sobre a admissão à comunhão* eucarística, para salvaguardar a integridade e a identidade da Igreja. Tanto para os bispos como para os m., os limites da Igreja eram claros: entrava-se nela pelo batismo*, saía-se dela pela apostasia. Quando a Igreja foi aceita pelo Império no decorrer do s. IV, suas fronteiras se tornaram mais fluidas. A época dos m. pertencia agora ao passado — mas não era necessário que o mesmo acontecesse com a Igreja dos m. Trabalhou-se portanto na promoção de seu culto, notadamente em Roma* sob o papa* Dâmaso, que desejava fazer da cidade um centro de peregrinação* em função do número de seus m. Por outro lado, uma das grandes ideias que acompanharam o desenvolvimento do monaquismo* foi a de que o monge constituía o sucessor do m., e a ascese*, o equivalente do mro. Em consequência, os monges herdaram o papel de intercessores junto a Deus: agora eram eles os santos.

5. Desenvolvimento do culto dos santos/mártires

Com a paz da Igreja, conservou-se a lembrança da época dos m. graças a seu culto* e a numerosos relatos de m., cada vez mais detalhados. Esses relatos tinham um papel litúrgico, não apenas nas festas anuais dos m., mas também na celebração do ano* litúrgico, que se tornou uma espécie de revisão destes últimos. Houve cada vez mais outros santos, sobretudo monges e bispos, mas o m. permaneceu o arquétipo da santidade. As relíquias dos m. e dos outros santos não tiveram repouso; seus corpos foram desmembrados e logo se encontraram suas relíquias, com seu poder milagroso, em todo o mundo cristão. Não se tarda a colocá-las sobre todos os altares, tendo o VII concílio* ecumênico tornado essa prática obrigatória (Niceia II*, cân. 7).

6. Mártires mais recentes

a) Mártires bizantinos. — A paz* da Igreja, de fato, não marcou o fim do mro. Os cristãos se perseguiram uns aos outros e, quando o imperador era herético, fazia m. O monotelismo* foi assim responsável no s. VII pela morte de Martinho I (o último papa m.) e pelo suplício de Máximo* Confessor, e o iconoclasmo, pela morte de Estêvão, o Jovem, e de muitos outros. Teodoro Estudita (759-826) apresentava toda adaptação ao iconoclasmo como uma apostasia, tentando desse modo fazer reviver o espírito dos m. O confronto com o paganismo* e o islamismo provocou também a existência de m. no Império bizantino.

b) Mártires principescos. — O cristianismo vê de fato no mro um combate espiritual, mas a morte em combate, mesmo contra os inimigos da fé, não é o mro (contrariamente ao que pensa o islamismo). Houve soldados cristãos m., mas isso aconteceu essencialmente em virtude do conflito eventual entre as exigências do ofício militar e as da vida cristã. Apesar da retórica que acompanhou as cruzadas, nenhum cruzado foi canonizado, com exceção de São Luís, que não o foi unicamente por essa razão. Houve porém, no decorrer da cristianização da Europa, um pequeno número de m. principescos, alguns dos quais morreram combatendo os pagãos. Encontramo-los sobretudo na Inglaterra anglo-saxã, em que a luta contra o paganismo* durou longo tempo: Oswald de Nortúmbria (641), Oswin de Deira (651), Ethelbert (794) e Edmond d'East Anglia (839), sem contar o anglo-saxão Eduardo (978). Podem-se apontar também Wenceslau da Boêmia (929), Olaf da Noruega (1030), Magnus d'Orkney (1116) e, na

Rússia de Kiev, Bóris e Gleb (1015), o filho do primeiro príncipe cristão, Vladimir. O culto desses m. teve como primeiro efeito legitimar sua dinastia. Em muitos casos (Wenceslau, Magnus, Bóris e Gleb), sequer há certeza de que tenham sido mortos por causa de sua fé.

A história do mro cristão não se detém aí. A coabitação precária dos cristãos e do islamismo (a despeito do estatuto privilegiado de *dhimmis* que o islamismo reconhecia neles) conheceu perseguições e m. A história das missões, do s. XVI ao s. XIX, é também ilustrada por numerosos m. E houve na verdade muito mais m. no s. XX do que em qualquer outro momento da história* da Igreja — a história da perseguição dos cristãos sob o nazismo, o comunismo e diferentes regimes da África e da América do Sul permanece por escrever.

- F. X. Funk, K. Bihlmeyer, W. Shneemelcher (sob a dir. de), *Die Apostolischen Väter*, Tübingen, 1903. — H. Musurillo (sob a dir. de), *The Acts of the Christian Martyrs*, Oxford, 1972. — Inácio de Antioquia, Policarpo de Esmirna, *Lettres. Le martyre de Polycarpe*, SC 10 *bis*. — Eusébio de Cesareia, *Histoire ecclésiastique*, SC 31, 41, 55, 73.

- E. E. Malone (1950), *The Monk and the Martyr*, SCA 12. — Col. (1953), *Limites de l'humain*, Et-Carm 32. — J. Moreau (1956), *La persécution du christianisme dans l'Empire romain*, Paris. — H. von Campenhausen (1964[2]), *Die Idee des Martyriums in der alten Kirche*, Göttingen. — W. H. C. Frend (1965), *Martyrdom and Persecution in the Early Church*, Oxford. — K. Rahner (1965), *Zur Theologie des Todes. Mit einem Exkurs über das Martyrium*, QD 2, 73-106. — H. U. von Balthasar (1966), *Cordula oder der Ernstfall*, Einsiedeln, 1967[3]. — T. Baumeister (1980), *Die Anfänge der Theologie des Martyriums*, Munique. — W. Rordorf, A. Solignac (1980), "Martyre", *DSp* 10, 718-737. — Kallistos Ware (1983), "What is a martyr?", *Sob.* 5/1, 7-18. — D. Balfour (1983), "Extended notions of martyrdom in the Byzantine ascetical tradition", *ibid.*, 20-35. — N. Russell (1983), "Neomartyrs of the Greek Calendar", *ibid.*, 36-62. — G. Bonner (1983), "Martyrdom. Its place in the Church", *Sob.* 6/1, 19-29. — G. Klaniczay (1986), "From Sacral Kingship to Self-representation. Hungarian and European Royal Saints in the 11th-13th Centuries", *in* E. Vestergaard (sob a dir. de), *Continuity and Change. Political Institutions and*

Literary Monuments in the Middle Ages, Odense (reed. *in* G. Klaniczay, *The Uses of Supernatural Power*, Princeton 1990). — P. Gerlitz, E. Kanarfogel, M. Slusser, E. Christen (1992), "Martyrium", *TRE* 22, 196-220. — J. A. Coope (1995), *The Martyrs of Cordoba*, Lincoln-Londres.

Andrew LOUTH

→ *Ascese; Culto dos santos.*

MARX, Karl, 1818-1883

1. Introdução

Da Revolução de outubro à queda do Muro de Berlim, a hostilidade entre cristianismo e comunismo ateu é um traço essencial do s. XX, que vai da condenação oficial do "marxismo" à perseguição dos cristãos por parte de regimes marxistas. Apesar disso, os teólogos não demonstraram grande interesse pela obra de Marx (M.). E, contudo, mesmo que M. não tenha grande coisa a dizer de original da religião em geral e do cristianismo em particular, os temas de que ele trata e a maneira pela qual os aborda são de grande importância para a vida e o pensamento cristãos.

2. Vida

M. nasceu em Trèves numa família de origem rabínica, mas seu pai teve de fazer-se batizar para conservar sua situação de advogado. Ele fez estudos de direito* e de filosofia* em Bonn e mais tarde em Berlim (tese de doutorado sobre as filosofias da natureza de Demócrito e de Epicuro), tendo frequentado o ambiente dos "jovens hegelianos". Teve de exilar-se em Paris em 1843, depois fixou-se em 1845 em Bruxelas e, por fim, em 1849, em Londres, onde permaneceu até a morte. Aos "Manuscritos econômico-filosóficos" de 1844 sucederam as *Teses sobre Feuerbach* (1845), a primeira parte de *A ideologia alemã* (1846), o *Manifesto comunista* (1848), depois os *Grundrisse* (*Esboços*, 1857, 1858), notas preparatórias ao *Capital*, cujo primeiro volume foi publicado em 1867. Muito apegado à mulher (falecida em 1881) e aos filhos, suas posições políticas revolucionárias não o impediram de levar a vida de um burguês da época vitoriana.

3. Temas

a) Religião. — Um postulado comanda a análise marxiana das crenças religiosas: estas são o reflexo das situações sociais, e as representações de Deus*, notadamente, são reflexos do Estado*. Portanto, M. considerava evidente que as crenças em questão se enfraqueceriam com o desaparecimento dos sofrimentos que as tinham suscitado, uma vez que os homens tomariam a própria existência nas mãos e aboliriam todos os fatores de opressão; e, a partir de 1843, ele se interessou muito pouco por essas questões. Desaparecimento da religião enquanto, segundo se supunha, outras formas de pensamento — literárias, estéticas, filosóficas ou políticas — encontravam sua forma ideal numa sociedade* ideal: o postulado deve muito a uma crença, geral no começo dos tempos modernos, segundo a qual a realidade, a autonomia e a liberdade* de Deus são inconciliáveis com as do homem.

b) Verdade. — Por verdade* M. entende a coincidência da aparência e da realidade, do fato e da descrição, do ser das coisas e de sua aparência. A relação que constitui o verdadeiro é ao mesmo tempo teórica e prática, de tal sorte que a verdade não existe independentemente do conhecimento e da ação justa. Um "verdadeiro" ser humano não pode "verdadeiramente" ser tal senão pertencendo a uma sociedade "verdadeiramente humana"; e a concepção de uma sociedade desse tipo introduz no pensamento de M. um elemento utópico ou escatológico que pode elucidar, de um ponto de vista cristão, a relação recíproca que existe entre cristologia* e escatologia*, entre a confissão de que um homem verdadeiramente humano existiu e a esperança* de que nele todas as coisas serão unidas no céu e na terra.

c) Materialismo. — O "materialismo histórico" de M. (transformado por Engels [1820-1895] em "materialismo dialético") opõe-se ao idealismo hegeliano: para ele, são os homens e não as ideias que fazem e mudam o mundo. Ele se opõe também a Feuerbach (1804-1872): é por seu trabalho* manual e intelectual que eles chegam a isso, e não unicamente pelo pensamento. O vínculo entre seu materialismo e seu ateísmo* não é estabelecido por redução metafísica de toda realidade à extensão, mas pelo axioma segundo o qual Deus não é e não pode ser mais do que uma ideia, cuja adoração constitui portanto um idealismo. Falar de amor* ou de liberdade sem que isso se manifeste numa ação, ou fazer como se a transformação ou a redenção do mundo se passasse apenas na consciência — seja isso obra do cristão ou do marxista, aí está o pecado idealista por excelência, o de uma *prática* idealista, quer ela nasça de uma teoria idealista ou contradiga uma teoria materialista.

d) Ideologia. — A metáfora que distingue uma "base" socioeconômica e uma "superestrutura" (direito, política, religião, arte e filosofia) presta-se facilmente a uma contradição, e afirmou-se com frequência, equivocadamente, que esta não tem influência sobre aquela, enquanto M. faz a teoria de uma interação. Mas, apesar dessa interação, permanece o fato de que "estrutura" e "reflexo" são primordialmente unidos segundo M. por uma relação de contradição, de tal sorte que a pressão deformadora exercida pela primeira sobre o segundo proíbe a confiança unicamente nos elementos da superestrutura. E se se acrescenta que a maneira pela qual os detentores do poder pensam as coisas tende necessariamente a tornar-se um elemento desse poder, compreende-se que a teoria marxiana seja conduzida a dar ao termo "ideologia" um sentido primordialmente pejorativo.

e) Alienação. — Alienar um bem é cedê-lo a outrem, *ad alium*. Ao contrário de Hegel*, M. não vê na objetivação a causa imediata de uma alienação (devido ao fato de tornar-se alheio a si mesmo). Como colocamos algo de nós mesmos em nosso trabalho, não se segue necessariamente que percamos com isso esse algo: é somente na medida em que nosso trabalho, nossas relações, nosso próprio ser se tornam produtos que o sistema de que eles dependem se torna um poder estranho que domina um mundo alienado. A religião aparece então a M. como a alienação por excelência: o poder estranho de Deus torna, nesse contexto, o homem estranho a si. Mas se o poder* de Deus é, de fato, despossessão (de si), de tal sorte que a cura* de toda alienação é teologicamente o fruto de uma kenose* divina, então a teoria marxiana da superação da alienação pode entrar numa relação frutuosa de analogia com as doutrinas cristãs da salvação. Não obstante, M. não lança luz sobre este ponto: sua crítica pode certamente ajudar a teoria cristã a não tratar Deus (em palavras ou em atos) como se fosse um Todo-poderoso estranho (ou a não fazer uma teoria da salvação que dispense de trabalhar para a sua realização), mas há um aspecto da alienação que o cristianismo leva a sério e que o marxismo praticamente ignora, nossa dependência com relação ao "poder estranho" da morte*.

f) *Pobreza e revolução.* — No regime capitalista, a riqueza toma a forma da propriedade* privada, e a pobreza, da despossessão. Em consequência, o rico se define como aquele que tem "necessidade" de ter mais, o pobre como aquele que tem de ser mais. A necessidade do pobre, a partir daí, está mais próxima da realidade do que o desejo do rico (uma afirmação na qual M. deve muito à dialética hegeliana do senhor e do escravo). Num mundo em que toda alienação tivesse desaparecido, não se falaria mais de "pobreza" senão para indicar nossa necessidade uns dos outros, e a única "riqueza" seriam as relações engendradas por essa necessidade. A ideia de um proletariado que fosse o agente dessa revolução* final destinada a inverter assim a realidade e o sentido da riqueza e da pobreza — essa ideia é em parte mitológica, pois não há uma classe social que exista na pura negação ou que aja sem nenhum interesse particular. Mas a análise marxiana das transformações sociais pode dar o que pensar à soteriologia cristã.

g) *Esperança.* — M. não tinha nenhum gosto pela especulação: na medida em que as circunstâncias permitem agir com eficácia, é preciso que a imaginação utópica de um mundo melhor ceda lugar à sua construção. Mediante sua dimensão escatológica, em compensação, a esperança cristã não pode ser reduzida ao domínio da ação social e contém sempre elementos utópicos, no sentido de M.: a esperança espera sempre mais do que pode ser dado na transformação do mundo. Pode-se, além disso, objetar a M. que sua concepção do futuro está irremediavelmente viciada por um otimismo abstrato e não fundado, enquanto o cristianismo conserva um elemento trágico em seu próprio otimismo, e só canta o Aleluia da Páscoa mantendo constantemente na memória a tensão que o une ao Getsêmani.

4. Marxismos e cristianismo

O cristianismo tinha pouco a aprender do "materialismo dialético" marxista-leninista que se tornara a ortodoxia do comunismo (salvo talvez a facilidade com a qual uma fé* totalitária, inflexivelmente interpretada e impiedosamente aplicada, pode gerar um sistema desumano). Com outras correntes marxistas, não obstante, as relações podiam ser mais frutuosas: assim, a mudança de atitude dos anos 60 e a passagem do anátema ao diálogo levaram os teólogos, sobretudo alemães, a atribuir grande interesse ao humanismo utópico de E. Bloch (1885-1977) ou à "teoria crítica" da escola de Frankfurt. De maneira mais geral, é num clima de pensamento marxista que a teologia* dessa época desenvolveu um interesse característico pelas realidades políticas e pela transformação da sociedade (assim nasceram a "teologia política*", a "teologia do mundo", a "teologia da revolução*", a "teologia do trabalho*", a "teologia das realidades terrestres" e assim por diante). Quanto às teologias da libertação*, devem ser tratadas à parte, não apenas porque estão ligadas ao impulso das comunidades de base nos países do Terceiro Mundo (enquanto a teologia da Europa e da América do Norte quase sempre permaneceu um empreendimento universitário) e adotaram em geral a ideia marxista do primado da práxis, mas também em virtude da influência exercida sobre elas, num momento dado (na América Latina), pelo pensamento de Louis Althusser. No debate dedicado à relação do "jovem M." e do M. da maturidade, Althusser adotava uma posição extrema: para tornar respeitáveis as pretensões do comunismo ao caráter absoluto de suas teorias, ele defendia a ideia de uma descontinuidade radical entre a forma última e "científica" do marxismo e seus inícios idealistas ou ideológicos — concepção tornada insustentável a partir da publicação dos *Grundrisse*. Foi em função de uma leitura althusseriana de M. que certos teólogos da América Latina puderam preconizar que as teorias marxistas da transformação social deviam ser aceitas por serem "científicas", ao passo que o ateísmo* a elas associado podia ser rejeitado como uma ideologia desacreditada.

* K. Marx e F. Engels, *Marx Engels Gesamtausgabe (MEGA)*, 11 vol., Moscou, 1927-1935; K. Marx, *Grundrisse*, Berlim, 1953; K. Marx e F. Engels, *Marx Engels Werke (MEW)*, 39 vol., Berlim, 1957-1972. Em português: *A liberdade de imprensa*, Porto Alegre, 1999; *Manifesto do Partido Comunista*, Petrópolis, 2000; *Miséria da filosofia*, São Paulo, 2001; *A ideologia alemã*, São Paulo, 2001; *As armas da crítica e a crítica das armas*, Rio de Janeiro, 2001; *O Capital*, Rio de Janeiro, 2001; *A sagrada família*, Rio de Janeiro, 2001-2002; *Para a crítica da economia política*, São Paulo, 2000; *Escritos sobre a comuna de Paris*, São Paulo, 2003; *Manuscritos econômico-filosóficos e outros escritos*, São Paulo, 1991; *O 18 brumário e cartas a Kugelmann*, Rio de Janeiro, 1986; *Salário, preço e lucro*, São Paulo, 1988; *A origem do capital*, São Paulo, 1989; *Teorias da mais-valia*, Rio de Janeiro, 1987; *A riqueza das nações*, Rio de Janeiro, 1985; *Trabalho assalariado e capital*, Rio de Janeiro, 1985; *As lutas de classes*, Rio de Janeiro, 1986; *Crítica do programa de Gotha*, Rio de Janeiro, 1984; *A guerra civil na França*, Rio de Janeiro, 1986.

▶ E. Bloch (1959), *Das Prinzip Hoffnung*, 3 vol., Frankfurt. — L. Althusser (1965), *Pour Marx*, Paris. — J.-Y. Calvez (1970), *La pensée de Karl Marx*, ed. rev., Paris (*O pensamento de Karl Marx*, Porto, 1959). — L. Althusser (1972), *Lénine et la philosophie*, Paris. — D. McLellan (1973), *Karl Marx. His Life and Thought*, Londres. — L. Kolakowski (1978), *Main Currents of Marxism*, 3 vol., Oxford. — E. P. Thompson (1978), *The Poverty of Theory and Other Essays*, Londres. — N. L. A. Lash (1981), *A Matter of Hope. A Theologian's Reflections on the Thought of Karl Marx*, Londres. — D. McLellan (1987), *Marxism and Religion*, Londres. — H. Fleischer e H. Rolfes (1992), "Marx/Marxism", *TRE* 22, 220-258.

Nicholas LASH

→ *Deísmo/Teísmo; Hegelianismo; Religião (filosofia da)*.

MATILDE DE MAGDEBURGO →
renano-flamenga (mística)

MATRIMÔNIO

A. TEOLOGIA SACRAMENTAL

1. As grandes linhas

Desde sua origem, as comunidades cristãs intervieram em certas circunstâncias ou situações para orientar e celebrar a vida dos casais* cujos membros recebiam o batismo* e deviam participar da eucaristia*. No decorrer do primeiro milênio, a evolução das Igrejas* (I.) orientais (greco-bizantina, armênia, siríaca, copta...) generalizou a prática de uma bênção* solene do casal por um bispo* ou um sacerdote*: esse mistério* em forma de liturgia* tornou-se a entrada obrigatória dos fiéis no estado de matrimônio (m.). A evolução foi mais longa no Ocidente latino e ligada à elaboração da noção de sacramento* (s.) — uma elaboração de que as I. do Oriente adaptaram ulteriormente certos aspectos a suas teologias* dogmáticas*. Segundo essa concepção, o s. é um sinal sagrado instituído por Deus*, em Jesus Cristo, para que a santificação que esse sinal recebeu como função significar seja operada, por esse meio, entre os fiéis envolvidos. Uma definição desse tipo adquire seu estatuto técnico por volta de 1150. Ela se aplica a partir de então a sete sinais sagrados, entre os quais o m. (Pedro Lombardo, *Summa Sententiarum* IV, d. 2 e 26; PL 192, 842 e 908). Isso não pôs fim às discussões: elas foram retomadas pela tomada de posição dos reformadores, muito empenhados em não dar ao m. dos fiéis o estatuto de um s. de Cristo no sentido próprio. É o que ocorre com Lutero*, em que tomam esse sentido, no *Pequeno Catecismo* de 1529, as fórmulas sugeridas ao pastor* pelo "libreto sobre o m." fornecido em anexo (*BSKL* 528-534, *FEL* 320-322). É o que acontece também em Calvino* (*Inst.*, versão final de 1560, 1.IV, cap. XIX, § 34-37). A honra e os deveres do laço conjugal e da família* são intensamente ensinados pelos reformadores; a formação dos casais entre os fiéis será normalmente acompanhada de uma bênção dada por um pastor.

Essas teologias (t.) do Oriente e do Ocidente se referem a um pequeno conjunto de textos fundamentais, antes de tudo à palavra de Jesus* que estabelece o regime cristão da indissolubilidade do m. Segundo os evangelhos*, Jesus compreende o versículo "os dois serão uma só carne" (Gn 2,24, citado no NT segundo a versão grega dos LXX) como atestando a vocação originária dos sexos na criação*, e apresenta a interpretação autêntica definitiva desse versículo: "Que o homem não separe, portanto, aquilo que Deus uniu" (Mt 19,4ss; Mc 10,6-9). Com uma autoridade* soberana, Jesus afasta as formas de divórcio que a lei* de Moisés previa para os casais judeus (Mt 5,31s; 19, 7-9; Mc 10,3-9; cf. Lc 16,18; e 1Cor 7,10s). O mesmo texto, "dois, uma carne", é retomado duas outras vezes no NT em ensinamentos que serão importantes em t. do m. A união do homem e da mulher* é símbolo da participação dos fiéis em Cristo* segundo o corpo* e o espírito (1Cor 6,15-20) e, sobretudo, símbolo da relação de Cristo com a I., sua esposa (Ef 5,29-32). A última passagem utiliza o termo *mistério**, traduzido por *sacramentum* em latim, uma tradução que contribuiu para fixar a imagem do m. na t. medieval e no catolicismo*. Um dossiê bíblico mais amplo entra porém em jogo.

2. Fontes bíblicas

*a) Em Israel**, o m. não é marcado por um ato religioso nem tampouco depende de uma autoridade* sacerdotal.

Unir-se em m. pode, contudo, ser definido como uma aliança* santa (Ez 16,8; Pr 2,17; Ml 2,14) que uma bênção celebra, seja de forma pública (Rt 4, 11s; Gn 24,60), seja de modo privado entre os noivos (Tb 8,4-8; a fórmula dada por esse livro deuterocanônico influenciou as liturgias cristãs). De modo mais geral, a violação do m. (o adultério) é percebida como uma ofensa com relação à lei de Deus que funda a existência coletiva do povo* santo; ela constitui o objeto de um castigo público. O m. com estrangeiros é objeto de interdições severas (Dt 7,3s); vê-se nisso uma ofensa à santidade* do povo. Em linguagem analógica, desviar-se do verdadeiro Deus é um adultério (Os; Jr 3,1-10; Ez 16 e 23). Inversamente, a fidelidade de Deus e sua ternura são cantadas com imagens

nupciais. Retomadas pelo NT (Rm 9,25 citando Os 2,25, segundo 2,23 LXX; 2Cor 11,2; Ap 19,7s; 21,1-11), essas imagens marcarão a t. espiritual* das relações da humanidade com Cristo, bem como a da relação da alma* humana de Cristo com a divindade eterna do Verbo*.

b) Os discípulos de Cristo formam por sua vez uma comunidade santa (2Cor 1,1; 13,12; Cl 1,2ss; 1Pd 2,9s; At 9,13.31-41). A infidelidade ao Filho de Deus é comparada com uma prostituição (Ap 2,18-23). O mau comportamento de um batizado exige correlativamente uma reação da I. reunida (1Cor 5; trata-se de uma relação incestuosa). Não é a seus ouvintes em geral, mas a seus discípulos que Jesus ensina uma absoluta rejeição do divórcio (essa é pelo menos a construção narrativa dada sobre esse ponto por Mc 10,10ss). É igualmente só aos discípulos que se dirige a palavra (Mt 19,10ss) referente ao celibato com vistas ao Reino* (vida consagrada*, votos), estado de vida que supõe um chamado especial ou um dom particular, um *carisma* segundo São Paulo.

Abster-se do m. pode ter sido apresentado desde a época do NT como um dever para todos os discípulos (dois versículos de Lc, 14,26 e 18,29, que louvam aqueles que deixam a mulher, foram compreendidos nesse sentido). Paulo conhece essa opinião, mas recusa-se a aprová-la como regra de conduta válida para todos (1Cor 7,25ss). E mesmo que a condenação do m. ("encratismo") fosse possível no clima espiritual da época, uma carta do *corpus* paulino a denuncia como falsa doutrina (1Tm 4,3) e, ao contrário, faz ver na maternidade um caminho de vida boa (2,15; 5,14).

Os textos paulinos que descrevem a vida conjugal situam-na no quadro geral da "casa" helenística. Esta compreende os filhos e também os servos ou os escravos. Os esposos cristãos estarão no centro desse lar, vinculados um ao outro por relações de fidelidade e de amor* (Cl 3,12ss; Ef 5,18ss). No âmago da casa, o casal fiel, no âmbito de um acordo mútuo, abre assim um lugar privilegiado à oração* (1Cor 7,5; 1Pd 3,7). Além disso, a *casa* é com muita frequência o centro de uma I. local, de uma comunidade particular (1Cor 16,15s e 16,19; Rm 16,5; Cl 4,15; Fl 2; cf. Hb 13,1-6). Nem sempre se trata de casais em que os dois cônjuges são fiéis. Segundo Paulo, aquele ou aquela que se converte não é obrigado a romper sua união com um cônjuge que permaneceu não fiel (1Cor 7,14ss; cf. 1Pd 3,1s). Contudo, a viúva que deseja voltar a casar-se deveria dar preferência a um *irmão* para uma união *no Senhor* (1Cor 7,39).

Esses temas podem ser compreendidos (é o que acontece amiúde no protestantismo*, p. ex. Grimm 1984) num contexto de ética* familiar e social. A inspiração cristã pode renovar comportamentos ou fornecer-lhes motivos mais claros, mas isso não introduz uma novidade eclesial do m. que fosse específica com relação às condições comuns da vida dos homens e das mulheres. Entretanto, a t. dos orientais e dos católicos (cat.) (a de alguns protestantes, ao interpretar o pensamento de Paulo, pode dela aproximar-se; p. ex. Schrage, 1995, 73 *sq*) faz repousar o valor do m. cristão não na simples confirmação na ordem ética do estatuto original da vocação conjugal, mas no dom de uma participação, pela graça* do Espírito* de Deus, na *nova criação**, no corpo de Cristo (2Cor 5,17). Deseja-se então reconhecer no m., nessas I., uma verdadeira *novidade*, a novidade de uma graça intimamente transformadora, e não apenas a de um socorro que Deus daria nestas ou naquelas ocasiões para sustentar a prática das virtudes* familiares.

A novidade cristã com referência à primeira aliança*, no que diz respeito à natureza das estruturas familiares, funda-se antes de tudo na própria figura de Cristo. O Filho de Deus, segundo a fé* da I., é também filho de Davi; ele pertence à casa ou linhagem deste último, a dos reis dados por Deus a seu povo. Ora, com Jesus, o princípio genealógico que sustentava a sucessão das unções reais e estruturava a história* do povo* de Deus deixa de ser válido. Jesus não se prolonga numa descendência, e não é sobre seus irmãos e irmãs que se formará para o futuro o grupo central dos discípulos. As estruturas genealógicas têm fim com ele (Mt 1,17s) porque a totalidade da novidade está presente nele, na ação plena do Espírito de Deus (Mt 3,17 par.). A continência perpétua de certos batizados poderá a partir de então ser compreendida na I. como uma participação na novidade de Cristo, um *carisma*. A vida conjugal

dos batizados comportaria porém *em Cristo* uma novidade complementar, uma graça específica paralela à continência com vistas ao Reino? A doutrina de Paulo sugere isso (1Cor 7,7), mas também levou a pensar (segundo 1Cor 7,9: "Mais vale casar-se do que se abrasar") que a novidade da graça de Cristo com relação aos esposos seria somente a de uma proteção com relação ao mau exercício da sexualidade. O Ocidente falou do m. como de um s., sinal sagrado da relação de Cristo e da I., bem antes de se chegar, no s. XIII, a reconhecer nele uma eficácia santificadora positiva semelhante à dos outros s. da nova aliança (Schillebeeckx, 1963).

3. As tradições das Igrejas

a) As I. dos primeiros séculos, apesar de uma corrente de desconfiança com relação ao m. (encratismo retomado por algumas formas de gnose*, depois de maniqueísmo*), reconhecem na união conjugal um valor positivo para a vida das comunidades. Inácio de Antioquia postula que a formação de um casal de batizados seja submetida à vigilância do bispo (*A Policarpo* 5, SC 10 *bis*, 174-177). Tertuliano* faz o elogio das uniões que a I. acompanha e abençoa (*Ad Uxorem* II, 8, 6, SC 273, 148 *sq*). O aspecto litúrgico dessa atenção das I. ao m. não foi, contudo, desenvolvido sistematicamente, a julgar pelas fontes de que dispomos. Conhecemos, em compensação, abundantes disposições disciplinares que correspondem às orientações espirituais e éticas já presentes nos escritos apostólicos. Essas disposições, em sua formulação precisa, variam segundo as regiões e os períodos, mas as questões a que respondem são análogas. Que uniões são legítimas? Ou quais devem ser proibidas como incestuosas, degradantes? Que separações são obrigatórias dada a recepção do batismo por adultos ou a participação nas eucaristias?

O problema principal corresponde à situação a que podem visar duas passagens do evangelho segundo Mateus, que comportam a cláusula "a não ser em caso de *porneia*" (5,32; 19,9). Os Padres* compreendem habitualmente essa cláusula da situação que surge para um casal a partir da falta de adultério cometida por um dos cônjuges. O outro cônjuge deve separar-se do culpado, deixar de viver com ele? Pode ele contrair uma nova união? As mesmas regras valem para o esposo e para a esposa? Perguntas análogas prolongam a que Paulo (1Cor 7,15) formula a propósito de um casal em que um dos cônjuges permanece não fiel e perturba assim a vida conjugal. Qual deve ser o comportamento do cônjuge fiel?

O problema de um novo casamento depois da viuvez constituiu também o objeto de respostas diversas; especialmente severa era a interdição referente à ordenação* de homens que voltaram a casar-se. Para os leigos*, o novo casamento só às vezes foi tolerado, não sendo incentivado da mesma forma que a primeira união. Trata-se de questões morais (cf. *infra* B), mas que foram abordadas, desde a época dos Padres, sob um aspecto jurídico; as disposições não têm apenas um estatuto exortativo ou sapiencial, como poderia ocorrer nos textos neotestamentários.

A ausência de uma posteridade não pode, na opinião das I., justificar a separação de um casal. A esterilidade, atribuída à mulher, fora frequentemente considerada entre os judeus e os pagãos como um motivo suficiente para que o homem se sentisse livre para contrair nova união. Acerca desse ponto, uma especificidade cristã é clara. É a harmonia do casal que constitui o essencial do m., e não a fecundidade enquanto tal. Um acordo espiritual das vontades, desse modo, pode ser por si mesmo autenticamente conjugal? Ou então, para que se dê o sinal da união do Verbo e da humanidade, é necessário realizar-se a união dos corpos*?

A t. e o direito*, aprimorados na IM latina sobre esse ponto, admitem que um casamento válido segundo as leis da I. (*ratum*) pode existir entre dois cônjuges batizados sem que tenha sido consumado (*consommatum*) por uma vida sexual. Em contrapartida, é essencial a essa validade* a troca livre e responsável dos consentimentos a ligar-se um ao outro de forma indissolúvel, irreversível. Entretanto, segundo essas especificações canônicas procedentes da IM e conservadas no direito cat., o matrimônio simplesmente *ratum* pode ser dissolvido por um tribunal eclesiástico. Nesse sentido, pode-se dizer que só o matrimônio *ratum et consommatum* é estritamente indissolúvel. Na atualidade, a não consumação pode ser estabelecida tendo em vista comportamentos afetivos e psíquicos surgidos num casal, quaisquer que tenham sido

suas relações sexuais físicas. O caso é diferente do das declarações de nulidade, que repousam na ausência inicial, reconhecida posteriormente, de um verdadeiro acordo, consciente (justamente informado) e livre, entre os dois interessados.

A despeito da influência que exerce sobre os Padres a filosofia* popular antiga que destina o m. à procriação*, pode-se dizer que sua t. relaciona essencialmente a santidade* do m. à união das pessoas*, à sua vontade de apoio mútuo e de amor. A união dos corpos, apresente-se ela com a fecundidade de uma descendência ou permaneça estéril, acompanha normalmente esse acordo espiritual das vontades. O ato sexual, por mais dotado que seja de significação espiritual segundo essa t., nem por isso era desprovido de toda desconfiança. Bom em si mesmo, segundo Agostinho* em particular, ele é também, de acordo com esse mesmo doutor, cuja influência foi grande, sempre acompanhado nos filhos de Adão* de complacências culposas. Esse ato se mostra suspeito, mesmo no homem resgatado, reserva que pode refletir-se sobre o próprio m. como estado de vida.

Outro elemento entra na história do m. como s. O judaísmo* rabínico conhecia uma cerimônia de matrimônio que comportava bênçãos: Deus é louvado por seus dons, pedindo-se que seu favor recaia sobre o jovem casal (segundo o Talmude, Posner, 1973, 1038 *sq.*) Esses textos celebram em particular a fecundidade da mulher desde as origens. Esses traços voltarão a ser encontrados nas fórmulas de bênção que entraram progressivamente em uso nas I. cristãs, mas que não eram necessariamente compreendidas como pertencentes à própria formação de um m. indissolúvel.

b) No Oriente existe uma etapa importante, a codificação oficial, pelo imperador bizantino Leão VI (900, aproximadamente), de disposições referentes ao m. dos indivíduos da nova Roma*. Para a formação de uma aliança conjugal verdadeira entre os batizados, a lei tornava obrigatória e necessária a bênção litúrgica que os noivos recebiam mediante o ministério* de um bispo ou de um sacerdote.

Confirmando uma prática oriental mais antiga, a legislação imperial (as *Novelles*) admite um novo casamento para o esposo quando a mulher é julgada culpada de adultério. Essa interpretação das cláusulas do evangelho* segundo Mt permanece em vigor até hoje, com variantes (a tolerância vale também, ou não, para a esposa traída por seu marido?). Ela foi às vezes admitida entre os latinos, mas acabou por ser rejeitada pela I. cat. No concílio* de Trento*, o cânon 7 sobre o s. do m. (*DCO* 1532-1535) confirmou a recusa dessa tolerância, mas ele foi redigido de tal modo que a prática dos gregos não constituísse o objeto de uma condenação formal ou direta.

O desenvolvimento da t. do m. no Oriente não repousa evidentemente nas legislações imperiais; encontra-se de resto uma t. análoga em várias I. orientais não bizantinas. Ela se explica fundamentalmente pelo lugar que a liturgia* ocupa na vida cristã segundo a tradição dessas I. A assembleia litúrgica, na celebração presidida pelo bispo ou pelo sacerdote, participa da criação nova nascida do mistério pascal, tornada presente pelo Espírito de santidade. Na assembleia, a aliança dos esposos, sinal da aliança entre Cristo e a Igreja, se encontra de alguma maneira convocada a uma participação santa nessa criação nova. É isso que anuncia e opera para os noivos, no limiar de sua vida comum, a bênção litúrgica.

Sob sua forma solene plena, a bênção não será renovada; um rito mais simples é reservado aos segundos matrimônios (depois de uma viuvez, ou quando da separação que sanciona um adultério cometido pelo outro cônjuge).

c) No Ocidente, o decreto *Tametsi* do concílio de Trento (1566, *DCO* 1534-1539) apresenta uma data comparável à das *Novelles* de Leão VI. O decreto estabelecia a obrigação estrita de uma celebração pública do m., que devia comportar necessariamente a presença de um ministro, tendo um sacerdote para isso um poder especial de jurisdição* (normalmente o padre da paróquia da noiva, ou um sacerdote delegado por este último). A ausência desse testemunho privilegiado, segundo estabelecia o concílio, poderia tornar os interessados ineptos por direito a dar-se um consentimento mútuo que fosse válido e, portanto, sacramental.

Com essa formulação complexa, o concílio evitava fazer da intervenção do sacerdote o fundamento

constitutivo do laço matrimonial; essa intervenção era necessária, mas o concílio respeitava a doutrina mais comum dos canonistas e dos teólogos ocidentais dos séculos precedentes, doutrina que via o elemento constitutivo do s. na troca válida dos consentimentos (uma troca que não era necessariamente pública antes de Trento). A regulação estabelecida pelo concílio passou progressivamente a ser aplicada em todas as partes da I. cat. Não obstante, o direito que entrou em vigor em seguida ao Vaticano II* modificou as disposições tridentinas, ao admitir que a testemunha privilegiada prevista por *Tametsi* não fosse necessariamente um sacerdote (ou um bispo). O diácono* pode de forma "ordinária" receber jurisdição para exercer esse ministério; em caso de necessidade, alguns leigos* podem receber essa jurisdição, a título "extraordinário", segundo um termo de direito* canônico latino. Essas duas extensões referentes aos diáconos e aos leigos valem tão somente, no entanto, para os cat. de rito latino. Para os cat. de ritos orientais, o código especial publicado em sua intenção em 1990, sob a autoridade da Santa Sé, não comporta essas disposições. Seu cânon 828 (*AAS* 1990, 1225-1226) só reconhece uma união sacramental válida, entre esses cat., em função do rito litúrgico do m., isto é, em função da bênção celebrada por um ministro sacerdotal, segundo a tradição geral das I. do Oriente mencionada acima. As I. do Oriente não habilitam diáconos a presidir a celebração sacramental do m.; o código cat. de 1990 segue essa posição.

O concílio de Trento afirmava além disso, contra os protestantes, a sacramentalidade do m. dos batizados. Cristo não desejou somente que o m. tivesse como função significar a união do Filho de Deus com a I., sua esposa, mas conferiu a esse s. o poder de elevar a união dos cônjuges na vida da graça, dando a essa união um aspecto sagrado, definitivo. Essas afirmações centrais serão retomadas de forma constante no ensinamento da I. romana. Contudo, elas se farão amiúde acompanhar de interrogações de ordem jurídica e teológica.

Como se devia compreender o papel respectivo, na constituição do laço sacramental indissolúvel, dos dois principais elementos presentes, a troca dos consentimentos (da qual os noivos são de algum modo os "ministros") e a celebração pública de caráter eclesial (da qual um sacerdote costuma ser o "ministro", a título de sua jurisdição*, sem dúvida, mas também, correlativamente, a título de seu sacerdócio*)? Parece que a t. oriental do papel da liturgia no s. do m. não foi rejeitada por Trento (Duval, 1985, 281-325; Bourgeois e Sesboüé, 1995, 192-200 e 33-338).

Outra questão é suscitada pela relação da autoridade eclesial com a dos Estados* e de seus tribunais. Um dos domínios ricos em conflito, depois do concílio de Trento, foi o da relação dos filhos, para seu m., com a vontade dos pais. Os Estados apoiavam frequentemente os pais contra os filhos; o direito eclesiástico cat. caminhava em sentido inverso. Da parte dos Estados modernos, foi desenvolvida uma doutrina que distingue, por um lado, o estabelecimento social de um laço conjugal (um *contrato*, que vai bem além, evidentemente, dos meros "contratos" financeiros de m., no sentido corrente), segundo as regras e os valores da ordem existente, e, por outro lado, a elevação desse contrato, na vida eclesial, ao nível de um laço sacramental, sagrado. Contra essas concepções dos juristas do Estado moderno, a I. cat. afirmou constantemente a impossibilidade de separar o "contrato" do "sacramento" nos batizados que fazem parte da I.

4. Orientações atuais

A prática cat. caracteriza-se por uma atenção mais viva dada à celebração litúrgica do m. Isso retoma a posição clássica das I. orientais, isso confirma também práticas protestantes recentes que tendem a renovar o papel da bênção do m., não sem divergências internas, é verdade, acerca do modo de compreender essas celebrações. A multiplicação em muitos países dos m. entre cristãos de confissões diferentes conduz aqui a pesquisas concertadas.

Comuns igualmente são as dificuldades. Hoje, a celebração litúrgica é amiúde requerida por batizados que não confessam mais claramente seu acordo com a fé da I. ou afirmam claramente sua distância. Deve-se admiti-los? Como definir a natureza do laço conjugal no caso desses casais? A questão foi sobretudo considerada por alguns teólogos cat. (Millas, 1990; Candelier, 1991; Lawler, 1991).

A diversidade das culturas e dos costumes suscita outro problema. Na África, sobretudo, o problema das heranças ancestrais. No Ocidente, mutações da socialização sexual e da moral conjugal. Alguns cristãos, sob essas influências, vivem situações familiares que têm certa estabilidade e valor humano, mas não se verificam, para os cat. em particular, as condições necessárias para que possa ser aberto o acesso ao s. É necessário então fazer vigorar o princípio canônico de inseparabilidade entre o "contrato" e o "sacramento" (princípio frequentemente recordado e justificado: Baudot 1987)? Ou então podem as I., sob condições a discernir, reconhecer certo valor moral e social no "contrato" que liga esses casais? É possível adicionar aos deveres de vida cristã que essas pessoas evidentemente têm um estatuto público para elas nas comunidades? No catolicismo, em que essa questão é formulada de maneira mais viva, os teólogos concebem respostas compatíveis com os dados da tradição* (p. ex., Sequeira, 1985; Örsy, 1986; Deimel, 1993; Puza, 1993).

Uma espiritualidade do matrimônio cristão desenvolveu-se amiúde nas diversas I. a partir de 1940. Numerosos documentos trazem a marca disso. O Concílio Vaticano II, no cap. 2 da constituição *Lumen Gentium* (nº 11, § 2), define o papel do m. na estrutura do povo de Deus. A constituição *Gaudium et Spes* (dezembro de 1965, nº 47 a 52) une a perspectivas espirituais a atenção aos problemas atuais referentes à fecundidade (ver *infra* B). O decreto sobre as tarefas apostólicas dos leigos (*AA*, novembro de 1965) dedica uma importante passagem ao papel dos esposos na sociedade* e na Igreja (nº 11). Em outras tradições confessionais, embora as pessoas se exprimam com outros termos e noções, reina, ao que parece, uma convergência para tornar mais vívidas as liturgias que comandam nas I. a celebração das realidades da vida conjugal e guiam espiritualmente os cristãos para que acolham os sofrimentos e a alegria dessa vocação.

• W. Kornfeld e R. Cazelles (1957), "Marriage…", *DBS* 5, 906-935. — E. Schillebeeckx (1963), *Het huwelijk*, t. 1, Bilthoven (só o tomo 1 foi publicado). — R. Posner (1973), "Marriage Ceremony", *EJ* 11, 1032-1042. — P. Vallin (1974), "La croissance de l'espèce humaine…", *RSR* 62, 321-346. — J. Meyendorff (1975), *Marriage: An Orthodox Perspective*, Crestwood, NY. — P. Boudier (1978), *Mariages entre juifs et chrétiens*, Paris. — C. H. Ratschow *et al.* (1982); "Ehe/Eherecht/Ehescheidung", *TRE* 9, 308-362. — P. Rémy (1983), "Que l'homme ne sépare pas…", *RDC* 33, 250-275). — E. Schmitt (1983), *Le m. chrétien dans l'oeuvre* de saint Augustin, Paris. — R. Grimm (1984), L'institution du m., Paris. — A. Duval (1985), Des sacrements au concile de Trente, Paris. — J.-B. Sequeira (1985), Tout m. entre baptisés est-il nécessairement sacramentel?, Paris. — W. Günther et al. (1986), "Marriage...", Dictionary of New Testament Theology 2, Exeter, 575-590. — L. Örsy (1986), Marriage in Canon Law, Wilmington. — D. Baudot (1987), L'inseparabilité entre le contrat et le sacrement de m., Roma. — J. A. Brundage (1987), Law, Sex, and Christian Society in Medieval Europe, Chicago. — J. Gaudemet (1987), Le m. en Occident, Paris. — C. Brooke (1989), The Medieval Idea of Marriage, Oxford. — P. Brown (1989), Body and Society, Nova York. — J. Vernay (1989), "Le droit canonique do m.", em P. Valdrini (sob a dir. de), Droit canonique, Paris, 370-437. — J. M. Millas (1990), "Fe y sacramento del matrimonio", Gr. 71, 141-151. — M. G. Lawler (1991), "Faith, Contract and Sacrament", TS 52, 712-731. — G. Candelier (1991), "Incroyance et validité du m. sacramentel", RDC 41/42, 81-145. — S. Demel (1993), "Standesamt, Ehe, Kirche", StZ 211, 131-140. — G. Mathon (1993), Le m. des chrétiens, t. 1 (único publicado), Paris. — R. Puza (1993), "Der Abschluss des Ehebundes", ThQ 173, 81-98. — P. Vallin (1994), "Les traditions chrétiennes...", in Religions et démographies..., Colóquio do Saulchoir, Paris, 17-35. — J. Ansaldi (1995), "Notes sur la bénédiction nuptiale", ETR 70, 99-103. — H. Bourgeois e B. Sesboüé (1995), Les signes du salut (Histoire des dogmes, t. 3), Paris, 110-142, 192-199, 214-217. — W. Schrage (1995), Der Erste Brief an die Korinther, 2 Teilband, 1Kor 6-11 (Evangelisch-Katholischer Kommentar z. NT, VII/2), Göttingen.

Pierre VALLIN

→ Batismo; Confirmação; Eucaristia; Família; Igreja-Estado; Ordenação/ordem; Penitência; Sacramento; Unção dos enfermos.

B. Teologia moral

a) Testemunhos escriturísticos. — A Bíblia* hebraica considera primordialmente o matrimônio (m.) como uma estrutura de autoridade* de tipo patriarcal, principalmente destinada a assegurar a perpetuação do clã; é nesse sentido que devem ser compreendidas as instituições do levirato (Dt 25,5-10), do concubinato (Gn 16) e da poligamia provisória. Mas com o princípio da exogamia, tal como aparece na interdição de certas uniões consanguíneas (Lv 18,6-18), o m. se afirma também como uma instituição de reconhecimento do outro: este se torna, para além mesmo da relação de casal*, um face a face necessário ao qual o indivíduo se vincula por um laço de obrigação. Sob a influência da teologia* da aliança*, em particular, o m. é cada vez mais compreendido como uma relação que põe em jogo a pessoa* em sua integralidade, como uma relação exclusiva colocada sob a proteção jurídica de Javé (Ex 20,14). Oseias evoca o Deus* único que, livremente impelido por seu amor*, se voltou para o único povo* eleito a fim de concluir com ele uma aliança duradoura (Os 1-3; Jr 2-2; Ez 16); essa abordagem, retomada por outros autores bíblicos, reforça a tendência à monogamia e valoriza a mulher* como parceira pessoal do homem (Ml 2,14ss). É a essa concepção que corresponde a regulamentação jurídica do divórcio: ela recoloca sem dúvida a decisão nas mãos do marido, mas o obriga a redigir uma carta de repúdio que permitirá à mulher voltar a casar-se (Dt 24,1-4). Quanto à ideia de uma comunidade de vida entre homem e mulher, fundada numa relação pessoal e recíproca, ela tem sua origem nos relatos da criação*, segundo os quais os indivíduos dos dois sexos foram criados à imagem de Deus (Gn 1,27) e sua comunidade fundada por Deus, que desejou dar uma solução à solidão humana criando a união sexual (Gn 2,18). Por certo não se trata explicitamente, aqui, de m.; mas o fato de os dois parceiros se tornarem "uma só carne", de terem relações sexuais e conceberem filhos já está ligado, para o comentador javista, ao ato jurídico de "abandono" do clã de origem. Como comunidade de vida elementar, o m. está enfim diretamente implicado no pecado* original*, cujas consequências se manifestam pela perda da inocência (Gn 3,7) e pela instauração de uma estrutura de dominação entre o homem e a mulher (Gn 3,16).

Os enunciados neotestamentários relativos ao m. retomam as tradições da Bíblia hebraica, e muito particularmente as que são marcadas pelo tema da aliança. Elas se caracterizam por uma tensão específica: por um lado, Jesus* — que permaneceu celibatário, sendo que os rabinos normalmente eram obrigados a casar-se — relativiza todos os laços antigos (familiares) (Lc 14,26) diante da aproximação do reino* de Deus e atribui ao celibato uma dignidade evangélica particular (Mt 19,12); mas, por outro lado, radicaliza o envolvimento recíproco constituído pelo m. O adultério não é mais compreendido como um ataque ao bem de outro *homem*, mas como um erro diretamente infligido ao parceiro, tanto pelo homem à mulher como pela mulher ao homem (Mc 10,11s). Assim como Jesus não concebe o adultério no plano do ato juridicamente repreensível, mas no instante de seu nascimento "no coração*" (Mt 5,28), assim também o m. não é para ele questão de posse efetiva, mas de sentimento. Eis por que a interdição do divórcio (Mc 10,2-12; Mt 19,9, exceto nos casos de "união ilegal") deve levar o fiel a arrepender-se de sua "dureza de coração"; se Moisés admitia esse endurecimento* ao autorizar o divórcio, Jesus, por seu turno, recorda a vontade primitiva do Criador, e apresenta o m. como uma ordem criada ao atribuir ao próprio Deus o comentário do javista sobre a união do homem e da mulher, que deixam pai e mãe para ligar-se um ao outro: o que Deus uniu — declara ele — o homem não deve separar (Mt 19,4ss). Essa regra deve no entanto ser relacionada não com a lei*, mas com o Evangelho*, realizando Jesus a profecia* do coração de carne* que substituirá o "coração de pedra" (Ez 36,26).

No Reino, cuja espera dá ao discurso de Jesus sua tensão característica, o m. será abolido enquanto instituição, se não como modo de relação (Mc 12,25); por outro lado, é precisamente na imagem das núpcias que o Reino encontra sua expressão privilegiada (Mt 22,1-14; At 19,7). Essa tensão escatológica se prolonga nos ensinamentos e nas exortações dos apóstolos*. De um lado, o m. faz parte dos domínios da vida doméstica ordenados "em Cristo" (Cl 3,18s; Ef 5,22-33; 1Pd 3,1-7); Paulo, de outro lado, visto que "o tempo é reduzido" e que as provas se apressam, pode recomendar aos fiéis que sigam seu exemplo e permaneçam celibatários, ou que vivam no m. "como se não tivessem

mulher" (*hôs mè*, 1Cor 7). De maneira geral, os preceitos* do Apóstolo se desenvolvem em três frentes: contra as tendências encráticas, eles sublinham o valor do m. enquanto dom do Criador, do qual é permitido usufruir "com ação de graça" (1Tm 4,3ss); contra o ideal ascético de um m. não consumado, eles fazem da comunidade sexual uma obrigação integral e recíproca (1Cor 7,3ss); contra as tendências espiritualistas e libertinas, por fim, o corpo* é celebrado como o templo do Espírito Santo*, e a sexualidade é reconhecida como um fator de coesão social (1Cor 6,12-20). No *locus classicus* da teologia neotestamentária do m., Ef 5,22-33, o apelo à submissão da mulher é regido pela exortação precedente: "Submetei-vos uns aos outros" (Ef 5,21), e a tarefa do homem é ditada pelo amor devotado de Cristo*. O fato de o m. dever ser regulamentado com base na relação de Cristo com sua Igreja* remete, pois, a ética* cristã do m. à comunidade eclesial, onde tem lugar sua primeira aprendizagem.

b) A Igreja antiga e a Idade Média. — A Igreja antiga e medieval tende a transpor essa tensão escatológica que permeia os testemunhos neotestamentários para um sistema de valores. Continua-se, é verdade, a enfatizar, contra o maniqueísmo* e o montanismo*, o valor do m., mas subordinando-o claramente ao ideal de virgindade (Tomás* de Aquino, *ST* IIa IIae, q. 152, a. 3) — eis aí uma consequência da depreciação geral da vida ativa em benefício da contemplação*. A separação por consentimento mútuo, autorizada no direito* romano, é rigorosamente proibida aos cristãos, salvo — única derrogação — no caso de entrada no mosteiro dos dois esposos. O ideal de virgindade se introduz mesmo na doutrina do m. É assim que Agostinho*, nas obras de sua maturidade, pode sublinhar o caráter físico do m. embora postulando uma progressão ideal, da sexualidade sem desejo ao m. continente e deste ao celibato. Ao identificar, por assim dizer, a concupiscência com o desejo sexual, Agostinho reforçava no cristianismo uma atitude tradicional, herdada do pensamento grego, de angústia diante das paixões*, e introduzia uma tensão interior na doutrina dos três bens do m., que são a procriação* (*proles*), o controle da sexualidade (*fides*) e a indissolubilidade (*sacramentum*). Esses bens pressupõem por certo a união física, mas são também celebrados como contrapesos ao desejo carnal, que se torna no m. um pecado venial. O laço sacramental indissolúvel do m., em particular, pode, mediante uma notável abstração, ser concebido independentemente da união conjugal concreta — na medida, por exemplo, em que constitui por si mesmo obstáculo a segundas núpcias (*De nuptiis et concupiscentia* I, 11). Com isso, e ainda que situasse suas reflexões no quadro de um modo de vida mais geral, Agostinho preparava involuntariamente uma tendência que, em seguida e até a época moderna, verá nesses bens "fins" aos quais a comunidade de vida como tal pode ser subordinada. Coube a Tomás de Aquino dar um passo suplementar nessa evolução quando, retomando a teleologia aristotélica da natureza*/razão*, ele fez da perpetuação da espécie humana pela procriação o critério decisivo da união sexual: é então a busca consciente desse fim que determina a "conformidade" dos atos* particulares (*ST* IIa IIae, q. 153). Nesse contexto, o próprio prazer sexual se encontra revalorizado, na medida em que, apesar da extinção momentânea da razão individual, ele está a serviço da teleologia superior da natureza/razão (perpetuação da espécie). É essa lógica que caracteriza ainda hoje a doutrina da Igreja católica sobre o m., mesmo em questões particulares de teologia moral como, por exemplo, a da contracepção. A tradição* ocidental, de maneira geral, se distingue por seu rigorismo (ao proibir notadamente um novo casamento depois de um divórcio civil) e pelo papel que atribui a concepções de ordem teológica, ao passo que a doutrina e a prática da Igreja do Oriente, nesse domínio, são antes de tudo marcadas pela liturgia* nupcial. O recasamento de esposos divorciados dá aqui lugar a um rito específico, que atribui a esse ato o valor de uma penitência* e de um novo começo. Se o m. era inicialmente considerado um assunto puramente secular, ao qual a Igreja apenas dava a sua bênção* (*missa pro sponsis*, c. 400), ele

acabaria por tornar-se, tanto no Ocidente (*Decretum Gratiani*, 1140) como no Oriente (Leão VI, 886-912), uma instituição propriamente eclesiástica. Nas regiões germânicas, o sacerdote* chegará mesmo a tomar o lugar do preboste que unia os esposos *in facie ecclesiae*, e o ato legal será ele mesmo realizado na nave da igreja e integrado ao serviço divino.

c) A Reforma e os tempos modernos. — Lutero* defende a liberdade* do m. em diversos planos. Contra a pletórica lista dos motivos de impedimento aos quais o m. era submetido naquela época, tanto no âmbito do direito civil como no do direito* canônico, ele enfatiza que ninguém pode ser excluído do m., que constitui uma necessidade inscrita na identidade criada de cada homem e de cada mulher. Contra a superioridade atribuída pelos eclesiásticos à vida monástica, ele sustenta a preeminência do estado matrimonial na medida em que este representa uma "vocação" voltada para a fé* e o amor: para a fé porque, ao contrário do "estado clerical" e dos votos pelos quais a pessoa nele se engaja, o m. não concede ao homem o poder de justificar-se por si mesmo e por suas obras*; para o amor porque, ao contrário dos monges, o homem casado não se furta à interpelação cotidiana da angústia do próximo, na pessoa de sua esposa e de seus filhos. Contra a concepção sacramental do m. como caminho de salvação*, por fim, Lutero acentua como os laços sexuais têm necessidade de ser purificados e santificados pela palavra* de Deus. Desse modo, ele considera o m. como uma "coisa profana" — subordinada ao governo terrestre de Deus —, mas em absoluto como um estado desprovido de espiritualidade. As tentações e as misérias cotidianas do m. fazem dele, pelo contrário, o "estado mais espiritual de todos" (*WA* 12, 105, 29), na medida em que, "por natureza, ele ensina a ver a mão e a graça* de Deus, e obriga-nos verdadeiramente a crer" (*WA* 12, 106 e 126 *sq*). Essa convicção permeia o libreto de Lutero sobre o m. (*Traubüchlein*, 1529), em que o consentimento dos esposos é igualmente concebido como um "testemunho de humildade" — um apelo ao "socorro divino" concedido na bênção* nupcial. Sobre a questão do divórcio e do recasamento, por fim, Lutero adota um ponto de vista pastoral e autoriza-o à parte prejudicada em caso de adultério, de abandono voluntário do lar ou de impotência dissimulada. Zuínglio* em Zurique (desde 1522) e Calvino* em Genebra ocuparam-se, também eles, de estabelecer jurisdições matrimoniais, conservando os motivos de divórcio, em Genebra, um caráter claramente mais restritivo. (De fato, muitas vezes é dessas instituições que provirão em seguida os consistórios regionais.) Os grupos reformadores radicais elaboraram, por seu turno, uma ética libertina e funcionalista do m., instaurando, p. ex., a poligamia (no "reino anabatista" de Münster) como um meio que permite fazer nascer os santos do apocalipse.

d) A problemática atual. — No pensamento moderno sobre o casal e o m., as tradições das Luzes e do romantismo se aliam num composto instável. A época das Luzes concebe o m. — como de resto todas as relações sociais — tendo como base o modelo do contrato. O m. não *começa* somente por um contrato (segundo a fórmula tradicional: *consensus facit matrimonium*), ele *constitui* em sua própria natureza um contrato, pelo qual dois indivíduos consentem um ao outro, segundo a fórmula de Kant*, "a posse recíproca, por toda a duração de sua existência, de seus atributos sexuais" (*Metafísica dos costumes*, Doutrina do Direito, § 24). As considerações de utilidade individual e sociopolítica passam então ao primeiro plano, o que se traduz pela multiplicação maciça dos motivos de divórcio, pela isenção diante dos ensinamentos morais das Igrejas e pela instauração de um casamento civil de caráter obrigatório ou facultativo. A facilitação "racional" do divórcio, além disso, se encontra já inscrita na lógica do pensamento contratual, na medida em que o princípio de autonomia individual, que permite aos parceiros concluir o contrato, os autoriza também a romper o compromisso a partir do momento em que não retirem dele o benefício previsto. Essa reificação da relação conjugal devia forçosamente provocar uma reação, que veio sob a forma da *subjetivização romântica*.

O elemento formal se reduz aqui a um aspecto acessório sobretudo incômodo, e o m. se acha inteiramente fundado numa base afetiva. O amor é um m.: eis a divisa que Friedrich Schlegel (1772-1829) popularizou em seu romance *Lucinda*, e à qual o jovem Schleiermacher* ofereceu uma base teológica ao alçar o amor e os amantes até as esferas divinas. Mas, embora represente um movimento de protesto, o romantismo apresenta evidentes afinidades com o pensamento das Luzes: tanto para um como para o outro, o m. se enraíza no fundo próprio dos sujeitos. Quer seja compreendido como "contrato" ou como "relação", o m. permanece um artefato: um laço que se ata e que se desata segundo uma vontade soberana. Foi sobre essa base que as duas tradições puderam entremesclar-se, produzindo hoje um estado de espírito determinado pela tentativa aporética de associar o maior grau possível de autonomia individual com o maior grau possível de intensidade afetiva nas relações com o outro. O utilitarismo* das Luzes se encontra assim carregado de todas as exigências do romantismo, exigências que se tornam o próprio objetivo do m. e não estão mais, em virtude disso, necessariamente ligadas à realidade concreta de uma comunidade de vida. A relação só vale ser mantida na medida em que traga aos parceiros a felicidade esperada. Mas a felicidade não é algo que se deixe diretamente consignar como fim, sendo uma característica moderna o exigir da relação conjugal mais do que ela pode dar. A tendência a favorecer as *comunidades de vida não matrimoniais* não resolve o problema, na medida em que ela já integrou estruturalmente a lógica segundo a qual um casal só deve durar enquanto preencher sua finalidade afetiva. Contra esse novo "retorno dos fins", a teologia e a ética cristãs devem sem dúvida reativar o dispositivo crítico que já implementaram, no curso deste século, contra a finalização tradicional do m. Que este último, como comunidade de vida instaurada por Deus, traga em si mesmo seu próprio fim e não se legitime pela realização de fins estranhos foi o que K. Barth*, p. ex., sublinhou ao fazer do m. uma "comunidade de vida exemplar"

(*KD* III/4, 211 *sq*). A ideia não deixou de ter repercussão, já que o direito canônico romano, renovado no *CIC* de 1983, devia por sua vez favorecer a dimensão pessoal do m. (o m. como unidade de vida pessoal, cân. 1055), contra uma abordagem contratual e finalista. Mas diante de um pensamento moderno que reduz os bens tradicionais do m. à autorrealização dos parceiros, concebida como fim único, convém também, num segundo momento, recordar a parte de liberdade* que entra na instituição matrimonial e a solidariedade orgânica que une o m. como forma de vida e os "frutos" que ele produz. Se é verdade que não são os filhos que dão seu sentido ao m., estes nem por isso devem ser excluídos *a priori* da comunidade da vida conjugal. Os casais que permanecem voluntariamente sem filhos (em princípio como "celibatários") não testemunham nenhum tipo de desobediência ao "mandamento*" de multiplicação da espécie, mas sobretudo uma falta de confiança radical na bondade do mundo* como criação e na promessa* de bênção divina. Todo m. é abençoado também em seus filhos, pelos quais o mundo permanece voltado para seu objetivo escatológico. Reivindicar para os *casais homossexuais* o direito ao m. e/ou à cerimônia religiosa é negligenciar esse laço orgânico entre o m. e seus benefícios, é desconhecer que o m. se funda na diferença física e estrutural dos sexos, que estão destinados a experimentar sua "unidade" não ao fundar-se no mesmo, mas ao encontrar seu complemento no outro.

• Agostinho, *De Genesi ad litteram; De bono coniugali; De nuptiis et concupiscentia: De civitate Dei*, livro XIV (BAug 18-19, 2, 23, 35). — K. Barth (1948-1951), *KD* III/2, III/4. — J. Calvino (1559), *Institutio Christianae Religionis*, § 34-37. — *CIC* (1983). — M. Lutero, *Ein Sermon von dem ehelichen Stand*, WA 2, 166-171; *Vom ehelichen Leben*, WA 10/2, 275-304; *Ein Traubüchlein für die einfältigen Pfarrherrn*, WA 30, 3, 70-74; *Das siebente Kapitel S. Pauli zu den Corinthern*, WA 12, 95-142. — F. D. E. Schleiermacher (1800), *Vertraute Briefe über Friedrich Schlegels "Lucinde"*, Lübeck/Leipzig; (1884²), *Die christliche Sitte*, Berlim. — Tomás de Aquino, *ST* Ia IIae, q. 30-31; IIa IIae, q. 151-155.

▸ Kenneth E. Kirk (1933), *Marriage and Divorce*, Londres (1948²). — O. Lähteenmäki (1955), *Sexus und Ehe bei Luther*, Turuku. — R. Bainton (1962), *Sex, Love and Marriage*, Londres. — H. Thielicke (1964), *Theologische Ethik* III, Tübingen. — Jolin T. Noonan (1965), *Contraception*, Cambridge, Mass. (1986²) . — H. Ringeling (1968), *Theologie und Sexualität*, Gütersloh. — M. F. Berrouard (1971), *Saint Augustin et l'indissolubilité du mariage*, StPatr 11, 291-306. — P. Ramsey (1975), *One Flesh*, Bramcote, GB. — J. Meyendorff (1975), *Marriage: An Orthodox Perspective*, Nova York. — M. Foucault (1976), *Histoire de la sexualité*, t. I: *La volonté de savoir*, Paris (*História da sexualidade* t. 1: *A vontade de saber*, Rio de Janeiro, 2003). — W. Kasper (1977), *Zur Theologie der christlichen Ehe*, Mainz. — William E. May (1981), *Sex, Marriage and Chastity*, Chicago. — C. H. Ratschow *et al.* (1982), "Ehe, Eherecht, Ehescheidung", *TRE* 9, 311-362. — S. Hauerwas (1984), "Marriage and the Family", *QRT* 56, 20/2, 4-24. — L. Orsy (1986), *Marriage in Canon Law*, Wilmington, Del. — O. Bayer (sob a dir. de) (1988), *Ehe: Zeit zur Antwort*, Neukirchen-Vluyn. — Ch. Brooke (1989), *The Medieval Idea of Marriage*, Oxford. — B. Wannenwetsch (1993), *Die Freiheit der Ehe*, Neukirchen-Vluyn. — P. L. Reynolds (1994), *Marriage in the Western Church*, Leyde.

Bernd WANNENWETSCH

→ *Adão; Casal; Criação; Família; Mulher; Procriação; Sexual (ética).*

MÁXIMO CONFESSOR, 580-662

1. Biografia

A longa vida de Máximo (M.) Confessor, grande monge teólogo, defensor e mártir da cristologia* calcedoniana em suas exigências últimas, só nos é solidamente atestada no que se refere à sua última parte, a partir de sua presença em Cartago (Pentecostes, 632) e, sobretudo, de seu engajamento nas controvérsias monoenergista e monotelista (634). Toda a parte anterior permanece — no que se refere a um longo período — incerta e controversa.

Segundo a *Vida* tradicional, ela teria transcorrido em Constantinopla (C.), onde, depois de seus anos de estudos, M. teria ocupado funções importantes na administração imperial antes de engajar-se, por volta de 614, no estado monástico em Chrysopolis

(Scutari), na margem asiática do Bósforo. Em compensação, uma biografia siríaca de origem maronita situa suas origens no alto vale do Jordão (Golan). Órfão desde tenra idade, ele teria crescido no quadro da Laure de saint Chariton (*Palea lavra*), importante centro de controvérsias origenistas, o que explicaria o lugar que sua refutação tem em seus escritos.

Nessa hipótese, ele teria buscado refúgio em C. por ocasião da invasão persa da Palestina (613-614) e teria conhecido em Chrysopolis, em 617, o jovem monge Anastácio, que se tornará até sua morte seu discípulo e seu biógrafo. Sem dúvida, por volta de 624-626 ele faz uma longa estada em Cízico (Erdek), no mosteiro Saint-Georges, junto ao bispo* João, cujas questões suscitarão seus desenvolvimentos sobre passagens ambíguas de Gregório* (G.) de Nazianzo e, talvez, as *Centúrias sobre a teologia* e *a economia*. Em 626, a campanha dos persas e dos avaros contra C. o obrigou a novo exílio. É sem dúvida por essa época que ele encontra em Creta bispos severianos e talvez, em Chipre, o sacerdote* Marinos, que se tornará seu correspondente.

Fixando-se em Cartago em 630, aproximadamente, reúne a comunidade oriental de *Eucratas*, dirigida por Sofrônio, futuro patriarca de Jerusalém* (634-638), que o engajará na refutação do monoenergismo*. Ele ainda se encontra aí em 645, quando de sua *Disputa com Pirro*, patriarca destituído de C. Ele vai em seguida a Roma*, onde assina, na qualidade de monge, as Atas do sínodo* de 649 que condena o monotelismo*. Voltando a C. — segundo a *Vida* siríaca, em 652 — ele viria a ser preso em 654. Exilado depois de um primeiro processo em Bízia (Trácia), ele sustenta nesse contexto, no verão de 656, uma disputa com o bispo Teodoro; disso resulta um exílio mais severo em Perberis. Condenado pelo sínodo patriarcal ao exílio em Lázica (Cáucaso) e à mutilação da mão e da língua, morre no dia 13 de agosto de 662. Dezenove anos depois, o III concílio de C.* (681), sem nomeá-lo, canonizará sua doutrina sobre as duas vontades em Cristo*.

2. A obra

Para o teólogo, os escritos mais importantes são em primeiro lugar as *Respostas às 65*

Questões do monge líbio *Thalassios* acerca de textos escriturísticos (*Q.T.*, PG 90, 344-785, ed. crítica Laga-Steel, CChr.SG, 2 vol.) e de passagens difíceis de G. de Nazianzo e do Pseudo-Dionísio*, em seguida os *Ambigua* (*Amb.*) I a Tomás e II a João de Cízico (PG 91, 1031-1418). Aproveitando a ocasião do texto proposto, M. desenvolve mais ou menos longamente os temas que suscitam sua reflexão. De uma importância particular são *Q.T.*, Prol. 21, 22, 42 e sobretudo 60, e *Amb.* 7, 10, 41, 42, nos quais M. explicita de modo mais especial as linhas mestras de sua síntese teológica.

O mesmo ocorre com alguns opúsculos: *A exposição da oração do Senhor* (*Pater*, PG 90, 871-910), o *Livro ascético* (*Asc.* PG 90, 911-956), a *Mistagogia* (*Myst.*, PG 91, 657-718). Num gênero literário familiar à tradição* monástica, M. dedicou-se a condensar seu pensamento em breves sentenças agrupadas em décadas e em centúrias. É o caso das *Quatro centúrias sobre a caridade* (*Char.*, PG 90-959-1080), sem dúvida um de seus primeiros escritos e um dos mais difundidos; as *Duas centúrias sobre a teologia da economia*, às vezes denominadas *Centúrias gnósticas*, impregnadas da influência de Orígenes (*Gnost.*, PG 90, 1083-1176). Consideram-se igualmente autênticas as 15 primeiras sentenças da vasta compilação de *Cinco centúrias sobre diferentes questões*, extraída na maior parte dos escritos de M. (PG 90, 1177-1186). Os *27 Opúsculos teológicos e polêmicos* (*ThéPol.*, PG 91, 9-286) abordam teses muito diversas relacionadas com as controvérsias cristológicas suscitadas pelo monofisismo* e pelo monotelismo. Encontram-se nesse contexto florilégios patrísticos (15,27), definições de termos filosóficos ou teológicos (14, 23, 26), uma exposição sobre a processão do Espírito* (10). De igual modo, algumas das *45 Cartas* conservadas (*Ep.*, PG 91, 363-649) constituem verdadeiros tratados. É o que ocorre, no domínio espiritual, com a *Ep.* 2 a João, o Camareiro, sobre a caridade (392-408) ou, no que se refere a controvérsias cristológicas, com as *Ep.* 13 e 19. Por fim, em matéria de cristologia, o texto mais importante e mais explícito é a relação da discussão com o ex-patriarca destituído de C., Pirro, em Cartago em julho de 645 (*Pyrrh.*, PG 91, 288-353).

3. A síntese maximiana

Por meio desses escritos tão diversos, na maioria das vezes ocasionais e fragmentados — quer se trate das duas importantes coletâneas que são as *Amb.* e as *Q.T.*, ou de tratados predominantemente monásticos, *Asc., Pater, Myst.* —, pode-se reconhecer as linhas essenciais de uma síntese firmemente estruturada em torno de alguns termos técnicos organizados em díades ou tríades: estar, estar bem, estar sempre (*einai, eu einai, aei einai*); o advir, o movimento, a estabilidade (*genesis, kinèsis, stasis*, tríade oposta à dos origenistas: *hénade,* movimento, estabilidade); substância, poder, operação (*ousia, dynamis, energeia*). Mais fundamental ainda é o par: princípio organizador, modalidade (*logos, tropos*).

É antes de tudo em *Q.T.* 60 e *Amb.* 41-42 que M. destacou explicitamente as linhas fundamentais de seu pensamento, organizando e retificando às vezes a teologia alexandrina (e sobretudo origenista) do *Logos* graças à sua abordagem contínua dos capadócios, G. de Nazianzo e sobretudo G.* de Nissa, mas também — em menor grau — de Evágrio e do *Corpus* areopagítico. Recorrendo à reflexão calcedoniana e pós-calcedoniana sobre Cristo, ele recentra a teologia no *Logos* encarnado. Cristo é o princípio organizador da criação* e do vir-a-ser cósmico, aquele que dá às criaturas os *logoi* que fundam a estabilidade destas. Ele dirige o seu vir-a-ser segundo a inovação das modalidades (*tropoi*) ao assumir por condescendência a natureza humana, que restaura em sua condição primeira e que conduz à sua realização última, tornando-a participante de sua condição divina (*théôsis*). Assim, Deus* será tudo em todos e tudo será conduzido à unidade numa *périchorèse* (circuncessão*) — termo que M. parece ter sido o primeiro a empregar com um sentido preciso em cristologia — que salvaguarda as propriedades inamissíveis de cada natureza.

Quanto a essa grandiosa síntese, M. a explicita antes de tudo numa perspectiva monástica, empenhando-se em desenvolver os encaminhamentos antropológicos segundo os quais ela se vê, de fato, levada a realizar-se. Se os textos capadócios sobre a natureza e a condição do vir-a-ser humano nutrem essencialmente sua reflexão, sua trajetória ascética se apoia amplamente nos ensinamentos evagrianos, modificando seu campo de visão ao privilegiar a ordem da caridade (*Asc.* e *Ep.* 2).

a) Ontologia e cosmologia. — Em conformidade com o modo dialético que domina o pensamento grego a partir de Parmênides e Heráclito, a reflexão ontológica de M. se organiza segundo a tríplice aporia do absoluto e do contingente, do uno e do múltiplo, bem como a do ser* e do vir-a-ser, tal como a integrara a doutrina cristã da criação, que assegura a consistência inalienável, ainda que relativa, do segundo termo. Ela encontra sua solução na polissemia reconhecida no termo *logos*, cujas acepções diversas implicam a referência a uma ordem e a um princípio organizador. Para a tradição na qual se insere M., é o *logos* divino em quem e de quem tudo o que existe encontra sentido e recebe existência (Cl 1,16). Por um lado, desde toda a eternidade*, em suas diferenças e sua diversidade, os *logoi* das criaturas não formam senão uma unidade com ele (*Amb.* 42) e, por outro lado, na medida em que são "*quereres divinos*" (cf. Clemente de Alexandria e Orígenes), eles podem assumir existência por sua liberdade* criadora (*Amb.* 7).

É então que entra em jogo o vir-a-ser que caracteriza (cf. *Q.T.* 13) necessariamente a existência criada e marca a "distanciação" (o *diastèma* de G. de Nissa) entre a imutabilidade* divina e a mudança constitutiva das criaturas. (Eis por que M. recusa a ordem da tríade origenista que postula na origem um estatuto de *henade* [*Amb.* 7].) Esse dinamismo da existência criada exige no início um começo (*arkhè*) que postula um "advir" (*genesis*), que poderá assumir a forma de geração (*gennèsis*). Mas esse movimento (*kinèsis*) tende a uma realização (*telesis*) que é estabilidade (*stasis*), participação na plenitude divina, e pode, portanto, ser denominado divinização (*théôsis*). Os três modos de existência, o estar, o bem-estar, o ser sempre, são moldados segundo o ritmo da tríade:

substância, poder, operação. O primeiro é constitutivo de toda natureza em virtude de ser ela posta na existência, o segundo pertence à vontade livre, o último só pode realizar-se por um dom divino que transcenda as capacidades da natureza (*Amb.* 65). M. compara-os às vezes com os três dias do término da criação e com os do *triduum* pascal (*Gnost.* I, 50-60), bem como com as três leis (de natureza, escrita e de graça, *Amb.* 65; *Q.T.* 64) ou com o tríplice nascimento de Cristo segundo a carne (*logos tou einai*), segundo o batismo* (*logos tou eu einai*) e segundo a ressurreição* (*logos tou aei einai, Amb.* 42). Com efeito, se o *logos* ontológico (*logos phuseôs*), constitutivo de cada natureza, permanece idêntico em si mesmo, suas modalidades existenciais (*tropoi tès huparxeôs*) podem ser modificadas ou renovadas. Essa distinção, retomada dos capadócios, desempenhará um papel primordial na cristologia de M.

b) Antropologia. — Nas obras anteriores a seu envolvimento na controvérsia monoenergista e monotelista (634), a antropologia* de M. diz respeito antes de tudo ao advir do homem: seu estatuto e seu papel na intenção criadora, sua condição presente depois da queda original, o encaminhamento da ascese* que torna possível a realização de sua vocação primeira. Essa antropologia é colocada sob o signo do homem perfeito, Cristo, *Logos* encarnado. A controvérsia monotelista lhe imporá uma consideração mais afinada da estrutura do ser humano, notadamente na ordem da vontade. Para isso, ele se apoiará nos escritos dos teólogos neocalcedonianos do s. VI e, por meio deles, nas noções aristotélicas.

O pensamento de M. sobre o advir humano se inspira em *A criação do homem* de G. de Nissa (PG 44, 123-256), mas com uma notável reserva com relação à teoria de uma dupla criação e sublinhando a unidade da hipóstase numa "natureza composta" da alma e do corpo — ou do intelecto (*nous*), da alma* (*psykhé*) e do corpo*. Criado à imagem e semelhança de Deus, cabe ao homem atualizar essa imagem mediante o exercício das virtudes* que o conformam a Cristo, o qual lhe dá por graça* o estatuto da filiação* divina (*Amb.* 42; *Char.* 3, 25; 4, 70). Ao fazê-lo, o homem realiza sua dupla função de microcosmo e de mediador pela união das

cinco divisões: entre os sexos, entre o paraíso e a terra habitada, o céu e a terra, os mundos invisível e visível, a natureza incriada e o criado (*Amb.* 41).

A livre decisão de Adão* — de voltar seu "apetite racional" (*orexis logikè*), em si indeterminado, não para Deus mas para o prazer sensível — o engajava na dialética infernal do prazer e da dor (*hèdonè-odunè*), que não pode ter outra conclusão senão a morte*. Essa é a interpretação dada por M., na linha de G. de Nissa, para as árvores do paraíso (*Q.T.* Prol. e 43). Adão está fechado no amor* de si (*philautia*), amor apaixonado pelo corpo (*Char.* 3.8, 57, 59), fonte de todos os vícios. Nesse domínio, M. inspira-se na tradição evagriana, notadamente em *Asc.* e *Char.* O exercício normal da vontade, em vez de ser regulado pela razão*, se vê perturbado pelo desregramento das paixões* do concupiscível e do irascível (*Q.T.* Prol.), donde decorre o caráter ambíguo da "vontade gnômica" (*Pater*, PG 901-903). Num de seus últimos escritos, M. propõe uma análise de diversos momentos da atividade voluntária (*ThéPol.* 1) que, retomada por João Damasceno, se tornará clássica.

c) Cristologia. — Até uma época recente, foi sobretudo a título da cristologia que o pensamento de M. atraiu a atenção dos teólogos. Essa perspectiva se justifica, com a condição de nele reconhecer toda a sua amplitude. Com efeito, desde as primeiras linhas de seus escritos mais antigos, a *Asc.* ou o *Pater*, M. anuncia claramente a intenção fundamental de sua reflexão, tanto no esboço de um quadro de conjunto (*Asc.* 1) como numa abertura para seu fundamento: "Tudo aquilo de que o *Logos* de Deus em sua kenose* se tornou, por sua carne, o próprio autor, o enunciado da oração contém sua exigência. Ela ensina a apropriar-se desses bens dos quais só Deus e Pai*, mediante seu Filho, naturalmente mediador no Espírito Santo, é verdadeiramente o dispensador (*khorègos*), já que com efeito o Senhor Jesus* é, segundo o divino apóstolo*, mediador de Deus e dos homens (1Tm 2,5); aos homens ele torna manifesto, por meio de sua carne, o Pai desconhecido; ao Pai, mediante o Espírito, conduz os homens Nele reconciliados" (*Pater*, PG 90, 876). Os *Q.T.* (22, 28, 60, 61) explicitarão os diversos aspectos desse "mistério* de Cristo" (60) (assim como *Amb.* 41, 42 e os *Gnost.* 1, 66-67; 2, 23, 60).

É por sua encarnação*, assumindo em sua única hipóstase divina uma natureza humana na distinção "sem confusão e sem alteração" das duas naturezas numa única "hipóstase composta" — e não uma "natureza composta" tal como o queriam os severianos (*Ep.* 13) —, que Cristo, *Logos* encarnado, restitui o homem à sua condição primeira, criada à imagem e semelhança de Deus, ou melhor, à perfeição da semelhança pelo caminho das virtudes (*Q.T.* 53; *ThéPol.* 1), configurando-o em sua própria condição filial. Em consequência, M. não deixou de aprimorar a consideração do estatuto ontológico da natureza humana e de suas operações, consideração que ocupa um amplo lugar nas *Ep.* (13,15) e sobretudo nos *ThéPol.*, e encontra sua expressão mais acabada na discussão de 645 com Pirro.

A controvérsia monotelista o obrigará a aprofundar a estrutura e as operações da vontade, para reconhecer o caráter próprio em Cristo de uma vontade humana, distinta da vontade divina à qual ela se submete livremente. Em função dessas exigências, M. será levado a precisar, como foi dito, as modalidades e o encadeamento das operações voluntárias (*ThéPol.* 4, 19, 25), o que constitui uma de suas principais contribuições à antropologia.

• Tendo ficado inacabada, a ed. preparada por F. Combefis (Paris, 1675, 2 vol.) foi completada pela importante coletânea do *Ambiguorum Liber* (F. Oehler, Halle, 1857) e retomada por Migne (PG 90-91). Alguns textos de menor importância e de atribuição incerta foram publicados por Epifanovic (Kiev, 1917). Uma ed. crítica está sendo preparada (CChr.SG).

► Verbetes "Maxime": V. Grumel (1928), *DThC* 10, 448-459; A. Cesera-Gastaldo (1962), *LThK*[2] 7, 208-210. — I.-H. Dalmais (1980), *DSp*, 10, 836-847. — H. U. von Balthasar (1941), *Kosmische Liturgie*, Einsiedeln, 1961[2]. — P. Sherwood (1952), *Annotated Date-list*, Roma; (1955) *The earlier Ambigua of M. Conf.*, Roma. — L. Thunberg (1965), *Microcosm and Mediator*, Lund. — W. Völker (1965), *M. Confessor als Meister des geistlichen Lebens*, Wiesbaden. — A. Riou (1973), *Le monde et l'Église selon M. le Confesseur*, Paris. — J. M. Garrigues (1976), *M. le Confesseur. La charité avenir divin de*

l'homme, Paris. — F. Heinzer, C. Schönborn (ed.) (1982), *Maximus Confessor*, Friburgo (Suíça). — P. Piret (1983), *Le Christ et la Trinité selon M. le Confesseur*, Paris. — V. Karayiannis (1993), *M. le Confesseur. Essence et énergies de Dieu*, Paris. — J.-C. Larchet (1996), *La divinisation de l'homme selon saint M. le Confesseur*, CFi 194.

Irénée-Henri DALMAIS

→ *Aristotelismo cristão; Calcedônia (concílio); Constantinopla III (concílio); Gregório Palamas; Monotelismo-monoenergismo.*

MEDIAÇÃO → **salvação** → **Maria** B. II. 2

MÉDICA (Ética)

Jesus* curava os doentes; e em seus milagres* de cura* a presença do reino* de Deus já se fazia sentir (Lc 11,20, p. ex.). A preocupação com os enfermos foi, pois, desde as origens, uma das características do cristianismo.

a) Milagres, magia e medicina. — Para opor-se a outros cultos* que praticavam a taumaturgia, como os de Asclépio ou de Sérapis, a Igreja* recordou sempre que o Deus* que curava era o Deus da criação* e da aliança*, e que Jesus era o mediador de seu poder de cura. A cura milagrosa nem sempre era apresentada como certa: mencionam-se poucos milagres nas obras do s. II e do s. III. Mas no s. IV narram-se muitos, sobretudo nos relatos hagiográficos (Marty, Vaux, 1982, 103). O culto* dos santos e das relíquias*, com os milagres a ele vinculados, contribuiu em larga medida para a conversão* da Europa Ocidental (Numbers, Amundsen, 1986, 71); mas ele sofreu a influência de práticas pré-cristãs, embora seja às vezes difícil distinguir milagre e magia.

As práticas mágicas, muito difundidas na Antiguidade tardia, tinham amiúde sido adotadas pelas associações de médicos, e os papiros mágicos invocam personagens religiosos, aí incluído Cristo* (Kee, 1986, 107-112). Tal como Agostinho*, porém, a Igreja considerou em geral a magia como "um embuste dos demônios*'" e a rejeitou porque consistia em confiar em "encantamentos e em amuletos" e não em

Deus, mesmo que se invocasse o nome de Jesus (*Cidade de Deus* 10, 9, BAug 34). Na Igreja medieval elevaram-se constantemente vozes para opor-se ao fato de práticas mágicas pagãs se misturarem com o culto dos santos (Numbers e Amundsen).

Em contrapartida, o cristianismo podia dar lugar à medicina grega sem renegar a convicção de que toda cura vem de Deus, ao julgar, com o Sirácida, que os médicos e seus remédios são instrumentos de Deus (Sr 38,1-14). Alguns veem uma falta de fé* no recurso à medicina (Taciano, *Ad Graecos* 18, p. ex., PTS, 1995), mas a maioria o aprovava (Clemente de Alexandria, *Strom.* 6, 17, p. ex., PG 9, 379C-394), embora repetindo que a cura vem de Deus e deve servir à sua causa. Os reformadores repudiaram o aspecto popular e mágico dos santos (Tomás, 1971). Sua desconfiança diante de toda manipulação mágica da soberania de Deus, adicionada à sua convicção de que a natureza vem tanto de Deus quanto o milagre, contribuiu para assegurar a primazia da medicina.

b) A ética médica cristã. — O fato de aceitar a medicina não significava que a Igreja aprovasse todos os seus procedimentos. Ao denominar Jesus "o grande médico" (Temkin, 1991), ela homenageava os médicos, sobretudo os da escola de Hipócrates (460-377, aproximadamente), cuja compaixão e cujo devotamento ao bem do doente louvava, mas ela lhes dava também um modelo e situava a medicina no contexto da história da salvação*. A saúde tornava-se assim parte de um bem* que a transcendia e a doença, parte de um mal* mais amplo do que ela, a desordem introduzida pelo pecado* (cf. p. ex. *Cidade de Deus* 14, 3; 22, 22; BAug 35 e 37). Embora o sofrimento físico fosse sem dúvida um mal, ele podia, pela graça* de Deus, recordar ao homem sua finitude, sua dependência, seu estado de pecador, e a desordem que caracterizava suas relações com seu corpo*, com o outro, com Deus. Cuidar dos doentes era uma imagem do cuidado que Deus tem para com os pecadores, e curá-los era um sinal do triunfo de Deus sobre o pecado. Enfermidade e saúde deviam estar, ambas, a serviço de Deus. Em suma,

a saúde não era o bem soberano para os cristãos, que deviam "velar para que a arte médica... seja empregada para a glória* de Deus" (Basílio*, *Regra...* 55, PG 31, 1043 C-1052). Nem por isso era necessário repensar por completo a prática da medicina, e os cristãos puderam portanto adotar com algumas modificações a ética médica (ét. méd.) resumida pelo juramento de Hipócrates. Além disso, este último sem dúvida se impôs graças ao desenvolvimento do cristianismo (Edelstein, 1943). Tem-se uma versão dele do s. X que testemunha essa adaptação; ela começa não pela invocação de Apolo ou de Asclépio, mas por uma doxologia: "Bendito seja o Deus e Pai* de Nosso Senhor Jesus Cristo". Ela não menciona as obrigações filiais do aluno com relação ao mestre, que são substituídas pelo compromisso de transmitir a arte "de bom grado e sem contrato". Mas muitas cláusulas estão em continuidade com o juramento original: devotamento aos doentes, proibição da eutanásia, do aborto* e de toda relação sexual com os pacientes ou os membros de sua família.

Essa versão criava também a obrigação do segredo médico: os pacientes, como os penitentes, deviam amiúde revelar o que teriam preferido silenciar, e era proibido ao médico, tanto quanto ao sacerdote*, fazer uso dessas revelações com outra finalidade que não a profissional. Jerônimo (342-420, aproximadamente) nota a semelhança das funções no que se refere a esse aspecto, numa carta em que recorda a um sacerdote seu dever de visitar os enfermos e na qual louva o comportamento do médico hipocrático, que respeita a intimidade das casas e os segredos dos doentes (*Ep.* 52, 15, CSEL 54). A confidencialidade do confessionário reforçou a da prática médica, mas fez também que se definissem os seus limites. Desse modo, a maioria dos teólogos da IM pensa que se pode revelar alguns segredos quando há ameaça grave para o bem público ou para uma terceira pessoa inocente, p. ex. no caso de uma pessoa que sofre de uma enfermidade sexual transmissível e que não tem a intenção de informar sobre isso um eventual parceiro (é preciso prevenir só a pessoa em perigo e nada mais dizer além do necessário para acabar com o risco, Regan 1943, 104-113).

A tradição hipocrática sofreu ainda algumas modificações, p. ex., no sentido da maior veracidade*. Havia de fato alguns partidários da "mentira terapêutica" na Igreja antiga (p. ex., Clemente de Alexandria, *Strom.* 7, 8, PG 9, 471-474). Mas Agostinho* opõe-se absolutamente à mentira usada para ajudar ou poupar o paciente (*Contra a mentira* 18, 36, BAug 2). "A mudança mais revolucionária" foi, entretanto, o lugar de honra dado aos enfermos (Sigerist 1943, 69-70). Vê-se neles a própria imagem do Senhor e na forma de tratá-los, a imagem da maneira de tratar Cristo. Mt 21,31-45 é citado numa recomendação da *Regra* de São Bento, cuidar dos doentes como se fosse o próprio Cristo aquele a quem se serve (36, SC 182), e o voto dos Hospitaleiros de São João de Jerusalém, "servir nossos senhores, os enfermos", lhe faz eco (Amundsen, 1995, 1524).

O cuidado dos doentes exigia também competência e zelo. Via-se, nos penitenciais publicados depois do decreto de Latrão IV* que impunha a confissão (penitência*) anual (*DS* 812), que os médicos deviam confessar-se de sua incompetência e de sua negligência (Amundsen, 1982). A falta ou o excesso de prudência* eram considerados pecados se prejudicassem os pacientes (ou se não servissem para nada). Era também um pecado fazer um paciente correr um risco inútil, sobretudo se fosse pobre, a pretexto de experimentação. O cuidado dos doentes não devia reduzir-se ao aspecto médico das coisas. Latrão IV decretou também que "os médicos do corpo [deviam] exortar o doente a recorrer ao médico das almas*"' (*COD* 245, § 22). Como a vida e a saúde não são os maiores bens, não se deve usar para conservá-las meios que não respeitam um bem que lhes seja superior. Era proibido aos médicos aconselhar "meios culposos" de recuperar a saúde (*ibid.*). Esses "meios culposos" incluíam a fornicação, a masturbação, o recurso à magia e a não observância dos jejuns prescritos pela Igreja.

Graças à confissão obrigatória e aos manuais que a orientavam, a Igreja pós-tridentina controlou notavelmente bem todos os aspectos da vida, aí incluída a medicina. Na tradição protestante, a medicina foi sempre considerada uma vocação a serviço de Deus, mas a ét. méd. foi frequentemente marcada pela desconfiança da casuística* e pela insistência na liberdade* do médico e do paciente.

c) *A preocupação com os pobres.* — Se se pensa que Jesus era também o anunciador da "Boa-Nova aos pobres" (Lc 4,18), compreende-se que o clero tenha amiúde tomado a iniciativa de ajudar os pobres enfermos. Do início da IM até os tempos modernos, vê-se membros do clero (católico, ortodoxo ou protestante) consagrar-se ao exercício da medicina a serviço dos indigentes. Essa tradição foi desencorajada (sem com isso desaparecer totalmente) ao mesmo tempo pelo desenvolvimento das guildas e dos diplomas, no fim da IM, e pela desconfiança da Igreja, que temia que alguns sacerdotes praticassem a medicina "para o ganho temporal", "negligenciando o cuidado das almas" (Latrão II*, *COD* 198, § 9). Essa preocupação com os pobres provocou a publicação de textos médicos como o *Tesouro dos pobres* (*Thesaurus pauperum*) de João XXI (s. XIII), lista de remédios extraídos de plantas medicinais acessíveis aos pobres, ou como a *Primitive Physick* de J. Wesley (1747), assim como tratados que exortavam os médicos a tratar os pobres e os ricos da mesma forma (Marty e Vaux, 1982, 119-120).

O hospital deve sua origem a essa mesma preocupação. Em 372, Basílio de Cesareia fundou um vasto *xenodokheion*, ou hospício, para cuidar dos doentes pobres, com edificações separadas para as doenças contagiosas e não contagiosas e um pessoal que compreendia médicos. Ele se tornou rapidamente o protótipo de instituições do mesmo tipo. Os primeiros hospitais foram financiados pelos próprios bispos*, mas estes não tardaram a recorrer a diferentes benfeitores. No s. XI, o hospital *Pantokratôr* de Constantinopla dispunha de 17 médicos, 34 enfermeiras e 6 farmacêuticos; tinha 5 pavilhões especializados e cuidava também de pacientes não internados. Os hospitais se desenvolveram mais lentamente no Ocidente, mas segundo o mesmo princípio.

d) Renovação da ética médica. — A evolução do s. XX, em que os hospitais se tornaram vitrinas da tecnologia médica e nos quais o cuidado dos pacientes é cada vez mais "medicalizado", levou à redescoberta de importantes elementos da tradição antiga; os teólogos desempenharam assim um papel essencial na criação da ét. méd. moderna. Eles se opõem à extravagante idolatria* da saúde e à ideia de que se pode esperar tudo da medicina. Contra a redução dos enfermos à sua patologia, eles recordam o compromisso profissional de devotamento à pessoa* dos pacientes (e daqueles que servem de cobaias) e acentuam que obter o consentimento destes faz parte integrante desse compromisso (Ramsey, *The Patient as Person*, New Haven, Conn., 1970). Contra a redução da pessoa à capacidade de agir, eles insistem na existência corporal (*ibid.*). E lembram a importância da preocupação com os pobres a propósito do problema do acesso aos cuidados.

Os progressos da ciência e da tecnologia médicas suscitam grande número de terríveis questões. Experimentação tendo por base o homem, transplantes de órgãos e definição da morte*, alocação de recursos raros (diálise, p. ex.), diagnóstico pré-natal, conselho genético, procriação medicamente assistida, bancos de sêmen: todas essas questões não são puramente científicas, mas também morais. Para responder a elas recorre-se necessariamente a juízos de valor, questionam-se os fins do poder médico, a conveniência moral de certos meios empregados e a forma de respeitar o ser humano com quem se lida. De igual modo, essas questões novas remetem sem tardar a antigas questões sobre a vida, a morte, o sofrimento, a liberdade e a existência corporal, sobre as quais a tradição* cristã deve propor seus elementos de resposta.

• Hipócrates, *Serment*, J. Jouanna (ed.), in *Storia e ectodica dei testi medici greci*, sob a dir. de A. Garzia, Nápoles, 1996, 269-270.

▸ W. H. S. Jones (1924), *The Doctor's Oath: An Essay in the History of Medicine*, Cambridge. — L. Edelstein (1943), "The Hippocratic Oath: Text, Translation and Interpretation", *Bulletin of the History of Medicine*, suppl. 5, nº 1, 1-64. — R. E. Regan (1943), *Professional Secrecy in the Light of Moral Principles*, Washington, DC. — H. Sigerist (1943), *Civilization and Disease*, Ithaca, NY. — L. Edelstein (1967), "The Relation of Ancient Philosophy to Medicine", *in* O. Temkin, C. L. Temkin (ed.), *Ancient Medicine: Selected Papers of Ludwig Edelstein*, Baltimore, 349-366. — K. Thomas (1971), *Religion and the Decline of Magic*, Nova York. — H. Jonas (1974), *Philosophical Essays*, Chicago, ensaios 1 a 7. — C. Bruaire (1978), *Une éthique pour la médecine*, Paris. — D. W. Amundsen (1982), "Casuistry and Professional Obligations: The Regulations of Physicians by the Court of Conscience in the Late Middle Ages", in *Transactions and Studies of the College of Physicians of Philadelphia* 3, 22-39, 93-112. — M. E. Marty, K. L. Vaux (1982), *Health/Medicine and the Faith Traditions*, Filadélfia. — H. Jonas (1984), "Technique, morale et génie génétique", *Com(F)* IX/6, 46-65; (1985), *Technik, Medizin und Ethik*, Frankfurt. — T. S. Miller (1985), *The Birth of the Hospital in the Byzantine Empire*, Baltimore. — H. C. Kee (1986), *Medicine, Miracle and Magic in New Testament Time*, Cambridge. — R. L. Numbers, D. W. Amundsen (sob a dir. de) (1986), *Caring and Curing: Health and Medicine in the Western Religious Traditions*, Nova York. — O. Temkin (1991), *Hippocrates in a World of Pagans and Christians*, Baltimore. — J. Jouanna (1992), *Hippocrate*, Paris. — M. Grmek (sob a dir. de) (1993), *Histoire de la pensée médicale en Occident, Antiquité et Moyen âge*, t. I, Paris (bibl.) — Col. (1994), *Est-il indigne de mourir? Autour de Paul Ramsey, Éthique* 11. — D. W. Amundsen (1995), "History of Medical Ethics: Europe: Ancient and Medieval", in *Encyclopedia of Bioethics*, ed. rev., Nova York, 1509-1537. — J.-C. Sournia (2003), "Médica, Ética", *DEFM*, v. 2, 153-158.

Periódicos: *Hastings Center Report*, Nova York, 1971. — *Journal of Medical Ethics*, Londres, 1975. — *Journal of Medicine and Philosophy*, Dordrecht, 1976-. — *Ethik in der Medizin*, Heidelberg, 1989-. — *Éthique*, Paris, 1991s.

Allen VERHEY

→ *Alma-coração-corpo; Ética; Morte; Ressurreição dos mortos.*

MELCHIOR CANO → **lugares teológicos**

MENONITAS → anabatistas

MENTIRA → veracidade

MESSALIANISMO

a) Histórico. — Na segunda metade do s. IV, primeiramente na Mesopotâmia, depois na Síria e na Ásia Menor, desenvolveu-se nos meios monásticos um movimento que se denominou *messalianismo* (m.) — a palavra "messaliano" (mess.), constituída a partir do particípio siríaco do verbo "rezar", significa "aquele que reza". Esse movimento não tardou a ser situado entre as heresias* e condenado como tal. A primeira alusão a seu respeito data de 370, aproximadamente: Efrém e Epifânio assinalam a sua presença na Mesopotâmia e em Antioquia. Efrém acusa esses "rezadores" de ser debochados e/ou agitadores e entusiastas (a palavra siríaca que ele utiliza tem esses dois sentidos), enquanto Epifânio censura neles o afastar-se das normas sociais permitindo que homens e mulheres* vivam juntos, recusando-se a trabalhar — ele não os acusa, entretanto, de nenhum desvio doutrinal. Depois de 380, eles são objeto de condenações oficiais. A primeira parece ter ocorrido por ocasião de um sínodo* celebrado em Antioquia sob a direção do bispo* Flaviano (portanto, depois de 381). Com Flaviano presidem não apenas clérigos* da Síria, mas também um bispo da Armênia bizantina e outro de Isauria, o que parece indicar que também lá havia monges suspeitos de m. Esse sínodo decide expulsar os mess. da Síria e da Mesopotâmia. Um pouco mais tarde sem dúvida, outro sínodo, celebrado em Sidé na Panfília, e no qual Anfilóquio de Icônio desempenha o papel principal, também os condena, o que indica talvez que os expulsos tinham se refugiado nessa região. No começo do s. V, de todo modo, é na Ásia Menor que se focaliza a controvérsia. O bispo Ático de Constantinopla (406-425) escreve aos bispos de Panfília ordenando-lhes que expulsem os mess.; um sínodo celebrado em Constantinopla sob seu sucessor Sisinnio, em 427, reitera essa ordem. No ano seguinte, uma lei contra os heréticos os menciona; ela denomina-os também "euchitas" ou "entusiastas". O concílio* de Éfeso*, em 431, enfrenta ainda esse problema e anatematiza os mess.; ele condena também algumas proposições extraídas de uma obra a eles atribuída, o *Asceti-con*, sem dúvida constituída de escritos difundidos sob o pseudônimo de Macário, o Grande (e que se pode provavelmente atribuir a Simeão da Mesopotâmia, ativo entre 380-390 e 430). Trata-se de um *corpus* de textos no qual se vê ainda hoje o produto de comunidades "mess."

b) Doutrina. — Os erros censurados nos mess. por heresiólogos ou sínodos são de duas ordens, doutrinais ou morais. Suas doutrinas heréticas seriam as seguintes: um demônio* está presente permanentemente na alma* de cada homem, demônio que o batismo* não pôde expulsar e que só a oração* é capaz de enxotar; a oração produz a vinda do Espírito* Santo à alma e a união com o Esposo celeste, o que provoca no perfeito a libertação das paixões*, a impassibilidade*. Além dessas afirmações doutrinais, acusam-se os mess. de pretender-se inspirados por visões e sonhos e de dizer-se profetas*; de desdenhar o trabalho*, mesmo que este se destine à beneficência, e de preferir a ele o sono (durante o qual têm seus sonhos); de desprezar os sacramentos*, a hierarquia* e as instituições eclesiásticas, inúteis ao espiritual; por fim, de perjurar e até de dar provas de licenciosidade sexual — coisas indiferentes aos perfeitos. Várias dessas acusações sobre o comportamento não passam, sem dúvida, de exageros ou de casos específicos. Mas o que dizer das doutrinas neles censuradas? Pode-se com certeza encontrar elementos seus nas obras do Ps.-Macário, mas elas foram isoladas de seu contexto e da visão espiritual de conjunto que oferecem esses escritos. O estudo terminológico dos *Macariana* parece de fato mostrar que a crise mess. nasceu do encontro de dois mundos culturais diferentes: o do monaquismo* de língua siríaca e o de bispos e teólogos de língua grega. O Ps.-Macário (que escreve em grego) tomara de empréstimo ao monaquismo siríaco seus temas centrais, mas também as imagens e a linguagem poética e simbólica na qual se exprimia uma experiência* espiritual intensamente vivida (metáforas da mistura, da coabitação, da plenitude). A ambiguidade dessa linguagem, na qual a experiência sensível da graça* ocupa um lugar preponderante, e que incontestavelmente pôde às vezes conduzir a distorções nos meios de língua grega, explica as acusações de heresia lançadas contra os mess.

O m., de fato, é um movimento que não tem nem dirigente nem doutrinas precisas. Deve-se falar sobretudo de tendências mess., e elas não pararam de surgir nos meios monásticos do Oriente e mesmo do Ocidente cristãos. O Egito foi atingido por elas; houve também monges "euchitas" em Cartago, contra os quais Agostinho* escreveu uma obra sobre o trabalho dos monges. Essas tendências, porém, apresentam diferenças que constituem às vezes divergências. O *corpus* pseudomacariano é a primeira testemunha disso: seu estado atual mostra que ele foi objeto de revisões, que ele é, portanto, o eco de discussões nos meios que o liam. Sua releitura e sua retificação por autores ortodoxos (p. ex., pelo autor do *De instituto christiano*, talvez Gregório de Nissa) mostram de todo modo sua influência, que não deixou de exercer-se no monaquismo bizantino.

- H. Dörries, E. Klostermann, M. Kroeger (ed.), *Die 50 geistlichen Homilien des Makarios*, PTS 4, 1964. — Ps.-Macário, *Oeuvres spirituelles* I, SC 275.

▸ J. Gribomont (1972), "Le dossier des origines do m.", *in Epektasis, Mélanges patristiques offerts au cardinal J. Daniélou*, Paris, 611-625. — H. Dörries (1978), *Die Theologie des Makarios-Symeon*, Göttingen. — R. Staats (1982), "Beobachtungen zur Definition und zur Chronologie des Mess.", *JÖBG* 32, 234-235. — C. Stewart (1991), *"Working the Earth of the Heart". The Messalian Controversy in History, Texts, and Language to AD 431* (bibl.), Oxford. — A. Guillaumont (1996), "Mess.: appellations, histoire, doctrine", "Le témoignage de Babaï le Grand sur les mess.", "Le baptême de feu chez les mess.", *in* Id., *Études sur la spiritualité de l'Orient chrétien*, SpOr 66, 243-281.

Pierre MARAVAL

→ *Espiritual (teologia); Hesicasmo; Monaquismo; Ortodoxia.*

MESSIANISMO/MESSIAS

1. Vocabulário

A linguagem contemporânea utiliza abundantemente o termo "messianismo" (m.) para caracterizar a espera, amiúde nutrida no quadro de movimentos político-religiosos, de uma mudança radical e definitiva no interior da história*. Trata-se de uma exploração derivada e de uma extensão de uma palavra que encontra sua fonte na exegese* bíblica tradicional, a começar pelo próprio NT.

No AT, o hb. *mâshîah*, que originou "messias" (em gr. *Christos*, donde o título de "Cristo"), não remete nunca ou quase nunca ao salvador escatológico. Ele significa "ungido" e designa seja sobretudo o rei histórico, seja o sumo sacerdote (6 x) e uma vez (metaforicamente) os Pais (Sl 105,15). É o NT que lhe conferirá esse valor escatológico ao aplicá-lo a Jesus*. Ele releu em função do acontecimento constituído pela mensagem e pela pessoa de Jesus certo número de textos do AT, nos quais reconheceu um valor profético. É a esse conjunto de representações que damos aqui o nome de m.

2. Problemática

Em geral, a pesquisa crítica moderna foi ultrapassada por essa leitura apologética e teológica. Ela se vinculou mais com o sentido que tiveram os textos em seu primeiro enraizamento político, econômico e social. Ao fazê-lo, ela se desviou progressivamente da leitura tradicional, até chegar a desinteressar-se, ao menos de modo temporário, por esse setor da teologia bíblica*. Acrescentemos que a substituição, na linguagem corrente, de uma figura pessoal (messias) por um conjunto de representações às vezes bastante vagas (m.) provavelmente contribuiu para esse desinteresse. A pesquisa recente parece desejar novamente investir nesse domínio, no qual numerosas questões permanecem por ser resolvidas.

A figura do messias se confunde com uma figura real? Ela convém a outras personagens, ligadas aos "últimos tempos*"? Qual o vínculo entre essa espera messiânica e a esperança* da salvação* em geral? Questionaram-se também as fontes e o motivo dessa espera, o caráter "escatológico" dessa esperança. Se este último termo se confundisse com o apocalíptico*, não restaria mais nenhum outro texto messiânico senão Dn 7,13! Ainda seria necessário que se reconhecesse nessa personagem do "Filho* do homem" um caráter pessoal, o que é largamente contestado. A acepção ampliada do termo conduziu mesmo a falar de um "m. sem messias", o que é pelo menos paradoxal. Assim entendido, "m." engloba as representações escatológicas do "Deus* que vem" ou do "reinado de Deus" (reino* de Deus). Essas dificuldades são reais. Permanece o fato de que a teologia* cristã é obrigada a levar em consideração as relações do AT e do NT. Uma vez que a Igreja* e o próprio Jesus se referiram ao AT, convém analisar os textos veterotestamentários que falam de um Salvador a vir, mesmo que o façam de modo incoativo. Nessa perspectiva, propomo-nos a inventariar os textos que podem ter uma relação, mesmo que longínqua, com a figura de Jesus.

3. A representação de base: a figura do rei

O m. bíblico tem sua fonte na realeza, em particular a de Davi, designado como "o ungido de Javé" (cf. 1Sm 16; 2Sm 5,3). A instituição monárquica representa a armadura permanente desse conjunto complexo de representações que se denomina o m. Outros modelos virão aglutinar-se em torno da figura real, que permanecerá o modelo de referência. Israel* tomou de empréstimo do Oriente Próximo circundante essa instituição, que, em função disso, se acha carregada de uma ideologia em parte comum aos diversos setores dessa área cultural. Na organização tanto do Estado* (cidade*) como do cosmos*, o rei desempenha um papel central. Os salmos* reais refletem amplamente essa ideologia. O rei tem como missão assegurar a paz* nas fronteiras e, com esse objetivo, submeter os inimigos da nação (Sl 2 e 110). Ele é também a garantia da ordem da sociedade* e do conjunto do cosmos*. Deve assegurar o *shalôm*, a paz, a harmonia social (Sl 72, 1s. 12-14), mas também a fecundidade da terra (Sl 72, 6s.16). O rei se tornou mediador de bênção* (Sl 21,7).

Essa ideologia de origem estrangeira estava mergulhada numa sacralidade pagã (paganismo*) diante da qual Israel teve de tomar distância. Em particular, ele arrancou essa repre-sentação do politeísmo e deixou a Javé a iniciativa da história. A teologia deuteronomista falará às vezes de aliança* específica com Davi (e sua descendência) (Sl 89,4s.20-38). Entretanto, para evitar os riscos de um poder demasiadamente centralizado e salvaguardar a transcendência divina, a solene promessa* dinástica de 2Sm 7,1-17, que constitui o mapa da realeza, prefere situar a realeza no próprio âmago da aliança do Sinai: o rei se encarrega dos interesses da aliança pela qual assume a responsabilidade (Renaud, 1994 a, 45-50), mas Deus permanece o senhor da situação. O rei se relaciona inteiramente com Javé, o que é traduzido claramente pelo título "ungido de Javé" (nos livros de Samuel notadamente), título que não tem equivalente nos outros sistemas religiosos contemporâneos. Essa teologia tem por efeito reforçar a dimensão coletiva da realeza. O rei davídico "filho de Deus" (Sl 2,7, designação herdada da ideologia real do Oriente Próximo) encarna Israel "filho de Deus" (Os 4,22; 11,1 etc.).

Essa dupla corrente, da ideologia real e da teologia da aliança que se reforçam uma à outra, faz que a esperança do povo* se cristalize na figura de Davi. Esta se torna uma figura emblemática e paradigmática, como o mostram os oráculos proféticos de Is 7; 9,1-6; Jr 23,5s. Sem dúvida, salvo raras exceções (Ezequias? Josias?), nenhum dos reis históricos se mostrará à altura do ideal vislumbrado; quer seja do Sul ou do Norte, a monarquia deixará sobretudo a lembrança de um poder infiel à sua missão. De nascimento em nascimento real, de entronização em entronização, a esperança renasce de um cumprimento* efetivo das promessas. A defasagem entre a dolorosa realidade e a plena realização esperada não cala a esperança do povo. Longe de estiolar-se, as promessas não deixam de reforçar-se e nutrem a esperança de um império que colocará Israel no centro do mundo (cf. Sl 2 e 110). Essa linguagem hiperbólica é sem dúvida uma herança da retórica de corte dos grandes impérios, aplicada aos pequenos reizinhos da Palestina. Ela é também fruto de uma esperança numa personagem idealizada que dará início a uma era de paz e de felicidade.

4. Um messianismo escatológico

a) *Messianismo e escatologia*.* — A ruína de Jerusalém e do Templo*, o desmoronamento das instituições reais e sacerdotais que estruturavam a vida da comunidade e a deportação da elite da nação provocam um grave traumatismo psicológico de que dá testemunho o Sl 89,39-51, e acarretam uma profunda reviravolta teológica. Jeremias declara a aliança rompida (Jr 31,32); as instituições herdadas do passado não funcionam mais como fontes da salvação. Israel se vê obrigado a projetar-se no futuro; o centro de gravidade se desloca do passado para o futuro, ao menos em certas correntes teológicas. Assim, Jeremias anuncia uma "nova aliança" (Jr 31,31-34). A realeza desapareceu, mas não a esperança com ela vinculada; esta última remete à esperança de um messias vindouro, mediador de uma salvação estável e definitiva. É permitido qualificar essa esperança de escatológica, mesmo que essa designação seja objeto de um debate terminológico. Vemos aqui como "escatologia" toda projeção no futuro, ainda que se trate de um futuro indeterminado, de figuras e de representações caracterizadas por uma perfeição insuperável. Já latente no m. pré-exílico, que concebia uma figura histórica ideal, esse m. escatológico desabrocha durante o exílio e depois dele, sem que por isso sejam definidos os prazos desse acontecimento. A figura ideal esperada como mediadora da salvação vai enriquecer-se em função das diversas experiências espirituais do povo eleito (eleição)*.

b) *Sobrevivência de um messianismo real.* — A partir do exílio e apesar do desaparecimento da instituição monárquica, a realeza permanece uma figura emblemática. Oráculos pré-exílicos recebem complementos significativos (cf. Am 9,11s; "e Davi seu rei" acrescentado em Jr 30,9 e Os 3,5). A promessa exílica de Mq 5,1ss faz referência a 1Sm 16; 2Sm 7; Jr 30,21. Ela tem em vista a retomada da aventura davídica em sua fonte, ao evocar não o rei guerreiro de Jerusalém* mas o pastor de Belém de Éfrata (Mq 5,1). Ezequiel retomará essa figura pastoral para fazer do davídico messiânico o representante do pastor* divino e conferir-lhe a missão de asse-gurar a unidade do povo eleito para além das fraturas ancestrais (Ez 34,23s; 37,24s). É por sua mediação que Javé concluirá com seu povo uma aliança de paz (Ez 34,25ss; 37,26ss).

A essa figura davídica vem sobrepor-se a figura, mais sóbria, de Salomão. Um editor do saltério dá ao Sl 72, todavia apresentado como uma "oração de Davi" (72,20), o título de "Salomão", e insere no interior do salmo a seção oracular dos vv. 8-11, carregada de reminiscências salomônicas (1Rs 5,1.4; 10,1-13). O próprio nome de Salomão (que se associa à raiz *shalôm*) e o caráter pacífico de seu reinado orientam para a mensagem escatológica central: a paz. De igual modo, o messias humilde e que trabalha pela paz porque destrói armas de guerra*, em Zc 9,9s, parece designar o novo Salomão, montado num burrico como seu longínquo ancestral (1Rs 1,33-40) por ocasião de sua entronização real.

c) *Emergência de um messianismo profético.* — Não surpreende que, agrupada em torno desses "vigias" zelosos (Ez 3,16s; 33,1-9) que são Jeremias, Ezequiel e o segundo Isaías, a comunidade do exílio favoreça uma promoção escatológica da função e da experiência proféticas na pessoa de um misterioso Servo*. Quatro poemas do dêutero-Isaías (42,1-9; 49,1-9; 50,4-11; 52-13–53,12) retraçam seu itinerário espiritual até a morte* mais humilhante, que contudo assume um valor expiatório (expiação*).

d) *Vestígios de um messianismo sacerdotal.* — Com o fim do exílio e a reconstrução do Templo, o sacerdócio* retoma um lugar eminente, em parte em virtude do desaparecimento do profetismo e da realeza. Ele próprio se acha idealizado e, a esse título, pode contribuir para o esboço da figura messiânica. Isso é tanto mais fácil na medida em que na Antiguidade o rei exercia funções sacerdotais. O Sl 110 é disso uma testemunha particularmente eloquente, e as comunidades judaica e cristã lerão nele o anúncio de um messias-sacerdote (Hb 5,5.8:6,20; 7,1-17), embora as atestações dessa dupla função sejam relativamente pouco numerosas (textos identificados pela crítica como "releituras", p. ex., Jr 33,14-18 ou Is 52,10-12). Observar-se-á também que o nome do sumo sacerdote Josué substituiu o de Zorobabel num oráculo (Zc 6,11-15) que se referia primitivamente a este último. Da mesma maneira, desejou-se ver na personagem anônima de Is 61,1ss um messias sacerdotal. Esses dados permanecem esparsos e nunca darão ao sumo sacerdote messiânico o brilho da figura davídica. O *Testamento dos XII Patriarcas* e os escritos essênios de Qumran tentarão harmonizar mais ou menos engenhosamente essas linhas divergentes e conceberão para os tempos escatológicos o advento de dois messias, um rei, o outro sacerdote. Os *Salmos de Salomão* permanecerão fiéis ao ideal davídico (e salomônico?) (*Ps Sal* 17).

e) Esperança messiânica e espera da vinda do reinado de Javé. — A ampliação moderna do conceito de m. levou a considerar a existência de um "m. sem messias", que caracterizava a esperança da vinda escatológica do reinado de Deus. A formulação é sem dúvida pouco feliz. Tampouco deixa de ser verdade que os editores tardios dos livros proféticos tentaram articular m. davídico e escatologia* do "Deus que vem" numa síntese orgânica, p. ex. no libreto de Mq 4–5 (Renaud, *La formation du livre de Michée*, Paris, 1977, 271-287). O esforço permanece artificial e insatisfatório. O Sl 2, em sua leitura escatológica, conseguirá, na melhor das hipóteses, essa integração ao subordinar estreitamente a função do messias ao exercício de um governo divino de que o rei é apenas o agente de execução.

5. O Novo Testamento

a) Jesus e a reivindicação messiânica. — Diante de seus milagres*, os contemporâneos de Jesus se interrogam sobre sua qualidade de messias (Jo 4,29; 7,40ss; Mt 12,23). Seus discípulos não tardam a reconhecê-lo como tal (Jo 1,41.45-49). Provocado por Jesus, Pedro* declara solenemente: "Tu és o Messias" (Mc 8,29). Mas, ao menos até sua paixão*, Jesus mantém certo distanciamento com relação a esse título. Ele próprio evita cuidadosamente sua utilização e impõe aos que o identificaram, quer se tratasse de demônios* (Lc 4,41), quer

dos Doze (Mt 16,20), que não o divulgassem: as concepções populares vinculadas com esse título são demasiadamente ambíguas, carregadas de esperança política e guerreira, ligadas a representações temporais. É sobretudo o título de "Filho do homem" que se encontra na boca de Jesus (Mc 8,31; Mt 17.9.22; 24,30; 26,2.24.64 etc.). Essencialmente coletiva na origem (Dn 7), essa figura recebeu em certas correntes do judaísmo* contemporâneas do NT um alcance propriamente individual. Advinda do meio apocalíptico*, ela é suficientemente aberta para que Jesus possa aí introduzir as características do servo* sofredor de Javé (Mc 8,31; 9,12; 10,32ss), tomadas de empréstimo a Is 53.

No entanto, pouco antes de sua morte, num contexto de hostilidade crescente, Jesus se apropria desse título de Messias e, no dia dos "ramos" (Mt 21,1-11 e par.), representa o oráculo de Zc 9,9s. Intimado pelo sumo sacerdote, diante do sinédrio, a declinar sua identidade, Jesus escolhe, aqui ainda, mais do que o título de Messias, o de Filho do homem (Mt 26,63): é ele que, segundo diz, "vós vereis doravante sentado à direita de Deus" (cf. Sl 110,1). Ele dá assim ao título de messias um conteúdo original que o distingue de todas as representações populares desviantes.

b) A comunidade cristã primitiva. — À luz da ressurreição*, a Igreja primitiva aplica de imediato a Jesus ressuscitado o título de Messias, de "Cristo" (do grego *christos*), a partir de então destituído de qualquer equívoco. Jesus é o verdadeiro filho de Davi (Mt 1,1; Lc 1,27; 2,4). No Pentecostes, Pedro declara: "Deus fez Senhor e Cristo aquele que crucificastes" (At 2,36). Ademais, no uso corrente, o termo não tem mais valor de apelativo, tornando-se um nome* próprio que designa a própria pessoa de Jesus ("Jesus Cristo"), um nome que atrai para si todas as outras qualificações. Jesus é reconhecido como o verdadeiro Messias porque Deus "o ungiu de Espírito* e de poder*" (At 10,38; cf. 4,26s; Lc 4,16-22; ver Is 61,1ss).

• T. N. D. Mettinger (1976), *King and Messiah*, Lund. — J. Becker (1977), *Messiaserwartung im Alten Testament*, Stuttgart. — H. Cazelles (1978), *Le Mes-*

sie de la Bible, Tournai-Paris. — P. Grelot (1978), *L'espérance juive à l'heure de Jésus*, Paris. — E. J. Waschke (1988), "Die Frage nach dem Messias im Alten Testament als Problem alttestamentlicher Theologie und biblischer Hermeneutik", *ThLZ* 113, 321-332. — U. Struppe (sob a dir. de) (1989), *Studien zum Messiasbild im Alten Testament*, Stuttgart. — H. Strauss, G. Stemberger (1992), "Messias", *TRE* 22, 617-629 (bibliografia recente). — Col. (1993), *Le m. dans l'histoire*, *Conc.* nº 245. — B. Renaud (1994*a*), "La prophétie de Natan: théologies en conflit", *RB* 101, 5-61; (1994 *b*), "Salomon, figure du Messie", *RevSR* 68, 409-426.

Bernard RENAUD

→ *Cidade; Cristo/cristologia; Escatologia; Filho do homem; História; Jesus da história; Promessa; Profeta; Salmos; Sacerdócio; Sentidos da Escritura; Servo de Javé; Reino de Deus.*

MESTRE ECKHART DE HONENHEIM
→ **renano-flamenga (mística)**

METAFÍSICA → ser

METODISMO

O metodismo (m.), comunhão* cristã mundial que contava com 60 milhões de membros e de simpatizantes em 1995, é proveniente do despertar evangélico inglês do s. XVIII.

1. Origens e história institucional

Os principais fundadores do m. são os dois irmãos Wesley, John (1703-1791) e Charles (1707-1788), pastores* da Igreja* anglicana que recusavam (sobretudo Charles) a noção de cisma* mas que, pelas estruturas* missionárias e pastorais que implementaram (reunião de convertidos ou daqueles que se dedicam à busca em "sociedades", "classes" e "bandas"; pregadores itinerantes, aí incluídos alguns leigos*, que se reúnem em conferência anual; reuniões de oração* e de pregação, ao lado do culto* paroquial; construção de capelas; instituições de caridade), tornaram mais ou menos inevitável uma separação da Igreja da Inglaterra (anglicanismo*), ela própria abandonada diante das consequências

demográficas da revolução industrial em curso. De fato, a separação ocorreu primeiro sobretudo na América, para onde John Wesley tinha enviado em 1784 pastores que consagrara; ele reivindicava, com efeito, o poder sacramental da ordem* a título de presbítero*-epíscopo, e exerceu na situação de urgência pastoral dos Estados Unidos recém-independentes, isto é, fora da jurisdição*, política, da Coroa e, canônica, da Igreja estabelecida.

Nos Estados Unidos, os superintendentes gerais receberam o título de bispo*, e a conferência do Natal de 1784 celebrada em Baltimore viu nascer a Igreja metodista episcopal. O m. se difundiu rapidamente, com a expansão voltada para o oeste. Ele se adaptou tão bem às condições sociais do lugar e do tempo que foi possível considerá-lo o próprio tipo da eclesialidade americana, gozando de uma irradiação cultural indubitável embora perdendo certo recuo crítico diante dos desenvolvimentos ideológicos e políticos do país. Na Inglaterra, a evolução do m. foi mais lenta. Enraizando-se em cada região do país ("Considero o mundo inteiro como minha paróquia", dissera John Wesley, *Works*, Jackson 1, 201), ele permaneceu todavia minoritário, atraindo sobretudo os artesãos, os pequenos burgueses e, com o tempo, as profissões liberais. A fração indubitavelmente mais importante do m. inglês (a Wesleyan Methodist Connexion) permaneceu por muito tempo associada às formas litúrgicas anglicanas (John Wesley legara com uma ligeira adaptação os ofícios principais do *Prayer Book*), sobretudo no que se refere à celebração dos sacramentos* (o movimento wesleyano foi marcado desde sua origem pela redescoberta da santa ceia como meio de graça*); no entanto, como reação ao impulso de um anglocatolicismo romanizante, mas também de um "evangelicalismo" mais vigoroso no interior da Igreja da Inglaterra, o m. se alinhou cada vez mais, em sua existência autônoma, com as (outras) igrejas livres da Grã-Bretanha, desde a segunda metade do s. XIX.

Tanto na América como na Inglaterra, o m. passou no s. XIX por cismas internos. Nos Estados Unidos foram criadas Igrejas "negras", das quais três importantes florescem ainda: a African Methodist Episcopal (AME), a African Methodist Episcopal Zion (AMEZ) e a Christian Methodist Episcopal (CME). Afora a grande divisão entre o Norte e o Sul americanos a propósito da escravidão (John Wesley já lutara em favor de sua abolição), tratava-se na maioria das vezes de desacordos entre clero e leigos* a respeito da autoridade*. No s. XX, o m. se recompôs amplamente: nos Estados Unidos, a Methodist Episcopal Church, a Methodist Episcopal Church South e a Protestant Methodist Church constituíram juntas a Methodist Church (1939), que formou em seguida, com comunidades de origem germânica, a United Methodist Church (1968). A partir de 1932, a Methodist Church da Grã-Bretanha reuniu a Wesleyan Methodist Church e várias pequenas comunidades surgidas no decorrer do s. XIX. Hoje, a United Methodist Church dos Estados Unidos (8,5 milhões de membros adultos, comunidade total de 15 a 20 milhões de pessoas) e a Methodist Church da Grã-Bretanha (400.000 membros adultos, 1,2 milhão no total) padecem da secularização* generalizada. O vigor do m. se manifesta sobretudo na África e em alguns países da Ásia e da Oceania, onde a presença do m. se deve às missões* enérgicas do s. XIX e do começo do s. XX. Existem também igrejas metodistas na Europa central e nórdica, compostas na origem sobretudo de imigrantes que retornaram dos Estados Unidos.

2. John Wesley, fundador espiritual, mestre doutrinal

Segundo um teólogo católico, o m. deve sua existência a John Wesley (W.), "assim como, na Igreja católica, uma ordem religiosa ou uma família espiritual deriva seu espírito de um fundador" (Frost, 1980). De acordo com um historiador católico, o m. de W. representa, na evolução do protestantismo*, uma reação com referência ao solafideísmo luterano (Piette, 1927). Como caracterizar o pensamento desse homem do qual um punhado de textos constitui o fundamento doutrinal oficial da grande maioria das Igrejas metodistas (os quatro primeiros volumes de seus *Sermões*, suas *Notas sobre o NT* e, no que diz respeito ao m. americano, seu resumo dos *Artigos da religião* [XXIV no lugar dos XXXIX do anglicanismo] e as *Regras gerais das sociedades metodistas*)?

a) *A catolicidade das fontes*. — Ao designar-se como *homo unius libri*, "o homem de um único livro", W. assinalou sua adesão às Sagradas Escrituras* como fonte e critério da doutrina (ver o artigo VI dos *Trinta e nove artigos*). Ele considerava os escritores eclesiásticos, sobretudo os dos três primeiros séculos, os "comentadores mais autênticos das Escrituras, sendo ao mesmo tempo os mais próximos da fonte e eminentemente investidos do mesmo Espírito pelo qual toda a Escritura foi dada" (*Works*, Jackson 10, 484); e embora continuasse a citar os principais Padres* mais recentes W. depositava menos confiança nos testemunhos da Igreja pós-constantiniana, em função das corrupções morais e práticas que penetraram nesse contexto pela porta imperial. O símbolo dos Apóstolos* e o de Niceia*-Constantinopla* fornecem a chave dogmática* da hermenêutica* wesleyana. W. era herdeiro da Reforma sob sua forma inglesa (artigos, homilias, *Prayer Books*) e fez uso dos autores espirituais ingleses dos s. XVII e XVIII (Jeremy Taylor, Thomas Ken, Henry Scougal, William Law, Nathaniel Spinckes, Thomas Deacon). Ele encontrou o protestantismo continental pelo viés pietista dos irmãos morávios de Herrnhut, que conheceu durante sua viagem à América (1736-1738); foi sob a influência deles que experimentou sua "conversão* evangélica" (ver *infra* c), mas manteve certo distanciamento com relação às suas tendências quietistas. Por outro lado, W. rejeitou alguns "erros e superstições" do catolicismo* romano (ele reeditou, do bispo anglicano John Williams, *A Roman Catechism faithfully drawn out of the writings of the Church of Rome, with a Reply thereto*), mas incluiu autores espirituais medievais (*A imitação de Cristo*) e até mais recentes (Pascal*, Fenelon, Madame Guyon; João d'Ávila, Gregório Lopez, Molinos) na "Biblioteca Cristã" (1749-1756) que preparou em cinquenta volumes para seus pregadores e leigos cada vez mais cultivados (Orcibal, 1951).

b) *A ortodoxia doutrinal*. — Diante do deísmo* e do neoarianismo* de certos meios intelectuais e mesmo eclesiásticos de sua época, W. ateve-se ao *Three-One God* e à sua obra de redenção. Recusando um excesso de especulação sobre o mistério* da vida íntima de Deus*, W. afirmava a morte* e os méritos do Verbo* encarnado e a ação gratuita do Espírito* Santo, indispensável para levar os fiéis ao Pai* pelo Filho (*Sermão* 55, *Sobre a Trindade*), esperando o dia em que "haverá uma união profunda, íntima, sem interrupção com Deus; uma comunhão constante com o Pai e seu Filho Jesus Cristo, pelo Espírito; um júbilo contínuo do Deus Três-Um, e de todas as criaturas nele" (*Sermão* 64, *A nova criação*). Em meio ao latitudinismo vigente, W. insistia nas "doutrinas essenciais", embora tolerasse (no limite) "as opiniões que não atacam a própria raiz do cristianismo" (*Works*, Jackson 8, 340).

c) *Focalização antropológico-soteriológica.* — O otimismo da graça* — de que fala E. G. Rupp a propósito de W. — situa-se entre o pessimismo calvinista e o pelagianismo* que os luteranos suspeitavam ser praticado pelo pai do m. O próprio W. dizia: "Nossas principais doutrinas são três: o arrependimento, a fé* e a santidade*", sendo elas como "o pórtico da religião, sua porta, e a própria religião" (*Works*, Jackson 8, 472). Uma fórmula metodista inglesa moderna resumiu a posição wesleyana em quatro pontos principais: 1/ Todos têm necessidade da redenção. O tratado teológico mais extenso de W. é dedicado ao pecado original* (*Works*, Jackson 9, 196-464). O fim da redenção é restaurar os homens à imagem de Deus, entendida num sentido cristológico. 2/ Todos podem ser salvos. Ao contrário dos decretos que enfatizam a predestinação, W. afirma o desejo divino da salvação* universal (1Tm 2,5), cujo preço foi pago por Cristo. Em virtude da obra redentora de Cristo, todo homem se beneficia da "graça preveniente", que o capacita a responder livremente na fé à oferta do Evangelho. A justificação* inicial é recebida unicamente pela fé. 3/ Todos podem saber-se salvos. W. descreve assim sua "conversão evangélica" (*Works*, Jackson 1, 103):

"Na noite [do dia 24 de maio de 1738], a contragosto, fui à Aldersgate Street, onde se reunia uma sociedade religiosa. Lia-se o prefácio de Lutero* à Epístola aos Romanos. Por volta de oito e quarenta e cinco, enquanto ele descrevia a mudança que Deus opera no coração* pela fé em Cristo, senti que meu coração se aquecia estranhamente (*I felt my heart strangely warmed*). Senti que confiava em Cristo, apenas em Cristo, para a salvação; e dominou-me a certeza de que ele me tirara os pecados*, sim, *os meus*, e que me salvara, *a mim*, da lei do pecado e da morte*".

O texto clássico da espiritualidade metodista menciona a "segurança", "privilégio regular dos fiéis", que se manifestará como um testemunho do Espírito de adoção (Rm 8,15s). Contra a doutrina da perseverança absoluta, porém, W. ensina que as promessas* de Deus valem (somente) na medida em que são acolhidas livremente pela fé. 4/Todos podem ser salvos plenamente ("*to the uttermost*"). Contra o *simul iustus et peccator* compreendido à maneira luterana como paradoxo permanente, W. pregava a santificação como transformação real que pode levar, a partir da terra (ao contrário da doutrina de Calvino*), à perfeição — a qual, sem excluir a ignorância, as fraquezas e os erros que são ainda efeito da queda, consiste num amor* sem falha a Deus e ao próximo. Embora as boas obras* não mereçam a salvação*, o fiel não será justificado, em última análise, senão com esses frutos da fé (2Cor 5,10). (Foi o alcance social da santificação tal como W. a concebia que teria inspirado o engajamento sindicalista dos metodistas na Inglaterra, p. ex., ou seu engajamento em favor da Lei seca nos Estados Unidos.)

d) *Abertura ecumênica.* — Sem minimizar a crítica de W. a certas doutrinas e práticas do catolicismo, é preciso sublinhar o caráter irênico de sua *Carta a um católico romano*, escrita em Dublin em 1749 (*Works*, Jackson 10, 80-86). Invocando o único criador e redentor de todos, W. expõe em particular a fé partilhada por protestantes e católicos (sob a forma de uma explicação do símbolo de Niceia-Constantinopla), assim como suas aspirações espirituais e morais comuns; e sobre essa base ele exorta à caridade, à oração e à ajuda mútuas em todo assunto que "leve ao reino* de Deus". Em seu *Sermão* 39 de 1750 intitulado *Catholic Spirit* (*Works*,

Jackson 5, 492-504), W. estende a mão a todos aqueles que, em matéria de doutrina, de culto* e de moral, afirmam ao menos "os principais elementos do Evangelho de Cristo" segundo as Escrituras, propondo-lhes "a unidade na afeição" se "a unidade* perfeita e visível (*an entire external union*)" fosse impedida por diferenças de opinião, de formas litúrgicas ou de governo* (segundo W., o único "fim de toda ordem eclesiástica" é "levar as almas* de Satanás a Deus e edificá-las em seu temor* e seu amor*"; *Works*, Jackson 12, 80 *sq*).

e) Uma fé cantada. — Charles W. é o principal poeta do m. (John servia sobretudo de crítico e de editor, embora ele próprio tenha traduzido, de maneira excelente, cerca de trinta hinos alemães). Juntos, os dois irmãos forneceram ao m. (e, em menor medida, a todas as Igrejas anglófonas) um vasto tesouro de cânticos ricos em conteúdo que marcam as grandes festas do ano, adornam a celebração eucarística (coletânea de 166 *Hinos para a Ceia do Senhor*, 1745) e sobretudo traçam o caminho da experiência* da fé (*Coleção de hinos para uso das pessoas chamadas metodistas*, 1780).

3. Aspecto confessional do metodismo

Os metodistas não apreciam considerar-se como uma "confissão" no sentido luterano ou reformado desse termo. A. C. Outler (1991) caracterizou-os sobretudo como uma "Igreja incompleta", uma "ordem evangélica" em busca de um "contexto católico". Como as realidades institucionais não nos permitem aceitar inteiramente essa descrição, é preciso admitir a existência de duas maneiras de conceber e de viver o m. nas circunstâncias de uma cristandade desunida:

a) A tendência americana. — Devido à sua constituição independente e à sua rápida expansão, o m. não tardou a adquirir nos Estados Unidos o caráter de Igreja (Igreja como denominação confissional), e até de Igreja multitudinária, em que a liberdade* das opiniões favorecia o pluralismo teológico (e também litúrgico). Na situação cultural americana, isso suscitou uma reviravolta das ênfases wesleyanas: "da revelação* à razão*", "do homem pecador ao homem moral", "da graça livre ao livre-arbítrio" (Chiles, 1965). Na medida em que, durante os anos 1970-1990, se alegou

a existência de um "quadrilátero wesleyano" de fontes ou de critérios para a teologia*, os progressistas acentuaram a importância epistemológica da *razão* e sobretudo da *experiência* (sociopolítica e individual), enquanto os ortodoxos privilegiavam a substância das *Escrituras* e da *tradição*. Na estratégia ecumênica, a tendência americana consistiu em apoiar uma "diversidade reconciliada", que permite a sobrevivência das denominações numa coexistência marcada pela cooperação mas talvez também, à maneira capitalista, por uma sadia concorrência.

b) A tendência inglesa. — Minoritário, o m. inglês conservou até aqui uma identidade materialmente mais wesleyana, graças sobretudo, no nível popular, à sua fidelidade à hinódia dos Wesley e, no nível intelectual, à vinculação de seus teólogos com as disciplinas bíblicas, históricas e teológicas tradicionais. No plano ecumênico, gerações sucessivas de seus teólogos contribuíram para o movimento Fé e Constituição, e Igrejas metodistas de tipo inglês participaram da formação de Igrejas* que se uniram organicamente em vários países ou regiões (por exemplo, Sul da Índia, 1947; Norte da Índia, 1971; Austrália, 1977). Em 1969 e em 1972, a conferência da Igreja metodista da Grã-Bretanha aprovou um plano de reunião com a Igreja da Inglaterra (que fracassou).

c) Diálogos bilaterais. — Graças ao Conselho Metodista Mundial (composto por 70 Igrejas), o m. estabeleceu e estabelece sempre diálogos bilaterais com a Igreja católica (a partir de 1967: ver sobretudo *A tradição apostólica* de 1991 e *A palavra de vida: sobre a revelação e a fé* de 1996), a Federação Luterana Mundial (*A Igreja, comunidade da graça*, 1984), a Aliança Mundial das Igrejas Reformadas (*Juntos na graça de Deus*, 1987), a Comunhão Anglicana (*Partilha da comunhão apostólica*, 1996) e as Igrejas ortodoxas (documento em preparação, sob a égide do patriarcado* ecumênico).

- *The Works of John Wesley*, ed. T. Jackson, 14 vol. 3ª ed., 1872, Londres. — *The Works of John Wesley: Bicentennial Edition*, ed. crítica, 35 volumes em curso, 1975, Nashville, Tenn. — *The Poetical Works of John and Charles Wesley*, ed. G. Osborn, 13 vol., 1868-1872, Londres. — *John Wesley*, ed. A. C. Outler, Nova York, 1964 (antologia). — *Charles Wesley: A Reader*, ed. J. R. Tyson, Nova York, 1989 (antologia).

▸ M. Piette (1927), *La réaction de John Wesley dans l'evolution du protestantisme*, Bruxelas. — G. C.

Cell (1935), *The Rediscovery of John Wesley*, Nova York. — J. E. Rattenbury (1938), *The Conversion of the Wesleys*, Londres; (1948), *The Eucharistic Hymns of John and Charles Wesley*, Londres. — J. Orcibal (1951), "Les spirituels français et espagnols chez John Wesley et ses contemporains", *RHR* 139, 50-109. — J. Bowmer (1951), *The Sacrament of the Lord's Supper in Early Methodism*, Londres. — M. Schmidt (1953-1966), *John Wesley*, 2 vol., Zurique-Frankfurt. — J. Orcibal (1959), "L'originalité théologique de John Wesley et les spiritualités du continent", *RH* 222, 51-80. — C. W. Williams (1960), *John Wesley's Theology Today*, Nashville. — F. Baker (1962), *Representative Verse of Charles Wesley*, Londres. — R. E. Chiles (1965), *Theological Transition in American Methodism 1790-1935*, Nashville. — R. E. Davies, A. R. George, E. G. Rupp (sob a dir. de) (1965-1988), *A History of the Methodist Church in Great Britain*, 4 vol., Londres. — F. Baker (1970), *John Wesley and the Church of England*, Londres. — J. Weissbach (1970), *Der neue Mensch im theologischen Denken John Wesleys*, Stuttgart. — C.-J. Bertrand (1971), *Le m.*, Paris. — O. E. Borgen (1972), *John Wesley on the Sacraments*, Zurique. — C.-J. Bertrand (1974), "Le m., 'province' méconnue de la communion anglicane?", in *Aspects de l'anglicanisme: Colloque de Strasbourg 14-16 juin 1972*, Estrasburgo. — F. A. Norwood (1974), *The Story of American Methodism*, Nashville. — F. Frost (1980), "M.", *Cath* 9, 48-71. — T. A. Langford (1983), *Practical Divinity Theology in the Wesleyan Tradition*, Nashville. — F. Frost (1980), "M.", *Cath* 9, 48-71. — T. A. Langford (1983), *Practical Divinity Theology in the Wesleyan Tradition*, Nashville. — G. Wainwright (1983), "Methodism's ecclesial location and ecumenical vocation", *OiC* 19, 104-134 (retomado em Id., *The Ecumenical Moment*, Grand Rapids, Mich., 1983, 189-221). — J. M. Turner (1985), *Conflict and Reconciliation: Studies in Methodism and Ecumenism in England 1740-1982*, Londres. — A. Coppedge (1987), *John Wesley in Theological Debate*, Wilmore, Ky. — H. D. Rack (1989), *Reasonable Enthusiast: John Wesley and the Rise of Methodism*, Londres. — R. L. Maddox (1990), "John Wesley and Eastern Orthodoxy", *AsbTJ* 45, 29-53. — T. A. Campbell (1990-1991), "The 'Wesleyan Quadrilateral': The Story of a Modern Methodist Myth", *MethH* 29, 87-95. — T. A. Campbell (1991), *John Wesley and Christian Antiquity*, Nashville. — A. C. Outler (1991), *The Wesleyan Theological Heritage*, Grand Rapids. — W. Klaiber e M. Marquardt (1993), *Gelebte Gnade: Grundriss einer Theologie der Evangelisch-methodistischen Kirche*, Stuttgart. — R. L. Maddox (1994), *Responsible Grace: John Wesley's Practical Theology*, Nashville. — R. P. Heitzenrater (1995), *Wesley and the People called Methodists*, Nashville. — S. J. Jones (1995), *John Wesley's Conception and Use of Scripture*, Nashville. — G. Wainwright (1995), *Methodists in Dialogue*, Nashville. — K. B. Westerfield Tucker (sob a dir. de) (1996), *The Sunday Service of the Methodists*, Nashville.

Geoffrey WAINWRIGHT

→ *Anglicanismo; Calvinismo; Calvino; Ecumenismo; Família confessional; Luteranismo; Lutero; Pietismo; Puritanismo; Quietismo.*

MILAGRE

A. TEOLOGIA BÍBLICA

I. Vocabulário

Nenhuma palavra do hb. ou do gr. bíblico pode ser sobreposta a "milagre" (m.), compreendido como uma exceção às leis da natureza*, atribuída à divindade porque inexplicável de outra maneira. A experiência religiosa do m. prevalece sobre a de uma interrupção da causalidade comum: cf. Bultmann (1926), *Jesus*; a universalidade das leis físicas não é ainda reconhecida.

O hb. *'ôt* (78 x), "sinal" (LXX *sèmeion*) e *môfet* (36 x), "prodígio" (LXX *teras*), são frequentemente associados (18 x): o m. é uma mensagem; *môfét*, sozinho, pode também significar "presságio" (Is 8,18; Ez 12,6-11; 24,24-27). Encontra-se *nifelât'ôt* (raro no singular), "maravilhas" (LXX *thaumasia*) ou o verbo *pl'*, "fazer maravilhas"; *nôrâ'ôt* (44 x), "ações temíveis", *gevoûrôt*, "façanhas"; *ma'aséh* (LXX *ergon*), "ação" ou "obra", termo englobante; *paradoxon* (Sb 5,2; 19,5; no superlativo: 16,17), "extraordinário". — Os sinóticos têm de preferência *dynamis* (ausente de Jo) para os m. de Jesus*; Jo se restringe a *sèmeion* (27 x), ou *ergon*.

II. Antigo Testamento

1. Diversidade dos milagres

O m. não vem forçosamente de Deus* (Dt 13,2ss). Moisés só supera os mágicos (Ex 7,11s.22; 8,2.14; 9,11) no âmbito de uma competição. Com relação aos eixos principais da tradição*, alguns m. são mais próximos. Os m. do ciclo de Moisés se inscrevem no próprio cerne da Torá, onde se transmite a tradição: textos didáticos (Dt 4,34; 7,19; 29,2; 34,11), catequeses* para o filho (Ex 13,14; Dt 6,22; Sl 44,2; 78,1-7.43; 105,5.27), "credo" narrativo de Dt 26,5-9 (cf. Js 24,5). No caso do m. de Josué ("Sol, detém-te!": Js 10,12b), não há recorrência do motivo. O ciclo de Elias e de Eliseu ilustra o profetismo: sinais cósmicos (1Rs 18,19-46), dádivas de alimento (1Rs 17,8-16; 2Rs 4,1-7 .42ss), cura de um pagão (2Rs 5); mortos que voltam à vida (1Rs 17,17-24; 2Rs 4,18-37) etc. Mas não é atribuído nenhum m. aos profetas* do s. VIII (salvo em Is 38,1-8; 2Rs 20,1-11) nem a seus sucessores.

2. Mudanças da forma literária

No mito* de origem, o efeito de irrupção próprio do m. está ausente: o inverossímil, brevemente relatado, é contínuo (Gn 2–3; cf. Mt 4,1-11: Jesus no deserto) e não surpreende. Sabor cômico e ingenuidade colorem as *tradições locais* (cadáver reposto em pé por ter sido precipitadamente lançado na tumba de Eliseu: 2Rs 13,20s gr.). As lendas tardias têm um caráter fabuloso e detalhado, artificial (2Mc 2,1-6; 3,24-34; Dn 3). Em compensação, nada de milagroso ocorreu na longa história de Davi e de Salomão, não mais do que na história, todavia romanceada (*novellistisch*), de José (Gn 36-50).

3. Releituras

a) Mudanças de escala. — Segundo a fonte mais recente, o Mar Vermelho se abre sem o concurso dos agentes naturais que Ex 14,21.25 mencionava: Israel* passa entre duas paredes líquidas (Ex 14,16.22s.29). O propósito do redator é fazer ressurgir o gesto separador de Deus em Gn 1,6-10: o salvador se assinala assim como o Criador. — O fenômeno do maná é apresentado com muitos matizes: milagroso (Ex 16,26), ou sobretudo enigmático (Ex 16,15), natural (cor, forma, consistência, gosto: Ex 16,14.31; modo de preparação: Nm 11,8).

Segundo Ex 16,14, descobre-se o maná; ele "desce" segundo Nm 11,9; torna-se "pão dos céus" em Sl 105,40 (cf. camadas redacionais no m. de Josué: Js 10,10-14).

b) Interiorização. — Israel terá de superar seu medo de morrer para atravessar o Mar Vermelho (Ex 14,13s: fonte desconhecida). Para que as águas do Jordão sejam cortadas, será necessário que os carregadores da arca ousem pôr nele "a planta dos pés" (Js 3,13).

c) Racionalização. — A época helenística vê nascer ao mesmo tempo o fabuloso especificamente apocalíptico* e um interesse novo pelas leis físicas, em particular médicas (terminologia de 2Mc 7,22b; Moisés e o farmacêutico: Eclo 38,5; Salomão: Sb 7,20c). Sabedoria dá conta dos m. do Êxodo (pragas, travessia do mar, maná) por uma recomposição dos mesmos elementos cósmicos.

4. O desaparecimento do milagre

a) Interrupção. — As queixas elevam-se a Deus: as maravilhas estão longe (Sl 74,11s; 77,11; 80,3-17; 89,50; 143,5): nos dias de antanho (Sl 44,2; 78,3s; Is 51,9; Mq 7,14), no tempo dos Pais. Esse esquema se tornou um lugar-comum: Jz 6,13, 15,18 (para a literatura rabínica: Hruby 1977). O Deuteronômio oficializa a distância entre o tempo dos Pais e o tempo presente: Dt 5,3; 29,13s. O que resta do milagre? As relíquias* conservadas com a arca (maná: Ex 16,33s; bastão de Aarão: Nm 17,25) desapareceram. No s. II a.C., Deus abandona ao martírio* aqueles que observam sua lei* (1Mc 2,38; 2Mc 7). Que o justo possa ser assassinado sem que Deus intervenha é o tema de Sb 2,10-20.

b) Série. — Os m. "são uma revelação" (Pascal*). Mas eles abrem uma série que se incorpora a eles. A travessia do deserto é lida como um *itinerário* de m. (Ex 15,23-26; 16,1-4; 17,2-7; Sl 78; cf. Dt 6,16). Seu desaparecimento faz do m. um teste. Ele acarreta ou progresso na fé* ou pedido insaciável de provas, escalada de desafios: Israel no deserto "tenta" Deus (*nâsâh*, intensivo) (tentação*). O pedido de um sinal não é forçosamente vitupério (Jz 6,17.36-40; 2Rs 20,8; Is 7,1). Mas, repetido ("dez vezes": Nm 14,22), ele desvela que "tentar" Deus é o oposto de "crer" (Sl 78, Nm 20,12): cada m. apenas exaspera a sede de ver Deus agir (Ex 17,2-7) sem satisfazê-la. Para Sb 2,17-20, essa disposição vai até o projeto de matar o justo para "ver se" Deus agirá (cf. Sb 1,2; 2,22c). Mas Deus só agirá no segredo (Sb 2,22a), segredo tanto mais profundo na medida em que o ato é decisivo.

III. Os milagres de Jesus

1. Continuidade

a) *Confirmação dos anúncios*. — Em Mt 11,2-6, os m. são denominados pelo evangelista "obras de *Cristo**" (do Messias*), e o próprio Jesus, para descrevê-los (Mt 11,5), recorre a Isaías: cegos curados (Is 42,18); Is 35,6 (coxos); Is 29,18; 35,5; 42,18 (surdos e cegos); mortos ressuscitados (Is 26,19), o todo inaugurado pelo anúncio feito aos pobres (Is 61, 1 LXX). Os exorcismos*, em Mt 12,28, provam que chegou o Reino* profetizado. — A díade "sinais e prodígios" (ou em ordem inversa) que evoca os milagres da tradição* (cf. *supra*, II,1) aparece em At 2,19; 7,36; 2,22; 6,8; 4,30; 5,12 (*sèmeia kai dunameis* em 8,13). A expressão, em Rm 15,19; 2Cor 12,12, autentica a qualidade de apóstolo*.

b) *Retomada dos esquemas*. — Jo 6,31s (pão/maná) evoca Moisés (cf. o "deserto" em Mc 6,31). E Jesus que subjuga os ventos e o mar (Mc 4,41) provavelmente também o recorda (Ex 14,16.21.26s). Mais de um relato de m. de Jesus e dos apóstolos remete por esse detalhe aos m. de Elias e de Eliseu (retomadas da vida do filho da viúva; Lc 7,11; cf. 1Rs 17,17-24); da filha de Jairo: Lc 8,42; cf. 1Rs 17,21; de Tabitha: At 9,36-42; cf. 2Rs 4,8-37). O m. dos pães em Mt 14,13-21; 15-32-38 é mesmo um decalque de 2Rs 4,42ss.

2. Caracteres específicos

a) *Tipos de milagres*. — Alguns m. (ditos "epifanias": Caná, os pães, caminhada nas águas, pesca milagrosa) têm por objetivo deixar transparecer quem é Jesus. Como terapeuta (cura*),

Jesus pode se encontrar diante de muitos enfermos agrupados, sobretudo em Mt 8,16s; 9,36; 12,15; 15,30s. A meta é social e coletiva. Jesus salva da doença (15 x) ou da morte* (3 x). Ele liberta possuídos (8 x) que às vezes são também enfermos (3 x). A finalidade desses gestos tem várias dimensões: salvar, ou ainda confirmar uma verdade ("apotegmas" [Bultmann] ilustrados por curas em Mc 2,1-12: depois do perdão; 3,1-6 par.: *sabbat**; por um prodígio anedótico em Mt 17,24-27: imposto do Templo*). Tal como no passado, uma crítica é necessária: Jesus *e* seus adversários expulsam os demônios* (Mt 12,27; par. Lc 11,19). Jesus censurará alguns daqueles que tenham feito m. em seu nome*: Mt 7,22s. Há contrafações (At 8,9-13; 13,8).

b) *Valor significante*. — Um m. é sempre um sinal, associado ao ensinamento em Mt 4,23; 9,35; Mc 1,21.27; 6,34-44; Lc 5,17; 6,6; 13,10. O relato dos principais m. não desvela todo seu alcance simbólico, oculto em Mc (Lamarche, 1977), explicitado em Jo. Eles participam de uma verdade* que só será revelada mais tarde. Deve-se observar que Jesus não faz nenhum m. para proteger-se da morte e que, no plano da ação, ele não faz nada a não ser m. Não obstante, o m. dos pães escapa à série: beneficia-se disso uma multidão, que poderia dar a Jesus um poder político (Jo 6,15).

3. Novidade

a) *Traços principais*. — O fato de que os relatos de m. de Jesus tenham suas raízes no AT não enfraquece a sua originalidade. 1/ Eles se concentram no corpo* humano e na compaixão (evocações do Servo* em Mt 8,16s; 9,36; 12,15). 2/ Sem escapar aos embelezamentos, sua amplitude é reduzida. Estamos longe dos grandes feitos de Moisés: o paralelo e o contraste entre o "deserto" da Galileia e o do Êxodo, entre o pão caído do céu e o cesto carregado por um menino, fazem parte da mensagem. 3/ O efeito de intensidade relacional aumenta na mesma proporção: os olhos, as orelhas, a boca são curados pelos olhos, pelas orelhas, pela boca; o taumaturgo transfere seu poder aos discípulos; os espectadores louvam a Deus. 4/ O grande número dos demônios concretiza no cotidiano a atmosfera dos apocalipses. 5/ Jesus resiste mais de uma vez a fazer m. (Mc 8,11s par.; 9,19; Jo 4,48) e proíbe a sua divulgação (Mc 1,34.44; 5,43 par.; Lc 8,56; Mc 7,36; 8,26; Mt 9,30).

b) O movimento narrativo de conjunto. — A reserva de Jesus é esclarecida pelas duas extremidades do relato. O aparecimento inaugural do tentador é uma chave para os m. Por um lado, ele estabelece um vínculo com o êxodo (Mc 1,13: "deserto": Mt e Lc: diálogo feito de versículos do Deuteronômio). Sobretudo, Satã tenta Jesus para que ele "tente Deus", como outrora Israel (*supra*, II, 4, *b*), de forma que seja irrecusável aos homens sua qualidade de "Filho de Deus" (filiação*) (Mt 4,16; Lc 4,12; cf. Dt 6,16). Por outro lado, Lc 4,13 b antecipa o Calvário, em que os m. de Jesus serão postos contra ele: "Ele salvou outros, ele não pode salvar-se a si mesmo" (Mc 15,31; cf. "Médico, cura-te a ti mesmo" em Lc 4,23). O desafio será simétrico ao de Satã (Mc 15,31): um m. "[...] para que creiamos!" (Mc 15,32). Mt 27,40: "[...] se tu és o Filho de Deus" retoma as palavras de Mt 4,3.6. Ora, a ausência de sinal se tornou, de alguma maneira, um sinal: o centurião crê.

c) Milagres, sinais, parábolas. — Para a fé*, cada m. significa mais do que mostra. Ou a série dos m. conduz ao mais invisível, ou a cruz invalida a série dos m.: aí só pode haver avanço ou recuo. Os m. são uma pedagogia arriscada, um risco inelutável. Donde decorre o paralelo fortemente acentuado entre os m. e as parábolas* (Mc 4,11s: "Tudo *vem* em parábolas a fim de que eles vejam sem ver [...]"; 8,18: cegos e surdos diante dos m.). Jesus explicita a passagem do visível ao invisível quando lê numa cura uma figura da ressurreição* (5,21), ou no pão do m. uma figura da vida eterna* (Jo 6,27). Sua série de sete "sinais" (2,1-11; 4,46-54; 1,1-15; 6, 1-15; 6,16-21; 9; 11) é uma escalada. Os sinais, para ele, produzem a fé (Jo 2,11; 6,14; 11,42.45), mas essa fé nem sempre é sólida (Jo 12,42s). O efeito de acumulação desemboca no prodígio de Lázaro (elaboração talvez secundária), o qual desencadeia o projeto homicida do sumo sacerdote (Jo 11,49-53: traço

sem importância histórica, cf. Brown, 1966, 430). O verdadeiro resultado é a recapitulação de Jo 12,37-41, que vincula firmemente a acolhida dada aos sinais e a acolhida dada às parábolas: Jo 12,40 transpõe aqui a citação de Is 6,9 utilizada por Mc 4,12 par.

O "sinal de Jonas" anunciado "a esta geração" (Mt 12,39) quando todo sinal (Mc 8,12) lhe é recusado não poderia ser a ressurreição, invisível aos incrédulos. Poderia tratar-se tão somente daquilo que eles receberão da ressurreição: seu anúncio na pregação*, assim como Nínive pecadora recebeu para a sua salvação* a pregação de Jonas saído do abismo.

• R. Bultmann (1933), "Zur Frage des Wunders", in *GuV* 1, 214-228. — R. E. Brown (1966), *The Gospel according to John* I-XII, Nova York, *Appendix III*: "Signs and Works", 525-532. — D. Theissen (1974), *Urchristliche Wundergeschichten. Ein Beitrag zur formgeschichtlichen Erforschung der synoptischen Evangelien*, Gütersloh. — X. Léon-Dufour (sob a dir. de) (1977), *Les miracles de Jésus*, Paris, notadamente: K. Hruby, "Perspectives rabbiniques sur le miracle", 73-94; P. Lamarche, "Les miracles de Jésus selon Marc", 213-226; X. Léon-Dufour, "Structure et fonction du récit de miracle", 289-353. — J.-M. van Cangh (1982), "Santé et salut dans les miracles d'Épidaure, d'Apollonius de Tyane et du Nouveau Testament", *in* J. Ries (sob a dir. de), *Gnosticisme et monde hellénistique*, Louvain-la-Neuve, 263-277; (1987); "Miracle", in *Dictionnaire encyclopédique de la Bible*, Bruges, col. 833-846. — P. Beauchamp (1989), "Paraboles de Jésus, vie de Jésus", *in* Col. "ACFEB", *Les Paraboles, Perspectives nouvelles*, LeDiv 165,151-170; (1992); "Le signe des pains", *LV(L)* 209, 55-67. — Y. Zakovitch (1992), "Miracle", *AncBD* 4, 845-856.

Paul BEAUCHAMP

→ *Cura; Fé; Fundamentalismo; Gêneros literários na Escritura; Jesus da história; Narrativa; Paixão; Ressurreição; Tentação.*

B. Teologia histórica e sistemática

Toda teoria do milagre (m.) está evidentemente ausente da primeira teologia* (t.) cristã. Há boas razões para isso. Com efeito, a ideia de m. não é nem judaica nem cristã. No universo da Antiguidade tardia, a taumaturgia é atividade comum; a fronteira do medicinal e do mágico ainda não foi traçada; o número de entidades divinas que povoam o cosmo* é elevado o bastante para dar aparência de banal àquilo que receberá mais tarde o nome de "sobrenatural*" ou de "preternatural". E embora a t. popular, tal como expressa nos evangelhos* e atos apócrifos, revele decerto o gosto pelo prodigioso, esse gosto está ausente na t. mais ou menos erudita, assim como está ausente do *corpus* neotestamentário. Isolados dos contextos que lhes dão força de significação e de revelação*, os m. de Jesus* pediam decerto uma apologética: eram, por um lado, verdadeiros m., e não truques de charlatão; eram, por outro lado, m. de origem divina, e não prodígios demoníacos (p. ex., Orígenes*, *Contra Celso* II, 48 *sq*). De todo modo, a questão era a do sentido. O m. só podia ser integrado a uma tópica da *prova** na qualidade de fragmento de um todo, o "evento Jesus Cristo", no qual se haviam cumprido também, antes de tudo, as esperanças de um paganismo* que certamente não esperava apenas mais um taumaturgo.

Assim, é num quadro mais amplo que o da apologética — no quadro de uma *cosmologia mística* — que o m. receberá em Agostinho* um estilo de tratamento que serviu de referência durante séculos. Antes de tudo, devemos a Agostinho uma definição precisa de m.: "*Miraculum voco, quidquid arduum aut insolitum supra spem vel facultatem mirantis apparet*" ("Chamo m. aquilo que aparece com a qualidade de insólito e excede tudo o que aquele que dele se admira esperava ou poderia fazer") (*De util. cred.* 16, § 34). Mas, para além dessas notas distintivas, em Agostinho o m. por excelência (e não é estranho que um convertido do maniqueísmo* tenha visto aí matéria de insistência teológica) outra coisa não é senão a totalidade de uma criação* na qual nada deixa de dar testemunho ao Criador e à sua onipotência (*Ep.* 137). Decerto, assim como jamais negou as significações realistas da eucaristia* cristã (aliás, é depois de ter recordado a potência* divina manifestada na eucaristia que ele trata dos m. em *Trin.* III, V, 11), Agostinho nunca recusou uma argumentação teológica que recorresse a episódios prodigiosos da história* do mundo.

Mas, tanto quanto sua t. da eucaristia se desdobra primeiramente como doutrina da *figura*, do "modo de aparição", assim também sua t. do m. se desdobra como a contemplação* de uma totalidade significante, na qual cada fragmento merece o deslumbramento (*mirari, thaumazein*) que deve saudar a manifestação divina. Uma dialética do m. permanece possível — todavia, é uma estética do m. que ocupa o primeiro plano, e para uma percepção espiritual da ordem criada das coisas deve parecer que tudo merece ser chamado de milagroso.

A concepção agostiniana reinou sobre a t. ocidental enquanto nela reinou a concepção de um universo sacramental e diáfano no qual tudo é símbolo e todo símbolo cumpre uma função teofânica: reinou, portanto, até que um pensamento fascinado pelas *causas* suplantasse progressivamente, num processo iniciado desde o renascimento carolíngio, o pensamento por sinais e símbolos. As sucessivas "entradas" de Aristóteles no Ocidente, o reaparecimento de uma instância filosófica à qual as universidades concederão certa independência em relação ao teológico, a ressurgência de um interesse científico pelo real: esses fatores e outros acabaram por impor, no s. XIII, uma visão do mundo na qual a natureza das coisas é dotada de uma inteligibilidade intrínseca suficiente para retardar a intrusão de todo sobrenatural. A explicação das redes imanentes de causalidade substitui a partir de então a contemplação de uma ordem tecida de referências transcendentes. Para uma nova cosmologia, então, uma nova teoria do m., que aparece doravante como o aberrante ou o incausado, como exceção às leis físicas/metafísicas que governam o mundo. Por existir uma Causa do mundo — um Deus* que possui a dignidade de *causa primeira* —, as causas que presidem a boa ordem do mundo não passam de *causas segundas* (o que Agostinho já sabia muito bem, p. ex., *Trin.* III, VIII, 13-IX, 18). A causa primeira, que não faz número com as causas segundas, exerce seu governo por mediação delas. No entanto, ela não é obrigada a só se manifestar mediatamente, e é precisamente com sua manifestação imediata que o m. nos confronta — o m. revela, pois, a soberania da causa primeira na medida em que ela põe entre parênteses a ordem causal de que ela dotou o mundo, na medida em que ela age "de encontro à ordem própria a toda a natureza criada" (Tomás* de Aquino, *ST* Ia, q. 110, a. 4). Quando isso foi dito, o m. deixou de suscitar em primeiro lugar interrogações propriamente teológicas: antes de tudo, são questões *físicas* que ele levanta (o milagroso se define pela violação das leis físicas), e a resposta fornecida pelos teólogos é uma resposta *metafísica* que só mobiliza uma única doutrina teológica, a da onipotência divina.

Sinergia da causa primeira e das causas segundas, operação imediata da causa primeira suspendendo o jogo regrado das causas segundas: tal teoria do m. tinha o mérito da consistência (e ainda o tem...) e podia responder a todas as exigências da racionalidade. A utilização da teoria encerrava todavia uma armadilha de que os medievais não se aperceberam, tamanha era sua confiança na física grega que os árabes lhes haviam transmitido, mas da qual os críticos modernos se apoderaram tranquilamente. Com efeito, do fato de isso ou aquilo não se integrar à rede das causas segundas não decorre necessariamente que não seja integrável a ela. O m. faz exceção às leis de nossa física — mas bastará formar a ideia de um progresso das ciências para que o m., em vez de deixar transparecer o senhorio divino, não seja mais do que o índice de nossa ignorância presente. A teoria medieval do m. não permitia, de fato, abarcar o estatuto epistemológico do inexplicado.

> Coube aos reformadores, cuja resistência era grande para com as estratégias teóricas da escolástica*, operar uma primeira crítica do recurso ao m. Para Lutero*, o m. interior que é a fé* vence em importância o m. exterior de uma cura* (*WA* 41, 19). Os m. pertencem ao passado, m. presentes só poderiam pôr em risco a doutrina da Igreja*; e hoje só existe m. na experiência do perdão e da fé (*WA* 10/3, 144 *sq*). Calvino* seguirá Lutero para perceber nos m. um traço distintivo da primitiva Igreja e só dela, e a ortodoxia protestante polemizará de maneira ritual contra o recurso aos m. do tempo presente na argumentação católica. —

Mas essa mesma ortodoxia retomará a concepção escolástica do m. como acontecimento "*contra et supra naturam*", contra a natureza e ultrapassando a natureza (p. ex., Quenstedt, *Syst. theol.* I, 671), e abandonará a concepção luterana da fé como m. por excelência.

Todavia, do progresso da ciência *histórica* é que viria a crítica mais incisiva. A teoria física do m. busca enunciar precisamente que isso ou aquilo *é* um m. Ora, os principais m. dos quais ela tem a ambição *teológica* de falar (antes de tudo os m. de Jesus) não pertencem ao domínio da observação, mas ao de um trabalho de memória: são milagres narrados. Mesmo em tempo de racionalismo*, m. certamente podem se produzir e desempenhar um papel na vida de um homem racional: assim o "m. da santa espinha" na experiência de Pascal*. Mas e quanto ao milagre relatado? Hume resumirá a esse respeito objeções mais antigas que as Luzes ao dizer que a narrativa* de m. só pode ser recebida como verídica com uma condição: a impossibilidade de atribuir qualquer inverossimilhança que seja ao testemunho dado. Somente a testemunha infalível pode conferir uma credibilidade* aos m. de que fala, já que seu erro seria um milagre maior ainda (*An Enquiry concerning Human Understanding*, ed. Selby-Bigge, 109-131, sobretudo 115-116). E já que a experiência presente do mundo não nos apresenta nenhum m. é duvidoso que jamais tenha havido m. Acontece, "dá-se", aquilo que *pode* acontecer e dar-se. As condições *presentes* da experiência (o mundo tal como é e a natureza das coisas tal como é) são as condições de toda possibilidade. — Tacitamente ou explicitamente, todas as hermenêuticas* do testemunho histórico elaboradas do final do s. XVII até Troeltsch assumiram essas afirmações. Somente um m. constatado, diz Lessing, poderia ser "prova do espírito e da força", mas nós só lidamos sempre com m. narrados. O estatuto ontológico do m., a partir de então, não será mais do que o de um objeto textual (o m. reside nos textos míticos) ou de um produto da fé. Não se negará que os relatos de m. tenham um *sentido*; mas, ao longo de todo um capítulo de história do pensamento que não se concluiu antes de Bultmann* (mas onde Bultmann apenas trouxe sua bênção teológica a uma cisão entre "sentido" e "fato", cujas origens não são teológicas), é ao nosso mundo, entendido como nossa "visão de mundo", que se pedirá que determine em que *fatos* esse sentido se origina. Modernidade filosófica e modernidade teológica se combinam assim em políticas de exclusão análogas. A escolástica tendera a perceber exclusivamente no m. um fato milagroso. O pensamento preparatório às Luzes e saído das Luzes reteve incontestavelmente a ideia de fato milagroso. Mas foi para introduzir uma cunha entre a lógica dos fatos (fatos ocorridos e fatos narrados, *Geschichte* e *Historie*) e a lógica do m.

Aos questionamentos que desabrocharam na exegese* crítica no tempo de Straiss e de Renan, a t. sistemática que lhes foi contemporânea parece não ter encontrado muito o que responder. O supranaturalismo protestante decerto não deixou de defender a teoria clássica com auxílio de palavras modernas: assim, F. G. Süskind (1767-1829) definiu o m. como "um fenômeno que pertence ao mundo sensível, mas fundado numa realidade em si mesma suprassensível e à qual é preciso relacioná-lo". O s. XIX protestante vê também um R. Rothe (1799-1867) fazer do m. "um elemento constitutivo da revelação*". As posições mais influentes foram também as mais tímidas. Na teoria da consciência* piedosa que constitui a coluna vertebral da dogmática* de Schleiermacher*, o m. é que para uma tal consciência o finito possa às vezes se abrir sobre o infinito* — mas fica bem estabelecido que o finito nem por isso deixa de pertencer à rede das causalidades naturais (*Christ. Glaube*, § 47). Em terreno católico, um J. S. von Drey retoma uma teoria já sustentada por Leibniz* e vê no m. a ação de forças naturais ocultas que se manifestam somente de maneira excepcional (teoria da pré-formação). Em outros pensadores católicos tão diferentes entre si quanto J. M. Sailer, G. Hermes ou L. Bautain, a influência kantiana ou o zelo de uma apologética do sentimento conduzem a marginalizar a ideia de "prova pelos m.". Não surpreende, portanto, que essa mesma época tenha visto as instâncias

magisteriais do catolicismo* se pronunciar pela primeira vez sobre os m. (antes, só se tratou deles no quadro de regulamentos canônicos, como em Bento XIV, para determinar a necessidade de m. na promoção de uma causa de beatificação ou de canonização), aliás, menos para propor uma definição do que para defender a possibilidade e a força probante do m., numa série de documentos (*DS* 2768, 2779, 3009) que serão retomados no s. XX pelo juramento antimodernista (*DS* 3539) e pela encíclica *Humani generis* (*DS* 3876) — textos que tratam do m. como de uma demonstração de potência* divina sem ligar explicitamente esta demonstração a uma violação das leis naturais.

Peça mestra de uma apologética da demonstração e da prova que não se interrogava mais sobre o estatuto destas, na t. como na filosofia*, o m. estava mesmo fadado a sofrer a mesma sorte dessa apologética, que sobreviveu somente no protestantismo* fundamentalista e na neoescolástica católica, mas também estava fadado a recuperar sentido e função nas t. fundamentais* recentes. Coube primeiramente a E. Le Roy e a Blondel*, depois que este forneceu as cláusulas e o esboço de um método para uma apologética renovada (1896, *Carta sobre a apologética*, *OC* 2, 97-193), devolver ao m. a dignidade de objeto filosófico e teológico numa polêmica (Le Roy, 1906; B. de Sailly, 1907 e Blondel *OC* 2, 725-740) que registrou a morte de toda definição somente física do milagroso e o renascimento de um pensamento do *sinal* como "semente de fé" (*OC* 2, 728). A influência blondeliana se inseriu, por outro lado, na tradição* ilustrada no s. XIX por teólogos como o cardeal V. Dechamps (cuja influência foi preponderante no I Concílio* do Vaticano*) ou J. H. Newman*, depois no s. XX por P. Rousselot e os que se inspiraram em sua obra. Ela contribuiu para o desenvolvimento de uma concepção na qual é antes de mais nada ao todo das realidades cristãs, tal como atualizado e transmitido pela Igreja, que se pede que possua uma credibilidade, e na qual é também a uma experiência humana global, ao mesmo tempo intelectual, livre e afetiva, que se pede para dar conta do acreditável proposto pela mediação da Igreja.

O discurso da prova não deixou de se reorganizar. A factualidade do m., se m. há (e fenômenos como as curas atestadas nos santuários de Lourdes, p. ex., mantiveram no catolicismo um interesse pelo fato milagroso; cf. Pio XII, encíclica *A peregrinação de Lourdes*, *AAS* 49 [1957], 605-619), é mais que a de um prodígio porque ela chama a decifração teológica que permite inserir o fato num tecido de significações. E para ter acesso exatamente a essas significações é provavelmente a uma t. da ressurreição* (res.) de Jesus que se tomará de empréstimo, de maneira privilegiada, as categorias nas quais dar conta de todo outro m. O m. reaparece assim como sinal e, precisar-se-á, como sinal *messiânico* e *escatológico*. Perceber esse sinal requer, portanto, um poder de interpretar, e a interpretação é espiritual antes de ser racional (R. Latourelle, *DSp* 10, 1281): pois, se está bem claro que não há lugar para o milagroso no "mundo moderno", também deveria estar claro que a experiência* cristã tem seu mundo* ("mundo" designando aqui e lá uma totalidade de relações, de preconceitos e de comportamentos), o mundo da experiência bíblica, e que esse mundo tem como propriedade permanecer habitável na descontinuidade do tempo. Acesso à experiência bíblica, acesso à res. de Jesus como selo dessa experiência, acesso à comunidade escatológica que transmite o querigma da res., gestos fundadores revelam o sentido de todo m. e detêm as condições de seu reconhecimento. Retrospectivamente, a res. de Jesus permite ler nos m. relatados pelo AT, e logo nos m. de Jesus mesmo, sinais antecipadores do evento da Páscoa*; prospectivamente, permite ler nos m. do tempo da Igreja certa memória da res. de Jesus. A t. talvez não tenha necessidade de outros m. além do duplo evento da Páscoa e do Pentecostes para saber que a experiência cristã é experiência de tempos novos e de um mundo novo. Mas por uma razão* — crente ou somente levada por "uma fé nascente que trabalha para se experimentar e crescer" (E. Le Roy) — que aceita deixar abertas a questão do possível e a questão de Deus* (Marion, 1989) o m. atesta esta novidade. Nem toda percepção vê um m.

nas aparições do estranho, do inexplicável ou do inesperável: é somente no horizonte de sentido aberto pela res. de Jesus que o m. é reconhecido como o que ele é verdadeiramente. A doutrina do m., neste sentido, é uma nota de rodapé a esse primeiro capítulo da t. cristã.

A discussão filosófica do m., enfim, ficou viva no mundo anglo-saxão, seja sob a influência contínua de Hume ou (Gräfrath, 1997) sob a direção de Wittgenstein.

• J. H. Newman (1897), *Two Essays on Miracles*, Londres. — E. Le Roy (1906), "Essai sur la notion du miracle", *AphC*, 4ª série, t. 4, 337-361. — P. Rousselot (1910), "Les yeux de la foi", *RSR* 1, 241-259, 444-475. — J. Huby (1918), "Miracle et lumière de grâce", *RSR* 8, 36-77. — R. Bultmann (1933), "Zur Frage des Wunders", *GuV* I, 214-228. — R. M. Grant (1952), *Miracle and Natural Law in Graeco-Roman and Early Christian Thought*, Amsterdã. — C. S. Lewis (1947), *Miracles*, Londres, 2ª ed. rev. e aum., 1960. — R. Guardini (1959), *Wunder und Zeichen*, Würzburg. — L. Monden (1961), *Theologie des Wunders*, Friburgo. — R. Latourelle (1963), *Théologie de la révélation*, Paris-Bruges, 416-434. — D. Dubarle (1967), "Réflexions sur le miracle", *Approches d'une théologie da la science*, CFi 22, 77-99. — A. Kolping (1968), *Fundamentaltheologie* I, Münster, 297-314. — H. C. Kee (1983), *Miracle in the Early Christian World*, New Haven-Londres. — H. Fries (1985), *Fundamentaltheologie*, Graz, 276-295. — L. Pearl (1988), "Miracles and Theism", *RelSt* 24, 483-496. — J.-L. Marion (1989), "A Dieu, rien d'impossibilité", *Com(F)* XIV/5, 43-58. — T. L. Nichols (1990), "Miracles, the Supernatural and the Problem of Extrincism", *Gr.* 71, 23-40. — R. Bauman (1991), "Wunder", *NHThG* 5, 286-299. — S. Slupik (1995), "A New Interpretation of Hume's *Of Miracles*", *RelSt* 31, 517-536. — B. Gräfrath (1997), "Wissenschaftstheorie oder Ästhetik der Wunder", *ThPh* 72, 257-263.

Jean-Yves LACOSTE

→ *Ciências da natureza; Credibilidade; Fé; Fundamental (teologia).*

MILENARISMO

A. Época patrística

a) Origens. — Em sentido estrito, o termo "milenarismo" (ml.) designa, na tradição cristã, a crença segundo a qual Cristo* voltará à terra para reinar gloriosamente durante mil anos junto com os justos ressuscitados. Esse ml. deve ser sucedido pela ressurreição* e pelo julgamento* universais, e depois o fim desse mundo e o estabelecimento do reino de Deus*. Essa crença se baseia em uma passagem do Apocalipse de João (Ap 20,1-6), interpretada literalmente.

Na verdade, a passagem do Ap que acaba de ser mencionada não constitui senão uma retomada cristianizada de um tema já presente na apocalíptica* judaica. Esta última, desde do s. II a.C., se compraz em especular sobre as durações, tendo em vista a fixação da vinda do Messias* (livros de Daniel, de *Hénoch*, dos *Jubilados*). Nas discussões rabínicas, o reino deste último pode ter diversas durações: de quarenta anos segundo rabi Aqiba até mil anos segundo rabi Eliezer ben José (cf. sobretudo *Pesiqta Rabbati* 1, 7; *Midrash Tanhuma*, seção 'Eqèv, 7b; e *Midrash Tehillim* 90, § 17; ver também *4 Esdras 7,28*, que fala em quatrocentos anos). O aparecimento do milenário se baseia geralmente em Sl 90,4 ("Sim, mil anos, a teus olhos, são como ontem, um dia que se vai"). Pode-se pensar que o autor do Ap depende, ele próprio, dessa exegese*.

Ao que tudo indica, é essencialmente por intermédio desse último livro que a ideia milenarista se generalizará nos autores cristãos do s. II. É preciso salientar que com a notável exceção das correntes gnósticas todas as tendências cristãs, das mais ortodoxas às mais dissidentes (se é que essa distinção tem alguma pertinência no s. II), a adotaram. No entanto, é na Ásia Menor, ao que parece, que se deve fixar a sua eclosão. Com efeito, de lá provêm, no início do s. II, Cerinto (Eusébio, *HE* III, 28, 2) e Papias (*HE* III, 39, 12). Se se acreditar no que diz Ireneu*, este último transmitia como vindos do próprio Senhor, a respeito desse reino de mil anos, detalhes que recordam razoavelmente bem outros elementos da apocalíptica judaica (*Adv. Haer.* V, 33, 3, a comparar com *1Hen* 10, 19; *2 Ba* 29, 5 etc.). Também é da Ásia Menor que provém Montano, iniciador em 172 da "nova profecia*" que carrega o seu nome — o montanismo*, na verdade, não se destaca por uma insistên-

cia milenarista particular. Em compensação, a *Epístola* de Barnabé (15,3-5, na qual se encontra a equivalência entre "um dia" e "mil anos") e sobretudo Justino, em seu *Diálogo com Trifão*, haviam mencionado esse tema como um elemento normal da crença cristã. Justino escreveu: "No que me diz respeito, e os cristãos de ortodoxia integral, sabemos que uma ressurreição da carne ocorrerá durante mil anos na Jerusalém* reconstruída, decorada e engrandecida, como os profetas* Ezequiel, Isaías e os outros afirmam" (*Dial.* 80, 4; em *Dial.* 81, 3, Justino retoma a equivalência entre "um dia" e "mil anos", e faz referência ao Ap em 81, 4).

b) Desenvolvimento e debates até Agostinho. — Embora o s. II represente a idade de ouro do ml. cristão, as épocas ulteriores verão esse consenso se desfazer. Certamente a ideia milenarista se mantém com razoável amplitude até o s. V. Na notícia que dedica a Papias (*De viris ilustribus* 18), Jerônimo cita a esse respeito Apolinário, Tertuliano*, Victorino e Lactâncio. E no início do livro 18 do comentário de *Isaías* ele acrescenta a essa lista Ireneu, que, com efeito, havia retomado por sua própria conta o ensinamento de Justino sobre esse assunto (*Adv. Haer.* V, 28, 3; 36, 3). Para Tertuliano, Jerônimo remete a uma obra perdida, o *De spe fidelium*, que o próprio Tertuliano menciona em apoio ao seu ml. (*Adv. Marc.* III, 24, 3-6). O caso de Apolinário de Laodiceia parece mais difícil de julgar: Basílio* reprova nele tendências judaizantes, não necessariamente milenaristas (*Ep.* 263, 4; 265, 2). Por fim, se Jerônimo cita com conhecimento de causa a Victorino de Petau (*Escólios sobre Ap* 20) e Lactâncio (*Inst. div.* VII, 22.24), ele poderia ter acrescentado à sua lista Comodiano (*Instructiones* I, XLV, 9) e Metódio de Olimpo (*Banquete* IX, 5). Em compensação, como o *De viris ilustribus* data de 393, Jerônimo não podia mencionar certo Hilariano, cujo tratado data de 397 (*De mundi duratione* 18), nem Gaudêncio de Brescia, ainda milenarista no início do s. V (sermão 10).

Ao lado desse primeiro grupo de autores, encontramos outros que começam a rejeitar o modelo milenarista; e ao que tudo indica, essa contestação faz parte integrante do debate sobre a canonicidade do Ap. Nesse debate, Eusébio de Cesareia comenta Dionísio de Alexandria (*HE* III, 28, 1-5; VII, 25, 1-8) e Dionísio bar Salibi (monofisista sírio do s. XII) comenta Hipólito de Roma (*In. Ap. Intr.*).

Orígenes*, por sua vez, havia superado a dificuldade desenvolvendo uma leitura decididamente alegórica do Ap, escapando assim das aporias do sentido* literal (*De princ.* II, 11, 2-3; *Com. Mat.* XVII, 35; *Com. Ct.*, prol.). Depois disso, Agostinho* compreenderá os "mil anos" do reino de Cristo como designando o tempo* da Igreja* (*Civ. Dei* XX, 7), ao mesmo tempo em que admite que ele próprio foi seduzido pelo ml. (cf. *Serm.* 259, 2). Pode-se dizer que este último se apaga a partir do s. V: é verdade que a Igreja, desde então, se instala conscientemente na duração.

- H. Leclerq (1933), "Ml.", *DACL* 11/1, 1181-1195. — L. Gry (1934), *Le ml. dans ses origines et son développement*, Paris. — W. Nigg (1954, 1967²), *Das ewige Reich. Geschichte einer Hoffnung*, Zurique-Stuttgart. — J. Daniélou (1958, 1991²), *Théologie du judéo-christianisme*, Tournai-Paris. — B. E. Daley (1991), *The Hope of the Early Church. A Handbook of Patristic Eschatology*, Cambridge. — S. Heid (1993), *Chiliasmus und Antichrist-Mythos. Eine frühchristliche Kontroverse um das Heilige Land*, col. *Hereditas* 6, Bonn. — C. Nardi (1995), *Il Millenarismo. Testi dei secoli I-II*, Roma.

Dominique CERBELAUD

→ *Apócrifos; Apolinarismo; Apologistas; Escatologia; Judeu-cristianismo; Montanismo.*

B. Joaquim de Fiore e o joaquinismo

A obra do abade calabrês Joaquim de Fiore (J.) (1135-1202) representa a primeira tentativa de milenarismo (ml.) apocalíptico* na IM. No entanto, trata-se de um ml. ortodoxo, comparado ao quiliasmo literal refutado por Agostinho*. J. é um reformador monástico que abandona em 1187 os cistercienses para dar vida à nova ordem de Fiore. Seguindo Bernardo* de Claraval, ele polemiza contra a teologia* trinitária escolástica* e acusa Pedro Lombardo de "*quaternitas*", isto é, de introduzir uma disjunção excessivamente clara entre substância e pessoa* (*Psalt,*

229 r-v, e 277, *De vita s. Benedicti*, 76-77, *Liber Figurarum*, ms. Dresden, f. 89r.). J. não pode conceber nem uma unidade separada das pessoas e anterior a elas, nem pessoas separadas da substância. E para preservar as prerrogativas de um Deus* "trino mas não composto", uno mas não singular (*De articulis Fidei* 8), ele vai do "*trinum*" rumo ao "*unum*". A questão fundamental é pois: "Como três pessoas são uma?" A resposta se baseia na noção de *inesse* (existir em): cada uma das três pessoas existe nas duas outras; o dinamismo das relações recíprocas constitui a substância da vida divina.

Considerando as relações intratrinitárias, J. menciona duas *diffinitiones* da Trindade. A primeira é simbolizada pela letra triangular alfa (*missio*): o Pai* está no cume, e ele envia o Filho e o Espírito. A segunda é simbolizada pela letra minúscula ômega (*processio*), cuja *virgula* no centro representa o Espírito* que procede do Pai e do Filho. E essas duas figuras remetem a duas representações diferentes da história*, segundo um modelo ternário (três estados, três ordens) e binário (dois povos*, dois testamentos). J. está convencido de que os dois modelos não são excludentes e se esforça assim para integrá-los reciprocamente. De fato, seu nome e sua herança doutrinal permanecem ligados a esse terno, que representa o aspecto mais inovador de sua doutrina: ao longo da história sucedem-se, segundo ele, em uma sobreposição parcial, os três estádios do Pai (tempo anterior à lei* e sob a lei, *ordo conjugalis*), do Filho (tempo da graça*, *ordo clericalis*) e do Espírito Santo (tempo de uma graça maior ainda, *ordo spiritualis*). O terceiro estado, em germe desde a época de Bento, marca um progresso efetivo em relação aos dois precedentes: com efeito, é nele que a plena manifestação do Espírito permitirá que os "homens espirituais" decifrem inteiramente o mistério* divino ainda selado na letra do Antigo e do Novo Testamento. O terceiro estado é pois a época de um rejuvenescimento da história: os pequenos e os humildes serão os protagonistas, nele se realizará a promessa* do *Magnificat* e se manifestará plenamente o mistério da eleição* divina do mais jovem — Jacó — em vez do primogênito — Esaú (cf. *Dial. de praesc.* I). A questão da existência futura de uma hierarquia* eclesiástica, da permanência dos sacramentos*, do papel e das metas da elite monástica ainda está aberta para a historiografia.

No joaquinismo, o princípio de concórdia, fundamental para um deciframento exato da história, não se aplica mais simplesmente às relações entre AT e NT, como na tradição exegética anterior. Mais complexa, a concórdia joaquiniana permite fixar uma regra de correspondência, perfeita ou quase, entre as diversas gerações situadas na mesma altura no desenvolvimento histórico das três ordens e dos dois povos. Mesmo para a concórdia, há pois dois modelos (J. fala de *duplex assignatio concordiae*) e um duplo cálculo, com uma separação de dez gerações entre ambos (*Conc.* II, 44).

Enquanto a teologia trinitária o havia conduzido à visão do segundo estado, a exegese* do Apocalipse reconduzirá J. às mesmas conclusões (*Exp. in Ap.*, anos 1184-1200).

O método interpretativo dominante era então o de proceder "visão por visão", método estabelecido por Beda e partilhado, entre outros, por Ricardo de São Vítor. Nessa perspectiva, o texto é dividido em sete visões, elas próprias entendidas como blocos temáticos autônomos. Cada visão reúne um conhecimento completo da história* da Igreja* (dividida, por sua vez, em sete estados). Depois que uma visão descreveu misteriosamente a história inteira da Igreja, a que se lhe segue parte novamente do começo, recapitulando o curso inteiro sob outro ponto de vista.

J. partilha essa disposição de visões — ele retém apenas que elas são oito, e não sete —, mas ele se esforça primeiramente em ler o Apocalipse como um texto que traça todo o rumo da história da Igreja, progressivamente, visão após visão, desde as origens até os acontecimentos finais esperados. E nessa perspectiva, ele percebe Ap 20 como o anúncio de um tempo futuro plenamente intramundano, no qual ele reconhece os traços do terceiro estado. Assim, J. está de acordo com Agostinho sobre a crítica do ml. literal, mas ele mantém, contra este último, a convicção (*non tam opinio, quam serenissimus intellectus*, Exp. 211r) de que um período sabático, um breve tempo de paz* e de liberdade* no interior da história, ocorrerá entre a vinda do Anticristo e o ataque final de Gog e Magog. O ml. de J. reside precisamente nessa concepção.

O IV concílio de Latrão* (1215) condenou sua teoria trinitária (*DS* 803-807) sem golpear sua pessoa ou sua visão histórico-escatológica. Esta se difundiu nas décadas seguintes, não tanto graças ao monaquismo* de Fiore e sim graças a certos franciscanos que viram uma prefiguração de sua experiência no anúncio de uma ordem de "homens espirituais". Os primeiros escritos pseudojoaquinianos apareceram no clima de profetismo desenvolvido em torno de Frederico II e contra ele. O mais conhecido deles, o comentário *Super Hieremiam*, foi transmitido ao menos em duas versões, a primeira das quais parece provir dos meios da ordem de Fiore, enquanto a segunda (*c.* 1243) é fruto de uma nova elaboração nos círculos franciscanos.

A difusão do joaquinismo encontrou dificuldades a partir de meados do s. XIII. Convencido de que os escritos do abade calabrês constituem o "Evangelho eterno" que ele próprio preconiza, o franciscano Gerardo de Borgo San Donnino suscita a reação dos mestres seculares de Paris, com sua própria condenação e a censura dos extratos de J. por uma comissão cardinalesca (Protocolos de Anagni, 1255). Criticadas em contextos teológicos mais afirmados (Tomás* de Aquino, *ST* Ia IIae, q. 106, a. 4 ad 2: contra a ideia de um terceiro estado do Espírito), as teses joaquinianas perduraram com modificações nos círculos minoritários dos espirituais franciscanos. Em sua *Lectura super Apocalipsim* (1297-1298), Pedro João Olivi também apresenta a doutrina dos três adventos de Cristo*: entre a primeira chegada, na carne, e a última, na glória do julgamento* último, Olivi põe uma chegada intermediária no Espírito, para reformar evangelicamente a Igreja. E esse segundo advento já teria se realizado em Francisco de Assis, no qual teria começado a terceira idade do mundo. O esquema dos três adventos impõe uma profunda revisão na perspectiva joaquiniana, pois ele consente em transportar a época do Espírito para o interior de uma esfera cristocêntrica e em dar-lhe uma significação histórica de natureza franciscana. Mas, no que diz respeito precisamente ao milênio, Olivi dá um passo decisivo na direção de um ml. literal, pois parece estar convencido de que a terceira era está destinada a durar setenta anos. Seguindo sua trilha, o franciscano Jean de Roquetaillade ousará sustentar (1349) que a duração do mundo entre a morte do grande Anticristo e o julgamento último será precisamente de mil anos solares.

Nos s. XIV e XV, o rio do profetismo joaquiniano aumenta consideravelmente a sua vazão, ainda mais que o fluxo das obras autênticas se mistura à corrente mais vasta das obras duvidosas (atribuídas progressivamente ao abade calabrês para lhes conferir alguma autoridade). Em sua pretensão de prever e de calcular, a literatura profética de molde joaquiniano representa um instrumento de propaganda político-eclesiástica ou um motivo de acumulação erudita — ambos às vezes se combinam — que acompanha a multiplicação das visões, vaticínios, oráculos sibilinos e cálculos cabalísticos. A camada mais profunda do apocalipse joaquiniano alimenta por sua vez as representações e as expectativas dos movimentos religiosos de caráter popular, contribuindo para radicalizar as suas intenções sociais revolucionárias. No limiar da era moderna, o frágil perfil do terceiro reino é finalmente projetado em um horizonte que difere sensivelmente daquele entrevisto originalmente pelo abade calabrês.

• *Expositio super Apocalypsim*, Veneza, 1527, 1-224 (reimp., Frankfurt, 1964); *Psalterium decem chordarum*, Veneza, 1527, 226-281; *Concordia Novi ac Veteris Testamenti*, Veneza, 1519 (reimp., Frankfurt, 1964); *TAPhS* 73, 8ª parte (1983) (ed. crítica dos livros I-IV); *Dialogi de praescientia Dei et de predestinatione electorum*, Roma, 1995.

▶ H. Grundmann (1960), "Zur Biographie Joachims von Fiore und Rainers von Ponza", *DA* 16, 437-546, retomado em *Ausgewählte Aufsätze* II, Stuttgart, 1977, 255-360; (1963), "Kirchenfreiheit und Kaisersmacht um 1190 in der Sicht Joachims von Fiore", *DA* 19, 353-396, retomado em *Augewählte Aufsätze* II, 361-396. — B. Töpfer (1964), *Das kommende Reich des Friedens*, Berlim. — M. Reeves (1969), *The influence of Prophecy in the later Middle Ages. A study in Joachimism*, Oxford.

— M. Reeves, B. Hirsch-Reich (1972), *The Figurae of Joachim of Flore*, Oxford. — M. Mottu (1977), *La manifestation de l'esprit selon Joachim de Fiore*, Neuchâtel-Paris. — H. de Lubac (1979, 1980), *La postérité spirituelle de Joachim de Flore*, 2 vol., Paris-Namur. — B. McGinn (1985), *The calabrian abbot. Joachim of Fiore in the history of western thought*, Nova York. — K.-V. Selge (1990), "L'origine delle opere di Gioacchino da Fiore", *in* O. Capitani, J. Miethke (sob a dir. de), *L'attesa della fine dei tempi nel Medioevo*, Bolonha. — A. Vauchez (sob a dir. de) (1990), *Les textes prophétiques et la prophétie en Occident (XIIe-XVIe siècle)*, Roma. — S. E. Wessley (1990), *Joachim of Fiore and monastic reform*, Nova York-Paris. — R. K. Emmerson, B. McGinn (sob a dir. de) (1990), *The Apocalypse in the Middle Ages*, Ithaca-Londres. — G.-L. Potestà (sob a dir. de) (1991), *Il profetismo gioachimita tra Quattrocento e Cinquecento*, Gênova. — Col. (1992), *Fin du monde et signes des temps. Visionnaires et prophètes en France méridionale (fin XIIIe-début XVe s.)*, Cfan 27. — M. Reeves (sob a dir. de) (1992), *Prophetic Rome in the High Renaissance Period*, Oxford. — D. Burr (1994), *Olivi's peaceable kingdom. A reading of the Apocalypse commentary*, Filadélfia. — G.-L. Potestà (1994), "Dall'annuncio dell'Anticristo all'attesa del Pastore Angelico. Gli scritti di Arnaldo di Villanova nel codice dell'Archivio Generale dei Carmelitani", *Arxiu de Textos Catalanx Antics* 13, 287-344. — R. E. Lerner (1995), *Refigerio dei santi. Gioacchino da Fiore e l'escatologia medievale*, Roma.
BIBLIOGRAFIA: V. De Fraja (1988), "Gioacchino da Fiore: Bibliografia, 1969-1988", *Florensia* 2, 7-59. — K.-V. Selge (1989-1990), "Elencho delle opere di Gioacchino da Fiore", *Florensia* 3-4, 25-35.

Gian-Luca POTESTÀ

➜ *Apocalíptica; Boaventura; Igreja; Exegese; Franciscana (espiritualidade); História; Reino de Deus.*

MINISTÉRIO

A. TEOLOGIA BÍBLICA

a) Problemática e linhas diretrizes. — Originalmente, Jesus* dirige aos primeiros discípulos (d.) um apelo e uma exigência de serviço (Mt 4,21). A partir de que momento os d. tornam-se ministros e seu serviço é um ministério (m.)? Será a partir da instituição dos Doze, do período galileu, ou judaico (que comporta a Ceia), do período das aparições do Ressuscitado, ou a partir da nomeação de Matias (At)? A menção dos "cento e vinte" (At 1,15) sugere um papel colegial da comunidade. Nos evangelhos*, o vocabulário dos m. varia. Assim, Mt 9–10 utilizam "discípulos", "operários", "os Doze", "doze apóstolos* (ap.)".

A variedade dos títulos denota uma evolução, entre Jerusalém* e Roma*, a partir de um m. especificamente apostólico rumo a um m. "eclesiástico" (E.) e de formas mais institucionais: 1/ em Jerusalém, os Doze (que são "hebreus"), os sete ("helenistas": E), depois vêm profetas, "antigos" (*presbuteroi*: E), didascales (rabi); 2/ em Cesareia, um evangelista (Filipe): suas filhas profetizam; em Joppe, as viúvas (Tabita); 3/ em Antioquia, uma tríade pastoral, com forma hierárquica: ap. + profeta (E) + didascale (E); 4/ em Éfeso, um evangelista (Timóteo), os epíscopos (E) (At); 5/ em Corinto, a mesma tríade que existe em Antioquia; *diakonos* se impõe (Rm 1 e 2Cor); *proistamenos*, "presidente" (cf. Rm); 6/ em Roma, *hegoumenos*, "dirigente" (Hb).

A evolução e a estabilização dos m. se explica: 1/ pela situação da Igreja* de Jerusalém, do Pentecostes à guerra judaica; 2/ pelo desenvolvimento da Igreja (de 60 000 por volta de 60 d.C. para 240 000 por volta de 80, das quais um quarto na Ásia); 3/ pelo desaparecimento dos ap. e dos ministros itinerantes; 4/ pelo papel da Igreja de Roma, que substitui a de Jerusalém. Uma análise mais detalhada pode mostrar várias evoluções. O termo "presbítero*" se estende progressivamente a todas as comunidades. Em Éfeso, "epíscopo", termo proveniente da administração civil, se impõe pouco a pouco (a função era conferida com imposição* de mãos segundo 1Tm 4,14; 5,22; 2Tm 1,6; cf. At 6,6 para os diáconos*).

Podem ser observados, com nuanças e variações, os contrastes: carisma/instituição, caráter itinerante-localização com universalidade; m. temporários ou duráveis.

b) Antes da Páscoa. — A menção de Judas como "um dos Doze" sustenta a tese de uma origem pré-pascal dos Doze. Estes últimos (Mt 11 x; Mc 14 x; Lc 13 x; Jo 12 x; At 2 x), chamados de d., depois ap., diferente do Qumran (doze homens mais três sacerdotes). A intimidade entre os Doze e Jesus desde antes da Páscoa* é o tipo da relação entre Jesus e o povo* de Deus. Seu envio em missão* tem um sentido apostólico universal; Jesus age por meio de seus ap., portanto por meio de toda a Igreja. "Onze" (Mt; At), utilizado após a defecção de Judas, confirma a existência dos Doze. Embora o termo "Doze" seja antigo, o termo ap. lhe é posterior.

O m. dos Doze difere do sacerdócio* judaico: não hereditário, sem graus de pureza* nem idade canônica, sem julgamento sobre seus próprios colegas (Mt 7,1-5). Sete *logia* atribuem a Jesus a recusa da instauração entre eles de uma hierarquia*. Assim, Mc 9,35 diz: "Se alguém quiser ser o primeiro, seja o último de todos e servo de todos". Segundo essas *logia*, a comunidade reunida em torno de Jesus não deve possuir uma estrutura de poder análoga à existente (civil, sacerdotal ou qumraniana).

Que papel desempenha o trio Pedro*, Tiago e João? O papel pessoal de Pedro, que receberá a primeira aparição do Ressuscitado (Lc 24,34), é atestado por Paulo (1Cor 15,5). A primazia reivindicada por Tiago e por João demonstra a ausência de uma hierarquia de direito (Mc 10,35-45) ou de um *mebaqqér* (vigiante) do tipo qumraniano.

c) A Igreja de Jerusalém judaica e cristã (At 1-7): hierarquia e/ou colegialidade? — De duplo pertencimento, os ap. frequentam a cada dia o Templo*, e numerosos presbíteros que nele serviram tornaram-se cristãos. A integração de Matias ao apostolado, doravante institucional, dos Doze salienta o vínculo com o Ressuscitado, a iniciativa de Pedro, a colegialidade* do grupo, a ação do Espírito*, o reconhecimento dos cento e vinte. Segundo Atos, Pedro e João exercem conjuntamente uma autoridade* particular. São distinguidas diversas autoridades colegiais: diárquicas (Pedro, João), oligárquicas (os "Doze": os sete, os anciãos), democráticas (a comunidade: os cento e vinte). Os hebreus judeu-cristãos praticam a comunidade dos bens. Os helenistas, sem organização financeira, são mais abertos quanto à participação feminina nos m. (At 21,9).

d) Em Corinto. — Paulo passa do mundo semítico para o mundo helenístico (todas as províncias da Anatólia), grego e romano. Paulo teve 162 colaboradores (entre os quais 60 mulheres*). Classificá-los ultrapassaria o âmbito do presente verbete.

A influência do ambiente sobre os m. é nítida em Corinto. Pequenos grupos religiosos, "tíases" cristãs, formam-se espontaneamente com um líder: Paulo, Apollos, Kephas, Cristo (1Cor 1,12). Eles valorizam os desempenhos pessoais; Paulo rejeita sua fluidez ministerial.

Em vez da tríade dos m. coríntios — profecia à grega, falar em línguas, sabedoria* grega — Paulo institui os três m. pastorais da tríade apostólica: ap., profeta, didascale (1Cor 12,28). Ele conhece o valor de cada um deles, pois ele próprio é ap., profeta de didascale.

Para designar os m. (G. Friedrich), Paulo não utiliza o vocabulário em uso no mundo grego. Oito termos são excluídos: *timé* (carga), *doxa* (dignidade), *telos* (poder de decisão), *arkhé* (poder), *bathmos* (posição), *topos* (posição), *taxis* (lugar designado), e por fim *leitourgia* no sentido de ofício sacerdotal (mas 2Cor 9,12, ou forma verbal em Rm 15,27). Assim, o m. não é nem uma posição de honra, nem um posto de autoridade, nem uma instituição com vários degraus, nem uma organização sacra. Além disso, Paulo jamais emprega a palavra "ancião" (*presbuteros*), em uso na Igreja de Jerusalém ou nas sinagogas.

Paulo retém cinco palavras para o m. eclesiástico: 1/ *oikonomía*, "administração" ou "gerência", designa a carga; 2/ *exousía*, "poder conferido para edificar a comunidade"; 3/ *kharis*, "graça*", designa seu apostolado, confiado a um pecador; 4/ *chárisma*, "Dom para um serviço tendo em vista a utilidade comum", quase desconhecida no AT e na língua corrente, elimina *pneumatikon*, relativa à inspiração; 5/ *diakonía*, que Paulo adota em Corinto, designa o serviço no sentido mais amplo e não um m. preciso: "dom do serviço", em Rm 12; "m. do ap." em 2Cor e Rm. A palavra pode receber uma qualificação: "do espírito", "da justiça*", "da reconciliação" (2Cor). Em Rm 12, *diakonía*

é associada aos dons do ensino (*didaskalía*), da exortação (*paraklesis*), da presidência (*proistamenos*), do exercício da misericórdia (*eleon*). A distinção entre carismas temporários e m. instituídos permanentes já aparece.

e) Casamento, viuvez ou celibato do ministro. — Um único texto fala do celibato (Mt 19,12), sem relação com o m. Somente Lucas menciona a renúncia à mulher* para seguir Jesus (Lc 14,26; 18,29). O apelo de Jesus comporta uma renúncia à casa (Lc 18,29), à profissão e aos bens: "deixando tudo" (Lc 5,11.28; 18,22). Por ocasião desse apelo, nada é dito sobre uma separação possível entre os d. e seus próximos. Pedro é casado (Mc 1,30: sua sogra), e também sem dúvida os outros d. Segundo 1Cor 9,5, os primeiros ap. conduziam, todos eles, salvo Paulo, "uma mulher irmã (isto é, cristã)" consigo. Barnabé, levita, era ou devia ser casado.

Paulo chega em Corinto sem mulher e faz de sua situação de não casado (casamento*) um carisma de Deus (1Cor 7,7ss). Ele não se classifica entre os celibatários, "virgens", homens ou mulheres (1Cor 7,25), mas entre os não casados, *agamoi* (1Cor 7,8.11.32.34), tendo sido casados, mas não mais o são. Viúvo? O fato de que ele cite o seu exemplo ao lado do das viúvas inclinaria a pensar isso. Se sua mulher o tivesse abandonado, após a sua conversão* a Cristo, o "privilégio paulino" (1Cor 7,12ss) seria a aplicação aos outros de seu caso pessoal. Paulo, sem mulher, está mais disponível e pode viver com pouco. Se Barnabé também é viúvo, os dois ap. estão na mesma situação.

f) Os meios de existência do ministro. — Somente os de Paulo são conhecidos. Ele é tecedor de panos fortes (velas, tendas etc.), da mesma corporação que Priscila e Áquila (At 18,3). Em Mileto, ele recorda aos antigos da Igreja de Éfeso sua recusa de ser encarregado, seu desinteresse (At 20,33ss; cf. 1Tm 2,9). Em 1Cor 9,1-18, Paulo expõe o motivo de não aplicar a si mesmo a regra que vem do Senhor: "o Senhor ordenou aos que anunciam o Evangelho que vivam do Evangelho" (9,14; cf. Mt 10,10; Lc 10,7), apesar de ter direito a isso (1Cor 9,6.12).

De 1 e 2Cor, Gl, Rm, Fl, deduz-se que: 1/ o ministro tem o direito de ser sustentado no local em que proclama o Evangelho; 2/ ele também pode receber subsídios de uma Igreja diferente daquela em que trabalha (Fl 4,10-20); 3/ ele pode recusar todo "salário"; 4/ não conhecemos com precisão a situação respectiva de Timóteo, de Tito (2Cor 12,16ss). O trabalho* manual, normal para um judeu, não o era para o homem livre grego. E Paulo corria o risco, ao recusar todo salário, de exercer um m. não reconhecido (cf. Simão o mago diante de Pedro em At 8,18-24).

g) *Participação da mulher no ministério.* — A regra da igualdade de Gl 3,28 vale para o m.? Em 1Cor 7, Paulo menciona casamento*, celibato, separação, ou viuvez, sem fazer qualquer alusão ao m., pois o m. não depende deles (o celibato abordado nos vv. 25-35 não se aplica ao m.). O meio grego coríntio é mais favorável ao m. da mulher (não casada?) que o meio palestino. Mas o contexto pagão (sacerdotisas, bacantes) faz a Igreja ficar atenta: 1/ ao traje cultual (1Cor 11,5); 2/ às restrições já válidas para os homens; 3/ às experiências extáticas (1Cor 14,34s). O caso do casal Prisca e Áquila (1Cor 16,19) não permite precisar se há m. da mulher casada cujo marido não exercesse m. 1Tm 5 enuncia as condições do m. das viúvas (60 anos, casadas uma única vez, inscritas no papel). Ignoramos se Lídia (At) e Foebe (Rm) eram viúvas.

- B. Reicke (1954), "Die Verfassung der Urgemeinde im Licht jüdischer Dokumente", *ThZ* 10, 95-112. — L. Cerfaux (1956[3]), *La communauté apostolique*, Paris. — J. Jeremias (1957), "Presbyterion ausserchristlich bezeugt", *ZNW* 48, 127-132. — N. Brox (1961), *Zeuge und Martyrer. Untersuchungen zur frühchristlichen Zeugnis-Terminologie*, Munique. — J. Roloff (1965), *Apostolat-Verkündigung-Kirche: Ursprung, Inhalt und Funktion des kirchlichen Apostelamtes nach Paulus, Lukas und Pastoralbriefen*, Gütersloh. — P. Schubert (1968), "The Final Speeches in the Book of Acts", *JBL* 87, 1-16. — A. Lentaire (1971), *Les ministères aux origines de l'Église. Naissance de la triple hiérarchie: évêques, presbytres, diacres*, Paris. — H. Merklein (1973), *Das kirchliche Amt nach dam Epheserbrief*, StANT 33. — J. Dupont (1974), *Les ministères de l'Église naissante d'après les "Actes des apôtres"*, StAns

61. — J. Delorme (sob a dir. de) (1974), *Le ministère et les ministères selon le Nouveau Testament*, Paris. — K. Kertelge *et al.* (1977), *Das kirchliche Amt im NT*, Darmstadt. — M. Carrez (1980), "Les incidences des conjonctures historiques et géographiques sur la naissance et l'évolution des ministères", *Bulletin de Saint-Suplice* 6, 29-55.

Maurice CARREZ

→ *Apóstolo; Autoridade; Bispo; Diácono; Diaconisas; Estruturas eclesiais; Governo da Igreja; Hierarquia; Igreja; Mulher; Presbítero; Sacerdócio.*

B. TEOLOGIA HISTÓRICA E SISTEMÁTICA

1. Ministério: no singular ou no plural?

O NT oferece a imagem de uma pluralidade de ministérios (m.) que, com modificações, se manterá durante os cinco primeiros séculos, e até mesmo até o s. XII, apesar de forte clericalização e sacerdotização. A partir dessa época, o m. ordenado (m. ord.) se concentrou na figura do padre*, o diaconato tendo se tornado uma ordem* de passagem e o episcopado uma dignidade associada a poderes superiores aos dos padres; e se houvesse outros ministérios eles participariam do seu ou os suplementariam. No domínio reformado, constata-se uma mesma concentração sobre o m. — tornado único — do pastor*; as referências ao sacerdócio* universal só voltam a ter atualidade com as revoluções de 1848.

Com nuanças doutrinais e com ritmos diferentes, o período contemporâneo se caracteriza no catolicismo* e no protestantismo* por um redescobrimento da eclesiologia* neotestamentária: o povo* de Deus* (N. A. Dahl, *Das Volk Gottes*, Oslo, 1941), a fraternidade cristã (J. Ratzinger, *DSp* 5, 1141-1167), o sacerdócio dos fiéis (P. Dabin, *Le sacerdoce royal des fidèles dans les livres saints*, 1941; *Le sac. r. dans la tradition ancienne et moderne*, 1950), a diversidade dos carismas e o laicato* (Y. Congar, *Jalons pour une théologie du laicat*, 1953; H. Krämer, *Théologie du laïcat*, 1958), a corresponsabilidade. Esses redescobrimentos (associados também a impulsos igualitaristas e funcionalistas) fecundaram a busca de uma rearticulação entre o m. específico dos pastores e a pluralidade dos outros serviços e m.

2. Ministério e serviço

a) Os conceitos. — Ninguém está dispensado de servir na Igreja*. Todo m. deve ser um serviço, caso contrário ele se desnatura. Todo serviço cristão, por ser cristão, é também ministerial? A teologia* feita em alemão, na qual se distingue *Amt* (m. ord.) e *Dienst* (serviço), afirmará isso com maior dificuldade que a teologia feita nas línguas românicas ou em inglês, em que o termo "m." é genérico (m. ord. ou não).

Ao dar a um relatório o título de "Todos são responsáveis pela Igreja? O ministério presbiteral em uma Igreja ministerial por inteiro", a Plenária dos bispos da França (1973) queria articular a responsabilidade de todos na diversidade de seus ministérios sem com isso fazer do m. presbiteral um simples serviço que não teria outro fundamento além da necessidade empírica, para a Igreja, de distribuir o conjunto dos serviços necessários à sua vida. Estar situado lado a lado com a Igreja, com efeito, mesmo quando a ordenação* é associada a uma eleição, não depende apenas do serviço realizado por aquele que aceita presidir, mas expressa de maneira estrutural e simbólica (em uma ordem que não é a da simples utilidade) o fato de que a palavra e os sacramentos* não provêm de nós mesmos.

b) A prática.
Desde os anos 1970, os m. não ord. se multiplicaram. Foram instituídos muito poucos leitores e acólitos, caminho que foi aberto aos simples homens por *Ministeria Quaedam* em 1973. Em compensação, muitos cristãos e cristãs são catequistas, animadores litúrgicos, responsáveis por um grupo de jovens, capelães de hospitais e de prisões. Em uma situação de escassez de sacerdotes, por outro lado, e em virtude do *CIC*, cân. 517, § 2, os bispos* confiam também uma participação no exercício do encargo pastoral de uma paróquia a um diácono*, a outra pessoa não ordenada ou a uma comunidade de pessoas. A responsabilidade última, nesse caso, recai sobre um "padre moderador, munido dos poderes de vigário": mas pode-se perguntar se a distinção eclesiologicamente importante entre m. ord. e m. não ord. poderá assim ser salvaguardada de modo satisfatório, sobretudo a longo prazo. Podem ser encontrados questionamentos nesse sentido em

Christifideles laici de João Paulo II (1989), nº 23; B. Sesboüé, *N'ayez pas peur* (1996).

3. Ministério e representação de Cristo

Segundo a Reforma, o m. instituído por Deus* é situado perante a Igreja: com o Evangelho que prega e os sacramentos que celebra, ele é um meio para dar o Espírito Santo* e a fé* (*CA* 5). O protestantismo* se opõe classicamente, em compensação, a certas fórmulas, frequentes na literatura católica sem que tenham sido dogmatizadas, e que parecem obscurecer a unicidade do m. de Cristo*.

O padre, desse modo, não é um *mediador* entre Deus e os homens, no sentido em que Cristo é mediador, e ele não acrescenta nada à mediação de Cristo. Ele só o pode ser em um sentido instrumental, nos atos de seu m., como diz, seguindo *CA* 5, a *Instituição* de Calvino: "Deus faz sua obra por meio deles, assim como um trabalhador se serve de um instrumento" (IV, 3, 1). A expressão *alter Christus* tem o mesmo sentido mas não é mais utilizada pelo Vaticano II* do que *mediador*, porque ela se presta a confusões. Quanto à fórmula *in persona Christi* (9 empregos no Vaticano II), ela significa a atribuição a Cristo de certos atos postos pelo padre ao título de seu m., e esses atos devem, aliás, ser situados no contexto da invocação do Espírito (epiclese*); mas mal interpretada, essa fórmula poderia favorecer certo isolamento da ação dos padres em relação à da Igreja, e sugerir que poderia haver padres em si e para si, situados acima da Igreja. A articulação entre o m. e a Igreja coloca de fato vários problemas.

4. A articulação entre o ministério e a Igreja

A eclesiologia da comunhão* do Vaticano II ("conceito central e fundamental dos documentos do concílio*", segundo o relatório final do sínodo* extraordinário de 1985) poderia requerer e facilitar, conjuntamente, uma melhor articulação entre os m. ord. e a Igreja.

a) As "ordenações absolutas". Certos bispos são ordenados legitimamente sem serem prepostos a uma Igreja (cân. 376). Para a teologia protestante, uma sucessão* apostólica assim desligada das Igrejas locais* é excessivamente individualizada ou abstratamente colegial para ser acreditável. Uma questão análoga se coloca a respeito dos padres, para os quais a encardinação em uma diocese não é senão uma possibilidade entre outras (cân. 266). Quase desconhecidas da ortodoxia*, essas práticas são o sintoma de um vínculo fraco entre m. e Igreja.

b) A interpretação hierárquica dos ministérios. — No Vaticano II e no *CIC* de 1983, o papa* e os bispos continuam a receber o nome de "hierarquia*", vocabulário que permanece suspeito aos olhos do protestantismo pois parece implicar uma plenitude de poder tal que suas decisões não precisariam ser recebidas pelos fiéis, que ela se estenderia ao temporal (poder indireto) e que poderia além disso impor, sob pena de pecado*, obrigações em domínios nos quais o Evangelho instituiu uma liberdade* do cristão (cf. as recusas dos jejuns, da abstinência da carne, dos votos monásticos e do celibato eclesiástico por *CA* 27 e 28). Melanchton, p. ex., rejeita formalmente uma hierarquia assim entendida:

"Nossos adversários desejariam que a Igreja seja definida como uma monarquia exterior cuja supremacia se estende por toda a terra e na qual o pontífice romano deve ter um poder ilimitado que ninguém tem o direito de discutir ou julgar (*anupeuthunon*); ele pode estabelecer, segundo sua vontade, artigos de fé [...], promulgar leis [...]. Mas para nós, na Igreja tal como ela foi definida por Cristo, não se deve aplicar aos pontífices (*non est transferendum ad pontifeces*) o que é dito da Igreja enquanto tal" (*Apol.* VII-VIII).

Dissipar o mal-entendido de uma identificação da Igreja com sua hierarquia é mais fácil desde que o Vaticano II revalorizou a igual dignidade de todos os cristãos (*LG* 32) e sua participação ativa na liturgia* (*SC* 14), tornou obrigatórios os conselhos presbiterais (*PO* 7), recomendou os conselhos pastorais (*CD* 27) e manifestou o desejo de reavivar os concílios* plenários e os sínodos* diocesanos em que os leigos*, homens e mulheres, pudessem ser majoritários (*CD* 26) e em que "todas as questões propostas são submetidas à livre discussão" (*CIC*, cân. 465). Desenha-se assim na eclesiologia católica uma maior integração entre autoridade pessoal, colegial e sinodal. O conceito de hierarquia, contudo, deve ser preservado para expressar a capacidade legítima de os bispos tomarem decisões que engajem os fiéis, p. ex., em concílio.

5. Pessoa dos ministros e objeto do ministério

Dogmaticamente, o conteúdo do m. deve comandar a pessoa dos ministros. Teólogos protestantes (como Persson, 1961) julgam, contudo, que a pessoa do ministro disporia, no catolicismo, do objeto do m., como no caso do magistério*, da pregação*, da eucaristia*. Esse equilíbrio insatisfatório também aparece quando, em uma situação de escassez de sacerdotes, as condições exigidas para ter acesso ao m. (E. Schillebeeckx [1987], *Plaidoyer pour le peuple de Dieu*) parecem contradizer o direito dos fiéis à palavra* de Deus e aos sacramentos (*CIC*, cân. 213).

a) A vocação para o ministério: regime de candidatura ou de consentimento? — Na Igreja antiga, a vocação para o ministério, considerada proveniente de Deus, coincidia com a eleição pela Igreja. O regime atual da candidatura era desconhecido e na época ordenava-se legitimamente padres e bispos contra a sua vontade (Congar, 1966). Ao decidir uma célebre controvérsia entre Branchereau e Lahitton, Pio X cobriu com sua autoridade a concepção objetiva deste último: "O que se chama de 'vocação sacerdotal' não consiste de modo algum, ao menos necessariamente e como regra geral, em certa atração interior do sujeito ou num convite do Espírito Santo para abraçar o estado eclesiástico" (*AAS* 4, 1912, 485). Entretanto, vinte anos depois, a Congregação dos Sacramentos exige que todo ordinando jure "desejar livremente (a ordenação), experimentar e sentir que realmente é chamado por Deus" (*AAS* 22, 1931, 127). O vocabulário corrente (ter a "vocação", "tornar-se padre"), assim como o vocabulário do *CIC*, que designa regularmente os ordinandos como candidatos, demonstra assim um subjetivismo pouco tradicional — medieval e sobretudo moderno — da vocação para o m. ord. E ela implica um regime de voluntariado que torna mais difícil que a autoridade episcopal estabeleça as relações entre as necessidades pastorais e as pessoas competentes, o que seria mais fácil em regime de convocação da Igreja e de consentimento a essa convocação.

b) Estatuto pessoal dos ministros. — O estatuto pessoal dos ministros depende apenas indiretamente da fé. Assim, para o Vaticano II, "O celibato foi imposto por uma lei da Igreja latina [...] ele não é exigido pela natureza do sacerdócio" (*PO* 16). Em caso de novo exame desse estatuto, dois critérios teológicos seriam levados em conta: o bem pastoral da Igreja, superior ao estatuto das pessoas, e a correlação entre Igreja e m., que permite pensar que um decreto universal não seria automaticamente portador de frutos espirituais. Modificar ou manter um costume tão valorizado exigiria também o envolvimento espiritual das Igrejas. A questão de saber se se pode chamar cristãs para o m. ord., nova sob sua forma presente, é mais complexa (mulher* B).

A permanência da pessoa no m. não deve ser confundida com a permanência dos efeitos da ordenação, expressa, por meio da teologia do caráter indelével (concílio de Trento*, sess. VII, cân. 9 [*COD* 685, 7-9]). Aqui, mais uma vez, o objeto do m. fornece um critério para as pessoas: assim como não nos "tornamos padres", não devemos decidir por nós mesmos deixar o m.; a conjunção entre as necessidades do serviço do Evangelho e as aptidões da pessoa (sua fé, sua saúde, sua idade) será decisiva no assunto (o *CIC* [cân. 401 e 538] prevê a renúncia dos m. ord. aos 75 anos de idade).

6. Perspectivas ecumênicas

Durante muito tempo considerada como insolúvel, a questão dos m. se beneficia hoje em dia de maior clareza.

a) Perspectivas divergentes. — Católicos e ortodoxos não têm os mesmos equilíbrios doutrinais de partida que os protestantes. No protestantismo o m. é uma preocupação secundária; e embora ele faça parte do *esse* da Igreja, tal como implicado no anúncio da palavra e na celebração dos sacramentos, suas formas e seus modos de exercício não fazem parte senão de seu *bene esse*. Os bispos luteranos, desse modo, nem sempre são ordenados bispos e nem sempre portam esse nome. Os reformados, por sua vez, geralmente têm um uso coletivo de *episkopé*. Em quase todos os lugares o m. é articulado a um governo sinodal. A ordenação não é um sacramento, o diaconato não depende dela, o acento está no m. da palavra e nas tarefas administrativas, toda sacerdotalização é evitada. (Os anglicanos têm sua posição original sobre cada um desses pontos.)

Nas Igrejas católica e ortodoxa, em compensação, os ministros têm uma forte autoridade pessoal; eles desempenham um papel decisivo na comunhão* entre as igrejas locais e na expressão da fé; vinculado ao dos apóstolos*, o seu m. também é um m. sacerdotal.

b) Convergências. — Esses equilíbrios doutrinais divergentes poderiam ser retomados na unidade, sob a condição de que as Igrejas levem mais em consideração sua prática efetiva e menos as teorizações que elas propõem dessas práticas. Assim, nenhuma Igreja existe sem uma presidência regrada de sua vida litúrgica e sem direção contínua: os ministros são chamados, recebem mandatos, são ordenados segundo as regras estabelecidas por outros ministros. O m. inclui a pregação, o ensinamento, a presidência na vida da Igreja, sua representação externa. Constata-se em todos os lugares a existência de uma *episkopé*: direito de visita, vigilância sobre a doutrina e sobre o apelo aos m., participação das ordenações etc. A comissão "Fé e Constituição" do CEI elaborou um documento (*Batismo, Eucaristia, Ministério* [BEM, Documento de Lima]) cuja recepção seria frutuosa para católicos e protestantes. O catolicismo poderia aprender aí a completar sua prática muito personalizada do m. por meio de instâncias colegiais e sinodais; e as Igrejas protestantes deveriam aceitar uma maior personalização do episcopado sem perder, por causa disso, suas estruturas sinodais.

• P. E. Persson (1961), *Kyrkans ämbete son Kristus-representation*, Lund (cf. c. r. por L. M. Dewailly, *RSPhTh* 46 (1962), 650-657). — Y. Congar (1966), "Ordinations, *invitus, coactus*, de l'Église ancienne au cân. 214", *RSPhTh* 50, 169-197. — R. Gryson (1970), *Les origines du célibat ecclésiastique du 1er au VIIe s.*, Gembloux. — H. Dombois (1971), *Hierarchie. Grund und Grenze einer umstrittenen Struktur*, Friburgo-Basileia-Viena. — Y. Congar (1971), *Ministères et communion ecclésiale*, Paris. — H. Legrand (1972), "M. et caractère indélébile", *Conc* (*F*), nº 74, 63-70. — Comission internationale catholique-luthérienne (1981), todos os textos oficiais (sob a dir. de H. Legrand-H. Meyer), *Le m. dans l'Église*, Paris (com *excursus* de Y. Congar); (1985), *Face à l'unité*, Paris. — Comission mixte catholique-orthodoxe (1982), "Le mystère de l'Église et de l'eucharistie à la lumière du mystère de la Sainte Trinité", *DC* 79, 941-945. — F. Frost (1982), "M.", *Cath. 10*, 185-286. — P. Eicher (1991), "Hierarchie", *NHThG*, t. 2, 330-349 (*Dictionnaire de théologie*, 1988, 287-298). — H. Legrand (1993³), "Les m. de l'Église locale", *in Initiation à la pratique de la théologie* (orgs. B. Lauret e F. Refoulé), t. 3, Paris, particularmente 239-273 (e bibl., 333-342). — J. Freitag (1993), "Amt", *LThK*³ 1, 547-550. — J. Delorme (sob a dir. de) (1994), *Le m. et les ministères selon le Nouveau Testament*, Paris.

Hervé LEGRAND

→ *Batismo; Bispo; Diácono; Ecumenismo; Hierarquia; Igreja; Mulher; Ordenação/ordem; Sacerdócio; Sínodo.*

MINÚCIO FELIX → **apologistas**

MISERICÓRDIA

Derivado diretamente do latim, o termo "misericórdia" (m.) guarda claros vestígios de sua etimologia: a *misericordia* emana do homem *misericors*, aquele cujo coração* reage diante da miséria do outro. Vale dizer que a m. visa a um dos aspectos da sensibilidade humana. No entanto, por um antropomorfismo* decidido, é a Deus* que a versão latina da Bíblia* transfere este atributo. Sem levar em conta o NT, a Vulgata utiliza 273 vezes o termo; é preciso acrescentar-lhes as 173 ocorrências do verbo *misereor* e os 31 empregos do adjetivo *misericors*: na grande maioria dos casos, esses diferentes lexemas remetem ao agente divino. É portanto como um atributo* bem divino que a Bíblia latina apresenta a *misericordia*.

Cabe perguntar qual léxico hebraico recobre esta família de palavras. Como convém eliminar os textos veterotestamentários que não repousam num original hebraico, o exame incide sobre 369 ocorrências. Estas repousam majoritariamente sobre três raízes hebraicas: *râham, hânan* e *hâsad*. Os comentadores se detêm o mais das vezes na primeira, fazendo observar que o substantivo plural que dela deriva (*rahamîm*), que se traduz por "compaixão", tem como singular a palavra *rèhhèm*, que designa por seu turno o útero da mulher*. Discretamente, o atributo bíblico de m. apresenta assim o agente divino sob um aspecto maternal. Com base nisso, o binômio "justiça*/m.", que aparece em todas as seções da Bíblia hebraica, poderia ser interpretado como designando uma completude simbólica da figura divina, que integra traços tanto paternais quanto maternais.

Na falta de uma definição rigorosa desses dois termos, pode-se ao menos tentar dar uma descrição deles. Se o atributo de justiça conota as noções de severidade e de exigência, mas também de transcendência da santidade* divina, o de m. remete a uma compaixão fundamental, à benevolência compreensiva de um Deus que "sabe de que massa somos feitos" (Sl 103,14) e que se mostra sempre prestes à clemência e ao perdão.

Notemos que o par "justiça/m." aparece nos textos de Qumran (1QSl, 26-II,1) como na literatura intertestamentária (intertestamento*) (*2Br 48*, 17-18). Mas esta, a exemplo do texto bíblico, já tende a supervalorizar o segundo termo em detrimento do primeiro:

"Assim, meus filhos, tende piedade de todo homem, em m., a fim de que o Senhor, tomado de piedade por vós, vos faça m. Pois nos últimos dias Deus enviará sua m. sobre a terra, e lá onde encontrar entranhas de m., lá ele habitará. Pois tanto quanto o homem tiver piedade de seu próximo, tanto o Senhor terá piedade dele" (*Test. Zab.* 8, 1-3).

Meditando sobre este "atributo de m.", a literatura rabínica não demorará a extrair dele, por seu turno, uma consequência ética* essencial: se o homem tem por vocação imitar a Deus, é-lhe preciso desenvolver em si mesmo esta qualidade. É assim que o Talmude declara: "Já que Deus é clemente e misericordioso, tu também sê clemente e misericordioso" (*TB Shab.*, 133b). Mais ainda, no início de nossa era, Rabban Gamaliel chegará a afirmar, comentando Dt 13,18: "Aquele que se mostrar misericordioso para com o outro será tratado pelo céu com m., ao passo que aquele que não tiver piedade por seus congêneres não terá direito à piedade do céu". O povo* judeu por inteiro se acha, pois, convidado, como indica outro texto do Talmude, a se mostrar "misericordioso, modesto, e a praticar atos de bondade" (*TB Yev.* 79a).

A tradição muçulmana escrutará também este atributo divino. Assim, todas as suratas do Corão se abrem com a invocação inicial, fórmula em que a raiz *râham* se acha mesmo redobrada, uma vez que é enunciada assim: *bismillâh al-Rahmân al-Rahîm*, "Em nome de Deus, o Benévolo, o Misericordioso". Numerosos comentários, aliás, são consagrados a precisar a diferença exata entre esses dois títulos divinos.

Por seu lado, o NT já desenvolvera todos esses delineamentos. Haurindo seu vocabulário na Bíblia dos LXX, ele faz grande uso dos termos derivados das raízes *eleein* ("ter piedade"), *oikteirein* ("ter compaixão"), *kharis* ("graça*") e *splankhna* ("entranhas", mas sobretudo "compaixão") — aqueles mesmos que a tradução grega utilizava para verter as três raízes hebraicas evocadas acima.

Em perfeita consonância com a tradição* judaica, o NT também deduz a consequência, no plano do comportamento humano, da revelação* da m. divina, no sentido "descendente" ("Sede generosos como vosso Pai* é generoso": Lc 6,36) como no sentido "ascendente" ("Felizes os misericordiosos: eles alcançarão m.": Mt 5,7). A originalidade do *corpus* neotestamentário consiste então em transferir para Jesus* os traços da m. divina. Certamente, Deus continua a ser descrito como a fonte dessa m. — e não se evita aqui e ali a evocação de suas entranhas (*splankhna*) de m. (Lc 1,78) e mesmo a "pluralidade" delas (*polysplankhnos*: Tg 5,11) — mas Jesus também possui esta característica "materna" (12 ocorrências), assim como a "piedade" e a "compaixão" daquele que o enviou.

A Igreja* dos primeiros séculos não fará mais do que desenvolver os diversos dados que extrai da Escritura*. Condensará liturgicamente o apelo à m. de Cristo* na breve fórmula *Kyrie eleeson*. Esta fórmula, que aparece nas liturgias* de língua grega ao longo da segunda metade do s. IV, será adotada um pouco mais tarde pela liturgia romana — e progressivamente por todo o conjunto do domínio latino. (Pode-se notar que a liturgia latina não a traduz *[Kyrie eleison]*, mas lhe acrescenta uma fórmula gêmea, igualmente grega, *Christe eleison.*) No mundo grego, o *Kyrie eleison* constitui a resposta do povo às litanias de intercessão recitadas pelo diácono*. Não há dúvida de que a onipresença desta invocação no texto litúrgico polarizava a atenção dos fiéis sobre o atributo divino de m. — é o que sugere João* Crisóstomo (*Hom. in Mt.*, 71, 4). E bem antes do s. IV, aliás, os autores cristãos frequentemente evocaram o *eleos* de Deus (*I Clem.* 9,1), seu *oiktirmos* (*I Clem.* 20,11) ou seus *splankhna*: "Sempre misericordioso e benfeitor, o Pai é tocado pelos que o temem; com doçura e bondade, ele difunde sua graça* sobre os que vêm a ele com um coração simples" (*I Clem.* 20,11).

Em língua latina, o vocábulo privilegiado permanece *misericordia*, aplicado a Deus (Tertuliano*: *Paen.* 2; Cipriano*: *Laps.* 15; Ambrósio*: *In Ps.* 118, 8, 22) ou ao homem (Tertuliano: *Paen.* 1; *adv. Marc.* 4, 27; Ambrósio: *Off.* 1, 11, 38). Agostinho* justificará esta noção contra as críticas provenientes dos filósofos: "Os estoicos, é verdade, habitualmente reprovam a m. Todavia, quantas vezes não é mais honroso para nosso estoico comover-se de piedade por um homem a salvar do perigo do que perturbar-se pelo termo de um naufrágio. [...] Ora, que é a m. senão uma compaixão de nosso coração pela miséria de outrem, que nos leva a socorrê-lo se pudermos?" (*Civ. Dei* IX, 5).

Como era de esperar, foi no mundo monástico que o exercício da m. ganhou toda a sua extensão. Por esta virtude "além das virtudes*", o monge empreende o caminho real da semelhança com Deus. Entre as inúmeras ilustrações que poderíamos oferecer de tal ideal, consideremos estes dois "apotegmas" nascidos do primeiríssimo monaquismo*, o dos Padres* do deserto do

Egito. Eles propõem logo de saída o que poderíamos chamar de um "maximalismo da m.".

"Um irmão que havia pecado foi expulso da igreja pelo sacerdote*; e *abba* Besarião se levantou e saiu com ele dizendo: 'Eu também sou pecador'."

"Um irmão interrogou *abba* Poimém dizendo: 'Se eu vir uma falta de um irmão, faço bem em ocultá-la?' O ancião disse: 'No momento em que ocultamos as faltas de nosso irmão, Deus também oculta as nossas; e no momento em que manifestamos as faltas de nosso irmão, Deus também manifesta as nossas'"

(*Apotegmas*, Coleção sistemática, IX, 2 e 9).

Seguindo a direção aqui indicada, poderíamos desenvolver os aspectos espirituais da virtude de m., tal como as tradições monásticas os elaboraram. Mas nem por isso a temática propriamente teológica se esvai. No que diz respeito à tradição latina, ao contrário, ela se prolonga em duas direções. Até o s. XIII, a tarefa primeira da teologia* continua a ser comentar a Escritura*. Os autores encontram nela o par "justiça/m." e se esforçam por situar um termo em relação ao outro. É assim que, para Bernardo* de Claraval, a tensão que reina entre eles só se resolverá no final dos tempos: "No tempo do juízo*, ele exaltará a m. mais que o julgamento" (*In Cant.* 73, 2, 4). Mas em seguida a m. não terá mais o que fazer senão desaparecer (*Dil.* 15, 40), pois não terá mais objeto. Na *ST*, Tomás* de Aquino menciona por seu turno a m. como beatitude* (Ia IIae, q. 69) e como virtude (IIa IIae, q. 30). Ele a coloca em correspondência com o dom do conselho (IIa IIae, q. 52, a. 4).

A relação da justiça com a m. mantém-se, por outro lado, no segundo plano dos debates sobre a predestinação* suscitados na imensa esteira da obra de Agostinho. Ela aflora, por conseguinte, entre os teólogos carolíngios, no *Cur Deus homo* de Anselmo*, como mais tarde nas vívidas controvérsias que acompanham a Reforma. Se o agostinismo* parece privilegiar nitidamente o atributo de justiça, ele suscita reações em sentido oposto. Decerto é possível interpretar nesta perspectiva o surgimento no s. XVII da devoção ao Sagrado Coração de Jesus, que passou rapidamente do estatuto de devoção

privada ao de norma litúrgica: não vinha ela contrabalançar a austeridades das tendências jansenistas então dominantes?

Com este último exemplo, encontramos uma tendência à "feminização", que diz respeito aqui à figura de Cristo. Alguns místicos* foram muito longe nesta direção: assim Juliana de Norwich, uma mística inglesa do s. XIV, não hesita em falar de "Jesus, nossa mãe". Mas o mais das vezes é na figura da Virgem Maria* que se fixa o atributo de m. Desde o s. XII, o *Salve Regina* designa-a como *Mater misericordiae* e, na esteira de Bernardo de Claraval (*In Nat. beat. Mar.* 7), toda uma linhagem de autores espirituais desenvolverão, às vezes sem muita moderação, a evocação dessa "maternidade". Incontestavelmente, o tema da m. desperta a questão do "feminino em Deus".

Afora alguns exemplos isolados que poderíamos respigar nos textos magisteriais (encíclica de João Paulo II: *Dives in misericordia*) ou em alguns espirituais (a "Revelação do amor* misericordioso" à irmã Faustina), a época contemporânea não parece desenvolver especialmente essa temática. No entanto, filósofos e teólogos decididamente têm revalorizado a noção de perdão — talvez no contexto dos "crimes contra a humanidade", que atingiram no s. XX uma dimensão planetária. Esta reflexão contribui para reavivar (reformulando-a) a temática da m. Assim, o princípio segundo o qual "não pode haver perdão sem justiça" constitui um eco direto da mais antiga tradição bíblica.

• V. Jankélévitch (1957), *Le pardon*, Paris. — A. Gouhier (1969), *Pour une métaphisique du pardon*, Paris. — W. Haase (1974), "Grossmut", *HWP* 3, 887-900. — T. Koehler (1980), "Misericórdia", *DSp* 10, 1313-1328 (bibl.). — S. Breton (1986), "Grâce et pardon", *RSPhTh* 70, 185-196. — O. Abel (sob a dir. de), *Le pardon*, Paris. — A. Chapelle (1988), *Les fondements de l'éthique*, Bruxelas. — D. Gimaret (1988), *Les noms divins en islam. Exégèse lexicographique et théologique*, Paris. — J.-Y. Lacoste (2003), "Perdão", *DEFM*, v. 2, 319-325.

Dominique CERBELAUD

→ *Amor; Atributos divinos; Alma-coração-corpo; Ética; Graça; Imitação de Cristo; Juízo; Penitência; Vida espiritual.*

MISSA → eucaristia → sacrifício da missa

MISSÃO/EVANGELIZAÇÃO

Em seu sentido amplo, a missão (m.) é uma característica fundamental da Igreja*, chamada a ser sinal e instrumento da salvação* de Deus* no mundo, para toda a humanidade. Duas tarefas principais cabem, assim, à Igreja e a cada crente: dar testemunho do Evangelho (evangelização) e servir aos homens (diaconia). Num sentido mais restrito, entende-se por "m." o trabalho de difusão da fé* e a fundação de novas comunidades fora dos "países tradicionalmente cristãos". Este sentido aparece sobretudo depois do s. XVII — um dos votos pronunciados pelos jesuítas é o *votus de missionibus*, a disponibilidade de se deixar "enviar em m." por seus superiores. Por outro lado, todas as religiões que pretendem a universalidade se compreendem a si mesmas como comunidades missionárias e se distinguem assim das religiões tribais ou nacionais.

1. Fundamentos bíblicos

a) No AT, a ideia de um Deus que envia aparece sobretudo nas narrações* de vocação profética (Ex 3,10; Jr 1,7; Ez 2,3s; 3,4s). Com os profetas* nasce a esperança* de uma conversão das nações à fé no Deus único (Is 2,1ss; 19,21-25; 45,20-25; Jl 3,5; Rt e Jn). A literatura pós-exílio evoca os "prosélitos" que se tornam judeus (Est 8,17; Tb 13,13; Dn 3,17-20; 6,26-28).

b) O NT vê em Jesus* primeiramente o enviado de Deus no meio dos homens, e o evangelho* segundo João baseia nesse envio a autoridade* de Jesus, Filho enviado pelo Pai* (Jo 3,17; 10,36; 17,18). É sobretudo a Israel* que Jesus é enviado (Mt 15,24), mas sua m. possui também uma dimensão universal que transparece de maneira evidente em sua atitude para com marginais e pagãos, quando compartilha a mesa dos pecadores e em sua liberdade diante das práticas alimentares judaicas (Mc 7,15.18s; Lc 10,8). Os discípulos de Jesus também são enviados, desde antes da

Páscoa* (Mc 3,25s e par.), e encarregados de um mandato comparável ao do mestre (anunciar e curar). Esse mandato é renovado na Páscoa: o Ressuscitado aparece aos seus para enviá-los em m. (Mt 28,19; 1Cor 15,5-8; Jo 20,21ss). A m., todavia, só começará depois do Pentecostes: o dom do Espírito* Santo é, para a comunidade dos discípulos, a condição indispensável de seu apostolado. Os Atos dos Apóstolos relatam os inícios da m. da Igreja. Um lugar particular cabe ali a Paulo, transmissor do Evangelho aos pagãos (Rm 11,13; Gl 1,15s). Ele próprio considera sua m. como a de um enviado plenipotenciário (Rm 1,5; 1Cor 9,2; Gl 2,8).

2. Referências históricas

a) A m. da Igreja conheceu nos primeiros séculos sucessos rápidos e espetaculares. No seio do Império romano era uma época de miséria cultural e religiosa, e o cristianismo pôde também valer-se da rede das comunidades judaicas e de suas sinagogas, pontos de partida dos missionários cristãos em numerosas cidades. A partir do s. III, e apesar das inúmeras perseguições, a Igreja está presente e ativa em todos os meios sociais. Tolerado antes de se tornar religião oficial do Império, o cristianismo ganha influência em toda a vida política, social e cultural. A extensão missionária do cristianismo é metódica, apologética e didática.

b) A partir do s. V, o fenômeno mais notável foi a empresa missionária dos monges irlandeses e britânicos que tinham feito voto de "peregrinação" e se consideravam enviados do papa* junto aos pagãos. À sua dimensão religiosa a evangelização acrescentou então uma dimensão política; e o prestígio cultural também entrou em jogo. Visto que essa m. impôs uma convivência bastante longa da fé cristã e do paganismo*, a Igreja desenvolveu então faculdades de adaptação e de acomodação cultural mais significativas ainda do que as da Igreja antiga.

No Oriente medieval, a Igreja nestoriana aparece como a Igreja missionária por excelência. Apesar da existência de outras religiões missionárias, desprovida de sustentação política e sem possibilidade de criar uma estrutura* eclesial forte, ela conheceu um desenvolvimento considerável.

c) Depois do s. XVI, a abertura de terras novas suscitou no catolicismo* um ímpeto missionário renovado, partido sobretudo da península ibérica, e cujo campo de ação se situou essencialmente na América Latina. Diante da brutalidade e à cupidez dos conquistadores e para permitir a sobrevida da evangelização de tribos indígenas, os jesuítas criaram, a partir de 1610, reservas ("reduções") que permanecerão até sua expulsão da Argentina e do Paraguai em 1768. Ali se tentou uma transmissão da fé desembaraçada de suas formas tradicionais, a fim de fazer nascer um cristianismo adaptado às situações locais. Na mesma época, cristianismos indígenas apareceram na Índia e na China (ritos* chineses). Para desenvolver a m., Gregório XV criou em 1622 a Congregação para a Propagação da Fé, e Urbano VIII fundou um *collegium urbanum* destinado a formar sacerdotes* para o trabalho missionário. Em 1663, a Sociedade das m. estrangeiras foi criada em Paris, por iniciativa de François Pallu (1626-1684), com o duplo objetivo de formar missionários e favorecer o nascimento de um clero autóctone na Ásia — mas será preciso esperar o início do s. XX para que surja um clero verdadeiramente indígena.

No Oriente ortodoxo, um lugar importante coube às m. russas, sustentadas pelos príncipes de Kiev, depois pelos czares, e sobretudo por Pedro, o Grande (1682-1725). Essas m. começaram frequentemente sob o impulso de uma única pessoa: pela tradução do Evangelho em língua local, depois pela criação de polos de evangelização de tipo monacal que reuniam um pequeno grupo de crentes fervorosos. Mas, quando o czar Alexandre I (†1825) decidiu tolerar outros cultos* além do culto ortodoxo bizantino, a Igreja russa teve dificuldade em conter a apostasia dos pagãos batizados.

Nas Igrejas nascidas da Reforma, o pietismo* permitiu o desenvolvimento da ideia missionária liberando-a de seus laços dogmáticos e territoriais tradicionais. Quando algumas colônias portuguesas passaram às mãos dos holandeses e dinamarqueses, estes começaram ali uma

m. protestante que insistia na conversão* pessoal; criaram Igrejas autóctones e favoreceram o estudo das religiões indígenas. Em 1795, o nascimento da M. de Londres abriu o que pôde se chamar "o grande século da m. protestante" (K. S. Latourette), um século durante o qual o desenvolvimento missionário influenciou todo o continente europeu, que viu serem criadas numerosas m. e foi também um grande século das m. católicas. Seu fruto mais importante é provavelmente a dinâmica unitária que a difusão da ideia missionária engendrou nas diferentes Igrejas. Um primeiro encontro das sociedades missionárias protestantes do mundo inteiro foi realizado em 1910 em Edimburgo. Pôde se estabelecer um clima de colaboração internacional, que se concretizou em 1921 com a criação do Conselho Internacional das M. (CIM). Esse movimento foi decisivo no processo que conduziu à criação do CEI* em 1948. Dois fatores em seguida favoreceriam a integração de todo o CIM no CEI, em 1961: a tomada de consciência de que a Europa e a América se tornaram também "terras de m." (essa constatação já fora feita no s. XIX pelos fundadores da "m. interior") e a independência das Igrejas africanas e asiáticas. A "m. de ultramar" se tornara "m. nos seis continentes". Crise econômica e secularização* na Europa, descolonização e emancipação dos povos na Ásia e na África — tais fatos tiveram finalmente como consequência o declínio das m. ocidentais e o desenvolvimento de Igrejas autônomas em todos os continentes.

3. Desafios teológicos

a) A teologia* da m. implica uma *teologia das religiões* não cristãs*, e esta tem evoluído consideravelmente durante os dois últimos séculos, pondo em causa muitas práticas missionárias tradicionais. Durante a conferência missionária de Edimburgo (1910), um grupo de estudos tentou uma interpretação das religiões que as compreendia como auxiliares da m. e de sua luta "pela libertação das almas* prisioneiras do erro e da perdição". A conferência de Jerusalém (1928) considerou as religiões não cristãs como aliadas potenciais contra o secularismo, e a ideia de um diálogo e de uma presença comum se impôs pouco a pouco, sobretudo quando se tratava de superar desafios éticos. O CEI, contudo, nunca conseguiu resolver a questão da salvação pelas outras religiões: "Não podemos indicar outras vias que não Jesus Cristo para conduzir à salvação. Tampouco podemos fixar limites para o poder redentor de Deus" (Conferência Missionária de San Antonio, 1989).

Sempre afirmando, de igual modo, a exclusividade da salvação em Cristo* (Vaticano II*, *AG* 7), a Igreja católica admite que a fidelidade a uma tradição não cristã pode permitir aos homens ter parte na salvação. O trabalho da m. consiste então em purificar "tudo o que se achava já de verdade* e de graça* nas nações, como por uma secreta presença de Deus" (Paulo VI), para levá-lo à sua perfeição. Recupera-se assim uma tese patrística: as religiões não cristãs valem, parcialmente, a título de "preparação" para o Evangelho. Para os crentes de outras tradições religiosas, "a salvação de Cristo é acessível em virtude de uma graça que, mantendo uma relação misteriosa com a Igreja, não os introduz formalmente nela, mas os ilumina de uma maneira adaptada a seu estado de espírito e a seu modo de vida" (João Paulo II). Mas se Deus pode salvar fora da Igreja isso não dispensa esta última de seu trabalho missionário. A m., de fato, permite a verdadeira libertação, que é abertura ao amor* de Cristo, e todos os homens estão à procura da "novidade de vida em Cristo" (Paulo VI). "A Igreja é o caminho ordinário da salvação e só ela possui a plenitude dos meios da salvação" (João Paulo II). "A compatibilidade com o Evangelho e a comunhão* com a Igreja universal" fornecem então os critérios em função dos quais regular as práticas e as doutrinas, preservando um conteúdo irredutível, "a especificidade e a integridade da fé cristã".

Sobre essas mesmas questões, as Igrejas nascidas da Reforma conhecem um vivo debate. Frente aos advogados de um diálogo com as religiões, o movimento "evangélico" exprime suas reticências. Temem que esse diálogo substitua e desencoraje a evangelização ao afirmar uma salvação possível fora de uma confissão* explícita da fé cristã.

b) A relação entre as *m. fundadas pelas Igrejas ocidentais* e as *"jovens Igrejas"* que delas nasciam teve de ser redefinida. No s. XIX, a m. em geral fora levada num espírito "colonialista" que projetava em nível mundial uma atitude de tipo "paternalista" (que consistia em "confiar a autoridade e o controle a um homem que devia desempenhar o papel de pai" [R. Mehl]). A partir de meados do s. XIX, contudo, alguns teólogos insistiram na necessidade de promover um pastorado indígena e Igrejas locais* capazes de se dirigir, de se financiar e de se desenvolver de maneira autônoma; e embora algumas dependências permaneçam esse desejo hoje se acha amplamente realizado. Para definir essa relação nova que coloca todas as Igrejas em pé de igualdade, a conferência missionária de Whitby (1947) propôs a fórmula de uma "parceria na obediência". A conferência de Bancoc (1972-1973), por seu turno, foi o apogeu das reivindicações de autonomia — teológica, financeira e humana —, e ela propôs mesmo uma moratória na ajuda intereclesial. A única outra opção analisada pela conferência segue o modelo da Comunidade Evangélica de Ação Apostólica (CEVAA), que agrupa as Igrejas protestantes francófonas: "antigas" e "novas", as Igrejas puseram seus bens em comum e os gerem segundo "o princípio da mesa redonda".

Todas as Igrejas concordam hoje em sublinhar que a m. não tem por objeto retomar em nível mundial o modelo eclesial ocidental. A problemática da inculturação* é comum a todos: a mensagem cristã exige ser traduzida em todos os contextos culturais e sociais sem que um estilo particular de vida eclesial, nascido de uma cultura particular, possa pretender ser a única encarnação possível dessa mensagem. As instâncias que asseguram a unidade das Igrejas locais variam, certamente, conforme as tradições, quer a unidade seja garantida pelo modo federal (CEI, famílias confessionais*), pela comunhão dos bispos* entre si (na ortodoxia*) ou pelo colégio dos bispos reunido com o bispo de Roma* (no catolicismo). Mas o zelo das diferenças legítimas é comum a todos.

c) A questão da ligação entre *evangelização* e *compromisso social* permanece, enfim, na ordem do dia das reflexões missionárias em todas as Igrejas. Para responder a isso, a assembleia do CEI realizada em Nova Déli (1961) afirmava que Deus "está em ação em todas as grandes mudanças de nosso tempo", e a de Uppsala (1968) exprimia sua convicção de que a Igreja é chamada a "antecipar o reino* de Deus, tornando visível desde já algo da novidade que Cristo cumprirá". Nesta perspectiva, a m. da Igreja é favorecer e acompanhar as grandes mudanças sociais comprometendo-se deliberadamente nelas; a m. poderia mesmo ser chamada a sustentar, conforme o caso, movimentos de tipo revolucionário. Essas posições do CEI provocaram uma ruptura com o domínio evangélico, que lhe opõe uma teologia na qual a m. deve primeiramente visar à conversão dos indivíduos e não à transformação da sociedade*: as necessidades espirituais precedem as necessidades físicas, e o homem não é por si só capaz de criar uma sociedade justa e pacífica. Mas as assembleias organizadas por esse domínio em Lausanne (1974) e em Manila (1989) afirmaram nitidamente a impossibilidade de uma oposição entre evangelização e ação social.

A questão foi reestudada pelo CEI em Canberra (1992), e se propôs então sustentar as "organizações intergovernamentais capazes de falar em nome da maioria dos povos, tais como as organizações das Nações Unidas e a Corte Internacional de Justiça". Um lugar particular cabe então à reflexão sobre os direitos humanos e à crítica dos sistemas econômicos. Foi assim que Canberra recusou, em nome do Evangelho, os "reajustes econômicos exigidos por aqueles que geram o 'sistema do mercado livre' e que asfixiam os países pobres e endividados".

A Igreja católica conhece o mesmo debate, embora as tensões ali pareçam menos vivas que no protestantismo*. O decreto *Ad Gentes* do Vaticano II sublinhou bem que a evangelização tem consequências sociais, que o ser humano a evangelizar é sempre apanhado em situações sociais e econômicas concretas. Os mesmos desafios, contudo, foram lançados com a mesma urgência (p. ex., pelos teólogos da libertação*), e o papa Paulo VI teve de se opor à "tentação de reduzir a m. [da Igreja] às dimensões de um projeto simplesmente temporal". De igual modo, se enfatizará na encíclica *Evangelii nuntiandi* a interpretação do evangelizador como primeiro destinatário do Evangelho: só está verdadeiramente qualificado para transmitir o Evangelho aquele que aceita ser, ele mesmo, evangelizado.

A m. exige, pois, uma nova análise das práticas eclesiais, uma reflexão sobre os contextos e sobre o diálogo interreligioso, uma redefinição do elo entre palavra e ação social. Ela determina assim o estilo e o conteúdo de toda teologia, ela é "a mãe da teologia" (M. Kähler) tanto quanto uma "nota" da Igreja (Barth*, *KD* IV/3, § 72.2). Todo encontro do Evangelho com uma cultura faz surgir uma nova inteligência da mensagem bíblica e da m. da Igreja.

• IGREJA CATÓLICA: *Vaticano II. Documentos conciliares* (1966); *COD*, 817-1135 (*DCO* II/2, 1661-2300). — Paulo VI (1976), *Evangelii nuntiandi*, Cidade do Vaticano. — João Paulo II (1987), *Sollicitudo rei socialis*, Cidade do Vaticano; (1991), *Redemptoris missio*, Cidade do Vaticano.

CEI, RELATÓRIOS DAS ASSEMBLEIAS GERAIS: (1962), *New Delhi 1961*, Neuchâtel; (1969), *Rapport d'Uppsala 1968*, Genebra; M. Henriet (ed.) (1976), *Briser les barrières, rapport de Nairobi 1975*, Genebra; J.-M. Chappuis, R. Beaupère (1984), *Rassemblés pour la vie. Rapport officiel de l'assemblée du coe Vancouver 1983*, Paris; Th. Best, M. Westphal (sob a dir. de) (1991), *Signes de l'Esprit. Rapport officiel. Septième assemblée Canberra*, Genebra.

CEI, CONFERÊNCIAS MISSIONÁRIAS MUNDIAIS: (1973), *Rapport de Bangkok*, Genebra; (1980), *Que ton règne vienne! Perspectives missionnaires. Rapport de Melbourne, 12-25 mai 1980*, Genebra; (1982), *La mission et l'évangélisation, affirmation oecuménique*, Genebra; (1990), "San Antonio 1989", *Informations Évangélisation 1/1990*, Paris.

COMITÊ DE LAUSANNE PARA A EVANGELIZAÇÃO MUNDIAL: (1976), "Déclaration de Lausanne 1974", *in Au-delà des confessions*, Paris, 81-92; (1989), *Le Manifeste de Manille*, Pasadena.

REVISTAS: *International Review of Missions* 1912-1970; *International Review of Mission* 1970-; *The Ecumenical Review* 1948-.

▶ H. de Lubac (1946), *Le fondement théologique des m.*, Paris. — J. Daniélou (1946), *Le mystère du salut des nations*, Paris. — S. Delacroix (sob a dir. de) (1956-1959), *Histoire universelle des missions ca-*

tholiques, 4 vol., Paris. — R. Mehl (1964), *Décolonisation et mission protestante*, Paris. — J. de Santa Ana (sob a dir. de) (1982), *L'Église et les pauvres*, Lausanne. — I. Newbigin (1989), *En mission sur le chemin du Christ. Perspectives bibliques*, Genebra. — N. Lossky *et al.* (sob a dir. de) (1991), "Mission", *in Dictionary of the Ecumenical Movement*, Genebra, 690-696. — H. Rzepkowski (sob a dir. de) (1992), *Lexikon der Mission. Geschichte, Theologie, Ethnologie*, Graz-Viena-Colônia. — J.-F. Zorn (1993), *Le grand siècle d'une mission. La mission de paris de 1822 à 1914*, Paris. — A. V. Ström *et al.* (1994), "Mission", *TRE* 23, 18-80. H. J. Findeis *et al.* (1998), "Mission" etc. *LThK*[3] 7, 288-327.

Fritz LIENHARD

→ *Conselho Ecumênico das Igrejas; Conversão; Filosofia; Inculturação; Libertação (teologia da); Paganismo; Salvação.*

MISTÉRIO

A. Teologia bíblica

a) Da origem do termo a seu uso neotestamentário. — A palavra *musterion* (*m.*) compreende um radical (a raiz *muô*) e uma desinência (*-terion*). O final (*-terion*) parece indicar um sentido original local, até mesmo instrumental.

Exemplos: *thusiasterion* (altar, aquilo em que se sacrifica), *bouleuterion* (sala do conselho) etc. A raiz permanece incerta, embora a mais provável pareça ser *muô* (fechar; donde "calar-se", "guardar silêncio"); cf. LXX: *mustes* (iniciado; Sb 12,5), *mustis* (iniciada; dito da sabedoria* em Sb 8,4); *mustikos* (em voz baixa; *3 Mc* 3,10).

Tendo em vista essa raiz, *m.* poderia vir das religiões de mistérios (m.), onde teria designado primeiramente o lugar de iniciação, em seguida os ritos assim como os segredos, os m. celebrados. Os LXX não desautorizam essa impressão — pois *m.* aparece sobretudo nos textos do período helenístico, escritos pois diretamente em grego (Tb; Jt; 2Mc; Sb), igualmente nos livros tardios do Sirácida (Sr 22,22; 27,16.17.21) e de Daniel, onde traduz o aramaico *râz* (Dn 2,18.19.27.28.29.30.47) —, mas os contextos literários tampouco o confirmam.

No NT, o termo é quase sempre empregado como em Dn 2, onde *a)* os m. têm relação com os acontecimentos por vir, em particular com o fim dos tempos* (cf. Dn 2,29s) (escatologia*); *b)* eles são divinos, no sentido em que dizem respeito às decisões eternas de Deus*, e só ele pode torná-los conhecidos por revelação*; *c)* são beneficiários deles somente aqueles que Deus escolheu — não os sábios deste mundo* (cf. Dn 2,27s.47s LXX). Encontramos esses três componentes no NT, quer quando se trata de revelações sobre um ponto preciso (Rm 11,25; 1Cor 15,51) ou sobre o conjunto das decisões divinas e sua execução (Mt 13,11; Mc 4,11; Lc 8,10; Rm 16,25; 1Cor 2,1; 13,2; Ef 1,9; 3,9; Cl 1,26; Ap 1,20; 10,7; 17,5.7). Mas se, em Dn 2, as revelações incidem sobre acontecimentos ainda não ocorridos, no NT, *m.* só designa acontecimentos futuros e tem por objeto principal Jesus*, o Cristo* (cf. 1Cor 1-2; Cl 1,27; 4,3; Ef 3,9; 5,32), de quem o ministério*, a morte* na cruz e a ressurreição*, proclamados como Evangelho, manifestaram de modo inaudito o projeto divino de salvação* e (em particular pela ressurreição) deram uma antecipação do final dos tempos.

b) As dimensões do mysterion *segundo Paulo.* — Ao chamar de *m.* o plano divino de salvação, os textos do NT não querem sublinhar apenas a incapacidade dos humanos de tomarem conhecimento dele por si mesmos; eles indicam também que uma vez revelado esse plano de salvação a sabedoria humana permanece impotente para compreendê-lo e recebê-lo, pois ele se realiza por meios e eventos aparentemente desarrazoados. Portanto, não é somente por não terem sido reveladas até então que as vias divinas são m. (Cl 1,26.27; 2,2; Ef 3,9), mas também porque, mesmo reveladas e proclamadas, o mundo não pode conhecê-las como vontades de Deus. Assim se explica que Paulo veja na cruz de Jesus o m. de Deus por excelência (cf. 1Cor 1,18-2,4).

Mas a cruz não é o único evento que provoca a estupefação. Cl e Ef insistem também na maneira como pode ser vivida em toda cultura (inculturação*) a fé* em Jesus Filho de Deus (filiação*), o que Paulo chama "Cristo *no meio das nações*" (cf. Cl 1,27) (universalismo*).

Esta presença de Cristo *no meio das nações* é inaudita, porque as nações pagãs não esperavam um messias* e porque, na hipótese de sua conversão* ao verdadeiro Deus*, cabia a elas subir até Jerusalém*, a cidade* santa. Que com o anúncio do Evangelho a salvação venha encontrar os gentios lá onde estão, e que a diversidade deles vá de par com uma unidade forte em Cristo, a ponto de a Igreja* vir a ser chamada seu *corpo**, tudo isso faz parte do m. (Ef 5,21-33).

c) *O emprego do termo e suas razões.* — O uso paulino do termo é paradoxal, em particular em Cl e Ef, pois o Evangelho deve ser anunciado a todos, ao passo que o m. veicula a ideia de segredo que ultrapassa o entendimento. Ora, Cl e Ef torna-os praticamente sinônimos (o m. é o próprio Evangelho; Ef 6,19) e não é por acaso. Falando da novidade em Jesus Cristo, o *m.* permite, com efeito, ao Evangelho anunciar-se com o auxílio de novos conceitos. Mas se suscita novas formulações do Evangelho ele também funda a legitimidade delas. As declarações de Cl e Ef sobre a Igreja e sua relação com Cristo não eram, de fato, imagináveis. Elas não são anunciadas como tais nas Escrituras*. Mas se tais anúncios não podem se apoiar nas Escrituras não correm o risco de ser invalidados, desacreditados? É aqui que o emprego do vocábulo *m.* toma toda sua importância. Pois ele é tomado de empréstimo à Escritura — Dn 2 já fazia parte dos livros* santos — e, como palavra da Escritura, notificava que a Escritura não anunciara tudo, que no final dos tempos Deus diria coisas novas. Uso paradoxal de um termo escriturístico para justificar o emprego de termos não escriturísticos (corpo/cabeça etc.)!

Se, como anúncio do inaudito, o m. não é voltado para o passado, é permitido, todavia, relê-lo. Uma vez que ele nos faz entrar na inteligência da sabedoria eterna de Deus, na coerência paradoxal de seus desígnios, o m. autoriza os crentes a (re)ler as Escrituras em função da novidade vivida e anunciada, a nelas perceber correspondências e pontos de ancoragem para uma leitura espiritual tipológica sobretudo (cf. Rm 16,26; Ef 5,32) (sentido* da Escritura).

Mais tarde, *m.* será vertido por *sacramentum* (desde as primeiras traduções* latinas africanas) e virá a designar as celebrações que hoje chamamos de *sacramentais*.

• G. Bornkamm (1942), *"Mustêrion"*, ThWNT 4, 809-834. — K. Prümm, "Mystères" (1957), DBS 6, Paris, 1-225. — R. Penna (1978), *Il mystérion paolino. Traiettoria e costituzione*, Brescia. — Ch. Reynier (1992), *Évangile et mystère. Les enjeux théologiques de l'épître aux Éphésiens*, Paris. — J.-N. Aletti (1995), "Sagesse et mystère chez Paul", in *La sagesse biblique: de l'Ancien au Nouveau Testament*, Paris, 267-290.

Jean-Noël ALETTI

→ *Apocalíptica; Cristo/cristologia; Conhecimento de Deus; Cumprimento das Escrituras; História; Igreja; Intertestamento; Mal; Paulina (teologia); Religiões (teologia das); Revelação; Sacramento; Sabedoria; Universalismo.*

B. TEOLOGIA LITÚRGICA E SACRAMENTAL

a) *Nas Igrejas de língua aramaica e siríaca.* — A tradição* destas Igrejas* depende diretamente da herança bíblica da tradição judaica. A palavra *râza*, cuja raiz persa é conhecida — *Raz* designa o segredo do grande conselho real dos impérios aquemênida e sassânida, onde se tomavam as decisões mais importantes (Dalmais, 1990, 174) —, corresponde ao grego *musterion*, e seu plural, *râzé*, a *musteria*. No singular, ele designa tanto o mistério (m.) quanto a eucaristia*. No plural, designa outros mistérios (ms) sacramentais, desde antes do s. V, após ter designado exclusivamente os desígnios divinos mantidos secretos, depois revelados, como em Dn. O sentido de enigma destes *râzé* permanece, mas a ideia do desvelamento aguardado se impõe, inclusive quando este plural *râzé* designa os ritos destinados a mostrar e a dar o que eles encerram. Daí resulta uma acentuação escatológica da liturgia*.

A acepção cultual é atestada no s. IV, com Afraates, Efrém, Teodoro de Mopsueste e em seguida com outros mestres de Edessa e de Nísibe. Afraates fala "desses ms, *râzé*, que o santo ordenou para a celebração da Páscoa*" (*Demonst.* XII sobre a Páscoa mosaica, SC 349, 298, § 1 e 10). Dados ao "primeiro povo*", os ms são apenas sinais, *ata*, tipo, *tupsa*, figura, *dmuta, dumya, salma*, de uma verdade* cumprida pela Páscoa do Senhor e pelo "batismo* verdadeiro: m., *raza*, da paixão* de nosso Salvador" que ele prescreveu a seus discípulos conferir. O fruto da salvação* saído da cruz é "o sinal do m. de vida", *rushma d-raza d-hayyé*, que os sacramentos* (sacr.) comunicam (Dalmais, 1990, 176; *Diatessaron* de Efrém XXI, 11, SC 121, 380).

Em Efrém, *raza* é combinado com outras palavras do mesmo registro semântico para formar expressões tais como *braza w-tupsa*, que designam as ações litúrgicas da Igreja. Trata-se então do "já aí" de seu conteúdo escatológico primordial, que é acusado ao "indicar frequentemente uma semelhança entre o símbolo e aquilo que simboliza" (P. Youssif, *in* Dalmais, 1990). Após terem sido recolhidos na Torá, os ms são "encarnados" em Cristo*, que cumpre todos os símbolos, na espera de seu desvelamento, mas "a ponto de formar uma parte integrante deles" (G. Saber *in* Dalmais, 1990). Esta teologia* torna-se precisa com Teodoro de Mopsueste (*Catéchèses*, trad. fr. R. Tourneau, R. Devreesse, Cidade do Vaticano, 1949) e outros representantes desta tradição (Dalmais, 1990, 181).

b) Nas Igrejas de língua grega. — Os cultos pagãos de ms se estendem do s. VII a.C. ao s. III d.C. no mundo grego e nas regiões helenizadas. Sua terminologia é progressivamente adotada. Sua forte marca sobre a liturgia cristã do s. IV, para além da linguagem, sobressai na natureza mesma da experiência ritual:

A raiz comum *mu(s)* dos termos gregos aparentados *mustes, musteria*, em relação com o verbo *muô*, que designa a ação de "fechar os olhos e os lábios" diante de algo que assim permanece segredo (Burkert, 1987, trad. fr., 108, n. 36), sugere a atitude de temor suscitada pela ação dramatúrgica, o sentimento de presença dos deuses e o silêncio sagrado. Os ms de Elêusis, p. ex., são chamados de *arrethos telete*: um interdito, *aporrheta*, garante seu prestígio e sua eficácia. A fascinação dos deuses exige a atividade ritual do inesperado e do indizível, *arrhèton*, da presença "temível", fascinante e gratificante de um sagrado quase tangível na experiência de conhecimento, de agonia,

pathein, e de exaltação suscitada pelo drama ritual iniciático. Os ms são, em alguns casos, a expressão do ímpeto religioso da alma* humana desejando participar já na vida terrestre do itinerário mítico dos deuses pelo relato anamnético, por ações e ritos iniciáticos que constituem o drama sagrado. É uma experiência salutar de renovação por vezes ligada a uma promessa quanto ao além. A simbólica ritual que os ms pagãos acionam é mais a da iniciação, *telein* e *telete*, no divino que a da ligação social. Nem corpo de doutrina, nem recusa necessária, para os adeptos, dos exercícios da religião comum. Por isso mais vale falar de culto de ms do que de religião de ms (Burkert, 1987).

Quando os apologistas* do s. II desenvolvem a interpretação tipológica da história* e dos escritos* bíblicos sobre o modelo de Fílon, o uso do termo "ms", *musteria* (Justino, *Diál.* 40 e 24; 44, 85, 111, 138), designa ainda os eventos e os segredos revelados do desígnio de salvação* de Deus* em Jesus Cristo (Justino, I *Apol.* 1, 54; 66, 4; *Diál.* 70, 78). Tertuliano*, Fírmico, o Ambrosiáster e Agostinho* farão o mesmo.

Melitão de Sardes canta o *m. da Páscoa* (SC 123, 2), que é para ele ao mesmo tempo evento de salvação "anunciado na Lei*", objeto de proclamação na assembleia cristã pascal e m. ritual da nova aliança*. A expressão técnica dos ms cultuais, "cumprir inteiramente de noite o m. (*nuktor diatelesas to musterion*)", a propósito da Páscoa antiga segundo Ex 12,10 (*ibid.*, 15, 16, 68 e 145 n. 95), faz pensar que ele compreende a Páscoa cristã, seu cumprimento, como um m., i.e., como um ritual celebrado por uma comunidade de iniciados que atualizam por meio das ações que ela empreende o ato salvador de Deus que tomou figura de acontecimento.

Clemente de Alexandria exprime o caráter mistérico do cristianismo com o auxílio deste vocabulário técnico dos ms cultuais (*Strom.* IV, 3, 1; IV, 162, 3; V, 9-10; *Protréptico*, 12). Os gnósticos apreciavam a categoria do misterioso, que já permitira exprimir toda uma parte da busca filosófica (Diotima de Mantineia no *Banquete* de Platão, 210 *a*–212 *c*); Clemente, no mesmo movimento (Riedweg, 1987, 159), vê no cristianismo a verdadeira gnose* (*Strom.* V, 57, 2; VI, 124, 16).

Segundo Orígenes*, "o m. de Cristo se refrata por meio da Igreja, como transparece na Escritura*. Ele se manifesta igualmente nos sacr." (Bornert, 1966, 57). Os sacr., *tupoi*, fazem participar, designando-a e ocultando-a, na verdade, *aletheia*, do m., do qual a antiga aliança era apenas a sombra, *skia*. Desvelada por Cristo, ela só será plenamente manifestada quando de seu cumprimento* escatológico. Esta revelação* do m. funda a interpretação tipológica da Escritura que se encontra em Orígenes. Ela lhe vem do judaísmo*, que a aplicava também aos ritos. Ele fez o mesmo. É provável, portanto, que esta hermenêutica*, idêntica no caso dos ms (desígnios divinos) enunciados pelo texto bíblico e no dos ms rituais que os significam, tenha generalizado a acepção cultual de ms. Orígenes chama o cristianismo em geral: "os *teletai* que são nossos" (*Cels.* 3, 59). Juliano, seu adversário, vê no cristianismo uma nova *telete* (Burkert, 1987, trad. fr., 106, n. 11).

Eusébio de Cesareia vê nos "ms de seu corpo* e de seu sangue" (de Cristo) (*Demonstr. ev.* V, 3) o cumprimento por excelência do sacrifício* dos povos (*Demonstr. ev.* I, 10). *Musteria* vem a designar, de preferência, a eucaristia. Encontraremos expressões aparentadas com o adjetivo *mustikos*, "eulógia mística", p. ex., em Cirilo* de Alexandria.

No s. IV, a celebração dos sacr. da iniciação* é comentada sistematicamente pelos Padres* com o auxílio da terminologia dos ms pagãos. As categorias e a língua dos ms permitiram, ao que parece, elaborar uma mistagogia da celebração cuja eficácia se tornava culturalmente possível e pastoralmente urgente (Ph. de Roten, 1993, 129, n. 51, 52, 53). Os riscos de confusão com os cultos pagãos estavam desaparecendo. Valorizou-se então a experiência litúrgica graças a um ritual mais mistérico suscetível de atrair ao batismo um povo reticente à conversão* e de representar mais eficazmente as graças* essenciais de iluminação e o autor delas: o Cristo à direita do Pai* (Kretschmar, 1970, 1-348). Acentuou-se assim o caráter ao mesmo tempo gratificante, *indizível* e "temível" do m. salvador atualizado nos *ms terríveis* e *santos*

do drama pascal. Cirilo de Jerusalém, Epifânio de Salamina, Basílio* de Cesareia, Gregório* de Nazianzo e Gregório* de Nissa devem ser considerados (Ph. de Roten, 1993, 117, n. 6). O autor mais típico a este respeito é João* Crisóstomo: 66 ocorrências do vocabulário mistérico em sua obra e 17 em suas oito *catequeses batismais* (SC 50).

O Pseudo-Dionísio* distingue o número e os graus dos santos ms e descreve uma teurgia cristã em que eles são organizados hierarquicamente. Eles contribuem para a união do homem com a tearquia (princípio mesmo da deidade*) trinitária. O conceito central é o da iluminação, e ele leva a dar à iniciação a dimensão privilegiada da contemplação*. Em Gregório* Palamas, herdeiro de Dionísio, a recepção da luz divina passa pela comunhão* no m. do corpo eucarístico iluminador de Cristo.

c) Nas Igrejas de língua latina. — Os sacr. foram também chamados ms na tradição latina, uma vez desaparecidos, lá também, os riscos de confusão com os cultos mistéricos pagãos (Ambrósio*, Hilário* de Poitiers etc.), mas a transliteração do plural *musteria*, disponível, foi cuidadosamente evitada nos três primeiros séculos para os ritos cristãos (Mohrmann, 1952), ao passo que o mesmo não se deu com o singular *mys-terion*, que deu *mysterium*. Este singular *mysterium*, de fato, podia ser utilizado sem risco, porque se tornara um termo da língua comum, tendo um sentido profano e geral: "segredo", "m.", ao passo que as ressonâncias de *musteria* eram ainda exclusivamente cultuais e pagãs. Foram também descartados os equivalentes latinos dos termos gregos que designavam as ações sagradas e a experiência cultual das religiões mistéricas (*sacra, arcana, initia* etc.), para adotar *sacramentum* e *sacramenta*, que não geravam equívoco (Tertuliano) (cf. sacramento*). O termo "ms" às vezes é utilizado segundo seu sentido cultual nos diversos livros litúrgicos saídos da última reforma litúrgica elaborada pelo Vaticano II*.

Em relação com essas evoluções semânticas e consideradas do ponto de vista de sua aptidão em fazer da celebração uma epifania do m., essas três tradições de inculturação* da liturgia cristã deixam aparecer acentos teológicos variáveis, derivas (alegorizações exageradas, moralismo didático etc.) e enriquecimentos (Dalmais, 1990, 181-182).

d) A teologia dos mistérios, Mysterienlehre, *de Odon Casel.* — Retornando a uma concepção do m. cristão centrada na liturgia (Schilson, 1982), esta teologia renova no s. XX o conjunto dos domínios da teologia. A ela devemos ter sido a iniciadora principal das numerosas pesquisas patrísticas de nosso século sobre o *musterion*.

Dom Casel (1886-1948), monge de Maria-Laach (1907) e ecônomo dos beneditinos de Herstellte (1922-1948), é incumbido em 1921 por Dom Herwegen (†1946), seu abade, da direção do *Jahrbuch für Liturgiewissenschaft* (que se tornou hoje *Archiv für L.*), onde publica até 1941 numerosos artigos de ciência litúrgica (Santagada, 1967, *Bibl. gen.*). Seus ensinamentos espirituais de Herstellte oferecem uma teologia de estilo e conteúdo verdadeiramente mistagógicos. Sua irradiação na França, sob o impulso do Centro de Pastoral Litúrgica, data dos anos 1940.

Esta teologia queria vencer o desafio de historiadores do período modernista que viam nos ms pagãos a origem dos sacr. cristãos. Abandonando assim demasiadamente os antecedentes judaicos do culto* cristão, Casel (1921) discerne nesses ms pagãos, primeiro com equilíbrio, depois forçando as analogias, uma "propedêutica" providencial do culto cristão. Se trabalhos recentes (Burkert, 1987) sobre esses ms corrigem aquelas perspectivas no plano histórico, a visão teológica de Casel lembra hoje a pertinência de uma visão de sabedoria preocupada em compreender o estatuto soteriológico das religiões e o justo lugar da liturgia em toda síntese de teologia cristã. A referência aos ms pagãos tem a ver aqui essencialmente com um método de teologia fundamental* do culto.

A perspectiva de Casel visa a reconciliar teologia, piedade e liturgia. Ele insiste menos na eficácia instrumental dos sacr. do que em sua relação com o m. pascal, que eles atualizam enquanto ações litúrgicas comunitárias; e ao sublinhar sua unidade, ele busca recolocar em primeiro plano a teologia da Igreja-m. em

sua relação com a liturgia, que é sua primeira manifestação. Muitas verdades esquecidas sobre os sacr. são assim revalorizadas.

- O. Casel (1921), *Die Liturgie als Mysterienfeier*, Friburgo; (1932), *Das christliche Kultmysterium*, Regensburgo. — C. H. Mohrmann (1952), *Latin vulgaire, latin des chrétiens*, Paris; (1954), "*Sacramentum* dans les plus anciens textes chrétiens" in *HThR*, 47, 141-152 (e *Études sur le latin des chrétiens*, Roma, t. 1, 1958, 233-244; t. 3, 1965, 181-182). — R. Bornert (1966), *Les commentaires byzantins de la divine liturgie du VIIe au XVe s.*, Paris. — O. D. Santagada (1967), "*Bibliografia generale*", *ALW* 10/1, 1-77. — G. Kretschmar (1970), *Die Geschichte des Taufgottesdienstes in der alten Kirchen*, Leit 5, Kassel. — A. Schilson (1982), *Theologie als Sakramententheologie, Die Mysterientheologie Odo Casels*, TTS 18, 1987². — L. Bouyer (1986), "*Mysterion*", du Mystère à la mystique, Paris. — Ch. Riedweg 91987), *Mysterionterminologie bei Platon, Philon und Klemens von Alexandrien*, Berlim-Nova York. — W. Burkert (1987), *Ancient Mystery Cults*, Cambridge, Mass. — I. H. Dalmais (1990), "*Raza* et sacrement", in *Rituels. Mélanges offerts au Père Gy*, sob a dir. de P. De Clerck e E. Palazzo, Paris, 173-182. — Ph. de Roten (1993), "Le vocabulaire mystagogique de saint Jean Chrysostome", *in Mystagogie: pensée liturgique d'aujourd'hui et liturgie ancienne*, conférences Saint-Serge, XXXIX semaine d'études liturgiques, 1992, org. por A. M. Triacca e A. Pistoia, Roma, 115-135.

Nicolas DERREY

→ *Liturgia; Sacramento.*

MISTÉRIO PASCAL → **Páscoa** B

MÍSTICA

Durante séculos foi impossível separar o conceito e o campo da mística (m.) do conjunto da teologia* (t.). A partir de Bernardo* de Claraval (1091-1153), entretanto, uma literatura m. se afirma por si mesma. Ela se inscreve de bom grado em continuidade com a herança patrística, e em reação contra uma t. escolar que se afasta cada vez mais de seus fundamentos contemplativos. Pode-se considerar que esse afastamento se torna ruptura no Ocidente no s. XIV, momento em que a m. como ciência ganha definitivamente sua autonomia, como atestam p. ex. as considerações metodológicas de Gerson em sua dupla *Teologia mística* (1402-1408). Ela tomará impulso primeiramente nos países do Norte (m. convencionalmente referida sobretudo como "especulativa", i.e., do "espelho" de Deus na alma* [a.], por alusão a 1Cor 13,12), antes de florescer na Espanha no s. XVI, depois na França no XVII (m. mais "afetiva", i.e., de fato, mais atenta aos dados psicológicos da experiência* que ela descreve). É neste quadro que ela se deixa apreender em si mesma, e que nós a estudaremos aqui.

I. Mistério e mística

A palavra "m." perdeu toda precisão desde que J.-J. Rousseau e os românticos a aplicaram a todo o irracional frequentemente atribuído à coisa religiosa. Nós a restringiremos aqui a seu sentido cristão mais clássico, o de uma percepção de Deus* por assim dizer experimental, de uma verdadeira festa da a. por ocasião do advento interior de Cristo*: ela consiste "numa experiência da presença de Deus no espírito, pelo gozo interior que dela nos dá um sentimento intimíssimo" (Tauler [1300-1361], *Sermão* XII, 1, trad. Hugueny, I, p. 271, em referência a Jo 7,6). Precisemos com um moderno: "Ali se descobre, vivido pelo místico na clareza de uma evidência, o que cada um de nós sabe por sua fé, aquilo de que cada um de nós vive" (Garonne, *in* Cl. Moine, *Relation spirituelle* 7). Trata-se, pois, de uma tomada de consciência toda particular do mistério* de Cristo, e é para evocá-lo que o termo entrou com Clemente de Alexandria (160-220) no vocabulário cristão: é m. o conhecimento do mistério, isto é, aquele que leva além da letra da Escritura* e dos sinais da liturgia*, até a realidade mesma daquilo que uma e outra designam, e que está oculto em Deus (cf. Bouyer, *Histoire de la spiritualité chrétienne* I, 486-496). Deste ponto de vista, uma continuidade fundamental liga Abraão ou Moisés a João* da Cruz e a Teresinha do Menino Jesus, e estes se proibirão de jamais dizer outra coisa além do que está substancialmente atestado na Escritura e transmitido pela Igreja*.

Terminemos de delimitar o campo da m. com seu melhor conhecedor e intérprete do s. XX, H. Bremond: "Bons ou maus, pagãos ou cristãos, Deus está em nós. Ou melhor, nós estamos nele [...] Ele está em nós antes de todos os nossos atos e desde que somos [...] Ele é como o princípio vivo de toda vida, presente em tudo o que há de mais eu em mim, [de modo que] somos todos místicos em potência; de fato, tornamo-nos místicos assim que tomamos alguma consciência de Deus em nós, assim que experimentamos, de algum modo, sua presença; assim que este contato, aliás permanente e necessário entre ele e nós, nos parece sensível, toma o caráter de um encontro, de um abraço, de uma tomada de posse" (*Autour de l'humanisme*, 248-249).

II. O fato místico em estado bruto

Partamos de um testemunho particularmente nítido de experiência m., devido à ursulina Maria da Encarnação (1599-1672):

"No ano de 1620, em 24 de março, uma manhã em que ia ocupar-me de meus afazeres que recomendava instantemente a Deus [...], fui detida subitamente, interna e externamente [...] Então, em um momento, os olhos de meus espírito foram abertos e todas as faltas, pecados* e imperfeições que eu cometera desde que estava no mundo me foram representados no todo e em detalhe, com uma distinção e clareza mais certa que toda certeza que a indústria humana podia exprimir. No mesmo instante, vi-me toda submersa em sangue, e meu espírito me convenceu de que aquele sangue era o Sangue do Filho de Deus, de cuja efusão eu era culpada por todos os pecados que me eram representados, e que aquele Sangue precioso fora derramado para minha salvação* [...] Naquele mesmo momento, meu coração* se sentiu arrebatado por si mesmo e mudado no amor* daquele que lhe fizera aquela insigne misericórdia*, amor que causou em meu coração, na experiência desse mesmo amor, uma dor e um arrependimento mais extremos que se possa imaginar por tê-lo ofendido [...] Não se pode dizer o que a alma concebe nesse prodígio [...] Essas visões e essas operações são tão penetrantes que em um instante elas dizem tudo e impõem sua eficácia e seus efeitos [...] E o que é mais incompreensível, o rigor [desse arroubo de amor] parece doce [...] Voltando a mim, encontrei-me de pé, parada diante da pequena capela dos reverendos frades bernardos [...] em Tours" (*Écrits spirituels et historiques* II, 181-184).

Relatos tão espetaculares frequentemente levam a reservar a experiência m. a seres totalmente excepcionais, até anormais. Esqueçamos, pois, o divórcio entre t. e m., e leiamos a mesma irrupção do sobrenatural* em suas manifestações mais ínfimas: "Os místicos não são super-homens. A maioria deles não têm êxtase, nem visões [...]. Aliás, pode ocorrer (e, quanto a mim, estou quase persuadido disso) que, na mais débil oração*, mais ainda, na menor emoção estética, se esboce uma experiência da mesma ordem e já m., mas imperceptível e evanescente" (H. Bremond, *loc. cit.*).

Dito isso, a intensidade excepcional do episódio que nos relata Maria da Encarnação nos permite observar, com grande destaque, os elementos característicos de toda vida m.:

— Descontinuidade completa entre essa experiência e todas as outras: "Fui detida subitamente, interna e externamente [...]"
— Lucidez e certeza: "Os olhos de meu espírito foram abertos [...] com uma distinção e clareza mais certa [...]". E observemos a nitidez da lembrança quando Maria escreve trinta e quatro anos depois dos fatos e no longínquo Canadá, onde morreu.
— Presença amorosa e transformadora daquele que faz assim irrupção na a.: "Meu coração se sentiu arrebatado por si mesmo e mudado no amor daquele que lhe fizera aquela insigne misericórdia".
— Suspensão do escoamento do tempo*: "Em um momento [...], no mesmo instante [...], naquele mesmo instante [...]".
— Donde a simultaneidade de percepções que a. está habituada a dissociar: a a. se vê mergulhada num arrebatamento que é ao mesmo tempo dor, mas cujo "rigor parece doce".
— E por isso mesmo inefabilidade absoluta dessa experiência: "Não se pode dizer o que a alma concebe nesse prodígio".

III. Dizer o fato místico

1. Mística e linguagem

Acabamos de ver colocada uma questão lancinante desde o s. XIII, a do estatuto dos textos propriamente místicos: eles pretendem dizer coisas indizíveis, "coisas que foram, são e serão" ao mesmo tempo, explica João da Cruz (*Subida do Carmelo* 26, 3), pois, na raiz de sua experiência, a a. "foi unida à inteligência pura que não está no tempo" (*id.*, 14, 10-11). Assim, a linguagem é submetida aqui a coerções extremas, pois "o significante [numa língua], sendo de natureza auditiva, só se desdobra no tempo" (F. de Saussure, *Cours de linguistique générale* 103). Daí a irrecuperável depreciação entre a experiência m. e seu relato: "O discurso humano e exterior nos propõe as coisas de Deus para que nelas entremos; mas, ao no-las propor, ele as degrada em sua dignidade, avilta-as e rebaixa-as para torná-las compreensíveis à criatura que é revestida do homem exterior" (C. de Condren, *Lettres et discours*, 1668, 108).

Certamente, toda linguagem é desdobramento da eternidade* no tempo, mas é justamente essa degradação que o místico quer recuperar, pois seu privilégio terá sido o de experimentar as coisas em sua eternidade, de contemplá-las no Verbo* (Jo 1,3s, segundo a pontuação de Taciano [s. II], adotada por todos os m.), aquém da linguagem. Tornando-se autor, ele vive uma contradição fundamental, e ele só a resolve, bem ou mal, denunciando continuamente a inconsistência das palavras, combinando-as em encadeamentos inabituais e próprios para reter a presença fugidia de que dão testemunho. Nisso o autor místico é fundamentalmente um poeta, qualquer que seja o gênero literário de seu texto, "aquele que recupera os parentescos ocultos das coisas, suas semelhanças dispersas" (M. Foucault, *Les mots et les choses* 63).

Observemos, de passagem, que a espantosa fecundidade cultural dos místicos (uma Hadewijch [s. XIII] ou um Ruusbroec [1293-1381], em Flandres, uma Teresa de Ávila [1515-1582] na Espanha, um Francisco de Sales [espiritualidade salesiana*] na França) encontra aqui sua explicação: no mais próximo do indizível, o místico reconduz a língua a sua origem, recarregando-a com todas as virtualidades contidas no Verbo de que ela procede, e nos mostrando em retorno que toda linguagem se enraíza nesse tipo de experiência.

2. Mística e teologia

Qualquer que seja o motivo de sua tomada da palavra (ligada o mais das vezes à direção* espiritual dada ou recebida), o místico se torna, apesar de tudo, teólogo em sua tentativa de nomear aquilo que ele sabe acima de todo nome*. Seu hiperconhecimento de Deus engaja seu discurso num contínuo autossuperação feito de uma negação e de uma afirmação simultâneas: Deus não é isto *ou* aquilo, pois é eminentemente isto *e* aquilo, e muito mais ainda. T. negativa* e t. afirmativa se ombreiam num convite contínuo a encontrar na fé pura aquele que se deu primeiro acima de toda razão e de todo discurso. Eckhart, desde o s. XIV, terá analisado essa superação obrigatória até em suas consequências teóricas últimas: "Deves amar a Deus não porque ele é amável, pois Deus não é amável, ele está acima de todo amor e de todo atrativo de amor [...] Deves amá-lo na medida em que ele é um Não Deus, um Não Intelecto, um Não Pessoa, um Não Imagem. Mais ainda: na medida em que é Um puro, claro, límpido, separado de toda dualidade. E neste Um devemos eternamente nos abismar: do Algo ao Nada" (*Sermão* 83).

Se a negação reconduz sem cessar o teólogo à origem luminosa de seu conhecimento, numa atitude de pura receptividade que define exatamente o *ato* de fé*, ela apoia seu arroubo nos bens afirmativos dos atos de fé precedentes, cristalizado nos *artigos* da fé, e como tal disponível para uma nova superação: "Assim como há dois atos do entendimento, um chamado intelecção do indivisível, onde não há nem divisão nem composição e que consiste na apreensão da substância simples, e o outro que podemos chamar de composição e divisão das proposições, também há dois atos no conhecimento da fé. O primeiro desses atos é a apreensão simples dos objetos da fé, isto é, da verdade* primeira; e o outro é o conhecimento composto dos mistérios da fé ordenados para esta verdade" (Quiroga, *Apologia mística* 4, 2).

Defendendo o justo direito de uma t. contemplativa, Quiroga (1562-1628), último bastião da grande tradição espanhola contra um racionalismo* teológico invasor, apenas retoma aqui o

Pseudo-Dionísio*, herdeiro da patrística grega, indefinidamente comentado pelo Ocidente medieval, e que terá fornecido à expressão da experiência m. uma estrutura e um vocabulário que não mais variarão no essencial: "Quanto a ti, ó Timóteo, fortemente aplicado às contemplações* místicas, abandona o sensível, assim como as operações intelectuais, tudo o que há de sensível e de inteligível, tudo o que não é e tudo o que é, e eleva-te no desconhecimento rumo à união, tanto quanto é permitido, com o que está além de toda essência e de toda ciência. De fato, é somente por um livre e total êxtase fora de ti mesmo que serás levado rumo ao raio superessencial da treva divina" (*Teologia mística* I, 1).

IV. A restauração da alma na experiência mística

1. Retificação da linguagem e retificação da alma

Toda linguagem é revelação do espírito na matéria, desvela "silêncios que teriam tomado corpo" (Valéry, *Oeuvres complètes* I, 624). No silêncio de sua experiência, o místico se encontrou levado acima deste corpo da linguagem ("o sensível e o inteligível" de que nos falou Dionísio) pelo qual cada um de nós tece sua história no contato com uma determinada cultura. E é também essa espessura carnal da linguagem que atravessa o místico quando, reencontrando o universo das palavras, ele nos convida por elas a nos juntarmos àquele acerca de quem ele sabe agora que é totalmente diferente do que imaginava antes.

Aliás, as palavras não adquirem somente uma densidade nova ao longo dessa travessia: elas recuperam seu verdadeiro sentido, e é todo o organismo espiritual que se acha reorientado, que sai da ilusão e volta a ser capaz de dizer o que é. Os grandes temas patrísticos vão fornecer aqui à m. mais recente a antropologia* de que precisa. Com efeito, desde que o homem se desviou de Deus e se voltou para a terra, sua a. está falseada: "Quando o homem se inclina para as concupiscências terrestres, ele se curva de algum modo [...]" (Agostinho, PL 36, 595; cf. P. Delfgaauw, *Saint Bernard, maître de l'Amour* *divin*, 105 *sq*). E essa "curvatura" da a. devida ao pecado original* será retificada no ato mesmo de sua assunção espiritual: "[...] mas quando ele se eleva para as coisas do alto seu coração se endireita" (*ibid.*). Este é o movimento de todas as purificações que o espiritual experimenta na medida de sua iluminação: assim como a luz do sol põe em evidência as manchas depositadas sobre um vidro, assim a luz de Deus permite à a. perceber suas impurezas e separar-se delas. Essa imagem abundantemente desenvolvida por João da Cruz (p. ex. na *Subida do Carmelo* II, 5, 6) permite compreender que o processo de transformação m. é ao mesmo tempo o de uma purificação, e que o contato divino, ao cumprir a vocação de Adão* de compartilhar da vida divina, restaura-o em sua inocência primeira: "Sob a macieira, foi lá que te desposei, foi lá que te dei a mão e tu foste restabelecida, lá onde tua mãe foi violada: pela macieira, o Bem-Amado quer dizer a árvore da cruz, sobre a qual o Filho de Deus resgatou, e por conseguinte desposou a natureza humana e por conseguinte cada alma" (*Cântico espiritual A*, 28, 3). O tema da purificação, interior ao da união e da transformação, encontra aqui o da passagem da imagem à semelhança de Deus, tal como desenvolvido p. ex. em Guilherme de Saint-Thierry (1085-1148), num texto fundador da literatura espiritual medieval e moderna: "Em nenhum lugar, de fato, a medida da imperfeição humana se descobre melhor do que na luz do rosto de Deus, do que no espelho da visão divina. Lá, aquele que vê cada vez melhor à luz da eternidade o que lhe falta corrige por uma semelhança cotidiana tudo o que fizera de mal pela dessemelhança, aproximando-se pela semelhança daquele de quem fora afastado pela dessemelhança. E assim uma semelhança cada vez mais clara acompanha uma visão cada vez mais clara" (SC 223, § 271).

2. As etapas clássicas da vida interior

Este itinerário conhece etapas habituais explicitadas desde Orígenes*, e seu relato tem engendrado uma topografia espiritual mais ou menos comum a todos os místicos, embora todos se preocupem em nos dizer que se trata aí apenas de um referencial prático, e que Deus guarda toda liberdade de elevar e de restaurar sua imagem na criatura segundo outro ritmo e outra cronologia: "Nas diversas comunicações que Deus faz às almas de seus dons e de suas visões, não existe nenhuma ordem segura e limitada, de maneira que se possa dizer: depois dessa operação, por exemplo, virá esta outra; ou de um tal grau de oração se passa a este outro" (L. Lallemant, 1586-1635, *La doctrine spirituelle* VII, 4, 9). Quanto a isso, o caso de Maria da Encarnação, imersa sem nenhuma preparação na plenitude de uma união total com Deus, é exemplar.

Feita essa reserva, o itinerário m. de referência se reparte em três fases principais, correspondentes à transformação das três zonas da personalidade sucessivamente investidas pela presença divina (vida espiritual*): zona das faculdades inferiores (sensibilidade), zona das faculdades superiores (espírito), a conexão entre as duas sendo assegurada pela imaginação, e enfim o ápice da a., lá onde se desdobra o ato* livre e consciente que define o próprio do homem à imagem de Deus: "Quando o homem, por todos os seus exercícios, arrastou o homem exterior para dentro do homem interior e razoável, quando em seguida esses dois homens, isto é, as faculdades sensíveis e as da razão* são plenamente reconduzidas para dentro do homem mais interior, no mistério do espírito, onde se acha a verdadeira imagem de Deus, e quando o homem assim recolhido se lança no abismo divino no qual estava eternamente em seu estado de incriado..., então o abismo divino se inclina e desce no fundo purificado que vem a Ele, e dá ao fundo criado uma forma superior e a atrai para o incriado, de tal modo que o espírito é um só com Deus" (Tauler, *Sermão* 62, Hugueny III, 83 *sq*).

A união m. propriamente dita conclui, pois, a re-harmonização da a.: restabelecida em sua normalidade paradisíaca, ela doravante é inteiramente passiva, sofrendo o investimento divino, e inteiramente ativa, pois Deus age livremente nela. Leva uma vida perfeitamente feliz, "vida comum" de Ruusbroec, "casamento espiritual", "união transformadora" de Teresa de

Ávila e João da Cruz: "A a., tendo alcançado este estado, pouco lhe importa estar no embaraço dos afazeres ou no repouso da solidão. Tudo lhe é igual, porque tudo o que a toca, tudo o que a circunda, tudo o que lhe atinge os sentidos não impede o gozo do amor atual. Na conversação e no barulho do mundo, ela está em solidão no gabinete do Esposo, isto é, em seu próprio fundo onde ela o acaricia, o entretém, sem que nada possa turvar este divino comércio [...] Parece que o Amor se apoderou de tudo, quando ela se doou a ele por aquiescência na parte superior do espírito, onde este Deus de amor se deu a ela, e ela reciprocamente a Deus" (Maria da Encarnação, *Écrits...* I, 360 *sq*).

V. A estrutura da alma e a experiência mística

1. A alma humana se descobre trinitária

Conhecimento* de Deus e conhecimento de si avançam, pois, no mesmo passo, processo resumido na fórmula de Agostinho: *noverim te, noverim me* ("que eu Te conheça para que me conheça!" — *Solilóquios* I, 2). É a ele que devemos seguir na elaboração de uma estrutura da a. que dominará toda a m. ocidental.

Doze séculos antes de Descartes*, Agostinho se espanta por pensar, e vê nesta única experiência indubitável o núcleo de sua experiência religiosa, o ponto fixo de toda certeza, se não de toda realidade. Que é pensar, com efeito, senão querer conhecer? Mas que é conhecer senão reconhecer o que é; melhor ainda, reconhecer *aquele* que é? De fato, minha busca não é simples curiosidade, mas resposta tateante a um chamado vital, resposta a uma pessoa* que talvez eu nunca venha a identificar, mas que me atrai a montante de meu pensamento, ao mesmo tempo em que se dá a mim sob a dupla forma do conhecimento e do amor, da Verdade e do Bem*: "Onde te encontrei para te aprender senão em ti acima de mim?" (*Confissões* X, 26). Este montante de meu pensamento onde existo em Deus é minha *memória*, âmago de minha consciência, cuja faculdade de se lembrar será apenas uma atuação parcial, e que define fundamentalmente o pensamento como reminiscência para Agostinho.

A exploração dessa reminiscência acaba, pois, de nos revelar três polos entre os quais toda a atividade espiritual se desdobra como um advento daquele que percebo como fonte da verdade e da bondade, três polos que identificarei como Pai*, Filho e Espírito* Santo, quando "a Verdade mesma, tornada homem e falando com os homens, se revelará aos que creem" (*De libero Arbitrio* 13, 37). Esta fonte sem fonte me associa ao Pai no exercício de minha memória (no sentido, desta vez, de faculdade de me lembrar); esta verdade que recebo dela no conhecimento que tenho dela me associa ao Filho no exercício de minha inteligência; e esta bondade, que atinjo quando me conformo ativamente a essa verdade, me associa ao Espírito Santo no exercício de minha vontade (cf. *Trin.* XIV, 7, 19). E se encontra neste acontecimento a passagem da capacidade e da imagem de Deus, de que todo homem é portador, à sua atuação na semelhança terminal que supõe ter-se "revestido de Cristo" (Gl 3,27).

2. O vocabulário antropológico dos místicos

Para nos situarmos minimamente nas descrições que os místicos nos fazem de sua experiência, aqui está seu vocabulário antropológico mais corrente, sabendo que as tradições às quais eles se referem não cessam de se cruzar e que seria pouco proveitoso querer delimitar as filiações:

a) O ápice da alma. — Sua transformação corresponde à "via unitiva" (Pseudo-Dionísio), ao estado dos "perfeitos" (Orígenes, Guilherme de Saint-Thierry, João da Cruz), ao "homem espiritual" (Guilherme de Saint-Thierry), à "vida superessencial" (Ruusbroec) ou "supereminente" (Canfeld, Bernières de Louvigny, João de Saint-Samson), à "união de transformação" (João da Cruz). Numa visão ascendente da vida espiritual, os místicos falam como do "cume" da a. (Boaventura*, Camus), ou "cume do espírito" (Hugo de Balma), como do "céu da alma" (Maria da Encarnação, que o exprime também como "parte superior do espírito"). Para exprimir o fato de que toda a atividade psíquica provém de lá e volta para lá, falarão da "centelha" da a. (Bernardo, Eckhart), da "ponta da alma" (Luís de Blois, Francisco de Sales, s. XVII francês), ou "ponta do intelecto" (Ivo de Paris), de seu "centro" (Teresa de Ávila, João da Cruz, Tiago de Milão, Maria da Encarnação, Francisco de Sales, Maria Petyt, Camus, Laurent de la Résurrection), de seu "fundo" (Ruusbroec, renano-flamengos*, Maria da Encarnação, João de Saint-Samson, Laurent de la Résurrection). Por isso, constitui a parte inalienável da alma, a "substância" (João da Cruz), a "essência" (Tomás* de Aquino, Ruusbroec, Eckhart, Tauler, Harphius, Canfeld), sede da "unidade do espírito" (Camus), da "unidade essencial" (Ruusbroec). Para indicar que só Deus tem acesso a este lugar, empregarão as imagens da "cidadela" (Platão, Plotino, Eckhart), da "sétima morada" (Teresa de Ávila), ou da "câmara" (Ângela de Foligno). Num registro mais psicológico, falarão da "inteligência simples" (Sandeus) ou "parte intelectual da a." (Piny). Trata-se do *nous* dos gregos, ou *mens* dos latinos; do "ânimo" (Agostinho, Tauler), da "sin-dérese" (Boaventura, Hugo de Balma, Eckhart, com matiz voluntário; Tomás de Aquino, com o duplo aspecto de conhecimento e de vontade), da "inteligência e sindérese" (Gerson), da "razão superior" (Tomás de Aquino), do "senso intelectual" (Ricardo de São Vítor), ou ainda da "memória" compreendida como fundo da a., em Agostinho. Enfim, o chamarão às vezes simplesmente de "espírito", na trilogia *spiritus, anima* (parte superior da a.), *corpus*, referida a 1Ts 5,23.

b) *A parte superior da alma.* — Sua transformação corresponde à "via iluminativa" (Pseudo-Dionísio), ao estado dos "que progridem" (Orígenes, Guilherme de Saint-Thierry, João da Cruz), ao "homem racional" (Guilherme de Saint-Thierry). Ela é a *memoria* como englobante das outras faculdades em Agostinho, a saber, das "potências superiores" (diversificando-se a partir da *mens*: Ruusbroec, Harphius), ou "potências racionais": "memória", "entendimento" (ou "inteligência", ou "intelecto") e "vontade", desde Agostinho e em todos os que o seguem. Também a encontramos como "senso racional" em Ricardo de São Vítor, e como conjunto "razão e vontade" em Gerson. Ela corresponde à *psykhé* dos gregos e ao *spiritus* dos latinos. Aparece simplesmente como *anima* na trilogia *spiritus, anima, corpus.*
Esta parte superior é a sede dos "sentidos espirituais", na percepção m., sendo o intelecto apropriado à visão, a memória à audição, a vontade ao olfato, ao gosto e ao tato.

c) *A parte inferior da alma.* — Sua transformação corresponde à "via purgativa" (Pseudo-Dionísio), ao estado dos "iniciantes" (Orígenes, Guilherme

de Saint-Thierry, João da Cruz), ao "homem animal" (Guilherme de Saint-Thierry). Ela reagrupa as "potências inferiores", diversificando-se a partir do "coração" (Ruusbroec, Harphius). Ela compreende as "potências sensitivas" (os cinco sentidos) e "apetitivas" (o "irascível" e o "concupiscível" formando as "paixões* naturais", expressas segundo diversas repartições, sobretudo: desejo, repulsão, alegria, tristeza, amor, ódio, medo etc.). Ela é para Gerson a "sensualidade" (por seu aspecto de conhecimento) e "apetite animal" (por seu aspecto de amor). Aparece às vezes simplesmente como *anima*, por oposição ao *animus* constituído pelas potências superiores.
Encontra-se a melhor das apresentações tradicionais do organismo espiritual no prefácio a um dos manuais mais lidos do Renascimento, a *Instituição espiritual* de Luís de Blois (1551).

VI. A autenticação dos fatos místicos

1. O papel do diretor espiritual

Vimos que retificação m. da a. e retificação da linguagem iam de par. Esta entrada de Deus nas palavras qualifica a experiência m. como um fato de revelação, um fato profético. A escolástica* tratará dele como tal (cf. a introdução de Tomás de Aquino a *ST* IIa IIae, q. 171). Essa revelação (revelações particulares*), privada enquanto a Igreja não a tomar oficialmente para si (p. ex. quando outorga o título de doutor* a uma Teresa de Ávila ou a um Francisco de Sales), é suscetível para o cristão de uma comparação com as formas já autenticadas da revelação*, a saber: a Escritura e a tradição*. Essa comparação vai permitir ao espiritual julgar a árvore pelos frutos num domínio em que a a. não tem nenhum acesso direto à fonte de sua experiência. O papel fundamental do diretor espiritual será praticar esse confronto entre revelação e Revelação, a fim de convidar o espiritual a seguir ou a não seguir a solicitação interior: num caso como no outro, trata-se de se apoiar nas palavras da fé para relançar o movimento da fé, única atitude de salvação pedida ao cristão, místico ou não. Sem essas palavras, ele permanece sujeito à inadequação entre o que ele vive e o que ele crê saber de Deus: "[...] é uma coisa dura e cheia de sofrimento para uma a. não se compreender nesses momentos, nem encontrar quem a compreenda. Ocorrerá, de fato, que Deus leve uma a. por um altíssimo caminho de obscura contemplação e de secura, no qual lhe parecerá estar perdida […]" (João da Cruz, *Subida do Carmelo*, Prólogo). Daí a importância, sublinhada por todos os mestres, de um diretor competente e experimentado nesse itinerário; daí a importância também, aos olhos do cristão, da evangelização* dessa experiência, a fim de que ela possa se libertar de todos os seus falsos sentidos e se desenvolver em eco à revelação fundamental em Jesus*, Palavra* única do Pai (cf. João da Cruz, *Subida do Carmelo* II, 22).

2. Ligação com a Escritura e o magistério eclesial

Em troca da direção* espiritual, vê-se a contribuição do místico autêntico à tradição: em sua adesão ao Deus revelante que define a fé, ele recebe mais que qualquer outro em sua inteligência "certa impressão da ciência de Deus" (Tomás de Aquino, *ST* Ia, q. 1, a. 3, ad 2): este é o papel motor da contemplação na t. e na pregação* (e o próprio termo "teologia", designava primeiramente a contemplação como tal, antes de indicar seu resultado ensinável, e logo indicar apenas seu resultado teórico quando o divórcio entre t. e m. estiver consumado; cf. *ST* IIa IIae, q. 188, a. 6).

VII. Avaliação dos fenômenos periféricos

Só a fé qualifica a experiência cristã, e a lucidez da fé, a experiência m. Ocorre que o místico, cristão ou não, às vezes é sujeito a fenômenos espetaculares, que vão das visões, do arrebatamento e da insensibilidade passageira à levitação, à inédia ou aos estigmas. A variabilidade desses fenômenos, conforme os séculos e as regiões, sublinha que nenhum deles é essencial à m. Nem todos merecem a mesma interpretação; vamos dar algumas referências:

— A restauração da a. não se desenrola nunca de modo linear: mesmo nos percursos mais clássicos, a reorganização da zona sensível só termina definitivamente com a da zona espiritual. Por isso haverá inevitáveis turbulências na sensibilidade quando ela perceber uma união com Deus situada muito acima de si: "Produz-se então em alguns um transporte de impaciência, para fora e para dentro […] Ocorre nesse transporte que se percebam palavras sublimes e aproveitáveis sugeridas, pronunciadas interiormente […] Alguns não podem então impedir que lágrimas sinceras se derramem […] Com esses transportes e com essa impaciência, alguns às vezes são arrancados, elevados em espírito para cima dos sentidos; e eles percebem, por palavras que lhes são dirigidas, por imagens ou figuras sensíveis que lhes são mostradas, alguma verdade […] ou então o anúncio de coisas por vir. É isso o que se chama de revelações ou visões etc." (Ruusbroec, *Ornement des Noces* II, 2, trad. Bizet, 256 *sq*).

— Esse tipo de fenômeno é chamado a interromper-se numa experiência mais madura: "Quando a alma foi purificada pelo grande número de provas pelas quais passou, quando não tem mais vida senão para Jesus Cristo, frequentemente todos esses favores lhe são subtraídos, ou, antes, são convertidos em outros favores mais ocultos, porém mais preciosos e mais excelentes. A alma é conduzida por uma via mais livre dos sentidos e mais espiritual" (P. de Clorivière [1735-1820], *Considérations sur l'exercice de la prière et de l'oraison* II, 46).

— No interior da união propriamente dita, outros tipos de refração da experiência interior no corpo* podem se produzir, seja de modo desordenado, seja como uma tradução somática harmoniosa dessa experiência. A levitação, p. ex., pertence ainda a uma desordem, no fato de ter a ver com certo divórcio entre o corpo e a a.: "Embora mortal, ele experimenta o bem dos imortais; embora ligado ao peso de um corpo, ele adquire a leveza de um espírito. Assim, muito frequentemente, seu corpo é erguido da terra, graças a esta perfeita união que a alma contraiu comigo [Cristo], como se o corpo pesado se tornasse leve. Não que ele seja privado de seu peso, mas porque a união que a alma contraiu comigo é mais perfeita que a união entre a a. e o corpo" (Catarina de Sena, *Diálogos*, c. 79). Ao contrário, a estigmatização (e seus harmônicos, como a transverberação seráfica) é uma completa associação do corpo à mesma união: "Porque as dores daquele [Cristo] a quem amo provêm de seu amor, à medida que elas me afligem por compaixão, elas me deleitam por complacência [...] Foi este amor que atraiu os estigmas sobre o apaixonado seráfico são Francisco, e sobre a apaixonada angélica santa Catarina de Sena as ardentes feridas do Salvador, tendo a complacência amorosa afiado as pontas da compaixão amorosa" (Francisco de Sales, *Tratado do amor de Deus* V, 5).

Esse aspecto espetacular de sua experiência nunca foi buscado pelos espirituais; todos lamentam como um gozo menor o que ele pode traduzir de desordenado, e sublinham o caráter puramente acidental do que, ao contrário, é uma redundância da união. Assim Maria da Encarnação falando de sua própria maturidade: "Não há nenhuma visão nem imaginação nesse estado: aquilo que sabeis que me ocorreu outrora [a visão de sua missão canadense quando ainda estava em Tours] só tinha em vista o Canadá, todo o resto está na pureza da fé onde, todavia, se tem uma experiência de Deus de um modo admirável" (*Carta 263*, 888).

Assim, a conduta a manter é a de não dar nenhuma importância a tais fenômenos, quer se produzam no início da vida espiritual ou em pleno florescimento: "Os homens neste estado devem se dominar a si mesmos pela razão, tanto quanto lhes é possível, e esperar o termo que Deus fixou: assim o fruto da virtude* se guarda para a eternidade" (Ruusbroec, *op. cit.*, Bizet, 262, acerca dos iniciantes).

• A. Saudreau (1896), *Les degrés de la vie spirituelle*, Angers. — W. R. Inge (1899), *Christian Mysticism*, Londres. — H. Delacroix (1908), *Études d'histoire et de psychologie du mysticisme*, Paris. — E. Underhill (1911), *Mysticism*, Londres. — M. Grabmann (1922), *Wesen und Grundlagen des Mystik*, Munique. — C. Butler (1922), *Western Mysticism*, Londres. — A. Tanquerey (1923), *Précis de théologie ascétique et mystique*, Paris. — J. Maréchal (1924-1937), *Études sur la psychologie des mystiques*, Bruges-Bruxelas-Paris, 2 vols. — A. Gardeil (1927), *La structure de l'âme et l'expérience mystique*, Paris. — M. de la Taille (1928), "Théories mystiques", *RSR* 18, 297-325. — R. Otto (1929), *West-Oestliche Mystik*, Gotha. — A. Poulain (1931), *Des grâces d'oraison*, Paris. — *Dictionnaire de spiritualité ascétique et mystique* (1932-1995), Paris, 16 t. e tabelas. — Crisógono de Jesús (1933), *Compendio de ascética y mística*, Madri. — H. Rahner (1935), "Die Lehre der Kirchenväter von der Geburt Christi im Herzen der Gläubigen", *ZKTh* 59, 333-418. — A. Stolz (1936), *Theologie der Mystik*, Regensburg. — J. de Guibert (1937), *Theologia spiritualis ascetica et mystica*, Roma. — V. Lossky (1944), *Essai sur la théologie mystique de l'Église d'Orient*, Paris. — R. C. Zaehner (1961), *Mysticism Sacred and Profane. An Inquiry into some Varieties of Praeternatural Experience*, Nova York-Oxford. — B. Jiménez-Duque (1963), *Teología de la mística*, Madri. — A. Ravier (1965), *La mystique et les mystiques*, Paris. — L. Bouyer, L. Cognet, J. Leclercq, F. Vandenbroucke (1966), *Histoire de la spiritualité chrétienne*, Paris, 3 vol. — L. Gardet (1970), *La m.*, Paris. — W. Beierwaltes, H. U. von Balthasar, A. M. Haas (1974), *Grundfragen der Mystik*, Einsiedeln. — Col. (1977), "Mystique", *StMiss* 26. — W. Johnston (1984), *Christian Mysticism Today*, San Francisco. — J. Colette 91986), "Mystique et philosophie", *RSPhTh* 70, 329-348. — B. McGinn (1992), *The Foundations of Mysticism*, t. I, Nova York, 265-343. — P. Gerlitz, "Mystik", *TRE* 23, 533-592 (bibl.). — N. Pike (1992), *Mystic Union: An Essay in the Phenomenology os Mysticism*, Ithaca-Londres. — K. Albert (1996), *Einführung in die philosophische Mystik*, Darmstadt. — P. Miquel (1997), *Mystique et discernement*, Paris.

Max HUOT DE LONGCHAMP

→ *Ascese; Conhecimento de Deus; Contemplação; Espiritual (teologia); Experiência; Oração; Vida espiritual.*

MÍSTICA RENANO-FLAMENGA → renano-flamenga (mística)

MITO

Nenhuma definição de mito (m.) se impõe de verdade. "O m. conta uma história* sagrada", propõe M. Eliade. "Relata um acontecimento que teve lugar no tempo primordial." Acrescentemos: o m. fornece uma forma de conhecimento do mundo e um modelo de integração social ativa.

a) Breve resumo das abordagens do mito. — A *Aufklärung* situa o m. no lado do irracional. O evolucionismo do s. XIX fornece um quadro para pensar o m. como uma espécie de estágio da infância da humanidade, uma forma selvagem ou uma doença da linguagem. Tylor e J. G. Frazer veem no m. uma tentativa de explicação do mundo resultante de um pensamento confuso. L. Lévy-Bruhl insiste, em suas primeiras obras, no aspecto primitivo dos m. produzidos por uma mentalidade pré-lógica.

Cassirer detecta certa lógica dos m., mesmo se ela difere do pensamento científico. B. Malinowski procede a uma abordagem *funcionalista*. Os m. codificam e justificam as crenças e as práticas das sociedades primitivas. Permitem a integração ativa na sociedade*.

Mas o m. se esgota nessa função justificadora das práticas sociais? A abordagem estrutural, iniciada com G. Dumézil, relaciona estruturas comuns. C. Lévi-Strauss busca uma lógica própria aos m.; elabora um modelo estrutural, inspirado nas investigações sobre a linguagem que o concebem como um sistema fechado onde o sentido se dá por relações internas. Estruturas permanentes são relacionadas, com base em pequenas unidades, os mitemas. Eles fazem aparecer "pacotes de relações" estáveis, cuja combinatória permite a diversidade das narrativas*. A compreensão do m. está aqui do lado da decodificação de sua organização estrutural e permite apreender o trabalho do intelecto humano, sempre idêntico a si mesmo, que dá formas aos conteúdos, organiza em estruturas, não conscientizadas, que acionam oposições e tendem à sua mediação progressiva. É o trabalho do intelecto que organiza formalmente tanto as organizações sociais quanto os m.

O modelo estrutural leva em conta a organização semiótica da língua mais do que a semântica que organiza as unidades de discurso. Lévi-Strauss duvida do poder propriamente autoconstrutivo (Piaget) dos indivíduos e dos grupos humanos. Eles são mais regidos do que regem. Apenas escolhem combinações num repertório de possíveis articulado sobre um mundo fechado. A questão, portanto, é saber o que

se torna a verdade* do m., quando o abordamos enquanto discurso e fenômeno enunciativo em busca de sentido e de referência.

Para Ricoeur, o m. desdobra uma linguagem simbólica que, por processo metafórico, ultrapassa as classificações ordinárias e põe à disposição um instrumento para dizer o que não pode ser atingido senão indiretamente. Também se deve levar em conta que os m. são relatos. A criação do enredo constitui, de fato, uma montagem de acontecimentos heterogêneos que se tornam uma história contada que faz sentido. O m. pertence à produção criativa que se reconhece à poética. Sua função *heurística* é abrir um mundo ao mesmo tempo em que produz uma expansão da linguagem interna a si mesma (*inovação semântica*).

Vistos no nível do discurso, todos os m. não dizem a mesma coisa. Do classificatório privilegiado nas sociedades totêmicas ao metafórico cultivado no mundo grego ou semítico, há toda uma produção mitológica diversificada por ser repertoriada e tipologizada.

Freud* situa o m. entre as criações imaginárias coletivas que permitem gerar os traumatismos que acompanharam a entrada na civilização. Culpado de ter assassinado seu pai na pessoa de Moisés, o povo* é empurrado por sua culpa a organizar uma religião centrada num ritual legalista, ao passo que o cristianismo destaca o assassínio de seu Deus* e tira daí uma religião de perdão universal. Jung viu o mito como vindo de um inconsciente coletivo mais arcaico que o inconsciente pessoal. Em nossos dias, E. Drewermann, numa linha junguiana, acredita que o cristianismo bebe na linguagem imagética atemporal tal como se apresenta nos m., nos contos e na Bíblia* (B.). O m. ali teria duas funções: reduzir a angústia e contribuir para a individuação do sujeito. G. Theissen contesta esses dois pontos. Como religião, o cristianismo é um sistema de signos historicamente situados. Longe de reduzir a angústia, ele fornece os meios de suportá-la.

b) Mito e Bíblia. — A B. é um m.? Insistamos primeiramente em sua função desmitologizante, já sublinhada por Gunkel. Monoteísta, a B. evacua as teogonias do mundo sumério-semítico.

Se nela permanecem motivos mitológicos (Gn 6,1-2), todo um trabalho antipoliteísta está manifesto; reduzidos à categoria de luminares, o sol e a lua não são nomeados em Gn 1. A criação* do mundo por Deus garante a saída dos deuses do universo.

Se a B. permanece do lado do *mythos* compreendido como relato portador de inovação semântica, a diversidade dos gêneros* literários que formam seu enredo orienta-a para uma escritura própria. O que lhes dá coerência não se deve buscar num tempo primordial teogônico, mas numa sequência de eventos intra-histórica, a do Êxodo, que fornece o motivo de uma história da salvação* repercutida em todos os gêneros literários: saída do Egito, aliança*, dom da Lei* e da terra. O próprio relato da criação é imantado pela história da salvação. Por isso Rachi orienta a criação do mundo para a de Israel: "No começo, Israel, Deus criou os céus e a terra."

A integração ativa de Israel no mundo se faz pela prática da Lei. De origem divina, ela não está no céu, mas "perto de ti, está em tua boca e em teu coração, para que a ponhas em prática" (Dt 30,14). O comportamento individual e coletivo não se baseia num tempo primordial, mas numa lei que acompanha o povo desde o Sinai. Israel se estrutura assim fazendo memória ativa do evento do êxodo e tirando seu *ethos* da Lei que o acompanha desde o Sinai. O m. bíblico não é mais teogônico, mas sim relativo ao êxodo. Deus marchou junto de seu povo para fazê-lo subir do Egito (2Sm 7,7) e a lei fundadora acompanha Israel em sua história.

Essa entrada na história do Deus salvador e da lei fundadora pode ser descrita segundo os esquemas culturais da comunicação imediata entre os deuses e a história, mas é preciso não se iludir. Israel inicia-se na consistência da história e na espessura de suas mediações. As relações entre o céu e a terra se mediatizam pela memória do evento salvador e pela prática de uma lei "que não está no céu". Os autores dos livros de Samuel e dos Reis se mostram assim capazes de escrever uma verdadeira história que estabelece relações entre fatos e personagens e julga sem concessão as ações dos reis de Israel.

A esperança* messiânica, as correntes proféticas e apocalípticas* valorizam o tema do fim. Espera-se a salvação de uma ação vindoura de Deus. A memória do Êxodo desemboca numa expectativa que reemprega as imagens protológicas e relativas ao êxodo: nova criação, novo Adão*, nova lei... As instituições e os ritos mesmos são metaforizados para abrir um mundo inaudito: rei ideal, templo* celeste. O mundo real, sua violência e suas sombras são assim novamente interrogados em função de um mundo ideal. O sábio se conscientiza dessa distorção entre a história real e a história ideal e deduz dela um *modus vivendi*.

A desmitologização tentada por Bultmann* extrai uma proclamação de um *mythos*. As formas escritas complexas do relato-*mythos* são afastadas em proveito de enunciados orais (o querigma apostólico) anteriores à sua transformação em relato. A fé* surge assim depois que é reduzido o obstáculo que lhe traz a objetivação própria da criação do enredo.

A reabilitação do relato passa por levar a sério o NT como um evento de escrita que, longe de repudiar o m. bíblico, integra-o na qualidade de AT e vê a Páscoa* de Cristo* cumprir o evento originário do Êxodo. O grande relato que vai do Gênesis ao Apocalipse encontra aí sua unidade. A colocação em enredo de uma história contada em função da figura crística garante ao crente a palavra* que suscita a fé.

N. Frye explora a B. como um m., isto é, um relato, uma trama, que serviu de provedor às mitologias ocidentais. Estas são o conjunto dos discursos, literatura incluída, "que exprimem a relação do homem com seus valores". Ao lado da ciência que gere a relação com a natureza, o m. exprime o engajamento do homem na construção ideal de seu mundo que produz a cultura. Todas as culturas ocidentais, há dois mil anos, encontram sua origem na B. e numa tradição* judeu-cristã que integrou todos os outros m. A B. é o grande código, que fornece um modelo do espaço tanto quanto do tempo*.

• E. B. Tylor (1871), *Primitive Culture*, Londres. — J. G. Frazer (1911-1915), *The Golden Bough*, 12 vol., Londres. — S. Freud (1912-1913), "Totem und Tabou", *Imago*. — B. Malinowski (1916), *Mythology of All Races*, 13 vol., Boston. — E. Cassirer (1922), *Die Begriffsform in mythischen Denken*, Leipzig-Berlim. — L. Lévy-Bruhl (1935), *La mythologie primitive*, Paris. — S. Freud (1939), *Der Mann Moses und die monotheistische Religion*, Amsterdã (*Moisés e o monoteísmo*, Rio de Janeiro, 1997). — C. G. Jung, Ch. Kerenyi (1941), *Einführung in das Wesen der Mythologie*, Zurique. — M. Eliade (1957), *Das Heilige und das Profane*, Hamburgo (*O sagrado e o profano*, São Paulo, 2001). — J. Henniger, H. Cazelles, R. Marlé (1957-1958), "Mythe", *DBS* 6, 225-268. — C. Lévi-Strauss (1964-1970), *Mythologiques*, 4 vol., Paris. — G. Dumézil (1968), *Mythe et épopée*, Paris. — P. Smith, P. Ricoeur (1971), "Mythe", *EU* 11, 526-537. — M. Meslin (1973), *Pour une science des religions*, Paris. — P. Gibert (1979), *Une théorie de la légende. H. Gunkel et les légendes de la Bible*, Paris. — N. Frye (1981), *The Great Code. The Bible and Literature*, Nova York-Londres. — E. Drewermann (1984-1985), *Tiefenpsychologie und Exegese*, 2 vol., Olten. — G. Theissen (1993), "Identité et expérience de l'angoisse dans le christianisme primitif", *ETR* 68, 161-183. — L. Wittgenstein (1993), *Bemerkungen über Frazers* Golden Bough, *in* J. Klagge, A. Nordmann (ed.), *Philosophical Occasions*, Indianápolis-Cambridge, 115-155.

Pierre-Marie BEAUDE

→ *Antropomorfismo; Bultmann; Ciências da natureza; Criação; Culto; Escritura sagrada; Exegese; Fundamentalismo; Freud; Gêneros literários na Escritura; Hermenêutica; História; Narrativa; Narrativa (teologia); Schelling; Schleiermacher; Sentidos da Escritura.*

MODALISMO

"Modalismo" (md.) é um termo moderno forjado com base na noção de "modo", de modalidade (lat. *modus*; gr. *topos*), e agrupa-se sob esta noção diversas teologias que, durante os séculos em que se elaboraram a doutrina trinitária e cristologia*, tentaram compreender a relação do Pai* e do Filho de um modo que acabou por aparecer como heterodoxo. Aquilo que, a partir das confissões* de fé* de Niceia* e do I concílio* de Constantinopla*, é considerado como a heresia* modalista, tomou nos s. II-III várias formas. A preocupação de manter uma espécie de preeminência do Deus* Pai constitui

sua característica comum, amplamente herdeira da fidelidade ao Deus único do judaísmo*. Distingue-se habitualmente o md. monarquianista, o adocianismo* e o sabelianismo.

a) Modalismo monarquianista. — O qualificativo "monarquianos" é devido a Tertuliano* (*Adv. Praxeam* 3, 1), que classifica Práxeas entre eles, contrariamente à opinião moderna (ver Studer, 1985 e Simonetti, 1993). Noeto de Esmirna, no final do s. II, é talvez o representante mais antigo desse pensamento; seu discípulo Epígono difunde sua doutrina em Roma* no início do s. III. O escrito anônimo *Contra Noetum* (antes de 213), mas também Tertuliano e o *De Trinitate* de Novaciano condenam o monarquianismo: por querer salvaguardar o monoteísmo*, ele não dá o justo lugar à economia da salvação* e ao papel redentor da encarnação.

O patripassianismo (ver Cipriano*, *Ep.* 73) é uma das variantes do monarquianismo. Sustenta que "o Pai sofreu na cruz", mas é difícil saber que autores explicitamente afirmaram o que é escrituristicamente indefensável (ver Slusser, 1982). Foi sobretudo em Roma, mas também na Itália e na África do Norte, que essa concepção teve alguma influência no final do s. II.

b) Adocianismo. — Segundo o adocianismo, o Filho não passa de um homem adotado por Deus por causa de seus méritos; e, antes da encarnação*, o Verbo* de Deus é uma potência impessoal não distinta do Pai. Se Harnack vê no *Pastor* de Hermas (Padres apostólicos*) o tipo mesmo da cristologia* adocianista, a prudência é maior hoje em dia (Simonetti, 1993). Os primeiros representantes dessa tendência foram, na Roma do final do s. II, Teodoro de Bizâncio, dito o Curtidor, e seus discípulos (Eusébio, *HE* V, 28, 6), outro Teodoro de Bizâncio, dito o Banqueiro, depois Artemão ou Artemas no s. III.

Monarquianismo e adocianismo puderam misturar-se num conjunto mais evoluído, p. ex. com os dois bispos Berilo de Bostra (segundo Eusébio, *HE* VII, 23, 1-3) e Heráclides (segundo Orígenes, *Diálogo com Heráclides*, SC 67). Paulo de Samosata e, no s. IV, Marcelo de Ancira e o bispo* Fotino de Sírmio podem igualmente ser classificados entre os sustentadores de uma cristologia de tipo adocianista.

c) *Modalismo sabeliano* (*sabelianismo*).

— Assimilado por Metódio de Olímpia (*Banquete* 8, 10) a um patripassiano, apresentado por Hilário* de Poitiers como o herético por excelência, Sabélio é talvez originário da Líbia (Basílio* de Cesareia, *Ep.* 9, 2; 125, 1) e foi condenado em Roma por Calisto por volta de 220. Várias fontes antigas lhe atribuem a criação do composto *huiopator*, "Filho-Pai", para designar o Deus único. Depois de 325, a ambiguidade do termo *ousia*, de que o concílio de Niceia se serviu para definir o Filho como consubstancial*, *homoousios*, permitia fazer dele um equivalente do termo *hypostasis*, e foi assim que o entenderam os sabelianos. Isso lançou suspeitas sobre a doutrina de Niceia, e a frente ariana fez depor bispos niceanos sob a acusação de sabelianismo. Essa doutrina, em todo caso, renova o monarquianismo dando também lugar ao Espírito* Santo; privilegiando o termo *prosopon* para designar o Pai, o Filho e o Espírito, os sabelianos acentuam a aparência — os três *prosopa* então são apenas modos da divindade única; segundo outros documentos, às vezes atribuídos aos mesmos autores (p. ex., Marcelo de Ancira, segundo Simonetti, 1975), *prosopon* e *ousia* são sinônimos e a Trindade* é somente um único *prosopon*. O sabelianismo aparece, pois, nos debates trinitários do s. IV como o polo oposto do arianismo*, e é entre essas duas concepções que os Padres elaboram as definições de Constantinopla I (ver Gregório* de Nissa, *Adversus Sabellium, GNO* III, 1).

• J. Daniélou (1958), *La théologie du judéo-christianisme*, Tournai (1991², Paris). — M. Simonetti (1975), *La crisi ariana nel IV secolo*, Roma. — V. Grossi (1976), "Il titolo cristologico 'Padre' nell'antichità cristiana", *Aug* 16, 237-269. — P. Th. Camelot (1982), "Monarchianisme", *Cath* 9, col. 536-543. — M. Slusser (1982), "The scope of Patripassianism", St.Patr. 17, Oxford, 169-175. — B. Studer (1985), *Gott und unsere Erlösung im Glauben der Alten Kirche*, Düsseldorf. — M. Simonetti (1993), *Studi sulla cristologia del II e III secolo*, Roma.

Henri CROUZEL

→ *Adocianismo; Arianismo; Cristo/cristologia; Subordinacianismo; Tertuliano; Unitarismo-antitrinitarismo.*

MODERNISMO

Surgido no final do s. XIX na Itália e na França, o termo designa uma crise enfrentada pela Igreja* católica no início do s. XX. Embora Roma* tenha visto aí um conjunto de erros doutrinais, fruto de tendências heterodoxas, o fenômeno parece mais global, em sua dimensão tanto cultural quanto institucional: é "o encontro e o confronto de um passado religioso há muito tempo fixado com um presente que encontrou em outro lugar que não nele as fontes vivas de sua inspiração" (E. Poulat).

A partir dos anos 1880, católicos se preocupam em adaptar a Igreja ao mundo moderno. Muitos têm consciência do atraso do ensinamento eclesiástico em relação às jovens ciências religiosas. De igual modo, numerosas instituições e obras não parecem mais corresponder às necessidades do apostolado no meio de populações que se afastam das práticas e das crenças cristãs. O lugar e o papel da Igreja na sociedade* são questionados ao longo do conflito que desemboca, na França, na separação das Igrejas e do Estado* (9 de dezembro de 1905). No final do s. XIX, o poder político, a vida social e a cultura escapam do controle da Igreja.

Como alguns católicos, sacerdotes* e leigos*, não se resignam a uma situação de que se felicitam os livres-pensadores e anticlericais, os anos 1880-1910 se caracterizam por uma efervescência de ideias e de iniciativas, sem que se possa ver aí um movimento geral e organizado: vários protagonistas da crise estão isolados ou não se entendem, embora existam redes de correspondências e de amizades. Em relação à evolução do mundo, a Igreja deve, pode mudar? A essa pergunta as respostas são diversas.

a) *Geografia da crise.* — Algumas décadas antes, na Alemanha, o protestantismo* liberal tentou conciliar as aquisições recentes do saber e as exigências da fé*. Do lado católico, a *ciência alemã* levantou, na década de 1860, o problema da justa autonomia da investigação universitária em relação à autoridade* doutrinal legítima da Igreja. Tão logo eleito, Leão XIII, consciente da influência do kantismo (Kant*) e do idealismo alemão (Hegel*, Schelling*), como do baixo nível da formação filosófica oferecida na Igreja, restaura o ensino da doutrina de Tomás* de Aquino nos seminários e nas universidades (encíclica *Aeterni Patris*, 4 de agosto de 1879) e sustenta os institutos católicos fundados a partir de 1875 para reerguer o nível dos estudos do clero da França. Na linha das diretrizes pontifícias, o futuro cardeal D. Mercier (1851-1926) elabora em Louvain uma neoescolástica* que busca integrar à expressão tradicional da fé os progressos das ciências físicas, psicológicas e sociais. Na França, os *progressistas*, como Mons. P. Batiffol (1861-1929) na história* ou M.-J. Lagrange, OP (1855-1938) na exegese*, fazem progredir a investigação dominando os métodos modernos, mas não põem em causa o edifício teológico. Em contrapartida, os *modernistas* pensam que o desenvolvimento da cultura científica impõe uma espécie de conversão intelectual, com uma revisão profunda das ideias recebidas e do trabalho intelectual na Igreja: A. Loisy (1857-1940), no domínio da crítica bíblica, e um matemático discípulo de H. Bergson, E. Le Roy (1870-1954), ilustram esta tendência. Os *racionalistas*, com J. Turmel (1859-1943) e A. Houtin (1867-1926), recusam um compromisso ilusório e estão prontos a sacrificar as crenças católicas. São, por fim, envolvidos nas controvérsias e *suspeitos de modernistas* os filósofos Blondel* e L. Laberthonnière (1860-1932), o historiador L. Duchesne (1843-1922), o filólogo P. Lejay (1861-1920). Para além do espaço cultural, os "padres democratas", os partidários da democracia* cristã e o *Sillon* de Marc Sagnier (1873-1950) são acusados de *modernismo social*.

A crise, cujo epicentro é a França, tem repercussão na Inglaterra e na Itália. F. von Hügel (1852-1925), leigo de grande cultura estabelecido em Londres, competente na crítica bíblica, na filosofia* religiosa e na história da espiritualidade, é um homem de relações, sobretudo com a Itália; influencia um pregador, G. Tyrrell (1861-1909), autor de ensaios de apologética, apegado ao elemento místico* da religião, que denuncia a confusão entre a fé cristã e sua expressão medieval. Na Itália, várias correntes aparecem em torno de figuras marcantes: E. Buonaiuti (1881-1946), promotor da renovação intelectual do catolicismo* italiano e do aprofundamento da cultura religiosa das massas; R. Murri (1860-1944), preocupado em elaborar as bases culturais de uma autêntica democracia cristã e partidário de reformas radicais

na Igreja; A. Fogazzaro (1842-1917), herdeiro do liberalismo político e do reformismo religioso do *Risorgimento*, cujo romance *Il Santo* (1905) difunde o ideal de reforma contra o espírito de imobilismo.

b) Motivos das controvérsias. — "Em alguns anos, a quietude tridentina de todo um mundo eclesiástico (A. Dupront) se vira bruscamente abalada quase simultaneamente numa série de pontos fundamentais: natureza da revelação*, personalidade de Cristo* e seu papel verdadeiro na origem da Igreja e de seus sacramentos*, natureza e função da tradição* viva no sistema católico e limites da evolução dogmática, autoridade do magistério* eclesiástico e alcance real da noção de *ortodoxia**, valor da apologética clássica" (R. Aubert, *Nouvelle histoire de l'Église*, t. 5, p. 205).

Antes de estourar a crise, Blondel quisera fazer frente aos negadores da revelação e da transcendência propondo um *método de imanência* que constate que "a ordem humana tem sua parte em tudo e sua suficiência em nada": o dinamismo do homem, no jogo integral de suas faculdades, chama uma verdade* superior, de ordem sobrenatural*, que cumpre gratuitamente a verdade de sua natureza (cf. *L'Action*, 1893). Uma nova apologética era, pois, necessária, para evitar o duplo escolho de uma apologia do dogma* independente da história em relação ao dogma (extrinsecismo) e de uma independência da história em relação ao dogma (historicismo): é o objeto da *Carta sobre as exigências do pensamento contemporâneo em matéria de apologética e sobre o método da filosofia no estudo do problema religioso* (1896). Toda uma reflexão sobre a tradição, voltada para o futuro como para o passado, se impõe desde logo. Laberthonnière se esforça por conceber uma teoria do conhecimento moral e religioso que dê lugar à subjetividade no assentimento livre da inteligência à verdade revelada (cf. *Le problème religieux*, 1897; *Le dogmatisme moral*, 1898). E. Le Roy relança o problema da significação do dogma para um espírito científico com o artigo "Que é um dogma?" (*La Quinzaine*, 16 de abril de 1905), retomado em *Dogma e crítica* (1907).

Paralelamente a esses debates, a aplicação dos métodos da crítica histórica e literária à Sagrada Escritura* e à história das origens da Igreja marca, na França, o início da crise. Alguns exegetas aceitam em parte os resultados da crítica, rejeitando ao mesmo tempo uma concepção da história de Israel* e da Igreja que elimine o sobrenatural. Outros, como Loisy, não hesitam em pregar uma reconversão total da apologética sobre "os problemas gerais que a Escritura levanta, o sentido da verdade divina que se exprime ali e o valor da Igreja que a conserva" (R. Aubert). A tradução francesa das conferências de A. Harnack sobre *A essência do cristianismo* dá a Loisy a oportunidade de apresentar uma síntese, toda em matizes, de seu sistema com *O Evangelho e a Igreja*, publicado no final de 1902, defendido e explicitado pouco depois por *A respeito de um pequeno livro*. Segundo o próprio Loisy, essa obra é "primeiramente um esboço e uma explicação histórica do desenvolvimento cristão, segundamente uma filosofia geral da religião* e uma tentativa de interpretação das fórmulas dogmáticas, dos símbolos oficiais e das definições conciliares, em vista de fazê-los concordar, pelo sacrifício da letra ao espírito, com os dados da história e da mentalidade de nossos contemporâneos". As polêmicas logo deixam transparecer que para Loisy a revelação é somente "a consciência adquirida pelo homem de sua relação com Deus" e que os dogmas servem para manter "a harmonia da crença religiosa com o desenvolvimento científico da humanidade". O sistema de Loisy supõe uma dualidade entre revelação e dogma no nível da filosofia religiosa, entre dogma e história no nível da crítica histórica, entre o Jesus* da história e o Cristo da fé no nível da cristologia*.

Não sem perspicácia, Blondel mostrou o dualismo ao qual levam as posições de Loisy e insistiu na verdadeira noção da tradição na síntese católica (cf. "História e dogma", artigos de *La Quinzaine*, 16 de jan., 1° e 16 de fev. de 1904). Aprofunda assim a problemática já elaborada alguns anos antes.

c) Condenações e reação romanas. — Os *livrinhos* de Loisy são postos no Índex a partir do final de 1903. Aparecem refutações nos *Études* assinadas pelo P. de Grandmaison, no *Bulletin de littérature ecclésiastique* pelo Mons. Batiffol. Em Roma, ao mesmo tempo em que se prepara uma lista dos erros, busca-se identificar o corpo de doutrina que subjaz às posições dos diversos autores. Em 3 de julho de 1907 é publicado um decreto do Santo Ofício, *Lamentabili*, catálogo de 65 proposições condenadas, dois terços das quais Loisy reconhece como tiradas de seus escritos. Em 8 de setembro publica-se a encíclica *Pascendi*, que, passando em revista as diversas "figuras" modernistas — o filósofo, o crente, o teólogo, o historiador etc. —, reconstrói o sistema errôneo que lhes é comum e que repousa em dois erros fundamentais: o agnosticismo*, que nega todo valor à demonstração racional em matéria religiosa, e o imanentismo vital, que faz surgir a fé dos sentimentos e das necessidades religiosas do homem.

Tyrrell, em 1907, e Loisy, em 1908, são excomungados. As inclusões no Índex se multiplicam (obras de L. Duchesne, L. Laberthonnière, H. Brémond). Os corpos docentes dos seminários e faculdades de teologia* são expurgados; um juramento antimodernista é imposto em 1910; comitês de vigilância são instituídos nas dioceses. Essas medidas repressivas ou preventivas são recebidas em conjunto com obediência. Mas são agravadas pelas campanhas de denúncia dos "católicos integrais", que alteram o clima dos últimos anos do pontificado de Pio X (1903-1914).

d) Processo histórico ou caso particular? — Surgida na transição dos s. XIX e XX como um fenômeno interno à Igreja católica, a crise modernista revela uma distorção entre os progressos das ciências, da crítica e da história e o ensino teológico tradicional, entre as instituições eclesiásticas e as aspirações novas, entre a posição oficial da Igreja e uma sociedade em vias de secularização*. Visto que o termo *modernismo* ressurge nas querelas que se seguem ao Vaticano II*, trata-se "de um verdadeiro processo histórico com sua lentidão", cuja dinâmica assegura a continuidade na diferença das situações, como pensa É. Poulat? J. Guitton, por seu turno, escreve (*La pensée de M. Loisy*, p. 204): "O modernismo nos aparece como um caso particular num sistema mais amplo, como uma forma de pensamento que retornará sempre, ao longo da história do catolicismo, quando o espírito quiser fundar a fé sobre o espírito do tempo em vez de integrar o espírito do tempo à sua fé".

• Correspondências: H. de Lubac (ed.) (1957-1965), *M. Blondel-Aug. Valensin*, 3 vol., Paris. — C. Tresmontant (ed.) (1967), *M. Blondel-L. Laberthonnière*, Paris. — A. Blanchet (ed.) (1970-1971), *H. Brémond-M. Blondel*, 3 vol., Paris.

▶ J. Rivière (1929), *Le modernisme dans l'Église*, Paris. — R. Marlé (1960), *Au coeur de la crise moderniste*, Paris. — É. Poulat (1962), *Histoire, dogme et critique dans la crise moderniste*, Paris. — P. Scoppola (1969), *Crisi modernista e rinnovamento cattolico*, Bolonha. — E. Poulat (1969), *Intégrisme et catholicisme intégral*, Tournai-Paris. — R. Aubert (1975), "La crise moderniste", *in* Id. *et al.* (sob a dir. de), *Nouvelle histoire de l'Église*, Paris, t. 5, 200-218 (bibl. sobre o conjunto da crise). — C. Tresmontant (1979), *La crise moderniste*, Paris. — A. Boland (1980), *La crise moderniste, hier et aujourd'hui — un parcours spirituel*, Paris. — D. Dubarle (sob a dir. de) (1980), *Le modernisme*, Paris. — G. Daley (1980), *Transcendence and Immanence*, Oxford. — É. Poulat (1982), *Modernistica*, Paris. — P. Colin (1997), *L'audace et le soupçon, la crise du modernisme dans le catholicisme français 1893-1914*, Paris. — E. Fouilloux (1998), *Une Église en quête de liberté. La pensée catholique française entre modernisme et Vatican II*, Paris.

Claude BRESSOLETTE

→ *Blondel; Exegese; Fundamentalismo; Racionalismo; Secularização; Tradicionalismo.*

MÖHLER, Johann Adam → Tübingen (escolas de)

MOLINA, Luis de → bañezianismo-molinismo-baianismo

MOLINISMO → bañezianismo-molinismo-baianismo

MOLINOS, Miguel de → quietismo

MONAQUISMO

A. História antiga

Atestado por um papiro desde 324, o vocábulo *monakhos* ("monge") entra na literatura com a *Vida de Antão*, escrita por Atanásio* de Alexandria logo após a morte do eremita (356). Deriva-do do grego *monos* ("único"), o termo exprime um projeto de vida simples, unificada, tanto pela abstenção do casamento* e pelo afastamento da sociedade* quanto por uma consagração total a Deus*, que é Um. Após o celibato, ao qual o termo parece referir-se primeiramente, a ideia de solidão física prevalece em Jerônimo (*c.* 342-420) (*Epístolas* 14, 6 etc.), até que a unificação interior se torne a ideia principal com o Pseudo-Dionísio* (*Hier. eccl.* VI, 1-3) e Gregório* Magno (*In I Reg.* I, 61). De modo original, Agostinho* interpreta *monachus* como significando a união com o próximo na caridade, isto é, a vida comum (*En. Ps.* 132, 6).

a) Os antecedentes. — Entre os termos aparentados, o mais importante é *monasterion* ("mosteiro"), que designa o *habitat* do monge. Encontramo-lo já em Fílon (*De vita contemplativa* 25), aplicado a uma espécie de sala de estudos individual onde alguns ascetas judeus, os "terapeutas", se "isolam" para estudar a Bíblia*, única admitida nesse local sagrado.

Este precedente deixa entrever que o monaquismo (mon.) cristão teve precursores. Além dos terapeutas egípcios de Fílon, que levavam em grupos mistos uma vida profundamente solitária, existiam também na Palestina, no início da era cristã, verdadeiras comunidades monásticas, as dos essênios, descritos, além de por Fílon, por Flávio Josefo. A eles também se assemelham os sectários de Qumran, revelados pelas recentes descobertas do mar Morto.

Embora se assemelhem a esses predecessores, os monges cristãos não parecem dever nada a eles. Foi em total independência que o mon. apareceu na Igreja*, na segunda metade do s. III. Decerto o termo *monakhos* já está presente em torno de 140 no evangelho apócrifo* de Tomé, mas nenhuma relação parece haver entre esse longínquo precedente gnóstico e o movimento que se desenvolveu no ambiente ortodoxo um século mais tarde.

De onde vem, pois, o mon.? Além de profundas raízes humanas, que produziram em outros lugares (hinduísmo, budismo) fenômenos análogos, este grande fato religioso cristão se inspira, antes de tudo, se não exclusivamente, na Escritura* — ainda que o modelo pagão da vida filosófica possa ter desempenhado algum papel. Numa época em que as perseguições diminuem, depois cessam, o monge retoma por conta própria os apelos evangélicos que suscitaram tantos mártires. "Vender seus bens e dá-los aos pobres", "abandonar tudo", "tomar sua cruz e seguir a Cristo*", estas palavras de ordem estão na origem da vocação de Antão e da maioria de seus imitadores. Entre o amor* do mundo* e o de Deus, é preciso escolher (Tg 4,4; 1Jo 2,15-17 e 4,4-6). "Quem ama sua vida perde-a; e quem deixa de se apegar a ela neste mundo a guardará para a vida eterna*" (Jo 12,25). Essas máximas do NT e tantas outras semelhantes explicam no essencial um movimento que a elas se refere incessantemente.

Acrescentam-se outras figuras de referência: Elias e Eliseu, assim como os "filhos dos profetas*"; Jeremias, o celibatário, o isolado, o perseguido; João Batista sobretudo, o homem do deserto; enfim, o próprio Jesus*, filho da Virgem e totalmente casto, que jejua no deserto e busca a solidão para orar. A esses exemplos individuais deve se juntar um modelo comunitário: a Igreja primitiva de Jerusalém* e seu ideal de "comunhão*". Serem todos um só coração* e uma só alma, porque ninguém tem nada que lhe pertença e tudo é posto em comum (At 4,32): tal será a ambição da maioria dos empreendimentos cenobíticos (de *koinos bios*, "vida comum") que marcarão a história do mon.

b) As origens. — A primeira biografia de um monge é, pois, a de Antão. Escrito em grego com vistas a leitores ocidentais, este texto fundador foi logo traduzido para o latim, mas a versão definitiva, que faria sucesso no Ocidente, só foi estabelecida por volta de 370 por Evágrio de Antioquia. Proprietário rural na Tebaida, Antão se "converte" por volta dos vinte anos, vende seus bens, passa uns quinze anos na proximidade de sua aldeia e entra em relação com outros ascetas, até dar o passo que o celebra: indo para o deserto, tranca-se num forte abandonado, onde lhe trazem pão duas vezes por ano. Quando, ao cabo de vinte anos, a curiosidade de seus admiradores o obriga a se mostrar, aquele homem de cerca de 55 anos impressiona os que

o veem por seu domínio de si e seus carismas. Mas após um período de intensa fama, em que o deserto perto do Nilo onde ele vive "se torna uma cidade*", aquele amante da solidão se retira de novo para "o deserto interior", na direção do mar Vermelho. É lá que morre, com mais de cem anos de idade, pranteado por todos como o "médico do Egito", país ao qual prodigou as curas* do corpo* e da alma*.

Antão foi o primeiro anacoreta (de *anakhorein*, "retirar-se"). Entre seus inúmeros imitadores, o eremita Palamão merece uma menção especial por ter sido o mestre de Pacômio (*c.* 290-346), o fundador do cenobitismo. Nascido de pais pagãos, o jovem Pacômio se converteu ao cristianismo durante seu serviço militar, tocado no coração pela caridade que cristãos tiveram para com ele. "Servir ao gênero humano", a exemplo daqueles homens caridosos: tal é desde a origem sua vocação própria. Após ter se iniciado na ascese* junto de Palamão, ele o deixa para se pôr à disposição dos que vierem até ele. Após difíceis tentativas, começa, por volta de 320, a reunir em seu redor monges cujo número cresce rapidamente, até povoar mais de quinze mosteiros gigantescos. Ao morrer, Pacômio deixa no Alto Egito uma *Koinonia* ("fraternidade") agrupando milhares de irmãos, que se desenvolverá mais ainda, apesar de uma grave crise, sob seus sucessores Horsieso e Teodoro. A Regra, ou, antes, as quatro coletâneas de "Preceitos", que ele pusera por escrito para aquele vasto conjunto, será traduzida em latim por Jerônimo (404) e deixará sua marca em várias legislações monásticas ocidentais.

c) As modalidades. — Antão e Pacômio criaram dois tipos principais de vida monástica: o eremitismo e o cenobitismo. A história desses dois homens prefigura os intercâmbios que nunca cessarão de se produzir entre as duas formas de mon. A vida de Antão é a princípio semicomunitária, depois completamente solitária, mas não sem comportar, no final, um papel de pai espiritual. Quanto a Pacômio, estende a uma vasta comunidade reunida em torno de sua pessoa a relação discípulo-mestre que ele mesmo vivera, a sós, com o eremita Palamão.

Esse vaivém entre cenobitismo e anacorese se verifica principalmente em dois fenômenos correntes. De um lado, os grandes anacoretas frequentemente atraem numerosos discípulos e assim geram comunidades; involuntária quase sempre, essa fama é às vezes compreendida como um chamado de Deus e objeto de uma procura positiva. Por outro lado, os anacoretas "saem dos cenóbios", escreve Jerônimo (*Epístolas* 22, 35). Esse processo, ao qual as testemunhas e os teóricos ocidentais (Sulpício Severo [*c*. 360-*c*. 420], Cassiano [*c*. 360-435], o autor anônimo da Regra do Mestre, Bento [*c*. 480 – *c*. 550]) darão o rigor de uma lei, é fundado na natureza das coisas: um aprendizado comunitário deve normalmente preceder a vida solitária.

Entre o cenobitismo e o eremitismo em estado puro existem, por outro lado, numerosas formas intermediárias. Houve colônias anacoréticas, das quais as mais famosas, no Egito do s. IV, foram as da Nítria. O deserto das Celas e de Skete agrupavam monges que viviam sós, mas se reuniam aos sábados e domingos* para a eucaristia* e para os ágapes*. Um pouco mais tarde, e no Oriente, dar-se-á o nome de "lauras" a agrupamentos análogos, mas mais próximos no espaço, em que as habitações dos solitários se alinham ao longo de uma mesma rua (*lavra*). Outro tipo de associação das duas vidas é o do eremita que vive na proximidade de uma comunidade onde, frequentemente, recebeu sua formação e sobre a qual ele exerce às vezes uma influência espiritual enquanto dela recebe um auxílio material. Bem atestado no Egito e na Palestina por volta de 400, esse tipo de simbiose será institucionalizada por Cassiodoro (*c*. 485 – *c*. 580) no Vivarium, onde a solidão do monte Castelo é contígua ao cenóbio, e muitos séculos depois por são Romualdo (*c*. 950 – *c*. 1027) em Camaldoli.

Vários desses fenômenos são ilustrados pela vida e pela obra de Bento de Núrsia. Quando este, estudante em Roma* no início do s. VI, decide tornar-se monge, recebe o hábito das mãos de um cenobita de Subiaco chamado Romão, e instala-se secretamente numa gruta próxima deste, que o aprovisiona com pão subtraído à

sua própria ração. Sob uma forma original (a comunidade de Romão e seu abade ignoram a existência do jovem eremita vizinho), eis um caso de simbiose entre as duas vidas. Ao cabo de três anos, o anacoreta clandestino é descoberto, e um mosteiro das redondezas o toma para abade. Este primeiro abadado termina mal, mas, de regresso à solidão, Bento vê vir até ele dezenas de discípulos, para os quais organiza doze pequenos mosteiros, cuja alta direção ele controla: exemplo típico de cenobitismo suscitado por um eremita. Enfim, em sua *Regra dos monges*, provavelmente escrita mais tarde em Monte Cassino, Bento estabelece desde o primeiro capítulo a doutrina tradicional que requer uma longa preparação cenobítica antes de passar à vida solitária. Que a solidão, aliás, conservou para ele algum atrativo é o que sugere seu biógrafo Gregório* Magno, que relata que o abade de Monte Cassino não se deitava no dormitório comum, mas habitava uma torre afastada, onde orava sozinho à noite.

Excluída por Basílio* como contrária ao Evangelho, a vida monástica solitária será, no entanto, considerada em geral como o ápice da renúncia evangélica. Elias e João Batista são os modelos. Talvez menos óbvia hoje em dia, essa autenticidade cristã do eremitismo só raramente foi questionada nos primeiros séculos.

d) O fim e os meios. — Segundo a perspectiva clássica que enxerga o eremitismo como a forma acabada da proposta monástica, o monge começa por purificar-se no cenóbio levando a "vida ativa" antes de levar a "vida contemplativa" na solidão. Este é o esquema seguido, no conjunto de suas *Instituições* e de suas *Conferências*, por João Cassiano. A vida ativa consiste em lutar contra os oito vícios principais, segundo a lista metódica estabelecida por Evágrio Pôntico (346-399) (gula, luxúria, cólera, avareza, tristeza, acídia [abatimento espiritual], vaidade, orgulho), com vistas a atingir a pureza do coração, condição de entrada no Reino*: "Bem-aventurados os puros de coração, pois eles verão a Deus". Já nesta vida, a *apatheia* (domínio das paixões*) dá acesso à contemplação*. O combate contra os vícios ocorre de preferência na vida comum, ao passo que a contemplação floresce na solidão.

Outro esquema comparativo dá mais relevo ao cenobitismo, reconhecendo-lhe o privilégio de desenvolver duas virtudes*: o abandono da vontade própria e a ausência de toda preocupação com o amanhã (Cassiano, *Confer.* 19, 8).

A ascese pela qual o monge se purifica incide em particular sobre a alimentação (jejum, abstinência, racionamento), o sono (vigília), o uso da palavra (silêncio). Nascida da fé*, ela conduz à caridade. É para consagrar-se ao mundo que o monge se separa dele. Essa separação, na qual Basílio vê uma exigência do amor a Deus, conduz, entre outros sinais, ao uso de um traje distintivo (hábito).

Uma relação consciente e constante com Deus: este ideal do monge tem por nome *oração**. Esta se alimenta da Bíblia, lida e aprendida de cor duas ou três horas por dia, depois recitada continuamente durante o trabalho* manual. À voz de Deus assim escutada sem cessar responde-se pela oração o mais frequentemente possível. Quanto aos momentos reservados à oração, contam-se dois no Egito (manhã e tarde) e um número maior em outros lugares, onde se acabará por fixar um cânon de sete celebrações diárias, sugerido por um verso do salmista (Sl 118,164). Nestes ofícios do dia e da noite, cada salmo* é seguido de uma oração silenciosa, que todavia diminuirá pouco a pouco até desaparecer.

A vontade de "orar sem cessar" (1Ts 5,17) não impede de trabalhar. O monge tem esse dever, tanto para ganhar sua vida e esmolar quanto para evitar o ócio, inimigo da alma. Neste ponto, as injunções e o exemplo de Paulo prevalecerão contra uma tendência (siríaca) a entender demasiado literalmente seu apelo à oração contínua. O movimento dos messalianos ("orantes") da Síria produzirá entretanto em Constantinopla o louvor* perpétuo dos Acemetas ("os que não se deitam"), que se revezavam no coro dia e noite, e tentativas análogas de *laus perennis* em alguns grandes mosteiros do Ocidente no s. VII.

e) Dois estados da vida comum. — Em ambiente cenobítico, observa-se muitas vezes uma evolução característica que tem sua origem no NT: um grupo de discípulos reunidos em torno de seu mestre se transforma numa comunhão fraterna. No primeiro tipo de associação, a relação de cada membro com a cabeça é o princípio de unidade; entre eles, os subordinados estão unidos a seu chefe só por essa relação comum. Privilegiando a dimensão vertical e hierárquica, esse tipo de comunidade assemelha-se a uma escola ou a uma tropa. Mas, frequentemente, o curso do tempo leva a preocupar-se também com as relações horizontais entre as pessoas. Passa-se assim da escola à comunhão.

Uma evolução desse gênero aparece na legislação de Pacômio. Suas três primeiras coletâneas (*Instituta, Iudicia, Praecepta*) só falam de obedecer à regra e aos superiores, ao passo que a última (*Leges*) manifesta uma preocupação nova com a paz* e a concórdia entre os irmãos. De igual modo, o cenóbio egípcio descrito por Jerônimo em 384 (*Epístolas* 22, 35) tem como "pacto fundamental" a obediência de todos aos superiores, cuja ação educativa é unilateralmente louvada, sem nada dizer-se das relações fraternais. Retomando esse trecho um pouco mais tarde, Agostinho insere nele antes de tudo uma referência explícita à Igreja de Jerusalém (*De mor.* I, 67). Entre as duas primeiras regras de Lérins, a dos Quatro Pais e a "Segunda Regra", como entre as duas grandes legislações italianas do s. VI, a Regra do Mestre e a de Bento, observa-se contrastes análogos.

Essa espécie de lei remonta às origens do cristianismo. O grupo dos Doze é inicialmente uma escola, onde cada discípulo foi chamado ou atraído pelo mestre que é Jesus. Antes de morrer, ele dá a todos o "mandamento* novo" do amor recíproco, de onde decorrem relações novas. Doravante, "o ensinamento dos apóstolos*", que prolonga o de Cristo, engendra a comunhão (At 2,44). Sem dar-se conta disso, ao que parece, os ambientes monásticos seguiram com frequência o mesmo processo, que reflete a natureza mesma de uma sociedade religiosa. Primordial, a relação com Deus e seus representantes se impõe antes de tudo; em seguida, a consciência da unidade espiritual e a obediência à lei de amor, tanto quanto a experiência de uma vida comum difícil, desenvolvem a atenção dada às relações entre os irmãos.

f) O cenóbio e seus modelos escriturísticos. — Na Regra do Mestre, o mosteiro é chamado de "escola de Cristo". Retomada por Bento, essa definição faz do cenóbio um prolongamento do grupo dos Doze, onde Cristo é representado pelo abade. A divisão das comunidades numerosas em grupos de dez, lembrando o exército romano, refere-se também ao modelo de Israel* no deserto. O mesmo se pode dizer das "casas" e "tribos" da *koinonia* pacomiana. Em Basílio, a imagem preferida é a do corpo de Cristo. A esta metáfora paulina se junta também a figura da comunidade de Jerusalém, tão frequentemente evocada pelos legisladores monásticos. Para o Mestre, que não se reporta muito à Igreja primitiva dos Atos, o modelo é sobretudo a Igreja de seu tempo, e a hierarquia* do mosteiro é posta em paralelo com o clero. Em outros lugares, e notadamente no pacomismo, a tradição monástica é concebida como uma réplica da grande tradição* eclesial.

g) Formas e motivos da obediência. — Discípulo de um anacoreta ou membro de um cenóbio, o monge deve obedecer. Esta obrigação dá lugar a numerosas reflexões. Alguns, como Agostinho, invocam os textos do NT que impõem aos filhos obedecer aos pais e aos fiéis obedecer a seus pastores. Outros pensam, antes, em Cristo, considerado como aquele a quem se obedece por meio de seus representantes (Lc 10,16) ou como aquele que foi obediente a seu Pai* até a morte* (Jo 6,38; Fl 2,14). Chefe que comanda ou modelo de obediência, Cristo dá a esta virtude um caráter místico* que ultrapassa enormemente as simples necessidades da vida comum.

A obediência se impõe primeiro ao iniciante, que deve aprender tudo. Mas também é recomendada ao monge mais avançado, que por ela renuncia à sua vontade própria tal como Cristo, por ela, aceitou sua morte. Prestada aos superiores, a obediência se dirige a Deus, a quem eles representam. Mas ela pode também ser recíproca, sem outro motivo além da humilde caridade.

h) As vias da perfeição. — Na regra beneditina, que a era carolíngia tornará a lei comum do cenobitismo ocidental, a obediência não é considerada isoladamente, mas tomada como um dos aspectos de uma tendência geral à humildade. Desde o temor* de Deus inicial até o perfeito amor que expulsa o temor, o monge se eleva humilhando-se, segundo o paradoxo evangélico, e essa via de humildade que o Mestre e Bento tomam emprestada a Cassiano passa pela obediência e pela paciência, pelo apagamento e pelo rebaixamento, pela renúncia à palavra e ao riso. Neste programa, as duas virtudes-chave são obediência e taciturnidade. Uma é a humildade no agir, a outra é a humildade no falar.

i) Clericato e sacramentos. — Em sua *Vida de Antão*, Atanásio, embora bispo*, jamais fala da eucaristia*, da qual o santo parece ter sido privado durante longos períodos. No final do s. IV, contudo, Apolônio e os anacoretas que o rodeiam se reúnem todo dia à nona hora para comungar antes de comer, e o cenóbio de Jerônimo em Belém sente de maneira aguda a necessidade de um padre que consagre a eucaristia. Na Itália do s. VI, as comunidades inteiramente leigas do Mestre serão substituídas pelas de Bento, que contam com sacerdotes* e clérigos*. A missa conventual, entretanto, só se tornará diária mais tarde. Na semana, um simples serviço de comunhão precede a refeição nas comunidades do Mestre e provavelmente também de Bento.

Na época em que os mosteiros tendem a se prover do clero necessário para celebrar a eucaristia, bispos e seus clérigos adotam um gênero de vida quase monástico. Durante a segunda metade do s. IV, Eusébio (†371) em Vercelli, Martinho (†397) em Tours, Agostinho em Hipona dão o exemplo dessas hibridizações, cuja fecundidade o próprio Jerônimo reconhecia em algumas de suas cartas. Mon. e clericato* se aliam também nas empresas missionárias de um Columbano (*c.* 543-615) e tantos outros insulares, irlandeses ou anglo-saxões, cuja motivação original era "peregrinar", como Abraão, longe de sua pátria.

j) Da célula ao dormitório. — Retornando à prática mais ordinária, observemos por fim uma importante mutação ocorrida por volta de 500 no conjunto do mon., tanto no Oriente quanto no Ocidente. De suas origens anacoréticas o cenobitismo conservara a habitação em celas individuais onde os monges passavam seu tempo a sós com Deus. Ora, para resolver alguns inconvenientes de ordem moral, as celas foram então substituídas por um dormitório comum. A vida comum perdeu assim um elemento de solidão contemplativa que a aproximava do eremitismo. Foi essa vida comunitária integral que durante longo tempo a Regra de são Bento codificou, à espera de que as celas ressurgissem em plena IM com os cartuxos, e mais tarde com os próprios beneditinos.

O final da Antiguidade optou, pois, modestamente por um mon. mais preocupado com limpeza e regularidade (desapropriação) do que com recolhimento e lazer consagrado à contemplação. Era o reconhecimento de que o monge é um ser fraco, e o cenobitismo uma instituição sempre ameaçada de decadência, na linha de certo pessimismo histórico que se manifesta particularmente em Bento e suscita da parte dele um apelo à boa vontade dos mais generosos para que superem normas comuns muito pouco exigentes e se aproximem assim da perfeição.

• H. Weingarten (1877), "Der Ursprung des Mönchtums im nachkonstantinischen Zeitalter", *ZKG* 1, 1-35, 545-574. — K. Heussi (1936), *Der Ursprung des Mönchtums*, Tübingen. — P. Cousin (1959), *Précis d'histoire monastique*, Paris; (1961), *Théologie de la vie monastique*, Paris. — A. de Vogué (1961), *La communauté et l'abbé dans la Règle de saint Benoît*, Paris. — D. J. Chitty (1966), *The Desert a City*, Oxford (*Et le désert devint une cité*, SpOr 31). — A. de Vogué (1971) "*Sub regula vel abbate*. Étude sur la signification théologique des règles monastiques anciennes", *CCist* 33, 209-241. — G. M. Colombás (1974), *El monacato primitivo*, t. I-II, Madri. — A. Guillaumont (1979), *Aux origines du mon. chrétien: pour une phénoménologie du mon.*, SpOr 30. — W. Dircks (1982), *Die Antwort der Mönche*, Frankfurt. — A. de Vogué (1985), *Les règles monastiques anciennes (400-700)*, Tournai. — C. S. Frank (1988), *Geschichte des christlichen Mönchtums*, Darmstadt. — A. de Vogué (1991-), *Histoire littéraire du mouvement monastique dans l'Antiquité. Première partie: le mon. latin*, Paris (t. I a IV publicados em 1997). — H. Holtze (1992), *Erfahrung und Theologie im frühen Mönchtum*, Göttingen. — A. de Vogué (1998), *Le monachisme en Occident avant saint Benoît*, Bégrolles-en-Mauge.
Adalbert de VOGUÉ

B. Aspectos teológicos

Fenômeno bem conhecido da história das religiões, fenômeno ausente da mais antiga experiência* cristã, o monaquismo (mon.) não deixa de manifestar um sentido teológico extremamente denso. Seu termo fundador é *anacorese*: o monge (m.) aparece, de fato, como alguém que desaparece, que deixa a cidade* e a companhia dos homens. Aquilo que ele deixa ou quer deixar tem um nome que abrange um conceito teológico: o *mundo**. Pensado em termos paulinos ou joaninos como esfera de existência decaída, comprometida com o pecado*, o mundo é, de fato, tudo o que convém abandonar. Romper com o mundo é, pois, tarefa cristã elementar: essa ruptura não é nada além da obrigação. A anacorese, desde logo, deveria designar primeiramente um gesto espiritual: a vida teologal vivida "em Cristo*" é, como tal, vitoriosa sobre o mundo, como tal, movimento de êxodo e de agregação a uma comunidade escatológica; a realidade espiritual da anacorese é primeira em relação à realidade topológica que ela recebe no mon. Daí não decorre que a anacorese monástica seria uma ingenuidade ou um contrassenso (que ela confundiria tomada de distância existencial e tomada de distância local). Pois se existe um traço constante na experiência monástica é, de fato, que o mundo pesa tanto sobre o homem no deserto quanto no meio da cidade. Na solidão que ele ganha, o m. não exerce nenhum direito de posse privilegiada sobre a paz* da alma* e do coração. Sua experiência não é a de um ócio reservado a quem tivesse definitivamente abandonado o mundo: é a experiência ascética de um trabalho de conversão*. O paradoxo da tomada de distância simbólica que é a vida no deserto está, assim, em fazer ressaltar com brutalidade as distâncias que não foram tomadas: a experiência monástica é antes de tudo a da tentação*.

Desde que isso seja admitido e bem admitido, é então possível justificar plenamente o projeto monástico. Ao conceito negativo de anacorese respondem, com efeito, as representações afirmativas da "vida angélica" levada pelos que se ocupam do louvor* perpétuo. Herdeiro do filósofo da Antiguidade greco-romana, o m. se apresenta como aquele que vive a vida mesma, a vida tal como merece ser vivida por um homem (Balthasar*, 1961, 378 sq). Vemos organizar-se então uma antropologia* monástica, que é identicamente uma antropologia escatológica. A lógica em ação é, pois, uma lógica de antecipação. Negativamente, o m. é aquele que recusa encarnar figuras historiais da humanidade do homem; positivamente, é aquele cujos gestos desvelam certa influência do *eschaton* sobre o tempo* presente. Seu celibato separa-o daqueles que, na sucessão das gerações, asseguram à humanidade uma história*; mas também faz de si a imagem, no aquém da morte*, de um homem realizado que transcende em sua carne a diferença dos sexos (Mt 22,30 par., *hos angeloi* e *isangeloi*). Seu silêncio aparece como renúncia a uma forma eminente da experiência humana, a intersubjetividade cumprida pelo elemento da linguagem — mas esse silêncio não é mutismo, e enquanto acusa os usos diários do verbo de serem apenas verborreia ele também tem por missão devolver o homem a seu traço mais humano, a qualidade de ouvinte da palavra* divina. A obediência do cenobita o destitui de uma vontade própria e cai sob a suspeita a que estão expostas todas as condutas de alienação; mas é também uma realidade cristológica, um gesto de kenose que restitui o querer a um sentido que ele não possui nos limites do mundo, e que é seu segredo escatológico. A pobreza do m. torna-o marginal e inquietante, porque estipula que o direito à pobreza é mais humano que todo direito à propriedade*; mas trata-se novamente de uma conduta kenótica vivida na esteira de um Deus* que se fez pobre (2Cor 8,9). A existência de uma comunidade fraterna devotada ao louvor incessante, enfim, é o mais puro sinal escatológico encerrado pelo projeto monástico: no curso das realidades provisórias, o m. aparece ali como a testemunha do definitivo, do que não passa. A vida que se quer integralmente

litúrgica é ícone presente (e única representação possível) de uma eternidade* à medida do homem; e a vida comum onde o próximo não tem outra identidade além da identidade teológica do irmão prova que o ser* do homem é um ser para a comunhão*, prova, por outro lado, que a comunhão não é uma realidade à medida do mundo, e insinua assim maneiras de ser dignas da eternidade.

O "esplendor teórico" (G. Bedouelle) do projeto é incontestável, mas também lhe dá sua paradoxal fraqueza. A tradição* monástica tornou sua a bem-aventurança dos puros de coração "que verão a Deus" (Mt 5,8). Assumindo a ambição de ganhar a paz, a *hesykhia*, é também das alegrias escatológicas que ela quer dar parte. Mas se o "deserto" ou o mosteiro querem visualizar o campo de uma experiência destinada a subverter todo domínio do mundo sobre o homem, e se o m., quanto a isso, é daqueles que tentam se apoderar do Reino* pela violência (Mt 11,12), o desejo de significar o *eschaton* não tem o poder de realizar o que ele significa. As significações escatológicas exibidas pela experiência monástica não podem, pois, disfarçar que, como toda experiência cristã, ela tem uma realidade *pré*-escatológica, e que a primeira demanda monástica é aquela, eminentemente historial, da "conversão dos costumes". Se o m. assume como meta viver a vida mesma, é preciso assim compreender que a lógica de sua experiência só visa ao definitivo estando perpetuamente nas garras das fraquezas, das tentações e dos pecados que constituem a trama do provisório. E à objeção do protestantismo — o mon. seria empresa pelagiana de homens ou de mulheres tentando asceticamente tomar posse de bens aos quais, por definição, só cabe serem dados por ninguém mais senão por Deus —, a espiritualidade monástica só pode responder que, sendo apenas uma espiritualidade de humildade e da abertura à graça*, "ninguém se faz m., é feito m. por uma força que não vem de si" (Teófanes, o Recluso [1815-1894]). Se o mon. não trai nenhuma desmedida, se o projeto de *vita angelica* não é nem arrogância nem contrassenso, é — e é somente — porque o m. se sabe tão pecador quanto a "obra" à qual se dedica, a *opus Dei*, é obra santa. Só o homem humilde pode assumir a perigosa missão de figurar o eterno no temporal, pois só o homem humilde pode deixar o simbolismo sublime de seus gestos julgar a pessoa* empírica que faz esses gestos. Na pessoa de Antão, o Grande, é a todo candidato à experiência monástica que é dado como exemplo o sapateiro de Alexandria que orava repetindo: "Só eu perecerei, todos serão salvos."

O segredo espiritual do mon. é finalmente seu segredo escatológico. O m., com efeito, só tenta desligar-se do mundo para existir na única formalidade do ser-em-Igreja; e sua oração* então é menos obra sua do que obra da Igreja*, *Ecclesia orans*. A vida monástica afirma que o ser-em-comunhão é realização plenária do ser-com, do *Mitdasein*, que qualifica no mundo as relações do homem com o homem; deve afirmar também que a própria comunidade monástica particular não existe senão na comunhão de toda a Igreja. O projeto monástico deve elucidar-se em termos de vocação, e esta vocação mesma é duplo chamamento, de Deus e da Igreja — esse segundo chamamento sobretudo não deve ser esquecido. É precisamente da Igreja, tomada na totalidade articulada e hierarquizada de sua comunhão, que o m. recebe missão de orar por todos os homens e de louvar a Deus no lugar daqueles que não o fazem ou o fazem pouco. E compreende-se então que esta inserção na comunhão eclesial permita ao m. revestir também, paradoxalmente mas num sentido perfeitamente exato, os hábitos do apóstolo*. "Os institutos integralmente ordenados à contemplação* [...] ilustram o povo* de Deus por frutos abundantes de santidade*, eles o atraem pelo exemplo e proporcionam seu crescimento por uma secreta fecundidade apostólica, *arcana fecunditate apostolica*" (Vaticano II*, *PC* § 7).

• C. Marmion (1922), *Le Christ, idéal du moine*, Namur-Paris. — L. Bouyer (1950), *Le sens de la vie monastique*, Paris-Turnhout. — H. U. von Balthasar (1961), "Philosophie, Christentum, Mönchtum", *in Sponsa Verbi*, Einsiedeln, 349-387. — G. M. Colombás (1961), *Paradis et vie angélique*, Paris. — T. M. Cannon, G. Traub (1969), *The Desert and the City. An Interpretation of the History of Christian Spirituality*, Londres. — G. M. Colombás (1975), *El monacato primitivo*, t. 2: *La espiritualidad*, Madri. — L. Gutiérrez Vega (1976), *Teología sistemática de la vida religiosa*, Madri. — A. de Vogué (1977), *La règle de saint Benoît*, t. VII: *Comm. doctrinal et spirituel*, SC 186. — G. O. Girardi (1979), *La vita religiosa: teologia della vita religiosa*, Nápoles. — J. M. Lozano (1981), *La sequela di Cristo. Teologia storico-sistematica della vita religiosa*, Milão. — P. Miquel (1986), *La voie monastique*, Bégrolles-en-Mauges, 11-58. — A. M. Triacca, C. Andronikoff *et al.* (1989), *Liturgie, conversion et vie monastique*, BELS 48, 73 *sq.* — B. Calati (1994), *Sapienza monastica, saggi di storia, spiritualità e problemi monastici*, StAns 117, Roma.

Jean-Yves LACOSTE

→ *Comunhão; Filosofia; Vida consagrada.*

MONARQUIANISMO → modalismo a

MONOFISISMO

O termo "monofisismo" (m.) (de *monos*, "único", e *physis*, "natureza") designa a posição dos que atribuem a Cristo* "uma única natureza". Mas é importante distinguir pelo menos dois tipos de m. Um, que foi sobretudo representado pelo monge Eutíquio, implica certa assimilação entre a natureza humana e a natureza divina de Cristo, de sorte que o divino absorve o humano em lugar de lhe deixar sua consistência específica. O outro, embora oposto à linguagem "difisita" de Calcedônia (isto é, à linguagem das "duas naturezas"), reconhece à humanidade de Cristo todas as características próprias de uma natureza humana. O primeiro é contrário à ortodoxia cristã, o segundo não é. É preciso, portanto, operar um discernimento entre as posições que foram outrora conectadas ao m., e esse discernimento se realiza hoje no quadro do diálogo entre as Igrejas* calcedonianas e as Igrejas monofisitas.

a) O monofisismo de Eutíquio. — Desde as últimas décadas do s. IV, o apolinarismo* abria o caminho para a linguagem monofisita ao atribuir a Cristo "uma só natureza encarnada do Deus* Verbo" (*Ad Jovianum*, em TU, 1904, 251). É certo que essa fórmula seria mais tarde usada por Cirilo* de Alexandria num sentido totalmente ortodoxo. Mas Apolinário considerava de fato que o *Logos* divino substituíra a alma* humana ou o espírito humano de Cristo, o que já implicava certa confusão entre a humanidade e a divindade do Verbo encarnado.

O m. (como heresia*) encontrou sua expressão mais radical um pouco antes da metade do s. V. Seu principal representante, o monge Eutíquio, estava à cabeça de um grande mosteiro e adquirira uma influência considerável na corte de Constantinopla. Posava como adversário ferrenho do nestorianismo* e repetia sem cessar que era preciso reconhecer "uma só natureza do Verbo encarnado". Seria julgado severamente por seus contemporâneos, que viam nele um velhote ignorante e obstinado. Mas suas ideias se difundiram o bastante para suscitar em 447 a refutação de Teodoreto em sua obra *O mendigo* (que todavia não nomeava Eutíquio), depois a intervenção do patriarca Flaviano de Constantinopla que, em 448, convocou diante de um sínodo* o monge incriminado. Este, dizendo admitir a humanidade de Cristo, declarou que sua carne não era consubstancial* à nossa e, sobretudo, sustentou sem concessões a mesma formulação: "Confesso que antes da união Nosso Senhor era de duas naturezas, mas após a união, de uma só natureza". Eutíquio foi então excomungado. Mas beneficiou-se do apoio do imperador Teodoro e, apesar da intervenção do papa* Leão em seu *Tomo a Flaviano*, foi reabilitado em 449 graças à tumultuada reunião que mais tarde seria chamada de "o latrocínio de Éfeso". Em 451, o concílio* de Calcedônia condenaria a doutrina de Eutíquio e lhe oporia a famosa definição segundo a qual Cristo é "reconhecido em duas naturezas, sem confusão, sem mudança [...], a diferença das naturezas não é de modo nenhum suprimida por causa da união, a propriedade de ambas as naturezas é, antes, bem salvaguardada [...]".

Eutíquio certamente invocou Cirilo de Alexandria, mas essa referência era enganosa. Pois quando Cirilo dizia "uma só natureza do Verbo encarnado" entendia a "natureza" no sentido de *subsistência* individual e concreta, e sua doutri-na correspondia no fundo à de Calcedônia, que, em outra linguagem, reconheceria em Cristo "uma só *hipóstase*". Mas para Eutíquio a unidade de natureza implicava a absorção da natureza humana pela natureza divina. Tal posição, sob pretexto de combater o nestorianismo, perdia de vista a consistência própria da humanidade assumida por Cristo: era de fato uma forma nova de docetismo*.

b) O monofisismo depois de Calcedônia. — A ambiguidade mesma da expressão "uma só natureza" seria fonte de numerosos conflitos no período que se seguiu a Calcedônia. Os partidários de Cirilo permaneceram convencidos de que essa expressão devia ser mantida a todo custo; mas, enquanto uns a entendiam à maneira de Eutíquio, outros a compreendiam num sentido ortodoxo e, de boa-fé, se opunham à linguagem calcedoniana das duas naturezas, que lhes parecia uma concessão ao nestorianismo. Inúmeros monges, em particular, sublinhavam que a fórmula "uma só natureza" preservava a absoluta divindade do Salvador. Aos motivos religiosos se misturaram, ademais, motivos políticos e eclesiais, pois o m. era sobretudo difundido no Egito e na Síria, ao passo que as regiões ocidentais da Ásia Menor eram dominadas pelos calcedônios. Ocorreu também que sedes patriarcais foram ocupadas ora por bispos calcedonianos, ora por bispos monofisitas, numa atmosfera frequentemente marcada pela confusão das ideias e pela violência das paixões.

Em 457, o monofisita Timóteo Érulo se tornou patriarca de Alexandria. Outro monofisita, Pedro Fulão, tornou-se um pouco mais tarde patriarca de Antioquia e introduziu na liturgia* a expressão "Deus santo... que foste crucificado por nós". O imperador Zenão, aconselhado pelo patriarca Acácio, propôs em 482 uma fórmula de compromisso, o *Henótico*, que condenava ao mesmo tempo Eutíquio e os defensores de Calcedônia. Mas essa fórmula foi rejeitada pelos difisitas e condenada pelo papa, que excomungou Acácio (484). O m. continuou todavia a se expandir. Foi sustentado por vários teólogos, como Filóxeno de Mabbug e sobretudo Severo de Antioquia. Este compreendia "uma só natureza" no sentido de "uma só hipóstase", e rejeitava o "em duas naturezas" calcedoniano, que lhe parecia implicar a afirmação errônea de duas hipóstases. Entretanto, a partir de 527 o imperador Justiniano se tornou o ardente defensor de um "neocalcedonismo": querendo restabelecer por toda parte a fé* calcedoniana (duas naturezas em uma hipóstase), tentou ao mesmo tempo conciliar os partidários do m. retomando os anatematismos de Cirilo contra Nestório e impondo uma fórmula que fora preconizada por monges citas: "Um da Trindade* sofreu na carne". Mas diante do fracasso de seus esforços exilou os bispos* monofisitas. Um destes, Jacob Baradeu, consagrou no Oriente novos bispos; por isso se daria aos monofisitas o nome de "jacobitas", enquanto os calcedonianos seriam chamados "melkitas" (isto é, "imperiais"). Justiniano tentou ainda uma vez conquistar os monofisitas durante o II concílio de Constantinopla* (553), e seu sucessor Justino II tentou por sua vez uma política de abertura. Mas os monofisitas, apesar de suas divisões internas, mantiveram ou consolidaram suas próprias posições. No s. VII, o imperador Heráclio, durante os debates provocados pelo monotelismo*, publicou um novo texto de compromisso. Mas a essa altura os árabes invadiam a Síria e o Egito. Ali manipularam as populações monofisitas, que acharam a dominação árabe preferível às pressões do Império. Essas populações, em todo caso, viriam a conhecer uma longa posteridade até os dias de hoje, apesar de uma história* que se verificaria frequentemente difícil e movimentada.

c) *As Igrejas monofisitas hoje.* — As Igrejas monofisitas, ditas "pré-calcedonianas", se dividem em quatro grupos: a Igreja copta ortodoxa, isto é, os cristãos do Egito que adotaram o m.; a Igreja etíope monofisita; a Igreja armênia ortodoxa, ou "gregoriana", que compreende a Igreja de Etchmiadzin e a Igreja da Cilícia; a Igreja síria ortodoxa, ou "jacobita", que se subdivide por seu turno em dois ramos, o da Síria e o da Índia meridional.

Tem-se feito, já há alguns anos, esforços em vista de uma aproximação doutrinal. Os responsáveis das Igrejas monofisitas, reunidos em Addis-Abeba em 1965, propuseram abrir o diálogo com as Igrejas de que se haviam separado. Em 1971, o patriarca sírio de Antioquia, Inácio Jacob III, assinou com o papa Paulo VI uma declaração reconhecendo que suas comunidades respectivas, apesar da divergência de suas linguagens, professavam uma mesma fé acerca do Verbo feito carne. Em 1973, uma declaração análoga foi publicada por Paulo VI e pelo patriarca copta Chenuda III; o mesmo acordo de fundo foi ainda expresso, em 1984, durante o encontro entre o papa João Paulo II e o patriarca sírio Inácio Zacca I Iwas. Declarações comuns foram geralmente feitas por João Paulo II e o patriarca armênio Karekin I, em 1996, depois por João Paulo II e o católico armênio de Cilícia, Aram I, em 1997. Por outro lado, estabeleceu-se um diálogo oficial entre as Igrejas monofisitas e a Igreja ortodoxa, primeiro em Chambésy em 1985, depois no mosteiro egípcio de Anba Bichoi em 1989, e novamente em Chambésy em 1990 (cf. *Towards Unity. The Theological Dialogue between the Orthodox Church and the Oriental Orthodox Church*, Genebra, 1998).

Nem por isso todas as dificuldades foram resolvidas, não somente porque as diversas Igrejas devem ainda prosseguir seu esforço de esclarecimento doutrinal, mas porque testemunham hoje ainda numerosas divergências em suas tradições* litúrgicas e pastorais.

• M. Jugie (1913), "Eutychès", *DThC* 5, 1582-1609; (1928), "Monophysime", *DThC* 10, 2216-2251. — J. Lebon (1951), "La christologie du monophysime syrien", em A. Grillmeier, H. Bacht (sob a dir. de), *Das Konzil von Chalkedon. Geschichte und Gegenwart*, Würzburg, I, 425-580. — R. Janin (1952), "Églises orientales", *Cath.* 3, 1464-1471. — P.-Th. Camelot (1961), *Éphèse et Chalcédoine*, Paris. — W. H. C. Frend (1972), *The Rise of the Monophysite Movement*, Cambridge. — F. X. Murphy, P. Sherwood (1974), *Constantinople II et III*, Paris. — J. Pelikan (1974), *The Christian Tradition. A History of the Development of Doctrine*, t. II: *The Spirit of Eastern Christendom (600-1700)*, Chicago, cap. 2. — L. Perrone (1980), *La chiesa di Palestina e le controversie cristologiche*, Brescia. — J. Liébaert (1982), "Monophysime", *Cath.* 9, 576-583. — G. Zananiri, "Monophysites (Églises)", *ibid.*, 583-586. — M. Simonetti (1983), "Monofisiti", *in Dizionario patris-*

tico e di antichità cristiane, 2291-2297. — B. Dupuy (1986), "Où en est le dialogue entre l'Orthodoxie et les Églises dites monophysites?", *Ist.* 31, 357-370; (1990a), "La déclaration approuvée d'Anba Bichoï (24 juin 1989)", *Ist.* 34, 137-146; (1990b), "L'Église syrienne d'Antioche des origines à aujourd'hui", *ibid.*, 171-188. — T. Y. Malaty (1990), "La christologie de l'Église copte. *Mia physis tou theou logou sesarkomenè*", *Ist.* 34, 147-158. — P. Allen (1994), "Monophysiten", *TRE* 23, 219-233. — B. Sesboüé (sob a dir. de) (1994), *Histoire des dogmes*, t. I: *Le Dieu du salut*, Paris, 417-428.

Michel FÉDOU

→ *Cristo/cristologia; Hipostática (união); Monotelismo-monoenergismo.*

MONOGENISMO/POLIGENISMO

a) Definições teológicas e científicas. — No sentido teológico estrito, o monogenismo é a doutrina segundo a qual toda a humanidade encontra sua origem num casal* único, criado por Deus*. Incontestada durante a maior parte da história* cristã, na medida em que parecia ser a única compatível com a Sagrada Escritura*, essa doutrina foi questionada no s. XVII por I. de La Peyrère (1594-1676), que induzia de uma leitura singular de Rm 5,12ss a existência de "pré-adamitas" e via as diferentes raças* humanas como espécies distintas, saídas de criações* independentes. Essas concepções poligênicas extremas serviram de base para certas teorias racistas, que justificavam a escravidão (J.-C. Calhoun, liberdade* B), depois a segregação racial. — Pretendia-se outrora distinguir um par de termos teológicos (monogenismo/poligenismo) e um par de noções científicas, monofiletismo/polifiletismo (a hipótese monofilética é a que atribui a uma dada espécie uma só linhagem evolutiva [*phylum* único]). De fato, considera-se frequentemente hoje esta última hipótese como um "monogenismo" no plano científico, na medida em que é a toda a humanidade que ela dá um "berço espaçotemporal" comum. A consideração teológica deste dado permite então falar de um *monogenismo em sentido amplo*.

b) Os dados das ciências positivas. — A estrita unicidade biológica da espécie humana atual não é mais contestada em nossos dias. Todos os seres humanos do mundo, desde há trinta mil anos, são do único tipo *sapiens sapiens*, cuja origem monofilética parece atualmente mais que verossímil, ainda que seja difícil defini-la com alguma precisão. A unidade genética, reprodutiva e molecular do homem moderno é completa e sem mistura possível. Todavia, nem sempre foi assim: durante uns 60.000 anos dois tipos distintos de *Homo sapiens* coexistiram, sem se misturar, parece, ao menos na Palestina (*neandertalensis* e *sapiens sapiens*, ambos saídos do *Homo erectus*). Quanto ao monogenismo estrito (um só casal original), parece difícil para a ciência pronunciar-se. Se as passagens essenciais se fazem por "pedúnculos" extremamente delgados, segundo a expressão de Teilhard, não é possível reconstituí-los muito. Alguns defendem contudo que as grandes mutações têm um ponto de partida genético individual. Em apoio a essa tese, invocou-se recentemente o estudo da taxa de divergência do DNA mitocondrial (não cromossômico), transmitido como pura linhagem materna. Cálculos muito discutidos e decerto contestáveis concluíram numa origem singular da humanidade, que descenderia de uma "Eva africana" datando de uns 250.000 anos. Mas são, por enquanto, meras conjecturas.

c) A inteligência teológica. — Para evitar toda confusão, convém *distinguir* tanto quanto possível a questão teológica (teologia*) da das ciências* positivas. Os dados bíblicos (Bíblia*) dos três primeiros capítulos do Gênesis indicam certamente uma profunda comunidade de natureza da espécie humana, toda ela saída de um mesmo ato criador procedente do amor* divino e, portanto, uma fraternidade e uma igualdade essenciais entre todos os seres humanos — radicalmente incompatíveis com as concepções de um La Peyrère (cf. *supra*). Mas eles não impõem uma interpretação estritamente monogenética (unicidade do casal original). Na Igreja* católica, a dificuldade teológica vem sobretudo da transmissão "por propagação, não por imitação" do pecado original*, definida pelo concílio* de Trento* (*DS* 1513) e citada por Pio XII em sua encíclica *Humani Generis*

(1950, *DS* 3897). Esta deixava à livre discussão, para os católicos (catolicismo*), a teoria da evolução* das espécies — aplicada à origem do corpo* humano (*DS* 3896) —, mas não a unicidade do casal original, considerada como necessária a uma justa interpretação do pecado original. Trata-se, porém, mais de um alerta sobre as consequências possíveis de uma "conjectura" aventurosa do que de uma condenação pura e simples de toda forma de poligenismo. Aliás, é muito significativo que o novo *Catecismo da Igreja Católica* (1992) recorde com força a unidade de natureza e a fraternidade essencial entre todos os homens, sem fazer alusão neste ponto à encíclica *Humani Generis* (*CEC* 356-361): a este respeito, a questão está aberta, portanto, na Igreja romana como nas outras grandes confissões cristãs.

Em conclusão, a posição mais verossímil, nos diversos pontos de vista evocados, parece ser a de um monogenismo em sentido amplo — um só *phylum* evolutivo encarnando biologicamente a essencial unidade de natureza da humanidade atual — sem que se possa pronunciar de modo fundamentado sobre a questão do casal original.

• K. Rahner (1954), *Schr. zur Th.* 1, Einsiedeln, 253-322. — P. Teilhard de Chardin (1955), *Le phénomène humain*, Paris (*O fenômeno humano*, São Paulo, s.d.); (1956), *Le groupe zoologique humain*, Paris. — T. G. Dobzhansky (1962), *Mankind Evolution. The Evolution of the Human Species*, New Haven. — A. M. Dubarle (1967), *Le péché original dans l'Écriture*, nova ed., Paris. — B. Chiarelli (1979), *L'origine dell'uomo*, Bari. — J. Reichholf (1991), *L'émergence de l'homme*, Paris. — St. Parker (1992), *L'aube de l'humanité*, Friburgo (Suíça).

Marc LECLERC

→ *Adão; Ciências da natureza; Evolução; Raça.*

MONOTEÍSMO

I. Origem e definição

O monoteísmo (m.), definido no *EKL* como "o reconhecimento e a adoração de um deus* único", distingue-se da monolatria (culto* de um só deus) e do henoteísmo (reconhecimento da supremacia de um só deus). Em sua *História*

natural da religião (1767), Hume afirma que o politeísmo é mais antigo, e sua posição se tornou uso corrente; Wilhelm Schmidt (1912) sustenta contudo que o politeísmo é uma degenerescência do culto original de um só Deus. O "senso do numinoso" postulado por Rudolf Otto supõe uma deidade* pouco determinada; Mircea Eliade observa que o deus do céu (necessariamente único) é frequentemente considerado como o deus supremo, embora só se lhe preste um culto na última extremidade.

Mark J. EDWARDS

II. Teologia bíblica

1. Antigo Testamento

Abrindo o AT com a diferenciação de Deus* e do mundo*, do Criador e da criação*, Gn 1,1 certamente não apresenta o pano de fundo de onde saiu o m. bíblico, mas fixa o horizonte no qual deve ser compreendido.

No AT, certas representações ou tradições estrangeiras foram transferidas para o Deus único, sob o efeito das exigências de absoluto da fé* bíblica. Nomes* divinos puderam ser conservados, como *El Olam* ("Deus de eternidade*", "Deus eterno") (Gn 21,33; cf. 14,18ss,22; Sl 46,5s etc.), porque o antigo nome próprio (*'El*) pode tomar um valor apelativo ("deus") e funcionar como um sobrenome ou um atributo* do único Deus Javé.

Pode-se distinguir seis aspectos, ou ainda seis níveis, no desenvolvimento histórico ou no conteúdo objetivo deste conhecimento* de fé:

a) *O testemunho da ligação única do Deus Javé com um grupo particular*. — Diversas tradições fundamentais do livro* do Êxodo (Ex 3,14s; 18,12; 19,16ss; 24,10s) atestam a relação única e recíproca de um grupo humano com Javé, o Deus "do Sinai" (Jz 5,4s; Dt 33,2).

b) *A superioridade de Deus sobre outras potências celestes*. — Estas (Sl 89,6ss) lhe são subordinadas, honram-no, executam suas vontades (Sl 29; 47; 93; cf. 103,19ss; Is 6; Jó 1-2 etc.).

c) *A contribuição dos profetas dos s. IX e VIII*. — Elias já não se contenta em defender a exclusividade da fé (1Rs 18,21.36s); sem contestar absolutamente a existência de deuses estrangeiros, ele afirma que em Israel* só o único Deus é o socorro de que dependem doença e cura*, vida e morte* (2Rs 1,3.6; cf. Os 4,12ss; Jr 2,27s etc.).

Tal como o decálogo* (decerto mais recente), Oseias associa à declaração de Deus ("Eu sou Javé teu Deus") a formulação da relação de exclusividade que daí decorre: "Deus que não seja eu não conheces, e salvador fora de mim não há" (Os 13,14; cf. 12,10). O profeta* Isaías (2,17; cf. 31,3), por seu turno, afirma esta exclusividade por meio de uma predição universal: "O orgulho dos humanos deverá dobrar-se [...]; nesse dia, só o Senhor será exaltado".

d) A formulação jurídica. — A relação do homem com o Deus único toma lugar no direito* como princípio ou como injunção. Esta provavelmente encontra no livro da aliança* (Ex 22,19) sua expressão mais antiga, com menção da consequência que sua transgressão acarreta (expulsão do culpado). Se o interdito aqui incide sobre os atos* públicos e visíveis (cf. Ex 34,14: "Não te prosternarás"; 23,13: "Não invocareis"; cf. também Lv 19,4; 26,1; Dt 13 etc.), o primeiro mandamento* do decálogo (Ex 20,3; Dt 5,7) proíbe também os atos privados, dissimulados aos olhos de outrem: "Não terás outros deuses diante de mim".

e) A confissão da "unicidade" de Deus. — A invocação "Escuta, Israel!", que se tornaria a profissão de fé central do judaísmo*, traz uma interpretação nova da exclusividade da fé: "O Senhor, nosso Deus, é o Senhor que é Um (único)" (Dt 6,4; retomado em Zc 14,9; Ml 2,10; Jó 31,15). Mas é para logo deduzir daí: "Amarás o Senhor, teu Deus, com todo o teu coração, com todo o teu ser, com todas as tuas forças" (Dt 6,5). A conduta do homem deve ser "íntegra, perfeita", sem reserva (Gn 17,1; Dt 18,13; cf. Lv 19,2; Mt 5,48), voltada para Deus "só" (Sl 51,6; 71,16; Is 26,13 etc.).

f) A afirmação monoteísta (aproximadamente a partir da época do exílio). — O dêutero-Isaías, o profeta do exílio, tem fórmulas que excluem sem ambiguidade a existência de outros deuses: "antes de mim não foi formado nenhum deus e depois de mim não existirá nenhum" (Is 43,10); "Sou eu o primeiro, sou eu o último, fora de mim não há deus" (Is 44,6; cf. 41,4; 45,5s.18.21s; 46,9 etc.). No entanto, anunciador da salvação* e de consolação, não é um sistema doutrinal que ele propõe. Ele retoma o tema de Os 13,4: "fora de mim [Deus] não há salvador" (43,11). Junto com a existência dos deuses, ele pode negar o poder deles (41,24.29): "Mas eis o que sois: menos do que nada; vossas realizações, menos que nulidade!" No relato sacerdotal (Gn 1), nem o caos nem os astros são considerados como entidades míticas; nenhum campo de ação é deixado a outras potências que não Deus. A existência de outros deuses, todavia, não parece fundamentalmente negada (Ex 12,12). No Deuteronômio, o artigo de fé "o Senhor é Um" (6,4) foi explicitado fora de hora: "não há outro além dele" (Dt 4,35.39; cf. 32.39); é nesse sentido que será mais tarde compreendido no NT (Mc 12,32): "Ele é o único e não há outro que não ele".

O m., de maneira geral, não constitui o fundamento, mas somente uma consequência da fé de Israel, com seu caráter de exigência absoluta na qual, mais que uma "doutrina", é preciso ver o ato de confiar, de se confiar a Deus.

Com as mudanças de época e de nome (Ex 6,2s) nasce em Israel a esperança* de que "todos os povos da terra" reconheçam o Deus único (1Rs 8,60; cf. 2Rs 19,19; 5,15; Is 19,21ss; 45,6.22ss; Sf 2,11; Sl 83,19 etc.); a potência* de Deus triunfará até mesmo sobre a morte* (Am 9,2; Pr 15,11; Sl 22,30; 49,16; 73,23ss; Jó 14,13; 26,5; Is 25,8; 26,19 etc.). O AT já admite a possibilidade de uma nova profissão de fé (Jr 16,14s = 23,7s; cf. Is 48,20).

2. Novo Testamento

O NT afirma de uma maneira nova a fé no único Deus. Mas continua a professá-la (cf. Mt 4,10): "Ninguém pode servir a dois senhores [...]" (Mt 6,24; cf. 6.23s). "Quem pode perdoar os pecados a não ser Deus só?" (Mc 2,7; cf. 10,17s; 12,28ss; Mt 22,36ss; 23,9; 24,36; Lc 5,11).

a) O Deus único e Jesus. — Os mais antigos testemunhos apresentam a Páscoa* como o ato salvador pelo qual Deus se manifestou em

Jesus*. Se o AT confessa em geral que Deus "faz viver e faz morrer" (1Sm 2,6; cf. Rm 4,17; Lc 1,51ss etc.), o NT testemunha que foi Deus "que ressuscitou [...]" Jesus (1Ts 1,9s; Gl 1,1; Rm 8,11; cf. 1Cor 15,3s; Lc 24,27). Segundo Paulo, "Deus enviou seu Filho" (Rm 8,3; cf. 5,8; Gl 4,4) e "o entregou" (Rm 8,32; cf. 4,24s; mas também Gl 1,4 etc.). Segundo 2Cor 5,18ss, a reconciliação é obra de Deus "por" ou "em" Cristo* (cf. Rm 3,25). O Evangelho* de João diz igualmente que Deus "enviou" e "entregou" seu Filho (3,16s; 7,16 etc.; cf. 1Jo 4,9s).

Paulo — tal como o AT — não pode contudo negar rigorosamente a existência de potências divinas; mas sustenta diante delas: "para nós, só há um Deus [...] um só Senhor" (1Cor 8,5s; cf. Rm 11,36; 1Tm 2,5s; Ef 4,4ss).

b) *Manutenção do primeiro mandamento.* — Mesmo o hino cristológico de Fl 2,5-11 celebra em último lugar "a glória* de Deus Pai*" (cf. 1,11; 4,20; Rm 15,6s; assim como Lc 2,11.14).

Paulo, ao esperar que "o próprio Filho será submetido Àquele que tudo lhe submeteu, para que Deus seja tudo em todos" (1Cor 15,28; cf. 3,23; 11,3), não traduz em última instância a expectativa veterotestamentária de que "naquele dia o Senhor será único, e único o seu nome" (Zc 14,9; cf. Is 2,17; 60,19s etc.)? A epístola aos Romanos, em sua forma atual, termina (16,27) com uma doxologia que retoma a palavra "único": "Glória a Deus, único sábio" (Rm 16,25-27; cf. Ef 3,20s; Jo 17,3; 1Tm 1,17; 5,15s; Jd 24s; Ap 15,4 assim como a doxologia do Pai-Nosso em Mt 6,13).

O "evento cristológico" não submete apenas o primeiro mandamento a uma nova interpretação; ele mesmo se acha interpretado de tal maneira que a intenção deste mandamento seja preservada até dentro da doutrina da Trindade*, pela qual a antiga Igreja* atesta, mediante a diferença das pessoas*, a unicidade e a indivisibilidade de Deus.

• H. Ringgren (1963), *Israelitische Religion.* — H. Cazelles (1976), "Le Dieu d'Abraham", *Les Quatres Fleuves* 6, 4-17, retomado em *Autour de l'Exode* (*Études*), Paris 1987, 53-66. — N. Lohfink (1983), "Das Alte Testament und sein Monotheismus", retomado em *Stuiden zur biblischen Theologie*, SBAB 16 (1993), 133-151. — G. Braulik (1985), "Das Deuteronomium und die Geburt des Mono-

theismus", retomado em *Studien zur Theologie des Deuteronomiums*, SBAB 2 (1988), 257-300. — J. Briend (1992), *Dieu dans l'Écriture*, Paris, 111-126. — W. H. Schmidt *et al.* (1994), "Monotheismus I-IV", *TRE* 23, 233-262. — W. H. Schmidt (1995), "Erwägungen zur Geschichte der Ausschliesslichkeit des alttestamentlichen Glaubens", VT.S. *Congress Volume Paris 1992*, 289-314.

Werner H. SCHMIDT

→ *Conhecimento de Deus; Filiação; Idolatria; Paganismo; Povo; Sabedoria; Simplicidade divina; Teofania; Universalismo.*

III. Teologia histórica

I. Antiguidade

Já em Homero, Zeus, deus do céu, ocupa um *status* elevado. Píndaro e Ésquilo, no s. V a.C. levaram-no ainda mais alto e fizeram dele o guardião da moralidade. Nessa época, Xenófanes já criticara a imoralidade dos deuses de Homero e postulara a existência de um deus único (ou supremo) sem traços antropomórficos. Mais tarde, Platão sustentará no *Timeu* que a bondade do mundo* implica a existência de um artesão ("demiurgo") único e de um modelo único — mas sobre a relação que o demiurgo e seu modelo entretêm com a Forma do Bem*, origem de todas as outras essências (*República* 509), Platão não é muito claro. O deus de Aristóteles é definido como ato puro (*Metafísica* 12); por isso, é sem matéria e, portanto, invisível (1075a). Os estoicos considerarão os deuses de Homero como nomes alegóricos que designam ou os elementos ou as potências divinas; mas a unicidade do mundo implica também para eles a existência de um deus único, frequentemente chamado Zeus. Na Antiguidade tardia, todas as divindades foram por vezes identificadas com Ísis; nos *Saturnalia* de Macróbio (*c.* 400), é a Dioniso, a Apolo ou ao sol que são reconduzidos todos os deuses. O neoplatonismo, depois de Plotino (204-270), permitia que se rendesse às divindades populares um culto condicional, a título de manifestações inferiores do Um impessoal. As fórmulas imperiais, enfim, fazem alusão frequentemente a uma só divindade; e no s. II Celso e Apuleio comparam os deuses inferiores aos ministros de um rei.

2. Judaísmo e islamismo

No início do s. I de nossa era, o tratado *De opificio mundi* (*A criação do mundo*) de Fílon sustenta que há um só mundo e um só criador. E como a Bíblia* não dizia nada de uma criação por Deus das potências inferiores esse axioma permitia interpretar de um ponto de vista henoteísta até mesmo textos como Dt 6,4 ("Javé nosso Deus é o único Javé"). Foi assim que se reconheceu a existência de intermediários angélicos — foram mesmo objeto de uma veneração. Ulteriormente, os cabalistas admiram a existência de dez potências mediadoras abaixo da incognoscível Deidade (*Keter*), ou mesmo de uma dualidade moral em Deus. Maimônides (1135-1204), todavia, fez da unicidade de Deus o segundo princípio da fé*, e Crescas (1340-1410) fez dela uma consequência da existência de Deus. Simplesmente confessado ou refletido, o m. levava a considerar o cristianismo como um politeísmo: assim em Saadia Gaon (nascido em 882) ou no *Kuzari* de Judas Halevi (*c.* 1075-1141), que vê o judaísmo* sair vencedor de um debate com o cristianismo. O m. muçulmano é lógico: embora Al-Ghazali seja capaz de distinguir 99 nomes de Deus, a surata 19 do Corão condena a Trindade*. Negando que a dialética do islã seja capaz de provar a unidade divina (*Guia dos perplexos* I, 75), Maimônides busca ele próprio provas dela na revelação* e na filosofia* (II, 1).

3. Inícios do cristianismo

Para os primeiros apologistas* cristãos, os pagãos aparecem como politeístas idólatras. Nos martirológios, por outro lado, o versículo mais frequentemente citado é At 4,24, uma oração ao único Criador. Os Padres* não hesitaram em haurir argumentos em favor do m. nos filósofos e nos autores trágicos (cf. Ps.-Justino, *De Monarchia*, p. ex.). Após a Paz da Igreja*, alguns pensarão que a unidade do Império tem o m. como pressuposto e a monolatria universal como consequência (cf. sobretudo o *Triacontericus* de Eusébio de Cesareia, em 336). A *Cidade de Deus* de Agostinho* contém também uma sátira das divindades mesquinhas que tinham sido as do Império romano, e critica a concepção que

vê os deuses como intermediários. Durante todo esse período, a elaboração do dogma* trinitário teve de evitar os dois obstáculos do modalismo* (que nega a existência de distinções reais, em Deus, entre Pai, Filho e Espírito*) e de um triteísmo* que ninguém jamais confessou: o triteísmo detectado em João Filopon é a consequência de uma confusão conceitual — consequência que ele mesmo não deduziu. Mas, para alguns, uma fé trinitária ameaçava, sim, o m.: eis a razão pela qual Ário (*c.* 320) recusa a possibilidade de uma pluralidade na deidade. E, ainda às vésperas do I concílio* de Constantinopla*, decerto não foi um exercício de estilo que Gregório* de Nissa empreendeu quando provou que as três pessoas* divinas não são três deuses (*A Ablábio*, *c.* 375). A presença contínua de comunidades judaicas no Império bizantino, à qual se acrescentará a confrontação com o islamismo, fará que a defesa e ilustração do m. trinitário seja regularmente uma tarefa teológica urgente no Oriente cristão.

A refutação da gnose*, e logo do maniqueísmo*, depois dos dualismos medievais (bogomilos, paulicianos, cátaros) pesou também de maneira significativa sobre a afirmação do m. cristão. Refutar a existência de dois princípios incriados e, portanto, de um princípio incriado do mal comprometia a pensar teologicamente o mal*: isso conduziu, por um lado, a insistir significativamente na tese clássica de que o mal é somente privação e não-ser; por outro lado (como consequência), a uma afirmação arrazoada da estrita inocência de Deus.

4. Desenvolvimentos ulteriores

A busca de provas da unicidade divina é um traço importante do pensamento medieval e moderno. A definição de Deus proposta por Anselmo* no *Monologion* (o ser mais perfeito que se possa conceber, "o insuperável") implica a unicidade divina. Identificando a existência de Deus e sua essência em suas *Questões disputadas*, de 1266-1267, Tomás* de Aquino obtém assim o meio de excluir a existência de mais de um só Deus. Descartes*, em sua terceira *Meditação*, e Leibniz*, na *Monadologia*, deduzirão a unidade de Deus de sua infinidade e da necessidade de seu ser*. Em Espinosa (*Ética* I, 14), o axioma segundo o qual só pode existir uma única substância concentra toda realidade, sem resto, num Deus sem traços pessoais que se confunde com a natureza (panteísmo*). Em Kant*, o Deus postulado pela razão prática deve ser o Deus do m. (mas um Deus que não recebe nenhuma determinação trinitária), e é também o caso em Fichte no quadro de uma filosofia do Eu. Em Hegel*, em contrapartida, o horizonte é plenamente trinitário: a vida do Absoluto é "jogo do amor* consigo mesmo", e o próprio Deus está engajado numa história* de tal sorte (Schelling* será o primeiro a criticá-lo) que só é ele mesmo no final. Para o jovem Schelling, que define a natureza como o espírito tornado visível (*Idem*, 1797-1803), a unicidade do mundo supõe a unicidade de Deus. E em suas obras tardias, o projeto de uma "filosofia da revelação" conduzirá Schelling a elaborar uma "teoria das potências" destinada a ligar Trindade "econômica" (Deus manifestado como Pai, Filho e Espírito) e Trindade "imanente" (o em-si da vida divina). O período moderno conhecerá também com o deísmo* uma forma menos determinada de m. filosófico, sendo mesmo possível que ela se tenha introduzido também em certas teologias (p. ex., a definição de Deus como "fundamento do ser" em Tillich*).

A teologia* do s. XX consagrará um debate frutífero a reexaminar a "teologia imperial" de Eusébio, seja para construir uma teologia política* que se inspira nela a distância (C. Schmitt), seja para negar sua possibilidade (E. Peterson). O ponto principal é, todavia, a concentração trinitária operada na corrente mais inventiva da teologia protestante e da teologia católica. A ordem das razões adotada pela escolástica* conduzira a distinguir dois tratados teológicos, o "tratado do Deus uno" e o "tratado do Deus trino", e a distingui-los de tal maneira que este não podia ser abordado senão após o estudo daquele. A teologia de Lutero* continha uma recusa explícita dessa ordem das razões, mas suas asperezas logo foram aplainadas. A *Dogmática* de Barth* e a trilogia de Balthasar* constituem

talvez o primeiro conjunto altamente articulado capaz de substituir o programa escolástico. A teologia ortodoxa também deu sua contribuição a esse desenvolvimento ao permitir (V. Lossky, J. D. Zizioulas) pensar o m. a partir da *monarquia* do Pai e não a partir da única essência divina. O s. XX conheceu, por outro lado, uma crítica radical do (mono)teísmo. Diante dessa crítica, foi possível interpretar teologicamente a "morte de Deus" predita por Nietzsche* como um questionamento de conceitualidades não teológicas elas mesmas (como a morte do Deus que possuía uma "essência metafísica", *essentia Dei metaphysica*, a morte do Mais alto valor, ou a do Deus da ontoteologia); tal interpretação conduziu a uma nova afirmação de Deus, buscando seu caminho "entre teísmo* e ateísmo*" e encontrando-o p. ex. (E. Jüngel) numa teologia da cruz orientada para uma teologia trinitária. Aqui e lá, a unidade e a unicidade divina não podem mais se afirmar como prévias ao discurso trinitário — ao contrário, só uma teologia trinitária conhece as condições de afirmação de ambas.

• Wilhelm Schmidt (1912), *Der Ursprung des Gottesidee*, Münster. — E. Peterson (1935), *Monotheismus als politischer Problem*, Leipzig. — M. Eliade (1953), *Traité d'histoire des religions*, Paris (*Tratado de história das religiões*, São Paulo, 2002). — J. Hick (1977), *God and the Universe of Faiths*, Londres. — A. Kenny (1979), *The God of the Philosopher*, Cambridge. — S. Breton (1980), *Unicité et monothéisme*, Paris. — J. Moltmann (1980), *Trinität und Reich Gottes*, Munique. — R. M. Grant (1984), *Gods and the One God*, Filadélfia. — D. Halperin (1988), *The Faces of the Chariot*, Tübingen. — P. Hayman (1991), "Monotheism — a misused term in Jewish studies?", *JJS* 42, I-15. — D. Sibony (1993), *Les trois monothéismes*, Paris. — F. Stolz (1996), *Einführung in den biblischen Monotheismus*, Darmstadt.

Mark J. EDWARDS

→ *Anjos; Arianismo; Atributos divinos; Deísmo/teismo; Deus; Trindade; Triteísmo; Unitarismo.*

MONOTELISMO/MONOENERGISMO

O monotelismo (mt.) e o monoenergismo (me.) são dois aspectos de uma mesma doutrina cristológica formulada no início do s. VII e que, após ter conhecido um grande sucesso, foi condenada pelo concílio de Latrão (649) e pelo III concílio de Constantinopla* (C.) (681). Ela afirmava a única vontade (*thelema*) (v.) e a única atividade (a.) (ou operação, *energeia*) de Cristo* e levantava um problema diferente do do monofisismo*. Foi aperfeiçoada pelo patriarca Sérgio de C. (†638), por razões políticas e religiosas, na intenção de ajudar o imperador Heráclio (†641) a realizar a união dos cristãos no interior do Império bizantino gravemente ameaçado pelos persas, depois pelos árabes muçulmanos. Tratava-se de encontrar uma cristologia* capaz de reconciliar as tendências monofisitas e a ortodoxia* calcedoniana. Após longas negociações com os bispos* dos dois partidos, a doutrina do mt. e do me. parecia igualmente aceitável por todos.

No plano teológico, o patriarca de C. abordava um ponto essencial da cristologia até então permanecido na obscuridade, o da v. e da a. humanas de Cristo. Com efeito, segundo o mt. e o me., só há em Cristo uma v. e uma a. *divinas*. O problema não dizia respeito de modo nenhum a essa v. e essa a. divinas, pois o Verbo* encarnado era reconhecido por todos, calcedonianos e monofisitas, como uma pessoa* (ou hipóstase) divina, "um da Trindade*", querendo e agindo em comum com o Pai* e o Espírito* Santo. Mas pelo fato mesmo se achava negado que ele tenha tido uma v. e uma a. *humanas*. Contra o arianismo*, os Padres* do s. IV tinham afirmado claramente a unidade de natureza, de v. e de a. das três pessoas divinas. Na mesma época, Apolinário (apolinarismo*) já formulara uma primeira forma de mt. e de me. Mas, enquanto os Padres afirmaram vigorosamente a realidade da alma* e da inteligência humanas de Jesus*, haviam deixado na sombra a questão da v. e da a. que daí decorrem. Gregório* de Nazianzo é pouco claro sobre a questão. A doutrina do me. podia também apoiar-se numa expressão do Pseudo-Dionísio* que afirmava no Cristo "uma nova atividade teândrica (*theandrike energeia*)" (Carta 4).

Uma primeira tentativa de união com os monofisitas, feita em 633 em Alexandria com base no me., redunda em fracasso, pois logo é contestada pelo monge Sofrônio, que se torna então patriarca de Jerusalém*. Sérgio logo reage com a publicação de seu *Psephos* (decreto), no qual passa sutilmente do me. ao mt., referindo-se à oração de Jesus* em Getsêmani, tal como relatada pelos evangelhos* sinóticos. Passando da hipótese das duas a. à das duas v., Sérgio escreve:

"Confessar-se-iam duas v. comportando-se de modo contrário uma em relação à outra: de um lado, o Deus* Verbo quisera cumprir a paixão* salvadora, e de outro lado a humanidade que havia nele resistira à sua v., sendo-lhe contrária. Assim sendo, introduzir-se-iam dois seres que querem coisas contrárias, o que é ímpio" (*Mansi* 11, 553 E).

No texto evangélico, de fato, menciona-se uma v. humana de Jesus que parece se opor à v. divina ao recusar a paixão (Mt 26,39). Mas em seguida Jesus renuncia a essa v.: "No entanto, não se faça a minha vontade, mas a tua" (Lc 22,42).

Na teologia de Sérgio, o problema da v. humana de Cristo se coloca em termos morais: não é como simples faculdade humana de querer que essa v. é considerada, mas como aptidão potencial a se opor à v. divina. O termo-chave é o de *contrariedade*: a v. humana encerra a possibilidade (pecadora) de contrariar a v. divina. Negar que Cristo tenha uma v. humana e afirmar uma só v. (divina) era uma consequência lógica dessas premissas (a expressão "v. única", todavia, não figura explicitamente no *Psephos*).

O *Psephos* de Sérgio recebeu a princípio, em 634, uma aprovação unânime, tanto da parte do bispo de Roma*, Honório I, quanto daquele que se tornará mais tarde o principal adversário do mt. e do me., Máximo* Confessor (carta 19; PG 91, 592 BC). O maior "êxito" de Sérgio é ter levado Honório a confessar explicitamente o mt. em sua resposta:

"Nós confessamos uma só v. de Nosso Senhor Jesus Cristo, pois nossa natureza foi evidentemente tomada pela divindade, e ela foi tomada em estado de inocência, tal como era antes da queda [...]. Não houve no Salvador uma v. diferente ou contrária [...] e quando a Sagrada Escritura* diz: 'Eu não procuro a minha v., mas a v. daquele que me enviou' (Jo 5,30), e: 'Entretanto, não o que eu quero, mas o que tu queres!' (Mc 14,36), ela não fala assim para exprimir uma v. diferente" (*Kirch*, n. 1058-1059).

Observa-se nesse texto a confusão entre v. *diferente* e v. *contrária*: se a v. humana é negada, é porque é preciso a todo preço negar a contrariedade. A crise desemboca então no documento monotelita oficial, a *Ectese*, promulgada em 638 pelo imperador Heráclio. Sérgio, que a redigiu, retoma o essencial de seu *Psephos*, inserindo agora a afirmação monotelita de Honório e insistindo no caráter ímpio da afirmação das duas v.:

> "Como é possível que os que confessam a fé* ortodoxa e que glorificam um só Filho, Nosso Senhor Jesus Cristo verdadeiro Deus, admitam nele duas v. contrárias? Desde logo, seguindo em todas as coisas e neste ponto os santos Padres, nós confessamos uma só v. de Nosso Senhor Jesus Cristo verdadeiro Deus" (*Kirch*, n. 1071-1073).

O encadeamento rigoroso desses três documentos de primeiro plano, o *Psephos*, a carta de Honório e a *Ectese*, manifesta a coerência e a força do mt.

Restava precisar como interpretar a recusa do cálice. Pode-se dizer que ela emana realmente da humanidade de Cristo sem ser a expressão de uma v.: vê-se aí então uma realidade inframoral, um "movimento natural da carne" suscitado pelo medo da morte* — eis a interpretação clássica na qual Sérgio se apoia no *Psephos* e na *Ectese*. Mas pode-se ver ali também a ação de uma verdadeira v. humana — trata-se então de um ato de "contrariedade" que só pode ser atribuído a Cristo pelo modo da "apropriação relacional" (*oikeiosis skhetike*). Foi esta segunda tese que finalmente se impôs no mt. bizantino (cf. PG 91, 304 AB). Ela voltava, como a primeira, a privar a humanidade de Cristo de seu centro: privada de v., esta humanidade não era mais do que um instrumento passivo movido só pela v. divina.

A partir de 640, graças à atividade teológica de Máximo Confessor, a doutrina do mt. e do me. é combatida no Ocidente pela Igreja* de Roma e pelas Igrejas da África, o que leva o próprio Heráclio a desautorizar a *Ectese* (cf. PG 90, 125 AB). Seu sucessor, Constante II (641-668), sustentará inicialmente esta doutrina de modo brutal e autoritário. Em seguida, verificando a amplidão do desacordo, pretenderá impor o silêncio a respeito com seu *Typos* de 647 (*Mansi* 10, 1029 C-1032 A).

- Cf. a bibliografia do verbete "Constantinopla III (concílio)".

François-Marie LÉTHEL

→ *Constantinopla III (concílio); Cristo/cristologia; Máximo Confessor; Monofisismo.*

MONTAIGNE, Michel de → **ceticismo cristão** b

MONTANISMO

a) *História*. — O termo "montanistas" (ms.) só é atestado a partir do s. IV (Cirilo de Jerusalém, *Catequeses* XVI, 8) para designar um grupo muito mais antigo, os "frígios" ou os "pepuzianos", do nome de Pepuza, vila-feudo do grupo. Alguns autores eclesiásticos utilizam também o termo "catafrígios". Essas denominações assinalam o lugar de origem do montanismo (m.): comunidades da Ásia Menor, decerto em meados do s. II, sob os reinados de Antonio Pio e Marco Aurélio. Os testemunhos patrísticos a respeito dos ms. são divergentes e decerto também tendenciosos; os dados mais desenvolvidos são os de Eusébio (*HE* 5, 14.16-19) e de Epifânio (*Panarion* 48-49.51); a atribuição a Dídimo de Alexandria de um *Diálogo entre um montanista e um ortodoxo* permanece incerta. Os nomes de Montano, Maximila e Priscila são dados como os dos iniciadores do movimento e, segundo Epifânio (*Panarion* 51, 33), a comunidade cristã de Tiatira foi por inteiro conquistada para o m. por volta de 170. Talvez por se reconhecer no rigorismo moral dos ms., Tertuliano* (T.) alinhou-se em suas fileiras na segunda metade de sua vida, e as obras que escreveu então são a maior representação do grupo na África cristã. A história do m., cujos vestígios subsistiram na Ásia Menor até o início do s. IX, todavia, deve ser recolocada em seu ambiente original, o cristianismo asiático do s. II, em particular a comunidade de Filadélfia (Trevett, 1989; ver Ap 3,7-13); as cartas de Inácio de Antioquia e o relato do martírio de Policarpo constituem testemunhos importantes do lugar tomado nas comunidades pelas discussões sobre a autoridade e sobre o papel a deixar aos profetas (Inácio, *Aos filadelfos* 5, 2).

b) Doutrina. — O m. é inicialmente um movimento profético, e conservamos uma série de oráculos atribuídos a Montano e a Maximila (Labriolle, 1913*a*, 3 *sq*), vários dos quais foram transmitidos pelos Padres*. A origem frígia do movimento e suas manifestações proféticas de tipo extático puderam sugerir aproximações com o culto* de Cibele (ver Strobel, 1980). A "nova profecia*", entretanto, deve também ser inscrita no contexto da expectativa escatológica das primeiras gerações cristãs; segundo as fontes antigas (Labriolle, 1913*a*), Maximila garantia que sua morte seria anunciadora do fim do mundo. A "nova profecia" encontra suas referências privilegiadas no Evangelho* de João e dá ênfase ao Paráclito em ação nos profetas* do grupo. Montano parece ter-se atribuído o nome de Paráclito, mas isso não prova que tenha se identificado com o Espírito* Santo ou com outra das pessoas* divinas (a bem da verdade, os representantes da ortodoxia não puseram em causa a doutrina trinitária dos ms.); a refutação oposta aos ms. sugere, em todo caso, que a profecia era então objeto de debate nas comunidades da Ásia Menor. O m. faz apelo a manifestações extraordinárias (Jerônimo assinala a existência de um tratado de T. sobre o êxtase — fragmentos em CChr.SL 2, 1334-1336) consideradas tanto mais suspeitas por virem acompanhadas de uma oposição à concepção ministerial-hierárquica da Igreja: a Grande Igreja respondeu ao m. reforçando sua estrutura episcopal. Num comentário de 1Cor 14,34 ("as mulheres calem-se nas assembleias"), Orígenes* critica o papel pretendido pelas profetisas ms. e responde com uma análise restritiva da função das profetisas no AT e no NT (fragmento de um comentário de 1Cor, conservado numa catena exegética).

Os remanejamentos feitos por T. em seu *Contra Marcião* (SC 365, 368, 399), por volta de 207-208, mostram seu engajamento nas fileiras ms.: ali afirma que a possibilidade de profecia está sempre aberta (*C. Marcião* I, 21, 5; V, 8, 12), e em resposta à condenação marcionita do

casamento T. assume a insistência dos ms. sobre o caráter único do casamento* (*C. Marcião* I, 29, 4). Esta obra afirma nitidamente sua ruptura com a Igreja*, e é ainda mais o caso nos tratados posteriores: a Igreja ali será doravante definida como a comunidade dos "psíquicos", portanto dos que permanecem encerrados no pecado*, e T. não lhe reconhecerá mais o poder das chaves (*De pudicitia*, SC 394-395), contrariamente à eclesiologia* que havia desenvolvido anteriormente em seu tratado sobre a penitência*. As prescrições morais e disciplinares dos ms. têm um grande lugar nesses últimos escritos de T. (*Sobre o casamento único*, SC 343; *Sobre o jejum contra os psíquicos, De pudicitia*). Num contexto apocalíptico* que ultrapassa largamente o grupo dos ms., os apelos à pureza* e à virgindade, a condenação das segundas núpcias, a insistência no jejum e na penitência, as exortações a não fugir do martírio*, tudo isso assinala o desejo de constituir uma comunidade de "puros". As tendências ascéticas valeram ao m. a pecha de encratismo, mas tal acusação prova a que ponto é difícil definir a especificidade de um movimento nascido num período para o qual o conceito de heresia* ainda não é operante.

* P. de Labriolle (1913a), *Les sources de l'histoire du montanisme*, Friburgo (Suíça)-Paris; (1913b), *La crise montaniste*, Friburgo-Paris. — E. R. Dodds (1965), *Pagan and Christian in an Age of Anxiety*, Londres. — F. Blanchetière (1978-1979), "Le montanisme originel", *RevSR* 52 e 53, 118-134 e 1-22. — A. Strobel (1980), *Das heilige Land der Montanisten*, Berlim. — R. E. Heine (1987-1988), "The role of the Gospel of John in the Montanist Controversy", *SecCent* 6, 1-20. — C. Trevett (1989), "*Apocalypse*, Ignatius, Montanism: Seeking the seeds", *VigChr* 43, 313-338. — W. H. C. Frend (1993), "Montanismus", *TRE* 23, 271-279. — C. Trevett (1996), *Montanism*, Chicago.

Françoise VINEL

→ *História da Igreja; Milenarismo; Profecia; Tertuliano.*

MORAL → **ética**

MORAL ECONÔMICA → **econômica (moral)**

MORTE

A. Teologia bíblica e sistemática

Desde as origens, os homens não cessaram de buscar dar sentido a este impensável que é a morte (m.), inventando seja uma imortalidade, seja um além. Mas, em contraste com as escatologias* atestadas em numerosas religiões, é com o cristianismo que aparece a ideia de um Deus* que triunfa da m. na e pela m. mesma. Entretanto, antes de poder falar de um *sentido cristão da m.* e de elaborar uma *teologia da m.*, é necessário restituir a experiência bíblica da m. até o limiar do NT, em sua complexidade e suas hesitações.

I. A experiência bíblica da morte

1. A experiência da morte no AT

Os dados da literatura bíblica acerca da experiência da m. não se deixam harmonizar facilmente. Essa experiência, de fato, aparece como profundamente ambígua. De um lado, a m. é vivida como o término natural da vida, e os homens do AT podem crer em Deus sem crer num além. Por outro lado, a m. é sentida como uma prova, um enigma, uma não salvação; e, embora tardiamente, vemos surgir a esperança* numa vitória obtida por Deus sobre a m.

a) A morte como término natural da vida. — Para o israelita, a vida terrestre é o dom de Deus por excelência e viver "idoso e cumulado de dias" (Gn 35,29) é o sinal da bênção* de Deus. "Abraão expirou: morreu numa feliz velhice, idoso e cumulado" (Gn 25,8). Segundo a lógica da antropologia* hebraica, a m. atinge não somente a carne (*bâsâr*), mas também a alma* (*nèfesh*). Assim, o homem tirado do pó retorna ao pó (Gn 2,7; 3,19; Sl 90,3; Jó 34,15; Ecl 12,1-7). O homem recebeu a terra em partilha e sua vocação é fazê-la frutificar e multiplicar-se a si mesmo. A m. é uma fatalidade natural que não suscita nenhum sentimento de trágico; e a ausência de sobrevida é compensada por uma numerosa posteridade (cf. 2Sm 14,7).

Mas para o justo do AT a plenitude da vida não se reduz à prosperidade: é a vida vivida com Deus. Por essa razão, o sheol* ou morada dos mortos, lugar de trevas e escuridão (Jó 10,21s), é um lugar terrível: o homem ali está definitivamente separado de Deus e não o pode louvar (Is 38,18). Os mortos vivem num sono permanente, sua existência é tão inconsistente que se aproxima do nada*. Além disso, as numerosas prescrições rituais visando a se proteger contra o contato com a m. como contra uma impureza* fundamental atestam o quanto Israel* tem dificuldade em integrar o domínio da m. em sua vida de fé* e constituem uma diferença importante em relação a um paganismo circundante que entretinha um próspero culto* dos mortos.

b) A morte como prova e como maldição. — A m. como término tranquilo da vida é só um aspecto da experiência crente da m. no AT. Outro aspecto é, de fato, o escândalo da m. súbita, da "m. no meio dos dias". Os Salmos*, em particular, dão testemunho dessa ameaça da "m. má", da qual a doença, a miséria, a solidão, o desespero já são primícias. Vê-se então despontar a ideia de uma ligação entre a m. e o pecado*, e o único recurso que permite ao justo escapar da "m. má" é voltar-se para Deus, fonte da vida: "pois não me abandonas ao Sheol, não deixas o teu fiel ver o fosso" (Sl 16,10).

O supremo enigma, para a consciência de Israel, é, porém, que o justo também experimente a "m. má". Não somente ele morre cedo demais como tem na vida a experiência ameaçadora da m.; a m. é maldição tanto para os justos quanto para os pecadores. Assim, já se anuncia no AT (sobretudo com o javista) uma consequência que só o NT afirmará claramente: apesar de inerente à finitude do ser humano, a m. é *também* o *salário do pecado*. A narrativa* do Gênesis apresenta assim a m. como castigo do pecado cometido por Adão* e Eva (Gn 2,17), e o mesmo ensinamento se encontra no livro* da Sabedoria* (2,24). Mas é possível "perguntar se é a m. biológica que é percebida pelo Gênesis como uma consequência do pecado e não, antes, a m. 'espiritual' que consiste na proibição da árvore de vida (ver Gn 3,22)" (Gesché, 1995, 87, n. 14). Ao desobedecer, Adão escolheu viver sob o reinado da m. Há todavia uma alternativa: uma plenitude de vida com Deus que simboliza a árvore da vida: "Vê: hoje ponho diante de ti a vida e a felicidade, a m. e a infelicidade" (Dt 30,15).

Javé é o mestre da vida e da m.: "Sou eu que faço morrer e faço viver" (Dt 32,39). Mas as forças da m. estão sempre em ação na criação*, e séculos serão necessários para que a tradição* bíblica comece a formular a ideia de uma vitória definitiva sobre a m. É somente a partir do s. II a.C., no livro de Daniel e em 2 Macabeus, que se encontra a afirmação explícita de uma ressurreição* dos mortos. Essa crença tardia — mas muito difundida, cf. Puech 1993 — dá testemunho da potência* universal de Deus, que se estende até o sheol, e de sua justiça*, que não poderia deixar sem retribuição aqueles que morreram como mártires em nome de sua fé em Javé.

2. O sentido da morte no NT

Das duas faces da m., atestadas na experiência bíblica, parece que o NT não retém a primeira, a m. término natural da vida, mas somente a segunda, a m. como poder de pecado que faz desse término uma interrupção absurda. É o que testemunha a atitude de Jesus diante da m.; e isso se verifica sobretudo nos textos de Paulo, que contêm uma verdadeira teologia da m. Na teologia joanina*, a m. é um traço distintivo deste "mundo*" que se opõe de maneira dualista ao reino* da vida que Cristo* veio inaugurar. Aquele que crê já passou da m. à vida (Jo 5,24), mas desde que ame seu irmão; aquele que não ama permanece na m. (3,14).

a) Seria evidentemente temerário pretender saber em que disposição interior Jesus* viveu o instante de sua m. Numerosos indícios provam, contudo, que ele conheceu a angústia, a solidão e a tristeza que acompanham a m. humana. Não conheceu nem a "bela m." dos justos do AT, nem a m. tranquila de Sócrates (p. ex. Jüngel, 1971). Ele assumiu a m. do pecador; e se pediu a seu Pai* que afastasse "este cálice" foi porque pôde viver sua m. como fracasso de sua missão. Seu grito, "Meu Deus, meu Deus, por que me abandonaste?", pode ser interpretado como um grito de desespero; mas como sugere a referência ao Sl 22 em Mt e Lc, é ao mesmo tempo uma entrega a Deus, fonte da vida. Na m. de Jesus, a m. humana experimentada sob o signo do pecado torna-se acesso à vida. Deus permanece fiel ao ressuscitar Jesus para uma vida nova. "Pela m. de Jesus, a história* do sofrimento e da m. do mundo é introduzida na história de Deus" (Greshake, 1974, 87).

b) A reflexão sobre a m. é uma das chaves da *teologia paulina**, onde ela encontra uma ligação direta com o ensinamento do apóstolo sobre o pecado, sobre a carne, sobre a lei*, sobre o batismo* e sobre o *pneuma*: toda a existência humana é, de fato, compreendida como um campo de tensão entre a m. e a vida. É em Paulo, por outro lado, que a ligação da m. e do pecado é afirmada da maneira mais explícita (Rm 5,12; 6,23; 1Cor 15,21), tal como toda a tradição cristã a retomará em seguida. A lei antiga estava a serviço da m. (2Cor 3,7ss), e esse poder mortífero da lei é condicionado pela carne* (*sarx*) (Rm 8,3). Mesmo se, tomada em si mesma, a *sarx* não é uma potência ativa de m., é nela que se manifesta a dominação do pecado. Ora, o que a lei não podia, Deus pode: assim, enviou seu Filho, e este assumiu uma carne de pecado para nos libertar da lei do pecado e da m., pela potência de seu espírito (Rm 8,2). O homem é submetido à m. biológica "por causa do pecado"; mas para aquele que "morre com o Cristo" a m. é definitivamente vencida graças ao espírito que habita o Ressuscitado.

Para aquele que é batizado em Cristo, a vida diária é uma m. e uma ressurreição com Cristo (Rm 6,2s). O batismo* é uma m. misteriosamente ligada à m. e à ressurreição* de Cristo; e para o batizado toda a vida cristã, inclusive a m. física, outra coisa não é senão um morrer permanente com o Cristo (Fl 3,16). Rejeitando uma vida que quer apegar-se a si mesma e que na realidade não passa de uma m., o crente que vive em comunhão* com Cristo já venceu a m. E por isso a m. física, a despeito de seu caráter sombrio e ameaçador, se encontra profundamente relativizada. "Pois se vivemos, vivemos para o Senhor; se morremos, morremos para o Senhor: quer vivamos, quer morramos, pertencemos ao Senhor" (Rm 14,8).

II. Para uma teologia da morte

1. O ensinamento oficial das Igrejas

Podemos resumir este ensinamento em algumas proposições.

a) A morte é uma consequência do pecado. — Eis uma afirmação patrística clássica (Orígenes, *Com. in Joh.* 13, 60, PG 14, 513 B; Cirilo de Alexandria, *De adoratione in spiritu et veritate* 16, J. Aubert, I, 554). O concílio* de Trento* retoma-a explicitamente no decreto sobre o pecado original* (*DS* 788 *sq*). Encontra-se a mesma afirmação na constituição *Gaudium et spes* do Vaticano II*: "A fé cristã ensina que esta m. corporal, à qual o homem teria sido subtraído se não tivesse pecado, será um dia vencida [...]" (18). O mesmo se dá no *CIC* de 1992: "Embora o homem possuísse uma natureza mortal, Deus o destinava a não morrer" (1008). O magistério* se refere a vários textos escriturísticos, em particular Gn 2,17; Sb 2,23s; Rm 5,12; 6,23. Mas nunca se deve esquecer que este ensinamento tradicional pressupõe uma doutrina da imortalidade que concebe esta como dom preternatural inerente ao estado de *justiça original* e não como propriedade natural do homem antes da queda. A tese está igualmente presente nas confissões de fé protestantes: p. ex., a *Apologia da confissão de Augsburgo* (*FEL* § 91) e a *Confissão helvética posterior* (*CCFR* 220 *sq*).

b) A morte é um destino universal. — Embora a tradição prefira falar de "dormição", a própria Maria*, que não conheceu o pecado, *passou* para Deus pela m. E em 1Cor 15,51 Paulo afirma que aqueles que estiverem vivos na parusia* conhecerão uma transformação radical. Toda a hinografia bizantina da festa da Dormição modula esse tema.

c) A morte é o término da vida terrestre. — O catolicismo*, e com ele a corrente principal do cristianismo, rejeita a ideia de uma salvação* universal ou de uma restauração final de todas as almas (apocatástase*, anatematizada pelo segundo concílio de Constantinopla, cf. *DS* 411), e não reconhece à liberdade* uma história possível para além da m. Esta última coincide com o juízo* definitivo de Deus (*DS* 464, 530 *sq*). A ideia de restauração final é igualmente recusada pela *Confissão de Augsburgo* (*FEL* § 23) e pelo *Catecismo de Heidelberg* (*CCFR* 150). É na mesma perspectiva que o cristianismo sempre recusou a ideia de reencarnação, seja qual for a maneira como esta seja compreendida.

2. A orientação recente da teologia

Os tratados tradicionais dos *Fins últimos* propunham uma teologia implícita da m., mas que se interessava sobretudo pela sorte dos *defuntos* após a m., e se dedicava de bom grado a uma espécie de cartografia do além. Sob a influência das filosofias* existencialistas (G. Marcel, J.-P. Sartre) e da fenomenologia (M. Heidegger*, E. Fink), a reflexão teológica recentemente concentrou-se no *morrer*, isto é, no instante mesmo da m.

a) A insuficiência de uma definição. — A m. é um evento especificamente humano que diz respeito a todo o homem, espírito e carne inseparavelmente. A m. é um dado biológico comum a todos os seres vivos. Mas, estritamente falando, só os humanos são "mortais", na medida em que só eles são capazes de se relacionar com sua própria m.

Na esteira de Heidegger, pode-se definir o *morrer* como a maneira de ser pela qual o *Dasein* se relaciona com sua m. Só conhecemos a m. pela m. de outrem. Mas aí também é uma m. em geral, não é a m. como "possibilidade a mais própria, absoluta, insuperável" do *Dasein* (*Sein und Zeit*, 250). Ora, ao se definir a existência como um *ser-para-a-morte*, compreende-se que a m. humana não é um acidente que sobrevém do exterior, mas que é uma possibilidade permanente. Por outro lado, não é somente o sinal da finitude originária do ser humano: pode ser o sinal de uma *existência autêntica*. Contrariamente a Sartre, para quem a m. é uma absurda interrupção da temporalidade, em Heidegger é justamente o enfrentamento diário com a m. que dá sentido à existência.

Essa abordagem ontológica do *morrer* faz ressaltar o quanto a definição clássica da m. como "separação da alma e do corpo*" é inadequada. Com efeito, ela nada diz da originalidade da m. humana, tal como concerne ao homem todo na qualidade de pessoa* espiritual e carnal. Ela designa a m. como interrupção da vida, mas não a m. como possibilidade imanente a toda a existência e como acabamento da liberdade. Contenta-se em exprimir de maneira descritiva a doutrina tradicional segundo a qual, enquanto o corpo se decompõe após a m., a alma dos justos é introduzida na comunhão com Deus. Mas conformemente à antropologia unitária da Bíblia*, é preciso perceber "a alma", "não como uma parte do homem ao lado do corpo, mas como o princípio vital do homem considerado em sua unidade e sua totalidade, em outras palavras, seu 'eu', o centro da pessoa" (*Katholischer Erwachsenen-Katechismus*, 1985, 410). E da alma assim compreendida é possível avançar que ela conheceria, na m. mesma, uma proximidade maior com a unidade deste mundo, do qual o corpo é só uma parte. K. Rahner* (1958) chega assim a pensar que "na m. a alma não se torna acósmica, mas, se podemos nos exprimir assim, pancósmica".

b) A interpretação da morte como salário do pecado. — Os textos escriturísticos sobre os quais repousa a teoria tradicional da m. como consequência do pecado invocam uma hermenêutica* que não confunde o alcance religioso da mensagem bíblica com um ensinamento de ordem científica. Deus não quer a m. Mas isso não quer dizer que o homem, se não tivesse pecado, teria levado na terra uma vida indefinida. A m. que sanciona o pecado do primeiro homem não é a m. biológica, mas a "m. espiritual", isto é, o não acesso à eternidade, experimentado no sofrimento e na angústia como um destino fatal e absurdo; e a vitória obtida pelo Cristo ressuscitado não é vitória sobre a m. natural, mas sobre a separação entre o homem e a eternidade* de Deus da qual ela se tornou o signo mais denso.

c) A morte como necessidade e como liberdade. — A m. humana é profundamente ambígua. Assim como o homem é espírito e matéria, liberdade e necessidade, pessoa e natureza, também sua m. é uma realidade complexa e dialética. Ela é ao mesmo tempo o acabamento do homem como pessoa espiritual, isto é, a plenitude de sua livre realidade espiritual, e a interrupção de sua vida biológica, isto é, o mais radical desapossamento de si (cf. Rahner, *ibid.*).

Com base nesta dialética de necessidade e de liberdade, de passividade e de cumprimento supremo de si, alguns teólogos (L. Boros, R. Troisfontaines, P. Schoenenberg) acreditaram poder elaborar a tese da *opção final*, segundo a qual o instante da m. coincidiria com uma decisão última pró ou contra Deus. Mas essa hipótese é por definição inverificável, e o fenômeno do *morrer* tem todas as aparências de um total desapossamento de si. E sobretudo, se tentarmos aqui pensar um último ato de liberdade que coincide com o instante da *passagem*, ele já escapa da temporalidade: a teoria contradiria, pois, o ensinamento da Igreja sobre o caráter irrevogável da m. como selo definitivo de nosso destino moral.

d) A morte como mistério pascal. — Se, por fim, abandonarmos o instante impenetrável do morrer para levar em conta a m. vivida do morrente, isto é, o passamento, então devemos falar, numa perspectiva cristã, do duplo rosto da m. A m., com efeito, muda de sinal conforme seja a manifestação trágica do poder do pecado (como ruptura com Deus) ou o lugar crucial do encontro com Deus. "Felizes desde agora os que morreram no Senhor!" (Ap 14,13). A m. pode tornar-se um evento salutar que conclui no homem um encontro sacramental com Cristo inaugurado pelo batismo e pela eucaristia*. Na medida em que se identifica com a m. de Cristo, a m. humana é o sacramento pascal da passagem deste mundo para o Pai.

• M. Heidegger (1927), *Sein und Zeit, GA* 2, Frankfurt, 1976 (*Ser e tempo*, 2 vol., Petrópolis, 2001). — H. U. von Balthasar (1939), *Apokalypse der deutschen Seele* III, Salzburgo-Leipzig, 84-230, "Die Vergöttlichung des Todes". — K. Rahner (1958), *Zur Theologie des Totes*, Friburgo. — R. Troisfontaines (1960), *Je ne meurs pas*, Paris. — L. Boros (1962), *Mysterium mortis*, Olden-Friburgo. — G. Greshake (1969), *Auferstehung der Toten*, Essen. — P. Grelot (1971), *De la mort à la vie éternelle*, Paris. — E. Fink (1969), *Metaphysik und Tod*, Stuttgart. — D. Z. Phillips (1970), *Death and Immortality*, Londres. — F. Wiplinger (1970), *Der personal verstandene Tod*, Friburgo. — E. Jüngel (1971), *Tod*, Stuttgart. — G. Greshake (1974), "Pour une théologie de la mort", *Conc* (*F*) 94, 79-93. — L. V. Thomas (1976), *Anthropologie de la mort*, Paris. — E. Fink (1976), *Grundphänomene der menschlicher Daseins*, Friburgo-Munique. — J.

Ratzinger (1977), *Eschatologie. Tod und ewiges Leben*, Regensburg. — X. Léon-Dufour (1979), *Face à la mort: Jésus et Paul*, Paris. — H. U. von Balthasar (1980), *Theodramatik III, Die Handlung*, Einsiedeln, 88-124, "Die Zeit und der Tod". — E. Biser (1981), *Dasein auf Abruf. Der Tod als Schicksal, Versuchung und Aufgabe*, Düsseldorf. — H. Küng (1982), *Ewiges Lebens?*, Munique. — G. Couturier (sob a dir. de) (1985), *Essais sur la mort*, Montréal. — R. Martin-Achard (1988), *La mort en face selon la Bible hébraïque*, Genebra. — J.-Y. Lacoste (1990), *Note sur le temps*, Paris. — E. Lévinas (1993), "La mort et le temps", *in Dieu, la mort et le temps*, Paris, 13-134. — O. González de Cardedal (1993), *Madre y muerte*, Salamanca. — E. Puech (1993), *La croyance des Esséniens en la vie future*, 2 vols., Paris. — Fr. Dastur (1994), *La mort. Essai sur la finitude*, Paris. — A. Gesché (1995), *La destinée*, Paris.

Claude GEFFRÉ

→ *Adão; Pecado; Pecado original; Ressurreição dos mortos; Vida eterna.*

B. TEOLOGIA MORAL

a) *Não matarás.* — Só Deus* é mestre da vida, de seu início a seu término (*Donum vitae*, intr. 5). Substituir a Deus para decidir a morte de um ser humano, si mesmo ou outro, constitui não somente uma injustiça, já que o homem dispõe do que não lhe pertence, mas sobretudo um ato de idolatria*. Assim se explica a proibição do decálogo*: "Não matarás" (Ex 20,13). Essa proibição é total: os mandamentos* representam os absolutos do amor*. Ela não suporta, portanto, nem exceção, nem dispensa: nunca é permitido matar o próximo. Só os domínios da guerra* (doutrina da guerra justa e da legítima* defesa) e da justiça* (aplicação da pena* de morte) forçam a trazer-lhe qualificações.

Na tradição* cristã, a vida recebida ao nascer não se encontra abandonada ao querer arbitrário do homem, pois ele não é por si mesmo seu começo. Portanto, não é o proprietário de sua vida, mas seu intendente; ela é confiada à sua prudência*; contas lhe serão cobradas sobre o modo como a tiver administrado.

Essa entrega da vida nas mãos da única criatura que Deus quis por ela mesma acarreta uma série de deveres morais, que revestem ora uma forma positiva (a obrigação de fazer), ora uma forma negativa (a interdição de fazer).

b) *O dever de proteger a própria vida.* — O primeiro dever positivo consiste em preservar a vida confiada à vigilância do sujeito, portanto a defendê-la contra as ameaças que pesam sobre ela, o que se traduz por dois princípios: a legítima* defesa e a obrigação moral de preservar sua própria saúde; só o segundo é analisado aqui.

Contrariamente ao que se pôde dizer disso, a tradição cristã nunca fez da vida física um absoluto moral. Certamente lhe ocorre declarar que "a vida é sagrada", mas é preciso interpretar isso assim: a pessoa* humana é sagrada porque criada à imagem de Deus e prometida à vida trinitária; por extensão, esse caráter se aplica a tudo o que a constitui. Assim como existe uma "hierarquia* das verdades" na dogmática*, existe uma "hierarquia dos deveres" na moral, e a conservação da vida física não ocupa ali o posto mais elevado. Ao contrário, o homem tem o dever de expô-la para dar testemunho a valores superiores como a caridade, a verdade*, a justiça*, ou para cumprir a missão que a providência* lhe confia.

O mártir ilustra o primeiro caso: ele confessa sua fé* e oferece sua vida em sinal de homenagem àquele de quem "recebemos a vida, o crescimento do ser*". Comparou-se às vezes o martírio* a um suicídio. Certamente, a testemunha sabe que seu ato lhe custará a vida, mas não busca a morte por ela mesma. As circunstâncias a forçam a reconhecer que seu testemunho não pode revestir outra forma que não seja sangrenta: mas é esse testemunho que ela busca ("voluntário direto") e não sua consequência, a morte ("voluntário indireto").

Todo cristão recebeu uma missão de testemunho, e deve pôr sua saúde a serviço dessa missão, portanto preservá-la. Este princípio supõe que seja definido o termo "saúde". Num século dominado pelo utilitarismo*, a acentuação exclusiva da boa condição física se torna perigosa: a pessoa corre o risco de ser reduzida apenas à eficiência e à sua contribuição social. Ora, a saúde implica o desenvolvimento harmonioso de todas as faculdades humanas: físicas, psicológicas, intelectuais, sociais, morais e espirituais. "Uma visão completa da saúde humana supõe a melhor harmonia possível entre as forças e as energias do homem, a espiritualização mais avançada do aspecto corporal do homem e a expressão mais bela possível do espiritual. A saúde verdadeira se manifesta na autorrealização da pessoa humana que chegou a esta liberdade*, que mobiliza todas as energias para cumprir sua vocação humana integral" (Häring, 1975, 155).

O homem, portanto, tem o dever de preservar sua saúde segundo os meios apropriados a seu estado: repouso, tranquilidade e higiene de vida em tempo normal; recurso à medicina e aplicação de terapias convenientes em caso de doença. Um desgaste prematuro devido à negligência do sujeito constitui uma falta moral.

c) Proibição do suicídio. — A interdição divina do assassínio e a obrigação de preservar a própria saúde deixam pressentir as razões que levaram a tradição cristã a condenar o suicídio. Este, de fato, representa uma tripla injustiça. Ele contraria o amor* natural que cada homem deve ter por si mesmo: o suicídio é uma injustiça para consigo mesmo. Rompe de maneira unilateral os laços de solidariedade mantidos com os outros homens, em particular com os membros de sua própria família*: o suicídio é uma injustiça para com outrem. Seria, enfim, a utilização da vida como se o homem fosse seu proprietário: o suicídio é uma injustiça para com o Criador. Só a última objeção é determinante, e as duas primeiras decorrem dela.

Sem referência a Deus, como ocorre numa sociedade* secularizada (secularização*), a condenação moral do suicídio dificilmente encontra justificação. Com efeito, de duas coisas uma. Ou o indivíduo tira sua dignidade humana de seu pertencimento ao corpo social: este teria o dever de dissuadir o suicida de retirar-se de sua companhia sem permissão e, se necessário, impedi-lo de fazê-lo. É a prática habitual hoje em dia — mas ela implica colocar a sociedade acima da pessoa e expor esta última às tentações totalitárias inerentes a toda sociedade. Ou então afirma-se com a tradição cristã que só a pessoa humana é prometida à beatitude*, e portanto que

a sociedade se acha a seu serviço para ajudá-la a realizar sua vocação sobrenatural. Fora de toda referência a Deus, a sociedade tem, sim, o dever de tentar convencer aquele cuja tentativa representa um pedido de ajuda disfarçado; mas ela deveria inclinar-se diante da vontade livre e lúcida daquele que decidiu pôr fim a seus dias.

A Bíblia* menciona raros casos de suicídio (Abimelek [Jz 9,53s], Saul e seu escudeiro [1Sm 31,3-5], Zimri [1Rs 16,18], Judas [Mt 27,5] etc.). A tradição cristã, por outro lado, se mostra espantosamente silenciosa a esse respeito até o s. IV. A primeira atitude dos Padres* é não excluir totalmente o suicida (Eusébio de Cesareia, *HE* VIII, 8; João* Crisóstomo, *De consolatione mortis*, PG 56, 299; Ambrósio*, *De virginibus*, PL 16, 241-243). Agostinho* todavia fixa a doutrina (*Cidade de Deus* I, 16-18, 20, 22, 27 etc.): aquele que se mata voluntariamente comete um homicídio. O concílio de Orange (533) recusou os obséquios religiosos àquele que morrera por suicídio. Toledo XVI (693) pronunciou a excomunhão contra os suicidas. As Igrejas modernas, entretanto, aprenderam a distinguir as diversas motivações psicológicas que podem conduzir a tal ato, e o *CIC* de 1983 levantou a quase totalidade das sanções que incidiam sobre o suicida; seus restos mortais doravante podem receber funerais religiosos.

d) Eutanásia e obstinação terapêutica. — Comparou-se às vezes a eutanásia ao suicídio. De fato, essas duas práticas levantam problemas éticos similares. Na origem, o termo significava uma "morte suave e tranquila"; hoje, "o termo eutanásia designa os comportamentos cujo objetivo é obter a morte de outrem para lhe evitar sofrimentos" (P. Verspieren). Esses comportamentos abrangem os gestos que dão efetivamente a morte (eutanásia ativa) tanto quanto as omissões (eutanásia passiva). Para que haja eutanásia, portanto, é preciso que sejam reunidos dois elementos essenciais: uma relação de causa a efeito entre o gesto do agente e a morte do doente, e a intenção de proporcionar esta morte deliberadamente.

O juízo moral relativo à eutanásia pode variar. João Paulo II (1995) condena-a de maneira categórica: "Confirmo que a eutanásia é uma *grave violação da lei* de Deus, na qualidade de assassínio deliberado moralmente inaceitável de uma pessoa* humana.* Esta doutrina é fundada na lei natural e na palavra* de Deus escrita" (§ 65). Alguns teólogos reformados, ao contrário, enfatizam uma "qualidade de vida que prevalece sobre sua duração" (J.-M. Thevoz, B. Baertschi, 1993, 365).

Não há eutanásia, em contrapartida, se o doente recusa o tratamento indicado em oposição ao conselho do médico. O médico, de fato, se acha a serviço do doente e deve inclinar-se diante da liberdade* deste, ainda que julgue que ele está errado. "Os direitos e deveres do médico são correlativos aos do paciente. O médico só pode agir se o doente o autorizar explicitamente ou implicitamente" (Pio XII). Tampouco haverá eutanásia se o médico se abstiver de empreender um tratamento que julga desproporcional em comparação com os resultados previstos ou demasiado pesado para o doente e sua família* ("obstinação terapêutica"). Enfim, o termo "eutanásia" é totalmente injustificado quando o médico toma riscos proporcionais (riscos antálgicos) para aliviar o sofrimento dos doentes. A chamada lei do efeito duplo se encontra aqui: a administração de "coquetéis" visa a reduzir o sofrimento (voluntário direto), embora o médico saiba que a morte pode ser acelerada por eles (voluntário indireto); não há, portanto, objeção moral a opor.

O acompanhamento dos moribundos constitui uma das formas mais elevadas do amor ao próximo. Reveste frequentemente a forma de "cuidados paliativos" que tornam o sofrimento mais suportável na fase final da doença e asseguram ao doente um acompanhamento humano apropriado. "Aqueles que têm a coragem e o amor necessários para ficar junto de um doente agonizante, *no silêncio que vai além das palavras,* sabem que este momento não é nem apavorante, nem doloroso, mas a cessação tranquila do funcionamento do corpo" (E. Kübler-Ross, 1975, 278).

• P. L. Landsberg (1951, 1993²), *Essai sur l'expérience de la mort* seguido de *Problème moral du suicide,*

Paris. — B. Häring (1975), *Perspective chrétienne pour une médecine humaine,* Paris. — E. Kübler-Ross (1975), *Les derniers instants de la vie,* Genebra. — P. Ramsey (1978), *Ethics at the Edges of Life,* New Haven. — H. Thielicke (1980), *Leben mit dem Tod,* Tübingen. — J. R. Nelson (1984), *Human Life: A biblical perspective for bioethics,* Filadélfia. — K. Demmer (1987), *Leben im Menschenhand,* Friburgo. — Textes du Magistère (1987), *Biologie, médecine et éthique,* Paris. — B. Brody (1988), *Life and Death Decision-Making,* Oxford. — R. Veatch (1989), *Death, Dying and the Biological Revolution,* New Haven. — B. Baertschi (1993), "La vie humaine est-elle sacrée? Euthanasie et assistance au suicide", *RThPh* 125, 359-381. — Col. (1994), "Est-il indigne de mourir? Autour de Paul Ramsey", *Éthique* 11, 6-99. — L. Gormally (sob a dir. de) (1994), *Euthanasia, Clinical Practice and the Law,* Londres. — H. Ebeling (1995), "Selbstmord", *HWP* 9, 493-499. — João Paulo II (1995), *Evangelium Vitae,* Cidade do Vaticano. — J. Keown (sob a dir. de) (1995), *Euthanasia Examined,* Cambridge. — G. Meilander (1996), *Body, Soul and Bioethics,* Notre Dame, Ind. — Col. (1998), "Euthanasia", *SCE* 11/1, 1-76. — B. Wannenwetsch (1998), "Intrinsically Evil Acts", *in* R. Hütter, T. Dieter (sob a dir. de), *Ecumenical Ventures in Ethics,* Grand Rapids, Mich., 185-215. — A. Fagot-Largeault (2003), "Vida e morte", *DEFM,* v. 2, 748-755.

Jean-Louis BRUGUÈS

→ *Aborto; Guerra; Legítima defesa; Médica (ética).*

MOUROUX, Jean → **experiência** a

MOVIMENTO ECUMÊNICO → **ecumenismo**

MULHER

A. Na Bíblia

Ignorada até hoje ou reduzida a alguns clichês negativos ou idealizantes, a questão da mulher (m.) na tradição bíblica conhece atualmente um aprofundamento inédito.

a) O estatuto de uma menor. — Os dados mais imediatos do AT mostram uma condição feminina típica de uma sociedade* patriarcal. Tributária do poder masculino (pai* ou marido), a m. é jurídica e socialmente uma menor numa sociedade que pratica a poligamia e admite o seu repúdio sem contrapartida (Dt 24,1). Ela recebe qualificação social somente pela maternidade. Sua situação econômica também é precária. Como viúva ela não é herdeira de seu marido (Nm 27,8ss). Daí a legislação do levirato (o irmão do defunto desposará a viúva deste último, caso ela não tenha filhos: Dt 25,5-10), daí as recomendações reiteradas de dar assistência à viúva, assim como ao órfão e ao estrangeiro (cf. sobretudo Dt e os profetas*: Is 1,17-23; Jr 7,6; Ez 22,7 etc.). O feminino na Bíblia, no entanto, ultrapassa essas disposições.

b) A simbólica da origem. — Dominando o conjunto das figuras femininas da história* bíblica, os três primeiros capítulos do Gênesis marcaram poderosamente as representações da m. e do feminino nas culturas influenciadas pela Bíblia. Os recursos da exegese* moderna tornam acessíveis as sutilezas de um texto simbólico extremamente elaborado; eles também permitem uma melhor identificação das interpretações abusivas que exploram esses textos para fins misóginos.

Observa-se assim que o livro* do Gn contém uma narrativa* específica da criação* da m. (Gn 2,18-25), que completa o primeiro capítulo, que declarava o masculino e o feminino engajados simultaneamente na identidade da humanidade feita à imagem de Deus* (Gn 1,27). A criação da m. encontra seu lugar e sua necessidade na experiência da solidão de Adão* (Gn 2,18). A m. é declarada ser "o face a face" (*kenègedô*) do homem e sua "ajuda" (v. 18b: *ezer*), necessária, não para que a humanidade se perpetue, e sim para que a vida do homem seja ontologicamente viável. Vindo depois do homem, segundo a sequencialidade inerente à narração, a m. é aqui definida por seu "ser para o outro", que não deixa de recordar o próprio ser de Deus. Sutileza de um texto que frequentemente passa despercebida, como a da narrativa da falta no capítulo 3. O episódio da serpente será lido obstinadamente como confirmação da representação de uma m. perigosa, tentadora, responsável pela desgraça do homem. Com efeito, é uma figura materna que é traçada aqui, em relação com a perspectiva etiológica do texto. De fato, ao tratar do mal* que atinge o conjunto das gerações, a narrativa coloca em cena, no casal*, o elemento feminino porque é ele que é mais diretamente concernido pela transmissão da vida e de suas hereditariedades. Na própria Bíblia (Sr 25,24) é atestada uma interpretação dessa narrativa que funda sobre esta última uma visão negativa da m. Mas esta, contestada pela leitura do texto, o é também pelo final do discurso da serpente (Gn 3,15), que perfila a perspectiva de uma história de combate, portadora de uma promessa*. A m. terá parte nela por meio da vitória misteriosa de sua descendência sobre a descendência da serpente. Ap 12 confirmará esse ponto de vista ao evocar "um grande sinal" (v. 1, cf. Is 7,11) na pessoa de uma m. que enfrenta vitoriosamente o "grande dragão, a antiga serpente" (v. 9).

Observa-se por fim que a estrutura final das primeiras páginas do Gênesis fez a narrativa mais tensa dos caps. 2 e 3 ser precedida por um capítulo de abertura que trata da relação homem-mulher de maneira resolutamente pacífica e otimista (Gn 1,1–2,4a).

c) As mulheres da Bíblia. — O texto bíblico guarda a lembrança de m. que, apesar das condições jurídico-sociais desfavoráveis, tiveram um papel importante na história de Israel*, salvando o povo* de perigos mortais. Os livros de Judite e de Ester, a história de Susana demonstram o reconhecimento, já naquela época, a m. excepcionais. Mas o aspecto feminino é tratado também de outras maneiras nos trajetos da história bíblica. Desde as narrativas patriarcais, as matriarcas têm um papel decisivo, embora subterrâneo, no encadeamento dos acontecimentos (como Rebeca, Gn 27,1-29). Betsabé, na época da realeza, obtém a promoção de Salomão (1Rs 1,11-40). Embora as mulheres estrangeiras (p. ex., Jezebel, 1Rs 21,25) sejam objeto de suspicácia ou, após o exílio, devam ser repudiadas (Esd 10,2; Ne 13,23.26), algumas delas são muito valorizadas, como Rahab (Js 2,1-21, 6,22-25), Rute (livro de Rt) ou a rainha de Sabá (1Rs 10-1-13). Ainda que a ação política esteja nas mãos dos homens, ainda que, ao contrário das religiões vizinhas, a m. não tenha função no culto* de Israel (somente o papel de profetisa é reconhecido), a tradição* bíblica designa assim outro registro da história, conduzido por Deus e integrando precisamente papéis femininos.

d) Outras figuras do feminino. — Além das personagens femininas que balizam a história, o AT acolhe, em dois momentos diferentes, duas outras figuras femininas essenciais. A primeira delas está vinculada à aliança* que tematiza o amor* e a fidelidade de Deus nos termos de uma relação nupcial na qual o povo recebe uma identidade feminina. Essa temática é explorada negativamente quando se trata de evocar a infidelidade de Israel. Ela se torna decididamente positiva nos textos proféticos que evocam a nova aliança e a figura santa de Sião, nova Jerusalém, temperada pela justiça* (Is 62,1ss). O *Cântico dos Cânticos*, que faz ressoar o puro canto do amor humano atribuindo um lugar importante à voz feminina da bem-amada, tornar-se-á, para uma longa tradição de leitura, a profecia e a expressão da perfeição de Israel esposa bem-amada de Deus.

A meditação bíblica relativa à sabedoria* dota, ela também, o aspecto feminino de uma grandeza inédita. À margem de textos sapienciais marcados por uma misoginia popular tradicional (Pr 21,19; Sr 25,23), uma figura da Sabedoria personificada ganha forma a partir do retorno do exílio, misteriosa entidade feminina, presente na criação do mundo (Pr 8,22-31), depositária dos segredos de Deus (Jó 28,1-28), ordenadora do mundo (Sb 7,21 e Pr 8,30 [LXX]). O retrato da m. valorosa em Pr 31 pode ser, nesse contexto, acompanhado por uma ressonância simbólica. Quaisquer que sejam os modelos exteriores (figura de deusa egípcia Maat, p. ex.) que possam ter tido influência, há aqui uma figura poderosa e audaciosa, que impõe a sua presença à meditação de Israel durante os últimos séculos que precedem a era cristã.

e) "Jesus nascido de uma mulher". — A referência ao feminino está logo de início inscrita no âmago do NT uma vez que Jesus* é dito Filho* de Deus, "nascido de mulher" (Gl 4,4). Na pessoa feminina de Maria*, a humanidade é diretamente engajada no evento da salvação*:

aspecto essencial da encarnação que esclarece retrospectivamente a tradição profética veterotestamentária. Jo 19,26ss, que descreve Maria ao pé da cruz recebendo João como filho, pôde ser lido como simbolizando a maternidade espiritual que esta recebe: tornando-se mãe daqueles que são gerados na paixão* de Cristo, i.e., da Igreja*, ela aparece como a nova Eva.

Essa preeminência simbólica e teológica da m. parece receber sua contrapartida na vida cotidiana das primeiras gerações cristãs. Os textos do NT mostram o lugar ocupado pela m. no círculo de Jesus e sua promoção nos meios cristãos; especialmente Lc 8,2ss.; Lc 10,38-42 (episódio de Marta e Maria); Lc 23,27ss (quando da paixão); assim como Jo 12,3ss. (unção de Betânia) ou Mt 27,19 (episódio da m. de Pilatos). Nota-se uma atenção muito particular dedicada por Jesus à condição feminina. Ele evidencia a hipocrisia de uma legislação que condena a m. à lapidação enquanto fecha os olhos diante do pecado* do homem (Jo 8,1-11). Ele acolhe as prostitutas do mesmo modo que as m. retas (Mt 21,31s). São m. que serão as primeiras testemunhas da ressurreição* (Mt 28,1-9; Jo 20,11-18). Outras serão associadas aos inícios da evangelização* (At 12,12; 16,11-15; 18,2.18, confirmado por Rm 16,3; 1Cor 16,19 ou 2Tm 4,19). Contudo, seu papel não se sobrepõe ao dos homens que estão em torno de Jesus e que serão constituídos apóstolos* do Evangelho*.

Incontestavelmente os textos desenham um registro específico do feminino. Este pode ser definido negativamente invocando-se as restrições que continuam caracterizando, no NT, a condição feminina e que são objeto das argumentações dos textos paulinos (1Cor 7,1ss, que adverte contra as servidões do casamento*; 1Cor 14,34, que impõe às m. o silêncio nas assembleias; Cl 3,18, que reitera às m. as consignas da submissão). Mas o feminino também pode ser visto positivamente, à luz de outros textos paulinos. Seja porque estes evocam uma paridade fundamental entre o homem e a m. (1Cor 11,12: "Pois se a m. foi tirada do homem, o homem nasce da mulher e tudo vem de Deus"). Seja porque eles lançam as bases de uma eclesiologia* em que, ao lado de uma apostolicidade masculina a serviço da Igreja, é afirmada a vocação feminina de todos na Igreja. A feminilidade da Igreja evocada por 2Cor 11,2 ou Ap 22,17 não é mais aqui limitada a um sexo, ela designa a qualidade da relação que toda a humanidade recebe como vocação de viver em sua relação com Deus.

• J.-J. von Allmen (1951), *Maris et femmes d'après saint Paul*, CT 29. — R. de Vaux (1958), *Les Institutions de l'Ancien Testament*, t. I, 37-92, Paris. — A. Marx (1969-1971), "Les racines du célibat essénien", *RdQ* 7, 323-342. — A. Jaubert (1972), "Le voile des femmes", *NTS* 18, 419-430. — F. Quéré (1982), *Les Femmes dans l'Évangile*, Paris. — G. Dautzenberg *et al.* (sob a dir. de) (1983), *Die Frau im Urchristentum*, QD 95. — J.-L. Ska (1984), "'Je vais lui faire un allié qui soit son homologue' (Gn 2,18). À propos du terme '*ézèr*'— 'aide'", *Bib.* 65, 233-238. — C. Camp (1985), *Wisdom and the Feminine in the Book of Proverbs*, Sheffield. — L. Aynard (1989), *La Bible au féminin*, Paris. — P. Beauchamp (1990), *L'un et l'autre Testament*, 2: *Accomplir les Écritures*, Paris, 115-195. — A.-M. Pelletier (1991), "Le signe de la femme", *NRTh* 113, 665-689; (1993), "Il n'y a plus l'homme et la femme", *Com*(F) 18/2, 25-35. — W. Schrage, *Der erste Brief an die Korinther*, t. 2: *1 Kor 6,2—11,16*, EKK VII/2, Neukirchen-Vluyn.

Anne-Marie PELLETIER

→ *Adão; Antropologia; Casal; Igreja; Família; Maria; Matrimônio; Ministério; Sexual (ética).*

B. NA IGREJA

A antropologia* (antr.) cristã (cr.) privilegia a comum humanidade e dignidade dos homens (h.) e das mulheres (m.) devido à sua criação* à imagem de Deus* (Gn 1,27), à sua salvação* por Cristo* (*anthropos* e não *anér* segundo o credo de Niceia-Constantinopla) e à sua vocação para viver no amor* mútuo (*agapé*). Mas por mais inovadoras que sejam essas percepções não aboliram o androcentrismo (andr.), nem nas sociedades* em que nasceu o cristianismo, nem nas que ele influenciou até os nossos dias. Esse sistema de valores e de representações, segundo o qual as m. são muito mais relativas aos h. do que os h. são relativos às m., não perdeu a sua plausibilidade senão no s. XX e isso somente

nas sociedades ocidentais, nas quais as m. passaram a ter um acesso "natural" e sem reservas (ao menos legais) a todo o espaço público. Em compensação, os enunciados da tradição* cristã sobre os papéis respectivos dos h. e das m. são indissociáveis de um horizonte social no qual as m. têm apenas um acesso excepcional e limitado ao espaço público.

a) As mulheres nas comunidades neotestamentárias. — Segundo os testemunhos das primeiríssimas comunidades, as m. se beneficiam dos dons do Espírito*, assim como os h., sinal da realização da aliança* (At 2,16-18), e elas profetizam (At 21,8-9; 1Cor 11,5). A confissão* de fé* batismal de Gl 3,28 instaura, ao menos escatologicamente, uma paridade entre h. e m. Na missão junto aos pagão-cristãos, as m. são muito ativas (em Rm 16, p. ex., Paulo menciona 9 m. para 19 h. como seus colaboradores). Teria existido uma "comunidade inicial de iguais" que teria sucumbido pouco a pouco perante uma "repatriarcalização da Igreja*" (Schüssler, Fiorenza 1983)?

Na verdade, nas origens, é proposta com autoridade por Paulo uma interpretação androcêntrica do Gn. Lê-se em 1Cor (que pode ser datado como de 52 d.C.):

"A cabeça de todo h. é o Cristo; a cabeça da m. é o h." (v. 3), o que é explicitado nos vv. 7 *b* - 9. O h. "é a imagem e a glória de Deus; mas a m. é a glória do h. Pois não é o h. que foi tirado da m., mas a m. do h. E o h. não foi criado para a m., mas a m. para o h."

Essa simbólica facilitará a adoção progressiva, por parte das Igrejas cristãs, Igrejas domésticas, do *ethos* judeu-helenístico que consignava em códigos ternários os deveres dos habitantes de uma mesma casa: a submissão da m. ao seu marido, das crianças aos pais e dos escravos aos senhores. Cristianizados pela referência ao Senhor, esses códigos são propostos cada vez mais normativamente (Cl 3,18–4,1; Ef 5,21–6,9; 1Pd 2,18–3,7; Tt 2,3-10). E em sua última expressão, o andr. será fundado no AT, sem referência a uma disposição qualquer do Senhor:

"Durante a instrução, a m. deve guardar silêncio, com toda submissão. Não permito à m. que ensine, nem que domine o h. [...]. Com efeito, Adão é que foi formado primeiro. Depois Eva. E Adão não foi seduzido, mas a m. que, seduzida, caiu na transgressão. Todavia, ela será salva por sua maternidade, contanto que persevere na fé, no amor e santidade, com modéstia" (1Tm 2,11-15).

A explicação mais plausível para a recepção* desses códigos parece ser a necessidade de tranquilizar os pagãos sobre as consequências da conversão dos escravos e das m., uma preocupação suplementar de respeitabilidade que conduz a reduzir as m. ao silêncio nas assembleias. Motivos apologéticos e missionários também desempenharam seu papel na exclusão das m. de todo ministério* da Palavra* e da autoridade* (Nürnberg, 1988), e é aliás por motivos semelhantes que essa exclusão é questionada no s. XX.

b) A subordinação das mulheres aos homens as exclui dos ministérios públicos, com exceção do diaconato. — A proibição feita por 1Tm 2,12 às m. de pregar (com seu paralelo em 1Cor 14,34, versículo interpolado?) e de exercer a autoridade sobre os h. é a fonte mais bem documentada de sua exclusão do presbiterato e do episcopado; mas o diaconato — que na Antiguidade não comporta nem ministério da Palavra, nem ministério sacramental, nem jurisdição* — está aberto a elas, sobretudo no Oriente (Gryson, 1972; Martimort, 1982).

No âmago da Grande Igreja, não se encontra um traço sequer de uma controvérsia sobre o acesso das m. às responsabilidades do governo* de uma comunidade (não mais que no judaísmo* antigo). A coisa parece nunca ter sido examinada, e parece que somente os montanistas, segundo o testemunho de Epifânio, a tenham praticado; ele os refuta por meio de 1Tm (*Adv. Haer.* 49,3; GCS 31,243-444).

Em compensação, os comentários exegéticos ou os documentos litúrgico-canônicos se apegam a veleidades de ensinar ou de batizar por parte das m. Orígenes* trata como inconveniência a profecia das m. montanistas (*Fragments de la Première aux Cor.* 74; *JThS* 10, 1909, 41-42). A *Didascália dos apóstolos* (Síria, s. III) proíbe que as viúvas preguem pela mesma razão

(os pagãos as ridicularizariam) mas acrescenta que elas não devem batizar porque não se viu o Cristo confiar essa tarefa a m. (ed. Funk, 190, 8-17). As *Constituições apostólicas* proibiam que as m. pregassem (III, 6, 1-2, SC 329, 132) e que batizassem (III, 9; SC 329, 142-144); mas, reconhecendo que "o Senhor não nos prescreveu ou transmitiu nada", elas se referiam "à ordem da natureza e às conveniências". Os *Cânones eclesiásticos dos apóstolos* (Egito, s. IV) são os únicos, em um texto razoavelmente obscuro, a atribuir ao Senhor a exclusão das m. do ministério da eucaristia* (24, 1-28, 1; ed. Schermann 31, 10-33, 6). Convém observar em Epifânio a retomada de um argumento que também é encontrado na *Didascália* e nas *Constituições apostólicas*: se Maria*, a mais perfeita das m., não foi um sacerdote*, é porque isso não convém a nenhuma m. (*Adv. Haer.* 79, 3, 1-2; GCS 31-3, 477-478): o argumento é retomado por Inocêncio III (Decr. *Nova Quaedam* 1210), e a constatação renovada por João Paulo II (*Sacerdotalis Ordinatio* 3). Para João* Crisóstomo, é somente o ensino público que está proibido às m. (*in Tt.* 4; PG 62, 683).

No Ocidente, para Ambrosiaster, o fundamento da exclusão se encontra numa sujeição da m. ao h. (*In 1Cor* 14,34-35; CSEL 81-82, 163, 3-164, 7; *In 1Tim.* 2, 11-14; CSEL 81-83, 263, 18-264, 8). Para Jerônimo, há uma conformação à ordem natural (*In Ep. 1Cor.* 25; PL 30, 762). Para Pelágio, Paulo não permite que a m. ensine "em público pois ela deve instruir privadamente um filho ou um irmão" (*in* 1Tm 2.12; PLS 1, 1349).

A IM latina trata a questão de modo acadêmico. Para Tomás* de Aquino, uma m. não pode ser ordenada validamente porque não há nela nenhuma *eminentia gradus*: ela está em estado de sujeição por natureza, o que não é o caso de um homem escravo (*in IV Sent.*, dist. 25, q. 2, a. 1 resp. e a. 2 resp.). Para Boaventura* (in *IV Sent*, dist. 25, a. 2, q. 1, concl.), o Mediador apareceu no sexo masculino e somente os homens podem representá-lo naturalmente. Duns* Escoto, em compensação (in *IV Sent.*, d. 25, q. 2), pensa que além da Igreja e de Paulo deve haver uma decisão do Senhor, de outra forma a exclusão das m. seria imoral.

A Reforma continuará a excluir as m. do ministério público, mantendo a fidelidade a 1Tm.

Para Lutero*, "o Espírito Santo excluiu as m., as crianças, os incapacitados [1Cor 14]: a m. não deve ensinar o povo. Em resumo, deve ser um h. capaz e escolhido [...]. Diz-se à m.: 'Você deve ser submissa ao h.' e o Evangelho não suprime essa ordem natural mas ele confirma isso como ordem divina e criacional" (*WA* 50, 633, 11-24). Calvino* também exclui as mulheres em nome da boa ordem: "O encargo de ensinar ou de pregar é uma preeminência da Igreja, e por conseguinte ele é contrária à sujeição. Seria impróprio que aquela [a m.] que é sujeita a um membro tivesse preeminência e autoridade sobre todo o corpo [...]. Pregar ou ensinar não condiz com uma m." (*Comm. Nouveau Testament*, Paris, 1854, sobre 1Cor 14,34).

c) Na época da cristandade, o destino das mulheres é a vida familiar e privada; contudo, o estatuto de virgem permite que certas monjas tenham um papel público. — Os comentários patrísticos e medievais do Gn dão a chave do estatuto específico das m.: formada depois de Adão, a partir dele e para ele (como auxílio à procriação*), Eva lhe é subordinada, mas como recebe sua alma diretamente de Deus ela lhe é equivalente (Borresen, 1968).

Assinalemos que essa equivalência é objeto de algumas reservas. Certamente para Clemente de Alexandria (*Strom.* II, XIX, 102, 6 [SC 38, 113]) e talvez para Agostinho* (*De Gen. ad Litt.* III, 22; CSEL 28, 1, 88-90), a m. é plenamente a imagem de Deus em sua essência espiritual; mas, herdeiros da exegese* espiritual de Fílon, para o qual Adão figura o *nous* e Eva, o *sensus* (*Op.* 66, 134-135 [*Oeuvres* I, 186; 230-232]; 165 [*ibid.*, 1, 252] e *Quaest in Gn* 1,33; 37-38; 43; 45-47 [*ibid.*, 34*a*, 100; 104; 108-112]), Ambrósio*, o Ambrosiaster e seus comentários medievais serão indecisos (Borresen, 1985; Dassmann, 1995), assim como Tomás de Aquino (*ST* Ia, q. 93, a. 4, ad 1: "No que diz respeito a certos traços secundários, a imagem de Deus se encontra no h. de um modo que não se verifica na m.").

Essa equivalência foi um fator histórico de emancipação das m. (liberdade* de casar-se, de escolher o marido; proibição da poligamia, do repúdio, e depois do divórcio); mas, segundo a mesma antr., ela é acompanhada por uma subordinação da qual escapam apenas as virgens cuja vida é orientada diretamente para Deus. Com efeito, as únicas cristãs a desempenhar um papel público serão as monjas ou suas assemelhadas.

Observar-se-á que certas abadessas tinham jurisdição sobre o clero em virtude do direito de padroado feudal (como em Conversano, La Huelgas, Quedlinburg e Fontevrault, onde a abadessa também governava o mosteiro masculino adjacente). Além dessa curiosidade canônica, a quantidade de místicas* que influenciaram a vida profunda da Igreja é impressionante: Hildegarda de Bingen, Juliana de Norwich, Juliana do Mont-Cornillon, Brigite da Suécia, Catarina de Sena, Teresa de Ávila e Teresa de Lisieux — estas últimas foram proclamadas doutoras* da Igreja, respectivamente por Paulo VI em 1970 e por João Paulo II em 1997 — e uma grande quantidade de fundadoras de congregações.

Apesar do desenvolvimento excepcional do culto* de Maria, mãe de Deus, as m. comuns permanecem na sombra, algumas vezes tragicamente (como na perseguição às bruxas), mas geralmente no anonimato: entre os santos canonizados pelos papas entre os s. X e XIX, as m. representam apenas 16%, entre as quais apenas umas dez mães de família*, a maior parte delas de origem real (P. Delooz [1969], *Sociologie et canonisations*, La Haye, 270).

d) Questões contemporâneas. — No final do s. XX, a andr. perdeu grande parte de sua plausibilidade. Isso se deve aos movimentos feministas, porém menos que aos progressos da medicina (vitória sobre a mortalidade infantil e das m. em trabalho de parto; contracepção eficaz; longevidade inigualada), que liberaram as m. para um trabalho* assalariado nas sociedades pós-industriais. Essa nova condição social e financeira das m. induziu uma parceria com os h. até mesmo na célula familiar, modificando com isso a condição masc.; as legislações passaram a registrar essa igualdade entre h. e m.

Os aspectos positivos dessa evolução histórica, louvados como um "sinal dos tempos" por João XXIII (*PC* 41), afetam as instituições e a teologia* cr. No plano do direito*, o *CIC* (1983) equipara todo h. e m. leigos* (apenas o leitorado e o acolitato são reservados aos h.); e no plano teológico João Paulo II rejeita todo andr. em *Mulieris Dignitatem* (1988). Nesse contexto, a tarefa prioritária da antr. cr. não pode ser a de desenvolver um discurso sobre a m., ela é a de propor simultaneamente imagens refletidas da virilidade e da feminilidade, da paternidade e da maternidade, e a de reforçar sempre, diante dos limites naturais e do pecado*, as capacidades de aliança em Cristo entre os h. e as m.

Nesse novo contexto social, o conjunto das Igrejas protestantes da Europa, ao reinterpretar o princípio da *Scriptura sola*, decidiu durante a segunda metade do s. XX chamar as m. ao trabalho pastoral (Igreja reformada da França, 1965; Igreja anglicana, 1994). A igreja ortodoxa se recusa a fazer isso na medida em que a questão se coloca a ela, isto é, muito pouco.

Os papas* contemporâneos (Paulo VI [1976], *Inter Insigniores*, *AAS* 69, 1977, 98-116; João Paulo II [1994], *Ordinatio Sacerdotalis*, *AAS* 86, 1994, 545-548) consideram essa questão uma doutrina não aberta à discussão. Segundo João Paulo II, a não ordenação das m. como sacerdotes e bispos* "faz parte do depósito da fé" (*AAS* 87, 1995, 1114), porque a ordenação* de m. jamais foi praticada, em nenhum lugar e por ninguém, na Igreja católica, desde as origens até os nossos dias. A Congregação para a Doutrina da Fé precisou a seguir que se trata "no caso presente de um ato do magistério* pontifício ordinário, em si não infalível" (*DC* 92, 1995, 1081; cf. Torrell, 1997).

A adoção de uma linguagem inclusiva (isto é, que inclua sistematicamente as formas fem. e masc.) na liturgia*, as traduções da Bíblia e a designação de Deus tornaram-se um tema controverso no cristianismo anglo-saxão. Desejável na liturgia quando os fiéis se referem a si mesmos, essa linguagem é rejeitada pela Igreja católica na tradução da Bíblia: ela lamina assim a sua historicidade, e é precisamente ela que impede que se faça de todas essas expressões um arquétipo (como nas narrativas* míticas).

• G. von Le Fort (1934), *Die ewige Frau*, Munique. — E. K. Borresen (1968), *Subordination et équivalen-*

ce. Nature et rôle de la femme d'après Augustin et Thomas d'Aquin, Paris-Oslo. — R. Gryson (1972), *Le ministère des femmes dans l'Église ancienne*, Gembloux. — I. Raming (1973), *Der Ausschluss der Frau vom priesterlichen Amt. Gottgewollte Tradition oder Diskriminierung? Eine rechtshistorische-dogmatische Untersuchung der Grundlagen von Kanon 968, § 1 des Codex Iuris Canonici*, Colônia-Viena. — H. U. von Balthasar (1978), *Theodramatik* II/2, Einsiedeln, 260-330. — K. Thracde (1980), "Zum Hintergrund der 'Haustafeln' des NT", *JAC E* 8, 359-368. — A.-G. Martimort (1982), *Les diaconesses. Essai historique*, Roma. — G. Dautzenberg *et al.* (sob a dir. de), *Die Frau im Urchristentum*, QD 95. — E. Schüssler Fiorenza (1983), *In Memory of Her*, Nova York (*As origens cristãs a partir da mulher: uma nova hermenêutica*, São Paulo, 1992). — Th. Hopko (sob a dir. de) (1983), *Women and the Priesthood*, Crestwood, NY. — I. Ludolphy *et al.* (1983), "Frau V-VIII", *TER* 11, 436-469. — E. K. Borresen (1985), "*Imago Dei*, privilège masculin? Interprétation augustinienne et pseudo-augustinienne de Gn 1,27 e 1 Cor 11,7", *Aug.* 25, 213-234. — P. Fiedler (1986), "Haustafel", *RAC* 13, 1063-1073. — R. Nürberg (1988), "*Non decet neque necessarium est, ut mulieres doceant*. Überlegungen zu einer neuen Forschungsrichtung", *JAC* 31, 57-73. — H. Legrand (1990), "*Traditio perpetuo servata*? La non-ordination des femmes: tradition ou simple fait historique?", *in* P. De Clerck, E. Palazzo (orgs.), *Rituels*, Paris, 393-416. — E. A. Johnson (1992), *She who is. The Mistery of God in Feminist Theological Discourse*, Nova York. — E. Dassmann (1995), "*Als Mann und Frau erschuf er sie*. Gn 1,27 c im Verständnis der Kirchenväter", *JAC E* 22, 45-60. — B. Heller *et al.* (1995), "Frau", *LThK*[3] 4, 63-72 (bibl.). — P. Coté, J. Zylberberg (1996), "Théologie et théalogie: les légitimations religieuses du fait féminin en Amérique du Nord", *ASSR* 41, n° 95, 95-114. — J.-P. Torrell (1997), "Note sur l'herméneutique des documents du magistère. A propos de l'autorité d'*Ordinatio sacerdotalis*", *FZPhTh* 44, 176-194.

Hervé LEGRAND

C. Teologia feminista

1. Origens

A teologia (teol.) feminista (fem.) apareceu no s. XIX ao mesmo tempo que a luta das mulheres (m.) pela melhoria de sua condição jurídica, social e econômica. Por volta do final do século, uma presbiteriana americana de mais de oitenta anos, Elisabeth Cady Stanton, reuniu uma equipe de colaboradores para comentar tudo o que se referia às m. na Bíblia*. O resultado desses trabalhos foi *The Woman's Bible* (1895 e 1898), um *best-seller* editado desde então. Seu famoso discurso no encontro das m. de Seneca Falls (19 de julho de 1848) e a declaração de princípios que foi adotada nessa ocasião são os ancestrais diretos dos trabalhos de crítica bíblica fem. do s. XX; daí o título do recentíssimo *The Women's Bible Commentary*, que recorda a sua iniciativa. A teol. bíblica fem. pretende mostrar os limites e a riqueza dos livros canônicos. Em si mesmos e no uso que é feito deles, esses textos podem persuadir as m. de sua inferioridade, particularmente por causa de sua suposta incapacidade de representar Deus* ou Cristo*. Eles têm, portanto, a sua parte de responsabilidade na perpetração do androcentrismo; mas bem lidos eles também fornecem meios para transformar a situação presente para melhorar o futuro. A teol. fem. estuda especialmente as imagens femininas que a Escritura usa para dizer Deus; e ela procura aplicá-las à Sofia/sabedoria* divina para superar as reticências tradicionais à associação do feminino com o divino.

2. As reações ao Vaticano II

a) Mary Daly. — Mary Daly foi o elemento catalisador das reações suscitadas pelo Vaticano II* e foi determinante no desenvolvimento da teol. fem. no s. XX. Os documentos conciliares sequer mencionam as mulheres, salvo na mensagem do dia 8 de dezembro de 1965 (um modelo do gênero no que diz respeito à concepção tradicional de seu papel). Por reação, Daly publicou *The Church and the Second Sex* (1968), cujo título faz referência ao livro de S. de Beauvoir (1908-1986; *Le deuxième sexe*, 1949). Daly abandonaria o cristianismo com a publicação de *Beyond God the Father* (1973), mas ela havia feito com que se tomasse consciência do obstáculo representado para as fem. a simbólica essencial do cristianismo, por causa da imagem que ela lhes fornece de si mesmas

e do que ela supõe ser sua relação com Deus: "Se Deus é masculino, então o masculino é Deus". Daly salientou os preconceitos (teóricos e práticos) causados pelas ideias tradicionais sobre a "natureza" feminina e mostrou assim o pouco peso que ela atribuía ao passado. Ela acabou por conceber o movimento das m. como uma comunidade em "êxodo" que agrupava aquelas cujo sentido da transcendência buscava se exprimir de um modo diferente daquele que pode ser feito nas instituições cristãs.

b) Teologia bíblica. — Phyllis Trible (1978) relaciona Gn 2–3 com o *Cântico dos Cânticos*, e segue a evolução da metáfora das "entranhas da compaixão" aplicada ao Deus à imagem do qual homem e m. são criados (Adão*). Ela também ataca (1984) a misoginia da Bíblia, da tradição* e dos usos da Igreja*.

O livro de Elisabeth Schüssler Fiorenza *In Memory of Her* é um marco na teol. fem. A sua ideia central é a de que as m. na Igreja podem se apoiar em Jesus* e na prática da Igreja primitiva para pensar sua própria história em sua abertura atual à transformação fem. A parte sobre "o Deus-Sofia de Jesus e as m." foi desenvolvida em *Jesus, Miriam's Child, Sophia's Prophet*. Sua obra é marcada pela esperança de ver um dia a autoridade* não ser mais reservada aos homens na Igreja. Os dois livros sobre a Bíblia publicados por ela como organizadora (1993, 1994) vão muito além do programa de Cady Stanton. Desvelando a diversidade das fontes étnicas e culturais dos textos bíblicos, eles consideram indispensável transgredir as fronteiras do cânone* para unir as tradições e a experiência vivida. Esses trabalhos demonstram também a importância concedida às feministas do judaísmo* e do islã e ao seu esforço para atingir o fim último da teol. fem.: uma teologia* sem nenhuma exclusão. A teoria de E. Schüssler Fiorenza sobre a "igualdade dos discípulos", no entanto, é contestada por outros autores (p. ex. Miller Migliorino, 1995), que salientam a importância da diferença sexual para compreender a revelação cristã como "mistério nupcial".

c) Teologia e ética. — Praticamente contemporânea das de M. Daly e de E. Schüssler

Fiorenza, a obra de Rosemary Radford Ruether é construída em torno da questão de saber se um salvador masculino pode salvar as m. Para ela a kenose* de Jesus opera uma inversão iconoclasta de todo estatuto religioso, e a comunidade cristã continua nesse sentido, embora encontremos Cristo "sob a forma de nossa irmã", como aqueles, p. ex., que assistiram ao martírio* de Blandine. Ela também lançou o movimento da "Igreja das m.", com base nas comunidades de base da teol. da libertação* (ela própria muito pouco fem. até uma data bastante recente). Esse movimento conduziu as fem. a se interessarem pela liturgia* e pela espiritualidade. Recentemente, Radford Ruether e Sallie McFague estudaram a criação*, a redenção e os sacramentos*, enquanto outros trataram de quase todos os pontos essenciais da teol., inclusive a teol. moral — mas ainda resta muito por ser feito.

3. Maturidade da teologia feminista.

Cem anos depois de Cady Stanton, a teol. fem. está madura, e nela há um debate vivo sobre o peso respectivo a ser dado à razão* e à experiência, assim como às tradições das Igrejas. A teol. da libertação começa a se interessar pelas m. (os pobres são em sua grande maioria m. com filhos), e ela talvez contribua assim para o esclarecimento do sentido das doutrinas e dos símbolos vinculados a Maria*, mãe de Jesus. A ortodoxia* também trouxe sua contribuição para a teol. fem., especialmente graças aos trabalhos de E. Behr-Siegel (1907-) sobre o ministério* feminino.

Pode-se ficar chocado com a variedade dessas pesquisas que trabalham pela renovação da teol. A teol. fem. sabe muito bem que o Deus trino e uno transcende toda existência sexuada e permanece para nós, em última instância, misterioso, mas seu desejo é o de encontrar uma linguagem* teológica que não privilegie nenhum sexo. Ela pretende assim renovar as diferentes disciplinas teológicas de tal modo que a Igreja seja uma instituição na qual homens e m. possam se reconciliar e enriquecer-se mutuamente com suas diferenças.

• K. E. Borresen (1968), *Subordination et équivalence*, Paris. — M. Daly (1968; reed. 1985), *The Church and the Second Sex*, Boston. — (1973), *Beyond God the Father*, Boston. — P. Trible (1978), *God and the Rhetoric of Sexuality*, Filadélfia. — C. Walker Bynum (1982), *Jesus as Mother. Studies in the Spirituality of the High Middle Ages*, Londres. — E. A. Clark (1983), *Women in the Early Church* (*Message of the Fathers of the Church* 13), Wilmington. — R. Radford Ruether (1983), *Sexism and God-Talk*, Londres. — E. Schüssler Fiorenza (1983), *In Memory of Her*, Londres (*As origens cristãs a partir da mulher: uma nova hermenêutica*, São Paulo, 1992). — P. Trible (1984), *Texts of Terror*, Filadélfia. — J. Dempsey Douglass (1985), *Women, Freedom and Calvin*, Filadélfia. — R. Radford Ruether (sob a dir. de) (1985), *Women-Church*, San Francisco. — E. Behr-Sigel (1987), *Le ministère de la femme dans l'Église*, Paris. — M. Dion (1987), "Mary Daly, théologienne et philosophe féministe", *ETR* 62/4, 515-534. — C. Walker Bynum (1987), *Holy Feast and Holy Fast. The Religions Significance of Food to Medieval Women*, Londres. — M. Dumais, M. A. Roy (sob a dir. de) (1989), *Souffles de femme*, Montreal. — I. Gebara, M. C. Bingemer (1989), *Mary Mother of God, Mother of the Poor*, Londres (*Maria mãe de Deus e mãe dos pobres*, Petrópolis, 1987). — J. Grant (1989), *White Women's Christ and Black Women's Jesus*, Atlanta. — M. Grey (1989), *Redeeming the Dream*, Londres. — T. Berger, A. Gerhards (sob a dir. de) (1990), *Liturgie und Frauenfrage*, St. Ottilien. — A. Loades (sob a dir. de) (1990), *Feminist Theology: A Reader*, Londres. — E. A. Johnson (1992), *She Who Is*, Nova York. — C. A. Newson, S. H. Ringe (sob a dir. de) (1992), *The Women's Bible Commentary*, Londres. — T. Berger (1993), *Liturgie und Frauenseele*, Stuttgart. — J. C. Exum (1993), *Fragmented Women*, Sheffield. — C. W. M. Kim, S. M. St. Ville, S. M. Simonattis (sob a dir. de) (1993), *Transfigurations. Theology and the French Feminists*, Mineápolis. — G. Lloyd (1993), *The Man of Reason*, Londres. — S. McFague (1993), *The Body of God*, Londres. — R. Radford Ruether (1993), *Gaia and God*, Londres. — E. Schüssler Fiorenza (sob a dir. de) (1993), *Searching the Scriptures. A Feminist Introduction*, Londres. — C. Mowry LaCugna (sob a dir. de) (1993), *Freeing Theology*, San Francisco. — L. K. Daly (sob a dir. de) (1994), *Feminist Theological Ethics: A Reader*, Louisville. — U. King (sob a dir. de) (1994), *Feminist Theology from the Third World: A Reader*, Londres. — K. M.

Sands (1994), *Escape from Paradise*, Mineápolis. — E. Schüssler Fiorenza (sob a dir. de) (1994), *Searching the Scriptures. A Feminist Commentary*, Londres. — G. Cloke (1995), *"This Female Man of God". Women and Spiritual Power in the Patristic Age AD 350-450*, Londres. — E. Graham (1995), *Making the Difference. Gender, Personhood and Theology*, Londres. — G. Jantzen (1995), *Power, Gender and Christian Mysticism*, Cambridge. — M. Miller Migliorino (1995), *Sexuality and Authority in the Catholic Church*, Londres. — E. Moltmann-Wendel (sob a dir. de) (1995), *Die Weiblichkeit des Heiligen Geistes*, Gütersloh. — E. Schüssler Fiorenza (1995), *Jesus. Miriam's Child, Sophia's Prophet*, Londres. — A. West (1995), *Deadly Innocence. Feminism and the Mythology of Sin*, Londres. — S. F. Parsons (1996), *Feminism and Christian Ethics*, Cambridge. — E. Schüssler Fiorenza, M. Shawn (sob a dir. de) (1996), "Les théologies féministes dans un contexte mondial", *Conc* (*F*), nº 263.

Ann LOADES

→ *Exegese; Inculturação; Linguagem teológica; Libertação (teologia da); Maria.*

MUNDO

A. TEOLOGIA BÍBLICA

Kosmos (mundo), *oikoumene* (universo terrestre), ou *aion* (século) são os termos do gr. bíblico que podem ser traduzidos por "mundo", assim como o hb. *tevel* ou (pós-bíblico com este sentido) *'olam*. No vocabulário cristão, "mundo" pode designar ou simplesmente a totalidade das coisas criadas, ou esta totalidade enquanto está sob o domínio do mal* ou não pode por si mesma ter acesso a Deus*. Essa complexidade tampouco deixa de estar presente no uso bíblico. A primeira acepção é tratada no verbete "cosmo*". Aqui tratamos da segunda, que já aparece nas épocas tardias da literatura judaica, sem esquecer que a mesma ocorrência pode ser portadora de vários sentidos.

I. Pontos de partida da temática neotestamentária

1. O livro da Sabedoria

Para Sabedoria, o mundo totalmente bom em sua origem está sujeito em sua globalidade às investidas do mal. Assim, o autor insiste na ligação do mundo (m.) com o tema da salvação* (Sb 6,24), o que será amplamente retomado pela primeira teologia* cristã, a de Paulo e a de João. As grandes personagens da história* da salvação estão ligadas ao m.: Adão é "o pai do m." (Sb 10,1); a arca de Noé carrega "a esperança do m." (Sb 14,6); a veste do *efod* de Aarão, sacerdote intercessor, é ornada "com o m. todo" (18,24). Desde "a entrada no m." de Satã (2,24) ou dos ídolos (14,14), o m. está ligado misteriosamente ao pecado*. É nesta linha que as tradições paulina* (Rm) e joanina* (Jo 8; Ap 12) apresentarão o m. como joguete das forças hostis, na medida em que o homem se deixa apanhar nas garras do "príncipe deste m." (Jo 12,31).

2. A literatura apocalíptica

A literatura apocalíptica* conhece sobretudo a oposição entre "este m." e o "m. que virá":

> "O Altíssimo fez o m. presente para muitos, mas o m. futuro para poucos... Tal é também a regra do m. presente: muitos são criados, mas poucos são salvos" (*4Esd* 8,1.3). — "Quanto aos justos [...], este m. é para eles um combate e um labor com muita balbúrdia, mas o m. que virá é uma coroa com muita glória" (*2Br* 15,7s). A expressão "abandonar o m." pode significar simplesmente "morrer" (*Test. de Abraão* 8,11). Mas o m. que se abandona pode receber uma conotação negativa: chega para Abraão o momento em que ele "deve sair deste m. de vaidade, onde deve abandonar seu corpo*" (*Test. de Abraão* 1,7). O patriarca viu, durante sua viagem celeste, "tudo o que se achava no m.: o que havia de bom e de ruim" (10,3).

No *Test. de Moisés* 1,10-14, "o Senhor do m. criou o m. para seu povo*; mas não quis revelar esta finalidade da criação* desde o começo do m.". Para os apocalípticos, o tempo do fim do m. é o de seu julgamento (*4Esd* 9,1-13). É a separação entre este m. e o m. que virá, sendo este último sinônimo de felicidade celeste (1QHVIII, 26).

II. Perspectivas teológicas do Novo Testamento

Kosmos toma em Paulo um relevo particular. Mas só no quarto evangelho* se encontra mais de um terço dos usos desta palavra no NT (186).

1. A literatura paulina

a) A louca sabedoria do mundo. — 1Cor opõe a sabedoria* do m., que qualifica de "loucura" (1Cor 1,20; 3,19), à sabedoria de Deus, e "o espírito do m." ao Espírito* que vem de Deus (1Cor 2,12). A fórmula *kata sarka* (segundo a carne*) corresponde a essa mesma perspectiva. Inspirando-se em Is 19,11s; 29,14, Paulo denuncia um m. cuja sabedoria não conhece Deus, e anuncia a salvação para aqueles que creem (1Cor 1,21; cf. Jo 1,10-13). Em 1Cor 1–4, enuncia de certa forma os princípios de uma reflexão que ele mesmo prosseguirá, assim como seus discípulos (teologia paulina*). Em 2,6-15, ele já adapta esses elementos à antropologia* cristã, distinguindo o homem psíquico do espiritual.

Para tanto, opõe "a sabedoria deste m." à de Deus (2,7). Todavia notar-se-á que o m. traduz aqui o grego *aion*, isto é, o século, o m. presente. O *status* do cristão na nova criação* (*kaine ktisis*) implica um desvio radical "deste m." para se libertar de seu poderio, pois "o deus deste m." se chama Satã (2Cor 4,4; cf. também Jo 12,31). A exortação final da epístola aos Romanos abre-se com uma forte injunção: "Não vos conformeis a este m. (*aion*), mas transformai-vos…".

Utilizando as antíteses à maneira da retórica estoica, 1Cor evoca a brevidade do tempo*, pois "a figura deste m. passa" (7,31; cf. também 1Jo 2,17). Nova criatura, o homem não deve se preocupar com os negócios "deste m.", mas com os do Senhor (7,32ss). Em 1Cor o tom já está dado: o m. é chamado ao julgamento, à condenação (11,32). Certamente, o Apóstolo volta os olhares de seus leitores para a escatologia*, para o m. por vir. Mas sua reflexão o leva sobretudo a uma teologia da cruz, instrumento da "reconciliação do m.", segundo a expressão de 2Cor 5,19.

b) O mundo crucificado e a salvação pela cruz. — A formulação mais acentuada da salvação do m. pela cruz se acha na epístola aos Gálatas: sujeição aos "elementos do m." (Gl 4,3), libertação pelo Espírito, missão escatológica do crente-apóstolo frente ao m.: "o m. está crucificado para mim, como eu para o m." (Gl 6,14). A epístola aos Romanos sistematiza ainda mais a reflexão (Rm 5,10). Paulo relê os

textos de sabedoria sobre a entrada do pecado no m. (Sb 2,24; 14,14; cf. *supra*) e os adapta à teologia cristã: "assim como por um só homem o pecado entrou no mundo […]" (Rm 5,12), frase inacabada cujo desenvolvimento aparece em 5,15-20, primeiro esboço do pensamento cristão sobre o pecado original*.

Os *stoikheia tou kosmou* ("elementos do m.": Gl 4,3.9; Cl 2,8.20) são as potências pelas quais a esfera do m. se torna opaca à revelação* e à ação de Deus. Invisíveis, são todavia do m.; obstáculos à salvação, não se identificam totalmente com o mal, nem com o pecado. Têm a ver com uma esfera angélica intermediária que não se confunde com a do diabo.

2. A literatura joanina

a) O quarto evangelho. — Jo apresenta o m. de maneira negativa ou de maneira positiva: o m. recusou a palavra* de Deus (1,10) e se vê desde logo assimilado ao pecado (1,29). A vinda da "luz do m." tem em vista um julgamento (9,5.39).

Esse julgamento intervém no momento da cruz, ou, para retomar o termo joanino (teologia joanina*) na "hora" da revelação do Filho* do homem, que é a "hora" da condenação do m. e de seu príncipe (12,31; 14,30; 16,11). Jesus* se apresenta como a luz do m. (Jo 8,12 etc.): a temática da luz só se desdobra nos capítulos 1–12, que correspondem a seu ministério* terrestre. Cristo* se oferece para arrancar o m. das trevas (1,5); designa-se a si mesmo como portador desta intenção missionária, ele, o Filho enviado ao m. por Deus que "amou o m." (3,16s). Tudo se resume no discurso sobre o pão da vida: ele veio dar sua carne "pela vida do m." (6,51).

A vitória de Cristo sobre o m. é obtida. Se, apesar de tudo, Cristo ordena aos seus que não se deixem aprisionar pelo m. (Jo 13–17), é porque a liberdade* da resposta crente não perde nada de seu preço. A salvação da cruz é um dom a receber, livremente, frente ao m. Jo não contém um apocalipse como os dos evangelhos sinóticos (Mc 13 par.). De certa maneira, é nos discursos de despedida (Jo 13–17) que o evangelista reuniu certos temas paralelos: os discípulos atrairão o ódio do m., terão de continuar o combate neste m., pois são enviados a ele (Jo 17).

b) A primeira epístola de João. — 1Jo se situa na mesma perspectiva dos capítulos 13–17 do evangelho: ser odiado pelo m. (1Jo 3,13), que é sinônimo de pecado (2,16-17). Mas, como no evangelho, o apelo a desconfiar do m. (2,15) ladeia o anúncio da salvação pelos pecados do m. inteiro (2,15). Diante dos falsos profetas*, designados como anticristos (2,18; 4,3), Cristo recebe o título único de "Salvador do m." (4,14; cf. Jo 4,42). O autor da epístola sabe que sua comunidade está ameaçada. Após as advertências de estilo apocalíptico vem o apelo a estar neste m. (4,17) como vencedores do m. (5,4), isto é, como crentes (5,5) que permanecem numa vigilância ativa. Pois "o m. inteiro jaz sob o poder do Maligno" (5,19). Este final da epístola faz uma inclusão com o seu início: ali o Cristo aparecia como Paráclito, para o perdão dos pecados do m. inteiro (2,2). A originalidade da escatologia joanina aparece nesse entremeio, vivido no perigo.

c) A tradição joanina e a gnose. — A tradição* joanina forneceu à gnose* numerosos materiais, reconhecíveis p. ex. no *Apócrifo de João* (Tardieu, 1984), na *Hipóstase dos Arcontes* e no *Escrito sem Título* (B. Barc, ed., Laval [Québec], 1980), que recorrem também às tradições sapienciais-apocalípticas mencionadas mais acima. Os trabalhos que incidem sobre os estratos sucessivos desses escritos (col. "BCNH") esclarecem a história da recepção do conjunto joanino (Kuntzmann, Dubois, 1986). A gnose se distingue da tradição cristã canônica por sua orientação para um m. espiritual celeste que ela reserva a uma elite. A recepção deste tema de reflexão sobre o m. será igualmente muito acentuada na literatura hermetista (A.-J. Festugière, 1954).

• H. Sasse (1938), *"Kosmos"*, *ThWNT* 3, 867-896. — A.-J. Festugière (1954), *La révélation d'Hermès Trismégiste*, t. 4: *Le Dieu inconnu et la gnose*, Paris, reed. 1990, 1ª parte, 2ª seção, p. 54-77 e 2ª parte, 1ª seção, p. 141-199. — O. Böcher (1965), *Der johanneische Dualismus im Zusammenhang des nachbiblischen Judentums*, Gütersloh. — A. Vögtle (1970), *Das Neue Testament und die Zukunft des Kosmos*, Düsseldorf. — R. E. Brown (1979), *The Community of the Beloved Disciple*, Londres. — H. Balz (1981), *"Kosmos"*, *EWNT* 2, 765-773. — M. Tardieu (ed.) (1984), *Écrits gnostiques. Codex de Berlin*, Paris. — R. Kuntzmann, J.-D. Dubois (1986), *Nag Hammadi. Évangile selon Thomas.*

Textes gnostiques aux origines du christianisme, CEv.S 58, 66-69.

Michèle MORGEN

→ *Anjos; Apocalíptica; Carne; Cosmo; Criação; Escatologia; Gnose; Joanina (teologia); Juízo; Paulina (teologia); Pecado.*

B. TEOLOGIA HISTÓRICA

Ao "mundo" a teologia pode dar duas cargas conceituais distintas. Como totalidade dos seres e das coisas, o mundo (m.) deve primeiramente admitir a bondade de sua criação*. Mas se for entendido, diretamente ou de maneira simbólica, como lugar da vida humana sua noção deve integrar a dimensão pecadora e decaída desta vida.

a) O mundo: entre cosmologia e antropologia. — As teologias* paulina* e joanina* já tinham marcado negativamente o conceito de *kosmos*, e é um traço banal na atitude dos primeiros cristãos a ideia de uma ruptura radical com o m. pecador, de um comportamento individual que traduza a independência dos discípulos de Cristo* em relação ao m. (Jo 15,19). Assim, para Inácio de Antioquia, há incompatibilidade entre "falar de Jesus Cristo e desejar o m." (*Rom.* 7, 1, SC 10, 134-135); e Policarpo pede que sejam "suprimidos os desejos do m." (*Fil.* 5,3, SC 10, 210-211). O tema do *desprezo do m.* recebe uma considerável orquestração em Tertuliano* (*"saeculi totius contemptus"*, *De spectaculis* 29, 2, SC 332, 308) e depois dele: "atravessar o m. sem compartilhar sua corrupção" (Cipriano*, *De habitu virginum* 22, CSEL, 3, 203). Apoiando-se em parte em temas platônicos (*Fédon* 67 e *Teeteto* 176 *a-b*) e plotinianos (*En.* I, 6, 5-8; VI, 9, 11), Orígenes* escreve: "[Tratemos] de evitar sermos homens e, com afinco, [busquemos] tornar-nos deuses, já que, enquanto formos homens, seremos mentirosos" (*Comm. in Joh.* XX, 29, 266, SC 290, 286-287). Aceitar o martírio* equivalerá, assim, a se livrar do m. (Tertuliano, *De testimonio Animae* 4, CChr.SL 1, 178-180).

Essa concepção das relações do homem com o m. se acentua mais particularmente no monaquismo*: o anacoreta (do grego *anakhoreo*:

separar-se, retirar-se), com efeito, é aquele que tenta destacar-se do m. da maneira mais visível possível; seu deserto quer ser exterior ao m.

A distância que separa a experiência* ascética do monge e a vida do m. é pensada de múltiplas maneiras pelos Padres* da Igreja*: para eles, os monges levam a vida dos anjos*, verdadeiros liturgos (Is 6,1-3 — cf. Orígenes, *Peri Archon* I, 8, 1, SC 252, 220-221) que realizam o ideal da contemplação* contínua (Basílio* de Cesareia, *Hom. in Ps. 1*, 1, PG 29, 213; Evágrio, *Da oração*, 113, PG 79, 1192 d). João* Crisóstomo sublinha que a vida deles, semelhante à de Adão antes da queda, escapa ao m. pecador: "A ocupação dos monges é a que tinha Adão no começo, antes que pecasse, quando, revestido de glória, conversava familiarmente com Deus" (*In Matth.*, Hom. 68, 3, PG 57, 643-644). Para alguns Padres, a existência dos monges tem também como modelo a expatriação à qual foi chamado Abraão (Gn 12,7; Hb 11,8-13) ou ainda a vida itinerante do Cristo: de um lado como do outro, trata-se do "modo de vida do viajante, fácil de levar e fácil de deixar" (Clemente de Alexandria, *Pedagogo* I, 12, 98, SC 70, 287), do estrangeiro que apenas passa por um m. que ele ignora ou ao qual não quer pertencer. Outros, por fim, fazem da vida monástica um equivalente do martírio: "A paciência e a fidelidade rigorosa, com as quais os monges perseveram na profissão que abraçaram uma vez por todas, fazem deles, todos os dias, crucificados para o m., mártires vivos" (João Cassiano, *Conf.* 18, 7, SC 64, 20-21). Por um ângulo ou por outro, os Padres mostram assim que o monge constitui a exceção ao m. e a seu pecado*, identificados com a carne*, a sexualidade, a riqueza etc. É notável, contudo, que tal concepção do m. não se baseie numa ontologia ou numa cosmologia que identificaria o m. com o mal*: em sua realidade criada, o m. é com efeito uma coisa boa; antes, é mesmo uma antropologia* do desejo pervertido do homem que os Padres desenvolvem para sublinhar a dimensão negativa da existência mundana, secular.

Essa visão da relação com o m. difere, pois, sensivelmente das concepções próprias à gnose*. A ortodoxia cristã e os gnósticos concordam em afirmar a superioridade do homem sobre o m. e em sublinhar que o homem, embora esteja no m., não é "do" m. O próprio da gnose, todavia, é conceber a presença do homem no m. como reinado do mal; para o

cristianismo, em contrapartida, o m. só é este m. em razão do pecado: o homem é precisamente aquele pelo qual o m. se engendra como tal (Jonas, 1960).

A reflexão de Agostinho* repousará sobre essa recusa do dualismo gnóstico assim como sobre a vontade de indicar aquilo que, *no homem*, constitui a origem do m. Referindo-se a Jo 1,10, Agostinho reconhece duas significações no conceito de "m.": há, de um lado, o m. criado por Deus e, do outro, o m. engendrado pelo pecado do homem (*En. Ps.* 141, 15, CChr.SL 40, 2055-2056). A *Cidade de Deus* (XIV, 28) sublinha assim que "dois amores fizeram duas cidades: o amor de si até o desprezo de Deus, a cidade* terrestre; o amor* de Deus até o desprezo de si, a cidade celeste". Mas essas duas cidades não constituem dois m. opostos: a busca da paz*, com efeito, lhes é comum (*Cidade de Deus* XIX, 12); e, ademais, como já faz pensar o princípio da distinção das duas cidades (é o objeto do amor que faz a partilha entre as duas cidades), a finalidade atribuída pelo homem a seu uso do m. fecha o m. sobre si mesmo, ou, ao contrário, orienta-o para o gozo de Deus: "O uso dos bens necessários a esta vida mortal é comum às duas espécies de homens e às duas espécies de casas. Mas a finalidade deste uso é própria a cada uma e bem diferente" (*Cidade de Deus* XIX, 14-17). A distinção entre *uti* e *frui*, entre as realidades mundanas das quais só se pode usar e o Deus do qual se é chamado a gozar não implica portanto uma fuga do m., mas, antes, certa maneira de ser no mundo; e referindo-se ao *De fuga saeculi* I, 1 (PL 14, 596), de Ambrósio*, Agostinho escreve que "Não é com o corpo*, mas com o coração* que se deve fugir do m." (*De dono perseverantiae* 8, 20, BAug. 24, 639).

Apesar dos refinamentos das análises agostinianas, a desconfiança continua durante toda a IM a reger as relações do cristão com o m. Redigem-se sempre tratados sobre o desprezo do m. (Rogério de Caen, morto em 1090, escreve assim um *Carmen de contemptu mundi*, PL 158, 705-708) e as novas ordens religiosas medievais tendem ainda a identificar vida fora do m. e vida monástica. Algumas práticas testemunham essa identificação: os leigos* tratam de se fazer enterrar num mosteiro, de obter uma inscrição no necrológio ou ainda de tomar o hábito monástico no leito de morte* (*professio ad succurendum*).

b) *Redefinições teológicas do conceito de mundo.* — A Reforma constitui aqui uma ruptura notável. Lutero* se fundamenta antes de tudo na teologia agostiniana da história* que conduz a não separar duas cidades que não podem ser separadas: "As duas cidades, neste século, estão enredadas e mescladas uma na outra, até que sejam separadas pelo juízo final" (*Cidade de Deus* I, 35; ver também *Ep. 138, Ad Marcellinum* II, 9-15, PL 33, 528-532). Referindo-se, por outro lado, a textos do AT (p. ex., Sr 11,20-21) ou do NT (1Cor 7,17), Lutero valoriza o cumprimento da vocação cristã na faina, na lida, até na profissão que a providência destina a cada um no m.: sua tradução da Bíblia* utiliza assim uma mesma palavra (*Beruf*) para traduzir, de um lado, a ideia de vocação ou de chamado divino (em grego: *klesis*, cf. 1Cor 1,26; Ef 1,18 etc.) e, de outro, a ideia de faina, de trabalho* (os LXX, p. ex., em Sr 11,20-21, empregam o grego *ponos* e *ergon*). Como indicam os artigos 26 e 27 da Confissão de Augsburgo (1530), as exigências da vida deste m. não devem ser superadas, mas devem, ao contrário, ser assumidas pelo cristão. Na perspectiva protestante, toda fuga do m., p. ex. na vida monástica, constitui uma infração ao dever de amor ao próximo e, ademais, deixa entender que a salvação* pode ser obtida pelas obras*. A atividade diária, em suas dimensões mais seculares, se acha desse modo revestida de uma dimensão religiosa. Várias decisões sublinham essa maneira nova de conceber as ligações do cristão com o m.: os ministérios* eclesiásticos são dessacralizados e entendidos em termos de funções, a Bíblia é traduzida em língua vernácula, a música* popular faz sua entrada na liturgia*.

Com Calvino*, a ruptura iniciada por Lutero dá uma guinada mais específica: como sua reflexão teológica não estava centrada na ideia de providência*, mas na de predestinação*, Calvino ligou a certeza da salvação ao cumprimento de uma vida sóbria e metodicamente organizada. O calvinismo* ulterior, notadamente puritano, excederá o espírito e a letra de sua teologia ao impor a cada cristão o dever de verificar seu próprio estado de graça pelo controle metódico de sua existência e a racionalização da ligação, frequentemente feita de interesse, que o une ao m. Desse ponto de vista, o protestantismo* ascético transferia "o ascetismo tradicional para a própria vida mundana" (Weber, 1956, 336).

O catolicismo* pós-tridentino, por seu turno, tenderá a manter um mesmo discurso negativo em relação ao m.: este continua a ser, se não identificado ao pecado, ao menos considerado como o que conduz ao pecado. No s. XVII, Pascal* sublinha assim o fato de que a Igreja e o m. constituem duas potências contrárias e deplora o apagamento progressivo da "distinção essencial" entre ambos (*Comparaison des chrétiens des premiers temps avec ceux d'aujourd'hui*, Ed. Lafuma, 360-362, e *Prière pour demander à Dieu le bon usage des maladies*, 362-365): a Igreja, em sua pura visibilidade, deve portanto tender a escapar ao m. e a suas potências. Tal posição permanecerá até bem perto do Vaticano II*. Retomando análises agostinianas, a eclesiologia* do cardeal Journet colocará todavia em evidência que o limite entre a Igreja e o m. é interior a cada homem e que ambos não constituem duas realidades distintas entre as quais o cristianismo estaria como que dilacerado: "A Igreja não é sem pecadores, mas ela é sem pecado [...]. Suas fronteiras atravessam nosso coração* para ali separarem as luzes das trevas" (1941-1969, II, 1103; ver também III, 78-93).

c) *O século XX e a teologia do mundo.* — Será preciso esperar a metade do s. XX para que se elabore uma verdadeira reflexão teológica sobre o m. compreendido como realidade dotada de uma autonomia não contrária à fé*. Em parte sob a influência de Barth*, e mais tarde no catolicismo*, no ambiente do concílio Vaticano II, teólogos tratam de construir uma teologia do m.: D. Bonhoeffer*, F. Gogarten ou ainda J.-B. Metz. Em *Para uma teologia do mundo* (1968), este último declara que "no movimento mesmo de mundanização crescente que começa com os tempos modernos um impulso autenticamente cristão está em marcha"; o ateísmo* contemporâneo e o processo mesmo da secularização* são levados pela fé, e sobretudo pelo evento da encarnação*; esses fenômenos testemunham esta "verdade multiforme do evento do Cristo, em virtude da qual, pela encarnação de Deus, a carne aparece enfim plenamente como 'carne', como terra, como m. finito, ao passo que Deus aparece enfim plenamente como Deus em sua soberana transcendência em relação ao m."; a divindade de Deus aparece assim mais claramente à medida que o m. se torna mais m.

O s. XX vê nascer também uma determinação filosófica do m. Em Heidegger*, o m. não é pensado como um objeto situado em face do homem e do qual o homem poderia abstrair-se; não se trata tampouco do receptáculo da totalidade dos existentes, em cujo número seria preciso contar o homem (cf. *Ser e tempo*, § 12). O m. é, antes, o *a priori* concreto da existência, o que a determina antes de tudo como finitude; é o fato transcendental, a condição originária pela qual o homem pode ser o que é: "*Aquilo rumo a que* a realidade-humana (*Dasein*) como tal transcende, nós o chamamos m., e a transcendência, nós a definimos como *ser-no-m.*" (*Da essência do fundamento*). Ocorre, entretanto, que a analítica existencial proposta por *Ser e tempo* é tal que, no "m." assim pensado e descrito, o homem não tem de se preocupar com Deus. Assim, a reflexão teológica tratou de levar a sério a determinação heideggeriana do m., mas para pensar seus limites e para tentar captar aquilo que na experiência cristão do m. subverte-lhe a lógica (Brague, 1984; Lacoste, 1994).

• M. Weber (1922[2]), *Gesammelte Aufsätze zur Religionssoziologie*, Tübingen, 3 vol., reimpr. 1988. — M. Heidegger (1929), "Von Wesen des Grundes", in *Wegmarken*, GA 9, 123-175 (*Sobre a essência do fundamento*, São Paulo, 1971). — C. Journet (1941-1969), *L'Église du Verbe incarné*, Paris, 3 vol. — F. Gogarten (1956), *Der Mensch zwischen Gott und Welt*, Stuttgart. — H. Jonas (1960), "Gnosis und moderner Nihilismus", *KuD* 6, 78-93. — Z. Alszeghy (1964), "Fuite du monde", *DSp* 5, 1575-1605. — J. B. Metz (1968), *Zur Theologie der Welt*, Stuttgart. — P. Miquel (1980), "Monachisme", *DSp* 10, 1547-1557. — E. Pousset (1980), "Monde", *DSp* 10, 1633-1646. — M. Heidegger (1983), *Die Grundbegriffe der Metaphysik*, GA 29/30, Frankfurt (*Os conceitos fundamentais da metafísica: mundo, finitude, solidão*, Rio de Janeiro, 2003). — R. Brague (1984), "Vers un concept de l'être-au-monde: la presse (*thlipsis*)", in P. A. Simon (sob a dir. de), *Pela filosofia. Homenagem ao Prof. T. M. Padilha*, Rio de Janeiro, 229-241. — J.-Y. Lacoste (1994), *Expérience et Absolu*, Paris.

Thierry BEDOUELLE

→ *Ascese; Igreja; Monaquismo; Secularização.*

MÚSICA

Entende-se por "música" (m.), segundo um consenso decerto indeciso quanto a seu conteúdo e a suas fronteiras, a prática do canto e dos instrumentos, em formações tão variadas quanto o concerto, o teatro cantado, o culto* etc. O uso da m. no culto cristão é um fato. Para tentar compreender este fato e seus aspectos, é possível mostrar que um jogo de constrições e de recursos historicamente fundados engendrou na liturgia* cristã uma configuração particular da prática musical, delimitando suas formas, produzindo repertórios, fundando sobre certos princípios a lógica de seu desenvolvimento.

Todavia, é importante observar que o termo "música", que pertence à teoria greco-latina, não é muito empregado pelos autores cristãos antes que Cassiodoro (*c.* 485 – *c.* 580) introduza nos ambientes clericais e monásticos a teoria das artes liberais (*Institutiones*, PL 70). Ainda aqui, aliás, o termo designa uma ciência aparentada à matemática, uma espécie de cosmologia dos fenômenos sonoros, rítmicos e numéricos, muito longe das realidades práticas e espirituais do canto da Igreja. Isidoro de Sevilha (*c.* 559 – *c.* 634), em seu estudo da voz e do canto, fundirá a abordagem de Cassiodoro com a da retórica nascida de Quintiliano: essa fusão indica bem os dois domínios a partir dos quais serão pensados a seguir os "efeitos da m.", capítulo doravante obrigatório de todo tratado *De musica* (Hameline, 1978).

1. Das origens cristãs a Clemente de Alexandria

Não há, no começo, "m. de Igreja* cristã" comparável ao aparato musical do templo* de

Jerusalém*, e menos ainda ao aparato musical das instituições políticas e sociais das cidades* mediterrâneas e de seus cultos públicos: lá não se encontra um corpo de músicos (cantores, dançarinos, instrumentistas), nem usos musicais codificados em repertório e em calendário. As práticas musicais das primeiras comunidades cristãs parecem mais próximas das que se pode observar no seio de confrarias ou associações religiosas centradas na edificação mútua, e utilizam os recursos humanos de seus adeptos, percebidos como carismas a serviço da comunidade (1Cor 14). O espaço doméstico, ampliado aos membros da comunidade, parece ter sido seu quadro o mais das vezes; e sua importância será mantida nos séculos seguintes, pois não se poderia esquecer o papel desempenhado pelo quadro familiar, ou mais largamente pelo lugar da casa, no desenvolvimento da oração* e do culto cristão, até mesmo no desenvolvimento de certas formas de monaquismo* urbano.

Embora pareça necessário reduzir um pouco a influência direta das práticas sinagogais sobre as opções litúrgicas das primeiras comunidades (Taft, 1985), é certo, contudo, que a sinagoga, lugar de culto de espaço materialmente e psicologicamente restrito, pôde oferecer modelos muito influentes: a leitura das Sagradas Escrituras* e seu comentário, o canto dos salmos*, certos estilos de oração. Todos os autores concordam, em todo caso, em assinalar, dentro dos primeiros grupos cristãos, uma atividade hinódica notável (Perrot, 1985), às vezes espontânea e mesmo improvisada, como testemunhará ainda Tertuliano* ("cada qual é convidado a cantar a Deus, no meio da assembleia, um canto tirado das sagradas Escrituras ou de sua própria inspiração", *Apol.* 39, 18). E há acordo, por outro lado, em assinalar a importância que a Igreja em vias de estabelecimento concederá mais adiante ao saltério davídico.

Desenvolvendo-se, o cristianismo não poderá, contudo, evitar a criação de meios de expressão conformes ao que ele percebia de sua originalidade religiosa e às formas que tomarão suas formas institucionais e seus modos de sociedade. Assim, as escolhas fundamentais que marcarão o culto cristão em matéria de m. e de canto, ao longo do primeiro milênio, podem oferecer uma chave de compreensão de tudo o que ocorrerá neste domínio mais adiante.

A "m. cristã", que ainda não se conhecia muito como tal, mas que podemos imaginar em busca de uma forma de expressão que fosse sua, foi primeiramente levada a se definir em oposição a uma arte musical que se integrava no paganismo, e a tudo o que nessa arte lhe parecia corruptor dos costumes. Nesse ponto, os cristãos recuperam as posições do platonismo cívico, que bania da cidade poetas e músicos efeminados; e compartilham as reticências de numerosos pensadores, entre seus contemporâneos, que condenavam a arte musical como indigna de uma vida virtuosa e reta (Quasten, 1983). Bastará então que se acentue a concepção teológica de uma corrupção pecaminosa da natureza* humana para que a suspeita se fortaleça: p. ex., quando vier a tratar das concupiscências, sobretudo a da audição, Agostinho* dirá suas hesitações (de resto, frutíferas) sobre a recepção pela Igreja de uma arte tão frívola ou tão temível como o canto.

Seja como for, é muito provável que o conceito mesmo de "canto", e mais precisamente de "canto novo" (segundo a expressão do Sl 143), bem depressa tenha se apresentado como termo adequado para designar o que se conceberia bem menos, a partir daí, como uma prática ritual ou "artística" do que — metaforicamente — como uma atitude propriamente cristã diante da vida e na renovação da vida, como uma maneira feliz de viver segundo a graça*. Essa metaforização do conceito de canto, de conteúdo verdadeiramente inovador, é totalmente sensível, p. ex., no *Protréptico* de Clemente de Alexandria (†212): um texto cuja data e cujo lugar de composição, no contexto particularmente cosmopolita e multirreligioso da grande metrópole mediterrânea, correspondem a um estágio determinante da organização do cristianismo e de sua autointerpretação. O canto aparece, pois, em Clemente como modelo de uma presença intensa e feliz no mundo, mas de uma presença que o culto dos falsos deuses não podia senão tornar ilusória e mentirosa. Cristo*, *Logos* e Sabedoria*, mas também verdadeiro homem e cantor dos louvores* do Pai*, intervém como aquele que torna possível um "canto novo", *kainon asma*, cuja obra é converter, na esteira de David e dos profetas*, o canto de Anfião, de Orfeu ou de Homero. Esse canto novo, que se alimenta de hinos e de salmos a fim de se compreender a si mesmo, se identifica com uma vida — também ela nova — de piedade (*theosebeia*) e de sabedoria. Desse modo, a arte musical não possui em si nenhum poder direto de salvação*, tampouco tem o poder de influenciar a divindade. É à ação do Espírito* Santo que deve ser relacionada a nova e "musical" harmonia dos seres, e o canto é, assim, um fruto da sabedoria, como que irradiado pela humanidade beatificada do Cristo, mas de realidade "poética" indissociável de uma dimensão ascética: o canto fenonemal e toda a arte dos músicos, doravante, tudo o que podem é apenas evocar esse outro canto, mais real talvez em sua natureza de canto, que é o canto da vida virtuosa. Essa inversão das perspectivas vai nutrir toda a concepção ulterior que os moralistas cristãos darão do canto e do "louvor vocal", *laus vocalis* (cf. entre muitos outros Agostinho, *En. in Ps.* 146, 148, 149; João* Crisóstomo, *In Ps.* 111; de maneira geral, os comentadores do Sl 46 e do Sl 149).

Se, portanto, for necessário imaginar, com base no *Protrético*, na ausência de informação mais precisa, um eventual uso do canto nas assembleias cristãs, dever-se-á ressaltar decerto a ausência de todo aparato musical instituído. Clemente rejeita tudo o que pudesse se aproximar do teatro sagrado, da peregrinação* iniciática ou da embriaguez báquica. Mas suas firmes tendências ascéticas estão ligadas, entretanto, a um impulso hinódico caloroso e imaginativo, que irriga todo o seu depoimento, desenha um lirismo e quase uma vocalidade.

Com variantes que dependem do maior ou menor rigor dos modos e das regras comuns, reencontraremos esse ascetismo sapiencial na salmodia monástica. A carta de Atanásio* a Marcelino (PG 27, 37-41) atribui assim à recitação "melodiosa" dos salmos* um efeito apaziguador, conciliando o ritmo da alma* com o do autor inspirado, e pre-

parando assim o coração* à oração (Dyer, 1989) — tema que conhecerá uma fortuna persistente (Vogué, 1989).

Três recusas, portanto, marcam a concepção cristã. Recusa, de um lado, de toda forma de canto ou de m. que atribuísse à arte uma ação constrangedora sobre as forças naturais e sobrenaturais; recusa, em seguida, de toda tendência gnóstica a ligar às formas musicais (escalas, números, ritmos...) como tais um poder de iluminação e de acesso ao conhecimento* divino; recusa, enfim, de toda associação das práticas musicais com o que parece ser o desregramento dos modos, embriaguez, frenesi, estados-limite, transes.

2. O ethos *do canto na celebração cristã*

O ritual batismal pedia ao catecúmeno que renunciasse às "pompas de Satã", e estas encontravam decerto sua realização mais visível e mais sonora nos cortejos que abriam os jogos frequentemente sangrentos do circo, com grande reforço das fanfarras, dos gritos e dos estandartes. Os autores cristãos não hesitarão em expor seus sentimentos de execração diante desse universo sonoro (p. ex., Tertuliano, *De spectaculis*, cap. 10, PL 1, 642-644); e quando o estabelecimento da Igreja, o prestígio local dos bispos*, o desenvolvimento do clero permitiram o aparecimento de um cerimonial litúrgico mais amplo que nas origens, a rejeição dos instrumentos de m. e a utilização exclusiva da voz dos cantores e dos fiéis levarão a produzir um *ethos* sonoro das celebrações cristãs decerto mais inovador que os historiadores da m. puderam pensar, e sem o qual é difícil imaginar o surgimento nos séculos seguintes da grande monodia latina, romana, milanesa, galicana, hispânica ou romano-franca.

Os traços essenciais desse *ethos* do canto, ou pelo menos de um *ethos* desejado e proposto, aparecem claramente num sermão de Nicetas de Remesiana (*c.* 454-485), *De psalmodiae bono* (PL Suppl. 3, 191-198), do qual Isidoro de Sevilha (*De ecclesiasticis officiis*, I, cap. 1-10, II, cap. 11-12) retomará em parte a terminologia e o conteúdo. Nicetas não desconhece que alguns no Oriente e no Ocidente consideram o canto dos salmos e dos hinos como inútil e "pouco conveniente à divina religião". Sustentam uma interpretação restritiva das palavras do Apóstolo*, "cantai e celebrai o Senhor de todo vosso coração", *in cordibus vestris* (Ef 5,19), isto é, para eles, "no segredo do coração". Ora, o Apóstolo falou, sim, do canto, não do silêncio, e suas palavras remetem de fato à união do coração e da voz. Nicetas a seguir faz o elogio dos salmos e dos cânticos bíblicos: eles fornecem a toda situação cá de baixo, a todas as condições de idade e de sexo, um remédio que a doçura e o encanto do canto tornam eficaz, de tal sorte que o coração só poderá comover-se quando tiver compreendido que todos os mistérios* de Cristo são ali celebrados. A expressão bem conhecida do Sl 46, *psallite sapienter*, indica que não se deve cantar somente com o fôlego, mas também com a inteligência desperta pela beleza* do canto. Se tal é a voz da Igreja em suas assembleias, não se poderia então deixar ao acaso, e menos ainda à desordem, o cuidado de determinar-lhe as características. A simplicidade cristã não poderia tomar de empréstimo o encantamento de suas melodias a uma arte teatral e vã: tudo ali deve estar de acordo com a santidade* de uma tal religião. Infelizmente, Nicetas indica apenas um traço da realização deste programa: a recomendação do canto *ex uno ore*, cujo paradigma é dado pelo cântico dos três jovens na fornalha (Dn 3).

Essa insistência no *una voce* combina-se, num grande número de pastores* e de superiores monásticos, com o horror da heterofonia e, mais geralmente, de todo comportamento que pudesse evocar tumulto e precipitação (Quasten 1983). Toda tonitruância é excluída quando a voz se dirige a Deus, como Cipriano* o exprimira em seu comentário da oração dominical (Réveillaud 1964): "Naqueles que oram, que o modo de falar e as súplicas sejam marcados por um cuidado de calma e de contenção. Lembremo-nos que estamos na presença de Deus. Importa agradar aos olhos divinos pela atitude do corpo* e a entoação da voz. Assim como é próprio de um impudente fazer retumbar clamores, assim convém ao pudor cristão fazer-se ouvir por orações comedidas". Certamente

isso não excluía o alcance religioso do gemido e do suspiro (Armogathe, 1980), nem o fervor e o entusiasmo louvados tão resolutamente por Ambrósio* (*Explanatio Ps. 1*, PL 14, 924-925, *Sermo contra Auxentium*, PL 16, 1017), que foi, aliás, o teórico da *verecundia* cristã (*De officiis*, PL 16, XVIII, 43-47). Na economia das produções sonoras, os liturgistas carolíngios distinguirão, assim, lógicas diferentes e permitirão ao canto realizar-se na multiplicidade necessária (e teologicamente significativa) dos cantos: salmodia comum em voz cheia moderada e bem fluente, canto "artístico" e firme (*strenua voce*) dos cantores (e particularmente dos chantres solistas executando os versículos) em seu repertório próprio, proferimento "secreto", *in secreto*, da oração sacerdotal do cânon da missa (cf. Crodegando, bispo de Metz, *Regula canonicorum*, PL 89, L, 1079, retomado pelo concílio de Aix de 816).

3. Questões fundamentais de uma teoria da música litúrgica

Tudo se passa, portanto, claramente, na época patrística, como se a Igreja se achasse confrontada a uma tarefa aberta: definir uma m., ou mais precisamente uma musicalidade da voz e do canto, que fosse congruente com seu culto e pudesse, em sua execução e sua perpetuação, conservar suas formas (modelos formais e repertórios constituídos), seu princípio e sua sensibilidade. Articular a tradição* *dos* cantos com a tradição *do* canto, ele mesmo entendido como ato teologal na Igreja, esse é o desafio.

É importante observar, ademais, que a formação e a difusão do canto cristão não estiveram ligados constitutivamente a uma língua determinada. É claro que os primeiros suportes históricos da m. de Igreja, além dos vestígios geográficos que deixarão sob a forma de um pequeno número de vocábulos ou de fórmulas venerados e não traduzidos — como esses "termos hebraicos não traduzidos", *amen, aleluia, hosana*, de que fala Agostinho (*De doctrina christiana* I. 2, cap. 2) —, não deixarão de marcar fortemente a elocução cristã, como se pode ver tomando o exemplo do versículo sálmico, tão estranho à prosódia greco-latina (Gerson-Kiwi, 1957). Mas mais significativo ainda é o trabalho que as diversas línguas e as diversas culturas imporão ao material musical que lhes será transmitido. É preciso levar a sério, então, os fenômenos de inculturação* linguística (Gy, 1990), a cada vez obra conjunta de uma língua e de uma autocompreensão religiosa agindo uma sobre a outra no nível mesmo dos suportes da expressão: assim os hinos de Ambrósio, mas também a obra poética de Paulino e de Prudêncio, conseguiram conciliar num "canto novo" a herança da poética latina e a *elocutio* própria da mensagem cristã (Fontaine, 1981). E, quanto ao estranho crisol onde se encontram a declamação sálmica e a acentuação latina, ele verá se formar após uma lenta maturação este objeto musical novo e sempre surpreendente que é a antífona, e sobretudo aparecer em torno dela, e em relação com a *ars canendi* própria à instituição (ela também nova) da *schola cantorum* (grupo qualificado de cantores de *status* cerimonial bem definido), um repertório metódico, o antifonário, no qual o mistério do ano* litúrgico cristão pode se desdobrar numa forma sonora ao mesmo tempo contínua e diferenciada, combinando uma hermenêutica* musical do texto à proposição de um louvor* cordial e jubiloso.

Alguns traços insistentes, se não constitutivos, da m. dos cristãos se destacam assim (cf. também Gelineau, 1989; Ratzinger, 1995).

a) O canto engajado na aventura individual e coletiva da fé* tem a ver primordialmente com a confissão oral, tal como definida uma vez por todas em Rm 10,8ss, onde se funda toda teologia* da voz da Igreja em suas assembleias. Confessando a fé, o canto dá a entender o que nela é enunciável. Ele o faz, contudo, num modo musical próprio, deixando ao texto um espaço sonoro onde, paradoxalmente, seu peso de sentido aparece melhor ainda que no enunciado puro e simples das palavras. O canto opera para a manifestação ao prolongar a dicção: a *tarditas* própria ao proferimento cantado já fora bem vista por Boécio* (*De Institutione Musicae*, 1. 1, cap. 12, cf. Potiron, 1961). Mais

que uma função de aparato, é a constituição de uma área de audibilidade própria à ação cantada que importa aqui. Essa constituição pode desde então aparecer como papel primeiro da organização musical das liturgias. Ela abrirá o caminho aos florescimentos posteriores, em primeiro lugar à polifonia.

b) A tradição do canto cristão não pode renegar suas origens pentecostais e carismáticas. É possível que os três termos mencionados em Cl 3,16 e Ef 5,19 ("salmos, hinos e cânticos inspirados") não tenham correspondido a categorias de canto realmente em uso. A evocação desses "cânticos inspirados" deixa entrever, todavia, uma extensão possível dos repertórios estabelecidos em direção de formas em que a arte e o cálculo didático deixam lugar à difusão de uma energia haurida na experiência* religiosa mesma, nesta "jubilação" (*vox sine verbis*) em que os comentadores do s. IV viram um excesso e um transbordamento situado ao mesmo tempo aquém e além da enunciação verbal (Hilário*, *Tractatus in ps.* 65, 3, PL 9, 425; Agostinho, *Sermo 2 in ps.* 32, PL 36, 283; *in ps.* 99, § 4, PL 37, 1272).

c) Uma herança lírica, ao mesmo tempo sálmica e hínica, se mantém como reserva nas Escrituras cristãs. O saltério constitui seu centro, paleta de todos os sentimentos do fiel feliz ou infeliz, lido por meio da figura típica do Cristo salmista (Fischer, 1951); e sua estrutura convidadora, expressa pelos imperativos *cantate, pasallite, magnificate, laudem dicite* e pelo lugar tomado na liturgia das horas pelo Sl 94 ("Vinde! Gritemos de alegria para o Senhor…"), permite compreender o traço decerto mais fundamental do canto cristão: a afirmação de que Deus é, de algum modo, "cantável", e talvez só possa ser adequadamente reconhecido se o crente se puser num momento ou noutro em situação hinódica. Deus, certamente, não necessitaria de nenhum louvor, e nada repugna mais ao cristianismo do que a adulação (João Crisóstomo, *V homilia sobre 1Tm*, PG 62, 525-590, Agostinho, *En. Ps.* 134, PL 37, 1708-1755). O canto só aproveita ao cantor e a seu auditório: representa para eles a liberalidade dos dons divinos ao se apresentar como restituição (escatológica) de uma faculdade (protológica) de cantar. O canto canta o louvor de Deus ao cantar sua própria possibilidade. Canta a possibilidade de louvor, cujo invitatório faz incansavelmente ouvir.

d) O personagem do *cantor*, ou do salmista, ao qual Agostinho alude tão frequentemente (e não é também o título com que se honrará J. S. Bach?), aparece então como o guardião dessa herança lírica, e como aquele que tem o encargo de manter uma suficiente vitalidade para a tradição do invitatório. Na descrição que dá das funções eclesiásticas, após ter evocado a tarefa e a arte do leitor, Isidoro de Sevilha define a tarefa e a arte do salmista. E diferentemente de Nicetas, de quem retoma algumas expressões, ele esboça o que pode ser um *ethos* vocal teologicamente consistente: "É importante que o salmista seja notável e distinguido por sua voz e por sua arte, de tal sorte que possa levar as almas dos ouvintes a se deixar capturar pelo encanto de uma suave salmodia. Sua voz não será nem dura, nem rouca, nem falsa, mas sonora, melodiosa, nítida e elevada, uma voz cuja sonoridade e melodia estarão de acordo com uma religião santa. Não fará aparecer uma arte de intérprete, mas manifestará em seu desdobramento musical uma verdadeira simplicidade cristã. Não sentirá a ostentação própria dos músicos nem da arte teatral, mas operará, antes, em seus ouvintes um verdadeiro enternecimento do coração" (*De ecclesiasticis officiis*, 1. 2, cap. 12). A arte bem concebida do canto tende assim a produzir uma dissipação das resistências e dos pesos do coração, para produzir uma *compunctio* que conduz quase ao registro do terno, mas sem fraqueza, pois a voz deve ser direita, clara e sonora, como convém a uma religião que repugna os efeitos do teatro e de uma música de parada. É possível pensar que esse programa e essa definição de uma estética da "conveniência", longe de desempenhar um papel artisticamente inibidor, puderam, ao contrário, ao apregoar um lirismo comedido à procura de uma forma ótima, inaugurar a busca infinita das formas e suscitar um trabalho* incessante de abordagens e de soluções que, de

certa maneira, se confundiu com a história da m. ocidental.

e) Uma qualificação desta arte — pois é mesmo de arte que se trata agora — permanece difícil, arte que se enuncia no "encanto" e na "suavidade" (os *oblectamenta dulcedinis*) de que fala Isidoro. Tudo o que diz respeito à "doçura do canto", à *suavitas canendi*, poderia ser considerado como um clichê literário próximo do insignificante. A interpretação dessa passagem por Amalário (*c.* 830) incita, porém, a tomar isso a sério. Para Amalário, cuja influência foi grande durante toda a IM (Ekenberg, 1987), o canto anuncia precisamente a realidade deleitável dos bens prometidos no contrato da fé; aliás, insiste ele seguindo Agostinho, Deus não atrai "por necessidade, mas por deleite", *non necessitate sed delectatione*, o que reserva ao canto o privilégio de anunciar que o amor* não poderia nascer do constrangimento (Amalário, *Liber Officialis, Opera Omnia*, ed. J. M. Hanssens, Vaticano, 1948, t. 2, L. 3, cap. 5, § 6).

• B. Fischer (1951), "Le Christ dans les Psaumes", *MD* 27, 86-113. — E. Gerson-Kiwi (1957), "Musique (dans la Bible)", *DBS* 29, 1411-1468. — E. Werner (1959), *The Sacred Bridge, The Interdependance of Liturgy and Music in Synagogue and Church during the first Millenium*, Londres-Nova York. — S. Corbin (1960), *L'Église à la conquête de sa musique*, Paris. — H. Potiron (1961), *Boèce, théoricien de la musique grecque*, Paris. — M. Réveillaud (ed.) (1964), *Cyprien. L'Oraison dominicale*, Paris, 81-82. — O. Söhngen (1967), *Theologie der Musik*, Kassel. — J. Claire (1975), *Les répertoires liturgiques latins avant l'Octoechos*, t. 1: *L'office férial romano-franc*, Solesmes. — J.-Y. Hameline (1978), "Historie de la m. et de ses effets", *Cahiers Recherche-Musique*, Institut national de l'audiovisuel, 66, 9-35. — J.-R. Armogathe (1980), "*Gemitibus inenarralibus*, Note sur Rm 8,26", *Aug.* 1-2, 19-22. — J. Fontaine (1981), *Naissance de la poésie dans l'Occident chrétien*, Paris. — J. Quasten (1983), *Music and Worship in Pagan and Christian Antiquity*, Washington, 52-57 (alemão, Münster, 1929). — C. Perrot (1985), "Le chant hymnique chez les juifs et les chrétiens au premier siècle", *MD* 161, 7-32. — R. Taft (1985), *Liturgy of the Hours in East and West*, Collegeville. — E. Ekenberg (1987), Cur cantatur? *Die Funktionen des liturgischen Gesanges nach des Autoren der Karolingerzeit*,

Estocolmo. — J. McKinnon (1987), *Music in Early Christian Literature*, Cambridge. — J.-Y. Hameline (1988), "Acte de chant, acte de foi", *Catéchèse* (Paris) 113, 31-46. — J. Dyer (1989), "Monastic Psalmody of the Middle Ages", *RBen* 96, 41-74. — J. Gelineau (1989), "Le chemin de la musique", *Conc(F)*, n. 222, 157-170. — A. de Vogué (1989), "Psalmodier n'est pas prier", *EO* 6, 7-32. — P.-M. Gy (1990), *La liturgie dans l'histoire*, Paris, 59-72. — J. M. Spenser (1991), *Theological Music. Introduction to Theomusicology*, Nova York. — H. Seidel *et al.* (1994), "Musik und Religion", *TER* 23, 441-495 (bibl.). — H. de la Motte-Haber (1995), *Musik und Religion*, Laaber. — J. Ratzinger (1995), *Ein neues Lied für den Herrn. Christusglaube und Liturgie in der Gegenwart.* — E. Fubini (1997), *Geschichte der Musik-Ästhetik von der Antike bis zur Gegenwart*, Stuttgart-Viena. — U. Taddai *et al.* (1998), "Musik", *LThK3 7, 541-543.*

Jean-Yves HAMELINE

→ *Arquitetura; Beleza; Culto; Imagens.*

N

NADA

O conceito de nada (*nihil*) ou de não-ser (*non ens*), absoluto (*ouk on*) ou relativo (*mè on*), é um dos conceitos constitutivos da história da metafísica, do *Poema* de Parmênides, do *Parmênides* de Platão ou, entre os sofistas, do tratado *Peri tou me ontos* (*Do não-ser*) de Górgias até o *Que é metafísica?* de Heidegger* e *O ser e o nada* de Sartre. A teologia* (t.) utilizou-o de modo múltiplo. Por um lado, em função das questões e das doutrinas, de considerável dificuldade, que o requeriam: principalmente a transcendência de Deus* (o além do ser* pôde ser pensado como não-ser), a criação* (enquanto *ex nihilo*) ou o mal* (o erro ou o pecado* como participação no nada). Por outro lado, recorrendo aos conceitos de anulação ou aniquilamento para pensar o dogma* da encarnação* nos termos da Kenose* do Filho, ou para pensar noções tão essenciais na história da piedade, como a conversão*, ou na da ascese*, como o desnudamento, ou até para aplicar o tema da "nadificação" ao inferno* (Agostinho, *En. in Ps.* 38), ou para trazer à luz o fundo espiritual, e não somente psicológico, do suicídio (o ódio de si como vontade de não-ser). Mencionaremos aqui somente os pontos que não foram objeto de um verbete próprio neste *Dicionário*.

Além das referências escriturísticas chamadas pelo dogma da criação, a negação de Deus (Sl 13,1 e 52,2; ver ateísmo*) ou a análise moral da vacuidade e da vaidade da condição humana (Jó, Ecl), a meditação cristã do nada se apoiou num pequeno número de passagens bíblicas decisivas: Sl 41,8 (o abismo de Deus e o do pecado), Gl 6,3 e Sl 38,6 (a oposição direta no texto dos LXX e da Vulgata entre *substância* e *nada*: "Minha substância é como o nada diante de ti"), Fl 2,7 (a exinanição) e sobretudo Rm 4,17 (Deus "chama à existência o que não existe") e Jo 1,3 com a célebre dificuldade de sua pontuação e as duas leituras principais que o lugar da cesura autoriza: 1/ "sem ele nada (*nihil, oude en*) se fez do que foi feito; nele estava a vida"; 2/ "sem ele nada se fez [*ou* o nada foi feito sem ele]; o que foi feito nele era a vida".

1. A teologia mística: Deus causa e nada

A via de negação permite à t. dizer o que Deus não é: "Conhecemos não o que Deus é, mas o que ele não é" (Clemente de Alexandria, *Strom.* V, 11). Mas do conhecimento do que Deus não é, e mesmo de que ele não é nenhum ente conhecido, não decorre que ele não exista. A incognoscibilidade de Deus, na medida em que transcende todo ente, inclusive o ser (como o Um dos neoplatônicos), e até o próprio Um (contra os neoplatônicos), não implica que seja qualificado de nada — isso se oporia, ademais, à letra de Ex 3,14. O pensamento de Deus como nada não era, pois, uma necessidade da via negativa ou da apófase. No Pseudo-Dionísio*, se a sobre-essencialidade "não tem ser segundo o modo de nenhum ser" (*Nomes divinos* 1, 1), a via de eminência apreende que a causa de todas as coisas não é nada do que pertence ao ser, mas também nada do que pertence ao não-ser (*Teologia mística* 5): por isso, Deus, transcendendo ao mesmo tempo o ente e o não ente, não se acha em oposição com nada — nem sequer com o nada. Como se passou da concepção dessa transcendência (figurada pelos oximoros de "treva mais que luminosa" ou de "raio tenebroso") como causa sobre-essencial, que não é nada do que é, às formulações perigosas que, superando as negações, a declaram nada? Compreendendo que o não conhecimento é, como tal, um modo do conhecimento* quando se trata de conhecer a Deus (*Nomes divinos* 7, 3; ver também as *Ambigua* de Máximo* Confessor, PG 91, 1232). A partir daí os comentadores de Dionísio tomam uma resolução, realizando essa "metamorfose da apófase" (A. Gouhier); assim João de Citópolis: "Não penses que o divino é, mas não pode ser compreendido; pensa que ele não é: tal é, de fato, o conhecimento no não conhecimento" (*Comentário sobre os Nomes divinos*, PG 4, 245 c), ou Máximo Confessor: "Por causa de seu sobre-ser, o nome* que melhor convém a Deus é o não-ser... É preciso que os dois nomes, ser e não-ser, sejam propriamente aplicáveis a Deus e que nenhum deles lhe convenha propriamente. O primeiro lhe convém na medida em que Deus é a causa de todas as coisas, o segundo pela eminência da causa abstrativa de todo o ser das coisas existentes" (prólogo da *Mistagogia*, PG 91, 664 b). Entre os autores latinos, João Escoto Erígena distinguirá em *De divisione naturae* cinco modos de oposição entre ser (o que pode ser percebido pelos sentidos ou compreendido pelo intelecto) e não-ser (relativo) e fará de Deus o primeiro gênero de não-ser, na medida em que é pela excelência de sua natureza que ele está fora dos sentidos e do intelecto: "A natureza divina [...] é nada, ela excede todos os entes <não> na medida em que ela mesma não é ser, mas na medida em que todos os entes procedem dela" (*De divisione naturae* 1.II, 589 B). Por toda essa tradição de comentadores do *corpus* dionisíaco, o ponto capital, entretanto, é o seguinte: é sempre a via

de causalidade que autoriza o uso do conceito de nada para pensar Deus como a causa sobreeminente. Essa doutrina será aprofundada pela tradição mística* (Hadewijck de Antuérpia, Suso, Ângelo de Foligno). Assim, mesmo no campo da t. mística, seu desafio é fundamentalmente a criação e a causalidade — donde, em contrapartida, a importância desse teologúmeno na história da metafísica.

2. A teologia natural: o nada e o inteligível

a) *As cosmologias do Renascimento*. — As especulações sobre o nada constituem uma passagem obrigatória do platonismo* cristão do Renascimento, que alia às cosmologias escalares, retomadas das hierarquias de Dionísio e de Máximo, a afirmação forte da transcendência de Deus. A oposição entre Deus e o nada, "não-ser imenso e infinito em ato", mas da qual se pode tirar uma prova* da existência de Deus (pois o ser do impossível acarreta o do necessário), constitui o caso por excelência da "arte dos opostos" que um Carlos de Bovelles elabora depois de Nicolau* de Cusa: o paradoxal *Liber de nihilo* (1510) conclui com a retomada das teses mais audaciosas da tradição dionisiana, em particular a que "adjudica a Deus o nome de nada [...], pronunciando no mistério* que Deus é nada (*nihil*)" (c. 11). Entretanto, Bovelles insiste fortemente na descontinuidade ou na incomensurabilidade radical que separa toda criatura do Criador; a essa separação dá o nome de *assurrectio*. Embora reivindicando os paradoxos da "coincidência dos opostos", a t. natural* do Renascimento evita assim ultrapassar o interdito agostiniano do *De natura boni*: "É uma audácia sacrílega igualar o nada e Deus" (X), formulado contra os maniqueus que queriam atribuir estatuto igual ao Filho nascido de (*de*) Deus e às criaturas feitas por (*ab*) ele "do nada, isto é, a partir (*ex*) daquilo que absolutamente não é" (I). Será uma posição constante sustentar que as criaturas são *de nihilo* e foram tiradas *ex nihilo a Deo* (mas quanto a isso é possível também empregar *ex Deo*, segundo Rm 11,36), ao passo que o gerado é *de* e *ex Deo*. E por isso é preciso entender onticamente, e não apenas espiritualmente, que o eu possa tender para o nada (Gl 6,3; Agostinho*, *De civitate Dei* XIV, XIII; *En. in Ps.* 134,6; Bernardo* de Claraval, *De gradibus humilitatis* IV, 15).

b) A metafísica protestante. — A partir do momento em que a metafísica moderna, cumprindo-se como ontologia, define o ente como o pensável e submete assim o ser à representação, a oposição do *ens* e do *nihil* se encontra deslocada. Herdeiro de Rudolf Glocenius (1547-1628) e de Clemens Timpler (1567-1624), Johannes Clauberg (1622-1665) enuncia essa constatação: "O ente é tudo o que pode ser pensado (inteligível) e não se lhe pode opor nada que seja" (*Ontosophia*, § 4). Por isso ele é o conceito mais geral, absolutamente indeterminado, anterior à bipartição do algo (*aliquid*, ele mesmo divisível em substância e acidente) e do nada (*nihil*). Embora católico, N. Malebranche (1638-1715) desenvolve uma metafísica comparável: não "pensar em nada" é ter "a ideia vaga do ser em geral", isto é, sentir a "presença clara, íntima, necessária de Deus" (*Recherche de la vérité* III, II, 8). Via o *Tractatus philosophicus de nihilo*, de Martin Schoock (1614-1669), via Leibniz*, a *Ontologia* (§ 132 *sq*) de Wolff (1679-1754) e sobretudo a *Metaphysica* (§ 7) de Baumgarten (1714-1762), que pensam antes de tudo o ser como poder ser, Kant* se inscreve nessa tradição. O final da analítica transcendental da *Crítica da razão pura* recapitula quatro sentidos do nada (*nichts*): 1/o conceito vazio sem objeto (*ens rationis*), simples ficção como o número; 2/o objeto vazio de um conceito (*nihil privativum*), isto é, a negação da realidade, como o frio; 3/a intuição vazia sem objeto (*ens imaginarium*), como o espaço e o tempo* puros; 4/o objeto vazio sem conceito (*nihil negativum*), o contraditório. A identificação do ser e do nada é em seguida afirmada por Hegel* na *Ciência da lógica*: "Ser e nada são a mesma coisa" (ed. de 1817, § 40-41) — uma identificação que atinge Deus como absoluto, "ser em todo o ser-ali" ou ser supremo (*das höchste Wesen*), já que tais definições só o exprimem como negatividade ou indeterminidade puras. Reabilitando o teologúmeno da criação *ex nihilo*, a última filosofia* de Schelling* reelabora por seu turno a diferença entre o *mè on*, negação da posição, simples nada, pura possibilidade indefinida, e o *ouk on*, posição da negação, o Nada (*Filosofia da revelação*) que traduz conceitualmente o dogma da criação e permite articular, no começo da filosofia positiva,

t. natural e revelação*. Mas, uma vez mais, isso ocorre na qualidade de um pensamento de Deus, "Senhor do ser", como causa.

3. Os três nadas do homem

No *Espelho das almas simples e anuladas*, Marguerite Porète (†1310) identifica liberdade* ("*franchise*") e anulação (*anéantissement*). Conhecer seu nada, para a alma* simples, é nada conhecer nem querer. O "querer nada" a desobstrui ("*descombre*") de tudo (inclusive de Deus) e a libera para a união com Deus. Cessando de ter uma vontade própria, a alma então só quer pela vontade divina. De igual modo, na mística renano-flamenga*, em particular com mestre Eckhart, a anulação é uma condição da divinização. Regressar ao nada é, para a criatura, atingir o ser que ela tem em Deus antes de toda criação. É também tornar-se o lugar onde a bondade divina deverá necessariamente difundir-se, conforme o princípio dionisiano: o bem* se difunde por si mesmo. O Sl 41,8, "o abismo chama o abismo", é então uma referência escriturística obrigatória (comentada por João Escoto Erígena). É preciso recordar também o tratado místico anônimo do s. XVI *The Cloud of Unknowing*, cuja influência foi considerável, e a *Teologia mística* de Harphius ou, no começo do s. XVII ainda, *A pérola evangélica* de Dom Beaucousin (1602). Jean Orcibal avaliou a influência dos místicos do Norte sobre a espiritualidade do Carmelo* e de João* da Cruz, em quem se encontra a ideia de anulação sob a forma de desnudamento: a "noite escura" transpõe na contemplação* de João da Cruz a negação de todo o criado, seu nada.

A importância do *corpus dionysiacum*, decerto notável durante toda a IM, nunca porém foi tão forte quanto no início do s. XVII: sua brilhante tradução pelo bernardo Jean de Saint-François (Goulu) em 1608 é capital para o vocabulário da t. mística. O que Louis Cognet chamou de "escola abstrata" conservou a mística renano-flamenga, via a *Regra de perfeição* (1593) de Benoît de Canfeld em particular. Bérulle* é sua testemunha privilegiada, o que não o impede de ter feito obra original e ter posto em primeiro plano, após Canfeld e sua *práxis anihilationis* (*Regra de perfeição* 3, 9), uma concepção cristológica do nada. Bérulle articula "três tipos de nada: o nada do qual Deus nos tira pela criação, o nada em que Adão* nos coloca pelo pecado e o nada onde devemos entrar com o Filho de Deus que se anula a si mesmo para nos reparar" (*Opuscules de piété*, 136). Bérulle se apoia em Rm 4,17 para mostrar que "o nada tem relação com Deus" na medida em que este é capaz de todas as suas vontades; assim, devemos nos tornar semelhantes ao "nada do ser" de onde Deus nos tirou para fugir do segundo nada (o que Adão nos presenteou) e nos colocar no terceiro, imitando "o estado anulado" de Jesus*: "Somos um nada que tende ao nada, que busca o nada [...], que se enche do nada, e que enfim se arruína e se destrói a si mesmo por um nada. Ao passo que devemos ser um nada, na verdade (pois isso nos convém por natureza), mas um nada na mão de Deus [...], um nada referido a Deus" (*ibid.*, 111). O conceito de abnegação exprime este último sentido (*ibid.*, 132) e atribui a tarefa própria àquilo que Bérulle chama, por oposição à t. positiva* e à t. escolástica*, de t. mística (*ibid.*, 8): é a abnegação que configura a anulação espiritual e sacrifical do cristão pela anulação objetiva de Cristo.

4. Antropologia: o homem, meio entre Deus e o nada

O conceito de nada permitiu em várias ocasiões atribuir ao homem seu *status* metafísico, não mais nada mas meio entre Deus e o nada. É na medida em que a criação faz o homem participar do nada que o homem é metafisicamente limitado (mal metafísico): as teodiceias, desde Agostinho, explicam assim o erro e, eventualmente, o pecado. Rompendo com a problemática da *situação* do homem no universo das cosmologias medievais e renascentistas, Descartes* define pela primeira vez a *posição* do homem (*Stellung*, Heidegger* 1961, t. 2, 187-188): "Eu sou como um meio entre Deus e o nada (*medium quid inter Deum et nihil*), isto é, colocado de tal modo entre o soberano ser e o não-ser (*inter summum ens et non ens*) que não se encontra, de verdade, nada em mim que me possa conduzir no erro, na medida em que um soberano ser me produziu; mas... se me considero como participante de algum modo do nada ou do não-ser, isto é, na medida em que eu mesmo não sou o soberano ser, acho-me exposto a uma infinidade de faltas" (*Meditação* IV). É dessa nova problemática que Pascal* vai tratar nos *Pensamentos*: "Que é o homem na natureza?

Um nada diante do infinito*, um tudo diante do nada, um meio entre nada e tudo", para caracterizar a relação do homem simultaneamente perante a Deus e diante da natureza. O desafio da possibilidade de errar é nada menos que a liberdade, isto é, a subjetividade como fato de "confiar-se em si mesmo" (Heidegger, 1961, t. 2, 196). Com *Ser e tempo* (1927), depois com *Que é metafísica?* (1929), Heidegger parte da análise da angústia, afeto fundamental que desvela o nada, para trazer à luz a ligação constitutiva do nada com a existência humana: "O nada é a condição que torna possível a revelação do existente como tal para o *Dasein*" (1929, 115).

Não está garantido que a t. espiritual* contemporânea dê lugar à anulação ou que o conceito de nada conserve uma pertinência na t. especulativa atual. Sua história mostra, ao menos, que no cristianismo a atribuição a Deus do conceito de ser nunca deixou de ser problemática.

• Parmênides (*c.* 475 a.C.), *Poema.* — Górgias (*c.* 440), *Tratado do não-ser.* — Platão (*c.* 368), *Parmênides.* — Clemente de Alexandria (*c.* 200), *Stromata.* — Agostinho (399), *De natura boni;* (406-407), *Tractatus in Joh. ev.;* (401-414), *De Genesis ad litteram.* — Dionísio, o Pseudo-Areopagita (*c.* 480-500), *Os nomes divinos; A teologia mística; Obras* (trad. fr. por Dom Jean de Saint-François, Paris, 1608). — João de Citópolis (antes de 530), *Escólios sobre o corpus dionisiano.* — Máximo Confessor (*c.* 630), *Mistagogia; Ambigua.* — João Escoto Erígena (864-866), *De divisione naturae.* — M. Porète (†1310), *O espelho das simples almas, Speculum simplicium animarum,* CChrCM 69 (Turnhout, 1986). — Anon. (meados do s. XIV), *The Cloud of Unknowing.* — N. de Cusa (1440), *De docta ignorantia.* — C. de Bovelles (1501, 1510-1511), *Ars oppositorum,* Paris; (1510-1511), *Liber de nihilo,* Paris. — Harphius (1538), *Theologia mystica,* Colônia. — C. Timpler (1604), *Metaphysicae systema methodicum,* Steinfurt. — B. de Canfeld (1610), *Regula perfectionis,* Colônia. — R. Glocenius (1613), *Lexicon philosophicum,* Frankfurt (reed., Hildesheim, 1980). — R. Descartes (1641), *Meditationes de prima philosophia...,* Paris (*Meditações metafísicas,* São Paulo, 2001). — J. Clauberg (1647, 3ª ed., 1664), *Metaphysica de ente, quae rectius Ontosophia...,* Groningen (reed. in *Opera omnia philosophica,* Amsterdã, 1691, e Hildesheim, 1965), 2 vol. — M. Schoock (1661), *Tractatus philosophicus de nihilo,* Groningen. — C. Wolff (1728), *Philosophia rationalis sive logica,* Leipzig (reimpr. Hildesheim, 1983); (1736), *Philosophia prima sive Ontologia*, Frankfurt e Leipzig (reimp. Hildesheim, 1977). — A. G. Baumgarten (1739), *Metaphysica* (reed. Hildesheim, 1963). — E. Kant (1781), *Kritik der reinen Vernunft*, Riga (*Crítica da razão pura*, São Paulo, 2000). — G. W. F. Hegel (1817), *Wissenschaft der Logik*, Berlim. — F. W. J. Schelling (1841-1842), *Philosophie der Offenbarung*, Stuttgart, 1861. — M. Heidegger (1927), *Sein und Zeit*, Tübingen (*Ser e tempo*, Petrópolis, 2 t., 2002); (1929), *Was ist Metaphysik?*, Frankfurt, *GA* 9, 103-122 (*Que é metafísica?*, São Paulo, 1969). — J.-P. Sartre (1943), *L'être et le néant*, Paris (*O ser e o nada*, Petrópolis, 2002).

▶ E. Cassirer (1927), *Individuum und Cosmos in der Philosophie der Renaissance*, Berlim. — A. O. Lovejoy (1936), *The Great Chain of Being*, Cambridge (Mass.)-Londres. — J. Orcibal (1959), *La rencontre du Carmel thérésien avec les mystique du Nord*, Paris. — É. Gilson (1948), *L'être et l'essence*, Paris (2ª ed., 1981). — J. Vanneste (1959), *Le mystère de Dieu. Essai sur la structure rationnelle de la doctrine mystique du Pseudo-Denys l'Aréopagite*, Louvain. — M. Heidegger (1961), *Nietzsche*, Pfullingen, 2 vol. (*Nietzsche: metafísica e niilismo*, Rio de Janeiro, 2000). — L. Cognet (1966), *La spiritualité moderne*, Paris. — E. zum Brunn (1969), *Le dilemme de l'être et du néant chez saint Augustin*, Paris. — Col. (1978), *Dieu et l'être. Exégèses d'Exode 3,14 et de Coran 20,11-24*, Paris. — P. Courcelle (1974), *"Connais-toi toi-même" de Socrate à saint Bernard*, Paris, 3 vol. — A. Jäger (1980), *Gott, 10 Thesen*, Tübingen, 47-62, "Gott: das Nichts als ens realissimum". — A. Gouhier (1982), "Néant", *DSp* 11, 64-80. — J.-L. Marion (1982), *Dieu sans l'être*, Paris. — Th. Kobusch (1984), "Nichts, Nichtseiendes", *HWP* 6, 805-836 (bibl.). — J.-F. Courtine (1990), *Suarez et le système de la métaphysique*, Paris. — P. Magnard (1992), *Le Dieu des philosophes*, Paris.

Vincent CARRAUD

→ *Bérulle; Criação; Deus; Encarnação; Heidegger; Infinito; João da Cruz; Kenose; Mística; Negativa (teologia); Platonismo cristão; Pseudo-Dionísio; Renano-flamenga (mística); Ser.*

NARRATIVA

1. Renovação da narrativa

Um novo interesse pela narrativa (n.) se manifesta hoje, suscitado por seu lugar dentro da Bíblia* e pelo caráter histórico da fé* cristã. A n. foi por longo tempo desprezada por uma teologia* sistemática que a reduzia ao tema ilustrado, e depreciado por uma exegese* historicista que sublinhava seu desvio em relação aos fatos. Em tais perspectivas, os textos irrompiam em camadas redacionais, fontes e formas literárias simples, portadoras de ideias das quais se fazia a história*. As redações finais permaneciam demasiado concebidas como um arranjo de materiais que indicavam uma "teologia" reduzida às motivações de tal trabalho. A teologia dialética (Barth*, Bultmann*), insistindo na proclamação sempre atual da Palavra* no princípio da fé, não favorecia muito a reflexão sobre a n.

Iniciou-se uma reação com Von Rad (forma narrativa da confissão* de fé: Dt 26,5-10; alcance teológico das grandes tradições narrativas em Gn–Js, com a descoberta do lugar ocupado pelo elemento narrativo nos textos da aliança*) e com E. Käsemann (o querigma não é tudo e a formação de n. sobre Jesus* tem valor teológico, contra Bultmann, que deixava o Jesus pré-pascal fora do campo de uma teologia da Palavra). Jüngel levantou a seguir, a propósito das parábolas, o problema de uma teologia da linguagem: nas parábolas a n. permite ao reino* de Deus* elevar-se à linguagem e, nela, agir na comunicação. Mais recentemente, os estudos literários sobre a ficção e o impulso da análise da n. começaram a estimular a reflexão filosófica (Ricoeur: a narratividade explora a temporalidade humana) e a pesquisa teológica ("teologia* narrativa*", a salvação* como história vivida e contada) e exegética (construção narrativa de escritos bíblicos, particularidades da narração bíblica).

2. Campo antropológico da narrativa

A n., forma mais difundida do discurso, testemunha por toda parte um saber contar e um gostar de contar universais. É preciso distinguir a n. como encadeamento de enunciados entre um início e um ponto final, a história contada que ele apresenta e a narração (operação narrativa) que ele implica entre dois postos: o narrador (organizador) e o narratário (receptor eventual).

a) Entre história e ficção. — O passado, grande fornecedor de n., é sempre contado depois de algum tempo e a n., enquanto obra de linguagem, goza de uma real autonomia em relação ao passado, de modo que a história contada pode ser fictícia. N. "histórica" e n. fictícia diferem não pelo conteúdo, mas pelo contrato frequentemente implícito entre narrador e narratário que obriga ou não a produção de uma história realmente vivida. A n. "histórica" ultrapassa a crônica de fatos sucessivos articulando-os segundo certa lógica causal. Ela corta na carne do vivido, configura o que dali retira, dá ao heterogêneo uma coesão e deixa a possibilidade de contá-lo de outra maneira. Toda narração comporta, pois, uma parte de ficção. A n. fictícia conta *como se* aquilo tivesse acontecido, a n. mais "histórica" tende a contar *como se* aquilo tivesse acontecido *como é contado.*

Inscrita no tempo* geral dos homens, a história contada destaca-se dele por uma narração que não está ligada à cronologia, usa resumos e pausas, volta atrás, antecipa. De incidentes dispersos ela faz momentos de uma transformação global que os integra segundo um ritmo original. O tempo narrado assume figura pensável, a experiência da temporalidade se humaniza (Ricoeur). A n. paga uma dívida para com o que não é mais, mas que ainda importa (ancestrais, eventos fundadores ou marcantes, experiências* que é preciso testemunhar, às vezes nos limites do dizível), e que se torna significante no presente da narração. Indivíduos e coletividades desdobram sua identidade em n. A n. diz ao mesmo tempo que o passado é irreversível, que poderia ter acontecido de outro modo e que a existência continua. Dá testemunho de uma liberdade* que permanece, constrói uma identidade aberta ao futuro e desenha diante dela uma forma de existência possível.

b) Situação de narração e palavra, veracidade e verdade. — A n. parece manter-se sozinha sem narrador pelo jogo dos atores postos em cena. E o interesse da história contada corre o risco de fazer esquecer o presente da narração. Este presente não se limita ao tempo do nascimento da n.: graças à escrita, ele se atualiza no tempo da leitura. O apagamento do narrador e do destinatário no texto pode ser para o leitor uma armadilha — ele se esquece na história contada e se deixa manipular — ou uma sorte — não estando em causa diretamente, ele está em posição dialógica de escuta livre de uma palavra diferente. A escrita não abole a palavra, confere-lhe outro regime e favorece sua alteridade: fixa-lhe a trilha para o autor como para o leitor, não é detida nem por um nem por outro. Este tipo de comunicação é posto em cena quando um ator de uma n. se põe a contar (p. ex. Jesus contando uma parábola*): o que ele conta substitui a ele próprio para solicitar uma escuta deixada à liberdade do ouvinte. Parece que o desejo de contar e de ouvir contar, atestado em todas as culturas, se enraíza no desejo da palavra do Outro.

A questão da verdade* da n. se desdobra: quanto ao passado e no presente da narração. A veracidade* quanto ao passado é avaliada pela crítica histórica, que argumenta para estabelecer os fatos e religá-los (portanto, interpretá-los). Ela invoca para tanto uma verossimilhança fundada na constância das condutas humanas (lógica do mesmo ou do semelhante), mas pode topar com o inédito, com o outro, o inexplicado. Ela tende a produzir outra n. mais ou menos provável, que pondera sua própria veracidade e não exclui outras n. possíveis. Esse problema de veracidade quanto à história (dimensão referencial) deixa intacta a questão da verdade da narração como ato de linguagem. A dinâmica da n. sendo portadora de palavra tanto para o que o constrói quanto para os que o reconstroem lendo-o, a narração, histórica ou fictícia, pode servir ou não à verdade do sujeito pelo que nele se enuncia do homem, de seu desejo e de sua relação com o outro. Neste sentido, a narração, mesmo histórica, traça um percurso "simbólico" enquanto percurso de linguagem para um sujeito da palavra.

3. A narrativa na Bíblia

O lugar eminente da n. no cânon* (grande n. de Gn a 2Rs, quase um terço dos "Escritos", mais da metade dos deuterocanônicos, dois terços do NT) convém a uma fé fundada numa revelação* histórica. A n. compõe uma história da salvação, do "começo" de tudo à restauração pós-exílio (AT hb.) e à crise macabeia (AT gr.), em seguida, do "começo" do Evangelho* ou do Verbo* (Mc, Jo) ou das origens de Jesus (Mt, Lc) à difusão da Palavra até Roma* (At). Diferentemente de uma história de concepção moderna, a n. bíblica recobre gêneros literários* variados (elementos de mito*, tradições populares, crônicas, biografias exemplares ou romanceadas como Rt, Est, Jt, Tb).

a) *A narrativa no campo da Palavra.* — Aliada a outros modos de discurso (legislativo, profético, hínico, sapiencial, epistolar, apocalíptico*), a n. bíblica se inscreve no campo mais vasto da Palavra e sob seu primado. Ela está no "começo" (Gn 1, Jo 1). No cânon hb., a "Lei*" dá seu nome a Gn–Dt, que o engloba, e os "Profetas*" dão o seu a Js–2Rs, que introduz seus escritos. Evangelhos e At precedem as epístolas, mas são elas que, no presente das Igrejas*, atestam a força do Evangelho a partir do qual o passado de Jesus se torna narrável. E Mc funda-lhe o "começo" na palavra anterior escrita em Is (Is 1,1-4). Como os Profetas abrem a história à escatologia*, a n. evangélica a orienta para a parusia* e o Ap a submete à luz de uma "revelação*", que ele figura em n. de visões simbólicas de uma vinda que se antecipa na experiência dos crentes.

Assim, a narração bíblica coloca o tempo sob o impulso de um dom original que tende para seu cumprimento*. Sua verdade se prova no "agora" e no "em breve" de uma aliança vivida todos os dias. Daí uma escrita que se distingue da arte do contador ou do historiador, não como o "religioso" se distinguiria do "histórico" ou do "literário", mas pela qualidade da enunciação, pelo desejo e pela relação com o tempo implicados na narração.

b) *A narração evangélica*, p. ex., tem como fonte um testemunho vivo que lhe dá, na escolha e no tratamento dos dados, uma liberdade que o historiador recusa. A crítica se encontra diante dos documentos variados de uma história social das origens cristãs que remete inegavelmente a Jesus, mas a figura histórica deste não se descola dela como um objeto de saber bem delimitado. Isso mostra que a tradição* evangélica é outra, não só informativa, e que se reveste de algo de um anúncio libertador. Os escritos fazem eco às "testemunhas oculares que se tornaram servidores da Palavra" (Lc 1,2), donde o nome de "evangelhos", que os define melhor do que o gênero literário das biografias helenísticas. Torna-se histórico aquilo que faz falar e contar: o evento se torna palavra. Assim Jesus: sua ação e sua paixão deixaram marcas naqueles que perpetuaram sua memória e ali encontraram sua verdade.

Um traço típico dos evangelhos é a integração de n. curtas numa n. global da qual facilmente se destacam. A n. da paixão*, a única a se ter formado como uma sequência de vários episódios que atraiu outros, tornou-se o ápice de cada evangelho. Cada n. particular se oferece a ler em dois níveis: em seus limites, e dentro da n. global. Nada é relatado de Jesus fora de seu encaminhamento para a morte* e a ressurreição* (comparar o *Ev. de Tomé* [ver apócrifos*]). Sua "Páscoa*" é a fonte comum da pregação* e da narração evangélicas (cf. Mt 26,13 par.), que são a passagem que abre uma vez por todas um caminho de vida* para os crentes. O AT é orientado neste sentido por via de citações, reminiscências ou evocações. A continuidade é de ordem escriturística e não causal ou histórica. Passa por uma ruptura de nível que instaura uma releitura nos dois sentidos: a promessa* acha seu cumprimento em Jesus Cristo* narrado, e a aliança selada no corpo deste desvela o que se ocultava sob as grandes figuras da n. bíblica e que se oferece a viver no corpo* social das Igrejas.

4. Análise da narrativa

A análise da narrativa procede, de um lado, do interesse literário pela arte narrativa e pela Bíblia como literatura (E. Auerbach, F. Kermode, R. Alter) e, de outro, do encontro nos anos de 1960 entre a morfologia do conto (V. Propp) e o princípio estrutural aplicado em linguística (Saussure), em poética (R. Jakobson) e em mitologia (C. Lévi-Strauss). Duas correntes principais se destacaram: narratologia e semiótica. A narratologia (C. Bremond, R. Barthes, G. Genette, S. Chartman) descreve a sequência narrativa, os diversos tipos de enredos, os momentos que elas encadeiam. Observa as interferências e distorções entre a história contada e o relato contante (a narração). O relato segue ou não a ordem e a temporalidade da história. Pode fazer variar o ponto de vista sobre ela (por cima, por trás ou com os personagens) e a posição do narrador (ele sabe tudo ou sabe mais ou sabe menos que os atores, fica neutro ou julga a ação, delega ou toma a palavra...). O narrador e o narratário, representados ou não na n., são lugares implicados pela comunicação narrativa, e não o autor e o leitor "reais" que os põem em marcha (daí o nome de autor e de leitor "implicados" segundo Iser). Estas precisões afinam a atenção dada ao texto, como às estratégias desdobradas em direção do leitor e em vista de agir sobre ele. A intenção da obra substitui a do autor (Eco).

A semiótica que mais se interessou pela Bíblia amadureceu com A. J. Greimas e os pesquisadores associados (Geninasca, Zilberberg...). Casando elaboração teórica e prática dos textos, ela tenta elucidar a articulação do discurso (a forma do conteúdo) distinguindo vários níveis. O do encadeamento das ações (gramática geral das funções e dos agentes ou papéis de base), inseparável do saber dos atores e de suas interpretações, de seus desejos, afetos e emoções (dimensão cognitiva e tímica), só é analisável a partir das representações dos atores ligados uns aos outros no tempo e no espaço (dimensões figurativa e discursiva). Estas remetem ao mundo, indicam de que se fala, compõem a história contada, mas a articulação delas, própria a cada n., as liberta de significação recebidas, para uma busca que não é só de sentido, pois ela é trabalho de linguagem e põe em causa no homem um sujeito de palavra dividido entre o que pode e o que não pode se dizer. A narração, na Bíblia, sobretudo, aborda frequentemente um real que resiste à linguagem. Toca-se aqui na enunciação, que se experimenta pela escrita e pela leitura. Enquanto trama, ela é narração, com narrador e narratário implicados. Mais profundamente, enquanto discurso, ela tem a ver com o sujeito falante confrontado ao outro da fala.

5. Leitura e teologia da narrativa

Essas análises estimulam a leitura, criticam-na em nome do texto, tendem a uma interpretação global que não se limita à reconstrução de uma história ou de uma mensagem didática. A articulação e a dinâmica narrativas mantêm um interesse que ultrapassa o anedótico e levantam questão: que quer de mim este texto? O que nele se enuncia do homem, de sua relação com o mundo e com o tempo, consigo e com os outros, com o desejo e com a palavra? Esta dimensão antropológica sustenta a leitura crente: o reconhecimento do Outro da palavra, sob seu nome bíblico, se enraíza na relação de alteridade que se aprende pela linguagem, pela escrita, pela leitura. Esta pode se tornar teologal, início de um diálogo, de um encontro inacabado.

O ato de leitura torna-se ato teológico, não por paráfrase ou extração de enunciados doutrinais, mas por participação na compreensão (mais que na explicação) que se opera na n. até o limite do conhecível. A teologia elucida segundo suas regras próprias não somente conteúdos, mas aquilo que, da Palavra feita carne*, opera na narração e se verifica no corpo eclesial leitor. A salvação contada não se deixa sistematizar nem objetivar fora do encaminhamento perseguido numa história de perda e de novidade, de pecado* e de perdão, de sofrimento e de alegria. A linguagem se depara lá com um real cuja n. bíblica rememora a resistência, permitindo a reflexão sobre os recursos do figurativo e do conceitual para falar da interação do homem e de Deus, do tempo e da eternidade*, do definitivo e do aleatório. A teologia aprende da n. a situar-se no lugar da falta e do desejo, do provisório e da Palavra que permanece.

• V. Propp (1926), *Morphologie du conte*, Nauka (2ª ed., 1969, Leningrado. – G. von Rad (1938), *Das formgeschichtliche Problem des Hexateuchs,*

Stuttgart. – E. Auerbach (1946), *Mimesis*, Berna. — G. von Rad (1957), *Theologie des AT,* Munique. — C. Lévi-Strauss (1958 e 1973), *Anthropologie structurale* I e II, Paris. — E. Jüngel (1962), *Paulus und Jesus,* Tübingen. — E. Käsemann (1964), "Sackgassen im Streit um dem historischen Jesu", *in Exegetische Versuche und Besinnungen* II, Göttingen, 31-68. — H. Weinrich (1964), *Tempus*, Stuttgart. — *Communications* n. 8 (1966), "L'analyse structurale du récit". — P. Beauchamp (1970), "Propositions sur l'Alliance de l'AT comme structure centrale", *RSR* 58, 161-194. — L. Marin (1971), *Sémiotique de la passion*, Paris. — G. Genette (1972), *Figures III*, Paris. — W. Iser (1972), *Der implizite Leser,* Munique. — R. Jakobson (1973), *Questions de poétique*, Paris. — J. Calloud (1973), *L'analyse structurale du récit*, Lyon. — C. Chabrol, L. Marin (1974), *Le récit évangélique*, Paris. — H. Frei (1974), *The Eclipse of Biblical Narrative*, New Haven. — M. de Certeau (1975), *L'écriture de l'histoire*, Paris. — P. Beauchamp (1976), *L'un et l'autre Testament. Essai de lecture*, Paris. — R. Barthes *et al.* (1977), *Poétique du récit*, Paris. — Groupe d'Entrevernes (1977), *Signes et paraboles*, Lyon. — A. e D. Patte (1978), *Pour une exégèse structurale*, Paris. — S. Chatman (1978), *Story and Discourse*, Ithaca-Londres. — L. Marin (1978), *Le récit est un piège,* Paris. — J. B. Metz (1978[2]), *Glaube in Geschichte und Gesellschaft*, Mainz. — F. Kermode (1979), *The Genesis of Secrecy: On the Interpretation of Narrative*, Cambridge, Mass. — U. Eco (1979), *Lector in fabula*, Milão. — J. Delorme (1979), "L'intégration des petites unités dans l'évangile de Marc du point de vue de la sémiotique structurale", *NTS* 25, 469-191. — Groupe d'Entrevernes (1979), *Analyse sémiotique des textes,* Lyon. — A. J. Greimas, J. Courtès (1979), *Sémiotique. Dictionnaire raisonné de la théorie du langage*, Paris. — R. Alter (1981), *The Art of Biblical Narrative*, Nova York. — P. Beauchamp (1982), *Le récit, la lettre et le corps*, Paris. — A. Gueuret (1983), *L'engendrement d'un récit. L'évangile de l'enfance selon saint Luc,* Paris. — P. Ricoeur (1983-1985), *Temps et récit*, 3 vol., Paris (*Tempo e narrativa*, 3 vol., Campinas, 1995-1997). — L. Panier (1984), *Récit et commentaires de la tentation de Jésus au désert*, Paris. — F. Hahn (sob a dir. de) (1985), *Der Erzähler des Evangeliums*, Stuttgart. — J.-M. Adam (1985), *Le texte narratif*, Paris. — VV. AA. (1985), "Narrativité et théologie dans les récits de la passion", *RSR* 73/1-2. — J. Calloud (1985-1986), "Sur le chemin de Damas.

Quelques lumières sur l'organisation discursive d'un texte", *SémBib* n. 37, 38, 40, 42. — J. Calloud, F. Genuyt (1985-1991), *L'évangile de Jean*, 4 vol., L'Arbresle-Lyon. — B. van Iersel (1986), *Marcus,* Boxtel. — A. Chené *et al.* (1987), *De Jésus et des femmes. Lectures sémiotiques*, Montréal-Paris. — J. Geninasca (1987), "Sémiotique", *in* M. Delacroix, F. Hallyn (sob a dir. de), *Méthodes du texte,* Gembloux. — P. Bühler, J.-F. Habermacher (1988), *La narration*, Genebra. — J.-N. Aletti (1989), *L'art de raconter Jésus-Christ*, Paris. — J. Delorme, "Récit, parole et parabole", *in* ACFEB, *Les paraboles évangéliques*, 123-150, Paris. — P. Beauchamp (1990), *L'un et l'autre Testament*, t. 2: *Accomplir les Écritures*, Paris. — J. L. Ska (1990), *"Our Fathers Have Told Us". Introduction to the Analysis of Hebrew Narrative*, Roma. — L. Panier (1991), *La naissance du Fils de Dieu*, Paris. — J. Delorme (1991), *Au risque de la parole*, Paris; (1992), "Sémiotique", *DBS* 12, 281-333 (com bibl.). — O. Davidsen (1992), *The Narrative Jesus*, Aarhus. — J. Delorme (1995), "Prise de parole et parler vrai dans un récit de Marc (1,21-28)", *in* P. Bovati, R. Meynet (sob a dir. de), *"Ouvrir les Écritures"* (*Mélanges P. Beauchamp*), 179-200; (1997a), "La tête de Jean-Baptiste ou la parole pervertie. Lecture d'un récit (Mc 6,14-29)", *in* P. M. Beaude (sob a dir. de), *La Bible en littérature*, Colloque de Metz, 294-311; (1997b), "Évangile et récit. La narration évangélique en Marc", *NTS* 43, 367-384.

Jean DELORME

→ *Aliança; Bíblica (teologia); Evangelho; Exegese; Gêneros literários na Escritura; História; Jesus da história; Linguagem teológica; Livro; Mito; Narrativa (teologia); Palavra de Deus; Sabedoria; Sentidos da Escritura; Tempo.*

NARRATIVA (Teologia)

a) Outra forma de pensamento teológico? — A teologia* narrativa (tn.) visa a "renovar o pensamento teológico tradicional pela integração das formas narrativas" (Meyer zu Schlochtern, 1979, 35). No plano internacional, é a J. B. Metz e H. Weinrich (1973) que cabe o mérito de ter difundido e posto em discussão certo número de reflexões pelas quais o pensamento conceitual e sistemático se encontrava enriquecido de abordagens novas, centradas nas metáforas, nos símbolos, nas parábolas*, na arte da retórica, na dimensão biográfica ou épica etc. Tratava-se simultaneamente de marcar o caráter vivido que reveste a atestação teológica da fé*, de sorte que se pode muito bem falar de uma teologia "experiencial", tal como J. Mouroux propusera desde 1952. Convém aqui distinguir o experiencial, ou o vivido, do empírico: a tn. não remete a teologia ao empirismo das ciências humanas, mas à narrativa* e às teorias da narração. O aspecto teórico desta nova orientação foi exposto e desenvolvido com força por P. Ricoeur. A tradição* e a história* são menos visadas pela tn. do ponto de vista do ato de compreender, da hermenêutica* (como "fusão de horizontes") do que do ponto de vista da comunicação narrativa: "A história conta histórias" (Danto, 1965). A comunicação racional se cumpre na inteligibilidade de uma argumentação em que cada estágio é logicamente controlável; mas o entendimento mútuo pode se chocar ainda contra limites intransponíveis, que o leitor só pode abolir pela comunicação narrativa, contando como chegou a suas concepções. É no *Jesus* de E. Schillebeeckx (1974) que se distingue mais nitidamente esta função complementar do elemento narrativo. Metz sublinha, ademais, a função crítica da narração entendida como "perigosa memória" e, inversamente, a necessidade de "interromper" o relato ideológico. Pois a força de insinuação do ato narrativo pode ter, tal como a retórica e a música*, uma função sedutora (cf. Faye, 1972).

Foi a S. Crites (1971, 296) que coube assinalar pela primeira vez a estrutura narrativa da experiência*. O relato, segundo ele, exprime "a plena temporalidade da experiência na unidade de uma forma". Assim, a história, na *Filosofia* *analítica da história* de A. C. Danto, é um relato que obedece a uma intenção prática. O relato, que transforma os fatos e os eventos vividos num fundo de experiência pessoal, reforça a "competência experiencial", fundada na abertura, na capacidade de crítica e de integração, na compreensão do sentido, no gosto da práxis (Mieth, 1976).

A narrativa não pode ser separada da reflexividade. É o que mostra igualmente, do modo mais claro, a literatura moderna. Mas esta sublinha a forma, a apresentação, o símbolo, a imagem, em detrimento dos pilares habituais da argumentação: o conceito, o raciocínio, a coerência. A tn., em contrapartida, exige que o relato e a reflexão estejam interligados dentro da unidade de uma forma (cf. Hauerwas, 1974, mas já Dunne, 1967). Ela assume como projeto, segundo J. S. Dunne, "a busca de Deus* no tempo* e na memória", e redescobre de passagem a atestação subjetiva da fé como lugar da reflexão teológica. Traz também uma real contribuição exegética ao problema da composição coletiva dos relatos, tal como a revela a observação de certos esquemas elementares (cf. Jolles, 1930). Foi sobretudo a teóloga americana S. McFague (1975) que, numa discussão alentada, esboçou os contornos de uma teologia escoada em parábolas e em metáforas. Muitas de suas ideias já fazem parte do patrimônio comum da teologia: sobretudo a preocupação de trazer à luz aquilo por meio do qual uma história excede as proposições explicativas e doutrinais que restituem sua imagem descarnada no modo da compreensão.

Os exemplos clássicos são fornecidos pelas parábolas de Jesus*, principalmente em Lucas (o bom samaritano, o filho pródigo), que não se deixam reduzir a normas nem a enunciados doutrinais. No primeiro caso, de fato, Jesus transforma num sentido crítico a questão do legista sobre o próximo e o faz perguntar: "Quem é o meu próximo?". No outro, instaura-se entre o extravio e a misericórdia* uma relação de unidade e de tensão que não se deixa transpor inteiramente numa dialética conceitual. Para compreender o que é visado, é preciso prosseguir o relato. Pode-se fazer isso de diversas maneiras, ao sabor de sua criatividade pessoal, como mostra p. ex. o catecismo latino-americano "Vamos caminhando" (1979).

O debate teórico sobre a tn. inscreve-se em grande parte na segunda metade dos anos de 1960, mas guarda até hoje seu poder de irradiação, sobretudo por suas reflexões sobre a temporalidade, a formação da identidade e a ética*.

b) Temporalidade, identidade e ética narrativa. — A redescoberta e a valorização da narratividade influenciaram o debate dos anos de 1980 sobre o "comunitarismo". Em teologia, a narratividade significava o encontro da experiência, do exame da fé e do *ethos* num relato de liberação com finalidade prática ("ortopraxia"). Em filosofia*, estava-se atento sobretudo ao papel da coletividade e da sociedade* na unidade do mundo* vivido e de uma forma de vida moral apegada às virtudes* (cf. A. McIntyre). Esta última problemática foi igualmente abordada numa perspectiva teológica, com uma variante mais exclusiva (S. Hauerwas) e uma variante mais aberta sobre o mundo (D. Mieth). As reflexões de Ricoeur (1983-1985) sobre "tempo e narrativa" forjaram sobretudo a noção de "identidade narrativa", que se aplica às coletividades tanto quanto aos indivíduos. Numa teoria diferenciada da *mimese*, o "caráter de modelo" das formas narrativas é descrito pela transmissão, pela confrontação e pela descoberta de si (também Mieth, 1976, 1977). A questão das relações entre a formação da identidade e a narração também foi tratada por C. Taylor. Outros — em parte comunitaristas, em parte neoaristotélicos — associam a isso o paradigma de uma ética não normativa que foi chamada de ética da aspiração (por oposição a uma ética do dever) (cf. H. Krämer). A teoria do modelo ético, que se inscreve na tradição da ética da virtude, abre aqui um novo caminho ao cognitivismo moral. A teologia moral da Igreja*, pela doutrina do *sensus fidelium*, admite também a importância das convicções pessoais, tal como são vividas na prática, para o conhecimento e o reconhecimento do que é justo (justiça*); desenham-se assim na doutrina moral católica tensões devidas à confrontação de um sistema neoescolástico de conceitos logicamente coerentes, mas que não correspondem mais a nenhuma realidade vivida, com as questões suscitadas pela autoatestação da tradição e da criatividade morais.

• A. Jolles (1930), *Einfache Formen*, Tübingen. — J. Mouroux (1952), *L'expérience chrétienne*, Paris. — W. Schapp (1953), *In Geschichten verstrickt*, Hamburgo. — A. C. Danto (1965), *Analytical Philosophy of History*, Cambridge. — J. S. Dunne (1967), *A Search for God in Time and Memory*, Notre Dame, Ind. (Londres, 1975). — S. Crites (1971), "The Narrative Quality of Experience", *JAAR* 39, 291-311. — J.-P. Faye 91972), *Théorie du récit*, Paris. — J. B. Metz (1973), "Kleine Apologie des Erzählens", *Conc(D)* 9, 334-341. — H. Weinrich (1973), "Narrative Theologie", *ibid.*, 329-333. — R. Koselleck, W. D. Stempel (sob a dir. de) (1973), *Geschichte — Ereignis und Erzählung*, Munique. — St. Hauerwas (1974), *Vision and Virtue*, Notre Dame, Ind. — S. McFague-TeSelle (1975), *Speaking in Parables*, Filadélfia. — E. Schillebeeckx (1974), *Jezus, het verhaal van een levende*, Bloemendaal (*Jesus. Die Geschichte von einem Lebenden*, 1975, Friburgo-Basileia-Viena). — S. Simon (1975), *Story and Faith in the Biblical Narrative*, Londres. — D. Ritschl, H. O. Jones (1976a), *"Story" als Rohmaterial der Theologie*, Munique. — D. Mieth (1976a), *Dichtung, Glaube und Moral*, Mainz; (1976b), *Epik und Ethik*, Tübingen; (1977), *Moral und Erfahrung*, Friburgo (Suíça). — J. Navone (1977), *Towards a Theology of Story*, Slough. — B. Wacker (1977), *Narrative Theologie?*, Munique. — J. Meyer zu Schlochtern (1979), "Erzählung als Paradigma einer alternativen theologischen Denkform", *Theol. Berichte* 8, Zurique-Einsiedeln, 35-70. — E. Arens (1982), *Kommunikative Analysen*, Düsseldorf. — P. Ricoeur (1983-1985), *Temps et récit*, 3 vol., Paris (*Tempo e narrativa*, Campinas, 1995-1997). — R. Zerfass (sob a dir. de) (1988), *Erzählter Glaube — erzählende Kirche*, QD 116 (bibl.). — M. C. Nussbaum (1990), *Love's Knowledge. Essays on Philosophy and Literature*, Oxford. — H. W. Frei (1993), *Theology and Narrative*, Nova York. — K. Wenzel (1997), *Zur Narrativität des Theologischen*, Frankfurt; (1998), "Narrative Theologie", *LThK³* 7, 640-643.

Dietmar MIETH

→ *Evangelhos; Exegese; Experiência; Hermenêutica; Libertação (teologia da); Narrativa.*

NATAL → **ano litúrgico** b

NATURAL (Teologia)

Designa-se por teologia (t.) natural (n.) um conhecimento* de Deus* a partir das criaturas, independentemente da revelação*. A t. n. sublinha o parentesco entre o "livro da natureza" e a natureza razoável do homem. Ao longo da história*, ela exprimiu uma tensão entre as pretensões cristãs ao universal e as contingências históricas do cristianismo. No s.

XX, a t. n., questão disputada entre católicos e protestantes, tende a se tornar o índice de duas atitudes teológicas.

a) O conceito pré-cristão de teologia natural. — A ideia de t. n. já está presente entre os gregos, que não a opõem a uma t. *sobrenatural*, mas a distinguem da t. *mítica*, a dos poetas, e da t. *política**, que correspondia à religião cívica oficial. A t. *física* dos filósofos designava o conhecimento de um divino manifestado na natureza das coisas. Agostinho* toma emprestado a Varrão sua distinção de três gêneros de t.: o *mythicon*, o *physicon* e o *civile*, e é o primeiro a latinizar a expressão t. n. ou física (cf. *De Civ. Dei* VI, cap. V).

b) A teologia natural como conhecimento natural de Deus.

Ainda que os pré-socráticos não tenham sido somente físicos, mas de algum modo os primeiros teólogos (cf. Jaeger, 1947), a t. n., no interior do pensamento cristão, só podia ser, se não oposta, ao menos completamente subordinada à revelação plena de Deus em Jesus Cristo. Em Tertuliano*, a t. n. não desempenha um papel secundário, mas ele reconhece um conhecimento* natural de Deus que se apoia quer no testemunho do mundo exterior (*Apolog.* 18, 1), quer no testemunho da alma*, a qual goza de um conhecimento congênito de Deus (cf. a *anima naturaliter christiana*) (*Apolog.* 17, 6). Agostinho, que recebe, pois, de Varrão a expressão "t. n.", preocupa-se sobretudo em afirmar contra os gnósticos a bondade da criação*, isto é, a identidade do Criador e do Redentor. Os dois livros, o *liber naturae* e o *liber Scripturae*, devem ser, de fato, atribuídos ao mesmo autor. Encontraremos esse duplo conhecimento de Deus em Boaventura* (*Brevil.* II, 5.11), que insiste no fato de que o livro da natureza, obscurecido por causa do pecado*, tornou-se novamente legível graças ao livro* da Escritura*.

O termo mesmo t. n. não aparece em Tomás* de Aquino, que tampouco fala do livro da natureza e rejeita, por idólatra, a *physica theologia* dos platônicos (*ST* IIa IIae q. 94, a. 1c). Mas em seu *De Deo uno*, onde ele expõe os "preâmbulos à fé", os *preambula fidei*, ele defende a legitimidade de um conhecimento natural de Deus e de seus atributos* principais (cf. *ST* Ia, q. 12, a. 12). Essas questões do *De Deo uno* repre-

sentam o momento racional do conhecimento sobrenatural* de Deus. A fé* aí aperfeiçoa o poder da razão*, como a graça* aperfeiçoa a natureza*. Aquele que adere à existência de Deus confessando o primeiro artigo do *credo*, mas que é capaz, além disso, de provar a existência de Deus, crê de uma maneira mais nobre (*De verit.*, q. 12, a. 12).

Seria, pois, impróprio falar de "t. n." a propósito do conhecimento natural de Deus que uma t. compreendida como *intellectus fidei* requer para seu próprio equilíbrio. Esse equilíbrio, todavia, não será respeitado mais adiante. Na época do Renascimento, vemos aparecer a primeira apresentação monográfica de uma t. n., a *theologia naturalis seu Liber creaturarum* de Raimundo Sabunde (1487), cujo elogio é feito por Montaigne (cf. *Essais*, l. II, c. 12). E, mais tarde, no s. XVIII, sob a influência de Leibniz* e de sua teodiceia, a *theologia naturalis* (1736-1737) de C. Wolff, tratada no interior de sua *metafísica especial*, sistematizará uma t. n. tornada autônoma — no contexto da *Aufklärung*, ela se tornará a ciência da religião dentro dos limites do entendimento.

c) No tempo da Reforma. — Não se encontrará nem a expressão nem a ideia de t. n. entre os reformadores. Mas o princípio escriturístico e o princípio da justificação* só pela fé não os conduzem a excluir todo conhecimento natural de Deus. Apoiando-se em Rm 1,19 e 2,14, Lutero* admite que a razão natural possa chegar a certo conhecimento de Deus, cuja ação se manifesta na natureza. Uma leitura correta do livro da Bíblia* nos conduz a uma melhor leitura do livro da natureza e só reforça a fé na criação. E Calvino*, que admite um saber de Deus inerente ao espírito humano, reconhece uma dupla manifestação de Deus na criação e na obra redentora.

d) A rejeição da teologia natural por Karl Barth. — Barth* rejeita violentamente a possibilidade de um conhecimento natural de Deus, tal como fora definido pelo Vaticano I* (*DS* 1785), e considera mesmo a *analogia entis* defendida e ilustrada pelo filósofo jesuíta E. Przywara (*Analogia entis*, Munique, 1932) como "a invenção do Anticristo" (*KD* I/1, prefácio). "A vitalidade da t. n. é a vitalidade do homem como tal" (*KD* I/1, 185). Ao acreditar poder considerar o Criador sem contemplar ao mesmo tempo o Redentor, a t. n. cinde a ideia de Deus, e pretende poder conhecer o verdadeiro Deus fazendo abstração da revelação. Ora, "conhece-se Deus por Deus e somente por Deus" (*KD* II/1, 47). Não somente a posição de Barth está em conflito aberto com a t. católica, mas também endurece a doutrina dos reformadores: vê-se a prova disso em sua polêmica contra E. Brunner (que tentava manter uma t. n. cristã imposta pela existência de uma revelação de Deus a partir da criação) e na maneira como toma distância de Bultmann* (que, definindo o homem como "questão de Deus", afirma uma necessária *pré-compreensão* de Deus).

e) A superação da polêmica. — A concepção polêmica de Barth — a t. n. compreendida como tentativa de subordinar a revelação a uma instância estranha à sua essência — de fato conduziu a uma melhor interpretação do ensinamento do Vaticano I sobre o poder de conhecer Deus à luz da razão. O concílio* não se pronuncia sobre esta ou aquela forma histórica de t. n. e não pretende que o conhecimento natural de Deus deva *preceder* o conhecimento de fé. Defende um *princípio*, a saber, o momento racional da fé cristã, ou ainda sua condição *transcendental* (cf. Bouillard, 1957, 104). Na t. contemporânea, a questão da t. n. não é mais, de fato, matéria de controvérsia confessional, apesar da exceção brilhante de E. Jüngel e sua defesa e ilustração (barthiana) de uma t. "mais natural" que toda t. n. Teólogos protestantes como W. Pannenberg reabilitam certa t. n., ao passo que teólogos católicos são os representantes de uma t. querigmática. A t. n. serve, antes, de revelador entre dois tipos de t.: t. sob o signo da *manifestação*, que insiste na presença de Deus em tudo o que é, e t. sob o signo da *proclamação*, que denuncia toda tentativa de idolatria* em nome da palavra* de Deus.

• K. Barth (1919), *Der Römerbrief*, Munique, 2ª ed., 1922. — R. Bultmann (1933), "Das Problem der 'natürlichen Theologie'", *GuV* 1, Tübingen, 294-312. — E. Brunner (1934), *Natur und Gnade*, Zurique. — K. Barth (1940-1942), *KD* II/1 e 2, Zurique. — W. Jaeger (1947), *The Theology of the Early Greek Philosophers*, Oxford, Introduction. — H. Bouillard (1957), *Karl Barth*, t. 3, Paris, 63-139; (1960), "Le refus de la théologie naturelle dans la théologie protestante contemporaine", *in* Col., *L'existence de Dieu*, Tournai, 95-108. — C. Geffré (1960), "Théologie naturelle et révélation dans la connaissance du Dieu un", *ibid.*, 297-317. — K. H. Miskotte (1960), "Natürliche Religion und Theologie", *RGG³* 4, 1322-1326. — G. Söhngen, W. Pannenberg (1962), "Natürliche Theologie", *LThK²* 7, 811-817. — B. J. F. Lonergan (1968), "Naturl Knowledge of God", *in A Second Collection*, Toronto 1996², 117-133, — A. M. Dubarle (1976), *La manifestation naturelle de Dieu d'après l'Écriture*, Paris. — Ch. Link (1976), *Die Welt als Gleichnis. Studien zum Problem der natürlichen Theologie*, Munique. — E. Jüngel (1980), *Entsprechungen*, Munique, 158-201. — W. Pannenberg (1988), *Systematische Theologie* 1, cap. 2, "Der Gottesgedanke und die Frage nach seiner Wahrheit", Göttingen. — W. Sparn (1991), "Natürliche Theologie", *TRE* 24, 85-98. — O. Muck, G. Kraus (1998), "Natürliche Theologie", *LThK³* 7, 673-681.

Claude GEFFRÉ

→ *Barth; Conhecimento de Deus; Provas da existência de Deus; Razão; Revelação; Vaticano I.*

NATURALISMO

O termo "naturalismo" (n.) possui um amplo espectro de significações e de usos, que vai do campo das ciências ao das artes figurativas e da produção literária em geral. No entanto, é preciso ter em mente que ele foi originariamente forjado pelos teólogos. Estes, na atmosfera das disputas sobre as relações entre natureza* e graça*, entendiam qualificar assim uma atitude geral para com a realidade natural e histórica, a atitude que exclui as realidades e intervenções "sobrenaturais" ou que não as leva em conta (cf. p. ex. o sílabo de Pio IX, § 1-7, *DS* 2901-2907). A conotação do termo é evidentemente negativa: trata-se de erros que é preciso eventualmente refutar e condenar em todo caso; esses erros são causados, por um lado, por uma apreciação demasiado otimista da natureza humana e, por outro lado, pela convicção de que tudo pode ser explicado e fundamentado pelo jogo das causas e das forças naturais.

Desse ponto de vista, é só de maneira metafórica que se poderia falar de n. a propósito do pensamento antigo: de fato, se formos medir pelo metro da teologia* cristã, toda perspectiva teórica e todo comportamento prático anteriores (ou exteriores) ao fato judeu-cristão ("revelação*") só poderão ser "naturalistas". E se, ao contrário, falarmos do pensamento antigo segundo seus próprios princípios, perceberemos que as conotações e as esferas de aplicação do conceito de natureza também variam de escola para escola, e sobretudo que, em múltiplos casos, a natureza não é ali de modo nenhum o horizonte último das coisas, nem da especulação, nem da ação. Na IM, em contrapartida, e mais particularmente no s. XII, a reapropriação do pensamento grego e a descoberta das ciências árabes pelo Ocidente latino puseram o problema nos termos que a modernidade herdaria. O problema ao qual todos então foram confrontados era, de fato, compreender como um modelo de universo completamente transparente à razão*, constituído por uma série hierárquica de causas (incluída a Causa primeira), que exerciam sua causalidade de modo necessário e suficiente para explicar a natureza verdadeira das coisas, podia se conciliar com a ideia de um mundo dependente da livre vontade de um Deus* que se faz conhecer pela revelação. Da mesma maneira, a concepção de um homem que constrói sua própria ética* de modo autônomo pelo exercício do intelecto (isto é, seguindo sua natureza própria), e capaz de atingir nesta vida uma felicidade que faz as vezes de beatitude*, parecia inconciliável com esses temas mestres do pensamento cristão que eram as noções de pecado* e de graça*. Ora, na segunda metade do s. XIII, um grupo de intelectuais cristãos, professores da Faculdade de Artes da Universidade de Paris, propôs a adoção simultânea dos dois modelos — a concórdia entre a fé* e a ciência. A tese deles era que, a despeito das aparências, os dois modelos não se opunham, contanto que se distinguisse seus princípios e seus métodos: revelação e milagres* caracterizavam a fé e a teologia, razão e causas naturais, a ciência e a filosofia*. Essa solução será rejeitada oficial-

mente com a condenação promulgada pelo bispo* de Paris, Estêvão Tempier, em 7 de março de 1277 (Hissette, 1977; Bianchi, 1990; Libera, 1991). Para além apenas das teses visadas, era o renascimento de uma filosofia secular em ambiente cristão que o bispo e seus conselheiros teológicos condenavam: o surgimento de uma filosofia que reivindicava sua própria autonomia em relação à teologia. Seus defensores certamente não negavam a existência de algo que fosse superior à razão e às causas naturais; afirmavam mesmo essa possibilidade — mas, abandonando esse domínio à teologia revelada e recusando toda interferência das verdades de fé numa investigação científica e filosófica, eles lançavam efetivamente um desafio novo à teologia.

A atitude "naturalista" foi por muito tempo conhecida sob o nome de "teoria da dupla verdade*" (assim E. Tempier: "Dizem, com efeito, que certas coisas são verdadeiras segundo a filosofia, que não são verdadeiras segunda a fé católica, como se houvesse duas verdades", *Chartularium Universitatis Parisiensis* I, 542). Ligada também às doutrinas da eternidade do mundo, da unicidade do intelecto humano e do reinado da necessidade nas coisas físicas e morais, a "dupla verdade", segundo Renan e Mandonnet, teria sido o traço característico do averroísmo, frequentemente considerado como o início medieval de todo n. moderno. Um melhor conhecimento dos textos e dos autores tem demonstrado, contudo, que, se por averroísmo se entende um corpo de doutrinas aceito por um grupo compacto e bem identificável de pensadores, o averroísmo nunca existiu. (E muitas teses consideradas típicas do averroísmo não são de Averróis.) De igual modo, ninguém jamais defendeu uma doutrina da dupla verdade. Para todos os defensores medievais da independência do filosófico, com efeito, a verdade da fé permanece verdade absoluta. Mas é bem verdade que para além das diferenças doutrinais, esses "filósofos" (mestres em artes) têm em comum o trabalho na construção intelectual de um mundo físico e ético que abre mão de milagres ou recompensas e penas* *post mortem*.

As condenações de 1277 tiveram efeitos profundos e duradouros sobre a história intelectual do Ocidente europeu, mas o modelo que continuou a prevalecer foi o que legitimava uma separação estrita entre filosofia e teologia, entre as causas ou leis naturais e a intervenção milagrosa de um Deus todo-poderoso (potência* divina). De João de Jandun e Marsílio de Pádua a Agostino Nifo e Pedro Pomponazzi, os filósofos continuarão a reconhecer os limites de uma abordagem puramente racional e natural do real e a rejeitar toda intervenção estranha aos princípios e aos métodos da filosofia.

No pensamento dos professores parisienses do s. XIII, um princípio carregado de consequências começava a prevalecer: podia-se reconhecer a possibilidade de intervenções divinas (ou mesmo angélicas, até diabólicas) contrariando o curso ordinário da natureza, mas isso não excluía que o cientista buscasse a possibilidade de reconduzir tudo a causas naturais, inclusive os eventos aparentemente extraordinários. Isso foi feito, p. ex., a propósito das visões em sonhos e a propósito das práticas mágicas (Fioravanti, 1966-1967): Boécio de Dácia, com efeito, reduziu as primeiras a serem apenas a transcrição imaginativa de estados fisiológicos e patológicos, e Siger de Brabante afirmou que as *virtutes naturales* dos elementos e dos corpos* bastavam, em sua diversidade, para explicar as segundas. Dessa maneira, a filosofia e a ciência ampliavam cada vez mais seus limites e repeliam o sobrenatural* para um horizonte cada vez mais longínquo. Esse gênero de interpretação, presente em todo o s. XIV, se multiplicará e se reforçará no final do s. XV e no s. XVI. Pomponazzi (*De incantationibus, De fato*) explicará os milagres, quase à maneira de Giordano Bruno, recorrendo já a causas exclusivamente psicofísicas; inserirá as mais elevadas faculdades humanas num sistema de forças naturais segundo o qual é inútil recorrer a intervenções externas para causar e explicar cada fato, não somente físico, mas também moral e histórico, inclusive o surgimento das grandes religiões reveladas, assim como a vida e o caráter dos fundadores delas.

No s. XVI, essa natureza abrangente assumirá progressivamente os caracteres de uma matéria dotada de uma força intrínseca de desenvolvimento e de auto-organização. Esse tipo de materialismo naturalista sobreviverá ao dualismo cartesiano, e até herdará dele algumas características ao passar do vitalismo ao mecanicismo: matéria e quantidade de movimento se tornam, então, os princípios últimos aos quais pode ser reconduzida toda a diversidade dos fatos, não somente físicos, mas também psíquicos e éticos. Uma parte importante do Iluminismo sustentará esse programa (La Mettrie, d'Holbach). Desde logo, a simples possibilidade de que um ser transcendente à natureza intervenha nela pode ser negada; e a crença em entidades transcendentes se reduz a processos psíquicos individuais ou coletivos, totalmente naturais, e portanto totalmente compreensíveis de um ponto de vista racional (Hume, *The natural history of religion*, 1757).

Os diversos n. do s. XIX (n. biológico de Moleschott, n. evolucionista de Darwin) sustentarão a ideia geral de natureza como totalidade autossuficiente e plenamente inteligível pela razão humana (talvez ao cabo de um progresso indefinido). O caráter totalizante e metafísico desse conceito de natureza será todavia criticado no s. XX em numerosas correntes de pensamento. Ganhará terreno a convicção de que o homem, único ser capaz de uma abordagem simbólica por meio da linguagem, não é redutível a sua pura dimensão natural. Mas do n. resta-nos certamente a convicção de que não é admissível, no campo das ciências* da natureza, recorrer a princípios primeiros que transcendam o curso desta natureza.

• Averróis, *Aristotelis Opera cum Averrois commentariis*, Veneza, 1562-1574. — Boécio de Dácia, *Opera*, ed. A. Otto, H. Roos etc., *Corpus philosophorum danicorum medii aevi*, Copenhague, 1969-. — A. Nifo, *De immortalitate animae libellum adversus Petrum Pomponatium Mantuanum*, Veneza, 1518. — P. Pomponazzi, *Tractatus de immortalitate animae*, ed. G. Morra, Bolonha, 1954. — Siger de Brabante, *Quaestiones in tertium de anima, De anima intellectiva, De aeternitate mundi*, ed. B. Bazan, Louvain, 1972; *Écrits de logique, de morale et de physique*, ed. B. Bazan, Louvain, 1974.

▸ E. Renan (1852), *Averroès et l'averroïsme. Essai historique* (*OC*, t. 3, Paris, 1949). — P. Mandonnet (1911-1918), *Siger de Brabant et l'averroïsme latin au XIIIe siècle*, 2 vol., Louvain. — F. van Steenberghen (1931-1942), *Siger de Brabant d'après ses oeuvres inédites*, 2 vol., Louvain. — É. Gilson (1932), "Le Moyen Age et le naturalisme antique", *AHDL* 7, 5-37 (*Études médiévales*, 147-166); (1961), "Autour de Pomponazzi. Problématique de l'immortalité de l'âme en Italie au début du XVIe siècle", *AHDL* 28, 163-278 (*Humanisme et Renaissance*, Paris, 1986, 133-250). — G. Fioravanti (1966-1967), "La 'scientia sompnialis' di Boezio di Dacia", *Atti della Accad. delle Scienze di Torino, Classe delle scienze morali, storiche e filogoiche* 101, 329-369. — R. Hissette (1977), *Enquête sur les 219 articles condamnés à Paris le 7 mars 1277*, Louvain-Paris. — L. Bianchi (1990), *Il vescovo e i filosofi. La condanna parigina del 1277 e l'evoluzione dell'aristotelismo scolastico*, Bérgamo. — A. de Libera (1991), *Penser au Moyen Age*, Paris (*Pensar na Idade Média*, São Paulo, 1999). — R. Imbach (1997), *Siger de Brabant, profession: philosophe*, Paris.

Gianfranco FIORAVANTI

→ *Ciências da natureza; Filosofia; Intelectualismo; Paganismo; Revelação; Sobrenatural.*

NATUREZA

O conceito de natureza (n.) impôs-se de fora para dentro na teologia* cristã. Não correspondendo a nenhum termo hebraico, está presente no AT somente nos livros deuterocanônicos (Sb 7,20; 13,1; 19,18) e significa simplesmente, no NT, o ser* ou a ordem normal das coisas, segundo seu nascimento, sua espécie e sua determinação (Tg 3,7): os pagãos, p. ex., praticam naturalmente a Lei* (Rm 2,14; 2,27) à qual os judeus estão submetidos por seu nascimento (Gl 2,15). No cristianismo, à diferença da gnose*, n. não implica nenhum julgamento de valor negativo ou positivo: serve simplesmente para determinar o conjunto dos seres que Cristo* veio salvar. Certamente, é de outra n., a n. divina, que o homem está destinado a participar (2Pd 1,4). Mas a liberdade divina tem todo o poder sobre a n. criada: ela pode até mesmo intervir na n., p. ex., para enxertar "contrariamente à n." o ramo dos pagãos no tronco da nação judaica (Rm 11,21.24). A contradição do corpo* animado e do Espírito*, por outro lado, deve ser finalmente desfeita (1Cor 15,44),

e o mundo natural tornar-se transparente para o reino* de Deus* (Mc 4,30-32; 13,28s).

O conceito de n. desempenhará um papel considerável na era patrística, a partir de uma definição neutra da n.: "A n. outra coisa não é senão o que se pensa ser uma coisa em seu gênero" (Agostinho, *De moribus ecclesiae* 2, 2; PL 32, 134b). A reflexão trinitária e cristológica implicava uma distinção entre os conceitos de n. e de pessoa*; a controvérsia pelagiana implicava uma confrontação entre n. e graça*.

a) *Natureza e pessoa*. — Deus é único em sua n., e as pessoas divinas participam dessa mesma essência: para os capadócios, *physis* é um equivalente de *ousia*, e o termo "consubstancial*" (Niceia I*) pode ser substituído por "conatural" (Basílio*, *Contra Eunômio* II, 580 *b*). Será possível dizer, assim, que Deus é "uma n. em três hipóstases" (Cirilo* de Alexandria, *Contra Julianum* VIII; PG 76, 904 C).

Na cristologia*, o conceito de n. deu lugar sobretudo a numerosos mal-entendidos. Para Atanásio*, convém enfatizar a unidade do Deus que se encarna "para salvar os homens e fazer-lhes bem, a fim de que participando do gênero humano ele fizesse participar os homens da n. divina e espiritual" (*Vida de Antão* 74, 4; SC 400, 324). Apolinário fala de Cristo como encarnação da n. divina: "Uma só n. do Deus Verbo* encarnada" (monofisismo*). Para os antioquenos, ao contrário, duas hipóstases (humana e divina) são unidas no Cristo para formar sua pessoa* (*prosopon*). Cirilo, que retoma a fórmula de Apolinário (que acredita ser de Atanásio) e rejeita o que lhe parece uma divisão em Deus, fala de uma só hipóstase e de uma só n.: os termos não têm, então, um sentido técnico rigoroso. A definição de Calcedônia*, especificando a cristologia*, imporá uma determinação rigorosa do conceito de n.: Cristo é "uma só pessoa em duas n.", divina e humana.

b) *Natureza e graça*. — A oposição entre n. e graça se apoia nestas reflexões trinitárias e cristológicas: Cristo é Filho de Deus por n., ao passo que o homem o é por adoção (Cirilo de Alexandria, *Thesaurus* XII, 189 AB). Com base nisso, pensava Pelágio, era preciso afirmar a bondade da n. humana, sua liberdade* e seu poder de fazer o bem* (*De natura*, 604; pelagianismo*) a fim de prestar homenagem ao Criador. Para Agostinho*, ao contrário, uma doutrina que considera o homem como capaz de bem por si mesmo torna inútil a encarnação* e o sacrifício* de Cristo: "A n. do homem foi criada originalmente sem pecado* e sem nenhum vício; mas a n. presente do homem, pela qual cada um nasce de Adão*, já precisa do médico, pois não está em boa saúde" (*sana*) (*De natura et gratia*, PL 44, 249; BAug 21, 248). Enquanto criada, toda n. é boa; e por conseguinte todo o mal* vem do homem e é só uma desfiguração do bem. A corrupção da n. tem duas faces: ela é ao mesmo tempo a consequência automática do pecado e o resultado de uma punição divina. Tendo pecado pelo livre-arbítrio, o homem é punido lá onde pecou e perde o controle de si. Esta corrupção é total? A princípio pouco sistemático, Agostinho responde em *De natura et gratia* de maneira oscilante, falando ora de uma servidão do homem aos maus hábitos, ora de um enfraquecimento do livre-arbítrio, ora de seu desaparecimento total. Mais tarde, em *De corruptione et gratia*, ele se inclinará a defender a ideia de uma perda radical da liberdade.

Esses desenvolvimentos extremos não foram totalmente admitidos pela tradição* católica, mas a noção de "n. viciada" foi retomada pelo concílio de Orange (529) (CChr.SL 148 A, 55; *DS* 174), depois pelo concílio de Trento* (5, 239; *DS* 174). Em Anselmo*, o diabo cai porque abandona voluntariamente a vontade reta: paradoxalmente, se Deus não lhe dá o dom de perseverança, é porque ele não o aceitou (*A queda do diabo*, cap. 3). Mas no s. XII a teologia vai ser confrontada com a redescoberta das ciências* da n. (escola de Chartres*; Speer 1995); e no s. XIII ela reencontrará o conceito aristotélico de n.: de uma n. que constitui o objeto de uma física, n. dotada de sua autonomia e de sua consistência própria, e onde a teologia só pode perceber uma capacidade invariante de receber a graça. A partir daí, a oposição entre n. e graça se fortalece. Para a escolástica*, a n. criada por Deus obedece às leis que lhe foram conferidas por seu criador (Boaventura, II *Sent.* d. 34, a. 1, q. 3 ad 4 prop. neg.); agir contra estas leis seria contra contravir à sua própria decisão; há, pois, uma autonomia da ordem natural. A onipotência* divina, de chofre, vai parecer então como um outro polo, exterior ao precedente, e a teologia hesitará entre os extremos do naturalismo* e da exaltação absoluta da onipotência (nominalismo*). Acentuada por Lutero* (*Disputa de Heidelberg*, 1518, *WA* 1, 350-374), a corrupção da n. será minorada do lado católico por Belarmino* (*De controversis christiana fidei, De gratia primi hominis* 5, 12): "A corrupção da n. não vem da falta de um dom natural, nem da acessão a um estado ruim, mas da simples ausência do dom sobrenatural" (bañezianismo-molinismo-baianismo*). Entre católicos e protestantes, o debate permanece aberto, a harmonia entre n. e graça caracteriza o pensamento católico, ao passo que a corrupção radical da n. permanece um elemento essencial da dogmática* protestante.

Pode-se perguntar, por fim, se o conceito de natureza, aplicado ao homem, conserva sua definição e sua pertinência, já que o homem é um ser de transcendência que não se confina em certos limites estabelecidos *a priori* (Rahner, 1954).

- Agostinho, *De natura et gratia* (BAug 21). — Pelágio, *De natura* (PL 48, 598-606).

▸ R. Arnou (1933), "Unité numérique et unité de nature chez les Pères, après le concile de Nicée", *Gr.*, 14, 269-272. — K. Rahner (1954), "Über das Verhältnis von Natur und Gnade", *Schr. zur Th.* 1, 323-345. — S. Otto (1960), Natura *und* Dispositio. *Untersuchung zum Naturbegriff und zur Denkform Tertullians*, Munique. — F.-J. Thonnard (1965), "La notion de *natura* chez saint Augustin. Ses progrès dans la polémique antipélagienne", *REAug* 11, 239-265; (1966), "Les deux états de la n. humaine, 'intègre' puis 'corrompue', et la grâce du Christ", *in* Augustin, *La grâce*, BAug 21, 614-622. — H. Köster (1973), "Physis", *ThWNT* 9, 246-271. — A. Speer (1995), *Die entdekte Natur, Untersuchungen zu Begründungsversuchen einer* Scientia naturalis *im 12. Jahrhundert*, Leyden.

Olivier BOULNOIS

→ *Graça, Naturalismo; Ser; Sobrenatural.*

NEGATIVA (Teologia)

I. Apofatismo e neoplatonismo

1. Definição da negação (apophasis, aphairesis)

O termo grego *aphairesis* indica o movimento de remover (*remotio*), de suprimir ou eliminar alguma coisa (Platão, *Crítias* 46 c). Opõe-se a *prosthesis*, ação de colocar (Plutarco, *Licurgo* 13). É um termo de matemática: Aristóteles opõe a *aphairesis* à *prosthesis*, em *Metafísica* A2, 982, a. 28, como a "subtração" à "adição". É também um termo de lógica: *ex aphaireseôs* significa "por abstração" nos *Segundos analíticos* de Aristóteles (I, 18, 7), e foi este sentido que foi retomado por numerosas traduções latinas que vertem *aphairesis* por *abstractio*. *Aphairesis* se opõe a *thesis* como a negação à afirmação, mas se distingue também da *apophasis*, que significa igualmente negação, na medida em que a *aphairesis* indica uma ultrapassagem.

Os tradutores latinos traduziram *aphairesis*, conforme o contexto, ou segundo o sentido concreto de "eliminação" ou "supressão" (*ablatio*), ou segundo o sentido de abstração (*abstractio*) ou de negação (*negatio*). Tomás* de Aquino notou os dois sentidos de *aphairesis*, e traduziu por *remotio*, em seus primeiros textos, e mais tarde por *negatio*.

a) Em Aristóteles, o método afairético é um processo de separação ou de subtração que culmina na captura (*noesis*) de uma forma inteligível ou de uma essência. Este método de separação ou de eliminação é a abstração. Ele vai do complexo para o simples e do visível para o invisível.

b) Esse método é representado em autores do platonismo médio como Alcino, que, no *Didaskalos* (cap. 12), distingue quatro vias pelas quais o espírito humano pode elevar-se a Deus*: a afirmação, a analogia*, a transcendência e a negação.

2. O "Parmênides" de Platão e seus comentários neoplatônicos

a) Para todo estudo da teologia* (t.) negativa (neg.), o texto fundamental é o da primeira hipótese do *Parmênides* ("o Uno é um"), no qual, após ter afirmado que "o Uno não participa de modo nenhum do ser*, e que ele nem sequer tem ser suficiente para ser um, pois de imediato ele seria e participaria do ser" (141 e), Parmênides chega a esta afirmação tremenda: "Parece, ao contrário, que o Uno não é um, e que o Uno não é" (141 e), o que é a negação da hipótese mesma. A consequência da primeira hipótese é, pois, o caráter incognoscível e inefável do Uno: "A ele, portanto, não pertence nenhum nome*; ele não tem nem definição, nem ciência, nem sensação, nem opinião" (*Parm.* 142 a).

b) Encontra-se esse apofatismo nos comentários neoplatônicos do *Parmênides*, seja o comentário anônimo cujo autor foi identificado com Porfírio por P. Hadot (*Porphyre et Marius Victorinus*, Paris, 1968) ou o de Proclo; encontramo-lo também na t. apofática do Pseudo-Dionísio*.

c) Para Plotino, como para Platão, o primeiro princípio está para além da *ousia*. Mas, à diferença de Platão, Plotino se interroga sobre a possibilidade que temos de conhecer este princípio transcendente, o Uno, que não é nem ser nem pensamento. Só o Uno, a primeira hipóstase, é simples, ao passo que há na segunda hipóstase, o Intelecto, uma dualidade do ser e do pensamento. Portanto, não se pode pensar o Uno, mas somente ter dele uma apreensão não intelectual que é uma espécie de experiência* mística*. Essa experiência é descrita nas *Enéadas* em termos tomados de empréstimo à loucura amorosa do *Fedro* e do *Banquete* de Platão. "A experiência mística plotiniana é uma espécie de oscilação entre a intuição intelectual do pensamento que se pensa e o êxtase amoroso do pensamento que se perde em seu princípio" (Hadot, *EU*, t. 22, p. 497). Experiência mística e t. neg. permanecem, contudo, distintas: "É a experiência mística que funda a t. racional e não o inverso" (*ibid.*).

d) É com Damáscio (*c.* 458-533) que o método neg. se torna mais radical. Em seu tratado *Sobre os primeiros princípios*, ele exprime perfeitamente o paradoxo de um primeiro princípio do todo que não pode estar fora do todo — pois então não seria princípio —, e que deve simultaneamente transcender tudo — se é verdadeiramente o primeiro princípio. Essas aporias conduzem a um apofatismo radical: "Nós demonstramos nossa ignorância e nossa impossibilidade de falar a seu respeito (*aphasia*)". "Nossa ignorância a seu respeito é completa e nós não o conhecemos nem como conhecível nem como incognoscível" (ver o prefácio de J. Combès a sua edição do tratado *Sobre os primeiros princípios*, t. I, CUFr, Paris, 1986, sobretudo p. LVI-LXXII).

II. Teologia negativa e teologia mística

1. Teologia apofática

a) *Fílon de Alexandria e os primeiros Padres da Igreja.* — Fílon está na origem de toda uma reflexão sobre a incompreensibilidade da essência (*ousia*) divina: "O bem maior é compreender que Deus, segundo sua essência (*kata to einai*), é incompreensível (*akataleptos*)" (*Poster.* 15).

A afirmação de que o conhecimento* da essência divina está acima das forças naturais do homem é um lugar-comum dos primeiros teólogos cristãos (Justino, *Diálogo* 127, 2; Clemente de Alexandria, *Strom.* II, 2; Ireneu* de Lião, *Adv. Haer.* IV, 20, 5; Orígenes*, *Contra Celso* VII, 42).

b) *A crise eunomiana e sua refutação pelos capadócios.* — Todavia, é em resposta à heresia de Eunômio — que identificava a essência divina com o caráter de não gerado (*agennetos*) e negava então a incompreensibilidade — que se elabora verdadeiramente uma t. neg. cristã, com os capadócios e João* Crisóstomo. Para Eunômio, o conceito de não gerado exprime propriamente (*akribos*) a essência divina, de modo que esta não apresenta mais nenhum mistério* e nós conhecemos a Deus como ele se conhece a si mesmo: "Deus nada sabe de seu ser além do que nós mesmos sabemos, seu ser não é mais claro para ele do que para nós" (Sócrates, *Hist. eccl.* IV, 7).

Basílio* de Cesareia e Gregório* de Nissa, em seus *Contra Eunômio*, mostrarão então que não há conceito que exprima propriamente a essência divina, pois esta permanece incognoscível, e eles buscariam antes definir as propriedades e as relações das pessoas* divinas. Quanto a João Crisóstomo, retoma os argumentos dos capadócios em duas séries de homilias contra os eunomianos, pronunciadas em Antioquia em 386-387 e em Constantinopla depois de 397, que ele reuniu em seu *Tratado sobre a incompreensibilidade de Deus.* "A essência de Deus é incompreensível para toda criatura" (IV, 6). Isso é verdade para a razão* natural como para a Bíblia*: o salmista, "diante do oceano infinito e escancarado da sabedoria* de Deus, é tomado de vertigem" (Sl 138,6); Isaías exclama: "Sua geração, quem a contará?" (Is 53,8); Moisés testemunha que ninguém poderá ver a Deus sem morrer (Ex 33,20) e Paulo diz que os juízos de Deus são difíceis de escrutar e suas vias "inacessíveis" (Rm 11,33).

Vemos assim constituir-se o vocabulário da t. neg. Ela utiliza termos que vêm do NT, como "invisível" (*aoratos*), "indizível" (*arretos*), "inenarrável" (*anekdiegetos*), "insondável" (*anereunetos*), "inacessível" (*aperinoetos*), impossível de circunscrever (*aperigraptos*), de figurar (*askhematistos*), de contemplar (*atheatos*). Enfim, o termo *aphatos*, "inefável", vem do neoplatonismo.

Esse vocabulário se encontra na liturgia* bizantina de são João Crisóstomo ou de são Basílio e nos textos espirituais bizantinos, em Máximo* Confessor ou Simeão, o Novo Teólogo.

2. A teologia afirmativa e negativa segundo Dionísio, o Areopagita

Dionísio foi o primeiro, em sua *Teologia mística* (*MT*), a sistematizar a relação da t. afirmativa, ou catafática, e da t. neg., ou apofática, e a propor então uma teoria rigorosa da negação.

a) *O estatuto da negação.* — A negação é definida de três pontos de vista:

1/ Como não contradição das afirmações e das negações. Entre a negação e a afirmação, com efeito, não há contradição. Seria o caso se ficássemos no domínio dos entes; não é o caso quando se trata da Causa transcendente.

2/ Como superação de toda privação. A negação não é praticada por modo de privação (*kata steresin*) mas, como é o caso quando se fala da Treva, por modo de transcendência ou de eminência (*kath'hyperokhen*). A Treva é também uma metáfora neg. da transcendência da luz inacessível.

Dizer que a negação (*aphairesis*) não é uma privação (*steresis*) é, antes de tudo, afirmar que não há privação na Causa, que "está acima das privações", e afirmar com isso certa positividade da negação por transcendência (*hyperokhike aphairesis*) que duplica a negação. Essa ideia será desenvolvida mais tarde pelos medievais, como Tomás de Aquino, para quem a negação, quando se trata de Deus, é uma negação da privação mesma.

3/Como além de toda negação e de toda posição. A superação da privação se duplica com uma superação da negação e da posição. Aqui é o termo *aphairesis* que Dionísio emprega, em lugar de *apophasis*, na oposição *aphairesis-thesis*.

b) *O duplo limite da negação.* — A t. neg. assim é definida por uma dupla superação da Causa que marca seu duplo limite, inferior e superior.

1/A negação da privação. De um lado, a t. neg. não é uma negação segundo a privação, mas segundo a transcendência; de outro lado, ela mesma é superada pela Causa, que está para além da negação e da posição. "Nós não afirmamos nada", diz Dionísio, "e não negamos nada, pois a Causa única está além de toda negação" (*MT* V, 1048 B). Desse modo, há uma duplicação da negação e da transcendência: nega-se o fato de afirmar alguma coisa e nega-se o fato de negar alguma coisa. Passa-se do "nem... nem..." ao "nada".

2/O além da negação. Que significa esse "nada"? É esta a interrogação última da t. neg., e ela aparece em sua superação mesma. Esse nada é o reverso do além. É a mesma coisa dizer "a Causa está além da negação e da posição" ou dizer "nós não afirmamos nada e não negamos nada". O "nada" significa que nós não podemos afirmar ou negar a Causa transcendente como se ela fosse um "algo", nem falar d'Aquela que é superior ao ser (*hyperousios*) como de um ente (*on*). O caráter absoluto da afirmação final de Dionísio — "não afirmamos nada ou negamos nada" — coloca a transcendência absoluta da Causa sem anular com isso a t. neg. Deus é/está além de tudo, mas isso não implica a destruição da linguagem. E na medida em que ainda é uma *teo*logia, a t. negativa pode evitar os dois escolhos

que são a redução de Deus a uma representação idolátrica (cf. Marion, 1977) e a ruína de toda possibilidade de um discurso sobre Deus.

Tomás de Aquino mostrará em sua crítica de Maimônides que o apofatismo radical arruína a possibilidade mesma de uma linguagem sobre Deus. Certamente, Deus permanece desconhecido em sua essência, na medida em que é superessencial, mas não pode ser totalmente desconhecido. E se a "idolatria*" reduz Deus à representação de um algo, de um isto ou de um aquilo, o apofatismo radical arruína a t. neg. mesma enquanto possibilidade de um discurso sobre Deus (cf. A. Osorio-Osorio, "Maimónides: El lenguaje de la teología negativa sobre el conocimiento de Dios", *Sprache und Erkenntnis im Mittelalter*, MM 13, 2, 1981, 912-920; A. Wohlman, *Thomas d'Aquin et Maïmonide. Un dialogue exemplaire*, Paris, 1988, 131: § 3: Théologie négative et analogie).

c) *Negação e eminência.* — "Deus" é então nomeado, de uma nominação segundo a eminência, como "Aquele que é/está além de toda essência e todo conhecimento", "Aquele que é/está além de tudo", "Aquele que supera tudo", "Aquele que é totalmente desconhecido", "Aquele que ultrapassa a visão e o conhecimento", "o Inefável", "a Causa de tudo e que é/está acima de tudo", "a transcendência d'Aquele que é absolutamente destacado de tudo e que é/está além de tudo".

Uma dupla série de adjetivos em *hyper-* e em *alpha* privativo serve para sua qualificação. De um lado, ele está além do Ser, do Bem* e do Divino (*hyperousios, hyperagathos, hypertheos*), é sobreluminoso (*hyperphaes*) e superincognoscível (*hyperagnostos*). Por outro lado, ele é invisível (*aoratos*), impalpável (*anaphes*), inefável (*arretos*) e incontemplável (*atheatos*), privado de intelecto (*anous*), de fala (*alogos*), de vida (*azoos*) e de substância (*anousios*), indizível (*aphthegtos*). Pode-se dizer de Deus que ele é Silêncio (*sige*), Repouso (*hesykhia*), Inefabilidade (*aphthegsia*). Ele escapa de toda visão e de todo contato, como de todo conhecimento*. Por isso o místico deve proceder, para conhecê-Lo, a uma "ligadura" de todas as operações dos sentidos e da inteligência: suspensão de todo conhecimento ou ausência de toda atividade intelectual (*anenergesia*), fechamento da boca (*aphthegsia*), fechamento dos olhos (*ablepsia*), ausência de visão e de conhecimento (*agnosia*). Moisés assim, ao penetrar na nuvem verdadeiramente mística do desconhecimento, "fecha os olhos a todas as apreensões do conhecimento e se liberta do espetáculo e dos espectadores".

III. Teologia negativa e douta ignorância

1. Tomás de Aquino

A doutrina de Dionísio sobre a t. neg. encontra uma "correção prudente" (V. Lossky) em Tomás de Aquino, para quem Deus não é/está além do ser, mas é o "ser mesmo subsistente", *ipsum esse subsistens*, e que confere ao próprio *esse* o caráter de inomeável. Conhece-se que Deus é, o *an sit*, mas não o que ele é, o *quid est*.

Tomás se situa incontestavelmente dentro da tradição dionisiana quando diz que nos unimos a Deus, não somente como com um desconhecido, mas também na medida em que é desconhecido, *tamquam ignotum* ou *quasi ignotum*: "O ápice de nosso conhecimento nesta vida, como diz Dionísio em sua obra *De mystica Theologia*, é que 'nós somos unidos a Deus como a um desconhecido'; isso vem do fato de que conhecemos dele o que ele não é, sua essência permanece absolutamente oculta para nós (*quid vero sit penitus manet ignotum*). Por isso, para marcar a ignorância deste sublime conhecimento, diz-se que Moisés 'se aproximou da escuridão na qual Deus reside' (*quod accessit ad caliginem in qua est Deus*)" (*CG*, 1. III, c. 49; ver também *In Boethium de Trinitate*, q. 1, a. 2, ad 1 e *ST* Ia, q. 12, a. 13, ad 1: *In hac vita non cognoscamus de Deo quid est, et sic ei quasi ignoto coniungimus*). Do Deus de Tomás, porém, é possível falar: carregada, em Tomás, de uma positividade que ela não tinha em Dionísio, a via de eminência lhe permite de fato a elaboração de uma teologia.

2. Mestre Eckhart

Na esteira de Dionísio, o Aeropagita, Mestre Eckhart (cf. V. Lossky, *Théologie négative et connaissance de Dieu chez Maître Eckhart*, Paris, 1960, e É. Zum Brunn, Alain de Libera, *Métaphysique du Verbe et Théologie négative*, Paris, 1984) afirma também que o nome* de Deus é ao mesmo tempo o *nomen innominabile* e o *nomen omninominabile*. A oposição entre o *poluonumon* e o *anonumon* corresponde às duas t., afirmativa e neg., e esta é mais perfeita que aquela, porque visa à natureza inefável. Mas Eckhart depende também de Tomás de Aquino. O *esse innominabile* é um *esse absconditum*. E, em seu comentário do *Cum quaeris nomen meum, quod est mirabile*, Eckhart também tem na lembrança o que fizera Tomás.

Com as *Questões parisienses*, todavia, Eckhart se engaja na perspectiva dionisiana do Deus para além do ser: definindo o *esse* como *esse* das criaturas, ele se obriga de fato a dizer que Deus, puro intelecto, é *non ens* ou *non esse*. O teólogo percorre então uma via de ascensão intelectual que o obriga a abandonar as criaturas para tentar atingir Deus em si mesmo em sua "unidade" (*einigheit*) ou sua "solidão" (*wüestunge*), dois termos aproximados no sermão 12. No sermão 9, Eckhart chega a negar a atribuição do ser puro a Deus: "Eu diria algo tão injusto se chamasse Deus de uma essência quanto se chamasse o sol de pálido ou negro. Deus não é nem isto nem aquilo". Mas acrescentará mais tarde: "Dizendo que Deus não é um ser e que é superior ao ser, não lhe recusei o ser: ao contrário, exaltei o ser em Deus".

Num terceiro período, Eckhart voltará a uma afirmação solene da equivalência do ser e de Deus: *esse est Deus*. Mas não será uma rejeição da t. neg., pois o ser permanece misterioso e oculto: *deus sub ratione esse et essentiae est quasi dormiens et latens absconditus in se ipso* (*Exp. In Io.*, C., f. 122 b).

3. Nicolau de Cusa

É na *Douta ignorância* (1440), expressão que toma de empréstimo a Agostinho, que Nicolau de Cusa expõe sua t. neg. O núcleo dessa doutrina consiste na "coincidência dos opostos". O homem faz parte do mundo da dualidade; mas, para elevar-se a Deus, ele deve atingir o lugar onde os opostos se absorvem ou se resolvem na unidade, ou coincidem em

Deus. Os nomes divinos impostos pela razão são opostos a seu contrário — assim, unidade e pluralidade, identidade e alteridade —, mas esses contrários coincidem em Deus e é nesta coincidência que eles convêm a Deus (§ 25). É porque "a t. da negação é tão necessária para chegar à da afirmação que, sem ela, Deus não é adorado como Deus infinito*, mas antes como criatura [...]. A ignorância sagrada nos ensinou um Deus inefável [...]. Fala-se dele com mais verdade descartando-se e negando-se, como o grande Dionísio" (§ 26).

4. Ângelo Silésio

Silésio (1624-1677) se encontra na culminação da grande tradição mística renano-flamenga* de Tauler, Eckhart, Ruusbroec e Henrique Suso, que se inscrevem (cada qual a seu modo) na corrente apofática de origem dionisiana. Em *O peregrino querubínico*, ele vai ainda mais longe que eles na expressão da negatividade, e fala mesmo de superdeidade para designar o caráter despojado e indefinível da deidade*: "O que se diz de Deus ainda não me basta: a Superdeidade é minha vida, minha luz". É preciso ir para além de si e para além de Deus mesmo: "Aonde devo chegar? Até um deserto, para além de Deus mesmo"; e "Se Deus não me quisesse levar para além de Deus, eu saberia como forçá-lo a isso por puro amor*"'. Diz-se de Deus pelo silêncio: "Se queres dizer o ser da eternidade*, precisas antes de tudo romper com toda palavra".

5. Teologia mística e teologia negativa no século XX: V. Lossky

A corrente apofática de origem dionisiana, enriquecida com a experiência carmelita da "noite escura", prossegue até o s. XVII com a obra do cardeal de Bérulle*. Mas, ao passo que os jesuítas ainda escrevem tratados de t. mística no s. XVII, o s. XVIII não se interessará mais por essas problemáticas, e pode se perguntar se não há uma oposição entre a mística e as Luzes, que pretendem dissipar o mistério*. Será preciso, assim, esperar o s. XX e a renovação de um interesse pela mística, no catolicismo* como

na ortodoxia*, para reatar com a *via negativa* interna a toda t. mística.

Dois livros ilustram esta renovação: A. Stolz, OSB, *Théologie de la mystique*, Chèvetogne, 1947, e V. Lossky, *Théologie mystique de l'Église d'Orient*, Paris, 1944. Este último se situa explicitamente na tradição* dionisiana e considera a t. apofática como inseparável da t. mística da Igreja* do Oriente. Em sua conclusão — que ele retomará numa conferência sobre a Trindade* e a apófase —, ele mostra que a Trindade, e sobretudo a pessoa do Espírito* Santo, não pode ser compreendida fora da via apofática: "O apofatismo próprio à t. mística da Igreja do Oriente nos aparece finalmente como um testemunho prestado à plenitude do Espírito Santo, pessoa que permanece desconhecida, embora preencha todas as coisas fazendo-as tender para seu cumprimento final" (245).

IV. O indizível e o silêncio

Com o *Tractatus logico-philosophicus* de Wittgenstein* reencontramos problemas análogos aos que Damáscio colocara. A oposição não é mais entre o todo e o princípio, mas entre a linguagem, ou o mundo*, e seu sentido: "O que se exprime pela linguagem, só o podemos exprimir pela linguagem" (4.121). Certamente, nem tudo é exprimível; e àquilo que pode ser expresso logicamente Wittgenstein opõe um inexprimível que não pode ser dito, mas que se mostra. As proposições "mostram" a forma lógica da realidade, o que se mostra, porém, não é de ordem lógica, mas da ordem do "místico": "O místico (*das Mystische*) não é: como é o mundo, mas: o fato de ele ser" (6.44). A experiência mística não pode ser dita: "Sobre o que não se pode falar, deve-se calar" (7). Não somente o sentido do dizível é indizível, mas a finalidade da linguagem, como de toda t. neg., é o silêncio.

• V. Lossky (1930), "La théologie négative dans la doctrine de Pseudo-Denys l'Aréopagite", *AHDL* 5, 204-221; (1944), *Essai sur la théologie mystique de l'Église d'Orient*, Paris. — A. J. Festugière (1954), *La Révélation d'Hermès Trismégiste* IV, *Le Dieu inconnu et la Gnose*, Paris, cap. 4, § 6: "La voie de négation". — J. W. Douglass (1963), "The Negative Theology of Dionysius the Aeropagite",

DR 81, 115-124. — H.-J. Krämer (1967), *Der Ursprung der Geistmetaphysik*, Amsterdã. — J. Whittaker (1969), "Neopythagoreanism and Negative Theology", *SO* XLIV, 109-125. — H. Theill-Wunder (1970), *Die archaische Verborgenheit. Die philosophischen Wurzeln der negativen Theologie*, Munique. — J. Hochstaffl (1976), *Negative Theologie. Ein Versuch zur Vermittlung des patristischen Begriffs*, Munique. — M. J. Krahe (1976), *Von der Wesenheit negativer Theologie*, tese da Univ. de Munique. — J.-L. Marion (1977), *L'idole et la distance*, Paris, 183-250. — P. Hadot (1981), *Exercices spirituels et philosophie antique*, Paris, cap. 8, 185-193: "Apophatisme et théologie négative". — É. des Places (1982), "La théologie négative du Pseudo-Denys. Ses antécédents platoniciens et son influence au seuil du Moyen Age", *StPatr* 17, 81-92. — C. Guérard (1984), "La théologie négative dans l'apophatisme grec", *RSPhTh* 68, 183-200. — H. U. von Balthasar (1985), *Theologik* II, *Wahrheit Gottes* 80-113. — M. Corbin (1985), "Négation et transcendance dans l'oeuvre de Denys", *RSPhTh* 69, 41-76. — D. Carabine (1988), "Apophasis in East and West", *RthAM* 55, 5-29. — H. D. Saffrey (1990), "Connaissance et inconnaissance de Dieu: Porphyre et la théosophie de Tübingen", *in Recherches sur le néoplatonisme après Plotin*, Paris, 11-20. — M. P. Begzos (1996), "Apophaticism in the Theology of the Eastern Church: The Modern Critical Function of a Traditional Theory", *GOTR* 41, 327-357.

Ysabel DE ANDIA

→ *Ciência divina; Ciúme divino; Eternidade divina; Justiça divina; Mística; Onipresença divina; Pseudo-Dionísio; Potência divina; Simplicidade divina.*

NEOESCOLÁSTICA → tomismo 3

NESTORIANISMO

a) De Antioquia a Constantinopla. — Nestório (N.) nasceu no último quartel do s. IV, na Síria eufratiana. Primeiro, foi monge no convento de Euprépios, depois presbítero de Antioquia*; recebeu sua formação teológica na escola célebre dessa cidade. Convidado em 428 pelo imperador Teodósio II para se tornar patriarca (patriarcado*) de Constantinopla, destacou-se desde o início por sua luta contra os arianos (arianismo*) e contra os discípulos de Apolinário (apolina-

rismo*). As dificuldades que finalmente lhe valeram a deposição e o exílio começaram pelo apoio que deu a um de seus presbíteros, acusado de contestar a ortodoxia* do título *Mãe de Deus* (*theotokos*) dado a Maria*. Preocupado, de fato, em proteger a transcendência do Verbo*, Filho de Deus*, como em distinguir sem comprometer a humanidade e a divindade em Jesus*, N. rejeitava o emprego de toda expressão que fizesse comunicar entre si as propriedades (ou idiomas*) das naturezas.

b) A cristologia da Nestório. — Em resposta às reprimendas de Cirilo* (C.), arcebispo de Alexandria*, N. propõe esta exegese do início do símbolo de Niceia*:

"Lendo superficialmente a tradição* desses santos Padres*, tu caíste numa ignorância perdoável, tendo estimado que eles tinham dito que o Verbo coeterno ao Pai* é passível (*pathetos*)". Mas "esse divino coro dos Padres não disse que a divindade consubstancial* (*homoousion theoteta*) era passível nem que foi recentemente gerada, ela que é coeterna ao Pai, nem que foi ressuscitada, ela que ressuscitou seu Templo* destruído [...]" (*DCO* II/1, 115).

N. passa sub-repticiamente do vocabulário da pessoa, o *Verbo*, ao da natureza, a *divindade consubstancial*, dando a C. a ideia de que os acontecimentos da história de Jesus atingem a este em razão de sua divindade. E continua:

"Creio, pois, dizem eles (os Padres), em Nosso Senhor Jesus Cristo, seu Filho, seu Único. Observa como eles colocaram primeiro, como fundamentos, Senhor, Jesus, Cristo*, único gerado, Filho, estes nomes comuns à divindade e à humanidade, e edificam a seguir a tradição da encarnação*, da ressurreição* e da paixão*; o objetivo deles era, uma vez colocados certos nomes significativos comuns a ambas as naturezas, que não se dividisse o que se relaciona com a filiação* e a senhoria, e que na unicidade da filiação o que se relaciona com as naturezas não ficasse tampouco em perigo de desaparecer por confusão" (*DCO* II/1, 115-117).

N. fala de nomes "comuns a ambas as naturezas" (Senhor, Jesus, Cristo...) como se fossem simplesmente a soma das naturezas que eles unem (divindade, humanidade). Essas palavras que N. chama de "comuns às naturezas" não abrangem de modo algum, na explicação dele, uma estrutura ontológica nova que daria conta da unidade em Jesus. Nada, portanto, para designar de maneira formal o que é proibido dividir:

"Em todo lugar da Escritura sagrada*, quando ela faz menção da economia do Senhor, a geração e a paixão que são apresentadas não são as da divindade, mas da humanidade de Cristo, de sorte que a Santa Virgem deve ser chamada com uma denominação mais exata de mãe de Cristo (*christotokos*) e não mãe de Deus (*theotokos*)" (*DCO* II/1, 118-119).

Aqui novamente N. faz uma equação entre humanidade e Cristo, de um lado, e divindade e Deus, do outro; natureza e sujeito concreto são assimilados:

"É bom e conforme à tradição evangélica confessar que o corpo* é o Templo da divindade do Filho e um Templo unido segundo uma suprema e divina conjunção (*sunapheia*), de sorte que a natureza da divindade se apropria do que pertence a esse Templo; mas, em nome dessa apropriação*, atribuir ao Verbo inclusive as propriedades da carne conjunta, quero dizer, a geração, o sofrimento e a mortalidade, é fruto, irmão, ou de um pensamento desviado pelos gregos, ou doente do mal de Apolinário, de Ário ou das outras heresias* [...]" (*DCO* II/1, 120-123).

O temor (no entanto tão vivo em N.) da confusão das naturezas não o impede, como se vê, de dizer que "a natureza da divindade se apropria do que pertence ao Templo". Mas não se vê como a conjunção (*sunapheia*) de que se trata aqui possa ser outra coisa senão uma união moral. N. parece, portanto, ao mesmo tempo, comprometer a integridade das naturezas e colocar uma dualidade de sujeitos concretos, Jesus e o Verbo. Pode-se dizer, a seu favor, que as noções aqui postas em ação ainda não têm, às vésperas do concílio* de Éfeso*, a precisão e a nitidez de que gozarão dois séculos mais tarde.

c) A condenação e o exílio. — Condenado em Éfeso*, após a leitura de sua segunda carta a C. (*DCO* II/1, 113-125), N. foi enviado pelo imperador, em 431, para um mosteiro perto de Antioquia, depois exilado na Arábia, na Líbia e no Egito. Escreveu muito em sua defesa, sobretudo uma *Tragoedia* e *O livro de Heráclides*

de Damasco, descoberto em 1895 numa versão siríaca. As precisões que N. deu sobre a relação das naturezas entre si em Cristo — interpenetração mútua ou pericorese (circunsessão*), habitação, acreditação ou confirmação —, assim como sobre o sentido do *prosopon* (o modo de aparência de uma natureza concreta), não quitam todas as hipotecas de um pensamento um tanto inábil. N. morreu no momento de abertura do concílio de Calcedônia (451), estimando-se em pleno acordo com a cristologia* de Flaviano de Constantinopla e do papa* Leão.

d) A tradição siríaca. — Do ensinamento do próprio N. é preciso distinguir o dos bispos* antioquenos que recusaram o *Ato de união* de 433 e confirmaram, numa declaração de 486, certa tradição nestoriana. A Igreja* assíria do Oriente (Igreja nestoriana da região de Edessa) rejeitava as conclusões de Éfeso, a comunicação dos idiomas e o título de *Mãe de Deus* para Maria. Mas, bem mais tarde, essa Igreja, que já em seus teólogos do s. VII só usava de N. alguns vocábulos e metáforas, assinará com a Igreja católica, em 11 de novembro de 1994, uma declaração cristológica que põe fim às disputas iniciadas em Éfeso:

"O Verbo de Deus [...] encarnou-se pelo poder do Espírito* Santo, assumindo da Santa Virgem uma carne animada por uma alma razoável, à qual ele se uniu indissoluvelmente desde o instante de sua concepção [...]. Sua divindade e sua humanidade são unidas em uma pessoa* [...]. Nele foi preservada a diferença das naturezas [...]. Mas longe de constituir *um outro e um outro*, a divindade e a humanidade estão unidas na pessoa do mesmo e único Filho de Deus e Senhor Jesus Cristo, objeto de uma única adoração. Cristo, portanto, não é um *homem ordinário* que Deus teria adotado para nele residir e para inspirá-lo [...]. Mas o mesmo Verbo de Deus, gerado pelo Pai, [...] nasceu de uma mãe, sem pai segundo sua humanidade. A humanidade à qual a bem-aventurada Virgem Maria deu nascimento foi desde sempre a do Filho de Deus mesmo. É a razão pela qual a Igreja assíria do Oriente ora à Virgem Maria na qualidade de *Mãe de Cristo nosso Deus e Salvador*. À luz desta mesma fé*, a tradição católica se dirige à Virgem Maria como *Mãe de Deus* e igualmente como *Mãe de Cristo*" (*Ist.*, 40/2 (1995), 233-235).

O estudo do "caso N." foi retomado com ardor em nosso século — frequentemente levado por uma corrente de simpatia para com N. — graças aos trabalhos de edição de F. Loofs e de P. Bedjan e às análises sobretudo de E. Amann, L. I. Scipioni, M. V. Anastos e L. Abramowski.

* *DCO* II-1, 112-125. — F. Loofs (1905), *Nestoriana*, Halle. — F. Nau (ed.) (1910), Nestorius, *Le livre d'Héraclide de Damas*, Paris.

▶ I. Abramowski (1963), *Untersuchungen zum 'Liber Heraclidis' des Nestorius*, Louvain. — L. I. Scipioni (1974), *Nestorio e il concilio di Efeso*, Milão. — A. Grillmeier (1979), *Jesus der Christus im Glauben der Kirche* I, Friburgo-Basileia-Viena (1990²) (*Le Christ dans la tradition chrétienne*, CFi 72). — J. J. O'Keefe (1987), *A Historic-Systematic Study of the Christology of Nestorius*, Münster. — A. de Halleux (1993), "Nestorius. Histoire et doctrine", *Irén* 66, 38-51; 163-178. — Col. (1995), *La tradition syriaque*, Ist 40/1; *L'Église de l'Orient*, Ist 40/2. — L. Abramowski (1995), "Histoire de la recherche sur Nestorius et le nestorianisme", *Ist* 40, 44-55.

Gilles LANGEVIN

→ *Calcedônia (concílio); Cirilo de Alexandria; Cristo/ cristologia; Éfeso (concílio); Hipostática (união).*

NEWMAN, John Henry, 1801-1890

a) Vida. — Newman (N.) nasceu em Londres em 21 de fevereiro de 1801. Estudante em Oxford (Trinity College) a partir de 1817, em seguida *fellow* do Oriel College e pároco de Saint Mary's, a paróquia da universidade, viveu nessa cidade até sua conversão* ao catolicismo*, em 9 de outubro de 1845. Encarregado de fundar o Oratório de são Filipe Néri na Inglaterra, estabeleceu sua comunidade religiosa em Birmingham, onde morreu em 11 de agosto de 1890. Em 1879, o papa* Leão XIII o nomeara cardeal.

A obra de N. comporta múltiplas facetas (literatura, história*, filosofia*, pedagogia, moral, espiritualidade); o essencial de seu pensamento teológico repousa na afirmação de que o acesso à revelação* aparece ao termo de uma subida que leva da teologia* natural* e da obediência à consciência* moral até a plenitude da verdade* revelada em seus órgãos múltiplos, a Escritura sagrada*, a tradição*, a Igreja*, os sacramentos*.

b) Conhecimento natural, conhecimento real. — São, para N., duas fontes de nosso saber,

distintas e no entanto ligadas no mesmo sujeito, que sabe por evidência ou por demonstração e que crê com a certeza inabalável que lhe dá a fé*. O trunfo de suas relações, que devem se tornar um acordo harmonioso, é a verdade revelada, ameaçada por uma razão* hegemônica; os escritos de N. sobre este problema — os *Sermões universitários* (1826-1843) e a *Gramática do assentimento* (1870) — podem introduzir às partes mais teológicas de sua obra.

No final do s. XVIII, uma escola de apologética, chamada *evidential school*, se formara para discutir os questionamentos feitos ao conhecimento revelado, tal como fundados na exigência de demonstração racional. As ideias dessa escola, e sobretudo de seu principal representante, W. Paley (1743-1805), não satisfaziam a N., pois Paley concedia que as provas da verdade cristã deviam ter o rigor de uma demonstração racional: reduzia assim a fé a uma crença razoável e exigia o abandono das proposições de fé indemonstráveis. Nos *Sermões universitários*, N. estabelece um equilíbrio entre as duas formas do conhecimento; mostra primeiramente que saber e crer são duas capacidades do homem igualmente justificadas, e em seguida que a evidência racional não é tão clara e que a segurança que dela decorre para o espírito não é tão firme quanto sustentam os filósofos; e retomando a argumentação do bispo* e filósofo anglicano J. Butler (1692-1752) ele se aplica em mostrar, com numerosos exemplos, que a crença é uma conduta humana comum, exercida bem além do campo das doutrinas religiosas.

N. não se preocupa somente com o objeto da fé, mas também com a defesa do crente. Sobre esse ponto, ele estabelece o direito de todo cristão — esteja ele ou não em condições de dar as razões disso — de crer com esta mesma certeza que ele, N., observava em si. É nessa perspectiva que a *Gramática do assentimento* elucida os mecanismos de inferência que conduzem ao assentimento, a lógica do "sentido da inferência", *illative sense*, que esses mecanismos põem em jogo, e a passagem do assentimento nocional (o assentimento dado a conceitos) ao assentimento real (o assentimento dado às realidades que os conceitos designam).

Todavia, N. não confia a busca da verdade religiosa à intelectualidade pura; essa busca, ao contrário, é sustentada por uma disposição moral que lhe serve de base e a orienta para o objetivo a atingir, ela corresponde ao chamado da consciência moral e requer uma ação sujeita às suas ordens: estas são dadas de fora e de cima de cada homem, e indicam um juiz supremo dos atos* humanos. Empurrando o homem para fora de si mesmo para ir em busca daquele de quem ela é a voz, a consciência moral prepara-o também para aceitar uma revelação se esta se apresentar: obedecer à sua consciência impõe que se compare seus mandamentos e o ensinamento do Evangelho. Assim, a existência da consciência não é somente um argumento em favor da existência de Deus*: ela dispõe também o homem a reconhecer os ensinamentos da religião revelada.

Respondendo ao estadista inglês W. E. Gladstone (1809-1898), que exprimira publicamente, em 1874, seu receio de que os católicos da Inglaterra não seriam doravante súditos leais de Sua Majestade britânica se aceitassem, como era seu dever de católicos, o dogma* da infalibilidade* papal proclamada durante o I Concílio* do Vaticano*, N. relembrou aquela autoridade* da consciência moral. Escrevendo, em nome dos católicos ingleses, *Carta dirigida ao Duque de Norfolk* (1875), ele defendeu o primado da consciência* moral sobre toda outra autoridade: ela é em cada um "o vigário de Cristo*".

c) *As relações da sagrada Escritura e da tradição:* a via media *do anglicanismo.* — Contribuindo para o nascimento do movimento de Oxford, N. queria trabalhar numa exposição sistemática da teologia* anglicana que permitisse perceber o anglicanismo* como *via media* entre o catolicismo romano e o protestantismo*. Para N., a base da doutrina anglicana é a doutrina apostólica e patrística contida nos símbolos da fé. E em seu primeiro livro, *The Arians of the fourth Century* (1833), explica que a Igreja triunfou sobre o arianismo* por causa de sua fidelidade à tradição dos apóstolos*, i.e., ao *credo* que, "naquela época antiga, era a fonte principal de instrução, em particular para [compreender] as passagens obscuras da Escritura" (134-135).

Essas relações da Escritura e da tradição formam o tema maior de suas *Lectures on the prophetical Office of the Church viewed relatively to Romanism and Popular Protestantism* (1837). Ali,

N. define a tarefa de ensinamento da Igreja: ela recebe a tradição como regra da fé e da conduta que ela expõe; essa tradição todavia é sempre "subordinada e auxiliar", ao passo que "a Escritura é a base de toda prova". A expressão "doutrinas fundamentais", retomada dos teólogos anglicanos R. Hooker (1554-1600), W. Laud (1573-1645) e E. Stillingfleet (1635-1699), designa um dos fundamentos mais importantes da *via media*, a saber: as doutrinas contidas nos três principais símbolos antigos; essas doutrinas já se encontram na Escritura e foram claramente explicitadas nos símbolos para responder aos heréticos e instruir os fiéis: recebidas "sempre, em toda parte e por todos" (segundo o cânon do *Commonitorium* de Vicente de Lérins), elas formam a "tradição episcopal". Ao lado das doutrinas fundamentais, outras doutrinas apareceram nos diversos ramos da Igreja, o ramo romano, o grego e o anglicano: elas formam a "tradição profética", variável de uma Igreja para outra, e servindo para explicar a tradição episcopal sem ter a autoridade desta. Ora, a Igreja romana, no concílio de Trento*, impusera essas doutrinas não fundamentais, atribuindo-lhes a mesma autoridade que às doutrinas antigas; e os protestantes, inversamente, ao reconhecer apenas a autoridade da Escritura e a do juízo* privado de cada crente, haviam pura e simplesmente abandonado doutrinas fundamentais. E, no entanto, explica N. em *Apostolical Tradition* (1836) e no *Tract* (1835), é impossível provar as grandes doutrinas da divindade de Jesus* por referências escriturísticas que excluam a referência também à tradição que as formulou. O anglicanismo, portanto, é bem a *via media* entre os excessos — isto é, as corrupções acrescentadas pelos católicos — e as faltas — a saber, as perdas dos protestantes.

As *Lectures on the Doctrine of Justification* (1838) também têm como objetivo definir a posição anglicana. A polêmica é dirigida contra os protestantes extremistas: novamente, é o encargo da Igreja que é afirmado, seu encargo sacerdotal ou sacramental. N. se levanta contra o perigo representado pelo sentimento pessoal de ser justificado (justificação*) pela fé apenas, sem consideração dos ritos exteriores nem da obrigação de uma vida em conformidade com esta fé, e recorda o papel dos sacramentos como instrumento da graça* assim como a necessidade das obras*.

A culminação da *via media* foi a publicação do *Tract 90*: os 39 Artigos do anglicanismo podem ser compreendidos num sentido católico porque estão de acordo com a doutrina da Igreja primitiva. Tratava-se, para N., de provar a realidade efetiva da *via media*. Mas o *Tract* foi rejeitado pelos mestres de Oxford e condenado pelos bispos. Ademais, levando mais longe sua leitura dos Padres*, N. se convenceu de que a "velha verdade católica" não estava na Igreja da Inglaterra, mas na de Roma*: superpondo a situação presente da Igreja e a de outrora, ele percebeu, primeiramente, acerca da heresia monofisita*, que a Igreja de Roma era agora tal como era então, ao passo que a Igreja da Inglaterra se achava na posição dos monofisitas; e percebeu, em seguida, acerca da crise ariana, que os protestantes ocupavam o lugar dos arianos, e os anglicanos, a dos semiarianos, ao passo que os católicos eram o que são hoje.

d) *O desenvolvimento da doutrina cristã.*
— N. acreditou durante longo tempo que os acréscimos romanos à doutrina primitiva eram corrupções. Mas o movimento mesmo de seus pensamentos levava-o a reconsiderar essa posição. Se os acréscimos feitos à doutrina não eram corrupções, deviam se integrar a ela e explicitá-la; em suma: ser o desenvolvimento dela.

Tendo identificado no final de 1842 o princípio do desenvolvimento como um fenômeno fundamental, ele o estudou primeiro em si mesmo e o aplicou em seguida aos dogmas da Igreja católica (XV dos *Sermões universitários* e *Essay on the Development of Christian Doctrine*). Apoiando-se na Escritura (Lc 2,19), N. considera que Maria* ilustra o uso da razão no exame das doutrinas da fé. A formação dos dogmas católicos aparece como uma ideia que nasce, cresce, faz seu caminho, esquiva-se dos desvios sempre alimentado outras ideias, e ganha em precisão na medida de seu progresso. Este trabalho culmina nas fórmulas dogmáticas, cuja função é pôr em evidência aspectos até então latentes da ideia. A bem da verdade, não poderia ser de outro modo, já que uma grande ideia germina no espírito (N. o mostrou alhures para a ideia de universidade). Para justificar a aplicação deste princípio à revelação divina, N. sublinha que, qualquer que seja o mistério* de Deus, a ideia de revelação inclui a comunicação de um ensinamento dirigido ao intelecto humano e, portanto, captado segundo as leis deste último. Se não fosse assim, não se poderia falar de re-

velação; mas, se Deus fala realmente, o que ele comunica pode ser ouvido e compreendido pelo homem segundo as leis próprias de seu espírito, e isso em mais de um aspecto.

O *Ensaio sobre o desenvolvimento da doutrina cristã* é uma retomada da análise filosófica do desenvolvimento e uma verificação minuciosa desta ideia numa análise das doutrinas da Igreja romana. N. enumera as categorias aplicáveis ao desenvolvimento do cristianismo (política, histórica, ética*, metafísica) e estuda as sete notas de um verdadeiro desenvolvimento da ideia: preservação do tipo, continuação dos princípios, poder de assimilação, consequência lógica, antecipação do futuro, conservação do passado, vigor duradouro.

Daí ele deduz duas consequências que a investigação histórica deverá verificar: primeiro, se o cristianismo corresponde ao desenvolvimento da ideia, ele conhecerá um tal desenvolvimento; em seguida, se há desenvolvimento, é preciso esperar que se encontre uma autoridade infalível. O desenvolvimento, de fato, é imprevisível e só é conhecido retrospectivamente; ele ocorre sob a pressão das circunstâncias e apela a uma autoridade que controla seu dinamismo e cuja existência não deve surpreender. Ora, esta autoridade não poderia residir no juízo privado de cada um, pois ele não é infalível, nem no uso anglicano do cânon leriniano que N. experimentara infrutiferamente a propósito da *via media*: ela se encontra atualmente na Igreja católica. A continuação da obra é consagrada a aplicar as notas de um verdadeiro desenvolvimento a numerosas doutrinas; N. mostra como a continuidade histórica da doutrina resulta do diálogo da Igreja docente com a Igreja ensinada, uma e outra desempenhando seu papel na manutenção da verdade.

• V. F. Blehl, *John Henry Newman. A bibliographical Catalogue of his Writings*, Charlotsville, 1978. — (1868-1881), Ed. das obras de N. por ele mesmo, Londres, Longmans Green & Co; (1955), *Sermons universitaires*, Paris-Bruges; (1956), *Écrits autobiographiques*, Paris-Bruges; (1961) *Letters and Diaries of John Henry Newman, edited at the Birmingham Oratory*, 31 vol., Oxford; (1962), *Esquisses patristiques*, Paris-Bruges; (1964), *Essai sur le développement de la doctrine chrétienne*, Paris-Bruges; M. J. Svaglic (ed.) (1967), *Apologia Pro Vita Sua*, Oxford; P. Murray (ed.) (1973), *An Essay* on the Development of Christian Doctrine, Harmondsworth; H. M. de Achaval, J. D. Holmes (ed.) (1976), The Theological Papers of John Newman on Faith and Certainty, Oxford; I. Kerr (ed.) (1976), The Idea of a University, Oxford; P. Murray (ed.) (1980), Newman the Oratorian. His unpublished Oratory Papers, Leominster; I. Kerr (ed.) (1985), An Essay in Aid of a Grammar of Assent, Oxford; A. N. Wilson (ed.) (1989), John Henry Newman, Prayers, Poems, Meditations, Londres; P. Murray (ed.) (1991), Sermons 1824-1843, vol. 1, Oxford; V. F. Blehl (ed.) (1993), Sermons 1824-1843, vol. 2, Oxford; P. Gauthier (ed. e trad. sob dir. de) (1993-1996), Sermons paroissiaux, 4 vol., Paris.

▶ G. Faber (1933), Oxford Apostles, Londres. — M. Nédoncelle (1946), La philosophie religieuse de J. H. N., Estrasburgo. — (1948-), N. Studien, 14 vol. publicados, Nurembergue e Sigmaringendorf. — J. H. Walgrave (1957), N. Le développement du dogme, Paris. — T. Gornall (1981), "N.", DSp 11, 163-181. — R. Strange (1981), N. and the Gospel of Christ, Oxford. — O. Chadwick (1983), N. — G. Casey (1984), Natural Reason. A Study of the Notions of Inference, Assent, Intuition, and Firts Principles of J. H. N., Nova York. — P. Gauthier (1988), N. et Blondel: tradition et développement du dogme, CFi 147. — O. Chadwick (1990), The Spirit of the Oxford Movement. Tractarian Essays, Cambridge. — S. Gilley (1990), N. and his Age, Westminster. — O Centro dos amigos de N., 257, via Aurelia, I-00165 Roma, e a Associação francesa dos amigos de N. publicam em seus boletins respectivos à situação dos estudos newmanianos.

Pierre GAUTHIER

→ Anglicanismo; Blondel; Credibilidade; Dogma; Lubac; Monofisismo; "Sensus fidei"; Vaticano I

NICEIA I (Concílio), 325

O I Concílio* (c.) de Niceia (N.), primeiro dos sete c. ecumênicos celebrados na Igreja* antiga, é como a matriz de todos eles. Prova disso é o elogio que lhe fazem os Padres* de N. II* (787), observando que complementavam a obra conciliar da Antiguidade cristã lá mesmo onde Deus* a tinha inaugurado. Dois representantes do bispo* de Roma* participaram dele. Foi chamado "ecumênico" por duas testemunhas diretas, Eusébio de Cesareia e Atanásio* de Alexandria. Tendo a princípio um alcance

territorial, o termo logo adquiriu valor de autoridade*: um concílio desse tipo legisla em nome do imperador para todos os seus súditos, enunciando a verdade* e a lei* divinas, das quais a Igreja tem o penhor em todos os lugares.

a) História e problemas. — Após sua vitória final sobre Licínio, em 19 de setembro de 324, Constantino (C.) quis organizar uma reunião geral do episcopado do Oriente em Ancira, na Galácia (Ankara), para resolver todos os litígios eclesiásticos e coroar sua obra de pacificação. Ele subestimara a gravidade do conflito iniciado cinco anos antes em Alexandria pela excomunhão de Ário. Cartas pessoais, levadas perto do final de 324 por seu conselheiro teológico, Ósio de Córdoba, ao bispo Alexandre de Alexandria e a seu presbítero Ário, testemunham o desconhecimento do imperador acerca dos problemas dogmáticos. Um sínodo* realizado em presença de Ósio em Antioquia reforçou a divisão dos espíritos, dando razão a Alexandre. Ósio informou o imperador que a urgente questão alexandrina devia figurar na ordem do dia do c. geral que ele projetava. C. acelerou as coisas: o c. se realizaria em Niceia, na vizinhança imediata de Nicomédia, onde ele residia; o correio imperial seria posto à disposição dos participantes; estes teriam alimentação e hospedagem pagas pelo imperador; enfim, o c. seria seguido pela celebração, em 25 de julho, do vigésimo aniversário de sua ascensão à dignidade imperial.

Em junho de 325, na inauguração solene, cerca de 300 bispos tinham vindo (a partir de 360, no Ocidente, se adotará o número simbólico de 318, segundo o número dos servos de Abraão em Gn 14,14). As atas deste c. se perderam, por isso é difícil precisar melhor. O imperador leu um discurso de boas-vindas em latim. Eusébio de Nicomédia, metropolita da província da Bitínia, onde se realizava a assembleia, fez-lhe o agradecimento. O próprio C. presidiu esta primeira sessão e as seguintes, deixando a Ósio a tarefa de conduzir o debate doutrinal. Interveio em várias ocasiões e ratificou as decisões tomadas em sua qualidade de pontifex maximus de todo o Império, encarregado de instaurar uma paz* religiosa devidamente controlada nas províncias recentemente submetidas à sua autoridade suprema.

Todos os partidos em litígio foram convidados. O próprio Ário estava lá com seus amigos. Entre os bispos engajados na controvérsia acerca da condenação de Ário, distinguem-se: o grupo formado em torno de Alexandre de Alexandria; o do intransigente Eustátio de Antioquia, que pesaria na decisão de excomungar novamente Ário, em razão de sua própria concepção (partilhada com Marcelo de Ancira) da *única* hipóstase trinitária, ao passo que Alexandre e os seus tinham censurado Ário em nome da doutrina origeniana das *três* hipóstases divinas; enfim, o grupo conduzido por Eusébio de Nicomédia, filiado àquela mesma tradição origeniana, porém mais conservador e favorável a Ário desde o início da querela, sobretudo para pôr em dificuldade o bispo de Alexandria.

Um símbolo de fé*, ao qual se acrescentou um anatematismo, foi adotado em 19 de junho e submetido à autoridade imperial pela assembleia nicena. Eusébio de Cesareia cita este credo antiariano em sua *Carta à Igreja de Cesareia* (Opitz, III, U.22), escrita logo ao término do c. Somente Ário e dois compatriotas da Líbia, os bispos Secundo de Ptolemaida e Teonas de Marmárica, se recusaram a assinar. Foram excomungados e, depois, exilados. O mesmo Eusébio conta que o imperador recomendou desde o início dos debates que se inserisse a palavra "consubstancial*" (*homoousios*) no símbolo em preparação (U.22,7). Eusébio, durante a primeira sessão, apresentara sua própria profissão de fé, conforme à liturgia* batismal de Cesareia, para demonstrar sua ortodoxia* depois que o sínodo de Antioquia o censurara alguns meses antes. O símbolo de N. é diferente da profissão de fé de Eusébio; ele se liga à tradição batismal de Antioquia e de Jerusalém*. A comissão encarregada de sua redação final se esforçou por formular nele uma interpretação aceitável, mais próxima das Escrituras*, do atributo não bíblico *homoousios*, fazendo-o preceder de glosas significativas. Em Nicomédia, antes da abertura do grande sínodo imperial, Alexandre de Alexandria talvez tenha se entendido com

Ósio para recorrer ao "consubstancial" (Filostórgio). Mas, sobre todas essas circunstâncias, ficamos reduzidos a conjecturas. A partir dos anos 350, os bispos orientais, hostis à sé alexandrina, multiplicaram os sínodos destinados a eliminar o termo controvertido da fórmula de fé oficial. Coube a Atanásio de Alexandria opor-se, ao preço de um ministério* episcopal severamente perturbado, àquilo que representava, a seus olhos, uma confusão do político e da regra de fé. A causa de N. acabou vencendo.

Além da questão de Ário, dois outros problemas maiores ocuparam os Padres nicenos: a velha disputa acerca da data exata em que se devia celebrar a Páscoa* e a eliminação do cisma* meleciano no Egito (Melício, bispo de Licópolis, opôs-se ao patriarca Pedro de Alexandria a respeito da reintegração na Igreja dos cristãos que tinha apostasiado durante a perseguição de Diocleciano, e tinha ordenado bispos de maneira ilegítima). Promulgaram-se decretos sobre todos esses pontos e sobre outros aspectos da disciplina* eclesiástica. Os trabalhos do c. foram encerrados talvez em 19 de junho, seguramente antes de 25 de julho. Nesse 25 de julho, C. convidou a assembleia inteira a um banquete em seu palácio de verão, onde o sínodo se reunira. Eusébio de Cesareia pronunciou ali um famoso panegírico, glorificando, à luz de sua própria teologia* política* do *Logos* divino, o reinado de paz instaurado por C. em todo o Império.

A fórmula de fé nicena se tornou o núcleo central das controvérsias doutrinais a partir do s. IV. Uma leitura solene dela foi feita no I concílio de Constantinopla* (381), que lhe acrescentou uma menção mais desenvolvida do artigo acerca do Espírito* Santo. O símbolo de Niceia-Constantinopla foi em seguida aclamado em Éfeso (431) e em Calcedônia* (451). Continua a ser recitado em nossas liturgias eucarísticas.

b) Decretos canônicos. — Sobre a questão pascal, a decisão de compromisso à qual se chegou (uma decisão que não tomou necessariamente a forma de um decreto propriamente dito) foi exigir das Igrejas de Roma* e de Alexandria que chegassem a um acordo cada vez que seus cálculos respectivos exigissem teoricamente datas diferentes. O bispo de Alexandria foi encarregado de anunciar, cada ano, a data exata da Páscoa.

A carta sinodal que, além de uma carta encíclica do imperador, informava os alexandrinos de tudo aquilo, também lhes comunicava as recomendações do c., particularmente moderadas, visando a resolver o cisma* meleciano: Melécio permaneceria bispo, recluso à sua residência, sem poder de ordenar; os bispos, presbíteros* ou diáconos* que ele ordenara conservariam seus títulos e cargos, subordinados ao clero de Alexandre, após uma nova imposição das mãos.

Os vinte cânones de N. confirmam regras em uso e eliminam abusos. Seis deles fixam estruturas de governo*: o cân. 4 impõe um mínimo de três bispos concelebrantes durante uma consagração episcopal; o cân. 5 aprova a prática dos sínodos metropolitanos na primavera e no outono; o cân. 6 consagra a primazia, sobre vastas regiões, das sés de Alexandria, Roma e Antioquia; o cân. 7 acrescenta o privilégio de honra reconhecido à Igreja de Jerusalém: a antiga estrutura das quatro Igrejas-mães que reivindicavam uma fundação petrina se viu assim canonizada. Os cân. 15 e 16 se opõem à mobilidade do clero de uma diocese para outra. Do clero também tratam os cân. 1 (eunucos), 3 (coabitação com mulheres), 17 (usura), 18 (diáconos), 19 (diaconisas). Quatro cân., indulgentes no conjunto, organizam a disciplina penitencial: os cân. 11 (cristãos comprometidos pelas vicissitudes da perseguição, os *lapsi*), 12 (soldados), 13 (moribundos), 14 (catecúmenos). Enfim, o cân. 8 regula a questão dos cismáticos novacianos, e o cân. 9 a dos paulinos, cristãos permanecidos fiéis a Paulo de Samosata. O cân. 20 proíbe a genuflexão no domingo e nos dias de Pentecostes.

• Decretos: *COD*, 1-19 (*DCO* II/1, 27-64). — Ambrósio, *De fide*, prol., 3-5, 1, 18; 3, 15: O. Faller (ed.), CSEL 78, Viena, 1962. — Atanásio de Alexandria, *De decretis* etc.: H.-G. Opitz (ed.) (1934), *Athanasius-Werke*, II/1, Berlim. — Eusébio de Cesareia, *Vita Constantini* 3, 6-23: F. Winkelmann (ed.) (1995), *Eusebius I*, GCS, Berlim; *Carta à Igreja de Cesareia*: H.-G. Opitz (ed.) (1934), *Athanasius-Werke* III, 1/2, Berlim. — Hilário de

Poitiers, *De synodis* 86, PL 10, 534. — Filostórgio, *História eclesiástica*: J. Bidez (ed.) (1913), GCS 21, Berlim.

▶ G. Fritz (1931), "Nicée", *DThC* 11/1, 399-417 (envelhecido, mas sempre útil). — E. Honigmann (1939), "La liste originale des Pères de Nicée", *Byz.* 14, 17-76. — P. Galtier (1948), "Les canons pénitentiels de Nicée", *Gr.* 29, 288-294. — I. Ortiz de Urbina (1963), *Nicée et Constantinople*, Paris. — P. Th. Camelot (1964), "Les conciles oecuméniques des IV et V siècles", *in* Col., *Le concile des conciles*, Paris, 5-73. — E. Boualarand (1972), *L'hérésie d'Arius et la "foi" de Nicée*, t. II, Paris. — C. Kannengiesser (1978), "Nicée dans l'histoire du christianisme", *Conc(F)* 138, 39-47. — H. J. Sieben (1979), *Die Konzilsidee der alten Kirche*, Paderborn, 25-67. — A. de Halleux (1985), "La réception du symbole oecuménique, de Nicée à Chalcédoine", *EThL* 61, 5-47. — G. Alberigo (sob a dir. de) (1990), *Storia dei concili ecumenici*, Brescia. — J. Ulrich (1994), *Die Anfänge der abendländischen Rezeption des Nizänums*, PTS 39, Berlim. — H. C. Brennecke (1994), "Nicäa I", *TRE* 24, 429-441 (bibl.).

Charles KANNENGIESSER

→ *Arianismo; Atanásio, Consubstancial; Trindade.*

NICEIA II (Concílio), 787

Sétimo concílio* (c.) ecumênico, Niceia II (N.II) afirmou sua perfeita fidelidade ao ensinamento dos c. ecumênicos que o precederam, e é a partir dessa fidelidade que ele quis garantir a legitimidade do culto* das imagens*. Os historiadores dão interpretações divergentes da querela iconoclasta e de suas causas (cf. Brown, 1973), tamanha é a dificuldade de apreciar a parte que convém atribuir respectivamente à pressão das conquistas do Islã, a uma crise interna do Império bizantino ou, ainda, após N.II, ao enfrentamento latente de duas teologias*. Foi também com N.II e sua recepção que se tornou ainda mais clara a separação progressiva do Oriente e do Ocidente cristãos.

1. História

a) *Iconódulos e iconoclastas (s. VII-IX)*. — N.II foi precedido e seguido de dois períodos de polêmica contra as imagens ("iconoclasmo"). A partir de 692, o cân. 82 do c. dito Quinissexto, "primeiro testemunho oficial sobre uma tomada de posição da Igreja* na questão das imagens" (Grabar, 1957, 36), proíbe a representação de Cristo* como cordeiro*, já que tal imagem apelava mais para a tipologia da antiga aliança* do que para a encarnação*:

"Ordenamos que Cristo, nosso Deus*, aquele que tira os pecados* do mundo*, seja doravante pintado segundo sua forma humana nas imagens, no lugar do antigo cordeiro; assim, reconhecendo nele mesmo o esplendor da humildade do Verbo*, seremos levados a nos lembrar de sua vida na carne, de sua paixão*, de sua morte* salvífica e da redenção que cumpriu para o mundo" (Dumeige, 1978, 228).

Em 726, enquanto os califas intensificavam sua luta contra as imagens cristãs (decreto de Yazid II em 723), o imperador bizantino Leão III inaugura uma política iconoclasta. Esta primeira atitude triunfa no c. de Hiéria, convocado em 754 pelo imperador Constantino V, e ao qual comparecem 338 bispos* iconoclastas: todo culto das imagens é proscrito como herético. As decisões de Hiéria criam assim uma separação de fato entre Constantinopla (Const.) e os outros patriarcados*. Em resposta, o papa* Estêvão III convoca em 769 em Latrão um sínodo* que condena Hiéria e apoia assim o primado de Roma*. Em 786, a imperatriz Irene convoca um c. As sessões de N.II são presididas pelo patriarca de Const. e os cinco patriarcados estão representados; o papa Adriano I enviou dois legados. As decisões do c. suscitam então vivas reações da parte dos iconoclastas, e será preciso esperar até 843 para que os iconófilos vençam finalmente, graças à imperatriz Teodora e ao patriarca Metódio. A restauração solene da imagem de Cristo na entrada do palácio imperial, em 11 de março de 843, marca o "triunfo da ortodoxia", festa inscrita desde então no calendário litúrgico do Oriente cristão ("domingo da ortodoxia").

b) *Atores e problemas de Niceia II.* — Ações (destruição e restabelecimento das imagens, moedas imperiais trazendo ou não a imagem de Cristo — ver Grabar, 1957) e escritos marcam as diferentes etapas da crise. As obras que nos chegaram são consagradas sobretudo à defesa das imagens, pois N.II fez proceder à destruição dos escritos iconoclastas. A crise, em todo caso, longe de ser uma manifestação de piedade popular (cf. Brown, 1973, que recusa a pertinência mesma deste conceito para o cristianismo antigo), prova que o culto das imagens é problema de Estado. Já no s. IV, o Império constantiniano fizera da cruz o signo eficaz de sua vitória; as imagens "acheiropoietes" (não feitas por mão de homem) de Cristo se haviam multiplicado em seguida (Grabar, 1957, 13-45). A partir do s. VI, o culto da *Theotokos* conhece em Const. um novo desenvolvimento, que vai de par com um estímulo dado à veneração das imagens e das relíquias* (Cameron, 1978). Um papel de intercessão e de proteção da capital oriental é de fato reconhecido a Maria* (é particularmente sensível durante o cerco da cidade em 726), e a controvérsia das imagens pode ser interpretada em parte como exprimindo uma interrogação, mais insistente num período conturbado, sobre a maneira de tornar sensíveis as mediações entre Deus e os homens.

A partir do reinado de Leão III, a sucessão de imperadores iconófilos e iconoclastas, junto com as divisões do episcopado oriental, desempenha um papel de primeiro plano. Uma concepção teocrática do poder ("Sou imperador e sacerdote", segundo a afirmação atribuída a Leão III — ver Dragon, 1996) e as intervenções dos imperadores em matéria de dogma* são fontes de conflitos entre imperador e patriarca, assim como entre Bizâncio e Roma. No seio da pentarquia, dos cinco patriarcados considerados desde o reinado de Justiniano I de igual dignidade (cf. Schatz in Boespflug-Lossky, 1987, 263-270), Roma tende a afirmar sua preeminência. Mas é, primeiro, a escalada do poder franco no Ocidente e, depois, o império carolíngio que vão servir ao primado romano perante o Oriente e acelerar a separação.

Outros aspectos são mais difíceis de avaliar, como o papel e a posição das comunidades monásticas do Oriente. Muito iconófilas antes de N.II, como atesta o papel do monge Jorge de Chipre, elas em seguida se dividem: talvez sob a influência do origenismo (ver Schönborn, 1976), tendências iconoclastas se manifestam ali, que também puderam ser interpretadas como a marca de uma oposição entre a cidade, lugar de poder, e o campo (Brown, 1973).

2. Obra doutrinal

Para estatuir sobre a questão das imagens, o *horos*, decreto final, faz apelo à "tradição* da Igreja* católica", e o c. se afirma antes de tudo como ecumênico, anatematizando as decisões de Hiéria (Dumeige, 1978, 190-202). O *horos* se refere em seguida expressamente a uma afirmação cristológica de Basílio* de Cesareia: "A honra prestada à imagem vai para o modelo original (*protótipo*)" (*Tratado do Espírito Santo*, 18, 45). Em seguida, ordena:

"Como para a representação da preciosa e vivificante cruz, que se coloque as veneráveis e santas imagens, mosaicos ou obras feitas de qualquer outro modo conveniente, nas santas igrejas de Deus, nos objetos ou vestes sagradas, nas paredes e nos quadros, nas casas e nos caminhos; a imagem de Nosso Senhor, Deus e Salvador Jesus Cristo, a de nossa Senhora imaculada, a santa Mãe de Deus, a dos anjos* dignos de nosso respeito, a de todos os santos e justos [...]".

O recurso iconódulo a uma argumentação cristológica não deve levar a majorar o litígio dogmático: as definições de Calcedônia* são reconhecidas dos dois lados, e a hipótese de uma ligação entre iconoclasmo e monofisismo* é tão contestada hoje em dia quanto a de uma correlação com o nestorianismo* (Desreumeaux, Dalmais, *in* Boespflug-Lossky, 1987, 63-80). De fato, é o sentido mesmo da palavra "ícone/ imagem" que é a fonte de dificuldades. Para os iconoclastas, só o Cristo é a imagem única e perfeita (cf. Cl 1,15), e a divindade não se comunica por modo de imagem senão nas realidades consagradas que são a cruz, as igrejas e a eucaristia*. A resposta dos defensores das imagens funda-se numa teologia da encarnação. Se afirmam, como seus adversários, que Deus é como tal *aperigraptos*, "incircunscrível", Jesus*, Filho vindo na carne, é representável porque é *perigraptos*, "circunscrível" (anátema 1). A representabilidade de Maria, dos santos e

dos anjos é, então, corolário disso. E para pôr termo às acusações de idolatria* lançadas ao mesmo tempo pelos iconolastas cristãos e pelo Islã, os Padres de N.II distinguem claramente entre veneração (*proskynesis*) e adoração (*latria*). Reservada à divindade, a adoração confessa o poder salvífico da mesma; a veneração das imagens, em contrapartida, lhes reconhece somente valor de signo.

A ambivalência do termo "ícone", acrescentada à tradução errônea de *proskunesis* por *adoratio* nas Atas latinas de N.II, fez assim de um aprofundamento teológico a preliminar de uma plena recepção* do c.

3. Recepção

a) No Oriente. — Os *Discursos contra os que rejeitam as imagens*, escritos por João Damasceno por volta de 730, ofereciam uma primeira elaboração do conceito de imagem e de suas diferentes significações; nos "ícones", os *Discursos* percebiam, antes de tudo, imagens materiais que participam, como toda matéria, da graça* do Criador. Primeiros defensores das imagens, João Damasceno, o patriarca Germano de Constantinopla e Jorge de Chipre tinham sido anatematizados pelo c. de Hiéria. As decisões de N.II não bastaram para pôr fim à polêmica. De fato, no início do s. IX, o patriarca Nicéforo e o imperador Leão V se opõem abertamente e o imperador adere ao iconoclasmo. Um c. reunido em Santa Sofia em 815 condena as decisões de N.II e recoloca em vigor as decisões de Hiéria. Diante dessa segunda reação iconoclasta, o patriarca Nicéforo (*Antirrhétiques*, trad. fr., Paris, 1989) e Teodoro Estudita (PG 99, 327-426) oferecem novas precisões à teologia iconódula (Schönborn, 1976, 200-234). É somente em 843 que as imagens são solenemente restabelecidas; e sob o patriarcado de Fócio, um c. anuncia a condenação oficial do iconoclasmo.

b) No Ocidente. — A recepção de N.II é um dos elementos da oposição que se afirma nos s. VIII-IX entre o papa e o Império carolíngio. Enquanto o papa Adriano marca seu acordo com N.II, o c. de Frankfurt, convocado por Carlos Magno em 794, condena a "veneração" (*adora-*

tio) das imagens. Os *Livros carolinos*, compostos em torno de 791-794 por teólogos do círculo de Carlos Magno, definem o que vai ser ao longo de toda a IM a teologia ocidental da imagem. Citando as afirmações de Gregório* Magno, eles afirmam que as imagens têm um valor pedagógico, catequético e ornamental (ver Schmitt in Boespflug-Lossky, 1987, 271-301), mas que só a eucaristia é plenamente memorial da encarnação salvífica. Assim se opera um deslocamento teológico, da imagem para o sacramento*, que vai tomar um lugar central no Ocidente medieval e, mais tarde, durante a Contrarreforma.

- *COD*, 133-156 (*DCO* II/1, 298-345). — *Libri carolini* ou *Capitulare de imaginibus*, MGH, *Concilia* II, suplemento, Leipzig, 1924. — H. Hennephof (1959), *Textus byzantinos ad iconomachiam pertinentes*, Leyden.

▶ A. Grabar (1957), *L'iconoclasme byzantin. Dossier archéologique*, Paris. — P. Brown (1973), "A Dark-Age Crisis: Aspects of the Iconoclastic Controversy", *The English Historical Review* 88, 1-34 (*La société et le sacré dans l'Antiquité tardive*, 1985, 199-244). — S. Gero (1973), *Byzantine Iconoclasm during the Reign of Leo III*, CSCO, Subsidia 41, Louvain. — J. Pelikan (1974), *The Christian tradition. A History of the Development of Doctrine*, vol. 2: *The Spirit of Eastern Christendom (600-1700)*, cap. 3, Chicago. — J. Gouillard (1976), "L'Église d'Orient et la primauté romaine au temps de l'iconoclasme", *Ist* 25-54 (retomado em *La vie religieuse à Byzance*, Londres, 1981). — C. von Schönborn (1976), *L'icône du Christ. Fondements théologiques*, Friburgo (Suíça), 1986³, Paris. — A. Cameron (1978), "The Theotokos in sixth century Constantinople", *JThS NS* 29, 79-108. — G. Dumeige (1978), *Nicée II HCO*, t. 4, Paris. — F. Boespflug e N. Lossky (sob a dir. de) (1987), *Nicée II. 787-1987, douze siècles d'images religieuses. Actes du Colloque international Nicée II*, Paris. — G. Alberigo (sob a dir. de) (1990), *Storia dei concili ecumenici*, Brescia. — G. Dagron (1993), "L'iconoclasme et l'établissement de l'Orthodoxie (726-847)", *in Histoire du christianisme*, t. IV: *Évêques, moines et empereurs (610-1054)*, sob a dir. de Ch. e L. Pietri *et al.*, Paris, 93-166; (1996), *Empereur et prêtre. Étude sur le "césaropapisme" byzantin*, Paris.

François BOESPFLUG e Françoise VINEL

→ *Culto; Igreja-Estado; Imagens.*

NICEIA-CONSTANTINOPLA (símbolo de)
→ **confissões de fé** A

NICOLAU DE CUSA, 1401-1464

a) Biografia. — Nicolau de Cusa (N.) — em latim Nicolaus Cusanus ou Nicolaus Treverensis — nasceu em Cusa, às margens do Mosela. Estudou filosofia* em Heidelberg (1416-1417), direito* eclesiástico em Pádua (1417-1423) — onde se ocupou também de matemática, de ciências* da natureza e sobretudo de aristotelismo* —, depois novamente filosofia* e teologia* em Colônia (a partir de 1425), sob a orientação de Américo de Campo, que o familiarizou com a obra dos herdeiros medievais tardios de Alberto* Magno e de Raimundo Lúlio. N. recusou por duas vezes (em 1428 e 1435) a cátedra de direito* canônico que a Universidade de Louvain lhe propunha. Em 1432, durante o concílio de Basileia*, interveio nas lutas políticas que agitavam a Igreja* de seu tempo; a princípio conciliarista, filiou-se em 1437 ao campo romano. Efetuou em seguida importantes missões diplomáticas, acompanhando em 1438 o imperador e o patriarca de Constantinopla ao concílio* de união de Ferrara-Florença. Foi nomeado cardeal em 1448, bispo* de Brixen em 1450. Seguiu-se uma série de viagens de legação e de inspeção, sobretudo aos sínodos* provinciais de Salzburgo, Magdeburgo, Mainz e Colônia. A queda de Constantinopla em 1453 e a ameaça turca, despertando seu interesse pelo Islã, levaram-no a desenvolver uma filosofia da religião* que reconciliava as diferentes confissões. Por causa de diferenças com o duque Sigismundo do Tirol, abandonou Brixen em 1458 para assumir importantes funções em Roma* e na Itália. Morreu em 11 de agosto de 1464 em Todi (Úmbria).

b) Doutrinas. — Um dos objetivos de N. é reformar a vida da Igreja e dos Estados* para promover a paz* religiosa. No *De concordantia catholica* (1432-1433), ele esboça, segundo o esquema "Espírito*-alma*-corpo*", o paradigma de uma ordem cristã universal: a única Igreja é o lugar onde o Espírito divino, a alma sacerdotal e o corpo dos crentes devem combinar-se harmoniosamente. No *De pace fidei* (1453), defende a ideia de "uma religião única [...] na diversidade dos ritos" (VI, n. 16, *H.* VII, 15, 16 *sq*): mais que qualquer outra, o cristianismo está em condições de responder às expectativas das diversas religiões nacionais. Na *Cribratio Alchorani* (*Crítica do Corão*, 1460-1461), N. tenta fazer os muçulmanos compreenderem os mistérios* da fé* cristã.

O *De docta ignorantia* (1440) é geralmente considerado como a principal obra filosófico-teológica de N. O método da douta ignorância, pelo qual o incompreensível é compreendido de maneira incompreensível (*incomprehensibile incomprehensibiliter comprendere*) — isto é, de modo impreciso, aproximativo —, permite determinar o máximo absoluto, que não pode ser ultrapassado; ora, já que esse máximo não conhece oposto, ele não se opõe ao mínimo, mas coincide ao contrário com ele (*De docta ign.* I, 4, *H.* I, 10, 4-16). Essa realidade única, que existe efetivamente (*actu*) como máximo e que, ao mesmo tempo, como mínimo, é todo ser possível (*omne possibile est*), essa realidade, segundo a crença de todos os povos, é Deus* (*ibid.*, I, 2, *H.* I, 7, 3-15). N. trata a seguir do universo, que concebe como um "máximo contraído" (*maximum contractum*), porque não precede e não liga entre si os opostos contraditórios, mas somente os contrários (II, 4, *H.* I, 73, 8-16); não se lhe pode atribuir uma alma, sendo Deus mesmo a alma e o espírito do mundo* (II, 9, *H.* I, 95, 29-96, 4). Deus é ao mesmo tempo o centro e a circunferência do universo, o que priva a terra da situação central que lhe atribuía a antiga cosmologia (II, 11, *H.* I, 100, 10-16). N. acaba voltando-se para Cristo*, concebido como máximo ao mesmo tempo absoluto e contraído (III, 2, *H.* I, 123, 11s).

O *De coniecturis* (escrito antes de 1444) expõe um método de conhecimento* conjectural, mas N. esquece manifestamente sua própria teoria quando fala da unidade mental de Deus *divinaliter* (*De coni.* I, 6, *H.* III, 31, 4), isto é, do ponto de vista da própria unidade divina, determinando-a como pura negação (*ibid.*, I, 8, *H.* III, 38, 12-39, 3): a tétrade neoplatônica "Deus-razão*-intelecto-corpo" se encontra aqui relacionada a um processo de emanação/ regressão e ao mesmo tempo exaltada — um ponto que N. não desenvolve em nenhum outro

lugar — no conceito de *mens*, de espírito, que engloba essas quatro unidades (*ibid.*, I, 4, *H.* III, 18, 3-19, 1).

Durante a vida, N. buscou formar uma ideia de Deus tão apropriada quanto possível, mantendo os olhos fixos na estrutura trinitária da divindade. Em suas abordagens, formuladas em termos filosóficos, ele tenta particularmente reter aquilo que os filósofos não conhecem (*De venatione sapientiae* XXV, n. 73, *H.* XII, 71, 24-26): o Espírito Santo. Deus não é somente absoluta possibilidade e realidade absoluta, é também o nexo (*nexus*) entre ambas (*Trialogus de possest* 6, *H.* XI/2, 7, 16-8, 17). Mas, para N. (cf. *De ven. sap.* XIV, n. 40, *H.* XII, 39, 1s), nenhuma ideia exprime melhor Deus do que a do "não outro" (*non aliud*); este não outro é, como toda lógica aristotélica e enquanto se define a si mesmo, a quididade de todas as quididades. E essa definição — proposta por N. em 1462 — é a seguinte: o não outro não é nada mais senão o não outro (*De non aliud* I, *H.* XIII, 4, 29 *sq*). Nessa definição trinitária de si, o não outro é ele mesmo e é portanto transcendente, mas é ao mesmo tempo imanente a tudo o que é outro que não ele, porque o outro não é *nada outro* senão o outro (Stallmach, 1989, 63).

Acerca dos numerosos escritos matemáticos de N. (compostos em sua maioria entre 1445 e 1459), uma observação pelo menos deve ser feita: assim como Deus está na origem do real, o espírito humano é a fonte de onde nascem os números. As figuras geométricas, por seu caráter simbólico, permitem ilustrar a coincidência dos opostos (*coincidentia oppositorum*) em Deus. A razão (*ratio*), princípio dos conteúdos matemáticos, não está em condições de compreender exatamente a verdade* imparticipável, a essência divina, tampouco o está o intelecto (*intellectus*), no qual os opostos podem concordar, mas não coincidir entre si.

c) A recepção da obra de Nicolau de Cusa. — Teólogo engajado no terreno da filosofia, N. tratou muito particularmente de estabelecer a incapacidade da "seita aristotélica" de seu tempo; ele mesmo se considerava um inovador. Assim, teve de escrever uma apologia contra Johannes

Wenck de Herrenberg, que não compreendia suas ideias. Sua teoria da coincidência foi igualmente criticada por Vicente de Aggsbach, ao passo que Bernardo de Waging, Américo de Campo, Jacques Lefèvre d'Étaples, Gérard Roussel, Giordano Bruno, Athanasius Kircher e Leibniz* lhe reservaram uma acolhida favorável. Suas ideias serão, mais tarde, acomodadas numa perspectiva fideísta ou transmitidas de segunda mão; é somente no s. XX que uma edição crítica de suas obras completas finalmente virá à luz, suscitando um intenso trabalho de interpretação.

d) *Perspectivas críticas.* — Observemos simplesmente que se N., no quadro de sua teologia filosófica, não cessou de inventar novos conceitos de Deus compreendido como coincidência de opostos, se avançou uma quantidade de ideias inovadoras no domínio da cosmologia, nem por isso foi menos tributário de um modelo hierárquico que, relativamente a Deus, excluía o pensamento de uma autocausalidade absoluta (Deus *causa sui*) e de uma regressão ao infinito. Em uma palavra: Deus, para N., é causa de tudo, mas não de si mesmo. Deus é infinito*, mas é também seu próprio limite, para além do qual não é possível recuar. Ora, essas são questões que uma teologia filosófico-crítica deve enfrentar hoje em dia. Daí poderia resultar uma nova ideia, filosoficamente justificável, de Deus como possibilidade absoluta.

• *Nicolai de Cusa opera omnia iussu et auctoritate Academia Litterarum Heidelbergensis* (*H.*), Leipzig, 1932ss., Hamburgo, 1950-.
▸ MFCG 1-21. — *VerLex* 6, 1093-1113. — E. Vansteenberghe (1920), *Le cardinal Nicolas de Cues*, Paris. — M. de Gandillac (1941), *La philosophie de Nicolas de Cues*, Paris. — R. Haubst (1952), *Das Bild des Einen und Dreieinen Gottes in der Welt nach Nikolaus von Kues*, Triers. — R. Haubst (1956), *Die Christologie des Nikolaus von Kues*, Friburgo. — P. Duhem (1959), *Le système du monde*, t. X, Paris. — W. Beierwaltes (1964), "Deus oppositio oppositorum", *SJP* 8, 175-185. — E. Meuthen (1964), *Nikolaus von Kues*, Münster. — G. von Bredow (1970), "Die Bedeutung des Minimum in der *coincidentia oppositorum*", *in Nicolò Cusano. Agli inizi del mondo moderno. Atti del Congresso... 1964*, Florença, 357-366. — G. Schneider (1970), *Gott — das Nichtandere*, BCG 4. — K. Flasch (1973), *Die Metaphysik des Einen bei Nikolaus von Kues*, SPAMP 7. — K. Jacobi (sob a dir. de) (1979), *Nikolaus von Kues. Einführung in sein philosophisches Denken*, Friburgo-Munique. — D. Pätzold (1981), *Einheit und Andersheit*, Colônia. — K. Flasch (1987), *Einführung in die Philosophie des Mittelalters*, Darmstadt. — S. Meier-Oeser (1989), *Die Präsenz des Vergessenen. Zur Rezeption der Philosophie des Nicolaus Cusanus von 15. bis zum 18. Jahrhundert*, BCG, HS. — B. Mojsisch (1991), "Nichts und Negation. Meister Eckhart und Nikolaus von Kues", *in* B. Mojsisch, O. Pluta (sob a dir. de), *Historia Philosophiae Medii Aevi. Studien zur Geschichte der Philosophie des Mittelalters* II, Amsterdã-Filadélfia, 675-693. — L. Hagemann e R. Glei (sob a dir. de) (1993), *Hen kai plèthos. Einheit und Vielheit*, Altenberg-Würzburg. — G. Piaia (sob a dir. de) (1993), *Concordia Discors. Studi su Niccolò Cusano e l'umanesimo europeo offerti a G. Santinello*, Pádua. — K.-H. Kandler (1995), *Nikolaus von Kues. Denker zwischen Mittelalter und Neuzeit*, Göttingen. — B. Mojsisch (1995), "Epistemologie im Humanismus. Marsilio Ficino, Pietro Pomponazzi und Nikolaus von Kues", *FZPhTh* 42, 152-171. — K. Flasch (1998), *Nikolaus von Kues. Geschichte einer Entwicklung*, Frankfurt.

Burkhard MOJSISCH

→ *Conhecimento de Deus; Cosmo; Infinito; Negativa (teologia); Religiões (teologia das).*

NIETZSCHE, Friedrich Wilhelm, 1844-1900

Nietzsche (N.) se apresenta a si mesmo em *Ecce Homo* como uma verdadeira "crise" na história do pensamento, o que supõe de sua parte pelo menos uma tarefa dupla: a de uma interpretação de conjunto da história* do Ocidente no horizonte do niilismo (e como tal ele deve ser compreendido como o analista de uma conturbação que diz respeito em primeiro plano à nossa época); e o anúncio de uma filosofia* nova, constituída a partir de uma nova tabela de valores e suscetível de ser qualificada de "gaia ciência". Filósofo radical por suas questões, por seu programa de destruição dos fundamentos da filosofia e sua vontade de inventar uma nova modalidade de pensamento, ele permanece até hoje como uma das figuras mais controvertidas da história da filosofia.

1. Nietzsche e sua imagem

Filho de pastor* luterano, N. cresceu numa atmosfera religiosa e moral totalmente impregnada de espírito bíblico e pietista; a partir daí, e até o fim, desenvolveu sobre uma base filosófica uma crítica impiedosa e cada vez mais violenta da religião, e mais especificamente do cristianismo.

Nascido em 15 de outubro de 1844 em Röcken (Saxe), N. fez seus estudos num dos melhores estabelecimentos de seu tempo (a *Schulpforta*), antes de estudar filologia clássica e, breve mas intensamente, teologia*; nomeado professor de filologia clássica aos 25 anos de idade, foi aposentado dez anos mais tarde, imergiu na loucura aos 44 anos e morreu aos 56 (25 de setembro de 1900, em Weimar). Durante seus vinte anos de atividade pública, e apesar de sua saúde vacilante, N. teve uma atividade intelectual excepcionalmente fecunda. Desde seu primeiro livro publicado (*O nascimento da tragédia a partir do espírito da música [NT]*) e suas críticas de juventude contra a cultura de seu tempo, até os textos da maturidade (*Humano, demasiado humano, A gaia ciência [GC], Assim falou Zaratustra [Z], Além do bem e do mal [ABM], A genealogia da moral [GM]*) e as obras veementes do último período (*O Anticristo [AC]* e *Ecce Homo [EH]*), seus escritos, a princípio, só encontraram incompreensão. Um pensamento difícil na própria maneira de se formular, isto é, ao mesmo tempo, de se comunicar e de se dissimular (esoterismo, aforismo, estilo), chama a interpretação. "É difícil fazer-se entender", e isso talvez seja até desejável aos olhos do próprio N. A interpretação filosófica de sua obra foi empreendida por pensadores como M. Heidegger*, K. Jaspers ou K. Löwith. Recentemente, intérpretes franceses e italianos se engajaram num caminho novo: apoiando-se nos autores que precederam N. na história do pensamento, eles examinam as estruturas de seu estilo para decifrar suas intenções na perspectiva de uma teoria da cultura. Quanto à investigação teológica, ela faz surgir cada vez mais claramente a necessidade de um confronto matizado com N.

2. A destruição como fundação nova

A destruição da metafísica empreendida por N., esta "filosofia a marteladas", tem uma intenção clara: libertar a vontade de todo entrave. O primeiro discurso do *Zaratustra* (*Z*, "As três metamorfoses") mostra na esteira de que história a vontade pode se libertar de toda crença numa verdade prévia, como de todo dever, e se entregar enfim plenamente à potência de afirmação e de criação da vida. Assim, o projeto filosófico de N. pode ser interpretado como a afirmação incondicionada do homem no que lhe é próprio (*homo semper maior*). Esta "filosofia experimental" (por ex., *KGW* VIII, 3, 288), de caráter aristocrático e elitista, se nutre do *pathos* de uma individualidade capaz de dar forma ao mundo, e que encarna nos "exemplares superiores" (*KGW* III, 1, 313). Para tanto, N. conduz uma crítica sistemática da linguagem, da razão*, da verdade* e da moral (*KGW* V, 1, 382: "Não possuímos a verdade"), e por fim da religião (e antes de tudo da religião cristã), em outras palavras: de tudo o que pode reter essa afirmação (do homem ou da vontade) em nome do ser* (de um além como mundo-verdadeiro). São visadas com isso toda forma de além-mundo, toda crença ingênua ou dogmática num além da terra e da vida (o ser uno, idêntico a si, eterno, e que ignora o devir e sua experiência trágica) e mais particularmente a fundação moral da verdade, que N. interpreta como modelo desses além-mundos. A figura socrática do homem teórico, ou o ideal platônico de um "mundo verdadeiro" são as primeiras formas desse enfraquecimento da vida (mas a cultura moderna deu muitas outras!) que N. diagnostica e contesta. Trata-se de implementar um "contramovimento" (p. ex., *KGW* VIII, 2, 432) oposto a essa vontade de autonegação e a essa decadência geral, e que recupera, com o sentido da terra, a potência de afirmação da vida.

Os pensamentos e as imagens mais originais de N. (como o "eterno retorno", o "super-homem", o *"amor fati"*, "Dioniso") traduzem essa concepção do mundo dominada pela afirmação. E antes de tudo a "vontade de poder", concebida como poder da vida que se deseja a si mesma. Ela é a essência de toda realidade, mas não deve ser interpretada como uma substância no sentido tradicional. De igual modo, essa fórmula testemunha a distância que, cada vez mais claramente ao longo de seu itinerário intelectual, separa N. de seu iniciador Schopenhauer. A vontade se quer a si mesma, ela tende a ultrapassar a si mesma e quer seu próprio crescimento, por isso ela é vontade de poder: ser mais poderosa é sua maneira de querer e de se afirmar.

3. A crítica da religião e do cristianismo

A dimensão crítica da obra de N. encontra seu momento culminante no enfrentamento com o cristianismo. A recusa dos "além-mundos" introduz ao tema da "morte* de Deus*". Se o cristianismo é, de fato, um "platonismo para o povo" (*ABM*, prefácio), a crítica de um continua naturalmente pela do outro. Mas a polêmica se radicaliza nos escritos do último período e dá lugar, à guisa de autointerpretação, à fórmula: "Dioniso contra o Crucificado" (*KGW* VIII, 3, 58).

a) Deus e os deuses. — A célebre frase "Deus está morto" (*GC* 125), adaptada recentemente à teologia pelos "teólogos da morte de Deus" (J. J. Altizer, W. Hamilton), quer descrever um processo irreversível da história, a libertação diante da concepção tradicional de Deus. Mas N. não se limita a essa constatação, também pretende reivindicar a legitimidade dela (inversão de todos os valores), mostrar como podem nascer Deus e a religião (genealogia) e justificar a possibilidade de outra interpretação do divino (Dioniso). Assim, a denúncia do conceito de Deus deve ser reconduzida à das forças reativas que o construíram. O projeto genealógico é descobrir por trás de um sistema ou de um conceito o instinto que o produziu. Tratando-se da moral ou do conceito de Deus, ele revela uma intenção oculta de se vingar da vida. Se é preciso que Deus morra, é porque ele tem compromisso com essas forças reativas (ressentimento, má consciência, ideal ascético), cujo processo implacável é operado por N. A ênfase já não é posta na existência mesma de Deus, mas no poder do homem (força ou fraqueza): "Aquele que não encontrar mais a grandeza em Deus, não a encontrará em nenhum lugar, e deve negá-la ou então […] criá-la" (*KGW* VII, 1, 28). O que até o presente era considerado como "divino" acarretava o "apequenamento" do homem (*KGW* III, 25). A essa dupla redução do divino

e do humano, fruto da ascese* e do desprezo do mundo, N. quer opor outro programa; o divino ali mantém seu lugar, mas em outro quadro, o da inocência do mundo* e da afirmação integral, trágica e dionisíaca, da existência. Ele também pode chamar à vontade a criação de novos deuses. Este pensamento rejeita a ideia de um sujeito divino transcendente dotado de responsabilidade e de uma "consciência global" (providência*); mas também protesta contra as formas banais do agnosticismo* e do ateísmo*. Entre "monótono-teísmo*" (*AC* 19) e o ateísmo*, N. busca definir uma concepção politeísta da existência. "No fundo, só o Deus moral está superado" (*KGW* VIII, 1, 217) — isto é, no contexto europeu, o Deus tornado abstrato, o Deus platônico-cristão, compreendido até nas estruturas da língua como uma negação da vida em sua plenitude e sua profundeza abissal.

b) Cristianismo e Igreja. — A crítica nietzschiana da religião se condensa no ataque contra o cristianismo e a figura do sacerdote*, figura por excelência da má consciência*. N. vê na doutrina da desvalorização do mundo (pecado*, resgate na cruz, ressurreição*) e na prática moral do cristianismo "a variação mais extravagante do tema moral" (*NT*, prefácio, 5). O cristianismo inoculou uma "ontologia moral" (*KGW* VIII, 1, 273) na Europa; é uma religião da decadência, "um caso de alteração da personalidade" (VIII, 3, 98). A história do cristianismo é então a da falta e da culpa: uma história infeliz. Se toma particularmente como alvo a Paulo e seus sucessores ("Foi sobre a oposição ao Evangelho que se edificou a Igreja*" [*AC* 36]), N. só aparentemente poupa Jesus*, cuja "prática" exemplar ele valoriza (*AC* 35), livre de ressentimento e de moral, contra uma Igreja que crê em coisas, estados e efeitos "que não existem" (*KGW* VIII, 3, 125). No final das contas, sobretudo em seu último período, ele classifica o "tipo psicológico de Jesus" (*KGW* VIII, 2, 407-408. 417-420; *AC* 29), e a mensagem de que é portador, sob o rótulo do ingênuo bem-aventurado (do "idiota") que pertence a um tempo já findo e ignora a realidade da existência. Certamente, N. opõe com eloquência o evangelho simples e radical de

Jesus ao "desangelho" (*AC* 39) sutil e vingador de Paulo e da Igreja, que promete a salvação* como recompensa, e reduz a cristandade a uma "simples fenomenalidade da consciência" (*AC* 39). Mas ambos, evangelho e "desangelho", vistos numa perspectiva protestante nutrida por um diálogo com figuras marcantes da época (p. ex., D. F. Strauss, E. Renan, Wellhausen, L. Tolstoi), se encontram de fato ligados porque infinitamente distantes do "evangelho do porvir" (*KGW* VIII, 2, 432), o evangelho do Anticristo que, contrariamente a Jesus e ao cristianismo, não se contenta em negar a realidade, mas a cria. Pretender, portanto, que N. só se tenha debatido contra um cristianismo desnaturado e desviado não é possível senão com a condição de negligenciar fatos patentes, neutralizar intenções incontestáveis e desvalorizar (sobretudo num objetivo de recuperação) uma relação de hostilidade desejada por N.

4. Questões e confrontação

Uma religião que tem compromisso com a metafísica acha-se fundamentalmente questionada por essa empresa de destruição. A moral cristã do ressentimento (servil e gregária) se vê, como antes dela a dogmática* correspondente, apanhada num processo irreversível de "autossupressão" (*GM* III, 27). A este cristianismo N. denega toda capacidade e toda vontade de colocar uma grande afirmação. Ao contrário, o niilismo se vê descrito como a "lógica levada até suas últimas consequências" (*KGW* VIII, 2, 432), de valores e de ideais antes de tudo cristãos.

O pensamento de N. deixa também abertas muitas questões sobre sua própria empresa, além de sua possível dependência para com o que ele pretende superar; derrubar o platonismo não é ainda inscrever-se em seu horizonte? Até que ponto a figura de Zaratustra deriva do Cristo* dos evangelhos*? Espera-se uma resposta da teologia, uma inevitável confrontação com aquele que se apresentou como o "adversário implacável do cristianismo" (*EH*, "Por que sou tão sábio", 7). Se a grande tarefa do pensamento é, finalmente, afirmar, se ele se mantém no enfrentamento de um Sim e de

um Não, se consiste em entoar o canto do Sim e do Amém (*Z*, "Os sete selos"), a que se deve dizer Sim? A que reconhecer a afirmação mais elevada? Trata-se somente de uma afirmação de si, a de uma vontade segura de si mesma, que estende seu poder e toma posse do mundo instituindo novos valores? Seria necessário então perguntar-se se todos os textos de N. pertencem ainda a essa lógica (e perguntar-se, p. ex., o que é preciso amar no "*amor fati*"). Não é dito que a afirmação do "eterno retorno" seja somente dirigida para si; mas tampouco é dito que esteja voltada para Deus. O pensamento de N., frequentemente polêmico, chama também a interpretação quando busca ultrapassar sua própria violência*. Quanto à própria polêmica, ela levanta muitas questões negligenciadas ou não resolvidas (p. ex., o caráter impiedoso e irreconciliável da realidade; o culto* não evangélico de Deus, de Cristo, da Igreja, transformados em simples instrumentos de poder) e oferece ao crente a ocasião de um retorno crítico sobre si. Mas esta provocação convida também a pensar mais no que significa esperar, para aquele que tem fé*. Esses ataques iconoclastas e desmistificadores, sejam quais forem as objeções que lhes possamos dirigir, nem por isso devem deixar de suscitar um pensamento teológico; eles devem abrir a trilha rumo a uma compreensão aprofundada da fé bíblica a serviço de uma prática cristã viva.

- G. Colli, M. Montinari (sob a dir. de), *Kritische Gesamtausgabe, Werke* (*KGW*), 1967- (30 vol. publicados), *KGW Briefweschsel*, 1975- (7 vol. publicados), Berlim-Nova York (*Oeuvres philosophiques complètes*, Paris, 1967-, e *Correspondance*, Paris, 1986). Em português: *O nascimento da tragédia, ou helenismo e pessimismo*, São Paulo, 1999; *Genealogia da moral, uma polêmica*, São Paulo, 2001; *Crepúsculo dos ídolos ou como filosofar com o martelo*, Rio de Janeiro, 2000; *Humano, demasiado humano, um livro para espíritos livres*, São Paulo, 2001; *Além do bem e do mal, prelúdio de uma filosotia do futuro*, São Paulo, 2000; *Obras incompletas*, São Paulo, 2000; *Ecce homo, como alguém se torna o que é*, São Paulo, 2003; *Assim falou Zaratustra, um livro para todos e para ninguém*, Rio de Janeiro, 2000; *A gaia ciência*, São Paulo, 2001; *Fragmentos finais*, Brasília, 2002;

Escritos sobre a educação, São Paulo-Rio de Janeiro, 2003; *Segunda consideração intempestiva: da utilidade e desvantagem da história para a vida*, Rio de Janeiro, 2003; *O anticristo*, Rio de Janeiro, 1993; *Vontade de potência*, Rio de Janeiro, 1993; *O viandante e a sua sombra*, Rio de Janeiro, 1986; *Cinco prefácios para cinco livros não escritos*, Rio de Janeiro, 1996; *O caso Wagner, um problema para músicos*, São Paulo, 2002.

▶ M. Montinari *et al.* (sob a dir. de) (1972-), *Nietzsche Studien. Internationales Jahrbuch für die Nietzsche-Forschung*, Berlim-Nova York. — J.-L. Marion (1977), *L'idole et la distance. Cinq études*, Paris, 49-114. — E. Blondel (1980), *Nietzsche: le 5e évangile?*, Paris. — J. Figl (1984), *Dialektik der Gewalt. Nietzsches hermeneutische Religionsphilosophie*, Düsseldorf. — U. Willers (1988), *Friedrich Nietzsches antichristliche Christologie. Eine theologische Rekonstruktion*, Innsbruck-Viena; (1994), "Dekonstruktive Demontage oder Analyse der Wirklichkeit? Friedrich Nietzsches Rede vom finis christianismi", *in* M. von Brück, J. Werbick (sob a dir. de), *Traditionsabbruch — Ende des Christentums?*, Würzburg, 27-54. — M. Fleischer (1994), "Nietzsche", *TRE* 24, 506-524 (bibl.). — D. Franck (1998), *Nietzsche et l'ombre de Dieu*, Paris.

Ulrich WILLERS e Jérôme de GRAMONT

→ *Ateísmo; Freud; Heidegger; Marx; Paganismo; Secularização.*

NOME

a) Antropologia e teologia bíblicas. — No antigo Oriente Médio, o nome não é uma simples etiqueta estranha à realidade que ela designa, mas está misteriosamente ligado a essa realidade. Dar um nome a um lugar ou a uma pessoa* é determinar seu sentido ou seu destino. Isso é claro durante a atribuição de nomes de reinado ao novo Faraó, ou ainda ao rei israelita (ver Is 9,5). Receber um "grande nome" equivale desde logo a "tornar-se poderoso, renomado" (2Sm 7,9; 8,13; cf. 1Rs 1,47). Quando Deus* muda o nome de Abrão em "Abraão" (Gn 17,5) ou o de Jacó em "Israel*" (Gn 32,39; 35,10), é para eles uma nova vida que começa.

Conhecer e pronunciar o nome de Deus terá implicações importantes: esta invocação se encontra no âmago de toda oração* e define a ação cultual, pois ela significa a relação de pertença e chama a bênção* divina (cf. Nm 6,22-27). Para falar de Deus, a Bíblia* hebraica utiliza diversos vocábulos: Elohim (com ou sem o artigo), que se traduz em geral por "Deus"; "El" e diferentes expressões compostas com base nesse nome (El Shaddai, El Olam etc.) que se referem à herança cananeia de Israel; Javé, nome próprio do Deus de Israel, que algumas traduções vertem por "o Senhor" ou "o Eterno". Esse fenômeno é explorado teologicamente pelo autor "sacerdotal" (P) ou pelo redator final do Pentateuco: Deus é conhecido como Elohim (ver p. ex. Gn 9,6), depois ele se revela aos patriarcas sob o nome de El Shaddai (Gn 17,1; 28,3 etc.), e enfim a Moisés sob seu nome de Javé (Ex 6,2s). Teríamos assim uma revelação* progressiva do Deus de Israel por ele mesmo.

b) Javé, o nome do Deus de Israel. — O tetragrama (YHWH) é, na Bíblia hebraica, o nome próprio do Deus de Israel, revelado a Moisés na sarça ardente (Ex 3,13ss). Moisés se acha na presença do anjo de Javé. Este o envia para libertar seu povo oprimido. Moisés então pergunta a Deus: "Eu irei para junto dos filhos de Israel para lhes dizer: o Deus de vossos pais me enviou a vós. Se me perguntarem: Qual é o seu nome? — que lhes direi?" (3,13). A essa pergunta encontramos três respostas divinas sucessivas. A mais antiga — e a única que de fato responde à pergunta — é a do v. 15: "Falarás assim aos filhos de Israel: Javé, Deus de vossos pais, o Deus de Abraão, Deus de Isaac, Deus de Jacó, enviou-me a vós. É este o meu nome para sempre". Essa resposta será comentada mais tarde pelo v. 14b: "Assim falarás aos filhos de Israel: EU SEREI (*'èhyèh*) me enviou a vós"; a frase sugere uma etimologia do nome de Javé, aproximada de uma forma do verbo *hayah*, "ser". A fórmula célebre do v. 14a (*'èhyèh 'ashèr 'èhyèh*, "Serei quem serei" ou "Serei, sim, serei"), enfim, desenvolve o *'èhyèh* do v. 14b. Os LXX interpretam a fórmula num sentido ontológico: "Eu sou o existente" (*ego eimi ho on*), e essa leitura durante muito tempo fez fortuna tanto na exegese* quanto na dogmática*. Encontramo-la nos Padres* da Igreja*, mas também em Maimônides, Lutero* e Calvino*; a tradução da Bíblia de Jerusalém ("Eu sou aquele que é": ed. 1975) ainda lhe faz eco, ao passo que a edição de 1954 punha o acento na primeira pessoa: "[...] aquele que sou". De fato, o autor não pôde visar a uma definição de Deus como o Ser* por excelência pois esse gênero de reflexão abstrata não tinha curso em Israel; o verbo *hayah*, aliás, não visa à noção de existência enquanto tal, mas inclui um dinamismo, uma ação, uma presença; é, antes, "ser ativo", "ser para" ou "ser com" (ver o v. 12). Em suma, Ex 3,14 ecoa como o compromisso de uma presença ativa e fiel de Javé para com seu povo*.

Às vezes, a fórmula é entendida como evasiva: Deus teria recusado responder à pergunta, tal como poderia sugerir o paralelismo com textos como Ex 33,19 ou Jz 13,17s. Deus permaneceria inapreensível. Essa interpretação não pode ser mantida. Conhecer o nome é o que, na concepção semítica, assegura o domínio do outro. Este nome (Javé) é dado no v. 15; o v. 14a não revela o nome divino, mas fornece uma explicação dele. Aliás, as frases construídas sobre o modelo de Ex 3,14a nem sempre têm um sentido evasivo: em vários casos, elas exprimem, ao contrário, o intensivo (1Rs 8,60; cf. 2Rs 23,16; Is 12,25; 14,23; 36,23).

O nome do Deus de Israel conhece duas formas: a forma longa atestada pelo tetragrama YHWH e a forma curta YH ("Yah", Ex 15,2; Is 38,11; Sl 94,7.12) ou YHW, atestada em certas aclamações litúrgicas ("Alleluia" = "louvai Yah"). A forma curta aparece em nomes teóforos antigos (nomes em cuja composição entra um nome divino) como os de Josué (JHW-*shuac*) e de Jônatas (JHW-*natan*), e esse uso permanece até uma época recente. Por outro lado, encontra-se "YHWH" nos textos mais antigos da Bíblia, mas também na estela de Mesha (Moab, s. IX), nas inscrições de Kuntillet-Ajrud (norte do Sinai, s. IX-VIII), numa tumba de Khirbet El-Qom (s. VIII) e nas cartas de Lakish (s. VII). Segundo a opinião clássica, a forma curta se explicaria pela abreviação da forma longa, mais antiga. M. Rose (1978) observa, porém, que não se conhece nenhum exemplo de abreviação do nome de uma divindade nacional; a forma longa resultaria da adição do *hé* final como *mater lectionis* (letra acrescentada para facilitar a leitura, sem ter o valor de uma verdadeira consoante). YHWH e YHW são, verossimilmente, simples variantes ortográficas. Parece que o uso, a princípio minoritário, da forma longa se impôs pouco a pouco.

O texto hebraico antigo não era vocalizado, por isso a tradição baseou-se nas transcrições gregas de Epifânio de Salamina e de Teodoreto de Cyr (*iabè, iaouè*) para reconstituir a pronúncia do Nome ("Yahvé"); essa pronúncia parece confirmada pela fórmula de Ex 3,14 (assonância com '*ehyeh*). No entanto, outras transcrições mais antigas (Clemente de Alexandria, Orígenes*) sugerem a leitura "Yahwô" ou "Yahûh". A utilização da forma curta YHW e o uso dos nomes teóforos em *yeho*- ou *yo*- vão no mesmo sentido.

Moisés não introduziu o uso do nome de Javé: ele já era conhecido em Gn 4,26! Por outro lado, é impossível demonstrar que os israelitas o tenham tomado de empréstimo a outro povo (os quenitas, p. ex., como já se supôs). Decerto o nome remonta a uma época em que os seminômades pré-israelitas ainda não se separaram de outras populações análogas. Isso explicaria por que vários povos do Oriente antigo conheciam uma divindade que tinha um nome bastante próximo: Ya(w) (Ebla), Yao (Biblos), YW (Ugarit), Yau (Hamat). Embora outras hipóteses tenham sido propostas, parece que este nome divino deriva da raiz *hwh/hwy*, que se tornará em hebraico *hayah*, "ser"; esta etimologia corresponde à explicação dada em Ex 3,14.

Nos LXX, "Elohim" é traduzido por *ho theos*, "Deus", enquanto "YHWH" é vertido por *kyrios*, "o Senhor", ou, às vezes, por *kyrios ho theos*, "o Senhor Deus". Essa tradução é significativa da atitude do judaísmo*, que se recusa doravante (a partir do s. III a.C. sobretudo) a pronunciar o Nome três vezes santo, para não lhe faltar ao respeito. Preferir-se-á ler '*adonay*, "o Senhor", no lugar de "YHWH". Por isso os massoretas acrescentaram sob as letras do tetragrama as vogais *a* (brevíssima), *o* e *a*, donde a leitura híbrida "Jehovah", monstruosidade linguística que só é atestada, aliás, a partir do s. XIV.

c) *O nome de Jesus.* — O NT não utiliza o nome Javé. Quando fala de Deus, é geralmente com auxílio da locução *ho theos*, que corresponde portanto a "Elohim". Quanto a *kyrios*, designa Deus (p. ex., com a locução *kyrios ho theos*), mas é também utilizado para falar de Jesus* como Senhor ressuscitado (ver p. ex. At 2,36). Se esse título não traduz de maneira evidente a fé* na divindade de Cristo*, ele tende a conduzir para isso. É o Ressuscitado que recebe "o Nome que está acima de todo nome, para que ao Nome de Jesus todo joelho se dobre" (Fl 2,9s). O batismo* é antes de tudo dado "em nome de Jesus Cristo" (At 2,38), antes de ser "em nome do Pai* e do Filho e do Espírito* Santo" (Mt 28,19).

• A.-M. Besnard (1962), *Le mystère du Nom*, Paris. — J. Kinyongo (1970), *Origine et signification du nom divin Yahvé*, Bonn. — M. Rose (1978), *Jahwe. Zum Streit um den alttestamentlichen Gottesnamen*, Zurique. — W. Vogels (1981), "Dis-moi ton nom, toi qui m'appelles par mon nom. Le nom dans la Bible", *ScEs* 33, 73-92. — W. H. Schmidt (1979), "Der Jahwename und Ex 3,14", *in* A. H. J. Gunneweg, O. Kaiser (sob a dir. de), *Textgemäss.*, FS E. Würthwein, Göttingen, 123-138. — D. N. Freedman, P. O'Connor (1982), "YHWH", *ThWAT* 3, 533-554. — K. Waaijman (1984), *Betekenis van de naam Jahwe*, Kampen. — M. Rose (1987), "Jahwe", *TRE* 16, 438-441. — J. C. de Moor (1990), *The Rise of Yahwism*, Louvain. — H. Kruse (1990), "Herkunft und Sinngehalt des Jahwe-Namens", *ZThK* 112, 385-405. — R. Liwak (1994), "Name/Namengebung", III. Biblisch, *TRE* 23, 749-754. — R. Rendtorff (1994), "'El als israelitische Gottesbezeichnung", *ZAW* 106, 4-21. — H. Cazelles (1995), "Yahwisme ou Yahwe en son peuple", *in* R. Kuntzmann (sob a dir. de), *Ce Dieu qui vient. Mélanges offerts à B. Renaud*, Paris, 13-29.

Jacques VERMEYLEN

→ *Atributos divinos; Bênção; Deus; Louvor; Monoteísmo; Oração; Pregação; Ser.*

NOMES DIVINOS → **atributos divinos**

NOMINALISMO

I. Terminologia

Pode-se distinguir duas formas de nominalismo (n.): uma forma estrita, que diz respeito à lógica e à teoria das ciências, e uma forma ampla, que leva também em consideração os aspectos metafísicos, éticos e teológicos.

1. O nominalismo no sentido estrito

No sentido estrito, o n. é a teoria segundo a qual não há nada fora do espírito humano que corresponda aos termos gerais tais como "homem" ou "ser vivo" (os universais). O termo "homem" remete a indivíduos concretos e não a algo universal como a humanidade, da qual os homens individuais participariam. A universalidade do termo, o fato de ele corresponder a diferentes indivíduos, não cabe ao que é significado (ao *significatum*), mas ao modo como o significado é significado pelo termo (à *significatio*). O termo universal recebe assim sua universalidade de uma atividade do intelecto humano, que é capaz de formar conceitos universais aplicáveis a diferentes indivíduos. Essa universalidade, desse modo, só existe no intelecto humano e não fora dele (à diferença do realismo). Para o nominalista (nom.), o universal é um signo (*signum*) e não uma coisa extramental (*res*). E, porque toda ciência utiliza necessariamente termos universais e busca a universalidade dos fenômenos concretos, a tese implica que o objeto das ciências não é a realidade extramental sem mais, mas a realidade extramental na medida em que é expressa e significada por proposições universais. O nom. faz assim uma distinção estrita entre a realidade concreta (a ordem real da *res*) e o discurso acerca da realidade concreta (a ordem racional dos *signa*). Segundo a teoria nom., todas as ciências são uma construção conceitual da realidade, inclusive a teologia*; elas dependem em sua estrutura do modo pelo qual o homem pode conhecer o real e pelo qual pode falar dele.

2. O nominalismo em sentido amplo

A epistemologia nom. se apoia em algumas teses filosóficas e teológicas que constituem o n. no sentido amplo, e a pertinência teológica do n. aparece aqui também. A realidade é constituída de coisas individuais diferentes, que existem cada uma em si mesma. Não há coisas universais, como a "humanidade", que dariam às coisas particulares sua natureza e seu ser. — Não existe nenhum sistema supraindividual de *universalia ante rem* e de *universalia in re* que estruturaria e determinaria necessariamente a realidade. Deus* pode fazer existir cada indivíduo sem um outro. As criaturas particulares também têm um elo direto com ele. Ele não é obrigado a agir por meio de uma série de causas criadas, ordenadas de modo hierárquico. Se bem lhe parecer, ele pode intervir diretamente e imediatamente em todo lugar de sua criação*. Em seu agir, Deus é inteiramente livre e todo-poderoso (liberdade*, potência* divina). *Potentia dei ordinata* é o nome que damos à potência pela qual Deus ordenou a criação* tal como é. Entretanto, Deus poderia ter agido diferentemente; poderia ter feito outra criação; e a propósito da potência que lhe permitiria agir de modo diferente de como agiu de fato se falará de *potentia dei absoluta*. O papel desempenhado pela noção de *potentia dei absoluta* na teologia e na filosofia* nom. é de caráter sobretudo heurístico. Se Deus, *de potentia dei absoluta*, pode fazer existir A sem B, isso significa que A e B são duas coisas particulares que não dependem necessariamente uma da outra, mesmo se na realidade elas existem sempre juntas. É possível que Deus tenha ordenado a criação de modo tal que, pronunciando as palavras da consagração eucarística, *hoc est corpus meum*, o pão se veja transubstanciado (eucaristia*), mas isso não significa que essas palavras sejam sempre necessariamente exigidas: por sua onipotência, de fato, Deus é capaz de assumir ele mesmo a função de suas palavras. Esse princípio heurístico é aplicado em epistemologia na doutrina da graça* e dos sacramentos*, entre outras, e em moral. Nem a natureza* nem a economia da salvação* têm uma estrutura interna que as ordena necessariamente. São determinadas em todos os seus detalhes por uma vontade divina que não depende de nada (voluntarismo*).

Sobre a questão que o define estritamente, o n. remonta até o antigo debate sobre o estatuto ontológico dos universais, tal como é evocado no *Isagogé* de Porfírio. No entanto, é no s. XII que ele recebe, propriamente falando, sua primeira forma, quando o termo *nominales* é utilizado pela primeira vez. Nos s. XIV e XV, ele reaparece sob outra forma de modo mais pronunciado; nessa época, não se fala somente de *nominales*, mas igualmente de *terministae* e de *moderni*. Essa última forma do n. influenciou profundamente o clima intelectual da época; contribuiu fortemente para o nascimento da concepção moderna das ciências e da teologia reformadora (protestantismo*). Em razão de sua epistemologia crítica e do acento posto na vontade divina, o n. suscitou uma resistência até o s. XX, sobretudo da parte dos tomistas (Tomás de Aquino*, tomismo*).

II. O século XII

A origem do n., no s. XII, se acha no domínio da gramática e da lógica, isto é, no domínio do saber em que se interroga sobre a significação das proposições e dos substantivos. O vocalismo de Roscelin, reduzindo os universais a ruídos da boca, porque só existe o todo indissociável de suas partes, aparece assim como o último prenúncio do n. (Jolivet, 1992). O peso das teorias lógicas e semânticas se fez sentir então até na teologia, entre outras coisas acerca do objeto da fé*, e na cristologia*, o que torna possível falar também de um n. teológico. Encontra-se o conceito de *nominales* em certos textos posteriores a 1150, nos quais ele designa em geral pensadores contemporâneos. É difícil determinar com certeza em que momento essa corrente desapareceu, mas isso deve ter ocorrido no final do s. XII ou início do XIII, quando apareceram as universidades. Em geral, as fontes falam de um *nominalis* anônimo, de *nominales* ou de *opinio nominalis* e não de pessoas determinadas, o que torna mais difícil a identificação das teorias. Essas fontes nos informam todavia sobre o conteúdo das concepções que foram nessa época consideradas como nom. Trata-se principalmente dos temas seguintes: o estatuto ontológico do gênero (*genus*) e da espécie (*species*), a distinção entre a linguagem e a realidade, a doutrina da *unitas nominis* e as concepções da inferência lógica. As fontes mostram igualmente que no s. XII as concepções dos *nominales* foram frequentemente opostas às dos *reales*. Encontramos às vezes a expressão *theologus nominalis*.

1. O gênero e a espécie

O tratado anônimo *De universalibus* (s. XII) atribui aos *nominales* a concepção segundo a qual os gêneros e as espécies são apenas palavras (*vocabula*). O raciocínio remete às *Categorias* de Aristóteles, segundo quem a denominação de uma substância primeira enuncia (*proferri*) antes a espécie que o gênero. "Ser enunciado" é uma propriedade das palavras (*voces*): por isso os gêneros e as espécies são palavras (Iwakuma-Ebbesen, 1992, 176). Encontramos uma concepção análoga na *Suma* de Pedro de Cápua (pouco depois de 1200), que substitui entretanto o termo "palavra" (*vos*) por "nome" (*nomen*). Diz-se ali, portanto, que, segundo o nom., os gêneros e as espécies são nomes (*nos nominales... dicimus genera et species esse nomina*). Além disso, esta obra põe a concepção nom. em contraste com a dos *reales* (Iwakuma-Ebbesen, 1992, 194). A mesma concepção é enfatizada pelo tratado nom. *Positiones nominalium* (início do s. XIII). Segundo o autor anônimo, os nom. concordam em dizer que os termos universais como o gênero e a espécie são nomes (*consentimus quod universalia sicut genera et species sunt nomina*). Contra os *reales*, demonstra-se assim que não existe nada mais na realidade senão indivíduos particulares (*nihil est praeter particulare*) (Ebbesen, 1992, 431). Alberto* Magno dará uma interpretação conceitualista da tese nom. Em seu comentário sobre Porfírio, onde trata do estatuto ontológico do gênero e da espécie, ele atribui aos nom. a concepção de que a generalidade (*communitas*) dos termos universais (*universalia*), à qual se reportam as coisas particulares que entram sob o termo universal, não existe senão no intelecto (ed. Borgnet, 1, 19 *b*). A interpretação proposta por Alberto exerceu uma influência

importante sobre a concepção ulterior da tese nom. Ela corresponde ao que se considerará no s. XV como típico do n.

2. Linguagem e realidade

A doutrina de que a ordem da linguagem é diferente da do real é igualmente característica do n. do s. XII. As afirmações proposicionais são realidades verbais complexas compostas de realidades verbais simples e não coisas complexas compostas de coisas simples. É assim que, segundo a *Summa "Brevis sit"* (1160) de Roberto de Paris, os nom. distinguem o sujeito de um predicado (*predicatum*) do sujeito de uma locução (*locutio*), de tal sorte que só os termos (*termini*) são o sujeito de um predicado. Com efeito, só se atribui termos aos termos. As coisas reais, em contrapartida, só podem ser sujeito de uma locução. E, de fato, é da realidade que se trata nas locuções (Kneepkens, 1987, 2, 162-163). Uma distinção análoga é citada no tratado nom. *De praedicatione*. Aqui, o autor anônimo opõe a enunciação em que coisas são ditas de coisas (*res de re praedicari*) àquela em que termos são ditos de termos (*terminum de termo*), e a primeira forma de predicação é atribuída aos *reales*. O autor, que se diz ele mesmo nom., prefere a segunda forma (*nos terminum de termino*) (Iwakuma-Ebbesen, 1992, 181).

3. Unitas nominis

A teoria da *unitas nominis* se encontra sobretudo em obras do início do s. XIII. Ela consiste no fato de que o mesmo evento pode ser significado de diferentes modos. Desempenhou um grande papel nos debates sobre a imutabilidade* do conhecimento divino (ciência* divina) e sobre a verdade imutável de uma fé que é expressa em momentos diferentes no tempo*. A proposição *Pf* "Cristo nascerá" é verdadeira antes do nascimento de Cristo*, ao passo que a proposição *Pp* "Cristo nasceu" é falsa. Após o nascimento de Cristo, é o contrário: nesse momento, *Pf* é falso e *Pp* é verdadeiro. Isso obriga então a perguntar-se se a fé de Abraão é a mesma que a de Paulo. Os nom., por serem da opinião de que o conteúdo da fé é imutável, resolveram este problema distinguindo o que é significado e o modo segundo o qual é significado. O significado de *Pf* e de *Pp* é idêntico (nascimento de Cristo), mas a maneira como é significado é diferente (os *tempos verbais* são diferentes). Pedro de Cápua, em sua *Suma*, opõe neste ponto a concepção dos *nominales* e a dos *reales*. Toma como ponto de partida a questão do conhecimento divino. Segundo os *reales*, é verdade que eu existo agora (*me esse*), ao passo que antes não era verdade: é porque Deus sabe agora que eu existo, ao passo que antes ele não o sabia. Os *nominales*, em contrapartida, pretendem que o *me esse* era verdadeiro desde o início da criação (*a principio mundi*), mas que antes ele era significado pela proposição *ego erit tunc* ([tal] "eu será a tal momento") e que o é agora por *ego sum* ("eu sou"). Neste momento, portanto, Deus não sabe mais do que sabia antes (Iwakuma-Ebbesen, 1992, 193-194).

Mais adiante em sua *Suma*, Pedro de Cápua fala da fé do AT e da do NT. Diz que, para os *nominales*, Abraão jamais acreditou que Cristo viria (*Christum esse venturum*), pois dizer que "Cristo virá" significa que ainda agora ele virá (*Christum esse venturum est ipsum modo esse venturum*). Abraão, pois, acreditou na mesma coisa que nós, isto é, que Cristo veio (*Christum venisse*), pois mesmo se agora isso se exprime pela proposição "Cristo veio", dizia-se em seu tempo que "Cristo virá" (Iwakuma-Ebbesen, 1992, 195). Na *Suma* (1206-1210) de Prévostin, a concepção dos *nominales* é apresentada de modo conciso pela fórmula "o que é verdadeiro uma vez o será sempre" (*quod semel est verum, semper erit verum*): por isso Abraão creu que Cristo nasceu (*Christum esse natum*) e não que Cristo nasceria (*Christum esse nasciturum*) (*ibid.*, 196). Num comentário anônimo das *Sentenças*, a concepção de Pedro Lombardo — Deus não sabe nem mais nem menos do que soube (ed. Tertia, 1, 293) — é posta em relação com a tese nom. de que o que é verdadeiro uma vez o será sempre (Iwakuma-Ebbesen, 1992, 199). É também o caso na *Summa aurea* de Guilherme de Auxerre (ed. Ribailler, 1, 181). A tese é igualmente citada como a *opinio nomina-*

lium nas obras de Alberto Magno (ed. Borgnet, 26, 350 b) e de Boaventura* (*Opera omnia* 1, 740 b). Segundo Boaventura, é mesmo essa tese que deu aos nom. seu nome (*dicti sunt nominales, quia fundabant positionem suam super nominis unitatem*) (Chenu, 1935-1936).

4. Inferência lógica

Em certo número de tratados do s. XII, a doutrina dos nom. é posta em relação com algumas regras acerca da inferência lógica. É assim que o *Fragmentum Monacence* anônimo atribui aos *nominales* a concepção de que uma proposição negativa não pode ser deduzida de uma positiva (Iwakuma, 1993, 150). Uma obra ulterior, as *Obligationes Parisienses*, menciona como incoerente a regra de que a acepção de uma possibilidade falsa permite aceitar e provar toda coisa contingente (De Rijk, 1975, 31). Enfim, o autor anônimo do tratado *De communibus distinctionibus* menciona a opinião dos *nominales* segundo a qual do impossível segue qualquer coisa (*ex impossibili sequitur quidlibet*). Segundo o autor, essa concepção se opõe à dos *reales*, segundo a qual do impossível nada segue (*ex impossibili nihil sequitur*) (De Rijk, 1988, 206).

5. Theologicus nominalis

Em seu comentário sobre Jó (3º quartel do s. XII), Pedro Cantor utiliza a expressão *nominalis theologicus* para caracterizar um teólogo que só considera o nome de Cristo (*nomen Christi*) e não a coisa designada por esse nome (a divindade e a humanidade de Cristo), diferentemente do *theologus realis* (Landgraf, 1943, 184). Um *Sermão* (final do s. XII) de Humberto de Balsema opõe igualmente os *theologi reales* aos *neutraliter nominales vel nominaliter neutrales*, e considera esses *nominales* de modo claramente negativo: são discípulos de Cristo (*christiani*) menos bons que os *reales*, pois sua doutrina é sem compromisso e tem pouco valor (*parum valet*) (d'Alverny, 1984, 178-179).

III. Séculos XV e XVI

Após o s. XIII, *nominales* é mais empregado para designar pensadores contemporâneos. Reaparece pela primeira vez em fontes do início do s. XV. Essas fontes nos mostram que o conceito de *nominales*, no final da IM, recebe sua significação no debate entre as escolas filosóficas (*via nominalium* contra *via realium*) da época. A discussão dizia respeito em primeiro lugar ao estatuto ontológico dos conceitos humanos e sua relação com a realidade. Assim, Guilherme Euvrie escreveu numa carta de 1403 que os *nominales* de sua época reduziam todas as diferenças entre atributos* divinos e ideias divinas simplesmente às diferenças entre conceitos humanos (*humanae conceptiones*). Essa carta enumera, entre os *nominales*, pensadores do s. XV como Adão de Wodeham, Gregório de Rimini e Henrique de Oyta (Pellegrin, 1967-1968, 17-18). O albertista João de Maisonneuve, em seu *De universalis reali* (1406-1418), critica a concepção dos *epicuri litterales* (Weiler, 1968, 137), um termo que seu discípulo Américo de Campo transforma em *epicurei nominales* (*Invectiva*, 117; cf. também o *Tractatus*, fol. 2v). Esses albertistas conectam a tese nom. à concepção de que os universais não são nada mais do que conceitos no espírito humano, *universalia post rem*. Guilherme de Occam, João Buridan e Marsílio de Inghen são chamados seus defensores mais importantes. Num texto de 1423, João Gerson identifica os *nominales* aos *terministae*; aqui também, aparentemente, trata-se de problemas de lógica (*logici, quos alii vocant terministas seu nominales*) (*OC* 10, 127). No final do s. XV, a situação não mudou muito. Ainda são evocados principalmente autores do s. XIV, e trata-se sempre do estatuto dos conceitos humanos em sua relação com a realidade. O édito de Luís XI contra o n. (1473) cita os nomes seguintes: Guilherme de Occam, João de Mirecourt, Gregório de Rimini, João Buridan, Pedro de Ailly, Marsílio de Inghen, Adão de Wodeham, João Drop e Alberto de Saxe (Ehrle, 1925, 313-314). Em 1474, os nom. respondem ao édito de Luís XI: para eles, no que diz respeito aos atributos divinos, há uma distinção entre a ordem da linguagem e a da realidade; e é por isso que as diferenças entre os conceitos da linguagem não correspondem sempre a diferenças na rea-

lidade (*illi doctores "nominales" dicti sunt qui non multiplicant res principaliter per terminos secundum multiplicationem terminorum*). Os *reales* em contrapartida, ainda segundo os *nominales*, afirmam que toda distinção conceitual remete a uma distinção na realidade (*"reales" autem qui econtra res multiplicatas contendunt secundum multiplicitatem terminorum*) (Ehrle, 1925, 322).

No final da IM, o conceito de n. está assim ligado a autores do s. XIV, embora só tenha surgido no s. XV. Este fato histórico torna difícil determinar exatamente o que "n." contém no final da IM. Mas aparentemente há correspondências claras entre os autores do s. XIV citados acima, notadamente no que diz respeito aos universais e aos atributos divinos.

1. Guilherme de Occam, c. 1300 – c. 1350

Em seu *De universali reali*, João de Maisonneuve vê nas concepções de Guilherme de Occam a origem do n. (Weiler, 1968, 137). A literatura moderna, de igual modo, considera Occam como o primeiro representante importante do n. do final da IM. No entanto, isso não quer dizer que todas as concepções de Occam que possuem um caráter nom. encontram sua origem própria nele. Assim, sua doutrina da *potentia dei absoluta* se enraíza em tradições do s. XIII (Courtenay, 1990), e a ênfase que ele põe no indivíduo e no voluntarismo remete a reflexões de João Duns* Escoto. O n. de Occam nos dá, em todo caso, elementos importantes no domínio da lógica e da epistemologia, dos atributos divinos e da ética*.

a) A lógica e a epistemologia. — Occam defende a concepção de que os universais só existem no espírito humano, e não fora dele. A realidade é constituída unicamente de indivíduos e os universais são igualmente coisas individuais: signos no espírito humano. A generalidade do universal só diz respeito, portanto, à sua função de signo, isto é, sua função de signo que pode ser signo de várias coisas (*quodlibet universale est una res singularis, et ideo non est universale nisi per significationem, quia est signum plurium*) (*OTh* 1, 48). O conhecimento humano começa pelo conhecimento das coisas individuais. Essas coisas individuais são o objeto de uma captura intuitiva (*notitia intuitiva*) quando são conhecidas de modo tal que o conhecente tem uma certeza imediata (*notitia evidens*) da existência ou não existência da coisa conhecida. Isso não diz respeito unicamente ao conhecimento das verdades necessárias, mas também ao das verdades contingentes. Se, em contrapartida, é impossível deduzir do conhecimento da coisa sua existência ou sua não existência, trata-se de conhecimento abstrato (*notitia abstractiva*). E isso se aplica à lembrança ou ao conhecimento conceitual, deduzido da percepção dos sentidos (*OTh* 1, 30-33). A questão do estatuto do conhecimento intuitivo conduziu a um dos problemas mais interessantes na aplicação do conceito de onipotência divina (*potentia dei absoluta*): a questão de saber se Deus pode enganar o homem. Em sua onipotência (*de potentia dei absoluta*), Deus pode tomar o papel do objeto conhecido intuitivamente e dar assim ao conhecente a certeza imediata da existência da coisa conhecida, ao passo que na realidade esta não existe? No primeiro livro de seu comentário sobre as *Sentenças*, Occam concede esta possibilidade. Deus pode tudo de que uma causa criada é capaz; ele pode, portanto, causar o conhecimento evidente; e, além disso, pode fazer existir toda coisa existente em si mesma (*res absoluta*) sem outra coisa. O conhecimento intuitivo de um objeto é uma atividade da alma* e existe em si, pode portanto ser causado por Deus sem que a coisa conhecida exista (*Oth* 1, 37-39). Em seus *Quodlibeta* ulteriores, porém, Occam se pronuncia com mais reticência e mostra que há contradição em que Deus cause no homem um conhecimento evidente de que "esta brancura é" (*haec albedo est*) sem que essa brancura exista (*Oth* 9, 499). A onipotência divina é, pois, limitada pelo princípio de não contradição (*ibid.*, 604), e o conhecimento evidente da existência de um objeto inexistente não pode ser produzido por Deus. Isso pode igualmente se aplicar à visão (beatífica*) intuitiva da essência divina. Nesta visão, Deus não pode enganar o homem: pois, se ele pode substituir

toda causa criada por sua própria causalidade, será sempre preciso, se quiser causar no homem o conhecimento intuitivo de sua essência, que ele mesmo exista sempre como causa primeira. Se o homem sabe que Deus existe baseando-se numa visão intuitiva, está seguro de que Deus existe (*ibid.*, 605-606).

b) *Os atributos divinos.* — Occam distingue duas maneiras pelas quais os atributos* divinos — a ciência, a vontade etc. — podem ser concebidos: primeiramente como uma perfeição atributiva realmente idêntica a Deus (*perfectio attributalis*); em segundo lugar, como uma coisa no espírito humano aplicável a Deus (*conceptus* ou *nome attributalis*). A primeira concepção diz respeito à realidade mesma; a segunda, ao modo como o homem pensa ou diz a realidade; e, segundo Occam, responder-se-á diferentemente à pergunta da pluralidade e do estatuto ontológico dos atributos segundo se trate da realidade ou de uma reflexão sobre a realidade. No primeiro caso, não existem vários atributos mas uma só perfeição, perfeitamente una e idêntica a Deus. No segundo caso, em contrapartida (o atributo como predicado), o atributo não é realmente idêntico a Deus, é somente um conceito ou um signo no espírito humano. Se for a título de predicados, é possível então conceder vários atributos a Deus. Assim, a pluralidade não existe em Deus mas somente no espírito humano (*OTh* 2, 61-62).

c) *A ética.* — Na ética de Occam não existe princípio supremo que seria em si inteligível ao homem. Todas as normas éticas foram colocadas pela vontade todo-poderosa de Deus. Isso não significa, certamente, que a ordem moral seja totalmente arbitrária. A vontade de Deus se identifica de fato com seu intelecto e sua sabedoria* e ele age sempre segundo a *recta ratio*: o que torna idênticos direito* divino e direito natural (*OTh* 4, 610; 5, 352-353).

2. Adão de Wodeham, primeira metade do s. XIV

O pensamento de Adão de Wodeham é aparentado ao n. de Occam sob diferentes aspectos. Ele também defende a posição segundo a qual os universais não passam de signos significando as coisas particulares de maneira geral (*sunt communes et universales in repraesentando quodlibet tale, licet mullum distincte*) (ed. Gál e Wood, 1, 21). Além disso, defende como Occam a concepção de que há distinção, no que diz respeito aos atributos divinos, entre a ordem da linguagem e a da realidade. Em Deus os atributos se identificam à essência divina sem que se possa distingui-los. No plano da linguagem, em contrapartida, é preciso concebê-los como signos instituídos livremente pelo homem e atribuídos a Deus (*sunt quaedam signa mentalia vel ad placitum instituta quae Deo attribuimus per praedicationem*); cada signo é uma coisa particular e é por isso que os atributos são realmente diferentes (*differunt realiter*) no nível da linguagem (ed. Gál-Wood, 2, 324). Mas, diferentemente de Occam, Adão de Wodeham adere, no que diz respeito ao objeto do conhecimento, à doutrina dos *complexe significabilia*, uma concepção que corresponde de maneira surpreendente à doutrina nom. da *unitas nominis* do s. XII (Gál, 1977).

3. Gregório de Rimini, c. 1300-1349

Percebe-se claramente na *Lectura* de Gregório de Rimini as marcas de Occam e de Adão de Wodeham. Ele compartilha a opinião deles sobre os universais: só existem no espírito humano, não fora. Ele também afirma que a realidade só consiste de coisas particulares. Como Occam e Wodeham, sua epistemologia dá a prioridade ao conhecimento do particular e não ao do universal (Würsdörfer, 1917). Sua concepção dos atributos divinos corresponde também claramente à dos outros dois nom. (ed. Trapp, 2, 88). Enfim, ele defende, como Adão de Wodeham, a teoria do *complexe significabile* como objeto de conhecimento. Ele o faz sobretudo em sua explicação do conhecimento divino. Deus conhece coisas que podem ser significadas por uma só palavra (*incomplexe*), p. ex. os homens e os anjos*, e conhece coisas que não podem ser designadas senão por um conjunto de diferentes palavras, como "o fogo queima a madeira". Às semelhantes conexões ele dá o nome de *enuntiabilia* ou de *cognoscibilia complexe significabilia*

(ed. Trapp, 3, 227-228). E se fala de *enuntiabilia* e não, como Occam, de proposições, para nomear os objetos de conhecimento, é porque, segundo ele, o objeto de um juízo não é a proposição, mas o que é significado pela proposição (Nuchelmans, 1973, 227-237).

4. Marsílio de Inghen, c. 1340-1396

As fontes do s. XV incluem igualmente Marsílio de Inghen entre os nom. mais importantes. Uma comparação de suas concepções com as dos teólogos citados acima mostra claramente que há correspondências. Os universais só existem no espírito humano. A humanidade (*humanitas*) em geral não existe. Mesmo abstraindo todas as características individuais de Sócrates, a humanidade de Sócrates continua particular, é só a humanidade de Sócrates (ed. Estrasburgo, fol. 3 ra). Como os outros nom., Marsílio distingue claramente a ordem da linguagem e a da realidade. Os atributos divinos formam uma coisa só com a essência divina, na qualidade de perfeições atributivas (*perfectiones attributales*), mas são distinguidos dela no pensamento do homem enquanto conceitos atributivos (*licet enim intellectus et voluntas, intelligere et velle sint in deo omnimodo idem, tamen apud nos in mente nostra diversos conceptus de essentia dei important*) ("embora o intelecto e a vontade, o pensar e o querer sejam em Deus absolutamente idênticos, em nós contudo implicam nosso espírito conceitos diferentes da essência divina", ed. Estrasburgo, fol. 61 ra). O pensamento de Marsílio apresenta todavia grandes diferenças em relação a seus predecessores. É assim que ele critica a doutrina das ideias de Occam e a concepção do *complexe significabile* (Hoenen, 1993, 33; 153-154) como conceito atributivo em Adão de Wodeham e Gregório de Rimini.

5. Gabriel Biel, 1418-1495

Em 1508 foi criada na Universidade de Salamanca uma cátedra de teologia nom. (*cátedra de nominales*), onde se comentava as obras de Marsílio de Inghen e de Gabriel Biel (Andrés, 1976, 30). A inclusão de Gabriel Biel entre os nom. ao lado de Marsílio se deve ao fato de que seu comentário sobre as *Sentenças* não é outra coisa senão uma *abbreviatura* do *Scriptum* de Occam, como mostram as correspondências de estrutura e de matéria. Segundo Biel, o universal só existe no espírito humano; é uma coisa particular que significa várias coisas de modo igual; sua generalidade só existe no nível do significar (*esse universale nihil aliud est quam repraesentare vel significare plures res singulares univoce*) (ed. Werbeck-Hofmann, 1, 180). Biel também segue a Occam na questão dos atributos divinos. Distingue o atributo como coisa, que se identifica a Deus na realidade (*res ipsa quae est perfecta*) e o atributo como signo predicável de Deus (*signum praedicabile de re perfecta*) (ed. Werbeck-Hofmann, 1, 147-150): no primeiro caso, contrariamente ao segundo, não há várias perfeições ou atributos. Biel todavia se afasta nitidamente de Occam em matéria de ética. Com efeito, ele aceita a existência de uma norma objetiva em moral. Aquele que peca não age somente contra Deus, mas também contra a razão* reta (*contra quamlibet rectam rationem*). Comete-se um pecado* agindo contra a *recta ratio*, e seria o caso mesmo se Deus não existisse (*si per impossibile deus non esset*). A norma do agir é imutável e idêntica para todos (ed. Werbeck-Hofmann, 2, 612). Biel segue neste ponto Gregório de Rimini (ed. Trapp, 6, 235).

IV. Historiografia

A historiografia do n. começa desde 1474, quando, em resposta ao édito de Luís XI, os nom. deram um panorama da história de sua escola. Essa descrição tem um caráter altamente retórico (Kaluza, 1995), mas tem todavia uma influência importante sobre a imagem do n. que se formou posteriormente. Duas outras obras influenciaram igualmente essa imagem: os *Annales Boiorum* de Aventino no s. XVI, onde Occam, Gregório de Rimini e Marsílio de Inghen são considerados como *antesignani nominalistarium* (Trapp, 1956, 183-184), e a *Historia Universitatis Parisiensis* de Du Boulay no s. XVII. No s. XX, é preciso distinguir dois

eixos de investigação no que diz respeito ao n. do s. XII. O primeiro considera sobretudo o n. como uma doutrina dos universais (Vignaux, 1930). Até os anos 1960, as pesquisas sobre o n. dos s. XIV e XV foram dominadas por um juízo negativo: acentuando a *potentia dei absoluta*, o n. se tornaria fundamentalmente cético (Michalski, 1969), e teria perturbado a síntese da fé e da razão realizada pela escolástica do s. XIII (Gilson, 1938, 87-88). Graças às edições críticas modernas dos autores nom. e a estudos baseados em novas fontes (Baudry, 1949; Boehner, 1958; Oberman, 1967, 1981; Courtenay, 1978, 1984; Tachau, 1988; Kaluza, 1988), essa imagem negativa foi corrigida: pôde-se, assim, valorizar a contribuição específica do n. no desenvolvimento da filosofia e da teologia.

• Adão de Wodeham, *Sent.*, Paris, 1512; *Tractatus de indivisibilibus*, ed. R. Wood, Dordrecht etc., 1988; *Lectura secunda in librum primum Sententiarum*, ed. G. Gál e R. Wood, St. Bonaventure, NY, 1990, 3 vol. — Alberto Magno, *Opera omnia*, ed. A. Borgnet, Paris, L. Vivès, 1890-1899, 38 vol. — Boaventura, *Opera omnia*, ed. Quaracchi, Florença, 1882-1902, 11 vol. — Du Boulay, *Historia Universitatis Parisiensis* 1, Paris, 1665, reimp. Frankfurt, 1966. — Gabriel Biel, *Collectorium circa quattuor libros Sententiarum*, ed. W. Werbeck e U. Hofmann, Tübingen, 1973-1992, 4 vol. — Gregório de Rimini, *Lectura super primum et secundum Sententiarum*, ed. A. D. Trapp *et al.*, Berlim, 1979-1987, 7 vol. — Américo de Campo (1496), *Tractatus problematicus*, Colônia; *Invectiva*, in G. Meersseman, *Geschichte des Albertismus*, 2, DHOP 5, 1935, 112-212. — João Gerson, *Oeuvres complètes*, ed. P. Glorieux, Paris, 1960-1973, 10 vol. — Marsílio de Inghen, *Quaestiones super quattuor libros Sententiarum*, Estrasburgo, 1501, reimpr. Frankfurt, 1966. — Pedro Lombardo, *Sententiae in quattuor libris distinctae*, Grottaferrata, 1971-1981, 2 vol. — Guilherme de Auxerre, *Summa aurea*, ed. J. Ribaillier, Grottaferrata, 1980-1987, 5 vol. — Guilherme de Occam, *Opera philosophica* (*OPh*) *et theologica* (*OTh*), St. Bonaventure, NY, 1967-1988, 17 vol.

▸ J. Würsdörfer (1917), *Erkennen und Wissen nach Gregor von Rimini*, BGPhMA 20/1. — F. Ehrle (1925), *Der Sentenzenkommentar Peters von Candia des Pisaner Papstes Alexanders V*, FS Beiheft 9. — P. Vignaux (1930), "Nominalisme", *DThC*

11/1, 718-784. — M. D. Chenu (1935-1936), "Grammaire et théologie aux XIIe e XIIIe siècle", *AHDL* 10, 5-28. — É. Gilson (1938), *Reason and Revelation in the Middle Ages*, Nova York, 1966². — A. Landgraf (1943), "Studien zur Theologie des zwölften Jahrhunderts. I: Nominalismus in den theologischen Werken der zweiten Hälfte des zwölften Jahrhunderts", *Tr.* 1, 183-210. — L. Baudry (1949), *Guillaume d'Occam: sa vie, ses oeuvres, ses idées sociales et politiques*, Paris. — A. D. Trapp (1956), "Augustinian theology of the 14th. century", *Aug(L)* 6, 146-274. — Ph. Boehner (1958), *Collected articles on Ockham*, Louvain-Paderborn. — H. A. Oberman (1967²), *The harvest of medieval theology, Gabriel Biel and late medieval nominalism*, Grand Rapids. — E. Pellegrin (1967-1968), "Un humaniste du temps de Charles VI: Guillaume Euvrie", *BIRHT* 15, 9-28. — A. G. Weiler (1968), "Un traité de Jean de Nova Domo sur les universaux", *Vivarium* 6, 108-154. — K. Michalski (1969), *La philosophie au XIVe siècle. Six études*, ed. e intr. K. Flasch, *Opuscula philosophica* 1, Frankfurt. — R. Paqué (1970), *Das Pariser Nominalistenstatut, Zur Entstehung des Realitätsbegriffs der neuzeitlichen Naturwissenschafts*, Berlin. — G. Nuchelmans (1973), *Theories of the proposition*, Amsterdã. — L. M. de Rijk (1975), "Some thirteenth century tracts on the game of obligation II", *Vivarium* 13, 22-54. — M. Andrés (1976), *La teología española en el siglo XVI*, vol. 1, Madri. — G. Gál (1977), "Adam of Wodeham's question on the complexe significabile as the immediate object of scientific knowledge", *FrSA* 37, 66-102. — D. M. Armstrong (1978), *Nominalism and Realism. Universals and scientific realism*, vol. 1, Cambridge. — W. J. Courtenay (1978), *Adam Wodeham. An introduction to his life and writings*, Leyden. — H. A. Oberman (1981) (sob a dir. de), *Gregor von Rimini. Werk und Wirkung bis zur Reformation*, Berlim. — M.-T. d'Alverny (1984), "Humbertus de Balsema", *AHDL* 51, 127-191. — W. J. Courtenay (1984), *Covenant and Causality in Medieval Thought*, Londres. — R. Imbach (1987), "Philosophie und Eucharistie bei W. von Ockham", *in* E. P. Bos, H. A. Krop (sob a dir. de), *Ockham and Ockhamists*, Nijmeguen. — C. H. Kneepkens (1987), *Het iudicium constructionis. Het leerstuk van de constructio in de 2e helft van de 12e eeuw*, Nijmeguen, 4 vol. — L. M. de Rijk (1988), *Some earlier Parisian tracts on distinctiones sophismatum*, Artistarium 7, Nijmeguen. — K. H. Tachau (1988), *Vision and certitude in the age of Ockham*, Leyden. — Z. Kaluza (1988), *Les querel-les doctrinales à Paris. Nominalistes et réalistes aux confins du XIVe et du Xve siècle*, Bérgamo. — W. J. Courtenay (1990), *Capacity and volition. A history of the distinction of absolute and ordained power*, Bérgamo; (1991), "Nominales and Nominalism in the twelfth century", *in* Lectionum Varietates, *Hommages à Paul Vigneaux* (*1904-1987*), Paris, 11-48. — S. Ebbesen (1991), "Two nominalist texts. 'Positiones' and a 'Categories' commentary", *Cahiers de l'Institut du Moyen Age grec et latin* 61, 429-440. — J. Jolivet (1922), "Trois variations médiévales sur l'universel et l'individu: Roscelin, Abélard, Gilbert de la Porrée", *RMM* 97, 111-155. — Y. Iwakuma, S. Ebbesen (1992a), "Logico-theological schools from the second half of the 12th. century. A list of sources", *Vivarium* 30, 157-172; (1992b), "Twelfth-Century Nominalism Bibliography", *Vivarium* 30, 211-215. — M. J. F. M. Hoenen (1993), *Marsilius of Inghen. Divine knowledge in late medieval thought*, SHCT 50. — Y. Iwakuma (1993), "Parvipontani's thesis *'ex impossibile quidlibet sequitur'*. Comments on the sources of the thesis from the twelfth century", *in* K. Jacobi (sob a dir. de), *Argumentationtheorie*, Leyden, 123-151. — C. Michon (1994), *Nominalisme. La théorie de la signification d'Occam*, Paris. — Z. Kaluza (1995), "La crise des années 1474-1482. L'interdiction du nominalisme par Louis XI", *in* M. J. F. M. Hoenen *et al.* (sob a dir. de), *Philosophy and Learning. Universities in the Middle Ages*, Leyden, 293-327. — A. de Libera (1996), *La querelle des universaux*, Paris.

Marten J. F. M. HOENEN

→ *Escolástica; Lutero; Potência divina; Voluntarismo.*

NOTAS TEOLÓGICAS

A preservação da fé* e da disciplina* — o par *fides et mores*, cujo conteúdo se dilata ou se retrai conforme as épocas — foi, desde os tempos apostólicos, objeto da vigilância constante das comunidades cristãs. A era patrística, pela voz dos grandes concílios* do Oriente, definiu pontos constitutivos da ortodoxia e da ortopraxia, procedendo por símbolos ou cânones e, o mais das vezes, por condenações, das quais a mais solene é o anátema, sustentado por muito tempo para coibir a heresia*. No entanto, é preciso esperar o surgimento de uma ciência teológica especulativa, ligada ao aparecimento e ao crescimento das universidades e das ordens mendicantes, para que se instaure e se generalize o uso de "notas" (n.) cada vez mais precisas e numerosas servindo para marcar, positiva ou negativamente, o valor dos enunciados do dogma* ou da doutrina que lhe é periférica, e cujo volume não cessa de crescer pelo jogo das conclusões teológicas que desdobram o *revelabile*. A grande condenação parisiense de 1277 (filosofia* c, verdade* B.a) ilustra já as forças e as insuficiências de um sistema que a autoridade* docente — em primeiro lugar, o pontífice romano — vai tomar de empréstimo às universidades, cujas faculdades de teologia* continuarão a dar no curso das assembleias doutorais múltiplas opiniões doutrinais que gozam de grande crédito quando se trata de Paris e seu colégio de Sorbonne, de Oxford, de Colônia, mais tarde de Louvain, Douai, Alcalá, Salamanca. Distingue-se assim entre o juízo de ciência das universidades, tornado *doctrinaliter*, e o juízo de autoridade dos órgãos do magistério* — bispo* juiz da fé, concílio, pontífice romano —, tornado *judicialiter*, com consequências canônicas se estiverem concernidos *assertores* que derem prova de pertinácia. Somente a derrocada dos antigos regimes políticos e eclesiológicos, no final do s. XVIII, porá fim a essa atividade reguladora exercida pelos grandes *studia generalia* da Europa católica e à atividade dos tribunais inquisitoriais, que para agir no penal não desconsideravam entretanto o exame das doutrinas. No s. XIX só subsistirá a Sagrada Congregação da Inquisição romana e universal, ou Santo Ofício romano, fundada em 1542, colocada em 1588 à frente de todos os dicastérios tendo o papa* como chefe, dotada do título de "suprema" em 1907: ela conserva o monopólio de lançar "censuras" (designando o erro) ou de atribuir "qualificações" (designando a relação com a verdade* revelada, com a doutrina comum). Como a Igreja*, até o s. XIX, procede à elucidação dogmática* pela via negativa das condenações muito mais do que pela via afirmativa dos cânones, das exposições de fé ou dos formulários, as n. de censura atraí-

ram, antes de seu progressivo desaparecimento das atas do magistério, mais a atenção dos teólogos do que as qualificações. Para estas últimas, podemos considerar as tentativas de classificação apresentadas por Holden em sua *Divinae fidei analysis* (1652), por Amort em sua *Demonstratio critica religionis catholicae* (1741), por Blau em sua *Regula fidei catholicae* (1780), por Chrismann em sua *Regula fidei catholicae et collectio dogmatum credendorum* (1792), depois pelos especialistas de dogmática do mundo germânico e do Colégio Romano, que se tornou, a partir de 1870, Universidade Gregoriana. Essa escala que mede a relação com o revelado depende estreitamente do trabalho de reflexão especulativa, único a permitir delinear os contornos de noções tópicas como "dogma de fé", "formalmente revelado", "a crer de fé divina", "artigo de fé católica", "virtualmente de fé", "conclusão teológica", "tradição apostólica", "doutrina provável", "fato dogmático", "moralmente certo", "prática da Igreja"... Se se pode reconhecer a existência de uma "hierarquia* das verdades", é singularmente delicado aplicá-la: a noção de "fé", como, inversamente, a de "heresia", só lentamente conseguiu constituir-se em conceito noético e incluiu por longo tempo elementos que colocaríamos hoje na esfera moral ou disciplinar. Isso vale particularmente para as censuras: elas foram levadas, ao longo dos séculos, sobretudo após a difusão dos textos pela imprensa, a um grau de complexidade que fez da *ars notandi*, a partir do s. XVI, uma especialidade teológica por inteiro, contando (entre os doutores das universidades, membros das ordens religiosas, consultores e qualificadores do Santo Ofício) com verdadeiros *experts*, às vezes levados a passar insensivelmente, durante sua dissecção dos escritos teológicos, do registro propriamente doutrinal e prudencial — detectar a heresia ou diversas formas do erro — ao de um exercício de virtuosidade que se assemelha a uma revisão crítica dos textos.

A resenha das principais n. de censura confirma esta ampliação progressiva: se a proposição é julgada "herética", "próxima da heresia", "errônea", "próxima do erro", ou ainda "temerária", o juízo normativo fala por si — embora não seja sempre evidente, para a n. "herética", que a proposição contrária é *ipso facto* aceitável pela fé. Mas é muito mais delicado aplicar sem contestação possível a uma proposição censuras que visem a enfatizar todos os matizes de pensamento e de expressão, todas as virtualidades que pode conter um texto cuja feitura é, em geral, das mais elaboradas e que se presta a muito equívoco. Esse refinamento interpretativo, ao qual convida o caráter assintótico do erro, conduziu os especialistas a multiplicar as n., das quais se poderia enumerar quase uma centena atestadas pelo uso: daquelas, anteriormente citadas, que dizem respeito diretamente à substância dogmática dos enunciados àquelas que reprovam antes de tudo a forma — "enganosa e malsonante", "chocante para a piedade" (*piarum aurium offensiva*), "insultante para a Igreja", "equívoca"... — e àquelas que apreciam os efeitos — "ímpia", "escandalosa", "blasfematória", "sediciosa", "cismática"... — ou àquelas, de emprego ainda mais delicado, que cernem virtualidades que poderiam vir à tona por circunstâncias de tempo, lugar, pessoa, como "cheirando à heresia", "cheirando a erro", "improvável", "falso", "duvidoso" etc. Na suma do P. Antonio Sessa (Antonius de Panormo), *Scrutinium doctrinarum qualificandis assertionibus, thesibus ac libris conducentium...*, Roma, 1709, in-fol., se encontrará o inventário e o comentário mais completos das n. de censura, que em seguida também foram investigadas por Du Plessis d'Argentré e por C. L. de Montaigne, para citarmos apenas franceses.

Diante de uma proliferação que comprometia a obra de salubridade confiada à censura e abria ampla carreira ao *odium theologicum*, a autoridade magisterial reagiu, chegando mesmo a prescrever, em conclusão do decreto de 2 de março de 1679 condenando 65 proposições laxistas, "que os doutores, ou os escolásticos, ou quaisquer outros, se abstenham doravante de toda acusação injuriosa [...] e não utilizem nem censura nem n., nem juízo polêmico, contra proposições comumente sustentadas no meio católico, enquanto a Santa Sé não tiver exercido

julgamento sobre tais proposições", proibição retomada por Bento XIV em sua constituição *Sollicita ac provida* de 9 de julho de 1753. Talvez teria sido necessário, antes de tudo, intimar os censores a justificar suas opiniões: de fato, a particularidade mais surpreendente do sistema das n. — que nunca foi objeto de nenhuma codificação oficial, permanecendo uma pura prática, cujo segredo se perdeu — é nunca exprimir a razão pela qual tal n. vem qualificar determinada proposição, deixando assim o caminho aberto à suspeita de arbitrariedade e a contestações intermináveis da parte dos autores ou das escolas* teológicas visadas. Esse traço era comum ao Index romano, que não justificava suas proscrições e se limitava, no mais favorável dos casos, a um *donec corrigatur* (obra posta no Index "até ser corrigida") sem nenhuma outra precisão suscetível de esclarecer sobre os erros cometidos.

Essa imprecisão não parece ter incomodado muito os especialistas nem a Igreja docente, numa época de racionalidade persuadida de que o sentido de um texto pode ser condensado em uma proposição sem perda de substância, e que essa proposição é suscetível de ver fixado sem equívoco seu valor doutrinal. Todavia, as dificuldades se revelam bastante rapidamente quando se deve passar da censura das negações categóricas da fé católica — por exemplo, as teses de Lutero* e, depois, dos reformadores — à apreensão dos erros que o texto encerra em suas profundidades. Embora se mantenha a possibilidade de julgar as proposições em si mesmas (*absolute, ut jacent, ut verba sonant*), em muitas ocasiões se toma a orientação de um exame do contexto (*in sensu auctoris, in sensu ab assertoribus intento*), o que não significa de modo nenhum que se vise ao sentido pessoal do autor, seu pensamento íntimo, que só Deus* conhece, mas sim ao sentido que se depreende à leitura do texto longo, cujas proposições são um resumo tornado expressivo por sua concisão. Não é necessário que as proposições figurem palavra por palavra, *verbatim*, no escrito ao qual se prendem — como no caso das famosas cinco proposições do *Augustinus* de Jansênio (jansenismo*) —, mas basta que o exame deste escrito, deste livro, permita apreender um sentido "próprio e natural" suscetível de ser marcado por uma n. teológica, positiva ou negativa, que se aplica à proposição considerada em seu "sentido óbvio".

A atribuição exata das n. de censura a cada proposição levanta tanto problema quanto a relação de proposições a um *corpus* (livro, teses, curso universitário). A censura pode ser lançada *speciatim, singillatim*, individualmente: cada proposição é marcada pela n. ou notas que se aplicam a ela. Mas as censuras podem ser também infligidas *globatim*, em bloco, e a frequente menção *respective* indica então que cada n. se aplica necessariamente a uma ou várias proposições, que nenhuma delas está isenta, mas sem designar qual ou quais, o que deixa aos leitores, em primeiro lugar aos teólogos, o cuidado de atribuir essas n. Este procedimento, comumente utilizado embora careça, às vezes voluntariamente, de rigor, mostrou suas deficiências durante a condenação das 101 proposições tiradas das *Reflexões* de Quesnel pela bula *Unigenitus* de 8 de setembro de 1713, na qual mais de vinte n. de censura são aplicadas "respectivamente", o que permitiu chicanar ao infinito sobre a heresia ou os erros a atribuir a cada proposição. A corte de Roma* se mostrou mais atenta durante a condenação dos cânones do sínodo* de Pistoia pela bula *Auctorem fidei* de 28 de agosto de 1794, que censura cada proposição *singillatim*, uma a uma, e além disso se refere às Atas do sínodo para a proveniência das proposições, o que elimina de saída uma contestação sobre o fato.

Quais são a natureza e a extensão do assentimento, *assensus*, que deve responder, em todo fiel, a uma decisão que fixa por n. — qualificações ou censuras — o valor de um texto teológico, de um enunciado, em relação com a doutrina de um autor? O juízo colegiado das universidades implicava uma competência científica que convidava a uma séria consideração em favor da *doctrina communis* que ali se encontra expressa. O mesmo para as sentenças dos Santos Ofícios de Espanha, Portugal e Itália. Para a congregação romana do Santo Ofício, seus decretos puderam ser vertidos "sob forma comum", *in forma communi* — o que compromete a autoridade única do colégio dos cardeais inquisidores e exige uma submissão integral — ou "sob forma específica", *in forma specifica*, com aprovação expressa do pontífice romano —, o que as torna pronunciamentos que exigem, como todo ato do magistério pontifical ordinário, um assentimento religioso, *ore et corde*, igual ao que responde às bulas, constituições, breves que podem emanar diretamente do chefe da Igreja e lançar condenações acerca de fatos dogmáticos textuais. O juízo lançado pelo pontífice romano pode trazer as marcas de um pronunciamento solene — por exemplo, *declaramus, damnamus, definimus* —, mas a infalibilidade* sobre os fatos dogmáticos, na qual se alinham as decisões sobre os textos teológicos, não foi definida, pois o I Concílio do Vaticano* deixou este ponto de lado e distinguiu, em contrapartida, entre os *credenda* e os *tenenda* conforme se trate de "verdades divinamente reveladas" ou então de "verdades conexas às verdades reveladas". Se pela bula *Vineam Domini Sabaoth* de 16 de julho de 1705 Clemente XI rejeitou o simples *silentium obsequiosum*, pura deferência externa, não chegou ao ponto de exigir um ato de fé divina mas uma recepção por "obediência interna", *interius obsequendo, quae vera est orthodoxi hominis oboedientia*, tipo de *assensus* confirmado pelo decreto *Lamentabili* de 8 de julho de 1907, prop. 7. A partir do s. XVII, numerosos teólogos propuseram (para dar conta de tal adesão) a noção de uma "fé eclesiástica", motivada pela infalibilidade da Igreja e não diretamente pela "autoridade do Deus que revela", de onde a viva oposição dos tomistas, segundo os quais os fatos dogmáticos são também definidos infalivelmente pela Igreja e são objeto de fé divina na mesma qualidade que o revelado bíblico ou as definições dogmáticas dos concílios ou dos pontífices romanos. As análises do P. Guérard des Lauriers, op, *Les dimensions de la foi* (1952, espec. excursus VIII-XI), contribuíram decisivamente para esclarecer o assunto, mesmo que alguns vejam no recurso à fé divina um perigo de majoração do magistério. Em todo caso, hoje está "próximo da fé" que a infalibilidade da Igreja compreenda o conexo ao revelado. Todavia, aquele que recusasse sua adesão completa, *internus assensus*, à condenação de uma doutrina veiculada por textos teológicos, avaliada ou não por n. de censura, nem por isso seria herético — não há negação de uma verdade imediatamente revelada e proposta como tal pela Igreja —, mas seria gravemente culpável e fortemente exposto à suspeita de heresia.

A Comissão Teológica Internacional recentemente convidou a uma reavaliação das n. teológicas: "É preciso lamentar que a ciência das qualificações doutrinais tenha sido posta um pouco na obsolescência pelos modernos. Ela, no entanto, é útil para a interpretação dos dogmas, e por esta razão deveria ser renovada e mais desenvolvida" (*Enchiridion Vaticanum* 11, *Documenti ufficiali della Santa Sede, 1988-1989*, 1991, n. 75, p. 1749).

• Fr. de Salignac de La Mothe-Fénelon (1704), *Ordonnance et Instruction pastorale... portant condamnation d'un imprimé intitulé "Cas de conscience"* (*OC*, t. 3, 1848). — H. Tournély (1726), *Praelectiones theologicae de Ecclesia Christi*, Paris. — H. Quillet (1905), "Censures doctrinales", *DThC* 2, 2101-2113. — L. Choupin (1907, 1928²), *Valeur des décisions doctrinales et disciplinaires du Saint-Siège*, Paris. — L. Garzend (1912), *L'inquisition et l'hérésie. Distinction de l'hérésie théologique et de l'hérésie inquisitoriale: à propos de l'affaire Galilée*, Paris. — Fr. Marin-Sola (1924²), *L'évolution homogène du dogme catholique*, Friburgo. — R. Favre (1946-1947), "Les condamnations avec anathème", *BLE* 46, 226-241; 47, 31-48. — J. Cahill (1955), *The Development of the Theological Censures after the Council of Trent, 1563-1709*, Friburgo. — Y. J.-M. Congar (1956), "Fait dogmatique et foi ecclésiastique", *Cath* 4, 1059-1067. — C. Koser (1963), *De notis theologicis historia, notio, usus*, Petrópolis. — A. Kolping (1963), "Qualifikationen", *LThK²* 8, 914-919. — P. Fransen (1968), "Enkele opmerkinger over de theologische kwalificaties", *TTh* 8, 328-348. — J. Schumacher (1974), *"Der Denzinger" Geschichte und Bedeutung eines Buches in der Praxis der neueren Theologie*, Friburgo. — P. Legendre (1974), *L'amour du censeur. Essai sur l'ordre dogmatique?*, Paris. — L. Ceyssens (1974), "Le fait dans la condamnation de Jansénius et dans le serment anti-janséniste", *RHE* 69, 697-734. — R. Hissette (1977), *Enquête sur les 219 articles condamnés à Paris le 7 mars 1277*, Louvain. — L. Ceyssens (1981), "Les jugements portés par les théologiens du Saint-Office sur les 31 propositions rigoristes condamnées en 1690", *Anton* 56, 451-467. — A. Houtepen (1987), "*Hierarchia veritatum* et orthodoxie", *Conc(F)* n. 212, 53-66. — G. Thils (1982), "Notes théologiques", *Cath* 9, 1389-1394. — B. Neveu (1993), *L'erreur et son juge. Remarques sur les censures doctrinales à l'époque moderne*, Nápoles. — G. Fragnito (1997), *La Bibbia al rogo. La censura ecclesiastica e i volgarizzamenti della Scrittura (1471-1605)*, Bolonha.

Bruno NEVEU.

→ *Heresia; Lugares teológicos, Magistério; Teologia; Verdade.*

"NOVA TEOLOGIA" → Lubac

NOVACIANISMO

O cisma* novaciano (n.) marcou duradouramente a Igreja* (I.) dos primeiros séculos. Após o édito de Décio (final de 249: obrigava todos os súditos do Império a honrar os deuses) e a onda de perseguições que se lhe seguiu, a I. teve de resolver a questão dos *lapsi*, aqueles que, membros do clero ou leigos*, pediam para ser reintegrados na comunidade cristã após terem apostasiado. Em 251, Cornélio é eleito bispo* de Roma*, e com ele vence o partido da clemência; a correspondência trocada sobre esta questão entre Cornélio e o bispo Cipriano* de Cartago testemunha o papel desempenhado pelo bispo de Roma na definição da atitude a manter diante dos *lapsi* (*Ep*. 49 e 50, cartas de Cornélio a Cipriano integradas na correspondência de Cipriano; *Ep*. 55 de Cipriano). Novaciano (N.) é então um presbítero* romano influente com obra teológica plenamente ortodoxa (é autor sobretudo do primeiro tratado sobre a Trindade* escrito em língua latina), mas que representa perante Cornélio e Cipriano uma tendência rigorista, influenciada pelo montanismo*. Eclesiologia* e ética* exigem a mesma firmeza, assim N. e seus discípulos recusam a penitência* aos *lapsi* como aos adúlteros. Em resposta à eleição de Cornélio, N. se faz eleger papa por seus partidários, o que marca o início do cisma. A ele se unem em Roma alguns membros do clero da África, entre os quais Novato (os dois nomes, Novato e N., são frequentemente confundidos pelos autores antigos), e ambos são excomungados por um concílio* reunido em 251 por Cipriano — aliás, é sua oposição comum a Cipriano e a Cornélio que reúne os partidários dos dois homens, pois Novato se distinguira a princípio por sua indulgência excessiva na questão dos *lapsi*. A I. n. se organiza então e estende sua influência no Ocidente, na I. da África (é contra os n. que Cipriano escreve seu tratado *A unidade da Igreja católica*) e até na Ásia Menor. No final do s. IV, Ambrósio* de Milão faz o processo dos n. em seu tratado sobre a penitência (SC 179). Como os montanistas e os donatistas aos quais são frequentemente associados, os n., os "puros" — *katharoi* —, como gostam de se designar a si mesmos, exprimem uma das interrogações recorrentes da I. nascente: os perfeitos não são os únicos dignos de fazer parte da I.? O conflito marca também uma etapa no desenvolvimento do papel reconhecido ao bispo de Roma.

• H. Weyer (ed.) (1962), *Novatianus, De Trinitate — über den dreifaltigen Gott*, Darmstadt. — G. F. Diercks (ed.) (1972), *Novatiani opera*, CChr.SL 4.

▸ H. J. Vogt (1968), Coetus Sanctorum. *Der Kirchenbegriff des Novatian und die Geschichte seinen Sonderkirche*, Bonn; (1990), "Novatien", *DECA* 1777-1779. — Ch. Munier (1991), *Autorité épiscopale et sollicitude pastorale, I-VI s.*, Aldershot (GB). — M. Simonetti (1993), *Studi sulla cristologia del II e III secolo*, Roma.

Françoise VINEL

→ *Catarismo; Donatismo; Mártir; Tertuliano.*

O

OBRAS

a) O AT canta as grandes obras (o.) de Deus*
(Sl 8,4.7; 104,24.31 etc.). Evoca às vezes a o.
criadora do artesão (Is 44,13; Jr 19,11; 2Rs
19,18; 2Cr 34,25), mas utiliza raramente "o."
para falar das ações humanas que agradam ou
desagradam a Deus (Jó 34,11; Ecl 12,14). No
NT, "o." (*ergon*) designa seja a ação salvadora
de Jesus Cristo (At 13,41; 1Cor 15,38; Fl 1,6),
seja os atos* éticos do batizado. As o. são
evocadas positivamente como correspondendo
à exigência da fé* (Mt 5,16; At 9,36; Ef 2,10;
1Pd 2,12). Elas mesmas são o. de Deus na vida
do discípulo (2Cor 9,8; Fl 1,6; Cl 3,16s). Elas
glorificam a Deus (Mt 5,16; 1Pd 2,12) e serão
decisivas no juízo* por vir (Rm 2,6; 2Cor 5,10;
Mt 25,31-46). Insistindo na justificação* pela
fé (Rm 3,28) e rejeitando a salvação* pelas o.
(Rm 3,20; 11,6; Gl 2,16), o apóstolo* Paulo
nega mesmo o valor salvador das o. Elas são
consequências e não preliminares da salvação.
O homem, portanto, não poderia alegar suas o.
para parecer justo diante de Deus. Mas a vida do
justificado necessariamente dá frutos, ela é rica
em o. de amor* (Rm 7,4; 2Cor 9,10; Gl 5,6).

b) A questão das o. se tornará uma das controvérsias maiores no seio das Igrejas* ocidentais.
Estará ausente nas Igrejas do Oriente, que propõem uma visão mais inclusiva, mais cósmica
e menos pessoal da graça* (*theosis*, ver ortodoxia*). É decisiva desde a época de Agostinho*
(354-430), que defende contra o pelagianismo*
que as o. do crente não são de origem humana,
mas frutos só da graça de Deus. Contra as objeções vindas dos ambientes aos quais se dará
mais tarde o nome de "semipelagianos", ele
afirma que só a ação amante de Deus suscita a
fé. Diante do pecado* original* e à corrupção
da natureza humana, a fé não poderia ser o fruto
de boas o. humanas. Uma primeira condenação
do pelagianismo pelo sínodo* de Cartago (418)
é confirmada pelo segundo sínodo de Orange
(529). Estabelece-se que não somente o homem
não poderia operar sua salvação por suas o.,
mas que o pecado original proíbe à vontade e à
razão* humanas de suscitar a fé. Sem retomar
as opções agostinianas quanto à predestinação*, Orange insiste na o. do Espírito* Santo
que prepara à justificação e que precede toda
iniciativa humana (*DH* 371-397).

c) Essas questões terão um lugar particular
durante a Reforma. A questão das o. aparece
em diversos níveis:

1/Uma primeira controvérsia incide sobre
a salvação pelas o., que os reformadores denunciam nas práticas da Igreja da época. Essa
opção era proposta por diversas teologias* (p.
ex., Gabriel Biel) e correntes na piedade popular (venda de indulgências* para se livrar do
purgatório*). O ensinamento oficial da Igreja
confirmado pelo concílio* de Trento, entretanto, nunca afirmou que o homem podia se salvar

a si mesmo sem recorrer à graça de Deus (*DH* 1551 *sq*). Lutero* recusa a ideia da *fides caritate formata* (a fé completada pelas o. de amor) como razão da salvação. Esta formulação era ambígua pois subentendia que a fé só obteria pelas o. seu caráter salvador. Ela se apoiava, de outro lado, numa distinção entre inteligência (razão) e vontade (fonte das o. de amor) que parecia ditada pela influência aristotélica. Nessa ótica, era inconcebível que a salvação se operasse pela fé somente, a fé sendo apenas a adesão da razão à verdade*. Era preciso que ela fosse completada pelo amor. Formado na escola de Agostinho, Lutero tem uma compreensão global da fé. Ela é confiança e relação pessoal com Deus. Essas duas compreensões diferentes da fé acarretarão um grave mal-entendido que levará séculos para ser esclarecido; no entanto, a intenção de ambas era insistir na salvação, dom da graça de Deus. A condenação do concílio de Trento, que reprovará à Reforma o não afirmar a necessidade das boas obras como consequências necessárias da fé, prende-se ao mesmo mal-entendido (*DH* 1570), já que a Reforma sempre insistiu na necessidade das o., consequências da fé, e em sua inclusão na fé mesma (cf. *CA*, art. 4).

2/Um segundo debate incide sobre a capacidade do homem de se preparar por suas o. à fé. Diversas correntes da escolástica* ensinavam que a graça era uma qualidade de que a natureza* humana era revestida em virtude de sua criação* e que, apesar do pecado, a razão e a vontade humanas eram capazes de fazer o. boas preparando a graça justificante. Diante do que considera ser ressurgência do pelagianismo, e zelosa de evitar toda justificação pelas o., a Reforma insiste no caráter sempre exterior da graça, que não poderia ser compreendida como *habitus* humano. Somente as o. operadas pelo Espírito Santo no crente podem ser chamadas boas, quer precedam ou sigam a justificação. O concílio de Trento condenará esta opção (*DH* 1554 *sq*).

3/O terceiro debate incide sobre o caráter meritório das o. do justificado. A escolástica distinguirá entre os méritos *de condigno* (relação direta entre ação e recompensa) e os *de congruo* (relação de conveniência). Para Tomás* de Aquino, só Cristo* pode merecer *de condigno* a graça ao homem, pois o mérito *de congruo* depende só da vontade de Deus que pode aceder à oração* do crente. A escolástica tardia afirma entretanto que as o. boas do não justificado representam um mérito *de congruo* para a justificação, as do justificado um mérito *de condigno* para a vida eterna* (escola franciscana e nominalismo*). Esta compreensão é radicalmente rejeitada pela Reforma em nome da salvação só pela fé (cf. *CA*, art. 4). O concílio de Trento confirma que por suas boas o. o crente merece um "aumento de graça" (*DH* 1582).

d) Essas abordagens diferentes do valor das o. serão centrais nas controvérsias entre Igrejas ocidentais durante séculos. Um amplo consenso só aparece nos últimos cinquenta anos. Todos concordam em dizer que as o. são apenas a consequência, mas a consequência necessária, da justificação do crente que o Espírito Santo desperta para a fé e que não poderia merecer a graça que lhe é feita. As boas o. nascem da relação nova que une Deus e o homem. Uma polêmica subsiste entre as famílias cristãs quanto à maneira e ao sentido da cooperação do homem para sua salvação, mas esta questão não é mais julgada como separadora de Igrejas. Esses progressos resultam em grande parte da reaproximação das visões antropológicas e filosóficas: uma compreensão mais relacional da fé, da graça e das o. substitui hoje as opções mais sapienciais e ontológicas (O. H. Pesch) da escolástica.

• O. H. Pesch (1967), *Theologie der Rechtfertigung bei Martin Luther und Thomas von Aquin. Versuch eines systematisch-theologischen Dialogs*, Mainz. — Y. Congar, V. Vajta (1970), "Mérite", *in* Y. Congar (sob a dir. de), *Vocabulaire oecuménique*, Paris, 233-252. — O. H. Pesch, A. Peters (1981), *Einführung in die Lehre von Gnade und Rechtfertigung*, Darmstadt. — A. Birmelé (1986), *Le salut en Jésus-Christ dans les dialogues oecuméniques*, Paris. — K. Lehmann, W. Pannenberg (sob a dir. de) (1986), *Lehrverurteilungen-Kirchentrennend?*, Friburgo-Göttingen (*Les anathèmes du XVIe siècle sont-ils encore actuels?*, 1989). — B. Sesboüé (1988, 1991), *Jésus-Christ l'unique médiateur*, 2 vol., Paris. — B. Sesböué (1990), *Pour une théologie oecuménique*, Paris.

André BIRMELÉ

→ *Agostinho; Escolástica; Graça; Justificação; Lutero; Pelagianismo; Salvação; Tomismo.*

OCCAM, Guilherme de → **nominalismo** III. 1

OLIEU (OLIVI) Pierre-Jean → **milenarismo** B → **Boaventura**

ONIPOTÊNCIA → **potência divina**

ONIPRESENÇA DIVINA

a) Noção e definição. — A teologia* atribui múltiplas presenças a Deus*: presença ("habitação") na alma* dos justos, presença em Cristo*, presença de Cristo na eucaristia* e na Igreja*. Sob o termo "onipresença" (o.), é a *ubiquidade* divina que se dá a pensar: a presença do Criador, como causa primeira, em toda sua criação*.

O cristianismo não definiu a ubiquidade propriamente dita, mas a imensidão divina (Symb. Ath. *DS* 75), determinada pela ilocalidade de Deus (*incapabilis*) e pela impossibilidade de circunscrevê-lo (*incircumnscriptus*) em limites (Conc. Lat. 649, *DS* 504, a propósito de Cristo segundo sua divindade). O Vaticano I* (*COD* 805, 33-34) retoma o enunciado de Tomás* de Aquino (*ST* Ia, q. 8 a. 2) comentando Pedro Lombardo sobre a o. *per potentiam, praesentiam, essentiam*, por potência, por presença, por essência (cf. *infra*, d.).

Os pensadores muçulmanos (al-Djurdjani, Sharasthani) fizeram do Onipresente (*al-wasi*) o 46º dos 99 nomes* de Deus.

b) Fontes escriturísticas. — O AT fala da presença de Deus na criação e junto de seu povo* sem marcar sempre uma diferença nítida. Deus é chamado imenso (Br 3,25), presente em todas as partes do mundo que ele preenche — notadamente no Sl 138,7-12, o texto mais citado pela tradição* teológica, e que é retomado no v. 115 da surata II do *Corão* — (cf. Nm 39; Jr

23,24; Is 6,2; Sb 1,4); sua grandeza ultrapassa o mundo (Jó 11,8-9; 1Rs 8,27). Por outro lado, ele promete sua presença aos Patriarcas (Gn 17,7; 26,24; 28,15), a Moisés (Ex 3,12; 39,4), a Josué e aos juízes (Js 1,5; Jz 6,16; 1Sm 3,19), aos reis e aos profetas* (2Sm 7,9; 2Rs 18,7; Jr 1,8-19), à humanidade no anúncio do Emanuel (Is 7,14; Sl 46,8).

A doutrina não está diretamente presente no NT, mas encontra ali uma formulação que a restringe à o. em cada homem (At 17,28; 1Cor 15,28). Jesus* promete igualmente permanecer com os discípulos (Mt 28,20; Lc 22,30; 23,42), com os que oram em seu nome (Mt 18,20). Ele vive naqueles que têm a fé* (Gl 2,20; Ef 3,17), mesmo se sua ausência corporal é preferível (Jo 16,7). Ele será tudo em todos (1Cor 13,12). Sua presença junto de todo crente (Ap 3,20) não é limitada nem a um povo (Cl 3,11), nem a um lugar (Jo 4,21). O fragmento hínico de Ef 4,6 canta "um só Deus e Pai de todos que está acima de todos, através de todos e em todos"; o hino de Cl 1,15-18 canta um Cristo "em quem tudo subsiste" — o texto escriturístico que mais nutrirá a meditação de Teilhard de Chardin...

c) A primeira elaboração entre os Padres. — O pensamento grego não tematizou a o. do primeiro Princípio. Os estoicos bem que representaram um Deus material, difuso como um fluido em toda parte do universo (*SVF* II, 306-308). Mas a concepção de Plotino — decerto dirigida contra os estoicos — terá maior influência sobre a tradição patrística, pois permite pensar a o. do incorpóreo e do imutável (presente em um lugar sem movimento para lá conduzi-lo, isto é, a o. da alma no corpo* e do ser* no conjunto dos seres (cf. *En.* VI, 4 e 5).

Entre os Padres*, a atribuição da o. a Deus responde à exigência de não limitá-lo, mas deve enfrentar um risco de panteísmo*, do qual os estoicos parecem ter sido vítimas.

Os Padres gregos (primeira menção em Clemente de Roma, que cita o Sl 138, *Epístola aos Coríntios*, c. 28, n. 1-4) organizam sua reflexão sobre a o. em torno da imensidão divina: Deus escapa ao limite (*aperigraphos*), à medida (*ametretos*), ao lugar (*akhoretos*). Orígenes* dá conta das expressões bíblicas que atribuem a Deus um lugar (PG 11, 485-486 D). Ele insiste na incorporeidade divina: "incorpóreo" é utilizado no sentido de "sem corpo" (SC 252, 86-97). O diálogo com a Samaritana (Jo 4,24) mostra bem que Deus é espírito. Todos esses temas são retomados sobretudo por Gregório* de Nissa em seu Contra Eunômio III (PG 45, 603), frequentemente citado a partir de então. João Damasceno consagra-lhes um capítulo de sua Fé ortodoxa (I 13, PG 94, 869) e lega à escolástica* uma doutrina formulada num vocabulário aristotélico, onde distingue em particular lugar corporal e lugar espiritual, sendo este último o espaço em que se manifesta um espírito; Deus só, entre todos os espíritos, manifestando sua potência em todo lugar (852 C-853 A). A tradição latina traduzirá assim: Deus não está presente circumscriptive (como um corpo num lugar corpóreo), nem definitive (como um espírito manifestado em um lugar), mas repletive (porque contém toda coisa e todo lugar).

Os Padres latinos herdaram a determinação grega da o. a partir da imensidão, mas sofrem mais fortemente a influência das concepções estoicas da corporeidade. Embora todos insistam na presença de Deus por inteiro em todo lugar (Deus ubique totus), Tertuliano*, Hilário* ou Ambrósio* (PL 16, 552) não renunciam ainda às imagens estoicas do fluido líquido ou luminoso que penetra toda coisa. Agostinho* se libertou dessas imagens, às quais recorrera em seu período maniqueísta (Confissões I, 2 e 3), e ofereceu a doutrina da o. mais elaborada entre os latinos. Acrescenta aos temas precedentes uma derivação da o. a partir da causalidade divina criadora, na carta a Dardano (Carta 187), que ele mesmo chamou de "carta sobre a o. divina" (n. 11-21). Será a autoridade mais citada entre os escolásticos, com Gregório* Magno.

d) Os escolásticos. — Todavia, não é a Gregório, via Glosa ordinária sobre o Cântico dos Cânticos (c. 5), que se deve atribuir a tríade per potentiam, praesentiam, essentiam, como fizeram todos os doutores medievais depois que Pedro Lombardo a introduziu (Sent. I, d. 37, c. 1), mas a uma origem desconhecida. Comentada de diversas maneiras, essa fórmula misteriosa constitui a contribuição mais original dos escolásticos, que desenvolvem os dois fundamentos dados pelos Padres à o.: a imensidão e a rela-

ção de causalidade entre Deus e as criaturas; o primeiro é única garantia do caráter substancial e eterno da o., enquanto o segundo a religa à existência atual das criaturas.

Às especulações de Anselmo* sobre o vocabulário da o. (v. Monologion XX-XXIV) e à sua afirmação — contra Honório de Autun, que sustentava a ubiquidade potentialiter mas a presença de Deus no céu substantialiter (PL 172, 1111 C) — de que a o. é substancial, pois Deus é substancialmente idêntico à sua potência*, se acrescentará sobretudo o ensinamento de Hugo de São Vítor, que contribui para sistematizar a doutrina de Agostinho, insistindo na causalidade criadora e conservadora de Deus (PL 176, 825 C, 826 B, 828 C).

Os autores do s. XIII continuam essa elaboração em seus comentários do Lombardo. Tomás de Aquino se distingue por recorrer somente à ação criadora, argumentando a partir de princípios da física de Aristóteles (sobretudo CG III, 68). Positivamente, a característica mais saliente é a integração da ubiquidade divina numa metafísica do ser. O modo de presença é sempre o tradicional, o da operação: Deus é dito presente em toda coisa como o agente em sua causa, já que ele é a causa do ser de cada coisa. Mas esta causalidade não mantém a transcendência da causa em relação ao efeito, já que a participação assegura certa imanência que reforça a noção de presença. Entre seu comentário das Sentenças e na Suma teológica (Ia, q.8, a. 1-2), Tomás muda sua interpretação da tríade do Lombardo e recupera a explicação de Alberto* Magno (In Sent. I, d. 37, a. 6): ele conecta agora a presença per potentiam ao governo divino, a per praesentiam à ciência* divina e a per essentiam à criação* (e conservação).

e) Evolução do conceito. — Os desenvolvimentos ulteriores da doutrina da o. se inscrevem no quadro sistemático dos escolásticos. Um "caso" lhe devolve uma atualidade ardente na tradição protestante: a querela do ubiquismo (a presença eucarística explicada pela ubiquidade do corpo ressuscitado de Cristo), que opôs longamente luteranos e reformados. Uma querela leiga, a que opõe Clarke e, portanto, Newton a Leibniz*, também deu a este atributo divino uma vida nova, mas pondo em causa desta vez sua conexão com o espaço (bem distinto de Deus por Newton, cf. Funkenstein, 1986).

A questão da presença (e da ausência) de Deus, recuperada pela teologia contemporânea, se concretizou em Barth* (*KD* II/1, 395-451) por uma colocação à prova dos desenvolvimentos tradicionais sobre a ubiquidade. Não é preciso retirar de Deus as localizações que lhe são atribuídas na Escritura* (o céu, o Templo*, o coração* do homem, Jesus), e todos os lugares não são lugares de Deus no mesmo grau. Barth com isso talvez ponha em questão a distinção nítida dos modos de presença (por natureza*, por graça*, por união), para ver nisso apenas uma distinção de graus, culminando em Jesus. A teologia católica (Congar, 1958) insiste de preferência na Igreja, corpo de Cristo, como lugar privilegiado de Deus.

- D. Petau (1644-1650), reed. Paris, 1865-1867, *Dogmata Theologica*, L. III, c. VII-X. — M. J. Scheeben (1873-1882), *Handbuch der Katholischen Dogmatik* II, § 240-250 (reed. *GA* 4, Friburgo, 1943). — D. Kaufmann (1877), *Geschichte der Attributenlehre in der jüdischen Religionsphilosophie des Mittelalters von Saadja bis Maimuni*, Gotha. — J. Thomas (1937-1938), "L'omniprésence divine", *CDTor* 33, 69-79. — K. Barth (1940), *Kirchliche Dogmatik* II/1, Zurique, 495-551. — A. Fuerst (1951), *An historical Study of the Doctrine of the Omnipresence of God in Selected Writings between 1220-1270*, Washington. — M. Frickel (1956), *Deus totus ubique simul. Untersuchungen zur allgem. Gottgegenwart im Rohmen der Gotteslehre Gregos des Grossen*, Friburgo. — Y. M.-J. Congar (1958), *Le Mystère du Temple*, Paris. — M.-F. Lacan (1970), "Présence de Dieu", *VThB²*, 1019-1023. — J. Stöhr (1971), "Allgegenwart Gottes", *HWP* 1, 162-163. — I. Kolodziejczyk (1972), "L'ubiquité de Dieu *per potentiam, praesentiam, essentiam* selon l'ontologie de saint Thomas d'Aquin", *DT(P)* 75, 137-148. — A. Funkenstein (1986), *Theology and Scientific Imagination from the Late Middle Ages to the 17th. Century*, Princeton, NJ. — D. Gimaret (1988), *Les noms divins en islam*, Paris. — E. Brito (1991), *Dieu et l'être d'après Thomas d'Aquin et Hegel*, Paris.

Cyrille MICHON

→ *Atributos divinos; Ciência divina; Eternidade divina; Imutabilidade divina/impassibilidade divina; Justiça divina; Misericórdia; Potência divina; Simplicidade divina.*

ONISCIÊNCIA DIVINA → **ciência divina**

ONTOLOGIA, ONTOTEOLOGIA → **ser**

ONTOLOGISMO

1. O problema

a) Conceito. — A palavra "ontologismo" (o.) vem da *Introduzione* (III, 53) de V. Gioberti (1801-1852). Contra o psicologismo que subordina o ser* à ideia e que se alia assim ao relativismo* e ao subjetivismo, Gioberti reivindica para as ideias uma fundação ontológica. A partir daí, o o. afirma que só o conhecimento* intuitivo de Deus* torna possíveis todos os outros conhecimentos reais, pois só Deus é verdadeiramente.

b) Risco de panteísmo. — Tal doutrina pode levar ao panteísmo*, o que provocou a inclusão dos trabalhos de Gioberti no Index (1852), e em seguida a interdição de ensinar sete proposições ontologistas (1861) e, enfim (1887), a crítica de quarenta proposições tiradas de Rosmini (1797-1855). Esses questionamentos romanos visam a um panteísmo oculto no o. ou o próprio o.? Aqueles que se qualificavam de ontologistas combateram, de toda maneira, o panteísmo. Já no s. XVII, N. Malebranche (M.) (1638-1715), de quem os ontologistas se diziam herdeiros, se opusera a Espinosa (1632-1677); no s. XIX Gioberti criticou aqueles que, como V. Cousin (1792-1867), se inspiravam no idealismo alemão; e no s. XX, P. Carabellese (1877-1948), o último partidário do o., polemizou contra G. Gentile (1874-1944). O o., com efeito, se ainda é conservado em certos limites, não elimina a pluralidade das consciências. A tese da visão em Deus, tal como sustentada por M., não implica a da visão de Deus ou a da identidade dos princípios do intelecto com a essência divina.

2. No século XVII

a) Malebranche. — Para M. (*Entretiens* V), a luz que ilumina o espírito não provém da natureza do homem fraco e distraído, mas do Eterno. Um aprofundamento desse tema atribui à "visão em Deus" um papel ativo no conhecimento. "O espírito pode ver o que há em Deus que representa os seres criados, já que isso é muito espiritual, muito inteligível e muito presente no espírito" (*Recherche*... III, vi). Essa doutrina não nega a distinção entre o conhecimento natural (em Deus, *in via*) e a visão beatífica (de Deus, *in patria*). A visão em Deus não é de Deus.

M. corrige então o cartesianismo, para o qual Deus constitui um foco que unifica *a priori* nossas ideias de tal maneira que sua personalidade ou seu ser se encontram subordinados à coerência do mundo ideal. M. inverte essa ordem. O ideal segue o ser*. Além disso, para Descartes*, nossas ideias são inatas; o intelecto recebe passivamente as verdades* que constituem Deus idealmente. Mas para M. o intelecto, exercitando-se com atenção, desposa o movimento do intelecto divino que cria por amor*. Tal visão intelectual não é "por sentimento"; apropriando-se do conhecimento criador que Deus tem do criado, ela julga "pela ideia" exemplar e ativa.

b) Gerdil, 1718-1802. — O cardeal H.-S. Gerdil, em 1748, dá uma guinada mais "ontologista" às teses de M. Todo conhecimento é união inteligível ao ser. Ora, Deus é imediatamente percebido, não em sua essência inefável, mas em seu atributo* de "ser". Conhecer o que é consiste pois em conhecer Deus em seu ser que, simples, é infinito*. A infinidade do ser divino funda sua ação. O conhecimento humano é passivo. Tudo o que é ação nele vem de Deus. Portanto, nós só conhecemos no e pelo Criador.

3. O século XIX

a) Na Itália. — Segundo o *Nuovo saggio* (1830) de A. Rosmini-Serbati, nós tomamos consciência do ser indeterminado e universal imediatamente e anteriormente a todo juízo. A ideia de ser se fragmenta em modificações que nascem quando de sua aplicação aos dados da experiência*. Rosmini recusa todavia uma concepção demasiado "ontologista" da "visão em Deus" defendida por M. Nós não percebemos Deus diretamente, mas mediatamente, pela ideia de ser. (Em Gioberti, em contrapartida, a mediação da ideia de ser é inútil, pois para ser fundadora uma intuição não deve incidir sobre um possível, mas sobre o real.) E distinguindo

assim a ideia de ser e Deus Rosmini escapa de fato ao o. Segundo os rosminianos, a crítica de 1887 (ver a proposição segundo a qual "na ordem do criado, algo do divino, o que pertence à natureza divina, se manifesta em si mesmo imediatamente ao intelecto humano") constitui um apelo à prudência* do pensamento mais do que uma condenação.

b) Na França e na Bélgica. — Para a *Ontologia* (1856-1857) de F. Hugonin (1823-1898), não há verdades criadas, pois a verdade é absoluta ou não é. Assim, percebemos toda verdade no absoluto, i.e., em Deus. "O ser, lei do pensamento, o ser verdade, é Deus mesmo substancialmente e não o ser puramente ideal" (I, 95). Hugonin afirma que percebemos toda verdade na existência de Deus, já que não conhecemos sua essência inefável.

O o. é ensinado em Louvain antes da renovação tomista desejada pelo *Aeterni Patris* (1879). Para os *Essais* (1860) de G. Ubaghs (1800-1875), o o. é a filosofia* cristã. Se se define a razão pelo conjunto das verdades segundo as quais cada ser humano julga naturalmente, e já que essas verdades não são obra da criatura que as encontra antes de julgá-las, mas de Deus, e, enfim, já que essas verdades são Deus, pois em Deus os atributos são Deus mesmo, a razão julgante razoavelmente julga necessariamente em e por Deus.

c) A condenação de 18 de setembro de 1861 (*DS* 1841-1847). — Essas doutrinas incontestavelmente corriam o risco de suprimir toda distância entre o intelecto e Deus. Assim, o Santo Ofício publicou um decreto que causou assombro entre os ontologistas que queriam defender a fé*. Das proposições suspeitas, mencionemos aqui a segunda e a quinta: "O ser que conhecemos em todas as coisas e sem o qual não conhecemos nada é o ser divino" (esta proposição confunde o *ens commune* e o *esse subsistens*); "as ideias são modificações da ideia pela qual Deus se compreende simplesmente como *ens*" (ecoam aqui pensamentos espinosistas, mas com motivos de Rosmini).

Quanto à primeira proposição, a razão de sua condenação não é evidente: "Um conhecimento imediato de Deus, ao menos habitual, é essencial à inteligência humana, que não pode conhecer nada sem ele: este conhecimento é a luz do intelecto". Que há uma comunicação imediata de Deus à criatura razoável, a fé o diz. A autoridade* romana atacava aqui, verossimilmente, a forma particular de o. que punha em marcha o tradicionalismo*: este supunha de fato uma revelação* de Deus na origem da história* e uma espécie de inatismo histórico continuado ao longo do tempo, o que tornava vão todo esforço da liberdade* e da inteligência para conhecer Deus.

- N. Malebranche (1674-1675), *Recherche de la vérité*, Paris (1964-1974); (1688), *Entretiens sur la métaphysique et sur la religion*, Rotterdã (1964-1974). — J. S. Gerdil (1748), *Défense du sentiment du P. Malebranche sur la nature et l'origine des idées contre l'examen de M. Locke*, Turim. — A. Rosmini-Serbati (1830), *Nuovo saggio sull'origine delle idee*, Roma, reed. in *Opere edite e inedite*, Roma, 1934. — V. Gioberti (1840), *Introduzione allo studio della filosofia*, Bruxelas, nova ed., Roma, 1941. — F. Hugonin (1856-1857), *Ontologie ou étude des lois de la pensée*, Paris. — G. Hubaghs (1860), *Essais d'idéologie ontologique*, Louvain.

▶ J. Henry (1924), "Le traditionalisme et l'ontologisme à l'université de Louvain (1835-1865)", *AISP*, 39-150. — A. Fonck (1931), "Ontologisme", *DThC* 11/1, 1000-1061. — L. Foucher (1955), *La philosophie catholique en France au XIXe siècle avant la Renaissance thomiste et dans son rapport avec elle (1800-1880)*, Paris, 167-195. — M. F. Sciacca (1958), *Opere complete*, Milão. — D. Connell (1967), *The Vision of God. Malebranche's Scolastic Sources*, Louvain. — P. Ottonello (1967), *L'essere iniziale nell'ontologia di Rosmini*, Milão. — F. Percivale (1977), *L'accèsso naturale a Dio nella filosofia di Rosmini*, Roma. — P. Ottonello (1978), *L'attualità di Rosmini e altri saggi*, Genebra. — F. Évain (1981), *Être et personne chez Antoine Rosmini*, Paris-Roma. — G. Giannini (1985), *Esame delle quaranta proposizioni rosminiane*, Gênova. — H. Jacobs (1985), "Ontologisme", *Cath.* 10, 95-98.

Paul GILBERT

→ *Asseidade; Criação; Descartes; Infinito; Intelectualismo; Natureza; Racionalismo; Razão; Ser; Verdade.*

OPÇÃO FUNDAMENTAL

Teoria moral segundo a qual a sequência dos atos postos por um sujeito está subentendida por uma tomada de posição fundamental a favor ou contra Deus*, a favor ou contra o bem*. A teoria torna impossível o conceito de "pecado* mortal", i.e., um ato pecador individual que bastasse como tal para separar o homem de Deus. A teoria tem sua força: obriga a avaliar toda existência na totalidade de suas decisões e seus dinamismos. Tem também sua fraqueza: supõe a existência de uma coerência de fundo, tanto no presente como na duração — mas as escolhas morais, no plural, podem muito bem ser incoerentes, sincrônica e diacronicamente.

Jean-Yves LACOSTE

OPTATO DE MILEVA → donatismo

ORAÇÃO

I. Definições

A oração (o.) é talvez o ato religioso essencial; é, portanto, dificílima de definir, tão diversas são suas formas e ocasiões. Entretanto, pode-se distinguir nela dois aspectos fundamentais. O primeiro serve em geral para designá-la na maioria das línguas (prece, *prière, prayer, Gebet, proseukhe* etc.): trata-se de um pedido ou de uma súplica, dirigida em geral a Deus. O segundo aparece quando nos damos conta de que essa atitude supõe que podemos nos comunicar com Deus: a o. é então comunhão*, ou mesmo união, com ele. Essa ligação entre o humano e o divino, entre o efêmero e o absoluto, levanta questões filosóficas que a tradição* cristã frequentemente abordou de um ponto de vista platônico (platonismo* cristão). Os dois aspectos da o. são recapitulados na definição, frequentemente citada, de João Damasceno: "A o. é a elevação da alma* para Deus, ou o pedido que lhe é feito do que é necessário" (*Expositio fidei* 68).

II. A oração na Escritura e na Igreja primitiva

Na Escritura*, a *súplica* é um aspecto essencial da o. Orar é reconhecer sua fragilidade e sua dependência e a necessidade que se tem da ajuda ou da graça* de Deus. Mas orar assim supõe o *arrependimento* e a *confissão dos pecados** (com o pedido de perdão), e acarreta a *ação de graças*, o *louvor** e, por fim, a *adoração*. A o., portanto, está longe de consistir somente em pedido para si e para os outros. Os salmos* são tradicionalmente a base da o. judaica ou cristã, mas toda a Bíblia* também põe à luz aquilo que torna possível a o., o que podemos chamar de seus fundamentos, e dá exemplos de o., em particular o da o. de Cristo*.

1. Fundamentos da oração

a) A criação do homem à imagem de Deus. — Segundo o Gênesis, os seres humanos foram criados "à imagem e à semelhança de Deus" (Gn 1,26). A Bíblia raramente retorna a isso, mas a ideia de que o homem é imagem de Deus se impôs muito depressa ao pensamento cristão. Se isso é verdade, é natural comunicar-se ou comungar com Deus na o. Essa ideia do homem está também no centro da concepção cristã do pecado original*: foi a imagem de Deus no homem que sofreu por causa da queda, o que torna difícil uma relação com Deus na o., que deveria ser naturalíssima. Compreende-se, pois, por que orar é, ao mesmo tempo, seguir um caminho difícil e como que retornar a si. É sobretudo entre os Padres* gregos que se encontra uma ideia da o. fundada nessa noção de imagem de Deus; a meta da o. é, ali, tornar-se cada vez mais transparente a Deus, ou ser transfigurado em Deus (o que eles chamam de "deificação", *theôsis*).

b) A aliança. — A ideia de aliança* entre Deus e o homem é central no AT. Após o dilúvio, o arco-íris é o sinal da aliança estabelecida entre Deus e Noé ("aliança noáquica"), e da promessa* de não destruir seus descendentes com um novo dilúvio (Gn 9,12s). A circuncisão é o sinal da aliança entre Deus e Abraão, e da promessa de que sua posteridade será abençoada (Gn 17,9-14). Uma aliança se estabelece entre Deus e Jacó (ou Israel*) no episódio do sonho de Jacó (Gn 28,11-15). A lei* dada a Moisés é o sinal da aliança entre Deus e o povo* eleito (Ex 19,4ss). Pela aliança, Deus faz do povo eleito seu povo (cf. Dt 7,6-11). A manutenção da aliança depende do cumprimento, pelo povo, de obrigações morais e rituais, e ela seria ab-rogada, segundo os profetas* (cf. Am 7–9), se o

povo faltasse a esses deveres. A o. está implícita na aliança: é na o. que o povo reconhece que depende de Deus, que precisa de sua graça, e é nela que celebra suas maravilhas e sua glória* (cf. 1Cr 6,14-42). Nesse contexto, a o. é antes de tudo comunitária: é a o. do povo, celebrada no culto* da Tenda (e no do Templo* após a instalação na Terra Prometida); a o. individual é secundária. A o. de um indivíduo pode, entretanto, ter muita importância, sobretudo quando se trata de um profeta, cuja vocação é reconduzir o povo à fidelidade à aliança, e cujo papel é em parte interceder por ele. Aqueles cuja o. permanece fiel são aqueles que constituem o "resto".

c) Ser em Cristo. — No NT, a o. é atividade por excelência da Igreja*, comunidade dos que são "em Cristo" após o batismo. Em Cristo, estamos presentes no Pai*, que ouve e atende nossas preces. Eis um dos temas que retornam nos últimos "discursos" do quarto evangelho (Jo 14-17). Somos "filhos e filhas" no Filho: participamos de sua comunhão com o Pai e do elo de amor* que os une, o que fundamenta a segurança (*parresia*) que temos da eficácia de nossa o. (Jo 16,23-27).

d) A oração, operação interior do Espírito. — Com sua concepção do Espírito* Santo, as tradições joanina* e paulina* dão uma profundidade ainda maior ao tema. Em João, tem-se a noção de *Paráclito*, o advogado ou o consolador que está "conosco" e nos põe em presença de Deus (Jo 14,25-26; 15,26-27; 16,7-15). Na epístola aos Romanos de Paulo, tem-se a ideia do Espírito operando em nós, intercedendo por nós "com gemidos inefáveis", e fazendo-nos entrar na intimidade do Pai dizendo "*Abba*" como Jesus* mesmo (Rm 8,14-23; cf. Gl 4,6 e Mc 14,36).

2. Orações exemplares

a) Antigo Testamento. — A maioria dos personagens importantes da Bíblia são apresentados como exemplos de o. Vimos que um dos papéis do profeta é ser um homem de o. e interceder em favor do povo. Vários casos merecem que nos detenhamos neles, e antes de tudo o do salmista ("David", por convenção).

Os salmos são uma coletânea de o., muitas das quais têm sua origem no culto do Templo. Revelam uma relação com Deus que nada tem de convencional. Ali encontramos louvor e ação de graças, arrependimento e súplica, mas eles também exprimem a dúvida, a cólera ou a tristeza, assim como a alegria ou a esperança*. É uma forma de o. caracterizada pelo que a tradição ascética chamará de *parresia*, segurança diante de Deus, tamanha confiança nele que não se retém nem se esconde absolutamente nada. A o. de Abraão por Sodoma (Gn 18,22-23), o sonho de Jacó (Gn 28,11-17) e sua luta com o anjo* (Gn 32,24-30) são exemplos frequentemente citados. Fílon via na ascensão do Sinai por Moisés o símbolo da ascensão da alma em Deus, e foi seguido neste ponto por muitos autores cristãos (p. ex., Clemente de Alexandria e Gregório* de Nissa). Elias é exemplar também, sobretudo em sua experiência de Horeb (1Rs 19,9-13), onde Deus não se revela de maneira fulgurante, mas em "uma brisa leve". A vida austera de Elias, aliás, fazia dele uma figura popular no movimento ascético cristão.

b) *Novo Testamento*. — João Batista é explicitamente comparado a Elias (Mt 17,13), sobretudo como profeta. Na Igreja apostólica, a o. está em primeiro plano. Não há cartas atribuídas a Paulo ou a Pedro* sem o., e a epístola aos Hebreus como a de Tiago dão um ensinamento sobre a o. A comunidade de Jerusalém* após o Pentecostes é caracterizada pelo "ensinamento, pela comunhão fraterna, pela fração do pão e pelas o." (At 2,42).

c) *Jesus*. — Em todos os evangelhos*, mas especialmente em Lucas, vê-se Jesus passar um tempo considerável em o. (cf. Lc 5,16; 6,12). Segundo Lucas, é enquanto ora no Tabor que Jesus é transfigurado diante de seus discípulos (Lc 9,29). João elabora esse tema e faz de toda a vida terrestre de Cristo uma transfiguração, e da comunhão do Pai e do Filho, expressa na o., uma glorificação mútua, que chega ao ápice na "elevação" sobre a cruz. É também o que os outros evangelistas querem dizer quando falam da o. de Jesus ao Pai no jardim do Getsêmani. Enquanto dá aos discípulos o exemplo da o.,

ou por causa disso, Jesus os ensina a rezar, dando-lhes o modelo da o., o *Pai-nosso* (Mt 6,9-13; Lc 11,1-4; notar que Lucas diz que João Batista também ensinou seus discípulos a rezar). Esta o., com seu movimento que vai da adoração à súplica, teve inúmeros comentários. Mas há outros ensinamentos de Cristo sobre a o.: ela não deve ser ostentatória, mas fazer-se em segredo, de porta fechada, "ao Pai que está no segredo" (Mt 6,6), ela não deve ser um longo "falatório" (Mt 6,7); é preciso acrescentar aqui as duas parábolas* de Lucas, a da viúva insistente e a do fariseu e do publicano, cujas ênfases são respectivamente a perseverança e a humildade na o. (Lc 18,1-14).

3. A Igreja primitiva

a) *O Pai-nosso*. — O essencial da primeira reflexão cristã sobre a o. é de fato um comentário *da* o.: temos, da época anterior a Niceia*, comentários de Tertuliano*, Orígenes* e Cipriano*. Têm muitas coisas em comum. Todos falam dela como de uma o. secreta e interior, insistindo ao mesmo tempo em seu caráter comunitário: trata-se de rezar ao Pai *nosso*. Por conseguinte, eles também insistem na importância do pedido de perdão, e na decorrente necessidade do perdão mútuo. Sem excluir que o pedido do pão cotidiano possa ser um pedido do que é necessário à vida (Gregório de Nissa chegará mesmo, mais tarde, a tirar daí uma exigência de justiça* social: "Sabes orar de verdade..., se ninguém tem fome nem está na miséria porque tens tudo o que te é preciso", *De orat. dom.* 4), todos veem aí uma referência à eucaristia*. A ideia de que a eucaristia é a o. cristã por excelência já é muito nítida bem cedo na consciência dos cristãos: Policarpo se prepara para o martírio* por uma o. que recapitula toda sua vida, e que imita claramente a o. eucarística (*Mart. Pol.* 14); para Ireneu*, a eucaristia, sacrifício* e sacramento*, exprime plenamente a atitude que o cristão deve ter em relação a Deus (*Adv. Haer.* IV, 18,4-6).

b) *Papel do corpo na oração*. — A importância atribuída ao papel do corpo* na o. é igualmente um traço dominante desse primeiro ensinamento cristão. É preciso orar de pé (Tertuliano, *De orat.* 23; Orígenes, *De orat.* 31, 2; Cipriano, *De orat.* 31), erguendo os braços (ou, segundo Tertuliano, com os braços em cruz, *De orat.* 14), e voltado para o leste (cf. Orígenes, *De orat.* 32). Ajoelhar-se não é uma posição normal quando se ora, a não ser numa o. de penitência* (Tertuliano, *De orat.* 23; Orígenes, *De orat.* 31, 3). A proibição de rezar de joelhos no domingo* e no tempo pascal foi renovada pelo I concílio* de Niceia em 325 (cân. 20). Durante muito tempo, foi costume cristão orar voltado para o leste, o lado de onde se acreditava que Cristo devia regressar no momento da parusia*, ou onde se situava o paraíso terrestre (Gn 2,8), costume que se encontra na orientação das igrejas (arquitetura*). Este cuidado da orientação da o. se encontra entre os judeus, que oram na direção de Jerusalém, e entre os muçulmanos, que oram na direção de Meca: trata-se sempre de reconhecer a significação cósmica da o. Mas esta consciência da importância das condições externas da o. não impede, como se viu, de insistir na o. como atividade interior e mesmo secreta, dirigida ao "Pai que vê no segredo".

III. Oração litúrgica e oração pessoal

A reflexão sobre a o. cristã incide frequentemente sobre as formas opostas da o., cuja existência acabamos de observar: a o. litúrgica e a o. individual, e a o. vocal e a o. silenciosa. De fato, só existe mesmo uma única oposição: se a o. litúrgica não é necessariamente vocal (pode haver movimentos litúrgicos silenciosos, e a significação da liturgia* não é necessariamente manifestada por palavras), há entretanto um parentesco evidente do litúrgico e do vocal, do individual e do interior — mesmo que possa haver experiências interiores partilhadas, como foi o caso para Agostinho* e sua mãe em Óstia (*Confissões* IX, 10, 23-25), ou uma comunicação pelo gesto e pelo olhar como a que descreve Guilherme de Saint-Thierry (*A natureza e a dignidade do amor* 13).

1. A oração litúrgica

a) Origens. — A o. litúrgica se tornou pouco a pouco uma verdadeira "consagração do tempo*", graças a um ciclo de curtos ofícios repartidos pelo dia, as "horas" ou ofício divino. Este ritmo da o. existe desde o início do s. III: Tertuliano e Cipriano falam de uma o. à terça, à sexta e à nona hora, ao mesmo tempo que de uma o. da manhã, da tarde e da noite, e Cipriano desenvolve uma observação de Tertuliano sobre o caráter comemorativo dessas horas. A terça hora comemora a vinda do Espírito Santo; a sexta, a crucifixão; e a nona, a morte* de Cristo (cf. Tertuliano, *De orat.* 25; Cipriano, *De orat.* 34-36). Esses textos dão o sentimento de que se tratava de tempos de o. pessoal, embora nada se oponha a que tenha havido às vezes celebração coletiva. A partir do s. IV, o ofício monástico eclipsa pouco a pouco o ofício "catedral" (o. da manhã e da tarde nas principais igrejas das cidades) e a estrutura que conhecemos se instala: matinas (no Oriente, *orthros*, ofício da aurora, que segue o ofício da noite), laudes ("louvores", por causa dos salmos 147-150, sempre presentes neste ofício), ofícios para as prima, terça, sexta e nona horas, vésperas e último ofício antes da noite (*apodeipnon*, "depois do jantar", no Oriente; completas, no Ocidente). A forma desses ofícios acabou por fixar-se, como o. e hinos próprios a cada um deles, mas o essencial era sempre a recitação dos salmos — todo o saltério veio assim a ser recitado na semana no Ocidente como no Oriente (onde o saltério é dividido em vinte grupos de salmos, os *kathismata*).

b) O ofício, forma pública da oração? — O ciclo da o. litúrgica — ofício divino e celebração da eucaristia — não estruturava somente a vida monástica, mas também em princípio a vida civil da Europa medieval. Não se sabe bem, contudo, como isso se passava realmente. O desenvolvimento do sistema paroquial no Ocidente favoreceu decerto uma evolução neste sentido, mas o que se sabe do mundo bizantino faz pensar que tal não era o caso no Oriente: antes, eram as procissões, bastante frequentes, que representavam a o. pública para o cidadão comum. Parece que as procissões desempenharam também um papel importante neste sentido no Ocidente no final da IM, quer se trate de procissões em honra dos santos ou sobretudo do corpo de Cristo.

c) Interpretações do ciclo litúrgico. — Este ciclo diário pode, contudo, tomar formas variadas. O ciclo litúrgico, como se viu, é essencialmente uma santificação do tempo. No Ocidente, mesmo se o sentido escatológico da o. noturna está presente, o ciclo diário é antes de tudo feito para santificar o dia: começa na aurora e escande as horas do dia em tempos regulares de o. até o pôr do sol. No Oriente, sobretudo conforme a prática monástica atual, é a noite que é evidentemente o tempo da o. O dia litúrgico começa com a nona hora e as vésperas (ao pôr do sol); há um curto período de sono após completas, depois do que as matinas, as laudes, as horas do dia e a celebração da eucaristia inauguram o novo dia, durante o qual não há ofícios. Fazer da noite uma vigília de o. (nas grandes festas há vigília e os ofícios duram toda a noite) sublinha o caráter escatológico da o. na qualidade de pedido e espera da segunda vinda de Cristo — caráter presente no *Pai-nosso* quando ali se pede que o reinado de Deus venha. Outra maneira de compreender o ciclo litúrgico nasce na IM, quando a recitação do ofício divino se torna uma obrigação do sacerdote ou do monge tomado individualmente. Este ponto de disciplina* tipicamente ocidental está ligado ao desenvolvimento das ordens mendicantes no s. XIII. Vai acompanhado de uma comunidade fragmentada, onde indivíduos e pequenos grupos se deslocam para pregar, e desemboca na criação de uma forma condensada do ofício divino, o breviário, cujas leituras abreviadas podem caber em um volume (no final, acabou havendo quatro, um por estação). Este é um dos sinais do individualismo crescente da piedade ocidental no final da IM.

2. A oração pessoal

No início, não havia oposição entre o. pessoal e o. litúrgica: vimos que os momentos fixados para a o. eram originariamente momentos de o. pessoal, os quais quase certamente não tinham estrutura determinada. Mas pouco a pouco se acabou (talvez sob a influência do sentimento platônico da superioridade do espírito sobre a matéria) por considerar a o. pessoal e interior como a coisa essencial. A insistência de Cristo na "o. em segredo" ia, com efeito, no mesmo sentido. Mas essa tendência levou tempo para se impor: mesmo num documento tão tardio quanto a *Regra* de são Bento (meados do s. VI), não se fala de nenhuma outra forma de o. que não a o. comum do ofício divino, que Bento chama de "a obra de Deus", *opus Dei*, que vem antes de todo o resto (*Regra* 43).

3. A oração contínua

A tendência a privilegiar a o. pessoal foi favorecida pela ideia de que a o. não deve somente ocorrer em momentos determinados, mas deve ser contínua (cf. o que diz Paulo, "orai incessantemente", 1Ts 5,17). O próprio ofício divino, com seu ciclo incessante de o., já é uma tentativa de obedecer a essa injunção. Em diferentes épocas, alguns mosteiros (cujo primeiro exemplo, no s. V em Constantinopla, é o dos Acemetas, "os que não dormem") tentaram até mesmo ser lugares onde a o. não cessava nunca. (A luz perpétua — em grego, a luz "que não dorme" — que queima nas igrejas, desde o s. V pelo menos, simboliza esse ideal). Mas a melhor maneira de fazer da o. contínua um ideal praticável é não mais definir a o. como um ato*, mental ou não, mas como um estado. O primeiro, decerto, a fazê-lo foi Evágrio (E.) (346-399), o grande teórico do primeiro monaquismo* dos Padres do deserto.

IV. O estado de oração

1. Oriente

Apesar das repetidas condenações de E., sua concepção da o. se impôs na Igreja oriental. Para ele, a o. é um estado em que o intelecto, deixado em paz* pela parte inferior e irracional da alma, é capaz de contemplar a Deus (*De orat.* 53). É o estado natural do intelecto (*Tratado prat.* 49): se não é atingido, é por causa da desordem contra a natureza, que é o estado permanente da humanidade desde a queda. Assim compreendida, a o. é contemplação*. (O fato de ver na contemplação o verdadeiro estado do intelecto tem, aliás, uma longa história filosófica por trás dele, sobretudo de inspiração platônica; cf. Aristóteles, *EN* 10.) Desse ponto de vista, dar um ensinamento sobre a o. equivale a buscar a maneira como se pode favorecer a contemplação. Esse ensinamento, para E., tem dois momentos: o objetivo do primeiro é levar a atingir a *apatheia*, estado em que se é libertado das paixões* ou das perturbações da parte inferior e irracional da alma; o objeto do segundo é familiarizar a alma, uma vez que ela conhece essa serenidade, com a prática da contemplação, primeiro do sentido dado por Deus ao cosmo* que ele criou, em seguida da própria natureza divina. E. consagra muito tempo e cuidado à primeira etapa, com um grande senso psicológico. Deve-se notar em particular sua análise dos tipos de paixões (ascese* 2.b), análise recapitulada em seu ensinamento sobre os oito *logismoi*, ou pensamentos obsedantes devidos a essa ou àquela paixão (cf. *Tr. prat.* 6-33; reencontraremos esses oito *logismoi* nos sete pecados capitais). Essas paixões impedem a contemplação ao impor ao intelecto imagens (quer visuais, quer vindas de outros sentidos) que o distraem de seu objetivo ou o tornam incapaz de atingi-lo. A presença de imagens na o. é para E. um sinal de apego a este mundo sensível, do qual a imaginação as extrai; aliás, elas reanimam esse apego pelos objetos que evocam: uma etapa importante para chegar à o. pura é, portanto, ser capaz de formar pensamentos puros de toda relação com o mundo sensível, o que E. chama de "pensamentos nus" (*psila noemata*). A segunda etapa consiste essencialmente em passar da contemplação desses pensamentos "nus" ao de Deus: é uma simplificação do olhar, que passa do que tem a ver ainda com a multiplicidade à simplicidade* da essência divina. Há uma concordância profunda dessa ideia da o. sem imagem com uma teologia em que Deus está além de toda imagem e de todo conceito (teologia negativa*). Muitos aspectos desse ensinamento de E. foram modificados mais tarde (por Máximo* Confessor em particular), mas sua concepção se impôs na espiritualidade monástica da ortodoxia*.

2. Ocidente

a) Cassiano e os primeiros autores monásticos. — Encontra-se no Ocidente a mesma concepção da o. como contemplação em princípio ininterrupta. Já está presente em João Cassiano, discípulo de E., que fala de um "estado mais alto", que consiste na "contemplação de Deus só e do ardor do amor" (*Conferências* 9, 18). Para Cassiano, esta forma de o. é algo que sobrevém no momento em que se está pronto para ela, mais do que um objetivo que se poderia propor, pois o estado de pureza* perfeita, sem o qual ela é impossível, é uma graça (*Conf.* 9, 26). Encontra-se ideias semelhantes em Gregório* Magno, sobretudo em sua vida de são Bento (*Diálogos* II, 2, em particular). Mas o essencial da reflexão sobre a o. vem da tradição beneditina, mesmo se, como se viu, não há nada sobre a o. na *Regra* de são Bento fora do que diz respeito à o. litúrgica. Bento, porém, prevê ali um tempo para a *lectio divina* (leitura sagrada), que deve ocupar o monge quando seu tempo não for tomado pelo ofício ou pelo trabalho* manual (*Regra* 48). A *lectio divina* é, antes de tudo, a leitura da Escritura, mas é também a leitura dos Padres. É preciso ler e meditar (*legere, meditare, ibid.*), o que se desenvolveu nos ambientes monásticos sob a forma de uma tríade: leitura, meditação, oração (*lectio, meditatio, oratio*). Pois o objetivo da leitura não é saber mais, mas deixar o sentido do que se lê orientar o coração* e o espírito para Deus, em outras palavras, fazer orar.

b) Meditação e contemplação. — A tríade ler-meditar-orar recebeu várias formulações, e numa delas o termo empregado por Cassiano para o "mais alto estado" da o. é substituído pelo simples "orar": tem-se então ler-meditar-contemplar. A partir dessa fórmula, a meditação foi cada vez mais nitidamente distinguida da contemplação, o que viria a ter uma grande influência no catolicismo* do final da IM e dos tempos modernos. Mas elas não são distinguidas sempre segundo o mesmo princípio. De um lado, opõe-se uma meditação que recorre à imaginação e à razão* e uma contemplação que as dispensa e chega a um estado de atenção simples. Do outro, vê-se na meditação um modo de o. que tem a ver com a atividade humana, e na contemplação um estado em que o homem é passivo e só Deus é ativo. Esta segunda distinção depende de uma concepção fundamentalmente agostiniana da graça*, elaborada pela IM ocidental, e segundo a qual a gratuidade da graça exige a passividade do homem. Por isso, no final da IM, pensa-se frequentemente que a o. contemplativa é uma graça especial que não se pode buscar e que só se pode esperar preparando-se para ela. Ela é alcançada por obediência a um apelo divino que nos impede, de fato, de orar como se fazia, embora nos sintamos abandonados por Deus no momento mesmo em que ele nos dá um sinal especial. A análise mais profunda dessa concepção da o. se acha em Teresa de Ávila (Carmelo*) e João* da Cruz. Ambos apresentam a contemplação como uma experiência, ao menos no início, de desorientação e de confusão, que João descreve com a imagem da noite escura. É só uma metáfora (mesmo tendo uma importância capital) para designar um estado que outros chamam de indiferença (os jesuítas [espiritualidade inaciana*], Francisco de Sales [espiritualidade salesiana*]) ou abandono à Providência* divina (Caussade).

V. Formas particulares de oração

1. Ocidente

O ofício divino exigia que se soubesse ler e que se compreendesse ou o latim no Ocidente, ou um grego literário no Oriente. Os mosteiros se tornaram, assim, centros de cultura. No Ocidente, porém, o desenvolvimento da ordem cisterciense acarretou a formação de um grupo de religiosos, os irmãos conversos, cujo papel era de servidores da comunidade; não tinham instrução e, assim, não podiam participar plenamente do ofício. Criou-se para eles um substituto do ofício, em que a repetição das *Ave-Marias* substituía em particular a recitação dos salmos. Foi a origem do *rosário*, um conjunto de cento e cinquenta grãos (o número dos salmos) para cada um dos quais se recitava uma *Ave-Maria*. Mais tarde se acrescentaram grãos maiores, representando o *Pai-nosso*, que dividiam os grãos menores em grupos de dez (no final de cada dezena se recitava o *Gloria Patri*). O rosário se tornou uma forma de devoção popular, propagada especialmente pelos dominicanos. Cada dezena se acompanhava da meditação de um "mistério*", acerca da vida de Jesus ou da de Maria*. Esses mistérios acabaram sendo reagrupados em três séries, mistérios gozosos, dolorosos, gloriosos. A iconografia retomou frequentemente os eventos assim designados, p. ex., o nascimento ou a flagelação de Cristo, e esta forma de devoção acabou por dar um sólido alimento espiritual, sobretudo quando o nível de instrução impedia de participar plenamente da liturgia em latim.

2. Oriente

Conhece-se muito menos a história da piedade popular na cristandade oriental. A o. litúrgica permaneceu mais acessível no mundo ortodoxo: se o grego litúrgico é um grego literário, mesmo assim em boa parte ele continua compreensível àqueles cuja língua materna é o grego; e quando a ortodoxia foi pregada às nações eslavas os missionários gregos Cirilo e Metódio criaram um alfabeto para tanto, e a liturgia foi traduzida em eslavônico. A reflexão sobre a Escritura e os mistérios da fé* que chamamos de "meditação" no Ocidente nunca foi isolada no Oriente das demais formas de o., e parece que seu papel foi preenchido pela repetição das o. e dos hinos da liturgia.

a) Os ícones. — É preciso observar também o papel importante das imagens* ou ícones na Igreja do Oriente a partir do s. VI. Desde a rejeição definitiva do iconoclasmo (o "triunfo da ortodoxia") em meados do s. IX, os ícones fazem parte integrante da piedade e da prática litúrgica da Igreja ortodoxa. Os ícones são mais do que ilustrações; são mediadores da presença que tornam sensível, e são venerados em nome daqueles a quem representam. Para os defensores dos ícones, a imaginação desempenha um papel positivo na ascensão da alma, e ela entra em jogo na veneração dos ícones: estes são "portas" que se abrem para o reino* de Deus e de seus santos. A presença dos ícones nas igrejas e seu uso na o. pessoal fazem entrar os que oram na comunhão dos santos e na presença de Deus.

b) A "oração de Jesus". — A utilização, para orar, de uma fórmula dirigida a Jesus invocando seu nome remonta pelo menos ao s. V, embora sua generalização nos meios ortodoxos seja bem mais tardia e ligada ao desenvolvimento do hesicasmo* nos s. XIII e XIV. O hesicasmo era um movimento monástico, ligado sobretudo ao Monte Atos, que insistia na busca interior de uma experiência* de união a Deus. O método consistia em longos períodos de o. contemplativa, ajudados pela repetição da o. de Jesus, e às vezes pelo controle da respiração e uma postura adaptada. A forma comum da o. de Jesus é: "Senhor Jesus Cristo, Filho de Deus, tem piedade de mim, pecador". Ela é repetida lentamente enquanto se ora, o que fixa a atenção e permite ao intelecto libertar-se das imagens, acolher a presença divina. A experiência de união com Deus é frequentemente descrita como a de uma visão da luz incriada da deidade*. Muito frequentemente, usa-se nessa o. de Jesus um cordão com nós (geralmente cem), menos para contar o número das invocações do que para ficar mais concentrado e chegar a um ritmo regular. Essa prática é considerada um meio de atingir a calma interior e de chegar ao coração, centro do ser, órgão da o. A princípio, ela foi própria do mundo monástico. A antologia hesicasta do s. XVIII, a *Filocalia*, lhe deu um recobro de popularidade, graças sobretudo à sua tradução em eslavônico por Paissi Velichkovsky. Temos um exemplo notável dela, no s. XIX, com o autor dos *Relatos de um peregrino russo*, que era leigo e decerto de origem camponesa. No s. XX, a o. de Jesus é muito difundida, e não somente no mundo ortodoxo.

• Anôn., *Otkrovennye rasskazy strannika duhovnomu svoemu otcu*, Kazan, 1884 (*Récits d'un pèlerin russe*, Neuchâtel, 1943). — Anôn., *Martírio de Policarpo*, in F. X. Funk, K. Bihlmeyer, W. Schneemelcher (sob a dir. de), *Die apostolischen Väter*, Tübingen, 1970³. — Agostinho, *Confissões*, BAug 13-14. — *A Regra de São Bento*, SC 181-186. — Cassiano, *Conferências*, SC 42, 54, 64. — Chariton de Valamo, *Umnoe delanie. O molitve Iisusovoj*, Valamo, 1936 (*L'art de la prière*, Bégrolles-en-Mauges, 1976). — Cipriano, *De oratione dominica*, CSEL 3, 1, 265-294. — Evágrio, *Tratado prático*, SC 170 e 171; *De oratione, in* Nicodemos o Hagiorita (ed.), *Filocalia* I, 176-189, cf. *infra* (trad. fr. e com. I. Hausherr, *Les leçons d'un contemplatif. Le traité d'oraison d'Évagre le Pontique*, 1960). — Gregório Magno, *Diálogos*, SC 251, 260, 265. — Gregório de Nissa, *De oratione dominica*, Leyden-Nova York, 1992. — Guilherme de Saint-Thierry, *De natura et dignitate amoris*, PL 184, 379-407. — Ireneu, *Adversus haereses*, SC 100, 152-153, 210, 263, 293-294. — João Damasceno, *Expositio fidei*, PTS 12. — Nicodemos, o Hagiorita (e Macário de Corinto) (ed.), *Philokalia ton hieron neptikon*, 5 vol., Atenas, 1957-1963³. — Orígenes, *De oratione*, GCS 3, 297-403. — Tertuliano, *De oratione*, CChr.SL 1, 257-274.

• C. J. Bruyère (1866), *La vie spirituelle et l'oraison d'après la Sainte Ecriture et la tradition nonastique*, Solesmes (reed. 1960). — F. Heiler (1918), *Das Gebet. Eine religionsgeschichtliche und religionspsychologische Untersuchung*, Munique. — R. Guardini (1943), *Vorschule des Betens*, 1986⁸, Mainz-Paderborn. — O. Wyon (1943), *The School for Prayer*, Londres. — S. Weil (1950), *Attente de Dieu*, Paris. — H. U. von Balthasar (1957), *Das betrachtrende Gebet*, Einsiedeln. — R. Guardini (1960), *Gebet und Wahrheit*, 1988³, Mainz-Paderborn. — I. Hausherr (1960), *Noms du Christ et voies d'oraison*, Roma. — M. Nédoncelle (1962), *Prière humaine, prière divine*, Paris. — C. S. Lewis (1964), *Prayer: Letters to Malcoln*, Glasgow 1983⁵. — D. Z. Phillips (1965), *The Concept of Prayer*, Londres. — J. N. Ward (1967), *The Use of Praying*, Londres. — T. Merton (1968), *The Climate of Monastic Prayer*, Kalamazoo. — P. Evdokimov (1968), *La connaissance de Dieu selon la tradition orientale*, Lyon (sobre os ícones, ver 107-125). — P. Geach (1969), "Praying for Things to Happen" e "On Worshipping the Right God", *in God and the Soul*, Bristol 1994², 86-116, — E. Wilkins (1969), *The Rose-Garden Game. The symbolic background to the European prayer-beads*, Londres. — A. Bloom (1970), *School for Prayer*, Londres. — J. B. Lotz (1973), *Kurze Anleitung zum Meditieren*, Frankfurt. — Un moine de l'Église d'Orient (1974), *La prière de Jésus*, Paris. — R. Burrows (1976), *Guidelines for Mystical Prayer*, Londres. — H. U. von Balthasar (1977), *Der dreifache Kranz. Das Heil der Welt im Mariengebet*, Einsiedeln. — L. Ouspensky (1980), *La théologie de l'icône*, Paris. — S. Tugwell (1984), *Ways of Imperfection*, Londres. — W. Brümmer (1984), *What are we doing when we pray?*, Londres. — K. Ware (1986), *The Power of the Name: The Jesus Prayer in Orthodox Spirituality*, Oxford. — E. Jüngel (1990), "Was heisst beten?", *in Wertlose Wahrheit*, BevTh 107, 397-405. — M. Rubin (1991), *Corpus Christi. The Eucharist in Late Medieval Culture*, Cambridge. — M. Theunissem (1991), "*Ho aitôn lambanei*. Der Gebetsglaube Jesu und die Zeitlichkeit des Christ-seins", *in Negative Theologie der Zeit*, Frankfurt, 321-377. — J. Bassler-Schipperges (1996), *Gebet aus dem Schweigen. Eine religionsphilosophische Untersuchung zur Gebetsprache*, tese na Univ. de Friburgo na Brigóvia.

Andrew LOUTH

→ *Ascese; Contemplação; Espiritual (teologia); Mística; Vida espiritual.*

ORATÓRIO → Bérulle → Newman

ORDENAÇÃO/ORDEM

I. Novo Testamento

Como *episkopos* e *diakonos*, o termo grego *kheirotonia*, "imposição das mãos/ordenação", é de origem secular. A ordenação (ord.), isto é, o acesso a um ministério* (m.) por imposição* das mãos acompanhada de uma oração*, no quadro de uma liturgia* da assembleia cristã, só é atestada com segurança nas epístolas pastorais (1Tm 4,14 e 2Tm 1,6; cf. também 1Tm 5,22). A ordenação judaica terá servido de modelo? Neste ponto o consenso é menor, porque ela é difícil de reconstituir. Na ord. cristã, a im-posição das mãos cabe ao *presbyterium* e é acompanhada de palavras proféticas (1Tm 1,16; 4,14); a assembleia desempenha um papel de testemunha (1Tm 6,12; 2Tm 2,2); a ord. confere ao ordenado um dom do Espírito*, em parti-cular para zelar pela transmissão do Evangelho (2Tm 2,2; cf. 1.14).

II. As estruturas fundamentais da ordenação cristã

O s. II não nos transmitiu liturgia de ord. *1Clem.* atesta, todavia, que os ministros são estabelecidos com o consentimento de toda a Igreja* (44,3) e que permanecem no cargo por toda a vida (44,3-5); e formula a ideia de uma sucessão* a partir dos apóstolos* (42,4; 43,1; 44,2). Em meados do s. III, Cipriano* já tem uma concepção precisa do acesso ao m. episcopal: sob o juízo* de Deus*, o povo* e os clérigos* da Igreja local* dão seu sufrágio e seu testemunho; o consenso dos bispos vizinhos é igualmente requerido.

O primeiro ritual que chegou até nós é a *Tradição apostólica* (*TA*) atribuída a Hipólito de Roma; com certeza, é pré-constantiniano, ape-sar dos eventuais remanejamentos posteriores, e representa em suas estruturas fundamentais a forma mais clássica da ord. cristã. A *TA* foi recebida na Síria e no Egito: sua influência é visível sobre todos os rituais orientais atuais. E também serviu de modelo para a reforma litúr-gica das ord. depois do Vaticano II* (Pontifical de 1968, revisto em 1990).

Para a história intermediária dos ritos, marcada sobretudo pelo Pontifical romano-germânico (s. X), remanejado por Durando de Mende (s. XIII), e sua interpretação teológica, ver P. De Clerck, 1985.

Aqui vamos nos concentrar na compreensão das ord. manifestada nos ritos atuais, que se conectam expressamente com a *TA*.

1. A ordenação episcopal

Na *TA* de Hipólito, é a ord. do chefe da Igreja local, o bispo*, que deve merecer a atenção principal, ainda mais porque as paróquias ainda não existem. Eis o texto:

"Que se ordene como bispo aquele que foi es-colhido por todo o povo [...]. Quando se tiver pronunciado seu nome e ele tiver sido acolhido, o povo se reunirá com o *presbyterium* e os bis-pos presentes no dia de domingo*. Que, com o consentimento de todos, estes lhe imponham as mãos, e que o povo permaneça sem nada fazer. Que todos mantenham silêncio, orando em seu coração* para a descida do Espírito. Após isso, que um dos bispos presentes, a pedido de todos, impondo a mão àquele que é feito bispo, ore dizendo: [segue o texto da oração]".

a) O acesso ao cargo

1/Significação do papel que cabe aos mem-bros da Igreja local:

Os cristãos têm um papel ativo na ord., isto é, na escolha e na posse do cargo litúrgico daquele que preside sua Igreja. Este papel se exprime em quatro etapas, partes integrantes da ord.:

Eleição. Sem que conheçamos o procedimento em detalhe (os clérigos desempenham aí um papel especial), o princípio da eleição pelo povo é claramente afirmado, no Oriente e no Ocidente. Ainda em meados do s. V, para o papa* Celestino, "ninguém deve ser dado como bispo a uma comunidade que não o deseja" (*Ep.* 4, 5), ao passo que Leão Magno prescreve que "aquele que deve presidir a todos deve ser eleito por todos" (*Ep.* 10, 6). A prática conhecerá graves vicissitudes (intervenções dos poderes seculares; monopólio de certos clérigos a partir do s. XIII), mas o princípio permanecerá inscrito no direito* geral da Igreja católica até 1917; paradoxalmente, a "licença de eleger" do monarca inglês também o atesta.

O alcance do princípio é claro: fiéis e ministros ordenados são parceiros e solidários na responsabilidade da Igreja de Deus, segundo uma estrutura que liga e distingue todos e alguns. A vocação para o m. é um chamado de Deus mediatizado pelos cristãos e pelos que presidem a Igreja.

Testemunho. A *TA* (2) indica o consentimento necessário, que se fará por escrutínio segundo todos os rituais posteriores: ele incide sobre as qualidades e as aptidões do ordenando e sobre sua fé*. Permanecem, até os dias de hoje, uma interrogação do povo e uma profissão de fé diante da assembleia.

O alcance do princípio é claro: fiéis e ministros ordenados são solidariamente responsáveis pela fé apostólica; a sucessão de alguns no m. se inscreve na fé de todos; as listas de sucessão o provam, já que se estabelecem segundo a sucessão em uma Igreja e não segundo a cadeia ininterrupta da imposição das mãos (I. Koep, *Bischofsliste, RAC* 2, 410-415). Fiéis a essa percepção, católicos e ortodoxos afirmam assim, ainda hoje, que o "ministro recebe de sua Igreja, fiel à tradição*, a Palavra* que ele transmite" (Munique 1982, II, *DC,* 79, 941-945).

Epiclese. "Que todos orem [...] para a descida do Espírito": o m. é concebido como dom de Deus a sua Igreja; assim, a relação de uma Igreja com o pastor* que ela elege não é a de eleitores com um deputado. O m. em nome de Cristo* é também um m. no Espírito.

Recepção. Dom de Deus e não emanação da comunidade, o m. do bispo é recebido pela comunidade dos batizados — que têm, eles também, o Espírito — e deve continuar a ser recebido. O direito* canônico o exige sempre a propósito dos párocos (cf. *CIC,* cân. 1741, § 3).

2/Significação do papel que cabe aos bispos vizinhos:

A *TA* prescreve a colaboração dos bispos vizinhos: Niceia* (cân. 4, *COD* 8) exige a de todos os da província, três no mínimo, com os outros dando seu acordo por escrito — a regra continua em vigor nas Igrejas católica e ortodoxa. As categorias que descreveram a ação dos fiéis podem também descrever as suas.

Eleição. Participam também da escolha da pessoa; seu papel aqui será cada vez maior.

Testemunho. Vindo de Igrejas que têm a fé apostólica, os bispos presentes atestam que a Igreja onde se desenrola a ord., assim como seu futuro chefe interrogado em presença do povo têm a mesma fé apostólica.

Epiclese. A assembleia inteira é objeto da epiclese*, mas só os bispos impõem a mão para tal efeito.

Recepção. Os bispos recebem doravante o novo ordenado como um deles. Desde Niceia (cân. 5, *COD* 9, 8-12), a não recepção de uma ord. pela Igreja torna-a inútil: a correção da ação litúrgica e a vontade dos ordenandos não podem ter efeito se não se situarem em comunhão* explícita com as demais Igrejas locais.

O alcance teológico desses procedimentos é claro: a colaboração entre Igrejas vizinhas na ord. de um bispo mostra que elas são solidárias e parceiras no serviço da fé apostólica, que a tradição cria a comunhão e que a sucessão no m. supõe as duas. A dimensão pneumatológica do conjunto exclui, enfim, a redução da ord. ao esquema de uma transmissão de poder e exclui simultaneamente a redução da Igreja à sua hierarquia*.

b) *Conteúdo do cargo que a ordenação confere.* — É num mesmo *continuum* litúrgico que o bispo é eleito, recebe a imposição das mãos e toma posse do cargo presidindo a eucaristia* de sua própria ord. (*TA* 4). O primeiro milênio ignora as ord. absolutas (ord. de bispos não destinados a ocupar uma sé): Calcedônia* (cân. 6, *COD* 90) tornara nula toda ord. de presbítero* ou de diácono* que não fosse feita para uma Igreja concreta (Inocêncio III em 1198 [PL 214, 68] será o primeiro a contravir a essa disposição).

O sentido dessa disposição é claro: a ord. diz respeito antes de tudo à Igreja e não à pessoa ordenada; o poder recebido não é pessoal, mas ligado ao cargo recebido, mesmo se uma das finalidades da epiclese é tornar a pessoa apta a esse cargo. Isso constitui um critério teológico: pensar que a ord. agrega, primeiramente, a um colégio que sucede ao dos apóstolos e só acredita uma Igreja em segundo lugar seria duplamente errôneo: isso não respeitaria nem a articulação entre Igreja e m. nem a natureza dos poderes conferidos na ord. (cf. Y. Congar, *Ministères et communion ecclésiale*, Paris, 1971, 123-140).

Para expor o conteúdo do cargo de bispo, pode-se ainda, no essencial, seguir a *TA*. O cargo é:

1/Um carisma destinado a guiar a Igreja na sequência dos apóstolos. O Espírito confere ao bispo um *pneuma hegemonikon*, aquele espírito "dado aos santos apóstolos que fundaram a Igreja em toda parte" (*TA* 3). O bispo deve poder guiar a Igreja segundo este Evangelho cujo livro é aberto sobre seus ombros durante a ord. desde o s. IV.

2/Uma presidência na comunhão e para ela. A estrutura mesma da ord. é significante: eleito por sua Igreja e recebido por ela para estar à sua frente, o bispo está em condições de representá-la junto de todas as outras. Mas só podendo tornar-se bispo com o concurso dos chefes das Igrejas vizinhas, que o admitem em seu colégio, ele representa também toda a Igreja na sua. O

símbolo e a missão aparecem claramente: situado ao mesmo tempo dentro de sua Igreja e diante dela, o bispo é nos dois sentidos o elo da comunhão a serviço da unidade católica.

3/Um m. de pastor*. Após o *pneuma hegemonikon*, a *TA* (3) pede para o bispo a graça de ser "o pastor do rebanho", designação clássica de seu m. até hoje.

4/Um m. sacerdotal. Em duas ocasiões a *TA* (3) pede que o bispo possa exercer o "sumo sacerdócio" — oferenda dos dons e poder de remissão dos pecados*. Assim começa a se desdobrar uma interpretação sacerdotal do ministério ordenado que incidirá primeiro sobre o bispo e depois sobre o presbítero*.

2. A ordenação ao presbiterato

O presbítero é eleito pelo povo? O caso é menos claro do que para o bispo; o bispo pelo menos, ao escolher o presbítero, deve conhecer a opinião do clero e dos fiéis, como o ritual romano o atesta até hoje pela pergunta: "Sabei se são dignos?". Outro traço importante é que desde a *TA* (7) até hoje os padres impõem as mãos ao ordenando após o bispo: eles também formam um colégio. Seu m. é descrito pelo carisma que recebem: "um espírito de graça* e de conselho para que ajudem a governar teu povo". Nada mais é precisado.

3. A ordenação ao diaconato

O diácono* parece mais diretamente escolhido pelo bispo, porque é um colaborador ainda mais próximo deste do que o presbítero. A *TA* (8) prescreve que só o bispo lhe imponha as mãos, "porque ele não é ordenado ao sacerdócio*, mas ao serviço do bispo para fazer o que este lhe indicar", e também que "ele não faz parte do conselho do clero, mas assinala ao bispo o que é necessário". Pede-se para ele "o espírito de graça e de zelo para servir à Igreja".

4. Outras ordenações

Para o bispo, o presbítero e o diácono, a *TA* fala de ord. (*kheirotonia*); para as demais ordens (leitor, subdiácono, curador [exorcista?] e viúva), ela fala de instituição (*katastasis*): primeira aparição das ordens* menores. A multiplicação atual dos serviços e m. confiados aos batizados e batizadas pede a revivescência dessas ordens com outras designações e novos conteúdos? A questão é debatida.

III. Aproximações ecumênicas e questões abertas

1. Aproximações

Desenha-se atualmente um consenso entre as Igrejas engajadas num diálogo bi ou multilateral sobre os m. (com exceção dos congregacionalistas) para reconhecer a fecundidade dos conceitos fundamentais da ord. que se pode depreender da *TA*: eleição-vocação, testemunho, epiclese, recepção, poderes ligados ao cargo, colegialidade* dos ministérios ordenados, articulação entre todos e alguns no m. apostólico e sacerdotal, fragilidade das ord. absolutas. É a partir dessas percepções que se propõem atualmente as modificações necessárias para resolver as questões que permanecem.

2. Questões abertas

a) Sobre a *tripartição dos ministérios ordenados*, convergências se desenham. De um lado, o Vaticano II restabeleceu o diaconato como m. permanente e distinguiu mais nitidamente presbiterato e episcopado, reconhecendo ao mesmo tempo que essas formas do m. são *ab antiquo* (*LG* 28), mais que de direito divino. A supressão das ordens menores (1973) esclareceu igualmente o alcance do m. ordenado. Segundo um documento proposto a uma recepção ecumênica, o *BEM* (Lima, 1982, n. 25-16, 28-31), um acordo eclesiológico sobre a tripla forma do m. ordenado é possível, desde que a autoridade* pessoal dos ministros seja articulada mais nitidamente com sua autoridade colegial e sinodal. Os luteranos, p. ex., aceitaram em nível mundial reatar com o episcopado desde que seu alcance teológico seja esclarecido. No diálogo bilateral católico-luterano, o documento *Igreja e justificação* (1993) testemunha uma abertura histórica:

"A diferença que persiste no alcance teológico e eclesiológico a ser reconhecida ao m. episcopal, ligado à sucessão histórica, perde sua acuidade quando, do lado luterano, pode-se atribuir ao m. episcopal um valor que torna desejável o restabelecimento da plena comunhão com o episcopado, e quando, do lado católico, se reconhece que o m. das Igrejas luteranas... assegura funções essenciais do m. que Jesus Cristo instituiu em sua Igreja, e quando não se contesta que as Igrejas luteranas são Igrejas. A diferença na importância dada ao episcopado histórico é então interpretada de tal maneira que o restabelecimento da plena comunhão no episcopado já não é uma impossibilidade teológica" (n. 204, *DC* 91, 1994, 840).

b) A *ligação entre a Igreja concreta e o ministério ordenado* se impõe. O acordo pode ser feito aqui sobre a pertença mútua do m. e da Igreja. Assim como o m. não emana da Igreja, a existência da Igreja não depende inteiramente do m. Por isso, a prática da ord. absoluta (surgida tardiamente, no s. XIII, mas que se tornou corrente na Igreja católica) parece ainda mais problemática numa época em que se percebe, antes de tudo, a Igreja como comunhão de Igrejas locais. E segundo a mesma ordem de razões é possível concordar para interpretar o caráter indelével não como uma graça feita a uma pessoa por ela mesma, mas como uma habilitação espiritual para um m.; daí vem que atualmente as Igrejas que praticam a ord. não a reiterem jamais.

c) Se a compreensão teológica da colegialidade ainda não tem a unanimidade entre os católicos, ela todavia se tornou parte integrante da vida diária da Igreja, pela revalorização das estruturas do *presbyterium* e pela institucionalização das conferências episcopais.

d) Ao passo que a teologia* protestante só chama de sacramentos* as ações espirituais necessárias à salvação* (batismo*, eucaristia*), o concílio* de Trento* definiu a ord. como um sacramento (*DS* 1766, 1773); essa divergência está, contudo, prestes a ser superada: a designação da ord. como sacramento não era rejeitada em princípio nas origens da Reforma (*Apol. CA* XIII, 11); e, mais ainda, pode-se dizer hoje dela que é portadora de graça e que "não pode ser reduzida a uma espécie de nomeação e de instalação numa função eclesial" (Comissão internacional católico-luterana [1981], § 32-33).

e) *A ordenação das mulheres**, já praticada por todas as Igrejas da Reforma desde meados da década de 1990, permanece objeto de discussão entre essas Igrejas e a Igreja católica (e ortodoxa).

* Hipólito de Roma, *La Tradition apostolique d'après les anciennes versions*, SC 11 bis, Paris, 1968. — *Pontificale Romanum. De ordinatione diaconi, presbyteri et episcopi*, ed. Typica, Vaticano, 1968. — *Pontificale Romanum. De ordinatione episcopi, presbyterorum et diaconorum*, ed. Typica Altera, Vaticano, 1990.

▶ L. Ott (1969), *Das Weihesakrament, HDG* IV/5. — A. Faivre (1977), *Naissance d'une hiérarchie. Les premières étapes du cursus clérical*, ThH 40. — C. Vogel (1978), *Ordinations inconsistantes et caractère inamissible*, Turim. — Foi et Constitution (1982), *BEM*, Paris. — P. Jounel (1984), "Les ordinations", *in L'Église en prière* (sob a dir. de A.-G. Martimort), Paris, 154-200. — B. Kleinheyer (1984), *Sakramentliche Feiern II, Ordinationen und Beauftragungen*, Regensburg. — P. De Clerck (1985), "Ordination, ordre", *Cath* 10, 162-206. — H. Legrand (1993³), "Les ministères de l'Église locale", *in* B. Lauret, F. Refoulé (sob a dir. de), *Initiation à la pratique de la théologie*, Paris, t. 3, 181-273. — P. F. Bradshaw (1995), "Ordination IV", *TRE* 25, 343-362. — J. F. Puglisi (1996), *The Process of Admission to Ordained Ministry. A Comparative Study, Epistemological Principles and Roman Catholic Rites*, vol. 1, Collegville, Minn.

Hervé LEGRAND

→ *Bispo; Colegialidade; Comunhão; Diácono; Epiclese; Ministério; Presbítero/padre; Recepção; Sacramento*

ORDENS MENORES

A teologia* católica chamou por longo tempo de ordens menores — para distingui-las das ordens* maiores ou sagradas, isto é, subdiácono, diácono* e presbítero* — os ministérios inferiores que eram objeto de uma ordenação*, seja a título permanente, seja a título de etapa rumo à recepção das ordens maiores. A Igreja* antiga, ao contrário, fazia uma nítida distinção entre os ministérios ordenados, que recebem a imposição* das mãos (o do bispo*, dos presbíteros e dos diáconos), e outros ministérios, instituídos sem ser objeto de uma ordenação. O mais antigo documento acerca das ordenações, a *Tradição apostólica* atribuída a Hipólito de Roma, que pode datar do primeiro terço do s. III, dá conta do ministério instituído das viúvas, dos leitores e dos subdiáconos. Em 251, o papa* Cornélio enumera ao bispo de Antioquia os ministérios inferiores na Igreja de Roma*: subdiáconos, acólitos, exorcistas, leitores e porteiros (citado por Eusébio, *HE* VI, 43, 11). O desdobramento entre subdiáconos e acólitos, pelo fato de haver então em Roma tantos subdiáconos quanto diáconos, nunca aconteceu no Oriente, onde os únicos ministérios inferiores em uso por toda parte são o do leitor e o do subdiácono (no sentido de acólito).

Ao longo dos séculos, as funções atestadas pelo papa Cornélio foram exercidas de modo variável (sobretudo entre Roma e os países francos), seja de maneira estável, para o serviço da liturgia*, seja frequentemente como etapas rumo às ordens superiores, a etapa preliminar sendo, desde a época de Gregório* Magno, a entrada no clericato*. A diferença entre a instituição dos ministérios inferiores e as ordenações propriamente ditas, por outro lado, deixou de ser aparente.

A noção de ordem sagrada não parece muito precisa no vocabulário romano de antes da IM. Foi aplicada ao subdiaconato e às ordens superiores quando o casamento* de um subdiácono foi proibido pelos dois concílios de Latrão* de 1123 (cân. 21) e 1139 (cân. 6): o subdiácono já não era mais uma ordem menor.

O concílio de Trento* tentou (sess. XXIII [1563], decreto de reforma, cân. 17) adaptar as ordens menores a uma situação nova da liturgia* e da Igreja, sem sucesso.

Depois que Pio XII pôs em destaque, pela constituição *Sacramentum Ordinis* (1947), a importância própria das três ordens do diaconato, do presbitério e do episcopado, e que o Vaticano II* afirmou o valor sacramental do episcopado, Paulo VI, no contexto da participação do conjunto de leigos* nos papéis litúrgicos, substituiu (pelo *Motu proprio Ministeria quaedam* [1972], *CIC* 1983, cân. 1035) a noção de ordens menores pela de ministérios instituídos, que são dois (leitores e acólitos), suprimindo as outras ordens menores e o subdiaconato. A entrada no clericato se faz agora pela ordenação ao diaconado.

- M. Andrieu (1947), "La carrière ecclésiastique des papes et les documents liturgiques du Moyen Age", *RevSR* 27, 90-120. — W. Croce (1948), "Die niederen Weihen und ihre hierarchische Wertung", *ZKTh* 70, 257-314. — P. Jounel (1982), "Les ministères non ordonnés dans l'Église", *Not.* 18, 144-155. — B. Kleinheyer (1984), *Sakramentliche Feiern II*, Ratisbona, 61-65. — A. P. Kazhdan (sob a dir. de) (1991), *The Oxford Dictionary of Byzantium*, verbetes "Anagnostes" (P. Magdalino) e "Subdeacon" (A. Papadakis).

Pierre-Marie GY

→ *Ministério; Ordenação/ordem.*

ORÍGENES, *c.* 185 – *c.* 250

Figura dominante, com Agostinho*, da teologia* cristã dos cinco primeiros séculos, Orígenes (O.) foi também, enquanto viveu e posteriormente, um dos teólogos que suscitaram os sentimentos mais vivos e mais opostos. O que se chama de "origenismo" (or.) compreende um conjunto de concepções doutrinais e espirituais assim como uma prática exegética próprias a O. e que se desenvolverão depois dele no Oriente e no Ocidente. A denúncia de uma corrente do or. no concílio de Constantinopla* II (553) acarretará a condenação de O. e o desaparecimento de uma parte imensa de sua obra.

a) Vida. — Graças a Eusébio de Cesareia, que lhe consagra a quase totalidade do livro VI de sua *História eclesiástica*, a vida de O. é relativamente bem conhecida. Nascido com toda probabilidade em Alexandria numa família cristã por volta de 185, O. ensina sucessivamente a gramática, a catequese* e a filosofia* cristã. Sob a pressão de um mecenas, Ambrósio, a quem converteu à fé*, O. consente com reticência em escrever, quando já tem mais de trinta anos de idade. Após diversas viagens (Palestina, Arábia, Grécia e talvez Roma), abandona definitivamente a metrópole egípcia por volta de 232, vítima da hostilidade do bispo* local, Demétrio. A segunda parte de sua vida se desenrolará principalmente em Cesareia da Palestina, onde será ordenado presbítero* e onde prosseguirá seu magistério. A pedido de Ambrósio, continua sua obra literária.

É convidado a participar de vários concílios* regionais para reconduzir à fé* ortodoxa bispos cujas convicções trinitárias causam problemas. Durante a perseguição de Décio em 250, O. é preso e torturado. Com a saúde abalada, morre pouco depois, provavelmente em Tiro.

b) Obra. — Só subsiste um pequeno quarto de sua imensa obra, e uma boa parte dos textos conservados só é acessível em versões latinas compostas por Rufino e Jerônimo em meados dos anos 400. Se deixarmos de lado a correspondência (quase inteiramente perdida), sua obra se divide em dois grupos: os trabalhos sobre a Escritura* (Esc.) (comentários, homilias, escólios) e os tratados (teológicos, espirituais, apologéticos). Sob a forma de comentários, de homilias ou, mais raramente, de "notas" (ou "escólios"), O. explicou a quase totalidade da Esc., retornando inclusive várias vezes sobre o mesmo livro bíblico. Segundo os testemunhos antigos, compôs 260 "tomos" (livros) de comentários e mais de 500 homilias. Hoje só restam 31 tomos de comentários (dos quais alguns sobre Mt e Jo em gr., assim como os sobre Cor e Rm em lat.) e 205 homilias (das quais somente 21 em gr.). Se já se deplora a perda de comentários importantes (Gn sobretudo), o desaparecimento de tratados maiores, polêmicos durante a vida de O. (*Das naturezas, Diálogo com Cândido, Estrômatos, Da ressurreição*), é ainda mais grave. Mas possuímos, felizmente, a obra teológica principal de O., o tratado *Dos princípios, Peri Arkhon* (em trad. lat.) e sua vasta apologia do cristianismo, o *Contra Celso*.

c) Os interlocutores e os campos de polêmica. — Nutrida por uma vasta cultura bíblica e filosófica, a obra de O. se dirige em prioridade a cristãos ansiosos por um aperfeiçoamento ao mesmo tempo intelectual, moral e espiritual. Seus tratados e seus comentários constituem a ocasião de elaborar uma teologia erudita destinada a cristãos avançados, como seu mecenas Ambrósio, enquanto suas homilias revelam um zelo de edificação do conjunto da comunidade.

Seus ataques mais constantes e mais ardentes visam à gnose* e ao marcionismo*, mas O. empreendeu também um diálogo com gnósticos. Esta vontade de diálogo é mais manifesta ainda para com o judaísmo*, cujos métodos e tradições um mestre hebreu lhe ensinou, e para com a filosofia platônica, na qual foi introduzido com toda probabilidade pelo neoplatônico Amônio Sacas, que foi o mestre de Plotino.

d) Orígenes e a Bíblia. — Fonte de toda sabedoria*, a Esc. é o objeto principal dos trabalhos de O. Ele a aborda como filólogo, gramático e teólogo. As *Héxaplas* (edição do AT em 6 colunas, onde figuravam o texto hb. transliterado em caracteres gr. e as versões gr. da Septuaginta, de Áquila, de Símaco e de Teodoção) ilustram seu gosto pelo trabalho textual e pela edição crítica. Um dos objetivos desse prodigioso instrumento de trabalho, do qual só restam fragmentos, consistia em localizar as diferenças entre o texto hebraico (acolhido pelos judeus) e a versão grega da Septuaginta (acolhida pelos cristãos).

Mas o biblista O. é conhecido sobretudo como um teórico da hermenêutica* e um praticante da exegese* alegórica. Na esteira de Fílon e de Clemente de Alexandria, ele defende e desenvolve a concepção de um sentido* espiritual da Esc. que é seu sentido fundamental. O leitor deve receber o espírito de Cristo* para captar, para além da letra do texto, o sentido que o Espírito* divino depositou no texto. O. estabeleceu regras que permitem atingir este sentido espiritual e sempre misterioso que se relaciona com o Deus* trinitário, com o mundo inteligível e com o fim dos tempos. Uma delas é a interpretação do AT pelo NT, ele mesmo relacionado à pessoa* e à revelação* de Cristo. Segundo outra regra, o intérprete deve pôr em relação a passagem que estuda com o conjunto da Esc.: um método que exige uma atenção rigorosa às palavras do texto e a seus diversos empregos, para delas extrair o sentido figurado ou alegórico, e que repousa no pressuposto da unidade da Esc. Embora O. faça da descoberta do sentido espiritual o objetivo prioritário do intérprete, nem por isso ele despreza a busca do sentido literal ou histórico (história de Israel*, feitos e gestos de Cristo ou das testemunhas da comunidade primitiva): sua exegese se desdobra o mais das vezes no duplo nível o sentido literal e do sentido espiritual, mesmo que lhe aconteça às vezes de falar de um terceiro sentido que chama de "moral" e cuja especificidade não é muito aparente.

e) O teólogo. — O *Peri Arkhon* define e cumpre um programa teológico sem precedente nem correspondente na época patrística: desenvolver, a partir do símbolo e da fé da Igreja* e com base na Esc., uma doutrina coerente sobre Deus, o homem e o mundo*. Esta exigência de coerência conduziu o alexandrino a formular certas hipóteses que lhe serão censuradas: a preexistência das almas*, a sucessão dos mundos até que todos os espíritos tenham cumprido livremente sua conversão* rumo a Deus, a identidade entre o estado inicial e o estado final. A presença dessas hipóteses e outras trai uma característica maior e frequentemente mal compreendida do método origeniano: um gosto incessante da pesquisa que o conduz, diante de uma dificuldade, a enunciar, a título de exercício, uma proposta de solução (e não uma asserção).

O sistema assim construído por O. confere à bondade de Deus e à liberdade* do homem um papel decisivo. Se a queda é devida a um mau emprego da liberdade pelos espíritos criados, essa mesma liberdade, educada e assistida pela providência* divina, reconduzirá os homens à contemplação* estável do Deus trinitário.

O *Peri Arkhon* constitui assim uma etapa significativa no desenvolvimento da doutrina trinitária, sobretudo em suas duas seções sobre o Espírito Santo, que sublinham ao mesmo tempo sua substância individual e sua dupla função carismática e gnosiológica.

A cristologia* de O. é complexa. Ao mesmo tempo subordinado e igual ao Pai*, o Filho divino exerce uma multidão de funções reveladoras e mediadoras que são indicadas pelas diversas denominações (*epinoiai*) que a Esc. lhe confere. Desde antes da encarnação*, ele assumiu uma alma humana que não decaiu. Sua encarnação é salvadora no sentido de que traz a plena revelação de Deus e oferece um modelo de vontade humana perfeitamente e livremente submetida a Deus.

f) O espiritual. — O conhecimento* e a contemplação* de Deus se adquirem pela compreensão espiritual da Esc. e pela imitação* do *Logos* encarnado. Composto de um espírito, de uma alma e de um corpo*, o homem está em luta consigo mesmo. A alma, sede do livre-arbítrio, sofre paixões*: de um lado, ela é como que atraída pelo corpo; mas, de outro, o espírito, que participa do Espírito divino, incita-a a dirigir-se para Deus. Esse combate não se desenrola apenas no interior do homem; ele está em relação com a luta que opõe os anjos* aos demônios* e, por trás deles, o Cristo a Satã. A ascese*, a oração*, a prática das virtudes* são as armas que permitem ao homem sustentar vitoriosamente esse combate. Mas a arma decisiva é a potência, a luz e o amor* que Cristo, a imagem do Deus invisível, traz aos homens quando vem habitar e crescer neles. Assim, Cristo torna o homem partícipe de sua própria qualidade de imagem; e o crente se transforma progressivamente num espiritual e num perfeito que chega à contemplação de Deus pela união com Cristo. A visão perfeita, todavia, não é acessível neste mundo. Se o ideal de O. é de tipo místico*, não se encontra em sua obra a atestação clara de uma experiência mística ou de um êxtase.

g) O origenismo depois de Orígenes. — Enquanto viveu, e ao longo da história, O. foi atacado e defendido, e o *Peri Arkhon* frequentemente se viu no centro dos debates. Os questionamentos mais vivos se desenrolaram entre os s. IV e VI. Entre os admiradores moderados ou entusiasmados do teólogo alexandrino mencionamos Eusébio de Cesareia, Atanásio*, Hilário*, Dídimo, Basílio* de Cesareia, Gregório* de Nazianzo, Gregório* de Nissa, Evágrio, Ambrósio*, Rufino e Jerônimo (numa primeira fase); no s. IV, duas obras, ricas em citações, foram integralmente consagradas ao alexandrino: a *Apologia de Orígenes* de Pânfilo de Cesareia, e a *Filocalia* (tradicionalmente atribuída a Gregório de Nazianzo e Basílio de Cesareia). Do lado dos adversários, citamos Metódio de Olimpo, Eustátio de Antioquia, Pedro de Alexandria, Epifânio, Teófilo de Alexandria e Jerônimo (numa segunda fase).

As controvérsias empreendidas a partir do s. IV em torno da herança origeniana não são de acesso cômodo. Elas põem em causa elementos do pensamento de O. (preexistência das almas, apocatástase*, doutrina dos corpos ressuscitados, criação* eterna, subordinacionismo*, excesso de alegoria etc.), mas fazem intervir também elementos estranhos, até mesmo contrários, a seu pensamento ou forjados por alguns de seus leitores. Os pontos culminantes dessas controvérsias foram, no Ocidente, a conversão espetacular de Jerônimo à causa do antiorigenismo (por volta de 400) e no Oriente a dupla condenação de O. e dos origenistas em meados do s. VI.

O pensamento de O. não se limitou a marcar o trabalho exegético e a reflexão teológica dos séculos seguintes, ele também se desenvolveu no interior de círculos monásticos. Desde suas origens, o monaquismo* egípcio de tipo anacorético tomou empréstimos à espiritualidade origeniana (a ascese, o combate espiritual, a luta contra os demônios etc.). Os monges da Nítria e de Celas foram, nos últimos anos do s. IV, leitores de O. que praticavam uma especulação altamente intelectual, que esteve na origem de distúrbios, pois bania toda piedade ligada a realidades materiais e todo uso cristão do antropomorfismo*. Será dentro desse ambiente que Evágrio Pôntico (346-399) elaborará um verdadeiro sistema teológico (cf. sobretudo suas *Centúrias gnósticas*) articulado sobre hipóteses relativas à criação das inteligências por Deus e à restauração final da unidade primeira. Na primeira metade do s. VI, este or. evagriano encontrará partidários em meio aos monges da Palestina; será sobretudo para combatê-los que Justiniano condenará, em 543 e 553 (Constantinopla II), um or. que é muito mais a doutrina de Evágrio do que a de O.

A perda da maior parte da obra de O. é a consequência desta condenação. No entanto, é preciso sublinhar que a influência de O. sobre a teologia erudita do Oriente prosseguiu indiretamente pela mediação de teólogos como Gregório de Nazianzo ou Gregório de Nissa, e mais diretamente pelo trabalho dos compiladores das *catenae* exegéticas, que fizeram um amplo uso de seus comentários. Quanto ao Ocidente, permanecerá determinado durante toda a IM pelos princípios exegéticos origenianos, tal como foram retomados e operacionalizados por Hilário, Ambrósio e Jerônimo.

No Renascimento, o alexandrino foi objeto de uma primeira redescoberta para a qual contribuíram notadamente Lorenzo Valla e Erasmo*, enquanto os reformadores, sobretudo Lutero*, manifestavam uma grande reserva diante de sua exegese alegórica. Mais recentemente, em meados do s. XX, a obra, o método e o pensamento de O. foram recolocados em primeiro plano por teólogos (Lubac*, H. Rahner, Balthasar*) chamados a desempenhar um papel decisivo na renovação da teologia católica.

• A maior parte dos textos de O. estão editados em GCS e em SC; ver, ademais, PG 11-17. — Bibliografia praticamente exaustiva até 1980 em H. Crouzel (1971 + suplemento 1982), *Bibliographie critique d'Origine*, Steenbrugge.

▶ Sobre Orígenes: J. Daniélou (1948), *Origène*, Paris. — H. de Lubac (1950), *Histoire et Esprit. L'intelligence de l'Écriture d'après Origène*, Paris. — H. Crouzel (1956), *Théologie de l'Image de Dieu chez Origène*, Paris. — M. Harl (1958), *Origène et la fonction révélatrice du Verbe incarné*, Paris. — J. Rius-Camps (1970), *El dinamismo trinitario en la divinización de los seres racionales según Orígenes*, Roma. — H.-J. Vogt (1974), *Das Kirchenverständnis des Origenes*, Colônia-Viena. — P. Nautin (1977), *Origène. Sa vie et son oeuvre*, Paris. — H. Crouzel (1985), *Origène*, Paris. — B. Neuschäfer (1987), *Origenes als Philologe*, 2 vol., Basileia. — A. Monaci Castagno (1987), *Origene predicatore e il suo pubblico*, Milão. — M. Fédou (1995), *La sagesse et le monde. Le Christ d'Origène*, Paris. — T. Hermans (1996), *Origène. Théologie sacrificielle du sacerdoce des chrétiens*, Paris. — Ver também as atas dos cinco colóquios internacionais sobre O.: *Origeniana* (1975), Paris; *Origeniana Secunda* (1980), Roma; *Origeniana Tertia* (1985), Roma; *Origeniana Quarta* (1987), Viena; *Origeniana Quinta* (1992), Louvain; *Origenians]a Sexta* (*1995*), Louvain. Sobre o origenismo e a herança origeniana: A. Guillaumont (1962), *Les "Kephalaia Gnostica" d'Évagre le Pontique et l'histoire de l'origénisme chez les Grecs et chez les Syriens*, Paris. — W. A.

Bienert (1978), *Dionysius von Alexandrien. Zur Frage des Origenismus im dritten Jahrhundert*, Berlim-Nova York. — M. Schär (1979), *Das Nachleben des Origenes im Zeitalter des Humanismus*, Basileia-Stuttgart. — J. F. Dechow (1988), *Dogma und Mysticism in Early Christianity. Epiphanius of Cyprus and the Legacy of Origen*, Macon (Ga).

Éric JUNOD

→ *Alexandria* (*escola de*)*; Antropologia; Espiritual* (*teologia*)*; Ressurreição dos mortos; Sentidos da Escritura; Traduções antigas da Bíblia; Trindade.*

ORTODOXIA

A ortodoxia (o.), cuja etimologia (*orthe doxa, ortho-doxia*) significa a opinião reta, designa a conformidade às doutrinas da Igreja* (I.) e se aplica fundamentalmente à profissão de fé* cristã, por oposição à heterodoxia ou à heresia*; mas *doxa* significa também boa opinião ou glória*, e o termo foi reinterpretado de maneira a insistir no caráter doxológico da fé ortodoxa, seu caráter de glorificação justa, assim como em seu equivalente eslavo, "pravo-slavia", entende-se *slava* (a glória) mais do que o original *slovo* (a palavra). Esta fé é a da comunhão* das Igrejas ortodoxas ou, num segundo sentido, da o. A o. compreende assim um conjunto de I. principalmente calcedonianas, mas também pré-calcedonianas, reunidas sob a apelação geral de I. ortodoxa.

A I. ortodoxa, como a I. católica, quer ser a I. que remonta, sem interrupção, ao Pentecostes: ela se considera, portanto, como una, santa, católica e apostólica. De um ponto de vista doutrinal, foi o Código de Justiniano que sintetizou os princípios fundamentais da fé ortodoxa a partir dos "quatro concílios*": Niceia*, Constantinopla I*, Éfeso* e Calcedônia*, que foram completados por Constantinopla II* e III*, assim como pelo importante Niceia II*. O *De fide orthodoxa* de João Damasceno constitui uma apresentação clássica desse conjunto doutrinal. A ruptura progressiva entre o catolicismo* e a o. assimilou a I. ortodoxa a certo Oriente cristão, o mundo greco-bizantino. Mas, apesar de sua importância inigualada, Constantinopla, "Nova Roma" desde o I concílio de Constantinopla, capital do Império romano, não está sozinha no Oriente. Durante mais de um milênio, ademais, católicos e ortodoxos formaram uma só e única I. de tradições* litúrgicas diferentes e múltiplas: estas duas I. "não saídas da Reforma" têm muito em comum — o clima atual do movimento ecumênico facilita essa constatação.

Além dos fatores políticos (a pilhagem de Constantinopla em 1204, a reintegração forçada dos greco-católicos da Ucrânia à o. em 1945 etc.) e culturais (línguas, liturgias*) ou intelectuais (a teologia* ortodoxa é dominada pelas grandes figuras que são Atanásio* de Alexandria e os três grandes doutores* capadócios: Basílio* de Cesareia, Gregório* de Nissa e Gregório* de Nazianzo), a separação entre Oriente ortodoxo e Ocidente possui um motivo doutrinal e um motivo eclesiológico. 1/ De um lado, o acréscimo unilateral do Filioque* ao credo de Niceia-Constantinopla e sobretudo sua interpretação medieval como processão do Espírito* Santo a partir do Pai* e do Filho "como de um só princípio" permanecem inaceitáveis para a o. (o que não impede uma interpretação ortodoxa possível do Filioque na ordem econômica e na irradiação eterna do que os Três têm em comum, o que os Padres* gregos chamam "energias" e os Padres latinos, "comunhão"*). 2/ E, de outro lado, a o. não aceita a jurisdição* universal do papa* nem a ideia de infalibilidade*, tal como definida pelo Vaticano I*. A encíclica Ut unum sint (25 de maio de 1995) do papa João Paulo II declara, todavia, que é tempo de estudar a maneira como deve se exercer a presidência universal na I., o que já começou a fazer a comissão Fé e Constituição do CEI (comissão da qual a I. católica é membro em parte integral, embora não seja membro do CEI): os dois pontos principais que separam católicos e ortodoxos parecem doravante poder achar uma solução.

A o. é constituída de I. locais* em plena comunhão entre si; são portanto "I. irmãs" sob a presidência, desde a ruptura com Roma*, do patriarcado* de Constantinopla. O primado universal, como o de cada I. local, é o de um primus inter pares, primeiro entre os iguais;

cada bispo* tem a plena responsabilidade de sua diocese. O primado estimula a conservação da unidade* e só intervém localmente se assim lhe for pedido. O fundamento da eclesiologia* ortodoxa é territorial e não nacional. Embora numerosas I. coincidam pouco a pouco com Estados* soberanos, o nacionalismo, enquanto identificação da o. a uma etnia, foi condenado como uma heresia*, o "filetismo", no sínodo de Constantinopla de 1872. Mas, apesar de sua condenação unânime, o filetismo permanece como a tentação maior da o. contemporânea, de sorte que várias jurisdições coexistem frequentemente nos territórios em que a o. está em dispersão.

As I. locais são, antes de tudo, os antigos patriarcados que formavam com Roma a "pentarquia": Constantinopla (sede em Istambul), Antioquia (sede em Damasco e jurisdição sobre a Síria e o Líbano, vestígio do princípio territorial e não nacional), Alexandria e Jerusalém*. As outras I. autocéfalas (i.e., que elegem seu próprio primaz) compreendem o patriarcado de Moscou (numericamente o mais importante, com as províncias da Ucrânia e da Bielo-Rússia, dotadas hoje de uma ampla autonomia), os da Geórgia (I. antiquíssima, resultado da evangelização* de Nina), da Romênia (segundo em número), da Sérvia, da Bulgária, a I. da Grécia, as de Chipre (antiga também), da República Tcheca (Boêmia e Morávia) e da Eslováquia, da Polônia, da Albânia (que renasce atualmente) e a menor de todas, a do Sinai. As outras I. são autônomas (a eleição do primaz é confirmada pelo primaz de uma I. autocéfala), como a da Finlândia, a de Creta ou a do Japão. A I. autocéfala da América (Orthodox Church in America) ainda não é reconhecida oficialmente por Constantinopla. Existem, enfim, missões* na China, na Coreia e em vários países da África.

A tradição litúrgica da o. constitui um verdadeiro florilégio patrístico, servido por seu esplendor e pela força de seus símbolos. O conjunto dos ciclos (fixo e móvel) sírio-bizantinos está acessível em francês na tradução de D. Guillaume (Roma, ed. Diaconie Apostolique). Pode-se considerar que a vitalidade da fé ortodoxa é devida principalmente à riqueza de sua liturgia.

* J. Pelikan (1974), *The Christian Tradition. A History of the Development of Doctrine*, vol. 2: *The Spirit of Eastern Christendom (600-1700)*, Chicago. — O. Clément (1985), *L'Église orthodoxe*, Paris. — N. Lossky (1987), "L'Église orthodoxe", *in* M. Clévenot (sob a dir. de), *L'état des religions dans le monde*, Paris. — João Paulo II (1995), encíclica *Orientale Lumen*. Ver a bibliografia de "Ortodoxia moderna e contemporânea".

Nicolas LOSSKY

→ *Calcedônia; Filioque; Gregório Palamas; Hesicasmo; Igreja-Estado; Ortodoxia moderna e contemporânea; Patriarcado.*

ORTODOXIA MODERNA E CONTEMPORÂNEA

Podemos considerar que a ortodoxia* (o.) moderna surge no dia seguinte à queda de Constantinopla (1453). A imensa maioria do mundo ortodoxo se acha então sob ocupação muçulmana. Desde já o s. VII os antigos patriarcados* do Oriente (Alexandria, Antioquia e Jerusalém*) estão sob o jugo do islã. As Igrejas* autocéfalas mais jovens, sérvia e búlgara, caem nas mãos dos turcos no s. XV, após Constantinopla e a parte oriental do Império. A Rússia, que se liberta do jugo mongol e cujo poder político cresce, constitui a exceção notável. No entanto, apesar da queda do Império bizantino, Constantinopla, "Nova Roma" (Constantinopla I*, 381, cân. 3), conserva seu lugar de sé primacial da o. enquanto não for restabelecida a comunhão* com a primeira Roma*. A Rússia torna-se um império e alguns ficarão tentados a lhe dar o lugar de uma "terceira Roma"; mas essa tendência mais política do que eclesiológica nunca será levada a sério.

a) As tentativas de união entre Constantinopla e Roma. — Antes da invasão turca, Constantinopla representava um centro de intensa atividade intelectual. No s. XIV em particular, em razão de uma política imperial orientada para o restabelecimento de uma união com Roma, o interesse pela cultura latina conheceu ali um desenvolvimento importante. Entre os

"latinóforos" está um Nicolau Cabasilas (c. 1322-data de morte ignorada). Mas se Cabasilas, em sua *Explicação da divina liturgia* (SC 4 *bis*), se mostra bastante excepcional por seu reconhecimento da pluralidade dos ritos, em particular da tradição latina (Meyendorff 1982, 141), é menos excepcional em seu conhecimento da cultura latina. Reunido em torno do imperador João Cantacuzeno, todo um grupo de fato (citem-se Demétrio Cidones e seu irmão Prócoro) manifesta um profundo interesse pelo renascimento filosófico e teológico latino. Em grego se traduzem as principais obras de Agostinho* e as *Sumas* de Tomás* de Aquino. Esses intelectuais latinóforos nem por isso são opositores do hesicasmo*, o que mostra o exemplo de Cabasilas. Mas é verdade que o acesso às principais fontes da teologia* latina não trouxe frutos no início do século XV, como testemunha o fracasso do concílio* de Ferrara-Florença* em 1438-1439.

Após a união abortada de Florença e sob a ocupação otomana, o contato com o Ocidente cristão não desaparece totalmente. Decerto, a queda de Constantinopla desenvolve na maioria dos ortodoxos uma tendência ao conservadorismo: assim é que nessa época, mais ou menos, a tradição litúrgica sírio-bizantina se fixa no conjunto da o. tal como existe ainda hoje nos meios tradicionalistas, majoritários na o. contemporânea. A queda do Império acarreta, porém, um fenômeno cujas consequências serão importantes e permanentes para a o. Muitos ortodoxos partem para estudar nas universidades do Ocidente cristão. E do s. XV ao XVII, em vez de permitir um autêntico diálogo teológico entre gregos e latinos, esses contatos terão por efeito o que se poderia chamar de infiltração da o. pelas diversas correntes do cristianismo ocidental, católicas e mesmo protestantes.

Antes de retornar ao que G. Florovsky chama de "cativeiro babilônio" da o. (1937, 89), é preciso evocar um evento que representa outra forma de contato com o Ocidente e que também teve consequências duradouras: a União de Brest-Litovsk de 1596. A minoria ortodoxa do sudoeste da Rússia (as futuras Ucrânia e Bielo-Rússia, uma parte da Polônia), que fazia parte do reino polaco-lituano, sofria fortes pressões da parte dos senhores e do rei, católicos, que tentavam assimilá-la. Esses ortodoxos apelaram ao papa* para que ele os protegesse em virtude do concílio de Florença: reconhecimento do pluralismo litúrgico e canônico (em particular a utilização do rito bizantino, ordenação* de homens casados ao diaconato e ao presbiterato). Foi assim que seis dos oitos bispos* presentes ao sínodo* de Brest-Litovsk (e entre eles o metropolita de Kiev, Miguel Ragoza) se puseram sob a jurisdição* de Roma e se tornaram "greco-católicos" (ou "uniatas", termo pejorativo).

A Rússia do sudoeste e outras partes da Europa oriental como a Romênia não são os únicos lugares onde se encontra católicos de rito oriental. O Oriente Médio já conhecia desde o s. XII a Igreja maronita. No s. XVI apareceu a Igreja "caldeia"; mais tarde, foram as Igrejas síria católica, melkita católica, armênia católica, copta católica. Existe uma Igreja greco-católica na Grécia e, mais além, na Índia e na Etiópia. As Igrejas "greco-católicas" nem de longe se assemelham. Cada região do mundo representa um caso específico e o "problema do uniatismo", no centro da ordem do dia do diálogo católico-ortodoxo hoje, não pode ser tratado como um todo uniforme.

b) A influência do cristianismo ocidental. — Ao lado dessas questões de "união" que são do domínio jurisdicional e eclesiológico, a o. e o cristianismo ocidental conheceram encontros singulares, em que uma o. que tendia a se tornar "repetitiva" tentava entrar em diálogo com as categorias de uma escolástica* tardia ou com as das correntes da Reforma. Assim, ocorreram trocas nos anos de 1570-1580 entre Jakob Andreae e Martin Crusius, teólogos luteranos de Tübingen, e o patriarca de Constantinopla Jeremias II, a quem foi entregue uma tradução grega da *CA*: chegaram a um impasse, pois as duas partes realmente não podiam se entender. Os pontos discutidos já eram a graça* e o livre-arbítrio, a Escritura* e a tradição*, a oração pelos mortos e a invocação dos santos (Ware, 1963).

Se o patriarca Jeremias II soube responder com uma crítica ortodoxa às doutrinas da Reforma, o mesmo não se deu com um de seus sucessores, Cirilo Lukaris (1572-1638). Nascido em Creta, estudou em Veneza, depois em Pádua, onde adquiriu um conhecimento

da teologia latina. Tornou-se patriarca de Alexandria em 1602, de Constantinopla em 1620. Pouco a pouco, sua atitude favorável à Igreja de Roma se transformou em simpatia cada vez mais marcada pelas Igrejas saídas da Reforma. Uma vez sobre o trono de Constantinopla, combate a influência católica no Império otomano. Serve-se para tanto dos argumentos protestantes, e sua *Confissão* da fé ortodoxa, publicada em latim em Genebra em 1629, é nitidamente inspirada pelo calvinismo*. Essa *Confissão*, cujo original está em Genebra, foi imediatamente traduzida em francês (quatro vezes), em inglês, em alemão (duas vezes) e finalmente em grego, sempre em Genebra. Após muitas peripécias, Cirilo morreu estrangulado por janízaros do sultão Murad. A influência protestante é confessada claramente numa carta que um dos artífices da União de Brest-Litovsk enviou ao patriarca de Alexandria, Melécio Pegas (que fizera seus estudos em Augsburgo). Nela se diz que em Alexandria, no lugar de Atanásio*, existe agora um Calvino*; em Constantinopla, um Lutero* (alusão a Cirilo Lukaris) e em Jerusalém, um Zuínglio* (Florovsky, 1937, 40 *sq.*). A despeito dessa pilhéria, o fato é que o calvinismo de Cirilo Lukaris foi repudiado pela maioria de seus irmãos ortodoxos, sobretudo por seis concílios locais (Constantinopla, 1638; Kiev, 1640; Jassy, 1642; Constantinopla, 1672; Jerusalém, 1672 e Constantinopla, 1691), e particularmente por dois teólogos de envergadura do s. XVIII, Pedro Moghila, metropolita de Kiev, e Dositeu, patriarca de Jerusalém. Cada um dos dois compôs uma confissão* da fé* ortodoxa. E é aqui que as influências latinas na o. aparecem à luz do dia.

Pedro Moghila (1597-1647), de família nobre da Moldávia, estudou na Universidade de Paris e na Polônia antes de se tornar abade da laura das Criptas de Kiev em 1627, depois em 1632 metropolita de Kiev (cidade prestigiosa, embora tivesse sido suplantada como sé primacial por Moscou desde o s. XIV). Esforçou-se por elevar o nível dos estudos do clero, que deixava muito a desejar. Paradoxalmente, seu objetivo era combater a influência do greco-catolicismo encorajado pelo rei da Polônia. Os católicos evidentemente tinham todas as condições de dizer que a o. se convertera ao protestantismo* na pessoa de seu patriarca-primaz, Cirilo Lukaris. Foi para responder a este último que Pedro Moghila compôs sua *Confissão ortodoxa* em 1640. Esta *Confissão*, escrita em latim, ignora a teologia ortodoxa tradicional e reproduz o que se podia encontrar nos manuais de catecismo católicos pós-tridentinos. Em vários pontos, ela adota pura e simplesmente as posições da teologia ocidental da IM: a consagração dos dons eucarísticos restrita ao relato da instituição e ao conceito de transubstanciação; afirmação da existência do purgatório*; os sete sacramentos*. (Foi também Pedro Moghila que introduziu na fórmula tradicional de absolvição, que só fala do perdão concedido por Deus, uma segunda parte que fala da absolvição *pelo sacerdote*, que recebeu um *poder* para tal efeito.) Aprovada tal e qual em Kiev em 1640, traduzida em grego (com correções acerca da eucaristia* e do purgatório), a *Confissão* foi recebida no concílio local de Jassy em 1642, depois em Constantinopla em 1643. Segundo vários historiadores (Meyendorff, 1960; Ware, 1963), esse documento é o mais "latino" dos que se encontram entre os textos oficiais ou "simbólicos" da o.

A *Confissão* de Dositeu, patriarca de Jerusalém de 1669 a 1707, é outra resposta, bem sistemática, à *Confissão* calvinista de Cirilo Lukaris. Nascido em 1641 no Peloponeso, de origem modesta, Dositeu foi colocado muito jovem num mosteiro perto de Corinto. Em 1657, pôs-se a serviço do patriarca de Jerusalém e, em 1669, foi nomeado para esta sé por um sínodo realizado em Constantinopla. Dositeu fez aprovar sua *Confissão* por um concílio realizado em Jerusalém (de fato, em Belém) em 1672, e esse texto é conhecido sobretudo sob o nome de *Atas do concílio de Jerusalém*. É um documento importantíssimo, pois não somente ainda hoje um número considerável de ortodoxos professam uma o. próxima desse texto, mas a maioria dos não ortodoxos consideram que se trata da expressão mais oficial da o. Na realidade, Dositeu, como Pedro Moghila, inspirou-se largamente na reforma católica e no concílio de Trento*. Contenta-se em utilizar contra o protestantismo argumentos católicos sobre o livre-arbítrio e a graça, a predestinação*, a Igreja e a Escritura, o número e a natureza dos sacramentos, defende a tese de que as almas* dos pecadores podem ser purificadas após a morte* (doutrina próxima da do purgatório); conceitualiza, enfim, a conversão eucarística identificando *metousiosis* e *transsubstantiatio*, isto é, retomando a conceptualidade escolástica para fazer de uma noção latina um termo técnico da teologia oriental.

As *Confissões* de Pedro Moghila e de Dositeu foram muito importantes. Em sua esteira, todo o ensinamento ortodoxo foi marcado durante longo tempo pelas influências latinas onipresentes nos manuais utilizados nos seminários e nas academias de teologia. Na Rússia, todo o ensino teológico se fará em latim até o final do s. XIX, e mesmo início do XX. Percebe-se ainda seu efeito considerável numa Rússia que sai de um longo período de "silenciamento" durante o qual foi quase impossível adquirir uma formação teológica de qualidade, mas também se percebe em outros lugares, apesar dos diversos renascimentos teológicos presentes. E se existem aqui e ali algumas exceções individuais pode-se dizer que a herança sob forma degradada das *Confissões* de Moghila e Dositeu, completadas por manuais de teologia escolar latinos, mostra, como diz vigorosamente Georges Florovsky (1937), uma ausência quase total de reflexão teológica. Os aspectos ricos e interessantes da teologia latina (ou luterana) brilham por sua ausência. Pode-se acrescentar que Pedro, o Grande, que não era teólogo, interessou-se pelo protestantismo, mas unicamente de um ponto de vista eclesiológico, a fim de melhor vigiar a organização da Igreja e de seu Estado*. É difícil, portanto, não falar de declínio para caracterizar a teologia da o. do s. XVII ao XIX.

O s. XVII verá na Rússia um cisma* (que ainda não foi resolvido). Os livros litúrgicos foram corrigidos, para colocá-los em conformidade com originais gregos que tinham sido alterados por influências ocidentais. Essas correções, empreendidas pelo patriarca Nikon de Moscou (1605-1681), provocaram uma forte reação da parte dos que entraram na história* com o nome de "velhos crentes": excomungados em 1667, foram perseguidos. Sua figura mais notável é o arcipreste Avvakum, radicalmente oposto a todas as influências ocidentais.

c) A renovação da tradição hesicasta. — Paralelamente a esses desdobramentos latinizantes, a tradição hesicasta permanecia viva no monaquismo*, sobretudo no Monte Atos, mas também em mosteiros russos como o da Trindade*, fundado por Sérgio de Radonej (c. 1314-1392), onde floresceu um notável desenvolvimento da iconografia no espírito hesicasta, em particular com André Rublev (c. 1370 – c. 1430). Ora, é no s. XVIII, em pleno período das Luzes, que ocorre um renascimento da tradição hesicasta, primeiro no Monte Atos, depois no conjunto do mundo ortodoxo, com a compilação de uma vasta antologia de textos de Padres do deserto e de escritores espirituais do s. IV ao XV, textos ascéticos e místicos* centrados na oração* perpétua ou oração de Jesus*. Esta antologia, reunida por Nicodemos, o Hagiorita (ou "da Montanha Santa", 1748-1809) e Macário Notaras (1731-1805), metropolita de Corinto, surgiu em grego em Veneza em 1782 sob o título Filocalia (amor da beleza ou da bondade). É impossível superestimar a influência dessa coletânea. O próprio Nicodemos se inspirou também em outros textos de espirituais ocidentais, em particular da espiritualidade inaciana*, o que prova mais uma vez a compatibilidade de um apego ao hesicasmo e de um interesse por uma espiritualidade latina.

A Filocalia começou a ser realmente difundida graças a um ucraniano, Paissi Velitchkovsky (1722-1794), que, descontente com o espírito dos estudos teológicos de Kiev, partiu para o Monte Atos, onde se ligou de amizade a Nicodemos e conheceu a tradição hesicasta. Em 1763, partiu para a Moldávia, onde se tornou, um pouco mais tarde, abade (hegúmeno) do mosteiro de Neamt, grande centro espiritual de mais de 500 monges que, sob sua direção, empreenderam traduzir os Padres gregos em eslavônico. Ele mesmo traduziu a Filocalia, publicada em Moscou em 1793 (5 vol.). Em sua própria direção* espiritual, Paissi era um tanto partidário do monaquismo "não possuidor", e insistia na obediência a um pai espiritual ou starets ("ancião"). O starets mais prestigioso é, sem a menor dúvida, Serafim de Sarov (1759-1833), mundialmente reconhecido, e cuja entrevista com Nicolau Motovilov fez conhecer a experiência hesicasta da luz do Tabor. A Rússia também conheceu no s. XVI o conflito clássico entre monges "possuidores" (com José de Volokolamsk, 1439-1515) e "não possuidores" (com Nilo de Sora, c. 1433-1508). É interessante observar que os dois foram canonizados.

A Filocalia, em sua versão eslavônica, foi antes de tudo o instrumento de um grande renascimento monástico na Rússia. Em particular, um importante centro povoado de startsy (plural de starets) se desenvolveu a partir de 1829: o famoso "deserto" de Optino. A influência desse centro ultrapassou amplamente o mundo monástico e ninguém ignora o interesse que lhe consagraram escritores como Gogol, Dostoievski, Tolstoi e eslavófilos como Alexis Khomiakov (1804-1860) ou Vladimir Soloviev* (1853-1900). A renovação espiritual, aliás, não atingiu apenas os meios intelectuais: um célebre anônimo testemunha-o, os Relatos de um peregrino, texto de tom bem popular e penetrado da oração perpétua. O "peregrino", simples camponês, viaja com um exemplar da Filocalia, na ed. oferecida pela primeira vez em um só vol. (1857) pelo bispo Inácio Briantchaninov (1807-1867). Outro espiritual, Teófanes o Recluso (1815-1894), publicou de 1876 a 1889 uma primeira edição completa da obra em russo (5 vol.) — sua própria obra e sua correspondência são consideráveis. É preciso acrescentar que no s. XX uma edição ainda mais recheada (11 vol. em 1990) foi produzida na Romênia por um dos grandes teólogos romenos do século, Dimitru Staniloae.

d) Filosofia religiosa e teologia contemporânea. — Ao lado da renovação espiritual, a Rússia conhece, a partir de meados do s. XIX, uma redescoberta dos Padres* da Igreja nas grandes academias de teologia, onde começam a surgir edições críticas, traduções em russo e estudos sobre os Padres. Esse movimento vai se ampliando até 1917. Hoje ainda, os teólogos da Rússia atual, muitos dos quais só conhecem o russo, utilizam essas traduções. Será no s. XX e no exterior que esta renovação patrística dará frutos, mas desde meados do s. XIX já se encontra um bispo-teólogo que recupera a tradição autenticamente ortodoxa e cuja pregação* ultrapassa as fronteiras da Rússia: Filareto (Drozdov) (1782-1867), metropolita de

Moscou (Pedro, o Grande suprimira o patriarcado, substituído por um sínodo). Embora tivesse grande respeito pelo concílio de Jerusalém de 1672, ele aprovou a célebre encíclica na qual os patriarcas orientais responderam, em 1848, ao apelo de Pio IX "aos orientais". Seus sermões, que convidam à conversão da inteligência para contemplar o mistério*, foram traduzidos em francês desde 1866 (3 vol., Paris). O s. XIX conheceu também pensadores e teólogos de importância. Khomiakov 1/ e Soloviev 2/ são decerto os mais criativos.

1/Aquele que foi considerado como o primeiro teólogo russo original, Alexis Khomiakov (1804-1860), da nobreza fundiária, é um ex-militar; tornou-se, com Ivan Kireievski (1806-1856), o fundador do movimento eslavófilo e teológico leigo*. Sob a influência evidente da *Filocalia*, assim como da redescoberta dos Padres, ele reagiu contra o empréstimo da teologia de escola ocidental e preconizou um retorno às fontes da tradição ortodoxa, i.e., a um sentido da Igreja que se situa acima do "romanismo" ("unidade* sem liberdade*"") e do "protestantismo" ("liberdade sem unidade"). Reagiu igualmente contra o idealismo alemão (Schelling*, Hegel*), muito influente na Rússia. Escrevia sobretudo em francês (*A Igreja latina e o protestantismo no ponto de vista da Igreja do Oriente*, artigos reunidos por seu filho e publicados em Lausanne em 1872). Forjou o neologismo russo *Sobornost* a partir da tradução em eslavônico de "católico" no credo (*katholike = sobornaia*); o termo *sobor* significa sínodo ou concílio (também "Igreja"), donde a ideia de "conciliaridade" para caracterizar a Igreja ortodoxa.

2/Vladimir Soloviev (1853-1900) é um exemplo típico do nascimento de uma filosofia* religiosa russa influenciada pelo idealismo alemão. A princípio eslavófilo, ele evoluirá rumo a uma atitude mais aberta ao Ocidente e se consagrará à busca da unidade cristã (morrerá em comunhão com a Igreja de Roma). Uma de suas principais contribuições ao pensamento ortodoxo é a introdução do princípio feminino da "Sabedoria*" (*Sophia*) como alma do mundo. Sua sofiologia conhecerá uma posteridade nas obras de dois grandes teólogos do s. XX: Paulo Florovsky (1882-1952?) e Sérgio Bulgakov (1871-1944).

Na Rússia, o final do s. XIX e o início do XX são marcados por uma atividade eclesial que vai se ampliando: a preparação de um concílio renovador aparece a muitos como uma necessidade. O concílio de Moscou (1917-1918) restabelece o patriarcado (patriarca Tikhon, recentemente canonizado) e empreende uma importante reforma das estruturas* canônicas, litúrgicas e acadêmicas da o. russa. Se a perseguição não tivesse começado tão cedo depois da Revolução bolchevique, esse concílio poderia ter representado para a o. mundial o análogo do que o Vaticano II* representou para o catolicismo*. Na Grécia, também, o início do século vê o renascimento de uma o. mais viva: movimento *Zoé*, depois *Sotér* e *Apostoliké diakonia*: obras de grandes sistematizadores como Christos Androustos (1869-1935), Panagiotis Trembelas (1886-1977) ou Ioannis Karmiris (1904-1991).

O renascimento mais rico da o. no s. XX será todavia uma consequência da Revolução bolchevique, que exila os melhores espíritos da *intelligentsia* russa. Será em Praga, depois em Paris, que os emigrados se agruparão para fundar uma universidade (Praga) e um instituto de teologia ortodoxa (Paris, São Sérgio, 1925). Será lá que os diferentes renascimentos (filosofia religiosa, estudo dos Padres, reflexão sobre os diferentes aspectos da vida litúrgica) darão seus frutos.

A filosofia religiosa está presente na pessoa de filósofos como Nicolas Berdiaev (1874-1948), Simon Frank (1877-1950) ou Nicolas O. Lossky (1870-1965), mas também teólogos, herdeiros da filosofia religiosa, como S. Bulgakov, que desenvolveu sua sofiologia como tentativa de explicação da relação entre Deus* e a criatura até ser condenado em 1936 pelo sínodo da Rússia (ou o que restava dele), condenação doutrinal e não, como foi dito, política. Esta linha de teologia inspirada pela filosofia será recuperada por Paul Evdokimov (1901-1970), que é igualmente herdeiro da renovação patrística.

Esta renovação será obra de dois teólogos amadores (nenhum dos dois, de fato, fez estudos num instituto de teologia): Georges Florovsky (1893-1979), jurista de formação, e Vladimir Lossky (1903-1958), historiador da IM ocidental. Ambos não apreciam muito a filosofia religiosa e ensinam que a o. autêntica consiste não somente num conhecimento dos Padres mas numa maneira de pensar imitada dos Padres, hoje e para hoje. Sua teologia foi retomada por russos como Jean Meyendorff (1926-1992), Alexandre Schmemann (1921-1983), que desenvolveu uma "teologia litúrgica", ou Boris Bobrinskoy, por franceses como Olivier Clément, que herda também a filosofia religiosa, por gregos como Panagiotis Nellas (1936-1986) e Christos Yannaras, por outros também, como o inglês Kallistos (Ware), bispo de Diokleia. O s. XX igualmente conheceu um renascimento eclesiológico centrado em torno da ideia de comunhão*, como Nicolas Afanassiev (1893-1966) e o metropolita João de Pérgamo (Zizioulas), e enfim com Léonide Ouspensky (1902-1987), uma renovação da teologia do ícone que irradia sobre todo o Ocidente e não incide apenas sobre a o. (ver p. ex. C. Schönborn, *L'icône du Christ*, 1976, e mesmo o *CEC* [1992], 1159-1162). Uma "teologia" da música* litúrgica também foi proposta por Maxime Kovalevsky (1903-1988), compositor, filósofo e teólogo.

Um "santo e grande concílio pan-ortodoxo" está em preparação há várias décadas. O processo mesmo de sua preparação representa uma ocasião para reconstituir o tecido conciliar de uma o. que sofreu muito durante o s. XX, em particular de suas divisões jurisdicionais.

• Cirilo Lukaris (1629), *Confession*, Genebra (reed. E. Kimmel, LSEO, Iena, 1843). — Pedro Moghila (1640), *Confession* (ed. russa, Moscou, 1696) (reed. E. Kimmel, MFEO, Iena, 1850). — Sínodo de Jerusalém de 1672, ed. por M. Fouqueret, *Synodus Bethleemitica adversus Calvinistas Haereticos*, Paris, 1676. — Dositeu (1690), *Egkhiridion*, Bucareste. — *Ta dogmatika kai symbolika mnemeia tes orthodoxou ekklesias*, ed. por I. J. Karmiris, 2 vol., Atenas e Graz, 1960-1968.

▸ S. Boulgakov (1932), *L'Orthodoxie*, Paris (ed. russa, 1964, trad. do russo, Lausanne, 1980). — G. Florovsky (1937), *Les voies de la théologie russe*, Paris, 1983²; *Collected Works*, 14 vol. mais index, ed. R. S. Haugh, Belmont, Mass. — P. Pascal (1938), *Avvakum et les débuts du Raskol; la crise religieuse au XVIIe siècle en Russie*, Paris. — V. Lossky (1944), *Essai sur la théologie mystique de l'Église d'Orient*, Paris. — M. Lot-Borodine (1958), *Un maître de la spiritualité byzantine au XVIe siècle: Nicolas Cabasilas*, Paris. — J. Meyendorff (1959), *Saint Grégoire Palamas et la mystique orthodoxe*, Paris; (1960), *L'Église orthodoxe hier et aujourd'hui*, Paris (atualização póstuma 1995²). — P. Evdokimov (1960), *L'Orthodoxie*, Neuchâtel. — T. Ware (Kallistos, bispo de Diokleia) (1963), *The Orthodox Church*, Londres (atualização 1993⁴, bibl.). — V. Lossky (1967), *A l'image et à la ressemblance de Dieu*, Paris. — N. Afanassieff (1971), *L'Église du Saint-Esprit*, Paris. — J. Pelikan (1974), *The Christian Tradition. A History of the Development of Doctrine*, t. 2: *The Spirit of Eastern Christendom (600-1700)*, Chicago. — J. Meyendorff (1982), *The Byzantine Legacy in the Orthodox Church*, Nova York. — J. Zizioulas (1985), *Being as Communion: Studies in Personhood and the Church*, Nova York. — Mad. Kovalevsky (1994), *Maxime Kovalevksy, l'homme qui chantait Dieu*, Paris. — N. Struve (1996), *Soixante-dix ans d'émigration russe 1919-1989*, Paris.

Nicolas LOSSKY

→ *Catolicismo; Conselho Ecumênico das Igrejas; Eclesiologia; Hesicasmo; Ortodoxia; Protestantismo.*

P

PADRE → PRESBÍTERO/PADRE

PADRES APOSTÓLICOS → apostólicos (Padres)

PADRES DA IGREJA

a) Origens da expressão. — Até o início do s. IV, o termo "Padre" (P.) é empregado esporadicamente nos textos em sinal de deferência e de gratidão para designar indivíduos cujo ensinamento foi seguido pelo autor: assim em Alexandre de Jerusalém acerca de Panteno e de Clemente (Eusébio, *HE* VI, 14, 9), e mais genericamente em Clemente mesmo (*Strom.* I, 1, 3) e em Ireneu* (*Adv. Haer.* VI, 14, 9), que se refere ao uso de "um de seus predecessores". No s. IV, antes mesmo que "P." começasse a ser utilizado no plural para designar os membros da assembleia de Niceia* (Basílio* de Cesareia, *Ep.* 52, 1 e 140, 2) ou mais amplamente os elos da tradição* no passado (Atanásio*, *Ad Afros* 6; Gregório* de Nazianzo, *Or.* 33, 15), uma aproximação da expressão completa se lê em Eusébio.

Forjando o epíteto "eclesiástico", que introduziu no título de pelo menos duas de suas obras (*História eclesiástica* e *Teologia eclesiástica*), ele o conecta ao menos três vezes a uma menção dos P. durante sua polêmica (cerca de 336) com Marcelo de Ancira (*Contra Marcelo* I, 4, GCS 14, p. 18, 1.11; II, 4, p. 56, 1.17; *Teologia eclesiástica* I,

14, p. 74, 1.20). Como o termo "P.", a expressão "Padres eclesiásticos" já se aplica ora aos bispos* em concílio*, ora ao conjunto daqueles que, nas gerações precedentes, exerceram uma missão de explicação e de transmissão da doutrina da Igreja*.

Dado o caráter intercambiável do adjetivo e do genitivo no grego e no latim daquela época, pode-se considerar que nossa expressão "P. da Igreja (I.)" praticamente já tinha nascido. Mas ela está longe de conhecer uma fortuna imediata. Embora se continue, e cada vez mais a partir do s. V, a se referir aos P., é somente com o concílio de Latrão de 649 que a expressão se encontra simultaneamente nas duas línguas.

As Atas desse concílio realizado em latim foram imediatamente traduzidas em grego por Máximo* Confessor. Ali se lê: "todos os P. da I. reconhecidos" (cân. 18) e "os P. da santa I. católica" (cân. 20) (Mansi 10, 1157-1158 A e 1159-1160 E; *DS* 518 e 522), ambas as vezes em ligação com a menção dos cinco concílios ecumênicos. Trata-se provavelmente do ensinamento dos P. em seus escritos individuais, quando está plenamente consoante com o que deram em concílio.

A expressão mais corrente "os santos P." — em concílio — aparece nos cân. 1 a 11, depois 17 a 19; outros documentos da mesma época empregam expressões similares, o que sugere que a de "P. da I." foi empregada quase por acaso: "Os santos P. que recebe a I. apostólica de Cristo*" (papa* Agatão, 680); "os P. santos e reconhecidos" (III concílio de Constantinopla*, 680).

Desde 392-393 Jerônimo pusera em circulação uma expressão mais flexível e abrangente.

Embora o título de sua obra, à imitação de Suetônio, falasse dos "homens ilustres", seu prólogo anunciava a intenção de "fazer a lista dos escritores da I."; e embora o primeiro desígnio o levasse à escolha mais ampla e a incluir entre seus "homens ilustres" Fílon e Sêneca, o segundo fornece um critério bem mais útil: "Apresentar rapidamente todos os que publicaram alguma coisa sobre as sagradas Escrituras*" (ed. E. C. Richardson, TU XIV, 1, 1 e 2). Seu continuador Genádio de Marselha cita a obra sob seu título *De viris illustribus*; entretanto, em sua primeira notícia, fala do livro de Jerônimo chamando-o de "catalogus scribarum" (*ibid.*, 61).

b) Canonização da expressão. — No início do s. IV, provavelmente na Itália ou na Gália do Sul, surge uma coletânea frequentemente intitulada *Decretum Gelasianum* que, após uma lista das Escrituras canônicas, uma lista das três sés apostólicas, dá uma quarta lista, a dos "opúsculos dos santos P. recebidos na Igreja católica". Esses opúsculos são de doze autores, seis gregos e seis latinos; acrescenta-se-lhes um único escrito do papa Leão (IV, § 2 e 3; 36-38), em seguida vem uma fórmula não nominativa, mas mais inclusiva: "igualmente os opúsculos e tratados de todos os p. ortodoxos que, sem se haverem afastado em nenhum ponto da santa Igreja de Roma*, nem separado de sua fé* e de sua pregação*, participaram de sua comunhão*, pela graça* de Deus*, até o último dia de sua vida" (38-39).

O concílio de Trento* utiliza o vocabulário conciliar tradicional quando se refere ao "exemplo dos P. ortodoxos" no momento de aceitar todos os livros dos dois Testamentos (*COD* 663, 15 *sq*) e, o que é ainda mais importante, quando menciona um "consentimento unânime dos P." contra o qual não se deve ir na interpretação das Escrituras (*COD* 664, 22 *sq*). Essa última expressão, todavia, não levou Melchior Cano (1509-1560) a identificar ali um lugar* teológico especial: seu sexto lugar, com efeito, é "a autoridade* dos santos", e não a dos P., e ele o

distingue de um sétimo que é "a autoridade dos doutores* escolásticos" (cf. Cano, 1563, 1. VII e VIII). Foi somente na edição oferecida por H. Serry (1659-1738), muitas vezes reproduzida, que foram acrescentados títulos em que figura o termo "P.", no cabeçalho dos capítulos do livro VII. Outro teólogo pós-tridentino, historiador da exegese*, Sisto de Sena (1520-1569), utiliza aqui e ali a expressão, p. ex., para se referir ao testemunho favorável a Orígenes* dos "mais ilustres P. da I." (1566, 1. IV, 439), ou para assinalar que certos escritos do NT foram considerados apócrifos* pelos "primeiríssimos P. da I." (1. I, 2, 32); e compõe uma lista dos autores que comentaram a Escritura, lista muito abrangente e que se situa muito mais na linha dos "escritores eclesiásticos" de Jerônimo.

Parece que foi no s. XVII (sob a influência da ideia protestante de uma corrupção gradual da mensagem de fé à medida que a gente se afasta da fonte e até a Reforma?) que os sustentadores da "teologia positiva*" tenderam a distinguir mais "os Padres" dos autores eclesiásticos mais recentes. Ao menos segundo uma sondagem, Petau (*Theologia dogmata*, 1644-1650) fala, de preferência, de *Patres et magistri ecclesiae* ou de *Patres antiqui*; Thomassin (*Dogmata theologica*, 1680-1689) fala francamente de *Patres Ecclesiae*. Mas como o caráter coletivo do testemunho dos P. é o ponto mais importante nesse tipo de teologia* ninguém se preocupa muito ainda em caracterizar o que é individualmente um P. da I. Tillemont (1637-1698) se situa, no essencial, dentro da tradição do *De viris illustribus* de Jerônimo e de sua lista de "escritores eclesiásticos".

Na edição remanejada do *Dicionário de Trévoux* (1752) encontra-se uma definição ainda bastante abrangente: "P. ou P. da I. se diz dos autores eclesiásticos que nos conservam em seus escritos a tradição da I. [...] Só se dá o nome de P. ou de P. da I. àqueles que viveram nos doze primeiros séculos da I. Os que escreveram depois do s. XII são chamados Doutores, não P." Quase contemporâneo, o *Dicionário* de C. L. Richard não dá limite cronológico, mas distingue "os antigos Doutores da I. que conservaram a tradição em seus escritos" e "os bispos reunidos em concílio"; no entanto, é preciso notar que, como nos primeiros empregos, as duas expressões visam essencialmente a coletividades.

Littré dá o mesmo limite cronológico que o *Dicionário de Trévoux*: "os P. da I. ou, absolutamente, os P. (com maiúscula), os santos doutores anteriores ao s. XIII de quem a I. recebeu e aprovou as decisões sobre as coisas da fé". Seguem-se exemplos tirados de Pascal*, Fléchier e La Bruyère (nenhum dos quais contém o determinante "da I."). Larousse, em seu *Grande dicionário universal do s. XIX*, dá sob o verbete P. uma definição inspirada em Littré, abreviando-a em algumas palavras; mas no verbete "Patrologia" dá outra mais difusa, notável sobretudo pela diferença de limite cronológico em relação à anterior: "Divide-se [os P.] em dois períodos", o primeiro indo "do estabelecimento do cristianismo até o fim do s. VI", e os nomes que enumera logo em seguida confirmam que essa é de fato sua data-limite. Assinala também que católicos como Ellies du Pin e Belarmino*, a exemplo de protestantes como Cave e Oudin, acomodam todos os autores entre os "escritores eclesiásticos".

O *Dictionnaire de patrologie* incluído na "Bibliothèque du clergé" (editado sob a égide de J.-P. Migne), redigido por A. Sevestre e publicado entre 1851 e 1859, é de fato um *De scriptoribus ecclesiasticis* que vai até o s. XII e compreende tanto Abelardo* quanto Orígenes ou outros suspeitos. É nos manuais de patrologia católica (do s. XIX e início do XX) que aparecem as primeiras tentativas feitas para compor uma lista de notas que determinam a aceitação de determinado escritor eclesiástico entre os P. da I. J. Fessler (1850, I, 22-26) dá três critérios: *a*) uma doutrina ortodoxa e um saber sobretudo sagrado; *b*) a santidade* de vida; *c*) a antiguidade, mas neste ponto os limites são muito flutuantes; ele desceria de bom grado até Boaventura* e Tomás* (25), sempre reconhecendo que depois de Mabillon é frequente classificar Bernardo* (morto em 1153) de "último dos P.". Para ele, a qualidade de bispo não é indispensável, nem a de presbítero* — faz questão, de fato, de incluir

Próspero da Aquitânia. Bardenhewer enumera quatro características, sem levá-las totalmente em conta: *a*) doutrina ortodoxa; *b*) santidade de vida; *c*) aprovação da I.; *d*) antiguidade (1913, 1. 45); e menciona mais adiante (1. 16) que certo acordo se fez para fixar os limites dessa "antiguidade" em João Damasceno (morto antes de 754) no Oriente e em Gregório* Magno (morto em 604) no Ocidente. E. Amann, em duas ocasiões (*DThC* 12/1 [1933], col. 1192 e 1195), dá esta definição: "Os P. da I. são escritores eclesiásticos da Antiguidade cristã que devem ser considerados como testemunhas particularmente autorizadas da fé". Enumera em seguida as quatro "notas pelas quais se reconhece um P. da I.": são idênticas às que propunha Bardenhewer, inclusive no limite cronológico, embora Amann assinale: "Ainda hoje se costuma chamar são Bernardo de o último dos P." (*ibid.*, 1197). Por outro lado, leva essas notas em consideração, mas se vê obrigado a admitir que cada uma delas só é utilizável com certa margem de flexibilidade. Essas quatro notas se encontram nas publicações católicas alemãs, como nas três edições do *LThK* (1933, 1961 e 1997) e do *HTTL*. Em contrapartida, os dicionários de inspiração protestante (*RE, TRE, RGG*) não contêm o verbete "Kirchenvater". O *ODCC* observa que o termo faz parte da linguagem corrente, mais do que da linguagem técnica (p. 504).

c) *Uso atual da expressão*. — A instrução da Congregação para a Educação Católica de 10 de novembro de 1989, esforçando-se em restaurar a distinção entre *patrística* e *patrologia*, não dá nenhuma definição da expressão "P. da I.". Ela inclui Clemente de Alexandria e Orígenes entre os P. citados, abandonando assim tacitamente "notas" que parecem uma invenção do s. XIX, restrita apenas à confissão católica. J. Ratzinger admite (1982, 150) que entre essas notas as de ortodoxia e de antiguidade levantam muita questão. Sugere uma definição mais teológica e menos histórica: "Os P. são os doutores da I. indivisa" (p. 153) — restaria então um problema: determinar em que medida a raridade das comunicações, frequentemente de mão única, entre as diversas partes do mundo cristão permitiu a um P. qualquer exercer de fato um magistério* verdadeiramente ecumênico.

Benoît (1961) recorda a definição do *DThC*, depois propõe três outras: a primeira, que define de fato a patrística, traduz um texto de F. Overbeck e depende de uma concepção que distingue radicalmente entre os escritos cristãos que têm formas literárias exteriores aos moldes greco-romanos e os que neles se inserem: "A patrística é o estudo da literatura greco-romana de confissão cristã e de interesse cristão" (37). Os P. são, portanto, os autores deste tipo de escritos cristãos. Após essa primeira definição um tanto literária, a segunda remaneja uma frase do historiador A. Mandouze: "Os P. são os autores dos primeiros séculos cristãos universalmente invocados como testemunhas diretas ou indiretas da doutrina cristã ou da vida da I. nessa época" (39). Benoît, por fim, oferece (45-46) sua própria definição, mais em conformidade com a concepção protestante da mensagem cristã: "Um P. da I. (pode se definir) como um intérprete ou um exegeta da Escritura [...] Um P. se define por seu apego à tradição da I., ela mesma medida pela Escritura, isto é, em última análise por sua fidelidade à Escritura."

Diante desse acúmulo de riquezas, porém, outro autor protestante, Lods (1988), emitia esta observação: "É impossível dar uma definição do P. da I. que satisfaça a todo mundo [...]" (324). Parece, de fato, que nos arriscamos a nos consagrar a exercícios vãos se tentarmos, manejando o plural, delimitar muito estritamente o grupo ou, usando no singular uma expressão para designar uma coletividade, atribuir a tal indivíduo, com exclusão de tal outro, o título de "P. da I.", tratado como uma espécie de sucedâneo precoce do de Doutor. O mais útil decerto é o adjetivo "patrístico", paralelo a "monástico", "escolástico" ou "barroco", e que permite como eles designar comodamente certa época da teologia e da produção literária. Quanto ao resto, seria melhor limitar-se à designação, também tradicional, de "escritores eclesiásticos" (a rigor, em virtude da equivalência observada mais acima, "escritores da I.", escritores que tentaram, bem ou mal, operar e produzir no seio da Igreja); isso evita

o ridículo de ter de excluir personagens como Orígenes ou Hipólito, ou mesmo Tertuliano* ou Lactâncio. E o exemplo de Agostinho* no Ocidente, assim como, em menor medida, de Cirilo* no Oriente, mostra o perigo que pode haver em destacar demasiadamente um P., no singular, do conjunto do grupo.

* M. Cano (1ª ed. 1563; 1704), *De Locis theologicis*, Lyon. — Sisto de Sena (1ª ed. 1566; 1742), *Bibliotheca Sancta*, Nápoles. — (1752), *Dictionnaire universel français et latin... vulgairement appelé le Dictionnaire de Trévoux*, ed. corrigida e aumentada, Paris. — C. L. Richard (sob a dir. de) (1759-1761), *Dictionnaire canonique, historique, géographique et chronologique des sciences ecclésiastiques*, Paris. — J. Fessler (1850), *Institutiones Patrologiae*, Innsbruck. — F. Overbeck (1882), "Über die Anfänge der patristischen Literatur", *HZ* 48, 417-472, reimpr. Basileia, 1966. — O. Bardenhewer (1913²), *Geschichte der altkirchlichen Literatur*, t. I, Friburgo. — A. Benoît (1961), *L'actualité des Pères de l'Église*, CTh, n. 47. — F. L. Cross, E. A. Livingstone (sob a dir. de) (1974²), *ODCC*, Oxford, ed. rev. 1997³. — J. Ratzinger (1982), *Theologische Prinzipienlehre*, 139-159, "Die Bedeutung der Väter im Laufbahn des Glaubens", Munique. — M. Lods (1988), "La patristique comme discipline de la théologie protestante", *in* J.-N. Pérès, J.-D. Dubois (sob a dir. de), *Protestantisme et tradition de l'Église*, Paris, 317-331. — Congrégation pour l'éducation catholique (1989), instruction du 10 novembre 1989: *L'étude des Pères de l'Église dans la formation sacerdotale*, trad. fr., *DC*, t. 87, 262-273. — Col. (1997), *Les Pères de l'Église au XXe siècle*, Paris.

Georges M. de DURAND †

→ *Apologistas; Apostólicos (Padres); Doutor da Igreja; Tradição.*

PAGANISMO

A. TEOLOGIA BÍBLICA

O adjetivo "pagão" vem do lat. *paganus*, que significa "aldeão", com uma coloração frequentemente pejorativa. Seu sentido de "não cristão", idólatra, aparece no s. III, num cristianismo de maioria urbana. Antes, na história* bíblica, outras oposições se traçam: Israel* enfrenta as "nações" estrangeiras ou *gôyim* (g.). A Bíblia* gr. verte este termo hb. pelo plural *ethne*. O NT acrescenta (5 x) o adjetivo *ethni-*

kos (pertencente às nações), e as versões lat. traduzirão respectivamente esses dois termos por *gentes* (os gentios) e *gentilis*.

a) Antigo Testamento. — A eleição*, consagração ao Deus* santo (Lv 19,2), implica uma separação radical de toda impureza* ritual e moral. Ora, os *g.* são impuros (Lv 20,26), privados da circuncisão, sinal da aliança* (Gn 17,11). Os profetas* do exílio excluem esses "incircuncisos" da Terra Santa e do Templo* por vir (Is 52,1; Ez 44,4). O zelo da pureza* pesa sobre as relações diárias. Se as regras alimentares (Lv 11) não proíbem a comunidade de mesa com os *g.*, elas a complicam (p. ex., Jt 10,5; 12,1-4.17ss). Os israelitas proíbem entre si o empréstimo a juros, mas o praticam em relação aos pagãos (Dt 23,21); cede-se mesmo a estes últimos a carne de pureza duvidosa (Dt 14,21). Concluíam-se casamentos* com *g.* (cf. R. de Vaux, *Institutions de l'Ancien Testament*, t. I, 1957, 55 *sq*). Mas Dt 7,1-4 proíbe essas uniões que conduzem a "servir a outros deuses". De fato, Israel teme a sedução da idolatria* e recorre à guerra* para destruir os cultos que ameaçam a fé* javista (Dt 7,5s).

As atitudes variaram conforme as situações. O meio sacerdotal favorece a assimilação dos estrangeiros, sobretudo pela circuncisão (Ex 12,44), quando Israel se encontra demasiadamente minoritário em seu solo (Grelot, *VT* 6, 1956, 174-187). Em contrapartida, no final do s. V, Neemias e Esdras se preocuparam com a diluição da identidade judaica no meio de não judeus e exigiram a "separação" dos que estavam com mulheres* estrangeiras (Esd 10; Ne 13; cf. Dion 1975, 115-125).

A história política influía no julgamento* do povo* eleito em relação aos vizinhos cananeus e aos tradicionais opressores (Assíria, Babilônia, Egito). Se Canaã simboliza a idolatria a ser abatida, o nome de Sodoma resume a imoralidade pagã (Is 1,9) e o de Babel (Babilônia) evoca a arrogância dos rivais de Javé (Is 47; Sl 137). Nesse quadro, os profetas compuseram "oráculos contra as nações". Segundo eles, Deus exerceria sua vingança* escatológica, justa compensação, submetendo a Israel os *g.* que o haviam escravizado (Is 45,14-17; 60,1ss). Mas ele reabilitaria

também sua honra maculada pelos pecados* de Israel (Ez 36,23s). Desde o s. VIII, Amós incluía Judá/Israel entre os povos passíveis de julgamento (Am 1,3–2,16). De fato, Deus avalia a conduta de todos segundo as mesmas regras de moral internacional (assim as relações de Tiro com Edom, Am 1,9s), e a eleição não é um privilégio sem contrapartida (Am 9,7).

Compreende-se, à vista da história, as queixas da pequena nação contra os poderosos *g.* Mas outros dados do AT vão na contracorrente.

Assim, os *g.* são incircuncisos, mas Israel se confessa incircunciso de coração*, infiel ao Senhor (Dt 10,16; Jr 9,24). Os cananeus suscitam uma rejeição; mas, em razão de sua fé, Raab, a cananeia, é admitida no povo eleito (Js 2,1-21; 6,22-25). O peso de antigos conflitos proíbe a acolhida dos moabitas e amonitas (Dt 23,4-9), mas Rute, a moabita, torna-se ancestral de David (Rt 4,13ss). Ver também o caso de Aquior, o amonita, em Jt 5,5–6,21; 13,5-10 (Dion 1975, 122-125). A genealogia de Jesus* incluirá Raab e Rute (Mt 1,5).

Esse novo questionamento, que vê em alguns *g.* uma fé exemplar e descobre no seio de Israel a impiedade reprovada às nações, alimenta o universalismo* do AT.

b) Do Antigo ao Novo Testamento. — Anunciando um juízo cósmico inelutável (cf. Dn 7), os apocalipses endureceram o antagonismo, mas deslocaram as fronteiras, já que o campo das trevas englobava também os judeus ímpios.

Por volta de 174, uma parte dos dirigentes de Jerusalém* optou por uma helenização* que ameaçava a religião de Israel (1Mc 1,10-15.41-64). Aparece então o termo "judaísmo*" (luta pelos valores judaicos, 2Mc 2,21; 8,1; 14,38), oposto a "helenismo" (2Mc 4,13).

Segundo os apocalipses de *Henoc*, os *g.* não sofrerão um juízo cego, já que conhecem uma lei* pré-mosaica que exige o respeito da ordem cósmica (*1Hen* 82,1 *sq*) e da justiça* social (*1Hen* 94–100). Se a abundante literatura da diáspora judaica sublinha a analogia entre a revelação* de Israel e os valores helenísticos (Conzelmann, 1981, 121-218), também estigmatiza a imoralidade dos pagãos e sua dificuldade de reconhecer o Criador (Sb 13-14; cf. *Or Sib*

III,29-45). Rm 1,18-32 retomará este balanço para fundar a salvação* na única justiça* de Deus (Cerfaux, 1954).

Jesus conhece a oposição entre Israel e os *g.*, mas delimita uma fronteira nova, mais decisiva, entre os que acolhem sua mensagem e os que a rejeitam. Assim, as cidades impenitentes do lago de Tiberíades são mais culpadas do que a antiga Sodoma (Mt 11,20-24; cf. 10,15); e a eleição não é um salvo-conduto para uma salvação final que incluirá numerosos pagãos (Lc 13,28s par.; Jeremias, 1956, 55 *sq*).

No círculo judeu-cristão refletido por Mateus, o *"ethnikos"* permanece espontaneamente, ao lado do publicano, como o tipo do pecador (Mt 18,17; cf. 5,47; 6,7). Segundo esse círculo, a missão* deve se restringir, a exemplo de Jesus, "às ovelhas perdidas da casa de Israel" (Mt 10,5s.23; 15,24): somente depois disso é que, por seu exemplo, a comunidade judaica restaurada no Cristo* atrairá à salvação o resto da humanidade (Mt 5,13-16). Mateus nota com respeito essa posição. Mas, para ele, Jesus concluiu sua missão de Messias* de Israel e, por sua ressurreição*, recebeu um poder universal. A missão deve, pois, doravante, abrir-se a todos os *g.*, sem discriminação (Mt 28,16-20).

- G. Bertram e K. L. Schmidt (1935), *"Ethnos"*, *ThWNT* 2, 362-370. — L. Cerfaux (1954), "Le monde païen vu par saint Paul", *in Recueil L. Cerfaux*, Gembloux, t. II, 415-423. — J. Jeremias (1956), *Jesu Verheissung*, Stuttgart. — H. D. Preuss (1971), *Verspottung fremder Religionen im AT*, Stuttgart. — P. E. Dion (1975), *Dieu universel et peuple élu*, LeDiv 84. — H. Conzelmann (1981), *Heiden, Juden, Christen*, Tübingen.

Claude TASSIN

→ *Eleição; Guerra; Idolatria; Israel; Missão; Pureza/impureza; Reino de Deus; Universalismo.*

B. Teologia histórica

Em sua tripla realidade social, intelectual e religiosa, é o Império romano que encarna a realidade bíblica do paganismo (p.) para o cristianismo dos primeiros séculos, e é pensando concretamente em sua relação com a Antiguidade clássica que as primeiras teologias* cristãs fixaram sua relação com os não crentes, mais exatamente os não crentes que não pertenciam ao povo* de Israel*. Não crente, o pagão se definia, portanto, em termos negativos: era, antes de tudo, o idólatra, o membro de um corpo social cuja coesão era garantida por falsos deuses. Mas como o cristianismo se compreendia a si mesmo, desde o início, como encarregado de uma missão universal, o pagão era também o destinatário do Evangelho; e, em virtude de uma doutrina da criação* e da providência* desenvolvida com consistência, é também como certa *espera* do Evangelho e certa *preparação* para o Evangelho que o pensamento patrístico, num movimento que começa com Justino e culmina em Eusébio de Cesareia, estava voltado a interpretar a experiência pagã.

Entre a Paz* da Igreja* e o fim da época patrística, o p., nos limites do mundo romano, deixa de ter uma realidade social e religiosa. A partir de Teodósio, a Igreja do Oriente vive em terras de um império do qual o cristianismo é a religião oficial; e nas terras do Império do Ocidente é mais com cristãos arianos que a Igreja deverá tratar. Na mesma época, o p. deixou, por outro lado, de representar uma entidade intelectual diante da qual o cristianismo teria de tomar posição: o Império ainda tem intelectuais pagãos, mas a Igreja ocupa doravante a posição de transmissora da herança clássica. Fora do espaço urbano, o *paganus* decerto não desapareceu, e a presença subjacente de religiosidades pré-cristãs será um problema perpétuo para a Igreja "multitudinista", cuja tarefa doravante será anunciar o Evangelho no interior de si mesma tanto quanto no exterior. Desde então, em todo caso, o pagão não terá mais os traços do grego ou do romano, cuja busca de sabedoria* nutre as objeções ao cristianismo. Pagão "do interior" será o cristão nominal, a quem serão ulteriormente destinadas verdadeiras *missões*. Pagão à margem da Igreja será o muçulmano, que exigirá do cristianismo (sobretudo bizantino) uma reafirmação enérgica de seu monoteísmo*, mas que não aparecerá jamais como representante de uma cultura à espera de evangelização* — a relação do cristianismo medieval com o islã se modelará, de fato, em sua relação com as heresias*. Pagão "do exterior", por fim, será o membro das sociedades recém-surgidas à consciência cristã graças à conquista dos novos mundos. Essa conquista verá os problemas teóricos da evangelização se colocarem novamente com acuidade e se tornará necessidade urgente uma nova avaliação cristã das experiências religiosas não cristãs. As atitudes de negação violenta, para as quais o p. do "índio" não passa de barbárie, se opõem então métodos de evangelização respeitosos dos novos destinatários do Evangelho (Bartolomeu de Las Casas, missões jesuítas no Paraguai etc.), até mesmo reafirmações de temas patrísticos (assim, Lutero* define o estatuto teológico dos índios como situação de "espera", uma definição que será retomada e prolongada pelo teólogo pietista Zinzendorf). — É preciso, decerto, observar também que o Renascimento conhecerá igualmente uma revivescência dos ideais culturais da Antiguidade clássica (já em ação, de fato, desde que o aristotelismo* averroísta das faculdades de artes fizera renascer, no s. XIII, um ideal de vida filosófica estritamente helênica), que se acompanha parcialmente do ressurgimento de uma quase religiosidade pagã: o cristianismo entrou na modernidade aprendendo que não era mais o depositário único da *paideia* antiga, que a *philosophia Christi* não era mais considerada unanimemente como paradigma da vida digna de ser vivida e que a evangelização da inteligência era tarefa a empreender mais do que tarefa cumprida.

Uma intensa vida missionária (do s. XVI ao final do s. XIX) e em seguida a conclusão (frequentemente crítica) de séculos de missão por uma verdadeira efervescência da teologia das missões conduziram a teologia recente a se dotar de um ramo novo, a "teologia das religiões*", à qual se deve simultaneamente uma nova consciência de problemas teológicos maiores — "salvação* dos incréus", "evangelização e inculturação" etc. —, a reafirmação vigorosa de soluções patrísticas e, se for o caso, teses inovadoras. Uma eclesiologia* desejosa de ter acesso a suas dimensões máximas pôde assim sondar o tema da Igreja descendente de Abel, *Ecclesia*

ab Abel (Y. Congar). Numa teologia preocupada em estabelecer entre Deus* e o homem um elo "transcendental", o não cristão pôde aparecer sob os traços do "cristão anônimo" (K. Rahner*). Uma hermenêutica* renovada das religiões não cristãs pôde chamar a atenção para o "Cristo* desconhecido do hinduísmo" (R. Pannikar) ou para as pré-compreensões da experiência* cristã fornecidas pelo *vodun* beninês (B. Adoukonou). A título de conclusão tanto quanto de motor, a declaração *Nostra aetate* e o decreto *Ad gentes* do Vaticano II* lançaram enfim — e não somente na intenção do catolicismo* — os marcos de uma práxis e de uma teoria missionárias concebidas sobre o modelo privilegiado do "diálogo" com as religiões não cristãs, e que aceitam como primeira recomendação "descobrir com alegria e respeito as sementes do Verbo*" ocultas nas experiências não cristãs (*AG* 11; cf. Dournes, 1963). O termo "p." mesmo desaparece, salvo numa passagem de *AG* 9 em que seu sentido não é negativo.

Esses discursos teológicos são pronunciados todavia num período em que o cristianismo do Ocidente experimenta, sob o nome de "secularização*", um fenômeno que seria unilateral interpretar somente nos termos da erosão das significações religiosas tradicionais, porque ele se acompanha também de certa reapropriação anárquica de um religioso totalmente não cristão, e que se dirá de bom grado pós-cristão — Nietzsche* é, decerto, o pensador desse fenômeno, que não se contenta em anunciar a "morte" de Deus, mas abraça também a causa de Dioniso contra a do Crucificado. A questão do p. pode então ser recolocada; e já que um "neop." aparece aqui sem manter nenhuma relação, salvo empréstimos ocasionais, com as religiões tradicionais, a questão tem que se recolocar em novos termos. Caberá, talvez, a uma hermenêutica teológica da modernidade terminante perguntar se a experiência pagã (qualquer que seja a multiplicidade dos estilos que ela adote) não está ligada dialeticamente a um ateísmo*, que foi considerado inicialmente como segredo único da secularização — em suma, se no "século", no mundo* reduzido a seu ser-mundo, não é a mesma coisa viver "sem Deus" (Ef 2,12) e viver sob a proteção anônima de referências numinosas. E para tal fim será preciso sempre que o trabalho altamente diferenciado da teologia das religiões encontre também seu lugar numa teologia *da* religião.

* E. Peterson (1933), *Die Kirche aus Juden und Heiden, in Theologische Traktate Ausgewählte Schriften* 1, Würzburgo 1994, 141-174. — J. Dournes (1963), *Dieu aime les païens. Une mission de l'Église sur les plateaux du Vietnam*, Paris. — L. Debruyne (1971), *Le Païen? Le Salut? Questions posées au décret* Ad Gentes, *aux théologiens, aux missionaires*, Louvain. — R. P. C. Hanson (1972), "The Christian Attitude to Pagan Religions up to the Time of Constantine the Great", *ANRW* II, 23/2, 910-973. — P. Damboriena (1973), *La salvación en las religiones no cristianas*, Madri. — R. Bastide (1975), *Le sacré sauvage*, Paris. — C. Bruaire (1976), "Le nouveau défi du paganisme", *Com(F)* I/1, 28-33. — H. U. von Balthasar (1978), *Theodramatik* II/2, *Die Personen in Christus* 331-410, "Die Kirche aus Juden und Heiden", Einsiedeln. — A. Dumas (1982), "Renaissance des paganismes", *LV(L)* 31,7-18. — C. S. Song (1982), *The Compassionate God. An Exercise in the Theology of Transposition*, Londres, part. 41-64, 127-141 e 145-260. — A. Dumas (1985), "La séduction nouvelle du néo-paganisme", *Com(F)* 197, 99-108. — H.-G. Gensichen (1985), "Heidentum I", *TRE* 14, 590-601. — H. J. Klauck (1995), *Die religiöse Umwelt des Urchristentums*, t. 1, Stuttgart.

Jean-Yves LACOSTE

→ *Filosofia; Helenização do cristianismo; Inculturação; Missão/evangelização; Religiões (teologia das).*

PAI

A. TEOLOGIA BÍBLICA

a) Antigo Testamento. — O hb. *'âv* designa o pai (p.), mas é frequentemente aplicado também a uma relação mais ampla entre gerações, p. ex. com o ancestral de uma tribo (Gn 10,21; 17,4; 19,37).

> Por extensão: o inventor de um ofício ou de um modo de existência (Gn 4,20s; Jr 35,6); um rei (1Sm 24,12); um profeta* (2Rs 2,12); um sacerdote* (Jz 17,10); um protetor (Jó 29,16; Sr 4,10); um conselheiro (Gn 45,8) ou o criador da chuva (Jó 38,28: "A chuva tem um pai, será que tem?").

Os p. e mãe transmitem o ensinamento de sabedoria* (Pr 1,8; 6,20), tanto a narrativa* de Israel* quanto os mandamentos* (Sl 44,2; Sl 78,3-8; Ex 12,26s; 13,14s; Dt 6,20-25). A Lei* prescreve os deveres acerca deles (Ex 20,12; 21,15.17; Dt 5,16; Lv 19,3). O filho (f.) rebelde é punido de morte* mas, segundo Dt 21,18-21, após comparecimento diante dos anciãos, e não por simples decisão do p. (cf. Pr 30,17).

As genealogias de dominação patrilinear traduzem no tempo* a união das tribos no espaço (Gn 1–12; 1Cr 1–9). Elas interpretam o desígnio de Deus*. Ligado às pessoas (A. Alt) ou aos lugares (O. Eissfeldt), o "Deus do p." (Gn 26,24; já no sentido de ancestral em 28,13; 31,5; 32,10) tende a tornar-se o "Deus dos p." (Ex 3,6.13). O Dt (1,11.21; 6,3) utiliza a fórmula para sublinhar a continuidade das gerações. Para o Cronista, é um estereótipo equivalente a Javé (2Cr 13,12), utilizado na luta para a conversão* (2Cr 19,4) e contra a apostasia (2Cr 34,33). Deus* é comparado (analogia*) a um p. que ama seus filhos (Sl 103,13; Pr 3,12; 14,26). Desde o s. VIII (Os 11,1), o estatuto filial do povo* é declarado (Dt 14,1; Is 1,2; Jr 3,19). Israel é o "primogênito" de Javé (Ex 4,22): esta fórmula (de datação incerta: camada mais antiga do relato para Eissfeldt ["L"], talvez javista para Noth...) se propõe como chave de todo o relato da saída do Egito. Javé é também p. do rei: a fórmula de adoção (que ocupará um grande lugar no messianismo* do NT) aparece em Sl 2,7 (cf. 2Sm 7,14; 1Cr 28,6). O rei se dirigirá a Javé como a seu "p.", ao "rochedo de sua salvação" (Sl 89,27). É tardiamente que Deus é mais comumente invocado como p. (Sr 23,1.4 [gr.]; 51,10 [hb.]; Sb 14,3) e os justos se dizem "filhos de Deus" (Sb 2,16.18; 5,5). A invocação da liturgia* judaica "'âvînoû malkénoû" ("nosso p., nosso rei", segunda bênção*) remonta provavelmente ao s. I de nossa era. Uma simbólica feminina (Os 11,8; Jr 31,20; Is 49,15) exprime enfim a ternura de Deus para com Israel* (Briend, 1992).

b) Novo Testamento. — No NT, o grego *theos*, Deus, designa sempre o Pai (P.) (Rahner*, 1954). A consciência de ser f. é própria a Jesus* antes da Páscoa*. A utilização do aramaico familiar *'abba* (vocabulário da intimidade familiar) para se dirigir ao P. é uma particularidade do próprio Jesus, e seus paralelos judaicos são raros (Jeremias, 1966; ver discussão em Schlosser, 1987). Nos evangelhos*, Jesus se dirige sempre a Deus como a seu P. (Mt: 17 x; Jo: 17 vezes; única exceção, Mt 27,46: "Eli, Eli..."). Mas é graças a sua morte (Mc 15,39) e a sua ressurreição* (Mt 28,19) que Jesus é confessado F. de Deus. Mt insere o Cristo*, gerado de Deus, na linhagem de David (Mt 1,16), e Lc o liga a Deus por Adão* (Lc 3,23-38). Mc é o "Evangelho de Jesus Cristo, F. de Deus" (Mc 1,1). Àqueles de quem se faz rodear Jesus revela o P. dando-se a conhecer. Não funda lar nem assegura descendência, mas insiste no mandamento* de honrar p. e mãe (Mt 15,4ss) (decálogo*) e nas disposições do Criador ao instituir o casal* humano (Mt 19,4ss). Todavia, não é possível segui-lo sem estar livre em relação à família* (Mc 1,16-20). O sermão da montanha introduz a expressão "P. Nosso" (Mt 6,7-13) no meio de uma série de "Vosso P." (10 x sobre 13 em Mt). No "hino de júbilo" (Mt 11,25ss), Jesus fala do conhecimento* mútuo do P. e do F. e sua alegria de ver os pequenos receber tal revelação*. Todos os crentes são chamados a dizer também *"abba"* graças ao Espírito* que os torna f. de Deus como co-herdeiros do F. (Gl 4,6; cf. Rm 8,14-17). Enfim, At 3,13; 13,32s conectam a fé* cristã à herança judaica de "nossos p.".

O P. se dá a ver em Jesus, em sua solidariedade com os pecadores, desde seu batismo* (Mt 3,13-17). É a "meu P. que está no céu" que é imputada a confissão* de Pedro (Mt 16,17). A transfiguração ilumina os anúncios sinóticos da paixão* e da ressurreição fazendo avançar nesta comunicação do P. aos discípulos pelo F. (Mt 17,1-5). Em sua agonia, Jesus grita de novo *"abba"* (Mc 14,36). Em Lc, a misericórdia* do P. (cf. Lc 15,11-32; 6,36) é a de Jesus na cruz (Lc 23,34.43.46). Jo (teologia joanina*) dá a contemplar um F. único (*monogenes*) do P. (1,14.18) presente "no princípio" (1,1; cf. Gn 1,1). Esta filiação* implica a distinção entre o F. e o P. e a paternidade de Deus para com todos os crentes, "gerados de Deus" (1,13), "um" todos juntos como o P. e o F. são "um" (17,11.20-23). Não crer no F., em contrapartida, é não amá-lo ao não escutar sua palavra*: é ter como p. o diabo (demônios*), "homicida desde o princípio", mentiroso e p. da mentira, e fazer seus desejos (8,44) em vez de fazer as obras* de Abraão (8,39), cuja fé o fez tornar-se "p. de nós todos" (Rm 4,16-25). Jo desvela a paternidade única de Deus, desmascarando suas contrafações sem cair no dualismo.

* K. Rahner (1954), "Theos im Neuen Testament", *Schr. zur Th.*, 1, Einsiedeln-Zurique-Colônia, 91-167. — J. Jeremias (1966). *Abba. Untersuchungen zur neutestamentlichen Theologie und Zeitgeschichte*, Göttingen. — H. Ringgren (1973), "*'Av*", *ThWAT* 1,2-19. — G. Schelbert (1981), "Sprachgeschichtlichen zu *Abba*", in P. Casetti, O. Keel, A. Schenker (sob a dir. de), *Mélanges Dominique Barthélémy*, Friburgo-Göttingen, 395-447. — M. I. Gruber, "The Motherhood of God in Second Isaiah", *RB* 90, 351-359. — J. Schlosser (1987), *Le Dieu de Jésus*, Paris, 179-212. — J. Briend (1992), *Dieu dans l'Écriture*, cap. 4, "La maternité de Dieu dans la Bible", Paris. — Y. Simoens (1998-1999), "Le Seigneur d'Israël et le Père de Jésus-Christ", *Com(F)* XXIII/6, XXIV/1, 33-47.

Yves SIMOENS

→ *Conhecimento de Deus; Criação; Família; Filiação, Monoteísmo; Trindade.*

B. Teologia histórica e sistemática

a) Definição. — "Pai" (P.), aplicado a Deus*, pode ter os sentidos seguintes: 1/ prioridade na ordem da criação*; 2/ autoridade* universal; 3/ benevolência para com as criaturas; 4/ relação adotiva ou familiar com o homem; 5/ geração do Filho (F.); 6/ masculino essencial. O cristianismo tradicional se opôs a (6), distinguindo ao mesmo tempo as três atividades divinas de criação (1-3), de adoção (4) e de geração (5).

b) Antiguidade grega e romana. — Zeus, representado como do sexo masculino, é o "p. dos homens e dos deuses" em Homero (*Ilíada* 1, 544 p. ex.), mas esse título designa antes sua autoridade sobre os outros deuses do que uma prioridade temporal. "Júpiter" contém a raiz *pater*, p.; é um dos títulos de Eneias (*Jupiter Indiges*), que foi chamado frequentemente de p. da nação romana. Augusto deu maior legitimidade religiosa a seu principado (27 a.C.-14 d.C.) ao tomar o título de "p. da pátria" (*pater patriae*).

A partir do s. III a.C., os estoicos usaram o termo para proclamar o parentesco dos homens e dos deuses, chamando os homens de rebentos de Zeus (Cleanto, *Hino a Zeus*; Aratos, *Fenômenos* 5; cf. At 17,28). Esse parentesco residia em princípio no intelecto, mas para Sêneca (*A providência* I, 5) é a virtude* que o constituía; ele era, portanto, adquirido e não hereditário. Epicteto (*Discursos* II, 10, 7) nos lembra que a paternidade não exclui a autoridade: tudo o que um f. tem está à disposição de seu p., tudo o que um homem tem está à disposição de Deus.

Para Platão, o Bem* é o p. do Belo (*República* 509 b), e o Demiurgo é o p. e o autor do mundo* (*pater kai poietes*, *Timeu* 28 c); é difícil descobri-lo e impossível revelá-lo a todos. Não é, acrescentou Plutarco, que exista o menor parentesco entre o Deus altíssimo e o mundo material: o demiurgo é o p. da alma* e autor somente do corpo* (*Obras morais* 1001 C); quanto a Numênio (meados do s. II d.C.), distingue o demiurgo da deidade* transcendente, que é para ele o "P. do demiurgo" (fr. 21 Dos Lugares). Na linguagem dos poetas arcaicos, ele dá ao primeiro Deus o nome de "avô", ao segundo o de "filho" e ao mundo o nome de "neto". Plotino faz do Espírito o p. da alma e do Uno o p. do Espírito (*Enéadas* III, 5; V, 5, p. ex.) — e isso essencialmente por causa da semelhança que os liga, já que a realidade inferior é a imagem da realidade superior, e já que a matéria mesma é, para ele, uma emanação da divindade. Tamanha é a transcendência da realidade mais alta, por outro lado, que os que abandonam o Bem pelo Belo são tratados de filhos ingratos (*En.* V, 5, 12). E se o mundo e o Espírito são eternos para Plotino eles não são consubstanciais* nem um ao outro nem ao Uno.

Nas religiões de mistérios, o Deus salvador é frequentemente chamado de p. dos iniciados, p. adotivo evidentemente, e no mitraísmo o iniciado podia ele mesmo atingir a categoria de p. Os platônicos, enfim, criam num parentesco intelectual dos deuses e de todos os homens; ademais, o progresso moral podia fazer do homem virtuoso um "p. de deuses" (Plotino, *En.* VI, 9; Porfírio, *Sententiae* 32).

c) Judaísmo, hermetismo, gnose. — No *De opificio mundi* de Fílon, os termos "pai" e "autor", evidentemente tomados de empréstimo a Platão, são antes de tudo intercambiáveis e ambos designam a benevolência e a autoridade de Deus. Mas em relação ao homem, que é sua imagem, Deus é P. em sentido especial, e o termo "autor" desaparece. O *logos* (Verbo*) é seu primogênito, e o homem cuja razão* obedece a este último é "o herdeiro das coisas divinas", segundo o tratado que tem este nome. Para além de seu sentido biológico, a paternidade de Abraão tem um segredo alegórico: "pai eleito do som", segundo uma etimologia errônea, ele é aquele que gera a linguagem razoável (*De mutatione...*, § 65-68).

Os rabinos eram chamados "*Abba*", mas Jesus* decerto foi praticamente o único a se dirigir assim habitualmente a Deus. Nas literaturas da gnose* e do hermetismo, que têm, ambos, ligações com o judaísmo*, o ensinamento secreto é transmitido de p. para f., mas não se sabe muito bem, segundo o *Allogenes* e o *Hermeticum* 13, se se trata de uma paternidade real ou de um título. Embora o autor das coisas seja frequentemente chamado P. nos textos herméticos (II, 17 p. ex.), e seja considerado um intelecto, é sobretudo sua transcendência que é posta em relevo, em referência simultânea ao *Timeu* (28 c) e à ideia judaica de incompreensibilidade divina. A doutrina de Ibn Gabirol sobre a matéria, emanação da Deidade, é, portanto, totalmente singular.

Segundo Ireneu* (*Adv. Haer.* I, 1), o gnóstico Valentim (meados do s. II), para quem nenhum nome* era predicável do mais alto princípio, chamava-o *Propator* (ancestral). Para os gnósticos, o divino é frequentemente uma combinação (sizígia) de entidades dos dois sexos, embora o princípio masculino seja sempre dominante. O P. do AT é para eles uma divindade inferior (o Demiurgo), antes feminina ou assexuada do que masculina, e cujo conhecimento é limitado (Epifânio, *Panarion* XXIII, 3-8, p. ex.). Existe sim um Ser verdadeiramente P., que é a fonte da existência espiritual, mas ele não exerce no mundo nem autoridade nem providência*. Isso não impede que o mundo seja considerado como emanando dele, às vezes pelo poder feminino da Sophia (cf. Pr 8,22).

d) *Patrística*. — Os primeiros teólogos herdaram três concepções da paternidade de Deus, que podia ser: 1/ O P. do mundo, conforme uma leitura de Platão; 2/ o P. dos eleitos, conforme o judaísmo e o NT; 3/ o P. do F., conforme os evangelhos* e decerto conforme a liturgia* (cf. Mt 28, fim; 2Cor 13, fim). Três pontos definem a ortodoxia*: negar todo parentesco natural entre Criador e criatura, afirmar o parentesco adotivo que existe entre os eleitos e seu redentor, distinguir enfim esta última da geração eterna do F. Todavia, esses termos não são exatamente homônimos, pois o F. é ao mesmo tempo criador e redentor do mundo, e Jo 1,13 se aplica a Jesus segundo alguns manuscritos.

Nos textos apologéticos, a proclamação da paternidade de Deus, apoiada frequentemente em Platão, traz à luz sua unidade, sua transcendência e seu governo providencial. De 150 a 250, *Timeu* 28 *c* é citado por Justino, Minúcio Félix, Atenágoras, Tertuliano*, Clemente de Alexandria e Orígenes*. Os gnósticos e Numênio distinguiam o p. do reino intelectual e o autor deste mundo: Ireneu* afirma ao contrário uma única soberania divina sobre a matéria e sobre o espírito. Em relação à afirmação judaica da unidade de Deus, Justino (apologistas*) sustenta que as Escrituras* lhe atribuem também um F. que cria, educa e resgata a humanidade (*Diálogo com Trifão, c.* 180).

A especulação trinitária do s. III subordinou nitidamente o F. ao P., e esse subordinacianismo atingiu sua forma extrema num monarquianismo que negava toda relação interna com a divindade, e fazia assim o próprio P. sofrer na cruz (cf. Tertuliano, *Contra Práxeas* 2, p. ex.). Mas mesmo para Tertuliano o F. só existe hipostaticamente em vista da criação do mundo, e deriva seu poder de um P. "monárquico".

Orígenes foi o primeiro a sustentar que a paternidade é inerente à Trindade*, o F. e o Espírito* sendo coeternos ao P., mas não admitia que se rezasse ao F. A oração* se dirige ao P. apenas (*De oratione* 15), pelo F. Em seu *Diálogo com Heráclides*, considera o F. um Deus distinto (*heteros theos*) — mas se há, num sentido, dois deuses, os dois são um Deus único. Para designar a atividade de produção particular a Deus e distingui-la da *poiesis* (fabricação) humana, ele usa também os termos *genesis* (gênese) e *ktisma* (fundação) assim como *gennesis* (geração). Mas a subordinação do F. é claramente implicada, o que é o caso de Hipólito de Roma (*c.* 170-235), cujos *Contra Noeto* e *Refutação* X tomam uma posição semelhante à de Tertuliano, mas dizem que o F. é *genomenos* (criado).

Após a controvérsia ariana, no s. IV, os autores ortodoxos distinguem geralmente a gênese do mundo e a geração eterna do F. Atanásio* não se refere jamais a Platão, ao passo que emprega constantemente o termo "P." e utiliza o adjetivo *idios* ("próprio") para designar a posse pelo F. da essência do P. (*Contra os arianos* I). Os homens só se tornam f. adotivos por participação no F., a quem a Igreja* tem razão de dirigir orações. O arianismo* extremo de Eunômio permitirá ainda precisões. Para Eunômio, a essência divina é plenamente conhecível, e ela se identifica à qualidade do não gerado (*agenneton*): o F., porque gerado, *gennetos*, não é Deus. Os capadócios (o *Contra Eunômio* e o *Ad Ablabium* de Gregório* de Nissa, o *Contra Eunômio* de Basílio*) precisam então: a essência divina é incompreensível, a divisão das pessoas* é segundo a operação e não segundo a natureza, e a paternidade, em Deus, é só a prioridade de uma causa eterna sobre um efeito eterno. Seu contemporâneo Mário Vitorino tem a ideia singular de que o Espírito é (figurativamente falando) a mãe do F. (*Contra os arianos* I, 51).

Orígenes, que às vezes parece ver somente uma união moral ente o P. e o F., supõe uma semelhança natural entre o espírito do homem e o de Deus (*Princípios* I, 1; I, 3, 5, p. ex.). Para Gregório de Nissa (*A criação do mundo* 11), o espírito humano é tão semelhante a Deus que é, como Ele, impenetrável. Mas essa semelhança só era plenária na humanidade em si, antes da queda e da divisão em sexos; a imagem, como as três pessoas, transcende as categorias de homem e de mulher* (*Sobre o Cântico dos Cânticos*; cf. Gregório* de Nazianzo, *Discurso* 31). Para outros, o homem só se torna imagem pela adoção; Cirilo* de Alexandria situa-a assim na virtude adquirida (*A Calosírio*). Aos olhos de Epifânio (morto em 403), o sentido da palavra "imagem" é impenetrável (*Ancoratus* 56). A paternidade divina é para nós, segundo Hilário* de Poitiers, "invisível, incompreensível, eterna, existente por si, originando-se a si mesma, subsistente por si" (*Trindade* II, 7).

e) *Período medieval e bizantino.* — O *Pai nosso* e, desde meados do s. II, os símbolos batismais ligam o título de P. ao senhorio de Deus sobre o mundo. Para a Igreja grega, o dogma* do P. única origem na Trindade é ainda um dos pontos essenciais do desacordo com o Ocidente, cujo Credo afirma que o Espírito procede do P. e do F. (Filioque*). João Escoto Erígena (s. IX), em seu *Periphyseon*, faz da matéria uma emanação da deidade, e encontramos ecos gnósticos em Joaquim de Fiore (milenarismo*), que pensava que um reinado do F. substituíra o do P., e que um reinado do Espírito subsituiria o do F.

Para Tomás* de Aquino, o P. é assim nomeado do ponto de vista da essência e do ponto de vista da pessoa; nesse último sentido, é especialmente o P. do F., mas no primeiro é o P. de todos, na medida em que todos recebem dele (*ST* Ia, q. 33, a. 3).

f) *Época moderna e contemporânea.* — Para o protestantismo*, se Deus é P., não é geralmente tanto como origem da Trindade quanto em sua relação com os seres criados. Teologia* liberal, antropologia* psicológica e radicalismo político criticaram a ideia de paternidade divina — e em cada caso, a crítica suscitou nos teólogos ortodoxos uma renovação do interesse pela especulação trinitária.

Lutero* identificava criação e paternidade, mas o protestantismo tradicional reserva o título de "filho" para os eleitos. O teólogo liberal A. von Harnack (1851-1930) via o coração do Evangelho na relação paterna, isto é, benevolente, de Deus para com todos os homens (*A essência do cristianismo*, 1899-1900). Indo até o extremo de sua lógica, o protestantismo liberal acabou por achar que o conceito de um Deus pessoal, implicado pelo título de P., é de um antropomorfismo* insustentável. Tillich* prefere assim dar a Deus o nome* de fundamento do ser*; a omissão do título de P. já é notável em *A fé cristã* de Schleiermacher* (1830), onde a preferência vai para termos como criador e governador, e onde a Trindade é relegada a um breve apêndice.

As teorias psicológicas veem na noção de Deus um prolongamento da atitude das crianças em relação ao p. Para Feuerbach (*A essência do cristianismo*, 1841), o judaísmo e o cristianismo levam ao infinito, na imagem de um Deus paterno, as qualidades de que os fiéis evidentemente carecem. Para Freud* (1913-1914), a religião é devida à culpa dos f. de um ancestral primordial que eles teriam matado e cujos poderes eles teriam tentado recuperar graças ao sacrifício de um animal totêmico. Jung (1952) vê na Bíblia* a história da lenta educação de uma figura paterna tirânica.

A crítica política do conceito de um Deus-P. afirma que uma teologia patriarcal justifica as desigualdades da sociedade* e da Igreja. O ideal autoritário recebeu assim o apoio de autores como Robert Filmer (*Patriarcha*, 1680, refutado por Locke); segundo ele, a origem da monarquia se acha nos direitos conferidos por Deus a Adão* e transmitidos por primogenitura. Para a teologia feminista, o sacerdócio* exclusivamente masculino das Igrejas católica e ortodoxa está ligado a um sistema autoritário, e ela faz campanha para a ordenação* das mulheres e para o uso litúrgico de termos femininos aplicados a Deus. J. Bachofen, entre outros, crê que o culto* da Deusa era a religião original.

Em Barth*, a noção calvinista de uma paternidade eletiva se une a uma teologia trinitária de articulações vigorosas. A liberdade* do P. é uma propriedade de sua natureza trinitária, e é na qualidade de P. do F. que ele elege a humanidade para salvá-la. J. Moltmann (1926-), para quem só a teologia trinitária pode impedir que se use o nome de Deus em proveito do autoritarismo, faz da geração do F. a fonte da liberdade e da benevolência do P.: ela é nele a possibilidade perpétua de agir em relação a Outro. N. Berdiaeff (1874-1948) tem uma teoria semelhante no que diz respeito à criação do mundo, e faz de toda a Trindade a emanação de um fundamento anônimo do ser. Para todos esses autores, a paternidade de Deus é ao mesmo tempo a garantia de sua inefabilidade e a definição de sua relação com os outros seres. A teologia católica conhece um mesmo paradoxo de não desvelamento na revelação mesma. Rahner* chama frequentemente o F. de símbolo do P. oculto, e Balthasar* (1967) diz que a glória* do P. se manifesta pela kenose* do F. na encarnação e, acima de tudo, na cruz. Assim, o título trinitário que exprime a onipotência* e a asseidade* de Deus é também o que revela seu inalienável amor*.

Sob a influência de J. D. Zizioulas, uma restruturação afeta hoje mais de uma teologia trinitária. Ilustrador do "modelo grego" de teologia trinitária estudado em seu tempo por T. de Régnon, Zizioulas pensa a Trindade a partir da monarquia do P. e sem recorrer ao conceito de *ousia* divina. Deus é sem causa; mas, em Deus, o P. é causa do ser comunicando seu ser ao F. A teologia latina, que conhece também o P. como *fons et origo totius divinitatis*, deveria também se mostrar capaz de evitar toda construção da Trindade contra o fundo da essência divina.

* E. Norden (1913), *Agnostos Theos*, Leipzig. — S. Freud (1913-1914), *Totem und Tabu*, Viena (*Totem e tabu*, Rio de Janeiro, 1999). — C. C. J. Webb (1918), *God and Personality*, Edimburgo. — J. Bachofen (1927), *Mutterrecht und Urreligion*, Basileia. — N. Berdiaeff (1935), *De la destination de l'homme*, Paris (trad. do russo). — C. G. Jung (1952), *Antwort auf Hiob*, Zurique. — A. J. Festugière (1954), *Le Dieu inconnu et la gnose*, Paris. — K. Barth (1945-1950), *Die kirchliche Dogmatik* III/1-3, Zollikon. — H. U. von Balthasar (1967), *Herrlichkeit: Eine theologische Ästhetik* III, 2, Einsiedeln. — M. J. Le Guillou (1972), *Le mystère du Père*, Paris. — L. Bouyer (1976), *Le Père invisible*, Paris. — R. R. Ruether (1983), *Sexism and God-talk*, Londres. — S. Pétrement (1984), *Le dieu séparé*, Paris. — J. Moltmann (1985), *Gott in der Schöpfung*, Munique. — J. D. Zizioulas (1985), *Being as Communion*, Crestwood, NY, 67-122. — T. F. Torrance (1993), *The Trinitarian Faith*, Edimburgo (p. 47-109). — P. Widdicombe (1993), *The Fatherhood of God from Origen to Athanasius*, Oxford.

Mark J. EDWARDS

→ *Consubstancial; Deus; Hipostática (união); Monoteísmo; Niceia I; Subordinacianismo; Trindade; Verbo.*

PAIXÃO

A. TEOLOGIA BÍBLICA

Passio em latim e *pathema* em grego significam "aquilo que se sente", sentimento ou sofrimento. Esta última acepção só está conservada em português para a paixão (p.) de Cristo*, conjunto de seus sofrimentos, desde sua agonia no Getsêmani (Mt 26,36-46 par.) até sua morte* na cruz e seu sepultamento (Mt 27,57-61 par.). A expressão "p. de Cristo" não se lê nunca no NT, que coloca *pathemata* ("sofrimentos") no plural. Os evangelhos* não empregam este substantivo, mas somente o verbo, em particular nos anúncios da p.: "É preciso que o Filho do homem* *sofra* (*pathein*) muito" (Mt 8,31 par.). Um uso técnico do verbo, empregado sem complemento, aparece em Lc, At, Hb, 1Pd: "Cristo *sofreu* (*epathen*)" (1Pd 2,21).

Fato notável: a proclamação pascal da ressurreição* de Jesus não teve por resultado fazer considerar sua p. como um intermédio infeliz, logo reparado. Ao contrário, levou os crentes a melhor lembrar-se dela. Fruto da p., a glória* do Ressuscitado revelou o valor de seus sofrimentos, compreendidos como fonte de uma "vida nova" (Rm 6,4) e como "modelo" a seguir (1Pd 2,21).

a) *Predições.* — Nos evangelhos*, o relato da p. ocupa um espaço enorme e forma um conjunto coerente. Sua importância é sublinhada de antemão, nos sinóticos, por três anúncios que estruturam toda a segunda metade dos evangelhos (Mc 8,31ss; 9,31; 10,32ss par.). O caráter literário desta apresentação não deve levar a duvidar de seu fundamento histórico. Jesus se dava conta de que suas palavras e suas iniciativas provocavam uma hostilidade crescente (cf.

Mc 2,8; 3,5.22ss etc.). Decidido a não "resistir ao mau" (Mt 5,39), ele previa a saída e reconhecia nela um aspecto do desígnio de Deus*, revelado nas Escrituras, que desembocaria numa vitória divina (cf. Mt 21,38-42 par.; Gn 37,20; 45,17; 50,20; Is 52,13–53,12). A mesma situação é manifestada no quarto evangelho pela antecipação do processo de Jesus durante sua vida pública (Jo 5,16-45; 8,12-59; 10,24-39). Jesus se mostra consciente de estar ameaçado de morte (Jo 7,1.19; 8,37.40). Tenta-se prendê-lo (7,30.44; 10,39) ou lapidá-lo (8,59; 10,31), sem sucesso, "porque sua hora ainda não era chegada" (7,30; 8,20).

b) Dados principais. — Os relatos da p. não são reconstituições históricas, mas narrativas* religiosas, destinadas à pregação* e à meditação. A p. neles é apresentada como um evento misterioso, muito desconcertante, embora previsto pela Escritura (Mc 14,49 par.). Ali se manifestam o pecado* dos homens e o modo divino de enfrentá-lo, aceitando suportar suas terríveis consequências. De espantosa sobriedade, os relatos não se apiedam dos sofrimentos de Jesus. A agonia, porém, mostra-o imerso numa tristeza mortal (Mt 26,38 par.; Sl 42,6), que ele supera orando intensamente (Mt 26,39-44 par.) (oração*). Vem então a prisão no jardim das oliveiras, graças às indicações de Judas, que traiu seu mestre (26,47-50 par.); Jesus proíbe a seus discípulos toda resistência armada (26,51-54 par.). Levado ao sumo sacerdote, é interrogado e acusado; conclui-se que é passível de morte (26,57-66 par.). Pedro*, vindo até o tribunal, atrapalha-se e renega o mestre (26,69-75 par.). No curso da noite, Jesus sofre maus-tratos (26,67-68 par.). De manhã, o sinédrio entrega-o à autoridade romana (27,2 par.). Pilatos interroga-o (27,11-14 par.), depois propõe à multidão sua libertação ou a de Barrabás, um amotinador. A multidão opta por Barrabás (27,15-23 par.). Ridicularizado pelos soldados romanos, que o coroam de espinhos (27,27-31 par.), Jesus é flagelado (27,26 par.) e conduzido ao Calvário, onde é crucificado entre dois bandidos (27,31-38 par.). Morre na cruz soltando um grande grito (27,50 par.). Um notável se preocupa com

sua sepultura (27,57-61 par.). Em mais de um ponto, as variações apresentadas pelos relatos e outras considerações suscitam problemas de historicidade (Jesus* da história).

c) Sentido espiritual . — O início dos relatos dos sinóticos mostra que a p. faz parte do desígnio de Deus (Mt 26,42 par.) e era necessária para o cumprimento* das Escrituras (26,54.56 par.). O "é preciso" dos anúncios (Mc 8,31 par.) já sugeria esta perspectiva. A sequência dos relatos não traz outra explicação. O sentido profundo dos acontecimentos nunca é precisado. É nas seções precedentes dos evangelhos que uma luz se projeta sobre a p., seja pelas palavras de Jesus, p. ex. quando declara ter vindo "dar sua vida em resgate por uma multidão" (Mt 20,28 par.; cf. Jo 6,51), seja sobretudo pelo que faz durante a ceia (eucaristia*): torna presentes, antecipadamente, seu corpo* entregue, seu sangue derramado, e os transforma num dom de si mesmo em fundação de uma aliança* perfeita (cf. 1Cor 11,25). O quarto evangelho dá a chave desta realização: a p. é uma obra de amor*. O amor dado por Deus (Jo 3,16; 15,9) levou Jesus, "bom-pastor", a "dar sua vida por suas ovelhas" (10,11.15). "Ninguém tem amor tão grande" (15,13; cf. 13,1; 19,30). O apóstolo Paulo vê a p. à mesma luz (Rm 5,6ss; Gl 2,20; Ef 5,2.25ss). Compreendida desse modo, a cruz de Cristo, em vez de parecer absurda e escandalosa, é reconhecida como "sabedoria* de Deus e poder* de Deus" (1Cor 1,18-25), pois ela é instrumento de redenção, de reconciliação e de aliança. Segundo Hb, a p. é um sacrifício* de consagração sacerdotal de um gênero novo, que faz de Cristo um perfeito "mediador de aliança" (Hb 9,15), plenamente acreditado por Deus, cuja vontade salvadora ele cumpriu generosamente (Hb 5,8ss; 10,5-10), e estreitamente unido aos homens, seus irmãos, cujos sofrimentos ele tomou sobre si (Hb 2,17s; 4,16).

d) Participação. — "Partilhar dos sofrimentos de Cristo" (1Pd 4,13) é, pois, uma graça* ao mesmo tempo que um dever de amor. Não se pode ser discípulo de Cristo sem carregar a cruz atrás dele (Mt 16,24 par.). Pedro especifica que se trata de "praticar a bondade", mesmo e sobretudo quando se "sofre injustamente" (1Pd 2,15.20-25; 3,17s). João declara: "Devemos, nós também, oferecer nossas vidas por nossos irmãos" (1Jo 3,16). Paulo insiste na necessidade de participar da p. para ficar unido ao Cristo (Rm 8,17; Fl 3,10). Chama de "sofrimentos de Cristo" (2Cor 1,5) suas penas de apóstolo*; elas lhe trazem "reconforto" (1,5) e mesmo "alegria" (7,4); são fecundas para a Igreja* (4,10ss; Cl 1,24).

e) *Perspectivas dos relatos.* — Concordando no conjunto, os evangelhos da p. têm, cada um, todavia, sua perspectiva própria.

Espontâneo, Marcos faz o leitor sofrer o choque dos fatos, percepção desconcertante do desígnio de Deus. Descreve cruamente a sorte de Jesus, angustiado, traído, renegado, acusado falsamente, condenado, crucificado. A quem o sabe ler, mostra entretanto a luz através das trevas: a p. revela a identidade de Jesus, "Filho de Deus" (Mc 15,39; cf. 14,61s) (filiação*), e sua obra: dar fim ao antigo culto* e construir um templo* novo, não material, para o reencontro dos homens com Deus (15,38; cf. 14,58; 15,29s).

Mais eclesial e doutrinal, Mateus ilumina os fatos com palavras de Jesus (Mt 26,52ss) e alusões ao AT (26,38.56; 27,9.35.43.46). O episódio do "preço do sangue" (27,3-10) põe em dia as responsabilidades. Enquanto uma pagã intervém em favor de Jesus (27,19), seu povo se encarrega de sua condenação (27,25). Acompanhada de uma convulsão escatológica (27,51ss; cf. 28,2ss), a morte de Jesus provoca uma confissão* de fé* coletiva (27,54).

Mais historiador, Lucas situa de manhã (22,66-71) o interrogatório colocado por Mc à noite, e relata um comparecimento diante de Herodes (23,6-12). Seu relato manifesta sobretudo o apego pessoal do discípulo: afirmação repetida da inocência de Jesus (23,4.14s.22.41), omissão dos traços ofensivos (testemunhas de acusação, condenação) ou cruéis (maus-tratos), insistência exortativa (22,40.46; 23,28-31,40). A cruz produz a conversão* (23,27.48) e a salvação* (23,42s).

Muito diferente, João apresenta uma p. glorificadora (cf. Jo 12,27s; 17,1). Contra sua intenção, os inimigos de Jesus contribuem para a manifestação de sua glória soberana (18,6-9.31s), real (18,33-37; 19,2-5.19-22) e filial (19,7-11). A p. é uma "elevação" (3,14; 8,28; 12,32s). O episódio do lado transpassado atesta sua fecundidade e chama a contemplar o Crucificado (19,31-37).

Os escritos do NT são unânimes em apresentar a p. como a vitória decisiva de Cristo e de Deus sobre o mal*, em benefício dos homens. "Por seu sangue", o Cordeiro* imolado nos resgatou e fez de nós "reis e sacerdotes" (Ap 5,6-10), capazes de vencer "por causa de seu sangue" (12,11).

- M. Dibelius (1943), "La signification religieuse des réctis évangéliques de la passion", *RHPhR* 13, 30-45. — K. H. Schelkle (1949), *Die Passion Jesu in der Verkündigung des Neuen Testaments*, Heidelberg. — X. Léon-Dufour (1960), "Passion (Récits de la)", *DBS* 6, 1419-1492. — J. Blinzler (4ª ed., 1969), *Der Prozess Jesu*, Regensburg. — P. Benoît (1966), *Passion et résurrection du Seigneur*, Paris. — A. Vanhoye (1967), "Structure et théologie des récits de la passion dans les évangiles synoptiques", *NRTh* 89, 135-163. — La mort du Christ (1971), *LV(L)*, 20, 2-121. — L. Marin (1971), *Sémiotique de la passion*, Paris. — H. Cohn (1972), *The Trial and Death of Jesus*, Londres. — G. S. Sloyan (1973), *Jesus on Trial*, Filadélfia. — F. Bovon (1974), *Les derniers jours de Jésus*, Neuchâtel. — M. Hengel (1976), "*Mors Turpissima Crucis.* Die Kreuzigung in der antiken Welt und die 'Torheit' des 'Wortes vom Kreuz'", *in Rechtfertigung. Festschrift für E. Käsemann*, 125-184, Tübingen. — H. Cousin (1976), *Le prophète assassiné*, Paris. — X. Léon-Dufour (1979), *Face à la mort, Jésus et Paul*, Paris. — M. Hengel (1981), *La crucifixion dans l'Antiquité et la folie du message de la croix* (trad. de *Mors Turpissima...* e outros escritos), Paris. — M. Limbeck (ed.) (1981), *Redaktion und Theologie des Passionsberichtes nach den Synoptiken*, WdF 481. — Col. (1985), *Narrativité et théologie dans les récits de la passion*, RSR 73, 6-244. — I. de la Potterie (1986), *La passion de Jésus selon l'Évangile de Jean*, Paris. — M. Gourgues (1989), *Le Crucifié*, Montréal. — K. Kertelge (sob a dir. de) (1989), *Der Prozess gegen Jesus*, Friburgo. — R. Meynet (1993), *Passion de Notre Seigneur Jésus-Christ*, Paris. — R. Brown (1994), *The Death of the Messiah*, Nova York. — S. Légasse (1994), *Le procès de Jésus*, Paris.

Albert VANHOYE

→ *Cordeiro de Deus; Cumprimento das Escrituras; Eucaristia; Evangelhos; Expiação; Jesus da história; Morte; Obediência; Páscoa; Sacrifício; Salvação; Servo de Javé; Violência.*

B. TEOLOGIA SISTEMÁTICA

Se a paixão (p.) de Cristo* designa o "conjunto de seus sofrimentos, desde sua agonia até sua morte* e seu sepultamento" (ver *supra*), este termo remete a um aspecto essencial do mistério* de Jesus Cristo e de sua Páscoa*: aquele que precede e condiciona a ressurreição* e que poderia muito bem ser designado também pela palavra "cruz". O NT mostra bem o lugar privilegiado que a fé* cristã deu desde suas origens à p. e à cruz do Cristo assim entendidas. Nem a grande tradição* patrística nem a teologia* contemporânea negligenciaram esse aspecto. Em prol da clareza, é interessante distinguir e reunir quatro aspectos: histórico, escatológico, soteriológico, teológico.

1. O dado histórico

Não há dúvidas de que Jesus* morreu na cruz, ao término de um processo de julgamento, após ter conhecido uma dura noite de angústia e sofrido diversos maus-tratos, no abandono de seus discípulos, sob o escárnio da soldadesca vinda capturá-lo e da multidão curiosa que o seguira. Não somente atroz mas infamante, o suplício da cruz que tinha curso entre os romanos era particularmente utilizado contra os escravos e contra os inimigos vencidos a quem se queria expor à irrisão (Tácito, *Hist.* IV, 11). Este simples elemento basta para indicar que a execução de Jesus teve um caráter político, como aliás testemunha a inscrição da cruz que anunciava "o motivo de sua condenação: Este é o rei dos judeus" (Mt 27,27). Entretanto, Jesus foi entregue a Pilatos, representante da autoridade romana, pelo próprio Sinédrio, portanto pelas autoridades religiosas do povo judeu, resolvidas a eliminá-lo sob a acusação de blasfêmia (Mt 27,57-66). De fato, ele pretendera "destruir o templo* de Deus e reconstruí-lo em três dias". Assim, ele atentara, bem como pelo conjunto de seu comportamento para com o sábado*, o pecado* e Deus* mesmo, contra os princípios e os fundamentos da religião judaica e conectara à sua pessoa* a realização da esperança* messiânica de seu povo*. Um tal blasfemo só podia "merecer a morte".

A p. e a crucifixão de Jesus não resultaram, porém, apenas da condenação de poderes humanos cúmplices na ocasião. Elas se inscreviam também, e mesmo primordialmente, não só na linha de uma determinação muito consciente do próprio Jesus, mas igualmente — os primeiros discípulos logo o descobriram — na perspectiva do cumprimento de uma paradoxal vontade divina. A fé* cristã tanto se empenha em sublinhar a historicidade da p. quanto insiste em fazer ver que com ela se desenrolou um drama que ultrapassa em muito a história*: na e pela p. de Jesus, Deus mesmo se viu "engajado" (Balthasar*). O simples fato de as diferentes tradições neotestamentárias não concordarem quanto ao momento da crucifixão mostra que os evangelistas quiseram tornar o leitor atento a uma significação que ultrapassa a pura e simples factualidade histórica. Enquanto os sinóticos apresentam a última refeição de Jesus como a da nova Páscoa, João, ao contrário, faz Jesus morrer no dia da Preparação da festa pascal dos judeus (19,14), a fim de fazê-lo aparecer como o verdadeiro cordeiro* pascal (17,36). Em ambos os casos, é à mesma realidade histórica que se reporta, é o mesmo evento que se quer atestar. A investigação de hoje tende a estimar que o dado joanino é aqui o mais seguro; com a ajuda do cálculo astronômico, ela precisa mesmo que Jesus morreu verossimilmente em 7 de abril do ano 30.

2. A dimensão escatológica

Os motivos mesmos que conduziram Jesus à sua p. e à sua cruz dão à factualidade desses acontecimentos um alcance propriamente escatológico. A acusação de blasfêmia é reveladora a esse respeito. Por sua atitude para com o Templo como pelo conjunto de seu comportamento público, Jesus emitira uma verdadeira "reivindicação de transcendência", uma real "pretensão" (W. Pannenberg): pretensão de fazer eco por sua palavra (as antíteses do sermão da montanha, a invocação de Deus como "*Abba*") à "autoridade*" mesma de Deus; pretensão de colocar por seu agir e com ele (os milagres* e os exorcismos*, as refeições com os pecadores e o perdão dos pecados) os sinais do advento do reino* de Deus até então esperado. Com sua vinda e seu ministério público, em seu destino pessoal e, finalmente, em seu ser mesmo, os tempos escatológicos se abriam. Doravante, o que até então era apenas prometido e aguardado, ou somente dado "em figura", começava a se realizar "em atos e em verdade*". O fim dos tempos era chegado, a salvação* definitivamente oferecida, e fundada "a aliança* nova e eterna" de que Deus concebera o desígnio.

Tal foi a leitura que os discípulos de Jesus acreditaram dever fazer de sua vida, da p. que a concluíra e da morte que se lhe seguira, depois que eles foram levados a experimentar e a confessar sua ressurreição. Mas essa leitura pós-pascal da p. e da cruz não estava em menor consonância direta com aquilo de que o próprio Jesus progressivamente tomara consciência, de maneira cada vez mais nítida, ao longo de todo seu ministério público, diante das reações que suscitava. Mesmo que sua redação tenha, em parte, o caráter de "*vaticinia ex eventu*", os três anúncios da p. (Mc 8,31s par.; 9,31s par.; 10,33s par.) remetem sem dúvida alguma à palavra e, portanto, à consciência* do próprio Jesus: a parábola* dos vinhateiros homicidas (Mc 12,1-12) bastaria para atestá-lo. As narrativas* da Ceia o confirmam. Muito provavelmente autêntico, o enunciado: "Em verdade, eu vos digo, nunca mais beberei do fruto da videira até o dia em que o beber, de novo, no Reino de Deus" (Mc 14,25) marca bem, em Jesus, uma dupla convicção. Se, de um lado, a p. e a morte para as quais ele avança e cujo advento ele antecipa sob o signo do pão e do vinho lhe parecem inscrever-se na linha reta do caráter escatológico de sua missão, elas também lhe parecem constituir ao mesmo tempo o ponto culminante e o critério último de interpretação dessa missão.

3. O alcance soteriológico

Reconhecer uma dimensão escatológica para a realidade histórica constituída pela sequência p.-cruz-morte é, ao mesmo tempo, atribuir-lhe um alcance soteriológico. Segundo a fé cristã, esta sequência ocupa um lugar essencial no plano revelador e salvífico de Deus. Por que e como? Responder a esta pergunta exige que se elabore uma teologia da salvação* e que se compreenda como interpretar a cruz e a morte de Jesus como sacrifício*. Convém, todavia, precisar antes de tudo a base a partir da qual a confissão* de fé se desenvolveu assim. O essencial reside no fato de que a p. não aparece, do lado de Jesus, como apenas sofrida, mas como claramente prevista e formalmente aceita, na obediência à misteriosa e, contudo, amorosíssima vontade do Pai*. Tal é, de fato, o sentido tanto das palavras: "Pai, que não seja feita a minha vontade, mas a tua" (Mt 28,42 par. — Mc 14,36 traz *Abba!*), quanto de: "Meu Deus, meu Deus, por que me abandonaste?" (Mc 15,34 e Mt 27,46) pouco antes da morte na cruz; pois estas últimas palavras não são apenas um grito de sofrimento, são também uma invocação dirigida ao Pai, num total abandono "entre suas mãos" (cf. Lc 23,46).

Relacionada à vontade de Jesus que cumpre a vontade do Pai, a p. aparece colocada sob o signo de um "por nós" radical fora do qual ela não passaria de absurdo e escândalo. Vindo "por nós homens e para nossa salvação", é pela mesma razão que Jesus foi à morte e se entregou nela (cf. na Ceia o "dom" de sua vida "pela multidão", Mc 14,24). Com isso ia se manifestar até onde vai o pecado dos homens, que se mostrariam capazes de pôr "à morte" o "Justo" e "o Santo" de Deus (At 3,14). Com isso também lhes seria revelado que não somente eles não são rejeitados, mas que o perdão de Deus lhes é misericordiosamente oferecido e que eles continuam a ser amados por ele apesar de todos os seus pecados, dos quais doravante podem se arrepender. Toda a fé na salvação como redenção trazida por Cristo encontra aí a sua origem.

Este ponto é tanto mais importante porque não faz senão levar a seu cumprimento* "até o fim" (Jo 13,1) o que era característico do ensinamento, da atividade e da existência de Jesus, já que "o Filho* do homem não veio para ser servido, mas para servir e dar sua vida [...]" (Mc 10,45). De mesmo modo, ainda, segundo seu ensinamento expresso, crer nele, caminhar em sua trilha e poder beneficiar-se da salvação que ele abre faz que seus discípulos, eles também, sejam chamados a se fazer "o último, o servo de todos" (Mc 9,35 par.). Cada fiel de Cristo deve, por seu turno, "carregar sua cruz" (Mc 8,34s). O apóstolo* é conduzido, pelas provas do ministério* apostólico, a completar "o que falta às tribulações de Cristo em minha carne em favor do seu corpo que é a Igreja" (Cl 1,24). Sabe-se que lugar tem a cruz no conjunto da grande tradição espiritual e mística* cristã (mística da p. ou da cruz).

4. A significação teológica

Ocorre, entretanto, que a p. de Jesus só pôde ter esta dimensão escatológica e este alcance soteriológico na medida em que Deus mesmo pôde agir por ela e mesmo engajar-se verdadeiramente nela. Como admitir semelhante coisa: como conciliar fraqueza e sofrimento, abandono e mesmo ignomínia de um lado, e soberania, senhoria e onipotência — em suma: divindade — de outro?

a) A *Escritura** é formal: o hino de Fl 2,6-11 celebra a kenose* daquele que, "de condição divina [...] tomando a condição de servo [...] ele se rebaixou, tornando-se obediente até a morte, e morte numa cruz." Mas a adoção da "condição de servo" não acarretou a perda da "condição" divina. É como homem, afirma a fé cristã, e segundo a comum condição humana, excetuado o pecado — mas sofrimento e morte inclusos —, que o Cristo "encarnou" Deus-Filho na humanidade.

A *tradição patrística* se esforçou por manter juntos os dois aspectos do mistério: a realidade da encarnação* do Verbo (incluindo, portanto, a vulnerabilidade ao sofrimento e à morte) e a verdade de sua divindade (apesar do atentado cometido à imutabilidade* e, portanto, à impassibilidade* que a filosofia* grega em geral, e neoplatônica em particular, considerava características do divino). Inácio de Antioquia é aqui uma boa testemunha que fala do "intemporal, [do] invisível que se tornou visível para nós, [do] incompreensível, [do] impassível que se

tornou capaz de sofrer por nós" (*A Policarpo* III, 2; cf. também Ireneu*, *Adv. Haer.* IV, 20, 4 e Tertuliano*, *Da carne do Cristo*, V, 4). Numerosos debates se desenrolaram, desde as controvérsias trinitárias da segunda metade do s. III, em torno do monarquianismo ou do modalismo*/sabelianismo, com o patripassianismo que acarretaram (Noeto em Esmirna e Práxeas em Cartago, combatidos por Tertuliano em Cartago e Hipólito em Roma*), até a querela neopasquita do s. VI, em torno dos monges citas e de sua fórmula: "Um da Trindade* foi crucificado". Mas o aspecto da "comunicação dos idiomas*" que estava em jogo acabou por ser compreendido tanto pelos alexandrinos quanto pelos antioquenos e latinos no sentido ortodoxo da doutrina de Éfeso* sobre a *Theotokos* (*DS* 263).

Diversos Padres* emitiram, contudo, pareceres originais, sobre os quais a teologia contemporânea será chamada a voltar: Orígenes* (*Dos Princípios* IV, 2, 4) fez ver que nos espantaríamos menos pelo fato de o Filho ter podido partilhar nossa miséria — e o Pai mesmo experimentar algo dos humanos sofrimentos — se víssemos bem que toda a economia é comandada pela compaixão e pela misericórdia* divinas. Hilário* (*Trin.* VIII, 45), Gregório* de Nissa (*Grande catequese*, 24, 1) e outros convidaram a ver nisso a marca não de um limite, mas de uma potência e de uma liberdade soberanas. Máximo* Confessor, em debate com o monofisismo* e sua reativação monotelista, precisaria (Constantinopla III*) que a existência no Cristo de uma natureza humana completa permanecendo distinta da natureza divina — no seio mesmo da união segundo a única pessoa do Verbo* — permitia uma verdadeira teologia da agonia no Getsêmani.

b) Muito marcada pela abordagem metafísica, a *teologia escolástica** foi aqui radicalmente contestada pela *theologia crucis* de Lutero*. Mas, se a teoria da "comunicação dos idiomas*" que Lutero pregou pôs à luz os dados do problema, nem por isso ela o resolveu, como mostrará o desenvolvimento da querela da kenose ao longo dos s. XVI e XVII (escolas de Giessen e de Tübingen*). A *filosofia idealista* alemã, à frente de todos, evidentemente, Hegel*, e a teologia dita *kenótica* que se inspirou nela nos s. XIX e XX na Alemanha, na Inglaterra e na Rússia acusaram ainda a tomada de consciência da importância dos desafios: se o Absoluto deve necessariamente se "exteriorizar", permanece Absoluto? Se não pode exteriorizar-se, Cristo pode continuar a ser considerado Deus? Se pode, em que medida podemos falar de uma verdadeira humanidade de Jesus em quem ele supostamente se revelou?

c) Todas as *teologias contemporâneas*, das chamadas "da morte de Deus" ou "do *process**", às teologias dialética de Barth* ou existencial de Bultmann*, e mesmo à da "libertação*", se mediram mais ou menos sistematicamente por essas questões, no enfrentamento da "dura palavra" característica da modernidade: "Deus está morto". Todos os teólogos de hoje reconhecem ter ainda de enfrentá-la. Três deles pelo menos permitiram à reflexão avanços significativos, e é evocando-os que desde logo será possível concluir: J. Moltmann e E. Jüngel, de um lado, H. U. von Balthasar* do outro.

De suas proposições, reteremos sobretudo os seguintes elementos: 1/ A vinda do Filho de Deus na humanidade (encarnação) comportava logicamente que ele devesse conhecer p. e morte, e mesmo "descida* aos infernos". 2/ Nisso não há nem "alienação" nem desdivinização de Deus, nem manifestação nele de um limite, de uma falta ou de uma necessidade, mas expressão soberanamente livre de um movimento radical que só a palavra "amor" pode designar adequadamente. 3/ Desde logo, longe de opor àquilo que se apresenta de fato como uma "kenose" uma objeção tomada de uma ideia preconcebida de "Deus", convém exercer o deciframento de sua "essência" a partir da manifestação que ele faz dela ao vir ele mesmo abrir o caminho da salvação àquilo "que não é ele". 4/ Trata-se, a partir daí, de aprender a reconhecer que a potência* divina é da ordem de um amor que é "comunicação" e de uma total "entrega" de si. Tal amor comporta e acarreta seguramente certos "efeitos de vulnerabilidade", mas isso não o impede de ser *todo*-poderoso. 5/ Para ser efetivo na história, a autocomunicação de Deus deve entretanto já

se verificar desde sempre na imanência divina mesma. "A distinção intradivina eterna do Pai e do Filho é a condição teológico-transcendental da possibilidade da autoalienação de Deus na encarnação e na cruz" (W. Kasper) e, ao mesmo tempo, a condição de sua autorrevelação*.

- Cf. bibliografia do verbete "Cristo-cristologia". — P. Henry (1957), "Kénose", *DBS* 5, 7-161. — J. Blinzler (1960), *Der prozess Jesu*. — X. Léon-Dufour (1960), "Passion (récits de la)", *DBS* 6, 1419-1492; (1963), *Les Évangiles et l'histoire de Jésus*, Paris. — Th. Ogletree (1966), *The Death of God controversy*, Nashville-Nova York. — H. U. von Balthasar (1969), "Mysterium Paschale", *MySal*, III/2, Einsiedeln (Petrópolis, 1973). — H. Schürmann (1975), *Jesu ureigener Tod*, Leipzig. — E. Brito (1978), *Hegel et la tâche actuelle de la christologie*, Paris-Namur (*Hegel e a tarefa atual da cristologia*, São Paulo, 1983). — X. Léon-Dufour (1979), *Face à la mort. Jésus et Paul*, Paris. — F.-M. Léthel (1979), *Jésus et l'histoire*, Paris. — A. Gounelle (1981), *Le dynamisme créateur de Dieu. Essai sur la théologie du Process*, Montpellier (*ETR* hors série). — M. Hengel (1981), *La crucifixion dans l'Antiquité et la folie du message de la Croix* (ed. orig. fr.), Paris. — X. Léon-Dufour (1982), *Le partage du pain eucharistique selon le Nouveau Testament*, Paris. — W. Kasper (1982), *Der Gott Jesu Christi*, Mainz. — B. Sesboüé (1982), *Jésus-Christ dans la tradition de l'Église*, Paris; (1988 e 1991), *Jésus-Christ, l'unique Médiateur*, t. I e II, Paris. — M. Lienhard (1991), *Au coeur de la foi de Luther: Jésus-Christ*, Paris. — S. Légasse (1994-1995), *Le procès de Jésus*, t. I e II, Paris. — O. González de Cardedal (1997), *La entraña del cristianismo*, Salamanca, 523-618, "La muerte de Jesús: símbolo, crimen, misterio". — U. Köpf (1997), "Passionsfrömmigkeit", *TRE*, 27, 722-764.

Joseph DORÉ

→ *Balthasar; Constantinopla III (concílio); Cristo-cristologia; Descida aos infernos; Éfeso (concílio); Jesus da história; Kenose; Monofisismo; Monotelismo-monoenergismo; Ressurreição de Cristo; Salvação; Trindade.*

PAIXÕES

a) Pano de fundo helênico. — Para os gregos, o problema das paixões (p.) gira em torno dos dois conceitos do governo de si (*autarkeia*) e de controle de si (*egkrateia*). A razão* (r.) dota aquele que a possui de certa medida de livre-arbítrio e de autossuficiência. Em contrapartida, as p. são involuntárias perturbações da alma* que ameaçam a r. e às vezes a eclipsam. A questão é a da medida na qual a *egkrateia* pode ter acesso à *autarkeia*, e preservá-la, reprimindo as p. ou pondo-as a serviço de objetivos racionais.

Platão tanto quanto Aristóteles insistem nisso: a virtude* implica a subordinação das p. à r.: a vida imperfeitamente moral é o fruto da ignorância e da p. Em Platão, as p. são doenças oriundas de um princípio de cobiça (*to epithymetikon*) e de um princípio de cólera (*to thymikon*) que se opõem ao princípio razoável (*to logistikon*) (*Rep.* IV, 439d-441c). É preciso observar ainda que o princípio de cólera é também o princípio de uma virtude, pois é o princípio da coragem. Aristóteles distingue. Como a ordem das p. é a das moções que nos são impostas, as p. não tornam o homem nem bom nem mau (*EN* II, 1105 *b* 29-1106 *a* 2); a ordem das virtudes e dos vícios não é a da moção, é a da *disposição* — mas "viver segundo a p." se opõe decerto à vida racional (I, 1095 *a* 8-10, IX, 1169 *a* 1-5). O estoicismo vai mais longe. Identificando a vida racional e bem-aventurada com a *apatheia* (ausência de sentimentos) e a *ataraxia* (ausência de perturbação interior), ele conduz de fato a identificar p. e vícios. Ao lado das *pathè* (como tais contrárias à natureza), os estoicos conhecem certamente também bons afetos, as *eupatheiai*: a alegria, a circunspecção (*eulabeia*) e a vontade. Mas essa precisão não deve sombrear a tendência geral do Pórtico.

b) Primeiras discussões cristãs. — Digamos de saída que essas discussões não ocorrem no cenário intelectual da Antiguidade tardia. Na literatura apostólica e subapostólica, não encontramos nem afirmação nem rejeição das p. como tais: a atenção prestada às p. limita-se geralmente a alertas contra a cólera e os "prazeres carnais" (Tg 4,1; 1Pd 2,11; *Didaché* 1,4; *2Clem.* 10). Ocorre que o desprezo das p. é um lugar-comum da primeira literatura ascética cristã, e que mesmo a atitude mais policiada de um moralista como Clemente de Alexandria parece totalmente estoica: "O sacrifício agradável a Deus* é fazer obstinadamente abstração do corpo* e de suas p." (*Strom.* 5, 11, 67). Tão tarde quanto no s. IV, mesmo as reflexões cristológicas mais ortodoxas traem certo embaraço quando se trata de atribuir p. à natureza humana, perfeita, de Jesus*.

Ora, a *autarkeia* não é um valor de fundo no NT (onde o termo só aparece em 2Cor 9,8 e 1Tm 6,6, além de *autarkès* em Fl 4,11, em contextos em que ele não é objeto de grande insistência): ali a r. e a liberdade* se cumprem no desejo de Deus, que conduz a abdicar toda reivindicação de autonomia; e é essa abdicação que é proporcionada e refletida pela verdadeira *egkrateia* (Hermas, *Pastor* 2, 1-5). Essa relativização da *autarkeia* vai de par com a afirmação cristã do corpo e de sua passibilidade, em desdobramentos que afetam positivamente a percepção cristã das p., triplamente. De um lado, a integração da passividade na noção de r. humana permite à teologia* uma distinção menos cortante entre o reino da r. e o das p. De outro, a nova dignidade atribuída conjuntamente ao corpo e a seus sofrimentos se reflete na dignidade reconhecida às p. mesmas. Enfim, o respeito crescente manifestado para com o corpo em razão da encarnação* do Verbo* e da ressurreição* da carne provoca um respeito correspondente pelas p., na medida em que elas demonstram um nexo estreito da carne e da alma. Essa melhora do estatuto moral das p. é ilustrado desde cedo em Inácio de Antioquia, que chega quase a considerar como iguais as emoções sofridas pelo cristão em sua vida de oração*, as p. carnais do mártir cristão e a p. espiritual da alma racional quando ela se entrega na fé* à iniciativa divina (p. ex. *Ad Romanos* 6). Nesses três sentidos, a p. se põe como rival da *autarkeia* como sinal do ato* moral e espiritual cumprido. Outra concepção positiva das p. será oferecida por Lactâncio (morto *c.* 325-330), para quem, ao mesmo tempo contra o aristotelismo e o estoicismo, o *affectus* "é como uma fecundidade natural das almas" (CSEL 19, 337). A condenação ética das p. prosseguirá entretanto no monaquismo*, como em Evágrio, cuja *praktiké* (doutrina da ascese* monástica) retoma o tema da *apatheia* e faz dela "a flor da prática" (SC 171, 670).

c) Agostinho e o pensamento cristão posterior. — A inversão cristã dos valores encontra sua mais clara articulação em Agostinho*. Para ele, o pecado* não reside na desordem das p., mas num querer racional que recusa ser movido por Deus e se torna assim escravo de uma p. pelo criado. O verdadeiro amor* de Deus é, todavia, ele mesmo, uma espécie de p. e permite falar de p. virtuosas. Longe de se opor ao querer racional, a p., seja virtuosa seja viciosa, revela as verdadeiras inclinações da vontade. A alma sã experimentará p. sadias (que incluem dor e cólera), e Agostinho reluta em negar que os santos do céu experimentarão ao menos as p. da alegria e de um santo receio.

Há uma exceção no tratamento geral das p. por Agostinho: sua análise do desejo sexual, do qual decerto se pode fazer um uso correto, mas que nunca é sentido de modo inocente. É notoriamente fácil, neste ponto, ler Agostinho na contramão. Apesar de sua insistência no caráter involuntário da *libido*, sua avaliação negativa da sexualidade não marca um retorno a uma glorificação da *autarkeia*. Ao contrário, Agostinho diz com insistência que o caráter involuntário da p. sexual é o castigo infligido a uma r. orgulhosa que outorgou à autonomia um valor maior que à submissão ao governo divino. Não é por ser uma p. que Agostinho condena o desejo sexual, mas porque é o signo, de outro modo desprovido de necessidade, de uma perversidade espiritual (*Cidade de Deus* XIV, 15). O que quer que se possa dizer, aliás, sobre a concepção agostiniana da sexualidade, ela não inclui nenhuma recusa da p. como tal.

Tomás* de Aquino também situa o pecado na r. mais do que nas p. e fornece uma análise das relações entre p., condição carnal e desejo racional (*ST* Ia IIae, q. 22-48). Sua subordinação do querer ao intelecto leva-o, porém, a atenuar o caráter intencional da r.: assim aparece um corte conceitual entre desejo e r., que oferece os primeiros rudimentos de uma problematização da noção de desejo racional.

d) Discussões modernas e contemporâneas. — No curso do período moderno, há teólogos — sobretudo Edwards* — para dar testemunho de um interesse continuado pelas p. como indicadores do amor de Deus, ou de sua falta. Pode-se afirmar, todavia, que a maioria dos modernos são movidos por duas tendências antagonistas, seja a identificar a r. somente com as faculdades cognitivas (p. ex., Descartes*, num período marcado na França por uma retomada de interesse pela teoria estoica das p.), seja a descobrir na r. uma função das "simples" p. e pulsões (p. ex., D. Hume [1711-1776], *Tratado sobre a natureza humana* 2, 2, 3). A segunda tendência se verificou a mais comum. Freud* afirmará (com Agostinho) que a r. humana é um dinamismo desejante, mas afirmará também (longe de Agostinho) que a r. é a expressão de pulsões inconscientes. A intencionalidade da r. revela assim irracionalidade da r., e esta r. irracional está a serviço de p. cujo objeto é unicamente a sobrevida ou o prazer.

O projeto moral de Kant* é um novo esforço para fundar o querer racional na ideia de uma lei* moral transcendente. Seu projeto pode ser tomado no sentido amplo como uma retomada da concepção agostiniana da r.; mas essa retomada só é possível pagando um preço elevado: a passividade da r. face a Deus se vê ali, de fato, perdida. Kant reabilita a r. prática, com efeito, preservando-a de toda imputação de passividade: a "boa vontade" é uma legisladora autônoma livre das pressões ou impulsões de toda inclinação, p. ou mandamento* divino.

A discussão teológica recente das p. está ligada a um esforço por desenvolver uma inteligência do desejo racional que evite as tendências voluntaristas e "decisionistas" da ética* kantiana, evitando também as pressuposições deterministas da psicologia freudiana (McClendon, 1986). O projeto exige uma atenção para o corpo humano entendido como parte irredutível do eu (Ricoeur, 1950; Wyschogrod, 1990), uma reinterpretação da r. como faculdade carnal e afetiva (Henry, 1965), um pensamento do estatuto moral do sofrimento humano (Porée, 1993) e uma meditação da ressurreição* como horizonte das atitudes cristãs diante da carne (Bruaire, 1968, 263-268). O desafio é a coerência de um conceito cristão de liberdade* que insista na passividade humana, posta em relação com o agir puro de Deus. O desafio também é fazer da p. virtude.

* J. Edwards (1746), *A Treatise Concerning Religious Affections*, reimpr. Grand Rapids, Mich., 1982. — K. Kirk (1931), *The Vision of God*, Londres, 312-319. — P. Ricoeur (1950), *Le volontaire et l'involontaire*, Paris. — J. N. D. Kelly (1958), *Early Christian Doctrines*, Londres (1977²), 280-309. — S. Pfürtner (1958), *Triebleben und sittliche Vollendung*, Friburgo (Suíça). — M. Henry (1965), *Philosophie et phénoménologie du corps*, Paris. — C. Bruaire (1968), *Philosophie du corps*, Paris. — J. Lanz (1971), "Affekte", *HWP* 1, 89-100. — M. Miles (1979), *Augustine on the Body*, Missoula, Mont. — A. Solignac (1984), "Passions et vie spirituelle", *DSp* 12/1, 339-357. — J. McClendon (1986), *Ethics*, Nashville, Tenn., 79-155. — P. Brown (1988), *The Body and Society: Men, Women and Sexual Renunciation in Early Christianity*, Londres. — E. Wyschogrod (1990), *Saints and Postmodernism*, Chicago. — G. C. Harak (1993), *Virtuous Passions*, Nova York. — J. Porée (1993), *La philosophie à l'épreuve du mal. Pour une phénoménologie de la souffrance*, Paris. — W. J. Wainwright (1995), *Reason and the Heart: A Prolegomenon to a Critique of Passional Reason*, Ithaca-Londres. — D. Cates (1997), *Choosing to Feel*, Notre Dame, Ind. — D. Kambouchner (2003), "Paixões", *DEFM*, v. 2, 279-285.

Thomas E. BREIDENTHAL

→ *Autonomia da ética; Ética; Sexual (ética); Voluntarismo.*

PALAMAS → Gregório Palamas

PALAVRA DE DEUS

A. Teologia bíblica

Segundo modalidades diversas, a palavra (p.) de Deus* (D.) inscreveu-se numa história*. O autor da epístola aos Hebreus (1,1s), tomando a medida dessa história, declara: "Depois de ter, por muitas vezes e de muitos modos, falado outrora aos Pais, nos profetas, Deus, no período final em que estamos, falou-nos a nós num Filho a quem estabeleceu herdeiro de tudo, por quem outrossim criou os mundos." Do início ao fim, portanto, repercute esta p., que passa por enviados que podemos globalmente designar como profetas. Vamos nos limitar às ocorrências do tema ao longo das Escrituras* dos dois Testamentos.

I. Antigo Testamento

1. A expressão "palavra de Deus": empregos e variantes

a) Coletâneas proféticas. — Embora os profetas mencionados por Hb não sejam os únicos a ter falado, são eles que testemunham de maneira direta que D. está na fonte da p. deles. As fórmulas que se encontram nas coletâneas proféticas dão testemunho disso. Assim, o auditório pode ser interpelado por "Escutai a p. de Javé" (*devar Javé*: p. ex., Am 3,1; 4,1; 5,1; 7,16). Algumas p. dos profetas são escandidas por *"oráculo de Javé"*, seja no início, seja no fim (p. ex., 162 x no livro de Jeremias). Ultrapassando o quadro dos oráculos particulares, a fórmula "A p. de Javé foi a... [tal profeta]" cobre a totalidade de um livro* profético (Os 1,1; Jl 1,1; Ml 1,1; Sf 1,1; cf. Jr 1,2s). No livro de Ezequiel a fórmula global de Ez 1,3 é substituída pela afirmação frequente: "A p. de Javé veio a mim" (48 x). Não é de espantar, portanto, que se encontre 240 x no AT a expressão "p. de Javé" para designar tanto uma p. particular quanto o conjunto da atividade de um profeta. Fora do contexto religioso, o enviado introduz sua mensagem com os termos: "Assim fala [...]" seguidos do nome* daquele que o envia (Gn 32,4ss; Jz 11,15; 2Rs 18,29): de igual modo, a frase "Assim fala Javé" introduz numerosos oráculos proféticos (com o verbo *'amar*; Am, 13 x; Jr, 128 x; Ez, 124 x). Quando D. fala na primeira pessoa, sua p. pode ser escandida por um simples: "[...] diz Javé" (Ag 1,8; Ml 1,2; 2,16; 3,13). Neste caso, o profeta se apaga completamente diante de D.

b) A Lei. — Na Torá, as fórmulas proféticas são raras (cf. Gn 15,1). Em Ex 9,20s, "a p. de Javé" outra coisa não é senão a que D. disse a Moisés e que ele deve transmitir ao faraó (Ex 9,13-19). Diante desta p., os servos do faraó reagem ou lhe obedecendo, ou não a levando a sério. Em Nm 15,31, "a p. de Javé" é uma maneira de designar os mandamentos* (cf. Dt

5,5). Nesta perspectiva, Ex 24,3 designa, sob a expressão "as p. de Javé", o decálogo*. Fora desses poucos textos, os narradores anônimos fazem intervir D. como aquele que se dirige diretamente ao homem e à mulher* (Gn 2–3), a Noé, aos patriarcas, enfim a Moisés e Aarão, a Moisés sobretudo, que é o interlocutor de D. durante a saída do Egito, da marcha no deserto e da conclusão da aliança*.

c) Os Escritos. — No resto da Bíblia*, D. fala menos diretamente. O livro dos Provérbios recolhe em larga medida as p. dos sábios, sempre se referindo com frequência a Javé. No Eclesiastes, este nome divino não figura, assim como no Ct.

Se é verdade que no interior do AT todas as suas partes só muito desigualmente são qualificadas como "a p. de Javé", é contudo o livro* inteiro que judeus e cristãos consideram como p. de D.

2. Os portadores da Palavra

Como se viu, os que transmitem a p. de D. são os profetas. Ao lado do profeta que se sabe enviado por D., deve-se dar lugar ao sacerdote* a quem se consulta e que transmite a resposta de Javé (p. ex., em 1Sm 14,17ss; 36s; 22,11-17). Vêm por fim os sábios (ainda que lhes ocorra de desprezar "a p. de Javé": Jr 8,9). Conforme a repartição das funções enunciada em Jr 18,18, a *instrução* é confiada ao sacerdote, o *conselho* ao sábio e a p. ao profeta (cf. Ez 7,26): a distinção não deve ser enrijecida, pois trata-se de três tipos de p., cada uma se referindo a D. Aliás, a p. de D. é posta em paralelo com a instrução no livro de Isaías (1,10; 2,3; cf. Mq 4,2). A p. não se limita ao oráculo: ela se exprime por todos os que, guiados pelo Espírito de Deus, escreveram de maneira anônima segundo as normas de seu tempo*.

3. Os atributos da Palavra

A p. de D. é ao mesmo tempo *una e diversificada*, até contrastada. Por meio do profeta, D. se exprime diferentemente conforme o tempo, as circunstâncias e as fases da história, em formas literárias variadas: promessas*, repreensões, acusações, anúncios de castigo, apelos à conversão*. À diversidade das funções na cidade* correspondem gêneros* literários distintos. A p. de D. transmitida pelo profeta é antes de tudo um *evento* que pede para ser acolhido por ouvintes; ela não se impõe pela coerção: a p. do profeta pode ser recusada; em tal caso, é a p. de D. que é recusada. Ezequiel recebera o anúncio dela: "Mas a casa de Israel* não vai querer escutar-te; toda a ca-sa de Israel tem a fronte endurecida e o coração obstinado" (Ez 3,7). Ainda que ela se choque com a liberdade* humana, a p. de D. é *eficaz*. O profeta Elias confessa-o: "Foi por tuas palavras que fiz todas essas coisas" (1Rs 18,36). Essa eficácia da p. divina é proclamada por Is 55,11: "assim se comporta minha p. desde que sai da minha boca: ela não volta para mim sem resultado, sem ter executado o que me agrada e coroado de êxito aquilo para que eu a enviara". Nesse texto, a p. de Javé adquire uma *espécie de autonomia* para melhor marcar sua intervenção na história, sempre mantendo a transcendência divina. Ela se apresenta como uma potência à qual nada resiste. A leitura deuteronomista da história de Israel já fazia da p. de D. uma potência a operar no coração dos acontecimentos. Um texto tardio do Deuteronômio propunha uma unificação das leis* múltiplas sob o nome de "*a P.*" (Dt 30,11-14). No mesmo espírito, o Sl 119 reitera a fórmula "tua p.", p. que é objeto de desejo e de esperança*. É notável que esta autonomia da p. se recupere com a Sabedoria* personificada, cujo discurso se dirige a todos para que cada um encontre a vida (Pr 1–9). Quando se trata de falar da criação* do mundo por D., Gn 1 se contenta por dez vezes com um "*D. disse*", a fim de significar o poder* da p. divina para a qual dizer é fazer. O verbo se tornará um substantivo em Sr 42,15 ("por *tuas* palavras") e em Sb 9,1s ("por *tua* p.", "por tua sabedoria"). A expressão "p. de D." pode também pertencer ao tema do *cumprimento** dos oráculos e promessas, tanto nos livros proféticos (Jr 17,15: 33,14) quanto na Torá (Nm 11,23; 23,19) e na história deuteronomista (Js 4,10; 21,45; 23,14; 1Rs 8,24; 2Rs 24,2). A p. divina se revela assim em sua potência, capaz de fazer viver e de fazer morrer.

Assim, a p. de D. possui múltiplos aspectos. Capaz de iluminar o momento presente, ela relê o passado e anuncia o futuro. Ela recobre o que a teologia* chama de revelação*.

II. Novo Testamento

A expressão "*p. de D.*" é rara nos evangelhos*, mais frequente nos Atos dos Apóstolos*, nas epístolas de Paulo e no resto do NT, mas a mensagem cristã é designada também como "*p. do Senhor*" ou ainda "*p. do Cristo**", mais raramente "*p. de Jesus**".

1. Escritura e palavra de Deus

A Escritura é reconhecida como p. de D., mas não se trata de uma equivalência imediata. Num relato de controvérsia (Mt 15,1-9; Mc 7,1-13), Jesus opõe o mandamento do decálogo sobre a honra devida aos pais (Ex 20,12; Dt 5,16) e uma tradição interpretativa que desvia de sua obediência. Em tal caso, a Escritura não é mais a p. de D.; ela só é verdadeiramente reconhecida como p. de D. se a vontade divina que ela exprime for respeitada. Contexto polêmico também em Jo 10,35, onde se vê Jesus opor a Escritura, designada como "*vossa lei*", e a p. de D. que esta contém, mas cuja inteligência escapa aos interlocutores. De igual modo, em Jo 5,37ss, Jesus diz aos que "escrutam as Escrituras": "Mas vós nunca escutastes sua voz [de D.], nem vistes o que o manifestava, e a sua palavra não permanece em vós, pois não credes naquele que ele enviou". A leitura das Escrituras deve levar a acolher aquele que realiza o desígnio de D.; é nesta condição que elas são a p. de D.

Em Lc 5,1, a multidão escuta "a p. de D." da qual Jesus se faz o pregador: o caso é único nos evangelhos. A expressão pode aqui designar a Escritura que Jesus interpreta, e da qual ele leu uma passagem na sinagoga de Nazaré (Lc 4,16-30). Pode-se também estimar que Jesus é dado como modelo do pregador cristão.

2. Palavra de Deus e mensagem cristã

Nos Atos dos Apóstolos, a "p. de D." (11 x) adquire um conteúdo especificamente cristão, pois os apóstolos, cheios do Espírito* Santo (At 4,31), dizem esta p. com segurança, p. que inclui o testemunho dado à ressurreição* de Jesus (At 4,33). Como a do AT, esta p. é dotada de uma energia própria: "*A p. de D. crescia*" (At 6,7; 12,24; 19,20), tal como a p. do Senhor em At 13,49.

Devotados ao serviço da p. de D. (At 6,2; cf. Lc 1,2), os discípulos devem anunciá-la (At 13,5; 17,13), ensiná-la (At 18,11) para que seja escutada (At 13,7.44) e acolhida (At 8,14; 11,1). Os mesmos verbos se aplicam à p. do Senhor (At 13,44.49; 15,35; 16,32; 19,10). Todavia, "p. de D." tem por conteúdo principal o desígnio de D., conhecido pelas Escrituras, no qual vêm se inscrever a morte* e a ressurreição de Jesus. A expressão já tinha no Evangelho de Lucas (Lc 8,21; 11,28) essa significação cristã.

Como em Lucas, a "p. de D." designa em Paulo a mensagem cristã e sublinha sua origem divina. 1Ts 2,13 é o melhor exemplo: "damos graças a Deus sem cessar: quando recebestes a p. de D. que vos fazíamos ouvir, a acolhestes, não como p. humana, mas como é realmente, p. de D., a qual também está atuando em vós, que credes". Esta p. que vem de D., Paulo é seu pregador à maneira dos profetas (Gl 1,15; cf. Jr 1,5; Is 49,1). O que Paulo prega é a obra da salvação* realizada por D. no Cristo Jesus, o que ele chama de querigma (Rm 16,25; 1Cor 1,21; 2,4; 15,14) ou Evangelho.

A propósito de Israel (Rm 9,6), Paulo se perguntará se a p. de D. fracassou ou não. As numerosas citações do AT em Rm 9,7-17 manifestam que ele remete à Escritura, mas, de modo mais global, à vontade salvífica de D. e ao cumprimento das promessas. Todavia, o apóstolo sabe que a p. de D. se realiza no tempo* e que ela deve, antes de tudo, ser anunciada (Fl 1,14; Cl 1,25) sem ser falsificada (2Cor 2,17), pois a p. vem de D. e deve guardar toda a sua força pascal.

A p. de D. reveza-se em Paulo com "*a p. do Senhor*" (1Ts 1,8), que possui uma energia própria e autônoma e que prossegue seu curso (2Ts 3,1), mesmo quando Paulo está acorrentado, pois "*a p. de D. não está acorrentada*" (2Tm 2,9).

3. Da palavra de Jesus ao Logos

Lendo o quarto evangelho, Jesus se revela por sua p. e seus atos como um profeta (Jo 4,19; 9,17), até mesmo como o Profeta (Jo 1,21; 6,14;

7,40). Todavia, desde Jo 3,31ss, o papel de Jesus é distinguido daquele de João Batista por uma oposição nítida entre a origem terrestre do segundo e a origem celeste do primeiro: "Aquele que vem do céu testemunha do que viu e do que ouviu [...] aquele que D. enviou diz as p. de D." (v. 32.34). A missão de Jesus encontra aqui sua melhor definição; não é a de um simples mensageiro, mas revela a intimidade de Jesus com D.

Perceber todas as dimensões da missão* de Jesus é ter a inteligência de sua condição divina. Como diz Jesus: "Eu não falei por mim mesmo, mas o Pai que me enviou prescreve-me o que tenho a dizer e a declarar" (Jo 12,49; cf. 14,10). O verbo "dizer" (*lalein*: 59 x em Jo), conhecido também dos outros evangelistas, sobretudo de Lucas, traduz a situação de Jesus como p. do Pai. "O Pai ama o Filho e entregou tudo em sua mão" (Jo 3,35).

Submisso totalmente ao Pai, Jesus fala de sua própria p. na primeira pessoa e convida a uma atitude de fé* e de obediência traduzidas por expressões como "*escutar minha p.*" (Jo 5,24; 8,43; cf. 18,37; "*escutar minha voz*") ou "*guardar minha p.*" (8,51-52; 14,23; 15,20; cf. 1Jo 2,5), tendo como paralelo frequente "*guardar meus mandamentos*" (Jo 14,15; 15,10). É que a p. de Jesus opera um juízo* e tem um alcance escatológico, pois guardar a p. tem uma relação estreita com a vida eterna* (Jo 8,51). As afirmações mais solenes de Jesus, em particular as que se abrem com "*Eu sou*", revelam um elo com a vida eterna* através de um simbolismo enraizado no AT. Por seu testemunho saído do Pai, Jesus manifesta que D. é verídico (Jo 3,33) porque nele as promessas de D. se realizam.

A partir dessa identificação de Jesus e da p., assim como do elo que une Jesus ao Pai, o quarto evangelho confessa Jesus como o *Logos*, o Verbo* vindo na carne (Jo 1).

Conclusão

A p. de D., designada e transmitida pela Escritura, ultrapassa-a. A expressão pode se referir à leitura pública da Bíblia no quadro da liturgia* (1Tm 4,5); pode também evocar a p. criadora de D. (em 2Pd 3,5; cf. Gn 1). Mais frequentemente, ela engloba o desígnio de D. sobre Israel e sobre a humanidade, no qual se insere o testemunho de Jesus Cristo dado no tempo marcado (Ap 1,2.9; 6,9; 20,4). A p. de D. é viva e permanente (1Pd 1,23) para ser "*p. de salvação*" (At 13,26), "*p. de graça*" (At 14,3; 20,32), "*p. de vida*" (Fl 2,16) e sobretudo "*p. de reconciliação*" (2Cor 5,19).

- H. Ringgren (1947), *Word and Wisdom*, Lund. — A. Robert (1957), "*Logos*, II. La parole divine dans l'Ancien Testament", *DBS* 5, 442-465. — Col. (1961), *La parole de Dieu en Jésus-Christ*, CAR 15, 11-119. — P. Grelot (1962), *Sens chrétien de l'Ancien Testament. Esquisse d'un traité dogmatique*, Tournai, 126-134. — L. Bouyer (1974), *Le Fils Éternel. Théologie de la parole de Dieu et christologie*, Paris. — W. H. Schmidt (1977), "dabhar", *ThWAT* 2, 101-133. — R. E. Brown (1981), "And the Lord said. Biblical Reflection on Scripture as the Word of God", *TS* 42, 3-19.

Jacques BRIEND

→ *Antropomorfismo; Criação; Cumprimento das Escrituras; Escritura sagrada; Evangelhos; História; Jesus da História; Juízo; Lei; Livro; Pregação; Profeta; Revelação; Sabedoria; Verbo.*

B. Teologia sistemática

A noção de palavra (p.) de Deus* (D.) é central para a fé* cristã. Por sua p., D. chamou à existência o que não era, e por ela fará viver os mortos (cf. Rm 4,17). Por sua p., feita carne em Jesus Cristo, ele fez irrupção no mundo dos humanos. A Escritura* (E.) sagrada, a Bíblia*, atesta de um extremo a outro essa presença vivificante da p. de D. Por isso se aplicará bem depressa à própria E. aquilo que ela proclama: ela mesma se torna p. de D. Palavra escrita (*verbum scriptum*), que é preciso ler segundo a P. encarnada (*verbum incarnatum*) da qual ela nos fala e que quer, por ela, jorrar constantemente como p. pregada (*verbum praedicatum*).

É tarefa central da hermenêutica* (herm.) assumir a interpretação da E. enquanto p. de D. em seu movimento da encarnação* à pregação*.

1. Desdobramentos na Igreja antiga e medieval

A formação do cânon* bíblico, tal como se operará nos primeiros séculos da era cristã, colocou a teologia* em condição herm.: é interpretando a E.

que tenho acesso à p. de D. Comentando os textos bíblicos, os Padres* da Igreja* instaurarão pouco a pouco uma tradição* interpretativa que guiará a leitura das gerações ulteriores; e a tradição, que fixa a regra da fé*, torna-se assim norma de interpretação da E. Transformando uma passagem paulina ("A letra mata, mas o Espírito* vivifica", 2Cor 3,6) em regra de leitura, a herm. antiga instaurou uma distinção entre sentido literal e sentido espiritual; e é nesta base que, prolongando certas pistas antigas, os comentaristas medievais desenvolvem progressivamente sua teoria dos quatro sentidos* da E. (um sentido literal e três diferentes sentidos espirituais).

Ao longo dos séculos, a regulação institucional das relações entre E. e tradição* se reforçou, e o ministério* eclesial, inscrito na sucessão* apostólica, tornou-se então a garantia da veracidade* da p. de D. Esta herm. institucionalizada se encontrará claramente fixada no concílio* de Trento* por um catolicismo* que se demarca criticamente em relação ao princípio escriturístico protestante. A função herm. do magistério* romano, enquanto magistério de ensino, irá se fortalecendo ao longo dos tempos modernos.

2. Palavra de Deus e Escritura sagrada na reforma protestante

Opondo-se à ideia de uma tradição que seria via de acesso à E., a Reforma marca sua especificidade colocando seu princípio escriturístico: *sola scriptura*, "só a E.". Como se deve entender essa ênfase?

a) O Evangelho, palavra oral. — Se a E. sagrada tem um estatuto particular, não é enquanto tal, como uma espécie de autoridade* formal: é, antes de tudo, porque ela é inteiramente habitada pela dinâmica da p. de D. Esta p., antes de ser conservada por escrito, foi p. oral, p. proclamada de viva voz (*viva vox*). Ela é o Evangelho (Ev.), a Boa-Nova que faz viver. Ou, para dizê-lo nos termos mais clássicos da Reforma, ela é a p. que justifica, que declara justo e que torna justo pela força ("performativa") desta declaração. Esta p. é, pois, eminentemente criadora: como criou todas as coisas no princípio, é ela que cria a fé em seu destinatário e lhe permite ouvir e receber

a P., e é ela igualmente que cria a Igreja (da qual Lutero* pode dizer que é criatura da p. de D., *creatura verbi*). É por isso que esta p. de D. deve constantemente ser proclamada na Igreja, o que constitui a tarefa principal do ministério, sobretudo pela pregação. Nesse frente a frente da Igreja e da p. de D., esta permanece, portanto, sempre como o princípio primeiro e ativo: razão pela qual nem a Igreja nem seu ministro podem intervir como penhores da veracidade* da p. de D. *Sola scriptura.*

b) Distinguir a Escritura e o Evangelho. — Em seu sentido primeiro, o Ev. é "o Espírito que vivifica". Tornando-se E., ele se torna letra. Mas ele não se cristaliza jamais nessa letra, e é por isso que o Ev. não se identifica jamais com a E. Esta o contém, mas ele quer constantemente jorrar dela como p. viva, como era no início. É isso que dá à E. sua clareza e que lhe permite interpretar-se a si mesma (*scriptura sui ipsius interpres*). A E. tem em si mesma sua própria chave de interpretação: ela é clara na medida em que, de letra que mata, ela se torna Espírito que vivifica. Lutero* expressará isso falando de uma E. atravessada de um extremo a outro pelo movimento incessante que vai da lei* ao Ev.

c) Um critério cristológico. — Para a avaliação crítica da autoridade* evangélica da E. sagrada, Lutero pôde extrair de suas reflexões herm. um princípio cristológico: é verdadeira p. de D. "aquilo que põe Cristo* à frente" ("was Christum treibet", *WA.DB* 7, 384), mesmo que seja um texto de Judas, de Anás, de Pilatos ou de Herodes. (É este princípio que levou Lutero a emitir reservas sobre o verdadeiro teor da Epístola de Tiago ou do Apocalipse de João.) A mensagem de Cristo, cuja morte* e ressurreição* justificam o homem e o fazem viver, constitui portanto como que o "centro ensolarado" da E. (a tradição fala de um "cânon* dentro do cânon"). E se os adversários opõem a E. a Cristo, será preciso então opor Cristo à E. (*WA* 39/1, 47, tese 49).

3. Teologia da Palavra no século XX

a) Desdobramentos modernos. — Um enriquecimento do princípio escriturístico se efetuou na ortodoxia protestante dos s. XVI e XVII: a

p. de D. se identifica então com a E. em seu dado literal, que assume por isso mesmo valor de autoridade sagrada, exigindo uma herm. sagrada. É contra essa sacralização que lutará a exegese* histórico-crítica moderna quando reivindicar uma leitura crítica e livre dos textos bíblicos (princípio de Semler). Mas, levada ao extremo, tal leitura pode conduzir a fazer da Bíblia um documento entre outros da cultura religiosa humana, como mostram certos resultados da teologia* liberal do s. XIX.

b) A palavra de Deus na teologia dialética. — Sob o golpe da crise da I Guerra Mundial, que marcou o fim do ideal liberal e de suas ilusões, os teólogos dialéticos reafirmaram a verdadeira dimensão teológica da p. de D.: na crise, o juízo* de D. repercute, e é por meio dele que D. nos faz dom de sua graça*. A p. de D. manifesta assim a "diferença qualitativa infinita" (Kierkegaard*) que separa o Todo Outro e os humanos, e ela convida estes últimos a sair de si mesmos para se abrir a uma salvação* que permanece *extra nos*.

c) Retomada hermenêutica. — Ao passo que essa redescoberta da teologia da P. levou Barth* a uma atitude anti-hermenêutica, o grande mérito da escola de Bultmann* foi ter operado uma retomada sistemática da P. no plano da herm. Isso lhe permitiu articular de maneira coerente teologia da P. e exegese histórico-crítica. Esse nexo se opera por meio de uma interpretação existencial inspirada em Heidegger*: por meio de uma leitura metódica das interpelações que o querigma dirige aos leitores e que é preciso despir de seus aparatos mitológicos (o que coloca o programa da desmitologização a serviço de uma teologia da P.). Com G. Ebeling, essa herm. da p. de D. se abrirá para os campos da história* da Igreja e da dogmática*.

4. Debates atuais

A compreensão da p. de D. foi e é ainda objeto de debates ecumênicos nos quais a tradição protestante deve se situar em relação a diversos questionamentos. Com os parceiros católicos e ortodoxos, procede-se a uma discussão sobre as relações entre E. e tradição (relançada sobretudo

pela constituição *Dei Verbum* do Vaticano II*). O desafio aqui é saber se uma instância tradicional pode se pronunciar sobre o valor da E. como p. de D. ou se a questão se desenrola em círculo herm. no interior mesmo da E. ("a E. intérprete de si mesma").

O fundamentalismo*, característica de certos movimentos no seio mesmo do protestantismo*, suscita outros debates. Com efeito, enrijecendo o *sola scriptura* protestante de maneira literalista, ele identifica a p. de D. com a E. sagrada em sua letra (inspiração verbal, à maneira da ortodoxia protestante) e dá por isso mesmo à E. um estatuto de infalibilidade*, de inerrância. A tal posição a herm. protestante opõe a distinção entre E. e Ev., desenvolvida mais acima, para evitar uma fixação legalista da p. de D. e para manter o livre jogo do "conflito das interpretações" (P. Ricoeur).

Após ter sido marcada por longo tempo pelo monopólio do método histórico-crítico, a interpretação da E. se abre hoje a uma pluralidade de métodos. Alguns deles, como p. ex. a pragmática da comunicação, a narratologia ou a teoria do ato de leitura, permitem melhor captar o nexo dialético da p. de D. e da E. e abrem contra os enrijecimentos doutrinários o espaço de liberdade* indispensável a uma interpelação vital do leitor: "Tu és este homem!" (2Sm 12,7).

• K. Barth (1924), "Das Wort Gottes als Aufgabe der Theologie", *in* J. Moltmann (ed.), *Anfänge der dialektischen Theologie I*, Munique, 1962, 197-218. — E. Brunner (1931), *The Word and the World*, Londres. — K. Barth (1932), *KD* I/1. — G. Ebeling (1960), "Wort Gottes und Hermeneutik", *in Wort und Glaube I*, 3ª ed., Tübingen, 1967, 319-348; (1969), "Gott und Wort", *ibid.*, II, 396-432. — F. Hesse *et al.* (1961), "Schriftauslegung", *RGG*³ 6, 1809-1821. — W. Mostert (1979), "Scriptura sacra sui ipsius interpres", *LuJ* 46, 60-96. — M. Lienhard (1989), *L'Évangile et l'Église chez Luther*, Paris. — G. Ebeling (1994), "L'hermeneutique entre la puissance de la parole de Dieu et sa perte de puissance dans les Temps modernes", *RThPh* 126, 39-56. — P. Bühler, C. Karakash (sob a dir. de) (1995), *Quand interpréter c'est changer. Pragmatique et lectures de la Parole*, Genebra. — P. Gisel, J. Zumstein (1995), "Bible", *in* P. Gisel (sob a dir. de), *Encyclopédie du protestantisme*, Paris-Genebra, 115-137.

Pierre BÜHLER

→ *Bíblia; Cânon das Escrituras; Escritura sagrada; Evangelhos; Exegese; Hermenêutica; Pregação; Sentidos da Escritura.*

PANTEÍSMO

Pantheist, forjado por John Toland (*Socinianism truly stated*, 1705), reúne dois termos gregos: *pan* (tudo) e *theos* (deus); o substantivo *pantheism* se difundiu rapidamente. Fonte de muita confusão, logo se cria o hábito de aplicar retrospectivamente o termo a doutrinas metafísicas ou teológicas anteriores, e de considerar o panteísmo (p.), tal como antes o deísmo*, como um ateísmo* disfarçado. Assim, chama-se de p. toda doutrina metafísica ou religiosa que, negando a ideia de um deus criador e transcendente, identifica Deus* e o mundo*, quer o mundo apareça como uma emanação de Deus (sobre um modelo neoplatônico), até mesmo como o corpo de que Deus seria a alma, quer Deus seja considerado como princípio e totalidade unificada de tudo o que é. "'P.' quer dizer ao mesmo tempo que tudo é Deus e que é o tudo que é Deus" (Alain, *Définitions*). A doutrina, todavia, não tem o mesmo sentido conforme seja Deus o identificado ao todo ou à natureza, ou então a totalidade dos entes seja relacionada a Deus, no qual todas as coisas, conforme a palavra de Paulo (At 17,28), são ditas ter "a vida, o movimento e o ser". C. Krause (1781-1832) forjou "panenteísmo" para designar a doutrina segundo a qual tudo é em Deus sem implicar que tudo seja Deus. De fato, "panenteísmo" convém melhor a filosofias* como as de Espinosa do que "p.", termo antes de tudo polêmico.

O pressuposto ontológico fundamental é a univocidade do ser*. O p. leva a termo a ideia de uma unidade substancial de todas as coisas por meio de uma tese monista (até mesmo de unicidade da substância) que implica a imanência de Deus a tudo o que é, espíritos como corpos*. É nesse sentido que um monismo corporalista como o dos estoicos (para o Pórtico todo espírito é um corpo, um sopro quente, e Deus mesmo é um corpo feito de puro fogo) será considerado como p. Para seus promotores, o p. tem por con-sequência uma perfeita inteligibilidade de todo o real, um necessitarismo integral (e portanto, a impossibilidade dos milagres*), a onipresença* divina e a escalada de todas as coisas rumo a Deus, em suma uma mística* sem mistério*. Mas para seus adversários as consequências são: 1/ a confusão de todas as coisas, a perda da individualidade, *a fortiori* de toda personalidade, tanto para Deus quanto para os espíritos; 2/ a indiferença em moral em razão da indistinção de todos os valores: do bem* e do mal*, do verdadeiro e do falso, da liberdade* e da necessidade; 3/ a equivalência de todas as crenças e de todas as religiões e, ao fim e ao cabo, a morte da religião, da moral e da política.

a) História das doutrinas. — Espinosa é geralmente considerado como arquétipo do sistema panteísta e modelo de todos os que seguirão, em razão do monismo da substância e do estatuto modal dos indivíduos finitos, notadamente do homem. Um teólogo ortodoxo aceitará sem dificuldade a tese de que "sem Deus nada pode ser nem ser concebido", mas não o que a precede imediatamente: "Tudo é Deus" (*Ética* I, XV). O espinosismo é, todavia, um panenteísmo mais que um p., pois, se tudo é em Deus, Deus não se confunde nem com o mundo nem com a totalidade de seus modos, e Espinosa conserva de fato a distinção de origem escolástica* entre a natureza* naturante (Deus como princípio de ser e de vida irredutível a todo vivente particular) e a natureza naturada, conjunto dos modos infinitos e finitos. Sendo Deus constituído de uma infinidade de atributos* infinitos dos quais só conhecemos dois, a saber, o pensamento e a extensão, a metafísica espinosiana não pode ser interpretada nem como um p. materialista nem como um p. espiritualista, já que Deus ali é chamado tanto *res extensa* quanto *res cogitans*. Foram considerados como p., desde a refutação do padre Maret, os metafísicos henologistas, pré-socráticos (Xenófanes) ou neoplatônicos (Plotino, Proclo). Mas se o Princípio ou o Primeiro é a fonte de onde procede livremente e necessariamente tudo o que é, jamais o Uno, que é "além do ser e da essência", como além de toda determinação e, portanto, de toda coisa, pode ser confundido com a totalidade dos seres de segunda classe (o Uno que existe ou o intelecto, a alma do mundo, as almas* individuais e os corpos), que derivam dele (processão) e que remontam a ele (conversão) segundo um movimento eterno e infinito. Igualmente discutível é a qualificação como panteístas de doutrinas religiosas que ignoram toda divindade pessoal, como o bramanismo indiano ou o budismo. Quando João Escoto Erígena (cerca de 800-877) se esforçou no *De divisione naturae* para transpor teses neoplatônicas para o quadro do pensamento e do vocabulário cristãos, ele chegou a formulações ambíguas (as coisas criadas, criadoras e não criadoras, provêm de Deus e retornam a Deus segundo um processo eterno) e foi condenado pelo papa* Honório III em 1225. Outra modalidade do p. apareceu na Alemanha no final do s. XVIII e serviu para conciliar a veneração antiga da natureza, a aspiração à fusão mística em Deus e a concepção cristã da salvação*. Foi o caso de Goethe ou, na Inglaterra, de Byron.

b) As querelas do panteísmo. — A questão do p. tomou uma acuidade decisiva com a querela surgida na Alemanha da revelação, por Jacobi, de um p. (ou mais exatamente de um espinosismo) mascarado de Lessing. Seguiu-se uma correspondência com Mendelssohn (que defendia um teísmo* racionalista oposto à religião do sentimento de Jacobi). Essa querela, da qual todos os filósofos alemães foram levados a participar, teve um papel decisivo na gênese do idealismo alemão: foi assim que, ao recusar o elo pretensamente necessário entre p. e fatalismo, Schelling* fez do p. a condição de possibilidade de um "sistema da liberdade". Esse debate levantou de novo a questão da realidade do mundo exterior, da natureza da existência, da inteligência da identidade e do estatuto do absoluto.

Uma segunda querela nasceu na França por volta de 1840, em torno do espiritualismo da escola de Victor Cousin (1792-1867) e da defesa de uma razão* divina impessoal (Francisque Bouillier, 1813-1899). "Não há mais ambiente possível entre catolicismo* e p.", segundo o padre Maret, que expõe em seu *Ensaio sobre o*

panteísmo das sociedades modernas o que se tornará a vulgata católica da acusação–refutação de um p. próprio às filosofias racionalistas, negador da revelação*, conduzindo necessariamente ao fatalismo, "ao culto dos sentidos, à adoração da matéria identificada com o espírito" (I. Goschler). Essa querela explica, entre os filósofos cousinistas (como Jules Simon, 1814-1896), o cuidado reativo de se distinguir do p. de Espinosa.

c) A condenação teológica vem de que o p., ao fazer de tudo o que é uma emanação necessária de Deus, nega por princípio a criação* *ex nihilo* (o mundo ou o real é eterno), a encarnação*, a espiritualidade de Deus, a distinção da natureza e do sobrenatural*. O que se considera retrospectivamente como as primeiras condenações do p. diz respeito de fato a formulações teológicas que queriam exprimir a relação do homem com Deus ou as vias da salvação numa linguagem neoplatônica, como em João Escoto Erígena (tradutor, entre outros, de Proclo). É o caso, p. ex., da proposição segundo a qual, por meio de suas criaturas como teofanias*, Deus se cria a si mesmo como Deus, isto é, passa da inefabilidade à inteligibilidade (Amaury de Bène, condenado pelo concílio de Paris em 1210); é o caso também de certas formulações do Mestre Eckhart. A condenação formal do p. pela Igreja* católica data do *Syllabus* (§ 1, *DS* 2901) de 1864, que condena a identificação de Deus e da natureza e a identidade substancial de Deus e dos seres, da qual se deduz a confusão de todos os valores e de todas as ordens. O primeiro concílio do Vaticano* (*De fide catholica*, 24 de abril de 1870, cap. 1: *De Deo omnium creatore*, *DS* 3023-3025) declara Deus distinto do mundo na realidade e por sua essência; e nos cânones 3 a 5 anatematiza certo número de teses consideradas panteístas, tais como a unidade substancial de Deus e das coisas, o emanatismo e a negação da criação *ex nihilo*, o caráter universal e indefinido de um Deus que constitui o conjunto das coisas ao se determinar a si mesmo. Deixando de ser uma posição teológica a partir do s. XX, o p. não foi mais objeto de condenação expressa, a menos que se considere como tal a desconfiança suscitada pelo pensamento de Teilhard de Chardin (1881-1955), às vezes considerado como uma ressurgência do p., quando ele mesmo escrevera em *O fenômeno humano* (1955, 291): "[...] a união diferencia. As partes se aperfeiçoam e se rematam em todo conjunto organizado. Foi por ter desconsiderado essa regra universal que tantos p. nos desviaram no culto de um grande todo onde os indivíduos supostamente se perdiam como uma gota de água, se dissolviam como um grão de sal no mar". Uma prova de que o p. permaneceu como uma denominação polêmica e redutora em relação às doutrinas monistas às quais ela deveria se aplicar.

• João Escoto Erígena (864-866), *De divisione naturae* (trad. fr., l. I a III, 1995). — Espinosa (1677), *Ética.* — J. Toland (1720), *Pantheisticon.* — F. H. Jacobi (1785), "Über die Lehre des Espinosa" in *Briefen an den Herrn Moses Mendelssohn*, Breslau. — M. Mendelssohn (1785), *Morgenstunden oder über das Daseyn Gottes*, Berlim; (1786), *An die Freunde Lessings*, Berlim. — F. W. J. Schelling (1809), *Philosophische Untersuchungen über das Wesen der menschlischer Freiheit.* — C. Krause (1828), *System der Philosophie*, Göttingen. — H. Ritter (1829), *Die Halbkantianer und der Pantheismus*, Berlim. — I. Goschler (1832), *Du panthéisme*, Estrasburgo. — G. W. F. Hegel (1832), *Vorlesungen über die Philosophie der Religion*, Berlim. — Abbé H. Maret (1835), *Essai sur le p. dans les sociétés modernes*, Paris. — F. Bouillier (1844), *Théorie de la raison impersonnelle*, Paris. — J. Simon (1856), *La religion naturelle*, Paris. — Aug. Valensin (1925), *A travers la métaphysique*, Paris. — W. Schröder (1989), "Pantheismus", *HWP* 7, 59-63. — H. L. Nouty (1990), "Le p. dans les lettres françaises au XVIIIe siècle", *RSHum*, 435 s.

Jacqueline LAGRÉE

→ *Ateísmo; Deísmo; Natureza; Onipresença divina; Platonismo cristão; Vaticano I (concílio).*

PANTOCRATOR → potência divina a. → imagens

PAPA

Assim como a história* da Igreja* é bem mais complexa do que a da tradição* da fé* cristã, a realidade histórica do papado, "a instituição mais famosa de todo o Ocidente" (Toynbee), ultrapassa a simples expressão da essência teológica do ministério* (m.) de Pedro* (P.). Este último conheceu, em relação a suas expressões neotestamentárias, desdobramentos consideráveis (I), que só receberam força dogmática recentemente (II); liberado de formas passadas que cristalizavam de modo muito visível a divisão dos cristãos o m. de P. é concebido pelos papas (p.) contemporâneos como serviço da unidade* de todos os cristãos (III).

I. Desdobramento do primado do papa

Segundo o testemunho do NT, P. tem uma precedência em relação aos Doze e no seio das Igrejas primitivas, assim como uma autoridade* no domínio da fé. Mas nada é especificado quanto à sua sucessão.

O nexo entre o m. de P. e a Igreja de Roma* se estabeleceu a partir de seu martírio* (com Paulo em 64) nesta cidade, cuja Igreja logo gozará de um grande prestígio por ser também a da capital do Império, por partilhar generosamente seus recursos e por velar pela ortodoxia da fé, já que P. nela estabelecera sua cátedra. Desde meados do s. III, Mt 16,18-19 é interpretado em Roma como fundação de seu primado (assim Estêvão em sua controvérsia com Cipriano* e Firmiliano de Cesareia). Mas a evolução rumo ao papado atual será lenta e dramática.

Do édito de Milão à queda do Império, a autoridade do bispo* (b.) de Roma crescerá sobretudo na qualidade de testemunha qualificada da fé, sem que isso implique uma jurisdição* sobre as Igrejas que não são de sua alçada imediata (assim o cân. 28 de Cartago em 419 [CChr. SL 149, 190-111] excomunga os que apelam a Roma). Durante todo o primeiro milênio, Roma tem como parceiros os primados patriarcais (ao menos Constantinopla, após as invasões árabes), os concílios* ecumênicos e o imperador. Salvo em Sardes (343), porém, jamais o Oriente o Ocidente dão o mesmo conteúdo ao primado romano. Uma ruptura decorreu disso: os *Dictatus Papae* (Fliche e Martin 8, 79-80) de Gregório VII, que reclamava em 1075, em seu conflito com o imperador germânico, a plenitude do poder, ilustram bem as razões de sua persistência.

Em 10 de suas 27 proposições sobre o poder do p., o termo *solus* se repete e sua extensão é assim descrita: "Nenhum sínodo* pode ser chamado de 'geral' sem sua ordem" (16); "Nenhum texto canônico existe fora de sua autoridade" (17); "Sua sentença não pode ser reformada por ninguém e só ele pode reformar a de todos" (18); "Ele não deve ser julgado por ninguém" (19).

Fazendo eco, Nicetas de Nicomédia dirá a Anselmo de Havelberg: "A autoridade do b. romano, segundo tuas palavras, está acima de tudo; que ele seja então o único b., o único doutor, o único educador, que ele esteja sozinho acima de tudo o que lhe foi confiado somente a ele [...] Mas se, na vinha do Senhor, ele quer colaboradores [...], que ele não despreze seus irmãos que a verdade* de Cristo* engendrou, não para a escravidão, mas para a liberdade* no seio da Mãe Igreja" (Diálogos [1136], PL 188, 1218-1219).

Esse aumento de peso do poder pontifício (que acabará por se apoiar nos Falsos decretais; cf. "Isidorianos [falsos]", *DHGE* XXV, 1995, 222-224) conhecerá tendências, se não teocráticas, ao menos hierocráticas que crescerão no s. XIII, e sofrerá duas graves derrotas. Em nome da superioridade do concílio geral sobre o p., o concílio de Constança* depôs em 1415 os três p. concorrentes (*COD* 409) e tentou instaurar um regime conciliar (Decr. *Frequens*, 1417, *COD* 438 *sq*) — a tentativa foi malsucedida, sobretudo porque os gregos preferiram tratar de sua união em Florença* (1439), com o p., a tratá-la com os conciliaristas de Basileia*. E na Reforma os p. não souberam nem compreender as questões levantadas nem reformar a Igreja a tempo, e por isso a Igreja católica se reduziu praticamente ao espaço mediterrâneo. O papado atingiu seu apogeu doutrinal no final do s. XIX.

II. As definições do I concílio do Vaticano e os títulos habituais do papa

1. As definições do Vaticano I

O Vaticano I* (*Pastor aeternus*, 1870) definiu a jurisdição* universal do p. e a infalibilidade* de seu ensinamento *ex cathedra* numa linguagem técnica que exige uma exegese: podemos tomar de empréstimo a que foi fornecida pelo relator aos Padres conciliares, antes dos votos.

a) *O primado de jurisdição.* — É definido como imediato, ordinário, verdadeiramente episcopal, plenário e supremo, termos dos quais só o primeiro tem aqui um sentido corrente: *imediato* indica que tal poder "pode ser exercido sem que seja necessariamente preciso passar por um intermediário" (Mansi 52, 1105). *Ordinário* se opõe a "delegado": "O poder ordinário é aquele que cabe a alguém em razão de seu cargo; é chamado 'delegado' o poder exercido em nome de outra pessoa em quem ele é ordinário" (*ibid.*). Não se ensina assim que os poderes do p. devem ser exercidos diariamente ou mesmo habitualmente, mas que não provêm de uma delegação. *Verdadeiramente episcopal* é uma expressão enganosa pois não significa que o p. é o b. da Igreja* inteira, mas que seu poder "é de mesma natureza que o dos b.: designa-se assim um aspecto de jurisdição exercido pelo p. e pelos b." (*ibid.*, 1108-1109). O p. seria então um monarca absoluto de direito divino na Igreja? Muitos compreenderam assim e não somente não católicos. Os textos dizem outra coisa: "O poder do soberano pontífice não faz nenhum obstáculo ao poder de jurisdição episcopal, ordinário e imediato, pelo qual os b., estabelecidos pelo Espírito* Santo (At 20,28) sucessores dos apóstolos*, apascentavam como verdadeiros pastores* cada um o rebanho a ele confiado. Ao contrário, este poder é afirmado, fortalecido e defendido pelo pastor supremo e universal" (*DS* 3061).

Sendo o poder dos b. de direito divino tanto quanto o do p., a finalidade de sua jurisdição plenária e suprema é que "o episcopado seja uno e não dividido" (*DS* 3051). Enfim, segundo o Vaticano I, o conjunto da definição deve ser entendido "à luz da antiga e constante fé da Igreja universal" (*DS* 3052), expressa na linguagem das "atas dos concílios ecumênicos e dos santos cânones" (*DS* 3059), vivida no "uso perpétuo das Igrejas", traduzida antes de tudo "nestes concílios onde o Oriente se encontrava com o Ocidente na unidade da fé e da caridade" (*DS* 3065). O próprio Pio IX confirmou "com a plenitude de sua autoridade apostólica" as explicações dadas a Bismarck pelo episcopado alemão (*DS* 3112-3116): essa jurisdição não faz do p. o depositário exclusivo do poder episcopal pleno e inteiro. O dogma* de 1870 não legitima, portanto, uma centralização romana e não funda nem a nomeação direta atual de quase todos os b. pelo p., nem as atribuições da cúria romana, nem o poder dos núncios.

b) O magistério solene do papa e sua infalibilidade. — O texto que define a infalibilidade (inf.), mais claro que o que fala da jurisdição, diz o seguinte:

> "Quando fala *ex cathedra*, isto é, quando, cumprindo seu cargo de doutor e de pastor de todos os cristãos, ele define, em virtude de sua suprema autoridade apostólica, que uma doutrina sobre a fé ou os costumes deve ser sustentada por toda a Igreja", o p. "goza, pela assistência divina a ele prometida na pessoa de são P., desta inf. com que o divino redentor quis que a Igreja fosse provida, quando ela define a doutrina sobre a fé e os costumes. Por conseguinte, essas definições são irreformáveis por si mesmas e não em virtude do consentimento da Igreja" (*DS* 3074).

Só o magistério *solene* do p. é, portanto, declarado infalível; o p. goza da inf. no ato da definição e não de maneira habitual — a tradição canônica medieval que visava a possível heresia* de um p. ("*nisi forte a fide devius*"), p. ex., a título de doutor privado, não está portanto infirmada. Por outro lado, a inf. não garante que o ensinamento formulado o seja da melhor maneira possível (ainda que ele se torne por isso irreformável), nem promulgado no momento mais oportuno, mas somente que será isento de erro. Quanto à irreformabilidade *ex cathedra*, sua afirmação visa a excluir a necessidade de um consentimento prévio juridicamente verificado, mesmo se — precisão do relator — "o consenso do ensinamento de todo o magistério* atual da Igreja unido a seu chefe for uma regra de fé para as definições do p." (Mansi 52, 1216).

É claro também que a inf. não cobre os atos disciplinares ou de governo* do p. (a aprovação da execução dos heréticos e das feiticeiras), nem suas tomadas de posição políticas (condenação das constituições que garantiam a liberdade religiosa) ou científicas (caso Galileu). Pio XII é o único p. a ter feito uso desde então da prerrogativa da inf. (definição da Assunção de Maria*).

2. Os títulos habituais do papa

a) Bispo de Roma. — O p. torna-se sucessor de P. tornando-se b. de Roma: o Vaticano I (*DS* 3057) reafirma este ponto, que o Oriente também sustenta, e este título tem uma pertinência ecumênica que não tem o título de "chefe do colégio dos bispos". Paulo VI assinou as Atas do Vaticano II* como "b. da Igreja católica": utilizando este título do s. IV, não tinha pretensões a uma episcopado universal, mas retomava uma fórmula que designa nele o b. da Igreja católica da cidade de Roma (H. Marot [1964], *Iren.* 37, 221-226).

b) Patriarca do Ocidente. — Este título ainda usado é de grande importância ecumênica e permite ver que "Roma não tem mais direitos que os outros patriarcados*, de sorte que seu primado para o conjunto da Igreja não inclui de modo nenhum que ela esteja encarregada da administração central" (J. Ratzinger, *Le nouveau peuple de Dieu*, Paris, 1971, p. 55, n. 25).

c) Chefe da Igreja. — Onerada pela elaboração medieval que fazia tudo derivar do p., a expressão não é mais utilizada senão uma única vez pelo Vaticano II (*LG* 18), acompanhada do adjetivo "visível".

d) Sumo pontífice. — Este título frequente (*summus pontifex*), frequentemente confundido (sem razão) com a dignidade pagã de *pontifex maximus*, como se os p. tivessem querido lhe suceder, só se introduziu no Renascimento sob a influência humanista (R. Schieffer [1971], "Der Papst als pontifex maximus", *ZSRG.K* 57, 300-309). É incompreensível para os não católicos e não pode, p. ex., ser traduzido em grego.

e) Vigário de Cristo. — Este título, usado por todos os b. do Ocidente até o s. XII, foi em seguida reservado aos p. para indicar a plenitude de seu poder (Inocêncio IV se chama mesmo "vigário de Deus"). O Vaticano II marginalizou-o notavelmente ao atribui-lo somente duas vezes ao p. (*LG* 18 e 22; *OT* 9 é edificante) e sobretudo ao devolvê-lo a cada bispo (*LG* 27).

A Comissão Teológica Internacional junto ao p. recomendou o abandono desses três últimos títulos (Congar 1973).

f) Soberano do Estado da Cidade do Vaticano. — Este título de soberania, mesmo modestíssimo materialmente (44 hectares), simboliza, aos olhos dos ortodoxos e protestantes, o poder temporal dos p. do s. VIII a 1870, e a disparidade atual entre eles e a Santa Sé em matéria de representação diplomática junto aos Estados (165 estavam representados junto à Santa Sé em 1995) e às organizações internacionais.

III. Rumo a conversações ecumênicas sobre o ministério de Pedro como ministério de unidade

As orientações eclesiológicas do Vaticano II permitiram que o p. e os principais representantes das demais Igrejas se encontrassem: em trinta anos, o diálogo pessoal foi reatado entre todos. As comissões bilaterais internacionais para o diálogo teológico, entretanto, não inscreveram o m. de P. em sua ordem do dia. Somente algumas comissões nacionais o fizeram (assim católicos e luteranos nos Estados Unidos: *Papal primacy and the Universal Church*, Minneapolis, 1974; Groupe des Dombes (França): *Le ministère de communion dans l'Église universelle*, DC 83, 1986, 1112-1142). Em 1995, João Paulo II desejou que se pudesse "buscar, evidentemente juntos, as formas pelas quais este m. (de P.) poderá realizar um serviço de amor* reconhecido por todos [...]. É uma tarefa imensa [...] que não posso levar a bom termo sozinho" (*Ut unum sint*, n. 95-96). A agenda de trabalhos variará conforme os parceiros.

Católicos (cat.) e ortodoxos (ort.) reconhecem, ademais, que devem resolver um problema que lhes é comum, o da figura que deve tomar a comunhão* entre as Igrejas locais* e regionais dentro da Igreja una.

Já em 1960, J. Meyendorff escreve: "Os ort. deverão debruçar-se, mais seriamente do que têm feito, sobre o papel que poderia ou deveria assumir o testemunho comum das Igrejas locais, e mais precisamente sobre o papel que desempenha, neste testemunho, o *primus inter pares*" (*L'Église orthodoxe*, Paris, 184). É mais explícito ainda em 1981: "Os ort. manifestamente não têm o direito

de fazer objeção ao primado romano baseando-se unicamente no provincialismo étnico de suas Igrejas nacionais autocéfalas [...] são indubitavelmente coberturas para o separatismo [...] Se um concílio de união se reunir, deverá inscrever em sua ordem do dia a questão da autocefalia [...] e naturalmente a questão do primado romano" (*Les Églises après Vatican II*, ThH 61, Paris, 344).

Do lado cat., se disporá de uma chave do problema se se conseguir distinguir bem mais nitidamente as funções primaciais do p. de suas funções patriarcais.

Assim, Mons. Damaskinos, secretário do futuro concílio ort., escreve: "No que diz respeito ao poder e à função do p., é claro que a tradição oriental reconhece ao b. de Roma uma autoridade particular na Igreja [...]. Ela difere da autoridade patriarcal efetiva do p. no mundo ocidental e não se cogita que o reconhecimento da autoridade do b. de Roma possa significar a submissão da Igreja ort. a esta autoridade patriarcal do p." (*Iren.* 47, 1975, 221).

A eclesiologia* cat. pode sustentar um discurso semelhante: "O direito* eclesial unitário, a liturgia* unitária, um mesmo modelo, único, de nomeação dos b. por Roma, a partir do centro, essas coisas não fazem parte necessariamente do primado enquanto tal, mas se verificam somente quando os dois m. (de p. e de patriarca) são um só. Assim, deveríamos considerar, no futuro, a distinção mais nítida entre a função propriamente dita de sucessor de P. e a função patriarcal" (J. Ratzinger, *Le nouveau peuple de Dieu*, 142).

Isso exige também da teologia* cat. uma melhor articulação do primado e da colegialidade*, uma definição mais precisa do estatuto das Igrejas locais e particulares* no seio da comunhão e uma renovação simultânea da conciliaridade.

A declaração de Balamand (Comissão Internacional cat.-ort.) abre doutrinalmente o caminho para esse exame comum; ali se afirma: "A Igreja cat. e a Igreja ort. se reconhecem mutuamente como Igrejas irmãs, responsáveis conjuntamente por manter a Igreja de Deus na fidelidade ao desígnio divino, muito especialmente no que diz respeito à unidade" (n. 14; *DC* 90, 1993, 712). Ordinariamente, as Igrejas não calcedonianas têm a mesma atitude da Igreja ort. perante o m. do p., que elas conhecem por meio das Igrejas de seu rito unidas a Roma.

Com as Igrejas da Reforma, o diálogo será mais complexo, não somente porque a polêmica foi mais violenta (Lutero* e a maioria dos reformadores depois dele identificam o p. com o Anticristo), mas por razões eclesiológicas. A tradição protestante, de fato, é pouco homogênea em sua concepção do *episkope*/episcopado como instrumento da comunhão entre as Igrejas. Ora, a responsabilidade petrina é a de um b. cujo m. de comunhão passa pelo serviço da unidade de seus colegas no episcopado. E a aceitação do magistério papal se revelará ainda mais difícil pelo fato de que para os reformados nenhuma decisão magisterial pode permanecer ao abrigo do questionamento, ao passo que o m. do p. entende se pronunciar em certas circunstâncias de tal modo que obriga todos os fiéis de maneira definitiva: obrigação à qual o *motu proprio Ad Tuendam Fidem* de João Paulo II (1998) fornece uma sanção disciplinar.

Na teologia cat., uma exegese rigorosa das definições do Vaticano I não bastará enquanto as demais Igrejas perceberem tão fortemente a Igreja cat. como Igreja do p., ou como a Igreja romana (*Dict. of the Ecum. Mov.* [1991], 877). Ademais, o m. de P. só as convencerá na medida em que elas virem nele um serviço prestado à legítima pluriformidade das Igrejas, exprimindo-se por uma via sinodal e conciliar vigorosa.

• M. Maccarone (1952), Vicarius Christi. *Storia del titolo papale*, Roma. — Y. Congar (1970), *L'Église, de saint Augustin à l'époque moderne* (*HistDog* 20), Paris. — W. de Vries (1974), *Orient et Occident. Les structures ecclésiales vues dans l'histoire des sept premiers conciles*, Paris. — Y. Congar (1975), "Titres donnés au pape", *Conc*(F) 108, 55-64. — H. Legrand (1975), "Ministère romain et ministère universel du pape", *Conc*(F) 108, 43-54. — J.-M. R. Tillard (1982), *L'évêque de Rome*, Paris. — F. Frost (1987), "Primauté", *Cath* 11, 986-1027. — W. Klausnitzer (1987), *Das Papstamt in Disput zw. Lutheranen u. Katholiken*, Innsbruck-Viena. — K. Schatz (1990), *Der päpstliche Primat. Seine Geschichte von den Ursprüngen bis zur Gegenwart*, Würzburg. — Comité mixte catholique orthodoxe en France (1991), *La primauté romaine dans la communion des Églises*, Paris. — R. Leuze (1992), "Papst (systematisch-ökumenisch)", *EKL* 8, 1027-1033. — H. Legrand (1993), "Les ministères dans l'Église locale", *in* B. Lauret, F. Refoulé (sob a dir. de), *Initiation à la pratique de la théologie*, 2ª ed., t. 3, 275-329, Paris. — S. Vacca (1993), *Prima sedes a nemine iudicatur. Genesi e sviluppo dell'assioma fine al Decreto di Graziano*, MHP 61. — H. Leipold (1995), "Papstum II, Die neuere ökumenische Diskussion", *TRE* 25, 676-695 (bibl.).

Hervé LEGRAND

→ *Colegialidade; Concílio; Dogma; Ecumenismo; Estruturas eclesiais; Infalibilidade; Jurisdição; Ministério; Patriarcado; Vaticano I; Vaticano II.*

PAPIAS DE HIERÁPOLIS → apostólicos (Padres)

PARÁBOLA

1. A parábola, modo de expressão literário e teológico do Jesus histórico

a) *As origens*. — Na qualidade de contador de parábolas (p.), Jesus* se inscreve na longa *tradição* veterotestamentária judaica do *mashal*. No AT, o *mashal* é uma declaração em forma de comparação. A p. é um caso particular do *mashal*. Ela visa a revelar a significação de uma pessoa, de um objeto ou de um evento colocando-os em relação — por meio de uma comparação desenvolvida — com outro domínio de realidade. O AT compreende cinco p. propriamente ditas: 2Sm 12.14; 1Rs 20,39-43; Is 5,1-7; 28,23-29. Na tradição judaica, o *mashal* (aramaico *matla*) perdura como um termo geral para designar diferentes tipos de discurso metafóricos (simples comparação, exemplo desenvolvido, p., fábula, alegoria, símbolo, provérbio, sentença). A maioria das p. rabínicas são autênticas p., às quais se deve acrescentar numerosas alegorias. As p. fazem parte da *haggada*. "De um ponto de vista literário, trata-se de uma forma do *midrash*, seu *Sitz im Leben* [enquadramento na vida social] é a homilia rabínica, sua finalidade é pedagógica" (Dietrich, 1958). Seu tesouro de imagens é tomado de empréstimo à vida corrente. Graças à p., "apreende-se as palavras da Torá tal como um rei encontra uma pérola perdida num palácio graças à chama de uma lâmpada" (*Midrash Gênesis Rabbah* I, 8).

Parabolé é o termo habitual no NT (50 x); mas Jo opta por *paroimia* (5 x).

b) Atribuição. — Segundo opinião unânime da crítica, as p. constituem uma das expressões mais características da pregação* do Jesus histórico. A tradição sinótica (Mt, Mc, Lc) conservou umas quarenta delas. Esta importante coleção permite descobrir a linguagem de Jesus, sua intenção pragmática e o centro teológico de sua mensagem. Entretanto, só uma operação crítica permite reconstituir a forma original das p. de Jesus. Este nada escreveu e a única documentação hoje disponível consiste na tradução* grega das p., conservada nos três primeiros evangelhos* (segunda metade do s. I; cf. também *Evangelho de Tomé* 9; 64; 65; 107 etc. [apócrifos*]).

2. Formas da parábola

Entre as p. conservadas, a história das formas (Bultmann*, gêneros* literários) distingue as categorias seguintes: *a)* A *palavra-imagem*: a coisa de que se trata e a imagem são justapostas, sem partícula de comparação (ex. Mc 2,21s). *b)* A *metáfora*: comparação abreviada sem partícula de comparação; a imagem substitui a coisa de que se trata (ex. Mt 5,13). *c)* A *comparação*: a coisa de que se trata e a imagem são corretamente ordenadas uma à outra pela partícula "como" (ex. Mt 24,27). *d)* A *hipérbole* se caracteriza pelo engrandecimento da imagem (Mt 10,30). *e)* A *similitude* no sentido estrito (*Gleichnis*) é uma palavra-imagem ou uma comparação desenvolvida que leva para a linguagem uma cena típica da vida diária. Ela tira sua força persuasiva da evocação do que é comumente admitido. O que é pouco claro e contestado é assim analogicamente esclarecido pelo que é bem conhecido (ex. Lc 15,4ss). *f)* A *parábola* propriamente dita (*Parabel*) se apresenta como a narração de um caso particular interessante no qual intervêm um ou vários personagens. Ela não recorre ao senso comum, mas tira seu poder sugestivo da peripécia extraordinária que evoca (ex. Lc 15,11ss). *g)* A *narrativa* exemplar se aproxima da p. por seu caráter narrativo, mas distingue-se dela por sua

ausência de dimensão metafórica. Ele propõe um exemplo de conduta que exige ser imitado sem outra transposição (ex. Lc 10,30-36). *h)* A *alegoria* é "uma metáfora desenvolvida na qual cada traço tem sua significação própria" (X. Léon-Dufour, *Dictionnaire du NT*; ex. Mc 4,13-20).

3. Da comparação à metáfora

Entre as formas listadas, duas retêm mais particularmente a atenção: a similitude e a p. propriamente dita. O debate incide sobre o modo como convém interpretá-las.

A investigação recente, fecundada pelos trabalhos sobre a metáfora (cf. Jüngel, Ricoeur e Wilder), propôs uma nova leitura das p. (cf. J. D. Crossan, Funk, Harnisch, Weder), sem por isso apagar totalmente a abordagem clássica proposta por A. Jülicher. A questão da antiguidade da cláusula introdutória: "O reino* de Deus* é semelhante a [...]" constitui um ponto de partida possível (mas não o único!), permitindo descobrir o desafio da discussão. Se esta cláusula remonta ao Jesus histórico, é preciso ler as p. como comparações. Se esta fórmula introdutória é um acréscimo posterior, então se impõe outra via. Ora, verifica-se que os dois casos de figuras aparecem no estado mais antigo da tradição*.

a) Analogia. — Em pelo menos cinco casos, a cláusula introdutória remonta verossimilmente ao Jesus histórico (Mc 4,26.30 par.; Mt 13,33 par.; 13,44). Se assim é, a imagem instituída pela p. (*Bildhälfte*) — imagem que consiste ou numa cena cotidiana, ou num caso particular — está a serviço de um tema (*Sachhälfte*). Nesta hipótese (cf. Jülicher), a p. visa a um ganho cognitivo. Apoiando-se no princípio da analogia*, ela convida o leitor a operar uma transferência de julgamento. Convém reconduzir para o tema inicial (*Sachhälfte*) a concepção descoberta no nível da imagem (*Bildhälfte*). Desde o momento em que o destinatário descobriu o *tertium comparationis* que liga tema e imagem, ele está habilitado a resolver a dificuldade de que a p. queria se encarregar, e isso aplicando ao problema levantado a solução induzida pela imagem. A p. funciona então como transferência de julgamento por analogia, tem uma função retórica.

É preciso precaver-se contra toda simplificação. O apelo ao senso comum que caracteriza a p. construída sobre o modelo da comparação pode igualmente aparecer em p. desprovidas de cláusula introdutória (cf. p. ex. Lc 11,5-8; 15,3-10). Só a análise do funcionamento lógico da p. permite alojá-la na categoria da p.-argumento retórico ou na da p.-metáfora.

b) *Mudança.* — Ocorre, entretanto, que a maioria das p., em sua formulação original, são desprovidas de uma cláusula introdutória. Como se deve ler então esses pequenos relatos fictícios? É aqui que intervém a teoria da metáfora. A p. quer ser lida como "uma metáfora ampliada". O que quer dizer isso? Na ordem da poética, o próprio da metáfora reside na tensão que se institui entre a palavra e o campo semântico, heterogêneo, no qual ela é introduzida. Da dissonância assim criada surge um inesperado excedente de sentido. Quando a metáfora é erigida em relato, a tensão é inscrita na organização da trama. Ela resulta do choque que se produz entre duas concepções da realidade: uma concepção inicial que tem a ver com o ordinário e o cotidiano entra em tensão com uma concepção extraordinária. Essa irrupção do extraordinário, se pode às vezes ter razões de ordem dramática, responde de fato a necessidades mais profundas. Trata-se de desconcertar o leitor, de abalar sua imagem do mundo e conduzi-lo a descobrir novas possibilidades existenciais. A p. torna-se então uma linguagem de mudança.

c) *Performatividade.* — O que acaba de ser dito mostra que as p. de Jesus não são, em primeiro lugar, um ensinamento sobre um reinado/reino* de Deus, mas que a enunciação mesma de uma p. por Jesus faz advir o reinado/reino de Deus como evento no presente. Este caráter performativo da p. assinala ao mesmo tempo que a identidade do locutor reveste uma significação decisiva. Somente aquele que afirma ser o enviado escatológico de Deus pode fazer da enunciação de uma p. o espaço onde o reinado/reino de Deus se torna evento.

4. *A mensagem das parábolas*

A pregação escatológica de Jesus, isto é, o anúncio da vinda próxima do reinado de Deus, constitui a temática central das p. Esta temática é abordada pelo ângulo seguinte. O que advém quando Deus instaura seu reinado? Como esse reinado se manifesta no seio do mundo dos homens? Em que a realidade e a existência humanas são afetadas por isso?

Segundo as p. de Jesus, Deus advém de modo oculto e inesperado no cotidiano. Ele questiona a realidade vivida, transforma-a e abre-a para um futuro inteiramente novo e surpreendente. Para os ouvintes, esse futuro advém no instante mesmo em que a p. é pronunciada por Jesus. Fragmento do reino escatológico, esse futuro que faz irrupção no presente transforma-o em lugar de felicidade e de promessa*. Ele testemunha o amor* desmesurado de Deus por todas as suas criaturas, sua incapturável liberdade*. O Deus que surge nas p. liberta os homens de seu passado problemático, de seus apegos alienantes; ele começa uma história* nova com eles. Segundo a bela expressão de Crossan, as p. são "a casa de Deus" no meio da história dos homens. Se assim é, a p. não é simplesmente um instrumento pedagógico de que Jesus teria se servido para expor de modo metafórico um tema teológico e que se poderia dispensar; é somente em p. e como p. que o reinado de Deus pode vir à linguagem e advir para o ouvinte de Jesus.

O reinado de Deus que advém, na medida mesma em que Jesus pronuncia uma p., constitui um apelo à conversão*. A mudança exigida é adesão a Jesus, na pessoa do qual o Reino está próximo e o amor divino é oferecido a todos, em particular aos excluídos. Mas se as p. chamam à mudança elas a tornam simultaneamente possível. O Jesus das p. oferece o que exige.

5. *A recepção das parábolas nos evangelhos*

A transmissão das p. no seio das primeiras gerações cristãs acarretou seu registro por escrito. Esta passagem à escrita foi um acontecimento de primeira importância, pois as p. se tornavam assim textos abertos à interpretação. A transformação das p. em narrativa, os desenvolvimentos e as modificações que elas sofreram, os comentários que suscitaram são vestígios desse trabalho interpretativo. A história da recepção das p. nos evangelhos* levanta a seguinte questão: trata-se de uma história de decadência marcada pela distorção da tradição parabólica ou trata-se de uma história em que a verdadeira tradição de Jesus foi conservada? Tomar uma decisão a esse respeito de modo unilateral não parece recomendável, pois pode-se fazer valer argumentos consistentes para ambas as teses. Antes de mais nada, constatar-se-á que, durante sua transmissão, a forma original das p. de Jesus foi incontestavelmente mudada. Jeremias apreendeu quatro elementos característicos deste processo: *a*) o registro por escrito das p. nos evangelhos sinóticos implicou uma transferência de contexto de comunicação (mudança do locutor e do auditório); *b*) as p. foram frequentemente inflectidas num sentido ético*; *c*) o tempo da Igreja* que vai da Páscoa* à parusia* foi por vezes inscrito na trama das p. com todos os seus problemas específicos; *d*) numerosas p. foram submetidas ao processo de alegorização. Mas, por outro lado, observar-se-á que a história da recepção das p. não é necessariamente o reflexo de uma distorção; com efeito, não se deve excluir que os processos de modificação observados tenham sido induzidos pelas p. mesmas. Assim, o acréscimo secundário frequentemente observado da cláusula introdutória ("o reino de Deus é como [...]") apenas traz para a linguagem a temática original das p., ou seja, o advento do reinado de Deus. De modo semelhante, a cristologização progressiva das p. (cf. antes de tudo a inscrição dos p. no relato evangélico e a introdução da pessoa* de Jesus no próprio relato parabólico) apenas atesta de modo pertinente que as p. evangélicas são inseparáveis de seu locutor originário. Definitivamente, para avaliar de modo pertinente se a recepção das p. é marcada pelo selo da fidelidade ou da distorção, é preciso perguntar-se, de caso em caso, se a p. permaneceu "este relato fictício que faz surgir a proximidade da *basileia* [Reino] como um evento do qual Cristo* é parte integrante" (Marguerat, 1989, 87).

• A. Jülicher (1910²), *Die Gleichnisreden Jesu*, Tübingen [reimp. Darmstadt, 1976]. — C. H. Dodd (1935, 1941²), *The Parables of the Kingdom*, Londres. — J. Jeremias (1947, 1970⁸), *Die Gleichnisse Jesu*, Göttingen. — R. Bultmann (1957⁶), *Die Geschichte der synoptischen Tradition*, Göttingen. — E. L. Dietrich (1958), "Gleichnis und Parabel", *RGG³* 2, 1616-1617. — W. Harnisch (ed.) (1982a), *Die Gleichnisse Jesu. Positionen der Auslegung von Adolph Jülicher bis zur Formgeschichte*, Darmstadt; (1982b), *Die neutestamentliche Gleichnisforschung im Horizont von Hermeneutik und Literaturwissenschaft*, Darmstadt. — H. Weder (1984⁵), *Die Gleichnisse Jesu als Metaphern*, Göttingen. — H. J. Klaus (1986²), *Allegorie v. Allegorese in syboptischen Gleichnistexten*, Münster. — J. Delorme (sob a dir. de) (1989), *Les paraboles évangéliques. Perspectives nouvelles*, Paris. — D. Marguerat (1989), "La parabole, de Jésus aux Évangiles; une histoire de réception", in J. Delorme (sob a dir. de) 1989, 61-88.

Jean ZUMSTEIN

→ *Gêneros literários da Escritura; Hermenêutica; Jesus da história; Mistério; Narrativa; Profeta/ profecia; Reino de Deus; Sabedoria.*

PARÁCLITO → **Espírito Santo**

PARAÍSO → **vida eterna** → **visão beatífica**

PARÓQUIA → **local (Igreja)** → **pastor**

PARTICIPAÇÃO → **analogia** → **ser**

PARTICULAR (Igreja)

Nos textos do Vaticano II*, "Igreja* particular" (I. p.) e "Igreja local" (I. l.) designam tanto uma diocese ou um agrupamento de dioceses quanto uma I. p. no tocante a seu rito ou a seu contexto cultural. O *CIC* de 1983 nunca emprega "I. l." mas adota o neologismo "I. p." para designar tecnicamente e exclusivamente (cân. 368) a diocese e as instituições que o direito* lhe assimila: prelazia e abadia territoriais; vicariato, prefeitura e administração apostólica. A prelazia pessoal é claramente distinta: por isso é tratada na seção *Dos fiéis* (cân. 294-297).

Tal opção semântica traduz uma fidelidade material ao Vaticano II, onde "I. p." predomina para designar a diocese. Todavia, não se pode tirar conclusões teológicas desta especialização do vocabulário canônico que faz emergir duas questões reais: a da consistência própria das dioceses e a da fraqueza persistente do *status* das I. regionais.

a) A consistência própria das Igrejas diocesanas. — Designar sistematicamente a diocese como I. p. corre o risco de induzir, ao menos nas línguas românicas (mas o mesmo perigo existe em alemão com *Teilkirche*), uma compreensão inadequada da articulação entre a diocese e a I. inteira. Com efeito, existe oposição semântica entre o particular e o universal, ao passo que a I. p. e a I. universal são a única e mesma I. católica. Ademais, "universal" conota uma extensão geográfica — cujo alcance teológico é modesto — e conota também uma uniformidade e uma abstração às quais se chega despojando-se de suas particularidades, ao passo que a unidade* da I. é pluriforme. Quanto à diocese assim designada, a mesma lógica corre o risco de fazê-la conceber como uma parte subordinada a um todo que, só ele, teria a plenitude, enquanto a diocese é uma porção do povo* de Deus*, dotada no plano teologal de todos os bens do todo: o Evangelho, o Espírito* Santo, a eucaristia* e o episcopado (*CD* 11), de modo que segundo *LG* 23 é "nelas e a partir delas [as I. diocesanas] que existe a I. católica una e única". Numerosos teólogos, portanto, preferem seu vocabulário tradicional à opção sistemática do *CIC*. Esta corre o risco de enfraquecer a percepção da catolicidade ontológica da I. diocesana e de fortalecer a imagem inadequada de uma "I. universal anterior ou suposta existente em si mesma, fora de todas as I. [l.]", que só poderia "ser um ser de razão" (Lubac, 1971, 54), como se a I. universal fosse "uma realidade ontologicamente e cronologicamente prévia a toda I. p. singular" (Sicard, 1993, 64-76).

b) A questão das Igrejas regionais na eclesiologia católica. — Do que precede destaca-se que a expressão "I. p." convém melhor às diferentes realizações regionais da I. que traduzem sua pluriformidade cultural (assim a I. latina ou a I. grega), ou aos agrupamentos canônicos de dioceses sob forma de províncias eclesiásticas, de patriarcados*, de catolicossatos (patriarcado exterior ao Império romano), ou mesmo às I. nacionais que tomaram corpo na cristandade indivisa (ex.: a I. galicana). Todas essas traduções do Evangelho na história* e na cultura, porque limitadas, podem ser chamadas "I. p." sem equívoco.

O Vaticano II atribui à divina providência* ter reunido "no curso do tempo, em vários grupos organicamente reunidos, I. que gozam de sua própria disciplina*, de seu próprio uso litúrgico, de seu patrimônio teológico e espiritual" (*LG* 23). As I. patriarcais são dadas como exemplo neste contexto. Pode-se esperar das conferências episcopais (conf. ep.) que elas contribuam para o novo rosto das I. p.: o desafio é crucial para o ecumenismo*, porque uma I. unitária é obstáculo à I. una, e o é também para uma I. que existe doravante como germe em todas as culturas da humanidade.

Por causa de seu quadro nacional restrito e da modéstia de suas competências canônicas, as conf. ep. certamente não podem bastar para realizar essa tarefa. Os agrupamentos continentais de conf. ep. conjugados à renovação (canonicamente aberta) dos concílios* particulares podem ser fecundos neste sentido, tal como pode ser fecunda uma melhor articulação entre o papado e o episcopado, que não se pode reduzir à problemática da descentralização.

Pela diversidade de suas formas históricas passadas e presentes, as I. p. exprimem a catolicidade da I. em sua relação com as culturas; e, presença plenária da I. de Deus num lugar, a I. diocesana está numa relação de interioridade mútua necessária com a I. inteira.

- R. Slenczka (1966), "*Ecclesia particularis*. Erwägungen zum Begriff und zur Problem", *KuD* 12, 310-332. — H. de Lubac (1971), *Les Églises particulières dans l'Église universelle*, Paris. — H. Legrand, J. Manzanares, A. Garcia (1988) (sob a dir. de), *Les Conférences épiscopales. Théologie, statut canonique, avenir*, CFi 149. — G. Routhier (1991), "Église locale ou Église particulière: querelle sémantique ou option théologique?", *StCan*

25, 277-344. — D. Sicard (1993), *L'Église comprise comme communion*. Lettre de la Congrégation pour la Doctrine de la Foi, Paris. — J. M. R. Tillard (1995), *L'Église locale. Ecclésiologie de communion et catholicité*, CFi 191.

Hervé LEGRAND

→ *Bispo; Colegialidade; Eclesiologia; Papa; Unidade da Igreja; Vaticano II.*

PARUSIA

O termo grego *parousía* (*p.*) quer dizer simplesmente "presença". Na época helenística, entretanto, ele tomou o sentido técnico de visita de um príncipe ou de manifestação de um deus. Uma visita imperial numa cidade provincial era um evento considerável. Diodoro da Sicília (4, 3, 3) fala da *p.* litúrgica de Dioniso nos mistérios tebanos, e também se podia fazer a experiência da *p.* de um deus em sonho.

No NT, "parusia" (p.) é um termo técnico que designa a manifestação de Cristo* em glória*. Encontra-se este termo seis vezes nas epístolas aos Tessalonicenses (1Ts 2,19; 3,13; 4,15; 5,23; 2Ts 2,1.8), e uma vez em 1Cor 15,23. Nos sinóticos, só se encontra em Mateus (quatro vezes no discurso apocalíptico*: Mt 24,3.27.37.39). Encontra-se também em 1Jo 2,28; 2Pd 1,16; 3,4.12; Tg 5,7s. Os paralelos de Mt 24 mostram quais são seus equivalentes no contexto judaico. Lá onde Mateus fala de p., Lucas fala do "Filho* do homem por ocasião do seu dia" (Lc 17,24) ou dos "dias do Filho do homem" (17,26). Parece, portanto, que o termo "p." para designar a vinda do Senhor era utilizado sobretudo no contexto helenístico. No ambiente judaico, fala-se mais tradicionalmente do "dia do Senhor" ou da vinda do Filho do homem. "P." não se encontra no Apocalipse, livro* do NT do qual, todavia, ela é o assunto principal.

Deve-se compreender a expectativa cristã da p. do Cristo dentro do contexto das tradições da Bíblia* e do judaísmo*. As mais antigas destas tradições se referem à manifestação de Javé como um guerreiro que conduz seu povo* das montanhas do Sul até a Terra Prometida (Dt 33,2s; Jz 5,4s). Os salmos* exprimem a esperança de que Deus* venha julgar a terra

(Sl 98,9). O profeta* Amós reorienta essa esperança contra o povo de Israel*. Para ele, o dia do Senhor será um dia de trevas e não de luz (Am 5,18). A partir daí, o dia do Senhor é associado, nos profetas, ao terror do juízo* de Deus (cf. Sf 1,14s; 2,2; Jl 1,15; 2,1s, p. ex.). No livro de Daniel, ao contrário, trata-se novamente da libertação de Israel. A visão por Daniel de alguém "como um Filho de homem" vindo sobre as nuvens do céu e recebendo um reino* das mãos do Ancião dos dias (Dn 7) teve uma imensa importância para o cristianismo em seu início. Aquele que é "como um Filho de homem" é nitidamente distinguido de Javé, e todavia ele vem sobre as nuvens como um personagem divino, personagem bem cedo identificado com o messias*, apesar de seu caráter celeste (*1Hen* 37–71; *4 Esd* 13). Há também referências à vinda de Deus nos pseudepígrafos (p. ex. *1Hen* 1,3-9; *Assunção de Moisés* 10,3-7), mas o advento de uma figura messiânica agindo da parte de Deus correspondia muito mais à expectativa cristã da p. do Cristo.

No NT, "p." significa sempre "vinda de Cristo em glória". A expectativa da p. deve ter começado muito cedo, imediatamente depois da Páscoa*. Sua designação como expectativa da "vinda do Filho do homem" provém, segundo toda probabilidade, do ambiente palestino de língua aramaica. O uso do termo "p." nas epístolas de Paulo só veio num segundo tempo, quando uma nova formulação que adotava uma terminologia grega se tornou necessária para o uso da diáspora.

É Mt 24 que dá a descrição mais completa da p. esperada (ver os discursos apocalípticos em Mc 13 e Lc 21, onde o termo mesmo não se encontra). Ela será precedida de sinais variados, mas virá "como o relâmpago parte do oriente e brilha até o ocidente" (Mt 24,27). Será acompanhada de perturbações cósmicas (escurecimento do sol etc.) e o Filho do homem reunirá os eleitos ao som da trombeta (24,31). Este soar da trombeta é mencionado igualmente em 1Ts 4,16. Está claro nessa passagem que Paulo pensa que a p. se produzirá em vida de seus contemporâneos. O sentimento de expectativa e de vigília exigido pela iminência da p. se exprime de maneira enfática na parábola* das dez virgens (Mt 25,1-13): "Vigiai, pois, porque não sabeis nem o dia nem a hora". Lá onde Mateus exorta à vigilância, Tiago recomenda a paciência (Tg 5,7-8). Paulo vê na iminência da p. um motivo de encorajamento.

"P." não serve nunca no NT para designar a vida terrestre de Jesus*. Só há uma p., e não é, propriamente falando, um "retorno". É a primeira vinda de Cristo em sua glória. É somente mais tarde, na Igreja* primitiva, que se encontrará a ideia de duas p. (p. ex., Justino, *Apologia*, 52,3; *Diálogo com Trifão*, 14,8; 49,2.7; 53,1; 54,1). Mas a espera de uma iminente p. gloriosa então já se apagara.

- A. Oepke (1967), *"Parousia, pareimi"*, *ThWNT* 5, 856-869. — C. Perrot (1983), *La venue du Seigneur. Le retour du Christ*, Bruxelas. — R. Jewett (1986), *The Thessalonian Correspondence*, Filadélfia. — C. Rowland (1992), "Parousia", *AncBD* 5, 166-170. — J.-N. Aletti (1996), "L'apôtre Paul et la parousie de Jésus Christ", *RSR* 84, 15-41.

John J. COLLINS

→ *Apocalíptica; Escatologia; Filho do homem; Intertestamento; Juízo; Messianismo/messias.*

PASCAL, Blaise, 1623-1662

Há pouquíssimas ocorrências da palavra "teologia*" no *corpus* pascaliano (pasc.), e pode-se duvidar de que a noção que ela designa interesse Pascal (P.) por si mesma. O célebre § 65 dos *Pensamentos* só a menciona como um exemplo significativo de "diversidade": "A teologia é uma ciência, mas ao mesmo tempo quantas ciências há?" Decerto, P. só esboçaria um discurso propriamente teológico na conclusão de sua *Apologia da religião cristã*. Vários conceitos ou doutrinas podem entretanto caracterizar um inegável trabalho teológico de P.

a) A cristologia: Jesus Cristo mediador. — Apesar da (segunda) conversão* de sua família em 1646, sob a influência de um discípulo de Saint-Cyran, e apesar de suas amizades em Port-Royal, P. não seria conhecido como um gênio científico precoce se não tivesse tomado consciência de uma certeza: nada nos pode

separar do amor* de Deus* que está em Jesus Cristo, segundo Rm 8,38s. Um escrito-programa testemunha-o, chamado de *Memorial* pelos editores, datado de 23 de novembro de 1654. Este texto fundamental, ao mesmo tempo existencial e teórico, se desdobra na problemática do acesso a Deus: é somente em Jesus Cristo que Deus consente em sua manifestação; Deus é "Deus em Jesus Cristo", "não dos filósofos e dos sábios". O acesso a Deus se faz numa tensão entre a separação — o pecado* — e a não separação adquirida pela conversão: "De Jesus Cristo eu me separei: fugi dele, reneguei-o, crucifiquei-o. Que nunca mais seja dele separado". A característica de P. consiste em pensar ao mesmo tempo a separação absoluta, e mesmo "a oposição invencível entre Deus e nós" (§ 378; § 418; ver também o *Mistério de Jesus*, § 919), e a conversão. Esta já não é compreendida como uma *metanoia* ou uma *epistrophé* que me faria voltar-me para aquilo de que sou a imagem (P. jamais cita Gn 1,26), mas "consiste em se aniquilar" (§ 378), porque é o Cristo* mesmo que se aniquila em mim (Gl 2,19s; § 919). Que Cristo seja o único mediador significa que ele mesmo é a disjunção, a desproporção entre Deus e o homem, o infinito* e o finito, o santo e o pecado: "Em Jesus Cristo todas as contradições são harmonizadas" (§ 257), isto é, não resolvidas, mas mantidas e assumidas. A contrapelo, Deus mesmo "só considera os homens pelo mediador Jesus Cristo" (*Carta sobre a morte de seu pai*, 1651).

b) As querelas sobre a graça e a moral dos casuístas. — A partir de 1655, P. pôs o essencial de suas forças a serviço de Port-Royal, primeiro com os *Escritos sobre a graça* (1655-1656), depois na polêmica contra os jesuítas, redigindo sob pseudônimo as *Cartas escritas... a um provincial...* (1656-1657), habitualmente chamadas *Provinciais* (*Pr.*). As quatro primeiras tratam da questão da graça*, as seguintes atacam os jesuítas (por sua teologia moral), "os novos casuístas", acusando-os de ter por "desígnio" "corromper os costumes" por meio de duas armas terrivelmente eficazes que são a "doutrina das opiniões prováveis" e o "método de dirigir a intenção". É difícil discernir exatamente nas *Pr.* a parte de P. e a de Arnauld e de Nicole, que lhe preparavam a maioria dos dossiês. Seja como for, se exprimem uma teologia e uma moral estritamente jansenistas e se obtiveram um sucesso de livraria sem precedente ao utilizar a imprensa clandestina para levar à praça pública debates até então reservados aos especialistas, elas não estão isentas de toda injustiça no tratamento das citações tomadas de empréstimo aos adversários casuístas. O magistério* não deu razão aos jansenistas na questão da graça; todavia ele seguiu as *Pr.*, assim como os *Escritos dos curas de Paris* (dos quais P. participou) ao condenar o laxismo (1665-1666). Mas a derrota final das *Pr.* (P. pôs fim à campanha com a 18ª *carta*, datada de 24 de março de 1657, após a condenação das cinco proposições pela bula *Ad sacram*) conduziu P. a se voltar para um projeto ambicioso de *Apologia da religião*.

c) *A apologética: grandeza e miséria do homem.* — A *Conferência em Port-Royal* (provavelmente de 1657) põe em cena a antropologia* bipartite tradicional da grandeza (*dignitas*) e da miséria (*miseria*) do homem, que já organizava a *Entrevista com o Sr. de Sacy*; ela se serve desta "dupla condição da natureza*" humana (§ 131), incompreensível para a filosofia*, para empreender mostrar, seguindo o modelo apologético agostiniano do *De vera religione*, que há uma verdadeira religião que, só ela, pode dar conta das "espantosas contrariedades" do/no homem (§ 149). Pois grandeza e miséria devem ser atribuídas a *sujeitos* diferentes, a natureza e a graça, de que homem é uma síntese, como Cristo é a união de duas naturezas; o homem é indecifrável sem a chave dos dois *estados*, o da criação* e o de após o pecado (Magnard, 1975). Na prosopopeia do § 149, a Sabedoria* declara aos homens: "Não estais no estado de vossa criação... Observai-vos vós mesmos e vede se não encontrareis aí os caracteres vivos dessas duas naturezas". O uso anistórico do conceito de estado é, parece, um ponto original da retomada pasc. de temas clássicos; mais nova ainda parece a determinação do estado do homem entre dois extremos, orquestrada pelo

§ 199, *Desproporção do homem*, chamado "dos dois infinitos".

À estrutura fundamental do projeto de *Apologia*, fundada nessa antropologia bipartite, vêm se juntar outras reflexões e outros dossiês (concebidos talvez anteriormente) que constituem o conjunto do que lemos sob a designação de *Pensamentos*. Dois deles devem ser assinalados. De um lado, o que diz respeito ao milagre* como prova da verdade* da religião cristã, reflexão engajada depois do milagre do santo Espinho, que ocorreu um ano antes da última *Pr.*, em 24 de março de 1656, em Port-Royal de Paris, e curou de uma fístula lacrimal Marguerite Périer, sobrinha de P. (a problemática eclesiológica e apologética dos milagres do santo Espinho permanecerá considerável por todo o s. XVIII). Por outro lado, o conceito de figura, que organiza todas as provas tiradas da Bíblia* ("Que a lei* era figurativa", § 245 — a interpretação pasc. da Escritura* permanece fundamentalmente figurativa, o que é notável no s. XVII). P. opera ali um trabalho inovador: pois se seu Deus é um Deus oculto, *Deus absconditus* (Is 45,15), tratar-se-á de *vê-lo*, coisa de que a eucaristia* é o paradigma: "Este sacramento contém conjuntamente a presença de Jesus Cristo e sua figura" (§ 733).

d) *A eclesiologia: os membros pensantes.* — A última reflexão de P. abandona o terreno da apologética para meditar sobre a doutrina paulina do corpo místico, lançando as balizas de uma "moral cristã", isto é, desenvolvendo o discurso "dos membros pensantes". P. utiliza o modelo da relação dos membros com o corpo* (Rm 12 e 1Cor 12) para resolver a questão do justo amor* de si, segundo a definição cartesiana do amor (*Paixões da alma*, art. 80): "Para regular o amor que se deve a si mesmo, é preciso imaginar um corpo cheio de membros pensantes, pois somos membros do todo, e ver como cada membro deveria se amar" (§ 368). O eu só se ama legitimamente ao amar o todo, isto é, ao amar-se como o todo o ama; o justo amor de si consiste pois em interiorizar uma diferença: o eu deve se amar como outro — Cristo — o ama. Assim P. compreende 1Jo 4,19 ("Deus nos amou primeiro"); Descartes* fornece doravante os instrumentos conceituais para pensar o corpo de Cristo, já que é o amor que faz o todo. Uma nova leitura de 1Cor 7,17 se segue, diferente de sua interpretação mística*: "Ao amar o corpo, ele [o membro] ama-se a si mesmo, porque só tem ser nele, por ele e para ele. '*Qui adhaeret Deo, unus spiritus est*'" (§ 372). Muito raramente evocada em P., a Trindade* constitui o modelo desse amor: "Alguém se ama porque é membro de Jesus Cristo; alguém ama Jesus Cristo porque ele é o corpo do qual este alguém é membro. Tudo é um, o um é no outro, como as Três Pessoas*" (§ 372). A espantosa fórmula segundo a qual Cristo é o corpo (e não a cabeça do corpo) do qual se é membro, que a edição de Port-Royal corrigiu, admite um paralelo na *Oração para perguntar a Deus o uso correto das doenças* (da qual os "membros pensantes" são como que a retomada teológica) que, após ter se dirigido ao Pai, dirige-se ao Filho: "Vossa paixão*, que terminais em vossos membros, até a consumação perfeita de vosso corpo". Essa doutrina original do corpo de Cristo, joanino-cartesiana de algum modo, constitui portanto um discurso sobre a liberdade* de consentir (§ 370) ou sobre a identificação do amor e da vontade; é decerto nisso que P., escapando definitivamente do "encolhimento de Port-Royal" (Balthasar*), antecipa Rousseau ao pensar numa figura concreta da vontade. A apologética pasc. termina com uma "síntese eclesial" (Martineau, 1994), adquirida tão logo "a unidade *no* amor" impunha a P. pensar "o amor *como* unidade".

- *OC*, ed. L. Lafuma, Paris, 1963; *OC*, ed. Jean Mesnard, 4 t. publicados, Paris, 1964-1992. *Pensées*: *Pensées de M. Pascal sur la religion, et sur quelques autres sujets* (ed. dita de Port-Royal), Paris, 1670 (reimpr., Saint-Étienne, 1971); *Pensées...*, ed. L. Lafuma, 3 vol., Paris, 1951; *Discours sur la religion et sur quelques autres sujets*, ed. E. Martineau, Paris, 1992; nossas citações são feitas segundo a numeração Lafuma. Para as *Provinciais* (*Provinciales*): ed. L. Coguet, Paris, 1965. Em português *Pensamentos*, São Paulo, 2001.

- ▶ H. Brémond (1920), *Histoire littéraire du sentiment religieux...*, t. 4, Paris. — J. Lhermet (1931), *Pascal et la Bible*, Paris. — R. Guardini (1935), *Christliches Bewusstsein. Versuche über Pascal*, Leipzig. — J. Russier (1949), *La foi selon Pascal*, Paris. — J. Laporte (1950), *Le coeur et la raison selon Pascal*, Paris. — H. U. von Balthasar (1962), *Herrlichkeit* II/2, Einsiedeln, 537-600. — G. Rodis-Lewis (1963), "Les trois concupiscences", *ChPR* 11-14 (e *in* col., *Pascal. Textes du Tricentenaire*, Paris, 1963). — H. Gouhier (1966), *Blaise Pascal. Commentaires*, Paris. — P. Sellier (1966), *Pascal et la liturgie*, Paris. — A. Gounelle (1970), *La Bible selon Pascal*, Paris. — J. Miel (1970), *Pascal and Theology*, Londres-Baltimore. — P. Sellier (1970), *Pascal et saint Augustin*, Paris. — J. Orcibal (1972), "La signification du miracle et sa place dans l'ecclésiologie pascalienne", *ChPR* 20-21, 83-95. — H. Gouhier (1974), *Pascal et les humanistes chrétiens. L'affaire Saint-Ange*, Paris. — P. Magnard (1975), *Nature et histoire dans l'apologétique de Pascal*, Paris. — J. Mesnard (1976), *Les Pensées de Pascal*, Paris. — A. Feuillet (1977), *L'agonie de Gethsémani*, Paris. — T. Shiokawa (1977), *Pascal et les miracles*, Paris. — J. Mesnard (1983), "Pascal", *DSp* 12, 279-291. — H. Gouhier (1986), *Blaise Pascal. Conversion et apologétique*, Paris. — J.-L. Marion (1986), *Sur le prisme métaphysique de Descartes*, cap. V, Paris. — P. Force (1989), *Le problème herméneutique chez Pascal*, Paris. — V. Carraud (1992), *Pascal et la philosophie*, Paris. — J. Mesnard (1992), *La culture du XVIIe siècle*, Paris, 305-484. — V. Carraud (1994), "Les deux infinis moraux et le bon usage des passions. Pascal et les *Passions de l'âme*", *XVIIe siècle* 46, 4, 669-694. — E. Martineau (1994), "Deux clés de la chronologie des discours pascaliens", *ibid.*, 695-729. — D. Leduc-Fayette (1996), *Pascal et le mystère du mal*, Paris. — V. Carraud (1997), "Des concupiscences aux ordres de choses", *RMM* 102, 41-66.

Vincent CARRAUD

→ *Agostinho; Amor; Antropologia; Apologistas; Bañezianismo-molinismo-baianismo; Casuística; Conversão; Cristo/cristologia; Descartes; Eclesiologia; Jansenismo.*

PASCÁSIO RADBERTO → **eucaristia** 2. b

PÁSCOA

A. Teologia bíblica

a) Origem da Páscoa e ritual. — Na origem, a Páscoa (P.) é uma celebração de pastores cujo rebanho é o recurso mais importante e mais precioso. Essa origem explica por que a P. se distingue das outras festas de Israel*, em particular das três festas de peregrinação* mencionadas nos mais antigos calendários litúrgicos (Ex 23,14-17; 34,18-23) e que supõem uma sociedade sedentária (festa dos Ázimos, festa das Semanas, festa das Tendas). Festa de primavera, a celebração ocorre durante a lua cheia; desenrola-se, portanto, de noite e reúne toda a família*. A partir da imolação de um animal*, cordeiro ou cabrito, de um ano de idade, o pai de família cumpria o rito do sangue, depois presidia uma refeição em que a carne da vítima tinha sido previamente assada. Rito do sangue e refeição pascal são os elementos mais característicos do antigo sacrifício* árabe e da P. israelita (J. Henninger).

O rito do sangue consiste em ungir as padieiras da tenda com o sangue da vítima pascal; é um rito apotropaico, um rito de proteção de valor mágico destinado a desviar as potências hostis e a proteger delas a morada e seus moradores. Visava também à proteção do gado? É possível, mas as atestações desse uso para a Arábia pré-islâmica são muito raras. Em todo caso, o rito é destinado a afastar os seres que se encontram fora da morada, já que a aplicação do sangue é feita só sobre as padieiras e a ombreira da entrada (Ex 12,23). O rito do sangue está associado ao rito da refeição, que o completa manifestando a comunhão* com a divindade que concede a chuva e favorece a fecundidade do rebanho. A P. não exige nem santuário, nem sacerdote; é uma celebração noturna e familiar.

Segundo Ex 12,21ss, decerto o texto mais antigo sobre a P., o ritual é relacionado com a ação de Javé, que golpeia o Egito e poupa as casas dos israelitas. Ao lado de Deus*, o texto põe em cena outro personagem, capaz também de golpear, o "Destruidor", cuja identidade é pouco clara. Trata-se de um ser pessoal (Ex 12,23), que outro texto (Ex 12,13) transforma numa potência impessoal para melhor assegurar a preeminência do Deus de Israel*. Esse destruidor foi identificado com o deus da peste por causa de 2Sm 24, mas essa identificação está longe de ser segura. A presença do Destruidor é um dado

que pertence à P. original, mas no texto bíblico é colocado em situação de dependência para com Javé. Se pode golpear, não pode fazê-lo contra os israelitas. Embora o texto de Ex 12,21ss não evoque o rito da refeição, este devia existir, mas a P. comemora antes de tudo a proteção divina de que Israel se beneficia.

b) Reforma da Páscoa. — Enquanto os mais antigos calendários litúrgicos (Ex 23,14-17; 34,18-23) não mencionam a P., o Deuteronômio situa a P. no topo do calendário: "Observa o mês das espigas e celebra a P. para o Senhor, teu Deus, pois foi no mês das espigas que o Senhor, teu Deus, te fez sair do Egito, durante a noite". A P. é uma celebração noturna posta em relação com a saída do Egito. O rito principal, a imolação da vítima pascal, deve ocorrer "à tarde, ao pôr do sol" (Dt 16,6). Essa indicação é reforçada pela ordem de retornar para casa pela manhã (16,7). A celebração dura da tarde à manhã, mas isso só era possível numa época em que a P. ainda não era associada à festa dos Ázimos, que dura sete dias. Essa associação é cumprida nos calendários pós-exílicos (Lv 23,5-8; Nm 28,16ss.25), mas já está bem feita em Dt 16,3.8, onde a duração de sete dias inclui necessariamente a festa dos Ázimos.

O ritual em Dt 16 é pouco desenvolvido. A insistência incide sobre o lugar da imolação da vítima: "no lugar escolhido pelo Senhor" (16,5ss). Desde então, a P. se torna um sacrifício oficial celebrado no santuário central. Ademais, o animal sacrificado pode ser apanhado no gado maior, o que é uma novidade, mas que se explica numa economia camponesa baseada em parte na criação do gado maior. A vítima deve ser cozida e não mais assada como no rito antigo. Dt 16 testemunha um rito pascal feito nos santuários locais numa época anterior ao final do s. VIII a.C.

Rito familiar na origem, a P. se torna no Deuteronômio uma ação que todos os israelitas celebram vindo a Jerusalém*; ela deve operar a reunião do povo* para que ele confesse sua fé* no Deus que o fez sair do país do Egito. A P. é então uma celebração nacional que contribui para a unidade do povo, mas não parece que a realização desse tipo de P. tenha se feito antes do reinado de Josias (cf. 2Rs 23,21s). As alusões à P. encontradas no livro de Isaías (30,29; 31,5: *psh*) datam do reinado desse rei.

c) *A Páscoa segundo Ex 12,3-14.* — O texto mais preciso sobre a P. e seu ritual continua a ser Ex 12,3-14. A P. aqui é cuidadosamente dissociada, em seu desdobramento, da celebração dos Ázimos (Ex 12,15-21). Ela deve ser celebrada no primeiro dos meses, portanto no início do ano (12,2), num calendário que começa na primavera, outra novidade em relação ao uso pré-exílico em que o ano começava no outono. A vítima deve ser apanhada desde o dia 10 do mês e separada até o 14º dia do primeiro mês, que vai se tornar a data da P. (Lv 23,5); é estrangulada ao anoitecer (12,6) e a refeição se desenrola de noite (12,8). O ritual é objeto de uma descrição minuciosa que se estende até ao traje que os participantes devem vestir. Em relação ao Deuteronômio, o ritual retorna a usos antigos; o rito do sangue tem seu lugar ali como na P. original; a vítima é tomada no gado menor, cordeiro ou cabrito; é assada ao fogo. O local de celebração não é o santuário e a refeição se desenrola nas casas (12,43-46); o sangue deve servir para ungir as padieiras e as ombreiras das casas (12,7.13). O vocabulário do sacrifício não aparece neste texto; de igual modo, não se menciona nenhum altar. Todavia, a motivação da celebração permanece a mesma: trata-se de celebrar a ação de Javé que castigou os egípcios e poupou os israelitas durante a saída do Egito. A P. deve servir de memorial para Israel (12,14).

Este texto de Ex 12,3-14 retoma um ritual antigo. Mas por que tal cuidado de precisão? Pode-se perguntar se o texto não serviu durante o exílio para fazer a P. quando, privados de santuário, os exilados não podiam mais cumprir as festas de peregrinação. Compreende-se também por que tais prescrições são colocadas no livro do Êxodo antes da manifestação do Sinai, onde Deus dá a Moisés suas instruções quanto à organização do culto*.

Entretanto, deve-se observar que a celebração da P. e a dos Ázimos estão ligadas à saída do Egito e associadas à lei* sobre os primogênitos (Ex 13,1s.11-16). Este nexo se explica pelo relato da décima praga (Ex 11) que atinge os primogênitos do Egito, ao passo que o flagelo poupa os israelitas graças ao sangue da vítima pascal (Ex 12,13). Por essa razão, Ex 13,15 declara que todo primogênito do homem deve ser resgatado. Isso, porém, não transforma a P. num rito de oferenda dos primogênitos do rebanho.

d) *Judaísmo e Novo Testamento.* — No judaísmo* antigo, a celebração pascal vai dar lugar ao desenvolvimento de uma verdadeira teologia*. Assim, a tradição* targúmica associa o episódio de Gn 22 sobre a ligadura (*aquedah*) de Isaac e a P., como manifesta o poema das "quatro noites" (Le Déaut, 1963). A noite da P., memorial da salvação* para Israel, relembra também a aliança* de Deus com Abraão (cf. Gn 15,13s) e uma libertação futura (segundo Sb 18,6).

No NT, a P. ocupa um lugar decisivo por duas razões. Por um lado, a morte* de Jesus* ocorre no contexto da P. Assim, no Evangelho* de João a menção da P. é recorrente (Jo 2,13; 6,4; 11,55; cf. 5,1), mas sobretudo Jesus morre no dia da P., enquanto Jerusalém via afluir uma multidão de peregrinos para a festa. Por outro lado, a significação da morte de Jesus se apoia na simbologia pascal. Jesus é o verdadeiro cordeiro* pascal (Jo 1,29, cf. Ap 5,6.12), imolado na hora em que se sacrifica no Templo* os cordeiros destinados à refeição pascal (Jo 18,28; 19,36 que cita Ex 12,46 e Sl 34,21). A simbologia pascal se encontra também nos evangelhos sinóticos, em que a Ceia (eucaristia*) tem as características da refeição pascal (Mt 26,26-29; Mc 14,22-25; Lc 22,14-20), como aliás em Paulo (1Cor 11,23). Na parábola das dez virgens (Mt 25,6) a vinda do Esposo no meio da noite relembra a espera messiânica ligada à noite pascal.

• R. de Vaux (1960), *Les institutions de l'Ancien Testament*, t. II, Paris, 383-394. — R. Le Déaut (1963), *La nuit pascale*, AnBib 22. — R. Martin-Achard (1974), *Essai biblique sur les fêtes d'Israël*, Genebra, 29-51. — J. Henninger (1975), *Les fêtes de printemps chez les Sémites et la Pâque israélite*, Paris. — S. Ros Garmendia (3ª ed., 1978), *La Pascua en el Antiguo Testamento*, Vitoria.

Jacques BRIEND

→ *Cordeiro de Deus; Eucaristia; Evangelhos; Liturgia; Paixão; Peregrinação; Sacrifício; Templo.*

B. O MISTÉRIO PASCAL NA LITURGIA

A expressão "mistério* pascal" (m.p.) designa, de um ponto de vista histórico, o evento da morte* e da ressurreição* de Cristo*; de um ponto de vista litúrgico, o conjunto dos ritos que celebram este evento, cada ano durante a Páscoa (P.), cada dia na eucaristia*.

a) Das origens ao s. IV. — A expressão "mistério da P." (*to tou paskha mysterion*), empregada a partir do s. II (SC 123, 94; 27, 125) como um equivalente da fórmula paulina "mistério de Cristo" (Cl 4,3; Ef 3,4), designa a totalidade do plano salvador de Deus*, prefigurado no AT e realizado em Cristo. Na época mais antiga, em que a noção de P. evoca sobretudo a paixão*, ela remete principalmente à imolação de Cristo (1Cor 5,7), mas também à tensão entre morte e ressurreição, entre abaixamento e exaltação, já que a morte de Cristo é celebrada, na linha direta da teologia* joanina*, como a hora de sua glorificação e como "a morte de onde vem a vida".

A expressão "m.p." reveste uma significação bastante diferente para aqueles que, como Orígenes*, interpretam a P. como uma passagem, no sentido alegórico que lhe dava já Fílon de Alexandria. Ela designa então o que há de mais profundo nos fatos históricos e nas narrativas relativas à P., seu sentido místico*: a carne do cordeiro* pascal representa a Escritura*, da qual é preciso se alimentar (GCS 7, 218).

Agostinho* dá ao m.p. sua formulação definitiva procedendo a uma dupla síntese entre paixão e passagem, e entre passagem de Cristo e passagem do homem: "Por sua paixão, o Senhor passou da morte à vida, abrindo-nos o caminho, a nós que cremos em sua ressurreição, para que nós também passássemos da morte à vida" (CChr.SL 40, 1791). Ele distingue a P., celebrada "como um mistério" (*in sacramento*), do Natal e de todas as demais festas, celebradas como comemorações. Festejando a P. como um mistério, os cristãos não recordam somente um evento em seu dia aniversário, mas também compreendem e acolhem por sua fé*

o que este evento significa "para eles" (CSEL 34, 2, 170).

b) Do mistério pascal ao ano litúrgico. — A ideia de um m.p. sofreu uma profunda mudança perto do final do s. IV. Uma *celebração sintética* englobava até então todos os eventos da P. na unidade de uma dialética da morte e da vida, como um único mistério atualizando toda a história* da salvação*, do êxodo à parusia*. A partir dessa data, com a importância crescente atribuída a outras festas, como o Natal, e sob a influência dos ritos em uso em Jerusalém*, vê-se aparecer uma *celebração analítica*, que distingue os diferentes acontecimentos e comemora cada um em seu dia aniversário. A consideração da unidade do mistério cede lugar ao cuidado histórico de uma repartição no tempo*. Passa-se da celebração única da P. ao ciclo pascal, depois ao ano* litúrgico. Para Leão Magno, a especificidade do m.p. reside unicamente no fato de oferecer numa única vez e com mais abundância aquilo que os diversos mistérios celebrados ao longo do ano apresentam de um modo parcial (PL 54, 301).

Em suma, o nome P. torna-se sinônimo de "domingo* da ressurreição", e salvo em raras exceções (p. ex. Ruperto de Deutz, CChr.CM 7, 207), assim permanecerá até nossos dias, durante seu nexo orgânico com a paixão de Cristo, que tende por sua parte a se deslocar do domínio do mistério para o da devoção. A ressurreição mesma passa a ser considerada sob um ângulo apologético, como um argumento em favor de Cristo e da Igreja*, mais que por sua significação como mistério.

c) A redescoberta do mistério pascal. — Numa época mais recente, a reforma dos ritos pascais sob Pio XII, precedida pelo movimento litúrgico e pela *Mysterienlehre* (Mistério*) (Casel, L. Bouyer), permitiu uma recuperação de interesse pelo m.p. Reafirmou-se a unidade original da morte e da ressurreição, assim como o caráter salvador que lhes pertence propriamente (F.-X. Durrwell). A expressão "m.p." por vezes chega a designar todo o processo da redenção (Balthasar*), e assiste-se à tentativa de refundar sobre o m.p., em particular sobre a cruz, até a teologia da Trindade* (J. Moltmann).

Tendo reencontrado, no interior do m.p., a unidade da morte e da ressurreição, a teologia se esforça hoje para trazer à luz a unidade profunda da encarnação* e do m.p., portanto para unir a soteriologia grega da divinização (santidade*) com a soteriologia latina da expiação* e do resgate (J.-P. Jossua, Balthasar). Resta ainda aprofundar o lugar que o ocupa o Pentecostes, na qualidade de vinda do Espírito* Santo, em relação à encarnação e ao m.p.

* O. Casel (1934), "Art und Sinn der ältesten christlichen Osterfeier", *JLW* 14, 1-78. — L. Bouyer (1945), *Le mystère pascal*, Paris. — F.-X. Durrwell (1950), *La résurrection de Jésus, mystère du salut*, Le Puy-Paris. — J. A. Pascual (1964), "El misterio pascual según san León Magno", *RET* 24, 299-319. — J.-P. Jossua (1968), *Le salut. Incarnation ou mystère pascal*, Paris. — H. U. von Balthasar (1969), "Mysterium paschale", *MySal* III/2, 133-392 (Petrópolis, 1972). — J. Moltmann (1972), *Der gekreuzigte Gott*, Munique. — R. Cantalamessa (1978), *La pasqua nella Chiesa antica*, Turim; (1985, 1993³), *Il misterio pasquale*, Milão.

Raniero CANTALAMESSA

→ *Culto; Liturgia; Sentidos da Escritura.*

PÁSCOAS → ressurreição de Cristo

PASTOR

O pastor (p.) (do latim *pastor*) é o responsável por uma Igreja* local*. É chamado também *parochus*, encarregado de uma paróquia (latim *parochia*, do grego *paroikia*). O uso de "p." é corrente no protestantismo* para designar o ministro da comunidade local. É por ele que Cristo* reúne e edifica o rebanho (a *congregatio*). O II concílio do Vaticano* deu uma nova atualidade ao termo no interior do catolicismo*, e fala do bispo* como p.

a) Dados bíblicos. — No AT, as noções correntes de p. e de rebanho são aplicadas às relações de Israel* e de seus dirigentes: o rei é encarregado por Deus* de ser o p. do povo*. Esta função é frequentemente mal exercida, e amiúde se ouve elevar-se a queixa de um reba-

nho sem p. (1Rs 22,17; Zc 10,2 etc.). Os profetas* anunciam novos e bons p. (Jr 3,15; Ciro em Is 44,28; um novo David em Ez 34,23s), a serviço de Deus, p. supremo de seu povo (Sl 23; 80,2; Is 40,11; Jr 31,10; Ez 34,11ss).

No NT, Cristo é o bom-pastor (Jo 10,2.11.14-16.27s), na qualidade de cordeiro* de Deus que dá sua vida pelos seus (Jo 10,11.15; Ap 7,17; cf. também Lc 15,3ss). Ele exercerá sua função pastoral no juízo* final (1Pd 5,4; cf. também Mt 25,32s). É para este p. que é preciso voltar-se para ser salvo (1Pd 2,25; Hb 13,20). Ele envia seus discípulos para as ovelhas perdidas da casa de Israel (Mt 10,5ss; cf. já Mt 9,36ss), depois para todas as nações (Mt 28,18ss; cf. também At 10). Pedro* (Jo 21,15ss; cf. já Mt 16,17ss) ocupa um lugar privilegiado nesta missão pastoral que ele transmite aos anciãos (1Pd 5,1ss), assim como Paulo, que institui os presbíteros* para vigiar o rebanho (At 20,17.28ss). Para manter sua Igreja*, Deus lhe dá profetas e evangelistas, p. e doutores* (Ef 4,11; cf. a este respeito as epístolas ditas "pastorais", 1-2 Tm e Tt).

b) Igreja antiga e medieval. — Tema corrente da arte cristã primitiva, a figura do bom-pastor é utilizada pelos Padres* da Igreja para evocar o Cristo e a função "pastoral" dos bispos e dos padres*, que eles ligam à sua responsabilidade doutoral: "Aquele que é *pastor* deve também ser *magister*; ninguém, na Igreja, pode tomar o nome de p. se não puder ser o doutor daqueles de quem é o p.", escreve Jerônimo (*c.* 347-419) (com. sobre Ef, 4,11). Gregório* Magno é autor de um *Pastoral* (*Regulae pastoralis liber*). A responsabilidade pastoral é exercida em relação com os patriarcas, e em particular, para a Igreja latina, com o bispo de Roma*. Está centrada na "cura da alma", *cura animarum*, o sustento espiritual das almas*. Segundo Tomás* de Aquino, a função pastoral compreende *auctoritas* e *caritas*. Na IM, "pastoral" serve para definir ao mesmo tempo o ministério* do bispo diocesano e o do presbítero da paróquia.

c) Igrejas da Reforma. — A Reforma luterana dá uma ênfase nova ao insistir nas tarefas de pregação* e de catequese*. Na comunidade local, o p. exerce um papel episcopal. Ele zela por sua unidade e é ali ministro da Palavra* e dos sacramentos* (cf. *Confissão de Augsburgo*, art. 5, 7, 14, 28). Em virtude do sacerdócio* universal, todo crente participa em princípio da cura da alma, dos *mutuum colloquium et consolatio fratrum* (*Artigos de Smalkalde*, art. 4); mas este exercício coletivo do ministério pastoral completa o ministério particular do p. sem contudo substituí-lo. No calvinismo*, o cargo pastoral cabe a quatro *offices* (p., ancião, doutor e diácono). No cumprimento de seu encargo, o p. visita os fiéis, conduz a paróquia com os presbíteros* ou anciãos (que são leigos*), e exerce com eles a disciplina* eclesiástica. Os p. se encontram regularmente para uma partilha e um aprofundamento espiritual fundados no estudo da Sagrada Escritura*. P. e presbíteros dirigem o Consistório, que agrupa várias paróquias, e formam a estrutura sinodal de uma Igreja regional ou nacional. Os diáconos cumprem o serviço dos pobres, dos enfermos etc.; os doutores têm a responsabilidade das escolas e do ensino (cf. *As ordenações eclesiásticas da Igreja de Genebra*, de 1561). Todas as Igrejas saídas da Reforma retomam globalmente essa concepção, que exige do p. um alto nível de competência (cf. a túnica pastoral que traduz sua formação universitária). Um lugar particular cabe à família pastoral, o *presbitério protestante*. Desde Lutero*, os p. são geralmente casados e secundados em sua tarefa pela esposa. O ministério pastoral, hoje em dia, não é mais reservado aos homens: mulheres* frequentemente o exercem.

d) *Catolicismo contemporâneo.* — O Vaticano II, caminhando nas trilhas do Vaticano I*, "ensina e declara com ele que Jesus Cristo, o p. eterno, edificou a santa Igreja enviando seus apóstolos*, como ele mesmo fora enviado pelo Pai* (cf. Jo 20,21); ele quis que seus sucessores, isto é, os bispos, sejam até o fim dos tempos p. em sua Igreja" (*LG* 18). A unidade dos p. é dada no ministério pastoral do sucessor de Pedro* (cf. a constituição *Pastor Aeternus* do Vaticano I). O Vaticano II confirma seu primado e seu magistério* infalível. Enfatiza a função de ensino dos bispos, indissociável de seu encargo sacerdotal e de seu ministério de governo* (*LG* 20, 24-27). Os presbíteros participam do ministério pastoral do bispo, são ministros da Palavra* e dos sacramentos*, em primeiro lugar da eucaristia*. São secundados pelos diáconos "na 'diaconia' da liturgia*, da Palavra e da caridade" (*LG* 20, 28 e 29).

e) *Problemas atuais.* — No contexto contemporâneo, o ministério pastoral é confrontado com um conjunto de desafios. O anúncio da palavra, a celebração dos sacramentos, a cura da alma, o zelo da unidade e do governo da comunidade, tudo isso permanece central. As múltiplas expectativas da paróquia e da sociedade*, todavia, frequentemente fazem do p. um "representante da Igreja" que deve prover tudo; e essas demandas que pressupõem uma extrema disponibilidade podem ultrapassar os meios humanos do p. Seu ministério exige ademais um alto nível de qualificação (até nos domínios da comunicação, da pedagogia e da psicologia), que suscita uma tensão entre profissionalismo e vocação e mesmo, nas Igrejas majoritárias fortemente institucionalizadas, certa "funcionarização" do ministério. Todas as famílias confessionais* têm de enfrentar esse desafio.

• J. J. von Allmen (1956), *La vie pastorale*, Neuchâtel. — O. Semmelroth (1958), *Das geistliche Amt*, Frankfurt. — J. J. von Allmen (1964), *Le saint ministère selon la conviction et la volonté des réformés du XVIe siècle*, Neuchâtel. — N. Jossutis (1982), *Der Pfarrer ist anders. Aspekte einer zeitgenössischen Pastoraltheologie*, Munique. — P. Barrau (1984), "Pastorale", *DSp* 12/1, 376-387. — M. Greiffenhagen (ed.) (1984), *Das evangelische Pfarrhaus*, Stuttgart. — J.-M. Chappuis (1985), *La figure du pasteur. Dimensions théologiques et composantes culturelles*, Genebra. — J.-P. Williams (1986), *Profession pasteur. Sociologie de la condition du clerc à la fin du XXe siècle*, Genebra. — P.-L. Dubied (1990), *Le pasteur, un interprète. Essai de théologie pastorale*, Genebra. — G. Siegwalt (1992), *Dogmatique pour la catholicité évangélique* II/2, Paris-Genebra, 300-321, 354-376.

Gérard SIEGWALT

→ *Bispo; Diácono; Local (Igreja); Ministério; Ordenação/ordem; Presbítero; Sucessão apostólica.*

PATERNIDADE ESPIRITUAL → **direção espiritual**

PATRIARCADO

Foi depois do concílio* de Calcedônia* que surgiu o título de patriarca. Foi por muito tempo reservado às sés mais importantes, pela antiguidade, pela fundação apostólica e pelo lugar eminente ocupado no Império: Roma*, Constantinopla — "nova Roma" desde Constantinopla I* —, Alexandria, Antioquia e Jerusalém* — sob a jurisdição* de Cesareia na Palestina até Calcedônia, que lhe atribuiu o quinto lugar na ordem de preeminência em sua sessão de 26 de outubro de 451 (cf. G. Alberigo *et al., Les conciles oecuméniques* 1, L'histoire, p. 95-96). Estes cinco patriarcados (p.), que as *novelles* (ou constituições) imperiais chamarão de cinco sentidos do Império, formarão o que se chamou "pentarquia", conjunto de bispados influentes que partilharam entre si o "mundo habitado" (ou o mundo conhecido), a *oikoumene*, em zonas de influência onde cada patriarca presidia à eleição dos metropolitas e dos bispos* diocesanos e recebia os apelos. (Para Roma, Alexandria e Antioquia, cf. já Niceia I*, cân. 6.) Cada um desses p. era uma Igreja "autocéfala" (que elege seu próprio primaz, e deve ser distinguida de uma Igreja "autônoma", cujo primaz é eleito com a participação de um primaz de uma Igreja autocéfala). Estava excluída da pentarquia a Igreja de Chipre, que recebera a autocefalia no concílio de Éfeso* ("Voto", *DCO*, p. 160-161), mas cujo primaz é um arcebispo e não um patriarca.

Um p. é, pois, um agrupamento, presidido por um patriarca, de metrópoles, capitais de províncias, correspondendo geralmente, sobretudo desde o início da época constantiniana, a divisões administrativas do Império. Uma metrópole, presidida por um metropolita, agrupa certo número de dioceses (cidade com sé episcopal e o território que dela depende). Essas dioceses e metrópoles se reúnem regularmente, sob a presidência do patriarca, em sínodo* ou concílio local. Esta prática continua em vigor na maioria das Igrejas orientais, sobretudo ortodoxas, assim como em muitas das Igrejas ocidentais (conferências episcopais, sínodos das províncias anglicanas, das Igrejas luteranas e reformadas etc.).

É preciso destacar que o patriarca, ao mesmo tempo que exerce o papel de presidente no seio de um p., é bispo da mesma categoria que todos os bispos, sem poder episcopal superior ao dos demais. Todos, com efeito, são iguais no episcopado, todos participam da mesma sucessão* apostólica, todos são igualmente chamados a ser os penhores da verdadeira fé. Entretanto, se o poder episcopal de um patriarca (ou de um metropolita) é o mesmo que o de todo bispo e se seu título primacial é essencialmente honorífico, seu papel de presidente lhe confere certa autoridade moral: cabe-lhe, p. ex., aprovar as eleições episcopais das províncias ou metrópoles de sua jurisdição, presidir à eleição dos metropolitas, convocar os sínodos ou concílios locais (o termo grego *synodos* significa "concílio").

A pentarquia, tal como definida mais acima, existiu — com algumas tensões, é verdade, entre Roma e Constantinopla, que assumiu em 588 o título de p. ecumênico, sempre reconhecendo os privilégios tradicionais da antiga Roma — até a separação progressiva entre católicos e ortodoxos. Rompida a comunhão* com Roma, esta se viu excluída, e foi com toda a naturalidade que o p. de Constantinopla, segundo na ordem de preeminência, se tornou a sé primacial da ortodoxia*. Ele o é até o presente (enquanto aguarda o restabelecimento da comunhão com Roma).

Com o desenvolvimento da Igreja da Rússia e a transferência, no s. XIV, da sé primacial de Kiev para Moscou, nova capital, a autocefalia desta Igreja foi solenemente reconhecida em 1589 por ocasião da vinda do patriarca ecumênico Jeremias II para consagrar o primeiro patriarca de Moscou "e de todas as Rússias", Jó. Foi assim que, por algum tempo, a pentarquia foi novamente completada, com Moscou a ocupar o quinto lugar, depois de Jerusalém.

Os desdobramentos posteriores estão ligados cada vez mais à escalada dos nacionalismos, sobretudo no s. XIX. Surgem (ou ressurgem) Igrejas autocéfalas em número importante. Estas Igrejas se identificam cada vez mais com os territórios de Estados* soberanos e tendem, pois, a se tornar Igrejas "nacionais" e não mais simplesmente locais (a Igreja de Antioquia permanece como a testemunha de uma Igreja propriamente territorial: sua sé primacial fica em Damasco e seu território cobre a Síria e o Líbano). Por conseguinte, os p. se multiplicaram e o título de patriarca, reservado, como se viu, a bispos que ocupavam sés prestigiosas, se tornou moeda corrente. A ortodoxia conta atualmente oito Igrejas que têm à sua frente um patriarca e ao todo dezesseis Igrejas autocéfalas ou "autônomas".

O título de patriarca não tem sentido propriamente teológico. Tem o mesmo significado eclesial que os demais primazes (arcebispos, metropolitas, *catholicos*: os títulos variam de uma Igreja para outra): na ortodoxia, o primaz preside uma Igreja local, como *primus inter pares* (primeiro entre iguais) e em comunhão com todos os demais primazes. Um desses primazes é encarregado de uma presidência universal nas mesmas condições: é atualmente o p. de Constantinopla.

Enfim, é preciso acrescentar que certos p. (como Antioquia, Alexandria, Jerusalém) têm atualmente vários patriarcas: um ortodoxo, um católico, um pré-calcedoniano, o que é contrário ao direito* canônico mais antigo.

* J. Meyendorff (1960), *L'Église orthodoxe hier et aujourd'hui*, Paris (nova ed. revista e aumentada, J. Meyendorff e N. Lossky, 1995). — T. Ware (Bispo Calisto de Diocleia) (1963⁴), *The Orthodox Church*, Londres (nova ed., 1993). — J.-M. R. Tilliard (1995), *L'Église locale. Ecclésiologie de communion et catholicité*, CFi 191, 241-299, 431-452 e *passim*.

Nicolas LOSSKY

→ *Governo da Igreja; Hierarquia; Infalibilidade; Ireneu de Lião; Leigo/laicato; Magistério; Ministério; Ordenação/ordem; Papa; Pastor; Sacerdócio.*

PATRIPASSIANISMO → modalismo a

PAULINA (Teologia)

As epístolas paulinas podem ser classificadas em três grupos, das mais antigas às mais recentes: *a*) as epístolas ditas do ministério*, reconhecidas como autênticas: 1Ts, 1 e 2Cor, Gl e Rm; *b*) as epístolas da prisão, Fl e Flm, também elas autênticas, e em seguida Cl e Ef, cuja autenticidade é discutida (como 2Ts), e que alguns consideram como deuteropaulinas; *c*) por fim, as Pastorais, 1 e 2Tm e Tt, atribuídas pela maioria dos exegetas a discípulos de Paulo (Bíblia*).

Documentos de circunstâncias, respondendo às dificuldades das primeiras comunidades, as epístolas de Paulo não se apresentam como exposições sistemáticas ou exaustivas. Todavia, podemos assinalar nelas certo número de constantes, que não vêm nem das circunstâncias nem do ambiente religioso (judeu e/ou grego), mas do próprio Paulo, em particular a cristologização de todos os campos do discurso teológico.

I. Uma teologia cristologizada

1. O Evangelho que é o Cristo

Paulo foi enviado (1Cor 1,17a) para pregar o Evangelho, isto é, o Cristo* (1Ts 3,2; 1Cor 9,12; 2,2; 2Cor 1,19; 2,12; 4,4s; 9,13; 10,14; Gl 1,7; Rm 1,1ss; 15,19; 16,25; Fl 1,12-18.27; Cl 1,27 etc.), Evangelho que é também o "de Deus*" (1Ts 2,2.8s; 2Cor 11,7; Rm 15,16), pois ele manifesta plenamente e paradoxalmente suas vias impenetráveis (Rm 11,33). Por que a proclamação do Apóstolo* tem de ser essencialmente *cristo*lógica? O final do hino de Fl 2 (vv. 9ss) deixa pressentir a resposta: se Deus glorificou Jesus* e o fez Senhor para que todo o criado sem exceção o reconheça como tal, não se vê como seria possível silenciar sobre esta senhoria — e o que a precedeu. Em suma, aderir ao Evangelho equivale na prática a crer em Cristo Jesus. Rm 9,30–10,21 ilustra bem este propósito, já que a única repreensão formulada contra Israel* foi ter recusado o Evangelho, isto é, Jesus Cristo, em nome de sua fidelidade à Torá. Anunciar que a justiça* divina se manifestou definitiva e plenamente em Jesus Cristo equivale, portanto, a descrever o itinerário de Cristo, a apresentá-lo crucificado, morto e ressuscitado para nossa salvação*.

Paulo não aceita que se pregue nem que se creia num "outro Jesus" que não o pregado por ele (2Cor 11,4), isto é, um Jesus cuja morte* escandalosa seria calada, ou um Jesus que teria vindo para nos recolocar sob o jugo da Lei*. Pois é a morte de Cristo na cruz que determina os componentes do anúncio evangélico e faz Paulo dizer que a circuncisão (cf. Gl 5,11) não pode fazer parte integrante do Evangelho.

2. Cristo e a salvação de todos

O discurso de Paulo sobre a salvação é também fundamentalmente cristologizado. A intervenção salvífica passada é retraçada nele de duas maneiras complementares: a partir de Deus, que quis mostrar sua justiça e sua misericórdia* enviando o Cristo para nosso resgate ou nossa libertação (cf. entre outros, 2Cor 5,18s.21; Gl 4,4ss; Rm 3,21-26; 5,8; 8,3s; Cl 1,22; 2,13; Ef 2,4s), ou a partir de Cristo (1Ts 5,9s; 1Cor 8,11; 15,3; 2Cor 5,14s; 8,9; Gl 1,4; 2,20; 3,13; Rm 5,6.8; 5,12-19; 14,15; Fl 2,7s; Cl 2,14s; Ef 2,13-17; 5,2; 5,23.25). Em função de sua argumentação, Paulo utiliza vários campos semânticos para expressar a intervenção de Deus e de Cristo: amor*, graça*, resgate, libertação (da Lei, do pecado*, da morte), justificação*, perdão, reconciliação, solidariedade, obediência e humilhação, expiação* (ou propiciação), sacrifício*, criação*, vida, salvação. Ele insiste também na qualidade e na extensão (universal) da obra redentora de Cristo.

A mediação salvífica de Cristo se exerce ainda hoje pois, tendo ressuscitado, ele reina sobre os mortos e os vivos (1Cor 15,23-28; Rm 14,9; Fl 2,10s). Os crentes morreram com ele para a Lei, para o pecado, sepultados com ele a fim de viver com ele (Rm 6,1-11; 8,17; Cl 2,11; Ef 2,4), para ele (2Cor 5,15; Rm 14,7s), para conhecê-lo (Fl 3,8.10; Cl 2,2; Ef 3,19; 4,13), e mesmo para viver *por* ele, já que ele habita, vive neles (Gl 2,20; Ef 3,17), sua vida (de Ressuscitado) se manifesta, brilha na existência mortal deles (2Cor 3,18; 4,8.11; Rm 8,29), eles lhe pertencem (1Cor 3,23) e, para eles, viver é Cristo (Fl 1,21; Cl 3,4). A mediação de Cristo prossegue também na relação dos crentes com Deus, já que ele os protege da ira* por vir (1Ts 1,10) e intercede por eles (Rm 8,34). Em suma, Cristo não abandona aqueles que ele reconduziu à amizade de Deus.

Aliás, são os efeitos da mediação de Cristo em sua própria vida e na dos crentes que de-

terminam a maneira como Paulo interpreta o papel da lei mosaica. Por mais que ela seja boa e santa, a lei permanece a serviço do pecado, pois o faz conhecer mas se revela incapaz de nos livrar dele (Rm 7,7-25). Ademais, ele foi e continua a ser o documento de identidade do povo* da aliança*, protegendo-o e pondo-o à parte do resto das nações. Sublinhando a universalidade salvífica da morte na cruz e da ressurreição* de Cristo, o Apóstolo* pode evidenciar a vocação única de toda a humanidade.

Certamente, quando quer exprimir a identidade dos crentes e sua dignidade, seu vocabulário não parece diretamente cristológico. Paulo, com efeito, diz que os crentes se tornaram filhos de Deus (filiação*) (cf. 2Cor 6,18; Gl 3,26; 4,5s; Rm 8,15ss.19.21.23; 9,26; Fl 2,15; Ef 1,5). Cristo, todavia, não fica exterior à relação instaurada entre Deus e a humanidade, pois "Deus enviou em nossos corações* o Espírito* de seu Filho" (Gl 4,6): Cristo vive em nós, ama em nós; nós somos filhos/filhas com ele e nele. Por isso os batizados podem dizer: "*Abba*! Pai*!" a Deus, que quer vê-los reproduzir a imagem de seu Filho (1Cor 15,49; 2Cor 3,18; 4,6; Rm 8,29). O mediador os faz assim entrar nesta relação que ele tem com o Pai, de modo que seu ser-filho se torna inseparável de seu itinerário.

3. Cristo e a expectativa do final dos tempos

a) Cristologia ou apocalíptica? — Paulo exprime sua esperança* principalmente em termos cristológicos. Mas a morte e a ressurreição de Jesus teriam um sentido e um alcance decisivos se as separássemos de sua interpretação apocalíptica*, isto é, da vitória iminente e definitiva de Deus sobre o mal*, da manifestação última de sua justiça? Na realidade, para Paulo, é a ressurreição de Jesus que chama a ressurreição final, e ele prefere sublinhar as modalidades ou as vias pelas quais *já* se revelaram a justiça e a misericórdia divinas, pois a dificuldade vem na realidade do "como" desta manifestação, a saber, a morte na cruz. É por isso que o quadro apocalíptico estrutura menos do que se tem dito a escatologia* paulina. O Apóstolo está pouco interessado na vingança* ou na vitória divinas finais: não que ele as negue (cf. 1Ts 4,6; 5,3.9; 2Ts 2,12; Gl 5,21; 1Cor 6,9s; Rm 1,32; 2,5-10.16; 3,5s; Ef 5,5) (violência*), mas toda sua pregação* incide no contrário, isto é, na misericórdia concedida a nossa humanidade, pela morte na cruz do Filho, em que o Deus de majestade nunca foi mais vencedor. Os cenários apocalípticos de 1Ts 4,15ss; 1Cor 15,23-28 e 1Cor 15,52s só têm importância pela vinda de Cristo; só ela dá todo o alcance aos acontecimentos do fim, pois ela permitirá aos crentes, vivos e mortos, estar então para sempre *com ele na glória**: o único e real infortúnio será não poder estar definitivamente com ele.

A cristologização da escatologia paulina se opera de maneira mais decisiva ainda: a vida eterna* não é somente estar com Cristo, mas receber em partilha sua própria vida de ressuscitado. Uma ressurreição (ressurreição* dos mortos) para a punição ou para a destruição fica excluída (cf. 1Cor 15,35-49). O pior que pode acontecer a alguém é não ressuscitar, ou seja, não partilhar a glória de Cristo. A cristologia* irriga portanto a escatologia paulina, já que ela lhe dá sua finalidade, seu conteúdo e sua extensão.

b) As transformações da escatologia. — Será que a insistência na relação presente e futura de Cristo com os crentes provocou uma distorção da escatologia paulina, em que uma ressurreição final dos crentes (em 1Ts 1; 2Cor, Gl, Rm, Fl) teria sido substituída por uma ressurreição e uma salvação já efetuadas, realizadas (Cl 2,12; 3,1; Ef 2,5s.8)? Na realidade, Cl e Ef não eliminam a tensão entre o "já aí" e o "ainda não", pois ali não se diz que os crentes já têm um corpo* glorioso. Declarando os crentes ressuscitados com seu Senhor, essas epístolas não os fazem abandonar a história*: antes, elas valorizam a cristologização de sua existência, em todas as suas dimensões, pessoal, eclesial e social.

4. Cristo e o discurso sobre Deus

a) Cristo e sua relação com Deus. — Paulo coloca Jesus Cristo do lado de Deus, tendência que se poderia qualificar de teologização progressiva de sua cristologia. Um ou outro título divino lhe é assim atribuído, das primeiras às úl-timas epístolas. É declarado "Senhor" (*kyrios*, p. ex., 1Cor 2,8; 8,5s; 2Cor 3,14-17; Rm 10,6-13; Fl 2,9ss) por sua ressurreição. Aplicado a Cristo, este termo, que pode designar muitos seres (cf. 1Cor 8,5; Cl 3,22; 4,1; Ef 6,5.9), toma uma conotação forte. De fato, Paulo retoma várias passagens bíblicas em que *kyrios* designa manifestamente Deus e traduz o hebraico *Adonai*, até mesmo Javé, e as aplica a Jesus (cf. Jl 3,5 em Rm 10,13; Is 43,23 em Fl 2,10s) (nome*). Outros títulos, como *soter* ("salvador"), que só aparecem nas epístolas do cativeiro ou nas pastorais, valem tão bem para Deus (1Tm 1,1; 2,3; Tt 1,3; 2,10; 3,4) quanto para Cristo (Fl 3,20; Ef 5,23; 1Tm 4,10; 2Tm 1,10; Tt 1,4; 2,13; 3,6).

b) Cristologização da teologia. — Num movimento inverso, Paulo cristologiza também sua teologia*. Ele não fala da obra redentora de Deus sem mencionar cada vez a Cristo, que se torna assim a prova por excelência da misericórdia e do amor divinos (Gl 2,20s; Rm 5,8; 8,39; Ef 2,4s; 4,32; 5,1s; 2Ts 2,16). E Deus é doravante "o Pai* de Nosso Senhor Jesus Cristo" (cf. 2Cor 1,3; 11,31; Rm 15,6; Cl 1,3; Ef 1,3). Para Paulo, é a paternidade que define Deus enquanto tal. Certamente, a Bíblia já chamara Deus de Pai dos órfãos e dos pobres, pai de Israel (Sl 68,6s; 103,13s etc.). Mas, nas epístolas paulinas, esta relação de Deus com os homens só se compreende em função daquela que religa o Pai e seu Filho Jesus Cristo: nossa adoção filial (*hyiothesia*) está ligada à filiação de Jesus (Gl 4,4ss). Além disso, são os caminhos tomados pelo Filho que revelam o inusitado da paternidade de Deus.

c) O Espírito de Cristo. — Paulo sublinha o nexo entre o envio do Filho e a recepção do Espírito* filial (Gl 4,4ss). Recusa-se também a separar o Espírito (*pneuma*) do Cristo Senhor e o Espírito de Deus: sua pneumatologia depende de sua cristologia e de sua teologia (1Cor 12,4ss; Rm 8,9.14ss), e está ligada a seu discurso sobre a Igreja* (1Cor 12,12-30). O dom do Espírito filial, Espírito da promessa*, se fez em nexo com a morte/ressurreição de Jesus. Para Paulo, Cristo inaugurou a era do *pneuma*, e o fato de Cristo mesmo ser "*pneuma* vivificante" (1Cor 15,45) indica bem que toda vida advém *por* ele.

O nexo Cristo/Espírito tem igualmente uma função decisiva para a abertura das Escrituras*, conforme o que Paulo mesmo diz em 2Cor 3: é o Espírito que permite compreender como as Escrituras, chamadas "Antigo Testamento" nesta passagem (2Cor 3,14), ganham sentido em referência a Cristo, já que todas elas falam dele.

5. Cristo e o discurso sobre a Igreja

A eclesiologia paulina não é exclusivamente cristológica. O uso do termo "Igreja*" nas epístolas mostra que o substantivo é seguido de diversos complementos de nome (Igreja "de Deus", "dos tessalonicenses" etc.), entre os quais nunca figura o Cristo. Ademais, para descrever o grupo crente em sua unidade e seu crescimento, Paulo só emprega expressões cristológicas; assim, nós formamos o templo* de Deus, uma morada habitada pelo Espírito, ou ainda um só homem novo (1Cor 3,9.16s; Ef 2,15.21s). No entanto, a apresentação multiforme do ser-em-Igreja não é separada da cristologia, já que Cristo é a fundação (1Cor 3) ou a pedra mestra (Ef 2) do templo constituído pela Igreja.

a) A Igreja corpo de Cristo. — Numerosas expressões mostram fartamente que a Igreja é descrita pelo Apóstolo sobretudo em termos cristológicos. Primeiramente, a repetição contínua do sintagma "em Cristo". Em seguida, o fato de os batizados não serem chamados "povo de Deus" — as duas exceções são citações bíblicas (Rm 9,25s e 2Cor 6,16), pois alhures o termo é reservado a Israel*, que compreende tanto os judeus que creram em Jesus Cristo quanto os que o recusaram em nome de sua fidelidade à lei mosaica. A temática do povo permanece demasiado particular para dar conta do projeto de Deus sobre a humanidade inteira, projeto que Paulo prefere exprimir com auxílio do vocabulário familiar, que faz da humanidade crente "a família*" de Deus. Mas é o vocabulário do *corpo* que permite ao Apóstolo representar a relação privilegiada da Igreja com Cristo. As razões que favoreceram esse vocabulário são numerosas: conotação do crescimento, da

unidade na diversidade e a complementaridade dos membros etc. Mais fundamental, contudo, é sua determinação cristológica; os crentes não formam um corpo social, mas o *do Cristo*, são seus membros (1Cor 1,13; 6,15; 12,12-27; Rm 12,5; Cl 1,18.22; Ef 1,23; 4,12s.25; 5,23.30). Relação que constitui a Igreja como uma entidade escatológica que não faz número com as deste mundo*, sociais, políticas ou religiosas — ela não substitui, portanto, o povo de Israel.

1Cor 1–4 prova magistralmente que a cristologia ajuda o Apóstolo a formular as relações intraeclesiais: sua primeira seção, cristológica, fornece os valores a partir dos quais se destacam a fisionomia do grupo eclesial e sua verdadeira hierarquia (os ministros a serviço da Igreja e não o inverso). Em sua dependência fundamental, a Igreja deve testemunhar a única senhoria do Filho sobre ela. O vocabulário de Cl 1,18a é o mesmo que o das epístolas precedentes (cf. Rm 12,4s; 1Cor 10,16s; 12,12s), mas a insistência é outra: não é a Igreja em sua realidade orgânica, formando uma unidade na multiplicidade e na complementaridade de seus membros, que importa aqui, mas sua dependência para com o Filho e a unicidade desta relação (só ela é seu corpo). Ef vai ainda mais longe: porque estreitamente unida a seu Senhor e vivificada por ele, a Igreja torna-se o signo privilegiado da graça* de Deus oferecida à humanidade inteira; ela recebe mesmo esta responsabilidade de manifestar o amor totalmente gratuito e reconciliador de Cristo por todos, e nela deve se desenhar a nova humanidade, o corpo mesmo de Cristo em crescimento.

A relação cabeça/corpo não é a única a descrever o nexo privilegiado e único existente entre Cristo e sua Igreja: 2Cor 11,2 indica bem que a relação Cristo/Igreja é também do tipo esposo/esposa, relação sobre a qual Ef 5,26s retorna mais longamente (casal*), articulando-a aliás com a do corpo.

b) Os sacramentos de Cristo.* — A Igreja permanece indefectivelmente unida a seu Senhor pelo batismo* recebido em Cristo, com Cristo ou em seu nome (cf., p. ex., 1Cor 1,13; Gl 3,27; Rm 6,3s; Cl 2,12) e pela refeição do

Senhor, onde a comunidade recebe também sua unidade (1Cor 10,16s) (eucaristia*).

É o batismo que determina a verdadeira dignidade (crística e espiritual) dos crentes e permite a Paulo lutar contra toda espécie de falsa hierarquização intraeclesial. Se alguns ministérios ou carismas são superiores a outros (1Cor 12,27-31), não poderiam determinar um *status* diferente (cf. 1Cor 3).

c) *Cristo e os ministérios.* — Paulo liga igualmente a Cristo o ministério apostólico e a proclamação do Evangelho: no início de quase todas as suas epístolas é como apóstolo, ministro (*diakonos*) ou servo "do Cristo" que ele se apresenta. Quanto à finalidade do ministério, é também fazer conhecer o Cristo, fazer crescer os crentes nele etc. Paulo faz tudo para que Cristo seja formado em seus convertidos (Gl 4,19); é como um pai que guarda pura e virgem a filha para apresentá-la a seu esposo, Cristo (2Cor 11,2). Quando a finalidade é teológica, uma determinação cristológica ("em Cristo" ou equivalente) a acompanha, como em 1Cor 3. É na maneira como sofre e padece pelo Evangelho, reproduzindo em sua carne o itinerário de Cristo por sua Igreja, que se pode reconhecer o verdadeiro apóstolo (cf. 1Cor 4 e 9; 2Cor 6,4-10; 11,23–12,10; Fl 3; Cl 1,24; 2Tm 1,12). E em Ef 4,7-12 os ministérios são completamente cristologizados, já que é Cristo que os distribui a sua Igreja, assegurando assim seu crescimento. Isso não significa de modo nenhum que Cristo substitua Deus, mas que fazendo dele a cabeça da Igreja o próprio Deus quis com ele dar tudo a ela (Ef 1,20-23).

6. Cristologização da ética e da antropologia

a) *Os motivos cristológicos.* — Que a moral paulina não encontra suas motivações principais na Torá mosaica, eis algo manifesto. Apesar de tudo, o pano de fundo judaico de várias diretrizes é inegável, em particular para o mandamento* do amor ao próximo (Lv 19,18; Gl 5,14; Rm 13,9). Cristo tem ali uma função decisiva, pois Paulo exorta em referência a ele (1Ts 4,1; Rm 14,14; 15,30; Fl 2,5) ou em seu nome (1Ts 4,2; 1Cor 7,10s). Também alude à sua liberalidade, à sua humildade, a seu amor por todos e especialmente pelos pequenos, e pede a seus leitores que o imitem nisso (1Cor 11,1; 2Cor 8,9; Rm 15,7; Fl 2,5-11; Cl 3,13; Ef 5,2.25-30). Cristo é assim, com Deus-Pai, um modelo ético* a seguir. Eis por que a questão da prioridade da Torá sobre Cristo não se coloca para Paulo: se o requisito "Amarás teu próximo como a ti mesmo" permanece mais que nunca atual, não é primeiramente porque se trata de uma ordem *da Torá* (que exprime sem possibilidade de dúvida a vontade divina), mas porque o batizado experimentou até onde foi o amor de Deus e de Cristo. Cristo é também o destinatário último do agir ético, é o que indica seu desafio (1Cor 8,12s); a dignidade do crente, que vem do amor que Cristo lhe testemunhou (morrendo por ele) e de sua união com ele, acha talvez aqui sua consequência mais notável. O ser e o agir de Cristo podem também servir de princípio argumentativo mais elaborado (1Cor 5,6ss; 1Cor 6,13.15; 1Cor 8,11; Rm 6; Rm 14,15; 1Cor 11,4; Cl 3,1; Ef 5,23). Formalizando, pode-se dizer que as justificações cristológicas pertencem àquilo que se convencionou chamar "o indicativo" sobre o qual se enxerta "o imperativo" ético: é em nome de seu ser-em-Cristo (ou com Cristo), em virtude daquilo que eles mesmos perceberam e receberam do amor de Deus em Jesus Cristo, que Paulo exorta seus leitores.

Em Cl e Ef, as motivações cristológicas se estendem ao conjunto da vida do grupo eclesial, em particular às relações entre esposos, entre pais e filhos, entre amos e servos. A cristologia vem, portanto, cobrir todos os comprometimentos com um mundo que estatuía a inferioridade das esposas, a obediência incondicional dos escravos etc.? Na realidade, é preciso interpretar essas diretrizes como um desejo de humanizar e transformar as estruturas sociais ligadas às culturas, não para "batizá-las" ingenuamente, mas para mostrar em que elas podem e devem mesmo se abrir ao Evangelho. Longe de deixar o Evangelho dobrar-se aos valores mundanos, as epístolas do cativeiro fazem dele, ao contrário, um instrumento de conversão* de todos os códigos, morais e outros.

b) *A humanidade nova em Cristo.* — A antropologia* paulina é, também ela, cristologizada:

o último Adão* é Cristo, e o homem escatológico tem seus traços (cf. 1Cor 15,44b-49). É por causa da unidade e da dignidade de nossa humanidade em Cristo que Paulo pode esboçar o tipo de discriminações mundanas a excluir da Igreja, sejam religiosas (judeu, grego; circunciso ou não), sexuais (homem, mulher*) ou sociais (homem livre, escravo; cf. Gl 3,28; Cl 3,11). É também a partir da redenção em Cristo que ele descreve, em Rm 7,7-25, a submissão do homem súdito da Lei e ainda submisso à carne* (*sarx*), e é sempre em função de Cristo que Cl e Ef inauguram o conceito de "homem novo", oposto ao "velho", prisioneiro do pecado e da morte (Cl 3,9ss; Ef 4,22-25). Mas é sobretudo no Filho que nossa humanidade descobre as dimensões de sua dignidade filial ao mesmo tempo que a exigência de fraternidade, de atenção amorosa, para formar verdadeiramente a família de Deus (1Ts 4,9; Rm 8,29; 12,9s). Quanto à preferência de Paulo pelo celibato, é determinada por razões cristológicas — a proclamação do Evangelho (1Cor 7,29-35).

Nos diferentes campos da teologia paulina, a figura de Cristo desempenha assim um papel estruturante. Mas trata-se mais de uma cristologização do que de uma reflexão sistemática sobre o estatuto e sobre o ser de Cristo: a importância da cristologia das epístolas do Apóstolo mede-se, portanto, mais por sua disseminação e seu papel do que por seu desenvolvimento interno.

II. Uma teologia paradoxal

1. Uma formulação paradoxal do itinerário de Cristo e dos batizados

a) *A loucura da morte na cruz.* — Se Jesus Cristo constitui o objeto primeiro de seu Evangelho, Paulo praticamente só retém sua morte na cruz (1Cor 1,18-25; Gl 3,1). Não que ele tenha tido uma predileção por esse tipo de morte, bem ao contrário, ele próprio a julgara indigna das vias de Deus. De acontecimento insuportável ela se torna para ele o lugar mesmo de toda consolação. Isso não significa que ele tentou minimizar-lhe o escândalo*, no sentido de que sua finalidade soteriológica (uma morte na cruz *por todos*) permitiria desfazer-lhe o enigma. Se,

na esteira da tradição* apostólica, ele interpretou e releu o evento à luz das Escrituras (cf. 1Cor 15,3s), se ultrapassou suas recusas e percebeu a coerência de tal morte, ele só a exprimiu em termos paradoxais, em fórmulas abruptas, feitas para despertar seus leitores para os extremos das vias divinas. Assim, Deus "entregou" seu Filho (Rm 8,32): um pai digno deste nome poderia entregar seu filho bem-amado a uma morte assim, ainda que pelas mais belas razões? Hesitaria ele então em entregar a humanidade inteira? Outros enunciados são ainda mais fortes: aquele que não conhecera o pecado, Deus o fez *pecado* para nós, a fim de que nos tornássemos justiça de Deus (2Cor 5,21; Rm 8,3s tem uma formulação bem próxima). O gesto de Deus não é separável do de seu Filho, que amou a humanidade a ponto de se entregar por ela (Gl 1,4; 2,20), de se tornar *maldição*, a fim de que nele a bênção* de Abraão se estenda a todos (Gl 3,13s). Esta retórica — em particular as duas metonímias: pecado e maldição — nada tem de ornamental, ela apenas marca a estupefação daquele que não podia mais ver o evento da cruz senão como uma loucura (1Cor 1,21ss), à qual Deus chegou para salvar o mundo. E Paulo não retém somente o excesso de uma morte ignominiosa: também sublinha o inaudito e a extensão de seus efeitos para quem quer que aceite crer — adoção filial, Espírito recebido etc. São também os meios tomados por Cristo para nos reconduzir na amizade divina que 2Cor 8,9 sublinha ao dizer que, de rico que era, ele se fez pobre por causa de nós, "a fim de nos enriquecer com sua pobreza": a lógica dos vasos comunicantes se encontra aqui definitivamente desmontada.

As afirmações paradoxais de Paulo não abalam somente as sabedorias* deste mundo: elas indicam também a orientação do discurso cristão. Pois o apóstolo percebeu que no itinerário de Cristo se dá a reconhecer o extremo das vias divinas, e que meditando sobre a morte na cruz de Jesus, entra-se no mistério* mesmo da paternidade de Deus. 1Cor 1-2 é decerto a passagem em que a importância da morte na cruz de Cristo para o anúncio do Evangelho é mais bem descrita. Com efeito, é para não reduzi-la a nada que o Apóstolo se recusa a todo discurso brilhante. Optando por uma retórica da humildade, da simplicidade, Paulo definitivamente descartou a sedução do verbo. Mas a morte de Cristo na cruz não muda somente o jogo das regras retóricas, ela determina a mensagem mesma, pois nela se indica de maneira definitiva as escolhas pobres de Deus: no "até lá" da morte na cruz se revela a loucura divina mais sábia que a sabedoria humana, a pobreza mais poderosa que tudo. A cruz muda o olhar sobre o mundo e seus valores: "Eu, por mim, nunca vou querer outro título de glória que a cruz de nosso Senhor Jesus Cristo; por ela o mundo está crucificado para mim, como eu para o mundo" (Gl 6,14). Paulo só pode proclamar a morte de Jesus na cruz como subversão suprema e definitiva dos valores mundanos.

Tal importância dada ao "extremo" explica também por que Paulo não diz praticamente nada sobre a vida de Jesus, senão que nasceu de uma mulher*, judeu submisso à Lei (Gl 4,4), da linhagem de David (Rm 1,3). Isso não significa que o Apóstolo não soubesse mais a respeito, nem que não pudesse encontrar naquela vida nenhum acontecimento digno de menção, mas é sua lógica que ele apreende numa única expressão, "reconhecido como homem" (Fl 2,7), uma expressão que obedece precisamente à dinâmica do abaixamento. Certamente, o "até o fim" da humilhação e da kenose* não é o fim do itinerário, e o Evangelho paulino contém também uma faceta "ressurreição", sem a qual a pregação não seria mais que uma falsa Boa-Nova, e nossa fé*, vazia, vã (1Cor 15,17). Mas essa faceta não deve fazer esquecer a primeira, pois ali ela encontra sua indispensável condição: a exaltação é a de um crucificado, de um humilhado que é o Filho mesmo de Deus.

b) A condição paradoxal dos batizados. — Várias passagens indicam sem equívoco o nexo existente entre o itinerário do Senhor e o dos batizados (1Cor 1,26-31; Rm 6; Fl 3,2-11), em fórmulas que não são menos paradoxais. Doravante, os batizados estão mortos e sua vida está oculta com Cristo em Deus (Cl 3,3); libertos do pecado, tornaram-se escravos da justiça

(Rm 6,18); e se não devem tornar-se escravos dos homens (1Cor 7,23) precisam tornar-se "escravos" (douleute) uns dos outros (Gl 5,13). De igual modo, Paulo, livre em relação a todos, se fez o escravo de todos, para ganhar o maior número deles (1Cor 9,19). Ele chega mesmo a fazer o elogio de sua fraqueza (2Cor 11,30), sem masoquismo nem complacência, porque nela a força de Deus pode operar (2Cor 12,10). Deus então precisaria de nossa fraqueza crônica para poder manifestar em nós e por nós sua potência*? Na realidade, ele mesmo tomou este caminho, em seu Filho (Fl 2,6ss). Neste ponto, as afirmações de Paulo reúnem-se às de Jesus: quem se rebaixar será elevado, que o maior esteja a serviço de todos etc. Mas, para formular tais inversões, o Apóstolo só vê a retórica dos excessos (auxesis), sobretudo a propósito dos privilégios religiosos, os mais belos, os do israelita que ele continua a ser (Rm 11,1), tornados lixo, imundície, por amor de Cristo (Fl 3,8).

O evento da morte do Filho na cruz e a vida dos batizados são, eles mesmos, tomados numa lógica mais ampla, a da redenção, que a epístola aos Romanos formula de maneira ainda mais paradoxal, pois parece fazer de Deus o agente primeiro de nossas recusas (cf. Rm 5,20; 11,32). Não que Paulo esqueça as resistências humanas, mas as vê ordenadas e retomadas por uma sabedoria divina insondável, exatamente quando se deixa reconhecer (Rm 11,33-36) (conhecimento* de Deus).

2. Uma descrição paradoxal de Israel e da Torá

a) O destino de Israel. — Para Paulo, a situação presente e futura de Israel faz parte integrante da lógica da salvação. Continua a ser o povo de Deus, embora a maior parte de seus membros tenha rejeitado o Evangelho de Cristo em nome de sua fidelidade à lei mosaica: seu zelo por Deus paradoxalmente os afastou de sua justiça (Rm 10,1ss), mas esse afastamento, aliás não definitivo, vem de Deus mesmo, que os endureceu a fim de permitir aos não judeus acolher o Evangelho (Rm 11,25-32). Como Deus pode agir assim para com seu povo, que ele ama? Paulo pode alinhar esses paradoxos em nome de sua própria experiência, pois ele mesmo lutara contra o Evangelho por zelo (Gl 1,13s), e se Deus fez dele o instrumento da evangelização* das nações no fundo é para indicar antecipadamente o papel que seu povo deve ainda desempenhar — um papel hoje passivo, certamente, mas um povo que conserva uma decisiva vocação escatológica. Esta é a razão pela qual Paulo nunca chamou Israel "povo da antiga aliança": para ele não é a Torá mosaica que permite definir a realidade de Israel (uma concepção particularmente monstruosa para um judeu fiel à Lei!). E é doravante o pequeno número de judeus que aceitaram o Evangelho e que o proclamaram às nações — o "resto", Rm 11,5 — que levam em si a libertação futura de todo o povo e testemunham o amor sem arrependimento de Deus por aqueles que escolheu (Rm 11) (eleição*).

b) *A lei mosaica.* — O Apóstolo, é verdade, chama de "Antigo Testamento" (*palaia diatheke* — este último termo significa "disposição" e pode designar uma prescrição, um testamento ou uma aliança) os livros* da lei mosaica (2Cor 3,14s): com isso ele pretende indicar a antiguidade deles ou, antes, sua caducidade? Em todo caso, são para ele livros proféticos, anunciando não somente os tempos evangélicos (como Dt 30,12ss em Rm 10,6-10), mas já a justiça imparcial de Deus (Dt 10,17; cf. Gl 2,6; Rm 2,11) e a justificação pela fé somente (Gn 15,6; cf. Gl 3,6; Rm 4). Quanto às suas prescrições éticas, em particular as do decálogo* (Rm 13,9), que Lv 19,18 resume perfeitamente (Gl 5,14; Rm 13,9), os batizados não são dispensados de observá-las. Paulo, portanto, não ignora a moral do Pentateuco, mas se opõe a que os batizados não judeus se façam circuncidar (Gl 5,2; Fl 3,3) e sejam submetidos aos ritos de purificação alimentar (Cl 2,20s). Se, portanto, parece fazer uma triagem entre as prescrições da Torá, nunca porém ele diz que é preciso tomá-las ou largá-las, pois ela é uma e seus súditos devem lhe obedecer em tudo (Gl 5,3). Não estando submetidos à letra da Lei, os batizados não devem deixar de respeitá-la e manifestar seu espírito, pelo amor recíproco.

Sem renegar a função passada da Torá (Gl 3,24), Paulo percebeu, por seu apego incondicional a Cristo — tornado sua lei —, que o regime mosaico devia ser fundamentalmente relativizado (1Cor 9,20-23; Fl 3,7-11) e que o Evangelho podia ser vivido em todo sistema sociocultural. Portanto, não é a lei mosaica como tal, em sua santidade* e sua finalidade, que Paulo quer ver abolida, pois ele nunca quis impor um regime sem lei — no sentido de que o batizado viveria livre de todo sistema de valores éticos e religiosos —; o que ele recusa é que alguém deve se tornar súdito daquela lei para entrar na amizade de Deus e esperar a salvação. A redução da extensão soteriológica do regime mosaico é acompanhada, em Paulo, de um deslizamento da linguagem, com um quase desaparecimento do termo "povo" e uma utilização maciça do vocabulário da família (pai, filhos, esposo, esposa). Mas, paradoxalmente, é por recusar encerrar os crentes num único código que o Evangelho paulino adquiriu seu caráter universal e normativo.

3. A leitura do passado bíblico

Diferentemente dos relatos evangélicos (evangelhos*), nos quais a tipologia é onipresente e determina frequentemente a escolha dos episódios, nas epístolas paulinas a perspectiva é outra. Não que elas ignorem a exegese* tipológica (cf., entre outros, 1Cor 10; 2Cor 3; Rm 5,12-19), mas as posições do Apóstolo sobre a justificação* só pela fé* (independentemente da lei mosaica) exigiam uma leitura que insistisse na coerência do plano divino de salvação e verificasse a convergência das declarações divinas, segundo as regras da época. Eis, decerto, por que a teologia do Apóstolo se torna mais exegética em Gl e Rm.

Se é verdade que para Paulo a fé em Cristo retira o véu que impede a compreensão das Escrituras, ele nunca diz que os eventos passados eram apenas sombra, pois a realidade já se dava a viver pelos Pais; o rochedo do deserto era Cristo (1Cor 10,4), o maná era realmente alimento espiritual (1Cor 10,3) e, bem antes dos episódios do deserto, o agir divino já significara sua orientação, já que justificava somente pela fé (Rm 4; cf. Gn 15,6). Eis também por que Rm não apresenta o Evangelho primeiro como uma novidade, mas como a manifestação última da justiça divina, como a confirmação do que Deus disse e fez desde o primeiro patriarca (cf. Rm 3,21s). Não é de espantar, portanto, que uma argumentação escriturística como a de Rm 4 não seja cristológica: como objeto — último ou plenário, pouco importa — da promessa e da fé de Abraão, Cristo não precisa ser mencionado, pois são o "quando" (antes da lei mosaica) e o "como" (sem as boas obras* requeridas por esta lei) do ato de crer e da justificação que importam. O que é preciso sublinhar, antes, é a audácia inaudita que foi necessária a Paulo para ler a história de Abraão como o fez, isto é, contra a interpretação de seus contemporâneos judeus, que encontramos em parte em Tg 2,14-26.

III. A influência da teologia paulina

As epístolas pastorais — talvez mesmo já Cl e Ef — mostram que os sucessores de Paulo retomaram os temas e as ideias paulinas para a época pós-apostólica: encontramos nelas o mesmo desejo de fazer viver o Evangelho, sem comprometimentos, mas numa atitude aberta, baseada no discernimento exigido pelas mudanças constantes do mundo. O relato dos Atos apresenta mais a figura do Apóstolo do que os componentes de sua teologia: o narrador não assinala a existência das epístolas, mas faz de Paulo o representante perfeito da "seita" dos nazarenos (cf. At 24,5.14), daqueles que permaneceram realmente fiéis às promessas, e em quem elas encontram seu cumprimento* (At 26,2-29). Mesmo que não esteja excluído que o autor dos At tenha querido apresentar o movimento cristão ad extra, seu relato é também um pleito em favor da posição paulina (recusa de impor a lei mosaica aos convertidos do paganismo*) no interior da Igreja, para contrabalançar as reações agressivas de certos grupos cristãos de origem judaica. De resto, quanto mais a Igreja saiu do ambiente judaico, mais influência teve nela a teologia paulina, ainda que alguns de seus intérpretes, como Marcião (marcionismo*), no s. II, lhe tenham feito mais mal do que bem.

- A. Schweitzer (1930), *Die Mystik des Apostels Paulus*, Tübingen. L. Cerfaux (1942), *La théologie de l'Église suivant saint Paul*, Paris. — J. Bonsirven (1948), *L'Évangile de Paul*, Paris. — L. Cerfaux (1951), *Le Christ dans la théologie de saint Paul*, Paris (*Cristo na teologia de São Paulo*, São Paulo 1977). — P. Benoit *et al.* (1966), "Paul (Épîtres attribuées à saint)", *DBS* 7, 155-279. — J. A. Fitzmyer (1967, 1989[2]), *Paul and His Theology. A Brief Sketch*, Englewood Cliffs. — E. Käsemann (1969), *Paulinische Perspektiven*, Tübingen. — J. Murphy-O'Connor (1974), *L'existence chrétienne selon saint Paul*, Paris. — W. Klaiber (1982), *Rechtfertigung und Gemeinde. Eine Untersuchung zum paulinischen Kirchenverständnis*, Göttingen. — E. P. Sanders (1983), *Paul, the Law and the Jewish People*, Filadélfia. — G. Lüdermann (1983), *Paulus, der Heidenapostel*, t. 2: *Antipaulinismus im frühen Christentum*, Göttingen. — A. J. M. Wedderburn (1987), *Baptism and Resurrection. Studies in Pauline Theology Against Its Greco-Roman Background*, Tübingen. — M. C. de Boer (1988), *Defeat of Death. Apocalyptic Eschatology in 1 Corinthians 15 and Romans 5*, Sheffield. — S. Westerholm (1988), *Israel's Law and the Church's Faith. Paul and His Recent Interpreters*, Grand Rapids, Mich. — J. Becker (1989), *Paulus, der Apostel der Völker*, Tübingen. — W. S. Babcock (ed.) (1990), *Paul and the legacies of Paul*, Dallas. — M.-A. Chevallier (1990), *Souffle de Dieu. Le Saint-Esprit dans le Nouveau Testament*, vol. II: *L'apôtre Paul. L'héritage paulinien*, Paris. — R. O'Toole (1990), *Who is a Christian? A Study in Pauline Ethics*, Collegeville. — H. Hübner (1993), *Biblische Theologie des Neuen Testaments*, t. 2: *Die Theologie des Paulus*, Göttingen. — J.-N. Aletti (1994), *Jésus-Christ fait-il l'unité du Nouveau Testament?*, Paris, 29-117. — Y. Redalié (1994), *Paul après Paul. Le temps, le salut, la morale selon les épîtres à Timothée et à Tite*, Genebra. — J. D. G. Dunn (1998), *The Theology of Paul the Apostle*, Edimburgo (recensão em *JSNT*, 72, 67-112, resposta do autor *ibid.*, 113-120).

Jean-Noël ALETTI

→ *Adão; Alma-coração-corpo; Antropologia; Apocalíptica; Apóstolo; Barth; Bíblia; Cristo/cristologia; Cumprimento das Escrituras; Escatologia; Espírito; Ética; Evangelhos; Fé; Filiação; Graça; Igreja; Israel; Justificação; Lei; Liberdade; Lutero; Mistério; Obras; Pregação; Sabedoria; Sentidos da Escritura; Universalismo; Violência.*

PAULO DE TARSO → paulina (teologia)

PAZ

Por "paz" (p.), o pensamento cristão não designa a simples ausência de conflito ou o fim de um estado de guerra*. Conceito englobante, a p. nomeia, ao contrário, a realidade múltipla — espiritual, impessoal, social, internacional e mesmo ecológica — de uma ordem e de uma harmonia que fazem memória da criação* ao mesmo tempo em que anunciam a recapitulação escatológica de todas as coisas.

a) *Teologia bíblica.* — A p. (*shalom*) possui no AT uma dupla significação, ontológica e escatológica. Ontológica, porque a criação é boa, segundo a palavra* mesma do Criador (Gn 1,21.25.31). Escatológica, porque a verdadeira paz não pode verdadeiramente se realizar no tempo* da história*, ou só se realiza aí por modo de antecipação. A relação histórica de Deus e dos homens abre certamente um espaço de p.: há com Israel* uma "aliança* de p." (Ez 37,26), e a p., frequentemente associada à "justiça*", é um dom e uma bênção* de Deus realmente oferecidos aos justos (Sl 85,10-11; Is 32,16-18). Mas, como o pecado* do homem impede que reine a p. de Deus (Jr 6,13-14), as promessas* de p. ultrapassam toda experiência presente da p.: a p. está ligada a uma salvação* da qual o Israel histórico já é testemunha, mas cuja obra plenária é objeto de uma esperança* escatológica (Is 57,19-21).

É sobretudo como um dom pessoal de Jesus* que a p. (*eirene*) aparece no NT. O termo é utilizado convencionalmente como saudação (Mc 5,34; Jo 14,27; 20,19.21.26). Os "pacíficos" são destinatários de uma palavra de bem-aventurança* (Mt 5,9), e o anúncio do Reino* começa pela invocação da p. (Lc 10,5s). Os mandamentos* de não resistir ao mal* pelo mal (Mt 5,39), de amar os inimigos (Mt 5,43-47) e de fazer aos outros o que gostaríamos que nos fizessem (Mt 7,12) têm a ver igualmente com uma pregação* da p. e da pacificação. No entanto, é nas epístolas paulinas que a p. passa ao primeiro plano. Seu conceito é então o da salvação* realizada, da reconciliação com Deus que resulta aqui e agora da justificação* pela fé* (Rm 5,1): Jesus é assim, no presente, "nossa p." (Ef 2,14-18). Utilizado, por outro lado, como fórmula de saudação nas Igrejas, o termo simboliza então a unidade* no Cristo* de uma Igreja* que é comunidade da p. de Deus (Rm 14,17-19). Da realidade advinda da p. decorrem então os deveres pacificadores do crente: para dar testemunho à obra de Cristo, é exigido dos fiéis que vivam em p. com todo o mundo, e não somente com os outros cristãos (Rm 12,18).

b) *Agostinho.* — O conceito bíblico de p. foi objeto de um notável aprofundamento em Agostinho*, que o definiu em três níveis: ontologicamente e protologicamente, a p. é no homem o vestígio de seu ser-criado; cristologicamente, é um dom de Cristo a uma humanidade que perdeu a p. original por causa do primeiro pecado; escatologicamente, é uma realidade esperada que o tempo do mundo* não pode arbitrar em plenitude. Assim definida — sendo feita uma nítida distinção entre "p. perfeita" e "p. imperfeita" —, a p. deve reinar em todos os domínios, do corporal ao espiritual, do individual ao social, do terrestre ao celeste. Contemplando a p. terrestre, fim próprio (mas não totalmente realizável) da atividade política, Agostinho lhe reconhece um valor em si mesma e exorta os cristãos a "usar da... p. temporal deste tempo de espera comum aos bons e aos maus" (*Cidade de Deus* 19, 26, BAug 37). Ele lhes recomenda, todavia, trabalhar para a p. terrestre sem "tomar prazer" nisso, isto é, sem fazer dela um fim em si. Deve-se também a Agostinho um primeiro esclarecimento teológico das condições da guerra justa: é preciso que ela decorra da justiça coercitiva, que seja conduzida com o cuidado da p. (*Ep.* 189, 6, CSEL 47) e num espírito de caridade (*Ep.* 138, 13, *ibid.*, 44), e que seja comandada por uma autoridade* legítima (*Contra Fausto* 22, 75, PL 42, 448), por razões que também o sejam (*Cidade de Deus* 4, 15, BAug 33).

c) *Os tempos modernos.* — A concepção agostiniana foi dominante até aparecer, no início dos tempos modernos, uma visão menos pessimista da natureza humana e da razão*.

Segundo Erasmo*, p. ex., a p. é um imperativo divino transmitido por Cristo, certamente, mas também pela racionalidade da natureza humana; e mais que "tratados e alianças" é antes de tudo "um desejo sincero de p." que garante a p. (*Querela pacis, Op. omnia* IV/2 [1977], 59-100). Em Hobbes (1588-1679), uma confiança otimista na racionalidade é de fato o traço principal. Seguramente, o estado de natureza é um estado de guerra ("a guerra de todos contra todos"). Mas no "indivíduo artificial" do corpo social, estabelecido pelo contrato social, a p. pode ser instaurada plenamente (*Leviatã*, cap. 16-17) — por um regulamento político, por um cálculo racional que visa a proteger os direitos naturais, mas que deixa todavia de lado as disposições morais ou religiosas de cada um.

É provavelmente em Kant* (*Zum ewigen Frieden*, Weischedel 7, 192-251) que a concepção moderna de uma p. política encontrou sua forma programática mais elevada. Objetivo último de uma história da humanidade cujo progresso é guiado e garantido pela "Natureza", a p. perpétua é "o fim de todas as hostilidades", tal como a lei* pode produzi-la sob uma tripla regra: 1/ num Estado* que possui uma constituição "republicana" fundada no contrato social; 2/ graças a um tratado que cria uma "confederação" de Estados autônomos; e 3/ pelo reconhecimento mútuo dos "direitos universais do homem". O estado de p. é, portanto, uma situação jurídica em que os preceitos da razão prática asseguram a autonomia da pessoa* ou do Estado, de maneira individual e universal.

d) O pacifismo. — O problema mais debatido na teologia* recente é o do pacifismo (pac.). Historicamente, o pac. nasceu numa corrente do cristianismo que levou às últimas consequências a oposição à violência* e a recusa a participar da guerra. Seu fundamento teológico é claramente evangélico: o pac. se contenta em aplicar à letra o "não matarás" do decálogo*, considerando que o mandamento* de amar transmitido por Cristo encontra aí uma de suas implicações elementares. Um elemento escatológico entra também em jogo: dado que o cristão se define como já participante da vida nova do Reino,

ele pode e deve deixar a p. reinar já no tempo do mundo. O pac. se mostra também prudente, e mesmo desconfiado, em relação à autoridade política: os métodos que ela utiliza para fazer reinar a p. — a repressão e a guerra — são por natureza coercitivos e externos.

O pac. era corrente entre os cristãos dos três primeiros séculos, sobretudo porque se perguntavam se podiam servir no exército de um imperador pagão. Não, responde Tertuliano*, e não somente por medo da idolatria*, mas porque matar é incompatível com a nova lei de amor* proclamada por Cristo: "O Senhor retirou a espada de todo soldado quando desarmou Pedro*" (*A idolatria* 19, CChr.SL II, 1120). Sempre insistindo no fato de que é "mais legítimo" para os cristãos "serem mortos do que matar" (*Apologética* 37, CChr.SL I, 148), Tertuliano aprova contudo a manutenção da ordem pela autoridade política, eventualmente por meios coercitivos: a autoridade, de fato, não está sujeita à lei nova.

A história da IM permite encontrar uma minoria de cristãos pacifistas, p. ex. os valdenses*, mas é na esteira da Reforma que nasceu um pac. mais sistemático, preconizado sobretudo por Igrejas de origem anabatista*, p. ex. os menonitas, e pela Sociedade dos Amigos (os quakers). Partidários da não violência e do antimilitarismo estrito, todos viam no serviço da p. o essencial da vida cristã; mas, enquanto o pac. cristão constituía para alguns (anabatistas e menonitas) um princípio apolítico destinado só aos crentes, outros (quakers) o concebiam como um princípio de validade universal destinado a todos os povos e todas as nações. É na descendência desse pac. que Tolstoi (1828-1910) se inscreveu de maneira tão notável quanto discutível: sua renúncia à violência e à guerra, com efeito, passou por uma simplificação ultrajante do cristianismo, reduzido a uma forma de "vida" baseada no sermão da montanha, e associado a um antiestatismo quase anarquista segundo o qual "o cristianismo autêntico põe fim ao Estado" (*O reino de Deus está dentro de vós*, 1893, cap. 10).

O pac. contemporâneo é múltiplo. Encontra-se um pac. "de vocação", descendente do pac. tradicional, e que trata do dever de pacificação como de um apelo dirigido aos cristãos mais virtuosos; encontra-se também um pac. "humanista", amplamente difundido entre os cristãos e os não cristãos (cf. *Pacem in terris*, 1963), um pac. "tecnológico" fundado no racionalismo* científico (a dissuasão nuclear), ou ainda um pac. da "guerra justa", cuja preocupação é definir em princípio limites para a guerra. As atitudes pacifistas são, pois, numerosas e vão da não resistência à resistência não violenta, da condenação total da guerra à ideia de uma limitação e de uma justificação seletivas da guerra. O pac., por outro lado, deve enfrentar críticas novas. Na medida em que define negativamente a p. pela ausência de luta aberta, ele tem de responder às objeções de uma teologia (ou filosofia) da libertação* que se interroga sobre a violência estrutural e, para pôr fim nela, sobre um uso legítimo da força. E, na medida em que sua problemática clássica abstrai de tudo o que não é relação inter-humana, tem também de responder ao ecologismo quando este sugere levar em consideração a destruição dos equilíbrios ecológicos e alcançar uma teologia da p. entre o homem e a natureza.

Shinji KAYAMA

e) Teologia sistemática. — A discussão teológica da p. acha-se no entrecruzamento de várias problemáticas. A primeira é a da antropologia* espiritual. Porque a p. reina entre Deus e o homem, ela pode reinar também entre o homem e ele mesmo. As tradições espirituais do Ocidente e do Oriente pensaram esta pacificação ou unificação de si sob diversos conceitos — *quies, hesukhia* — e viram aí um modo de ser que antecipa o *eschaton*. Este fato, por outro lado, e aí está a segunda problemática, só revela toda a sua significação na comunhão* de uma Igreja que tem o dever de estar presente na história* como comunidade pacificada. A ideia de uma ontologia da comunhão* (p. ex., em J. D. Zizioulas) estará sempre exposta a uma objeção: o que ela diz só tem uma medíocre força descritiva. Sua força prescritiva é, em contrapartida, extrema: única sociedade a crer possível uma existência fiel às Bem-aventuranças, a Igreja deve querer encarnar tão concretamente quanto

possível a p. que ela anuncia, que ela significa liturgicamente e que ela confere sacramentalmente. A Igreja, enfim, terceira problemática, não é o único espaço onde a bem-aventurança dos obreiros da p. é audível. A p. deve reinar na cidade*, e os cristãos são cidadãos. Decerto eles só proporão uma contribuição crível à vida da cidade, sobre a qual têm somente um poder limitado, se derem antes de tudo uma face evangélica às comunidades sobre as quais seu poder é muito maior. Responsabilidades eclesiais e responsabilidades políticas são, de todo modo, indissociáveis. É de "todas as coisas" que é preciso querer que sejam "novas" (Ap 21,5).

A REDAÇÃO

• R. H. Bainton (1960), *Christian Attitudes towards War and Peace*, Nashville, Tenn. — J. M. Hornus (1960), *Évangile et Labarum*, Genebra. — João XXIII (1963), *Pacem in terris, AAS* 55, 257-304. — P. Ramsey (1968), *The Just War*, Nova York. — J. H. Yoder (1971), *Nevertheless: The Varieties of Religious Pacifism*, Scottdale, Pa.; (1972), *The Politics of Jesus*, Grand Rapids, Mich. — J. Ellul (1972), *Contre les violents*, Paris. — W. B. Gallie (1978), *Philosophers of Peace and War: Kant, Clausewitz, Marx/ Engels and Tolstoy*, Cambridge. — S. Hauerwas (1983), *The Peaceable Kindgom*, Notre Dame, Ind. — J. H. Yoder (1984), *The Priestly Kingdom*, Notre Dame, Ind. — D. Brown (1986), *Biblical Pacifism: A Peace Church Perspective*, Elgin, Ill. — John Finnis, Joseph M. Boyle, Germain Grisez (1987), *Nuclear Deterrence, Morality and Realism*, Oxford. — O. O'Donovan (1988), *Peace and Certainty: A Theological Essay on Deterrence*, Oxford.

→ *Anabatistas; Ecologia; Escatologia; Guerra; Legítima defesa; Violência.*

PECADO

a) Antigo Testamento. — No AT, pecar — *hâtâ* em hebraico — consiste antes de tudo em não cumprir os mandamentos* de Deus* ou em não honrá-lo por suas ações; o pecado (p.) pode ser cometido consciente ou inconscientemente (Lv 4 e 5), mas mesmo no caso de um p. "involuntário" um sacrifício* de reparação é necessário. O que conta é o caráter objetivo da ação ou da omissão; não há interesse na motivação, e a ideia de culpa (*'ashâm*) não tem nada de psicológico, mas define um estado no qual se entra simplesmente por causa do que aconteceu. O termo 'ashém deve ser traduzido por "obrigado a oferecer reparação" (a Deus, por um sacrifício) e não por "culpado". Apesar disso, os textos insistem cada vez mais no caráter individual da responsabilidade incorrida pelo pecador: para a tradição* deuteronômica (Dt 24,16 p. ex.), à qual Ezequiel faz eco (Ez 18,1-29 p. ex.), está claro que essa responsabilidade não é hereditária. Só o agente individual deve ser punido por seu p. Não é o caso numa tradição mais antiga e mais rígida (Js 7 p. ex.), para a qual, ao contrário, o p. contamina toda uma parentela, cujos membros todos são passíveis de castigo. Resta alguma coisa disso na história do assassínio de Urias (2Sm 12). David se arrepende de seu crime, Deus o perdoa (o rei não tem mais de fazer reparação), mas seu filho morre, como que para lembrar ao leitor que as consequências do p. não são puramente individuais e não podem ser completamente anuladas.

Mas há também textos (sobretudo Sl 51 [50]; ver também Os 4; 7; 10,9) em que o p. é principalmente um clima moral. Como tal, alguém pode estar imerso nele desde seu primeiro dia, toda a história de uma nação pode estar marcada por ele. É então menos o efeito do que a *causa* de tudo o que se pode fazer de mal. Encontra-se este ponto de vista em certos textos do mar Morto, em particular os *Hodayoth* (cf. sobretudo 1QH4), que retomam a linguagem do Salmo* 51. Quaisquer que sejam os níveis de responsabilidade pessoal, todos os homens vivem num clima geral de impotência moral. Ainda que não devamos a nossos ancestrais uma verdadeira culpa, eles nos legaram um tamanho fardo de falha moral que só podemos aspirar a uma intervenção divina que nos livre dele. Por isso vemos surgir também nesses textos a ideia de uma intercessão dos justos em favor dos pecadores.

b) Novo Testamento. — É em Paulo que se encontra o sentimento mais vívido da impotência devida ao p. e da implicação de todos os homens nesse p.; o p. é quase uma força personificada, em particular na epístola aos Romanos, onde há um número sem precedentes de exemplos

do termo p. no singular (*harmatia*) e como sujeito de verbos ativos. O p. é antes de tudo uma escravidão: somos ligados pelo p., nossas escolhas são hipotecadas pelo p., o p. "habita" em nós, é pela morte* que o p. nos recompensa de nossa submissão. Estamos aqui numa ordem de ideias totalmente diversa daquela em que o p. é uma sujeira (da qual nos podemos lavar), ou mesmo uma falta ou um erro culposo: para Paulo, o p. não é uma fraqueza deliberada da vontade ou uma má apreciação das coisas, é aquilo que torna impotentes tanto a vontade quanto o julgamento. Se o p. leva à morte, não é que um Deus injusto ou hostil nos torne responsáveis pelos atos* que nunca escolhemos cometer, é que nossa condição é tal que destrói nossa capacidade de viver com Deus.

Tudo isso parece, à primeira vista, em desacordo com o clima do Evangelho; e é verdade que o ponto de vista de Paulo é mais profundamente e mais conscientemente trágico. Mas, olhando mais de perto, a pregação* de Jesus* nos sinóticos tem o mesmo contexto opressivo. Os ouvintes de Jesus também não têm nenhuma chance de poder satisfazer àquilo que é requerido para expiar sua culpa ou sua impureza*. E como resta pouco tempo antes que Deus intervenha para restabelecer seu reinado Jesus oferece a esses "pecadores" a possibilidade do perdão se aceitarem segui-lo. Basta admitir a gravidade de seu estado — como é o caso do publicano na parábola* de Lc 18,9-14, ou de Pedro* quando constata a autoridade* milagrosa de Jesus (Lc 5,8). O amor* que se manifesta na amizade do pecador e de Jesus é o sinal do perdão e talvez também o que torna possível o perdão (Lc 7,47s). Assim, nos evangelhos*, especialmente em Lucas, não é um sacrifício de reparação, nem mesmo um arrependimento pessoal que triunfam sobre o p., é a entrada na comunidade dos que são recebidos por Jesus. Não se está tão longe assim da concepção de Paulo. Paulo, todavia, diz mais quando assimila a morte de Jesus a um sacrifício de expiação oferecido por todos, uma ideia que certamente aparece nos sinóticos (Mc 10,45 par.), mas que só é central no *corpus* paulino. A origem desta ideia vem talvez das palavras atribuídas a Jesus no momento da instituição da eucaristia*, quando fala de seu sangue derramado para estabelecer uma nova aliança*, isto é, para a selar a coesão e a identidade diante de Deus da nova comunidade.

c) *A Igreja primitiva*. — Embora outros autores do NT compartilhem algo da visão paulina* (p. ex., Jo 8,34), os primeiros teólogos cristãos em geral têm do p. uma ideia menos coletiva e mais prosaica. Os p. são atos de desobediência a Deus, e o que mostra que somos salvos é o sermos capazes de observar os mandamentos. Uma boa parte da literatura do s. II é consagrada ao problema dos p. cometidos após o batismo*: podem ser perdoados ou será preciso ater-se a um ideal do batismo que livraria do p. de uma vez por todas? Houve debates particularmente vivos a esse respeito na Igreja* de Roma*. O *Pastor de Hermas*, no início do s. II, admite a legitimidade da penitência* pós-batismal, mas uma vez somente, o que lhe valeu o desprezo de rigoristas como Tertuliano*. O adultério, a apostasia e o homicídio eram, na maior parte do tempo, considerados como não podendo ser absolvidos pela Igreja (ainda que Deus pudesse vir a perdoá-los no mundo futuro). Na primeira metade do s. III, Orígenes* considera ainda que pecar após o batismo é rejeitar Cristo*, p. tão grave quanto exigir aos gritos sua crucifixão (*Contra Celso* IV, 32), e parece ver nisso o p. contra o Espírito* Santo de que se trata em Mc 3,29 par. (*De principiis* I, 3, 2 e 7); outras passagens sugerem, contudo, que ele mudou de opinião nesse ponto, ou pelo menos que só pensa assim para a apostasia após o batismo. Atanásio* (*Ad Serapionem* IV, 9-10) relata as opiniões de Orígenes sobre a questão como se este fizesse de *todo* p. cometido após o batismo o p. contra o Espírito; naquela época, uma tal posição já não podia ser sustentada, e Atanásio empreende sua refutação. As diferentes crises devidas às apostasias causadas pelas perseguições tiveram, finalmente, dois resultados: de um lado, a Igreja foi obrigada a suavizar sua disciplina* em caso de urgência pastoral; do outro, houve cismas* rigoristas, partidários da velha severidade (nenhuma absolvição para a apostasia, ou pelo menos nada de reabilitação completa), para defender a pureza da Igreja.

Vemos assim ressurgir no início do cristianismo (sobretudo em grupos cismáticos como os novacianos ou os donatistas) o tema do p. como sujeira. Mas é toda a comunidade que é atingida, e não determinado indivíduo (o que faz eco a textos do AT como Js 7). Embora nem todos os p. graves sejam de ordem sexual, as metáforas de que se serve para falar deles são frequentemente muito sexualizadas: o p. pós-batismal suja a inocência virginal da comunidade. Em todos esses debates, começa-se também a distinguir entre os p., o que dará mais tarde a distinção entre p. "mortal" e p. "venial". A noção de p. "mortal", isto é, de p. que destrói a substância moral do agente, remonta a 1Jo 5,16s: Orígenes distingue entre o p. que é a morte da alma* e o p. que é uma fraqueza da alma; para ele, há p. que não são devidos a uma revolta deliberada contra Deus e não são, portanto, perversões mortais da vontade. Essa distinção foi desenvolvida na tradição latina a partir de Agostinho* (para este, não se pode viver sem cair em certos p. menores, devidos à fraqueza congênita de nossa vontade e não a uma vontade deliberada do mal*; o caráter inevitável desses p. "veniais" é ele mesmo uma consequência do p. original*).

d) *De Agostinho à Reforma*. — É com Agostinho que a reflexão teológica recobrou algo do sentimento trágico de Paulo e considerou de novo o p. como um estado existencial ou uma servidão que nos retém. Sua oposição ao maniqueísmo* impediu-o de ir até a ideia de um p. absolutamente inevitável, um p. em que o livre-arbítrio não desempenharia nenhum papel, mas ficou cada vez mais convencido de que não se podia compreender o p. num plano puramente individual: nossa liberdade* não é plena e inteira, e nosso espírito, em sua condição decaída, é incapaz de perceber o verdadeiro bem*. A vontade má permanece, a seus olhos, como a causa última do p., como ele o diz numa obra de juventude (*De libero arbitrio*); mas essa vontade má consiste em desejar de fato o que não é bom para nós, e esse erro radical sobre o bem não é da escolha de ninguém. É o efeito do p. original (cf. *De agone christiano* XI). É o tema que ele trata com um pessimismo cada vez maior em seus tratados contra Pelágio e seus partidários — para os quais se podia reduzir o p. (como se fazia no s. II) a atos de rebelião específicos que bons hábitos eram capazes de superar.

Embora a teologia* protestante do s. XVI tenha acusado frequentemente a teologia católica do final da IM de tendências pelagianas (pelagianismo*), a tradição latina sempre foi formalmente fiel a Agostinho: para ela, o p. devia ser voluntário para ser condenável, a situação do p. podia existir objetivamente sem nenhum ato individual específico de desobediência a Deus, e não se podia ser livrado do p. senão pela graça* (sobre todos esses pontos, cf. Tomás* de Aquino, *ST* Ia IIae, q. 71-89).

Lá onde a Reforma venceu, as estruturas do sistema penitencial foram em boa parte desmanteladas, mas muitos grupos se inspiraram em modelos primitivos para restabelecer uma forte disciplina* eclesial. A radicalidade da versão luterana (Lutero*) do pessimismo agostiniano teve o efeito de tornar inúteis aos olhos de alguns os meios de "diagnosticar" os p.; até se questionou, em certos ambientes protestantes, se todos não eram igualmente graves aos olhos de Deus, o que causou grandes inquietações entre os que queriam identificar o p. imperdoável contra o Espírito Santo. Isso não impediu o calvinismo* e o anglicanismo* de ter uma teologia moral e pastoral cada vez mais complexa, na qual o "diagnóstico" desempenhava um papel crucial (ver p. ex. as obras do anglicano Jeremy Taylor [1613-1667], sobretudo o *Unum Necessarium*, 1655, e o *Doctor Dubitantium*, 1660).

A lista dos sete p. capitais (orgulho, luxúria, ira, gula, avareza, inveja e preguiça) é essencialmente (embora não exclusivamente) católica e parece não existir na tradição oriental, salvo lá onde há influência latina. No entanto, ela deve sua origem ao monaquismo* grego e a seus meios de diagnosticar as principais fontes da conduta pecadora (Ascese*, 2b). No s. V, Cassiano fala em suas *Instituições monásticas* de oito "vícios". Um breve resumo de seu ensinamento

a esse respeito circulava nos mosteiros orientais, e acabou por figurar na *Filocalia*, a antologia clássica publicada no s. XVIII (Oração*), que enumera a gula, a luxúria, a avareza, a ira, a tristeza, a acedia, a vaidade e o orgulho. O objetivo dessa lista não é servir para o exame de consciência antes da confissão, como é o caso em geral na tradição ocidental, mas dar meios de combater espiritualmente cada um desses vícios.

e) Os tempos modernos. — Para muitos modernos, que retornam assim a Paulo, não é a escolha pessoal do mal que vem primeiro, mas uma atmosfera dominante que perverte necessariamente as escolhas. Isso já se vê em Schleiermacher*, mas é sobretudo o ponto de vista de teologias do s. XX influenciadas de uma maneira ou de outra pelo existencialismo. Para Sartre ou para Camus, somos prisioneiros de uma condição sem "autenticidade", que nos põe em desacordo conosco mesmos, impedindo-nos de fazer escolhas que sejam verdadeiramente as nossas; para Heidegger* e sua escola, nosso estado habitual é o "afastamento" do ser*. É assim que para Tillich*, e para Bultmann* de um modo um pouco diferente, o p. é essencialmente a condição alienada de homens que ainda não ouviram a palavra* libertadora de Deus. No segundo volume de sua *Teologia sistemática*, Tillich tenta tornar isso mais claro ao definir *os* p., opções de "se desviar do que nos é próprio", como a expressão *do* p., estado de afastamento de Deus, de si e dos outros. Para Rahner*, cujo horizonte também é Heidegger, o p. é o estado em que não sabemos mais o que somos porque estamos cortados da comunicação que Deus faz de si mesmo. Desse ponto de vista, o p. é uma frustração fundamental antes de ser uma rejeição deliberada de Deus.

Há, contudo, teólogos de nossa época que estão longe de partilhar essa opinião: Barth* e Balthasar* essencialmente. Nosso drama não é sermos vítimas antes de sermos culpados. Nossa condição certamente tem um lado trágico, mas nossa recusa do sentido ou do amor* nada tem a ver com isso. Dizer que não somos o que poderíamos ser é sugerir que a salvação* é, no final das contas, uma questão de retorno a nosso ser verdadeiro, o que é inadmissível, sobretudo para Barth. Alguém só se reconhece pecador à luz da vitória da graça, sabendo-se ao mesmo tempo pecador e pecador resgatado. Só se pode falar do p. de um ponto de vista soteriológico e cristológico: o sujeito que se reconhece como pecador, capaz de ser perdoado e de se ultrapassar a si mesmo, é um sujeito *já* recriado pela escuta da Palavra. Para Balthasar como para Barth, o p. permanece um mistério*, uma raiva de autodestruição que arrruína nossa identidade moral, longe de simplesmente lhe fazer obstáculo.

A teologia política* na Europa e as diferentes escolas de teologia da libertação*, inclusive a teologia feminista (Mulher* C), recorreram frequentemente ao conceito de p. "estrutural". Esse p. situar-se-ia aproximadamente no meio do caminho entre os atos ruins individuais e o estado geral da humanidade: somos moral e espiritualmente prisioneiros de injustiças específicas, inerentes à maneira como o poder e a liberdade econômica são repartidos na sociedade*, e a obra da salvação supõe a recusa desse estado de coisas e a injunção de ter de transformá-lo. Isso quer dizer que é preciso eventualmente mudar a linguagem: não se deixou de observar, p. ex., que fazer do orgulho o maior dos p. mortais frequentemente impede de adquirir a autoridade e a autoestima. O p. essencial dos oprimidos não é o orgulho, é a falta de amor-próprio e de confiança em si mesmo.

Para a teologia é sempre urgente ver que o p. se faz sentir por toda parte, que ele prejudica nosso ser moral e espiritual (e portanto *social*), e que não é somente um ato que acarreta uma "dívida" a pagar. A absolvição não é a quitação de uma dívida: ela contribui para uma cura* ativa, para o restabelecimento da relação com Deus e com seu povo*. Isso não exclui a necessidade de um "diagnóstico" do p. do mesmo gênero que o que se encontra em Cassiano. Nunca se terminou de repertoriar os comportamentos que, seja qual for o grau de consciência* com que são escolhidos, tornam alguém incapaz de uma relação vivificante com a verdade*, isto é, com Deus.

• K. Barth (1932), *KD* I/1, 11-1. — R. Niebuhr (1942), *The Nature and Destiny of Man: A Christian Inter-pretation*, Nova York. — P. Tillich (1957), *Systematic Theology*, t. 2, Chicago (*Teologia sistemática*, São Leopoldo, 2002). — W. Pannenberg (1962), *Was ist der Mensch? Die Anthropologie der Gegenwart im Lichte der Theologie*, Göttingen. — H. U. von Balthasar (1963), *Das Ganze im Fragment*, Einsiedeln. — K. Rahner (1970), "Die Sünde Adams", *Schr. zur Th.* 9, Einsiedeln, 259-275. — G. Gutierrez (1971), *Teología de la liberación: perspectivas*, Lima (*Teologia da libertação*, São Paulo, 2000). — J. Moltmann (1971), *Mensch*, Stuttgart-Berlin. — P. Schoenenberg (1975), "Der Mensch in der Sünde", *MySal* II, 845-936, Einsiedeln (Petrópolis, 1972). — J. Pohier (1985), *Dieu: fractures*, Paris. — L. G. Jones (1995), *Embodying Forgiveness: A Theological Analysis*, Grand Rapids, Mich.

Rowan WILLIAMS

→ *Adão; Antropologia; Bem; Cólera de Deus; Consciência; Conversão; Demônios; Escândalo; Expiação; Hesicasmo; Impureza; Justiça; Justificação; Lei; Mandamentos; Misericórdia; Paixões; Penitência; Tentação.*

PECADO ORIGINAL

A expressão "pecado* original" (p.o.) foi criada por Agostinho* (PL 40, 106) para designar aquele p. que "entrou no mundo" (Rm 5,12) pela falta de Adão* e que afeta todo homem pelo fato mesmo de nascer (PL 40, 245): é o que se chamará mais tarde de p.o. "originado", por oposição ao p.o. "originante" do próprio Adão. A análise teológica dele está sempre ligada a uma reflexão sobre o livre-arbítrio (l.a.), a graça* e a concupiscência (ou cobiça).

1. Elaboração da noção

a) A Escritura. — A narrativa* de Gn 2–3, relido em Sb 2,23 e Eclo 40,1 evoca mais as consequências infelizes do p. de Adão do que a transmissão deste p. Vários textos sublinham que o homem é pecador desde seu nascimento (Sl 51,7; Jó 14,4; 15,14ss) e que o p. é universal (Sl 14,2s).

Jesus* enfatiza a ilusão daqueles que se vangloriam de ser justos (Jo 8,39; Lc 18,9-14 p. ex.) e afirma que todos os homens precisam da salvação* (Mc 16,15s par.). E é do coração* humano que sai, segundo ele, tudo o que torna o homem impuro (Mt 15,19). Mas o verdadeiro fundamento escriturístico da doutrina do p.o. se acha no paralelo estabelecido por Paulo entre Adão e Cristo* em Rm 5 (teologia paulina*). A Jesus, fonte de vida e de justiça*, se opõe Adão, que mergulhou a humanidade no p. e na morte*.

b) Os Padres. — Durante os quatro primeiros séculos, os Padres* não se interrogam nem sobre a história do relato do Gênesis nem sobre a conexão entre a queda de Adão e a condição da humanidade. Todos concordam sobre o estado de decadência em que estamos, mas divergem sobre a análise dessa decadência. Ireneu* vê nela uma desobediência (*Adv. Haer.* V, 16, 3), mas outros a identificam à fraqueza e à ignorância própria da condição mortal e não consideram uma verdadeira participação no p. de Adão. Assim, Gregório* de Nazianzo julga possível que aquele que não é batizado possa não ter agido mal e não merecer nem glória nem castigo (SC 358, 248) e, segundo João* Crisóstomo, Rm 5 significa não que o homem é pecador, mas que está condenado ao suplício e à morte (PG 60, 477).

Em 397, quinze anos antes da polêmica antipelagiana, Agostinho já está em plena posse de sua doutrina (*Ad Simplicianum*, PL 40, 101-148). Em razão da transgressão de Adão, todo homem é marcado pelo p.o. Este é um verdadeiro p., que nos vale um castigo temporal (a morte e a cobiça) mas também eterno (separar-se de Deus*). O p.o. se propaga pela geração carnal e pela cobiça que a acompanha.

Em razão da confiança que concede ao l.a., Pelágio minimiza a diferença entre o estado primitivo e o estado presente da humanidade. De um lado, afirma que o primeiro homem foi criado mortal e, do outro, rejeita a ideia de um enfraquecimento do l.a. consecutivo ao p. de Adão. Para combater essa doutrina, Agostinho invoca a prática do batismo* das criancinhas. Já que se batiza para a remissão dos p., é preciso que essas crianças tragam em si um p. que, todavia, não cometeram mas que lhes foi transmitido, o p.o. precisamente. Contra Pelágio, o concílio* de Cartago (418) afirma que a morte de Adão é a consequência de seu p. (*DS* 222), e que o p.o. nas criancinhas é um verdadeiro p.

(*DS* 223). O concílio de Orange (529) precisa que Adão transmitiu à sua descendência um verdadeiro p. e uma servidão espiritual (*DS* 371-372). A influência de Agostinho sobre esses concílios e sobre o ensinamento oficial posterior da Igreja* católica é inegável. Todavia, convém distinguir as definições dessa Igreja e os numerosos elementos da doutrina agostiniana que são objeto de um livre debate na teologia* católica: a sorte das crianças mortas sem batismo, com o problema dos limbos*, a maneira como se transmite o p.o., a relação entre p.o. e sexualidade, a grandeza da desordem introduzida pelo p.o., a imortalidade eventual do primeiro homem se não tivesse pecado etc.

c) A Idade Média. — Considerado em seu conjunto, o pensamento escolástico* do p.o. é um esforço para interpretar e matizar a doutrina de Agostinho.

Ao definir o p.o. como privação da justiça* original (*Obra* 4, 197), Anselmo* permite compreender como ele se propaga: se Adão tivesse conservado a justiça, ele a teria transmitido a sua descendência, mas não podia transmitir o que perdera. Pedro Lombardo (*c.* 1100-1160) retoma uma exegese* tradicional de Lc 19,30 para marcar a diferença entre os dons gratuitos de que o homem foi despojado e a natureza* que foi abençoada. A. de Hales (*c.* 1186-1245) introduz uma distinção que veio a se tornar clássica: sob seu aspecto formal, o p.o. é a privação da justiça e é, portanto, um verdadeiro p.; sob seu aspecto material, é a cupidez, que não é um p., mas o castigo do p. Essa análise será adotada tanto por Boaventura* quanto por Tomás* de Aquino e suas respectivas escolas*. Para Tomás, há no homem uma participação na luz divina que não pode ser destruída pelo p.o. Essa ideia da luz natural da razão* acarreta uma percepção menos pessimista da decadência da humanidade, ainda que a natureza humana seja corrompida pelo p. e, mesmo na graça, o homem não possa resistir duradouramente à cupidez (pode, de todo modo, fazê-lo durante algum tempo, *ST* Ia IIae, q. 109, a. 8). É preciso notar que neste ponto Duns* Escoto concorda com Tomás (*Op. Oxoniense* II, d. 29, a 1).

2. Interpretações divergentes

a) A Reforma. — Para Lutero*, a teologia não é especulação arbitrária sobre as relações do homem com Deus. Ela repousa numa experiência: a palavra* de Deus transmitida na Escritura* vem libertar o homem escravo da cupidez. Rejeitando assim as "sutilezas" da escolástica, Lutero faz do p.o. uma "privação total de toda a retidão e de toda a potência de todas as forças tanto do corpo* quanto da alma* do homem por inteiro, interior e exterior" (*WA* 56, 312). Por oposição ao humanismo* de um Erasmo (*c.* 1469-1536), Lutero afirma assim a corrupção radical do homem decaído e a impotência do l.a. Calvino* nega igualmente que o homem pecador tenha por seu l.a. o poder de agir bem. A confissão* de Augsburgo (a. 2) afirma que o p.o. é um verdadeiro p., mas sem distinguir a privação da justiça da cupidez. Disso resulta que Melanchton (1497-1560) reduz a graça do batismo à não imputação do p.o. (*Apologia*, § 36), o que a teologia católica não podia aceitar (Dubarle, 1983, 63).

b) O concílio de Trento. — Trento* retoma o ensinamento dos antigos concílios e reafirma, contra os reformadores, a distinção entre cupidez e p. propriamente dito: só a privação de justiça é um verdadeiro p., que o batismo apaga (*DS* 1520).

A partir dessa época, o debate sobre o p.o. está ligado, na Igreja católica, ao problema da natureza humana: o que se entende exatamente com isso? Baius rejeita a noção tomista de graça acrescentada à natureza* e vê no p.o. uma corrupção radical da natureza humana; em nome do retorno ao agostinismo*, ele se conecta portanto à concepção luterana do p.o. Para se opor a essa concepção pessimista da natureza decaída, a maioria dos teólogos católicos vai radicalizar a doutrina tomista da graça criada e defender a ideia de que sem a graça a natureza humana é preservada em seus princípios essenciais, particularmente em seu l.a. Vemos assim desenvolver-se a hipótese de uma natureza pura dotada de uma finalidade natural distinta da visão beatífica*. Seus partidários pensam em geral que o homem foi elevado à ordem sobrenatural* no momento de sua criação*, e que o p. teve a dupla consequência de lhe fazer perder a graça e de acarretar uma desordem em sua sensibilidade. Essa hipótese, que facilita o entendimento da doutrina de Trento, foi adotada pela maioria dos teólogos católicos após a condenação de Baius (1567) e de Jansênio (1653). Todavia, ela nunca obteve a unanimidade. Alguns agostinianos, como H. Noris (1631-1704), a rejeitaram sem serem condenados por isso. H. de Lubac* (1946) mostrou que ela não está em harmonia com a doutrina tomista do desejo natural de ver Deus.

c) A teologia oriental. — A Igreja do Oriente não conheceu a crise pelagiana e permaneceu fiel à antiga concepção da natureza humana orientada para a divinização. Por causa disso, a teologia oriental não pensa o p. de Adão como perda da graça criada (Lossky, 1944, VI, 123-129), mas como perversão da natureza. Todo homem é solidário de Adão e vem ao mundo com esta natureza decaída.

d) Abordagens filosóficas. — A maneira como a doutrina do p.o. ilumina a condição humana encontrou eco em certo número de pensadores. Pascal* conduz seu leitor a uma interrogação radical sobre o homem tornado incompreensível para si mesmo. O mistério* cristão resumido em Adão e Jesus Cristo (*Br.* 523) responde a essa interrogação. J.-J. Rousseau torna o direito de propriedade* responsável pela corrupção de uma humanidade suposta boa por natureza. Kant* vê na propensão ao mal* que o homem descobre em si um "mal radical", sobre o qual deve triunfar ao decidir conformar sua vida à lei* moral. Hegel* sublinha que ao descobrir-se mau o homem também se descobre responsável (Pottier, 1990, 210). Para Kierkegaard*, cujo *Conceito de angústia* quer ser um "esclarecimento [...] para o problema do p.o.", este dogma* pressupõe que o homem no estado de inocência pode escolher entre o bem* e o mal sem saber o que são. Isso é fazer a experiência angustiante do nada*: escolher um é não escolher o outro. Pela angústia, cada um de nós está desperto para sua própria liberdade*.

3. A reflexão contemporânea

P. Ricoeur (1969, 276) formulou com vigor o que pode nos fazer recuar diante de certos aspectos do ensinamento agostiniano sobre o p.o.: "Especulações pseudorracionais sobre a transmissão quase biológica de uma culpa quase jurídica da falta de outro homem lançado na noite dos tempos, em algum lugar entre o pitecantropo e o homem de Neandertal." Se podemos considerar esse julgamento excessivo, não podemos desconsiderar a realidade do mal-estar de que ele ecoa. É claro que esse mal-estar estimulou a teologia contemporânea em sua busca de uma apresentação renovada do p.o.

a) *Exegese.* — Para bem ler Gn 2–3, é preciso levar em consideração o gênero* literário desse relato. Trata-se de uma lenda etiológica (Dubarle, 1958). Por meio de uma representação metafórica das origens, o autor busca descrever a psicologia do homem pecador e mostrar que o mal moral é anterior à infelicidade humana. Por outro lado, o tema da solidariedade* no p. é, como mostrou Ligier (1959), uma perspectiva familiar aos autores da Bíblia*. Quanto ao sentido da expressão *eph'ô* em Rm 5,12, sobre a qual se discutiu muito, parece que ela significa "mediante o fato de que" ("a morte passou para todos os homens, porque todos pecaram", segundo a BJ; cf. Lyonnet, 1966).

b) *Patrística.* — O estudo dos Padres permite redescobrir perspectivas esquecidas. Ireneu p. ex. sublinha que o homem não foi criado perfeito desde o início (*Adv. Haer.* V, 38, 1). Diversos Padres, inclusive Agostinho, não hesitaram em ver em Adão, para além do indivíduo, a comunidade humana em seu conjunto, deslocada pelo p. (Lubac, *Catholicisme*, 1938, 9-12). Compreende-se melhor, deste ponto de vista, a transmissão do p.o.: o homem vem ao mundo numa comunidade dilacerada desde a origem, e não pode senão participar desse dilaceramento.

c) *Teologia sistemática.* — Para além das separações confessionais, os teólogos contemporâneos podem, esquematicamente, ser divididos em três grupos. Há os que, como Villalmonte (1978), estimam que um p. herdado é uma contradição, já que todo p. é necessariamente pessoal. Outros se esforçam por pensar o p.o. no quadro do p. do mundo delineado por Ligier. O p. não é somente o ato* daquele que se desvia de Deus, é também a influência exercida por esse ato sobre outra liberdade. Schoonenberg (1967) fala a esse respeito de situação, e precisa que essa situação pode referir-se a um ser humano antes que este esteja engajado na existência. Pro-

põe falar neste caso de situação *existentiale* (por oposição à situação *existentielle* diante da qual minha liberdade pode reagir). O p.o. é uma tal situação *existentiale*, que vem pesar sobre toda criança nascida num mundo marcado pelo p. Por fim, o *CEC* p. ex. (408) estima que a privação da justiça original deve ser cuidadosamente distinguida do p. do mundo, consequência do p.o. e de todos os p. pessoais. É em relação a esta posição que alguns defenderam um estrito monogenismo*. Rahner* (1967), todavia, mostrou que o dogma* católico do p.o. não exige o monogenismo mas pede que seja afirmada uma unidade real da humanidade originante. Outros, como Fessard (1966), acreditam que o p. das origens tem a ver com uma historicidade sobrenatural que é preciso distinguir nitidamente da historicidade natural. Visões audaciosas e que vão no mesmo sentido foram propostas por Léonard (1987, 222), que coloca Adão e Eva em "um mundo preternatural real mas não coincidente com o universo atual".

O p.o. não é o primeiro objeto da fé* cristã, que é esperança* em Deus e não desespero da falta. Mas se todos os homens são solidários no p. isso significa duas coisas: uma unidade do gênero humano mais antiga e mais fundamental que todas as suas divisões; e a extensão da salvação a todos os que a querem: "Deus incluiu a todos os homens na desobediência para conceder a todos misericórdia*" (Rm 11,32).

• Anselmo, *De conceptu virginali et de originali peccato*, *Obra*, t. 4, Paris, 1990. — Agostinho, *Tratados antipelagianos*, BAug 21-24. — Calvino, *Inst.*, I. II, 1-3. — Lutero, *Comentário da epístola aos Romanos*, WA 56. — Kant, *A religião nos limites da simples razão*, AA VI. — Kierkegaard, *O conceito de angústia*, OC, t. 7, Paris, 1973, 105-258. — J.-J. Rousseau, *Discurso sobre a origem e os fundamentos da desigualdade entre os homens*, segunda parte. — Tomás de Aquino, *De malo*, q. 5; *ST* IIa IIae, q. 81-83.

▶ A. Gaudel (1933), "Péché originel", *DThC* 12/1, 275-606. — M. Jugie (1933), "Péché originel dans l'Église grecque après saint Jean Damascène", *ibid.*, 606-624. — W. Lossky (1944), *Théologie mystique de l'Église d'Orient*, 1990², 123-129. — H. de Lubac (1946), *Surnaturel*, Paris. — M. M. Labourdette (1953), *Le péché originel et les origines de l'homme*, Paris. — A.-M. Dubarle (1958), *Le péché originel et les origines de l'homme*, Paris. — L. Ligier (1959, 1961), *Péché d'Adam et péché du monde*, Paris, 2 vol. — P. Ricoeur (1960), "Le 'péché originel': étude de signification", *EeT* 23, 11-30, retomado em *Le conflit des interprétations*, Paris, 1969. — J. Gross (1960-1972), *Geschichte des Erbsündedogmas*, 4 vol., Munique. — G. Siewerth (1964), *Die christliche Erbsündenlehre*, Einsiedeln. — G. Fessard (1966), *La dialectique des Exercices spirituels de saint Ignace*, vol. 2, Paris. — S. Lyonnet (1966), "Péché (dans le NT)", *DBS* 7, 486-567. — P. Schoonenberg (1966), *Theologie der Sünde*, Einsiedeln; (1967), "Der Mensch in der Sünde", *MySal* II, 845-938 (Petrópolis, 1972). — K. Rahner (1967), "Erbsünde und Evolution", *Conc(D)* 3, 459-465. — H. Rondet (1967), *Le péché originel dans la tradition patristique et théologique*, Paris. — A. Sage (1967), "Péché originel. Naissance d'un dogme", *REA* 13, 211-248. — J. L. Connor (1968), "Original Sin: Contemporary Approaches", *TS* 29, 215-250. — K. A. Weger (1970), *Theologie der Erbsünde*, Friburgo. — M. Flick e Z. Alszeghy (1972), *Il peccato originale*, Brescia. — A. de Villalmonte (1978), *El pecado original: veinticinco años de controversia (1950-1975)*, Salamanca. — H. Häring (1979), *Die Macht des Bösen. Das Erbe Augustins*, Gütersloh-Zurique-Colônia. — H. Köster (1979 e 1982), *Urstand Fall und Erbsünde in der Scholastik*, *HDG* II/3/b; *U. F. u. E. von der Reformation bis zur Gegenwart*, *HDG* II/3/c. — L. Scheffczyk (1981), *U. F. u. E. von der Schrift bis Augustinus*, *HDG* II/3/a, primeira parte. — M. Sievernich (1982), *Schuld und Sünde in der Theologie der Gegenwart*, Frankfurt. — A.-M. Dubarle (1983), *Le péché originel. Perspectives théologiques*, Paris. — G. Martelet (1986), *Libre réponse à un scandale*, Paris. — A. Léonard (1987), *Les raisons de croire*, Paris, 177-231. — B. Pottier (1990), *Le péché originel selon Hegel*, Namur. — L. Scheffczyk (1990), "Die Erbsündenlehre des Tridentinums in Gegenwartsaspekt", *FKTh* 1, 1-21. — A. Vanneste (1991), "La nouvelle théologie du péché originel", *EThL*, 1991, 249-277. — P. Grelot (1994), "Pour une lecture de Rm 5,12-21", *NRTh* 116, 495-512. — L. Panier (1996), *Le péché originel. Naissance de l'homme sauvé*, Paris. — R. Schwager (1997), *Erbsünde und Heilsdrama. Im Kontext von Evolution, Gentechnologie und Apokalyptic*, Münster. — K. Rahner (1998), *Der Mensch in der Schöpfung*, *SW* 8 (curso de Innsbruck), 263-511.

Laurent SENTIS

→ *Adão; Agostinismo; Bañezianismo-molinismo-baianismo; Jansenismo; Justificação; Pelagianismo.*

PEDRO

a) Até a Páscoa. — Natural de Betsaida (Jo 1,44), Simão, filho de João (Jo 1,42; 21,15ss), *bar Iona* em Mt 16,17, é um pescador de Cafarnaum, onde tem casa e família* (Mc 1,29s; 1Cor 9,5). Seu irmão André, um antigo discípulo de João Batista, já conhecia Jesus* (Jo 1,40ss). Mas é desde o início do ministério* deste último que Simão se põe atrás dele para se tornar "pescador de homens" (Mc 1,16ss// Mt 4,18ss; cf. Lc 5,1-11).

Os sinóticos fazem de Pedro uma testemunha privilegiada da pregação do Nazareno. Encabeçando a lista dos Doze (Mt 10,2: "o primeiro"), que são as pedras fundamentais do novo Israel* (Ap 21,14), ele recebe de Jesus o nome aramaico de *Kepha*, "a Rocha", em grego *Kephas* e *Petros*. Este nome revela tanto o projeto comunitário do Mestre quanto o papel atribuído por ele a seu discípulo. Outros podiam fazer valer o parentesco (Tiago e os irmãos de Jesus) ou um carisma pessoal (Paulo). Foi sua presença junto a Jesus durante seu ministério que assegurou a Pedro e aos Doze sua autoridade* sobre as comunidades cristãs posteriores, inclusive sobre as que não lhes deviam obediência.

A autoridade de Pedro é realçada ainda mais por sua atitude durante a "crise da Galileia". Ele se torna então o intérprete dos discípulos fiéis. Tocamos aqui o alicerce histórico da "confissão de Cesareia" (ver Mt 16,13-20) (confissão* de fé), da qual o próprio João nos conservou uma lembrança (Jo 6,68s). Até uma época recente, o debate exegético sobre Mt 16,17ss era dominado pela questão da autenticidade. Hoje, muitos veem ali uma criação da comunidade de Antioquia inserida por Mateus (Refoulé, *RB* 99, 261-290); outros, uma criação da comunidade de Jerusalém (Grappe, 1992, 112-115); pode-se pensar também que Mateus encontrou o v. 18 numa versão anterior da perícope, distinta da de Marcos. Neste último caso, uma releitura do nome de Pedro serviria ali para exprimir a fé* de uma comunidade decerto galileia. Este grupo esperava então o advento próximo do "Filho do Deus Vivo" (filiação*), que construiria ele mesmo ("*Eu* edificarei") sua assembleia escatológica. Cesareia de Filipe, local da "confissão", situada ao pé do Hermon, era considerada como um lugar privilegiado de revelações* (Nickelsburg, *JBL* 101, 575-600).

Entretanto, subsistiam divergências entre Jesus e Pedro. O "para trás de mim, Satanás" de Mc 8,33//Mt 16,23 é a melhor ilustração disso. A um Pedro firmemente oposto à perspectiva de uma subida a Jerusalém*, que ele julga demasiado arriscada, Jesus relembra severamente sua condição de discípulo: "atrás do mestre". Devidamente anunciada (Mc 14,29ss), a negação de Pedro (Mc 14,66-72) consagra a derrota das suas visões humanas. Paralelamente, por trás dos retoques empreendidos pela elaboração de Lucas, a exortação feita a Pedro de "confirmar seus irmãos quando ele tiver voltado" (Lc 22,31s) deixa ver bem a dimensão teologal da confiança de Jesus na sobrevivência de sua obra para além de sua morte* ("Orei por ti").

Lc 24,12 e Jo 20,2-10 sublinham a perplexidade de Pedro diante do túmulo vazio; 1Cor 15,5 e Lc 24,34 fazem dele o beneficiário da primeira manifestação do Ressuscitado. A maioria dos comentaristas estão dispostos a explicar por esta experiência o "papel de primeiro plano desempenhado por Pedro na Igreja* primitiva" (Brown-Donfried-Reumann, 1974, 198). Entretanto, não dispomos de nenhum relato que narre o evento e isso não deixa de levantar um problema. Por isso, pode-se pensar que, em seu primeiro estado, o enunciado de 1Cor 15,5 remetia ao tempo do acompanhamento do Jesus terrestre, percebido como período fundador. De todo modo, a manifestação a Kephas (depois aos Onze!) tem por função garantir a validade dos enunciados que têm por objeto a morte redentora e a ressurreição*. De igual modo, em Lc 24,34 ela desempenha um papel de ratificação. Esta função de primeiro penhor da fé comunitária, já atestada por Mt 16,18, é decerto a mais antiga que foi reconhecida a Pedro.

b) Até o martírio. — Os Atos apresentam Pedro como o chefe da Igreja de Jerusalém.

Porta-voz dos apóstolos* (At 2,14; 3,12; 4,8; 5,29), frequentemente acompanhado de João (At 1,13; 3,1.4.11 etc.), ele faz milagres* "em nome de Jesus" (At 3,1-10; 5,15; 9,32-43), preside (At 1,15-26; 5,1-11), é delegado em Samaria (At 8,14-25), faz batizar o primeiro incircunciso (At 10,1-48). No final, é preso e libertado maravilhosamente (At 12,1-19); Pedro passa então a chefia a Tiago (Cullmann, 1952, 48). Estes dados, aos quais Grappe (1992, 279-286) concede importância, repousam, em parte, em tradições antigas. Mas, para apreciá-las corretamente, é preciso também levar em conta o projeto literário e teológico de Lucas. Para este, Pedro é antes de tudo uma figura ideal do passado, elo de união que garante a continuidade entre o ministério terrestre de Jesus e o que vivem as comunidades então, para além das duas rupturas efetuadas pela morte de Jesus (Lc 22,31s; 24,3) e pela integração dos pagãos (At 10,1-11.28) (universalismo*). Considerando o modo expeditivo como Lc 24,6 trata o encontro pascal na Galileia (Mc 16,7// Mt 28,7.10), pode-se ver no ministério hierosolimitano de Pedro uma construção amplamente redacional de Lucas. Isso poderá ser concluído particularmente de At 12,17, onde a intenção de Lucas é mostrar que Tiago não ocupou o primeiro lugar em Jerusalém fora da autoridade de Pedro (Dupont, 1984, 159s). Mas, desde a origem, o "chefe" em Jerusalém era Tiago (Gl 2,9; At 15,13; 21,18. Cf. Jo 7,3; Eusébio, *HE* II, 1, 2-4). Quanto ao lote eclesial de Pedro, era Cafarnaum e a Galileia, como deixam entender Marcos e Mateus, apoiados pela arqueologia (Claudel, *CrSt* 1993, 405 *sq*; 74, 105).

Paulo fala de Kephas em Gl e 1Cor. Em Gl o Apóstolo, contestado, defende a legitimidade de "seu Evangelho", chegando a lembrar uma altercação que, em Antioquia, o opôs a Pedro (Gl 2,11-14): que ninguém queira usar Pedro contra ele. Em 1Cor, as menções de Kephas não provam que este tenha permanecido por muito tempo entre os destinatários (Pesch, 1980, 106). Mas parece que lá também Paulo vê em Kephas uma referência última muito facilmente alegada a seu redor (cf. a lista ascendente de 1Cor 1,12:

Paulo, Apolo, Kephas, Cristo*). Se em 1Cor 15,3b-5 Paulo retoma uma tradição, recebida dele, que concede a prioridade a Pedro como guardião do querigma, ele toma o cuidado de ampliar essa tradição nos versículos seguintes (vv. 6-11), de modo a legitimar sua própria qualidade de apóstolo.

Encontramos uma reserva semelhante em João. Decerto lá está a confissão de fé de Jo 6,68s, mas em Jo 18,15s; 20,2-10, o evangelista introduz a figura deste outro discípulo cujos traços positivos se inscrevem diante das deficiências de Pedro. Num estágio mais recente da redação de João entra em cena o discípulo bem-amado (Jo 13,23s; 10,25ss; 21,7.20-24). A Pedro, a guarda do rebanho e o testemunho do martírio*; àquele, o privilégio de "permanecer" pelo testemunho escrito de seu evangelho.

c) *Tradições mais recentes.* — A questão da autenticidade da primeira epístola de Pedro permanece muito discutida: decerto é preferível falar da produção de círculos "petrinos". Seja como for, segundo 1Pd 5,13, o Apóstolo escreve de Roma*, cidade designada por Clemente de Roma (em 96) como o lugar de seu suplício (cf. *1Clemente* 5,4s; ver o testemunho de Gaio por volta de 200, em Eusébio, *HE* II, 25, 7) — informação confirmada pela arqueologia. 1Pd 5,12 especifica igualmente que o escritor da carta é um certo Silvano, que muitos identificam a Silas, o companheiro de Paulo coautor das epístolas aos Tessalonicenses (1Ts 1,1; 2Ts 1,1). Marcos, outro antigo companheiro de Paulo (Cl 4,10; 2Tm 4,11; Fm 24), está igualmente ao lado de Pedro. São as primícias da tradição que fazem de Marcos o intérprete de Pedro (Papias; Eusébio, *HE* III, 39, 15). São também as primeiras atestações literárias da aproximação, em Roma, das figuras de Pedro e de Paulo. A evocação das epístolas de Paulo em 2Pd 2,15 ("nosso irmão e amigo") se inscreve na mesma trajetória. Nessa epístola-pseudepígrafe, Pedro aparece também no papel de guardião da ortodoxia* (Brown-Donfried-Reumann, 1974, 190 *sq*; Grappe, 1995, 144 *sq*). Pouco a pouco, emerge, ao lado de outros discursos, aquele que dará corpo a um "magistério* de Pedro".

• O. Cullmann (1952), *Petrus. Jünger, Apostel, Märtyrer*, Zurique. — R. E. Brown, K. P. Donfried, J. Reumann (1973), *Peter in the New Testament*, Minneápolis-Nova York. — R. Pesch (1980), *Simon-Petrus*, Stuttgart. — J. Dupont (1984), *Nouvelles études sur les Actes*, Paris. — G. Claudel (1988), *La Confession de Pierre*, Paris. — Ch. Grappe (1992), *D'un Temple à l'autre*, Paris. — R. Minnerath (1994), *De Jérusalem à Rome*, Paris. — Ch. Grappe (1995), *Images de Pierre aux deux premiers siècles*, Paris.

Gérard CLAUDEL

→ *Apóstolo; Autoridade; Evangelhos; Igreja; Jerusalém; Jesus da história; Joanina (teologia); Magistério; Martírio; Missão; Papa; Paulina (teologia); Roma; Sucessão apostólica; Tradição.*

PEDRO ABELARDO → **Abelardo**

PEDRO LOMBARDO → **Latrão III** (concílio) → **escolástica** II. 1. b.

PELAGIANISMO

Abordado durante longo tempo apenas com base nas refutações propostas por Agostinho* (A.), o pelagianismo hoje está recolocado em seu contexto. Seus traços fundamentais — orientação ascética, recusa do pecado* original* e do traducianismo*, ênfase na liberdade* — aparecem como a cristalização de diversas correntes de pensamento dos dois primeiros decênios do s. V.

a) *Os representantes.* — O representante mais conhecido deste movimento é Pelágio (P.). Sobre suas origens sabe-se pouca coisa, a não ser que é apelidado de *Britannicus* em razão de seu país de origem. Estabelece-se em Roma*, onde é batizado por volta de 380. Busca então a radicalidade evangélica, torna-se talvez monge e exerce uma influência segura na comunidade cristã da *Urbs*. Em 410, quando a capital é tomada por Alarico, ele parte para a África, depois para a Palestina. Explica em diferentes obras que o homem é livre, que participa enquanto criatura da graça* do Criador e que pode tornar-se, só por suas forças, a verdadeira imagem de Deus.

Afirma igualmente que alguns podem ser sem pecado, e que alguns foram libertados do pecado antes de morrer. Rejeita a ideia de pecado original e propõe que se abandone o batismo* das criancinhas (que ele aceita na qualidade de costume) para retornar ao batismo em idade adulta. Quer sobretudo uma "Igreja* de puros", de cristãos perfeitos, e seu ideal encontra um eco nos círculos aristocráticos.

Celéstio, advogado e asceta, torna-se seu discípulo por volta de 390, faz-se então o porta-voz de suas ideias e torna-se ele mesmo um líder do grupo pelagiano. Radicaliza as ideias de P. e lhes dá uma forma mais racional e mais organizada, como exprimem as *Definitiones*, talvez de sua autoria.

O bispo* Juliano de Eclano, nascido por volta de 380-386, junta-se aos pelagianos após ter se recusado a assinar a *Tractoria* do papa* Zósimo, que condena P. e Celéstio em 418. Conhecido como exegeta e tradutor, em particular de Teodoro de Mopsueste, Juliano traz poucas ideias novas. É com ele que começa o segundo momento da polêmica pelagiana.

b) A crise pelagiana. — De fato, pode-se distinguir três momentos na controvérsia: o primeiro, relativamente sereno, antes de 411; o segundo, difícil, entre 411 e 418; e o último, que deu lugar em seguida ao que receberá (tardiamente) o nome de semipelagianismo, após 418.

Antes de 411, P. desenvolve suas ideias, como deixa transparecer um tratado *Sobre o endurecimento do coração de Faraó* que lhe é atribuído. Opõe-se ao predestinacionismo maniqueísta e torna-se o teólogo da salvação* que é merecida pelo exercício da liberdade. Goza mesmo de certa estima da parte de A., a quem vê brevemente em Cartago.

Entre 411 e 418, as tensões conduzem à crise. Em 412, Celéstio, que recusa uma prática cara à Igreja da África, a do batismo das criancinhas, é condenado no concílio* de Cartago. Após o concílio de Dióspolis, que reexamina a questão pelagiana de maneira um tanto favorável, A. estuda a doutrina de P. a partir do *De natura*, um tratado que apresenta uma visão otimista do homem e de sua liberdade natural, e redige em resposta seu *De gestis Pelagii*. Em 416, os bispos da África pedem ao papa Inocêncio I que condene P. e Celéstio. Ele o faz em 417. É a primeira condenação de P. Para se justificar, ele escreve um *Libellus Fidei* e um tratado *Sobre o livre-arbítrio*. Ora, após a morte de Inocêncio I, seu sucessor Zósimo reexamina a condenação de P. e a suspende. Os bispos africanos protestam, enquanto os pelagianos provocam distúrbios. O papa Zósimo deve rever a questão; e em 418 torna público um estado da controvérsia — a *Tractoria* — e renova a excomunhão de P. e de Celéstio. Juliano de Eclano se opõe então a esse texto e junta-se às fileiras dos pelagianos.

Após 418, a controvérsia toma uma orientação diferente. Enquanto A. prossegue a polêmica com Juliano de Eclano, os teólogos monásticos de Adrumeta e da Provença (João Cassiano, Fausto de Riez, Vicente de Lérins) elaboram uma teologia que dá à liberdade um lugar maior que o atribuído por A., mas que não trai uma influência de P. Agostinho lhes responde de maneira serena no *De gratia et libero arbitrio*, no *De correptione et gratia*, no *De praedestinatione sanctorum* e no *De dono perseverantia*. A polêmica conduz incontestavelmente A. a endurecer sua doutrina da graça e do livre-arbítrio. Após o que foi um dos principais debates teológicos do s. V, caberá a discípulos de A., entre os quais Próspero de Aquitânia foi o mais influente, propor uma versão do agostinismo* que foi sancionada pela Igreja do Ocidente no concílio de Orange de 529. Nesse interregno, e na pessoa de Celéstio, o pelagianismo fora condenado como herético pelo concílio de Éfeso*. Mas a polêmica não teve nenhum papel na história doutrinal do Oriente cristão, e os refinamentos teológicos que ela suscitou nunca foram recebidos numa teologia grega, o que nos leva a pensar que talvez ela jamais precisou recebê-los.

▸ BAug 21-24, Agostinho e a crise pelagiana. — Juliano de Eclano, CChr.SL 88. — Pelágio, PLS 1, 1101-1560.

▸ G. de Plinval (1943), *P., ses écrits, sa vie et sa réforme. Étude d'histoire littéraire et religieuse*, Lausanne. — T. Bohlin (1957), *Die Theologie des*

Pelagius, Uppsala. — H.-I. Marrou, J. R. Palanque (1967), *Prosopographie pélagienne*, Paris. — G. de Plinval (1967), "Vue d'ensemble sur la littérature pélagienne", *REL* 29, 284-294. — P. Brown (1968), "Pelagius and his Supporters. Aims and Environment", *JThS, NS* 19, 93-114. — G. Bonner (1972), *Augustine and modern research on Pelagianism*, Villanova. — G. Greshake (1972), *Gnade als konkrete Freiheit. Eine Untersuchung des Pelagius*, Mainz. — O. Wermelinger (1975), *Rom und Pelagius. Die theologische Position der römischen Bischöfe im pelagianischen Streit in den Jahren 411-432*, Stuttgart; (1979) *Das Pelagiusdossier*, Stuttgart. — F. G. Nuovolone, A. Solignac (1986), "Pélage et le pélagianisme", *DSp* 12, 2889-2942. — C. Pietri (1995), "Les difficultés du nouveau système (395-431). La première hérésie d'Occident: Pélage et le refus rigoriste", *in* C. e L. Pietri (sob a dir. de), *Histoire du christianisme*, t. 2: *Naissance de la chrétienté (250-430)*, 453-479, Paris. — J. M. Salamito (1997), "Excellence chrétienne et valeurs aristocratiques: la morale de Pélage dans son contexte ecclésial et social", *in* G. Freyburger, L. Pernot (sob a dir. de), *Du héros païen au saint chrétien*, Paris, 139-157.

Marie-Anne VANNIER
→ *Agostinho; Ascese; Maniqueísmo; Predestinação.*

PENA

a) Definições. — A pena (p.) é tradicionalmente definida pelo princípio de retribuição (pr. de ret.), *malum passionis quod infligitur ob malum actionis* (Grotius — "um mal* que se sofre por um mal que se fez"). Socialmente, é uma prática universal que consiste em punir o crime fazendo sofrer o criminoso; religiosamente, é o sofrimento vivido como castigo do pecado*. Toda teoria da p. tem por objetivo tornar inteligíveis as práticas sociais de ret.; uma teoria teológica tem por objetivo torná-las moralmente inteligíveis à luz da relação do homem com Deus*. Há uma problemática especial da p. na teologia* cristã por causa da misericórdia* divina: se nossa relação com Deus é definida por sua vontade de perdão e de salvação*, como ficam as práticas sociais fundadas no pr. de ret.? A história da mulher* adúltera (Jo 8,2-11) não as coloca radicalmente em questão? Existem várias respostas; alguns (Lutero* p. ex.) acentuam a diferença entre a ordem da providência* e a da redenção, e dizem que a p. é do domínio da primeira; outros (Hegel* p. ex.) veem um elemento redentor na p. mesma; outros ainda (Tolstoi p. ex.) consideram que o pr. de ret. é moralmente ininteligível. A maioria dos teólogos, entretanto, são partidários da moderação das p., para testemunhar a misericórdia divina no domínio mesmo da providência.

b) A natureza da pena. — No plano social, a p. está a igual distância da desaprovação puramente abstrata do crime e do desejo puramente instintivo de se vingar; no plano religioso, ela fica igualmente no meio entre a oposição infinita da bondade divina ao pecado e a comum medida que existe numa troca igual. A p. não é a vingança, pois o pr. de ret., ali, está na origem de um ato público deliberado e não de um comportamento privado instintivo. A p. é uma condenação racional e "expressiva" (Feinberg, 1970), uma "comunicação" (Lucas, 1993), que supõe a autoridade* daqueles que representam a sociedade*. Grotius (*De iure belli ac pacis* I, 20, 3) sustenta que do ponto de vista da lei* natural é a um superior, qualquer que seja, que cabe punir. A p. difere de outros atos* públicos de julgamento por considerar o crime antes de tudo como um perigo para a própria ordem moral e jurídica, e não como um dano feito à vítima. No direito*, a p. corresponde ao crime, a reparação (indenizações) ao delito. A p. é portanto uma ação pública, um modo para uma sociedade* de se definir moralmente. No plano privado, na família* p. ex., adapta-se a p. a fins domésticos como a educação.

Há uma hesitação entre os teólogos diante da ideia de Aristóteles de que a justiça* manifestada pela p. é da ordem da que "regula os contratos privados", com o juiz buscando "restabelecer a igualdade pela p." (*EN* 1131 *b* 25-1132 *a* 10). Tomás* de Aquino reconhece a *vindicatio* (vindita pública) como uma espécie da "justiça comutativa" (*ST* IIa IIae, q. 80, a. 1). O exemplo por excelência da justiça comutativa não é para ele a p. mas a restituição (IIa IIae, q. 62). Grotius, que considera um momento posterior, rejeita a ideia de que a justiça penal é distributiva, faz dela uma justiça de satisfação (*iustitia expletrix*), categoria que corresponde à justiça comutativa, mas sem o critério de igualdade entre as partes, e que se caracteriza simplesmente pelo direito que uma parte tem sobre a outra (*De iure belli...* I, 1, 8; II, 20, 2). O direito de punir não pertence à vítima, mas a quem quer que tenha a autoridade para fazê-lo.

Quando é Deus que pune, ele manifesta sua potência relativa (*ordinata*), não sua potência absoluta (*absoluta*). Assim, o castigo de Israel* por Deus é a expressão da fidelidade de Javé à aliança*, por oposição à destruição do povo* que ocorreria se ele desse livre curso à sua ira* (Jr 10,24; Sb 11,21-12.27). Na teologia cristã, a p. está estreitamente ligada à redenção, compreendida como um ato da alçada da "jurisdição*'" divina (Grotius, *De satisfactione Christi*), que livra o homem da expressão infinita da ira de Deus graças aos sofrimentos que Cristo* suportou por nós.

c) As vantagens da pena. — Enquanto ato público, a p. torna manifesta a natureza da ação criminal em relação à ordem social. O pr. de ret. entra no desígnio de Deus fazendo surgir o que é verdadeiramente a falta. Isso permite compreender a p., do ponto de vista teológico, como uma das maneiras pelas quais Deus conserva e resgata o mundo e, portanto, como um bem*. Quando é o próprio Deus que pune, trata-se de um bem suficientemente evidente, como toda manifestação de Deus. Mas só o castigo divino se autentifica assim a si mesmo (Grotius, *De iure belli* II, 20, 4). Já o castigo humano deve estar a serviço de fins que testemunhem a conservação ou a redenção do mundo; é assim que existem "benefícios" ou vantagens da p., que demonstram a benevolência de Deus para com a sociedade quando ela se define moralmente a si mesma.

Esses benefícios são compreendidos de modo diferente conforme se enfatize os aspectos ou providenciais ou redentores da p.; aliás, não são necessariamente os mesmos, e alguns podem parecer mais importantes que outros segundo os casos. Uma tradição que remonta à Antiguidade admite três beneficiários possíveis da p.: o culpado, a vítima, a sociedade. No pensamento cristão, praticamente nunca se menciona o segundo. A satisfação pessoal que a vítima pode tirar da p. do culpado é considerada como moralmente suspeita, contrária ao mandamento* de amar seus inimigos e de não se vingar (Mt 5,44; Rm 12,19). As possibilidades limitadas dadas ao "vingador do sangue" na instituição veterotestamentária das cidades de refúgio (Nm 35,9-28; Dt 19,1-10) tinham por finalidade subtrair a iniciativa da vingança dos simples particulares. As teorias "retributivas" da p. (p. ex., Kant*) enfatizam a importância do pr. de ret. para a integridade da sociedade, e não o interesse que poderia ter a vítima.

Acentua-se o bem feito ao culpado se se pensa no aspecto redentor da p. Para a Epístola aos Hebreus, Deus trata as Igrejas* como seus filhos castigando-as (Hb 12,5-11). Essa ideia impregna o platonismo* dos Padres* sobre a questão. Como para o próprio Platão, com efeito (*Górgias* 476a-478e), a p. é para eles uma purificação da alma*. É um "rigor doce", zeloso da conversão* última do criminoso, que impregna, segundo Agostinho* (*Ep.* 138, 14, CSEL 44), as ações do príncipe cristão com um afeto paterno. Para Gregório* de Nissa, isso se aplica mesmo ao fogo do inferno* (PG 46, 97-101). É somente na Igreja ou na família que a p. pode não ter outro sentido, pois nenhuma dessas duas instituições faz da justiça humana o princípio de sua ação. Ao lado deste ponto de vista desenvolve-se, pois, outro, que nem sempre é distinto dele, e que põe a p. em relação com o bem da sociedade: graças a ela, "os bons vivem mais tranquilamente no meio dos maus" (Agostinho, *Ep.* 153, 16, CSEL 44). A esse respeito, o inferno torna-se "a organização justa dos injustos" (*A natureza do bem* 37, BAug 1).

O desenvolvimento jurídico da prática penitencial (penitência*) na IM dá o exemplo por excelência de uma p. feita para o bem do culpado e aceita de bom grado. Nicolau* de Cusa considerava, aliás, que tal p., voluntariamente sofrida pelo penitente para sua salvação (*De concordantia catholica* II, 261), era típica da jurisdição da Igreja. A existência de duas jurisdições, espiritual e temporal (Igreja-Estado*), permitia coexistirem as duas interpretações da p., cada uma em seu contexto institucional. Com o desaparecimento desse estado de coisas na Reforma, era natural tentar fazer a síntese das duas concepções. Esse tipo de teorias atingiu seu apogeu com Hegel: para ele, o bem do culpado e o da sociedade se juntam numa necessidade comum de "anulação" da transgressão, de expressão efetiva da nulidade essencial do crime. A p. realiza a "vontade implícita" do culpado, exprimindo a lei que ele reconheceu pelo fato mesmo de ter agido racionalmente (*Princípios da filosofia do Direito*, § 97-100).

Tão estranho quanto possível a esse esforço de síntese, o utilitarismo* considera que o bem do culpado e o da sociedade são incompatíveis; é preciso, portanto, perguntar-se qual dos dois deve predominar. Para as teorias inspiradas nele, o ponto de vista se desloca da aplicação à ameaça da p. Segundo Beccaria, é preciso que a p. seja um "motivo" nos cálculos do delinquente, uma dissuasão "anexada" à lei, o que só se justifica em vista de uma "prevenção geral" do crime que é preciso realizar "da maneira mais econômica possível" (Bentham, *Principles...* 14, 6). Alguns se preocuparam com o pouco lugar dado ao pr. de ret. nessa teoria. A execução efetiva da p. é necessária somente "para dar-lhe a aparência" (*Teoria das penas...* 1, 5). E se outra ameaça — matar p. ex. os filhos do culpado — se revelasse "mais econômica"? A teoria repousa, de fato, na *inteligibilidade* do pr. de ret. e propõe outros princípios que salvem tanto quanto possível as aparências neste domínio. Evidentemente não se pode chegar completamente a isso, o que explica que as teorias utilitaristas tenham contribuído para a reforma das instituições, pois rejeitavam as medidas penais que pareciam ter uma capacidade de dissuasão duvidosa. No s. XX, a reforma penal foi devida assim à coalizão discordante do utilitarismo e de certo pietismo*, buscando o primeiro assegurar a prevenção mais econômica possível do crime, e o segundo encontrar meios de favorecer a conversão do criminoso (quantas esperanças ilusórias, p. ex., não foram depositadas na manutenção do segredo!).

d) A proporção das penas. — A p. é um ato expressivo, que "diz alguma coisa" do mal cometido; pelo fato de ser um ato que se situa na ordem relativa da sociedade humana, ele nada diz da oposição absoluta do mal à bondade divina (como no caso limite da p. eterna), mas exprime a relação deste mal com os compromissos normais da vida social. Como, portanto, a p. pode ser proporcionada ao mal que ela pune? Desde Aristóteles (*EN* 1132 *b* 21-31), admite-se que simples represálias (fazer ao culpado o que ele fez à vítima) não podem fundar uma justa p., embora Kant tenha defendido com certa influência a lei de talião (lei de t.), na qual via uma consequência lógica do pr. de ret. (*Metafísica dos costumes*, § 49 E, AA 6 331-337). A lei de t. desempenha um papel limitado no AT: ela se aplica ao dano involuntariamente causado a uma mulher grávida (Ex 21,23-25), aos ferimentos com sequelas (Lv 24,20), ao falso testemunho (Dt 19,21); este último caso é particularmente interessante pelo fato de que a lei de t. se aplica somente quando houve intenção* de prejudicar. Tem de haver uma relação simbólica entre o mal sofrido e o mal feito: um sistema penal é como uma linguagem e deve exprimir-se de maneira compreensível. As observações de Montesquieu sobre "a severidade das p. nos diversos governos" (*O espírito das leis* 6, 9) invertem a velha ideia de que o rigor do regime político é uma disciplina imposta por Deus às sociedades que dela têm necessidade. É agora a disposição moral da sociedade, sua maior ou menor tendência à "doçura" ou à "piedade", que determina qual deve ser o grau de severidade da lei. É difícil, portanto, para uma sociedade julgar a oportunidade das práticas penais de outra sociedade. Entretanto, pode-se perceber que, nos sistemas mais diferentes, há uma vontade de impor limites à severidade e de evitar que a linguagem da p. caia nos excessos da retórica. Assim, o código deuteronômico limita a flagelação a quarenta golpes, "para evitar que teu irmão se torne desprezível a teus olhos" (Dt 25,3).

A este princípio de que a p. deve ser proporcionada o pensamento cristão acrescenta um prejulgamento em favor da clemência, por três razões: o próprio juiz é um pecador que precisa de perdão (cf. Mt 18,23-25); o juízo dos homens é cheio de erro (Agostinho, *Cidade de Deus* XIX, 6); o culpado é sempre objeto da misericórdia divina, da qual a misericórdia humana deve dar testemunho. Desde o s. IV, os bispos* intercediam junto às autoridades seculares em favor dos condenados à morte, sem querer causar dano ao direito de punir (Agostinho, *Ep.* 153). No s. XVI, fazia-se apelo à equidade (*epikie*) em apoio aos pedidos de graça (Perkins, *Epieikeia or a Treatise of Christian Equity*, Cambridge, 1604, ou Shakespeare, *Measure for Measure*).

e) A pena capital. — Quando Ambrósio* diz da autoridade* civil que ela será "desculpada se aplicar a p. capital (cap.) e admirada se não a aplicar" (*Ep.* 50, 3), ele resume o essencial da reflexão pós-nicena, tal como se encontra ainda em João Paulo II (*Evangelium vitae*, *AAS* 87, 41-522, § 56): "Não se deve ir até o extremo de executar o culpado, salvo em caso de absoluta necessidade." Antes de Niceia, a Igreja exprimira bem seu ódio pelo derramamento de sangue, mas não fizera recomendações penais positivas. A aprovação da p. cap. no AT tornava sua condenação impossível sem incorrer na acusação de marcionismo*, mas nem por isso justificava o uso da p. cap. por parte de magistrados cristãos. Na IM e na época da Reforma, alguns grupos radicais criticaram a aplicação da p. cap. pelos cristãos, mas era no quadro de um questionamento mais geral do exercício das funções seculares, e às vezes admitiam-lhe a legitimidade "fora da perfeição de Cristo" (Confissão* de Schleitheim [1527], 6). Para lutar contra a heresia* valdense*, Inocêncio III fora levado a insistir nessa legitimidade, "desde que a p. cap. seja infligida por um juiz, sem ódio, e após madura reflexão" (*DS* 425).

Uma das razões que permitem a um Estado reduzir ao mínimo o recurso à p. cap. é a existência de um sistema carcerário bem organizado e humano. Os progressos neste domínio contribuíram para a repugnância dos s. XVIII e XIX diante dos abusos feitos da p. cap. nos séculos precedentes. Os argumentos dados hoje para demonstrar sua imoralidade fundamental — p.

ex. os de G. Grisez, que sustenta que ela viola a regra de não fazer o mal para que dele saia um bem — foram criticados porque abstraem do contexto político, uma vez que o Estado deve encontrar o meio de reprimir o instinto de vingança e de assassínio. Os argumentos opostos, influenciados pelas ideias de Kant, que exigem a p. cap. para o assassinato em virtude da lei de t., não têm nenhuma base teológica.

• C. Beccaria (1764), *Dei delitti e delle pene* (*Dos delitos e das penas*, São Paulo, 1995). — J. Bentham (1789), *Introduction to the Principles of Morals and Legislation*, ed. J. H. Burrs, H. L. A. Hart, Londres, 1970 (*Uma introdução aos princípios da moral e da legislação*, São Paulo, 1979); (1811), *Rationale of Punishment*. — H. Rashdall (1907), *The Theory of Good and Evil*, Oxford. — J. H. Yoder (1961), *The Christian and Capital Punishment*, Newton, Kan. — H. B. Acton (sob a dir. de) (1969), *The Philosophy of Punishment*, Oxford. — J. Feinberg (1970), *Doing and Deserving*, Princeton. — D. E. Cooper (1971), "Hegel's Theory of Punishment", *in Hegel's Political Philosophy: Problems and Perspectives*, sob a dir. de Z. A. Pelczynski, Cambridge, 151-167. — O. O'Donovan (1976), *Measure for Measure*, Nottingham. — W. Berns (1979), *For Capital Punishment*, Nova York. — M. R. Weisser (1979), *Crime and Punishment in Early Modern Europe*, Brighton. — A. Renaut (1986), "Beccaria, Des délits et des peines", *DOPol* 62-67 (bibl.). — N. Walker (1991), *Why Punish?*, Oxford. — J. R. Lucas (1993), *Responsibility*, Oxford. — O. O'Donovan (1998), "The Death Penalty in *Evangelium Vitae*", *in* R. Hütter, T. Dieter (sob a dir. de), *Ecumenical Ventures in Ethics*, Grand Rapids, Mich., 216-236. — M. van de Kerchove (2003), "Penal, Ética", *DEFM*, v. 2, 311-317.

Oliver O'DONOVAN

→ *Autoridade; Direito; Inferno; Justiça; Penitência.*

PENITÊNCIA

1. O batismo, primeiro sacramento do perdão dos pecados

"Convertei-vos: receba cada um de vós o batismo* no nome* de Jesus Cristo para o perdão dos pecados, e recebereis o dom do Espírito* Santo", declara Pedro* no dia de Pentecostes, segundo At 2,38. "Reconheço um só batismo para a remissão dos pecados", diz o símbolo de fé* de Constantinopla* (381). Na Antiguidade cristã, o batismo recebia frequentemente o nome de "remissão dos pecados" (p. ex., Tertuliano, *De bapt.* 18, 5). Até perto do final do s. II, ele foi mesmo a única instituição penitencial, e durante os quatro ou cinco primeiros séculos os cristãos fiéis a seu batismo não conheceram outro "sacramento*" do perdão além deste. As faltas menores (os *peccata minuta*, como se dirá frequentemente a seguir) cometidas após o batismo eram perdoadas por Deus* em razão do arrependimento íntimo (a conversão*) e de sua tradução nas "obras*" externas de penitência (pen.), entre as quais a tríade da esmola, do jejum e da oração* tinha um lugar de destaque; a primeira delas, pela importância que recebe na Bíblia* (Tb 4,10; 12,9; Sr 3,30; Mt 6,24; 10,23; e todo o tema da *koinonia* pela partilha: At 2,42ss; Hb 13,16 etc.), tinha aliás frequentemente a preeminência: "A esmola é excelente como pen. do pecado; o jejum vale mais que a oração, mas a esmola vale mais que ambos" (*II Clem.* 16,4, por volta de 150). Assim, toda a vida cristã é uma existência batismal, que não é outra coisa senão o exercício diário da conversão (*metanoia*) e sua expressão exterior num comportamento penitencial. Bem antes de se tornar o objeto do que se chamará mais tarde um "sacramento", a pen. é uma atitude fundamental (uma "virtude*") do cristão. Salvo exceção, os Padres* falaram muito mais desta pen. diária do que da que era reservada disciplinarmente às faltas graves.

Quando veio à luz, a instituição penitencial pós-batismal foi compreendida e vivida como uma espécie de decalque do batismo ("segundo batismo", "batismo laborioso", "batismo de lágrimas", diz Tertuliano*). Observa-se em todo caso, nos s. III e IV, uma evolução amplamente paralela em extensão (vários anos) e em severidade (pesados interditos) da instituição catecumenal para a preparação ao batismo, e da instituição penitencial para o perdão dos pecados graves cometidos após o batismo; de igual modo, quando no s. VII o catecumenato é reduzido ao tempo da quaresma, assiste-se a uma redução paralela do estágio penitencial (Sacramentário gelasiano antigo I, 15-16 e 38). Por outro lado,

catecúmenos e penitentes formavam, cada um, um grupo à parte e, sendo considerados apenas como membros periféricos da Igreja*, eram despedidos no domingo* depois da homilia, portanto antes da oblação eucarística.

2. Gênese e evolução

a) O surgimento de uma penitência eclesial pós-batismal. — Até a segunda metade do s. II, cada Igreja local* tratava as situações de infidelidade ao batismo caso a caso — como Paulo fizera em relação ao incestuoso de Corinto (1Cor 5). Enquanto as comunidades cristãs foram pequenas acharam-se numa situação precária (vexação, ameaças de perseguição) e permaneceram marcadas por uma viva expectativa da parusia* próxima do Senhor Jesus*, o "sacramento-juramento" do batismo foi vivido como um verdadeiro pacto entre Deus* e o cristão: ele marcava uma passagem definitiva do reino de Satã para o reino de Cristo*, do "homem velho" para o "homem novo" (cf. Cl 3,9ss), e múltiplos testemunhos nos fazem pensar que essa passagem era vivida psicologicamente de maneira tão forte, talvez, quanto os votos solenes pronunciados hoje por monges e monjas. Compreende-se que, em tais condições, os casos de infidelidade grave tenham sido relativamente raros.

Esses casos tornaram-se muito mais frequentes quando os cristãos começaram a fazer a experiência de uma Igreja de grande número (do "multitudinismo"), com a relativa baixa de fervor que acompanha esse regime sociológico (por oposição ao da "seita"), e foram menos levados pela espera "entusiasta" de uma parusia iminente. E foi para trazer remédio ao aumento dos casos de infidelidade ao "pacto" e à santidade* do batismo que nasceu então outra instituição penitencial além do batismo. Esse nascimento foi difícil. A crer no *Pastor de Hermas* (Roma*, meados do s. II), muitos "doutores" cristãos se recusavam à reintegração dos pecadores graves na comunidade. Contra esses rigoristas que não deixavam mais nenhuma esperança de salvação* aos que tinham traído o batismo, Hermas toma posição em nome de uma "visão" para garantir uma segunda chance

— mas também uma última chance, senão se abriria a porta ao laxismo (*Pastor, Prec.* IV, 29, 8, SC 53). Algumas décadas depois, Tertuliano atesta a existência desta instituição penitencial, que os historiadores chamam habitualmente de "canônica" (*De paen.*, SC 316).

b) O sistema da penitência canônica. — O sistema canônico devia reger a disciplina* penitencial da Igreja até o s. VII. Era reservado às faltas julgadas muito graves, àquelas que, como a tríade da apostasia, do adultério e do assassínio, constituíam uma ruptura com o batismo. Os pecados diários eram perdoados por Deus por meio da prática da pen. diária. Muito desenvolvida no s. IV, a pen. canônica tinha duas características maiores. Primeiramente, era um processo inteiramente eclesial, o que significa não somente que era público (só a confissão das faltas — graves — ao bispo* escapava dele, embora alguns se tenham recusado a isso e o bispo, conhecendo sua falta, os tenha obrigado à confissão), mas também que essa publicidade, por meio da pertença à *ordo poenitentium* e às diversas formas de ascese* que lhe eram ligadas em matéria idumentária, alimentar e sexual, visava antes de tudo não a humilhar o penitente, mas a chamar a comunidade cristã a sustentá-lo por sua oração de intercessão e por seu exemplo. Em seguida, esse processo era irreiterável: segunda chance de salvação "após o naufrágio" (Tertuliano), também era a última, senão ter-se-ia "parecido abrir uma nova carreira para o pecado" (Id., *De paen.* VII, 2). Este segundo princípio constituía uma espécie de dogma* prático. Assim, falando da "pen. que se cumpre publicamente", Ambrósio* escreve: "assim como só há um único batismo, só há uma única pen." (*De paen.* II, 95; SC 179). Certamente, muitos bispos, e entre os maiores, davam mostras de certa flexibilidade pastoral; mas essas exceções vinham confirmar uma regra considerada intangível.

No entanto, embora esse sistema longo e severo tenha podido funcionar relativamente bem no quadro de comunidades "confessantes", seus limites rapidamente apareceram. Múltiplos são, a partir da segunda metade do s. IV, os testemunhos patrísticos que o atestam a nós: numerosos batizados culpados de faltas graves não cessavam de postergar seu pedido de entrada em pen., desencorajados de antemão pelo rigor da prova; quanto aos que tinham feito o pedido, poucos cumpriam sua pen. "como convém" (Ambrósio, *ibid.*, II, 96). A situação chegou a tal ponto que a fim de evitar recaídas, desta vez irremediáveis, e para não ter de drenar uma eclesiologia* aberrante (as comunidades cristãs acabariam sendo formadas por uma massa de penitentes muito maior que o número de batizados fiéis), vários sínodos* dos s. V-VI intervieram para proibir a entrada em pen. "das pessoas ainda jovens […] por causa da fraqueza de sua idade" (sínodo de Adge, 506), e das pessoas casadas insuficientemente "avançadas na idade" (sínodo de Orleans, 538). Assim, os próprios bispos consagraram a falência do sistema canônico. Todavia, não lhe substituíram nenhuma outra forma institucional: de fato, não se cogitava questionar o princípio sacrossanto da pen. Assim, no s. VI, Cesário de Arles leva em conta o fato de que a quase totalidade dos pecadores gravemente culpados só pedirão e só receberão a pen. no outono de sua vida, até mesmo *in extremis*. Mas ele os alerta: tal pen., diz ele, corre o risco de ser ineficaz se não for preparada desde agora por uma vida verdadeiramente penitencial (*Serm.* 60, 3-4; SC 330). Solução pastoral talvez feliz, mas que só manifestara plenamente o impasse em que se achava a instituição sacramentária. Em todo caso, o sistema canônico acabara por se perverter: de remédio exigente reservado a alguns grandes pecadores para que, com o apoio da comunidade, operassem uma verdadeira conversão de vida, ele já se tornara um meio de salvação exigido por todos *in extremis*.

c) O sistema da penitência tarifada reiterável. — Compreende-se, diante desse impasse, o sucesso rápido que obteve a prática reiterável da pen. tarifada que os monges irlandeses de são Columbano importaram para o continente no s. VII. É claro que houve protestos, como os do sínodo de Toledo (589), escandalizado pela "execrável audácia" dos que permitem aos fiéis não fazer pen. "segundo a maneira canônica" e lhes oferecem a reconciliação "cada vez que pecaram"; ou ainda os dos sínodos de Chalon-sur-Saône (813) ou de Paris (829) (Vogel, 1969, p. 191 e 196 *sq.*). Mas de nada valeram: a evolução sociocultural e a situação de dominação da Igreja sobre a sociedade* tornaram-se tais que o retorno ao sistema antigo, a despeito de todas as "autoridades" de que ele se aureolava, era impossível.

O novo sistema permanecerá em concorrência com outras práticas penitenciais, desde a entrada no mosteiro, julgada como o mais eficaz rito penitencial, até a confissão direta a Deus (concílio de Chalon-sur-Saône em 813, cân. 33: Vogel, 1969, 202), passando pelas peregrinações* impostas por confessores ou pela distribuição de esmolas. Três características principais marcam a nova instituição. A mais importante é o fato de que os cristãos podem doravante ter acesso à pen. "sacramental" tão frequentemente quanto quiserem. A segunda diz respeito ao processo ritual: a confissão se faz o mais das vezes a partir de um questionário, com o confessor interrogando o penitente segundo o livro chamado "penitencial" que tem em mãos, depois adicionando as taxas correspondentes a cada pecado, o que equivale frequentemente a vários meses ou anos de jejum, ou então à recitação de certo número de saltérios inteiros, ou ainda, a partir da época carolíngia, para as faltas particularmente graves, a uma peregrinação a cumprir; normalmente, o penitente retorna após ter cumprido sua pen. para receber do sacerdote a "absolvição" (termo que começa a substituir o antigo vocabulário da "reconciliação"). Vê-se nesta passagem que a confissão verbal, que dizia respeito somente às faltas graves, não é mais uma simples condição prévia da pen.; ela ganha uma importância diferente, já que constitui doravante o meio de estabelecer a pena* expiatória, a qual continua a constituir o elemento mais importante do processo, já que, como escreve Pascásio Radberto no s. IX., é ela "que proporciona a remissão dos pecados" (*In Mt* , c. 155). Entretanto, e é o terceiro traço, a duração das pen. impostas ao término da confissão era tamanha que foi preciso estabelecer um sistema de resgate ou

de compensação: tantas missas a mandar rezar, tantos salmos* a recitar, tanto dinheiro a dar em esmola ou tantas genuflexões a cumprir resgatavam tantos dias, meses, até mesmo anos de penitência. Logo este sistema também acabou se pervertendo, uma vez que os mais abastados podiam mandar celebrar numerosas missas de resgate e até mesmo pagar a uma terceira pessoa para jejuar em seu lugar.

d) O sistema "moderno" da penitência. — Após as duas primeiras "revoluções" que foram a institucionalização de uma pen. pós-batismal, depois sua possível reiteração, surgiu uma terceira, característica do sistema que, na falta de melhor nome, chama-se "moderno", e que nasce no s. XII: doravante, a absolvição precede a execução da pen. a cumprir. Na prática, isso começara já no sistema tarifado: muitos penitentes, em razão da distância a percorrer ou de sua incompreensão, não retornavam para pedir a absolvição ao cabo de sua expiação*. Mas esta prática doravante é justificada de maneira teórica, já que, como diz a célebre carta *De vera et falsa paenitentia* (do s. XI, mas atribuída então à autoridade de Agostinho*), "a vergonha inerente à confissão opera por si mesma uma grande parte da remissão", assim como "uma grande parte da expiação" (n. 10). No final do s. XII, em todo caso, Pedro Cantor enuncia o que logo se tornará um lugar-comum: "A confissão oral constitui a maior parte da satisfação" (PL 205, 342). Esta teoria supõe evidentemente que se conceda doravante uma importância particular à confissão, maior em certos aspectos que à expiação, no momento, aliás, em que esta se torna simultaneamente menos severa e mais interior; e, de fato, para justificar seu alcance expiatório, a confissão, que se exige agora precisa e circunstanciada (cf. as dezesseis condições que lhe são atribuídas, segundo o *Suplemento* à *Suma teológica* de Tomás* de Aquino, q. 9, a. 4), torna-se mais humilhante — situação agravada, aliás, pelo fato de que muitos sacerdotes, demasiado ignorantes, não têm a faculdade de discernimento necessária, como notam com tristeza tanto Tomás no s. XIII (*Supl.* q. 8, a. 4, ad 6) quanto João Eck no XVI (Duval, 1974 [1985], 161).

Esse deslocamento de acento se acompanha, no s. XII, com o abandono dos penitenciais, mal harmonizados com a cultura nova, e a substituição destes pelos "manuais dos confessores" que surgem no s. XIII. Mais significativo ainda é o fato de a confissão ser agora considerada, segundo Tomás, como pertencendo, com a contrição e a satisfação, de uma parte, com a absolvição pelo sacerdote, da outra, às "partes integrantes" do sacramento: este só existe na medida em que quatro elementos estão nele presentes (*ST* IIIa, q. 90). Desde logo, a confissão de todos e cada um dos pecados graves não é mais uma simples condição prévia ao processo penitencial como na Antiguidade, nem um simples meio ritual necessário para a fixação da tarifa como na alta IM: ela é, no que lhe diz respeito, um elemento constitutivo do sacramento mesmo. Está claro, por outro lado, que a Igreja encontrou aí um eficaz instrumento de controle social, tanto para detectar os hereges (*Supl.* q. 6, a. 3) quanto para inculcar no povo um *ethos* cristão.

Em 1215, o cân. 21 do IV concílio do Latrão* obriga todo fiel a se confessar pelo menos uma vez por ano a seu próprio pároco (mas não a receber a absolvição, pois esta nunca foi exigida pela Igreja senão para os pecados mortais) (*DS* 812). Nessa época, só um punhado de *perfectissimi* praticam, como o rei são Luís, a confissão semanal ou plurissemanal; a maioria dos cristãos se confessa muito raramente. "Estima-se habitualmente que se a confissão anual entrou pouco a pouco nos costumes é tanto sob o efeito da pressão social quanto graças à arte de convencer dos pregadores" (N. Bériou, *in* Groupe de la Bussière, 1983, p. 89). A pastoral saída da Contrarreforma conseguirá inculcar numa larga camada da população a prática de três ou quatro confissões anuais, enquanto uma elite frequentará o confessionário (devido a Carlos Borromeu depois de Trento*) cada semana, às vezes até mais frequentemente. Essa prática da confissão dita "de devoção", com os múltiplos debates que provocou sobre a atrição e a contrição, sobre os prazos de absolvição, sobre os casos de consciência e as opiniões "prováveis" ou "mais prováveis" (cf. Delumeau, 1990), tem

a ver evidentemente com outra concepção do sacramento diferente da que prevalecia na Igreja antiga. Ela se prende, antes, à prática monástica da confissão terapêutica ou à da direção* de consciência. Mesmo assim, ela veio enxertar-se na pen. eclesial para o perdão das faltas graves — cuja determinação variou sensivelmente conforme as épocas — e assim o sacramento da pen. em sua forma moderna misturou dois tipos de prática e de teoria diferentes: a pen. sacramental para a reconciliação dos cristãos infiéis a seu batismo e o acompanhamento espiritual sobre o caminho da perfeição evangélica (com o risco de fazer cada uma delas perder sua pertinência).

e) A Reforma e o concílio de Trento. — Os reformadores do s. XVI só reconheciam dois sacramentos atestados pelas Escrituras: batismo e santa ceia. No entanto, Lutero* mostrara-se hesitante acerca da confissão, cujos benefícios ele pessoalmente apreciava: assim, em 1520 (*WA* 6, 501, 543, 572), em 1522 (10/3, 395) e em 1545 (54, 427). Quanto a Melanchton, reconhecera explicitamente a pen. como "sacramento propriamente dito" na *Apol. da Conf. de Augsburgo* (*BSLK* 259, 292). Por outro lado, todos eles concediam grande importância à confissão dos pecados, fosse sob forma geral e comunitária no início do culto* (p. ex., Calvino* em *A forma das orações e cantos eclesiásticos* de 1542, *CR* 34, 172-183), ou sob forma privada, "a um irmão", mesmo não sacerdote: neste último caso, escreve Lutero, "não duvido que a absolvição de seus pecados ocultos seja concedida a quem quer que peça o perdão e se emende só na presença de um irmão" (*De capt. bab.*, *WA* 6, 547).

O concílio* de Trento*, em 1551 (*DS* 1667 a 1715), se opôs aos reformadores em três pontos: de um lado, afirmava a sacramentalidade da pen.; de outro, requeria a confissão de todos os pecados (trata-se sempre dos "pecados mortais") e reservava aos sacerdotes o poder de absolver em nome de Deus; enfim, a absolvição é definida "como um ato jurídico", o que quer dizer que, como a sentença na justiça, ela realiza o que diz (ela tem um alcance "performativo" e não somente declarativo [cf. Duval, 1985, 207]).

*f) O ritual do Vaticano II** — A *ordo paenitentiae* promulgada em 1973 inovava em relação à situação anterior no fato de, sobretudo, propor várias formas de celebração do sacramento: reconciliação individual dos penitentes (n. 41-47); reconciliação de vários penitentes com confissão e absolvição individuais (n. 48-59); reconciliação dos penitentes com confissão e absolvição coletivas (n. 60-66), sendo esta última possibilidade reservada a circunstâncias excepcionais. Este pluralismo não impediu uma baixa sensível de frequentação do sacramento pelos cristãos, e o nexo entre confissão e comunhão*, tão sólido ainda nos anos de 1950, se desfez em ampla medida: em três décadas (1952 a 1983), a porcentagem dos franceses que se declaram católicos que se confessam "ao menos uma vez por mês" passou de 15% para 1%; quanto aos que se confessam "ao menos uma vez por ano", passou de 51% a 14% (J. Potel, *MD* 167). Tal queda, evidentemente, está ligada às profundas transformações culturais do final da modernidade: deslocamento do sentimento de culpa, pouco impacto atual do sacramento sobre o tecido social, perda de influência da instituição eclesial, valorização individual da possibilidade de escolha etc. Nada assegura que tal mutação sociocultural não vá pouco a pouco fazer evoluir a prática em curso — ainda muito ligada, apesar de sua "modernização", ao espírito tridentino — rumo a um novo sistema penitencial.

3. Alguns pontos particulares

a) Cada sistema penitencial é o testemunho de uma época. — O aparecimento da pen. *canônica* correspondeu a uma necessidade, a de lutar contra uma relativa baixa de fervor numa época em que as comunidades cristãs se tornavam mais numerosas. Este sistema, todavia, por suas exigências, só podia funcionar bem em comunidades de tipo "confessante"; também ele se mostrou inadequado quando a Igreja assumiu um aspecto "multitudinista", e quando se tornou socialmente vantajoso ser cristão: "Tenho encontrado mais facilmente pessoas que preservaram sua inocência [batismal] do que pessoas que têm feito pen. como convém", observa amargamente Ambrósio* (*De paen.* II, 96); e Agostinho se queixa, por seu turno, de que "o que deve ser o lugar da humildade se torna o lugar da iniquidade" (*Serm.* 232, 7, 8). Viu-se como os próprios sínodos da Gália levaram ao fracasso a penitência canônica. Quanto ao sistema *tarifado*, nascido fora da hierarquia*, ele se adaptou bastante bem a uma Igreja que queria converter os invasores "bárbaros". Num mundo marcado pelo direito feudal germânico onde toda desordem, por ofensa ou derramamento de sangue, devia ser objeto de compensações devidamente tarifadas, a aplicação de taxas penitenciais nada tinha de surpreendente. E quanto ao sistema *moderno*, com sua insistência na confissão circunstanciada de cada pecado e a avaliação de sua gravidade em função de suas dimensões subjetivas, notadamente quanto à intenção e às circunstâncias, parece igualmente corresponder à cultura nova que os escolásticos atestam a partir do s. XII. Assim, cada sistema penitencial é, por uma parte, o reflexo da situação sociocultural da Igreja, e isso até na hierarquia dos pecados que ele estabelece ou em sua insistência neste ou naquele tipo de pecado: os pecados também têm sua história. E é decerto a busca de uma nova coerência da pen. com a cultura contemporânea que determina as atuais perplexidades neste domínio.

b) Cada sistema enfatizou um ponto diferente. — Qualquer que seja o sistema penitencial da época, jamais a Igreja esqueceu o papel primordial do arrependimento interior, ou contrição, na reconciliação do pecador com Deus; pode-se mesmo dizer que a insistência sempre recaiu sobre esta conversão do coração*. A manifestação exterior desse movimento interior, contudo, foi objeto de ênfases diferentes. Na Antiguidade, a ênfase incidia sobre a conversão efetiva do pecador ao longo de seu estágio penitencial, e não primordialmente sobre o rito de reconciliação pelo bispo. Certamente, esse rito tinha sua importância, mas tinha-se dele uma compreensão bastante diferente da que a escolástica* lhe reconhecerá.

Antes de tudo, era colocado em relação com a oração de intercessão de toda a comunidade: "Bispo […], impõe a mão ao pecador enquanto toda a assembleia ora por ele, e em seguida autoriza-o a penetrar na igreja e recebe-o em vossa comunidade", pede a *Didascalia* (II, 12). A exortação a que "todos os irmãos" se juntem à súplica do penitente (Tertuliano, *De paen.* IX, 4), e que o pecador peça a Deus seu perdão "pelas orações de todo o povo cristão" (Ambrósio, *De paen.* I, 89), é tão insistente que Cesário de Arles deve alertar os penitentes contra a tentação de repousar demasiado comodamente na "intercessão de toda a comunidade" (*Serm.* 67, 3). Essa intercessão se exercia não somente durante o estágio penitencial, mas no curso da reconciliação mesma. Como pergunta Agostinho, não é toda a Igreja (o que requer o bispo e seu papel indispensável de presidência) que, representada pelo "confessante" Pedro* em Mt 16,16-19 ou pelos apóstolos* em Jo 20,21ss, redime os pecados ou os retém (*De bapt.* XVIII, 23, BAug 29)? Em todo caso, o bispo de Hipona não hesita em declarar à sua comunidade: "Vós também ligais, vós também desligais" (*Serm. Guelf.* 16, 2, SC 116, 41), estando bem entendido que esta ação da Igreja em oração no curso da celebração pela reconciliação dos penitentes, pouco antes da Páscoa* (Quinta-feira Santa em Roma e Milão), só encontrava sua eficácia decisiva em sua relação com a ação sacramental do bispo. Esta manifestava sobretudo que a reconciliação plenária com Deus não podia efetuar-se sem estar ligada a uma reconciliação com a Igreja (suspensão da excomunhão entendida como interdição de comunhão* eucarística, portanto reintegração na "paz*" da Igreja), a qual fazia ofício de "primeiro efeito do sacramento", *res et sacramentum* na linguagem escolástica (Rahner*, 1955, 177 *sq*).

Em segundo lugar, compreendia-se o rito de reconciliação pelo bispo como vindo selar uma reconciliação com Deus, que o próprio Deus e só ele (pois "quem pode perdoar os pecados senão Deus só?", Mc 2,7) efetuara à medida que o pecador retornava em Sua direção. Este último ponto se harmoniza com as duas perícopes evangélicas que os Padres comentam com maior frequência a respeito da pen. eclesial: a cura* dos dez leprosos (Lc 17,11-19) e a ressurreição* de Lázaro (Jo 11). É só Deus quem cura ou devolve a vida, o papel da Igreja é fazer a constatação oficial disso ou "desligar" (Jo 11,44) aquele que recuperou a vida para lhe permitir gozar desta. A maioria dos Padres decerto teriam assumido para si a fórmula de Gregório* Magno (n. 604) comentando a ressurreição de Lázaro: "Devemos absolver por nossa autoridade* pastoral aqueles que sabemos já terem sido vivificados pela graça*" (*Hom. sobre os ev.* 26, 6; Vogel, 1969, 136).

Na pen. tarifada, a ênfase incide também na conversão do pecador e em sua ligação com a expiação. Esta última, todavia, como indica o nome de "satisfação" que se lhe dá na época, tem peso particularmente grande. É verossímil que o conjunto dos teólogos da alta IM poderiam ter assumido para si a fórmula de um deles, no caso Pascásio Radberto, no s. IX: "A confissão indica a penitência, a penitência acarreta a satisfação, e a satisfação acarreta a remissão dos pecados" (*in Mt*, c. 154). A absolvição nem sequer é mencionada. Ela existia, porém, sabemo-lo, mas seu papel consistia somente, como diz Anselmo* (†1109), no fato de que, por ela, os penitentes "são mostrados (*ostenduntur*) puros diante dos homens" (*Hom. sobre Lucas*, 13; PL 158, 662). O peso recaía, portanto, sobre as obras penitenciais pelas quais o pecador "reparava" a desordem introduzida por suas faltas no mundo e "satisfazia" assim a Deus.

Na pen. "moderna", em contrapartida, esse peso incide sobre a confissão mesma e sobre a vergonha que ela provoca. Vimos mais acima as razões principais disso e sua coerência com a nova cultura dos s. XII-XIII. A importância da confissão se tornou mesmo tamanha que, como atesta a expressão "ir à confissão", correntemente empregada há apenas algumas décadas, a parte foi tomada pelo todo. Podemos perguntar se hoje, como mostra o sucesso das celebrações comunitárias da reconciliação, a ênfase não se deslocou para a absolvição mesma.

c) Qual a eficácia do sacramento? — O primeiro efeito da absolvição, a reconciliação do penitente com a Igreja, sempre foi claro desde a pen. antiga (mas tender-se-á a esquecê-lo à medida que o sacramento se privatizar e for quase essencialmente destinado aos pecados "veniais", sobretudo com a confissão de devoção). O segundo efeito, em contrapartida, a reconciliação com Deus, esperou até o s. XIII para surgir claramente: as fórmulas de Gregório Magno, de Pascásio Radberto e de Anselmo de Cantuária citadas anteriormente o atestam. Como este último, todos os teólogos do s. XII, a começar por Pedro Lombardo, estimam que o poder de ligar e desligar concedido por Deus aos sacerdotes significa o poder "de manifestar que os homens são ligados ou desligados" ("[...] *id est ostenderendi homines ligatos vel solutos*", *Sent.* IV, d. 18, PL 192, 887). Ora, isso significa que o pecador é normalmente perdoado por Deus antes do sacramento. Ele o é, durante o primeiro milênio, na medida em que sua conversão se cumpre por uma sincera expiação; ele o é, na pen. moderna, por sua contrição (sua *paenitentia interior*, na qual o Lombardo vê a *res et sacramentum* da pen.): "Por menor que seja [subentendendo-se: tendo em vista a dor sofrida], a contrição apaga toda falta", escreve neste sentido Tomás de Aquino (*Suppl.*, q. 5, a. 3), já que ela procede de um verdadeiro amor* por Deus (diferentemente da atrição, mais próxima do "temor servil" e do remorso). Tomás se opõe, entretanto, àqueles seus predecessores e seus contemporâneos que, como Boaventura*, reduzem a absolvição da falta (*culpa*) a uma simples manifestação daquilo que Deus já fez ("*absolvit solum ostendendo, scil. demonstrando absolutum*", escreve este último [*In IV Sent.*, d. 18, p. 1, a. 2, q. 2]): certamente, Deus perdoa a falta quando o pecador se arrepende sinceramente dela, mas esse arrependimento só é autêntica contrição se, em virtude da teoria das "partes integrais" da penitência (cf. *supra* 2 *d*), implicar o propósito (*votum*) de se submeter às "chaves" da Igreja. Trata-se, portanto, do caso mais normal. Entretanto, precisa Tomás, "nada impede que seja às vezes (*aliquando*) no curso mesmo da absolvição que, pela virtude das chaves, a graça que apaga a falta seja concedida àquele que se confessou", tal como ocorre "às vezes" também no que diz respeito ao catecúmeno por ocasião de seu batismo (*CG* IV, c. 72).

A doutrina mais tardia operará a este respeito uma inversão significativa, de que é testemunha o concílio de Trento mesmo. O advérbio *aliquando*, de fato, se encontra no cap. 4 de sua "doutrina sobre o sacramento da pen.", mas é utilizado ali para colocar uma afirmação oposta à dos teólogos do s. XIII: é "às vezes" que um pecador pode ser justificado por Deus antes do sacramento, na medida em que ele tem a "contrição perfeita", o que inclui o desejo do sacramento (*DS* 1677). Ora, esta noção de "contrição perfeita" é levada tão alto que pode ser manifestamente reservada apenas a uma pequena elite (cf. o *Catecismo* de Trento, cap. XXIII, 2). O concílio fecha assim a porta aos presunçosos que pretendessem ser perdoados antes do sacramento. O que era considerado a regra três séculos antes tornou-se a exceção, e este ponto manifesta puramente as dificuldades que a teologia* encontrou na articulação de uma teoria da pen.-reconciliação. Era, provavelmente, inevitável: o equilíbrio sempre foi difícil de encontrar entre a dimensão subjetiva do sacramento, ligada aos elementos pessoais que são a culpa, o pecado, a contrição do coração, e sua dimensão objetiva, ligada à Igreja como instituição. E não será surpreendente que o problema tenha sido bastante análogo para o casamento*: tão logo a "matéria" ou, antes, a "quase matéria" de um sacramento deixa de ser uma realidade objetiva como a água, o pão e o vinho, o óleo..., mas uma realidade dependente dos sujeitos humanos (como é o caso para a pen. e o casamento), a teologia sacramentária tropeça em seus problemas mais embaraçosos.

d) Do lado do Oriente. — Desde o II concílio de Lião (1274, *DS* 860) "os teólogos gregos sublinharam expressamente o caráter sacramental da pen." (Vorgrimler, 1978, 87). Importantes diferenças de ênfase em relação à Igreja latina nem por isso deixaram de subsistir, sobretudo acerca do sentido da confissão e do papel do ministro. 1/ A confissão, primeiramente, entre os orientais, tem um objetivo mais terapêutico do que propriamente sacramental, e o confessor por isso tem um papel mais medicinal que judiciário (este último aspecto decerto não é negado, mas "não desempenha nenhum papel", *ibid.*), de modo que "se sublinha desde Basílio* que nem todo padre ordenado está qualificado para receber a confissão dos pecados, ao passo que inversamente, durante séculos, não se exige do *pater pneumatikos* que seja um padre ordenado" (*ibid.*); em todo caso, "desde o s. VIII [...], os confessores foram quase exclusivamente monges" (*ibid.*), que em sua maioria não eram sacerdotes. 2/ Em seguida, o Oriente reconhecia oficialmente a todo monge um papel de terapeuta espiritual pela confissão e pela pen., de modo que, lá, o *status* do monge não sacerdote não pode ser assimilado, contrariamente ao hábito ocidental, ao de um simples leigo* (Taft, 1987, 13). 3/ Em terceiro lugar, a absolvição é dada no Oriente sob forma deprecativa e não declarativa, como foi também o caso no Ocidente até o s. XIII, época em que Tomás de Aquino é testemunha da passagem do "Que Deus te perdoe" para o "Eu te perdoo em nome de [...]" (*De forma absol.*, c. 5): o perdão ao modo de oração combinava sem dificuldade com o *status* do monge. 4/ E é preciso, enfim, levar em conta a sensibilidade, mais viva no Oriente que no Ocidente, para com a eucaristia* como sacramento do "sangue derramado para a remissão dos pecados": os pedidos de perdão presentes nas anáforas orientais, assim como a comunhão mesma, parecem valer não somente para o perdão das faltas leves, mas igualmente para aquelas que se poderia chamar de "graves" sem serem, todavia, "mortais", sendo a absolvição destas últimas reservada aos sacerdotes (Taft, 1987, p. 29-30; Ligier, 1963). Neste ponto, como em muitos outros, o Oriente dá testemunho assim de uma sensibilidade diferente da Igreja latina.

• C. Vogel (1966 e 1969), *Le pécheur et la pénitence*, I: *Dans l'Église ancienne*, II: *Au Moyen Âge*, Paris. — H. Karpp (1970), *La pénitence. Textes et commentaires des origines de l'ordre pénitentiel dans l'Église ancienne* (*Ie-IIIe s.*), Neuchâtel.

▶ B. Xiberta (1922), *Clavis ecclesiae*, Roma, Barcelona 1973². — K. Rahner (1955), "Vergessene Wahrheiten über das Bußsakrament", *Schr. zur Th.* 2, Einsiedeln-Zurique-Colônia, 143-183. — I.-H. Dalmais (1958), "Le sacrement de pénitence chez les Orientaux", *MD* 56, 22-29. — L. Ligier (1963), "Pénitence et eucharistie en Orient", *OCP* 29, 5-78. — L. Braeckmans (1971), *Confession et communion au Moyen Âge et au concile de Trente*, Gembloux. — P.-M. Gy (1974), "Les bases de la pénitence moderne", *MD* 117, 63-85. — K. Rahner (1973), "Frühe Bußgeschichte", *Schr. zur Th.* 11, Einsiedeln-Zurique-Colônia. — A. Duval (1974), "Le concile de Trente et la confession", *MD* 118, 131-180 (*Des sacrements au concile de Trente*, Paris, 1985, cap. IV). — M.-F. Berrouard (1974): "La pénitence publique durant les six premiers siècles. Histoire et sociologie", *MD* 118, 92-130. — H. Vorgrimler (1978), *Buße und Krankensalbung*, HDG IV/3 (obra de referência). — P. Adnès (1981), *La penitencia*, Madri. — H. P. Arendt (1981), *Bußsakrament und Einzelbeichte*, FThSt. — P. De Clerck (1982), "Célébrer la pénitence ou la réconciliation? Essai de discernement théologique à propos du noveau rituel", *RTL* 13, 387-424. — Groupe de la Bussière (1983), *Pratiques de la confession, des Pères du désert à Vatican II: quinze études d'histoire*, Paris. — R. Marlé (1983), "Crise du sacrement de pénitence", *Études*, 701-714. — P.-M. Gy (1984), "La pénitence et la réconciliation", *in* A.-G. Martimort (sob a dir. de), *L'Église en prière*, t. 3, 115-131. — P. Rouillard (1985), "Sacrement de pénitence", *Cath.* 10, 1135-1161. — R. Taft (1987), "La pénitence aujourd'hui. État de la recherche", *MD* 171, 7-35. — J. Delumeau (1990), *L'aveu et le pardon. Les difficultés de la confession: XIIIe-XVIIIe siècle*, Paris. — L.-M. Chauvet, P. De Clerck (sob a dir. de) (1993), *Le sacrement du pardon entre hier et demain*, Paris.

Louis-Marie CHAUVET

→ *Batismo; Confirmação; Eucaristia; Matrimônio; Ordenação/ordem; Sacramento; Unção dos enfermos.*

PENTECOSTALISMO

1. O pentecostalismo clássico

Movimento de renovação que data de 1906, centrado na experiência* do "batismo* no Espírito*" (b.E.) e cujo "sinal primeiro" é a glossolalia ou o "falar em línguas" (orações em línguas desconhecidas ou em línguas angélicas: 1Cor 13,1; At 2,6), conforme a Escritura* (ver Mc 1,8 par.; Lc 24,49; At 1,5; 2,4 etc.), o pentecostalismo (p.) é hoje a maior das Igrejas* protestantes.

a) História. — O p. teve precursores no s. XIX, mas nasceu realmente em 1906, em Los Angeles, numa capela de Azuza Street cujo pastor, W. Seymour, era filho de ex-escravos. Houve então um "novo Pentecostes", com b.E. e manifestações carismáticas (glossolalia, profecia*, curas). De 1910 a 1939 o movimento se difundiu no mundo inteiro, sobretudo nas classes operárias. As Igrejas nem por isso reconheciam o p., que por seu turno as rejeitava como infiéis à fé* e à experiência apostólicas, o que não impediu as tensões e as divisões em seu seio. Em 1947 ocorreu em Zurique o primeiro congresso mundial do p., o que manifestava um desejo de unidade. Desde os anos 1950, o p. não parou de se desenvolver, mas apesar de grande abertura ecumênica (p. ex., um diálogo com a Igreja católica inaugurado em 1971), poucas Igrejas p. aderiram ao Conselho* Ecumênico das Igrejas, por temor das federações intempestivas e dos compromissos doutrinais.

b) Doutrina. — A maioria dos pentecostais (ptc) são doutrinalmente ortodoxos. Insistem particularmente na salvação* pelo sangue de Cristo*, nos carismas e no retorno de Jesus. Segundo eles: 1/ Todo cristão, em toda época, pode ter acesso ao b.E. e aos carismas (At 2,37s). O b.E. tem uma dupla finalidade: dar maior santidade* e força espiritual para anunciar o Evangelho. 2/ São essenciais à salvação o arrependimento, a conversão*, a justificação*, o novo nascimento e a relação pessoal com Jesus. 3/ O batismo de água, de preferência por imersão, é associado à conversão. O b.E. pode precedê-lo, sobretudo entre os novos convertidos, mas segue-o em geral para os cristãos regenerados. 4/ Para alguns ptc, a santificação é uma experiência instantânea; para outros, é o processo de toda uma vida. É difícil harmonizar as doutrinas da justificação e da santificação. 5/ A ênfase é posta na escatologia* e numa parusia de tipo pré-milenarista: antes de seu reinado de mil anos na terra, que é iminente, Jesus prepara um povo para si batizando no Espírito, donde a importância do 6/ anúncio do Evangelho. 7/ A Bíblia* é a palavra* de Deus* inspirada e infalível. 8/ A teologia* não tem muita importância, assim como a transformação direta das estruturas políticas e sociais. 9/ A moral ptc é rigorista e visa à santidade pessoal. 10/ A eclesiologia* ptc diz respeito antes de tudo à assembleia local e autônoma dos "santos nascidos de novo": é lá que o Espírito se manifesta e torna visível a Igreja de Jesus. Mas a existência de Igrejas ptc no mundo inteiro, assim como a experiência ecumênica obrigam o p. a uma reflexão mais sistemática neste domínio. 11/ A organização das Igrejas ptc tem formas muito diversas. Os pastores* são em princípio homens, mas as mulheres* têm desempenhado um papel importante no p., pelo exercício dos dons e dos ministérios* espirituais (sobretudo no anúncio do Evangelho). 12/ As manifestações carismáticas, a oração* (às vezes espontânea), a pregação* são a regra nos ofícios ptc. É difícil conciliar ali liturgia* e livre expressão no Espírito. A ceia é compreendida à maneira de Zuínglio*, sem insistência doutrinal, mas é objeto de grande fervor.

2. A renovação carismática

A renovação carismática (rc), cujas raízes são ptc, atribui também grande importância ao b.E. e aos dons espirituais, mas não faz da glossolalia o "sinal primeiro" desta experiência. O b.E. une vitalmente p. e rc, mas os dois movimentos são independentes. A rc nasceu nos Estados Unidos nos anos de 1960, primeiro nas Igrejas protestantes, depois, em 1967, na Igreja católica, nos ambientes de estudantes que viam no b.E. uma resposta divina às iniciativas do Vaticano II*. Desde então ela tem penetrado em todas as Igrejas cristãs, inclusive na Igreja ortodoxa*. Implantou-se no Brasil nos anos de 1970. Os judeus foram também influenciados e existem comunidades "messiânicas", sobretudo nos Estados Unidos e Israel. Foi possível estimar que, no ano 2000, um terço aproximadamente dos que professam a fé cristã tiveram a experiência do b.E.

A rc, ecumênica em sua essência, muito tem feito pelo ecumenismo*. Acolhida oficialmente na Igreja católica em 1975 por Paulo VI, na Igreja anglicana em 1978 pelo arcebispo de Cantuária Donald Coggan, ela busca em todas as confissões revitalizar o conjunto do corpo de Cristo e instaurar uma cooperação interconfessional para a evangelização*.

A rc sabe se adaptar: comunidades estruturadas são frequentes em ambiente católico (p. ex. o Caminho Novo, o *Emmanuel*, as Bem-aventuranças); paróquias renovadas e grupos caracterizam os ambientes anglicanos e protestantes. Encontra-se por toda parte pequenos grupos de oração. A rc se interessa mais que o p. pela vida em sociedade*, mas não dá prioridade à ação política; o essencial é ser plenamente cristão, no poder do Espírito, e tentar pôr em prática a ética* do reino* de Deus.

• L. Christenson (1963), *Speaking in Tongues: A Gift for the Body of Christ*, Londres. — D. DuPlessis (1963), *The Spirit Bade me Go*, Oakland, Cal. — D. Wilkerson (1963), *The Cross and the Switchblade*, Nova York. — M. Harper (1964), *Power for the Body of Christ*, Londres; (1965a), *The Third Force in the Body of Christ*, Londres; (1965b), *As at the Beginning: The Twentieth Century Pentecostal Revival*, Londres. — J. Sherill (1965), *The Speak with Other Tongues*, Westwood, NJ. — A. Bittlinger (1967), *Gifts and Graces: a Commentary on I. Corinthians 12: 12-14*, Londres. — D. Gee (1967), *Wind and Flame*, Croydon. — D. Bennett (1969), *Nine O'Clock in the Morning*, Plain Field, NJ. — W. Hollenweger (1969), *Enthusiastischer Christentum: die Pfingstbewegung in Geschichte u. Gegenwart*, Zurique-Wuppertal. — K. e D. Ranaghan (1969), *The Return of the Spirit*, Nova York. — D. Gelpi (1971), *Pentecostalism: A Theological Viewpoint*, Londres. — V. Synan (1971), *The Holiness-Pentecostal Movement in the United States*, Grand Rapids, Mich. — A. Bittlinger, K. McDonnell (1972), *The Baptism in the Spirit as an Ecumenical Problem*, Notre Dame, Ind. — M. Carothers (1972), *Prison to Praise*, Plainfield, NJ. — W. Pulkingham (1972), *Gathered for Power*, Nova York. — S. Tugwell (1972), *Did You Receive the Spirit?*, Londres. — H. Mühlen (1974), *Die Erneuerung des christlichen Glaubens*, Munique. — E. O'Connor (sob a dir. de) (1975), *Charismatic Renewal*, Notre Dame, Ind. — K. McDonnell (1976), *Charismatic Renewal and the Churches*, Nova York. — A. Bittlinger (1978), *Papst u. Pfingstler*, Frankfurt-Berna-Las Vegas. — K. McDonnell (sob a dir. de) (1980), *Presence, Power, Praise: Documents on the Charismatic Renewal*, 3 vol., Collegeville, Minn. — A. Bittlinger (sob a dir. de) (1981), *The Church is Charismatic*, Genebra. — S. Stotts (1981), *Le pentecôtisme au pays de Voltaire*, Grézieu-La-Varenne. — D. Dayton (1987), *Theological Roots of Pentecostalism*, Metuchen, NJ. — P. Hollenweger (1988), *Geist u. Materie*, Munique. — S. Burgess, G. McGee (sob a dir. de) (1990), *Dictionary of Pentecostal and Charismatic Movements*, Grand Rapids, Mich. — K. McDonnell, G. Montague (1991), *Christian Initiation and Baptism in the Spirit: Evidence from the First Eight Centuries*, Collegeville, Minn. — *Tychique*, Lyon, vol. 93 (1991), *20 ans de Renoveau charismatique en France;* vol. 95 (1992), *Brighton 91;* vol. 99 (1992), *Les 25 ans du Renouveau charismatique catholique;* vol. 101 (1993), *La prière*. — T. Smail, A. Walker, N. Wright (1993), *Charismatic Renewal: The Search for a Theology*, Londres.

George HOBSON

→ *Cumprimento das Escrituras; Ecumenismo; Espírito Santo; Metodismo; Milenarismo; Pietismo; Protestantismo.*

PERDÃO → misericórdia

PEREGRINAÇÃO

1. História

A peregrinação (p.), isto é, a viagem por motivo religioso — seja a perambulação buscada por si mesma, seja o deslocamento rumo a um lugar considerado santo, visitado e venerado por esta razão — praticamente não aparece no cristianismo (c.) antes do s. IV. A perambulação ascética, da qual encontramos numerosos exemplos desde essa época (cf. Guillaumont, 1979), suscitou rapidamente a desconfiança das autoridades, tanto eclesiásticas quanto civis, mas ela terá no c. uma longa posteridade, embora limitada (cf. no s. XIX os *Relatos de um peregrino russo*). Seria sobretudo a p. a lugares santos, realizada fora do quadro ordinário da prática cultual, que se difundiria e se tornaria uma prática corrente do povo* cristão.

a) Os primeiros séculos. — A primeira p. em direção à Palestina de que guardamos vestígios é a da imperatriz Helena (mãe de Constantino), e a Paz da Igreja tornou cômodas essas viagens. Na esteira de Helena, a ibérica Egéria, o peregrino de Bordéus e muitos outros se dirigem a Jerusalém, e seus relatos (Maraval, 1996) oferecem informações preciosas sobre a liturgia* e a arquitetura* cristãs. Os primeiros lugares santos valorizados pelos cristãos, a partir do s. IV, são aqueles onde se desenrolaram os eventos da história da salvação* relatados pela Bíblia*. Lugares neotestamentários: em Jerusalém* e em toda a Palestina, os da natividade, da paixão*, da ressurreição*, da ascensão, de outros eventos da vida de Cristo* ou de seus apóstolos*. Lugares veterotestamentários, na Palestina, no Sinai, até mesmo no Egito ou na Mesopotâmia, ligados às lembranças dos patriarcas ou dos profetas*. Todos esses lugares e as relíquias* que podem conter são pouco a pouco inventoriados, investidos de igrejas, de mosteiros, de hospedarias, e os fiéis para lá se dirigem vindos de todas as regiões do mundo cristão de então. Os túmulos dos mártires se tornam também lugares santos, também suscitam a construção de edifícios e a p.: conta-se um grande número deles no Oriente (cf. Maraval, 1985, 251-410), como são Menas no Egito ou São João em Éfeso, mas também surgiram no Ocidente, sendo os mais célebres os de São Pedro* e São Paulo em Roma*. A p. leva também ao encontro dos santos vivos que são os monges, ou ao menos alguns deles (assim, na Síria, os dois estilitas de nome Simeão).

b) *A Idade Média.* — No Oriente, as p. continuaram após a conquista árabe, em particular rumo à Palestina, embora a ocupação muçulmana, em diversas ocasiões, as tenha tornado mais difíceis e até mesmo impedido (destruição do Santo Sepulcro por Hakim em 1008, maus-tratos diversos infligidos aos peregrinos). Essa situação será um dos motivos da primeira cruzada: Urbano II convida a libertar a Terra Santa, e mais particularmente o túmulo de Cristo, do jugo dos infiéis. As cruzadas, quaisquer que tenham sido suas decorrências, aparecem de certo modo como uma imensa p. coletiva.

No Ocidente, Roma permanece como a p. mais frequente durante a alta IM, mas observa-se um declínio entre os s. XI e XIII, por razões essencialmente políticas. Em contrapartida, é então que se desenvolve a p. a Compostela, ao suposto túmulo do apóstolo Santiago (o Maior). Para toda a Europa ocidental, esta é no s. XII a p. mais frequente; os famosos caminhos de Santiago aparecem nessa época. Depois do monte Gargano, durante a alta IM, o monte Saint-Michel também adquire renome internacional. Vê-se também o desenvolvimento das p. marianas, das quais a mais importante, no s. XII, é a de Rocamadour. No final da IM, a p. é uma prática confirmada e Roma encontra nesse domínio seu poder de atração. Mas os abusos cometidos começam a provocar numerosas críticas, em particular nos ambientes da *devotio* moderna*.

c) *A época moderna e contemporânea.* — Essas críticas se ampliam no Renascimento. Os humanistas cristãos, Erasmo* à frente, são pouco favoráveis à p., mas são sobretudo os reformadores que a denunciam e atacam a "piedade falsa" que a caracteriza a seus olhos. Muitos santuários de p. foram então vítimas do zelo iconoclasta dos partidários da Reforma. O renascimento católico recolocou em valor a prática tradicional: a p. a São Pedro de Roma retomou seu vigor, diversos santuários marianos atraíram grandes multidões (o mais célebre então era a casa da Virgem de Loreto, e Descartes* foi até lá em p.). No s. XVIII, em contrapartida, a prática da p. regride, criticada por muitos clérigos*, proibida ou limitada por governantes marcados pelo espírito das Luzes. Santuários outrora célebres veem rarear seus visitantes — por exemplo, na França, o monte Saint-Michel. Mas muitas p. locais continuam tendo sucesso.

Na primeira metade do s. XIX, as p. retomam lentamente seu vigor. O pontificado de Pio IX (1846-1878), contemporâneo das primeiras estradas de ferro, é também a época do grande desenvolvimento das p.: marianas (La Salette depois de 1846; Lourdes depois de 1864), p. a santuários consagrados a Cristo e a seus santos (Paray-le-Monial, Sainte-Anne-d'Auray, Ars etc.), p. a Roma depois de 1870, p. à Terra Santa, assumida em 1882 pelos Assuncionistas. O período recente viu a multiplicação das p.; cada país tem suas p. locais (numerosos santuários marianos) e regularmente aparecem novas;

algumas atraem peregrinos do mundo inteiro — Jerusalém, Roma e Lourdes são, decerto, os lugares santos mais frequentados.

2. Espiritualidade

O que é, precisamente, um "lugar santo"? A noção surgiu no cristianismo no s. IV, aplicada a lugares que tinham sido testemunhas de teofanias* ou de eventos da história da salvação, mas também a lugares nos quais se conservavam as relíquias de um personagem santo. As motivações dos fiéis que se dirigem a tais lugares têm sido muito diversas em todas as épocas. Sempre existiu uma espiritualidade da perambulação, ligada ao tema do cristão "estrangeiro neste mundo", e do qual decerto encontramos alguns elementos na espiritualidade da estrada desenvolvida na época moderna. Mas a visita e a veneração de lugares santos tem outros objetivos. Na Palestina em particular, o desejo de *ver* os lugares santos é relacionado à sua função simbólica: são sinais que permitem ao peregrino comemorar, rememorando-os, os acontecimentos da salvação que ali se desenrolaram ou as personagens que ali são veneradas. Ele se duplica no desejo de *tocar* esses lugares ou a relíquia material que ali se encontra, e às vezes mesmo ele se confunde com este. Muitos peregrinos são movidos pelo desejo de tocar o sagrado a fim de participar de suas virtudes. Assim aparecerão, bem cedo, santuários curativos onde os fiéis vão buscar a cura. À cura* material se acrescenta a cura espiritual: a p. penitencial aparece desde o s. VI e terá grande sucesso na IM, tal como a p. que se empreende para a salvação da alma* — assim as p. se tornam, no final da IM, ocasião de buscar indulgências*. A pastoral da p., em todas as épocas, buscou espiritualizar uma prática facilmente inclinada a certo materialismo.

• *Récits des premiers pèlerins chrétiens au Proche-Orient*, trad. fr. P. Maraval, 1996, Paris.
▶ P. Sigal (1974), *Les marcheurs de Dieu. Pèlerinage et pèlerins au Moyen Âge*, Paris. — A. Guillaumont (1979), "Le dépaysement comme forme d'ascèse dans le monachisme ancien", *in Aux origines du monachisme chrétien*, SpOr 30, 89-116. — J. Chélini, H. Branthomme (sob a dir. de) (1982), *Les chemins de Dieu. Histoire des pèlerinages chrétiens des origines à nos jours*, Paris. — P. Maraval (1985), *Lieux saints et pèlerinage d'Orient. Histoire et géographie des origines à la conquête arabe*, Paris. — A. Dupront (1987), *Du sacré. Croisades et pèlerinage. Images et langages*, Paris.

Pierre MARAVAL

→ *Ascese; Conversão; Culto dos santos; Maria; Monaquismo; Penitência.*

PERICORESE → **circunsessão**

PERSEIDADE → **asseidade**

PESHITTA → **traduções antigas da Bíblia**

PESSOA

Forjado nos s. IV e V nos debates que presidiram à elaboração do dogma* trinitário, o conceito de pessoa (p.) estava destinado a tornar-se uma palavra-chave da antropologia*, filosófica e teológica, a ponto de ofuscar o sentido dado entre os concílios* de Niceia* e de Calcedônia*. O contexto teórico no qual o léxico da p. só serviu para falar de Deus* foi substituído na época moderna por outro contexto, no qual este léxico parece só poder servir para falar do homem. Ora, se é verdade que nenhum nome* pode nomear univocamente Deus e o homem, a linguagem analógica deve, todavia, permanecer perpetuamente possível; e um teologúmeno maior (a criação* do homem "à imagem" de Deus) constrangerá sempre a teologia* a ligar o que ela diz de Deus e o que ela diz do homem — ficando salva a dessemelhança, maior que a semelhança, que preserva a transcendência divina no seio da relação de analogia*. Mas, para "oferecer à história* o conceito de p." (Zizioulas, 1981, 29), foi necessário antes de tudo que os Padres* gregos se desembaraçassem decisivamente do helenismo, primeiramente distinguindo Deus do mundo como seu *livre* criador, em seguida fazendo do Pai* a *livre* fonte da divindade e, portanto, "a razão última do ser*" (*ibid.*, 77).

1. Origens: Antiguidade

a) Roma. — O culto etrusco da deusa Perséfone comportava ritos nos quais se usava uma máscara, *phersu*. Os romanos adotaram o termo e deram o nome de *persona* (de *per-sonare*, soar através) à máscara habitualmente usada pelos atores e, portanto, ao papel que desempenhavam. No s. III a.C., o termo foi utilizado para designar as p. gramaticais. Apareceu em seguida o sentido jurídico de uma p. sujeito de direito*. No s. I antes de nossa era, o mesmo homem podia ter diferentes *personae*, diferentes papéis sociais ou jurídicos. A personalidade era algo de cambiante, não de essencial.

b) Grécia. — O grego *prosopon* significa "rosto", e também esta palavra veio a designar a máscara de teatro — mas num contexto em que o alcance filosófico do uso aparecia mais claramente. O pensamento grego, em suas tendências espontâneas, sempre foi levado a unir Deus e o mundo* para que formassem um todo harmonioso. Nesse todo, o homem não possui nada de único e de duradouro: no momento da morte*, ou a alma* se une a outro corpo* (Platão), ou então desaparece (Aristóteles). A liberdade* assim não tem lugar realmente; e se o teatro faz sonhar com liberdade, se põe em cena uma revolta do homem contra a necessidade, esta revolta acaba sempre tragicamente, e a ordem do cosmo* se impõe novamente.

2. Origens: cristianismo

Na Antiguidade clássica, um dos procedimentos correntes de narração consistia em dar papéis a personagens importantes e fazê-los dialogar; para interpretar essa técnica, utilizava-se uma exegese* dita "prosopográfica". Os primeiros teólogos cristãos (Justino, p. ex.) repertoriam assim diversas passagens na Escritura* onde se vê Deus dialogar consigo mesmo (p. ex. Gn 1,26; 3,22) — mas, em vez de interpretá-las como são interpretadas as ficções literárias, eles viram ali o meio de indicar verdadeiras distinções. Para nomear essas distinções no seio de um Deus uno, Tertuliano* falou de uma substância (s.) e de três p. (PL 2, 167-168); e, para unir em Cristo* o divino e o humano, falou de uma só p., ao mesmo tempo Deus e homem (PL 2, 191): deu assim pela primeira vez à palavra p. (*persona*) todo o seu peso. Hipólito (*c.* 170 – *c.* 236), por outro lado,

foi o primeiro a utilizar *prosopon* para falar da Trindade* (PG 10, 821A).

3. Os Padres gregos

a) Atanásio. — Foi na luta antiariana, e em primeiro lugar em Atanásio*, que ocorreram as primeiras grandes teorizações. Contra o arianismo*, foi preciso ensinar que o Filho pertencia à s. de Deus, enquanto o mundo existia pela vontade de Deus: o Filho não pertence à ordem criada. Esta formulação nova do mais nativo da experiência* cristã se despedia oficialmente do pensamento grego em dois pontos. De um lado, Atanásio nega a existência de todo parentesco (*syggeneia*) entre Deus e o mundo: o mundo é a obra de uma liberdade, e não mais um dado eterno. Reconhece, por outro lado, que o Filho é diferente do Pai no interior do ser (*ousia*) ou da s. (*hypostasis*) de Deus (PG 26, 53B), embora a s. seja sempre primeira a seus olhos.

Para nomear a deidade*, Atanásio utiliza indiferentemente *hypostasis* e *ousia*, como fazem em geral os Padres que o antecedem. *Hypostasis* é um equivalente literal de *substância* (cf. Hb 11,1), embora no s. IV o termo pudesse também designar um indivíduo concreto. Ário sustentava assim que havia três "hipóstases" em Deus, e queria dizer mesmo é que havia três s. (PG 26, 709B); o sínodo* de Sardes (342) lhe retorquiu que só havia uma única "hipóstase" do Pai, do Filho e do Espírito* (PG 82, 1012C). Foi para evitar o cheiro de heresia* que flutuava então em torno dela que Atanásio nunca se serviu da palavra *hipóstase* para designar as três p. da Trindade.

b) Os capadócios. — A contribuição teológica dos Padres capadócios, Basílio*, Gregório* de Nissa e Gregório* de Nazianzo, é a de sua luta contra o sabelianismo — contra um modalismo* que reduzia as p. divinas à categoria de modos de ser da deidade. Era necessário afirmar, portanto, que cada p. divina existe realmente e negar que o Pai, o Filho e o Espírito sejam simplesmente papéis assumidos por uma mônada divina. E como *prosopon* (*persona*) evocava efetivamente a ideia de papel, eles quiseram dar-lhe um peso ontológico identificando-a a *hypostasis* (entendido no sentido de ser concreto) e interditando a identificação de *hypostasis* e de *ousia*. Assim Basílio: "Os que identificam *ousia* e *hypostasis* são forçados a reconhecer apenas três *prosopa*, e ao recusar utilizar a expressão 'três hipóstases' eles caem no sabelianismo" (PG 32, 884C). A *hypostasis*, todavia, não cessa de possuir plenamente a *ousia* divina: uma hipóstase divina não é "nem um indivíduo da espécie 'Divindade', nem uma s. individual de natureza divina" (Lossky, 1967), mas sim a plena realidade da natureza (n.) divina.

Aplicada ao homem, a distinção da n. e da p. permite nomear um limite: no homem, a n. precede a p. de tal sorte que ninguém pode concentrar em si a totalidade da n. humana e, portanto, a morte de um não acarreta a morte de todos. Em Deus, em contrapartida, nenhuma limitação da p. pela n. é concebível: n. e p., unidade e multiplicidade coincidem nele, e nenhuma das p. é concebível sem as outras. As três p. definem a n., e suas relações são da essência da deidade, a tal ponto que Basílio põe no mesmo plano n. divina e comunhão* das p. divinas: "Na n. divina e incomposta, na comunhão da Deidade está a união" (PG 32, 149C).

A comunhão das p. divinas possui uma ordem intrínseca. Deus não tem origem (*arkhe*), mas a p. do Pai é, em Deus, origem e causa (*aition*) (G. de Nissa, PG 45, 133B e 180C). "É enquanto Pai, e não enquanto 's.', é pelo fato de 'ser' perpetuamente que Deus confirma sua livre vontade de existir. E sua existência trinitária constitui precisamente esta confirmação" (Zizioulas, 1981, 34). Há, portanto, uma p. na origem do ser*, a p. do Pai, liberdade absoluta, em comunhão com o Filho e o Espírito. Obtém-se assim um esquema da verdadeira existência pessoal; e uma vez que o homem é criado à imagem de Deus esse esquema deverá encontrar também uma pertinência antropológica (PG 45, 24 C-D).

c) *Calcedônia*. — A identidade do ser e do ser em comunhão não está inscrita na n. do homem; mas a liberdade, segundo Gregório de Nissa (PG 44, 701 D-704A), é precisamente o que confere ao homem a possibilidade de dominar o que sua n. comporta de dado para ter acesso a uma existência pessoal. É então a cristologia*

que fornece os conceitos necessários para pensar como esta possibilidade se torna realidade. Entre os concílios de Éfeso* e de Calcedônia, e na esteira da teologia calcedoniana, o problema foi pensar a união segundo a hipóstase, *kath'hypostasin*, confessada em Éfeso de maneira que a humanidade de Cristo não seja fundida em sua divindade. Calcedônia afirma, portanto, a dualidade das n. após a união, afirmando ao mesmo tempo que as n. estão unidas em uma só p. (*prosopon* e *hypostasis* em grego, *persona* e *subsistentia* em latim), a do "Filho único" (*DS* 302). Daí decorria uma consequência principal: a n. humana de Cristo devia ser pensada como desprovida de hipóstase humana. E essa consequência forçava a consentir num paradoxo principal: a mesma n. na qual se percebe um cumprimento do humano é uma n. não pessoal, que existe anipostaticamente, enipostasiada na hipóstase do Verbo* de Deus. Os teólogos neocalcedonianos do s. VI forneceram o léxico necessário para dizer esse paradoxo.

Uma hipótese pode, por outro lado, ser avançada. Se a existência anipostática de Jesus* não é simplesmente um hápax absoluto, e se ela sugere que a n. humana não é definida essencialmente pela necessidade de uma "hipóstase" humana, então a experiência cristã poderá ser percebida como a de uma "cristificação", na qual o homem recebe modos de ser novos que antes constituem fundamentalmente sua p., mais do que se acrescentam a ela. E é de um acesso à existência pessoal que se tratará na filiação* adotiva conferida ao batismo*, na vida vivida na comunhão da Igreja* e centralmente na participação na eucaristia*.

4. O Ocidente e Agostinho

Por meio da teologia trinitária e da cristologia, a patrística grega se encaminhou assim para uma definição da p. como ser em comunhão, que permite pensar tanto as p. divinas quanto a p. humana. Da tradição* latina pode-se dizer que sua teologia trinitária levou-a a ilustrar outra ideia cristã, a do indivíduo criado, conhecido e amado pessoalmente por Deus (Mt 10,29ss). É em sua unicidade insubstituível que a teologia latina pensa a p. humana. Interpessoalidade e comunhão passam desde logo ao segundo plano e às vezes desaparecem pura e simplesmente.

a) *Agostinho*. — Para Agostinho*, p. significa — em Deus — relação. As p. divinas "são apenas seu ato de relação uma para com a outra" (Ratzinger, 1973, 211), afirmação que se apoia comodamente no Evangelho* de João (5,19; 10,30). Ora, ao passo que João estende esse modelo relacional da p. à humanidade (15,5; 17,11), pôde-se dizer (Ratzinger, 1973, 215) que Agostinho cometeu um "erro decisivo" ao não buscar um análogo das p. divinas nas relações entre os seres humanos, e ao colocar que uma tríade de processos mentais — memória, inteligência e vontade, que ele faz corresponder ao ser, ao conhecimento e ao amor* — constitui a imagem da Trindade no homem (PL 42, 982-984). O risco é grande então de imaginar Deus como uma só p. dotada dessas três faculdades. Certamente, é antes de tudo como uma lógica do amante, do amado e do amor (PL 42, 960) que Agostinho pensa a vida divina. Ocorre que essa teologia não fornece nenhum apoio à ideia de uma personalidade humana fecundada por relações interpessoais.

b) *Boécio*. — O que Agostinho não permite pensar ver-se-á pouco a pouco interditado quando Boécio fornecer sua definição da p. como "s. individual de n. racional" (*naturae rationalis individua substantia*, PL 64, 1343). É verdade que a p. humana tem uma existência substancial, que ela existe em si e para si, e é ainda mais verdade que a racionalidade é essencial ao homem. Mas a definição não é utilizável em teologia trinitária, porque ela enfatiza o ser junto de si (a asseidade) e não a inter-relação (o ser-para, *esse ad*); e não é utilizável em cristologia, já que não permite pensar o ser-num-outro próprio à n. humana de Cristo. Estava fadada, portanto, a governar a antropologia, mas também a legitimar uma antropologia que, num ponto crucial, o *status* da relação, corta de fato o homem de Deus.

c) *Ricardo de São Vítor*. — Desse corte será boa testemunha Ricardo de São Vítor: as necessidades da teologia trinitária o conduzirão

de fato a modificar a definição de Boécio, mas ele a considerará válida em sua antropologia. Segundo sua definição, uma p. divina é "uma existência incomunicável da n. divina" (*divinae naturae incommunicabilis existentia*, PL 196, 945), o que diz pouco da saída de si que caracteriza as p. em Deus — essa saída de si é apenas sugerida pela noção de existência. Ricardo recorre, é certo, à psicologia do amor humano para construir um modelo analógico da Trindade como "amante-amado-mutuamente amado (*condilectus*) (PL 196, 922-927), o que lhe permite compensar apreciavelmente a relativa pobreza de sua definição. Mas dessa construção ele não tira realmente consequências sobre a pessoa humana: a gramática do amor humano lhe serve para falar do amor trinitário sem que este pese em retorno sobre a definição daquele.

d) *Tomás de Aquino*. — À diferença de Ricardo, Tomás* pensa que a definição de Boécio se aplica também às p. divinas, desde que se entenda "racional" no sentido de "intelectual", e "individual" no sentido de "incomunicável" (*ST* Ia, q. 29, a. 3, ad 4). Certamente, não pode ser uma última palavra. Em Deus, precisa Tomás, p. se diz "em um sentido mais alto" do se diz nas criaturas (Ia, 1. 29, a. 3 resp.); "em Deus, a distinção só vem das relações de origem", de modo que "p. divina" significa "relação subsistente" (q. 29, a. 4 resp.); e é na medida em que *o esse ad* é primeiro nele que Deus se distingue do homem. A relação não entra, portanto, na definição da p. senão no caso das p. *divinas*. E de imediato a relacionalidade divina constitui uma "exceção teológica" à definição filosófica da p. em vez de se tornar inspiradora da filosofia* mesma (Ratzinger, 1973, 217). Tomás se contenta, em geral, para falar do Deus uno ou das p. humanas, com uma definição não relacional da p. como "*hypostasis* que se distingue pela dignidade", sendo Deus de uma dignidade que ultrapassa toda dignidade (Ia, q. 29, a. 3, ad 2). A "dignidade" reside aqui na liberdade de determinar suas próprias ações (q. 29, a. 1 resp.).

e) *Lutero*. — Certamente um dos grandes méritos de Lutero*, segundo o qual a fé faz a p. (*fides facit personam*, WA 39, I, 283 A/B), foi ter concebido uma antropologia totalmente teológica na qual o homem só tem acesso a si mesmo na e pela sua relação justificante e libertadora com Deus (mas onde a relação interpessoal do eu e do próximo não ocupa grande lugar no advento da p.). O ser diante de Deus, a "relação *coram*" (G. Ebeling) desempenham aqui um papel determinante. Interpretando a condição pecadora do homem com a ajuda do conceito de "encurvação", já utilizado por Bernardo* de Claraval, Lutero propõe uma visão dramática do homem tomado entre o fechamento sobre si mesmo e a abertura para Deus.

5. Tempos modernos e época contemporânea

a) O retorno sobre si. — Se certo esquecimento dos desafios ontológicos do ser em relação caracteriza a antropologia teológica da IM, é preciso dizer sem dúvida que a modernidade se mostra, ela também, "latina" em virtude de um mesmo esquecimento. Em Descartes*, p. ex., a busca de um fundamento do conhecimento leva a fazer da subjetividade o essencial da p. Em Locke, uma nova definição da p. se propõe, eminentemente moderna: a p. é "um ser inteligente e pensante, dotado de razão* e de reflexão, consciente de sua identidade e de sua permanência no tempo* e no espaço" (*Essay* II, 27, 9). Ambos, sem dúvida, ancoraram a p. em sua relação vertical com Deus; mas nem eles nem seus contemporâneos permitiram à interpessoalidade ter o mínimo peso na constituição do eu. O eu que eles descrevem é aquele que o liberalismo do s. XVIII reivindicará: a humanidade se compõe de indivíduos fundamentalmente independentes. E que se passe do ego cartesiano ao eu kantiano, depois ao idealismo alemão e para além, a variedade dos discursos sustentados e suas oposições pressupõem um entendimento tácito sobre a possessão de si por si. O outro homem, sem dúvida, é objeto, em Kant*, do respeito incondicional devido àquilo que não pode ser transformado em meio, e a ética* conduz mesmo à elaboração de uma eclesiologia* transcendental — mas nenhuma comunhão preside verdadeiramente ao nascimento do "reino dos fins". Em Fichte, o eu tende a absorver em si tudo o que tem apenas — precisamente — o *status* do não eu. Hegel* é um pensador da saída de si e que não pode pensar uma humanidade abstratamente igual a si mesma — mas, se as relações entram em Hegel na gênese da p., o destino desta é, todavia, retornar a si e satisfazer-se consigo mesma. Kierkegaard* não quer pensar em nada além do "devir cristão" e fornece um desenvolvimento espetacular das intuições de Lutero — mas o homem que advém em sua relação crente com Deus é o "único", ou o "indivíduo" (*det Enkelte*), que espera tudo de Deus e nada dos outros homens. E quando Marx* oferece a primeira crítica sistemática da subjetividade é certamente para fazer da p. o produto de relações — mas também para dissolver toda consciência nas relações que ela tem de representar como único papel (um último avatar da *persona*).

b) As filosofias da pessoa. — O aparecimento de filosofias para as quais a comunhão participa da gênese do eu é um traço distintivo do s. XX. Inaugurada talvez por Max Scheler (1874-1928), tal filosofia se encontra com laços de escola bastante frouxos em diferentes autores que frequentemente têm o teísmo* em comum: Ferdinand Ebner (1882-1931) e Martin Buber (1878-1965) na Alemanha, Emmanuel Mounier (1905-1950) e Maurice Nédoncelle (1905-1976) na França etc. Filosófico no sentido convencional do termo, esse personalismo tentou multiplamente fundar a interpersonalidade, compreendida como *communio personarum*, na relação da p. humana e de um Deus pessoal — mas a ideia de que a deidade vive em si mesma uma existência relacional que possa governar analogicamente a relação do "eu", do "tu" e do "nós" está ausente dele.

c) Da teologia à ontologia. — Apesar do protesto personalista, não haverá engano em constatar que a definição da p. oferecida por Locke reina ainda, se não na filosofia ao menos nas mentalidades. No repertório de ideias prontas herdadas da época clássica, a p. é um centro de consciência de si, um átomo individual que determina livremente sua atividade e suas relações com os outros, inclusive sua relação com Deus.

Entende-se então que mais de uma teologia trinitária contemporânea tenha pensado que o termo mesmo "p." não possa mais prestar serviços teológicos. Com efeito, se é assim que deve ser entendido, a menção de uma tripersonalidade divina pode ser compreendida na contramão como uma confissão de triteísmo*. Perante essas confusões de sentido, Rahner* aconselhava recorrer a outra terminologia: dir-se-ia assim que existem em Deus "três diferentes maneiras de subsistir" (*Subsistenzweisen, MySal* II, 389-393). Barth* já propusera uma refundição do discurso teológico e sugerido substituir por "modos de ser" (*Seinsweisen, KD* I/1, 379-380) a p. (termo, para ele, pouco claro desde a origem). A formulação proposta por Rahner está mais próxima de Tomás de Aquino; quanto à de Barth, ela apenas traduz uma expressão corrente dos capadócios, *tropos hyparxeos.*

Na contramão de propostas que ratificam ainda a separação estrita da teologia trinitária e da antropologia, filosófica e teológica, a teologia recente também conheceu um retorno a uma perspectiva teocêntrica em antropologia. Em H. de Lubac*, a teologia do sobrenatural* tem por correlato a recusa de toda concepção monádica do si (1946, 492, "a possessão é êxtase"), ao mesmo tempo que uma eclesiologia instruída das fontes patrísticas permite ultrapassar toda piedade individualista (1938, "o eu odiável", 1983[7], p. x) e que o Espírito Santo intervém como criador de uma comunicação profunda entre a alma e Deus, e entre os cristãos no ambiente sacramental que é a Igreja. O Espírito é aquele do qual se pode dizer que "personaliza e unifica" (*ibid.*, 295). E a p. é assim concebida como "um centro centrífugo" (*ibid.*, 290). Na meditação trinitária de J. Monchanin (1895-1957), a circunsessão* das p. divinas é também o último segredo do homem. E em J. D. Zizioulas, a busca de uma ontologia da comunhão conduz para além de um personalismo fundado nas exigências e nos frutos da intersubjetividade para ligar existência pessoal e "ser eclesial". Como a comunhão tem uma causa entre os homens tanto quanto em Deus, é a comunidade cristã reunida em torno do bispo* que é a imagem do Filho e do Espírito unidos ao Pai. "Na eucaristia, a Igreja se torna o reflexo da comunidade escatológica de Cristo [...] uma imagem da vida trinitária de Deus" (Zizioulas, 1981, 188). Tal posição, que se encontrará no *CEC* (738, 1108, 1142) assim como no primeiro acordo saído do diálogo teológico católico-ortodoxo ("A celebração eucarística [...] torna presente o mistério trinitário da Igreja", Comissão mista 1982, I, 6), tem o benefício de reunir o que a história da teologia tinha dissociado. Ela reaparece em outras questões sob outros nomes (ontologia trinitária, ontologia escatológica etc.), para falar de uma tarefa presente. Pensar o ser à imagem (trinitária) de Deus e a humanidade do homem a esta mesma imagem, dizer sob quais condições o homem é por vocação (cf. *CEC* 357) o que Deus é por natureza, a tentativa certamente não é nova, mas ela também não é nada que a investigação recente teria realmente cumprido.

• A. Michel (1922), "Hypostase", *DThC* 7, 369-437. — M. Buber (1923), *Ich und Du*, Munique. — K. Barth (1932), *KD* I/1, Munique. — H. de Lubac (1938), *Catholicisme*, Paris, 1983[7]; (1946), *Surnaturel*, Paris. — R. Guardini (1939), *Welt und Person*, 1988[6], Mainz-Paderborn. — M. Nédoncelle 91948), "*Prosopon* et *persona* dans l'Antiquité classique", *RevSR* 22, 277-299. — B. Casper (1967), *Das dialogische Denken. Eine Untersuchung der religionsphilosophischen Bedeutung Franz Rosenzweigs, Ferdinand Ebners und Martin Bubers*, Friburgo. — V. Lossky (1967), *À l'image et à la resemblance de Dieu*, Paris. — K. Rahner 91967), "Der dreifaltige Gott als transzendenter Urgrund der Heilsgeschichte", *MySal* II, 317-397 (Petrópolis, 1972). — J. Ratzinger (1973), "Zum Personverständnis in der Theologie", in *Dogma und Verkündigung*, Munique, 205-223. — P. H. Nidditch (ed.) (1975), *J. Locke: Essay concerning Human Understanding (1690)*, Oxford. — J. Zizioulas (1975), "Human Capacity and Human Incapacity: A Theological Exploration of Personhood", *SJTh* 28, 401-448. — J. Auer (1979), *Person: Ein Schlüssel zum christlichen Mysterium*, Regensburgo. — L. B. Poerter (1980), "On Keeping 'Persons' in the Trinity: A Linguistic Approach to Trinitarian Thought", *TS* 41, 530-548. — J. Zizioulas (1981), *L'être ecclésial*, Genebra (*Being as Communion: Studies in Personhood and the Church*, Crestwood, NY, 1985). — Commission mixte internationale de dialogue théologique entre l'Église catholique romaine et l'Église orthodoxe (1982), "Le mystère de l'Église et de l'eucharistie à la lumière du mystère de la Sainte Trinité", *Irén* 55, 350-362. — K. L. Schmitz (1986), "The Geography of the Human Person", *Com(US)* 13, 27-48. — M. Fuhrmann *et al.* (1989), "Person", *HWP* 7, 269-338. — C. Schwöbel e C. E. Gunton (sob a dir. de) (1991), *Persons, Divine and Human*, Edimburgo. — P. McPartlan (1993), *The Eucharist Makes the Church: Henri de Lubac and John Zizioulas in Dialogue*, Edimburgo. — J. S. Grabowski (1995), "Person: Substance and Relation", *Com(US)* 22, 139-163. — R. Spaemann (1996), *Personen*, Stuttgart. — A. J. Torrance (1996), *Persons in Communion. Trinitarian Description and Human Participation*, Edimburgo.

Paul MCPARTLAN

→ *Anipostasia; Circunsessão; Consubstancial; Cristo/cristologia; Hipostática (união); Santidade; Trindade.*

PHILOCALIA → **hesicasmo** → **ortodoxia moderna e contemporânea**

PIETISMO

O pietismo (p.) foi o maior movimento de renovação religiosa protestante depois da Reforma. Fenômeno inicialmente teológico (a), suas grandes figuras (b) marcarão todos os aspectos da cultura alemã até nossos dias.

a) Nascido em reação à ortodoxia protestante, o p. quer retornar ao ímpeto do primeiro cristianismo bem como aos impulsos iniciais da Reforma. Ele se apresenta também como um retorno decisivo à Bíblia*, sua meditação, sua partilha, mas também sua ciência e seu conhecimento. Quer, enfim, promover a individualidade e a fé* pessoal — ou a de um pequeno grupo de crentes — diante das hierarquias* das Igrejas*. Além de uma teologia* facilmente identificável, sua língua, sua música* e sua ética*, até mesmo sua política são facilmente reconhecíveis, sobretudo em certas regiões como a Prússia e o Wurtemberg.

O p. insiste na distância entre a doutrina, isto é, a teologia confessional pública das Igrejas, e a fé vivida privadamente. Segundo o título da obra de Pierre Poiret (1646-1719) retomado por Zinzendorf, ele quer representar uma *teologia do coração** (1690) indiferente às particularidades doutrinais, e cujo critério fundamental é a autenticidade (reapropriação, contra as Igrejas oficiais, de Jo 4,23, do culto* "em espírito e em verdade"). Seu trabalho teórico será portanto, antes de tudo, o de uma "transposição afetiva da doutrina cristã" (Pelikan, 1989), da qual os *Vinte e um discursos sobre a Confissão de Augsburgo* (1747-1748) de Zinzendorf fornecem o exemplo mais puro. Preocupada em recuperar o papel central da "prática", essa transposição é necessariamente inseparável da moralidade, que Kant* teorizará como "a lei* moral em mim" (*Crítica da razão prática*, 1788). E quer se trate de oração*, de fé, de conhecimento, de prática etc., a insistência na singularidade do eu é um dos traços marcantes do p.

A coordenação da doutrina e da vida, isto é, a exigência de conversão* tipicamente reivindicada pelo p., aparece plenamente no longo conflito sobre a *theologia irregenitorum*, a teologia dos não regenerados. Para quem estuda a teologia é essencial ter o conhecimento e a experiência* de ter sido verdadeiramente convertido a Deus (Francke, *Methodus studii theologici*, 1723)? Essencial, aqui, não significa somente essencial à salvação*, segundo uma opinião ordinariamente admitida, mas também essencial a uma compreensão correta da Escritura sagrada* e da doutrina cristã. Uma compreensão sadia da Escritura compromete, de fato, toda a pessoa*, e não somente o intelecto. Inversamente, pode-se ser um "falso mestre" e ensinar uma doutrina ortodoxa. Mas, escrevia Joachim Lange, "o que eu nego é que um mestre ruim e não regenerado possa ensinar a palavra* de Deus [...] sadiamente e sem corrupção" (*Antibarbarus...*, 1709). Acusou-se de donatismo* essa insistência na "iluminação" concedida aos intérpretes da Escritura, na medida em que ela confunde o teólogo, como pessoa singular, com sua tarefa eclesiástica objetiva. E, de modo mais geral, o subjetivismo do p., tal como fundamentado no conhecimento que alguém tem de sua própria conversão, até mesmo de sua salvação, constitui um perigo real para a ortodoxia protestante ao acentuar uma definição subjetiva da fé como *seguro* (*assurance*) que podia solapar os fundamentos objetivos da doutrina da justificação (Pelikan 1989).

b) Há acordo em fazer o p. nascer com Philipp Jakob Spener (1635-1705), nascido em Ribeauvillé e morto em Berlim. Estudando em Estrasburgo, Basileia e Genebra, traduz para o alemão (1667) a *Prática da oração e meditação cristã* (1660) de Jean de Labadie. Pastor* em Frankfurt, cria ali os *collegia pietatis*, donde o nome de p., destinados a ler e partilhar a Escritura. Com essa instituição, o p. terá seu quadro; com os *Pia desideria*, terá sua constituição. Publicado em 1675, esse verdadeiro programa critica violentamente o estado das Igrejas e propõe remédios: leitura da Bíblia, sacerdócio* verdadeiramente universal, reuniões apostólicas e espera dos tempos melhores. O p. se expande então como um rastilho de pólvora numa Alemanha que se reergue com dificuldade da guerra* dos Trinta Anos. Em 1686, Spener está em Dresden; em 1691 está em Berlim, onde sua influência será grande. A Prússia vai se tornar muito rapidamente uma terra de eleição para essa espiritualidade e suas atividades.

August Hermann Francke (1663-1727) acentua de maneira muito sensível alguns pontos do programa de Spener, a quem conheceu em 1687, e implanta o p. na Prússia-Brandemburgo: o p. se tornará ali a verdadeira teologia política* durante a primeira metade do s. XVIII. Após estudos em Kiel, Hamburgo e Leipzig, Francke funda nesta cidade, em 1686, um *collegium philobiblicum* onde, a cada domingo*, uma passagem da Bíblia é lida na língua original e trabalhada com uma dezena de pessoas. Pouco a pouco, a exegese*, mesmo permanecendo técnica, torna-se também existencial, tanto mais porque, a conselho de Spener, Francke traduz o *Guida spirituale* de Miguel de Molinos do italiano para o latim (quietismo*). Em 1687 ele conhece uma experiência mística*, "*Bekehrungserlebnis*", crise de dúvidas seguida de uma regeneração que dá novo centro à sua vida. Tal

experiência fará surgir um gênero literário muito em voga nesse tipo de p., de Hamann a Jung-Stilling. Em 1689, é um verdadeiro "*Kulturkampf*" (guerra cultural) que se abate sobre Leipzig: a cidade está tão dividida que as reuniões nos lugares públicos são proibidas em 1690. Transferido para Erfurt, Francke deve novamente abandonar a cidade em 1691. No ano seguinte, é lotado em Glaucha, na periferia muito próxima de Halle, cidade que permanecerá durante trinta e cinco anos o centro europeu do p. Ele ajuda na fundação da universidade (1694), que será um bastião do movimento, prega, ensina, desenvolve o orientalismo e sobretudo, numa série de "Fundações", as célebres "Franckesche Stiftungen", traduz a mensagem pietista na realidade social, econômica e política graças a instituições pedagógico-criativas: o orfanato, escolas de alemão e de latim, um *pedagogium regium*, um *seminarium praeceptorum*, uma livraria, uma editora, uma sociedade bíblica e até mesmo uma farmácia. Os alunos, os universitários e os professores serão correias de transmissão eficazes em todos os estratos da sociedade*. A atividade mais visível e mais célebre é a fundação, com Carl Hildebrand von Canstein, da "Cansteinsche Anstalt", gráfica que imprimirá vários milhões de Bíblias durante o s. XVIII, em todos os formatos, em todos os gêneros e nas línguas mais exóticas. Assim, não somente os pastores e os missionários difundem por toda parte a mensagem, mas também prestam contas regularmente a Halle de suas intensas atividades. Graças ao apoio incondicional de Frederico Guilherme I, que reina de 1713 a 1740, o p. encontrará um aliado precioso e conseguirá unificar um pouco a sociedade da Prússia e do Brandeburgo.

É em Wurtemberg que o p., hoje, continua ainda bem vivo. É também o único lugar onde, a partir de 1743, ele foi integrado na constituição eclesiástica do país. Graças a Johann Albrecht Bengel (1687-1732), a ciência bíblica aparece aqui ainda como a força do movimento, o que mostra, aliás, que o método crítico, longe de afastar da fé, fortifica-a — e portanto, que não existe, neste aspecto, oposição entre o p. e a *Aufklärung*. Depois de estudos no Stift,

Bengel passou toda sua carreira no seio da hierarquia eclesiástica, fundando realmente a ciência neotestamentária. Faz uma nova edição grega do NT (1734) e o traduz (póstumo, 1753). Apega-se sobretudo a Jo e ao Ap, e prevê para 1836 o início do reinado de mil anos (Ap 20,1s). Corrige e relativiza um milenarismo* muito difundido no p. Com Friedrich Christoph Ötinger (1702-1782); o p. também dá uma versão muito mais especulativa do milenarismo, que influenciará os grandes pensadores do idealismo alemão. A metafísica, a cabala, tudo lhe serve para a busca de uma filosofia* sagrada. Ensinando no Stift de Tübingen, ele, contudo, também fez uma carreira fora da universidade, no aparelho eclesial.

Além das numerosas traduções da Escritura que o p. contribuiu para instalar na vida diária dos crentes, e dos inúmeros cânticos que ritmaram suas vidas, ele também se consagrou a promover uma nova posição em relação aos judeus e ao judaísmo*. Todos os seus grandes nomes foram excelentes hebraístas. Certamente, não se pode dizer, como no passado, que o p. foi um precursor da emancipação dos judeus; mas ele se afastou decididamente da judeufobia luterana, rejeitou os juramentos obrigatórios e os batismos* forçados, e procurou apresentar uma imagem mais positiva dos judeus.

O p. também conheceu um desenvolvimento muito original com a comunidade dos irmãos morávios, reorganizada pelo conde Nikolaus Ludwig von Zinzendorf (1700-1760), e que perdurará até o s. XX. De formação luterana — no espírito do verdadeiro cristianismo de Johann Arndt (Vom wahren Christentum, 1609, que traduziu em francês em 1725) —, mas criado numa piedade muito afetiva, Zinzendorf foi amplamente influenciado por Francke. Acolheu em suas terras de Saxe (chamadas de Herrnhut) os irmãos morávios, descendentes espirituais dos hussitas (tinham tido como chefe, no s. XVII, o filósofo checo Comênio, 1592-1670), que pensavam que uma perfeição moral total era acessível cá embaixo, e viviam numa espécie de comunidade utópica. Serão expulsos (outras comunidades serão então fundadas, como na

Geórgia) e depois reabilitados. Quando o parlamento inglês, em 1749, reconhece a Igreja morávia sob o nome de Unitas fratrum, Zinzendorf se estabelece em Londres, finalmente rompido com os pietistas. A busca de perfeição evangélica, porém, é uma das constantes do p.

Frequentemente ameaçado pelos separatismos, animado por personalidades originais, o p. retomou amplamente temas luteranos mas também irrigou as terras reformadas. Constituiu um momento essencial na história da teologia alemã e decerto uma espécie de revolução* cultural.

- P. J. Spener, reed. das obras e da correspondência (1979-), Hildesheim. — A. H. Francke, Werke in Auswahl, ed. por E. Peschke (1969), Berlim. — N. L. von Zinzendorf, reed.: obras (1962-1963), correspondência e documentos (1962-1982), Hildesheim.

▶ H. M. Rotermund (1959), Orthodoxie und Pietismus, Berlim. — E. Beyreuther (1962), Studien zur Theologie Zinzendorfs, Neukirchen. — E. Peschke (1964-1966), Studien zur Theologie August Hermann Franckes, 2 t., Berlim. — L. Bouyer (1965), La spiritualité orthodoxe et la spiritualité protestante et anglicane, Paris. — P. Deghay (1969), La doctrine ésotérique de Zinzendorf, Paris. — K. Aland (1970) (sob a dir. de), Pietismus und Bibel, Wittenberg. — G. Mälzer (1970), Johann Albrecht Bengel: Leben und Werk, Stuttgart. — J. Wallmann (1970), Philipp Jakob Spener und die Anfänge des Pietismus, Tübingen (2ª ed. 1986). — PuN (1974-). — H. Leube (1975), Orthodoxie und Pietismus: Gesammelte Studien, Bielefeld. — E. Beyreuther (1978), Geschichte des Pietismus, Stuttgart. — S. Grossmann (1979), Friedrich Christoph Ötingers Gottesvorstellung, Göttingen. — M. Schmidt (1984), Der Pietismus als theologische Erscheinung, Göttingen. — Y. Belaval, D. Bourel (1986) (sob a dir. de), Le siècle des Lumières et la Bible, Paris. — J. Pelikan (1989), The Christian Tradition, t. 5, em part. cap. 3, 118-173, Chicago. — J. Wallmann (1990), Der Pietismus, Göttingen. — M. Chevallier (1994), Pierre Poiret, 1646-1719. Du protestantisme à la mystique, Genebra. — M. C. Pitassi (sob a dir. de) (1994), Le Christ entre orthodoxie et Lumières, Genebra.

Dominique BOUREL

→ Conversão; Exegese; Kant; Lutero; Metodismo; Predestinação; Protestantismo.

PLATONISMO CRISTÃO

1. Platão e a tradição platônica

a) O platonismo (p.) cristão nasceu da influência recíproca de duas tradições em evolução. Platão (P.) (427-347 a.C.) fora marcado pelo esforço de Sócrates de clarificar conceitos morais, como a justiça, que se aplicam a um grande número de casos. E sob o efeito de outras influências também, ainda mal conhecidas, ele acabou chegando à "teoria das Ideias", que explica igualmente os termos matemáticos e os seres naturais; cada grupo de casos é designado por um nome que remete a uma Forma ideal, objetiva e imutável, da qual cada caso é uma aproximação. P. esperava chegar a explicar todas as classes de objetos distribuindo-os numa hierarquia determinada pela Ideia do Bem*. Segundo a teoria, a inter-relação ordenada das coisas é a melhor possível; o mal* existe somente quando as coisas se afastam de sua Forma.

A obra de P. teve uma enorme influência na teologia* cristã. Atacada por uns, passada em silêncio por outros, era conhecida de modo geral pelos cristãos em suas grandes linhas, e muitos cristãos instruídos — Agostinho* (Ag.) por exemplo — a consideraram como uma boa preparação para o cristianismo. Neste, aliás, se faziam escolhas: assim Clemente de Alexandria, que se diz ele mesmo platônico (pl.), cita mais de oitenta passagens da *República*, quase quarenta do *Fedro* e do *Fédon*, que são todavia mais curtos, quase trinta do *Timeu*, mas uma só do *Parmênides*, apesar de sua importância filosófica. Apreciava-se o *Fédon* porque ali se encontrava uma aprovação da ascese* e argumentos em favor da sobrevivência da alma*; o *Timeu* porque falava de uma criação* divina do mundo*; o *Fedro* e o *Banquete* por seu elogio do amor* percebido como guia rumo ao divino, e o livro X das *Leis* por sua teologia natural*. Era-se ambivalente em relação à *República*, mas apreciava-se nela a subida do mundo sensível para o mundo inteligível, descrita no livro VII, e a doutrina das três "partes" da alma (sensual, agressiva, intelectual) que matizava o contraste demasiado simples do *Fédon* entre uma alma intelectual idealizada e um corpo*

material grosseiro. Algumas passagens curtas ou aforismos isolados eram incessantemente citados, como o texto do *Teeteto* que afirma o caráter inevitável do mal e exorta a tornar-se semelhante a Deus* (176 *a-c*).

b) Os cristãos não sofreram a influência apenas de P., mas de toda uma série de pl. Xenócrates (396-314) tentara unificar em um sistema dogmático as sugestões frequentemente incompatíveis de P. Aristóteles (Ar.) (384-322) operou uma secessão e ampliou grandemente o campo da filosofia*, o que não o impediu de se fazer tratar ulteriormente de "valete" de P. (*pedisequus*) por autores que não levavam em conta sua crítica da teoria das Ideias. O elemento cético do pensamento de Sócrates acabou por tomar a dianteira e dominar a Academia, a escola de P., sob Arcesilau (*c.* 316 – *c.* 242) e Carnéades (*c.* 214 – *c.* 129), que negavam a ideia estoica de que um conhecimento infalível é possível e sustentavam que uma certeza racional é tudo o que se pode atingir. É também o ponto de vista de Cícero (106-43). Entrementes, contudo, uma renovação de dogmatismo ocorrera sob Antíoco (*c.* 130 – *c.* 68), que pretendia reconciliar p. e estoicismo. Foi um movimento sem grande alcance, mas influenciou Fílon de Alexandria, cujo idealismo platônico é marcado pelo panteísmo* materialista dos estoicos. Assim, segundo ele, o *Logos* divino é difundido fisicamente no mundo (p. ex., *Quis rerum divinarum heres...*, § 217), mas também é o ordenador transcendente do mundo, o "separador" (*tomeus, ibid.*, § 130), que divide o ser* puro em tantas classes quantas Deus quer criar. E foi Fílon, com outros apologistas judeus helenísticos, quem inspirou os cristãos em sua utilização da filosofia grega. Já é sensível em Paulo (p. ex., Rm 1,20; cf. At 17,22ss) e, foi possível sustentar (C. H. Dodd), no quarto evangelho* (bem como em Sb). Foi nesse quadro que os cristãos, durante vários séculos, recorreram ao p., sem muito influenciá-lo.

Chama-se "p. médio" (Dillon, 1977) a corrente principal do p. entre 50 a.C. e 200 d.C. Plutarco é a personalidade mais conhecida aí. Numênio (*c.* 150 d.C., provavelmente), partidário de uma trindade de princípios divinos, era respeitado pelo maior filósofo pagão da Antiguidade tardia, Plotino, considerado em geral como o fundador do neoplatonismo. Em concordância com Ar., que concebia o conhecimento como identidade do espírito e do objeto (*Da alma*, 3.5, 430 a 20, *Metaf.* I1, 1072 b 22, cf. *Enéadas* VI.5.7), Plotino sustentava que toda realidade cognocível é de certa maneira inteligente. Toda coisa provém, numa processão intemporal, de um princípio último perfeitamente simples, imutável e incognoscível — e de fato incognoscente, já que o conhecimento implica a multiplicidade. Este último, o Uno, engendra sucessivamente dois princípios, a Inteligência, depois a Alma, a qual se expande em ação criadora. Não existe princípio do mal; o que mais se aproxima dele é a matéria, que de fato é somente o ponto mais afastado atingido pela vida inteligente. Cada nível de ser, por outra parte, manifesta uma tendência a regressar à sua fonte transcendente.

As ideias essenciais de Plotino reapareceram em seu discípulo e biógrafo Porfírio (*c.* 232-305), que, todavia, reduziu a distância dos três primeiros princípios fazendo deles três hipóstases, e cuja influência se fez sentir sobretudo na defesa da lógica de Ar., que ele considerava como o melhor guia no estudo dos fenômenos naturais e dos métodos de raciocínio. Porfírio era violentamente anticristão, tanto quanto seus sucessores Jâmblico (*c.* 250 – *c.* 325) e Proclo (*c.* 412-425). Este último foi a figura dominante da escola de Atenas, onde foi elaborada uma hierarquia cada vez mais complexa de princípios transcendentes agrupados em tríades. Em Alexandria, outra escola, menos notável, mostrava maior tolerância para com o cristianismo. Entre seus membros pode se citar Alexandre de Licópolis (talvez *c.* 280), Téon, sua filha Hipácia (assassinada pelos cristãos em 415) e Sinésio, pl. ardente e bispo a contragosto (*c.* 370-413).

A influência de Plotino e de Porfírio sobre o pensamento cristão começou de fato com Ag. (Rist, 1981), impressionado pela conversão* do eminente neoplatônico Mário Vitorino. Ele mesmo escreveu alguns tratados lógicos elementares; os comentários de P. e de Ar. não

cessariam depois disso, até o final da Antiguidade (cf. Boécio* no Ocidente e João Filopon no Oriente). Essa tradição continuou no Islã e sobreviveu no Oriente cristão, p. ex., com Miguel de Éfeso (ativo *c.* 1118-1138). No Ocidente, ao contrário, o p. foi praticamente esquecido: não se conhecia dele mais do que uma tradução latina do *Timeu* e a obra de Boécio. Reapareceu pouco a pouco a partir de João Escoto Erígena (*c.* 810 – *c.* 877), que traduziu em latim a obra do Pseudo-Dionísio*.

2. Conhecimento do platonismo pelos cristãos

a) Nem todos os cristãos gostavam de filosofia. Muitos se contentavam em repetir Cl 2,8, e os estereótipos sobre as desavenças dos filósofos se encontram em autores muito cultos, que citam até mesmo os céticos para sustentar seu ponto de vista. Mas o p. foi relativamente tolerado, na medida em que confirmava diversos pontos da doutrina cristã. Alguns eruditos, dispondo de boas bibliotecas, podiam transcrever textos de P. e de seus comentaristas. Outros se serviam provavelmente de antologias de passagens bem conhecidas. Mas a transmissão era frequentemente indireta. Justino p. ex., que fora professor de filosofia, nos deixou a descrição de seus contatos com diferentes escolas (*Dial.* 2). No p., ele apreciava o testemunho dado às realidades transcendentes e a confirmação de uma visão de mundo teísta. Um leitor atento podia assim tirar dele uma ideia do ensinamento de P., ao mesmo tempo que algumas citações inexatas. Entretanto, encontram-se em Atenágoras e Teófilo citações bastante precisas e resumos gerais.

b) Um verdadeiro conhecimento de P. e dos pl. aparece com Clemente de Alexandria (*c.* 150 – *c.* 215), que é uma exceção por se interessar tanto pela epistemologia de P. quanto por sua metafísica e sua moral. Encontra-se algum p., amplamente mesclado de estoicismo, em Orígenes*, grande pensador especulativo, embora a Bíblia*, livremente interpretada, seja para ele sempre a autoridade* última. Sua influência foi dominante, não sem algumas resistências, durante cento e cinquenta anos depois de sua morte em 254.

Embora Eusébio de Cesareia (*c. 260 – c.* 340) não seja um pensador original, é um erudito industrioso, que cita P. e seus sucessores em sua *Preparação evangélica*, não sem algumas reservas (13.14-16). É o primeiro autor cristão a citar Plotino, mas não na edição de Porfírio. Afora esta exceção, Plotino é praticamente desconhecido dos cristãos antes de Ag. Os Padres capadócios apoiam-se sobretudo em pl. mais antigos, que aliás também influenciarão Ag.

c) O próprio Ag. deve muito a Plotino e a Porfírio, sem aceitar, enquanto cristão, muitos de seus princípios essenciais, p. ex. a eternidade do mundo e do processo criador, a definição de um Deus situado "acima do espírito" e, portanto, incognoscente, uma trindade* de hipóstases desiguais, e uma explicação não moral do mal. Seu p. lhe faz divisar um conhecimento intuitivo das realidades transcendentes (p. ex., o amor) e dá grande importância à memória, sem que caiba retornar à doutrina original de P., a reminiscência, segundo a qual o conhecimento intuitivo é uma lembrança do que se aprendeu numa vida anterior. Por outro lado, parece que o ceticismo ainda era ensinado por alguns platônicos, e Ag. escreveu o *Contra os Acadêmicos* para refutá-lo.

De primeira grandeza como teólogo, Ag. era inferior na erudição e na lógica a Boécio, que traduziu e comentou Ar., tratou da Trindade e da cristologia* e escreveu a *Consolação da filosofia*. Pouco depois, Justiniano fechou a escola pagã de Atenas, e os cristãos logo tiveram o monopólio do ensino do p. no Império. O mais notável desses pl. cristãos da Antiguidade tardia é Dionísio (*c.* 500) dito "o Areopagita" por confusão com o Dionísio de At 17,34. Seus escritos sobre os *Nomes* divinos*, os anjos, os sacramentos* e a subida da alma rumo a Deus se inspiram livremente em Proclo, que ele leu.

3. A influência platônica na doutrina cristã

a) Os apologistas* do s. II, adeptos de um p. um pouco estoicizado, adaptaram as concepções correntes do Pai* e do *Logos*, mas tenderam a negligenciar o Espírito* Santo, ponto sobre o qual era preciso contentar-se com a tradição* da Igreja. Ireneu* e Tertuliano*, p. ex., se opuseram

a essa tendência. Quanto ao *Logos*, que se diversificava já em Fílon, acabou assumindo pelo menos três formas: 1/ o equivalente do espírito de Deus; 2/ a Palavra *emitida* por Deus, ser distinto que organiza o mundo criado; 3/ o mestre imanente deste mundo, comparável à alma do mundo. Para muitos cristãos, que não levavam em conta essas distinções, o *Logos* era tudo isso ao mesmo tempo; para alguns deles, p. ex., Tertuliano e mais tarde Marcelo de Ancira, ele passava de uma condição à outra. Só esses últimos podiam ser considerados com justeza partidários de uma teoria do *Logos* de duas ou três formas.

Durante esse tempo, pl. pagãos como Moderato ou Numênio tinham elaborado teologias triádicas, agrupando seus três princípios numa ordem de dignidade decrescente. Tais teorias seduziram autores cristãos como Orígenes ou Eusébio, que admitiam uma trindade de potências distintas e desiguais. O concílio de Niceia* pôs fim a essa aproximação; mas Ag. pôde ainda, bem mais tarde, louvar os neoplatônicos por confirmarem, mesmo imperfeitamente, a fé de Niceia. Coisa espantosa, é o inimigo dos cristãos, Porfírio, que está mais perto dela.

b) Os autores cristãos sempre se opuseram às doutrinas platônicas da eternidade do mundo e da existência de uma matéria incriada, mas adaptaram o conceito de um mundo inteligível, contendo ao mesmo tempo os protótipos das espécies terrestres e os das inteligências imateriais, às vezes aproximados aos anjos* da Bíblia, às vezes às almas dos eleitos. Bem mais sujeita à caução foi a adoção por Orígenes da teoria da transmigração das almas, que lhes dava vidas sucessivas, antes e depois da morte do indivíduo. Orígenes tinha a excelente intenção de explicar assim a desconcertante desigualdade dos caracteres e das oportunidades, e de evitar a brutalidade da ideia de danação imediata, mas por volta de 400 essa teoria fora substituída (embora Ag. ainda discuta outras posições) pela ideia de que Deus cria cada alma originalmente e lhe dá uma só vida na terra.

O AT representava a morte como uma aniquilação total, seguida de uma ressurreição* dos corpos e de um juízo* universais. Esta tradição sobreviveu no antigo credo latino: (*hujus*) *carnis resurrectionem*. Os argumentos de P. em favor de uma sobrevida, no entanto, não careciam de atrativo; mas para a maior parte dos pl., o corpo era somente um fardo, e só a alma sobrevivia. Era possível adotar uma posição mediana, fundada em 1Cor 15,35ss, postulando um "corpo celeste"; mas sua semelhança ou sua oposição ao corpo terrestre era um ponto muito discutido. Ademais, Paulo pensava que a ressurreição ocorreria num futuro próximo; com o distanciamento dessa perspectiva, muitos cristãos interpretaram o destino *imediato* da alma em termos platônicos (cf. Lc 23,43), sempre aguardando uma ressurreição geral em que ela seria realçada pelo dom de um corpo glorificado.

A oposição platônica entre a alma e o corpo, ou entre o intelecto e os outros elementos da alma (cf. *supra*, 1) influenciou também a espiritualidade cristã. Para a maioria dos cristãos cultos, era óbvio que o primeiro passo no caminho do progresso moral consistia em ignorar ou reprimir as incitações do corpo e em concentrar-se em realidades mais elevadas, cumprindo ao mesmo tempo, conscienciosamente, as obras* materiais de caridade, a título de dever pouco apaixonante. O movimento monástico nascente inverteu amplamente essa tendência platonizante ao glorificar a simplicidade de vida e de pensamento. Mas a importância tipicamente cristã atribuída à fé* e às boas obras já matizara a idealização platônica do intelecto.

4. A redescoberta do platonismo

Os escritos de P. ficaram perdidos no Ocidente na IM, afora uma tradução latina do *Timeu*, e a capacidade de ler o grego, mesmo quando os textos estavam disponíveis, só reapareceu pouco antes do Renascimento. Mas Ag. e o Pseudo-Dionísio guardaram sua influência durante esse período. A influência direta de P. ressurgiu com Nicolau* de Cusa e Marsílio Ficino, mesmo que o tenham interpretado amplamente por meio de Plotino. O estudo de P. teve importância na Inglaterra do s. XVI (a *Utopia* de Tomás Moro, p. ex., relembra a *República*) e entre os pl. de Cambridge no s. XVII. Schleiermacher*

esteve na origem de um modo novo de abordar P., decidindo interpretar os diálogos platônicos em seu contexto de origem e rejeitar os adendos mais tardios. Esse método se impôs, de modo que hoje só uma minoria de especialistas em P. se interessa pela teologia cristã, e vice-versa. Todavia, tem-se assistido nos últimos anos uma renovação da atenção dada ao mesmo tempo às doutrinas "não escritas" de P., de que fala brevemente Ar., a autores cristãos primitivos até agora negligenciados, bem como ao ambiente platônico e aos comentadores tardios de Ar.: o que faz esperar certa reaproximação.

• O. Bigg (1886), *The Christian Platonists of Alexandria*, Oxford (1913²). — E. Bréhier (1908), *Les idées philosophiques et religieuses de Philon d'Alexandrie*, Paris (1950³). — A. E. Taylor (1926), *Plato, the Man and his Work*, Londres (1948⁵). — L. Robin (1938), *Platon*, Paris (ed. rev. 1968). — R. Klibanski (1939), *The Continuity of the Platonic Tradition during the Middle-Ages*, Londres. — F. Solmsen (1942), *Plato's Theology*, Nova York. — W. D. Ross (1951), *Plato's Theory of Ideas*, Oxford. — E. Cassirer (1953), *The Platonic Renaissance in England*, Edimburgo. — J. K. Feibleman (1959), *Religious Platonism*, Londres. — E. von Ivánka (1964), *Plato Christianus*, Einsiedeln. — J. Pépin (1964), *Théologie cosmique et théologie chrétienne*, Paris. — A. H. Armstrong (sob a dir. de) (1967), *The Cambridge History of Later Greek and Early Medieval Philosophy*, Cambridge. — J. Moreau (1967), *Le sens du platonisme*, Paris. — J. M. Rist (1967), *Plotinus, the Road to Reality*, Cambridge. — S. R. C. Lilla (1971), *Clement of Alexandria*, Oxford. — R. T. Wallis (1972), *Neoplatonism*, Londres. — E. N. Tigerstedt (1974), *The Decline and Fall of the Neoplatonic Interpretation of Plato*, Helsinki. — P. Courcelle (1974-1975), *Connais-toi toi-même, de Socrate à saint Bernard*, 3 vol., Paris. — J. Dillon (1977), *The Middle Platonists*, Londres. — J. M. Rist (1981), "Basil's 'Neoplatonism'; its Background and Nature", *in* P. J. Fedwick (sob a dir. de), *Basil of Caesarea, Christian, Humanist, Ascetic*, Toronto, t. 1, 137-220. — H. D. Saffrey (1987), *Recherches sur la tradition platonienne au Moyen Âge et à la Renaissance*, Paris. — C. B. Schmitt *et al.* (1988) (sob a dir. de), *The Cambridge History of Renaissance Platonism*, Cambridge. — J. Hankins (1990), *Plato in the Italian Renaissance*, Leyden. — R. Kraut (1992), *The Cambridge Companion to Plato*, Cambridge (bibl.). — C. G. Stead

(1994), *Philosophy in Christian Antiquity*, Cambridge. — W. Beierwaltes (1998), *Platonismus im Christentum*, Frankfurt.

Christopher STEAD

→ *Aristotelismo cristão; Basílio de Cesareia; Ceticismo cristão; Espiritual (teologia); Estoicismo cristão; Gregório de Nazianzo; Gregório de Nissa.*

PLURALISMO → **escolas teológicas**

PNEUMATOLOGIA → **Espírito Santo**

POBREZA → **franciscana (espiritualidade)** → **Boaventura** III. 2 → **propriedade** c.

PODER → **autoridade**

PODER DIVINO → **potência divina** a.

PODER ECLESIÁSTICO → **jurisdição** → **disciplina eclesiástica** → **direito canônico**

POLICARPO DE ESMIRNA → **apostólicos (Padres)**

POLIGENISMO → **monogenismo/ poligenismo**

POLÍTICA (Teologia)

A "teologia política" (t.p.) pertence ao s. XX. Não deve ser confundida com a "teologia civil", que designa desde Varrão (116-27 a.C.) a "teologia*" encarnada nas leis* e nos cultos* da cidade*. No s. XX, a questão da t.p. se colocou em três ocasiões: no debate que opôs E. Peterson (1890-1960) a C. Schmitt (1888-1985), com a "t.p." alemã dos anos 1960 e com o problema do agostinismo político.

1. O debate Schmitt-Peterson

a) Carl Schmitt. — C. Schmitt (1888-1985) era um filósofo político alemão conservador, que a princípio criticou o nazismo, mas deu a este um apoio "pedagógico". Segundo ele, há isomorfia entre a estrutura social de uma época e sua imagem metafísica do mundo, sem que haja prioridade de uma ou de outra: por isso, existe para ele uma "t.p.". Os conceitos mais rigorosos da filosofia* política, sobretudo os que são devidos a Bodin (*c.* 1529-1596) ou a Hobbes (1588-1679), são de fato, a seus olhos, conceitos teológicos secularizados. As teorias políticas distanciadas da realidade (Kant*, Rousseau [1712-1778]) recorrem às noções de norma universal e de vontade geral, o que se faz acompanhar de um vago deísmo*. As teorias mais científicas, de inspiração hobbesiana, afirmam em contrapartida a importância capital da *exceção* na política (a situação de emergência que justifica medidas excepcionais), ideia que corresponde à de uma deidade* insondável e voluntarista, capaz de suspender as leis naturais.

b) Erik Peterson. — O teólogo alemão E. Peterson (1890-1960) (E.P.) se opôs a C. Schmitt e sustentou que o "monoteísmo* político", isto é, a sacralização do poder imperial e, mais geralmente, do poder soberano, não era de origem cristã. Deve-se essa sacralização à fusão, operada por Fílon (13 a.C.-54), do monoteísmo cósmico da Antiguidade tardia (uma só potência divina reinando sobre o cosmo*) e do monoteísmo* judaico; essa concepção influenciou a seguir os teólogos cristãos arianos (arianismo*) e semiarianos, em particular Eusébio de Cesareia (*c.* 260 – *c.* 340), com muito mais força ainda porque ele tinha sob os olhos a visão da unidade do Império romano e pensava que a *Pax Augustana* permitira providencialmente a difusão do Evangelho. Se é verdade, como diz E.P., que todos os teólogos cristãos associam monoteísmo e *monarchia* (cósmica e política), os sustentadores da ortodoxia trinitária veem nessa última noção uma unidade *de princípio* e *de acordo mútuo*, mais que o exercício de uma vontade solitária; isso é claríssimo em Gregório* de Nazianzo, p. ex. Esses teólogos não explicitam as consequências políticas que se poderia tirar daí, mas é notável, segundo E.P., ver que os partidários da concepção hierárquica e teocrática do poder imperial são semiarianos.

c) Yves Congar. — Y. Congar (1904-1995) concorda até certo ponto com E.P.; o pensamento político cristão, com efeito, é muito frequentemente dominado, em sua opinião, por um "paternalismo" ou um "patriarcalismo" que não quer saber que Deus* só é Pai* em relação ao Filho a quem dá tudo, e com quem também tem, por conseguinte, uma relação fraterna. É por isso que só temos acesso ao Pai e ao Filho por meio de seu amor* fraterno, o Espírito*. Se não se leva em conta o Espírito Santo, chega-se a uma concepção puramente paterna da autoridade* real que exclui toda fraternidade, o que reduz os sujeitos a um estado de infância perpétua (Bossuet [1627-1704], *Política tirada da sagrada Escritura*, L. de Bonald [1754-1840]). Congar julga significativo (o que vai no sentido de E.P.) que os teólogos ortodoxos pensem a Trindade* com auxílio de analogias* tiradas do domínio material, cósmico ou psicológico, e jamais do domínio político. Pode-se acrescentar que para o ariano Eunômio, p. ex., a *dynamis* divina pode ser exercida ou não à vontade, como o *fiat* imperial, ao passo que para Gregório* de Nissa é uma potência* que se comunica necessariamente, como o fogo (M. Barnes, 1991). Pode-se notar também que Hobbes, que quer dar todo o poder, espiritual tanto quanto temporal, ao soberano, retorna expressamente a uma cristologia* ariana (*Leviatã* II, 4).

2. A teologia política na Alemanha

A obra de E.P. é um dos elementos que contribuíram para fazer surgir na Alemanha, nos anos de 1960, uma t.p. socializante. Para o teólogo luterano J. Moltmann, que cita E.P., crer que a segunda pessoa* da Trindade é também um homem crucificado pelas autoridades oficiais supõe uma teologia constantemente crítica de todo regime político e não uma teologia levada a sacralizar a ordem social.

Moltmann e o teólogo católico J.-B. Metz inspiram-se ao mesmo tempo em E.P. e na escola de Frankfurt. Na esteira desta última, buscam retornar à concepção kantiana da liberdade* ética, para se opor a um racionalismo* que tende a degenerar em puro instrumento de controle do homem e da natureza. Sobretudo no início de sua obra (1968), Metz admitia, como Friedrich Gogarten (1887-1967), o caráter cristão da secularização*, que torna a humanidade adulta e responsável. Ao mesmo tempo, insistia com K. Rahner* sobre o ímpeto *a priori* que leva todo ser humano a se transcender rumo ao *esse* ou a Deus. Isso explica que ele tenha pensado que, avançando pouco a pouco rumo a uma "situação de linguagem ideal" (Habermas) — onde nada impede a livre comunicação —, percebe-se o que Deus quer para a humanidade.

3. O problema do agostinismo político

a) Maurras. — Na França, Charles Maurras (1868-1952) e a Ação Francesa surgiram da mesma tradição reacionária (tradicionalismo*) que inspirava o pensamento de Schmitt na Alemanha. Na oposição muito intensa que ele levantou, tratou-se muito de t.p.

O problema de Maurras estava em sua combinação de positivismo e de teocracia: de um lado, pensava que o acordo sobre os fatos e a aceitação das regras formais que asseguram a paz* civil bastavam para assegurar a coesão social; de outro, sustentava que a Igreja*, cujo domínio todavia é puramente espiritual e não político, podia atingir uma posição política dominante manipulando os mecanismos sociais. Assim, seus adversários tiveram de recusar ao mesmo tempo o papel político da religião *e* o dualismo rígido do natural e do sobrenatural*, o que ocasionou problemas que talvez ainda não tenham sido resolvidos.

b) A crítica de Maurras. — A mistura maurrasiana de "ciência" e de "religião" pareceu, a princípio, sedutora para alguns católicos, mas foi finalmente rejeitada por Maritain (1882-1973) e por Blondel* (Virgoulay, 1980, 459-471) na França, e por Luigi Sturzo (1871-1959) na Itália. Todos os três rejeitavam a teocracia no sentido do poder temporal da Igreja, mas também o positivismo, insistindo na unidade "integral" da natureza* e da graça* nas questões humanas, em que devia reinar a "primazia do espiritual", e desejavam, portanto, que uma influência cristã penetrasse na vida social e política. Esse ponto de vista foi bem resumido por H. de Lubac* (1984a, 232): "Como o sobrenatural* não é separado da natureza, e o espiritual está por toda parte mesclado ao temporal, a Igreja tem, num sentido eminente [...] autoridade* sobre tudo, sem ter de sair de seu papel. Senão, seria preciso confessar que ela não tem, na prática, autoridade sobre nada, não podendo nunca falar senão no abstrato". Essa posição era corrente nos anos de 1930, ao mesmo tempo que a ideia de uma renovação da cristandade. (Também existia na Inglaterra na Alta Igreja [anglicanismo*], com V. A. Demant [1893-1983] ou T. S. Eliot [1888-1965].)

O fascismo e o nazismo tiveram como efeito não só desacreditar Maurras e toda ideia de autoridade da Igreja no domínio político, mas também fazer da democracia* liberal o recurso por excelência contra o totalitarismo, o que fez desaparecer o tema da cristandade (cf. p. ex. o que escrevia Maritain neste domínio após a guerra*). Nos anos de 1950, Congar falou de uma "distinção dos planos" para afirmar que a política é negócio do Estado* e não da Igreja, dos leigos* e não dos clérigos* — afirmação à qual retorquiu Gustavo Gutiérrez mais tarde (1971), dizendo que essa posição não estava totalmente de acordo com o "integralismo" teológico da natureza e da graça sempre professado por Congar. De fato, em sua crítica do maurrasismo, Congar julga mais severamente a teocracia do que o positivismo (a autonomia do profano).

O mesmo se pode dizer de Lubac em sua crítica da tese de Arquillière (1955) sobre o agostinismo* político. Assim, ele sustenta que a distinção de Agostinho* (A.) entre as duas cidades é uma distinção essencialmente espiritual entre os eleitos e os reprovados. Nega, portanto, que haja em A. qualquer "t.p." (o termo é empregado) e afirma que em A. e entre os herdeiros de A. (p. ex., os teólogos carolíngios como Jonas de Orléans [c. 780-842/3], O mister do rei, SC 407), todos os Estados pagãos têm a mesma legitimidade, conferida pela união de um povo* em torno de um bem* comum (Cidade de Deus, 19, 21). Acrescenta, enfim, que pode haver para A. uma justiça* política adequada de direito* natural e que a realização da verdadeira justiça pela verdadeira religião é uma exigência da vida espiritual*.

Além de parecer aqui introduzir um dualismo da graça e da natureza, que ele recusa em outro lugar, pode-se pensar que Lubac não leu A. com todo o rigor que lhe é todavia habitual. As "duas cidades" são decerto místicas, mas também são para A. realidades históricas, cujos modelos são Israel* e Babilônia. Quando A. repreende a virtude* dos pagãos (inclusive a virtude cívica e a prática imperial dos romanos) por apenas limitar a violência* ou as paixões* rebeldes, trata-se, sim, de t.p. Seu critério é irônico: uma sociedade* que é verdadeiramente um corpo político pode, portanto, ter como fim a injustiça! A. nega explicitamente que Roma* tenha sido justa politicamente, já que não conhecia a verdadeira religião e fazia, assim, de uma cidade provisória um falso absoluto. Certamente, não nega a legitimidade de Roma segundo a lei natural, mas essa lei é sempre apenas um mal menor depois da queda, pois qualquer ordem é preferível à anarquia pura. Para A. como para Paulo, o poder político é ao mesmo tempo um castigo do pecado* e uma maneira de limitar-lhe os efeitos (Carraud, 1984). A verdadeira justiça social e política exige a submissão ao verdadeiro Deus, que só é possível por Cristo* (Williams, 1987; Milbank, 1990, 380-434). Pode-se acrescentar que Arquillière tinha parcialmente razão ao considerar os teólogos carolíngios como mais teocráticos que A.: para este, o "bom príncipe" certamente está na Igreja na medida em que exerce a justiça, informada pela caridade, mas o poder principesco (regnum) não é idêntico ao poder sacerdotal (sacerdotium), pois o príncipe deve fazer o que é preciso para reprimir a anarquia, e os meios coercitivos que emprega são da ordem da "cidade deste mundo". Os teólogos posteriores parecem ver menos dificuldades no manejo da espada por um "pastor*".

Em resumo, a recusa sistemática de uma t.p. que une teocracia e positivismo fez criticar o primeiro desses aspectos mais que o segundo, e, portanto, não tornou muito possível a interpretação teológica do social e do político enquanto tais (Maritain e Sturzo tinham começado a fazê-lo, mas de maneira insuficientemente teológica). O problema que se pode colocar é o da hipostasiação do "político". Considera-se como óbvio que o político tem um "domínio". Mas mesmo Schmitt via a que ponto é difícil determinar "onde" está o político em tudo o que é associação civil, ensino, ciência, comércio, família* e assim por diante. Pode-se opor, então, à Igreja, presença ainda imperfeita do Reino*, uma esfera puramente política? Pode-se lamentar que a t.p. do s. XX não tenha visto que a eclesiologia*, para não se perder na abstração, deve levar em conta o conjunto da sociedade.

• C. Schmitt (1935), *Politische Theologie: Vier Kapitel zur Lehre der Souveranität*, Munique. — J. Maritain (1936), *Humanisme intégral. Problèmes temporels et spirituels d'une nouvelle chrétienté*, Paris (*Humanismo integral. Uma visão nova da ordem cristã*, São Paulo, 1965). — H. de Lubac (1938), *Catholicisme. Les aspects sociaux du dogme*, Paris. — L. Sturzo (1947), *La vera vita. Sociologia del Soprannaturale*, Roma. — E. Peterson (1951), "Der Monotheismus als Politisches Problem", *in Theologische Traktate*, Munique, 45-147. — Y. Congar (1954), *Jalons pour une théologie du laïcat*, Paris. — H. X. Arquillière (1955), *L'augustinisme politique*, Paris. — H. Arendt (1958), *The Human Condition*, Chicago (*A condição humana*, Rio de Janeiro, 1993); (1961) *Between Past and Future*, Nova York (*Entre passado e futuro*, São Paulo, 1979); (1962) *Origins of Totalitarianism*, Cleveland, Ohio (*As origens do totalitarismo*, São Paulo, 1989). — J. B. Metz (1968), *Zur Theologie der Welt*, Mainz. — C. Schmitt (1970), *Politische Theologie II: Die Legende von der Erledigung jeder Politischen Theologie*, Berlim. — M. Theunissen (1970), *Hegel's Lehre vom Absolutes Geist als Theologisch-Politischer Traktat*, Berlim. — G. Gutierrez (1971), *Teología de la Liberación*, Lima (*Teologia da libertação*, São Paulo, 2000). — H. Muhlen (1972), *Entsakralisierung: Ein Epocheres Schlagwort in seiner Bedeutung für die Zukunft der Christlichen Kirchen*, Paderborn. — M. Xhaufflaire (1972), *La théologie politique. Introduction à la théologie politique de J.-B. Metz*, t. I, Paris. — J. Moltmann (1973), *Der gekreuzigte Gott: das Kreuz Christi als Grund und Kritik christlicher Theologie*, Munique. — H. Peukert (1976), *Wissenschaftstheorie-Handlungstheorie-fundamentale Theologie: Analysen zu Ansatz und Satus theologischer Theoriebildung*, Dusseldorf. — J.-B. Metz (1977), *Glaube in Geschichte und Gesellschaft*, Mainz. — R. Virgoulay (1980), *Blondel et le modernisme. La philosophie de l'action et les sciences religieuses (1896-1913)*, Paris. — Y. Congar (1981), "Le monothéisme politique et le Dieu Trinité", *NRTh* 103, 3-17. — S. Hauerwas (1983), *The Peaceable Kingdom*, Londres. — V. Carraud (1984), "La généalogie de la politique — Pascal", *Com(F)* IX/3, 26-37. — H. de Lubac (1984a), "L'autorité de l'Église en matière temporelle", *in Théologies d'occasion*, Paris, 217-240; (1984b), "Augustinisme politique?", *ibid.*, 255-308. — R. Williams (1987), "Politics and the Soul: A Reading of the City of God", *in Milltown Studies* 19/20, 55-72. — J. Milbank (1990), *Theology and Social Theory*, Oxford (*Teologia e teoria social*, São Paulo, 1995). — M. Barnes (1991), *The Power of God: The Significance of Dynamis in the Development of Gregory of Nyssa's Polemic against Eunomios of Cyzicus*, Toronto, tese inédita. — S. Hauerwas (1991), *After Christendom?*, Londres. — M. Theunissen (1991), *Negative Theologie der Zeit*, Frankfurt. — J. Taubes (1993), *Die Politische Theologie des Paulus*, Munique (ed. póstuma aos cuidados de A. e J. Assmann). — B. Wannenwetsch (1997), *Gottesdienst als Lebenform*, Stuttgart.

John MILBANK

→ *Autoridade; Democracia; Eclesiologia; Igreja-Estado.*

POMPONAZZI Pietro → **naturalismo** → **verdade B** → **filosofia**

PORÈTE Margarida → **beguinas** → **Vienne (concílio)**

POSITIVA (Teologia)

Contrariamente ao que se poderia crer, a noção de "teologia positiva" (t.p.) não se opõe à de "t. negativa*", mas à de "t. especulativa ou escolástica*". Todavia, isso não basta para definir o conteúdo de um termo cujas acepções são quase tão numerosas quanto os textos em que aparece. Foi somente no s. XIX que se impôs o uso que prevalecerá até hoje: a t.p. designa desde então o ramo da t. que examina as fontes históricas dos enunciados teológicos a fim de extrair os conteúdos normativos dados na

Escritura* sagrada e na tradição* da Igreja*: é nisso que vem se enxertar em seguida o trabalho especulativo, que visa a esclarecer pela razão* o sentido do material acumulado e torná-lo assim acessível às diferentes épocas. Ora, essa acepção doravante corrente não é aquela na qual o termo foi empregado pela primeira vez, e na qual ele permaneceu por longo tempo em uso; é o que mostra um esboço fragmentário da história do conceito.

a) Primeiras abordagens. — A primeira ocorrência conhecida do termo se acha num texto catalão de Raimundo Lúlio, que data do final do s. XIII: "A t.p. é obra de vontade, a t. demonstrativa opera com o entendimento" (*Proverbis de Ramon*, c. 276, 2: *Obres de Ramon Llull* 14, 301; cf. *Liber de modo naturali intelligendi*: CChr.CM 33, 209s; Garcías-Palou, 1958).

Decerto, é preciso ver nesse uso o vestígio de influências árabes (Lohr, 1973), mas certamente também a recepção de uma problemática jurídica que — retomando a oposição grega entre o que é "por natureza" e o que é "estabelecido pelo homem" (*physei/thesei*) — distinguia desde o início do s. XII entre direito* positivo e direito natural (Kuttner, 1936). Essa distinção é explicitamente adotada por Lúlio, que a conecta, ademais, à teoria gramatical dos graus de comparação (positivo-comparativo-superlativo) (*Ars brevis de inventione iuris*, CChr.CM 38, 296, 321). Isso significa, portanto, que a t.p. representa um nível elementar da reflexão teológica, que consiste em reconhecer os testemunhos da autoridade*, enquanto a t. demonstrativa conduz todos os seres dotados de razão a uma inteligência necessária das verdades de fé*. A tradução latina dos provérbios de Lúlio por J. Lefèvre d'Étaples (Rogent-Durán, 1927, n. 62) parece ter exercido grande influência, que marcou notadamente o teólogo parisiense Johannes Maior (Jean Mair). Este foi, de fato, o primeiro autor conhecido a retomar o conceito de t.p., que ele introduziu na quarta edição de seu *Comentário sobre o quarto livro das Sentenças* (1515, fol. i, v), publicada no mesmo ano da tradução de Lefèvre d'Étaples. O sentido que Maior dava a esse termo não se depreende muito claramente de seu texto; mas é bem aqui que aparece pela primeira vez a distinção terminológica entre t.p. e t. escolástica.

b) As transformações do conceito entre autores jesuítas. — A etapa significativa seguinte da história do conceito é marcada pelos *Exercícios espirituais* de Inácio de Loyola. Talvez influenciado pela tradição surgida de Raimundo Lúlio, ele distingue o ensino p. e o ensino escolástico, assim como os mestres desta e daquela disciplinas (MHSJ 100, 410 *sq*). Se os primeiros agem antes de tudo sobre as forças afetivas do homem, os segundos se dirigem primeiramente às suas faculdades cognitivas. Inácio coloca entre os mestres p. os Padres* da Igreja Agostinho*, Jerônimo e Gregório*, e entre os mestres escolásticos os grandes teólogos medievais Pedro Lombardo, Tomás* de Aquino e Boaventura*.

Em seu programa de estudos, a Companhia de Jesus, fundada por Inácio de Loyola, reinterpreta essa distinção (*Ratio studiorum* [1586]: MHSJ 129, 85; P. Ximénez, *De cursu triennali theologiae positivae* [1608]: MHSJ 141, 653), dando o nome de "t.p." ao currículo de formação dos candidatos destinados ao simples ministério* da pregação* e da direção* espiritual, enquanto a "t. escolástica" designa o ciclo reservado aos futuros teólogos universitários. A primeira consiste antes de tudo no estudo da Escritura, da qual se nutre a pregação, na análise dos casos de consciência aos quais os futuros confessores serão inevitavelmente confrontados (casuística*), e — mas somente para os estudantes originários dos países da Europa situados ao norte dos Alpes — na aquisição dos conhecimentos que são necessários nessas regiões para argumentar contra as doutrinas não católicas. Na mesma época, porém, houve um teólogo jesuíta para estabelecer bem diferentemente a t.p. e se aproximar da acepção na qual o termo será tomado a seguir: "A t. é chamada p. na medida em que se consagra principalmente a explicar o sentido* da Escritura, auxiliando-se com diversos meios e em primeiro lugar com a autoridade* dos santos Padres. Ela estabelece assim os princípios sólidos de onde serão tiradas as outras conclusões teológicas" (Gregório de Valência, 1591, I, 7, *sq*). Esse autor talvez retomasse uma tradição terminológica difundida na Universidade de Salamanca, onde tinha estudado.

c) O desenvolvimento do conceito depois do século XVII. — O desenvolvimento posterior do conceito ultrapassa o quadro traçado por essas definições. Os teólogos protestantes ou retomam o princípio do currículo jesuíta — e distinguem assim entre uma t.p. ou eclesial, obrigatória para todos os postulantes ao pastorado, e uma t. acadêmica reservada aos que se interessam por uma abordagem mais científica da t. (Calixt, 1628-1656, 255.260 *sq*) —, ou então identificam a primeira com o que se chamará mais tarde de dogmática* (Calov, 1682); teólogos católicos como Mabillon e Du Pin também dão definições divergentes da t.p.

> Ambos concordam, certamente, em ver na t.p. e na t. escolástica domínios que, longe de se opor, se justapõem amplamente; ambos interpretam a Escritura com auxílio dos testemunhos da tradição. Mas enquanto Mabillon reconhece a diferença específica da t. escolástica na operacionalização de uma argumentação filosófica (1692, 292), Du Pin atribui essa diferença unicamente à organização sistemática das matérias, que se tornam aqui objeto de um estudo global (1716, 1206).

Esses dois autores são, na história da t. da idade clássica, os principais representantes de uma tendência que será a seguir largamente identificada com a t.p.: eles se apegam a uma investigação filológico-histórica visando a restabelecer a letra e o espírito dos testemunhos da tradição e pensam que esse meio lhes permitirá, mais do que pode a sutileza de uma argumentação que eles qualificam de "escolástica", contribuir para resolver as grandes questões teológicas e eclesiais de seu tempo. Ambos invocam a tradição católica dos "lugares* teológicos".

> Além dos teólogos já citados e de seu círculo imediato, essa tendência compreende em primeiro lugar os autores que buscaram relacionar os temas da t. dogmática com os testemunhos da tradição (p. ex. D. Petau e L. Thomassin). A força e, ao mesmo tempo, a dificuldade de tal t.p. deviam-se ao fato de que o instrumento neutro da ciência filológico-histórica encontrava-se aqui posto a serviço de uma t. eclesial necessariamente predeterminada na escolha de suas fontes e nos seus resultados; essa associação fazia dela um "gênero misto" de caráter especial (Neveu, 1994, 460). O magistério* eclesial também não tardou em manifestar um ceticismo acentuado diante dos resultados e da influência crescente dessa t.p. na qual ele discernia uma tendência a introduzir critérios autônomos no seio da Igreja, tendência associada a uma "noção objetiva ou documentária da tradição" (Congar, 1960, 239).

Esses problemas externos, acrescentando-se às dificuldades internas já evocadas, acompanham todo o desenvolvimento da t.p. desde os teólogos agostinianos dos s. XVI e XVII (agostinismo*, jansenismo*) até autores contemporâneos apegados à disciplina* eclesiástica, como P. Batiffol ou H. de Lubac*. A corrente neoescolástica surgida no s. XIX e favorecida pelo magistério romano se esforçou, ao contrário, por integrar a t.p. de tal maneira que os testemunhos da Escritura e da tradição não interviessem mais do que como elementos justificativos (*dicta probantia*), servindo para confirmar conteúdos de fé já formulados e fixados em sua normatividade (notas* teológicas).

d) *A positividade como marca de toda teologia.* — Após as controvérsias com a filosofia* das Luzes, que acabara por defender uma religião puramente "natural" (Lagrée, 1991, 62-91) e dera um sentido pejorativo à noção de "t.p." ou de "religião p.", alguns filósofos e teólogos do s. XIX se esforçaram por compreender a t. como necessariamente "p." porque irremediavelmente ligada à revelação*, a seus testemunhos históricos e à sua atestação presente na Igreja (Schelling*, 1803, lições 8 e 9; Schleiermacher*, 1811; Drey, 1819); e faziam dela, assim, uma ciência de pleno direito, perante uma abordagem puramente filosófica ou puramente histórica da religião (cf. mais recentemente Heidegger*, 1970; Seckler, 1977).

Se o termo "t.p." está em grande parte riscado do vocabulário teológico atual, os problemas ligados a esta noção e à sua história permanecem, contudo, notadamente acerca das relações da t. dogmática com suas fontes, e também acerca da "qualificação teológica" das disciplinas bíblicas e históricas no seio da t. (exegese*, história* da Igreja).

- J. Maior (1516[4]), *In IV sententiarum*, Paris. — G. de Valentia (1591), *Commentarii theologici*, Ingolstadt. — G. Calixt (1628-1656), *Apparatus sive introductio in studium et disciplinam sanctae theologiae, in Werke in Auswahl*, t. I, ed. I. Mager, Göttingen, 1978, 48-364. — A. Calov (1682), *Theologia positiva*, Wittenberg. — J. Mabillon (1692[2]), *Traité des études monastiques*, Paris. — L. E. Du Pin (1716), *Méthode pour étudier la théologie*, ed. J.-P. Migne, *Theologiae cursus completus*, vol. 26, Paris, 1842, 1194-1296. — F. W. J. Schelling (1803),

Vorlesungen über die Methode des academischen Studiums, Tübingen. — E. Rogent, E. Durán (1927), *Bibliografia de les impressions lullianes*, Barcelona. — St. Kuttner (1936), "Sur les origines du terme 'droit positif'", *RHDF* 15, 728-740. — S. Garcías-Palou (1958), "¿Fué Ramón Llull el primero en usar las expresiones 'teología positiva' y 'teólogo positivo'?", *EstLul* 2, 187-196. — Y. Congar (1960), *La Tradition et les traditions*, vol. 1, Paris. — P. Clair (1964), *Louis Thomassin*, Paris. — Th. Tshibangu (1965), *Théologie positive et théologie spéculative*, Louvain. — M. Heidegger (1970), *Phänomenologie und Theologie*, Frankfurt ("Théologie et philosophie", *ArPh* 32, 1969, 353-415). — L. Karrer (1970), *Die historisch-positive Methode des Theologen Dionysius Patavius*, Munique. — Ch. Lohr (1973), "Lección inaugural", *EstLul* 17, 114-123. — M. Hofmann (1976), *Theologie, Dogma und Dogmentwicklung im theologischen Werk Denis Petaus*, Munique. — M. Seckler (1977), "Theologie-Religionsphilosophie-Religionswissenschaft", *ThQ* 157, 163-176. — J. Gres-Gayer (1986), "Un théologien gallican, témoin de son temps: Louis Ellies Du Pin", *RHEF* 72, 67-121. — Y. Chaussy (1989-1991), *Les bénédictins de Saint-Maur*, 2 vol., Paris. — J. Lagrée (1991), *La religion naturelle*, Paris. — B. Neveu (1994), *Érudition et religion aux XVIIe et XVIIIe siècles*, Paris.

Leonhard HELL

→ *História da Igreja; Lugares teológicos; Notas teológicas.*

PÓS-MODERNIDADE

a) História do termo. — Após algumas ocorrências esporádicas, a história do termo "pós-modernidade" (p.m.) começa com a "nova crítica" americana, que o tomou de empréstimo a Arnold Toynbee (1889-1975) no final dos anos de 1960 (S. Maier, 1989). Tinha então um sentido pejorativo e designava o abandono do rigor próprio à verdadeira modernidade. Mas, seduzidos pela fusão da modernidade e da veia popular que encontravam em certas obras literárias, Leslie A. Fiedler e Susan Sontag lhe deram logo um sentido positivo. O termo se estendeu em seguida a outras artes, sobretudo à arquitetura*; o americano Charles Jencks foi assim, nos anos de 1970 e 1980, o mais notável protagonista de uma arquitetura pós-moderna

que unia ornamentação gratuita e funcionalismo moderno, e que usava estilos antigos com certa ironia, sem se ocupar com a primeira destinação cultural ou religiosa deles.

I. Hassan (1980) aplicou o termo à cultura em geral: para ele, as ideias que foram de vanguarda são hoje recuperadas por uma sociedade* em que reinam a publicidade e os *mass media*, e em que o equívoco e a transgressão se tornam, assim, de uso corrente (cf. também Guardini, 1950).

Lyotard (1979) também dá um sentido muito amplo ao termo. A modernidade é, para ele, marcada por três etapas: a época das Luzes, em que a crença numa verdade* objetiva se exprime pelos "grandes relatos" que evocam a libertação histórica simultânea da liberdade* e da razão; a época moderna, a partir do positivismo do s. XIX, em que a verdade é definida como êxito pragmático; enfim, a época pós-moderna, em que a verdade dos diferentes jogos de linguagem adquire um estatuto plural. A crer em Lyotard, a p. seria niilista e sustentaria que não existe verdade objetiva tanto quanto não existe unidade do sujeito. O mundo anglófono, no entanto, vê na p.m. uma redescoberta de certos aspectos da pré-modernidade (como no neoclassicismo de Jencks) — assim com as noções de virtude* e de normas do verdadeiro defendidas por A. MacIntyre, C. Taylor ou M. Sandel. Esses autores, de fato, são pós-modernos na medida em que recusam o gosto da fundação (o fundacionalismo) próprio à época moderna e sustentam que a verdade objetiva só é acessível pela inserção em uma tradição* narrativa. É do mesmo modo que P. Koslowski, na Alemanha, defende (retomando as ideias de R. Spaemann) uma p.m. "substancial" que une essencialismo aristotélico e liberdade moderna.

b) Fluidez do conceito. — Se, apesar de sua ambiguidade, o termo "p.m." pode servir a alguma coisa, é para designar três fenômenos recentes. O primeiro é a passagem, no domínio estético, da abstração e da evocação da verdade subjetiva ao uso irônico de modos mais antigos de narração e de representação. O segundo é a combinação de procedimentos de vanguarda e de manipulação comercial das imagens. O terceiro é a passagem, no domínio filosófico, de uma teoria do conhecimento (que supõe que haja um sujeito e um objeto reconhecíveis) a uma filosofia* do "evento", em que se mesclam aspectos objetivos e subjetivos. Só a segunda dessas evoluções tem uma data mais ou menos precisa. No que diz respeito às artes, sua história comporta há muito tempo traços "pós-modernos" — assim para o simbolismo do s. XIX e para o modernismo do s. XX (Conrad p. ex.). No domínio filosófico, o questionamento pós-moderno remonta ao menos à filosofia* do Renascimento e a Espinosa (1632-1677), e reaparece no início do s. XX com Bergson (1859-1941), Whitehead (1861-1947) e Heidegger*. A evolução, contudo, acentuou-se radicalmente a partir dos anos 1960.

c) *Teologia e pós-modernidade.* — Pode-se distinguir quatro tendências. 1/ Marc C. Taylor (1984), que sofreu influência de Derrida, chama pós-moderno seu remanejamento de uma teologia* ateia da morte* de Deus* no sentido de um maior niilismo. 2/ Alguns teólogos de língua inglesa (K. Hart, 1989; G. Ward, 1995) tentam combinar teologia e cristologia* ortodoxas com a *différance* de Derrida. 3/ Alguns fenomenólogos franceses (J.-L. Marion, J.-L. Chrétien, P. Ricoeur, M. Henry) admitem o "fim da metafísica" anunciado por Heidegger, mas fazem uma crítica teológica de sua teoria do ser* e, portanto, implicitamente ou não, do pensamento de Derrida. Todavia, seu modo de recusar o niilismo da *différance* recorrendo à análise fenomenológica da experiência parece fundacionalista e, portanto, "moderna" para leitores ingleses ou americanos. 4/ Vários teólogos de língua inglesa, frequentemente inspirados no último Wittgenstein, têm afinidades com o tipo de p.m. de um MacIntyre ou de um Spaemann: "escola de Yale" (H. Frei, G. Lindbeck, B. Marshall), que se define como "pós-liberal", e a "escola de Cambridge" (R. Williams, N. Lash, J. Milbank, G. Loughlin, G. Ward), que integra temas tomados de empréstimo aos niilistas franceses assim como aos filósofos do terceiro grupo.

• A. Toynbee (1947), *A Study of History*, vol. I-VI (resumido), Londres. — R. Guardini (1950), *Das Ende der Neuzeit: Ein Versuch zur Orientierung*, Basileia. — H. Levin (1966), *Refractions*, Nova York. — I. Howe (1971), *Decline of the New*, Londres. — H. Frei (1974), *The Eclipse of Biblical Narrative*, New Haven, Conn. — J.-L. Marion (1977), *L'idole et la distance*, Paris. — J.-F. Lyotard (1979), *La condition postmoderne: rapport sur le savoir*, Paris (*O pós-moderno*, Rio de Janeiro, 1986). — I. Hassan (1980), "The Question of Postmodernism", *in* H. Garvin (sob a dir. de), *Romanticism, Modernism, Postmodernism*, Toronto, 117-126. — J.-L. Marion (1982), *Dieu sans l'être*, Paris. — M. J. Sandel (1982), *Liberalism and the Limits of Justice*, Cambridge. — G. Lindbeck (1984), *The Nature of Doctrine: Religion and Theology in a Postliberal Age*, Filadélfia. — G. Rose (1984), *Dialectic of Nihilism: Poststructuralism and Law*, Oxford. — M. C. Taylor (1984), *Erring: A Postmodern A/Theology*, Chicago. — C. Jencks (1986), *What is Postmodernism?*, Londres. — P. Koslowski, R. Spaemann, R. Löw (1986), *Moderne oder Postmoderne?*, Stuttgart. — J.-F. Lyotard (1986), *Le postmoderne expliqué aux enfants. Correspondance, 1982-1985*, Paris. — L. A. Fiedler (1987), "Cross the Border, Close that Gap: Postmodernism", *in* M. Cunliffe (sob a dir. de), *American Literature since 1900*, Londres, 329-351. — N. Lash (1988), *Easter in Ordinary*, Londres. — K. Hart (1989), *The Trespass of the Sign*, Cambridge. — J.-F. Lyotard (1989), "Defining the Postmodern", "Complexity and the Sublime", "Response to Kenneth Frampton, 'Brief Reflections on Popular Culture'", *in* L. Appignanese (sob a dir. de), *Postmodernism: ICA Documents*, Londres. — S. Maier (1989), "Postmoderne", *HWP* 7, 1141-1145. — J. Milbank (1990), *Theology and Social Theory*, Oxford. — G. Rose (1992), *The Broken Middle*, Oxford. — J.-Y. Lacoste (1994), *Expérience et absolu*, Paris. — G. Ward (1995), *Barth, Derrida and the Language of Theology*, Cambridge. — R. Williams (1995), "Between Politics and Metaphysics: Reflections in the Wake of Gillian Rose", *in* L. G. Jones, S. E. Fowl (sob a dir. de), *Rethinking Metaphysics*, Oxford, 3-22. — C. Strube, D. Brown e B. Beuscher (1997), "Postmoderne", *TRE* 27, 82-95. — J. Kunstmann (1997), *Christentum in der Optionsgesellschaft: Postmoderne Perspektive*, Weinheim. — P. Lakeland (1997), *Postmodernitu: Christian Identity in a Fragmented Age*, Minneapolis.

John MILBANK

→ *Ateísmo; Freud; Heidegger; Linguagem teológica; Marx; Nada; Nietzsche.*

POTÊNCIA DIVINA

a) **Toda potência ou todo poder?** — O judaísmo* repousa na memória da potência (p.) de Deus* (D.): "foi com mão forte que Javé vos fez sair de lá" (Ex 13,3). Por toda parte, ele pode salvar seus eleitos e fazer para eles o que quiser. Israel* encontra sua força em D. (Gn 32,29), pois Javé é o único Todo-poderoso (T-P): dele vêm a criação*, a eleição*, a vitória (Dt 4,32-39). Esta potência soberana, universal, é livre — "tudo o que quis, ele o fez" (Sl 115,3; Is 46,10) —, mas benevolente (Sl 86,15s). Ela age na história*, domina os astros e todas as forças do universo.

Na Bíblia* hebraica, D. tem por nomes Sabaoth (D. dos exércitos, 1Sm 17,47) ou El-Shaddai (habitante das montanhas, Gn 17,1), traduzidos nos LXX por *pantokrator* (T-P: 170 ocorrências). Assim, a força divina se apresenta como uma p. livre que domina (*kratein*) o todo (*to pan*), associando a iniciativa da salvação* e a p. que sustém o cosmo*. Numerosos textos proclamam a senhoria de D. sobre todas as coisas. "Senhor, Senhor, rei T-P, o universo está em teu poder, e ninguém pode te fazer frente [...], pois foste tu que fizeste o céu e a terra" (Est 4,17b). A p. salvadora cria, conserva e destrói. Nada lhe escapa (Jr 32,17), "nada é impossível para D." (Gn 19,22). Assim, a onipotência (o.) se torna o nome* próprio de D.: "T-P é seu nome" (Ex 15,3, Vulg.). No NT, este nome tem uma função litúrgica: hinos relembram a aliança* com D., sua paternidade, seu reinado, sua eternidade* (1 x em Paulo, 2Cor 6,18; 9 x no Apocalipse). Ele intervém ali num contexto escatológico, para ordenar o mundo à glorificação pascal do Cristo*.

O termo *pantokrator* é atestado desde os credos mais antigos. Ele passa do AT para a liturgia* cristã para designar o D. único, Pai* de seu povo* e do mundo*. Todas as demais atestações de *pantokrator* são posteriores aos LXX (Montevecchi, 1957), por isso é inútil buscar no termo um princípio cosmológico herdado da filosofia*. Mais vale articular os diversos usos de *kratein*. Seguido do genitivo, significa "reinar, dominar": *Pantokrator* = Senhor do Universo; seguido do acusativo, significa sobretudo "ter em seu poder, capturar" (Mc 1,31): D. intervém no íntimo de todas as coisas por sua p.

Uma recepção estoica, indicando a sustentação do mundo pela Providência*, uma aproximação com o demiurgo de Platão, preservando o que faz (*Timeu* 41 *a*), e a vizinhança de Zeus *pantokrator* ("que sustenta tudo"), de Júpiter *omnipotens, rerum omnium potens*, fazem deslizar a o. rumo ao segundo sentido. Para Teófilo de Antioquia, D. é criador, "mas é chamado *pantokrator* porque sustenta (*kratein*) e abarca todas as coisas (*ta panta*)" (I, 4, 64; cf. *Epístola a Diogneto* 7, 2, p. 66). A o. orienta a geração do Filho e a criação do mundo rumo à transmissão que D. faz de sua glória* ao Cristo ressuscitado: "De fato, é por seu Filho que o Pai é T-P" (Orígenes*, *Dos princípios* 1, 2, 10). O termo integra assim a função cósmica (retomada da herança helênica) numa síntese trinitária: "Quando ouvimos o nome *pantokrator*, nosso pensamento é de que D. sustenta todas as coisas no ser*" (Gregório* de Nissa, *Contra Eunômio* 2, 126, 366). Será preciso articular, assim, a o. bíblica (*almightiness*, p. *sobre* todas as coisas) e a o. filosófica (gr. *pantodunamos*, capaz de *fazer* tudo, Geach, 1973).

As controvérsias trinitárias remodelam sua significação: a paternidade de D. se concentra sobre a geração do Filho (filiação*), de modo que a o. exprime a identidade entre o D. dos profetas*, cujo nome é T-P, e o Pai do Senhor. Como o ato de criação não é mais evocado pela paternidade, ele é acrescentado como desenvolvimento da o.: "criador do céu e da terra" (Kelly, 1950, 374). Contra os arianos, que reservam a o. somente ao Pai, Atanásio* recorda a senhoria universal de Cristo*: "T-P é o Pai e T-P é o Filho" (*A Serapião* 2, 611). A o. torna-se então um atributo* comum às três pessoas*. O símbolo *Quicumque* faz radicalmente eco a isso: "T-P é o Pai, T-P o Filho, T-P o Espírito*; e todavia não há três o., mas um só T-P" (*DS* 75). No entanto, o Cristo *pantokrator* permanece no centro do programa iconográfico das igrejas bizantinas (Capizzi, 1964).

O latim distingue precisamente dois atributos: *omnitenens, omnipotens* (Agostinho*, *Confissões* XI, 13, 15; CSEL 33, 290), o primeiro forjado para traduzir *pantokrator* (Ps.-Tertuliano, *Carmen adversus Marcionem* V, 9, 5, 1089 A), ao passo que *omnipotens* traduz *pantodynamos*, e remete ao "poder de fazer todas as coisas" ("Quem é T-P senão aquele que pode tudo?", *A Trindade* IV, 20, 27; 197). Mas o uso vai dar a *omnipotentia* os dois valores, como Petau ainda terá consciência disso (1644, reed. 1865, I, cap. 5, 427). Sobre essa equivocidade se constrói um novo problema: D. pode fazer o que quer, mas "não pode morrer, não pode pecar, não pode mentir, não pode se enganar" (Agostinho, *Enchiridion* 24, 96). Será que ele de fato pode tudo? Orígenes já respondia: "D. pode tudo o que pode fazer sem deixar de ser D., de ser bom, de ser sábio". Precisamente, *não* se deve entender "que ele pode até mesmo o injusto, mas não o quer". "D. tampouco pode cometer injustiça, pois o poder de cometer injustiça é contrário à sua divindade e à sua o." — sua natureza implica a impossibilidade absoluta de cometer o mal, e isso não depende de sua vontade (*Contra Celso* 3, 70; 158-161). A resposta de Agostinho é próxima: "Tudo isso, ele não o pode, pois se o pudesse não seria T-P" (*Enchiridion* 24, 96, 100). A o. não deve ser considerada como um atributo isolado, mas como o do D. bom, que deixaria de ser ele mesmo se deixasse de ser bom, imortal etc. "Se Deus pode ser o que não quer, ele não é T-P" (PL 38, 1068; cf. *Sermões* 213 e 214).

b) A Idade Média: potência absoluta e potência ordenada. — Na IM, a o. divina é um dado comum a todas as religiões reveladas, inclusive o islamismo (*Corão* 46, 32). Reagindo contra a submissão de D. au Bem* e considerando cada atributo em si mesmo, a teologia* medieval exige que a p. divina seja afirmada no mais alto grau, como infinita* (P. Lombardo, *Sent.* I, d. 43, § 1); crer que a p. de D. é limitada por sua bondade ou sua vontade seria negar-lhe algumas perfeições. Contra Jerônimo (*Ep.* 22, 5; 150), Pedro Damião pensa que D. pode fazer que uma virgem deflorada recupere sua virgindade; pode mesmo fazer que o que foi não tenha sido, p. ex. que Roma* não tenha existido. Abelardo* sublinha a necessária conformidade das obras de D. com o bem, a ponto de afirmar que D. só pode fazer o que faz e que não pode fazer o mundo melhor do que faz. Foi condenado, e as *Sentenças* de P. Lombardo o criticam severamente (Boulnois, 1994). Para Anselmo*, Cristo não pecou e não pôde querer pecar, porque não o quis, tendo-se limitado a si mesmo: há assim coisas que D. podia fazer, mas não as quis (*Cur Deus homo?* 2, 5.10.17; cf. Courtenay, 1984, 39-64). Lança-se assim o fundamento de uma distinção entre *p. absoluta* (o que D. pode fazer, na extensão de sua p. tomada no sentido estrito, mas que não faz), e *p. ordenada* (aquilo que D. livremente escolheu fazer e que ele conhece por sua presciência) — (Ps.-Hugo de São Vítor, *Quaestiones in epistolam ad Romanos*, q. 91, 457; Hugo de Saint-Cher, *Sentenças*, Boulnois, 1994, 138). Os autores do s. XIII retomam essa oposição puramente lógica entre a pura p. absoluta e a autolimitação ordenada dessa p. por D. Um novo paradigma, frequentemente atribuído ao nominalismo*, mas nascido de Duns* Escoto e interpretado a partir de um modelo político, surge no s. XIV: a p. ordenada é a autolimitação do direito*; a p. absoluta é a capacidade de agir *de facto* fazendo exceção à lei*. Desde então, a p. absoluta deixa de ser abstrata para se tornar operatória, e invade todos os domínios do pensamento: cosmologia, moral, teologia; a ordem presente pode sempre ser suspensa por uma intervenção divina. D. poderia mentir, enganar, exigir que o homem o odeie. O mundo perde sua ordem e D., sua inteligibilidade.

c) A época moderna e contemporânea: o soberano e o relojoeiro. — Os ataques de Lutero* destroem a distinção entre p. absoluta e p. ordenada: "Chamo o. de D., não essa p. pela qual ele não faz muitas coisas que pode fazer, mas esta p. atual pela qual ele faz poderosamente tudo em todos, como a Escritura* chama sua o." (*De servo arbitrio, WA* 18, 718): ou D. está submetido ao destino (*fatum*) como os deuses pagãos, ou D. conhece o futuro e é T-P, e neste caso o homem nada pode — liberdade humana e potência divina são contraditórias. A p. absoluta toma um sentido político e designa o poder absoluto do príncipe. Assim, o período moderno hesita entre dois modelos da p.: o soberano absoluto e o relojoeiro submisso aos mecanismos do ser (E. Randi, 1986). Montaigne reafirma com força a o. de D. diante das verdades matemáticas (*Ensaios* II, 12), e Descartes* chega a postular a criação das verdades eternas. Ao contrário, Giordano Bruno recusa ferozmente a existência de uma p. absoluta de D. que se estenderia para além da ordem necessária da natureza* (*De immenso* III, 1, *Opera* I, 1, 320), e para Espinosa a p. ordenada se confunde com a p. ordinária de D. — isto é, a necessidade da natureza (*Cogitata metaphysica* II, 9).

A metafísica moderna caiu nas aporias do D. relojoeiro, submetido à ordem do mundo (deísmo*), ou do soberano arbitrário. Em reação a isso, o pensamento contemporâneo desconfia da o. Barth* lembra que ela está ordenada à eleição divina. A *Process* Theology* e, no pensamento judaico, H. Jonas negam francamente a o. Será preciso jogar fora o bebê com a água do banho? Decerto, basta ser mais sóbrio, lembrar que a p. é sempre ordenada pela caridade e que ela desposa a impotência humana no aviltamento de Cristo. Seria simplesmente retornar ao sentido bíblico e patrístico, para o qual D. é "Senhor de todas as coisas", o que precisamente não significa "capaz de fazer qualquer coisa".

• Atanásio, *Cartas a Serapião*, SC 15. — Agostinho, *Confissões*, CSEL 33; *De Trinitate*, CChr.SL 50; *Enchiridion*, CChr.SL 46, 49-114. — *Epístola a Diogneto*, SC 33 bis. — Gregório de Nissa, *Contra Eunomium*, ed. W. J. Jaeger, *GNO* II, Leyden, 1960. — Ps-Hugo de São Vítor, *Quaestiones in epistulam ad Romanos*, PL 175, 431-514. — P. Damião, *Carta sobre a onipotência divina*, SC 191. — Orígenes, *Des principes*, ed. Koetschau, Berlim, 1913 (trad. M. Harl, G. Dorival, A. Le Boulluec, 1976). — [Ps.] Tertuliano, *Carmen adversus Marcionem*, PL 2, 1051-1090.

▶ D. Petau (1644-1650), *Dogmata theologica* I, reed. J.-B. Fournials, Paris, 1865-1867. — K. Barth (1940), *KD* II/I, 587-685. — J. N. D. Kelly (1950), *Early Christian Creeds*, Londres, 1972³. — H.

Hommel (1956), *Schöpfer und Erhalter*, Berlim. — O. Montevecchi (1957), Pantokratôr, *Studi in onore di A. Calderini e R. Paribeni*, Milão, 401-432. — P. Biard (1960), *La puissance de Dieu*, Paris. — C. Capizzi (1964), *Pantokrator*, Roma. — H. Jonas (1968), "The concept of God after Auschwitz", *in Out of the Whirlwind*, ed. A. H. Friedländer, Nova York. — D. L. Holland (1969), "*Pantokrator* in New Testament and Creed", StEv 6, 256-266. — M. F. Lacan (1970), "Puissance", *VThB*² (1988⁶), 1060-1068. — M.-A. Pernoud (1972), "The theory of the *potentia Dei* according to Aquinas, Scotus and Ockham", *Anton*. 47, 69-95. — P. T. Geach (1973), "Omnipotence", *Phil*. 43, 7-20. — T. Gregory (1974), "Dio ingannatore e genio maligno. Note in margine alle *Meditationes* di Descartes", *GCFI* 54, 477-516. — K. Bannach (1975), *Die Lehre von der doppelten Macht Gottes bei Ockham*, Wiesbaden. — A. de Halleux (1977), "D. le Père tout-puissant", retomado em *Patrologie et oecuménisme*, Louvain, 1990, 68-89. — F. Oakley (1984), *Omnipotence, Covenant and Order. An excursion in the theory of ideas from Abelard to Leibniz*, Ithaca-Londres. — F. Bergamelli (1984), "Sulla teoria del termine *Pantokrator* dall'inizio fino a Teofilo di Antiochia", *Sal*. 46, 439-472. — W. Courtenay (1984), *Covenant and Causality in Medieval Thought*, Londres. — A. Funkenstein (1986), *Theology and scientific imagination from the late Middle Ages to the XVIIth Century*, Princeton. — E. Randi (1986), *Il soverano e l'orologiaio. Due immagini di Dio nel dibattito sulla potentia absoluta, fra XII e XIV secolo*, Florença. — W. Courtenay (1990), *Capacity and volition. A history of the distinction of absolute and ordained power*, Bérgamo. — G. van den Brink (1993), *Almighty God. A study of the doctrine of divine omnipotence*, Kampen. — O. Boulnois (sob a dir. de) (1994), *La puissance et son ombre*, Paris. — J.-P. Batut (1998), *Pantocrator, "Dieu le Père tout-puissant": Recherche sur une expression de la foi dans les théologies anténicéennes*, tese, Univ. de Paris IV e Instituto Católico de Paris.

Olivier BOULNOIS

→ *Atributos divinos; Ciência divina; Escolástica; Eternidade divina; Imagens; Imutabilidade divina/ impassibilidade divina; Justiça divina; Onipresença divina; Simplicidade divina.*

POTÊNCIA OBEDIENCIAL →
sobrenatural

POTENTIA ABSOLUTA → **potência divina**
b. → **nominalismo** I. 2

POTENTIA ORDINATA → **potência divina**
b. → **nominalismo** I. 2

POVO

1. Terminologia

Dois termos funcionam em interação constante no hb. bíblico: *'am* e *gôy*, traduzidos respectivamente por "povo" (p.) e "nação". Um terceiro termo, *le'ôm*, pertence à língua poética (salmos*).

— *'am* é o mais empregado (1.826 x) com as características seguintes: o mais das vezes no singular, frequentemente seguido de um possessivo ou de um complemento nominal ("meu p." ou "p. de Javé": Os 1,8; Ez 36,20). Também pode entrar em nomes próprios (Ex 6,23; Nm 13,12). O termo remete a uma comunidade humana precisa fundada em relações de aliança* familiares ou políticas. A expressão *'am ha'ârèç*: "p. do país", designa uma população local (Gn 23,12) ou um agrupamento do p. distinguido de seus dirigentes (Jr 1,18; 2Rs 11,14).

— *gôy* é menos frequente (561 x): seu plural (maioria dos casos) serve para designar "as nações" numerosas espalhadas pela terra (Gn 10,32). A construção "nação de" seguida de "Javé" ou outro deus nunca é encontrada. As "nações" são os outros p. em relação a uma comunidade de referência, *'am*.

Israel*, portanto, é normalmente designado como *'am*. Mas também pode ser chamado de *gôy* quando seu comportamento o aproxima das outras "nações". O fato de ter um rei é uma forma de assemelhação às "nações" (1Sm 8,20). É possível às vezes sustentar que Israel é uma "nação" da qual Deus* faz um "p." (Ex 33,13) e que a descendência de Abraão será uma grande "nação" (Gn 12,2).

O gr. dos LXX e o do NT respeitaram em geral a distinção do hb., utilizando *laos* para verter *'am*, e *ethnos* para *gôy*. Mas sua tendência é reforçar a identificação do *laos* com o p. de Deus (Israel nos LXX; às vezes para Lucas os pagão-cristãos [Ac 15,14] ou os judeu-cristãos [Ac 18,10]).

2. Antigo Testamento

a) Estruturas e desenvolvimentos. — O p., primeiramente, não procede da reunião de súditos ou de cidadãos em torno da autoridade* de um rei ou de uma lei*. Ele parece constituir-se, antes, a partir da aliança de conjuntos humanos (os "clãs" e "tribos"), cujas formas e residências são móveis (Gn 34,16), e a partir da pertença reconhecida a um "Deus do pai" que se torna pouco a pouco o Deus de um p. em devir (Gn 49,24). Parece pouco provável que tenha havido uma organização estável, tal como "liga" das tribos ou culto* central (em Gilgal?) no momento da conquista de Canaã e da defesa contra os filisteus: tais operações se desenvolvem mais em ordem dispersa (Juízes) do que em ordem de batalha (Josué). É a necessidade de uma autoridade política e militar "como as outras nações" que vai dar ao p. de Israel a forma de uma monarquia. O p. então é organizado sobre uma base territorial e administrativa que consagra a instalação na terra de Canaã: o rei conclui aliança em presença de Javé (2Sm 5,1ss) com as "doze tribos" que figuram em Gn 49,28. O rei "filho" de Deus (cf. Sl 2: "Tu és meu filho") representa a unidade do p. diante do Deus de Israel. Sua grandeza ou suas faltas lhe valerão a admiração dos sábios (Sr 47) ou a dura crítica dos profetas* (Jr 36). O que o profeta diz na presença do p. é frequentemente um questionamento da política real. Mas o fim da realeza política com o exílio não pode acarretar o fim da aliança de Deus com o p. de Israel (Jr 31,31) nem o fim da promessa* dinástica feita a David (Jr 33,14s). A vida de Israel se organizará então em torno da classe sacerdotal. A insurreição dos Macabeus (iniciada em 167 a.C.) conseguirá devolver ao povo uma independência que ele perderá de novo com a chegada dos romanos (63 a.C.).

b) Marcas rituais e eleição. — É, pois, por meio de uma longa evolução histórica que se pode discernir dois traços característicos desse p. tão próximo e tão diferente dos outros:

— Israel é um p. convocado a se reunir em torno dos grandes eventos de sua história*, e os ritos comemorativos podem ser retrospectivamente introduzidos na narrativa* do evento mesmo (Páscoa*, Sinai, travessia do Jordão...). Esta capacidade de reunião se exprime na noção de *qâhâl*, tal como aparece p. ex. em Ex 12,6 (a Páscoa). Ela se inscreve em lugares e momentos (santuários e festas), mas requer também marcas que diferenciam em relação aos outros p. O *qâhâl* é, pois, uma noção em parte ritual que exige condições precisas, como a circuncisão (Gn 17,9-14; Ex 12,44.48), e impõe critérios de genealogia (Dt 23,3) ou de pureza* (Nm 19,20). Necessidade da vida do p., a reunião é atualizada pela liturgia* do Templo*, pelas festas de peregrinação*, pela escuta e pelo ensino da Lei (Ne 8). Deus concebeu até mesmo o projeto de convocar sobre a montanha santa (Sião) uma reunião de todas as nações (Is 60,3; 66,18).

— O p. de Israel é objeto de uma escolha particular chamada comumente "eleição*", que lhe confere um *status* de p. consagrado, "reino de sacerdotes e nação (*gôy*) santa" (Ex 19,6). Foi a iniciativa gratuita de Deus (Dt 7,6ss) que conferiu a um p. entre outros a santidade* de seu nome. Essa eleição pode ser questionada pela conduta mesma deste p. "de dura cerviz" (Ex 32,9), mas não poderia desaparecer para sempre. Os profetas desenvolvem nos piores momentos da história a teologia* de um "resto" de Israel de onde renasce um p. novo: trata-se daqueles que sobrevivem à catástrofe punitiva (Is 4,2) ou do "Servo*" escolhido no p. (Is 42,6; 53,11) para carregar-lhe os pecados* e oferecer os sofrimentos. Essa permanência da eleição combina-se com as promessas feitas a Abraão (Gn 12) ou a David (2Sm 7).

c) Os símbolos. — Dois registros devem ser considerados:

— Um, de tipo *familiar*, no qual Javé governa o conjunto das relações no papel de um pai. É assim que o p. toma o nome de "filho" (Dt 14,1) e, pela eleição, o de "filho primogênito" (Ex 4,22). Mas é também herdeiro e assimilado ao "patrimônio" de Javé (Sl 33,12). Outra imagem fortemente inscrita é a do casal* humano: nela se vê o homem fazer retornar a ele uma mulher* infiel (Os 2,16-25; Jr 2ss).

— O outro registro é o do enraizamento do p. na *terra* que Deus criou e da qual lhe entrega uma parte. Utiliza-se assim a imagem do barro modelado pela mão do oleiro livre para fazer e refazer o que ele cria (Jr 18,5s). Mas é sobretudo na imagem da vinha plantada com amor* (Is 5,1-7) ou transplantada do Egito (Sl 80,9-17), e também na imagem do rebanho conduzido por um pastor seguro e benevolente (Is 40,11; Sl 77,21; 95,7), que se exprimem os elos afetivos entre Deus e seu p. É aqui que eclodem a misericórdia* do Senhor e o apelo a retornar para o Deus da eleição.

2. O Novo Testamento

a) Jesus e seu povo. — Jesus* faz parte de seu p. como habitante da Galileia num período em que essa região e a Judeia estão submetidas à autoridade romana. Nasce na tribo de Judá (Belém), "súdito da Lei" (Gl 4,4) e circuncidado (Lc 2,21). Ele aparece no meio de um p. muito dividido. Não é em torno do poder, mais aparente que real, dos sumos sacerdotes que pode se fazer a unidade do p., em nome da qual Caifás dirá que a morte* de Jesus é necessária (cf. Jo 11,50: "para salvar a nação inteira"). Neste contexto tumultuado, vários "partidos" oferecem saídas mais políticas: saduceus, zelotes; ou mais religiosas: fariseus, essênios. Uma parte do ensinamento de Jesus visa uma reunião deste p. disperso, que ele julga privado de pastores (Mt 15,24; 23,37). Sua missão se limita a ele (Mt 10,7; 15,24; cf. Rm 15,8). Chama particularmente todos aqueles que "penam sob o peso do fardo" (Mt 11,28). Alguns querem fazê-lo "rei" (Jo 6,15). Pelo delito de que os juízes o declaram culpado e por sua crucifixão ("maldição" segundo Dt 21,22s; cf. Gl 3,13), Jesus é, nos termos da Lei, separado do p.

b) Universalidade. — Após a Páscoa, o Espírito de Deus (Pentecostes) faz nascer com os discípulos um p. novo que guarda as características da reunião (*ekklesia* traduz *qâhâl*) e da eleição. A tradição* cristã anuncia o cumprimento* em Jesus Cristo da fórmula da aliança: "Vós sereis meu p. e eu serei vosso Deus" (Lv 26,12; Jr 31,33, cf. 2Cor 6,16; Hb 8,10). O batismo* vai reunir num só rito todas as condições exigidas para se pertencer ao p. de Deus (At 2,38).

Este p. é um p. novo pela acolhida que dá, desde a ressurreição* de Cristo*, às "nações" chamadas a entrar na herança: "do que era dividido, fez uma unidade" (Ef 2,14), pois o sangue de Cristo salvou e consagrou um p. imenso "de toda tribo, língua, povo e nação" (Ap 5,9).

O "p. de Deus" torna-se assim uma imagem fundamental da realidade da Igreja*, abrindo-lhe uma perspectiva histórica e escatológica: este p. está em marcha na história rumo a um mundo* novo. É em primeiro lugar um p. de batizados, incessantemente enviado e reunido para existir diante de Deus. Confiado a "pastores" humanos que zelam pela transmissão do Evangelho*, ele representa para todos os homens seu apelo a se reunir sob o sinal do reino* de Deus. Na linguagem cristã, "p." manifesta o dinamismo de conjunto da Igreja, ao passo que "corpo de Cristo" exprime uma dimensão mais orgânica, funcional e mística*.

• H. Strathmann (1942), "Laos", *ThWNT* 4, 29-57. — E. A. Speiser (1960), "'People' and 'Nation' of Israel", *JBL* 79, 157-163. — A. Cody (1964), "When is the Chosen People Called a *gôy*?", *VT* 14,1-6. — E. Jacob (1968), *Théologie de l'Ancien Testament*, Genebra. — S. Pancaro (1970), "People of God in St John's Gospel", *NTS* 16, 114-129. — P. Grelot (1970), "Peuple", *VThB*[2], 979-991. — A. George (1972), "Le peuple de Dieu dans la pensée de Jésus", *Masses ouvrières* 291, 3-49. — H. Cazelles (1982), *Histoire politique d'Israël*, Paris. — J. Dupont (1985), "Un peuple d'entre les nations, Ac 15,14", *NTS* 31, 321-335. — H. Cazelles (1993), "Clans, État monarchique et tribus", *in Essays in honour of G. W. Anderson*, Sheffield, 77-92.

Xavier DURAND

→ *Aliança; Cidade; Eleição; Igreja-Estado; Israel; Jerusalém; Jesus da história; Pagãos; Política (teologia); Reino de Deus; Secularização; Universalismo.*

PRECEITOS/CONSELHOS

"Foi a vida e a morte que pus diante de ti, a bênção e a maldição. Escolherás a vida [...]" (Dt 30,19): assim fala Deus* a Israel*. E Jesus* diz a seus discípulos: "Entrai pela porta estreita. Larga é a porta e espaçoso o caminho que leva à perdição, e muitos os que entram por ele; quão estreita é a porta e apertado o caminho que leva à vida, e poucos os que o encontram!" (Mt 7,13-14). Os mais antigos textos cristãos obrigam também os crentes a caminhar pelo "caminho da vida" e não pelo "caminho da morte" (*Didaché* 1, SC 248, *Ep. de Barnabé* 18-20, SC 172). Vê-se que se trata sempre de imperativos: é a salvação* que está em jogo. O preceito (p.) é aqui fundamental. Paulo, entretanto, advoga em prol da virgindade, do celibato, do estado de viuvez, mas são recomendações, não obrigações (1Cor 7), o que faz surgir a ideia de conselho (c.). Mas o fato mesmo de defini-los como facultativos mostra a predominância da obrigação.

Os primeiros cristãos corriam o risco do martírio*. Não se devia procurá-lo, mas devia-se preferi-lo à apostasia. Às vezes, julgava-se mesmo que era um pecado* evitá-lo. Censurou-se, assim, a Cipriano*, que se escondera durante uma perseguição, de estar em segurança enquanto os outros pereciam, o que o fez retornar e morrer como mártir. Não cabia tampouco se esquivar de seu dever.

Após a paz* da Igreja*, quando não houve mais perigo em ser cristão, o temor da tepidez e do conformismo povoou o deserto de eremitas. Mas estes não buscavam essa vida como se se tratasse de uma escolha entre outras: eram penitentes que buscavam sua salvação, quer se tratasse de Antão (*c.* 251-356) e seus anacoretas (solitários), ou de Pacômio (*c.* 251-346) e seus cenobitas. A vida cenobítica — comunitária — era considerada, aliás, como mais rude do que a vida eremítica, por causa da obediência que ela exigia. Mas, em todos os casos, os monges não pensavam fazer dela mais do que deviam e se consideravam "servos inúteis" (Lc 17,10).

O movimento tornou-se mais estritamente comunitário com as regras de são Basílio* (329-379) e de são Bento (*c.* 540), que organizaram a vida monástica no Oriente e no Ocidente. Ali também as regras não eram tomadas como c., mas como "p. do Senhor" e meios de "participar de seu reino*" (Prólogo da *Regra* de são Bento, SC 181).

Mas quando alguém se dirigia aos cristãos como um todo apresentava-lhes de modo diferente o que eles deviam fazer. Ambrósio*,

p. ex., tomou emprestada a Cícero (*De officiis*) a distinção estoica entre dever (*officium*) "perfeito" (*perfectum, primum, rectum, absolutum*) e dever "médio" (*medium, commune*) e serviu-se dela para interpretar os evangelhos* (*De officiis ministrorum* [CUFr], 1, 11, 36-39; 3, 2, 10), p. ex. o episódio do jovem rico (Mt 19,16-22). O jovem observou os mandamentos* e todavia Jesus lhe diz que para obter a vida eterna*, para ser "perfeito", ele deve renunciar a todos os seus bens e segui-lo. Ambrósio recua diante do excesso dessa exigência e compreende o "se queres ser perfeito" como significando "se quiseres fazer mais do que a lei* exige". O jovem já é a seu ver um discípulo "médio" (mas válido). Se fizesse mais, amando seus inimigos, orando por seus detratores e assim por diante, seria então um discípulo "perfeito". Haveria, pois, para Deus dois pesos e duas medidas. O vocabulário evoluiu depois de Ambrósio, mas encontra-se a mesma ideia na oposição do p. e do c. O p. é uma obrigação explícita (frequentemente um interdito) que prescreve o que é necessário à salvação, o c. é a escolha facultativa de meios mais rápidos de chegar a ela. Na prática, os p. indicavam tudo o que era preciso fazer para viver honestamente no mundo, e os c. reduziam-se aos votos de religião (pobreza, castidade e obediência) (cf. Tomás* de Aquino, *ST* Ia IIae, q. 108, a. 4). O ensinamento da moral foi assim dividido em exortações a seguir os c., de um lado, e em definições estritas dos p., de outro. Alguns escolásticos* (Alexandre de Hales [*c.* 1186-1245], Boaventura*, Tomás) aceitavam mesmo a ideia de que as "obras de *supererogatio*" — termo tomado de empréstimo a Lc 10,35 no texto da Vulgata (traduções* antigas da Bíblia) — proporcionavam à Igreja um excedente de méritos, do qual os cristãos menos zelosos podiam se beneficiar (indulgências*).

Essa suavização do Evangelho escandalizou os cristãos mais fervorosos (como nos ambientes franciscanos), que exprimiram dúvidas sobre a existência de uma dupla moral. João Wyclif (*c.* 1330-1384) pensava que era a Igreja por inteiro que era chamada à pobreza e que, para os sacerdotes pelo menos, os c. deviam ter força

de p.; a Igreja não podia ter propriedades sem se comprometer com estruturas de pecado (*De civili dominio* III, 14). Lutero* rejeitou (por razões pessoais) a tradição dos "c. de perfeição" e se levantou (por razões teológicas) contra a noção mesma de c.: ela lhe parecia implicar uma escolha que diminuía de algum modo a primazia da vontade e dos mandamentos de Deus. Todo cristão, segundo ele, era obrigado a obedecer a todas as exigências do sermão da montanha (*WA* 32, 299-301). Esta posição foi retomada por Thomas Cranmer (1489-1556), que zombava da ideia de se poder fazer mais por Deus do que aquilo a que se é obrigado (*42 Articles* 13, "Articles of Religion", *in* E. C. S. Gibson, *The Thirty-Nine Articles of the Church of England*, Londres, 1896). A partir do s. XIII, o debate foi constante entre aqueles para quem tudo devia ser p. e aqueles que sustentavam a distinção p./c.: valdenses* contra franciscanos, sínodo* de Pistoia (1786) contra concílio de Trento*, jansenistas contra jesuítas, Bossuet (1627-1704) contra Fénelon (1651-1715).

No catolicismo*, a distinção do que era imperativo e do que era aconselhado alimentou a dupla moral da vida religiosa e da vida leiga. No protestantismo*, a afirmação de uma moral única tende na prática a atenuar ou a marginalizar as formas de testemunho mais engajadas. Ao apresentar certas máximas morais como facultativas, a tradição* católica levava os leigos a se contentar espiritualmente com pouco. Ao fazer de todas as máximas mandamentos, a tradição protestante abria sem querer a porta para um liberalismo que as tornava todas facultativas. A casuística* e o antinomismo são assim os dois filhos gêmeos desse debate. Alguns doutores*, entretanto, como Tomás (IIa IIae, q. 184, a. 3; q. 186, a. 2) ou Francisco de Sales (*Tratado do amor de Deus* 8, 5-9, in *Oeuvres*, col. "Pleiade"; [espiritualidade salesiana*]), sempre aceitando a interpretação de Ambrósio acerca do jovem rico, acrescentam que não há tanta diferença entre a fidelidade do casamento* cristão e a fidelidade monástica. Pois "a perfeição consiste essencialmente nos p." (*ST* IIa IIae, q. 184, a. 3), já que o amor* é o maior p. (*ibid.*).

• K. E. Kirk (1930), *The Vision of God*, Londres. — B. Häring (1954), *Das Gesetz Christi*, Friburgo (*A lei de Cristo*, São Paulo, 1966). — L. Bouyer (1960), *La spiritualité du Nouveau Testament et des Pères*, Paris. — J. O. Urmson (1969), "Saints and Heroes", *in* J. Feinberg (sob a dir. de), *Moral Concepts*, Oxford, 60-73. — D. Little (1992), "The Law of Supererogation", *in* E. Santurri, W. Werperhowski (sob a dir. de), *The Love Commandments*, Washington DC, 157-181.

James Tunstead BURTCHAELL

→ *Ascese; Ética; Imitação de Jesus Cristo; Jansenismo; Laicato; Monaquismo; Obras; Santidade; Vida consagrada.*

PREDESTINAÇÃO

Doutrina que não deixa de ter fundamentos bíblicos quando se trata de pensar a eterna gratuidade da graça* divina, a predestinação (p.) viu seu destino ligado, na história da teologia* ocidental, à interpretação pessoal e radical que dela propôs Agostinho*. A releitura dos textos bíblicos e a dos Padres* gregos permitem aqui não confundir a fé* cristã e o ensinamento de um doutor.

a) *A Escritura.* — Para descrever a riqueza dos dons de Deus* para conosco e a resposta que lhe devemos dar, a Escritura* deve utilizar uma variedade de temas entre os quais o de "p." representa só um elemento. Este nunca deve ser isolado, como se fosse a única palavra capaz de dar conta da totalidade do mistério* de Deus e das iniciativas de seu amor*.

O conjunto de testemunhos da Bíblia* sobre Israel* é o seguinte: esse povo* só existe e só pode existir na história* em razão de uma eleição*, isto é, de uma livre escolha de Deus (Ex 3,7-10). Essa escolha é independente de todo mérito (Dt 26,5-10), é irrevogável (Is 41,14-16), o pecado* confirma sua gratuidade (Os 2,16-20; 11,8-10) e a certeza dessa espantosa eleição penetra e tranquiliza o coração* de todo fiel (Sl 16,8-11). Essa eleição, assim compreendida, supõe sempre a liberdade* do homem, que deve ratificá-la (Dt 30,15-20) e responder a ela por uma conversão* permanente (Jr 4,1; 15,19), que se abre por sua vez sobre a promessa* de uma nova aliança* (Is 36,23-33).

O NT pisa fundo nessa perspectiva, da qual é o herdeiro. Abrindo a boca para "proclamar coisas escondidas desde a fundação do mundo" (Mt 13,35), Cristo* anuncia a vinda do reino* de Deus, que deve ser dado a conhecer a "todas as nações" (Mt 28,19) e a toda a criação* (Mc 16,15). O Reino, de fato, é a "Boa-Nova da graça" (At 20,24), graça do Deus "que quer que todos os homens se salvem e cheguem ao conhecimento da verdade" (1Tm 2,4).

Em ambos os Testamentos, a inteira e insubstituível gentileza de Deus é sempre afirmada ao mesmo tempo que a total responsabilidade dos homens; jamais a síntese das duas é apresentada ou poderia ser considerada como uma espécie de compromisso. A iniciativa de Deus e a livre resposta dos homens vão sempre lado a lado; nenhum desses dois termos pode ser sacrificado ao outro, pois não são da mesma ordem, ao mesmo tempo em que permanecem rigorosamente inseparáveis.

Tal é o paradoxo de que nos devemos apropriar se quisermos compreender que "ele [Deus] nos escolheu nele [Cristo] antes da fundação do mundo para sermos santos e irrepreensíveis sob o seu olhar, no amor" (Ef 1,4).

b) *Os Padres gregos.* — Enquanto, na inteligência da fé*, consideram antes de tudo a pessoa* de Cristo e suas implicações trinitárias, os Padres gregos ignoram praticamente a obsessão da p. que vai dominar a teologia latina, sobretudo a partir de Agostinho*.

Eles aceitam sem reticência a presciência divina que, para eles como para a Escritura, tem a ver com a transcendência criadora de Deus. Mas ficam zelosamente atentos a não compreendê-la de um modo que contradiria a liberdade do homem. Opondo-se aos gnósticos que negam o livre-arbítrio, já Ireneu* lembra-lhes que Deus "fez o homem livre, possuindo desde o início sua própria faculdade de decisão, bem como sua própria alma*, para usar do conselho de Deus voluntariamente e sem ser constrangido por Ele. A violência*, com efeito, não tem lugar ao lado de Deus (*Bia gar theo ou prosestin*), mas o bom conselho o assiste sempre" (*Adv. Haer.* IV, 37, 1). Cinco séculos mais tarde, para João Damasceno, é igualmente impensável que Deus "violente a virtude*" (*oude biazetai tem areten* [*De fide orthodoxa* II, PG 94, 972 A]). Não menos impensável para os Padres gregos, como afirma ainda Basílio* de Cesareia na homilia *Quod Deus non est auctor malorum* (PG 31, 329-353), é que, apesar de sua onipotência, Deus seja o autor do mal*. Aliás, como o mal lhes parece antes de tudo uma privação, sua existência no pecado* não implica nenhuma ação positiva de Deus; ela é devida somente à falta dos homens (315 A). Orígenes, portanto, pode tomar à letra a expressão de Mt 7,23 e dizer dos iníquos que "o Senhor não os conhece", já que conhecê-los neste caso seria não desautorizar o que eles fazem (*Comm. in epistulam ad Rom.* VII, PG 14, 1125 B-C). Desde logo, como neste caso Ele poderia "predestiná-los" — no sentido equívoco do termo, sentido contra o qual os Padres gregos se previnem quando encontram esse termo na Escritura? Em contrapartida, um João* Crisóstomo não receará em advertir que, se "Deus nos fez santos, cabe-nos permanecer santos" (*epoiesen hemas autos hagious, alla dei meinai hagious* [*In epistulam ad Eph.*, Hom II, 2, PG 62, 17-22]).

Percebe-se por este traço que a doutrina de Pelágio* não levantava problemas para os Padres gregos; o que os incomodava, em contrapartida, era tudo o que permitisse identificar, sem razão, a p. cristã com o destino dos maniqueístas. É por isso, declara João Damasceno, em quem se resume o pensamento dos Padres gregos, que "importa saber que Deus tem a presciência de tudo, mas não predestina tudo" (*panta men proginoskei, ou panta de proorizei* [969 B — 972 A]). "Ele conhece de antemão o que está em nosso poder, mas não o predestina" (*proginoskei gar ta eph'hemin, ou proorizei de auta* [972 A]).

c) Agostinho e a teologia latina. — Mestre notável quando reflete sobre a gratuidade da graça, Agostinho move-se em pleno equívoco quando se trata da p. Nesse campo, é ele o responsável pelas ambiguidades que pesarão tão fortemente sobre o Ocidente.

Muito cedo, desde a questão LXVIII sobre Rm 9,20 (*De diversis quaestionibus LXXXIII*), tudo repousa, na opinião de Agostinho, sobre a

evidência de que a totalidade dos homens se tornou em Adão* uma "*massa damnata*", privada por essa razão de todo direito de salvação* (cf. entre outros *Enchiridion* VIII, 23-30; *De civitate Dei* XX, 1). Sobre esta "*massa damnata*" reina a p., que de fato é só uma p. restrita. Com efeito, a p. "nada mais é do que a presciência e a preparação dos benefícios de Deus pelos quais são infalivelmente libertados os que são libertados" (*De praedestinatione sanctorum* 35). Fórmula evidentemente restritiva já que, segundo Agostinho, todos os membros da "*massa damnata*" não são predestinados — nem mesmo predestináveis — à salvação; é preciso, de fato, que certa quantidade não seja salva, a fim de que os salvos saibam que o são.

"É uma conclusão bem estabelecida", escreve ele, "a de que Deus não dá sua graça segundo os méritos dos que a recebem, mas segundo a livre disposição de Seu querer, a fim de que aquele que se glorifica não se glorifique de modo nenhum em si mesmo mas no Senhor" (*De dono perserverantiae* XII, 28). Quem desejaria pôr em dúvida esta gratuidade da graça? Mas, para reconhecê-la, é preciso dizer que a graça da salvação não seria concedida a todos? Sim, responde Agostinho: "Dando-a a alguns e fora de todo mérito, Deus testemunha ter querido que ela fosse gratuita e justifica assim seu nome de graça [...]. *Bom*, no benefício concedido a alguns, Deus é *justo* no castigo infligido aos outros; mais ainda, ele é bom para com todos, já que o favor não lesa o direito de ninguém" (*ibid.*). Em outras palavras, a graça, cuja gratuidade absoluta Agostinho estabeleceu admiravelmente quando se trata de um indivíduo, exigiria, para permanecer gratuita quando se trata da humanidade inteira, uma p. necessariamente restrita em sua distribuição.

Acreditando ler em Paulo que "em Adão (*epi* interpretado aqui como se significasse *en*) todos os homens pecaram" (Rm 5,12), Agostinho os vê inexoravelmente danados. De fato, Paulo ensina o contrário: "Pois Deus incluiu a *todos* os homens na desobediência *para* (*hina*) conceder a *todos* misericórdia" (Rm 11,32). Agostinho, omitindo esta afirmação de Paulo em proveito da sua ideia preconcebida de uma p. restrita, vê-se obrigado, apesar de seu respeito em geral escrupuloso da Escritura, a corrigir 1Tm 2,4. Propõe substituir ali o "todos" por um "muitos" de sua lavra (*Contra Julianum pelagianum* IV, VIII, 44). Mesmo aceitando ler "Deus quer salvar todos os homens", é, diz-nos ele, "para que se entenda com isso todos os predestinados, pois todo o gênero humano está neles" (*De correptione et gratia* XIV, 44). Desde o *Enchiridion*, Agostinho se encerrara na tautologia segundo a qual "ninguém é salvo a não ser aqueles que Deus quis" (XXVIII, 103) — e Ele não o quis para todos, crê Agostinho, a fim de que a salvação permaneça verdadeiramente gratuita para os que são salvos.

Nem mesmo Tomás* de Aquino modificará, nesse ponto, o pensamento de Agostinho. Para Tomás, de fato, a vontade salvífica permanece limitada pela p. (*ST* Ia, q. 23).

Prevalecendo contra a autoridade* da Escritura, Agostinho, portanto, pôde servir de caução a um predestinacionismo desesperador para o homem e indigno de Deus: para um Gottschalk no s. IX, um Calvino* no s. XVI e para o jansenismo* no s. XVII.

Para se opor a isso, o magistério* recusou, em nome da Escritura, toda p. divina para o mal (*DS* 621 *sq* e 625 *sq*); manteve a existência do livre-arbítrio em todo homem (*DS* 622), a vontade universal de salvação em Deus segundo 1Tm 2,4 (*DS* 623), e a morte* de Cristo por todos os homens na cruz (*DS* 2005). Assim ficou aberta uma interpretação verdadeiramente escriturística da p.

d) O retorno à Escritura. — Já que, com o mistério da p., trata-se das profundezas do Deus da revelação* (Rm 11,33-36), é preciso ultrapassar toda reflexão que se fundasse nos atributos* divinos — por mais essenciais que sejam: bondade, justiça, misericórdia* — sem ver neles a irradiação do amor trinitário de Deus, que nos deu tudo ao nos dar seu Filho (cf. Rm 8,32) e ao nos destinar a nos tornarmos conformes à sua imagem (cf. Rm 8,28ss).

Sob esta luz, o mistério da p. é primeiro e antes de tudo o de nossa eleição eterna em Jesus Cristo, "para o louvor da sua glória, e da graça com que nos cumulou em seu Bem-amado" (Ef 1,6). É claro que tal amor só pode implicar, da parte de Deus, um respeito infinito pela liberdade de seus beneficiários. Se "ele nos predestinou a ser para ele filhos adotivos por Jesus Cristo" (Ef 1,5), é em razão de nossa diferença radical em relação a seu Filho e a ele, diferença que ele quis respeitar ao mesmo tempo em que nos cumulou de "toda bênção* espiritual nos céus, em Cristo" (Ef 1,3).

O pecado, que confirma dramaticamente tal diferença, todavia não é a causa da eleição, já que esta é somente o desígnio do Pai "desde antes da fundação do mundo" (Ef 1,4), portanto antes de toda consideração de nossa responsabilidade, boa ou má, na história. Esta eleição, entretanto, passa por nossa redenção no "sangue de Cristo" (Ef 1,7). Nele, o perdão nos é dado sem a menor parcimônia da parte de Deus, já que "lá onde proliferou o pecado superabundou a graça" (Rm 5,20). Este perdão, como nossa eleição em Jesus Cristo, se enraíza na eternidade* do amor de Deus (cf. 1Pd 1,20).

Daí decorre que a p. não poderia restringir o alcance da redenção. Esta, pela vontade universal de salvação (1Tm 2,4) que a caracteriza, corresponde na história ao "desígnio benevolente que de antemão determinou em si mesmo para levar os tempos à sua plenitude: reunir o universo inteiro sob um só chefe, Cristo" (Ef 1,9s), desígnio que é, ele próprio, sem limites.

Por conseguinte, as passagens da Escritura (sobretudo Rm 9) que parecem excluir da eleição e da salvação alguns em relação a outros devem ser compreendidas em função da *economia* da história (graça, "*gratis data*") e não da *escatologia** da salvação (graça, "*gratum faciens*").

Por isso, o *"Ó profundeza!"* de Rm 8,39, tão caro a Agostinho, visa ao infinito do amor de Deus pelo mundo, e de modo nenhum a uma pretensa parcialidade de sua realização na história. A conduta de Deus é tão livre e tão gratuita quando se dirige a *todos* quanto se se aplicasse somente a *alguns*. Ela não tem de se restringir a *alguns* para ser gratuita para *todos*. Ela não depende do número limitado de seus beneficiários, mas do livre desígnio de amor que se prodigaliza a todos. Assim se acham conciliadas tanto a reserva dos Padres gregos diante de uma p. contrária à liberdade do homem quanto a preocupação legítima de Agostinho de salvaguardar a gratuidade da p., sem que seja comprometida com isso a perfeita universalidade — universalidade única digna de um Deus que se revela como o amor mesmo, e que só pode sê-lo em toda verdade.

• M. Jacquin (1904), "La question de la prédestination aux Ve e VIe siècles", *RHE* 5, 265-283, 725-754; (1906), "Saint Prosper d'Aquitaine, Vincent de Lérins, Cassien", *RHE* 7, 269-300. — E. Portalié (1923), "La prédestination augustinienne", *in* "Augustin", *DThC* 1, 2398-2408. — J. Saint-Martin (1930), *La pensée de saint Augustin sur la prédestination gratuite et infaillible des élus à la gloire, d'après ses derniers écrits (426-430)*, Paris. — J. Guitton (1933), *Le temps et l'éternité chez Plotin et saint Augustin*, Paris (1971⁴). — E. Przywara (1934), *Augustinus. Die Gestalt als Gefüge* (Introdução: *Augustin. Passions et destins de l'Occident*, 1987). — H. D. Simonin (1935), "La prédestination d'après les Pères grecs", *in* "Prédestination", *DThC* 12, 2815-2832. — J. Saint-Martin (1932), "La prédestination d'après les Pères latins, particulièrement d'après saint Augustin", *ibid.*, 2832-2896. — B. Lavaud (1935), "La controverse sur la prédestination au IXe siècle", *ibid.*, 2901-2935. — G. Pelland (1936), *S. Prosperi Aquitani doctrina de praedestinatione et voluntate Dei salvifica*, Montréal. — K. Barth (1942), *KD* II/2. — O. Rottmaner (1944), "L'augustinisme. Étude d'histoire doctrinale", *MSR* 6, 29-48. — G. de Plinval (1954), *La pensée de saint Augustin*, Paris, 204-214. — H.-I. Marrou (1955), *Saint Augustin et l'augustinisme*, Paris. — G. Nygren (1956), *Das Prädestinationsproblem in der Theologie Augustins*, Göttingen. — E. Dinkler (1957), "Prädestination bei Paulus", *FS für G. Dehn*, Neukirchen, 81-102. — H.-I. Marrou (1958), *Saint Augustin et la fin de la culture antique*, Paris. — J. Chêne (1961), *La théologie de saint Augustin. Grâce et prédestination*, Le Puy-Lyon. — S. Lyonnet (1962), *Quaestiones in epistulam ad Romanos, series altera: De praedestinatione Israel et theologia historiae*, Pontificio Istituto Bíblico, Roma. — K. Rahner (1963), "Prädestination", *LThK⁷* 8, 661-670. — H. Rondet (1964), *Essai sur la théologie de la grâce*, Paris, 201-243. — R. Bernard (1965), "La prédestination du Christ total selon saint Augustin", *RechAug* 3, 1-58. — F. Ferrier (1988), "La prédestination", *Cath* 11, 764-781. — O. H. Pesch (1988), *Thomas von Aquin. Grenze und Grösse mittelalterlicher Theologie. Eine Einführung*, Mainz. — A. Birmelé, M. Lienhard (ed.) (1991), *FEL*, § 922-926, 1098-1126. — Ch. Reynier (1996), "La bénédiction en Ép. 1,3-14. Élection, filiation, rédemption", *NRTh* 118, 182-199. — P. Gerlitz *et al.* (1997), "Prädestination", *TRE* 27, 98-160.

Gustave MARTELET

→ *Agostinho; Escatologia; Gnose; Graça; Inferno; Juízo; Maniqueísmo; Pelagianismo; Purgatório.*

PREGAÇÃO

a) Definição. — No sentido amplo, a tradição* cristã entende por pregação (pr.) toda atividade que visa, sob formas variadas, a anunciar, proclamar a Boa-Nova, o Evangelho* (Ev.). "Pr." é então sinônimo de "proclamação". Tal atividade se desdobra já no NT (a pr. de Jesus* e a das primeiras comunidades) e mergulha suas raízes no AT (sobretudo na "pr." dos profetas*). No sentido restrito, o termo "pr." designa o discurso, reservado habitualmente aos ministros ordenados da Igreja*, que propõe, no quadro do culto*, uma interpretação atualizadora de uma passagem da Bíblia* (pode-se então falar também de sermão, de prédica ou de homilia). Na medida em que esta pr. faz jorrar para hoje a palavra* (p.) de Deus* (D.) que habita a Escritura* (E.), ela mesma é p. de D.

b) Alguns elementos de história. — O NT nos dá alguns vestígios indiretos de pr. no sentido restrito (alguns discursos dos Atos; algumas epístolas — Hb sobretudo — talvez tenham existido primeiramente sob forma de sermões). Ligar a pr. à interpretação de um texto bíblico surgirá bem rapidamente como uma especificidade do discurso religioso cristão. Desde a Igreja antiga, a pr. constitui um elemento fixo no desenvolvimento litúrgico do culto. Tem como meta recordar os fundamentos dogmáticos da fé*, mas também exortar os crentes (parênese) e responder a objeções (função apologética). Sua função será também fortemente catequética. Perto do fim da Antiguidade, percebe-se no

Oriente uma influência da retórica sobre a pr., que fará às vezes dela um discurso para pessoas cultas, ao passo que o Ocidente, o mais das vezes, faz incidir o acento sobre uma exigência de simplicidade e de inteligibilidade (o *sermo humilis* de Agostinho*). A história medieval da pr. verá lado a lado momentos de extremo empobrecimento e momentos de renovação: de um lado, perda de força hermenêutica* e de nível teológico, falta de paixão, "rotina" homilética (coletâneas de homilias constantemente reutilizadas); de outro, criatividade pregadora excepcional no seio das ordens mendicantes, nas escolas místicas etc.

Deve-se à Reforma protestante um renascimento da pr., concebida com insistência como o elemento central do culto. O pastor* é antes de tudo pregador: intérprete da E., ele rediz em palavras humanas esta p. de D. que faz viver os homens. Este esforço homilético vai se intensificando ao longo dos tempos modernos e tentará responder a todos os desafios da cultura moderna — um traço ainda mais surpreendente porquanto a tradição católica, paralelamente, privilegia antes a linguagem ritual, centralmente na celebração da eucaristia* (ainda que o Vaticano II* revalorize a pr.). O mesmo se dá na tradição ortodoxa, onde a pr. está em retirada em relação ao desenvolvimento mesmo de uma liturgia* celebrada em comunhão* com a liturgia celeste.

c) Desafios teológicos. — A pr. está a serviço da dinâmica da p. de D. Seu enraizamento na E. coloca-a em ligação direta com a dimensão neotestamentária do querigma: sua leitura do texto tem como objetivo fazer reviver o Ev. veiculado na E., o que faz dela uma retomada incessantemente renovada, em contextos novos, desta p. de D. feita carne em Jesus Cristo. Este aspecto será sublinhado na Reforma, que utilizará aqui o léxico da promessa* (*promissio*). Enquanto tal, a pr. chama seus ouvintes à fé*. Mas este efeito bem-aventurado não depende do pregador: só o Espírito* Santo pode dar sua eficácia à palavra do pregador, operando para sua inspiração e para a receptividade de seus ouvintes.

Numerosos debates interconfessionais incidem sobre a articulação entre a pr. e os sa-cramentos* na economia global do culto. A tradição católica privilegia o sacramento porque só ele faz participar verdadeiramente da graça* divina. A Reforma valoriza a pr. porque ela é — ela também e ela sobretudo — verdadeiro dom da p. de D. Esta última, todavia, se dá sob as duas formas, de modo que a Igreja é constituída de fato por uma dupla proclamação: "Ela é a assembleia de todos os crentes junto dos quais o Evangelho é pregado puramente e os santos sacramentos administrados em conformidade com o Evangelho" (*CA* art. VII). Traduzir liturgicamente esta dualidade e renová-la: esta permanece uma tarefa em aberto.

• D. Bonhoeffer (1935-1936), *Finkenwalder Homiletik*, *DBW* 14, 478-529. — V. Vaja (1952), *Die Theologie des Gottesdienstens bei Luther*, 3ª ed., Göttingen, 1959. — A. Niebergall *et al.* (1961), "Predigt", *RGG*³ 5, 516-539. — G. Ebeling (1975), "Fundamentaltheologische Erwägungen zur Predigt", *in Wort und Glaube* 3, Tübingen, 554-573. — F. Craddock (1985), *Preaching*, Abington, Mass. — A. Gounelle (1990), "Protestantisme et prédication", *LV(L)* 199, 35-43. — G. Theissen *et al.* (1994), *Le défi homilétique*, Genebra. — H.-J. Klimkeit *et al.* (1997), "Predigt", *TRE* 27, 225-330.

Pierre BÜHLER

→ *Bíblia; Culto; Escritura sagrada; Evangelhos; Exegese; Hermenêutica.*

PREMOÇÃO FÍSICA → bañezianismo-molinismo-baianismo

PRESBITERIANISMO → puritanismo → congregacionismo

PRESBÍTERO/PADRE

1. Novo Testamento

a) Vocabulário. — Existem no NT 12 ocorrências de *presbyteros*, 8 das quais remetem a este ministério* típico da Igreja* de Jerusalém*, provavelmente inspirado no conselho judaico dos anciãos. Esses presbíteros (p.) são associados aos apóstolos* ou a Tiago (At 11,30; 15,2.4.6.22.23; 16,4; 21,18). Aparecem nas margens do espaço paulino (At 14,23; 20,17) e já são uma figura claramente desenhada em 1Tm 5,17 e Tt 1,5; são ainda mencionados em Tg 5,14 e 1Pd 5,1.

b) Funções. — Em Jerusalém, os p. participam ativamente da administração da Igreja; em outros lugares, suas funções identificam-se às dos epíscopos (bispos*) e exige deles as mesmas qualidades.

2. Histórico

a) Igreja antiga. — Após a generalização do monoepiscopado, terminada por volta de 170, o presbiterado, subordinado ao bispo, conserva uma forma colegial. Com o nascimento das paróquias, os p. pregam de pleno direito e exercem um ministério sacerdotal. Sua formação se faz junto do bispo ou de p. experientes. A partir do s. IV, fazem parte de um clero hierarquizado: um currículo de ordens* menores e maiores se generaliza; os p. ocupam um grau superior ao dos diáconos*; devem observar uma continência cultual. Esta evolução conduz a certa desqualificação religiosa dos leigos*, agravada pelo estado de analfabetismo geral que reina após a queda do Império romano.

b) Igreja medieval. — Nos s. XII-XIII, a conexão do presbiterado com o encargo pastoral é relaxada, e o ministério do p. é interpretado de modo privilegiado em termos sacerdotais. O casamento* dos padres é tornado inválido (cân. 7 de Latrão II*, 1139, *COD* 198). Sob o impulso dos mendicantes, a ordenação* absoluta (sem encargo de almas) torna-se frequente. O sistema beneficial se instala; um título econômico pode substituir doravante um título eclesiológico da ordenação: veremos assim desenvolver-se um proletariado de altaristas sem formação, dedicados a celebrar missas de fundação, e a quem se "pede somente consagrar: assim, basta-lhes a ciência requerida para a observação do rito da confecção do sacramento*" (Tomás* de Aquino, *ST suppl.* q. 36, a. 2, ad 1), ao passo que os grandes beneficiários se esquivarão de seus deveres pastorais.

Intervém uma evolução doutrinal paralela, na qual a noção de caráter sacramental desempenhará um papel importante; surgida com Paganus de Corbeil como caráter do batismo* (c. 1160),

desenvolvida em seguida por Guilherme de Alvérnia e Alexandre de Hales, Tomás de Aquino a conceberá essencialmente como deputação ao culto* (*ST* IIIa, q. 63, a. 6). A consagração do corpo eucarístico torna-se assim a função principal dos p., e o zelo do corpo místico de Cristo* uma função secundária, confiada somente a certo número deles. Esta concentração sobre o poder eucarístico (num contexto em que a missa já está largamente privatizada) desemboca então em dissociações em cadeia: o ministério da palavra e a cura das almas tornam-se constituintes secundários do presbiterado, o sacerdócio* comum dos batizados conhece um quase esquecimento, a tripartição do ministério ordenado organiza-se em torno do presbiterado, o episcopado só se distingue dele por uma jurisdição* superior (posição já sustentada por Pedro Lombardo) e o diaconato se reduz a uma etapa da carreira, já que nem este nem aquele têm poder específico na celebração da eucaristia*.

c) A Reforma e a Contrarreforma. — A transformação dos costumes do clero não será o objetivo principal da Reforma: é por querer reatar laços com a Escritura* que a Reforma aplicará um programa doutrinal que põe o acento na unicidade do ministério pastoral (supressão das ordens* menores e do diaconato; uma única ordenação mesmo lá onde a *episkope* é mantida), na dessacerdotização (o pastor* é um pregador no seio de um povo* sacerdotal) e na desclericalização (abolição do monaquismo*, do celibato do clero, dos privilégios de foro — que o subtraíam da jurisdição civil; desinteresse pela teoria do caráter indelével).

Os decretos disciplinares do concílio* de Trento* suscitarão uma reforma moral e espiritual dos p. (daí nascerão os seminários) e obrigarão também os párocos a fazer a homilia e o catecismo (sess. 24, cân. 4; *COD* 763). No plano doutrinal, todavia, o concílio se contentará em reconduzir a conceitualidade medieval lá onde os reformadores a contestavam, sancionando com um anátema, na sess. 23, as propostas seguintes:

"Não existe na Nova Aliança* sacerdócio visível e exterior, [...nem] um poder de consagrar o verdadeiro corpo de Cristo e o verdadeiro sangue de Cristo [...] aqueles que não pregam não são presbíteros" (cân. 1, *COD* 743); "além do sacerdócio, não existem outras ordens maiores e menores" (cân. 2 *ibid.*); "a ordenação não é um sacramento verdadeiramente e propriamente instituído por Cristo Senhor" (cân. 3 *ibid.*); "não existe na Igreja católica uma hierarquia* instituída por disposição divina" (cân. 6, *COD* 744).

Algumas majorações doutrinais caracterizarão o discurso pós-tridentino sobre o p. — o *Catecismo romano para os curas* (1566), dito "do concílio de Trento", ensina assim que "eles são chamados com toda propriedade não somente anjos* mas até mesmo deuses porque representam junto a nós a potência* e a majestade do Deus* imortal" (cap. 26, § 1; cf. também o *Tratado das santas Ordens* de J.-J. Olier, tal como revisado por Tronson [1676]). Influenciado pelos clérigos regulares (dos quais os jesuítas) e pela escola francesa de espiritualidade (onde os sulpicianos têm um papel importante), o clero pós-tridentino caracteriza-se por uma sólida piedade e um grande zelo pastoral, segundo um modelo que se perpetuou até o Vaticano II*.

3. A contribuição do Vaticano II

Os impulsos mais fecundos acerca dos p. não provêm de *PO*, decreto mais centrado na espiritualidade do que na dogmática*, e onde estão justapostos sem retomada crítica alguns teologúmenos bastante heterogêneos (*sic*, Cordes, 1972, 307).

A ordenação ali é concebida de modo predominante como consagração para a missão*. O conceito de presbiterado que domina intencionalmente nos textos definitivos do documento é mal articulado ao de sacerdócio*, porque se escolheu designar com este termo p. e bispos juntos, e também porque o ministério sacerdotal no sentido preciso não é bem posto em relação com as duas outras funções que cabem aos p., o ministério da palavra e a direção do povo de Deus. Também se atribui aos p. a representação do Cristo-Cabeça (*PO* 2, 6, 12), ideia nova acerca deles e que o Vaticano II nunca estende aos bispos, sem que se veja se esta representação de Cristo é permanente na pessoa deles ou no exercício de seu ministério. Esta ênfase cristocêntrica se faz deixando na sombra a dimensão pneumatológica de seu ministério, o que prejudica a necessária colaboração entre todos e alguns na Igreja local*; de fato, a relação dos p. com a Igreja universal parece preceder sua ligação com a Igreja diocesana (*PO* 2, 10).

Os impulsos provêm, antes, de uma compreensão da Igreja como comunhão*, tal como se traduz na ordem respectiva dos cap. 2 e 3 da *LG*, que situam os ministros no povo de Deus, na designação dos p. como "presbíteros", *presbyteri*, no título final de *PO* (intitulado precedentemente *de Clericis*, e em seguida *de Sacerdotibus*), e na requalificação religiosa dos leigos, que participam do triplo encargo real, sacerdotal e profético do Cristo (*LG* 10, 11, 12, 34, 35, 36), com o batismo fundando a igual dignidade e a comum responsabilidade de todos na Igreja (*LG* 32). Esses deslocamentos recebem um começo de tradução (não somente teológica, mas institucional) na revalorização das Igrejas locais: a instauração dos sínodos* diocesanos, em que os leigos são majoritários, e sobretudo o florescimento de conselhos pastorais nos diversos registros da vida eclesial pressagiam bem uma colaboração desejável entre todos e alguns no momento em que os p. escasseiam no Ocidente.

Em trinta anos, o número de p. baixou quase à metade na França: de 40.000 (1965) a 21.000 (1995). A média estável de 108 ordenações por ano (para 94 dioceses) entre 1981 e 1995 indica o caráter estrutural de uma questão pastoral que é tão teológica quanto espiritual. Uma teologia* aprofundada da vocação aos ministérios ordenados e da relação entre a pessoa do ministro e o objeto do ministério é exigida em prioridade.

4. Convergências ecumênicas

O catolicismo* tem somente um contencioso disciplinar com a Igreja ortodoxa, apegada aos p. casados. Quanto às Igrejas da Reforma engajadas em diálogos bilaterais com a Igreja católica, elas sentem-se incomodadas com a ordenação exclusiva de homens (carta apostólica *Ordinatio sacerdotalis* [1994]), com a insistência no celibato (enc. *Sacerdotalis caelibatus* [1967]) e com certas particularidades do ensinamento dos papas* — p. ex., a exortação apostólica *Pastores dabo vobis* (1992), em que João Paulo II afirma de maneira insistente que o caráter da ordem configura o p. ao Cristo de maneira distinta do batismo*, e em que utiliza o vocabulário sacerdotal três vezes mais amiúde que o vocabulário presbiteral. As comissões teológicas bilaterais de diálogo estimam todavia que as diferenças subsistentes não são dogmaticamente separadoras (assim a Comissão Internacional Anglicano-católica, *Ministério e ordenação* [1973]; a Comissão Internacional Luterano-católica, *O ministério na Igreja* [1981], ou no plano nacional, na Alemanha, *Os anátemas do século XVI ainda são pertinentes?* [1987]).

• A. Duval (1957-1962), *Des sacrements au concile de Trente*, reed. Paris 1985, 327-404. — P. J. Cordes (1972), *Sendung zum Dienst* (com. de *Presbyterorum Ordinis*), Frankfurt. — C. Vogel (1978), *Ordinations inconsistantes et caractère inamissible*, Turim. — Col. (1982), *Prêtres, pasteurs et rabbins dans la société contemporaines*, Paris. — G. Greshake (1981-1984⁴), *Priestersein. Zur Theologie und Spiritualität des priesterlichen Amtes*, Friburgo-Basileia-Viena. — W. Klein *et al.* (1997), "Priester/Priestertum", *TRE* 27, 379-434.

Hervé LEGRAND

→ *Bispo; Diácono; Ministério; Sacerdócio; Vaticano II.*

PRESCIÊNCIA DIVINA → ciência divina

PRESCRITIVISMO → autonomia da ética

PRESENÇA EUCARÍSTICA → Ser c → eucaristia B

PROBABILISMO, PROBABILIORISMO → casuística → Afonso de Ligório

PROCESS THEOLOGY

a) *A noção de* Process. — *Process* significa que a realidade não é feita de peças que têm uma substância própria, mas de eventos e de movimentos. Esta observação tem duas consequências: *a*) Cada ser* nasce de um entrecruzamento de encontros e de relações. Não existem antes de tudo objetos ou pessoas* que entrariam a seguir em contato uns com os outros, mas um conjunto de interferências que fazem surgir pessoas e objetos. A teoria do *Process* se opõe assim aos procedimentos analíticos que distinguem, isolam e tentam compreender a relação a partir dos indivíduos. *b*) A realidade não cessa de evoluir e de se transformar: a estabilidade, a inércia ou a fixidez são ilusões. O mundo* e cada ser constituem um fluxo, ou uma marcha que continua sempre e se modifica sem jamais se deter. Renuncia-se, pois, aqui às conceitualidades substancialistas que fazem do devir um acidente do ser, e não sua natureza mesma.

b) *A filosofia do* Process. — Um matemático que se tornou filósofo, Alfred North Whitehead (1861-1947), lança suas bases em diversas obras (sobretudo *Process and Reality*). Enraizado na tradição filosófica inglesa, próximo de H. Bergson (1859-1941), ele se distingue do existencialismo por não separar o ser humano dos outros seres do mundo e por desenvolver uma cosmologia. Cristão não conformista, ele sugere certas consequências religiosas de seu pensamento.

Charles Hartshorne, filósofo americano, desenvolve as dimensões teológicas dessa filosofia*. Defende a total relatividade (i.e., a "relacionalidade") de Deus*. Critica as noções de perfeição e de onipotência divinas e refuta o que chama o "teísmo* clássico". Propõe uma "teologia natural*" que, retomando numa perspectiva não substancialista as provas* da existência de Deus, pretende mostrar que o universo é ininteligível sem a energia divina que o anima.

c) *A teologia do* Process. — A *Process Theology* (*P.T.*) serve-se da conceitualidade proposta por Whitehead e Hartshorne para elaborar uma interpretação original e inovadora da fé* cristã. Seus representantes mais conhecidos são o metodista John Cobb, Schubert Ogden (teólogo influenciado também por Bultmann*), David Griffin (que conduz um debate complexo com os pensadores da pós-modernidade*), Norman Pittenger, Lewis Ford, Majorie Suchocki etc. Formam uma corrente de pensamento dinâmica que tem uma audiência segura nos Estados Unidos, sobretudo nos meios protestantes (embora contestada pelos adeptos de teologias mais clássicas e pelos fundamentalistas).

d) *Temas da* Process Theology. — 1/ A *P.T.* recusa a noção de onipotência* divina. Deus exerce uma ação no mundo por sua capacidade de convencer os seres (humanos e não humanos) a escutá-lo e a responder a seus estímulos. Ele não tem a possibilidade de obrigá-los e depende em parte das respostas e reações deles. Ele tem uma potência real, mas não exerce um poder absoluto. O mundo lhe resiste e às vezes o põe em xeque. Há troca e interação nos dois sentidos: Deus influencia o mundo; o que se passa no mundo afeta o ser de Deus. 2/ A atividade de Deus faz surgir o novo. Ele insufla no universo seu dinamismo, abre-lhe possibilidades inéditas, empurra-o para seguir adiante. Cria sem cessar, não a partir do nada (a *P.T.* recusa o tema da criação* *ex nihilo*, considerando-o não bíblico), mas a partir do que existe, utilizando "dados". A *P.T.* rejeita, portanto, as posições dos revolucionários — pois Deus cria a partir do passado que lhe fornece os materiais de que precisa — e as dos conservadores — Deus não é hostil à mudança. A fé implica uma esperança* indestrutível: Deus abre sempre um porvir; a Páscoa* mostra que ele sabe inverter até mesmo um desastre aparentemente tão irremediável quanto o Gólgota. 3/ Cristo* é a potência de transformação criadora de Deus. Como Jesus* operou e continua a operar mudanças e nos mobiliza para o projeto de Deus, ele é o Cristo por excelência. Mas outras pessoas dotadas de poderes análogos e outras ações crísticas se manifestam no mundo, em particular (mas não exclusivamente) nas diversas religiões. É importante, assim, promover o diálogo inter-religioso. 4/ Muito sensível às relações e às interferências, a *P.T.* trata também dos temas próprios à ecologia* e se ocupa de questões sociais e políticas (p. ex., em diálogo com as teologias da libertação*); enfim ela se abre ao feminismo (mulher* C): contra a representação masculina do Deus dominador, ela defende a imagem (julgada mais feminina) de um Deus

que escuta, inspira, compreende, ajuda e frequentemente sofre.

• A. N. Whitehead (1929), *Process and Reality*, Cambridge-Nova York. — C. Hartshorne (1941), *Man's Vision of God and the Problem of Theism*, Chicago; (1948), *The Divine Relativity*, New Haven. — J. B. Cobb (1966), *A Christian Natural Theology, based on the Thought of A. N. Whitehead*, Londres. — S. L. Ogden (1966), *The Reality of God and Other Essays*, Nova York. — W. P. Pittenger (1968), *Process-Thought and Christian Faith*, Nova York. — D. D. Williams (1968), *The Spirit and the Forms of Love*, Nova York. — J. B. Cobb e D. Griffin (1976), *Process Theology. An introductory Exposition*, Filadélfia.

▶ A. Parmentier (1968), *La philosophie de Whitehead et le problème de Dieu*, Paris. — D. Brown (sob a dir. de) (1971), *Process Philosophy and Christian Thought*, Indianápolis. — H. J. Cargas, B. Lee (1976), *Religious Experience and Process Theology*, Nova York. — D. R. Griffin, T. J. J. Altizer (sob a dir. de) (1977), *John Cobb's Theology in Process*, Filadélfia. — A. Gounelle (1980), *Le dynamisme créateur de Dieu*, Montpellier. — M. H. Suchocki (1981), *God-Christ-Church. A Practical Guide to Process Theology*, Nova York. — J. B. Cobb, F. I. Gamwell (sob a dir. de) (1985), *Existence and Actuality: Conversation with C. Hartshorne*, Chicago. — S. Sia (sob a dir. de) (1985), *Charles Hartshorne's Concept of God: Philosophical and Theological Responses*, Haia. — M. Welker (1988[2]), *Universalität Gottes und Relativität der Welt*, Neukirchen. — I. U. Dalferth (1989), "Prozesstheologie", *HWP* 7, 1562-1565. — A. Gounelle (1990), *Le Christ et Jésus*, Tournai. — M. Welker (1997), "Prozesstheologie/ Prozessphilosophie", *TRE* 27, 597-604.

André GOUNELLE

→ *Criação; Evolução; Mundo; Potência divina.*

PROCRIAÇÃO

A tradição* cristã vê na procriação (p.) uma das finalidades do casamento* (c.) e um dos critérios que permitem atribuir uma legitimidade moral à vida sexual. Incontestada desde o AT até o início da era moderna, essa tradição certamente tem de ser repensada para responder a objeções teóricas e práticas ampliadas pelo progresso das tecnobiologias e pelos problemas demográficos mundiais.

a) A Bíblia. — A tradição bíblica encara a p. numa dupla perspectiva. Nos termos de uma teologia* da criação*, a fecundidade cumpre uma bênção* dirigida ao homem e à mulher* desde o começo da humanidade, desde sua criação*: "Sede fecundos e prolíficos" (Gn 1,28). Mas como o pecado* rasurou a criação o casal* humano, como tal, sofre um castigo tornado patente pela desigualdade dos sexos. Assim, a mulher tem de sofrer para pôr seus filhos no mundo e será submissa ao marido (Gn 3,16; cf. 1Tm 2,15). A saga dos patriarcas reflete assim um sistema de relações familiares no qual se concede privilégios aos herdeiros machos, a existência das mulheres tira seu sentido dos filhos que elas dão a seus esposos (Gn 16–17), a esterilidade é uma maldição (1Sm 1) e a virgindade nunca será reconhecida como um valor (Jz 11,37; BJ nota c, TEB nota g).

Esses *a priori* conhecem uma modificação significativa no NT. Por um lado, o discípulo é chamado a seguir Cristo* em virtude de um engajamento pessoal que não põe em jogo o fato de pertencer a uma família. Por outro lado, a esperança* escatológica das primeiras comunidades incluía a expectativa de uma parusia* iminente, o que não deixava de relativizar os laços e os deveres familiares (Mt 10,37; 12,46-50; Mc 3,31-35; 10,29s; Lc 8,19s; 14,26) e diminuía a importância da p. Na mais longa passagem que o NT consagra à sexualidade e ao c. (1Cor 7,2-40), Paulo não menciona o mandamento* dado em Gn 1,28, embora mencione a "santidade*" dos filhos dos cristãos (7,14). É provável que condene as drogas abortivas quando fala de *pharmakeia* em Gl 5,20.

b) A tradição. — Como já era o caso no *corpus* paulino, a teologia patrística coloca a virgindade acima do c., posição sempre mantida na tradição católica (cf. *CEC*, 1619-1620). Em seu tratamento do c., os Padres* se inspiram na concepção grega (e sobretudo estoica) segundo a qual as paixões* devem estar submissas à razão*, e consideram assim a p. como a finalidade do c. que permite disciplinar o desejo sexual (Clemente de Alexandria, *Strom.* II, 23, SC 38). Na cristandade ocidental, a mais importante das

abordagens é mais uma vez a de Agostinho*. Enquanto Tertuliano* e Jerônimo (c. 342-420) procediam a uma exaltação da virgindade tão grande que quase condenavam o c., Agostinho, ao contrário, quer ser seu defensor (*De bono conjugali*, BAug 2; cf. *Ep.* 188, CSEL 57): dizer que no c. havia um bem* era-lhe necessário, de fato, em sua refutação das teorias dualistas (exemplarmente a dos maniqueístas), que exacerbavam a ideia grega do corpo* prisão ou túmulo da alma* e que só atribuíam à sexualidade a significação negativa de tudo o que é carnal. Como já fizera Clemente, Agostinho faz da p. o fim designado por Deus às relações sexuais. E mesmo se a fidelidade (*fides*) mútua e o laço indissolúvel que constitui o casal (*sacramentum*) lhe são anexados para formar os bens do c., é só a p. que legitima a atividade sexual; esta é mesmo pecado (venial) se for buscada para outras finalidades. (É muito lógico, portanto, que Agostinho, com seus contemporâneos, testemunhe uma admiração particular pelos casais que decidem viver como irmão e irmã.)

A ideia agostiniana das três finalidades do c. será adotada pela escolástica*, incluindo-se aí Tomás* de Aquino (*Suppl.* q. 49; cf. IIIa, q. 29, a. 2), em seguida pelos reformadores, inclusive Lutero* e Calvino*; e ela permaneceu no centro do ensinamento cristão até o s. XX. Uma teoria mais rica, na qual três bens da intimidade conjugal correspondem às três finalidades do c., apareceu entretanto na IM (cf. Hugo de São Vítor*, *De sacramentis christianae fidei*, PL 176, 174-613; II, 11 sobre o c.) e já era aceita no s. XVI. A concepção tomista do c. como forma particular de amizade também estava grávida de mudanças possíveis; e quando os reformadores propuseram que a caridade e a consideração mútua são os únicos limites impostos às relações conjugais, eles se dirigiam igualmente para uma reorganização da teoria.

Uma determinada concepção da educação caminhava ao lado dessa ética sexual* orientada para a p. Ela se instalou à luz de uma cristianização da *paideia* grega, entendida como arte de formar os filhos para suas responsabilidades de adultos. Seus métodos eram a exortação, o estímulo, o louvor e a repreensão, o temor* de Deus e frequentes correções. Para João* Crisóstomo (*Sobre a vanglória e a educação dos filhos*, SC 188) e para Jerônimo (*Ep.* 107, CSEL 55, 290-305), os deveres da educação eram proteger os filhos das más influências, instruí-los com os relatos bíblicos e dar-lhes uma moral cristã. Eram-lhes dados como modelos mártires e santos (entre os quais muitas mulheres) que tinham abandonado a família* quando aceitaram a morte*, partiram em peregrinação* ou entraram num mosteiro, p. ex. Perpétua, mártir do s. I, Melânia a Jovem, matrona do s. V, ou Paula, amiga de Jerônimo. Admirava-se também a precocidade espiritual de certas crianças: Eupráxia p. ex., segundo Jerônimo, se entregou a Cristo aos sete anos de idade (*Ep.* 24, CSEL 54, 214-217).

Para sua educação, as crianças frequentemente eram confiadas a mosteiros ou conventos. O dever de dar uma cultura sólida a essas crianças dizia respeito sobretudo aos meninos, mas mosteiros e conventos permitiam às meninas adquirir também uma cultura. Um costume em vigor da era patrística ao final da IM consistia em "oferecer" um dos filhos, isto é, entregá-lo à vida monástica; era um meio de assegurar o futuro dos filhos, que não podiam se casar sem dividir a herança familiar. Mas, já no s. XII, época que viu surgir uma nova percepção da liberdade* individual, essa prática começava a levantar reticências.

Casamento, p. e educação dos filhos, tudo isso representa para Lutero e Calvino uma forma de vida natural (uma realidade de ordem criada) capaz de ser transformada e santificada pela prática das virtudes* cristãs. O puritanismo* traria uma insistência particular no papel de educadores confiado aos pais: como a aliança* de Deus com os crentes, segundo a teologia puritana, estendia-se pelo batismo* aos filhos, era um dever estrito criá-los nas trilhas do Senhor, rudemente se necessário, considerando-se o efeito salutar de tal educação sobre seu destino eterno. Frequentemente se enviava os filhos para outras famílias puritanas, como aprendizes ou como domésticos, para garantir

que sua educação cristã não seria contrariada pela indulgência de seus pais.

Após a Reforma e o período das Luzes, diversos fatores fizeram evoluir as ideias recebidas. Acentuaram-se a liberdade e a igualdade, o florescimento pessoal tornou-se um valor, a ideia de felicidade surgiu e apagou as concepções cristãs da bem-aventurança*. Começou-se a considerar a infância como um período da vida portador de necessidades próprias e, portanto, a definir o bem dos filhos do ponto de vista de sua experiência própria. Entrou-se, por outro lado, numa organização econômica que dependia menos da existência de famílias numerosas; descobriu-se que no homem, diferentemente de nos outros mamíferos, a pulsão sexual não está limitada aos períodos de fecundidade feminina; enfim, apareceu uma contracepção eficaz, e o papel das mulheres se diversificou. Por todas essas razões, o casal cessou progressivamente de se definir como relação de vida comum voltada para a p.

c) Debates recentes. — Após uma longa oposição, a Conferência de Lambeth (instância suprema da comunhão anglicana) reconheceu todas essas mudanças e autorizou a contracepção em 1930. Outras Igrejas* protestantes e ortodoxas logo fizeram o mesmo. Na Igreja católica, uma posição oficial foi definida, depois de muitos debates, na encíclica *Humanae vitae* de Paulo VI (1968, *AAS* 60, 481-503). O texto retoma afirmações do Vaticano II* (*GS*, § 47-51) em que se trata de duas finalidades da sexualidade, o amor* e a p., sem hierarquizá-las. Menciona um dever de "paternidade responsável", que exige que não se tenha mais filhos do que os que se pode criar. Renuncia a uma tese agostiniana e não considera mais necessário que a p. seja visada, nem mesmo que seja fisicamente possível, para que as relações sexuais sejam moralmente boas. Em contrapartida, o papa* rejeita todos os meios contraceptivos, à exceção dos métodos ditos "naturais", fundados nos períodos de infecundidade da mulher. Sobre este último ponto, o texto não tem cessado de suscitar controvérsia.

Dois fenômenos recentes obrigam a considerar como ainda aberta a questão do sentido moral e cristão da p.: 1/ Primeira Igreja a se pronunciar, em 1987, sobre a fecundidade *in vitro* e as técnicas aparentadas, a Igreja católica condenou (*Donum vitae, AAS* 80, 70-102) todas as tecnologias reprodutivas: por colocarem em risco os embriões, aos quais é reconhecido o *status* ontológico da pessoa*, por permitirem uma p. que não é fruto de relações sexuais, ou por introduzirem terceiros no casal, de tal sorte que um filho pode ter mais de dois "pais". As Igrejas protestantes raramente têm proposto um juízo definitivo sobre a moralidade das novas técnicas e deixam geralmente mais espaço para uma decisão individual tomada nos limites do que é autorizado pelo direito*. 2/ Comparando-se as soluções ultratécnicas para a esterilidade de que dispõem os casais do mundo desenvolvido, para os quais a p. parece ser um direito, e as famílias do mundo subdesenvolvido, para as quais é de se perguntar se uma prole numerosa é mesmo uma bênção, pode-se supor que o problema moral da p. se coloca também em termos de justiça* econômica. De fato, é claro que a questão da superpopulação do globo não será resolvida por um simples apelo à liberdade individual ou uma simples lembrança da natureza profunda do c. e da sexualidade, sem que se leve em consideração as determinações econômicas e sociais do problema. Quando se propõe a esterilização voluntária, ou mesmo o aborto*, como meios de deter o crescimento da população, comete-se dois erros. De um lado, subestima-se o valor cultural que a família possui em muitas regiões do mundo. De outro, não se percebe que uma melhora das condições de vida é necessária para que as crianças não sejam mais a única riqueza de alguns — aliás, é sabido que a taxa de fecundidade diminui quando se eleva o nível de vida.

Um inventário dos conceitos morais cristãos ofereceria alguns meios de pensar de novo no elo do c. e da p.

• P. Ariès (1960), *L'enfant et la vie familiale sous l'Ancien Régime*, Paris. — É. Fuchs (1979), *Le désir et la tendresse. Sources et histoire d'une éthique chrétienne de la sexualité et du mariage*, Genebra. — J. Noonan (1986, ed. aumentada), *Contraception: A History of its Treatment by the Catholic Theologians and Canonists*, Cambridge, Mass., e Londres. — J.-L. Bruguès (1989), *La fécondation artificielle au crible de l'éthique chrétienne*, Paris. — A. Mattheeuws (1989), *Union et procréation: développements de la doctrine des fins*

du mariage, Paris. — G. Moore (1992), *The Body in Context: Sex and Catholicism*, Londres. — D. Wood (sob a dir. de) (1994), *The Church and Childhood*, Oxford e Cambridge, Mass. — T. Peters (1996), *For the Love of Children*, Louisville, KY — J.-C. Larchet (1998), *Pour une éthique de la procréation. Eléments d'anthropologie patristique*, Paris.

Lisa SOWLE CAHILL

→ *Casal; Família; Maniqueísmo; Matrimônio; Sexual (ética).*

PROEXISTÊNCIA

Termo forjado pelo exegeta Heinz Schürmann (1913-1999) para caracterizar a experiência de Jesus* como uma "existência para os outros": existência voltada para o Pai*, existência voltada *para* os homens e vivida *para* eles. As cristologias e soteriologias recentes utilizaram abundantemente esse termo, que aparece também no contexto eclesiológico a propósito das comunidades cristãs que vivem na "diáspora" das sociedades descristianizadas ou não cristãs.

▸ H. Schürmann (1985), "Pro-existenz als christologische Grundbegriff", *Analecta Cracoviensia*, 17, 354-317. — K.-H. Menke (1991), *Stellvertretung*, Einsiedeln (bibl.).

Jean-Yves LACOSTE

→ *Cristo; Salvação; Solidariedade*

PROFETA/PROFECIA

1. Antigo Testamento

No santuário de Delfos, as palavras confusas da Pítia tinham de ser traduzidas numa linguagem inteligível e essa função era cumprida pelo *prophetes*. É deste termo grego que provêm as palavras "profeta" (p.) e "profecia". Numa perspectiva antropológica, o profetismo se insere no desejo que tem o homem de ultrapassar a incerteza diante do futuro e na convicção de que os deuses — ou Deus* — estão dispostos a revelar o conhecimento que têm do porvir. Neste sentido, a profecia está em estreita relação com a adivinhação. A especificidade da profecia bíblica — embora um dado semelhante também se encontre em Mari e na Grécia — é que Deus não se limita a responder às perguntas dirigidas, mas exige uma conduta determinada. Por outro lado, os deuses não têm o hábito de revelar sua vontade de maneira direta, mas utilizam "mediadores". No contexto bíblico, os principais mediadores são os sacerdotes (sacerdócio*) e os p. Os sacerdotes desempenharam uma importante função oracular nos primeiros tempos (Jz 18,5s; 1Sm 14,36s; 22,10.13.5; 23,9-12; 30,7s). Entretanto, para conhecer a vontade de Deus, os principais mediadores são os p. São os únicos aceitos pelo Deuteronômio (Dt 18,14-18).

a) Terminologia. — Utilizamos uma só palavra, "p.", para nos referirmos a personagens que a Bíblia* designa com títulos bem diferentes: "vidente" (*ro'eh*), "visionário" (*hozeh*), "homem de Deus" (*'ish ha'elohim*) e "p." (*navi'*). Os dois primeiros (atestados respectivamente 11 e 16 x) indicam que sempre se considerou o p. como o que é capaz de "ver" o que a imensa maioria não vê. O título "homem de Deus" (76 x) se aplica especialmente a personagens como Eliseu, Elias, Moisés, Samuel, que transmitem a palavra* de Deus mas são sobretudo taumaturgos.

O termo mais empregado é *navi'* (315 x). 1/ O título não implica uma valorização positiva do personagem; ele se aplica também aos p. de Baal e aos falsos p. de Javé. 2/ O sentido e a função de *navi'* variam no curso da história, mas comunicar a palavra de outra pessoa e sobretudo de um deus (Javé ou Baal) constitui o traço dominante. 3/ O *navi'* opera ou de maneira independente ou em grupo, mas os dados mais antigos o apresentam em grupo. 4/ Nessa tradição corporativa, os p. do reino do Norte aparecem reunidos em torno do rei, ao passo que no Sul o centro de atenção é o templo* de Jerusalém*, o que indica uma relação estreita com os sacerdotes. 5/ O fenômeno representado pelo *navi'* não é homogêneo nem em sua mensagem nem em suas manifestações, donde grandes conflitos entre os p. 6/ As mulheres* podem fazer parte desse movimento, e mesmo com um grande prestígio — dado muito importante, já que em Israel* elas não tinham acesso ao sacerdócio. 7/ Em certas correntes proféticas, como a de Isaías e de Miqueias, o termo *navi'*

não goza de grande favor; prefere-se falar de "contemplar" (*hazah*) a "profetizar".

b) Revelação e profecia. — Os mediadores proféticos pretendem conhecer o que o comum dos mortais ignora, graças ao que Deus lhes comunica por meio de visões e audições. O p. não fala em seu próprio nome, mas começa e acaba seu discurso com fórmulas como "oráculo do Senhor", "palavra do Senhor", "assim disse o Senhor", "eis o que me fez ver o Senhor" etc. Essa linguagem, que nos parece estranha, era comum aos p. de todo o antigo Oriente. Mas a fonte principal de conhecimento dos p. era a vida mesma. Quando denuncia um mal*, o p. sabe o que sabem seus contemporâneos: a morte de Nabot era iníqua (1Rs 21), uma aliança* militar com o Egito se preparava, os pequenos camponeses espoliados de suas terras eram forçados a se vender como escravos, cometia-se injustiça ao mesmo tempo em que se visitava os santuários. A revelação* de Deus consiste em fazer o p. ver e ouvir o que voluntariamente é ignorado, em fazê-lo sentir o quanto tais atos são opostos à vontade divina. E quando os p. anunciam um futuro de paz* e de esperança* não cabe pensar numa revelação especial. Em princípio, qualquer um que puser sua fé* no Deus que não abandona seu povo*, mesmo pecador, encontrará a mesma certeza. No entanto, ela não é óbvia, nem sequer entre os homens religiosos.

c) O profeta e a sociedade. — Os p. sofreram perseguição da parte de todas as camadas da sociedade*. Entretanto, o p. também encontra, ao menos em certos grupos, um ponto de apoio que torna possível sua missão*. A sociedade lhe fornece uma soma de verdades* e de valores: fé em Javé, esse Deus que não é um achado dos p. mas a herança das gerações anteriores; eleição* de Israel povo de Deus; critérios de justiça* social que tornaram famosos os p., mas que seus ancestrais, em grande parte, lhes haviam legado pelo culto*, pela sabedoria* popular, pelas leis*. Decerto, a atitude profética para com as tradições não é apenas receptiva, seu aspecto crítico é conhecido. Mas, tanto quando a valorizam como quando a condenam, a tradição* é indispensável para compreender a mensagem dos p. O apoio concedido ao p. às vezes é póstumo, sob forma de uma coroa deposta em seu túmulo, mas o fato de existirem p. prova que ao menos uma parte da sociedade os aceita. Vemos isso nos casos de Oseias, Amós, Isaías e Jeremias. Entretanto, o testemunho mais claro do apoio que a sociedade deu ao p. se manifesta na existência de seus livros*, fruto do trabalho* paciente de seus discípulos e redatores.

Apesar de tudo isso, numerosos são os casos em que o p. se opõe a diversos setores da sociedade. As relações com os reis sempre foram lugar de um conflito de poderes. Samuel consagra Saul como rei (1Sm 9,1–10,16), mas também o destitui (1Sm 15). Natã não poupa David (2Sm 12). As condenações lançadas contra as dinastias do Norte se sucedem com Ahiyya de Silo, Jeú, Elias, Miqueias filho de Yimla, Eliseu, Oseias, Amós. No Sul, Isaías se opõe duramente à corte (Is 3,12-15) e a diferentes reis (Is 7; 39). Jeremias trata publicamente Joaquim de ladrão e assassino (Jr 22,13-19). Ezequiel condena Sedecias (Ez 17).

Entre p. e sacerdotes, mesma oposição. Samuel, pronunciando sobre Eli a sentença de Deus (1Sm 3), anuncia o que será mais tarde o conflito entre Amós e Amasias (Am 7,1-17) — entre Oseias e os sacerdotes de seu tempo, a quem o p. acusa de rejeitarem o conhecimento* de Deus (Os 4,4) e de serem assassinos (Os 6,9) —, entre Miqueias e seus contemporâneos que ele denuncia por sua ambição (Mq 3,11), entre Jeremias e Pashur e os outros sacerdotes em quem o p. de Anatot só vê falta de interesse por Deus, abuso de poder, fraude, impiedade (Jr 2,8; 5,31; 6,13; 8,18; 23,11). Mesmo Isaías, amigo do sacerdote Zacarias, não deixa de qualificar os sacerdotes de bêbados que se fecham à vontade de Deus (Is 28,7-13). Sofonias acusa-os de profanar o sagrado e violar a lei (Sf 3,4), tema que reaparecerá literalmente em Ezequiel (Ez 22,26). Concluindo a história* do profetismo, Malaquias parece retomar o pensamento de Oseias quando acusa os sacerdotes de desviar o povo (Ml 2,8s).

Os outros grupos que detêm uma forma qualquer de poder político, econômico ou social são também vítimas dos ataques dos p. Mas é ainda com os falsos p. que o conflito é mais violento. Este grupo não compreende apenas os p. de Baal, mas também, e principalmente, os que falam em nome de Javé sem que este lhes tenha falado e os tenha enviado (ver 1Rs 22; Jr 6,13s; 14,13-16; 23,9-32.28s; Is 13,1-16.17-23; 22,28-31; Mq 3,5-8.11).

d) História do movimento profético. — O fenômeno do profetismo é claramente atestado na Mesopotâmia (especialmente na cidade de Mari) e em Canaã. É provável que os primeiros p. de Israel tenham se inspirado nesses personagens. Embora o título tenha sido aplicado mais tarde a Abraão e a Moisés, o movimento profético israelita deve ter surgido por volta do s. XI a.C. com Samuel. Durante o s. IX, Elias e Eliseu, assim como um grupo de p. anônimos, desempenhou um papel de primeiro plano. Entretanto, a época de ouro da profecia é o s. VIII, com Amós, Oseias, Isaías e Miqueias. Sua ação se estende a todos os domínios: denúncia da idolatria* e do culto mentiroso de Javé, orientações de política interna e externa, exortação à prática da justiça social... Após um período de silêncio, a profecia reaparece com vigor no final do s. VII e início do VI, quando o reino de Judá caminha rumo à catástrofe (Sofonias, Habacuc, Jeremias, Ezequiel). Com o exílio em Babilônia termina o que se chama geralmente de "a profecia de infortúnio" ou "de condenação". A expressão necessita de reservas, mas é evidente que os p. anteriores ao exílio se preocuparam sobretudo com denunciar e condenar as numerosas faltas que detectam na sociedade de seu tempo.

Com o exílio em Babilônia começa o que se chama de "profecia da salvação*". As antigas ameaças foram cumpridas. Agora Deus anuncia o perdão. As palavras de Jeremias: "Teu futuro é feito de esperança" (Jr 31,17) poderiam resumir a mensagem dos p. de depois do exílio. Durante os anos do exílio (586-538), Ezequiel e o Dêutero-Isaías tinham encorajado seus contemporâneos com as promessas* do retorno ao país, da reconstrução das cidades em ruínas (sobretudo de Jerusalém), de uma vida de paz e liberdade* sob a autoridade* de um descendente de David (um novo David às vezes embeleza-do com traços ideais) etc. Autores posteriores (Ageu, Zacarias, o Trito-Isaías) retomam esses temas, às vezes acompanhados de um sério ape-lo à prática do amor* e da justiça (cf. "o jejum que agrada a Deus" em Is 58,1-12), ou de uma fina crítica contra a xenofobia reinante (caso de Jonas), mas o que domina é uma mensagem de esperança. A partir do s. V, a profecia perde vigor até desaparecer completamente. Várias explicações para isso são propostas. Alguns acreditam que a profecia evoluiu rumo à apo-calíptica*. Outros partem da sociologia: o papel do p. teria chegado ao ponto de não mais ser reconhecido pelo povo. Segundo D. S. Russel (1964), as causas mais importantes foram: 1/ a canonização da Lei (Pentateuco), que oferecia a palavra de Deus sem que fosse necessário um p.; 2/ o empobrecimento da temática profética, que ficou demasiado centrada num futuro longínquo e pouco capaz de falar do presente à maneira incisiva dos antigos p.; 3/ o pulular crescente de religiões de salvação, de seus ma-gos e adivinhos frequentemente identificados pelo povo com os p.

De todo modo, a profecia continuou a gozar de grande prestígio em Israel. Mas com um matiz importante: estimava-se muito os antigos p. e esperava-se a vinda de um grande p. no fu-turo (1Mc 4,46; 14,41). Segundo uma primeira corrente, tratar-se-ia de um p. como Moisés (Dt 18,18); outra corrente esperava o retorno de Elias (Ml 3,23). Essas esperanças se realizarão para os cristãos com João Batista e Jesus*.

2. Novo Testamento

A mensagem cristã apoiou-se com insistên-cia nos p. do AT, abundantemente menciona-dos como um só bloco voltado para o NT (Lc 24,25ss; At 3,18-24; Rm 1,2; 1Pd 1,10; 2Pd 1,19s etc.). As citações mais frequentes são as dos p. ou dos salmos* (pois David "era p.": At 2,30). As autoridades judaicas e o povo se perguntaram se aquele "p. como eu" anuncia-do por Moisés (Dt 18,15) era João Batista (Jo 1,21) ou Jesus (Jo 6,14; 7,14), como sugere uma pregação de Pedro* (At 3,22s, cf. 7,38). A vinda do Batista é considerada o momento supremo de toda a série dos p. (Mt 11,13). A ação de Jesus lembra a de Elias ou a de Eliseu, sua palavra e o efeito que ela produz lembram os p. do passado (Lc 24,19), ele mesmo se compara a eles (Mt 13,57 par.; Lc 13,33), mas a diferença é radical: ele não diz mais "oráculo de Javé", mas "Na verdade, na verdade vos digo". Convida a segui-lo (*akolythein*) e a crer nele, o que não tem precedente.

Os que o sermão da montanha inscreve na continuidade dos p. são todos os discípulos (Mt 5,11). A atribuição do título é variável. No Pentecostes, o Espírito* concede a profecia (At 2,17s; cf. 19,6) à comunidade inteira (em número simbólico de 120 pessoas: At 1,15). Para Ef 2,20; 3,5, apóstolos* e p. são o funda-mento. Mas as listas de carismas em Rm 12,6 e 1Cor 14,1 situam o p. em primeiro lugar; 1Cor 12,28 e Ef 4,11 o situam imediatamente após o apóstolo, e precisam seu papel, distinguindo-o do taumaturgo e daquele que fala em línguas. Os Atos mencionam vários p. (At 11,27s; 13,1s; 15,32; 19,6…) e profetisas (At 21,9; cf. 2,17s; 1Cor 11,5, cf. Ana em Lc 2,36). O fato de haver falsos p., inclusive no cristianismo, parece fazer parte da experiência* corrente (Mt 7,15.22s; 24,11.24 par.; Lc 6,26; 1Jo 4,1). Os p. da his-tória inteira são reunidos numa figura simbólica em Ap 16,13; 19,20; 20,10.

• A. Guillaume (1938), *Prophecy and Divination among the Hebrews and other Semites*, Londres. — A. Neher (1955), *L'essence du prophétisme*, Paris. — O. Cullmann (1958), *Christologie du Nouveau Testament*, 18-47. — G. Friedrich (1959), *"Prophetes*. Neues Testament", *ThWNT* 6, 829-863. — A. J. Heschel (1962), *The Prophets*, Londres. — J. Lindblom (1962), *Prophecy in Ancient Israel*, Oxford. — D. S. Russell (1964), *The Method and Message of Jewish Apocalyptic*, Filadélfia. — S. Hermann (1965), *Die prophetische Heilserwar-tungen im Alten Testament*, Stuttgart. — G. von Rad (1967), *Die Botschaft der Propheten*, Muni-que. — L. Monloubou (1968), *Prophète qui es-tu? Le prophétisme avant les prophètes*, Paris. — C. Westermann (1971), *Grundformen prophetischer Rede*, Munique. — L. Ramlot (1972), "Prophétis-me", *DBS* 8, 811-1222. — J. Delorme (sob a dir.

de) (1974), *Le ministère et les ministères selon le Nouveau Testament*, Paris. — P. Beauchamp (1976), *L'Un et l'Autre Testament. Essai de lecture*, Paris, 74-105; 214-218. — J. Bright (1977), *Covenant and Promise. The Future in the Preaching of the Pre-exilic Prophets*, Londres. — W. Brueggemann (1978), *The Prophetic Imagination*, Filadélfia. — R. R. Wilson (1980), *Prophecy and Society in Ancient Israel*, Filadélfia. — C. Tresmontant (1982), *Le prophétisme hébreu*, Paris. — T. W. Overholt (1986), *Prophecy in Cross-cultural Perspective*, Atlanta. — C. Westermann (1987), *Prophetische Heilsworte im Alten Testament*, Göttingen. — J. L. Sicre (1992), *Profetismo en Israel*, Estella. — W. Klein *et al.* (1997), "Propheten/Prophetie", *TRE* 27, 473-517.

José Luis SICRE

→ *Apocalíptica; Apóstolo; Cidade; Cumprimento das Escrituras; Escatologia; Espírito Santo; Ética; Juízo; Justiça; Lei; Messianismo; Ministério; Palavra de Deus; Parusia; Povo; Promessa.*

PROFISSÕES DE FÉ → confissões de fé

PROMESSA

Para dizer "promessa" (p.) o grego dispõe principalmente do verbo *epagellô* e do substantivo *epaggelia*, mas o hb. não tem termo específico. Prometer é comprometer-se a dar mais tarde. Um oráculo de fortuna, uma bênção*, portanto, não são, por si mesmos, promessas. Mas palavras* acerca do futuro, se vêm de Deus*, o comprometem necessariamente, tanto mais se um juramento as acompanhar. Assim, muitas p. são formuladas com o simples verbo *davar* (intensivo: "dizer"; substantivos: *'emer* e *davar*) ou com *shavac* ("jurar"; substantivos: *shevou'ah, 'alah*). De igual modo, quando Deus conclui (*karat*) uma aliança* incondicional, esta é uma p.

a) Antigo Testamento. — A palavra divina abre a história* de Israel* com a dupla p. feita a Abraão: da terra (Gn 12,1) e da descendência (Gn 12,2). A série prosseguirá de um patriarca a outro: Gn 15.17; 18,18s; 22,16ss; 26,3s.24; 35,11s; 48,3. A benevolência de outros grupos (Gn 12,2s) ou a supremacia sobre eles (22,17; 32,29) estão incluídas.

Esse esquema triplo foi inspirado na bênção do primeiro casal humano em Gn 1,28 (fecundidade, posse da terra, supremacia). Está transformado, mas reconhecível, em Gn 3,15ss: a descendência e o fruto da terra só serão obtidos com dor. Segundo a leitura tradicional, a supremacia sobre a serpente seria concedida mais tarde à mulher* por meio de sua posteridade (coletiva em hb.; indivíduo masculino segundo os LXX, feminino segundo a Vulgata). Ap 12,13-16 parece lembrar-se daquilo que foi chamado "primeiro Evangelho" (protoevangelho), mas o vencedor ali é um anjo*. Outras leituras de Gn 3,15ss veem aqui somente o anúncio de um combate incessante.

A série é coroada, com a conquista de Canaã, pelo oráculo (bênção e p.) de Balaão (Nm 24,9 retoma Gn 12,3). No estado atual do livro*, as p. do Gn aparecem como reorientação progressiva rumo ao dom original: lembrança de Gn 3,17s em Gn 5,29, renúncia ao dilúvio em Gn 9,5-17.

É com o livro do Deuteronômio que o conceito de p. toma uma coloração particular. Muito frequentemente ligada à lembrança dos Pais (os patriarcas em 1,8; 9,27; 34,4 etc., mas mais frequentemente a geração do Êxodo), a p. redobra a própria bênção (Dt 1,11), incide sobre o país ou a terra (1,21; 6,3.18), sobre a descendência (Dt 13,18 e *passim*), sobre a vitória (Dt 7,16; 15,6; 28,7.12b). Ela se acha ligada o mais das vezes ao *juramento divino* (19 x em relação com a terra), que Js 1,3 confirma: "[...] como [eu] disse a Moisés". Posterior ao cumprimento* da p., testemunha da pregação* profética que o marcou como ele marcou a última redação de certas coletâneas dos profetas*, o Deuteronômio, "à procura das origens" (Römer, 1992), empreende uma nova partida rumo ao futuro, que tem relação com a p. de aliança de Jr 31,31ss; ele combina um hoje de vida, garantia de futuro (cf. Dt 4,40), e um passado de eleição* (Dt 7,7-16).

A p. que a princípio diz respeito à linhagem de David (2Sm 7,5-16) se renovará no contexto profético da iminência do castigo (p. ex. em Is 7,10-17; 8,21s), e ela se organizará para uma restauração que pouco a pouco ganhará forma escatológica (cf. Is 11,1-16). Enfim, será esperada uma manifestação de ordem celeste ou divina num contexto apocalíptico* (Zc 3,8ss; Dn 7,11-14: o v. 14b amplia 2Sm 7,16; cf. Lc 1,32s), ao mesmo tempo em que a p. da efusão do Espírito* confirma a renovação radical do povo* (Jl 3,1-5).

b) Novo Testamento. — O conjunto do AT já pôde ser lido na chave "p./cumprimento". O NT conservará essencialmente como "p." aquelas enunciadas pelas Escrituras* antigas. Decerto, é com Paulo, em Gl e Rm sobretudo, e com a epístola aos Hebreus, que o conceito de p. reflui no NT segundo a herança do Antigo e recebe um desdobramento novo de sentido, embora não se deva negligenciar o Evangelho* de João e a p. do Espírito*. A lembrança da p. em Abraão (Rm 4,20; Hb 6,13ss), Isaac e Jacó (Hb 11,9) e a manutenção constante de sua validade no destino de Israel (Rm 9,4.8s) não retiram nada da novidade das p. das quais os discípulos de Cristo* serão ao mesmo tempo os beneficiários e o sinal. Elas consistem na recepção do Espírito (Lc 24,49; At 1,4; 2,33.39; Gl 3,14; Ef 1,13; cf. Jo 16,7-15), em um dom imotivado, cuja gratuidade seria esquecida por um retorno à Lei* (Gl 3,17-29). A p. consiste na vida que está em Cristo Jesus* (2Tm 1,1), titular abençoado das p. (Hb 7,6), ao passo que os cristãos, submetidos às provas do tempo*, aguardam segundo a p. (2Pd 3,13; cf. 1Jo 2,25). Em resumo, poder-se-ia dizer, o Evangelho é "o Evangelho do cumprimento da p. feita a nossos pais" (At 13,32s; cf. Ef 1,2).

• A. G. Hebert (1941), *The Throne of David. A Study of the Fulfilment of the Old Testament in Jesus-Christ and his Church*, Londres. — W. Zimmerli (1952, 1953), "Verkeissung und Erfüllung", *EvTh* 12, 34-59. — G. von Rad (1965, 4ª ed.), *Theologie des Alten Testaments*, t. 1, 370-401. — P. Grelot (1962), *Sens chrétien de l'Ancien Testament. Esquisse d'un traité dogmatique*, Tournai, 328-345, 388-404. — A. de Pury (1975), *Promesse divine et légende culturelle dans le cycle de Jacob*, Paris. — Ch. Levin (1985), *Die Verheissung des neuen Bundes in ihrem theologiegeschichtlichen Zusammenhang ausgelegt*, Göttingen. — R. Rendtorff (1977), *Das überleiferungsgeschichtliche Problem des Pentateuch*, Berlim. — Th. Römer (1990), *Israels Väter. Untersuchungen zur Väterthematik im Deuteronomium und in der deuteronomistischen Tradition*, Göttingen; (1992), "Le Deutéronome à la recherche des origines", *in* P. Haudebert (sob a dir. de) (ACFEB), *Le Pentateuque. Débats et recherches*, Paris, 65-100.

Pierre GIBERT

→ *Adão; Aliança; Bem; Bênção; Cumprimento das Escrituras; Escatologia; Esperança; Espírito Santo; Evangelhos; Pai.*

PROPORCIONALISMO

A teologia* moral católica chama de proporcionalismo (p.) uma teoria das normas materiais e concretas do ato* humano. Seus partidários buscam fundar os julgamentos morais de maneira mais satisfatória que uma teologia dos manuais suspeita de visar demasiadamente à materialidade do ato humano e da lei* natural. Foi P. Knauer quem propôs essa ideia pela primeira vez em 1965. Vários autores, como J. Fuchs, L. Janssens, R. A. McCormick, B. Schüller, deram corpo à doutrina, que encontrou ampla audiência sobretudo na Alemanha e nos países de língua inglesa. O p. é mais que uma revisão, é uma revolução na teologia moral, porque nega que haja atos intrinsecamente maus. Não espanta, portanto, que o número dos críticos seja elevado (p. ex., S. Pinckaers, M. Rhonheimer, J. Finnis).

Embora os proporcionalistas não pensem todos a mesma coisa, há pontos nos quais em geral eles concordam. A norma que se impõe é para eles uma concepção da pessoa* tomada em todas as suas dimensões. Assim, são moralmente boas as ações que contribuem para o bem* das pessoas; são moralmente más as que lhe são nocivas. É uma obrigação não fazer o mal* moral (não levar alguém a trair sua consciência*, p. ex.). Mas também é uma obrigação não causar males tais como a pobreza, a doença, a morte*. Quer esses males sejam o resultado da ação humana, quer sua existência nos leve a agir para aliviá-los, eles têm um alcance moral, mesmo se não constituem o mal moral. Para o p., são "pré-morais" ou "ônticos".

Segundo uma doutrina mais tradicional, deve-se analisar o ato do ponto de vista da pessoa que escolhe. O objeto do ato, portanto, deve ser considerado como tendo relação com a livre escolha e pertencendo por isso ao domínio moral. Não há lugar aí para a noção de "pré-moral", embora se distinga entre os atos que têm um alcance moral e os que são moralmente neutros. O ponto de vista do p. é diferente. Aqui o observador procura avaliar um ato que foi cumprido (ou que poderia ter sido cumprido) em circunstâncias dadas. Pode-se reconhecer um mal (p. ex., uma morte). Isso não é moralmente neutro, mas, neste ponto da análise, não se sabe ainda se há também mal moral, porque ainda não se considerou a situação em seu conjunto.

Para o p., tem-se o direito de causar um mal pré-moral por razões proporcionadas. Há mal moral quando um mal pré-moral é permitido ou provocado sem razão proporcionada.

O p. utiliza também a distinção entre bondade e retidão. A bondade diz respeito ao esforço sincero do sujeito para fazer o bem; a retidão, às ações proporcionadas a este fim. Pode-se ser bom, e apesar disso realizar um ato que não é direto, por erro ou por incapacidade. É a bondade que é moral. Mas há obrigação de buscar a retidão; é preciso, pois, considerá-la como moral num sentido derivado ou analógico, e não somente como pré-moral.

O termo "proporção" é tomado de empréstimo ao "princípio do duplo efeito" (intenção*), segundo o qual um ato que tem efeitos ao mesmo tempo bons e maus pode se justificar sob certas condições. Uma dessas condições é que haja "proporção" entre o ato e seu fim (p. ex. entre um ato de violência* e a legítima* defesa) ou entre seus bons e seus maus efeitos. O p. faz tudo girar em torno dessa única noção, sem levar em conta as outras condições.

Segundo a teologia católica tradicional, há atos intrinsecamente maus em razão de seu objeto, independentemente das circunstâncias, das consequências ou da intenção daquele que age. Para o p., ao contrário, é impossível definir um ato como intrinsecamente mau no abstrato. É só depois de ter considerado todos os seus aspectos, sobretudo as consequências e a intenção, que se pode emitir tal julgamento. O p. admite que haja atos maus em si mesmos em razão de seu objeto, p. ex. o assassínio ou o roubo, mas para

ele é preciso que este objeto seja determinado teleologicamente. Assim, matar nem sempre é cometer um assassinato, pois para que haja assassinato é preciso que o ato seja escolhido sem uma razão proporcionada como a legítima defesa. Alguns males são tamanhos que é impossível conceber uma razão proporcionada que os justifique e, portanto, são interditos "sem nenhuma exceção".

Ainda tradicionalmente, um ato é mau porque é contrário à lei natural, não respeita o controle de Deus* sobre a vida ou tem consequências nocivas. Para o p., é esta última consideração que conta em definitivo: é nas consequências do ato que se deve buscar critérios de julgamento. O p. é, portanto, classificado, com o consequencialismo e o utilitarismo*, nas teorias "teológicas". Entretanto, só as consequências não permitem emitir um julgamento moral; é preciso levar em conta igualmente a intenção e a maneira como o ato é realizado. Por isso chama-se às vezes o p. de um "consequencialismo misto". Ademais, se o p. concorda com o utilitarismo no fato de ser preciso maximizar os valores, esses valores são para ele valores objetivos, fundados na natureza da pessoa, e não somente preferências ou interesses. Mas alguns veem nessa exigência de maximizar ou de "produzir" resultados uma forma de razão* técnica ou instrumental típica do utilitarismo.

Foi dito que para o p. uma boa intenção poderia tornar bom um ato moralmente mau. Os partidários do p. rejeitam esta acusação, e afirmam que não defendem o relativismo*. A seu ver, a intenção não pode fazer de um ato moralmente mau (no sentido deles, isto é, que causa um mal pré-moral sem razão proporcionada) um ato bom.

Uma das principais objeções que se lhes pode fazer é que não oferecem os meios de avaliar a proporção. Para estabelecer uma proporção é preciso medir os bens e os males uns em relação aos outros, mas frequentemente eles são incomensuráveis. O p. responde que não se trata de medir, mas de interpretar a relação do ato com o valor buscado. Não há proporção se o ato contradiz ou enfraquece o valor a longo prazo. Mas os efeitos a longo prazo de nossos atos dependem de fatores imprevisíveis, como o que os outros escolherão fazer ou não fazer, e escapam, assim, à avaliação necessária para estabelecer a proporção. A teologia moral contemporânea, sem desconhecer o problema das normas, preocupa-se mais em trabalhar com uma ética* das virtudes*.

A encíclica de João Paulo II sobre *O esplendor da verdade* (*Veritatis splendor*, 1993) rejeita o p., assimilado ao consequencialismo. Ali é dito que o p. não tem fundamentos na tradição católica (§ 75-83).

• P. Knauer (1965), "La détermination du bien et du mal moral par le principe du double effet", *NRTh* 87, 356-376. — B. Schüller (1970), "Zur Problematik allgemein verbindlicher ethischer Grundsätze", *ThPh* 45, 1-23. — J. Fuchs (1971), "The Absoluteness of Moral Terms", *Gr* 52, 415-458. — L. Janssens (1972), "Ontic Evil and Moral Evil", *LouvST* 4, 115-156. — R. A. McCormick, P. Ramsey (1978), *Doing Evil to Achiev Good: Moral Choice in Conflict Situations*, Chicago. S. Pinckaers (1982), "La question des actes intrinsèquement mauvais et le 'proportionnalisme'", *Rthom* 82, 181-212. — B. Hoose (1987), *Proportionalism: The American Debate and its European Roots*, Washington. — M. Rhonheimer (1987), *Natur als Grundlage der Moral: Eine Auseinandersetzung mit autonomer und teleologischer Ethik*, Innsbruck. — J. Finnis (1991), *Moral Absolute: Tradition, Revision, and Truth*, Washington.

Brian JOHNSTONE

→ *Bem; Casuística; Ética; Mandamento; Prudência; Utilitarismo.*

PROPRIEDADE

O termo "propriedade" (p.) vem do latim *proprietas*, tirado do adjetivo *proprius*, que significa "seu", "especial", "particular", "próprio". Esses matizes se conservaram na dupla acepção de *proprietas*, que pode designar tanto a natureza particular, a qualidade própria de uma coisa, quanto o direito daquele que possui uma coisa. Neste último sentido, a p. é entendida como o conjunto dos direitos e obrigações que regem a relação das pessoas (físicas ou morais) com as coisas (materiais ou imateriais).

A p., no sentido clássico do termo, é o direito de possuir tranquilamente um objeto, de gozar ou dispor dele, de tirar de um benefício financeiro, de consumi-lo, de destruí-lo, de aliená-lo ou legá-lo. Os atributos do direito de p., contudo, variam grandemente em função da natureza dos objetos concernidos e da categoria jurídica à qual pertencem, conforme se trate, p. ex., de um bem móvel ou imóvel, de um bem pessoal ou fundiário, de artigos de consumo ou de fatores de produção. De igual modo, as restrições e as obrigações conectadas à p. diferem profundamente em função sobretudo dos efeitos que podem decorrer dela para terceiros: assim, o uso e a disposição dos bens fundiários são geralmente submetidos a limitações mais estritas que os bens pessoais, à exceção dos objetos intrinsecamente perigosos, como armas de fogo e automóveis.

Instituída e regida por convenções e pela lei, implementada pela autoridade* pública, a p. tem um caráter profundamente social, político, moral — e, por conseguinte, filosófico (fil.) e teológico (teol.). Na tradição político-jurídica do Ocidente cristão, esta noção sofreu importantes modificações, sobretudo no que diz respeito à extensão de sua definição, aos diferentes tipos de p. reconhecidos, suas justificações teológicas e etiológicas, seu valor moral e as condições limitativas às quais está submetida. Examinaremos os fundamentos bíblicos da p., antes de traçar sua evolução no pensamento patrístico, medieval, moderno e contemporâneo.

É preciso, previamente, situar duas distinções, que se recobrem parcialmente: entre a p. individual e a p. coletiva, de um lado, e entre a p. privada e a p. pública, de outro. O direito de p. pode, de fato, ser detido ou por pessoas físicas, ou por coletividades às quais a lei reconhece o *status* de pessoas jurídicas. A p. coletiva é *comum* no sentido de que cada membro do grupo tem um título sobre a coisa possuída, p. ex. para gozar e dispor dela. A p. privada é o direito *exclusivo* do proprietário, indivíduo ou coletividade, sobre uma coisa, e este direito é oponível a toda outra pessoa. Por p. pública se entende o direito *inclusivo* detido pelos membros de uma coletividade importante, p. ex. o corpo social moderno ou o corpo eclesiástico medieval; a p. pública é *comum* num sentido mais universal que a p. exercida por coletividades "privadas" de caráter mais restrito e mais particular.

a) Fundamentos bíblicos. — A noção de p. encontra seu pano de fundo teol. no relato bíblico (Gn 1,28-30; 2,15.19s) do estabelecimento de Adão* como senhor do resto da criação*, chamado a preencher e a submeter a terra, a cultivá-la e a colher seus frutos para assegurar sua subsistência. A queda (pecado* original*) introduziu em seguida no "domínio" adâmico elementos de luta, de angústia e de dominação, que se resumem no tema do labor penoso ao preço do qual o homem deve doravante satisfazer suas necessidades físicas. A ideia de p. está no centro da aliança* pela qual Deus* elege Israel* como seu bem próprio (Ex 19,5s) e promete que as doze tribos, se respeitarem o pacto, conquistarão e colonizarão o país de Canaã. Israel possui a terra de um modo simultaneamente coletivo e distributivo: a cada família é alocada uma parte igual do patrimônio da nação (Nm 25,52-56). A inalienabilidade permanente do patrimônio familiar, atestada pela instituição do ano jubilar (Lv 8,13), e a obrigação de resgatar toda terra cedida no intervalo (Lv 25,25-28) não recordam somente a origem divina da "herança" de Israel, mas também o direito de p. que o doador conserva sobre o país (Lv 25,23). Como proprietário supremo, Deus limita os direitos de p. de Israel, exigindo que se deixe a parte do pobre na respiga (Lv 19,9; 23,22; Dt 24,19ss) e o dízimo (Dt 14,28s; 26,12), que se dê ao passante faminto com que se saciar (Dt 23,25s), que se consagre ao próprio Deus um dízimo anual (Lv 27,30ss) e que se respeite o repouso sabático da terra (Lv 25,2-7). O exemplo dos levitas, que se acham excluídos da partilha da terra tribal e só subsistem graças ao dízimo, recorda ademais que Israel não é chamado unicamente a possuir um território, mas também a servir diretamente a Deus no exercício do culto* (Nm 18,21-24; Dt 8,1s). Os profetas* acusarão frequentemente o povo* de Deus de infringir as condições de p. fixadas na aliança e de se

entregar a uma acumulação desenfreada de terras e riquezas (1Rs 21,1ss; Is 5,8; Mq 2,1s), de desconsiderar e oprimir os pobres sem defesa (Is 3,14s; 58,6-7; Am 8,4-14); é por causa dessa infidelidade que, segundo a literatura profética, os israelitas serão, coletiva e individualmente, despojados de sua terra.

Os evangelhos* apresentam Jesus* proclamando um jubileu escatológico associado à sua própria qualidade de messias* (Lc 4,16ss) e anunciando uma nova aliança na qual a p. terrestre não desempenha já nenhum papel. O sermão da montanha, na versão de Lucas, sublinha ao contrário que o reino* de Deus é a herança dos que são espiritual e fisicamente despojados (Lc 6,20s.24s). Jesus condena o serviço do "Mammon enganador" como busca idólatra de uma falsa segurança, e exorta os que querem segui-lo a renunciar a seus bens e a seu direito de p. para cumprir sua verdadeira obrigação, amar a Deus e ao próximo (Mt 5,42; 6,24-34; 19,16-26; Mc 10,17-31; 12,41-44; Lc 6,32-35; 12,13-31; 18,18-30; 21,1-4). Ao enviar os Doze e os Setenta em missão*, Jesus lhes ordena que só contem, a exemplo do "Filho* do homem" (Lc 9,58), com o que lhes quiserem dar para prover à sua subsistência (Mt 10,5-14; Mc 6,8-11; Lc 9,3-5; 10,3-9). A todos os que renunciam em seu nome às posses terrestres ele promete o cêntuplo na ordem espiritual e escatológica (Mt 19,29; Mc 10,29s; Lc 18,29s).

Nas comunidades pós-pascais reunidas em Jerusalém* sob a direção dos apóstolos*, segundo o relato de Lucas nos Atos, os fiéis possuíam tudo em comum, cada qual abandonando seus bens para prover às necessidades do irmão, e manifestavam assim sua comunhão* na fé* e no amor* (At 2,44-47; 4,32s). Paulo, ele mesmo relativamente desprendido da disciplina da pobreza missionária, exorta os fiéis de Corinto a imitar as Igrejas* da Macedônia, que, em "sua alegria superabundante e sua pobreza extrema", davam sem contar para aliviar a Igreja de Jerusalém caída na privação; Cristo*, de rico que era, tornara-se pobre (kenose*) para enriquecê-las (Rm 15,26ss; 1Cor 16,1-4; 2Cor 8,1-9). Alguns textos neotestamentários posteriores retomarão temas fil. greco-romanos para opor a riqueza espiritual à riqueza material (Hb 10,34; Ap 2,9; 3,17s), o vício da avareza à virtude* divina de temperança (1Tm 6,6-10; Hb 13,5), sem que seja proibido no entanto aos "ricos deste mundo" enriquecer-se com a fé e as boas obras (1Tm 6,17ss).

b) *Os períodos subapostólico e patrístico.* — A *koinonia* (a partilha, a comunidade, a comunhão) vivida na Igreja de Jerusalém — relativamente aos bens tanto "imortais" ("incorruptíveis") quanto "mortais" ("corruptíveis") — permaneceu um tema dominante entre os autores subapostólicos, que exortam frequentemente à partilha integral dos bens com os necessitados (*Didaché* IV, 5-8; *Ep. Barn.* XIX, 8, PG 2, 777-778). Outra ideia diretriz era que a p. supérflua encerra o indivíduo na ordem presente, mina sua inteligência e sua vontade e tira-lhe a força de seguir firmemente os caminhos de Deus até sob perseguição (*Hermas, Sim.* I, 1-7, PG 2, 951-952). As homilias pseudoclementinas, levando a um extremismo gnóstico o dualismo dos dois reinos, repudiavam toda p., salvo a do estrito necessário, como pertencem ao "rei estrangeiro" da ímpia cidade terrestre (PG 2, 359-362).

A partir do final do s. II, o pensamento cristão encara a p. antes de tudo opondo-se de maneira mais consciente à noção jurídica do *dominium* (*proprietas*) romano — direito quase ilimitado do indivíduo sobre seus bens — e encara-a, por outro lado, apropriando-se de maneira bastante explícita das ideias estoicas sobre a natureza e a sociedade* humanas. Na esteira de Ireneu* de Lião, que estabelecia uma oposição cortante entre a aquisição *intrinsecamente* injusta da p. e seu uso justo na esmola generosa (PG 7, 1064-1065), Clemente de Alexandria define o uso justo da p. como restauração da *koinonia* original de uma humanidade criada chamada a partilhar todas as coisas, a começar pela "própria palavra* de Deus" (PG 8, 541-544). Para alguns Padres* gregos e latinos posteriores, a comunhão cristã no uso dos bens terrestres é um duplo reflexo: da comunidade adâmica que tira coletivamente sua subsistência dos dons de Deus (o estado de natureza dos estoicos) e da generosidade universal do doador divino (Basílio* Magno, PG 31, 275-278, 299-302; Cipriano*, CSEL 3, 232; Zenão de Verona, PL 11, 287; Ambrósio*, PL 14, 263s, 731, 734, 747; PL 16, 61ss; PL 17, 313s; João* Crisóstomo, PG 62, 562ss). E, inversamente, o proprietário que recusava partilhar seus bens com os indigentes lhes parecia cometer uma espécie de roubo, porque se opunha à igualdade desejada por Deus no uso dos bens indispensáveis, e também uma espécie de idolatria*, pois desprezava o verdadeiro proprietário das riquezas da Terra (Basílio, PG 31, 261-264, 276s; Ambrósio, PL 14, 734, 747; PL 15, 1303s; PL 17, 434s; João Crisóstomo, PG 48, 986-988; PG 57, 706s; PG 62, 562ss; Agostinho*, PL 33,665; PL 38, 326). Alguns contestavam mesmo que a preocupação com seus interesses patrimoniais pudesse eximir o indivíduo da obrigação de dar liberalmente (Cipriano, CSEL 3,387s; Agostinho, PL 38, 89s).

Muitos Padres dos s. III e IV não estavam longe de considerar, como Sêneca, a instituição da p. privada como um fruto da avareza humana, todavia destinado por Deus a remediá-la, tal como a autoridade política e a lei* (Lactâncio [*Inst. div.* 3.21s] apresenta aqui a exceção mais notável). No entanto, foi Agostinho quem afirmou mais explicitamente o elo de dependência entre a p. e o *imperium*, a função social da p., elo cuja função era tornar "menos ofensivo" o abuso das riquezas (PL 33,665; PL 35,1437). Ao mesmo tempo, distinguia nitidamente entre o direito* humano de p. e o direito divino de posse, segundo o qual "toda coisa pertence ao justo" — àquele que, no uso das coisas, se conforma ao amor de Cristo e do próximo (PL 34,20s) — e concluía que o ímpio não tem nenhum direito legítimo (isto é, divino) às suas posses (PL 33,665).

c) *O período medieval.* — A doutrina medieval da p. foi dominada por dois desenvolvimentos relativamente antitéticos da herança patrística (principalmente agostiniana): a concepção dos franciscanos e a do papado, entre as quais as ideias de Tomás* de Aquino desenhavam uma espécie de posição média. Antes do florescimento das ordens mendicantes, a p. eclesiástica formava uma veste inconsútil que englobava os bens das ordens seculares, clericais e monásticas, tudo isso repousando teoricamente na aplicação harmoniosa dos modelos neotestamentários fornecidos por Cristo, seus apóstolos e pela Igreja de Jerusalém. Ora, a teologia franciscana da "perfeição evangélica", que encontrou sua exposição definitiva na *Apologia pauperum* (*c.* 1269) de Boaventura*, rasgou aquela veste ao distinguir, de um lado, a p. coletiva da Igreja em seu conjunto e, de outro, a absoluta renúncia a toda p. (privada ou comum), renúncia praticada pelos irmãos menores. Em sua ética* agostiniana do amor ordenado, Boaventura considera o "simples" uso (fora da p.) de bens possuídos e concedidos por outros como uma "mais elevada" participação na obediência desinteressada de Cristo, uma superação mais eficaz da avareza e um retorno à justa relação segundo a qual o homem é chamado a possuir a criação.

Em consequência das ásperas disputas suscitadas em meio aos irmãos menores pela questão da "pobreza absoluta", o papado avaliou pouco a pouco a ameaça que essa doutrina constituía para uma Igreja canonicamente definida havia séculos como um corpo místico e político proprietário de grandes bens. Perto do final do s. XIII, o rigorismo franciscano se desencadeou contra as posições extremas de uma eclesiologia* magisterial que transformara a p. comum da Igreja sobre os bens que lhe eram confiados numa p. suprema e ilimitada (comportando ao mesmo tempo jurisdição* executória e direito de uso) do papa* sobre todos os bens temporais da Igreja. Partidários do papa recorreram ao conceito agostiniano de justa posse para afirmar que ninguém possuía nada em toda justiça se não fosse julgado digno pela Igreja de Roma* e, portanto, que todos os proprietários indignos — heréticos, excomungados e infiéis —, tendo-se separado do direito divino, podiam sem injustiça ser despossuídos pela Igreja (Gil de Roma, 1302; Tiago de Viterbo, 1301-1302). E em sua refutação sistemática da pobreza franciscana, o papa João XXII (1316-1334) fez da p. uma parte integral da perfeição evangélica: Cristo tivera a experiência dela e ela fazia parte do "domínio" adâmico desde a origem (BullFr, 5, 408-449). Cinquenta anos mais tarde, a teologia franciscana da pobreza conheceria uma suprema e tardia floração na obra de João Wyclif, que seguiu as pegadas de Richard FitzRalph e elaborou, no quadro neoplatônico de um realismo participativo, a ideia de uma comunidade natural e cristológica de não possuidores. Ele utilizava esta noção, à maneira de Marsílio de Pádua, para justificar a expropriação da Igreja inglesa pelo poder secular.

Sobre a questão do caráter natural da p., Tomás* de Aquino tentou harmonizar as afirmações patrísticas com as teses aristotélicas de seu tempo. Apresentou, assim, a p. como o melhor modo de posse das coisas materiais, a melhor maneira para a humanidade de exercer seu direito natural de uso sobre o resto da criação. Conforme a opinião dominante entre os Padres, ele admitiu que a p. privada não dependia da lei natural, mas da convenção e da legislação (*ST* IIa IIae, q. 66, a. 2, ad 1). Mas, ao mesmo tempo, sustentava (afastando-se um pouco do espírito dos Padres) que a introdução da p. era uma adição racional ao direito* natural, um complemento que, longe de derrogá-lo, o satisfazia da maneira mais eficaz. O poder natural conferido ao homem, com efeito, não se limitava ao uso comum dos recursos materiais, mas compreendia também sua administração e sua distribuição, as quais, pelas razões indicadas por Aristóteles, não podiam ser melhor asseguradas senão pela p. privada (*ST* IIa IIae, q. 66, a. 2, 1-2). Com esta argumentação centrada no interesse individual, Tomás se distanciava da visão agostiniana, franciscana e wyclifiana de uma comunidade participativa capaz de retroceder a antes da queda.

Finda a IM, a concepção tomista da p. se harmonizou nos fatos com uma teoria canônica que, sempre perpetuando os debates clássicos sobre o caráter natural da p., modelou-se cada vez mais sobre o *ius gentium* e o direito civil romano, em razão sobretudo do vazio jurídico criado pelo desenvolvimento da indústria, do comércio e dos negócios. Diante do advento da economia capitalista e de suas estruturas jurídicas de produção e de troca (sociedades anônimas de responsabilidade limitada, bancos e seguradoras, letras de câmbio e cartas de crédito etc.), os canonistas introduziram novas distinções éticas que atenuavam antigas prevenções contra formas de aquisição material tais como a *negotiatio* (a compra e a venda com lucro), o comércio, o investimento produtivo e o empréstimo comercial (Gilchrist, 1969, 26, 55-56; 62-65; Berman, 1983, 336-338, 348-350). Tal como Tomás, também suavizaram antigas prevenções, definindo p. ex. o "necessário" ou o "suficiente" sem o qual um proprietário não podia ocupar decentemente sua posição social, e que a caridade não o obrigava, portanto, a partilhar. E celebrou-se a virtude de liberalidade de maneira mais aristotélica do que cristã (Tierney, 1959, 31-39; *ST* IIa IIae, q. 32, a. 5, ad 3, a. 6; q. 134, a. 2-3).

d) O período moderno. — Do s. XV ao XVII, a noção de p. adquiriu uma posição dominante no pensamento político ocidental, onde se tornou um direito natural (subjetivo) do homem, e até *o* direito natural por excelência. Nas pegadas de Guilherme de Occam, o nominalista parisiense Jean Gerson (1363-1429) definia o *dominium* natural do homem sobre o resto da criação como um *ius* de origem divina, isto é, como "a faculdade ou o poder de dispor" das coisas e de utilizá-las para a conservação de si mesmo; e incluía a liberdade* nesse *dominium* natural pondo em paralelo o poder original do homem sobre as coisas externas e seu poder de usar de si mesmo, de seu corpo e de suas ações (Tuck, 1979, 25-27). E foi sob a influência de discípulos de Gerson, especialmente de Jean Mair e de Jacques Almain, que pensadores escolásticos dos s. XVI e XVII acabaram por fazer do poder natural sobre as coisas um direito à p. (Fernando Vázquez y Menchaca, Luis de Molina, Suárez* etc.), e da liberdade natural, um bem próprio suscetível de ser parcialmente ou totalmente alienado por contrato, até à escravização individual ou coletiva (Molina, 1614, I col. 162-163; Suárez, [1612], 1944, I, 160; Tuck, 1979, 54, 60).

Em Locke — que se esforçava por arrancar o direito natural à p. das teorias absolutistas e

estatistas de seu tempo, para fazer dele a base de um poder constitucional —, a p. dos bens exteriores foi contemplada como o fruto e a expressão — e não mais somente a condição (como em Aristóteles) — de uma liberdade de ação criadora. Único senhor de sua capacidade produtiva, o indivíduo é também o único proprietário do produto de seu trabalho*, à imagem do direito de p. exclusivo que Deus exerce sobre suas criaturas (*Segundo tratado do governo civil* 5). A teoria de que o homem — o trabalhador — é naturalmente levado a transformar os recursos comuns da terra em possessões privadas nasce, portanto, aqui, e vários teoremas centrais do capitalismo liberal têm aqui sua fonte: o trabalho assalariado como alienação voluntária de um bem próprio, a força do trabalho; o caráter privado das atividades de produção e de consumo; a aceitabilidade moral da acumulação ilimitada das riquezas numa economia fundada no dinheiro; o benefício que a coletividade retira inevitavelmente disso. Já em Hobbes a ideia de que os indivíduos são naturalmente proprietários de suas capacidades produtivas, ao mesmo tempo em que têm sempre necessidade de se afirmar mais, fez nascer uma concepção liberal e utilitarista da p.; ela encontrará sua expressão mais acabada na teoria economista da moral e do direito elaborada por Jeremy Bentham (1748-1832).

Comparados aos teóricos mais radicais dos direitos naturais, os mestres da Reforma permaneceram próximos das tradições patrísticas e medievais, mas com algumas mudanças de perspectiva. Contra os anabatistas*, Lutero* e Calvino* defenderam o caráter indispensável da p.: sem p., o cristão não podia servir a Deus e seu próximo na ordem social. A concepção de Lutero decorria de uma aplicação complexa no domínio ético de sua doutrina dos dois reinos. Certamente, a p. e as transações econômicas que derivam dela são indissociáveis de toda comunidade estruturada: elas são, primeiramente, necessárias à satisfação das necessidades materiais do homem e à execução das tarefas temporais que Deus lhe confia (*WA* 32, 307; 39/2, 39); em seguida, são compatíveis com a prática do amor* e da equidade (*WA* 15, 294, 296, 303; *WA. B*, 485s; 6, 466; 32, 395) — e esta prática conduz também a ouvir um chamado ao desprendimento (escatológico) diante de toda p., porque a p. é, em última instância, para o dom (*WA* 6, 3, 36; 10/3, 227, 275; 15, 300, 302; 19, 231, 561, 39/2, 40). Em Calvino, duas normas teológicas regulam o problema da p.: dever de administrar os dons da criação, dever de zelar pelo bem comum da Igreja. A lei divina revela como adquirir e como usar justamente sua p. A livre disposição da p. pode ser virtuosa (*Inst.* II.8.47-48; III.7.5).

e) O período contemporâneo. — O primeiro traço característico desse período é o abandono do modelo lockiano de uma p. fundada na atividade criadora — e do cálculo utilitarista dor/prazer que lhe é estreitamente associado —, o qual se revelava inadaptado às formas mais modernas de produção da riqueza (tais como o investimento, o juro, a especulação). Os partidários da aquisição privada ilimitada recorreram então a uma teoria menos restritiva oferecida por Kant* e Hegel* (*Lineamentos de filosofia do direito*, I, 1, § 41-71): *como tal* (por mais abstrata, por mais afastada do sujeito que ela possa ser), a p. é uma materialização da liberdade pessoal, uma objetivação da vontade privada. A teoria tinha sua vantagem: permitia fazer valer tão comodamente quanto possível que as desigualdades nascidas da busca implacável dos interesses individuais numa economia de mercado são "eficazes", necessárias e, em definitivo, benéficas às camadas mais pobres da sociedade. Mas a maioria das análises sérias que foram consagradas à p. capitalista nos últimos dois séculos forçam a matizar todo panegírico do enriquecimento individual.

Entre as críticas socialistas que proliferaram a partir do início do s. XIX — quer sejam utópicas, românticas, hegelianas, anarquistas ou cristãs —, a de Karl Marx* possui o maior interesse teol., porque Marx, mais ainda do que seu influente contemporâneo Pierre-Joseph Proudhon, soube restabelecer a primazia da participação comunitária sobre a distribuição econômica. Ele recuperava assim a ideia de posse comum e de comunidade de não proprietários que ca-

racterizaram o platonismo* cristão até às seitas anabatistas* do tempo da Reforma. Rejeitando os elementos doutrinais, teol., místicos e contemplativos dessa tradição, Marx vê na posse coletiva dos meios de produção a mais justa relação entre a humanidade produtiva e o resto da natureza, e no trabalho* em comum o justo meio de se apropriar dos bens terrestres e de ter acesso à sua própria essência, que é liberdade criadora. Marx, todavia, não é o crítico de toda p., mas somente de uma forma precisa de p., a p. privada organizada como *capital*: é aí e somente aí que o jogo da p. se torna fator de alienação, despoja os homens das condições, produtos, atividades e relações morais ligadas ao trabalho, e os despoja, portanto, de sua humanidade (*Manuscritos econômico-filosóficos*, 1844; *O capital*, 1867).

Desde a encíclica *Rerum novarum* (1891) de Leão XIII, a doutrina católica da p. se tem esforçado regularmente por oferecer uma exegese sintética e coerente da tradição* teol. que tenta responder às realidades do liberalismo tecnológico, seja capitalista, comunista ou socialista. A estratégia doutrinal seguida é razoavelmente clara: associar as concepções bíblica, patrística e (sobretudo) tomista da p. às ideias e às aspirações liberais modernas. Da tradição, o magistério romano retém sobretudo a ideia de uma teleologia comum dos bens terrestres, dados por Deus para o gozo de todos: a justiça e a caridade exigem, portanto, que toda riqueza supérflua seja utilizada (no plano nacional e internacional) para prover às necessidades dos pobres (*Rerum Novarum* [*RN*] 19; *Quadragesimo anno* [*QA*] 56ss; *Gaudium et spes* [*GS*] 69; *Populorum progressio* [*PP*] 22ss; *Sollicitudo rei socialis* [*SRS*] 39; *Centesimus annus* [*CA*] 30-31). Fiéis à concepção tomista do "bem comum", os papas também definiram o papel que os poderes públicos devem desempenhar quando se trata de determinar as condições de exercício da p. privada, de zelar pela distribuição equitativa dos bens e dos serviços, de instituir a p. pública dos recursos comuns, enfim, de fazer que estes sejam acessíveis a todos (*RN* 25ss; *QA* 49, 74-75, 132; *Mater et Magistra* [*MM*] 77, 79, 88, 116-117, 127-140, 150-152; *Pacem in*

Terris [*PT*] 46-69, 132-145; *PP* 23-24, 33-35, 51-53; *SRS* 42-43; *CA* 44-49). Com uma insistência menos aguda, mas de maneira nítida, eles também têm condenado a avareza e enfatizado a subordinação das riquezas materiais às riquezas espirituais-escatológicas (*RN* 18s; *QA* 132, 136; *MM* 245-251; *PP* 19; *SRS* 28). Pode-se notar também concessões ao liberalismo tecnológico: defesa da p. privada como direito natural (paradigmático) das pessoas e das famílias (*RN* 4-10; *QA* 44-45; *MM* 109-112; *PT* 8-27, 80, 86, 139; *PP* 15-16, 27-28; *GS* 71; *Laborem exercens* 4,7, 10, 15; *CA* 13, 42-43).

A perfeição teórica da síntese romana é incontestável. Todavia, pode-se temer que se perca aqui (mas cf. algumas exortações de João Paulo II, p. ex. *SRS* 28-29) uma visão do homem menos voluntarista, mais contemplativa, e que permitiria melhor perceber as fraquezas intrínsecas de toda teoria da p. — bem como a marca do pecado sobre todo uso da p.

* F. Suárez (1612), *Tractatus de legibus ac Deo legislatore*, ed. L. Peréna, V. Abril, P. Suñer, 8 vol., Madri, 1971-1981. — L. de Molina (1614), *De iustitia et iure*, Colônia. — L. Duguit (1912), *Les transformations générales du droit privé*, Paris. — J. B. Kraus (1930), *Scholastik, Puritanismus und Kapitalismus*, Munique-Leipzig. — J. Ellul (1946), *Le fondement théologique du droit*, Neuchâtel-Paris. — H. Borge (1951), *Luther und der Frühkapitalismus*, Gütersloh. — R. Schlatter (1951), *Private Property in Modern Christian Thought*, Urbana, Ill. — B. Tierney (1959), *Medieval Poor Law: A Sketch of Canonical Theory and its Application in England*, Berkeley, Cal. — C. B. Macpherson (1962), *The Political Theory of Possessive Individualism*, Oxford. — P. Althaus (1965), *Die Ethik Martin Luthers*, Gütersloh. — J. Gilchrist (1969), *The Church and Economic Activity in the Middle Ages*, Londres. — C. B. Macpherson (sob a dir. de) (1978), *Property: Maistream and Critical Positions*, Toronto. — R. Tuck (1979), *Natural Rights Theories: Their Origin and Development*, Cambridge. — C. Avil (sob a dir. de) (1983), *Ownership: Early Christian Teaching*, Londres. — H. J. Berman (1983), *Law and Revolution: The Formation of the Western Legal Tradition*, Cambridge, Mass. — J. L. González (1990), *Faith and Wealth: A History of Early Christian Ideas on the Origin, Significance and Use of Money*, San Francisco.

Joan L. O'DONOVAN

→ *Autoridade; Criação; Decálogo; Direito; Lei; Marx; Trabalho; Utilitarismo.*

PROTESTANTISMO

a) O protestantismo (p.) é um conjunto que engloba as Igrejas (I.) cristãs nascidas direta ou indiretamente da Reforma do s. XVI. Durante a segunda Dieta de Espira (1529), seus representantes "protestaram" em favor da liberdade* para cada indivíduo escolher conscientemente sua religião. Seus adversários os qualificaram de "protestantes", enquanto eles próprios preferiam ser chamados de "evangélicos". Na França, o édito de 14 de maio de 1576 impõe a expressão *"religion prétendue réformée"* (RPR) para todos os atos e ações públicas (art. 16). Paralelamente a esta denominação oficial, fala-se também, a partir do s. XVII, de "religião protestante", até mesmo de "Igreja protestante"; o termo p. se torna corrente no s. XIX. O p. não é uma I.*, e as diferentes I. que o compõem (luteranos, reformados, metodistas, anabatistas*, batistas*, pentecostais…) nem sempre estão em comunhão* entre si. As fronteiras do p. não são precisas (no seio de anglicanismo*, a filiação ao p. é discutida). As diversas seitas surgidas depois da Reforma (testemunhas de Jeová, darbystas, neoapostólicos, mórmons etc.) não fazem parte do p.

b) Apesar de suas numerosas correntes e de seu pluralismo, o p. é caracterizado por certas *convicções comuns*. A prioridade é dada à salvação*, à justificação* somente pela fé*. O crente não é justo diante de Deus* em razão de suas obras* ou de seus méritos, mas só pela graça*. Norma única da vida cristã, a Bíblia* ganha seu sentido focalizando-se em Jesus Cristo, único mediador entre Deus e os homens. A fé não é adesão a uma doutrina, mas relação viva e pessoal com Deus. A I. é a comunidade dos crentes que se põem à escuta da palavra* de Deus e celebram juntos os sacramentos*. Só o batismo* e a ceia (eucaristia*) são considerados sacramentos, pois foram instituídos por Jesus Cristo pessoalmente. Persuadido de que uma reforma constante da I. é necessária, o p. desconfia das dimensões institucionais desta última. A I. é governada de maneira sinodal, colegial e episcopal, e as decisões dessas instâncias se impõem a todos, mas poderão e deverão constantemente ser revistas à luz da mensagem bíblica. Sem negar a necessidade de um ministério* de unidade universal, o p. se opõe desde seus inícios à maneira como este ministério é exercido pelo papa*. A redefinição romana do papado no Vaticano I* (1870) ampliará a recusa de toda pretensão do magistério* à infalibilidade* e ao primado de jurisdição*. O p. insiste no sacerdócio* de todos os batizados sem questionar a necessidade de ministérios particulares. A I. e seus ministros, entretanto, permanecem sempre secundários perante a mensagem da salvação*, único critério de autenticidade de toda vida cristã e eclesial. Essa concentração na graça tem como corolário ético um engajamento decidido no testemunho e no serviço neste mundo. As opções éticas não são definidas uma vez por todas, mas resultam da escuta constante, individual e comunitária, da palavra de Deus numa situação concreta. A I. não tem de estender seu poder sobre a sociedade*, mas está a serviço de um mundo que tem sua razão de ser em si mesmo.

c) O estudo do p. como *fenômeno de sociedade* aparece desde o s. XVIII. J. G. Herder (1744-1803) considera a liberdade de consciência*, e Hegel* a liberdade individual, como o princípio fundamental do p. E. Troeltsch (1865-1923) estima que o p. contribuiu de maneira decisiva para a constituição dos ideais democráticos do mundo moderno. As raízes do neoprotestantismo não se limitam às da Reforma, mas englobam, segundo Troeltsch, a herança do Iluminismo e da Revolução francesa. Em *A ética protestante e o espírito do capitalismo*, M. Weber (1864-1920) desenvolve a tese discutível de uma afinidade particular entre a ética ascética do p. calvinista e a mentalidade do empreendedor capitalista. Dessacralizando o presbiterado e toda instituição eclesial, o p. teria desempenhado também um papel importante no desencantamento moderno do mundo. Tillich* compreende o p. como crítica profética de toda estrutura de poder, seja religiosa seja profana. Advogado de toda forma secularizada da graça,

o p. teria sido parcialmente traído pelos que o reivindicam e não souberam se contentar com sua "fraqueza" institucional e dogmática*.

d) Em razão da multiplicidade de suas correntes e de suas numerosas divisões internas (sobretudo por razões eclesiológicas), o p. sempre esteve confrontado à problemática do *ecumenismo**. Desde a Reforma, desejou-se a reunião de um concílio* universal. O p. está na origem do movimento ecumênico moderno e da criação do CEI*. Pleiteia uma reconciliação das I. no respeito de suas diversidades legítimas e desejáveis. Sua preocupação não é somente a unidade* da I., mas a unidade e a reconciliação de toda a humanidade. As orientações que permitem atingir esta meta, entretanto, são vividamente controvertidas no seio mesmo do p. Seu papel permanente continua sendo a crítica vigilante de toda vida, em sociedade ou em I., à luz somente do Evangelho de Jesus Cristo.

• P. Tillich (1950), *Der Protestantismus. Prinzip und Wirklichkeit*, Stuttgart. — E. G. Léonard (1961-1964), *Histoire générale du protestantisme*, Paris. — J. Baubérot e J.-P. Willaime (1990), *ABC du protestantisme*, Genebra. — R. Mehl (1991), "Protestantism", *in* N. Lossky *et al.* (sob a dir. de), *Dictionary of the Ecumenical Movement*, Genebra, 830-838. — J.-P. Willaime (1992), *La précarité protestante. Sociologie du protestantisme contemporain*, Genebra. — P. Gisel (1995) (sob a dir. de), *Encyclopédie du protestantisme*, Genebra-Paris. — H. Fischer, F. W. Graf (1997), "Protestantismus", *TRE* 27, 542-580. — L. Gagnebin (1997), *Le protestantisme*, Paris. — T. Wanegffelen (1998), *Ni Rome ni Genève. Des fidèles entre deux chaires em France au XVIe siècle*, Paris.

André BIRMELÉ

→ *Anabatistas; Anglicanismo; Batistas; Calvinismo; Catolicismo; Conselho Ecumênico das Igrejas; Ecumenismo; Família confessional; Luteranismo; Metodismo; Ortodoxia; Pentecostalismo.*

PROTOCATOLICISMO

1. A história da investigação

A questão do protocatolicismo (p.), ou *Frühkatholizismus*, é antes de tudo uma problemática própria à exegese* protestante alemã, nascida com a *Aufklärung*, desenvolvida pela tradição liberal (Troeltsch, Harnack), depois retomada por Bultmann* e seus alunos (em particular Käsemann). Por p. deve-se entender as tendências teológicas que se anunciam no último quartel do s. I, "que são perceptíveis em quase todos os escritos eclesiásticos do s. II e que permaneceram constitutivas para o catolicismo* posterior" (Luz, 1974).

2. Fontes e cronologia

O p. é conhecido pelos escritos neotestamentários (com exceção das epístolas paulinas), pelos Padres apostólicos* e pelos evangelhos* apócrifos* mais antigos. — A delimitação histórica do fenômeno é controvertida. O período protocatólico se inicia com o desaparecimento da primeira geração cristã (queda de Jerusalém*; morte de Pedro* e Paulo) e termina no final do s. II com a constituição do cânon*.

3. Os critérios

a) *A referência à tradição apostólica.* — Uma vez que a era apostólica é, retrospectivamente, considerada como o passado fundador da fé*, a tradição* dos apóstolos* assume doravante uma função normativa. Tem autoridade* na Igreja* aquele que fala em nome deles e de sua mensagem e que se situa em sua sucessão*. Consequências: desenvolvimento do gênero* literário da carta apostólica como expressão da verdade* (cf. as epístolas deuteropaulinas e católicas), nascimento do cânon.

b) *A distinção entre ortodoxia e heresia.* — Enquanto em suas primeiras formulações o cristianismo primitivo é múltiplo, o p. se caracteriza pelo zelo de distinguir entre ensinamento verdadeiro e falso; o critério da verdade* é então a conformidade à tradição apostólica.

c) *A acentuação da ética.* — A parênese (exortação moral) ocupa um lugar central nos escritos do p.; ela visa a melhor integrar os cristãos no mundo. Tende a se transformar em discurso autônomo comportando seu próprio fundamento: a dialética do indicativo e do imperativo (p. ex., "... sois luz no Senhor. Vivei como filhos da luz", Ef 5,8) perde sua força.

d) *O desenvolvimento da eclesiologia institucional.* — Desenvolve-se a reflexão sobre a organização visível da I. Esta evolução é particularmente perceptível na escala dos ministérios* ordenados e de sua estruturação hierárquica. De reguladora que era, a ordem jurídica se torna constitutiva.

e) *O adiamento da parusia.* — Perde força a expectativa de um retorno iminente de Cristo*, embora este quadro apocalíptico* seja formalmente mantido.

4. A significação teológica

É controvertida (Küng, 1962). Três aspectos merecem ser sublinhados: a) O p. é um dado indiscutível da era pós-apostólica, sem todavia ser sua característica exclusiva (Hahn, 1978); b) não é um desvio do cristianismo primitivo, pois já se manifesta no NT (cf. em particular a obra de Lucas, as epístolas pastorais e católicas, mas também Paulo [Käsemann, 1965]); c) o p. constitui nessa qualidade uma possibilidade de recepção do cristianismo nascente.

• R. Bultmann (1958), *Theologie des Neuen Testaments*, Tübingen, 446-587. — E. Käsemann (1960), "Eine Apologie der urchristlichen Eschatologie", in *Exegetische Versuche und Besinnungen*, Göttingen, t. 1, 135-157; (1965), "Paulus und der Frühkatholizismus im Neuen Testament als kontroverstheologisches Problem", *ThQ* 142, 385-424. — U. Luz (1974), "Erwägungen zur Entstehung des Frühkatholizismus. Eine Skizze", *ZNW* 65, 88-111. — F. Hahn (1978), "Das Problem des Frühkatholizismus", *EvTh* 38, 340-357. — R. E. Brown (1984), *The Church the Apostles left Behind*, Nova York. — K. Kertelge (1995), "Frühkatholizismus", *LThK*³ 4, 201-204.

Jean ZUMSTEIN

→ *Apostólicos (padres); Autoridade; Catolicismo; Eclesiologia; Escatologia; Evangelhos; Hierarquia; Ministério; Parusia; Sucessão apostólica; Tradição.*

PROVAS DA EXISTÊNCIA DE DEUS

Chama-se de "provas (p.) da existência (ex.) de Deus (D.)" o conjunto dos procedimentos intelectuais pelos quais a razão* humana se eleva até a afirmação de D. Elas se inscrevem no interior de uma tradição* teológica (viva sobretudo no catolicismo*) que tem uma de suas fontes nas Escrituras* (sobretudo Rm 1,18-25, que retoma Sb 13,1-9). O concílio Vaticano I* relembra que "D., princípio e fim de todas as coisas, pode ser conhecido com certeza pela luz natural da razão humana a partir das coisas criadas" (*Dei Filius*); e o juramento antimodernista endurecerá a afirmação: se D. pode ser conhecido com certeza (*cognosci potest*), também pode, por conseguinte, ser demonstrado (*demonstrari potest*) pelas "obras visíveis da criação* como a causa pelos efeitos". Da maneira mais geral que seja, o desenvolvimento histórico das p.ex.D. é provavelmente inseparável do movimento que a fé* imprime à inteligência humana na busca da verdade*.

1. As provas em sua história

a) Existe uma pré-história das p.ex.D. no pensamento antigo. Retomando as lições de Sócrates — das quais encontramos um eco nos *Memoráveis* de Xenofonte (I,4 e IV,3) — e toda uma literatura anterior, em particular Diógenes de Apolônia, Platão, para justificar a crença nos deuses, evoca ou desenvolve pelo menos três argumentos fundados na anterioridade da alma* automotora, na ordem regular do universo e no consentimento universal dos povos (cf. *Leis* XII, 966 *e*, assim como o *Filebo*, o *Sofista*, o *Fedro* e o *Timeu* para os dois primeiros argumentos, e *Leis* X, 886 *a* para o terceiro). Mas são sobretudo os temas da hierarquia dos seres e do universo das Formas que, reinterpretados, em particular por Agostinho* e Anselmo*, marcarão a formulação das p.ex.D.

Na *Física* VII-VIII e na *Metafísica* XII, Aristóteles propõe um argumento que terá grande fortuna: a reflexão sobre o movimento o conduz a postular a ex. de um primeiro movente imóvel. Se a *Física* oferece dele apenas uma determinação negativa, a *Metafísica* pensa-o positivamente como vida e como inteligência (XII 7, 1072 *a*, 20-25). Este primeiro movente imóvel, que move todas as coisas à maneira do desejável e do Bem*, como uma causa final, porque é vida e inteligência, é D., um pensamento que se pensa

a si mesmo e goza de si. D. é um *vivente eterno e perfeito* (*ibid.*, 1072 *b*, 27-30).

Ao lado de Platão e de Aristóteles, pode-se mencionar Cícero, menos por causa da originalidade de seu pensamento do que em razão de sua influência, por meio do seu *De natura deorum*, seu *De oratore* ou do comentário do *sonho de Cipião* por Macróbio. Um dos primeiros argumentos dialeticamente desenvolvidos na IM, o de Cândido de Fulda, retoma assim as ideias de Crisipo expostas no *De natura deorum* (II, VI), combinando-as com a hierarquia agostiniana do ser*, da vida e do pensamento (*Dicta Candidi*).

b) O movimento do pensamento agostiniano, tal como se apresenta no *De libero arbitrio* e no *De vera religione* (dois textos fortemente inspirados em Plotino), conduz a D. em duas etapas: *ab exterioribus ad interiora* e *ab inferioribus ad superiora* ou, como comenta Gilson, "do que há de inferior nas coisas interiores às realidades superiores". O *De libero arbitrio*, após ter lembrado que "devemos antes de tudo crer nas grandes e divinas verdades que desejamos compreender" (1. II, II, 6), propõe uma série de argumentos cuja força probante repousa na razão.

O ponto de partida da p. é a certeza de possuir a ex. pessoal e a decomposição desta em ex., vida e inteligência, que fornece três propriedades do ser humano. A melhor das três, que só pertence ao homem, é o ponto de partida de uma nova progressão: desde os sentidos exteriores (que captam as qualidades sensíveis) e o sentido interior (que percebe e julga os sentidos exteriores) até a razão mesma (que julga o sentido interior). A razão é o que há de melhor na natureza humana e é a partir dela que o problema de D. pode ser colocado. Uma dificuldade é levantada por Evódio: "Se posso descobrir algo de melhor do que o que há de melhor em minha natureza, não o chamarei imediatamente de D. Pois estimo ter de chamar de D. não o ser ao qual minha razão é inferior, mas aquele ao qual ninguém é superior". Agostinho pensa resolvê-la mostrando que se, "por si mesma, a razão percebe algo de eterno" e de imutável, é preciso que "reconheça ao mesmo tempo que ela é inferior a esse ser e que esse ser é seu D." (*ibid.*, VI, 14). Essa coisa que ultrapassa a razão, essa coisa independente do espírito que ela regula e transcende, é a Verdade* eterna, imutável e necessária. A Verdade, assim reconhecida, atesta a ex. de D. Basta, portanto, entrar em si mesmo para descobrir a Verdade, isto é, D.

O agostinismo* impregnou toda a teologia medieval, particularmente a obra de Anselmo. Renovando o encaminhamento platônico rumo às Formas, o *Monologion* se apoia na experiência* das coisas boas, das coisas grandes, das coisas que são, para afirmar a ex. de um ser supereminente quanto ao bem, quanto ao ser e quanto à grandeza, e por quem todas as demais coisas são boas e grandes. Todavia, foi incontestavelmente o argumento único do *Proslogion* que a posteridade conservou. Sua formulação simples deve ser relatada com precisão.

O insensato, aquele que disse em seu coração*: *D. não é*, deve, entretanto, reconhecer que tem em sua inteligência *aliquid quo nihil maius cogitari potest*; ora, o ser tal que *nada de maior pode ser pensado* ("o insuperável", Ch. Hartshorne) não pode estar só na inteligência; de fato, a inteligência pode pensar um ser que seja ao mesmo tempo na inteligência e na realidade: e destarte, *id quo maius cogitari non potest* não corresponderia à sua definição se existisse somente na inteligência e não na realidade. Não se pode pensar sem contradição um ser tal que "nada de maior pode ser pensado" mas que exista somente na inteligência: em tal caso, com efeito, não seria o ser tal que nada de maior pode ser pensado. A premissa negativa do argumento é essencial, pois Anselmo diz explicitamente, em resposta a Gaunilon, que o argumento não seria imediatamente conclusivo se a premissa fosse afirmativa e se o nome* de Deus de que se parte fosse "o que é maior que tudo" (*Quod est maius omnibus*).

Em sua retomada do argumento de Anselmo, em particular nas questões disputadas *De mysterio Trinitatis*, Boaventura* percebe como "uma verdade absolutamente evidente" que o ser "primeiro e supremo existe" (q. 1, a. 1, concl.). Esta evidência, dada à alma que se deixa purificar pela fé e elevar pela graça*, não é uma intuição da essência divina, mas antes uma *cointuição* de sua presença necessária na criação. Quanto ao *Itinerarium mentis in Deum*, ele inscreve a reflexão intelectual no interior de uma busca espiritual: trata-se menos de provar a ex. de Deus do que de elevar a alma rumo a *ele* até a experiência mística*. Assim como os seis dias da criação são seguidos, no sétimo dia, do repouso, seis considerações preparam a contemplação* amorosa da Trindade*.

Tomás* de Aquino, que distingue melhor o mistério* da vida trinitária e as considerações relativas ao princípio, recusa ao argumento anselmiano o *status* de prova. A ex. de D. não é evidente *para nós*; ela tem de ser demonstrada, o que supõe que ela é efetivamente demonstrável. A p. (*probari*) é administrada segundo cinco vias.

A *1ª* parte do movimento: já que tudo o que se move é movido por outra coisa, se a coisa que move se move por seu turno, ela deve ser movida por outra coisa; como é impossível proceder assim ao infinito, é necessário chegar a um primeiro movente que não seja ele mesmo movido; este primeiro movente é D. A *2ª* via se refere à noção de causa eficiente: é preciso supor uma primeira causa sob pena de suprimir o conjunto das causas e dos efeitos, pois nenhuma causa pode ser causa de si. A *3ª* via se baseia na análise do possível e do necessário: se o possível designa aquilo que pode ser e não ser, então não pode existir somente o possível, mas é preciso admitir o necessário nas coisas; e como a regressão ao infinito é impossível nas coisas necessárias nos outros domínios, há que reconhecer uma coisa necessária por si mesma, que é D. A *4ª* via procede a partir dos graus que se observa nas coisas: o mais ou menos bom, o mais ou menos verdadeiro, o mais ou menos nobre, todos se medem pelo soberanamente bom, pelo soberanamente verdadeiro, pelo soberanamente nobre, que é também soberano quanto ao ser e que é D. A *5ª* via, enfim, remonta a D. pelo governo das coisas: há no mundo um ser inteligente que dirige as coisas privadas de conhecimento para o fim delas, que é o bem.

A. Wohlman (1988) observa que as três primeiras vias de Tomás e as três primeiras especulações de Maimônides remetem uma à outra. Maimônides serviu de intermediário entre Tomás e Avicena; na obra deste último foram elaboradas as noções do possível e do necessário utilizadas pelos dois outros pensadores. De igual modo, a importância de Averróis, comentador por excelência de Aristóteles e crítico de Avicena, não poderia ser desconsiderada na história das p.ex.D.

Para Duns* Escoto, como para Tomás, a proposição "D. é" é conhecida por si, mas sua evidência nos escapa porque não lhe concebemos distintamente os termos; é necessário, portanto, demonstrá-la. Fornecidas no *Opus Oxoniense* e no *Tractatus de Primo principio* (provavelmente uma das últimas obras do Doutor Sutil), as p. escotistas são p. *a posteriori*, mesmo procedendo *more geometrico*, mas elas o são num sentido diferente do de Tomás. O ponto de partida de Duns Escoto se acha nas propriedades metafísicas do ser *dado* na experiência, isto é, não em suas propriedades contingentes singulares, mas em suas condições de possibilidade, o que Duns Escoto chama de *quididade* ou ainda de *possível-real*. Há, nas coisas, uma *ordem essencial* que exprime a inteligibilidade da ordem existente mesmo quando repousa sobre si mesma, e é nesta ordem essencial que se apoia Escoto. Na metafísica, D. é pensado como o ser *infinito**. A p. de D., demonstração da ex. de um ser infinito, se desenvolve portanto em dois momentos: é preciso, de início, provar que existe um ser primeiro, depois provar que este ser primeiro é infinito. E a esses dois momentos se acrescenta uma última p., fundada na primazia da vontade e da liberdade* do ser infinito. Três argumentos tomados de empréstimo à consideração da ordem causal (causalidade eficiente, causalidade final, ordem de eminência) conduzem à afirmação do ser primeiro; em seguida, sete argumentos que remetem à natureza do intelecto, à simplicidade da essência, à eminência, à finalidade e à eficiência permitem estabelecer que este ser singular, que é primeiro, é efetivamente infinito.

c) Desenvolvendo as p.ex.D. numa argumentação puramente racional, a filosofia* (f.) clássica separará (ou pelo menos pretenderá separar) a metafísica de todo pressuposto teológico. As *Meditações* de Descartes* propõem três argumentos nos quais a ideia de D., considerada como uma ideia inata, desempenha um papel fundamental, de maneira ligeiramente diferente nos três casos. A *Meditação terceira* se eleva da ideia de D., ser soberanamente perfeito e infinito, ao ser de D. como sua causa necessária,

e se eleva em seguida do ser contingente que pensa a ideia de D. a D. como o ser que o cria e o mantém na ex. A *Meditação quinta* se apoia no modelo da verdade matemática e mostra que a ex., que é uma perfeição, pertence necessariamente à essência do ser soberanamente perfeito. Leibniz* tentará completar a p. cartesiana mostrando que a ideia de D. é uma verdadeira ideia: a não contradição dos atributos* divinos permite estabelecer que D. é um ser possível e, por conseguinte, que ele existe, já que *Deus est ens ex cujus essentia sequitur existentia*.

Além disso, encontra-se em Leibniz provas *a priori* tanto quanto p. *a posteriori*. A *Teodiceia*, que vê em D. a razão última de um mundo contingente, destaca os atributos de um D. pessoal (entendimento, vontade e potência) cuja perfeição é não somente metafísica mas igualmente moral. A *Monadologia* sobe até D. a partir do possível, sublinhando que D. é a condição mesma do que há de real na possibilidade (§ 43). Em seu período pré-crítico, Kant* retomará este argumento e refletirá sobre o *Único fundamento possível de uma prova da existência de Deus*, sem talvez pensar suficientemente a noção leibniziana do *real* da possibilidade.

Ao destacar o caráter especulativo das p. e ao crer estabelecer a invalidade delas, a crítica kantiana introduziu na história das p.ex.D. uma ruptura decisiva. De um lado, Kant sublinha o encadeamento sistemático das p. (físico-teológico, cosmológico, ontológico) e dá o nome de ontológico ao argumento *a priori*; e, de outro lado, mostra que a validade das p. depende da p. ontológica, ela mesma impotente. Não há passagem da essência à existência, do conceito ao ser, e não basta que D. seja possível para existir, pois a ex. não é um atributo real. A *Crítica da razão prática*, todavia, colocará a existência de D. a título de postulado da razão moral: a vontade, em seu uso ético, requer a possibilidade de um soberano bem no mundo. O *Opus postumum* irá provavelmente mais longe e ligará diretamente a afirmação de D. ao imperativo categórico (conj. VII).

Hegel*, que no fim da vida consagrou *Lições* às *Provas da existência de Deus*, submeteu a crítica kantiana das p. especulativas a uma severa crítica. Hegel não se contenta em restaurar a significação metafísica da argumentação clássica: pretende dar a ela uma significação nova. Assim, ele afirma que a p. cosmológica não contém paralogismo e não supõe a p. ontológica, mas que supõe, para ser plenamente convincente, dois momentos (o ser *é* infinito e o infinito *é*), cuja ligação necessária remete à natureza do Conceito apreendido em sua verdade, conforme a uma lógica especulativa. Assim, ele afirma também que as críticas dirigidas por Kant ao argumento físico-teológico, por pouco que se apreenda o fim e o bem absoluto como Espírito, não têm fundamento. No argumento ontológico, enfim, p. verdadeira e na qual a pluralidade das p. finitas é ultrapassada, Hegel mostrará que a p. e o movimento do Conceito são uma coisa só, Conceito tal como se dá suas determinações e sua objetividade. Com a p. ontológica, compreendemos a atividade do Conceito que se dá eternamente o ser e a vida. E contemplando a *Ideia de Deus em seu éter do pensamento puro*, a Lógica — que é o mesmo que a *teologia metafísica* — se descobre como o discurso absoluto, que só coloca as contradições para mantê-las e ultrapassá-las.

Foi ao longo de toda a sua carreira filosófica que Schelling* refletiu sobre a significação do argumento ontológico, e ele oferece um balanço interessante na *Filosofia da Revelação*. No argumento ontológico, ele distingue o que é irrefutável — o "necessariamente existente, desde que não seja nada senão isto", o existente, não precisa de p. de sua ex. — e o que é contestável — o fato de *Deus* existir. Schelling, portanto, não se propõe provar a ex. de D. partindo de seu conceito, mas ver como "se pode chegar à divindade partindo do puro e simples existente". O D. de Schelling, que tem seu pressuposto (*prius*) no ato (*actus*), terá assim sua divindade na potência, a *potentia universalis*, e será por conseguinte o *supra Ente*, o *Senhor do Ser* (*SW* XIII, 159-160). Ligado à sua distinção entre f. racional ou negativa e f. positiva, o raciocínio de Schelling inverte assim o argumento ontológico em dois movimentos ligados: segundo a f.

negativa, é preciso dizer que o ser supremo, se existe, deve ser o existente necessário; e segundo a f. positiva, é preciso dizer que o existente necessário é (não de maneira necessária, mas de fato) o ser existente necessariamente de maneira necessária, isto é, D. A f. positiva abre então o caminho a uma f. da revelação e se cumpre numa apreensão da ex. singular que transborda o que se pode apreender por pura razão e em virtude só da necessidade conceitual.

d) Entre os pensadores contemporâneos, dois autores renovam a tradição filosófica. Em H. Duméry (1957), uma retomada da tradição neoplatônica se cumpre usando conceitos técnicos da fenomenologia de Husserl. A elevação do espírito a D., para Duméry, não é da ordem da *demonstração*, mas da ordem da *redução*. A redução é "um ato, um movimento que busca atravessar os diversos níveis de consciência para assegurar a cada vez o fundamento deles" (p. 49). Essa regressão não é homogênea, e sabe-se que Husserl distingue redução eidética, redução fenomenológica e redução constituinte. Mas mesmo esse último gesto transcendental, embora constituinte, embora *produtor das essências*, não é a instância última, pois ele *é uno e múltiplo*. Uma última redução, portanto, é necessária, à qual se pode chamar de *henológica*, e que dá o Princípio, o Uno transordinal, para além de toda determinação. A redução exprime a exigência espiritual de uma busca de simplicidade e de unidade; e nisso Husserl reencontra Plotino. Essa busca de um Absoluto indeterminado retomada ao neoplatonismo encontrará seu crítico mais incisivo em C. Bruaire (1964 e 1974), autor de uma profunda renovação da p. ontológica, e para quem a teologia negativa* é muito próxima da negação da teologia. Segundo Bruaire, a afirmação de D. é requerida pela lógica mesmo da ex., e advém quando o homem compreende que o desejo de ser D., que o conduz à morte* e ao aniquilamento, deve se converter num desejo de D. vivido na expectativa e na invocação. E este desejo de D., que se formula numa linguagem dirigida a D., é por sua vez condicionado por uma linguagem de D., isto é, pela descoberta de um D. capaz de se dizer e de se revelar, e cuja nomeação marca, no discurso filosófico, o limite da f.

Mais preocupado em manter contato com a prática e o sentido científicos da p., R. Swinburne (1979) busca medir as p.ex.D. pelas exigências da lógica da p., fundando-se na formalização dos procedimentos que permitem medir a probabilidade de uma hipótese (de confirmá-la ou de infirmá-la), e desenvolvendo a ideia de uma balança dos efeitos cumulativos dos diferentes argumentos indutivos. Se se leva em conta então a probabilidade acumulada dos diferentes argumentos (cosmológico, teleológico, moral etc.), e se se descarta os contra-argumentos (p. ex., a ex. do mal*), percebe-se por um lado, que uma explicação personalista é requerida aqui, na medida em que uma pura explicação científica é incapaz de dizer por que as leis do universo são as que conhecemos e, por outro lado, que a ex. de um D. criador é mais provável que qualquer outra explicação personalista do universo (p. 287). O poder explicativo do teísmo*, portanto, é superior ao de qualquer hipótese científica. Medidas à luz da epistemologia das ciências experimentais, as p. *a posteriori* da ex. de D. resistem bem à crítica. A afirmação de D., como hipótese explicativa, tem tanta probabilidade objetiva quanto as hipóteses científicas comumente acolhidas.

2. As provas em sua lógica

a) "Prova" designa a *produção de um fato* na ordem jurídica, a verificação de uma hipótese nas ciências experimentais, a demonstração de um teorema em matemática. O termo "p.ex.D." pode ser tomado em qualquer um desses três sentidos. Investigação empírica, método experimental, dedução racional constituem três modelos de administração da p. que tornam provável ou necessária a afirmação de D. Swinburne, que descarta o exame da p. dedutiva e se atém aos argumentos *a posteriori*; e na medida em que interpreta a indução segundo as regras da verificação experimental, ele se vê reconduzido ao positivismo e negligencia, nas próprias ciências* da natureza, os limites epistemológicos das p. empíricas.

Por um lado, o desenvolvimento de uma p. empírica qualquer ultrapassa já a experiência sensível e seu conteúdo. Kant o reconheceu quando se esforçou por invalidar as p. *a posteriori* mesmo quando o pensamento conceitual é sempre prevenido por um movimento de transcendência que o torna possível, o exercício da linguagem. Por outro lado, a axiomatização das hipóteses físicas e das representações teóricas conduz, de fato, o pensamento científico a uma superação da indução e do método simplesmente experimental.

Se a dedução matemática é a forma mais elevada da p. científica, poder-se-ia pensar que a p.ex.D. mais significativa é de forma matemática, *a priori*, tal como a p. ontológica tenta formulá-la. A análise dos sistemas formais, todavia, tem permitido estabelecer rigorosamente o que a f. primeira sabe desde Aristóteles: que toda teoria da demonstração remete necessariamente a princípios indemonstráveis. Assim, a p. científica mais rigorosa não pode justificar nem seus pressupostos nem seu método e, por conseguinte, não poderia servir de modelo à p. metafísica. As p.ex.D. não podem, portanto, ser p. no sentido corrente do termo; elas não são menos, mas querem muito mais. As p. examinadas são insuficientes como *provas* e não como p. de *Deus*. Uma p.ex.D. só pode, com efeito, remeter aos recursos da linguagem requeridos para que uma p. em geral seja possível. É assim que a crítica hegeliana de Kant pressupõe que os *recursos* da linguagem ativados são os do pensamento especulativo, que utiliza e ultrapassa as contradições do entendimento finito: a p.ex.D. é então a lógica mesma do discurso absoluto, o movimento circular do Conceito que se determina a si mesmo por sua própria negatividade e cumpre como *Lógica* a superação da metafísica e da teologia. A Substância tornada Sujeito se realiza e se diz como Totalidade.

b) Essa conclusão, estritamente hegeliana, provavelmente não faz jus a todo o projeto hegeliano. De fato, é uma tese da *Filosofia da religião* a de que a p. ontológica, p. por excelência, é a tradução metafísica da concepção cristã de D. O argumento ontológico implica a verdade da revelação cristã: D. é espírito, colocando-se livremente a si mesmo e se cumprindo no ato em que se manifesta. K. Barth* (1931) estabeleceu claramente, a propósito de Anselmo, que o sentido histórico de sua argumentação supunha a adesão à palavra* de D. Se Anselmo pôde reconhecer e provar a ex. de D., é porque filosofou dentro da fé, porque "D. se lhe deu a conhecer e ele pôde conhecer D." (*GA* II, p. 158). Em Hegel, esta verdade histórica se torna uma proposição especulativa: a estrutura ternária da *Lógica* exprime a vida trinitária de D. revelando-se na história*. Mas se assim é para o próprio Hegel, talvez seja preciso, mais do que ele faz, reconhecer a contingência da revelação e a dualidade constitutiva da razão. Se há "revelação", com efeito, ela só é pensável como um ato radical de liberdade, manifestado no interior da criação e cujo sentido a inteligência pode apreender. A soberana liberdade de D., de fato, é constantemente pressuposta pela afirmação cristã segundo a qual D. se revela e se oculta ao mesmo tempo na revelação. E Schelling, quando distingue f. negativa e f. positiva, qualquer que seja o sentido que dê a essa distinção, mostra claramente que a inteligência e suas fontes possuem uma estrutura desdobrada. A razão que afirma a existência de D. reúne em si dois movimentos que se cruzam: o movimento ascendente de uma inteligência que busca garantir para si seu objeto no ser necessário, levada pelo desejo de superar todo limite, e um movimento descendente graças ao qual a inteligência recebe o Verbo* de um Absoluto que livremente se determina, se distingue e se objetiva. A p. consiste então em deixar a liberdade divina se desdobrar e se cumprir no espírito humano. Num mundo que contém os *vestígios* do Criador, o homem, *imagem* de D., é capaz de receber Sua palavra como um *dom supereminente*. Blondel* que, na *Ação*, compreende o argumento ontológico como a *Trindade vindo até nós*, não quis fechar o círculo do pensamento num discurso definitivo.

c) Pode-se submeter a noção de p.ex.D. a uma dupla crítica: a noção de p. não convém ao objeto da teologia, que não é precisamente um objeto, ao passo que a ex., que não é um atributo real, não poderia ser demonstrada.

Existe, pois, uma resposta a essas objeções: a p., por um lado, neste caso, é mais que uma p., isto é, um procedimento determinado, e a ex., por outro lado, é a afirmação de uma liberdade que coloca seu próprio direito e se exprime numa linguagem. A p. é sempre antecedida pelo movimento da palavra, e a palavra é o verbo mesmo da liberdade. Ato fundador, a palavra não contém a totalidade como uma totalidade acabada e fechada, mas como o horizonte de uma transcendência. E colocando a totalidade das determinações conceituais num movimento que se apoia no sensível para relativizá-lo e que se separa do sensível para pensá-lo, ela traz em si a possibilidade de um discurso metafísico consciente ao mesmo tempo de seus limites e da infinidade que o constitui. As reflexões de Lévi-Strauss (1950) sobre a linguagem são tanto mais interessantes porquanto parecem estranhas a toda preocupação metafísica. Lévi-Strauss opõe o "simbolismo", que oferece "um caráter de descontinuidade", ao "conhecimento", que é "marcado de continuidade", mostrando como "as categorias do significante e do significado se constituíram solidariamente, como dois blocos complementares, e como o processo intelectual que permite identificar, uns em relação aos outros, certos aspectos do significante e certos aspectos do significado só se pôs em marcha muito lentamente" (p. XLVIII). Portanto, é uma característica do pensamento simbólico em ação em nossas línguas naturais que haja uma inadequação permanente entre significante e significado, que resulta de uma "superabundância de significante", de um "excedente de significação". E este suplemento, que condiciona o exercício do pensamento dado na palavra, é "reabsorvível só para o entendimento divino" (*ibid.*). O comentário que G. Fessard fez destes textos (1984) permite perceber, nessa inadequação entre os dois blocos complementares do significante e do significado, o fundamento de uma metafísica da linguagem na qual o *significante flutuante* — o poder simbolizador em ação em toda linguagem — exprime e ativa uma dimensão transcendente, sobrenatural*, que ultrapassa ao mesmo tempo a natureza e o homem, de tal sorte que para pensar o elo homem-natureza Lévi-Strauss é inevitavelmente levado a invocar o entendimento divino: D. como unidade perfeita do ser (significante) e do pensamento (significado) (p. 341). Assim, o menor juízo expresso pela linguagem "contém um argumento ontológico" (*ibid.*). No menor ato de fala, aberto para um diálogo infinito, a linguagem coloca em D. a condição não somente formal mas real de seu exercício. Eu *falo*, logo D. *é*. D., engajado no destino da Palavra, pode *ser dito*, pelo homem que o busca na criação e pode *se dizer* aos homens numa história que toma sentido. A p. de D. é o cruzamento ou a cruz desse dizer duplo.

- É. Gilson (1922), *La philosophie au Moyen Âge*, Paris (*A filosofia na Idade Média*, São Paulo, 1995). — K. Barth (1931), Fides quaerens intellectum: *Anselms Beweis der Existenz Gottes im Zusammenhang seines theologischen Programms*, *GA* II, Zurique, 1981[3]. — É. Gilson (1949), *Introduction à saint Augustin*, Paris. — C. Lévi-Strauss (1950), "Introduction à l'oeuvre de Marcel Mauss", in M. Mauss, *Sociologie et Anthropologie*, Paris, 1968[2], IX-LII. — É. Gilson (1952), *Jean Duns Scot. Introduction à ses positions fondamentales*, Paris. — H. Duméry (1957), *Le problème de Dieu en philosophie de la religion*, Bruges. — D. Henrich (1960), *Der ontologische Gottesbeweis*, Tübingen. — C. Bruaire (1964), *L'affirmation de Dieu, essai sur la logique de l'existence*, Paris. — A. Plantinga (1967), *God and Other Mind. A Study of the Rational Justification of Belief in God*, Ithaca-Londres, — J. Moreau (1971), *Le Dieu des philosophes*, Paris. — J. Vuillemin (1971), *Le Dieu d'Anselme et les apparences de la Raison*, Paris. — A. Dies (1972), *Autour de Platon*, Paris. — C. Bruaire (1974), *Le Droit de Dieu*, Paris. — R. Swinburne (1977), *The Coherence of Theism*, Oxford; (1979), *The Existence of God*, Oxford. — J. Mackie (1982), *The Miracle of Theism. Arguments for and against the Existence of God*, Oxford. — G. Fessard (1984), *La dialectique des exercices spirituels de saint Ignace*, t. 3: *Symbolisme et historicité*, Paris-Namur, 115-212, 494-513. — N. Samuelson *et al.* (1984), "Gottesbeweise", *TER* 13, 708-784 (bibl.). — D. Braine (1988), *The Reality of Time and the Existence of God. The Project of Proving God's Existence*, Oxford. — A. Wohlman (1988), *Thomas d'Aquin et Maimonide. Un dialogue exemplaire*, Paris. — B. Sève (1994), *La question philosophique de l'existence de Dieu*, Paris. — E. Scribano (1994),

L'esistenza di Dio, Storia della prova ontologica da Descartes a Kant, Bari. — O. Muck e F. Ricken (1995), "Gottesbeweise", *LThK* 4, 878-886. — J. Seifert (1996), *Gott als Gottesbeweis: Eine phänomenologische Neubegründung des ontologischen Arguments*, Heidelberg. — R. Messer (1997), *Does God's Existence Need Proof?*, Oxford.

Paul OLIVIER

→ *Conhecimento de Deus; Filosofia; Natural (teologia); Razão; Revelação; Verdade.*

PROVIDÊNCIA

Designa-se com o nome de "providência" (p.) a maneira como Deus* governa o mundo segundo determinados fins. No sentido amplo, a p. diz respeito a toda a criação*, num sentido mais restrito ela diz respeito à humanidade e, mais especificamente ainda, à orientação da história*. O antropocentrismo é um traço essencial do conceito de p. desde as origens, mas a ideia de um desígnio geral da p. na e pela história data do s. XVIII.

1. A Antiguidade

a) O mundo grego. — O conceito de p. remonta tradicionalmente a Anaxágoras. Todavia, se neste autor o espírito (*nous*) "tem pleno conhecimento de tudo" e se "ordena toda coisa" (*fr.* 12), é sem fazer intervir a finalidade. É tão verdadeiro que, no *Fédon*, Platão faz Sócrates dizer que via Anaxágoras "não se servir do todo do espírito, não lhe atribuir nenhum princípio de causalidade na ordem do universo, mas apresentar ao contrário como causas o ar, o éter, a água e muitas outras coisas" (*Fédon* 98 b-c; cf. *Leis* 896 e – 907 b-c). Se as primeiras menções da p. remontam a Platão, é entre os estoicos que encontramos expressamente o conceito de *pronoia*, em particular a partir de Crisipo (s. III a.C.) e de Zenão (s. III-II a.C.). Crisipo, defensor de um antropocentrismo resoluto (Isnardi Parente, 1993, 89), teria sustentado, segundo Cícero (*Da natureza dos deuses* II, 14, 37, *SVF* II, 332), que tudo tem uma causa, e que os vegetais existem para os animais* e os animais para o homem (cf. também *ibid.*, II, 64, 160). O estoico Possidônio (135-51 a.C.) declara, segundo o testemunho de Diodoro (Theiler, 1982, I, 82), que "em virtude do parentesco das linhagens humanas ocorre que povos longínquos e desconhecidos uns dos outros aspirem a se colocar sob o mesmo tipo de regime político, fazendo-se quase os instrumentos e causas concomitantes do governo providencial do cosmo*" (cf. Isnardi Parente, 1993, 149).

Encontra-se em Cícero, que fora ouvinte de Possidônio em 78 a.C., a ideia de que o mundo "é fabricado e dirigido pela p. divina" (*Nat. dos deuses* III, 92, *SVF* II, 322) e que ele "deve ser, portanto, governado por sua vontade (dos deuses) e sua providência" (II, 80, *SVF* II, 327: cf. II, 154, *SVF* II, 328). Cícero esboça também uma teodiceia em que distingue claramente entre os bens* que os deuses nos dão e o uso que deles fazemos (III, 70, in *SVF* II, 341). Plutarco (46-127), por seu turno, combate o determinismo materialista dos atomistas com auxílio do conceito estoico de *pronoia* (*Ísis e Osíris*, c. 45, 369 *a*, in *SVF* II, 322).

É pela mediação de Fílon de Alexandria (*c.* 13 a.C. – 54 d.C.) que o conceito de *pronoia* foi transmitido à teologia*. Segundo o *De opificio mundi*, Deus* criou o homem como "o ser mais familiar e mais caro" (§ 77), e dispôs tudo para que nada falte à sua vida, tanto material quanto espiritual*. Mesma afirmação em *De Providentia*, em que são atribuídas ao Criador sabedoria* e p., por meio das quais ele cuida de todas as coisas (*De Prov.* I, § 25). A ordem harmoniosa do universo é um testemunho da universal p. que move tudo invisivelmente (*ibid.*, I, 32) como a alma* move os membros do homem (*ibid.*, I, 40). Deus criou o sol, a lua e os planetas para escandir os tempos e estabilizar os ciclos úteis à geração dos animais e ao crescimento das plantas (*ibid.*, II, § 57). Deus quis que a Terra ocupasse o centro do cosmo: é para isso que a divina p. lhe deu uma forma esférica (*ibid.*, § 62). O ar, a umidade, as estrelas fixas, tudo foi feito para um fim preciso (*ibid.*, § 64, 67, 73, 76, 84). Deus não age como um tirano, mas como rei, como um pai de família* para com seus filhos, unindo às leis imutáveis da natureza o governo e a preservação das coisas. Deus protege o homem religioso, mas concede também ao homem dissoluto o tempo de se resgatar: os conceitos de p. e de justiça* divina se encontram assim ligados, e isso inaugura um elo entre soteriologia, teodiceia e doutrina da p. que é típico do judaísmo* e do cristianismo.

Plotino (205-270) faz da *pronoia* um dos conceitos centrais de sua filosofia* e lhe consagra um tratado inteiro (em duas partes, *Enéadas* III, 2 e 3). Segundo ele, se o mundo tivesse um começo, a p. seria "uma previsão e um cálculo de Deus para saber como produzir este mundo e torná-lo o melhor possível" (*En.* III, 2, 1). Mas, dado que o mundo é eterno, a p. consiste no fato de que o mundo é conforme à Inteligência (*ibid.*). A alma do mundo, segundo a Razão* suprema que governa tudo e faz reinar "harmonia e beleza*" (III, 2, 17), atribui a cada homem seu papel, mas é ao ator humano que cabe interpretá-lo, e por isso ele é responsável por seus atos* (*ibid.*). O vício, assim, tem uma utilidade, porque sua punição (pena*) serve de exemplo (III, 2, 5), ainda que o mal* em si seja somente privação (III, 2, 5). Como se vê, trata-se de uma teodiceia mais refinada que a de Cícero. A desigualdade das regiões do mundo contribui para a harmonia do todo (III, 2, 17). "O mundo é organizado com a previdência de um general" (III, 3, 2), e cada ser é perfeito em si mesmo enquanto conforme à sua própria natureza (III, 3, 3). Se um ser é menos perfeito que outros, isso não se deve a uma deficiência de seu Princípio, mas ao enfraquecimento deste Princípio na medida em que nos aproximamos da matéria (*ibid.*). Os seres não precisam ser iguais para que a p. seja igual: o que conta é que tudo esteja ligado no mundo "como num animal, onde tudo está ligado do começo ao fim" (III, 3, 5) (Isnardi Parente, 1989, 137-138). Porfírio (232-304), discípulo de Plotino, retoma igualmente o antropocentrismo estoico (*De abstinentia* III, 20, *SVF* II, 332).

b) O Antigo Testamento e o ambiente judeucristão. — O AT dá um lugar central ao homem — sobretudo no início do Gênesis — e a ação histórica de Deus para com Israel*, seu povo* eleito, é um de seus temas fundamentais, mas o conceito de p. ali não tem destaque próprio. Os textos utilizados para apoiar a tese contrária (p. ex. Schmid, 1965) não são probantes. Gn 22,8-14, p. ex., não remete ao conceito de p.: o termo hebraico *r'h* (ver) significa "escolher para alguém" (no versículo 8) e (no versículo

14) "aparecer", no sentido de que Deus se manifestou a Abraão. Os LXX (traduções* antigas da Bíblia) traduzem fielmente nos dois casos por *horao*. Jó 5,18-22 exprime em geral o conceito de uma ação salvadora da parte de Deus nos momentos difíceis ou perigosos (Weiser, 1980, 53), sem empregar nenhum termo técnico. Em Jó 10,12, Deus "vela com solicitude" sobre o espírito de Jó. O verbo *pqd* significa, de fato, "cuidar", "preocupar-se", mas não se fala de uma inteligência ordenadora. Em Jr 1,5 lemos que Deus já escolhera Jeremias como profeta* antes mesmo de seu nascimento; o texto é seguramente significativo porque, mesmo na ausência de termo técnico, ele testemunha uma ideia de presciência e de previdência. Pr 16,4 é uma afirmação da onipotência* divina (Ringgren e Zimmerli, 1980, 67). Sl 16,5ss exprime a fé* na proximidade de Deus. Sl 145, 8s.15s celebra Deus dispensador de todo bem (ver também Sl 147,9). Jt 16,3ss relembra como o Senhor se serviu de uma mulher* para vencer os inimigos de Israel. Em suma, não há nada nesses textos que testemunhe claramente uma concepção plenamente desenvolvida da p., ainda que muitos de seus elementos viessem a ser retomados e integrados mais adiante numa teologia que herdará dos gregos o conceito de p.

O caso é totalmente diferente no livro da Sabedoria, redigido em Alexandria perto do final do s. II a.C. (Schmitt, 1986, 8-9), em grego, e no ambiente que era mais ou menos o de Fílon. A p. é mencionada em três passagens. Sb 6,7 ("o Senhor cuida [*pronoei*] de todos") é o menos significativo, pois o verbo *pronoei* poderia estar em relação com o hebraico *pqd*. O termo *pronoia* aparece pela primeira vez em Sb 14,3 ("Mas é a tua *pronoia*, ó Pai, que segura o leme"), e os intérpretes concordam em ver neste versículo a influência do pensamento grego (cf. BJ, nota sobre a passagem; Schmitt, 116-117). Enfim, Sb 17,2 novamente menciona a *pronoia*.

c) *O Novo Testamento.* — A temática do Deus que cuida dos homens até no detalhe é muito aprofundada no NT (cf. sobretudo Mt 6,30ss e 10,29ss). Mas aí, novamente, o conceito de *pronoia* não tem destaque próprio.

Em At 2,23 encontra-se o termo *prognosis*, presciência: Deus sabe as coisas de antemão e, portanto, "o que parece livre ação dos judeus e dos gentios (a crucifixão de Cristo*) ocorre porque Deus a previra" (Barrett, 1994, 142-143). At 4,28 emprega o termo *proorizein* (predeterminar, dispor de antemão). Notemos que aqui Lucas "não pensa no determinismo em geral, mas na revelação* específica dos fins de Deus na história de Jesus*" (Barrett, 248).

Ef 1,4, às vezes invocado como testemunho (Schmid, 1965), trata da eleição* da Igreja* e de seus membros antes mesmo da criação (Barbaglio, 1985, 363) — cf. Jr 1,5 e At 2,23.

Os escritos neotestamentários se interessam antes de tudo pelo que aconteceu com Jesus, e estão muito longe do conceito de *pronoia* ou de governo racional do mundo (Bultmann, 1953, § 9.2). Mas o cristianismo helenístico logo o adotou, como fizera o judaísmo helenístico — isso talvez já estivesse consumado na época de Paulo ou, em todo caso, pouco tempo depois. Seja como for, o primeiro documento cristão que o emprega, provavelmente em 95-96, é a *Epístola aos Coríntios* de Clemente de Roma (SC 167).

2. A era patrística

O conceito de *pronoia* ocupa um lugar central na reflexão cristã do primeiro milênio: a liberdade* cristã é oposta pelos Padres* da Igreja e pelos primeiros escolásticos* à crença pagã na fatalidade (*heimarmene*). Eles sublinham ao mesmo tempo a autonomia e a liberdade do homem no governo de sua própria vida e a ação voluntária e inteligente da p. no governo do mundo. Clemente de Alexandria (c. 150 – c. 215), fortemente influenciado por Fílon, diz que "Deus provê a tudo" (*Pedagogo* I, 8, SC 70) e que Deus fez do homem uma criatura especialmente eleita (*ibid.*, I. 3). Orígenes*, discípulo de Clemente, afirma que "o mundo existe graças à p." (*Contra Celso* IV, 79, SC 136). E apoia-se explicitamente nos estoicos para afirmar (*ibid.*, IV, 54 e 74) que todas as criaturas existem para o homem.

Agostinho* também herda o conceito estoico de p. (Flasch, 1994, 26). Escreve, por exemplo: "Sempre cri que existias e que cuidavas de nós"

(*Conf.* VI, 5, 7; cf. VII, 7, 11). Falando na *Cidade de Deus* da sorte desigual dos governados e dos governantes, ele especifica que essa desigualdade não se produz por acaso, mas segundo uma ordem bem determinada, uma ordem de que Deus dispõe soberanamente ao dar a felicidade, terrestre ou eterna, somente àqueles que a merecem (*Cidade de Deus* IV, 23 — passagem de grande interesse porque une explicitamente o tema da p. e o da eleição e, por conseguinte, da predestinação* dos justos para a salvação*). Agostinho retoma em seguida um texto já utilizado por Fílon e pela escola de Alexandria, segundo o qual Deus regula tudo "com medida, número e peso" (Sb 11,20); o Criador dá assim forma e beleza a toda coisa, e nada, portanto, é estranho às leis da p. divina (*Cidade de Deus* V, 11). Sobre a beleza das coisas criadas e sobre o fato de darem testemunho da p., Agostinho se apoia explicitamente em Plotino (*Cidade de Deus* X, 14). Na mesma passagem, cita Mt 6,28ss.

Contrariamente ao que comumente se crê, Agostinho não tem a ideia de uma ação da p. na história. A sucessão dos povos e das civilizações lhe parece ser obra do acaso e sem relação com o problema do destino humano. Após a pilhagem de Roma* em 410, ele pretende mostrar na *Cidade de Deus* a luta dos dois reinos e a eleição dos justos, mas não atribui à história nem sentido imanente nem direção última (Flasch, 372-373).

Boécio*, na junção da Antiguidade e da IM, está convencido de que Deus governa o mundo segundo uma razão eterna (*perpetua mundum ration gubernas, Consolação...* III, 9), e em sua definição da p. ele a identifica claramente à inteligência divina: "A p. é a razão divina mesma que, estabelecida naquele que é o príncipe soberano de todas as coisas, ordena todas elas" (*providentia est ipsa illa divina ratio in summo omnium principe constituta, quae cuncta disponit*) (*ibid.*, IV, 6). Para ele, não é o acaso, mas a ordem das coisas que desce da fonte da p. (*de providentiae fonte*) (*ibid.*, V. 1).

3. A Idade Média

Averróis (1126-1198) sustenta que nada ocorre por acaso e que em particular a Primeira Inteligência liga o que se passa na esfera sublunar aos movimentos dos corpos celestes: os males, assim, ou servem para impedir males mais graves, ou são fenômenos em si mesmos positivos que provocam por acidente consequências negativas. A p. se revela sobretudo no homem, que não poderia se conservar sem a razão. Inspirando-se em Alexandre de Afrodísia (final do s. II — início do III) e em Aristóteles, Averróis sustenta que a p. não concerne às coisas particulares e, portanto, não concerne aos indivíduos (Baffioni, 1991, 359-360).

Para Maimônides (1135-1204), nada ocorre ao ser humano, para o bem ou para o mal, sem que ele o mereça, já que Deus age sempre com uma perfeita justiça (*Guia dos perplexos*, 463-464). Às vezes, é "o amor* que castiga", infligindo uma pena que nos faz gozar ainda mais da recompensa futura (*ibid.*, 464-465). Maimônides sustenta, contra Averróis, que a p. diz respeito exclusivamente aos seres humanos e não aos eventos naturais, que são, eles sim, sujeitos ao acaso; se eles afetam o homem é porque Deus se serve deles segundo sua vontade e sua justiça para recompensar ou punir (*ibid.*, 465-466). A p. está assim a serviço da Inteligência (*ibid.*, 469).

A escolástica* herda a problemática da Antiguidade tardia e a sistematiza. Para Tomás* de Aquino, a p. depende tanto da ciência quanto da vontade divina. Segundo ele, o bem das coisas não consiste somente na substância delas, mas também em sua ordenação para um fim (que depende claramente não apenas da vontade mas da inteligência de Deus); é necessário que a razão desta ordem — e aqui Tomás recupera Boécio — preexista no espírito divino antes que seja criada. É precisamente nisso que consiste a definição da p.: *ratio autem ordinandorum in finem, proprie providentia est* (*ST* Ia, q. 22, a. 1). Não é somente o universo em seu conjunto que está sujeito à p., mas também todos os seres e todos os eventos particulares (*ST* Ia, q. 22, a. 2). Mas quando se trata de saber se Deus provê imediatamente a tudo Tomás segue em parte Averróis e diz que, se se trata de determinar a finalidade das coisas, então Deus provê diretamente a tudo, mas que, se se trata de realizar tais fins, ele governa o que é inferior por intermédio do que é superior, para dar às criaturas "a dignidade da causalidade" (*ST* Ia, q. 22, a.

3). A predestinação faz parte da p. (*ST* Ia, q. 23, a. 1 e a. 4).

4. *Época moderna e contemporânea*

a) *Os séculos XVI e XVII*. Os tempos modernos são marcados por outras problemáticas, devidas sobretudo à influência de Occam (*c.* 1285-1349), repercutida pela Reforma (Auleta, 1995, 103-104). O voluntarismo* de Occam, seja no plano ontológico seja no plano moral, está potencialmente em conflito com a ideia grega de uma inteligência ordenadora. Em Occam, o conceito de p. está geralmente subordinado ao de predestinação* (*Tr. de Predestinatione, Opera...* II, 510-511, 514, 520-526); e por causa das questões levantadas pela Reforma é o problema da relação entre p. e predestinação, teodiceia e liberdade que se torna central para o pensamento moderno. Podemos estudar a esse respeito, a título de exemplo, Molina (bañezianismo-molinismo-baianismo*) para o catolicismo*, e Leibniz* para o protestantismo*.

Molina retoma as distinções de Tomás e afirma que a p. diz respeito à relação das coisas com os fins últimos de Deus; é um ato interno a Deus que se exprime exteriormente nos momentos da criação e do governo das coisas (*Concordia...* 403). Os fins da p. são diferenciados: o fim último é o próprio Deus, mas a ação da p. se exprime já na variedade imensa, na beleza e na ordem dos seres finitos (*Conc.* 407), ainda que os homens e os anjos* ocupem entre eles um lugar privilegiado (*Conc.* 408). O pecado* decorre quase que de uma intenção secundária da divina p. (*quasi ad secundariam intentionem divinae providentiae*): tendo previsto o pecado dos homens e dos anjos, Deus o permitiu e integrou numa ordem voltada para um fim último (*Conc.* 408). Se a p. se estende a tudo, ela diz respeito mais especificamente àquilo que tem relação com a ordem sobrenatural* (*Conc.* 415). Ela se distingue da predestinação, que diz respeito às criaturas racionais na medida em que guia *todas elas* para a vida eterna (*[Deus] vult creaturas omnes mente praeditas salvas fieri*, *Conc.* 426). Por isso também o castigo dos pecadores é só uma consequência secundária

da p. e da predestinação (*Conc.* 409), e uma decorrência desta última (Craig, 1988, 203).

A posição de Leibniz* é mais complexa. Como Molina, ele crê que a p. de Deus se exprime na criação da maior variedade de coisas possível — realizada no melhor dos mundos possíveis — e em sua conservação e seu governo em razão de um fim último (*Philosophische Schriften* VI, 445; VII, 358, 391). Também acredita que Deus permite o pecado como consequência secundária (*ibid.*, III, 37; VI, 119-121, 162, 198, 200, 313-314, 334, 448). Todavia, está convencido também da predestinação de alguns à danação eterna (*ibid.*, VI, 275), e o problema da teodiceia, desde logo, torna-se mais central ainda para ele do que para Molina. Distingue entre mal metafísico, mal físico e mal moral (*ibid.*, VI, 115, 261). O primeiro é necessariamente consubstancial às criaturas, já que se trata da finitude própria a seres criados: é, pois, uma consequência inevitável da criação (*ibid.*, VI, 114-115, 198-200, 230, 273). O mal físico, por sua parte, é uma consequência do mal metafísico. Quanto ao mal moral, consiste no pecado compreendido como a busca de um bem aparente por uma criatura limitada: em última análise, pode-se, portanto, reconduzi-lo também ao mal metafísico (*ibid.*, VI, 202-203). Entretanto, dado que o mundo é a realização providencial de uma ordem perfeita, determinada pela inteligência divina até nos menores detalhes (*ibid.*, VI, 107-108), está claro que as desarmonias, entre as quais figura o pecado, são somente aparentes e contribuem em última análise para a maior harmonia do Todo, ao qual os predestinados à danação são sacrificados para o maior bem ou para a maior beleza do Todo (*ibid.*, VI, 187-188, 196, 231-232). Afirmando assim que o universo não tem como fim único a felicidade das criaturas racionais (*ibid.*, VI, 169-174), Leibniz se afastava radicalmente do antropocentrismo tradicional do conceito de p.

b) *Os séculos XVIII e XIX*. — Giambattista Vico (1668-1744) foi o primeiro a propor uma "teologia civil e razoável da p. divina" (*Ciência nova* 114), isto é, uma teologia da história fundada na p. Longe de ser uma simples sucessão de fatos fortuitos e desordenados, a história possui uma verdadeira finalidade. Por isso, segundo Vico, Platão tinha razão em dizer que "as coisas humanas são reguladas pela p." (*ibid.*, 426). Esta deu leis à "grande cidade* do gênero humano" (*ibid.*, 115) e o conjunto delas constitui "a história ideal eterna" (89, 99 e *passim*), que forma o quadro em que se desenrola a história real das nações.

Herder (1744-1803) liga perspectiva cosmológica e perspectiva histórica: o cosmo seria assim o teatro de uma evolução rumo a formas cada vez mais elevadas (*Ideen...* I, 5, 3), até o ápice representado pelo homem. A p. atribuiu a este uma tarefa que ultrapassa o horizonte terrestre e para a qual esta vida serve só de preparação (*ibid.*, I, 5, 5). Mas o fato de que a história humana, no sentido estrito, vê suceder-se civilizações que conhecem grandeza e decadência mostra que a única coisa que conta para o homem é a aquisição e o exercício da razão (*ibid.*, III, 15,3): neste sentido, não há em Herder finalidade da história propriamente dita.

Para Lessing (1729-1781), a revelação é para a humanidade o que a educação é para o indivíduo (*Erziehung...* 7). Ela comunica ao homem mais rapidamente, e segundo uma ordem determinada, verdades* que ele poderia certamente atingir pela razão, mas que, de fato, teria grande dificuldade para descobrir, extraviado como estava no labirinto da idolatria* (*ibid.*, 8). Para corrigi-lo disso, Deus não escolheu um indivíduo, mas um povo, Israel (*ibid.*, 8-9). Primeiramente, ele lhe mostrou sua potência, depois lhe deu a ideia da unicidade de Deus e lhe ensinou por fim a ideia do infinito* (*ibid.*, 9-10). Foi a educação de um povo criança (*ibid.*, 10), mas que devia ser, por sua vez, o educador do resto da humanidade (*ibid.*, 11), graças a um alfabeto especial, a Escritura* (*ibid.*, 13-14, 19-20). Já os livros de Jó e da Sabedoria testemunhavam a elevação desse povo acima dos bens terrestres (*ibid.*, 14-15); em seguida, pelo contato com os persas, ele refinou seu conceito de Deus e chegou à doutrina da imortalidade da alma (*ibid.*, 17-18). Em seguida veio um "pedagogo" ainda melhor, o Cristo (*ibid.*, 21). É o primeiro mestre

a ensinar a pureza* do coração*, a moral que nos faz perseguir a virtude* pela virtude (*ibid.*, 22 e 27). Mas a ação da p. não se detém aí; Lessing retoma a doutrina de Joaquim de Fiore sobre as três idades (milenarismo* B) para afirmar o advento necessário de um "novo Evangelho eterno" (*ibid.*, 28-29), puramente racional, sem Igreja nem dogma*: será a maturidade espiritual do gênero humano. Estamos lidando assim com uma visão teleológica da história, da qual a revelação de Deus a Israel é parte integrante, e que faz da história particular deste povo e desta revelação um elemento decisivo da ação providencial de Deus para toda a humanidade: em outra perspectiva, foi a esta posição que chegou também a teologia dos s. XIX e XX, seja protestante (escola de Erlangen), seja católica (escola de Tübingen*), com o conceito de história da salvação (*Heilsgeschichte*).

O idealismo alemão tenta integrar as duas dimensões, cósmica e histórica, da p. Nas obras de juventude de Schelling*, a criação das coisas finitas aparece, de maneira gnóstica, como uma queda de Deus, em quem coincidem liberdade e necessidade (*Philosophie und Religion, SW* VI, 40): elas não podem, portanto, se reconduzir ao Absoluto (*SW* VI, 56-57) mas, nascidas da diferença entre realidade e possibilidade, são submetidas à temporalidade. Deus permanece, todavia, o em-si da natureza por intermédio da alma humana, e é por aí que ele é também o em-si imediato da história, que se apresenta em seu conjunto (e somente em seu conjunto) como a harmonia desta liberdade e desta necessidade que são originariamente em Deus: a história é, pois, revelação de Deus (*SW* VI, 57). No entanto, no final de sua evolução filosófica, Schelling renunciou a uma conciliação definitiva do cosmo e da história, e reconheceu que a existência histórica é substancialmente estranha à Razão cósmica (Semerari, 1971, 203-204).

Para Hegel*, a história é um momento da dialética necessária do Absoluto (*Enciclopédia...*, § 483-486). Ele relega assim ao segundo plano a religião e a revelação, que ocupam lugar entre os outros momentos históricos (*ibid.*, § 564-571), e esvazia de seu sentido o conceito de p., seja no plano histórico, onde a astúcia de p. se reduz à de "ardil da razão", ou no plano cósmico, onde o cosmo apenas reflete a necessidade dialética do conceito.

c) O século XX. — Entra-se, depois de Hegel, numa época em que a ideia de p. não tem mais lugar e em que triunfa o determinismo mecanicista, p. ex., nas interpretações positivistas do evolucionismo (evolução*). No entanto, teólogos e filósofos mantêm a ideia de p. Por exemplo, F. Rosenzweig (1886-1929), sempre sublinhando o caráter grego do conceito de p.: a p., em sua universalidade, não concerne imediatamente aos indivíduos como tais (cf. Averróis), mas somente aos conceitos, às espécies, aos gêneros e à universal interconexão das coisas, que Deus renova dia a dia por uma criação contínua (*Der Stern...* II, 1). Para a Bíblia*, o mundo é criado: ele não tem, portanto, caráter sagrado e depende da proteção da p. (*ibid.*, II, 3, 216); é também um cosmo, sobre o qual o homem exerce uma função de intendência (*ibid.*, 266-267). Enfim, a lógica da redenção associa mundo e homem: ambos têm vocação a ser salvos (*ibid.*, II, 3, 216).

Barth* recorre explicitamente a Calvino*, que identifica o conceito de p. com o de governo divino do mundo, e insiste no caráter central desta doutrina (*Inst.* I, 16,1; cf. Barth: *KD* III/3, 8); ele subordina, portanto, logicamente a p. à predestinação: se esta consiste no decreto eterno pelo qual Deus elege seu Filho à cabeça de sua Igreja e de todas as criaturas, aquela consiste apenas na execução deste decreto (*KD* III/3, 3). Ela é, pois, o governo de Deus "segundo os critérios de sua própria vontade" (*KD* III/3, 12). E a história, definitivamente, só tem sentido ao ver realizar-se a aliança* providencial de Deus e do homem (*KD* III/3, 41).

Na Igreja* católica, Pio XII, falando de um Deus pessoal "protegendo e governando o mundo por sua p." (*DS* 3875), repetiu em 1950 o que fora promulgado pelo I concílio do Vaticano* (1870) — "Deus protege e governa o universo pela p." (*Universa... Deus providentia sua tuetur atque gubernat*, DS 3003). O *CEC* reafirma por seu lado a convicção de uma "ação

de Deus na história" (§ 2738; cf. § 302-314) e no governo do mundo (§ 1884; cf. § 1040 e 2115).

A tradição* judeu-cristã é assim resolutamente oposta a toda forma de determinismo: há um governo inteligente do mundo e o homem é moralmente responsável por seus atos. Colocados estes princípios, a teologia ainda tem muito que fazer para pensar a p. até o fim. Se o terremoto de Lisboa (1º de novembro de 1755) pôs em debandada o otimismo das Luzes, os acontecimentos atrozes do s. XX induzem a uma visão da história mais trágica do que providencial. É preciso ainda responder a Jó e compreender a resposta que lhe é dada em Jesus Cristo.

Gennaro AULETTA

5. Horizontes

Reconstruir uma teologia da providência (p.), sobre a qual a investigação recente parece observar um silêncio inquieto, exigiria certo número de precauções.

a) Seria preciso, em primeiro lugar, relembrar a evidência de que só se pode falar aqui sob o pressuposto de um ato de fé* (cf. Barth: *KD* III/3, 15). Se o destino moderno do conceito de p. é um destino funesto, com efeito, é porque uma doutrina teológica aceitou nele a hospitalidade proposta pelas filosofias* da história*, e condenou-se a partilhar a sorte delas. Nem as condições dessa hospitalidade nem essa sorte encerram mais mistério. O campo histórico, segundo a axiomática de Vico, é aquele no qual o verdadeiro é idêntico ao fato: *factum et verum convertuntur*. O "fato" mesmo se define nos termos da positividade e da produção. Por ser o vestígio de um fazer, ele remete àquele como a um pretérito, uma realidade encerrada. E se nenhum fato é o último dos fatos — se não há história sem o horizonte de um porvir, quer se trate da história a viver ou da história a escrever —, o porvir mesmo, o fato que ainda não é, só se deixa pensar como o estrito análogo do que já é fato e bem fato (Troeltsch). A questão do "sentido" ou do "fim", desde logo, se identifica à de um *logos*, ou de um espírito, cujo segredo é, no fundo, o da técnica, o do "factível". *Logos* ou espírito, este segredo é certamente negociado de diversas maneiras. A filosofia da história pode ser colocada sob a proteção de uma Causa primeira que persegue um grande desígnio inacabado pela mediação de causas segundas. Ela pode evitar essa proteção, conceder à causalidade humana o *status* de causa primeira e fazer de seu espírito o espírito de uma utopia (p. ex. Bloch). Mas, tanto lá quanto aqui, a comunidade das pressuposições ganha da variedade dos desdobramentos. Se é preciso ainda falar de p., ela deverá ser à medida dos fatos. E se os "fatos", na *episteme* que presidiu o nascimento deles, começaram sustentando a linguagem da ordem, do progresso e de uma possível felicidade, também é certo que eles podem sustentar outra linguagem, e também é certo que nenhum fato, enquanto fato, jamais será o vestígio evidente de um governo divino de toda realidade.

Ora, se é da fé e de sua linguagem autoimplicativa que se deve esperar uma afirmação da p. divina, então a lógica do fato é recolocada em dúvida: de nenhum fato, enquanto fato, nunca se fará um evento de fala que pleiteie em favor de Deus. A fé seguramente se autoriza de um crível, e a credibilidade divina implica decerto alguma credibilidade da ideia de p. divina. A experiência de Israel assinala, todavia, que o governo divino do todo, todo das coisas e todo da história, só pode ser acreditado no interior de um primeiro ato de fé que Deus solicita como salvador, e depois como criador e senhor de uma aliança*. Deus, por um lado, não é crido porque sua p. nos seria patente; a afirmação crente de Deus, por outro lado, não torna sua p. patente. Só há p. para a fé, a qual não *vê* o que ela *crê*.

b) Seria preciso, em seguida, se entender sobre a execução do querer divino. Deste querer, a oração* cristã não fala no indicativo, mas no optativo ("seja feita a tua vontade"); e, ligando-o assim às duas realidades evidentemente escatológicas que são a santificação do Nome* e a vinda do Reino, ela indica a inadequação de todo discurso ao qual bastaria o horizonte do presente ou o de um futuro absoluto à medida deste presente. À lógica do crer a ideia de p. associa

a da esperança*, e é mesmo esta que permite confessar a p. divina no elemento trágico do presente da história. Uma exigência elementar de coerência teológica impõe que Deus não seja somente um senhor do Fim — do *eschaton* — que a falta dos homens votaria provisoriamente à impotência: Deus *é* senhor. Mas para dizer isso é preciso também se despedir dos fatos. O último dos fatos, afinal, é o da impotência de Deus, o do Absoluto crucificado. E se o evento da Páscoa* impede este fato de ter a última palavra, de tal sorte que Deus *é* hoje vencedor do *mundo*, resta que não se pode ter parte hoje nessa vitória senão no modo de uma promessa* cuja realização permanece incoativa. Desde o dia da Páscoa, o *eschaton* não é mais o inefável (podemos pensá-lo e dizê-lo com todo rigor), e não cabe mais à sua definição ser sem lugar na história do mundo. O Fim, doravante, não é mais o abrigo favorito do sonho e do mito*. Entretanto, nenhuma antecipação e nenhuma promessa se inscreveram na história do mundo, pela experiência de Israel e pela experiência de Jesus, com a força necessária para transfigurar essa história. Ao pedir, assim, que a vontade de Deus seja feita, o orante admite a evidência trivial, a saber, que é hoje a vontade dos homens que se faz. E, porque ela é admitida diante de Deus, a evidência trivial recebe *ipso facto* um peso especulativo: a vontade de Deus é efetivamente que sua vontade possa fazer-se só obscuramente na história onde se faz espetacularmente (e brutalmente) a vontade dos homens.

c) A difícil articulação da potência* e da impotência divinas indica aqui a necessidade de um trabalho teórico capaz, de um lado, de evitar o fascínio que o conceito de causalidade exerceu outrora sobre a teologia e, de outro lado, em tempo de suspeita, de evitar toda assimilação do querer divino a um querer de potência. Sob sua forma escolástica, a doutrina da p. é a de um projeto global que a Causa primeira realiza pela mediação das causas segundas (dispensando às vezes esta mediação); e foi dessa doutrina que as filosofias da história forneceram versões secularizadas. Mas Deus fornece verdadeiramente à história uma "razão" e uma "causa", *ratio sive* *causa*? E é preciso que a única p. pensável seja um cálculo de fins e de meios pronto antes da fundação do mundo, e pelo qual Deus se permite o que proíbe ao homem moral, permitir o mal* para promover um bem maior? Não é certo, de fato. Um tal cálculo, com efeito, é obra de um intelecto divino, obra de um Deus concebido à imagem do *nous* do pensamento helênico, e a pureza teológica de tal concepção está sujeita a caução. Se o amor*, com efeito, é não um atributo* divino ("Deus é um Deus que ama"), mas o nome* mesmo de Deus ("Deus é amor"), então é preciso perguntar incontinente que obra atribuir a um amor hipostático. Várias observações se impõem aqui. 1/ A primeira diz em conceitos medievais que a potência própria ao amor é necessariamente potência "ordenada", *potentia ordinata*, e que não convém ao amor ser *absolutamente* potente. 2/ Se a lógica da criação é uma lógica de amor, e se convém pois atribuir a afeição a Deus mais seguramente ainda do que lhe atribuímos a intelecção, então é preciso atribuir às liberdades criadas, por pouco que elas recusem responder ao amor pelo reconhecimento e pelo louvor*, o poder de acusar Deus de impotência. É da natureza do Bem* o dar-se. Mas é da natureza do dom o expor-se à recusa. 3/ Há, contudo, um dom que não se pode recusar receber do Bem, e é o dom do ser. O ser que recusa refletir-se como ser-dado atesta, portanto, a despeito de si mesmo, a bondade do dom que o fez ser e o faz ser. Uma hermenêutica* é possível, portanto, que tenta discernir no que é o vestígio de uma intenção e de uma previdência divina. 4/ O Bem dá para além da potência e da impotência. Para além da potência, porque ele quer uma comunhão* que exclui toda coerção, e porque subordina sua causalidade à sua bondade. Mas para além da impotência porque ele prometeu julgar o mundo, e porque esse juízo*, para quem tem olhos para crer, se exerce já no presente do mundo.

d) Uma teologia viável da p. poderia assim se organizar como doutrina de um amor crucificado sob os olhos de todos e cuja ressurreição* só foi manifestada ao pequeno número das testemunhas. Renunciando a invocar sobre todo presente a majestade transcendente (mas não necessariamente generosa) de uma causa suprema, renunciando ao conceito ontoteológico de um Absoluto que prova sua absolutidade predeterminando (meta)fisicamente tudo o que ocorre no mundo, renunciando ainda a identificar o Espírito* de Deus e o espírito da história universal, uma tal teologia deveria abandonar toda pretensão sistemática e totalizante: proceder ao apocalipse conceitual do sentido é o que ela não poderia absolutamente. Talvez a teologia clássica da p. esteja morta por ter sido teologia sistemática; e talvez o abandono de toda vontade de sistema permitisse recolher sem resto significações felizes às quais a sistematização não fazia muito bem. A teoria clássica da p. era uma *theologia gloriae* capaz, acreditava ela, de atribuir hoje a toda coisa e a todo evento uma dupla significação, protológica (conhecer o real tal como pré-conhecido por Deus em toda eternidade) e escatológica (conhecer o provisório à luz evidente do definitivo). Certamente, não é preciso abandonar a ambição de uma hermenêutica pascal da história, mas é preciso também admitir que ela jamais será lícita senão sobre o fundo crítico de uma *theologia crucis*. À parte de impotência que o Bem assume na história criada por sua generosidade responde, de fato, em sua ordem, certa impotência do racional. E, quando ela reconhece que não pode dar razão de tudo, a teologia não sela seu decreto de morte: ela simplesmente confessa que é no mundo esse pensamento crente e esperançoso que lê no ser o traço de um dom e de uma promessa de um cumprimento, mas que sabe também que a ostensão do sentido é inseparável de um caminho de cruz. Tudo, evidentemente, não *é* bem, belo e verdadeiro. Mas quando o trabalho do conceito teológico termina tropeçando na ligação antinômica do *sentido* e da *cruz*, todo trabalho de pensamento nem por isso acabou — é simplesmente para outro pensamento místico* e assistemático que ela deixa a tarefa de jubilar à ideia de que "tudo ficará bem", *all shall be well, and all shall be well, and all manner of things shall be well* (Juliana de Norwich).

Jean-Yves LACOSTE

- Anaxágoras, *Témoignages et fragments*, *in* H. Diels, *Die Fragmente der Vorsokratiker*, Berlim, 1903, 7ª ed., W. Kranz, 1954 — Agostinho, *Confessions*, BAug 13-14; *La Cité de Dieu*, BAug 33-37. — K. Barth, *KD* III/3, § 48. — Boécio, *De consolatione Philosophiae*, LCL 74. — *Catecismo da Igreja Católica*, 1992, § 302-324. — Guilherme de Occam, *Opera philosophica*, Nova York, 1974-. — G. W. F. Hegel, *Enzyklopädie der philosophischen Wissenschaften*, *SW* 6 (ed. Glockner), § 377-577 (*Enciclopédia das ciências filosóficas*, 3 vol., São Paulo, 1995-1997). — G. G. Herder, *Ideen zur Philosophie der Geschichte der Menschheit*, Berlim, 1784 (*Werke*, ed. Bollacher *et al.*, t. 6, Frankfurt, 1989). — G. W. Leibniz, *Die philosophischen Schriften*, C. I. Gerhardt (ed.), Berlim, 1875-1890, t. 6, 1-471. — G. E. Lessing, *Die Erziehung der Menschengeschlechtes*, 1780, Stuttgart, 1985. — M. Maimônides, *Le Guide des égarés*, 1190. — L. Molina, *Concordia liberi arbitrii cum gratiae donis, divina praescientia, providentia, praedistinatione et reprobatione*, 1588, Paris, 1876. — Filon de Alexandria, *De Providentia*, in *OC*, sob a dir. de R. Arnaldez, C. Mondésert, J. Pouilloux, 36 vol., Paris, 1961-1992, vol. 35 (1973). — Plotino, *Ennéades*, III 2 e 3. — Possidônio, I. *Die Fragmente*, II, *Erläuterungen*, ed. W. Theiler, Berlim-Nova York, 1982. — F. Rosenzweig, *Der Stern der Erlösung*, 1921, Haia, 1976⁴. — F. W. J. Schelling, *SW*, ed. K. F. A. von Schelling, 14 vol., Stuttgart, 1855-1861. — *SVF*, ed. J. von Arnim, 3 vol. + index, Leipzig, 1903-1924, reed. Stuttgart, 1964 etc. — Tomás de Aquino, *ST* Ia. Q. 22, 23, 103. — G. B. Vico, *Principi di scienza nuova* (ed. definitiva 1744), Milão, 1992.

▸ R. Garrigou-Lagrange (1936), "Providence", *DThC* 13/1, 935-1023 (útil mas envelhecido). — J. Maritain (1947), "Bienheureux les persécutés...", *in Raison et raisons*, Paris, 339-350. — R. Bultmann (1953), *Theologie des Neuen Testaments*, 1980⁸, Tübingen. — M. Pohlenz (1964), *Die Stoa. Geschichte einer geistigen Bewegung*, Göttingen. — J. Schmid, K. Rahner (1965), "Vorsehung", *LThk²* 10, 885-889. — W. Kern (1967), "Zur theologischen Auslegung des Schöpfungsglaubens", *in MySal* II, 464-545 (Petrópolis, 1972). — G. Semerari (1971), *Introduzione a Schelling*, Bari. — P. Geach (1977), *Providence and Evil*, Cambridge. — H. Ringgren e W. Zimmerli (1980), *Sprüche/Prediger*, Göttingen. — A. Weiser (1980), *Das Buch Hiob*, Göttingen. — H. Jonas (1984), "Der Gottesbegriff nach Auschwitz", *in* O. Hoffus (ed.), *Reflexionen finsterer Zeit*, Frankfurt, 61-86. — G. Barbaglio (1985), *Paolo di Tarso e le origine cristiane*, Assis. — L. Koehler, W. Baumgartner (1985), *Lexicon in Veteris Testamenti Libros*, Leyden. — E. Jüngel (1986), "Gottes ursprüngliches Anfangen als schöpferische Selbstbegrenzung", *in Wertlose Wahrheit*, Munique, 1990, 151-162. — A. Schmitt (1986), *Das Buch der Weisheit. Ein Kommentar*, Würzburg. — W. L. Craig (1988), *The Problem of Foreknowledge and Future Contingents from Aristotle to Suarez*, Leyden. — M. Isnardi Parente (1989), *Introduzione a Plotino*, Bari. — C. Baffioni (1991), *Storia della filosofia islamica*, Milão. — M. Isnardi Parente (1993), *Introduzione allo stoicismo ellenistico*, Bari. — C. K. Barrett (1994), *A Critical and Exegetical Commentary on the Acts of the Apostles*, Edimburgo. — K. Flasch (1994), *Augustin. Einführung in sein Denken*, Stuttgart. — G. Auletta (1995), *Determinismo e contingenza. Saggio sulla filosofia leibniziana delle modalità*, Nápoles. — R. Bernhardt (1996), "Vosehung", *EKL* 4, 1208-1211. — T. P. Flint (1998), *Divine Providence: The Molinist Account*, Ithaca-Londres, 2ⁿᵈ. ed. — R. Swinburne (1998), *Providence and the Problem of Evil*, Oxford.

G. A.

→ *Justiça divina; Mal; Predestinação.*

PRUDÊNCIA

a) Definição. — Para a ética* da Antiguidade e da IM, a prudência (p.) é uma virtude*. É a plena capacidade de deliberar, de escolher e de agir como é preciso. É a reta razão* aplicada ao domínio do comportamento, o que Tomás* de Aquino, na esteira de Aristóteles, chama de *recta ratio agibilium* (Ia IIae, q. 57, a. 4).

Isso nada tem a ver com o que se entende hoje por p. O sentido de "precaução", em matéria financeira particularmente, é demasiadamente restrito. Do ponto de vista moral, o termo acabou mesmo por designar a motivação interessada, e Kant* o opõe à verdadeira motivação moral, que é o dever. Mesmo na teologia* católica (que nunca esqueceu completamente o sentido tradicional), o juridismo fez assimilar p. e obediência à autoridade*, assimilando frequentemente esta última à consciência*. Para evitar todos esses equívocos, pode-se preferir a expressão "sabedoria* prática", desde que se inclua nela não somente a deliberação e a escolha, mas também a realização da ação. Bem agir é, com efeito, o essencial da p., e ser capaz de dar bons conselhos, a si e aos outros, não basta.

b) A filosofia*. — A definição da p. como primeira das virtudes cardeais (as outras são a justiça*, a coragem e a temperança) remonta pelo menos a Platão (Rep. IV, 441-442). Aristóteles acrescentou-lhe três precisões: distinguiu a sabedoria teorética (sophia) da sabedoria prática (phronesis), sendo a primeira fundada no conhecimento dos princípios universais, a segunda exigindo ao mesmo tempo princípios gerais e conhecimento das circunstâncias particulares (EN VI, 1141); analisou o movimento da razão prática: após ter se fixado um objetivo, há deliberação (bouleusis) sobre o melhor meio de realizá-lo, seguido da escolha de tal meio (prohairesis), e da ação mesma (EN III); enfim, mostrou que a p. não existe sem as outras virtudes: um ladrão inteligente cuja deliberação é judiciosa mas que não tem a virtude da justiça tampouco tem a da p. (EN VI, 1142 a; 1143 a 25 – b 17).

Embora os estoicos já tivessem insistido mais no conhecimento dos princípios universais e menos no das circunstâncias ou na escolha racional, é com o Renascimento que a noção de p. muda realmente. Em Maquiavel (1469-1527), p. ex., a p. já não é mais do que a escolha dos meios; é uma virtude calculadora que busca o resultado, mais do que a ação reta: tem-se aí uma verdadeira antecipação do utilitarismo*.

c) A Escritura* e a síntese teológica. — À primeira vista, o clima bíblico, no qual "o temor* do Senhor é o começo da sabedoria" (Pr 9,10), parece bem diferente, já que valoriza a humildade e a obediência à lei* divina, mais do que a qualidade do raciocínio. Mas essa obediência não é cega, e as instruções de Deus* devem ser compreendidas e aplicadas com discernimento. O homem dotado de p. é aquele que está tão impregnado da lei divina que sabe ver de imediato se tal linha de conduta é boa ou má. Várias das parábolas* de Jesus* (a pérola fina, Mt 13,45; a construção de uma torre, Lc 14,28ss; as dez virgens, Mt 25,1-13; a

casa construída na rocha, Mt 7,24-27) valorizam traços em que a sabedoria bíblica encontra a sabedoria profana: o importante é que o fim seja bom, que a deliberação seja bem conduzida, que o juízo seja são e a ação, coerente.

Os primeiros Padres* (Ambrósio*, p. ex.) cristianizaram as quatro virtudes cardeais. Mas foi Agostinho* quem mostrou mais profundamente a unidade das virtudes no amor*, vendo bem que a necessidade que a p. tem das outras virtudes pode se resumir no amor de Deus e do próximo: a p. cristã é "o amor escolhendo sabiamente" (amor sagaciter eligens, De moribus ecclesiae catholicae, 5, 25, BAug 1).

Tomás* de Aquino, por seu turno, apoiou-se na descrição da razão prática por Aristóteles para analisar teologicamente a p. Enquanto Aristóteles é vago sobre a origem dos princípios gerais e deixa a formação da p. à educação, aos bons exemplos e à reflexão, Tomás concede maior importância à retidão da vontade obediente à lei eterna (ST Ia IIae, q. 19, a. 4). A revelação* dá princípios seguros para deliberar e julgar, ainda que a p. deva saber reconhecer as circunstâncias excepcionais em que as regras habituais são inadequadas (IIa IIae, q. 51, a. 4). O crente é ajudado em tudo isso pela luz que recebe do Espírito* Santo (IIa IIae, q. 52, a. 1).

d) Os graus elevados da prudência. — O domínio ordinário da p. é a conduta individual, mas Aristóteles relembra (EN VI, 1141 b 29 — 1142 a 10) que o bem* de cada um não pode existir sem uma boa economia doméstica e na ausência de organização política. Para Tomás, além disso, a busca exclusiva do bem pessoal opõe-se ao amor (IIa IIae, q. 47, a. 10). Há, portanto, uma p. política, que visa a um fim mais elevado que o bem próprio do príncipe, isto é, o bem comum. Não é privilégio dos dirigentes, pois todo homem deve se governar a si mesmo pela razão (IIa IIae, q. 47, a. 12).

Existe entre "p." (prudentia) e "providência*" (providentia) um vínculo que não é somente etimológico. Pois, se a soberana sabedoria prática pertence a Deus, os homens participam dessa sabedoria se quiserem. As ações que eles escolhem livremente, se estiverem conformes à vontade de

Deus, fazem-nos participar da providência (Ia, q. 22; Ia IIae, q. 91, a. 2). O desaparecimento da confiança em Deus é decerto uma das principais causas da degradação moderna da p. em precaução calculista.

• C. Spicq (1933), "La vertu de prudence dans l'Ancien Testament", *RB* 42, 187-210. — D. Noble (1936), "Prudence", *DThC* 13/1 1023-1076. — A. M. Henry (1948), *Prudence chrétienne*, Paris. — J. Pieper (1949), *Traktat über die Klugheit*, Munique. — R. A. Gauthier (1963), *La morale d'Aristote*, Paris; (1965), "La prudence aristotélicienne porte-t-elle sur la fin ou sur les moyens?", *REG* 78, 40-51. — E. Martineau (1982), "Prudence et considération. Un dessein philosophique de saint Bernad de Clairvaux", *in La provenance des espèces*, Paris, 207-267. — R. Saint-Jean (1985), "Prudence", *DSp* 12/2, 2476-2484. — D. Westberg (1994), *Right Practical Reason: Aristotle, Action, and Prudence in Aquinas*, Oxford. — P. Pellegrin (2003), "Prudência", *DEFM*, v. 2, 406-411.

Daniel WESTBERG

→ *Ato; Bem, Casuística; Ética; Intenção; Virtudes.*

PRZYWARA (ERIC) → **analogia** d

PSEUDEPÍGRAFOS → **intertestamento**

PSEUDO-DIONÍSIO

I. O autor e a questão dionisiana

Não se conhece a identidade daquele que escreveu o *Corpus dionysiacum* ou *Areopagiticum* sob o pseudônimo de Dionísio (D.) o Areopagita, o convertido de Paulo após seu discurso no Areópago (At 17,34). Seus escritos foram invocados durante o encontro de bispos calcedonianos e bispos monofisitas severianos que ocorreu no sínodo* de Constantinopla em 532. Hipácio de Éfeso exprimiu então sobre sua autenticidade dúvidas que Tomás* de Aquino também retomará (cf. I. Hausherr, *OCP* 2 [1936], 484-490). Durante toda a IM, a autoridade* do autor do *Corpus* foi baseada em sua pertença à era apostólica. Foram os humanistas do Renascimento, Erasmo* (*In novum Testamentum annotationes item ab ipso recognitae*, Basileia,

1522) e Lourenço Valla (*In novum Testamentum annotationes apprime utiles*, Basileia, 1526) que destruíram essa lenda. Esta, porém, ainda encontrou defensores na época moderna. Koch (*Philologus* 54 [1895], 238-454) e Stiglmayr (*HJ* 16 [1895], 253-273) acabaram por estabelecer definitivamente a dependência de D. para com Proclo, mostrando que D. utilizara em seu tratado sobre o mal*, no cap. IV dos *Nomes divinos*, o *De malorum subsistentia* de Proclo.

J. Stiglmayr precisou a cronologia do *Corpus*: é posterior ao concílio* de Calcedônia* (451), à introdução do credo na missa pelo patriarca Pedro Pisoeiro (476) e ao *Henotikon* do imperador Zenão (482). É anterior aos autores do início do s. VI que o citam: André de Cesareia e a carta de Severo de Antioquia ao abade João.

Tentou-se identificar o misterioso autor do *Corpus* com diversas figuras: Amônio Sacas, Dionísio bispo de Alexandria, um discípulo de Basílio*, Pedro Pisoeiro, Pedro o Ibérico, Dionísio de Gaza, Severo de Antioquia, Sérgio de Reshaina (primeiro tradutor do *Corpus* em siríaco pouco tempo depois de sua aparição), um amigo de João de Citópolis (o autor dos primeiros escólios do *Corpus*), Estêvão bar Sudaili, ou ainda Heraísco, amigo e discípulo de Damáscio (cf. R. F. Hathaway, *Hierarchy and the definition of Order in the Letters of pseudo-Dionysius*, Haia, 1969, 31-35, e S. Lilla, *Aug.* 22 (1982), 268-269).

O autor do *Corpus* era provavelmente, como mostra seu conhecimento da liturgia* de Antioquia, um monge de origem siríaca que teve um relacionamento muito estreito com o pensamento de Proclo (cf. H.-D. Saffrey, *StPatr* IX, TU 94, 1966, 98-105) e talvez, segundo S. Lilla, com o de Damáscio, cujos cursos teria frequentado em Atenas.

O sentido do pseudônimo com o qual ele escreveu é em si mesmo uma mensagem: assim como D. o Areopagita foi convertido por Paulo no Areópago, também o Pseudo-D. quer converter o pensamento grego introduzindo-o na teologia* cristã (razão pela qual o sofista Apolófanes trata-o de "parricida", na Carta IV), e recolher a herança da filosofia* ateniense poucos anos antes de a Academia ser fechada pelo imperador Justiniano.

II. Obras e edições

1. As obras

O *Corpus* que nos foi transmitido compreende a *Hierarquia celeste* (*CH*), a *Hierarquia eclesiástica* (*EH*), os *Nomes divinos* (*DN*), a *Teologia mística* (*MT*) e uma coleção de dez Cartas (*Ep.*).

a) A Hierarquia celeste. — O tratado descreve em quinze capítulos as classes dos anjos* mencionadas no AT e em Paulo. A doutrina de D. sobre a hierarquia celeste tem fontes cristãs: Clemente de Alexandria (*Strom.* VII), Gregório* de Nazianzo (*Discours* 28 [teol. 2]), Cirilo de Jerusalém (*Catequese* 23 [mist. 5]), João* Crisóstomo (*Homilia sobre o Gênesis* 4 e *Oito catequeses batismais* [VII, 20]) e as *Constituições apostólicas* (VIII, 12, 7-8). A divisão ternária da atividade hierárquica — atividade de purificação, de iluminação, de união — inspira-se todavia em fontes neoplatônicas: vemos no *Livro dos Mistérios* de Jâmblico e na *Teologia platônica* de Proclo que à sistematização da noção de tríade corresponde uma hierarquia de inteligências divinas. Para Proclo, toda realidade semelhante ao movimento da inteligência — que é movimento de processão, manência e conversão (*monè, proodos, epistrophè*) — será triádico. D. relaciona essa doutrina a seu mestre Hieroteu, cujos escritos ele qualifica de "segunda Escritura" (*deutera logia*) (*DN* 681 B): "A teologia designa a totalidade das essências celestes por nove nomes reveladores: nosso iniciador divino as divide em três disposições ternárias" (*CH* 200 D). Mas é antes de tudo à Bíblia que ele recorre.

Segundo D., as fileiras da hierarquia celeste se repartem em três tríades: 1/ serafins, 2/ querubins e 3/ tronos formam a primeira hierarquia ou tríade; 4/ dominações, 5/ virtudes e 6/ potestades formam a segunda; 7/ principados, 8/ arcanjos e 9/ anjos formam a terceira (*CH*, cap. VII-IX).

A primeira hierarquia recebe diretamente as iluminações da Tearquia divina (Princípio

divinizador) e é unida a ela sem intermediário. Segundo a etimologia hebraica evocada por D., os serafins são os "ardentes"; os querubins, os que são cumulados de uma efusão de conhecimento* e de sabedoria* (*CH* 205 B); e os tronos, os que recebem e carregam Deus* (205 D).

A ordem hierárquica corresponde a graus decrescentes (a partir do topo) das três atividades que caracterizam toda hierarquia, a saber, a purificação, a iluminação e a perfeição ou união. As segunda e terceira tríades são unidas a Deus por intermédio da primeira e recebem uma iluminação de menor brilho. Quanto à terceira hierarquia, ela conecta o universo celeste ao das hierarquias humanas. Desta hierarquia, os anjos são os mais próximos dos homens e lhes transmitem a purificação, a iluminação e a perfeição divinas.

A propósito da exegese* dos símbolos utilizados pela Escritura* para falar das inteligências celestes, D. desenvolve toda uma teoria dos símbolos semelhantes e dessemelhantes, mais apropriados que conceitos para falar das realidades espirituais que transcendem as realidades sensíveis. Se os serafins são representados pela imagem do fogo, o próprio Deus é chamado ao mesmo tempo de "Sol de justiça" e "Treva mais-que-luminosa". O valor de todo símbolo, por outro lado, está ligado ao valor da inteligência que o utiliza: quanto mais a inteligência for purificada, iluminada e unida a Deus, mais ela saberá elevar-se a Deus e mais este ato anagógico lhe permitirá descobrir Deus em sinais e símbolos.

b) A Hierarquia eclesiástica. — O tratado propõe em primeiro lugar uma doutrina da hierarquia eclesiástica, em seguida descreve e interpreta os seis ritos principais da liturgia cristã: o batismo*, a eucaristia*, a consagração dos santos óleos* (o *muron*), a ordenação* sacerdotal, a profissão monástica e os ritos fúnebres. Cada rito é encarado primeiramente em seu desenrolar litúrgico (*mysterion*), depois num sentido contemplativo ou alegórico (*theoria*), cujo conteúdo inteligível é destacado do símbolo sensível, como uma pepita de sua ganga, pela atividade anagógica e apofática do intelecto.

A hierarquia* eclesiástica, à imagem da hierarquia celeste, compreende diferentes fileiras: os iniciadores (bispos*, presbíteros*, diáconos*) e os iniciados (os purificados, os iluminados, os perfeitos ou monges). Os bispos exercem as três funções da iniciação, da iluminação e da perfeição. Jesus*, enfim, é chefe da hierarquia celeste como da hierarquia eclesiástica.

c) *Os* Nomes divinos. — Este tratado compõe-se de treze capítulos que expõem a processão (*proodos*) dos nomes* divinos a partir da distinção (*diakrisis*) e da união (*henosis*) que reinam na Trindade*. Após ter considerado Deus como Causa superessencial, incognoscível e indizível, como o Uno da primeira hipótese do *Parmênides*, como Causa participada por tudo o que é e, por isso, suscetível de ser conhecida e nomeada, depois como o Uno da segunda hipótese do *Parmênides* (cap. I), após ter exposto a união (*henosis*) e a distinção (*diakrisis*), em Deus (as pessoas* divinas) e fora de Deus (as processões e os nomes) (cap. II), após ter sublinhado a importância da oração* como introdução à teologia dos nomes divinos e evocado o ensinamento de seu mestre Hieroteu, D. passa à explicação dos nomes divinos.

Pode-se distinguir 1/ os nomes que convêm às realidades divinas (596D), em Deus: Unidade e Trindade (cap. II), e fora de Deus: a processão; 2/ os nomes tirados das operações de sua providência* (596D), a saber: *a*) os nomes etiológicos (645A-B): o Bem*, o Belo, a Luz e o Amor* (cap. III-IV, 1-17), o Ser* (cap. V), a Vida (cap. VI) e a Sabedoria (cap. VII), a Potência* (cap. VIII), os nomes opostos como o Grande e o Pequeno (cap. IX), o Ancião e o Jovem (cap. X), *b*) os nomes que dizem respeito ao processo do princípio ao fim (937B): o Todo-Poderoso (cap. X); a Paz* (cap. XI), que converte tudo à unidade integral (948D); e *c*) os nomes divinos da Causa de tudo (972A), Deus (cap. XII) e o Uno (cap. XIII), "unidade de todos os atributos* positivos daquele que é Causa de tudo" (977B).

O grande movimento de processão e de conversão dos nomes divinos começa com o Bem e termina com o Uno, que é talvez outro nome do Bem, já que D. diz que o movimento vai "do Bem ao Bem pelo Bem". Mas, se se observa que a processão dos nomes divinos é chamada "distinção" por oposição à "união" divina, pode-se dizer igualmente que a disposição dos nomes divinos, pelo próprio Dionísio, começa com a União (*henosis*) e termina com a conversão de tudo para o Uno (*hen*). Da União (*henosis*) ao Uno (*hen*): tal é o plano dos *Nomes divinos*.

d) *A* Teologia mística. — Esse tratado de algumas páginas compõe-se de cinco capítulos. Começa por um prólogo formado de uma oração à Trindade e de um endereçamento a Timóteo, ao qual D. recomenda elevar o espírito rumo à contemplação* das coisas divinas. No primeiro capítulo, sobre a Treva divina, ele distingue a teologia negativa* (ou apofática) e a teologia afirmativa (ou catafática) e interpreta a subida de Moisés ao Sinai como a elevação do intelecto rumo a Deus. A treva de Ex 20,21 representa então o desconhecimento absoluto no qual se acha mergulhado o espírito.

Ver e conhecer esta "treva-mais-que-luminosa" é "conhecer que não se pode nem ver nem conhecer aquele que está para além de toda visão e de todo conhecimento". Como o escultor que "remove" os blocos de mármore para fazer surgir a forma da estátua (é o exemplo de Plotino em *En*. I, 6 [1], "Sobre o belo"), assim, "pelo fato de abandonarmos tudo o que existe, celebramos o Superessencial segundo um modo superessencial". A teologia negativa faz surgir assim a Treva superessencial afastando os entes. É preciso "tirar", "suprimir" ou "negar" todos os conhecimentos adquiridos no contato dos entes para "conhecer" o Desconhecido no desconhecimento e "ver" a Treva que dissimula a luz que está nos entes. A negação, entendida como supressão ou remoção (*remotio*), tem portanto um papel ao mesmo tempo ontológico e litúrgico, no mundo dos entes como no dos símbolos: ela deve remover a luz dos entes para fazer surgir no coração deles a Treva divina, como deve retirar o véu dos símbolos para mostrar a Beleza* divina.

A via negativa se eleva assim de negação em negação a partir daquilo que está mais afastado da Causa transcendente, ao inverso da teologia afirmativa, que parte do Princípio para descer até as consequências mais afastadas. Os movimentos destas duas teologias, afirmativa e negativa, são portanto em sentido inverso e correspondem ao movimento descendente (*proodos*) do intelecto, e em seguida a seu movimento ascendente (*anagoge, epistrophe*) (cap. II). A abundância ou a concisão da linguagem é relativa a esses dois movimentos, descida do inteligível para o sensível ou subida do sensível até o inteligível e, para além, até a Causa transcendente diante da qual a palavra cessa e só o silêncio é apropriado. Nessa subida apofática do exterior para o interior e do inferior para o superior, o *logos* se rarefaz e desaparece no silêncio. D. opõe a prolixidade (*polylogia*) do discurso simbólico à brevidade do discurso (*brakhylogia*) intelectual e à ausência de palavra (*alogia*) própria à união mística (cap. III).

Essa ascensão apofática rumo à Causa por meio do sensível e do inteligível é operada nos dois últimos capítulos da *Teologia mística* (cap. IV: "Que não é nada de sensível Aquele que é causa por excelência de todo o sensível" (*MT* IV, 1040c); cap. V: "Que não é nada de inteligível Aquele que é causa por excelência de todo o inteligível" (*MT* V, 1045D-1048B). Desta causa "não há nem palavra, nem nome, nem conhecimento" (reencontramos aqui a afirmação da primeira hipótese do *Parmênides*, 141e), e conclui-se portanto em sua transcendência e sua impredicabilidade. Nem a teologia afirmativa nem mesmo a teologia negativa qualificam, portanto, a Causa enquanto tal: elas permanecem no mundo da hipótese, isto é, daquilo que está abaixo dela ou do que vem "em sua esteira". A transcendência da Causa, que é fonte de tudo sendo simultaneamente destacada de tudo, é fora de alcance, inacessível. Deus é "o Além de tudo".

e) *As Cartas*. — São dez cartas: a 1ª trata da identificação entre o verdadeiro conhecimento e o desconhecimento de Deus; a 2ª, da Divindade como além do Bem e de Deus (cf. início da *MT*); a 3ª, da natureza divina de Jesus, que permanece oculta mesmo depois da encarna-

ção*; a 4ª, de Jesus e de sua "atividade" ou "energia" "teândrica"; a 5ª, da treva divina; a 6ª, da refutação dos erros e da verdade*; a 7ª, da polêmica com o sofista Apolófanes, que acusa Dionísio de "parricida", assim como do eclipse do sol que ambos contemplaram em Heliópolis; a 8ª, do monge Demófilo, que não respeita sua categoria hierárquica; a 9ª, do simbolismo da Escritura; a 10ª, do cativeiro de João Evangelista em Patmos e de sua pronta libertação.

D. menciona igualmente as seguintes obras, perdidas ou fictícias: 1/ *Sobre os inteligíveis e os objetos dos sentidos,* 2/ *Esboços teológicos,* 3/ *Teologia simbólica,* 4/ *Hinos divinos,* 5/ *Sobre as propriedades e as ordens dos anjos,* 6/ *Sobre o tribunal justo e divino,* 7/ *Sobre a alma.*

Enfim, vários outros escritos chegaram-nos sob o nome de D.:

1/ três cartas: uma carta a Apolófanes redigida em grego entre o s. VI e o VII (CPG III, 6630), uma carta a Timóteo sobre a paixão dos apóstolos* Pedro e Paulo, em diferentes línguas (latim, siríaco, armênio, georgiano, etíope) (CPG III, 6631) e uma carta a Tito conservada em armênio (CPG III, 6632);

2/ uma autobiografia conservada em versões orientais (siríaca, copta, árabe, georgiana, armênia) (CPG III, 6633);

3/ um tratado astronômico em siríaco (CPG III, 6634);

4/ uma profissão de fé* em árabe (CPG III, 6635);

5/ uma anáfora litúrgica (Renaudot 2, 202-212, citado por I. Ortiz de Urbina, *Patrologia syriaca*, Roma, 1965, 251).

2. As edições

A primeira edição do *Corpus* foi feita em Florença em 1516. Duas outras edições foram realizadas no s. XVII: a de P. Lanssel, em Paris, em 1615, e a de B. Cordier SJ, em Antuérpia, em 1634 e Paris em 1644. É a edição de Cordier que foi reeditada na Patrologia graeca (PG III) em 1857. No s. XX, a primeira edição crítica do *Corpus* foi feita por B. R. Suchla (I, *DN*), G. Heil e A. Ritter (II, *CH, EH, MT, Ep*). Um volume III em preparação compreenderá os escólios em grego, siríaco, georgiano e armênio.

III. As traduções e os comentários medievais

1. As traduções

a) Em siríaco. — Os escritos dionisianos foram conhecidos e se difundiram muito cedo na Síria graças a Sérgio de Reshaina (†536), tradutor e prefaciador do *Corpus*, suspeito de ser seu autor. Esta opinião foi sugerida por I. Hausherr e H. U. von Balthasar (*Schol.* 15, 1940, 38). Focas (final do s. VII — início do s. VIII) empreendeu uma nova tradução de D. acrescida de notas pessoais (cf. P. Sherwood, *SE* 4, 1952, 174-184; R. Duval, *La Littérature syriaque*, Paris, 1907, 314-316; A. Baumstark, *Geschichte der syrischen Literatur*, Bonn, 1922, 271-272).

b) Em armênio. — Uma tradução de D. foi feita em armênio desde o s. VIII por Estêvão de Siunia.

c) Em latim. — D. foi conhecido no Ocidente graças aos manuscritos copiados e trazidos do Oriente. Dois estudos dos manuscritos dionisianos ganharam autoridade: G. Théry, in *NSchol* 3, 1929, 353-442, e H.-F. Dondaine (1953). Em 738, Paulo I envia a Pepino o Breve o conjunto dos escritos de D. Em 827, em Compiègne, o rei Luís o Pio recebe da parte do imperador do Oriente um códice grego completo dos escritos de D.; pede a tradução do material ao abade de Saint-Denys, Hilduíno, que, por volta de 832, lhe oferece um texto quase ilegível. Carlos, o Calvo, mais tarde solicitou a João Escoto Erígena que empreendesse uma tradução mais clara dos escritos de D. O trabalho é concluído em 852. Por volta de 1140, o monge João Sarazino e Hugo de São Vítor retomam a tradução da *Hierarquia celeste* por Escoto, utilizando as notas marginais e interlineares dos escoliastas João de Citópolis, Máximo* Confessor, Anastásio o Bibliotecário e alguns outros. A tradução de Sarazino, muito distante da de Hilduíno e de Erígena, é mais fiel. O *Corpus* foi traduzido no Renascimento por Ambrósio Traversari e Marsílio Ficino; no s. XVI-XVII, por Balthasar Cordier, Périon e Jérôme Spert.

2. Os comentários medievais

Hugo de São Vítor (†1141) comentou duas vezes a *Hierarquia celeste*, seu texto preferido em razão da importância que nela ganham a ideia de participação e o símbolo. O mais importante comentário medieval é o de Tomás de Aquino. No Renascimento: Ambrósio Traversari (1431-1437) e Marsílio Ficino (1490-1492) (ver *DSp* t. 3, 286-429).

• Clavis Patrum Graecorum (CPG) III, 6600-6635. — Dionysius Areopagita, ed. B. Cordier, PG 3, 1857. — *Corpus dionysiacum* I, *De divinis nominibus*, ed. B. R. Suchla, PTS 33, 1990; II, *De coelesti hierarchia, De ecclesiastica hierarchia, De mystica theologia*, ed. G. Heil e A. M. Ritter, PTS 36, 1991. — Denys l'Aréopagite, La *Hiérarchie céleste*, intr. de R. Roques, estudo e texto crítico de G. Heil, trad. e notas de M. de Gandillac, SC 58 *bis*; Les *Noms divins* et la *Théologie mystique*, texto crítico de B. R. Schula e de A. Ritter, intr., trad. e notas de Ysabel de Andia, no prelo em SC.

▸ *a)* ESTUDOS GERAIS: H. Koch (1900), *Pseudo-Dionysius Areopagita in seinen Beziehungen zum Neuplatonismus und Mysterienwesen, eine literarhistorische Untersuchung*, Mainz. — R. Roque (1954), *L'univers dionysien. Structure hiérarchique du monde selon le Pseudo-Denys*, Paris (1983²); (1957), "Dionysium Areopagita", *RAC* 3, 1075-1121. — R. Roques *et al.* (1957), "Denys l'Aréopagite (le Pseudo-)", *DSp* 3, 244-430. — W. Völker (1958), *Kontemplation und Ekstase bei Pseudo-Dionysios Areopagita*, Wiesbaden. — E. Corsini (1962), *Il trattato "de Divinis Nominibus" dello Pseudo-Dionigi e i commenti neoplatonici al Parmenide*, Turim. — E. von Ivánka (1964), *Plato Christianus. Übernahme und Ungestaltung des Platonismus durch die Väter*, Einsiedeln. — J. P. Sheldon-Williams (1967), "The Pseudo-Dionysius", *in The Cambridge History of Later Greek and Early Medieval Philosophy*, sob a dir. de A. H. Armstrong, Cambridge, 457-472. — B. Brons (1976), *Gott und die Seinden. Untersuchungen zum Verhältnis von neuplatonischer Metaphysik und christlicher Tradition bei Dionysius Areopagita*, Göttingen. — G. J. P. O'Daly (1981), "Dionysius", *TRE* 8, 772-780. — S. Lilla (1982), "Introduzione allo studio dello Ps.Dionigi l'Areopagita", *Aug.* 22, 568-577; (1984), "Dionigi", *in La Mistica. Fenomenologia e reflessione teologica*, sob a dir. de E. Ancili e M. Paparozzi, Roma, 361-398. — P. Rorem (1984), *Biblical and Liturgical Symbols Within the Pseudo-Dionysian Synthesis*, STPIMS 71. — S. Lilla (1986a), *Ps.Dionigi l'Areopagita, Gerachia celeste, Teologia mistica, Lettere*, Roma; (1986b), "Note sulla *Gerarchia celeste* dello Ps.Dionigi l'Areopagita", *Aug.* 26, 519-573. — Y. de Andia (1996), *Henosis, L'union à Dieu chez Deny l'Aréopagite*, Leyden.

b) Versões latinas e comentários medievais: J. Durantel (1919), *Saint Thomas et le Pseudo-Denys*, Paris. — P. G. Théry (1931), *Scot Érigène traducteur de Denys*, Paris; (1932), *Études dionysiennes*, Paris (sobre a tradução de Hilduíno). — Ph. Chevalier (1937/1950), *Dionysiaca. Recueil donnant l'ensemble des traductions latines des ouvrages attribués à Denys de l'Aréopage*, 2 vol., Paris. — C. Pera (1950), *Sancti Thomae Aquinatis in librum beati Dionysii De divinis nominibus expositio*, Turim-Roma. — H. Dondaine (1953), *Le corpus dionysien de l'université de Paris au XIIIe siècle*, Roma. — B. Faes de Mottoni (1977), *Il "Corpus Dionysiacum" nel medioevo: Rassegna di studi: 1900-1972*, Roma.

Ysabel DE ANDIA

→ *Atributos divinos; Negativa (teologia); Platonismo cristão.*

PSEUDO-MACÁRIO → messalianismo

PSICANÁLISE → Freud

PUNIÇÃO → pena

PUREZA/IMPUREZA

I. Fundamento antropológico

O sentimento de impureza (i.) está em relação com a repugnância experimentada em tocar ou comer certas coisas. Parece que os objetos que inspiram o asco são determinados culturalmente, mas que o sentimento de repulsa é um dado antropológico universal que numerosas religiões integram em sua concepção do cosmo*. A i. se comunica pelo contato e pela alimentação.

II. Antigo Testamento

1. O contato

a) *Fontes de impureza.* — São impuros: 1/ as secreções corporais (Ez 4,12ss; Dt 23,13ss: excrementos); 2/ os cadáveres de humanos (Nm 19,11-16) e de animais* (puros: Lv 11,21s e impuros: Lv 11,27s.31); 3/ as manchas da pele (chamadas genericamente de *lepra*, Lv 13; Dt 24,8s), das roupas (Lv 13,47ss) e das paredes

(Lv 14,34ss). Alguns ritos de purificação e de perdão também tornam impuros (Nm 19,7s.10; Lv 16,24.26).

b) *Efeitos.* — A i. exclui do culto* (Lv 12,4; 15,31; 1Sm 16,5). É anulada por *purificações* de formas múltiplas.

c) *Interpretação bíblica da distinção puro-impuro.* — O documento sacerdotal (P), o código da santidade* (H), Dt 14,1-21 interpretam a separação pureza/i. como condição prévia à santidade. Segundo P e H, ela vale como *initiatio Dei* (Lv 11,44s; 20,25s). A pureza é indispensável para se aproximar de Javé (Is 6,5ss), que é rodeado de santidade (Is 6,3).

O cosmo é disposto em três áreas concêntricas: o impuro, o puro, o santo. No exterior, o impuro, separado do puro; no centro, o santo separado da i. pelo cordão sanitário do puro que ocupa a área intermediária. Segundo um dispositivo análogo, os estrangeiros são exteriores ao povo* (Lv 20,24ss; Dt 14,21), os israelitas leigos* ocupam uma posição intermediária entre estrangeiros e sacerdotes; o sacerdócio* consagrado é o centro. O contato entre impuro e puro polui o puro (*sujeira*) (Ag 2,13s). O contato entre impuro e santo aniquila o santo (Lv 21,4.11s), donde a necessidade de uma nova santificação (Lv 16,19) sob pena de *profanação* acarretando a morte* (Lv 15,31; 22,3; Nm 19,13.20). O contato entre puro e santo não modifica nem um nem outro (Ag 2,12), salvo em certas condições em que o contato com o "santíssimo" (*qodesh qâdâshîm*: Ex 29,37; 30,29; cf. Ez 44,19) torna santo o puro (*consagração*). O impuro nunca é compatível com o santo, o puro o é normalmente, salvo lá onde o santíssimo o eleva ao nível do santo. O impuro por contato é inevitável na vida humana para o puro, mas deve ser tornado impossível para o santo (Dt 24,8s; cf. Ez 22,26).

A injunção divina: "Sede santos" (Lv 11,44s; Dt 14,1s) pode ser interpretada como extensão do *status* dos sacerdotes, mais afastados da i., a todo o Israel ("democratização"): é a interpretação dada em Qumran.

2. Alimentos puros e impuros

O alimento impuro limita-se à carne impura, sendo puros os alimentos vegetais. O consumo impuro não pode ser purificado. Por isso é preciso evitá-lo mesmo ao preço do martírio* (2Mc 6s).

a) Animais puros e impuros. — Lv 11 (P), Dt 14,3-21a dão duas listas de animais* com os critérios de pureza/i.

Elas representam tradições* antigas, completadas mais tarde, que sistematizam todos os seres vivos em quatro grupos: grandes quadrúpedes, aves, seres aquáticos, invertebrados. Os critérios de pureza são, para os quadrúpedes, cascos fendidos e ruminação e, para os seres aquáticos, escamas ou nadadeiras. As duas outras categorias não têm critérios distintivos comparáveis. Trata-se de uma reflexão sacerdotal (Ez 22,26) que se esforça por organizar racionalmente um dado tradicional ancestral complexo.

b) Imolação e consumo ritual. — Só os animais puros são aptos para o sacrifício* e, entre eles, só os animais domésticos. Os animais impuros formam o círculo exterior, os que se pode imolar formam o centro, enquanto o círculo intermediário se compõe dos animais puros próprios ao consumo. O vínculo entre o sacrifício com consumo de carne e os costumes ancestrais de alimentação (p. ex. gafanhotos, Lv 11,22) explica a escolha das espécies lícitas.

3. Interpretação antropológica

a) O ambiente cultural. — Excluir os animais impuros dos sacrifícios e da mesa é uma prática comum aos povos do antigo Oriente Médio; as espécies proibidas variam de uma cultura a outra.

A razão da i. do porco, do asno, do cão, animais domésticos na região desde pelo menos o bronze antigo (III milênio a.C.), não é conhecida ao certo. O porco nunca foi vítima sacrifical no antigo Oriente Médio, exceto talvez nos cultos ctonianos ou nos ritos funerários (cf. Is 66,17; 65,3s). O cão se alimenta de lixo, elimina os cadáveres (2Rs 9,10.35s). Esse hábito alimentar poderia explicar a i. dos rapinantes. O silêncio dos textos sobre as aves (exceto a pomba), criadas em Israel* no I milênio, os gatos e os cavalos permanece inexplicado.

b) Sistema simbólico. — A distinção pureza/i. não se baseia em razões higiênicas, econômicas (produção do alimento), religiosas (rejeição da "idolatria*"), nacionais (marca de identidade),

ou de simbolismo cósmico. Essas interpretações correspondem a aspectos reais, mas não explicam o asco provocado pela i. Este é o *inestético, agressivo, intolerável* que provoca a repulsa e a náusea (*tô'evah*). Degradando a esfera de vida, o inestético ofensivo à vista e ao olfato ataca a coesão social, que tem uma necessidade vital de dignidade e de decoro na organização de sua vida. A distinção pureza/i. preserva um espaço social privilegiado à margem de elementos nauseabundos e poluentes, expressão simbólica da harmonia das relações sociais do grupo no mundo circundante, ameaçada de aviltamento físico e moral. No plano religioso, a desarmonia da i. agride a santidade. Em Israel, a rejeição do alimento impuro significa a confissão do Deus* santo de Israel (Tb 1,10ss; 2Mc 6s).

c) Impureza e pecado. — Por analogia, o pecado* pode ser chamado de i. e vice-versa (Is 1,16; Jó 14,4; 15,14; Sl 51,7). Em particular, são chamados impuros por metáfora: os países estrangeiros (Am 7,17; Is 52,11) cuja alimentação é impura (Os 9,3; Dn 1), o país de Israel sujo por faltas sexuais (Lv 18,27s), pelo assassínio (Nm 35,33), pela necromancia (Lv 19,31) ou pela invocação de outros deuses (Os 6,10; Jr 2,23 etc.). A conduta do povo (Ez 36,17) e mesmo suas boas ações podem se tornar impuras (Is 64,5).

III. Novo Testamento

1. Paulo

Nenhum alimento é impuro por si mesmo (Rm 14,20): Paulo funda esta certeza na autoridade* do Senhor Jesus* (Rm 14,14), sem se explicar muito sobre esta referência. Por outro lado, ele conhece cristãos (provavelmente judeu-cristãos) que consideram proibida a carne impura e, segundo ele, esta convicção os obriga em consciência*.

2. Sinóticos

Mc 7,1-23 par. e Mt 15,1-20 desenvolvem um *logion* de Jesus (Mc 7,15; Mt 15,11) sobre o alimento impuro. Em Mc 7,24-30 par., a tradição* sinótica declara *em seu nome* que o interdito alimentar judeu se tornou caduco.

3. Atos

Em At 10,9-16; 11,5-10, o relato da visão revela que Deus aboliu as duas distinções paralelas entre alimentos puros e impuros como entre Israel e pagãos na Igreja*. Em 15,20.29, é prescrito aos cristãos saídos do paganismo* que se abstenham de carne imolada aos ídolos, de sangue, de carne de animais asfixiados, de atos sexuais ilícitos. Essas obrigações impostas pelo "concílio" de Jerusalém* parecem corresponder às dos *gerim* (estrangeiros residentes, mais tarde prosélitos): Lv 17,8s.10.13; 18,26. Os pagãos tornados cristãos são vinculados à lei de pureza como os *gerim*.

Qumran estende a pureza sacerdotal aos leigos*, o NT relativiza e abole às vezes a distinção pureza/i. porque numerosos não judeus entram na Igreja e substituem a prática da Lei* pela fé* em Jesus Cristo*, segundo o pensamento paulino.

IV. Interpretação teológica

A distinção pureza/i. é a expressão simbólica da beleza* do espaço social criado por Deus e existindo em sua presença. Ela permite confessar Deus em gestos que impregnam a vida israelita de cada dia, exprimindo a identidade judaica diante do mundo.

O NT relativiza esse sistema simbólico pela fé* em Jesus Cristo, da qual ele espera as energias e os impulsos capazes de estruturar a comunidade eclesial na beleza até na vida diária.

• J. Döller (1917), *Die Reinheits- und Speisgestze des Alten Testaments*, Münster. — R. de Vaux (1958), "Le sacrifice des porcs en Palestine et dans l'Ancien Orient", *in Von Ugarit nach Qumran*, BZAW 77, 250-265. — M. Douglas (1966), *Purity and Danger*, Londres. — W. Paschen (1970), *Rein und Unrein*, Munique. — M. Weinfeld (1972), *Deuteronomy and the Deuteronomic School*, Oxford. — J. Neusner (1973), *The Idea of Purity in Ancient Judaism*, Leiden. — I. Zatelli (1978), *Il campo lessicale degli aggettivi di purità in ebraico biblico*, Florença. — J. Henninger *et al.* (1979), "Pureté et impureté", *DBS* 9, 398-554. — J. Milgrom (1983), *Studies in Cultic Theology and Terminology*, Leiden. — E. B. Firmage (1990), "The Biblical Dietary Laws and the Concept of Holiness", *in* J. A. Emerton (sob a dir. de), *Studies in the Pentateuch*, *VT.S* 41, 177-208, Leiden. — J. Milgron (1990), *Numbers*, Filadélfia; (1991), *Leviticus 1-16*, Nova York. — W. Houston (1993), *Purity and Monotheism*, Sheffield. — M. Douglas (1993a), *In the Wilderness. The Doctrine of Defilement in the Book of Numbers*, Sheffield; (1993b), "The Forbidden Animals in Leviticus", *JSOT* 59, 3-23. — R. Peter-Contesse (1993), *Lévitique 1-16*, Genebra. — H. Harrington (1993), *The Impurity System of Qumran and the Rabbis*, Atlanta. — E. Jan Wilson (1994), *"Holiness" and "Purity" in Mesopotamia*, Kevelaer-Neukirchen.

Adrian SCHENKER

→ *Animais; Culto; Cura; Expiação; Lei; Paganismo; Sacrifício; Santidade.*

PURGATÓRIO

O termo "purgatório" (p.) não é bíblico e não é de emprego universal no cristianismo. Ele designa uma noção teológica elaborada a partir da IM no Ocidente para nomear o estado em que se encontram as almas* dos defuntos que não são nem suscetíveis de entrar imediatamente na visão de Deus* nem destinados à condenação sem apelo do inferno*. É, portanto, um estado provisório, não definitivo.

1. As fontes da doutrina

A noção de p. pode ser posta em relação com quatro elementos bíblicos:

a) A crença numa vida após a morte*, em particular na ressurreição* de Jesus*: "Se, com efeito, nós cremos que Jesus morreu e ressuscitou, assim também, aqueles que morreram, Deus, por causa deste Jesus, com Jesus os reunirá" (1Ts 4,14; cf. 1Cor 15,20; Rm 6,8s).

b) A prática da oração* pelos mortos, que prolonga os usos do AT. Assim, Judas Macabeu "mandou que se celebrasse pelos mortos um sacrifício expiatório, para que fossem absolvidos de seu pecado" (2Mc 12,45). No cristianismo, esta oração está fundada no papel mediador de Jesus (Cirilo de Jerusalém, 5ª *Catequese Mistagógica* 9-10) e está ligada à eucaristia*. Ela supõe que a sorte dos defuntos pode comportar uma modificação após a morte.

c) A noção de uma purificação dos mortos no além. A imagem bíblica adotada na Antiguidade cristã é a do fogo: "Entramos no fogo e na água" (Sl 66,12). Orígenes* escreve: "Quando passarmos pelo fogo" (*Hom. sobre Jeremias* 18,1, SC 238, 178); Ambrósio* tem a mesma concepção: "Todos os que desejam retornar ao paraíso devem ser experimentados pelo fogo" (*Expositio in Ps 118*, XX, 12). Todavia, o fogo de que se trata não é uma punição, é o sinal do juízo* de Deus; é uma figura de prova e de verdade*, pois entra-se na salvação* "como através do fogo" (1Cor 3,15).

d) A imagem muito antiga de um lugar de espera para os mortos: o sheol* (Jó 30,23) ou, na cultura helenística, os infernos, ou ainda, em certas correntes do judaísmo* contemporâneo de Jesus, o "seio de Abraão" (Lc 16,22) e o "paraíso" (Lc 23,43). Havia aí uma tendência a localizar metaforicamente a existência dos mortos no além.

2. A constituição e a recepção da crença

No s. XII, no Ocidente, começou-se a distinguir no lugar simbólico dos mortos, de um lado, o inferno propriamente dito, o lugar da danação, e, de outro lado, um lugar de purificação, o p. Anteriormente, esta palavra fora empregada como adjetivo (o "fogo p.", as "penas* p."), tanto no Oriente quanto no Ocidente. Doravante, no cristianismo latino, é usada também com substantivo, segundo a lógica do lugar bíblico dos defuntos, e junta-se à ideia de purificação ou de prova a de punição ou de expiação*.

a) *Uma afirmação prudente.* — Na esteira de Bernardo* de Claraval e Pedro Comestor, a teologia* medieval integrou esta noção (assim Tomás* de Aquino, *In Sent.* IV, d. 21, q., a. 1). Todavia, o magistério* foi mais reservado. No II concílio* de Lião* (1274) só se trata das "penas p." (*DS* 856), e no concílio de Florença* (1438) declara-se simplesmente: "Aqueles que morreram na amizade de Deus antes de ter feito dignos frutos de penitência* são purificados após sua morte por penas p. (*poenis purgatoriis*) e beneficiam-se dos sufrágios dos vivos" (*DS* 1304).

Somente no concílio de Trento* é que a doutrina do lugar p. foi afirmada expressamente. Primeiro, no *decreto sobre a justificação* (6ª sessão, 1547): o pecado acarreta uma pena que tem de ser expiada "seja neste mundo, seja no outro, no p." (*DS* 1580). Em seguida, num decreto *sobre o p.* (25ª sessão, 1563): "A Igreja* católica […] tem ensinado […] que existe um p. e que as almas que ali são retidas são ajudadas pelas intercessões dos fiéis e sobretudo pelo sacrifício propiciatório do altar" (*DS* 1820). Pede-se então aos bispos* que "façam todos os esforços para que a sã doutrina do p. seja crida pelos fiéis, ensinada e pregada em toda parte" (*ibid.*). Todavia, certa prudência se impõe: "Serão excluídas dos sermões populares as questões demasiado árduas ou demasiado sutis" e os bispos "não deixarão nem expor nem difundir ideias duvidosas ou tingidas de erro. Quanto àquelas que despertam só curiosidade ou superstição, ou que têm um vestígio de ganho reprovável, eles as proibirão como escandalosas e atentatórias para os fiéis" (*ibid.*).

b) *Um contexto complexo.* — A doutrina estava assim fixada. Ela tem uma situação bastante precisa.

É uma afirmação ocidental: não foi recebida pelas Igreja do Oriente. Trata-se, pois, também, de uma afirmação católica. Lutero* contestou-a como uma representação não bíblica que encorajava práticas indiscretas para obter em favor dos mortos a libertação do p. (*Artigos de Smalkalda*, 1537, *BSLK* 442.443). Por seu turno, Calvino* escrevia: "O p. é uma ficção perniciosa de Satã" (*Inst.* III, cap. 5).

Em segundo lugar, a doutrina do p. foi ligada a formas de espiritualidade e de devoção bastante diversas. O desejo de simbolizar espacialmente o além era ambíguo, de modo que hoje os católicos concordam o mais das vezes em considerar o p. como um *estado*, mais do que como um lugar. Ademais, antes do concílio de Trento, a sensibilidade comum estava fascinada pela morte e pelo sofrimento: eis algo que afetou a crença no p. Enfim, no s. XIX, a importância dada à oração pelas "almas do p." tornou-se às vezes excessiva, com o risco de desequilibrar o evangelho do perdão gratuito dado em Jesus Cristo. As precauções tomadas pelo concílio de Trento não foram, portanto, obrigatoriamente seguidas de efeitos. Contudo, é preciso fazer justiça neste conjunto a uma linha mística* que tentou discernir em certos estados da vida presente uma experiência* análoga à do p. Catarina de Gênova (1447-1510), autora de um notável *Tratado do p.*, abriu esta via que interpreta o p. de modo muito depurado.

3. Significações atuais

a) Uma afirmação muito discreta. — Após o sucesso prodigioso que a figura do p. teve no catolicismo* ocidental, constata-se atualmente seu surpreendente apagamento. Decerto, o Vaticano II* faz referência ao concílio de Trento (*LG* 52, n. 22), mas não emprega explicitamente o termo "p.", contentando-se em falar de uma "purificação" após a morte: "Alguns [dos] discípulos [...] são purificados após sua morte" (*ibid.*, 49). O *Catecismo da Igreja Católica* (1992) é mais explícito, mas com uma relativa sobriedade: "A Igreja chama 'p.' esta purificação final dos eleitos que é totalmente distinta do castigo dos condenados" (1031). Indica-se que esse ensinamento se apoia na Escritura*, nos concílios* e também na "prática da oração pelos defuntos" (*ibid.*). Enfim, é tido como óbvio que o p. é um "estado" (1472).

Como compreender essa mudança de sensibilidade? Antes de tudo, a relação com a morte se modificou consideravelmente no Ocidente. A referência ao além se tornou, para muitos, incerta. Além disso, a época presente é mais prudente que os séculos passados acerca das imagens escatológicas. A noção de p. aparece desde logo como indiscreta. Muitos católicos, sem perder contudo a esperança* na ressurreição final e sempre afirmando a solidariedade em Cristo* entre os vivos e os mortos, preferem limitar-se à discrição bíblica.

No entanto, pode-se perguntar se essa reserva não tem certos inconvenientes. A afirmação cristã da ressurreição necessita, de fato, ser acompanhada de representações sobre a sorte atual dos mortos.

b) Uma reformulação teológica. — É nesta perspectiva que a teologia ocidental tem se engajado, sobretudo com Y. Congar, J. Ratzinger, H. U. von Balthasar* e G. Martelet. Ficando entendido que o p. é um estado e não um lugar, é preciso encarar um modo de representar a vida atual dos mortos. Esta está comprometida no dinamismo da ressurreição de Jesus, ainda não chegou ao termo que será a ressurreição última, não é uma punição mas uma experiência de verdade em relação à vida histórica, é uma existência na proximidade de Deus e conduzida por Seu Espírito*, numa intensidade análoga à da experiência mística.

* R. Guardini (1949), *Die Letzen Dinge*, Würtzburg. — Y. Congar (1951), "Le purgatoire", in Col., *Le mystère de la mort et sa célébration*, LO 12, 279-336. — H. U. von Balthasar (1960), "Unrisse der Eschatologie", *Verbum Caro*, Einsiedeln, 276-300. — G. Martelet (1975), *L'au-delà retrouvé*, Paris, 1995, ed. nova. — J. Ratzinger (1977), *Eschatologie, Tod und ewiges Leben*, Regensburg, 1990[6]. — J. Le Goff (1981), *La naissance du p.*, Paris (*O nascimento do purgatório*, Lisboa, 1995). — P. Miquel (1985), "Purgatoire", *DSp* 12, 2652-2666. — H. Bourgeois (1985), *L'espérance maintenant et toujours*, Paris; (1990); "Purgatoire", *Cath.* 12, 304-313.

Henri BOURGEOIS

→ *Escatologia; Inferno; Juízo; Limbos; Ressurreição de Cristo; Ressurreição dos mortos; Visão beatífica.*

PURITANISMO

a) Definição. — Os historiadores concordam em considerar o puritanismo (p.) um fenômeno de grande importância. Max Weber (1864-1920) afirmava, mas a partir de uma base social e histórica muito restrita, que a tradição puritana (pur.) anglo-saxã é um dos elementos determinantes da formação do mundo moderno; outros quiseram ver nela a fonte dos valores políticos e sociais mais caros dos americanos, ou mesmo o ancestral da ciência ou da família* contemporâneas; o p. desempenha também um papel central nas análises marxistas da sociedade*. No entanto, é difícil defini-lo com precisão. "Pur." foi, primeiramente, um termo pejorativo empregado durante os distúrbios sociais que acompanharam a Reforma na Inglaterra. Os pur. eram protestantes convictos num ambiente religioso e social que ainda não tinha sido conquistado para o protestantismo*, uma minoria religiosa que surpreendia e chocava. A título de comparação, basta lembrar a origem puramente circunstancial do termo "huguenote" na França (calvinismo*).

b) O puritanismo elisabetano. — O que distinguia em princípio os pur. dos outros protestantes — mas a distinção nunca foi nítida e absoluta — era sua atitude em relação ao que se chama *Elizabethan Settlement*, que data do início do reinado de Elisabete I (1558-1603). Trata-se de um conjunto de disposições fundamentalmente protestantes, mas que fazia algumas concessões aos sentimentos e aos hábitos religiosos do passado, permitindo p. ex. conservar certo cerimonial, alguns ornamentos litúrgicos e algum mobiliário de igreja. Os primeiros pur. eram "não conformistas" (este termo também viria a ter um grande futuro na história do cristianismo inglês) e suscitavam a hostilidade dos partidários da obediência às leis* eclesiásticas do país. Os pontos litigiosos eram de fato "coisas indiferentes", *adiaphora*, mas o princípio paulino da liberdade* cristã estava em jogo no litígio. Aos olhos dos pur., o *Elizabethan Settlement* não ia longe o bastante, como mostrava o conservadorismo litúrgico do *Book of Common Prayer*. Praticamente não tocava na estrutura* da Igreja* (I.) e deixava subsistir a função episcopal (bispo*). Segundo os puritanos, eram sinais de grande frouxidão religiosa. Os mais radicais deles se inspiraram no exemplo ideal de Genebra e das "melhores" I. reformadas, inclusiva a da França, para rejeitar o episcopado e adotar uma posição que se chamaria mais tarde de presbiterianismo. Todos os que concordavam com essas censuras e essas aspirações formaram então uma espécie de "I. dentro da I.", onde se encontravam pastores*, leigos* destacados e fiéis que se diziam "simplesmente evangélicos" (*simple gospellers*). Só uma minoria deles se separou formalmente da I. anglicana. Foram chamados primeiramente de "brownistas", do nome de seu primeiro teórico, Robert Browne

(*c.* 1550-1633), e estiveram na origem de um movimento que, no s. XVII, fez nascer as I. batistas* e congregacionalistas da Inglaterra e da América. Os pur. elisabetanos permanecidos na I. anglicana, por seu lado, fizeram enérgica campanha por suas ideias durante várias sessões do parlamento (e na imprensa), mas não conseguiram impô-las, apesar dos apoios políticos de que dispunham, em razão sobretudo da oposição da rainha e de seu sucessor, Jaime I (rei de 1603 a 1625), apoiados por dois arcebispos de Cantuária sucessivos, John Whitgift (*c.* 1530-1604) e Richard Bancroft (1544-1610).

c) O florescimento do puritanismo. — Esse fracasso não fez desaparecer o p. Derrotado no plano político, ele penetrou profundamente a consciência religiosa inglesa. Em muitos aspectos, o que os historiadores chamam de "o florescimento do puritanismo" foi somente a plena interiorização do protestantismo e de seus valores, o que faz aumentar a dificuldade de defini-lo, pois o p. neste sentido não constituía tanto um foco de resistência à Igreja estabelecida, que era protestante, quanto um movimento muito forte em seu seio. Tanto os indivíduos quanto a nação inteira deviam ser pur.: comprometidos em manter a aliança* divina, submetidos a um moralismo exacerbado que tinha em grande conta o decálogo*, com uma insistência típica no quarto mandamento* (o respeito do sábado, segundo a numeração calvinista e anglicana) que levava à instauração de um *sabbat* cristão. Os pur. queriam moralizar a sociedade* suprimindo todo pecado*, todo comportamento ímpio (violação do sábado, bebedeira...) e todas as "desordens" dos divertimentos populares. Também se opunham à novidade encarnada pelo teatro elisabetano. Embora seus princípios não fossem completamente estranhos aos da sociedade de que faziam parte, nem por isso deixaram de levá-los ao paroxismo.

O p. era essencialmente uma espiritualidade, uma experiência* religiosa nascida no interior de um calvinismo* que praticamente se impusera como a ortodoxia protestante, mas era um calvinismo exacerbado. Os pur. tinham certeza de serem os eleitos de Deus, mantinham essa certeza acima de tudo, e buscavam confirmação para ela na fecundidade espiritual de suas vidas: o calvinismo deles era "experimental". Tiveram como guias nesse empreendimento espiritual os famosos "médicos da alma*" da época; alguns deles passariam essa concepção da religião para a Nova Inglaterra.

A figura mais característica dos pregadores não conformistas pur. é sem dúvida John Bunyan (1628-1688): sem originalidade, sua piedade de expressão simples e calorosa era feita para se difundir. Sua obra mais célebre, o *Pilgrim's Progress* (*Viagem do Peregrino*), uma "fábula de moralidade piedosa" (L. Bouyer) que põe em cena as peregrinações de um herói alegórico em busca da salvação, conheceu um sucesso tão considerável quanto durável. A conversão* evangélica de Vincent Van Gogh em 1875 (sua família era da tendência teológica dita "de Groningen"; ver calvinismo*) também dá testemunho dessa espiritualidade; sua experiência foi com efeito alimentada pelos dois livros decisivos que foram a *Imitação* de Jesus Cristo* (*devotio** moderna) e o *Pilgrim's Progress*, e eles não ficaram somente na base de sua pregação*, mas marcaram sua religiosidade de maneira fundamental para sua pintura também.

d) *O puritanismo e a revolução inglesa.* — O p. poderia ter se fundido no protestantismo consensual da Inglaterra se não tivesse havido na I. anglicana uma tendência hostil ao calvinismo, e se essa tendência não tivesse sido dominante no início do reinado de Carlos I (1600-1649). Às vezes se faz dele uma variante inglesa do arminianismo, ou então fala-se de "laudianismo" por causa da influência preponderante do arcebispo William Laud (1573-1645). Seus partidários influenciaram pura e simplesmente calvinismo e p.; e seguiu-se uma reação de rejeição muito generalizada que contribuiu para a queda da monarquia e a guerra* civil. Esse contexto revolucionário provocou a queda temporária da I. anglicana, e os pur. tiveram então os meios

políticos de realizar seu programa e de levar a Reforma até o extremo. Mas, uma vez no poder, o p. sucumbiu a suas contradições internas e à oposição dos princípios de liberdade e de disciplina. A monarquia e a I. episcopal foram restabelecidas depois de 1660. Mas isso não impediu os pur., chamados em geral de *Dissenters* (dissidentes), a partir daquele momento, de permanecer como uma força religiosa, política e social, ao mesmo tempo grão de areia e pérola na ostra da vida inglesa.

• *Elizabethan Nonconformist Texts*, A. Peel e L. H. Carlson (eds.), 6 vol., Londres, 1951-1970. — *Puritan Manifestoes*, W. H. Frere e C. E. Douglas (eds.), Londres, 1907, reed. 1954. — *A Seconde Parte of a Register*, A. Peel (ed.), 2 vol., Cambridge, 1915.

▶ P. Miller (1933), *The New England Mind: The Seventeenth Century*, Nova York. — W. Haller (1938), *The Rise of Puritanism*, Nova York. — M. M. Knappen (1939), *Tudor Puritanism*, Chicago. — G. F. Nuttall (1946), *The Holy Spirit in Puritan Faith and Experience*, Oxford. — P. Collinson (1967), *The Elizabethan Puritan Movement*, Londres. — J. S. Coolidge (1970), *The Pauline Renaissance in England; Puritanism and the Bible*, Oxford. — M. R. Watts (1978), *The Dissenters from the Reformation to the French Revolution*, Oxford. — P. Collinson (1982), *The Religion of Protestants: The Church in English Society, 1559-1625*, Oxford; (1983), *Godly People: Essays on English Protestantism and Puritanism*, Londres. — P. Lake (1988), *Anglicans and Puritans? Presbyterians and English Conformist Thought from Whitgift to Hooker*, Londres. — K. Powers Erickson (1991), "Pilgrims and Strangers: The Role of the *Pilgrim's Progress* and the *Imitation of Christ* in Shaping the Piety of Vincent van Gogh", Bunyan Studies 4, 7-36. — F. J. Brener (sob a dir. de) (1993), Puritanism: Transatlantic Perspectives on a Seventeenth-Century Anglo-American Faith, Nova York.

Patrick COLLINSON

→ *Anglicanismo; Batistas; Calvinismo; Congregacionalismo; Metodismo.*

Q

QUALIFICAÇÕES TEOLÓGICAS →
notas teológicas

QUEDA → pecado original

QUERIGMA → confissões de fé

QUIETISMO

Quietismo (q.), termo polêmico surgido em francês, em italiano e em latim por volta de 1680, designa uma escola mística* caracterizada pela oração de quietude, por oposição ao ascetismo e ao encaminhamento discursivo da meditação. Ela tem suas fontes nas Escrituras* (Paulo em particular) e nos Padres* (Clemente de Alexandria); podemos segui-la na IM e no Renascimento (Maria Madalena Pazzi). A renovação mística contemporânea das reformas tridentinas acarretou, no s. XVII, uma difusão da "heroica indiferença" (Francisco de Sales, *Tratado do amor de Deus*, 1619), em que a vontade humana tenta se confundir com a de Deus* sem no entanto desaparecer: é precisamente num contexto salesiano que se desenrola em 1641 uma primeira querela do "puro amor*" (o jesuíta Sirmond, com *A defesa da virtude*, se opõe a um discípulo de Francisco de Sales, o bispo de Belley Camus, em *A defesa do puro amor*).

O ensinamento espiritual do espanhol Miguel de Molinos (1628-1696) se inscreve num fundo doutrinal bem representado pela *Regra de perfeição* (1608-1609) do capuchinho inglês Bento de Canfeld (1562-1610), e sua correspondência e sua direção* espiritual forneceram mais elementos de condenação que seu *Guia espiritual* (1675). Entretanto, encontra-se nesse livro um elogio tão exclusivo da contemplação* que suas consequências podem ser prejudiciais: a ilusão de "almas* espirituais" que acreditam não mais pecar, um estado permanente de abandono a Deus em que não se tem mais de reiterar o ato de fé*, o caráter secundário e discreto de toda meditação sobre a paixão* de Cristo*; esses pontos figuram no primeiro plano das acusações que acarretaram sua detenção e seu processo em Roma*, em 1685, e terminaram em sua prisão perpétua.

Lançou-se então, com violência, uma campanha antiquietista, levantando a suspeita sobre muitos autores místicos até então considerados ortodoxos: o próprio Bento de Canfeld, italianos, franceses como François Malaval (1627-1719) ou Bernières de Louvigny (1602-1659). Eram os autores que tinham formado e nutrido a piedade de uma jovem viúva, Jeanne Guyon (1648-1717). Obcecada pela personagem de Joana de Chantal, experimentando estados místicos e provas pouco comuns, ela redige em alguns dias, no inverno de 1681-1682, *Les* *torrents*, primeiro de uma longa série de tratados (entre os quais o célebre *Moyen Court*, 1685) e comentários bíblicos. Seu encontro em 1688 com o abade Fénelon (1651-1715), futuro arcebispo de Cambrai, aumenta sua influência mundana e lhe granjeia um apoio doutrinal que radicaliza seus ensinamentos. Ligada a Mme. de Maintenon, introduzida no círculo das Damas de Saint-Cyr, Jeanne Guyon é denunciada e posta sob suspeita a partir de 1691: tem de se defender diante do bispo* de Chartres, Godet des Marais, em seguida diante do de Meaux, Bossuet. O dinamismo espiritual e o rigor teológico de Bossuet se opõem desde o início ao abandono guyoniano e ao experimentalismo místico que o apoia. Em 1695, a difícil redação de um protocolo de acordo (os "artigos de Issy") leva Fénelon a querer se justificar com uma *Explicação das máximas dos santos sobre a vida interior* (1697). O livro ressente-se do clima de hostilidade, endurece às vezes as posições, e várias de suas proposições carecem de matizes; seus esforços de definição, entretanto, são iluminadores. Fénelon distingue cinco tipos de amor de Deus: os dois primeiros são interessados, o quinto absolutamente desinteressado, é o puro amor ("Pode-se amar a Deus de um amor que é uma caridade pura, e sem nenhum motivo do interesse próprio"), os terceiro e quarto são misturados — o amor de esperança* (que não exclui o amor de si) e o "amor de caridade misturado" que conserva "algum resto de interesse próprio". O ponto decisivo, mas delicado, é precisamente a diferença entre quarto e quinto amor. Violentamente atacado por Bossuet, denunciado em Roma, o livro de Fénelon foi condenado em 1699, com duas acusações principais: a "suposição impossível" de almas de exceção que poderiam renunciar à salvação* pelo amor de Deus, e a afirmação de um estado de perfeição acessível desde esta vida. Embora mais brando que as acusações de Bossuet (o ato de amor puro não é condenado e Fénelon pôde facilmente se submeter), o breve *Cum alias* (12 de março de 1699, *DS* 2351 *sq*) desferiu um golpe fatal na mística católica. Transferida para os países germânicos e a Grã-Bretanha, a espiritualidade de Jeanne Guyon vai se difundir e se manter entre protestantes como Pierre Poiret (1646-1719) ou Jean-Philippe Dutoit (1721-1793), entre anglicanos como Andreas Michael Ramsay (1686-1743), e mesmo no Despertar metodista.

Doutrinas diferentes foram reunidas sob o nome de quietismo: elas certamente têm em comum o apelo, muito tradicional, ao amor de Deus desinteressado, sem esperança de recompensa — também têm em comum a carência de um centro de gravidade cristológico, donde suas dificuldades. Mas as diferenças são importantes, ligadas essencialmente ao papel atribuído à contemplação adquirida. Permanece, para toda a época moderna (incluindo Descartes*, Malebranche ou Leibniz*) e até nossos dias, a questão colocada pelo puro amor: pode-se pensar um amor de Deus absolutamente desvinculado do amor de si? As aporias que essa questão suscitou, na impossibilidade de uma solução teológica, decerto não poderiam ser retiradas sem um questionamento radical da definição egológica e passional, de origem cartesiana, do amor.

• Fénelon (François de Salignac de la Mothe-Fénelon), *OC*, 10 vol., Paris, 1851-1852; *Correspondance*, ed. por J. Orcibal e J. Le Brun, 14 vol. publicados, 1972—, Paris depois Genebra. — *Jeanne Guyon. La passion de croire*, ed. por M. L. Gondal, Paris, 1990. — Jeanne Guyon, *Le moyen court*, Grenoble, 1995. — Molinos, *La guide spirituelle*, Paris, 1983 (reimpr. da 1ª trad. fr., 1688, feita a partir de uma trad. italiana); *guide spiritual*, Paris, 1997 (trad. fr. por P. Drochon do original espanhol reeditado por J. A. Valente, Madri, 1989).

▸ L. Cognet (1958a), *Crépuscule des mystiques*, Tournai (2ª ed., Paris, 1991); (1958b), *De la dévotion moderne à la spiritualité française*, Paris; (1963), "Fénelon", *DSp* 5, 151-170. — R. Spaemann (1963), *Reflexion und Spontaneität*, Stuttgart. — L. Kolakowski (1965), *Chrétiens sans Église. Conscience religieuse et lien confessionnel en France au XVIIe siècle*, Varsóvia. — L. Cognet (1967), "Guyon", *DSp* 6, 1306-1336. — P. Zovatto (1968), *Fénelon e il quietismo*, Udine. — J. Orcibal (1968), "Le procès des *Maximes des saints* devant le Saint-Office", *AISP* 5, 411-536. — J. Le Brun (1972), *La spiritualité de Bossuet*, Paris. — J.-R.

Armogathe (1973), *Le quiétisme*, Paris. — E. Pacho (1977), "Molinos", *DSp* 10/2, 2, 1486-1514. — J. Le Brun (1978), "Le quiétisme entre la modernité et l'archaïsme", SHCT 18, 86-99. — B. Llorca (1980), *La Inquisición española y los alumbrados (1509-1667)*, Salamanca. — R. Leuenberger (1985), "*Gott in der Hölle lieben:* Bedeutungswandel einer Metapher im Streit Fénelons und Bossuet um der Begriff des 'pur amour'", *ZThK* 82/2, 153-172. — E. Pacho e J. Le Brun (1986), "Quiétisme", *DSp* 12/2, 2756-2842. — J.-R. Armogathe (1987), "Quiétisme", *Cath* 12, 370-377. — J. I. Tellechea Idigoras (1987), *Molinosiana. Investigaciones históricas sobre Miguel Molinos*, Madri. — M. L. Gondal (1989), *Madame Guyon (1648-1717), un nouveau visage*, Paris. — D. Leduc-Fayette (1996), *Fénelon et l'amour de Dieu*, Paris.

Jean-Robert ARMOGATHE

→ *Amor; Ascese; Contemplação; Esperança; Mística; Oração; Salesiana (espiritualidade).*

QUMRAN (essênios) → **apocalíptica** IV

R

RAÇA

Uma raça (r.) é um grupo de homens definidos por um denominador comum que os distingue de outros grupos ou "raças". Este denominador pode ser escolhido de dentro ou imposto de fora, em função de critérios religiosos, antropológicos, geográficos, biológicos ou linguísticos. Assim, pode-se falar de r. "muçulmana", "branca", "inglesa", "negra" ou "latina". Quando alguém se baseia no pertencimento a uma r. particular para conferir ou recusar certos direitos e privilégios, então se trata de racismo. Essa variedade de sentido tem feito que o termo "r." tenha sido empregado de muitas maneiras em teologia*, sob a influência de conceitos tomados de empréstimo ao pensamento grego ou judaico.

a) A filosofia grega. — Para Platão, as virtudes* do cidadão ideal são o vivo desejo de conhecer a realidade verdadeira, o desprezo pelos prazeres do corpo* e a indiferença pela riqueza (*República* VI). Ainda que tais critérios sejam apresentados como universais, eles estão bem enraizados no ideal cultural da Grécia da época; mas Platão não defende explicitamente a superioridade da r. grega sobre o resto do mundo.

Aristóteles concorda em definir a perfeição da virtude como o ideal mais elevado que se possa propor, mas dá a essa perfeição, e à sua ausência, uma conotação nitidamente racial, ao dizer que existem escravos por natureza (*Política* I, 1254 *a* 17 – 1255 *b* 15). São homens a quem faltam certas virtudes essenciais como a munificência e a magnanimidade, e muitos (mas não todos) não são gregos (*ibid.*). Essas declarações serviram mais tarde para justificar a opressão racista e a escravidão, embora tal não fosse o propósito de Aristóteles. Na época helenística, é a qualidade individual, dom dos deuses, que conta antes de tudo para julgar o valor de um homem, muito mais do que a origem racial ou étnica (Koetzer, 1982, 100).

b) O judaísmo. — No AT, a ideia de "raça eleita" desempenha um papel essencial. Israel* é a r. eleita, segundo a grande narrativa* que começa com a promessa* feita por Javé a Abraão de abençoar e multiplicar seus descendentes, prossegue com a escravidão do povo* no Egito e sua libertação, e conclui na conquista da terra prometida pelos descendentes de Abraão. Pode-se interpretar este relato no sentido de uma justificação teológica do racismo, se é o vínculo físico com Abraão que é a condição de pertencimento ao povo judeu. A r. é então um fator determinante e mesmo desejado por Deus* de distinção entre os homens. Mas segundo outra leitura do mesmo relato, é a fé* e não a r. que é a condição de pertencimento em questão. É assim que um prosélito de qualquer origem podia ser circuncidado e se tornar membro da comunidade judaica e herdeiro das promessas de Deus.

c) O Novo Testamento. — Essa segunda leitura é reforçada pela palavra de João Batista:

"destas pedras aqui Deus pode suscitar filhos a Abraão" (Mt 3,9). O universalismo* do NT, particularmente nítido em Paulo, é considerado em geral como uma refutação deliberada da importância do critério racial para determinar a filiação à Igreja*. Só há um critério, que é a fé. Gl 3,23-29 é frequentemente citado neste sentido, assim como as passagens em que Paulo fala da unidade em Cristo* dos fiéis vindos de Israel e dos vindos da gentilidade (p. ex., Ef 2,11-18; Rm 11; Hb 8; ver também 1Pd 2,9s).

d) A teologia cristã. — No que diz respeito à r., a filosofia* grega teve dois efeitos sobre a teologia cristã. Por um lado, seu igualitarismo arraigado reforçou a relativização paulina* da pertinência racial. Por outro, a ideia de que existiam escravos por natureza influenciaria algumas teologias numa direção racista.

Na época patrística, o pecado*, fosse pessoal ou herdado do primeiro pai, é, para muitos autores (como Tertuliano*, Cipriano*, Ambrósio*, o Ambrosiaster [s. IV]), o grande fator de igualização de todos os homens. Segundo Agostinho*, também, o pecado original* põe todos os homens no mesmo plano diante da santidade* de Deus (*Cidade de Deus* 2, 14, 1). Por mais que veja nas divisões raciais e na ausência de comunicação delas derivada as consequências do pecado, Agostinho jamais renuncia a esse igualitarismo.

Tomás* de Aquino retoma a ideia aristotélica da justificação "natural" da escravidão de certos homens, mas inverte-a ao se servir dela para criticar a dominação da força pura sobre a inteligência (*CG* III, 81). Ele admite que em alguns casos a servidão pode se justificar no interesse do escravo como no do amo, mas ela não é natural em absoluto (*ST* Ia IIae, q. 94, a. 5, ad 3; IIa IIae, q. 57, a. 3, ad 2). Ao preço de alguma deformação de suas teses, sua autoridade foi invocada pelas duas partes no debate espanhol do s. XVI sobre o *status* dos índios da América: deviam eles ser ou não considerados escravos por natureza por pertencerem a uma r. pretensamente inferior? Vitoria (*c.* 1485-1546) se opôs à justificação teológica da "escravidão natural" das r. reputadas inferiores e concluiu

que os "aborígenes" tinham verdadeiros direitos à propriedade* e à autonomia política.

A importância da r. e da origem foi deliberadamente minimizada pelos principais reformadores, notadamente Lutero* e Calvino*: o essencial, para eles como para Agostinho, era a condição radicalmente pecadora da humanidade diante de Deus. O otimismo humanista do Renascimento (humanismo* cristão) deu lugar a teologias menos pessimistas sobre a natureza* humana, que revalorizaram o velho ideal helenístico da perfeição individual. E, como na Antiguidade, o ideal em questão serviu às vezes de base para teologias racistas destinadas a justificar a expansão colonial. No s. XVIII, no tempo das Luzes, considerava-se que era uma obrigação sagrada da Europa subjugar e depois instruir os membros das r. inferiores, em princípio "menos excelentes por natureza".

Na filosofia romântica do final do s. XVIII, pensadores como Herder (1744-1803) enfatizaram a individualidade dos povos e das r., vendo na particularidade do *Volk* a figura mesma do original. Hegel* retomou o termo *Volk*, ainda que apenas para marcar que existem critérios racionais universais que se sobrepõem às diferenças de r. Assim, segundo ele, o Estado* moderno deve acolher as minorias (os judeus, p. ex.) e lhes conceder os direitos civis simplesmente porque são homens. A razão* universal não pode ser a prerrogativa de uma r. particular.

A expansão colonial da Europa na África, na América Latina, na Ásia e no Pacífico fez ressurgir a questão da justificação da escravidão e do valor das diferentes r. A luta pela abolição da escravatura na América, com a Guerra* da Secessão, impôs o tema do racismo à reflexão teológica. Em *A Theology for the Social Group* (1917), Walter Rauschenbusch (1861-1918) sustentou que o racismo pode ser uma propriedade das instituições como tais, e que esse racismo institucional pode causar estragos em qualquer sociedade*.

Na esteira do movimento dos direitos civis de Martin Luther King Jr. (1929-1968), viu-se surgir mais tarde uma "teologia negra", da qual James Hal Cone é um dos principais representantes. Esta teologia definida pela r. é uma tentativa deliberada de reflexão teológica do ponto de vista daqueles que se identificam com a r. negra e que querem exaltar esta experiência. Por fim, não se pode esquecer os dois piores exemplos de racismo do s. XX, com a justificação teológica que se pôde dar a eles, e também a oposição teológica que enfrentaram. Na África do Sul, o calvinismo* africânder tentou justificar o *apartheid* utilizando à sua maneira certas doutrinas protestantes. Radicalizando a noção reformada de pluralismo racial e a teoria de Abraham Kuyper (1837-1920) sobre a autonomia das diferentes esferas sociais para tirar dali uma teologia totalmente racista, o *apartheid* considerou que as diferentes r. eram categorias de existência desejadas por Deus, e que as estruturas* da Igreja e da sociedade deviam refleti-las. Contra essa teologia, o *Kairos Document* (1986) e a *Confissão de Belhar* (1986) reafirmaram a mensagem universalista do NT.

No protestantismo* dos anos 1930 na Alemanha, os "cristãos alemães" tinham elaborado uma desvairada teologia da história* para justificar o programa hitlerista de discriminação sistemática e de aniquilação dos judeus, colocando assim uma teologia racista a serviço do ódio e do crime. Foi por isso que, sob a inspiração principalmente de K. Barth*, os protestantes que lhes eram opostos se constituíram numa "Igreja confessante" e publicaram a *Declaração de Barmen* (1934).

No caso da África do Sul como no da Alemanha nazista, é a legitimidade de uma legislação racista que foi criticada e questionada, e o racismo de Estado é que foi condenado em nome do universalismo cristão.

• K. Barth, *Les communautés chrétiennes dans la tourmente*, Neuchâtel, 1943. — *Belhar Confession* (1986) (Publication of the Dutch Reformed Mission Church in South Africa, 1957-1963). — Comissão Pontifícia Justiça e Paz, *L'Église face au racisme*, Vaticano, 1988 (Paris, 1989). — J. H. Cone, *Black Theology*, Nova York, 1969. — Hegel, *Grundlinien der Philosophie des Rechts*, § 209, 270 e 341-360. — Institute for Contextual Theology, *The Kairos Document: Challenge to the Church*, Johannesburgo, 1986. — F. de Vitoria, *Relectio de Indis* (*Relecciones teológicas del Maestro Fray Francisco de Vitoria*), Madri, 1933-1935.

▶ E. Brunner (1948), *Christianity and Civilization*, Londres (Gifford Lectures, 1947). — W. J. Carey (1952), *A Christian on the Colour-bar*, Londres. — C. G. Campbell (1953), *Race and Religion*, Londres. — L. Hanke (1959), *Aristotle and The American Indians*, Regnery. — E. W. Blyden (1967), *Christianity, Islam and the Negro Race*, Edimburgo. — C. Hill *et al.* (1968), *Race: A Christian Symposium*, Londres. — F. E. Auerbach (1970), *The ABC of Race*, Johannesburgo. — S. Ahlstrom (1972), *A Religious History of the American People*, New Haven. — C. Lévi-Strauss (1972), *Race et histoire*, Paris. — A. Meier (1973), *core: A Study in the Civil Rights Movement, 1942-1968*, Oxford e Nova York. — B. Moore (sob a dir. de) (1973), *Black Theology: The South African Voice*, Londres. — T. D. Moodie (1975), *The Rise of Afrikanerdom*, Berkeley e Londres. — C. Vandervelde (1975), *Original Sin*, Amsterdã. — A. Boesak (1976), *Farewell to Innonce*, Nova York. — H. Koetzer (1982), *History, Culture and Religion of the Hellenistic Age*, Nova York. — J. W. de Gruchy (1986²), *The Church Struggle in South Africa*, Grand Rapids, Mich. — M. L. King, Jr. (1986), *A Testament of Hope* (ed. J. A. Washington), San Francisco. — A. Nolan (1988), *God in South Africa*, Cidade do Cabo. — I. J. Mosala (1989), *Biblical Hermeneutics and Black Theology in South Africa*, Grand Rapids. — R. M. Brown (sob a dir. de) (1990), *Kairos: Three Prophetic Challenges to the Church*, Grand Rapids. — A. Chibambu (1990), *Right is Might*, Zimbábue. — J. W. de Gruchy (1990), *Liberating Reformed Theology*, Londres. — J. Evans (1992), *We Have Been Believers: As African American Systematic Theology*, Minneapolis. — J. van Eck (1992), *God, Mens, Medemens, Humanitas in de theologie von Calvijn*, Franeker. — M. Macey (1993), *Christianity, Capitalism and Racism*, Bradford. — C. O'Doherty (1993), *Racism: A Growing Challenge to Christians: Report of a seminar presented by missionaries of Africa* (*White Fathers*), Dublin. — G. Schutte (1995), *What racists believe: Race Relations in South Africa and the United States Today*, Londres. — D. Schnapper (2003), "Racismo", *DEFM*, v. 2, 455-460.

Stefanus DU TOIT

→ *Adão; Antropologia; Igreja-Estado; Paulina (teologia); Pessoa.*

RACIONALISMO

Surgido o s. XVI na França em oposição a "empírico", o adjetivo "racionalista" (rt) teve primeiramente uma carreira filosófica: é rt aquele para quem o pensamento puro tem mais poderes cognitivos do que a experiência. Foi somente no s. XVII que começou a história teológica (teol.) do racionalismo (rm).

a) Teologia protestante. — O conceito teol. de rm nasceu como instrumento polêmico. Para o teólogo luterano D. Hoffmann (1538-1611) e seu discípulo J. A. von Werdenhagen (1581-1652), seus colegas filósofos de inspiração aristotélica são "rationistae" ou "ratiocinistae" (*RE*³ 21, 103). P. Poiret (1646-1719) utiliza o termo (associado a "idealismo") em sua crítica do deísmo* e do socinianismo. O termo não demorou, todavia, a ser retomado por uma tendência propriamente teol. A partir da *Philosophia S. Scripturae Interpres* de L. Meyer (1666), debate-se nos Países Baixos entre "teólogos racionais" e "não racionais" ou "anti-racionais". Na Inglaterra a oposição se dá entre os "racionalistas" e os "céticos" e os fideístas. A despeito desses começos, o rm se definiu bem depressa nos termos de uma reorganização crítica do conceito de revelação*, na qual a teologia* tenta responder às objeções das Luzes, ou simplesmente assimilar a racionalidade das Luzes, sobretudo numa Alemanha onde a *Aufklärung* não parece opor nenhuma forte hostilidade ao cristianismo.

Diversas correntes se estabelecem. Os "Übergangstheologen" (S. J. Baumgarten [1706-1757], J. F. Buddeus [1667-1729], J. L. von Mosheim [1694-1755], C. M. Pfaff [1686-1760]) defendem a harmonia da razão* e da revelação, acentuando o fato de que esta nada pode conter que contravenha ao conhecimento* natural e racional de Deus*. Nasce simultaneamente na Suíça uma "ortodoxia racional" (J. A. Turrettini [1671-1737], S. Werenfels [1657-1704], J. F. Ostervald [1663-1747], o "triunvirato teológico da Suíça"). Na Alemanha ainda, os teólogos wolffianos (J. G. Reinbeck [1683-1741], J. Carpov [1699-1768], F. A. Schultz [1692-1763] etc.) procedem a uma organização sistemática dos dogmas* destinada a satisfazer as exigências da razão. Um axioma reúne essas correntes: a revelação não só pode como *deve* se justificar diante da instância da razão.

O rm protestante recebe sua forma acabada com os teólogos "neólogos" (A. F. W. Sack [1703-1786], J. F. W. Jerusalem [1709-1789], J. J. Spalding [1714-1804], J. G. Toellner [1724-1774], J. A. Ernesti [1707-1781], J. D. Michaelis [1717-1791] etc.) entre 1740 e 1790. A fé* numa revelação permanece, seus dogmas todavia não podem ser mantidos a não ser passando pela prova da razão e da "consciência* moral". Nada mais é revelado (mas nada menos) senão o verdadeiro conteúdo da "religião natural" — o que conduz a teologia dos neólogos a marginalizar ou negar bom número de afirmações dogmáticas (pecado* original*, existência de um inferno* etc.). Kant* não era teólogo, sua *Religião nos limites da simples razão* surgiu todavia de maneira significativa em 1793 como que para fornecer um manifesto aposteriórico ao movimento.

O movimento, aliás, conheceria ainda uma radicalização sob a forma do "rm cristão" (H. P. K. Henke [1752-1809], J. F. C. Loeffler [1752-1816], J. H. Tiefrunk [1759-1837], J. A. L. Wegscheider [1771-1849], H. E. G. Paulus [1761-1851] etc.): do cristianismo não resta mais nada além de um caminho rumo à vida verdadeiramente moral e religiosa. E Hegel* poderá dizer do rm que ele esvaziou a filosofia* de seu conteúdo ao "esvaziar o céu" e ao "rebaixar tudo a relações finitas" (*Jubiläumsausgabe* 17, 112). Ao rm se opôs uma escola "supranaturalista" (G. C. Storr [1746-1805], K. C. Flatt [1772-1843], F. G. Süskind [1767-1829], G. C. Knapp [1753-1825], J. A. H. Tittmann [1773-1831] etc.). Uma via média foi sustentada pelo "supranaturalismo racional" ou "rm supranaturalista" (K. F. Stäudlin [1761-1826], E. G. Bengel [1769-1826], K. L. Nitzsch [1751-1831], K. G. Bretschneider [1776-1848]): mantinha-se a perfeita adequação do revelado e do racional reconhecendo-se ao mesmo tempo a origem imediatamente divina deste.

Numa paisagem teol. doravante dominada por Schleiermacher*, o rm se apagaria por trás da "teologia do despertar" ou da teologia confessional da escola de Erlangen, ao passo que suas preocupações críticas seriam reassumidas pela esquerda hegeliana — mas ele ressurgirá sob a forma do protestantismo* liberal. A "teologia dialética" nascida com Barth* quis redigir sua certidão de óbito. No entanto, sempre houve vozes tão respeitáveis quanto as de Dilthey, Troeltsch ou E. Hirsch para recordar os progressos que lhe devem a crítica bíblica e a história das doutrinas cristãs, e para considerar que ele permitiu um progresso teol. *tout court*: "Existe um caminho que leva, por meio do rm, a um conhecimento da verdade* cristã mais profunda que aquela à qual ele chega. Mas não existe nenhum caminho que permita à teologia chegar seriamente a seu termo contornando o rm ou remontando a antes dele" (Hirsch, 5, 70).

b) Teologia católica. — A influência das Luzes sobre a teologia foi bem menor no catolicismo* do que no protestantismo (mas ela se exerceu de todo modo: F. A. Blau [1754-1798], J. Danzer [1743-1796], J. A. Dereser [1757-1827], L. B. Werkmeister [1745-1823] etc.). O termo rm só aparece na teologia católica no s. XIX, e aparece primeiramente em declarações oficiais com valor de censura: foi opondo-se ao rm, de um lado, e ao par formado por fideísmo* e tradicionalismo*, de outro lado, que o catolicismo enunciou sua relação com uma filosofia, uma historiografia e uma crítica bíblica que se haviam organizado fora de sua esfera de influência. A violência das condenações é óbvia — os pensamentos condenados também pecavam muito por falta de maturidade.

Já em 1832, a censura de Gregório XVI às teorias de Lamennais sobre a liberdade religiosa* se apresentava como censura de uma razão confiante só em suas forças (*ASS* 4 [1868], 341, 344 *sq*). O ano de 1835 vê a condenação (póstuma) das obras de G. Hermes (1775-1831): diz-se que o teólogo de Bonn, cuja apologética concedia uma legitimidade à dúvida enquanto não fosse cumprido um trabalho conceitual de fundação, ensinou que a razão é "norma mestra e único meio pelo qual o homem pode chegar ao conhecimento das verdades sobrenaturais" (*DS* 2738). Em 9 de novembro de 1846, Pio IX

consagra uma parte de sua encíclica inaugural, *Qui pluribus*, aos erros daqueles que "não cessam de recorrer à força e à excelência da razão humana" (*DS* 2775). Em 1857, outra causa célebre, a condenação do vienense A. Günther (1783-1863), pensador gnóstico um tanto confuso: o "sistema do rm" domina em seus escritos; ele atribuiu "um magistério à razão humana e à filosofia, que em matéria religiosa não devem dominar, mas servir"; ele atentou simultaneamente contra "a distinção entre ciência e fé e contra a imutabilidade perene da fé, que é sempre uma e a mesma" (*ASS* 8, 446 *sq*). Em 1862, terceira causa célebre, a condenação de J. Frohschammer (1821-1893): "O autor, de fato, ensina primeiramente que a filosofia, se se tiver dela uma justa noção, não somente pode compreender estes dogmas cristãos que a razão natural sabe em comum com a fé [...], mas que mesmo o santíssimo mistério* da encarnação* do Senhor pertence à província da razão humana e da filosofia" (*ASS* 8, 430 *sq*). Em 1863, um colóquio teológico organizado em Munique e presidido por J. J. I. von Döllinger (1799-1890) forneceu a Pio IX a ocasião de relembrar a submissão da ciência ao magistério* da Igreja, e a impotência da razão sozinha para fazer frente à "luz infalível e incriada do intelecto divino" (*ASS* 8, 438 *sq*). Em 1864, por fim, o *Syllabus* que reúne todos os "erros modernos" proscritos pelo ensinamento de Pio IX fornecerá as definições mais precisas do rm. "A razão humana, sem levar Deus em nenhuma conta, é único árbitro do verdadeiro e do falso, do bem* e do mal*, ela é para si mesma sua própria lei e basta por suas próprias forças para fazer o bem dos homens e dos povos": assim falaria o rm dito "absoluto". Rm dito "moderado": a razão histórica pode ir até o fundo das verdades de fé, a filosofia não pode se submeter a uma autoridade, o método e os princípios da escolástica* não convêm mais às necessidades científicas do tempo presente, "a filosofia deve ser praticada sem levar em conta uma revelação natural" (*ASS* 3, 168 *sq*).

Os cânones do concílio Vaticano* I darão à condenação sua formulação definitiva: "Se alguém diz que a razão humana é tão independente que Deus não lhe pode impor a fé, que seja anátema"; "Se alguém diz que a fé divina não é distinta do conhecimento natural de Deus e da moral e que, por conseguinte, não é exigido para a fé divina que se creia na verdade revelada por causa da autoridade* de Deus que revela, que seja anátema" (*COD* 810, 29-34). Restará a Leão XIII fixar um "uso correto da filosofia" instalando solenemente o tomismo* no posto de filosofia católica oficial (encíclica *Aeterni Patris*, 1879; a ideia de filosofia oficial será abandonada por João Paulo II, encíclica *Fides et ratio*, 1998). A crise modernista verá a linguagem romana se modificar. Em 1907, em *Pascendi*, é sob a rubrica do "agnosticismo*" (e também de certo "intelectualismo") que o modernismo* é condenado (*ASS* 40, 596 *sq*). Em 1950, os erros a combater (em *Humani generis*, de Pio XII, *AAS* 42, 561 *sq* e 960) são doravante "idealismo", "imanentismo", "pragmatismo" e "existencialismo" — o texto remete ao *CIC* de 1917 (cân. 1366, § 2) para lembrar que os futuros sacerdotes devem ser formados "segundo o método intelectual, a doutrina e os princípios do Doutor Angélico". Um novo horizonte aparece com o Vaticano II*. O rm não é mais nomeado; e o fascínio que ele exerceu por longo tempo é agora exercido pelo ateísmo* — mas com o qual, fato novo, convém entabular um "*diálogo leal e prudente*" (*GS* 19-21). Uma teologia mais fina da graça* e do sobrenatural*, ao mesmo tempo que uma recepção católica mais rigorosa das filosofias modernas, fizeram a denúncia do rm perder toda atualidade teórica.

• C. F. Stäudlin (1826), *Geschichte des Rationalismus und Supernaturalismus vornehmlich in Beziehung auf das Christentum*, Göttingen. — W. Gass (1862-1867), *Geschichte der protestantischen Dogmatik in ihrem Zusammenhange mit der Theologie überhaupt*, t. 3 e 4, Berlim. — K. Aner (1929), *Die Theologie der Lessingszeit*, Halle. — E. Hocedez (1947-1952), *Histoire de la théologie au XIXe siècle*, 3 vol., Bruxelas-Paris. — E. Hirsch (1949-1954), *Geschichte der neuern evangelischen Theologie*, t. 1-5, Gütersloh. — P. Schäfer (1974), *Kirche und Vernunft. Die Kirche in der katholischen Theologie der Aufklärungszeit*, Munique. — H. Fries e G. Schwaiger (sob a dir. de) (1975), *Katho-lische Theologen im 19. Jahrhundert*, 3 vol., Mainz. — G. A. McCool (1977), *Catholic Theology in the Nineteenth Century*, Nova York. — R. Specht (sob a dir. de) (1979), *Rationalismus*, Stuttgart. — W. Schmidt-Biggemann (1988), *Theodizee und Tatsachen. Das philosophische Profil der deutschen Aufklärung*, Frankfurt. — E. Coreth, W. M. Neidl e G. Pfligersdorffer (sob a dir. de) (1987), *Christliche Philosophie im katholischen Denken des 19. und 20. Jahrhunderts*, t. 1, Graz. — L. Scheffczyk (sob a dir. de) (1989), *Rationalität. Ihre Entwicklung und ihre Grenzen*, Friburgo-Munique. — F. W. Graf (sob a dir. de) (1990), *Profile der neuzeitlichen Protestantismus*, t. 1, Gütersloh.

Jean-Yves LACOSTE

→ *Fé; Fideísmo; Filosofia; Razão; Teologia.*

RAHNER, Karl, 1904-1984

a) *Itinerário biográfico.* — Nascido em Friburgo-na-Brisgóvia (Alemanha), falecido em Innsbruck (Áustria), Rahner (R.) era o quarto dos sete filhos do professor de colégio Karl Rahner e de sua mulher Luise, nascida Trescher. Criou-se e estudou em sua cidade natal. Quando, em 1922, pronunciou em Tisis (Vorarlberg) os votos pelos quais se tornava membro da província sul-alemã da Companhia de Jesus, seu irmão Hugo já era jesuíta a três anos. Antes disso, R. fizera parte da associação de juventude "Quickborn", marcada notadamente pela influência de Romano Guardini. Foi no quadro da renovação católica posterior à I Guerra mundial que ele se integrou nas atividades da ordem: os impulsos vindos da França (H. Bremond) e da Bélgica (J. Maréchal) suscitavam então um poderoso interesse pela vida de oração* e pela espiritualidade, enquanto o estudo das fontes e dos documentos relativos às origens da ordem jesuíta (*Monumenta Historica Societatis Jesu, MHSJ*) trazia múltiplos estímulos aos jovens religiosos e relançava o "movimento dos *Exercícios espirituais*" (*Exerzitienbewegung*). A discussão crítica engajada na Alemanha (desde o "Kulturkampf" e as pesquisas conduzidas no protestantismo*, por um H. Böhmer, p. ex.) trouxera importantes resultados históricos (B. Duhr), que não ficaram sem efeito sobre a visão que a ordem tinha de si mesma. Com seu irmão, R. se interessou por essas correntes, engajou-se nelas e não tardou a defender ali posições originais. Encontra-se testemunho disso nos pequenos textos que datam de seus primeiros anos. Levado por esse interesse vívido pela espiritualidade inaciana*, R. seguiu de 1924 a 1927 uma formação geral, científica e filosófica, no *Berchmannskolleg* que a ordem acabava de fundar em Pullach, perto de Munique. Mergulhou tão profundamente nesses estudos que decidiu, perto do fim desse período, orientar-se para o ensino da história da filosofia* (e mais particularmente da filosofia moderna). Esta perspectiva, entretanto, não teve efeito imediato na sequência de sua formação, pois lhe foi confiado primeiramente um ensino de línguas junto a jovens membros da ordem e, mais adiante, fez estudos de teologia* na universidade jesuíta de Valkenburg, na Holanda. Foi ordenado sacerdote* pelo cardeal Michael Faulhaber em Munique no verão de 1932, marcado pelos distúrbios políticos devidos à escalada do nacional-socialismo. Fez seu último ano de formação geral em 1933-1934 em Sankt Andrä (Caríntia), antes de retornar à sua cidade natal para se especializar em filosofia. Heidegger* acabara de se demitir de seu cargo de reitor. Os trabalhos de R. foram orientados por M. Honecker, que ocupava então a cátedra concordatária de Friburgo. R. frequentou diferentes cursos, e mais particularmente os seminários de Heidegger. Tomando como tema de pesquisa o conhecimento finito em Tomás* de Aquino, inscrevia suas pesquisas no quadro das tentativas visando adaptar o neotomismo à filosofia moderna. Diversas teses orientadas por Honecker abordaram este problema sob diferentes ângulos. R., por sua parte, escolheu aprofundar algumas sugestões de J. Maréchal e P. Rousselot. Sua tese, tal como apresentada em 1936, não seria aceita por M. Honecker; mas antes mesmo que isso fosse claramente expresso, R., energicamente apoiado por seu irmão Hugo, se voltara para a história* da Igreja*, obtivera um doutoramento de teologia na Universidade de Innsbruck e foi aprovado num exame de aptidão para o ensino *teológico*. Isso acarretava uma mudança de perspectiva: desviando-se da filosofia, R. se preparava agora para ocupar uma cadeira de teologia em Innsbruck. Nas "semanas universitárias de Salzburgo" de agosto de 1937 — as últimas antes da II Guerra mundial —, ele expôs as reflexões que serão mais tarde publicadas com o título de *Hörer des Wortes* (*O ouvinte da palavra*): assumiu em seguida suas funções em Innsbruck no início do semestre de inverno 1937/38.

Em consequência da anexação da Áustria na primavera de 1938, a faculdade foi fechada pelos nazistas já no verão seguinte, e R., como os demais membros da ordem, teve de prosseguir seus trabalhos numa semiclandestinidade. Foi somente em 1945 que ele pôde retomar abertamente sua atividade docente, desta vez em Pullach, perto de Munique (até 1948). De regresso a Innsbruck, exerceu durante os anos de reconstrução, e até o concílio Vaticano II*, uma atividade incansável em diferentes domínios. Os frutos mais importantes foram, além dos textos de circunstância que eram inicialmente os *Escritos teológicos*, o estabelecimento da segunda edição do *Lexikon für Theologie und Kirche* e a publicação da série "Quaestiones Disputatae". Por sua atividade universitária e sua sensibilidade aos numerosos desafios enfrentados pela fé* e pela Igreja, ele avaliava cada vez mais o fosso que separava a apresentação tradicional do cristianismo e as novas dificuldades às quais este era confrontado, e sentia a necessidade de uma teologia realmente capaz de lhes fazer frente. Foi neste espírito que ele deu à direção* espiritual um lugar cada vez mais importante em seus escritos e se dedicou à publicação de um grande *Handbuch der Pastoraltheologie*. Embora seus trabalhos se inscrevessem antes de tudo no contexto alemão, a colaboração de R. no Vaticano II — primeiro como conselheiro do cardeal vienense Franz König, depois como especialista junto à comissão teológica — lhe permitiu também fazer ouvir sua voz na Igreja universal. Bispos* e teólogos descobriram um homem profundamente apegado à tradição* católica, um homem que, preocupado com um mundo* que cada vez mais se afastava dos antigos critérios, mostrava uma incrível engenhosidade na descoberta de perspectivas novas.

Foi precisamente este talento que ele acreditou poder exercer quando a faculdade de filosofia da Universidade de Munique lhe propôs suceder a Romano Guardini na cátedra de pensamento cristão. R. aceitou a oferta em 1964, mas logo percebeu que era também urgentíssimo renovar a teologia para fazer aceitar as decisões do concílio no nível das Igrejas locais*. Foi com essa intenção que ingressou em 1967 na faculdade de teologia da Universidade de Münster, que abrigou até 1971 suas atividades acadêmicas. Ele teve contribuição particularmente importante no Sínodo das Dioceses da República Federal da Alemanha, reunido em Würzburg de 1971 a 1975, que se aplicava não somente em traduzir as orientações do concílio na vida da Igreja alemã, mas também em enfrentar as mutações espirituais que se haviam delineado naquele ínterim. Em 1976 saiu o *Grundkurs des Glaubens* (*Curso fundamental da fé*), em que R. tentava uma vez mais dar um impulso à vida da fé* e à formação teológica. Na nova direção que tomavam as discussões, ele defendeu os princípios de abertura e de encontro diante das tendências cada vez mais fortes que pregavam o recolhimento para dentro de si e a afirmação das posições tradicionais. No início dos anos 1980, regressou a Innsbruck, onde prosseguiu suas atividades até o término da vida. Morreu pouco depois de seu 80° aniversário e foi sepultado na igreja jesuíta de Innsbruck. O último período de sua vida foi marcado por um vivo interesse pela juventude e pelas questões que ela levantava, assim como por prudentes tentativas de estabelecer um novo diálogo com o ateísmo*, em particular com os representantes da intelectualidade comunista. A publicação, em 1983, das traduções francesa e húngara de seu *Curso fundamental* constitui, a esse respeito, um coroamento e uma confirmação de sua ação.

b) *Pensamento e obra*. — Da múltipla e abundante bibliografia de R. não é fácil ter uma visão de conjunto. Há muito tempo, tem havido o esforço de interpretar sua obra a partir de um princípio único, de um método ou de uma ideia diretriz. R. seguia tais tentativas com seu ceticismo costumeiro, lembrando que seu trabalho respondia antes de tudo às exigên-

cias do ensino universitário e aos desafios do momento. Frequentemente, foi por força dos imprevistos da direção espiritual, à qual sua ordem sempre se dedicou, que os problemas se apresentaram a ele. Ocorria-lhe por vezes sublinhar a parte de exagero que entrava nessas interpretações, ou porque o consideravam como filósofo atribuindo-lhe uma filosofia pessoal que ele teria aplicado ao domínio teológico, ou porque enfatizavam em seu trabalho a ausência de todo senso histórico e a unilateralidade de um pensamento inteiramente voltado para a especulação. Só excepcionalmente, e sob efeito de alguma pressão externa, é que lhe ocorria refletir sobre "seu" método, e aproveitava então essas ocasiões para chamar a atenção para temas que lhe pareciam importantes no campo (hoje negligenciado) da reflexão sobre a fé. Ele fazia questão de permanecer aberto aos homens e ao mundo, mundo do qual o cristianismo deve fazer a experiência a partir de sua própria concepção de Deus* — e eis uma tarefa que ultrapassa o quadro da compreensão e da exposição teóricas, ainda que a teoria também tenha um papel indispensável a desempenhar nessa perspectiva. O trabalho teórico deve ter como primeiro objetivo facilitar acessos ao mundo, iluminar os pressupostos e os contextos que até o momento pareciam óbvios e não merecer atenção particular. Nessa intenção, R. se esforçou sempre mais por integrar e desenvolver em seu próprio pensamento o fundo espiritual da tradição jesuíta, que ele já começara a estudar em suas primeiras grandes publicações em língua francesa. É neste sentido que se deve compreender R. quando apresenta Inácio de Loyola como uma figura decisiva no limiar dos tempos modernos e como um "teólogo" (termo que seu irmão também aplicava deliberadamente ao fundador da ordem). Mantinha relações privilegiadas com a "nova teologia" de seus irmãos jesuítas de Lyon-Fourvière, de quem retomou sugestões decisivas, sob uma forma muito pessoal, nas discussões teológicas desencadeadas pela encíclica *Humani generis* (1950). A aproximação era notadamente facilitada pela referência comum a P. Rousselot e J. Maréchal. Como professor, consagrou seu ensino e suas pesquisas aos temas da graça*, da criação* e da penitência*, mas também à antropologia*, desenvolvida sob a forma de uma "mariologia" e, perto do final da vida, à "introdução à ideia do cristianismo" (*Curso fundamental*) e à cristologia*. A coerência interna que aparece nos numerosos escritos de R. provém antes de tudo de uma análise da situação espiritual de seu tempo. Sem essa perspectiva de conjunto, seria impossível pôr em ordem esta massa de textos e julgá-los em conformidade com a intenção do autor.

- R. Bleistein e E. Klinger (ed.) (1969), *Bibliographie K. Rahner, 1924-1969*, Friburgo. — R. Bleistein (ed.) (1974), *Bibliographie K. Rahner, 1969-1974*, Friburgo. — P. Imhof e H. Treziak (ed.) (1979), "Bibliographie K. Rahner, 1974-1979", in H. Vorgrimler (sob a dir. de), *Wagnis Theologie*, Friburgo, 579-597. — P. Imhof e E. Meuser (ed.) (1984), "Bibliographie K. Rahner, 1979-1984", in E. Klinger e K. Wittstadt (sob a dir. de), *Glaube im Prozess*, Friburgo, 854-871. — Bibliografia francesa in K. Rahner (1990²), *De la patience intellectuelle envers soi-même*, 29-91, Paris. — *Schriften zur Theologie*, 16 vol. e um índice, Einsiedeln-Zurique-Colônia. — *Sämtliche Werke*, 32 vol. no prelo, Friburgo-Colônia, 1995-.Em português: *Teologia da liberdade*, Caxias do Sul, 1970; *O homem e a graça*, são Paulo, 1970; *Missão e graça: pastoral em pleno século XX*, Petrópolis, 1964; *Curso fundamental de fé. Introdução ao conceito de cristianismo*, São Paulo, 1989; *Teologia da liberdade*, São Paulo, 1970; *Teologia e antropologia*, São Paulo, 1969; *O desafio de ser cristão. Textos espirituais*, Petrópolis, 1978; *O dogma repensado*, São Paulo, 1970; *Um novo sacerdócio*, São Paulo, 1968; *a caminho do homem novo: fé cristã e ideologias terenas do futuro*, Petrópolis, 1964; *Pregações bíblicas*, São Paulo, 1968; *Teologia bíblica*, São Paulo, 1972; *Trevas e luz na oração*, São Paulo, 1961; *O problema da infalibilidade. Respostas à interpretação de Hans Kung*, São Paulo, 1976; *Graça divina em abismos humanos*, São Paulo, 1968; *O Vaticano II um começo de renovação*, São Paulo, 1966; *Estruturas em mudanças. Tarefa e perspectivas para a Igreja*, Petrópolis, 1976; *Este é o meu problema. Karl Rahner responde aos jovens*, São Paulo, 1985; *Quem é teu irmão?*, São Paulo, 1986; *Teologia e ciência*, São Paulo, 1971.

- P. Eicher (1970), *Die anthropologische Wende. K. Rahners philosophischer Weg vom Wesen des Menschen zur personalen Existenz*, Friburgo (Su-

iça). — B. van der Heijden (1973), *Karl Rahner. Darstellung und Kritik seiner Grundpositionen*, Einsiedeln. — G. Langevin (1973), "Le pluralisme en matière spirituelle et religieuse selon Karl Rahner", *LTP* 29, 3-18. — K. Fischer (1974), *Der Mensch als Geheimnis. Die Anthropologie Karl Rahners*, Friburgo. — N. Schwerdtfeger (1982), *Gnade und Welt. Zum Grundgefüge von Karl Rahners Theorie des "anonymen Christen"*, Friburgo. — J. Hak-Piu Wong (1984), *Logos-Symbol in the Christology of Karl Rahner*, Roma. — K. H. Neufeld (1984), "Somme d'une théologie — Somme d'une vie", *NRTh* 106, 817-833. — B. Sesboüé (1984), "Karl Rahner et les 'chrétiens anonymes'", *Études* 361, 521-535. — E. G. Farrugia (1985), *Aussage und Zusage. Zur Undirektheit der Methode Karl Rahners veraschaulicht an seiner Christologie*, Roma. — H. Vorgrimler (1985), *Karl Rahner verstehen*, Friburgo. — G. Vass (1985), *Understanding Karl Rahner*, Londres. — R. Miggelbrink (1989), *Ekstatische Gottesliebe im tätigen Weltbezug. Der Beitrag Karl Rahners zur zeitgenössischen Gotteslehre*, Altenberge. — K. H. Neufeld (1994), *Die Brüder Rahner. Eine Biographie*, Friburgo. — B. J. Hilberath (1995), *Karl Rahner. Gottgeheimnis Mensch*, Mainz. — T. Knieps (1995), *Die Unwertretbarkeit von Individualität*, Würzburg. — Y. Tourenne (1995), *La théologie du dernier Rahner*, CFi 187. — A. Raffelt e H. Verweyen (1997), *Karl Rahner*, Munique. — H. Vorgrimler (1998), "La théologie du sacrement de pénitence chez Karl Rahner", *MD* 214, 7-33.

Karl Heinz NEUFELD

→ *Balthasar; Inaciana (espiritualidade); Lonergan; Lubac.*

RAIMUNDO LULIO → positiva (teologia) a

RATRAMNE → eucaristia B 2. b

RAZÃO

A razão (r.), na definição de Littré, é a "faculdade pela qual o homem conhece, julga e se conduz". A teologia* cristã nunca negou que o homem fosse um animal dotado de r., e sempre pretendeu sustentar ela mesma um discurso razoável, ainda que não seja primeiramente ao animal racional que seu discurso se dirige, mas a um animal pecador e mortal ao qual ela anuncia uma salvação*. O problema teológico da r. pode ser fixado em termos paulinos. Os gregos buscam a "sabedoria*", e a afirmação central do querigma cristão só pode lhes aparecer como "loucura" (1Cor 1,22s). No campo da experiência que Paulo nomeia o "mundo*", o homem vive "sem Deus", "ateu" (Ef 2,12). E se Deus* permanece em certa medida cognoscível pelo pagão e pela razão pagã, os raciocínios (*dialogismoi*) desta se revelam "vãos" e lhe impedem de tratar Deus como deve ser tratado: o uso da r. está ligado à vida do coração*, e o coração "ininteligente" (*asynetos*) do pagão "enlouquece" sua r. (Rm 1,18-22). O *status* teológico da r., portanto, só pode ser determinado em referência ao da fé*. Esta faz obra de conhecimento, e é capaz de dar conta de si mesma usando o *logos* (quem diz "apologética" diz *logos*). Mas ela só conhece baseando-se num dom — numa "revelação*" que torna acessível ao homem o que lhe é inacessível nativamente. Existe uma "fé natural" (a confiança que concedemos a Pedro ou a Paulo), a fé teologal (a fé em Deus) se distingue de todo conhecimento* somente racional de Deus pelo fato de ser sobrenatural: o homem crê por graça*. A fé, enfim, não é só um assentimento racional, mas põe em jogo a vontade (Tomás* de Aquino, *ST* IIa IIae, q. 2, a. 1 e 2).

Uma vez admitido o fato de uma fé (*pistis*) que dá a conhecer (que abre o campo de uma *gnosis*), e podendo a teologia definir sua tarefa como a de uma "inteligência", *fides quaerens intellectum*, a questão das limitações essenciais à r. "natural" deve, portanto, ser uma preocupação central para a teologia. Segundo Agostinho*, a ignorância é uma das consequências do pecado original* (*De nat. et grat.*, BAug 21, 403): a natureza* (infralapsária) do homem se define em termos de ferida, e a r. é uma r. ferida. A natureza assumida por Cristo*, segundo João Damasceno, é uma "natureza ignorante e servil" (*De fide orthodoxa* II, 21). E Boaventura* formula uma opinião teológica comum quando subsume as consequências do primeiro pecado* sob as duas categorias da ignorância e da concupiscência. Para tomar a medida exata dos limites da r. natural, uma estratégia constante da

escolástica* foi então organizar uma "protologia da r." e uma "escatologia* da r.", que permitem dar as justas perspectivas da experiência* da fé e do jogo presente da racionalidade. O destino escatológico do conhecimento é a visão beatífica*. O primeiro homem não gozava dela, mas conhecia Deus através do sensível (*ST* Ia, q. 94, a. 1), e "tinha o conhecimento de todas as coisas graças a espécies infusas por Deus" (a. 3). Adão* não tinha de "crer", mas não "via" Deus: seu conhecimento mantinha um meio termo.

A questão das fraquezas da r. natural tem um lugar importante no pensamento de Lutero* (a r. ali é a "prostituta cega do diabo", *WA* 40/1, 365) e nos escritos confessionais luteranos. A racionalidade permanece, certamente, depois da queda, como r. prática capaz de chegar à "justiça* da lei*" e como aptidão para falar de Deus ou prestar-lhe certo culto* (*BSLK* 311, 25 *sq*). A ênfase incide todavia sobre uma r. incapaz de conduzir ao amor* de Deus: "É falso… que com ajuda de suas próprias forças a r. possa amar a Deus acima de tudo e cumprir a lei de Deus" (*BSLK* 165, 15). A lógica da r. natural não é uma lógica de vida espiritual*: "Cremos que o intelecto, o coração e a vontade do homem não regenerado, deixados a suas próprias forças naturais, não entendem nada das coisas espirituais e divinas" (*BSLK* 873, 7). A escolástica luterana do s. XVII se interrogará ainda sobre a ciência de Adão e sobre a ciência dos crentes. Segundo J. A. Quenstedt (1617-1688), Adão dispunha de uma ciência "excelente, plenária, perfeita e tamanha que nenhum homem após a queda pode adquiri-la, nem a partir do livro da natureza nem a partir do livro* das Escrituras*" (*Theologia didactico-polemica* II, 6) — mas após ter recebido o Espírito* Santo, os apóstolos* souberam mais que ele. J. W. Baier (1647-1695) sintetiza bem a posição luterana: "Quanto ao intelecto, o pecado original lhe inflige uma privação total de luz espiritual, de sorte que ele não pode conhecer Deus retamente nem, portanto, prescrever perfeitamente de que maneira se deve adorar a Deus […] E mesmo nas matérias que têm a ver com a luz natural, [ele inflige] certa impotência em conhecer Deus e regular a vida"

(*Compendium theologiae moralis*, 406-408). No entanto, seria errôneo majorar os elementos irracionalistas ou antirracionais da teologia luterana. O antifilosofismo de um Lutero não é mais forte que o de um Bernardo* de Claraval ou de um Pedro Damião; suas posições sobre a "desnaturação" do homem pecador e de sua r. são extremistas, mas de um extremismo que pode reivindicar as melhores cauções tradicionais — o concílio* de Trento* não se enganou quando não sentiu a necessidade de se dedicar a uma reabilitação qualquer da r.

Calvino*, por seu turno, afirma sem restrição a possibilidade universal de um conhecimento de Deus. "Colocamos fora de dúvida que os homens tenham um sentimento da divindade em si, mesmo por um movimento natural. Pois, para que ninguém buscasse seu refúgio sob título de ignorância, Deus imprimiu em todos um conhecimento de si mesmo" (*Inst.* I, 3, 1) — não se trata aqui, porém, de preservar os direitos da r., mas de fundar a culpa de um homem que conhece Deus sem honrá-lo. O tom endurece quando os textos confessionais tratam das consequências do pecado original. Assim, p. ex., na *Confissão de La Rochelle*: embora o homem pecador tenha "ainda alguma discreção de bem e mal, apesar disso o que há de clareza se converte em trevas, quando se trata de buscar a Deus, tanto que não é possível aproximar-se dele pela inteligência e pela r." (*BSKORK* 68).

Uma hostilidade de princípio para com toda teologia natural* sempre figurará certamente entre os traços distintivos do pensamento protestante, que lhe oporá sempre uma teologia "mais natural" (E. Jüngel) organizada em torno da revelação* divina. A posição oficial do catolicismo* esperará o Vaticano I* para se afirmar solenemente, num contexto mudado. As Luzes tinham proposto um modelo da r. "emancipada", apoiada só em sua luz natural. Contra as Luzes, o tradicionalismo* e o fideísmo* católicos do s. XIX tentaram elaborar um modelo da racionalidade que evitasse toda teologia natural. Os direitos desta são afirmados no Vaticano I tão nitidamente quanto possível. O exercício mais rico da r. é decerto o de uma "r. iluminada pela fé". Mas "se alguém diz que o Deus uno e verdadeiro, nosso criador e Senhor, não pode ser conhecido com certeza pela luz natural da r. humana, que seja anátema" (*DS* 3026). O juramento antimodernista endurecerá os termos ao afirmar que a existência de Deus pode ser "demonstrada" (*DS* 3538). Segundo diversas declarações romanas dos s. XIX e XX, a existência, a imortalidade e a liberdade* da alma* podem igualmente ser conhecidas pela r. natural (*DS* 2766, 2812), assim como a lei moral natural (*DS* 2866, 3875). "O uso da r. precede a fé e nos conduz a ela com o auxílio da revelação e da graça" (*DS* 2813): esta tese oposta (em 1855) ao tradicionalismo de Bonnetty exprime bem a estratégia apologética que dita ao catolicismo um conceito otimista da r. "natural". No caminho que conduz do uso natural da r. ao assentimento que ela dá às verdades sobrenaturais, o teísmo* ocupa uma posição mestra.

O s. XX vê aparecer uma nova posição dos problemas. Os textos romanos do s. XIX defendiam um conhecimento *possível* num contexto que sugeria, e até cobrava, reconhecer a dispositivos conceituais dados (os da escolástica renascente) a força perene de realizar essa possibilidade. Mas num período em que a teologia protestante começa a mostrar mais interesse pelas questões de apologética ou de teologia fundamental* (E. Brunner, W. Pannenberg, W. Joest), a investigação católica está, ela mesma, à busca de uma reorganização das relações da r. e da fé. Uma concepção a princípio intelectualista da fé foi substituída por uma concepção a princípio existencialista, sob a ampla influência da exegese* bíblica contemporânea. A concepção estritamente intelectualista da r., de igual modo, parece conhecer um declínio. A r. se pensa a partir da ação em Blondel*, ela se pensa na experiência da comunhão* das pessoas* em G. Marcel e outros, o conhecimento intelectual não pode se dissociar do conhecimento afetivo (Heidegger*, recentemente M. Henry) etc. O surgimento de um modelo hermenêutico da r. favorece um (re)nascimento da leitura filosófica dos textos bíblicos (P. Ricoeur etc.) na qual a "hermenêutica* do testemunho" parece às vezes servir de "preâmbulo à fé". A existência de uma r. pura de toda crença não é mais um artigo de fé filosófico (p. ex. Husserl). A epistemologia chama a atenção para fatores "pessoais" do conhecimento que excedem o uso da r. (M. Polanyi). As filosofias da história* podem oferecer à r. teológica e à r. filosófica um campo de diálogo mais fecundo que aquele em que Deus criador, primeiro nomeado e filosoficamente nomeado como tal somente, devia ceder o lugar a um Deus revelado, do qual nenhuma filosofia* podia fornecer a pré-compreensão. O conceito de "filosofia da revelação" (Schelling*) é daqueles com os quais a teologia deve contar doravante. — Se todas as teologias do final do século sabem muito bem o que quer dizer "crer", a identificação da "r. natural" tornou-se de fato um problema para elas, porque ela se tornou um problema para quase todas as filosofias.

• E. Brunner (1941), *Offenbarung und Vernunft*, Zurique-Stuttgart. — J. Hick (1957), *Faith and Knowledge*, Londres, 1988[2]. — B. Lohse (1958), *Ratio und fides. Eine Untersuchung über die Ratio in der Theologie Luthers*, Göttingen. — M. Polanyi (1958), *Personal Knowledge*, Londres, 2ª ed. cor., 1962. — J. Baur (1962), *Die Vernunft zwischen Ontologie und Evangelium*, Gütersloh. — H. U. von Balthasar (1965), *Herrlichkeit* III/1/2, Einsiedeln, 943-983. — W. Pannenberg (1967), "Glaube und Vernunft", in *Grundfr. syst. Th.* 237-251, Göttingen. — W. Joest (1974), *Fundamentaltheologie*, Stuttgart. — J. Ladrière (1977), *Les enjeux de la rationalité*, Paris. — J.-L. Marion (1977), *L'idole et la distance*, Paris. — G. Ebeling (1979), *Dogmatik des christlichen Glaubens* I, Tübingen, 79-157. — E. Jüngel (1980), *Entsprechungen: Gott — Wahrheit — Mensch*, Munique. — R. Schaeffler (1980), *Die Wechselbeziehungen zwischen Philosophie und katholischer Theologie*, Darmstadt. — T. F. Torrance (sob a dir. de) (1980), *Belief in Science and in Christian Life. The Relevance of M. Polanyi's Thought for Christian Faith and Life*, Edimburgo. — R. Swinburne (1981), *Faith and Reason*, Oxford. — H. Thielicke (1983), *Glauben und Denken in der Neuzeit*, Tübingen. — I. U. Dalferth (1988), *Theology and Philosophy*, Oxford. — G. Hummel (1989), *Die Begegnungen zwischen Philosophie und evangelischer Theologie im 20. Jahrhundert*, Darmstadt. — E. Jüngel (1990), "Glauben und Verstehen. Zum Theologiebegriff Rudolf Bultmanns", *Wertlose Wahrheit*, BEvTh 107, 16-77. — G. Picht (1991), *Glauben und Wissen*, Stuttgart, 1994[2]. — J. Pieper (1995), *Schriften zum Philosophiebegriff*, Hamburgo (*WW*, t. 3).

Jean-Yves LACOSTE

→ *Conhecimento de Deus; Fé; Natural (teologia); Racionalismo.*

REALISMO

Pode-se distinguir dois sentidos de realismo (r.): um sentido estrito que concerne à lógica e ao estatuto ontológico dos universais, e um sentido amplo, que se refere à pertinência do conhecimento e toma também em consideração aspectos metafísicos, éticos e teológicos. No primeiro sentido, r. opõe-se a nominalismo* (n.). Designa a teoria segundo a qual o universal existe nas coisas, enquanto o n. só admite a realidade das coisas singulares. A problemática nascida na tradição dos comentadores neoplatônicos de Aristóteles, foi elaborada pela *Isagogè* de Porfírio, que punha explicitamente a questão do objeto das *Categorias* de Aristóteles: sons vocais, intelecções e coisas (*phonai, noemata, onta*). Foi relançada na IM pela aplicação da lógica à teologia* trinitária (Trindade*): como explicar que as três pessoas* divinas sejam um só e o mesmo Deus*? Como distinguir a subsistência do Deus único e a substância comum que faz de três homens, "homens" sem ser um só e o mesmo homem? Depois de ter quase desaparecido do debate filosófico na época clássica, a questão tornou-se de novo crucial para a lógica contemporânea e a filosofia analítica.

A. QUESTÕES MEDIEVAIS

a) O século XII: os "reais". — Mencionamos de entrada uma dificuldade terminológica: a palavra "nominalista" (nom.) só apareceu no s. XV na pena dos adversários do n. no sentido moderno (representado então por Occam e Buridano) (Kaluza, 1988, 1995), e "realista" (real.) parece que se desenvolveu por simetria. As fontes do s. XII falam, por sua vez, de duas escolas (*sectae*), "nominais" e "reais" (nominales et reales, segundo a tradução de Leibniz, *Novos ensaios sobre o entendimento humano*, II,21, § 6, Gerhardt 5, 160), o que caracteriza uma primeira problemática bem diferente da do s. XV. Infelizmente, as fontes falam muitas vezes de um *realis* anônimo, ou de *antiqui*, e não de pessoas determinadas, o que torna difícil a identificação das teorias; mostram que no s. XII as concepções dos *nominales* foram frequentemente opostas às dos *reales*, mas em geral só dão o ponto de vista do adversário. Porém nos informam sobre o conteúdo das concepções que foram, naquela época, consideradas como real: o estatuto ontológico do gênero (*genus*) e da espécie (*species*), a distinção entre linguagem e realidade, a doutrina da *unitas nominis* e as concepções da inferência lógica.

Os *reales* ligam-se de perto ou de longe à posição de Guilherme de Champeaux (escola de São Vítor*) segundo a qual as *Categorias* de Aristóteles referem-se às coisas primeiras, de onde decorre que os gêneros são coisas. Assim, o r. é uma doutrina clássica professada no s. XII, e é acompanhada de uma teoria da participação do singular às formas universais. Por isso foi considerada pelos adversários (os "*moderni*") como a *positio antiqua*. O r. professa, pois, que numa proposição, o que é atribuído a uma coisa é outra coisa (*rem de re*), enquanto o n. julga que a predicação predica um termo a um termo (*terminus de termino*) (Iwakuma-Ebbesen, 1992, 181), ou mais exatamente, "alguns põem que só os termos são predicáveis, outros que são as coisas, i.e., os significados dos termos" (Anon. *Ars Meliduna*, Oxford Digby, 174, f° 281vb, citado em Libera, 1996, 140). O problema é então saber se uma proposição complexa como "Sócrates é um ser vivo" remete a uma composição na coisa (inerência de uma forma 'ser vivo' a uma coisa particular 'Sócrates', ou se os dois signos linguísticos ('Sócrates' e 'ser vivo') referem-se diretamente à mesma coisa singular. Guilherme de Champeaux sustenta assim que os homens singulares, distintos neles mesmos, são um mesmo ser no homem (i.e., são a mesma essência: a humanidade). Mas esses homens, singulares em razão de sua distinção, são ditos universais em razão da não diferença e de sua coincidência numa mesma semelhança. Consequência ontológica: a substância é, nela

mesma, essencialmente idêntica, mas torna-se diversa pela forma dos seres que incidem sob sua universalidade; a essência é aqui um fundo indiferenciado, e a forma o que fornece as distinções.

Segundo o *Fons vitae* de Godofredo de São Vítor (II, 450) e o *Metalogicum* II, 17, (1159) João de Salisbury, os reais classificam-se aparentemente em quatro escolas, os discípulos de Roberto de Melun, de Alberico do Monte, de Gilberto de la Porrée e Adão de Balsham (do Petit Pont).

Para Alberico do Monte, o universal é a um só tempo a coisa existente por si, e a coisa dita da substância: as *Categorias* não falam só de *voces* e de sua significação, mas também de *res*. — Para a escola de Roberto de Melun (*Ars Meliduna*) os universais não são nem os termos nem as coisas, mas o ser* mesmo das coisas: não são substâncias nem propriedades, mas seu próprio ser por eles mesmos "como os enunciáveis, o tempo*, os sons vocais e a glória" — é claramente o estatuto dos incorpóreos nos estoicos: o modo de ser dos objetos do discurso que não têm existência própria. — Para Gilberto de la Porrée (escola de Chartres*) o problema é explicar como dois homens são, ao mesmo tempo, "dois" e "homens". Justifica essa convergência pelo fato de partilhar a mesma forma: a *conformitas*. Para os nomes coletivos, como "povo", o termo designa só uma coleção (*unio*), mas "a conformidade das naturezas singulares é a plena semelhança que faz Sócrates e Platão serem ditos naturalmente semelhantes por suas humanidades singulares e que os conformam semelhantemente um ao outro" (*Summa Zwetelensis*, I, 18 (26-27) ed. N. Häring, 1976, 33). Esse r. está longe de ser ingênuo: é pela mesma forma singular, paradoxalmente, que duas coisas são distintas entre elas e são conformes ao universal.

Na origem da crise do r., encontra-se a posição de Roscelino, o mestre de Abelardo*: o "vocalismo". Para ele as palavras referem-se a coisas singulares, cujas qualidades são inseparáveis, de modo que quando uma das partes desaparece, as palavras não remetem mais a elas, mesmo se subsistem como simples sons vocais (*voces*). Só existe o todo: a palavra remete a um todo cujas partes são indissociáveis, e o universal é só um nome que remete a uma pluralidade de coisas, enquanto uma realidade a que falta uma parte é incompleta e não merece mais o mesmo nome. Sabe-se como o n. de Abelardo se desenvolveu em relação a essa doutrina.

b) Gramática e teologia. — Ao problema lógico, a gramática acrescentava o problema da *unitas nominis*, principalmente nas obras do começo do s. XIII. Essa questão teve grande papel nos debates sobre a imutabilidade* do conhecimento divino (ciência* divina) e sobre a unidade de uma fé* que se exprime em diversos momentos no tempo (notadamente antes da Encarnação*, nos profetas* ou depois, nos cristãos). Para os nominais, a unidade do universal repousa no "nome": os três sons vocais "*albus, alba, album*" são, apesar do caso introduzido pelas declinações, um só e o mesmo "nome" porque implicam a mesma "*res significata*". Ora, essa unidade permanece nos enunciados temporais: a mesma *res* é primeiro futura, depois presente, enfim passada. Enunciar que uma coisa é futura, presente ou passada, não é introduzir a multiplicidade dos significados, mas só a dos sons vocais. Assim o enunciado, conservando a mesma significação, permanece sempre verdadeiro. Por isso, para os nominais, uma vez que foi verdadeiro, será sempre verdadeiro. Essa resposta, próxima da unidade transtemporal da fé, admitida por Agostinho* (*Tract. in Jo.* XLV. n. 9, PL 35, 1722), foi evocada por Pedro de Cápua, Prévotin de Cremona, (Chenu, Landgraf), Boaventura* (*Sentenças*, I, d. 41, a. 2, q. 2) e consagrada por Pedro Lombardo (*Sentenças* I, d. 41, cap. 3; I, 293). Implica que Deus conhece eternamente as realidades contingentes passadas ou futuras, e que a fé de Abraão na vinda do Messias* é a mesma que a dos cristãos depois dessa vinda.

Diante dessa interpretação, os reais admitem que Deus pode começar a conhecer algo, e que a fé de Abraão não é a mesma que a do cristão: "O *realis* concede que como é verdade que 'eu sou' (*me esse*), e que nem sempre foi verdade, assim

também Deus sabe em um momento o que nem sempre soube, mas nem por isso é mais sábio do que era" (Pedro de Cápua, *Summa*, citada em W. J. Courtenay, 1991, 39). Deve-se pois compreender de outro modo a imutabilidade, como unidade viva de um saber que muda de objeto e de conteúdo embora permaneça o mesmo, e os enunciados epistêmicos (referentes ao saber, à crença ou à dúvida), devem ser pensados como idênticos apesar da contingência e volatilidade de seu objeto.

Em certos tratados do s. XII, a doutrina dos reais é posta em relação com as regras referentes à inferência lógica. As *Obligationes Parisienses*, mencionam — para rejeitá-la — a regra segundo a qual a aceitação de uma premissa falsa permite aceitar e provar qualquer coisa contingente (De Rijk, 1975, 31). Segundo o autor anônimo do tratado *De communibus distinctionibus*, para os *nominales*, do impossível segue-se qualquer coisa (*ex impossibili sequitur quidlibet*) enquanto, para os reais, do impossível nada se segue (*ex impossibili nihil sequitur*) (De Rijk, 1988, 206).

c) Séculos XIII-XV. — No s. XIII, os *nominales* e os *reales* são simples recordações mencionados unicamente por causa do problema teológico da *unitas nominis*, e caracterizados por algumas indicações de Alberto Magno (que faz dos nom. epicuristas): se se coloca a propriedade dos universais "ser em muitos", nas coisas mesmas, merece-se o nome de real.; mas se se coloca no pensamento humano, deve-se ter o nome de nom. (*De Praedicabilibus*, IX, 3; I, 147). O r. triunfa nas grandes obras metafísicas e teológicas (Alberto Magno, Boaventura, Tomás* de Aquino, Duns* Escoto). Três fatores modificaram sua problemática: a redescoberta do *De anima* de Aristóteles, em que se concentram todos os debates críticos relativos à formação do universal (II, 5, 417 b 23: "O universal existe na alma"); a de sua *Metafísica* (Z, 13, 1038 b 9: "O universal, enquanto universal, não é a substância"): a influência de Avicena, que dá uma formulação coerente ao problema dos universais.

Para Avicena, todo ser tem uma essência que o faz ser o que é, independentemente de sua existência ou não existência, de sua existência real ou de seu estatuto de ser pensado (*Philosophia prima*, I, 5 e V; p. 233-234). A essência do cavalo é só a essência do cavalo, e todas as outras circunstâncias lhe são acidentais (existência, singularidade, universalidade). Essa solução funda a distinção e a correspondência entre três estatutos da essência: inteligível (*intellectuale*) em si, antes da coisa (*ante multiplicitatem*), as realidades físicas (*naturalia*) no múltiplo (*in multiplicitate*), e no intelecto, posterior a ele (*post multiplicitatem*) (*Logica*, f° 12 ra-va). Isso remete à tripartição neoplatônica dos pontos de vista "físico", "lógico" e "teológico". Essa articulação e essa correspondência, retomadas por Alberto Magno sob o nome de universal *ante rem, in re, post rem*, orientaram as interpretações de Tomás de Aquino, que sublinha a importância do intelecto na constituição do universal e, portanto, separação entre os diferentes níveis, mas também as de Duns Escoto, que considera antes a correspondência intencional e a persistência da essência apesar da diversidade de planos (Boulnois, 1992).

Nos s. XIV e XV, a posição de Escoto foi continuada pelos real. de Oxford, John Sharpe e Wyclif, a de Alberto foi reelaborada por sua escola, em especial pelos neoalbertistas de Colônia como João de Maisonneuve e Eymeric de Campo (Kaluza, 1986). Pode-se pois dizer que no fim da IM, e apesar dos refinamentos noéticos como a teoria da intuição, o r. está fixado em suas formas e em seus conteúdos.

• Alberto Magno, *Opera omnia*, ed. A. Borgnet, Paris, Vivès, 1980-1999, 38 vol. — Anon., *Ars Mediluna*, ed. parcial De Rijk, *Logica modernorum* II, 1: The Origin and early development of theory of supposition, Assen, p. 291-390. — Anon., *Compendium Logicae Porretanum*, ed. S. Ebbesen, K. M. Fredborg, L. Nielsen, 1983, *Cahiers de l'Institut du MA grec et latin*, 46, 1-113. — Avicena, *Logica*, Veneza, 1508; *Liber de philosophia prima sive scientia divina*, ed. S. Van Riet, Louvain-Leyde, 1977. — Boaventura, *Opera omnia*, Quaracchi, 1882-1902, 11 vol. — Gilberto de Poitiers (de la Porrée), *The commentaries on Boethius*, ed. N.M, Häring, Toronto, 1966. — Godofredo de S. Vítor, *Fons Philosophiae*, ed. P. Michaud-Quantin, *Analecta medievalia*

Namurciensia 8, Namur, 1979. — Guilherme de Auxerre, *Summa aurea*, ed. J. Ribaillier, Grottaferrata, 1980-1987, 5 vol. — Heymericus de Campo (1496), *Trac. Problematicus*, Colonia; *Invectiva*, em G. Meersseman, *Geschichte des Albertismus*, 2, DHOP 5, 1935, 112-212. — João de Salisbury, *Metalogicon*, ed. C.C.J. Webb, Oxford, 1929 (trad. ingl. D. D. Mc Garry, University California Press, Berkeley-Los Angeles, 1955). — Leibniz, *Die philosophischen Schriften*, ed. C. J. Gerhardt, t. 5, Berlim, 1882. — Pedro Lombardo, *Sententiae in quattuor libris distinctae*, Grottaferrata, 1971-1981, 2 vol. — John Sharpe, *Quaestio super universalia*, ed. A.D. Conti, Florença, 1990.

▶ Ver bibl. do artigo "nominalismo" e também: M. D. Chenu (1935-1936), "Grammaire et théologie aux XIIe et XIIIe siècles", *AHDL* 10, 5-28. — A. Langraf (1943), "Studien zur Theologie des zwölften Jahrhunderts. I: Nominalimus in den theologischen Werke der zweitwn Hälfte des zwölften Jahrhunderts", Tr. 1, 183-210. — L. M. De Rijk (1975), "Some Thirteenth Century Tracts on the game of Obligation II", *Vivarium* 13, 54. — N. Häring (1976), *Summa Zwetlensis*, ed. N. M. Häring, BGPhMA-NF 15, Münster- Copenhague. — D. M. Armstrong (1978), *Nominalism and Realism. Universals and Scientific Realism*, vol. I, Cambridge. — Z. Kaluza (1986), "Le *De universali reali* de Jean de Maisonneuve et les *epicuri litterales*", *FZPhTh*, 33, 469-516. — L. M. De Rijk (1988), *Some Earlier Parisian Tracts on distinctiones sophismatum*, Artistarium 7, Nimega. — Z. Kaluza (1998), *Les querelles doctrinales à Paris. Nominalistes et réalistes aux confins du XIVe e du XVe siècles*", Bérgamo. — W. J. Courtenay (1991), "*Nominales* and Nominalisme in the Twelfth Century", *in* Lectionum Varietates, *Hommage à Paul Vignaux (1904-1987)*, Paris, 11-48. — A. de Libera (1991), *Nominaux et reaux. Sophismata et consequentiae* dans la logique médiévale", *Rue Descartes*, 1, 139-164. — O. Boulnois (1992), "Réelles intentions: nature commune et universeaux selon Duns Scot", *RMM* 97, 3-33. — J. Jolivet (1992), "Trois variations médiévales sur l'universel et l'individu: Roscelin, Abélard Gilbert de la Porrée", *RMM* 97, 111-155. — Y Iwakuma e S. Ebbesen (1992), "Logico-theological Schools from the Second Half of the 12th. Century. A list of Sources", *Vivarium*, 30, 157-172. — Z. Kaluza (1995), "La crise des années 1474-1482. L'interdiction du n. par Louis XI", *in* Hoenen (M.J.F.M.) *et al.* (sob a dir. de), *Philosophy and Learning. Universities in the Middle*

Ages, Leyde, 293-327. — A. de Libera (1996), *La querelle des universeaux*, Paris.

Olivier BOULNOIS

B. QUESTÕES MODERNAS E CONTEMPORÂNEAS

a) Realismo, neoescolástica, teoria do conhecimento. — Na teologia (teo.) moderna e contemporânea e em uma grande parte da filosofia (f.), realismo (r.) em geral não designa tanto o antagonista do nominalismo quanto o antagonista do *idealismo*, em nova problemática organizada em terreno católico. Chama-se realista, na vulgata neoescolástica, uma teoria do conhecimento consagrada a refutar o cartesianismo e o kantismo, duas f. que fazem do conhecimento do mundo um conhecimento posterior ao correto conhecimento de si (Descartes*) ou um conhecimento mediatizado pelo Eu e suas aptidões (Kant*). Segundo J. Kleutgen, que fornece à neoescolástica sua melhor carta (cf. McCool, 1977, 167-215), só se pode falar do conhecimento "quando a coisa é conhecida a partir do fundamento de seu ser e, por conseguinte, quando o fundamento de seu ser é o fundamento do conhecimento" (I, 148). A tese será desenvolvida, no interior da nova escola, em duas direções, ambas indicadas por Kleutgen (McCool, 1977, 214).

1/Em D. Mercier (1851-1926, arcebispo de Malines-Bruxelas, cardeal em 1907), a direção é a de uma epistemologia consagrada a "controlar a certeza que o espírito possui quando tem consciência de que seu conhecimento é verdadeiro" (1918, 355): a de uma teoria dos critérios de evidência que proíbe que se postule a existência de realidades numenais incognoscíveis. J. Scheuer e J. Maréchal seguirão a trilha de Mercier e a retomarão para elaborar o projeto de uma solução escolástica* das antinomias kantianas (Maréchal, 1926, 439), de uma maneira que concede grande parte das exigências kantianas: decidir "ultrapassar o kantismo a partir do próprio kantismo" (*ibid.*, 455) supõe que se aceite ao menos os termos da questão; e Scheuer aceita mais, pois vê em Kant "o Newton do Universo das ideias" (Scheuer, 1971, 102).

2/A um r. que se pode chamar "mediado" opõe-se um r. imediato que resolve o problema da consciência pondo a "apreensão imediata das coisas pelo espírito" (Noël, 1925, 93). A objeção mais consequente veio porém de Gilson. As teorias "realistas", segundo o grande historiador, "têm todas um pecado original em comum, o de serem teorias do conhecimento que fazem seu ponto de partida de Descartes e de Kant, e que tentam encontrar em certa doutrina [i.e., em Tomás* de Aquino] a solução de um problema que essa doutrina nunca suspeitou" (1930, 750). A verdadeira fidelidade a Tomás imporia de fato, "libertar-se da obsessão epistemológica como condição preliminar da f." (*ibid.*, 754). Uma vez posto que não se obterá de nenhum *Cogito* a justificação do r. de Santo Tomás de Aquino, resta uma missão, "pensar do ponto de vista do objeto" (*ibid.*, 746).

R. marechaliano e r. "imediato" dividirão as influências. Os jesuítas alemães foram a posteridade mais viva de Maréchal; e esse tomismo* que se dirá "transcendental" alimentará tanto o projeto filosófico (mas também espiritual) de J. B. Lotz, quanto o projeto teológico de K. Rahner* — todavia a partir de 1927 pareceu necessário aos neoescolásticos enfrentar as questões novas postas por Heidegger*, de modo que a questão do r. passou para o segundo plano. No mundo de língua francesa e nas faculdades romanas, centralmente no *Angelicum*, a apreensão imediata do ser — do *ens* — pelo espírito humano foi dogma inconteste, embora polêmicas surgissem a propósito do modo dessa apreensão: Maritain, p. ex. falará da apreensão intuitiva ("intuição do ser como análogo") e poucos o seguirão. O programa gilsoniano, em compensação, era muito desmesurado para só oferecer um *slogan* neoescolástico a mais; e se se deseja entender como um pensamento consagrado a fazer memória da escolástica é capaz de pensar "do ponto de vista do objeto", é em Gilson mesmo, talvez primeiro em *Peinture et realité* (Paris, 1972[2]) que se encontrarão elementos de resposta.

b) O real e o irreal. — A história da neoescolástica não acabou, e o conceito de r. é sempre um *xibolete* nos meios em que essa história prossegue. Entretanto, a questão do r. foi retomada sob novas bases, em dois contextos.

1/Em epistemologia e teoria do conhecimento continua uma querela do r. no trabalho dos filósofos anglo-saxões que se dizem — ou aceitam serem ditos — "realistas" ou "antirrealistas", e que têm em comum recusar o r. duro, o "fisicalismo", de W. V. Quine. Segundo a posição extrema adotada por N. Goodman, todo objeto é artefato humano, no sentido de que é objeto em um "mundo" que tira sua unidade do fato de ser um sistema de referências, de percepções, de preferências etc., de que o homem é o organizador. Segundo a posição moderada de H. Putnam, que se reclama aliás de Kant em seus textos recentes, mantém-se um r. dito "interno". No interior de uma estrutura coerente de experiência, de conhecimento e de teorização, vale a exigência realista: uma poltrona é "real" no mundo da vida, um elétron é "real" no mundo da física. Mas não existe "ponto de vista divino", *God's eye view*, toda coisa dá testemunho a nossas espontaneidades organizadoras. Pode-se mencionar ainda o irrealismo linguístico de M. Dummett: uma teoria da significação que se apoia na lógica e nas matemáticas intuicionistas (e no uso idiossincrático que aí se faz das noções de "intuição" e de "prova", para ligar todo acesso ao real à prova canônica que se pode aduzir aqui e agora em favor de sua realidade. Não se deve também esquecer R. M. Chisholm, autor de trabalhos que coincidem em muitos pontos com as orientações do r. "mediado" do cardeal Mercier (ver Chisholm, 1966-1989).

2/Os debates lançados nos anos de 1930 a propósito da linguagem* religioso-teológica encontraram de outro lado um prolongamento em uma franja da fil. da religião recente (D. Z. Phillips, mas também D. Cupitt, sob influência predominante de Wittgenstein*, cf. Runzo, 1993) em que se tenta afirmar a validade e a importância dos jogos de linguagem religiosa embora negando que haja um sentido em dizer que Deus "existe" ou é "real", independentemente desses jogos de linguagem e fora deles — "a distinção entre o real e o não real não é dada anteriormente ao uso próprio dos diferentes jogos de linguagem" (Phillips, 1993, xi). Certas críticas recentes do Deus da ontoteologia às vezes dão acordes próximos

mos (E. Levinas, J.-L. Marion, N. Lash) — mas o Deus que se tenta aí pensar "sem o ser" ou "sem contaminação metafísica", é um Deus exterior à linguagem: a questão posta não é a de sua realidade, tomada em um sentido unívoco, mas a de seu modo de "ser" ou de realidade.

c) *Da realidade dos objetos de ordem superior.* — Sobre o inventário do mobiliário ontológico do mundo, enfim, as discussões que ocuparam os medievais ocupam igualmente os contemporâneos e opõem sempre tendências realistas e tendências nominalistas. Há questões que dominam a pesquisa: estatuto dos objetos matemáticos (implicações ontológicas dos trabalhos de Cantor sobre a teoria dos conjuntos e o infinito* matemático, redução da matemática à lógica em Russell etc.), estatuto do todo e das partes (Husserl nas *Investigações lógicas*, trabalhos e S. Lesniewski sobre a "mereologia" etc.) estatuto das "proposições" (teorias das "frases em si" em F. Bolzano, 1837, teoria dos "estados de coisa" *Sachverhalte*, a partir de Twardowski 1894, teoria dos "objetos de ordem superior" em Meinong, 1913 etc.), estatuto dos "dados sensoriais" (o positivismo de Carnap, depois J. Ayer, e sua crítica por J. Austin etc.) e outros ainda. A questão das questões refere-se provavelmente ao que quer dizer existir. O mérito de a haver posto cabe a Meinong, que denuncia na tradição filosófica um "preconceito em favor da existência" e constrói uma teoria dos objetos (é objeto tudo sobre que se podem formular proposições que tenham sentido) destinada a dar conta da "maneira de ser" (*Sosein*) de todo objeto, inclusive das montanhas de ouro e dos círculos quadrados ("objetos impossíveis" ou "apátridas": ver Chisholm, 1982). Muito tempo reprovada em consequência das críticas de Russell (cf. *Essays in Analysis*, ed. D. Lackey, Londres 1973, 17-93: textos de Russell e comentários do editor); reabilitada nos anos de 1970, a teoria de Meinong é um r. extremo, que pôde passar por uma forma extrema de platonismo. Fazem simetria com ela, na f. recente, teorias ditas "reístas" que só concedem existência à coisas individuais (cf. textos tardios de F. Brentano, T. Kotarbinski 1929 etc.). O canteiro permanece aberto (ver

p. ex. R. C. Chisholm, *A Realistic Theory of Categories*, Cambridge, 1996, e F. Nef, *L'objet quelconque*, Paris, 1998). E a recepção teológica dessas pesquisas está ainda por ser feita.

- F. Bolzano, *Wisenschaftslehre*, Leipzig (1929²), 4 vol. reimp. Aalen 1981. — J. Kleutgen (1860-1863), *Die Philosophie der Vorzeit verheidigt*, Münster, 2 vol. — K. Twardowski (1994), *Zur Lehre vom Inhalt und Gegenstand der Vorstellungen*, Viena, reimp. Munique-Viena 1982. — E. Husserl (1901), *Logische Untersuchungen*, Tübingen, II/1 225-293, "Zur Lehre von den Ganzen und Teilen". — A. Meinong (1913), *Abhandlungen zur Erkenntnistheorie und Gegenstandstheorie*, reed. *GA* 2, Graz 1971. — D. Mercier (1918), *Critériologie générale ou théorie générale de la certitude*, Louvain-Paris. — L. Noël (1925), *Notes d'épistemologie thomiste*, Louvain — Paris. — J. Maréchal (1926), *Le point de départ de la métaphysique*, cahier V, *Le Tomisme devant la Philosophie critique*, Bruxelas — Paris. — T. Kotarbinski (1929), *Gnosiology: The Scientific Approach to the Theorie of Knowledge*, Oxford 1966, original polonês. — E. Gilson (1930), "Le réalisme méthodique", *in Philosophia perennis*, Festschrift J. Geyser, Ratisbona, II, 745-755. — K. Rahner (1939), *Geist in Welt. Zur Metaphysik der endlichen Erkenntnis bei Thomas von Aquin*, SW, 2, Dusseldorf-Friburgo 1996. — R. M. Chisholm (1966), *Theory of Knowledge*, Englewood Cliffs, NJ, 1977 (2ª ed. rev. e corr.), 1989 (3ª ed. rev. e corr.). — P. Scheuer (1971), *Écrits philosophiques*, ed. póstuma por L. Wuillaume, Collège théologique Saint Albert. — B. Lonergan (1972), "The Origins of Christian Realism", *in A Second Collection*, Toronto, 239-261. — N. Goodman (1978) *Ways of Worldmaking*, Indianápolis. — J. B. Lotz (1978), *Transzendentale Erfahrung*, Friburgo. — H. Putnam (1990), *Realism with Human Face*, Cambridge, Mass., e Londres. — M. Dummett (1993), "Realism", *in The Seas of Language*, Oxford, 230-274. — D. Z. Phillips (1993), *Wittgenstein and Religion*, Basingstoke e Londres. — R. Runzo (sob a dir. de) (1993), *Is God Real?*, Nova York. — P. J. K. McCormick (ed.) (1996), *Starmaking: Realism, Anti-Realism and Irrealism*, Cambridge, Mass., e Londres (textos de Goodman, Putnam, I. Scheffer, C. G. Hempel).

- ▶ G. A. McCool (1977), *Catholic Theology in the Nineteenth Century. The Quest for a Unitary Method*, Nova York. — R. M. Chisholm (1982) *Brentano and Meinong Studies*, Amsterdã. — T. F. Torrance (1982), "Theological Realism", *in B. Hebblethwaite*

e S. Sutherland (sob a dir. de), *The Philosophical Frontiers of Christian Theology, Essays presented to D.M. MacKinnon*, Cambridge, 169-196. — W. Halbfass *et al.* (1992), "Realismus II-III", *HWP* 8, 156-169. — B. Smith (1994), *Austrian Philosophy: The Legacy of Brentano*, Chicago e La Salle. — R. C. S. Walker e J. M. Soskice (1997), "Realismus", *TRE* 28, 182-196 (bibl.).

Jean-Yves LACOSTE

→ *Chartres (escola de); Linguagem teológica; Nominalismo.*

RECEPÇÃO

a) Definição. — De modo muito geral, a recepção (r.) é a maneira como a Igreja* (I.) compreende a apreende o Evangelho, deixando-se ao mesmo tempo apreender por ele. Nos debates teológicos recentes, a r. designa mais especialmente todos os aspectos do processo pelo qual a I. aceita e integra à sua vida tal decisão doutrinal, tal modificação da liturgia*, tal proposição ecumênica e assim por diante. Esse segundo sentido do termo só pode ser compreendido em relação ao primeiro: a I. é por definição receptiva, ela que só existe porque recebeu o Espírito* Santo (Jo 20,22; At 1,8). Ela não ensina o que inventou ou descobriu, mas o que recebeu (1Cor 11,23; 15,3). E embora "a fé* […] tenha sido transmitida aos santos uma vez por todas" (Jd 3), a r. não cessa, já que o Espírito introduz a I. sempre mais profundamente "na verdade* por inteiro" (Jo 16,13). É preciso, pois, situar a r. que a I. faz, p. ex. dos decretos de um concílio* ou dos resultados do diálogo ecumênico, no contexto de sua r. permanente do Evangelho. Deste ponto de vista, é a I. por inteiro que opera a r. e não uma parte somente da I., p. ex. a hierarquia*. Portanto, não se deve buscar, p. ex., a r. da cristologia* de Calcedônia* só nos ensinamentos dos concílios que o seguiram, mas também nos hinos, nas orações*, nos ícones, em toda a vida espiritual* da I. A r. é uma realidade espiritual que não se pode reduzir às ações oficiais dos sínodos* ou dos dirigentes da I. Como tal, não pode ser imposta.

O interesse do conceito de r. está em suas relações complexas com outros conceitos importantes e difíceis: sacerdócio* universal, autoridade* magisterial dos concílios e dos papas*, indefectibilidade* e infalibilidade* da I., consenso, conversão* contínua da I. ao Evangelho.

b) A recepção no sentido clássico. — No sentido clássico (Rusch, 1988, 29), "r." significa "aceitação e assimilação pela I. de doutrinas ou de decisões que têm autoridade, como as dos concílios ecumênicos, dos sínodos ou dos papas". As declarações doutrinais foram em geral seguidas de longos períodos de discussão e de interpretação. Alguns concílios (Niceia I* p. ex.) deram lugar a décadas de debate antes de serem objeto de uma recepção geral. Outros foram rejeitados, no fim das contas, por importantes partes da I. (cf. a rejeição de Calcedônia pela I. do Oriente). Éfeso II (449), o "latrocínio de Éfeso", encontrará uma oposição geral e foi anulado por Calcedônia.

A maioria dos teólogos pensa que a r. de uma doutrina ou de uma decisão pela I. é um dos sinais importantes de que ela é de fé. As ovelhas conhecem a voz do Pastor (Jo 10,4.14) e uma doutrina autêntica, em relação com os princípios mesmos da fé, não pode não ser recebida. Quando a I. universal aceita a doutrina ou a decisão de um sínodo local (p. ex. a rejeição das ideias de Paulo de Samosata em Antioquia em 268 ou a rejeição do pelagianismo* em Cartago em 418), é uma boa razão para afirmar que a doutrina em questão se impõe a todos. Mas uma questão não foi resolvida, a da relação da r. (ou da ausência de r.) e da autoridade conferida ao ensinamento dos concílios ecumênicos e dos papas.

Esta relação é muito importante na ortodoxia* (Hryniewicz, 1975). Para o teólogo russo A. S. Khomiakov (1804-1860) e seus partidários, é a r. pela I. que é o critério da infalibilidade dos decretos de um concílio. Essa opinião não tem a unanimidade dos teólogos ortodoxos, mas mostra bem a importância da r. para a concepção ortodoxa da autoridade.

A r. desempenha um papel menor na compreensão protestante da autoridade (protestantismo*). A autoridade de uma doutrina ali tem mais a ver com sua concordância com o Evangelho ou a Escritura*. Isso não impede Lutero* de incluir a r. universal nas razões de aceitar a doutrina niceana da divindade de Cristo* (*WA* 50, 554, 4-5), ou o batismo* das crianças (*WA* 26, 167, 19-26).

Na teologia católica (catolicismo*), a relação r./autoridade é objeto de um debate permanente. De um lado, o Vaticano I* declarou que os ensinamentos *ex cathedra* do papa são "irreformáveis por si mesmos e não pelo fato do consentimento da I." (*DS* 3074). Na medida em que "r." significa "consentimento", a autoridade de tais ensinamentos (e daqueles, "da mesma ordem", dos concílios) não deriva de sua r. Por outro lado, o Vaticano II* declarou que "o conjunto dos fiéis... não pode se enganar na fé", já que eles possuem "o senso sobrenatural* de fé" (*LG* 12). Assim, "o assentimento da I. não pode jamais faltar" nas definições doutrinais do magistério* (*LG* 25). Alguns teólogos católicos e alguns diálogos ecumênicos (cf. ARCIC) veem na r. o sinal de que houve ensinamento verdadeiro, mas não a fonte da autoridade deste ensinamento.

c) A recepção no sentido ecumênico. — O termo "r." é muito utilizado no domínio ecumênico. No sentido estrito, trata-se da r. pela I. do resultado dos diferentes diálogos e discussões entre I. Ela inclui a reação oficial às diversas proposições que são feitas, mas também todo o processo que consiste em pô-las à prova e em reorganizar a vida da I. num sentido mais ecumênico. No sentido amplo, a r. ecumênica designa a maneira como as I. se aceitam ou se recebem umas às outras numa conversão permanente ao Evangelho. Isso supõe que cada uma delas renova a r. de suas próprias tradições* para que elas possam enriquecer a I. inteira.

O debate sobre a questão, e a realidade da coisa, ainda estão engatinhando. Trabalha-se atualmente sobre o caráter específico da r. ecumênica e sobre sua relação com a r. no sentido clássico (Birmelé, 1995).

• Y. Congar (1972), "La 'réception' comme réalité ecclésiologique", *RSPhTh* 56, 369-403. — W. Hryniewicz (1975), "Die ekkleziale Rezeption in der Sicht der orthodoxen Theologie", *ThGl* 65,

250-266. — ARCIC (1981), *Final Report*, Authority in the Church II. — W. Rusch (1988), *Reception: An Ecumenical Opportunity*, Filadélfia. — G. Routhier (1993), *La réception d'un concile*, Paris. — A. Birmelé (1995), "La réception comme exigence oecuménique", in *Communion et réunion: Mélanges Jean-Marie Roget Tillard*, sob a dir. de G. R. Evans e M. Gourgues, 75-94, Louvain. — W. Beinert (1995), "Die Rezeption und ihre Bedeutung für Leben und Lehre der Kirche", in *Verbindliches Zeugnis*, vol. II, sob a dir. de W. Pannenberg e T. Schneider, Göttingen, 193-218. — G. Gassmann, H. Fischer, T. Erne (1999), "Rezeption", *TER* 29, 131-155.

Michael ROOT

→ *Autoridade na Igreja; Concílio; Ecumenismo; Magistério; "Sensus fidei".*

RECONCILIAÇÃO (Sacramento de) → penitência

REDENÇÃO → salvação

REFORMA (A) → anglicanismo, Bucer, Calvino, calvinismo, Hus, Lutero, luteranismo, metodismo, protestantismo

REINADO DE DEUS → Reino de Deus

REINO DE DEUS

A. O REINADO DE DEUS NA TEOLOGIA BÍBLICA

Terminologia: "reinado" e "reino".

Um mesmo termo hb. ou aramaico (*malekout*), de um lado, e grego (*basileia*) do outro, comporta, segundo os contextos ou os conteúdos, matizes diversos que o português exprime por vocábulos diferentes: "realeza", "reino", "reinado" (r.) (pouco importante nos textos do NT, o matiz expresso por "realeza" pode ser desprezado aqui). Vamos conservar "reino" para os textos em que a conotação espacial domina, p. ex., o sintagma "na *basileia*" (Mt 18,1.4), ou quando é indicado um movimento do qual a *basileia* é o coroamento: *entrar no* (p. ex., Mt 7,21). Por "reinado" exprime-se o fato de reinar, o exercício do poder real. Esta acepção dinâmica, que parece funda-

mental, depreende-se com toda segurança de certo número de observações: 1/ o verbo "reinar" do texto hebraico é mais de uma vez traduzido pelo substantivo nas versões aramaicas (p. ex., Is 52,7 e o targum deste v.) (traduções* antigas); 2/ o substantivo semítico é empregado em paralelismo sinonímico com um *nomen actionis* tal como dominação (p. ex., Dn 4,33); 3/ o mesmo fenômeno se verifica com os termos correspondentes do grego (p. ex., Ap 12,10); 4/ há paralelismo entre o substantivo *basileia* e o verbo correspondente (p. ex., Lc 1,33).

Apesar de sua importância, a distinção r./reino não pode dar conta de todos os empregos: lá onde o vocabulário é o do dom, da herança, do pertencimento, o termo *basileia* serve na prática de designação englobante para a soma dos bens* salvíficos que Deus* destina aos seus.

No NT, duas formas se apresentam: "r. de Deus" (expressão habitual) e "r. dos céus" (expressão típica de Mt que todavia não ignora a outra). Essa distinção não afeta o sentido, pois "os céus" têm aqui, como em alguns outros textos (p. ex., Lc 15,18), o *status* de designação divina. A expressão "r. de Deus" parece original. Como é seu hábito, Mt terá deslocado o vocabulário recebido na direção da fraseologia rabínica nascente.

I. O Antigo Testamento

No AT, a expressão "r. de Deus" é praticamente ausente. Só a encontramos uma única vez (Sb 10,10) tal e qual (mas ver 1Cr 28,5; 2Cr 13,8) e raramente sob formas equivalentes (p. ex., Sl 103,19; Dn 3,33; Tb 13,2). Mas o conjunto temático toma consistência tão logo se leva em conta o título real (Deus é designado sob o nome de "rei" cerca de 30 x, sendo o texto mais antigo provavelmente Is 6,5), as afirmações verbais (diversos verbos: *malak, mashal...*), diversos símbolos ou atributos reais (trono...).

A percepção de Deus como rei não parece poder remontar além do período real, e deve sua entrada na fé* de Israel à influência do meio ambiente, sobretudo hierosolimitano, talvez em ligação com a construção do Templo* onde Deus doravante "assenta sobre os querubins" (2Sm 6,2). A despeito da tradição hostil à monarquia em Israel, o rei humano não é encarado geralmente como um concorrente do rei divino.

Na linha da ideologia real comum ao Oriente antigo, o rei aparece como o lugar-tenente de Deus, mas não teria cabimento em Israel falar de sua origem divina; se às vezes é chamado "filho de Deus" (p. ex., Sl 2,7) (filiação*), é unicamente em função da realidade jurídica da adoção. O r. se manifesta primeiramente em benefício do povo* de Israel, de quem Deus é o pastor atento. Mas estende-se também à criação* e aos demais povos, como se depreende em particular dos salmos* do r. (Sl 47, 93, 96-99). A dimensão escatológica da realeza divina, que decerto não se pode excluir desses salmos, encontra uma expressão mais nítida nos grandes textos do Dêutero-Isaías (52,7 etc.) nos quais, segundo toda probabilidade, Jesus* se inspirará fortemente. Após o exílio, a antiga convicção do r. efetivo e permanente será retomada e reforçada na linha teocrática representada pelo Cronista. A linha aberta pelo Dêutero-Isaías se firmará nos textos testemunhos da apocalíptica* nascente, antes de tudo Is 24-27.

II. O judaísmo antigo

Como no AT, o tema do r. se exprime no judaísmo* antigo por meio dos predicados atribuídos a Deus e dos verbos que exprimem sua ação. Mas o substantivo "r." aparece agora mais frequentemente, sem todavia que essa frequência possa se comparar ao que ocorrerá no NT. O tema se apresenta sobretudo na literatura apocalíptica (*Dn, Testamento* [ou *Assunção*] *de Moisés...*) e aparentada, assim como nas antigas orações* (*Qaddisch*). Em Qumran, o tema toma algum relevo no *Livro da Guerra* (1QM) e nos fragmentos de 4Q sobre os *Cantos para o holocausto* (ou *sacrifício*) *do Sabbat*. Quanto aos documentos provenientes do rabinismo, sua ideia dominante é que obedecer à lei* equivale a tomar sobre si o jugo do r., a reconhecer este r. Mas tais documentos são difíceis de datar.

As concepções relativas ao r. não têm nada de uniforme: ao lado de um r. já em vigor que se reconhece submetendo-se a ele e do qual se pode participar por meio da liturgia*, conhece-se um r. que deve ainda se manifestar e que coroará a história* de Deus com seu povo, com a humanidade e com o cosmo*. Às vezes, a transformação em relação ao mundo presente é acentuada a tal ponto que o r. futuro é percebido como uma realidade situada num além celeste (sobretudo no *Testamento de Moisés* 10). Mas no mais das vezes o horizonte permanece terrestre — uma terra renovada, é claro. A soberania de Deus se estabelece com força sobre todos os homens, mas a centralidade de Israel é fortemente enfatizada.

III. O Novo Testamento

1. A pregação de Jesus

Na opinião praticamente unânime dos críticos, o tema do r. constitui o núcleo da pregação* do Jesus histórico. Jesus lhe dá um relevo que ultrapassa amplamente o que existia no AT e no judaísmo antigo e o que terá na tradição* cristã depois da Páscoa*. Presente de maneira explícita ou implícita na maioria das parábolas*, o r. é objeto de numerosíssimas sentenças atestadas em todas as correntes da tradição sinótica (sobretudo na fonte dos *logia*) (evangelhos*) e pertencentes, em boa parte, às camadas mais primitivas dessa tradição. Eis os traços dominantes desta pregação:

a) O reinado como atividade. — A acepção dinâmica é fundamental, o que está em conexão com uma concepção fortemente centrada em Deus mesmo. O referente escatológico, tematizado quando é o caso pela insistência na novidade, parece muito provável, embora esse ponto seja de novo contestado hoje em dia por uma parte da investigação mais recente, sobretudo americana (B. B. Scott, 1981; M. J. Borg, 1984 e 1994).

b) A salvação. — Em oposição à temática do juízo* e em tensão com ela, o r. é a categoria salvífica por excelência, utilizada por Jesus de maneira bem mais sustentada do que, p. ex., o vocabulário da salvação* ou da vida eterna*. Deus toma o poder para socorrer e cumular os pobres (Mt 5,3; cf. Mc 10,25) e as crianças com os que se assemelham a elas (Mc 10,14), assim como o pequeno rebanho dos discípulos (Lc 12,32).

c) Bipolaridade. — Sob o aspecto temporal — admite-se hoje correntemente —, a mensagem de Jesus sobre o r. se caracteriza pela bipolaridade futuro-presente. Realidade escatológica, cumprimento* das promessas* divinas, o r. pertence fundamentalmente ao futuro; neste ponto, Jesus não renega a tradição apocalíptica. A dimensão futura do r. é afirmada p. ex. no Pai*-Nosso (Lc 11,2) ou nos *logia* da "entrada no reino" (Mc 9,47; Mc 10,25) ou ainda nas Bem-aventuranças (Lc 6,20s). No entanto, e este traço não tem muita analogia no judaísmo antigo, Jesus afirma também que Deus está invadindo o mundo, que sua obra escatológica já começou e pode ser verificada: Lc 11,20; Mt 11,12; Lc 17,21; cf. Lc 7,18-23; 10,18; 10,23s; Mc 3,27. Talvez porque fizesse questão de afirmar estes dois aspectos, Jesus não recorreu à linguagem dualista dos éons ("este mundo"/"o mundo que virá"), que implica a oposição radical das duas esferas temporais. O vocabulário do r., com seu matiz dinâmico, permite exprimir, com base na continuidade fundamental do agir divino, que o futuro já irrompeu no presente e o afeta com sua qualidade escatológica. Quanto à experiência do r. presente, ela decerto terá intensificado a expectativa do cumprimento. Várias parábolas (p. ex., Mc 4,26-29) parecem ter como matriz o paradoxo da bipolaridade temporal do r.

d) O Cristo e o reinado. — A concepção resolutamente teocêntrica do r. não impede a existência de uma conexão entre o r. e a pessoa* de Jesus. No que diz respeito ao r. em sua dimensão presente, pode-se ver na palavra* e na ação salutar de Jesus (em particular nos exorcismos* e nas curas*) o impacto da vinda de Deus. O papel de lugar-tenente ou de representante de Deus em seu agir deve decerto ser posto em relação com a grande proximidade de Jesus com aquele a quem chama, com firmeza, de seu Pai* (cf. *abba*). Jesus atribuiu a si mesmo um papel semelhante no tocante ao cumprimento? O título cristológico de Filho* do Homem parece à primeira vista favorecer uma resposta positiva. Recorde-se que em Dn 7, aquele que surge "como um filho de homem" recebe a investidura e o "R." (de Deus)

lhe é confiado. Mas a crítica tem enfrentado dificuldades quase insuperáveis — em todo caso, não superadas até o momento — sobre este ponto. Com efeito, a conexão entre os ditos do r. e os *logia* do Filho do homem nunca é feita explicitamente; aliás, não é nada seguro que Jesus tenha jamais falado do Filho do homem e, admitindo-se que tenha falado, não se pode considerar facilmente que tenha se identificado com esta personagem. De resto, na única fala em que evoca sua própria pessoa em ligação com o r. futuro (Mc 14,25), Jesus não oferece nenhuma precisão que permitiria concluir que ele esperava desempenhar um papel determinante: ele exprime simplesmente a convicção de que não ficará no poder da morte* e que será conviva no banquete do r. O teocentrismo muito pronunciado do ensinamento de Jesus faz que seja somente por razões gerais — a saber, a realidade mesma da cristologia* implícita em sua mensagem e a continuidade entre r. presente e r. futuro — que se pode afirmar o papel particular de Jesus na vinda e na vida do r. futuro.

2. As retomadas pós-pascais do tema

Embora este objeto não o esgote, o querigma das comunidades pós-pascais é centrado em Cristo*, particularmente nos eventos salvíficos de sua morte* e ressurreição*. O anúncio do r. de Deus não está mais em primeiro plano, mas não desaparece.

a) Evangelhos e Atos. — O tema permanece marcante para toda a trajetória da tradição sinótica, e isso até na redação. É retomado diferentemente segundo os evangelistas, embora seja muito difícil atribuir a cada um deles um pensamento absolutamente coerente e preciso. Ao menos pode-se reconhecer acentos particulares. Em Mt se notará, p. ex., a ênfase da ética*: a entrada no Reino, o qual permanece uma realidade propriamente escatológica e não deve ser confundido com a Igreja*, está ligada ao respeito a certas exigências éticas (ver Mt 5,20; 7,21; 18,3; cf. 5,3-12; 21,43). Para Lc–At, um traço dominante se acha na apresentação do r. como objeto de pregação ou de ensinamento, sendo a tendência então, como se vê sobretudo em certas fórmulas dos Atos (19,8; 28,31 etc.), a de dar ao vocábulo um sentido amplo e vago: o fato cristão ou a religião cristã (cf. Cl 4,11). O parentesco das expressões relativas ao r. nas duas partes da obra de Lc convida a ver aí um dos símbolos com os quais o autor marca a continuidade entre o tempo de Jesus e o da Igreja. Em Jo, só lemos duas afirmações relativas ao r. (Jo 3,3.5). Mas os valores semânticos do tema se encontram bem amplamente no vocabulário da "vida eterna*", com o qual Jo estabelece conexões nítidas (cf. 3,3 e 3,36), como aliás já fazia a tradição sinótica (Mc 9,43-47; 10,17-31).

b) *O corpus paulino.* — A primeira impressão aqui é que o tema do r. é evanescente e se dilui no da justificação*/justiça* (com o qual, aliás, é feita uma conexão em Rm 14,17): os empregos são relativamente raros, mas sobretudo parecem largamente estereotipados. Segundo a analogia dos *logia* da entrada conservados na tradição sinótica e na redação de Mt, a maioria dos empregos paulinos (no sentido amplo) do tema apresentam o Reino como a morada escatológica dos justos (1Cor 6,9s; Gl 5,21; 1Ts 2,12; 2Ts 1,5; Ef 5,5). No entanto, a presença do r. ligada à justificação (Rm 4,17) e à potência* (1Cor 4,20) ativa (do Espírito*) não é esquecida, de sorte que se encontra em Paulo a tensão fundamental reconhecida em Jesus. A despeito do pouco destaque observado em suas menções explícitas, o tema evangélico do r. decerto desempenhou na teologia paulina* um papel mais importante do que se crê à primeira vista.

c) *Especificidade do reinado.* — Dois traços particulares, encontrados em diversas correntes teológicas do cristianismo nascente, merecem ser assinalados especialmente: a aplicação cristológica do tema e sua interpretação transcendente.

A aplicação cristológica se revela no fato de que, de diversas maneiras, o vocabulário do r. ou do reino é utilizado a propósito de Jesus. A variedade das designações empregadas nos textos e o caráter recente da maioria destes convidam a não acentuar unilateralmente a linha propriamente messiânica (ver porém Lc 1,33) e a conceder toda a importância devida à exaltação pascal e à perspectiva parusíaca (Mt 13,41; 16,28;

20,21; Lc 22,30; 23,42; 1Cor 15,24; Cl 1,13; 2Tm 4,1.18; 2Pd 1,11). A partir do momento em que o r., prerrogativa de Deus segundo a imensa maioria dos textos, é atribuído às vezes a Cristo, o problema da relação dos dois pode se colocar. Mas só Paulo lhe consagra uma reflexão explícita (1Cor 15,20-28): o r. do Cristo é temporário: por ocasião do "fim", o "Filho se submeterá ao Pai" e Deus será "tudo em todos", ficando bem entendido que o acento repousa na soberania universal de Deus e não no caráter transitório do r. do Filho. Geralmente, é suficiente associar de diversas maneiras Deus e o Filho (ver Ef 5,5; Ap 3,21; 11,15; 12,10; 22,1). Trata-se, de fato, de um aspecto particular da articulação da cristologia e da teologia*. É no grupo dos textos relativos ao r. do Filho que se encontram algumas das afirmações que convidam a interrogar sobre as relações entre r. e Igreja (ver em particular Mt 13,41; Cl 1,13; Ef 5,5). Como regra geral, não se pode identificar Igreja e reino de Deus, mas é legítimo considerar a Igreja como a comunidade sobre a qual a realeza de Cristo se exerce e que recebeu vocação para participar do r. de Deus em sua plenitude.

Para as camadas antigas da tradição, é difícílimo caracterizar a natureza do r. Terá ele a ver com uma escatologia* da restauração, o r. exercendo-se sobre um Israel renovado mas que permanece centrado em sua terra e dispõe de suas instituições? Ou pertencerá, antes, a um universo transcendente, celeste e propriamente indescritível? Os índices parecem apontar preferencialmente para o *totaliter aliter.* Em todo caso, a retomada pós-pascal do tema e sua releitura a partir da exaltação pascal de Cristo favorecerão uma concepção transcendente que se afirma nitidamente em vários textos, em particular pela aproximação, até mesmo pela identificação, com o que a tradição cristã ulterior chamará de "céu". No s. II, serão privilegiadas as sentenças de Jesus sobre a entrada ou a herança, a identificação do r. com a vida eterna e sua oposição ao castigo. Sobretudo, ele será maciçamente qualificado de "celeste". Mas essas qualificações já se encontram em alguns textos do NT. Segundo 2Tm 4,18, a salvação* equivale à entrada no "reino celeste" de Cristo, e o "reino eterno de nosso Senhor e Salvador Jesus Cristo" de 2Pd 1,11 deve ser identificado com um além celeste ao qual terão acesso os eleitos, numa espécie de triunfo, no dia do juízo. Não é impossível que uma concepção semelhante esteja expressa em At 14,22. Ali se encontra certamente a imagem tradicional da entrada, uma imagem que não aponta, em si mesma, para uma concepção transcendente. Mas se levarmos em conta os fragmentos de uma escatologia individual que se encontram em Lucas (sobretudo Lc 16,19-31; 23,39-43), e se pusermos em jogo a semelhança de At 14,22 com Lc 24,26, temos razão de pensar na entrada na glória celeste desde o momento da morte.

• R. Schnackenburg (1959), *Gottes Herrschaft und Reich*, Friburgo-Basileia-Viena (4ª ed., 1965). — J. Schlosser (1980), *Le Règne de Dieu dans les dits de Jésus*, Paris. — J. Coppens, J. Carmignac, A. Feuillet, E. Cothenet, P. Prigent (1981), "Règne (ou Royaume) de Dieu", *DBS* 10, 2-199. — H. Schürmann (1983), *Gottes Reich — Jesu Geschick*, Friburgo-Basileia-Viena. — H. Merklein (1983), *Jesu Botschaft von der Gottesherrschaft*, Stuttgart (3ª ed., 1989). — O. Camponovo (1984), *Königtum, Königsherrschaft und Reich Gottes in den frühjüdischen Schriften*, Friburgo-Göttingen. — E. P. Sanders (1985), *Jesus and Judaism*, Londres. — G. R. Beasley-Murray (1986), *Jesus and the Kingdom of God*, Grand Rapids-Exeter. — E. Zenger, A. Lindermann (1986), "Herrschaft Gottes/Reich Gottes", *TRE* 15, 176-189, 196-218. — W. Willis (sob a dir. de) (1987), *The Kingdom of God in 20th. Century Interpretation*, Peabody. — D. C. Duling (1992), "Kingdom of God, Kingdom of Heaven", *AncBD* IV, 49-69. — B. Chilton, C. A. Evans (sob a dir. de), *Studying the Historical Jesus*, Leyden, 1994, 255-280. — J. P. Meier (1994), *A Marginal Jew*, II, Nova York, 237-506.

Jacques SCHLOSSER

→ *Cosmo; Criação; Escatologia; Espírito; Evangelhos; Filho do homem; Igreja; Jesus da história; Juízo; Messianismo/messias; Mundo; Parusia; Pregação; Salmos.*

B. Teologia histórica

No anúncio do reino de Deus* (r.D.) por Jesus* e nos enunciados neotestamentários que testemunham que o Cristo* crucificado e elevado ao céu inaugura realmente a perfeita comunhão* de Deus com os homens — meta da criação* e da história* —, a tradição* cristã encontrou em cada época um tema que ela pôde formular com o auxílio dos materiais conceituais, culturais, linguísticos que tinha a sua disposição. E como esses mesmos elementos foram modificados através desse processo, a crença no Reino (R.) aparece também como um fator de transformação histórica.

a) A teologia pré-nicena do reino de Deus. — Os primeiros Padres* caracterizavam o r.D. sintetizando diferentes elementos fornecidos pelos enunciados neotestamentários, inclusive em seus aspectos puramente narrativos e alegóricos: o anúncio do r.D. forma assim com a crucifixão e a ascensão de Jesus Cristo o pivô de uma história da salvação*, que vai da criação* e do pecado* original* até o juízo* e o cumprimento da criação em Deus (Ireneu*, *Adv. Haer.*, PG 7, 431-1224). Jesus-Cristo, Verbo* de Deus feito carne, é a *"autobasileia"* (Orígenes*, Tertuliano*, *Adv. Marc.* 4, 33, PL 479-472), o "próprio r.D." (Cipriano*, *De orat. domin.*, PL 4, 535ss): em sua vida e sua morte*, Deus é aquele que determina todas as coisas.

Os cristãos têm acesso ao r.D. pela fé* e pelo batismo*. Fundem-se nele mais intimamente "tornando-se semelhantes" a Deus pela prática das virtudes*. Esse pertencimento se exprime bem particularmente no estado de virgindade (Tertuliano, *De virg. velandis*, PG 2, 935-962), na "vida angélica" voltada para o r.D. e no martírio* (Cipriano, *Exhort. de mart.*, PL 4, 677 *sq*). Os cristãos atestam assim a finitude radical de toda realidade criada, rejeitam toda exaltação mítica da autoridade* estatal e do Império. Vivem entre as nações, integram-se nas relações sociais como um povo* em meio a outros (*Epístola a Diogneto*, SC 33 *bis*).

Os eventos apocalípticos anunciados no NT são então interpretados como um processo de purificação, de santificação e de iluminação. Contra a opinião de um Dionísio de Alexandria (in Eusébio, *HE*, PG 20, 691-695), numerosos Padres distinguiam então entre uma primeira e uma segunda ressurreição*, cada uma anunciada por um último período de agruras. Essas duas ressurreições enquadrariam a sétima semana do mundo*, durante a qual o Cristo, após ter acorrentado Satã, reinaria durante mil anos e prepararia os santos para a perfeita comunhão* com Deus (Vitorino de Petóvio, Metódio de Olímpia etc.).

A ideia do r.D., assim concebida na perspectiva da história da salvação, encontra sua principal matriz conceitual na doutrina platônica de uma assimilação do homem ao mistério* divino, segundo uma sucessão gradual de situações escatológicas.

b) A teologia pós-constantiniana do reino de Deus. — A afirmação da identidade essencial do Filho e do Pai* e a da divindade do Espírito* Santo (Niceia* [325] e Constantinopla* [381]) acarretaram nítidas mudanças na teologia* do r.D. A significação escatológica da primeira vinda do Senhor cá embaixo se viu reforçada, de sorte que a ideia de um reinado intermediário de mil anos antes do juízo final perdeu sua plausibilidade (Jerônimo, *Comm. in Evang. sec. Matt.*, PL 26, 15-228; *Ep.* CXX *ad Hedibiam*, PL 22, 98-1006; Agostinho, *De civ. Dei* 20, 7, PL 41, 666-669). Desde logo, certo número de elementos narrativos aos quais a patrística pré-nicena concedia valor de realidades históricas foram a partir de então compreendidos como um estoque de imagens e de metáforas aplicáveis ao presente da experiência crente (cf. Agostinho, *op. cit.*, a propósito de Satã acorrentado).

A primeira vinda de Cristo inaugura assim a sexta idade do mundo (Agostinho, *De civ. Dei* 22, 30, PL 41, 801-804), que é seguida pelo cumprimento eterno (7ª idade). Inflectindo o tema neoplatônico do "mundo inteligível", Agostinho* desenvolve aqui sua doutrina da cidade celeste, composta de discípulos que vivem em comunhão com Deus e que, amando só a ele e buscando só a bem-aventurança*, lutam contra a cidade* terrestre. A Igreja* existente desde Abel (*Ecclesia ab Abel*) torna-se assim a representante sacramental do r.D., onde o joio pode entretanto se misturar ao bom trigo. A história do mundo e a história da salvação

são inextricavelmente ligadas, sem todavia se confundir. As diferentes posições teológicas se distinguem então pela maneira como concebem a atualidade de um r.d. cujo advento permanece fundamentalmente reservado ao cumprimento dos tempos. Cassiano, como monge teólogo, considera que é antes de tudo pela pureza* do coração* que o r.D. se anuncia no presente (cf. *Collatio nona, De oratione* XIX, PL 49, 791 s); outros Padres enfatizam sua representação oficial. Na "teologia imperial" inaugurada por Eusébio, os imperadores cristãos atuam como vigários de Jesus Cristo para o Império, e o Império mesmo é exaltado à categoria de realidade cristã (cf. p. ex. *Orat. Eusebii de laud. Constantini in eius tricennalibus habitae*, PG 20, 1315-1456). Certos autores, por outro lado, identificam sumariamente a Igreja com o r.D. Assim, Gregório* Magno compreende as parábolas* de Jesus relativas ao R. (p. ex. Mt 13,41) como uma alusão direta à Igreja (*Homil. in Evang.*, II. Homil. 32, 6, PL 76 1236), com o risco de abolir toda distância crítica em relação a esta.

c) A teologia medieval do reino de Deus. — Se a "teologia imperial" patrística encontra seu prolongamento na Igreja do Oriente, o *"sacrum imperium"* é igualmente compreendido no império do Ocidente como uma primeira materialização do r.D., cuja propagação, organização interna e defesa cabem ao imperador, novo David, ao passo que ao papa* e aos bispos* cabe o papel de Moisés na oração*. Uma concepção oposta se desenvolverá no quadro da reforma clunisiana, sob a divisa da "liberdade* da Igreja": a ordem universal e cósmica fundada no conselho salvífico de Deus é representada no tempo* pelo sacerdócio*. É então o papa que detém a plenitude do poder (*plenitudo potestatis*), e o poderio imperial ou real tem só um papel secundário: é tornado necessário pelo pecado dos homens na medida em que ameaça a ordem temporal (cf. Gregório VII, *Dictatus Papae*). A bula de Bonifácio VIII, *Unam Sanctam* (*DH* 870-875), constitui a expressão exacerbada desta teologia* político-eclesiológica do r.D. O movimento medieval de retorno à pobreza evangélica reafirmará todavia a diferença entre o r.D. e todas as formas de poder exercidas na história. É pela pobreza, pela humildade, pela simplicidade que se entra no r.D. É também no círculo dos franciscanos espirituais que a doutrina de Joaquim de Fiori conheceu uma recepção espetacular. É preciso, segundo essa concepção, distinguir três idades do mundo: o reinado do Pai, marcado pela economia veterotestamentária da salvação e pelo domínio das potências seculares; o reinado do Filho, submetido à economia neotestamentária da salvação e à dominação sacerdotal; enfim, o reinado do Espírito, que é o da comunidade monacal inspirada pelo Paráclito — Francisco de Assis é considerado o mensageiro dessa terceira idade (e às vezes representado como *alter Christus*). As ideias de João Hus* e dos irmãos checos (irmãos morávios), as teorias de Thomas Münzer ou dos anabatistas* de Münster serão impregnadas desta teologia do r.D.

Diante de tais teses, Tomás* de Aquino — como outros teólogos de sua época, que marca o apogeu da IM — não retoma o tema do r.D., mas desenvolve uma visão global da realidade fundada no esquema da emanação e do retorno em Deus (*egressus/regressus*); o mundo assim concebido se caracteriza por uma perfeita comunicação com Deus, na qual o mundo se vê ao mesmo tempo julgado.

d) A temática do reino de Deus nos tempos modernos. — As tendências da teologia medieval se prolongam até a época moderna. Nicolau* de Cusa desenvolve assim uma concepção especulativa do r.D.: o homem e o mundo, em sua história, são as expressões que Deus desdobra fora de si mesmo. Sua relação com Deus se inscreve no instante atual, mas abraça simultaneamente toda a história: "Só existe um r. celeste, do qual só existe uma imagem arquetípica [...] o que Zenão diz da verdade* é a mesma coisa que dela dizem Parmênides, Platão e todos os outros; todos tinham a mesma coisa em vista, mas a exprimiram de diversas maneiras" (*De filiatione Dei op.* IV, 83). Essa assimilação do r.D. com o reinado do Espírito ou da liberdade* constituirá um tema importante da filosofia* moderna. Para Leibniz*, o mundo existente é o melhor dos mundos possíveis em virtude de uma harmonia preestabelecida fundada na racionalidade divina. Segundo Kant*, o r.D. representa o desenvolvimento da sociedade* humana segundo leis éticas; esta sociedade — a Igreja — parte da fé na revelação*, mas deve se elevar ao nível de uma fé religiosa pura. Em Hegel*, enfim, a doutrina do reinado do Pai, do Filho e do Espírito encerra a sucessão das formas que o Espírito toma em seu itinerário rumo a si mesmo.

Essa concepção do r.D. encontra assim um eco nas utopias de Savonarola, Campanella, Tomás Morus e Bucer*, cuja tradição se perpetua de certa maneira nas ideias dos hegelianos de esquerda, na teoria marxista da sociedade comunista ou na filosofia da utopia de E. Bloch. O r.D. não é mais aqui o efeito da graça* imprevisível de Deus, é uma visão do que o homem pode fazer em sua própria existência.

Lutero* desenvolveu uma doutrina dos dois r. que se afasta, por um lado, de uma concepção católica e teocêntrica da Igreja e, por outro, do fanatismo milenarista. O governo espiritual invisível de Deus funda-se na justificação* pela fé, e o governo secular funda-se na lei*. Este último, ambivalente por natureza, deve ser empreendido cristãmente, mas num plano independente da fé. Calvino* e Zuínglio* faziam da sociedade cristã uma concepção que apresenta traços bibliocráticos e teocráticos. A noção de r.D. desempenha também um papel central no pietismo*: o ensinamento bíblico, exposto e posto em prática nos conventículos, permite que a soberania de Deus se exerça sobre o mundo. Schleiermacher*, sob a influência do pietismo, definiu o r.D como "a livre comunidade, reunida numa crença piedosa" (*WW* III-2, 466), cujos membros desenvolvem sua individualidade como uma obra de arte viva. Para A. Ritschl, enfim, o r.D. é a comunidade ética* instituída por Jesus Cristo; e seu conceito serve então para glorificar os ideais burgueses do protestantismo liberal. O catolicismo*, por seu turno, viu Inácio de Loyola e certos chefes de fila da Contrarreforma identificar a Igreja hierárquica com o r. de Cristo, que é preciso estender lançando todas as forças numa atividade missionária planejada (*Exercícios espirituais*, n. 137-148, 365).

Na teologia católica, a doutrina do r.D. foi desenvolvida sobretudo — na esteira de B. Gallura — pela escola católica de Tübingen*. Para J. S. von Drey, o r.D. é "esta ideia do cristianismo que contém em si mesma e tira de si mesma todas as outras" (*Einleitung in das Studium der Theologie*, Tübingen, 1819, 19). J.-B. von Hirscher concebe sua "moral cristã" como doutrina da realização do R. A redescoberta da mensagem escatológica de Jesus (J. Weiss), assim como as teologias de Barth* e de Tillich*, contribuíram para voltar a exegese* (L. Cerfaux, J. Bonsirven, R. Schnackenburg etc.) e a eclesiologia* (M. Schmaus) católicas para a problemática do r.D. Com base nesses trabalhos preparatórios, o concílio Vaticano II* pôde definir a Igreja como o r.D. já presente "em mistério" (*LG* 3), mas também como a comunidade que deve, ao mesmo tempo, com todos os seus membros, servir o r.D. pela proclamação da Palavra* (*LG* 35), pela assistência mútua e pela prática diária (*LG* 36). Convém, por outro lado, distinguir entre o crescimento do R. e o progresso terrestre (*GS* 39). A teologia pós-conciliar da esperança*, a teologia política*, a teologia da libertação* ou a teologia feminista (mulher* C) opõem cada uma esta ou aquela implicação do r.D. — a salvação universal, a liberdade, a justiça* — às certezas concretas da Igreja e da sociedade, ou aos tradicionalismos* da teologia. Mas esses movimentos se expõem frequentemente ao risco de dissociar o r.D. da Igreja, até mesmo de se afastar de Jesus Cristo, em razão de um engajamento ideológico e de uma deriva rumo aos messianismos políticos. Existe, aliás, um perigo oposto: o de uma absolutização aparentemente ortodoxa das formas recebidas do cristianismo.

e) Perspectivas sistemáticas. — Se o homem é um ser paradoxal que só encontra seu cumprimento para além da humanidade, para além portanto do alcance histórico de toda faculdade humana, então é preciso dizer o mesmo da história, na medida em que ela constitui o espaço no qual são dados a existência humana, o ser-junto, o ser-no-mundo. Na fé, o cumprimento do humano é atestado como salvação divina.

Esta salvação se deixa *pensar* negativamente, na medida em que a filosofia põe em evidência a fragilidade e a insuficiência de todas as outras ideias que o homem tem de seu fim e de seu cumprimento. Como promessa* englobante garantida pela morte e pela ressurreição* de Jesus Cristo, o r.D. desempenha assim um papel determinante na prática histórica dos homens e, para a filosofia, representa uma ideia assintótica que só se deixa aproximar por negações sucessivas. Daí decorre que a fé só é viva na Igreja lá onde, nutrindo sua esperança e seu amor* da expectativa real do R., ela rejeita os limites e os obstáculos que a história opõe à salvação humana. Quebrando a carapaça das certezas e das tradições estabelecidas, esta ação concreta se preserva do fanatismo tanto quanto integra a dimensão negativa e crítica da ideia do r.D., que sublinha a relatividade de todos os progressos reais efetuados nesta direção.

• E. Hirsch (1921), *Die Reich-Gottes Begriffe des neueren europäischen Denkens*, Göttingen. — R. Frick (1928), "Die Geschichte des Reich-Gottes Gedankens in der alten Kirche bis zu Origenes und Augustin", *ZNW*, sup. n. 6. — A. Dempf (1929), *Sacrum Imperium. Geschichts- und Staatsphilosophie des Mittelalters und der politischen Renaissance*, Munique-Berlim. — E. Staehelin (1951-1963), *Die Verkündigung des Reich Gottes in der Kirche Jesu Christi. Zeugnisse aus allen Jahrhunderten und allen Konfessionen*, t. I-VI, Basileia. — É. Gilson (1952), *Les métamorphoses de la cité de Dieu*, Louvain-Paris. — K. Löwith (1953), *Weltgeschichte und Heilsgeschehen. Die theologischen Voraussetzungen der Geschichtsphilosophie*, Stuttgart. — J. Bonsirven (1957), *Le règne de Dieu*, Paris. — C. Walther (1961), *Typen des Reich-Gottesverständnis. Studien zur Eschatologie und Ethik im 19. Jahrhundert*, Munique. — J. Pief (1965), *Reich Gottes und Gesellschaft nach J. S. Drey und J. B. Hirscher*, Paderborn. — E. Benz (1969), Ecclesia spiritualis. *Kirchenidee und Geschichtstheologie der franziskanischen Reformation*, Darmstadt. — W. Pannenberg (1971), *Theologie und Reich Gottes*, Gütersloh. — J. Moltmann (1980), *Trinität und Reich Gottes. Zur Gotteslehre*, Munique. — A. von Ström *et al.* (1986), "Herrschaft Gottes/Reich Gottes", *TRE* 15, 172-244. — M. Seckler (1988), "Das Reich-Gottes-Motiv in den Anfängen der katholischen Tübinger Schule (J. S. Drey und J. B. Hirscher)", in *ThQ* 168,

257-282. — M. Arndt (1992), "Reich Gottes", *HWP* 8, 510-530.

Peter HÜNERMANN

→ *Escatologia; História; Igreja; Milenarismo; Salvação; Vida eterna.*

RELAÇÃO → **ser** d

RELATIVISMO

O relativismo (r.) é um princípio de explicação das crenças segundo o qual o que se julga verdadeiro ou falso não é somente influenciado pelas circunstâncias de tempo e de lugar, mas depende inteiramente delas.

Embora o termo date do s. XIX, a doutrina tem raízes bem mais antigas. Frequentemente, faz-se de Protágoras (485-411 a.C.) o primeiro relativista, quando na verdade ele sustentava apenas a tese moderada de que a moral, em vez de ser imutável, evolui com as instituições. Se há um movimento relativista, Sexto Empírico (s. II-III a.C.) é que seria seu fundador, ele que aconselhava suspender o julgamento diante de uma contradição evidente na conduta e nas ideias. Montaigne (1533-1592), Hume (1711-1776) e Nietzsche* são, cada qual a seu modo, herdeiros dessa tradição. Nietzsche acentuava-a com sua tentativa de "genealogia da moral".

As formas que o r. toma dependem de três fatores: o alcance que se lhe atribui, a natureza das situações que são julgadas determinantes na gênese das diversas crenças, os pressupostos filosóficos que ele implica. Primeiramente, o r. pode ser total ou parcial; mas por incidir sobre todos os juízos de verdade*, ele evidentemente se destrói a si mesmo, o que o torna pouco plausível. Assim, em geral, ele diz respeito a um domínio particular, ciência, religião ou moralidade. Em seguida, tem-se diferentes tipos de r., conforme se veja a razão de ser da divergência das opiniões na cultura, nos meios de produção, no período histórico ou no sexo. Enfim, o r., total ou parcial, pode ser ou epistemológico ou metafísico: pode limitar-se, p. ex., a afirmar que em tal ou tal domínio não há meio de discernir o verdadeiro do falso; mas pode ir mais longe

e pretender que esta impossibilidade se explica pelo fato de não haver verdade no domínio em questão. Esta tese radical parece caracterizar certas formas de pós-modernismo*; é sustentado por Richard Rorty, p. ex.

Embora o r. em matéria moral já tenha, assim, uma longa história atrás de si, não é certo que ele seja realmente capaz de explicar o desacordo que existe sobre as questões morais, tanto no interior de uma sociedade* quanto entre sociedades diferentes. Alguns se perguntaram se havia realmente tantas diferenças nos juízos morais dos homens: valores morais comuns podem suscitar, afinal de contas, os comportamentos mais opostos. Mesmo que se admita haver desacordos profundos, e que sejam explicados por fatores sociais ou históricos, ainda seria preciso mostrar que é impossível superá-los por um debate racional. Senão, tudo o que eles provam é que existem de fato várias concepções da moral. Mas demonstrar essa impossibilidade não é coisa simples, e um antifundacionalista como Alasdair MacIntyre pôde dizer que o r. se justifica unicamente se se postula que as crenças devem satisfazer exigências de racionalidade de fato impraticáveis. Os antifundacionalistas pensam que as crenças morais não têm fundamento neutro e evidente; para eles, elas pertencem necessariamente a tradições particulares de pensamento e de pesquisa. Isso não impede que estas últimas possam ser julgadas satisfatórias ou não, na medida em que são explicitadas e expostas à crítica das outras tradições.

Frequentemente se crê que o r. moral acarreta o pluralismo e a tolerância. Mas se nenhuma crença moral é verdadeiramente justificada, isso também vale para aquela que diz que é preciso respeitar os valores e os costumes diferentes dos nossos, e não sobra grande coisa desse argumento. Em sua encíclica *Esplendor da verdade* (1993, *AAS* 85, 1128-1228), João Paulo II sustenta que o ceticismo moral corre o risco de levar à opressão mais que à tolerância, e afirma que a humanidade pode conhecer a lei* natural (e, portanto, ter normas seguras de conduta) fundando-se na razão* e nas diretrizes do magistério*. O que a Igreja* ensina em nome de Deus é, portanto, acessível em direito a toda inteligência, e o ensinamento da Igreja se dirige a todos os homens. No protestantismo*, p. ex. em Barth* (*KD* II/2) ou Bonhoeffer* (*Ethik, DBW* 6), tende-se a pensar que o conhecimento do bem* e do mal* é dado com e pelo conhecimento de Deus*; também ele, portanto, é revelado — e ninguém deve tentar (tarefa, aliás, impossível) justificá-lo diante do pensamento profano.

- C. S. Lewis (1943), *The Abolition of Man*, Londres. — G. Guthrie (1971), *The Sophists*, Cambridge. — J. L. Mackie (1977), *Ethics: Inventing Right and Wrong*, Harmondsworth. — M. Krauz e J. W. Meiland (1982), *Relativism, Cognitive and Moral*, Notre Dame, Ind. — R. Rorty (1982), *The Consequences of Pragmatism*, Brighton. — D. B. Wong (1984), *Moral Relativity*, Berkeley. — J. Annas e J. Barnes (1985), *The Modes of Scepticism*, Cambridge. — A. MacIntyre (1985²), *After Virtue*, Londres (*Depois da virtude*, Bauru, 2002); (1988), *Whose Justice? Which Rationality?*, Londres (*Justiça de quem? Qual racionalidade?*, São Paulo, 1991). — D. B. Wong (2003), "Relativismo moral", *DEFM*, v. 2, 463-473.

Michael BANNER

→ *Ética; História; Revelação; Verdade.*

RELIGIÃO (Filosofia da)

I. História

Desde suas origens, a filosofia* (f.) se interessou pela religião (r.) e por seus conteúdos — mas foi somente a partir do s. XVII e XVIII que se constituiu, na Europa, uma f. da r. (K. Feiereis). Até então, a f. era, ela mesma, em sua abordagem da r., uma teologia*, isto é, uma teoria de Deus* (dos deuses, do divino), seja no modo da recusa, da crítica ou da afirmação. O Iluminismo marca um deslocamento: a atenção cessa de incidir sobre a deidade*, o Ser*, o Uno, e recai doravante sobre o homem enquanto e na medida em que se relaciona com a deidade. Kant* resume os temas fundamentais da f. em uma questão: "Que é o homem?", e esta inversão dos termos precisaria ser legitimada de outro modo que não pelo fato de parecer óbvia. Hegel*, apesar de uma abordagem ainda estritamente teocêntrica, declara de igual modo que

a "teoria de Deus não pode ser compreendida e exposta senão como teoria da r.".

A f. da r. toma assim sua fonte no movimento de emancipação do Iluminismo, e isso não ficou sem consequências para esta nova disciplina. Pois, querendo "ter acesso à maioridade" e recorrer somente à sua própria racionalidade, o pensamento provocou um divórcio em que se perdeu uma dimensão fundamental da r., sua relação com a autoridade* e a tradição*. Esta situação caracteriza, aliás, também as ciências religiosas, já que, após ter conhecido seu desenvolvimento próprio a partir das mesmas premissas, elas agora têm vínculo estreito com a f. da r.

Aqui não é o lugar de considerar os diferentes fatores — intrafilosóficos, teológicos, socioeconômicos, políticos, (inter)culturais, históricos (em termos de itinerários pessoais e de evolução científica) — que pesaram sobre esse desenvolvimento. Ocorre que as antigas evidências desmoronam e que uma reflexão fundamental, isto é, uma *f.* da r., se torna ao mesmo tempo possível e necessária.

II. Abordagens

1. Grandes orientações

Pode-se distinguir três grandes orientações: *a*) a recusa da r. em nome da liberdade e da autonomia humanas; *b*) a defesa da r. (e em primeiro lugar do cristianismo), isto é, a apologética; *c*) o estudo teórico e científico da r., na perspectiva da antropologia* ou da f. da cultura.

a) *A recusa da religião* é correntemente caracterizada como "crítica (radical)". Além desse uso não corresponder ao sentido da palavra "crítica", ele sugere que a apologética é sempre não crítica, constitutivamente e, portanto, por essência. E assim se oculta o fato de que a crítica da r. tem sua origem na própria r. (R. Schaeffler): com os profetas*, os Padres* e os doutores* da Igreja.

Os que recusam a r. veem nela uma forma de falsa consciência, cuja aparição e cujas causas eles tentam explicar. Alguns imputam o mal a um conhecimento e a um domínio imperfeitos da natureza*, ou aos progressos de uma civilização que nos fez perder o sentimento natural da existência. Para remediar isso, eles contam ou com o desenvolvimento das ciências* e da tecnologia, ou, ao contrário, com uma nova fidelidade à natureza, na imediatez restaurada da percepção sensível e das relações "naturais" entre indivíduos, num nível mais elevado na criação artística e uma concepção estética da vida. O programa mais ambicioso combina as duas perspectivas: "Aquele que possui arte e ciência/possui também a r./Aquele que não possui nem arte nem ciência/a r. lhe venha em auxílio!" (Goethe).

Outros fazem intervir o ponto de vista social. É a impotência das classes inferiores, o medo de pensar e, entre os instruídos, a automistificação, a falta de coragem política ou a vontade deliberada de enganar que conspiram para perpetuar as ideias falsas. O progresso da ciência e da razão* deve então abrir o caminho para a humanização da sociedade*, assim como, inversamente, as reformas sociais e as revoluções* tornam supérfluas as representações religiosas.

Dois grupos se opõem, entre os adversários da r., quanto ao futuro que devemos esperar ou preparar: há, de um lado, os que esperam um mais profundo cumprimento do homem, seja por restauração de uma origem perdida (L. Feuerbach), seja por aparição de um homem ou de um super-homem novo, como objetivo superior da evolução* (Nietzsche*); há, de outro lado, aqueles para quem se vislumbra um futuro desencantado (p. ex., Freud*).

Mas, no "final dos tempos modernos" (Guardini), é menos fácil opor a r. à natureza ou à sociedade. Se ainda era possível, vinte anos atrás, predizer o desaparecimento da r. na civilização urbana moderna, o século que terminou nos parece hoje marcado de r. e de religiosidade. (Poder-se-ia falar, no plano da história das ideias, de uma vitória de Schleiermacher* sobre Hegel). A r., aliás, só teve a ganhar nisso, como mostra a emergência de fenômenos tão diversos quanto os fundamentalismos* militantes ou esses trustes duvidosos que se paramentam com o título de "Igrejas" por razões jurídicas e fiscais.

b) *Os defensores da religião* respondem desenvolvendo e afinando, a partir da natureza racional do homem, uma *teologia natural** de caráter metafísico. Mas isso se dá às custas — particularmente no deísmo* e em sua "r. natural" — de uma desqualificação da história*, que contudo desempenha (por meio da autoridade da tradição) um papel essencial para a r.

A essa justificação objetiva e metafísica se juntaram, no prolongamento do idealismo alemão, abordagens transcendentais-objetivas (Blondel*, J. Maréchal, J. B. Lotz, Rahner*). Trata-se aqui de justificar a r. como expressão aberta de atos fundamentais que condicionariam também a possibilidade de atitudes não religiosas, tanto na vida diária quanto na atividade científica (p. ex., no exercício do julgamento).

O s. XX também conheceu, para acabar, uma defesa existencial e personalista da r., que mergulha suas raízes nas crises e distúrbios provocados pelas guerras* modernas. F. Ebner, M. Buber, E. Rosenstock-Huessy, F. Rosenzweig, R. Guardini são os representantes dessa reflexão dialógica que se diz herdeira de Kierkegaard*. Também censurou-se nessas duas últimas abordagens seu caráter não histórico e sua falta de perspectivas comunitárias. (Na América Latina, uma f. da libertação veio recentemente se juntar à teologia da libertação*, e os países desenvolvidos conhecem mesmo uma tentativa — atravessada por diversas tendências — de defesa feminista da r.).

c) *A terceira abordagem*, que se afirmou ao longo do s. XIX, não tomava partido pró ou contra a r., mas estudava-a de um ponto de vista empírico-científico em suas dimensões históricas, sociológicas, psicológicas, fenomenológicas. Nem em si mesmos, nem nas primeiras explorações a que deram ensejo, esses trabalhos apresentam um caráter filosófico no sentido clássico: antes, têm mais a ver com as *ciências religiosas*. Entretanto, eles precisam de um conceito da r. para determinar e estruturar seu domínio de aplicação. E na medida em que, para tanto, empreendem caminhos empírico-indutivos, eles mesmos se embrenham pelo terreno da f. da r. — não sem partilhar os traços formais e gerais precedentemente evidenciados.

Uma forma particular desta abordagem é a *f. analítica da r.* Ela retoma, transformando-os radicalmente, todos os pontos de vista anteriores. Após ter desenvolvido, numa primeira fase, teses positivistas sobre a ausência de sentido dos enunciados religiosos, ela se dedica agora a "clarificar" metodicamente seus pressupostos, sua verificabilidade, racionalidade, sua justificação teórica ou prática (L. Wittgenstein*, A. Flew — A. MacIntyre, I. U. Dalferth). Mas, assim fazendo, ela parece deixar de lado (por enquanto?) a questão que é central para as próprias r.: a da verdade* daquilo que confessam, da realidade de seu objeto. Afinal, toda abordagem científica não deve desaguar numa defesa ou numa rejeição da r.?

2. Métodos

Assim, é preferível distinguir diferentes modos de proceder. Pois a f. da r., como disciplina filosófica, tem por tarefa primeira desenvolver um *conceito* adequado da r., a partir do qual cumprirá sua função descritiva, comparativa e normativa a serviço da experiência* vivida, do tratamento científico ou filosófico da r. ou das r. Ora, nossa primeira tipologia não pressupunha um tal conceito? O critério metodológico faz surgir também três abordagens.

a) *O método dedutivo* é, primeiramente, o da metafísica (o que não significa necessariamente que esta proceda puramente *a priori*, no sentido da "prova ontológica" desmontada por Kant). Tendo demonstrado a realidade do absoluto, ele parte de lá, isto é, do Ser supremo, para determinar a relação que o homem mantém com Ele. O método dedutivo é igualmente empregado por aqueles que, a partir de uma hipótese transcendental sobre as faculdades e as ações fundamentais do homem, se propõem reconstruir a r. como cumprimento da essência e da incondicionalidade. A f. da cultura retoma o mesmo projeto, mas fundando-se na comunidade humana e não no sujeito individual. A r., em última análise, é então definida e julgada segundo sua função — para o indivíduo como para a sociedade. Em todas essas formas, a "qualidade" específica do religioso enquanto tal não parece levada em conta.

b) *Os métodos empíricos* querem precisamente identificar essa especificidade. Interessam-se pelos comportamentos "religiosos" (oração* e sacrifício*), pelos caracteres distintivos (momentos, lugares, pessoas, objetos e instrumentos), pela linguagem empregada no mito* e no culto*, pelos atos de linguagem próprios à contemplação* e à liturgia*. Mas pelo acúmulo do material e por sua ampliação aos "mitos" e aos "ritos" da vida diária, essas análises acabam por perder toda consistência e se tornar inutilizáveis, sobretudo — mas não somente — para fins normativos.

c) *A fenomenologia*, na esteira de Husserl, segue uma terceira via. Parte dos atos concretos para apreender-lhes a estrutura profunda e, de lá, a forma essencial da realidade que eles visam; procede, pois, ao modo do desvelamento transcendental. Talvez seja deste método que possamos esperar os resultados mais fecundos.

III. Problemas

1. Objetividade?

Voltamos assim à questão do conteúdo. O que justificará a escolha de determinado método, de determinado conceito? Alguns querem compreender a r. de acordo com a ideia que ela se faz de si mesma. Outros buscam, ao contrário, compreendê-la de um ponto de vista extrarreligioso, em que não se manifesta tanto o acordo com o objeto quanto a vontade de *explicá-lo*.

Ora, nenhum dos dois caminhos leva realmente à objetividade. A perspectiva externa, de um lado, não vê o que a consciência religiosa visa: para ela, de fato, a religião é "na realidade" algo diferente do que esta consciência visa (é um "ópio" ou o "gemido dos oprimidos", é um instrumento de estabilização social — E. Durkheim, M. Weber —, é uma maneira de controlar a contingência — H. Lübbe — etc.). E a perspectiva interna, por outro lado, inclui sempre o observador na observação: portanto, ela só pode se inscrever concretamente numa única religião e deve considerar as outras do exterior.

Pode-se ficar tentado a atenuar o dilema afirmando que todas as r. querem finalmente dizer a mesma coisa. Mas se, conforme uma convicção amplamente difundida entre os crentes, "todo saber religioso sobre Deus é também um saber dado por Deus, no sentido de que sua concepção mesma é a obra de Deus" (M. Scheler), então não se tem o direito de considerar *a priori* todas as revelações* como equivalentes e igualmente revisáveis, isto é, em suma, como indiferentes. Aliás, como se poderia conciliar ideias tão diferentes quanto a das reencarnações que uma alma atormentada deve sofrer pela existência e pela finitude rumo a um nirvana redentor, e a da ressurreição* corporal de um indivíduo que um Deus pessoal chama por seu nome?

No entanto, se se quiser empreender esse caminho, tentando p. ex. "pôr em perspectiva" e completar uma pela outra essas duas concepções, então não se poderá ver aí mais do que simples "opiniões" subjetivas e não a manifestação de uma verdade absoluta, a do Sagrado mesmo — e até simples "cifras" (K. Jaspers) de uma atitude comum de fuga para fora do mundo. Ora, tal posição não seria menos "dogmática" e "intolerante" do que a reivindicação de verdade das r. concorrentes, que ela coloca lado a lado.

Falar de "tolerância" ou de "intolerância dogmática" é, de toda maneira, confundir os níveis de discurso; pois a tolerância não caracteriza a relação com a verdade mesma (seja ela objeto de um conhecimento real ou ilusório), mas — no conflito das convicções sobre o que é verdadeiro — a relação com aquele que não pensa como nós. Se a renúncia agnóstica à verdade se generalizasse, seria o fim de toda tolerância. Por isso, o agnóstico mesmo deve dar prova de tolerância para com aquele que confessa "saber em quem crê" (2Tm 1,12) e que não aceita, portanto, a oposição habitual entre "crer" e "saber" senão com importantes restrições (o problema já se coloca diferentemente quando se utiliza, no lugar do verbo "crer", o substantivo "fé*").

Portanto, se o agnosticismo* e o relativismo* não são nada menos do que neutros e objetivos, é preciso dizer o mesmo das tentativas que visam reconduzir as diversas doutrinas religiosas a simples "visões" sobre tal ou tal domínio concreto da existência ou da realidade profunda do mundo. Ninguém se conforma de modo nenhum a uma coerção material, mas a uma opção e a um juízo de valor pessoais, quando desvaloriza como simples antropomorfismos* (como faz, p. ex., G. Mensching) as categorias

pessoais da unicidade, da livre promessa de fidelidade, do compromisso formal de Deus, para lhes preferir a impessoalidade das imagens naturais: o rio da vida, a energia concentrada, a música do universo ou o astro lunar que, embora único, não se reflete jamais da mesma maneira no espelho movente das águas.

2. A questão da verdade da religião

A resposta concreta à questão da verdade da r. só pode ser dada no interior mesmo da r., a partir da fé ou de uma posição teológica. Num primeiro tempo, contudo, a f. possui ela também uma competência crítica em relação a isso — relativamente p. ex. às concepções politeístas. A f. da r. deve cernir a essência da r. e distingui-la de sua "deformação" (B. Welte), isto é, das múltiplas formas de *pseudo-r.* e de pseudorreligiosidade. Uma vez descartada a questão filosoficamente indecidível da *verdade* da r., é, pois, uma problemática da *veracidade** no domínio religioso que a f. deve organizar, a fim de denunciar toda absolutização indevida ("divinização", idolatria*) de realidades limitadas e condicionais (ou a "totalização" do absoluto, a vontade de transformar Deus em ídolo).

Certamente, nenhum ato religioso está isento de deformações. É preciso, portanto, decidir se situações factuais de não liberdade — acerca dos indivíduos, dos grupos, dos atos, das estruturas — no seio de uma r. estão em contradição com ela, e devem pois ser julgadas e suprimidas a partir dela mesma, ou se, ao contrário, são o resultado dela. Nesta medida, a f. da r. se conforma com as palavras de Hegel: "A r. é o lugar onde um povo [um homem, uma comunidade] se dá a definição do que ele considera verdadeiro."

Parece, assim, que a tarefa incontornável da f. da r. é colocar a questão da essência da r. preservando dentro como fora — numa língua comum aos crentes e aos não crentes — a verdade central do fato religioso.

IV. Um conceito da religião?

1. O conceito

Antes de levantar a questão da "essência" da r. — daquilo que ela é realmente —, convém distinguir o nível de determinação no qual essa essência deve ser apreendida. Partir de um valor ou de um fundamento últimos (Tillich* e sua "preocupação suprema"), ou de coisas que "são sagradas para os homens" (a música, o amor, a pátria…), ou mesmo da capacidade do organismo humano de transcender a natureza biológica (Th. Luckmann) é engajar-se numa via demasiadamente indiferenciada. Mas, em contrapartida, fixar-se na ideia de um Deus pessoal e transcendente é escolher uma via demasiado restritiva. Mesmo o fenômeno do sacrifício* apresenta uma ambiguidade não resolvida. É por esta razão que R. Schaeffler, p. ex., reclama uma análise da linguagem da oração, o que implica ao mesmo tempo uma perspectiva intencional da transcendência e uma demarcação em relação à esfera profana.

Vemos combinar-se aqui a temática fenomenológica, o método transcendental e a criteriologia analítica. Se é possível compreender uma teoria transcendental de Deus como uma proposição hermenêutica* dirigida à consciência religiosa, então o discurso religioso — em sua reflexividade e sua objetividade, em seus enunciados e seus atos de linguagem, em suas profissões de fé, suas orações e seus relatos — fornece critérios de identificação e de avaliação do religioso e permite assim tratar os temas de uma fenomenologia transcendental da r.

2. A busca de salvação e a adoração do sagrado

Existe hoje entre os teólogos, os especialistas de f. e de ciências da r. um consenso quase unânime em designar o objetivo e o fundamento da r. pelo termo salvação*. É isso mesmo o que o divino nos oferece "naturalmente" — e o que ele espera que esperemos dele (cf. Is 7,12-15). Mas como passar daí para o nobre agradecimento que se exprime no Glória da missa romana: "Nós te rendemos graça por tua imensa glória*"? De fato, não se trata aqui de uma glória despótica, mas da bondade do Deus de amor*. Ora, esse amor, nós o louvamos olhando para nós (confessando sua "misericórdia*") ou — num perfeito esquecimento de si — olhando para ele?

Se Hegel já estimava que a f. tinha doravante como tarefa salvar uma verdade ou verdades que "algumas formas de teologia" sacrificavam ao espírito do tempo, a reflexão filosófica poderia hoje ser de novo chamada a administrar uma "reprimenda fraterna" à teologia pastoral. Antes e para além da salvação, seria necessário falar de um bem* que é "outra coisa que salvar e ser salvo" (Platão), de um bem que faz mais que fazer bem (Levinas): seria preciso falar do sagrado. O cumprimento fundamental e final da r. seria então não superar a finitude, mas ultrapassar-se a si mesmo na adoração do divino.

É por ela que as coisas encontram desde agora (provisoriamente e à guisa de "penhor" [2Cor 1,22] da ordem por vir) seu lugar no tempo*. É por ela que o mundo encontra sua ordem.

- S. von Storchenau (1772), Die Philosophie der Religion, Augsburg. — I. Kant (1793), Die Religion innerhalb der Grenzen der blossen Vernunft, Königsberg (A religião os limites da simples razão, Lisboa, 1992). — F. D. E. Schleiermacher (1799), Über die Religion, Berlim. — G. W. F. Hegel (1832), Vorlesungen über die Philosophie der Religion (ed. Jaeschke, 1983-1985, Hamburgo). — L. Feuerbach (1841, 1846), Das Wesen der Religion, GW (ed. Bolin, 1960), 6-8, Stuttgart-Bad Cannstatt. — F. W. Schelling (1858), Philosophie der Mythologie, Philosophie der Offenbarung, SW (ed. Schröter, 1965), 5-6, Munique. — M. Blondel (1893), L'Action, Paris. — W. Windelband (1902), "Das Heilige", in Präludien, Tübingen. — R. Otto (1917), Das Heilige, Munique (O santo, Porto Alegre, 1993). — M. Scheler (1921), Vom Ewigen im Menschen, Leipzig. — H. Cohen (1919), Religion der Vernunft, Frankfurt. — F. Rosenzweig (1921), Der Stern der Erlösung, Frankfurt. — R. Guardini (1939), Welt und Person, Würzburg. — K. Rahner (1941), Hörer des Wortes, Munique (2ª ed., J. B. Metz, 1963). — P. Tillich (1959-), GW (ed. Albrecht), vol. I, V, IX, Stuttgart. — D. M. High (sob a dir. de) (1972), Sprachanalyse und religiöse Sprache, Dusseldorf. — B. Welte (1978), Religionsphilosophie, Friburgo. — H. Schrödter (1979), Analytische Religionsphilosophie, Friburgo-Munique. — I. U. Dalferth (1981), Religiöse Rede von Gott, Munique. — R. Schaeffler (1983), Religionsphilosophie, Friburgo-Munique. — F. von Kutschera (1991), Vernunft und Glaube, Berlim-Nova York.

▶ J. Hessen (1948), *Religionsphilosophie*, I/II, Essen. — H. Fries (1949), *Die katholische Religionsphilosophie der Gegenwart*, Heidelberg. — A. Flew e A. MacIntyre (sob a dir de) (1955), *Next Essays in Philosophical Theology*, Londres (1972[8]). — C. Bruaire (1964), *L'affirmation de Dieu*, Paris. — K. Feiereis (1965), *Die Umprägung der natürlichen Theologie in Religionsphilosophie*, Leipzig. — K. Riesenhuber (1968), *Existenzfahrung und Religion*, Mainz. — P. Ricoeur (1969), *Le conflit des interprétations*, Paris (*O conflito das interpretações*, Rio de Janeiro, 1978). — J. Splett (1971), *Die Rede vom Heiligen*, Friburgo-Munique; (1973), *Gottesfahrung im Denken*, Friburgo-Munique (1995[4]). — R. Schaeffler (1973), *Religion und kritisches Bewußstein*, Friburgo-Munique. — C. Elsas (sob a dir. de) (1975), *Religion*, Munique. — K. H. Weger (sob a dir. de) (1979), *Religionskritik von der Aufklärung bis zur Gegenwart*, Friburgo. — W. Oelmüller (sob a dir. de) (1984-1986), *Religion und Philosophie*, 3 vol., Paderborn. — W. Kern-H. J. Pottmeyer-M. Seckler (sob a dir. de) (1985), *HFTh I.* — W. Dupré (1985), *Einführung in die Religionsphilosophie*, Stuttgart. — F. Wagner (1986), *Was ist Religion?*, Gütersloh. — E. Feil (1986), *Religio*, Göttingen. — H. Lübbe (1986), *Religion nach der Aufklärung*, Graz. — K. H. Weger (sob a dir. de) (1987), *Argumente für Gott*, Friburgo. — D. Z. Phillips (1993), *Wittgenstein and Religion*, Londres-Nova York. — J.-Y. Lacoste (1994), *Expérience et Absolu*, Paris. — R. Trigg (1998), *Rationality and Religion*, Oxford.

Jörg SPLETT

→ *Ateísmo; Conhecimento de Deus; Espiritual (teologia); Fundamental (teologia); Hermenêutica; História; Linguagem teológica; Mística; Negativa (teologia); Provas da existência de Deus; Razão; Revelação.*

RELIGIÃO (Virtude da) → culto

RELIGIÃO NATURAL → deísmo/teísmo

RELIGIÕES (Teologia das)

1. O conceito

Entende-se por "teologia* das religiões" (t.r.) um estudo sistemático das r. não cristãs que visa relacionar seus conteúdos essenciais à verdade* revelada do cristianismo. No fundo, a existência da Igreja* e da t. desde sempre esteve ligada ao encontro e ao confronto com outras r., que reivindicavam uma legitimidade própria. Mas foi sob o impulso do concílio* Vaticano II* e no quadro do diálogo inter-religioso instaurado pelo CEI* que se tratou cada vez mais das "r. como tema da t." (H. R. Schlette), de uma "t. da história das r." (E. Benz) ou de uma "t.r." (H. Bürkle). Um estudo teológico das r. não cristãs se desenvolveu assim sobre temas e em direções específicas: com H. de Lubac*, p. ex., estudo do budismo na perspectiva da "origem das r."; com Y. Congar, preocupação de melhor perceber "a verdade e as dimensões da salvação*"; com J.-A. Cuttat, interesse prioritário pela espiritualidade das r. asiáticas. Todos esses trabalhos abordam as r. sob um ângulo teológico, e se diferenciam nisso dos estudos baseados num método histórico, comparatista ou fenomenológico. A t.r. pressupõe certamente tais análises, e outras também (estudos de campo, p. ex., ou psicologia da r., ou história das civilizações), e se aproveita delas para suas próprias investigações. Mas quanto a seu fundamento e a seu ponto de partida, ela os encontra nas convergências e nas divergências que apresentam, à luz da verdade revelada do cristianismo, as diferentes vias religiosas pelas quais o homem exprime seu "desejo de Deus*" (*CEC*, § 27).

2. As religiões nas sagradas Escrituras

A história da antiga aliança* já está ligada ao encontro e ao confronto com os cultos* e as crenças religiosas de outros povos. A eleição única de Israel* e a revelação* única recebida por meio da lei* mosaica e dos profetas* se inscrevem numa configuração histórica em que entram em jogo esferas de influência exteriores a Israel. Mas apesar dos paralelos que se pode traçar entre o judaísmo* e outras r. semíticas, a aliança exclusiva contraída por Deus com Israel e a afirmação de sua soberania sobre este povo* conferem àquelas r. uma significação nova. Elas permanecem prisioneiras de uma r. da natureza e de seus cultos politeístas, ao passo que Israel, aliado ao Criador que está na origem de toda realidade natural, rejeita esses vínculos e se liberta do poder das divindades da natureza. A automanifestação de Deus em Israel, por outro lado, reveste-se de um caráter universal que abole todas as fronteiras étnicas; essa universalidade se exprime muito particularmente no Dêutero-Isaías (Is 45,14ss) e nos Salmos*.

A linguagem e os conceitos do NT não remetem somente à tradição de Israel. A filosofia* e a r. gregas (sobretudo o estoicismo e os fundos gnósticos e neoplatônico) deram sua contribuição à interpretação teológica do mistério* de Cristo*, e o culto imperial romano também trouxe a sua. A linguagem mítica, a cosmologia antiga e os títulos senhoriais romanos, todos foram postos a serviço de Cristo e de sua mensagem. "A luz que, na Grécia, se acendeu no coração das trevas humanas é apenas a luz refletida de outro sol. Este sol é o Cristo" (H. Rahner, *Griechische Mythem in christlicher Deutung*, 10). O estudo teológico das r. não cristãs encontra assim seu modelo neotestamentário no discurso de Paulo diante do Areópago, em At 17. Diante da multidão dos altares, no coração da grande quermesse dos sistemas e das crenças daquela época, Paulo apresenta o Cristo como a meta e o cumprimento de toda busca religiosa. Pela multiplicidade das respostas que trazem à questão do fundamento e do objetivo último de sua existência, os homens confessam que ainda não experimentaram a realidade divina em sua profundeza e sua integralidade ("Aquilo que venerais assim, sem o conhecer, é o que eu vos venho anunciar", At 17,23). O caminhar religioso dos homens é, neles, a expressão de um sentimento de sua condição de criatura (R. Otto). Ele atesta de diversas maneiras que eles estão à procura da realidade divina sobre a qual se fundam a criação* toda inteira e, com isso, a unidade da espécie humana (At 17,26). Essa origem comum já fornece o princípio de uma solidariedade pré-cristã e extracristã. E por isso é que Deus, apesar dos diferentes nomes* que recebe, apesar da diversidade das vias pelas quais os homens buscam a salvação, é proclamado como um absoluto próximo de todos e presente em todas as suas criaturas (At 17,27s). Face ao mundo das religiões, o NT não convida a t. a pronunciar a abolição delas: nessas abordagens provisórias e parciais da salvação, ela

deve, ao contrário, ouvir o pedido ainda aberto da salvação integral e responder com base no evento crístico (At 17,30ss).

3. Referências históricas

Toda a história* da Igreja está ligada à t.r., de maneira mais ou menos marcada conforme as épocas. A t. dos primeiros Padres visava essencialmente atualizar o fundamento neotestamentário da fé diante do paganismo* e devia, portanto, estatuir sobre o sentido das r. que tinham precedido o cristianismo e conviviam ainda com ele no império. Na t. dos *apologistas* dos s. II e III, o problema é resolvido com uma argumentação em termos de continuidade e de diferença: a revelação cristã não nega e, sim, leva à perfeição os frutos, certamente estiolados e desnaturados, que o paganismo pôde produzir em sua busca das virtudes* e dos valores úteis à comunidade humana. A doutrina do *Logos* permitirá aprofundar esta tese e terá um papel essencial na confrontação do cristianismo com os representantes das ideias antigas. Com *Justino* (†165), p. ex., ela se torna a ponte que permite unir a economia cristológica de revelação com toda ação de Deus anterior ao Cristo e independente dele: assim, acerca da virtude e da sabedoria* contida nas doutrinas pré-cristãs, dir-se-á que ela é feita de "germes" ou "sementes" (*spermata*) do *Logos* divino revelado em Jesus Cristo. *Clemente de Alexandria* (nascido c. 140), familiarizado com as correntes místicas* e teosóficas da Antiguidade tardia, saberá reconhecer nelas caminhos de acesso ao mistério verdadeiro e autêntico do *Logos* encarnado. Ele "sabe reconhecer a parte de verdade relativa [da] mensagem filosófica [do paganismo]. Mas o conhecimento pleno e lúcido só pode ser encontrado entre os profetas e, antes de tudo, no *Logos* mesmo, que introduz a toda verdade*'" (H. von Campenhausen, *Griech. Kirchenväter*, 35).

É na *Summa contra gentiles* (1259-1264) que Tomás* de Aquino desenvolve sua própria t.r.; e o faz associando estreitamente o diálogo e a missão*, para apoiar a pregação* de seus irmãos dominicanos junto aos muçulmanos. Na ausência de texto sagrado comum às duas r. e que permitiria distinguir a verdadeira crença da falsa, Tomás recorre ao conhecimento racional, comum por natureza a todos os homens. Uma vez que a fé* só pode ser expressa por analogia* com a ordem criada (*analogia entis*), a verdade cristã deve ser conectada às verdades acessíveis aos não cristãos, portanto, às verdades tomadas na esfera do mundo das criaturas. Mas só a iluminação pelo Espírito* Santo permite ultrapassar a fronteira entre natureza* e sobrenatureza (*ST* Ia IIae, q. 109, a. 1).

O modelo bíblico da revelação divina como profecia e cumprimento* encontrará uma nova atualização com Nicolau* de Cusa numa articulação da diversidade da unidade. Em seu *De pace fidei*, ele relata um diálogo fictício mantido no céu sobre a maneira de instaurar a paz* entre as r. O campo de tensões no interior do qual as r. se opõem tem por princípio a *explicatio* e a *contemplatio* de Deus: é em virtude delas que leis, costumes e ritos religiosos tomaram diferentes formas segundo as circunstâncias. Para assegurar a concordância das r., seria preciso, então, proceder a um "retorno" desta diversidade explicativa na *complicatio* do Deus único e verdadeiro. E o cristianismo tem aqui o privilégio de reunir em si os elementos de uma autêntica busca de Deus que aparecem em estado disperso em outras r.: eles convergem na fé cristã e nela encontram sua expressão mais perfeita sob a forma de um amor* e de um conhecimento* verdadeiros de Deus.

O pensamento iluminista e o evolucionismo influenciaram certas teorias da r., das quais a parábola dos anéis, no *Nathan o Sábio* de G. E. Lessing (1729-1781), oferece o resumo mais eloquente. A preocupação com a verdade revelada é substituída aqui por uma *busca* da verdade e da vida realmente moral. "Não é na posse, é na busca da verdade que desabrocham [as] forças [do homem], e é assim que ele avança sempre mais longe em sua perfeição". Essa abordagem filosófica da r. e seu apelo à tolerância marcaram particularmente a teologia não católica, e ela conhece atualmente um renascimento em diversos projetos teológicos guiados por uma preocupação social e uma ética* centrada no

homem. É nesta perspectiva que E. Troeltsch (1865-1923) sugeriu a ideia de uma relativização cultural das r. (segundo as "particularidades individuais das diferentes esferas culturais e raciais" e a "especificidade de suas estruturas religiosas integrantes", *Die Absolutheit des Christentums und die Religionsgeschichte*, 78).

Esta evolução rumo a um protestantismo* liberal será um dos principais alvos da teologia "dialética" nascida em torno do jovem Barth*. Todo conhecimento natural de Deus estando radicalmente excluído, a fé cristã aqui não mantém mais do que uma relação de oposição com a r., acusada de querer fazer do "homem [...] o criador de Deus, Deus [tornando-se] de uma maneira duvidosa o Deus do homem, um predicado do ser e da vida do homem" (*KD* IV/1, 769). Com esta base, a t.r. não podia mais atribuir para si outra tarefa que não a de precisar a especificidade impartilhável do cristianismo (como no livro muito barthiano de H. Kraemer, *Die christliche Botschaft in einer nichtchristlichen Welt*, Zurique, 1940). Só o encontro com as tradições religiosas de outras culturas, no quadro de uma plataforma ecumênica ampliada, viria permitir a emergência de outra perspectiva, que tampouco ficou sem consequências no plano teológico.

4. A teologia das religiões como diálogo

Sobre as relações entre a revelação cristã e as outras r., o Vaticano II (1962-1965) soube oferecer uma rica reformulação das indicações fornecidas pela Escritura* e pela tradição*. O terreno tinha sido preparado por um intenso trabalho de aprofundamento teológico e pelo exame atento das transformações que as r. sofriam no mundo moderno: a doutrina do concílio deve muito às contribuições e iniciativas de teólogos como Y. Congar, H. de Lubac, K. Rahner*, H. Dumoulin, F. König e outros, a quem as rápidas mudanças de situação com que a humanidade se achava confrontada tinham permitido reconhecer o papel das r. não cristãs, ao lado do cristianismo, numa mesma tarefa de se encarregar do mundo. O ponto de partida da Declaração sobre as relações da Igreja com as r. não cristãs (*NA*) é, assim, a humanidade, encarada em sua unicidade e no fundo dos vínculos cada vez mais estreitos que unem os povos entre si. Entre a unidade original da espécie humana, tal como foi desejada pelo Criador, e sua unidade restaurada aos olhos de todos no cumprimento do plano de salvação divino, a humanidade está à procura de um sentido e de uma orientação. Buscando nas diferentes r. "a resposta aos enigmas ocultos da condição humana", os homens não testemunham somente sua abertura à realidade última que é Deus: sua atitude religiosa traduz mesmo "certa percepção (*quaedam perceptio*) desta potência oculta" que governa a vida deles. O texto conciliar não deixa todavia de perceber que as r., como a história mostra, se desenvolvem também em função do desenvolvimento das culturas: longe de constituir formações estáticas, fechadas a toda influência externa, elas mesmas já evoluem na medida em que tentam "responder às mesmas questões com noções mais precisas (*subtilioribus notionibus*) e uma linguagem mais elaborada".

No que o concílio diz das diferentes r. se esboçam ao mesmo tempo as grandes orientações que governam até hoje o diálogo teológico com os representantes dessas r. As r. da natureza e os cultos tribais certamente não são evocados expressamente em *NA*, mas é decerto seu tipo próprio de religiosidade o evocado na alusão à "percepção de uma potência oculta" ou ao "reconhecimento da Divindade suprema, ou mesmo de um Pai" (*NA* 2). As contribuições teológicas ao estudo destas r. étnicas ("*primal religions*") incidem — na esteira dos trabalhos de P. Tempels sobre a filosofia banto, que fizeram escola — sobre a visão global que se exprime por meio dos ritos e das observâncias religiosas, e sobre a imagem que eles dão ao mesmo tempo do homem, enquanto se conhece como criatura, e de seu grupo, encarado como comunidade de vivos e de "mortos-vivos" (J. S. Mbiti). Do hinduísmo, o texto conciliar destaca particularmente "a fecundidade inesgotável dos mitos*", os "esforços penetrantes da filosofia", "das formas de vida ascética" e a "profundidade da meditação", tudo o que permite aos adeptos desta r. "escrutar o mistério divino". O diálo-

go teológico com o budismo gira em torno da "insuficiência radical deste mundo cambiante", em torno da busca de um "estado de libertação perfeita" e de uma "iluminação suprema". Quanto ao islamismo, ele tem o mérito de adorar o "Deus único", de invocar o AT, de venerar Jesus* como profeta e honrar sua mãe. A relação do cristianismo com o judaísmo, enfim, é posta à parte em virtude da herança comum partilhada pelas duas r. eleitas.

Os impulsos dados pelo Vaticano II suscitaram um vasto movimento de pesquisa, que se cristalizou numa multidão de monografias sobre as r. não cristãs. Paralelamente aos seminários e aos encontros organizados pelo Conselho pontifical para o diálogo inter-religioso, as conferências patrocinadas pelo CEI e seu programa de estudos para o diálogo com os representantes das r. e das ideologias não cristãs têm gerado, do lado protestante, uma profusão de materiais e de contribuições particulares. Diante das evoluções e das tendências divergentes surgidas na t.r., os textos doutrinais *Redemptoris Missio* (1990) e *Diálogo e anúncio* (1991) relembraram, do lato católico, as tarefas que o concílio lhe atribui.

• O. Karrer (1934), *Das Religiöse in der Menschheit und das Christentum*, Frankfurt. — H. de Lubac (1952), *La rencontre du bouddhisme et de l'Occident*, Paris. — E. H. Schillebeeckx (1952), *De Sacramentale Heilseconomie*, Antuérpia. — F. König (sob a dir. de) (1956), *Christus und die Religionen der Erde*, Viena. — F. König e H. Waldenfels (sob a dir. de) (1957), *Lexikon der Weltreligionen*, Friburgo-Basileia-Viena. — T. Ohm (1957), *Die Liebe zu Gott in dem nichtchristlichen Religionen*, Friburgo. — H. Kraemer (1959), *Religion und christlicher Glaube*, Göttingen. — R. Guardini (1958), *Religion und Offenbarung*, Würzburg. — R. Panikkar (1963), *Die vielen Götter und der eine Herr*, Weilheim. — J. Ratzinger (1964), "Der christliche Glaube und die Weltreligionen", in H. Vorgrimler *et al.* (sob a dir. de), *Gott in Welt. Festgabe für K. Rahner*, t. II, Friburgo, 287-305. — H. R. Schlette (1964), *Die Religionen als Thema der Theologie. Überlegungen zu einer "Theologie der Religionen"*, Friburgo. — K. Rahner (1964), "Das Christentum und die nichtchristlichen Religionen", *Schr. zur Th.*, t. V, Einsiedeln, 136-158; (1965), "Anonymes Christentum und Missionsauftrag der

Kirche", *ibid.*, t. VI, 545-554. — Pontificium Consilium pro Dialogo inter Religiones (1965-), *Bulletin*, Roma. — H. Bürkle (1965), *Dialog mit dem Osten*, Stuttgart; Id. (sob a dir. de) (1966), *Indische Beiträge zur Theologie der Gegenwart*, Stuttgart. — A. Bea (1966), "Die Haltung der Kirche gegenüber den nichtchristlichen Religionen", *StZ* 177, 1-11. — G. Thils (1966), *Propos et problèmes de la théologie des religions non chrétiennes*, Tournai. — N. Söderblom (1966²), *Der lebendige Gott im Zeugnis der Religionsgeschichte*, Munique-Basileia. — J. Heislbetz (1967), *Theologische Gründe der nichtchristlichen Religionen*, Friburgo — Secretariatus Pro Non Christianis (1970), *Religions. Fundamental Themes for a Dialogistic Understanding*, Roma-Milão. — H.-J. Margull e S. J. Samartha (sob a dir. de) (1972), *Dialog mit anderen Religionen. Material aus der ökumenischen Bewegung*, Frankfurt. — W. Kasper (1973), "Der christliche Glaube angesichts der Religionen", in *Wort Gottes in der Zeit. Festschrift für K.-H. Schelkle*, Düsseldorf, 347-360. — H. Bürkle (1977), *Einführung in die Theologie der Religionen*, Darmstadt. — R. Panikkar (1977), *The intrareligious dialogue.* — C. H. Ratschow (1979), *Die Religionen*, HST t. 16. — W. C. Smith (1981), *Toward a Universal Theology of Religion*, Nova York. — H. Waldenfels (sob a dir. de) (1982), *Theologen der Dritten Welt*, Munique. — H. Küng et al. (sob a dir. de) (1984), *Christentum und Weltreligionen*, Munique. — D. J. Krieger (1986), *Das interreligiöse Gespräch. Methodologische Grundlagen der Theologie der Religionen*, Zurique. — M. Seckler (1986), "Theologie der Religionen mit Fragezeichen", *ThQ* 166, 164-184. — Commission théologie internationale (1997), *Le christianisme et les religions*, Paris.

Heinz BÜRKLE

→ *Experiência; Inculturação; Judaísmo; Religião (filosofia da).*

RELIGIOSOS, RELIGIOSAS → vida consagrada

RELÍQUIAS

Em sua acepção religiosa cristã, o termo "relíquias" (r.) tem duplo sentido: designa principalmente os restos corporais dos santos e, secundariamente, os objetos que têm uma relação direta com a vida de Cristo* (como a cruz) ou dos santos, ou ainda objetos que tocaram o corpo* dos santos. Esses restos foram venerados pelos cristãos desde os primeiros séculos, de um modo coerente com a fé* na encarnação* e na ressurreição* corporal, e também com a recusa cristã de incineração praticada no mundo romano.

Em Esmirna, após o martírio* do bispo* Policarpo em 177, a veneração do corpo e do túmulo já aparecia como elemento constitutivo do culto* prestado ao santo. Essa prática será habitual a seguir. Particularmente importante foi, em Roma*, o culto, atestado pouco depois do ano 200, dos "troféus" dos apóstolos Pedro* e Paulo (provavelmente seus restos). De igual modo, em Jerusalém*, no s. IV, a descoberta da cruz de Cristo deu origem a um culto que se estendeu posteriormente aos fragmentos que dela se conservaram. O *status* desse culto deve ser especificado cuidadosamente, e uma distinção estabelecida por Agostinho* (*Cidade de Deus* X, 1) permite fazê-lo: a Deus cabe a adoração (*latreia*, latria, à qual se opõe a idolatria*, a adoração dos ídolos), aos santos cabe a veneração (*douleia*, dulia). O culto eucarístico e, de outra maneira, a adoração da cruz e a veneração do livro dos evangelhos* participam do culto de latria (Niceia II*, *DS* 601).

No s. IV começaram os traslados e partilhas de r. (a Igreja* romana permaneceu longo tempo oposta a tais partilhas), assim como a utilização das r. de um santo, colocadas sob o altar de uma igreja, na ocasião da dedicação. Ao mesmo tempo, os Padres* da Igreja tomavam posição sobre o fundamento doutrinal da prática. Segundo a homilia de Basílio sobre o Sl 115 (PG 30, 112), "aquele que toca os ossos de um mártir participa da santidade* e da graça* que ali habitam". E Gregório* de Nazianzo diz dos mártires que "seus meros corpos têm o mesmo poder que suas santas almas*" (*Contra Juliano* I, 59, PG 35, 589). Por ocasião de uma querela com o presbítero* gaulês Vigilâncio, que criticava o culto das r., Jerônimo, enfim, num panfleto contra esse padre (o *Contra Vigilantium*), sintetizou o estado das práticas e lhe fez a apologia.

Desde a Antiguidade cristã encontram-se abusos do culto das r. decorrentes, conforme o caso, da ingenuidade crédula dos que as colecionavam ou da superstição. O discurso da Igreja, e sobretudo sua prática, foram sempre matizados; não sabemos o que Vigilâncio pensava de fato, mas constata-se bem que a evangelização* da Europa ocidental evitou uma atitude inflexível para com as práticas anteriores das populações (cf. Gregório* Magno a Agostinho de Cantuária, *Registro* XI, 45 [CChr.SL 140 A, 961]).

Os reformadores tomaram posição ao mesmo tempo contra os abusos e contra o princípio mesmo do culto das r. No concílio de Trento*, em contrapartida, um mesmo decreto (*DS* 1821-1825) condenou os abusos sempre reafirmando a legitimidade de princípio desse culto e sua coerência com a fé na ressurreição dos corpos (cf. Vaticano II*, *SC* n. 111). Do ponto de vista católico, dois deveres decorrem disso: dever de zelar pela autenticidade das r., dever de bem distinguir os "objetos do culto", no sentido geral de objetos que servem ao culto, e o "objeto de um culto". E como uma r., no sentido preciso, é um objeto ao qual um culto é prestado, sua sacralidade intrínseca implica que não se pode abolir tal culto.

* Jerônimo (406), *Contra Vigilantium*, PL 23, 339-352. — C. Mohrmann (1954), "A propos de deux mots controversés de la latinité chrétienne, *tropaeum-nomen*", reed. in *Études sur le latin des chrétiens*, t. 3, Roma, 1965, 331-350. — K. Schreiner (1966), "*Discrimen veri ac falsi*. Aussätze und Formen der Kritik in der Heiligen- und Reiliquienverehrung des Mittelalters", *AkuG* 48, 1-53. — P. Jounel (1989), "Le culte des reliques", "Problèmes relatifs au culte des saintes reliques", *Not* 25, 212-236. — R. F. Taft, A. Kazhdan (1991), "Relics", *Oxford Dictionary of Byzantium*, t. 3, 1779-1781. — W. Kelin e A. Angenendt (1999), "Reliquien/Reliquien-verehrung", *TER* 29, 67-74 (bibl.).

Pierre-Marie GY

→ *Culto; Culto dos santos; Liturgia; Santidade.*

RENANO-FLAMENGA (Mística)

A corrente mística* (m.) dita "renano-flamenga" agrupa dois conjuntos distintos, de inspiração frequentemente convergente, mas de orientação às vezes oposta: uma tradição* alemã representada pela beguina* Mechtilde de Magde-

burgo (1207/1210–1282/1294), autora de *A luz transbordante da deidade*, e pelos dominicanos Mestre Eckhart de Hohenheim (E.) (1260-1328), Henrique de Berg, *alias* Heinrich Sus ou Suso (S.) (†1365), e João Tauler (T.) (†1361), cuja língua é o médio-alto-alemão; uma tradição flamenga representada pela beguina Hadewijch de Antuérpia (*c.* 1240), autora de *Visões* e de *Poemas estróficos*, pelo autor anônimo dos *Poemas de rimas brancas* conhecido pelo nome de Hadewijch II, pela monja cisterciense Beatriz de Nazaré (1200-1268), autora das *Sete maneiras de amor*, por Jan van Ruusbroec (R.) (1293-1381) e seu discípulo Jan van Leeuwen (†1378), cuja língua é o médio-holandês. Se, para além da diversidade das línguas de expressão, existe entre Mechtilde, Hadewijch e Beatriz uma afinidade profunda, baseada num parentesco de cultura, de experiência, de *status* social e de expressão literária (privilegiando a forma poética), a comunidade das fontes e a aparente identidade das problemáticas separam um R. e um E., mais do que os aproximam; por outro lado, a distinção entre m. dita "feminina" ou "afetiva" e m. dita "masculina" ou "especulativa" cria, em princípio, novas discordâncias no seio de cada conjunto.

1. A mística renano-flamenga como entidade cultural e histórica

A "m. renana", a de E., S. e T., se inscreve num contexto social e religioso complexo, parcialmente ocultado pelas categorias historiográficas.

a) Mística nupcial e mística da essência. — A distinção tradicional entre a "m. esponsal" das mulheres*, beguinas ou monjas (*minne-Mystik*), e a m. "intelectual" dos homens, religiosos ou teólogos, pede uma reconsideração. A mais imediata é a das *preliminares escritas* subjacentes aos discursos. Dois polos se distinguem, então, em torno dos quais se organizam as obras, as práticas e até mesmo as ordens religiosas: o *Cântico dos Cânticos* e o Prólogo do Evangelho de João. Antes de ser "feminina", a m. nupcial renano-flamenga é cisterciense, porque se nutre da leitura dos textos de Bernardo* de Claraval *sobre o Cântico dos Cânticos*. É desta fonte que procede, notadamente, um dos temas centrais de

Hadewijch ou de Beatriz, o do "sem por quê" (*sonder enich waeromme*) — uma fórmula que se encontrará de E. a Ângelo Silésio —, que prolonga a tese de Bernardo que diz, no sermão 83,3 *sobre o Cântico dos Cânticos*, que "o amor* não quer para si outra causa nem outro fruto senão ele mesmo". A m. especulativa investe em outro espaço literário, o do nascimento do Verbo*, tal como o enuncia Jo 1,11 (*in propria venit*, "ele veio", "veio para o que era seu"), e é neste espaço que se situa a teologia* da habitação interior da essência ou fundo da alma* (*seelengrund, abditum mentis*), que tem papel decisivo em E. e seus discípulos.

b) Movimentos espirituais e tendências heréticas. — A m. renana procede amplamente do encontro entre teólogos profissionais encarregados da *cura animarum* e seus auditórios de mulheres, monjas ou beguinas, frequentemente agrupadas em torno dos conventos de irmãos mendicantes que lhes asseguravam proteção: um E., p. ex., tinha a responsabilidade espiritual de 75 conventos de monjas dominicanas, da ordem terceira dominicana da Alsácia e da Suíça, e de cerca de 85 beguinarias de Estrasburgo, onde se agrupavam cerca de mil mulheres. Paralelamente às beguinas*, outro movimento, masculino, acompanha o florescimento da m. renano-flamenga: o dos begardos. Na época de E., de S. e de T., os begardos e algumas beguinas constituem um movimento poderoso, bem implantado na Alemanha: a "seita" dos "irmãos e irmãs do Livre Espírito e da pobreza voluntária". As doutrinas do "Livre Espírito", que nos são conhecidas pela *Determinatio* de Alberto* Magno sobre a heresia* de Ries (tomada de posição sobre uma lista de 97 teses heréticas, que o mestre da escola dominicana alemã reconduz em geral ao pelagianismo* e ao maniqueísmo*), têm a particularidade de enfatizar, elas também, o tema mais amplamente difundido na m. renana: a "deificação" ou "divinização" do homem. O "Livre Espírito", todavia, entende a "deificação" como um processo de realização *pessoal*, independente da frequentação dos sacramentos*, independente dos dons infusos da graça*. Embora o próprio

E. tenha se oposto vigorosamente às doutrinas da seita, os sustentadores do "Livre Espírito" serviram-se de sua autoridade para assegurar a difusão de suas teses. E esse apadrinhamento involuntário provavelmente desempenhou um papel no procedimento de Inquisição empreendido contra E. (1326), que terminou em 1329 com sua condenação pelo papa* de Avinhão João XXII (constituição *In Agro dominico*).

A oposição de E. ao "Livre Espírito" não pode ser posta em dúvida. O "Livre Espírito" professa a deificação sem a graça (concílio* de Vienne* VI, 6), distinguindo *incipientes*, *proficientes* e *perfecti*; afirma que uma vez atingido o termo, os perfeitos são deificados e devem ser objeto de um culto* de adoração; além disso, é a alguns eleitos que ele reserva a deificação. Para E., ao contrário, todo homem deve se tornar filho de Deus* e ser assim "por graça" o que o Filho é "por natureza". E. critica ainda duas outras teses dos begardos: a confusão entre o livre-arbítrio cego e a liberdade*; a afirmação da inutilidade das obras* (concílio de Vienne VI, 2). Para E., as obras conduzem à bem-aventurança eterna, e a prática da virtude* não é característica do homem imperfeito (contrariamente ao que afirma o "Livre Espírito"). S., T. e R. retomarão ou aprofundarão essas críticas.

2. Os grandes temas da mística renano-flamenga

A originalidade da m. renana está em explorar o vínculo teológico que existe entre a habitação trinitária (a união transformadora da alma* em Deus no conhecimento* e no amor*), e a visão beatífica*. A dificuldade desta m., portanto, não está em apelar a "experiências" extraordinárias, ela é propriamente teológica. A essa dificuldade se acrescenta a da língua e do estilo, a obscuridade de certas fórmulas, a falsa impressão de homogeneidade que suscita a leitura de obras frequentemente ligadas umas às outras.

a) Graça incriada e graça criada. — A intuição central da m. renana não é menos clara. É enunciada numa tese fixada como adágio: "Deus se fez homem para que o homem seja feito Deus" — é a unidade das duas graças, graça da encarnação* e graça da habitação, considerada como constitutiva da ontologia do mistério* cristão. Essa intuição prolonga o ensinamento dos Padres* da Igreja, que sustentam, como Ireneu* de Lião que o motivo da encarnação é a deificação do homem: "Tal é a razão pela qual o Verbo se fez homem, e o Filho de Deus, Filho* do homem, é para que o homem, misturando-se ao Verbo e recebendo assim a filiação* adotiva, se torne filho de Deus" (*Adv. Haer.* III, 19, 1). Por "deificação" ou "justificação*", os m. renanos entendem a habitação da Trindade* inteira na "alma do justo", o que eles chamam também de dom da "graça incriada". Para eles, a habitação não se reduz ao dom da graça dita "santificante", pois no dom que eles visam, o Espírito* Santo é considerado como habitando o homem: é a pessoa* divina mesma que nos é dada, e não somente seus dons (*i.e.,* a "graça criada").

b) *Mestre Eckhart, João Tauler e a deificação.* — Porque centrada sobre as duas graças da encarnação e da inabitação interior, a m. eckhartiana é essencialmente cristocêntrica. Exposta no tema do nascimento do Verbo ou Filho na alma (teogênese), ela se apresenta sob a forma de uma "m. de Natal". Espiritualidade de orientação ao mesmo tempo prática e contemplativa, ela vê no Cristo* aquele que realiza de maneira eminente todas as virtudes nas quais se dá um eco da deificação do cristão: humildade, pobreza de espírito, nobreza interior. O Cristo, novo Adão*, é o protótipo do cristão, do homem restaurado na plenitude de uma natureza* reconduzida a montante do pecado*, protótipo do homem renovado pela graça na humildade, na pobreza e na nobreza. Portanto, o Cristo na cruz não está no centro da m. eckhartiana. O Cristo eckhartiano está "além da alegria e da dor", "separado" e "abandonado" numa verdadeira "liberdade", a do "fundo da alma" (*seelengrund*). O que ele propõe como modelo ao cristão é menos seu sofrimento que sua "separação" (*abegescheindenheit*) e seu "abandono" (*gelâzenheit*) no interior de toda ação como de toda paixão. A m. eckhartiana exprime-se assim numa fórmula simples que condensa toda uma série de elaborações teológicas: o homem humilde, pobre e nobre é um homem separado e abandonado no Único-um (*Einic-ein*). Contudo, ela não rejeita por isso nenhuma das práticas comuns nem dos exercícios ou das obras que podem "realizar"

a vida do cristão: a oração*, a eucaristia*, a frequência dos sacramentos (E. faz a apologia da comunhão frequente). A mesma doutrina encontra-se na pregação de João T.

c) *Suso e a mística da paixão.* — Embora tenha defendido os aspectos mais especulativos da m. eckhartiana em seu *Pequeno livro da Verdade*, S. opera uma mudança radical em suas obras posteriores. O âmago de sua doutrina m. é posto numa nova definição de "verdadeiro abandono": "Um homem abandonado (*gelassener*) deve ser despojado de toda forma (*entbildet*) que recorde a criatura, ser conformado (*gebildet*) ao Cristo e transformado (*überbildet*) na deidade*". A mudança que se opera entre E. e S. incide sobre a noção de "conformação". Em E., o abandono, isto é, a "superação das imagens", a "pobreza em espírito" é a única via da "conformidade com Cristo"; em S., em contrapartida, a via é a do sofrimento tomado como sinal de uma total abnegação da vontade própria. A *gelâzenheit* que E. e seu discípulo S. reivindicam não tem, portanto, a mesma significação para cada um: quando E. fala de "se conformar a Cristo", pensa em sua divindade; quando S. fala, pensa na humanidade sofredora de Cristo. A "união transformadora", portanto, não coroa o mesmo tipo de conformação. Para E., é preciso abandonar-se a si mesmo deixando o Verbo nascer no fundo da alma, é preciso engendrar o Cristo em si. Para S., é preciso "tornar-se uma imagem expressiva do Crucificado". Tem-se aí dois modelos da teologia m.: um centrado na *deificação*, e o outro, na *paixão*.

d) *Ruusbroec e a vida comum.* — A palavra-chave da m. ruusbroeciana é a vida "comum". Com esta expressão, R. entende a vida do "homem comum", aquele que entra na comunhão* eterna da Trindade com todos os santos e experimenta ali uma "bem-aventurança frutífera" na qual não há "nenhuma distinção". O homem comum que vive no Filho, sua imagem eterna, "contempla e saboreia a união trinitária" numa unidade essencial com Deus que, contrariamente a certas intuições da m. renana, não visa a "superação de Deus em Deus". A m. de R. não é uma m. do Uno, mas uma m. trinitária: a comunhão do Pai*, do Filho e do Espírito é o lar da vida comum, sua "realidade". Não é de espantar, portanto, que, apesar de seu parentesco superficial, as m. eckhartiana e ruusbroeciana tenham podido se enfrentar. De fato, se, como os m. renanos, R. é um adversário convicto do "Livre Espírito" (que ele ataca na pessoa da "Bloemardinne" e seus discípulos), ele manifesta uma reserva ao menos igual em relação às doutrinas de E. Nas *Núpcias espirituais*, R. ataca a "vacuidade" eckhartiana denunciando o "repouso natural" a que o homem tem acesso, homem que "conseguiu se despojar e se abstrair de toda imagem", "soltar-se de toda atividade para com as potências superiores"; é "sem a graça de Deus" que, segundo R., se chega a esse repouso. Sua denúncia do "lazer" a que podem ter acesso "judeus e pagãos", "assim como todos os homens, por piores que sejam", indica claramente a perspectiva: a "busca de Deus pelo desejo" e o "encontro de Deus pelo amor de fruição", opostos a um "repouso natural" no qual R. pensa que o homem amante não pode nem deve se deter, "já que a caridade e a moção íntima da graça divina nunca ficam apaziguadas com isso". É porque acredita reconhecer em E. uma espécie de quietismo* ou o que hoje se chamaria de uma m. *natural* que o discípulo de R., Jan van Leeuwen, concentra por sua vez seus ataques contra o que chama de "a falsa vacuidade" eckhartiana.

3. Posteridade da mística renano-flamenga

Apesar da condenação de E. em 1329, a m. renana e renano-flamenga teve uma longa posteridade. Ela influenciou Lutero* por intermédio do *Anônimo de Frankfurt* (ou *Theologia deutsch*). Marcou igualmente João* da Cruz (J.), que conheceu as *Instituições espirituais* do pseudo-T., traduzidas em latim por Surius (*Opera Tauleri*, Colônia, 1548) e publicadas em espanhol em Coimbra, a partir de 1551. Graças à tradução dos *Sermões* de T. por Surius, dedicada a Filipe II, e que era de fato uma antologia de toda a m. do Norte, J. se familiarizou com o tema do "fundo da alma" (*fondo del alma*) e com a maioria dos demais temas de E. e de T.: o abandono das potências ("de sorte que a alma se torne absolutamente vazia, nua, pura e separada"); a ideia de que Deus é o agente e o homem o paciente, e que "uma vez superados os obstáculos e a alma à espera, Deus não pode não se difundir nela, colocando-se de algum modo em seu poder". Na Alemanha, foi com o *Errante querubínico* de Johannes Silesius que a m. renano-flamenga conheceu seu prolongamento mais notável, como prelúdio às "redescobertas" operadas no s. XIX por A. Schopenhauer e, no s. XX, por M. Heidegger*.

• Béatrice de Nazareth, *Sept degrés d'amour*, trad. J.-B. M. Porion, Paris, 1972. — Eckhart, *Die deutschen und lateinischen Werke*, Stuttgart, 1936-; *Deutsche Mystiker des vierzehnten Jahrhunderts*, ed. F. Pfeiffer, t. 2: *Meister Eckhart*, Aalen, 1962; G. Théry, "Édition critique des pièces relatives au procès d'Eckhart contenues dans le manuscrit 33 b de la bibliothèque de Soest", *AHDL* I (1926), 129-268; *Traités et sermons*, trad. fr. A. de Libera, Paris, 1993. — Hadewijch d'Anvers, *Écrits mystiques des béguines*, trad. J.-B. M. Porion, Paris, 1994[2]. — Mechtilde de Magdebourg, *Offenbarung der schwester Mechthild von Magdeburg, oder das fliessende Licht der Gottheit*, ed. G. Morel, Regensburg, 1896. — Ruysbroeck, *Opera Omnia*, ed. G. de Baere, CChr.CM, 101, 102, 110; *Oeuvres choisies*, trad. fr. J. A. Bizet, Paris, 1947. — Suso, *Oeuvres complètes*, trad. fr. J. Ancelet-Hustache, Paris, 1977. — Jean Tauler, *Sermons*, trad. fr. E. Hugueny, G. Théry, M. A. L. Corin, Paris, 1991.

▶ E. Filthaut (sob a dir. de) (1961), *Johannes Tauler: Ein deutscher Mystiker. Gedenkschrift zum 600. Todestag*, Essen. — Col. (1963), *La Mystique rhénane: Colloque de Strasbourg, 16-19 mai 1961*, Paris. — E. Filthaut (sob a dir. de) (1966), *Heinrich Seuse: Studien zurm 600. Todestag, 1366-1966*, Colônia. — A. de Libera (1984), *La Mystique rhénane. D'Albert le Grand à Maître Eckhart*, Paris (1995[2]). — G. Épiney-Burgard e É. Zum Brunn (1988), *Femmes troubadours de Dieu*, Turnhout. — N. Largier (1995), "Meister Eckhart. Perspektiven der Forschung, 1980-1993", *ZDP* 114/1, 29-98. — A. de Libera (1996), *Eckhart, Suso, Tauler et la dvinisation de l'homme*, Paris. — A. de Libera (1998), *Maître Eckhart et la mystique rhénane*, Paris.

Alain de LIBERA

→ *Beguinas; Cristo/cristologia; Contemplação; Deidade; Devotio moderna; Intelectualismo; Mística; Vienne (concílio); Voluntarismo.*

RENASCIMENTO → **humanismo cristão**

RENOVAÇÃO → **pentecostalismo**

RESSURREIÇÃO DE CRISTO

A. TEOLOGIA BÍBLICA

a) Os enunciados da fé. — Fixar o fato e o sentido da ressurreição (r.) de Cristo* exige que interpretemos os testemunhos: o que é dito do Ressuscitado (Res.) sempre é dito em referência a uma experiência* (chamada "pascal"). Esta conseguiu expressar-se sob três formas: 1/ nas formas estruturadas que são a confissão* de fé, a invocação, o hino; 2/ no testemunho direto de Paulo; 3/ nas narrativas* de Páscoa propostas pelos evangelhos*.

Os enunciados de fé* mais antigos pertencem ao *primeiro grupo*. Ali encontramos: *a)* formas participiais atribuindo a Deus* o ato que ressuscitou Jesus* de entre os mortos (Rm 4,24; 8,11; 2Cor 4,14; Gl 1,1 etc.); *b)* a invocação: "Vem, ó nosso Senhor" (*Maranna tha*: 1Cor 16,22; Ap 22,20), que pede o advento final deste Jesus de quem se pressupõe a senhoria sobre os tempos últimos; *c)* hinos (p. ex., Fl 2,6-11; 1Tm 3,16) celebrando a dominação exercida sobre toda realidade por aquele que foi visto em sua humanidade terrestre e se acha agora exaltado.

O *segundo grupo* é o único testemunho pessoal direto de uma experiência pascal e, por isso, tem importância particular (1Cor 15,8ss; Gl 1,15s; Fl 3,8-11).

O *terceiro grupo* compreende o relato do túmulo vazio (Mc 16,1-8 par.) e todas as outras passagens narrativas cuja forma literária é a do *"relato de reconhecimento"* (o Res. se manifesta, não é reconhecido de imediato, e acaba sendo reconhecido antes de desaparecer: Lc 24, 13-32; Jo 20, 11-17), ou do *"relato de aparição"* (Jesus aparece de um modo maravilhoso, é logo reconhecido, passa algum tempo junto dos discípulos e lhes confia um mandato: Lc 24,36-49; Jo 20,19-23). Houve quem viu em Mc 9,2-10 (a transfiguração) ou Mc 6,47-52 (o caminhar sobre as águas) relatos de aparição do Res. projetados sobre o relato do tempo anterior à Páscoa — mas essa leitura permanece demasiado conjectural.

b) Os tempos e os lugares. — Uma organização sequencial dos acontecimentos (descoberta do túmulo vazio — aparições — Ascensão — Pentecostes) se impôs a partir de Lc 24; At 1–2, mas os testemunhos propõem de fato esquemas variados. Na distinção dos momentos e sua distribuição no tempo, Mt 28 e Jo 20–21 divergem. E quanto às fórmulas estruturadas (confissões de fé etc.), elas deixam supor um entendimento diferente do acontecimento: trata-se aí da condensação verbal de uma experiência* espiritual complexa que os textos interpretam sob ângulos diversos. A aparição de Jesus (1Cor 15,5-8), sua exaltação (Fl 2,9), sua entronização como Filho (Rm 1,4) ou sua assunção na glória (1Tm 3,16) são atos do Espírito* (Rm 1,4; 1Tm 3,16) que se torna assim, ele mesmo, dom feito à comunidade. E é nesta mesma linha que o Res., tornando-se testemunho diante de Paulo, faz dele um apóstolo* investido pelo Espírito. Nas experiências da Páscoa se ligam assim visão, audição, êxtase. Páscoa, Ascensão e Pentecostes se juntam. Mas na elaboração mais tardia de João (Jo 14,1-31) eles já se apresentam bem como uma unidade. É a Lucas que devemos a projeção destes momentos numa sucessão linear.

Esta abordagem, porém, não resolve todos os problemas.

1/Deve-se ver no motivo do "terceiro dia" após a morte* de Jesus (1Cor 15,4) um dado histórico da primeira experiência pascal ou uma pura elaboração teológica? Pode-se atribuir a origem do motivo a Os 6,2, ou ainda à ideia de que a alma* não abandona completamente o corpo* senão depois de três dias. O vago destas possibilidades incita a tratar o dado como histórico.

2/Como resolver a localização aparentemente contraditória das aparições, seja em Jerusalém* (Lc 24; Jo 20), seja na Galileia (Mc 16,7; Mt 28; Jo 21)? A sequência arranjada em Jo 20–21 é uma reescritura. As duas localizações, por outro lado, têm em Mt e Lc um alcance teológico (mesmo procedimento em Mc 1,14.39; 9,30; 14,28; Lc 24,47; At 1,8). Os discípulos estavam em Jerusalém; lá se organizou a primeira comunidade; isso advoga a favor de Jerusalém.

c) O túmulo vazio. — O Evangelho de Marcos, em sua versão primitiva, realmente terminava na descoberta do túmulo vazio e na menção do "medo" produzido entre as mulheres* (Mc 16,8)? Admite-se globalmente que Mc 16,9-20 é um adendo posterior. E isso levanta uma dificuldade: a fé pascal pode se construir com base no túmulo vazio? De fato, é essencial não perder de vista, para avaliar Mc 16,1-8, que o núcleo da narração é a confissão pascal, cujo porta-voz é o anjo*, e não o túmulo vazio (Mc 16,6 = Rm 4,24 etc.). No contexto, a palavra do anjo responde à paixão* de Jesus, identificada com o Justo sofredor (cf. Sl 22,24s; 69,30.34). O túmulo vazio não *prova* a r. de Jesus: serve somente de quadro cênico para uma mensagem apoiada sem ambiguidade pelos outros testemunhos do NT, e que o encontro do Res. em pessoa nas experiências de aparição basta para fundar. A fé da Páscoa não repousa no *status* que o historiador confere aos relatos do túmulo vazio: o testemunho das aparições é primeiro, e o túmulo vazio, segundo.

d) Ressurreição e cristologia. — O significado teológico da Páscoa pode ser descrito como segue: a morte de Jesus (Gl 3,13; cf. Sb 2,12-20) e a fuga dos discípulos (Mc 14,50) manifestavam que Jesus fracassara no objetivo que se tinha proposto: tornar Deus totalmente presente em Israel*. A experiência pascal abre uma percepção nova: este Jesus levado à morte por Deus (Mc 16,6; Rm 4,24), Deus reconhece que é seu. As consequências deste reconhecimento são traduzidas na linguagem do despertar, da r., da exaltação — numa linguagem metafórica à qual os textos querem dar um alcance descritivo ou, em todo caso, cognitivo. Esta rede de significantes (morte e r.) está ali, primeiramente, para barrar o caminho à hipótese de uma morte aparente seguida de reanimação: os textos põem em relevo o novo *status* recebido por Jesus na Páscoa tanto quanto atestam sem nenhuma exceção a realidade de sua morte (1Cor 15,3s). O Res. é associado à realidade celeste de Deus, ele mesmo leva aos discípulos o testemunho de sua r. E é seu *status* pascal que fornece o ponto de partida à cristologia* que logo vai se desdobrar pode-

rosamente e fazer aparecer, retrospectivamente, numa luz nova a existência pré-pascal de Jesus. Doravante, está feito: em Jesus, Deus fixou para sempre sua relação com a humanidade (1Ts 1,10; 4,17) e com todo o real (1Cor 15,20-28; Rm 8,18-23). E é para dar conta desta afirmação que a cristologia vai ser elaborada. Paulo tomará emprestadas então as concepções da apocalíptica* judaica para chamar Jesus de "primícias dos que estão mortos" (1Cor 15,20) e para ver seu tempo como último tempo antes do juízo* e do cumprimento* (Rm 13,11). Uma *reflexão* sobre a corporeidade do Res. e sobre sua condição *post mortem* não aparece ainda nos textos mais antigos, que procedem somente à *confissão* de uma r. corporal. Em Lc 24 e Jo 20s, presença no mundo e transcendência a esse mesmo mundo se juntam num grau extremo de tensão. Em 1Cor 15,35-50, Paulo utiliza o léxico da corporeidade numa argumentação cujo objetivo é mostrar o caráter especificamente não mundano da existência ressuscitada: trata-se aí de um futuro absoluto do corpo que excede todos os limites do mundo. Pelas aparições do Res. e pelo dom do Espírito, enfim, a comunidade dos discípulos se vê fundada de novo e se torna Igreja* de Cristo. Missão* e apostolado se articulam nesta refundação (cf. Mt 28,19s; Lc 24,46ss; Jo 20,21ss; At 1–2): é a partir daí que logo se desenvolverá o conjunto Evangelho-Fé-Salvação* (1Ts 1; 1Cor 15). A fé pascal, enfim, se torna o fundamento da esperança* dos cristãos: o Deus que reergueu Cristo de entre os mortos é essencialmente aquele que aniquilará o sofrimento e a morte e levará toda realidade a seu cumprimento* definitivo (1Ts 4,13-18; 1Cor 15; Rm 4,17; 8,11s).

• H. Schlier (1968), *Über die Auferstehung Jesu Christi*, Einsiedeln. — Col. (1969), *La résurrection de Jésus et l'exégèse moderne*, Paris. — X. Léon-Dufour (1971), *Résurrection de Jésus et message pascal*, Paris. — J. Kremer (1977), *Die Osterevangelien. Geschichten um Geschichte*, Stuttgart, 1982[2]. — L. Oberlinner (sob a dir. de), 1986, *Auferstehung Jesus. Auferstehung der Christen*, Friburgo-Basileia-Viena. — P. Hoffmann (ed.) (1988), *Zur neutestamentlichen Überlieferung von der Auferstehung Jesu*, WdF 522, Darmstadt. — F. Blanquart (1991), *Le premier jour (Jean 20)*, LeDiv

146. — P. Stuhlmacher (1992), *Biblische Theologie des Neuen Testaments* I, § 13. — J. Becker (1993), *Das Urchristentum als gegliederte Epoche*, SBS 155, 29 *sq*.

Jürgen BECKER

→ *Alma-coração-corpo; Apocalíptica; Confissões de fé; Criação, Escatologia; Espírito Santo; Evangelhos; Fé; Jesus da história; Juízo; Morte; Paixão; Ressurreição dos mortos.*

B. PROBLEMÁTICA TEOLÓGICA

A convicção primeira dos cristãos é de que Deus arrancou Jesus*, o Nazareno, da morte. Se a celebração do "dia do Senhor" pretende festejar antes de tudo a vitória do Ressuscitado (Res.) (Justino, *1ª Apol.* 67, 7, ed. Wartelle, 193), se a festa da Páscoa* é, em todas as Igrejas* cristãs, a primeira do ciclo litúrgico, se a celebração da eucaristia* faz memória do Crucificado-Res. (Hipólito, *Trad. apost.* 4, SC 11 bis, 51-53), é porque a lembrança da fé* não se apega somente à morte* ignominiosa de Jesus: "Ao terceiro dia, ele ressuscitou de entre os mortos". É o que proclamam os autores cristãos, em confissões* de fé cristológicas em que a ressurreição (r.) tem um lugar primordial, ainda que por vezes nas confissões binárias ou ternárias a única menção que vem glosar o nome do Filho seja a da encarnação* ou da crucifixão. Uma fórmula típica de Policarpo de Esmirna afirma assim a fé "daqueles que creem em nosso Senhor Jesus Cristo* e em seu Pai* que o ressuscitou de entre os mortos" (*Aos Filip.* 12, 2, SC 10 bis, 221). Daí para frente, todos os símbolos da Igreja mencionam a r. de Jesus na narrativa* do mistério* pascal no segundo artigo, ao passo que a r. geral dos mortos vem lhe corresponder no terceiro artigo. É este "despertar" para a vida, transcendendo a precariedade de nosso mundo*, que evoca a memória de seu percurso terrestre, sua condenação à morte incluída. Sem esta ressurgência, Jesus não seria confessado como o Senhor da história*.

1. História

Decerto, este dado inicial da fé cristã, já presente em Clemente de Roma que vê nele as "primícias" de nossa r. por vir (*Aos Cor.* 24, 1,

SC 167, 143), encontrou oposições imediatas. A tendência docetista (docetismo*) da gnose* desvalorizava o sentido da r. questionando a realidade da carne de Cristo. Inácio de Antioquia afirma, portanto, com força que Jesus Cristo *"verdadeiramente* ressuscitou de entre os mortos" (*Tral.* 9, 1, SC 10 bis, 119) e que esta r. é o sinal mais manifesto da divindade de Jesus (*Efésios* 7, 2, *ibid.*, 75). Mas as objeções mais radicais vieram do mundo grego, para o qual a ideia mesma de r. dos mortos é insensata.

O pagão Celso expunha-a ao ridículo: "Uma vez deposta essa carne, talvez tenha se tornado Deus? E por que não então Asclépio, Dioniso, Héracles?" Ele censurava o argumento cristão que fundava a divindade de Cristo no testemunho de sua r. Também repreendia os cristãos que zombavam "daqueles que adoram Zeus sob pretexto de mostrar em Creta o seu túmulo", ao passo que eles adoram "um homem saído do túmulo, sem saber por quê nem como os cretenses agem da mesma maneira" (cf. *Contra Celso*, III, 42-43, SC 136, 101). Orígenes* lhe responde: Celso "nos critica porque admitimos que Jesus foi sepultado; mas afirmamos que ele levantou do túmulo, coisa que os cretenses até agora não ousaram contar de Zeus" (*ibid.*, 103); e mostra a diferença entre as lendas mitológicas alegadas por seu adversário e o lado público e indiscutível da morte de Jesus: seus discípulos, que a conheciam, testemunharam com ainda mais coragem a sua r.

Entretanto, o discurso dos apologistas* dos s. II e III centrou-se não na r. de Jesus, mas na r. geral dos mortos ou da carne, de que a r. de Jesus constituía o exemplo por excelência. É a este respeito que encontramos as grandes tomadas de posição de Taciano, de Atenágoras, de Ireneu* e de Tertuliano* e, enfim, de Orígenes. É a este propósito que todos se interrogam sobre a possibilidade e a realidade da r. da carne e sobre a natureza do corpo ressuscitado. Acerca do próprio Jesus, era preciso, antes de tudo, justificar sua morte ignominiosa na cruz.

Foi assim que a partir do s. IV a r. de Jesus foi objeto na Igreja de uma "possessão pacífica". Os grandes debates cristológicos da época giraram antes de tudo em torno da encarnação e da identidade humano-divina de Jesus, a tal ponto que alguns modernos acusaram os Padres* da

Igreja grega, de modo aliás abusivo, de terem deslocado o centro de gravidade da fé da r. para a encarnação (Jossua, 1968). De fato, os debates de Éfeso* e, depois, de Calcedônia* sobre a verdade* do ser-tornado-homem do Verbo* de Deus, na distinção de suas duas naturezas, tinham por meta fundar a verdade do mistério pascal, isto é, da morte e da r. na carne deste mesmo Verbo: "Tendo sua carne ressuscitado, ainda se fala de sua r., não que ele tenha caído na corrupção, mas porque seu corpo ressuscitou" (Cirilo de Alexandria, *DCO* II-1, 111). "Ainda que se diga que a r. dos mortos ocorreu pelo fato de um homem, mesmo assim concebemos este homem como o Verbo nascido de Deus e pelo qual a morte foi quebrada" (*ibid.*, 133). Toda a argumentação tem uma intenção soteriológica: Cristo res. realiza antes de tudo em seu próprio corpo e para nós a plenitude de vida que é o destino de toda a humanidade salva.

Entretanto, os Padres gregos tropeçaram na interpretação helênica da imortalidade da alma* como num obstáculo à representação escriturística da r. Fizeram um esforço considerável para justificá-la, sem negar a descontinuidade radical causada pela morte, recorrendo à criação* e à necessidade de assumir na glória* a história real do indivíduo (Orígenes, *Tratado dos princípios*, II, 10, 1-4, SC 252, 375ss; *Coment. sobre Jesus*, II, 225-245, SC 157, 519ss; Gregório* de Nissa, *Sobre a alma e a ressurreição*, Paris, 1995, 188-211).

A situação permanece sensivelmente a mesma na IM até a aurora dos tempos modernos. Tomás* de Aquino trata da r. de Jesus no quadro dos mistérios da vida de Cristo (*ST* IIIa, q. 53-59). Distingue os milagres* que são *argumentos* para a fé, dos milagres que são *objetos* da fé: a r. de Jesus pertence a este último caso. Entretanto, ela confirma também a fé. Tomás sublinha sobretudo seu alcance salvífico. Assim como a paixão* nos liberta de nossos males, assim a r. nos promove aos bens da justificação* (*ST* IIIa, q. 53, a. 1). Este contexto leva Tomás a se interrogar também sobre a identidade carnal do Cristo res.: seu corpo res. é um verdadeiro corpo, aquele mesmo em que ele vivia antes da Páscoa. Mas este corpo é também um corpo "glorioso": a continuidade deve então considerar os direitos da descontinuidade. Tomás evita, pois, transpor o cá-embaixo para o mundo glorificado (em razão de sua teoria da alma forma do corpo) e não existe em sua teologia* nenhuma revivificação do cadáver. Entretanto, marcado por uma interpretação demasiado literal dos relatos escriturísticos, ele dá às representações neotestamentárias de Jesus res. uma confiança ainda pouco sujeita à crítica, tomando como informação sobre um estado não terrestre aquilo que é a expressão de uma presença transcendente (*ST, Suppl.* q. 75-81; IV *Sent.*, dist. 43 e 44). Todavia, ele se interroga com precisão sobre os sinais dados por Jesus de sua r. e sobre sua credibilidade*. No s. XVI, um Lutero* anunciará a cruz e a r. de Jesus como o evento primeiro da salvação*, recusando-se às complicações da especulação escolástica*.

Os s. XVII e XVIII viram a r. de Jesus questionada por um racionalismo* para o qual toda ideia de milagre era suspeita. No s. XIX, as dúvidas do Iluminismo acharam sua expressão acabada em investigações sobre a vida de Jesus que tentaram dar conta da r., vendo nela um belo mito* (o mito compreendido como algo não histórico) revelador da religião da humanidade (D. F. Strauss) ou, mais simplesmente, lendo nela o fruto de uma alucinação dos discípulos de Jesus (E. Renan). Sob os golpes destas contestações, a teologia foi então conduzida a privilegiar um tratamento exclusivamente apologético da r. Assim, na ordem das razões que a neoescolástica adota durante a segunda metade do s. XIX, o *status* da r. é o de uma prova histórica por excelência da divindade de Jesus, uma prova que se tenta fundar, portanto, com argumentos históricos racionais supostamente válidos fora de toda pressuposição crente; e esses argumentos manifestam frequentemente um nítido esquecimento da transcendência do corpo res. em relação à ordem empírica dos fenômenos, o que lhes confere às vezes certa ingenuidade. Ao mesmo tempo, a r. quase desaparece do campo da teologia dogmática*: a soteriologia se reduz, com efeito, a uma análise do sentido da paixão e da cruz.

Devemos ao s. XX o ter devolvido à r. de Jesus seu lugar central na exposição ordenada do mistério cristão, uma restituição na qual o livro de F. X. Durrwell (1950), *A ressurreição de Jesus, mistério de salvação*, numerosas vezes reeditado, desempenhou um papel apreciável. A r., desde então, se viu restituída ao centro da soteriologia, e sua dimensão escatológica recuperou um vivo relevo. Mas, como as últimas décadas viram também a exegese* crítica passar pelo crivo dos testemunhos do NT, interesse dogmático e preocupação crítica presidiram às interpretações muito diversificadas deste dado primeiro da fé. Na linha minimalizante que já era a de Schleiermacher* (a crença na r. é segunda em relação ao dado primeiro, Deus agindo em Cristo) e de E. Troeltsch, algumas leituras reduziram a r. a ser apenas o sentido salvífico da cruz, tal como percebido pela fé (Jesus res. "no querigma", para Bultmann*), ou a ser apenas a energia presente da fé de Pedro*, tal como ela dá um porvir ao evento Jesus Cristo (W. Marxsen, 1968), ou a ser somente a imagem do ato sempre vivificante do Espírito (J. Pohier, 1977). Diante dessas concepções, a pesquisa recente também conheceu interpretações "maximais". Expressão do ato salvífico de Deus para a humanidade (Barth* etc.), antecipação escatológica tão radicalmente inscrita na história do mundo que é um objeto possível de toda pesquisa histórica (Pannenberg), a r. detém todas as chaves de interpretação da fé. Um ponto em todo caso não deveria ser contestado: um justo acesso teológico à r. de Jesus supõe que se tenha ultrapassado toda disjunção do "fato" e do "sentido".

2. Um problema de teologia fundamental

Os desafios dogmáticos não podem mascarar uma dificuldade maior mal percebida nas abordagens apologéticas. O querigma pascal, com efeito, não fala de um evento que pertenceria sem mais nem menos à história comum, e o valor de verdade desse discurso não pode ser estabelecido só nas bases da verossimilhança e do crédito merecido pelas testemunhas (X. Léon-Dufour). A morte de Jesus se inscreve incontestavelmente na ordem do provável e do verificável: sua cons-

tatação não tem a ver somente com o testemunho de amigos, mas ultrapassa o círculo daqueles que o seguiam, e não transgride o caráter verossímil de toda interpretação razoável. Já é diferente (apesar de Pannenberg) com a r.: Jesus, que os testemunhos dizem ter vencido a morte, esquiva-se dela no mundo que foi o seu. Desde então, ele não se inscreve mais na credibilidade comum; ele se mantém à margem de toda transmissão pública de informações, já que se manifesta vivo apenas a alguns amigos e discípulos (At 10,40s). E ainda que o "boato" (Moingt) de sua r. não demore a se difundir, isso não modifica em nada a forma inicial do testemunho, que é a de uma tomada de palavra engajada, autoimplicativa. (Em razão de sua ambiguidade original — r. ou roubo de um cadáver? —, o relato do túmulo vazio não a modifica muito.) Para quem é chamado a crer e não viu, só existe acesso à r. por uma hermenêutica* do testemunho. E como a teologia da r. não trata de nada que seja autorizada a descrever, ela está fadada a deixar que se organizem as significações de um evento filtrado a partir dos indícios que lhe são dados.

3. Teologia sistemática

A condição do crente sugere organizar a exposição sistemática em quatro tempos:

a) *A vitória filtrada.* — Este título remete ao caráter ambíguo das experiências de onde provêm os dois elementos dos testemunhos: o túmulo vazio e jogo entre desconhecimento e reconhecimento do Res. nos relatos de aparição.

O relato do túmulo vazio se destaca das informações que diziam a verdade da morte de Jesus e que são condensadas na fórmula do símbolo apostólico: "Ele desceu aos infernos". Este relato visa concretizar, ao mesmo tempo, a realidade do ressurgimento de Jesus e sua estranheza. Em razão do fato relatado, sua ambiguidade é dificilmente recusável. Com efeito, o desaparecimento dos despojos de Jesus remete com mais verossimilhança a um roubo do que a um "despertar". A insistência do relato no sepultamento incita, é verdade, a determinar o futuro de seu cadáver na atestação de sua r. É espinhoso afirmar que ele ressuscitou em seu corpo, se se pode também venerar seu cadáver. Certamente, poder-se-ia sustentar a presença de seu espírito junto de Deus, mas um elemento essencial do sentido deste "despertar" não seria levado em conta na experiência. A ambivalência do túmulo vazio não suprime, portanto, a importância deste traço significativo, ao mesmo tempo objetivo e negativo, para sustentar a atestação da r. do corpo de Jesus. O "ele não está mais aqui" (Lc 24,6) indica o sentido desse traço; mas nem por isso o túmulo vazio impõe, em si, uma interpretação única e evidente (Moingt, 1993).

As aparições também não escapam de duas formas de ambiguidade: uma marca sobretudo a estranheza (Lc 24,36s), a outra sublinha a continuidade (Mt 28,9; Jo 21,9ss) com a existência terrestre de Jesus. Estranheza primeiro: os visionários não reconhecem Jesus quando ele lhes aparece. Continuidade em seguida: descreve-se Jesus como se ele pertencesse de novo a este mundo. Assim, ele é visto a preparar a refeição (Jo 21,9ss). Seus amigos sabem que é ele, portanto o reconheceram em razão de um indício; as dúvidas ou o espanto os habitam a ponto de lhes proibir pedir a ele que decline sua identidade (Moingt, 1993).

Estranheza e continuidade do personagem nas aparições reforçam a ambivalência do relato. Se o escritor insiste na estranheza, não se trata então de uma aparição fantasmática (Lc 24,37), de uma comunicação com o além que não revela nada do resultado efetivo da r. de Jesus e relativiza o indício corporal? Uma única coisa é certa: aquele que aparece assim escapa do encerramento da morte, já que pode se manifestar à vontade. O indício corporal desempenha o papel de uma representação necessária para tornar sensível sua presença em nosso mundo. Se, por outro lado, o escritor sublinha as continuidades, dá então a impressão de que o *status* do corpo res. não é diferente de sua condição anterior: seria um retorno à vida, como para Lázaro. Uma diferença se impõe, contudo: aquele que aparece numa forma corporal tem, no relato, o controle do espaço, já que se faz ver onde quer e por quem quer: não foi assim com Lázaro. A ambiguidade desses relatos provém, então, de seu caráter maravilhoso sob a veste do cotidiano.

b) O indício corporal. — O caráter ambivalente dos relatos de aparições orienta as confissões de fé para o indício corporal. O

motivo da r. do corpo se tornará o ponto central da tradição*. O desaparecimento do cadáver já convidava a sublinhar o "corpo" que é o lugar de todo despertar. Os relatos de aparições, por sua insistência em uma presença espacial e convivial, se organizam em torno da mesma preocupação: não é somente em sua alma e em seu espírito que o Nazareno sobrevive, foi em sua totalidade de sujeito humano corporal que ele dominou a morte. A alusão a uma descida* aos infernos acentua a verdade de sua morte: ele foi ao lugar onde os defuntos levam uma vida larvar, o sheol*. Ele não retorna do sheol como um espírito ou uma alma com permissão de se comunicar com os terrenos, tal como Samuel com Saul durante o encontro de En-Dor (1Sm 28,8-20). Ele desperta da morte na plena posse do que constitui o ser humano. Pois o corpo não é um dado supérfluo do ser humano, é aquilo em que o sujeito se manifesta, aquilo pelo qual ele se comunica, e aquilo com que ele se constrói e evolui no tempo* (Pannenberg, 1993). Dizer de Jesus que ele não somente sobreviveu como as almas que dormem no sheol, mas que se levantou da morte com seu corpo, é reconhecer que aquilo com que ele se manifestou aos homens, se comunicou com eles e se construiu como sujeito humano, não foi abandonado a título de despojo inútil. Jesus se levantou dos infernos para viver intensamente, num modo desconhecido para nós, aquilo que constituiu sua história, em suma: ressurgiu humano. Também o corpo não é aqui uma simples metáfora para designar a plenitude de um despertar para a vida "divina": é o ponto de incandescência da vida dada por Deus na vitória sobre a morte. A afirmação específica da fé cristã sobre Jesus é que ele vive junto de Deus como sujeito humano em sua integralidade. Este corpo ressurgido não pode ser descrito: não temos nenhuma experiência dele, só dispomos de indícios obscuros de uma estranheza que não recusa certa proximidade. A palavra* de Deus não responde à curiosidade, ela diz a plenitude rumo à qual levava a vida terrestre de Jesus, apesar da morte sofrida. Esta plenitude diz respeito a todos os que creem em Jesus ou são chamados por ele.

c) *A vocação universal.* — Seu surgimento da morte não é um ato divino sem antecedente em sua vida: é o selo posto em seu percurso, o da abertura incondicional à vontade de Deus para significar sua proximidade e seu amor*. A kenose (Fl 2,6-11) designa a originalidade desta vida profética; ela exprime também a renúncia de Deus ao exercício do poder. A liberdade* de Jesus perante a lei* e sua proximidade com os proscritos o conduziram a uma palavra e uma ação cuja ambivalência não cessou de crescer sob o horizonte das esperanças* levadas pela tradição* de Israel* (Moltmann, Theissen, Pannenberg). Não escondendo nem a originalidade de sua mensagem nem seu desinteresse por todo messianismo* imediato, Jesus perturbou a multidão sem afastar a hostilidade do grupo dirigente. Seu "assassinato" é o fruto de seu profetismo* e de sua proximidade com os pecadores e o resultado de um percurso que ele não quis corrigir, apesar das ameaças. Morto por nossos pecados* e para nossos pecados, Jesus se fez o irmão de todos os pobres da história. Esse percurso se afirma universal em negativo: rejeitado pelos humanos, Jesus toca no extremo da derrelição, já que se sente abandonado por Deus. No âmago de sua solidão, Jesus eleva um grito que simboliza sua palavra para com aqueles que o matam: "Pai, perdoa-os" (Lc 23,33). Este grito é ouvido: àquele que não negou sua vida pelos seus, Deus dá a vida em plenitude, arrancando-o dos infernos e introduzindo-o em seu Reinado sem negar sua humanidade. Foi em seu corpo que ele se consagrou aos outros, é em seu corpo que ele experimenta a força de vida. Em seu dom de si aos humanos, o sentido de sua existência vem à luz: Deus faz proclamar que ele é seu, e o constitui Filho (Rm 1,4), primogênito de uma multidão de irmãos. Se morreu pelos outros, de uma morte de valor universal, ele agora vive para os outros de uma vida de alcance universal. Os relatos da r. são envios à missão*.

d) *A energia atual.* — A r. não é um evento do passado, inscrito uma vez por todas na imobilidade da história: um evento passado não é mais atual, é fechado. Não é assim com a r.: ela opera hoje, pois é hoje que o Vivente para sempre dá o Espírito* (Moingt, 1993). Não é somente por uma cadeia de ações inscritas na história em virtude de uma inspiração primeira e de um testemunho inicial que a r. é operatória. Decerto ela operou no nível dos valores e das instituições; crentes se levantaram para realizar de algum modo a exigência que habita sua pregação*; neste sentido, já, o evento primeiro do testemunho permanece atual. Mas quando o crente afirma a atualidade do Res., não pensa porém em primeiro lugar nessa inscrição histórica. Pensa no sujeito atual dessa existência nova, aquele que agora dá o Espírito para que outros empreendam o caminho que foi o seu e atinjam uma glória semelhante, aquele que conduz a história ao termo feliz que a Escritura* chama de Reinado de Deus. É ele, o Res., que, pelo Espírito dado, enfrenta constantemente as figuras recorrentes do mal* e da morte. A atualidade do Res. designa, portanto, sua ação presente, em continuidade com a de sua vida de profeta*, mas diferente — pois ela suscita sujeitos que têm por tarefa trabalhar numa história feliz, subtraída ao juízo* de Deus e liberada do "Dia da ira".

É por isso que os relatos evangélicos da r. são relatos de missão em si: os discípulos são despachados para anunciar que, em Jesus, Deus reconcilia o mundo (Mc 16,16-20). A ordem, dada aos apóstolos*, de proclamar o Evangelho por toda a terra, de batizar em nome de Jesus, de perdoar os pecados, é ouvida no horizonte da ativa presença do Vivente pelos séculos. A missão dos discípulos é a forma que reveste doravante a ação do Res. Ela não é a única, pois, sob outras formas, o Res. dá o Espírito para que a história humana não seja somente um lugar de violência*, mas que seja digna daquele que Dante designa como o Amor primeiro (*Inf.* III, 6). Esta ação é suposta em razão da vontade divina de salvar todos os homens (1Tm 2,3s). A missão de seus discípulos como a sua própria só encontrarão seu termo quando o Cristo tiver vencido em todos seu inimigo, a morte, e tiver submetido tudo a seu Pai, para que Deus seja tudo em todos (1Cor 15,26ss). A atualidade do Res. não é separável de sua força escatológica (Moltmann, 1964, 125-209).

- Cf. bibliografia do verbete "Cristo-cristologia". — D. F. E. Schleiermacher (1821), *Der Christliche Glaube*, Berlim, § 100-105. — A. Michel (1937), "Résurrection", *DThC*, 13/2, 2565-2571. — F.-X. Durrwell (1950), *La résurrection de Jésus Mystère de Salut*, Paris (1982[11]). — R. Bultmann (1955), *L'interprétation du Nouveau Testament*, Paris (coletânea original francesa de várias contribuições de Bultmann de datas diferentes). — K. Barth (1959), *KD* IV/3, Zurique. — J. Moltmann (1964), *Theologie der Hoffnung*. — W. Pannenberg (1964), *Grundzüge der Christologie*, Gütersloh. — B. Klappert (ed.) (1967), *Diskussion um Kreuz und Auferstehung*, Wuppertal. — W. Marxsen (1968), *Die Auferstehung Jesu von Nazareth*, Gütersloh. — J.-P. Jossua (1968), *Le salut, incarnation ou mystère pascal*, Paris. — L. Schenke (1968), *Auferstehungsverkündigung und leerer Grab*, Stuttgart. — G. Martelet (1972), *Résurrection, eucharistie et génèse de l'homme*, Paris. — B. Rigaux (1972), *Dieu l'a ressuscité*, Gembloux. — P. Gibert (1975), *La résurrection du Christ*, Paris. — J. Moltmann (1975), *Kirche in der Kraft des Geistes*, Munique. — J. Pohier (1977), *Quand je dis Dieu*, Paris. — C. Duquoc (1985), *Messianisme de Jésus et discrétion de Dieu*, Genebra. — P. Carnley (1987), *The Structure of the Resurrection Belief*, Oxford. — G. Theissen (1987), *Der Schatten des Galiläers*, Munique. — W. Pannenberg (1991, 1993), *Systematische Theologie*, Göttingen (II, 385 *sq*; III, 588-625). — J. Moingt (1993), *L'homme qui venait de Dieu*, Paris.

Christian DUQUOC

→ *Adocianismo; Barth; Bultmann; Confissões de fé; Cristo/cristologia; Descida aos infernos; Escatologia; Fundamental (teologia); Milagre; Paixão; Ressurreição dos mortos; Salvação; Verbo.*

RESSURREIÇÃO DOS MORTOS

A. Teologia bíblica

a) Na Bíblia hebraica. — Se o sheol* aparece como um dos elementos característicos da escatologia* do AT, a ressurreição (r.) dos mortos só progressivamente encontra ali seu lugar. Convém excluir deste dossiê os retornos à vida terrestre operados por Elias (1Rs 17,17-24) e Eliseu (2Rs 4,31-37; 13,21), que se assemelham às curas* de indivíduos e não prejulgam em nada a sorte final da humanidade. Aparentada aos mitos agrários cananeus, a esperança dos israelitas, tal como expressa por Os 6,1ss ("Ao

fim de dois dias nos fará reviver, no terceiro dia nos reerguerá", 6,2), esperança que o profeta, aliás, não aprova (6,4-6), visa a restauração da nação. De igual modo, a evocação dos ossos ressecados que retomam vida (Ez 37), apoiada desta vez no tema javista de Gn 2,7, anuncia a renovação de Judá após sua ruína no início do s. VI a.C.

Em contrapartida, uma passagem do apocalipse de Isaías, geralmente datada da época persa (s. IV?), Is 26,19, anuncia, com os verbos *hyh*, "viver", *qum*, "erguer-se", e *heqiç*, "despertar", a r. dos fiéis defuntos do povo* de Deus*, ao passo que os ímpios, opressores deste povo, desaparecerão para sempre (26,14). Por volta de 165/164, em plena perseguição, Dn 12,1ss, apoiando-se em Is 26,14.19, mas também em Is 53,11 (LXX e 1QIs[a]) e 66,22ss, afirma, em contexto apocalíptico*, a r. dos fiéis mortos e sua transfiguração no além.

A interpretação melhor e mais aceita hoje em dia deste texto capital, cuja influência foi grande sobre as tradições posteriores, é a proposta por B. J. Alfrink. Na intervenção final de Miguel, o anjo* protetor do povo de Deus, os vivos inscritos no Livro* da vida escaparão à morte e um grande número de defuntos despertarão (Dn 12,1-2a): portanto, só uma parte dos vivos conservará a vida e uma parte dos defuntos a recuperará; são todos fiéis justos. A sequência de 12,2 precisa que estes serão "para a vida eterna", ao passo que os outros, os que morrerão durante a intervenção de Miguel e os que, mortos anteriormente, não despertarão durante esta intervenção final, conhecerão o opróbrio (cf. Is 66,24) eterno. Não existe, portanto, r. universal: só ressuscitarão os justos mortos antes da intervenção de Miguel. O versículo seguinte (Dn 12,3) visa os guias espirituais (cf. Is 53,11) daqueles de que tratava 12,1-2a, os que não morrerão e os que ressuscitarão: serão transformados e participarão do mundo luminoso e transcendente das estrelas, assimilados aos anjos.

b) Nos complementos dos LXX. — De data incerta, entre 160 e 80, a narrativa* didática do martírio* da mãe e seus sete filhos (2Mc 7) desenvolve, precisando-as, as perspectivas de Dn 12,2. Fiel até a morte às leis* da aliança*, cada um deles afirma progressivamente a doutrina da r. O primeiro filho formula o argumento escriturístico: "Ele [o Senhor] terá compaixão de seus servos" (Dt 32,36, citado em 2Mc 7,6). O segundo precisa em seguida que "o Rei do mundo nos ressuscitará para uma vida eterna" (7,9). O terceiro, oferecendo sua língua e suas mãos, espera recuperá-las: o corpo* participa, portanto, da r. (7,11). Para o quarto, o ímpio em nada participa dela (7,14). Quanto à mãe, proclamando sua fé* no Deus criador, encorajava os filhos: "O Criador... vos restituirá, na sua misericórdia, o espírito (*pneuma*) e a vida (*zoe*)" (7,23). O mais jovem dos filhos afirma, enfim, que seus irmãos suportaram "uma dor passageira por uma vida inesgotável" (7,36). Nada é dito claramente sobre o tempo da r. dos justos mártires, pois o autor se preocupa mais com o fato do que com a data.

O autor de Sb, contemporâneo do imperador Augusto, não fala explicitamente de r. Menciona apenas as noções gregas de imortalidade (*athanasia*), esperança e recompensa dos justos submetidos às provas (Sb 3,4s), e de incorruptibilidade (*aphtharsia*), para a qual o homem foi criado (2,23), e que Deus concede a seus fiéis aproximando-os de si (6,18s). Contudo, a escatologia* de Sb parece implicar a r. O silêncio do autor se deve talvez ao fato de interessar-se mais pela salvação* final dos justos do que pelo modo como ela se instaura. Certamente, os justos, durante o juízo* ("visita"), "resplandecerão" (3,7; cf. Dn 12,3) e pode-se pensar numa transfiguração do seu ser. Tal imprecisão é esclarecida por Sb 19: o autor, aqui, relê as peripécias do evento fundador de Israel* na pauta da criação*; ora, os episódios do Êxodo, onde o castigo dos ímpios e a libertação dos justos se operaram por meio dos elementos cósmicos, aparecem ao autor como uma criação nova (Sb 19,6), em que os elementos constitutivos do mundo* se transformam para salvar os justos da morte (16,24). A história*, que implica uma cosmologia, funda uma escatologia: se o Êxodo, protótipo da história de Israel, foi uma nova criação, a escatologia também o será; pode-se falar, portanto, da salvação corporal dos justos, e a meditação sobre o Êxodo (11-19) esclarece o pensamento do autor sobre a sorte final dos justos (1-6).

Israel, portanto, afirmou progressivamente a r. dos mortos. Ele o fez desde a época persa num contexto histórico marcado pelas provas que enfrentou. Era preciso compreender como a fidelidade de Deus, mestre da vida e da morte, para com seus fiéis não se detinha na morte deles, no dom que eles lhe faziam de sua vida. A r. só diz respeito aos justos, pois ela implica que eles, no além, estarão próximos do Deus a quem serviram e amaram aqui embaixo, e é vista coletivamente, pois o indivíduo funde-se na comunidade. Ademais, a antropologia* bíblica, ao contrário da dicotomia grega alma-corpo, não pode conceber o ser humano sem seu corpo; a alma* (*nefesh*) não goza de existência autônoma: ela anima o corpo e faz dele, assim, um ser vivo. A vitória sobre a morte implica desde logo uma revivificação do corpo.

c) *Os escritos judaicos intertestamentários* revelam uma grande diversidade na concepção da sobrevida, mas em geral aceitam a ideia de que os justos receberão no além a recompensa de sua fidelidade. A diversidade aparece às vezes até no interior de um mesmo livro. Alguns se limitam a uma concepção mais grega: *4M* fala de imortalidade (16,13) e de incorruptibilidade (9,22; 17,12). Por outro lado, os textos nem sempre têm a clareza desejada; assim se explicam as divergências dos comentadores. O fato é que a ideia de r. abre seu caminho. Alguns textos só a dão aos justos: *1Hen* 51,1s (data controvertida); *Test XII Jud* 25,1-5; *Test Abr A* (versão longa) 18,9-11; *SlSal* 3,12; *Liv Ant* 3,10 (?), 19,13; *2Br* 30,1-14; *Vida Ad Eva* 13,3 (ad.). Outros vislumbram uma r. universal, precedendo o juízo que separa os justos dos ímpios: *Text XII Benj* 10,5-10 (mas 10,8 é uma glosa cristã); *2Br* 49-51; *Test Abr B* (versão curta) 7,13-17; *Or Sib* IV, 179-192; *Test Jó* 4,9; 40,4 (cf. Jó LXX, 19,25; 42,17); *4Esd* 7,32-37; *Ant* 3,10; *Vida Ad Eva* 41,3.

Quanto aos textos de Qumran, a controvérsia ainda perdura. Fragmentos da gruta 4 trazem o testemunho da crença na r. só dos filhos da luz: 4QtestQah 1 II, 5; 4Qvis^c Amr^f 1 II, 14; 4Q245 — 4Qps-Dan^c 4 (?), mas estes textos são pré-essênios. 4Q385 II, 5-9 = 4QDeutero-Ez (cf. Ez 37) e sobretudo 4Q521 2 II, 12 poderiam manifestar o pensamento essênio sobre a r. dos justos.

d) *As seitas judaicas* no tempo de Jesus têm posições diferentes. Acabamos de ver a dificuldade levantada pela dos essênios. Para os saduceus, dispomos somente de testemunhos provenientes de seus adversários, fariseus e cristãos. Apesar disso, podemos sustentar que eles excluíam a r. dos corpos, a retribuição depois da morte e mesmo toda forma de sobrevida; para eles, faltava fundamentalmente um argumento escriturístico. Mt 22,23-33 par. (acerca do levirado), assim como At 23,6ss (Paulo diante do Sinédrio) mencionam claramente a posição saduceia, à qual remete alguns raros textos fariseus (*Abbot de Rabbi Nathan*, A 5; *Mishnah Sanh* X, 1; *TB Sanh* 90B-91A).

Os fariseus, em contrapartida, fizeram da r. dos mortos um ponto de doutrina essencial, passado por eles para o judaísmo* pós-bíblico. Mas suas explicações variam: se encontramos, talvez, algumas influências do helenismo, o fundo do pensamento fariseu permanece profundamente ancorado na concepção bíblica do ser humano. Buscando, eles também, os fundamentos escriturísticos (p. ex., Dt 32,39; 1Sm 2,6; Is 26,19; Ez 37; Jó 10,10ss), os mestres fariseus se preocupam com a sorte final reservada ao corpo, às vezes mesmo com um realismo que contrasta com as tendências espiritualistas dos escritos intertestamentários. Enfim, embora alguns fariseus pensem que todos ressuscitarão, justos e ímpios para uma sorte diferente, a maioria limita-se apenas à r. dos justos, às vezes até dos arrependidos.

e) No Novo Testamento. — As reanimações operadas por Jesus* (Mt 9,25 par; Lc 7,15), Pedro* (At 9,40) e Paulo (At 20,10), sinais proféticos dos tempos novos (Mt 11,5: "Os mortos ressuscitam" cf. Is 26,19), não fazem parte deste dossiê.

Contrariamente aos saduceus (Mt 22,23-32 par; At 4,1s), mas na trilha dos fariseus (At 23,6; 24,15), Jesus proclama a r. dos mortos (*anastasis [ton] nekron*); junto com o juízo, ela faz parte do ensinamento de base dos cristãos (Hb 6,2).

Obra da potência* de Deus, a r. transforma: nela "as pessoas não casam nem são dadas em casamento, são como anjos no céu" (Mt 22,30 par). Antes de mais nada, ela é, na hora do juízo, recompensa dos justos (Lc 30,35: *anastasis*

ek nekron), judeus (Lc 14,14: "r. dos justos") e pagãos (Mt 12,41s; Lc 11,31s). No entanto, Paulo (At 24,15) e João (Jo 5,28s) anunciam a r. dos justos e dos pecadores, conduzindo a uma sorte diferente: este juízo, que Mt 19,28 situa durante a "regeneração" (*paliggenesia*), incidirá sobre todas as nações e será pronunciado pelo Cristo* glorioso (Mt 25,31ss). Jesus mesmo ressuscitará no último dia aquele que acolhe sua mensagem e partilha seu corpo e seu sangue (Jo 6,39s.44.54). Mais que uma reanimação (cf. Jo 11,39), a r. de Lázaro — que Marta transfere para o "último dia" (11,24) — é realizada por Jesus como sinal de sua missão recebida do Pai* (11,42): ele é a r. (11,25). Enfim, Lc 13,28ss; 16,19-31; 23,42s deixam entender que na morte a sorte de cada um é provisoriamente fixada, na expectativa do juízo final.

Paulo conserva de suas raízes farisaicas a visão judaica, e não a grega, da sobrevida, mas funda-a doravante na r. do Cristo, ao qual ele dá suas forças até o limite. Durante a parusia* do Senhor (1Ts 4,15; 1Cor 15,23) — em suas epístolas, Paulo só contempla a situação dos cristãos (salvo 2Tm 4,1) —, os mortos em Cristo (1Ts 4,16; 1Cor 15,18) ressuscitarão e os vivos lhes serão reunidos (1Ts 4,16s).

Todos serão transformados (*allagesometha*, 1Cor 15,51); todos revestirão a incorruptibilidade, a imortalidade (1Cor 15,53s: concessão ao helenismo?); para revestir nosso traje celeste, é preciso estar nu (morto) ou se "sobrevestir" (se se está vivo: *ependysathai*, 2Cor 5,4); nosso corpo animado (*soma psychikon*) se tornará corpo espiritual (*soma pneumatikon*, 1Cor 15,44): Cristo "transfigurará" (*metaskhematisei*) nosso corpo de miséria conformando-o (*symmorphon*) a seu corpo de glória*" (Fl 3,20s).

Na espera desta epifania do Senhor (1Tm 6,14), os mortos em Cristo já estão unidos a ele (1Ts 5,10; Rm 14,8; 2Cor 5,8; Fl 1,23). Para exprimir este mistério* (1Cor 15,51), Paulo, que se apoia na palavra do Senhor (1Ts 4,15), recorre à apocalíptica* (como Ap 20 para o juízo universal) e à analogia* com a natureza, como fazia o judaísmo (comp. 1Cor 15,36s e a parábola de R. Meir, *TB Sanh* 50B). Além disso, Paulo considera que a r. é antecipada na vida presente daquele que, pelo batismo*, participa da r. de Cristo (Ef 2,6; Cl 3,1ss).

• B. J. Alfrink (1959), "L'idée de résurrection d'après Dn XI, 1-2", *Bib* 40, 355-371. — P. Beauchamp (1964), "Le salut corporel des justes et la conclusion du Livre de la Sagesse", *Bib* 45, 491-526. — R. Martin-Achard (1981), "Résurrection des morts", *DBS* 10, 437-487. — K. Spronk (1986), *Beatific Afterlife in Ancient Israel and in the Ancient Near East*, Neukirchen-Vluyn. — E. Puech (1993), *La croyance des Esséniens en la vie future: immortalité, résurrection, vie éternelle? Histoire d'une croyance dans le judaïsme ancien*, Paris.

Maurice GILBERT

→ *Alma-coração-corpo; Antropologia; Apocalíptica; Cosmo; Escatologia; Juízo; Morte; Salvação; Sheol.*

B. Teologia histórica

Sobre o fundamento dos dados bíblicos, sobretudo neotestamentários e principalmente paulinos, a ressurreição (r.) dos mortos é, na tradição* cristã, um dos artigos de fé* mais longamente atestados. Podemos ver sua fórmula de base no símbolo dos Apóstolos: "Creio na ressurreição da carne (*eis [...] sarkos anastasin*)" (*DS* 11) ou no símbolo de Niceia-Constantinopla: "Esperamos a ressurreição dos mortos (*anastasin nekron*)" (*DS* 150). Que a r. seja r. do corpo* e não somente imortalidade da alma*, e que seja estreitamente dependente da r.* de Cristo*, são pontos deste artigo de fé que se situam no núcleo de sua história doutrinal.

1. Antiguidade cristã

a) Entre os *Padres apostólicos** (fim do s. I), a r. dos mortos é afirmada unanimemente, embora com acentuações diversas. Clemente de Roma a designa (*1Clem.* 26,3) como r. da carne*, entendendo por *sarx* não o corpo, como distinto da alma, mas a criatura perecível, como tal oposta à imutabilidade do divino*. Este sentido não dualista de *carne*, que se encontra no símbolo romano, tem primeiramente um alcance exortativo e ético*: como a salvação* se efetua na carne, que será ressuscitada e julgada, esta deve ser desde já mantida na santidade*. Mas por ter de ser julgada, isso significa que

sua r. não se identifica com a salvação* e tem, antes, um caráter neutro, razão por que o símbolo romano menciona após a r. a "vida eterna*", que cumpre a salvação. Quanto aos defuntos à espera de r., eles habitam, segundo *1Clem.*, um lugar provisório semelhante ao Hades dos poetas pagãos. Em contrapartida, segundo Inácio de Antioquia (*Cartas*) e as *Atas dos Mártires*, os justos — ao menos os mártires, aos quais é preciso acrescentar os patriarcas e os profetas* — vão imediatamente ao encontro de Cristo, o que se pode interpretar como uma ressurreição no momento mesmo da morte*, já que estes autores não exprimem a ideia de uma sobrevida da alma (cf. Greschake-Kremer, 1992, 182).

b) Os *Padres apologistas** (s. II), bem mais confrontados com a tradição platônica e com a gnose*, têm uma ideia mais nítida da diferença entre imortalidade da alma e r. E se a primeira permite certa abordagem da esperança* cristã (Justino), o anúncio da r. se fortalece com uma novidade que não se pode traduzir: "Se o Salvador [...] tivesse anunciado como Boa-Nova somente a vida da alma, o que teria trazido de novo em comparação com Pitágoras, Platão ou outros homens?" (Ps.-Justino, *De res.* 109). Para Ireneu* de Lião e Tertuliano*, a r. é o critério decisivo que separa a gnose* da ortodoxia. Enquanto os gnósticos consideram a carne — a saber, o corpo, o mundo e a história* — como a criação de um deus inferior, uma criação cuja alma deve ser libertada para retornar à sua pátria celeste, Ireneu afirma que toda carne (*pasa sarx*) foi criada por Deus* e é chamada à salvação: "O que é mais ignominioso do que uma carne morta? Em contrapartida, o que é mais glorioso que esta mesma carne, uma vez ressuscitada e tendo recebido a incorruptibilidade como herança?" (*Adv. Haer.* V, 7, 2). Tertuliano, de igual modo, declara que "a carne é o coração da salvação" (*caro cardo salutis, De res.* 8, 2). E, para rejeitar as interpretações gnósticas que compreendem a r. num sentido puramente espiritual, estes autores insistem na identidade do corpo terrestre e do corpo ressuscitado e postulam a existência de um estado intermediário que exclui a possibilidade de uma salvação só para a alma. É assim que, segundo Tertuliano, a alma guarda no Hades a efígie do corpo que aguarda a r. que constituirá a plenitude da salvação: seria, com efeito, "indigno de Deus conceder a salvação somente à metade do homem" (*De res.* 34).

c) Os *doutores da escola de Alexandria** (s. III). — Clemente de Alexandria e Orígenes* designam por *anastasis* um processo de maturação e de ascensão ontológica que começa no homem desde esta vida, pelo dom do Espírito*, e que acaba após a morte por uma transfiguração do corpo que se torna corpo espiritual (*soma pneumatikon*). Em sua controvertida obra, Orígenes, opondo-se ao mesmo tempo àqueles que negam a r. do corpo e aos que a confundem com a reanimação do cadáver, recorria à mediação da alma para fundar a continuidade entre corpo terrestre e corpo ressuscitado. Embora incorporal por natureza, a alma necessita do corpo como de um "veículo" ou de um "traje" do qual ela conserva uma forma idêntica (*typos* ou *eidos*), mesmo depois que se esvai a matéria que o constitui. Por graça* divina, esta forma corporal será conservada e transfigurada após a morte: "Para herdar o reino* dos céus e habitar uma região diferente da terra, precisamos dos corpos espirituais; nossa forma (*eidos*) primeira nem por isso desaparecerá, mas será glorificada, como a forma de Jesus* e a de Moisés e de Elias permanecia a mesma na transfiguração" (*Comm. in ps.* 1, 5). Orígenes sublinha também, enfaticamente, a dimensão eclesial da r.; ela só atingirá sua plenitude quando o corpo de Cristo for definitivamente constituído: "Abraão ainda espera..., e todos os profetas* nos esperam para receber conosco a bem-aventurança* perfeita. Pois só existe um único corpo que espera sua redenção" (*In lev.*, hom. 7, n. 2).

d) *Agostinho** (s. IV-V) pode ser considerado como o elo entre a teologia* da era patrística e a teologia medieval. Marcada pelo neoplatonismo, sua antropologia* privilegia a alma quando define o homem como "uma alma razoável que se serve de um corpo terrestre e mortal" (*De moribus eccl.* I, 27, 52). A unidade do homem, todavia, lhe é inconcebível sem o corpo, e é por isso que a alma conserva após a morte um "apetite natural" desse corpo que lhe será restituído no final dos tempos*. Esse corpo ressuscitado, embora espiritualizado e imortalizado, será absolutamente idêntico ao corpo terrestre. Em resposta a objeções vindas de pagãos e de alguns cristãos, Agostinho é levado a precisar em quê o tamanho, a idade, os órgãos etc. do corpo ressuscitado restituirão o corpo terrestre, mas numa disposição que fará transparecer sua beleza* (cf. *De Civ. Dei* XXII, 12 *sq*). Também se observará que Agostinho toma a direção contrária à da tradição teológica que dominava o combate contra a gnose, e introduz a ideia de uma r. da alma (*ibid.*, XX, 6), ou primeira r.: alma, caída no pecado*, ressuscita desde hoje na graça esperando que a segunda r., a do corpo, venha concluir a primeira. Ele se inscreve, enfim, na linha de Orígenes e da tradição patrística anterior quando relembra que a r. individual é ordenada à comunidade eclesial* no corpo de Cristo: "Ei-lo, este que é o homem perfeito, ao mesmo tempo cabeça e corpo, formado de todos os membros que, no tempo marcado, estarão completos. Cada dia, porém, membros se acrescentam a este mesmo corpo enquanto se edifica a Igreja* [...]" (*ibid.*, XXII, 18).

Em resumo, depreende-se da tradição patrística: 1/ Que, por oposição às interpretações platônicas e gnósticas, a r. se distingue nitidamente de uma simples salvação da alma ou do "homem interior", o que tem por efeito adiá-la para o "último dia" em que ela será um acontecimento milagroso devido à ação divina. 2/ Que a r., dependente da encarnação e da r. de Cristo, diz respeito fundamentalmente à "carne", à criação* tomada em sua dimensão material e temporal, e que ganha assim um valor e uma dignidade desconhecidas até então, o que permite a Tertuliano dizer que o cristianismo é uma *apologia da carne* (*praeconium carnis*).

2. Teologia medieval

a) *Séculos XI-XII.* — Admite-se comumente na IM que o homem é composto de uma alma e de um corpo, que a r. do corpo deve selar seu destino eterno, e que a imortalidade da alma exprime esta destinação desde esta vida. Essa perspectiva escatológica induz, todavia, uma antropologia em que vão se confrontar referências platônicas e aristotélicas. Para teologias dominadas pela influência agostiniana, só a alma constitui a pessoa* humana (Hugo de São Vítor), a tal ponto que esta só se apreende plenamente pela separação da alma e do corpo (Abelardo*): teorias em que a r. pareceria acessória ou mesmo inútil se não fosse exigida pelos dados bíblicos. Diante dessa dificuldade, outros autores se referem à doutrina de Aristóteles segundo a qual a alma é forma do corpo, o que lhes permite afirmar que a substancialidade do homem não pertence mais só à alma, mas à unidade do composto de matéria e de forma. Mas se neste ponto seguirmos a Aristóteles, para quem o espírito (*nous*) é de uma ordem diferente da do composto e sobrevem nele do exterior, parece que somos levados a admitir com ele que a forma se dissolve com a matéria e, portanto, a abandonar a imortalidade da alma. Não é superada a aporia agostiniana de um homem que se define pela alma, mas não pode ser ele mesmo senão em virtude da união da alma e do corpo.

b) *Tomás* de Aquino* (s. XIII) vai resolver a dificuldade concebendo de outro modo a fórmula aristotélica. Segundo ele, a alma pode ser uma substância incorpórea e imortal (no sentido agostiniano) ao mesmo tempo que forma do corpo, e isso porque ela comunica ao corpo sua própria substancialidade. Alma e corpo não são duas realidades passíveis de serem definidas separadamente, mas é a alma que determina totalmente o corpo ao se apropriar de sua materialidade. Assim, é da natureza do homem ser espírito por sua relação corporal com o mundo e com o outro, e não se poderia conceber perfeição para ele sem essa relação (cf. *In Sent.* IV, d. 44, q. 1, a. 2, ad 1). Desde logo, a morte é, sim, um aniquilamento do homem, já que a alma "separada", privada de corpo, só subsiste como uma mônada sem relação e sem mundo, portanto, num estado "contra natureza" (*CG* IV, 79), em que ela não tem outro conhecimento senão o que lhe vem diretamente de Deus. A r. é, por isso, se o homem tiver de atingir seu

cumprimento, uma exigência de sua natureza — o que não significa que ela seja natural, pois a natureza não tem por si mesma nenhuma capacidade de produzi-la: "Absolutamente falando, a r. é um milagre*; só podemos chamá-la natural relativamente a seu termo" (*ST Suppl.*, q. 75, a. 3). A posição de Tomás deixa, entretanto, abertas algumas questões: 1/ Como conciliar o estado de incompletude da alma privada de corpo com a afirmação (cf. *infra*, 3.a) de uma bem-aventurança possível logo depois da morte? 2/ É necessário afirmar, como Tomás na linha da tradição antignóstica (e decerto em função do culto* das relíquias*), que existe identidade de matéria entre corpo terrestre e corpo ressuscitado, quando a identidade material do corpo é determinada pela alma como forma substancial? 3/ A ideia de que a r. só se cumpre no final dos tempos implica necessariamente no conceito de uma subsistência da alma separada?

3. Teologia moderna

O final da IM e o início da era moderna se caracterizam por um deslocamento de acento, da r. para a imortalidade da alma. Os motivos desse deslocamento são ao mesmo tempo teológicos e filosóficos.

a) Motivos teológicos. — Devem-se à manutenção de uma concepção dualista do homem que supervaloriza o polo "alma". Embora o concílio de Vienne* (1312) tenha consagrado a fórmula "alma forma do corpo", esta é compreendida em sentidos diversos, frequentemente afastados da concepção de Tomás de Aquino, e nos quais a unidade do composto humano é perdida. Ademais, a constituição *Benedictus Deus* (1336) de Bento XII condena opiniões de seu antecessor (João XXII propusera que as almas, no estado separado, não poderiam conhecer ainda a bem-aventurança, uma tese que, aliás, ele abjurou em seu leito de morte), e chama a atenção para o futuro absoluto da alma de uma maneira que tende a relegar a segundo plano o do corpo.

b) Motivos filosóficos. — Aparecem com o retorno ao platonismo que caracteriza o humanismo do Renascimento, um platonismo que se desdobra num novo contexto em que a alma não é mais considerada como uma substância, mas como um sujeito (Marsílio Ficino). Este contexto encontra plena expressão em Descartes*, para quem a alma é uma *res cogitans* distinta do corpo caracterizado como *res extensa*. O papel crescente do sujeito nas filosofias* do espírito, que vão marcar a modernidade e culminarão no grande idealismo alemão (Fichte, Hegel*), deixa pouco lugar para a questão do corpo e de seu destino. Assim, os filósofos do Iluminismo que refinam as provas da imortalidade da alma frequentemente consideram a r. como uma representação mítica, por exemplo Kant*: "A razão* não pode achar um interesse qualquer em arrastar atrás de si para a eternidade um corpo que, por mais purificado que seja, deve entretanto consistir sempre na mesma matéria" (*A religião nos limites da simples razão*, Paris, 1952, 171).

Nesta atmosfera de pensamento, a reflexão teológica tende a limitar o problema escatológico à questão da alma, ou pelo menos a tratar como secundário o tema da r. Já o V concílio de Latrão* (1513), ao condenar o aristotelismo averroisante de Pomponazzi, só se preocupa com a imortalidade da alma individual. Podemos também notar que, do s. XVII ao XIX, a linguagem da piedade popular não evoca mais a r. e o último dia, mas a salvação da alma e a vida eterna (cf. Althaus, 1961, 155). Se a r. é sempre abordada nos manuais de teologia, é-o como questão especulativa mais do que como preocupação existencial (cf. Greschake-Kremer, 1992, 244).

4. Teologia contemporânea

A renovação dos estudos bíblicos e as questões levantadas por um novo contexto científico e cultural têm conduzido a teologia recente a abordar o tema da r. sob uma luz que leva este contexto em conta. Podemos sublinhar nela os seguintes pontos significativos:

a) *Ressurreição dos mortos mais do que imortalidade da alma.* — Em reação contra uma escatologia* que encobria a fé na r. em proveito de uma argumentação filosófica em favor da imortalidade, numerosos teólogos reformados, sob o signo de um retorno a Lutero*, recusam que se possa achar no homem um resíduo espiritual ou corporal qualquer que asseguraria a

transição entre vida terrestre e vida ressuscitada. A morte aparece então como aniquilação total e a r. como nova criação *ex nihilo*, a identidade entre homem mortal e homem ressuscitado sendo assegurada somente pela fidelidade do Deus que ao mesmo tempo cria e salva. O que permanece no homem, em sua morte, "não é nem nada de divino nem nada de criado, mas uma ação e uma atitude do Criador para com sua criação" (Barth*, 1959, 428). É nesse espírito que O. Cullmann sublinhou enfaticamente a oposição entre a concepção grega e a concepção bíblica da morte e do além: "A concepção bíblica da morte, portanto, é fundada numa história* da salvação, e por conseguinte ela deve diferir totalmente da concepção grega; nada o mostra melhor do que a comparação da morte de Sócrates com a morte de Jesus" (1956, 22). Sem levar tão longe uma oposição que não permite compreender muito bem por que Deus, na vida por ele recriada, faria o homem responder pelos atos da vida presente, os teólogos católicos concordam, eles também, em acentuar um retorno necessário a uma temática bíblica que, sob o signo da r., dá a primazia à ação divina.

b) *A hipótese de uma ressurreição no momento da morte.* — Para escapar das aporias da subsistência da alma separada, alguns teólogos propõem — na lógica tomista da alma como subsistente e, portanto, determinante de seu próprio corpo — a hipótese de um corpo que reapareceria imediatamente após a morte, sob uma modalidade não fisicamente perceptível: a ideia de "r. na morte" responderia assim a uma concepção da pessoa que exige um enraizamento relacional, não somente religioso mas também social e cósmico, o que equivaleria a uma "r. na morte" (cf. Greshake-Lohfink, 1978). J. Ratzinger se apoia todavia na *Nota da Congregação para a doutrina da fé sobre a vida eterna e o além* de 1979, que recorda a necessidade de crer na subsistência da alma após a morte, para contestar uma tese que "não é de modo algum a expressão possível da fé comum, tal como é compreendida comumente" (1990[6], 218). A dificuldade hermenêutica* da nova formulação se deve decerto à maneira como busca escapar do quadro espaçotemporal no qual se elaboraram as representações tradicionais.

c) A vez de uma filosofia do corpo e da carne. — Enquanto a teologia tomava emprestado sobretudo à filosofia o vocabulário da alma, é sobre novas maneiras de falar do corpo que hoje ela se interroga. A abordagem fenomenológica do corpo como "corpo transcendental", tal como nos trabalhos de L. Landgrebe, M. Merleau-Ponty, M. Henry etc., poderia abrir uma nova via de acesso teológico à questão da r., que B. Welte (1965) e C. Bruaire (1968) tentaram percorrer: "Uma reflexão fenomenológica e transcendental sobre a corporeidade pode chegar a um conceito formal de r. (do corpo enquanto carne) que ultrapassa o simples conceito de uma parte do homem espiritual e indestrutível e remete à esperança* cristã figurada pela *resurrectio mortuorum* como a uma figura que, pelo menos, não é desarrazoada" (Greschake-Kremer, 1992, 322).

d) O vínculo indissociável da ressurreição dos mortos e da cristologia. — Nenhuma abordagem racional ou estritamente filosófica, contudo, permite ignorar que, na linha da tradição paulina* e patrística, Cristo é o único mediador, cuja morte e r. conduzem o universo da primeira criação a seu cumprimento na glória* de Deus (cf. Martelet, 1974). Esta referência central à cristologia* deve servir, portanto, de critério teológico quando se trata de apreciar se a fé na r. é compatível com crenças de outra natureza, por exemplo a tese reatualizada da reencarnação (cf. Schönborn, 1990).

e) O valor analógico das representações da ressurreição. — E se, no fim das contas, nenhuma representação da r. e da vida futura é verdadeiramente adequada, isso significa que elas visam um mistério* sem comum medida com nossas capacidades expressivas e imaginativas. Como o mistério de Deus ao qual está estreitamente ligada, a r. dos mortos só é suscetível de expressões analógicas que servem de suporte à fé, mesmo que apagando-se diante da realidade que elas designam.

• P. Althaus (1922), *Die letzten Dinge*, Erlangen, 1961[8], Gütersloh. — K. Barth (1946), *KD* II/2,

Zollikon-Zurique. — O. Cullmann (1956), *Immortalité de l'âme ou résurrection des morts?*, Neuchâtel. — B. Welte (1965), *Leiblichkeit als Hinweis auf das Heil in Christus*, Friburgo-Basileia-Viena. — C. Bruaire (1968), *Philosophie du corps*, Paris. — G. Greshake (1969), *Auferstehung der Toten*, Essen. — G. Martelet (1975), *L'au-delà retrouvé*, Paris, 1995, nova ed. — J. Ratzinger (1977), "Zwischen Tod und Auferstehung", in *Eschatologie. Tod und ewiges Leben*, Ratisbona, 1990[6], 211-226. — G. Greshake-G. Lohfink (1978), *Naherwartung, Auferstehung, Unsterblichkeit*, Friburgo-Basileia-Viena. — G. Greshake-J. Kremer (1986), *Resurrectio mortuorum*, Darmstadt, 1992[2]. — C. Schönborn (1990), "Réincarnation et foi chrétienne", *Com(F)* XV/1, 36-65.

André DARTIGUES

→ *Alma-coração-corpo; Antropologia; Escatologia; Esperança; Inferno; Juízo; Morte; Ressurreição de Cristo; Salvação; Sheol; Vida eterna; Visão beatífica.*

REVELAÇÃO

O *léxico* da revelação (r.) (grego: *apokalypsis, epiphaneia, delosis*; latim: *revelatio, manifestatio*) figura na literatura cristã desde suas origens, mas o cristianismo demorou muito tempo para oferecer um *conceito* estruturado da r. O que essas palavras designam, em todo caso, é um dos fatos teológicos centrais: Deus é conhecido por Deus*. Este conhecimento advém, todavia, de maneira plural. O *Trésor de la langue française* distingue assim três sentidos de "r." no domínio judeu-cristão. "A *r. natural*, manifestação de Deus que se faz conhecer pela criação* e pela consciência* do homem". "A *r. sobrenatural*, manifestação de Deus comunicando ao homem pela palavra* dirigida a seus mensageiros o conhecimento* de seu ser*, de sua vontade, de seu plano tal como se desenvolve na história*". "A *r. direta*, comunicação que Deus estabelece diretamente com um de seus eleitos, sobretudo por visão ou audição". Essas definições só oferecem uma pré-compreensão. Permitem, de todo modo, perceber o problema maior de toda teologia* da r.: se a r. deve ser interpretada nos termos de uma espontaneidade divina e de uma receptividade humana, e se Deus mesmo responde por esta receptividade, se, pois, a r. é um processo que engloba seu destinatário, nenhum conceito satisfatório poderá ser proposto se não fizer jus igualmente aos fatores subjetivos e aos fatores objetivos da r.

a) *Teologia bíblica.* — A fé* em um Deus oculto ocupa o centro da experiência de Israel* (Is 45,15). "Para a teologia do AT, é algo de impensável que o homem possa conhecer a Deus por seus próprios meios. Deus só pode ser conhecido quando se dá a conhecer, portanto, quando quer se revelar" (E. Haag, *Bibellexikon*, 1968, 1242). Deus se dá a conhecer de modo múltiplo: nas experiências cósmicas da tempestade ou do terremoto, em experiências numinosas de sua glória*, na palavra profética autentificada pelo estereótipo "Palavra de Javé". O Deus oculto se desvela como Deus salvador: a teofania* do Sinai é dom da Lei* (e é, aliás, esse "dom da Lei", *mattan torah*, que fornecerá ao judaísmo* rabínico um termo técnico para nomear a r. divina). Ele se desvela na comunicação de seu nome* (se aceitarmos não ler Ex 3,14 como uma fórmula de recusa). Ele se desvela nos altos feitos cumpridos em benefício de Israel. A r. está ligada à eleição* e chega ao povo pelos mediadores eleitos, Moisés ou os profetas*. O testemunho que Deus se dá a si mesmo ("Eu sou Javé e não há outro", Gn 28,13; Ex 6,2.29; Is 45,5s etc.) estrutura um povo que conhece a vontade de Deus. A temática do velar e do desvelar certamente não é onipresente no AT, e sua discrição surpreende nos escritos sapienciais. Ecl não reivindica jamais uma r.; Sr assimila seu ensinamento a um ensinamento profético (Sr 24,33), mas pede para ser ouvido, e não que se ouça a palavra* de Deus. Os textos sapienciais, todavia, trazem sua contribuição a uma teologia da r. ao insistirem na gratuidade de uma sabedoria* que, sem ser "revelada" no sentido técnico, vem ao homem do além de si mesmo. Se Deus se manifesta por sua criação, a sabedoria é o vetor privilegiado desta manifestação. E se é mesmo a todos que Deus se revela como criador, então é possível dizer que a idolatria* dos pagãos "não é perdoável" (*oude syggnostoi*, Sb 13,8, cf. Rm 1,20, *anapologetoi*).

Sobre o ensinamento de Jesus*, o julgamento de Bultmann* permanece quase válido: sua palavra não comunica "uma doutrina de Deus, uma visão do mundo, mas um apelo à conversão* perante o reinado de Deus que vem" (1933, 273). Nem o léxico nem o fato do desvelamento, porém, estão ausentes do NT. À linguagem do mistério* está ligada, em Paulo, a da manifestação (*phaneroun*, Rm 3,21; 16,26 etc.) e do desencobrimento (*apokalyptein*, 1Cor 2,10; Ef 3,5 etc.). O *Logos* joanino é apresentado como intérprete ou explicador do Pai* invisível (Jo 1,18). A r. do Nome ocupa em Jo o lugar central que ocupava no AT (Jo 17,6), ligada à r. da verdade* e da graça* divinas (Jo 1,17). A palavra transmitida pelo Filho sela uma história pontuada de múltiplas tomadas de palavra divinas (Hb 1,1s). E ainda que Deus seja conhecível fora dos limites históricos da aliança*, a partir da natureza das coisas (Rm 1,20; At 17,22-31), Jo 14,9 o diz belo e bem visível em Jesus. A concentração soteriológica do NT exclui quase todo interesse apocalíptico*: sobre o fim do éon presente, sobre o reinado de Deus etc., o propósito dos textos não é fornecer informação e descrição. Mas se o interesse dos testemunhos é chamar a atenção não para uma teofania ou uma epifania, mas para a relação dialógica do Deus salvador e do homem pecador, a linguagem da salvação* e da conversão não pode ser mantida sem que o seja também a do conhecimento — o desvelamento dos desígnios salvíficos de Deus chama a fé e suscita o louvor*, indissociável de uma contemplação*.

b) *Patrística.* — Na teologia dos Padres*, a r. é geralmente objeto de um interesse lateral, ao sabor da organização progressiva do discurso cristão. Aparecem múltiplas temáticas que utilizam múltiplas palavras. Podemos distinguir esquematicamente algumas tendências, todas presentes e entrelaçadas desde a época dos Padres apostólicos*. (O próprio termo *revelare* se impôs em latim a partir de Tertuliano*, sob a influência das primeiras traduções latinas* da Bíblia*.)

A *primeira* tendência acentua o papel de Cristo* mestre e pedagogo. A *Didaché* liga "vida" e "conhecimento" para descrever a experiência* cristã (19, 3), *1Clem.* utiliza o verbo *paideuein* para dar conta da missão de Cristo (59, 3). Essa teologia se dota de instrumentos conceituais na teoria do conhecimento (*gnosis*) cristão de Clemente de Alexandria, que retoma e cristianiza a ideia do Deus pedagogo já presente em Platão (*Leis* X, 897 *b*), depois em Orígenes*, segundo o qual a obra reveladora de Deus permite ao homem sair do domínio da "sombra" para entrar no da "imagem" e, mais tarde, no da "verdade" — nem por isso Orígenes deixa de ligar estreitamente a r. à pessoa* mesma do Verbo* encarnado, *autobasileia*, "reino em pessoa". Toda verdade vem de Deus pela mediação de seu *Logos*.

Como o Deus de Jesus Cristo é o Deus criador, uma *segunda* tendência leva a enfatizar a função propriamente reveladora da criação. A obra dos Padres apologistas* é um primeiro encontro com o Deus dos filósofos, cuja transcendência tornava problemática a ideia de r., e este encontro advém sem que surja uma distinção rígida entre "fé" e "razão*". Em Justino, a teoria das "razões seminais" (*logoi spermatikoi*), retomada do médio platonismo e do estoicismo, permite à sabedoria extrabíblica e pré-cristã participar do conhecimento de Deus — mas a teoria, em contrapartida, desvaloriza a função manifestadora do Verbo *encarnado*. Teófilo de Antioquia fala também de um Deus conhecível a partir da ordem do mundo (*Ad Autolycum* I, 5). Clemente de Alexandria conhece uma r. (*emphasis*) de Deus pela natureza. Mais ainda, a filosofia* é pensada em Clemente como "dom de Deus aos gregos": filosofia, Lei e Evangelho aparecem assim como três Testamentos cujo autor é o *Logos*.

De maneira contrastada, uma *terceira* tendência consiste numa concentração na história ou na "economia" (*oikonomia*, termo já presente em Paulo, Ef 1,10; 3,2.9), na qual Deus salva e se dá a conhecer. Ireneu* é decerto o representante mais influente desta tendência. Ele toma para si o *leitmotiv* de toda teologia bíblica* da r.: "Deus não é conhecido sem Deus [...] E conhecem-no todos aqueles a quem o Filho o revelou" (*Adv. Haer.* VI, 6, 4, cf. também, p. ex., Clemente, *Strom.* V, 82, 9). Ele lhe acrescenta temas maiores destinados a estruturar a teologia

ulterior da r. Contra a gnose*, Ireneu nega que tradições secretas possam ter valor de r. Contra a gnose ainda, estabelece o critério da sucessão* apostólica: a *transmissão* da verdade (que começa já em Tertuliano a ocupar um lugar tão importante quanto o da r. da verdade) é um fato eclesial garantido materialmente pela sucessão dos hierarcas nas sés episcopais. O vínculo da Escritura* e da tradição* não suscita ainda nenhuma problemática, e *a fortiori* nenhuma aporética; a insistência na Escritura (Orígenes: "Incessantemente o *Logos* se torna carne nas Escrituras a fim de plantar sua tenda em nós", *Filocalia* XV, 19, PG 14, 1313 B) une-se sem tensão à insistência num processo de tradição fundado em Deus mesmo (Tertuliano), ao passo que se vê surgir (em Tertuliano) um conceito romano do argumento de autoridade*. Reduzido a quase nada em Mário Vitorino, que só contempla a r. num quadro filosófico, a referência histórica ocupa, em contrapartida, um lugar central no mentor de Agostinho*, Ambrósio*.

Uma *quarta* tendência leva a visar a r. como um processo acabado, mas que chama sua realização na experiência presente da fé. — Nas *Visões* de Hermas, parecia ainda que a r. pudesse continuar na Igreja*. Em Clemente de Alexandria, o presente da vida litúrgica e mística* era pensável em termos de r., e Gregório* de Nazianzo sustentará igualmente que a Igreja, que vive no tempo do Espírito*, nele faz a experiência de uma r. contínua (*Or.*, 31,26). — Mas já em Cipriano* (que utiliza *traditio* por r.), não é como possibilidade permanente mas como fato acabado que aparece aquilo que ele chama, ademais, *traditio*: uma r. divina presente e normativa na Igreja, da qual os apóstolos foram os canais autênticos, da qual os cristãos só têm que se apropriar. — Nenhuma instância sobre o que se chamará tardiamente o "dado" revelado impedirá os Padres latinos de se interrogarem sobre os meios humanos da r. divina (a teologia da r. se organiza preferencialmente como teoria da inspiração profética, p. ex., em Jerônimo, uma organização da qual se encontrará mais do que vestígios em Tomás de Aquino) e sobre a iluminação que permite a todo crente acolher a r.

divina. — As inclinações diferem e refletem diferenças teológicas surgidas em outros lugares: enquanto os teólogos da escola de Antioquia* acentuam mais nitidamente a história passada da salvação, Cirilo* de Alexandria prolonga uma concepção já presente em Orígenes e afirma que a palavra proclamada deve ser acompanhada em todo tempo por uma iluminação presente. Agostinho tem um discurso próximo ao dos Alexandrinos, marcado pelo cristocentrismo e por um interesse crescente pela experiência do crente: Cristo está presente naquele que crê, e desempenha nele uma função reveladora. O Deus revelado de Agostinho é um Deus mestre: "A fim de que o espírito humano, trabalhado pelo desejo de conhecer, não caia por fraqueza na miséria do erro, é preciso um magistério divino ao qual obedeça livremente" (*Civ. Dei* XIX, 14). Mas este magistério não se exerce de maneira extrínseca: o processo de r. não se produz fora do homem, ele o aprende existencialmente. A r. é uma "atração" exercida por Deus. E ela se exerce concretamente no seio de um universo totalmente sacramental, onde tudo significa a vontade e o amor* divino.

O pensamento patrístico da r. está ligado a conflitos doutrinais: Ireneu responde ao desafio gnóstico; e, perante o montanismo*, a Igreja deve experimentar sua recusa de um relançamento da r. A crise ariana permite também uma insistência maior: em Jesus é o próprio Deus que se manifesta para recriar o homem à sua imagem (Atanásio*). Contra Eunômio, enfim, que reivindica a possibilidade de conhecer a Deus como ele se conhece a si mesmo, os Padres capadócios precisam: há r., mas de um Deus que permanece estritamente *incompreensível.*

Por fim, uma conclusão emerge claramente da síntese do Pseudo-Dionísio*: criação e r. são dois aspectos de um mesmo ato divino chamando o homem a um "amor extático" e a uma contemplação* cósmica chamada a perceber por toda parte os vestígios da bondade divina. Com Máximo* Confessor, em contrapartida, as duas se veem nitidamente distinguidas, e há lugar para uma *theoria physike* autônoma que conhece a Deus pela natureza das coisas. Com Escoto Erígena, principal transmissor no Ocidente dos *corpora* de Dionísio e Máximo, a r. é teorizada em dois tempos. Em si, a criação é a r. perfeita (também pertence ao conceito erigeniano de criação o ser r.: *creatio, hoc est in aliquo manifestatio*, PL 122, 455 D); mas, em razão do pecado* do homem, a r. advém também sob forma de palavra.

c) Idade Média. — As tendências da teologia patrística — em primeiro lugar, a busca de um equilíbrio entre os fatores histórico-objetivos e os fatores subjetivo-existenciais — são também as da primeira teologia medieval. Em Anselmo*, a Escritura possui o *status* de norma objetiva, ao passo que a *intelligentia fidei*, norma subjetiva, permanece sempre no primeiro plano. Já conhecido da patrística, o esquecimento da história encontra um praticante distinto na pessoa de Abelardo*: não somente a r. é entregue à dialética, mas também parece ordenada para um tratamento dialético. Uma visão da r. um tanto análoga à de Erígena encontra um representante também distinto na pessoa de Hugo de São Vítor: a criação é, na totalidade, "livro de Deus" — mas o homem decaído não pode mais ler esse livro, que só a Escritura lhe torna legível. A IM imprime, todavia, sua marca distintiva à teologia da r.: à visão agostiniana e dionisiana de um universo totalmente sacramental sucede progressivamente uma meditação regional daquilo que receberá tardiamente o nome de "r. especial", a história bíblica da salvação, e ao sentimento de uma única tradição formada pela Escritura e pelos Padres sucede uma interrogação sobre a especificidade reveladora das Escrituras. Na primeira escolástica*, "Padres e Escrituras formam uma única Scriptura Sacra" (M. Grabmann), criação e r. são pensadas nos termos globalizantes de uma única economia. Mas já Ruperto de Deutz (1075-1129) tem de se proibir de adotar tais posições. E a partir de Guilherme de Saint-Thierry (*c.* 1085-1148) uma distinção clara se realiza: uma é a r. devida à criação, outra é a r. devida à palavra pronunciada na história.

Inevitavelmente, é a Alberto* Magno que se deve a primeira síntese moderna dos elementos até aqui dispersos. Alberto distingue: de um lado, a Escritura, "crível", de outro lado, a Igreja que é sua intérprete. Distingue também: de um lado, o tempo* originário da r.; de outro lado, o tempo da Igreja (tempo ordenado "à exposição dos artigos da fé"). No quadro aristotélico tornado obrigatório, os sucessores de Alberto prolongarão seu trabalho e proporão às vezes inflexões e complementos: a *Summa Halensis*, p. ex., tenta vigorosamente organizar uma teologia da r. de inspiração franciscana, integrando do melhor modo a história da salvação no novo dispositivo conceitual da teologia. Boaventura* precisará a relação da r. e da condição pecadora do homem: "Porque o mundo se tornou um livro ilegível, a encarnação* é, como r., o comentário que restitui a legibilidade" (Seybold, 1971, 127). Também precisará a relação dos fatores objetivos e dos fatores subjetivos: a fé na r. nasce da ação conjugada da palavra externa e da palavra interna, mas principalmente da audição interna. Em Tomás* de Aquino, como na maioria de seus contemporâneos, aliás, o interesse teórico principal é despertado pelo problema da inspiração profética (cf. seu *De prophetia*), que ele não distingue nitidamente da r. Da mesma maneira que em Boaventura, um bibliocentrismo incontestável se associa em Tomás à análise dos fatos interiores, e a teologia da r. se articula estreitamente, e às vezes se confunde, com a teologia da fé, ao passo que surge um fato novo destinado a pesar sobre toda a história ulterior do conceito de r., *a assimilação da r. a um corpus de verdades*. Para Tomás, "r." nomeia a ação do Deus salvador que fornece ao homem todas as verdades necessárias e úteis para perseguir seu fim sobrenatural*: donde se segue que "aquele que não adere, como a uma regra infalível e divina, ao ensinamento da Igreja que procede da Verdade* primeira revelada nas Santas Escrituras, este não tem o *habitus* da fé" (*ST* IIa IIae, q. 5, a. 3). Duns* Escoto postula um vínculo igualmente estreito entre Escritura e Igreja e põe ainda mais vivamente a Escritura no centro de tudo: "[...] de fato, nossa teologia não trata de nada senão daquilo que está contido na Escritura e daquilo que dela pode ser deduzido (*elici*)" (*Op. Ox.*, prol. q. 3, Wadding VI/1, p. 102). O autoritarismo de Guilherme de Occam,

enfim, o leva a postular com brutalidade nova a necessidade da r., tomada em sua realidade objetiva. E como seu nominalismo* não pode manter nenhuma estrutura ontológica necessária na r. divina, esta tende então a se atomizar e a se restringir a uma informação positiva acerca dos fatos sem vínculo entre eles. Individualização extrema dos eventos de r. conduzindo a uma teologia que justapõe artigos de fé: os primeiros traços distintivos de uma teologia positiva* estão lá, com os primeiros fermentos de uma "teoria das duas fontes" da r., Escritura e tradição eclesial. Os primeiros fermentos de um esquecimento da r. entendida como ato em proveito de uma r. entendida como "depósito" aparecem também nessa época.

d) Reforma, Contrarreforma e Iluminismo. — É preciso admitir que se deve a Lutero* a primeira teoria realmente nova da r. que se tenha produzido desde o NT e, ao mesmo tempo, a elaboração de uma teologia verdadeiramente sistemática da r. Teólogo do Deus oculto que permanece oculto até em sua encarnação (*Deus in carne absconditus*, *WA* 4, 7, 1 *sq et alibi*), teólogo de um Deus que se manifesta "sob seu contrário" no escândalo da cruz, Lutero atribui ao Evangelho a nota distintiva que o próprio Cristo possui, o *absconditus sub contrario*. De r. pela criação não se poderia sequer falar. Deus se torna manifesto na palavra pregada, e só nela. O interesse se desvia: os fatos passados da salvação atingem o crente no evento existencial/dialógico do presente da conversão e da justificação*. Só a Escritura consigna tais fatos; mas, no sentido estrito, ela é transmissora de r. mais do que r. propriamente; e a fé não pode se definir como "conhecimento da história", *notitia historiae*, sem ser indissoluvelmente definida como "confiança na misericórdia* de Deus", *fiducia misericordiae*. A Palavra voltará a ser, entretanto, "doutrina" nas obras tardias do melhor aluno de Lutero, Melanchton. Os textos confessionais luteranos ratificarão a suficiência absoluta da Escritura: *"sola sacra scriptura judex, norma et regula agnoscitur"* ("só a Sagrada Escritura é reconhecida como juiz, norma e regra") (*BSLK* 769, 7).

A teologia de Calvino* divide com Lutero traços comuns, mas também tem seus pontos originais. Por um lado, os motivos kenóticos onipresentes em Lutero cedem lugar, em Calvino, a uma contemplação mais joanina. Por outro lado, Calvino sustenta um duplo conhecimento de Deus, *duplex cognitio*, pela criação e pela Palavra. Evidentemente, *"non [...] ab elementis mundi hujus, sed ab evangelio faciendum est exordium"* ("Não é [...] dos elementos deste mundo que se deve partir, mas do Evangelho") (CR 51, 10). O exórdio, todavia, não pretende ser a totalidade do discurso; e a *Confissão de La Rochelle* é, neste aspecto, de uma perfeita fidelidade a Calvino quando afirma que "este Deus se manifesta assim aos homens, primeiramente por suas obras, tanto pela criação quanto pela conservação e conduta delas. Em segundo lugar, e mais claramente, por sua palavra, a qual, no início revelada por oráculo, foi depois redigida por escrito em livros que chamamos de Escritura santa" (*BSKORK* 66).

Contra o princípio de suficiência escriturística que reúne todas as teologias reformadas, a obra do concílio* de Trento* foi manter os direitos da tradição, ou mais exatamente (numa época em que ainda se defende a origem apostólica do *símbolo dos Apóstolos*), das tradições transmitidas desde a origem e ausentes da Escritura. Essas tradições "que chegaram até nós, seja porque os apóstolos* as tinham recebido da boca mesma do Cristo, seja porque os apóstolos no-las transmitiram como de mão em mão após tê-las recebido sob o ditado do Espírito Santo" (*DS* 1501), devem ser recebidas pelo crente com uma mesma piedade e afeição (*pari pietatis affectu*) que a r. contida nas Escrituras; elas também têm função reveladora. De resto, o concílio zelara por não atribuir à Escritura e às tradições o *status* de dois canais paralelos: proposta durante os debates, a ideia de uma r. contida "em parte" (*partim*) na Escritura e "em parte" nas tradições foi rejeitada em prol de uma formulação mais prudente.

Os s. XVII e XVIII são, ao mesmo tempo, aqueles em que os teólogos protestantes desenvolvem uma sistemática que merece o nome de "escolástica" e em que a teologia católica elabora enfim para si mesma uma teologia da r.

No domínio luterano, J. A. Quenstedt só retoma fórmulas clássicas para torcê-las em prol de um pensamento da r. concebido como comunicação de verdades: r. definida como "um ato divino voltado para o exterior (*externus*) no qual Deus se desvela ao gênero humano por sua palavra para a salutar informação dele" (*Theologia didactico-polemica*, I, 32). Assiste-se assim a um processo de doutrinalização da r., assim como à identificação da Escritura e da Palavra — o que se percebe mais nitidamente ainda com J. Gerhard. Assim como a teologia católica enraíza a Escritura na tradição da Igreja, assim a teologia protestante enraíza unilateralmente a Palavra na Escritura.

Contra o iluminismo protestante (cuja forma acabada era dada por Zuínglio*, teórico de uma r. imediata de Deus à consciência), a primeira tarefa da teologia católica pós-tridentina será manter a suficiência de uma revelação mediatizada ao mesmo tempo pelos dois fatos objetivos da tradição eclesial e da Palavra. A face subjetiva certamente jamais será esquecida (ainda mais porque este período conhece notáveis refinamentos da "análise da fé", *analysis fidei*). Com M. Cano (1509-1560, *Loci*, 1563), a necessidade da "causa interior", a saber, de "certa luz divina que incita a crer", é mantida firmemente. Em D. Bañez (1528-1604), a atenção se dirige também para a iluminação do sujeito mais que para o desvelamento do objeto. Cajetano (1469-1534) e Suárez*, todavia, colocam mais peso na história do problema. Ora, em Cajetano, a r. é o fato de um "Deus falando de si mesmo", mas a ênfase incide mais ainda sobre os artigos de fé que este Deus comunica. E em Suárez intervém um conceito destinado a se tornar central, o de *testemunho divino*: ele conduzirá a definir a r. como "tomada de palavra divina dando-se testemunho a si mesma", *locutio Dei attestans*. Suárez distingue um duplo sentido da r.: "Primeiro, pois, um véu se vê tirado pela r. do objeto da fé, e é assim que ele se torna de alguma maneira conhecível em razão do testemunho divino. Por outro lado, a infusão da fé tira a ignorância que afetava o intelecto. E se pode falar de r. aqui e lá" (*De*

Fide, disp. 3, sect. 3, n. 7). Mas é primeiramente do lado do objeto que a r. é contemplada: como proposição de um objeto revelado a crer em respeito à autoridade divina.

A escolástica* tardia sofre de um déficit maior, o esquecimento do caráter cristocêntrico da revelação em prol de uma teoria da comunicação divina verídica. Assim é em J. de Lugo (1583-1660): "É requisito para o objeto de fé que haja tomada de palavra divina, pois esta é fundada na veracidade* divina: com efeito, não existe veracidade senão na palavra" — e a Igreja se define então como lugar de uma "locução mediatizada". Encontramos ainda um Ripalda (†1648) para fazer incidir a ênfase na "revelação imediata e intelectual". Mas seja em Lugo, nos carmelitas de Salamanca ou alhures, a tendência geral é clara: uma doutrina do evento de palavra incontestavelmente fecunda faz passar a segundo plano, e ofusca pura e simplesmente, os fatores subjetivos e a economia histórica da r. As linhas de força da escolástica barroca se acusarão no século das Luzes quando a apologética se dará sua organização clássica (sequência dos tratados "Da verdade religiosa", "Da verdade cristã", "Da verdade católica", saída de um esquema devido a P. Charron), e quando o tratado *De veritate christiana* (ou *De Christo legato divino*) estiver plenamente constituído, tendo como meta provar (primeiro contra o deísmo*) a existência de uma religião revelada, de um cristianismo que não é tão velho quanto a criação, e de uma r. que diz mais do que sabe a razão natural (V. Pichler [1670-1736], F. Neumayr [1697-1765], P. M. Gazzaniga [1722-1799] etc.). As vozes da filosofia do Iluminismo decerto se fizeram ouvir com mais estrondo que as da teologia que lhe era contemporânea. O s. XVIII conheceu certamente um gênio atípico, J. G. Hamann (1730-1788), para gritar violento protesto cristocêntrico, que seu tempo não ouviu muito. Ouviu-se mais favoravelmente o dilema de G. E. Lessing (1729-1781): pode-se fundar uma bem-aventurança eterna sobre verdades históricas contingentes? Ouviu-se ainda mais favoravelmente o mesmo Lessing pensar a r. nos termos de uma educação do gênero humano. Ou ainda J. G. Herder (1744-1803) propor um pensamento da r. pela natureza e pela história (a *história universal*, cujo conceito tem condições de sabotar todos os privilégios da história bíblica). E, apesar de todos os esforços da apologética, a *Aufklärung* fez ouvir postumamente sua voz mais autorizada quando Fichte declara que "só a metafísica, e não a histórica, torna bem-aventurado".

e) Do século XIX ao Vaticano II. — As duas ideias mais características do s. XIX, na teoria da r., são as de uma r. universal e de um princípio de tradição. Encontramo-las presentes de maneira mais organizada entre os pensadores da escola católica de Tübingen*. Com Drey, que certamente também deve a Schelling* a ideia de uma "construção científica da r.", o objetivo da teoria é superar a antinomia do racionalismo* e do suprarracionalismo, de um lado, e fazer corresponder a *exterioridade* dos fatos históricos e a *interioridade* de sua apropriação religiosa, de outro. Como o homem depara com um Deus que nunca foi não revelado, esta apropriação é a possibilidade mais permanente que há. E como a r. é objeto de transmissão desde as origens, a tomada de conhecimento presente é sempre inserção na comunidade que transmite diacronicamente a r. — incontestáveis afinidades com o tradicionalismo* tendendo assim um pouco a ofuscar a gratuidade das intervenções divinas. O princípio de "proto-r." também levará Möhler a sustentar, contra Bautain, a possibilidade de um conhecimento natural de Deus. Com Staudenmaier também, a teologia da *imago Dei* conduz a postular a existência de uma relação imemorial do homem com Deus, mas que não pode se desdobrar sem r. exterior. Enfim, com Kuhn, o para-nós das verdades reveladas não é dissociável de seu em-si; e a uma tendência supranaturalista que se apega à letra da Escritura se articula em sua obra uma teoria evolucionista que tende a pensar o processo de r. em termos análogos ao do desenvolvimento do dogma*. Embora nenhuma dependência factual possa ser estabelecida, o interesse de Newman* pela história e o aval que dá à ideia de uma proto-r. universal aproximam incontestavelmente seu pensamento ao dos teólogos de Tübingen.

Enquanto a teologia protestante se divide entre a influência predominante de Schleiermacher* (para quem o evento interior de iluminação e de r. tende a absorver nele todo fato exterior) e a percepção mais clássica da r. da qual a escola de Erlangen é a melhor testemunha, antes que o protestantismo* liberal dilua a ideia de r. na de um ensinamento supremamente moral, a história da teologia católica é, de um lado, a das tentativas inovadoras (mas desprovidas de equilíbrio) e de sua censura pelo magistério eclesiástico (racionalismo*), de outro lado, a da restauração, pelos teólogos da escola de Roma, de uma teoria estritamente doutrinária da r. Com Hermes, a r. veio a ser pensada nos estritos limites da razão prática: sua teoria é uma versão muito suavizada daquilo que o jovem Fichte dizia em seu *Ensaio de uma crítica de toda revelação* de 1792 — que Deus só pode se revelar como comunicador de uma lei moral, uma tese subscrita também pelo jovem Hegel* —, mas não vai além disso. Com Günther, inversamente, o conceito de "conhecimento ideal" engole toda diferença entre fé e saber, ou entre filosofia e teologia, de tal sorte que a ideia de r. perde toda consistência própria. Ao fracasso de uma recepção teológica das filosofias recentes responde uma reinstauração dos conceitos e argumentações da escolástica barroca. Com J. Kleutgen (1811-1883), a r. é uma realidade sobrenatural cujo "fim próximo" é "aumentar em nós o conhecimento das coisas divinas e, por conseguinte, iluminar nossa razão" (*Die Theologie der Vorzeit*, Münster, 1875[2], V, 143). J. B. Franzelin (1816-1886) se apoia em Suárez e Lugo para afirmar que a r. é "uma locução divina, composta de palavras que enunciam uma verdade e de fatos que provam que essas palavras são locução divina" (*Tractatus de divina Traditione et Revelatione*, Roma, 1896[4], 618). Outra teoria doutrinária da r. é oferecida por Scheeben*, que estabelece também uma hierarquia das r. subindo da "*revelatio naturae*" à "*revelatio gratiae*" para culminar escatologicamente na "*revelatio gloriae*".

O Vaticano I*, finalmente, foi o primeiro concílio da história* da Igreja a tomar a r. como tema e, simplesmente, a utilizar o termo (já uma

vez em Trento, mas em outro sentido, cf. Eicher 1977, 73 *sq*) a propósito do que ali se chama "depósito divino" (*DS* 3020). É preciso notar antes de tudo que a r. não é definida pelo concílio, que se preocupa mais em determinar-lhe os modos: conhecimento natural de Deus, inscrição escriturística da r., função mediadora da tradição eclesial. A fraqueza da teoria conciliar está em colocar em segundo plano toda dimensão pessoal: a r. é pensada como um "isso", como um conjunto de *revelata*, mais do que como um ato divino. O modernismo* caricaturaria injustamente uma teoria incompleta mas autenticamente cristã: uma proposição modernista condenada no *Lamentabili* diz que "os dogmas que a Igreja trata como revelados não são verdades caídas do céu", mas nenhum texto católico oficial decerto falou de "verdades caídas do céu" (apesar de S. Sykes, *EKL*[3], t. 3, 815). Caberá ao Vaticano II* fornecer um corretivo ao unilateralismo das declarações do Vaticano I. A constituição *Dei Verbum*, na qual transparece a influência preponderante de H. de Lubac*, mantém o direito ao conhecimento natural de Deus (§ 6). Ela estabelece sobretudo, entre "palavras" e "atos", *gesta*, uma conexão tão íntima quanto possível: "Esta economia de r. advém por eventos e palavras intimamente unidos entre si [...]" (§ 2). E ela fornece, da aporia moderna Escritura/Tradição, uma primeira tentativa satisfatória de solução: "jorrando de uma mesma fonte divina [...]" (§ 9), "A santa Tradição e a sagrada Escritura constituem um único depósito sagrado da palavra de Deus, confiado à Igreja" (§ 10). Os *revelata* quase desaparecem, em prol da *revelatio*, ela mesma pensada desde o primeiro capítulo a partir de Cristo "que é ao mesmo tempo o mediador e a plenitude de toda r." (§ 2). O concílio certamente não dá nenhuma última palavra: assim, o § 10 de *DV* justapõe lastimavelmente "a santa Tradição, a sagrada Escritura e o Magistério* da Igreja" — a inabilidade deixa supor que sobra matéria para reelaboração futura.

f) Perspectivas sistemáticas. — Realidade central da experiência cristã, mas conceito por longo tempo marginal, a r. faz seguramente figura de noção organizadora da teologia contemporânea. As organizações que ela preside são múltiplas, e elas cortam transversalmente as barreiras confessionais. Grandes tendências se deixam perceber facilmente (Dulles, 1983).

Uma *primeira* tendência concebe a r. como doutrina e recebeu o nome clássico de "teologia proposicional da r.". O teólogo de Princeton B. Warfield (1851-1921) é, talvez, o representante protestante mais clássico da doutrina, e esta se enuncia da maneira mais franca em outro pensador americano, C. Pinnock: "A r. está embutida em relatos escritos, e é essencialmente proposicional por natureza" (1971, 66). A teologia neoescolástica usa uma linguagem semelhante (R. Garrigou-Lagrange, C. Pesch, H. Dieckmann): "A r. divina é formalmente uma locução divina dirigida aos homens por modo de ensinamento" (Garrigou-Lagrange, 1918, 62). E por estar articulada a uma teoria homóloga do desenvolvimento das doutrinas cristãs (exemplarmente em Marin-Sola, *Le développement homogène du dogme catholique*, Paris, 1924^2), ela conduz pois a conceber este desenvolvimento como um "desencaixe infinito de conclusões a partir de suas premissas" (Lubac, *RSR* 35 [1948], 139). A imagem de "dado revelado" é central (A. Gardeil). Como em Tomás de Aquino, a análise da experiência profética também o é.

Uma *segunda* tendência concebe a r. como história. Sua expressão extremista é fornecida pela teoria de W. Pannenberg, na qual Deus se revela *indiretamente* em seus atos, e por atos inscritos no tecido da história universal como eventos aos quais toda historiografia tem o direito de elevarse, como fatos que falam por si mesmos. Mais prudente, a teoria de O. Cullmann liga o fato à sua interpretação profética, de tal sorte que a junção dos dois constitui o processo mesmo de r. No anglicanismo*, W. Temple (1881-1944) se expressara em termos muito parecidos: "A condição essencial de uma r. efetiva é a coincidência de eventos submetidos a um controle divino e de inteligências divinamente iluminadas para os ler corretamente" (*in* Baillie e Martin, 1937, 107).

Uma *terceira* tendência reduz a r. a uma experiência interior. O protestantismo francês do s. XIX teve um representante típico desta tendência em A. Sabatier (1839-1901): a r. "consiste na criação, na depuração e na clareza progressiva da consciência de Deus no homem individual e na humanidade" (1897, 35). O protestantismo alemão teve o seu na pessoa de W. Herrmann (1846-1922), que todavia matizava a posição dizendo, por um lado, que a experiência interior só é reveladora fundada numa comunhão* com Jesus, e depurando, por outro lado, esta experiência de todo elemento místico* para contemplá-lo antes de tudo como experiência moral. No entanto, foi o modernismo* católico que se embrenhou mais longe, e mais sistematicamente, nesta via. Assim, com G. Tyrrell (1861-1909) as fórmulas dogmáticas não têm mais outro fim senão permitir a cada um evocar e se apropriar de uma experiência fundadora sob a ação do Espírito: "a r. não é enunciado, mas experiência" (1907, 285).

Contra o protestantismo liberal de um lado, contra as teorias proposicionais do outro, a teologia dialética nascida de Barth* representa uma *quarta* tendência, marcada por uma estrita concentração cristológica e por uma ligação estreita entre r. e salvação — Bultmann* inventa a expressão "r. salvífica", *Heilsoffenbarung*. A r. advém, para pôr em causa a pseudossuficiência do homem pecador, em todo lugar e tempo em que é anunciada a palavra de salvação: "Cada geração tem a mesma relação original com a r." (Bultmann, cf. o conceito de "contemporaneidade" em Kierkegaard*). Os discípulos de Bultmann afinarão a teoria pensando a r. como "evento de linguagem", *Sprachereignis* (E. Fuchs) ou como "processo de palavra", *Wortgeschehen* (G. Ebeling).

Uma *quinta* tendência consiste em ler o processo de r. como abertura de uma nova consciência de si mesmo e do mundo — como um acesso ao fundo das coisas. O sagrado tende aqui a substituir a Deus, e a experiência do sagrado a ser apenas r.: "Só o que me aborda com a qualidade do incondicional é r. para mim" (Tillich*, 1927). L. Gilkey radicaliza a ideia: a linguagem religiosa "não é um discurso sobre os céus, mas um discurso sobre a terra — em referência a seu fundamento e seus limites últimos e sagrados" (*Naming the Whirlwind*, Indianápolis, 1969, 296).

Algumas conclusões podem ser tiradas de uma história doutrinal sinuosa marcada no s. XX por uma verdadeira "inflação" das teorias da r. (E. Troeltsch). Contra a aporia da teoria proposicional, o mérito conjugado de diversas correntes (tanto a teologia dialética quanto a teologia dos dominicanos de Saulchoir ou a "nova teologia", amplamente tributária neste ponto do *Jesus* de L. de Grandmaison [1928]), é forçar a admitir o que *Dei Verbum* selou em 1965: que um pensamento da r. é cristocêntrico (e soteriológico) ou condenado à morte. Contra a mesma aporia, que consiste em recalcar o "Revelador" em prol do revelado e em tratar o revelado nas categorias de uma razão reificante, também é forçoso admitir que a razão dialogal e as categorias do encontro interpessoal são necessárias para a abertura de todo caminho realmente praticável: o mérito de R. Guardini (1940) é tê-lo dito da maneira mais convincente possível. E compreende-se então que o termo mesmo "r." tenha sofrido certo refluxo nos pensamentos mais preocupados em falar de "autocomunicação" divina. Duas tarefas, que decerto não são novas, mas que percebemos com perfeita acuidade, talvez esperem então toda teologia vindoura da r. A primeira é garantir o equilíbrio perpetuamente ameaçado dos fatores subjetivos e dos fatores objetivos — e, neste ponto, a teoria da evidência subjetiva e da evidência objetiva que compõe o *incipit* da trilogia de Balthasar* (1961) consegue fornecer as condições de um equilíbrio possível. A segunda é não perder de vista o vínculo bíblico da r. e do mistério de Deus. Apesar de Hegel, o Deus revelado não é um Deus patente de quem o homem poderia saber tudo. Deus é conhecido como desconhecido e revelado como incompreensível. E, nesta qualidade, a teologia da r. não pode não reconduzir a uma teologia da liturgia*, de um lado porque a liturgia se propõe como o lugar privilegiado em que a Escritura se torna Palavra, de outro, porque ela evoca a distância sacramental que separa o homem do Deus invisível, que o reúne por mediações eclesiais no "ambiente conatural

em que o revelado se desdobra segundo todas as suas dimensões" (Breton, 1979, 148).

* L.-A. Sabatier (1897), *Esquisse d'une philosophie de la religion d'après la psychologie et l'histoire*, Paris. — G. Tyrrell (1907), *Through Scylla and Charybdis*, Londres. — R. Garrigou-Lagrange (1918), *De Revelatione per Ecclesiam Catholicam proposita*, Roma. — P. Tillich (1927), "Die Idee der Offenbarung", *ZThK* 8, 403-412. — R. Bultmann (1933), "Die Begriffe des Wortes Gottes im NT", *GuV* I, 268-293. — J. Baillie e H. Martin (sob a dir. de) (1937), *Revelation*, Londres. — L. Charlier (1938), *Essai sur le problème théologique*, Thuillies. — R. Guardini (1940), *Die Offenbarung, ihr Wesen und ihre Formen*, Würzburg. — G. E. Wright (1952), *God who acts*, Londres. — J. Baillie (1956), *The Idea of Revelation in Recent Thought*, Londres. — J. Alfaro (1959), *Adnotationes in tractatum De Virtutibus*, curso mimeografado, Universidade Gregoriana, Roma. — H. U. von Balthasar (1961), *Herrlichkeit*, t. 1, *Schau der Gestalt*, Einsiedeln. — W. Pannenberg (sob a dir. de) (1961, 1970⁴), *Offenbarung als Geschichte*, Göttingen. — M.-D. Chenu (1964), *La Parole de Dieu*, Paris, 2 vol. — R. Latourelle (1966²), *Théologie de la r.*, Paris-Bruges (*Teologia da revelação*, São Paulo, 1972). — G. Moran (1966), *Theology of Revelation*, Nova York. — R. Schutz e M. Thurian (1966), *La Parole vivante au concile*, Taizé. — B. Welte (1966), *Heilsverständnis*, Friburgo-Basileia-Viena. — B.-D. Dupuy (sob a dir. de) (1968), *La révélation divine*, UnSa 70, Paris, 2 vol. — A. Dulles (1969), *Revelation Theology*, Nova York. — R. Konrad (1971), *Das Offenbarungsverständnis in der evangelischen Theologie*, Mainz. — C. Pinnock (1971), *Biblical Revelation, Foundation of Christian Theology*, Chicago. — M. Seybold et al. (1971), *Die Offenbarung. Von der Schrift bis zum Ausgang der Scholastik*, HDG I.1.a. — P. Eicher (1977), *Offenbarung, Prinzip neuzeitlicher Theologie*, Munique. — P. Ricoeur et al. (1977), *La révélation*, Bruxelas. — H. Waldenfels com L. Scheffczyk) (1977), *Die Offenbarung. Von der Reformation bis zur Gegenwart*, HDG I.1.b. — S. Breton (1979), *Écriture et révélation*, Paris. — M. Seckler (1980), "Aufklärung und Offenbarung", *CGG* 21, 5-78. — J. J. Petuchowski e W. Strolz (sob a dir. de) (1981), *Offenbarung im jüdischen und christlichen Glaubensverständnis*, Friburgo-Basileia-Viena. — A. Dulles (1983), *Models of Revelation*, Dublim. — H. de Lubac (1983), *La révélation divine*, Paris (reed. aum. com uma

contribuição a Dupuy, 1968). — G. Scholtz *et al.* (1984), "Offenbarung", *HWP* 6, 1105-1130. — E. Salmann (1986), *Neuzeit und Offenbarung. Studien zur trinitarischen Analogik des Christentums*, Roma. — C. J. Mavrodes (1988), *Revelation in Religious Belief*, Filadélfia. — B. Welte (1993), *Geschichtlichkeit und Offenbarung*, Frankfurt. — R. Brague (1995), "L'impuissance du verbe. Le Dieu qui a *tout dit*", *Diogène* 170, 49-74. — C. Gunton (1995), *A Brief Theology of Revelation*, Edimburgo. — G. Wiessner *et al.* (1995), "Offenbarung", *TRE* 25, 109-210. — G. Fackre (1997), *The Doctrine of Revelation: A Narrative Interpretation*, Edimburgo. — O. Gonzáles de Cardedal (1997), *La entraña del cristianismo*, Salamanca, 741-778, "Actualisación de la revelación".

Jean-Yves LACOSTE.

→ *Escritura sagrada; Fideísmo; História; Mistério; Palavra de Deus; Racionalismo; Tradição; Tradicionalismo; Vaticano I; Vaticano II.*

REVELAÇÕES PARTICULARES

1. Delimitação e amplitude do fenômeno

a) Denominação. — A expressão "revelações especiais ou particulares" (r.p.) acolhida no concílio* de Trento* (sessão VI, cap. 12) designa manifestações de origem divina que fazem conhecer verdades ocultas relativas a uma situação particular da Igreja*. Sua pertinência limita-se a um contexto preciso, ao passo que a "revelação* geral" vale para a Igreja em todo tempo e em todo lugar. As r.p. foram por muito tempo denominadas "revelações privadas", mas a expressão não é feliz, pois toda revelação é destinada a ser comunicada cedo ou tarde e nenhuma é de interesse estritamente privado, afora a da salvação* pessoal (cf. Trento 16° cân., sobre a justificação).

b) Amplitude do fenômeno. — As r.p. abrangem um fenômeno diverso em seus modos (visões, aparições, audições, êxtases, arroubos, mensagens, letras do céu, segredos, sonhos, clarividências e profecias*) e frequentemente complexo. À mensagem verbal (ou verbalizável) se acrescentam frequentemente percepções icônicas, olfativas e diversos epifenômenos (radiações, levitação, incorrupção, inédia, estigmas etc.) que fazem das r.p. um tipo de experiência*

mística que ultrapassa, no mais das vezes, a esfera puramente cognitiva, a ponto de eclipsá-la. Conhecido na maioria das religiões, este fenômeno é bem atestado no cristianismo.

Os primeiros mártires são agraciados com visões (*Didaché*, cartas de Inácio de Antioquia, *Pastor de Hermas*, relatos dos martírios* de Policarpo, de Felicidade e Perpétua etc.) tendo como modelo as relatadas pelo AT (visões de Abraão, Jacó, Moisés, Isaías, Elias, Daniel etc.) ou, mais ainda, pelo NT (aparições do Ressuscitado; visões de Estêvão, de Pedro*, de Paulo etc.). As r.p. em seguida nunca cessaram ao longo da história* da Igreja. É possível citá-las em todas as épocas, tal como a do cosmo* recapitulado em Deus* por Bento de Núrsia (Gregório* Magno, *Diálogos*, II, 35). Na IM, sobretudo durante os s. XII-XV, elas se tornam um meio de exploração do dogma* (notadamente dos fins últimos, por "viagens no além" [escatologia*]), e mais tarde de união com Cristo* (Francisco de Assis, Mechtilde de Magdeburgo, Juliana de Norwich, Brígida da Suécia etc.). Lutero* não rejeitava toda r.p., mas considerava os visionários como *Schwärmer* e as visões como um encorajamento à santidade* pelas obras*, contradizendo o princípio da *Scriptura Sola*; Calvino* reduzia-as à capacidade de ler a Escritura*. O catolicismo* pós-tridentino viu uma nova floração de r.p., solidária do culto* dos santos e de seus processos de canonização: as visões de Teresa de Ávila foram, por assim dizer, caucionadas por Gregório XV em sua bula de canonização em 1622, e seu processo por longo tempo serviu de modelo de exame das r.p. Em contrapartida, as revelações de Maria de Agreda foram asperamente discutidas. Mais raras no s. XVIII, as r.p. voltaram a ser numerosas no s. XIX (aparições de Lourdes, da rua du Bac, de Pontmain, de Fátima) e no s. XX até nossos dias (Garabandal, Medjugorje). Nesses dois últimos séculos, p. ex., foram registradas mais de 300 aparições de Maria* no mundo (B. Billet).

c) As revelações particulares e as ciências humanas. — As numerosas r.p. encontradas durante os processos de beatificação e de canonização sempre despertaram a reserva e a desconfiança dos teólogos. Analisadas no quadro da história da mística*, da apologética e da hagiografia, as r.p. só suscitaram um interesse reduzido, no último meio século, entre os teólogos, salvas as exceções (R. Laurentin). Em contrapartida, elas foram objeto de numerosas pesquisas entre os psicólogos (de C. G. Jung a A. Vergote). Mas são sobretudo os historiadores das mentalidades religiosas (P. Dizenlbacher, C. Frugoni) que doravante prosseguem seu estudo, interrogando-se sobre as circunstâncias das r.p., sobre a identidade dos destinatários (mulheres, adolescentes etc.), sobre o papel das práticas litúrgicas e ascéticas, sobre o peso dos fatores sociopolíticos (crises sociais, expectativas messiânicas, tensão entre o sacerdócio* ministerial e a função profética). Seja como for, o papel das r.p. na história* é considerável, em razão de suas repercussões eclesiais (fundações de santuários e de peregrinações*, surgimento de devoções), políticas (papel das r.p. nas decisões — cruzadas, guerras*, alianças, jubileus — dos príncipes e dos papas*, fundações de ordens ou instituições, sem falar das seitas: Swedenborg etc.) ou culturais (interação com a iconografia religiosa, influência no calendário litúrgico e instituição das festas etc.).

2. A Igreja e as revelações particulares

Diante da multiplicação dos relatos de aparições no final da IM, a Igreja começou a legislar a esse respeito em Latrão V* (1517), pedindo que não sejam divulgados antes do exame e autorização prévia pelo Ordinário do lugar. É a este que cabe, desde então, instruir o dossiê e muni-lo com sua aprovação, antes de qualquer exame pela Santa Sé (esta distribuição das tarefas será confirmada de maneira definitiva por Urbano VIII em 1634). Sobre o fundo, a teologia* latina inspirada em Agostinho* (David de Augsburgo, cardeal Botta, Eusèbe Amort, Bento XIV) concentra sua atenção em três questões: origem e autenticidade das r.p. (a), finalidade (relação das r.p. com a revelação geral) (b), tipo de adesão que uma r.p. merece receber da parte dos crentes (c).

a) *A origem das revelações particulares.* — Deus e os santos não são os únicos a aparecer: os demônios* também se mostram, sem falar dos espectros de mortos. A origem dos fenômenos maravilhosos pode ser natural, demoníaca ou divina. O discernimento correspondente é a primeira das preocupações dos pastores*. A crítica dos testemunhos é uma tarefa que se impõe tanto mais porque as r.p. feitas a grupos ou a multidões (Fátima) são muito raras. Por

estar no mais das vezes sozinho, o visionário fica exposto à ilusão e à alucinação. O apetite de visões (contra o qual João* da Cruz adverte) e a profusão das pseudorrevelações têm levado a multiplicar os apelos à prudência, sobretudo no tocante às r.p. feitas a mulheres e crianças. A formulação dos critérios negativos é fácil: insinceridade do vidente, desejo de se fazer notar, contestação da autoridade* legítima, mensagem contrária à fé* ou ao ensinamento moral da Igreja etc. O principal critério positivo de discernimento permitindo desmascarar as contrafações e advogando em prol da autenticidade (i.e., da origem divina) de uma r.p., na opinião quase unânime dos teólogos (opinião formulada pelo cardeal Bona e depois por Bento XIV em seu *De canonisatione* III, 52, que é ainda autoridade na matéria) é um critério extrínseco, a humildade do recipiendário e, em geral, as diversas marcas, em sua vida, dos frutos do Espírito* (Gl 5,22: caridade*, alegria, paz*, paciência, solicitude, bondade, candura etc.); se se trata de um religioso ou de uma religiosa, observar-se-á sua repugnância ou sua afoiteza em falar de suas r.p., e perguntar-se-á, p. ex., se ele/ela permaneceu obediente. Outros critérios podem ou devem intervir, em particular certos critérios intrínsecos como a conformidade do objeto e da forma das r.p. com a Escritura, ou extrínsecos como a autoridade da Igreja e a opinião das pessoas competentes, a saúde psicológica do visionário etc.

b) *Finalidade das revelações particulares.* — Estando encerrada a revelação geral, as r.p. não poderiam lhe trazer nem complemento nem desenvolvimento. Em contrapartida, admite-se que elas podem trazer uma explicitação. Relativas às circunstâncias, elas de fato têm como razão de ser — razão bem marcada por Tomás* de Aquino (IIa IIae, q. 174, a. 6: em toda época, os homens têm recebido indicações divinas para guiá-los) — o relembrar ou o explicitar determinada verdade* salutar, numa época tentada a esquecê-la, ainda que seja uma verdade geral (como o chamado à penitência* transmitido pelas aparições de Lourdes ou de La Salette). Este relembrar pode advir sob uma forma mais ou menos didática ("Eu sou a Imaculada Conceição") ou parenética, a ponto, neste caso, de estar acompanhada de injunções próximas da ameaça (La Salette). As r.p. são, em vista da santidade*, não como *gratiae gratum faciens*, mas a título de *gratiae gratis datae* (Bento XIV, III, 52, 2).

c) Que fé atribuir às revelações particulares? — As r.p. não fazem parte do depósito da fé, em que se deve crer com "fé divina" (notas* teológicas); mas ninguém poderia desprezá-las sem presunção. Quando foram aprovadas pelo magistério*, é recomendado acreditar nelas com "fé humana" (Bento XIV, III, 53, 12-15). Pois, se é verdade que "Cristo é a plenitude da Revelação" (Vaticano II*, *DV*), as r.p. nem por isso deixam de ser um dom desejável (1Cor 14,1-5) na medida em que elas fazem parte integrante do carisma de profecia com que o Espírito* cumula a Igreja dos apóstolos*: com efeito, a efusão do Espírito não poderia estar restrita aos primeiros tempos da Igreja, nem só às formas institucionais na Igreja. A prova disso é que, historicamente, numerosas r.p. ajudaram a tomar consciência do conteúdo da revelação geral. Sua influência sobre a vida da Igreja, notadamente por meio dos papas*, é considerável.

• Eusèbe Amort, *De revelationibus, visionibus et apparitionibus privatis regulae tutae ex Scriptura, Conciliis, Sanctis Patribus aliisque optimis auctoribus collectae, explicatae atque exemplis llustratae*, 2 vol., Augsburgo, 1744. — Agostinho, *De Genesi ad Litteram*, 1.XII. — Bento XIV, *De servorum Dei beatificatione et canonisatione*, 4 vol., Bolonha, 1734-1738. — João cardeal Bona, *De discretione spirituum liber unus*, Bruxelas, 1671; Roma, 1672. — David de Augsburgo (†1272), *De exterioris et interioris hominis compositione*, 3 vol., Quaracchi, 1899. — Dominique Gravina, *Lapis Lydius* (*Ad discernendas veras a falsis visionibus et revelationibus banasitès, hoc est Lapis Lydius*), 2 vol., Nápoles, 1638. — Tomás de Aquino, *ST* IIa IIae, q. 174, *passim* e a. 6. — Pierre Thyrée, *De apparitionibus spirituum tractatus duo*, Colônia, 1600.

► J. de Tonquédec (1937), "Apparitions", *DSp* 1, 801-809. — K. Rahner (1952), *Visionen und Prophezeiungen*, Innsbruck, 2ª ed., 1960. — L. Volken (1961), *Les révélations dans l'Église*, Mulhouse. — E. Benz (1969), *Die Vision. Erfahrungsformen und Bilderwelt*, Stuttgart. — R. Laurentin (1976), "Fonction et statut des apparitions", in *Vraies et fausses apparitions dans l'Église*, 2ª ed., Paris, 153-205. — H. F. Fuchs (1978), *Sehen und Schauen. Die Wurzel hzh im Alten Orient und im Alten Testament. Ein Beitrag zum prophetischen Offenbarungsempfang*, Würzburg. — P. Dinzelbacher (1981), *Vision und Visionsliteratur im Mittelalter*, Stuttgart. — F. Boespflug (1984), *Dieu dans l'art. Sollicitudini Nostrae de Benoît XIV (1745) et l'affaire Crescence de Kaufbeuren*, Paris. — P. Dinzelbacher (1991), *Revelationes* (Typologie des sources du Moyen Age occidental, fasc. 37), Turnhout. — A. Vergote (1991), "Visions et apparitions. Approche psychologique", *RTL* 22, 202-225.

François BOESPFLUG.

→ *Experiência; Milagre; Mística; Revelação.*

REVOLUÇÃO

Até o final do s. XVIII, a "revolução" (r.), que se torna um termo político técnico a partir do s. XVII, diz respeito essencialmente aos problemas de constituição: é a mudança do governo (em sua forma ou em seu pessoal) pelo povo* ou por seus representantes. A "gloriosa revolução" de 1688 na Inglaterra tinha por meta mudar as regras de sucessão à coroa, mudando o menos possível o resto. É neste sentido, embora com mais ambição, que a Assembleia constituinte (1789-1791) julgava revolucionária a tarefa de reconstruir o governo da França segundo uma racionalidade ideal. Ora, os eventos que se seguiram marcaram de tal modo a imaginação europeia que dali saiu um novo conceito de r., que serviria para reinterpretar as experiências americana e francesa. Não se tratava mais de mudar somente de sistema de governo, era preciso obedecer à necessidade histórica e desembocar numa novidade radical, era preciso que a sociedade* inteira, e não mais só o governo, exercesse o poder. "Somente quando o *pathos* da novidade está presente e a novidade tem relação com a ideia de liberdade* é que se pode falar de r." (Arendt, 1963). A teologia* teve uma influência decisiva sobre a primeira concepção da r., e foi influenciada de maneira decisiva pela segunda.

a) A revolução constitucional. — A ideia de r. constitucional se desenvolveu na Europa a partir da reforma gregoriana (s. XI-XII): segundo esta, a preeminência do poder espiritual dava ao papa* o direito de depor os monarcas faltosos e de desligar os súditos de obediência a eles. Era concebível, portanto, um súdito desafiar um príncipe que não tinha mais autoridade* política legítima. Esta ideia foi associada ao tema antigo do tiranicídio, ato virtuoso. Para João de Salisbury (1120-1180), o tirano é o inimigo por excelência do bem* comum, ele comete "mais do que um crime público"; ele viola o direito*, que é superior mesmo ao imperador. Assassiná-lo é, pois, justo e equitável, já que é servir a ordem social (*Polycraticus* III, 11). Tomás* de Aquino precisa, citando Aristóteles: o tirano "busca seu interesse e não o bem de seus súditos" (*De regimine principum* I, 11). Não há lei* sob uma tirania (*ST* Ia IIae, q. 95, a. 4), pois a lei pertence à ordem pública, a qual não existe em tais condições. Por isso, "não é sedicioso derrubar tal regime" (IIa IIae, q. 42, a. 2). A ideia de que a tirania não tinha existência política era, todavia, demasiado abstrata, e acabou-se por reconhecer nela um sistema político: era preciso, portanto, achar uma forma legítima de luta contra ela. Para Marsílio de Pádua (1290-1342), pode-se distinguir a pessoa* e a função; e a lei que decorre da função pode julgar mesmo a pessoa que detém a função (*Def. Pacis* 18). Mas se a derrubada de um tirano não se passava mais num vazio político, o que a legitimava então? O Império fornece um modelo: já que o imperador era eleito, ele podia, segundo alguns juristas, ser deposto por aqueles mesmos que o elegeram (direito que os partidários do Império recusavam ao papa: p. ex., Occam [c. 1285-1347], *Brev.* II, 9). Para os conciliaristas do s. XV, este princípio dependia da ideia de que todo governo é ilegítimo se não for representativo: "Toda autoridade legítima nasce de um acordo eletivo" (Nicolau* de Cusa, *De conc. cath.* 3, 331). Não era a porta aberta para a anarquia. Os cristãos deviam obedecer em geral aos poderes tirânicos, já que deviam aceitar a ordem política por princípio. Somente se se pudesse cogitar praticamente de r. é que se podia pensar em desobedecer (Wyclif, *Dom. civ.* I, 28). O pensamento do s. XVI decorre daí. Que lei autoriza a derrubada do tirano? As opiniões

sobre o tema se dividiam. Os calvinistas preferiam referir-se à *lei constitucional*, por analogia com o Império. E eles defendiam uma concepção segundo a qual certos magistrados (os "éforos", termo emprestado de Esparta) eram encarregados de corrigir, de moderar e, se necessário, depor o magistrado supremo. Para Calvino*, isso só dizia respeito de fato a certas disposições constitucionais. Para seus discípulos (Althusius [1557-1638] ou Bèze [1519-1605]), o eforado fazia parte da constituição ideal, à qual aspiravam implicitamente todas as constituições reais. Em princípio, eram os parlamentos que deviam desempenhar este papel. No pensamento inglês (Ponet [1516-1556]), fazia-se apelo à autoridade da *lei natural*; e é em nome da *lei divina* que John Knox (1505-1572) chamava os diferentes grupos da sociedade a expulsar da Escócia os Guise. Constituição ou natureza, o problema reapareceu perpetuamente no debate de ideias que envolveu as r. americana e francesa. Os partidários de uma r. constitucional partiam de uma teoria ideal fundada nos direitos humanos. Os conservadores (Burke [1729-1797] p. ex.) sustentavam que a r. tem um caráter extraordinário e extraconstitucional e só é justificável em caso de urgência extrema. Ninguém invocava mais a lei divina, substituída pela noção de contrato social, que permitia aos partidários da r. acalentar a ideia de uma resolução da sociedade em seus elementos e de sua reconstrução *ab novo* se a necessidade exigisse.

b) A revolução econômica e social. — Com Condorcet (1743-1794), que escreve em plena Revolução, a ideia de r. é integrada a uma filosofia* da história, a de Voltaire (1694-1778) ou de Turgot (1727-1781); ali se vê então as primícias da realização da meta da história*, a liberdade. Donde um novo vocabulário e novos princípios políticos. O termo "revolucionário", criado expressamente para a R. francesa, só podia qualificar uma r. que procurava a liberdade na base de uma completa igualdade dos direitos (*Oeuvres...* 18, 4 *sq*). Esse momento único exigia leis e medidas revolucionárias, injustas em qualquer outro tempo, para se opor à Contrarr. (16 *sq*). Os socialistas do s. XIX (Proudhon [1809-1865] p. ex.) tiveram uma visão mais ampla da r.: a R. francesa fora incompleta, já que não tinha libertado os trabalhadores (trabalho*) nem libertado a sociedade da propriedade* privada. A dinâmica da r. devia agora caracterizar todo um período da história. Foi Hegel* que fez da concepção revolucionária da história uma "teodiceia": a transformação da "ideia de liberdade" em "realidade da consciência da liberdade" era a justificação da obra de Deus* na história. A dinâmica revolucionária desta transformação era uma dinâmica ideal: o desdobramento dialético da ideia que se exprimia em movimentos históricos concretos. Hegel interpretava a história segundo um esquema trinitário, emprestado de Joaquim de Fiori (milenarismo* B): há uma idade do Pai*, uma idade do Filho e uma idade do Espírito*. Os princípios constitucionais liberais da época moderna são a expressão da idade do Espírito, que começou com a afirmação da subjetividade da Reforma e se desenvolveu, conforme um esquema igualmente trino, pela racionalidade das Luzes. Os países protestantes não tiveram necessidade dos distúrbios violentos que a França conheceu, uma vez que já estavam prontos para as mudanças constitucionais necessárias. No s. XIX, o idealismo teológico hegeliano deu lugar, no ambiente protestante, a todos os matizes do progressismo otimista: vai-se assim do transcendentalismo panteísta americano (Emerson [1803-1882]) a uma ortodoxia para a qual a escatologia* se realiza por etapas. Os discípulos de A. Ritschl (1822-1889) (p. ex., Hermann, Forsyth) têm uma concepção da história centrada na ideia de reino* de Deus: até que a Reforma tornasse a fé "ética", a sociedade cristã só tinha de se conformar à autoridade e ao costume; o racionalismo* não passou de um vão repúdio dessa atitude, mas Kant* a derrotou mostrando a validade da intuição protestante da autoridade da consciência*; e isso criou o espírito moderno, que por seu turno transformou a sociedade conformemente às exigências da liberdade. "A grande e longa r. social deve mais que nunca depender dessa r. espiritual radical que é obra de Deus e não dos homens" (Forsyth, 1913).

Com Marx* e Engels (1820-1895), a teoria da r. atinge seu pleno desenvolvimento. Rejeitando o idealismo hegeliano, eles oferecem uma interpretação dialética da necessidade histórica que veem se exercer nas diversas fases da organização econômica das sociedades. Toda a história se explica pela luta das classes para se apropriar dos meios de produção. O papel do movimento revolucionário é ser representante consciente da classe revolucionária. Mas há um abismo entre o que exige a luta revolucionária pelo poder e o perecimento do Estado* quando a liberdade é realizada. Apesar da violência do elemento antirreligioso no marxismo, certa teologia viu em sua promessa revolucionária de um fim da opressão econômica um fato ligado à Boa-Nova anunciada por Jesus* aos pobres (Lc 4,18; 7,22 p. ex.). A teologia da libertação* retoma assim vários elementos marxistas: a luta de classes, o papel dominante da economia, o conhecimento pela práxis e assim por diante, mas não chega nunca ao conceito plenamente marxista de r. Desprovido de filosofia da história, seu engajamento revolucionário não vai mais longe do que a luta contra opressões locais ou regionais. Sua ideia de liberdade não é liberal, nem democrática, nem socialista. Ela nunca teve nada de mais revolucionário a propor do que um modelo de r. constitucional (e diz-se que a experiência e a desilusão fizeram diminuir até mesmo o entusiasmo por isso). Sua eclesiologia* marcada pela ideia de movimento revolucionário permitiu todavia, em certa medida, recuperar uma ideia de Igreja* como contra-sociedade crítica que dispõe de suas próprias leis. Volta-se assim ao ponto de partida da ideia mesma de r.: a independência da sociedade eclesial, que lhe permite enfrentar os poderes não evangélicos.

• J. Althusius, *Política methodice digesta*, ed. C. J. Friedrich, Cambridge, Mass., 1932. — T. de Bèze, *Du droit des magistrats sur leurs sujets*, reed. Genebra, 1971. — E. Burke, *Reflections on the Revolution in France, Works*, vol. 15, Londres, 1815. — M. J. A. N. de Condorcet, "Sur le sens du mot 'révolutionnaire'", *OC*, vol. 18, Paris, 1804. — P. T. Forsyth, *The Principle of Authority*, Londres, 1913. — Guilherme de Occam, *Breviloquium de principatu tyrannico*, ed. L. Baudry, Paris, 1937. — G. W. F. Hegel, *Vorlesungen über die Philosophie des Geschichte, Vorlesungen*, t. 12, Hamburgo, 1996, 500-521. — João de Salisbury, *Policraticus*, ed. C. C. J. Webb, Oxford, 1909. — John Knox, *Political Writings*, ed. M. A. Breslow, Washington, 1985. — Marsílio de Pádua, *Defensor Pacis*, ed. R. Schoz, Hannover, 1932. — K. Marx, F. Engels, *Manifesto do Partido Comunista*. — N. de Cusa, *De concordantia catholica, Opera omnia*, vol. 14, ed. G. Kallen, Hamburgo, 1963. — J. Ponet, *A Short Treatise of Politic Power*, ed. W. S. Hudson, Chicago, 1946. — P.-J. Proudhon, *Qu'est-ce que la propriété?*, *Oeuvres*, vol. 1, Paris, 1865. — Tomás de Aquino, *De regimine principum; ST IIa IIae*, q. 42. — J. Wyclif, *De civili dominio*, ed. J. Loserth, Londres, 1886.

▶ K. Martin (1929), *French Liberal Thought in the XVIIIth Century*, Londres. — H. Arendt (1963), *On Revolution*, Nova York . — J. Comblin (1970), *Théologie de la Révolution*, Paris; (1974), *Théologie da la pratique révolutionnaire*, Paris. — J. Miguez-Bonino (1975), *Doing Theology in a Revolutionary Situation*, Filadélfia. — R. Kozelleck (1984), "Revolution", *in* O. Brunner, W. Conze, R. Kozelleck (sob a dir. de), *Geschichtliche Grundbegriffe: Historisches Lexikon zur politisch-sozialen Sprache in Deutschland*, t. 5, Stuttgart. — J. L. Segundo (1984), *Faith and Ideologies*, Maryknoll, NY (*O homem de hoje diante de Jesus de Nazaré: fé e ideologia*, São Paulo, 1985). — B. Roussel, G. Vicent (1986), "Th. de Bèze, *Du droit des magistrats*", *DOPol*, Paris, 85-90 (bibl.). — G. Mairet (1986), "Marsile de Padoue, *Le défenseur de la paix*", *ibid.*, 525-528. — K. M. Baker (1988), "Revolution", *in* C. Lucas (sob a dir. de), *The French Revolution and the Creation of Modern Political Culture*, vol. 2, Oxford. — A. Rey (1989), *"Révolution": histoire d'un mot*, Paris. — Paul E. Sigmund (1990), *Liberation Theology at the Crossroads: Democracy or revolution?*, Nova York.

Oliver O'DONOVAN

→ *Autoridade; Democracia; Liberdade; Libertação (teologia da); Marxismo; Sociedade; Violência.*

RICARDO DE SÃO VÍTOR → São Vítor (Escola de) b

RICHERISMO → galicanismo 1

RICOEUR, Paul → hermenêutica 2. e

RIGORISMO → casuística → Afonso de Ligório

RITOS CHINESES

A "querela dos ritos" (q.d.r.) agitou durante um século (1643-1742) o mundo dos missionários na China. Ela esteve na confluência de numerosos debates teológicos e filosóficos (até o Malebranche do *Entretien d'un philosophe chrétien et d'un philosophe chinois*, 1708) numa Europa cristã questionada por seu encontro com uma cultura mais antiga que ela e cuja sabedoria* autossuficiente exigia que fosse abordada com prudência e respeito. Era preciso romper com o eurocentrismo missionário.

A q.d.r. incidia de fato sobre duas questões principais: o nome* de Deus* em chinês e os ritos (r.) confucianos. Tudo começara no império do Meio com o missionário jesuíta M. Ricci (1552-1610). Tornando-se letrado em meio aos letrados, ele lentamente elaborara um método de adaptação cultural do discurso cristão apoiando-se no humanismo* confuciano. Acreditou perceber no confucionismo da Antiguidade uma religião natural (deísmo*) trazendo ainda em si o relicário da revelação* adâmica primitiva; por outro lado, reconhecia aos r. confucianos um caráter puramente civil. Seus sucessores desenvolveram seu método, que se caracterizava sobretudo pela escolha de nomes divinos emprestados dos clássicos chineses e pela autorização dada aos cristãos de participar de certos r. familiares e sociais. A partir de 1632, missionários dominicanos e depois franciscanos chegaram à China. Tendo acesso a ambientes menos cultos e, portanto, mais inclinados às práticas supersticiosas, eles rapidamente vão acusar os jesuítas de tolerar a participação dos cristãos nos "r. chineses", suspeitos de idolatria*. Em 1643, o dominicano J.-B. Morales acende a q.d.r. alertando a Congregação *De propaganda fidei*. O debate inflamará a Europa intelectual dos s. XVII e XVIII. Em Paris, diante das objeções da Sorbonne, é o jesuíta L. Le Comte que defende a causa dos "r. chineses". Em 1700, ele tenta explicar que esses r. não têm outra finalidade senão "prestar as honras aos defuntos, a Confúcio". Havia ali, ainda segundo Le Comte, "não sentimento de religião", mas "espírito de reconhecimento". Finalmente, em 11 de julho de 1742, após muitas dilações que faziam alternar proibições e concessões, Bento XIV, pela bula *Ex quo singulari*, condena os r. chineses, anula as permissões precedentes e manifesta sua vontade expressa de ser obedecido, exigindo dos missionários o juramento de não mais tolerar aquelas práticas. Somente dois séculos mais tarde, em 1939, é que a instrução *Plane compertum* de Pio XII reconhecerá a pertinência dos r. ao domínio "civil", anulando assim a decisão de 1742. A q.d.r. viu o enfrentamento de concepções diferentes da salvação*, nas quais entravam em conflito natureza* e graça*, humanismo e profetismo. Em seu zelo de se integrar à ordem ritual chinesa, o humanismo dos jesuítas alterava o dinamismo da graça? Pascal* assim pensava, ele que, na *Quinta Provincial*, chegou a acusar os jesuítas de "suprimir o escândalo da cruz". O Leibniz* das *Novissima Sinica*, por seu turno, se fará o defensor da causa jesuíta. A q.d.r. representa um caso típico, mas não original, da tensão própria a toda tentativa de inculturação: se o anúncio do Evangelho só pode se fazer ouvir tornando-se um fato de cultura, para aquém de que limites a encarnação cultural deve se restringir para não comprometer a integridade da mensagem cristã?

- L. Le Comte (1696), *Nouveaux mémoires sur l'état présent de la Chine*, Paris. — G. W. Leibniz (1697), *Novissima Sinica...*, Hannover; (1716), *Lettre... sur la philosophie chinoise à M. de Rémond*, in *Epistolae ad diversos*, ed. por C. Kortholt, Leipzig, 4 t., 1734-1742, retomada em *Discours sur la théologie naturelle des Chinois* (com um dossiê sobre os "Écrits sur la question religieuse de Chine"), ed. por C. Frémont, Paris, 1987. — N. Longobardi (1701), *Traité sur quelques points de la religion naturelle des Chinois*, Paris. — J. Brucker (1905), "Chinois (rites)", *DThC* 2/2, 2364-2391. — R. Étiemble (1966), *Les Jésuites en Chine. La querelle des rites (1552-1773)*, Paris. — J. Gernet (1982), *Chine et christianisme. Action et réaction*, Paris. — G. Minamiki (1985), *The Chinese Rites Controversy, from its Beginning to Modern Times*,

Chicago. — É. Ducornet (1992), *Matteo Ricci, le Lettré d'Occident*, Paris.

Étienne DUCORNET

→ *Deísmo/teísmo; Idolatria; Missão/evangelização; Natural (teologia); Nome; Religiões (teologia das).*

ROBERTO BELARMINO → Belarmino

ROMA

a) Nas origens da Igreja romana. — A primeira atestação incontestada da presença de cristãos na capital do Império romano é a carta que Paulo endereça em 55-58 a fiéis da Cidade (a *Urbs*).

Os testemunhos alegados para dilatar até os anos 40 as primeiras menções do cristianismo em Roma são mais discutidos: assim, Suetônio (*V. Claudii* 25,4) evoca a expulsão da Cidade, sob Cláudio, em 49 (Orósio, *Hist.* VII, 6, 15), "dos judeus que excitavam distúrbios instigados por Cresto". Deve-se ver aí uma alusão à pregação* cristã, hipótese que At 18,2-3 viria corroborar, se pelo menos Áquila e Priscila aderiram à fé* nova antes de seu encontro com Paulo? É possível. Em contrapartida, não parece admissível ligar a libertação de Pedro* dos cárceres de Herodes Agripa I, portanto entre 41 e 44 (At 12,17), e sua vinda a Roma, com base no cômputo da *Crônica* de Jerônimo (GCS 47, ed. R. Helm, § 179) que fixa esta chegada em 42.

Rm não permite apreender muito bem os traços da primeira comunidade romana: seguramente, o enxerto cristão prosperou antes de mais nada na numerosa, ativa e muito móvel diáspora judaica da Capital. Os temas da epístola (relações entre os judeus e os cristãos das nações) e a onomástica dos correspondentes de Paulo (se é que Rm 16, onde ele saúda pelo nome vinte e seis "irmãos e irmãs", realmente faz parte da carta) o atestam, mas nenhuma indicação é dada sobre a organização desta comunidade. Em todo caso, nem Paulo nem decerto Pedro (que Rm não evoca nunca) estão na origem, no sentido estrito da cronologia, da Igreja* romana (cf. Ambrosiaster, *Ad Romanos*, CSEL LXXXI, p. 6, 1.13-16).

Paulo chega a Roma alguns anos após ter redigido Rm. Fica lá dois anos em prisão domiciliar, onde pode instruir seus visitantes (At 28,30-31) e, segundo uma hipótese formulada por alguns exegetas, redigir certo número das "epístolas do cativeiro" (Cl, Ef, Fl?), neste caso talvez em companhia do evangelista Lucas (Cl 4,14; Fl 24; 2Tm 4,11). Essa temporada romana, seguida talvez de uma retomada das viagens rumo à Península Ibérica ou ao Oriente, inspirou desde o s. II, nas cristandades orientais, relatos hagiográficos prontos a mobiliar o silêncio da narrativa* de Lucas (*Atos de Paulo*). Pedro foi igualmente objeto de romances comparáveis que o apresentam, às margens do Tibre, desafiado por Simão Mago (*Atos de Pedro*). Ignora-se em que momento o apóstolo chegou a Roma. Lá escreveu, ou mais exatamente, decerto, inspirou a escritura de 1Pd, uma carta dirigida a cristãos da Ásia Menor que, num tom próximo em alguns aspectos de Rm, se ocupa em precisar os fundamentos e o conteúdo da vida em Cristo*. Talvez Marcos tenha recolhido naquele momento da boca de Pedro lembranças que utilizou para compor seu evangelho* (Papias *ap.* Eusébio, *HE* III, 39, 14-17). Em todo caso, Pedro recebeu o martírio* em Roma, assim como Paulo, numa data provavelmente compreendida entre o grande incêndio da Cidade em 64, cuja responsabilidade Nero atribuiu aos cristãos, e a morte do imperador em 68.

Se a realidade da temporada romana de Pedro não foi contestada na Antiguidade (cf. Clemente de Roma, *Ep. ad Cor.* 5, 3-7; Inácio de Antioquia, *Ad Rom.* IV, 3; Dionísio de Corinto *ap.* Eusébio de Cesareia, *HE* II, XXV, 8), tal não foi o caso em certos ambientes valdenses* que, desde o segundo terço do s. XIII, puseram-na em dúvida no quadro de uma crítica vigorosa da Igreja constantiniana (J. Gonnet-A. Molnar, *Les vaudois au Moyen Age*, Turim, 1974, 414-417). Seu ceticismo achou eco em Marsílio de Pádua, depois junto de alguns reformados e, ainda, entre alguns historiadores da primeira metade do s. XX. O debate hoje está encerrado em favor dos testemunhos antigos (Cullmann, 1953, 62 *sq*).

Para a memória romana, é o martírio dos dois apóstolos que assinala a fundação da Igreja da Cidade: em 258 será atestada pela primeira vez, num 29 de junho, a celebração comum do mar-tírio de Pedro e de Paulo associados no mesmo dia no testemunho supremo.

b) A emergência de uma autorrepresentação da Igreja romana (s. II-III). — Com base no duplo martírio apostólico, uma consciência de si muito singular eclode e se desenvolve muito precocemente na comunidade romana, segundo um processo desprovido de todo paralelo identificável em qualquer outra cristandade que seja, ao menos pelo testemunho das fontes disponíveis — o caso de Jerusalém* é mal documentado. Considera-se aqui apenas as linhas gerais de um desenvolvimento cuja apresentação exigiria mil matizes, já que a cristalização de uma convicção eclesiológica só se opera no jogo indissociável dos discursos e práticas eclesiais (evolução interna de cada Igreja, e antes de tudo da de Roma, transformações das relações entre as diversas Igrejas, relações das Igrejas com as mutações políticas, sociais e culturais). Igreja do martírio de Pedro e Paulo — desde aproximadamente o ano 200 uma primeira monumentalização dos "troféus dos apóstolos" (Gaio *ap.* Eusébio, *HE* II, XXV, 7) inscreve na topografia romana a gesta fundadora —, a comunidade da Cidade se crê investida de uma autoridade* particular, entendida antes de tudo, no sentido latino, como "um poder de autentificar e de aumentar o alcance de um testemunho" (Pietri, 1976), no caso o dos apóstolos. Os meios cristãos da *Urbs* são, no s. II e início do III, de uma grande diversidade e vitalidade — fama da Igreja romana (cf. Orígenes* *ap.* Eusébio, *HE* VI, 14, 10) e prestígio da "Cidade imperial" concorrem para atrair a Roma teólogos e pregadores itinerantes saídos principalmente do Oriente grego (Valentim, Cerdão, Marcião, Teódoto, Justino, Taciano, Hegesipo, Práxeas, Abérkios etc.). E neste "grande laboratório" (G. La Piana), as noções de tradição* e de sucessão* apostólicas conhecem uma orquestração particularmente notável. Dali saiu a elaboração de uma lista dos titulares da *episkope*, concomitante ou quase do estabelecimento do monoepiscopado por volta do s. II (cf. Ireneu, *Adv. Haer.* III, 3, 2-3). A uma direção colegial da comunidade da Capital sucedeu uma presidência única cujo titular pode, com justo direito, ser chamado de bispo*. Doravante, a convicção romana nascente que vê na Igreja da Cidade a depositária e a intérprete autorizadas, por excelência, da tradição apostólica, encontra no pastor* desta comunidade seu porta-voz mais zeloso. Lendo a *Ep. ad Cor.* de Clemente de Roma, depois uma carta de Dionísio de Corinto a seu homônimo romano (*ap.* Eusébio, *HE* II, XXV, 8 e IV, 23, 9-11), enfim o dossiê das altercações entre Vítor de Roma e Polícrates de Éfeso acerca da determinação da data da Páscoa* (Eusébio, *HE* V, 24), mede-se o caminho percorrido em um século na afirmação, ao sabor das circunstâncias e das solicitações, da responsabilidade essencial que a Igreja romana reivindica de ser um centro privilegiado de referência para a regulação da unidade* eclesial. Pode-se seguir paralelamente as resistências que ela não deixa de suscitar, singularmente em cristandades orientais que podem frequentemente, elas também, se prevalecer de uma fundação apostólica.

Na constituição de um patrimônio de argumentos, de temas e de imagens destinados a estear essa convicção, o s. III ocupa um lugar essencial: como consequência provável do uso cada vez mais frequente, em numerosas Igrejas, de Mt 16,18s para legitimar a autoridade episcopal (Tertuliano*, *De pudicitia* 21, 9-10; Cipriano*, *Ep.* 33, 1; 43, 5, 2; 75; 16, 1), Pedro se torna a fonte principal da sucessão apostólica romana, a ponto de acabar por ser apresentado como o primeiro bispo da Cidade (*Catálogo ibérico*). Os debates dos anos 250-257, relativos à questão dos *lapsi* que abandonaram a Igreja no momento das perseguições e pediram para ser readmitidos nela (crise novaciana), e depois, sobretudo, à validade do batismo* dos cismáticos, põem em conflito os bispos romanos e, antes de tudo, os bispos africanos conduzidos por Cipriano de Cartago; esses debates constituem um momento decisivo. Estêvão de Roma, pastor de uma comunidade que forma de longe a mais importante associação da Cidade (Eusébio, *HE* VI, 43, 11; Cipriano, *Ep.* 55, 9, 1), não somente defende com firmeza crescente a posição romana que

afirma "a unidade* da fé e da Igreja contra as diversidades e supõe, mais ou menos, a unidade da disciplina" (Pietri, 1976) e, portanto, que a tradição apostólica se identifique com a tradição romana, mas, além disso, pretende monopolizar Mt 16,18s em proveito exclusivo da sé romana. Doravante a palavra está lançada: trata-se do primado (*primatus*) de Roma (cf. Firmiliano de Cesareia *ap.* Cipriano, *Ep.* 75; as duas redações de Cipriano, *De unitate ecclesiae* 4-5).

c) *Rumo ao triunfo da* Roma Christiana (*de Constantino a Leão Magno*). — A "nova regra do jogo" constantiniana pouco depois da perseguição de Diocleciano e da batalha da ponte Mílvio (28 de outubro de 312) se traduz, primordialmente, para a Igreja romana, na excepcional contribuição do imperador e de sua família para o estabelecimento material da cristandade romana (catedral e batistério do Latrão, basílicas nos túmulos de Pedro, Paulo, Lourenço, Inês, Marcelino e Pedro). Levada adiante por iniciativas episcopais e privadas, ela permite ao bispo da Cidade desenvolver muito pragmaticamente uma pastoral que, no Ocidente, assume cada vez mais o aspecto de modelo missionário, apoiada tanto na velha divisão do espaço urbano em regiões eclesiásticas quanto no inventário meticuloso dos corpos santos dos mártires espalhados nos cemitérios *extra muros* (cf. a ação de Dâmaso, bispo de 366 a 384). O aparecimento, no repertório iconográfico cristão da Cidade — um dos principais cadinhos, desde o s. III, da invenção de uma imagética de temática cristã —, de um conjunto de representações figuradas pondo em cena a gesta de Pedro, frequentemente assimilado ao Moisés guia do povo* hebraico durante o Êxodo, comenta silenciosamente estes progressos da cristianização da *Urbs*.

Paralelamente, no curso dos acontecimentos, a Igreja romana se acomoda aos costumes do Império cristão, desde a apreensão da arbitragem romana durante os pródromos da querela donatista em 313 até o exílio, em 356, de Libério, vítima do cesaropapismo de Constâncio II, passando pelo primeiro "concílio* imperial" reunido em Arles em agosto de

214. Silvestre, embora convidado, não participa dele, senão por meio de legados, inaugurando assim, no tocante a este tipo de reunião, uma atitude constante dos bispos romanos nos s. IV-V. Os diversos episódios da crise ariana, na qual Roma se acha muito diretamente envolvida a partir de 338, assim como as solicitações muito variadas das Igrejas e do poder imperial, contribuem para esboçar — não sem idas e vindas, passando pelo conflito das pessoas, das ambições e, às vezes, das eclesiologias — as figuras ao mesmo tempo concretas e teóricas de um primado romano que se exerce e é percebido muito diferentemente segundo as oportunidades do momento, as comunidades cristãs e suas tradições. Servem para isso, a partir de Dâmaso, a instalação de uma chancelaria pontifical, a elaboração de uma verdadeira "teologia* do direito*" (Pietri), a constituição de dossiês de *dicta probantia* relativos a tal ou qual tema. As primeiras decretais (*Ep. ad Gallos*; Inocêncio, *Ep. ad Decentium*), destinadas a promover a disciplina* da "Sé apostólica" — aparecida sob Libério (352-366), esta designação se impõe pouco a pouco —, constituem uma das ilustrações maiores do fenômeno.

Esse florescimento multiforme e decisivo da Igreja romana tem seu coroamento sob o episcopado de Leão Magno (440-461). Ao sucesso sem precedente da teologia romana constituída pelos cânones dogmáticos de Calcedônia* (451) responde a transfiguração da *Urbs* que Leão efetua em seus sermões: ela não é mais a Babilônia vilipendiada por 1Pd 5,13; ela não é mais a cidade nascida de um fratricídio; é a "nação santa, o povo escolhido, a cidade* sacerdotal e real, tornada, graças à sé sagrada do bem-aventurado Pedro, a cabeça do universo" (*Serm.* 82, 1). Nesta releitura unitária do passado da *Urbs*, Leão, retrabalhando muitos temas anteriormente esboçados, celebra as núpcias da Cidade e da Igreja, o triunfo da *Roma Christiana*.

- L. Duchesne (1886-1892), *Le* Liber pontificalis, *texte, introduction et commentaire*, Paris, com um suplemento de C. Vogel, Paris, 1957. — H. Lietzmann (1927), *Petrus und Paulus in Rom*, Berlim. — E. Caspar (1930-1933), *Geschichte des Papsttums* I-II, Tübingen. — F. Dölger (1937), "Rom *in* der Gedankenwelt der Byzantiner", *ZKG* 56, 1-32. — O. Cullmann (1953), *Pierre, disciple, apôtre et martyr*, Neuchâtel. — H. Chadwick (1959), *The Circle and the Ellipse. Rival Concepts of Authority in the Early Church*, Oxford. — H. Fuchs (1964), *Der geistige Widerstand gegen Rom in der antiken Welt*, Berlim. — M. Maccarrone (1976), *Apostolocità, episcopato e primato di Pietro. Ricerche e testimonianze dal II al V secolo*, Roma. — C. Pietri (1976), *Roma Christiana. Recherches sur l'Église de Rome, son organisation, sa politique, son idéologie, de Miltiade à Sixte III (311-440)*, Roma. — M. Simon (1981), "Remarques sur les origines de la chrétienté romaine", *in Religion et culture dans la cité italienne de l'Antiquité à nos jours. Actes du Colloque du Centre interdisciplinaire de recherches sur l'Italie (8-10 novembre 1979)*, Estrasburgo, 40-50. — C. Pietri (1990), "Rome. Histoire et archéologie", *DECA* II, 2 182-2 191. — M. Maccarrone (1991), *Romana Ecclesia Cathedra Petri* I, Roma. — P. Levillain (sob a dir. de) (1994), *Dictionnaire historique de la papauté*, Paris. — M.-Y. Perrin (1996), "La papauté héritière de saint Pierre et de la romanité (des origines à 604)", *in* Y.-M. Hilaire (sob a dir. de), *Histoire de la papauté. 2000 ans de mission et de tribulations*, Paris, 19-117. — R. Klein *et al.* (1999), "Rom", *TER* 29, 352-379 (bibl.).

Michel-Yves PERRIN

→ *Cidade; Jerusalém; Papa; Pedro; Política (teologia).*

ROMANISMO → **ultramontanismo**

ROSCELINO DE COMPIÈGNE → **triteísmo** b → **Anselmo** 3

ROSMINI-SERBATI, Antonio → **ontologismo**

RUUSBROEC, Jan van → **renano-flamenga (Mística)** 2. d

S

SÁBADO SANTO → descida aos infernos
→ Balthasar

SABBAT

A. TEOLOGIA BÍBLICA

O *sabbat* (s.) é um dia a ser "santificado" (*qdsh*) a ser "guardado" (*shmr*). A Torá assimila-o ao 7º dia (*yom shevic*), em que é preciso abster-se de toda obra sob pena de morte* (Ex 31,15; cf. Nm 15,32-35). Os profetas* (e o Cronista) o associam frequentemente à lua nova (*hodesh*) e alertam contra sua profanação (*hillel*). No NT, o s. entra em concorrência com "o primeiro dia da semana" (At 20,7).

a) Filologia. — A etimologia do termo hebraico *shabbat* (fem.) é obscura. Gn 2,2s parece ligar a palavra ao verbo *shavat*, "folgar, cessar de trabalhar" (cf. Ex 31,17; Lv 23,32). Mas a derivação é filologicamente inexplicável, tanto quanto a que remete ao número sete (hb. *shevac*). Também se aproximou o aramaico *shabbat* do acadiano *shapattu*, que designa a lua cheia, do aramaico *shb*, "fazer uma revolução", ou ainda de um verbo *shbb* atestado em árabe com o sentido de "aumentar, crescer", sem nenhum consenso. O termo tardio *shabbaton* é às vezes associado a *shabbat* (Ex 31,15; Lv 23,3). Sob esta forma ou sozinho, ele qualifica também alguns dias de repouso por ocasião de festas (p. ex. o Yom Kippur: Lv 16,31; cf. 23,24.39).

O grego *sabbaton* é uma transposição do hb. Designa também a semana.

b) Histórico. — A ignorância em que o AT nos deixa quanto à origem do s. deu lugar a várias hipóteses. As tentativas de explicação por uma influência estrangeira direta (babilônia, cananeia, quenita) mostraram-se insuficientes: o s. permanece assim sem paralelo no Oriente antigo. Ainda que o repouso semanal do s. seja citado por todos os códigos de leis*, a instituição não é obrigatoriamente muito antiga. Hoje, distingue-se frequentemente dois períodos. Antes do exílio (s. VI a.C.), o s. designaria a festa da lua cheia, durante a neomênia, ou lua nova, com a qual ele aparece frequentemente nos textos da época (Os 2,13; Am 8,5). Durante o exílio, o s. teria se tornado o dia de repouso semanal. É possível que tal dia de folga tenha existido antes do exílio por razão humanitária (Ex 23,12; Dt 5,14). Neste caso, deve-se pensar numa fusão de dois usos. De toda maneira, os ambientes sacerdotais desempenharam um papel essencial na evolução que fez do s. uma instituição central do judaísmo* (Is 56,1-7; Ne 13,15-22). No judaísmo do s. I, a observância do s. era objeto de uma casuística* de que o NT e os escritos talmúdicos trazem vestígios. Os primeiros cristãos continuarão a praticar o s., até que o domingo* se imponha.

c) Significações. — O caráter essencial do preceito* do s. é evidenciado pelo lugar que ele ocupa: no centro da composição do decálogo* em suas duas versões (Ex 20,8-11 e Dt 5,12-15), onde recebe significações diferentes.

Em Ex 20,11 a cessação do trabalho* é relacionada ao repouso de Deus* no sétimo dia da criação* (Gn 2,1ss). Cessando sua obra e assumindo assim um limite, o Criador manifesta que seu poder é doçura, domínio de seu próprio domínio. E, retirando-se, ele libera um espaço para aquilo que não é ele: o universo e, em particular, a humanidade. Neste sentido, o s. é o dia em que o homem mostra que renuncia às ilusões do superpoder para garantir um lugar à alteridade e tornar possíveis relações justas.

Dt 5,15 faz do s. um memorial da libertação do Egito. O sétimo dia é aquele em que o israelita manifesta a liberdade* recebida de Javé parando de trabalhar. Mas este repouso é também para os que dependem dele (v. 14). Pois, no s., o homem põe seu poder a serviço da liberdade dos outros, como Javé empregou seu poder a favor da liberdade de Israel*. Honrar a Deus é imitar seu agir ao recusar fazer de sua própria casa uma casa de servidão. A prática dos anos sabático e jubilar tem uma significação análoga (Lv 25).

O consentimento ao limite (do poder e do que ele produz, o lucro, o prestígio) e o reconhecimento do outro parecem centrais na simbólica do s. São dois parâmetros essenciais de toda aliança*. Assim, não surpreende que o s. seja apresentado como sinal da aliança entre Israel e Javé. Que sua transgressão seja punida com a morte sublinha o aspecto vital da prática do espírito do s. (Jr 17,19-27; Ez 20,12s). Inversamente, a observância do s. abre a porta do povo* eleito até para os estrangeiros (Is 56,2-7; 58,13s).

No NT, devolvendo ao s. seu sentido profundo de dia em que o homem honra a Deus agindo para a dignidade e a liberdade de seus irmãos (Mc 1,21-28; Lc 13,10-17; Jo 5,17), Jesus* revitaliza a instituição como tal (Mc 2,27s). Hb 4,1-11 faz o mesmo oferecendo uma releitura escatológica do s., sinal e anúncio de um repouso ao qual Deus não cessa de convidar os seus (coment. do Sl 92,11b). As Igrejas* cristãs darão preferência ao primeiro dia da semana, o domingo, dia da ressurreição* de Cristo.

E. Lohse (1960), "Jesu Worte über den *Sabbat*", in *Judentum, Urchristentum, Kirche*, BZNW 26, Berlim, 80-89. — M. Tsevat (1972), "The Basic Meaning of the Biblical *Sabbat*", *ZAW* 84, 447-459. — N. Negretti (1973), *Il settimo giorno*, Roma. — P. Grelot (1975), "Du *sabbat* juif au dimanche chrétien", *MD* 123, 79-107 e 124, 14-54. — C. Dietzfelbinger (1978), "Vom Sinn der Sabbatheilungen Jesu", *EvTh* 38, 281-298. — J. Briend (1985), "*Sabbat*", *DBS* 10, 1132-1170. — E. Spier (1989), *Der Sabbat*, Berlim. — L. Laberge (1992), "*Sabbat*: étymologie et origines. Étude bibliographique", *ScEs* 44, 205-220. — R. Goldenberg (1998), "*Sabbat*. I: AT; II: Judentum", *TER* 29, 518-525; B. Schaller, "*Sabbat*. III: Neues Testament", *ibid.*, 525-527; J. Kaiser, "*Sabbat*. IV: Christentum", *ibid.*, 528-533.

André WÉNIN

→ *Cumprimento das Escrituras; Decálogo; Domingo; Ecologia; Jesus da história; Lei; Tempo; Trabalho.*

B. Teologia histórica e sistemática

Instituição cultual judaica à qual a pregação de Jesus, para dizer o mínimo, mais tirou do que conferiu significação, o *sabbat* (s.) não figura de maneira evidente e necessária entre os objetos teológicos cristãos. A origem judaica das primeiras comunidades cristãs, uma vez alcançada uma autocompreensão segundo a qual essa origem não era nada que a nova "via" devia renegar, explica que essas comunidades tenham respeitado o s. O tempo* cristão, todavia, é um tempo "dominical", um tempo que mergulha seu sentido no memorial da morte* e da ressurreição* de Jesus e que se organizará semanalmente em torno do domingo* (d), ao mesmo tempo oitavo dia e primeiro dia da semana, dia da ressurreição e da sinaxe eucarística; e as liturgias* cristãs não se lembrarão desse último dia da semana judaica que é o s. Os teólogos, por outro lado, criticarão frequentemente a instituição veterotestamentária do s. Assim se fará referência a Jo 5,17 para afirmar que o Deus* de Jesus Cristo *trabalha* de maneira ininterrupta. Dir-se-á que o s. foi dado aos judeus em razão de sua dureza de coração*, que ele era desconhecido dos patriarcas (p. ex., Justino, *Dial.* 9, 6; 27, 3; 46, 2-3), e que seus conteúdos essenciais (cultuais) são doravante estendidos à totalidade do tempo cristão (Tertuliano*, *Adv. Jud.* 4, 1-5). Ou então se recorrerá a Cl 2, 16 para distinguir o s. judeu de um s. escatológico do qual o outro é mera "sombra" (ou "tipo", "imagem"), p. ex. em Orígenes* (part. *Hom. in Num.* 23, 4).

Grupo clandestino ou apenas tolerado, a Igreja* cristã vai esperar a Paz da Igreja para que Constantino, em 321, faça do d. um dia de folga à semelhança do s. judeu. Inimigos de todo ócio, os meios monásticos acolherão esta evolução com reticência (Jerônimo, *Ep.* 108, 20, 3; Paládio, *Hist. Laus.* 59, 2; Bento, *Reg.* 48, 22). Todavia, ela seria inelutável, de tal maneira que o s. tendeu então a não mais fornecer uma "imagem", mas quando muito um modelo do d. cristão (Eusébio de Cesareia, *Comm. in Ps. 91[92]*; João* Crisóstomo, *In Gen. Hom.* 10, 7; Eusébio de Arles, *Sermo 16* etc.). A partir do s. VI, a equivalência é estabelecida entre s. e d. (Cesário de Arles, *Sermo 10*, 3, 5, II concílio de Mâcon, cân. 1, concílio de Narbonne, cân. 4): é primeiramente como dia de repouso, e de um repouso obrigatório, inscrito na lei* da Igreja tanto quanto na do Império, que o d. será doravante encarado. As significações e exigências litúrgicas, certamente, não serão jamais ofuscadas. Por ser o dia em que as relações laboriosas e profanas se veem suspensas, o d. é o dia em que o cristão pode e deve "ocupar-se de Deus". O preceito* mesmo permanecerá bastante vago — abster-se de "obras* servis" e participar da assembleia eucarística (cf. também *CEC* 2192-2193) —, e esta legislação rudimentar explica por que o cristianismo nunca desenvolveu uma casuística* do d. análoga à casuística judaica do s. Mas será preciso esperar a teologia* recente para que o sentido eucarístico do d. retome a dianteira sobre seu sentido sabático.

Um caso notável de sabatização sobreviria no protestantismo* inglês e escocês. Em 1595, em sua *Verdadeira doutrina do sábado*, N. Bound advogava com força em prol de uma aplicação estrita dos preceitos veterotestamentários ("sabatarianismo", cf. Cox, 1853). O pleito foi amplamente recebido nos meios puritanos. Longas controvérsias públicas se seguiram, durante as quais o s. puritano foi imposto três vezes pelo legislador (1644, 1650,

1655), em regulamentos que proibiam todo divertimento no dia do d. Atenuado pela Restauração de Carlos II, praticado na Escócia sob formas extremas, o d. puritano só começou realmente a declinar no final do s. XIX.

Foi preciso esperar o s. XX para que dois fatores — renovação litúrgica no catolicismo* e novo interesse teológico pela experiência judaica em todo o cristianismo — permitissem uma distinção fina das significações eucarísticas e das significações sabáticas, uma teologia rejuvenescida do d. como dia eucarístico, enfim uma primeira recepção* cristã da espiritualidade judaica do s. Ao passo que a teologia medieval só tratava do s. na elaboração dos critérios que permitiam distinguir os elementos da lei judaica que permaneceriam válidos e os que não ligavam mais o cristão (os preceitos somente "cerimoniais"), a redescoberta contemporânea de Israel*, ratificada e estimulada pelo II concílio* do Vaticano*, é uma descoberta do *mistério* de Israel; e a propósito do s., é antes de tudo de uma espiritualidade que se trata. Sob a grande influência de A. Heschel, o s. deixou de aparecer como um tecido de coerções legalistas. Distinta do *otium* ou da *ataraxia* pagãos, uma experiência teológica do repouso se consagra a tematizá-lo, experiência que o cristianismo pode tornar sua (Sales, 1994). Comunidades cristãs, geralmente saídas da renovação carismática, se dão uma liturgia do s., concebida como preparação veterotestamentária à alegria neotestamentária do d. (p. ex. a comunidade das Bem-aventuranças; cf. Doze, 1993). E se uma teologia cristã do tempo se organiza comumente, em primeiro lugar, desdobrando os horizontes temporais (memorial, antecipação, presença sacramental do *eschaton*) da celebração eucarística, a temática do s. parece indispensável para que surjam outros horizontes temporais, os da vida criada abençoada por Deus e da qual o homem pode gozar tranquilamente louvando o dom que ele deu a si mesmo (cf. J.-Y. Lacoste, *RMM* 100 [1995], 198-200; *CEC* 2169-2172). Desde logo, o s. não é mais percebido como uma realidade judaica substituída pela realidade cristã do d., nem como o esboço veterotestamentário do d. cristão, mas como um conjunto de condutas significativas suscetíveis de receber no cristianismo uma acolhida que respeite sua intenção religiosa própria. E já que o respeito do s. está inscrito num decálogo* onde a teologia vê classicamente a expressão de uma "lei natural" que obriga todo homem enquanto homem, não é somente na teologia litúrgica ou na pastoral litúrgica que o s. faz pensar, mas também, mais amplamente, na filosofia* da religião* e na teologia das religiões*.

- R. Cox (1883), *Sabbat Laws and Sabbat Duties*, Londres. — A. Heschel (1951), *The Sabbath: its Meaning for Modern Man*, Nova York (*Les bâtisseurs du temps*, 1957, 1986²). — H. Huber (1958), *Geist und Buchstabe der Sonntagsrhe. Eine historischtheologische Untersuchung über das Verbot der knechtlichen Arbeit von der Urkirche bis auf Thomas von Aquin*, STMP 5. — W. Rordorf (1962), *Der Sonntag. Geschichte des Ruhe- und Gottesdiensttages im ältesten Christentum*, Zurique, 79-171; (1972), *Sabbat et dimanche dans l'Église ancienne*, Berna-Neuchâtel (compilação de fontes patrísticas). — S. Bacchiocci (1984), *Du sabbat au dimanche*, Paris. — W. Rordorf (1990), "Dimanche" e "*Sabbat*", *DECA* I, 690-693, II, 2204-2205. — E. Haag (1991), *Vom Sabbat zum Sonntag*, Trier. — E. Bianchi (1992), *Le jour du Seigneur. Pour un renouveau du dimanche*, Paris. — A. Doze (1993), *Joseph, gardien du Shabbat*, Nouane-le-Fuzelier, 19-30, 38-40 e *passim*. — P. Haudebert (1993), "*Sabbat*", Cath 13, 238-240. — M. Sales (1994), "L'accomplissement du *sabbat*", *Com(F)* XIX/1, 11-30. — B. Schaller (1994), *Jesus und der Sabbat*, Münster. — C. Körting *et al.* (1999), "*Sabbat*", *TER* 29, 518-533 (bibl.).

Galahad THREEPWOOD

→ *Culto; Domingo; Tempo; Trabalho.*

SABEDORIA

A. Teologia bíblica

A "sabedoria" (s.) bíblica é a capacidade prática de utilizar os meios, no comércio (Ez 28,4s), no artesanato (Sr 38,31), na navegação (Ez 27,8s), na arte e no ofício de escriba (Pr 22,29; Sl 45,2; Sr 38,24), na estratégia (2Sm 16,23) como na política... Serve para resolver os problemas cotidianos como para atingir o objetivo da vida. Ela é neutra: é chamada "s." a competência do artesão, quer ele fabrique

ídolos (Is 40,20; Jr 10,9) ou acessórios para o culto* de Javé (Ex 28,3; 31,3.6; 1Rs 7,14) e este mesmo termo qualifica uma maquinação criminosa (Ex 1,10; cf. At 7,19; 2Sm 13,3) ou o plano da salvação* (Rm 11,33). Como a lei* é o meio que, ao mesmo tempo, engloba todos os domínios da vida e conduz até Deus*, Israel* tenderá cada vez mais a identificar s. e lei mosaica (Dt 4,6; Sr 24,23; Br 4,1). Exemplar por sua sobriedade, a s. bíblica se exprime pouco sobre o insondável. Todavia, Israel, que tinha de s. pelo menos o que todos os povos têm, não podia evitar perguntar-se que relação une Deus à soma de suas manifestações. Pois este Deus, reconhecido cada vez mais firmemente como único (monoteísmo*), sempre falara e agira no mais íntimo deste mundo* permanecendo diferente dele. Unificando esta soma de manifestações sob o nome de s., alguns textos a animaram emprestando-lhe os traços vivos de um ser saído de Deus (Pr 8,22-31; Sr 24; Br 3,9–4,4; Sb 6,12–8,21). Estes textos chamaram a atenção dos autores do NT.

1. Antigo Testamento

a) Vocabulário. — Bastante diversificado no hebraico: o *hakam*, sábio (138 x), é dotado de s., *hokemah* (153 x), *tevounah* (42 x) ou *binah* (36 x): penetração, discernimento, *da'at*: conhecimento (com Deus por objeto em Is 11,9; Os 4,1.6; Sb 2,13 etc.). *Sakal*, e outras formas aparentadas, como *sakal(hi)*, de sentido mais incerto (Gn 3,6; Is 52,13; Dn 11,33; 12,10 — 58 x), evocam luz, expansão, sucesso. A s. age por conselho ou desígnio ('*eçah*: 88 x), por cálculo (*mahashavah*), transmite-se pela educação (*mousar*: 50 x) e tem relação com o segredo (*sod*: 21 x), com o mistério* (aram. *raz*: Dn 9,9).

b) Lugares e vetores da sabedoria. — A s. encontra-se particularmente à vontade na residência familiar e no ambiente dos chefes, na corte do rei, em seu exército, em seus conselhos. Mulheres* foram dadas como exemplos de s. na ordem política (1Sm 25,33; 2Sm 14,2) ou econômica (Pr 31,10-31). Deus tem a propriedade da s., cujo gênio técnico ele aplica na obra de criação*, mas também de salvação. No entanto, o domínio da s. e o da religião permaneceram por longo tempo distintos: a presença da s. é abertamente reconhecida fora de Israel (Jr 49,7; Is 19,11; Ez 28,3; Ab 8; Dn 2,18 etc.) (universalismo*). Em definitivo, a Torá é escrita e nenhuma função do sacerdócio* pode se exercer sem a s. A importância dos escribas no tecido social não parou de aumentar. É através deles que conhecemos a Lei e os Profetas*. Eles têm vínculo com a s. A principal obra dos escribas é a Bíblia* mesma: foram eles que remodelaram muitas vezes o seu texto.

c) *Gêneros literários.* — Provérbio, enigma, parábola*, macarismo ("Feliz quem..."), lista numérica ou poema alfabético são formas especificamente sapienciais, praticadas nas escolas. Outras (sátira, canto de luto, de núpcias ou de colheita) vêm de um fundo popular que os escribas trouxeram para a literatura, no nível em que se exprimem os grandes profetas, sob a monarquia. Na Lei e nos Profetas, Deus fala ao homem, ao passo que aqui o homem fala em seu próprio nome, donde uma diferença de tom. Há salmos* tipicamente sapienciais (Sl 1; 34; 73 etc.). O sábio não promulga leis, mas registra constatações sobre o bem-viver, das quais a principal é que fazer o bem* traz felicidade. Também celebra este bem-viver, como p. ex. no *Cântico dos Cânticos* em que Deus, sem ser nomeado, é louvado em seu duplo reflexo, masculino e feminino (casal*). O tema dos sábios é a vida, e os meios de protegê-la. Será preciso muito tempo até que a reflexão dos sábios sobre a morte* passe ao primeiro plano.

d) *Mutações.* — Louvada por sua constância, a s. todavia tem uma história*. A monarquia é seu tempo de crise: o rei é o símbolo vivo da s. (vários livros são convencionalmente atribuídos a Salomão); é também o símbolo de seus perigos: em vez de uma conquista da liberdade*, retração sobre a suficiência dos meios; em vez de abertura, absorção no grande todo das nações (paganismo*). As fontes se dividem entre essas duas direções contraditórias. Na narrativa* da falta do primeiro casal humano (Gn 3), pode-se ler por transparência a tentação* real (= do rei) de apagar pelo saber a diferença do bem e do mal*: a s. do homem (do rei) coloca-se como

rival da de Deus. O livro dos Provérbios recordará as revelações feitas a Israel somente pelo uso do nome* de Javé (56 x em Pr 10,1–22,29) e será universalista a ponto de seguir de perto, em 22,17–23,14, a antologia egípcia da S. de Amenêmope. É o Deuteronômio que inaugurará por séculos a opção de identificar lei mosaica e s. Segundo essa lógica, a s. se tornará personagem central de um relato que, em lugar de se limitar às fases da criação do mundo (Pr 8,22-31), atravessa toda a história, seja sem drama (Sr 24; 44–50), seja com suas tragédias (Br 3,9–4,4; Sb 10 etc.). Um gênero* literário amplamente atestado também fora de Israel, o da s. irônica, desvelará o fracasso da s. — da s. tradicional para Jó (cf. H. Rowley, *BJRL* 41, 167-207) ou, para Coélet, de toda s., qualquer que seja. Essas aporias prepararam a apocalíptica*, que é a classe mais paradoxal entre os escritos bíblicos, já que nela se juntam dois domínios originalmente estanques, a s. e a revelação*. Este gênero literário é erudito, antológico; seus enigmas são frequentemente indecifráveis sem o socorro do anjo* intérprete. Os segredos sondados por esta nova s., inacessível e todavia comunicada, vão do começo ao fim da história e inversamente. O centro do segredo é o sofrimento do justo, tomado individualmente e em grupo. É possível reconstruir algumas etapas desta mutação. A s. irônica (Pr 30,2ss) já levou o sábio para perto do moribundo (Jó; Ecl); os poemas do Servo* são impregnados de um vocabulário de s.; o gênero apocalíptico já está bem desenvolvido quando (sob o reinado de Augusto) Sb descreve como "o fim do sábio" (Sb 4,17) o martírio* do justo vítima de sua fidelidade a Deus e à sua lei. Trata-se de um retorno da antiga esperança dos sábios. A conclusão do mesmo livro* vê na saída do Egito uma renovação da criação "mobilizada" (Sb 5,17-23; 16,17b; 19,6) para arrancar o corpo* dos justos da morte (ressurreição* dos mortos). Enciclopédica (Sb 7,16-21), eloquente, raciocinante, esta s. acolhe o impossível.

e) *A Sabedoria, entidade subsistente (hipóstase)?* — O primeiro vetor da s. sendo a tradição* parental, a s. chamava naturalmente o discípulo a voltar-se, de ancestral em ancestral, de mestre em mestre, para a origem primeira de toda verdade*. Por meios poéticos, Pr 8,22-31 e, mais tarde, Sb 7,25 sugerem que a S. emana eternamente de Deus sem se confundir com o mundo. Sua contrapartida, a Loucura, também é personificada, mas essa simetria não é explorada, ao passo que sobre a S. a reflexão vai longe. Vai ainda mais longe quando a S. acompanha o homem, ou o povo*, até seu fim. A S. falou, tomando-se a si mesma como sujeito do discurso; ela tomava de empréstimo para tanto formas mitológicas (aretologias, ou "autopregações" da deusa Ísis, p. ex.: cf. A. J. Festugière, *HThR*, 42, 209-234). Com a tradução* grega do Sirácida, mas sobretudo com Sb, a abertura ao helenismo faz entrar rudimentos filosóficos na corrente bíblica. Menos ingênuo, o pensamento não é, então, menos audacioso. A S., entidade distinta de Deus, tão intimamente próxima dos homens quanto de Deus, não é em caso algum interpelada como uma divindade, nem como uma mediadora que intercederia pelo homem. Em contrapartida, ela é pedida a Deus como seu dom supremo e resume em si todas as demais entidades pelas quais Deus se manifesta: Nome, Presença, Glória*, Nuvem, Anjo de Javé, Espírito (Sb 7,22-25a), Espírito* Santo: Sb 9,17, Palavra* (9,1). Imobilizada pelo temor legítimo de projetar a revelação do NT no Antigo e desconfiada diante do pensamento que recorre ao poema, a teologia bíblica* frequentemente se crispou diante da audácia de semelhantes textos. No entanto, ela não pode se desinteressar dessa problematização do monoteísmo*, traço poético de uma investigação sobre a natureza de Deus. Seria desinteressar-se pelas consequências que essa atitude conheceu em várias tradições (cf. G. W. McRae, 1970), que não se reduzem ao NT, e projetar a todo custo sobre o AT, sob pretexto de mantê-lo na diferença, a imagem de um monoteísmo rígido e conceitualmente pobre.

O judaísmo* debateu, p. ex., a *shekinah*, ou "habitação" (de Deus sobre a terra, inclusive num lugar escolhido). Ele soube mantê-la no interior do monoteísmo, sem para tanto reduzi-la à função de ornamento literário (Urbach, 1979, t. I, 46-65).

2. Novo Testamento

a) Vocabulário. — Menos diversificado para a s. (*sophia*, s.: 51 x; *phronimos*, "sensato": 14 x e termos aparentados) do que para seus contrários. Sintagmas: "s. de Deus": Lc 11,49; Rm 11,33; 1Cor 1,21; 2,7; Ef 3,10; "loucura de Deus": 1Cor 1,25; "Cristo Jesus [...] tornado s. etc.": 1Cor 1,30.

b) Jesus. — O Evangelho leva ao extremo a proximidade de Deus, a possibilidade de encontrá-lo no mais comum da vida, tudo o que se exprimirá mais tarde na palavra "encarnação"*. Ele assume, portanto, a herança da s. bíblica: esta evidência pode-se verificar em vários níveis. A s. é atribuída a Jesus* como uma qualidade (Mt 13,54; Mc 6,2; Lc 2,40.52; cf. Mt 12,42). Antes de tudo, ela impregna sua linguagem, nutrida de máximas (p. ex. Mt 5,13a.14s.36; 6,8.21.27.34; 7,16-20; Mc 4,25), de que nos restam muitas locuções proverbiais ("parêmias"): "lâmpada sob o alqueire", "cisco e trave", "undécima hora", "dar a César", "matar o novilho gordo", "atirar a pedra", "construir na areia", "pérolas aos porcos", "semear a cizânia", "joio e trigo", "nem um iota"... e muitas outras (N. Gueunier, *CILL* 1991, 17,4). Elas ainda não desapareceram de nossa língua, mesmo depois que um grande número desapareceu dos lecionários litúrgicos das línguas modernas.

Por si só, esse estilo é sintoma de uma atenção aguda conferida à vida corrente. O aspecto geral do ensinamento o confirma. Faz-se apelo à experiência doméstica, agrícola, estratégica (Lc 14,28-32), mas sobretudo, numa medida que nenhum outro texto bíblico atinge, ao manuseio do dinheiro (nove valores monetários diferentes têm lugar nos evangelhos*). Este traço é revelador: em vez da s. que evoca simples moderação, mais frequentemente é de astúcia que se trata, desde o elogio do arquiteto (Mt 7,24), do proprietário (Mt 24,43), do anfitrião do banquete (Jo 2,10), do convidado (Lc 14,7-11; 21,9), do juiz (Lc 18,4), do queixoso (Mt 5,25s) que são previdentes, até calculistas, até o do gerente que se dá bem por ser desonesto (Lc 16,1-12). Isso se verifica sobretudo na parábola* cujo ouvinte é submetido a um teste radical. Ora, é aqui que, por um efeito já observado no AT, a ordem sapiencial se inverte. Daniel louvava a Deus por dar a s. aos sábios, Jesus o louva por escondê-la deles para abri-la aos pequeninos (Dn 2,22s; Mt 11,25; cf. Lc 10,21s). Em seu núcleo, sobretudo segundo Mc, a parábola é um segredo que desafia a inteligência e fará surgir as resistências do coração* (Mc 4,12), já que se trata do "mistério* do Reino*" (v. 11). Esta última locução, assim como o caráter enigmático das parábolas, aproxima da apocalíptica um gênero cuja origem é sapiencial. A necessidade de sua cruz e de sua ressurreição*, primeira etapa dos últimos tempos, é uma verdade que Jesus "ensina" (Mc 9,31) a seus discípulos e, segundo Lucas, se ela não foi compreendida, a causa disso são a estupidez (24,25) tanto quanto a dureza de coração.

Nos sinóticos, a s. agencia os eventos da salvação (Mt 11,19; Lc 7,35; 11,49; comparar com Mt 23,34s), mas a filiação* de Jesus ainda não é aproximada da s. na medida em que esta precede a história. Essa aproximação, entretanto, é preparada ali. Sapiencial mais que tudo é a maneira como Jesus se dá como fonte de verdade*, mas fonte nascida ela mesma da origem, do Pai*. Semelhante linguagem não se encontra em nenhum lugar no AT a não ser, precisamente, nas palavras emprestadas à S., entidade subsistente. Este precedente é reconhecível no "Eu" de Jesus, no seu "Vinde a mim" (Mt 11,28; cf. Lc 6,47 comparados a Pr 9,5; Sr 24,19; Is 55,1ss).

Tal como Jesus (Mt 10,16), os escritos apostólicos recomendam muitas vezes (Rm 16,19; 1Cor 6,5; Cl 4,5 etc.) aos discípulos a s. do comportamento e da palavra. A epístola de Tiago, em particular, tem todo o sabor e responde a toda a definição de um escrito de s.

c) *Teologia paulina*. — Ela se enraíza no escândalo* (já no das parábolas segundo Mc 4) de uma s. que causa a derrota dos sábios e se opõe a toda s. conhecida: ela é, portanto, "loucura" (1Cor 1,17–2,14; 3,18s; 4,10). No entanto, a revelação a torna reconhecível como s. (1Cor 2,6s), o que reconduz à noção de mistério*. É "estúpido" (Gl 3,1.3) desviar-se dela. Rm põe frente a frente o fracasso de duas s. anteriores ao Evangelho. A interação dos pagãos idólatras (1,22) e daqueles que, "tendo o nome de judeu",

transgrediram a lei de Deus e não transmitiram sua luz (2,17-21) forma uma trama em que se entrelaçam pecado* (2,24; 11,22) e salvação (11,30ss). Paulo vê aí a obra de uma habilidade suprema de Deus: divisa nisso ao mesmo tempo um mistério que ele não poderia "deixar ignorar" (cf. 11,25) e a s. (cf. 11,33s) insondável do "Deus único sábio" (16,27).

Os primeiros escritos paulinos só mencionam de passagem o lugar de Cristo* naquilo que funda e precede a história (1Cor 8,4ss; 1Cor 10,1-4 tem um precedente em Fílon, *Legum Allegoriae*: II, 86: s. e "rochedo" segundo Ex 17,5s). A cristologia* de Cl 1,15-20 nutriu-se dos antigos poemas da S. preexistente, sobretudo Pr 8,22-31; Ef 1,8s.12; 3,10 vê o Cristo e a Igreja* na perspectiva universal de um só gesto de Deus, donde o uso do vocabulário de s. (1,8.17; 3,10). Uma função polêmica desta linguagem está em opor à Torá o Cristo como lugar da s. (Cl 2,8.16-23). O autor do preâmbulo de Hb (1,1-4) não pôde ignorar Sb 7,21; 9,9.

d) *Teologia joanina**. — Com o prólogo de Jo (1,1-18), a temática da s. toma uma amplitude desigual (Verbo*), inclusive sob seu aspecto dramático. O quarto evangelho retoma e acentua o relevo do "Eu" enfático (Jo 5,40; 6,37; 7,37). Jo 6,57 ("aquele que comer de mim") tem um precedente com Sr 24,21 ("os que comem de mim").

• C. M. W. Grimm (1860), *Das Buch der Weisheit*, Leipzig. — H. Ringgren (1947), *Word and Wisdom. Studies in the Hypostatisation of Divine Qualities and Functions in the Ancient Near East*, Lund. — W. G. Lambert (1960), *Babylonian Wisdom Literature*, Oxford. — P. Beauchamp (1964), "Le salut corporel des justes et la conclusion du livre de la Sagesse", *Bib* 45, 491-526. — H. Conzelmann (1965), "Paulus und die Weisheit", *NTS* 12, 231-244. — A. Feuillet (1966), *Le Christ Sagesse de Dieu d'après les Épîtres pauliniennes*, EtB. — C. Kayatz (1966), *Studien zu Proverbien 1–9*, WMANT 22. — P. É. Bonnard (1966), *La Sagesse en personne annoncée et venue*, LeDiv 44. — F. Christ (1970), *Jesus Sophia. Die Sophia-Christologie bei den Synoptikern*, Zurique. — G. W. McRae (1970), "The Jewish Background of the Gnostic Sophia Myth", *NT* 12, 86-101. — G. von Rad (1970), *Weisheit in Israel*, Neukirchen-Vluyn. — P. W. Skehan (1971), *Studies in Israelite Poetry and Wisdom*, *CBQ* Monograph Series I. — P. Beauchamp (1976), *L'un et l'autre*

Testament. Essai de lecture, 106-135; 219-228. —
M. Gilbert (sob a dir. de) (1979), *La Sagesse de
l'Ancien Testament*, BEThL 51. — E. E. Urbach
(1979), *The Sages. Their Concepts and Beliefs*,
Jerusalém. — C. Larcher (1983-1985), *Le livre de
la Sagesse ou la Sagesse de Salomon*, EtB.NS n.
1, vol. 1-3. — A. Vanel (1986), "Sagesse (Courant
de)", *DBS* 11, 4-58. — M. Gilbert (1986), "Sagesse
de Salomon (ou Livre de la Sagesse)", *ibid.*, 58-119.
— H. D. Preuss (1987), *Einführung in die alttestamentliche Weisheitsliteratur*, Stuttgart. — H. von
Lips (1990), *Weisheitliche Traditionen im Neuen
Testament*, WMANT 64. — P. Beauchamp (1992²),
Le Récit, la lettre et le corps. Essais bibliques,
Paris, 129-154. — J.-N. Aletti (1993), *Saint Paul.
Épître aux Colossiens*, EtB.NS 20. — M. Gilbert
(1995), "Qu'en est-il de la Sagesse?", *in* J. Trublet
(sob a dir. de), *La Sagesse biblique. De l'Ancien au
Nouveau Testament*, Congrès ACFEB, 1993, LeDiv
160, 19-60. — J. Vilchez-Lindez (1995), "Panorama
des recherches actuelles sur la Sagesse dans l'AT",
ibid., 129-138. — J. Blenkinsopp (1995), *Wisdom
and Law in the Old Testament*, Oxford. — J. Rader-
makers (1998), *Dieu, Job et la Sagesse*, Bruxelas.

Paul BEAUCHAMP

→ *Apocalíptica; Cidade; Conhecimento de Deus; En-
carnação; Filiação; Idolatria; Lei; Livro; Mistério;
Monoteísmo; Paganismo; Parábola; Pessoa; Razão;
Revelação; Universalismo; Verbo.*

B. TEOLOGIA MORAL E SISTEMÁTICA

No cristianismo primitivo, três fatores contribuíram para fazer da sabedoria (s.) uma noção
ao mesmo tempo plenamente teológica e de uso
cômodo para designar a virtude ou a soma de
todas as virtudes*. 1/ Era possível falar cristologicamente da s. no quadro de uma teoria da
s. divina apoiada na interpretação neotestamentária de textos como Pr 8. Os apologistas* que
elaboraram a identificação de Cristo ao Verbo*
de Deus* (Justino, Teófilo, Atenágoras) viram
pois sua abordagem facilitada pela hipostatiza-
ção da S. Esta combinação de títulos constituía
ainda um lugar-comum no mais aceso da querela
ariana (arianismo). Mas quando o tema do *Logos*
desembocava sobre uma concepção plenamente
trinitária da obra divina de criação*, a S. se via
por vezes distinguida do Verbo e tratada como
um nome do Espírito* Santo (assim em Teófilo
de Antioquia e Ireneu*). 2/ A assimilação socio-

lógica dos cristãos a uma escola filosófica (fil.)
lhes permitiu ver em sua doutrina uma forma
de s., compreendida segundo uma definição
comum como "conhecimento do que verdadeiramente é" (Justino). O tom religioso adotado
em certas escolas fil. reforçava essa associação:
a concepção da s. como dom de Deus não era
de modo algum monopólio dos cristãos. Coube
à escola de Alexandria* definir a relação entre
s. e filosofia* (f.) de maneira mais matizada:
é assim que Clemente retoma uma definição
estoica já adotada por Fílon e afirma que a f. é
o amor* da s., a qual é conhecimento das coisas
divinas e humanas, assim como de suas causas.
A s. é, portanto, a rainha da f. da mesma maneira
como esta é a rainha dos estudos propedêuticos.
A f. moral constitui, por outro lado, um ponto de
contato entre a s. profética e as tradições fil. pagãs; o amor de si proibia contudo aos pagãos ter
acesso à inspiração profética (*Strom.* 1, 5; 6, 7).
3/A polêmica com a gnose* exigia, enfim, uma
definição da perfeição intelectual que salvasse
esta última das pretensões sectárias de certos
grupos de iniciados e a integrasse (segundo Tg
3,17) na vida da comunidade cristã.

Clemente de Alexandria é o principal promotor de um ideal de conhecimento cristão ("gnose", em seu sentido positivo) que integre a s. no
plano moral tanto quanto teológico. Conforme
as definições clássicas, a s. se ocupa das causas
primeiras e das essências intelectuais; ela comporta o conhecimento* de Deus e o da natureza
humana, ela supõe uma alma* reta, uma razão*
reta e uma vida pura (*Strom.* 2, 5; 6, 17).

No contexto polêmico da primeira teologia
cristã, a crítica paulina* da s. mundana (1Cor
1–2) conservava sua atualidade; e a conservou
por longo tempo, já que devia ainda ser explorada na patrística ulterior, por ocasião da viva
polêmica que opôs cristãos e pagãos sobre os
ideais educativos. Gregório* de Nazianzo distingue assim uma falsa s., a cultura retórica que
se adquire com vistas a uma vida pública, e a
verdadeira s. representada pela vida tranquila e
santa do bispo* cristão (*Or.* 16,2; 25,2) — uma
s. verdadeira cujo caminho passa, aliás, pelo
conselho do oráculo de Delfos: "Conhece-te a

ti mesmo" (*Or.* 32,21). Para João* Crisóstomo, as críticas de Paulo visam os retores, os escritores e a educação sofística "dada de fora" (*Hom. in* 1Cor 7,1; *in* 2Cor 3,1). Agostinho* (*Trin.* 10-13) descreve longamente a ascensão da alma, atribuindo à s. a posição suprema. E, lá também, é a máxima de Delfos que fornece o ponto de partida. Seguir o convite a "nos conhecermos a nós mesmos" permite, de fato, passar da *notitia*, conhecimento incerto e, por assim dizer impressionista das aparências, a uma *cogitatio* reflexiva e autocrítica. Daí é possível, em seguida, operar uma nova distinção entre uma atividade ativa e uma atividade contemplativa da razão humana: há, de um lado, a *scientia*, que trata da organização do mundo* material, e de outro lado a *sapientia* interessada nas coisas eternas. O elemento ativo e o elemento contemplativo não se distinguem, porém, no espírito de Agostinho da mesma maneira que a atividade prática e a atividade intelectual. A *scientia* também é intelectual, já que ela participa do nosso conhecimento da história da salvação*; a *sapientia* também é prática, porque inseparável do amor* de Deus e do próximo. Conhecimento e vontade, imagens da segunda e da terceira pessoa* da Trindade*, são absolutamente consubstanciais e coeternos; a *scientia* não implica nenhuma preeminência do amor; a *sapientia*, nenhuma preeminência do conhecimento.

Na teologia do Oriente cristão, a passagem da vida "prática" à vida "teórica" também desempenha um papel importante na ascensão da alma, mas a unidade dos dois planos é garantida ali pela definição de uma terceira forma de vida, a vida "mística*" que realiza a unidade dialética das duas precedentes. A ênfase é posta, então, na unidade do intelectual e do afetivo que se efetua nas "profundezas" da alma. Em Máximo* Confessor, a s. — soma das virtudes intelectuais — se une assim à "vitória" — soma das virtudes práticas — para fazer resplandecer a "glória*" (*Qu. ad Thal.* 54). Na lista tradicional das virtudes, tal como se transmitiu desde Evágrio, o amor constitui a mais alta das virtudes práticas; a gnose, a "teologia" e a "beatitude" vêm em seguida, e representam o estágio

místico superior. Máximo não se satisfaz com essa hierarquização e põe o amor na cabeça da lista, introduzindo ao mesmo tempo o conhecimento em sua definição: "Aquele que ama a Deus põe a gnose de Deus acima de tudo" (*Cap. car.* 1, 4). Em outros textos de Máximo, sob a influência de Is 11,2 (lido às avessas, como é frequente na tradição), as etapas da ascensão ganham um giro mais intelectual, e a s. torna-se o último estágio, "a clara contemplação da verdade* universal" (*Qu. ad Thal.* 54).

Novos problemas nasceram dos privilégios concedidos à vontade na teologia latina medieval. Se só os aspectos afetivo ou volitivo da atividade da alma detêm uma significação moral, como pensar a unidade do teórico e do prático? Pode-se medir a variedade dos resultados aos quais tal abordagem podia conduzir comparando as posições respectivas de Boaventura* e de Tomás* de Aquino. Para o primeiro, testemunha de um retorno aos escritos do Pseudo-Dionísio*, a s. se atinge ao término de uma série ascendente de transformações: ela é sucessivamente "uniforme", "multiforme", "omniforme" e finalmente "nuliforme", e este último estágio representa o ponto em que o intelecto é suplantado pelo afeto num contato místico com Deus (*Itin.* 7, *Hex.* 2, 8). Em Tomás, em contrapartida, a nítida divisão das faculdades da alma em *intellectus* e *appetitus* permite considerar as virtudes intelectuais como semivirtudes (à exceção da *prudentia*, que lança uma ponte entre o elemento moral e o elemento intelectual): embora impliquem a capacidade de agir, elas não garantem o "uso" desta capacidade, porque não aperfeiçoam a vontade (*ST* Ia IIae, q. 57, a. 1). Entre as virtudes intelectuais, *sapientia, scientia* e *intellectus* (a lista provém de Aristóteles, mas por sorte coincide com Is 11,2) formam uma classe à parte: o intelecto é imediato, a s. e a ciência são discursivas; a s. consiste em compreender o todo; a ciência, em compreender esferas particulares do conhecimento; *as* "ciências" são, portanto, múltiplas, *a* s. é única.

Ora, Tomás não dissocia a esfera do intelecto da esfera da virtude moral senão para reuni-las novamente. As virtudes intelectuais, de fato, vivem como uma segunda vida na existência do crente: ele foi tocado pela graça*, elas aparecem doravante (sob a invocação de Is 11,2) como "dons do Espírito". O intelecto é então o dom pelo qual se percebe a verdadeira finalidade do homem. A s. o acompanha: é o dom pelo qual se sabe que esta finalidade deve ser perseguida. E desta vez, a s. se distingue da ciência como ela já se distinguia dela em Agostinho, como o conhecimento das realidades eternas se distingue do conhecimento das realidades temporais (*ST* IIa IIae, q. 8, a. 6). Assim como o dom de inteligência corresponde à fé teologal, também o dom da s. corresponde a uma virtude teologal, o amor, ou caridade (q. 45) — e este quadro permite a Tomás restaurar o que ele parece ter perdido em suas primeiras análises: a coinerência do intelectual e do afetivo. A s. implica doravante uma "simpatia ou conaturalidade com as coisas divinas" cuja causa está alojada na vontade.

Estabelecendo um nítido contraste entre uma vontade puramente moral e um intelecto estranho a toda paixão*, a teologia medieval figura incontestavelmente em bom lugar entre as causas do desmoronamento que verá a s., no início do período moderno, perder seu lugar de categoria moral central. Neste contexto, ademais, a crítica paulina da s. exerceu uma atração subversiva segura. O humanismo* cético (Erasmo*, Charron, Montaigne, cf. ceticismo* cristão) ali encontrou um bom motivo para colocar em dúvida, além das sistematizações formais de tipo escolástico*, a ideia mesma de que a s. possa representar um coroamento qualquer; não existe então verdadeira s. senão a desconfiança para com a fingida s., e ela não é adquirida ao cabo de um longo processo de maturação, mas num momento de desencantamento que tem algo de um retorno à simples piedade. Esta atitude dubitativa diante da s. não está totalmente ausente da teologia dos reformadores. É sem razão, contudo, que se veria nela um dos pontos fortes da teoria deles do conhecimento de Deus. A exemplo de Lutero* comentando Rm 11,33 (*WA* 56), eles podiam facilmente adotar, para falar da s., abordagens familiares à patrística e

à escolástica. Mas, utilizando outras categorias, não precisaram fazê-lo frequentemente. Quanto à casuística* que mobilizará, em matéria moral, o mais claro dos esforços que os reformadores católicos farão para enfrentar a autocompreensão do homem moderno, é certo pelo menos que ela não conseguirá devolver vida, ou dar vida, a uma doutrina das virtudes; portanto, a uma doutrina cristã da s.

A derrocada definitiva da s. pode ser atribuída à influência do Iluminismo. Doravante, um ideal de razão ao mesmo tempo mais igualitário e menos moral substitui a s. como ideal pessoal. E quanto àquele caminhar do homem rumo à sua verdadeira humanidade que a ideia de s. ajudava a pensar, ele se vê reduzido a uma "educação" limitada aos anos da infância, em que cabe o exercício da arte do preceptor e do mestre-escola.

• Agostinho, *De Trinitate* (CSEL 50 e 50A; BAug 15 e 16). — Boaventura, *Opera omnia*, vol. 5, Quaracchi, 1891, *Collationes in Hexameron* (trad. M. Ozilou, 1991); *Itinerarium mentis in Deum* (trad. H. Duméry, 1960). — Clemente de Alexandria, *Stromates* (SC 30, 38, 278 e 279). — João Crisóstomo, *Homiliae XLIV in Epistolam primam ad Corinthios* (PG 61, 9-382); *Homiliae XXX in Epistolam secundam ad Corinthios* (PG 61, 381-610). — Lutero, *Vorlesung über den Römerbrief* (*WA* 56). — Máximo Confessor, *Capita de caritate* (PG 90, 959-1080), *Quaestiones ad Thalassium* (CChr.SG 7). — Tomás de Aquino, *ST* Ia IIae, q. 57, a. 2; q. 66, a. 5; IIa IIae, q. 8, a. 6; q. 9, a. 2; q. 45.

▸ E. F. Rice (1958), *The Renaissance Idea of Wisdom*, Cambridge, Mass. — J. Boisset (1959), *Die Geschichtstheologie des heiligen Bonaventura*, Munique. — J. D. Collins (1962), *The Lure of Wisdom*, Milwaukee, Oregon. — K. Conley (1963), *The Theology of Wisdom*, Dubuque, Iowa. — L. Thunberg (1965, 1955[2]), *Microcosm and Mediator: the Theological Anthropology of Maximus the Confessor*, Chicago. — O. O'Donovan (1981), *The Problem of Self-Love in S. Augustine*, New Haven, Conn.

Oliver O'DONOVAN

→ *Alma-coração-corpo; Antropologia; Caráter; Intelectualismo; Prudência; Virtudes; Voluntarismo.*

SABELIANISMO → **modalismo**

SACERDÓCIO

A. Teologia bíblica

1. Antigo Testamento

a) Vocabulário. — Sacerdote (st.) em hb. se diz *kohen* (w 750 u; etimologia não esclarecida), para falar do culto* do Deus* de Israel*, ocasionalmente também do dos outros deuses (*komer*, 3 u somente para este último caso: 2Rs 23,5; Os 10,5; Sf 1,4). O "sumo sacerdote", na expressão *ha-kohen ha-gadol* (sem adição), só aparece depois do exílio. O levita (l.), *levi* (345 u; etimologia: "consagrado" ou, melhor, "adido" [a Deus]: de Vaux), preposto ao domínio religioso, é st. ou às vezes auxiliar do sacerdócio (s.). *Kohen* se tornará nos LXX *hiereus*, vertido em latim por *sacerdos*, mas às vezes (Ex 28,38; 1Cr 9,10) por *pontifex* (traduções* antigas da Bíblia).

b) Funções — O st. transmite oráculos: consultado, ele pede a Deus uma resposta. Dá sua bênção* (Nm 6,22-27; Sr 50,20s). Ele instrui e se pronuncia em matéria de lei* (Dt 18,10s; 24,8; Os 4,6; Jr 18,18; Ez 22,26). Quando o santuário de Jerusalém* eclipsa os demais, o st. se torna progressivamente encarregado de apresentar os sacrifícios* ao altar.

As funções sacerdotais (sts) em Israel revestiram, portanto, formas diversas na história*. Mas este conjunto (Dt 33,8-11) pode ser unificado sob um único qualificativo: o st. é *mediador* "por natureza" (de Vaux, 1960, 210-211) e em caráter hereditário. De diversas maneiras, ele assegura a permanência da ordem cósmica em benefício da vida em sociedade*.

c) História. — O s. ficou desde sempre ligado aos santuários: Dã (Jz 17–18: relato arcaico da instalação de um l.), Betel (Am 7,10-17) etc. Silo será destruído (Jr 7,12-14; 26,6; Sl 78,60) e seus st., decaídos (1Sm 2,27-36). Mas um de seus descendentes, o l. Abiatar, conviverá em Jerusalém (2Sm 15,24-29; 17,15; 19,12) com Sadoq (cepa local pré-israelita?), cuja dinastia, após a morte de David, predominará até o exílio. Nos últimos tempos da monarquia, os l. abandonarão seu santuário em prol do único templo* autorizado, o de Jerusalém. Após o exílio, os st. do Templo reconstruído se dividirão em sadocitas e aaronitas. Estes últimos, ressurgência provável da linhagem de Abiatar, ligavam-na ao irmão de Moisés e às tradições sts que faziam dele um st. (noção ausente de Ex 32, Nm 12 etc.). No início do s. II,

a dominação helenizante subjugou os sumos st. até a revolta dos Macabeus, conduzida por um st. (em 167: 1Mc 2), fundador de uma nova dinastia sacerdotal, os Asmoneus. O sumo st. pouco a pouco se confirmava como substituto do rei. Recebeu este título em 104-103. A função em seguida perdeu, com este título, toda independência, até seu desaparecimento, ligado ao do Templo. Mas seu lugar central e sua majestade estavam para sempre inscritos na memória de Israel.

d) Temas teológicos. — Os aspectos do s. refletem a diferença dos tempos, dos lugares, das escolas. Louvados por seu zelo, censurados por sua violência* (Gn 34,25-31; 49,5ss), os l. desraigados se viram por isso mesmo associados ao pobre e ao estrangeiro (Dt 12,12.18s; 14,27.29; 26,11ss) e valorizados como tais. Desclassificados aos olhos de Ez (44,6-31), os l. são julgados os mais meritórios pelo Cronista (2Cr 29,34; cf. 30,3.22), que os liga à atividade hínica de David. Os salmos* trazem sua marca: música* e canto são sua oferenda privilegiada. — Melquisedec, rei e st. cananeu, simboliza o reconhecimento de um s. pré-israelita nas tradições de Jerusalém. Seu título, "st. do Altíssimo" (Gn 14,18), seu Deus "que cria céu e terra" (v. 19, TEB), introduzem a tensão, fecunda para ambos, entre um s. judeu e um s. pagão (paganismo*). Abraão recebe a bênção do cananeu (Gn 12,3) (universalismo*). — Os textos do Pentateuco que provêm da classe sacerdotal (Bíblia*) retraçam o desígnio divino sobre o mundo inteiro (Gn 1,1–2,4a; Gn 9,9-17). Já no mito* mesopotâmico do *Enuma Elish*, a criação* visada como vitória do herói Marduk contra o monstro Tiamat é acompanhada imediatamente do projeto de fazer do céu a réplica da morada dos deuses superiores (col. IV, 135-145). A destinação do s. é interessar-se pela totalidade da existência para situar nela os graus daquilo que diz respeito à santidade*, categoria fundamental de seu exercício.

Israel é "reino de st." (Ex 19,6) — composto de st.? — para um s. em benefício das nações? Ou então "realeza de st." — nação governada por st., como foi o caso (cf. Sl 110,4) após o exílio (Cazelles)? Em todo caso, o horizonte é universal ("a terra inteira me pertence": Ex 19,5b). Ao período fasto do s. assim compreendido (antes de Antíoco Epífanes) corresponde o retrato entusiasta de um sumo st. pelo Sirácida: comparado quando oficia (Sr 50) à estrela da manhã, à lua e ao sol, às flores, às pedras e às árvores, ele desempenha em nome de todos o ofício de um intendente da criação (Sr 24: a Sabedoria* oficia).

Aquele que oferece e, geralmente, imola uma vítima entrega-a ao st. para que este a apresente a Deus conforme os ritos do sacrifício. Esta função essencial atinge seu apogeu quando o sumo st., que já recebeu após o exílio uma unção de tipo real (cf. Sl 110,4; Dn 9,25s; 2Mc 1,10), celebra o rito do "dia das Expiações*" (Lv 16).

2. Novo Testamento

A Epístola aos Hebreus abarca com o olhar todo o AT situando o ato de Jesus em relação ao do sumo st. nesse dia das Expiações (Hb 2,17), mas os outros escritos do NT não concedem este lugar explícito ao s. do Cristo*. Devemos concluir daí que seus autores possam ter se desinteressado de uma dimensão tão essencial da religião de Israel?

O Evangelho* de Lc começa numa família de st. e no Templo. É o início de uma longa transição. Ela prossegue quando, Jesus tendo partido, os apóstolos* são assíduos ao Templo (Lc 24,53; At 3,1; 5,12.42), e quando st. se convertem (At 6,7). A expulsão de Paulo (At 21,30) marca o final da transição. Lucas faz questão de mostrar que, apesar das rupturas, se não tivesse havido mais s., não teria havido o st. Zacarias nem a descendente de Aarão, Elisabete, para serem os primeiros a acolher o Messias*.

Todavia, nos evangelhos*, o grego *hiereus* (11 u) é quase suplantado por *archiereus*, "sumo st." (25 u), ou *archiereis*, os "sumos st." (58 u), dados como principais agentes da morte* de Jesus. E Jesus não se atribui nem recebe o título de st. Ele não faz nada que seja da alçada do s. institucional, ao qual ele tampouco associa seus discípulos (ministério*). A seu modo, Hb sublinha a distância: "Se Cristo estivesse na terra, nem sequer seria sacerdote" (Hb 8,4), pois não era l. (7,13s). Com efeito, se Jesus se torna o único sumo st., é somente por sua paixão*, com a qual ele oferece o único

sacrifício verdadeiro. Isso convida a identificar o s. de Jesus primeiramente por seus efeitos. Segundo Mt 28,19s, ele investe os Onze de uma função de instruir mais próxima do s. do que da profecia*. Os cristãos são um *basileion hierateuma*, s. real (1Pd 2,9; Ap 1,6; 5,10; 20,6; cf. Ex 9,6). E se formamos em Cristo o templo de Deus (1Cor 3,16s; Ef 2,21s), não pode ser por outro s. senão o do Cristo. Jesus toma posição não somente em relação ao Templo, mas no Templo (Lc 19,47; 21,37; Jo 18,20), e isso para um ensino que toma o lugar de uma Torá sacerdotal. Pode-se então avançar — mas esta posição é pouco representada na exegese* atual do NT — que a dimensão sacerdotal de Jesus atravessa assim de ponta a ponta toda a tradição* evangélica. Como a sabedoria sacerdotal de Sr 24 (Sr 50) e o s. cósmico de Sb 18,24, o Cristo Filho (filiação*) e *Logos* (Verbo*) é mediador para todo o universo. É o que exprime Jo 17, chamada "oração* do sumo st." por Cirilo* de Alexandria (PG 74, 505).

- G. Schrenk (1938), *"hieros... hiereus, archiereus"*, *ThWNT* 3, 220-284. — R. de Vaux (1960), *Les Institutions de l'Ancien Testament*, Paris, t. II. — A. George (1970), "Sacerdoce", *VThB*² (1991⁷), 1153-1163. — A. Vanhoye (1980), *Prêtres anciens, prêtre nouveau selon le Nouveau Testament*, Paris. — J. Auneau, P.-M. Beaude (1985), "Sacerdoce", *DBS* 10, 1170-1342. — H. Cazelles (1987), "Royaume de prêtres et Nations consacrées" (Ex 19,6), *in Autour de l'Exode* (*Études*), Paris, 289-294. — Y. Simoens (1990), "La création selon l'Écriture. Commencement, milieu et fin du dessein unique de Dieu", *Christus* 147, 290-303. — M. D. Rehm (1992), "Levites and Priests", *AncBD*, 297-310.

Yves SIMOENS

→ *Cosmo; Criação; Culto; Expiação; Lei; Ministério; Povo; Sabedoria; Sacrifício; Sociedade; Templo.*

B. SACERDÓCIO UNIVERSAL

a) Definição. — O sacerdócio (s.) universal (un.) é o s. próprio a todos os cristãos em virtude de sua participação no s. de Cristo*. Emprega-se também por vezes outras expressões para designá-lo, "s. de todos os crentes" ou "sacerdócio comum". São os protestantes que insistem no conceito de modo mais geral, mas todas as confissões o admitem, de um modo ou de outro.

b) O Novo Testamento. — O AT diz em vários lugares que Israel* não terá apenas sacerdotes, mas será um reino de sacerdotes (Ex 19,6; Is 61,6). O NT retoma estes textos e os aplica à Igreja*, em particular em 1Pd 2,9: "Vós sois a raça eleita, a comunidade sacerdotal do rei". É o povo* inteiro que é aqui considerado como um "s." (*hierateuma*). O Apocalipse diz igualmente que Cristo "fez de nós um reino, sacerdotes para Deus, seu Pai" (Ap 1,6; cf. também 5,10; 20,6). O vínculo do s. e da realeza, como em 1Pd, faz eco ao texto do Êxodo. Mas aqui são os cristãos individuais que são "sacerdotes" (*hiereis*). Dizer que a Igreja constitui um povo de sacerdotes é uma das maneiras de afirmar que as promessas* feitas a Israel são cumpridas na Igreja. Para 1Pd, este s. real visa a que "proclameis os altos feitos daquele que das trevas vos chamou para sua maravilhosa luz". Ap fala somente de servir a Deus como sacerdotes, sem mais detalhe. Nada é dito da relação entre este s. e o de Cristo (ponto que só é tratado no NT pela epístola aos Hebreus).

Não há outros textos do NT em que os cristãos sejam chamados de sacerdotes, individualmente ou em grupo. Paulo emprega um vocabulário sacerdotal (sl) quando exorta os cristãos de Roma* a se oferecer em sacrifício* vivo e santo a Deus (Rm 12,1), mas não existe em seus escritos definição dos cristãos como sacerdotes.

c) Época patrística e medieval. — Encontramos declarações análogas às de 1Pd e de Ap em autores do s. II, quer se trate de um s. coletivo (Justino, *Dial.* 116) ou individual (Ireneu*, *Adv. Haer.* 4, 8, 3; 5, 34, 3). Nessa época, é ainda no quadro da discussão sobre a relação da Igreja e de Israel que se evoca o s. un., ou então a propósito do verdadeiro culto* que é o culto cristão. Só Tertuliano*, durante seu período montanista (*Exortação à castidade*, SC 319), parece ter deduzido do caráter sl de todos os cristãos que estes poderiam, todos, desempenhar funções que eram cada vez mais consideradas como reservadas ao clero.

Nos s. IV e V, o *status* sl foi efetivamente cada vez mais reservado ao clero, o que modificou a ideia de s. un. Agostinho* é uma boa testemunha desta evolução: comentando Ap 20,6 ele declara que todo cristão é sacerdote enquanto membro de Cristo, único verdadeiro sacerdote, mas que somente os bispos* e os padres são sacerdotes no sentido próprio (*proprie*) (*Cidade de Deus* 20, 10). Para Agostinho e para a IM, o s. un. consiste essencialmente na oferenda de si a Deus. Ele não tem relação particular com a eucaristia* (Congar, 1964, 178 *sq*). Este *status* sl está ligado à unção recebida no batismo* (*En. Ps.* 26, 2, 2; *Quaest. Ev.* 2, 40).

Tomás* de Aquino retoma a posição de Agostinho. O caráter sacramental recebido no batismo e na confirmação* comporta uma participação no s. de Cristo (*ST* IIIa, q. 63, a. 3). Este s. todavia não tem o poder sacramental de consagrar a eucaristia, ele diz respeito à oferta de sacrifícios espirituais, como diz Paulo em Rm 12, 1 (*ST* IIIa, q. 82, a. 1, ad 2). A definição da ordenação* por Pedro Lombardo como dando um "poder espiritual" (*Sent.* IV, d. 24, q. 13) permitia distinguir mais precisamente o s. ministerial e o s. un. Agostinho diz ainda que é a Igreja que celebra a eucaristia (*Cidade de Deus* 10, 6); Gabriel Biel (*c.* 1420-1495) diz que, em sentido estrito, é o sacerdote que a celebra imediatamente, e que o povo a celebra somente de maneira espiritual pela mediação do sacerdote (*Canonis missae expositio*, lec. 22 a, 29 a).

d) A Reforma. — A ideia de s. un. é central na polêmica de Lutero* no início dos anos 1520, em particular em seu panfleto *O cativeiro de Babilônia da Igreja* e em seu apelo *À nobreza alemã*. Lutero repete o que já se dizia do s. de todos os cristãos, por causa de seu batismo e de sua incorporação a Cristo pela fé* (*WA* 6, 564). Qualquer que seja o efeito da ordenação, ela não confere um *status* ou um poder especial. O batismo faz de todo cristão um sacerdote, um bispo, um papa* (*WA* 6, 408). O s. un. dá, portanto, o poder (mas não a autorização) de desempenhar todas as funções sacerdotais. Repercutindo 1Pd, Lutero diz mesmo que o sacerdócio real dá a todo cristão o poder de julgar em matéria de doutrina (*WA* 11, 41 *sq*). Tudo isso era feito para combater o poder do clero sobre os leigos*. O s. ministerial, mesmo sendo de instituição divina, não tem poderes especiais e exige o consentimento do povo sl (*WA* 6, 564).

Lutero não fazia somente um uso polêmico do conceito de s. un., também tirava dele opiniões positivas: enquanto sacerdotes, os cristãos todos eram chamados a testemunhar o Evangelho e, mais ainda, a interceder por outrem diante de Deus (*WA* 7, 57). Quando ele fala do s. un. do ponto de vista dos indivíduos e não da Igreja inteira, é no quadro de uma concepção da Igreja como comunidade em que cada um faz oferta de si pelos outros.

Tem-se interpretado de várias maneiras o pensamento de Lutero sobre o s. un., sobretudo em relação ao s. ministerial, e ainda não se parou de discutir a respeito nos meios luteranos. Lutero mesmo jamais abandonou a ideia de base do s. un. tal como a afirmara em 1520, mas é evidente que ela desempenha um papel bem menor em seus escritos posteriores e que ele insiste mais na autoridade do s. ministerial. Melanchton foi muito prudente sobre o assunto e não trata dele explicitamente nas confissões de fé luteranas. No movimento pietista, Philipp Jakob Spener (1635-1705), p. ex., era favorável a certas formas de testemunho dos leigos com base no "s. espiritual" deles. A discussão sobre o tema repercutiu na teologia luterana dos s. XIX e XX acerca dos debates sobre o ministério* e sobre a autoridade* na Igreja após o fim da interferência dos príncipes sobre as Igrejas.

Calvino* menciona o s. un. mas sem insistência (*Inst.* II, 15, 6), tal como as diferentes confissões reformadas (p. ex., *Confissão helvética posterior*, cap. 18). Chamado de "s. de todos os crentes", o s. un. faz parte da tradição calvinista sem ser objeto de uma reflexão particular.

A ideia de s. un. não desempenhou um grande papel na renovação do laicado protestante no s. XX, o que pode surpreender. Segundo Kraemer (1958, 94 *sq*), é porque, no protestantismo*, concebia-se este s. de maneira demasiado individualista e demasiado ligada à polêmica anticatólica. Preferiu-se falar, portanto, de "ministério dos leigos", expressão vizinha de "s.

un.", mas que não tem todas as suas conotações históricas.

e) *O catolicismo após a Reforma.* — O concílio* de Trento* não tratou do assunto, a não ser para condenar a negação protestante do caráter específico do s. ministerial, ou a afirmação de que todos os cristãos são igualmente sacerdotes (*DS* 1768). O *Catecismo do concílio de Trento* (1566) retomou o essencial da concepção medieval do s. un. Será preciso esperar o s. XIX, com Möhler (escolas de Tübingen*) e Newman*, depois certas declarações papais do s. XX (p. ex. *Mediator Dei*, 1947, *DS* 3851), para que o catolicismo comece a sublinhar o s. un. e o papel dos leigos. O Vaticano II* insistiu ainda mais nisso. Além do decreto sobre o apostolado dos leigos, *Apostolicam actuositatem*, a constituição sobre a Igreja, *Lumen gentium*, contém não somente um capítulo sobre o laicado, mas faz preceder seus desenvolvimentos sobre a hierarquia* e o laicado de um capítulo sobre o povo de Deus. Esses textos em geral falam antes de "s. comum" do que de s. un. Este s. comum é devido, como precedentemente, à participação de todos os batizados no s. de Cristo (*LG* 10). Mas as consequências que se pode tirar daí para a vida da Igreja são mais desenvolvidas que nos textos anteriores, e incluem, p. ex., o direito dos leigos a uma "participação plena, consciente e ativa" na liturgia* (*SC* 14). Mencionado no decreto sobre o apostolado dos leigos (*AA* 2, 10), o s. un. não tem ali um grande papel. O *Catecismo da Igreja Católica* (1992) retorna à divisão tradicional, Cristo-sacerdote/Igreja-povo sl, leigos e sacerdotes participando do s. de Cristo, cada um segundo seu modo próprio (1546). O s. ministerial está a serviço do s. comum (1547).

f) *Problemas ecumênicos.* — Gosta-se muito de começar os debates ecumênicos fazendo apelo à "vocação do povo de Deus por inteiro" quando se trata de abordar questões difíceis acerca do ministério (cf. p. ex., *BEM*, seção M, § 1), mas o s. un. não desempenha grande papel nestes debates. A seção consagrada ao ministério no *BEM* não menciona o s. un. em seu capítulo de introdução. Só se trata dele implicitamente, quando se define ali a natureza do s. ministerial (M 17, e comentário), o que, aliás, lamentam algumas Igrejas protestantes (p. ex., a Aliança Nacional das Igrejas Luteranas da França). Em geral, o acordo se faz em torno da ideia de um s. un. distinto do ministerial, e do fato de este não ser a expressão direta daquele. O desacordo começa quando é necessário precisar suas relações.

- P. Dabin (1950), *Le sacerdoce royal des fidèles dans la tradition ancienne et moderne*, Paris. — H. Kraemer (1958), *A Theology of the Laity*, Londres. — C. Eastwood (1963), *The Royal Priesthood of the Faithful*, Londres. — Y. Congar (1964³), *Jalons pour une théologie du laïcat*, Paris. — COE (1982), *BEM*, Paris. — H.-M. Barth (1990), *Einander Priester sein: Allgemeines Priestertum in ökumenischer Perspektive*, Göttingen.

Michael ROOT

→ *Batismo; Ministério.*

C. SACERDÓCIO MINISTERIAL

Desde meados do s. II, os ministérios* (m.) cristãos principais constituem uma triologia firme: bispo* (b.), presbítero* (p.) e diácono*. Desde o s. III, sem controvérsia, os b. são designados como *sacerdotes*, sob a influência de uma tipologia veterotestamentária mais do que em relação com o sacerdócio (s.) de Cristo*. A partir do final do s. IV, no Oriente como no Ocidente, o mesmo vocabulário será estendido aos p., mas menos correntemente. Um sentido sacral da mediação se prenderá mais tarde ao s. ordenado, em parte sob a influência das duas *Hierarquias* do Pseudo-Dionísio*, lidas tanto no Ocidente medieval quanto em Bizâncio. Enfim, os três grandes movimentos reformadores ocidentais (carolíngio, gregoriano, tridentino) compreenderão sempre mais o s. ordenado em função do sacrifício* eucarístico. A Reforma recusará esta evolução. É somente no s. XX que a teologia* católica retomará este problema complexo recorrendo ao NT e a novas articulações sistemáticas.

1. A sacerdotalização do ministério: evolução e debates

A unicidade do s. de Cristo é uma evidência para o NT:

"Ele possui um sacerdócio exclusivo" (Hb 7,24); "Eis por que tem condições de salvar definitivamente os que, por meio dele, se aproximam de Deus, pois está sempre vivo para interceder em favor deles" (Hb 7,25); "Isto [um sacrifício], ele o fez de uma vez por todas, oferecendo-se a si mesmo" (7,27); "Pois há um só Deus e também um só mediador entre Deus e os homens, um homem: Cristo Jesus*" (1Tm 2,5).

O povo por inteiro é também sacerdotal (sl) pela oferenda de sua vida em justiça* e em santidade*:

É "uma santa comunidade sacerdotal, para oferecer sacrifícios espirituais agradáveis a Deus por Jesus Cristo" (1Pd 2,5.9). O Apocalipse (1,6; 5,10; 20,6) dá a este s. uma tonalidade mais litúrgica: sem ser individualmente ministro, cada cristão tem imediatamente acesso a Deus.

Existe, portanto, inovação no vocabulário quando os b. e os p. se veem chamados de *sacerdotes*. Os b. são como sumos-st. para Hipólito (*TA 3, 8, 34*); sumos-st. para Tertuliano* (*De Bapt.* 17, 1; *Pud.* 21, 17); Cipriano* designa-os correntemente como st. em sua correspondência. Optato de Mileva é o primeiro (360) a designar assim os presbíteros* — ele cria a expressão "secundi sacerdotii" (PL 11, 911); depois dele, também se dirá "secundi meriti" ou "ordinis"; a designação só se tornará corrente no II milênio. Jamais os diáconos serão chamados assim: para eles, só se repetirá a *TA* 18: "ele não é ordenado para o s., mas para o serviço do bispo" (retomado por *LG* 29).

O s. permanece, entretanto, como uma realidade corporativa exercida no seio de uma assembleia em ato de epiclese*. A assembleia, de fato, não oferece um sacrifício que seu presidente confeccionaria; mas porque o Cristo oferece, cada membro de seu corpo também o faz (cf. Guerric d'Igny, fim do s. XII: "O p. não consagra sozinho, não sacrifica sozinho, mas toda a assembleia dos fiéis consagra e sacrifica com ele", PL 185, 87). Assim, o papel do p., como especifica Tomás* de Aquino, é somente o de agir instrumentalmente, *in persona Christi*:

"Há duas maneiras de realizar um efeito: na qualidade de agente principal ou na qualidade de agente instrumental. Segundo a primeira maneira, é somente Deus quem realiza o efeito *interior* do sacramento*. Cabe a Deus somente produzir a graça* [...] Da segunda maneira, ministro e instrumento têm a mesma definição: a ação de um e de outro se exerce no *exterior* e conclui com um efeito interior sob a moção do agente principal" (*ST* IIIa, q. 64, a. 1).

A oposição dos reformadores, e especificamente de Lutero*, à utilização de uma conceitualidade sl provém primeiramente da superestimação desta conceitualidade em detrimento do m. da palavra*: "A ordem apostólica, episcopal ou clerical não recebeu outra vocação ou outro m. senão o da palavra" (*WA* 6, 51). A oposição é, por outro lado, protesto contra a existência de um estado clerical que funda "a detestável tirania dos clérigos* e dos leigos*" (*WA* 6, 563). E é para restabelecer a fraternidade cristã que Lutero insiste no s. de todos e na funcionalidade do m.:

> "Tem-se imaginado que os p. e o povo dos claustros devem ser chamados de estado eclesiástico, ao passo que os senhores, operários, camponeses seriam o estado leigo [...] Bela invenção e maquinação [...] Todos os cristãos são verdadeiramente o estado eclesiástico e não há entre eles nenhuma diferença a não ser a de função [...] Todos os que receberam o batismo* podem se glorificar de ter recebido a consagração necessária para ser p., b. e papas*, ainda que não convenha a todo e a qualquer um exercer esta função" (*WA* 6, 407-408).

O concílio de Trento* oferecerá muito menos saída para este debate mal entabulado (ao menos em termos bíblicos, já que o s. nunca é dado pelo NT como fundamento de um m.), na medida em que não teve a liberdade de reexaminar fundamentalmente a questão do m.: temendo por sua jurisdição* sobre os b., os papas se opuseram de fato ao exame (H. Jedin [1965], *Crise et dénouement du concile de Trente*, cap. 5). O concílio reconduziu, portanto, a conceitualidade sl. Continuou-se, por outro lado, a minimizar o s. comum, e chegou-se mesmo a negar-lhe a existência (cf. *KL*, 1884², 3, 546).

2. Reflexões sistemáticas

A língua francesa dispõe de uma única palavra, *"prêtre"*, para designar o *presbítero* ("o ancião", sem conotação sacerdotal) e o *hiereus* (figura sacerdotal que oferece um sacrifício que reconcilia Deus e os homens). Designar os *prêtres* como detentores de um s. corre o risco, assim, de obscurecer a percepção da unicidade do s. do Cristo, em relação ao qual p. e b. só podem ter um "s. ministerial", uma expressão que se encontra, aliás, uma única vez nos textos do Vaticano II*, em *LG* 10, sob a forma de uma citação ("sacerdotium hierarchicum seu ministeriale") retomada da alocução de Pio XII *Magnificate Dominum* (*AAS* 46 [1945], 669).

a) A existência de um ministério sacerdotal faz parte da fé cristã. — Diante de Deus, todos são st., todos têm um acesso direto a Ele; e diante dos homens, também todos são st. pelo sacrifício espiritual de sua vida levada na justiça* e santidade*. Mas no espaço da salvação*, todos têm necessidade de um m. sl. Já no plano humano, ninguém é o autor de seu nascimento e ninguém pode encontrar por si mesmo a justiça que perdeu. O mesmo se dá na ordem da salvação: ninguém pode se batizar a si mesmo, pois não se poderia ser o autor de seu segundo nascimento; ninguém pode se absolver de seus próprios pecados. É o que o m. sl atesta e opera ministerialmente, na medida em que encarrega-se de integrar visivelmente na comunidade cristã. Recorrer ao m. sl é, assim, confessar a salvação pela fé. Constituído em ofício, este m. sl é confiado aos pastores*, pois é lógico que presidam à celebração dos sacramentos da salvação aqueles mesmos que presidem à Igreja* como comunhão de salvação. Tal é o sentido do m. sl externo, visível, e não redutível ao s. dos batizados, confessado pelo concílio de Trento (*COD* 743, 30; cf. *LG* 10).

b) Os pastores recebem o ministério sacerdotal para exercê-lo na Igreja. — Por justapor o s. comum e o s. ministerial, *LG* 10 poderia ser compreendido como afirmando a existência de dois s.: "Embora o s. comum dos fiéis e o s. ministerial, ou hierárquico, difiram por essência e não somente por grau, eles são todavia ordenados um ao outro". Mas, na realidade, é o mesmo e único s. de Cristo que é assim posto em marcha sob duas modalidades: o s. exercido por todos (o da vida santa e do acesso a Deus na oração) e o m. sl de alguns confiado aos pastores (e portanto qualificado de hierárquico).

Trata-se de modalidades, como mostram as correções de vocabulário trazidas por *LG* 10 à alocução de Pio XII: elas retiram do m. sl a qualificação de "s. propriamente dito", e o s. comum perde as aspas enfraquecedoras do original. Assim, o fundamento do m. se revela diferente do s. comum, e o texto sublinha que estas duas realidades diferem nitidamente uma da outra — o que afirma também a eclesiologia das Igrejas da Reforma, que não admite que um cristão se atribua um m. tendo como único fundamento seu s. batismal.

Teólogos protestantes afirmam correntemente que a teologia católica instaura uma diferença de essência ou de ser entre sacerdotes e leigos (assim Ratschow, *TRE* 2 [1978], 611, com remissão a *LG* 10; Dubied, *Encyclopédie du protestantisme* [1995], 1208, com remissão ao Vaticano II; Willaime, *ibid.*, 847, "ontológica", sem referência). Esses autores transferem assim a diferença essencial entre s. e m. para as pessoas que são portadoras dos mesmos, coisa que o Vaticano II jamais fez. Eles se justificam, talvez, pela leitura da comunicação feita ao concílio antes do voto final de *LG* (*Nota explicativa previa*, que faz parte das atas do concílio mas não dos textos votados): de fato, ali se lê, acerca da ordenação do bispo, que "na consagração é dada uma participação *ontológica* às funções sagradas [...]". Ora, é o cargo pastoral, e não a pessoa do bispo, que é assim caracterizado como sendo "sacramental ontológico" (*NB* da mesma *Nota*). De todo modo, dever-se-ia evitar os mal-entendidos perpetuamente recorrentes acerca dessa terminologia observando que "ontológico" quer dizer "real". Se a realidade é atribuída a qualquer coisa que seja, existe uma ontologia — um inventário ordenado do que se pensa, do que se diz e do que se crê real — para dar lugar a esta realidade. Isso não implica, portanto, nem em coisificação, nem em intrusão do filosófico no teológico: no caso presente, trata-se de dizer que o alcance sacerdotal do batismo e a ordenação ao m. não são simples seres de razão.

É uma doutrina católica segura que em caso de necessidade os leigos podem exercer ministerialmente o s. do Cristo: todo(a) cristã(o) pode batizar (*CIC* cân. 861, § 2); desde o s. XI, na tradição latina, os esposos são considerados como os ministros de seu sacramento de casamento* (o p. é só testemunha); durante séculos também,

leigos foram os m. habituais do sacramento dos enfermos (A. Chavasse [1942], *Étude sur l'onction des infirmes dans l'Église latine du IIIe au XIe s.*, Lyon); e mesmo a confissão aos leigos, em caso de necessidade, foi por muito tempo considerada sacramental (A. Teetaert [1926], *La confession aux laïcs dans l'Église latine depuis le VIIIe jusqu'au XVe s.*, Paris) e foi praticada até a Reforma (Bayard em Pavia ou Inácio de Loyola em Pamplona). Depois de Trento, os leigos não verão mais reconhecido seu m. nesses dois sacramentos.

c) O ministério sacerdotal é uma dimensão *do ministério pastoral de presidência, que é seu englobador.* — O Vaticano II utiliza normalmente a expressão "m. sl", dogmaticamente mais feliz que o hapax "s. ministerial" (*LG* 10), pois "sacerdotal" é aqui um atributo do m., já que não se pode tratar senão de uma atividade instrumental referida a Cristo único sacerdote (cf. Tomás de Aquino, *supra*). "M. sl" é no entanto menos adequado que "m. pastoral" (dos p. e dos b.), ou "presbiteral". Na trilogia das tarefas ministeriais (ensinar, santificar, governar), retomada por Calvino (*Inst.*, cap. 2, 5), o m. sl não é o englobador. Excepcionalmente, os leigos podem exercê-lo; mas não se vê que possam ter a mesma autoridade* que os b. para governar a Igreja na comunhão ou para definir sua fé oficialmente.

O conceito englobador, para a teologia* católica, é pois o de m. pastoral de presidência. O ritual romano para a ordenação* dos p. se intitula, aliás, *"ordinatio presbyterorum"*. É pela ordenação a presidir a Igreja que se recebe o m. dos sacramentos que a constroem, e particularmente a presidência da eucaristia*, sacramento da Igreja para os ortodoxos como para os católicos (cf. *ASCOV* III, I, 57 [2 u]: *presbyteri ut rectores ecclesiae sunt rectores eucharistiae*). O p. ou o b. agem *in persona Christi* porque agem *in persona ecclesiae*. Os fiéis todavia não oferecem a eucaristia "somente pelas mãos dos p., mas também junto com ele" (*SC* 48).

d) Para a clarificação do vocabulário. — A teologia sistemática recente confirma a legitimidade e a necessidade de um vocabulário ministerial-sacerdotal para traduzir a gratuidade da salvação sobre o fundamento da unicidade do s. de Cristo. Mas ela mostra também que este vocabulário só tem uma pertinência restrita para designar o m. global dos b. e dos p., que implica o m. da palavra (e "de zelar fielmente sobre a fé católica recebida dos apóstolos*") e o do governo (presidir a Igreja e a comunhão entre as Igrejas): as expressões "m. presbiteral" e "m. episcopal" se impõem aqui. Estes termos permitem também articular os serviços e m. de todos e de alguns mais comodamente que o par s. comum/s. ministerial. Enfim, este vocabulário presta-se menos à confusão no diálogo ecumênico.

- P. M. Gy (1957), "Remarques sur le vocabulaire antique du s. chrétien", in Col., *Études sur le sacrement de l'ordre*, LO 22, 125-145. — J.-M. R. Tillard (1973), "La 'qualité sacerdotale' du ministère chrétien", *NRTh* 95, 481-514. — H. Legrand (1977), "La présidence de l'eucharistie selon la tradition ancienne", *Spiritus* 18, 409-431. — B.-D. Marliangeas (1978), *Clés pour une théologie du ministère. In persona Christi. In persona ecclesiae*, ThH 51. — A. de Halleux (1987), "Ministère et s.", *RTL* 18, 289-316, 425-453. — W. Pannenberg (sob a dir. de) (1990), *Lehrverurteilungen-Kirchentrennend?*, vol. 3, *Materialien zur Lehre von den Sakramenten und vom kirchlichen Amt*, Friburgo-Göttingen.

Hervé LEGRAND

→ *Calvino; Ecumenismo; Lutero; Ministério; Presbítero/Padre; Trento (concílio); Sacrifício; Vaticano II (concílio).*

SACRAMENTAIS → sacramento 5. b

SACRAMENTO

1. O campo semântico de mysterion e de sacramentum

É o grego *mysterion*, traduzido nas Bíblias* latinas por seu decalque latino *mysterium* ou por *sacramentum* (p. ex., Ef 5,32), que está na origem de nosso termo *sacramento* (sac.). Ora, *mysterion* é relativamente raro no AT (uns quinze exemplos): só o encontramos em obras tardias saídas ou da literatura apocalíptica* (9 u, p. ex., em Dn), onde designa a revelação por Deus*, por meio de sonhos ou visões, de seu desígnio secreto sobre o estabelecimento definitivo de seu reino, ou das correntes de sabedoria* (3 u em Sb), onde se percebe uma transposição helenística do termo, que sai do léxico dos cultos de mistérios para se integrar no da iniciação à *sophia*. É principalmente do uso apocalíptico judaico que dependem as 28 ocorrências do termo no NT: os discípulos (Mt 13,11; Mc 4,11) ou Paulo (Ef 3,2-6) são os beneficiários da revelação* do "mistério*" de Deus sobre o mundo em Jesus Cristo, o que autoriza Paulo a assimilar "o mistério do Cristo*" ao "mistério de Deus" (Cl 2,2; Ef 4,3) e a estender o termo em direção da Igreja*, tal como esponsalmente unida a Cristo (Ef 5,32) e tal como reunião escatológica dos povos* nele pela reconciliação do judeu e do pagão (Ef 3,5s). Desde logo, se o mistério conota sempre um pouco um segredo de Deus acerca de seu "desígnio benévolo" sobre o mundo* (Ef 1,9), ele não é mais destinado, como os mistérios pagãos, a ficar oculto: ele é, ao contrário, objeto de um anúncio público (Rm 16,25s) e é doravante tornado visível até entre os pagãos (já que o mistério é "Cristo no meio de vós": Cl 1,27); e precisamente, o ministério* apostólico não tem outro objeto que não "o anúncio do mistério do Evangelho" (Ef 6,19), "a intendência dos mistérios de Deus" (1Cor 4,1).

É notável que "mistério" não seja nunca empregado no NT num sentido cultual; entra-se aí "pela graça* de Deus" (Ef 3,2.8), e não pela atividade de um mestre mistagogo. Seu vínculo essencial com a pessoa* de Cristo, assim como com o corpo-Igreja por causa de sua dependência para com Cristo, e até (ao menos indiretamente) com o ministério apostólico, deixava todavia a porta aberta a um uso mais amplo, englobando as mediações pelas quais é proclamado pela Igreja — batismo* e eucaristia* em primeiro lugar.

No entanto, foi antes de tudo às Escrituras*, mediação fundamental da revelação de Deus em Cristo, que os Padres* da Igreja aplicaram o vocabulário mistérico: elas encerram, de fato, uma multidão de *mysteria/sacramenta* relativos ao Cristo, à Igreja, à vida moral, à consumação escatológica que a exegese* patrística tenta decifrar, até nos menores detalhes. "*Sacramentum*, isto é, qualquer palavra das santas letras" (Agostinho*, *Ep.* 55, 38); "cada termo contém um sac. (*sacramentum*); tantas palavras, tantos sac. (*mysterium*)" (Jerônimo, *Tract. in Ps.*, ed. Morin, *Anal. Mar.* 3, p. 33). Estas fórmulas, o conjunto dos Padres, gregos tanto quanto latinos, alexandrinos tanto quanto antioquenos, poderiam ter feito suas. Todos leem os grandes momentos da gesta divina contada pelas Escrituras (criação*, dilúvio, sacrifício* de Abraão, história de José, êxodo...) como "mistérios" ou "sac."; e todos o fazem na esteira de 1Cor 6,11, que funciona como princípio fundamental de uma hermenêutica* cristã: tudo isso era "figura" da realização por vir em Cristo.

A aplicação do vocabulário mistérico às atividades cultuais da Igreja se fez mais lentamente. Ela começou, com muita prudência, no início do s. III (Clemente de Alex., *Strom.* IV, 1; cf. *Protr.* 12, 20), para conhecer um desenvolvimento maciço no século seguinte. Esta prudência é explicada provavelmente pelos riscos de confusão com os mistérios pagãos: tendia-se então "a excluir as palavras que eram de uma maneira ou de outra relacionadas aos cultos pagãos contemporâneos" (C. Mohrmann, 1958, 236), acusados, aliás, de não serem outra coisa senão contrafações diabólicas dos ritos cristãos (Justino, *1 Ap.* 25-27; 68). No s. IV, em contrapartida, época em que os cristãos assumem numerosos símbolos e metáforas vindos do paganismo* porque este perdeu sua força social (cf. M. Jourjon, *MD* 119, 1974, p. 82), "mistério" ou "sac." (termos frequentemente equivalentes entre os Padres latinos, p. ex., Agostinho; cf. C. Couturier, *Études augustiniennes*, Paris, 1953) designam muito correntemente não somente as Escrituras, mas também o culto* cristão, que se trate do conjunto de uma cerimônia (batismo, eucaristia, ordenação*) ou deste ou daquele elemento particular (unção do óleo*, sinal da cruz, rito do sal etc.).

Foi Tertuliano* que deu ao latim *sacramentum* suas cartas de nobreza cristãs como tradução do grego *mysterion*. *Sacramentum*, todavia, coloria

o grego com uma dimensão jurídica nova (o primeiro sentido era o da caução depositada no templo por cada uma das duas partes em processo, e do juramento acompanhando este depósito). Ele podia comodamente ser aplicado aos ritos cristãos, a começar pelo batismo, sac. da fé jurada (*sacramentum fidei*). Em contrapartida, arrastava consigo conotações jurídicas que corriam o risco de cortá-lo pouco a pouco do campo da "Palavra*", ao passo que o *mysterion* grego possuía em si uma força semântica suficiente para manter viva sua relação com os *mysteria* da Escritura.

Este perigo de distorção, no entanto, só se tornaria patente ao cabo de uma lenta evolução. Pois durante o primeiro milênio (e mesmo depois), o sentimento da relação entre os mistérios cultuais e os mistérios bíblicos era tão vivo que se passava constantemente, e sem descontinuidade, das Escrituras à liturgia*, sendo esta, em ampla medida, somente o desdobramento até nós dos *sacramenta* daquelas. Assim se compreendia os sac. no interior da vasta e dinâmica economia de salvação* atestada pelas Escrituras: pelo Espírito*, eles atualizavam esta economia com evento salvífico.

Nas Igrejas de expressão siríaca, o termo *raza* (pl. *razé*), frequente nos s. IV-V em Afraata, Efrém, Teodoro de Mopsueste, Narsai, conheceu uma evolução bastante similar à do *mysterion* grego, talvez com uma acentuação maior da dimensão do "oculto" ou do "enigmático", de um lado, e da dimensão escatológica, do outro (Dalmais, 1990).

2. As controvérsias sobre o batismo e a ordenação

O período patrístico não conheceu controvérsia acerca daquilo que se chamará mais tarde de eficácia dos sac. Lendo as *Apologias* de Justino ou os textos eucarísticos de Ireneu* (s. II), o tratado de Tertuliano sobre o batismo ou as cartas de Cipriano* (s. III), ou ainda as catequeses* mistagógicas dos gregos ou dos latinos (s. IV), por toda parte aparece que o batismo, "selado" pela imposição* das mãos e/ou pela unção crismal pelo bispo*, e concluído com a participação no corpo eucarístico de Cristo, faz passar do reino da morte* e do pecado* para o da vida e da graça. As controvérsias incidiram sobre outros pontos, dos quais os dois mais importantes dizem respeito às condições eclesiais desta eficácia salutar e à questão do batismo das criancinhas.

O primeiro debate ocorreu na época de Cipriano, em meados do s. III. Seguido pela assembleia dos bispos da África, ele estimava nulos e não advindos os batismos ou as ordenações conferidos por grupos cismáticos ou heréticos (novacianos, montanistas etc.) que tinham se constituído em comunidades separadas. Seu argumento era de ordem não moral, mas eclesiológica: só existe Espírito Santo dentro da Igreja; ora, sem o Espírito Santo, não há salvação possível; por conseguinte, aqueles que se separaram da Igreja (que romperam a *unitas* ou a *pax ecclesiae*), não tendo o Espírito Santo, não podem dá-lo: eles mesmos se subtraíram à possibilidade de salvação (cf. sobretudo *Ep.* 69, 70, 73). É preciso, pois, rebatizar (ou reordenar) aqueles que voltam para a *Catholica*. Cipriano foi tão firme nesta posição quanto o bispo de Roma*, Estêvão, o foi na posição contrária: vossa prática, censura ele aos africanos, não é tradicional: "que não se inove a não ser segundo o que foi transmitido"; àquele que vem da heresia*, que nos contentemos em impor as mãos "para a penitência" — "para que ele receba o Espírito Santo", precisará o concílio* de Arles em 314 (cân. 8), enquanto o concílio de Niceia* (325) supõe que sejam rebatizados aqueles que foram batizados com uma fórmula ortodoxa interpretada de modo heterodoxo (cân. 19) (*DS* 123 e 127-128).

A controvérsia retornou no s. IV com os donatistas (donatismo*), que proclamaram, apoiando-se em Cipriano, a nulidade dos batismos e das ordenações conferidos fora da Igreja deles. O problema teológico foi então resolvido por Agostinho*, com o auxílio de uma tripla distinção: *a*) entre o Cristo, único que tem a *potestas* de salvar, e o batizador que exerce um simples *mysterion*, de modo que o Cristo age "mesmo através de um mau ministro"; *b*) entre o *sacramentum* e seu efeito (sua *virtus*), de modo que o primeiro pode ser verdadeiro (*non*

vacuum, non inane — "válido", dir-se-á no final da IM numa perspectiva mais jurídica) sem ser espiritualmente frutuoso; *c*) enfim, entre a Igreja como "comunhão* sacramental" (*communio sacramentorum*) e a Igreja como "comunhão espiritual" (*societas sanctorum*, comunhão dos santos). Os donatistas pertencem eles também à primeira, seus sac. são portanto "verdadeiros", e Agostinho pode lhes dizer "vós sois nossos irmãos". Mas eles não pertencem à segunda, única que é animada pelo Espírito, e seus sac. portanto são infecundos, privados de efeitos salutares (cf. Congar, 1963). O problema das ordenações foi tratado segundo os mesmos princípios.

A contribuição de Agostinho é dupla. Ele fez aparecer, por um lado, que o dom de Deus nos *sacramenta* é soberanamente livre, já que não depende das disposições subjetivas do ministro ou do sujeito receptor; por outro lado, que a recepção deste dom como dom (sua fecundidade) depende das disposições pessoais do sujeito: "cada um recebe segundo sua fé*", escrevia ele neste sentido a propósito do batismo. A clareza desta posição, contudo, tem seu reverso: as disposições pessoais podem assim ser totalmente descartadas da "validade*" do sac.? (Sobre a percepção dos Padres gregos, cf. Villette, 1959, 191-216).

3. *Isidoro de Sevilha (s. VII) e o sacramento-segredo*

Da alta IM vamos ressaltar sobretudo a associação de *sacramentum* a *sacrum secretum* nas *Etimologias* de Isidoro de Sevilha (VI, 19), ao passo que Agostinho o referia a *sacrum signum*. O fato é importante, já que esta definição de Isidoro viria a reinar sobre a teologia* latina até o início do s. XII, e já que ela chamava a atenção não mais para o aspecto revelador do "signo" agostiniano, mas para o de um mistério oculto sob o véu (*tegumentum*) do sac.

É precisamente esta sensibilidade ao "véu" sacramental que explica a primeira controvérsia da história* sobre a presença do Cristo na eucaristia. No s. IX, de fato, dois monges de Corbie, Pascásio Radberto e Ratramno, se enfrentaram neste ponto. O problema vinha do fato de Ratramno partir de uma teoria do conhecimento segundo a qual a *veritas* é "a designação de uma coisa sem véu", ao passo que *figura* designa a coisa de maneira velada. Os sac., então, definidos como um "véu" que oculta um *aliquid secretum* são, portanto, necessariamente "figuras"; e se o Cristo está mesmo "verdadeiramente" presente na eucaristia, é *in figura* e não *in veritate*. Esta controvérsia teria tido apenas um alcance limitado se não tivesse sido retomada no s. XI por Berengário de Tours, cujo racionalismo* dialético, ligado a certas teorias dos gramáticos da época e reagindo contra as representações "sensualistas" ou ultrarrealistas então reinantes, não podia mais compreender o "verdadeiramente em figura" de Ratramno senão como significando "não verdadeiramente". É claro, de todo modo, que a teoria sacramentária exigia ser afinada.

4. A elaboração do conceito de sacramentum no século XII

A afinação foi obra da escolástica* dos s. XII-XIII. Nessa época, *sacramentum* se tornou o termo largamente dominante da linguagem ritual. Mas somente neste campo os teólogos da primeira metade do s. XII enumeraram, conforme os casos, e sem querer fazer uma lista exaustiva, quatro (Lanfranc), cinco (Abelardo*), dez (Bernardo* de Claraval), doze (Pedro Damiano) *sacramenta*. Ora, os novos *scolares*, graças à técnica nova da *quaestio*, põem em marcha aquele que foi "todo o projeto daquele século: a fé elaborando-se em ciência" (M.-D. Chenu, *La théologie au XIIe siècle*, Paris, 1956, 329). A "mentalidade simbólica" (*ibid.*) da era romana permanece certamente vivaz, mas é pouco a pouco amestrada e organizada. E sob o efeito deste imperativo cultural novo nasce a necessidade, desconhecida até então, de precisar a "diferença específica" dos sac. propriamente ditos e, no mesmo lance, fornecer uma lista exaustiva deles.

Três balizas principais marcaram esta operação complexa: 1/ A definição agostiniana do sac.-signo recupera seu primado em relação à definição isidoriana do sac.-segredo (Alger de Liège, *c.* 1120). 2/ Distingue-se em seguida sac. "maiores" e sac. "menores" (que começam nos anos de 1140 a receber o nome de "sacramentais"), conforme se relacionem diretamente ou não à salvação (Abelardo, Hugo de São

Vítor*...). 3/ Mas, como este critério de finalidade em relação à salvação não era suficiente — segundo ele, de fato, a circuncisão judaica pertencia aos sac. maiores e o casamento*, aos sac. menores —, recorreu-se então ao critério de causalidade, tão importante na filosofia* aristotélica que, a partir de 1160, invadiu a vida intelectual do Ocidente. Não há nada de espantoso neste último ponto, já que do grande projeto de uma teologia* que se equipava então com um aparelho "científico", "a noção de causa é decerto o caso mais significativo" (Chenu, *op. cit.*, p. 309). O critério de causalidade foi então decisivo em relação aos "sac. da lei antiga", como a circuncisão ou o sacrifício* do cordeiro* pascal: esses *sacramenta*, acabou-se por dizer, justificavam bem nossos pais judeus, mas faziam isso somente *ex opere operantis* (pela obra do sujeito operador, isto é, por suas disposições subjetivas de fé); assim, "eles significavam somente a graça de Cristo mas não a causavam", ao passo que os "sac. da lei* nova", "efetuando o que eles figuram", "contêm-na e conferem-na" (Tomás* de Aquino, *ST* IIIa, q. 62, a. 6; já Pedro Lombardo, *Sent.* IV, d. 1, 5: PL 192, 839); eles o fazem *ex opere operato* (Trento*, *DS* 1608), pela virtude própria que lhes vem do Cristo. Esta expressão não implica, certamente, nada de mecânico ou de mágico: ao contrário, ela quer significar, negativamente, que o dom da salvação permanece totalmente livre da parte de Deus diante de todo mérito ou demérito do homem (ministro ou receptor) e, positivamente, que o ato sacramental da Igreja é um ato do próprio Cristo. Pouco antes de 1160, Pedro Lombardo ofereceu uma lista dos sete ritos da Igreja que, como "sinais" e "causas" da graça de Deus (*Sent.* IV, d. 1, 2), merecem "propriamente" o nome de sac. (d. 2, 1). É esta lista, mencionada em 1215 no Latrão IV*, que será retomada dogmaticamente por Lião II* em 1274 (*DS* 860); Florença* em 1439 (*DS* 1310) e depois Trento em 1547 (*DS* 1601).

A instalação do setenário sacramental (batismo, confirmação*, eucaristia*, penitência*, unção* dos enfermos, ordenação e matrimônio), entretanto, não foi simplesmente, nem sequer primeiramente, o fruto de uma operação intelectual. A prática da Igreja foi tão decisiva quanto a teoria. Assim, penitência e matrimônio entravam muito mal na nova teoria, já que numerosos teólogos do s. XII estimavam que Deus concedia seu perdão desde que o pecador se voltasse para Ele num movimento de contrição, e que o matrimônio constituía mais um "remédio à concupiscência" do que uma fonte de graça propriamente falando. E se, apesar dessas dificuldades teóricas, os teólogos da época (com exceções notáveis contudo) os reconheceram como pertencentes ao setenário, foi em razão da importância que a Igreja lhes reconhecia de fato em sua prática litúrgica (belo exemplo de aplicação do adágio *lex orandi, lex credendi*"). Um rito que proclama eficazmente o perdão de Deus sempre oferecido aos pecadores não podia ser considerado secundário; e quanto ao matrimônio, reconhecido por Paulo como *sacramentum* (segundo a Vulgata) do amor* fiel de Cristo pela Igreja (Ef 5,32), ele também não podia não ser recebido como um verdadeiro sac., quaisquer que fossem, por outro lado, as dificuldades teóricas desta recepção. Estes motivos teológicos, entretanto, não teriam podido vencer se, ao mesmo tempo, a administração desses dois sac. pela Igreja não tivesse se dotado de um quadro mais firme (passagem à penitência "privada" no s. XII, com acentuação da acusação precisa dos pecados graves ao sacerdote; importância crescente, na mesma época, do papel do sacerdote como testemunha oficial da Igreja no ritual do matrimônio) e se não estivesse simultaneamente em jogo por meio deles o poder de controle social que a Igreja entendia exercer.

Não parece que a simbólica dos números tenha desempenhado um papel na organização do setenário sacramental. Foi somente num segundo tempo que os escolásticos se autorizaram considerações desse gênero, que, aliás, os encantam: sete sac. como sete pecados capitais, sete dons do Espírito Santo, sete virtudes* principais (três teologais e quatro cardinais)... Mas não fazem disso um princípio de dedução; antes, veem ali uma ocasião, conforme uma tendência quase natural à época, de fornecer interpretações alegóricas de um setenário sacramental já recebido.

5. Alguns pontos específicos

a) *Um conceito analógico.* — Convém sublinhar primeiramente que o conceito de sac. é analógico. *Por um lado*, com efeito, ele não se verifica no mesmo grau em cada um dos sete sac.: na esteira da tradição patrística, reconhece-se dois sac. "principais", o batismo (do qual fazia parte, originalmente, o rito especial ligado ao Espírito Santo e mais tarde chamado de "confirmação") e a eucaristia. (Este ponto evidentemente não deixa de ter importância ecumênica hoje, já que as Igrejas saídas da Reforma reconhecem esses dois sac.). Existe aí um aviso importante: são os sac. ditos da iniciação* cristã, aqueles pelos quais alguém se torna plenamente partícipe do mistério pascal de Cristo pelo Espírito, que constituem os sac. fundamentais; e, ao mesmo tempo, é em relação a eles que devem ser entendidos os outros, ou como retomadas destes (penitência, unção dos enfermos), ou consagrando o caminho de vida sobre o qual cada um, conforme sua vocação específica, é chamado a assumi-los: função particular na Igreja (ministérios* ordenados de bispo, presbítero ou diácono*) ou estado de vida (matrimônio e profissão religiosa, esta última não pertencendo aos sete sac., pois apenas engaja numa lógica plenária da consagração batismal, mas devendo contudo ser compreendida como um sacramental e não podendo, em todo caso, ser compreendida senão num quadro sacramental).

Por outro lado, o fato do conceito medieval de sac. ter sido produzido por manifestação de duas diferenças específicas, com os sac. "da lei* antiga", de um lado, com os sacramentais, do outro, exige que não se corte o setenário do vasto mundo da sacramentalidade. A analogia* permite compreender os sete, eles mesmos hierarquicamente diferenciados e "não iguais entre si" (Trento, cân. 3 sobre os sac. em geral, *DS* 1603), no interior de uma ampla gradação de sacramentalidade, seja do ponto de vista da única economia bíblica da salvação (os escolásticos, como se viu, não hesitavam em falar dos *sacramenta* veterotestamentários), seja do ponto de vista de sua relação com os "sacramentais". É preciso certamente reconhecer que a busca um tanto inquieta da diferença específica ou do traço pertinente que caracteriza os sac. propriamente ditos tem favorecido uma espécie de fascínio pelos sete ritos que, sozinhos, "causam o que significam", vindo então o setenário a ofuscar a sacramentalidade geral na qual suas razões se desdobram.

b) Os sacramentais. — O *CIC* define os sacramentais como "sinais sagrados, mediante os quais, imitando de certo modo os sacramentos, são significados principalmente efeitos espirituais que se alcançam por súplica da Igreja" (cân. 1166; cf. Vaticano II*, *GS* 50, § 1). Podemos considerar neles dois traços: eles mantêm uma relação de analogia com os sac. dos quais são, como "sinais sagrados", uma espécie de "imitação"; e sua eficácia está ligada à "súplica da Igreja". Trata-se, pois, de sinais que podemos dizer instituídos pela Igreja, e não pelo Cristo, e que não agem *ex opera operato*, como os sac., mas *ex opera operantis Ecclesiae*, o que quer dizer que sua eficácia não está primeiramente ligada às disposições pessoais dos sujeitos, mas à súplica da Igreja mesma. Isso se manifesta perfeitamente na perspectiva de Tomás de Aquino, que "não fala jamais dos sacramentais senão por ocasião dos sac., aos quais eles se reportam, assim como indica o termo *sacramentalia*, que não significa 'pequenos sac.', ou 'imitações dos sac.', mas 'coisas relativas aos sac.'" (Roguet, 1951, 375). É nesta perspectiva que se considerou, no caso do batismo, a unção pré-batismal, os exorcismos* ou a bênção* da água, ou, em relação com a eucaristia, a consagração de um altar: os sacramentais "dispõem aos sac.", escreve Tomás (*ST* IIIa, q. 65, a. 1 ad 6; q. 66, a. 10).

Mais amplamente, pode-se considerar como pertencendo aos sacramentais e mesmo colocar na primeira fila deles certos rituais reconhecidos pela Igreja, nos quais ela se revela puramente como tal em sua função de intercessão ou de louvor*: a profissão religiosa ou monástica, a instituição de leigos* a um ministério, a celebração comunitária da reconciliação sem absolvição, a oração do ofício divino, os funerais cristãos. Estas diversas celebrações, sem serem sac. no sentido estrito, nem por isso são menos carregadas de "sacramentalidade" e sua importância pode ser grande na vida espiritual* das pessoas, até mesmo quanto à própria Igreja. Numa perspectiva de vida espiritual e eclesial, com efeito, o grau de importância das celebrações litúrgicas não se determina em relação à fronteira, aliás preciosa e mesmo indispensável, entre o que é sac. no sen-

tido estrito e o que não é. Trata-se, antes, de uma espécie de nebulosa sacramental, com um núcleo central mais "pesado" (sac. da iniciação, coroados pela eucaristia) e das "massas" de sacramentalidade, mais ou menos densas, que gravitam em torno dele. Os orientais, de tradição e de sensibilidade pouco levadas pelas precisões dos latinos, se inscrevem mais nesta perspectiva — assim, as Igrejas ortodoxas reconhecem também sete sac., mas esta teoria está longe de desempenhar, nelas, o papel que desempenha na Igreja latina. Em todo caso, se não pensarmos os sac. primordialmente no registro da "coisa" (como os Padres gregos tendiam a fazer quando faziam incidir a atenção sobre a santificação ["theiopoiese"] da matéria, ou como mais tarde Isidoro de Sevilha tendeu a fazer), mas no registro da ação (ação litúrgica) ou, na linguagem de Tomás, se não nos basearmos primordialmente na noção de eficácia mas na de "sinal", somos então convidados a integrar no mundo da sacramentalidade não somente os sete sac., mas ainda os sacramentais, e a pensar todos estes gestos litúrgicos, como faziam os Padres, na relação de "cumprimento*" que os liga aos sac. veterotestamentários. Obtém-se assim "uma representação orgânica" (Roguet, 1951, 377), "sistêmica", da sacramentalidade.

c) A instituição dos sacramentos por Jesus Cristo. — Esta questão não foi colocada como tal na Igreja antiga: as pessoas se contentavam com referir-se, como a uma norma prática, aos gestos e palavras do Senhor agindo nos ritos de sua Igreja, como se vê em Ireneu (batismo: *Dem. praed. ap.*, 3; eucaristia, contra os gnósticos: *Adv. Haer.* IV, 17, 5) ou em Cipriano (eucaristia, contra os aquarianos: *Ep.* 63, 14). Mais profundamente, João* Crisóstomo (*Cat. bapt.* 3, 17) ou Agostinho (*In Ioh. Ev.*, tract. 120) veem na "água e no sangue" jorrados do flanco de Cristo "adormecido" sobre a cruz a fonte do batismo e da eucaristia e, assim, da Igreja.

É precisamente esta convicção de que Cristo — Deus, portanto — é a fonte vivificante de cada sac. que constitui a ponta do problema de sua instituição. O que está em causa aqui, de fato, não é primeiramente a determinação das palavras exatas (a "forma") e dos materiais a empregar (a "matéria"): é somente no s. XVI, no quadro da polêmica com os reformadores, que os controversistas católicos se encarniçarão em querer fazer esse tipo de demonstração. Mas na época escolástica, dizer que Jesus Cristo é o *institutor* dos sac. é dizer que ele é o *auctor* deles, termo a ser entendido no sentido forte de "autor-ator". Entende-se com isso, segundo a fórmula de Tomás, que "como a virtude do sac. só vem de Deus, disso resulta que só Deus instituiu o sac." (IIIa, q. 64, a. 2) — mais precisamente, Cristo enquanto Deus (*ibid.*, ad 1). Estando salvo este princípio, podia-se então admitir "facilmente uma instituição mediatamente divina" (Y. Congar, *Conc(F)* 31, 1968, p. 26) tal como a determinação precisa da matéria e da forma possa ter sido deixada por Cristo para a Igreja assistida pelo Espírito Santo (cf. p. ex. Boaventura*, *Brevil.* VI, 4, 1). Para os escolásticos, em todo caso, a instituição dos sac. por Cristo é objeto de uma conclusão teológica; e os controversistas do s. XVI se trancarão num impasse ao querer fazer disso o objeto de uma demonstração histórica. Em 1907, o decreto *Lamentabili* condenou a proposição modernista que afirmava que "os sac. devem sua origem ao fato dos apóstolos* e seus sucessores terem interpretado um pensamento e uma intenção do Cristo sob o estímulo e a pressão das circunstâncias e dos eventos" (n° 40) — mas, se a proposição é julgada falsa, é primeiramente porque ela subentende que circunstâncias e eventos impuseram aleatoriamente uma "interpretação" e o aparecimento de uma instituição, e que outras circunstâncias teriam imposto outras interpretações igualmente legítimas (cf. Rondet, 1972, 97). Esta questão em todo caso está hoje apaziguada, porque está posta no seu terreno certo, o terreno teológico, e no quadro da sacramentalidade global da Igreja (cf. K. Rahner*, 1960).

d) O caráter. — Herdeiro de uma doutrina tornada comum à época escolástica, o concílio de Trento afirma que "os três sac. do batismo, da confirmação e da ordem imprimem na alma* um caráter, isto é, uma marca espiritual e indelével, que não permite reiterá-los" (*DS* 1609). Os Padres aplicavam de bom grado ao batismo e à unção a imagem paulina do "selo" espiritual (1Cor 1,21s), sinete que autentifica um ato oficial ou marca de propriedade tão indelével quanto a marca (*sphragis, character, signaculum*) feita em brasa

ardente sobre a pele dos animais, ou quanto a tatuagem colocada pelo mistagogo pagão sobre os que tinham sido iniciados nos "mistérios" de uma divindade, ou ainda por um chefe militar sobre o corpo dos soldados de seu exército. Os escolásticos, todavia, não se contentaram em ver neste caráter indelével uma marca de pertença definitiva ao "rebanho" ou ao "exército" de Cristo. Eles o distinguiram, sob o nome de "*res et sacramentum*", da graça santificante propriamente dita ("*res sacramenti*"), que é o dom essencial do sac. Acrescida de uma inspiração agostiniana (cf. supra 2), esta distinção os ajudou a marcar em quê diferem a recepção válida de um sac. e sua fecundidade espiritual: pode-se ter recebido em toda verdade o batismo ou a ordenação, portanto, ser marcado com o "caráter" correspondente, sem por isso que esses sac. sejam subjetivamente fecundos. Se, mais tarde, o sujeito retorna para Deus pela conversão*, ele não precisa ser de novo batizado, confirmado ou ordenado: o sac. recupera sua eficácia normal, impedidas anteriormente pelas más disposições do sujeito (questão da "revivescência" de um sac.: Tomás, *In IV Sent.*, d. 4, q. 3, a. 2, qª 3; *ST* IIIa, q. 69, a. 10).

6. A Reforma do século XVI e o concílio de Trento

Uma excessiva concentração da Igreja nos sac. em detrimento (a) de uma "palavra de Deus" que merece precedência (princípio da "Escritura só", *scriptura sola*) e (b) do empenho subjetivo dos crentes: este é o móvel principal da reação dos reformadores. A revalorização das Escrituras como *norma normans* da fé da Igreja levou-os imediatamente a só considerar dois sac., batismo e santa ceia, e a excluir como "invenções humanas" os cinco pretensos outros, cuja prática a Escritura não basta para fundar (mas Lutero* hesitou no que diz respeito à penitência, e Melanchton, em 1531, reconheceu nela explicitamente um "sac. propriamente dito"; em 1562, Calvino* se declarou pronto a reconhecer que a imposição das mãos para a ordenação podia "ser chamada de sac. quando usada como convém": *Inst.* IV, 19, 31). Por outro lado, os reformadores perceberam os sac. como eventos de pregação* da Palavra: eles vêm, escreve Calvino, "assiná-la, confirmá-la, certificá-la mais fortemente" (*ibid.*, IV, 14, 3). Desde logo, o acento não podia deixar de ser posto sobre a fé pela qual o sujeito responde a esta palavra que promete a remissão de meus pecados, de modo que "não é o sacramento, mas a fé no sac. que justifica" (Lutero, *WA* 57, 170). É antes de tudo neste ponto que reagirá o concílio de Trento: afirmar que Deus daria a graça da salvação não pelos sac. como tais, mas "pela fé só" (cân. 4), uma fé que eles teriam como único objetivo o de "nutri-la" (cân. 5), é identicamente negar que eles "contêm a graça que significam" e "a conferem aos que não lhes opõem obstáculo" (cân. 6) (*DS* 1604-1606).

7. Perspectivas contemporâneas

a) Ecumenismo. — Como mostram numerosos textos de acordo sobre a doutrina dos sac. e assinados há uns trinta anos pelas diferentes Igrejas, a maioria dos pontos de discórdia estão hoje superados. Entre ortodoxos e católicos, a diversidade das tradições litúrgicas não impede de modo nenhum que haja unanimidade teológica no essencial. Entre as Igrejas saídas da Reforma e a Igreja romana, duas questões sobretudo permanecem difíceis: primeiro, a dos ministérios; em seguida, a da eucaristia (ainda que as teologias da presença eucarística tenham se tornado às vezes extremamente próximas, sobretudo entre católicos, anglicanos e luteranos). Um texto como *Batismo, eucaristia, ministério* (documento dito de Lima, 1982), elaborado pelo CEI, manifesta em todo caso muito bem as convergências de fé que existem entre as Igrejas sobre esses temas, sem de modo algum calar os reais problemas que permanecem, sobretudo no que diz respeito aos ministérios (cf. as reações ao *BEM* de representantes de diversas Igrejas em *MD* 163, 1985).

a) Redescobertas. — A reflexão sacramentária católica deslocou-se sensivelmente ao longo do s. XX, sob influências intraeclesiais primeiramente. No seio da Igreja, a renovação dos estudos bíblicos e patrísticos, assim como da história da liturgia e da eclesiologia*, desempenhou um papel importante. Sem renegar de modo algum o passado medieval e moderno da Igreja, o Vaticano II lhe ofereceu os principais

frutos deste movimento. Podemos assinalar pelo menos quatro: retorno à ação litúrgica mesma (a celebração) como primeiro "lugar* teológico" da reflexão sacramentária; recentramento do conjunto da liturgia no mistério pascal de Cristo (morte, ressurreição* e parusia*), do qual os sac. são o "memorial" (cf. sobretudo a anamnese eucarística); reequilíbrio do princípio cristológico, predominante na liturgia e na sacramentária latinas, por um princípio pneumatológico que permaneceu sempre motor no Oriente, e também aliás na tradição calvinista (as invocações do Espírito — epicleses* — para a santificação da água batismal, do pão e do vinho eucarísticos ou para as ordenações de bispos, presbíteros ou diáconos são significativas a este respeito); compreensão dos sac. no seio da sacramentalidade global da Igreja (ponto que às vezes cria dificuldade para os teólogos protestantes, entretanto, por terem outra compreensão da Igreja e de seu papel no mistério da fé).

c) Aberturas. — As contribuições extraeclesiais são igualmente notáveis: influência exercida sobre a teologia sacramentária contemporânea pelas ciências humanas e pela filosofia da linguagem. Os trabalhos dos etnólogos, e depois dos ritólogos, permitiram descobrir que a ritualidade constitui um modo de expressão específico, proveniente de um fundo arcaico próprio, atinente a leis particulares e exercendo efeitos simbólicos vitais nos planos social, institucional, identitário e psíquico. A sociologia mostrou a importância da legitimidade dos papéis, funções, procedimentos e a das mediações institucionais nos processos de identificação e na atribuição dos diferentes *status*. A psicanálise permitiu apreender a encenação cerimonial como reativação da ordem oculta do desejo. A linguística, por seu turno, conduziu os sacramentologistas a uma tomada de consciência da extrema variedade dos atos de linguagem na liturgia etc. Sem serem profissionais dessas diversas disciplinas, numerosos teólogos se tornaram suficientemente familiarizados com elas para delas extrair ferramentas conceituais próprias para renovar a teologia e a pastoral litúrgica e sacramental. Isso requer deles, todavia, uma vigilância epistemológica particular a fim de evitar as "recuperações" metodologicamente indevidas e permanecer no terreno que é o deles: propor um discurso cujo objeto seja Deus e a "salvação" que ele traz em Jesus Cristo e na força do Espírito por meio dos sac.

● A. Michel (1939), "Sacrement", *DThC* 14/1, 485-644. — A. M. Roguet (1951) (ed.), Thomas d'Aquin, *Somme théologique: les sacrements*, Paris-Tournai-Roma. — C. Mohrmann (1958 e 1965), "*Sacramentum* dans les plus anciens textes chrétiens", em *Études sur le latin des chrétiens*, Roma, t. I, 233-244; t. III, 181-182. — L. Villette (1959 e 1964), *Foi et sacrement*, t. I: *Du NT à saint Augustin*, t. 2: *De saint Thomas à K. Barth*. — K. Rahner (1960), *Kirche und Sakramente*, Friburgo. — E. Schillebeeckx (1960), *Le Christ, sacrement de la rencontre de Dieu*, Paris (*Cristo, sacramento de encontro com Deus*, Petrópolis, 1968). — Y. Congar (1963), Introduction générale à Augustin, *Traités anti-donatistes*, t. I, BAug, 28, 7-133. — D. Michaelides (1971), *Sacramentum chez Tertullien*, EAug, Paris. — H. Rondet (1972), *La vie sacramentaire*, Paris. — Y. Congar (1975), *Un peuple messianique. L'Église, sacrement du salut*, Paris. — R. Didier (1975), *Les sacrements de la foi. La Pâque dans ses signes*, Paris. — J. Ambaum (1980), *Glaubenzeichen. Schillebeeckx' Auffassung von den Sakramenten*, Ratisbona. — Y. Congar (1980), *Je crois en l'Esprit Saint*, t. III: *Le Saint-Esprit et les sacrements*, Paris, 279-351. — J. Finkenzeller (1980 e 1981), *Die Lehre von den Sakramenten im allgemeinen*, t. 1: *Von der Schrift bis zur Scholastik*, t. 2: *Von der Reformation bis zur Gegenwart*, HDG IV/1 a e IV/1 b (obra de referência). — M. Jourjon (1981), *Les sacrements de la liberté chrétienne selon l'Église ancienne*, Paris. — J. E. Desseaux (1982), *Dialogues théologiques et accords oecuméniques*, Paris. — A. Ganoczy (1984), *Einführung in die katholische Sakramentenlehre*, Darmstadt. — A. Duval (1985), *Des sacrements au concile de Trente*, Paris. — J. Guillet (1985), *Entre Jésus et l'Église*, Paris. — L.-M. Chauvet (1987), *Symbole et sacrement. Une relecture sacramentelle de l'existence chrétienne*, CFi 144. — H. Vorgrimler (1987), *Sakramententheologie*, Düsseldorf. — I.-H. Dalmais (1989), "Sacrement", *DSp* 14, 45-51; (1990), "*Raza* et sacrement", *in* P. De Clerck e E. Palazzo (sob a dir. de), *Rituels. Mélanges offerts à P.-M. Gy* O. P., Paris, 173-182. — L.-M. Chauvet (1992), "Sacrement", *Cath* XIII, 326-361. — G. Colombo (1997), *Teologia sacramentaria*, Milão. — F. J. Nocke (1997), *Sakramententheologie. Ein Handbuch*, Dusseldorf. — H. Meßner (1999), "*Sakramentalien*", *TER* 29, 648-663. — G. Wenz *et el.* (1999), "Sakramente", *TER*, 29, 663-703.

Louis-Marie CHAUVET

→ *Batismo; Confirmação; Eucaristia; Iniciação cristã; Liturgia; Matrimônio; Mistério; Ordenação; Penitência; Unção dos enfermos.*

SACRIFÍCIO

I. O Antigo Testamento

Fundamento de toda sociedade primitiva, como demonstrou R. Girard (1972), o sacrifício (s.) situa-se no âmago da religião de Israel*. Está inscrito no quadro da aliança* do Sinai, ao mesmo tempo como dom e como exigência. Nas visões de Ez 40–48, o Templo* (T.) com seu culto* sacrificial (c.s.) está no centro da Jerusalém* futura.

A importância do s. é confirmada pelas múltiplas ocasiões em que ele é oferecido. É levado a Deus* tanto por um indivíduo quanto por uma coletividade, como s. obrigatório e regular ou como s. espontâneo, em momentos de aflição, em que ele constitui o último recurso, e em momentos de alegria. O s. não poderia, portanto, ser reduzido a um rito de piedade individual nem interpretado em termos psicológicos.

O s. é fundamentalmente um rito teofânico. Consequência de uma ruptura, traduz a aspiração a restabelecer a comunicação com Deus (Gn 8,20ss!). Tem por função provocar a vinda de Deus em vista de obter sua bênção* (Ex 20,24) e responder à sua presença no meio de seu povo* (Ex 29,38-46).

1. Três tipos de sacrifício

a) A oferenda das primícias (p. ex., Dt 26,1-11) *e dos primogênitos* (p. ex., Ex 13,11-16). — São prestações pagas a Deus na qualidade de proprietário do país e, portanto, de suas riquezas.

Os primogênitos humanos, em contrapartida, são resgatados por um animal* (p. ex., Ex 13,13b) — cf. Gn 22! — ou por uma soma de dinheiro (Nm 18,15s).

b) Os holocaustos (Lv 1), *s. de comunhão** (Lv 3) — em cuja primeira fileira encontramos o s. de louvor*, *todah* (Lv 7,11-15) — *oferendas vegetais* (Lv 2) e *libações*. — Estes s. consistem exclusivamente em produtos comestíveis e, mais precisamente, em produtos característicos da pecuária (gado pequeno e grande) e da agricultura (cereais, azeite, vinho) preparados para servir numa refeição. Esta refeição é oferecida integralmente a Deus — marca de uma hospitalidade particularmente deferente — (*holocausto, libação*) ou partilhada entre Deus, o sacerdote e o ofertador (*s. de comunhão*) que ela une por vínculos de comensalidade (Marx, 1992). O código sacerdotal atribui um lugar à parte à *oferenda vegetal*, que ele associa ao sacerdócio*, e que evoca o vegetarismo original e seus valores (Gn 1,29s). Todos esses s. são ditos de "odor agradável" para Deus (Marx, 1994).

c) *Os sacrifícios pelos "pecados"* (Lv 4,1–5,13) *e os sacrifícios de reparação* (Lv 5,14-26). — Só são conhecidos pelo código sacerdotal de Ez 40–48 e pelo Cronista. Nascidos da consciência aguda da santidade* de Deus e da exigência de pureza* consecutiva à presença de Deus no meio de seu povo, eles são prescritos em certo número de circunstâncias fixadas com precisão. O *s. pelos "pecados"* é geralmente considerado como um rito de absolvição dos pecados* e/ou como um rito de purificação. É fundamentalmente um rito do sangue executado em situações de passagem. Serve para reintegrar na comunidade aquele ou aquela que teria pecado por inadvertência ou por inconsciência (Lv 4,1–5,13), ou que teria se tornado impuro por causa de uma doença (Lv 14; 15) ou em seguida a um parto (Lv 12). Mas também é exigido no quadro dos rituais de consagração (Lv 8; Nm 8) e de execração (Nm 6), e nas principais articulações do ano litúrgico (Nm 28–29) (Milgrom, 1976b; Schenker, 1994). Quanto ao *s. de reparação*, é principalmente exigido daquele que teria se tornado culpado de um atentado à propriedade de Deus ou do próximo, e constitui uma reparação feita a Deus enquanto proprietário último de todo bem (Milgrom, 1976a). Esses s. têm por função o *kapper*, a expiação*, cujo objeto nunca é Deus, mas sempre o beneficiário do rito.

> Em todos os casos, a imolação da vítima é só um rito preparatório destinado a liberar a matéria sacrificial, e não o rito central, o que vai ao encontro de toda forma de teoria de uma satisfação vicária (inclusive a de Girard).

2. Comunhão e expiação

Atestando a presença de Deus no seio de seu povo, permitindo a Israel e a cada indivíduo estabelecer uma comunicação com Deus e entrar com ele numa relação de comensalidade, autorizando, sob certas condições, aquele condenado por seu pecado ou sua impureza* a reintegrar a comunidade, o s., estendido entre os dois polos da comunhão e da expiação*, traz para Israel o indispensável sentimento de confiança.

Como toda forma de culto, o c.s. é espreitado pelo perigo do formalismo. Suas críticas não visam à sua abolição. Elas recordam que o s. não dispensa a exigência de justiça* social (Is 1; Am 5,21-27; Mq 7 etc.), insistem na honra de Deus que este c.s. deve exprimir (Ml 1) e na atitude interior (Sl 51,19). Mas a oposição do s. ao amor* e ao conhecimento* de Deus (Os 6,6), à obediência (1Sm 15,22), à oferenda dos lábios (Os 14,3) e ao louvor (Sl 50,14) prepara o caminho para uma espiritualização.

II. Qumran. Novo Testamento

1. Os essênios

Esta espiritualização será operada em Qumran. Os essênios, em ruptura com o culto oficial, se reuniram ali numa comunidade que se compreendia como o verdadeiro T. (1QSVIII, 4-10) na espera do restabelecimento de um culto puro em Jerusalém. Na vivência desta comunidade-T., dois ritos revestem uma importância fundamental: os banhos de purificação, ligados à noção de perdão dos pecados (1QSIII, 4-12) e assumindo assim o polo da expiação; a refeição comunitária, composta dos elementos constitutivos da oferenda vegetal, preparada por um sacerdote, oferecida por ele a Deus, concebida como antecipação do festim escatológico (1QSVI, 4-5; 1QSaII, 17-21) e privilegiando assim o polo da comunhão. Embora se trate de uma liturgia* de substituição numa situação que se espera provisória, um passo foi dado: os sacramentos* substituem, aqui, o s.

2. Novo Testamento

O mesmo se dá no movimento iniciado por João Batista. O batismo* para o qual ele chama as multidões substitui os ritos do T. Ele aparece, de fato, como uma mediação que permite a outorga do perdão divino.

A proclamação por Jesus* do perdão dos pecados sem pré-requisito nem ritual (Mc 2,1-12 par.; Lc 7,36-50) substituirá de algum modo o batismo de João. Mas, se Jesus não batiza (ou não batiza mais), é porque se sente habilitado a proclamar, sem suporte ritual, o perdão dos pecados. Nesta perspectiva, sua comensalidade com os pecadores, que aparece como uma antecipação do Reino* e do festim escatológico, encontra todo o seu sentido. Ela permite, sem nenhum ritual prévio, instaurar uma comunhão que constituía o ponto final do c.s. Desde logo, tudo se passa como se, na pregação* de Jesus, a Boa-Nova da irrupção do reinado de Deus viesse substituir o T. e seus ritos. Enquanto o Esposo estiver presente em companhia dos convidados às bodas (Mc 2,19), existe quase imediatidade nas relações com Deus. Não há mais nenhuma outra mediação além da simples presença de Jesus, e todos os que o encontram são chamados ao festim. Mais tarde, mediações e ritos serão novamente necessários (Mc 2,20), mas lá toda distância entre Deus e seu enviado é suprimida.

As palavras de instituição da ceia (Mc 14,22-25 par.) (eucaristia*) podem ser interpretadas em termos tanto de expiação (motivos do corpo* e do sangue derramado; tema do "por vós") quanto de comunhão (horizonte da comensalidade escatológica no reino de Deus), e convidam a compreender o dom feito por Jesus de sua própria vida como recapitulação dos dois polos do c.s. Por outro lado, Jesus instaura lá um rito que será, ao mesmo tempo, lugar de uma memória (a de sua vida e de sua morte pelos seus) e de uma esperança* no seio da Igreja* primitiva.

A morte* de Jesus foi compreendida, de fato, como recapitulação do conjunto do c.s. Já a antiga confissão* de fé* de 1Cor 15,3 afirma que Jesus morreu "por nossos pecados". Outras tradições*, igualmente antigas, interpretam sua morte em função das grandes festas judaicas. Elas fazem dele não somente a Páscoa*, isto é,

o cordeiro* pascal (1Cor 5,7), mas também o *hilasterion*, a cobertura da Arca, lugar ao mesmo tempo da misteriosa presença divina e da aspersão anual de sangue realizada no centro mesmo do Santo dos Santos pelo sumo sacerdote no dia do *Kippur* (Rm 3,25). Reconhecendo deste modo que o *Kippur* escatológico ocorrera na sexta-feira santa, no Gólgota, os primeiros cristãos confessavam que o c.s. se achava recapitulado. Mas faziam ver também que, por isso mesmo, ele estava revogado.

Esta linha de interpretação da morte de Jesus é retomada e desenvolvida no seio do NT, essencialmente por Hb. Da afirmação fundamental de que Cristo ressuscitou e abriu a todos o caminho da comunhão com Deus, este escrito tira a consequência seguinte: o c.s. é abolido porque o que ele supostamente proporcionava (a saber: a expiação e a comunhão) foi conferido de uma vez por todas e de maneira totalmente diferente, que recapitula a ordem antiga tornando-a, ao mesmo tempo, vã. Aqui, como em Paulo, "a representação veterotestamentária serve de tipo para atestar o antitipo que ultrapassa o tipo e cuja significação própria não resulta do tipo, mas de si mesmo e é simplesmente manifestada pelo tipo" (Merklein, 1990, 158) (sentido* das Escrituras*).

Na perspectiva assim depreendida, parece que, no plano do rito, o batismo e a ceia vieram sobretudo, no seio da Igreja nascente, substituir os s. e constituir o antitipo deles na mesma qualidade que a morte de Jesus. O perdão dos pecados doravante tem seu lugar no batismo, ao passo que a ceia, antecipação do banquete escatológico, realiza a utopia vegetariana do código sacerdotal, mas por meio do desvio do drama de uma vida oferecida no âmago da dinâmica do reino que vem.

● O. Betz (1959), "Le ministère cultuel", *in La secte de Qumrân et les origines du christianisme*, Bruges, 163-202. — R. Girard (1972), *La violence et le sacré*, Paris (*a violência e o sagrado*, Rio de Janeiro-São Paulo, 1990). — J. Milgrom (1976a), *Cult and Conscience*, Leyden; (1976b), "Israel's Sanctuary", *RB* 83, 390-399. — J. Starcky (1979), *DBS* 9, 996-1006. — M. Hengel, "Der stellvertretende Sühnetod Jesu", *IKaZ* 9, 1-25.135-147. — H.

Merklein (1990), "Der Sühnetod Jesu", *in Versöhnung in der jüdischen und christlichen Liturgie*, Friburgo, 155-183. — W. Kraus (1991), *Der Tod Jesu als Heiligtumsweihe*, Neukirchen. — C. Grappe (1992), *D'un Temple à l'autre*, Paris; (1994), "Cène, baptême et ecclésiologie du Nouveau Temple", *RHPhR* 75, 35-43. — A. Marx (1992), "Familiarité et transcendance", *in* A. Schenker (sob a dir. de), *Studien zu Opfer und Kult im AT*, Tübingen, 1-14. — I. Willi-Plein (1993), *Opfer und Kult im alttestamentlichen Israel*, Stuttgart. — A. Schenker (1993), "Interprétations récentes et dimensions spécifiques du sacrifice *hattat*", *Bib* 75, 59-70. — A. Marx (1994), *Les offrandes végétales dans l'AT. Du tribut d'hommage au repas eucharistique*, Leyden.

▸ Bibliografia por V. Rosset *in* A. Schenker (sob a dir. de) (1992), *Studien zu Opfer und Kult im AT*, Tübingen, 107-151.

Alfred MARX (AT) e
Christian GRAPPE (NT)

→ *Animal; Bode expiatório; Cordeiro de Deus; Cumprimento das Escrituras; Eucaristia; Expiação; Paixão; Páscoa; Pureza/impureza; Sacerdócio; Sacrifício da missa; Templo; Teofania.*

SACRIFÍCIO DA MISSA

a) Noção. — A noção de "sacrifício da missa" é a de um aspecto particular da teologia* da eucaristia* que tomou um relevo específico em Lutero* e, correlativamente, no concílio de Trento*, em que foi objeto de um decreto particular, *De sacrifício Missae*, cujo título é devido ao editor do concílio, mas corresponde bem ao conteúdo do documento. Esses dois elementos lhe valeram ocupar um lugar importante na teologia ocidental, no s. XVI e ulteriormente. Embora Lutero veja aí um dos três "cativeiros de Babilônia" da teologia eucarística católica, a expressão "sacrifício da missa" quase nunca é atestada antes dele — mas, após ter sido utilizada pelos reformadores, ela será constantemente empregada pelos católicos.

b) Tradição litúrgica. — A ideia do sacrifício da missa apoia-se em dois dados da prática antiga. Repousa, por um lado, na prática paleocristã das eucaristias oferecidas pelos defuntos, prática que se desenvolveu consideravelmente na IM latina, sobretudo nos últimos séculos

antes de Lutero. E repousa, por outro lado, no lugar dado ao aspecto sacrificial na celebração eucarística e no texto mesmo da oração* eucarística. Na celebração, tanto no Oriente quanto no Ocidente, admite-se e encoraja-se que os fiéis tragam sua oferenda em vista do sacrifício eucarístico, considerando essa oferenda numa perspectiva já presente em Ireneu*: as oferendas apresentadas a Deus* são o retorno a Deus dos dons que ele fez ao homem. Em termos tomados de empréstimo à oração de Salomão (1Cr 29,14), esta ideia ganhou lugar nas anáforas antioquenas ("nós te oferecemos estes dons que vêm de ti", *ta sa ek ton son soi prospherontes*), e de lá na oração eucarística romana ("esta oferenda extraída dos bens que nos dás", *de tuis donis ac datis*). As orações eucarísticas — já a da *Tradição apostólica*, depois as de Antioquia e a oração eucarística romana — também dão lugar, em sua seção de anamnese, à ideia de uma oferenda daquilo de que se faz memória, numa concepção em que o ato de oferecer é interior ao ato de fazer memória e faz, de algum modo, parte de seu realismo.

Constatados estes dados comuns ao conjunto das orações eucarísticas, a oração eucarística romana tem a particularidade de o aspecto sacrificial ocupar, nela, um lugar mais importante do que nas outras, e isso em certa medida faz perder de vista a ação de graças pela história* da salvação*.

c) Teologia. — Até o s. XIII, a dimensão sacrificial da eucaristia não preocupa muito a teologia, que se contenta em evocar, mal se detendo nelas, a fórmula de Agostinho* (*Ep.* 98, 9) segundo a qual "Cristo* é imolado a cada dia em sacramento*", e a ideia antioquena do memorial do sacrifício (Pedro Lombardo, *Sent.* IV, 12, 5). Tomás* de Aquino, que dá um relevo novo ao sacerdócio de Cristo, inicia certamente uma distinção entre eucaristia*-sacramento e eucaristia-sacrifício, mas está longe de fazer disso a base de sua teologia eucarística. Diferentemente dos outros teólogos, entre os quais Duns* Escoto, para quem é a *ecclesia* que oferece o sacrifício, Tomás conjuga o ato de oferecer e o papel consagrador do presbítero*: esta posição acarreta uma divergência na teoria das oferendas de missas, que se desenvolve e ganha importância a partir do final da IM.

A Reforma do s. XVI recusa toda ideia de uma Igreja que oferece o sacrifício. A eucaristia, ao contrário, é oferenda de Deus aos crentes: "Nós deixamos que Deus nos faça bem" (Lutero, *WA* 6, 364). A única oferenda da Igreja é sua ação de graças.

Em 1562, contra Lutero, o concílio de Trento define (*DS* 1738-1759) que a missa é verdadeiramente um sacrifício incruento, inclusive um sacrifício propiciatório pelos vivos e pelos defuntos, e que, na Ceia, Cristo instituiu ao mesmo tempo a eucaristia e o sacerdócio* — mas o documento conciliar evita com cuidado a ideia, que se poderia atribuir à teologia da IM, de que Cristo é "imolado de novo" na missa (Gregório* Magno, *Diálogos* IV, 58, PL 77, 425), quando seu sacrifício foi oferecido na cruz de uma vez por todas (Hb 9,14.27). Não parece, por outro lado, que se tenha evidenciado o fato de que a comunhão* no cálice significava muito mais o aspecto sacrificial da eucaristia. De todo modo, é certo que o aspecto sacrificial da eucaristia torna-se então uma preocupação crescente da teologia católica: assim, p. ex., em Suárez*, que consagra ao sacrifício um terço de seu tratado da eucaristia.

Os textos do Vaticano II*, um concílio que não podia deixar de ser atento à dimensão ecumênica desta questão, sublinham a unidade da eucaristia e do sacrifício da cruz (*LG* n. 3), indicam que o sacerdote oferece "sacramentalmente" o sacrifício (*PO* n. 2 e 5), marcam a unidade entre o sacrifício espiritual do conjunto de batizados e o sacrifício eucarístico (*ibid.*) e dão, enfim, ao capítulo de *SC* sobre a missa o título *De mysterio missae* lá onde se esperaria *De sacrificio missae.*

• M. Lepin (1926), *L'idée du sacrifice de la messe d'après les théologiens depuis les origines jusqu'à nos jours*, Paris. — J. A. Jungmann (1953), "Das Gedächtnis des Herrn in der Eucharistia", *ThQ* 133, 385-399. — B. Neunheuser (sob a dir. de) (1960), *Opfer Christi und Opfer der Kirche*, Düsseldorf. — E. Iserloh (1961), "Der Wert der Messe in der Diskussion der Theologen von Mittelalter bis zum 16. Jahrhundert", *ZKTh* 83, 44-79. — K. Rahner, A. Häussling (1966²), *Die vielen Messen und das eine Opfer*, Friburgo. — J. Chiffoleau (1980), *La comptabilité de l'au-delà*, Roma. — A. Duval (1985), *Des sacrements au concile de Trente*, Paris. — P.-M. Gy (1993), "Avancées du traité de l'eucharistie de saint Thomas", *RSPhTh* 77, 219-228.

Pierre-Marie GY

→ *Eucaristia; Lutero; Mistério.*

SAGRADO CORAÇÃO → coração de Cristo

SALESIANA (Espiritualidade)

a) Francisco de Sales (1567-1622). — Primogênito de dez filhos, Francisco de Sales (F.) nasce em Thorens numa velha família saboiana. Sua educação é a de um futuro fidalgo, em La Roche e Annecy primeiramente, depois entre os jesuítas do colégio de Clermont, em Paris, de 1582 a 1588. Permanecerá próximo da Companhia ao longo de toda a vida. De 1588 a 1592, estuda Direito* em Pádua, sobretudo com Panciroli (1523-1599), sempre confiando sua alma* ao jesuíta Possevin (1534-1611). Talvez tenha encontrado ali o teatino Scupoli (1530-1610); em todo caso, lá ele descobriu seu *Combate espiritual*, sorte de *Introdução à vida devota*, *avant la lettre*, que se tornará imediatamente seu livro de cabeceira. Em seu retorno, apesar das reticências paternas, orienta-se definitivamente para o sacerdócio*, que recebe em 1593. Após ter conduzido com sucesso a reconquista católica do Chablais, é nomeado coadjutor de Genebra em 1599. Antes de sua ordenação episcopal, uma estada diplomática em Paris em 1602 o coloca em contato com a corte da França e o círculo de Mme. Acarie (Bérulle*, Carmel*). Ordenado ao regressar, restaura sua diocese abalada pela penetração do calvinismo e encolhida em torno de Annecy. Toda esperança de devolver Genebra à Saboia e ao catolicismo* tem de ser abandonada desde os primeiros dias de seu episcopado. Em 1604 ele encontra Joana de Chantal (1572-1641), com quem fundará a Visitação em 1610. De novo em Paris em 1618, encontra Vicente de Paulo, Richelieu e Angélica Arnaud, que se porá sob sua direção*. Morre em Lião em 28 de dezembro de 1622.

b) A chave do salesianismo: a crise de 1586. — Ávido por compreender sua fé*, F. quis aproveitar seus estudos parisienses para se iniciar na teologia*. Ora, os debates do momento provocaram nele uma crise decisiva para o futuro: perturbado pelas teses de Baius sobre a predestinação*, viu-se condenado e imergiu num profundo desespero; a tentação* de sua época se impunha a ele com toda sua força, a do pequeno número dos eleitos, a de Calvino* e de Jansênio. Saiu dela de repente e para sempre, sem contudo aderir plenamente ao molinismo*, por um ato de abandono à Providência*, que lhe foi inspirado diante da estátua de Nossa Senhora do Bom Parto: se houvesse um só eleito, cabia somente a ele ser este eleito, por uma fé sincera e completa, sendo todo o resto apenas falsos problemas de falsos teólogos. Doravante, esta confiança dominará toda a sua vida interior; mas guardará de sua provação a convicção de que fazer a própria salvação é a única coisa válida neste mundo.

Observemos que suas duas orientandas, Joana de Chantal e Angélica Arnaud, terão de enfrentar a mesma tentação; a solução será a fundação da Visitação para a primeira, e uma orientação totalmente diferente do mosteiro de Port-Royal para a segunda, quando a morte de F. deixará o campo livre a Saint-Cyran (jansenismo*).

c) O humanismo salesiano. — De seus estudos em Paris e em Pádua, F. guardará uma profunda cultura clássica, o amor ao bem falar e bem escrever, e sobretudo um humanismo* de fundo: "Sou mais homem que qualquer outra coisa!" (XIII, 330). Toda ideia lhe interessa, e seu pensamento progride sempre sob o olhar dos mestres, antigos ou modernos (entre os quais Montaigne), que ele cita com certa coqueteria; no mais forte de sua atividade pastoral, achará importante fundar uma academia literária em Annecy, em 1606. Por temperamento, tem confiança no homem ("Não há nenhuma alma* no mundo que ame mais cordialmente, ternamente e amorosamente do que eu [...]"

— XX, 216). Por isso é otimista? Menos do que se diz. Sua correspondência no-lo mostra atento em salvar tudo o que pode sê-lo no "século", mas nunca deixa de sublinhar o quanto esta salvação é frágil, e como a vida religiosa é mais simples. A *Introdução à vida devota* (1608) é a codificação deste encorajamento à santidade* no mundo para "aqueles que, por sua condição, são obrigados a fazer uma vida comum quanto ao exterior" (III, 6), mas para aqueles somente, pois no fundo ele hesitará sempre sobre a salvação dos outros. Ocorre que independentemente do número dos eleitos, este manual de vida cristã terá o mérito de formular para as gerações (a obra teve mais de 1.000 edições em todas as línguas) os princípios de uma espiritualidade batismal a todo vapor, quando a ordem cristã já não reina mais. A ênfase, todavia, incide mais sobre a transposição no século dos meios da vida religiosa do que sobre uma avaliação mais moderna das tarefas temporais enquanto tais.

d) Um homem mais que uma obra. — Seria vão buscar sistematizar o salesianismo. A doutrina espiritual de F. seguramente vale por si mesma; a solidez e a profundidade de seu *Tratado do amor de Deus* (amadurecido durante dez anos e publicado inacabado em 1616) fazem dele uma obra de referência para a compreensão da vida interior: da meditação dos iniciantes à descrição precisa da morte de amor*, o tratado é coerente, ordenado, completo. Ocorre que o salesianismo está alhures: no modo de ir adiante das almas, de revelá-las a si mesmas e de tirar um a um os obstáculos que as estorvam. Esta pedagogia sobrenatural será o fundo comum de toda a família salesiana, da Visitação às múltiplas congregações que se dizem inspiradas em F. Antídoto ao jansenismo* invasor, ela modelará a ação pastoral de bispos* reformadores como J.-P. Camus (1583-1652) ou A. Revol (1548-1629). Seus princípios são pouco numerosos e pouco estorvantes, mas mil vezes repetidos e levados às suas últimas consequências:

— "Deus* é Deus do coração humano" (IV, 74). Discípulo de Bernardo* e Agostinho* (os mais citados de seus mestres), F. coloca o eixo da vida espiritual* no coração* do homem, em sua capacidade de amar que o torna partícipe do Amor que Deus é em si mesmo. Desde logo, a perfeição será "tudo fazer por amor, e nada por força" (XII, 359). Para chegar até lá, basta deixar Deus fazer, isto é, deixar operar-se a expansão de um amor que vem dele que leva a ele: "a devoção [isto é, o amor perfeito] não é uma peça que se precise ter à força do braço; é preciso realmente trabalhar para isso, mas a grande tarefa depende da confiança em Deus" (XX, 133). Concretamente, isso quer dizer "nada pedir, nada recusar" (dezenas de vezes em sua obra): sem repugnância nem zelo inoportuno, fazer as coisas uma a uma porque cada evento exprime o bom prazer divino, sem saudade do instante passado, sem preocupação com o instante por vir, só na atenção atual ao Deus presente.

— Avançar "belamente", "docemente". Nunca há ocasiões demasiado pequenas para uma alma que quer avançar: "De onde quer que venha o bom, é preciso amá-lo" (XX, 348). O mínimo de meios é sempre um máximo para F.: "Sempre julguei que o espírito particular da Visitação era um espírito de uma profunda humildade para com Deus e de uma grande candura para com o próximo [...]. O espírito de candura é de tal modo o espírito da Visitação que quem quer que quisesse introduzir ali mais austeridades a destruiria incontinenti" (VI, 229).

— "Eu vos deixo o espírito de liberdade*, aquele que exclui a coerção, o escrúpulo ou a pressa" (XII, 359). A candura salesiana não é açucarada ("Amo as almas independentes, vigorosas e que não são fêmeas [...]" — XX, 216), mas calma natural e sobrenatural*. Por meio disso, o verdadeiro amor e a verdadeira liberdade avançam no mesmo passo: "A graça é tão graciosa e captura tão graciosamente nossos corações para atraí-los que não prejudica em nada a liberdade de nossa vontade; ela toca poderosamente, mas tão delicadamente as molas de nosso espírito, que nosso livre-arbítrio não se vê em nada forçado" (IV, 127).

• Francisco de Sales, *Oeuvres...*, Annecy, 27 vol., 1892-1964. — J.-P. Camus (1624), *Dévotion civile*, Paris; (1640), *Théologie mystique*, Paris.

▶ H. Bremond (1912), *Sainte Chantal*, Paris. — A. Gazier (1915), *Jeanne de Chantal et Angélique Arnauld*, Paris. — H. Bremond (1916), *Histoire littéraire...*, I, 68-127. — J. Calvet (1938), *La littérature religieuse de François de Sales à Fénélon*, Paris. — F. Trochu (1946), *Saint François de Sales...*, Lyon-Paris. — C. Roffiat (1948), *A l'écoute de saint François de Sales*, Paris. — L. Cognet (1951), *La Mère Angélique et saint François de Sales, 1618-1626*, Paris. — J. Dagens (1952), *Bibliographie chronologique de la littérature de spiritualité et de ses sources (1501-1610)*, Paris. — V. Brasier *et al.* (1956), *Bibliographia salesiana*, Turim. — P. Sérouet (1958), *De la vie dévote à la vie mystique*, Paris. — A. Ravier (1962), *Saint François de Sales*, Lyon. — P. Sérouet (1963), "François de Sales", *DSp* 5, 1057-1097. — E.-J. Lajeunie (1966), *Saint François de Sales: l'homme, la pensée, l'action*, Paris. — L. Cognet (1966), *La spiritualité moderne*, t. 1: *L'essor: 1500-1650*, Paris. — H. Bordes e J. Hennequin (sob a dir. de) (1994), *L'univers salésien. Saint François de Sales hier et aujourd'hui*, Paris.

Max HUOT DE LONGCHAMP

→ *Bañezianismo-molinismo-baianismo; Direção espiritual; Humanismo cristão; Espiritual (teologia); Inaciana (espiritualidade); Vida espiritual.*

SALMANTICENSES (Carmelitas de Salamanca) → Carmelo 2. c. → tomismo 2. e.

SALMOS

a) A coletânea. — Intitulado "livro dos louvores*" (hb. *Tehillîm*), o saltério é a coletânea canônica das orações* de Israel*. Sob diversas formas, ele foi introduzido nas liturgias* cristãs.

O salmo (sl) (do grego *psalmo*, tocar um instrumento de cordas) é uma peça poética concebida para o canto, chamada *mizemor* (57 x) de *zimmer*: salmodiar com acompanhamento. Dos 150s, 27 nos chegam sob o nome de confrarias levíticas e 73 (LXX: 84) foram tardiamente transmitidos sob o nome de David (12 "títulos" evocam um momento de sua vida, sobretudo de suas provas), atribuição que acabou por se tornar global. As breves fórmulas rituais de louvor (*doxologias*) que concluem os Sl 41,14; 72,18ss; 89,53; 106,48 (cf. 150) dividem o livro em cinco partes. Muito tardia, essa divisão incorpora coletâneas mais antigas. Os mais arcaicos se situariam entre Sl 3 e 41; também se distingue os sl "elohistas": Sl 42–83; o *Hallel* pascal: Sl 113–118; os sl das "subidas" ou peregrinações* a Sião (Sl 120–134). Um Sl 151, nos LXX e em Qumran (hb. 11QPs[a]), professa a origem davídica da coletânea, crença atestada no NT (Mc 12,35ss par.; At 1,16; 2,25; 4,25; Rm 4,6; 11,9; Hb 4,7). As grutas 4 e 11 de Qumran contêm elementos do saltério. Qumran tem seus próprios hinos, ou *Hodayot* (1QH). Sob o nome de *Salmos de Salomão*, outros dezoito sl não canônicos foram inspirados pela invasão romana de 63 a.C. A liturgia católica, tendo adotado a mesma numeração dos sl que os LXX e a Vulgata, está em desacordo com a das Bíblias* traduzidas do hb., utilizadas pelos comentários.

b) O autor e o orante. — Do ponto de vista da origem do saltério, o "autor" (ao qual serão atribuídos concepção e redação da oração) e o "orante" (aquele que a dirigirá a Deus) podem, ou não, coincidir inicialmente, mas, de toda maneira, sua distinção se mantém. Pois, por um lado, o texto se destaca do autor: ele pertence àquele em cuja boca é colocado, ao orante. Por outro lado, o orante liga-se necessariamente a uma série de indivíduos ou de grupos que o repertório previu para situações típicas. Ocorrerá que uma oração coletiva seja dita por um orante individual e inversamente, sem que o texto perca suas características formais. Os "títulos" (cf. *supra*) não permitem remontar à origem do sl. São, antes, uma ilustração, prendendo-se a David como tipo. Segundo o *Midrash Tehillim* (18,1), "tudo o que David disse em seu livro, disse-o em relação a ele, em relação a todo Israel, em relação a todos os tempos*". Assim, a exegese* judaica atribuiu o Sl 22 a Ester, o Sl 32,21s à situação de Susana (Dn gr.) etc. Quanto aos historiadores modernos, eles praticaram a pesquisa dos autores mas os fatos identificáveis que o sl evoca se limitam, salvo exceção, ao passado longínquo. É razoável pensar que um núcleo datando do primeiro Templo* foi mantido e consideravelmente aumentado depois do exílio. Verifica-se um parentesco (a ordem genealógica permanece discutida) entre certos sl e as orações de Jeremias, entre os sl do reino de Javé e os hinos de Is 40–55, entre o Sl 51 e

Ezequiel... Frequentemente se identifica, no interior de uma mesma peça, traços de "releituras" (A. Robert, R. Tournay) deixadas por uma série anônima e secular de poetas.

c) Uma guinada na investigação. — H. Gunkel prosseguiu seu estudo dos sl entre 1904 e 1933 (*Einleitung in die Psalmen*). Concentrando seu interesse no aspecto literário e na função ritual do saltério, para descobrir neles "formas" ou "gêneros*" (*Gattungen*), ele serviu indiretamente à teologia* da oração* bíblica. O poeta chama todo leitor, ou antes todo executante que lhe sucederá, a partilhar uma experiência* que o ultrapassa, a do encontro com Deus*. A comunicação se estabelece pela poesia: o saltério é um imenso repertório de símbolos, sua linguagem veicula todos os significantes corporais, lugares de sensações e afetos.

Ao mesmo tempo, a experiência se diz no interior dessas convenções de linguagem, regulando a *composição*, os *motivos* (ou temas), o *estilo*, que Gunkel chama de "formas".

Nem o ritmo nem a estrófica se descobrem imediatamente, pois os acentos e as cesuras do texto hb. recebido são de época medieval (E. Beaucamp, *DBS*, 1979, col. 158-166). A "retórica bíblica" se apegou sobretudo aos processos de composição dos escribas (paralelismos, organizações concêntricas...: R. Meynet; P. Auffret; J.-N. Aletti e J. Trublet).

O jogo entre as normas e a novidade permite a circulação da experiência na comunidade. Já que se trata de um repertório, o destinatário deve se identificar ao orante que o precede: esta apropriação da oração de outrem torna-se um componente da experiência espiritual, que corresponde ao caráter essencialmente litúrgico da coletânea. Ao mesmo tempo, essa experiência torna o quadro aberto e disponível. Ela chama uma resposta que, no interior do livro, se exprimirá por poemas que se dão como "novos" (Sl 40,4; cf. 22,31b; Sl 102,19). As formas são ao mesmo tempo firmes e flexíveis. Cada sl é único. Em todos ressoa, finalmente, não uma verdade* geral, nem apenas um evento particular, mas uma série única de eventos, partilhados entre o único e a comunidade.

A *Formgeschichte* quer encontrar em toda forma uma base sociológica, chamada *Sitz im Leben* ou lugar na vida (social), mas a classificação proposta por Gunkel cumpre incompletamente este programa, donde suas variações e seu caráter desarmônico. Uma repartição cômoda em dez grupos de sl permite reunir diversas listas estabelecidas por Gunkel e sua escola.

1/O *hino*: louvor dirigido a Deus por sua obra na criação* e na história*. O tom é o do júbilo; estes sl podem ser destinados ao canto coral. Comportam normalmente um "invitatório" ("louvai", "cantai"...), uma resenha das proezas de Deus na terceira pessoa e uma conclusão (p. ex. 8; 65; 136). 2/ O *canto de entronização* ou canto da realeza de Javé, onde se vê figurar em primeiro plano a aclamação "Javé reina" (p. ex. 47; 93; 97; 99). 3/ Os *cantos de Sião*: uma categoria de hinos cujo tema é a cidade* santa, a montanha do Templo, e que se adaptam liturgicamente a uma peregrinação ou a uma festa celebrada em Jerusalém* (p. ex., 48; 87). É cômodo integrar a este grupo os "sl de peregrinação" (p. ex., 84, ou alguns "sl de subida"). 4/ *Sl de ação de graça*, que alguns classificam com os hinos — mas, sendo mais individuais, formam um grupo distinto, exposto à contaminação (p. ex., 18; 116). 5/ *Sl de súplica coletiva* e nacional, unindo descrição de um infortúnio e apelo à responsabilidade de Javé. Podem juntar-se a eles, conforme os casos, uma confissão dos pecados* ou um protesto de inocência (p. ex. 44; 74; 79). 6/ *Sl de súplica individual*, caracterizados pelo triângulo eu-Deus-inimigo. Incluem frequentemente um ato de confiança e, em conclusão, a promessa ou o voto de uma ação de graças. Podemos subdividi-los em súplicas de um perseguido que encontra refúgio no Templo ou em Javé (p. ex. 11); súplicas de um doente que vê em seu pecado a fonte de sua doença (p. ex.: 6; 31; 39); súplicas de um réu inocente que faz apelo ao tribunal de Deus (p. ex.: 7; 17). 7/ *Sl de confiança*, exprimindo ou uma confiança serena e tranquila em Deus, ou o esforço de reafirmar esta confiança em tempo de crise (p. ex.: 16; 23; 27). 8/ *Sl litúrgicos*: construídos como atos cultuais (reais ou fictícios) e incorporando ao texto indicações sobre o ritual (p. ex.: 15; 24; 118). 9/ *Sl sapienciais*, reconhecíveis por seu tema, seu tom meditativo ou seu estilo didático (p. ex.: 1; 37; 49). Este grupo pode incluir os sl organizados como meditações históricas (78; 105;

106). 10/ Enfim, há os sl *acrósticos*, organizados segundo as 22 letras do alfabeto hebraico (9–10; 25; 34; 111; 112; 119; 145).

d) De Mowinckel a von Rad. — Continua indispensável considerar cada sl como "uma unidade cujo princípio é de ordem ao mesmo tempo poética, teológica e religiosa" (L. Alonso-Schökel 1972). Prosseguidas em torno de Gunkel, depois dele e às vezes contra ele, várias investigações podem ser aproximadas do arroubo e da orientação dada pela história das formas. S. Mowinckel (*Psalmenstudien*, 1921-1924) tentou unificar o *Sitz im Leben* dos sl em torno da entronização anual de Javé como rei do cosmo*, paralelamente à festa babilônica do Akitu. Descartada pelos historiadores, esta abordagem encontrou ecos entre os especialistas da mitologia e sobretudo chamou a atenção durante muito tempo para a integração do cosmo* na oração e na poesia dos sl (R. Murray, *The Cosmic Covenant*, 1992). As principais interpretações dos sl se combinam hoje na vontade de levar em consideração a especificidade da linguagem, sua estética. C. Westermann tomou certo recuo em relação ao lado explicativo da sociologia de Gunkel. O binômio louvor/súplica é, a seus olhos, a fórmula principal do livro. Trata-se "daquilo que se passa na palavra". Pois, escreve ele, "a forma bipolar do falar a Deus, isso é o *Sitz im Leben* próprio aos sl" (*Das Lob Gottes in den Psalmen*, 1954, p. 113). Isso equivale a supor um "lugar na palavra" e a questionar, ao menos tacitamente, o princípio das classificações. Uma antropologia* da oração já se desenha. G. von Rad soube mostrar o alcance teológico do esquematismo literário dos textos rituais, que chama por assim dizer a hipérbole (situações sempre extremas, "radicalismo da descrição"). Ele escreve: "Teremos de levar teologicamente mais a sério a diferença entre o que é realmente experimentado e a forma extrema na qual o orante se apresenta diante de Deus" (*Theologie des AT*, 1957, t. I, 397-398).

e) David profeta (At 2,30). — Com efeito, é à hipérbole que será dado valor profético, em leituras como a que o apóstolo* Pedro* faz do Sl 16.10 (LXX) desde sua primeira proclamação de Cristo* (At 2,24-32). Esta leitura segundo a extensão que cada geração traz ao sentido* das Escrituras*, na fidelidade, e segundo o intercâmbio entre o único e a comunidade, abre caminho para a interpretação cristológica dos sl praticada no NT (Lc 24,44). O NT contém cerca de 80 citações dos sl, ou seja, mais ou menos um quarto de todas as citações feitas do AT. Cerca de trinta aparecem na boca de Jesus*.

No segundo plano desta exegese, encontra-se certamente este ou aquele sl particular (Sl 2; 8; 110, etc.) que a época pôde receber como messiânico. Mas encontra-se sobretudo uma leitura ao mesmo tempo atualizadora e escatológica das profecias* em geral (constatada em Qumran: cf. o *"pesher"* de Habacuc e 4Q171, 173, 174), assim como a inclusão global dos sl no gênero profético, e enfim o lugar reconhecido à figura régia do salmista David, depositário das promessas* messiânicas.

A bipolaridade súplica/louvor se verificará então hiperbolicamente (cf. von Rad, acima): será ultrapassada na paixão*/ressurreição* de Jesus (P. Beauchamp, 1980, 219-251). A epístola aos Hebreus utiliza versículos sálmicos para exprimir diretamente o diálogo secreto que une Jesus ao Pai* (Hb 1,5.8-13; 2,12a; 5,5s; 10,5-9): tudo dispunha os primeiros cristãos a orar a Deus na língua dos sl, não sem criar seus próprios hinos. As orações que evocam o castigo sobre os homens violentos, os caluniadores, os agoureiros eram aplicadas às forças do mal*, ao inimigo que cada um traz em si. Os orantes de hoje, mais reservados diante dessas transposições, ouvem nesses gritos as vítimas da injustiça, ao longo de toda a história*, que se queixam a Deus.

• E. Balla (1912), *Das "Ich" der Psalmen*, FRLANT 16. — H. Gunkel (1926), *Die Psalmen*, Göttingen; (1933), *Einleitung in die Psalmen*, Göttingen. — L. Alonso-Schökel (1963), *Estudios de poética hebrea*, Barcelona. — M. Mannati e E. de Solms (1966-1968), *Les Psaumes*, 4 vol., Paris. — E. Lipinski (1968²), *La Royauté de Yahvé dans la poésie et le culte de l'ancien Israël*, Bruxelas. — F. Crüsemann (1969), *Studien zur Formgeschichte von Hymnus und Danklied in Israel*, WMANT 32. — L. Alonso-Schökel (1972), "Poésie hébraïque", *DBS* 6, 158-166. — E. Beauchamp (1976), *Les Psaumes*, 2 vol., Paris. — M.-J. Seux (1976), *Hymnes et prières*

aux dieux de Babylonie et d'Assyrie, Paris. — C. Westermann (1977), *Lob und Klage in den Psalmen*, Göttingen. — J. Gelineau (1978), "Les Psaumes à l'époque patristique", *MD* 135, 99-116. — E. Lipinski, E. Beaucamp, I. Saint-Arnaud (1979), "Psaumes", *DBS* 9, 2-214. — C. Westermann (1979), "Anthropologische und theologische Aspekte des Gebets in den Psalmen", *ThJb*, 51-62. — P. Beauchamp (1980), *Psaumes Nuit et Jour*, Paris. — L. Alonso-Schökel (1981), *Treinta Salmos: Poesía y oración* (bibl. comentada, p. 453-456), Madri. — P. Auffret (1981), *Hymnes d'Égypte et d'Israël. Études de structures littéraires*, OBO 34. — J. Trublet (1986), "Psaumes", *DSp* 12/2, 2504-2562. — L. Alonso-Schökel (1989), "Interpretación de los Salmos desde Casiodoro hasta Gunkel", *EstB* 47, 145-164. — L. Alonso-Schökel e C. Carniti (1992), *Salmos*, 2 vol., Estella. — K. Seybold *et al.* (1997), "Psalmen/Psalmenbuch", *TRE* 27, 610-637.

A REDAÇÃO

→ *Cura; Liturgia; Louvor; Música; Oração; Reinos de Deus; Sentidos da Escritura; Templo.*

SALVAÇÃO

A. Teologia bíblica

I. Generalidades

1. Terminologia

A Bíblia* exprime a ideia de salvação (s.), em hb. e em gr., por meio de numerosos termos. Os substantivos fundamentais são formados a partir de verbos. Em hb., as etimologias principais são as seguintes:

Do verbo *yashac*, forma hiphil: *hoshi'a*, "arrancar, libertar, salvar", provêm os significantes de "salvação", *yeshac* ou *yeshoudc*. *Padah*, "resgatar, libertar", dá o abstrato *pedout*, "libertação" e o concreto *pedouyim* (ou *pideyon*), "preço do resgate". *Ga'al*, "reivindicar, resgatar, liberar", sobretudo no particípio presente *go'el*, exprime a notação pessoal de "salvador", à qual podem remeter também os substantivos derivados de *yashac*. Os sinônimos destes verbos se encontram ainda sob a forma *yaça'* (hiphil), "extrair, conduzir para fora, fazer sair", e *'açal*, "subtrair, separar", de *'eçel*, "flanco, lados". Nos LXX, é de *sozein*, "salvar, preservar, cuidar", que derivam tanto o abstrato *soteria* (fem.), "s., conservação, segurança", quanto o concreto *soter* (masc.), "salvador, protetor, libertador". No gr. do NT, além dos termos próprios aos LXX, outros termos que só pertenciam ao registro social adquirem um valor teológico, p. ex., *lytron*, "libertar com resgate, soltar", de onde vêm os substantivos (*anti*)*lytron*, "(preço) do resgate", e *apolytrosis*, "redenção, desatar dos laços". De igual modo (*ex*) *agorazein*, "quitar, resgatar", e sobretudo *eleutheroun*, "libertar", donde o abstrato *eleutheria* (fem.), "liberdade*", e o adjetivo pessoal (*ap*) *eleutheros*, "livre".

2. Situações negativas

Os males de que escapam os beneficiários da s. podem ser encarados numa dupla perspectiva: material ou moral. 1/ As situações negativas de tipo material são: — a escravidão (Ex 20,2: "Eu sou o Senhor, teu Deus, que te fiz sair da casa do Egito, da casa da servidão"; Mq 6,4); — a perseguição ou a opressão, seja da parte de inimigos (2Sm 22,18; Sl 106,10 etc.) seja da parte dos ímpios (Sl 71,4; 140,2 etc.); — a doença (Mc 5,28: "Se eu conseguir tocar ao menos suas vestes, serei salva"), ou a morte* mesma (2Cor 1,10: "Foi ele que nos arrancou a tal morte, e a ela nos arrancará"); — de modo mais geral, a atual condição terrestre (2Tm 4,18: "O Senhor [...] me salvará para o seu Reino* celeste"). 2/ No nível moral e espiritual, ao contrário, a condição que chama o resgate é o mal* em geral (Mt 6,13: "Livra-nos do mal"; mas aqui o termo gr. pode também significar "o Mau") e sobretudo o pecado* (mas aqui a s. se exprime habitualmente com outros verbos: "perdoar, expiar, esquecer, recobrir, apagar, lavar"; ver contudo Rm 8,2: "Pois a lei do Espírito, que dá a vida em Jesus Cristo, liberou-me da lei do pecado e da morte"). A s. liberta dessa lei* que o pecado utilizava contra nós (Rm 7,7-13; 1Cor 15,56; cf. Gl 3,13: "Cristo* nos resgatou da maldição da lei"). Ela faz escapar, por fim, da condenação escatológica (Lc 13,23: "Senhor, será que só pouca gente será salva?"; Rm 5,9: "Seremos por ele salvos da cólera"; 1Ts 1,10: "Jesus*, que nos livra da ira que está vindo").

3. Salvação e história

Uma observação fundamental se impõe: o conceito bíblico de s. tem de ser nitidamente

distinguido de toda forma de gnosticismo. A s. do homem, com efeito, não consiste numa simples tomada de consciência de si mesmo e de sua própria identidade divina original (ainda que restaurada por um revelador vindo do alto com este fim). A s. consiste em Deus intervir na história* para instaurar uma nova relação dialogal com o homem, um homem que permanece plenamente ele mesmo perante um Deus distinto dele (cf. respectivamente o êxodo do Egito e a morte de Jesus na cruz).

II. Antigo Testamento, intertestamento

A Bíblia não contempla uma s. autônoma do homem (autossoteriologia); que provenha diretamente de Deus ou que Deus julgue por meio de agentes humanos, a s. supõe sempre que intervenha uma alteridade.

1. Deus como salvador

Numerosos textos atribuem a Deus somente a possibilidade de uma intervenção efetiva em favor do homem, o homem confrontado às doenças (2Rs 5,7: "Porventura eu sou Deus, capaz de fazer morrer e de fazer viver?"; Sl 146,7ss: "O Senhor liberta... devolve a visão... reergue" etc.) ou o homem apanhado na prova escatológica (Is 35,4: "Eis vosso Deus... Ele mesmo vem salvar-vos", cf. o tema do "Dia do Senhor"). Só Deus é o único "salvador", *moshiac* (Is 43,11: "fora de mim, não há Salvador"; 45,15.21; 63,8), ou "redentor", *go'el* (Jó 19,25; Sl 19,15; Is 41,14; 43,14; 44,6.24; 47,4; 48,17; 49,7; 54,5; [59,20; derivando do direito do levirato: cf. Dt 25,5-10]). O encargo de assegurar a conduta integral de Israel* lhe compete a título exclusivo, segundo Is 63,9 ("Não foi um delegado nem um mensageiro, foi ele, em pessoa, que os salvou"; cf. Dt 26,8) e segundo a *Haggadah* da Páscoa* (cf. também Ex 15; Sl 77–78). O teocentrismo da história da s. é assim nitidamente salvaguardado, e por isso o próprio Deus é invocado: "Ah, se rasgasses os céus e descesses" (Is 63,19).

2. Os mediadores

Contrariamente a algumas afirmações precedentes, também se lê: "ele lhes mandará um salvador que os defenderá e os libertará" (Is 19,20). O AT conhece uma série de enviados que, com variados títulos, agem em favor do povo*. Abraão intercede pelos habitantes de Sodoma (Gn 18,16-33); por seu intermédio, Israel e a humanidade inteira serão abençoados por Deus (Gn 12,1ss; 15,1-6). É sobretudo Moisés, "escolhido entre todos os seres de carne" (Sr 45,4), que age como mediador entre Deus e Israel, como condutor e libertador da opressão egípcia (Ex 3,9-10; Nm 11,10-15), como porta-voz de Deus no Sinai e legislador (Ex 19,7s; 33,11; 34; Ne 9,14; Sr 45,5). É declarado "homem de confiança em toda a minha casa" (Nm 12,7) e o maior profeta* de Israel (Dt 34,10). Os juízes também são considerados como salvadores (Jz 3,9; cf. 2,16; 3,15-31; 8,22; 9,17; 13,5). Outra figura de primeiro plano é David (2Sm 3,18: "Pela mão de meu servo David libertarei meu povo..."): sua dinastia é escolhida para defender e proteger o povo (Sl 72,4: "Que ele seja a salvação dos pobres"). A figura do rei torna-se progressivamente símbolo do enviado privilegiado de Deus: ele cumprirá seu papel à perfeição nos últimos tempos, quando, na qualidade de "messias*'" (ungido), punirá os maus e exaltará os eleitos (Is 11,44ss). Uma figura particular de salvador é desenhada pelo dêutero-Isaías (Is 42,1-7; 49,1-6; 50,4-11; 52,13–53,12): um misterioso "servo de Javé", profeta, sobretudo homem de dores, é investido por Deus de um papel especialíssimo: levar o direito às nações (Is 42,1), "reconduzir Jacó a ele" (Is 49,5), "acudir ao enfraquecido" (Is 50,4) e, por fim, "carregar nossas iniquidades [...] oferecer-se a si próprio em expiação* [...] e distribuir a justiça" (Is 53,4.10.11; cf. v. 5: "nas suas chagas encontrava-se cura para nós"). A própria Sabedoria* divina é personificada para uma missão de assistência e de guia do povo (Sr 24,18-21; Sb 10–19; Br 3,37–4,1).

A literatura intertestamentária (intertestamento*), por seu turno, desenvolve toda uma série de mediadores escatológicos: — o Filho do homem (*1Hen* 48,4: "Ele será um bastão para os santos e os justos... e será a luz dos povos e a esperança* para os que sofrem em sua alma"); — um messias sacerdotal (*Test.Lev.* 18,10: "Ele abrirá a porta do paraíso e a espada apontada contra Adão* será desviada"); — e mesmo Melquisedec: a liberdade prometida aos prisioneiros em Is 61,1 é atribuída a este personagem, encarregado de lhes proclamar "que eles estão livres da dívida que tinham contraído com suas iniquidades" (11QMelk 6).

3. Conclusão

Em Israel está ausente a ideia de uma s. puramente interior, moral ou espiritual. Ao contrário, a s. comporta sempre uma dimensão de ordem material, senão sempre diretamente nacional, implicando paz*, prosperidade terrestre (Dt 33,29: "Israel [...] povo socorrido pelo Senhor"). Posse e gozo da terra fazem parte integrante dela (1Rs 5,5: "Judá e Israel permaneceram em segurança, cada qual debaixo de sua vinha e de sua figueira [...]"). O componente espiritual da s., que se apoia no amor* indefectível de Deus (Is 49,13ss; 54,1-10), nem por isso é esquecido. É ele que faz Deus dizer: "Eu apago, em consideração a mim, as tuas revoltas" (Is 43,25); o que explica também os prementes apelos à conversão* como retorno ao Senhor (Jr 2,1–4,4; Os 2). Estes dois componentes se reencontram na perspectiva escatológica da s.: por um lado, o horizonte de céus novos e de uma terra nova (Is 65,17) consegue integrar a ressurreição* corporal dos mortos (Dn 12,1ss; Is 26,19); por outro, a s. escatológica purifica todas as impurezas*, dando ao homem um coração* novo e um espírito renovado (Ez 36,25ss; Jr 31,31), de modo que "todo o que invocar o nome do Senhor será salvo" (Jl 3,5).

III. Novo Testamento

1. O ato que salva

Desde suas origens, o cristianismo é consciente de viver qualitativamente no fim dos tempos (Lc 16,16; At 2,16s; 1Cor 10,11; 1Pd 4,7; 1Jo 2,18). Com efeito, "o tempo* se cumpriu" (Mc 1,15), "a plenitude dos tempos" chegou (Gl 4,4; Hb 9,26; 1Pd 1,20): por isso, não somente a s. está "prestes a se revelar por ocasião do fim" (1Pd 1,5), mas já agora "é por graça* que sois salvos" (Ef 2,5-8: o perfeito gr. *sesosmenoi* pode também significar o cumprido). O fato é que a aprovação por Deus do plano da s. tomou forma "nos tempos presentes" (Rm 3,26) segundo uma modalidade histórica precisa, consistindo na morte de Cristo na cruz e na fé* nele, que é consequência daquela: "é pela loucura da pregação que aprouve a Deus salvar os que creem" (1Cor 1,21; cf. Ef 1,5.9); é assim que os homens são ao mesmo tempo o objeto e os destinatários de sua *eudokia* (benevolência) sem apelo (Lc 2,14).

a) Jesus Salvador. — O NT conhece um único salvador histórico, Jesus de Nazaré, não tanto por causa da significação literal de seu nome (*Yehoshouac* ou *Yeshouac*, "Javé salva"), mas porque todo o processo de s. está ligado a ele como a seu protagonista indiscutível: "Não há nenhuma salvação a não ser nele, [...] nenhum outro nome [...] que seja necessário à nossa salvação" (At 4,12). O título que pertence tão fundamentalmente a Deus (cf. Lc 1,47: "Deus, meu salvador") é agora atribuído de maneira predominante a Jesus (16 x; cf. 1Jo 4,14: "O Pai envia seu Filho como o salvador do mundo").

b) A raiz judaica. — A afirmação de Jo 4,22 segundo a qual "a s. vem dos judeus" (Is 2,3) atesta a conexão fundamental que liga o cristianismo ao judaísmo*: o primeiro depende do segundo, tanto do ponto de vista histórico quanto do ponto de vista das ideias: o discurso cristão sobre a s. não disporia nem de uma linguagem nem de uma matéria se não perpetuasse a tradição de Israel (Rm 9,1-5).

c) Natureza da ação da salvação. — O evento central da s. pressupõe a atividade taumatúrgica do Jesus terrestre (cf. Mt 9,22: "E desde aquela hora, a mulher ficou salva"). Está ligado ao dom integral de si mesmo realizado por Jesus, qualifica o ato querido por ele (Lc 19,10: "salvar o que estava perdido"), efetivamente cumprido em sua morte na cruz (Rm 3,25; Ef 1,7: "[...] por seu sangue, somos libertados"), coroado por sua ressurreição* (cf. 1Cor 15,17: "E se Cristo não ressuscitou [...] estais ainda em vossos pecados"). Cabe, a este respeito, corrigir uma interpretação jurídica da redenção que teve curso durante muito tempo, segundo a qual uma substituição penal daria satisfação a Deus pelos ultrajes recebidos, como se Deus tivesse querido castigar em Jesus todos os pecadores. Em resumo, encontra-se em Is 53 a ideia de um castigo do Servo pelos pecados de outrem (Is 53,5). Ora, o caso de Jesus vai muito além; ele, com efeito, "morreu por (*hyper* não significa *'no lugar de'*, mas *'em favor de'* ou *'por causa de'* ou *'em relação com'*) nossos pecados" (1Cor 15,3; cf. Gl 1,4; 1Cor 6,20: "Alguém pagou o preço do vosso resgate"; 1Tm 2,6: "ele se entregou como resgate por todos"; 1Pd 1,18s). Isto é, que sua morte foi essencialmente um ato de amor pessoal, seja da parte de Jesus (Gl 2,20: "ele me amou e se entregou por mim"; Ef 5,2; Jo 13,1), seja da parte de Deus (Rm 8,31: "Se Deus é por nós, quem será contra nós?"). Substancialmente, o esquema de base a ser utilizado para se compreender o evento salvador da paixão* é análogo ao do êxodo: Deus age como então, soberanamente e livremente, "com mão forte e braço estendido", por amor de seu povo (cf. Is 15,13: "Guia com teu favor este povo que tu resgataste"; Dt 7,7-8: "Se o Senhor se ligou a vós e vos escolheu [...] é porque o Senhor vos ama"; Is 63,9: "em seu amor e em sua compaixão, ele mesmo os resgatou"). Da mesma maneira é que Deus interveio, no Cristo imolado como novo cordeiro* pascal (1Cor 5,7), "pelo grande amor com que nos amou" (Ef 2,4; 2Cor 5,19).

d) Eficácia da proclamação evangélica. — Indissoluvelmente ligado ao evento objetivo é o seu anúncio, sua proclamação, isto é, o Evangelho: "a linguagem da cruz [...] para os que estão sendo salvos, para nós, ela é poder de Deus" (1Cor 1,18); "[o Evangelho] é o poder de Deus para a s. de todo aquele que crê" (Rm 1,16); "o Evangelho que vos anunciei, e pelo qual sereis salvos se o conservardes tal qual vo-lo anunciei" (1Cor 15,1s). Em particular para Paulo, pode-se dizer que o anúncio evangélico encerra o poder mesmo da s., poder que é próprio à cruz e ao sangue de Cristo, se for acolhido na fé*. Inversamente, o anúncio é vivido como escândalo e loucura por quem o rejeita (1Cor 1,18-31).

e) Efeitos da ação de salvação. — Para exprimir o impacto antropológico da cruz e de seu anúncio, o vocabulário explícito da s. é raramente adotado: "Com efeito, crer no próprio coração conduz à justiça, e confessar com a própria boca conduz à s." (Rm 10,10; cf. Ef 2,5.8). Normalmente, ao menos em Paulo, recorre-se a um vocabulário de outro tipo, que agrupa metáforas de origens variadas: "resgatar" (Gl 4,5), "livrar" (Tt 2,14), "libertar" (Rm 6,18), "reconciliar" (2Cor 5,18ss), "pacificar" (Cl 1,20), "expiar" (Hb 2,17), sobretudo "justificar" (Rm 5,1; cf. 8,1), e mesmo "recriar" (2Cor 5,17: "se alguém está em Cristo, é uma nova criatura"; cf. Ef 4,24). Os conceitos de vida, de alegria, de paz* pertencem também de pleno direito a esta constelação semântica. A variedade do vocabulário demonstra a riqueza inesgotável do dado. A este respeito, é necessário sublinhar que o conceito de s. pressupõe o de "pecado". Este, segundo o NT, diz respeito não só aos pecados pessoais atuais, mas igualmente a uma situação de base na qual todos os homens estão implicados, antes mesmo de sua adesão consciente; isto aparece em Rm 1,18–3,20 e sobretudo 5,12-21 (em oposição a Adão), no contexto do tema da intervenção gratuita ("justiça") de Deus na morte redentora de Cristo.

2. A salvação escatológica

O vocabulário específico da s. é utilizado essencialmente para designar a novidade escatológica. Isso é claro em Paulo: "E já que agora estamos justificados por seu sangue, com muito maior razão seremos por ele salvos da cólera" (Rm 5,9; cf. 13,11). Jesus se revelará como o único salvador no porvir escatológico (Fl 3,20s); e em Hb 9,28, lê-se que "Cristo foi oferecido uma só vez para tirar os pecados da multidão, e aparecerá uma segunda vez, sem mais relação com o pecado, aos que o aguardam para a s." (cf. também Ap 7,10; 12,10). É que, segundo o NT e, em geral, segundo a Bíblia, não existe s. completa sem a total reintegração do homem em toda sua identidade criada, que não é feita somente de alma* mas também e igualmente de corpo* e, portanto, de relação com o mundo. Assim, o conceito de ressurreição* faz parte integrante do de s. segundo a perspectiva judaica tanto quanto cristã.

3. A esperança

De tudo isso resulta o paradoxo da s. num sentido cristão: de um lado, ela já é um dado de fato e, do outro, ainda tem de ser completada. Esta antinomia pode se exprimir pela divisa: "já e ainda não" (ou então, inversamente: "não ainda, mas já agora"). Rm 8,24 (gr.: *te gar elpidi esothemen*) pode ser traduzido de várias maneiras. Literalmente: "Na esperança (ou então: para que possamos esperar) fomos salvos". Mas mais exatamente: "Nossa s. é objeto de esperança" (BJ) ou melhor ainda: "Pois nós fomos salvos, mas o fomos em esperança" (TEB). A esperança, assim, vem em primeiro plano. Ela se apoia doravante na redenção que Cristo operou, dando-nos a certeza de uma nova identidade escatológica. A esperança mesma, que projeta o homem para um cumprimento ulterior, não fica anulada com isso: ela "não decepciona" (Rm 5,5), pois origina-se menos na incerteza subjetiva do que no dado objetivo que funda a segurança para o futuro: "à espera da bem-aventurada esperança" (Tt 2,13; cf. Cl 1,5: "a esperança que vos aguarda no céu"). A atitude que a caracteriza na história de hoje é a paciência (gr. *hypomone*), resistência e perseverança nas inelutáveis provas que são mais particularmente o dote dos crentes (cf. Lc 21,19; Rm 5,3; Ap 1,9).

IV. As dimensões da salvação

1. Antinomia entre gratuidade e compromisso

Se a s. é fundamentalmente um dom livre e gratuito da parte de Deus (Ef 2,8: "Com efeito, é pela graça que vós sois salvos por meio da fé; e isso não depende de vós, é dom de Deus"), nem por isso deixa de indicar uma atividade responsável da parte do homem: "com temor e tremor, continueis a trabalhar para a vossa salvação" (Fl 2,12). O ato de receber o dom de Deus junta-se a um esforço contínuo para levar uma vida digna deste dom recebido (Rm 14,19; 1Cor 9,24-27; Fl 1,27; 1Tm 6,12). A mesma antinomia já se inscreve no decálogo* do AT: a libertação gratuita do Egito (Is 20,2) funda e exige a observância da vontade de Deus (Is 20,3-17). De resto, a pergunta feita a Jesus sobre o número dos salvos (Lc 13,23) recebe esta resposta aparentemente evasiva: "Esforçai-vos por entrar pela porta estreita" etc. (Lc 13,24).

2. Indivíduo e comunidade

Doravante a s. não diz respeito somente ao indivíduo, que de toda maneira permanece seu beneficiário imediato (Rm 7,24-25a; Gl 2,20), mas compreende frequentemente uma dimensão comunitária. Isso já é verdade acerca do povo de Israel, que se beneficia completamente da intervenção salvadora de Deus (Ex 3,7s) e que, por inteiro, gozará da s. escatológica (Rm 11,26 — e na *Mishnah Sanh.* 10,1: "Todo Israel será salvo", não sem todas as exceções enumeradas). De modo análogo, a comunidade cristã, que Paulo qualifica em seu conjunto de "corpo de Cristo" (1Cor 12,27; cf. Rm 12,5; Gl 3,28), deve sua existência ao sangue da cruz (At 20,28; Ef 2,14-18: "Para reconciliar os dois (judeus e pagãos) num só corpo por intermédio da cruz") e está toda voltada para a consumação escatológica (símbolo da esposa em Ap 19,7s; 21,2).

3. Dimensão universal e cósmica

Enfim, a s. tem uma dimensão universalista em duplo sentido: *a)* enquanto destinada a todos os homens e enquanto todos são pelo menos chamados a ela (cf. 1Tm 2,4; e Ap 7,9: "Era uma imensa multidão, que ninguém podia contar, de todas as nações, tribos, povos e línguas"); *b)* enquanto não é somente voltada para o gênero humano, mas para a renovação de todo o mundo criado (Rm 8,19ss: "Pois a criação* [...] também será libertada da escravidão da corrupção"; 2Pd 3,13: "nós esperamos *novos céus e uma nova terra*, nos quais habitará a justiça"). Já que nenhum homem é uma ilha e cada um está estreitamente ligado ao contexto cósmico, a s. não pode ser senão a negação de todo individualismo e de toda evasão espiritualista; ela só pode trazer a plena comunhão*

não somente com Deus, mas também com os homens e com o mundo.

• H. Crouzel (1957), "Le dogme de la Rédemption dans l'Apocalypse", *BLE* 58, 65-92. — W. Foerster, G. G. Fohrer, *"Sôzô, sôtêría"*, *ThWNT* 7, 966-1024. — S. Lyonnet, L. Sabourin (1970), *Sin, Redemption and Sacrifice. A Biblical and Patristic Study*, AnBib 48. — L. Alonso-Schökel, "La Rédemption oeuvre de solidarité", *NRTh* 93, 449-472. — P. Grelot (1973), *Péché originel et rédemption examinés à partir de l'épître aux Romains*, Paris. — N. Lohfink (1973), *Heil als Befreiung in Israel: Erslösung und Emanzipation*, Friburgo. — S. K. Williams (1975), *Jesus' Death as Saving Event*, Missoula. — E. Beauchamp (1978), "Aux origines du mot 'rédemption'. Le 'rachat' dans l'Ancien Testament", *LTP* 34, 49-56. — J.-C. Filteau (1981), "La racine *ysh*'. Une des expressions du salut dans l'AT", *LTP* 37, 135-157. — A. Schenker (1982), "Substitution du châtiment ou prix de la paix? Le don de la vie du Fils de l'homme en Mc 10,45 et par. à la lumière de l'Ancien Testament", in *La Pâque du Christ, mystère de salut. Mélanges F.-X. Durrwell*, LeDiv 112, 75-90. — P. Nesti (1985) (sob a dir. de), *Salvezza cristiana e culture odierne*, 2 vol.; Id., t. 1, *Salvezza e annunzio*, Turim. — J. Ernst (1992), "Das Heil der Schöpfung", *Cath(M)* 46, 189-206. — G. G. O'Collins (1992), "Salvation", *AncBD*, 907-914. — P. Ternant (1993), *Le Christ est mort "pour tous". Du serviteur Israël au serviteur Jésus*, Paris. — J. Timmer (1993), *Le salut, de la Genèse à l'Apocalypse*, Aix-en-Provence.

Romano PENNA

→ *Cosmo; Criação; Cura; Esperança; Evangelhos; Expiação; História; Justificação; Lei; Liberdade; Morte; Paixão; Pecado; Sacrifício.*

B. Teologia histórica e sistemática

Uma vez que a miséria dos homens apresenta múltiplos rostos, os textos bíblicos, como acabamos de ver, evocam a salvação (s.) sob diversas imagens (libertação, redenção [r.], reconciliação, ressurreição*, nova criação* etc.). A teologia*, também, desenvolveu ao longo dos séculos concepções muito diferentes a este respeito. Para além das divergências, contudo, o pensamento cristão sempre viveu desta profissão de fé* central: a s. vem por Cristo*. Esta verdade, a teologia não se contentou de retomar sua fórmula do NT; ela também se esforçou por compreender por que Deus* não opera a s. dos homens diretamente a partir do céu, por seu poder* e sua misericórdia*. A resposta à pergunta "por que é preciso um mediador?" permaneceu essencialmente a mesma ao longo de todas as mudanças culturais, como o atestam as citações seguintes, tomadas de empréstimo a três autores que, em intervalos de quase mil anos, foram profundamente marcados pela doutrina cristã da s.

Contra o pano de fundo do pensamento grego e acerca da maneira como o diabo podia ser vencido, Ireneu* ensinava:

"Pois se não tivesse sido um homem que tivesse vencido o inimigo do homem, o inimigo não teria sido vencido em toda justiça*. Por outro lado, se não tivesse sido Deus quem nos outorgou a s., nós não a teríamos recebido de maneira estável. E se o homem não tivesse sido unido a Deus, não poderia ter recebido em participação a incorruptibilidade. Pois era preciso que o mediador de Deus e dos homens, por seu parentesco com cada uma das duas partes, as reconduzisse ambas à amizade e à concórdia, de sorte que ao mesmo tempo Deus acolhesse o homem e o homem se oferecesse a Deus" (SC 211, 365-366).

Interrogando-se em contexto germânico sobre a maneira como o homem podia dar satisfação (sf.) a Deus por seus pecados*, Anselmo* de Cantuária concluía:

"Se é, pois, necessário [...] que a cidade* do alto seja levada à perfeição com homens, e se a coisa só é possível se se fizer a sf. supradita, que ninguém *pode* fazer senão Deus, e ninguém *deve* senão o homem, é necessário que um Deus-homem a faça" (ed. Corbin, 3, 409).

Enfim, no quadro moderno de uma compreensão dramática da história* e de seus conflitos, Balthasar* estima:

"Aqui, é um *pathos* totalmente diferente que deve intervir no drama, o *pathos* de Deus. Ele não entra em cena zombando de seu adversário alquebrado, mas enfileirando-se, num ato imprevisível para o homem, ao lado de seu adversário e ajudando-o de dentro a ter acesso ao direito* e à liberdade* [...] Enquanto durar o mundo, a pergunta *Cur Deus homo* permanece sempre também atual" (*Theodramatik*, III, 186).

Já que foram os homens que, por seus pecados e suas falhas, trouxeram a perdição para o mundo*, cabe também a eles vencer o mal*, mas não são capazes disso. Deus os salva e lhes preserva a dignidade prestando-lhes o socorro de um mediador ao mesmo tempo humano e divino, a fim de ajudá-los a cumprir o que eles não podem cumprir por suas próprias forças. No mediador se encontram a eficácia divina vinda do alto e a ação humana vinda de baixo, e ambas concorrem para conduzir o homem a uma s. que deve ser compreendida em última instância como participação na vida da Trindade*.

No curso da história, o pensamento cristão acentuou ora um ora o outro destes eixos, mas soube preservar no essencial o equilíbrio entre eles. Assim, os teólogos do primeiro milênio sublinharam mais a eficácia divina, compreendendo a s. primeiramente a partir da encarnação* e incluindo por via de analogia* — num pano de fundo platônico — a humanidade inteira na humanidade de Cristo. Durante o segundo milênio, ao contrário, enfatizou-se (pela proclamação da realeza de Cristo e, em primeiro lugar, de sua oferta na cruz) a ação da natureza humana elevando-se para Deus. As duas perspectivas entretanto não podem ser separadas, pois o Deus transcendente não age como uma causa mundana. Em nenhum outro lugar como na figura de Cristo se vê tão claramente como Deus opera determinando o homem a agir voltado para Ele. Toda afirmação sobre a ação salvadora de Deus por meio de seu mediador Jesus Cristo deve, portanto, ser compreendida nesse duplo sentido.

Apesar do interesse pelo Cristo *único* mediador, a história da teologia e dos dogmas* cristãos viu se desenvolver representações culturais da s., em função dos diferentes pressupostos culturais e, sobretudo, das concepções divergentes da condição humana. Se Balthasar nota que Máximo* Confessor expõe sua doutrina da s. em Cristo seguindo "com um rigor quase geométrico" sua "antropologia* do pecado original*" (1961, 200), podemos dizer o mesmo de todos os grandes autores. B. Catão escreve assim de Tomás* de Aquino: "Sua visão da s. é inseparável, de um lado, do pecado de que precisamos ser livrados e, de outro lado, da missão do Filho de Deus vindo ao mundo precisamente para cumprir esta obra" (1965, 195).

1. Economia da salvação e história da salvação

Os Padres* da Igreja* frequentemente descreveram com as cores mais vivas como Adão*, criado à imagem do *Logos* eterno, caiu na desobediência, e como os homens depois dele se afundaram numa história de pecado e de idolatria* (cf. Atanásio*, SC 18 *bis*, 53-149). Neste quadro, eles opunham a visão de uma economia global da s., na qual Deus, por meio de uma longa história, mediante sua aliança* com Abraão e Moisés e por intermédio dos profetas*, prepara os homens para a vinda de seu Filho. Segundo Ireneu de Lião, que foi o primeiro a desenvolver esta ideia, Cristo é antes de tudo *"o único mestre verídico"* (SC 294, 289; SC 211, 363), que quer utilizar o "conselho" e não a "força" para reconduzir os homens ao reto caminho (SC 153, 372 e 445). Oferece assim um luminoso exemplo moral à imitação dos homens. Enquanto mestre e modelo verdadeiro, ele é ao mesmo tempo a *"luz"* do Pai* eterno para os homens: "Na carne de nosso Senhor irrompeu a luz do Pai, depois, brilhando a partir de sua carne, ela veio em nós, e assim o homem teve acesso à incorruptibilidade, envolvido que estava pela luz do Pai" (SC 100, 631). Dessa maneira, Ireneu e a maioria dos Padres gregos puderam vincular a fórmula bíblica segundo a qual Cristo era o mestre verdadeiro (Mt 11,27; 23,10; Mc 1,22) e a luz do mundo (Lc 2,32; Jo 1,4s; 9,5; 12,46; At 13,47; Ef 5,14) à noção de *paideia* (educação), central na filosofia e na cultura gregas.

Como a *paideia* divina não podia, num mundo entregue à tribulação, trazer a s. anunciada pelas promessas messiânicas do AT, a maioria dos teólogos do s. II esperavam o advento de um reinado milenar do Cristo na terra. Essa espera logo se viu espiritualizada (Orígenes*, Agostinho*) e transferida para a Igreja. Na IM, Joaquim de Fiore (1130-1202) expôs uma nova visão da história da s. comportando três idades: a idade do Pai até a vinda de Cristo; a idade do Filho correspondente à Igreja hierárquica; a idade do Espírito* Santo que verá instaurar-se uma Igreja puramente espiritual. Numa forma secularizada, esta visão dinâmica da história exerceu uma influência determinante sobre a crença moderna no progresso e nas ideias revolucionárias (cf. Lubac*, 1979).

A *Aufklärung* alemã retomou o tema da educação, interpretando a revelação* judeucristã como uma intervenção divina destinada a educar a humanidade numa moral superior. G. E. Lessing (1729-1781) começa *A educação do gênero humano* com esta frase: "O que a educação é para os indivíduos, a revelação é para o conjunto do gênero humano". Kant*, apesar de sua doutrina do mal radical, interpreta num sentido análogo o anúncio neotestamentário do reino* de Deus e, sob sua influência, a teologia protestante liberal do s. XIX verá antes de tudo em Jesus Cristo o mestre de uma nova moral. A perspectiva descendente da ação divina não se articula em torno da encarnação, mas se acha reduzida ao plano geral da providência*.

É num contexto totalmente diferente que a teologia política* e a teologia da libertação* se interessaram de novo, no curso das últimas décadas, pela ação salvadora de Deus na história. Entretanto, elas veem antes de tudo em Jesus* não mais o mestre, mas o profeta de novas estruturas sociais. Sua ação salvadora se manifesta então, essencialmente, em sua proclamação do reinado iminente de Deus e em sua solidariedade com os pobres, os despossuídos e os perseguidos, que são vistos como as vítimas dos poderosos.

Mas a cruz, a ressurreição e a participação na vida divina não podem encontrar sua plena expressão numa teologia da educação ou da transformação social, e a doutrina da Igreja nunca pôde se contentar com esta abordagem. Assim se perpetuou na tradição* a convicção de que o mal é um poder que não poderemos aniquilar somente pela educação.

2. O Cristo triunfante que livra das forças do mal

A força máxima do mal é, para o NT, o diabo ou Satã (Mc 1,13; 4,15; Lc 10,18; Jo 8,44; 13,2;

At 5,3; Rm 16,20; 2Cor 2,11; 11,14; Ap 12,9; 20,2.7), que Cristo, por sua morte*, reduziu à impotência (Hb 2,14). A ideia da luta de Cristo contra Satã desempenhou um papel importante na época dos Padres da Igreja (cf. Aulén, 1930). Ireneu já falava da justa vitória sobre o Inimigo (SC 211, 365 e 447; 153, 261-279); a essa noção se acrescentou, depois de Orígenes, a ideia de que o diabo teria possuído um direito sobre os homens, já que eles tinham se entregado voluntariamente a ele. Nesta abordagem, a alma* de Cristo constituía o "preço/prêmio" (1Cor 6,20; 7,23; 1Cor 2,14) ou o "resgate" (Mt 20,28; Mc 10,45; 1Tm 2,6) pago ao diabo. Mas o Inimigo se viu ludibriado, pois não pôde conservar este "prêmio" e perdeu ao mesmo tempo os homens que mantinha em seu poder (GCS 40, 498-499). Embora Gregório* de Nazianzo se opusesse vigorosamente a tais concepções (PG 36, 653), a ideia de um direito do diabo encontrou ecos em diversos Padres (Basílio* [PG 29, 437]; Gregório* de Nissa; João* Crisóstomo [PG 59, 372-373; 60, 514]; Ambrósio* [PL 16, 1115]; Leão Magno [PL 54, 196 e 353]; Gregório* Magno [PL 76, 680].

> Gregório de Nissa chega mesmo a desenvolver sistematicamente a ideia do direito do diabo para justificar a encarnação do *Logos* e a necessidade da cruz. Como Ireneu, ele parte da ideia de que o diabo não devia ser vencido pela potência divina, mas em toda justiça. Admite sem dificuldade que essa vitória é a do embuste (de Cristo) sobre outro embuste (o do diabo). Assim como o diabo tinha usado a isca do bem* para prender os homens no anzol do mal, Cristo dissimulou o anzol de sua divindade sob a isca enganadora de sua humanidade. Vendo os prodígios realizados por esse homem, o diabo estava disposto a aceitá-lo como resgate por todos os outros homens. Mas ao engolir este "prêmio", ele se deixou apanhar no anzol oculto da divindade (PG 45, 47-63). Encontramos em Agostinho ideias semelhantes (CChr.SL 50 A, 399-408; 46, 76).

A teoria do direito do diabo e de sua artificiosa evicção comportava um erro de raciocínio sutil, mas decisivo: o fato de os homens terem caído legitimamente, em razão de seus pecados, sob o poder de Satã não implica de modo algum que Satã possua, por sua parte, um direito sobre

eles. É por isso que Anselmo de Cantuária pôde criticar esta teoria no início de seu *Por que um Deus-homem* (I, 7), de tal sorte que, depois disso, ela desapareceu da teologia científica, embora o diabo continue a ter um papel nela.

Nem todos os Padres da Igreja recorreram à teoria do diabo para resolver a questão do "preço" pago pelo sangue de Cristo. Entre as concepções divergentes desenvolvidas a respeito, é preciso evocar a de Atanásio. O mal de que o homem deve ser libertado é, segundo ele, a "sentença" e a maldição da lei*, pois o pecado deu à morte um "direito" e um "poder legal" sobre os homens. Essa sentença pronunciada contra Adão (Gn 2,16s), Deus não tem o poder de revogá-la, pois teria então faltado à sua veracidade*. Para que os homens sejam salvos e a sentença seja todavia executada, era necessária por conseguinte a encarnação do Verbo* eterno, que podia, por um lado, sofrer a sentença de morte em seu corpo* e em nosso lugar e, por outro lado, em virtude de sua imortalidade, triunfar da morte por sua ressurreição e nos oferecer a vida eterna* (SC 199, 282-297). As reflexões de João Crisóstomo (PG 61, 652-653) e de Máximo Confessor exploram caminhos parecidos. Máximo sublinha, contudo, mais nitidamente que Atanásio, que o direito da morte não é um direito indeterminado, mas que foi, em consequência do pecado, diretamente gravado na natureza humana como "sofrimento" e "castigo".

3. A reconciliação com Deus em Cristo

Pela intervenção do único mediador, os homens obtêm a participação na vida da divina Trindade. O obstáculo mais fundamental que se opõe à s. assim definida é a separação causada pelo pecado. Nesse contexto, a ação salvadora de Cristo é, antes de tudo, compreendida como uma *reconciliação* pela qual ele cumpre uma *penitência**, uma *expiação** e uma sf. pelo pecado, traz a *justificação** ao homem e oferece a Deus um perfeito *sacrifício**. Os termos penitência, expiação e sf. são estreitamente aparentados e frequentemente usados indistintamente. Eles provêm de representações muito difundidas nas sociedades* tradicionais, nas quais o malfeitor devia "fazer penitência". O sofrimento que ele provocara exigia um sofrimento em troca (expiação) e o dano cometido devia ser apagado por um dano inverso ou por uma compensação (uma sf.) (cf. Verdier, 1980).

a) A expiação. — No AT, os homens só podem escapar do juízo* incorrido pelas faltas graves por meio de um sistema de expiação estabelecido pelo próprio Deus (sacrifícios rituais, bode* expiatório, dia do Perdão) (Lv 16–17). Como o sangue desempenha neste sistema um papel central, o NT pode em alguns lugares retomar o termo expiação no sentido metafórico para descrever a morte de Cristo (*hilasterion* [Rm 3,25]; *hilaskesthai* [Hb 2,17]; *hilasmos* [1Jo 2,2; 4,10]), sem desenvolver uma doutrina clara e coerente da expiação.

O mesmo uso linguístico prevalece na época dos Padres da Igreja. A ideia de um mecanismo social permanece frequentemente vinculada à palavra "expiação" quando eles se servem dela para designar o sangue de Cristo, sem assinalar claramente o plano metafórico em que se colocam.

Já no AT, a oração de intercessão era um elemento importante da expiação (cf. Nm 14,13-19; Dt 9,25-29). Do Servo* que deu sua vida em sacrifício de expiação (Is 53,10), também é dito que "se deixou contar entre os pecadores" (Is 53,12). Da mesma maneira, a Epístola aos Hebreus sublinha que Cristo aprendeu a obediência na oração* e nas lágrimas e que assim ele se tornou a "causa da salvação eterna" (Hb 5,5-10). Eterno sumo sacerdote, ele trouxe uma "libertação definitiva", com seu sangue ele compareceu "por nós diante da face de Deus" (Hb 9,11-28) e se fez nosso defensor (cf. 1Jo 2,1) (cf. Lyonnet, 1959). Os Padres da Igreja prolongaram estas perspectivas e viram principalmente na eucaristia* uma participação na grande oração de intercessão de Jesus, pela qual a reconciliação é oferecida aos pecadores. Cirilo* de Alexandria via no rito judaico dos dois bodes, no dia do Perdão, uma prefiguração do Cristo, que tinha trazido, por um lado, um sacrifício por nossos pecados e, por outro, levado esses pecados diante de Deus para interceder em nosso favor no céu (PG 69, 588-589).

b) A satisfação. — É um conceito vindo do domínio profano, introduzido na teologia por meio do sistema penitencial da Igreja. Anselmo faz dele uma chave de sua doutrina da r. (*Cur deus homo*). Partindo das concepções comuns do direito germânico, ele faz valer que todo dano causado chama um castigo ou uma sf. Esta deve corresponder à importância da perda, deve mesmo ultrapassá-la, para compensar também o sofrimento da pessoa lesada. O pecado, que lesa um Deus infinito, é um mal infinito, que chama portanto uma sf. de um valor infinito. É o que nenhum homem pode trazer, pois todos os homens são finitos e culpados. Por isso o ato do Cristo era necessário, ele cujo sacrifício na cruz apresentava um valor infinito porque era Deus ao mesmo tempo que homem. Este raciocínio de Anselmo marcou profundamente a teologia e a espiritualidade depois dele, e a doutrina da sf. infinita tornou-se um tema central da teologia cristã. Entretanto, perdeu-se de vista que à sua maneira extremamente densa, Anselmo transformara passo a passo concepções saídas do universo germânico.

Confrontado ao testemunho da Escritura sagrada* sobre a misericórdia infinita de Deus, Anselmo se propusera como tarefa conceber uma misericórdia que integrasse plenamente em si a justiça e se revelasse assim — para além de todas as projeções humanas — como verdadeiramente divina. Começa sublinhando que Deus, enquanto infinitamente bom, não pode ser ofendido em si mesmo. A exigência de sf. só é fundada na glória exterior de Deus ou na ordem das criaturas, que coincide em última instância com a dignidade e a liberdade do homem. Esta implica que o homem aja *por si mesmo*, e vença, portanto, também por suas próprias forças o pecado que está em si. Ora, o homem está, em seu ser mais íntimo, voltado para esse Deus além do qual não se pode conceber nada de maior e que só podemos glorificar verdadeiramente como Deus, em lugar de transformá-lo secretamente em ídolo, amando-o por ele mesmo. É justamente isso que o homem, integralmente corrompido pelo pecado, não é mais capaz de fazer. Cristo, entretanto, em quem Deus dirige ao homem um amor* sem medida, se ofereceu por puro amor ao Pai celeste em lugar dos pecadores, instituindo assim uma forma de oferenda (uma sf.) que todos os homens podem assimilar na eucaristia. Eles se tornam assim capazes de amar a Deus *por eles mesmos* e *por ele mesmo*. Portanto, não é para levar a Deus uma compensação infinita de ordem puramente material, estranha ao pecador, que a sf. era necessária. O fato decisivo é que o ato de Cristo reconduziu a liberdade humana, em sua raiz mais profunda, na direção do Deus que se dá (cf. ed. Corbin, 3, 11-163).

A tradição ulterior não compreendeu o quanto o bispo de Cantuária transformara e "convertera" a linguagem de seu tempo. Tomás* de Aquino, que não desenvolveu uma doutrina sistemática da r., fez novamente da sf. uma espécie de socorro exterior trazido aos homens pela via do mérito. Ele sublinhava, todavia, que a eficácia própria da paixão* de Cristo reside em seu amor, que, enquanto amor do Deus-homem, possui um valor superabundante (cf. Catão, 1965). Com o concílio de Trento*, o conceito de sf. obteve direito de cidade na linguagem dogmática da Igreja católica, sem contudo ser objeto de novos esclarecimentos. Acerca da "causa meritória" da justificação, o concílio fala, em eco a Tomás de Aquino, da "causa meritória, o Filho único bem-amado de Deus, nosso Senhor Jesus Cristo que, 'quando éramos inimigos' (Rm 5,10), por causa do extremo amor com que nos amou (cf. Ef 2,4) mereceu nossa justificação por sua santíssima paixão no lenho da cruz e satisfez por nós a Deus Pai" (*COD* 673, 21-24). Esta fórmula permitirá aos teólogos apresentar uma versão simplificada da doutrina anselmiana da expiação como sendo a doutrina católica por excelência. Aos olhos de J. Rivière, o dogma ensina claramente que Cristo, por sua paixão e sua morte, deu sf. pelos pecados dos homens e sobretudo pelo pecado crucial de Adão. Mas Rivière admite também que "a teologia católica nunca foi tão estreita e superficial para se deter unicamente nesta consideração. Se Cristo não tivesse sofrido nada, ele não teria deixado de nos resgatar pela perfeição de seu amor, que oferecia a Deus a homenagem perfeita à qual ele tem direito e a única que lhe pode ser agradável" (Rivière, 1931, 554). Outros interpretam a morte de Cristo de maneira mais brutal, conforme o princípio criminológico de que todo delito exige reparação:

"O criminoso, devedor antes de mais nada para com o ofendido, é submetido também ao carrasco que inflige a punição. O ofendido, aqui, é Deus; o carrasco é o demônio, a quem Deus permitiu que o homem se entregasse pelo pecado separando-se de seu verdadeiro mestre [...]. A quem deve ser pago o preço do resgate? Àquele, evidentemente, que é o senhor do escravo e que foi ofendido [...] Se houvesse um resgate a pagar, era só a Deus, não a Satã. Por isso dizemos que Jesus Cristo ofereceu seu sangue como preço de nossa r., não ao demônio, mas a Deus seu Pai" (Hugon, 1922, 10-12).

Tais concepções podiam igualmente ser associadas ao culto do coração* de Cristo. Esta forma de devoção insistia certamente no amor humano de Jesus Cristo, mas cultivava ao mesmo tempo — sem se explicar o motivo no mais das vezes — o tema da expiação e a imagem do sangue derramado. Significava sugerir que Deus não podia aceitar a reconciliação senão àquele preço, uma ideia contra a qual reagiu o pensamento moderno (cf. Leites, 1982). Os mal-entendidos vinham de se transpor sem crítica representações humanas ao cumprimento da r. e de se perder de vista o caráter metafórico de certos enunciados bíblicos centrais. O Deus transcendente não fala nem age diretamente como uma pessoa intramundana, mas opera por intermédio de suas criaturas, de sorte que suas palavras são sempre também palavras humanas, como tal adaptadas às realidades deste mundo e de seus pecados. Elas devem, por conseguinte, como mostra o caminho do AT ao NT, sofrer uma profunda "conversão" para pode exprimir em verdade Deus e sua obra. Se não levarmos em conta este caráter, e se as palavras que evocam a r. forem compreendidas em termos imediatamente humanos, disso resultarão necessariamente mal-entendidos, até mesmo uma verdadeira "desconversão" (Sesboüé, 1988, I, 59-67). Este perigo é particularmente grande quando se enfatiza, no drama da cruz, somente a ação de Cristo e do Pai celeste, negligenciando o papel do "terceiro parceiro", do homem pecador e assassino. Esta ocultação desemboca necessariamente numa profunda perversão, "que consiste então em fazer passar de um polo ao outro a violência e em apresentar como um bem aquilo que é antes de tudo obra do mal e dos homens pecadores, a execução sangrenta de Cristo na cruz. Esquece-se simplesmente que o assassínio enquanto tal nada tem de salutar, que a morte enquanto morte não pode ser de modo algum objeto de um desígnio de Deus" (Sesboüé, 1988, I, 63). Veremos que o perigo de tal "desconversão" não é menor quando se trata da cólera de Deus.

c) *A cólera de Deus e a justificação por Cristo.* — Lutero*, rompendo com toda a tradição anterior, desenvolveu uma concepção nova da paixão de Cristo. O crucificado, segundo ele, não somente sofreu nas forças inferiores de sua alma, como admitia a grande tradição (cf. Tomás de Aquino, *ST* IIIa, q. 46, a. 8): ele foi atingido nas profundezas de seu ser pela cólera divina. O Cristo na cruz não podia mais se oferecer ao Pai num ato de amor, pois sentia-se precipitado no inferno*. Que nesta condenação se cumpre precisamente a s., isso só nos é dito pela palavra* do Evangelho, na qual se funda a fé. A cruz revela assim a estranha conjunção de cólera e de amor salvador de que procede o ato divino. Deus dissimula inteiramente sua bondade sob o juízo, o que conduz também o crente a se compreender a si mesmo simultaneamente justo e pecador. Lutero fala a este respeito de uma "maravilhosa troca". Nosso pecado passa inteiramente para o Cristo, e sua justiça nos é concedida na fé como um dom estranho. Lutero certamente admite também uma segunda justiça, que provém das obras* próprias do homem (santificação). Mas ele a distingue rigorosamente da justiça de Cristo, única que nos torna justos aos olhos de Deus e que, mesmo tornando-se nossa na fé, nunca podemos descobrir em nós mesmos. Sendo a fé na obra justificadora de Cristo decisiva, a confiança na s. tampouco é questionada por eventuais pecados (existe "certeza da s.").

Essa concepção da justificação recobre uma concepção nova do mal. Lutero amiúde lutou com Deus, frequentemente experimentou sua cólera. Ele negou a livre escolha do homem relativamente à s., separou-se de Agostinho ao não conceder à liberdade, mesmo em Adão, nenhuma significação teológica e ao defender uma doutrina da predestinação* mais rigorosa que a do bispo de Hipona. Foi levado assim a distinguir em Deus mesmo o *deus absconditus* (Deus predestinante) e o *deus revelatus* (Deus pregado). O primeiro é um ser absolutamente inacessível e aterrador, que pode ser mau para os homens e diante do qual devemos fugir, para nos entregarmos inteiramente ao Deus revelado na cruz. A dialética da cruz, dialética de justiça e de cólera, não resulta, portanto, em última instância, só da tensão entre o pecado do homem e a santidade* de Deus, mas de Deus mesmo. Felizmente, o Reformador não sistematizou esse pano de fundo de sua teologia (cf. Schwager, 1986, 192-231).

Por reação contra Lutero, a teologia protestante logo assistiu ao desenvolvimento das correntes que sublinhavam vigorosamente a liberdade e a vida moral do homem. Toda a história da doutrina protestante da r. na área germanófona foi mesmo determinada pela problemática de um sujeito que encontra "no recurso ao eu consciente de si mesmo o fundamento último de uma teoria da verdade*" (Wenz, 1984, I, 36). Para o novo pensamento, fascinado pela autonomia do sujeito (liberdade, moralidade, consciência de si), a ideia de uma justificação por pessoa interposta era insustentável (socinianismo, Kant*). Essa visão atraía mesmo os que queriam defender a doutrina tradicional, como mostra por exemplo a teoria dos sofrimentos expiatórios do Cristo (*satisfactio passiva*). Segundo esta teoria, Cristo, por sua morte, certamente sofreu em nosso lugar o castigo de nossos pecados e nos libertou deles; mas, em sua obediência ativa, ele foi para nós somente um modelo, pois a ideia de uma substituição vicarial é, neste plano, incompatível com a autonomia da virtude (J. G. Töllner, 1724-1774; G. C. Storr, 1746-1805).

Essa tradição teológica, direta ou indiretamente dominada pela ideia de um sujeito autônomo, suscitaria uma viva reação da parte de Barth*. Este rejeitou resolutamente todo recurso do homem à sua própria subjetividade, e confrontou brutalmente o pecador encerrado em si mesmo à palavra que Deus lhe dirige do exterior. Ele não pedia, entretanto, o retorno de um objetivismo autoritário e buscava pensar em Deus como subjetividade e como comunicação de si, pela qual somente pode-se constituir uma autêntica subjetividade humana. Para impedir toda afirmação de si do homem pecador, Barth parte em sua teologia da escolha eterna da graça* de Deus (predestinação*), tal como ela se manifesta na cruz e na ressurreição de Cristo, dando-lhe mesmo a precedência sobre a doutrina da criação e da providência. Em "um ato primitivo e fundador" (*KD*, II/2, 25 e 82), Deus toma uma decisão relativamente a si mesmo, porque "elegendo o homem, ele dispõe não somente deste, mas também originariamente de si mesmo" (*ibid.*, II/2, 1; cf. 89 e 96; IV/2, 92). Barth descobre diante da cruz que a eleição* eterna possui um duplo conteúdo. Deus se entrega ele mesmo ao sofrimento e à reprovação para o bem do homem. Já que Deus, no Cristo, toma inteiramente sobre si a cólera e o "não" de condenação que pesam sobre todos os homens, todos os homens — e não somente certo número de eleitos — são chamados à s. ("predestinados"?). Nesta abordagem, a humanidade de Cristo corre o risco de se tornar uma grandeza passiva, e podemos nos perguntar de onde vem a cólera se a cruz precede (logicamente) a criação e a queda do homem na vontade de Deus. É aqui que Barth introduz sua doutrina difícil do "vão" (*das Nichtige*), que constitui um terceiro modo de ser ao lado do ser criado como tal e do nada, um modo de ser que certamente encontra no pecado do homem sua forma concreta, mas que representa também muito mais que isso. O vão aparece — por contragolpe, poderíamos dizer — em Deus mesmo quando da eleição eterna: "É justamente por ser fundado na eleição que o ato de Deus é sempre um ato de zelo, de cólera, de julgamento. Deus é sempre santo, mas isso significa também que seu ser e seu ato se produzem sempre numa oposição determinada, que eles comportam sempre uma negação, uma defesa, uma agressão reais. O outro de que Deus se separa, diante do qual ele se afirma e impõe sua vontade positiva, é o vão" (*ibid.*, III/3, 405).

Balthasar* retomou elementos essenciais do pensamento de Barth e rejeitou não menos resolutamente que ele todo subjetivismo teológico. Partindo da cristologia*, ele distingue entre pessoa e natureza espiritual ("sujeito-espírito") e compreende o homem, como criatura, como um simples "sujeito-espírito" que espera no mais profundo de si mesmo uma determinação suplementar. Esta lhe vem de Cristo, cuja missão se confunde com seu ser pessoal e inclui em si a humanidade por inteiro. Contra toda a tradição das Luzes, para a qual o ser profundo do sujeito moral não pode ser objeto de nenhuma delegação, Balthasar funda o ato vicarial de Cristo em sua missão (isto é, em sua pessoa), que eleva também todos os demais homens à dignidade de pessoas. Esta substituição culmina para Balthasar — como para Lutero e Barth — no evento da cruz, que vê o Cristo golpeado em nosso lugar pela cólera divina e abandonado por Deus como os próprios danados, a fim de que possa assim "infiltrar" o pecado universal em toda sua extensão. Diferentemente de Barth, todavia, Balthasar relaciona claramente o mal moral à liberdade extraviada das criaturas. Ele admite uma esperança* de s. universal, mas sublinha ao mesmo tempo o último mistério* inerente ao encontro da graça divina e da liberdade humana.

d) O sacrifício. — A liturgia* fala frequentemente do sacrifício de Cristo na cruz, o que torna esta ideia particularmente importante para a teologia católica. O *Catecismo da Igreja Católica* (1992) interpreta quase exclusivamente a vida e a morte de Cristo por meio deste conceito. Mas os sacrifícios desempenham também um papel central no universo das religiões, onde eles dão lugar a interpretações profundamente divergentes. O AT conhecia igualmente numerosos sacrifícios de animais, e uma das tarefas essenciais dos sacerdotes era imolar as vítimas.

No NT, a ideia de sacrifício, apesar de numerosas alusões figuradas, é raramente aplicada à morte de Cristo. Só a epístola aos Hebreus desenvolve uma teologia do ofício sacerdotal e do "sangue de Cristo, que, pelo espírito eterno, se ofereceu a Deus como vítima sem mancha" (Hb 9,14). Mas Hb sublinha ao mesmo tempo tudo o que nos separa aqui da ordem veterotestamentária. A novidade decisiva, que dá ao conceito de sacrifício um sentido totalmente inédito, deve-se ao fato de que, nos sacrifícios cultuais, os que matam são sacrificadores, ao passo que na crucifixão de Cristo, são assassinos. Essa inversão conduziu os primeiros autores cristãos a empregar o termo em diversos sentidos diferentes. A propósito da oferenda dos dons na eucaristia*, eles falavam — com base em Ml 1,11 — de um puro sacrifício de alimento, oferecido em toda parte (Daly, 1978, 312-313, 317). Relacionado ao ato de Cristo, o conceito de sacrifício se achava, em contrapartida, fortemente espiritualizado. Agostinho diz assim: "O verdadeiro sacrifício é, portanto, toda obra boa que contribui a nos unir a Deus numa sociedade santa, a saber, toda obra relacionada a este bem supremo graças ao qual podemos verdadeiramente ser felizes" (*Cidade de Deus* X, 6). É essa definição que Tomás retomará quando falar da paixão como um sacrifício (*ST* IIIa, q. 48, a. 3). Nesta acepção ética, todavia, não se compreende mais por que o sacrifício de Cristo devia comportar sua morte brutal e sangrenta e não podia se limitar a seu amor por Deus. Agostinho e os Padres da Igreja quiseram remediar essa falha completando sua doutrina do sacrifício com o tema da vitória sobre o diabo, e os teólogos escolásticos com a doutrina da expiação. Esses complementos artificiais mostram que se negligenciou um fator importante — a saber: a parte do subconsciente nas representações sacrificiais, tal como se exprime na materialidade do rito.

Uma vez que a ideia de sacrifício — apesar de sua espiritualização — evoca inevitavelmente o sangue, e o sangue de Cristo correra na cruz, viu-se surgir desde os Padres da Igreja a tentação de reconhecer no "sacrifício de Cristo" um ato de levar à morte ou de aniquilação. Assim, foi possível fazer dos assassinos de Cristo os instrumentos seja do *Logos* eterno (Eusébio, Atanásio, Gregório de Nissa), seja do Pai celeste (Barth). O Cristo sacrificado corria o risco desde logo de ser considerado como o autor indireto de sua própria morte ou como a vítima imolada pelo Pai celeste. Para Gregório de Nissa, Cristo não morreu segundo as leis da natureza, foi o *Logos* que, por seu poder plenário, separou a alma e o corpo de sua humanidade (matando-se a si mesmo diretamente), para oferecer assim o sacrifício (Jaeger II, 132, 7-14; III/1, 152, 30-154, 14; IX, 286, 23-288, 8). À ideia de que o *Logos* teria sacrificado sua humanidade Atanásio associou a noção de troca: "O próprio Verbo tomou sobre si o que é nosso, levou isso ao sacrifício e assim o destruiu, para nos revestir do que é seu" (PG 26, 1061).

Tais ideias desembocariam naquela "desconversão" dos conceitos de que falamos acima. Perdeu-se de vista o papel específico dos assassinos, e a noção de sacrifício caiu incessantemente em representações arcaicas. É de lá que parte hoje a crítica de R. Girard, cuja interpretação dos cultos rituais e sangrentos, distinguindo claramente entre as representações sacrificiais (mitos*) e o ato sacrificial (rito), tem muita utilidade para a teologia. Se Girard admite que as representações sacrificiais se desenvolveram e se espiritualizaram ao longo da história das religiões, ele interpreta sempre o sacrifício sangrento, em sua materialidade ritual, como uma agressão coletiva dirigida sobre uma "vítima". É a partir daí que ele recusa resolutamente ver na morte de Cristo um sacrifício. O que era na história das religiões ato sacrificial sangrento revela-se nos Evangelhos* como um pecado, como o ato coletivo de homens assassinos. O personagem da "vítima" toma, em contrapartida, uma significação totalmente diferente pois a oferenda à divindade, tal como se exprimia nas representações sacrificiais, é trazida não mais pelos que matam ou sacrificam, mas pela própria vítima.

A narrativa* da queda mostra, além disso, que os homens, tão logo se tornam culpados de uma falta, se apressam em lançar sobre outros a responsabilidade de seu ato: Adão acusa Eva, Eva acusa a serpente (Gn 3,12s; cf. Gn 4,9). Caim, roído pelo ciúme, tenta se aliviar matando o irmão e começa, ele também, por dissimular o crime (Gn 4,3-9). Vemos igualmente nos relatos das vidas dos profetas e nos salmos de lamentação como os criminosos se reúnem constantemente para caluniar e perseguir os homens de oração e de justiça (Jr 26,7-9; Mq 4,11; Zc 12,3; Sl 2,2s; 22,13-17; 31,14; 38,13.20; 41,8; 69,5; 118,10-13). Compreende-se assim por que tantos grupos diversos em Israel*, judeus e gentios, se reuniram contra Jesus (cf. At 4,27s).

Segundo Anselmo de Cantuária, uma misericórdia que apenas lança um véu sobre o mal, sem restaurar do interior a liberdade cativa, é indigna de Deus como do homem. Este pensamento é importante, mas não é suficiente em si mesmo. Se o pecado implica que se jogue a falta sobre *outros*, assim transformados em vítimas, então o mal só é plenamente vencido quando estas se veem socorridas. De fato, à medida que sua revelação progride do AT ao NT, Deus aparece sempre mais claramente como aquele que toma o partido das vítimas. Compreende-se desde logo que Jesus tenha por obediência aceitado tornar-se uma vítima do tipo. Porque, a exemplo do bom pastor, ele não se deteria enquanto não encontrasse os pecadores, e descobriria que estes lançariam sobre ele a sua falta tão logo ele se aproximasse deles. Fizeram dele seu "bode expiatório", não no sentido ritual, como acreditaram alguns teólogos (Estius, Cornelius a Lapide; H. Lesêtre; E. B. Allo — cf. Sabourin, 1961), segundo os quais Deus ou o *Logos* — como o sumo sacerdote no rito do bode expiatório — teria transferido deliberadamente o pecado sobre sua humanidade, mas no sentido dos Salmos*, que corresponde, aliás, à abordagem da psicologia social moderna. Cegos pelo pecado, os homens indistintamente lançaram suas faltas sobre o inocente e assim fizeram dele o portador de seus pecados (1Pd 2,24) ou um bode expiatório. Deus não quis diretamente a morte de seu Filho, mas quis seu devotamento total a homens endurecidos que iam, em nome da lei, identificá-lo ao pecado (2Cor 5,21) e à maldição (Gl 3,13). Como vítima do pecado, Cristo não respondeu à violência e à mentira pela violência, mas carregou o mal num amor sem violência — o que significa a imagem do "cordeiro de Deus". Por uma "alquimia misteriosa" (Sesboüé, 1988, I, 321), pôde assim transformar o mal em bem. Tendo-se identifi-

cado simultaneamente com todas as vítimas (cf. 2Cor 5,15), ele podia em nome delas implorar a Deus desde este mundo de perdição e chamar a potência salvadora da ressurreição pela vinda do Espírito (cf. Schwager, 1990, 109-202). A teologia moderna sublinha aqui que o envio do Espírito deve ser compreendido como um ato autônomo pelo qual Deus comunica a s., e não como uma simples apropriação (cf. Mühlen, 1963; Congar, 1979-1980; Coffey, 1979).

e) Reconciliação transcendental. — O tema central da reconciliação foi reformulado por Rahner*. O ponto de partida de sua teologia é a vontade universal de s. em Deus, e ele compreende a revelação como um ato de autocomunicação divina que repercute ao longo de toda a história (revelação transcendental). Mas Cristo é também, segundo Rahner, o salvador absoluto, porque é nele que este ato divino, que se efetua por toda parte de maneira invisível ("existencial sobrenatural", "cristãos anônimos"), tornou-se historicamente acessível. Rahner encara a questão da morte pelo ângulo da liberdade e da decisão. A morte violenta de Jesus, entretanto, não tem, para ele, um papel particular. Por isso, o tema do mal e do pecado permanece vago na doutrina da reconciliação transcendental (cf. Rahner, 1976).

4. Da ressurreição de Jesus à nova criação em Cristo

Segundo o relato do Gênesis, Deus julgou após cada ato da criação que sua obra era boa, e finalmente mesmo muito boa (Gn 1,4.10.18.21.25.31). Mas, à véspera do dilúvio, a terra "se havia corrompido diante de Deus e se havia enchido de violência" (Gn 6,11). A primeira constatação de Deus, quando as águas se retiraram, é que "o coração do homem se inclina para o mal desde sua juventude" (Gn 8,21), e tais agravos se repetem ao longo de todo o AT. Todas as admoestações morais e as profecias* se romperam contra "essa teimosia execrável" (Jr 3,17; 9,13; 11,8; 13,10; 16,12; 18,12; 23,17). A proclamação de Jesus chocou-se contra a mesma resistência. Por isso, segundo Paulo, o "homem velho" deve morrer com Cristo, para participar de sua ressurreição e se tornar um "homem novo" e uma "criatura nova" (Rm 6,1-11; 8,1-17; 2Cor 5,17; Gl 6,15). A morte de Cristo só é salutar porque conduz à ressurreição e à nova criação (cf. Durrwell, 1950).

O tema da ressurreição e da criação nova foi tratado de diversas maneiras pelos Padres da Igreja. Eles viam assim na eucaristia um "remédio de imortalidade" (Inácio de Antioquia, *Ep. aos Efésios* 20, 2). Mas é sobretudo a ideia de divinização do homem que lhes permitiu sublinhar que o pecador devia ser renovado até em sua natureza*. Segundo Atanásio, o homem atraiu sobre si, com a queda, um duplo infortúnio: é condenado por sua falta e cai no estado de perdição de uma criatura separada de Deus (SC 199, 275-279). Tendo escapado da participação no Verbo* e não sendo mais "tal como começou a ser", ele perde o dom da incorruptibilidade prometida e se acha reconduzido à simples condição de criatura tirada do nada*. Ele se acha sujeito a uma potência de destruição natural que se exerce rigorosamente sobre ele desde a falta, e ele deve enfrentar a morte com que foi ameaçado. É para suprimir esse duplo infortúnio e vencer a extrema inconstância da liberdade humana que o homem deve ser naturalmente ligado a Deus pela encarnação do *Logos*: "Pois ele mesmo se fez homem, para que nós sejamos feitos Deus" (*ibid.*, 459). Somos liberados do pecado e somos divinizados. A cruz manifesta a humilhação do *Logos*, a ressurreição mostra a glorificação e a nova criação do homem. Esta noção de uma troca entre Deus e o homem teve um grande papel na teologia (cf. Tomás de Aquino, opúsc. 57, in *Festo Corp. Chr.* 1) como na liturgia.

Para alguns Padres (Orígenes, Gregório de Nissa, Máximo Confessor), a ideia do duplo infortúnio é substituída pela doutrina da dupla criação. Depois de Fílon de Alexandria, eles distinguem entre uma criação anterior à queda e uma criação consecutiva à queda. A primeira comportava a impassibilidade, uma condição angélica e uma existência eterna; a segunda comporta o sofrimento, a morte e a procriação na concupiscência (Gregório de Nissa, SC 6, 151-172; Máximo, CChr.SG 10, 138-139). O homem, a quem Deus destinou a uma condição ideal, angélica, pecou desde o primeiro instante de sua existência, de sorte que, mal foi criado, tornou-se miserável. O pecado está inscrito, com todas as suas consequências, na realidade concreta do mundo, e só pode, portanto, ser vencido por uma transformação radical, pela morte e pela ressurreição.

A doutrina da dupla criação não foi adotada pela Igreja do Ocidente. Esta sublinhou, em contrapartida — com Atanásio — que a criação como tal era extremamente precária e que só seus dons preternaturais tinham permitido a Adão existir brevemente numa condição ideal. Decerto o homem podia não pecar (Agostinho), entretanto seu "poder pecar" trazia em si o risco de uma fatalidade. Para essas duas abordagens, o mal moral tem sua condição de possibilidade e, portanto, em certa medida, suas raízes profundas na criação mesma, para além de todo ato de ordem ética ou política. A s. exige uma transformação da "antiga" criação. Por isso, toda a tradição insistiu no caráter corporal da ressurreição e apresentou-a, não como um retorno à existência precária de antes da queda, mas como uma criação nova em vista da vida eterna. É somente na gnose do s. II (cf. Orbe, 1976) e na teologia moderna que se viu desenvolver movimentos inversos. Enquanto a gnose submetia frequentemente o mundo material a um Deus inferior e concebia a s. como uma elevação fora deste mundo, algumas correntes da teologia moderna tendem a reduzir a ressurreição a um processo de conversão nos próprios crentes (Bultmann*, W. Marxen). Em ambos os casos, corre-se o risco de perder de vista o tema importante da nova criação.

P. Teilhard de Chardin (1881-1955) tentou interpretar a ideia de uma criação precária a partir da teoria da evolução*, a fim de torná-la acessível a uma sensibilidade atual. Em alguns textos, ele descreve o "pecado original" como um fenômeno coextensivo ao conjunto da evolução. "O pecado original é a essencial reação do finito ao ato criador" (*Œuvres*, t. X, 53). Ele conta assim com uma transformação da criação, que visa, para além do homem, o ponto Ômega, a plena revelação do Cristo. Censuraram-lhe, por causa dessa concepção do pecado original, a desconsideração da questão da falta moral. Contudo, mesmo que falte evidenciar claramente o papel específico da liberdade humana, parece hoje plenamente justificado querer, como Teilhard, recolocar a precariedade da criação, já ensinada pelos Padres da Igreja, num contexto evolucionista. Assim nos abrimos à ideia de que a ressurreição de Cristo é não somente um sinal de esperança para todos os homens, mas também a indicação de uma transformação futura de toda a criação extra-humana.

5. Conclusão

Os textos messiânicos do AT exprimem a esperança de uma plenitude terrestre de s. (Is 11,1-16; 65,16-25; Am 9,11-15; Mq 4,1-5). Jesus também proclamou o reinado de Deus como uma realidade já parcialmente cumprida. Mas a abordagem do mundo novo devia decuplar a resistência das forças antigas. Por isso, a fidelidade de Jesus ao reinado de Deus o conduziu, para além de sua morte violenta e sua ressurreição, rumo ao mundo da nova criação e da s. verdadeira. Na memória do caminho percorrido com a assistência do Espírito Santo, e em seus esforços por imitar o Cristo, a Igreja proclama o começo da s. neste mundo, sempre sabendo que o tempo do infortúnio, do sofrimento e das perseguições não acabou. Por isso, ela se compreende como o sinal e o instrumento de uma metamorfose profunda dos homens, destinados a se unir a Deus e entre si (LG 1). Mas como ela mesma não é isenta de pecado, de iniquidade e de sofrimento, os sinais unívocos da s. esperada só se encontram na estrutura simbólica de sua vida sacramental. Se as sociedades seculares necessitam se demarcar dos estrangeiros e dos inimigos, e só podem fundar sua unidade em detrimento de um bode expiatório qualquer, é uma comunidade de natureza totalmente diversa que se desenha na celebração eucarística. Ela se enraíza na conversão* de todos os participantes e confessa que Deus fez daquele que os homens excluíram

e rejeitaram a "causa da salvação" (Hb 5,9), a "pedra angular" de uma nova comunidade (At 4,11), o "alimento para a vida eterna" (Jo 6,27). A celebração eucarística na terra torna-se assim o sinal da plenitude da s. esperada na vida eterna com a divina Trindade.

• Anselmo de Cantuária, Œuvres, sous la dir. de M. Corbin, t. 3 Paris, 1988. — Atanásio de Alexandria, Contra os pagãos, SC 18 bis; Sobre a encarnação do Verbo, SC 199. — Agostinho, A cidade de Deus, BAug, 33-37. — Gregório de Nissa, A criação do homem, SC 6. — Ireneu de Lião, Contra as heresias, SC 100 (2 vols.), 152, 153, 210, 211, 263, 264, 293, 294.

▸ J. Rivière (1914), Le dogme de la Rédemption. Étude théologique, Paris — E. Hugon (1922), Le mystère de la rédemption, Paris. — G Aulén (1930), Den Kristna försoningstanken, Lund. — J. Rivière (1931), Le dogme de la Rédemption. Études critiques et documents. — K. Barth (1932-1967), KD, I IV + index (1970). — F. X. Durrwell (1950), La résurrection de Jésus mystère de salut, Le Puy (1982[11], Paris). — S. Lyonnet (1959), «Expiation et intercession», Bib. 40, 885-901. — L. Sabourin (1961), Rédemption sacrificielle, Paris. — H. U. von Balthasar (1961), Kosmische Liturgie. Das Weltbild Maximus' des Bekenners, Einsiedeln. — H. Mühlen (1963), Der Heilige Geist als Person, Münster. — J. Galot (1965), La rédemption, mystère d'alliance, Paris. — B. Catão (1965), Salut et rédemption chez saint Thomas d'Aquin. L'acte sauveur du Christ, Paris. — H. U. von Balthasar (1973-1983), Theodramatik (5 vol.), Einsiedeln. — N. Brox (1973), «Soteria und Salus. Heilsvorstellungen in der alten Kirche», EvTh 33, 253-279. — A. Orbe (1976), Cristología gnóstica. Introducción a la soterología de los siglos II y III (2 vol.), Madri. — K. Rahner (1976) Grundkurs des Glaubens, Friburgo-Basileia-Viena (Curso fundamental de fé, São Paulo, 1986). — R. Daly (1978), Christian Sacrifice. The judaeo-christian Background Before Origen, Washington. — R Girard (1978), Des choses cachées depuis la fondation du monde, Paris. — D. Coffey (1979), Grace: The Gift of the Holy Spirit, Sidney. — Y. Congar (1979-1980), Je crois en l'Esprit Saint (3 vol.), Paris. — H. de Lubac (1979-1981), La postérité spirituelle de Joachim de Flore (2 vol.), Paris. — R. Verdier (textes réunis et présentés par) (1980), La vengeance (2 vol.), Paris. — N. Leites (1982), Le meurtre de Jésus, moyen de salut?, Paris. — R. Girard (1982), Le bouc émissaire,

Paris. — M. Seils (1985), "Heil und Erlösung IV, Dogmatisch", *TER* 14, 622-637 (bibl.). — B. Studer (1985), *Gott und unsere Erlösung im Glauben der alten Kirche*, Dusseldorf. — G. Wenz (1984-1986), *Geschichte der Versöhnungslehre in der evangelischen Theologie der Neuzeit* (2 vol.), Munique. — R. Schwager (1986), *Der wunderbare Tausch. Zur Geschichte und Deutung der Erlösungslehre*, Munique. — B. Sesboüé (1988-1991), *Jésus-Christ, l'Unique Médiateur*, t. I: *Essai sur la rédemption et le salut*, t. II: *Les récits du salut.* — T. Pröpper (1998), *Erlösungsglaube und Freibeitsgeschichte*, 1991³. Munique. — R. Swinburne (1989), *Responsability and Atonement*, Oxford. — B. Sesboüé (1990), "Salut", *DSp* 14, 251-283. — R. Schwager (1990), *Jesus im Heilsdrama*, Innsbruck. — J. Sobriño (1991), *Jesucristo libertador*, Madri. — C. Porro (1992), *Gesù il salvatore*, Bolonha.

Raymund SCHWAGER

→ *Beatitude; Cumprimento das Escrituras; Escatologia; Filho do homem; Jerusalém; Messianismo/ messias; Milenarismo; Parusia; Tentação; Visão beatífica.*

SALVADOR → Cristo/cristologia → salvação

SANTIDADE

A. TEOLOGIA BÍBLICA

A santidade (s.) pertence só a Deus*. Ela designa o brilho de sua potência*, a perfeição de seu ser. Só ele tem o poder de fazer participar de sua s. aqueles que ele chama para viver em sua presença.

a) O vocabulário do sagrado e da santidade. — A raiz *qadash*, que pertence ao registro religioso, recobre ao mesmo tempo as noções de sagrado e de s. Nas religiões antigas, ela exprime a majestade e a potência atuante da divindade. Empregada nas línguas semíticas, com o sentido de "consagração-purificação", ela tem primeiramente o valor positivo de consagração, de pertencimento, e secundariamente o de separação.

O verbo de estado *qadash* se traduz: "ser santo, ser consagrado, ser posto à parte". No intensivo (76 u), tem o sentido de "consagrar, pôr à parte,

considerar como santo", e no causativo (45 u), o de "consagrar, declarar santo". Outras formas do verbo indicam que Deus "manifesta sua santidade" e "é reconhecido por santo", ou então que homens "se santificam" para uma ação ritual. O adjetivo *qadosh* (116 u) designa o próprio Deus (Is 6,3) e qualifica as pessoas e as coisas em relação com ele. O abstrato *qodesh*, de longe o mais frequente (469 u), evoca a s. e o que toca nela. Pode ter o sentido de santuário e se aproxima então de outro derivado, *miqdash*.

O sagrado circunscreve o domínio da divindade e de tudo o que se vincula a ela: pessoas, objetos, tempo, lugares. Ele se opõe ao profano, *hol*, que, no sentido etimológico, aplica-se àquilo que está situado fora do templo* (*pro-fanum*: "diante do templo"). O par sagrado-profano é posto em paralelo com o par pureza-impureza* (Lv 10,10; Ez 44,23). Trata-se antes de tudo e na maioria dos casos de uma pureza ritual que define a aptidão a participar do culto*. Em caso de impureza, exige-se ritos de purificação. Outra raiz hebraica, *nazar*, evoca também a ideia de consagração à divindade.

Os LXX verteram maciçamente a raiz *qadash* por *hagios* e seus derivados. Este verbo remete a um verbo *hazomai* que significa "sentir um temor respeitoso", frequentemente com um matiz religioso. Este vocábulo facilita a passagem da noção de sagrado à de s. moral. É preferido a *hieros*, mais orientado para o sagrado. Os LXX reservam *hieron* para o templo*.

b) O sagrado e a santidade no AT. — As 842 ocorrências da raiz *qadash* se concentram sobretudo nos textos sacerdotais do Pentateuco (Ex 102 x, Lv 152 x, Nm 80 x), no profeta-sacerdote Ezequiel (103 x) e nas redações levíticas e sacerdotais das Crônicas (120 x). Seu uso permanece bastante frequente em Isaías (73 x) e nos salmos* (65 u). Em contrapartida, está pouco documentada na literatura de sabedoria*.

Moisés faz a experiência de que o lugar onde o Senhor está é uma terra santa (Ex 3,5; cf. Js 5,15). Libertador de seu povo, o Deus do Êxodo revela-se "esplendoroso em s." (Ex 15,11). O povo deve se santificar para ir a seu encontro na montanha do Sinai (Ex 19,10). O Deuteronômio e os textos redigidos sob sua influência sublinham que Israel* é uma "nação santa" (Ex 19,6), um povo* consagrado ao Senhor seu Deus, escolhido para se tornar sua parte pessoal entre todos os povos que estão na superfície da terra (Dt 7,6). A dupla afirmação de que o Senhor é santo e que é ele que santifica escande os parágrafos da Lei* de Santidade (Lv 17-26). Ele chama seu povo à s.: "Sede santos, pois eu sou santo" (Lv 19,1), uma s. que, para além dos ritos, exige um comportamento moral que chega até a amar seu próximo como a si mesmo (Lv 19,18). O código sacerdotal tem uma ideia elevada da s. de um Deus do qual ninguém pode se aproximar impunemente, sem ter satisfeito às exigências requeridas. Estas são particularmente minuciosas para os sacerdotes consagrados ao serviço da s. do povo de Deus. Os textos sacerdotais tendem a dar mais peso à separação perante o profano (Ex 19,12s.20-25). Que se trate da construção do santuário ou da instalação dos sacerdotes, eles enfatizam os graus de participação na s. de Deus.

Ezequiel denuncia as imundícies e as infidelidades do povo e de seus dirigentes. Na confluência das tradições litúrgica e jurídica, ele projeta um novo templo* no centro de uma terra purificada onde o povo santificado e renovado pelo Espírito viverá em presença de seu Deus. Isaías encontra no templo de Jerusalém* o Deus três vezes santo (Is 6,3). Ele e seus sucessores celebram a grandeza do Deus de Israel (Is 57,15). Jerusalém será chamada "Sião do Santo de Israel" (Is 60,14). Se o povo for condenado, a cepa que sobreviver será uma "semente santa" (Is 6,13). A oração* de Israel faz eco a essas afirmações de Isaías: o Senhor é grande em Sião, ele é santo (Sl 99,2s).

O Deus santo é um Deus transcendente que se deixa aproximar. Os profetas fizeram evoluir a compreensão da s. num sentido mais moral. Consagrar-se a Deus exige um engajamento fiel e resoluto, consciente das rupturas necessárias.

c) A santidade no NT. — Fiel ao uso dos LXX, o NT traduz a raiz *qadash* por *hagios* e seus derivados: *hagiazo*, "santificar, consagrar" (28 x), *hagiasmos*, "santificação, consagração" (10 x); *hagiotes*, "s." (2 x), e *hagiosyne* (3 x)

— estes três últimos termos só se atestam nas epístolas. 90 dos 230 empregos de *hagios* se referem ao Espírito* Santo. Enquanto *hieron* designa o templo, o adjetivo *hieros* só aparece três vezes.

A oração de Jesus* se dirige ao "Pai* santo" (Jo 17,11), e ele pede a seus discípulos que rezem para que o nome* do Pai seja santificado (Mt 6,9; Lc 11,2). Ele é aquele que o Pai consagrou e enviou ao mundo* (Jo 10,36); ele é o "santo de Deus" (Mc 1,24), o "santo servo" de Deus (At 4,27). O Espírito Santo está em ação desde a concepção de Jesus (Lc 1,35). Investido pelo Espírito Santo em seu batismo* (Lc 3,22), ele caminha na plenitude do Espírito (Lc 4,1). Jesus oferece a todos os crentes a participação na s. de Deus. Santificador e santificados têm todos uma mesma origem (Hb 2,11). Por uma oferenda única, ele leva à perfeição aqueles a quem santifica (Hb 10,14). A Igreja* é doravante a nação santa, o povo que Deus adquiriu (1Pd 2,9; cf. Ex 19,5s). Santos por vocação (Rm 1,7), os cristãos podem já receber este título, mesmo que sua vida ainda não seja perfeita. A vontade de Deus é a santificação deles, o que implica rupturas (1Ts 4,3-8). O Espírito Santo age na Igreja desde o Pentecostes (At 2,1-13) e a via da s. consiste em se deixar guiar pelo Espírito que habita em cada um e que intercede pelos santos (Rm 8,1-17).

O sentido da grandeza e da s. de Deus, a segurança de que ele quer fazer seu povo participar de sua s. fazem parte da herança que os cristãos receberam de Israel. Pelo dom de sua vida, Jesus ofereceu a todos, indistintamente, uma participação na s. de Deus que ultrapassa as divisões e as separações da antiga aliança.

• F. J. Leenhardt (1929), *La notion de sainteté dans l'Ancien Testament. Étude de la racine QDSh*, Paris. — O. Procksch, K. G. Kuhn (1932), *ThWNT* 1, 87-116. — H. P. Müller (1976), *ThWAT* 2, col. 589-609. — M. Gilbert (1978), "Le sacré dans l'Ancien Testament", in J. Ries *et al.*, *L'expression du sacré dans les grandes religions*, Louvain-la-Neuve. — H. Cazelles, C. B. Costecalde, P. Grelot (1985), "Sacré (et Sainteté)", *DBS* 10, 1342-1483, Paris. — J. Ries (1985[2]), *Les chemins du sacré dans l'histoire*, Paris. — W. Kornfeld, H. Ringgren (1989), *ThWAT*

6, 1179-1204. — Ph. P. Jensson (1992), *Graded Holiness*, Sheffield.

Joseph AUNEAU

→ *Culto; Espírito Santo; Expiação; Glória; Justiça; Nome; Pureza/Impureza; Sabbat; Sacerdócio; Sacrifício; Templo.*

B. TEOLOGIA HISTÓRICA E SISTEMÁTICA

Só Deus* é santo. E para os homens, que são seres criados, a santidade (s.) consiste em participar da vida divina. João diz a este respeito: "seremos semelhantes a ele, já que o veremos, tal como é" (1Jo 3,2). Das duas partes desta frase nasceram as duas tradições* da divinização no Oriente (*theosis* e *theopoiesis*; cf. Máximo* Confessor, PG 90, 1193 D) e da visão de Deus no Ocidente (visão beatífica*; cf. Agostinho*, PL 35, 1656 e 1895). O fato de ambas terem suas fontes no mesmo texto mostra bem seu acordo e sua complementaridade.

1. A Eucaristia e a Igreja

A s. não é um conceito abstrato. Concretamente, a s. consistirá em ser membro da comunidade escatológica, na "cidade* santa, a nova Jerusalém*" (Ap 21,2), lá onde, segundo uma destas visões típicas de João, todos usarão vestes luminosas, alvejadas no sangue do Cordeiro* (7,14) e contemplarão a Deus (7,9s). Na Jerusalém celeste, "Deus vive com os homens" (21,3) e os seres humanos são pessoas*, à imagem de Deus em três pessoas, em comunhão* eterna com o Cristo*, como o Filho e o Espírito estão em comunhão eterna com o Pai. É uma só e mesma coisa ser um santo e ser uma pessoa, e é essencialmente na celebração da eucaristia*, em que estamos unidos à Igreja* do alto (cf. Hb 12,22s), que somos santificados, consagrados, como pessoas por antecipação. No Evangelho* de João e no contexto eucarístico da última ceia, Jesus roga ao Pai: "E, por eles, eu me consagro a mim mesmo, a fim de que também eles sejam consagrados pela verdade" (Jo 17,19).

2. Agostinho e o Ocidente

Nas *Confissões*, Agostinho descreve o apelo à s. que ele ouviu antes de seu batismo*, um apelo a não mais pertencer a si mesmo, mas a Deus. Ele viu internamente a luz imutável e transcendente de Deus e ficou transtornado com uma mistura de amor*, temor* e um sentimento de dessemelhança (cf. PL 32, 813) — a combinação característica de atração e de recuo, de familiaridade e de estranheza suscitada pela experiência do sagrado (Otto, 1917). O Verbo* de Deus lhe falou, e ele disse: "Eu sou o alimento dos fortes. Cresce, e tu te alimentarás de mim. Mas não me transformarás em ti, como acontece com o alimento comum; és tu que serás mudado em mim" (*Conf.* VII, 10, PL 32, 742). H. de Lubac* compreende isso como uma antecipação da participação na eucaristia na comunhão da Igreja. Aquelas palavras de Cristo significavam para os ouvintes "que pela recepção da eucaristia eles seriam incorporados ainda mais à Igreja" (1938, 1983[7], 72-73). Agostinho mostra bem que a s. é eclesial ao comparar a fabricação do pão eucarístico com o processo de entrada na Igreja. É comentando Paulo ("um só pão [...] um só corpo*", 1Cor 10,17) que ele diz: "Sede, pois, o que vedes e recebei o que sois" (PL 38, 1247-1248). Receber o Cristo é, na realidade, ser recebido por ele na Igreja. "Ele mesmo é o corpo do qual aqueles que o comem se tornam o alimento" (Lubac, 1944, 1949[2], 201).

No início das *Confissões*, Agostinho descreve assim a condição humana: "Tu nos fizeste para ti, Senhor, e nosso coração* é sem repouso até que repouse em ti" (PL 32, 661). Todo coração tem um arroubo natural na direção de Deus, vale dizer, uma vocação à s. Esta descrição faz eco à de Ireneu*, e anuncia a doutrina de Tomás* de Aquino. Para Ireneu, "a glória* de Deus é o homem vivo; e a vida do homem é a visão de Deus" (*Adv. Haer.* IV, 20, 7). Deus e o homem são postos em relação de maneira dinâmica, e a visão de Deus é claramente posta como o fim para o qual o homem é feito. A coerência da tradição ocidental é manifesta quando se vê, mais de mil anos mais tarde, Tomás ensinar que há um desejo natural da visão (sobrenatural*) de Deus: "O fim de uma criatura dotada de razão* é atingir a bem-aventurança*", que é "a visão de Deus" (*CG* 4, 50, 5). Mais precisamente, "toda inteligência deseja naturalmente a visão da substância divina" (3, 57, 3).

3. Gregório Palamas e o Oriente

a) *O hesicasmo.* — Segundo o hesicasmo*, a tradição oriental de oração* interior que remonta aos primeiros séculos e que foi defendida por Gregório* Palamas, o objeto da visão beatífica não é a *essência* divina, como no Ocidente, mas as *energias* incriadas de Deus. São essas energias que constituíam a luz que emanava de Cristo no momento da Transfiguração, luz acessível desde aqui embaixo, segundo essa doutrina, aos olhos purificados dos santos na oração. Os monges recorriam a técnicas corporais precisas para concentrar o espírito e atingir a "oração do coração", e acreditavam que esse método podia dar uma experiência* direta de Deus.

Quando Barlaão argumentou que essa prática era contrária ao espírito da teologia negativa*, Palamas defendeu a realidade da comunhão com Deus. Seu princípio fundamental é a distinção entre a essência e as energias de Deus (PG 150, 1169C), e sua doutrina preserva ao mesmo tempo a realidade da transcendência de Deus e a realidade da divinização do homem: se só participamos das energias de Deus, tais energias são todavia incriadas e verdadeiramente divinas.

b) *Complementaridade do Oriente e do Ocidente.* — Para Barlaão, essa distinção da essência e da energia em Deus se faz em detrimento da simplicidade* divina (Jugie, 1932; Williams, 1977). Para o teólogo neopalamita Meyendorff, em contrapartida, é a simplicidade *humana* (se podemos dizer) da antropologia* bizantina que está ameaçada pela distinção ocidental da natureza* e da graça*, categorias estáticas e escolásticas. Mas é preciso ver que é a serviço do mesmo objetivo, sobre o qual estão de acordo — jamais esquecer a distinção essencial da criatura e do Criador —, que Oriente e Ocidente propõem estratégias diferentes e incompatíveis. Seja a simplicidade de Deus, seja a do homem, ambas devem aparentemente ser quebradas para que seja criada entre eles uma espécie de distância que impede de serem pensados como

iguais, o homem tornando-se literalmente Deus ou Deus permitindo ao homem participar de todo seu ser*. O Criador é santo em si mesmo, e a criatura é somente chamada à santidade.

Devemos a Atanásio* a perspectiva fundadora de que "o Filho de Deus se fez homem para nos fazer Deus" (PG 25, 192 B; cf. Ireneu, PG 7, 1109 A), mas também encontramos em Tomás que "o Filho único de Deus [...] assumiu nossa natureza, a fim de que ele, feito homem, tornasse os homens Deus" (*Opusc.* 57, *ofício da festa do Corpo de Cristo*, cf. *ST* Ia IIae, q. 3, a. 1, ad 1). O *CIC* uniu a justo título as duas proposições (§ 460). Aliás, ele recorre de bom grado aos Padres* gregos para valorizar o mistério* da divinização (cf. § 1589, 1988), que católicos e ortodoxos afirmam quando descrevem o destino do homem como "sua deificação pela vitória sobre a morte*" (Comm. cath.-orth. 1987, n. 31; cf. *id.* 1982, I, 4a e 4b). Trata-se somente de aspectos do mistério único do chamado à s., que Oriente e Ocidente explicam, cada qual à sua maneira, com destinos diversos.

c) *Deificação.* — Se o Ocidente tem como preocupação o pecado* e a perda da graça, a "simplicidade" antropológica do Oriente o faz concentrar-se na consequência brutal, a morte. Para Atanásio, p. ex., "o homem é mortal por natureza, já que saiu do nada*" (PG 25, 104 C). O pecado nos corta de Deus, é uma nova ameaça de morte. A alma* não é imortal em si mesma, já que ela também é criada e corre o risco de retornar ao nada. Assim é superada a tendência ocidental a distinguir um corpo mortal e uma alma imortal: o corpo e a alma, "juntos", é que foram criados à imagem de Deus (PG 150, 1361 C).

A imagem tende para a semelhança, que é a deificação: "A imagem predestina o homem à *theosis*" (Evdokimov, 1979, 80). Gregório* de Nazianzo faz eco ao que Basílio* diz do homem, criatura que "recebeu a ordem de se tornar (um) deus" (PG 36, 560 A), embora a distinção da essência e das energias seja mais clara em Basílio (PG 32, 869 A-B) que em Gregório (PG 36, 317 B-C). É a eucaristia sobretudo que realiza essa deificação (PG 35,

1200 B). Gregório* de Nissa não quer que se tenha a ideia de que o arroubo rumo a Deus deságue numa "visão" estática: segundo ele, mesmo no mundo por vir, iremos "de começo em começo por começos que nunca terão fim" (PG 44, 941 C). Ele acrescenta que "ser cristão é imitar a natureza divina" (PG 46, 244 C), mostrando claramente assim que se tornar cada vez mais semelhante a Deus (razão por que é necessária uma livre cooperação, uma *sinergia*, com a graça) é tornar-se cada vez mais uma pessoa, atingir a plenitude da natureza humana, tal como em Deus cada pessoa possui a totalidade da natureza divina.

A deificação consiste, portanto, em adquirir, não a natureza divina, o que é impossível, mas a *maneira de ser* divina de pessoas em comunhão. Como essa divina maneira de ser entrou na humanidade por Jesus Cristo, a deificação é atingida pela união sacramental com ele, reforçada no hesicasmo pela oração* de Jesus. Zizioulas (1975, 440) pensa que, por causa da prioridade tradicionalmente concedida à natureza sobre a pessoa na teologia trinitária ocidental, o Ocidente nunca aceitou verdadeiramente a *"theosis"* e o homem nunca pode ser, ali, partícipe da natureza divina. Se se dá prioridade à pessoa, então, ao contrário, pode-se aceitá-la plenamente.

4. Natureza e pessoa

a) *A reação protestante.* — A reticência ocidental diante da noção de deificação é particularmente sensível na tradição reformada. Barth* a rejeita nitidamente, reagindo de fato contra a doutrina luterana segundo a qual "o Filho de Deus comunicou sua majestade divina à carne que assumiu" (*Fórmula de concórdia*). É preciso notar que ele se coloca aí do ponto de vista da natureza e não da pessoa (*KD* IV/2, 83-91). A *Fórmula* explica a divinização da humanidade de Cristo pela interpenetração desta e de sua natureza divina, o que Barth recusa como comprometendo ao mesmo tempo a verdadeira divindade e a verdadeira humanidade de Jesus Cristo. Ademais, já que a humanidade de Cristo é a de todos os homens, sua deificação implica que todos podem ser deificados por sua vinda,

se é que já não o foram: não haveria, pois, mais necessidade de ver nele a única esperança de salvação*, e cada um poderia confiar em si mesmo. É a ruína de toda cristologia*.

Mas esse raciocínio só vale quando se trata de naturezas interpessoais e não de pessoas vivas. A humanidade de Cristo é divinizada porque é assumida pela pessoa de Cristo, e os seres humanos são divinizados porque entram numa relação pessoal com ele. Pannenberg (1966, cap. 8-11) pensa que o debate entre luteranos e reformados vem do fato de partirem ambos da encarnação* — para eles, Cristo é, pois, plenamente homem e plenamente Deus desde o nascimento — em vez de chegar a esta conclusão após ter considerado o curso absolutamente único de sua vida. Esta última postura, pode-se notar, é centrada dinamicamente na pessoa de Cristo e não estaticamente em suas naturezas, e ela dá lugar a um desenvolvimento. Gregório de Nissa acreditava que a divinização da natureza humana de Cristo era um processo acabado somente na ressurreição* (PG 45, 1261 C-1265 B).

b) *A graça santificadora.* — O concílio* de Trento* também ensina que os cristãos crescem na vida da graça (*DS* 1535). Afirma, com Lutero*, que a graça é necessária a todas as etapas da justificação*, mas ensina, contra ele, que a vontade humana deve cooperar para isso, e que a justificação não é somente perdão, mas também santificação (*DS* 1521-1529). A graça de caridade é presente nos justos, a justiça* de Cristo não lhes é simplesmente imputada (*DS* 1530, 1561). Esses textos fundam a doutrina católica da graça santificadora, transformação operada nos justos pelo dom do Espírito Santo (Rm 5,5). Pelo fato desta transformação se produzir numa criatura, chama-se "graça criada", um conceito que desagrada aos ortodoxos (*supra* e p. ex. Zizioulas, 1984, 163) tanto quanto aos reformados — mas o dom mesmo é "graça incriada".

A graça criada, ela mesma, não é algo que se poderia separar de Deus. "Não se trata de modo algum de conceber uma espécie de entidade separada de sua fonte, uma espécie de lava esfriada — de que o homem se apropriaria"

(Lubac, 1980, 32). Segundo Lubac, a justificação faz habitar o Cristo na alma dos fiéis, e a vida mística* começa com a acolhida que ele recebe (1984, 60-65). Pode-se, portanto, ver na graça criada o vínculo do cristão com o Cristo que o habita, e já que Cristo senta-se atualmente à direita do Pai, o efeito da graça criada é, pois, o de nos fazer sair de nós mesmos para viver na Igreja celeste que partilha sua glória (Cl 3, 1-4). "O fruto da vida sacramental é que o Espírito de adoção deifica os fiéis ao uni-los vitalmente ao Filho único, o Salvador" (*CIC*, § 1129). Assim, é recorrendo à ideia de pessoa que se pode superar as inquietações de Barth a propósito do aparente excesso de interioridade do misticismo (*KD* I/2, 839-840) e da aparente independência da graça criada como "produto" (*KD* IV/1, 89).

5. Vaticano II

É estritamente em relação à Igreja que o Vaticano II* define a s. como a "união perfeita com o Cristo" (*LG* 50). É significativo que o concílio trate do "apelo à s." na constituição dogmática sobre a Igreja (cap. 5), e é para reconhecer antes de tudo que só a Trindade* é realmente santa. A partir dessa fonte, a s. é comunicada à Igreja por Cristo, que se deu por ela precisamente para torná-la santa (Ef 5,25s). Todos os cristãos são chamados à s. pelo fato mesmo de pertencerem à Igreja. É participando da s. dela que eles se tornarão santos, e que, por seu turno, tornarão santos os outros (*LG* 39). Daí decorre que, se "as formas e as ocupações da vida são múltiplas", a s. nem por isso deixa de ser "una" (*LG* 41), sempre inspirada pelo mesmo Espírito (*LG* 39).

Além disso, como o Espírito é "o adiantamento da nossa herança" (Ef 1,14), a s. não é somente eclesial, é também escatológica. Como a Igreja, onde é esperada, a s. "só será perfeita na glória do céu" (*LG* 48). Enquanto se espera, o chamado à s. faz entrar na tensão entre o presente e o futuro que marca a própria vida da Igreja. Somos inspirados pela comunhão com os santos, que já contemplam "em plena luz o Deus trino e uno, tal como é" (*DS* 1305). Somos unidos a eles no Cristo, e eles "enraízam a Igreja inteira mais firmemente na s." (*LG* 49).

6. A canonização dos santos

Durante os primeiros séculos cristãos, os santos inscritos no "cânon" dos que deviam ser venerados liturgicamente eram mártires. Antão (†356) e Martinho (†397) estiveram entre os primeiros "confessores", mártires *in voto* (por desejo), heroicos no combate espiritual (cf. PG 26, 909 C-912 B; PL 20, 179). A s. era declarada ou por aclamação do povo, ou por decreto episcopal, e a canonização, a oficialização do culto*, consistia na "translação" do corpo do santo num túmulo de altar, que se tornava o centro do mesmo. A multiplicação desses cultos levou o papado a intervir, e a primeira canonização devida a um papa* ocorreu perto do final do s. X. Gregório IX reservou todas as canonizações ao papado (1234) e Sisto V fundou a Santa Congregação dos Ritos para o exame das candidaturas (1588). Em 1969, a Congregação para a Causa dos Santos assumiu essa tarefa difícil, e o processo de canonização foi bem recentemente modificado por João Paulo II, pela constituição apostólica *Divinus perfectionis magister* (1983). É preciso que a heroicidade das virtudes* do candidato seja atestada, que se lhe preste um culto local, e que se possa aduzir a prova de um primeiro milagre* para a beatificação, e de um segundo para a canonização propriamente dita. É o papa que proclama o novo "bem-aventurado" ou o novo "santo" durante uma eucaristia.

Na Igreja ortodoxa, as canonizações são em geral obra do sínodo* dos bispos* de uma Igreja autocéfala e são em seguida proclamadas pelo patriarca (patriarcado*). O termo tradicional não é canonização, mas "glorificação". Deus é glorificado quando os discípulos de Cristo fazem sua obra e trazem fruto (Jo 15–17), e os santos são aqueles que os fiéis constataram ser grandes intercessores junto de Deus. Reconhecendo oficialmente seu *status*, a Igreja glorifica a Deus e glorifica os santos. Uma cerimônia formal, à tarde (não eucarística), marca a passagem do novo santo do estado de alguém *por quem* se ora ao estado de alguém *a quem* se ora: um último serviço de comemoração para o defunto é imediatamente seguido do primeiro serviço em que lhe são dirigidas orações. Na manhã seguinte, celebra-se a liturgia* em que o novo santo é pela primeira vez venerado durante a eucaristia.

• R. Otto (1917), *Das Heilige*, Stuttgart (*O santo*, Porto Alegre, 1993). — M. Lot-Borodine (1932), "La doctrine de la 'déification' dans l'Église grecque jusqu'au XIe siècle", *RHR* 105/106, 5-43. — M. Jugie (1932), "Palamisme", *DThC* 11/2, 1735-1776. — K. Barth (1938, 1953, 1955), *KD* I/2, IV/1, IV/2. — H. de Lubac (1938), *Catholicisme*, Paris, 1983[7]. — A. Michel (1939), "Sainteté", *DThC* 14, 1841-1870. — V. Lossky (1944), *Essai sur la théologie mystique de l'Église d'Orient*, Paris. — H. de Lubac (1944), *Corpus mysticum*, Paris, 1949[2]; (1946) *Surnaturel*, Paris, 1991[2]. — H. Rondet (1948), *Gratia Christi*, Paris. — P. Blanchard (1953), *Sainteté aujourd'hui*, Paris. — L. Hertling (1953), "Canonisation", *DSp* 2, 77-85. — J. Meyendorff (1959a) (ed.), *Grégoire Palamas. Défense des saints hésychastes*, Louvain; (1959b), *Introduction à l'étude de Grégoire Palamas*, Paris; (1959c), *Saint Grégoire Palamas et la mystique orthodoxe*, Paris. — G. Thils (1961), *Sainteté chrétienne*, Paris. — M. Labourdette (1965), "La sainteté, vocation de tous les membres de l'Église", in G. Baraúna (sob a dir. de), *L'Église de Vatican II*, III, 1105-1117, Paris. — I. Iparraguire (1965), "Nature de la sainteté et moyens pour l'obtenir", *ibid.*, 1119-1135. — W. Pannenberg (1966), *Grundzüge der Christologie*, Gütersloh. — Y. Congar (1972), "Die heilige Kirche", *MySal* IV/1, 458-477 (Petrópolis, 1975). — G. Philips (1972), "La grâce chez les Orientaux", *EthL* 48, 37-50. — G. Habra (1973), *La transfiguration selon les Pères grecs*, Paris. — J. Meyendorff (1974), *Initiation à la théologie byzantine*, Paris. — J.-P. Houdret (1974), "Palamas et les Cappadociens", *Ist* 19, 260-271. — J. D. Zizioulas (1975), "Human Capacity and Human Incapacity: A Theological Exploration of Personhood", *SJTh* 28, 401-448. — A. de Halleux (1975), "Palamisme et tradition", *Irén* 48, 479-493. — R. D. Williams (1977), "The Philosophical Structure of Palamism", *ECR* 9, 27-44. — P. Evdokimov (1979), *L'Orthodoxie*, Paris. — H. de Lubac (1980), *Je crois en l'Esprit Saint*, III, Paris. — G. Thils (1982), *Existence et sainteté em Jésus-Christ*, Paris. — Commission mixte internationale de dialogue théologique entre l'Église catholique romaine et l'Église orthodoxe (1982), "Le mystère de l'Église et de l'Eucharistie à la lumière du mystère de la Sainte Trinité", *Irén* 55, 350-362. — J. D. Zizioulas (1984), "Christologie et existence: la dialectique crée-incrée et le dogme de Chalcédoine", *Contacts* 36, 154-172 (cf. também *ibid.*, 37, 60-72). — H. de Lubac (1984), "Mystique et mystère", in *Théologies*

d'occasion, Paris, 37-76. — D. Staniloae (1986), "Image, likeness and deification in the human person", *Com* (*US*) 13, 64-83. — Commission catholique-orthodoxe (1987), "Foi, sacrements et unité de l'Église", *Irén* 60, 336-349. — P. Nellas (1987), *Deification in Christ: Orthodox Perspectives on the Nature of the Human Person*, Nova York. — J. Meyendorff (1989), "Theosis in the Eastern Christian Tradition", in L. Dupré e D. E. Saliers (sob a dir. de), *Christian Spirituality*, III: *Post-Reformation and Modern*, Nova York. — T. Spidlik *et al.* (1990), "Saints", *DSp* 14, 196-230. — P. McPartlan (1993), *The Eucharist Makes the Church: Henri de Lubac and John Zizioulas in Dialogue*, Edimburgo.

Paul MCPARTLAN

→ *Ascese; Beatitude; Culto dos santos; Esperança; Espiritual (teologia); Fé; Imitação de Jesus Cristo; Pecado; Pessoa.*

SANTO ESPÍRITO → ESPÍRITO SANTO

SANTOS ÓLEOS

O óleo, líquido untuoso de virtudes penetrantes e reconfortantes, foi desde sempre um material preferencial nos rituais. Ele é utilizado no AT para a unção (u.) dos reis (1Sm 10,1) e, após o exílio, para a do grande sacerdote (Ex 29,7) — a u. dos profetas*, em compensação, é de ordem metafórica (Is 61,1). Segundo o NT, Cristo*, cujo título significa "crismado", "untado de óleo", recebe a u. profética em seu batismo* (At 10,38; cf. Lc 4,18-21); Hb 1,9 atribui-lhe também a u. real do Salmo 44,7. Compreende-se que a imagem da u. (2Cor 1,21s; 2,15s; 1Jo 2,20.27) seja utilizada para falar de seus discípulos.

Desde a Antiguidade os rituais fazem uso dele para a celebração dos sacramentos* cristãos. Na *Tradição apostólica* (Roma*, *c.* 215), o bispo* abençoa um óleo para o reconforto dos doentes (n° 5); no batismo, ele abençoa um óleo de exorcismo* (óleo dos catecúmenos) e um óleo de ação de graça com o qual o padre*, e depois o bispo, farão as u. pós-batismais (n° 21). Esse óleo perfumado receberá no Ocidente o nome de crisma, no Oriente o de *muron*.

A partir do s. V, no Ocidente, a quinta-feira santa será o dia da bênção* dos óleos que servirão nos batismos da vigília pascal. A reforma da semana santa de 1955 restaurou a missa do crisma da quinta-feira santa (ou de um dia próximo da Páscoa*). O *Ritual* de 1970 prevê que o bispo, cercado por seu *presbiterium*, abençoe o crisma (cf. uma receita em Ex 30,22-25) que serve para as u. do batismo e da confirmação*, assim como à ordenação* do bispo e dos padres. Ele também pode abençoar o óleo dos catecúmenos e o dos doentes, mas o *Ritual* (nº 7) prevê que o primeiro pode ser abençoado pelo padre quando se trata de adultos (*Ritual da iniciação cristã dos adultos* 131); o mesmo ocorre, em caso de necessidade, com o óleo para a unção* dos doentes (*Sacramentos para os doentes* 70).

• *Ordo benedicendi aleum catechumenorum et infirmorum et conficiendi chrisma*, Roma, 1970.

▸ P. Jounel (1972), "La consécration du chrême et la bénédiction des saintes huiles", *MD* 112, 70-83. — E. Cothenet, J. Wolinski (1982), "Onction", *DSp* 11, 788-819. — B. Varghese (1989), *Les onctions baptismales dans la tradition syrienne*, CSCO 512. — W. Klein *et al.* (1999), "Salbung", *TRE* 29, 707-717.

Paul DE CLERCK

→ *Batismo; Confirmação; Iniciação cristã; Unção dos enfermos; Ordenação/ordem.*

SÃO VÍTOR (Escola de)

O período fecundo e o esplendor da escola de São Vítor estão mais ou menos circunscritos nos limites do s. XII. Sua origem data de 1108, quando Guilherme de Champeaux, arcediácono e mestre das escolas de Paris, abandona suas funções e se retira com alguns estudantes, um pouco à margem da cidade, numa antiga *cella* dedicada a São Vítor. Mas, encorajado por Hildeberto de Lavardin, ele continuou a ensinar. Em 1113, Guilherme se torna bispo* de Châlons, e São Vítor foi erigida em abadia de cônegos regulares, colocando-se assim no movimento de reforma da Igreja* que começara no s. XI. É, logo de saída, uma abadia erudita que, sob vários aspectos, terá um papel importante nesse renascimento do s. XII, do qual ela ilustra algumas das principais características. Até perto do final desse século, ela conheceu

magistri de primeira classe: Hugo (†1141); Acardo, abade de 1155 a 1161, depois bispo de Avranches; o prior Ricardo, morto em 1173; André (†1175); podemos citar também Galtério, Godofredo, Adão; retornaremos a todos esses nomes. Do ponto de vista eclesial, São Vítor começou por difundir sua reforma em certo número de comunidades, mas nunca foi o centro de uma rede de mosteiros e sua expansão não foi ao ponto de fundá-los; parece que a ordem não durou para além do s. XIII. As condições materiais necessárias à vida de uma escola ativa e produtiva estavam reunidas: proximidade de Paris, com seus recursos intelectuais e sua atividade urbana, prática contínua do ensino, criação e desenvolvimento de uma biblioteca importante. De tudo isso resulta uma cultura bem individualizada, senão inteiramente homogênea; podemos, então, descrevê-la por temas, em vez de enumerar nomes e obras.

a) A dialética vitorina. — O espírito de São Vítor, lugar de estudo e de ensino, pode ser abordado por meio do *Didascalicon* de Hugo, o primeiro dos grandes mestres da abadia. Este se propõe, ali, ensinar "o que ler, em que ordem, e como", em matéria de "artes", isto é, de disciplinas profanas (1ª parte, em três livros). Agrupando o conjunto das primeiras artes na "filosofia*", Hugo encaixa uns nos outros certo número de blocos didáticos herdados da Antiguidade por diversas vias. Assim, as artes do *quadrivium* (aritmética, música, geometria, astronomia) formam a "matemática", acomodada por Aristóteles, com a teologia* e a física, dentro a "filosofia teórica". De igual modo, na outra extremidade da classificação de Hugo, os métodos argumentativos, divididos e subdivididos, constituem juntos "a arte do raciocínio", que, com a gramática, reconstitui o *trivium* (gramática, dialética, retórica), chamado aqui de "lógica". Entre essas duas grandes partes da filosofia (a teórica e a lógica) se intercalam a "filosofia prática", dividida como no aristotelismo (individual, privada, pública), e a "mecânica", conjunto de sete ciências que dizem respeito à "obra do artesão" e cuja nomenclatura deve muito a Isidoro de Sevilha. O fato de a mecânica ser aqui uma das grandes partes da filosofia é frequentemente enfatizado, e ele atesta um interesse pela vida prática e pela técnica — ainda que essas ciências sejam chamadas "adulterinas" (por aproximação entre *moecha* e *mechanica*) e suas descrições não reflitam muito a civilização material do tempo e do lugar. A segunda parte do *Didascalion* trata das "Escrituras* santas" ou divinas: a "teologia" da primeira parte era definida ali como contemplação de Deus*, do espírito e das criaturas espirituais, e aqui são relembrados os "livros dos pagãos" onde se encontram coisas que se pode admitir — reflexo atenuado mas real do espírito abelardiano. O interesse principal desta segunda parte reside em seus livros V e VI, que constituem um pequeno tratado de exegese: tripla compreensão da Escritura, segundo a história*, a alegoria e a *tropologia* (sentido* da Escritura), retomada da doutrina agostiniana das "coisas que significam" na história sagrada, resenha das regras de Ticônio retomadas por Agostinho* e Isidoro. A história diz respeito aos eventos (pessoa, ação, tempo, lugar), seu conhecimento deve preceder o da alegoria, expressão velada dos mistérios* divinos, à qual não se pode ter acesso sem certa maturidade; e a tropologia diz respeito à "dignidade dos costumes", à "justiça* natural" que se aprende "contemplando o que Deus fez". Essa distinção dos sentidos da Escritura remonta na tradição latina a Jerônimo e Gregório* Magno, é um dos princípios sobre os quais se funda a teologia vitorina. Observemos, enfim, que em vários lugares desse livro Hugo aborda as regras de vida e as virtudes* associadas à leitura tanto profana quanto religiosa: aspecto da espiritualidade de uma ordem que se dedicou ao estudo no momento em que havia um novo retorno à herança da Antiguidade. Algumas décadas depois do *Didascalion*, o *Fons philosophiae* de Godofredo de São Vítor retomará em verso seu programa didático.

b) Aspectos da teologia de São Vítor. — As diversas formas de teologia praticadas nos s. XI-XII se encontram em São Vítor: podemos verificar isso pelas obras de seus mestres, a começar pelo fundador. Temos, de Guilherme de Champeaux, certo número de sentenças teológicas em que ele aborda problemas diversos:

apropriações* trinitárias que reaparecerão em Abelardo*, o Filho como Sabedoria* de Deus*, o Espírito* como Amor* (*caritas*), *translatio* pela qual se atribuem a Deus qualidades humanas de que ele é o autor, p. ex., a justiça, uma refutação da eternidade do mundo ("contra os que dizem que sempre houve criaturas com o Criador", "que o Criador nunca existiu sem algum efeito"); sobre a providência* e a contingência (com traços do *Peri hermeneias* de Aristóteles); sobre o mal* e o pecado*; sobre as "duas naturezas" do homem interior (*anima, spiritus*). Outras questões são de ordem filosófica: forma e matéria (inclusive as do homem e do anjo), natureza e substância. Sabe-se que Guilherme e Abelardo* tinham se contraposto sobre a questão dos universais (nominalismo*) e que Guilherme sustentara sucessivamente duas formas de realismo. Por outro lado, conhecem-se dele comentários sobre obras de retórica: sobre o *De inventione* de Cícero, sobre a *Retórica a Herênio* atribuída ao mesmo; também se publicou um comentário de Guilherme sobre as *Tópicas* de Boécio* e certo número de textos sobre a gramática, a retórica, a dialética, atribuíveis ou a ele mesmo, ou à sua escola. Tudo isso não tem a ver diretamente com a teologia, mas não pode ser separado na cultura e na prática efetiva dos mestres do s. XII.

Vimos que Hugo de São Vítor só julgava possível o acesso à alegoria e à tropologia na leitura da Bíblia* após uma compreensão precisa da *história*, do texto tomado em seu sentido literal e, portanto, "histórico", notadamente para os livros do AT. Em seu grande tratado "Dos sinais sagrados (*de sacramentis*) da lei* natural e escrita", ele expõe uma teologia articulada segundo o duplo desenvolvimento da "constituição", *conditio*, e da "restauração", *restauratio*. O primeiro momento, *opus conditionis*, vai da criação* à queda, ao pecado, à lei; o *opus restaurationis* começa com Cristo*, continua com a Igreja e seus sacramentos*, termina nos fins últimos. É, pois, segundo um processo de afastamento e, depois, de retorno percebido no texto bíblico que o conteúdo da fé* cristã se organiza de modo realmente histórico, segundo "a sequência dos tempos*, a sucessão das gerações e a estipulação dos preceitos*".

Como Hugo, Ricardo de São Vítor insiste na importância do sentido literal, e adota o esquema das duas "obras", constituição e restauração. É, entretanto, original por sua profunda capacidade de contemplação e de meditação especulativa, pela qual Dante* o iguala aos anjos* (*"Riccardo/Che a considerar fu piu che viro"*). É o autor de um *De Trinitate* que se pode aproximar, ao menos quanto ao espírito, do *Monologion* de Anselmo*. Ali ele insiste na necessidade de levar sempre mais adiante "a inteligência" das coisas divinas para encontrar nelas "dulçor último, infinito deleite". É assim que ele busca "razões necessárias" da Trindade*. Antes de tudo, ao termo de uma combinatória metafísica entre o que é eterno e o que começou, o que é por si e o que é por outro (asseidade*): o Pai* é eternamente e por si, o Filho e o Espírito são eternamente e por outro. Em seguida, considerando Deus como amor supremo que comunica o que tem: ele precisa, para amar, de outro que seja supremamente amável, "uma pessoa* igual (*condigna*) à pessoa", e é o Filho, que é Deus. Uma terceira pessoa partilha este amor e o remata: o Espírito que recebe o "fluxo de amor" (*affluentia amoris*) emanado do Pai, recebido e propagado pelo Filho.

c) *Espiritualidade vitorina.* — A centralidade do amor na estrutura da Trindade é consoante à espiritualidade de Ricardo tal como a exprimem notadamente seus *Quatro graus da violenta caridade*, o *Benjamin minor* e o *Benjamin major*. Entre as numerosas obras espirituais de Hugo, deve-se ressaltar seu comentário da *Hierarquia celeste* do Pseudo-Dionísio*, que desempenhou grande papel na difusão do pensamento dionisiano no Ocidente, e é neste movimento que se inscrevem as glosas e comentários sobre Dionísio de Tomás Galo (†1246), que, formado em São Vítor e transferido para a Itália no s. XIII, prolongou ali o período da fecundidade vitorina. É preciso contar também dentro da espiritualidade desta escola as práticas mais obscuras mas cotidianas da vida litúrgica, da austeridade medida no sono e na alimentação, da disponi-

bilidade às práticas pastorais, no espírito das regras de cônegos regulares e da regra dita de santo Agostinho. Observemos ainda que os vitorinos produziram muitos sermões: não somente Hugo e Ricardo, mas também Garnier, Acardo, Galtério, Godofredo. Hugo, Ricardo e vitorinos anônimos também elaboraram uma doutrina do pecado que situa seu momento constitutivo num movimento interior do pecador — trata-se de novo de um encontro com Abelardo.

d) *A exegese.* — Já se observou um traço capital da exegese vitorina: a insistência na *littera*. É preciso acrescentar que Guilherme de Champeaux fora associado às pesquisas bíblicas conduzidas em Laon por Anselmo e sua escola: a semelhança semântica das glosas sobre a Escritura é também uma característica do trabalho teológico dos s. XI-XII. Mas na escola de São Vítor, o personagem principal no domínio da exegese é André, cuja obra cobre grande parte do AT. Ele leva às últimas consequências o princípio colocado por Hugo, ao buscar particularmente o sentido original do texto, a *hebraica veritas*, para aquém das traduções latinas. Certamente ele não conhecia hebraico bastante para determinar pessoalmente esse sentido, mas encontrava numerosos elementos da *veritas* em diversas fontes da tradição latina; e, por outro lado, é muito verossímil que ele tenha tido contato com sábios judeus — com o risco de deixar no silêncio as interpretações cristológicas; ao menos é o que Ricardo lhe censura. Encontramos traços numerosos de sua exegese em autores da segunda metade do s. XII. Ainda a propósito da exegese, mencionemos o *Gregorianum* de Garnier de São Vítor, compilação de interpretações alegóricas respigadas nas obras de Gregório* Magno.

e) *Metafísica: poesia, reação.* — É preciso citar, enfim, dois vitorinos cujas obras, ao menos algumas, saem das trilhas que seguimos até aqui. Primeiro, Acardo, abade em 1155, bispo de Avranches em 1162. Além dos sermões e de um opúsculo "Sobre a alma*, o *spiritus* e a *mens*", escreveu um tratado *Sobre a unidade de Deus e a pluralidade das criaturas*, no qual seu editor, E. Martineau, põe em destaque uma teologia metafísica inteiramente singular: a multiplicidade das criaturas tem por princípio, para além mesmo das ideias, uma pluralidade divina originária, distinta da das pessoas e ligada essencialmente à unidade. Em seguida, Adão, morto em meados do século, autor de poemas litúrgicos, "excelentíssimo versificador" que poderia ter sido "o maior poeta da IM" se não lhe tivesse faltado "um pouco do arrebatamento do misticismo" (R. de Gourmont). Poesia, platonismo*, portanto, que, com as características descritas precedentemente, fazem de São Vítor uma imagem em quase tudo fiel do espírito e, sobretudo, do sopro que anima o s. XII, de suas inovações culturais. Mas perto do final daquele século aparece ali um "tradicionalismo* estreito" (J. Châtillon) cuja testemunha é Galtério, que ataca por volta de 1177, em seu *Contra quatuor labyrinthos Franciae*, vários dos teólogos inovadores da época: Abelardo, Pedro Lombardo, Pedro de Poitiers e seu discípulo, Gilberto de la Porrée.

• Acardo: *Sermons inédits*, ed. J. Châtillon, Paris, 1970; *L'unité de Dieu et la pluralité des créatures*, ed. E. Martineau, St-Lambert-des-Bois, 1987. — Adão: *Adam de Saint-Victor: liriche sacre*, ed. G. Vecchi, 1953; *Adam von Saint-Victor: Sämtlichen Sequenzen*, ed. e trad. alem. F. Wellner, 1955. — André: *Expositionem super Heptateuchon*, ed. C. Lohr e R. Berndt, Turnhout, 1986; *Expositio super Danielem*, ed. M. Zier, Turnhout, 1990; *Expositiones historicas in libros Salomonis*, ed. R. Berndt, Turnhout, 1991. — Galtério: "Le 'Contra quatuor labyrinthos Franciae' de Gauthier de Saint-Victor", ed. P. Glorieux, *AHDL* 19 (1952); *Galteri A Sancto Victore et quorundam aliorum. Sermones inediti triginta sex*, ed. J. Châtillon, Turnhout, 1975. — Godofredo: *Microcosmus*, ed. P. Delhaye, Lille, 1951; *Fons philosophiae*, ed. P. Michaud-Quantin, Namur-Louvain-Lille, 1956. — Guilherme de Champeaux: O. Lottin, *Psychologie et morale aux XIIe et XIIIe siècles*, V, Gembloux, 1958. — Hugo: PL 175-177; *Didascalicon. De studio legendi*, ed. C. Buttimer, Washington, 1939; *Didascalicon. L'art de lire*, trad. M. Lemoine, Paris, 1991; *Six opuscules spirituels*, ed. e trad. R. Baron, Paris, 1969. — Ricardo: PL 196; *Sermons et opuscules spirituels inédits*, ed. J. Châtillon, trad. J. Barthelemy, Paris, 1951; *Les quatre degrés de la violente charité*, ed. e trad. G. Dumeige, Paris, 1955; *La Trinité*, ed. e trad. G.

Salet, Paris, 1959; *Trois opuscules spirituels inédits*, ed. J. Châtillon, Paris, 1986.

▶ Notícias sobre Acardo, Adão, André, Garnier, Galtério, Godofredo, Guilherme de Champeaux, Hugo, Ricardo, com bibl. (edições, estudos) em *Dictionnaire des lettres françaises. Le Moyen Âge*, Paris, 1992[2]. Acrescentar: R. de Gourmont (1930[2]), *Le latin mystique*, Paris, 283-294. — J. Châtillon (1952), "De Guillaume de Champeaux à Thomas Gallus", *RMAL* 8, 139-162, 247-272. — F. Lazzari (1965), *Il contemptus mundi nella scuola di S. Vittore*, Nápoles. — R. Berndt (1991), *André de Saint-Victor (1175) exégète et théologien*, Paris-Turnhout. — J. Longère (ed.) (1991), *L'abbaye parisienne de Saint-Victor au Moyen Âge*, Paris-Turnhout. — J. Châtillon (1992), *Le mouvement canonial au Moyen Âge. Réforme de l'Église, spiritualité et culture*, Paris-Turnhout. — D. Poirel (1998), *Hugues de Saint-Victor*, Paris.

Jean JOLIVET

→ *Chartres* (escola de); *Deus A.III; Escolástica; Espiritual* (teologia); *Sentidos da Escritura*.

SATÃ → **demônios**

SCHEEBEN, Matthias Joseph, 1835-1888

Nascido em Meckenheim, perto de Bonn, morto em Colônia, Scheeben (S.) estudou teologia* e filosofia* no *Collegium Romanum* de 1852 a 1859. Entre seus professores, destacaram-se Carlo Passaglia, Clemens Schrade e Johann Baptist Franzelin, que buscavam então renovar a teologia católica no contato com os Padres* da Igreja ("Escola romana"). No *Collegium Germanicum*, onde Joseph Kleutgen ensinava retórica, S. entrou em contato também com este eminente representante da jovem corrente neoescolástica. Em 1858, S. foi ordenado sacerdote* em Roma*. De retorno à Alemanha, foi primeiramente reitor e catequista das ursulinas de Münstereifel; a partir de 1860, ensinou no seminário diocesano de Colônia, primeiro como repetidor, depois como professor de dogmática* e de teologia moral.

A primeira publicação importante de S. incidiu sobre a piedade mariana (*Marienblüten aus dem Garten der heiligen Väter und christlichen*

Dichter, Schaffhouse, 1860). No domínio da dogmática, abordou a questão das relações da natureza* e da graça* — um dos problemas fundamentais da teologia do s. XIX, tanto no plano da teoria do conhecimento quanto no da ontologia. Dissociando a ordem da natureza da ordem da graça, S. advoga por uma subordinação da primeira à segunda (*Natur und Gnade*, Mainz, 1861). Esta obra se inscreve no quadro da discussão intrateológica, mas S. empreendeu também a popularização de seu pensamento numa tradução remanejada de uma obra de piedade do jesuíta Eusebius Nieremberg, *Del aprecio y estima de la divina gracia* (Madri, 1638). Este livro conheceu várias edições em vida de S. (*As maravilhas da graça divina* [*Die Herrlichkeiten des göttlichen Gnade*, Friburgo, 1862; última edição revista pelo autor: 1885[4]]) e permitiu a S. ampliar sua audiência. Em *Os mistérios do cristianismo* (*Die Mysterien des Christentums*, Friburgo, 1865), S. parte do mistério* da Trindade* divina para expor uma visão global da fé* cristã e se dedica a sublinhar a coerência interna e a conexão dos diferentes mistérios entre si. Sua *Dogmática* ficou inacabada (*Handbuch des katholischen Dogmatik*, 3 vol., Friburgo, 1873-1887; o t. IV, 1-3 é devido a Leonhard Atzberger [1889-1903]). S. fundou as revistas *Pastorblatt* (que viu a luz em 1867 e se publica até hoje) e *Das ökumenische Konzil vom Jahre 1869* (3 vol., 1870-1872; a publicação prosseguiu de 1873 a 1882 com o título *Periodische Blätter zur wissenschaftlichen Besprechung der großen religiösen Fragen der Gegenwart*).

S. integra-se ao movimento de renovação suscitado na teologia católica pela redescoberta dos tesouros da tradição*, e sua obra é decerto a mais original desta corrente. Seu mérito principal reside numa visão orgânica dos mistérios da fé, que ele interpreta a partir do mistério central da Trindade e da encarnação* como enunciados atinentes à participação do homem na vida divina. Segue os mestres Passaglia e Schrader ao não interpretar a habitação do Espírito* Santo no crente em termos de apropriação* trinitária. O lugar central que atribui à Maria* atesta a perspectiva espiritual em que se inscreve sua teologia.

Se não fez escola diretamente, S. exerceu sobre a teologia católica uma influência duradoura, que cresceu ainda mais com a publicação de suas obras completas; estas, por sua vez, suscitariam numerosos trabalhos críticos. Em certos domínios particulares (doutrina da Trindade, pneumatologia, doutrina da graça, mariologia), suas ideias foram retomadas nos manuais de teologia.

• *Gesammelte Schriften*, ed. J. Höfer *et al.*, 8 vol., Friburgo, 1941-1967; trad. fr.: *La dogmatique*, 4 vol., Paris, 1877-1882; *Les merveilles de la grâce divine*, Paris-Bruges, 1940, 1948[3]; *Le mystère de l'Église et de ses sacrements*, Paris, 1946, 1956[2] (extratos da obra seguinte); *Les mystères du christianisme*, Bruges, 1948, Paris, 1958[2]; *La mère virginale du Sauveur*, Paris-Bruges, 1953, Paris, 1956[2]; *Nature et grâce*, Paris, 1957.

▸ K. Eschweiler (1926), *Die zwei Wege der neueren Theologie. G Hermes-M. J. Scheeben. Eine kritische Untersuchung des Problems der theologischen Erkenntnis*, Augsburgo. — H. Schauf, A. Eröß (sob a dir. de) (1939), *M. J. Scheeben. Briefe nach Rom*, Friburgo. — H. Schauf (1941), *Die Einwohnung des Heiligen Geistes. Die Lehre von der nicht-appropriierten Einwohnung des Heiligen Geistes als Beitrag zur Theologiegeschichte des neunzehnten Jahrhunderts unter besonderen Berücksichtigung der beiden Theologen Carl Passaglia und Clemens Schrader*, Friburgo. — A. Kerkvoorde (1946), "La formation théologique de M. J. Scheeben à Rome (1852-1859)", in *EthL* 22, 174-193. — B. Fraigneau-Julien (1958), *L'Église et le caractère sacramentel selon M. J. Scheeben*, Paris-Bruges. — W. Bartz (1959), *Die lehrende Kirche. Ein Beitrag zur Ekklesiologie M. J. Scheebens*, Trier. — M. Valkovic (1965), *L'uomo, la donna e il matrimonio nella teologia di M. J. Scheeben*, Roma. — N. Hoffmann (1967), *Natur und Gnade. Die Theologie der Gottesschau als vollendeter Vergöttlichung des Geistgeschöpfes bei M. J. Scheeben*, Roma. — E. Paul (1970), *Denkweg und Denkform der Theologie von M. J. Scheeben*, Munique. — K. L. Klein (1975), *Kreatürlichkeit als Gottebenbildlichkeit. Die Lehre von der Gottebenbildlichkeit des Menschen bei M. J. Scheeben*, Berna-Frankfurt. — E. Paul (1976), *M. Scheeben*, Graz (textos escolhidos). — K.-H. Minz (1982), *Pleroma Trinitatis. Die Trinitätstheologie bei M. J. Scheeben*, Frankfurt-Berna. — F. J. Bode (1986), *Gemeinschaft mit dem lebendigen Gott* (Communicatio Vitae Trinitatis). *Die Lehre von der Eucharistie bei M. J. Schee-*

ben, Paderborn. — Col. (1988), *M. J. Scheeben, teologo cattolico d'ispirazione tomista*, Cidade do Vaticano. — N. Trippen (sob a dir. de) (1988), *Das Kölner Priesterseminar im 19. und 20. Jahrhundert*, Siegburg. — H. Hammans, H. J. Reudenbach, H. Sonnemans (sob a dir. de) (1990), *Geist und Kirche. Studien zur Theologie im Umfeld der beiden Vatikanische Konzilien. Gedenkschrift für Heribert Schauf*, Paderborn. — G. Tanzella-Nitti (1991), *La SS. Trinità e l'economia della nostra santificazione ne "I misteri del cristianesimo" di M. J. Scheeben*, Roma. — W. W. Müller (1994), *Die Gnade Christi. Eine geschichtlich-systematische Darstellung der Gnadentheorie M. J. Scheebens und ihrer Wirkungsgeschichte*, St. Ottilien.

Peter WALTER

→ *Newman; Tomismo; Tübingen* (*escolas de*).

SCHELLING, Friedrich Wilhelm Joseph von, 1775-1854

Friedrich Wilhelm Joseph von Schelling (S.) nascido em Leonberg (Alemanha), filho de pastor*, é destinado à carreira eclesiástica e faz seus estudos no seminário de Tübingen, em companhia de Hegel* e de F. Hölderlin (1770-1843). Sua vocação filosófica se anuncia desde 1794, sob a influência de J. G. Fichte (1762-1814). Será, de 1798 a 1803, e por recomendação de J. G. Goethe (1749-1832), professor na Universidade de Iena, e, depois, de 1803 a 1806, em Würzburg. De 1807 a 1820, é secretário-geral da academia de belas-artes de Munique. Retoma a docência em Erlangen, em 1821, antes de ser chamado, a partir de 1827, à recém-criada Universidade de Munique. Ficará ali, cumulado de honras, até 1841, data em que o governo prussiano lhe oferece suceder a Hegel em Berlim. Aposenta-se em 1846 e morre em 1854 em Ragaz, na Suíça.

Podem-se distinguir, dentro de sua obra, quatro períodos. *1794-1800*: S. rompe progressivamente com Fichte e elabora uma filosofia* (f.) da natureza. *1800-1808*: a f. da identidade. *1809-1827*: a busca da efetividade em Deus*, dita às vezes f. da liberdade*. *1827-1854*: a última f. O estudo dos aspectos teológicos (teol.) de sua obra retoma esta divisão clássica sem respeitá-la totalmente.

1. Sob o signo da exegese

O primeiríssimo escrito de S., *De prima malorum humanorum origine* (1792, trata-se de sua dissertação de mestrado), é um comentário de Gn 3. Três aspectos deste escrito, até hoje pouco estudado (assinalemos contudo Jacobs 1993, cap. 8), devem ser sublinhados aqui: 1/ A escolha desse trecho da Bíblia*, carregado de todas as interpretações teol. do pecado original*, já é significativa: advogando a exegese* na linha do Iluminismo, bem como da Reforma, S. critica de fato certa prática da teologia* (t.). O mal*, segundo S. — que pode colher argumentos históricos em J. G. Eichhorn (*Urgeschichte*, 1779, Leipzig) —, não é em primeiro lugar nem essencialmente o mal moral, mas sobretudo o mal físico. S. faz assim a ciência histórica agir contra a dogmática*, e pode remeter-se a Kant (*Mutmaßlicher Anfang der Menschengeschichte*). Tanto quanto este último, S. não quer destruir o que critica, mas sim compreendê-lo — com pressupostos de leitura que devem ser explicitados. 2/ Gn 3, com efeito, não pode ser compreendido como o relato de um fato, mas como um mito*, e deve assim ser aproximado dos numerosos mitos da idade de ouro, notadamente o de Pandora. Esse interesse de S. pelos mitos não se desmentirá mais. As representações míticas não são irracionais, são os sinais de uma razão* ainda balbuciante; e precisamente por isso elas podem de modo perfeitamente legítimo ser traduzidas numa linguagem conceitual. Gn 3 sustenta, portanto, uma *doutrina* da natureza humana. A insistência na árvore do conhecimento permite a S. afirmar que é o despertar da sabedoria* humana, o primeiro conhecimento da diferença do bem* e do mal que é a causa do infortúnio, mas também do progresso do homem. Sempre em referência a Kant, a dissonância presente no homem deve de fato ser resolvida no fim da história*. 3/ A comparação do *Gênesis* com outros relatos sobre as origens só é possível sob a suposição da unidade da razão, que impõe, portanto, certos limites à compreensão da pluralidade de suas manifestações. É por isso, segundo uma ideia que reencontraremos na última f., que o judaísmo* não pode ser fundamentalmente distinguido das demais religiões, e que, aliás, não há privilégio do povo* judeu na percepção do monoteísmo*: S. insiste, por meio da análise dos dois nomes* divinos, o plural Elohim e o singular Javé, numa passagem progressiva do politeísmo ao monoteísmo que vale igualmente para os judeus.

Portanto, é preciso enfatizar, neste primeiro escrito, a vontade de criticar os textos fundadores da religião, isto é, de tomá-los em conta trazendo à tona a verdade* que eles encerram, primeiro à luz de uma razão herdada da *Aufklärung*, em seguida à de uma f. mais propriamente schellingiana.

2. O cristianismo segundo a filosofia da identidade

Esta f. tem a ambição de se instalar no absoluto, do qual a identidade A = A (formulação herdada de Fichte e que este aplicava ao Eu) é a expressão privilegiada. Também tem por objetivo compreender por meio do absoluto o conjunto do mundo*, que outra coisa não é senão a composição, em graus diversos, dos dois polos que são o ideal e o real. Todas as produções do espírito, todas as atividades do homem, mas também a natureza, devem ser compreendidas à luz do absoluto, isto é, graças à f. As religiões, assim, são expressões do absoluto; mas, desse ponto de vista, elas não são necessariamente privilegiadas em relação à arte nem, sobretudo, em relação à f.

S. insistirá, sobretudo em duas ocasiões, na significação do cristianismo (c.): *Filosofia da arte*, *SW* V, 355-736; *Lições sobre o método dos estudos acadêmicos*, *SW* V, 207-352. O c. não pode ser compreendido senão em relação com o politeísmo grego, e importa perceber aqui e lá expressões diferentes do absoluto. Por meio dos deuses gregos manifesta-se a união do infinito* e do finito no finito: "O universo é intuído como natureza" (*SW* V, 430). O c., por seu turno, quer suprimir o finito em prol do infinito, uma supressão que só pode se produzir por meio da história, compreendida como providência*. Como o infinito só pode ser anunciado pelo finito, este não tem outra realidade que não a de ser uma tentativa de identificação com o infinito; mas tal tentativa só pode se produzir

de maneira sucessiva, portanto, histórica. Evidentemente, não se trata, na f. da identidade, de compreender o absoluto mesmo de maneira histórica: ele já é eternamente ele mesmo e não se pode pensar haver nele um devir qualquer. "Cada momento particular do tempo* é uma revelação* de um aspecto particular de Deus*, que permanece absoluto ao longo de cada um deles; o que a religião grega possuía simultaneamente, o c. possui sucessivamente" (*SW* V, 288). O absoluto se manifesta assim, primeiramente, por meio da preponderância do real na natureza, depois por intermédio da preponderância do polo ideal na história.

S. defende então uma concepção "especulativa" da t., que compreenda os principais dogmas* do c. à luz do conhecimento filosófico do absoluto. Não se trata aqui de um avatar da religião racional de Kant, que, inversamente ao que pretende fazer S., elimina do c. o aspecto positivo ou histórico. A concepção da t. desenvolvida na 9ª das *Lições* é, contudo, antes de mais nada, crítica: S. recusa a t. tal como é praticada em sua época. O excesso das preocupações exegéticas (exegese*) — deve-se ver aí uma tomada de distância em relação à dissertação de mestrado? — portanto filológicas, mas também das interpretações psicológicas dos livros* sagrados, a tendência a só considerar do c. uma moral próxima da economia doméstica, tudo isso torna então, segundo S., ainda mais urgente a distinção, no seio da t., entre, de um lado, o que é simplesmente empírico e se refere à letra da Escritura* e, do outro, a "ciência em si e para si", isto é, a consideração filosófica da t., evidentemente fadada por isso mesmo a um futuro exíguo entre os teólogos. O S. de 1802 se mostra, pois, severo para com o protestantismo*, que ele julga ser a origem dessas tendências exegéticas e empíricas: é acusado de ter substituído a autoridade viva pela dos livros mortos, autoridade "muito mais coercitiva", "escravidão muito mais indigna" (*SW* V, 301). Será preciso esperar, todavia, a *Filosofia da revelação*, e uma concepção bem diferente do absoluto, para que S. interprete "especulativamente" os principais dogmas.

3. Do absoluto a Deus

É em 1809, ano da publicação das *Investigações sobre a essência da liberdade humana* (*SW* VII, 333-416), que S. — costuma-se dizer — toma distância, de modo decisivo, em relação à f. da identidade. É verdade que tal escrito, assim como as três versões das *Idades do mundo* (1811-1813-1815), nos mostra S. à procura de um "Deus vivo" (*SW* VII, 346) que permita compreender não somente o que, no finito, era até então deixado na sombra como ilusório por estar separado de um infinito único real, mas também como a efetividade, a vida, nasceu no próprio Deus, doravante outro nome do absoluto. Por outro lado, esta mudança de orientação parece coincidir com a descoberta, por S., de Jacob Böhme (1575-1624) e, por ele ou ao lado dele, da teosofia* germânica.

No entanto, se é inegável que o escrito de 1809 não se situa mais na f. da identidade, ele não é uma ruptura mas o resultado (aliás parcial e insatisfatório em muitos pontos) de interrogações sobre o *status* do finito já presentes na f. da identidade. Um texto de 1804, *Filosofia e religião* (*SW* VI, 12-17), já tentara trazer uma resposta a tais interrogações fazendo apelo à ideia de uma queda do finito para fora do infinito e, em seguida, à ideia de liberdade humana. Quanto à influência da teosofia — principalmente, mas não exclusivamente de Böhme e Oetinger —, mostrou-se (Marquet, 1973, apêndice) que ela talvez estivesse presente desde os primeiros escritos, certamente na f. da identidade, sobretudo na f. da natureza (cf. também Tillich*, 1959).

> No entanto, é bem certo que as especulações teosóficas que tentam pensar uma vida em Deus encontram sua verdadeira significação quando S. resolve levar em conta o finito em toda sua efetividade — talvez indedutível — sem para tanto cair num dualismo que ele recusará constantemente. As *Investigações* tentam assim pensar a origem e o desenvolvimento do mal a partir daquilo que, em Deus, não é Deus — é isso que S. chama de fundamento, *Grund*, sem o qual porém o mal não poderia existir — e por outro lado, a partir da liberdade humana, definida de saída como um poder "do bem e do mal" (*SW* VII, 352). Certa-

mente, há no fundamento uma tendência ao mal, discernível em alguns fenômenos da natureza, mas trata-se de mostrar que é do homem e só dele que depende sua implementação. Heidegger* (*Schellings Abhandlung über das Wesen der menschlichen Freiheit*, Tübingen, 1971) insistiu na originalidade dessa teodiceia que dava ao mal, por meio do *Grund*, uma origem não ética. Evidentemente, estamos bem longe da dissertação de mestrado, que pode ser acusada de reduzir o mal à categoria de meio necessário a um fim bom.

Em 1810, nas *Conferências de Stuttgart* (*SW* VII, 421-484), como em *Clara* (*SW* IX, 3-110), a f. de S. repousa ainda numa distinção principial entre polo ideal (ou espiritual) e polo real (ou natural). Marcado pela morte* de sua mulher, S. reflete também sobre o mundo dos espíritos, sobre suas relações de "simpatia" com o mundo dos vivos e, enfim, sobre a possível história que o conduz até o juízo* final, depois até a apocatástase*.

As *Idades do mundo* se abrem diretamente sobre a última f.: tentam pensar um começo em Deus e, em seguida, pensar a posição de um mundo fora de Deus, sempre preservando sua soberana liberdade. As três tentativas sucessivas de S., e sua insatisfação final, se explicam pela ambição do projeto: era preciso, de fato, ultrapassar a ideia, fortemente afirmada em 1813, de que a necessidade é presente em Deus sob a forma da natureza, e elaborar uma f. da criação* que preservasse a liberdade divina.

4. A filosofia positiva

a) O princípio da filosofia positiva e os dois "aspectos" da filosofia. — Explicitamente exposta pela primeira vez em Munique em 1827, a f. positiva repousa na indedutibilidade pela razão de certos fatos que ela deve constatar. Se, notadamente na *Introdução à filosofia* de 1830, S. qualifica esta f. de empirismo (37-38), é num sentido bem particular, já que o fato fundador não é outro senão a decisão divina de criar, portanto de se revelar. S. manterá sempre duas direções, depois dois aspectos, na f. todavia única. A f., de um lado, pode sempre começar por ela mesma e por um querer do positivo latente em cada um, e torna-se então difícil distinguir a aspiração à f. positiva da aspiração à religião (*Exposição da filosofia puramente racional, SW* XI, 564 e 566). Por outro lado, uma tendência primeiro "regressiva", depois, com uma inegável mudança de sentido, "racional", não pode deixar, ela também, de se afirmar: a razão é sempre tentada a encontrar em si mesma seu próprio fundamento — isso não passa da repetição do encolhimento inicial do homem sobre si mesmo pelo qual ele se quis semelhante a Deus. Destarte, a f. racional é a consequência inevitável e "negativa" da falta. A crítica schellingiana do argumento ontológico (provas* da existência de Deus) toma então toda sua significação. Não basta querer provar Deus, com efeito, para se situar na f. positiva — bem ao contrário: se Deus *fosse* em virtude de sua natureza, ele sucumbiria à maior necessidade e não se poderia mais pensar nele nem vontade, nem liberdade, nem criação. Assim, só fornecerá uma "prova continuada da existência de Deus" aquela f. que mostrar que o existente necessário, tal como se impõe de imediato à razão, em lugar de ser deduzido por ela, é Deus (*Filosofia da revelação*, SW XIII, 160-165).

Se S. recusa designar a f. positiva como uma "f. cristã" (*SW* XIII, 133 *sq*), nem por isso deixa de ser fato que ela constitui uma f. do c., já que a mitologia mesma só pode ser compreendida como uma preparação à revelação. A ambição de S., entretanto, será sempre filosófica, já que sua preocupação nunca será a de justificar uma interpretação ortodoxa dos dogmas (*SW* XIV 80, 233), mas mostrar que eles só podem ser compreendidos a partir dos princípios de sua f.

b) O tratamento schellingiano da mitologia e do cristianismo. — Um Deus livre e criador mediante o jogo das potências.

Sujeito, objeto, sujeito-objeto; em-si, para-si, equilíbrio de um e do outro: tais são duas expressões possíveis das potências que constituem momentos inseparáveis do ser divino, e cuja origem se deve buscar na f. da natureza. É por meio delas que S. poderá pensar uma progressão imanente ao ser divino que não seja todavia esse devir de uma natureza que as *Idades do mundo* tiveram tanta dificuldade em descartar. É preciso achar em Deus o fundamento ou a possibilidade da criação, isto é, da posição fora de si do ser-outro, sem para tanto negar a liberdade de Deus. S. insistirá no conjunto da última f. numa ideia já em germe

nas *Lições de Erlangen* (IX, 225): a liberdade divina só é verdadeiramente tal se puder colocar o que a nega e correr o risco de deixar ser uma efetividade em que o retorno a Deus permanece o fato, indedutível, de outra liberdade.

— *A mitologia* é a consequência, previsível mas não necessária, de um monoteísmo que não se reduz a uma unicidade absoluta e uniforme, mas coloca a unitotalidade das três pessoas. A Trindade* bem compreendida, segundo S., não poderia estar muito afastada do triteísmo* (sobre a documentação de S. a propósito dessas controvérsias teol., cf. Tilliette, 1969, t. II, 459, n. 35). Quanto ao politeísmo, ele é evidentemente causado pela falta do homem que esquece que não pode ser *como* Deus senão com a condição de permanecer nele (*SW* XIV, 349-350). O homem assim, crendo-se senhor das potências, não pode senão romper o vínculo pacientemente tecido entre elas por meio da criação do mundo. Ele desencadeia então a primeira potência, a cólera* divina, o Deus ciumento e destruidor; e é preciso então que recomece, mas já no interior do espírito humano, um processo de apaziguamento da criação que é a obra sempre reconciliadora da segunda potência (da qual Dioniso é a figura mitológica). As representações mitológicas, portanto, não passam de representações, sem realidade fora do espírito, mas constituem para o homem a única realidade; ele é possuído por esse lento processo de dilaceramento e de cura de sua consciência*; sua vida, por meio dos ritos, particularmente naquilo que eles têm de cruel, é só a manifestação desse processo. Essa interpretação tem a ambição de explicar a mitologia por si mesma e recusa ser assimilada a um tratamento poético ou evemerista dos mitos: é mesmo à formação da consciência que assistimos aqui. E todavia, a mitologia só adquire sua independência contra um fundo de dependência, e deve ser subordinada à revelação divina que culmina no c.: nisso está, segundo E. Cassirer (1953), a insuficiência de S., ao passo que a tentativa de afirmar a independência da consciência faz sua glória.

— *Cristo: da segunda potência à segunda pessoa.* O Cristo* de S. "não é o mestre […], não é o fundador, mas o *conteúdo* do c." (*SW*

XIV, 35). S. examina os principais dogmas a fim de compreender como eles revelam a ação de superação e de reconciliação característica da segunda potência. No Cristo, esta segunda potência se torna pessoa* divina, isto é, ela adquire tal independência diante do Pai* que poderia erigir um reino autônomo e rival. O Cristo é, todavia, aquele que escolhe livremente obedecer ao Pai e entregar em suas mãos a criação restaurada. Assim, o NT só é inteligível em seu conjunto se admitirmos o estado do Filho durante o período mitológico (e sobretudo no final desse período), isto é, essa possível independência em relação ao Pai, designada pela *morphe theou* que Cristo escolhe abandonar (*SW* XIV, 39-41, comentário detalhado de Fl 2,6-8). A "figura divina" que ele podia revestir não é senão a expressão de seu reinado sobre a consciência humana, e esse reinado só é possível graças à falta do homem. É neste sentido que Cristo pode ser dito "Filho* do homem".

Essa interpretação da encarnação* e a preexistência do *Logos* que ela supõe mostram claramente os limites de uma ortodoxia que pouco importava, decerto, a S., mas que ele, no entanto, recupera no conjunto, com essa importante exceção. Como qualificar esse estado intermediário, nota X. Tilliette contra W. Kasper, senão como o de um semideus (1969, 459)? Há, contudo, uma consequência teologicamente mais frutuosa desse abandono da *morphe theou*: a encarnação é inevitavelmente kenose*, despojamento, alienação. S. inova aqui em relação à teoria tradicional, sem que possa contudo ser catalogado entre os teólogos da corrente "kenotista" (cf. Tilliette, 1969, t. II, 456).

Pode-se assinalar igualmente, entre outras coisas, a interpretação schellingiana do papel desempenhado por Satã, o contraditor, aquele que ao longo de toda a história força o homem a tomar partido, a sair da indecisão, a manifestar sua liberdade (*SW* XIV, 241-278). Sem jamais estar verdadeiramente em contradição com a Escritura, S. recupera aqui as grandes linhas da compreensão do mal presente nas *Investigações*.

— *As três Igrejas*. As três potências estão igualmente em ação na história do c. A Igreja*

de Pedro*, a do fundador, a Igreja romana, é reinado do princípio "substancial", e é a ela que cabe a primazia de afirmar sua autoridade* e seu enraizamento temporal (S. lê aqui o texto tradicionalmente invocado em favor do primado concedido aos sucessores de Pedro, Mt 16,18s, como atribuindo a Pedro uma prioridade e não uma superioridade definitiva e exclusiva [*SW* XIV, 301]). É a Igreja de Paulo que lhe sucede. Ela não é outra coisa senão o protestantismo*, o questionamento de toda autoridade. Todavia, ela mesma é só um momento no conjunto do desenvolvimento histórico: e é a Igreja de João, forma última mas ainda histórica da Igreja por vir, que verá o reinado do Espírito*, reinado do conhecimento universal e científico do c. Essa Igreja joanina, Igreja do Espírito, já era um lugar-comum dos companheiros de Tübingen. E S., que não desconhece Joaquim de Fiore, alegra-se ao encontrar nele uma confirmação de sua teoria (Tilliette, 1969, t. II, 460, n. 36, e Lubac*, 1979).

Precisemos que as três potências estão em ação em todas as etapas do processo de criação e, em seguida, de redenção. Mas cada uma predomina sucessivamente na história da revelação.

5. Influências e concordâncias

É na *Filosofia da revelação* que se resume a contribuição teol. de S. Seu ponto comum com a interpretação do c. proposta na f. da identidade reside em que ambas são inegavelmente cristológicas. Mas a diferença de contexto é não menos notável. Nos textos tardios, com efeito, Cristo e a história na qual ele se manifesta não são mais deduzidos com necessidade de uma construção filosófica: a revelação, tomada em seu sentido amplo, na medida em que começa com a criação, é indedutível. Ela é positiva. Só pode ser conceitualizada porque aconteceu.

S. evidentemente não podia ignorar as orientações cristológicas e críticas de seu tempo, mas parece que só a *Glaubenslehre* de Schleiermacher* seja uma de suas fontes seguras.

Quanto à posteridade do pensamento teol. de S., é preciso, a crer em W. Kasper (1965, 393), falar de concordâncias e de afinidades mais do que de influências. Aproximações são possíveis: com Kierkegaard* (o paradoxo absoluto, a ironia divina), Barth* (predestinacionismo), a escola de Tübingen* (Drey sobre a protorrevelação, cf. Th. Wolf, *PhJ* 98 [1991], 145-160), Rahner*, Bultmann*, Tillich*, Cullmann (Tilliette, 1969, t. II, 465, n. 75). Mas decerto é preciso concluir na particularidade do pensamento de S.: é no interior de um quadro filosófico elaborado num longo itinerário filosófico que ele encontrou dogmas ou discussões teol. legados pela tradição* e foi mesmo capaz de antecipar algumas reflexões dos teólogos contemporâneos.

- (1855-1861), *SW*, ed. K. F. A. von Schelling, 14 vol., Stuttgart; (1927-1928), *Schellings Werke*, ed. Schröter, 12 vol., Munique (reproduz, a despeito de uma classificação diferente, a paginação da ed. precedente, que é portanto sempre citada); (1976-), *Historischkritische Ausgabe*, Stuttgart; (1947), *Die Weltalter* (1811 e 1813), ed. Schröter, Munique; (1990), *System der Weltalter, Münchner Vorlesungen 1927-1928*, ed. S. Peetz, Frankfurt; (1989), *Einleitung in die Philosophie*, ed. W. Ehrardt, Stuttgart-Bad Cannstatt. Em português *A filosofia da arte*, São Paulo, 2001; *Obras escolhidas*, São Paulo, 1991; *A essência da liberdade humana: investigações filosóficas sobre a essência da liberdade humana e questões conexas*, Petrópolis, 1991.

▶ E. Cassirer (1923), *Philosophie der symbolischen Formen*, t. 1: *Einleitung*. — K. Leese (1927), *Von Jakob Böhme zu Schelling. Zur Metaphysik des Gottesproblem*, Erfurt. — K. Jaspers (1955), *Schelling Größe und Verhängnis*, Munique. — W. Schulz (1955), *Die Vollendung des deutschen Idealismus in der Spätphilosophie Schellings*, Stuttgart. — P. Tillich (1959), *Mystik und Schuldbewußtsein in Schellings philosophischer Entwicklung*, in *GW*, t. I, Stuttgart. — W. Kasper (1965), *Das Absolute in der Geschichte*, Mainz. — K. Hemmerle (1968), *Gott und das Denken nach Schellings Spätphilosophie*, Friburgo. — X. Tilliette (1969, 1992²), *Schelling, une philosophie en devenir*, 2 vol., Paris. — J.-F. Marquet (1973), *Liberté et exitence*, Paris. — H. de Lubac (1979), *La postérité spirituelle de Joachim de Flore*, t. I, Paris. — E. Brito (1987), *La création selon Schelling*, Louvain. — M. Maesschalck (1989), *Philosophie et révélation dans l'itinéraire de Schelling*, Paris-Louvain. — W. G. Jacobs (1993), *Gottesbegriff und Geschichtphi-*

losophie in der Sicht Schellings, Stuttgart-Bad Cannstatt.

Marie-Christine GILLET-CHALLIOL

→ *Filosofia; Hegel; Kenose; Kierkegaard; Mal; Provas da existência de Deus; Schleiermacher; Teosofia; Tillich; Tübingen (escolas de).*

SCHLEIERMACHER, Daniel Friedrich Ernst, 1768-1834

a) Vida e obras. — Daniel Friedrich Ernst Schleiermacher (S.) nasceu em Breslau em 21 de novembro de 1768, numa família dedicada há várias gerações ao serviço da Igreja*. Seus pais, próximos do pietismo*, confiam-no, para sua educação, aos estabelecimentos morávios de Niesky (1783-1785) e de Barby (1785-1787). Seu coração se abre ao fervor pietista, mas seu espírito sente dúvidas quanto à satisfação vicária e à divindade de Cristo*. Em consequência dessas interrogações, ele abandona Barby mas não desiste de se tornar pastor*: vai para Halle fazer estudos de teologia* e sofre a influência de J. S. Semler, J. A. Eberhard e F. A. Wolf. Após sua ordenação*, é vigário em Landsberg (1794-1796); em Berlim, onde é capelão de um hospital, liga-se com os representantes do primeiro romantismo alemão e com a elite intelectual. Em 1799, publica seus *Discursos sobre a religião*; em 1801, um primeiro volume de *Sermões*. Seus vínculos com o círculo romântico e a tendência "panteísta" dos *Discursos* suscitam a desconfiança dos protestantes de observância estrita. Em 1803, S. publica uma *Crítica dos sistemas de moral que tiveram curso até o presente* e, em 1804, a primeira parte de sua grande tradução de Platão. Nomeado professor na universidade Halle, ensina ética filosófica*, enciclopédia teológica, dogmática*, moral cristã e interpretação do NT. Retornando a Berlim (1807), participa da criação da universidade (1810) onde é nomeado professor de teologia; ensina ali quase a totalidade das disciplinas teológicas. Publica, no entanto, só duas obras, um manual (*Breve exposição dos estudos de teologia*, 1811) e uma ampla dogmática (*A fé cristã*, 1821-1822). Por outro lado, seu esforço filosófico se desdobra em quase todos os domínios (exceto a filosofia* da natureza) e desempenhou um papel de pioneiro em alguns ramos (filosofia da religião* e hermenêutica*). Morre em 12 de fevereiro de 1834 (Dilthey, 1870).

b) Sobre a religião. — S. nunca renegará seus *Discursos sobre a religião* (Seifert, 1960); se contentará em corrigi-los nas reedições que publicará em 1806, 1824 e 1831. Após ter proposto um pleito a favor da religião tal como a entende (1º Discurso), ele define a religião pura e viva dissociando-a da metafísica e da moral (2º Discurso): a essência da religião não é nem pensamento nem ação, mas sentimento e intuição orientada para o universo, isto é, para o mundo físico e para o mundo humano considerado em seu ser e seu devir. Para S., os sentimentos de respeito, de humildade, de amor* etc., que se atribuem frequentemente à moral, pertencem de fato à religião. No 3º Discurso, S. sublinha que o senso religioso jorra das profundezas da alma*: como ele tem a ver com o desenvolvimento espiritual, não seria possível suscitá-lo de maneira violenta ou mecânica. Num 4º Discurso, S. trata da relação entre a religião e a comunidade e propõe uma imagem da Igreja fortemente marcada pelo romantismo e pelo pietismo. Concebendo a sociedade* religiosa como um órgão de mútua comunicação, S. opõe as pequenas comunidades fervorosas à grande Igreja; nem por isso deseja o desaparecimento dessa Igreja: ela permanece um vínculo entre os que vivem da fé* e os que a buscam. O último discurso considera a pluralidade das religiões como uma coisa necessária: a religião possui em si mesma um princípio que a leva a individualizar-se. S. polemiza com a religião natural, à qual prefere as religiões positivas: elas são as formas determinadas sob as quais a religião infinita se manifesta no finito. S. apreende assim a intuição central do cristianismo no vínculo indissolúvel entre corrupção e resgate; tudo o que é finito precisa, para ser religado à divindade, de mediações múltiplas — entre as quais a do Cristo*. Os *Discursos* acentuam tão fortemente o devir cristão e suas "palingenesias" que o Espírito* Santo parece destacado de Cristo. Mais tarde, entretanto, S. tomará distâncias em relação ao joaquinismo (milenarismo*) (Lubac, 1979, 329 *sq*).

c) Religiosidade e filosofia. — A importante carta de S. ao filósofo F. Jacobi (3 de março de 1818) esclarece a relação entre a filosofia e a piedade. Jacobi se considerava "totalmente pagão no que diz respeito ao entendimento, mas cristão de todo coração". Contra essa posição, S. responde: "O pagão e o cristão se opõem como tais um ao outro no mesmo terreno, a saber, o da religião" (Cordes, 1971, 208). A religião é a interpretação do sentimento religioso pelo entendimento; se o sentimento é cristão, o entendimento não poderá "interpretar como pagão" (Flückiger, 1947).

Em S., a diferença entre piedade e entendimento — até mesmo entre dogmática e filosofia — é apreendida como contraste: é na oscilação entre piedade cristã e entendimento que se constitui a vida do espírito. Assim, S. pode declarar que sua filosofia e sua dogmática, longe de se contradizerem, se aproximaram sempre mais (Scholtz, 1984). Ambas compartilham defeitos e perfeições: o sentimento religioso é efetivamente realizado, mas não é puro; em contrapartida, a intuição filosófica de Deus* não é jamais realizada, mas é pura de todo elemento estranho. S. exclui portanto toda superação da filosofia pela religião ou toda subordinação da religião à filosofia. No entanto, não há heterogeneidade entre esses dois domínios: a filosofia compreende a religião como uma das formas do triunfo do espírito no seio da natureza; por outro lado, a religião apreende imediatamente a unidade do ideal e do real que torna possível a filosofia (Simon, 1974).

d) Hermenêutica. — Foi sobretudo a hermenêutica* de S. que atraiu a atenção dos pensadores do s. XX. Ele distingue dois aspectos complementares na operação hermenêutica: a interpretação "gramatical" que se esforça por compreender o discurso a partir da totalidade da língua, e a interpretação "técnica" que considera o mesmo discurso como um ato individual de produção dos pensamentos (*Hermenêutica*, ed. Kimmerle, 90 *sq*, 107 *sq*). Essa divisão principal é cruzada por uma segunda oposição: o procedimento "comparativo" que esclarece progressivamente as obscuridades do texto à luz do que já é conhecido (sobretudo a significação das palavras), opõe-se ao procedimento "divinatório" que apreende intuitivamente o sentido e a coerência do texto. Sem a comparação, a divinação permanece incerta; sem a divinação, a comparação carece de unidade (Simon, 1987). Segundo

S., a hermenêutica, como ciência geral, aplica-se a todo discurso (Ricoeur, 1986): não caberia portanto reservar à Escritura sagrada* santa uma interpretação que lhe seria particular.

e) Concepção da teologia. — Em sua *Breve exposição dos estudos de teologia*, S. define a teologia como "ciência positiva"; sua unidade decorre de sua tarefa: dirigir (em sentido amplo) a Igreja (ed. Scholtz, § 1). A especificidade do conjunto das disciplinas teológicas reside assim em seu vínculo com a missão eclesial. Como ciência, em contrapartida, a teologia se submete às leis e ao ideal do saber próprios a todas as ciências.

Segundo S., a teologia se divide em três partes: teologia filosófica, histórica e prática (§ 24-26). A teologia filosófica reúne os elementos da ética filosófica e da filosofia da religião que parecem importantes para a tarefa teológica (§ 32-68). A teologia histórica constitui o corpo verdadeiro do estudo teológico (§ 69-256); ela compreende três seções: a teologia exegética (§ 103-148), a história* da Igreja (§ 149-194) e, enfim, o conhecimento histórico do estado atual do cristianismo (§ 195-250). A última parte se divide em teologia dogmática (dogmática propriamente dita e teologia moral) e "estatística" (isto é, o conhecimento da constituição interna e das relações externas da sociedade eclesial, § 232-250). Embora todas as disciplinas teológicas visem dirigir a Igreja, esta última constitui o tema privilegiado da teologia prática (§ 257-338).

f) Doutrina da fé. — Segundo a célebre introdução da *Doutrina da fé*, a base de todas as sociedades eclesiais reside na piedade, que "não é nem um saber nem um agir, mas uma determinação do sentimento ou da consciência de si imediata" (*Der Christliche Glaube [GL]*, § 3; Offermann, 1969). O sentimento não significa algo de confuso nem de impotente; é a presença imediata da existência inteira, tanto sensível quanto espiritual.

A noção de dependência absoluta constitui o essencial do conceito de religião desenvolvido por esta introdução: "O caráter comum de todas as manifestações, por mais diferentes que sejam, da piedade, pelas quais esta se distingue ao mesmo tempo de todos os outros sentimentos, portanto, a essência semelhante a si mesma da piedade é que tenhamos consciência de nós como absolutamente dependentes, ou, o que quer dizer o mesmo, como em relação com Deus" (*GL*, § 4). Nossa consciência de não possuirmos uma liberdade* absoluta constitui já em e por si uma consciência de dependência absoluta (*schlechthinniges Abhängigkeitsgefühl*). E a representação veiculada pela palavra "Deus" exprime a reflexão mais imediata sobre este sentimento de dependência (*GL* I, § 29-30).

S. não se contenta em evocar a essência individual das sociedades religiosas, mas considera os diversos graus (fetichismo, politeísmo, monoteísmo*) do desenvolvimento histórico da religião (*GL*, § 8). O cristianismo é, segundo ele, a expressão mais pura da piedade teleológica (*GL* I, 59 *sq*). Tal piedade caracteriza também, mas em menor medida, o judaísmo*; em contrapartida, o islã, apesar de seu monoteísmo, pertence ao tipo estético (*GL* I, 64).

S. pretende levar a uma apreensão completa dos enunciados da fé e tenta determinar as razões de sua diferenciação. Aliás, ele recorta cada uma das partes de *A fé cristã* em três direções: trata-se antes de tudo dos estados do homem, depois das modificações do mundo em suas relações com o sentimento de absoluta dependência e, enfim, dos atributos* divinos em suas relações com o homem e o mundo (*GL*, § 30). Assim, a primeira parte de *A fé cristã* (§ 36-61) analisa primeiramente a autoconsciência piedosa como tal; em seguida, alguns atributos divinos (eternidade*, onipresença*, onipotência*, onisciência*) e, enfim, a perfeição original do mundo. A primeira vertente da segunda parte (§ 62-85) apresenta primeiro o pecado* como estado do homem, em seguida a condição do mundo em relação ao pecado e, enfim, os atributos divinos que se relacionam à consciência do pecado. A segunda vertente desta segunda parte (§ 86-169) trata primeiro do estado do cristão, em seguida da condição do mundo em relação à redenção e, enfim, dos atributos divinos (amor, sabedoria*) relativos à salvação*. A perspectiva antropológica constitui para S. a *Grundform* sem a qual, por um lado, a abordagem cosmológica se desvia no rumo das ciências naturais e, por outro, a doutrina de Deus corre o risco de se confundir com a metafísica.

S. é o iniciador da teologia cristocêntrica e da concentração eclesiológica da pneumatologia no s. XIX. Sublinha que o Cristo é diferente de todos os homens "pelo constante vigor de sua consciência divina, que era um ser autêntico de Deus nele" (*GL*, § 94; Tilliette, 1986). Mas, para exercer sua senhoria sobre a receptividade e a atividade da Igreja, o Cristo, segundo S., deve de algum modo desaparecer no "espírito comum" eclesial (*GL*, § 121-125; Brandt, 1968). S. não se engana em pensar o mistério* divino a partir das missões temporais do Filho* e do Espírito; mas, por seu retorno ao modalismo* sabeliano, ele se condena a só apreender Deus como unidade diferenciada (*GL* II, 471 *sq*; Brito, 1994). Aliás, em sua *Dogmática*, a palavra final não é relativa ao autodesdobramento da Trindade*, mas aos "atributos divinos", que têm como único conteúdo modificações da piedade (*GL*, § 164-169; Beisser, 1970).

g) Teologia da cultura. — S. interpreta o desenvolvimento da cultura como um processo ético que, na dominação do homem sobre a terra, realiza a união da razão* e da natureza (*Ethik*, ed. Birkner, 231 *sq*; Jorgensen, 1959). Sua *Moral cristã* sublinha que cada estrutura essencial à natureza humana deve se tornar o órgão do Espírito divino; assim, ela implica uma vasta teologia da cultura; tal teologia não significa uma pura identidade entre o cristianismo e a cultura; S. sublinha, antes, que a cultura humana só pode subsistir se permanecer aberta ao Espírito de Cristo (Birkner, 1964).

h) Posteridade. — A influência de S. não se limita à escola da "teologia da mediação" que a reivindica explicitamente (C. I. Nitzsch, A. Twesten, J. Müller). Ele também marcou a concepção da religião de R. A. Lipsius, o método dogmático de A. Schweitzer, o pensamento ético de R. Rothe e exerceu uma influência sobre autores da corrente hegeliana (E. Zeller). No s. XX, apesar das precauções da teologia dialética (Barth*), alguns teólogos, e não dos menores (G. Wobbermin, R. Otto, Tillich*), conservaram uma relação positiva com S. Logo depois da II Guerra Mundial, a teologia protestante tende a se aproximar de novo de S. e, um pouco mais tarde, a teologia católica começa a redescobri-lo (Stalder, 1969).

• T. N. Nice (1966), *Schleiermacher — Bibliography*, Princeton (*Updating and Commentary*, Princeton, 1985); (1835-1864), *Sämmtliche Werke*, 30 vol., Berlim; (1980), *Kritische Gesamtausgabe*, ed. H.-J. Birkner *et al.* (em curso de publicação), Berlim-Nova York; (1910), *Kurze Darstellung des theologischen Studiums*, ed. H. Scholz, Leipzig; (1959), *Hermeneutik*, ed. H. Kimmerle, Heidelberg; (1958), *Über die Religion. Reden an die Gebildeten unter ihren Verächtern*, ed. H.-J. Rothert, Hamburgo; (1960), *Der christliche Glaube* (*GL* I-II), ed. M. Redeker, Berlim; (1981), *Ethik*, ed. H.-J. Birkner, Hamburgo. Em português: *Hermenêutica: arte e técnica da interpretação*, Petrópolis, 2001; *Introdução aos diálogos de Platão*, Belo Horizonte, 2002.

▸ X. Dilthey (1870), *Leben Schleiermachers*, Berlim. — G. Pünjer (ed.) (1879), *F. Schleiermachers Reden über die Religion*, Braunschweig. — E. Cramaussel (1909), *La philosophie religieuse de Schleiermacher*, Paris. — F. Flückiger (1947), *Philosophie und Theologie bei Schleiermacher*, Zurique. — P. H. Jorgensen (1959), *Die Ethik Schleiermacher*, Munique. — P. Seifert (1960), *Die Theologie des jungen Schleiermachers*, Gütersloh. — H.-J. Birkner (1964), *Schleiermachers christliche Sittenlehre*, Berlim. — W. Brandt (1968), *Der Heilige Geist und die Kirche bei Schleiermacher*, Zurique. — H.-J. Birkner (1969), "Philosophie et théologie chez Schleiermacher", *ArPh* 32, 179-205. — D. Offermann (1969), *Schleiermachers Enleitung in die Glaubenslehre*, Berlim. — R. Stalder (1969), *Grundlinien der Theologie Schleiermachers*, Wiesbaden. — F. Beisser (1970), *Schleiermachers Lehre von Gott*, Göttingen. — M. Cordes (1971), "Der Brief Schleiermachers an Jacobi", *ZThK* 68, 195-212. — M. Simon (1974), *La philosophie de la religion dans l'oeuvre de Schleiermacher*, Paris. — G. Ebeling (1975), *Wort und Glaube* III, Tübingen, 60-136. — Th. H. Jorgensen (1977), *Das religionsphilosophische Offenbarungsverständnis des späten Schleiermachers*, Tübingen. — H. de Lubac (1979), *La postérité spirituelle de Joachim de Flore*, t. I: *De Joachim de Flore à Schelling*, Paris-Namur. — E. Schrofner (1980), *Theologie als positive Wissenschaft. Prinzipien und Methoden der Dogmatik bei Schleiermacher*, Frankfurt-Berna. — G. Schultz (1984), *Die Philosophie Schleiermachers*, Darmstadt. — P. Ricoeur (1986), *Du texte à l'action. Essais d'herméneutique, II*, Paris. — X. Tilliette (1986), *La christologie idéaliste*, Paris. — M. Eckert (1987), *Gott — Glauben und Wissen. Schleiermachers philosophische Theologie*, Berlim-

Nova York. — M. Simon (1987), *Introduction à F. Schleiermacher, Herméneutique*, Paris. — P. Demange (1991), *L'essence de la religion selon Schleiermacher*, Paris. — E. Brito (1994), *La pneumatologie de Schleiermacher*, Louvain.

Emilio BRITO

→ *Calvinismo; Experiência; Hegel; Hegelianismo; Kant; Kierkegaard; Luteranismo; Marx; Nietzsche; Schelling.*

SECULARIZAÇÃO

a) Definição. — O termo "secularização" (s.) é derivado do latim *saeculum*, palavra utilizada na Vulgata para traduzir o grego *aion* (cf. Rm 12,2; 1Cor 1,20 etc.), o "século" ou mundo* que a teologia paulina* identifica ao domínio do pecado*. O termo designa inicialmente o processo de laicização de um religioso que abandona sua ordem e retorna para o *século*. Qualifica também o confisco dos bens da Igreja*, no mais das vezes em proveito do Estado*, ou ainda a passagem de atividades ou de instituições (escolares, hospitalares etc.) da esfera de influência da Igreja para outros domínios que excluem as referências ou os valores religiosos. Mais amplamente ainda, a noção de s. designa o processo, claramente observável de pouco tempo para cá, que viu a dessacralização de atividades dependentes até então total ou parcialmente da religião: a arte, a política, a técnica, os comportamentos e as normas éticas*, e mesmo as diversas práticas científicas, são então compreendidas ou como explicitamente opostas a qualquer religião que seja (fala-se então de secularismo), ou então como indiferentes perante as normas religiosas. A s. nomeia assim a total autonomia de um mundo que se compreende de maneira imanente a partir de si mesmo.

Assim definida, a s. faz apelo a uma interpretação: na medida em que a autonomização do mundo diante da religião é totalmente ilegítima para uns (por conduzir ao ateísmo*) e em que é, para outros, uma tarefa na qual se deve trabalhar para concluir a emancipação do homem perante a superstição e/ou à religião, convém apreender o vínculo entre s. e fé*. A fé deve se preocupar com a segurança crescente que o mundo adquire em si mesmo? A s. é somente um movimento de saída

da fé? Como ela se torna possível pela fé mesma? Uma teologia* da s. é concebível?

b) Interpretação histórica e sociológica. — Claramente perceptível de pouco tempo para cá, o movimento de autonomização do mundo possui raízes históricas identificáveis. Algumas delas podem ser sublinhadas aqui. De uma leitura das raízes gregas da cultura moderna, poder-se-ia concluir que a s. é o produto de uma inteligência do mundo que não repousa no mito*, mas no discurso racional: e de fato esta inteligência do mundo, saída dos pré-socráticos e relançada pela *démarche* socrática, conduziu indiretamente a uma dessacralização do saber e — sobretudo pela aquisição progressiva da ideia de direito* natural — a uma tendência a liberar a vida comum das normas teológicas. Mas como explicar esta latência de uma emancipação erigindo-se em princípio somente mais de quinze séculos depois? Um segundo fator intervém aqui: o fim do Renascimento corresponde no Ocidente a uma redefinição da ideia de natureza. Vista na perspectiva do conhecimento científico, a natureza aparece como esvaziada das potências mágicas, das forças e das qualidades sensíveis que algumas filosofias medievais tinham colocado nela. Homogeneizando a natureza por intermédio da identificação da matéria à extensão e desenvolvendo os princípios de uma geometrização do real, Descartes* tornou possível, em seguida, um conhecimento do mundo que fizesse apelo somente à ordem metódica adotada pelo sujeito conhecente: a ciência não é mais a *theoria* dos gregos, mas a produção de um saber pelo sujeito pensante; ela deve se desdobrar fazendo abstração das causas finais, cujo conhecimento é reservado a Deus. Paralelamente, ocorreu a imposição das filosofias políticas — descendentes do nominalismo* de Guilherme de Occam (*c.* 1290-1350) — para as quais a legitimidade do poder estatal repousa num contrato que desliga o povo soberano de toda autoridade externa a ele: foi assim, com base na disjunção novamente estabelecida entre natureza e finalidade, que T. Hobbes (1588-1679) fundou uma concepção do Estado que o emancipava vigorosamente de todo fundamento teológico e colocava o indivíduo livre em seu centro (Strauss, 1953). O protestantismo*, enfim, sobretudo em sua vertente puritana, desenvolveu uma notável valorização do trabalho* e das atividades econômicas. Investigando o "espírito do capitalismo", M. Weber (1864-1920) sugeriu assim que a distinção entre a fé e as obras*, de um lado, e a teoria calvinista da predestinação*, de outro, tinham engendrado uma tal angústia quanto à certeza da salvação* que alguns pregadores foram levados a conceber o trabalho* e o sucesso das empresas humanas como *sinais* da eleição* divina. Assim valorizadas, as atividades terrestres teriam se emancipado das referências religiosas que as tinham tornado possíveis e teriam contribuído para gerar um mundo secularizado, entregue ao simples jogo dos conflitos e dos interesses econômicos, e compreensível em função de uma legalidade própria a si mesmo. No espírito de Weber, este movimento teria colocado o ponto final no processo de "desencantamento" (*Entzäuberung*) do mundo e concluído a progressiva "eliminação da magia como técnica de salvação".

c) Interpretações teológicas da secularização. — Uma interpretação teológica da s. deve, antes de tudo, superar a condenação sem apelo do processo pelo qual o mundo se emancipou diante da Igreja em particular, e perante o cristianismo em geral. Tal condenação, cujo eco se ouvirá até na constituição *Dei Filius* do concílio* Vaticano I*, foi desenvolvida pelos pensadores franceses do tradicionalismo* (L. de Bonald [1754-1840] e J. de Maistre [1753-1821]): o afastamento progressivo da sociedade* ocidental em relação ao cristianismo seria devido ao desenvolvimento do racionalismo*, por um lado, e, por outro, a uma maneira tipicamente protestante de conceber a relação do homem com Deus*: à rejeição da autoridade* e do magistério corresponderia, no protestantismo, um apelo à consciência* subjetiva dos indivíduos e, correlativamente, uma perda de influência da Igreja no mundo. Para criticar tais condenações, será preciso, primeiro, interrogar-se sobre a distinção radical que elas estabelecem entre fé e s. e sobre a incapacidade delas de perceber na s. um fenômeno cujas condições de possibilidade residem na fé mesma.

Sublinhando uma dessacralização do mundo, o conceito de s. remete de fato à condenação da idolatria*, incessantemente repetida pelos profetas* de Israel*: ao adorar as obras de suas mãos, os homens carregam o mundo de divindades múltiplas e se desviam de Deus, o único Santo. Ora, ao afirmar, por um lado, a existência

de um Deus único e, por outro, a existência de uma relação de criação* entre o mundo e Deus, uma relação que os distingue um do outro religando-os um ao outro, o judaísmo* oferecia meios inéditos para compreender o mundo ao mesmo tempo a partir de si mesmo e em sua referência a seu criador. O mundo não é Deus, mas nem por isso é uma potência hostil a Deus: o mundo fala daquele que o fez, proclama sua glória* (cf. Sl 19,1). A idolatria então consiste em encerrar o mundo dentro de si mesmo e em não apreender sua autonomia como uma autonomia criada. Quanto à teologia cristã, a encarnação* ali conduz a confirmar ao mesmo tempo a dignidade do mundo e sua diferença para com Deus. A s., desde logo, pode aparecer como a continuação nos tempos de uma "desdivinização do mundo por Deus" (Geffré, 1976, p. 129) colocada no fundamento do judaísmo, como o desvelamento progressivo da distância posta entre o mundo e Deus. Este mundo é ele mesmo entregue nas mãos do homem: ele deve, portanto, ser conhecido segundo a objetividade das causas, organizado de um ponto de vista político por intermédio do Estado, explorado por meio da técnica etc. Por reconhecerem a responsabilidade do homem para com o mundo, o judaísmo e o cristianismo constituiriam então uma "religião da saída da religião" (Gauchet, 1985, 134 *sq*).

Nessa tal perspectiva, duas reflexões teológicas são emblemáticas de uma compreensão da s. como resultado de uma lógica interna à fé. O procedimento de D. Bonhoeffer* consiste assim em levar em conta o niilismo moderno: os homens nem idólatras são mais. Por outro lado, a tendência niilista em conceber tudo *etsi deus non daretur* manifesta que o homem se tornou maior e se liberou de seus tutores (*Widerstand und Ergebung*). Ora, essa independência novamente adquirida e claramente explicitada de pouco tempo para cá não é, entretanto, contraditória com a fé: "Tornando-nos maiores, somos levados a reconhecer realmente nossa situação diante de Deus. Deus nos faz saber que nos é preciso viver enquanto homens que conseguem viver sem Deus [...]. Diante de Deus e com Deus, vivemos sem Deus" (p. 162). O verdadeiro nome de Deus, nesta perspectiva, é revelado pelo servo* sofredor: sua kenose* revela sua divindade. E assumir o sofrimento de Deus no mundo, isto é, a independência do mundo, eis a vocação do cristão. Trata-se, pois, de ser homem e de sê-lo plenamente. Assim a s. libera o cristão de uma "falsa imagem de Deus [...] para dirigi-lo no rumo do Deus da Bíblia* que adquire sua potência* e seu lugar no mundo por sua impotência" (ibid., p. 163).

F. Gogarten (um dos companheiros de Barth* nos inícios da teologia dialética) reconhece também que a s. é "um fato suscitado pela fé cristã" (Verhängnis und Hoffnung der Neuzeit). É na fé que ela encontra seu ponto de partida, e aparece como um dever do ser humano. O fundamento teológico da posição de Gogarten reside na distinção, colocada pela fé mesma, entre a fé e as obras da lei*. Já que a salvação vem da fé, e só dela, o mundo e as obras terrestres são inteiramente confiados ao homem. O mundo nem por isso é autossuficiente: por intermédio do homem, ele deve com efeito entrar na dupla relação de criação e de filiação* que liga o homem a Deus. O pecado consiste então em dobrar o mundo sobre si mesmo, em inverter a relação de Criador a criatura que funda tudo o que é. Duas consequências notáveis resultam disso: 1/ Por causa da distinção entre a fé e as obras, o homem goza de uma dupla liberdade* (ibid., 85 sq): a fé libera o homem das obras e o desvincula da lei (assim, "tudo é permitido", 1Cor 10,23). Mas, na fé, o homem deve responder diante de Deus por suas obras e, portanto, pelo mundo ("nem tudo é aproveitável"). A fé deve assim à s. o fato de operar a conservação de sua pureza (da fé) e de tornar o homem responsável por si mesmo. 2/ Por conseguinte, a fé não deve temer a s., mas sim o secularismo, isto é, a vontade de cristianizar o mundo propondo, p. ex., uma moral cristã (ibid., 194, 203 sq): para retomar uma distinção de Barth, a fé tornar-se-ia religião e carregar-se-ia de prescrições que lhe são estranhas.

d) A secularização como problema. — Ocorre que essas interpretações da s. enfrentam algumas dificuldades bem destacadas por C. Geffré. 1/ Toda teoria da s. deve antes de tudo evitar o obstáculo do discurso ideológico que justifica de maneira indireta e mascarada a impotência, ou mesmo o apagamento, da fé e da Igreja: "Mesmo sem sabê-lo [os teóricos da s.], 'produzem' a ideologia de que a Igreja necessita para justificar seu devir, isto é, sua marginalização

crescente" (Geffré, 1976, 136). As teologias da s. se felicitam assim do fato de que, sob o fogo das críticas do ateísmo moderno, o cristão seja forçado a entrar na idade adulta da fé, isto é, num mundo sem Deus. Ora, a religião não parece ter desaparecido deste mundo contemporâneo pretensamente ateu. Ele permanece assombrado por poderes mágicos e reativa, às vezes à revelia de si mesmo, práticas puramente pagãs. 2/ Ao cortar radicalmente a fé da religião, essas teologias separam a fé de suas raízes antropológicas e de um "sagrado original" que opera em todo ser humano. Sem a religião, a fé corre o risco de ser apenas uma abstração e de esquecer a parte de humanidade que se volta realmente para Deus nas atitudes "religiosas". E sem a fé, a s., compreendida como o movimento pelo qual o mundo se torna mais mundo, corre o risco de obliterar a dimensão criada do próprio mundo e de se confundir com o paganismo. Uma dialética religa assim a fé e a s. Em seu desdobramento e por sua força crítica, a s. interroga e revela aquilo que, na fé, poderia ser pura abstração ou negação do mundo. E a fé, inversamente, inclusive em sua dimensão "religiosa", pode desempenhar um papel crítico diante da s.: ela pode denunciar o encolhimento idólatra do mundo sobre si mesmo, interrogar uma s. que deságua apenas na negação de Deus, e enfim purificar e elevar rumo a Deus um desejo que, sem ela, corre o risco de ser cego ou de se confundir pura e simplesmente com o sentimento. 3/ Enfim, devolvendo o mundo a si mesmo, as teologias da s. isolam a fé na esfera da vida privada e, desse modo, tornam impossível toda palavra pertinente da Igreja sobre o mundo. Ora, o fato mesmo da s. remete a Igreja a si mesma e à missão que lhe é específica: "Em face da sociedade* deixada pela Igreja a si mesma em sua situação secular e pluralista, a Igreja, precisamente porque não pode manipular esta sociedade em suas decisões concretas de maneira integrista, doutrinária e jurídica, tem uma tarefa toda nova que se poderia qualificar de profética" (Rahner*, 1967, prop. 4). Não se trata, para a Igreja, nem de ter saudade de uma situação histórica anterior, nem de impor de maneira imediata um conjunto de verdades* definitivas que, aliás, ela não detém, mas que ela desenvolve no tempo. O essencial é, para ela, encontrar os meios de responder à expectativa humana de Deus. A esse respeito, o julgamento do Vaticano II* a propósito do fenômeno da s. parece adotar uma posição média: reconhecendo uma "justa autonomia das realidades terrestres" (*LG*, § 36), o concílio sublinha que "as coisas criadas e as sociedades mesmas têm suas leis e seus valores próprios, que o homem deve pouco a pouco aprender a conhecer" (*LG*, § 36.1). Tal autonomia nem por isso significa uma independência da criatura perante o Criador: cabe à consciência cristã "inscrever a lei divina na cidade* terrestre" (*LG*, § 43.2).

• M. Weber (1904), *Die protestantische Ethik und der Geist des Kapitalismus. Gesammelte Aufsätze zur Religionssoziologie* I, 4, 1-236, Tübingen (*A ética protestante e o espírito da capitalismo*, São Paulo, 2003). — D. Bonhoeffer (1953), *Widerstand und Ergebung*, Munique. — F. Gogarten (1953), *Verhängnis und Hoffnung der Neuzeit. Die Säkularisierung als theologisches Problem*, Stuttgart. — L. Strauss (1953), *Natural Right and History*, Chicago. — E. Levinas (1963), *Difficile liberté*, Paris. — K. Rahner (1967), "Theologische Reflexionen zur Säkularisation", *Schr. zur Th.* 8, 637-666, Einsiedeln-Zurique-Colônia. — J. B. Metz (1968), *Zur Theologie des Welt*. — C. Geffré (1976), "La fonction idéologique de la sécularisation", in E. Castelli (sob a dir. de), *Herméneutique de la sécularisation*, Paris, 121-140. — E. Jüngel (1980), "Säkularisierung — Theologische Ammerkungen zum Begriff einer weltlichen Welt", in *Entsprechungen: Gott — Wahrheit — Mensch. Theologische Erörterungen*, Munique, 285-290. — M. Gauchet (1985), *Le désenchantement du monde. Une histoire politique de la religion*, Paris. — G. Marramao (1992), "Säkularisierung", *HWP* 8, 1133-1161. — U. Barth e B. Schwarze (1999), "Säkularisierung", *TER* 29, 603-638 (bibl.).

Thierry BEDOUELLE

→ *Autonomia da ética; Barth; Bonhoeffer; Criação; Modernismo; Política (teologia); Tradicionalismo.*

SEMELHANÇA → **analogia** → **traço** (*vestigium*)

SENHOR → **Cristo/cristologia** → **nome**

SENSUS FIDEI

a) Definição. — Entende-se por *sensus fidei* ("sentido/senso da fé", s.f.) uma capacidade, dada pelo Espírito* Santo ao crente, de perceber a verdade* da fé* e de discernir o que lhe é contrário. Mais amplamente, é um carisma de todos os membros da Igreja*, que lhes permite reconhecer o objeto da fé, confessá-la e vivê-la na verdade. Este senso *subjetivo* deriva de um senso objetivo mais antigo: trata-se daquilo *que a Igreja sustenta*. Mas, como a *ecclesia* constitui um sujeito vivo, a objetividade da fé não existe sem a interioridade do crente a quem sua comunhão* com a Igreja garante um senso íntimo daquilo em que crê. Sem confundi-lo, podemos aproximar o s.f. de expressões vizinhas elaboradas no s. XVI nos trabalhos de criteriologia doutrinal de Cano, Bellarmino* ou Suárez* (*instinctus fidei, consensus fidelium, sensus fidelium*), e que designam o conteúdo externo e objetivo da fé confessada pelos fiéis, isto é, portanto, o s.f. tal como é generalizado por toda a *ecclesia*. Fala-se também de *phronema ekklesiastikon* (senso da Igreja). O concílio* de Trento* (*DS* 1367) fala de um "consenso dos fiéis", ou "senso universal da Igreja", manifestado no assentimento dado a uma verdade de fé. A partir do Vaticano II* (*LG* 12), enfim, o s.f. se caracteriza como um "sentimento" sobrenatural* suscitado pelo Espírito, e do qual todo o povo* de Deus* se beneficia a fim de receber a palavra* de Deus, de aderir a ela indefectivelmente, de aprofundá-la e de colocá-la em prática.

b) Justificação. — O s.f. encontra seus apoios escriturísticos mais seguros na concepção de um *povo* sacerdotal* (1Pd 2,9), que tem o *pensamento de Cristo* (1Cor 2,16), os *olhos do coração* (Ef 1,18), o *espírito de verdade* (Jo 14,17; 16,3) e a *inteligência espiritual* (Cl 1,9). E encontra, por outro lado, sua formulação antiga mais frequentemente citada no cânon de Vicente de Lérins sobre "o que foi crido em toda parte, sempre e por todos" (*Comm.* cân. 23).

Quanto à elaboração teológica, ela remonta às análises do ato subjetivo de crer fornecidas pela escolástica* do s. XIII, com Guilherme de Auxerre, Alberto* Magno e Tomás* de Aquino. Este último escreve, p. ex., que *"per lumen fidei vident esse credendo"* (*ST* IIa IIae, q. 1, a. 5, ad 1, "Pela luz da fé eles veem o que é preciso crer"). O s.f. garante aqui em profundidade a coerência de uma existência cristã capaz de certa "conaturalidade" (cf. *ST* IIa IIae, q. 45, a. 2).

A argumentação se desenvolve em M. Cano no contexto de uma discussão sobre a tradição* e sobre a autoridade* da Igreja (cf. *De logis theologicis* 3, 3; 4, 4), e o s.f. aparece ali primeiramente como uma fonte do conhecimento teológico. Em 1848, J. Balmes evoca um *instinto de fé*. J. H. Newman* (1870) fala de um "senso da inferência", ou "senso ilativo" (*illative sense*, cf. *Grammar of assent*, cap. IX-X), que torna possível o assentimento real em matéria de fé e de consciência*; e tirando a conclusão de seus trabalhos sobre o arianismo*, onde observara que o pequeno povo cristão manifestara uma fidelidade de que a hierarquia* não fora capaz, ele propõe também uma teoria do *consenso dos fiéis* (*On consulting the Faithful in Matters of Doctrine*, parte 3). J. A. Mölher e M. J. Scheeben* integram também o s.f. em sua concepção da fé.

No s. XX, dois problemas favoreceram um aprofundamento desta noção: por um lado, o de uma justificação dos dogmas marianos, por outro, o do papel dos leigos* na Igreja. Em sua elaboração de uma teologia* do laicado*, Y. Congar sublinha assim o vínculo do s.f. e da função profética da qual participa todo batizado (cf. também João Paulo II, *Christifideles Laici*, 30 de dezembro de 1988, n. 14). Uma mesma vontade de precisar a função dos batizados está presente nos textos do Vaticano II, que recorre à ideia de s.f. e a noções vizinhas, *senso católico, senso cristão dos fiéis, senso cristão, senso religioso, senso de Deus, senso de Cristo e da Igreja, instinto* (*LG* 12; *PO* 9; *AA* 30 e *GS* 52, *AG* 19). A ideia está igualmente implícita em *DV 8*, a propósito do desenvolvimento do dogma*.

c) *Valor teológico.* — A interpretação do s.f. foi objeto de um esclarecimento da Congregação para a Doutrina da Fé, que começa citando *LG* 12 para em seguida definir o *senso sobrenatural da fé*: "A universalidade dos fiéis, tendo a unção que vem do Santo (1Jo 2,20 e 27), não pode se enganar na fé; e esse dom particular que ela possui, ela o manifesta pelo *senso sobrenatural da fé*, que é o do povo inteiro, quando desde os bispos* até o mais humilde fiel leigo (cf. Agostinho*, *De Praed. Sanct.* 14, 27) ela exprime seu consentimento unânime no domínio da fé e dos costumes" (Declaração *Mysterium Ecclesiae* n. 2, *AAS* 63 [1973], *DC* 1973, 664-670). O concílio de Trento falava de um *universus ecclesiae sensus* (*DS* 1367) que habilita o crente a distinguir a verdadeira fé da heresia*. E se todos os batizados participam da função profética de Cristo, então eles podem, em certas condições, oferecer uma expressão da fé isenta de erro. Como experiência* da fé e de sua verdade feita pelo conjunto dos fiéis que vivem do Espírito Santo, o s.f. fornece, portanto, um critério do conhecimento teológico; quanto à função magisterial desempenhada pela hierarquia eclesiástica, ela está a serviço do s.f. sempre assegurando a missão de sua educação. Três condições deverão então ser preenchidas para que se possa recorrer à infalibilidade do s.f.: que seja realmente a expressão do consentimento universal; que incida sobre o conteúdo da revelação* cristã; que seja reconhecido pelo magistério* (cf. *DV* 8, 10; *LG* 12, 25). Nesta situação, o papel do magistério não se reduz a sancionar um consentimento já expresso: ele pode, de fato, predispor e requerer este consentimento. E como é inseparável do *sentire cum Ecclesia*, o s.f. não poderia criar tensão entre magistério e povo cristão. Bem compreendida, a noção de s.f. é um instrumento a serviço de uma eclesiologia* equilibrada (cf. Commission Théologique internationale, *DC* 73 [1976], 662-665). Decerto é preciso acrescentar que uma teologia da *recepção** só pode ser viável baseando-se na realidade do s.f.

- Y. Congar (1953), *Jalons por une théologie du laïcat*, cap. 6: "Les laïcs et la fonction prophétique de l'Église", Paris, 367-453; (1963), *La tradition et la vie de l'Église*, Paris, 62-64. — J.-M. Tillard (1982), "Magistère, théologie et *sensus fidei*", *Initiation à la pratique de la théologie*, Paris, t. 1, 163-182. — W. Beinert (1987), "Glaubenssinn der Gläubigen", *Lexikon der katholischen Dogmatik*, Friburgo, 200-201. — R. Latourelle (1988), *Vatican II: Bilan et perspectives*, Montreal-Paris, t. 1, 157-170. — S. Pié-Ninot (1992), "Le sens de la foi", *DTF*, 1131-1134. — B. Sesboüé (1992), "Le *sensus fidelium* en morale à la lumière de Vatican II", *Le Supplément*, n. 181, 153-156. — J. J. Burkhard (1993), "*Sensus fidei:* Theological Reflexions since Vatican II", *HeyJ*, 34, 41-59, 123-136.

Gilbert NARCISSE

→ *Fé; Lugares teológicos; Magistério; Notas teológicas.*

SENTIDOS DA ESCRITURA

As Escrituras* têm mais de um sentido: esta afirmação nunca está ausente do horizonte teológico. O IV Evangelho* faz Jesus* dizer, falando de Moisés: "é a meu respeito que ele escreveu" (5,46; cf. 8,56 acerca de Abraão). "Aquele de quem está escrito na lei* de Moisés e nos profetas, nós o encontramos: é Jesus" (Jo 1,45): tamanha certeza global, atestada sob outras formas ao longo de todo o NT, implicava ou desencadeava inevitavelmente uma revolução na leitura daquele "Antigo Testamento" que era então as únicas "Escrituras". Descobria-se nele um sentido até então não percebido. Era preciso apoiá-lo com os dados antigos: ele não podia simplesmente contradizer o sentido previamente reconhecido nem destacar-se absolutamente dele. Pois o sentido novo não podia abrir mão de genealogia: Jesus não podia ser revelado como Filho sem se referir aos vestígios que o Pai* inscrevera na história*. É por esta razão que a hermenêutica* do AT é inseparável dos primeiros passos da teologia*.

Aplicar a um escrito uma chave que seus autores não conheciam: este procedimento já tinha curso fora de Israel*, num espaço aberto entre a filosofia* grega e os poetas, como Homero e Virgílio, considerados como inspirados do alto, e "todos aqueles que trataram da divindade, os bárbaros e os gregos" (Clemente, *Strom.*,

V, 4, 21, 4). A especificidade da leitura cristã da Bíblia* não está na alegoria, mas no fato de que a alegoria é inteiramente regulada pela experiência* de um momento da história considerado único e subordinado à mensagem que o anuncia (querigma). É por isso que a doutrina da pluralidade dos sentidos da Escritura é aplicada primeiramente a uma leitura cristã do AT da qual o NT fornece o modelo. É antes de tudo o AT que tem diversos sentidos.

I. Os conceitos principais

Os termos que designam os "sentidos" da Escritura mudaram muitas vezes de acepção, a ponto de revestirem conteúdos opostos. Eles ainda evoluem, mas é possível detectar as principais convergências ou divergências no uso teológico hoje admitido.

1. Sentido literal

a) Existe uma acepção tradicional e negativa, devida a Paulo: "A letra mata" (que se aplica sobretudo aos mandamentos* da Lei); está ligada aos usos limitativos ou depreciativos de "carne*".

b) "Literal" designa também o sentido recebido nas trocas diárias: sentido dito "óbvio" ou imediato (*prokheiron*). De outro ponto de vista, tomar "à letra" é tomar no sentido material: "sentido literal" opõe-se então a "sentido metafórico", e se diz sobretudo de uma palavra ou de um sintagma breve. Tomar uma metáfora à letra é fazer um contrassenso.

c) A partir do uso técnico da exegese* moderna: o sentido literal é aquele no qual se fez ou dever-se-ia ter feito a comunicação entre um destinatário e aqueles a quem *ele mesmo* destinava essa mensagem. Ele se inscreve num "contrato de comunicação", delimitado pelas convenções e possibilidades da época em que a mensagem se constituiu. Diz-se sobretudo de um *texto*, mais do que de uma palavra ou de uma fórmula.

2. Alegoria

Entende-se *hoje em dia* num sentido mais restrito do que na exegese antiga. A linguagem alegórica (do grego *alla-egorein*: "dizer outra coisa") é codificada: numa série, cada *conceito* é substituído por uma *imagem*. Os conceitos se seguem, as imagens podem ser descontínuas (Zc 5,7: uma mulher é trancada num alqueire coberto por um disco de chumbo); a incoerência pode mesmo alertar o destinatário sobre a natureza da mensagem. Quando é desejado pelo autor, o sentido alegórico é reconhecido como o "sentido literal" no vocabulário de hoje (ver *supra*, 1*c*). Mesmo os antigos às vezes procederam assim.

3. Sentido típico ou figurado

Typos é um termo rico: ele designa uma marca bastante firme para que sua impressão dure muito tempo, uma matriz. É menos a cópia ou reprodução de um modelo (celeste ou outro) do que um modelo daquilo que ainda está por se produzir ("antitipo") e que ganhará em dignidade (Goppelt). Além do parentesco, ele sugere também uma diferença, como entre "oco" e "cheio", "molde" e "estátua". Pode ser substituído em grego por *skhema*. É traduzido em latim por *figura*. Fala-se de "sentido típico", "figurado" ou "figurativo".

O percurso narrativo bíblico (narrativa*) atravessa tipos ou figuras abertas sobre o futuro. Dir-se-á que são atraídas por esse futuro. E se esse futuro é um desenlace operado por Cristo*, dir-se-á que sua hora abre o cumprimento* dos tipos e figuras. Como a atração é uma forma de participação, o pensamento se interrogará sobre a relação do cumprimento com o princípio e a origem: haverá, portanto, interação entre a exegese tipológica e a teologia especulativa. Em outro nível, o princípio da tipologia é suscetível de ser reconhecido pela semiótica e pela análise narrativa, atentas à recorrência dos esquemas.

4. Sentido espiritual

Desde que entendido estritamente como termo técnico da exegese teológica, e a partir de sua origem paulina, o qualificativo "espiritual" designa o sentido novo que é descoberto sob a ação do Espírito*. A interpretação espiritual é novidade em ato, como na pregação*, veículo de tantos comentários patrísticos. A Bíblia ensina

que a inteligência espiritual é dada com a derrota dos corações* endurecidos quando tentam se apoiar em sua própria justiça. A característica do "sentido espiritual" assim compreendido é sua radicalidade. Tudo é mudado no texto, tudo é mudado no mundo, com as mesmas palavras. Esta leitura reconhece que o Espírito que a dá vem de Cristo e, nesta medida, mantém sua fidelidade à história, mas se detém pouco em suas fases.

Os antigos frequentemente deram outros nomes ao "sentido espiritual": "alegórico", "místico*" (a partir de "mistério*") ou ainda "típico", quando se tratava das verdades da fé*. "Místico" podia também ser reservado ao itinerário da alma*. "Tropológico" (sinônimo de "moral") orientava para uma ação, e "anagógico" para os fins últimos (ver abaixo III, 5).

5. Sentido pleno

A expressão se propagou entre os católicos, sobretudo nos anos que seguiram o *Divino Afflante Spiritu* (1943), onde aliás ela não figura. Ela faz jus a um princípio muito antigo: a Bíblia se explica pela Bíblia por inteiro. O sentido pleno segue a ampliação do sentido das palavras. Assim, a "vida" sempre foi prometida, mas a tradição sobrecarregou o sentido da palavra quando a esperança da eternidade (vida eterna*) veio à luz, e isso desde antes do NT. O sentido pleno permanece aquém de uma interrogação sobre a novidade específica do NT.

II. A pluralidade dos sentidos na Bíblia mesma

As origens da tipologia bíblica são bíblicas: remontam mesmo ao AT. A postura ali já é dialética: a similitude só pode ser negada se já tiver primeiro sido posta.

Para o Dêutero-Isaías, o ato novo de Deus o revela como presente desde o começo: reconvocando seu povo* do exílio, ele lhe refaz uma memória nova, o retorno do exílio reproduz o Êxodo e o faz ser esquecido (Is 43,18s). Para Jr 16,15, "não se dirá mais" que Javé *fez seu povo subir* do Egito (outrora), mas "se dirá" que Javé *o fez subir* desde o Norte (após o exílio). Os relatos fundadores (esquemas familiares dos patriarcas, Páscoa* e travessia do deserto) têm o *status* de arquétipos, chaves interpretativas das novidades, das quais o exílio será a principal. Assim, Sara cumulada representa Jerusalém* repovoada (Is 51,2s; 54,1). A experiência se dá como revelação*: "até hoje, o Senhor não vos deu um coração para reconhecer" (Dt 29,2s). Sl 78,2 vê a história antiga como "enigmas" (aplicado às parábolas* por Mt 13,35). Sb 19 transforma os milagres* cósmicos do Êxodo em anúncio da salvação* final dos justos desaparecidos.

O NT encontra *a fortiori* no AT um sentido novo. Rm 4,17 relê Gn 15 acentuando o contínuo: o movimento pelo qual o cristão crê na ressurreição* atravessava já Abraão: Paulo não se ocupa daquilo que Abraão sabia a respeito. 1Cor 10 vê o Cristo já presente (mas oculto) numa realidade vivida por Israel antes da encarnação*: eis um modelo de tipologia. Outra é a atitude, declarada, "alegórica", de Gl 4,24. Seu lado artificial fez escola. Para os evangelistas, mesmo as particularidades da vida de Jesus (lugares de permanência ou de passagem) vêm cumprir os oráculos. Mas as retomadas do AT são mais reveladoras quando o evangelista não as declara e se contenta em escrever os atos de Jesus em justaposição aos de Moisés, Elias, Jeremias, mas sem dizê-lo. O andamento narrativo é marcado pela certeza de que a intenção divina conduz toda a história e de que deixou sinais disso, cuja decifração só é possível por meio de seu desenlace no Evangelho. O IV evangelho é o único a explicitar esta estratégia: Jesus é a serpente de bronze, o maná, a vinha de Israel, o templo* não feito por mão de homem. Como, nesta perspectiva, os personagens do relato eram pessoalmente orientados para a individualidade do Verbo* encarnado, a tipologia permanece histórica em seu centro.

1Cor 10 expõe sua hermenêutica: o alcance do antigo relato é dogmático, parenético, escatológico: é já a subdivisão do sentido espiritual (ver abaixo: os quatro sentidos). 2Cor 3 introduz o tema de um véu sobre o coração dos filhos de Israel "cada vez que leem Moisés" (v. 15). Observemos que, de um lado, a obscuridade não provém aqui do texto lido, mas que, de outro lado, a falta de luz não é forçosamente a treva. A

Epístola aos Hebreus compara a nova aliança* à antiga sob as categorias de *typos* (modelo), *hypodeigma* (esquema diretor, maquete), *homoiotes* (semelhança), *eikon* (imagem), *skia* (sombra). Tudo se orienta para o *ephapax*, o "uma vez por todas", que põe fim à repetição.

III. A tradição

Ao longo dos dois primeiros séculos cristãos, a exegese cristã é levada por um fluxo rico e contínuo (Barnabé, Clemente de Roma, Justino, Tertuliano*, Ireneu*...). Devemos nos limitar ao exemplo de originalidade e de fidelidade dado por algumas testemunhas que permanecem nesta corrente.

1. Orígenes

Orígenes* (*c.* 185 – *c.* 251, Alexandria depois Cesareia) pôde ser comparado a outro grande alexandrino, Fílon (*c.* 25 a.C. – *c.* 40 d.C), pois o alegorismo suscita em ambos invenções copiosas, mais ainda porém em Orígenes. Este codifica pouco sua interpretação. Ela tem por centro a atual e radical transformação do mundo* carnal pelo Verbo encarnado. Por sua obra e pelo dom do Espírito, as etapas da história do mundo se tornaram contemporâneas na alma. Teologia e leitura bíblica são aqui completamente coextensivas e se dirigem a um auditório para que ele progrida. O início desta exegese é a aplicação assídua em encontrar o verdadeiro texto (é o objeto das *Hêxaplas* de Orígenes: cf. traduções* antigas da Bíblia): neste sentido, ela mereceria ser chamada de "literal". Orígenes é bastante crítico para dizer que a Lei não pôde ser toda gravada na pedra, e para admitir que os evangelistas tenham podido "juntar à Escritura, sob forma de coisa sensível, a noção espiritual que seu espírito concebia" (*In Jo*, 10, 15). Mas essa forma de crítica não o ocupa muito: não é do lado da verossimilhança que ele busca a verdade*, mesmo que se mantenha firme à história. Seus adversários são aqueles que se recusam a deixar o mistério revelado pelo NT invadir todo texto: "Para nós ambos os Testamentos são novos" (*In Num. Hom.* IX, 4). Mesmo a vida de Jesus, tomada à letra, não revela todo o seu sentido.

O alegorismo recorre frequentemente a definições. Assim, o Levítico (2,7; 7,9) prescreve, para cozer as oferendas, forno, frigideira ou assadeira, o que exige uma interpretação espiritual: mas esta deve antes de tudo especificar uma propriedade de cada utensílio. Disso resulta que uma atenção ordinariamente pertinente às realidades de toda sorte se faz sentir nesta exegese.

A lista origeniana dos sentidos da Escritura — ela não dá conta obrigatoriamente de todo o seu procedimento — apresenta três termos: ou *histórico, moral* (o leite), *místico* (a carne), ou *histórico, místico, espiritual* (em relação inversa com 1Ts 5,23: espírito, alma, corpo*; cf. também o *trissos* [triplamente] de Pr 22,20 LXX). O sentido místico é o que explora a revelação do mistério da fé, o qual diz respeito ao mesmo tempo ao esposo e à esposa, o Cristo e a Igreja*, sua relação na história da salvação. Este sentido é a condição objetiva do sentido "espiritual", que concerne bem mais à alma do leitor. O sentido "moral" deixa lugar também a verdades ou virtudes* que não são apenas sobrenaturais.

O alegorismo de Orígenes e de muitos outros apoia-se em sua percepção do discurso bíblico, cuja lógica lhes parecia correntemente como deficiente, carente de *akolouthia*, de sequência. Isso por duas razões: a maneira bíblica de compor era mal compreendida e não se levava em conta o fato de muitos escritos terem sido redigidos em várias etapas. Donde a tendência a justificar essas deficiências recorrendo a um sentido que permaneceu oculto até então. Fazendo da alegoria um princípio global, era-se levado a nem sempre distingui-la da tipologia, ou do sentido "típico". É impossível para o leitor contemporâneo apropriar-se sem mais da exegese de Orígenes, para quem todo sinal sensível está disponível a uma transposição. A regra que ele aplica de tomar toda incongruência como sinal de sentido oculto é insustentável, mas não é própria dele. O que ele tem de excesso, até mesmo de automatismo (com a escusa, diz-se que ele pregava todos os dias em Cesareia), pode nos extraviar, mas a riqueza de seu olhar sobre o mundo renovado é iluminadora. Ele mesmo, aliás, não busca a adesão que vai à ciência nem continuamente a que vai ao dogma*. O que ele dá pode ser recebido e o é em todo caso por meio da tradição que ele mesmo recebia, mas nós precisamos absolutamente daquilo que ele não dá. Ele vê os testemunhos de Israel no mistério da Igreja (Lubac*, *Histoire et Esprit*, 257; 260-265), mas não os aproxima o suficiente de seu povo. Embora faça grande caso deles, não só tem poucos meios, mas pouco zelo de reconstituir o caminho espiritual de Israel.

2. As exegeses de Antioquia

A exegese praticada em Antioquia*, em contraste com Alexandria* e um século depois de Orígenes, representa outro polo. Diodoro, bispo* de Tarso em 378, é o mestre de Teodoro de Mopsueste. João* Crisóstomo pertence a essa corrente. Antioquia busca "querela sistemática" (Jay, 1985, 159) com Alexandria. Ali o helenismo é mantido à distância. A ênfase se dá no realismo e na história. Assim, Teodoro de Mopsueste (350-428) passa por ter recusado ao Cântico todo sentido que não o literal. Todavia, uma vez que o sentido espiritual do AT tem seu fundamento nas atestações e na prática do NT, ele será recebido em Antioquia, também com suas aplicações já tradicionais. Mas não se desejará acrescentar-lhe nada: trata-se de Cristo no AT, mas somente algumas vezes. Orígenes, ao contrário, diz com bom senso que, se há "alguns casos", é para que sejam estendidos a outros (*in Ex. Hom.* 5, 1). João Crisóstomo define claramente o "tipo": "A profecia por modo de tipo é uma profecia* nos fatos (*pragmaton*)" (*De Poenitentia*, hom. VI, 4; PG 49, 320). Mas, para a escola, a relação dos dois Testamentos funda-se primeiramente nos profetas, sendo a profecia compreendida como uma predição ou visão antecipada de caráter milagroso. A visão pode apresentar vários planos: o mesmo texto, em particular no caso do "profeta" David (cf. At 2,30), aplica-se ao evento anunciado em Israel e a seu cumprimento futuro em Cristo, pois o profeta teve essa dupla visão antes de escrever. A hipérbole é vista como o sinal de que se trata do cumprimento, pois é por ele que ela é tornada verídica: esta é uma posição comum a todas as escolas, mas que toma aqui um andamento mais metódico. São privilegiados os textos que têm valor de prova: a tendência é buscar segurança afirmando uma *theoria*, isto é, uma visão antecipada dos eventos futuros.

3. Agostinho

A novidade de Agostinho* consiste em conceber a pluralidade dos sentidos seja a partir de uma reflexão filosófica sobre os sinais, seja a partir da revelação, seja reunindo as duas. "A letra mata, o espírito vivifica": estas palavras recebidas por intermédio de Ambrósio* são o ponto de partida de seu itinerário hermenêutico. Suas classificações dos sentidos são variáveis; nelas se reconhece o universo de um *grammaticus*: assim, os sinais são "desconhecidos", "duvidosos", "próprios", "figurados" (*De Doctrina christiana*, II, III), e é preciso distinguir entre diversas metáforas (*verba translata*). Podem-se compreender as classificações dos sentidos em dois níveis (*De utilitate credendi*, III, 5): sentido "histórico", "etiológico" (qual é a causa de um *dictum* ou de um *factum*?), "analógico" ("os dois Testamentos não se opõem"), "alegórico" (alguns escritos não devem ser tomados literalmente, mas figuradamente). Aqui a etiologia depende, segundo o caso, da razão* ou da fé, da explicação ou da interpretação. A "causa" buscada pode ser literária, lógica, mística. Agostinho dá prova de grande liberdade*, em parte porque não é um filólogo, mas podemos atribuir-lhe razões melhores. *Primeiro*, a exegese é busca regulada ao mesmo tempo que ardente, que subordina resolutamente todo sentido dos textos a uma verdade que ultrapassa tanto o autor do texto (mesmo sendo Moisés), quanto o texto e seu intérprete. Esta verdade é a de Deus. É também a das coisas, donde a necessidade de conhecer "as propriedades e a natureza das que são utilizadas a título de comparação". O *De Doctrina christiana* detalha este programa. Quem diz sentido diz abertura: a Bíblia não nos encerra em seu horizonte: ela mesma se inscreve, antes, num horizonte sem limite. Esta verdade, enfim, é a de Agostinho na medida em que nunca se cansa de interrogá-la

com confiança. *Segundo*, o sentido espiritual é, enquanto tal, harmonia de vários sentidos, ele faz falar em concordância a humanidade, Israel, Cristo, sua Igreja e seu leitor: "Quem fala? […] Depende de ti ser aquele que buscas" (*In Psalmos*, 42 [41 hb.], PL 36, 464), mas o leitor está com Cristo: "Não te arrisques a dizer nada sem ele, tanto quanto ele não diz nada sem ti" (*ibid.*, 86 [85 hb.], PL 37, 1082). É também "toda a cidade* que fala, desde o sangue de Abel" (*ibid.*, Ps 62 [61 hb.], PL 36, 731). *Terceiro*, toda a Escritura procede da caridade e conduz a ela. A caridade leva em conta nossa fraqueza. E ela une o autor aos leitores como os leitores entre si. Os desacordos são de duas sortes, um é relativo à verdade das coisas, o outro, à intenção daquele que as exprime. Para o segundo ponto, "não o distingo tão bem" (*Confissões* LXII, cap. XXIII-XXIV) mas, "se eu tivesse sido Moisés, teria querido escrever de maneira" que todas as opiniões que divergem sem serem falsas pudessem ser compreendidas no texto, pois tudo o que é verdadeiro "une na caridade" e isso Moisés o obteve (*ibid.*, cap. XXVI, XXX-XXXI). Raramente a "figura do leitor" (A.-M. Pelletier, 1989) será tão honrada.

4. Jerônimo

O operário da Vulgata latina combateu pela regra da *hebraica veritas*. Sua originalidade não está na estima do sentido literal, mas em sua aptidão a buscá-lo, ao mesmo tempo nas *Hêxaplas* de Orígenes e no saber dos judeus de seu tempo, ao qual ele tem acesso direto. Ele não cessa de inquirir sobre a *história*, sobre as *realia* (geografia, ciências naturais). Escritor saboroso, arrojado e mestre de retórica, é também leitor, sensível aos procedimentos e ao teor de um texto. Sua concepção dos sentidos da Escritura é tomada, antes de tudo, de Paulo: a "letra" mata se for recebida *carnaliter*, mas o princípio de base é que o edifício espiritual repouse no *fundamentum historiae*. O "tipo" e a "figura" são sinônimos para ele. Ocasionalmente, a figura é uma figura de retórica, um tropo: a fronteira entre sentido desviado (metáfora, *translatio*) e sentido espiritual não é óbvia.

Fortemente dependente de Orígenes, Jerônimo distingue melhor que ele o "tipo" da alegoria, a qual lhe inspira reservas. Ele se mostra consciente da ambiguidade do termo *allegoroumena* em Gl 4,24 (Jay, 260). A interpretação espiritual (*spiritalis*) opera no nível do mistério; ela deve seguir a "coerência (*ordinem*) da história" e não interpretar cada palavra isoladamente, como faz a alegoria. Jerônimo segue muitas vezes o uso comum de propor um sentido espiritual quando a coerência escapa: "Isso não se sustém de modo algum. Portanto, é preciso recorrer à interpretação mística" (*In Ps*, 95 [hb. 96], PL 26, 1112). A incongruência de Os 1–3 obriga a dizê-lo alegoricamente. Encontramos em Jerônimo a tropologia, de coloração frequentemente psicológica e ascética, e a *anagoge* que ele emprega seja como um equivalente de "sentido espiritual", seja no sentido de elevação da alma para um nível superior, mais raramente no sentido, que predominará mais tarde, de aplicação às "realidades futuras".

5. O dístico dos quatro sentidos e Tomás de Aquino

Littera gesta docet, quid credas allegoria/ moralis quid agas, quo tendas anagogia: "A letra ensina o que aconteceu; a alegoria, o que tens de crer; o sentido moral (tropológico), o que tens de fazer; e o sentido anagógico, aquilo para o qual deves tender". Agostinho de Dácia, dominicano, teria composto (*c.* 1260, com a variante *quid speres* para a *anagogia*) esse dístico célebre (onde se observa o triplo "tu") para resumir a doutrina de Tomás* de Aquino. Este, no fio da tradição (*ST* Ia, q. 1, a. 10 resp.), lembrava que o "sentido literal ou histórico" é o fundamento do sentido espiritual, o qual se divide em três: "alegórico, moral e anagógico". Enquanto *littera* designa somente as palavras, chama-se "*sentido* literal" aquilo que o autor quer dizer (*quem auctor intendit* ou *quod loquens per verba vult significare*): ele pode se afastar do sentido imediato das palavras. O sentido querido pelo autor (divino) pode ultrapassar o que o autor (humano) quer dizer (*ibid.*, ad 1). Outro caso: Sl 29 (hb. 28), v. 2, é

metafórico para David mas literal para Jesus, pois só Jesus foi tirado da morada dos mortos* (*In Psalmos Expositio*). Este cumprimento objetivo não é forçosamente o de um oráculo. É-o às vezes; os antigos criam: "Uma Virgem conceberá" e nós cremos: "Uma Virgem concebeu" — mesmo sentido e mesma fé (Ia IIae, q. 103, a. 4). Sente-se vir um enriquecimento do sentido literal. Se é fundamento do sentido espiritual, não é já por ser *sentido*? O "modo" bíblico é chamado *narrativus signorum* (*Sent.* I, prol. q. 1, a. 5). Ia, q. 1, a. 10 retoma a doutrina clássica da tipologia: uma *res* anterior é, por disposição divina, "tipo" de uma *res* posterior, num movimento que tende para o último. Mas a *res* é separável das palavras que a dizem? A distância entre o significante e o significado repousa numa paradoxal "conveniência": Ia, q. 1, a. 9 apoia-se no Pseudo-Dionísio* para dizer que o mais sensível ou o mais baixo é também o mais apto a significar o mais espiritual e o menos acessível. Alexandre de Hales, (*ST Prolog.* c. IV, a. 1) já chamava este sensível de "forma do informe" e "figura do que não se figura". Embora isso signifique legitimação da teologia como ciência ao autorizá-la a partir da Bíblia, a acepção extensiva do sentido literal afirmou-se o bastante para que a tarefa de explorá-lo conquiste sua autonomia.

IV. Renascimento e Reforma

Quando Lefèvre d'Étaples (*c.* 1460-1536) encontra no conjunto do saltério (*Quincuplex psalterium*, 1509, 1ª ed.) um sentido espiritual que decide chamar de "sentido literal" porque é o desejado por David profeta, vemos que a aproximação das duas dimensões já se fizera sentir. Essa simplificação ainda não é inovadora.

O choque vem com Lutero*, quando arvora uma máxima semelhante: o sentido literal é o sentido crístico, "fazer incidir sobre Cristo a interpretação literal". Sua teoria contém vários elementos. Insistiremos na dimensão da palavra*: a prioridade que ele concede a ela é sem precedente. A cruz de Jesus não serviria de nada se não fosse dada a crer pelo anúncio verbal. As coisas celestes podem somente *annuntiari* *verbo*. Se Jo, Rm, Gl passam à frente do resto do NT (prefácio à sua tradução de 1522), é porque dão o anúncio, mais do que relatos. "Aquele que tem as palavras pela fé tem tudo, embora de maneira oculta" (*WA* 4; 376, 15 *sq*). Não temos "nada senão em palavra e promessa*"" (*WA* 4; 272, 16 *sq*). Ora, esta "palavra" que tem dois sentidos (*sensus in dorso, sensus in facie*) tem uma consistência própria, pela qual é conjurada o que seria a fraqueza de uma fusão entre sentido literal e sentido espiritual. A palavra se interpõe entre eles dois, à maneira de uma parede que só pode ser vista convexa se também puder ser vista côncava, segundo o lugar do olho. À ciência crítica não cabe ditar esta escolha, mas sim traçar a linha. Ela separa morte e vida. O que se tornam então as "sombras" das figuras? É o problema desta hermenêutica. Lutero frequentemente leva a pensar que a sombra "é a noite" (Ebeling, *Lutherstudien*, I, p. 46). Mas nem sempre. Primeiro, ele sente que a letra que mata vai até lá para que o movimento se vire em promessa: o leitor deve fazer este caminho. Mais tarde, voltando a visitar as posições que seu avanço tinha parecido abandonar, Lutero concede direitos à categoria de transição: o AT também conheceu "conjuntamente a letra e o espírito"; os justos ali oravam para que *"veniat Christus et transeat Moses"* (*WA* 4; 310, 38 f). Esse *transeat* vale para a Igreja, situada sem estabilidade *inter veterem et novam legem* (*ibid.*, 179, 30). Tomás de Aquino falava no mesmo sentido. Segundo Ebeling (*op. cit.*, 51), Lutero consegue fazer entrecruzar-se o antagonismo "letra de morte" *vs.* "espírito de vida" com o escalonamento mais homogêneo dos quatro sentidos, mas num "turbilhão assombroso" (*einem verwirrenden Strudel*). A quem recorda que Encarnação e Cruz são fatos da história, Lutero replica que sim, mas só é fato aquilo que é conhecido como fato: *quod cognoscitur esse factum* (3; 435, 37-39). Ebeling comenta assim: "Cristo agora é o texto" (p. 60). Entendemos que ele tem *status* de texto.

Doravante, é a palavra mesma que faz a representação entrar em crise. Crise simultaneamente cognitiva e ética*.

V. Do Renascimento à modernidade

Observou-se diversas vezes que a leitura de Lutero abolia a distância do tempo*. Mais tarde, Kierkegaard*, comentando a obediência de Abraão, suprime todo plano intermediário: a substância da relação com o Pai parece a mesma antes, durante e depois de Cristo, quer se trate de Abraão ou do cristão. O que conta é a "contemporaneidade" do ato crístico, declarada absoluta após a encarnação sem que o período que a precede tenha um estatuto definido. Bultmann*, mais tarde ainda, exporá em que o par Lei/Evangelho, sem se confundir com a relação dos dois Testamentos, é perpetuamente atual. Quanto às palavras do AT, ele concede *in extremis*, e decerto no ardor de Lutero, que a fé pode legitimamente "apoderar-se do AT e ousar orientar sobre nós, em sua potência e em seu bom direito, palavras que não foram ditas para nós" (*GuV*, 1933, 373), com a condição "inviolável" de que as palavras tenham sido bem compreendidas *e* que seja apreendida a diferença das situações.

O tempo de Lutero abriu o canteiro da letra (àqueles que Richard Simon louvará como "gramáticos"), mas será com Galileu, após Lutero, que o canteiro da história se abrirá, no limite em que a física (ciências* da natureza) e a história humana se tocam. Calvino* sentia que a Escritura "traz consigo seu crédito (*créance*)" (*Inst.*, I, VII, 5), propriedade da qual ele não exclui nenhum milagre (*ibid.*, I, VIII)! Pascal* é a última testemunha de peso que poderá, e com gênio, atualizar a divisão clássica dos sentidos da Bíblia sem duvidar, e mesmo sem se inquietar, da veracidade* do texto. O funcionamento da linguagem lhe interessa, como interessava aos de Port-Royal. Ele sabe que caridade e cupidez se encontram na mesma palavra (nada "tão semelhante", nada "tão contrário": *Pensées*, Brunschvicg, 629). Os Testamentos mostram "toda coisa duplicada e as mesmas palavras permanecendo" (*ibid.*, 862): ele se detém, portanto, no enigma da significação e não somente sob o aspecto da fé. Mas a exegese só retornará a este lugar depois do longo e inelutável desvio imposto pela questão da historicidade. Pascal também, mais que outros, marca um encontro com a dimensão ética e metaética da interpretação: o véu que cobre o sentido das parábolas evangélicas como o do AT é nossa recusa, mais do que nossa ignorância.

Durante os séculos que se seguirão, a questão clássica dos "sentidos da Escritura", isto é, da relação dos dois Testamentos, perderá a posição predominante que até então ocupara no tratamento da Bíblia. A corrente dominante leva a estudar separadamente os dois Testamentos: o horizonte e as possibilidades da teologia bíblica* veem-se com isso diminuídos.

É aos progressos da história e do comparatismo que devemos em parte o surgimento da categoria de gênero* literário, que conheceria tamanha fortuna no s. XX. Sem contribuição teórica, mas com talento, Gunkel traz de novo à baila, no início do século, a velha questão — que inaugurava a *Suma* de Tomás — da relação entre poesia e verdade. E. Auerbach (*Mimesis*, 1946) sublinha a singularidade de uma literatura que, sem deixar de sê-lo, "reivindica ser acreditada" e "exige ser interpretada". A Europa já não pensa que os mitos* sejam infantilidades. A atenção incide menos sobre os conteúdos que sobre as relações da forma bíblica com a forma mítica.

Do lado católico, a questão dos sentidos da Escritura foi reformulada em 1943 pela encíclica de Pio XII, *Divino Afflante Spiritu*. Ela designa como tarefa principal a busca do "sentido dito literal e, antes de tudo, teológico", pois que tal é o objetivo do autor inspirado. A encíclica põe em primeiro plano as interpretações que a ciência garante mais seguramente, aquelas das quais ela aguarda ainda mais progresso. Não é pelo caminho mais curto que se descobre o "sentido teológico", mas, como é dito e redito, estudando "a maneira, a forma e a arte de raciocinar, de contar e de escrever" dos autores da Bíblia. O "sentido espiritual" (compreendido como sentido típico ou figurado do AT) é acolhido sob forma de uma concessão, não por preocupação de pôr em alerta (ele nunca fora tão pouco honrado), mas decerto na intenção de obrigar a levar até o fim e sem descanso a investigação sobre o sentido literal teológico: "Certamente, não se

deve excluir todo sentido espiritual da sagrada Escritura" (*EB*, § 552). O magistério* não podia negar, e reconhece imediatamente, que o AT "significou de antemão, de maneira espiritual, o que devia acontecer sob a nova aliança da graça*" (*ibid.*). Compreende-se melhor, em retrospectiva, que o objetivo não era somente "adaptar os estudos bíblicos às necessidades dos tempos", mas encontrar um terreno comum com a exegese protestante. Percebe-se também que a via do sentido espiritual histórico era aquela em que se descobriria para os cristãos a Bíblia de Israel em seu valor próprio. Mais explicitamente ecumênico, o Vaticano II* abrirá uma porta mais larga à tipologia e juntar-se-á assim mais completamente à pesquisa contemporânea. Esta anuncia sobretudo que há meios de apoiar a tipologia do AT num melhor conhecimento das maneiras de falar, mas também, num nível mais fundamental, num melhor conhecimento daquilo que falar quer dizer. A exegese poderia assim juntar-se a uma antropologia* do homem à imagem de Deus.

- R. Lowth (1758), *De sacra poesi hebraeorum praelectiones academiae oxonii habitae*, Göttingen (1835, Leipzig). — J. Guillet (1947), "Les exégèses d'Alexandrie et d'Antioche. Conflit ou malentendu?", *RSR* 34, 257-302. — H. de Lubac (1947), "Typologie et allégorisme", *RSR* 34, 180-226; (1950), *Histoire et Esprit. L'Intelligence de l'Écriture d'après Origène*, Paris. — G. von Rad (1952), "Typologische Auslegung des alten Testaments", *EvTh* 12, 12-25. — G. Martelet (1956), "Sacrements, figures et exhortations en 1 Cor 10,1-11", *RSR* 323-359. — G. von Rad (1957), *Theologie des Alten Testaments*, Munique, 1962[4]. — H. de Lubac (1959-1964), *Exégèse médiévale. Les quatre sens de l'Écriture* (4 vol.), Paris. — P. Grelot (1962[2]), *Sens chrétien de l'Ancien Testament. Esquisse d'un traité dogmatique*, Paris. — L. Goppelt (1966), *Typos. Die typologische Deutung des Alten Testaments im Neuen*, Darmstadt. — M. van Esbroeck (1968), *Herméneutique, structuralisme et exégèse*, Paris. — G. Ebeling (1971), *Lutherstudien*, t. 1, Tübingen. — P. Beauchamp (1977), *L'un et l'autre Testament. Essai de lecture*, Paris. — T. Todorov (1978), *Symbolisme et interprétation*, Paris, 91-124. — P. Jay (1980), "Saint Jérôme et le triple sens de l'Écriture", *REAug* 26, 214-227. — M.

Fishbane (1985), *Biblical Interpretation in Ancient Israel*, Oxford. — P. Jay (1985), *L'exégèse de saint Jérôme d'après son "Commentaire sur Isaïe"*, EAug. — J. Molino (1985), "Pour une histoire de l'interprétation. Les étapes de l'herméneutique", *Philosophiques*, vol. XII, 1, 73-102; 2, 282-314. — A.-M. La Bonnardière (sob a dir. de) (1986), *Saint Augustin et la Bible*, BTT 3. — J. Pépin (1987), *La tradition de l'allégorie de Philon d'Alexandrie à Dante. Études historiques*, Paris. — G. Dahan (1988), "Les 'figures' des juifs et de la synagogue. L'exemple de Dalila. Fonctions et méthodes de la typologie dans l'exégèse médiévale", *RechAug* 23, 125-150. — A.-M. Pelletier (1989), *Lecture du Cantique des Cantiques. De l'énigme du sens aux figures du lecteur*, AnBib 121. — G. Bedouelle, B. Roussel (sob a dir. de) (1989), *Le temps des Réformes et la Bible*, BTT 5. — J.-N. Guinot (1989), "La typologie comme technique herméneutique", CBiPa 2, 1-34. — J. Delorme (1992), "Sémiotique", *DBS* 12, 282-334. — G. Dorival, M. Dulaey, P. Gibert, Ch. Theobald e P.-M. Beaude (1992), "Sens de l'Écriture", *DBS* 12, 423-536. — M.-D. Chenu (1976³), *La théologie au XIIe s.*, Paris. — P. Beauchamp (1990), *L'un et l'autre Testament*, t. 2: *Accomplir les Écritures*, Paris. — H. Graf Reventlow (1990), *Epochen der Bibelauslegung*, t. 1: *Vom Alten Testament bis Origenes*, Munique. — P. Beauchamp (1992), "Le Pentateuque et la lecture typologique", in P. Haudebert (sob a dir. de), *Le Pentateuque. Débats et recherches*, LeDiv 151, 241-257. — G. Dahan (1992), "Saint Thomas d'Aquin et la métaphore. Rhétorique et hernéneutique", *Medioevo. Rivista di storia della filosofia medievale* 18, 85-117. — P. Beauchamp (1993), "Exégèse typologique, exégèse d'aujourd'hui?", *Connaissance des Pères de l'Église*, 51, 19-20. — M. Pesce, "Un 'bruit absurde'? Henri de Lubac di fronte alla distinzione tra esegesi storica e esegesi spirituale", *ASEs* 10/2, 301-353. — L. Panier (sob a dir. de) (1993), *Le temps de la lecture. Exégèse biblique et sémiotique. Hommages por J. Delorme*, LeDiv 155. — P. Ricoeur (1994), *Lectures 3. Aux frontières de la philosophie*, Paris (*Leituras 3. Nas fronteiras da filosofia*, São Paulo, 1996).

Paul BEAUCHAMP

→ *Agostinho; Alexandria (escola de); Bíblica (teologia); Cumprimento das Escrituras; Exegese; Hermenêutica; História; Intertestamento; Linguagem teológica; Lutero; Mito; Narrativa; Orígenes; Padres da Igreja; Teologia; São Vítor (escola de); Tradição.*

SEPTUAGINTA/SETENTA → **traduções antigas da Bíblia**

SER

Não apenas "ontologia" (ont.) é um termo que surgiu tardiamente (no *Lexicon philosophicum* de Goclenius, em 1613), mas também a tradição filosófica, desde Platão até Meinong e outros, conhece objetos que ela diz estarem situados além do ser (o Bem* ou o Uno do platonismo e do neoplatonismo) ou além do ser e do não-ser (os "objetos inexistentes" de Meinong). O que quer que signifiquem essas duas reservas, pode receber a qualificação de "ontológico" todo inventário ordenado daquilo a que se atribui uma realidade. A teologia (teol.) trata de objetos cuja realidade ela não afirma sozinha (Deus*, o mal*...) ou cuja realidade só ela afirma (as relações intradivinas), mas ela pretende sempre afirmá-los numa ordem que responda à sua realidade. Por conseguinte, seu discurso não pode ser mantido sem abrigar decisões ontológicas tomadas em quadros de referência não teológicos.

a) Substância divina, logos e metafísica. — Tomar partido em favor do Deus dos filósofos e contra os deuses do paganismo* foi uma das decisões mais importantes da Igreja* dos primeiros séculos (Ratzinger, 1968; cf. Pannenberg, 1967, também Stead, 1986): tomar o partido do *logos* contra o *mythos*, concepção do cristianismo como "verdadeira filosofia*" (fil.) e da fil. pagã como "preparação para o Evangelho", elaboração de uma cristologia* que vinculava o *Verbo*/*Logos* joanino* ao *Logos*/*Razão* do helenismo etc., todos esses fatores explicam que o cristianismo tenha elaborado suas doutrinas — sua interpretação canônica dos textos fundadores nos quais fundava sua autoridade* sobre a autoridade de Deus — usando recursos conceituais oferecidos pela Grécia. O clima intelectual da Antiguidade tardia, constituído por uma prática eclética da fil., por uma concepção religiosa da vida filosófica e por uma difusão das doutrinas sob forma "popular" (ver, p. ex., Nock, 1964), explica por outro lado o estilo assumido pela utilização cristã das ideias e palavras gregas: utilização mais sob a forma de empréstimos pontuais que pela adoção de teorias, e cuja conveniência teológica (teol.) às vezes oculta espetaculares inabilidades ou imprecisões filosóficas.

A entrada dos conceitos gregos na linguagem cristã foi solenemente ratificada quando o concílio* de Niceia* inseriu em sua confissão* de fé* uma palavra não bíblica, *homoousios*, "consubstancial*"" (assim como *ousia*, "essência" ou "substância"), com o fim de afirmar a divindade de Jesus Cristo e, ao mesmo tempo, negar, contra Ário, que ele fosse *um* deus (intermediário) nascido do deus supremo. E como a formulação de Niceia permitia nomear o que Deus Pai* e Jesus Cristo são em comum (o que Aristóteles chama de "substância primeira", *Cat.* 5, 2 *a* 11-19) mas não permitia nomear o que cada um deles tem de próprio, ao futuro coube novas conceitualizações às quais se procedeu ao mesmo tempo em grego e em latim: introdução dos conceitos de *hypostasis* e de *prosopon/persona* ("hipóstases", "pessoas"). Ora, a ortodoxia que é assim constituída, com o duplo objetivo da evangelização* do Império e de uma resposta a formulações julgadas inadequadas, se propõe como justa leitura dos acontecimentos fundadores do cristianismo por meio da substituição parcial da linguagem da história* e da narrativa* pela do *ser*. Certamente é preciso matizar isso. Por um lado, há nominações e titulaturas no texto bíblico que respondem abundantemente a toda interrogação sobre a identidade de Deus e a identidade de Jesus. Por outro lado, a constituição de uma teol. interessada primeiramente no ser de Deus e no ser de Cristo* — é esse interesse que define em sentido estrito o que a patrística grega chama de *theología* a partir do s. IV (cf. Eusébio de Cesareia, *HE*, I, 1, 7) — jamais será um obstáculo ao anúncio dos grandes feitos de Deus e de tudo o que se chama, também em grego, da "economia" (*oikonomia*) da aliança* e da salvação*. Um jogo complexo de remissões, por fim, unirá preocupações "teológicas" e preocupações "econômicas" sem que estas sejam absorvidas nas primeiras. Mas um deslocamento terá ocorrido.

Ao dizer que o *homoousios* de Niceia permitiu "apreender a coerência ontológica intrínseca do Evangelho", a argumentação de Torrance em favor da teol. patrística dos quatro primeiros séculos (1988, 144; problemática circunscrita em Lehmann, 1973) expressará uma ideia que foi a da época patrística e da teol. medieval. Há, contudo, outra ideia, claramente moderna, de um fermento de corrupção presente no *logos* grego como tal; e é em Lutero* que a ideia encontrou sua primeira expressão desenvolvida, durante uma polêmica contra a escolástica*, que ele considera uma réplica moderna do combate de Agostinho* contra o pelagianismo*. A uma teol. que supostamente crê que não é possível ser teólogo sem o auxílio de Aristóteles, Lutero opunha uma teol. nascida da experiência* (*WA* 1, 226, § 43ss., *WA* 5, 163, 28: "Vivendo, immo moriendo et damnando fit theologus, non intelligendo, legendo aut speculando"). E aos conceitos clássicos da cristologia — a um interesse dogmático pelo *ser* de Cristo —, ele opunha o primado da soteriologia e da relação viva com Jesus que o crente reconhece como o seu salvador. "Cristo não é chamado de Cristo por ter duas naturezas. Que importância tem isso? Mas ele carrega o nome de Cristo, magnífico e consolador, por causa do ministério* e da tarefa que assumiu; é isso que lhe dá o seu nome*. Que ele seja por natureza homem e Deus, é algo para si mesmo. Que ele tenha consagrado seu ministério, que ele tenha aberto seu amor* para tornar-se meu salvador e meu redentor, é nisso que encontro meu consolo e meu bem" (*Com. sobre o Êxodo*, *WA* 16, 217-218). A polêmica será ritualmente retomada e ampliada no protestantismo* depois da época dos reformadores (ver *Le platonisme des Pères dévoilé*, de M. Souverain [1700], huguenote francês que passou para o anglicanismo*), e serão encontradas as marcas de Lutero na rejeição da "metafísica" em benefício da ética formulada por Ritschl em sua *magnum opus* sobre a justificação* (1870-1874). No entanto, foi em fatos teóricos ocorridos fora da teol. que as objeções ganharam sua forma mais aguda. 1/ A teoria linguística de W. von Humboldt (1767-1835) foi o primeiro desses fatos. Ao dizer que toda língua operava uma decomposição prismática do mundo e produzia uma organização *sui generis* do real, Humboldt (*Introduction à l'oeuvre sur le kavi, GS* VII/1, trad. fr., 1974) lançaria as bases de uma crítica linguística das categorias ontológicas (ver, p. ex., Benveniste, *Problèmes de linguistique générale*, 1, Paris, 1966, 63-74; cf. C. H. Kahn, *The Verb "Be" in Ancient Greek*, Dordrecht-Boston, 1973). Tornava-se possível então pedir que cada língua expressasse sua visão do mundo e, com ela, sua fil. implícita: uma disciplina — a "etnofilosofia" — foi assim criada com os trabalhos de P. Tempels, SJ (1906-1977) sobre a ont. implícita na língua banto (*La philosophie bantoue*, Paris, 1948; ver também A. Kagame, *La philosophie Banturwandaise de l'être*, Bruxelas, 1956). E tornava-se possível também identificar um novo objeto, o "pensamento hebraico", e distingui-lo metodologicamente desse outro objeto que era denominado "pensamento grego". Sob sua forma acabada (Th. Boman, *Das hebräische Denken im Vergleich mit dem Griechischen*, Göttingen, 1954), a identificação é a de um pensamento dinâmico oposto a um pensamento estático; de um pensamento para o qual aparência é realidade oposta a um pensamento do que sustenta as aparências; de um pensamento da história oposto a um pensamento que ignora a história; de um pensamento da totalidade concreta oposto a um pensamento abstrativo e individualizante. O mérito filológico de J. Barr foi o de mostrar (*Semantics of Biblical Language*, Oxford, 1961) que havia nisso uma transferência indevida: o que era assim atribuído a uma língua não está inscrito na estrutura dessa língua mas no que quiseram dizer os autores bíblicos que, de fato, fizeram uso dessa língua. No entanto, ainda resta uma questão aberta após essa refutação, a de uma *experiência* bíblica que não é incontestavelmente a que o helenismo teve do mundo. 2/ O segundo fato teórico é o aparecimento de uma crítica filosófica do helenismo, de Nietzsche* a Heidegger* e além. Em

Nietzsche, o processo do cristianismo é instruído como apêndice ao processo do platonismo*: para o uso do "povo", o cristianismo se apropriou doutrinalmente de uma rejeição platônica do movimento, do tempo*, da realidade das coisas tal como elas se dão aqui e agora etc. Em Heidegger, um novo objeto é identificado sob o nome de *metafísica* (met.), pelo qual se deve entender um modo de pensamento finito ("fim da met."), portanto nascido (na Grécia) e mortal, governado por pressuposições que não podem ser criticadas (p. ex. certo império da *presença*, certo *esquecimento do ser* em benefício do ente), e o pensamento vivo recebe como tarefa a de "ultrapassar", *überwinden* ("Das Ende der Philosophie und die Aufgabe des Denkens", em *Zur Sache des Denkens*, Tübingen, 1969, 61-80). E como todo discurso vinculado ao *logos* grego foi metafísico durante a era da met., é evidente que a tarefa atribuída ao "pensamento" por Heidegger também é atribuída *ipso facto* a toda teol. que queira sobreviver à met.

A pesquisa recente viu a polêmica teológica contra a helenização* do cristianismo ceder espaço a uma crítica teológica da met. frequentemente exacerbada sob a influência de objeções formuladas por E. Levinas contra todo pensamento do ser (inclusive o de Heidegger) em nome da "questão do outro". Vários caminhos estavam e ainda estão abertos ao que ainda existe mais na ordem do projeto que na ordem da realização. Se as palavras da met. são palavras caducas, a que textos se pode recorrer para que a teol. possa exercer a sua função? 1/ Como primeira resposta, pode-se apresentar a urgência de uma *leitura* rigorosa do texto bíblico. E num horizonte cultural marcado pelo desenvolvimento das *ciências do texto*, o desejo de conservar intacta a exigência de método teológico pode conduzir a atribuir a estas, já que avalizadas pela denominação de ciências, o poder de prover a teol. com instrumentos conceituais livres de convivências metafísicas: a linguística estrutural aparece assim (G. Lafon, Cfi 96; A. Delzant, Cfi 92; também M. Costantini, *Com(F)* I/7, 40-54) como novo *organon* da teol. 2/ Era preciso, sem dúvida, responder ao suposto esgotamento das palavras mestras da met. recorrendo aos impensados da met. Uma teol. que afirma a morte do conceito de substância procurará assim respeitar a intenção significante que guiou a adoção do *consubstancial* de Niceia passando da linguagem da substância para a do amor — a *agapé* de Jesus é una com a *agapé* do Pai, *homoagapé* (Hick, 1966, mas cf. Mackinnon, 1972). Uma teologia preocupada em manter um distanciamento em relação a uma representação de Deus baseada no modelo grego do *nous* (já retomado por Fílon) ou no modelo moderno da subjetividade encontrará no léxico bíblico do *espírito* (*ruah-pneuma*) elementos para tentar uma nova linguagem (Lampe, 1977 [mas que conduz a uma teoria unitarista], Pannenberg, 1980, também *Syst. Theol.* I, Göttingen, 1988, 401-416; cf. Stead, 1995, 136-159). 3/ Para além de rearranjos conceituais fragmentários, a ideia de uma superação teológica da met. (Marion, 1977; Milbank, 1997) une-se à afirmação hipotética segundo a qual superações da met. já teriam ocorrido na época da met. ("saída não cronológica da met.", Carraud, 1992, 287-457), a menos que certas figuras do pensamento (a "espiritualidade" segundo Martineau, 1980) disponham essencialmente dos meios para evitar a met. Os impensados da "destruição' heideggeriana têm a mesma importância, portanto, que os impensados da met. E se é verdade que a história da met. ainda está por ser escrita após as indicações fragmentárias fornecidas por Heidegger (ver, para um esboço, H. Boeder, *Topologie der Metaphysik*, Friburgo, 1980), uma história dos momentos ou tendências não metafísicos do discurso cristão também está por ser escrita. 4/ Supondo-se que o final do s. XX viva "o fim da fil.", a teol. não é a única a enfrentar a "tarefa do pensamento", e uma teol. de intenção pós-metafísica não pode ser indiferente a outros discursos que tenham a mesma intenção. Substituir um pensamento do objeto por um pensamento de doação para rejeitar a denominação do homem como *sujeito* (J.-L. Marion, *Étant donné*, Paris, 1997), conceber uma "ont. com rosto humano" (Chapelle, 1982 ou C. Bruaire), inscrever em uma "meta-história" o sentido das experiências humanas (M. Müller)

etc., o discurso sobre o homem é suficientemente correlativo ao discurso sobre Deus para que o interesse teológico desses projetos seja evidente. E quando a teol. percebe que também faz parte de sua missão velar globalmente pelo sentido do ser (Balthasar*, *Herrlichkeit* III/1, 974-983), trata-se também de uma contribuição teológica à tarefa do pensamento, à sua sobrevivência à era do niilismo.

No mesmo período, mais de um dossiê histórico foi objeto de reexame com conclusões importantes (ver E. P. Meijering, *ThR* 36 [1971], 303-320; A. M. Ritter, *ThR* 49 [1984], 31-56). Estudado a partir das teorias gregas da substância e depois a partir das lutas teológicas que conduziram à sua adoção, o *homoousios* de Niceia aparece de fato como o produto de um querer-dizer que ultrapassa todo condicionamento filosófico de tal modo que sua utilização e sua confissão permanecem possíveis qualquer que seja, aliás, o destino dos conceitos gregos da *ousia* tal como tomados pelo rigor filosófico (Stead, 1977 [267-280] e 1985; Grillmeier, 1978; Hanson, 1988; Barnes e Williams, 1993). Os estudos patrísticos trouxeram numerosos testemunhos de que a reestruturação cristã do platonismo* (Ivánka, 1964; cf. Waszing, 1955; E. P. Meijering, *VigChr* 28 [1974], 15-28) não produziu apenas um novo platonismo: construção, em Gregório* de Nissa, de um conceito do infinito* que não deve nada à met. grega (Mühlenberg, 1967); elaboração, desde o Pseudo-Dionísio* até Gregório* Palamas, de teorias da participação em Deus que subvertem toda a ont. helênica da participação (balanço em Karayiannis, 1993); inserção da relação no âmago da substância em Agostinho (cf. *infra, d*) — o dogma* cristão e sua linguagem não aparecem mais como "uma obra do espírito grego no solo do Evangelho" (Harnack, *Lehrbuch*, 1909, reimp., Darmstadt, 1983, I, 20), mas como o fruto de um trabalho querigmático conduzido com o auxílio de palavras gregas cuja carga conceitual foi, como regra geral, modificada (p. ex., a respeito da definição da Calcedônia, A. Grillmeier, *Jesus der Christus im Glauben der Kirche* I, Friburgo-Basileia-Viena, 1979, 765-768).

Qualquer que seja, portanto, a pertinência de uma interrogação sobre o sentido do ser nas dimensões da história universal (Heidegger), e qualquer que seja a utilidade de sua recepção* teológica, talvez devesse transparecer que a questão dos vínculos estabelecidos entre cristianismo e helenismo/met. é principalmente uma questão hermenêutica*. A linguagem técnica da teol. é uma linguagem interpretativa e realiza um trabalho de interpretação do texto bíblico. As palavras escolhidas para interpretar são palavras disponíveis, escolhidas porque dotadas de um sentido admitido com o fim de introduzi-las em proposições verdadeiras. Como palavras dotadas de sentido não existiam em estado individual e sim dentro de línguas e, no caso dos conceitos, dentro de teorias (quer estas sejam constituídas segundo um modo rígido, como a teoria aristotélica da *ousia*, ou um modo flexível, como as ideias gerais da *ousia* na *koiné* filosófica da antiguidade tardia), certamente nenhuma terminologia entra no uso teológico sem rememorar seu uso pré-teológico, e talvez sem que este último pese sobre o primeiro. Mas, como o uso teológico fixa-se, por sua vez, em uma remissão ao texto bíblico, são as exigências lógicas ou ontológicas elementares da fé cristã, tal como nascem da leitura do texto bíblico, que estão em questão em primeiro lugar — assim, o *homoousios* de Niceia quer dizer de um modo rigoroso o que Jo 10,30 diz ("Eu e o Pai somos um"). A teol. fala de seus próprios objetos com o auxílio de uma linguagem que serviu para denominar outros objetos (o próprio texto bíblico não tendo sido escrito numa língua sagrada feita apenas para denominar realidades teologicamente significantes). Faz-se portanto uma obra piedosa — obra de crítica teológica — quando se interroga sobre o aluvião não teológico carregado pelas palavras e conceitos teológicos. A simbólica profunda da narrativa de Pentecostes (At 2,1-13) manifesta porém que as "maravilhas de Deus" podem ser ditas ou traduzidas em qualquer língua — nos termos hermenêuticos recebidos de Gadamer, depois Ricoeur: sempre é possível a fusão entre os horizontes do texto bíblico e os horizontes de todo presente, e

o "mundo do texto" bíblico é sempre acessível ao homem de qualquer "mundo" do qual sua língua e sua *episteme* o façam morador. A história da teol. deve ser lida como a de um querer-dizer (de um querer-interpretar) vinculado a um *poder-dizer*. O querer-dizer excede o dito, nesse domínio mais que em todos os outros (sobre esse excesso como lei hermenêutica geral, ver J. Grondin, *L'universalité de l'herméneutique*, Paris, 1993, 190ss.), e a ideia de última palavra é estranha às lógicas que devem presidir o trabalho da teol. e que são lógicas da interpretação presente (J.-Y. Lacoste, *RPL* 92 [1994], 254-280). A interpretação presente, certamente, não encontra seus instrumentos conceituais em qualquer ont. pré-teológica ou teologicamente neutra. Mas para denominar rigorosamente as realidades sobre as quais ela tem de falar, a teol. poderá fazer uso dos recursos fornecidos por mais de um inventário filosófico do real. E, dos três procedimentos principais adotados pela fil. do tempo presente para se perguntar sobre a realidade do real — "questão do ser" e "destruição da met." por um lado, ont. como hermenêutica, por outro lado, fil. analítica e "teoria dos objetos", por fim —, parece que cada um deles pode contribuir à formulação precisa de um discurso cristão desejoso de dizer o "excesso de Deus" em relação a toda razão metafísica (Marion, 1977; Corbin, 1997), ou à continuidade de um serviço da significação na descontinuidade das épocas do pensamento, ou ainda à gramática de fundo que deve governar toda utilização das palavras cristãs preocupada com uma referência exata aos objetos da fé (p. ex., Mackinnon, 1972).

• J. H. Waszink (1955), "Der Platonismus und die altchristliche Gedankenwelt", *Entretiens sur l'Antiquité classique* III, Vandoeuvres-Genebra, 139-174. — E. von Ivánka (1964), *Plato christianus*, Einsiedeln. — A. D. Nock (1964), *Early Gentile Christianity and its Hellenistic Background*, Nova York (*Christianisme et hellénisme*, Le Div 77). — J. Hick (1966), "Christology at the Cross Roads", em F. G. Healey (sob a dir. de), *Prospect for Theology*, Londres, 137-166. — E. Mühlenberg (1967), *Die Unendlichkeit Gottes bei Gregor von Nyssa*, Göttingen. — W. Pannenberg (1967), "Die

Aufnahme des philosophischen Gottesbegriffs als dogmatisches Problem der frühchristlichen Theologie", *Grundfr. syst. Th.*, 276-346. — J. Ratzinger (1968), *Einführung in das Christentum*, Munique, 103-144, "Der Gott des Glaubens und der Gott der Philosophen" (*Introdução ao cristianismo*, São Paulo, 2004). — F. Ricken (1969), "Nikaia als Krisis des altchristlichen Platonismus", *ThPh* 44, 321-341. — D. M. Mackinnon (1972), "Substance" in Christology — a cross-bench view", em S. W. Sykes e J. P. Clayton (sob a dir. de), *Christ, Faith and History*, Cambridge, 279-300. — K. Lehmann (1973), "Kirchliche Dogmatik und biblisches Gottesbild", em J. Ratzinger (sob a dir. de), *Die Frage nach Gott*, QD 56, 116-140. — G. Lampe (1977), *God as Spirit*, Londres. — J.-L. Marion (1977), *L'idole et la distance*, Paris. — C. Stead (1977), *Divine Substance*, Oxford. — C. Andresen (1978), "Antike und Christentum", *TRE* 3, 50-99 (bibl.). — A. Grillmeier (1978), "Piscatorie-Aristotelice", em *Mit Ihm und in Ihm*, 2ª ed. rev. e aum., Friburgo-Basileia-Viena, 283-300. — E. Martineau (1980), "Gilson et le problème de la th.", em M. Couratier (ed.), *Étienne Gilson et nous*, Paris, 61-71. — W. Pannenberg (1980), "Die Subjecktivität Gottes und die Trinitätslehre. Ein Beitrag zur Beziehung zwischen Karl Barth und der Philosophie Hegels", *Grundfr. syst. Th.* 2, 96-111. — A. Chapelle (1982), *Ontologie*, curso mimeo, Institut d'études théol., Bruxelas. — C. Stead (1985), *Substance and Illusion in the Christian Fathers*, Londres (1986), "Die Aufnahme des philosophischen Gottesbegriffes in der frühchristlichen Theologie: W. Pannenbergs These neu bedacht", *ThR* 51, 349-371. — R. P. C. Hanson (1988), *The Search for the Christian Doctrine of God. The Arian Controversy 318-381*, Edimburgo. — T. F. Torrance (1988), *The Trinitarian Faith*, Edimburgo. — V. Carraud (1992), *Pascal et la ph.*, Paris. — M. R. Barnes e D. N. Williams (sob a dir. de) (1993), *Arianism after Arius*, Edimburgo. — V. Karayiannis (1993), *Maxime le Confesseur, Essence et énergies de Dieu*, ThH 93, 31-276. — B. Pottier (1994), *Dieu et le Christ selon Grégoire de Nysse*, Turnhout, 83-142. — C. Stead (1995), *Philosophy in Christian Antiquity*, Cambridge. — M. Corbin (1997), *La Trinité ou l'Excès de Dieu*, Paris. — J. Milbank (1997), "Only Theology Overcomes Metaphysics", em *The Word Made Strange*, Oxford, 36-52.

b) Deus e o ser. — É no próprio texto de suas Escrituras* que o cristianismo encontrou a sugestão de um pensamento de Deus como ser.

Ex 3,14, na versão dos LXX, diz, com efeito, "Eu sou o ser", *ego eimi ho on*. A tradução não é defensável filologicamente (ver Caquot *in* Col. 1978, 17-26); Áquila e Teodocião traduzirão mais próximo do hebraico (*esomai hos esomai*, "eu serei quem serei") e a Vulgata do mesmo modo (*ego sum qui sum*, "eu sou aquele que eu sou", "eu sou aquele que sou"). Mas assim que uma linguagem teológica de feitura conceitual começou a se constituir ao lado da linguagem bíblica, e para dotar esta de precisões suplementares, os LXX de Ex 3,14 não deixaram de fornecer seu ponto de ancoragem bíblico à ideia de um Deus que, antes de tudo, *é*, assim como já o havia fornecido a Fílon. (Outras referências bíblicas foram alegadas: as reivindicações de autoridade do Cristo joanino — os "Eu sou" de João; Rm 4,17, "ele chama as coisas que não são assim como as que são"; Ap 1,8, "aquele que é".)

Pôde-se dizer que na patrística latina, desde a primeira utilização de Ex 3,14 (por Novaciano), "o sentido ontológico do nome* revelado a Moisés não representa um problema para ninguém" (G. Madec *em* Col. 1978, 139). Nessa tradição*, Agostinho fornecerá uma interpretação clássica do primado teológico do ser (mas ele também retomará, nos *Salmos* [4,9 e 121,3], para dizer o *sum qui sum*, uma expressão da qual fará um uso técnico e que não pronuncia o ser, o *idipsum* [cf. *Conf.* IX, IV, 11; *Trin.* III, III, 8; *En. Ps* 121 etc.]). O Deus de Agostinho se revela sob dois nomes, seu "nome substancial" (*nomen substantiae: sum qui sum*) e seu "nome de misericórdia*" (*nomen misericordiae*: Deus de Abraão, de Isaac...). Se Deus *é*, então o homem, habitante da "região da dessemelhança" (*Conf.* VII, 10, 16), aparece antes como aquele que não é. Contemplado em Deus, o ser é imutabilidade* e eternidade*. A partir disso, o ser não pode ser atribuído ao homem senão com reservas. Definido como aquele que muda e que passa, o homem é aquele sobre o qual se pode dizer também que não "é"; e definido por seu pecado* como "aquele que vai para longe do ser [e] vai rumo ao não-ser" (*En. Ps* 38, 22; CChr.SL 38, 422), ele é também aquele que só é realmente ao final de uma conversão*. Contemporâneo de Agostinho, Jerônimo também afirma que somente Deus *é* verdadeiramente, e considera além disso que o nome dado em Ex 3,14 revela a essência divina (*Ep.* 15, 4, 2, CSEL 54, 65, 12-18).

A teol. grega também afirma o ser de Deus. Apesar de seu conhecimento do hebraico, é na versão dos LXX que Orígenes cita constantemente Ex 3,14; e é remetendo a Ex 3,14 que ele tematiza a relação de Deus e das criaturas como relação daquele que "é verdadeiramente" com aquilo que é por participação. Em Gregório* de Nazianzo, Deus é "oceano infinito e indeterminado de essência" (*Or.* 38,7, *ousia*), e João Damasceno citará essa mistura entre conceito e imagem quando dirá, a respeito do nome revelado a Moisés, que Deus "reuniu totalmente a *ousia* em si mesmo, como um oceano..." (*Fid. Orth.* I, 9). A influência do platonismo sobre os Padres* gregos sempre traz um corretivo a essas afirmações. O Bem segundo Platão está "além da essência", *epekeina tes ousias* (*Rep.* VI, 509 *b*) e o Uno de Plotino está além do intelecto e da essência, p. ex. *En.* VI, 9, 3 (sobre a história dessa teoria antes de Plotino, ver J. Whittaker, *VirgChr* 23 [1969], 91-104). A ideia de um Deus que não seja, ou que faça algo mais que ser, era uma ideia formulável, e que foi de fato formulada de modo radical pelo gnóstico Basílides: "O Deus que não é", *ho ouk on theos* (Hipólito, *Ref.* VII, 20). E embora os Padres não a tenham formulado radicalmente, há neoplatonismo suficiente no Pseudo-Dionísio para que seu Deus não seja o ser e sim o "demiurgo do ser" (*DN* V, 817 C), para que o *anonimato* convenha mais a Deus que qualquer outro nome, inclusive o de ser, e para que tudo o que pertence ao domínio do ser proceda de Deus a título de *bondade absoluta* (*ibid.*, 820 C). Outro platônico, Mario Vitorino, é também o único Padre latino que afirma que Deus — o Pai — está além do ser.

Será a teologia bizantina, e sobretudo Gregório* Palamas, que precisará os termos de uma teoria da participação em Deus. Se o futuro absoluto do homem deve ser pensado sob a marca da "divinização", *theosis*, conforme a 2Pd 1,4, Deus (ou ao menos sua "natureza", *physis*) deve pois ser participável. Para indicar que uma doutrina da divinização não abala a da transcendência divina, o Pseudo-Dionísio havia proposto uma formulação paradoxal: Deus é "participado imparticipavelmente", *ametekhtos metekhetai*. Em Palamas, a distinção já clássica (p. ex., Basílio, PG 32, 869 AB) entre as energias divinas (participáveis, as *dunameis* do Pseudo-Dionísio) e a essência (imparticipável, as *henoseis* do Pseudo-Dionísio) fornece uma solução coerente ao problema. Os direitos da apófase são mantidos, pois a essência (ou sobre-essência, *huperousiotes*) divina permanece estritamente incompreensível. Mas o direito de uma ont. do divino também é mantido: ao forçar a elaboração de uma doutrina escatológica da humanidade do homem, o conceito de divinização também obriga a falar de um Deus que é, certamente com a precisão de que "se foi preciso fazer a distinção, em Deus, entre a essência e o que não é a essência, foi precisamente porque Deus não é limitado por sua essência" (Vl. Lossky, *A l'image et à la ressemblance de Dieu*, Paris, 1967, 50).

Duas teorias foram pois legadas à IM latina, primado dionisiano do bem e primado agostiniano do ser. Nuanças e posições intermediárias não faltaram. Contudo, podem ser identificadas algumas posições. 1/ Alberto* Magno havia legado a Tomás* de Aquino um pensamento da anterioridade do ser sobre a bondade que mantinha simultaneamente a incognoscibilidade e o anonimato do ser divino. As duas orientações são conservadas em Tomás em uma orquestração imponente. Por um lado, o primado do ser é a culminação de todo o edifício teológico-filosófico. Deus é "ato puro de ser", *actus purus essendi* (nada nele, portanto, está no modo do possível), ele é "o próprio ser subsistente", *ipsum esse subsistens*: não é portanto como um *ente* que o Absoluto aparece, e sim como ser no infinitivo (a distinção entre o ser e o ente provavelmente foi transmitida à IM latina por Boécio*; ver Hadot em Col. 1978, 57-63). A epistemologia de Tomás, porém, não é governada pela exegese* de Ex 3,14, mas pela de Rm 1,20 ("as perfeições invisíveis [de Deus] são visíveis em suas obras para a inteligência"). E como é através do criado que Deus é cognoscível, a perfeição onimodal do *esse* divino só é posta ao final de uma ascensão conceitual na qual os entes dados à experiência sensível fornecem ao mesmo tempo um ponto de partida e uma direção. Para garantir, por outro lado, a incognoscibilidade divina no próprio âmago de uma conceitualidade que vincula o Criador e a criatura, Tomás confere ao conceito de ser a modalidade do análogo: ser não se entende de Deus do mesmo modo que se entende das criaturas. E ao afirmar, por fim, que a diferença real entre a essência e o *esse*, que se aplica a todas as criaturas, não se aplica ao Criador, ele preserva a transcendência de Deus ao afirmar a sua *simplicidade**. 2/ Ao agostinismo* de Tomás responde em Boaventura* uma reafirmação da teol. dionisiana: o *Itinerarium* registra assim a passagem de uma met. do ser divino para um pensamento do bem que encontra seu local de articulação escriturístico em Lc 18,19 ("Ninguém é bom senão só Deus") ou Mt 19,17. E a uma ont. indutiva para a qual as criaturas fornecem suas primeiras razões responde em Boaventura uma ont. que procura apreender todo ente à luz do mistério* trinitário (cf. *infra*, d). 3/ Outra ont. é construída por outro franciscano, Duns* Escoto, com base num conceito unívoco do ser que conduz a ver no *infinito* a marca da divindade de Deus. Recordada na oração* que abre o *De primo principio*, a revelação* do nome divino em Ex 3,14 é tomada aqui como um convite para buscar Deus por meio da razão* no presente histórico da experiência. A teol. escotista pretende ser, contudo, uma ciência *prática* subordinada à caridade: o primado especulativo do ser, portanto, é restringido. 4/ A tentativa de conciliar dionisismo e agostinismo é a marca distintiva da teol. renana proveniente de Alberto Magno (ver Libera, 1984). "Pureza do ser", *puritas essendi*, vida divina entendida como "borbulhamento", *bullitio*, são as palavras de uma ont. mística* do ser divino em Eckhart. Em Ulrich de Estrasburgo, essa ont. mística

encontra sua forma pura: ela tem apenas a Deus como objeto, e é porque ela fala de ser num sentido que pertence apenas a Deus que ela pode ver nele um nome próprio de Deus. A tradição espiritual ulterior se encontrará de bom grado nessa abordagem: assim, Deus se manifestará a Catarina de Sena dizendo-lhe que ele é aquele que é, e que ela é aquela que não é (Martène e Durand, *Amplissima collectio*, t. 6, Paris, 1729, col. 1354). Também podemos citar um representante de outra escola, o dionisiano afetivo Thomas Gallus (Tomás de Verceil, †1246), teólogo de São Vítor*, autor de uma leitura mística de Ex 3,14: em vez de aparecer como um "nome inteligível" destinado a abrir o caminho de uma busca racional, o nome confiado a Moisés é um "nome unitivo" — um nome cujo sentido é recebido apenas na *unitio* da alma* com Deus.

Se "ontologia" é uma palavra moderna é porque a modernidade incontestavelmente quis pensar Deus apenas no elemento do ser, a título de primeiro pensável — e ela fez isso subvertendo o ponto de vista agostiniano. A um Deus que é preciso admitir que é porque ele diz que *esse* é o seu nome, vê-se Suárez* substituir um Deus sobre o qual a met. espera, para interrogar-se sobre o que ele é, ter previamente desenrolado toda a lógica do que significa ser: o *primus ens*, *seu Deus*, aparece apenas na trigésima das *Disputationes metaphysicae*, e nem sua infinidade nem seu estatuto de causa primeira recolocarão o sentido do ser. Assim se constitui no s. XVII (ver Wundt, 1939), para terminar no s. XVIII em C. Wolff (1679-1754) e seus alunos, uma ciência geral do *ens in latitudine sumptum* que faz da *theologike episteme* uma *ciência especial*, "que abarca uma região particular do ente em seu conjunto, sem que o primado desse ente singular [...] encerre nem reserve mais em si nenhuma possibilidade de universalização correlativa de seu campo" (Courtine, 1990, 455).

Contra o Deus ente de Suárez e Wolff, ocorrerá primeiramente uma reação de Hegel*: Deus não é um ente mas o próprio ente — *Gott ist das Seyende selbst* —, e essa tese, a tese especulativa por excelência, permite suspender o desvelamento do sentido do ser ao desvelamento da vida divina. Haverá também uma reação de Schelling*: Deus não é um ente, ele é o "Senhor do ser", o "sobre-ente" (*das Überseiende*) definido primeiramente por sua liberdade* (Ex 3,14 traduzido por "Eu serei quem eu quero", não o Deus de uma ont. e sim o de uma "metaontologia" (Courtine em Libera e Zum Brunn, 1986, 237-264; ver também Hemmerle, 1968, 229-293). A reação virá, por fim, de Kierkegaard*: separado de toda criatura por uma "diferença qualitativa infinita", revelado ao homem sob a forma do "paradoxo absoluto" (a *morphé doulou* de Jesus Cristo), Deus deixa de ser objeto de pensamento, e a confissão de sua condescendência dispensa qualquer discurso sobre seu ser.

Dessas heranças, a de Kierkegaard foi a primeira a ser recebida pela teol. contemporânea, na qual ele presidiu o pensamento "dialético" — "da crise" — organizado em Barth* e em sua trilha. Provavelmente tomada de R. Otto (*Das Heilige*, 1917; mas já o *valde, valde aliud* de Agostinho, *Conf.* VII, 10), a ideia de um Deus "totalmente outro" (*das ganz Andere*, ver *Römerbrief* [1921], 11, 274, 351, 431) vai ao encontro de uma antiga afirmação hiperbólica da transcendência divina, a de Deus como "nada*". Ela será corrigida posteriormente por Barth (a partir das pesquisas sobre Anselmo*, publicadas em 1931) com o auxílio de enunciados mais positivos. Contudo, uma constante permanecerá, a preocupação de proibir a teol. de abrigar um discurso sobre Deus de molde filosófico ou ontológico; e Ex 3,14 será pois objeto de uma exegese de intenção desontologizante que lê nele a revelação da constância de Deus.

Foi porém do interior da fil. que vieram as maiores críticas à linguagem ontológica. Consagrada a colocar uma questão — a do "sentido do ser" — que a tradição metafísica teria de fato esquecido, a tentativa de Heidegger conduziu-o a colocar 1/ que a met. teria negligenciado o ser por ter se interessado pelo ente supremo (e ter confiado a Deus esse estatuto de ente supremo), e 2/ que o Deus que entrou na fil., garantia da

"constituição ontoteológica da met.", teria sido *ipso facto* um Deus condenado à morte. Ainda que diga por que o "Deus dos filósofos" morreu, Heidegger não sugere, porém, outra maneira de falar de Deus e se contenta em afirmar a heterogeneidade absoluta entre a linguagem sobre o ser e a linguagem sobre Deus: "Ser e Deus não são idênticos, e eu jamais tentaria pensar a essência de Deus por meio do ser. [...] Se me acontecesse de ter de escrever uma teol. — algo a que às vezes me sinto incitado — então o termo *ser* não poderia intervir de modo algum. A fé não tem necessidade do pensamento do ser. Quando ela recorre a ele, ela não é mais fé" (em *Poésie* 13, 60-61). Não faltaram consequências teológicas. Um interesse teológico por Deus conduz assim a afirmar (Marion *in* Burg *et al.*, 1986, 122) que fazer do ser o primeiro nome de Deus condenava Deus "a cada uma das figuras da met., a se submeter às novas exigências impostas a ele pela fil.". E se é preciso pensar Deus "sem o ser", ou (Levinas, 1982, 93-127) um Deus "não contaminado pelo ser", a crítica aos ídolos ontoteológicos poderá então receber sua face positiva numa teoria dos nomes divinos para a qual o bem (caridade, *agapé*) possui uma primazia absoluta (Marion, 1982). A partir disso, é preciso fazer uma leitura apofática de Ex 3,14 — e é em 1Jo 4,7 que uma nominação de Deus encontra o seu cânone, o dever de pensar Deus como *actus purus amandi* ou *caritas ipsa subsistens*.

Existem outras tendências. A concepção neoplatônica de um Princípio dos entes que não precisa ser não está morta, quer ela deixe aberta a possibilidade de uma afirmação de Deus (p. ex. I. Leclerc, *RelSt* 20, 63-78, cf. S. Breton, *Du principe*, Paris, 1971) ou combine a influência de Plotino e a de Meinong para pensar um Absoluto que talvez não exista (Findley, 1982). É no ser divino, e em nenhum outro lugar, que, protegida por uma tese, "o ser que não é senão espírito, é o ser que não é senão ser" (Bruaire, 1983, 6), a posteridade recente de Hegel se informa do que significa o ser. Tendo aprendido de Heidegger que Deus não é um ente, mas desejando conservar um uso teológico do léxico do ser, pode-se também dizer Deus como "santidade* do ser", *holy Being* (J. Macquarrie, *Principles of Christian Theology*, Londres, 1977, 115-122). Em Tillich, Deus aparece como "o ser si mesmo", *Being-itself* (*Systematic Theology* 1, 264-265), e isso com o fim de fornecer à teol. seu único enunciado não simbólico. É, por fim, uma característica da pesquisa recente que a teol. protestante começa a exorcizar seu medo do ser e a admitir as implicações ontológicas do discurso cristão (Dalferth, 1984).

O s. XX também conheceu uma notável renovação da met. tomasiana do *esse* — deve-se aliás a Gilson a criação, para designar a interpretação ontológica de Ex 3,14, da expressão "met. do Êxodo". A hipótese heideggeriana de um "esquecimento" metafísico do ser foi respondida por intérpretes germânicos de Tomás (Siewerth, 1959; Lotz, 1975 etc.) do dizer que o Deus do Aquinense não é o soberano ente da ontoteol. (ponto finalmente concedido também por J.-L. Marion, *Rthom* 95, 31-66), e que a constituição ontoteológica da met. talvez tivesse nascido também de um esquecimento do *esse*. Ao mesmo tempo, a interpretação tentava reapreender a doutrina tomasiana da analogia*, tal como as deformações de Cajetano a haviam dissimulado durante muito tempo (Montagnes, 1963); e apesar de toda a repercussão obtida pelos protestos de Barth (*KD* I/1, VIII, 40, 138, 178-180) acusando a *analogia entis* de ser a pura e simples invenção do Anticristo e estipulando que o Criador e a criatura não podem entrar numa relação de analogia senão aos olhos da fé (*analogia fidei*), a meditação da analogia por Przywara certamente forneceu instrumentos conceituais para pensar a transcendência de Deus (cf. o cânone de Latrão IV* colocado por Przywara no centro de sua pesquisa: "Entre o Criador e a criatura, não se poderia observar uma semelhança sem que fosse preciso observar entre eles uma dissemelhança maior ainda" [*DS* 806]).

Observar-se-á, por fim, que as traduções e leituras judaicas recentes de Ex 3,14 (H. Cohen, a revelação de "o ser que é um eu"; F. Rosenzweig, revelação do nome como promessa* de estar aí com o povo*; M. Buber, um deus que promete sua presença e que não é necessário evocar como são evocados os deuses do Egito) não deixaram de ter repercussão nos autores cristãos que não leem mais o AT na Septuaginta e cuja preocupação maior é substituir categorias metafísicas por categorias históricas. Embora o *nomen substantiae* tenha sido muito debatido recentemente — e os debates ainda estão abertos —, certamente foi o *nomen misericordiae* que chamou mais a atenção.

• M. Wundt (1939), *Die deutsche Schulmetaphysik des 17. Jahrhunderts*, Tübingen. — M. Heidegger (1957), "Die onto-theologische Verfassung der Metaphysik", em *Identität und Differenz*, Pfullingen, 31-67. — G. Siewerth (1959), *Das Schicksal der Metaphysik von Thomas zu Heidegger*, Einsiedeln. — B. Montagnes (1963), *La doctrine de l'analogie de l'être d'après saint Thomas d'Aquin*, Louvain-Paris. — K. Hemmerle (1968), *Gott und das Denken nach Schellings Spätphilosophie*, Friburgo-Basileia-Viena. — É. zum Brunn (1969), "La ph. chrétienne et l'exégèse d'Ex 3,14 selon É. Gilson", *RThPh*, 94-105. — J. Whittaker (1971), *God Time Being*, Oslo. — W. Beierwaltes (1972), "*Deus est esse — Esse est Deus*. Die onto-theologische Grundfrage als aristotelisch-neuplatonische Denkstruktur", em *Platonismus und Idealismus*, Frankfurt, 4-82. — J. B. Lotz (1975), *Martin Heidegger und Thomas von Aquin*, Pfullingen. — Col. (1978), *Dieu et l'être. Exégèses d'Exode 3,14 et de Coran 20,11-24*, Paris. — A. Chapelle (1979-1980), *Dieu dans l'histoire*, curso mimeo, École Saint-Jean-Berchmans, Namur. — M. Couratier (sob a dir. de) (1980), *Étienne Gilson et nous*, Paris, 80-92 (P. Aubenque), 103-116 (J.-F. Courtine), 117-122 (P. Hadot). — J. N. Findlay (1982), "The Impersonality of God", em F. Sontag e M. D. Bryant (sob a dir. de), *God: the Contemporary Discussion*, Nova York, 181-196. — E. Levinas (1982), *De Dieu qui vient à l'idée*, Paris (*De Deus que vem à ideia*, Petrópolis, 2002). — J.-L. Marion (1982), *Dieu sans l'être*, Paris. — C. Bruaire (1983), *L'être et l'esprit*, Paris. — É. Gilson (1983), *Constantes phil. de l'être*, Paris, 169-230, "L'être et Dieu", 231-253, "Yahweh et les grammairiens". — I. U. Dalferth (1984), *Existenz Gottes und christlicher Glaube. Skizzen zu einer eschatologischen Ontologie*, BevTh 93. — A. de Libera (1984), *Introduction à la mystique rhénane*, Paris. — U. G. Leinsle (1985), *Das Ding und die Methode. Methodische Konstitution und Gegenstand der frühen protestantischen Metaphysik*,

Augsburg. — A. de Libera e É. zum Brunn (sob a dir. de) (1986), *Celui qui est. Interprétations juives et chrétiennes d'Exode 3,14*, Paris. — D. Bourg *et al.* (1986), *L'être et Dieu*, Cfi 138. — J.-F. Courtine (1990), *Suarez et le système de la mét.*, Paris. — L. Honnefelder (1990), *Scientia transcendens. Die formale Bestimmung der Seiendheit und Realität in der Metaphysik des Mittelalters und der Neuzeit (Duns Scotus — Suarez — Wolf — Peirce)*, Hamburgo.

c) *Conversão eucarística.* — "Isto é meu corpo, isto é meu sangue", a teol. das palavras eucarísticas pronunciadas sobre o pão e o vinho não deixou de recorrer a conceitos encarregados de nomear o processo durante o qual o que era pão e vinho se tornou corpo e sangue de Cristo. Depois de por muito tempo haver o costume de dizer que pão e vinho "se tornam" corpo e sangue de Cristo (Ireneu*, *Adv Haer* V, 2, 3), a patrística grega propõe uma longa lista de verbos que descrevem a mudança sem apresentar entre eles verdadeiras diferenças conceituais (Betz, 1957, 300-318): *metaballein* (Clemente de Alexandria, *Exc. ex Theod.* 82 [GCS III, 132, 12], Ps.- Cirilo de Jerusalém, *Cat. myst.* 4, 2; 5, 7 [SC 126, 136 e 154], Teodoro de Mopsueste, *Fragmento sobre Mt 26,26* [PG 66, 713], Teodoreto, *Éranistes* dial. I [PG 83, 53.57], liturgia de São João* Crisóstomo), *metapoiein* (Gregório de Nissa, *Or. cat.* 37, 3 [Strawley, 143, 149], Teodoro de Mopsueste, *Fragmento sobre 1 Co 10, 3s* [Staab, 186], Cirilo* de Alexandria, *Fragment sur Mt 26,26* [TU 61, 255], João Damasceno, *De fide orth.* 4, 13 [PG 94, 1145]), *methistanai* (Gregório de Nissa, *Or. cat.* 37, 2 [Strawley, 147], Cirilo de Alexandria, *Fragmento sobre Mt 26,26* [TU 61, 255]), *metarrhuthmizein* (João Crisóstomo, *Hom. de prod. Judae* 1, 6 [PG 49, 380]), *metaskeuazein* (João Crisóstomo, *In Mt Hom.* 82, 5 [PG 55, 744], João Damasceno, *Vita Barlaam* [PG 96, 1032]), *metastoikheioun* (Gregório de Nissa, *Or. cat.* 37, 3 [Strawley, 152]), *metaplassein* (Cirilo de Alexandria, *Fragmento sobre Mt 26,26* [TU 61, 255]). Principal testemunha latina de uma teol. da conversão eucarística, Ambrósio* utiliza um vocabulário relativamente rico no qual *mutare, convertere* e *transfigurare* denominam o acontecimento eucarístico (*mutare, Sacr.* 5, 4, 15.16.17; 6, 1, 3;

Myst. 9, 50.52; *convertere, Sacr.* 4, 5, 23; 6, 1, 3; *transfigurare, De Fide* IV, 10, 124; *De incarn.* 4, 23). Denominar a conversão eucarística não é teorizá-la, e os termos utilizados têm pouco peso conceitual. E quando eles pretendem integrar a eucaristia (eucar.) a um quadro teológico mais amplo, os Padres de bom grado fazem a analogia entre eucar. e encarnação* (já em Justino, *Apol.* I, 66, 2 e em Ireneu) — nascimento do que se tornará a doutrina da *impanação* (Betz: "encarnação sacramental").

Na mesma época em que procuram denominar o acontecimento eucarístico, os Padres também buscam denominar a relação que o pão e o vinho eucarísticos mantêm com o Cristo glorioso que está à direita do Pai. No eucológio de Serapião, pão e vinho são *homoinoma* do corpo e do sangue de Cristo (Funk II, 174, 10-24); o Adamantius do *Dialogus de recta in Deum fide* (v. 300) fala em *eikones*; em Teodoro de Mopsueste, as categorias são as da "imagem" e do "símbolo" (*Hom. cat.* 16, 30, Tonneau-Devreesse 581-583); no Pseudo-Dionísio, a participação mística em Cristo na eucar. se dá na ordem da significação (*semainetai kai metekhetai*, PG 3, 447C). *Tupos* e *antitupos* são de uso frequente. Desde Tertuliano*, os Padres latinos recorrerão de bom grado ao léxico da *figura* para tratar dessa questão; Gaudêncio de Brescia vê na eucar. uma "imagem", *imago*, da paixão* de Cristo; em Agostinho, *signum* e *similitudo* são os termos mais frequentes. — Mas esse léxico é inteligível somente se for interpretado dentro dos quadros de uma *episteme* na qual o símbolo participa realmente no simbolizado e a imagem participa na realidade do que ela representa: linguagem de conversão (linguagem "metabólica") e linguagem "simbólica" não se contestam.

Assim que Ratramne (†868) opôs *in figura* e *in veritate*, contudo, o equilíbrio entre o simbolismo e o metabolismo foi abalado; e nos dois debates eucarísticos da IM latina, da refutação de Ratramne até a de Berengário* (†1088) e depois disso, um novo léxico surgiria e se tornaria predominante, o da *substância*. Os conceitos que serão usados pela escolástica já estão presentes em Lanfranc, sem dúvida o primeiro teólogo a se interrogar sobre a eucar. oferecendo um tratamento principalmente ontológico: substância, essência, conversão (PL 150, 430B). Guitmundo de Aversa falará em "transmutação substancial", *substantialiter transmutari* (PL 149, 1467B, 1481B). Em 1140-1142, o autor das *Sentenças de Rolando* forja o neologismo "transubstanciação", que terá uma recepção eclesiástica em 1215 no IV concílio de Latrão (*COD* 230, 35-37).

É em Latrão IV, nas discussões com os bizantinos, que o termo grego *metousiosis* recebeu um sentido eucarístico que não possuía antes. Esse sentido terá de esperar a confissão de fé de Dositeu de Jerusalém (1672) para ganhar um uso comum em uma teol. ortodoxa então amplamente latinizada. (Ortodoxia* moderna e contemporânea), mas que participou apenas marginalmente (reações suscitadas pela confissão de fé de Cirilo Loukaris) dos debates eucarísticos surgidos da Reforma.

Foi antes do aparecimento da *Física* e da *Metafísica* de Aristóteles na cena intelectual ocidental que a teol. latina deu a si mesma como expressões privilegiadas os conceitos de "conversão substancial" e de "transubstanciação". E embora seja verdade que a fil. da natureza de Aristóteles forneceu um par de termos ("substância"/"acidentes") para dizer o mistério do pão e do vinho que permanecem fenomenicamente pão e vinho enquanto seu "ser" mais profundo se tornou corpo e sangue de Cristo ressuscitado, o conceito de transubstanciação aparecia como um impensável do aristotelismo: provar que o conceito de transubstanciação não é uma contradição nos termos, provar que a coisa é metafisicamente possível, exigirá assim de Tomás de Aquino uma redefinição dos acidentes permitindo-lhes existir sem sujeito — e então ele será acusado pelos filósofos averroístas de usar uma noção monstruosa (ver R. Imbach, *RSPhTh* 77 [1993], 175-194). Desde o aparecimento do vocábulo até a elaboração de Tomás, um termo que sem dúvida não dizia mais em sua origem que nas suas formas compostas com *meta-* da patrística grega, encontra-se então carregado de todo um peso de descrição e de explicação.

A teorização por parte de Tomás não foi unânime, e o estatuto dos "acidentes eucarísticos"

(ver F. Jansen, *DThC* 5/2, 1368-1452, sempre indispensável) preocupou a teol. (ocidental, e depois católica) até o s. XX em múltiplos debates em que reapareceu regularmente (em Wyclif, em Hus* etc.) uma concepção empirista da "natureza" ou "substância" das coisas que conduzia necessariamente a uma teol. eucarística da *consubstanciação* (*impanação*, a substância do pão e do vinho permanece, após a consagração, unida ao corpo e ao sangue de Cristo). Admitir uma ont. da natureza em dois níveis, nível substancial e nível acidental, tampouco bastava para impor a ideia de uma *conversão* substancial: assim, Duns Escoto se alia a uma descrição que postula uma *adução* do corpo e do sangue de Cristo que não produz uma nova substância e sim uma nova *presença*.

Enquanto isso, um termo já utilizado por Ambrósio (*Myst*. 3, 8, CSEL 73, 91ss) e Gaudêncio de Brescia (*Tractatus* 2, 30, CSEL 68, 31), *praesentia*, é retomado pelos teólogos de São Vítor (ver Hugo de São Vítor, *De sacramentis* 11, 8, 13, PL 176, 470-471, sobre a distinção entre "presença corporal" e "presença espiritual"). Boaventura (*In. Sent IV*, d. 12, a. 1, q. 1) e Guilherme de Alvérnia (*De Sacramento Eucharistiae*, Veneza, 1591, 422B-423A) utilizarão a noção de *praesentia corporalis* a respeito da eucar. Tomás de Aquino apresentará, em compensação, reticências, a ideia de presença parecendo-lhe vinculada à de localização: assim, a *praesentia in terris* eucarística não é um motivo dominante do Ofício do *Corpus Christi*, promulgado em 1264 pela bula *Transiturus*, e obra de Tomás (Gy, 1990). *Praesentia* figurará em um dos erros de Wyclif, cuja condenação foi ratificada pelo concílio de Constança* em 1415 (*DS* 1153).

Do s. XIII ao XV, a identidade das palavras não oculta a deriva das significações, e o conceito metafísico de substância tende cada vez mais a se tornar um conceito físico — e um conceito do qual os pensadores nominalistas não têm nenhuma necessidade. Temor de anexar o dom eucarístico à esfera das realidades mundanas, recusa de utilizar entidades supérfluas, recusa de um controle da fil. sobre a teol., a recusa oposta por Lutero à transubstanciação (após um primeiro período no qual ele viu nela uma simples hipótese de estudo, *WA* 6, 456.508, *WA.B* 10, 331) se explica por esses três pontos. A *Fórmula de concórdia* fornecerá a expressão oficial dessa recusa (*BSLK* 801, 5-11). Em compensação, a confissão da presença permanece por inteiro (*vere et substantialiter*, *CA* 10, *Apol-CA* 10), e Lutero dela fornece uma teoria com duas facetas. Por um lado, ele afirma que Jesus ressuscitado pode estar presente no pão e o pão na medida em que tem parte na ubiquidade do Verbo em virtude da comunicação dos idiomas ("ubiquismo"). Por outro lado, um recurso ao modelo patrístico da "teol. eucarística da encarnação" e ao modelo estoico da interpenetração completa dos corpos *velut ferrum ignitium* (*WA* 6, 510) permite-lhe afirmar a codoação, no sacramento*, da substância do pão e da do corpo e sangue de Cristo (*BSLK* 983, 37-44): há pois *impanação* e *consubstanciação*, ainda que pareça que Lutero jamais empregue o segundo termo (seu conceito não implica, aliás, uma negação formal da transubstanciação católica já que a "substância" não é entendida de modo unívoco nos dois casos; ver J. Ratzinger, *ThQ* 147 (1967), 129-158, particularmente, 153).

A concepção de Calvino* é menos clara. Por um lado, ele se serve das noções de *figura*, de *signum* (distinguido da *res*), de *imago*, de *symbolum*. Mas, por outro lado, ele concebe o signo como "ligado aos mistérios", *mysteriis... quodammodo annexa* (*Inst*. IV, 17, 30), e rejeita toda interpretação estritamente simbólica (ver seu *Pequeno Tratado da Santa Ceia de Nosso Senhor Jesus Cristo*, de 1541). A ideia de uma presença corpórea, somática, é rejeitada. Mas ao ubiquismo luterano é oposta uma hipótese pneumatológica que permite que não se conclua dessa rejeição uma ausência do Cristo ressuscitado: "Visto que o corpo de Jesus Cristo está no céu, e nós estamos nessa peregrinação terrena", como o corpo de Cristo poderia ser dado em comunhão? "É pela virtude incompreensível de seu Espírito, a qual conjuga bem as coisas separadas pela distância de lugar" (*Catéchisme de Genève* [1542], § 354). Com isso, será

possível confessar que, "pela virtude secreta e incompreensível de seu Espírito, [Cristo] nos nutre e vivifica com a substância de seu corpo e de seu sangue" (*Confession de foy* de 1559, § 36). — Zuínglio*, em contrapartida, se manterá num simbolismo estrito: "crer é comer" (*SW* 3, 441), e o pão e o vinho têm uma tarefa de significação assim como o cartaz do cabaré anuncia o vinho que ali pode ser encontrado (ver G. H. Potter, *Zwingli*, Cambridge, 1976, 156-157). O anglicanismo rejeita a noção de transubstanciação, confessa que "O corpo de Cristo é dado, recebido e comido na Ceia, mas de uma maneira celeste e espiritual", e inscreve em sua *lex orandi* a proibição de venerar (*worship*) o pão e o vinho eucarísticos (XXVIII artigo, cf. a "rubrica negra" que conclui a "Order for the Administration of the Lord's Supper" no *Book of Common Prayer*: "O pão e o vinho do sacramento mantêm sua substância natural [*remain still in their very natural substances*] e não podem pois ser adorados").

Reafirmado no concílio de Trento* (que mantém também a linguagem da presença, *DS* 1636) e considerado então como "muito apto" para denominar a conversão eucarística (*DS* 1652, e também 1642), o conceito de transubstanciação não será questionado no catolicismo* antes do s. XX, e as doutrinas protestantes não conhecerão nenhum desenvolvimento significativo nesse mesmo período, que apresentará sobretudo uma considerável marginalização da prática eucarística nas Igrejas provenientes da Reforma (com exceção do anglicanismo). A época pós-tridentina, em compensação, será caracterizada por um contínuo interesse filosófico pelo problema da conversão eucarística. Isso de duas maneiras. 1/ A novas ont. da coisa correspondem novas maneiras de dizer que a natureza das coisas (a física) não torna a eucar. absurda: assim, Descartes*, Malebranche, Leibniz se esforçam para provar que a expressão da fé eucarística não é comprometida por uma fil. da natureza em que a substância dos corpos se reduz à extensão (Descartes), em que somente átomos metafísicos possuem a realidade em última instância (Leibniz) etc. (ver Armogathe,

1977 e Tilliette, 1983, 13-73). 2/ Enquanto a fil. supostamente é separada da teol., as questões suscitadas pela conversão eucarística também se tornam tema do filósofo. De Leibniz a Blondel*, passando por F. von Baader e Rosmini (do qual três teses foram contestadas, após a sua morte, pelo magistério* romano em 1887, *DS* 3229-3231), as desventuras eucarísticas da substância mostraram que elas não se contentavam em desafiar a lógica e a met., e que elas possuíam uma verdadeira força de fecundação.

Hegel (*Enciclopédia*, § 552) consta aqui por ter inscrito na passagem uma crítica da teoria católica da eucar. no quadro de uma crítica geral do catolicismo, acusado de revelar sua falta de interioridade quando, na hóstia, é com a exterioridade da coisa (*als äuberliches Ding*) que ele oferece Deus à adoração. Isso era predizer de que modo as conceitualidades clássicas seriam questionadas pela especulação recente, no último debate que foi consagrado à conversão eucarística. No momento em que não se apresentava mais nenhum teólogo para afirmar que a conversão eucarística é um processo *físico* (mas cf. F. Selvaggi, *Greg.* 30 [1949], 7-45 e 37 [1956], 16-33), após os trabalhos precursores de J. de Baciocchi (1955, 1959) e na esfera de atuação dos teólogos dos Países Baixos (P. Schoonenberg [p. ex. *Verbum* 26 (1959), 148-157, 314-327; 31 (1964), 395-415], E. Schillebeeckx, 1967), assim como do reformado suíço Leenhardt (1955), é a toda fil. da natureza, e não apenas ao hilemorfismo aristotélico-tomasiano, que se objetou nos anos de 1960 sua incapacidade de dar realmente conta da conversão eucarística. Uma ont. da coisa seria de fato inadequada, ou teria se tornado inadequada (Gerken, 1973, bibl.; cf. W. Beinert, *ThPh* [1971], 342-363); e no quadro programático de uma ont. existencial, de uma ont. relacional ou de uma ont. do signo, novos nomes foram propostos — transignificação, transfinalização — para dizer que novidade advém quando são consagrados o pão e o vinho (J. Monchanin já havia forjado, para completar o conceito de transubstanciação, "transituação" e "transtemporalização"). Podem ser resumidas as conclusões dessa discussão fechada. 1/ Tendo

surgido antes da constituição do aristotelismo* escolástico, o conceito de transubstanciação não está necessariamente destinado a desaparecer simplesmente porque o aristotelismo escolástico está morto: desse modo, pôde-se dizer que ele não continha mais que uma explicação "lógica" das palavras da instituição tomadas ao pé da letra (Rahner, 1960), desse modo uma discípula de Wittgenstein como Anscombe propôs sua própria defesa do conceito (1981; cf. Cassidy, 1994). 2/ O destino do ser não está vinculado ao da substância (Welte, 1965; sobre as questões contemporâneas relacionadas à substância, ver Loux 1978 e *HMO* 871-873) — razão pela qual Schillebeeckx propunha substituir a transubstanciação pelo neologismo *transentatio*. Toda ont., em compensação, não é identicamente apta a enunciar a conversão eucarística. Há realidades cujo ser é idêntico à significação que elas têm para o homem (o dinheiro — ex. de Anscombe —, a bandeira — ex. de Welte), mas não há certeza de que uma ont. do signo ou da finalização, quaisquer que sejam as suas boas intenções, possa dizer sem resto a conversão eucarística (ver, p. ex., as críticas de C. J. de Vogel, *ZKTh* 97 [1975], 389-414; resposta de Gerken, *ibid.*, 415-429; balanço feito por J. Wohlmuth, *ibid.*, 430-440). "Pão" e "vinho" designam mais que objetos físico-químicos, mas não designam menos (cf. E. Pousset, *RSR* 54 [1966], 177-212). 3/ Pouco determinado quando começou a ter um uso comum na teol. eucarística, o conceito de "presença" adquiriu na fil. e na teol. recentes determinações que tornam seu uso fecundo e preservam a ideia de presença *real* contra todo perigo de conotar uma reificação: em seu sentido contemporâneo, a presença é um modo de ser da pessoa* em relação. (Mas talvez se deva recordar que Durand de Saint-Pourçain já falava na "presença relacional" de Cristo na eucar., e que no s. XIX G. Perronne e A. Knoll davam destaque à relação em sua interpretação da eucar.) No âmbito da *Mysterienlehre*, por outro lado, a conversão eucarística pede, sem dúvida, para ser integrada a uma mais ampla economia da presença de Cristo: presença *atual* da salvação* na celebração litúrgica e presença *real* do corpo e do sangue de Cristo não podem ser dissociadas (ver Betz, *MySal* 4/2, 263-311; ampla concordância em Pannenberg, 1993, ver também Lies, 1997). A relação mais bem percebida entre memória e anamnese (p. ex. A. Darlap, *ZKTh* 97 [1975], 80-86) permite, por fim, organizar um conceito plenamente teológico da presença e de sua temporalidade própria (p. ex. R. Lachenschmidt, *ThPh* 44 [1966], 211-225; J.-Y. Lacoste, *Note sur le temps*, Paris, 1990, §§ 83-88) e, portanto manter um discurso que não ofereça brechas para as críticas heideggerianas da "met." (Marion, 1982).

• J. de Baciocchi (1955), "Le mystère euchar. dans les perspectives de la Bible", *NRTh* 77, 561-580. — F. J. Leenhardt (1955), *Ceci est mon corps*, Neuchâtel-Paris. — J. Betz (1957), *Die Eucharistie in der Zeit der griechischen Väter I/1, Die Aktualpräsenz der Person und des Heilswerkes Jesu im Abendmahl nach der vorephesinischen griechischen Patristik*, Friburgo. — J. de Baciocchi (1959), "Présence euchar. et transsubstantiation", *Irén.* 33, 139-164. — G. Ghysen (1959), "Présence réelle et transsubstantiation dans les définitions de l'Église catholique", *Irén.* 33, 420-435. — K. Rahner (1960), "Die Gegenwart Christi im Sakrament des Herrenmahls", *Schr. zur Th.* 4, 357-386. — M. Schmaus (sob a dir. de) (1960), *Aktuelle Fragen zur Eucharistie*, Munique. — B. Neunhauser (1963), *Eucharistie in Mittelalter und Neuzeit, HDG* IV/4b. — J. Betz (1964), *Die Eucharistie in der Zeit der griechischen Väter II/1, Die Realpräsenz des Leibes und Blutes Jesu im Abendmahl nach dem Neuen Testament*, Friburgo. — B. Welte (1965), "Zum Verständnis der Eucharistie", em *Auf der Spur des Ewigen*, Friburgo-Basileia-Viena, 459-467. — E. Schillebeeckx (1967), *Die eucharistische Gegenwart*, Dusseldorf. — A. Gerken (1973), *Theologie der Eucharistie*, Munique. — J.-R. Armogathe (1977), "Theologia Cartesiana", *L'explication physique de l'euch. chez Descartes et dom Desgabets*, Haia. — M. J. Loux (1978), *Substance and Attributes*, Dordrecht. — G. E. M. Anscombe (1981), "On Transubstantiation", em *Collected Philosophical Papers* 3, Oxford, 107-112. — J.-L. Marion (1982), "Le présent et le don", em *Dieu sans l'être*, Paris, 225-258. — X. Tilliette (1983), *Eucharistie et ph.*, curso mimeo, Institut catholique de Paris. — P.-M. Gy (1990), *La liturgie dans l'histoire*, Paris, estudos 11 e 12, 223-283. — W. Pannenberg (1993), *Systematische Theologie* 3, Göttingen, 325-356. — N. Slencza (1993), *Realprä-senz und Ontologie. Untersuchung der ontologischen Grundlagen der Transsignifikationslehre*, Göttingen. — D. C. Cassidy (1994), "Is Transubstantiation without Substance?", *RelSt* 30, 193-199. — L. Lies (1997), "Realpräsenz bei Luther und die Lutheranern heute", *ZKTh* 119, 1-26, 181-219.

d) *Ser, relação, comunhão.* — As razões para um interesse teológico pelo ser da relação (rel.) são óbvias. O primeiro trabalho da teol. foi (e continua sendo), com efeito, o de elucidar uma rel., a de Jesus de Nazaré com o Deus de Israel*. Aquele que é dito "Senhor" e que participa pois, desse modo, da esfera de existência de Javé, é também "filho" e "servo*". E quando Niceia I* definiu a consubstancialidade do Deus Pai e do Filho foi, pois, uma realidade intradivina que o cristianismo reconheceu na rel. Contra o arianismo*, dizia-se assim que a geração do Filho não era uma abertura do divino para o não divino e sim um acontecimento eterno que advinha unicamente em Deus; e contra todo modalismo*, dizia-se que Pai, Filho e Espírito* não eram apenas *nomes* que designavam *maneiras* segundo as quais Deus tinha se tornado cognoscível, mas que a mônada divina abrigava de fato uma eterna triplicidade. A elaboração do dogma trinitário, e depois do dogma cristológico, ocorreu pois mediante uma enunciação de paradoxos. Para afirmar a irredutibilidade do ser-Pai, do ser-Filho e do ser-Espírito em Deus, os Padres capadócios forjaram uma fórmula que deveria ser recebida por toda a Grande Igreja: a unidade de essência (*ousia*) abriga em Deus uma triplicidade de hipóstases (*hypostaseis*) ou pessoas (*prosopa*). E quando foi preciso afirmar a unidade radical entre o humano e o divino em Jesus, uma fórmula também foi forjada (que não teria a mesma recepção): na única hipóstase/pessoa do Filho são unidas a natureza (*physis*) divina e a natureza humana. Seguiam-se disso algumas conclusões. 1/ Se nada é em Deus segundo o modo do *acidente*, por um lado, se, por outro lado, o ser-Deus (a *substância* divina) é comum ao Pai, ao Filho e ao Espírito, e se, por fim, nada disso é próprio de cada um a não ser o modo sob o qual ele detém a divindade, então a rel. (o *ad aliquid*) é interior a Deus (Agostinho,

De Trin. IV, v, 5-6; IX, XII, 17), o que conduzirá Tomás de Aquino a formar o conceito inédito de *rel. subsistantes* (*ST* Ia, q. 30, a. 2 resp.; q. 41, a. 6 resp.; *CG* IV, c. 24, 3606.3612): a construção detalhada do paradoxo segundo o qual a rel. é em Deus *res subsistens* foi a contribuição mais importante da IM latina à teol. trinitária (ver Krempel, 1952, *DThC* 15, 1810 *sq*; Henninger, 1989). 2/ E se o mistério cristológico não consiste em que uma hipóstase divina seja unida em Jesus a uma hipóstase humana e sim que uma natureza humana seja unida à natureza divina na única hipóstase do Filho, ou Verbo, então a humanidade de Cristo é paradoxalmente humanidade a-hipostática, apessoal, um léxico definido no s. VI pela teol. "neocalcedoniana".

As decisões tomadas pelos teólogos e concílios não diziam respeito ao ser da rel., em geral, e sim ao ser de certas relações. A IM latina, que procedeu a uma glorificação — trinitária — do *esse ad*, utilizava, além disso, uma ont. geral na qual este último valia somente como *esse minimum* (ver Breton, 1951) — e é de fato uma definição da pessoa cuja letra não levava em consideração o que a teol. tinha a dizer de mais notável sobre o que "pessoa" significa em Deus, a saber, a definição de Boécio (a pessoa é "substância individual de uma natureza racional"), que pesou muito sobre o que o Ocidente cristão pensou em geral sobre a pessoa (mas cf. Dussel, 1967, sobre o contexto teológico que manifesta todo o sentido da definição, e C. J. Vogel, *ZKTh* 97 [1975], 400-414, sobre as implicações reais de uma met. da substância racional). O que foi elaborado sob a pressão das necessidades internas da teol. trinitária e da cristologia teve como destino, no entanto, encontrar uma aplicação mais ampla. O estoicismo* percebia no homem um ser de comunhão, *zoon koinonikon* (Crísipo), mas quando a patrística medita sobre o vínculo de comunhão* que deve reinar na Igreja, é em referência à unidade trinitária que ela formula o seu segredo (Cipriano*, CSEL 3, 285, cf. o oitavo prefácio para os domingos *per annum* do *Missal romano* de 1969). A transcendência divina é objeto de uma afirmação incansável no discurso cristão (até nas formas extremas que pode assumir o anúncio de um Deus "totalmente outro"), mas o futuro absoluto do homem também é anunciado nos termos de uma participação na natureza divina — divinização, *theosis*, cf. 2Pd 1,4 —, contra a qual a tradição protestante é a única a apresentar objeções (em nome do desejo de ser Deus no lugar de Deus, e da recusa de que Deus seja Deus, nos quais Lutero vê o segredo do homem pecador; cf. a *Disputatio contra scholasticam theologiam* de 1517, *WA* 1, 225, § 17, e Jüngel, 1980). Entre Deus/Cristo e o homem, além disso, é apresentada uma relação de imitação, *mímesis*, desde o *corpus* pauliniano como possível e necessária. E mesmo que seja modesto o lugar ocupado de fato pelo teologúmeno da criação à *imagem* e à *semelhança* de Deus nas Escrituras (ver *DBS* 10, 365-403; *TRE* 6, 491-498), ele, em compensação, é onipresente na literatura patrística e além dela.

Somente na teoria recente se afirmou que as modalidades humanas do ser mantêm uma relação de imagem-modelo com as modalidades divinas e cristológicas do ser e que o ser-em-rel. seja aqui um fator determinante. Desde Agostinho, certamente, as descrições teológicas conhecem ritmos ternários (como, em Agostinho, a tríade da memória, da inteligência e da vontade), que elas relacionam ao ritmo trinitário da vida divina; os teólogos do s. XII farão grande uso deles, e a interpretação da criação por meio do recurso aos *vestígios* da Trindade* terá um imponente desenvolvimento em Boaventura, para brilhar em seus últimos ardores em Nicolau* de Cusa ("toda coisa criada [...] é portadora de uma imagem da Trindade", *De pace fidei* VIII). Desde a era patrística, igualmente, o lugar central de uma lógica do amor no cristianismo conferiu uma posição central à interpretação da relação com outrem (p. ex. Gregório* Magno, PL 76, 1139), ao ponto de Ricardo de São Vítor tentar uma construção da Trindade segundo o modelo humano da interpersonalidade amorosa. Mas embora o homem exista à imagem de Deus, será em outro lugar que a corrente majoritária da patrística e da teol. medieval verá a prova disso: no ser de espírito que é próprio do homem no meio da criação, ou em uma incompreensibilidade que o homem partilha com Deus. Nem as rel. trinitárias, nem o mistério da humanidade de Cristo caem sob as diferentes teorias e práticas da analogia elaboradas desde o s. XIII: assim, Suárez disporá de uma teol. das rel. divinas mas conceberá as "rel. reais criadas" (*Disp. Met.* 47) de uma maneira que não deve nada à teol. A neoescolástica endurecerá os traços, mas ela certamente será fiel a uma orientação geral. "Sem dúvida […], a causa imprime sua similitude sobre o que ela produz, mas se esse efeito é inadequado, a similitude também é deficiente; tanto a criatura como Deus não convêm univocamente em nenhuma perfeição; e aquelas que lhes são analogicamente comuns são propriedades totalmente gerais do ser, dentre as quais não se poderia — sob o risco de afirmar uma semelhança mais ou menos genérica entre a causa primeira e seu efeito — contar as trocas vitais que a fé conta no âmago do divino" (M. T.-L. Penido, *Le rôle de l'analogie en th. dogmatique*, Paris, 1931, 223-224). Entre pessoa humana e pessoa divina certamente se garante "um mínimo de unidade (proporcional) de significação": aqui e ali, o ser-pessoa é substancialidade e incomunicabilidade (*ibid.*, 343). Mas uma tese não sofre nenhuma restrição: "Não há nenhuma analogia entre a personalidade criada e essa 'rel. subsistente' que a teol. descobre em Deus" (*ibid.*, 341).

Para que essa tese deixasse de ser evidente por si mesma, duas condições tiveram de ser preenchidas: uma recepção filosófica das razões trinitárias e cristológicas, e o aparecimento de uma vulgata ontológica na qual o *esse ad* deixa de ser a mais tênue das entidades e torna-se a realização do ser.

1/Hegel certamente foi o primeiro pensador a deixar metodicamente cristologia e lógica da vida divina efetuarem um trabalho de reorganização sobre o *logos* da ont. A *Fenomenologia do espírito* é colocada sob a proteção de um absoluto pensado em termos trinitários ("jogo do amor com si mesmo") e crísticos (um jogo que conhece "a seriedade, a paciência, a dor e o trabalho do negativo"), o sistema reunido na *Enciclopédia* inclui uma cristologia (ver Brito, 1983, 483-522), uma cristologia e uma triadologia anônimas presidem, por fim, o desenvolvimento da *Ciência da lógica*. As ambições teológicas do sistema foram dissimuladas pela produção, por obra da esquerda hegeliana, de um hegelianismo* parcial que mantinha a dialética e dispensava o espírito absoluto. Outra fil. que não quis conhecer o absoluto senão pensando o conteúdo "positivo" de sua revelação, a fil. tardia de Schelling, não exerceu real influência sobre a teol. de seu tempo. Ambas, ao se recusarem a dissociar o discurso sobre o Deus Uno e o discurso sobre o Deus Trino anunciaram, em todo caso, a separação entre o teológico e o ontológico.

2/A glorificação filosófica da rel. (termo pelo qual, aliás, acaba-se entendendo somente a rel. interpessoal) assumiu várias formas. Sob a forma popular que ela recebeu nas fil. do diálogo (M. Buber, F. Ebner; ver Theunissen, 1965, 243-373; Böckenhoff, 1970), ela consistiu em negar que se possa dar conta do eu humano nos termos de uma identidade substancial consigo ("adseidade") e em alojar o advento concreto do *eu* no encontro do *tu*. Sob a forma discreta que ela recebe em Heidegger, a determinação do ser-no-mundo como "ser-com", *Mitsein* (*Ser e Tempo*, § 25-27) é a de um existenciário, de um constitutivo apriorístico da existência. Em G. Marcel, é sob a cifra da prioridade do "nós" e da "comunhão" que o *Mitsein* assume um lugar preeminente na fil. francófona. É grande a lista — o projeto de uma "met. da caridade" em Laberthonnière, o *Ordo amoris* de Scheler (*GW* 10, 345-376), G. Madinier (*Conscience et amour*, Paris, 1938), D. von Hildebrand etc. — dos pensadores contemporâneos que poderiam ter retomado, por sua própria conta, as palavras de Ch. Secrétan descrevendo um reino do amor que produziria "a mais perfeita unidade concebível, a unidade viva de vontades convergentes, entrelaçadas, que, penetrando-se reciprocamente, se afirmam mutuamente e se combinam em uma mesma vontade" (*Le principe de la morale*, Paris, 1884, 170).

Recebidos na teol., esses temas não podiam deixar de encontrar nela uma acolhida exuberante. 1/ Uma ont. na qual o sentido do *esse* passa despercebido enquanto o *esse ad* não é tematizado deveria necessariamente pesar sobre a eclesiologia*. Desde o *Catholicisme* de Lubac* (1938), recorre-se a uma ont. existencial para pensar os "aspectos sociais do dogma": por um lado, a Igreja aparece como o local da existência plenamente "pessoal"; por outro lado, é no "desenvolvimento supremo da personalidade [...] no Ser de que todo ser é um reflexo" (*op. cit.*, 256) que se pede para esclarecer o sentido "pessoal" do pertencimento à Igreja. A *novidade* que a experiência cristã pretende viver pode então ser pensada como dom de um modo de ser eclesial (ou "hipóstase eclesial"), que uma fenomenologia da celebração eucarística recebe como missão descrever (Zizioulas, 1985). O par "visível" e "invisível", ou "Igreja empírica" e "Igreja essencial" (Bonhoeffer*) deixa de governar a interpretação. O essencial (o definitivo, o escatológico), com efeito, é realmente dado na Igreja empírica nos atos litúrgicos em que ela manifesta toda a sua identidade — mas é segundo o modo da antecipação, segundo o modo de um sentido que investe o presente a partir de um futuro absoluto, que o essencial (existência plenamente eclesial e plenamente pessoal) possui uma presença (Zizioulas, 49-65). O ser deixa assim de manifestar a sua significação apenas na ordem do fatual; o ser de fato é sobredeterminado pelo ser de vocação (Lacoste, 1994, §§ 1-37). 2/ Uma redistribuição das razões ocorre então. Nela, o conceito de pessoa preside um vaivém entre antropologia e teol. trinitária. Por um lado, um conceito de pessoa aperfeiçoado pela experiência intersubjetiva serve para projetar sobre o mistério de Deus uma luz adquirida pelo trabalho da antropologia filosófica (p. ex. Brunner, 1976), o que dá novamente atualidade à questão do antropomorfismo* (cf. Jüngel, 1990). Por outro lado, pede-se que noções forjadas para dizer a vida divina valham (a título semidescritivo, semiprescritivo) para dizer o ser do homem. Em formulações hiperbólicas, J. Monchanin (1895-1957, obra fragmentá-

ria esparsa em *De l'esthétique à la mystique*, Paris, 1957; *Mystique de l'Inde, Mystère chrétien*, Paris, 1974; *Théologie et spiritualité missionnaire*, Paris, 1985) escreve que "temos de viver em circunsessão com nossos irmãos" (*TSM*, 37): com efeito, "Há [...] analogia profunda entre pessoa humana e Pessoa divina, rel. *subsistantes* [...] Ambas são *esse alterius* [...] Essa analogia não é exigida pela criação do homem *ad imaginem Dei*? O que há de mais profundo nele, a personalidade, não pode ser outra *essencialmente* nele a não ser em Deus" (*TSM*, 55). 3/ Esse clima intelectual tornava possível o programa de uma "ont. trinitária". À constatação segundo a qual "nunca, na história do cristianismo, a especificidade cristã (*das unterscheidend Christliche*) determinou de modo durável a pré-compreensão do sentido do ser e o ponto de partida da ont." (Hemmerle, 1976, 22), responde-se que "se o amor é o que permanece, então a ênfase deixa de se dar no mesmo para se dar no outro, então é o movimento [...] então é a rel. que ocupa o centro" (*ibid.*, 38). Afirma-se também que "a comunhão constitui a vida. A existência é um acontecimento de comunhão. A 'causa' da existência e a 'fonte' da vida não são o ser em si [...], é a divina comunhão trinitária que personaliza o ser como acontecimento de vida" (C. Yannaras, *La liberté de la morale*, Genebra, 1982, 194). A eclesiologia de comunhão também se conclui aqui: "Se por natureza o ser de Deus é relacional [...], não se deve concluir então, quase inevitavelmente, que dado o caráter último do ser de Deus para toda ont., a substância, na medida em que indica o caráter último do ser, não pode ser concebida senão como comunhão?" (Zizioulas, 1985, 84; ver Lossky, 1967). A *imago Trinitatis*, então, não é apenas o segredo da pessoa humana — é pura e simplesmente o do ser, tese defendida em pesquisas iniciadas em Th. Haecker (1934) e depois Kaliba (1952) (um aluno de Heidegger influenciado por Siewerth), passando por H. E. Hengstenberg (1940) (ao qual se deve a fórmula "met. trinitária"), para desembocar em Balthasar (1983) numa integração do tema na história geral dos conceitos cristãos (balanço em Oeing-Hanhoff, 1984). H. Beck forneceu o *leitmotiv* dessas pesquisas: "Se todo ente finito é uma criação divina e se esta, necessariamente, é portadora de uma semelhança e de uma participação em seu criador, então todo ente é uma imagem da Trindade: *analogia entis ultimatim est analogia trinitatis*" (*SJP* 25 [1980], 87). É também na vida divina — na vida trinitária do espírito absoluto — que C. Bruaire (1983), a partir de uma nova leitura de Hegel, verá se desenrolar uma lógica do dom que apresenta todos os segredos do ser ("ontodologia"). 4/ Apesar de afastada dessas discussões e programas, a teol. protestante, no entanto, não está ausente deles; e, apesar de por muito tempo ter tido desconfiança em relação ao léxico do ser, ela reaprende agora a utilizá-lo. Em Ebeling (1979, 346-355), é no quadro de uma ont. da rel., e para fornecer uma contribuição teológica à ont., que a antropologia teológica pensa o ser-diante-de-Deus — a "rel. *coram*". Em Jüngel, a existência escatológica que o novo homem vive na fé é um modo de *ser*, em sentido preciso, e o homem é determinado *ontologicamente* pela rel. que faz dele "ouvinte de uma palavra* que o constitui essencialmente" (1980, 291). Com outros instrumentos filosóficos, Dalferth (1984) trabalha na direção de uma mesma junção das razões do ser com as razões do *eschaton*. Bem menos dominada pelo *pathos* da alteridade absoluta de suas obras de juventude, a *Dogmática* de Barth já propunha mais de uma ponte entre teol. trinitária, cristologia e antropologia teológica (ver, p. ex., Jüngel, *Barth-Studien*, Öth 9, 127-179, 210-245; ver também Torrance 1996). E apesar de toda a imprecisão, a teoria do "novo ser", *new Being*, proposta por Tillich (*Systematic Theology* 2, 78-96, 118-136, 165-180; 3, 138-160) prestou, à sua própria maneira, os mesmos serviços. Um catolicismo que concebe de modo mais preciso as relações entre a teol. e a fil., um protestantismo que não tem mais medo da fil., uma Ortodoxia* que trabalha com o pensamento patrístico e com algumas temáticas modernas: os três ramos do cristianismo parecem doravante tratar como tarefa comum a elaboração de uma ont. teológica.

• Th. Haecker (1934), *Schöpfer ud Schöpfung*, Leipzig. — H. E. Hengstenberg (1940), *Das Band zwischen Gott und Schöpfung*, Ratisbona. — S. Breton (1951), *L'esse* in *et l'esse ad dans la mét. de la rel.*, Roma. — C. Kaliba (1952), *Die Welt als Gleichnis des dreienigen Gottes*, Salzburg, 1991, Frankfurt. — A. Krempel (1962), *La doctrine de la rel. chez saint Thomas d'Aquin*, Paris. — P. Hünermann (1962), *Trinitarische Anthropologie bei F. A. Staudenmaier*, Friburgo. — M. Theunissen (1965), *Der Andere. Studien zur Sozialontologie der Gegenwart*, 1977, Berlim-Nova York. — E. Dussel (1967), "La doctrina de la persona en Boecio. Solución cristológica", *Sapientia* 22, 101-126. — Vl. Lossky (1967), "La notion théol. de personne humaine", em *A l'image et à la ressemblance de Dieu*, Paris, 109-121. — J. Böckenhoff (1970), *Die Begegnungsphilosophie*, Friburgo. — G. Siewerth (1975), "Das Sein als Gleichnis Gottes", em *Sein und Wahrheit*, Düsseldorf, 651-685. — A. Brunner (1976), *Dreifaltigkeit. Personale Zugänge zum Geheimnis*, Einsiedeln. — K. Hemmerle (1976), *Thesen zu einer trinitarischen Ontologie*, Einsiedeln. — G. Eberling (1979), *Dogmatik des christlichen Glaubens* 1, 334-355, 376-414. — E. Jüngel (1980), "Der Gott entsprechende Mensch. Bemerkungen zur Gottebenbildlichkeit des Menschen als Grundfigur theologischer Anthropologie", em *Entsprechungen*, BevTh 88, 290-317. — H. U. von Balthasar (1983), *Theodramatik* IV, 53-95, "Welt aus Trinität". — E. Brito (1983), *La christologie de Hegel*, Paris. — C. Bruaire (1983), *L'être et l'esprit*, Paris. — I. U. Dalferth (1984), *Existenz Gottes und christlicher Glaube*, BevTh 93. — L. Oeing-Hanhoff (1984), "Trinitarische Ontologie und Metaphysik der Person", em W. Breuning (sob a dir. de), *Trinität. Aktuelle Perspektiven der Theologie*, Friburgo-Basileia-Viena, 143-182. — J. D. Zizioulas (1985), *Being as Communion*, Creswood, NY. — E. Salmann (1986), *Neuzeit und Offenbarung. Studien zur trinitarischer Analogik des Christentums*, Roma. — M. Henninger (1989), *Relations. Medieval Theories 1250-1325*, Oxford. — E. Jüngel (1990), "Anthropomorphismus als Grundproblem neuzeitlicher Hermeneutik", em *Wertlose Wahrheit*, BevTh 107, 110-131. — J. Splett (1990), *Leben als Mit-sein. Vom trinitarisch Menschlichen*, Frankfurt. — P. Schulthess (1991), "Relation", I, "History", HMO, 776-779. — M. Erler *et al.* (1992), "Relation", HWP 8, 578-611. — J.-Y. Lacoste (1994), *Expérience et Absolu*, Paris. — A. J. Torrance (1996), *Persons in Communion. Trinitarian Description and Human Participation*,

Edimburgo. — J. Splett (1996), "Ich und Wir- Philosophisches zu Person und Beziehung", *Katholische Bildung*, 97, 444-455.

Jean-Yves LACOSTE

→ *Aristotelismo cristão; Comunhão; Eucaristia; Estoicismo cristão; Filosofia; Nada; Platonismo cristão; Teologia.*

SERVO DE JAVÉ

1. O Antigo Testamento

Segundo os contextos literários e sociológicos, o termo *'ebed* designa ou um escravo ou um servo (s.), cuja dignidade varia em razão de seu ofício e de seu amo. Quando se aplica às relações do homem com Deus*, seu "Senhor (*'adon*)", o termo implica certamente humildade e disponibilidade total, mas também capacidade de receber as confidências do Senhor, e até de participar das deliberações divinas. Este título honorífico é atribuído em particular a Moisés (Nm 12,7; Dt 34,5), a Josué (Js 24,29), a David (2Sm 7,8.11), aos profetas* (2Rs 9,36; 14,25) etc. Qualifica eminentemente o personagem posto em cena nos quatro "cantos do s.". Desde B. Duhm (1892), a exegese* tem destacado do conjunto de Is 40–55 uma série de 4 peças (42,1-9; 49,1-9; 50,4-10; 52,13–53,12) que, articuladas entre si, formam um libreto no qual se encontram descritos o itinerário e o destino de um misterioso s. Jesus* e a Igreja* primitiva farão referência a isso.

a) A problemática. — A interpretação desses poemas constitui um dos pontos mais controvertidos da exegese. Há dúvidas sobre seu número exato, sua delimitação precisa, sua forma literária e sobre a história de sua formação. Críticos mais radicais recusam mesmo a existência de uma série distinta. Os problemas teológicos não são menores. Incidem principalmente sobre a identidade do s.: indivíduo ou coletividade? Que coletividade: todo o povo* (é o sentido nas outras passagens de Is 40–55), ou o Israel* fiel, ou o Israel ideal, ou o pequeno resto qualitativo (cf. Is 10,22; Sf 3,12s)? Que indivíduo: um personagem do passado (Ezequiel, Josias etc.), um contemporâneo (Ciro; um mestre de sabedoria*) ou um messias* por vir? Em que modelo concebê-lo: profeta, rei, novo Moisés? Como determinar seu papel junto a Israel e aos pagãos; de que modo ele é uma aliança* para o povo (Is 42,6; 49,6)? Sua morte* tem um valor expiatório?

b) Proposição. — Uma vez que neste debate amplamente aberto cada um deve tomar posição, tentaremos superar as aporias, em particular a antinomia "indivíduo ou coletividade", com auxílio de uma abordagem genética. No seu quadro atual, os 4 cantos só podem designar a comunidade de Israel: é a ela que as demais passagens de Is 40–55 qualificam de "s.". Mas esta leitura tropeça em alguns fatos: o s. se prevalece de uma missão* no tocante a Israel (42,1-4); sofre pelas "multidões" (Is 53,11s) e carrega os pecados* daqueles que o contemplam (Is 53,44ss). Mais que no resto do livro*, os traços do personagem são particularmente individualizados. Sobretudo, esses poemas formam uma unidade na medida em que contam de modo coerente e progressivo o itinerário pessoal do enigmático s. Este libreto poderia ser obra de um discípulo do segundo Isaías que, partindo de fragmentos autobiográficos de seu mestre (Is 49,1-6; 50,4ss) e reutilizando oráculos atribuídos a Ciro (Is 42,5-9) (ver Dion, 1970), teria traçado, com composições de sua lavra (Is 42,1-4; 52,13-53,12), o itinerário espiritual de um s. ideal cujo modelo seria o próprio segundo Isaías. Este pequeno conjunto teria sido desmantelado, em seguida distribuído dentro dos capítulos 40–55 por seu editor, que teria dado ao s. uma conotação coletiva.

c) Uma figura messiânica? — Seria no estágio do libreto autônomo integrando os 4 poemas que se desenha a possibilidade de uma orientação messiânica. Apoiando-se na experiência* e no testemunho do mesmo segundo Isaías, aquele discípulo teria proclamado assim sua esperança* de um s. humilhado, esmagado mas finalmente triunfante para além da morte. Observemos que em Is 53 os verbos que contemplam o além da morte estão no futuro. No primeiro canto (Is 42,1-9), Javé em pessoa apresenta *seu* s., investido pelo espírito* de Deus para uma missão universal de salvação* e de libertação que deve atingir as extremidades da terra (universalismo*). Por seu turno, o s. (segundo canto:

Is 49,1-9) evoca sua intimidade com Javé, seu chamamento desde o seio de sua mãe, e especifica sua missão. Esta se identifica à sua pessoa: não será ele "a aliança do povo" (Is 49,8) ou "da multidão das nações" (Is 42,6)? Esta obra de salvação encontra de imediato a hostilidade: o primeiro canto retrata o s. como um "caniço rachado", uma "mecha que ainda fumega" (Is 42,3; cf. Renaud, 1990, 102-103), que, todavia, "não se vergará" e permanece decidido a levar sua missão até o fim. O segundo canto deixa adivinhar uma crise interna (49,4), mas eis o s. relançado para uma nova etapa (49,5-6). Bem cedo a perseguição (terceiro canto, 50,4-10) o conduzirá à morte mais humilhante (53,1-9). Mas, paradoxo inaudito, estes sofrimentos e esta morte tomam valor de sacrifício* expiatório ('asham: Is 54,10; cf. vv. 4ss), fonte de justificação* e de salvação "para as multidões" (53,11s), e valem a este s. ser exaltado (52,13) e "cumulado de dias" (53,11).

d) Wirkungsgeschichte. — O texto tem uma história* posterior à sua edição, é a "história dos efeitos" (*Wirkungsgeschichte*) que ele exerce, notadamente sobre os escritos bíblicos mais recentes. Se sua interpretação num sentido coletivo monopolizou os esforços exegéticos do judaísmo* tanto palestino quanto helenístico (ver os LXX), permanecem no AT alguns vestígios de uma compreensão num sentido individual. Assim ocorre com o misterioso transpassado de Zc 12,10–13,1 (Beauchamp, 1989, 345 *sq*). De igual modo, as discretas alusões a Is 52,14 e 53,2 em Dn 1,4; a Is 52,13 em Dn 11,33; 12,3.10; a Is 53,11 em Dn 12,3s preparam o caminho para a identificação neotestamentária do Filho* do homem e do s. sofredor na pessoa* de Jesus.

2. O Novo Testamento

a) As declarações de Jesus. — A qualificação de "s." não pode ser considerada como um "título", no mesmo nível de "Filho do homem" ou de "Filho de Deus", nem sequer em At 3,13.26; 4,27.30 ou Mt 12,18. Nem sequer é totalmente seguro que ela remeta sempre aos poemas de Is: em At 3,26 poderia designar Jesus como o novo Moisés. Mesmo assim, o número de alusões e de citações dos poemas é impressionante: na origem, o próprio Jesus os leu como um esboço de seu próprio destino (Mt 15,24 e Is 53,6; Mc 14,24; Mt 8,17 e Is 53,12; Mc 10,33s e Is 50,6). Estas reminiscências isaianas, associadas aos *logia* atinentes ao Filho do homem, conferem a esta última figura uma coloração totalmente nova, a do s. humilhado e sofredor. Assim, para além do sentido coletivo adotado pelo judaísmo, os evangelhos* reatam com o sentido individual. A Igreja pós-pascal ampliará esta intuição de seu Senhor ao conjunto dos 4 cantos. Segundo Lc 24,25-29.44ss, são as aparições de Cristo* ressuscitado que constituíram "a fonte primeira da hermenêutica* cristã" (P. Grelot), dando um sentido novo a Is 53.

b) Is 53 e a paixão-ressurreição de Jesus. — Assim, Is 53 representa o ponto de partida da releitura cristã. Encontramos atestações disso nos textos mais antigos do NT: na narrativa* da ceia (eucaristia*) (Mc 14,24; Mt 26,28 evocando o sangue derramado "pelas multidões"; cf. 1Cor 11,23ss), nos anúncios da paixão* (Mc 10,34), nas antigas profissões de fé* (1Cor 15,3s; Rm 4,24s). De igual modo, os discursos de At 3,12-26; 4,24-30 fazem convergir as três linhas do messianismo real, do ministério* profético e do s. sofredor (cf. 1Pd 2,21). A exploração deste quarto canto permitia iluminar o sentido teológico da morte de Jesus: solidário com seu povo. O s. Jesus oferece sua vida pelas multidões. Assim, não surpreende que Paulo retome essas alusões a Is 53 em suas fórmulas soteriológicas: Gl 2,20; 2Cor 5,16–6,2; Rm 5,1-9; cf. 1Pd 3,18. O comentário lírico de Is 53 em 1Pd 2,21-25 superpõe as imagens do messias real e do s. de Is 53.

c) O conjunto dos quatro cantos e a missão de Jesus. — A partir daí, a comunidade cristã vai estender o alcance dos 4 cantos à missão terrestre de Cristo. A citação de Is 42,1-6 em Mt 12,17-21, bastante estranha em seu contexto atual, quer evocar de maneira englobadora a atividade ministerial de Jesus, menos para provar que ele é autenticamente o s. do que para desvelar e determinar sua função. De maneira mais precisa, Mt 8,17 se apoia em Is 53,4: Jesus carrega o sofrimento humano não somente para padecê-lo mas para curá-lo (cura*). Com isso, ele vincula estreitamente sua função taumatúrgica à irradiação de sua pessoa. Jo 1,29 opera um deslocamento semelhante quando apresenta "o Cordeiro* de Deus que *tira*" e não mais *carrega* os pecados; o verbo hebraico, em sua ambivalência, facilitava essa reinterpretação. Em Lc 2,30ss, Simeão resume toda a missão de Cristo à luz de Is 42,6 e 49,6 que proclamam o s. "luz das nações" (cf. também Is 42,1-4).

d) Os poemas e o ministério do discípulo. — Em Jo 12,38ss, a declaração de Is 53,1 associada a Is 6,9s visa agora o anúncio da cruz e sua proclamação pelos discípulos, identificados ao "nós" do poema, e que enfrentam a incredulidade do povo eleito (eleição*). Esta comunidade de discípulos se acha, portanto, implicada neste mistério* de cruz e de glória*. Assim, ela passa com toda naturalidade a aplicar a experiência do s. às testemunhas do Evangelho. Em diversas ocasiões (Gl 1,15; At 26,16ss), Paulo se refere a Is 49,1, completado por Jr 1, e a Is 42,1-7, para esclarecer sua própria vocação: anterior à manifestação do caminho de Damasco, ela o conduz a realizar o programa de Is 42,1-7 (At 26,16ss). Não que Paulo se identifique com o s. É Jesus que permanece, sem confusão possível, como o s., a "luz das nações" (At 26,22s; cf. Is 42,6). Mas o Cristo em glória exerce agora seu ministério por meio da atividade apostólica de Paulo que, a exemplo de seu mestre, deve enfrentar o mesmo mistério de incredulidade (Rm 10,16 que cita Is 53,1; ver Jo 12,38). Com base em Is 52,15, o Apóstolo* afirma assim sua certeza de ser ouvido pelos pagãos aos quais é enviado (Rm 15,21).

3. Os escritos dos Padres

A interpretação cristológica dos poemas do s. tornar-se-á um objeto de debate entre a "sinagoga" e a "Igreja" nos primeiros séculos do cristianismo. Em seu diálogo com os judeus (como Justino e seu *Diálogo com Trifão*, Orígenes e seu *Contra Celso*), os Padres se chocam com a interpretação rabínica, para a qual o s. é coleti-vo, e que recusa toda alusão ao sofrimento e à paixão do Messias. O debate incidirá, portanto, notadamente sobre o sentido do quarto poema, ao passo que os judeus o aplicam aos justos e ao Israel sofredor no exílio (só um texto admite que o Messias possa ter tomado sobre si "nossas doenças e nossas dores": *TB Sanh* 98b), a tradição cristã unânime lerá nesses cantos, em particular no quarto (Is 53), um testemunho cristológico e soteriológico.

- P.-E. Dion (1970), "Les chants du Serviteur de Yahweh et quelques passages apparentés d'Is 40–55", *Bib* 51, 17-38; "L'universalisme religieux dans les diverses couches rédactionnelles d'Is 40–55", *ibid.*, 161-182. — P. Grelot (1981), *Les poèmes du Serviteur: de la lecture critique à l'herméneutique*, LeDiv 103. — P. Beauchamp (1989), "Lecture et relectures du quatrième chant du Serviteur", in *The Book of Isaiah/Le livre d'Isaïe: les oracles et leurs relecture*, J. Vermeylen (ed.), BEThL 81, 325-335, Louvain. — B. Renaud (1990), "La mission du Serviteur en Is 42,1-4", *RevSR* 64, 101-113. — P. Grelot (1994), "Serviteur de YHWH", *DBS* 12, 958-1016.

Bernard RENAUD

→ *Cristo; Cumprimento das Escrituras; Expiação; Israel; Jesus da história; Messianismo; Paixão; Profeta; Sacrifício; Salvação.*

SEVERO DE ANTIOQUIA → monofisismo

SEXUAL (Ética)

Agostinho* (A.) não é o primeiro teólogo cristão a ter-se ocupado de ética sexual, mas foi ele que precisou e fixou as grandes linhas da concepção cristã ocidental na matéria: elogio do casamento* e do celibato como vocações complementares e exigência de castidade para todos. A grandeza de A. vem do fato de que, fiel ao ensinamento da Bíblia*, ele se esforça por situar o sentido e o papel da sexualidade na história* da criação*, da reconciliação e da redenção. Todo o pensamento cristão sobre este assunto depende, conscientemente ou não, de A.: seja aprofundando um dos aspectos de sua análise, seja organizando de outro modo os elementos, seja, enfim, como hoje, rejeitando-a totalmente.

a) A Bíblia e os primeiros Padres da Igreja. — Não há muita diferença entre o NT e o AT no que diz respeito aos pecados* de ordem sexual. É em continuidade com o AT (cf. Lv 18–20) que Paulo inclui na lista daqueles que não herdarão o reino* de Deus (1Cor 6,9) os *pornoi* (impudicos ou fornicadores), os *moikhoi* (adúlteros), os *malakoi* (efeminados), os *arsenokoitai* (sodomitas). Há também continuidade com o judaísmo* no respeito do NT pelo casamento, mas com a reserva considerável que constitui a ideia da vocação ao celibato (p. ex. Mt 19,12). É esta reserva que causaria a divergência imediata das duas tradições* sobre este ponto: no início do período patrístico, o movimento ascético recomendava o celibato, e o encratismo (sobretudo com Taciano, s. II) fez disso inclusive uma obrigação ao recusar o batismo* às pessoas casadas. Apesar da condenação desse movimento, ele influenciou seus próprios adversários (Tertuliano* p. ex. ou Clemente de Alexandria [*c*. 150-215]), e a concepção de casamento deles traz esta marca: embora admitido, o casamento vem atrás da virgindade na hierarquia dos valores; ademais, a continência é desejável quando se acabou de ter filhos, e as segundas núpcias dos viúvos são malvistas; em suma, é desejável que a atividade sexual seja muito limitada.

b) Agostinho. — Há três grandes direções de seu pensamento.

1/A. toma posição contra a desvalorização do casamento pelos maniqueístas, mas também por aqueles que, como Tertuliano e, sobretudo, Jerônimo (*c*. 342-420), exaltavam a tal ponto a continência ou o celibato que esqueciam, como diz A., que a virgindade é apenas "a melhor de duas coisas boas". O casamento é um bem*, afirma ele, fundando-se sobretudo em Mc 10,6-9 e numa leitura cada vez mais literal do Gênesis. A união sexual do homem e da mulher* é natural, e pressuposta pela criação mesma de dois sexos opostos. A. difere assim de Gregório* de Nissa (*De opificio mundi*, SC 6), para quem a sexualidade era uma atividade de depois da queda, destinada a suavizar providencialmente o amargor da morte*. Entre os bens do casamento, não há somente a progenitura,

mas também a fidelidade e, segundo Ef 5,32, o sacramento* ou o sinal da indissolubilidade, que faz dele uma figura da união de Cristo* e da Igreja*. Tais argumentos acrescentam alguma coisa aos de Clemente de Alexandria (*Strom*. 3, PG 8), que defendera o casamento contra os excessos do ascetismo ao ver naquele antes de tudo, uma colaboração na obra do Criador: não existe somente a procriação* nos bens do casamento. O pecado de ordem sexual se vê assim implicitamente definido: todas as relações sexuais (r.s.) que não têm esta forma e que não servem a tais fins são consideradas contrárias à razão* e culposas.

2/Se a sexualidade humana pertence à ordem criada, não se deve crer (com o pelagianismo*) que ela escapa dos efeitos da queda. Em sua controvérsia com Juliano de Eclana (*c*. 386-454) em particular, A. sustenta que mesmo as r.s. com vistas à procriação — as únicas no casamento que não são pecado, embora só haja falta venial em ter relações por outros motivos — são entretanto afetadas pela concupiscência, esta divisão do ser contra si mesmo que opõe a carne* ao espírito, que desde a queda é "ao mesmo tempo consequência e causa do pecado" (Bonner, 1986), e que se manifesta aqui pela desordem do desejo. As r.s. ordenadas à procriação fazem uso correto da concupiscência, mas, antes da queda, Adão* e Eva só teriam tido relações ao sabor somente de sua própria vontade, sem serem arrastados por esse desejo apaixonado, infelizmente presente hoje em dia, mesmo na união conjugal, que faz da sexualidade uma força de desrazão, distraindo da busca do soberano bem.

3/Enfim — e aqui A. se inspira muito em Paulo —, se o casamento é um bem, a virgindade contudo lhe é preferível. Não que ela faça retornar à condição anterior à queda, mas porque testemunha a esperança* da vinda do Reino, cujo serviço não necessita mais da procriação desde o nascimento de Cristo. O celibato atesta que, se o casamento é um bem, é um bem que pertence à ordem da criação, destinado a ser superado (as reservas sobre a autorização das segundas núpcias têm o mesmo sentido).

c) *Tradição monástica e Oriente cristão.* — Cassiano, contemporâneo de A., aborda o problema da sexualidade de modo completamente diverso. Sob a influência da tradição espiritual e monástica dos Padres do deserto, sobretudo de Evágrio (346-399), ele faz da calma das paixões* a finalidade da vida espiritual*. Por esta via, pode-se vencer a tentação e galgar a escada da perfeição; mas a tentação contra a castidade é só uma tentação em meio a outras — a cupidez, aliás, é a principal. Essa maneira de pensar caracteriza também a teologia grega mais tardia (p. ex., Máximo* Confessor), que concebe a oposição da carne* e do espírito como um conflito a superar, sem seguir A. na radicalidade de sua análise do eu, doente e totalmente incapaz por si mesmo de amar e de servir a Deus*, nem em sua tendência a considerar a sexualidade (apesar da importância da concupiscência) como particularmente reveladora da condição humana.

d) *A Idade Média e a Reforma.* — Os teólogos da IM e da Reforma seguem A. nas grandes linhas, mas, enquanto superam algumas das tensões implícitas em seu pensamento, eles perdem algo de sua fineza e de seu equilíbrio.

Gregório* Magno, p. ex., parece ter transformado a desconfiança agostiniana para com o prazer em pura e simples condenação. Segundo A., as r.s. no casamento em vista da procriação nada tinham de culposas, ainda que a concupiscência que as afetava fosse resultado e causa do pecado. Para Gregório, ao contrário, há pecado em todo ato sexual pelo fato mesmo do prazer que ele causa (*Registri epistolarum*, PL 77, 1193-1198), e ele está certo de que os penitenciais (guias para confessores, correntes do s. VI ao XI), com suas diversas proibições de toda relação sexual neste ou naquele dia ou em tal momento do ano litúrgico, eram feitos para inculcar essa noção. Diz-se frequentemente que Tomás* de Aquino tem uma visão mais favorável da sexualidade, já que considera que o prazer sexual é natural e que é lícito ter dele um desejo organizado. Para ele, realmente, o fato do ato sexual impedir a contemplação* não basta para lhe dar um caráter pecaminoso

(*Suppl.*, q. 41, a. 3, ad 3); ocorre que ele impede essa contemplação e que só é "organizado" se for buscado com vistas a um dos bens do casamento. Ora, se esses bens podem exigir r.s. e, portanto, torná-las lícitas, eles não incluem evidentemente a relação sexual mesma. Tomás afirma, aliás, na esteira de A., que o casamento de Maria* e de José comportava os três bens do casamento, apesar da ausência de r.s. entre os esposos (IIIa, q. 29, a. 2). Assim como A., ele só leva o ato sexual em conta negativamente, para definir a fidelidade e o sacramento: há fidelidade quando *não* há adultério (entretanto, a fidelidade pode obrigar a "cumprir seu dever conjugal" [1Cor 7,3]), e sacramento quando *não* há divórcio. Ao celebrar o casamento da Virgem, tema que atingira seu apogeu com Hugo de São Vítor (escola de São* Vítor), Tomás mostra bem que não está muito disposto a ver nas r.s. um dos bens do casamento. Além disso, a ideia mesma de que o desejo e o prazer sexuais são bens naturais é questionada por sua explicação, toda agostiniana, da necessidade do nascimento virginal para evitar a transmissão do pecado original* (IIIa, q. 28, a. 1). À luz desse ensinamento, não seria desarrazoado supor que o casamento de Maria e de José é perfeito, não *apesar de* mas *por causa* da ausência de r.s. Neste caso, o que fazer da afirmação de A. de que o casamento é o menor de dois *bens*? Esta pergunta ainda se coloca mesmo na época em que o casamento é formalmente definido, nos concílios* de Florença* e de Trento*, como um sacramento portador de uma graça* própria.

Quanto aos reformadores, se reagiram contra a desconfiança católica diante do casamento, não se pode dizer que tenham realmente contribuído para resolver os problemas implícitos na herança comum de A. É certo que Lutero* e Calvino* inverteram a perspectiva antiga e tiveram certa desconfiança (mas não uma rejeição completa) para com o celibato. Não se podia, na opinião deles, exigi-lo, nem mesmo do clero. Era um fardo pesado demais para quase todo mundo e, ainda que observado, não era o meio de agradar a Deus. Mas nem Lutero nem Calvino repensaram verdadeiramente em profundidade a concepção agostiniana da concupiscência, que impedira o pensamento medieval da sexualidade de encontrar seu equilíbrio. Além disso, seu elogio do casamento e da família* corria o risco de fazer de ambos simples realidades deste mundo e de perder de vista o fim escatológico da existência humana, do qual o celibato é um testemunho possível. Seu respeito pelo casamento os levou todavia a dar mais importância à satisfação sexual dentro do mesmo; o puritano inglês W. Perkins (1558-1602), p. ex., desaconselha as uniões em que a diferença de idade é grande demais por receio de que não sejam felizes no plano sexual. Era o início de uma revisão das posições de A. sobre o prazer, revisão que os protestantes e os católicos prosseguiriam até nossos dias.

e) As ideias católicas e protestantes de hoje. — Para A. e Tomás, a procriação era o único fim legítimo das r.s. no casamento, ainda que tais r.s. fossem somente pecados veniais quando buscadas somente para acalmar a concupiscência. Os católicos se afastaram cada vez mais dessas opiniões para admitir que a sexualidade serve para nutrir e manifestar o amor conjugal. A encíclica *Casti connubii* (1930) cita o "fortalecimento do amor mútuo" entre os "fins secundários" do casamento, ficando a procriação como finalidade primeira à qual as outras são subordinadas. Vaticano II*, em *Gaudium et spes*, não hierarquiza as finalidades do casamento, mas enfatiza que o amor dos esposos é "expresso e cumprido de maneira única pelo ato sexual", e fala a este respeito do sentido unitivo e procriativo que lhe pertence. Esta concepção foi retomada e confirmada por Paulo VI em *Humanae vitae*, por João Paulo II em *Familiaris consortio*, e pela Congregação para a doutrina da fé em *Donum vitae*. Ela não acarretou mudança radical na prática, e serviu mesmo de base para uma condenação reiterada da contracepção, mas o "bem da fidelidade" de A. é aqui repensado em termos de união amorosa. Deste ponto de vista, o casamento não serve para justificar a atividade sexual e o prazer, que, ao contrário, são elementos constitutivos dele.

A concepção barthiana da criação (*KD* III) oferece uma reavaliação mais radical e mais teológica do esquema agostiniano. Se se concebe a criação à luz da aliança* pela qual está organizada, é indispensável, segundo Barth*, conceber o homem como um ser de comunhão*, solidário e não solitário. Pode-se compreender assim a diferenciação dos sexos, que está no centro das duas narrativas* da criação no Gênesis, como o equivalente, no plano criado, da orientação da humanidade rumo a Deus que é realizada em Jesus Cristo. Assim, se o ser humano é um ser solidário, é especificamente e concretamente como homem ou mulher, ou mais precisamente como homem *e* mulher. O mandamento* de Deus é de que vivamos plenamente a diferenciação e o vínculo segundo os quais somos criados, e que são feitos para dar testemunho da união de Cristo com a Igreja. Estamos aqui bem longe da concepção de A., mas não ao modo do pensamento católico recente (p. ex., Häring, 1979). Este repensa os dados naturais de um ponto de vista personalista, isto é, não vê mais o sentido das r.s. em seu único papel procriativo, mas também no que elas têm de unitivo; este pensamento pode então considerar como sem problema uma atividade que estava longe de sê-lo para A., com sua concepção sobretudo negativa do bem da fidelidade. Mas, em Barth, esses dados de natureza não adquirem simplesmente uma dimensão nova e personalista, eles são radicalmente transformados pela afirmação de que a aliança é o fundamento da criação, isto é, pela ideia de que o bem natural, criado, tem um fim escatológico que lhe é inerente. Segundo ele, o *sacramento* não se acrescenta às r.s., é da essência delas; ele não consiste somente na indissolubilidade do casamento, mas no fato de que essas r.s. fazem parte da comunidade de vida do homem e da mulher, ser humano, ser de aliança, que dá assim testemunho a seu protótipo. A questão da aceitação ou da recusa da procriação, mesmo tendo sempre importância, não tem mais, portanto, o lugar central que tem na definição do pecado de ordem sexual em A. e em alguns documentos romanos recentes.

f) Críticas contemporâneas. — Se há evidentemente diferenças entre a interpretação da tradição agostiniana dada por Barth e a do ensinamento católico oficial, ocorre que ambos concordam no primeiro ponto da síntese de A., a saber, que as r.s. são boas, mas na comunidade conjugal. Este ponto foi recentemente objeto de dois tipos de críticas. Alguns, que admitem que as r.s. devem ocorrer numa relação de aliança, pensam que tal relação não é necessariamente fundada na diferença dos sexos, contestando assim os juízos tradicionais sobre a homossexualidade. Outros (são frequentemente também partidários da tese que acabamos de evocar) afirmam que a experiência sexual pode ser boa mesmo fora de uma relação de aliança, contestando assim o ensinamento estabelecido, que se funda na Bíblia para proibir, p. ex., a fornicação, o adultério, a prostituição e a masturbação.

O argumento essencial daqueles (Bailey, 1955, p. ex.) que gostariam de legitimar a homossexualidade é que, condenando-a, ignora-se as teorias modernas que fazem dela um traço profundo da personalidade e não uma questão de escolha. Este fato interroga hermeneuticamente, segundo eles, os textos bíblicos que condenam as relações homossexuais (Lv 18,22s; 20,13; Rm 1,26s; 1Cor 6,9s; 1Tm 1,8-11), e subverte a distinção tradicional entre natureza e contra-natureza que fundamenta essa condenação. Mas não é certo que esse fato seja tão decisivo como se diz, nem que seja constatado. M. Foucault (1926-1984) sustenta que a homossexualidade é uma invenção, o que significa que a forma particular tomada pelo desejo é historicamente ou socialmente determinada. Isso deveria impedir pelo menos que se esquecesse que a noção cristã essencial não é a de ordem natural, mas a de ordem criada, que nenhuma observação empírica jamais nos revelará. Segundo Barth, como dissemos, só se conhece a criação em Jesus Cristo. Este conhecimento nos mostra que somos criados para a aliança, e é ela que ilumina a significação simbólica que AT e NT veem na relação homem-mulher: o fato de serem destinados um ao outro é o equivalente no plano criado do fato de a humanidade ser destinada a Deus. Temos, portanto, o direito de perguntar (àqueles que tentam justificar a homossexualidade) em nome de que antropologia*

ou de que ideia da criação eles não levam em conta a diferenciação sexual, e que relação tem sua posição com o ensinamento da Bíblia.

Há algo de irônico na ideia de que a experiência sexual é boa mesmo fora de uma relação de aliança, pois com isso se volta, sob outra forma, àquilo que podemos censurar à tradição agostiniana: a incapacidade de apreender a significação humana do desejo e do prazer. Se esta escapava a A., alguns de seus críticos modernos parecem resolver o problema não compreendendo-o melhor que ele, mas fazendo como se ele não existisse. Assim, desejo e prazer não teriam de se situar numa concepção do bem ou do florescimento do homem, e só deveriam ser considerados como simples funções corporais, como numa "educação sexual" que consiste em dar puras informações biológicas, ou numa "terapia sexual" que consiste em ensinar as técnicas do prazer. Mas isso é cortar completamente a sexualidade da história da salvação*, da qual A. via bem que ela fazia parte — e é em relação a esta história que se deve compreender a ética sexual cristã.

• Agostinho, *Contra Faustum manichaeum*, PL 42, 207-518; *Contra Julianum*, PL 44, 641-880; *De bono conjugali*, BAug 2, 15-99; *De bono viduitatis*, BAug 3, 229-305; *De civitate Dei*, BAug 33-37; *De conjugiis adulterinis*, BAug 2, 101-233; *De Genesis ad litteram*, BAug 48-49; *De nuptiis et concupiscentia*, PL 44, 413-474; *De sancta virginitate*, BAug 3, 103-227. — K. Barth, *KD* III. — J. Calvino, *Inst.*, ed. J. Benoît, Paris, 1957-1963, IV, 12, 23-28. — J. Cassiano, *Institutions*, SC 109. — Congregação para a Doutrina da Fé, *Donum vitae*, 1988, *AAS* 80, 70-102. — Hugo de São Vítor, *De B. Mariae Virginitate*, PL 176, 857-876. — Jerônimo, *Apologie contre Rufin*, SC 303. — João Paulo II, *Familiaris consortio*, 1988, *AAS* 74, 81-191. — M. Lutero, *Ein Sermon von dem ehelichen Stand*, WA 2, 166-171; *Vom ehelichen Leben*, WA 10-2, 275-304; *Von den Ehesachen*, WA 30-3, 205-248. — Paulo VI, *Humanae vitae*, 1968, *AAS* 60, 481-503. — W. Perkins, *Christian Oeconomie*, Kignston, 1618. — Pio XI, *Casti connubii*, 1930, *AAS* 22, 539-592. — Tertuliano, *Exhortation à la chasteté*, SC 319. — Tomás de Aquino, *ST* (Supl.), q. 41-49, 63-65. — Vaticano II, *GS*.

▶ S. Bayley (1955), *Homossexuality and the Western Christian Tradition*, Londres; (1959) *The*

Man-Woman Relation in Early Christian Thought, Londres. — J.-D. Broudehoux (1970), *Mariage et famille chez Clément d'Alexandrie*, Paris. — A. Chapelle (1971), *Sexualité et sainteté*, Bruxelas. — P. Ramsey (1975), *One Flehs: A Christian View of Sex Within, Outside and Before Marriage*, Bramcote, Notts, GB. — M. Foucault (1976), *La volonté de savoir*, Paris. — B. Häring (1979), *Free and Faithful in Christ*, Nova York, t. 2, 493-538 (*Frei in Christus*, Friburgo-Basileia-Viena, 1980, t. 2, 465-534). — E. Schmitt (1983), *Le mariage chrétien dans l'oeuvre de saint Augustin*, Paris. — M. Foucault (1984), *Le souci de soi;* (1984), *L'usage des plaisirs.* — G. Bonner (1986²), *St. Augustine of Hippo: Life and Controversies*, Norwich. — P. Brown (1988), *The Body and Society: Men, Women and Sexual Renunciation in Early Christianity*, Londres. — P. Ramsey (1988), "Human Sexuality in the History of Redemption", *JRE* 16, 56-86. — L. Sowle Cahill (1996), *Sex, gender and Christian Ethics*, Cambridge. — J. Corvino (sob a dir. de) (1997), *Same Sex*, Lanham, Md. — A. Soble (2003), "Sexualidade", *DEFM*, v. 2, 574-578.

Michael BANNER

→ *Agostinismo; Ascese; Maniqueísmo; Pecado original; Virtudes.*

SHEOL

Próprio do hebraico e de etimologia incerta (*sh'l*, "inquirir", ou *sh'h + l*, "lugar devastado e de estrondo"?), a palavra "sheol" (sh.), em hebraico *she'ol*, sem artigo e geralmente feminina, designa a morada dos mortos, 66 u no AT, sobretudo em contexto poético. Os LXX e o NT traduzem em geral o termo por *hades* ("invisível", etimologia popular). Em oposição ao céu, o sh. é situado nas profundezas subterrâneas (Is 7,11). É lá que todos os mortos descem (*yarad*), justos (Gn 37,35) e ímpios (Nm 16,33).

Lugar obscuro (Jó 17,13) de pó (17,16) e de silêncio (Sl 115,17), o sh. se caracteriza às vezes pelas águas devastadoras (Jn 2,3-6). Tem suas portas e seus guardiães (Jó 38,17; Is 38,10). Esquecidos de todos (Sl 88,13), os mortos ali levam uma vida larvada: "não há obra, nem avaliação, nem saber, nem sabedoria*" (Ecl 9,10). Ninguém volta de lá (Jó 7,9), ninguém lá louva o Senhor (Sl 6,6), ninguém espera n'Ele (Is 38,18). Jó poderia se esconder lá, vivo, enquanto espera que passe a cólera* de Deus* (Jó 14,13): esforço baldado,

pois "diante dele, desnuda-se o sh." (26,6; cf. Pr 15,11). Deus pode dispor dele (Is 7,11); quem penetrar ali por arrombamento de lá será retirado (Am 9,2). Mais ainda, é Deus que faz descer para lá e de lá retornar (1Sm 2,6).

Se o sh. se abre aos maus (Pr 5,5; Sl 31,18; Jó 24,19), Deus impede que o justo soçobre ali (Sl 18,6; 86,13; Jn 2,7): é então da morte* e do túmulo que o fiel escapa. O sh. personificado se identifica às vezes com a Morte personificada (Sl 18,6; Os 13,14; Hab 2,5) ou com a tumba (Sl 16,10; Is 38,18; Ez 31,16; Jn 2,7). *Abaddon*, Perdição, talvez antiga divindade infernal, personifica também o sh. (Jó 26,6; Sl 88,12; Pr 27,20).

Entretanto, a sorte dos justos no sh. preocupou o antigo Israel*. Sl 49,16 — "Mas Deus resgatará a minha vida do poder do Sheol; sim, Ele me tomará" — entrevê uma sorte diferente para o justo. *1Hen* 22,2ss, seguido por *4Esd* 4,35.41 e talvez *Jub* 23,30bs, divide o sh. em compartimentos: estacionados num deles, os ímpios ali serão castigados para sempre, enquanto os justos residem provisoriamente em outro "onde jorra a fonte luminosa" (*1Hen* 22,9), à espera da ressurreição* e do juízo* final que selará a sorte de uns e de outros, geena ou paraíso (*4Esd* 7,35s). A parábola* do pobre Lázaro (Lc 16,19-31) supõe essa explicação.

A descida de Cristo* aos infernos* atesta a realidade de sua morte e a universalidade da salvação* que ele traz (cf. Ef 4,9; 1Pd 3,19; 4,6: interpretação discutida).

• G. Gerleman (1976), *"she'ol"*, *THAT* 2, 837-841. — C. Perrot (1980), "La descente aux enfers et la prédication aux morts", in *Études sur la première lettre de Pierre*, Paris, 231-246. — T. Podella (1988), "Grundzüge alttestamentlicher Jenseitsvorstellungen: *sheol*", *BN* 43, 70-89. — W. J. Dalton (1989²), *Christ's Proclamation to the Spirits. A Study of 1Peter 3,18–4,6*, Roma. — T. J. Lewis (1992), *"she'ol"*, *AncBD* 2, 101-105. — L. Wächter (1992), *"she'ol"*, *ThWAT* 7, 901-910.

Maurice GILBERT

→ *Alma-coração-corpo; Escatologia; Inferno; Limbos; Morte.*

SIGER DE BRABANTE → **naturalismo** → **verdade** B

SIGNO → milagre

SÍMBOLOS DA FÉ → confissões de fé

SIMILITUDE/SEMELHANÇA → analogia
→ traço (*vestigium*)

SIMPLICIDADE DIVINA

1. O atributo divino de simplicidade

a) A simplicidade (s.) caracteriza a essência divina, por oposição às pessoas* divinas. Bernardo* de Claraval fala disso no *De consideratione* (5, 16); Anselmo*, no *Proslogion*, diz que a s. divina "não se multiplica nas três pessoas divinas" (23).

b) A "simplicidade", isto é, a "ausência de composição", qualifica o *esse* divino em sua absolutidade e sua transcendência: a *simplicitas* é, nesta qualidade, o primeiro dos atributos* divinos em Tomás* de Aquino (*ST* Ia, q. 3; ver também q. 11, a. 4 e q. 30, sobre a unidade e a s.). Não há em Deus* nenhuma composição de matéria e de forma (a. 2), como é o caso no homem, nem de essência e de existência (a. 3), como é o caso no anjo*. Em Deus, a essência é a mesma coisa que o ser* (*idem essentia et esse*) (a. 4): o *esse* divino é absolutamente simples. Portanto, não se define Deus dizendo o que ele é (*quid est*), mas dizendo "como ele não é" (*quomodo non sit*), isto é, "afastando dele o que não lhe poderia convir". A s. divina é, pois, considerada segundo a via ou a teologia negativa*.

c) Para Eckhart, a s. qualifica Deus, "infinito* em sua s. e simples em sua infinitude" (*Sermo* 4, 2), mas ela qualifica também a alma*, que é sem divisão nem partilha (*einfaltig*, *Pred.* 85 e 86). A alma deve sua s. à sua essência, ou à "nudez" de seu ser: e encontra sua beatitude* em sua s. e nesta "nudez" (*Pred.* 39).

A s. da alma é também a qualidade da intenção reta e não partilhada, segundo o sentido bíblico do *tam* hebraico e segundo o *logion* evangélico sobre o olhos simples em Mt 6,22s e Lc 11,34s. É este sentido judeu-cristão que considerarão Tauler e Ruusbroec, para quem a s. caracteriza primeiramente a intenção; e é esta ideia de pureza ou de s.

de intenção que se encontrará nos autores espirituais dos s. XVI e XVII, João* da Cruz (*Cântico espiritual* A, 18, v. 4) na Espanha, ou Francisco de Sales (*Entretien* 12), na França.

2. O problema da simplicidade divina

a) Como conciliar a s. divina e a pluralidade formal dos atributos divinos? Esta pergunta já retivera a atenção de Tomás de Aquino, que trata da multiplicidade dos atributos e da s. da essência divina na *ST* (Ia, q. 3, a. 3: "Então, ao dizer que a deidade ou a vida etc., existe em Deus, deve-se atribuir à diversidade que há na compreensão do nosso intelecto e não a uma diversidade da coisa em si"; q. 13, a. 4: "Às perfeições diversas das criaturas corresponde um único Princípio simples [...] às concepções múltiplas e diversas de nosso intelecto corresponde algo uno totalmente simples, apreendido de modo imperfeito por meio dessas concepções"). Tomás refuta portanto, ao mesmo tempo, a solução agnóstica de Maimônides e o realismo exagerado de Gilberto de la Porrée (condenado no concílio de Reims em 1148). Todavia, é somente nos s. XIV e XV que a questão figurará no centro dos debates teológicos (Guichardin, 1933).

b) A distinção da essência e dos atributos divinos aparece de maneira diferente entre os gregos e entre os latinos. Tomás de Aquino distingue entre distinção real e distinção de razão*, podendo esta possuir um fundamento real — é então uma distinção virtual —, ou não possuir — é então uma distinção de pura razão, e é esta última distinção que se deve postular entre os atributos divinos para não ferir a s. divina. Duns* Escoto distingue igualmente distinção real e distinção de razão, sendo a distinção real ela mesma ou entitativa (estritamente real) ou formal, *ex parte rei*: é esta última distinção, portanto, uma distinção anterior a todo ato de inteligência, que existe entre os atributos divinos. No entanto, Escoto (cf. *Ordinatio*, 1. I, dist. 8, § 209) prefere falar de "não identidade formal" mais do que de "distinção formal" (Grajewski, 1944).

c) Para a teologia* grega, a distinção (*diaphora*) é ou "pela coisa" (*to pragmati*), distinção perceptível aos sentidos, ou "pelo pensamento" (*kat' epinoian*), distinção perceptível à inteligência. É esta última distinção, *kat'epinoian*, que ocupa o lugar da distinção de razão dos latinos na Bizâncio do s. XIV.

Com Gregório* Palamas, a questão da s. de essência e da pluralidade de atributos torna-se a da essência e das energias divinas. Em seu *Tomo hagiorítico* (1339-1340), Palamas confessa que "a divindade trina em pessoas é uma natureza, simples, incomposta, incriada, invisível, incompreensível" (1228B); e, em seu *Discurso contra Akyndinos* (1343-1347), afirma que existe uma distinção entre a operação divina e a essência divina, mas que essa distinção não prejudica a s. de Deus. A essência divina é fonte das operações e superior às operações; e ela permanece imparticipável, ao passo que a operação divina, embora incriada, é todavia participável. As energias incriadas, diz ainda Palamas em suas *Homilias sobre a Transfiguração* (1355-1359), não são outras que não a luz que envolveu o Cristo* no Tabor. E se objeta-se que a distinção entre a essência e as energias parece criar uma separação em Deus, o palamismo responde que não é o caso, pois essa distinção é obra só do espírito humano. Na teologia latina, a "luz de glória*" é criada e tem seu lugar na inteligência humana; no palamismo, em contrapartida, a luz tabórica é incriada e tem seu lugar em Deus.

- D. Petau (1644-1650), *Dogmata theologica*, t. 1, 1.I, c. 12 e *De Dei simplicitate* (reed. Vives, 1865-1867). — S. Guichardin (1933), *Le problème de la s. divine en Orient et en Occident aux XIVe et XVe siècles: Grégoire Palamas, Duns Scot, Georges Scholarios*, Lyon. — J. Grajewski (1944), *The Formal Distinction of Duns Scotus. A Study in Metaphysics*, Washington, DC. — Y. de Andia *et al.* (1990), "Simplicité", *DSp* 14, 892-921. — E. Salmann (1995), "Einfachbeit Gottes", *LThK*[3] 3, 542-543.

Ysabel DE ANDIA

→ *Atributos divinos; Ciência divina; Eternidade divina; Imutabilidade divina/Impassibilidade divina; Justiça divina; Onipresença divina; Potência divina.*

SINAL → **milagre**

SINDÉRESE → **consciência** 3. b

SINERGIA

Conceito-chave da teologia* ortodoxa* da graça*, em que designa a cooperação (o grego *synergia* é sinônimo do latim *cooperatio*) do homem com a obra de salvação* operada nele por Deus*. O Oriente cristão quase não conheceu a crise pelagiana: o conceito de sinergia é ali objeto de uma afirmação tranquila, que permite não entrar nas distinções e precisões introduzidas a partir de Agostinho* à teologia latina da graça. A teologia católica nada tem a objetar contra o sinergismo dos orientais: ela é também uma teologia da "cooperação" (ver os textos do concílio* de Trento*, *DH* 1529, 1554, 1559). A teologia protestante da graça organizou-se em Lutero* como um protesto contra o sinergismo. Mas desde a geração de Melanchton (1497-1560), um sinergismo moderado encontrou lugar no luteranismo*.

Jean-Yves LACOSTE

→ *Agostinho; Graça; Obras; Pelagianismo*

SÍNODO

A palavra "sínodo" (s.) (do grego *syn-hodos*, "reunião deliberativa", mesma etimologia de "concílio*") designa uma assembleia de representantes legítimos e competentes da Igreja* (I.), visando realizar a unidade* eclesial por meio de resoluções em matéria teológica, disciplinar e jurídica. O s. é a concretização institucional do princípio estrutural da *communio*, que, em virtude da igualdade fundamental de todos os membros da I. pelo batismo*, estende também a responsabilidade das comunidades locais ao nível da I. universal.

1. O desenvolvimento da instituição

A instituição sinodal se forma nas crises locais e regionais do s. II (a propósito do montanismo*, da data da festa da Páscoa*), sobre o modelo do "concílio dos apóstolos*" (At 15). Deve permitir regular os conflitos internos harmonizando a fé* de uma I. compreendida como una no tempo* e no espaço (Vicente de Lérins, *Commonit.* 2, 3; 3, 20-23). Os critérios aos quais o s. deve responder são, pois, a legitimidade dos participantes (que são geralmente bispos*, mas também presbíteros, diáconos* e leigos*), sua fidelidade à tradição*, a liberdade de palavra, a publicidade, a participação do povo*, assim como a recepção* pela I.

Os s. ocorrem no nível de uma província (s. provincial, eparquial ou metropolitano, cuja realização o concílio de Niceia* [cân. 5] prescreve como devendo ocorrer duas vezes por ano), de um patriarcado* (em Constantinopla, uma vez por ano, mais o *synodos endemousa* convocado de vez em quando — em 448 pela primeira vez — e composto de todos os bispos presentes na cidade) ou de uma região eclesiástica (de uma nação particular ou de toda a I. do Ocidente: o s. romano realizado em 376 chama-se assim *synodos dytike*). Na escala do Império (*synodos oikoumenike*), o s. toma tradicionalmente o nome de *concílio* (*ecumênico*). O elemento sinodal se mantém por meio de todas as constituições eclesiásticas, mas acha-se diversamente implementado segundo as eclesiologias*.

2. Formas particulares

a) *A Igreja católica.* — Por sua estrutura*, o elemento sinodal e comunitário se acha numa relação de tensão com o elemento primacial e hierárquico e, portanto, não pode ser avaliado senão em relação a este. O concílio Vaticano II*, que queria sublinhar a comunhão* na I., esforçou-se por fortalecer esta primeira dimensão; ela se manifesta, segundo o *CIC* de 1983, no s. episcopal (cân. 342-348), no s. plenário e provincial (cân. 439-446), na conferência episcopal (cân. 447-459), no s. diocesano (cân. 460-468), no conselho presbiterial (cân. 495-502), no conselho pastoral diocesano (cân. 511-514) e no conselho pastoral paroquial (cân. 536). Em todos os casos, entretanto, essas assembleias só têm uma função consultiva junto dos superiores hierárquicos, o bispo ou o vigário.

b) *As Igrejas ortodoxas.* — Aos olhos da ortodoxia, em razão de sua eclesiologia centrada na I. local* e de seu fundamento eucarístico, o s. é o único órgão de decisão autêntica; ele manifesta o que vivem e creem todas as I. locais. Ele se reúne no nível local, provincial, depois no nível do patriarcado e das I. autocéfalas, antes de encontrar sua mais alta expressão no concílio ecumênico. Em cada um destes níveis, o s. representa habitualmente a instância suprema em matéria de doutrina, de liturgia* e de vida espiritual*, mas também em todas as questões atinentes à atribuição dos cargos e à representação externa. A validade de suas resoluções depende essencialmente de sua recepção* pelos crentes. Ele pode se compor unicamente de bispos ou reunir diversos estados (bispos, membros do clero, monges ou leigos; os primeiros contudo têm sempre a primazia).

c) *As Igrejas saídas da Reforma.* — O princípio sinodal conheceu nestas Igrejas um desenvolvimento específico após a rejeição da hierarquia* pontifícia e episcopal romana, considerada como um instrumento de dominação. Os s. são diversamente compostos e possuem diversas atribuições, que vão da administração direta da I. à simples representação paroquial. Não existe regulamentação única acerca da relação entre o clero e os leigos no s., da presidência (que pode ser confiada a um bispo ou a um leigo), da possibilidade de admitir nele membros suplementares e do direito de repreensão da autoridade* eclesiástica. As competências não são menos variáveis; elas compreendem geralmente a legislação, o funcionamento eleitoral e orçamentário, as questões doutrinais.

1/*O luteranismo*. — O primeiro regulamento sinodal luterano — instaurando uma estrutura formada de pastores* e de membros eleitos, encarregada de tarefas de administração e de controle — foi estabelecido em 1526 para Hessen. Na Alemanha, conservou-se até durante o s. XX certo ceticismo para com este sistema, que pressupunha a ordenação*.

2/*A Igreja reformada.* — A primeira constituição sinodal da I. reformada foi introduzida em 1559 em Paris, para decidir questões de doutrina e de disciplina eclesiástica; concedia direitos iguais aos pastores, aos anciãos e aos diáconos. Exerceu uma influência sobre as constituições presbiteriais da Escócia (1561), da Holanda (1571) e da Renânia (1610).

● L. Coenen (1953), "Gemeinde und Synode", *ZevKR* 3, 74-86. — J. Hajjar (1962), *Le synode permanent* (sunodos endemousa) *dans l'Église byzantine des origines au XIe siècle*, Roma. — P. Duprey (1970), "La structure synodale de l'Église dans la théologie orientale", *POC* 19, 123-143. — H. M. Biedermann (1971), "Die Synodalität", in L. Hein (sob a dir. de), *Die Einheit der Kirche*, Wiesbaden. — D. Staniloae (1971), "Dogmatische Grundlagen der Synodalität", *OS* 20, 3-16. — Pro Oriente (ed.) (1975), *Konziliarität und Kollegialität als Strukturprinzipen der Kirche*, Innsbruck etc. — W. Brandmüller (sob a dir. de) (1977), *Synodale Strukturen der Kirche*, Donauwörth. — W. Beinert (1979), "Konziliarität der Kirche", *Cath* (*M*) 33, 81-108. — N. Närger (1988), *Das Synodenwahlrecht in den deutschen evangelischen Landeskirchen im 19. und 20. Jh.*, Tübingen. — H. J. Sieben (1990), *Die Partikularsynode*, Frankfurt. — *La synodalité* (1992), Actes du VIIe Congrès international de droit canonique, 2 vol., Paris. — G. Routhier (1993), *La réception d'un concile*, Paris. — G. Alberigo (1994), "Synodalität in der Kirche nach dem Zweiten Vatikanum", in W. Geerlings e M. Seckler (sob a dir. de), *Kirche sein*, Friburgo-Basileia-Viena, 333-347.

Wolfgang BEINERT

→ *Catolicismo; Colegialidade; Concílio; Governo da Igreja; Jurisdição; Ortodoxia; Protestantismo.*

SITUAÇÃO (ética de)

Entende-se por ética* de situação (s.) uma ética para a qual não se pode atribuir sua qualificação moral aos atos humanos sem uma hermenêutica da s. na qual se encontra ou encontrava o agente: o bem* e o mal* são o bem e o mal nessa situação. O conceito de s. recebeu seus tratamentos filosóficos nas filosofias da existência (M. Heidegger*, K. Jaspers) e nas filosofias do diálogo (M. Buber, E. Levinas).

A teologia* católica deu espaço ao conceito de s. de uma maneira que suscitou extremas reservas por parte do magistério* romano (cf. Pio XII, Discurso de 23.3.1952 e de 18.4.1952, e a instrução do Santo Ofício de 2.2. 1956, *DS* 3918-1921). A ética de s. não faz parte das doutrinas condenadas na encíclica *Splendor Veritatis* de João Paulo II (1993). Tomar em conta as s. é, de outro lado, de doutrina comum, um elemento indispensável na avaliação dos atos morais. A doutrina católica está expressa, p. ex. no *CEC*, § 1757: "O objeto, a intenção

e as circunstâncias constituem as três 'fontes' da moralidade dos atos humanos". A existência de atos intrinsecamente maus é também objeto de um ensinamento católico constante (p. ex. *Splendor Veritatis* § 80). O debate sobre a ética de s. parece encerrado.

• M. Honecker (1990), *Einführung in die theologische Ethik*, Berlim. — F. J. Wetz e U. Laucken (1995), "Situation", *HWP* 9, 923-937. — G. Outka (2000), "Situationsethik", *TRE* 31, 337-342 (bibl.).

Jean-Yves LACOSTE

→ *Consequencialismo; Ética; Proporcionalismo*

SOBRENATURAL

O conceito de sobrenatural (s.) é um instrumento teórico que permite pensar a união do homem a Deus*. Na juntura da antropologia* e da teologia*, ele repousa na ideia de que o homem é por natureza* (n.) orientado para Deus: o homem tem um desejo natural da visão de Deus, aspiração que a n. não pode cumprir por si mesma, e que só um dom s. pode cumular. Assim como a graça* cumpre os fins da n. elevando-a para além de seu poder natural, também o s. remata a n. e dá sentido à história* humana. Por meio das vicissitudes do s., pode-se ler todas as dificuldades da antropologia cristã.

a) A palavra e a coisa. — "S." serviu primeiramente para designar as substâncias superiores à n. Na esteira de Platão (*Rep.* VII, 509*b*), o apologista Justino designa Deus como residindo "para além de toda essência (*epekeina pases ousias*)". Outros o dizem para além do mundo ou do céu. Para Gregório* de Nazianzo, Deus está "acima da essência" (*Sexto discurso*, cap. 12; PG 35, 737 B). Dídimo, o Cego, vê em Deus a "essência sobre-essencial" (*hyperousios ousia*, *De Trin.* II, 4; III, 2, 47), assim como Gregório* de Nissa (*Contra Eunômio*). O Pseudo-Dionísio* retoma o vocabulário de Proclo para celebrar a transcendência divina, o "Jesus* sobre-essencial" (*Teologia mística* I, 3; PG 3, 1033 A) que está para além de todas as essências celestes, o Deus acima da n. (*hyperphyses*, *Nomes divinos* I, 4, 589; II, 9, 648; 13, 3, 980 3 CD; 981 A). Máximo* Confessor, seu comentarista, nomeia Deus "a sobre-essência das essências" (*Sobre os nomes divinos*, cap. 1, PG 4, 193 B). Para traduzir essas expressões se utilizará *ultra substantiam* (João Escoto Erígena, *In opuscula sacra Boetii* Rand 40, Munique, 1906), *supersubstantialis* ou *superessentialis* (Id., PL 122, 154 B) — termos todos que designam o transcendente em sua separação absoluta, num sentido puramente estático.

No entanto, *hyperphyses* significa também, no interior do mundo mas num sentido dinâmico, as operações de Deus que saem do curso ordinário da n.: concepção virginal, encarnação*, eucaristia*, milagres* (Máximo, *Expositio orationis dominicae*, PG 90, 893 B). *Hyper physin* (acima da n.) tem o sentido de transcendente, mas é associado às vezes a *para physin* (contra n.) por alusão a Paulo: a Igreja* dos pagãos é enxertada em Israel* como um ramo de oliveira selvagem numa oliveira frutífera — "contra a n." (Rm 11,24). Esta alegoria, aliás, permanecerá sempre a cruz dos intérpretes. Para alguns, a doutrina da encarnação implica que Deus não queira nada contra a n. (nem contra a razão*), pois o contra n. é o domínio da desordem e do mal*: "Nada poderia ser contra a n. das coisas feitas por Deus, [... mas] há coisas que estão acima da n.: são estas coisas que Deus pode fazer elevando o homem acima da n. humana" e unindo-o à n. divina (Orígenes*, *Contra Celso* V, 23). Para outros intérpretes, o que é contra a n. designa o rebaixamento e a encarnação de Cristo*.

A confrontação com a filosofia* (aristotelismo*, platonismo*, estoicismo* cristão) tornou necessária uma articulação entre esses domínios. Ela foi dada desde Leôncio de Bizâncio: dir-se-á, portanto, que as operações conformes à n. são simplesmente humanas, que as que vão contra a n. são depravações, mas que aquele que se eleva estende sua capacidade e chega, graças a Deus, a atos* acima da n. (*Contra Nestorianos et Eutychianos* I, 2; PG 86, 1333 AB). Os dons recebidos pelo homem o elevam acima de sua n., e o unem à n. divina. Salvação*, deificação e dom do Espírito* se produzem segundo a graça e não segundo a n., não por destruição ou negação da n., mas elevando-a acima de si mesma.

O termo latino *supernaturalis* parece surgir com Rústico, para traduzir *hyperphyes* num texto de Isidoro de Pelusa (R. Aigrain, 1911, *Quarante-neuf lettres de saint Isidore de Péluse* 44). Ele se impõe sobretudo nas traduções carolíngias de Dionísio, as de Hilduíno e de João Escoto Erígena (*c*. 810 – *c*. 870), depois na obra própria deste último. Sinônimo de "espiritual" ou de "pneumático", significa principalmente a transcendência teológica do princípio divino, mas indica também que este princípio divino, na economia da salvação, conduz o homem à deificação de uma maneira que cumpre suas aspirações e ultrapassa suas capacidades. A união do humano e do divino se cumpre na união da n. e do s.

b) O problema do sobrenatural: desejo de Deus e fim do homem. — Sem empregar a palavra s., os Padres* da Igreja estimam que o homem foi criado à imagem de Deus, no Cristo e pelo Cristo: ele recebeu as prerrogativas divinas que são o pensamento, a liberdade*, a imortalidade, a dominação sobre a n.; e é feito com vista à semelhança plena com Deus, que terminará esta imagem. O homem está destinado a viver eternamente em Deus, a entrar no movimento da vida trinitária e a arrastar consigo toda a criação*. Agostinho* está convencido de que o homem foi feito para ter a visão de Deus face a face: "Tu nos fizeste para ti e nosso coração* é sem repouso até que repouse em ti" (*Confissões*, incipit). Mas sabe também que, para atingir seu fim, a beatitude, o homem precisa de um socorro exterior de Deus, que é a graça. É Deus, portanto, que alça o homem a uma condição bem-aventurada, sem que a tenha merecido por suas obras*. Melhor ainda, o homem não tem mérito nenhum por si mesmo: é a graça divina que lho confere. Certamente, a vida eterna* é a recompensa das boas obras (*Enchiridion*, cap. 107; *De correptione et gratia*, n. 41) — mas estas boas obras só têm valor para Deus porque são elas mesmas geradas pela graça (*De correptione et gratia*, n. 41, *De diversis quaestionibus ad Simplicianum* I, n. 3). O homem é salvo por um transbordamento da generosidade divina que não deve nada a ninguém. Ele chega ao acabamento de sua humanidade graças à ajuda de Deus.

A graça não é, portanto, simplesmente indispensável ao homem para lhe restituir sua n. de antes do pecado*: ela é também necessária para sobrelevar sua n., antes do pecado original* tanto quanto depois deste. Antes do pecado, Adão não precisava menos da graça do que o homem pecador, mas precisava dela como de um socorro que permitia a perseverança de sua liberdade. Após o pecado, em contrapartida, ela lhe dá ao mesmo tempo a força de evitar o mal e a de exercer sua liberdade para o bem*. A existência anterior ao pecado não consistia, portanto, numa maior independência em relação a Deus.

O termo tomou uma direção problemática quando se tratou de integrar essa tradição teológica numa visão da n. criada por Deus, em que o mundo não é mais um puro milagre suspenso à potência* divina e em que as leis naturais têm uma coerência própria. E será ainda mais o caso quando se pensará a n. com auxílio dos conceitos metafísicos de Aristóteles, no s. XIII. Para este, com efeito, a relação com o divino é toda natural: o divino é movente imóvel do cosmo*, mas é possível elevar-se para a vida divina por uma realização ética de si.

Foi preciso, antes de tudo, entender-se sobre os termos. Se os comentadores de Aristóteles dizem que o divino é s. em si mesmo, é no sentido estático de que ele pertence às realidades separadas, transfísicas (Tomás* de Aquino, *In 1 Metaphysicae*, Prooemium). Como inserir um movimento s. em nosso mundo? Aristóteles só conhece dois tipos de movimento, movimento natural e movimento violento (contra n.) (*Física* V, 6, 230 a 18 – b 9): assim, é difícil integrar a ação da graça na n. sem reduzi-la ou a um cumprimento natural dos fins da n., ou a um retorno violento da n. contra si mesma. A solução veio então do estudo das relações entre n. e arte em Aristóteles. A arte imita a n., o que significa que aquela realiza esta na ordem humana: as obras humanas que são as artes mecânicas, a ética* e a política conduzem a n. humana à sua perfeição. Os autores medievais vão assim pensar o s. sobre o modelo da arte, como um dom que

cumpre os fins da n. sendo o tempo todo de origem divina. O s., desde então, não caracterizará mais antes de tudo um objeto transcendente (uma n. separada), ele nomeará a maneira como Deus age sobre o mundo finito.

Em seguida, foi preciso entender-se sobre o fim. Para Aristóteles, todos os homens querem conhecer e, particularmente, as causas mais elevadas: a contemplação* de Deus é o fim do homem, o ato que realiza mais radicalmente sua essência. Para a tradição* teológica igualmente, a visão de Deus é o fim do destino humano. Há, portanto, acordo sobre o fim último. A questão incide sobre os meios. E para responder a isso, é preciso distinguir a felicidade dos filósofos, acessível desde aqui embaixo no exercício da moral e da especulação, e a beatitude celeste, reservada ao além e dependendo do dom da graça divina.

É aqui que os teólogos da IM se separam dos filósofos. Para Tomás de Aquino, é verdade que todo ser chega a seu fim segundo a ordem de sua n. Mas no homem, o desejo natural da visão divina é uma determinação que pertence como coisa particular à sua essência (*De malo*, q. 5, a. 1; *CG* III, 50; III, 147; *ST* Ia IIae, q. 3, a. 8). Assim, "todo intelecto deseja naturalmente a visão da substância divina" (*CG* III, 57, 2334); e este desejo pode ser satisfeito, pois "é possível que a substância de Deus seja vista por intermédio do intelecto, tanto pelas substâncias intelectuais quanto por nossas almas" (*CG* III, 51, 2284). É Deus, portanto, que sobreleva a n. para torná-la capaz de receber a visão de Deus. Nossos fins últimos ultrapassam as garras de nossa n. O homem, assim, tem para Tomás um destino *paradoxal*, que ultrapassa mesmo as capacidades de sua n. O paradoxo da n. intelectual é desejar o que ela não tem o poder de adquirir, e poder atingir, mas por outro, uma perfeição que nenhuma criatura pode adquirir por si mesma (*ST* Ia IIae, q. 5, a. 5 ad 2um). Esta indigência faz a grandeza do homem. O s. aumenta a dignidade de sua n. O desejo natural de ver Deus desemboca num humanismo* cristão.

De maneira mais técnica, Duns* Escoto dissipará um equívoco possível entre dois sentidos de natural que o naturalismo* tende a confundir. No interior de uma mesma n., o natural se opõe ao violento e ao neutro (Aristóteles). Na relação entre duas n., em contrapartida, o natural se opõe ao s. E neste caso, s. só designa uma relação entre dois termos: é s. a ação de um agente que não é por n. aquele que imprime esta ação neste agente (*Ordinatio*, prólogo, § 57). O s. vem de um agente superior e livre, que não segue o curso ordinário da n. Para Escoto como para Tomás, o desejo natural do homem é a visão de Deus. E é já a propósito do s. que se constrói a oposição entre filósofos e teólogos. "Os filósofos sustentam a perfeição da n. e negam a perfeição s.": eles pensam que a dignidade da n. é poder adquirir sua própria perfeição. Mas "o teólogo conhece o defeito da n. e a perfeição s." (*Ordinatio*, prólogo, § 5), pois conhece a decadência pecadora de nossa s. tanto quanto a grandeza do homem quando recebe a graça. O fim teologal do homem, a beatitude, é maior que a felicidade filosofal, pois esta é só um conhecimento* abstrato de Deus. É por isso que só a teologia conhece a dignidade do homem, criatura naturalmente capaz de receber o s. para atingir um bem que excede os meios de sua n. Para Escoto, todavia, um mesmo ato muda de valor aos olhos de Deus segundo provenha ou não de um sujeito em estado de graça, "informado" pela caridade, "sobrenaturalizado" pela eleição* divina (*Quodlibet* 17, a. 2, § [4] 7). De imediato, o teor intrínseco do ato corre o risco de ser desvalorizado e substituído pela presença extrínseca da graça. Nesta teologia que exalta a potência absoluta de Deus, a ordem presente, instituída, da salvação é contingente: Deus poderia salvar sem a Igreja e sem os sacramentos*.

O nominalismo* de Occam (*c.* 1300 – *c.* 1350) vai mais longe: não há permanência dos *habitus* no homem; é, pois, o ato mesmo que é salvador, e não o *habitus* correspondente (*Sentenças* I, d. 17, q. 1 e 2). Assim, Deus poderia salvar o homem mesmo sem um *habitus* de caridade, *sem a graça*: "Nenhuma forma, nem natural, nem s., pode constrangê-lo" (*Sentenças* I, d. 17, q. 1; *Opera theologica* 3, 455). Deus não exige que se tenha já a graça para salvar.

Ele salva sem condição e dá sua graça como quer. Occam espera assim estar nos antípodas de Pelágio.

Mas se se parte do homem e não mais da potência divina, aqui também a posição de Occam implica que o homem possa ser salvo sem a graça. Ela aparece, portanto, como pelagiana para seus adversários: "Se Deus aceita uma obra que é puramente natural como merecedora da vida eterna*, sua vontade que a aceita acha uma dignidade e um valor na n., e tal é a heresia* de Pelágio" (Lutterell, art. 14, ed. Koch, *RthAM*, 1935-1936). A liberdade da potência divina se reflete assim fora dela mesma numa antropologia* só da n. E compreende-se então a reação de Gabriel Biel, que coloca uma harmonia entre a n. e a graça. Nenhuma obra é boa, segundo Biel, enquanto não for tornada aceitável pela caridade divina. Mas àquele que faz o bem Deus não recusa sua graça: "Deus dá a graça àquele que faz o que está em seu poder, por uma necessidade imutável e por hipótese, pois ele dispôs dar de maneira imutável a graça àquele que faz o que está em seu poder" (*Collectorium* II, d. 27, q. 1, a. 3, dub. 4). Pela aliança contraída com o homem, Deus se comprometeu a dar necessariamente sua graça para ratificar os atos livres do homem. Este dom é necessário mas não é coercitivo, já que Deus se submete a uma obrigação que ele ratificou livremente — uma conclusão pela qual Biel, contra a vontade, se encontra mais perto do pelagianismo* do que todos os seus antecessores (Vignaux, 1935, 47).

Sabe-se o quanto Lutero* se oporá violentamente a essa interpretação. Ele o faz recusando o problema mesmo da harmonia entre n. e s., pois não reconhece unidade à n. senão sob a forma de uma realidade corrompida (e de uma ilusão nutrida pelos filósofos). A ação da criatura não é outra coisa senão a realização da onipotência atual de Deus. Portanto, não existe mais livre-arbítrio finito (*WA* 18, 719).

c) A pura natureza, ou a antropologia destacada da teologia. — Numa teologia escolástica* que se dedicava mais ao estudo das n. do que ao da história da salvação, pareceu necessário organizar a antropologia e escrutar a relação entre a n. do homem e o s., independentemente do corte do pecado. Para estudar o s. no estado puro era preciso estudar a n. no estado puro, antes do pecado, em Adão*. Neste ponto, as opiniões divergem. Para Boaventura* (*Sentenças* II, d. 29, q. 1, a. 2) e para Duns Escoto, o homem antes de tudo foi criado sem a graça, mas para Prevotino de Cremona e Tomás de Aquino, ele só pode ter sido criado com ela. Gil de Roma apoia a posição de Prevotino e de Tomás com argumentos que serão transpostos a toda a n. humana: "Havia uma necessidade, um dever pelo qual a n. humana devia ser criada com um dom s. e gratuito" (*Sentenças* II, d. 30, q. 1, a. 1; Veneza, 1581, 408-409). Mas aqui e lá, a questão se coloca em termos de história da salvação. Para passar de uma etapa histórica a um estado de pura n., era preciso com efeito inverter a perspectiva de Agostinho, o que a escolástica do s. XIII não fez. A do s. XV não terá esses escrúpulos.

Dionisio, o Cartuxo (1402-1471) limita o desejo natural do homem à capacidade de sua n., e se opõe assim a Tomás de Aquino (*De puritate et felicitate naturae*, a. 55; *Opera omnia*, t. 40, p. 431; cf. a. 61, p. 434). Num universo formado de uma cascata de emanações que provêm do Princípio em um *dégradé* ontológico, cada inteligência tem naturalmente por fim último o ser conjugado à inteligência que lhe é imediatamente superior, como na teologia de Avicena. E só este fim é naturalmente desejável, já que o desejo natural tende para um fim natural.

Cajetano retomará a mesma separação entre as ordens, mas a introduzirá em seu comentário de Tomás. Ele introduziu a hipótese da pura n. em nome de um princípio aristotélico: a n. não faz nada em vão; ela não pode ter uma aspiração que ela não poderia satisfazer por seus próprios meios. Se, pois, há desejo de Deus no homem, este desejo não é natural, mas acrescentado por Deus num ato gratuito de sua onipotência e de sua vontade. *De direito*, a n. é autossuficiente (é a teoria da n. pura); e se *de fato* o homem deseja sempre Deus, é simplesmente porque Deus o quer e se coloca no lugar da ordem da n. É assim em virtude de uma potência "obediencial"

(de uma potência que só pode ser atuada pela intervenção graciosa de Deus) que o homem deseja Deus, e não por sua n. de homem. Deste modo, Cajetano torna ao mesmo tempo possíveis um humanismo sem Deus (que se bastaria sem o s.) e uma teologia imposta do exterior, destruidora da n. humana, anti-humanista (cf. Boulnois, 1993, 1995; Lacoste, 1995).

Molina retoma a mesma hipótese, com mais precauções (*Concordia*, 1588, ed. 1876, 16-17). Para Suárez* (*De Gratia*, Proleg. 4, cap. 1, n. 2; Vives, 7, 179), o homem é feito para uma beatitude natural em virtude de sua criação; e se ele persegue um fim mais elevado, este é acrescentado. No estado de pura n., contrariamente ao que teria dito Agostinho, o homem não seria inquieto, mas em repouso (*De ultimo finis hominis*, ed. Vives, t. 4, 156). Em lugar de se abrir sobre o infinito*, o homem se tranca em sua n. A n. criada é considerada como perfeita em si mesma, não certamente sem a graça, mas como se a graça não a abrisse para o além e não a elevasse acima dela mesma. Ela não é mais orientada para a união com Deus.

A posição de Michel de Baye (Baius) revira a problemática, a tal ponto que é a seu respeito que "s." aparece pela primeira vez num documento do magistério* católico (a Bula de Pio V condenando Baius, em 1567; van Eijl, 1953). Reagindo contra a hipótese de uma pura n., Baius afirma que ela é vã. Por sua n. criada, com efeito, o homem deve receber a graça, e existe mesmo direito em toda justiça, pois Deus se comprometeu livremente a dar sua graça ao homem que obedece às leis de sua n. Nessa axiomática, a graça não intervém mais senão como o meio que permite ao homem merecer sua recompensa (*De meritis operum* I, 2). O fim da n. permanece na medida de suas exigências criadas, e os meios para atingi-lo são devidos à criatura. A graça era devida à pura n. do homem inocente (Adão), e confirmava sua liberdade (proposição 21: "A elevação e a exaltação da n. humana à união com a n. divina era devida à integridade de sua condição primitiva, ela deve pois ser dita natural, e não s."). Mas após o pecado original, no estado de n. decaída, a vontade é impotente: ou bem ela é determinada pela graça, ou bem ela o é por sua corrupção. E ao acentuar desse modo a corrupção da n., Baius é levado a ignorar a questão da liberdade e da origem do pecado. A graça de que ele trata permanece extrínseca; ela é devida à n. intacta, mas reina do exterior sobre a n. decaída.

Jansênio inspirou-se em Baius em vários pontos decisivos. No baianismo*, a graça é devida à n. do homem inocente e lhe permite agir, mas um otimismo concernente à n. criada — no qual abunda a graça suficiente — é associado a uma visão pessimista do estado que segue o pecado: não atribuir tudo à graça seria jactar-se daquilo que resta de vontade no homem pecador. Ora, as refutações jansenistas do baianismo fundam-se no sistema da n. pura, colocando-se de fato no mesmo terreno que seu adversário, e não podem por conseguinte levar à decisão. O jansenismo limita-se assim a afirmar que o homem decaído tem o poder de cumprir ao menos algumas ações moralmente boas, porque a n. pura, o livre-arbítrio e a moralidade não foram destruídos pelo pecado original. A graça é assim reduzida a um *status* adventício. A ordem s. aparece como contingente e exterior, ao passo que a ordem natural é prejulgada suficiente e própria ao homem.

Os teólogos da época clássica se distribuirão entre todas essas posições. Bérulle* sustenta com Agostinho que "a n. do homem não foi criada para permanecer nos termos da n.; ela foi feita para a graça" (*Opúsculo* 132, 2; Rotureau, p. 389). Leibniz*, ao contrário, submete Deus à necessidade das n., entre as quais sua vontade pode somente reconhecer qual combinatória é a melhor; a graça vem confirmar e firmar esta escolha, mas não exaltar e transportar as n. para além de seus limites.

Apesar de algumas exceções notáveis, o s. acha-se assim dissociado das aspirações da n.; e à medida que o s. é exilado para longe da n. humana, esta parece poder atingir seus próprios fins sem recorrer a uma graça que aparece como uma superestrutura extrínseca, até mesmo alienante. Nesta perspectiva, racionalismo* e tradicionalismo* aparecem como deformações do mesmo paradoxo do s.: o racionalismo supondo que, no estado de n. criada, o homem conheceria Deus sem revelação*, e o tradicionalismo (L. de Bonald) supondo que a revelação fornece ao homem seu lote inicial de conhecimentos naturais. No primeiro caso, a n. não basta a si mesma; no segundo, o s. é para a n., e não a n. para o s.

Esta problemática e seus desafios tinham sido amplamente recobertos pela neoescolástica, e o mérito principal de tê-la enfatizado cabe a H. de Lubac*, sob a influência de M. Blondel*, apesar de uma violenta oposição dos meios neotomistas. Quando K. Rahner* retoma "tranquilamente o conceito de potência obediencial" para fundar uma teologia sobre a presença de um "existencial *s.* permanente preordenado à graça" (1962), tratava-se, apesar de um vocabulário cajetaniano, de perceber nas estruturas fundamentais da existência uma mediação entre a natureza do homem e a graça, a interface que torna possível o desejo de Deus. Mais próximo dos Padres, H. U. von Balthasar* conta sobretudo neste debate por ter sublinhado que o cristianismo não é nem uma filosofia da n., nem uma antropologia, mas a revelação de Deus na figura de Cristo: "A revelação não vai contra nenhuma aspiração humana [… mas o] coração [do homem] só se compreende a si mesmo se tiver antes de tudo percebido o amor*, voltado para ele, do coração divino transpassado por nós na cruz" (1966).

Lubac redescobriu, portanto, um princípio muito antigo: se todos os homens são chamados à salvação, a graça divina age em cada um deles. Todo o cosmo* foi criado em vista de uma recapitulação (Ireneu* de Lião) de todas as coisas no homem e em Cristo. O espírito humano é uma n. que deseja Deus, mas não pode recebê-lo senão como um dom livre e gratuito. Pois este deposita a aspiração na n. mesma. "Este desejo outro não é senão seu chamado" (Lubac, 1946, 487).

- H. Bouillard (1944), *Conversion et grâce chez saint Thomas d'Aquin*, Paris. — H. de Lubac (1946), *Surnaturel. Études historiques*, Paris, 1991². — H. Rondet (1948), "L'idée de nature pure au XVIe siècle", *RSR*, 481-521. — E. van Eijl (1953), "Les censures des universités d'Alcalá et de Salamanque et la censure du pape Pie V contre Michel Baius (1565-1567)", *RHE* 48, 767-775. — K. Rahner (1954), "Über das Verhältnis von Natur und Gnade", *Schr. zur Th.* 1, 323-345. — É. Gilson (1955), "Cajetan et l'humanisme théologique", *AHDL* 22, 113-136. — H. Bouillard (1964), "L'idée de surnaturel et le mystère chrétien", in *L'homme devant Dieu. Mélanges H. de Lubac*, t. 3, Paris, 153-166. — S. Dockx (1964), "Du désir naturel de voir l'essence divine d'après saint Thomas", *ArPh* 63, 90-91, 93-96. — É. Gilson (1965), "Sur la problématique thomiste de la vision béatifique", *AHDL* 32, 67-88. — H. de Lubac (1965), *Le mystère du surnaturel*, Paris. — H. U. von Balthasar (1966), *Glaubhaft ist nur Liebe*, Einsiedeln. — H. de Lubac (1980), *Petite cathéchèse sur nature et grâce*, Paris. — L. Weimer (1981), *Die Lust an Gott und seiner Sache*, Friburgo. — I. Bochet (1982), *Saint Augustin et le désir de Dieu*, Paris. — B. Sesboüé (1992), "Le surnaturel chez Henri de Lubac", *RSR* 80, 373-408. — O. Boulnois (1993), "Puissance neutre et puissance obédientielle. De l'homme à Dieu selon Duns Scot et Cajetan", in B. Pinchard e S. Ricci (sob a dir. de), *Rationalisme analogique et humanisme théologique. La culture de Thomas de Vio "Il Gaetano"*, Nápoles, 31-70; (1995), "Les deux fins de l'homme. L'impossible anthropologie et le repli de la théologie", *Henri de Lubac et la philosophie*, *EPh* n. 2, 205-222. — J.-Y. Lacoste (1995), "Le désir et l'exigible. Préambules à une lecture", *ibid.*, 223-246. — A. Vanneste (1996), *Nature et grâce dans la théologie occidentale. Dialogue avec H. de Lubac*, Louvain.

Olivier BOULNOIS

→ *Antropologia; Bañezianismo-molinismo-baianismo; Beatitude; Graça; Natureza; Vida eterna; Visão beatífica.*

SOCIEDADE

Do ponto de vista teológico, a sociedade (s.) humana é uma comunidade de pessoas* que têm entre si relações duráveis e organizadas; ela está orientada para um bem* comum, e sua unidade se deve por inteiro ao amor*, à autoridade* e à lei*. Embora dificilmente se possa aplicar estes dois últimos conceitos à divina s. que é a Trindade*, esta é o arquétipo de toda s. humana, já que ela é a origem e o fim do amor, da comunhão* e da personalidade mesma dos homens.

Historicamente, é em eclesiologia* e em teologia política* que os principais problemas teóricos acerca da s. têm sido colocados, quando foi necessário precisar a maneira como a Igreja* e a comunidade política são s. A problemática contemporânea neste domínio não pode ser compreendida fora deste contexto.

a) Problemas eclesiológicos. — Eles dizem respeito sobretudo à natureza e à ação da autoridade e da lei que fazem dos crentes uma só s. A lei e a autoridade na Igreja são de natureza cristológica e escatológica, mas elas se encarnam em estruturas jurídicas e disciplinares; o problema essencial é então saber se a autoridade jurisdicional e o direito* positivo exprimem verdadeiramente a essência espiritual da Igreja, a saber, a fé*, a liberdade*, o amor. A Igreja medieval era o modelo de uma s. em que não havia separação do espiritual e do jurídico-político, já que seus membros eram incorporados ao corpo místico de Cristo* por um conjunto juridicamente estruturado de sacramentos*, de instituições, de práticas e de preceitos*. Considerar o papa*, enquanto supremo legislador e juiz da Igreja, como a encarnação terrestre da soberania espiritual de Cristo permitia transpor autoridade, lei e juízo*, sem solução de continuidade, do plano divino ao plano das estruturas* eclesiais. Esta concepção de uma s. jurídico-espiritual sobrenatural* serviu de modelo para a concepção da s. civil: viu-se ali ao mesmo tempo uma comunidade onde deviam reinar a amizade e a virtude* e uma estrutura política e jurídica.

Lutero* via, ao contrário, na Igreja uma comunidade puramente espiritual cuja essência interior, puramente divina e carismática, nada tinha a ver com as formas jurídicas ou sociais. Isso inspiraria as experiências anarquistas e antinomistas das seitas protestantes mais extremas (anabatistas*), e mais geralmente favoreceria uma tendência a pensar a s. eclesial de maneira apolítica, como se vê sobretudo entre os filósofos e os teólogos alemães, de Schleiermacher* a Tillich*, Barth* e J. Moltmann. (Diferentemente de Lutero, Calvino* nunca separou a comunidade espiritual do Verbo* da "polícia" visível das "constituições" e dos "ofícios"). Em nossa época, não é a síntese hegeliana da liberdade espiritual e da estrutura política que atrai a simpatia do luterano Moltmann e de seu contemporâneo católico J.-B. Metz, é a rejeição marxista do Estado* burguês, que lhes faz identificar poder político e opressão, direito positivo e sistema de autojustificação idolátrica. Para Moltmann, a Igreja, que participa da "missão messiânica, do dom de si e da senhoria libertadora de Cristo" (1975, III, 1, 5), é uma comunidade carismática de amor fraterno, de amizade e de serviço, sem nenhuma estrutura jurídica, seja a de um episcopado monárquico (bispo*), de uma aristocracia clerical ou de uma democracia* (*ibid.*, VI, 2, 3). Ele reconhece entre os carismas "dons de governo", mas são poderes de liderança fraterna exercidos na comunidade e não poderes de autoridade sobre ela (*ibid.*, VI, 1, 4; 2, 2-5).

Diante dessas eclesiologias protestantes espiritualizantes, a teologia* católica moderna retornou a um velho problema e se interrogou sobre a estrutura desejada por Deus da autoridade jurisdicional (mais do que sobre sua autenticidade). Após o Vaticano II*, a teologia procedeu a certa reabilitação do conciliarismo* para dar da Igreja uma imagem carismática e sacramental (cf. p. ex. P. de Vooght ou H. Kung). Os conciliaristas do s. XV queriam relativizar o modelo que fazia de Pedro* o ápice da autoridade jurisdicional e era, portanto, toda a Igreja, corporação mística, que tinha para eles a autoridade mesma de seu chefe, Jesus Cristo. Segundo eles, a comunhão espiritual do corpo de Cristo era, portanto, uma s. política em estado latente recebendo de Deus — ou tendo por natureza, segundo alguns — o direito de se governar a si mesma, direito exercido pelo conjunto do clero, mas em última instância pelo concílio* universal. Fundando a unidade* política exterior da Igreja numa comunidade espiritual, eles contribuíram de maneira decisiva para o nascimento de teorias do Estado que o fazem derivar de uma comunidade social que o precede e à qual ele é subordinado.

Em resumo, existem assim pelo menos três modelos historicamente influentes da s. eclesial: o de uma comunidade hierárquica onde a continuidade do espiritual e do jurídico é total, o de

uma comunhão espiritual sem estruturas jurídicas, cuja definição é cristológica e escatológica, enfim o de uma comunidade espiritual divino-humana estruturada num corpo político.

b) *Problemas de teologia política.* — Se de fato existem, como diz Agostinho*, duas cidades* incompatíveis, a cidade de Deus e a cidade terrestre (*Cidade de Deus* XIX), podemos nos perguntar se relações que pertencem ao "século" (*saeculum*), à ordem passageira do mundo, podem constituir uma verdadeira s. Aos olhos de Agostinho, em todo caso, a *res publica* secular não é uma verdade comunidade unificada pela caridade e pelo acordo em torno do bem, pois estes só podem existir lá onde a fé em Cristo e a obediência à sua lei de amor ligam os homens entre si; é uma união frágil e cambiante, que visa categorias limitadas de bens terrestres, em meio a um oceano de desordens morais e de ódios pessoais e coletivos (*Cidade de Deus* XIX, 5-7, 14, 17, 21).

Os pensadores que seguiram Agostinho, fiéis a seu pessimismo, propuseram diferentes remédios a essa situação. Para Gregório VII e seus sucessores medievais, o único meio que a ordem temporal tem de escapar de suas tendências à desintegração consistia na subordinação total à ordem eclesiástica, em particular na subordinação do poder régio ao poder sacerdotal, e do direito civil ao direito* canônico. Entre os s. XIV e o XVII — período do nascimento dos Estados centralizados —, os partidários do império, da monarquia ou da república viram, ao contrário, a solução dos conflitos sociais numa ordem política autoritária. O poder e a lei repousavam, em sua opinião, ou no direito divino da vontade real (monarquia absoluta), ou no direito natural da vontade popular (soberania popular), e/ou no contrato fundador firmado por vontades individuais, com seu direitos respectivos (contratualismo). Duvidar que vontades "naturais" ou "pecadoras" tenham a capacidade de permanecer unidas, de um lado, confiança cada vez maior nos recursos do espírito humano, de outro lado: esses dois fatores conduziram então aos sistemas políticos antinaturalistas de teóricos como Jean Bodin (c. 1529-1596),

Hobbes (1588-1679), Espinosa (1632-1677) ou Pufendorf (1632-1694).

Em reação contra o formalismo político, os liberais dos s. XVIII e XIX quiseram definir princípios de unidade da s. que não fossem políticos, sempre admitindo o individualismo de seus membros. Assim nasceu uma quantidade de teodiceias sociais. Os economistas (Benjamin Franklin [1706-1790], Adam Smith [1732-1790], Frédéric Bastiat [1801-1850] p. ex.) tiraram como que por mágica o equilíbrio econômico e social das escolhas interessadas dos indivíduos, graças ao mecanismo do mercado. Jeremy Bentham (1748-1832) e os utilitaristas ingleses (utilitarismo*) fizeram derivar a harmonia social da busca de seus desejos pessoais por indivíduos suficientemente socializados. Marx* viu a integração social da s. sem classes nascer da cooperação de indivíduos autônomos trabalhando para maximizar sua liberdade de expressão e de produção. Em nossa época, os sociólogos liberais (frequentemente na esteira de Max Weber [1864-1920]) continuaram a despolitizar a teoria da s., fazendo apelo a mecanismos sociais impessoais como a burocratização universal ou a racionalidade instrumental para explicar a harmonização dos interesses, dos valores e das paixões*. Ironicamente, a marginalização sociológica da verdadeira ordem política foi de par com uma politização difusa da s., quando se começou a afirmar que tudo era político.

O problema agostiniano — uma comunidade é possível no "século"? — é exacerbado para alguns teólogos contemporâneos por sua concepção sociológica da s. O *sistema* social é, com efeito, por definição uma estrutura que determina do exterior, e portanto que nega a liberdade individual; é também um meio de dominação na medida em que se pode manipular seus mecanismos. Assim, para a teologia política protestante ou católica a salvação consiste antes de tudo em se emancipar do determinismo social, num movimento de negação teológica ("teologia da cruz" de Moltmann, "memória da paixão*" de Metz) que permite acessar a esfera da espontaneidade pessoal e da comunicação autêntica (vida escatológica no Espírito*). Mas quando a negação de tal sistema opressor, injusto ou desumanizante, é também a negação da s. mesma (enquanto regularidade previsível, institucional), é difícil restabelecer uma comunidade,

isto é, dar um conteúdo prático, moral ou social, ao "homem novo em Cristo". Diante desse impasse, esses teólogos reagem frequentemente de maneira hegeliano-marxista, fazendo apelo à dialética da libertação na história* e à progressiva "tomada de consciência" pelas massas. Mas isso equivale, de fato, a advogar pelo estado atual das coisas, pela filosofia e pelo discurso oficial dos regimes liberais, democráticos, pluralistas e tecnológicos. O desejo de maximizar a liberdade de opção, a igualdade das oportunidades e a participação de todos e, por cima de tudo, a realização dos direitos subjetivos, deságua de fato na politização do tecido social, submetido a uma organização cada vez mais coercitiva.

Há duas outras respostas, no Ocidente, à problemática agostiniana: a dos tomistas, que a rejeitam, e a dos calvinistas, que a transformam. Ambos se apegam a um modelo de s. que alia o jurídico e o espiritual, o que conserva o caráter jurídico da unidade social.

Sob a influência de Aristóteles, Tomás* de Aquino substituiu a concepção agostiniana de uma s. secular conflitual por uma concepção mais orgânica da ordem social. Algumas instituições eram tradicionalmente consideradas como já existentes antes da queda (pecado original*), p. ex., o casamento* e a família*, e outras como tendo-a seguido, p. ex., a propriedade* privada e a autoridade* política: Tomás minimizou a distância espiritual entre elas, o que lhe permitiu ter uma visão mais unificada da vida social. Mesmo após a queda, a s. permanece, a seu ver, uma hierarquia harmoniosa de fins e de funções naturais, cada parte tendo seu lugar no todo organizado em vista de um fim. Sem divisão interna, em particular sem separação das comunidades políticas e não políticas, o conjunto constitui um todo social real cuja vontade comum é orientada para o bem comum. A harmonia hierárquica e a integração funcional da s. segundo Tomás não tornam o governo inútil; este deve, ao contrário, ao legislar, definir o conjunto dos interesses públicos e privados que constituem o bem comum e organizar a s. para que ela possa buscá-los.

O pensamento social católico contemporâneo inspirou-se em fontes não tomistas, seja Otto von Gierke (1841-1921) e a escola histórica alemã, a dialética de Hegel* e de Marx ou o misticismo social antirrevolucionário de Joseph de Maistre e de Louis de Bonald (tradicionalismo*); mas o ensinamento social oficial da Igreja, desde Leão XIII, é um esforço deliberado para adaptar a teoria social tomista a sociedades industrializadas, tecnologicamente avançadas e pluralistas. Dois conceitos são importantes, solidariedade* e subsidiariedade. Originalmente, "solidariedade" referia-se à comunidade de interesses que unem os membros da classe operária, mas este termo acabou por remeter a tudo o que une os homens, quer se trate de vínculos muito próximos ou da unidade do gênero humano (cf. João XXIII, *Pacem in terris*; Paulo VI, *Populorum progressio*; João Paulo II, *Laborem exercens* e *Sollicitudo rei socialis*).

Quanto à subsidiariedade, este princípio permite equilibrar, numa s., a unidade do todo e a diversidade e a liberdade das partes. Ele nasceu com Leão XIII, declarando (*Rerum Novarum* 28) que o Estado, salvo quando deve proteger juridicamente o bem comum, tem o dever de não impedir os indivíduos e as famílias de buscar seu bem próprio. Hoje, o princípio tem um duplo sentido, mais geral: 1/ a s. não deve se encarregar das funções que são da competência dos indivíduos e 2/ uma s. de ordem superior não deve se encarregar das funções de que é perfeitamente capaz uma s. de ordem inferior (cf. Pio XI, *Quadragesimo anno* 78-80; João XXIII, *Mater et magistra* 54-55, 117, 151-152; *Pacem in terris* 138-140). Desde o século passado, o pensamento católico, oficial ou não, combina os dois princípios para pensar os direitos naturais e jurídicos dos indivíduos e das coletividades.

Após a Reforma, a teoria social católica pôs a s. universal e espiritual da Igreja acima da s. civil. O antigo dualismo gelasiano (do papa Gelásio I, s. V), que concebia uma única s. cristã governada por duas autoridades, foi substituído pela concepção de duas s. autônomas, ordenadas para dois fins iguais, sobrenatural e natural (cf. p. ex. Leão XIII, *Immortale Dei, Libertas praestantissimum, Rerum Novarum;* Pio XI, *Divini illius magistri, Quadragesimo anno*). Desde a II

Guerra mundial, sob a influência de J. Maritain (1882-1973), certo número de autores atenuaram esse dualismo fazendo da s. civil uma realidade superior ao Estado do ponto de vista moral, cultural e religioso. Como o corpo político não tem unidade religiosa, cultural ou social, ele só pode encontrar sua coesão numa "fé" puramente "cívica ou secular", a "carta democrática", que enuncia os direitos e os deveres da s. política e de seus membros (Maritain, 1951, 108-114). A Igreja não tem de fazer valer seus títulos de "s. perfeita" em relação à s. leiga, tudo aquilo a que ela pode pretender passa pela consciência* dos católicos, e seus direitos (p. ex., a liberdade religiosa*) são direitos políticos naturais dos católicos enquanto cidadãos. Reciprocamente, enquanto instituição social, a Igreja faz parte integrante do corpo político e tem o mesmo *status* público (jurídico) que as outras associações e grupos que contribuem para o interesse geral.

Diferentemente de Tomás, Calvino aborda a problemática agostiniana para reorientá-la, mais do que para substituí-la. A seu ver, a desordem das relações sociais devida ao pecado não pode ser reduzida por um apelo aos fins naturais da s.; é preciso conceber a ordem social como uma ordem mais exclusivamente político-jurídica, fundada diretamente no governo providencial de Deus, e pensada com auxílio das ideias (amplamente tomadas de empréstimo ao AT) de aliança*, de mandamentos* de Deus e de magistraturas estabelecidas por Ele. A unidade da s. civil como da s. eclesiástica depende de sua estruturação institucional pelos mandamentos de Deus, que faz dos direitos e dos deveres de cada "ofício" uma manifestação de sua lei. O núcleo comum do pensamento social calvinista, tanto inglês quanto americano, é a consciência da diversidade, da independência e da igualdade de todas as instituições e funções sociais, expressões da lei divina, assim como da base contratual de toda comunidade.

Na América, entretanto, essa tradição evoluiu cada vez mais rumo ao formalismo político e ao voluntarismo* individual. Sob a influência da "ciência" política — p. ex. James Harrington (1611-1677), Montesquieu (1689-1755), David

Hume (1711-1776) —, o constitucionalismo americano (cf. *The Federalist*) substituiu o sistema puritano dos ofícios por um equilíbrio artificial de poderes e de interesses funcionando graças a regras em grande parte procedimentais, o que faz que um acordo geral sobre o procedimento tenha acabado por ser considerado como a chave da integração política de elementos sociais que permanecem radicalmente diferentes. Ademais, um contratualismo político virulento favoreceu o desenvolvimento de um modelo econômico ou comercial da ordem política no qual consumidores que dispõem de direitos firmam um contrato com funcionários eleitos para obter serviços específicos (cf. R. Nozick). O pensamento social protestante na Europa é favorável, ao contrário, a um pluralismo cristão corporativista. Referindo-se ao federalismo calvinista alemão (Althusius, 1557-1638), o neocalvinismo "antirrevolucionário" holandês (G. Groen van Prinsterer [1801-1876], Abraham Kuyper [1837-1920], Herman Dooyeweerd [1894-1977]) propôs da s. uma teoria não hierárquica, antinaturalista e evangélica; as ideias de "soberania" e de interdependência funcional das diferentes esferas sociais criadas por Deus apoiam-se neste caso na fé na soberania de Deus em Cristo. Como ocorre com as concepções católicas mais conservadoras do pluralismo social, os direitos de regulação das instituições e das comunidades são julgados tão importantes quanto os dos indivíduos para criar a harmonia da s. política.

- Agostinho, *A cidade de Deus*, BAug 33-37. — J. Calvino, *Inst.*, ed. J. D. Benoît, 5 vol., Paris, 1957-1958, IV, 20. — H. Dooyeweerd, *Vernieuwing en Bezinning om het Reformatorisch Grondmotief*, ed. J. A. Oosterhoff, Zutphen, 1959. — *The Federalist*, ed. E. G. Bourne, Nova York, 1937. — O. von Gierke, *Rechtsgeschichte der deutschen Genossenschaft*, vol. I de *Das deutsche Genossenschaftsrecht*, 4 vol., Berlim, 1868-1913. — G. Groen van Prinsterer, *Ongeloof en Revolutie*, Amsterdã, 1847. — G. W. F. Hegel, *Grundlinien der Philosophie des Rechts*, ed. Gans, *Hegels Werke* 8, Berlim, § 257-360 (*Princípios da filosofia do direito*, São Paulo, 1997). — João XXIII, *Mater et magistra* (15 de maio de 1961), *AAS* 53, 401-464; *Pacem in terris* (11 de abril de 1963), *AAS* 55, 257-304. — Leão XIII, *Immortale Dei* (1º de novembro de 1885), *Leonis XIII P. M. Acta* V, 118-150; *Libertas praestantissimum* (20 de junho de 1888), *Acta* VIII, 212-246; *Rerum Novarum* (15 de maio de 1891), *Acta* XI, 97-144. — M. Lutero, *Von weltlicher Obrigkeit, wie weit Man ihr Gehorsam schuldig sei*, *WA* 11, 245-280. — J. de Maistre, *OC*, 14 vol., Lyon, 1884-1887. — J. Maritain, *Man and the State*, Chicago, 1951 (*O homem e o Estado*, Rio de Janeiro, 1952). — J.-B. Metz, *Glaube in Geschichte und Gesellschaft*, Mainz, 1977. — J. Moltmann, *Kirche in der Kraft des Geistes*, Munique, 1975. — Nicolau de Cusa, *De concordantia catholica*, in *Nicolai Cusani Opera omnia* XIV, Hamburgo, 1963. — Pio XI, *Quadragesimo anno* (15 de maio de 1931), *AAS* 23, 177-228. — Tomás de Aquino, *ST* IIa IIae, q. 90, 92, 105, a. 1 e 2; IIa IIae, q. 50, a. 1-3; *De regimine principium ad regem Cypri.*

▸ H. X. Arquillière (1955), *L'augustinisme politique*, Paris. — S. S. Wolin (1960), *Politics and Vision: Continuity and Innovation in Western Political Thought*, Boston. — R. A. Markus (1970), *Saeculum: History and Society in the Theology of S. Augustine*, Cambridge. — P. Riley (1982), *Will and Political Legitimacy: A Critical Exposition of Social Contract Theory in Hobbes, Locke, Rousseau, Kant and Hegel*, Cambridge, Mass. — M. Fédou (1986), *Augustin. La "Cité de Dieu"*, 413-426, *DOPol*, 31-40 (bibl.). — S. Stephens (1986), *"Le Fédéraliste"*, *ibid.*, 225-230 (bibl.). — L. Boff (1987), *A Trindade, a Sociedade e a Libertação*, Petrópolis. — J. Milbank (1990), *Theology and Social Theory: Beyond Secular Reason*, Oxford (*Teologia e teoria sociai*, São Paulo, 1996). — J. W. Skillen e R. M. McCarthy (sob a dir. de) (1991), *Political Order and the Plural Structure of Society*, Atlanta. — Pierre Manent (1994), *La cité de l'homme*, Paris. — M. Honecker (1995), *Grundriß der Sozialethik*, Berlim. — L. Bégin (1996), "Société", *REPhM*, 1411-1418. — G. Fessard (1997), *Le mystère de la société*, Bruxelas (ed. M. Sales).

Joan L. O'DONOVAN

→ *Agostinismo; Autoridade; Igreja-Estado; Povo; Reino de Deus.*

SOCINIANISMO → unitarismo/antitrinitarismo

SOFIOLOGIA

Corrente filosófica e teológica nascida na Rússia, depois continuada na emigração, a sofiologia (s.) consiste em especulações sobre a sabedoria* ("sophia") divina, considerada como um fator de união entre Deus e o homem, ou mais geralmente, entre Deus e sua criação*. Os principais representantes dessa corrente foram V. Soloviev (1853-1900), S. Boulgakov (1871-1944) e P. Florenski (1882-1937). A influência de Schelling* é evidente. A s. cultiva as características antinômicas ou paradoxais da Sabedoria: é ao mesmo tempo, criada e incriada, é a quarta hipóstase, é a feminilidade eterna de Deus etc. A s. encontrou seu principal adversário em Lossky (1903-1958) que atacou violentamente suas tendências gnósticas, tomando Boulgakov como alvo principal. Esse último foi objeto de uma censura do patriarcado de Moscou.

▸ S. Boulgakov (1033), *Agnets bojii*, Paris (trad. fr. Du Verbe Incarné, Lausanne, 1982). — V. Lossky (1936), *Le débat sur la Sophia. Le "memorandum" de l'archiprêtre S. Boulgakov et le sens du jugement du patriarcat de Moscou*, Paris (em russo). — S. Boulgakov (1936), *Encore sur le problème de la Sophia, sagesse divine*, Paris (em russo). — A. Litra (1950), "La 'Sophia' dans la création selon la doctrine de Serge Boulgakov" *OCP*, 16, 39-74. — P. Florenski (1975 trad. fr.), *La colonne et le fondement de la vérité*, Lausanne, 209-254, "La Sophie". — W. Goerdt (1995), "Sophiologie", *HWP* 9, 1063-1069 (bibl.) — R. Williams (sob a dir. de) (2000), *Sergii Boulgakov*, Edinburgo.

Jean-Yves LACOSTE

→ *Ortodoxia moderna e contemporânea; Sabedoria; Soloviev.*

SOLIDARIEDADE

O termo "solidariedade" (s.) pertenceu ao vocabulário jurídico e filosófico antes de entrar mais recentemente no da teologia*. No s. XIX, a "s. social" foi considerada não mais como um fato, mas como um valor, objeto de um dever (A. Comte, P. Leroux) e substituto secular da caridade cristã, depois como a base da moral (o *solidarismo* de L. Bourgeois, cf. Debarge, 1994).

a) O termo s., em seu vínculo com a caridade, pertence ao ensinamento social da Igreja* desde Pio XII (*Summi Pontificatus*), João XXIII (*Mater et Magistra*), Vaticano II*, que fez dele um tema importante da constituição *Gaudium et Spes* (cf. 31, 2; 32; 46, 57; 85, 1), e Paulo VI (*Populorum Progressio*). O concílio* sublinha que Cristo* quis entrar no jogo das s. humanas por todo o seu gênero de vida (*GS* 32, 2 e 5). A s. entre os homens é fundada na unidade e na igualdade de sua criação*, de sua vocação e da redenção cumprida em Jesus Cristo, que fez de todos os homens membros de seu corpo místico. Em nosso tempo, "o dever de s." deve ser exercido em favor dos povos subnutridos (João XXIII), de um desenvolvimento solidário da humanidade (Paulo VI), segundo a opção preferencial pelos pobres (João Paulo II). Ela deve se exercer em todos os níveis da sociedade*, dada a globalização das comunicações (Coste, 1990). O chamado cristão à s. se fez ouvir vigorosamente na teologia da libertação* e no movimento polonês *Solidarnosc*.

b) O princípio de s. se acha ilustrado no dogma* cristão pela doutrina do pecado original* (a s. negativa de todos os homens em Adão*) e pela da redenção (a s. positiva de todos em Cristo*). O termo teológico tradicional que corresponde melhor à s. é o de comunhão* dos santos. Pois "a realização da liberdade* supõe uma ordem solidária das liberdades" (Kasper, 1974). As pessoas* humanas agem umas sobre as outras, não somente no domínio material, mas pela influência de suas decisões espirituais.

No domínio da soteriologia (salvação*), a teologia da s. ocupa cada vez mais o lugar da teologia da substituição: as duas ideias são conotadas na ideia bíblica de representação (um só representa todos ao assumir o destino deles), que pode, com efeito, evoluir seja no sentido da substituição (um só age no lugar de todos), seja no da s. (um só age em nome daqueles com os quais assumiu por livre escolha uma s. de destino). "O futuro da fé* dependerá em grande parte da maneira como se conseguir conciliar a ideia bíblica de representação e a ideia moderna de s." (Kasper). A admirável troca, entre Cristo e nós, da justiça* e do pecado* (Gl 3,13; Fl 2,6-9; 1Cor 8,9; 2Cor 5,14 e 21), da divindade e da humanidade (Padres* da Igreja), baseia-se na perfeita s. do Verbo* encarnado com Deus*, de um lado, e com os homens, do outro. É nessa qualidade que Cristo é mediador.

- W. Kasper (1974), *Jesus der Christus*, Mainz. — J. B. Metz (1977), *Glaube in Geschichte und Gesellschaft*, Mainz, 1992⁵. — H. Peukert (1978), *Wissenschaftstheorie, Handlungstheorie, Theologie*, Frankfurt, 300-310. — H. U. von Balthasar (1980), *Theodramatik III. Die Handlung, III*, Einsiedeln. — N. Hoffmann (1981), *Sühne. Zur Theologie der Stellvertretung*, Einsiedeln. — E. Tischner (1983), *Éthique de solidarité*, Limoges. — B. Sesboüé (1988), *Jésus-Christ l'unique médiateur*, t. I, Paris. — R. Coste (1990), "Solidarité", *DSp* 14, 999-1006. — L. Debarge (1994), "Solidarité", *Cath.*, 14, 246-250. — C. Hungar (1995), "Solidarität", *EKL* 4, 277-280. — A. Wildt (1995), "Solidarität", *HWP* 9, 1004-1115. — W. Kerber (1995), "Solidaritätsprinzip", *HWP* 9, 1115-1117.

Bernard SESBOÜÉ

→ *Amor; Bode expiatório; Econômica (moral); Justiça; Misericórdia; Sociedade; Virtudes.*

SOLOVIEV, Vladimir, 1853-1900

Figura eminente da filosofia* religiosa russa, eclesiólogo, moralista, poeta, Soloviev (S.) nasceu em Moscou e morreu em Uzkoe, perto de Moscou. Filho de um historiador célebre e neto de presbítero*, começou por empreender estudos superiores de ciências naturais, depois obteve um doutorado em filosofia. Por razões políticas, sua carreira universitária durará somente alguns anos (1876-1882). Sua obra conheceu três períodos que se podem caracterizar por suas insistências maiores. A partir de 1870, interesses sofiológicos (a "Sofia" é concebida como uma pessoa*, e constitui o referente primeiro da Sabedoria*, da Virgem e da Igreja*; existe também uma sofia do mundo*). A partir de 1880, preocupações pelo ecumenismo* e pela teocracia (sinfonia do Estado* e da Igreja). A partir de 1890, investigações em ética*, estética e escatologia*. Herdeiro dos eslavófilos, S. primeiramente quis fundar uma dupla crítica filosófica, do positivismo tanto quanto do idealismo, em nome da unidade revelada do mundo material e do mundo espiritual (ou do criado e do incriado), o que ele chama de *unitotalidade*.

Para definir este conceito, recorre ao mesmo tempo aos escritos herméticos e a Plotino (cf. *Ist.*, 1992, 243-252). A sofiologia elaborada por S. não é apenas teórica, é também prática, ou "encarnada". Ela repousa numa experiência* religiosa (essencialmente crística) e na utilização do conceito de "divino-humanidade" como chave de interpretação do real. Censurou-se a S. o ter tomado empréstimos abundantes do gnosticismo durante esse período.

Se a primeira cristologia* de S. é marcada pelo pensamento da Sofia e influenciada por Schelling*, ela se torna mais clássica a partir das *Lições sobre a divino-humanidade* (1877-1881) e dos *Fundamentos espirituais da vida* (1882-1884). *O desenvolvimento dogmático da Igreja* (1886), primeira parte da *História do futuro da teocracia*, exprime então as intuições eclesiológicas e as orientações ecumênicas de S. Seu alcance não foi exatamente reconhecido até hoje. Juiz das posições eclesiológicas da Igreja russa de seu tempo, S. estima que elas permanecem marcadas pela crise trágica do Raskol, que levou a sancionar aqueles que recusavam uma bizantinização da Igreja (cf. *A grande controvérsia*, cap. V). Durante os mesmos anos, S. buscou intensamente discernir as causas da separação entre a Igreja do Oriente e a Igreja do Ocidente, e acabou por enfatizar que essas causas não tiveram nenhum fundamento dogmático direto. Estimou, portanto, que como ortodoxo russo ele não estava de modo nenhum separado de Roma — mas distinguia cuidadosamente a "romanidade", princípio eclesiológico fundamental, e a "latinidade", realidade somente cultural. Nem por isso ele se vinculou à Igreja católica: bastava-lhe que sua fé* ortodoxa o pusesse em comunhão com a fé dos católicos. Sua reflexão sobre a história do cristianismo levou-o também a se interessar de muito perto pelo judaísmo*, pelo islã e pelo budismo. S. aprendera hebraico, estudara o Talmude e a cabala. Também afirmou-se como moralista cristão com duas obras maiores: *A justificação do bem. Filosofia moral* (1894-1896) e *O direito e a moral* (1897). Deixou também importantes obras de estética. Entre 1892 e 1900, foi encarregado da "seção filosófica" do grande dicionário enciclopédico russo *Brockhaus e Efron*, para o qual redigiu pessoalmente perto de duzentos verbetes.

No final da vida, S. concebeu a história* cristã em seu conjunto como uma manifestação do juízo* de Deus* sobre o mundo e sobre a Igreja. Deu então uma expressão genial de sua visão do fim dos tempos, do retorno de Cristo* e da vinda do Reino*, no "Breve relato sobre o anticristo", que encerra seus *Três diálogos sobre a guerra, a moral e a religião* (1899-1900). Utopista, visionário, S. foi também um polemista. Formulou uma crítica pertinente da Igreja medieval e da dos tempos modernos em *A decadência da concepção medieval do mundo* (1891) e *Sobre as falsificações do cristianismo* (1891).

S. não fez escola, propriamente falando, mas influenciou profundamente filósofos como N. Berdiaev, S. Bulgakov, P. Florenski, A. Losev, N. O. Lossky, S. Trubetzkoi e outros. Depois de setenta anos de proibição, a herança de seu pensamento está hoje em vias de redescoberta, e fecunda numerosas investigações tanto na Rússia quanto no Ocidente.

- *OC*, 10 vol., São Petersburgo, 1911-1913; reprodução fototípica, Bruxelas, 1966. — TRAD. FRANC.: *Les fondements spirituels de la vie*, 1932; *La crise de la philosophie occidentale*, 1947; *Conscience de la Russie* (coletânea de 14 artigos ou extratos de artigos agrupados sob cinco rubricas: 1/ Dostoiévski e a vocação da Rússia; 2/ Polônia e Rússia; 3/ O problema russo; 4/ Oriente e Ocidente; 5/ O sentido da história [reproduz o "Relato sobre o anticristo"]), Montreux, 1950; *La grande controverse* (inclui "La décadence de la conception médiévale du monde"), 1953; *La Sophia et les autres écrits français*, Lausanne, 1978; *Trois entretiens*, 1984; *Le sens de l'amour. Essais de philosophie esthétique* ("o sentido do amor", "o drama da vida de Platão", "a beleza na natureza", "o sentido geral da arte", "um primeiro passo rumo a uma estética positiva"), 1985; *Le développement dogmatique de l'Église*, 1991; *Leçons sur la divino-humanité*, 1991; *Le judaïsme et la question chrétienne*, 1992; *La justification du bien*, 1997.

▸ F. Rouleau (1990), "Vladimir Soloviev", *DSp* 14, 1023-1033. — D. Stremooukhoff (1935), *V. Soloviev et son oeuvre messianique*, Paris, reed. s.d., Lausanne. — H. U. von Balthasar (1962),

Herrlichkeit II/2, Einsiedeln, 647-716. — S. M. Soloviev (1982), *Vie de V. Soloviev par son neveu*, Paris. — A. Losev (1983), *V. Soloviev*, Moscou. — Alain Besançon (1985), *La falsification du bien*, Paris. — Grzegorz Przebinda (1992), *Wladzimierz Solowjow*, Cracóvia. — Michelina Tenace (1993), *La beauté, unité spirituelle dans les écrits esthétiques de V. Soloviev*, Troyes. — Société Vladimir Soloviev (1994), *Œcuménisme et eschatologie selon Soloviev*, Paris. — Maxime Herman (1995), *Vie et oeuvre de V. Soloviev*, Friburgo (Suíça).

Bernard DUPUY

→ *Ecumenismo; Intercomunhão; Ortodoxia moderna e contemporânea.*

SOTERIOLOGIA → salvação

STAUDENMAIER (Franz Anton) → Tübingen (escolas de)

STRAUSS (David Friedrich) → Tübingen (escolas de)

SUÁREZ, Francisco, 1548-1617

Jesuíta espanhol, teólogo, filósofo e jurista, Suárez (S.) foi apelidado de *Doctor Eximius*, o doutor exímio.

a) Vida e obras. — Nascido em Granada, S. entra na Companhia de Jesus em 1564, enquanto empreende estudos de direito* canônico em Salamanca. Em 1571 começa a ensinar, antes de tudo, como é normal, filosofia*, em seguida, em 1574, teologia, sobretudo em Valladolid, onde comenta a *prima pars* da *Summa theologica* de Tomás* de Aquino. Em 1580, é chamado ao Colégio Romano para ensinar teologia; mas, por razões de saúde, regressa à Espanha em 1585, para Alcalá, trocando suas funções com as de Gabriel Vásquez (1549-1604), o outro grande teólogo jesuíta da época, com quem S., aliás, estará em desacordo aberto em múltiplas questões. S., que comentou em Roma* questões da IIa e da IIIa *pars* da *ST*, prossegue em Alcalá seu ensino sobre as questões da IIIa. Publica então seu *Commentarium ac disputationum in tertiam partem Divi Thomae tomus prima* (Alcalá, 1590,

Vives XVII-XVIII). Após o retorno de Vásquez, S. parte para Salamanca, onde, desincumbido de todo ensino, consagra-se à publicação de suas obras, a partir de suas notas de curso. Durante esse período, remaneja e aumenta seu primeiro volume sobre a *tertia pars*, e publica o segundo (Alcalá, 1592, Vives XIX) e o terceiro (Salamanca, 1595, Vives XX-XXI) tomos. Inicia a redação das *Disputationes metaphysicae*, com o auxílio dos cursos de filosofia que deu durante seus primeiros anos de docência: trata-se de uma obra destinada a introduzir ao estudo de sua teologia. Tornando-se doutor da Universidade de Évora, S. é chamado a Coimbra em 1597 pelo rei da Espanha, Filipe II, para ocupar a famosa cátedra de *Prime*; publica no mesmo ano as *Disputationes metaphysicae* (Salamanca, 1597, Vives XXV-XXVI). Alguns anos depois aparecem o quarto (Coimbra, 1602, Vives XXII) e o quinto tomos (o *De censuris*, Coimbra, 1603, Vives XXIII) de seu comentário sobre a IIIa, que coincide com o início das controvérsias *de auxiliis* (bañezianismo*): S. tem então de interromper seu comentário para tratar das relações da graça* e da liberdade*. Os textos deste período são reunidos nos *Opuscula theologica sex* (Madri, 1599, Vives XI), onde se encontra em particular o *De concursu et efficaci auxilio Dei ad actus liberi arbitrii necessario*, o *De scientia quam Deus habet de futuris contingentibus* e o memorial *Brevis resolutio quaestionis de concursu et efficaci auxilio Dei ad actus liberi arbitrii necessario*; este último servirá de manifesto a certo número de teólogos jesuítas de Castela, assim como a *Disputatio de justitia qua Deus reddit praemia meritis et poenas pro peccatis*, dirigida contra Vásquez, que não admitia a intervenção da justiça* divina na retribuição dos méritos, já que esta depende exclusivamente da bondade divina, e a justiça divina só tem papel a desempenhar no castigo dos pecados*. Os *Opuscula* são atacados por Báñez, e S. os defende num memorial que só será publicado em 1859 em Bruxelas por M. Malou: *Patris Francisci Suarez gravis epistola ad Clementem VIII pontificem maximum et epistolae subjuncta ejusdem Apologia, seu res-*

ponsiones ad propositiones de auxiliis gratiae notatas a M. Dominico Bannez. É preciso citar também, no mesmo contexto, o *Tractatus theologicus de vera intelligentia auxilii efficacis ejusque concordia cum libertate voluntarii consensus*, que também será publicado postumamente (Lyon, 1655, Vives X). S. não faz parte de nenhuma das congregações *de auxiliis*, mas exerce uma grande influência nos debates por meio daqueles alunos e discípulos seus que participam delas, assim como por sua presença em Roma de 1604 a 1606. Esta se explica pela necessidade de defender uma tese exposta principalmente no *De paenitentia* (*Disputatio XXI*, sec. IV, Vives XXII), a do caráter sacramental da confissão de um ausente, que torna possível a confissão à distância (o argumento terá uma posteridade no s. XX, quando se colocará a questão da confissão por telefone); apesar de seus esforços, essa tese foi proibida por Roma (decreto de 7 de junho de 1603, *DS* 1994-1995). De retorno a Coimbra, S. ensina até 1615. Ali publica ou prepara para a publicação seus comentários da Ia pars, o *De Deo* (Lisboa, 1606, Vives I), o *De angelis* (Lião, 1621, Vives III). Trabalha também em seus comentários da Ia IIae, o *De gratia* (Coimbra, 1619 para a 1ª e a 2ª partes, 1651 para a 3ª parte, Vives VII-X), e o *De legibus* (Coimbra, 1612, Vives V-VI). A respeito da IIa IIae p., redige o *De virtute et statu religionis*, desta vez a pedido do P. geral Aquaviva e não por causa de seu ensino. Este comentário termina com um tratado consagrado à vida religiosa na Companhia de Jesus (4 vol., Coimbra, 1608-1609, e Lyon, 1624-1625, Vives XIII-XVI). É durante esse período que S. muda de método nos comentários de Tomás (cf. *infra*). Vários tratados polêmicos datam também desse período, como o *Defensio fidei catholicae et apostolicae adversus anglicanae sectae errores...* (Coimbra, 1613, Vives XXIV), composto a pedido de Paulo V para combater dois escritos de Jaime I, rei da Inglaterra. Este trabalho de redação e de publicação é interrompido pela morte de S., em 25 de setembro de 1617. Após sua morte, seu amigo P. Balthazar Álvarez (1561-1630) empreende publicar não somente as obras prontas para a publicação, mas também os cursos que S. ainda não revisara: além das publicações póstumas do s. XVII, já mencionadas, Álvarez publica o *De anima*, tratado de filosofia datado da juventude de S., mas que este remanejou (parcialmente) antes de morrer para fazê-lo entrar num conjunto teológico (Coimbra, 1621, Vives III); é também a Álvarez que devemos a publicação de uma parte do comentário da Ia IIae a partir dos cursos dados em Roma, decerto já em parte remanejados (Lyon, 1628, Vives IV), e de uma parte da IIa IIae (Coimbra, 1621, Vives XII). Ele não conseguirá concluir a publicação dos escritos de S., assim como M. Malou dois séculos mais tarde.

b) Método e teses características de Suárez. — S. distingue-se antes de tudo pelo estilo de seus comentários dos textos tradicionais, os de Tomás de Aquino e os de Aristóteles. Ali ele sistematiza, com efeito, uma nova forma de comentário, que não se apega mais à literalidade do texto comentado e à progressão de sua argumentação, nem mesmo à ordem das questões que aborda, mas que se organiza de fato como um tratado autônomo, oferecendo um tratamento sistemático das questões em jogo, convocando o texto de referência só para inseri-lo pontualmente em sua própria progressão — por conseguinte, ele prescinde da reprodução desse texto à frente do comentário e não se refere a ele mais do que por uma indicação da concordância das questões. Este novo estilo de comentário, mais apegado à doutrina que ao texto, incontestavelmente moderno, rompe com as práticas tradicionais herdadas da escolástica* medieval. S. o adota de saída na filosofia, com as *Disputationes metaphysicae*, e mais tardiamente na teologia, durante sua última temporada em Coimbra (a partir de 1606), de sorte que seu comentário da *ST* põe em marcha dois métodos diferentes.

S. inova ainda por sua maneira de considerar a relação da filosofia e da teologia. No seio mesmo da relação ancilar tradicional da filosofia à teologia, S. afirma a prioridade da metafísica sobre toda doutrina, inclusive sobre a teologia: esta, com efeito, é discursiva e se desenvolve supondo conhecidos os princípios naturais nos quais ela se apoia, ao passo que a metafísica tem por função estabelecer e explicar estes mesmos princípios. A metafísica, portanto, tem valor de fundamento universal, e sua prioridade equivale a uma independência em relação à teologia, independência requerida a fim de que ela possa exercer da melhor maneira seu papel de serva (ver as *Disputationes metaphysicae, prooemium*, t. XXV, e o *De divina substantia, prooemium*, t. I).

S. distingue-se na metafísica: 1/ ao lhe atribuir como sujeito o ente real, ou o *"ens in quantum ens reale"*; 2/ ao subdividir o estudo metafísico em dois exames distintos, o da determinação comum do ente (primeiro volume das *Disputationes metaphysicae*, t. XXV), ao qual sucede (segundo volume da mesma obra, t. XXVI) o das diferentes espécies do ente, em outras palavras, das determinações especiais do ente. Esta bipartição estará na origem daquilo que se chamará, depois de S., de distinção entre *metaphysica generalis* e *metaphysica specialis*; e ela permite a Suárez afirmar um duplo primado no seio da metafísica, o do ente, de um lado, tomado em sua determinação mais ampla e mais universal que constitui o objeto adequado e principal da metafísica, e o de Deus, do outro lado, que permanece o objeto primeiro da metafísica, mas desta vez do ponto de vista do estudo das determinações especiais do ente; 3/ ao submeter Deus* à metafísica: se ali ele é estudado a título de objeto primeiro, é somente como *praecipua pars entis*, e não sob sua razão própria de deidade*, e por isso se pôde falar de uma estrutura ontoteológica da metafísica suareziana; 4/ ao recusar (e isso contra Tomás de Aquino) tratar o ser* de um ente real como um ato distinto da essência (essa recusa manifesta em particular a preocupação de excluir da metafísica todo dado resistente à razão*); 5/ enfim, ao afirmar o primado da univocidade do conceito objetivo de *ens* sobre a analogia* mesma (*Disputationes metaphysicae* I a III).

Na teologia, S. frequentemente distancia-se da tradição tomista (tomismo*), em particular nas questões seguintes: 1/ o motivo da encarnação* (*Commentaria in tertiam partem...*, t. XVII, d. V); 2/ o papel da espécie expressa no conhecimento e suas consequências na concepção da visão beatífica* (*De divina substantia*, 1.II, c. 11 e 12, t. I); 3/ a tendência a completar o intelectualismo* tomasiano com uma maior consideração da vontade, seja na determinação da beatitude* (*De ultimo fine hominis*, d. VII, t. IV), na questão da origem da sociedade* civil (*De opere sex dierum*, 1.V, c. VII, t. III) ou na definição da lei* (*De legibus*, 1.I, c. V, t. V; é neste último ponto que entrará em controvérsia com Vásquez).

Se S. admite, como alguns filósofos jesuítas contemporâneos, a hipótese da pura natureza* (*De ultimo fine hominis*, d. IV, s. III) e o tipo de relação entre natureza e sobrenatural* que disso decorre, admite-se também, embora após alguma reflexão, a ideia de ciência média. Ele no entanto se distingue dos molinistas no problema da predestinação*, em que adota a solução de Báñez, que consegue conciliar com a noção de ciência média: é porque nos predeterminou que Deus pode prever infalivelmente nosso consentimento à graça (*De concursu, motione et auxilio Dei*, t. XI).

No domínio moral, S. desempenha um papel considerável no desenvolvimento da casuística* na virada do s. XVII: com efeito, ele contribuiu para a formação do que se chamará de probabilismo moderado (*De bonitate et malitia...*, d. XII, t. IV). No que diz respeito às questões políticas e jurídicas, notar-se-á particularmente a insistência de S. na especificidade do fim da vida civil (*De legibus*, 1. III, c. XI, t. V) e as consequências que disso decorrem para o tratamento de duas questões: a da relação da Igreja* com o Estado* e a dos limites da autoridade* política; S. aplicará suas teses ao caso de Jaime I (*Defensio fidei*, t. XXIV). Também se notará seu papel no nascimento da escola do direito* natural (embora suas ideias ali sejam retomadas num estado de espírito antiteológico oposto ao seu), assim como na definição e no desenvolvimento do direito internacional moderno.

A amplitude e a diversidade excepcionais de sua produção não devem, portanto, mascarar a originalidade e a firmeza das tomadas de posição de S., nem sua independência de espírito. Em filosofia mais ainda que em teologia, não se poderia subestimar sua importância para todo o s. XVII. Aliás, desde o s. XVII foi S., suposto tomista, quem forneceu à Companhia de Jesus sua referência filosófica e teológica. A ironia da história* quer também que este jesuíta contrarreformador tenha pesado consideravelmente no desenvolvimento da "metafísica de escola" que dominou o luteranismo* de língua alemã no s. XVII — e sua influência se fez mesmo sentir numa teologia ortodoxa, grega e russa, que conhecia então seu "cativeiro babilônio" vivendo somente de empréstimos ao Ocidente latino. O pensamento de S. teve um papel de primeiro plano no "neotomismo" encorajado no final do s. XIX pela encíclica *Aeterni Patris* de Leão XIII (4 de agosto de 1879). Os manuais tomistas que viram a luz inspiraram-se de fato nos comentários da escolástica tardia (João de São Tomás e os salmanticenses), e de modo particular em S. A história do suarezismo se prolongou assim até o início do s. XX, quando foi representado sobretudo por P. Descoqs e G. Picard.

• *Opera omnia*, Paris (Vives), 1865-1878, que retoma a ed. dos *Opera omnia*, Veneza, 1740-1751. Muitos outros escritos, assim como a correspondência de S., não figuram nesta edição e ainda estão inéditos. — *R. P. Francisci Suaresii Opuscula sex inedita*, ed. por M. Malou, Paris-Bruxelas, 1859. — Ed. em curso na *Biblioteca hispánica de filosofía*, Madri. — Trad. fr. *Disputes métaphysiques* (I-III), Paris, 1998.

▶ K. Werner (1889), *S. und die Scholastik der letzten Jahrhunderte*, Regensburg. — R. de Scorraille (1912), *François S., de la Compagnie de Jésus*, 2 vol., Paris. — E. Rivière e R. de Scorraille (1918), *S. et son oeuvre, à l'occasion du troisième centenaire de sa mort*, Toulouse. — A. Gemelli (sob a dir. de) (1918), *Scritti varii pubblicati in occasione del terzo centenario della morte di F. S.*, *RFNS* X/1. — L. Mahieu (1921), *F. S. Sa philosophie et les rapports qu'elle a avec sa théologie*, Paris. — P. Descoqs (1925), *Institutiones metaphysicae generalis*, Paris; 1926, "Thomisme et suarézisme", *ArPh* 4, 82-192. — M. Grabmann (1926), "Die *Disputationes Metaphysicae* des Franz S.", *Mittelalterliches Geistesleben*, t. I, cap. XVII, Munique.

— E. Conze (1928), *Der Begriff der Metaphysik bei Franciscus S.*, Leipzig. — J. B. Scott (1933), *S. and the international community*, Washington. — P. Mesnard (1936), *L'essor de la philosophie politique au XVIe siècle*, Paris. — P. Monnot, P. Dumont et R. Brouillard (1941), "S.", *DThC* 14/2, 2638-2728. — E. Gilson (1947), *L'être et l'essence*, Paris. — G. Picard (1949), "Le thomisme de S.", *ArPh* 18, 108-128. — S. Catellote Cubelles (1962), *Die anthropologie des S. Beiträge zur spanischen Anthropologie des XVI. und XVII. Jahrhunderts*, Friburgo-Munique. — R. Wilenius (1963), *The social and political theory of F. S.*, Helsinki. — J.-L. Marion (1980), *Sur la théologie blanche de Descartes*, Paris. — J.-F. Courtine (1990), *S. et le système de la métaphysique*, Paris. — B. Neveu (1993), *L'erreur et son juge*, Nápoles. — M. G. Lombardo (1995), *La forma che dà esses alle cose. Enti di ragione e bene trascendente in Suárez, Leibniz, Kant*, Milão.

Laurence RENAULT

→ *Analogia; Autoridade; Bañezianismo-molinismo-baianismo; Casuística; Direito; Graça; Lei, Predestinação; Ser; Sobrenatural; Visão beatífica.*

SUBORDINACIANISMO

O termo "subordinacianismo" (s.) ou às vezes "subordinacionismo" agrupa as diferentes formas que tomou, sobretudo antes do I concílio* de Niceia* em 325, a tendência a colocar o Filho na dependência do Pai*, portanto, em certa inferioridade em relação ao Pai — e embora seja bem mais centrado na pessoa do Filho, o s. deve ser aproximado dos diferentes tipos de modalismo*. Antes de Niceia, as definições cristológicas dos Padres*, preocupados em manter plena e íntegra a afirmação monoteísta e em evitar todo diteísmo a propósito do Filho, escapam dificilmente do risco de s. Alguns versículos neotestamentários, sobretudo joaninos, vinham ademais apoiar uma apresentação hierárquica do Pai, do Filho e do Espírito*; assim, ao lado de expressões indicando a igualdade do Filho e do Pai (Jo 10,30; 14,7.0; 17,10.21), encontramos também: "o Pai é maior do que eu" (Jo 14,28), que não é aplicado pelos Padres só à humanidade do Verbo*, mas também à sua divindade. A influência dos esquemas emanatistas de tipo gnóstico marca igualmente as teologias* do *Logos* nos s. II-III (Simonetti, 1993); a divindade do Filho é uma divindade de participação e só a ideia de uma subordinação do Filho ao Pai permite distingui-los um do outro (ver Novaciano, *De trin.*, 31, 192). Diversas passagens das obras de Justino fazem considerar o apologista* como subordinacianista: querendo manter plenamente a unidade de Deus e a monarquia do Criador, ele fala então do *Logos* como do "príncipe mais poderoso e mais justo que conhecemos, *depois* de Deus que o engendrou" (*I Apologia* 12, 7; ver também *Diálogos com Trifão* 56, 4; 61, 1). Ao contrário, Ireneu* evita de duas maneiras todo s.: em sua refutação dos sistemas gnósticos, ele cuida de sublinhar a diferença entre as "emissões" racionais de éons e a geração do Filho — esta última sendo inefável (*Adv. Haer.* 2, 28, 6); e mais ainda, a articulação que estabelece entre teologia e economia preserva ao mesmo tempo a plena igualdade das pessoas no seio da Trindade* e a ordem de sua manifestação.

O s. de Orígenes* (O.) é uma questão ainda debatida (Rius-Camps, 1987). Sua posição pode parecer contraditória, e segundo os textos ele sustenta que o Filho é ao mesmo tempo igual e subordinado ao Pai. "Não há tempo em que o Filho não era", afirma O. em diversas ocasiões (*Tratado dos princípios* I, 2, 9 e IV, 4, 1; *Com. sobre Romanos* I, 5); e como Atanásio* (*De decretis nicaneae synodi*, PG 25, 465) cita o texto grego do *Tratado dos princípios* (IV, 4, 1), é, portanto, proibido considerar a afirmação como uma adição própria ao tradutor latino, Rufino. Outras formulações origenianas, entretanto (p. ex., *Com. sobre João* XIII, 25, 151), deixam entender que o Filho é inferior ao Pai e vão, portanto, no sentido do s.; mas é a questão da ordem das pessoas* que é abordada dessa maneira, e a superioridade do Pai vem do fato de ser o Pai, a fonte da divindade. A exegese* origeniana de Jo 14,28 no *Contra Celso* (VIII, 14-15) visa sobretudo refutar a ideia — que O. empresta a Celso — de que o Filho, o *Logos*, poderia ser mais poderoso que o Pai; em outro lugar (*Com. sobre João* XIII, 151), retomando o sentido de "*logos*" como proporção, ele afirma que o Filho como o Espírito "transcende todas as criaturas... mas ele mesmo é transcendido pelo Pai e tanto quanto e mais ainda do que ele mesmo e o Espírito Santo transcendem os outros seres".

O único s. que foi verdadeiramente herético foi o de Ário e seus sucessores, que recusam o *homoousios* (consubstancial*) niceno e fazem do Filho uma criatura; as discussões sobre o conceito de geração são assim, durante a crise ariana, o eco permanente da posição subordinacianista, à qual responde a cristologia* dos *Discursos contra os Arianos* de Atanásio, escritos entre 338 e 350 (PG 26).

• G.-L. Prestige (1955), *God in Patristic Thought*, Londres. — W. Marcus (1963), *Der Subordinatianismus*, Munique. — J. Doré (1982), "Monarchianisme et subordinatianisme", em *Initiation à la pratique de la théologie* (col.), II, 1, Paris, 209-216. — J. Rius-Camps (1987), "Subordinacianismo en Orígenes", *in* L. Lies (ed.), *Origeniana Quarta*, Innsbruck-Viena, 154-186. — H. Crouzel (1992), *Origène et Plotin*, Paris, 123-133. — M. Simonetti (1993), *Studi sulla cristologia del II e III secolo*, Roma. — G. Um Bilbao (1996), *Monarquia y Trinidad. El concepto teológico "Monarchia" en la controversia "monarchiana"*, Madri.

Henri CROUZEL

→ *Arianismo; Cristo/cristologia; Docetismo; Joanina (teologia); Modalismo.*

SUBSTÂNCIA

O grego filosófico, desde Aristóteles, usa comumente a substância (s.) em dois sentidos. A s. é, de um lado, a realidade individual, isto ou aquilo, um homem, um deus, uma pedra; fala-se então da "s. primeira", *protê ousia*. A s. é, de outro lado, o que os membros de uma mesma espécie têm em comum: fala-se então da "s. segunda", *deutera ousia*. Pedro e João são cada um uma s. primeira; mas são homens um e outro e têm, pois, uma s. segunda (uma natureza) em comum. O léxico da substância fez sua entrada solene na linguagem teológica quando o concílio* de Niceia* definiu a consubstancialidade do Pai* e do Filho, de modo que são um mesmo Deus*; consubstancialidade, pois, como uma e uma só s. primeira (se "s."

tivesse sido utilizada no sentido de s. segunda, o concílio teria afirmado que o Pai e Filho têm em comum a divindade como os deuses do Olimpo a têm em comum, i.e., como participantes de uma mesma natureza!) A linguagem da s. foi posteriormente utilizada pelos bispos presentes no concílio da Calcedônia* numa confissão* de fé, formulada de maneira equívoca, que diz o Cristo "consubstancial ao Pai em sua divindade" (s. primeira) e "consubstancial a nós em sua humanidade" (s. segunda).

Outra distinção aristotélica, a da s. e do acidente, devia ser objeto de uma apropriação teológica na doutrina escolástica* da eucaristia* em que apareceu a noção — monstruosa nos termos da física de Aristóteles, o que os averroístas apressaram-se em assinalar — de uma transubstanciação (uma s. primeira, pão e vinho, é convertida numa segunda s. primeira, corpo e sangue de Cristo, mas os acidentes da primeira s. permanecem). É preciso acrescentar que a doutrina eucarística do catolicismo* em seus enunciados mais solenes, exprimiu-se falando de s. e de "espécies" e não falando de s. e de acidentes.

▶ C. Stead (1977), *Divine Substance*, Oxford. — J. Halfwassen *et al.* (1998), "Substanz; Substanz/Akzident", *HWP* 10, 495-553. — H. Seidl (2001), "Substanz", *TER* 32, 293-303 (bibl.).

Jean-Yves LACOSTE

→ *Calcedônia (concílio); Consubstancial; Niceia I (concílio); Ser (a).*

SUCESSÃO APOSTÓLICA

a) Definição. — A expressão "sucessão apostólica" (s.a.) designa a continuidade da apostolocidade da Igreja*, a permanência de geração em geração do ministério* e do ensinamento dos apóstolos*. A s.a. diz respeito à Igreja por inteiro, já que é ela que é apostólica.

Mas a expressão "s.a." é frequentemente entendida, de modo mais estrito, como uma sucessão de bispos* ("s. episcopal") ou de presbíteros ("s. presbiteral") que remonta de maneira ininterrupta até os apóstolos. Ela pode ser "local" (*successio localis*) e consistir na sequência dos ocupantes da mesma sé (p. ex., a série dos bispos de Roma* ou de Alexandria, desde o primeiro deles, que foi instalado por um apóstolo), ou "pessoal" (*successio personalis*); trata-se então de uma sequência de ministros dos quais o primeiro foi ordenado por um apóstolo e em que cada um ordenou seu sucessor. A s.a. é frequentemente reduzida a uma "sucessão pessoal" de bispos, mas o movimento ecumênico mostrou a importância de adotar uma concepção mais ampla.

b) Contexto bíblico. — Pode-se encontrar elementos da ideia de s.a. no NT, sem que ela seja ali explicitamente acentuada. Paulo já fala de uma tradição* que ele recebeu e que deve transmitir intacta, acerca da ressurreição* p. ex. (1Cor 15,3) ou da eucaristia* (1Cor 11,23). Nos textos mais tardios, insiste-se ainda mais "na fé* transmitida aos santos uma vez por todas" (Judas 3). Os destinatários das epístolas pastorais são particularmente exortados a transmitir fielmente a tradição (1Tm 6,20; 2Tm 1,14; 2,2; Tt 1,9). Por outro lado, vemos Jesus*, antes (Lc 10,1) e após (Mt 28,18-20) a ressurreição, enviar os apóstolos em missão*, missão na qual exercerão uma autoridade derivada da dele (Lc 10,16; Jo 20,21-23). O envio pós-pascal em missão deve continuar ao longo de toda a história* (Mt 28,19). Enfim, se o sentido do termo "apóstolo" varia no NT, várias vezes diz-se que os apóstolos são os fundamentos da Igreja (Ef 2,20; Ap 21,15). Em Tt 1,5 vemos aparecer a ideia de uma transmissão da autoridade de Paulo à geração seguinte.

c) A época patrística. — No s. II, a noção de s.a. serve de apoio para a luta contra as heresias gnósticas. Inácio já insistira no papel essencial do bispo na Igreja local* (*Epístola aos Magnésios* 6, sem ideia de sucessão) e Clemente de Roma introduzira a ideia de uma sucessão indo de Cristo* aos apóstolos e depois aos sucessores dos apóstolos, e assim por diante (1*Clem.* 42). Ireneu*, por seu turno, faz da s.a. um dos aspectos da tradição apostólica que distingue as verdadeiras Igrejas de suas rivais gnósticas. Cristo não escondeu nada de seus apóstolos, seus discípulos mais chegados, e lhes ensinou toda a verdade*; os apóstolos a transmitiram

por sua vez "antes de tudo, àqueles a quem confiavam as próprias Igrejas" (*Adv. Haer.* III, 3, 1). Para as Igrejas mais importantes, sobretudo para a de Roma, a lista dos bispos remonta até os apóstolos de maneira ininterrupta. "Eis em que sequência e em que sucessão a Tradição que se acha na Igreja a partir dos apóstolos e a pregação* da verdade chegaram até nós" (*ibid.*, III, 3, 3). Ireneu diz acerca dos "presbíteros*" que "com a sucessão no episcopado, eles receberam o seguro carisma da verdade" (*ibid.*, IV, 26, 2), mas o que conta para ele é a *successio localis*, como sinal de continuidade da tradição apostólica numa Igreja dada e, portanto, como critério para reconhecer essa tradição. Tertuliano* (*Da prescrição contra os heréticos* 20 sq; *Contra Marcião* 4, 5) tem a mesma concepção da s.a. pelas mesmas razões antignósticas.

Em Cipriano*, a continuidade da sucessão de todo o episcopado desde a fonte única dos apóstolos, e especialmente desde Pedro*, é essencial para a unidade* de toda a Igreja (*De unitate Ecclesiae* 5) e para a autoridade* de cada bispo em sua Igreja (*Ep.* 68). A s.a. é entretanto ainda um assunto da Igreja, mais do que dos indivíduos. Um bispo que sai da unidade* da Igreja pela heresia* ou pelo cisma* sai também da s.a. Nos s. IV e V, chegar-se-á mais perto de uma concepção mais individual da s.a., e se reconheceu cada vez mais a validade* dos sacramentos* e das ordenações* conferidas fora da comunhão* da Igreja. Se tais ordenações eram mesmo válidas, eram portanto ordenações dentro da s.a., e os bispos heréticos ou cismáticos não podiam estar fora dessa sucessão. A s.a. era menos um assunto da Igreja do que daqueles que tinham sido ordenados numa *successio personalis*, e a heresia ou o cisma não podiam, portanto, retirá-la. Agostinho* fez muito por essa mudança de perspectiva, embora fale, em geral, da s.a. segundo o modelo antigo.

A s.a. era evidente na IM e foi, portanto, objeto de poucos debates. A teologia escolástica* do sacramento da ordem, com seus conceitos de poder (*potestas*) e de caráter indelével (*character indelebilis*) adquiridos pela ordenação, reforçou a concepção individualista da s.a. Por causa mesmo da ausência de debate, algumas imprecisões permaneceram. Concordava-se em dizer que a s.a. era transmitida pelos bispos, mas a maior parte dos teólogos não fazia diferença entre presbíteros e bispos do ponto de vista do sacramento da ordem. Esta teologia, portanto, não oferecia base muito sólida para rejeitar a validade de uma sucessão presbiterial.

d) A Reforma e os debates que se seguiram.
— Nos diferentes ramos da Reforma (luteranos, calvinistas e anglicanos), a s.a. (no sentido de *successio personalis* episcopal) não foi mais julgada necessária para a validade ou a eficácia do ministério* da palavra e dos sacramentos. A rejeição por Lutero* das ideias de poder de ordem e de caráter indelével não deixava muita coisa à s.a. tal como a concebia a teologia* medieval. A verdadeira s.a. consistia em se limitar ao Evangelho dos apóstolos (*WA* 39 II, 176). Melanchton era mais favorável à ideia de ordem episcopal, mas isso não o impedia de julgar que a s.a. episcopal (s.a. ep.) não era essencial à Igreja (CR 23, 595-642). Os Estados luteranos afirmaram sempre, todavia, que estavam prestes a se submeter aos bispos católicos, e portanto a admitir uma s.a. ep., se os bispos autorizassem a pregação do Evangelho e as reformas que eles desejavam (*BSLK* 296, 14 *sq*). Na Suécia e na Finlândia, as Igrejas luteranas conservaram a *successio personalis* episcopal.

Para a tradição calvinista, a s.a. ep. tampouco é essencial; e como as Igrejas reformadas apegam-se muito à igualdade de todos os ministérios (cf. p. ex. a *Confissão helvética posterior*, cap. 18), elas admitem menos facilmente do que os luteranos a existência de bispos, e se opõem mais à s.a. tal como entendida normalmente.

A Igreja da Inglaterra conservou a s.a. ep. no momento da Reforma, e seus teólogos a defenderam contra os partidários do sistema presbiteriano. Todas as Igrejas anglicanas têm bispos saídos de uma *successio personalis*. Mas a maioria dos teólogos anglicanos, em harmonia, aliás, com as autoridades eclesiásticas, não pensam que uma Igreja que perde a s.a. ep. não é mais uma verdadeira Igreja, sem que haja todavia unanimidade sobre a questão, sobre-

tudo desde o movimento de Oxford. A Igreja anglicana sempre teve por política ecumênica (Lambeth Quadrilateral, 1888) rejeitar a plena comunhão com as Igrejas que não são ao menos desejosas de recuperar a s.a. ep.

O concílio* de Trento* diz poucas coisas explícitas da s.a., mas retoma implicitamente a posição escolástica. O decreto sobre o sacramento da ordem declara: "Os bispos sucessores dos apóstolos têm um lugar preeminente na ordem da hierarquia*" (*ad hunc hierarchicum ordinem praecipue pertinere* XXIII, 4). O Vaticano II* é mais explícito ainda: "Os bispos, em virtude da instituição divina, sucedem aos apóstolos, como pastores* da Igreja, de sorte que quem os escuta escuta o Cristo, quem os rejeita rejeita o Cristo e aquele que ele enviou" (*LG* 20). A s.a. realiza-se pela ordenação numa *successio personalis* que transmite um dom espiritual (*LG* 21), mas o concílio se interessa sobretudo pela sucessão coletiva do corpo inteiro dos bispos, sucessores dos apóstolos em sua função de ensinamento, de santificação e de governo*. A s.a. une a Igreja católica e as Igrejas ortodoxas (*UR* 15), ao passo que o que falta ao sacramento da ordem nas Igrejas protestantes, decerto por causa da ausência de uma s.a. ep., faz com que elas não tenham "toda a realidade própria do mistério eucarístico" (*ibid.*, 22).

As Igrejas ortodoxas não tomaram parte do debate sobre a s.a. Elas consideram sempre que se trata de um aspecto essencial da Igreja, mas censuram frequentemente a teologia ocidental por separar abstratamente a continuidade do ministério de toda a Igreja (Zizioulas).

e) Problemas ecumênicos. — A s.a. é uma pedra de tropeço no domínio ecumênico. É o desacordo neste ponto que tem impedido o reconhecimento mútuo dos ministérios entre as Igrejas católica, ortodoxa e anglicana, de um lado, e entre as diferentes Igrejas protestantes, do outro. Alguns diálogos recentes permitem, contudo, esperar uma reaproximação.

O texto do CEI*, *Batismo, eucaristia, ministério* (1982), encontra "a primeira manifestação da s.a. [...] na tradição apostólica da Igreja por inteiro" (seção M, § 35). "A sucessão dos bispos se tornou um dos modos [...] pelos quais a tradição apostólica da Igreja foi expressa" (M 36). Referindo-se à existência da *episkope*, isto é, da vigilância dos ministérios, em todas as Igrejas, *BEM* vê na s.a. ep. "um sinal, embora não uma garantia, de continuidade e de unidade da Igreja" (M 38).

Essa ideia de sinal foi aprofundada no diálogo anglicano-luterano (*Relatório de Niágara* 1988). A continuidade apostólica da Igreja é mantida pela fidelidade de Deus* a despeito das falhas humanas (28), graças a diferentes mediações: a Bíblia*, o credo, a continuidade do sacerdócio* institucional (29). Já que a s.a. caracteriza a Igreja por inteiro, não existe nenhum critério (p. ex., a existência ou não de uma *successio personalis* episcopal) que permita julgar se uma Igreja realmente a possui, e é preciso levar em conta vários fatores para chegar a um juízo mais amplamente fundado (20). Sobre esta base, as Igrejas anglicanas poderiam aceitar reconhecer a s.a. de Igrejas luteranas que não têm a *successio personalis*, e estas últimas poderiam, por seu turno, aceitar a *successio personalis* como um sinal útil da s.a.

de toda a Igreja. Esses argumentos abriram o caminho para o *Acordo de Porvoo* (1994), que sela a reconciliação da Igreja anglicana e das Igrejas luteranas nórdicas e bálticas.

• E. Schlink (1961), "Die apostolische Sukzession", in *Der kommende Christus und die kirchlichen Traditionen*, Göttingen. — Y. Congar (1966), "Composantes et idée de la succession apostolique", in *Oecumenica* 1, 61-80. — G. Blum (1978), "Apostel/Apostolat/Apostolizität, II. Alte Kirche", *TRE* 3, 445-466. — J. Zizioulas (1985), *Being as communion*, Crestwood, NY, 171-208 (*L'être ecclésial*, Genebra, 1981, 136-170). — *Rapport de Niagara* (1988), in A. Birmelé e J. Terme (sob a dir. de), *Accords et dialogues oecuméniques*, Paris, seção IV, 103-142.

Michael ROOT

→ *Autoridade na Igreja; Bispo; Ireneu; Ministério.*

SUICÍDIO → **morte** B. c

SUPERESSENCIAL → **sobrenatural** a.

SUSO (Henri) → **renano-flamenga (mística)** 2. c.

T

TACIANO → apologistas

TARGUM → traduções antigas da Bíblia 5

TAULER, João → renano-flamenga
(Mística) 2. b

TEILHARD DE CHARDIN, Pierre →
evolução 2. c → escatologia 3

TEÍSMO → deísmo/teísmo

TEMOR DE DEUS

Na Bíblia*, o temor (t.) toma o ser humano
que tem a vida ameaçada por um perigo de morte*. Mas a expressão "t. de Deus" (t.D.) cobre
um espectro mais amplo de significações, das
quais algumas são conhecidas pelas religiões
egípcia, mesopotâmica e cananeense.

A terminologia do t. é rica em hb.: *yârê'* (e
derivados) é o termo mais usado, mas também
podem ser encontradas as raízes *phd* e *'ym* (tremor, terror), *hrd* (tremor), *htt* e *'rç* (pavor), *gwr*
III (medo), para citar as mais frequentes. Em gr.,
o verbo *phobeo* e seus derivados são de longe os
mais frequentes, mas o t.D. pode ser representado
pelo grupo de *sebomai*.

a) Do pavor ao temor reverencial. — A
origem da expressão "t.D." deve ser procurada
no pavor provocado por certas manifestações
de Deus, nas quais o ser humano experimenta
a santidade*, a transcendência: teofania* (Ex
20,18), visão ou sonho (Gn 28,17), demonstração de força na criação* (Jr 5,22; Sl 65,9) e na
história* (Ex 15,15s; Sl 64,10) — particularmente nas guerras* de Javé (1Sm 11,7; 2Cr
20,29) e em sua realeza (Sl 47,3; 96,4) — espetáculo de um personagem revestido com sua
autoridade (Ex 34,30; 1Sm 12,18) etc.

O substantivo *môrâ'* (Terrível) é um título divino
(Sl 76,12) e o adjetivo de mesmo sentido *nôrâ'*,
em paralelo com os atributos* "grande" e "santo",
qualifica Javé (Ne 1,5), seu Nome* (Ml 1,14; Sl
111,9), suas obras (Ex 34,10), seu Dia (Jl 2,11).
Os grandes fatos de Deus também são chamados
de *nôrâ'ôt* (Sl 106,22), ou *môrâ'îm* (Dt 4,34).

Nos evangelhos* e nos At, o t. dos beneficiários ou das testemunhas de aparições (Lc 1,12;
24,37), milagres* (Mc 4,41; 5,15; Lc 7,16; At
2,43) e sinais da ressurreição* (Mc 9,6; 16,8)
deve refletir uma mesma experiência de distanciamento respeitoso e admirativo diante dos
sinais do Reino*.

Até mesmo no AT, e particularmente nos
textos citados há pouco, raramente encontramos
em estado puro o pavor perante o numinoso; o
conceito se enriquece na maior parte das vezes
com os sentidos de respeito, de t. reverencial e
de confiança no Deus-Outro que salva o homem
da morte* (Jr 32,39s), ainda que a perspectiva

do juízo* desperte o t. do castigo (Is 2,10; Sl 9,20s; 2Cor 5,10s).

b) *"Não temais!"* — Essa fórmula frequente serve para tranquilizar, para reconfortar, para encorajar num momento de medo, de crise, de necessidade (contexto profano: Gn 43,23; 1Sm 22,23). Ela é sempre pronunciada por Deus ou por seu representante autorizado. Assim, por ocasião de um encontro com Deus, sobretudo se o beneficiário se reconhece pecador, ela significa que Deus não vem para a morte e sim para a vida, de tal modo que o medo pode se transformar em confiança respeitosa (Ex 20,20; 1Sm 12,18-24; Mc 6,50). Diante da dificuldade e da adversidade, particularmente a guerra, o convite a não temer é seguido de uma promessa* de sucesso ou de vitória (Dt 31,6ss; Js 10,25; Is 35,4; Mt 10,26-31) que suscitará o t.D. (Ex 14,10.13.31). A fórmula é frequente nos oráculos de salvação* (Is 41,10; Jr 30,10; cf. Gn 15,1; Mt 28,5).

c) *Desenvolvimento do conceito.* — No Dt e na literatura deuteronômica, o t.D. é um conceito-chave da teologia* da aliança*.

> Ele designa a fidelidade a Javé e se concretiza na observância da Lei*. Os sinônimos são significativos: servir (Js 24,14), ouvir a voz (1Sm 12,14), guardar ou praticar os mandamentos* (Dt 5,29), amar a Deus e vincular-se a ele (10,12s.20), segui-lo (13,5) ou seguir os caminhos de Deus (8,6). O oposto do t. de Deus é a idolatria* (6,13ss).

Nos escritos sapienciais (salvo Ecl), o t.D. está próximo da sabedoria* (Jó 28,28).

> Ele é o seu começo (Pr 9,10), seu princípio (Sl 111,10; Pr 1,10) e sua escola (Pr 15,33), sua raiz, plenitude e coroamento (Sr 1,11-21). Vinculado à inteligência e ao conhecimento* (Pr 1,29; 2,1-6), o t.D. enfatiza o aspecto religioso da sabedoria. Ele é vivido na retidão ética* e na recusa do mal* (Sl 34,12-15; Pr 3,7; 14,2), a exemplo de Jó (Jó 1,8). Esse comportamento conduz à vida (Pr 10,27; 14,26s; Sr 6,16).

A expressão "temente a Deus" se inscreve na linha dos desenvolvimentos precedentes, mas tem diversos sentidos.

> Se, nos livros de sabedoria, o temente a Deus é o justo cuja conduta é reta, nos salmos*, a expressão no plural designa a comunidade reunida para o culto* (22,23s), todo o povo* de Deus (85,9s) ou somente os fiéis (25,14). Em At, ela serve para qualificar, ao lado do termo "adorador" (*sebomenos*), pagãos próximos do judaísmo* (At 10,2; 13,16).

Dirigindo-se aos filipenses, que ele exorta a "trabalhar por sua salvação", Paulo forjou a expressão "temor e tremor" (*phobos kai tromos*: Fl 2,12; cf. Kierkegaard*). Mas o Espírito* que nos torna filhos (filiação*) nos livra do "t." (Rm 8,15; cf. 1Jo 4,18). Vê-se com isso que a locução "t.D." desloca um pouco o sentido ordinário da palavra "t.".

- J. Becker (1965), *Gottesfurcht im AT*, Roma. — L. Derousseaux (1970), *La crainte de Dieu dans l'AT*, Paris. — H. Balz - G. Wanke (1973), *"phobeô etc."*, *ThWNT* 9, 186-216. — H. P. Stahli (1978), *"jr'* fürchten", *THAT* 1, 765-778. — E. H. Fuchs (1982), *"jârê'"*, *ThWAT* 3, 869-893. — B. Costacurta (1988), *La vita minacciata. Il tema della paura nella Bibbia Ebraica*, Roma. — H. P. Müller (1989), *"pâhad"*, *ThWAT* 6, 552-562.

André WÉNIN

→ *Espiritual (Teologia); Filiação; Lei; Mandamento; Oração; Sabedoria; Teofania.*

TEMPIER, Étienne → naturalismo → verdade B

TEMPLO

O templo (t.) é a casa de Deus*. Morando no meio de seu povo*, Deus se torna presente para seus fiéis. No mundo bíblico, o t. ocupa o centro da vida religiosa e nacional e goza de uma forte carga simbólica.

a) *As diversas denominações do templo.* — T. se diz em hb. *hekal*, correspondente do acadiano *ekallu* e do sumério *E-GAL*, "casa grande". O termo significa, ao mesmo tempo, o palácio, o t. e a grande sala do t., chamada mais tarde "o Santo". Já que o t. é antes de tudo a casa de Deus, muito frequentemente ele é designado pelo termo corrente *bait*, "casa", que se encontra no nome Betel, "Casa de Deus" (Gn 28,19).

O termo *mishekan* tem a ver também com o registro da moradia. Seu uso, entretanto, é mais especializado na descrição do santuário do deserto, em alternância com *'ohel*, "tenda", e *'ohel mo'ed*, "tenda do encontro". O vocábulo *ma'on* aplica-se à morada celeste de Deus (Dt 26,15) e à sua morada terrestre (2Cr 36,15s).

Se o lugar onde Moisés está de pé é uma terra santa (Dt 26,15), o termo genérico "lugar", *maqom*, pode em alguns casos ser posto em paralelo com *bait* e significar "t.", na medida em que é, no pensamento do Deuteronômio, o lugar escolhido pelo Senhor para ali colocar seu nome* (1Rs 8,29; cf. Dt 12,5).

Para Ezequiel e os escritores sacerdotais, a Morada, cheia da glória* do Senhor (Ex 40,34), é um santuário, *miqedash* ou *qodesh*, que participa de maneira privilegiada da santidade* mesma de Deus. Salomão foi escolhido para construir uma "casa" como santuário (1Cr 28,3).

O salmista resume numa fórmula concisa vários dados desse vocabulário: "Senhor, amo a morada (*ma'on*) de tua casa (*bait*), o lugar (*maqom*) de habitação (*mishekan*) de tua glória (*kabod*)" (Sl 26,8).

b) O Templo e sua função simbólica. — No antigo Oriente Médio, o t. é construído pelo rei a pedido da divindade que revela os planos da construção. A casa terrestre do deus é a réplica de sua morada celeste. David fizera o projeto de erguer um t. (2Sm 7,1ss), mas é descartado porque derramou muito sangue (1Cr 28,10). A realização desse projeto será a grande obra de Salomão.

O t. construído e consagrado por Salomão (1Rs 6,1–8,66; 2Cr 1,18–7,22) durará até a queda de Jerusalém* em 586 a.C. Numa visão grandiosa e utópica, Ezequiel e seus discípulos contemplam o futuro Israel* simetricamente disposto em torno de um t. novo (Ez 40–48). A retomada do culto* é a prioridade dos repatriados, e o segundo t. é reconstruído entre 520 e 515 a.C. (Esd 5,1–6,22). A corrente sacerdotal, por seu turno, descreve longamente o erguimento da tenda do encontro no deserto, que deve muito à estrutura do t. (Ex 25–31; 35–40). O prédio de Herodes, o Grande, erguido entre 19 a.C. e 27 d.C. é uma verdadeira reconstrução.

A arquitetura* do t. de Herodes sublinha a constituição hierárquica da sociedade* religiosa de Israel.

Ao adro dos pagãos sucedem o adro das mulheres* e em seguida o dos homens. O altar dos holocaustos é situado no pátio dos sacerdotes. A construção compreende o vestíbulo, o Santo que contém o altar do incenso e, enfim, o Santo dos Santos, separado do Santo por um véu, onde o sumo sacerdote só penetra uma vez por ano no Dia das Expiações*. Cada sala tem seus ministros, seus ritos, sua decoração.

Simbolicamente, o t. exerce uma força de atração irresistível sobre Israel. Ele é, antes de tudo, a afirmação da *presença*, no meio de seu povo, de um Deus que se deixa aproximar pelos fiéis. "O Senhor está aí", proclama Ezequiel ao final de sua visão (Ez 48,35). É também o *lugar sagrado* onde Deus manifesta sua *santidade*, e cada um participa dela, conforme seu *status* e conforme o lugar do t. a que tem acesso. Ao recolher a herança do t. de Silo que abrigava a Arca (1Sm 1–3) e ao acolher sobre a montanha de Sião a herança da montanha do Sinai, o t. é o lugar de cristalização das *tradições* de Israel*. Assim como os t. antigos eram concebidos como verdadeiros microcosmos, o simbolismo do t. se estende enfim à ordem *cósmica* (cosmo*).

c) O Templo na vida de Israel. — Uma instituição tão forte não recebeu, entretanto, adesão unânime. Logo de saída, ela foi encarada como uma importação estrangeira e, portanto, pagã. Concebido para sedentários, o t. poderia parecer uma infidelidade às raízes nômades de Israel, quando Deus caminhava com ele sem exigir uma "casa de cedro" (2Sm 7,7). Mais grave: aquilo não seria atentar contra a transcendência de Deus, que tem o céu por trono e a terra como escabelo de seus pés (Is 66,1)? Era preciso corrigir e dizer que o t. era o lugar onde Deus fazia habitar seu nome e sua glória.

Centro da vida religiosa, o t. exercia uma influência considerável. Para ele as multidões afluíam para as grandes festas de peregrinação*. O ritual complexo dos sacrifícios* desenvolvia-se ali e respondia às aspirações profundas da alma israelita: oferenda total, comunhão, expiação. Do t. elevava-se para Deus, com alegria e júbilo, o louvor de Israel, como testemunham os

Salmos* e as Crônicas. O amor* do t. habitava a piedade de Israel (Sl 26,8).

Ao lado da oração*, o t. sempre manteve uma função de ensinamento. Após o exílio, Israel existe como uma comunidade religiosa centrada no t. Assim, os sacerdotes (sacerdócio*) que o dirigem gozam de um real poder político. O t. representa um poder econômico e financeiro. Serve também de lugar de beneficência.

Algumas rachaduras ameaçam este edifício imponente. Os profetas* já tinham alertado contra o formalismo (Jr 7,4) de seu culto. As infidelidades de seus dirigentes, já denunciadas por Neemias no s. V, macularam seu prestígio. No limiar da era cristã, questões de legitimidade conduziram um grupo essênio a promover uma secessão e a se refugiar em Qumran. A complacência da aristocracia sacerdotal diante do poder romano criou tensões suplementares. Essa perda de crédito coincidia com o desenvolvimento da instituição da sinagoga, centrada numa liturgia* da palavra* e pela qual o judaísmo sobreviveria ao desaparecimento do t. em 70 de nossa era.

d) Jesus e o templo de pedra. — Jesus conheceu o t. de Herodes (Mc 13,1) em todo seu esplendor. Em grego, *hieron* designa o conjunto do edifício e *naos*, a parte onde reside a divindade, ao lado de outras designações mais raras: o lugar (*topos*) e o lugar santo, ou então o Santo (*hagia*). Lucas dá um destaque particular ao t. Seu evangelho* começa com o anúncio a Zacarias, que tem como quadro o santuário, *naos*, e termina, após a Ascensão, com a oração incessante dos discípulos no t., *hieron* (Lc 24,53). É ali que Jesus é revelado tanto por Simeão (Lc 2,27-32) quanto por suas próprias palavras (Lc 2,40-51). Como João (*passim*) sublinha, Jesus frequentou o t. nas grandes festas de peregrinação. Faz dele o lugar de seu ensinamento (Lc 19,47); ali debate com seus adversários (Mt 21,23-27). Entrado em Jerusalém (Jesus* da história), ele purifica o t. (Mt 21,12-27). Seu anúncio da destruição do t. (Mt 24,2) é considerado como testemunho de acusação em seu processo (Mt 26,61). As autoridades do t. são também as mais interessadas em aniquilá-lo, como também o serão mais tarde com seus discípulos.

e) Do templo de pedra ao templo de carne. — Pelo gesto profético da expulsão dos vendilhões do t., Jesus manifesta seu zelo por um culto autêntico. Suas pretensões vão muito mais longe, pois "há aqui algo maior do que o t." (Mt 12,6). O edifício que ele reconstruirá não será feito por mão de homem (Mc 14,58). O t. novo é seu corpo* ressuscitado (Jo 2,20s). Vindo "plantar sua tenda no meio de nós" (Jo 1,14), ele é Deus presente no meio dos homens. "O que fica antigo e envelhece está prestes a desaparecer" (Hb 8,13). Os cristãos não serão deixados ao relento com a destruição do t. em 70 de nossa era, pois ele faz parte da economia antiga tornada caduca pelo sacrifício* de Cristo.

A comunidade é o t. de Deus. Deus habita doravante nos crentes santificados pela oferenda de Cristo. Construção fundada nos apóstolos* e nos profetas, com Jesus por pedra-mestra, a Igreja* forma "um t. (*naos*) santo no Senhor" (Ef 2,21). Paulo recorda aos Coríntios que eles são o t. de Deus e que o Espírito habita neles, "pois o t. de Deus é santo e este t. sois vós" (1Cor 3,17). Os crentes vivem em sua própria existência a santidade exigida de toda morada de Deus. A consagração deles significa um pertencer sem falha. O corpo deles, sendo o t. do Espírito* Santo, não lhes pertence mais (1Cor 6,19). Por serem o t. do Deus vivo, devem aceitar as separações necessárias, a que a nova aliança* obriga (2Cor 6,16ss).

f) O santuário celeste. — Jesus entrou de uma vez por todas no santuário celeste (Hb 9,12). O t. de pedra e seu culto têm a ver com a imagem e a réplica (Hb 9,23), com a figura, *parabolè* (Hb 9,9s), fadada a se apagar quando a realidade estiver cumprida. Penetrando para além do véu, Jesus sentou-se à direita do trono da Majestade nos céus e é o ministro do verdadeiro santuário (Hb 8,1s). Sempre pronto a interceder pelos homens, ele é o caminho de acesso deles para o Pai*. A epístola aos Hebreus apresenta a comunidade em marcha, por meio das provações e dificuldades, rumo à pátria celeste onde ela viverá em união íntima e definitiva com Deus.

O Apocalipse é atravessado por essa liturgia de louvor* e de aclamação celebrada no t. celeste. Os eleitos colocam-se diante do trono de Deus "e lhe rendem um culto dia e noite em seu t." (Ap 7,15). O que é, pois, este t. na realidade? Na nova Jerusalém, o vidente do Apocalipse não vê t., "pois seu t. é o Senhor, o Deus Todo-Poderoso, bem como o Cordeiro" (Ap 21,22).

Por trás da imagem do t., é, em definitivo, a história* da presença de Deus aos homens e da presença dos homens a Deus que se desenrola. O t. de pedra não passa de uma figura de uma realidade espiritual. Há um paradoxo no fato de os judeus não terem reconstruído o t. depois de 70, enquanto os cristãos, conscientes de serem o t. de Deus, multiplicam os lugares de culto.

- G. Schrenk (1938), *"To hieron"*, *ThWNT* 3, 230-247. — J. Daniélou (1942), *Le signe du Temple*, Paris, 1991². — O. Michel (1942), *"Naos"*, *ThWNT* 4, 884-895. — B. Gärtner (1965), *The Temple and the community in Qumran and the NT*. Cambridge. — E. Jenni (1971), *"Baît"*, *ThWAT* 1, 308-313. — M. Ottoson (1974), *"Hekal"*, *ThWAT* 2, 408-415. — L. Gaston (1970), *No Stone on Another*, Leyden. — M. Haran (1978), *Temple and Temple Service in Ancient Israel*, Oxford. — V. Hurovitz (1992), *I have built you an Exalted House*, Sheffield.

Joseph AUNEAU

→ *Arquitetura; Cidade; Corpo; Criação; Culto; Igreja; Jerusalém; Liturgia; Louvor; Sacerdócio; Sacrifício; Santidade.*

TEMPO

Enquanto a filosofia* grega considerava o tempo (t.) antes de tudo segundo sua realidade cósmica e cíclica, a experiência* cristã é a de um t. organizado em história* por iniciativa divina e que se reflete como tal na experiência de uma consciência* "distendida" (Agostinho) entre presente, passado e futuro. Apanhado entre uma sequência de eventos fundadores (o *passado absoluto* de uma "história santa" consumada) e um *futuro absoluto* (a conclusão escatológica) prometido e antecipado na ressurreição* de Cristo*, o presente da fé se determina em primeiro lugar por um ato* de memória que lhe fornece suas coordenadas históricas, em segundo lugar por um ato de esperança* que o refere a esse futuro absoluto. Assim, a

significação teológica do presente é feita de seu investimento por um passado originante e de seu êxtase rumo a um acabamento de todas as coisas, cuja cifra teológica é fornecida pelo "reinado* de Deus*". A experiência litúrgica enfeixa em si e manifesta as qualificações principais desse investimento e desse êxtase. Por um lado, a memória crente recebe na liturgia a modalidade forte do *memorial*: além da ordem simples do relembrar, o passado da origem é perpetuamente representado numa prática sacramental que se alimenta de presença (mas não de parusia*) mais do que desafia uma ausência, e que conjuga no presente a experiência da salvação* (p. ex. O. Casel). Por outro lado, o presente da liturgia* se dá a compreender como antecipação do *eschaton*: os bens definitivos já estão à disposição da Igreja* no momento mesmo em que ela faz obra de esperança. A relação com o futuro absoluto se vive desde já no modo da extrema proximidade. Assim como Jesus* inaugurou sua pregação* anunciando a iminência do Reino, também a experiência cristã vive essa iminência como segredo de sua relação com o *eschaton*: todos os presentes estão liturgicamente equidistantes da recapitulação final, como estão equidistantes ("contemporâneos", Kierkegaard*) da origem. O presente ganha assim a qualificação do *kairos*, do t. favorável capaz de abrigar em plenitude a relação do homem e de Deus. "Nesta existência de cada dia que recebemos de tua graça*, a vida eterna* já começou" (*Missal romano*, sexto prefácio do domingo do t. comum). Tomado no t. do mundo, constituído na consciência como qualquer presente, jamais livre das pressões exercidas pela angústia ou pelo tédio, tomado na lógica irrefutável de um *tempo rumo à morte*, o presente da fé* e da esperança é, todavia, vivido na fronteira do mundo e da escatologia. Este fato pode, ele próprio, jorrar sobre o estilo intrínseco da temporalização. A um t. essencialmente abarrotado de significações escatológicas corresponde, com efeito, a proposição de experiências originais. A preocupação, com a qual uma análise filosófica percebe o segredo do t. (Heidegger*), topa aqui com a proposição de uma *despreocupação* que entrega a Deus e só a Ele o governo do futuro e vive, pois, o presente a partir dele mesmo, na plenitude de seu sentido. Pela iminência essencial do cumprimento, o presente pode ser vivido no modo da *vigília* que recusa especular sobre os prazos da história. E, na despreocupação e na vigília, é uma temporalidade *filial* que se constrói, à imagem do tempo pré-pascal de Jesus (Lacoste, 1990, § 83-91). As significações teológicas e escatológicas decerto não excluem do jogo a lógica existencial de um t. cristão que é antes de tudo um t. humano conumerável a todo outro; todavia, elas são criadoras de defasagem: por seu conteúdo kairológico, este t. se organiza também subvertendo a lógica de toda temporalização apenas mundana. A uma distinção abrupta para a qual o tempo do homem, em relação à eternidade* de Deus, é só o que esta eternidade domina e julga (Barth*), convém então trazer o corretivo de uma posição cristológica da questão do tempo. E se cabe dizer assim que a pessoa* divino-humana de Jesus é *"analogia entis* concreta"* (Balthasar*), se o t. do homem e a eternidade de Deus podem entrar em relação de analogia*, o t. do homem cessa ultimamente de ser determinado nos termos do ser-no-mundo e se determina nos termos de uma relação eterna com Deus, de um movimento eterno do espírito finito rumo a Deus (a "epctase" de Gregório* de Nissa). Falando de ressureição da carne, a teologia fala também, necessariamente, de uma ressurreição do t. Em sua carne que deve morrer o crente vive, pois, um t. *rumo* à morte que não é um t. *para* a morte.

- M. Heidegger (1927), *Sein und Zeit*, *GA* 2, Frankfurt, 1976 (*Ser e tempo*, 2 t., Petrópolis, 2002-2004). — E. Husserl (1928), *Vorlesungen zur Phänomenologie des inneren Zeitbewußtseins*, Husserliana X, Haia, 1966. — G. Delling (1940), *Das Zeitverständnis des Neuen Testaments*, Gütersloh. — K. Barth (1948), "Der Mensch in seiner Zeit", *KD* III/2, 524-780. — E. Levinas (1948), *Le temps et l'autre*, Montpellier, 1979². — H. Conrad-Martius (1954), *Die Zeit*, Munique. — J. Mouroux (1962), *Le mystère du temps. Approche théologique*, Paris. — R. Schaeffler (1963), *Il tempo valore filosofico e misterio teologico*, Roma. — J.

Barr (1969), *Biblical Words for Time*, ed. rev., SBT 33, Londres. — B. Welte (1971), "Meditation Über die Zeit", *ThQ* 151, 289-299; (1982), *Zwischen Zeit und Ewigkeit*, Friburgo-Basileia-Viena, 25-42, 251-260. — H. Bourgeois, P. Gibert, M. Jourjon (1986), *L'expérience chrétienne du temps*, Paris. — P. Ricoeur (1983-1985), *Temps e récit*, 3 vol., Paris (*Tempo e narrativa*, 3 vol., Campinas, 1994-1997). — G. Lafont (1986), *Dieu, le temps et l'être*, Paris. — J.-Y. Lacoste (1990), *Note sur le temps*, Paris. — M. Baude (1991), *Théologie du temps*, Paris. — B. Leftow (1991), *Time and Eternity*, Ithaca-Londres. — M. Theunissen (1991), *Negative Theologie der Zeit*, Frankfurt, espec. 13-86 e 197-377. — D. Janicaud (1997), *Chronos. Pour l'intelligence du partage temporel*, Paris.

Jean-Yves LACOSTE

→ *Escatologia; Eternidade divina; História; Liturgia.*

TENTAÇÃO

A. Teologia bíblica

a) Vocabulário. — Em hb., o verbo *nissâh* significa "tentar" no sentido de "pôr à prova" (sinônimos: *bâhan*, "testar", e *hâqar*, "examinar") no intuito de manifestar, de ver, de saber algo que não aparece. Às vezes, o verbo significa "experimentar com vistas a aprender" (1Sm 17,39; Ecl 2,1). Em grego, "tentação" (t.) é vertido pelas palavras da raiz *peira* (verbo *[ek]peirazo*, "tentar, experimentar, testar"; substantivo *peirasmos*, "tentativa" e "t.").

b) O arquétipo: tentações no deserto. — No AT, ao lado de empregos profanos (1Rs 10,1; Sb 2,17; cf. também At 9,26, Hb 11,29), dois sintagmas se destacam: "Deus* tenta X" e "X tenta Deus". Uma espécie de vaivém de um para o outro aparece nas narrativas* da permanência de Israel* no deserto em vínculo com os bens e a lei* dados por Javé.

Os dons da água e do maná são para Israel uma provação, uma espécie de teste: resistirá Israel à t. de ver neles somente coisas a tomar para satisfazer sua necessidade? Ou verá neles, ao contrário, um sinal, convite a reconhecer livremente o doador? A maneira de viver esta "prova" é reveladora da fidelidade do povo* (Dt 8,2). Nesse teste, a lei se insere como palavra que cria obstáculo à cobiça, separando a necessidade e a coisa a fim de dar chance ao sinal e à fé* que o atravessa (Ex 16,4, cf. também 15,25). Dom (Dt 8,16) e lei (Ex 20,20; cf. Sr 4,17) são constitutivos da prova-tentação, como relata Gn 2–3. De igual modo, em Gn 22,1 a prova de Abraão consiste numa ordem pronunciada por Deus sobre seu dom, Isaac. O dom da Terra será prova a seu modo: a presença dos pagãos poderia tentar Israel a desviar-se da lei (Jz 2,22).

A resistência a esse jogo de livre reconhecimento de Deus pelo povo é igualmente chamada de t.: Israel tenta Deus. Quando vem a faltar o bem dado e não há mais nada além da palavra do relato ou da lei, a não fé se exprime em "murmúrio", em desafio (Ex 17,2.7). Essa atitude rebelde contém o esquecimento dos sinais já dados, o desprezo de Deus (Nm 14,22s; Sl 78,41). Ela é o oposto da fé e do temor* de Deus (Dt 6,14-17; cf. Jt 8,12ss), pois intima Deus a dar suas provas, confirmando sua presença (Sl 95,9); revela também um povo escravo da cobiça e, portanto, da morte* (Nm 11; Sl 106,14-18). O NT retoma este tema (1Cor 10,9; Hb 3,8s; At 15,10) mantido pela tradição dos sábios (Sb 1,2; Sr 18,23). Contra esse pano de fundo, a desconfiança dos fariseus que põem Jesus* à prova adquire certo relevo (Mc 8,11 par.; 12,15 par.; Jo 8,6).

c) *Evoluções do tema: a tentação do homem.* — Na literatura sapiencial (sabedoria*) tardia e no NT, é na provação do sofrimento que o justo (o cristão) se vê tentado a se desviar de sua fidelidade. Se Deus prova o justo/crente, de que Abraão é o tipo (Sr 44,20; 1Mc 2,52; Hb 11,17), é pela situação difícil em que este se encontra em razão de sua fé (Sr 2,1; Sb 11,9; 1Pd 4,12ss). Neste cadinho, a fidelidade pode crescer (Sr 4,14; Sb 3,5ss; Tg 1,2s.12; 1Pd 1,6s), graças à presença protetora de Deus (Sr 33,1; Mt 6,13; 1Cor 10,12s; 1Pd 5,8ss). A provação encerra aqui um aspecto mais nitidamente educativo (cf. já Dt 8,2-6). Na apocalíptica*, a tribulação dos últimos tempos é às vezes vista como provação decisiva (Dn 12,10; Ap 3,10).

O relato teológico da t. de Jesus reata com os relatos arquetípicos evocados pelas citações bíblicas opostas por Jesus ao Tentador. Proclamado Filho de Deus (filiação*) e messias*-servo* no batismo* (Mt 3,17 par.), Jesus enfrenta a t. de ser filho e servo como fora Israel no deserto: tomando os bens e esquecendo a palavra, pondo a Deus o desafio de fornecer provas, preferindo o poder e a glória ao serviço do Único (Mt 4,1-11 par.). Mas Jesus opõe a palavra da lei que é presença do Outro (cf. Dt 8,3; 6,16; 13) ao imaginário de um desejo que arruína toda aliança. Assim aparece sua fidelidade própria, a ele mesmo, a seu Pai*, à sua missão*, fidelidade da qual não se separa (Mt 16,16-23), mesmo diante da morte (26,36-44). Nisto, ele é o novo Adão* (Mc 1,12s; cf. Hb 4,15).

d) *Deus ou diabo?* — Bem tardiamente, o Satã (adversário) ou diabo (demônio*) assume pouco a pouco a função do tentador.

Ver os textos par.: 2Sm 24,1s e 1Cr 21,1s; Sb 2,24 glosando Gn 2–3; Mt 4,1; 1Ts 3,5; 1Pd 5,8. Jó 1,8-12 testemunha uma posição intermediária. Tg 1,13ss assenta melhor a base antropológica do problema a partir de Gn 3,1-5 (cf. Rm 7,7-11; 1Tm 6,9s): a t. corresponde à possibilidade de perverter o desejo em cobiça. A prova que constitui a gestão do desejo pode desembocar no crescimento ou na queda, alternativa refletida pela variação dos sujeitos Deus-diabo numa representação de tipo "mitológico" (mito*).

• H. Seesemann (1959), "*Peira* etc.", *ThWNT* 6, 23-37. — J. Dupont (1968), *Les tentations de Jésus au désert*, Bruges. — M. Tsevat (1973), "*Bhn*", *ThWAT* 1, 588-592. — P. Beauchamp (1976), *L'un et l'autre Testament. Essai de lecture*, Paris, 44-50. — J. Le Du (1977), *La tentation de Jésus ou l'économie des désirs*, Paris. — F. J. Helfmeyer (1986), "*Nissah*", *ThWAT* 5, 473-487.

André WÉNIN

→ *Bem; Demônios; Fé; Jesus da história; Lei; Mal; Milagre; Paixão; Pecado.*

B. TEOLOGIA ESPIRITUAL

Na esteira do NT, os autores cristãos dão aos termos *peirazô* e *peirasmos* não somente o sentido veterotestamentário de provação, mas sobretudo, de um modo quase técnico, o sentido preciso de tentação (t.), de solicitação ao mal*. É assim em particular que eles compreendem o sexto pedido do Pai-Nosso, ao qual dão em geral o sentido de "não nos deixes cair em tentação" (cf. J. Carmignac, *Recherches sur le "Notre-Père"*, Paris, 1969).

a) Teologia patrística da tentação. — A ideia do combate contra a t., na vida do cristão, já era sugerida pelo tema das duas vias, que a *Didaché* e a epístola *de Barnabé* tinham herdado da literatura de Qumran. Mas o fenômeno da t. só toma seu verdadeiro significado quando o aproximamos da concepção patrística da redenção, encarada como combate vitorioso de Cristo* contra as potências do mal (cf. G. Aulén, Christus Victor, *La notion chrétienne de rédemption*, Paris, 1949).

1/*Ireneu* de Lião* é um dos primeiros representantes desta concepção, que será retomada por toda a patrística grega. Nele, a t. de Cristo no deserto ocupa um lugar central na economia da salvação*. Ela "recapitula", isto é, retoma invertendo-a, a t. e a queda de Adão*. Este, ao fazer mau uso da liberdade*, cedeu ao Tentador e caiu sob o império do pecado*, da morte* e do demônio*. Cristo, segundo Adão, é essencialmente o Filho de Deus* vencedor do Adversário que tinha vencido o homem. A t. no deserto revela assim o sentido de toda a encarnação* redentora.

Para Ireneu, a Igreja* revive essa luta de Cristo contra Satã, apoiada em seu exemplo e revestida do poder que ele lhe comunica. Os cristãos são, como Cristo, tentados a se preocupar com sua substância material em vez de contar com a divina Providência*, a ceder ao orgulho que leva às interpretações heréticas da Escritura*, a capitular diante das potências terrestres que os impelem ao martírio* ou à apostasia. Nestes últimos tempos, esta luta culminará com os assaltos do Anticristo, em quem se resumirá toda a malícia do Adversário.

2/Esse tema se encontra em *Orígenes**, cujo pensamento exercerá uma profunda influência no desenvolvimento da teologia* e da espiritualidade. Para ele, também, a redenção é antes de tudo um combate vitorioso, de dimensões cósmicas, de Cristo contra os poderes do mal que mantinham o homem cativo. Esta luta se desenrola durante toda a vida terrestre de Cristo, até sua ressurreição*, mas a tripla t. no deserto é um momento capital dela.

Pelo batismo*, que implica uma conversão* radical, o cristão participa dessa vitória de Cristo. Mas a t. acompanhará o cristão ao longo de toda a sua vida espiritual*: renunciando à sedução das argumentações escriturísticas dos heréticos,

ele revive a segunda t. do Cristo, e ao resistir até o martírio à pressão do paganismo* do Estado* romano, ele participa da terceira.

Muito consciente da união ontológica de Cristo com os cristãos e dos cristãos entre si, Orígenes ensina ao mesmo tempo que é o próprio Cristo que continua nos fiéis seu combate contra Satã, e que toda vitória obtida por um cristão é uma vitória da Igreja inteira (Steiner, 1962).

Como observou H. de Lubac* (*Histoire et Esprit*, Paris, 1950, 196s), é sobretudo a Orígenes que remontam a ideia do combate espiritual como continuação do combate redentor e a imagem da campanha militar de Cristo e das duas cidades* adversas, que encontraremos no s. XVI nas meditações inacianas* do reino e das duas bandeiras.

A ideia de que na pessoa* do mártir é o próprio Cristo que sofre e combate (p. ex., a propósito dos mártires de Lião em 177, Eusébio de Cesareia, *HE* V, 1, 23; SC 41, 12) é transposta, após a paz* da Igreja em 313, para o combate do monge contra as t. diabólicas (p. ex., Atanásio* de Alexandria, *Vida de Antão* 7, 1; SC 400, 151).

b) O combate espiritual na antiga literatura monástica. — O motivo essencial da retirada ao deserto dos primeiros monges era a busca da *hesykhia*, do silêncio e da solidão próprios à contemplação*. Mas o deserto também era, para eles, o lugar da t., e sua ascese* tinha o caráter de uma luta contra Satã.

A doutrina dos Padres do deserto sobre o combate espiritual foi sistematizada por Evágrio Pôntico, que traduziu a experiência* deles nas categorias da filosofia* alexandrina e de Orígenes. Seu ensinamento repercutiu na cristandade grega pela maioria dos autores espirituais posteriores, e no mundo latino por João Cassiano que, antes de fundar dois mosteiros em Marselha, fora companheiro de Evágrio nos desertos do Egito.

Evágrio insiste na utilidade das t.: ao nos dar a oportunidade de manifestar nossa preferência por Cristo e ao nos manter na humildade, a t. desempenha um papel positivo na vida espiritual: "Suprima as t., e ninguém será salvo", diz um *Apotegma* (Evágrio, 5). Ele descreve o processo: ela começa por uma simples sugestão, logo a alma* "dialoga" com ela, seja para lhe opor bons argumentos, seja porque começa a se deixar seduzir. Em seguida vem o consentimento, que, se repetido, engendra a paixão, depois o cativeiro, verdadeira obsessão, impulso irresistível contra o qual a vontade é impotente.

Devemos também a Evágrio o catálogo dos oito pensamentos ruins, ou dos demônios que atacam a alma: gula, luxúria, amor ao dinheiro, cólera, melancolia, acedia, vanglória e orgulho. Essa lista está na origem do catálogo ocidental dos pecados capitais, tal como fixado por Gregório* Magno, na qual a acedia foi substituída pela preguiça, a inveja substituiu a melancolia, e a vanglória se confundiu com o orgulho. Mas esse catálogo representa o ponto de vista do moralista; os antigos falavam de demônios tentadores e de "pensamentos" maus: era o ponto de vista do pai espiritual, cujo discernimento deve se exercer sobre as sugestões, antes que o consentimento intervenha.

Satã, com efeito, é hábil em transformar-se em anjo* de luz (cf. 2Cor 11,14): daí a importância do discernimento espiritual e da manifestação dos "pensamentos" ao padre espiritual. Enfim, Evágrio e os antigos mestres espirituais se estenderam longamente sobre a tática do combate contra as t., notadamente sobre a guarda do coração* e o recurso à oração*, curta e fervorosa, que são suas peças mestras.

c) *Os autores espirituais*. — Com variantes e transposições próprias a cada meio e a cada época, o ensinamento dos primeiros mestres do deserto sobre a t. e o combate espiritual foi retomado por todos os escritores espirituais. Na cristandade grega, ele se encontra nos grandes clássicos que são *A Escada Santa*, de João Clímaco e a coletânea compilada por Macário de Corinto e Nicodemos Hagiorita sob o título *Filocalia dos santos Padres népticos*. No catolicismo* ocidental, podemos citar particularmente o *Combate espiritual*, do teatino Lourenço Scupoli.

• Evágrio Pôntico, *Tratado prático*, SC 170 e 171; *Sur les pensées*, SC 438. — Francisco de Sales, *Introdução à vida devota*, IV parte, cap. 3-10. — João Clímaco, *Klimax*, ed. Sophronios (1970), Atenas (*L'Échelle Sainte*, Bégrolles-en-Mauges, 1978). — *Philokalia ton Hieron Neptikon* (1957-1961), 5 vol., Atenas. — A. Rodríguez (1609), *Ejercicio de perfección y virtudes cristianas*, 2, tr. 4. — G. B.

Scaramelli (1754), *Direttorio ascetico*, tr. 2, art. 10, Veneza. — L. Scupoli (1589), *Combattimento spirituale*, cap. 13-33, 61-66. — F. Suárez, *De Angelis*, 1.VIII, cap. 18-19. — Tomás de Aquino, *ST* Ia, q. 48, a. 5, ad 3; q. 114, IIa IIae, q. 97; IIIa, q. 41.

▶ A. Eberle (1941), "Über die Versuchung", *ThPQ* 94, 95-116 e 208-232. — J. de Guibert (1943), *Leçons de théologie spirituelle* I, Toulouse, 278-287. — A. e C. Guillaumont (1961), "Évagre le Pontique", *DSp* 4/2, 1731-1744. — Col. (1961), *La Tentation*, *LV(L)*, n. 53, 1-100. — M. Steiner (1962), *La tentation de Jésus dans l'interprétation patristique de saint Justin à Origène*, EtB 50 (sobre Ireneu, 44-80; sobre Orígenes, 107-192). — J. Dupont (1968), *Les tentations de Jésus au désert*, Bruges. — A. Grun (1990), *Aux prises avec le mal. Le combat contre les démons dans le monachisme des origines*, Bégrolles-en-Mauges. — J.-Cl. Larchet (1991), *Thérapeutique des maladies spirituelles*, Paris.

Placide DESEILLE

→ *Adão; Antropologia; Consciência; Direção espiritual; Oração; Paixões.*

TEODICEIA → providência → mal A

TEODORETO DE CYR → Antioquia (Escola de) c

TEODORO DE MOPSUESTE → Antioquia (Escola de) b

TEOFANIA

I. Antigo Testamento

1. Vocabulário: "Ver", "fazer-se ver" e "visão"

"Teofania" (t.) — de *theos*, "Deus", e *phanein*, "aparecer" ou "manifestar-se" — não figura no vocabulário bíblico. Seu conteúdo pertence ao campo semântico de "ver" e "visão" (cf. Vetter, 1976). Foi concedido a alguns homens "ver" Deus* ou, ao menos, testemunhar uma de suas manifestações. Ora, quando o homem "vê" Deus (modo simples, ou *"qal"* do verbo *ra'ah*), não pode tratar-se da simples percepção do sensível (Vetter, 697-699), e é Deus que "se faz ver" (modo reflexivo ou *niphal*). Paralelamente, a "visão" (*mare'eh, hazon...*) ultrapassa as capacidades ordinárias do homem. A transcendência de Deus é mantida graças a mediações como o "anjo* de Javé" ou por termos como "Nome*" (*shem*), "face" (*panim*) ou "glória*" (*kabod*). Eles contêm um elemento de antropomorfismo*.

Essas mudanças de formulação correspondem a uma tensão, sensível em diversas narrativas*. "Javé se manifesta" a Abraão (Gn 18,1), mas este só vê três homens (v. 2). De igual modo, o anjo de Javé aparece a Moisés (Ex 3), mas só é visível a sarça ardente que não se consome (v. 2). Em Jz 13, o anjo de Javé é primeiramente tomado por um "homem de Deus" e reconhecido em seguida (v. 20), e logo Manoah chegará mesmo a dizer: "Nós vimos Deus" (v. 22). Os textos dão frequentemente a palavra* como único suporte da comunicação divina. Mas veremos que certos homens são qualificados de "videntes".

2. Os textos

A t. é frequentemente o sinal do favor divino, confirma uma promessa* ou acompanha um auxílio.

a) *Tradições narrativas: manifestações locais* (*santuários*). — A partir da relação (nem sempre explícita) entre t. e santuário localizado, a exegese* moderna descobre "lendas cultuais" ou tradições* narrativas mantidas pelos guardiães do lugar.

Assim, Ex 20,24: "Em todo lugar onde eu fizer lembrar o meu nome, virei a ti e te abençoarei". À iniciativa divina o homem responde construindo um altar. Assim faz Abraão em Siquém (Gn 12,7), Isaac em Beersheva (Gn 26,23ss). Gn 18,1-16 é o relato de manifestação que completa 13,18 (construção de um altar). O anjo de Javé socorre Hagar (Gn 16,8ss) em Lahai Roi, cujo nome sugere que ela pôde ver Deus (ou o deus) que a vê (vv. 13s).

No ciclo de Jacó, a tradição de Betel (Gn 28,10-22) une vários traços: visão em sonho, anjos (v. 12), promessa de Javé (vv. 13ss). Jacó o reconhece presente "neste lugar" (vv. 16ss), que será "uma casa de Deus" (elementos de um ritual no v. 18). Ele o chama de "Betel" e ali construirá mais tarde o altar (Gn 35,1.8). Em outros momentos, o nome Peniel ou Penuel sublinha claramente que Jacó pôde ver Deus sem morrer (Gn 32,31), enquanto lutava contra "o homem" misterioso (Gn 32,25-32).

Uma lenda cultual parece estar na base de Ex 3,1-6. Uma localização, que uma adição identifica com Horeb-Sinai, é protegida como um lugar santo: "Não te aproximes [...] descalça tuas sandálias" (v. 5). A "sarça", *seneh*, sugere o Sinai, lugar por excelência da manifestação divina. Em Jz 6,11-24, a t. legitima ao mesmo tempo Gedeão e um altar (v. 24).

Deus se manifesta também em lugares já reconhecidos como santos e onde há um templo*, como Gabaon (1Rs 3,4-15), onde Salomão viera sacrificar (v. 3).

b) *A teofania como legitimação de um papel.* — A t. de que Moisés se beneficia (Ex 3,1–4,17) coincide com seu envio em missão*. Ele recebe mesmo a revelação* do nome de Javé (3,13ss; 6,2s) e poderá apelar a sinais de credibilidade (3,12; 4,1-9). O caso de Gedeão é semelhante (Jz 6,1-10.14). O sinal pedido (v. 17) é concedido (vv. 18-24) e comparável a Ex 3,12; 4,1-9. Pode-se acrescentar o caso de Samuel (1Sm 3,10.21) e de Salomão (1Rs 3,4-15), para não falar aqui dos profetas*.

c) *Tradições proféticas: "videntes", profetas e visão.* — Segundo Nm 12,6ss, ao passo que Deus se manifesta aos profetas por visões ou em sonho, ele fala "de viva voz" com Moisés, e Moisés "vê a forma de Javé". Visões e sonhos seriam, portanto, o meio normal de revelação aos profetas. Todavia, os profetas são, antes de tudo, homens da "palavra". Embora alguns relatos de vocação possam ser acompanhados de t. (Is 6; Ez 1–3), eles não o são sempre (Is 40,1-9; 61,1ss; Am 7,14s).

1 e 2Sm e 1 e 2Rs põem em cena profetas, "videntes" ou "homens de Deus". Consulta-se Javé por intermédio deles (cf. 1Sm 9,5ss; 1Rs 14). Gad, profeta (1Sm 22,5; 2Sm 24,11), é declarado "vidente de David" (2Sm 24,11). Oráculos são redacionalmente anunciados como "visões" (cf. Is 1,1; 2,1; 13,1; Am 1,1; Mq 1,1; Na 1,1; Hab 1,1), o que se verifica somente em certas passagens (cf. Am 7,1-9; 8,1ss; 9,1-4; Jr 1,11ss). Ezequiel é o grande visionário que prepara o caminho para a apocalíptica*.

d) *Teofania do Sinai e tradições cultuais.* — A t. por excelência é a do Sinai (Horeb), associada à aliança* e ao decálogo*. É acompanhada de fenômenos cósmicos (Ex 19,16-19). Os textos reúnem várias tradições.

Apesar de Ex 19,13b (cf. 24,1s.9-11), somente Moisés se aproximará da montanha. Mas segundo Ex 19,17, o povo* o acompanha até o pé dessa montanha, de onde Moisés lhes falará para que não tenham medo (Ex 20,18-21). Moisés fala com Deus (Ex 19,19) e relata as "palavras (*debarim*) de Javé" (Ex 24,3; cf. 20,1s) que estão em relação com a aliança (Ex 24,3-8; 32,10.27s).

Por uma espécie de retorno às fontes, é novamente em Horeb, outra denominação do Sinai (1Rs 19,11), que Deus promete a Elias passar adiante dele, como outrora a glória de Javé diante de Moisés (Ex 33,21ss; 34,5-8). Um vento poderoso, um terremoto, um fogo (1Rs 19,11s) precederam a chegada de uma brisa suave: Elias compreende então que Deus vai "passar" e esconde o rosto, mantendo-se à entrada da caverna (v. 12s). Deus então lhe fala e lhe dá algumas ordens (vv. 13-18).

Nas tradições sacerdotais, a t. do Sinai é substituída pela tenda da reunião, que por sua vez antecipa o templo de Jerusalém* (Ex 24,15b-18a; 25–31; 35–40). A "glória*" de Javé (cf. Ex 24,16s) (ou a coluna de nuvens: Ex 33,6-11) vem residir ali (Ex 40,34s). No templo de Jerusalém, onde está a arca, lá também se encontra Javé "que se assenta sobre os querubins" (1Sm 4,4; 2Sm 6,2; 2Rs 19,15; Is 37,16; Sl 80,2; 99,1; 1Cr 13,6). A chegada da arca e a presença de Javé são uma coisa só (cf. 1Sm 4,7s). Se o Templo é construído para o "nome" de Javé (cf. 2Sm 7,13; 1Rs 8,17-20.43.48; Dt 12,5.11.21 etc.), é sua "glória" que, acompanhada da nuvem, vem habitá-lo (1Rs 8,11). Ezequiel verá um dia a "glória" deixar o Templo (Ez 8–11). Para os crentes do AT, o Templo é o lugar da manifestação divina (Sl 63,2s).

3. A manifestação escatológica

A intervenção definitiva de Deus em favor de seu povo, que muda radicalmente o curso da história*, tem as características de uma t., apresentada sobretudo no gênero* apocalíptico. Deus revela seu poder sobre o cosmo* segundo o modelo, ampliado, dos grandes episódios da guerra* santa, às vezes descrito como cataclismos cósmicos (Ex 14,29; 15,1-12; Sl 106,8-12). É assim que Dn 7–12 oferece várias descrições figurativas. O discurso apocalíptico de Jesus* nos evangelhos* sinóticos (Mc 13 par.) segue as convenções desta linguagem.

4. Quem pode "ver Deus" e como?

a) "Não se pode ver Deus e continuar vivo". — "Não podes ver a minha face, pois o homem não é capaz de me ver e continuar em vida" (Ex 33,20). Este axioma estava inscrito na consciência do povo (Ex 3,6; Jz 6,22; 13,22 etc.; cf. Is 6,5). Todavia, a mulher de Manoah nota que a mensagem recebida é incompatível com um perigo de morte* (Jz 13,23). Às vezes, o próprio Javé tranquiliza (Jz 6,23; cf. Is 6,6s).

b) Exceções. — A grande exceção é Moisés. Deus falava com ele "face a face, como se fala de pessoa a pessoa" (Ex 33,11), e Moisés conhecia Javé face a face (Dt 34,10), donde sua superioridade sobre os profetas. Nm 12,6ss é particularmente explícito. Há tradições divergentes.

Em Ex 33,18-23, Moisés pede para ver a "glória" de Javé (v. 18). A resposta que recebe não parece homogênea: contrariamente ao que dizia o v. 11, Moisés não pode ver a "face" de Javé (v. 20); é somente escondido pela mão de Javé que ele poderá vê-lo de costas (vv. 21ss).

Afora Moisés, poucos outros homens puderam "ver Deus", tais como, com Moisés, Aarão, Nadab, Abihu e setenta anciãos em Ex 24,1s.9ss. O texto não tem uma única origem.

Se a ponta do relato se acha nos vv. 10ss — Moisés e seus companheiros puderam contemplar Deus sem risco de morte —, o v. 2 diverge. Mesma discordância, no caso de todo o povo, em Dt 5,4s. Segundo o v. 4, mais antigo, todo o povo escutou Javé face a face (sem menção expressa de "visão"), mas o v. 5 introduz a mediação de Moisés. Trata-se de um corretivo, pois os vv. 23ss retomam a linha do v. 4: o povo não quer mais se comunicar com Javé sem a intermediação de Moisés.

c) Escritos de sabedoria. — Elementos de t. são frequentes nos salmos*; aparecem mesmo, ocasionalmente, nos escritos de sabedoria*.

Nos salmos, a manifestação divina perturba a natureza (Sl 29,5-9; 68,2s; 78,13-16; 97,2-5 etc.). Deus se manifesta a Jó do meio do furacão (Jó 38,1; 40,6) e Jó reconhece seu engano: "Só por ouvir dizer, te conhecia; mas agora, viram-te meus olhos" (42,5).

II. Novo Testamento

1. Vocabulário

Os autores do NT seguem em ampla medida o caminho aberto pelos LXX. *Horao* e *horama* com seus sinônimos são importantes. O vocabulário aparentado "ver" e "visão" tem, pois, um lugar privilegiado. Mas já os LXX, para só mencionar isto, utilizaram muitas vezes *epiphaneia* e *epiphanein*, frequentemente para traduzir *r'h* no niphal. Não é de estranhar, portanto, que os encontremos também no NT (cf. Lc 1,79; At 27,20; Tt 2,11; 3,4, para o verbo; 2Ts 2,8; 1Tm 6,14; 2Tm 1,10; 4,1.8; Tt 2,13, para o nome).

2. Retomada das tradições do Antigo Testamento e elementos novos

É em Jesus* que Deus se manifesta de maneira decisiva. E entre os dois Testamentos há continuidade e superação.

a) Continuidade. — Dá-se que os meios de manifestação e de revelação sejam mais ou menos os mesmos que no AT: Deus guia José (Mt 1,20; 2,13.19.22) ou Paulo (At 16,9s; 18,9; 23,11; 27,23) por meio de sonhos. Lucas retoma Jl 3,1: os sonhos são uma manifestação escatológica do Espírito* (At 2,17). — Deus manifesta também sua vontade por anjos: anúncios do nascimento de Jesus a José (Mt 1,20) e a Maria* (Lc 1,26.38), do nascimento de João a Zacarias (Lc 1,11ss.19). Em Mt 1,20 o anjo do Senhor aparece em sonho; em Lc 1 a aparição de Gabriel é mais imediata. Anjos assistem Jesus (Lc 22,43; cf. Mt 4,11; Mc 1,13) ou anunciam sua ressurreição* (Mt 28,2; Lc 24,4.23; cf. Jo 20,12). — O batismo* de Jesus (Mc 1,9ss par.) dá lugar a uma espécie de t.: os céus se abrem, o Espírito desce, uma voz proclama: "Este é meu filho bem-amado". O episódio da transfiguração apresenta vários traços comparáveis (Mc 9,2-9 par.).

b) Superação. — O elemento novo do NT se relaciona com a ressurreição* de Jesus (Mc 16 par.; cf. 1Cor 15,5-9), conhecida antes de tudo por meio de suas aparições. Mas o aspecto de t. é mais manifesto na visão de Estêvão (At 7,55s; cf. Lc 22,69) ou na de Paulo no caminho de Damasco (At 9,1-19; 22,4-21; 26,9-18). Jesus ressuscitado, sob os traços do Filho* do Homem, é contemplado pelo vidente do Apocalipse (Ap 1,9-20). O evento da ressurreição é único enquanto manifestação definitiva da graça* de Deus para a salvação* dos homens (Tt 2,11 etc.), tal como nossa esperança* se encontra na espera "da manifestação (*epiphaneia*) da glória" de Cristo* (Tt 2,13): esta será a t. definitiva.

3. "Ver" no IV Evangelho: Jesus, teofania do Pai

João sublinha o aspecto de t. na encarnação* e na missão de Jesus. No Verbo* encarnado, nos é permitido contemplar a glória do Filho único (Jo 1,14), mesmo que Jesus possa falar, antes de sua morte, de uma glória ainda por vir: Jo 13,31s. Filipe perguntava: "Senhor, mostra-nos o Pai* e isso nos basta" (Jo 14,8). Ora, Jesus é a t. do Pai: "Quem me viu, viu o Pai" (v. 9). Nele o Deus invisível tornou-se visível (Jo 1,18). Assim, a fé* é recebida por meio daquilo que as primeiras testemunhas "viram" (cf. Jo 20,29) e ela nutre a expectativa de contemplar Jesus em sua glória (cf. Jo 17,24). Vivemos desta certeza: "Nós o veremos tal como é" (1Jo 3,2; cf. Ap 22,4), e até seremos glorificados com ele (cf. Cl 3,4).

• E. Jacob (1955), *Théologie de l'AT*, Neuchâtel-Paris, 58-68. — W. Michaelis (1959), *Horaô* etc., *ThWNT* 6, 713-773. — F. Schnutenhaus (1964), "Das Kommen und Erscheinen Gottes im Alten Testament", *ZAW* 76, 1-22. — J. Jeremias (1965), *Theophanie*, Neukirchen. — E. Zenger (1971), *Die Sinaitheophanie*, Würzburg. — O. García de la Fuente (1971), *La búsqueda de Dios en el AT*, Madri. — J. E. Alsup (1975), *The Post-Resurrection Appearance Stories of the Gospel Tradition*, Stuttgart. — D. Vetter (1976), "*R'h-sehen*", *ThWAT* 2, 692,701. — H. Haag, J. Guillet (1985), "Révélation", *DBS* 10, 586-618. — R. J. Tournay (1988), *Voir et entendre*

Dieu avec les Psaumes, CRB 24. — T. Hiebert (1992), "Theophany in the Old Testament", *AncBD* 6, 505-511. — H. Cazelles (1993), "La théophanie au désert. Montagne de Dieu, Sinaï, Horeb", em *Tradició i Traducció de la Paraula* (homenagem a G. Camps), Montserrat, 19-32.

José LOZA VERA

→ *Anjos; Antropomorfismo; Cosmo; Escatologia; Glória de Deus; Profeta/profecia; Ressurreição de Cristo; Revelação; Templo.*

TEÓFILO DE ANTIOQUIA → apologistas

TEOLOGIA

Explicar o motivo da fé* cristã, falar com toda coerência do Deus* de quem as Escrituras* dão testemunho, ou falar de todas as coisas referindo-as a Deus, *sub ratione Dei* (Tomás* de Aquino), essas fórmulas que só pretendem introduzir, e não são as únicas possíveis, apresentam o programa da teologia (t.). Esse programa, num sentido, já está cumprido nas Escrituras: a t. funda-se nelas como num *corpus* de textos eles mesmos teológicos (teol.), textos que ela tem a mais alta ambição de tornar totalmente legíveis. Esse programa, por outro lado, é o da Igreja* cristã: os discursos teol. exercem uma responsabilidade para com uma comunidade crente cuja fé eles querem interpretar e transmitir; eles comprometem aqueles que os pronunciam como "homens de Igreja" mais do que como pensadores individuais. Esse programa, enfim, se cumpre numa multiplicidade sempre historicamente determinada de práticas discursivas e textuais: assim, é somente na exposição dessa multiplicidade e de sua história que a t. manifesta exatamente seus traços essenciais.

1. Terminologia

"T.", do grego *theologia*, "discurso sobre as coisas divinas", é um termo pré-cristão. Ele aparece pela primeira vez em Platão (*Rep.* 379a) numa passagem em que este se interroga sobre a utilização pedagógica da mitologia. Aristóteles retoma o uso, modificando-o também: os "teólogos" são Hesíodo ou Homero, distinguidos

dos filósofos (*Met.* I, 983 b 29, II, 1000 a 9 etc.), mas duas passagens da *Metafísica* (V, 1026 a 19, e X, 1064 b 3) falam de "filosofia* teol." e de "conhecimento teol." para designar a mais alta das três ciências teóricas, após a matemática e a física. É ao estoicismo, todavia, que cabe dar realmente direito de cidadania filosófica à "t." e aos termos aparentados: a t. torna-se ali explicitamente uma disciplina filosófica, já em Cleanto (*SVF* I, 108, 12), logo em Panécio. As convivências da t. e da mitologia permanecem, seguramente, e os estoicos dão-se conta disso: uma famosa passagem de Varrão abundantemente citada na literatura cristã (Agostinho*, *Civ. Dei* VI, 5-10 etc.) distingue assim três sortes de t., a t. mítica dos poetas, a t. "física" dos filósofos e a t. política* dos legisladores. Será preciso esperar o neoplatonismo para ver uma filosofia anexar-se de algum modo a t. (Proclo) — mas numa época em que o cristianismo já se apossou do termo.

As associações da t. com a mitologia pagã explicam decerto a pouca diligência que o cristianismo empregou nessa tomada de posse. A apropriação do léxico só começa realmente entre os pensadores da escola de Alexandria*. Clemente e Orígenes* falam ainda dos "antigos teólogos dos gregos" ou da "t. dos persas", mas reivindicam para o discurso cristão o título de "verdadeira t.". Orfeu é teólogo para Clemente, mas Moisés também (*Strom.* V, 78, 4); e o mesmo Clemente distingue a "t. do *Logos* eterno" da "mitologia de Dioniso" (*Strom.* I, 57, 6). Será preciso, contudo, esperar a *T. eclesiástica* de Eusébio de Cesareia (e o triunfo político do cristianismo sobre o paganismo*) para que o termo t. perca toda associação com a religiosidade pagã e se torne uma palavra cristã. Os teólogos, doravante, não são mais os mitólogos pagãos, mas os profetas* do AT, ou Paulo, ou particularmente o evangelista João. A t. se define pela confissão* da fé cristã; o termo pode mesmo servir para designar as Escrituras cristãs (p. ex. Pseudo-Dionísio*, *Hier. Eccl.* IV, 2). O uso se precisa ao longo dos debates trinitários e cristológicos, de tal sorte que *theologia* e *theologein* se tornam qualificativos de ortodoxia*. Uma precisão terminológica suplementar intervém desde Eusébio (*HE* I, 1, 7) e se impõe: a "t." designará doravante o conhecimento do mistério* trinitário, distinto da "economia", doutrina da salvação*. Uma significação existencial será também agregada ao termo na literatura ascética (Evágrio Pôntico, Máximo* Confessor), onde a "contemplação* teol." representa o terceiro e mais alto nível da vida mística. Na obra do Pseudo-Dionísio, enfim, a cristianização do conceito de t. é concluída: a distinção operada entre t. "catafática" (afirmativa), "apofática" (negativa*), "mística*" e "simbólica" incide somente sobre as articulações internas do discurso cristão e sobre sua coerência intrínseca.

Dessa apropriação cristã do léxico grego o Ocidente latino só participa, por muito tempo, de modo marginal. A t. latina, que todavia não ignora o léxico grego, adota outras palavras: *doctrina sacra* (Agostinho), *sacra scriptura, sacra eruditio, sacra pagina, sacra doctrina*. O pensamento latino, contudo, aprenderá de Boécio* a tripartição aristotélica do trabalho teórico (física, matemática, filosofia primeira/teologia, cf. *Met.* E 1, 1025 b-1026 a), e permanecerá apegada a ela. Mais tarde (a partir do s. IX), a difusão do *Corpus Areopagiticum* e a influência de Escoto Erígena tornarão o vocábulo *theologia* de uso mais comum. O termo receberá com Abelardo* um sentido mais preciso ainda, que anuncia a t. "científica" da escolástica*. Mas é ainda *sacra doctrina* que Tomás de Aquino utilizará mais comumente. Só a escolástica tardia usará quase que como único nome o de t.

2. Os discursos patrísticos

Desde os primeiros momentos da pregação* cristã aparece certo número de contextos e de instâncias que determinarão a t. de modo definitivo. Discurso da Igreja, a t. é simultaneamente um discurso pronunciado dentro das igrejas na intenção de comunidades constituídas e um discurso missionário que se atribui como fim defender (*apologia*) a fé da Igreja diante do mundo pagão e permitir assim a difusão dessa fé.

a) Catequeses e exegeses. — Discurso intraeclesial, a t. vive ao ritmo cultual da vida eclesial. A iniciação* cristã, na qual os ritos sacramentais pressupõem as catequeses*, é um primeiro lugar de palavra; a celebração eucarística, no curso da qual as Escrituras são lidas e comentadas segundo o modelo das pregações sinagogais, é outro; e os dois são indissociáveis. O primeiro problema que a t. teve de resolver foi um problema de exegese*, o do cumprimento* em Jesus Cristo das esperanças* de Israel*, e o tratamento deste problema atravessa todo o *corpus* que virá a receber o nome de "Novo Testamento". De igual modo, é sob a forma privilegiada da exegese que se organiza a t. patrística. A t. lida com eventos, e lida com eles interpretando textos reconhecidos como canônicos, dotados do *status* de testemunhos normativos. Não é de surpreender, portanto, que a maior parte do *corpus* dos escritos patrísticos se componha de comentários escriturísticos, nascidos ou não da pregação. E não é mais surpreendente que a teoria teol. que mais depressa recebeu um tratamento refinado tenha sido, precisamente, a teoria dos sentidos* da Escritura.

b) Discursos apologéticos. — A primeira t. que teve de reivindicar a dignidade de encarnar uma figura do *logos* foi a dos apologistas*. A t. traz um nome grego, e este nome é carregado de uma questão. As primeiras apologias compostas em favor do cristianismo levantam menos a questão de sua racionalidade que a de sua moralidade. Já com Justino, contudo, a questão da racionalidade é central. E quando se chega à obra-prima da apologética patrística, o *Contra Celso* de Orígenes, racionalidade e verdade* (é ao "Discurso verdadeiro" de Celso que Orígenes responde!) ocupam o primeiro plano. A t. se atribui como função o defender a coerência e a credibilidade* do cristianismo diante das razões religiosas e filosóficas do paganismo. Mas este discurso defensivo é também um discurso criador: a defesa do cristianismo se acompanha de um dar à luz, no qual se elaboram conceitualidades de longo alcance.

c) Exigências internas da fé. — Se exegese e catequese suscitam a produção de palavras novas exigidas pelo comentário ou pela iniciação aos mistérios, e se o discurso apologético não pode tampouco se organizar sem proceder a um trabalho de dicção e de conceptualização das razões do cristianismo, o trabalho teol. aparece também desde a época patrística como fruto de uma exigência interna da fé. Distinguindo entre fé (*pistis*) e conhecimento (*gnosis*), de um lado, e discernindo, do outro, neste o cumprimento daquela, Clemente de Alexandria fornece a carta fundadora a uma t. cujo fim não é senão responder às exigências intelectuais do crente. Nem os *Estrômatos* de Clemente nem o *Tratado dos princípios* de Orígenes refletem nenhum contexto cultual, ou apologético qualquer. A t. ali se organiza (de maneira frouxa em Clemente, de maneira sistemática em Orígenes) como esforço de inteligência especulativa. Ela certamente não adquire nenhuma autonomia em relação a suas fontes escriturísticas e ao tratamento exegético delas. Uma organização nova, todavia, aparece.

d) A teologia na história das definições. — A t. quer ser "gnóstica": todavia, não se pode separar a autocompreensão especulativa da fé, e a armadura conceitual de que ela se dota, da história doutrinal na qual se insere o trabalho conceitual dos teólogos. A um primeiro discurso intraeclesial, o da iniciação cristã e da pregação, se liga, com efeito, um segundo discurso intraeclesial, o da defesa e ilustração da fé no interior da Igreja mesma: a história da t. é também a história de crises teol. internas à Igreja, e é por meio dessas crises que a Igreja forja sua linguagem oficial, sem nunca deixar de tomar empréstimos de pensadores individuais. A t. especulativa se insere assim na história das definições doutrinais. E inserindo-se nela, a t. permite apreender um modo maior da tomada de palavra teol., a palavra "magisterial". Ao introduzir um termo não bíblico ("consubstancial*") na profissão de fé pública da Igreja, o primeiro concílio de Niceia* provou tão solenemente quanto possível que o trabalho teol. é um trabalho *da* Igreja, mais exatamente do que é um trabalho *na* Igreja. E provou que esse trabalho está sujeito às pressões de uma história* na qual a Igreja aperfeiçoa perpetuamente sua linguagem.

A pluralidade dos discursos e dos discursantes se deixa coordenar, portanto, com certa nitidez.

Por um lado, a t., que é preciso entender no sentido mais amplo possível, acompanha toda a experiência da Igreja: t. como palavra evangelizadora referida (simbolicamente ou realmente) à prática cultual das comunidades, sobre a qual não pesa nenhuma exigência propriamente técnica, e pela qual se prolonga o "evento da Palavra*" fundador da Igreja. Mas, porque essa palavra evangelizadora é fadada a manifestar coerências e se propõe como palavra verdadeira no meio de todas as palavras, a t. é também fadada a satisfazer exigências técnicas: a fundação da escola (*didaskaleion*) catequética de Alexandria por Panteno (*c*. 180) ou antes dele (cf. Eusébio de Cesareia, *HE* VI, 3, 3), e decerto a fundação de outros centros similares, é a certidão de nascimento pública do "teólogo" (o Oriente cristão, é fato, relutará sempre em atribuir tal título, e o reservará a João Evangelista, a Gregório* de Nazianzo e a Simeão, "o novo Teólogo"), entendido então como investido de uma responsabilidade intelectual na Igreja. O aparecimento de uma t. mais conceitual e sistemática, por fim, pode ser entendido de dois modos. Instrumento que permite à Igreja afinar a confissão da fé, ela responde também às exigências de uma fé em busca de "gnose"; coerção nascida do desdobramento das doutrinas, ela trai também uma incontestável conivência da fé cristã e das exigências da razão*. Assim, instala-se um dispositivo complexo, cuja organização variará, mas cujos elementos essenciais permanecerão.

3. *Escolástica:* scientia *e* quaestio

Se o fechamento da escola filosófica de Atenas por Justiniano (529) só tem valor simbólico, em todo caso ele assinala o advento de uma era durante a qual a t. reina incontestavelmente (nas fronteiras do mundo cristão) sobre a organização do saber. A teoria desse reinado é anterior à IM e tão antiga, de fato, quanto o cristianismo. A gnosiologia de Agostinho* provavelmente oferece a melhor ilustração patrística disso, uma vez que reduz rigorosamente todo outro saber ao *status* de prolegômenos à fé. Mais tarde, um opúsculo de Boaventura* fornecerá a versão mais compilada dessa teoria (*De reductione artium ad theologiam*, Q. V, 319-325 — o título é dos editores). A IM latina e a IM grega souberam praticar outros discursos que não o da t. e atribuir a dignidade de saber a outros saberes. A IM latina foi, todavia, e este ponto importa acima de tudo, o período em que a t. se deixou definir de maneira privilegiada por sua posição no edifício dos conhecimentos — o tempo de uma t. que veio a se definir, antes de tudo, como ciência e como disciplina no interior de um currículo de ensino. A organização de instituições de ensino, desde Alcuíno (730/735-804) e até a criação das universidades, passando pela criação das escolas abaciais e catedrais, é o fato maior que marca a história da t. medieval. E se a pluralidade dos discursos permanece — discurso catequético e homilético, discurso magisterial etc. —, o léxico tanto quanto a história das ideias e das instituições confirmam que a t. se define doravante antes de mais nada pelo lugar que ocupa na organização codificada das instituições encarregadas de transmitir o saber: quando a expressão *facultas theologica* ("disciplina" ou "ciência" teol.) aparece na Universidade de Paris, na primeira metade do s. XIII, esta aparição homologa um processo longo mas regular no curso do qual a t. se tornará assunto de professores de t. e de estudantes de t.

Neste processo, por outro lado, se instalou um sistema de ensino que deveu a maior parte de suas características às recepções sucessivas de Aristóteles no Ocidente. Diversos traços distintivos se destacam de maneira esquemática: 1/ Conhecido primeiramente por meio das primeiras traduções de seu *corpus* lógico, Aristóteles oferecia à t. os meios para se definir em novas bases como discurso rigoroso. Sob a influência do *Organon*, vê-se assim a t. ser praticada, e pensada, nos cânones da dialética. A vitória dos "dialéticos" (cujo patrono pode ser Abelardo) sobre os antidialéticos (Pedro Damião, Bernardo* de Claraval) não significava, apesar dos exageros dos antidialéticos, a sujeição da t. a procedimentos estranhos ao seu propósito. Significava, sim, em contrapartida, o aparecimento de uma racionalidade nova. O *logos* da t. e o da lógica filosófica têm doravante

um vínculo direto; esta dá àquela o instrumento necessário para a conduta de seus raciocínios; a t. pretende ser verdadeira associando seu destino ao da linguagem mais rigorosa que existe. 2/ Esta linguagem encontra sua expressão exata na adoção da "questão", *quaestio*, como primeira ferramenta da argumentação teol. Consagrada ao estudo das "autoridades" patrísticas, conhecidas diretamente ou pelo viés de florilégios, a primeira t. medieval não "questionava". Quando Pedro Lombardo compila suas *Sentenças*, o objetivo ainda é fornecer ao estudante um compêndio organizado dessas autoridades. Entre a exposição didática das compilações e a dialética implementada nas "questões", a transição é, portanto, aquela que leva a uma concepção heurística da t. 3/ O corolário era uma evidente relegação a segundo plano do comentário bíblico. A grande escolástica* não negligenciou os estudos bíblicos — os comentários escriturísticos de Tomás de Aquino estão entre o melhor de sua produção —, mas ela os marginalizou, ou, em todo caso, fez deles os preliminares para o trabalho especulativo da "questão". Definida doravante, de bom grado, como "ciência", no modo aristotélico das "ciências subalternas", a t. já não pode realmente conferir à exegese escriturística qualquer centralidade.

A unidade de uma prática da t. não quer dizer que a escolástica tenha gozado de uma unanimidade qualquer sobre a natureza do saber que ela assim praticava. A t. é tematizada como ciência (*scientia*) em Tomás de Aquino e sua posteridade; a t. franciscana ilustrada por Boaventura* e sua posteridade preferirá ser compreendida mais como uma sabedoria*, *sapientia*. Considerada, na corrente tomasiana, como um conhecimento teórico de Deus subalterno ao conhecimento* de Deus por Deus mesmo e pelos bem-aventurados, ela será considerada preferivelmente na corrente franciscana como um saber prático voltado à caridade. Pode parecer, contudo, que as diversidades de escola importam menos aqui do que a organização própria dessas t. que mereceram, precisamente, o nome de "escolásticas" — que a unidade de um método* importa mais do que o uso dele feito, porque todas as escolas* pertenciam à Escola. As t. patrísticas não se desenvolveram anarquicamente; a t. grega posterior à época patrística tampouco. Com a organização que o Ocidente latino deu aos estudos teol., pode parecer, todavia, que o método tem um peso maior. Isso teve consequências que manifestam a precariedade da síntese medieval. Praticada como saber universitário, a t. escolástica viu desfazer-se os vínculos que uniam à época patrística os discursos sistemáticos/especulativos e os discursos ascéticos e místicos. Constituída, primeiramente, para satisfazer as exigências da "fé em busca de inteligência" (exigências que ela, certamente, não descobriu), a t. escolástica, mesmo em suas tradições menos intelectualistas, é uma t. para intelectuais, que perde quase toda relação com a pregação e as atividades querigmáticas da Igreja. O centro da experiência* cristã decerto nunca foi perdido de vista; mas numa disciplina em que a dimensão heurística ocupa um lugar de primeiro plano, as consequências teol. tendem a ocupar um lugar bem mais considerável do que a evocação dos artigos de fé.

4. Reforma e modernidade

A t. deve sua fisionomia moderna a uma pluralidade de fatores heterogêneos: ao protesto de Lutero* contra a escolástica, ao florescimento das disciplinas históricas, a uma reorganização das relações entre filosofia e t., à tensão que nasceu finalmente entre "ciência" e "Igreja".

a) Lutero forneceu o programa para uma t., por um lado, de orientação resolutamente bíblica* e, por outro, para uma t. de orientação resolutamente existencial. A palavra de ordem protestante, *scriptura sola*, não significa certamente que a t. protestante empreenderá exclusivamente o caminho do comentário escriturístico ou que o empreenderá de maneira nitidamente privilegiada — desde Melanchton, e mais ainda com os teólogos do s. XVII, a t. protestante se organizará num modo tão sistemático quanto a t. católica da escolástica tardia e será, em muitos aspectos, um neoaristotelismo. O próprio Lutero, todavia, é antes de tudo um professor de exegese veterotestamentária, e seu conceito

da t. se constrói sobre um retorno à "leitura" bíblica e uma recusa exacerbada de toda influência das razões filosóficas. "É um erro dizer que ninguém se torna teólogo sem Aristóteles", diz a *Disputatio contra scholasticam theologiam* de 1517 (prop. 43). Essa t. que se quer livre de intimidades filosóficas é uma t. reconduzida a seu centro: ao Cristo* crucificado da t. paulina*. A *theologia crucis*, que Lutero opõe a uma "t. da glória*", *theologia gloriae*, que deseja contemplar a majestade divina tal como ela exerce o governo de tudo, se constitui então em t. experiencial. "Não é compreendendo, lendo ou especulando" que alguém se torna teólogo (*WA* 5, 163, 28), mas na experiência* vivida da fé. Fórmulas conhecidas exprimem, com o desinteresse de Lutero pela especulação teol., a concentração de seu pensamento na experiência da salvação: "Cristo não é nomeado Cristo porque tem duas naturezas. Que me importa isso? Mas ele leva o nome de Cristo, magnífico e consolador, por causa do ministério* e da tarefa que impôs a si mesmo; é isso que lhe dá seu nome. Que seja por natureza homem e Deus, isso é para ele mesmo. Mas que tenha consagrado seu ministério, que tenha difundido seu amor* para se tornar meu salvador e meu redentor, é nisso que encontro minha consolação e meu bem" (*WA* 16, 217-218). A t. luterana fala de Deus e não se resolve numa ciência da existência crente. É certo, porém, que não é um discurso de uma fé em busca de inteligência: é o discurso de uma fé em busca da certeza da salvação.

b) A época que sucede a Reforma é a das especializações teol. A t. *moral* (ética*) aparece como disciplina distinta perto do final do s. XVI, o mesmo período que vê aparecer uma t. *positiva**, que se desenvolverá plenamente no s. XVII. Essa segunda aparição é a de uma t. preocupada com sua própria história. Desde a era patrística, o recurso às autoridades é procedimento teol. convencional. Mas, a partir do humanismo, esse recurso se torna crítico. Entre uma t. positiva definida, pois, como disciplina teol. e uma história das doutrinas cristãs não animada por nenhum interesse teol., é difícil traçar uma fronteira. A influência sobre a t. de disciplinas históricas, constituídas elas mesmas no mais das vezes para escrever outras histórias que não a da t., é, em todo caso, um fato relevante. Seja no domínio católico, seja no protestante, e segundo um processo que vai se acelerando até o final do s. XIX, a t. se escreve também escrevendo sua própria história. Os debates levantados com a aproximação do Vaticano I* pelo historiador J. J. I. von Döllinger (1799-1890) talvez ofereçam o exemplo perfeito disso: doravante, até em seu discurso magisterial a Igreja tem de levar em conta a história crítica de suas fontes.

c) A t. sempre soube que não estava sozinha a falar de Deus. Mas se a coexistência de um "Deus dos teólogos" e de um "Deus dos filósofos" é um fato bastante admitido classicamente para que uma filosofia elementar chegue mesmo a ter lugar no interior das construções teol., um fato se produzirá no s. XIX: o surgimento de uma filosofia ela mesma nutrida de motivos teol. Seja com Hegel*, na filosofia tardia de Schelling* ou com Kierkegaard*, o discurso não pretende ser teol., mas são razões teol. que ele mobiliza. Sustentado no interior das faculdades de filosofia (Hegel, Schelling) ou a título privado, este discurso é marginal em relação à t.: embora suscite recepções teológicas, ele não será considerado como pertencente de pleno direito à história da t. Nas margens em que é pronunciado, ele inaugura, contudo, uma nova prática da razão teol. Esta doravante está em ação no interior mesmo da filosofia. A filosofia pode se constituir como "filosofia da revelação*", ou ainda incluir uma cristologia* e um pensamento do Deus trinitário. Um esboço cristológico pode se apresentar — em Kierkegaard — sob o título de *Migalhas filosóficas.* Aqui e lá, contudo, dois fenômenos maiores devem ser levados em consideração. Negativamente, a t. cessa parcialmente de ser um discurso antes de tudo eclesial e sofre (com Hegel e Schelling, mas não com Kierkegaard) certa anexação: um pensamento que não reivindica nenhuma espécie de magistério na Igreja se apodera do conteúdo da pregação eclesial, para submetê-lo parcialmente às suas leis. E, positivamente, o Deus da Bíblia* entra como tal

na filosofia, o que não deixa de provocar uma ampliação dos limites tradicionais da t. Por um lado, a fronteira clássica entre t. e filosofia se apaga. Por outro lado, a justaposição do filosófico e do teol. é substituída por um trabalho do teol. no interior mesmo do filosófico.

d) Se a t. contemporânea começa a perceber os benefícios de tal reorganização, seus perigos se manifestaram mais rapidamente. Uma t. pode manter este nome, e suas ambições, deixando de ser discurso da Igreja? A t. medieval era universitária e eclesial. Ora, a hipótese de uma t. universitária que não seria mais eclesial aparece claramente no s. XIX no mundo protestante. A questão foi colocada com toda acuidade num livro de C. A. Bernouilli, *O método científico e o método eclesiástico em t.* (Friburgo, 1897), cujo principal interesse era concluir uma tendência que tinha atravessado quase todo o século. Da IM ao s. XIX, os requisitos da cientificidade se modificaram, a ideia de t. científica pelo menos se tornou problemática. Entre as exigências do trabalho acadêmico e as exigências de fidelidade eclesial, entre universidade e Igreja, existe doravante o campo de uma "tensão" (p. ex., Seckler 1980). Esta tensão surgiria tão logo a história crítica ganhasse direito de cidadania em t. e a posição da t. entre todos os saberes universitários se tornasse menos assegurada. A t. medieval pudera tomar a forma de uma t. acadêmica sem perder sua identidade eclesial — embora seja verdade que o abalo provocado pela Reforma não foi devido somente à aventura espiritual de um monge, Lutero, mas também à revolta deste monge na sua qualidade de professor universitário, de "Doutor Martinho". O s. XVIII já oferecera bons exemplos de situação de crise: nascimento de t. "esclarecidas" e antiautoritárias, de uma "neologia" (racionalismo*) cuja crítica das fórmulas doutrinais tradicionais vivia de um desejo de se libertar da autoridade* magisterial do ministério eclesiástico; e simetricamente, polêmica do pietismo* contra a "t. dos não regenerados", que falava da impossibilidade de praticar o ofício de teólogo lá onde não são satisfeitas as exigências da vida teologal. No s. XIX e ainda no mundo protestante, a crise se torna mais viva, porque o *status* científico da t. se torna menos seguro. Assim, a aporia sobrevem na forma de um desdobramento. A Igreja, de um lado, mantém o discurso de suas confissões de fé e de suas catequeses; as faculdades de t., por outro lado, enfrentam a tentação de assegurar sua respeitabilidade científica libertando-se de todo constrangimento eclesial. A t. quer se organizar como ciência, mas num sentido novo do termo — e ela só pode fazê-lo colocando-se como instância crítica de toda outra forma de palavra teol. que não a palavra "científica".

5. Reorganizações contemporâneas

Nem toda a t. universitária do s. XIX foi cortada da vida diária da Igreja. Ocorre que restabelecer um elo estreito é um dos problemas maiores enfrentados pelo s. XX. O primeiro motor da "t. dialética" do jovem Barth* — um pastor* que se tornou posteriormente professor — era a necessidade confessada de criar uma t. suscetível de ser pregada. E ao dilema colocado por Bernouilli, o Barth da maturidade responderá dando à sua obra-mestra o título de *Kirchliche Dogmatik*, dogmática *da Igreja*. Como as estruturas* eclesiais do catolicismo* não podiam permitir que tal dilema fosse colocado nelas, a t. católica não sofrera as tentações do racionalismo* universitário protestante. Mas, como ela se desdobrara sem descontinuidade desde a IM como t. universitária, e como a neoescolástica oficialmente entronizada no final do s. XIX provavelmente exacerbara os problemas colocados já pelas sínteses da grande escolástica, esforços análogos eram necessários. Uma t. que possa ser pregada, um discurso universitário que não seja disjunto das linguagens do culto* e da pregação, é o que pedirá, alguns anos depois de Barth, a "t. da pregação" (*Verkündigungstheologie*) proposta por J. A. Jüngmann ou H. Rahner. A resposta protestante à questão de Bernouilli foi uma neo-ortodoxia capaz de retomar de maneira fecunda os temas centrais da pregação cristã; a resposta católica foi trazida pela renovação dos estudos patrísticos. A aporia da t. se ocultava num certo sentido na noção

de progresso. Organizadas como ciência, a t. medieval e sua posteridade não podiam senão formar a ambição de enriquecer um saber: se a t., assim concebida, devia ter uma história, esta não podia ser outra que não a de um progresso do conhecimento — e o progresso do conhecimento não se atinge somente pelo acúmulo dos conhecimentos, mas também pela afinação da linguagem técnica em que eles se exprimem. A história não se desfaz. Todavia, é no modo da releitura das fontes, e não no de uma ambição de progresso, que a t. católica trouxe ao s. XX sua contribuição mais notável à inteligência da fé. A redescoberta do *corpus* patrístico e de seu poder fecundante se acrescentou outro fator: o reaparecimento da t. ortodoxa no concerto das t. cristãs, graças à emigração que se seguiu à revolução russa de 1917. Os adversários da "nova teologia" (Lubac*; cf. *TRE* 24, 668-675) não se enganavam totalmente quanto a seus desafios. Tratava-se de substituir, entre os fundadores das *Sources Chrétiennes* e em torno deles (com outras palavras!), uma t. heurística/dedutiva por uma t. hermenêutica. Tratava-se de substituir uma ciência das conclusões por um retorno às fontes sem o qual essas conclusões não possuiriam nenhum sentido e pelo qual convém medi-las. Tratava-se, de fato, de rejeitar o progressismo endêmico da neoescolástica.

Decerto havia mais coisa, e os vínculos da t. católica contemporânea e do "movimento litúrgico" são um novo fato maior. A t. é litúrgica por essência, e decerto ela já não o era senão do modo mais tênue possível. A redescoberta de um lugar de palavra e de significação, anunciada no opúsculo programático de Guardini, *A essência da liturgia* (1918, um ano antes do primeiro comentário de Barth à epístola aos Romanos), ultrapassa o quadro restrito da teoria do culto cristão para referir-se globalmente a toda teoria do discurso cristão. A figura do teólogo se modifica assim notavelmente. Não se trata de modo algum de recusar o bom direito das razões reflexivas e críticas. Trata-se, em contrapartida, de reconduzir a t. a seu jorro. A t. trata do mistério de Deus, e trata dele numa Igreja que celebra também "mistérios", numa Igreja para a qual este mistério se dá a pensar numa economia de presença e de evento — numa Igreja, portanto, à qual o culto dá a primeira matriz das palavras que ela pronuncia sobre Deus, oferecendo-lhe uma linguagem na qual falar a Deus. E se isso vale primeiramente para as t. católica e ortodoxa, decerto seria preciso acrescentar que a hermenêutica* da palavra à qual se dedicou uma corrente da t. protestante contemporânea (E. Fuchs, G. Ebeling) é de certa maneira, no fundo, uma t. litúrgica — uma t. das palavras que se tornam Palavra, e que se tornam Palavra eminentemente no ato da pregação.

Essas linhas de força são as de uma t. existencial, à qual o artigo de Balthasar* (1948) sobre "T. e santidade" fornece decerto seu manifesto acabado. À pergunta da t. não se pode responder sem evocar a pessoa do teólogo. A linguagem* teol. é uma linguagem crente, autoimplicativa, que não se pode dissociar, portanto, daquele que a enuncia. A t. não poderia, pois, se definir integralmente sem se discernir nela os esforços de uma fé em busca de caridade e já movida pela caridade (amor*). E se, por outro lado, se retorna à identificação patrística da t. e da mais alta contemplação*, será preciso então observar que a t. se elabora na experiência dos santos tão certamente e mais do que na dos doutores — os teólogos aparecem então sob os traços de Teresa de Lisieux, ou de Elisabete da Trindade, ou de Silvano de Atos, tanto quanto sob os do professor. Nada disso é novo. Mas essa afirmação muito clássica reata com uma tradição* esquecida durante séculos em que a contribuição teol. dos místicos foi considerada cientificamente desprezível.

Isso não quer dizer que uma t. que se compreenda primordialmente como *sapientia* possa expelir de seu campo de pesquisa toda preocupação científica. A t. é uma experiência, é simultaneamente um discurso dentre todos os discursos que pretendem ser verdadeiros, e a questão de sua validade tem valor permanente. No s. XX, essa questão foi abordada de múltiplas maneiras: 1/ Diante da redefinição moderna do domínio da "ciência", não se podia reafirmar a racionalidade do teológico isolando a linguagem teol. no domínio das linguagens cultuais de tal maneira que toda comunicação fosse rompida: importava necessariamente integrar a linguagem teol. na economia geral da linguagem sem negar sua especificidade, mas sem condenar sua lógica a ser apenas uma lógica regional. Seja diante da razão lógica (p. ex., Breton, 1971) ou diante da filosofia da linguagem (p. ex., Ladrière, 1984), a t. devia, portanto, provar que sua experiência é, sim, a do *logos* — e recordar o ensinamento patrístico segundo o qual o *Logos* divino não é dissociável do *logos* presente no homem. 2/ À redefinição moderna do domínio da "ciência" a t. estava igualmente destinada a responder argumentando com suas próprias competências epistêmicas. Para além das teorias clássicas do conhecimento teol. (p. ex., Scheeben*), a produção de uma epistemologia teol. que leve em conta esta redefinição no quadro de um diálogo com as ciências era aqui um momento necessário (Torrance, 1969): o conceito de "ciência teológica" reaparece então para reintegrar a t. na comunidade dos saberes que têm pretensão ao mais alto rigor, e para provar que ela dispõe de procedimentos cognitivos tão fundados quanto os deles. 3/ Às exigências de racionalidade crítica herdadas das Luzes, preocupações estritamente missionárias impunham que a t. respondesse argumentando com a inteligibilidade presente em seus dizeres. A exigência de pertinência existencial se junta assim em Bultmann* à do discernimento crítico: a t. não pode existir no elemento do *logos* a não ser procedendo no interior dela mesma a uma crítica de todo resíduo mítico; e na medida em que sua vocação própria é fazer ouvir uma palavra e fazer ler textos, ela não pode responder a tal exigência (e permitir que tais textos sejam palavra) sem submeter esses textos a uma decifração que, na intenção do homem moderno, autorize o sentido perpétuo do Evangelho a aparecer sob os aluviões de um contexto cultural considerado morto.

Círculo ou campo de tensão, a relação da *scientia* e da *sapientia* permanece assim como o problema constitutivo da t. Devolvida plenamente ao contexto da vida eclesial, a t. não pode se encerrar sem dano nas alegrias da liturgia* ou nas satisfações trazidas por uma leitura pré-crítica das Escrituras. Por um lado, a t. tem o dever, diante do mundo, de se manifestar como linguagem rigorosa: o momento apologético é constitutivo. Por outro lado, ela também tem o dever diante de si mesma de poder proceder à sua própria crítica. A t. pode dar-se uma imagem ideal de si mesma, a da palavra proclamada e comentada liturgicamente pelos ministros da Igreja, e esta imagem, familiar à eclesiologia* eucarística (N. Afanasieff, A. Schmemann, J. Zizioulas; cf. também Marion, 1982), decerto não mente: a t. é mistagógica. Entretanto, existe outra imagem, que não contradiz a primeira, mas revela outro aspecto: a t. aparece então como busca perpétua da mais justa linguagem, e isso no debate em que se encontram todas as linguagens que se querem verdadeiras. A exigência crítica não contradiz a exigência mistagógica ou doxológica, ela procede dela. A t. é plural por natureza. A pluralidade dos discursos a enunciar demanda um equilíbrio certamente instável. Discurso somente litúrgico, a t. cessaria de responder às exigências missionárias da *apologia*. Discurso somente científico, ela cessaria de responder às exigências da vida espiritual* dos crentes. A história complexa da t. mostra as aporias que a ameaçam sempre. Ela demonstra também as condições de uma fidelidade da t. a seu *logos* próprio e às suas funções próprias.

A t. decerto se capta no melhor dessas condições quando pensa o *status* eclesiológico de seus dizeres. A Igreja é, como tal, o sujeito da t. Ela o é de maneira diferenciada, como Igreja determinando solenemente sua regra de fé, como Igreja comentando liturgicamente suas Escrituras, como Igreja confrontando seu discurso a todos os discursos religiosos enunciados no mundo, como Igreja garantindo reflexivamente o rigor de seu discurso, como Igreja descobrindo no trabalho da razão os meios de aprofundar sua fé. Nenhuma função eclesial poderia, então, esgotar a prática da t., nenhuma definição simples poderia esgotar-lhe o sentido. O *status* do teólogo é múltiplo: nem o bispo*, nem o professor, nem o místico bastam como

tais para realizar toda a essência do teológico. A t. é um discurso histórico, enunciado por uma Igreja que nenhuma de suas tarefas absorve integralmente, que não pretende jamais ter entregado o último comentário sobre os eventos da palavra de que ela surgiu, e que não confia a nenhum de seus membros a responsabilidade exclusiva do comentário. A unidade da t. só se descobre na pluralidade articulada das tomadas de palavra teol. E a boa articulação destas tomadas de palavra — uma boa divisão do trabalho teol. — é talvez a tarefa primordial da Igreja.

• K. Barth (1924), *Das Wort Gottes als Aufgabe der Theologie*, Munique. — E. Peterson (1925), "Was ist Theologie", *Theologische Traktate*, Ausgewählte Schriften 1, Würzburg 1994, 3-22. — M.-J. Congar (1946), "Théologie", *DThC* 15/1, 341-502. — H. U. von Balthasar (1948), "Theologie und Heiligkeit", *WuW* 3, 881-896, reed. aum. in *Verbum Caro*, Einsiedeln, 1960, 195-225. — B. Welte (1965), "Die Wesensstruktur de Theologie als Wissenschaft", in *Auf der Spur des Ewigen*, Friburgo-Basileia-Viena, 351-365. — J. Macquarrie (1967), *God-Talk, Na Examination of the Language and Logic of Theoloy*, Londres. — R. Bambrough (1969), *Reason, Truth and God*, 1979², Londres-Nova York. — T. F. Torrance (1969), *Theological Science*, Oxford. — J. Pelikan (1971-1989), *The Christian Tradition*, 5 vol., Chicago. — G. Sauter (ed.) (1971), *Theologie als Wissenschaft*, Munique (artigos clássicos de Troeltsch, Tillich, Peterson, Barth, Gogarten etc., com uma rica introdução histórica e sistemática). — S. Breton (1971), *Foi et raison logique*, Paris. — B. J. F. Lonergan (1972), *Method in Theology*, Nova York. — F. Mildenberger (1972), *Theorie der Theologie*, Stuttgart. — K. Rahner (1972), "Theologie als Wissenschaft", *Schr. zur Th.* 10, Zurique-Einsiedeln-Colônia, 11-112. — W. Pannenberg (1973), *Wissenschaftstheorie und Theologie*, Frankfurt. — W. Joest (1974), *Fundamentaltheologie*, Stuttgart, not. 135-255, 1982². — P. Eicher (1980), *Theologie. Eine Einführung in das Studium*, Munique. — E. Jüngel (1980), "Die Freiheit der Theologie" e "Theologie in der Spannung zwischen Wissenschaft und Bekenntnis", in *Entsprechungen*, Munique, 11-51. — T. F. Torrance (1980), *The Ground and Grammar of Theology*, Belfast-Dublin-Ottawa. — G. Wainwright (1980), *Doxology. A Systematic Theology*, Londres. — M. Seckler (1980), *Im Spannungsfeld von Wissenschaft und Kirche. Theologie als schöpferische Auslegung der Wirklichkeit*, Friburgo. — R. Schaeffler (1980), *Glaubensreflexion und Wissenschafts-lehre*, QD 82. — G. Bof e A. Stasi (1982), "Du site eucharistique de la théologie", in *Dieu sans l'être*, Paris, 197-222. — J. Ladrière (1984), *L'articulation du sens*, 2 vol., Paris. — G. A. Lindbeck (1984), *The Nature of Doctrine, Religion and Theology in a Postliberal Age*, Filadélfia. — D. Ritschl (1984), *Zur Logik der Theologie*, Munique. — W. Kasper (1987), *Theologie und Kirche*, Mainz. — M. Seckler (1988), "Theologie als Glaubenswissenschaft", *HFTh* 4, 179-241. — F. Wagner (1988), "Zur Theologie-geschichte des 19. und 20. Jahrhunderts", *ThR* 53, 113-200 (bibl.). — J.-Y. Lacoste (1994), "Urgence kérygmatique et délais herméneutiques. Sur les contraintes élémentaires du discours théologique", *RPL* 92, 254-280. — A. Dulles (1996), *The Craft of Theology*, Nova York. — D. Lange *et al.* (1996), "Theologiegeschichte des 19./20. Jhs", *EKL* 5, 774-853. — Col. (1997), *Les Pères de l'Église au XXe siècle*, Paris.

Jean-Yves LACOSTE

→ *Deus; Escolas teológicas; Escolástica; Filosofia; Linguagem teológica; Ser.*

TEOLOGIA BÍBLICA → bíblica (Teologia)

TEOLOGIA DA LIBERTAÇÃO → libertação (Teologia da)

TEOLOGIA DAS RELIGIÕES → religiões (Teologia das)

TEOLOGIA DIALÉTICA → dialética (Teologia)

TEOLOGIA DO *PROCESS* → *Process Theology*

TEOLOGIA DOGMÁTICA → dogmática (Teologia)

TEOLOGIA ESCOLÁSTICA → escolástica

TEOLOGIA ESPIRITUAL → espiritual (Teologia)

TEOLOGIA FEMINISTA → mulher C

TEOLOGIA FUNDAMENTAL → fundamental (Teologia)

TEOLOGIA JOANINA → joanina (Teologia)

TEOLOGIA MÍSTICA → negativa (Teologia)

TEOLOGIA MONÁSTICA → Bernardo de Claraval 2

TEOLOGIA MORAL → ética

TEOLOGIA NARRATIVA → narrativa (Teologia)

TEOLOGIA NATURAL → natural (Teologia)

TEOLOGIA NEGATIVA → negativa (Teologia)

TEOLOGIA PAULINA → paulina (Teologia)

TEOLOGIA POLÍTICA → política (Teologia)

TEOLOGIA POSITIVA → positiva (Teologia)

TEOLOGÚMENO

Termo que se originou da exegese* protestan-te e foi introduzido na teologia* católica por K. Rahner*. Teologúmeno é "uma proposição que constitui uma afirmação teológica que não se deve tratar imediatamente como ensinamento do magistério da Igreja* nem como um enun-ciado dogmático que impõe uma adesão de fé"* (LThK², 10, 80). Quem diz teologúmeno diz fragmento de uma teoria teológica — teorema — mas um fragmento que não foi objeto de uma definição (e das condenações geralmente combinadas com as definições).

A REDAÇÃO

→ *Escolas teológicas; Teologia.*

TEOSOFIA

Não se conhece emprego do termo *theosophia* antes de Porfírio, para quem o *theosophos* é um ser ideal que seria ao mesmo tempo filósofo e poeta. Em Proclo, *theosophia* é empregado no sentido de doutrina; e em Clemente de Alexandria, o *theosophos* é um homem movido por uma ciência divina. Na IM, *theosophia* se tornou sinônimo de *theologia*; mas a partir do final do s. XVI, o termo vai servir para designar uma corrente esotérica — é talvez em Arbatel, *De Magia veterum* (Basileia, 1575), pequeno livro de magia espiritual, que ele é empregado pela primeira vez num sentido próximo do do s. XVII. O uso se difunde graças aos editores das obras de Boehme.

a) Nascimento e primeira idade de ouro da corrente teosófica (final do s. XVI-XVII). — Corrente esotérica entre outras, várias das quais aparecem desde o Renascimento (hermetismo neoalexandrino, cabala cristã, paracelsismo, alquimia dita "espiritual" etc.), a teosofia (tf) se inspira parcialmente nelas e se constitui na Alemanha como movimento espiritual específico. Entre os prototeósofos, citemos Valentim Weigel (1533-1588), em cuja obra a mística* renanoflamenga* se conjuga com o paracelsismo, que é ao mesmo tempo um modo de reflexão sobre a natureza e uma cosmologia feita de medicina, alquimia, química, especulações complexas sobre as redes de correspondências que unem os diferentes níveis de realidade do universo; Heinrich Khunrath (1560-1605), cujo *Amphitheatrum Sapientiae Aeternum* (1595 e 1609) exercerá uma influência duradoura sobre diversas correntes esotéricas ulteriores; Johann Arndt (1555-1621), que em seus *Vier Bücher vom wahren Christenthum* (4 vol., 1610) tenta casar a mística medieval, a herança neoparacelsiana e a alquimia.

Desde o primeiro livro (*Aurora*, 1610) do silesiano luterano Jacob Boehme (1575-1624), a corrente teosófica (tfc) encontra suas características definitivas, ou quase; só o *Der Weg zu Christo* (1622) é publicado em vida do autor; são publicados em seguida *Aurora* (1634), *De Signatura Rerum* (1645), *Mysterium Magnum* (1640) etc. Não existe muita unidade doutrinal nele e em seus sucessores, mas é possível sublinhar três traços comuns: 1/ O "triângulo" Deus*-homem-natureza: trata-se de uma especulação iluminada que incide ao mesmo tempo sobre Deus (natureza da deidade*, processos intradivinos etc.) sobre a natureza e sobre o homem (origem de ambos, lugar deles no universo, seu papel na economia da salvação* etc.). 2/ A primazia do mítico: a imaginação criadora do teósofo supostamente se apoia na revelação, mas privilegiando seus aspectos mais míticos, presentes por exemplo no Gn, na visão de Ezequiel, no Ap. Assim se colocam em cena temas e personagens como a Sofia, os anjos*, o andrógino primitivo, as quedas sucessivas de Lúcifer e de Adão*. A tf é uma sorte de teologia* da imagem. 3/ O acesso direto aos mundos superiores: o homem possui a faculdade de se colocar em relação imediata com o mundo divino ou o de entidades superiores, o *mundus imaginalis*, mundo imaginal (Henry Corbin) e pode assim esperar realizar uma compenetração do humano e do divino, e "fixar" seu espírito num corpo de luz em vista de um "segundo nascimento".

Seis fatores contribuíram para o sucesso dessa forma de experiência*: 1/ O luteranismo* autoriza o livre exame, que em alguns inspirados toma um caráter profético. 2/ Ele é caracterizado por uma mistura de mística* e de racionalismo*; ora, o teósofo põe em discurso a experiência interior, e inversamente também se põe à escuta de discursos já existentes para transformá-los em experiência interior. 3/ Cem anos depois da Reforma, experimenta-se às vezes dolorosamente a secura espiritual da teologia. 4/ Inúmeros crentes exprimem a necessidade de voltar seu interesse para uma atividade de tipo profético, em reação contra um magistério* que frequentemente mal a tolera. 5/ A época vê intensificar-se um desejo de unidade das ciências e da ética*: ora, a tf é por essência globalizante. 6/ O aparecimento da mecânica suscita por reação uma reafirmação do lugar do microcosmo no macrocosmo, isto é, da ideia de correspondências universais.

Ligam-se a essa corrente tfc os seguintes autores: — Na Alemanha, além de Boehme, Johann Georg Gichtel (1638-1710), *Theosophia Practica* (ed. em 1722); Quirinus Kuhlmann (1651-1689), *Külpsalter*, 1677; Gottfried Arnold (1666-1714), *Das Geheimnis der göttlichen Sophia*, 1700. — Nos Países Baixos: Johann Baptist van Helmont (1577-1664), *Aufgang der Arzneikunst*, 1683, e Franziscus Mercurius van Helmont (1618-1699), *The Paradoxical Discourse concerning the Macrocosm and the Microcosm*, 1685. — Na Inglaterra: Robert Fludd (1574-1637), *Utriusque Cosmi Historia*, 1617-1626; John Pordage (1608-1681), *Theologia Mystica, or the Mystic Divinitie of the Aeternal Invisibles*, 1683; Jane Leade (1623-1704), *The Love of Paradise, given forth by Wisdom to a Translated Spirit*, 1695. — Na França: Pierre Poiret (1646-1719), *L'Économie divine, ou Système universel*, 1687; Antoinette Bourignon (1616-1680), *Oeuvres* (editadas por Pierre Poiret, 1679-1684). A isso se acrescenta uma rica iconografia tfc. No final do s. XVII aparecem escritos teológicos que dão grande espaço à tf, mas que a criticam ou a condenam; citemos a título de ex.: Ehregott Daniel Colberg, *Das Platonisch-Hermetische Christenthum*, 1690-1691.

b) O período de transição. — Na primeira metade do s. XVIII, um novo *corpus* tfc se constitui, no qual se pode distinguir duas grandes tendências. Uma segue de perto o *corpus* original, de tipo boehmiano: William Law (1686-1761), *An Appeal to All that Doubt, The Spirit of Prayer*, 1749-1750, *The Way to Divine Knowledge*, 1752; Dionysius Andreas Freher (1649-1728), hermeneuta de Boehme; Johann Georg Gichtel, *Theosophia Practica* (1722); *Le Mystère de la Croix* (1732), do alemão Douzetemps; a *Explication de la Genèse* (1738), do suíço Hector de Saint-Georges de Marsais (1688-1755), próximo dos espirituais da cidade de Berlebourg. Esta tf não tem mais o caráter de jorro visionário que revestia a do s. XVII. Ela é bem mais intelectual, e se é verdade que permanece "globalizante", já não parte mais de um "*Zentralschau*" — de uma visão central — de tipo iluminativo. O mesmo se dá com a segunda tendência, de tipo "mágico",

de orientação paracelsiana e alquímica: Georg von Welling (*alias* Salwigt, 1655-1727), *Opus magocabbalisticum et theosophicum* (1719); A. J. Kirchweger (?-1746), *Aurea Catena Homeri* (1723); Samuel Richter (*alias* Sincerus Renatus), *Theosophia Philosophica Theoretica et Practica* (1711); Hermann Fictuld, *Aureum Vellus* (1749). É também a época em que se multiplicam os discursos sobre a tf, geralmente muito críticos, por exemplo os de Friedrich Gentzken (*Historia Philosophiae*, 1724); Johann Franciscus Buddeus (*Isagoge*, 1727); e sobretudo Jakob Brucker (*Kurtze Fragen*, 1730-1736, e *Historia critica philosophiae*, 1742-1744). O artigo de Diderot, na *Enciclopédia* ("Théosophes", 1758 e 1763), que plagia Brucker, é um tanto quanto favorável.

c) Do pré-romantismo ao romantismo, ou segunda idade de ouro. — A corrente tfc toma um novo impulso nos anos de 1770, para conhecer até meados do s. XIX sua segunda idade de ouro, devida a vários fatores significativos: 1/ A importância da ideia de Igreja* "interior" ou "invisível", independentemente dos quadros confessionais. 2/ Um interesse cada vez mais difundido pelo problema do mal*, sobretudo pelo problema do mito* da queda e da reintegração. 3/ A grande questão se torna a do acordo da ciência e do conhecimento, ao mesmo tempo em que a física experimental se populariza, pronta para estimular a imaginação pois ela deixa entrever, graças à eletricidade e ao magnetismo, a existência de uma vida ou de um fluido que percorreria todos os reinos da natureza. 4/ O ecletismo, que mais do que nunca toma formas variadas: interesse pelas civilizações pouco conhecidas, tentativa de harmonizar tradições aparentemente muito distintas umas das outras. No interior da paisagem tfc que se estende sobre essas quase oito décadas, três espaços se destacam.

Primeiro, uma tf que permanece na corrente boehmiana. É representada por aquele que até hoje é considerado o maior teósofo de língua francesa, Louis-Claude de Saint-Martin (1743-1803).

O primeiro livro de Saint-Martin, *Des Erreurs et de la Vérité* (1775), é inspirado nos ensinamentos de seu mestre Martines de Pasqually (1727-1774), autor de um *Traité de la Réintégration des Êtres créés dans leurs primitives propriétés, vertus et puissances spirituelles divines*. Entre as outras obras maiores de Saint-Martin figuram também o *Tableau naturel des rapports qui unissent Dieu, l'homme, et l'univers* (1781), em seguida as que se inspiram em Boehme, como *L'Homme de Désir* (1790) ou *Le Ministère de l'Homme Esprit* (1802). Em francês também surge *La Philosophie divine appliquée aux lumières naturelle, magique, astrale, surnaturelle, céleste et divine* (1793) de Jean-Philippe Dutoit-Membrini (*alias* Keleph Ben Nathan, 1721-1793). Na Alemanha, as duas figuras mais importantes são o suábio Friedrich Christoph Oetinger (1702-1782), hermeneuta de Boehme, de Swedenborg, da Cabala (*Lehrtafel der Prinzessin Antonia*, 1763; *Biblisches und emblematisches Wörterbuch*, 1775), e o bávaro Franz von Baader (1765-1841), um dos representantes maiores da *Naturphilosophie* romântica alemã (*OC*, 1851-1860).

O segundo espaço se resume no nome de um único autor, de importante irradiação: o sueco Emanuel Swedenborg (1688-1772), que parece nada dever à tf precedente e contemporânea. Sua obra (*Arcana Coelestia*, 1745-1758; *De Nova Hierosolyma*, 1758; *Apocalypsis revelata*, 1766; *Apocalypsis explicata*, 1785-1789 etc.), composta no curso do período anterior, é menos dramática e trágica que as produções da mesma corrente pelo fato de acentuar o mito fundador judeu-cristão e as complexidades hierárquicas, mas a doutrina de "correspondências universais" que ela desenvolve influenciou longamente numerosos escritores (Balzac, Baudelaire).

O terceiro espaço é ocupado por certo número de sociedades iniciáticas de caráter esotérico. Estas servem para transmitir uma parte do conteúdo dos dois espaços precedentes por intermédio de rituais frequentemente muito ricos de símbolos. É o caso sobretudo de vários ritos maçônicos de altos graus (como o Rito Escocês Retificado, 1768; Rosa-Cruz de Ouro, 1777; Irmãos da Cruz, 1777; Irmãos Iniciados da Ásia, 1779; *Illuminated Theosophists*, cerca de 1783; Rito Escocês Antigo e Aceito, 1801 etc.).

d) Apagamento e permanência (final do s. XIX e s. XX). — A corrente ocultista, que ocupa uma boa parte da paisagem esotérica na virada do século, já

não é capaz de assegurar a permanência da tf; ela contribui, porém, para assegurar sua transmissão, em razão mesmo de seu ecletismo. A segunda metade do s. XIX vê também o sucesso da ideia de "Tradição Primordial", que sobrepujaria todas as tradições religiosas da humanidade. Ora, a tf tende bem mais a se enraizar e se desenvolver no interior de uma tradição específica (o judeu-cristianismo*) e o recurso a uma "Tradição"-mãe deságua facilmente em especulações bastante abstratas. De igual modo, a obra de René Guénon (1886-1951) contribuiu para encorpar a corrente tfc.

O nascimento da Sociedade Teosófica — a primeira sociedade esotérica de massa no Ocidente moderno — é contemporânea do arrojo do ocultismo, no qual ela mergulha uma parte de suas raízes. Foi fundada em 1875 por Helena Petrovna Blavatsky (1831-1891) e responde, segundo seus estatutos, a um triplo objetivo: *a*) formar o núcleo de uma fraternidade universal; *b*) encorajar o estudo de todas as religiões, da filosofia* e da ciência; *c*) estudar as leis da natureza assim como os poderes psíquicos e espirituais do homem. A irradiação cultural e espiritual da Sociedade Tfc provocou um deslizamento de vocabulário: no espírito de um vasto público, é ela que o termo "tf" evoca geralmente, mais do que a corrente esotérica bem diferente nascida na virada do s. XVI e XVII.

A corrente teosófica não se esgotou completamente durante o período que vai de meados do s. XIX aos dias de hoje. Ela marca profundamente o pensamento de russos como Vladimir Soloviev* (1853-1900) ou Nicolau Berdiaev (1874-1945). Está presente nas obras do austríaco Rudolf Steiner (1861-1925), fundador da Sociedade Antroposófica (*Goethe als Theosoph*, 1904; *Theosophie*, 1904), assim como do alemão Leopold Ziegler (1881-1958), do báltico Valentim Tomberg (1901-1973; *Meditationen über die grossen Arcana des Taro*, 1972), do francês Auguste-Édouard Chauvet (1885-1955; *Ésotérisme de la Genèse*, 1946-1948).

Ao longo das últimas sete décadas, os estudos sobre a corrente tfc, ou melhor, sobre alguns de seus representantes, têm sido incomparavelmente mais numerosos do que as obras tfc propriamente ditas publicadas no mesmo período (ver a bibl.). É preciso citar também o nome de Henry Corbin (1903-1978), islamólogo reputado, que colocou a "tf abrâmica" no centro de uma investigação que combina erudição e busca espiritual e revelou ao Ocidente a tf do islã tentando lançar os fundamentos de uma "tf comparada" das religiões do Livro* — apesar das evidentes diferenças que separam da corrente tfc ocidental o que se convencionou chamar de teosofias do islã.

▶ A. Viatte (1928), *Les sources occultes du Romantisme: Illuminisme-Théosophie*, 2 vol., Paris. — A. Koyré (1929), *La philosophie de Jacob Boehme*, Paris. — E. Susini (1941) *Franz von Baader et le Romantisme mystique*, Paris. — S. Hutin (1960), *Les disciples anglais de Jacob Boehme*, Paris. — A. Faivre (1965), *Kirchberger et l'Illuminisme du XVIIIe siècle*, Haia. — R. Le Forestier (1967), *La Franc-Maçonnerie templière et occultiste aux XVIIIe et XIXe siècles*, Paris. — J. Trautwein (1969), *Die Theosophie Michael Hahns und ihre Quellen*, Stuttgart. — B. Gorceix (1970), *La mystique de Valentin Weigel (1533-1588) et les origines de la théosophie allemande*, Lille. — A. Faivre (1973), *L'ésotérisme au XVIIIe siècle en France et en Allemagne*, Paris. — B. Gorceix (1974), *Johann Georg Gichtel, théosophe d'Amsterdam*, Paris. — A. Faivre (1974), *Mystiques, théosophes et illuminés du XVIIIe siècle*, Hildesheim. — Col. (1977), *Jacob Boehme*, sob a dir. de A. Faivre, Paris. — B. Gorceix (1977), *Flambée et agonie. Mystiques du XVIIe siècle allemand*, Sisteron. — R. Breymayer e F. Häusserman (1977), ed. de *Lehrtafel der Prinzessin Antonia* de F. C. Oetinger, Berlim-Nova York. — Col. (1979), *Jacob Boehme ou l'obscur lumière de la connaissance mystique*, Paris. — J. A. Santucci (sob a dir. de) (1985-), *Theos. H.* — P. Deghaye (1985), *La naissance de Dieu ou la doctrine de Jacob Boehme*, Paris. — J.-L. Siemons (1988), *Theosophia. Aux sources néoplatoniciennes et chrétiennes*, Paris. — R. Larsen (sob a dir. de) (1988), *Emanuel Swedenborg. A Continuing Vision*, Nova York. — Col. (1988), *Swedenborg and his Influence*, Bryn Athyn (Estados Unidos). — J.-F. Marquet e J.-L. Vieillard-Baron (sob a dir. de) (1988), *Présence de Louis-Claude de Saint-Martin*, Tours. — P. Koslowski (sob a dir. de) (1993), *Die Philosophie, Theologie und Gnosis Franz von Baader's*, Viena. — J. Godwin (1994), *The Theosophical Enlightenment*, Albany (Estados Unidos). — N. Jacques-Chaquin (1994), *Le théosophe Saint-Martin et la sorcière: deux imaginaires du monde des signes*, tese inédita, Univ. Paris VII. — A. Faivre (1995), *Philosophie de la Nature (Physique Sacrée-Théosophie, XVIIIe et XIXe siècles)*, Paris.

— A. Faivre (1996), "Théosophies", in *Accès de l'ésotérisme occidental*, t. II, 43-167, Paris.

Antoine FAIVRE

→ *Filosofia; Luteranismo; Mística; Mito; Mundo; Natureza; Ortodoxia moderna e contemporânea; Platonismo cristão; Renano-flamenga (mística).*

TERESA DE ÁVILA → Carmelo 2 → contemplação 4. b

TERESA DE LISIEUX → infância espiritual

TERMINISMO → nominalismo I. 2

TERTULIANO, 160?–225?

Na virada dos s. II-III, Tertuliano (T.) domina com sua forte personalidade a comunidade cristã de Cartago (31 tratados chegaram até nós, muitos outros desapareceram). Africano de dupla cultura grega e latina, formado nas disciplinas da retórica e do direito, converteu-se em idade adulta. Se permaneceu leigo* ou foi ordenado presbítero*, a questão não foi resolvida. Exerceu, em todo caso, uma atividade doutoral no seio de uma Igreja* então em plena expansão, mas confrontada a múltiplas dificuldades: perseguições pelo Estado* romano, propagandas das seitas gnósticas, conflitos internos.

a) Obra apologética. — Sua principal obra, o *Apologeticum*, é uma vigorosa defesa em nome da justiça* e da liberdade* de pensamento, de um cristianismo considerado "religião ilícita". Mas, tomando também a forma de um discurso de exortação a se converter, este livro sublinha a originalidade da "verdade* cristã" (em relação ao judaísmo*, às filosofias, às heresias*) e expõe seu conteúdo sob o triplo aspecto de uma "fé*" (monoteísmo*, doutrina do Verbo* e de sua encarnação*), de uma vida de "amor*" (prática do culto* e conduta moral), e de uma "esperança*" (promessa escatológica da ressurreição*). Este livro, que assume a herança dos apologistas* gregos, amplia também as perspectivas destes e se distingue deles por seus acentos apaixonados, seu tom de desafio: assim, uma das fórmulas finais proclama: "É uma semente o sangue dos cristãos" (*Apol.* 50, 13). Um de seus temas mais originais, resumido na exclamação "Ó, testemunho da alma naturalmente cristã" (*Apol.* 17, 6), é desenvolvido no *De testimonio animae*: interrogando a alma* conatural a Deus* porque feita à Sua imagem, antes de ter sido pervertida pelo mundo e pela educação recebida deste, T. descobre em expressões da linguagem corrente ("Deus bom!", "Deus grande!" etc.) intuições autênticas sobre a divindade, seus atributos*, o além. Este renovamento da prova estoica pelo *consensus omnium*, com a prova cosmológica, lhe permite definir um caminho natural de acesso ao conhecimento* de Deus, que precede o caminho sobrenatural pela revelação* nas Escrituras*.

b) Concepção da vida cristã. — Ela é, para T., ruptura com o mundo pervertido pela oni-presença da idolatria* na sociedade civil (*De idolatria*); e a ênfase é dada na penitência* e no batismo*, ligados por uma íntima relação, a primeira sendo o elemento necessário para a obtenção do segundo (*De poenitentia, De baptismo*). O homem, caído em poder do diabo* e da morte* pela falta de Adão*, foi arrancado dessa escravidão pela obra de Cristo*, obra que o batismo reatualiza devolvendo ao pecador arrependido sua dignidade de filho de Deus. Embora sua teologia do batismo seja bastante ambígua e justaponha afirmações sobre a efi-cácia da água santificada e sobre a importância quase exclusiva da atitude interior, ocorre que ela destacou bem a originalidade sacramental deste "selo da fé" que assegura a regeneração do homem. Pela recepção do Espírito* Santo, o batismo abre a porta a uma vida de perfeição e de santidade*, em que cada passo é, ao mes-mo tempo, dom de Deus e resposta voluntária do homem. A obra de santificação pessoal se organiza pela vontade divina num engajamento total no serviço de Cristo, num combate espi-ritual e numa busca de pureza* e de rigor que se realiza por meio da imitação* mais perfeita

possível da santidade de Deus manifestada em Jesus* (*Patientia* 3, 2-11), e deve normalmente desaguar na aceitação do martírio*: este "batis-mo de sangue", coroamento da paciência cristã, dá diretamente acesso ao céu.

c) Controvérsia com os gnósticos. — É ao longo deste combate que T. elaborou sua refle-xão teológica. Detrator da filosofia*, na qual descobre as raízes das especulações gnósticas, nem por isso ele é aquele campeão do antirra-cionalismo que por longo tempo se quis ver nele: o famoso *credo quia absurdum* não é autêntico, mas o que ele diz de mais próximo a isso (cf. *De Carne Christi* 5, 4) apenas prolonga o paradoxo paulino de 1Cor 1,25ss, combinando-o com um argumento retórico tirado de um lugar-comum que punha em jogo o verossímil e o inverossímil. T., por outro lado, soube haurir amplamente no arsenal de um pensamento filosófico de base estoica: o materialismo monista do Pórtico con-taminou, aliás, algumas de suas representações (corporalidade de Deus, da alma). Decerto, ele primeiro opôs a seus adversários um método de autoridade: a recusa de toda discussão fundada nesta objeção de princípio de que, tendo vindo depois, eles não tinham nenhum direito sobre as Escrituras; somente a Igreja, detentora delas, podia legitimamente interpretá-las segundo sua "regra de fé" e sua "tradição apostólica" (*De praescriptionibus haereticorum*). Mas ele superou essa atitude negativa, para refutar com argumentos de razão* certas concepções teoló-gicas, cristológicas, antropológicas, sobretudo as de Valentim e as de Marcião. Seu esforço principal incidiu sobre o docetismo* deles. Na esteira de Ireneu*, T. reagiu contra o desprezo de uma "carne" que eles excluíam da salvação. No *De Carne Christi* e no *De resurrectione mortuorum*, assim como no erudito tratado *De anima*, ele estabelece a solidariedade da alma e do corpo* na condição do homem e na história* da salvação* apoiando-se nos textos escrituris-ticos tanto quanto numa argumentação que põe em jogo a potência*, a justiça* e a bondade de Deus: assim a encarnação verdadeira do Filho — encarnação tão verdadeira e tão completa que exclui a virgindade *in partu* e *post partum* de Maria* (*Carn.* 23, 3-5) — torna-se penhor e princípio da ressurreição escatológica.

d) Controvérsia com o modalismo. — A Práxeas, que reivindicava um estrito monoteísmo* e rejeitava a noção nascente de trindade*, T. responde fazendo apelo ao conceito de economia, ou disposição no interior do ser divino, para afinar sua doutrina do Verbo. A "geração perfeita" deste para a obra da criação* (*Prax.* 7, 1-2) faz dele o Filho do Pai e uma segunda pessoa sem que seja negada com isso sua eternidade* (*ibid.*, 5, 2). O termo pessoa* permite exprimir, no interior da unidade essencial ("substancial") de Deus, a distinção sem separação dos Três divinos que se manifestam no cumprimento do plano criador e redentor. Pode-se perceber uma inflexão subordinacionista no termo *gradus* ("grau"), que sua análise trinitária associa a *persona*, e igualmente nas imagens de raiz, da fonte e do sol sobre as quais ele apoia sua concepção "econômica" do escoamento do ser divino do Pai*, que detém a plenitude do ser, para o Filho, "derivação" e "porção", e enfim para o Espírito Santo (*Prax.* 8, 5-6; 9, 2). Mas de fato essa linguagem visa sobretudo marcar a participação e a coexistência na expressão difícil de um mistério* em que a identidade de substância se acompanha da alteridade dos Três. T. esclarece também com uma fórmula precisa (*Prax.* 21, 11) a união hipostática* segundo a qual os dois elementos constitutivos do Cristo Jesus, o Deus e o homem, são unidos, sem ser confundidos, numa pessoa única na qual cada substância guarda sua especificidade (*proprietas*).

e) Adesão ao montanismo. — No domínio da disciplina, sua exigência de rigor lhe ditou progressivamente posições cada vez mais intransigentes que o afastaram da ortodoxia de seu tempo: acerca das práticas ascéticas (jejuns), do segundo casamento dos viúvos, da penitência pós-batismal — da qual ele acabou por excluir, no *De pudicitia*, algumas categorias de pecadores (os pecados* irremissíveis de idolatria, de adultério e de homicídio). Adotou — e quis justificar contra a Igreja cartaginesa desdenhosamente qualificada de "psíquica" — as "novas profecias" e as concepções do trio montanista (Montano, Priscila e Maximila) que tinha afirmado a vinda, neles três, do Espírito de verdade, o Paráclito prometido por Jo 14,16, e que, num clima de exaltação "pneumática", tinha instaurado regulamentações cultuais e disciplinares mais estritas. Sob esta influência, a eclesiologia* de T., sem se modificar, endureceu: ele viu na Igreja um grupo exclusivamente espiritual, prolongamento e imagem terrestre da Trindade, e opôs à Igreja hierárquica (*numerus episcoporum*) a Igreja do Espírito à qual somente ele reserva o direito, por intermédio de um homem espiritual, de perdoar os pecados (*Pud.* 21, 16-17). Essa atitude faria dele, finalmente, um cismático (seita dos tertulianistas?). O sentimento de viver nos últimos tempos, por outro lado, parece ter exacerbado sua expectativa da parusia* e notadamente do reinado milenar que é previsto para os justos e que deve preceder o juízo*: mas sublinhou o caráter unicamente espiritual desse reinado (*Marc.* 3, 24, 5-6).

f) Influência. — A despeito de algumas anomalias de sua doutrina e de sua inflexão final, que valeram à sua obra uma condenação no *Decretum Gelasianum*, T. desempenhou um papel essencial na história da teologia* do Ocidente — e não somente pela mediação de Cipriano* que o chamava de "mestre". Por várias de suas intuições — sobretudo no domínio da reflexão trinitária e cristológica —, ele antecipou as formulações dogmáticas dos grandes concílios* dos s. IV e V. Soube constituir um vocabulário teológico firme e preciso ao adaptar, ao ajustar materiais latinos à expressão de um pensamento cujas raízes mergulham na Bíblia*. Orientou essa teologia para uma forma religiosa mais moral que filosófica, mais voluntarista que especulativa, menos levada a construir sínteses racionais do que preocupada em respeitar, aprofundando-o, o dado revelado e em insistir nas realidades históricas e escatológicas da salvação.

- CChr.SL 1 e 2. *Apologético* (CUFr). Nas SC: *À sua esposa* (273); *Contra Marcião* 1, 2, 3 (365, 368, 399); *Contra os valentinianos* (280-281); *Da paciência* (310); *Da prescrição contra os heréticos* (46); *Exortação à castidade* (319); *A carne de Cristo* (216-217); *O casamento único* (343); *A penitência* (316); *A pudicícia* (394-395); *Os espetáculos* (332); *A toalete das mulheres* (173); *Tratado do batismo* (35); *O véu das virgens* (424).

▸ A. d'Alès (1905), *La théologie de Tertullien*, Paris. — S. Otto (1960), Natura und dispositio. *Untersuchung zum Naturbegriff und zur Denkform Tertullians*, Munique. — W. Bender (1961), *Das Lehre über den Heiligen Geist bei Tertullian*, Munique. — R. Cantalamessa (1962), *La cristologia di Tertulliano*, Par. 18. — R. Braun (1962, 1977), Deus Christianorum. *Recherches sur le vocabulaire doctrinal de Tertullien*, Paris. — J. Moingt (1966-1969), *Théologie trinitaire de Tertullien*, Paris. — J.-C. Fredouille (1972), *Tertullien et la conversion de la culture antique*, Paris. — G. L. Bray (1979), *Holiness and the Will of God. Perspectives on the theology of Tertullian*, Londres. — C. Munier (1990), "Tertullien", *DSp* 15/1, 271-295. — R. Braun (1992), *Approches de Tertullien*, Paris.

René BRAUN

→ *Ascese; Cisma; Escatologia; Estoicismo cristão; Gnose; Milenarismo; Modalismo; Montanismo; Provas da existência de Deus; Sacramento; Subordinacianismo; Tradição.*

TESOURO DA IGREJA → indulgências

TESTEMUNHO → martírio → missão/evangelização

THEOTOKOS → Maria B. I. 3 → Éfeso (concílio de)

THIERRY DE CHARTRES → Chartres (Escola de) e

TILLICH, Paul, 1886-1965

1. Vida e obra

Nascido na Prússia Oriental, pastor luterano e filho de pastor luterano, P. Tillich (T.) ensina teologia* sistemática e filosofia* da religião* na Alemanha. Em 1933, emigra para os Estados Unidos por causa de sua filiação ao movimento dos socialistas religiosos. A partir dessa data será professor de teologia filosófica no Union Theological Seminary em Nova York, depois em 1952 em Harvard e, a partir de 1962 em Chicago, onde morre em 1965.

2. Teologia

O objetivo principal da obra de T. é reconciliar religião e cultura, desvelando notadamente um divino presente no fundamento mesmo de toda realidade. Para chegar a tal meta, T. põe em ação primeiramente um método dito de "correlação".

a) Correlação e teologia da cultura. — A teologia de T., como sua vida, situa-se "na fronteira" de dois mundos ou de duas realidades. Mas essa fronteira se apresenta menos como traço de separação do que como elemento de articulação de duas realidades que convém fazer entrar em correlação recíproca. Assim, os dois mundos representados pela fé* cristã, de um lado, e pela cultura, do outro, longe de se opor, são chamados a se esclarecer mutuamente e a revelar todas as suas potencialidades recíprocas. Há em todo projeto cultural um fundo religioso, uma aspiração a tocar no "fundamento mesmo" das coisas e da vida, no fundamento do "ser*". Por isso, "o conceito existencial da realidade diz respeito também [...] à relação entre religião e cultura. A religião, enquanto tal, é uma preocupação última (*ultimate concern*), é a substância que dá sentido à cultura. E a cultura é a totalidade das formas pelas quais a preocupação fundamental da religião pode se exprimir. Em resumo: a religião é a substância da cultura, a cultura é a forma da religião" (*Théologie de la culture*, trad. fr., 53).

b) A profundidade do ser e a realidade última. — As verdades da fé vêm assim responder às perguntas existenciais que caracterizam a condição humana. Deus* "é a resposta à questão subjacente à finitude humana. Esta resposta não pode ser tirada de uma análise da existência [...]. Se a noção de Deus aparece [...] em correlação com a ameaça do não-ser implicada na existência, devemos chamar Deus de o poder de ser infinito* que resiste à ameaça do não-ser [...], o fundamento infinito da coragem" (*Systematic Theology* I, 64). Deus aparece assim como a profundidade mesma do ser — de todo ser —

uma profundidade que, ao mesmo tempo, funda e se subtrai de modo quase abissal (*ground of being*). Ele se apresenta como a realidade última da qual cada um se sente dependente, que nos "aborda incondicionalmente", e à qual todos aspiram.

c) *Jesus, o Cristo e o ser novo.* — O Cristo* de T. é o que livra da alienação de que toda existência humana é a vítima. Ele o faz primeiro abrindo a existência do indivíduo histórico que é Jesus* de Nazaré a uma realidade nova que a transcende e a transfigura: a do Cristo ou do Ser novo (*new being*), cuja porta ele abre a quem quer que partilhe sua experiência*. Ora, "fazer a experiência do *ser novo em Jesus enquanto Cristo* é compreender que esta potência* não depende de nossa boa vontade, mas é um dom, um presente, uma graça*" (*Systematic Theology* II, 136). Desse modo, "este Ser novo do Cristo não é nem o que ele faz, sofre ou diz, é seu ser todo inteiro, com suas dimensões corporais e sociais [...] que renova todos os que dele participam e os faz entrar na esfera do Novo".

d) *A coragem de ser, a fé e o amor.* — A vida nova, revelada em Cristo e manifestada por seu espírito, se revela conjuntamente na fé e na potência de reconciliação que a anima. "A fé, com efeito, é o fato de ser capturado pela Presença espiritual e aberto à unidade transcendente de uma vida não ambígua. Em relação à afirmação cristológica, poder-se-ia dizer que a fé é o fato de ser capturado pelo Ser novo tal como se manifesta em Jesus Cristo" (*Systematic Theology* III, 131). Em nível individual, esta reconciliação se contrapõe à angústia e permite à coragem de ser afirmar-se como fé e desdobrar-se como amor*. Em âmbito cultural, esta mesma aparição do ser novo se manifesta pela potência de uma linguagem simbólica que reúne o que a alienação tinha desmembrado e, pela união da arte e da religião, transfigura a realidade e a abre a seu sentido último.

3. *Influência e posteridade*

T. teve forte influência, sobretudo nos Estados Unidos, onde conseguiu atrair para a teologia homens de ciência e de cultura, que frequente-

mente estavam bem afastados dela. Não se pode negar também o poder sintético de sua obra. Substituído por alguns elementos das "teologias do processo" (*Process* Theology*), o pensamento tillichiano é, em alguns aspectos, comparável ao de Teilhard de Chardin (1881-1955). Mas, como este, ele se mostraria demasiado afastado das questões radicais levantadas pelo ateísmo* ou pela persistência do mal* revelada no agnosticismo* contemporâneo para realmente responder-lhes. E, todavia, tais questões não param de se levantar de modo insistente.

- (1959-1990), *GW*, 14 vol., Stuttgart (o t. XIV desta ed. se intitula: *Bibliographie, Register und Textgeschichte des Gesammelte Werke. Schlüssel zum Werk von Paul Tillich*); (1973-1983), *Ergänzungs- und Nachlaßbände*, Stuttgart; (1956-1964), *Systematic Theology*, t. I a III, Chicago. Em português *Teologia sistemática. Três volumes em um*, São Leopoldo, 2000; *Dinâmica da fé*, São Leopoldo, 2001; *História do pensamento cristão*, São Leopoldo, s.d.; *Perspectivas da teologia protestante nos séculos XIX e XX*, São Leopoldo, 1999.

▶ H. Zahrnt (1966), *Die Sache mit Gott. Die protestantische Theologie im 20. Jahrhundert*, Munique. — J.-P. Gabus (1969), *Introduction à la théologie de la culture de Paul Tillich*, Paris. — W. e M. Pauck, *Paul Tillich. His Life and Thought. 1. Life*, Nova York. — J.-C. Petit (1974), *La philosophie de la religion de Paul Tillich. Genèse et évolution: la période allemande 1919-1933*, Montréal. — J. P. Clayton, *The Concept of Correlation: Paul Tillich and the possibility of a Mediating Theology*, Nova York-Berlim. — M. Michel (1982), *La théologie aux prises avec la culture. De Schleiermacher à Tillich*, Paris. — R. Winling (1983), *La théologie contemporaine (1945-1980)*, Paris. — R. Albrecht e W. Schüssler (1986), *Paul Tillich, sein Werk*, Frankfurt; (1993), *Paul Tillich, sein Leben*, Frankfurt. — R. Gibellini (1994), *Panorama de la théologie au XXe siècle*, Paris, 93-118 (*A teologia do século XX*, São Paulo, 1998, 92-101).

Jean-François COLLANGE

→ *Barth; Bultmann; Experiência; Religião (filosofia da); Revelação.*

TIPOLOGIA → **sentidos da Escritura**

TOLERÂNCIA → **deísmo/teísmo**

TOMÁS DE AQUINO, *c.* 1224-1274

1. Vida e obras

Inicialmente oblato beneditino no Monte Cassino, Tomás (T.) recebe ali uma sólida iniciação em Agostinho* e Gregório* Magno. A partir de 1239, em Nápoles, foco de intensa vida cultural sob Frederico II, ele se familiariza com a filosofia* natural e a metafísica de Aristóteles e de seus comentadores. Uma vez dominicano (1244), é enviado a Paris (1245-1248) para ali estudar sob a direção de Alberto* Magno, que o inicia sobretudo na obra do Pseudo-Dionísio*. Aprofunda seu conhecimento da ética* de Aristóteles e se apropria dos métodos de exposição dos mestres em artes, cujos cursos ele também parece ter frequentado. Com Alberto, parte para Colônia e ali termina sua formação (1248-1252). "Bacharel bíblico" no final desta época, ensina os comentários *Sobre Isaías* e *Sobre Jeremias.*

Ensinando em Paris (1252-1259), T. é primeiramente "bacharel sentenciário" e comenta durante dois anos (1252-1254) as *Sentenças* de Pedro Lombardo. Seu texto (acabado em 1256 ou pouco depois) deixa transparecer suas opções pessoais, mas também a influência marcante de Alberto e de Boaventura* (menos nos últimos livros). *Os princípios da natureza* e *O ser e a essência* datam também desta época. Mestre em teologia* (1256), T. disputa e redige as questões *Da verdade* (o verdadeiro e o conhecimento: q. 1-20; o bem* e o apetite do bem: q. 21-29), os *Quodlibets* VII-XI, e o comentário sobre *A Trindade* de Boécio* (sobretudo os aspectos epistemológicos). Contra os mestres seculares de Paris (Guilherme de Saint-Amour e seus partidários), ele toma a defesa das ordens mendicantes, de seu direito de estudar e de ensinar, e publica um livro, *Contra os que atacam o culto de Deus e a religião* (1256).

Na Itália (final de 1259-1268), T. reside em Nápoles (? 1259-1261), depois em Orvieto (1261-1265), onde exerce as funções de leitor conventual e leva a cabo duas obras principais. A *Suma contra os gentios* (59 primeiros capítulos redigidos antes de sair de Paris), cujo duplo objetivo é *expor a fé* católica e *rejeitar os erros contrários*, é organizada segundo um plano que anuncia já o da *Suma teológica* e cuja matéria é repartida em 4 livros (1. Deus*; 2. A "processão" das criaturas; 3. Seu retorno a Deus; 4. As verdades que escapam à filosofia: Trindade*, encarnação*, sacramentos*). Paralelamente, escreve o *Com. sobre Jó*, um bom exemplo de exegese* literal a serviço de uma reflexão doutrinal sobre o sofrimento do justo inocente e a providência* divina. A pedido de Urbano IV, empreende também a "Cadeia de ouro" (*Catena aurea*), comentário seguido dos quatros evangelhos* por meio de extratos dos Padres* da Igreja* (*Sobre Mateus* é terminado em 1264). Diversas respostas a consultas teológicas e numerosos opúsculos datam desta época (*Contra os erros dos gregos; Com. dos Nomes divinos* do Pseudo-Dionísio; *Ofício da Festa de Deus* etc.).

Em Roma* (1265-1268), T. começa a *Suma teológica*, redigindo então sua *Primeira Parte* (1266-1268), conclui a redação da "Cadeia de ouro" (*Marcos, Lucas, João*), e disputa ou escreve toda a série das questões *Da potência de Deus, Da alma, Das criaturas espirituais*, assim como o *Compêndio de teologia* (inacabado). Além de numerosas consultas, ele inaugura sua atividade de comentador de Aristóteles (de quem será o maior intérprete em seu século) pela explicação (*Sententia*) do *De anima* (colaboração direta com o tradutor de Aristóteles, Guilherme de Moerbeke, pouco provável).

De novo em Paris (1268-1272), T. ensina os comentários *Sobre Mateus* (1269-1270) e *Sobre João* (1270-1272), disputa e redige as questões *Do mal*, os *Quodlibets* I-VI e XII, e prossegue seus comentários de Aristóteles (*Física, Meteoros, De interpretatione, Analíticos posteriores, Ética, Política* etc.), assim como a redação da *Segunda Parte* da *Suma* (1271-1272). O ressurgimento da querela com os seculares o incita a escrever *A perfeição da vida espiritual* e *Contra os que impedem de entrar na religião*, que revelam muito bem seu caráter apaixonado, o ideal de religião de sua ordem e o seu próprio. Seu engajamento nas querelas doutrinais manifesta uma posição aristotélica moderada: contra os "agostinianos", *Sobre a eternidade do mundo* reconhece que só a doutrina cristã da criação* pode conduzir a sustentar que o mundo teve começo; e *Sobre a unidade do intelecto* refuta a tese "averroísta" de um intelecto possível único para todos os homens declarando-a contrária ao ensinamento de Aristóteles tanto quanto à fé cristã (Libera, 1994).

Em Nápoles, no início do verão de 1272, T. dirige o novo centro de estudos dos dominicanos, continua a redação da *Terceira Parte* da *Suma* (cristologia* e sacramentos), e provavelmente dá curso sobre a epístola aos Romanos e os Salmos (1-54). Experiências* místicas repetidas e um grande cansaço fazem-no parar de escrever e de ensinar por volta de

6 de dezembro de 1273. Convocado por Gregório X para o II concílio de Lião*, adoece no caminho e morre em 7 de março de 1274, na abadia cisterciense de Fossanova. Canonizado por João XXII em 1323, Tomás será proclamado doutor* da Igreja por Pio V, em 15 de abril de 1567.

2. Fontes e métodos

A síntese tomasiana (tsn) é tributária de um grande número de aportes filosóficos que vão do estoicismo (por Cícero e Ambrósio*) ao neoplatonismo (por Agostinho e Dionísio); Aristóteles, todavia, é a autoridade dominante, em companhia de seus comentadores árabes (Avicena, Averróis) e judeus (Avicebron, Maimônides). Do ponto de vista teológico, observa-se a influência preponderante da Bíblia* e dos Padres da Igreja.

a) "Mestre em santa Escritura*", e obrigado por este título pelos estatutos universitários a "ler" a Escritura todos os dias de aula, T. deixou diversos comentários sobre o AT (*Isaías, Jeremias, Jó, Salmos*) e o NT (*Mateus, João, todo Paulo*). Esta parte importante de sua obra deve ser lida e explorada paralelamente às exposições sistemáticas; mas estas últimas dão também um lugar decisivo à Escritura (25.000 citações bíblicas só na *Suma*), pois ela não é uma autoridade entre outras, mas sim a fonte e o quadro da exposição teológica: não se pode ignorar isso sem desconhecer T. em sua qualidade própria de teólogo (Valkenberg, 1990). Mais ou menos desenvolvidos segundo se trate de uma "leitura cursiva" (*Isaías*) ou de uma "exposição magistral" (*Jó*), estes comentários devem ser apreciados levando-se em conta o fato de que se trata aí frequentemente de *reportationes* (notas de ouvintes publicadas após um esclarecimento; fiéis, elas todavia não tiveram o benefício de uma última redação), com exceção de *Isaías* (autógrafo em parte), de *Jó* (redigido), de *João* e de *Romanos* (revistos). Segundo o gênero em uso, a exegese* tsn abunda em distinção e reconstrói o propósito do autor para pôr em relevo a intenção teológica profunda. Consciente dos limites da exegese alegórica, T. privilegia o sentido literal, que ele julga o único adaptado à argumentação teológica — mas inclui ali o sentido espiritual (Spicq, Verger, Smalley, 1983 e 1985).

b) Bom conhecedor dos Padres latinos e gregos (a "Cadeia de ouro" cita 57 gregos e 22 latinos) e da história conciliar (é o primeiro no Ocidente a utilizar o *corpus* completo dos quatro primeiros concílios ecumênicos; Geenen, 1952), T. dá um exemplo eminente daquilo que se chamará mais tarde de teologia* positiva. Entre seus autores de predileção é preciso mencionar Gregório Magno (2.470 empregos; Portalupi, 1989), João* Crisóstomo (nos comentários escriturísticos), mas sobretudo Agostinho, cuja influência considerável e constante (1.000 citações nas *Sentenças*; 2.000 na *Suma*, "escrita num diálogo ininterrupto com santo Agostinho", Elders, 1987) se verifica sobretudo a propósito das ideias divinas (transposição de um tema platônico), da Trindade, da conveniência da encarnação, da natureza da alma*, da beatitude*, da lei*, da graça* e do pecado* etc. Junto com sua meditação da *Ética a Nicômaco* e, talvez, também com as controvérsias de 1270, essa herança agostiniana ajudará T. a se corrigir, na maturidade, do intelectualismo* excessivo de sua juventude.

A influência do Pseudo-Dionísio* é menos maciça (1.702 citações no conjunto da obra, das quais 899 vêm dos *Nomes divinos*), mas esse autor é, com Agostinho, um dos caminhos pelos quais o neoplatonismo contrabalançou para T. a ascendência de Aristóteles. Esse anônimo, que escreveu na virada dos s. V e VI e que tentou cristianizar o sistema neoplatônico, aclimatou sobretudo na teologia cristã a teoria das três vias que levam ao conhecimento* de Deus (causalidade, negação, eminência). Sua obra, conhecida no Ocidente desde a época de Gregório Magno, já merecera quatro traduções nos tempos de T. (Hilduíno, 827-835; João Escoto Erígena, 852; a de João Sarrazino, meados do s. XII, primeira tradução satisfatória, será amplamente difundida a seguir; enfim, a de Roberto Grosseteste, 1240-1243). Sua autoridade supostamente apostólica não se impõe a T. de forma absoluta. Se a construção da *Suma* pôde inspirar-se em Dionísio, sua teoria do conhecimento* de Deus não é retomada sem reservas (o apofatismo dos *Nomes divinos* é somente um momento de um procedimento mais global em T., onde o conhecimento positivo de Deus é analógico, certamente, mas real, cf. O'Rourke, 1991; Humbrecht, 1993; analogia*). A influência dionisiana se faz sentir no tratamento de numerosas outras questões, p. ex. na angelologia e na utilização da categoria de signo em teologia sacramentária (lista em Pera ou Turbessi, 1954). Ela é, contudo, cuidadosamente criticada em pontos-chaves: para T., Deus não está para além do ser*, mas é bem o *ipsum esse subsistens* (= o ser ele mesmo subsistente); o ser tem a primazia sobre o bem, e o axioma *bonum est diffusivum sui* (o bem tende a se difundir) é interpretado num sentido aristotélico.

c) Tais fontes, no entanto, já não são mais do que materiais de trabalho, e às vezes mesmo simples instrumentos a serviço de um projeto teológico perfeitamente unificado pela realidade que se trata de compreender. O sujeito da teologia é Deus mesmo, e todo o resto se situa em relação a ele. Desenvolvida sobretudo a propósito da *Trindade* de Boécio e na *Suma teológica* Ia, q. 1, a teoria da teologia põe em relevo dois traços maiores: é indissociavelmente especulativa e prática. Sua orientação contemplativa (*speculativa*) situa-a na linha do *intellectus fidei* de Agostinho e de Anselmo*, mas T. utiliza a serviço desta finalidade (não sem transformá-los profundamente) dois dados recebidos de Aristóteles (Torrell, 1994).

A noção de "ciência" se encontra verificada tão logo há "discurso", isto é, relacionamento pelo raciocínio de duas verdades dadas, das quais uma, primeira e mais bem conhecida, desempenha um papel de princípio explicativo, e a outra, segunda e dependente, o de conclusão explicada (assim a ressurreição* de Cristo* em relação à dos cristãos). Passo a passo, o conjunto do dado revelado se vê assim organizado segundo suas relações internas numa síntese coerente que reproduz num modo humano algo da inteligibilidade do desígnio divino sobre o mundo e na história da salvação*.

Igualmente recebida de Aristóteles (que, aliás, só lhe concede um lugar apagado), a teoria da subalternação é capital para o *status* desta ciência única em seu gênero: ela exprime, de fato, a dependência na qual a teologia se encontra em relação à revelação*, e a teologia, graças a ela, se vê atada pela fé ao saber que Deus tem de si mesmo (Torrell, 1994, cap. 4). A teologia se situa assim sobre a trajetória exata que vai da fé à visão bem-aventurada: a finalidade desta *scientia* (também chamada *sacra doctrina*) é a "contemplação*" da Verdade* primeira na pátria celeste (*Sent.* I, Prol., q. 1, a. 3, sol. 1; Chenu, 1957; Torrell, 1971). Mas este saber é igualmente prático, é diretor do agir humano, que ele esclarece de modo a orientá-lo diretamente para seu fim último, ou seja, o próprio Deus. A *Suma*, portanto, não comporta somente uma reflexão dogmática* diretamente centrada no mistério* de Deus: ela desenvolve também uma importante teologia moral.

3. A síntese tomasiana

a) Ampla e variada, a obra de T. não se reduz à *Suma teológica*, mas esta oferece um bom panorama daquela. Todavia, se suas opções são bastante fortes para se encontrar nas diferentes obras, o autor evoluiu e progrediu em numerosos pontos (sobre a maneira como os dons do Espírito* Santo se distinguem das virtudes*, Ia IIae, q. 68, e notadamente sobre o dom da ciência, IIa IIae, q. 9; sobre a necessidade da graça* para perseverar no bem, Ia IIae, q. 109; sobre o motivo e a necessidade da encarnação, IIIa, q. 1, a. 1-3; sobre a ciência adquirida de Cristo*, IIIa, q. 9, a. 4; sobre a noção de satisfação na teologia da redenção, IIIa, q. 46, a. 2, ad. 3; sobre a causalidade dos sacramentos na produção da graça, IIIa, q. 72 etc.). Só se pode ler com proveito a *Suma* nesta perspectiva de um espírito em busca; ignorar isso equivaleria a transformar em sistema rígido o que, nele, é uma síntese decerto rigorosa, mas aberta.

b) Este fato é perceptível desde seu plano. T. se inspira ali num esquema circular que arrasta seu leitor na dinâmica do movimento de "saída" (*exitus*) das criaturas do primeiro Princípio, criador de todas as coisas, e de seu "retorno" (*reditus*) a ele. Se uma influência neoplatônica não deve ser excluída, o fato de tratar-se aqui de emanação por criação livre não convida a superestimá-la. T. decerto terá achado sua inspiração muito mais na contemplação* do Deus da Bíblia*, Alfa e Ômega de todas as coisas (Ap 1,8). Sem ter a exclusividade dessa visão circular (ele já a encontrava em Alberto e, em grau menor, em Boaventura), T. a utiliza de modo mais sistemático em diversas de suas obras, e ela lhe permite integrar em sua construção toda a contingência da história* da salvação, e notadamente a obra do Cristo "saído de Deus e [indo] para Deus" (Jo 13,3), graças a quem se opera o retorno efetivo à origem (Émery, 1995).

c) Quanto a seu conteúdo, a síntese tsn se abre, pois, pelo estudo de Deus e de sua obra criadora: os anjos*, o mundo*, o homem. Este último recebe um tratamento privilegiado, pois é criado à imagem de Deus (Gn 1,27), que o associa a título de causa segunda ao governo do universo; é o objeto da *Primeira Parte*. Apesar da divisão clássica em *Segunda* e *Terceira Partes*, é preciso compreender tudo o que segue como descrevendo em toda sua amplidão o retorno da imagem rumo a seu exemplar divino. No ponto de partida, por ser ela a primeira na ordem da intenção (*ordo intentionis*), T. coloca a consideração do *fim* último da diligência: Deus beatitude* do homem, Bem supremo que cumula todas as aspirações de sua criatura (Ia IIae, q. 1-5). Em relação a este fim, todo o resto tem a ver com "meios" implementados para se chegar lá. Trata-se, antes de tudo, do agir humano, voluntário e livre, pelo qual o homem se orienta para aquele fim ou se desvia dele (*Segunda Parte*); em seguida, trata-se do "meio" por excelência, "o único Mediador entre Deus e os homens" (1Tm 2,5), Jesus, o Cristo, que é em sua humanidade a via para a beatitude (*Terceira Parte*). O "círculo" se fecha enfim pelo estudo da vida bem-aventurada na qual o homem entra no fim dos tempos na esteira do Cristo ressuscitado, mas T. morreu antes de poder ter redigido esta parte (o *Suplemento* que completa certas edições da *Suma*, composto por seus discípulos a partir

de seu *Com. das "Sentenças"*, não reflete o estado último de seu pensamento).

d) Nem tudo era igualmente novo nesta vasta construção que retoma e organiza o essencial da herança teológica dos séculos passados, mas as opções metafísicas que subjazem a ela provocaram em seu tempo as mais vivas reações. Em 1279, cinco anos somente depois da morte de T., o franciscano Guilherme de la Mare publicava um catálogo (*Correctorium*, Glorieux, 1927) de 118 teses tsn consideradas perigosas, acompanhadas de censuras de que elas tinham sido objeto, e cuja crítica e refutação ele propunha. As mais célebres dizem respeito à maneira como Deus será conhecido na visão beatífica* (sem nenhum conceito criado, diz T., mas por sua essência mesma, Ia, q. 12, a. 2), ao conhecimento por Deus dos futuros contingentes (no presente de sua eternidade*, Ia, q. 14, a. 13), à eternidade do mundo (sua contingência é de si separável de seu começo no tempo*, que só a fé permite afirmar, Ia, q. 46, a. 2), à composição hilemórfica (matéria e forma) dos anjos e da alma humana (que T. substitui por uma composição do *quod est* e do *quo est*, essência [potência] e existência [ato*], Ia, q. 50, a. 2 e q. 75, a. 5), à unicidade da forma substancial no homem (ao passo que Boaventura admitia uma pluralidade de formas — espiritual, sensitiva, vegetativa — herarquizadas entre si, T. pensa que estas três funções são exercidas pela mesma alma: ato simples e individual, ela não admite nem mais nem menos, Ia, q. 76, a. 3). De aparência muito abstrata, essas teses comportam repercussões muito concretas em teologia. Elas se acompanhavam de outras profundas divergências acerca do conhecimento (iluminação intelectual ou abstração a partir do sensível) e o primado da inteligência sobre a vontade: elas se refletem imediatamente na concepção da teologia (primeiro especulativa, para T., prática, para Boaventura) e se prolongarão nas opções voluntaristas ou intelectualizantes que marcarão tão fortemente a história futura da teologia.

e) O principal mérito da *Suma* era e ainda é hoje a valorização das conexões inteligíveis internas do dado da fé com um vigor dificilmente superável. Para quem sabe dissociá-la de uma "física" caduca — que, por sinal, é facilmente separável dela —, ou daquilo que traz de modo demasiado evidente a marca de seu século, o valor pedagógico da síntese tsn permanece intacto, e continua sendo até hoje uma introdução magistral ao mistério* cristão. Algumas de suas elaborações se tornaram o bem comum da teologia católica: o tratado de Deus, sobretudo as cinco "vias" que permitem estabelecer sua existência, os nomes* divinos e as relações trinitárias; a criação; a ontologia de Cristo e a instrumentalidade de sua humanidade; as relações da liberdade* humana e da onipotência* divina à luz da teologia da graça — eis decerto os pontos mais destacados.

Duas coisas parecem merecer maior ênfase do que recebem habitualmente. A primeira diz respeito à teologia moral em seu conjunto, onde se pode ver uma verdadeira novidade em dois pontos maiores. Reunir numa única obra organicamente estruturada o conjunto da matéria teológica dogmática e moral, eis algo que, por um lado, se destaca da abordagem habitual dos manuais da época (Boyle, 1982); a ética* se vê assim arrancada dos limites do voluntarismo*, e passa-se de uma moral das obrigações para uma moral das virtudes e das beatitudes, de inspiração profundamente evangélica (Pinckaers, 1985; Schockenhoff, 1987). Por outro lado, o tratamento unificado de todo o agir humano à luz do fim último tem a ver com a mesma necessidade que vincula estreitamente a teologia moral da *Suma* à finalidade contemplativa de todo o saber teológico. Não pode ser de outra maneira, porque "a verdade primeira, que é o objeto da fé, sendo também o fim de todos os nossos desejos e de todas as nossas ações, a fé age pela caridade, à maneira como, segundo Aristóteles, o intelecto especulativo se torna prático por extensão" (Ia IIae, q. 3, a. 2, ad 3). Toda impregnada das virtudes teologais, a teologia moral pode portanto se prolongar numa espiritualidade cujos eixos principais são facilmente discerníveis: vocação trinitária do homem imagem de Deus, restaurada à imagem do Filho primogênito graças ao dom primeiro, o Espírito Santo onipresente e agente. E

como a graça não destrói a natureza*, é também possível imaginar uma espiritualidade da criação na qual pode começar a desabrochar a gloriosa liberdade dos filhos de Deus (Torrell, 1991 e 1996, cap. X-XII).

O segundo ponto a destacar é o tratamento da cristologia. É com toda razão que os teólogos tiraram todo proveito de uma reflexão tsn que integra, pela primeira vez no Ocidente, os dados dos grandes concílios cristológicos — mas seu aporte mais original se encontra talvez nas questões consagradas aos "mistérios" da vida de Cristo (IIIa, q. 27-59). T., com efeito, é o primeiro e o único dos medievais, não a falar dos principais eventos que marcaram a existência humana do Verbo* encarnado (os *acta et passa Christi in carne*) de seu nascimento à sua morte*, mas a tratá-los num conjunto estruturado concebido como parte integrante de uma cristologia especulativa (Biffi, 1994; Scheffczyk, 1986; Torrell, 1994 e 1996, cap. VI). Cada um deles é destacado numa perspectiva soteriológica, mas também na de uma exemplaridade ontológica e moral. Estas páginas onde T. se interroga, com método e de um modo profundamente nutrido da Escritura e dos Padres, sobre o papel da humanidade de Cristo na obra da salvação esboçam já o que se busca na pesquisa contemporânea sob o nome de cristologia narrativa. Além de seu interesse teológico, elas têm também um alcance evidente sobre a aplicação espiritual da teologia (Torrell, 1991b). A causalidade exercida por cada um dos mistérios da vida de Cristo sobre aquele que recebe abre perspectivas de uma rara fecundidade para a vida cristã: pois se a graça é crística, ela é também cristo-conformadora.

• Catálogo detalhado das edições e traduções em J.-P. Torrell, *Initiation*, Paris-Friburgo, 1993, 483-525; assinalemos: *S. Thomae Aquinati... Opera omnia...*, Roma, 1882- e Paris, 1992- (monumental edição crítica dita "leonina"; 28 t. publicados); *Somme de théologie*, ed. bilíngue, "Revue des Jeunes" (68 vol., Paris, 1925-1971); *Somme théologique*, trad. apenas, Paris, 1993; *Bref résumé de la foi chrétienne, Compendium theologiae*, trad. apenas, Paris, 1985; *Opuscules de saint Thomas d'Aquin*, lat.-fr., 7 vol., Paris, 1984; *Questions disputées sur le mal*, lat.-fr., 2 t., Paris, 1992; *L'unité de l'intellect contre les averroïstes...* (ed. bilíngue e com. importante, por A. de Libera), Paris, 1994. Em português: *A pedra filosofal e a arte da alquimia*, Florianópolis, 1999; *Verdade e conhecimento. Questões disputadas "sobre a verdade" e "sobre o Verbo" e "sobre a diferença entre a palavra divina e a humana"*, São Paulo, 1999; *Compêndio de Teologia*, Porto Alegre, 1996; *Comentário ao tratado da Trindade de Boécio, questões 5 e 6*, São Paulo, 1999; *Sobre o ensino. Os sete pecados capitais*, São Paulo, 2001; *Exposição sobre o credo*, São Paulo, 1981. *Suma contra os gentios*, Porto Alegre, 1990; *Escritos políticos de Tomás de Aquino*, Petrópolis, 1997; *O ente e a essência*, Petrópolis, 1995; *Suma Teológica*, nova edição bilíngue, São Paulo, 2001ss.

▶ J. Durantel (1919), *Saint Thomas et le Pseudo-Denis*, Paris (ainda útil). — P. Glorieux (1927), *Les premières polémiques thomistes: I. Le correctiorium corruptorii "Quare"*, Kain, Le Saulchoir. — P. A. Walz *et al.*, "Thomas d'Aquin (saint)", *DThC* 15, 618-761 (envelhecido, mas indispensável). — C. G. Geenen (1952), "En marge du concile de Chalcédoine. Les textes du IVe Concile dans l'oeuvre de saint Thomas", *Ang.* 29, 43-59. — J. Turbessi (1954), "Denys l'Aéropagite", 3, "Saint Thomas d'Aquin", *DSp* 3, 349-356. — M.-D. Chenu (1957³), *La théologie comme science au XIIIe siècle*, Paris; (1959), *Saint Thomas d'Aquin et la théologie*, Paris. — J.-P. Torrell (1971), "Théologie et sainteté", *RThom* 71, 205-221. — E. Gilson (1972⁶), *Le thomisme. Introduction à la philosophie de saint Thomas d'Aquin*, Paris. — J. A. Weisheipl (1974), *Friar Thomas d'Aquino. His Life, Thought and Works*, Garden City, NY (1983², revisto e corrigido). — G. O'Daly (1981), "Dionysius Areopagita", *TRE* 8, 772-780. — L. E. Boyle (1982), *The Setting of the Summa theologiae of St. Thomas*, Toronto. — B. Smalley (1983³), *The Study of the Bible in the Middle Ages*, Oxford. — J. Verger (1984), "L'exégèse de l'université", in P. Riché e G. Lobrichon (sob a dir. de), *Le Moyen Âge et la Bible*, Paris, 199-232; (1985) *The Gospels in the Schools c. 1100-c. 1280*, Londres-Ronceverte. — S.-Th. Pinckaers (1985), *Les sources de la morale chrétienne*, Friburgo-Paris, 1993³. — L. Scheffczyk (1986), "Die Stellung des Thomas von Aquin in der Entwicklung der Lehre von den *Mysteria Vitae Christi*", *in* M. Gerwing e G. Ruppert (sob a dir. de), *Renovatio et Reformatio*, Münster, 44-70. — L. Elders (1987), "Les citations de saint Augustin dans la *Somme théologique* de saint Thomas d'Aquin", DoC 40, 115-167. — E. Schockenhoff

(1987), Bonum hominis. *Die anthropologischen und theologischen Grundlagen der Tugendethik des Thomas von Aquin*, TTS 28. — E. Portalupi (1989), "Gregorio Magno nell'Index Thomisticus", *BPhM* 31, 112-146. — V. G. B. M. Valkenberg (1990), *"Did not our Heart Burn?", Place and Function of Holy Scripture in the Theology of st Thomas Aquinas*, Utrecht. — F. O'Rourke (1991), *Pseudo-Dionysius and the Metaphysics of Aquinas*, STGMA 32. — J.-P. Torrell (1991*a*), "Thomas d'Aquin", *DS* 15, 718-773; (1991*b*), "Imiter Dieu comme des enfants bien-aimés. La conformité à Dieu et au Christ dans l'oeuvre de saint Thomas", *in* C.-J. Pinto de Oliveira (sob a dir. de), *Novitas et veritas vitae*, Friburgo-Paris, 53-65. — B. Davies (1992), *The Thought of Thomas Aquinas*, Oxford. — T.-D. Humbrecht (1993-1994), "La théologie négative chez saint Thomas d'Aquin", *RThom* 93, 535-566; 94, 71-99. — J.-P. Torrell (1993), *Initiation à saint Thomas d'Aquin. Sa personne et son oeuvre*, Paris-Friburgo (*Iniciação a Santo Tomás de Aquino*, São Paulo, 1998). — I. Biffi (1994), *I misteri di Cristo in Tommaso d'Aquino*, t. 1, Milão. — J.-P. Torrell (1995), "Le thomisme dans le débat christologique contemporain", *in Saint Thomas au XXe siècle*. Actes du Colloque du centenaire de la *RThom*, sous la direction de S.-Th. Bonino, Paris, 379-393. — G. Émery (1995), *La Trinité créatrice. Trinité et création dans les Commentaires aux "Sentences" de Thomas d'Aquin et de ses précurseurs Albert le Grand et Bonaventure*, Paris. — J.-P. Torrell (1996), *Initiation à saint Thomas d'Aquin*, t. 2: *Thèmes spirituels*, Paris-Friburgo. — R. Mc Inerny (1997) (ed. revista, 1982¹), *Ethica Thomistica, The Moral Philosophy of Thomas Aquinas*, Washington, DC. — Col. (1998), "Thomas d'Aquin", *RIPh* 52, 203-328. — J. Finnis (1998), *Aquinas*, Oxford.

Jean-Pierre TORRELL

→ *Agostinho; Alberto Magno; Aristotelismo cristão; Boaventura; Duns Escoto; Escolástica; Pseudo-Dionísio; Tomismo.*

TOMÁS DE KEMPIS → imitação de Jesus Cristo

TOMISMO

Utilizado desde o s. XIV para designar os discípulos de Tomás* de Aquino (T.), o adjetivo "tomista" (tsta) sofre, a partir de 1950 mais ou menos, a concorrência do recém-chegado "tomasiano" (tsno), mas esse neologismo não é aceito em toda parte nem por todos. "Tsno" designará aqui o que diz respeito diretamente a T. e à exegese literal de seu texto; "tsta" ou "tomismo" (tsmo) qualificará a escola.

Sem verdadeira solução de continuidade, podemos distinguir três grandes momentos na história do tsmo: 1/ os 150 anos que seguem a morte de T. (1274); 2/ o florescimento da escolástica* clássica e barroca (s. XVI-XVIII); 3/ as retomadas que precederam e sucederam a encíclica *Aeterni Patris* de Leão XIII (diversas periodizações: Garrigou-Lagrange, Pesch, Weisheipl). Tem-se levantado frequentemente distorções filosóficas que intervieram cedo, mas o aspecto teológico (tgco) é muito menos conhecido; é a ele que daremos preferência aqui.

1. Inícios

No estado nascente, o tsmo é vigoroso mas defensivo. Em 7 de março de 1277, o bispo de Paris, Estêvão Tempier, proíbe 219 artigos heterodoxos, alguns dos quais atingiam indiretamente T. (naturalismo*). Perseguições diretas contra sua doutrina também foram tentadas, mas o processo, transferido para Roma*, ficou parado ali. Em 1323, tanto por admiração pessoal quanto para contrariar os espirituais franciscanos, João XXII canoniza T. e louva sua obra doutrinal. Estêvão Bourret, bispo de Paris, declara em 1325 que a condenação de seu predecessor não se aplica a T. (Torrell, 1993, cap. 16).

a) Nem por isso a contestação foi desarmada. Iniciada, com T. ainda vivo, por Roberto Kilwardy e João Pecham, ela prosseguiu com Guilherme de la Mare e seu catálogo (1279) de 188 teses tsnas consideradas perigosas. Esse *Correctorium* suscitou uma série de refutações da parte dos dominicanos Ricardo Knapwell, Roberto de Oxford, João Quidort (célebre também por sua obra eclesiológica), Guilherme de Macclesfield (?) e Ramberto de Bolonha. Se acrescentarmos os nomes de Tomás Sutton (discípulo bastante independente, autor de uma obra imponente), Bernardo de Trilia

(mais servil), Pedro de Alvérnia (mais eclético), Herveu Nédellec (que rejeita a distinção real da essência e do ser*) e Remígio de Florença (antigo aluno de T.), teremos então os tstas das primeiras gerações, na Inglaterra, na França e na Itália (em Colônia, a influência albertiniana domina por enquanto).

Além das grandes teses tsnas (Weisheipl, 1967) às quais se acrescentará em breve (contra Duns* Escoto) a oposição à Imaculada Conceição da Virgem Maria* (T. acreditava na santificação *in utero* da mãe de Cristo*, mas não na sua preservação do pecado original*), aqueles autores se harmonizam em suas posições sobre o assunto da teologia* (tgia) (Deus*), sua finalidade especulativa e sua subalternação à ciência de Deus e dos bem-aventurados. Como T., eles distinguem nitidamente os domínios respectivos da fé* e da razão*, sendo que a razão não pode provar o que é da alçada da fé (Torrell, 1996). Em sua defesa, eles propõem os textos do mestre segundo a fórmula *Thomas suiipsius interpres* (T. interpretado por ele mesmo). Sinal de fidelidade na origem, ela trazia em seu bojo uma esclerose repetitiva por vir.

b) A esse primeiro florescimento sucede um período de latência relativa, seguido no s. XV de uma renovação de que dá testemunho um número crescente de mestres tstas (criação de novas universidades em toda a Europa), a multiplicação dos manuscritos das obras de T., as traduções gregas e armênias da *ST*, assim como o bom conhecimento de T. entre os humanistas do Renascimento italiano (Kristeller, 1967; Swiezawski, 1974; Memorie, 1976).

João Capreolo (1380-1444), *princeps thomistarum*, é o mais notável dos autores desse tempo. Sua *Defesa da teologia de santo T.* (1433) mostra um conhecimento aprofundado da obra do mestre que ele defende contra toda uma série de adversários. Reconhece a possibilidade de uma evolução nas posições de T., e se inclina a destacar os elementos agostinianos. Diversos resumos desta obra asseguram sua influência, e é a Capreolo que Cajetano deve o melhor do que sabe sobre os primeiros tstas e as controvérsias iniciais (Grabmann, 1956; Bedouelle, 1996).

Na mesma época, Antonino de Florença (1389-1459) prolonga a moral tsna de modo inovador no domínio econômico*, e João de Turrecremata (1388-1468) se destaca como um eclesiólogo de tendência papalista moderada. Em 1473, Pedro de Bérgamo publica sua *Tabula aurea*, que continua sendo um precioso instrumento de referência.

2. Expansão

A *Suma teológica* nunca deixou de ser lida pelos dominicanos, mas é somente em Colônia, onde Henrique de Gorcum (†1431) consolidou o tsmo, que o com. da *ST* substitui o das *Sentenças*, uma prática já presente (João Tinctoris, †1469, comentou a Ia e a Ia IIae) que é oficializada em 1483 (Conrado Köllin publicará seu comentário sobre a Ia IIae em 1512). Em Paris, Pedro Crockaert, nominalista belga entrado na ordem dominicana e convertido ao tsmo, introduz a *ST* no ensino em 1509.

a) O mais célebre desses com., que tomam o texto de T. artigo por artigo, é o de Tomás de Vio, Cajetano (1465-1534), que ensina a *ST* em Pavia (1497-1499), mas cujo com. só é redigido entre 1507 e 1522, quando já é o superior da ordem dominicana, em seguida bispo* e cardeal (Iserloh-Hallensleben, 1981). Espírito renovador, Cajetano introduz muitas mudanças de termos e de conteúdo: uma essencialização do *esse* tsno que o conduz a renunciar à demonstração racional da imortalidade da alma* (Gilson, 1953, contestado aqui por Reilly, 1971 e Hallensleben, 1981); uma doutrina da analogia* que se aproxima do escotismo combatido; sua teoria do constitutivo formal da personalidade, da justiça* original, do sacrifício* da missa; sua concepção da causalidade dos sacramentos* etc. Sua interpretação do desejo natural de ver Deus* lhe faz elaborar uma teoria da potência obediencial muito distante da de T. (Boulnois, 1993). Recuperando uma prática tsna, ele se faz comentador da Bíblia* e toma posições audaciosas que lhe atraem a censura da Sorbonne. Moralista, prolonga seu curso sobre a Ia IIa Pars com uma *Pequena Suma dos pecados* para uso dos confessores, onde trata dos problemas da

pastoral contemporânea — mas reata assim com uma prática que T. quisera superar. Pio V manda publicar seu com. (expurgado) da *ST* com a primeira edição completa das obras de T. (a *Piana*, Roma, 1570). Seu contemporâneo Silvestre de Ferrara (1474-1528) toma distâncias em relação a Cajetano e lança suas próprias posições; seu com. à *Suma contra os gentios* será impresso com o texto de T. na futura edição leonina.

b) Na Espanha, o principal foco do tsmo se situa em Valladolid e em Salamanca (Andrés 1976-1977), onde a prática do com. foi importada de Paris por Francisco de Vitoria (*c.* 1485-1546), ex-aluno de Crockaert. Sem negligenciar a filosofia*, Vitoria faz da Escritura* e dos Padres* o fundamento da tgia. Atento aos problemas de moral política levantados pela colonização do Novo Mundo, ele lança as bases do direito* internacional; sobre as condições de uma guerra* justa, ele se mostra mais restritivo do que T.

Os discípulos de Vitoria estarão no primeiro plano no concílio* de Trento*, que vê o apogeu do tsmo (os decretos sobre a justificação* e os sacramentos* retomam muito de perto o ensinamento de T.). Entre eles, mencionemos Domingo Soto (1494-1560), que intervém ativamente na redação do decreto sobre a justificação, e Melchior Cano (1509-1560). Este último é sobretudo conhecido por seus *Lugares teológicos** (1563), que testemunham uma prática da tgia de novo preocupada com as fontes. Inspirando-se em T. (*ST* Ia, q. 1, a. 8, ad 2), Cano propõe um método de investigação e de apreciação (*inventio*) das proposições que servem de base ao trabalho da tgia especulativa. Inaugurando as diversas especialidades positivas que logo afirmariam sua independência, este método conduziria a um desmembramento desastroso dos diversos ramos do saber tgco que T. mantinha na unidade da *sacra doctrina*.

Aluno de Cano, Domingo Báñez (1528-1604), comentador das duas primeiras partes da *ST*, tem o espírito de síntese e aborda os problemas pelo ápice. Opondo-se a Cajetano, ele vê bem o papel do *esse* na filosofia tsna. Por mais que se tenha falado dela, sua doutrina da natureza* e da graça* não é infiel a T.; a "premoção física" não significa para ele nada mais que a anterioridade de natureza (não de tempo) da eficiência real da graça sobre o ato* humano que ela suscita. A oposição levantada é, antes, o sinal de um clima de "pré-molinismo" (Duval, 1948).

c) Último em data dentre os grandes, João de Santo Tomás Poinsot (1589-1644) inaugura a era das *Disputationes*: já não segue o pormenor da letra do mestre, mas discute com amplitude alguns grandes problemas escolhidos (o que também fazem os *Salmanticenses*). Figura emblemática como Cajetano, também é, como este, sinal de contradição (Fabro, 1989). J. Maritain denuncia suas "complicações habituais à escolástica barroca", os limites de sua polêmica, a desatenção à renovação científica. Sem preocupação histórica, ele não tem muita preocupação com a crítica interna (aceita como autêntica a apócrifa *Summa totius logicae*, assegura que T. não é desfavorável à Imaculada Conceição, e coloca o constitutivo formal da essência divina no *intelligere subsistens*, mostrando assim que não percebeu a força do *ipsum esse subsistens* tsno). Segundo ele, o verdadeiro discípulo não se contenta com seguir T., ele o prolonga; suas posições pessoais são, pois, numerosas e deliberadas; é assim um dos primeiros a colocar o objeto da tgia na dedução de conclusões novas. Autor de um belo tratado dos dons do Espírito* Santo redescoberto no s. XX (R. Maritain, 1950; Sese, 1989), seu gênio e sua posição na história* fazem-no desempenhar um papel especial na difusão da vulgata tsta: ele foi a fonte direta de obras muito influentes no futuro (J.-B. Gonet, †1681; A. Goudin, †1695; V. L. Gotti, †1742; C.-R. Billuart, †1757).

d) Pela vontade de seu fundador, os jesuítas deviam estudar e ensinar segundo a *ST* (Tolet ou Le Jay), mas Inácio e seus sucessores desejavam também uma tgia capaz de reconciliar tstas, escotistas e nominalistas. Esse ecletismo encontrou seus representantes mais eminentes em F. Suárez* e G. Vásquez (1549-1604), zelosos como Cano do recurso às fontes. A doutrina da graça elaborada por Luis de Molina (molinis-mo*) suscitou uma interminável querela entre jesuítas e dominicanos, que os papas* Clemente VIII e Paulo V tiveram de deixar não resolvida, apesar de todos os esforços das congregações *De auxiliis* (1598-1607). A partir de 1656, as duas escolas se dividiram também a propósito do probabilismo, cujo iniciador foi o dominicano Bartolomeu de Medina (1528-1580).

e) Os carmelitas de Salamanca (*Salmanticenses*) estão na origem de uma grande obra coletiva que inclui um curso de tgia "escolástica" publicado de 1600 a 1725, um curso de tgia moral e um manual de filosofia (*Complutenses*). Saudada por muito tempo como um monumento de fidelidade, trata-se, antes, de um testemunho do tsmo da época. A insensibilidade à história* faz aqui desprezar as fontes e omite certos tratados (IIIa, q. 27-59), e a separação entre dogma* e moral vai contra a letra e o espírito de T. Os sacramentos são estudados em moral; mas como as questões reflexivas que a moral convoca são anexadas à "escolástica", não lhe restará em breve nada mais para se ocupar além da casuística*. O método tgco não é percebido em sua especificidade (*ST* Ia, q. 1, sobre a *sacra doctrina* não é comentada) e a elaboração racional atinge ali um refinamento dialético dificilmente superável (Deman, 1939).

Os s. XVII e XVIII mereceriam ser mais bem conhecidos. Na França (Contenson, Gonet, Goudin, Massoulié), na Bélgica (Billuart), na Itália (Maurus, Gotti), na Áustria (beneditinos de Salzburgo) aparecem obras que bajulam frequentemente o filosofismo ambiente, mas que não carecem de mérito, sendo o principal o fato de terem mantido viva uma tradição de que dão testemunho então as reedições da obra do mestre (oito edições das obras completas, sendo a última a 2ª ed. de Veneza [1775-1786] preparada por B. de Rossi [De Rubeis]).

3. Retomadas

a) A renovação do s. XIX na Itália (permitida por um movimento já iniciado no início do s. XVIII) é obra de uma multidão de esforços em que padres seculares, jesuítas e dominicanos não pouparam energia. Mencionemos M. Liberatore, um dos fundadores da *Civiltà Cattolica* (1850), L. Taparelli d'Azeglio (que introduziu Goudin no colégio SJ de Nápoles), T. Zigliara (primeiro presidente da comissão fundada por Leão XIII para a edição crítica das obras de T.) e os professores do Colégio dominicano da Minerva: V. Gatti, F. Xarrié e N. Puig. É preciso mencionar, entre os jesuítas, J. Kleutgen (autor do primeiro esboço da *Aeterni Patris*, autor também de uma releitura da história da teologia e da filosofia, *Theologie* e *Philosophie der Vorzeit* [1853-1863], diretamente inspirada em Cano e Suárez, e cuja influência foi considerável) e J.-B. Franzelin (1816-1886), que tentou em vão, apesar de sua erudição positiva, conciliar T. com Suárez e Lugo.

b) A encíclica *Aeterni Patris* de Leão XIII (1879), "a filosofia cristã a restaurar segundo o espírito de santo Tomás", foi decisiva para o que veio depois (StTom, 1981). Várias instituições ou revistas científicas vieram então à luz: *Divus Thomas*, em Piacenza (1880); a Academia Romana de Santo Tomás (1879); em Louvain, o Instituto de Filosofia (D. Mercier) e a *Revue néoscolastique de philosophie* (1894); a Universidade de Friburgo (Suíça) (1889); a *Revue thomiste* (Toulouse-Friburgo, 1893), a *Revue des sciences philosophiques et théologiques* (Paris etc., 1907); a *Rivista italiana di filosofia neoscolastica* (Milão, 1909) e a *Ciencia tomista* (Salamanca, 1910). Esses títulos confessam já as diferenças de inspiração: alguns (Mercier, Sertillanges) se chamam de bom grado "neotomistas"; outros (Madonnet ou Maritain) querem ser apenas "tomistas".

Contra o modernismo*, Pio X intervém para mandar publicar em 1914 uma lista de 24 teses (filosóficas) destinadas a promover um tsmo mais puro (*DS* 3601-3624, cf. Régnier 1984). Redigidas por G. Mattiussi SJ, 23 delas eram opostas a Suárez, mas o geral dos jesuítas obteve de Bento XV certa flexibilidade na aplicação. Em 1917, a obrigação de ensinar o tsmo foi inscrita no novo *CIC* (n. 1366, § 2), e manuais impregnados de racionalismo* inconsciente se empregaram para difundir uma doutrina repetitiva que não se referia a T. senão por comentadores interpostos, e que provocou certa repulsa pelo mestre.

c) A empresa de Leão XIII, todavia, foi ilustrada por pensadores mais independentes. Cabe ao menos evocar o "tsmo transcendental" promovido por J. Maréchal (1878-1944), que se chocou contra uma desconfiança aguda porque considerado tingido de idealismo kantiano, mas que inspirou homens como K. Rahner* e B. Lonergan*, cuja influência foi considerável, ou ainda J. B. Lotz ou E. Coreth (Puntel, 1969; Verweyen, 1969). Podemos mencionar também G. Siewerth, que se esforçou por confrontar o tomismo e o pensamento de Heidegger*, assim como E. Przywara (analogia*), profundo pensador em quem a inspiração tsna se vê conjugada a muitos outros aportes (Coreth, Neidl, Pfligerdorffer, 1990).

O tsmo especulativo de J. Maritain (1882-1973) se apoia de bom grado nos grandes comentadores, mas não teme renová-los (*Les degrés du savoir*, 1932); seus trabalhos sobre a arte e a poesia e sua filosofia política e social gozarão de grande irradiação. De orientação mais histórica, É. Gilson (a quem se juntam aqui C. Fabro e L.-B. Geiger, sobre a participação) denuncia as "traições" dos tstas (Bonino in *RThom* 1994). Além de *Le Thomisme* (4ª ed., definitiva, 1941), devemos a ele os trabalhos sobre Agostinho*, Boaventura* e Escoto que permitem melhor situar T. em seu meio. Reunindo em torno deles uma escola (Canadá, depois Estados Unidos; fundação do Instituto de Toronto por Gilson em 1929 e o de Ottawa-Montréal por Chenu em 1930), Gilson e Maritain deram uma continuação imprevista à iniciativa de Leão XIII ao provocar uma desclericalização do tsmo e do medievalismo.

O movimento é ilustrado por A. Gardeil e R. Garrigou-Lagrange em apologética e em tgia mística*; em tgia dogmática* (L. Billot, R. Schultes, N. Del Prado, F. Marin-Sola) ou moral (H. Noldin, D. Prümmer, B. H. Merkelbach) por pensadores em quem a inspiração original é por vezes sensivelmente modificada por outras influências, mas encontramos também, mais próximos de T., um J. M. Ramírez ou um M.-M.

Labourdette (Bonino, 1992); a inspiração tsta se encontra também na eclesiologia* de C. Journet.

d) O mais importante fator de renovação reside nas investigações históricas e críticas dos medievalistas: H. Denifle, F. Ehrle, M. Grabmann, P. Mandonnet, P. Glorieux etc., foram aqui pioneiros. Com a fundação do *Bulletin thomiste* e da *Bibliothèque thomiste*, a escola de Saulchoir esteve na origem de um tsmo histórico e crítico que continua a se desenvolver no final do s. XX. As investigações de Y. M.-J. Congar (verbete "Théologie" do *DThC*) e de M.-D. Chenu (*La théologie comme science au XIIIe siècle*, 1927, 3ª ed., 1957), assim como as publicações de M.-R. Gagnebert (*La nature de la théologie spéculative*, 1938), foram decisivas para restaurar a exata noção da *sacra doctrina* tsna.

Duas novas edições da *Opera omnia* vieram à luz no s. XIX (Parma, 1852-1873; Paris, Vivès: 1871-1880), mas elas hoje estão superadas pela excepcional qualidade da edição crítica dita "leonina", devida notadamente aos trabalhos de Constant Suermondt, J. Perrier, dos irmãos H. e A. Dondaine, de P.-M. Gils, R.-A. Gauthier, L.-J. Bataillon, B.-G. Guyot etc. Junto com as que os franciscanos empreenderam sobre Boaventura e Escoto, e as que outros empreenderam sobre uma multidão de autores medievais, essas investigações estão na origem de uma renovação profunda na abordagem da doutrina tsna.

4. Apreciação

a) Está claro desde já que "tsmo" ou "tsta" são termos analógicos e amiúde nas franjas do equívoco, já que o mestre foi mal compreendido às vezes em sua originalidade. Mas também é certo — a favor e contra tudo — que a autoridade* de T. na história* deve muito a seus discípulos; adaptando e prolongando sua doutrina de muitas maneiras, eles a mantiveram viva. A grandeza deles é ter mantido T. presente em épocas que não eram as suas; o drama deles é ter inconscientemente projetado as categorias de tais épocas sobre o pensamento do mestre. Mas não podemos considerar desprezível a contribuição de Vitoria e seus discípulos, nem

tampouco a de Cajetano ou a de João de Santo Tomás.

b) Os pontos litigiosos são numerosos (cf. Pesch 1965). Para nos determos na tgia, o desconhecimento do *intellectus fidei* levou a fazer da tgia uma ciência "dedutiva" com o objetivo de chegar a conclusões novas, ao passo que T. quer que ela seja, antes, "ostensiva", visando a "mostrar" a coerência interna do dado revelado pela colocação em relação dos *articuli fidei*. A doutrina da graça também deu lugar a numerosos desvios (natureza* pura, complicações terminológicas e multiplicação de entidades desconhecidas de T. etc.). Em cristologia*, a teoria da "subsistência" e do *unum esse* de Cristo se afastam também de T., como se afasta de T. a falta de interesse pela importante parte escriturística (27 questões!) de que ele munira sua exposição etc.

Qualquer que seja a importância desses pontos precisos, fica claro que a partir do s. XVII foi um erro bastante comum considerar T. primeiramente como um filósofo, quando ele era antes de tudo um teólogo que se servia de filosofia(s), às quais reconhecia apenas uma autoridade "estrangeira e somente provável" (*ST* Ia, q. 1, a. 8, ad 2). Alguns acentuaram seu aristotelismo (quando seu aristotelismo era fortemente tingido de neoplatonismo e de outras influências, nunca tendo se sentido ligado a Aristóteles em certos pontos decisivos), e seus comentadores barrocos acreditaram poder construir um sistema filosófico tsta separado da tgia. Insistindo na necessidade de restaurar a *filosofia* de T., Leão XIII só podia acentuar essa dimensão em detrimento da intenção formalmente tgica. As necessidades da época também fizeram do tsmo uma máquina de guerra apologética, na linha da teodiceia leibniziana-kantiana dos séculos precedentes. Foi assim que se prestou muito pouca atenção a T. discípulo dos Padres da Igreja (em particular de Agostinho) e comentador da Bíblia*, quando a Escritura já era para ele "a alma da tgia" (*Dei Verbum* 24).

c) O tsmo hoje guarda sua diversidade congênita. Se algumas perspectivas rígidas do neotomismo não desapareceram por toda parte, as pesquisas históricas têm por resultado que o retorno a T. se efetue de maneira mais advertida e atenta à letra. A herança dos comentadores não está mais em primeiro plano e toma-se o cuidado de não projetar preocupações posteriores sobre o texto do mestre. Conhece-se melhor suas fontes e a diversidade delas, suas relações com seus mestres (Alberto* Magno) e seus contemporâneos (Boaventura). O que ele lhes deve ou o que partilha com eles permite também melhor apreender sua originalidade.

Uma filosofia de inspiração tsta, vigorosa e muito afeita à sua história, parece hoje mais vivaz do que a tgia, mas pode-se esperar muito da redescoberta das ambições propriamente tgicas de T. A unidade do saber tgico é recolocada em primeiro plano, e faz-se o esforço, a exemplo do mestre, de juntar "especulativo" e "positivo", "dogma" e "moral". Assiste-se também um interesse renovado pela dimensão espiritual da tgia (Torrell, 1996) e seu vínculo com a pastoral e a vida cristã. Mas, apesar do grande número de estudos de detalhe que entram nesta perspectiva nova, ainda resta muito a fazer para reatualizar na intenção de seus novos leitores todas as riquezas da obra tsna.

- *Bulletin thomiste*, Étiolles etc. (1924-1965), em seguida *Rassegna di letteratura tomistica*, Roma (1966-). — R. Garrigou-Lagrange (1946), "Thomisme", *DThC* 15, 823-1023. — O. H. Pesch (1965), "Thomismus", *LThK*² 10, 157-167. — J. A. Weisheipl (1966), "Contemporary Scholasticism", *NCE* 12, 1165-1170; (1967), "Thomism", *NCE* 14, 126-135 (melhores exposições de conjunto).

▶ T. Deman (1939), "Salamanque (Théologiens de)", *DThC* 14, 1017-1031. — A. Duval (1948), "Báñez (Dominique)", *Cath* 10, 1202-1204. — Col. (1949), *Jacques Maritain: son oeuvre philosophique*, *RThom* 48 (número especial). — R. Maritain (trad.) (1950), *J. de Saint Thomas, Les dons du Saint-Esprit*, Paris. — É. Gilson (1953), "Cajetan et l'existence", *TPh* 15, 267-286. — M. Grabmann (1956), "Johannes Capreolus OP, der *Princeps Thomistarum* (†1444), und seine Stellung in der Geschichte der Thomistenschule", in *Mittelalterliches Geistesleben* III, Munique, 370-410. — É. Gilson (1955), "Cajetan et l'humanisme théologique", *AHDL* 22, 113-136. — P. O. Kristeller (1967), *Le thomisme et la pensée italienne de la Renaissance*, Paris-Montréal. — H.

J. Verweyen (1969), *Ontologische voraussetzungen des Glaubensaktes. Zur transzendentalen Frage der Möglichkeit von Offenbarung*, Düsseldorf. — L. B. Puntel (1969), *Analogie und Geschichtlichkeit, Philosophiegeschichtlich-kritischer Versuch über das Grundproblem der Metaphysik*, Friburgo-Basileia-Viena. — R. Laverdière (1969), *Le principe de causalité. Recherches thomistes récentes*, Paris (bibl.). — J. P. Reilly (1971), *Cajetan's Notion of Existence*, Haia-Paris. — S. Swiezawski (1974), "Le thomisme à la fin du Moyen Âge", StTom 1, 225-248. — Col. (1976), *MDom* 7, *Tomismo e Antitomismo* (études sur L. Valla, A. Nifo, B. Spagnoli). — M. Andrés (1976-1977), *La teología española en el siglo XVI*, 2 t., Madri. — Col. (1981), *L'enciclica Aeterni Patris*, StTom, 10-12. — E. Iserloh, B. Hallensleben (1981), "Cajetan de Vio", *TRE* 7, 538-546. — M. Régnier (1984), "Le thomisme depuis 1870", in Y. Belaval (sob a dir. de), *Histoire de la philosophie*, t. 3, 483-500, Paris. — B. Hallensleben (1985), Communicatio. *Anthropologie und Gnadenlehre bei Thomas de Vio Cajetan*, Münster. — C. Fabro (1989), "Il posto di Giovanni di S. T. nella scuola tomistica", *Ang.* 66, 56-90. — J. Sese (1989), "Juan de S. T. y su tratado de los dones del Espiritu Santo", *ibid.*, 161-184. — E. Coreth, W. M. Neidl, G. Pfligersdorffer (1990), *Christliche Philosophie im katholischen Denken des 19. und 20. Jahrhunderts*, t. 3: *Moderne Strömungen im 20. Jahrhundert*, Graz. — G. Prouvost (ed.) (1991), *É. Gilson-J. Maritain. Correspondance 1923-1971*, Paris. — S.-Th. Bonino (1992), "Le thomisme du P. Labourdette", *RThom* 92, 88-122. — O. Boulnois (1993), "Puissance neutre et puissance obédientielle. De l'homme à Dieu selon Duns Scot et Cajetan", in B. Pinchard et S. Ricci (sob a dir. de), *Rationalisme analogique et humanisme théologique. La culture de Thomas de Vio "Il Gaetano"*, Nápoles, 31-70. — J.-P. Torrell (1993), *Initiation à saint Thomas d'Aquin. Sa personne et son oeuvre*, cap. 15, Paris-Friburgo (*Iniciação a Santo Tomás de Aquino*, São Paulo, 1998). — Col. (1994), *Autour d'Étienne Gilson*, Études et documents, *RThom* 94, 355-553. — S.-Th. Bonino (1995), "Historiographie de l'école thomiste: le cas de Gilson", dans *Saint Thomas au XXe siècle*. Actes du Colloque du centenaire de la *RThom*, Paris, 1994, 299-313. — J.-P. Torrell (1996), "La scienza teologica in Tommaso e nei suoi primi discepoli", in G. d'Onofrio (sob a dir. de), *Storia della Teologia*, t. 2: *Medio Evo*, Casale Monferrato. — G. Bedoulle, R. Cesario, K. White (sob a dir. de) (1996), *Jean Capréolus (†1444) en son temps*, Paris. — G. Prouvost (1996), *Saint Thomas d'Aquin et les thomismes*, Paris.

Jean-Pierre TORRELL

→ *Boaventura; Duns Escoto; Escolástica; Graça; Lonergan; Lubac; Lugares teológicos; Rahner; Suárez; Tomás de Aquino.*

TOTALMENTE OUTRO

A ideia de Deus* como "totalmente outro", das *Ganz Andere*, apareceu em 1917 em *O sagrado*, um livro do filósofo neokantiano R. Otto. Foi retomada e orquestrada abundantemente na "teologia da crise" do jovem Barth* e de seus amigos. Sua origem longínqua está nas afirmações antigas da transcendência de Deus, ou do Uno, como o outro (*thateron* em Plotino) ou totalmente outro (*aliud valde* em Agostinho*). A origem próxima, no que toca aos teólogos "dialéticos", é a "diferença qualitativa infinita" que separa Deus do homem em Kierkegaard*. Nicolau de Cusa* trouxe uma nuança capital utilizando também, a propósito de Deus, o conceito do "não outro" (*non aliud*). A ideia de um Deus "sempre maior" (Rahner), ou da dissemelhança sempre maior do que toda semelhança (Przywara relendo Latrão IV* sobre a analogia*), é às vezes próxima do conceito de Deus "totalmente outro".

Jean-Yves LACOSTE

→ *Analogia*

TRABALHO

a) Origens cristãs. — A primeira teologia* cristã não viu no trabalho (t.), precisemos, no trabalho manual, um objeto teológico. Tendo saído do judaísmo*, os cristãos partilhavam certamente o respeito de Israel* pela dimensão laboriosa da existência. Tendo saído da gentilidade, era sobretudo às classes médias urbanas que eles pertenciam, a uma camada da população pouco inclinada a um desprezo aristocrático pelo *negotium*. Em ambos os casos, nada sugere claramente que o fervor de suas expectativas escatológicas os tenha conduzido a atitudes críticas em relação às necessidades fatuais da vida, entre as quais o t. ocupa um lugar privilegiado. Paulo espera um retorno iminente de Cristo*,

mas trabalha com as próprias mãos e exorta os ociosos de Tessalônica a trabalhar.

Não existiria um vínculo, todavia, entre os dois problemas específicos tratados em 2Ts, uma especulação escatológica errônea (2,1-12) e a ociosidade dos *atakoi* (3,6-12)? Já se afirmou isso. "Este problema [do fim do mundo] assombrava as imaginações e as exaltava vivamente. Alguns se autorizavam com estas profecias* de curto prazo a renunciar ao trabalho. Sob pretexto de que o mundo ia acabar, julgava-se inútil continuar a ocupar-se com outra coisa" (C. Toussaint in *DB* 5, 1928, 2186). A pesquisa recente tem enfatizado sobretudo a falta de vínculo comprobatório (já B. Rigaux, G. C. Holland [*The Tradition that you received from us...*, Tübingen, 1988], W. Trilling [EKK XIV], F. B. Hughes [JSNTSS 30, Sheffield, 1989]), e se pediu a uma sociologia das primeiras comunidades cristãs que lançasse alguma luz sobre os fatos mencionados por Paulo (R. Russell, *NTS* 34 [1988], 105-119): "... alguns cristãos desta cidade* pretendem justificar em termos religiosos uma forma de parasitismo econômico" (Salamito, 1996, 59). O argumento escatológico, entretanto, foi revalorizado recentemente por M. J. J. Menken (*NTS* 38 [1992], 271-289).

Alguns ofícios serão proibidos aos cristãos (ator, soldado, mestre-escola etc.) em razão de seus vínculos com a vida cultual, cultural e política de um império pagão, mas o labor mesmo é horizonte inquestionado. Discípulos de um mestre que o texto evangélico apresenta sem incômodo — mas sem a menor ênfase — como filho de um carpinteiro, depositários de um Evangelho que se transmite primeiramente ao longo das vias de comunicação comercial do Império, os primeiros cristãos seguramente não procederam a nenhuma teorização de seu t.; mas o que eles deixavam assim impensado não era nada de que tivessem medo, ou de que tivessem vergonha. No tecido consciente e inconsciente de sua experiência, o t. só podia encontrar sanção favorável. Os Padres* da Igreja* tornar-se-ão porta-vozes de comunidades inimigas da ociosidade (*Didasc.* 13; Tertuliano*, *Idol.* 5, 12; Ambrósio*, *Cain.* II, 2, 8) e que honram o t. manual (1*Clem* 49, 5; Minucio Félix, *Oct.* 8; Orígenes*, *Cont. Cels.* III, 55, VI, 36; dossiê em Salamito, 1996). E a ética* cristã do t. impregnará as mentalidades a tal ponto que o *opus animarum* do sacerdote*, seu t. pastoral, terá às vezes alguma dificuldade para ser reconhecido como t.: Cesário de Arles teve de pedir, assim, a seus padres que não passassem mais do que duas ou três horas por dia a cultivar a terra a fim de poderem cultivar as almas que lhes eram confiadas (*Sermo* 1, 7, CChr.SL 103).

O ethos cristão do t. possuía também uma coloração política. Só o proprietário fundiário podia, de fato, participar da vida política do Império romano, e era sobre aqueles que não conduziam a cidade que pesava a necessidade de trabalhar. Ora, a prática cristã do t. é associada a uma prática diferente da participação. Qualquer que seja, com efeito, sua situação nas relações de produção, todos têm um lugar igual na Igreja; a vida da Igreja contesta, pois, a vida pública do Império.

b) Orar e trabalhar. — Neste ponto como em outros, é à cristianização oficial do Império e a um fenômeno correlato, o monaquismo*, que a história deve o surgimento de um problema. Substituto do martírio* numa época em que toda perseguição cessou, o monaquismo se manifesta como ruptura e retiro: é monge aquele que rompe com o "mundo", ou o "século", para consagrar-se à obra de uma conversão* radical; é aquele que derrama simbolicamente seu sangue nas práticas da ascese* para receber o Espírito* (*Apoteg.*, Longino 5). Mas se o monge quer existir no deserto só diante de Deus* (e talvez também numa comunidade fraterna rica de sentido escatológico), sua anacorese não pode ser entendida como um *otium*, e a contemplação* à qual ele quer chegar não é uma simples repetição cristã da *theoria* filosófica. O monge, com efeito, trabalha com as mãos, tanto para ganhar sua subsistência quanto para escapar à distração. O t. ao qual se dedica, por outro lado, é o mais simples e o mais humilde possível (tecer cestos). E, sobretudo, o tempo deste t. não é roubado à oração*, mas é ordenado a ela: a dupla injunção da Regra de São Bento, "ora e trabalha", *ora et labora*, não sanciona a existência de duas esferas distintas da experiência, mas convida a conceber uma única atividade unificada na qual a monotonia de um t. manual que não interessa por si mesmo permite,

não fazer do t. uma oração, mas simplesmente orar trabalhando. Será possível então dizer que o verdadeiro *ergon* é a prática espiritual e ascética; e dizer que o t. das mãos só cumpre, diante dela, a função do *parergon*, do acessório (*Apoteg.* Teodoro de Fermeia 10).

O messalianismo* e os "perfeitos" de que fala o *Livro dos degraus* (ed. M. Kmosko, PS 3) nos provam contudo que existia, sim, um monaquismo no qual o t. foi percebido como inimigo da vida perfeita, isto é, como obstáculo à oração constante exigida por Paulo (1Ts 5,17). Essa tendência foi refutada por Epifânio em seu *Panarion*, no *De opere monachorum* de Agostinho*, e em textos monásticos de origem egípcia que apregoam sobretudo os auxílios prestados pelo t. na luta contra as tentações, em primeiro lugar contra a acídia (cf. Guillaumont, 1979).

c) Ação/contemplação. — A IM cristã não tematizará o t. mais do que a Antiguidade o fizera. O t. não deixa, no monaquismo medieval, de possuir um sentido teológico; labor do homem pecador, sobre o qual pesa a palavra de maldição pronunciada em Gn 3,17ss, o t. é antes de tudo obra de penitência*; e é mesmo a título de penitente por excelência que o monge trabalha. O t. monástico tenderá, porém, a desaparecer após a reforma de Bento de Aniana (817), e o monge aparecerá cada vez mais, e de maneira exclusiva, como o homem da "obra de Deus", do *opus Dei*. E não é da experiência do labor, mas pura e simplesmente de toda a esfera da atividade, que a experiência dita "contemplativa" se distinguirá então. Numa sociedade* que se organiza e se concebe a si mesma segundo as três funções ocupadas pelos homens de oração (*oratores*), pelos homens de guerra* (*bellatores*) e pelos trabalhadores (*laboratores*), a vida ativa, mesmo posta sob o patrocínio evangélico, se definirá negativamente. A qualquer ordem que pertença, a ação é menos perfeita que a contemplação*: é uma opinião comum a formulada por Tomás* de Aquino (*ST* IIa IIae, q. 179-182). A vida verdadeiramente digna de ser vivida pode certamente se viver no meio das atividades do mundo. Mas ela não deverá nada às fainas seculares: ela deverá sua dignidade a um exercício das virtudes* em que será sempre fácil ler, aliás, uma prática de negação do mundo. O desenvolvimento das terceiras ordens, a partir do s. XIII, traduzirá, aliás, muito claramente uma identificação da vida contemplativa e da vida religiosa bastante estrita para que o não religioso possa ser plenamente cristão beneficiando-se apenas de certa participação na vida religiosa.

d) *A Reforma e o ofício.* — A crítica da instituição monástica não está no centro da teologia de Lutero* (e dos outros reformadores), ela constitui no entanto um bom revelador de uma opção maior dessa teologia. Se a experiência monástica é criticada, com efeito, é porque ela parece apresentar o triunfo de uma lógica das obras* e dos méritos: entendida como projeto humano, a ascese trai de fato uma falta de fé*. Ora, "a primeira e a mais alta de todas as nobres e boas obras é a fé em Cristo" (*WA* 6, 204); e é então ao mundo (e a um mundo que perde assim a maior parte de suas conotações negativas) que o crente se vê remetido como ao único espaço possível de uma vida cristã autêntica. Desde logo, não pode haver nenhuma tensão entre "ação" e "contemplação". O serviço de Deus e o serviço do próximo podem se cumprir integralmente no mundo. E como a vida levada no mundo é comumente prática de um ofício, *Beruf*, não é preciso forçar demais a palavra para interpretá-la como uma vocação — *Berufung*. Estado de vida, t., profissão, as realidades seculares entram então sem resíduo na experiência* cristã; o t. deixa de ter o sentido mínimo que lhe concedia a IM (necessário *ad otium tollendum [...] ad corpus domandum [...] ad quaerendum victum*, Tomás de Aquino, *Quaest. quodlib.* VII, q. 7, a. 1 [17] e ganha uma dimensão propriamente litúrgica. Qualquer que seja seu ofício, o crente trabalha diante de Deus, e seu t. participa de uma lógica do culto* que abole a distinção da vida ativa e da vida contemplativa. Os referentes principais da teoria permanecerão intactos até o protestantismo do s. XX, quer se fale então do t./ofício no quadro de uma doutrina da *ordem* criada (Barth*, E. Brunner) ou no de uma teoria dos *mandatos* divinos (Bonhoeffer*).

e) *Trabalho industrial e ontologia do trabalho.* — Entre luteranismo* e neoprotestantismo, todavia, surgiu uma organização nova do t., industrial, maquinista e capitalista, e é a ela que coube fazer do t. um objeto teórico maior. Para Marx*, nos *Manuscritos de 1844*, o t. é uma realidade de dupla face. Ao trabalhar o outro que não ele, ao humanizar a natureza, o homem, por um lado, se engendra a si mesmo, um ponto que Marx deve a Hegel*: seu t. é o vínculo concreto de seu advento. Mas, na organização capitalista da produção, o t., por outro lado, é tratada como mercadoria — o t. é comprado, o operário é reduzido ao *status* de força de t., quantificável e comercializável. Desse modo, o lugar da humanização se torna solidariamente o da alienação. Como o t. não é exterior à história do eu, é então o eu que fica separado de si mesmo quando o t. (o do assalariado, exemplarmente o do operário) se vende e se compra. E como a sociedade capitalista vive da redução do t. a uma força de t., ela se apresenta então sob os traços da mais violenta das sociedades, aquela que assegura seu bem-estar fazendo do trabalhador o outro de si mesmo.

A ontogênese no t. poderia ser dissociada das dialéticas alienantes desmontadas por Marx? Todas as teologias contemporâneas que se apoderaram da temática do t. acreditaram ser possível essa dissociação. O homem trabalhador — que, como sabemos desde a aurora dos tempos modernos, pode às vezes reivindicar o título de "criador" — pode aparecer também como criador de si mesmo sem que o vocabulário queira ser provocador: falar-se-á assim do "homem colaborador da criação* e demiurgo de sua evolução na descoberta, na exploração, na espiritualização da natureza" (Chenu, 1955, 31). A ideia de um t. no sentido infralapsário inicial cede então o lugar à ideia (igualmente bíblica, Gn 2,15) de uma significação supralapsária dos labores humanos. O t. decerto pode ser desnaturado e provocar o infortúnio do trabalhador. Todavia, é a um sentido original das realidades criadas que a "teologia do t." crê poder apelar: e, se é precisamente à imagem de um Deus criador que o homem foi criado, então se poderá dizer que o homem "participa por seu t. da obra do Criador, e continua em certo sentido, na medida de suas possibilidades, a desenvolvê-la e a completá-la" (João Paulo II, 1981, nº 25).

A euforia dessa afirmação requer, no entanto, ser temperada, e as circunstâncias já cuidaram disso ao tornar problemáticos os axiomas utilizados. A teologia do t., com efeito, se constituiu como teologia da obra, do t. operário entendido como atividade produtora: mais que um simples labor, e quase uma participação nos privilégios do artista. O trabalhador intervinha assim no debate como aquele que *faz*; e sobre a obra de suas mãos a Igreja lançava uma luz vinda da origem de tudo, do Deus que o antropomorfismo* bíblico não hesita em descrever como autor dos maiores trabalhos. O "evangelho do t." (Doncoeur, 1940, cf. João Paulo II, 1981, nº 26) suscita entretanto algumas dificuldades quando o não t. não tem mais os traços da ociosidade mas os do desemprego; quando a multiplicidade dos t. parece dificilmente subsumível sob um único conceito do t.; quando a maioria dos t. escapam de toda economia da obra, do fazer, e não exercem nenhuma ação humanizante sobre a natureza; quando parece que o homem é menos o colaborador de Deus num t. de criação do que a criatura inquietante que apaga perpetuamente no mundo os traços* de sua criação*. Será sempre lícito — e aliás necessário — sustentar um discurso moral sobre os t. que ocupam nossos dias, pois nenhuma teoria do t. é possível se não convocar uma teoria da justiça* — e, na "doutrina social" elaborada pelo catolicismo*, a partir de 1891, diante das "realidades novas" do mundo industrial, não é uma ontologia teológica do t. que se construiu, mas um ramo novo de teologia moral. Será sempre lícito e necessário, por outro lado, discernir e prescrever as condições de uma relação não alienante do trabalhador com seu t. Mas, na totalidade significativa da experiência humana, o que há de nós mesmos que nossos t. põem em jogo? Embora nunca se questione o t. senão indiretamente, o texto bíblico detém aqui os elementos de uma resposta.

f) O trabalho na Bíblia. 1/ O t. não recebe tratamento teológico na Bíblia*, e este é um primeiro fato teológico. T. e trabalhadores es-

tão amplamente presentes no AT e no NT. Por outro lado, são respeitados ali: o desprezo da Grécia e de Roma pelas atividades confiadas a seus escravos não tem equivalente hebraico. E se esta presença e este respeito não se acompanham de uma interpretação, talvez se deva, no fundo, concluir disso que o t. não exige essa interpretação de modo imperioso. A quem pede ao *corpus* bíblico que ofereça dados de uma antropologia* descritiva, os textos respondem efetivamente que a condição humana é uma condição laboriosa; eles permitem até mesmo dizer mais: essa condição não está enraizada em leis naturais, mas numa injunção divina; e por ordem de Deus que os homens trabalham (p. ex., Ex 20,9; Dt 5,13). Mas os textos não dizem muito mais. Pode-se pensar então o homem sem pensar com urgência o sentido de seu t.? Não é de fato impossível. A Escritura* pressupõe a realidade criada do t., mas não se ocupa demais em tematizá-la: o fato bíblico do t. humano não se acompanha realmente de um problema teológico deste t. 2/ Mais do que ao t. do homem, é de fato ao "t. de Deus" que os textos prestam mais atenção. Insistente e abundantemente glosado (cf. *TRE* 3, 614-615), o antropomorfismo* bíblico (exemplarmente Jo 5,17) não é somente uma ingenuidade estilística. Ao sugerir que a obra do Deus criador e o t. do homem possam ser nomeados com o auxílio de um mesmo léxico, ele esboça por antecipação uma visão do homem que esperará o Renascimento para realmente tomar corpo. As glorificações teológicas do t. e do trabalhador têm razão num ponto: do homem criado à imagem de Deus é possível também dizer que cria à imagem de seu criador. 3/ O t. porém padece de uma ambiguidade, porque as mãos do homem são igualmente capazes de produzir ídolos (Dt 4,28; 2Rs 19,18; Is 2,8; Jr 32,30 etc.; cf. Beauchamp, 1975). As glorificações teológicas do t. e do trabalhador, portanto, se enganam num ponto principal: não é na simples medida em que tem dignidade de "criador" que o *homo faber* promove seu ser* de homem e contribui para aperfeiçoar a criação — o homem criador corre, ao contrário, o risco perpétuo de se dar a si mesmo seus próprios deuses e negar o sentido de sua criação. 4/ A experiência do t. enfim não tem todo o seu sentido em si mesma, mas na estrutura que o une ao *sabbat** (Gn 2,1ss; Ex 31,15ss etc.). No lugar de o homem trabalhador agarrar todas as reservas de sentido de sua humanidade, o dever de folgar no sétimo dia — como o próprio Deus "descansou" após a obra de sua criação — relembra que existe um além do t., um tempo durante o qual as mãos permanecem ociosas sem que isso conduza a um menos-ser qualquer, de tal sorte, ao contrário, que o último segredo da humanidade do homem (a vida vivida diante de Deus e para Deus) se manifeste ali em toda a pureza. O tempo sabático, na história do mundo, remeterá sempre ao tempo do t., porque o homem não pode viver no mundo sem nele "ganhar sua vida"; e o labor remeterá sempre ao *sabbat** como a um tempo absolutamente livre, podendo portanto ser vivido integralmente no modo de uma liturgia* que faz memória da origem e antecipa um cumprimento de todas as coisas.

g) Para uma abordagem sistemática. — A relação circular do tempo laborioso e do tempo sabático, e sua inserção hermenêutica* numa teologia da criação, é portanto aquilo que deveria permitir entender-nos sobre o sentido exato do t. Que o t. é um modo privilegiado da presença no mundo, disso não se poderia duvidar. Que ele seja "labor", "obra" ou "ação", é sempre revelador da finitude humana: não podemos pensá-lo sem pensar também no corpo* fatigado, na resistência que as coisas ou os seres nos opõem e nas necessidades limitadas, à medida do mundo, que o t. tenta atender. Assinalando o vínculo inquietante que une o t. e a idolatria*, por outro lado, a teologia bíblica* prova que existe maior conivência ainda entre a existência trabalhadora e a existência mundana: a idolatria de fato é um dos segredos da existência mundana (ou "terrena" — Heidegger*). Não é óbvio, portanto, que a interpretação do t. possa exceder as significações que mede o mundo e abrigar-se integralmente numa lógica da criação — e é paradoxalmente quando o t. quer ser "criador" que sua relação com uma teologia da criação se distende mais. Ora, é justamente aí que o aparente ócio da experiência sabática permite um deslocamento de sentido. Ao reivindicar para certo tipo de t. (a "criação" artística) o privilégio de ser criador, a modernidade (a partir de Nicolau* de Cusa e Giordano Bruno) não cometia uma blasfêmia: o t. humano também tem essa dimensão. Todavia, não é a mais importante. Se é preciso pensar a experiência sabática para pensar até o extremo a experiência laboriosa, então é o pós-trabalho que manifestará a essência teológica do t. — e esse pós-trabalho, *sabbat* e liturgia*, não é nada que o mundo possa medir. Quando oramos, escapamos do governo do mundo. Poderíamos também escapar dele quando trabalhamos? Decerto não é impossível. Mas várias condições deverão ser preenchidas. Primeiro, será preciso consentir em que o t. tenha menos o *status* da obra, *ergon*, que o do *parergon*, o de um fazer que não é o mais humano de nossos gestos. Em seguida, será preciso, para além da interpretação das experiências sabáticas/litúrgicas que ocupam só uma porção de nossa vida, perguntar em que condições uma existência pode assumir totalmente os contornos de uma liturgia. Será preciso, enfim, se é verdade que *sabbat* e liturgia antecipam as realidades últimas no elemento do provisório, interrogar-se sobre o que se torna então *ipso facto* o t. que precede *sabbat* e liturgia: uma realidade sem destino escatológico, mas que podemos associar a uma ordem pré-escatológica de significações.

• P. Doncoeur (1940), *L'évangile du t.*, Paris. — F. Battaglia (1951), *Filosofia del lavoro*, Bolonha. — A. Richardson (1952), *The Biblical Doctrine of Work*, Londres. — W. Beinert (1954), *Die Arbeit nach der Lehre der Bibel. Eine Grundlagen evangelischer Sozialethik*, Stuttgart. — M.-D. Chenu (1955), *Pour une théologie du travail*, Paris (cf. também "Éléments pour une théologie du travail", *NRTh* 77, 27-48, 123-143). — H. Arendt (1958), *The Human Condition*, Chicago-Londres (*A condição humana*, Rio de Janeiro, 2000). — R. C. Kwant (1960), *Philosophy of Labor*, Pittsburgh. — H. Dörries (1966), "Mönchtum und Arbeit", in *Wort und Stunde*, Göttingen, 277-301. — Y. Simon (1971), *Work, Society and Culture*, Nova York. — P. Beauchamp (1975), "Travail et non-travail dans la Bible", *LV(L)* XXV (124), 59-70. — H.

D. Preuß *et al.* (1978), "Arbeit", *TRE* 3, 613-669. — A. Guillaumont (1979), "Le travail manuel dans le monachisme ancien", *in Aux origines du monachisme chrétien*, SpOr 30, 117-126. — João Paulo II (1981), *Laborem exercens*, Cidade do Vaticano. — G. Baum (1982), *The Priority of Labour*, Mahwah NJ. — R. Kramer (1982), *Arbeit: theologische, wirtschaftliche und soziale Aspekte*, Göttingen. — W. Pannenberg (1983), *Anthropologie in theologischer Perspektive*, Göttingen, 404-415. — L. Schonttroff (sob a dir. de) (1983), *Mitarbeiter der Schöpfung*, Munique. — S. Felici (sob a dir. de) (1986), *Spiritualità del lavoro nella catechesi dei Padri del III-IV secolo*, Roma. — W. Korff (1986/1987), "Wandlungen im Verständnis der Arbeit aus der Sicht der katholischen Soziallehre", *JCSW* 11-34. — W. Krämer (1991), "Arbeit/ Freizeit", *NHThG* 1, 51-65. — M. Volf (1991), *Work in the Spirit*, Oxford. — C. H. Grenholm (1993), *Protestant Work Ethics*, Uppsala. — P. Marshall (1996), *A Kind of Life Imposed on Man: Vocation and social order from Tyndale to Locke*, Toronto. — J.-M. Salamito (1996), "De l'éloge des mains au respect des travailleurs. Idées gréco-romaines et christianisme antique", *in La main*, Orleáns, Éd. Institut des Arts visuels, 51-75.

Jean-Yves LACOSTE

→ *Econômica* (*moral*)*; Monaquismo; Propriedade; Sabbat.*

TRADIÇÃO

A. TEOLOGIA CATÓLICA

a) *A ideia.* — A *ideia* de tradição (t.), que designava primeiramente o ato de transmitir objetos materiais, foi em seguida aplicada à perpetuação das doutrinas e das práticas religiosas, legadas de uma geração à outra pela palavra e pelo exemplo vivos. Dali, o termo se estendeu ao conjunto dos conteúdos assim comunicados. A Igreja* católica se considera neste sentido como realidade da t. viva, e justifica sua mensagem e seu papel pela transmissão da fé* cristã, da qual é, a seus próprios olhos, um elemento constitutivo. Essa reivindicação, ademais, não deve ser encarada como um traço confessional específico, mas constitui um componente essencial do cristianismo. Os reformadores, ao pôr o acento exclusivamente na Sagrada Escritura* se destacaram entretanto da t., da qual fizeram um termo coletivo que designa todas as manifestações da vida e do pensamento cristãos, a partir dos apóstolos* (t. apostólica), cujos vestígios são exteriores à Bíblia. A acepção mais ampla do termo, incluindo a Sagrada Escritura, é todavia a mais antiga, ao passo que a oposição Escritura/t. só começa a partir da Reforma e da Contrarreforma.

b) *As origens e o desenvolvimento da tradição cristã.* — Enraizada no modo de vida diário e na história* do povo* judeu, a t., num primeiro momento, não dá matéria para discussão: ela é uma realidade vivida na evidência. A única dificuldade vem dos meios concretos que é preciso progressivamente adotar ou desenvolver para assegurar-lhe a continuidade e o crescimento, e fazer dela o objeto de uma relação consciente. Os inícios do movimento cristão se inscrevem inteiramente neste quadro: trata-se de tomar as medidas e de criar as instituições que pareçam necessárias à salvaguarda da comunidade. Medidas e instituições se fundam na autoridade* do Evangelho, isto é, na palavra do Senhor, que assegura por este viés sua presença viva no mundo*. Os primeiros elementos de uma consciência explícita da t. aparecem com a "regra de fé" e os vínculos que ela instaura, vínculos com o cânon* dos bispos* e dos presbíteros* — referências e meios institucionais que permitem rejeitar os erros doutrinais, as divisões e a fundação de comunidades ilegítimas.

Somente ao cabo de algum tempo é que vemos se formar t. particulares, em seguida uma consciência explícita da t. Paulo, em 1Ts 4,16s, anuncia ainda a vinda iminente do dia do Senhor — o que de resto não exclui, mas pressupõe, a atividade missionária de difusão da Palavra*; em Rm 9–11, entretanto, ele já desenvolveu as linhas de força de uma história da salvação* compreendida como processo temporal em que se inscreve a obra de transmissão da qual ele mesmo é o instrumento, assim como atesta sobretudo em 1Cor (11,23 e 15,3). Vemos surgir aqui um núcleo essencial da mensagem evangélica, que receberá posteriormente sua definição formal sob o termo técnico de "depósito da fé", e que coincide no fundo com a ideia de uma "regra de fé" obrigatória.

No processo de composição e de interpenetração dos testemunhos neotestamentários, atribui-se a Lucas — o evangelista e autor dos Atos dos Apóstolos — uma influência particular na formação da t. e da ideia de t. (cf. Lc 1,1-4 e At 1,1ss); é a razão pela qual percebeu-se em sua obra, na perspectiva de uma exegese* sistemática, elementos de "protocatolicismo*". É somente por referir-se à vida de Jesus Cristo que o relato de João foi intercalado, no NT, entre o Evangelho* de Lucas e os Atos, e isso ocultou a solidariedade desses dois textos. Frequentemente se considera que o projeto de Lucas só se tornou possível pelo esquecimento das significações escatológicas da mensagem de Jesus* ou por sua reinterpretação no sentido de uma escatologia* presente. Mas se é verdade que o quadro temporal determina a concepção que se faz da t. concreta, os textos neotestamentários mostram que estas duas realidades podem se articular de diversas maneiras. Uma abordagem escatológica coerente do Evangelho pode também dar um lugar à missão* e à t. Ocorre que, diante dos ataques e dos desafios do período seguinte, haverá o esforço por extrair regras e instituições destinadas a consolidar a t. Foi sobretudo a gnose* do s. II (mas também o marcionismo* e outros movimentos) que tornou necessárias as medidas capazes de garantir a solidariedade dos fiéis e a coesão das comunidades. No seu Contra as heresias, Ireneu* de Lião reuniu assim todos os elementos doutrinais fixados até então para desenvolver uma visão sólida e coerente, na qual as referências particulares se reforçam mutuamente. Tertuliano*, por sua vez, defendeu a fé cristã com os meios da retórica judiciária, acrescentando assim uma dimensão nova à argumentação desdobrada por Ireneu na perspectiva da história da salvação: doravante, era mais fácil definir não somente os conteúdos da t. cristã, mas também a maneira como estes deviam ser transmitidos. O medo da inovação acabou todavia por lançar a suspeição sobre a atividade vital do cristianismo, como mostra claramente o uso que se fez da fórmula pela qual Vicente de Lérins resumira a regra da t. Só se admitia como católico "aquilo que

foi crido por toda parte, sempre e por todos" (Comm., c. 23), com o risco de se encerrar numa relação unilateral com o passado: foi somente enquanto a cristandade provou sua fé, no essencial, como um modo de vida que ainda era óbvio, que esta concepção não levantou nenhuma dificuldade. A significação do Commonitorium para a história dos dogmas* só foi reconhecida no s. XVI.

O mundo nominalmente cristão do final da Antiguidade e da IM só viu sua cristianidade questionada em suas margens. A t. fazia parte do ambiente por assim dizer natural, não levantava verdadeiros problemas e, mesmo que acontecesse a discussão sobre o fundamento desta ou daquela t. particular, ela era em seu conjunto admitida sem disputa.

c) A Reforma. — Mesmo a reação da Reforma protestante contra certas t. particulares não pôs em causa, afinal de contas, a t. como tal senão em nome da Escritura*, isto é, relativamente ao todo de que ela era uma parte (cf. DH 1501). Lutero*, ao exigir a conformidade à Escritura, fez intervir um elemento da t. e um modo específico de transmissão: à sua maneira, ele também invoca a t. A questão é: quem segue a melhor t.? O que o Reformador recusa são certas t. particulares, isto é, pontos concretos da prática e das convicções cristãs que provêm, segundo ele, de outras fontes e não do testemunho consignado no texto do Evangelho. Ele limita, pois, o domínio das t., reconhecendo legitimidade somente àquelas que lhe parecerem atestadas na Escritura. O concílio de Trento*, em contrapartida, defende menos a t. do que certas concepções, disposições ou costumes particulares. Assim, o "Decreto sobre a recepção dos Livros sagrados e das t. dos apóstolos" (DH 1501-1505) é destinado sobretudo a precisar a concepção católica da Sagrada Escritura; ali se lê que "esta verdade* e esta regra estão contidas nos livros escritos e nas t. não escritas que, recebidas pelos apóstolos da boca de Cristo* ou transmitidas como de mão em mão pelos apóstolos sob o ditado do Espírito* Santo, chegaram até nós." Que esta fórmula tenha dado origem posteriormente, no comentário catequético e teológico, ao que se chamou de "teoria das duas fontes", isso se explica pela vontade de criar obstáculo aos progressos da Reforma e pelas necessidades (supostas) da apologética. A querela, neste ponto, só eclodiu à luz do dia na célebre controvérsia que opôs J. R. Geiselmann (Tübingen) e H. Lennerz (Roma) — o que confirma que foi somente na época moderna que o problema *da* t. se destacou com toda nitidez da questão *das* t., no plural.

d) O debate sobre a tradição no s. XIX. — Foi o questionamento radical da autoridade pelo Iluminismo, bem como o progresso do historicismo ao longo do s. XIX, que levaram finalmente os pensadores católicos e não católicos a se colocar explicitamente a questão *da* t. O "tradicionalismo" francês (Bonald, J. de Maistre etc.) tentou fundar a totalidade da reflexão religiosa no princípio de t., ao passo que a escola católica de Tübingen* quis operar este princípio no quadro de uma discussão fundada na ortodoxia* constituída. A "escola romana" (G. Perrone, C. Passaglia, C. Schrader, J. B. Franzelin), também animada por um desejo de renovação teológica, acentuou igualmente o princípio da t., sem contudo cair num tradicionalismo entrementes excluído pelo magistério*. E no concílio do Vaticano* I, o recurso à t. ganhou tamanha importância que o papa Pio IX teria dito esta frase discutível: "A t. sou eu". O resumo clássico das posições da escola romana foi proposto por J. B. Franzelin em seu *Tractatus de Divina Traditione et Scriptura* (litografado em 1867-1868, impresso em 1870). Nota-se a inversão de perspectiva que se opera desde o título da obra, onde *a* t. precede a Sagrada Escritura, que aparece bem mais como uma coleção de "escrituras", no plural, subordinadas à unidade da t. O interesse de Franzelin está em ter introduzido no conceito de t. uma diferenciação que autoriza uma nova abordagem do problema. Existe uma t. *antes* dos testemunhos que lhe consignam o conteúdo por escrito, e há uma t. *após* esses testemunhos, cuja obra é traduzir, interpretar, atualizar esses testemunhos, em suma, torná-los vivos para o presente. É assim que Franzelin pode, num

primeiro tempo, tratar primeiro da essência da t. divina, em seguida tratar de sua preservação e, enfim, de sua relação com as Escrituras e da interpretação da doutrina católica. Após esta primeira parte, ele aborda as Escrituras examinando primeiro a inspiração do conjunto, em seguida a maneira como os livros inspirados nos são conhecidos; detém-se a seguir no papel do cânon das Sagradas Escrituras na t. da Igreja católica e na autenticidade da Vulgata. Por fim, descreve em apêndice, da maneira característica do projeto da obra por inteiro, a relação da razão* humana com a fé divina — o que mostra claramente que ele não visa somente um exame formal da t. A seu modo, ele se apoia antes de tudo em observações e em dados linguísticos, cujo caráter histórico não se perde de vista nem no estabelecimento dos fatos, nem em sua interpretação, mesmo que este aspecto ainda não seja tratado com toda a tecnicidade que as pesquisas ulteriores tornarão possível.

e) Depois do Vaticano I. — O neotomismo do período seguinte, em contrapartida, encarou o pensamento sob a forma de um sistema intemporal (*philosophia et theologia perennis*): esquivava assim o problema de uma t. viva, ao mesmo tempo em que deixava o campo livre para as investigações propriamente históricas, mas atribuindo-lhes como tarefa sustentar e confirmar verdades que valiam já independentemente da t., com o risco perpétuo de ver em seus resultados somente ameaças de relativismo*. A crise do modernismo* mostrou que o problema não podia ser resolvido dessa maneira (cf. *DH* 3458-3466 e 3494-3498, bem como 3878). Naturalmente, não foi à toa que houve hesitação quanto a se engajar num exame aprofundado e sistemático da questão da t. Nenhuma discussão, com efeito, pode restaurar o caráter de "evidência" de uma realidade vivida; ao contrário, tudo o que a discussão faz é afastá-lo ainda mais, com o risco de romper o laço vital que une uma experiência espiritual e a reflexão que ela inspira.

Contra a dicotomia introduzida pela neoescolástica tomista, alguns católicos enfatizaram, a partir da I Guerra Mundial, o todo que engloba os fatores assim dissociados: desse modo, relembravam aos fiéis os aspectos centrais da t. de vida cristã, seja nas atividades em que se exprime a realidade concreta da Igreja (serviço divino/liturgia*; obras caritativas; ensino; *actio catholica*; *participatio actuosa*; conselhos; sínodos* etc.), seja no pensamento cristão em geral, seja ainda na reflexão teológica. Blondel*, em *História e dogma* (1904), sublinhara a importância dessa tarefa desde o início do s. XX. O imenso material histórico coletado no intervalo pedia para ser integrado na espiritualidade cristã do tempo, para não permanecer como um simples conhecimento sem alma. Por outro lado, a filosofia* da vida e a filosofia da existência sublinhavam a necessidade de um novo engajamento prático.

f) A "tradição viva". — Nutrido pela lembrança da escola católica de Tübingen e de Scheeben* (um dos grandes representantes da "escola romana"), o movimento da "t. viva" foi uma das fontes de renovação espiritual que permitiria à reflexão teológica agir para além das fronteiras de seu domínio próprio. Substituiu uma visão quantitativa da t. por uma visão qualitativa por meio da qual a revelação aparecia antes de tudo como comunicação e autocomunicação. O pensamento dialógico e a hermenêutica* tiraram desta corrente impulsos e materiais novos. As pesquisas sobre a oralidade como forma incontornável da t., e como modo de expressão do testemunho original, evidenciaram o fato de que os escritos não podem intervir neste processo senão de maneira indireta e secundária. Uma vez que uma realidade nova não pode vir à luz (qualquer que seja seu vínculo de continuidade com o passado) sem que se instaure necessariamente entre o presente e a t. uma ação recíproca que se traduz imediatamente no plano social, o tema da oralidade influenciou o debate sobre os fundamentos das ciências históricas, as controvérsias sobre o abandono e a perda da t., assim como a reflexão sobre a validade do testemunho da t. para as épocas ulteriores. Decerto, a problemática da t. tem antes de tudo como consequência mostrar que as abordagens, as descrições e as tentativas de

explicação racionalistas são impotentes para superar por si mesmas a distância que separa uma t. — vivida ou instalada na evidência — do discurso que se faz sobre ela. Mas será mesmo possível apropriar-se de uma t. pelo aprendizado, pelo saber e pela reflexão, no sentido específico que esses termos tomaram hoje no contexto ocidental? Uma teoria da t. não é, não pode ser ela mesma uma t. viva, embora a teoria seja uma parte indissociável da t. humana — este aspecto do problema deveria ser tratado numa discussão do "fundamentalismo*", porque é falso dizer que as realidades vividas e as formas de vida só podem ser melhor transmitidas e preservadas pelo ensino teórico.

g) Vaticano II. — O concílio do Vaticano II, sublinhando o caráter *pastoral* de seus esclarecimentos, de seus desenvolvimentos e de suas resoluções, recusou uma visão da historiografia compreendida como acúmulo de saber e simples trabalho de compreensão intelectual, em prol de uma abordagem qualitativa mais englobante. Também relacionou sua própria concepção da t. com os pontos de vista introduzidos na nova discussão sobre a história (cf. *DV in DH* 4207-4214). A questão dos limites da ciência histórica, tal como se praticava até então, suscitou com efeito um debate fundamental de onde poderia sair uma visão nova da história*, mais próxima das concepções cristãs tradicionais — mas pela qual estas poderiam também se ver modificadas. Seja como for, já não se trata de acumular indefinidamente informações e resultados, demasiado numerosos para que o espírito tenha deles uma visão de conjunto e os organize numa sequência significativa. E coloca-se, desde logo, o problema do abandono legítimo de uma t., problema que não foi muito percebido até o presente, e ainda menos analisado de modo convincente. Já se tomou maior consciência da dificuldade da escolha que se é inevitavelmente levado a fazer no seio da t., da necessidade de distinguir entre o importante e o secundário; esta questão, de resto, já estava colocada no antigo contexto. Falta, em todo caso, do lado cristão, uma definição clara e plausível do que se chama de "história da salvação" (cf. *LG* in *DH* 4122-4124 e 4130-4141), um conceito que comporta decerto uma diferenciação do material histórico, mas que não deve alimentar a ideia falsa de que haveria na história partes ou domínios separados. Falta novamente um entendimento sobre os meios de que pode convenientemente se servir uma história teológica das t., pois bom número de críticas hoje dirigidas à religião e à Igreja são motivadas por aferrolhamentos institucionais que a t. é acusada de ter operado. A ideia do caráter essencialmente "vivo" da t. não remete somente aos efeitos da verdade evangélica, mas também ao modo de transmissão desta verdade, que repousa de maneira decisiva na comunicação e na reciprocidade. Poder-se-ia ver na redescoberta desta dimensão viva a verdadeira transformação que a t. conheceu, t. compreendida por muito tempo como zelo de conservar com a menor mudança possível um tesouro ou um capital concebido como uma entidade material. Mas é preciso então contar também com o potencial crítico desse material vivo. Neste sentido, o Vaticano II não é somente o resultado de uma nova reflexão sobre a t., mas também o ponto de partida das investigações que devem hoje ser empreendidas no interesse da fé cristã.

▶ Y. Congar (1960), *La Tradition et les traditions*, 2 vol., Paris. — K. Rahner e J. Ratzinger (1965), *Offenbarung und Überlieferung*, Friburgo. — J. Hansefuss, F. Mussner, J. Ratzinger (1965), "Tradition", *LThK²* 10, 290-299. — P. Lengsfeld (1965), "Traditon innerhalb der konstitutiven Zeit der Offenbarung", *MySal* I, 239-287 (Petrópolis, 1971). — J. Feiner, M. Löhrer *et al.* (1965), "Die Vergegenwärtigunf der Offenbarung durch die Kirche", *MySal* I, 497-783 (Petrópolis, 1971). — K.-H. Weger (1969), "Tradition", *SM(D)* 4, 955-965. — J. Ratzinger (1982), "Anthropologische Grundlegung des Begriffs Überlieferung", *in Theologische Prinzipienlehre*, Munique, 88-105. — P. Ricoeur *et al.* (1984), *La Révélation*, Bruxelas. — W. Kasper (1985), "Tradition als theologisches Erkenntisprinzip", *Dogmengeschichte und katholische Theologie*, Würzburg, 376-403. — S. Wiedenhofer (1990), "Grundprobleme des theologischen Traditionsbegriffs", *ZKTh* 112, 18-29. — D. Wiederkehr (1991), *Wie geschieht Tradition?*, Friburgo. — Th. Langan (1992), *Tradition and Authenticity*, Columbia, Miss.

— K. Schori (1992), *Das Problem der Traditions*, Stuttgart.

Karl Heinz NEUFELD

→ *Cânon das Escrituras; Escritura sagrada; Lugares teológicos; Magistério; Revelação.*

B. Teologia protestante

1. Grandes correntes históricas

O protestantismo* mantém com a noção de tradição (t.) uma relação crítica, mas não negativa. Seu princípio de só reconhecer autoridade* à Escritura* leva-o a recusar a ideia de uma autoridade da t. (Padres*, concílios*, magistério*). Intimado a abjurar diante da Dieta, Lutero* recusa-se e declara: "A menos que me convençam por atestações da Escritura ou por razões evidentes — pois não dou fé nem ao papa* nem aos concílios sozinhos, já que está claro que eles frequentemente se enganaram e se contradisseram a si mesmos —, estou ligado pelos textos escriturísticos que citei e minha consciência* é cativa da palavra* de Deus*; não posso nem quero me retratar em nada, pois não é seguro nem honesto agir contra sua própria consciência" (*Discurso de Worms*, 18 de abril de 1521: *WA*, t. 7, 832-838 [*Obras*, t. 2, Genebra, 1966, 313-316]).

Este princípio crítico é bem atestado nas três grandes correntes saídas da "Reforma magisterial", isto é, o luteranismo*, o calvinismo* e o anglicanismo* (o aspecto polêmico desse princípio seria radicalizado se ampliássemos a apresentação às diversas correntes da nebulosa radical: anabatistas*, espiritualismo, unitarismo*, milenarismo*).

a) Luteranismo. — O princípio crítico é retomado nos textos simbólicos do luteranismo. Melanchton procura enunciá-lo de maneira pacífica precisando, no fim da primeira parte da *Confissão de Augsburgo* (1530): "Não quisemos […] dar ou transmitir a nossos filhos e a nossa posteridade outra doutrina que não aquela que é conforme à pura palavra de Deus e à verdade* cristã. Se, pois, esta doutrina é claramente fundada na Sagrada Escritura, se ademais ela não está em contradição nem em oposição com a Igreja* cristã, nem mesmo com a Igreja romana — tanto quanto podemos conhecê-la pelos escritos dos Padres —, estimamos que nossos adversários não podem estar em desacordo conosco quanto aos artigos acima."

A *Fórmula de concórdia* (1577) especifica que os escritos dos Padres ou dos teólogos não devem jamais ser postos no mesmo plano que as Sagradas Escrituras, que aqueles são subordinados a estas e que só podem atestar em que medida e em que lugares a doutrina dos profetas* e dos apóstolos* foi conservada em sua integridade (*Epítome* 1). A Escritura é a única norma da fé*, de sorte que os demais escritos doutrinais devem estar submetidos a ela e a nenhuma t. eclesiástica contrária a seu ensinamento poderia ser admitida. Entretanto, se a conformidade de uma doutrina é julgada por referência à Escritura, nada impede os teólogos de acrescentar à sua demonstração provas tiradas da t. e dos Padres.

A atitude luterana consiste em tolerar a t. quando ela não está em desacordo com a Bíblia*. Trata-se sobretudo de repudiar tudo o que seria suscetível de obscurecer o princípio de justificação* só pela fé.

b) Zuinglianismo e calvinismo. — Encontra-se na corrente zuínglio-calvinista ou reformada a mesma insistência na autoridade exclusiva da Escritura. A primeira *Confissão helvética* (1536) distingue claramente, de um lado, a Escritura, que não deve ser "interpretada e explicada senão por ela mesma, conforme a regra da fé e da caridade", de outro lado, os Padres* e os doutores que, desde que se tenham atido à Bíblia, são reconhecidos "não somente como intérpretes da Escritura, mas também como instrumentos de eleição pelos quais Deus falou", e enfim as doutrinas e t. dos homens que, "por mais belas e veneráveis que pareçam, e por mais antigas que sejam [...] desviam de Deus e da verdadeira fé" (art. 2-3-4).

A *Confissão de fé das Igrejas reformadas da França* (1559) especifica que o cânon* bíblico que constitui a regra da fé acha sua legitimidade "não tanto pelo comum acordo e consentimento da Igreja quanto pelo testemunho e persuasão interior do Espírito* Santo". A palavra contida nos livros bíblicos é intangível, de sorte que

"não é lícito aos homens, nem sequer aos anjos*, acrescentá-la, diminuí-la ou mudá-la. Daí decorre que nem a antiguidade, nem os costumes, nem a multidão, nem a sabedoria, nem os julgamentos, nem os editos, nem os decretos, nem os concílios, nem as visões, nem os milagres* devem ser opostos a esta Sagrada Escritura". A conformidade à Escritura, entretanto, não proíbe assumir a herança do passado, e em particular receber os grandes símbolos da fé (art. 4-5).

O "princípio reformado" consiste em só levar em conta as doutrinas e as práticas estabelecidas pela Escritura.

c) Anglicanismo. — Na família anglicana se manifestam ao mesmo tempo um grande zelo por manter o vínculo com os usos, em particular litúrgicos, da Igreja indivisa e uma vontade de deixar às diferentes Igrejas certa latitude na observância dos ritos. Assim, o art. 6 dos *Trinta e nove artigos* estipula que "a Sagrada Escritura contém todas as coisas necessárias à salvação*: tudo o que não figura nela ou que não se pode provar por ela não é exigível de ninguém na qualidade de artigo de fé e não poderia ser considerado como indispensável ou necessário para a salvação". Mas a posição é mais moderada no plano prático: "Não é necessário que t. e cerimônias sejam semelhantes em todos os lugares e em todos os pontos; pois em todos os tempos elas têm sido diversas e podem variar segundo a diversidade dos países, das épocas e dos costumes, desde que nada seja instituído de contrário à palavra de Deus."

Preocupado em fazer coexistir certa pluralidade prática com a unidade* da Igreja, o anglicanismo busca estabelecer uma distinção entre as verdades (convicções ou instituições) fundamentais e as que são secundárias: o equilíbrio se faz a partir de uma "dosagem" — diferente segundo as tendências — entre a Escritura, a t. e a razão*.

2. Teologia

a) O princípio da "sola scriptura". — A posição protestante deve ser referida à distinção que ela opera entre a norma original que é a Escritura (*norma normans*) e as normas derivadas (*normae normatae*) que são os textos simbólicos (confissões* de fé e catecismos). Existem pois, muito bem, t. doutrinais, litúrgicas e eclesiológicas no seio do protestantismo, mas os textos que testemunham isso não são revestidos de nenhuma autoridade própria: eles extraem seu valor normativo da Escritura, da qual querem ser o reflexo. É o que precisam as conclusões de determinados textos simbólicos que não se sentem injungidos pela forma revestida pela expressão da fé: "Se nesta confissão alguma coisa deixar a desejar, estamos prontos, querendo Deus, a apresentar uma informação mais ampla em conformidade com as Escrituras" (*Confissão de Augsburgo*); "Em último lugar, queremos submeter ao juízo da divina Escritura bíblica esta Confissão que é a nossa e, para tanto, nos comprometemos, se aprendermos algo de melhor na investigação das Sagradas Escrituras, a ser obedientes a Deus e à sua santa Palavra em todo tempo e com grande ação de graças" (Iª *Confissão de Basileia*, 1534).

Na época em que a controvérsia está no auge (s. XVI-XVII), os protestantes, qualquer que seja sua família confessional, se apegam à lógica do adágio de Vicente de Lérins segundo o qual é verdadeiro na Igreja aquilo que sempre foi crido em toda parte e por todos. Eles trabalham a patrística e a noção de antiguidade: por um lado, contrariamente ao que deixa entender a posição romana, os Padres não ensinaram todos e sempre a mesma doutrina, p. ex., a propósito da eucaristia* ou das imagens* (p. ex., J. Daillé, *Tratado do emprego dos santos Padres*, 1632); por outro lado, a antiguidade de uma afirmação não poderia constituir um critério de sua verdade (p. ex., J. Mestrezat, *Tratado da Escritura santa*, 1633).

Os progressos da *critica sacra* suscitam, a partir do s. XVII e no s. XVIII, uma crise da referência escriturística: L. Cappel (1585-1658), J. Locke (1632-1704), J. Le Clerc (1657-1736). Desde então, para não proceder a uma leitura de tipo fundamentalista ou reconhecer com o catolicismo* que uma instância de autoridade é necessária para a regulação do sentido* das Escrituras, o protestantismo deve integrar a di-

mensão histórica em sua hermenêutica*. No s. XX, o pensamento de Bultmann* é determinante, ele que considera a pregação* e os sacramentos* como tradições do Cristo, não no sentido de que ele as teria instituído, mas porque elas são as mediações que entregam seu querigma aos crentes: "A t. faz parte do evento mesmo que é guardado nela." Além disso, a exegese* científica toma consciência do caráter histórico de toda doutrina e de todo texto, isto é, da influência que exercem diversas tradições sobre a redação dos livros bíblicos. Por isso é que a teologia* protestante insiste na distinção e na necessária articulação entre a palavra de Deus, o fundo da mensagem, e sua forma, que são as Escrituras.

b) *Diálogo ecumênico.* — A IV Conferência Mundial de "Fé e Constituição" (Montreal, 1963) permitiu uma aproximação teórica das posições confessionais ao distinguir a t. do Evangelho das t. próprias a cada Igreja. A t. foi definida ali como a transmissão do Evangelho na e pela Igreja, sua atualização na pregação e na administração dos sacramentos, na liturgia, no ensinamento teológico, na missão* e no testemunho. Ela interpela e põe em questão as t. particulares.

Embora essa distinção não resolva na prática as divergências — como mostram certas reações de teólogos protestantes ao documento *Batismo, eucaristia, ministério*, Lima, 1982; cf. p. ex. *ETR* 58, 1983/2 —, ela permite superar o antagonismo do passado entre Escritura e t. A teologia protestante se revela pronta a "reabilitar" a t., não como instância de autoridade dogmática, mas como lugar de mediação onde a fé individual recebe, no gesto da transmissão, sua dimensão histórica e comunitária (cf. G. Ebeling, P. Gisel). A t., longe de garantir a continuidade ou a repetitividade dos enunciados da fé, constitui então um ponto de partida para uma atualização incessantemente renovada do testemunho cristão no mundo*. Esta perspectiva remete à distinção, fundadora no regime protestante, entre Lei* e Evangelho: a verdade não é certificada pela forma do enunciado, mas pela relação — entre o homem e Deus — que suscita a expressão ousada da fé.

- *The Book of Common Prayer and administration of the Sacraments... according to the use of the Church of England*, Oxford (s.d.). — *BSKORK*. — L. Vischer (1968), *Foi et Constitution 1910-1963*, Paris-Neuchâtel, 172-185. — R. Stauffer (1980), "La confession de Bâle et de Mulhouse", in *Interprètes de la Bible*, Paris, 129-152.

▸ F. Chaponnière (1882), "Tradition", *in* Lichtenberger (F.) (sob a dir. de), *Encyclopédie des sciences religieuses* 12, Paris, 191-199. — R. Bultmann (1933), *Glauben und Verstehen* I, Tübingen, 153-187 (*Crer e compreender*, São Leopoldo, 2003). — R. Snoeks (1951), *L'argument de tradition dans la controverse eucharistique entre catholiques et réformés français au XVIIe siècle*, Louvain. — G. Ebeling (1962), "Tradition: VII. Dogmatisch", *RGG³*, 6, 976-984; (1971), *Einführung in die theologische Sprachlehre*, Tübingen. — G. Gassmann, V. Vajta (sob a dir. de) (1972), *La tradition dans le luthéranisme et l'anglicanisme*, Oec., 1971-1972. — J. Solé (1985), *Le débat entre protestants et catholiques français de 1598 à 1685*, Paris. — P. Gisel (1986), *Croyance incarnée. Tradition-Écriture-Canon-Dogme*, Genebra. — K. Ware (1991), "Tradition and traditions", *Dictionary of the ecumenical movement*, Genebra, 1013-1017.

Hubert BOST

→ *Calvino; Ecumenismo; Zuínglio.*

TRADICIONALISMO

O termo "tradicionalismo" (t.) designa primeiramente uma escola de pensamento, surgida no início do s. XIX, e seus prolongamentos até os dias de hoje; em segundo lugar, um erro teológico censurado em diversas ocasiões e condenado pelo Vaticano I*.

a) Origem histórica. — Testemunhas dos danos causados à Igreja* e à teologia* pela Revolução francesa, alguns católicos se esforçam por renovar a apologética. No momento mesmo em que Paris celebra a Concordata assinada por Pio VII e Bonaparte, surge o *Génie du christianisme* (1802) de F.-R. de Chateaubriand (1764-1848), o pai do romantismo: invertendo a perspectiva habitual, a obra busca mostrar não que o cristianismo é excelente porque vem de Deus*, mas que ele "vem de Deus porque é excelente"; ele se engaja, portanto, em manifestar em todos os domínios a fecundidade e a beleza de seu dogma*, de sua moral e de seu culto*.

Os três "fundadores" do t. propõem outro caminho: apesar das diferenças de estilo e de doutrina, J. de Maistre (1754-1821), L. de Bonald (1754-1840) e logo F. de Lamennais (1782-1854) concordam em denunciar o racionalismo* e o individualismo do s. XVIII, que levam ao ceticismo generalizado. Na ordem política e social, a Revolução é o fruto das *Luzes*, essa corrente de pensamento ilustrada pelos *philosophes* franceses e alemães. Aos olhos da Providência*, ela é uma expiação* pelo esquecimento da religião dos pais, o castigo da luta conduzida contra o catolicismo* e a realeza, que é importante *restaurar* (J. de Maistre, *Considérations sur la France*, 1796; *Soirées de Saint-Pétersbourg*, 1821). Querendo restabelecer a religião e a monarquia pela restauração da noção de autoridade* e recolocando Deus no topo da sociedade*, Bonald reflete sobre a constituição da sociedade e a origem do poder: forma perfeita da sociedade religiosa, só o catolicismo responde à natureza social do homem (*Théorie du pouvoir politique et religieux dans la société civile, démontrée par le raisonnement et par l'histoire*, 1796; *Législation primitive considérée dans les derniers temps par les seules lumières de la raison*, 1802). Uma fórmula de Lamennais resume tais doutrinas: "Sem papa*, não há Igreja; sem Igreja, nenhum cristianismo; sem cristianismo, nenhuma religião e nenhuma sociedade: de sorte que a vida das nações europeias tem [...] sua única fonte no poder pontifício" (*De la religion considérée dans ses rapports avec l'ordre politique et civil*, 1826). Maistre demonstra a existência de um vínculo lógico entre *soberania* e *infalibilidade** (*Du pape*, 1822).

A anarquia na ordem política e social traduz o ceticismo na ordem do pensamento: a questão da origem do poder é inseparável da questão da origem das ideias. Qual é a autoridade que permite atingir a certeza, senão a de uma razão* infalível? Tal é o problema que levanta Lamennais em seu célebre *Essai sur l'indifférence en matière de religion* (t. I, 1817; t. II, 1820; t. III e IV, 1821-1823). Ali ele denuncia todas as formas de indiferença e rejeita a *filosofia** que torna a razão individual juíza daquilo que o homem deve crer, donde o ceticismo universal. A autoridade da evidência deve ser substituída pela evidência da autoridade, segundo Bonald, que sublinha o vínculo entre o pensamento e a palavra e recoloca a questão, já colocada no s. XVIII, da origem da linguagem: é para ele um dom de Deus, da mesma maneira que as ideias dadas pelo Criador a sua criatura (criação*) numa revelação* original.

O t. pode se resumir "em duas teses solidárias: 1/ A razão individual deixada a si mesma é incapaz de atingir, e sobretudo de conhecer com certeza, as verdades morais e religiosas. 2/ Estas têm sua origem numa revelação primitiva, transmitida infalivelmente pela tradição*: desde logo, o consentimento geral do gênero humano, ou o senso comum, se torna o critério único de toda certeza. Deste t., Maistre foi o precursor, Bonald é o pai, Lamennais é o arauto" (Hocédez, t. I, p. 105). Teses vizinhas, porém mais matizadas, foram colocadas na mesma época pelos teólogos católicos de Tübingen* (Drey, Möhler).

b) *Prolongamentos, censuras, condenação.* — As encíclicas *Mirari vos* (1832) e *Singulari nos* (1834) condenam as ideias de Lamennais, sobretudo seu liberalismo. A influência de seu t. permanece em alguns discípulos como P. Gerbet (1798-1864) ou um religioso italiano migrado para a França, J. Ventura (1792-1861), e em toda uma parte do clero francês, notadamente Mons. Doney, bispo* de Montauban (1794-1871). O fundador e diretor dos *Annales de philosophie chrétienne*, A. Bonnetty (1789-1879), que pensa que a revelação e a fé* são as únicas capazes de conduzir o homem ao conhecimento das verdades religiosas naturais, assinaria em 1855 quatro proposições que relembram a doutrina da Igreja sobre a origem, as capacidades e o uso da razão. Em Louvain, com G. Ubaghs (1800-1874), se desenvolve uma corrente tradicionalista que se separa da corrente francesa sobre a questão da certeza; em 1866, Roma* pede que se pare de ensinar uma doutrina perigosa. Vários concílios provinciais, Rennes e Avinhão, em 1849, Amiens em 1853, condenam o racionalismo*, mas também alertam contra as teses do t. sobre a impotência da razão e sobre a exageração da autoridade da tradição às expensas da fé.

A constituição *Dei Filius* (1870) do Vaticano I condena os erros do t. afirmando que "Deus, princípio e fim de todas as coisas, pode ser conhecido com certeza pela luz natural da razão humana a partir das coisas criadas"; mas ela reconhece também, conformemente à doutrina de Tomás* de Aquino, que "é graças à revelação divina que todos os homens devem poder, na condição presente do gênero humano, conhecer facilmente, com uma firme certeza e sem nenhuma mistura de erro, aquilo que nas coisas divinas não é por si mesmo inacessível à razão" (cf. *DS*, 1785-1786).

c) *Tradicionalismo no século XX?* — Embora muitos debates do início do s. XIX tenham sido esquecidos, algumas teses políticas do t. sobre a Revolução, a monarquia, o Antigo Regime foram retomadas por C. Maurras (1868-1952) e pela Ação Francesa (*Action Française*).

O Mons. Lefèbvre e seu movimento *tradicionalista* recusaram o Vaticano II* em nome da tradição, compreendida como a conservação de um passado religioso fixado pelo concílio de Trento* e pelas reformas de Pio V: a reforma da liturgia* é assim rejeitada em nome de uma concepção sacral de ritos imutáveis; a liberdade* religiosa das pessoas é rejeitada em nome dos direitos de uma irreformável verdade doutrinal; o ecumenismo*, em nome da única e verdadeira Igreja católica. Essas tomadas de posição traduzem uma ausência de senso histórico, ao passo que o concílio* relembrou que "a Igreja é uma realidade social da história*" (*GS*, § 44). A rejeição da Revolução e da democracia* marca as afinidades do movimento com a Ação Francesa e as teses políticas dos fundadores da escola do s. XIX.

Tem-se sublinhado o paradoxo do t.: ele esquece a tradição autêntica da Igreja a propósito da capacidade da razão e da necessidade da revelação. Pode-se concluir com J. Pelikan: "A tradição sem a história homogeneizou todas as etapas do desenvolvimento numa só verdade definida estaticamente; a história sem a tradição produziu um historicismo que relativizou o desenvolvimento da doutrina cristã de tal sorte que parecia arbitrário fazer a distinção entre crescimento autêntico e aberração cancerosa [...]. A tradição é a fé viva dos mortos; o t. é a fé morta dos vivos" (*La Tradition chrétienne. Histoire du développement de la doctrine*, t. I, p. 9-10).

• E. Hocédez (1947-1952), *Histoire de la théologie au XIXe siècle*, 3 vol., Bruxelas-Paris. — R. Aubert (1945-1950), *Le problème de l'acte de foi*, Louvain-Paris. — L. Foucher (1955), *La philosophie catholique en France au XIXe siècle avant la renaissance thomiste et dans son rapport avec elle (1800-1880)*, Paris. — R. Spaemann (1959), *Der Ursprung des Soziologie aus dem Geist der Restauration: Studien über L. G. A. de Bonald*, Munique. — J.-R. Derré (1962), *Lamennais, ses amis et le mouvement des idées à l'époque romantique, 1824-1834*, Paris. — B. Reardon (1975), *Liberalism and Tradition. Aspect of Catholic Thought in Nineteenth-century France*, Cambridge. — L. F. Múgica (1988), *Tradición y revolución: Filosofía y sociedad en el pensamiento de Louis de Bonald*, Pamplona.

Claude BRESSOLETTE

→ *Fideísmo; Liberdade religiosa; Modernismo; Política (teologia); Racionalismo; Tradição; Vaticano II.*

TRADUCIANISMO

O traducianismo (t.) é a hipótese segundo a qual a alma* humana é transmitida por meio da geração carnal. Após ter estado ligada à questão do pecado* original* (p.o.), essa hipótese progressivamente desapareceu em prol do *criacianismo* (c.) — não confundir com *criacionismo*, posição fundamentalista (fundamentalismo*) oposta à evolução* das espécies. Segundo o c., cada alma humana é diretamente criada por Deus*.

Segundo Jerônimo (*c.* 342-420), que parece, por sua vez, ser partidário do c. (PL 23, 1112), eis a maneira como se colocava a questão no início do s. V: "A alma caiu do céu como pensam Pitágoras, todos os platônicos e Orígenes*? Ela emana da própria substância de Deus, segundo a hipótese estoica ou maniqueia? [...] Ou as almas são criadas a cada dia por Deus e enviadas para os corpos* [...] ou então [nascem] por propagação (*ex traduce*) como afirmam Tertuliano*, Apolinário (apolinarismo*) e a maioria dos ocidentais?" (PL 22, 1085-1086). Sob a influência decerto do estoicismo, Tertuliano concebia a alma como um corpo sutil que se propaga ao mesmo tempo que o corpo* material. Agostinho* rejeita vigorosamente este t. materialista (PL 33, 1861), mas encara a possibilidade de um t. espiritualista segundo o qual Deus criou uma alma, a de Adão*, de onde são tiradas as almas de todos os homens que vêm ao mundo (PL 32, 1299). Esta hipótese permite, segundo ele, compreender a doutrina do p.o., segundo a qual todos os homens pecaram em Adão. Também Juliano de Eclana (*c.* 386-454), para quem a verdadeira fé* impõe o c., concluirá que esta doutrina é indefensável. Para melhor rejeitá-la, lança sobre os partidários dela o apelido de *traduciani* (PL 45, 1053). É a ele, portanto, que devemos a palavra *traducianismo*. Agostinho responde sustentando suas posições: por um lado, a questão da origem da alma é muito difícil de resolver; por outro lado, a hipótese adotada não deve atentar contra a doutrina do p.o.

Em 498, o papa* Atanásio II rejeita o t. materialista (*DS* 360) e sublinha que o c. não põe em causa a transmissão do p.o. Até o s. XIII, muitos autores hesitam em condenar nitidamente o t. espiritualista, por respeito a Agostinho. Mas a afirmação de Pedro Lombardo (*c.* 1100-1160) de que a Igreja* católica ensina o c. (II *Sent.* d. 18) foi retomada por toda a escolástica*. Para Tomás* de Aquino, "é herético dizer que a alma intelectiva é transmitida com a semente", pois seria torná-la tão solidária do corpo que ela desapareceria com ele (Ia q. 118, a. 2). Doutrina confirmada em 1341 por Bento XII (*DS* 1007).

Calvino* rejeita o t. mais firmemente do que Lutero*. Bellarmino* estima que o argumento de tradição* pode ser invocado contra o t. H. Noris (1631-1704) o contradiz neste ponto, relembrando que Agostinho permaneceu na incerteza. É preciso notar uma renovação de interesse pelo t. no s. XIX, com autores como Jacob Frohschammer (1821-1893) ou Antonio Rosmini (1797-1855). Deste último, o Santo Ofício reprovou, em 1887, uma afirmação que sugeria a multiplicação das almas por geração (*DS* 3221).

• A. Michel (1949), "Traducianisme", *DThC* 15 1350-1365. — V. Grossi (1990), "Traducianisme", *DECA* 2475. — L. Sentis (1995), "Qu'est-ce que l'homme pour que tu penses à lui?", *Éthique* 18, 116-122.

Laurent SENTIS

→ *Pecado original.*

TRADUÇÕES ANTIGAS DA BÍBLIA

1. A Septuaginta e as outras traduções gregas

a) *Nome e origem.* — "Septuaginta/Setenta" (LXX) é um nome de origem lendária (convergência de setenta e dois tradutores independentes). O termo aparece desde o s. II d.C. e designa a primeira tradução (trad.) grega do AT, e mais precisamente o Pentateuco. É somente mais tarde que o termo veio a designar a trad. grega de toda a Bíblia* hebraica, assim como os livros* deuterocanônicos escritos diretamente em gr. *Ben Sirac* (*Eclesiástico*) era considerado como pertencente a esta última categoria até que se encontrou manuscritos dele em hb. (na Gueniza do Cairo e em Qumran).

Segundo a *Carta a Aristeu* (certamente do s. II a.C.), foi Ptolomeu Filadelfo que teria mandado traduzir para o grego o Pentateuco, porque desejava que um exemplar da Lei* fosse depositado na biblioteca de Alexandria. De fato, os LXX constituem, muito provavelmente, uma trad. feita pelos judeus egípcios para seu uso próprio, talvez desde o final do s. III a.C.

b) *A tradução.* — A *Septuaginta* corresponde a um texto hb. (e em certos casos aramaico) que não é o texto massorético (TM). Os livros não são, todos, traduzidos do mesmo modo, e o vocabulário reflete o pensamento filosófico judeu dos dois últimos séculos a.C. No mais das vezes, é pelo texto dos LXX que o AT é citado no NT, e seu vocabulário contribuiu, portanto, para formar a teologia* cristã dos primeiros séculos.

c) *Revisões dos LXX.* — O texto grego foi aparentemente revisado várias vezes, no s. I a.C., no s. I d.C., no s. II, com outras revisões ou retraduções a partir do hb., até à revisão de Luciano no s. IV. Em Samuel-Reis, a recensão de Luciano se baseia num texto hb. pré-massorético que tem algumas semelhanças com textos de 1-2Sm de Qumran e passagens citadas por Flávio Josefo e Justino. Ademais, essa recensão se parece às vezes com

a *Vetus latina* do s. II. Tudo isso deixa supor que ela se baseia numa revisão muito mais antiga (talvez do s. I a.C.).

O texto gr. dos pequenos profetas* contido num rolo do mar Morto (*c.* 132 d.C.) se aproxima nitidamente do TM. Segundo Barthélémy (1963), este texto faz parte de um trabalho de recensão mais amplo, concernente a quase todo o AT. Ele o chama de "recensão-*kaige*" (por causa da trad. do hb. *gam* pelo grego *kai ge*), ou recensão R, e acha vestígios dele em algumas seções do texto de *Samuel-Reis* do Codex Vaticanus, e também em Lm, Ct, Rt, Jz, na recensão de Daniel por Teodocião, em partes de Jó e de Jr, e nos Salmos da coluna V dos *Héxaplas* (1963, 47). Essa mesma recensão do s. I de nossa era parece estar na base de uma trad. mais tardia atribuída a Teodocião.

d) *Outras traduções gregas.* — No s. II d.C., alguns rabinos não achavam mais a tradução dos LXX satisfatória, desde que os cristãos a tinham adotado como texto das Escrituras*. Foi-lhes necessário, portanto, retraduzir o AT a partir do TM. Por volta de 130, Áquila (o mesmo que Onqelos provavelmente) fez uma tradução muito literal, da qual temos apenas fragmentos; a versão grega de Coélet integrada aos LXX, contudo, lhe é atribuída (Barthélémy, 1963).

A melhor fonte para essa tradução é o que nos resta dos *Héxaplas* de Orígenes*, cuja coluna III continha o texto de Áquila. Na mesma época, Símaco fez outra tradução. A exemplo de Áquila, seguiu de perto o texto hb., mas esforçou-se por escrever em bom grego. A melhor fonte dessa trad. é, como para Áquila, o pouco que dela resta na coluna IV dos *Héxaplas*. A Bíblia de Áquila foi a das comunidades judias helenizadas até a IM; em 553, o decreto 146 de Justiniano (*Peri Hebraion*) autorizara oficialmente seu uso para a liturgia* sinagogal.

2. A Vetus latina

a) *Origem.* — Pensa-se em geral que a *Vetus latina* ("antiga [trad.] latina") vem da África do Norte. Tertuliano* diz que em sua época a língua das Igrejas* da África era o lat., o que é confirmado por Cipriano* e mais tarde por Agostinho*. Pensou-se que existia na África uma trad. lat. do AT anterior ao cristianismo, mas isso foi categoricamente negado (J. Gribomont, "trad. lat.", *IDB.S*). O lat. era também a língua das Igrejas* da Itália do Norte, da Espanha e da Gália. Novaciano (primeira metade do s. III) cita um texto não africano, o que parece indicar que as trad. lat. se multiplicaram com a rápida expansão do cristianismo na Europa. Esses textos, hoje chamados "europeus", correspondem ao que Agostinho chamava de *Itala*, nome que se dava, até época recente, ao conjunto das antigas trad. lat. A variedade dos lugares explica a variedade das tradições manuscritas da *Vetus latina*.

b) *Natureza e importância.* — A *Vetus latina* é uma trad. do AT e do NT feita do grego. No que diz respeito ao AT, é um testemunho precioso do que era o texto gr. antes da recensão de Orígenes. Para o NT, o texto gr. subjacente representa a tradição ocidental. Como para o gr., é preciso estudar separadamente o texto lat. de cada um dos livros, já que não dispomos de pandecto (manuscrito contendo o conjunto da Bíblia) anterior ao s. VII. A *Vetus latina* não tem somente um interesse para a crítica textual: ela teve para a linguagem* teológica dos primeiros teólogos de língua lat. a importância dos LXX para os autores cristãos de língua grega.

3. A Vulgata

a) *Jerônimo* (*c. 347-319*). — Bem cedo em contato com a literatura profana e cristã, Jerônimo (J.), enquanto percorria o Império, ligou-se tanto aos meios aristocráticos romanos (como testemunha sua correspondência com Marcela, Paula e sua filha Eustóquia) quanto às comunidades monásticas da Síria, do Egito e da Palestina. Com base em seu conhecimento do hebraico e do grego (*vir trilinguis*) e em sua frequentação dos mestres judeus, ele toma partido pela "hebraica veritas", o que explica seu gosto pelas versões de Áquila, Símaco e Teodocião. Embora uma rusga o separe de seu amigo Rufino de Aquileia, tradutor das obras de Orígenes, J. compartilha a admiração de Rufino pelo mestre alexandrino. Seu trabalho exegético foi também motivo de trocas epistolares com Agostinho.

b) Em 383, o papa* Dâmaso confiou a J. a revisão do texto lat. dos evangelhos*. J. revisou em seguida os salmos* a partir do gr. (é o que

se chama de "saltério romano"). Após sua instalação na Palestina, ele empreendeu a revisão do AT com base no gr. dos *Héxaplas* (pôde utilizar o exemplar de Orígenes em Cesareia). Seu saltério dessa época é conhecido pelo nome de "saltério galicano", pois foi adotado para o uso litúrgico na Gália sob o reinado de Carlos Magno. Por volta de 390, J. desistiu deste projeto e se entregou a uma trad. nova do AT a partir do texto hb. Em 391, publicou sua trad. dos profetas, seguida, pouco antes de 395, de Samuel-Reis, do saltério "segundo os hebreus", Jó e Esd-Ne. Dois anos mais tarde vieram 1 e 2Cr, e em 398 os "livros de Salomão", Ecl, Pr e Ct. Enfim, em 405, foi a vez da trad. do Octateuco (de Gn a Rt) e de Ester. Entrementes, J. traduzira também Tb e Jt do aramaico. Os livros restantes (Sb, Sr, 1 e 2Mc, Br) foram incorporados à Vulgata no texto da *Vetus latina*, pois J. não traduziu nem revisou jamais esses textos "deuterocanônicos".

Discute-se ainda hoje para saber em que medida J. revisou ou traduziu o que quer que seja do NT além dos evangelhos. Muitos acham que é preciso atribuir a Pelágio ou a seu meio a trad. dos Atos, das Epístolas, do Apocalipse, a menos que os atribuamos a Rufino Sírio, um dos discípulos de J. No NT, a Vulgata difere nitidamente da *Vetus latina*.

Foi o texto da Vulgata que se tornou autoridade* na Igreja latina (decreto 1-2 da 4ª sessão do concílio* de Trento*) até a publicação da Neo-Vulgata em 1979 (Const. Apost. *Scriptarum thesaurus* de 25 de abril de 1979, *AAS* 71 [1979], 557-559). Sua importância foi, pois, capital para a liturgia* e para a teologia católicas.

4. Traduções siríacas

a) *Antigo Testamento.* — Não se sabe grande coisa com segurança sobre a trad. da Bíblia em siríaco, comumente chamada *Peshitta*. Acredita-se que data do s. III de nossa era, mas não se sabe se seus tradutores eram judeus ou cristãos. Se eram cristãos, a trad. talvez tenha sido feita em Edessa ou Adiabena. Seja como for, encontramos a primeira menção dela em Afraata no s. IV. A *Peshitta* é traduzida de um texto hb. próximo do TM (ou mesmo idêntico a este). Uma edição crítica do AT está em curso de publicação em Leiden.

b) Novo Testamento. — O NT foi traduzido ao menos cinco vezes em siríaco nos seis primeiros séculos da era cristã. Não se sabe se a primeira tentativa foi a de Taciano em seu *Diatessaron* (fusão dos quatro evangelhos em um, *c.* 170), ou a versão siríaca antiga (da qual restam dois manuscritos do s. V). A *Peshitta* do NT era a trad. oficial em Edessa no s. V, mas já era o texto comum das Igrejas de língua siríaca antes das separações consecutivas aos concílios de Éfeso* e de Calcedônia*. Ela está de acordo ora com o texto bizantino, ora com o texto ocidental.

5. Os targuns

Segundo Ne 8,8, já havia necessidade de uma trad. aramaica da Escritura no momento do regresso do exílio, pois o povo* não falava mais o hb. correntemente. Os targuns (t.) são trad./interpretações destinadas à leitura da Bíblia nas sinagogas.

Há t. de todos os livros da Bíblia hebraica, salvo Dn, Esd e Ne. Acredita-se ter encontrado em Qumran fragmentos dos t. de Jó e de Lv. Para a Torá, o *T. Yerushalmi* (fragmento TJ²) é o mais antigo; é fundado numa tradição oral galileia do s. II d.C. Dele só se conhecia fragmentos até o dia em que A. Diez Macho descobriu um manuscrito completo na Biblioteca Vaticana (1956). O *T. de Onqelos*, próximo do texto hb., tem desde o s. III um *status* oficial (*T. de Babilônia*). É talvez de origem palestina. O *T. Yerushalmi* I (chamado *do pseudo-Jônatas*) é uma composição tardia, datando do final da IM. Para os Profetas, o *T. de Jônatas* contém Js, Jz, Samuel-Reis, Is, Jr, Ez e os doze "pequenos profetas". É escrito no mesmo dialeto aramaico que o *T. de Onqelos*, e segue em geral de perto o texto hb. Os *T. Megilloth* incluem Ct, Rt, Lm, Ecl e Est, e os *T. dos Escritos* incluem os Sl, Jó, Pr e Cr.

Os t. dão uma imagem do que era o judaísmo* nos primeiros séculos da era cristã e mostram como a Escritura era compreendida ali. Esclarecem igualmente algumas das fórmulas e das crenças que se encontram no NT.

• 1. *a*) Fontes: *The Old Testament in Greek*, ed. A. E. Brooke, N. McLean, Cambridge, 1906-1940. — *Septuaginta. Vetus Testamentum Graecum*,

Göttingen, 1922- . — *Septuaginta*, 2 vol., ed. A. Rahlfs, Stuttgart, 1935. — *La Bible d'Alexandrie* (trad. fr. sob a dir. de M. Harl). 1. *La Genèse*, 1986; 2. *L'Exode*, 1989; 3. *Le Lévitique*, 1988; 4. *Les Nombres*, 1994; 5. *Le Deutéronome*, 1992. — *Lettre d'Aristée à Philocrate*, SC 89. — *b*) Literatura secundária: H. B. Swete, R. R. Otley (2ª ed. 1914), *An Introduction to the Old Testament in Greek*, Cambridge. — H. St J. Thackeray (1921), *The Septuagint and Jewish Worship*, Londres. — P. Kahle (1947), *The Cairo Geniza*, Londres. — D. Barthélémy (1953), "Redécouverte d'un chaînon manquant de l'histoire de la LXX", *RB* 60, 18-29; (1963), *Les devanciers d'Aquila*, Leiden. — S. Jellicoe (1968), *The Septuagint and Modern Study*, Oxford. — E. Tov (1981), *The Text-critical Use of the Septuagint in Biblical Research*, Jerusalém. — P. M. Bogaert (1985), "Les études sur la Septante. Bilan et perspectives", *RTL* 16, 174-200. — M. Harl, G. Dorival, O. Munnich (1988), *La Bible grecque des Septante. Du judaïsme hellénistique au christianisme ancien*, Paris. — P. M. Bogaert e B. Botte (1993), "Septante et versions grecques", *DBS*, fasc. 68, Paris, col. 536-691. — M. Hengel e A. M. Schwermer (sob a dir. de) (1994), *Die Septuaginta zwischen Judentum und Christentum*, Tübingen.

2. *a*) Fontes: *Bibliorum sacrorum latinae versiones antiquae*, ed. P. Sabatier, Reims, 1739-1743; Paris, 1751. — Vetus latina. *Die Reste der altlateinischen Bibel*, ed. B. Fischer, Friburgo, 1949- . — *La Vetus latina hispana*, ed. T. Ayuso Marazuela, 1953. — Itala, *das Neue Testament in altlateinischer Überlieferung nach den Handschriften*, ed. A. Jülicher, 1938. — *b*) Literatura secundária: F. C. Burkitt (1896), *The Old Latin and the Itala*, Cambridge. — H. von Soden (1909), *Das lateinische Neue Testament in Afrika zur Zeit Cyprianus*. — B. Fischer, H. Frede, M. Thiele (1972), *Die alten Übersetzungen des Neuen Testaments*. — C. Pietri (1985), *Le monde latin antique et la Bible*, Paris.

3. *a*) Fontes: *Biblia sacra iuxta vulgatam versionem*, 2 vol., ed. R. Weber *et al.*, Stuttgart, 1969. — Só AT: *Biblia sacra iuxta latinam vulgatam versionem* (ed. Abadia de São Jerônimo), Roma, 1926-1994. — NT: *Novum Testamentum Domini nostri Iesu Christi latine secundum editionem S. Hieronymi*, ed. J. Wordsworth, H. J. White, H. F. D. Sparks, Oxford, 1889-1954. — *b*) Literatura secundária: S. Berger (1893), *Histoire de la Vulgate pendant les premiers siècles du Moyen Âge*, Paris. — H. Quentin (1922), *Mémoire sur l'établissement du texte de la Vulgate*, 1ère partie: *Octateuque*,

Roma-Paris. — F. Stummer (1928), *Einführung in die lateinische Bibel*, Paderborn. — R. Weber (1953), *Le psautier romain et les autres anciens psautiers latins*, Roma. — B. Fischer (1963), "Bibelausgaben des frühen Mittelalters", *Settimane di studio del centro italiano di studi sull'alto medioevo* X, 519-600, Spoleto; (1965), "Bibeltext und Bibelreform unter Karl dem Großen", in *Karl der Große, Lebenswerk und Nachleben II. Das geistige Leben* (ed. B. Bischoff), Düsseldorf, 156-216; (1972), "Die Alkuin-Bibeln", in *Die Bibel von Mautiers-Grandval*, Berna, 49-98. — T. Stramare (sob a dir. de) (1987), *La Bibbia "Vulgata" dalle origini ai nostri giorni*, Roma, Cidade do Vaticano. — P. M. Bogaert (1988), "La Bible latine des origines au Moye Âge", *RTL* 19, 137-159 e 276-314.
4. *a)* FONTES: Vetus Testamentum Syriace. *The Old Testament in Syriac according to the* Peshitta Version, Leiden, 1966-. — *Quatuor Evangeliorum Syriace, recensionis antiquissimae, atque in Occidente adhuc ignotae quod superest*, ed. W. Cureton, Londres, 1948. — *Remains of a Very Ancient Recension of the Four Gospels in Syriac*, ed. W. Cureton, Londres, 1958. — *Evangelion da-Mepharreshe; the Curetonian Syriac Gospels*, reed., 2 vol., ed. F. C. Burkitt, Cambridge, 1904. — *The Old Syriac Gospels, or Evangelion da-Mepharreshe*, ed. A. S. Lewis, Londres, 1910. — *b)* LITERATURA SECUNDÁRIA: B. M. Metzger (1977), *The Early Versions of the New Testament. Their Origin, Transmission, and Limitations*, Oxford. — P. B. Dirksen (1989), *An Annotated Bibliography of the* Peshitta *of the Old Testament*, Leiden; (1993), *La Peshitta dell'Antico Testamento*, Brescia.
5. R. Bloch (1955), "Note méthodologique pour l'étude de la littérature rabbinique", *RSR* 43, 194-227. — R. Le Déaut (1963, 1975²), *La nuit pascale*, Roma; (1965), *Liturgie juive et Nouveau Testament*, Roma; (1966), *Introduction à la littérature targumique*, Roma. — J. Potin (1971), *La fête juive de la Pentecôte*, Paris. — A. Diez Macho (1973), "Le Targum palestinien", *ResSR* 47, 169-231. — P. Grelot (1986), *Les Targoums: textes choisis*, Paris.

Stephen PISANO

→ *Bíblia; Cânon das Escrituras; Escritura sagrada; Evangelhos; Exegese; Helenização do cristianismo; Intertestamento; Orígenes; Padres da Igreja.*

TRANSCENDÊNCIA DIVINA → **analogia** → **infinito**

TRENTO (Concílio), 1545-1563

Desde os primeiros anos da Reforma, teólogos fiéis à Igreja* romana tinham oferecido respostas argumentadas aos assaltos dos reformadores protestantes, principalmente em Paris, Colônia e Louvain. No entanto, somente a reunião de um concílio* (c.) ecumênico, isto é, geral, permitiria uma reafirmação solene dos dogmas* contestados e uma visão mais ampla desta reforma da Igreja que Latrão V proclamara solenemente sem que a vontade política e religiosa de pô-la em obra tenha podido se manifestar.

1. O quadro histórico

Esperado, logo anunciado durante dezenas de anos, atrasado pelas dissensões políticas ou eclesiológicas, este concílio reunido em Trento (T.) — cidade imperial onde muitos falavam simultaneamente alemão e italiano, comprometidos entre as exigências do imperador e as do papa* — vai engendrar uma reforma profunda na Igreja católica. Vai também fornecer a ela uma visão, que valeu de modo geral até o Vaticano II*, e sobretudo dar a ela — mas não de maneira exclusiva — uma base doutrinal que será a forma mesma pela qual o catolicismo* pensará e agirá durante quatro séculos.

É indispensável recordar a cronologia do concílio. Ela se desdobra por quase vinte anos.

a) Primeiro período: 1545-1547. — Convocado e enfim reunido por Paulo III, o c. se abre de maneira bem modesta em 13 de dezembro de 1545, com 34 Padres com direito de voto. Realiza então, ao todo, oito sessões em T., e em seguida duas após a transferência para Bolonha (25 de março de 1547) da maioria dos Padres. Motivado por uma epidemia de peste, a saída de T. responde também à vontade papal de resistir a uma pressão demasiado forte da parte do imperador.

b) Segundo período: 1551-1552. — No final de 1550, o papa Júlio III convoca novamente o c., que se abre em 1º de maio de 1551 em T. O rei Henrique II, em conflito político com o papa, não permite que os bispos* franceses se dirijam à cidade. Este período abrange seis sessões. Um dos acontecimentos mais importantes, embora sem alcance prático, é a vinda de algumas delegações protestantes, em particular de Wurtemberg e de algumas cidades imperiais, que puderam depositar suas confissões* de fé*. O c. é suspenso "por dois anos" em 28 de abril de 1552 por causa das ameaças dos exércitos protestantes. Será preciso então esperar dez anos para que o c. possa se reunir novamente. O desaparecimento rápido de Marcelo II Cervini, em seguida a eleição, em 1555, de Paulo IV Carafa, que estava persuadido de que a reforma da Igreja devia ser precedida pela da Cúria e da diocese de Roma*, a abdicação de Carlos V, enfim, impedem a retomada do c. Quando a paz* europeia se estabelece com os tratados de Cateau-Cambrésis em abril de 1559, Pio IV de Medici, eleito no final desse ano e secundado por seu cardeal-sobrinho, Carlos Borromeu, convoca o c. para continuar a obra empreendida. O imperador Ferdinando e o rei francês Carlos IX teriam preferido recomeçar em novas bases, em razão dos decretos dogmáticos já votados, que eles julgavam inaceitáveis para seus súditos protestantes. Se os dois primeiros períodos são marcados pela influência imperial, é doravante o papado que assume a responsabilidade do c., e particularmente a de levá-lo a bom termo.

c) *Terceiro período: 1562-1563.* — Aberto de novo em 18 de janeiro de 1562, T. desenvolve outras nove sessões suplementares, num total de vinte e cinco para o conjunto do c. Após o fracasso do colóquio de Poissy, seguido do desencadeamento da guerra* civil (abril de 1562), os bispos franceses chegaram em 13 de novembro de 1562, conduzidos pelo cardeal da Lorena. O número máximo de Padres conciliares reunidos em sessão foi alcançado em 11 de novembro de 1563, com 232 votantes num episcopado total estimado em cerca de 700 membros, ao passo que o máximo de presentes nos dois outros períodos tinha sido de 71.

Em 4 de dezembro de 1563, T. se encerra com a aprovação do conjunto dos textos precedentemente votados, confiando ao papa numerosas tarefas, como o estabelecimento de um catecismo e a revisão dos instrumentos da reforma católica, breviário, missal ou index dos livros proibidos.

O trabalho teológico foi executado pelos especialistas, na maioria religiosos, entre os quais brilharam os primeiros jesuítas, companheiros de Inácio de Loyola. Eles se reuniam em comissões, cujas sessões eram abertas aos Padres. Os bispos, por seu turno, se encontravam em "congregações gerais" ou em grupos mais restritos antes de passar à ratificação dos textos em "sessões" solenes. O trabalho dos teólogos foi considerável, especialmente nos períodos de espera de 1547-1548 ou de 1553, e os trabalhos serviram de preparação para os períodos seguintes.

2. A obra doutrinal

Logo de início, foi colocada uma questão que se tornou ela mesma um desafio doutrinal, ou pelo menos eclesiológico: devia se começar pelas questões dogmáticas ou pelas reformas? O papa dificilmente podia aceitar que T. se ocupasse prioritariamente da reforma, o que teria sido interpretado como a aceitação tácita do ponto de vista conciliarista segundo o qual o c. podia agir como um órgão de governo* da Igreja em lugar de se concentrar na defesa e na afirmação da fé — a ausência de solução admitida para o problema eclesiológico das relações do papa e do c. pesará sobre todo o desdobramento de T. Em 22 de janeiro de 1546, consciente de que doutrina e reforma estão totalmente entrelaçadas, o c. decide que elas não serão dissociadas, mas que se deveria começar sempre pelo fundamento teológico.

a) A revelação. — Por zelo metodológico, os legados decidiram primeiro examinar a questão da revelação*, "como fundamento do que será discutido em seguida". O primeiro decreto de 8 de abril de 1546, *Sacrosancta (DCO* 1350-1355), é construído em duas partes. A segunda retoma a lista dos livros* bíblicos que formam o cânon* das Escrituras* recebidas; é tomada de empréstimo pura e simplesmente do decreto para os jacobitas de 1442. A primeira parte do texto enumera as maneiras pelas quais nos chegou o "Evangelho", termo deliberadamente genérico e utilizado pelos reformadores, e distingue três tempos: a promessa* anunciada pelos profetas*, a promulgação pela boca mesma de Cristo*, e enfim a pregação* pelos apóstolos*. "O Evangelho é a fonte de toda verdade salutar e de toda regra moral." Verdade* e regra (*disciplina*), isto é, dogma e moral, são contidas nas Escrituras, e elas o são também nas tradições que se podem chamar "apostólicas". Essas Escrituras e essas tradições são recebidas e veneradas "com o mesmo sentimento de piedade e de respeito".

T. portanto não opõe Escritura e tradição*. Em 12 de fevereiro de 1546, o cardeal Cervini propusera formulações que tornavam possível tal oposição: a revelação divina é "transmitida pela Igreja em parte (*partim*) pelas Escrituras que estão no Antigo e no Novo Testamento e em parte (*partim*) por simples tradição de mão a mão" (*CT* V, 7-8). Os Padres rejeitaram a proposta. (Mas essa rejeição decerto não foi concebida pelos redatores como tão determinante quanto se disse mais tarde. Ver J. Ratzinger, "Ein Versuch zur Frage des Traditionsbegriffs", in Rahner-Ratzinger, *Offenbarung und Überlieferung*, Friburgo, 1965.)

Em todo caso, a posição do c. não é a que a teologia* ulterior adotará quando for construir a teoria das "duas fontes" da revelação. É igualmente claro que o c. não quis descrever e menos ainda enumerar, nem aqui nem alhures, as tradições eclesiásticas todavia mencionadas em 1564 pela profissão de fé dita tridentina de Pio IV. T. pretende rejeitar a *sola Scriptura*, acentuando a origem comum de toda a revelação, que é Deus* mesmo, e convidar a Igreja a "conservar a pureza do Evangelho".

b) O pecado original. — Uma vez reafirmado o fundamento da revelação, T. abordou o dogma do pecado original*, cuja interpretação tinha tantas repercussões sobre os debates com os reformadores. É o objeto do decreto de 17 de junho de 1546, *Ut fides nostra* (*DCO* 1354-1359), e de seus anátemas. Contra os pelagianos, recorda-se ali que o pecado original do homem não é a imitação do pecado de Adão* por cada um, mas sua consequência hereditária (*propagatio*), e que assim ele não pode ser superado somente pelas forças humanas. Mas contra os luteranos, especifica-se que esse pecado não se confunde com a concupiscência, que não passa ela mesma da inclinação ao pecado*. Ela subsiste mesmo após o batismo* como "lar" do pecado (*fomites*), e os Padres reconhecem que ela recebe mesmo às vezes o nome de "pecado" em Paulo, mas a graça* divina permite triunfar sobre ela num verdadeiro combate (*ad agonem*).

T. não se pronuncia sobre a natureza do pecado original, mas reafirma-lhe a existência segundo os dados da tradição: o c. evita portanto homologar uma opinião de escola e assumir posição entre tomistas e agostinianos. Após ter tomado partido contra duas doutrinas extremas, T. consagra a seguir um cânon à defesa do batismo das crianças, seguindo a interpretação comum de Rm 5,12: "Todos pecaram em Adão". A proposição de incluir um parágrafo sobre o privilégio da Imaculada Conceição da Virgem Maria* não foi julgada oportuna (14 de junho de 1546). Este decreto é cristológico pois cada cânon repete o papel da graça e dos méritos de Cristo "que nos reconciliou com Deus por seu sangue". Assim se antecipava o texto decisivo do decreto sobre a justificação*, cuja discussão começou imediatamente após o voto sobre *Ut fides nostra*.

c) A justificação. — O decreto *Cum hoc tempore* é adotado na 6ª sessão, em 13 de janeiro de 1547 (*DCO* 1366-1387). Dividido em 16 cap., é seguido de 33 cân. Após a rejeição implícita de um primeiro projeto, "sermão mais do que decreto" como foi chamado, o legado Cervini pede uma nova redação a Seripando, geral dos agostinianos, que participara em 1541 do colóquio interconfessional de Ratisbona, onde foi possível entrar em acordo sobre a justificação entre teólogos católicos e protestantes. Seripando introduziu então em seu texto um cap. sobre a dupla justiça*, que era o fundamento mesmo do acordo de Ratisbona. Cervini elimina-o e assume direção oposta num segundo projeto. Mas Seripando defende com vigor sua tese de uma distinção entre a justiça imputada ou extrínseca, cara a Lutero*, e uma justiça inerente, idêntica à graça santificadora, e à qual Seripando anexava as obras* (*CT* II, 431, 23-27). A maioria dos Padres recusa essa divisão que obrigava a recorrer a uma nova aplicação dos méritos de Cristo (a graça santificadora, com efeito, põe a justiça interior do homem em relação íntima com a de Cristo), cuja única causa é a justiça de Deus. Mas se a discussão que se segue não restabeleceu, certamente, a dupla justiça, ao menos sua condenação não foi pedida. Os Padres se pronunciam sobre um quinto projeto, e finalmente o adotam. Partindo da reafirmação do pecado original, mas também da realidade de um livre-arbítrio que não está extinto mas cujas forças são enfraquecidas e desviadas (*attenuatum et inclinatum*), T. fala de um novo nascimento, operado pelo "banho de regeneração" do batismo e no qual são concedidas redenção e remissão dos pecados.

Segue-se a descrição do processo da justificação, que se opera por uma conjunção da graça, que é primeira, e da livre vontade do homem (*libera voluntas*). Sob o efeito da pregação evangélica, o homem se prepara para essa vida nova que receberá pelo batismo; e pelo batismo ele recebe uma justificação que "não é a simples remissão dos pecados, mas também santificação e renovação do homem interior pela recepção voluntária da graça e dos dons". Esses dons são recebidos pela mediação de Jesus Cristo, em que o homem está inserido (*cui inseritur*); são a fé, a esperança* e a caridade. Sob uma linguagem de técnica teológica, T. propõe portanto uma verdadeira antropologia* cristã. O processo descrito prossegue afirmando que a certeza dessa justificação nunca é dada ao homem ("contra a vã confiança dos heréticos"), mas afirmando também que isso não impede de modo algum o crescimento da justiça pela observação dos mandamentos* e pela perseverança. Algumas linhas recordam enfim aos teólogos a sobriedade a observar sobre a predestinação*. O cap. 16 do decreto desenvolve uma teologia do mérito. "Nossa justiça pessoal... é dita nossa porque inerente a nós, ela nos justifica, e ela é também de Deus, porque este Deus a infunde em nós pelo mérito do Cristo". Como diz corretamente Franco Buzzi (1995, 102): "Contra os pelagianos, o c. quis lembrar que nossa justiça é a do Cristo; contra os protestantes, que a justiça do Cristo é a nossa."

Como acerca do pecado original, T. quis recordar os grandes traços de uma teologia católica da graça sem entrar nas disputas escolásticas* (embora o cap. 7 utilize o vocabulário das causas).

d) Doutrina sacramental. — Em 3 de março de 1547 (7ª sessão), T. lança os primeiros fundamentos de sua doutrina sacramental (*DCO* 1392-1395) antes de tratar do batismo e da confirmação* — pode-se dizer, portanto,

que o c. trabalhou com uma notável coerência teológica, sobretudo se considerarmos os problemas políticos que tornavam difíceis os debates, em particular quando se perfilavam os desafios eclesiológicos da reforma que os Padres perseguiam em paralelo. Tratando dos sacramentos* em geral, T. tem o cuidado de estabelecer uma continuidade teológica com os decretos precedentes: "Para coroar a doutrina salutar sobre a justificação, pareceu adequado tratar dos sacramentos [...] é por eles que toda verdadeira justiça começa, ou cresce quando começou, ou se repara quando foi perdida."

Num primeiro momento, o c. reafirma a doutrina católica diante das negações dos protestantes, que repetem desde Lutero que não há sete sacramentos e que eles não foram instituídos por Cristo. Sob forma de cânones muito sóbrios, T. reafirma o septenário, na aceitação da tradição, sem entrar (como os teólogos modernos) na história de sua formação. Os sacramentos foram instituídos pelo próprio Senhor, é o que se diz sem alusão à distinção que fazem os medievais entre instituição "mediata" e "imediata". Ao passo que os protestantes consideravam que o batismo, a confirmação e a ordenação não imprimiam "caráter" (ver sacramento* 5.d), T. reitera essa "marca espiritual e indelével", e emprega no cân. 8 a célebre expressão *ex opere operato*, cujo sentido o cân. 6 já dera: os sacramentos dão a graça que representam àqueles que não lhes opõem obstáculo. Uma ilustração disso é proposta no cân. 12: um ministro em estado de pecado mortal que observa o que é essencial à colação de um sacramento dá-o validamente. Os princípios da doutrina sacramental são em seguida implementados para cada um dos sacramentos. Examinaremos aqui essencialmente os do batismo e da eucaristia*.

T. não propõe exposição dogmática*, propriamente falando, sobre o batismo. Numa nova série de cânones, ele vai ao essencial: "Se alguém diz que o batismo é livre, isto é, que não é necessário à salvação*, que seja anátema" (cân. 5). O cân. 13 se opõe aos anabatistas* e afirma que as criancinhas, ainda que incapazes de um ato de fé pessoal, fazem parte dos fiéis em virtude de seu batismo, em outras palavras, que elas entram por ele no corpo da Igreja. T. só consagra três cânones à confirmação, recordando que ela é um verdadeiro sacramento, e não uma profissão catequética no momento da adolescência. O ministro "ordinário" desse sacramento é o bispo, o que permite não condenar o uso dos gregos que aceitavam dar delegação aos presbíteros para administrá-la.

Pode-se dizer que a teologia da eucaristia ocupou os Padres durante os três períodos. Iniciadas em 1547, entre teólogos sobretudo, as discussões foram retomadas em 1551. Em 10 de outubro de 1551, T. decide reservar alguns pontos até o momento da chegada dos protestantes: recepção da eucaristia sob as duas espécies e comunhão das criancinhas. Eles serão retomados em 1562, quando T. precisará que a recepção do pão "basta à salvação" e que fazer comungar as crianças não é "de necessidade".

Na 13ª sessão de 11 de outubro de 1551, T. vota um texto muito amplo dotado de 11 cânones (*DCO* 1410-1421), que recorda e precisa a teologia católica de um sacramento contestado e controverso e que o Senhor instituíra precisamente "como o símbolo desta unidade* e desta caridade pela qual ele quis que todos os cristãos fossem religados entre si". No final do texto, num apelo "pelas entranhas de misericórdia* de Deus" (Lc 1,78), o c. suplicará aos cristãos que se reencontrem neste símbolo da concórdia. Mas ainda lhes é preciso concordar sobre uma única compreensão: "Após a consagração do pão e do vinho, nosso Senhor Jesus Cristo, verdadeiro Deus e verdadeiro homem, está presente verdadeiramente, realmente e substancialmente sob a aparência destas realidades sensíveis." O texto refuta o ubiquismo de que Lutero se servia para justificar o fato de que Cristo se senta à direita do Pai* estando simultaneamente presente na eucaristia. Para T., "não há nenhuma contradição". O cap. 2 descreve em termos sóbrios a riqueza do sacramento (memorial, alimento, remédio, penhor de nossa glória* futura, sinal da unidade).

O cap. 4 declara que a mudança de substância na eucaristia recebe "justamente e exatamente (*convenienter et proprie*)" o nome de transubs-

tanciação na Igreja católica. É por isso que se deve dizer que o Cristo presente na eucaristia é comido "sacramentalmente e realmente (*sacramentaliter et realiter*)" tanto quanto espiritualmente (cân. 8). E o c. recorda que o culto* do Santíssimo Sacramento devolve legitimamente a Deus o culto de latria (adoração) que lhe é devido.

No que diz respeito à possibilidade de uma "concessão aos leigos*" em certos países, remete-se à decisão do papa. Este texto, votado em 15 de julho de 1562, reafirma também que a Igreja tem legitimamente o poder de decidir e de organizar a administração dos sacramentos, sua "substância estando salva".

Restava afirmar o caráter sacrificial da missa, objeto do texto da 22ª sessão, em 17 de setembro de 1562 (*DCO* 1488-1497). A dificuldade teológica levantada pela posição protestante era dupla: era preciso elucidar a relação da missa com a Ceia sustentando que existe um sacrifício único, e simultaneamente estabelecer a relação da Ceia com a cruz. Na quinta-feira santa, Cristo se ofereceu em sacrifício*? Após discussão, os Padres se aliaram em torno desta posição numa passagem densa: "Na noite em que foi entregue, o Senhor quis deixar à Igreja, sua esposa bem-amada, um sacrifício visível [...] em que estaria representado o sacrifício sangrento que se cumpriria uma única vez sobre a cruz, cuja lembrança se perpetuaria até o fim dos séculos e cuja virtude salutar se aplicaria à redenção dos pecados que cometemos a cada dia" (cap. 1).

De sua teologia do batismo e da eucaristia, o c. vai deduzir de algum modo seu ensinamento sobre a penitência*, a ordenação e a extrema-unção ou unção* dos enfermos (já que ambas as expressões são utilizadas). Quanto ao casamento* (decreto *Tametsi*), T. se preocupou muito com os casamentos clandestinos e com o problema levantado pelo caso do adultério para o princípio de indissolubilidade do casamento (Mt 19,9). E se declara este sacramento instituído por Cristo e conferindo a graça, T. não decide a questão da matéria e da forma nem a do ministério.

A teologia de T. é assim marcada por duas características: dar uma resposta clara aos reformadores protestantes, uma preocupação sempre presente no pano de fundo das discussões, mas também manter certa reserva em relação a toda questão de escola. Essa posição prudente foi, certamente, a causa dos debates sobre a graça que agitariam a Igreja durante os dois séculos seguintes, mas também permitiu ao ensinamento do c. servir de referência doutrinal à Igreja para uma verdadeira reforma católica.

* *Concilium Tridentinum. Diarorum, actorum, epistularum, tractatuum nova collectio* (CT) (1901-1980), Friburgo; *COD*, 657-799 (*DCO* II/2, 1339-1624).

▸ H. Jedin (1951-1975), *Geschichte des Konzils von Trient*, Friburgo, 3 t. — G. Dumeige (sob a dir. de) (1975 e 1981), *HCO* 10 e 11. — A. Duval (1985), *Des sacrements au concile de Trente*, Paris. — F. Buzzi (1995), *Il Concilio di Trento (1545-1563)*, Milão.

Guy BEDOUELLE

→ *Batismo; Conciliarismo; Eucaristia; Justificação; Latrão V (concílio); Papa; Pecado original; Presença eucarística; Protestantismo; Revelação; Sacramento.*

TRINDADE

A. TEOLOGIA HISTÓRICA

A Trindade (T.) é o mistério* de *um só Deus** (D.) em *três pessoas**, o Pai* (P.), o Filho (F.) e o Espírito* Santo (ES), reconhecidas como distintas na unidade de uma só natureza, ou essência, ou substância (símbolo *Quicumque, DS* 75; Latrão IV*, *DS* 800; Dumeige, 9 e 29). Do ponto de vista deste "monoteísmo*" paradoxal, dois erros devem ser evitados: privilegiando o número, imaginar em D. três consciências* distintas, três centros de atividade, três seres concretos (os "três bonecos" amaldiçoados por Calvino*): seria o *triteísmo**; ver no P., no F. e no ES somente três maneiras de D. se apresentar a nós: seria o *modalismo**. O mistério trinitário (trin.) só é conhecido por revelação*. Ele distingue o cristianismo das duas grandes religiões monoteístas que são o judaísmo* e o islã. Ele está na origem da noção de *pessoa*, distinta da de *natureza*. Leva a pensar que em sua forma mais elevada, o ser* (ou seu além) é dom, troca, relação, amor*. A T. constitui, para todo cristão, um dado fundamental de sua fé*.

A confissão da T. constitui um paradoxo maior, não somente porque ela sustenta que D. é ao mesmo tempo "um" e "três", mas também porque a segunda das três pessoas — o Cristo* — é ao mesmo tempo um homem, o que introduz um fator novo de alteridade em D., e isso tanto mais porquanto este homem é inseparável de seu "corpo", que é a Igreja*.

Outro paradoxo, o teólogo afirma que o dogma* da T. está contido nas Escrituras*, o que não é evidente. Testemunha-o o fato de que, apresentado sob sua forma atual, ele só se impôs progressivamente, ao preço de numerosas polêmicas.

1. Os fundamentos escriturísticos

a) Antigo Testamento. — Desde o início da Bíblia*, D. aparece como um ser misterioso que não exclui em si mesmo certa pluralidade, que os Padres* da Igreja sublinham: Gn 1,26 ("*Façamos* o homem"), Is 6,3 (*Trisagion*), *teofanias** (identidade e não identidade entre o anjo* de Javé e o próprio Javé). Na época helenística aparece a personificação da *Sabedoria** (Jó 28; Br 3,9–4,4; Sb 1–9; Sr 24; Pr 8) e da *Palavra** criadora ou redentora (Gn 15,1; Am 5,1-18; Sl 32,6.9; 147,18; Sb 28,14-25). Encontra-se o tema do *Verbo** e da *Sabedoria* em João (Jo 1,1-18) e Paulo (1Cor 1,24 e 1,30, onde é associado à cruz redentora).

b) Novo Testamento. — Sugerida no AT, a T. é, para o teólogo, explicitamente revelada no Novo, mas indiretamente, no contexto de uma postura particular que consiste em reler tudo à luz da ressurreição* de Cristo. O Pentecostes (At 2), quando ocorre segundo Lucas a primeira proclamação oficial desta ressurreição (*querigma pascal*), já tem uma dimensão trinitária (trin.). Outras narrativas* põem em cena o P., o F. e o ES: anunciação a Maria* (Lc 1,35), batismo* de Cristo no Jordão (Mt 3,13-17), palavras de Cristo dirigindo-se a D. como a seu P., com menção, às vezes, do ES: júbilo de Cristo em Lucas (10,21) ou discurso de adeus em João (14–17).

c) Mt 28,19. — Um dos textos mais importantes para a história do dogma trin. é a fórmula batismal de Mt 28,19: *"Ide, de todas as nações fazei discípulos, batizando-os em nome do P, do F. e do ES".* A fórmula coordena as três "pessoas" (*e, e*) colocando-as num pé de igualdade, mas segundo certa ordem, o P. ocupando o primeiro lugar. A tripla nominação vai emparelhada com uma expressão no singular: *"em nome* de". Por outro lado, a ordem de batizar é associada à de *ensinar* e a um gesto de salvação* (*batizai*) que se tornará um sacramento* que imita de certa forma o número três por uma tripla interrogação e uma tripla imersão (cf. *infra*). O caráter surpreendente da fórmula suscitou as suspeitas da crítica, mas se pôde responder à crítica mostrando que nada permite recusar a autenticidade da fórmula (Lebreton, 1910 I, 599-610; E. Cothenet, *Trinité et Liturgie*, 1984, 59-77).

d) Os primeiros resumos da fé. — O NT contém uma primeira série de curtas proclamações do querigma pascal que constituem profissões de fé de dimensão trin. (Sesboüé, 1994, 80-81). Uma segunda série, enumerativa de conteúdo trin., comporta ora dois termos (1Cor 8,6; 1Tm 2,5s, 1Tm 6,13), ora três (1Cor 12,4ss; 2Cor 13,13; Ef 4,4ss, e, naturalmente, Mt 28,19). As duas séries são retomadas livremente pelos primeiros Padres em fórmulas que as fundem entre si, com a sequência querigmática vindo se enxertar no segundo artigo da fórmula trin. (Sesboüé, *ibid.*, 86-89).

2. O século II

a) A partir do final do s. I, *Clemente de Roma* utilizava uma *fórmula ternária*: "Não temos um só D., um só Cristo, um só E. de graça* que foi difundido sobre nós?" (*Epístola aos Cor.* 46, 5-6: SC 167; cf. Inácio, *Epístola aos Magnésios* 13,1: SC 10; cf. Justino, *Apologias* I, 48; I, 61: ed. Wartelle, 1987; *Diálogo com Trifão* 30, 3; 76, 6; 85, 2: ed. G. Archambault, 1909). Ireneu*, *c.* 180, oferece a primeira exposição desenvolvida da fé trin. (*Contra as heresias* I, 10, 1-2: SC 264) e uma "regra de fé" que ele associa explicitamente ao batismo (*Demonstração* 5-7: SC 62 e 406).

b) Nas origens, a *prática batismal* é o meio habitual de transmitir a fé na T. Segundo a *Didaché* (s. I), o batismo se faz em princípio por uma tripla imersão na água corrente (referência ao batismo de Cristo no Jordão; *Did.* 7, 1-3; SC 248). A tripla imersão é constante nos séculos seguintes. A *Tradição apostólica* (SC 11*b*), documento litúrgico do início do s. III, relata que antes de cada imersão três perguntas são feitas ao batizado. Por três vezes ele responde: "Creio", e por três vezes é mergulhado na água (*ibid.*, 21 = *DS* 10). O conteúdo das perguntas, reunido numa exposição declarativa, corresponde à forma antiga do credo romano (*DS* 11). Assim se manifesta a estrutura batismal e trin. dos "símbolos de fé" confessados em todo batismo, inclusive no Oriente, onde a tripla imersão é mais bem atestada.

c) O recurso às teofanias e ao Logos. — No s. II, os *apologistas** se veem obrigados a dar conta de sua fé na T. Convocado pelo judeu Trifão para explicar como pode dizer que Cristo é "um outro Deus" ao lado do D. único, Justino dá uma razão dupla: recorrendo às *teofanias* nas quais se sabe que D. se manifestou, ele faz valer que este D. não podia ser o P.: "Dizer que o autor e o P. do universo teria abandonado os espaços supracelestes para aparecer em um canto da terra, ninguém, por menos espírito que tivesse, o ousaria" (*Dial.* 59 e 127). Intervém aqui um princípio filosófico, tacitamente aceito por Trifão (*Dial.* 60): a transcendência de D. não lhe permite aparecer pessoalmente. Justino conclui daí que o D. que apareceu não era outro senão o F., Verbo (*logos*) do P., seu enviado, seu anjo*. O F. é assim, desde o AT, a manifestação visível do P., que permanece invisível. É por aí que ele se distingue do P. Tal procedimento será utilizado até a véspera do concílio* de Niceia* (Aeby, 1958).

O segundo argumento de Justino consiste em admitir que há em D. um *Logos* que conhece, paradoxalmente, dois estados *sucessivos*: ele existe como verbo *imanente* em D. por toda eternidade* (*logos endiathetos*), em seguida como verbo proferido para fora (*logos prophorikos*) enquanto F. no momento da criação* (Justino, *Dial.* 61; Teófilo de Antioquia, *A Autólico* II,

10 e II, 22: SC 20). O termo *logos*, tomado de empréstimo ao mundo cultural grego (estoico?), se encarrega aqui de um conteúdo judeu-cristão (influência de Fílon de Alexandria), em referência a Pr 8,22, incansavelmente invocado. O Verbo é concebido como um ser vivo, assistindo o P. na obra da criação. Essa teologia* se vincula ao médio-platonismo na medida em que reconhece em D. certa potência* criadora de onde surge o mundo, potência que para os filósofos se identifica com a natureza de D. Mas ela se inspira sobretudo na pregação* cristã, na medida em que o *Logos* é compreendido como um ser pessoal, identificado com o Cristo dos evangelhos* (Daniélou, 1961, 322-323). Esta teologia dos dois estados do *Logos*, que não será mantida e que Orígenes já corrigirá, comporta uma parte de verdade na medida em que afirma certo vínculo entre a geração do Verbo e a "criação", vínculo cuja natureza restava precisar (o que fará Atanásio de Alexandria no século seguinte).

d) Trindade e economia. — Ireneu recusa especular sobre a origem do F. em D. Contra os marcionitas e os gnósticos, que ensinam a existência de "dois D.", ele defende a tese do D. único, o P., sempre conservando a existência do F. e do ES, que são como suas "duas mãos". Ele o faz recorrendo às "economias". O termo *economia*, empregado no plural ou no singular, designa aqui e doravante o plano de D. para o homem e sua implementação multiforme no tempo*. No s. IV, será oposto a *teologia*, designando o mistério de D. considerado *em si mesmo*.

3. O século III

a) Adocianismo, modalismo, subordinacianismo: posição do problema. — No início do s. III, a confissão de Cristo como D. não é óbvia no seio mesmo da comunidade cristã, que se pergunta como conciliá-la com o "dogma" monoteísta. Duas atitudes, desautorizadas mais adiante, são assumidas: 1/ negar que Cristo seja verdadeiramente D., e considerá-lo como um homem que D. teria adotado como filho: é o *adocianismo** (ebionitas, Artemão, Paulo de Samosata); 2/ negar que ele se distingue ver-dadeiramente do P., e considerá-lo como uma simples maneira de ser de D.: é o *modalismo**. O F. e o E. seriam apenas dois rostos (*prosopa*) do D. único, duas maneiras para Ele de entrar em relação com o mundo. Essa opinião será atribuída a Sabélio (Roma, s. III). O "sabelianismo" designará em seguida toda opinião acusada de não afirmar suficientemente a distinção das pessoas no seio da T. Foi precedido, no início do s. III, por uma forma primitiva de *unitarismo* segundo a qual Jesus* é o P. mesmo que se teria encarnado e teria sofrido (*patripassianismo*). Essa opinião, sustentada pelos *monarquianos* (defensores da *monarquia* divina: *DECA* 2, 1663-1664), ainda não tem nada de trin., já que não admite nenhuma alteridade em D. Contra ela e contra as formas mais evoluídas do modalismo, o s. III só preservará o número em D. ao preço de um *subordinacianismo** que lhe será censurado a seguir: o F. e o ES se distinguem do P. na medida em que lhe são *inferiores* de algum modo (sobre este subordinacianismo que não é herético e se distingue nitidamente do arianismo*, cf. Sesboüé, 1994, 229-233).

b) O paradoxo cristão. — Para Hipólito (início do s. III), D. é "só e todavia múltiplo" (*Contra Noeto* 10). Para *Tertuliano** (Tert.) († após 220), "D. é só (ou único), e todavia não está só" (*Contra Práxeas* 5, 2). "É próprio da fé judaica crer em um só D. recusando-se a acrescentar-lhe o F. e depois do F., o ES. […] Qual é a substância do NT senão que doravante o P. e o F. e o ES são cridos três a fazer comparecer um só D.? D. quis inovar seu Testamento de modo a ser crido único de uma maneira nova: pelo F. e pelo E." (*ibid.*, 31, 1-2). O *Contra Práxeas* é o primeiro tratado sobre a T. Tert. emprega ali o termo *trinitas* 10 vezes (sobre um total de 15) num sentido teológico (R. Braun, *Deus Christianorum*, 1977, 151 e 155-156). Ele também distingue dois momentos no nascimento do Verbo: a saída ao exterior, que constitui a *nativitas perfecta* (*Contra Prax.*, 7, 1), e um momento logicamente anterior, no qual D., pensando a criação, engendra em seu espírito (*ratio*) uma palavra/projeto (*sermo*) "agitando-o em si mesmo" (*ibid.*, 5, 7).

c) O subordinacianismo ortodoxo anteniceno: Orígenes. — Orígenes* (†254) foi o primeiro a afirmar a *geração eterna* do F.: "Não houve tempo em que o F. não existisse" (*Tratado dos princípios [De princ.]* I, 2, 9: SC 252; IV, 4, 1: SC 269). Contra o monarquianismo e as primeiras formas de modalismo, ele utiliza a expressão "três hipóstases" (*treis hypostaseis: Comm. Joh.* II, § 75: SC 120) para afirmar a existência própria do F. e do E. Contra o médio-platonismo, sustenta que Deus, porque amor, não é impassível (*Homilias sobre Ez.* VI, 6: SC 352); com o médio-platonismo, em contrapartida, ele afirma que, por definição, a imagem é inferior ao modelo (*De princ.* I, 2, 13; cf. SC 253, 53, n. 75) e que aquele que dá é superior ao que é dado (Plotino, *Tratado* 38, 17, 2-4: trad. fr. P. Hadot, 1988, 131, e com.; cf. Id., *Tratado* 49, 15, 1-7). Outra diferença: D. é absolutamente "uno e simples" (*hen kai aploun*), ao passo que Cristo é e se torna "multiplicidade" (*polla ginetai*) para a salvação dos outros seres (*geneta*), dos quais é o primogênito (*Comm Joh.* I, § 119). A relação uno/múltiplo é assim admitida no seio mesmo do mistério trin. Mas ao passo que em Plotino ela só diz respeito ao nível da "segunda hipóstase" (o próprio Plotino não fala de "três hipóstases", cf. Aubin, 1992), na qual somente o Espírito (*nous*) se desdobra numa pluralidade de formas (Plotino, *Tratado* 38,17; cf. Hadot, *ibid.*, intr., 32-33 e 42), de tal maneira que o "Uno" não tem vínculo com o "Espírito" (*nous*), em Orígenes o P. não vai sem o F. (cf. SC 279, 13), na medida em que o infinito* (*apeiron*), o "não delimitado" (*aperigraptos*), não vai sem sua "delimitação" (*perigraphe*), que é o F. (Daniélou, 1961, 348). Essa teologia na qual o F. permanece inferior ao P. "maior que ele" (cf. Jo 14,28) gerou os defensores da ortodoxia definida em Niceia — mas ela é fundamentalmente cristã, ao mesmo tempo porque ela salvaguarda o laço do P. e do F. e porque ela respeita a existência de um laço do F. com as "criaturas" (*geneta*). Outros traços do seu pensamento fazem de Orígenes um importante testemunho da teologia antenicena, p. ex., seu esforço, por muito tempo suspeito,

de compreender de modo espiritual a geração do F. (*De princ.* I, 2, 6: SC 252; *Diálogo com Heráclides* 2-4: SC 67). A teologia de Orígenes (sobretudo sua tese das *epinoiai* de Cristo: cf. J. Wolinski, em *Origeniana Sexta*, Louvain, 1995, 465-492) nos situa talvez no cerne do mistério cristão, na medida em que ela dá lugar à *doação* de D., por oposição ao pensamento helenístico segundo o qual o Uno não conhece, e ainda que transborde e dê, não *se dá ele mesmo* (Plotino, *Tratado* 38, com. P. Hadot, 272-274; J.-L. Chrétien, *ArPh* 43, 1980, 263-277).

4. A crise ariana e o concílio de Niceia (325)

a) O subordinacianismo herético. — Ário (arianismo*) se inscreve na linha do subordinacianismo origeniano, mas o faz sofrer uma mutação radical. Para Orígenes, o F. é inferior ao P. mas eterno como ele pois gerado por ele. Para Ário, o F. é inferior ao P. porque, enquanto F., ele começou a existir. A afirmação-chave de Ário é: "Houve [um tempo] em que [o F.] não existia" (*Talia*, citada por Atanásio, *Contra os arianos [CAr.]* I, 5; cf. G. Bardy, *Recherches sur Lucien d'Antioche et son école*, 1936, 246 sq). Ele estima que afirmar a eternidade do F. *gerado* (*gennetos*) está em contradição com a afirmação, que todo mundo admite, do único "não gerado" (cf. *Urkunden* 1, 1-5 e 6: Opitz, *Athanasius Werke* III, 1934, 1-2 e 12). Três outras teses completam a doutrina ariana: 1/ a natureza absolutamente *imaterial* de D., que exclui toda geração segundo a substância em prol da única geração/criação por um ato de vontade; 2/ a superioridade do "F." em relação às outras criaturas: o F. é uma "criatura *perfeita*, e não como uma das outras criaturas" (*Profissão de fé, Urk.* 6, Opitz III, 13; cf. *HCO* 1, 253); 3/ a função *cosmológica* desta geração/criação: D. criou o F. para poder, por ele (cf. Jo 1,3), criar todo o resto (*Talia*, segundo Atanásio, *CAr.* II, 24). Assim se instaura um esquema em três níveis: em cima, um *D. solitário* que não pode ter nada igual a si mesmo; embaixo, a *criatura*, e entre os dois um *ser intermediário*, inferior a D. mas superior às criaturas, estabelecendo uma ponte entre os dois. O paradoxo do D. cristão "só e todavia não só" é abandonado em proveito da concepção grega de um D. (somente) só "que não se comunica com o gênero humano" (Ireneu, *Contra os her.* III, 24, 2; III, 11, 1: SC 211; Agostinho, *Cidade de Deus* VIII, 18: BAug 34, com referência a Platão, *Banquete* 203a).

b) *O concílio de Niceia (325) e a tese do "Deus-Pai".* — Contra a heresia* de Ário, o símbolo de Niceia declara:

"Cremos num só D., o P. Todo-Poderoso, criador do (universo) visível e invisível; e num só Senhor J. C., o F. de D., gerado 'do' P. (*ek tou patros*) como F. único, isto é, 'da' substância do P. (*toutestin ek tes ousias tou patros*), D. *de* (*ek*) D., Luz *de* (*ek*) Luz, D. verdadeiro *do* (*ek*) D. verdadeiro, gerado, não criado (*gennethenta ou poiethenta*), consubstancial* ao P. (*homoousion to patri*)..." (*DS* 125).

Contrariamente às teses de Harnack (*Lehrbuch der DG* I, 1931, 250) e de H. Küng (cf. A. Grillmeier, em J.-R. Armogathe [sob a dir. de], *Comment être chrétien?*, 1979, 102-111 e 128-129), Niceia não é uma helenização da mensagem evangélica pela introdução no dogma de elementos filosóficos, mas uma reação contra a influência da filosofia* sobre o pensamento de Ário, a fim de retornar à Escritura, segundo a qual D. é antes de tudo *Pai* (cf. Atanásio, *CAr.* I, 30 e 34: PG 26, 73 A-B e 81-84). É para dar aos termos *pai* e *filho* seu sentido próprio (um sentido absolutamente original que só convém a Deus) que se acrescenta a precisão, de ar filosófico: "*isto é, da substância* do P.", de onde derivará a consequência de que o F. é "D. *verdadeiro* (nascido) *do* (*ek*) D. verdadeiro, *consubstancial* ao P.".

c) *O homoousion* ("consubstancial*"). — Isso não impede que Niceia abra, no discurso cristão, uma nova era, na medida em que o emprego do termo *homoousion*, estranho à Escritura, incita a contemplar por si mesma, independentemente da "economia", a relação entre o P. e o F. O termo significa literalmente "de mesma substância" (*homos*: o mesmo, comum a dois, e *ousia*: substância ou essência). Exprime ao menos a *unidade específica* de uma substância considerada abstratamente (a *ousia*

como "substância segunda") e isso bastaria para estabelecer a igualdade do F. com o P., mas com uma suspeita de triteísmo. Mas ele pode também significar a *unidade numérica* de uma substância considerada concretamente (a *ousia* como "substância primeira"). É o sentido que lhe é dado em teologia hoje, em ligação com a imanência recíproca dos dois (o F. é no P. e o P. no F.: cf. Jo 14,10; circunsessão*). Outras explicações são lançadas (C. Stead, *Divine Substance*, 1977, Oxford; A. de Halleux, em *Patrologie et oecuménisme*, 1990, 230-262). Sob a influência de Atanásio, o concílio de Niceia e seu *homoousion* se tornarão a expressão mesma da fé cristã, a exemplo da palavra mesma dos apóstolos* (H. J. Sieben, *Die Konzilsidee der alten Kirche*, 1979, 57-62).

d) No s. IV se distinguirá, além do pequeno número dos nicenos estritos ou *homoousianos*, a tendência extrema do arianismo segundo a qual o Cristo é "dessemelhante (*anomoios*) ao P." (*anomeanos*, discípulos de Eunômio), e aqueles para quem Cristo só pode ser semelhante ao P. (*homoios*: *homeanos*, nome dado aos adeptos do arianismo mitigado, que é o arianismo histórico). Um último partido, formado em torno de Basílio de Ancira a partir de 358, professa que Cristo é "semelhante ao P. segundo a substância" (*homoiousios*), donde o nome de *homeousianos*. Alguns deles, que admitem a divindade do F. mas não a do E., são às vezes chamados de *semiarianos* (Mayeur *et al.*, 1995, 2, 375).

e) *Atanásio**, testemunha ocular do concílio de Niceia, precisará o sentido do *homoousion* a partir da imanência recíproca do P. e do F. (Jo 14,10; 14,9 e 10,30). Os dois são "um" porque o fruto da geração em D. não é posto "fora de D.", mas nele (*CAr.* III, 3-4). Questionando o princípio neoplatônico da imagem por princípio inferior ao modelo, ele sustenta que *indivisível e única é a divindade* que do P. passa *toda inteira* para o F. sem faltar ao P., a ponto que "se diz do F. o mesmo que é dito do P., salvo a apelação de P." (*ibid.*, III, 4). Este, tendo dado tudo ao F. (Jo 16,15 e 17,10), é no F. que ele possui e age, fazendo tudo "pelo F." (Jo 1,3: *CAr.* II, 41-42; III, 36). Por outro lado, reagindo contra a interpretação ariana de Jo 1,3, Atanásio declara: "Mesmo se D. tivesse julgado bom não produzir, nem por isso deixaria de ter tido seu F." (*CAr.* II, 31). Encontramos aqui a questão do vínculo entre a geração do filho e a criação. Este vínculo sendo admitido, Atanásio afirma enfim claramente a independência da T. em relação à criação, assim como o caráter gratuito do ato criador. Mas este último não termina na periferia de D. Após ter introduzido, em nome do *genitum non factum* (*DS* 125) de Niceia, uma distinção absoluta entre o Filho e as criaturas, entre o existir por criação (*genesthai*) e o existir por geração (*gennasthai*), Atanásio transgride esse limite ao dizer, num segundo momento, que aqueles a quem D. primeiramente *criou*, ele os chamou em seguida de *"filhos"* no sentido de tê-los *gerado* (*CAr.* II, 59; cf. I, 56).

f) *Outros concílios.* — Também trataram do mistério trin., após o primeiro concílio de Constantinopla* (381) consagrado ao ES (*DS* 150; cf. o *Tomo de Dâmaso*, de 382, *DS* 155-177) e, mais tarde, o símbolo *Quicumque*, dito *símbolo de Atanásio*, s. V/VI: *DS* 75), os concílios de Toledo (sobretudo o VI e o XI), o IV concílio do Latrão* (1215), os dois concílios de união, Lião II* (1274) e Florença* (1339-1344: cf. sobretudo *DS* 1330 *sq*). No s. XX, a fé trin. foi exposta novamente na *Profissão de fé* de Paulo VI (Dumeige, n. 52) e o *CEC* (1992), § 232-267.

5. As continuações do arianismo até Agostinho

a) Os *Capadócios* (Basílio* de Cesareia, Gregório* de Nissa, Gregório* de Nazianzo) retomam a leitura atanasiana de Niceia, mas na perspectiva origeniana das "três hipóstases", para desembocar na fórmula "uma só substância (ou essência) em três hipóstases" (Gregório de Nissa; cf. S. Gonzalez, AnGr 21, 1939). Basílio é o primeiro a dar corpo a este "neonicenismo" ao distinguir o que é comum (*to koinon*) e o que é próprio (*to idion*) aos três (*Ep.* 214, 4; 210, 4-5). Partindo de um ponto de vista estoico, ele só utiliza *ousia* em seu sentido primeiro, concreto. Em outra perspectiva, Gregório (G.) de Nissa opõe *ousia* e *hypostasis* como a *ousia* segunda e a *ousia* primeira de Aristóteles, a *ousia* designando

o conceito genérico da divindade e a *hipóstase*, a realidade concreta das "pessoas", o que, aos olhos dos velhos-nicenos e dos comentadores modernos, torna-o suspeito de triteísmo. Mas ele afirma explicitamente a unidade numérica em D., numa linguagem que mantém reunidas proposições inconciliáveis aos olhos da razão* (cf. os *Pequenos tratados trin.*, *GNO* III/1). Essa teologia encontra seu apogeu com G. de Nazianzo, "o Teólogo", que, na véspera do I concílio de Constantinopla, faz uma exposição magistral do conjunto do mistério nos cinco *Discursos teológicos* (*Orat.* 27-31: SC 250), onde explica por que a revelação da T. só se fez por etapas (*Orat.* 31, 25-26). Ele inspirará todo o período bizantino, sobretudo a teologia de Máximo* Confessor (†662) e de João Damasceno (†*c.* 749).

b) *Agostinho* (†430) trata da T. desde seus primeiros escritos, numa perspectiva *anagógica* de inspiração neoplatônica de "reentrada em si mesmo" para subir rumo a Deus, e em seguida em perspectiva *analógica* (O. du Roy, 1966, 413-419; 435-437). A grande obra é aqui o *De Trinitate* (*Trin.*). Desde o início transparece ali a marca de Niceia. Agostinho (Ag.) se vê colocar a questão: se o P. é D., se o F. é D., e se o ES é D., como se pode dizer que não há três D., mas um só D.? (*Trin.* I, 5, 8). É para responder a isso que ele desenvolverá "a analogia psicológica". Partindo de Gn 1,26 ("Façamos o homem *à nossa imagem*"), Ag. vê na vida interior do homem (sua "psicologia") o mais importante dos vestígios deixados na criação por uma única operação (cf. a *inseparabiliter operari*: *Trin.* I, 5, 8) que, em sua unidade, guarda o vestígio* da T. Entre esses vestígios da T., ele sublinha as tríades *esse, nosse, velle* (*Conf.* XIII, 11, 12), *mens, notitia, amor* (*Trin.* IX, 2-5), *memoria, intelligentia, voluntas* (*ibid.*, X-XV). Ele mostra que as três "potências" da alma* se implicam mutuamente, sem se confundir. A unidade aqui é bem valorizada. Mas ele tem consciência de que o mesmo não se dá com a distinção: é o mesmo que se lembra, conhece e ama. Ag. o reconhece no final do *De Trin.*, que soa como a constatação de um fracasso (*Trin.* XV, 22, 42). Também desconfia da palavra *persona* (*ibid.*, V, 9, 10; VII, 6, 11-

12). Após um estudo sistemático do vocabulário latino — e grego (*ibid.*, V, 8 e 9, 10; VII, 4-6) —, ele mostra a inadequação do termo para o mistério que se trata de exprimir e não o aceita senão por falta de melhor (*ibid.*, V, 9, 10; VII, 6, 11). A nova linguagem se imporá no Ocidente onde se apreciará em particular encontrar ali uma nova maneira de falar do ES, identificado de várias maneiras com o amor. Mas a contribuição principal de Ag. é ter generalizado no Ocidente o recurso à noção de *relação* (cf. *infra*).

6. O vocabulário trinitário na época patrística

a) Substantia e persona. — Tert. "fixou logo no primeiro lance, senão o sentido, ao menos o uso de *substantia*" no domínio trin. (Moingt, 1966, II, 299). O P. é a totalidade da substância divina (*summa substantia, tota substantia*), comunicada sem divisão ao F. que é uma derivação dela (*derivatio totius et portio: Contra Prax.* 9) e ao E. Quanto à *persona*, o termo *designa* o que há de "numeroso" e de distinto em Deus, mas não o *significa* ainda, metaforicamente falando. A contribuição de Tert. é ter distinguido a unidade da substância e a trindade das pessoas, buscando exprimir de diversas maneiras o que há em D. de comum e de único, e o que há de distinto e de numeroso (Moingt, 1966, II, 643-647). A fórmula *uma só substância em três que se mantêm juntas* (*Contra Prax.* 12) tem um alcance "econômico": os Três são associados à mesma obra de criação (cf. Sesboüé, 1994, 202 *sq*). Em outros lugares, a expressão "estar em coesão" (*cohaerentes*) tem uma dimensão ontológica, o que testemunha um uso refletido e intencional do termo *persona* (Moingt, 1966, II, 638).

b) Ousia, hipostasis, prosopon. — O concílio de Niceia emprega *ousia* e *hypostasis* um pelo outro (*DS* 125). No concílio de Alexandria de 362, uns falam de "três hipóstases", outros, de uma só, e Atanásio admite os dois vocabulários (*Tomo aos antioquinos* 5-6: cf. *HCO* 1, 271-272). Com o Capadócios se imporá a fórmula "uma só *ousia* em três hipóstases". O termo *prosopon* (literalmente a "máscara", o "rosto", depois o "papel" no teatro) serve para designar na Escritura aquele em nome de quem

é pronunciada tal palavra (*ek prosopon tinos*). No s. IV ele tem o favor dos sabelianos (cf. o *polyprosopon* que Basílio lhes atribui: *Epístola* 210, 3), mas G. de Nissa começa a utilizá-lo também contra os que o acusam de "triteísmo". O termo só tomará um sentido forte a partir de Calcedônia* (451), uma vez associado a *hipóstase* (*DS* 302).

c) Trias, trinitas. — Aplicado a Deus, o termo *trias* aparece pela primeira vez em Teófilo de Antioquia (*A Autólico* II, 15), depois em Hipólito (*Contra Noet.* 14). O *Contra Prax.* de Tert. (*c.* 213) inaugura o emprego de *trinitas* num discurso sobre D. que começa a ligar a ideia de número à de unidade, sem exprimir ainda o mistério trin. como tal. As traduções latinas de Orígenes o utilizam frequentemente, mas o Orígenes grego não contém *trias* senão 3 x (H. Crouzel, SC 253, 58, n. 3; 1 x em Clemente de Alexandria: *Strom.* V, 103, 1: SC 278). Em cerca de 260, seu emprego por Dionísio de Roma (*DS* 112-115) é talvez uma herança de Tert. Está ausente de Niceia, de Constantinopla I e de Calcedônia. Seu emprego se impõe a partir de Atanásio que, tendo-o utilizado incidentemente nos discursos *Contra os arianos* (I, 17-18 e III, 15), retoma-o sistematicamente nas *Cartas a Serapião* (*c.* 360). *Trias* entra na linguagem corrente com os Capadócios. Mário Vitorino compõe um hino à T. (*O beata Trinitas*, SC 68, 634-653; cf. Ag., *De beata vita* 4, 35). Ag. fala correntemente do *Deus-Trinitas*, expressão que, tomando o lugar do *Deus Pater* da Escritura, se torna uma nova maneira de falar de D.

d) Pericorese, circunsessão * (cf. Florença, *DS* 1331). O termo *perikhoresis*, primeiro usado em cristologia*, só entra na teologia trin. com o Pseudo-Cirilo (s. VI) e Máximo Confessor (Prestige, 1936), mas o tema da imanência recíproca do P. e do F. aparece desde o início do s. III. O termo grego, mais dinâmico, tem por equivalente os termos latinos *circumincessio*, e mais tarde *circuminsessio*.

e) As relações. — Como mostra Niceia, a teologia trin. repousa antes de tudo na ideia de *relação*, inscrita na Escritura mesma pela designação de D. como *Pai*, nome* que implica por si mesmo o de *Filho*. Tert. já escreve: "É absolutamente necessário que o P. tenha um F. para ser P., e o F. um P. para ser F." (*Contra Prax.* 10). O tema está presente no *Tractatus Tripartitus* (gnóstico), em Orígenes (cf. SC 279, 13-14) e Dionísio de Alexandria (*Refutação e apologia* II, PG 25, 504C). Ário censura os que invocam "os seres relativos" (*ta pros ti*: cf. Aristóteles, *Cat.* VII, 7 *b* 15; Ário: *Profissão de fé, Urkunden* 6, H. G. Opitz, *Athanase Werke* I, 3, p. 13). O tema é retomado por Atanásio e pelos Capadócios: "O P. não é nem um nome de substância, nem um nome de ação, é um nome de relação" (G. de Nazianzo, *Orat.* 29, 16: SC 250). Ag., respondendo a uma objeção de Eunômio, faz ver que ao lado dos nomes atribuídos a D. na qualidade do acidente e dos nomes atribuídos na qualidade da substância, existe uma terceira possibilidade de atribuição: na qualidade de *relação* (*dicitur... ad aliquid: Trin.* V, 5, 6). Contra o anomeísmo, ele distingue igualmente em Deus os *nomes absolutos*, que convêm às três pessoas e se dizem no singular (assim os títulos tais como *Deus, grande, bom*), os *nomes relativos "ad intra"*, que distinguem as pessoas entre si (assim os nomes de *Pai* e de *Filho*), e enfim os *nomes relativos "ad extra"* (*Trin.* V, 11, 12), que exprimem uma relação original entre D. e a criatura e estão no fundamento da teologia das *missões* (*ibid.*, IV, 20, 28; V, 16, 17; já Atanásio: *CAr.* II, 14; cf. A. Michel, *DThC* 15, 1830-1834). De Ag. a teologia da relação passará para Tomás* de Aquino (Chevalier, 1940).

f) *Esquema trinitário grego, esquema trinitário latino*. Admite-se comumente que o Oriente dirige primeiramente sua atenção para a multiplicidade das hipóstases para passar em seguida à unidade da divindade, ao passo que o Ocidente parte da substância para investigar em seguida como distinguir, nela, as pessoas. Essa sistematização, popularizada por T. de Régnon (1892, I, 305 e 339-340) não deve ser enrijecida (ver o violento protesto de A. Malet, 1956, *Personne et amour* 14-20), mas ainda permanece útil (p. ex., Halleux, *op. cit.*, 31). Pode-se distinguir igualmente um esquema trin. *grego*, segundo o qual tudo vem "do Pai, pelo F.,

no ES" e, em sentido inverso, sobe "no ES, pelo F., ao P.", que se oporá a um esquema latino dito *agostiniano*. Neste caso, coloca-se num mesmo plano o P., o F. e o ES, em seguida faz-se derivar daí uma "atividade" única, comum aos três, para dirigi-la rumo à criatura, suposta exterior à T. O primeiro esquema põe em evidência a distinção das pessoas e sua implicação na economia da salvação, mas pode ser utilizado num sentido subordinaciano. O segundo estabelece claramente a igualdade das três pessoas, mas não mostra nem a relação da criatura com cada uma delas, nem a originalidade das missões invisíveis, que não terminam "no exterior de D.", mas têm por resultado fazer participar o homem na vida intratrinitária (cf. Atanásio, *CAr.* III, 22-24). (A teologia recente trabalha preferentemente com outro par conceptual, o da *Trindade imanente* e da *Trindade da economia da salvação* — cf. Rahner, 1967).

7. A síntese da época escolástica

a) *A Trindade no Ocidente, séculos VI-XII*. — A partir do s. VI, a T. é mencionada nos sermões, nos documentos reais, nas cartas de doação, nos comentários das Escrituras. Após a época carolíngia, a teologia trin. se afirma durante o período pré-escolástico (s. XI-XII) com Anselmo* de Cantuária (†1109), Bernardo* de Claraval (†1153), Ricardo de São Vítor (†*c.* 1173), que insiste no amor em D. como princípio de alteridade (*Trin.* III e VI), e P. Lombardo (†1160), cujo *Livro das Sentenças* servirá de referência aos séculos seguintes (mas que ainda não distingue o *De Deo uno* e o *De Deo trino*, para grande lástima de A. Michel, *DThC* 15, 1719). Ela atinge seu apogeu no Ocidente com a escolástica* (s. XIII; panorama detalhado desta imensa literatura em *ibid.*, 1702-1762). É marcada por dois mestres da escola franciscana, Alexandre de Hales (†1245) e Boaventura* (†1274), por Alberto* Magno (entrada do aristotelismo* no Ocidente) e Tomás de Aquino (†1274).

b) *Tomás de Aquino*. — A questão da T. foi abordada diversas vezes por Tomás (cf. *ibid.*, 1741), mas é sobretudo a síntese dada na *Suma* (*ST* Ia, q. 27-43) que marcará a posteridade.

Rompendo com a postura de P. Lombardo no livro I de suas *Sentenças*, Tomás trata em primeiro lugar, e separadamente, a questão do *De Deo uno*, mistério que o homem pode conhecer só pela razão*, em seguida o mistério do *De Deo trino*, conhecido somente pela revelação. Aborda sucessivamente os processões, as relações e as pessoas divinas.

1/*As processões*. A primeira *processão* é uma *geração* por modo de conhecimento*. Ela é um ato* segundo a inteligência, imanente ao P., colocando o Verbo no interior deste último. A segunda processão é uma *espiração*, ato segundo a vontade, que segue a operação da inteligência e a supõe, "pois nada pode ser amado que não seja primeiro conhecido" (*ST* Ia, q. 27, a. 3). Ela se identifica com o ES. Essa sistematização, desaguadouro de um longo processo de reflexão cristã, constitui uma herança incontornável da tradição* católica. Comporta grandes riquezas, p. ex., quando apresenta o ES como o amor mútuo do P. e do F., princípio no homem de um movimento filial que o faz passar da condição de escravo ao estado de "filho" (p. ex., *CG* IV, 21). Mas, desenvolvida na perspectiva da analogia psicológica de Ag., ela não retoma suficientemente as reservas que este último formula a seu respeito por causa de seu sabor modalista (*Trin.* XV, 22, 42). D. gera conhecendo-se a *si mesmo* e espira o E. amando-se *a si mesmo* (p. ex., *CG* IV, 23; *ST* Ia, q. 37, a. 2, ad 3: cf. H.-F. Dondaine, *Thomas d'Aquin, la Trinité*, 1962, 399, 401-404).

2/*As relações*. Em D. há quatro *relações* reais: do P. com o F. (geração ativa, ou paternidade), do F. com o P. (geração passiva, ou filiação), do P. e do F. com o ES (espiração ativa). Mas só há três pessoas em Deus, pois a espiração ativa, comum ao P. e ao F., não constitui uma quarta pessoa. Identificando-se com a essência divina, as relações constituem as pessoas divinas, que são chamadas "relações subsistentes" (*ST* Ia, q. 29, a. 4). Elas existem numa relação mútua entre si, mas também em si mesmas e por si mesmas (*DThC* 13, 2151-2153).

3/*As pessoas*. A *pessoa* é definida, na esteira de Boécio, como uma "substância individual de natureza racional" (*persona est rationalis naturae individua substantia, ST* Ia, q. 29, a. 1; IIIa, q. 2, a. 2), o que implica: *a*) a *individualidade*, com seu caráter de incomunicabilidade, *b*) o pertencimento à ordem *do que existe efetivamente*, em equivalência com o *suposto* (como sujeito da essência) e a *hipóstase* (como sujeito dos acidentes), *c*) a *natureza racional*, que dá à pessoa toda sua nobreza e faz dela um sujeito responsável. Lá se enxertaria a noção moderna de "pessoa" como ser livre, ser de relação e sujeito de uma história* (Hegel). Fica claro que a noção de pessoa só se aplica a D. por transposição analógica (*ST* Ia, q. 29, a. 3; q. 13, a. 5; *De Potentia*, q. 9, a. 1).

Na tradição tomista, distingue-se também: 1/ as *propriedades pessoais* (Latrão IV, *DS* 800) — paternidade, filiação*, espiração passiva —, que são constitutivas de cada uma das pessoas; e 2/ os *atos nocionais* — o ato de conhecimento que constitui o F. e o ato de vontade que constitui o E. —, que estão na base das processões. Os atos nocionais se identificam de fato com as propriedades pessoais e se distinguem dos *atos essenciais*, comuns às três pessoas. Em resumo, segundo Bartmann (1905), pode-se dizer que há: 1/ um só Deus, um só Ser divino em um só ato de essência; 2/ duas processões e dois atos nocionais; 3/ três pessoas, três relações opostas, três propriedades pessoais; 4/ quatro relações reais; 5/ cinco noções… E o autor conclui: "A doutrina da T. deve se reconduzir à unidade. A unidade é para nós a verdade primária, a T., a verdade secundária" (*ibid.*, 243; cf. Nicolas, 1985, 1991³, 77 *sq*).

Fazem também parte desta herança os pontos seguintes: 1/ a tese de que em D. tudo é um se não há oposição de relação (Florença, *DS* 1330); 2/ o princípio da unidade de ação das três pessoas no exterior delas mesmas (cf. o *inseparabiliter operari* de Ag.); 3/ a teoria das apropriações*, segundo a qual atributos* ou atividades comuns às três são "atribuídos" a uma das três para manifestar algumas de suas propriedades; 4/ a teologia das missões i.e., do envio do F. e do E. (cf. *DThC* 15, 1830-1941).

8. A época moderna e contemporânea

a) A Reforma e suas consequências. — Os primeiros reformadores (Lutero*, Melanchton, Calvino*) permanecem fiéis ao dogma trin. tradicional, considerado como o fundamento da salvação cristã, mas insistem cada vez mais no "por nós" deste mistério. Lutero revaloriza, mas na perspectiva que lhe é própria, o grande princípio caro aos Capadócios de que Deus se revela a nós *sub contrario*, isto é, em contradição com o que o homem espera espontaneamente dele (cf. Chrétien, 1985, 224-235). O abandono da referência à autoridade* da Igreja, a influência do humanismo erudito, a dificuldade de encontrar na Escritura as fórmulas trin. clássicas, tudo isso favoreceu bem cedo reações antitrinitárias (Michel Servet: *Christiana restitutio*, 1553, criticando os "triteístas", Fausto Socino [†1604] e os socinianos, cujas ideias, transpostas para a Inglaterra e a América, geraram o *unitarismo**). Alguns autores admitem a hipótese de uma T., mas separam-na da revelação cristã e interpretam-na de maneira pessoal: assim alguns filósofos (*DThC* 15, 1783-1790).

b) No s. XVIII, *Kant** questiona a possibilidade de conhecer "a coisa em si" independentemente das categorias *a priori* do espírito humano, e mostra a importância da liberdade* no processo do conhecimento. Ele marca profundamente a abordagem da T., fora da Igreja e em alguns teólogos. O mistério trin. não é abordado pelo próprio Kant, mas o será por Fichte, Schelling*, Hegel*. Este último, ex-aluno de mestres luteranos, dá crédito à ideia de certo devir em D.: o Espírito absoluto (*tese*: o P.) *se cumpre* de maneira mais avançada ao negar-se a si mesmo (*antítese*: kenose* do F. e criação do mundo), para se reafirmar de modo *mais grandioso*, ao término da alienação superada (*síntese*: o ES; Piclin, *Les philosophies de la Triade*, 1980, 173, 176-177). As perspectivas de *novidade* e de *progresso* assim adotadas se opõem à lógica das essências (ou ideias) organizada pela Grécia antiga e se combinam com alguns aspectos do mistério pascal (a ressurreição de Cristo não é um retorno ao ponto de partida, como a ressurreição de Lázaro, mas a entrada numa maneira de existir radicalmente nova) — mas a tese do "devir" de D. é incompatível com a concepção tradicional de sua perfeição.

*c) O modernismo**, que apregoava uma concepção evolucionista da verdade* religiosa na linha de Hegel (*DThC* 15, 1799) e rejeitava a ideia de revelação objetiva, perturbará a teologia no início do s. XX. Para Schleiermacher*, o dogma da T. não existe fora do homem. É só uma maneira de descrever e explicar alguns fenômenos da consciência cristã. É preciso sacrificar uma ilusória T. objetiva à T. tal como ela se revela na história do espírito humano. A reação dita "semirracionalista" de alguns teólogos católicos (Hermès, Günther, Frohschammer), que buscarão demonstrar que o dogma da T. pode ser em parte demonstrado, provocará a reprovação da hierarquia* católica (*ibid.*, 1792-1797). Na linha de Schleiermacher, Harnack na Alemanha, Sabatier na França retomam fórmulas tradicionais para expor suas próprias concepções de D. e da T.

d) A poderosa reação de *Karl Barth**, no início do s. XX, contra a teologia dita "liberal" (cf. Schleiermacher, Harnack *et al.*), dá nova honra à primazia absoluta de D. e da revelação. Esta se torna o cerne mesmo de uma nova apresentação da T., que não é um simples dado em si, cortado do mundo, mas D. no mistério de sua *autorrevelação* ao mundo. O D. *único* se faz conhecer segundo *três* "modos", que correspondem às três "pessoas" reconhecidas pela fé (Barth admite o termo "pessoa", embora o considere inadequado). O P. é D. na medida em que *se revela*, o F. é D. como *revelação oferecida* ao homem no ato de reconciliação, o ES é D. como revelação recebida no homem na implementação de sua redenção.

e) A teologia trinitária no século XX antes do Vaticano II. — O retorno aos textos primitivos lidos com um novo espírito crítico, primeiro sentido como uma agressão da ciência contra a fé, se revelará finalmente benéfico para a teologia, com os trabalhos de d'Alès, de Lebreton, de Cadioux e outros na França. Em 1936 e 1937 aparecem dois artigos de Balthasar* (*Le "mystérion" d'Origène, RSR* 26, 514-562 e

27, 38-64) apresentando Orígenes sob uma luz toda nova, seguidos logo, na mesma perspectiva, pelos escritos de H. de Lubac* e de J. Daniélou. Em 1951, por ocasião do XV centenário do concílio de Calcedônia, K. Rahner* convida os teólogos a devolver ao dogma trin. o lugar central que lhe cabe (*Écr. théol.* 8, 107-140) e lança o *Grundaxiom*, segundo o qual "A T. da economia da salvação é a T. imanente, *e inversamente*" (*ibid.*, 120; cf. Rahner, 1967; o acréscimo "e inversamente" é discutido: G. Lafont: *Peut-on connaître Dieu en Jésus-Christ?*, 1969, 190-228).

f) A tradição ortodoxa participa desta renovação desde o s. XIX com os trabalhos de A. Khomiakov, V. Soloviev*, S. Bulgakov e, no s. XX, com V. Lossky, P. Evdokimov, O. Clément, B. Bobrinskoy, Kallistos Ware, C. Yannaras, J. Zizioulas (cf. Bobrinskoy, 1986, 319-323). Suas características: a atenção concedida ao mistério (*apofatismo*, ênfase nas *energias incriadas* como expressão da transcendência de Deus na linha de Gregório* Palamas), lugar eminente dado à Escritura e aos Padres, enraizamento da teologia na *liturgia** e na *comunhão* eclesial* (Zizioulas), tudo isso numa constante atenção à *realidade pascal*, percebida como já em ação no homem, assim como a liturgia o evoca no *Hino dos Querubins*: "Nós que misticamente representamos os querubins, e cantamos à vivificante T. o hino triplamente santo, despojemo-nos de toda preocupação terrestre" (*Liturgia de São João* Crisóstomo*).

*g) Após o Vaticano II**, a repartição clássica em tratados, inspirada em Melchior Cano (*De Locis theologicis*, 1567) e transferida aos manuais de dogmática* a partir de 1680, é mantida, e o ensinamento teológico distingue o curso de cristologia* do curso de T., mas a circulação entre os tratados se tornou coisa corrente, e a T. encontra lugar mesmo nos cursos de moral. Já se tornou ponto pacífico que a mensagem do NT não se reduz ao conteúdo do *homoousion* niceno (cardeal Franzelin: cf. B. Waché, *Mgr Duchesne*, 1992, 182-183). Um lugar maior dado aos primeiros séculos e aos teólogos anteriores a Tomás, sobretudo aos Padres da Igreja

e a Anselmo (p. ex., M. Corbin, 1992), permite retornar de modo renovado ao D. da revelação. Ao lado dos atributos da *natureza* de D., o olhar crente busca levar também em consideração o objeto de seu *livre-arbítrio*, de seu "conselho eterno", de seu "bel-prazer" manifestado no Cristo, nas Escrituras e no destino dos homens. No seio de uma diversidade de abordagens que relembra o período anteniceno se desenha um movimento mais atento aos avanços de um D. que, livremente, decidiu "não ser sem o homem, mas *com* ele e *para* ele" (K. Barth, *L'humanité de Dieu*, Genebra, 1956, 28-29). Este Deus-Pai traz em si mesmo o grande mistério do F., o Cordeiro* concebido desde antes dos séculos (1Pd 1,20), hoje manifestado: "Foi concebida desde antes das eras uma união do limite e do sem-limite, da medida e do sem-medida, do término e do sem-término, do Criador e da criação, da estabilidade e do movimento. *Esta união adveio em Cristo manifestado nos últimos tempos, dando nela mesma plenitude ao desígnio de D.*" (Máximo Confessor, *A Talássio*, q. 20: PG 20, 621 B-C). Esta perspectiva reata a seu modo com o "paradoxo cristão" do Deus ao mesmo tempo uno e tão diversamente múltiplo, paradoxo recebido e transmitido, com todos os percalços, pelos cristãos desde os primeiros tempos de sua história.

• 1. Manuais, enciclopédias: A. von Harnack (1886-1890), *Lehrbuch der Dogmengeschichte*, 3 vol., 5ª ed., Tübingen, 1931-1932; (1889-1891), *Grundriss des Dogmengeschichte* (*Histoire des dogmes*, 1893, 2ª ed., 1993). — T. de Régnon (1892-1898), *Études de théologie positive sur la Sainte Trinité*, 4 vol., Paris. — A. von Harnack (1902), *Das Wesen des Christentums*. — B. Bartmann (1905), *Lehrbuch der Dogmatik*, Friburgo, 1932⁸ (*Précis de théologie dogmatique*, Mulhouse, 1941). — J. Tixeront (1905-1912), *Histoire des dogmes*, 3 vol., 9ª ed., 1927, Paris. — J. Lebreton (1910), *Histoire du dogme de la T.*, 2 vol., 3ª e 8ª reed., 1927-1928, Paris. — G. L. Prestige (1936), *God in Patristic Thought*. — G. Bardy e A. Michel (1950), "Trinité", *DThC* 15/2, 1545-1855. — L. Ott (1954), *Grundriss der Dogmatik*, Friburgo (*Précis de théologie dogmatique*, Tournai, 2ª ed., 1955). — J. N. D. Kelly (1958), *Early Christian Doctrines*, Londres. — K. Rahner (1976), *Grundkurs des Glaubens*, Friburgo (*Curso fundamental de fé*, São Paulo, 1986). — J.-H. Nicolas (1985), *Sythèse dogmatique*, 3ª ed., 1991, Paris. — B. Bobrinsky (1986), *Le mystère de la T.*, Paris. — B. Sesboüé, J. Wolinski (1994), *Histoire des dogmes* I: *Le Dieu du salut*, Paris (*História dos dogmas* I: *O Deus da salvação*, São Paulo, 2002). 2. FONTES PATRÍSTICAS: J. Quasten (1950-1960), *Patrology*, 3 vol., Utrecht (*Initiation aux Pères de l'Église*, 3 vol., 1955-1962; vol. 4: *Les Pères latins*, trad. do italiano, 1986). — J. de Ghellinck (1961), *Patristique et Moyen Âge* 3, 152-162, Paris (o dogma trin.). — J. Doré (sob a dir. de) (1992), *Introduction à l'étude de la théologie*, t. 3, 262-267, Paris (bibl.). 3. ESTUDOS PATRÍSTICOS: I. Chevalier (1940), *Saint Augustin et la pensée grecque. Les relations trinitaires*, Friburgo (Suíça). — H. U. von Balthasar (1942), *Présence et pensée* (sobre G. de Nissa), reed. 1988, Paris. — J. Daniélou (1944), *Platonisme et théologie mystique*, Paris. — H. de Lubac (1950), *Histoire et Esprit* (sobre Orígenes), Paris. — G. Kretschmar (1956), *Studien zur frühchristlichen Trinitätstheologie*, Tübingen. — A. Orbe (1958-1966), *Estudios valentinianos* [gnose], 5 vol., Roma. — G. Aeby (1958), *Les Missions divines, de saint Justin à Origène*, Friburgo, Suíça. — J. Daniélou (1958), *Théologie du judéo-christianisme*, Paris, 2ª ed., 1991. — M. Harl (1958), *Origène et la fonction révélatrice du Verbe incarné*, Paris. — J. Daniélou (1961), *Message évangélique et culture hellénistique*, reed. 1990, Paris. — H. U. von Balthasar (1962), *Herrlichkeit* II, Einsiedeln. — J. Moingt (1966 e 1969), *Théologie trinitaire de Tertullien*, 4 vol., Paris. — O. du Roy (1966), *L'intelligence de la foi en la Trinité selon saint Augustin. Genèse de sa théologie trinitaire jusqu'en 391*, Paris. — E. Boularand (1972), *L'hérésie d'Arius et la "foi" de Nicée*, 2 vol., Paris. — M.-J. Le Guillou (1972), *Le Mystère du Père* (Ireneu), Paris. — R. Lorenz (1979), *Arius Judaizans?*, Göttingen. — C. Kannengiesser (1991), *Arius and Athanasius*, Aldershot. — P. Aubin (1992), *Plotin et le christianisme*, Paris. 4. DOCUMENTOS CONCILIARES E HISTÓRIA DOS CONCÍLIOS: Atas: *ACO* ou Mansi; decretos: *COD* (*DCO*). — *BSGR. — HCO. — DS; DH.* — Dumeige (trad. dos principais documentos de *DS*). — J.-M. Mayeur, C. e L. Piétri (sob a dir. de) (1995), *Histoire du christianisme*, 2 (anos 250-430). 5. SOBRE A IDADE MÉDIA: K. Barth (1931), *Fides quaerens intellectum. Anselms Beweis der Existenz Gottes im Zusammenhang seines theologischen Programms*, *GA* II/2, 1981. — É. Gilson (1948), *Le thomisme*, Paris. — M.-D. Chenu (1954), *Introduction à l'étude de saint Thomas d'Aquin*, Paris. — A. Malet (1956), *Personne et amour dans la théologie trin. de saint Thomas*, Paris. — M. Corbin (1974), *Le chemin de la théologie chez Thomas d'Aquin*, Paris; (1992), *Prière et raison de la foi: Introduction générale à l'oeuvre d'Anselme de Cantorbéry*, Paris. 6. ABORDAGENS GERAIS OU SISTEMÁTICAS: K. Barth (1932), *KD* I/1, 311-514. — V. Lossky (1944), *Essai sur la théologie mystique de l'Église d'Orient*, Paris. — F. Bouillard (1960), *Connaissance de Dieu*, Paris. — J. Moltmann (1964), *Theologie der Hoffnung*, Munique; (1972), *Der gekreuzigte Gott*, Munique. — K. Rahner (1967), "Der dreifaltige Gott als transzendenter Urgrund der Heilsgeschichte", *MySal* II, 317-405 (Petrópolis, 1972). — F. Varillon (1974), *L'humilité de Dieu*, Paris. — A. Brunner (1976), *Dreifaltigkeit — Personale Zugänge zum Geheimnis*, Einsiedeln. — E. Jüngel (1977), *Gott als Geheimnis der Welt*, Tübingen. — J.-L. Marion (1977), *L'idole et la distance* (2ª parte), reed. 1991, Paris. — H. Wipfler (1977), *Grundfragen der Trinitätsspekulation*, Regensburg. — J. Moltmann (1980), *Trinität und Reich Gottes* (*Trindade e o reino de Deus*, Petrópolis, 2000). — W. Kasper (1982), *Der Gott Jesu Christi*, Mainz. — H. U. von Balthasar (1985), *Theologik II, Wahrheit Gottes*, Einsiedeln. — J.-L. Chrétien (1985), *Lueur du secret*, Paris. — B. Forte (1985), *Trinità come storia*, Roma (*A Trindade como história*, São Paulo, 1987). — W. Pannenberg (1988), *Systematische Theologie I*, Göttingen, 283-364. — T. F. Torrance (1988), *The Trinitarian Faith*, Edimburgo. — G. Greshake (1997), *Der dreieinige Gott: Eine trinitarische Theologie*, Friburgo-Basileia-Viena.

Joseph WOLINSKI

B. TEOLOGIA SISTEMÁTICA

Como falar em verdade *do* Deus* (D.) que a fé* cristã celebra como "amigo dos homens" (Tt 3,4) e "maior que nosso coração*" (1Jo 3,20)? Como atestar, segundo as Escrituras*, que ele é três vezes diferentemente o mesmo sendo "o Pai* (P.), o Filho (F.), o Espírito* Santo (ES)" (Mt 28,19), e que esta "repetição da eternidade* na eternidade" (Anselmo*, *Ep. de Incarnatione* XV; 33) é a efusão superabundante desta única eternidade sobre todo homem? O P., revelado na morte* e na ressurreição* de Jesus*, seu "F. bem-amado" (Mt 3,17), se mantém acima de nossos pensamentos, por mais elevados que sejam. Se ele não está somente para além do ser*, mas para além de toda captura por imagem ou conceito, tal que maior não se possa pensar, não é por ter-se retirado em alguma perfeição superlativa e solitária, mas por ter-se dado livremente, feito mais próximo do homem do que este o é de si mesmo. Esta coincidência da distância mais que essencial e da doação mais que profusa, a teologia* busca conhecê-la. *Nomeando o Inominado que ultrapassa todo nome*, ela inverte sua deficiência em feliz chaga por onde jorra o dom transbordante do qual ela não é a fonte. Aceitando que a enfermidade de suas razões possa aparecer ao incréu como um defeito da verdade*, ela rejeita todo saber absoluto e se sabe *provisória*.

Para quem vir que na Coisa mesma "se ocultam *razões mais altas*" (Anselmo, *Cur Deus Homo* II, XVI; 117), nenhuma pretensão de completude é possível. Inumeráveis são as doutrinas trinitárias que tentaram mostrar que a unidade de D. está para além do que chamamos uno e múltiplo. Escapando a todo esforço de unificação numa síntese, elas mostram a "sabedoria* multiforme desdobrada por D." (Ef 3,10). Mas, se todo pensamento da fé é antes de tudo *apologia* (1Pd 3,15), defesa da ressurreição contra toda ideologia que a diz utopia sem realidade, como não ficar ferido pela crítica vinda de Feuerbach (*L'essence du christianisme*, Paris, p. 73) de que a fé seria a ilusão de uma consciência infeliz? A tais acusações de projeção alienante responderemos com uma prova* "racional" de D.? Querendo-se anterior à fé, esta diria respeito a uma ideia montada em nosso coração, a do Ser supremo tronando em sua suficiência no ápice do ente. Ora, foi contra esse teísmo* que apareceu o ateísmo*. Recordaremos então que D. se revelou, que ele é Trindade (T.) de pessoas* na unidade de uma mesma natureza, e que esse paradoxo, *summa concordia* de aspectos aparentemente contrários, desaloja nossa razão* da tentação de se colocar acima de sua origem? Certamente! "A prova de que D. nos ama" (Rm 5,8) reside na morte de seu F., donde flui o E. de filiação*, mas será ela respeitada pelas exposições convencionais? No *Catecismo da Igreja Católica* (§ 253-255), lê-se esta declaração:

"Não professamos três deuses, mas um só D. em três pessoas: a 'T. consubstancial' [Constantinopla II*]. As pessoas divinas não dividem entre si a única divindade, mas cada uma delas é D. por inteiro: [...] 'Cada uma das três pessoas é esta realidade, isto é, a substância, a essência ou a natureza divina' [Latrão IV*]. — 'D. é único, mas não solitário' *[Fides Damasi]*. 'P.', 'F.', 'ES' não são simplesmente nomes que designam modalidades do ser divino, pois são realmente distintos entre si: 'Aquele que é o P. não é o F., e aquele que é o F. não é o P., nem o ES é aquele que é o P. ou o F.' [Toledo XI]. São distintos entre si por suas relações de origem: 'É o P. que gera, o F. que é gerado, o ES que procede' [Latrão IV]. — Por não dividir a unidade divina, a distinção real das pessoas entre si reside unicamente nas relações que as referem umas às outras: 'Nos nomes relativos das pessoas, o P. é referido ao F., o F. ao P., o ES aos dois; quando se fala destas três pessoas considerando as relações, crê-se todavia em uma só natureza ou substância' [Toledo XI]. [...] 'Por causa desta unidade, o P. é todo inteiro no F., todo inteiro no ES; o F. está todo inteiro no P., todo inteiro no ES; o ES, todo inteiro no P., todo inteiro no F.' [Florença*]."

Vinda da filosofia* grega, esta língua não é mais audível por causa dos deslizamentos de sentido sofridos pelas palavras. Suas citações sublinham a ausência de referência aos Padres* e às Escrituras. Mais grave: ela não fala do evento (evt) pascal de Jesus Cristo, nem da Igreja* suscitada por essa vinda. Obsedada pela compatibilidade do UM e do TRÊS, ela esquece o sujeito crente e deixa dominar a *representação objetiva* cara ao Ocidente desde a retomada de Aristóteles por Tomás* de Aquino. Ela enuncia a divindade como um Objeto com maiúscula, encerrado em sua perfeição solitária. Que distância dos Padres, atentos às Escrituras, aos signos que desdobram o evt fundador na existência! Assim é o *Tratado dos sacramentos* (VII, 20-23) de Ambrósio*. Religando a unidade da T. e a maneira como se confere o batismo*, que propicia o perdão dos pecados* e a filiação divina, ele identifica a divindade de D. num signo concreto que dá ao homem a chance de participar daquilo que ele diz. Faz da confissão* trinitária o *símbolo* da fé, incorpora o sujeito falante naquilo de que fala, marca o vínculo entre a confissão do P., do F. e do ES e o evt pascal. No batismo, é Cristo* que desce no mais íntimo do homem, para inová-lo após seu sepultamento na água:

> "Chegaste perto da fonte. Entraste. Um padre veio ao teu encontro. Perguntaram-te: 'Renuncias ao Maligno e a suas obras?' Respondeste: 'Sim, renuncio'. [...] Invocou-se o nome do P., a presença do F. e do E. E te perguntaram: 'Crês em D. P. todo-poderoso?' Respondeste: 'Creio'. Foste imerso na água, isto é: foste sepultado. Uma segunda vez te perguntaram: 'Crês em Jesus Cristo nosso Senhor e em sua cruz?' Respondeste: 'Creio' e foste imerso. Assim, foste sepultado com o Cristo, e aquele que é sepultado com o Cristo, com o Cristo também ressuscita. Uma terceira vez te perguntaram: 'Crês no E.?' Respondeste: 'Creio'. E foste novamente imerso na água para que tua tripla confissão destruísse tuas múltiplas quedas no passado. [...] Assim, recebeste o sacramento* da cruz na qual Cristo foi pregado. És, pois, crucificado com ele, preso pelos cravos que são os deles. Que esses cravos de Cristo prendam! Que tua fraqueza não os retire! E depois foste retirado da fonte e recebeste as vestes brancas, para mostrar que te despojaste de teu manto de pecado* e revestiste a luz da ressurreição."

É rumo a textos semelhantes, em que a anamnese do evt pascal não se separa da exortação a viver em consequência, que a apologia da fé deve se dirigir. Mas como encontrar sua plenitude sem desconstruir os estratos racionalistas e representativos que os recobriram e deformaram?

1. A natividade do Filho

a) *Trindade e sobre-eminência de Deus.* — A doutrina trinitária não se encontra como tal nas Escrituras, apesar dos ternários que ali estão e atestam que o D. cristão é "numa inalterável unidade o mesmo, mas também numa inalterável diversidade, três vezes diferentemente o mesmo". Ela é "um documento da teologia da Igreja" (Karl Barth*, *KD* I,1, § 8), uma interpretação que quer preservar de toda redução a iminente novidade de D., usando outras palavras que não as da Bíblia* para melhor se aproximar de seu sentido. Como negar que tenha havido risco, ao usar a filosofia grega (que não sabia do dom) para expressar o que a ultrapassa, de recobrir sob sedimentos adventícios a palavra* de D.? O pensamento tomista sucumbiu a isso ao esperar conciliar fé e razão aristotélica sem verdadeira crítica desta última. Ele dividiu a doutrina de D. em dois tratados: um *De Deo uno* que desdobra um esquema hierárquico de naturezas em que a perfeição se degrada à medida que se vai afastando do *summus vertex*; um *De Deo trino* que sobredetermina esta visão escalonada sem mudá-la, acrescentando a categoria de *relação* que "multiplica a T." à de *substância* que "contém a unidade" (Boécio*, *De Trinitate* 6; PL 64/1255A), aproximando as distinções *secundum rem* das três pessoas a partir da distinção *secundum rationem* das perfeições da essência-una, postulando uma T. *em si* antes da economia em que D. é *por nós*. Deve-se corrigir tais defeitos, buscar outras noções para desenvolver o paralelo que ela supõe, mas não tematiza, entre a T. para além do uno e do múltiplo e a sobre-eminência "para além de toda negação e de toda afirmação" (Pseudo-Dionísio*, *Teologia mística* I, 2; PG 3/1000B)? Dois pontos se opõem a isso. Se Tomás não pôde superar o modalismo* que disjunge o ser e a revelação* de D. (cf. M. Corbin, *La Trinité ou l'Excès de Dieu*, Paris, 1997), é que a economia pascal pertence à divindade de D., que, longe de excluir sua humanidade e a nossa, as inclui. O Apocalipse enuncia este vínculo das distinções eternas e econômicas quando anuncia: "Então *será consumado* o mistério* de D." (Ap 10,7). Ademais, a sequência sobre os três momentos da nomeação de D. — afirmação, negação ultrapassante, sobre-eminência — é ao mesmo tempo meditação sobre o caminho do homem rumo a D. incessantemente "mais divino" (Dionísio, *op. cit.*, I, 1) e retomada da "palavra da cruz" (1Cor 1,18) que inverte a fraqueza da cruz em força mais que forte. Essa inversão crente do não lógico em vestígio de uma lógica mais que lógica é assim exposta:

> "Não só Deus transborda em sabedoria* e 'não existe nome para a sua apreensão', mas ele ultrapassa ainda toda razão, toda sabedoria, toda inteligência. Paulo o compreendeu maravilho-

samente quando diz: 'A loucura de Deus é mais sábia que a sabedoria humana' (1Cor 1,25) [...] Pois é costume dos teólogos inverter todos os termos positivos, pela sua negação, para aplicá-los a Deus sob seu aspecto negativo [...] Em virtude do mesmo procedimento, o Apóstolo louva, segundo os textos, a loucura divina partindo do que aparece nela como *paradoxo* e *absurdo* para elevar assim à indizível verdade que *ultrapassa* toda razão [...] Assim deve-se entender as coisas divinas segundo um modo divino. Quando se fala de ininteligência ou de insensibilidade de D., deve-se entender essa negação *segundo o ultrapassamento* e não *segundo a privação*. Assim [...] chamamos inapreensível e invisível Treva a 'luz inacessível' (1Tm 6,16) porque ela ultrapassa a luz visível" (*Nomes divinos* VII, 1-2; PG 3/865 B — 869 A).

Se associar T. e supereminência remete ao evt pascal, nada pode dissociar a doutrina trinitária dos enunciados cristológicos; e essa impossibilidade, denunciando todo estrato *representativo* que se preocupa com um fundamento prévio para a encarnação*, exige desdobrar o paradoxo segundo o qual dizer a supereminência não é mais que traçar, *pelo* F. e *no* E., um caminho *para* o P. que é "maior" (Jo 10,29).

b) *Economia e teologia.* — Se existe uma decisão maior, insuspeita, de Tomás de Aquino, é a da repartição dos artigos de fé em duas classes: verdades *acessíveis* à razão natural e verdades *inacessíveis* que, excedendo e sobredeterminando esta razão, devem ser justificadas diante do seu tribunal (*CG* I, III). Em matéria trinitária, ela leva a dois tratados, entre os quais nenhuma passagem demonstrável é possível, pois "*a virtude criadora de D. é comum a toda a T.*; ela pertence à unidades de essência, não à distinção das pessoas" (*ST* Ia, q. 32, a. 1). A frase em itálico vem da confissão que abre o *De Trinitate* de Agostinho* (Ag.):

"O P., o F., o ES atestam, pela inseparável igualdade de uma única e idêntica substância, sua divina unidade; que por conseguinte não são três deuses, mas um único D., *embora* o P. tenha gerado o F., de sorte que o E. não seja aquele que é P., que o F. tenha sido gerado pelo P., de sorte que o P. não seja aquele que é F., e que o ES não seja nem o P. nem o F., mas somente o E. do P. e do F., igual ele também ao P. e ao F., pertencente

à unidade da T. *Todavia*, não foi a T. mesma que nasceu da Virgem Maria*, que foi crucificada e sepultada sob Pôncio Pilatos, que ressuscitou ao terceiro dia e subiu ao céu, *mas* o F. somente. Não foi esta mesma T. que desceu sob forma de pomba sobre Jesus em seu batismo ou que, no dia de Pentecostes, após a ascensão do Senhor, no meio de um estrondo celeste parecido ao de um furacão, se colocou em línguas de fogo distintas sobre cada um dos apóstolos, mas somente o ES. Enfim, não foi a T. que disse do céu: 'Tu és meu F.' (Mc 1,11), quando João o batizava, quando os três discípulos estavam com ele sobre a montanha ou quando ressoou a voz que dizia: 'Eu o glorifiquei e de novo o glorificarei' (Jo 12,28), mas somente o P., falando ao F., *embora* o P., o F. e o ES *operem inseparavelmente tal como são inseparáveis*. Tal é minha fé, já que assim é a fé católica" (I, IV, 7).

O esquema que rege este texto tem três articulações adversativas que agem entre quatro polos: a unidade consubstancial da T., a distinção dos Três, a diversidade dos sinais teofânicos, a unidade da obra divina. Eles se reúnem dois a dois sobre duas linhas paralelas: acima, as relações *ad intra* precedendo a história*; abaixo, os sinais dados *ad extra* para revelar as divinas pessoas. Entre estas linhas *horizontais* se coloca a linha *vertical* da relação entre o homem e D., onde desaparece toda diferença entre os Três. Não se distinguindo por sua relação com o tempo*, eles "operam inseparavelmente", e usam de efeitos criados por sua essência-una, para ensinar que são Três *apesar* da inseparabilidade de seu ser. Assim, como não é dito que a relação da voz com o P., da pomba com o E., não é a do homem com o F., F. de D. e Filho* do homem em uma pessoa-una, Cristo se torna o simples *sinal* e não o *sinal e a realidade* de D. maior. Entre significado e significante, entre o ser e a revelação, existe uma separação que simboliza a impossível superposição das linhas horizontais e da linha vertical. Ela guarda o pressuposto pagão de um deus encerrado em si mesmo, autoriza *vestigia Trinitatis in creatura*, imagens psicológicas que se libertam do evt pascal.

No Ocidente, este esquema parece ser evidente e interpretar retamente o símbolo de Niceia (325):

"Cremos num só D., P. todo-poderoso, criador de todas as coisas visíveis e invisíveis. E num só Senhor J. C., F. de D., nascido do P. como F. único, isto é, *da* substância do P., D. *de* D., Luz *da* Luz, D. verdadeiro *do* D. verdadeiro, gerado não criado, consubstancial ao P., por quem tudo foi feito, o que está no céu e o que está na terra, que *por nós e para nossa salvação* desceu, encarnou, se fez homem, sofreu e ressuscitou ao terceiro dia, subiu ao céu, de onde virá julgar os vivos e os mortos. E no ES."

O esquema desse decreto não é o de Ag. De estrutura trinitária, é monoteísta por sua primeira afirmação, já que "um só D." não designa a T., mas o P., *fons omnius Trinitatis, Pantocrator*, rei do universo novo. A segunda afirmação não visa primeiramente o F., embora sua primeira parte ligue ao P. este momento filial, mas "um só Senhor J. C.", aquele cuja segunda parte da afirmação recorda o caminho entre nós. Querendo-se fiel às Escrituras, o símbolo salvaguarda sua *lectio difficilior* usando expressões que não estão na Escritura. Que Jesus, F. de D., seja "*da substância do P.*", isso significa que sua geração é uma *verdadeira* geração no sentido próprio do termo, implica que Ele seja: "*gerado não criado*". Esta negação tem por corolário que Ele é "*consubstancial* ao P.*" O termo *homoousios* se compõe do adjetivo *homos* e do substantivo *ousia*, que possui então o mesmo sentido que *hypostasis*: "o que está colocado na existência", o F. tem portanto a mesma substância que o P., de quem ele vem por verdadeiro nascimento. Ele é *substancialmente* D. como o P.

A distância entre Ag. e Niceia* possui outra dimensão. Ela aparece no desenvolvimento do artigo sobre o E. no primeiro concílio de Constantinopla* (381):

"[Cremos] no ES, que é Senhor e que dá a vida; ele procede do P; com o P. e o F. recebe a mesma adoração e a mesma glória; falou pelos profetas*. Na Igreja, una, santa, católica e apostólica. Confessamos um só batismo para a remissão dos pecados; esperamos a ressurreição* dos mortos e a vida do século por vir" (*DS* 150).

O E. está ligado à Igreja, e as fórmulas que lhe dizem respeito não retomam o registro da substância utilizado para o F. Elas se enraízam na liturgia* que rende graças e glória* a D.

Se se objetar um afastamento possível entre o Símbolo e o NT, responder-se-á:

1/Há somente seis empregos da palavra *theos* que dizem respeito ao F.: Jo 1,1; 1,18; 20,28; Rm 9,5; Tt 2,13; 1Jo 5,20. Todos os outros, a quase totalidade, designam o P. de Jesus, nenhum o ES.

2/Todos os grupos de versículos que têm o ternário P., F., E., numa ordem ou noutra, coordenam estes três nomes ao evt da "filantropia" (Tt 3,4) paterna. Quaisquer que sejam os contextos, nunca se omite que a Igreja fala acolhendo o E. da promessa* que configura ao F., único caminho rumo ao P. Se uma distinção é feita, não é entre um D. *em si* e um D. *por nós*, mas entre o que permanece *oculto* e o que é *manifestado*; o P. sendo *oculto* e o F. que o revela em plenitude sendo *manifestado* pelo E. que desdobra suas riquezas na Igreja.

Após desqualificação de todo estrato que ordene P., F. e E. sob uma mesma noção prévia do divino, vinda da filosofia antiga, que fazer senão buscar um esquema mais fiel às Escrituras, cujo inaudito os concílios* quiseram abrigar? Eis o de Basílio* de Cesareia:

"Quando, sob a influência de uma força iluminadora, fixamos os olhos na beleza* da Imagem do D. invisível e, por ela, nos elevamos até o espetáculo arrebatador do Arquétipo, o E. de conhecimento é inseparável disso, ele que dá *em si mesmo* a força de ver a Imagem àqueles que amam olhar a Verdade. Ele não a faz descobrir do exterior: é *nele* que ele leva a reconhecê-la. Assim como 'ninguém conhece o P. a não ser o F.' (Mt 11,27), assim 'ninguém pode dizer: Jesus é Senhor, senão no ES' (1Cor 12,3) [...] Assim é *nele* que ele mostra a glória do Unigênito e *nele* que ele dá aos verdadeiros adoradores a ciência de D. O caminho do conhecimento* de D. vai, portanto, do E., que é UM, pelo F., que é UM, rumo ao P. que é UM. Em sentido inverso, a bondade nativa, a santidade* segundo a natureza e a dignidade escoam do P. pelo Unigênito rumo ao E. Assim confessamos as hipóstases sem arruinar a doutrina ortodoxa da monarquia" (*Tratado do ES*, SC 17 bis, XVIII, § 47).

Não há mais distinção entre *esse* e *operari* de D., mas uma só linha *vertical* vai de baixo para cima como caminho de conhecimento, e de cima para baixo como escoamento dos bens. O E. e a Igreja são indissociáveis. A missão do E. em relação ao F.: esclarecer do interior o que Jesus disse e fez por nós, é posta em paralelo com a do F. em relação ao P.: mostrar sua imagem. Desta Tríade, o P. é fonte; sua monarquia é administrada por "suas duas mãos" (Ireneu*, *Adv. Haer.* IV, VII, 4), o F. e o E., e não é o caso de tratar sucessivamente de uma natureza comum e das relações que a diversificam, mas de louvar uma comunicação da qual o P. é o princípio de unidade:

> "UM, D. o P.; UM, o F. Unigênito; UM, o ES. Enuncia-se isoladamente cada uma das hipóstases e, se é necessário *conumerá-las*, não nos deixamos ir, por uma numeração ininteligente, a uma concepção politeísta" (*op. cit.*, XVIII, § 44).

A distinção eterna das hipóstases não faz número com as flechas verticais que articulam a relação temporal do homem com o P.; assim, Basílio pensa trinitariamente o caminho do homem como um poder de habitar *no* E. — a rota que o F. traçou "em sua carne" (Hb 10,20) rumo ao P.

c) Ressurreição do Filho e sobre-eminência de Deus. — Se a liturgia, rogando ao P. *pelo* F. *no* E., se harmoniza com o dizer bíblico, o esquema de Basílio abre este vínculo entre T. e sobre-eminência que remete dorso contra dorso, como figuras do mesmo desprezo, teísmo e ateísmo? Todavia, se a *economia* que concerne nossa salvação* e a *teologia* que celebra a divindade são unidas uma à outra, a distância de D. não desaparece quando é sublinhada sua doação? D. não é tornado tão dependente que seu absoluto se esvaneceria ao manter seu ser numa relação? Para mostrar que a coincidência entre doação e distância conserva a amabilidade de D. (Rm 11,35) melhor que toda representação de um *fundamento* anterior à criação*, basta retornar ao relato de Basílio:

> "Como eu orasse com o povo, e terminasse desta dupla maneira a doxologia a D. P., ora 'com' (*meta*) o F., 'com' (*syn*) o ES; ora 'pelo' (*dia*) F., 'no' (*en*) ES, alguns dos que estavam lá nos acusaram, dizendo que tínhamos empregado expressões estranhas, contraditórias" (*op. cit.*, I, § 3).

A primeira doxologia, considerada pela heresia* como uma *subnumeração* supondo termos medianos sobre uma linha, diz a *mediação* entre D. e o homem. A segunda diz a *teologia*. Declarando a igualdade de honra entre os Três, a inseparabilidade de sua dignidade, ela estende ao E., com outras palavras, o que Niceia afirmava do F. Uma *doxologia* é uma *representação*? A justificação da *conumeração* do E. transpondo a da consubstancialidade do F., é dada quando Basílio precisa que as doxologias são tanto menos contrárias quanto se completam:

> "Se contemplarmos a grandeza da natureza do Unigênito e a sobre-eminência de sua dignidade, testemunharemos que é *com* o P. que lhe cabe a *glória*. Se pensarmos nos bens de que ele se libera para no-los oferecer, ou então no nosso acesso pessoal junto de D., na nossa entrada em sua familiaridade, é *por* ele e *nele* que confessamos ter recebido esta *graça*. Assim, uma das duas locuções é própria a proclamar a *doxologia: com quem*; a outra é mais bem escolhida para *dar graças: por quem*" (*op. cit.*, VII, § 16).

Falar de graça* principesca e de glória sobre-eminente a render ao F. voltado para o P. é ler o requisitório de Paulo contra a idolatria em que todos os homens caíram em Adão*: "conhecendo a Deus, não lhe renderam nem a glória, nem a ação de graças que são devidas a Deus; pelo contrário, eles se transviaram em seus vãos raciocínios" (Rm 1,21). É recolher o que o evt da Páscoa* restaurou, entrar na relação filial com o P. amado *em* tudo e *mais que* tudo. Cantada nos Salmos*, esta relação é a cada vez súplica, ação de graças e louvor*. Transbordado pelo E. que o faz gritar: "*Abba*, P.!" (Rm 8,17), o cristão faz sua a oração* de Jesus. Com ele, ele se sabe mais pobre que o pássaro que D. alimenta. Os múltiplos *bens* de que ele precisa, ele não os toma lá onde os encontra, sem nada fazer de mais. Adquirindo-os por seu trabalho*, ele os pede ao P. a cada dia. Assim ele recebe seu pão sem preocupação com o amanhã, e este pão o alimenta verdadeiramente porque é recebido nesta amabilidade. É *pão e mais que pão*, tomado em *eucaristia** como dom de um doador que faz disso um sinal de sua bondade e promete bens mais elevados. É um "pão mais que substancial" (Mt 6,11), comido com *gratidão* como benefício de um benfeitor a louvar como tal na *doxologia*, na segurança de que sua comunhão* é melhor que todos os bens que fluem deste encontro. Para este crente que não busca penhora, cuja intenção se volta para a origem, a súplica pelo pão e o louvor* do Nome* não se disjungem. Ao dizer: "Pai-Nosso que estás no céu, que teu Nome seja santificado" (Mt 6,9), ele se sabe atendido em sua demanda, já que reconhece em D. seu P. e o santifica. Ele recebe sua oração* como uma relação que só se pode exercer desejando-se mais viva, como um bem entre outros, que os ultrapassa e reúne em seu ímpeto rumo ao Outro, sem nenhuma separação entre *eucaristia* e *doxologia*, escoamento dos bens e caminho de conhecimento. Então se unem *dia* e *meta*, já que não há nem *louvor* do doador mais amável sem *ação de graças* por seus dons, nem *eucaristia* sem *doxologia* confessando sua *ousia* como reserva superindizível de bens sempre mais dignos de sua bondade. Aqui divergem o sentido usual, representativo das palavras *essentia* ou *substantia* e o sentido original que lhe dão os Padres, Gregório* (G.) de Nissa por exemplo:

"Suponhamos que alguém se aproxime [da fonte original]. Ele admirará esta água infinita que não cessa de jorrar e de se difundir. Mas não poderia dizer que viu toda a água: como poderia ver o que ainda está oculto no seio da terra? Por mais tempo, a seguir, que ele permaneça junto da fonte, ele sempre estará no início de sua contemplação da água. Pois a água não cessa de se difundir e sempre recomeça a jorrar. Assim acontece com quem olha para a beleza divina e sem limite: o que ele descobre incessantemente se manifesta a ele como sendo absolutamente novo e espantoso em relação àquilo que ele já captou; assim, ele admira aquilo que, a cada instante, se lhe revela e não cessa nunca de desejar mais, pois o que espera é ainda *mais magnífico e mais divino* do que o que já viu" (*11ª Homilia sobre o Cântico*, PG 44/997C-1000C).

Visto que a *ousia* paterna é recebida como a fonte oculta do transbordamento mais divino que a revela, segue-se que quanto mais cresce a eucaristia, mais se eleva o louvor:

"Quando o Apóstolo rende graças 'a D. *por* J. C.' (Rm 1,8) e diz ter recebido 'por ele a graça de ser apóstolo, a fim de conduzir à obediência da fé todos os povos pagãos' (Rm 1,5), ou quando diz que tivemos acesso *por* Cristo 'a esta graça na qual estamos estabelecidos e nos orgulhamos' (Rm 5,2), ele mostra quais são para nós as bondades daquele que *tanto faz passar do P. em nós a graça dos bens como nos introduz por Ele junto do P.* [...] Mas reconhecer a *graça* em ação, dele rumo a nós, é subtrair algo à sua glória? Não é, antes, verdadeiro dizer que toda enumeração de benefícios é um tema apropriado de doxologia?" (*op. cit.*, VIII, § 17).

Para desmascarar o arianismo*, Basílio poderia ter invocado só os nomes de Jesus próprios à sua divindade: F. único, Verbo*, Potência* e Sabedoria de D. Teria então mostrado o veneno da heresia? Para que a *kharis* vinda do P. pelo Verbo feito carne não pareça exterior à sua *physis*, mas seu transbordamento, ele junta a essa primeira classe de nomes, que dizem a *glória*, uma segunda que faz da *graça* uma "característica da natureza":

"A Escritura não nos transmite o Senhor a partir de um só nome, nem a partir daqueles que lhe revelam somente a divindade e a grandeza, mas também a partir das *características de sua natureza*. Pois 'o Nome acima de todo nome' (Fl 2,9), o do F., ela sabe dizê-lo e chamá-lo: F. verdadeiro, D. unigênito, potência de D., Sabedoria e Verbo. Mas alhures, de novo, em razão da multiformidade da graça que nos é oferecida e que, na riqueza de sua bondade, ele oferece seguindo a infinita variedade de sua sabedoria àqueles que lha pedem, a Escritura designa o Senhor sob um grande número de outros nomes: ora pastor e ora rei; alhures: médico, e mesmo: esposo, rota e porta, fonte, pão, machado, pedra. Esses nomes não evocam a *natureza* mas o caráter multiforme da *energia* concedida por misericórdia [...] segundo a particularidade de cada necessidade, àqueles que a pedem" (*op. cit.*, VIII, § 7).

Estando no singular o termo *natureza*, não se trata das duas *naturezas* de Cristo, mas de uma *eclosão* da *natureza* em múltiplos *benefícios*, de um derramamento da *ousia* como plenitude transbordante de múltiplas *energeiai*. Pois tal é o vínculo de *meta* e dos nomes que louvam a *natureza*, de *dia* e dos nomes que recolhem as *energias* diversas. Nesta segunda classe, destinada a provar a sobre-eminência visada pela primeira, um nome emerge: o de *médico* (Mc 2,17), que supõe doença e remédio. Uma doença: a soberba e a falsidade, a inveja e a violência* que deformaram a imagem de D. quando Adão quis "roubar por força a igualdade com Deus". Um remédio: o livre rebaixamento do F. que "não julgou a igualdade com D. como um butim a preservar" mas "se esvaziou" da "forma de D." em que permanecia para revestir a "forma de escravo" (Fl 2,6-7), a figura desfigurada do Crucificado, condenado em nome da Lei*, "tornado maldição para nós" (Gl 3,13). Revelando e destruindo o pecado, revelada pela sobrelevação pascal, esta *kenose* de D.* é cantada como "fraqueza de D. mais forte que os homens" (1Cor 1,25). Fonte de toda conversão*, graciosa dispensação de amor*, ela é o centro radiante onde, para além de todo pensamento, se unem serviço e realeza:

> "Cada vez que [Jesus] pôde receber a alma* mortificada pelos golpes perversos do diabo para curá-la da grave fraqueza do pecado, o nome de *Médico* lhe foi dado. Semelhantes solicitudes para conosco convidam a humildes pensamentos? Elas não provocam o espanto diante da grande potência e diante da ternura do Salvador, já que ele suportou compartilhar de nossas fraquezas e pôde descer até nossa fraqueza? Nem o céu nem a terra, nem a imensidão dos mares, os habitantes das águas, nem os hóspedes da terra, as plantas, nem as estrelas, o ar, as estações, nem a harmonia multiforme do universo, *nada prova tanta sobre-eminência de sua força* do que ter podido, ele D., ele que o espaço não pode conter, se deixar impassivelmente enlaçar na morte, pela carne, a fim de nos gratificar, por sua própria paixão, com a impassibilidade" (*op. cit.*, VIII, § 18).

De textos assim a tradição* não é avara. Em G. de Nissalemos: "Que D. tenha descido até nossa baixeza, isso mostra o transbordamento de seu poder que não conhece entrave, mesmo em condições contrárias à sua natureza" (*Catequese da fé*, nº 24, Paris, 69). Em Máximo* Confessor:

> "Se ele se entregou deliberadamente à morte, querendo-se réu em nosso lugar, nós que devíamos sofrer como réus, é claro que ele nos amou mais que a si mesmo, a nós, por quem ele se entregou à morte, e é claro — embora a expressão seja ousada — que ele escolheu, na qualidade de mais do que bom, os ultrajes, no momento desejado pela economia de nossa salvação, preferindo-os à sua própria glória segundo a natureza, como mais dignos. *Ultrapassando a dignidade de D. e transbordando a glória de D.*, ele fez do retorno a ele daqueles que se haviam afastado uma saída e uma manifestação mais extremada de sua própria glória. *Nada é mais próprio ao princípio de sua glória do que a salvação dos homens.*" (*Carta 44*, PG 91/641 D *sq*).

Vemos Anselmo conjeturando as "razões necessárias" da encarnação:

> "Das três pessoas de D., nenhuma se 'esvaziou de si mesma' com mais oportunidade 'tomando a forma de escravo' para submeter o diabo e interceder pelo homem que, por roubo, pretendera uma *falsa semelhança* com D., do que o F. que, esplendor da luz eterna e verdadeira imagem do P., 'não considerou como presa a agarrar o ser igual a D.' (Fl 2,6) mas que, por *verdadeira igualdade e semelhança*, disse: 'Eu e o P. somos um' (Jo 10,30) e: 'Quem me viu, viu o P.' (Jo 14,9)" (*Ep. de incarnatione Verbi* X).

É usar uma variante do nome enunciado no *Proslogion*: "Cremos que Tu és algo de tamanho que nada maior pode ser pensado" (II; 101). Nesta frase, um longo hábito faz ler a ideia do ser mais perfeito. Mas ela é uma proposição de fé. Ela não diz nem que D. é nem o que ele é, mas somente uma negação: impossível conceber maior do que ele ou circunscrevê-lo, impossível colocar-se acima dele como se ele fosse um objeto representável no ente, impossível confundi-lo com os ídolos, que sempre se pode imaginar maiores porque são obras de nossas mãos (cf. M. Corbin, *Prière et raison de la foi*, Paris, 1992, seção I)! Proveniente da revelação (Jo 15,13), ela faz retorno à revelação significando-a negativamente como o *evt* tal que nenhuma ficção sobre uma eventual salvação e nenhuma ideia de um fundamento em si podem ultrapassá-lo. Interdição do ídolo, ela é o inverso da ultrapassagem de nosso pensamento e preserva de todo embargo a doação mais que positiva significada por este outro nome: "Tu és algo de maior do que se pode pensar" (XV;

112). É aqui designada a superabundância do E. fluindo do lado traspassado de Jesus (Jo 19,34), visada a cruz como *este* "algo" de nossa história que exibe nosso pecado e traça uma cruz sobre nossas tentativas de inscrevê-lo sob o horizonte de nossos possíveis. O mesmo ocorre com o nome *médico*. Nós devíamos ser salvos dos ídolos que falseavam em nós o rosto de D., curados da doença que no-lo apresentava como um rival a destronar, liberados da projeção alienante que nos empurrava a divinizar a sabedoria ou a potência. Como uma obra de potência superlativa nos teria afundado ainda mais nesta noite, dando razão ao diabo que sugeria que D. queria "fazer sentir seu poder" (Mc 10,42), não havia remédio mais adequado a nossos desprezos do que a não potência da cruz, o amor louco, desarmado, mais sábio que o mais sábio, mais forte que o mais forte. As aparências do bem nos tinham perdido em Adão; nada era mais indicado para nos encontrar do que as aparências do mal na cruz de Jesus.

É, porém, apenas metade da verdade pois, se nada convinha melhor à nossa doença do que a cruz, nada convinha melhor à bondade de D. do que esta livre *superabundância* de misericórdia*, para nós que estávamos em grande carência, e este amor *transbordante*, "guardado no mistério durante tempos eternos, mas agora manifestado" (Rm 16,25s). Esta impossibilidade de pensar bondade mais divina que a humilde ternura adaptando seus remédios à nossa doença desfaz nossos sonhos de onipotência, quebra toda visão escalonada das naturezas, arruína a noção de D. que rege o arianismo. Anunciar "um D. homem, um Imortal que morre, um Eterno que é sepultado [...] um D. que vem de um homem, um Imortal de um mortal, um Eterno saindo do sepulcro" (Hilário, *De Trinitate* I, PL 10/35B), é ultrapassar a inteligência nativa, pôr em causa a lógica quantitativa na qual os signos *igual* e *maior* se excluem. De fato, quando quer "roubar por força a igualdade com D.", o homem mascara sua ilusão de ser mais forte, sua necessidade de dominar por medo de ser dominado, sob o álibi de uma igualdade a reivindicar. Mas a soberba que rebaixa o outro é vencida pela humildade que o tem por maior, pelo amor que "se esvazia" (Fl 2,6) da igualdade com D. rumo à maldição da cruz e que golpeia dizendo: "Se alguém ouvir minha voz e abrir a porta, entrarei em sua casa e cearei com ele, e ele comigo" (Ap 3,20). Certamente, para quem não busca a inteligência neste lugar onde se abre o louvor, onde "mais divino" é a imagem perfeita de "divino", mas quer representar a distância onde D. se mantém e esquece que colocar um objeto diante de um sujeito é negar a doação, é escandaloso pensar que pondo seu bel-prazer em se debruçar sobre o homem, em lhe lavar os pés, D. tenha mostrado e feito eclodir o que há de mais propriamente divino: este "amor" (1Jo 4,8) cuja eternidade está para além do tempo e da eternidade, esta impassível caridade cuja liberdade está para além do arbitrário e do necessário. Mas, ao abençoar o P. que "nos elegeu no Cristo antes da fundação do mundo" (Ef 1,4), Paulo ensina que o ser de D. é *mais que necessário*, já que "*pertence* à sua essência ser *superabundante*, estender-se, transbordar e se difundir para fora" (Barth, *KD* II/1, § 28), que o ser de D. é mais alto que o ser necessário da metafísica, já que ele liga sua glória à nossa renovação na caridade. Paulo o aprendeu de Jesus, que disse: "haverá alegria no céu por um só pecador que se converta, mais do que por noventa e nove justos que não precisam de conversão" (Lc 15,7).

Dessa coincidência sem confusão da natureza* e da *graça*, Basílio e G. de Nissa falam nomeando *periousia* a superabundância da *ousia*. Anselmo, superpondo a *kenose* e a eterna *igualdade* do F. com o P. Na cruz, o Bem* para além de todo bem se revelou em sua forma *própria*. Todos admitem a equivalência entre "D." e "ressurreição" que aparece numa fala de Jesus: "São semelhantes aos anjos e são filhos de *D.*, sendo filhos da *ressurreição*" (Lc 20,36); e num discurso de Paulo: "D. *ressuscitou* Jesus como está escrito nos Salmos: Tu és meu F., hoje mesmo te *gerei*" (At 13,33). Eles veem que não existe salvação mais alta que a da cruz, não que eles limitem a potência divina ao não fazer da encarnação um possível entre outros, mas porque esta potência é a do amor que faz ser o outro, em comunhão transbordante, e que D. só pode revelar o que lhe agrada. Eles dizem que nada é mais próprio à *glória* de D. que sua livre *graça* por nós, que receber o nome do P., do F. e do ES não é nem projetar um objeto supremo — pois *D. é D. transbordando a dignidade de D.* —, nem buscar uma representação, mas se manter na relação filial com o P. — assim o que eles dizem só é avançado como apoio para uma oração que escuta a Palavra. Esta é a única resposta às heresias ariana e modalista que só sabem DOIS ou UM, mas nunca a doação abrindo a comunhão onde se é UM permanecendo DOIS. Pois, longe de negar a natureza por uma dependência ou de se acrescentar a ela como um apêndice, a *graça* é sua *repetição transbordante*. E, longe de negar *meta* (com) que louva a igualdade entre P. e F., *dia* (por) que acolhe a mediação de Jesus é tanto mais interior ao P. porquanto ele lhe desvela a eternidade e lhe permite superabundar. Basílio escreve-o ao abordar os nomes do ser do F. com o P.:

"Quem me vê também vê o P." (Jo 14,9): não a figura ou a forma do P., pois a *natureza* divina é pura de toda composição, mas *a bondade do querer* que, coincidindo com a essência, é vista como semelhante e igual, melhor como o mesmo no P. e no F. Que significa: "Tendo-se feito obediente" (Fl 2,8)? E: "Por nós todos ele o entregou" (Rm 8,32)? Que vem do P. o agir pleno de bondade do F. pelos homens (*op. cit.*, VIII, § 21).

Impossível falar do P. e do F. sem ouvir Jesus dizer que "o P. é maior que [ele]" (Jo 14,28) e que ele é "um" (Jo 10,30) com o P. A essência que se comunica do P. ao F. como uma promessa inesgotável de bondade "coincide" com um querer de ternura "que se transmite por toda eternidade ao modo de uma forma que se reflete num espelho" (*op. cit.*, VIII, § 20). E o F. é perfeita semelhança do P., eterna "imagem do D. invisível" (Cl 1,15), na obra de sua paixão em que seu amor louco é *sinal e realidade* do amor paterno. Daí esta frase: "A glória é comum ao P. e ao F., e é *com* o F. que nós oferecemos a doxologia ao P." (*op. cit.*, VII, § 16). Ela tem dois sentidos: é *com* o F. que rendemos graças e glória ao P.; é *ao* P. e *ao* F. de onde provêm todos os bens que oferecemos a doxologia. Ela

significa, portanto: a relação do F. com o P. maior é tanto maior porquanto é o *caminho* que nos leva, e tanto melhor dispensadora dos bens do P. porquanto é traçada em seu coração como o segredo que nos habita e nos ultrapassa.

2. *A efusão do Espírito Santo*

a) A confissão batismal. — Resta celebrar o E. de uma maneira que honre a mediação do F., receber esta chaga que abre nosso coração ao Bem que supera todo pensamento porque liga seu futuro ao nosso. Se se trata de abertura para mais, não podemos esquecer que Tomás de Aquino nomeia o E. quando considera (*CG* IV, XXI):

1/ *a amizade inaugurada entre D. e nós*, enquanto reciprocidade do amor que leva D. a nós e nós a D., enquanto habitação de D. em nós e de nós em D. (Jo 14,23);

2/ *a partilha dos segredos de D.*, na medida em que o E. ilumina do interior aquilo que Jesus revela em nome do P. (Jo 16,13), escruta as profundezas de D. (1Cor 2,11), manifesta o mistério e suscita no crente uma palavra profética;

3/ *a comunicação dos bens de D.*: nossa criação (Sl 103,30), nossa purificação por supressão de nossos ídolos e sujeiras (Ez 36,25), nossa vivificação por uma presença mais que íntima (Sb 1,7), nossa santificação na verdade (2Ts 2,13), nossa introdução na filiação (Rm 8,17), nossa consolação na contemplação* de D. (2Cor 3,18), nossa ressurreição futura (Rm 8,11);

4/ *nossa livre obediência aos mandamentos* de D.*, o Evangelho da graça (Ef 2,8) sendo o da liberdade* (Gl 5,13).

"O amor de D. derramado em nossos corações pelo ES" (Rm 5,5) sendo o amor de D. por nós e nosso amor por D., o E. oferecendo-nos o que jorra de nós mesmos, Tomás interpreta (*op. cit.*, XIX) sua efusão como uma vinda "por sua própria substância" e "por seus efeitos". Ele aproxima esta *sinergia* de graça e liberdade com os textos em que Ag. recorda que a Escritura atribui frequentemente à causa aquilo que é do efeito, pois D. se faz nosso refúgio quando nos refugiamos nele. Basta então dizer que D. se dá como o princípio oculto de nosso caminho rumo a ele para que se siga esta proposição: já que o E. nos lembra o que Jesus disse e fez por nós (Jo 14,26), já que ele recebe o bem do F. para que nós o partilhemos e o glorifiquemos (Jo 16,14) mostrando-nos que "Jesus é Senhor" (1Cor 12,3), já que ele faz de nós filhos que assumem a oração do F. único (Gl 4,6), *ele é nomeado quando transborda no mais íntimo que nosso íntimo o caminho de Jesus rumo a seu P. maior.* Ele nos permite ouvir o que dizem o P. e o F. para nos chamar à vida, ele inscreve "no fundo de nosso ser" (Jr 31,33) a caridade que é "a substância mesma de D." (Bernardo*, *Tratado do amor de D.* XII, § 35), e é nomeado quando dizemos: "Não sou mais eu que vivo, mas Cristo que vive em mim" (Gl 2,20). Pois descentrar-se rumo ao mais alto, "amar ainda mais ardentemente porque se sente amado antes de poder amar" (Bernardo, *Sermão 45 sobre o Cântico*, § 8), é viver uma relação dada e ordenada *no* E., ser tomado sob a sombra (Lc 1,35) daquele que se apaga sob nosso próprio apagamento. Se, pois, o E. não se separa de Jesus, "único mediador entre D. e os homens" (1Tm 2,5), e se a mediação do F. é tanto mais interior ao P. quanto melhor lhe manifesta a bondade, a mediação do E. é a da *interiorização*, no mais profundo que nosso fundo, daquilo que foi feito pelo P. e pelo F. antes que o soubéssemos. E confessar o E. do P. e do F. é receber a deidade mais que essencial que se faz o ser de nosso ser, louvar o *Deus intimior intimo meo et superior summo meo.*

Que seja preciso distinguir mediação "objetiva" do F. e mediação "subjetiva" do E., luz interior iluminando ao mesmo tempo a Imagem que se oferece e o olho convidado a gozá-la, Basílio o recorda frequentemente:

"Ele, como um sol que se apodera de um olho puríssimo, te mostrará *nele mesmo* a Imagem do Invisível e, na bem-aventurada contemplação da Imagem, verás a indizível beleza do Arquétipo [...] Como os corpos límpidos e transparentes se tornam, eles também, cintilantes quando um raio os atinge, e *por si mesmos* refletem um outro brilho, assim as almas que levam o E. se tornam espirituais também e repercutem a graça sobre as outras" (*op. cit.*, IX, § 23).

Como o E. oferece *em si mesmo* ver *por nós mesmos* o F. falando do P., sua mediação é ainda menos separável do P. e do F. porque nos permite tornar-nos filhos no F. único voltado para o P. Mas, se ela abre *pela fé* o caminho rumo ao P. que o F. selou em sua Páscoa e o conhecimento dos bens reunidos e difundidos no envio de Jesus por D., a linha que, subindo do E. pelo F. rumo ao P., desce rumo à Igreja deve dar lugar a outra figura. Ela traça o paralelo entre as duas voltas do F. para o P., das quais ele é o exegeta e do E. para o F. cujo caminho ele ilumina, mas não mostra nem a diferença das duas mediações nem o vínculo direto do E. com o P. do qual ele "procede" (Jo 15,26). Mas, se o E. dado pelo P. e pelo F. é o amor mútuo deles, a paz* deles, se sua efusão nos abre à presença interior do P. e do F., ao mistério do *Deus intimior intimo meo*, se o E. que é dado não se separa da Igreja que o recebe, é preciso reconhecê-lo como *transbordamento da comunhão transbordante do P. e do F.,* ou *comunhão transbordante do P. e do F. transbordando sobre nós que cremos, exundantia plenitudinis [Christi]* (Anselmo, *Cur Deus Homo* II, XIX; 131), e não é mais possível falar de uma *comunhão* entre os Três, pois esta pericorese ou circunsessão* operaria entre P., F. e sua comunhão mesma. Na *conumeração* dos Três, uma diferença, pois, deve ser marcada entre as palavras sobre o P. e o F. e a palavra sobre o E. Ela aparece em Hilário* de Poitiers em sua exposição do mandamento batismal onde o "Nome" está no singular enquanto Três são nomeados:

O Senhor diz: "Ide, pois: de todas as nações fazei discípulos, batizando-as em nome do P. e do F. e do ES, ensinando-as a guardar tudo o que vos ordenei. Quanto a mim, eis que estou convosco todos os dias, até a consumação dos tempos" (Mt 28,19s). Do mistério da salvação dos homens, o que há que não esteja aí contido, ou deixado de lado, obscuro? Tudo ali é plenitude como proveniente d'Aquele que é plenitude e perfeição: simultaneamente os termos são indicados, as realidades colocadas, os problemas situados, a natureza explicada. Ele mandou batizar "em nome do P. e do F. e do ES", isto é, professando a fé na Fonte, no Unigênito e no Dom. A fonte de toda coisa é única, já que existe um só D., o

P., "de quem são todas as coisas", um só Unigênito, N.S.J.C., "por quem são todas as coisas" (1Cor 8,6) e "um só E." (Ef 4,4), dom em todas as coisas. Todas as coisas são ordenadas segundo suas virtudes e seus méritos; único é o poder de quem provém todas as coisas, único seu rebento por quem são todas as coisas, único o Presente (*munus*) de perfeita esperança. E não se descobrirá nada que falte a um cumprimento tão acabado: no P., no F. e no ES se encontra a infinidade no Eterno, a beleza na Imagem, o uso no Presente (*De Trinitate* II, § 1; PL 10/50 C-51A).

As fórmulas acerca do E. são invertidas em relação àquelas que designam o P. e o F. Ao passo que estas chamam, para designar o E., a fórmula *"em quem* são todas as coisas", nós lemos:

1/ *"que é* em todas as coisas", o que significa: a deidade flui como comunhão onde nascem a ação de graças e o louvor;

2/ "Presente de perfeita esperança", o que visa o gemido universal rumo à "liberdade da glória dos filhos de D." (Rm 8,21);

3/ "uso no Presente", o que não diz em primeiro lugar o mútuo gozo do P. e do F., mas nosso próprio júbilo de ser dados como irmãos ao F. e de ter um P. para quem existimos.

Por três vezes, o E. é venerado como o Dom superabundante a nós enviado pelo P., dando-nos seu Único, e pelo F., dando-nos livremente sua vida dada.

b) A restituição da Glória. — Deste dom comum, profuso, trata-se na exegese* hilariana (*op. cit.*, III, § 9-16; PL 10/80 C-85C) da oração que Jesus pronuncia em Jo 17,1-5 e que surpreende ainda mais porque não menciona o E., mas seus frutos: amor, alegria, conhecimento do "Nome", glória, unidade. Eis a introdução:

> Testemunha por nós das coisas divinas a partir de nossos próprios [bens], o F. de D. podia, por meio das enfermidades da carne, nos pregar um D. P., a nós os enfermos e os carnais. Nisso ele cumpria a vontade do D. P., segundo o que ele diz: "Não vim fazer minha vontade, mas a vontade daquele que me enviou" (Jo 6,38); não que ele mesmo não queira o que faz, mas porque fazendo a vontade paterna ele manifesta sua obediência, querendo ele mesmo cumprir a vontade do P. (III, § 9).

Para defender a *nativitas Dei* que é comunicação da *natureza* e natureza comunicada,

Hilário relembrou Caná e a multiplicação dos pães, sublinhou que nestes milagres* de superabundância gratuita, inexplicável, Jesus não tinha "nenhuma necessidade de nós para ornar de louvores, como se lhes faltassem, tais obras inefáveis" (§ 7). Citou a palavra da cruz que converte a loucura em mais que sabedoria. Antes de ler a oração de Jesus à luz de um paradoxo que abre uma superabundância, ele enfatiza que o F. manifesta sua livre vontade de obedecer à vontade do P., não para "nos fazer sentir a onipotência de D. na criação das coisas", mas para nos anunciar que "D. é o P. deste F. que nos fala" (III, § 22). Transcrevendo o primeiro versículo: "P., é chegada a hora, glorifica o teu F., a fim de que o teu F. te glorifique", mostrando que se trata da paixão e da ressurreição, Hilário ressalta uma circularidade: o P. glorificará o F. que o glorificará. É a ruína da heresia ariana que via uma inferioridade de natureza no fato de ser glorificado:

> Aí está, a hora em que ele roga ao P. que o glorifique, de modo que ele mesmo glorifique o P. Que é isso? Se Ele espera ser glorificado para glorificar, se pede uma honra para retribuí-la, teria ele necessidade daquilo que vai dar por seu turno? [...] O Senhor disse: "P., é chegada a hora". Ele designou a hora da paixão, porque é no momento da paixão que ele usou esta linguagem. Depois disso, acrescenta: "Glorifica teu F." Mas como o F. devia ser glorificado? (III, § 10).

Se o F. pede uma honra que ele devolverá ao P., como pode ter necessidade de algo que ele vai dar, não tê-lo quando o pede? O sentido representativo do comparativo "maior" atribuído ao P. por Jesus e a inversão imediata de "maior" para o P. em "menor" para o F. já são suspeitos. Mas como dizê-lo sem ver como o P. glorifica o F. nesta paixão que contradiz sua glória? Basta ler as narrativas* da Sexta-feira Santa:

> O centurião da coorte, em sentinela diante da cruz, proclama: "Verdadeiramente, este era o F. de D." (Mt 27,54). A criação se liberta de ter de intervir neste crime, as pedras não conservam sua solidez e sua força, os que o haviam fixado na cruz confessam-no verdadeiramente F. de D. O efeito se harmoniza com a súplica, porque o Senhor tinha dito: "Glorifica teu F." Ele testemunhara que é o

F., não somente de nome, mas também pela propriedade como diz a palavra *teu*" (III, § 11).

Assim, o F. é glorificado pelo P. quando o homem, ao pé da cruz, reconhece-o *verdadeiro* F., "por origem e não por adoção", entregue pelo P. como dom tal que mais principesco não existe, unido ao P. por uma união mais que indizível, a da origem. Esta glorificação pelo P. é também a glorificação pelo E. (Jo 16,13) que faz eclodir em nossos corações outrora fechados a acolhida maravilhada do dom. Pois só há dom verdadeiro se recebido. Isso implica a inferioridade do enviado, diante daquele que, enviando-o, exaltando-o, glorificando-o, seria mais poderoso? Ário pode citar a palavra de Jesus: "O P. é maior do que eu?". Nós lhe responderemos pela distinção clássica: Jesus é *igual* ao P. enquanto F. de D., *menor* enquanto F. do homem? Mas sabemos o que significa "maior" quando usamos essa palavra para falar de D. em relação ao homem? A majestade de D. "ultrapassa toda inteligência" (Fl 4,7), inclusive nossas imagens do alto e do grande. Sabemos também, por nós mesmos, o que se passa em D. e no homem? Nós o aprendemos no "caminho" (Jo 14,6) que Jesus traçou rumo ao P. Lá descobrimos, cada vez melhor, sem cessação possível, a verdade desejada. A resposta usual, portanto, tem de ser prolongada, examinando-se a totalidade do versículo em questão: "Ouvistes que eu vos disse: 'Eu vou, e venho a vós'. Se me amásseis, vós vos alegraríeis por eu ir para o Pai, pois o Pai é maior do que eu" (Jo 14,28). Ao repetir: "Eu vou, e venho a vós", o que anuncia Jesus senão a Páscoa em que, subindo para o P., ele encontra os seus? Ao convidá-los a se alegrar, o que lhes promete senão o E. que é o fruto de sua partida? Ele não estará mais presente *ao lado deles*, mas de uma maneira mais nobre, *neles, no E.* que ele recebeu do P. para difundi-lo "sem medida" (Jo 3,34). Os evangelhos* não poderiam ter nascido sem este E. que "introduz na verdade" (Jo 16,13), nem os discípulos poderiam reconhecer o livre rebaixamento de seu mestre sem descoberta, *no* E., de que Jesus é "o mesmo" (Hb 13,8) em sua humildade de servo e em sua elevação de rei. O Evangelho é, pois,

o fruto da Páscoa. Assim, aquele que declara: "O P. é maior" é Jesus "gratificado com o Nome acima de todo nome" (Fl 2,9), e diz: "Eu estou no P. e o P. está em mim" (Jo 14,10). Donde o paradoxo em que se superpõem natividade e glorificação:

O P. é maior, desde o momento em que é P.; mas o F. desde o momento em que é F. não é menor. A natividade do F. constitui o P. maior; mas a natureza desta natividade não suporta que o F. seja menor. O P. é maior, no momento em que é rogado a dar a glória ao homem assumido; o F. não é menor, no momento em que retoma a glória junto do P. Dessa maneira se cumprem o mistério da natividade e a economia da incorporação. Pois o P. é maior, no momento em que é P., e glorifica agora o F. do homem; ao mesmo tempo, o P. e o F. são UM no momento em que o F. nascido do P. é glorificado neste P. após a assunção de um corpo terrestre" (*op. cit.*, IX, § 56, PL 10/327 A-B).

É atestar a reversão operada na cruz. Em vez de reiterar o pecado de Adão imaginando um "maior" preocupado em dominar, buscando "roubar a igualdade com D.", mascarando sua vontade de destroná-lo, de se fazer maior, sob uma reivindicação de igualdade, o Cristo livremente "se esvaziou de si mesmo" (Fl 2,6-7). Amando-nos mais que a si mesmo, amando ao P. mais que a si mesmo, ele fez irradiar e transbordar, em contraimagem, a bondade do P. e, nesta *kenose* em que o amor é ainda mais amável, nesta livre obediência que o deixa ser maior já que é fonte, o P. reconheceu sua verdadeira semelhança, deixou transbordar sua própria superabundância. Assim, quando Jesus roga àquele a quem chama "maior", aparecem sua igualdade de glória e sua unidade de natureza. Sua glorificação é a do P.:

"Que o F. te glorifique". O F. não é fraco, ele que tem de devolver a mesma glória quando tiver sido glorificado. Mas, se não é fraco, o que tinha a pedir? Só se pede aquilo de que se carece. Por acaso, o P. também seria fraco? Ou teria sido tão pródigo de seus bens que seria necessário que o F. lhos devolvesse glorificando-o? Mas nada faz falta a um, nem o outro deseja nada, e no entanto *eles se farão um dom mútuo.* Pedir a glorificação a dar, devolvê-la em troca, isso não tira nada do P. nem enfraquece o F., mas mostra em ambos a mesma potência da divindade, já que o F. roga ao P. que o glorifique, ao passo que o P. não desdenha ser glorificado pelo F. É mostrar a unidade de potência no P. e no F. por esta reciprocidade no dom e na restituição da glória (III, § 12).

Se a glorificação do F. implicasse sua inferioridade, por causa de uma necessidade, a do P. implicaria a mesma inferioridade. Ora, o P. não é servido por "mãos humanas, como se ele carecesse de alguma coisa, pois ele dá a todos a vida e a respiração e tudo o mais" (At 17,25). O F., portanto, de nada carece e, longe de significar uma necessidade mútua, a circularidade da glorificação entre P. e F. indica, antes, uma *superabundância de desejo*, para além de toda necessidade: "Eles se farão um dom mútuo". Tal superabundância pode não estar no cerne de sua comunhão? Sendo o Outro promessa de mais, pode ela não *transbordar* sobre outros como uma efusão graciosa da "reciprocidade no dom e da restituição da glória"? Certamente, a divindade não tem necessidade nem mudança, ela é o que é, e sua eternidade não sofre "nem falha, nem melhora, nem progresso, nem dano" (III, § 13). Mas, se o P. e o F. são glorificados um pelo outro, como recuperam o que jamais perderam e recebem o que não lhes falta? A questão proíbe toda imagem de Deus como autossuficiência tronando no ápice do ente, ela remete à imutabilidade da fonte que se doa, ao transbordamento mais divino de um amor igual a si mesmo em sua fidelidade. O F. mostrou isso aos beneficiários:

Tal era a glória: o F. recebera do P. "poder sobre toda carne" (v. 2) [...] A glória não é acrescentada a D. Não havia nada que lhe tivesse sido retirado para voltar a se juntar a ele. Mas pelo F. ele é glorificado junto de nós, os brutos, os desertores, os miseráveis, os mortos privados de esperança*, os noturnos privados de lei. Ele é glorificado no fato de o F. ter recebido d'Ele poder sobre toda carne para dar a esta a vida eterna*. Aí estão as obras do F. que glorificam o P. Assim o F., já que recebeu tudo, foi glorificado pelo P.; inversamente, o P. é glorificado, já que tudo se faz pelo F. (III, § 13).

Se o F. é glorificado pelo P. quando nós o reconhecemos *verdadeiro* F., o P. é glorificado em retorno quando o F., recebendo tudo dele,

nos dá a vida que reside no conhecimento do P. e "daquele que o enviou" (v. 3). Esta glorificação não se faz numa "construção nova", como se D. recomeçasse sua criação do zero, mas no "único conhecimento de D.", na descoberta de que a verdade da criação é uma recriação que a ultrapassa, uma entrada na divina filiação. É *em nós* que P. e F. se glorificam num transbordamento de glória que não acrescenta nada à sua glória. Mas se a vida consiste em reconhecer o Doador, "presente dentro e fora, sobre-eminente e interior" (I, § 6, PL 10/29B), ela não é o fruto do ES? Não somos nós aqueles que o P. dá ao F. e que o F. conduz ao P. ao se descentrar rumo ao Maior, ao enviar-lhes o E. para que façam "as mesmas obras*" e "até obras maiores" (Jo 14,12)? Certamente, Hilário não se preocupa com a fé no E. Ele quer mostrar que não há "nem intervalo, nem solução de continuidade na confissão* de fé", que P. e F. são "um só *algo*" embora sejam "dois *alguém*" (III, § 14). Mas em outro lugar, ele diz que o E. é *res naturae* (VIII, § 22, PL 10/252C), "coisa de natureza", "assunto mesmo" de D. que quer "nos preparar para o dom que é ele mesmo" (Mestre Eckhart, *Instruções espirituais*, § 21). Esta ligação do E. com o transbordamento da *natura* em *gratia*, de que não podemos falar objetivando substâncias, mas numa postura de acolhida, é exposta a seguir:

"Todo o louvor do P. lhe vem do F. porque o que valer ao F. ser louvado será para o P. um louvor. Ele 'completa' tudo o que o P. quis. F. de D. [...] ele é pregado na cruz, mas na cruz do homem, D. triunfa da morte. F. de D., Cristo morre, mas em Cristo toda carne recebe a vida. F. de D., ele está nos infernos, mas ele, o homem, é elevado aos céus. *Quanto mais tudo for louvado em Cristo, mais haverá louvor para aquele por quem Cristo é D.* Eis os modos como o P. glorifica o F. na terra e como o F. por seu turno, perante a ignorância das nações e a loucura do mundo*, glorifica, graças às obras de seus poderes, aquele de quem recebe o ser mesmo. Esta troca de glorificação não diz respeito a um progresso na divindade, mas à honra recebida em ser conhecido dos ignorantes. Pois em que o P. não estava em abundância, ele de quem tudo provém, ou o que faltava ao F., ele em quem D. se comprazera em fazer habitar toda sua plenitude? O P. é pois glorificado na terra porque se cumpriu esta obra sua que ele ordenara" (III, § 15).

Nessa reflexão sobre o dom mútuo do P. e do F., o paradoxo é colocado em sua radicalidade: de um lado, a troca de glória não é um progresso em D.; do outro, quanto mais a economia de nossa salvação for louvada em Cristo, "mais haverá louvor" para o P. Há justaposição de uma *afirmação* — mais louvor advém a D. porque vivemos — e de uma *negação ultrapassante*: sua divindade não precisa de nada. Distinguindo *natureza* e *glória*, esta justaposição não é uma exterioridade entre *economia* e *teologia*, já que a *natureza* é entendida a partir do louvor, como uma promessa mais que indizível de bens, como um bom prazer tal que não haja outro maior, como uma fonte inesgotável em que podemos beber à profusão. Nesta escuta, os momentos em aparente contradição são as duas chagas de uma ferida onde flui e se celebra a sobre-eminência, tão nova quanto eterna, do amor aceitando receber algo de nós que recebemos tudo dele. Sem nada que lhe falte, D. espera o fruto que, no E., devemos dar. Pois Jesus disse: "O que glorifica meu P. é que produzais frutos em abundância" (Jo 15,8). A prova desta *summa concordia* é oferecida nos versículos que ampliam a oração inicial:

"Pai, glorifica-me junto de ti, com a glória que eu tinha junto de ti antes que o mundo existisse" (v. 5) [...] Que espera ele do P. como glorificação? O que ele tinha junto dele antes que o mundo existisse. Ele tinha a plenitude da divindade. Ele a tem, pois é F. de D., mas aquele que era F. de D. tinha começado a ser também F. do homem: "o Verbo se fez carne" (Jo 1,14). Ele não perdera o que era, mas começara a ser o que não era. Não lhe faltou o que era seu, mas ele tomou o que era nosso. *Ele reclama portanto, para aquilo que ele tomou, um progresso nesta glória que não lhe faltou.* Também, já que o F. é o Verbo, que o Verbo se fez carne, que o Verbo é F., no início perto de D., porque o Verbo era F. antes da constituição do mundo, o F. que agora se fizera carne orava para que a carne começasse a ser para o P. o que ele, Verbo, era, para que o que era do tempo recebesse a glória do que está fora do tempo, e que, transformada na força de D., na incorruptibilidade do E., a corrupção da carne fosse devorada. Eis por

que ele ora a D., eis o que o F. proclama face ao P., por quê suplica a carne. E é assim que todos o verão no dia do juízo*, traspassado, marcado pela cruz, como o foi por prefiguração no monte, como foi elevado aos céus, como está sentado à direita de D., como foi visto por Paulo, como recebeu a homenagem de Estêvão (III, § 16).

Sem esta oração insuperável, da qual Hilário não busca nenhuma explicação mas deixa reinar o movimento, não poderíamos dizer que Jesus *se tornou* no dia de Páscoa o que ele *era* desde sempre, nem derrubar a contradição entre a ausência de necessidade e o excedente de louvor em vista de uma lógica mais que lógica, a do Amor que É. Quando Jesus pede ao P. para *recuperar* a glória de que gozava "junto dele antes que o mundo existisse", é uma glória *igual* e uma glória *maior* que ele pede. *Igual* porque é a do amor que se entrega, do Cordeiro* "predestinado antes da fundação do mundo e manifestado no fim dos tempos" (1Pd 1,20), do Cristo em quem somos "eleitos desde antes da fundação do mundo" (Ef 1,4). *Maior*, pois as feridas que o F. mostra na tarde da Páscoa como um "paramento real" (N. Cabasilas, *La Vie en Christ* VI, § 15, SC 361) são as que nós lhe infligimos, das quais ele fez o remédio mais adaptado à nossa doença e mais apropriado à bondade de D. É "traspassado" que nós o veremos, na superabundância de sua ternura, no dia em que, *por ele e no E.*, teremos uma carne transfigurada e *nos tornaremos* para o P. o que ele *é* desde sempre. Assim, na Páscoa:

1/D. se revela mais divino, e este "ainda mais", que permanece mais do que se pode pensar, é sua divindade sem composição.

2/Advém o que É: a comunhão de D. e do homem que não se separa nem se confunde com a comunhão do P. e do F., porque ela repousa neste *totus homo totus Deus* (IX, § 6, PL 10/285B) que diz mais que *só* D. dizendo sua verdade, mais que *só* o homem dizendo sua verdade.

3/O homem não estando mais "fechado para o alto" nem D. "para o baixo" (K. Barth, *L'humanité de Dieu*, Genebra, 1956, p. 21), a superposição da natividade e da ressurreição do F. eclode *no* E. no mais profundo que nós, como o ser de nosso ser, "ainda não manifestado"

(1Jo 3,2), mas já idêntico ao que vem: "D. tudo em todos" (1Cor 15,28).

Se a glória *maior* dada na manhã de Páscoa ao Verbo feito carne é a glória *restituída*, igual à do Verbo voltado para D. no início, é impossível imaginar que D. seria primeiramente *em si*, encerrado em sua *physis*, e depois *por nós*, autor de uma *kharis* que não engaja seu ser. Decerto, distinguimos *physis* e *kharis*, *natura* e *sacramentum*, para recordar que D. nos ama livremente, que seu bel-prazer nos precede; mas longe de levar à representação de um Objeto supremo, esta distinção honra a manifestação do que está oculto desde sempre (Mc 4,22). Ela nos dispõe à vinda do que é, à acolhida dos bens superabundantes que o P. nos reserva, ele que não tem outra razão de deixá-las fluir senão este transbordamento de graciosa bondade. Impossível também identificar *oculto* e *manifestado* procedendo a um reatamento: seria fechamento sobre um objeto, esquecimento de que a fonte não cessa jamais de jorrar, mais clara, nas mãos que a palavra de Jesus mantém abertas.

c) *Deus é Espírito*. — Será conforme às Escrituras ligar o E. do P. e do F. ao dom mútuo que eles se fazem, dizê-lo *Dom superabundante da comunhão superabundante do P. e do F., E. de Páscoa* que nos abre ao excedente do Outro que nos escolheu por morada? A palavra de Hilário sobre o E. nos assegura que sim (II, § 29-35; PL 10/69A-75A):

Quanto ao ES, nem se deve calar, nem é necessário falar [...] Da questão de seu ser não há o que tratar [...] Se alguém exigir o sentido de nossa inteligência, lerá como nós no Apóstolo: "Filhos, vós bem que o sois: D. enviou aos nossos corações o E. do seu F., que clama: *Abba* — Pai!" (Gl 4,6) [...] Daí decorre que ele *é*, que é dado, possuído, e que é *de* D. [...] Se agora alguém perguntar por quem ele é, para quê e qual ele é, nossa resposta lhe desagradará talvez, pois diremos: é aquele por quem e de quem são todas as coisas, e ele é E. de D., dom feito aos fiéis (II, § 29).

Três paradoxos estão aqui presentes:

1/Não se deve nem falar do E., já que existe o testemunho intransponível do P. e do F., nem se calar porque alguns ainda não receberam "o E. que vem de D. para conhecer os dons graciosos que D. nos fez" (1Cor 2,12). Observe-se que o E. escapa à categoria de substância da qual nossa fala não pode nunca se abster, e que fazer dele um objeto diante de um sujeito seria negar o Dom que ele é.

2/ *"Ele é porque também é dado"*. Esta frase abrupta recusa toda separação da *physis* e da *kharis*. Identificando "ser" e "ser dado", ela une o E. à repetição transbordante da *natureza* no *sacramentum*, como se nomear o E. fosse acolher o vínculo mesmo da essência e da superabundância, este "mais que permanece mais" que é a eterna divindade, sem composição entre seu ser e seu bel-prazer. Do E. só falamos *nele*, na comunhão que ele institui.

3/ *"Ele é dado e obtido"*. Se suscita uma atitude nossa, um "mérito", o E. nos dá o que vem de nós mesmos. Criador, ele nos torna parceiros da aliança*, na liberdade.

Estes paradoxos se recolhem assim:

Alguns, na minha opinião, permanecem na ignorância e na dúvida porque veem que este terceiro termo, isto é, o ES, se ouve frequentemente do P. e do F. Mas nada existe aí que deva escandalizar: o P. como o F. é tão E. quanto santo" (II, § 30).

Já que o E. é nomeado pela reunião de duas palavras que convêm ao P. e ao F., embora sua conjunção não lhes seja nunca atribuída, eis a prova de que ele *é*, de que é *dado* por eles como sua (deles) transbordante comunhão. E. que não tem nome próprio mas que mil nomes significam, é como o ímpeto rumo ao Outro, ou o descentramento que constitui a pessoa em sua unidade. Criando-nos e recriando-nos, ele se apaga diante de nossa livre resposta, ela mesma feita de apagamento diante do Maior. Mas alguns se recusam a falar dele como "gozo e dom". Eles o confundem com o que é comum ao P. e ao F., negam que a comunhão deles subsista e seja distinta dele, citam a palavra de Jesus: "D. é E." (Jo 4,24). Que responder-lhes, senão que não leem a frase em seu contexto, como a resposta de Jesus a uma mulher que buscavam um *lugar* geográfico onde pudesse adorar a D.?

Dizer: "D. é E." não exclui o falar do ES e fazer dele um dom. Pois foi a resposta dada a uma mulher que queria encerrar D. num templo, numa montanha: tudo é em D., D. é em si mesmo, o Invisível e o Incompreensível deve ser adorado no que é invisível, incompreensível. Assim a *natureza* do presente e da homenagem é significada por este ensinamento: *D.-E. deve ser adorado em E.* Isso mostra tanto a liberdade e a ciência dos adoradores quanto a infinidade do Adorado" (II, § 31).

Se D. é tal que nada o contenha, presente em tudo e transbordando tudo, a adoração verdadeira que reconhece nele o P. de Jesus só se faz em um *lugar* correspondente a este excesso de ser e de bondade: *no ES*, que se distingue do P. e do F. que são *D.E.*, e cuja indizível superabundância responde à inesgotável comunhão do P. e do F. *No E.* nós adoramos o P. que nos dá seu F. e o F. que nos dá ao P.; e o E. que adora não é separado da "liberdade" e do "discernimento" dos adoradores que nós somos:

> O ES é único por toda parte, iluminando todos os patriarcas, os profetas, todo o coro da Lei, inspirando igualmente João no seio de sua mãe, dado enfim aos apóstolos, aos outros fiéis para fazê-los reconhecer a verdade que foi concedida (II, § 32).

No E., doação de doação, D. habita *em* nós e, segundo a reciprocidade desta habitação, sua doação é ao mesmo tempo nossa resposta ao amor que nos sobrepuja e nos ultrapassa:

> Usemos disso que nos é dado tão liberalmente, peçamos para usar deste presente muito necessário. O Apóstolo diz: "Quanto a nós, não recebemos o espírito do mundo, mas o E. que vem de D., a fim de conhecermos os dons da graça de D." (1Cor 2,12). Nós o recebemos para conhecer. [Se nossa alma] não hauriu pela fé o dom do E., ela terá, decerto, uma natureza feita para conhecer D., mas não terá a luz do conhecimento. Este presente feito no Cristo é acessível, único e todo inteiro a todos; o que não falta em lugar nenhum é dado na medida em que cada um quer recebê-lo, conservando-se na medida em que cada um quer merecê-lo. Eis o que está conosco até a consumação dos séculos (II, § 35).

Assim como não há visão sem luz iluminando a coisa e o olho, também não podemos fazer aquilo para que somos feitos se não haurirmos, pela *fé* que é seu fruto em nós, "a água viva" (Jo 4,10) do encontro. Haurir é responder por nós mesmos ao dom por um desejo que "pede, merece e guarda". Reencontra-se assim a ora-

ção, relação filial com o P., *epectase* (Fl 3,13) em direção a bens cada vez mais elevados "por começos que não têm fim" (G. de Nissa, *8ª Hom. sobre o Cântico*, PG 44/942C). Ela é tão intimamente levada, transbordada pela de Jesus que o E. preenche nossos corações transbordando-os e fazendo transbordar.

Será preciso interrogar-nos sobre as noções de *essência* e de *pessoa*? Como o primeiro termo não designa um fundamento metafísico, mas a plenitude de amor e de vida que se dá, a "boa medida, socada, sacudida, transbordante" prometida aos que seguem Jesus (Lc 6,38), mais vale fazer do segundo um conceito *auxiliar* remediando a impossibilidade de pensar e de dizer o que são os Três enquanto três:

> Se se pergunta: três o quê (*tres quid*)?, a palavra humana está em grande dificuldade e total penúria. Diz-se bem: três *pessoas*, não para dizer, mas para não se calar (Ag., *Trin.* V, IX, 10, BAug 15).

É preferível também meditar o centro da fé:

> "D. é amor. Eis como se manifestou o amor de D. entre nós: D. enviou seu F. único ao mundo, para que vivêssemos por meio dele. Nisto consiste o amor: não fomos nós que amamos a D. mas foi ele que nos amou e nos enviou seu F. como vítima de expiação por nossos pecados. Caríssimos, se D. nos amou a tal ponto, nós também devemos amar-nos uns aos outros. A Deus ninguém jamais contemplou. Se nos amarmos uns aos outros D. permanece em nós e seu amor em nós é perfeito. Nisto reconhecemos que permanecemos nele e ele em nós, ele nos deu o seu Espírito." (1Jo 4,8-13).

É uma *definição*? Para que entendamos sob "D." o P. de Jesus e o nosso, não um *em-si* apical, João recorda que D. "enviou seu F." e "deu o seu E.". Para que entendamos sob "amor" a livre superabundância da fonte, não um princípio objetivado, ele diz como o amor "se manifestou": na loucura mais que sábia da cruz. Para que abandonemos as ilusões representativas, ele sublinha que "a D. ninguém jamais contemplou". Para que não concluamos que ele é incognoscível, João nos convida a conhecê-lo obedecendo ao mandamento novo. Assim, João substitui um conhecimento de D., *segundo a visão* que captaria por imagem ou conceito o que ele é, pelo conhecimento *se-*

gundo o amor que consiste em "nos amar uns aos outros" como Jesus nos amou, em deixar D. "permanecer em nós" como P. sempre mais amável, em "nascer dele" (v. 7) no E. Destes dois conhecimentos, um pretende inscrever o segredo sob o horizonte mais vasto de nossos possíveis e se colocar acima dele: é a raiz de toda heresia. O outro entende a interdição dos ídolos pela cruz como evt o mais benéfico. Ele a recebe como o reverso de uma doação mais principesca do que se possa pensar. Ele se lança com gratidão para a fonte, obedece ao chamado permanente de Jesus: "Se alguém tem sede, que venha a mim e beba" (Jo 7,37).

Michel CORBIN

→ *Cristo/cristologia; Deus; Espírito Santo; Filioque; Pai; Ser; Verbo.*

TRITEÍSMO

a) Patrística. — Na polêmica anticristã, a acusação de triteísmo trai um desconhecimento da Trindade* cristã, em que os polemistas só percebem uma tríade de seres divinos. E como termo de heresiologia, *triteísmo* (t.) designa uma teologia* trinitária que dá a cada uma das três pessoas* divinas um modo de ser concebido à maneira do modo de ser do indivíduo — uma teologia trinitária que, portanto, levada às suas últimas consequências lógicas, distende de tal maneira o vínculo das pessoas divinas que a acusação de t. apenas tira dela as conclusões extremas. As diferentes formas de t. são todas tributárias de concepções filosóficas particulares aplicadas ao que é comum às três pessoas* (isto é, sua natureza*).

No s. III, os adversários do monarquianismo (modalismo*) são acusados de di- ou triteísmo. De fato, Justino (†c. 165) utiliza o termo *heteros theos* quando fala do Verbo*. Mesmo entre os Capadócios, algumas passagens se prestam a uma interpretação no sentido do t.: Basílio* (c. 330-379) concebe, com efeito, as hipóstases como essências subsistentes determinadas por propriedades (*idiotetes*) particulares e coloca entre a *physis* (*ousia*) divina e as três hipóstases, *treis hypostaseis* (*prosopa*), a mesma relação que

existe entre a natureza* humana abstrata e os indivíduos nos quais ela se multiplica (*Ep.* 236, 6, PG 32, 884; *Ep.* 38, 3, 328; *Ep.* 214, 789; cf. *DThC* 15, col. 1671).

No s. VI, inspirado pela filosofia* de Aristóteles (aristotelismo* cristão), o teólogo neocalcedoniano Leôncio de Bizâncio (†543-544) tentou definir com precisão o sentido dos termos *hypostasis* e *physis*. Sob sua influência, difundiu-se nas escolas de Edessa, de Constantinopla e de Alexandria* a ideia de que há em Deus* três hipóstases, exigindo cada uma uma natureza concreta; daí a conclusão de que em Deus há três naturezas, o que equivale a professar o t. Os que seguiram esta doutrina encontraram seu teórico na pessoa de João Filopon († c. 565), gramático e filósofo de Alexandria. Em sua obra intitulada *Diaitetes e peri hemoseos* (*O arbítrio ou sobre a união*) (cf. Nicéforo Calisto, PG 147, 424-428), Filopon afirma que toda natureza existente é necessariamente individual e que não pode ser realizada senão numa e por uma hipóstase, pela boa razão de que hipóstase e indivíduo se confundem. E conclui daí que, já que há em Deus três pessoas, há também três naturezas divinas. Segundo o testemunho de Leôncio de Bizâncio, Filopon ensinava que existem na Trindade três *merikai ousiai* e uma *ousia* comum (PG 86, 1233). As visões triteístas de Filopon foram combatidas pelos monges da época. Entre os adeptos do t. antigo podemos citar também Estêvão Gobar, que escrevia no Egito ou na Síria sob Justino II (565-578).

b) Idade Média e tempos modernos. — O t. toma uma nova forma no s. XI sob a influência da dialética (escolástica*). A postura dialética e o nominalismo* de Roscelino de Compiègne (R.) (1050-1125), professor de dialética e mais tarde cônego de Tours, conduziram-no à afirmação implícita da existência de três deuses.

As obras de Anselmo* (A.) são nossa fonte histórica principal sobre essa heresia* trinitária medieval. Ainda abade, A. foi alertado pelo monge João em 1090, acerca da doutrina de um "clérigo de França", da qual lhe relata o essencial nestes termos: "Se três pessoas são uma só coisa e não são três coisas por si, como três anjos* ou três almas*, de sorte que pela vontade e pela potência* elas sejam inteiramente idênticas, o Pai* e o Espírito Santo* se encarnaram com o Filho" (*Ep.* 128, ed. Schmitt, III, p. 270-271).

Em sua resposta (*Ep.* 129; Schmitt, III, 271-272), A. esboça uma solução: se o clérigo em questão entende pelas três *res* três relações, é inútil que o diga. Se, em contrapartida, as três *res* lhe servem para nomear as três pessoas e se cada pessoa é Deus, encontramo-nos diante de um dilema: ou ele quer estabelecer três deuses ou não sabe o que diz. A. denuncia portanto de saída o t. como consequência lógica da posição de R. e redige mais tarde uma refutação mais substancial, inacabada, intitulada *Epistola de Incarnatione Verbi* e destinada a todos os que "cultivam a fé* católica e apostólica".

A segunda intervenção de A. é motivada pela atitude inalterada de R., que não parou de difundir suas opiniões heterodoxas, embora tenha abjurado seus erros no concílio* de Soissons (1092 ou 1093) de medo de ser morto pelo povo. A situação se complicou pelo fato de, para se defender, R. ter tentado comprometer Lanfranc nesta questão doutrinal e afirmado que o próprio A. tinha pregado opiniões semelhantes. Em sua carta dirigida a Fulcon, bispo* de Beauvais (*Ep.* 136, Schmitt, III, 279-280), A. protesta contra essas alegações professando solenemente sua fé ortodoxa.

O essencial da argumentação de R. repousa num postulado: cada uma das três pessoas deve ser uma *res* se se quiser evitar a consequência absurda da encarnação* do Pai* e do Espírito* Santo. R. conclui assim na existência de três *res* íntegras na Trindade, mas mantém contudo que as três pessoas têm uma vontade e uma potência comuns (primeiro esboço do que a teologia do s. XX chamará uma concepção "social" da Trindade). A pedra de tropeço, neste procedimento dialético, é a significação ambígua do termo *res*. Em sua crítica, A. faz uma distinção: se R. entende por três *res* as três relações (*relatio*), pode-se admitir sua posição. Mas se se entende *res* no sentido substancial ou essencial, não se pode evitar logicamente a consequência absurda

de que há três deuses, o que compromete a simplicidade* e a eternidade* da natureza divina. Segundo a interpretação de A. é, pois, como uma consequência que R. professou o t.

Após a morte de A., a polêmica foi retomada entre R. e seu discípulo Abelardo*. A relação envenenada entre os dois protagonistas é relatada numa carta de R. a Abelardo que, no *De unitate et trinitate divina* (PL, t. 178, col. 39), censurou duramente R. por seu t.

Uma nova forma de t. implícito reapareceu no s. XIX no sistema teológico de Anton Günther, condenado no breve *Eximiam tuam* de Pio IX (1857). Günther propunha, de fato, uma concepção da pessoa humana — identificada à consciência do eu e de seus atos exteriores — que, aplicada a Deus, conduzia-o de fato a considerar as três pessoas divinas como três consciências e, portanto, como três substâncias ou três realidades absolutamente distintas uma da outra.

Das duas tendências maiores da teologia trinitária contemporânea, uma parece ter feito ao modalismo todas as concessões que se lhe pode fazer sem abrir mão da ortodoxia (Barth*, Rahner*), a outra parece fornecer uma versão também ortodoxa de um pensamento de tendências triteístas: é o que se dá na psicologização ou personalização extrema à qual H. U. von Balthasar* submete as hipóstases divinas.

- A. Günther (1829), *Vorschule zur speculativen Theologie des positiven Christentums*, Viena, t. I, 104, 119, 352 e t. II, 291, 535-539; (1833), *Janus Köpfe für Philosophie und Theologie*, Viena, t. II, 272-279, 334-340. — Justino (1909), *Dialogue avec Tryphon*, ed. G. Archambault, p. 56, col. 597b. — A. Sanda (1930), *Opuscula monophysitica J. Philoponi* (texto siríaco com trad. lat.), Beirute. — F. S. Schmitt, *S. Anselmi Cantuariensis Archiepiscopi Opera Omnia*, Seckau-Edimburgo-Roma, 1938-1961 (6 vol.), cf. *Ep.* 128, Schmitt, III, 270-271; I, I, 2, p. 282, 5-8; II, II, p. 6, 10-7, 2; II, II, p. 5, 1-4.

▶ R. Stolzle (1891), *Abelards 1121 zu Soisson verurtheilter* Tractatus de unitate et Trinitate divina, Friburgo. — M. de Wulf (1896), "Le problème des universaux dans son évolution historique du IXe et au XIIIe siècles", *AGPh*, 427-444. — E. Kaiser (1901), *Pierre Abélard, critique*, Friburgo (Suíça). — J. A. Endres (1906), "Die Dialektiker und ihre

Gegner im 11. Jahrhundert", *PhJ* 19, 20-33. — B. F. Adlhoch (1907), "Roscelin und S. Anselm", *PhJ* 20, 442-456. — A. Porée (1909), "L'école du Bec et saint Anselme", *RevPhil* XV, 618-638. — A. Reiners (1910), *Der Nominalismus in der Frühscholastik*, BGPhMA VIII/5, Münster. — F. Picavet (1911), *Roscelin philosophe et théologien d'après la légende et d'après l'histoire; sa place dans l'histoire générale et comparée des philosophies médiévales*, Paris. — A. von Harnack (1923), "The *Sic et Non* of Stephanus Gobarus", *HThR* 16, 205-234. — A. Wilmart (1931), "Le premier ouvrage de saint Anselme contre le trithéisme de Roscelin", *RthAM* 20-36. — M. de Corte (1934), *Le commentaire de J. Philopon sur le 3e livre du "Traité de l'âme d'Aristote"*, Liège. — F. S. Schmitt (1939), "Cinq recensions de l'*Epistola de incarnatione verbi* de saint Anselme de Cantorbéry", *RBen* 51, 275-287. — G. Bardy (1947), "Le florilège d'Étienne Gobar", *REByz* 5, 5-30. — C. Mews (1992), "Nominalism and Theology before Abaelard: New Light on Roscelin of Compiègne", *Vivarium* 30, 4-33; (1996), "St Anselm, Roscelin and the See of Beauvais", in D. E. Luscombe e G. R. Evans (sob a dir. de), *Anselm: Aosta, Bec, Canterbury*, Sheffield, 106-119. — C. Viola, "Authority and Reason in Saint Anselm's Life and Thought", *ibid.*, 172-208.

Coloman VIOLA

→ *Consubstancial; Modalismo; Monoteísmo; Trindade.*

TROPOLOGIA → sentidos da Escritura
→ São Vítor (Escola de) a. b

TÜBINGEN (Escolas de)

A Universidade de Tübingen (T.), em Wurtemberg, foi fundada em 1477, reformada em 1534, submetida à autoridade* política do reino de Wurtemberg em 1811 e, por fim, dotada de uma faculdade de teologia* católica em 1817. Deve grande parte de sua celebridade a suas duas faculdades de teologia, protestante e católica, de onde partiram entre o fim do s. XVIII e meados do XIX vários movimentos, cada um dos quais viria a ser chamado de *escola* (e.) *de T.* A primeira, por ordem de aparição, é a que se chama "antiga e. evangélica de T." Nasceu

sob a influência do filósofo e teólogo Gottlob Christian Storr (1746-1805), que ensinou em T. a partir de 1775. Vem em seguida a "e. católica de T.". Podemos datar seu nascimento na fusão da *Friedrichs-Universität* de Ellwanger (estabelecimento católico fundado em 1812) com a *Eberhard-Karls-Universität* de T. em 1817, e na fundação em 1819 do periódico *Tübinger Theologische Quartalschrift*, ainda vivo. Uma década mais tarde se constituirá na Faculdade Protestante, entre os alunos do historiador do dogma* e da Igreja* Ferdinand Christian Baur (1792-1860, professor em T. a partir de 1826), a "nova e. de T.". Diferentemente da anterior, ela terá uma existência relativamente breve. Será considerada dissolvida durante a vida do próprio Baur (c. 1858).

a) *A antiga escola evangélica de Tübingen.* — Também designada pelo nome de seu fundador G. C. Storr, ela se compõe tanto de professores de universidade quanto de personalidades influentes da Igreja regional de Wurtemberg. Seus membros mais eminentes são, além de Storr, os irmãos Johann Friedrich e Karl Christian Flatt (respectivamente 1759-1821 e 1772-1843), Friedrich Gottlieb Süskind (1767-1829), Johann Christian Friedrich Steudel (1779-1837), Christian Friedrich Schmid (1794-1852) e sobretudo Ernst Gottlieb Bengel (1769-1826). Além das diferentes monografias publicadas pelos professores do grupo, as posições desta e. são expostas essencialmente em três periódicos: *Magazin für christliche Dogmatik und Moral* (1796-1816), *Archiv für die Theologie und ihre neueste Literatur* (1815-1826, a partir de 1822 sob o título *Neues Archiv für Theologie*) e *Tübinger Zeitschrift für Theologie* (1828-1840).

No fundo, a antiga e. evangélica de T. se caracteriza por um supranaturalismo ou um biblicismo marcado, o que significa concretamente que, apegando-se ao princípio luterano de que a revelação* só se dirige à fé*, e não à razão*, ela rompe tanto com o pensamento das Luzes quanto com a crítica bíblica protestante. De maneira inesperada, ela invoca para apoio desta tese fundamental a crítica kantiana, tomada como autoridade para defender a autoridade da Bíblia* como revelação divina, para além de toda razão. Isso, porém, não a impede de recorrer a essa mesma razão para interpretar os textos bíblicos, o que a coloca progressivamente em contradição com seu próprio supranaturalismo. Assim, Bengel e Steudel já inflectirão sua posição em direção ao racionalismo*. A mesma contradição suscitará as críticas graças às quais esta corrente teológica conserva ainda hoje certa notoriedade: as críticas de Hegel*, Schelling* e Hölderlin, que foram episodicamente condiscípulos em T. entre 1788 e 1795, mas também as de D. F. Strauss, que atuou entre 1832 e 1835 como diretor do célebre seminário (*Stift*) de T.

b) A escola católica de Tübingen. — As edições e as investigações contemporâneas de J. R. Geiselmann (1890-1970), S. Lösch (1882-1966), M. Seckler (nascido em 1927), R. Reinhardt (nascido em 1928), E. Klinger (nascido em 1938), A. P. Kustermann (nascido em 1944) e outros têm permitido retraçar com precisão a história desta segunda e. Nela fica ressaltado que a ideia de uma "e. católica de T.", designando uma corrente teológica particularmente orientada para a especulação, só começa a se estabelecer — se fizermos abstração de alguns usos ocasionais ou polêmicos que ela pode gerar — sob a influência dos trabalhos históricos de A. von Schmid e de C. Werner, datando respectivamente de 1862 e 1866, e não é adotada pelos próprios teólogos de T. antes de 1898. Esta denominação só tem sentido se a tomamos em sua acepção mais ampla. De fato, ela não tem só a função de oferecer um quadro geral para a história muito pouco homogênea de uma faculdade e de suas diferentes disciplinas: ela permite, além disso, agrupar sob um denominador comum os esforços científicos de numerosos estudiosos que eram separados por muitas coisas, tanto em sua orientação intelectual como em sua atitude política em relação à Igreja. Por outro lado, ela se aplica também a teólogos que, embora estivessem em relação com a faculdade de T., não faziam parte dela diretamente, como p. ex. Franz Anton Staudenmaier (1800-1856), Anton Berlage (1805-1881), Wenzeslaus Mattes (1815-1886) ou Franz Xaver Dieringer (1811-1876). Se

aceitarmos dar ao termo essa ampla extensão, podemos — de um ponto de vista primeiramente histórico (1) e em seguida sistemático (2) — considerar os pontos seguintes:

1/Na primeira fase de sua história, que vai de cerca de 1817 a 1831, a e. de T. sofre profundamente a influência das Luzes — já, é verdade, com aquele toque de romantismo alemão que caracteriza a esfera católica e pode também alimentar uma crítica das Luzes, introduzida no caso por J. M. Sailer (1751-1832), J. H. A. Gügler (1782-1827), I. H. von Wessenberg (1774-1860) e outros. Para os principais representantes — Johann Sebastian Drey (1777-1853, professor em T. de 1817 a 1846), Johann Baptist Hirscher (1788-1865, professor em T. de 1817 a 1837), Peter Alois Gratz (1769-1849, professor em T. de 1817 a 1819), Johann Georg Herbst (1878-1836, professor em T. a partir de 1817), Andreas Benedikt Feilmoser (1777-1831, professor em T. a partir de 1820), assim como Johann Adam Möhler (1796-1838, assistente em T. de 1823 a 1826 depois professor de 1826 a 1835) —, tratava-se tanto de revisar a teologia segundo os princípios epistemológicos da crítica bíblica e da filosofia* idealista quanto de reformar a Igreja (sua constituição, sua prática pastoral e sua espiritualidade). A isso se acrescentava uma atitude de tolerância acentuada diante de outras confissões.

A segunda fase, cobrindo o período de 1831-1857, começa com a mudança de posição de J. A. Möhler, que se desvia das ideias do Iluminismo para se orientar rumo a uma eclesiologia* mais clássica. Convencido de que a Igreja permanece em toda ocasião fiel à sua essência e que suas reformas, por conseguinte, só podem ter um caráter puramente exterior, ele é progressivamente levado a rejeitar o princípio de uma crítica conduzida em função de critérios externos à Igreja ou à teologia, assim como toda atitude de tolerância para com os pontos de vista de confissões não católicas. Esta evolução de Möhler vai determinar o destino da e. católica de T. e marcará duradouramente a próxima geração, tanto em sua orientação teológica quando em sua posição política perante

Roma*. Encontramos nesta nova geração Karl Joseph Hefele (1809-1887, assistente em T. de 1835 a 1840, professor de 1840 a 1869, depois bispo* de Rottenburg), Johann Evangelist von Kuhn (1806-1887, professor em T. de 1839 a 1882), Martin Joseph Mack (1805-1885, professor em T. de 1835 a 1840), Benedikt Welte (1805-1885, professor em T. de 1838 a 1857) e Anton Graf (1811-1867, professor em T. de 1841 a 1843). Seria, contudo, um erro reduzir toda esta geração de teólogos à defesa de um "sistema eclesial papista, jesuíta, curialista e ultramontano", como se fez frequentemente no ardor da polêmica. Franz Anton Staudenmaier (aluno de J. S. Drey, diretor do *Wilhelmstift* de T. de 1828 a 1830, depois professor em Giessen e em Friburgo) se esforçou assim, tanto quanto J. E. von Kuhn, por desencadear uma discussão ao mesmo tempo aberta e crítica com a filosofia de Hegel. Do ponto de vista político, no entanto, esta segunda fase se conclui inegavelmente com uma vitória do ultramontanismo*.

A terceira fase, que convém situar entre 1857 e 1900, se inicia quando K. J. Hefele e J. E. von Kuhn se distanciam desta orientação ultramontanista, em razão não somente das querelas internas da diocese de Rottenburg, mas também das discussões sobre o dogma da infalibilidade* papal no primeiro concílio* do Vaticano*. Esta evolução levantou a e. católica de T. contra a corrente neoescolástica, que se comprometera naquela época numa recusa total do pensamento moderno e buscava submeter todas as atividades científicas e culturais à autoridade* doutrinal da Igreja. Não somente J. E. von Kuhn, mas também os professores da terceira geração — sobretudo Moritz von Aberle (1819-1875, professor em T. de 1850 a 1866), Franz Xaver Linsenmann (1835-1898, professor em T. a partir de 1867), Anton Koch (1859-1815, professor em T. a partir de 1894), Franz Xaver Funk (1840-1907, professor em T. a partir de 1875) e Paul Schanz (1841-1905, professor em T. a partir de 1876) — se esforçaram, ao contrário, por manter uma discussão equilibrada com a ciência de seu tempo. No entanto, só encontraram um eco limitado. Mais grave ain-

da: em razão de suas reservas perante as forças reformadoras na Alemanha — os teólogos de T. não participaram do colóquio teológico realizado em Munique em 1863 (racionalismo*) e que desagradou a Roma, e não figuraram tampouco entre os representantes do "catolicismo reformador" alemão —, em razão também da promulgação da encíclica *Aeterni Patris* (1879) que introduziu a neoescolástica em todos os estabelecimentos eclesiásticos, a e. católica de T. se viu cada vez mais isolada.

Foi dividida entre, de um lado, sua vontade de adotar uma atitude positiva diante da modernidade e, do outro, suas tentativas de demonstrar sua própria ortodoxia e sua adesão à neoescolástica (uma cátedra de filosofia escolástica* foi especialmente criada em 1903) que a e. de T. abordou o período modernista. Esse dilaceramento se manifestou quando, em 1911, os bispos exigiram a assinatura da "Declaração de Breslau", pela qual os professores de teologia alemães deviam aderir ao juramento antimodernista. Após discussões internas na Faculdade, os teólogos de T. só subscreveram a declaração com reticência e fazendo profundas modificações no texto. Não espanta que a e. em seu conjunto, não menos do que alguns de seus representantes individuais, tenha sido posteriormente suspeita de modernismo*.

Se já é difícil, no tocante ao s. XIX, falar de uma "e." de T. no sentido estrito do termo, torna-se totalmente impossível fazê-lo para o s. XX. Só se pode dizer que numerosos membros da Faculdade desenvolveram o pensamento de seus grandes antecessores. Sua principal contribuição foi ter posto em destaque a obra destes últimos — sobretudo Drey, Hischer, Möhler, Kuhn e Staudenmaier —, na esteira das pesquisas fundadoras dos teólogos Josef Rupert Geiselmann e Stephan Lösch. São trabalhos históricos que permitiram à e. de T. ter o impacto teológico que ela merecia. Alguns de seus membros apareceram assim como precursores da teologia católica do s. XX, que abriram o caminho ao Vaticano II*.

2/Como tais estudos mostram, não é fácil caracterizar de maneira unívoca a e. católica de

T. relativamente a suas posições teológicas e à sua orientação intelectual. Chocamo-nos aqui contra as dificuldades que já encontramos para extrair mesmo a ideia de uma "e. de T.". No entanto, é possível indicar alguns traços comuns a todos os membros da e., por mais diversas que tenham sido suas tomadas de posição sobre esta ou aquela questão particular e sua atitude política em relação à Igreja. Estes traços são os seguintes:

Contrariamente à neoescolástica, a e. de T. se esforça por criar um diálogo construtivo com a cultura de seu tempo. Ela substitui a atitude apologética da primeira por uma abertura crítica. Isso significa que se esforça por reformular a mensagem cristã, sempre preservando a intangibilidade absoluta da revelação e o enraizamento eclesial da teologia. Ela se dota dos meios para um duplo recurso à tradição* e à ciência de seu tempo, sobre as quais ela lança um mesmo olhar seletivo e avaliativo. Apropriando-se a um só tempo dos conceitos ou dos princípios fundamentais da tradição cristã, das Luzes, do romantismo, do idealismo, da crítica bíblica, da teologia protestante, do tradicionalismo* e de outras correntes também, ela consegue assim desenvolver um caminho independente que evita a abordagem positivista da revelação, o supranaturalismo e a ideologização política, tanto quanto as diferentes tentativas que visam a reduzir o fato cristão a uma dimensão puramente natural e humana.

É preciso reconhecer, em seguida, à e. de T. o mérito de ter dado ao fenômeno histórico um lugar central na teologia católica. Ela consegue isso apoiando-se, por um lado, na visão orgânica da história* desenvolvida pelo romantismo e, por outro, na dialética especulativa de Hegel. É verdade que isso significava endossar a hipoteca de certo tradicionalismo e de uma subestimação ocasional do papel do homem na história, mas ela pôde assim mostrar que convinha pensar em termos de história (da salvação*) não somente a revelação como tal, mas antes de tudo seu prolongamento na tradição da Igreja; assim, a e. de T. deu dessa tradição uma visão nova e aprofundada, que se revelaria extremamente

fecunda, tanto no plano dogmático* quanto no plano ético*, pastoral e espiritual. Esta evolução esteve estreitamente ligada a uma reavaliação da teologia do reino* de Deus*, assim como a uma reabilitação da história do dogma, que se tornou doravante uma disciplina central da teologia.

A e. de T. se esforçou, enfim, por constituir um novo sistema de teologia científica, abrindo assim o caminho à teologia fundamental* contemporânea. A origem deste movimento se acha, de um lado, nos progressos da exegese* histórica, do outro na autonomização de algumas disciplinas teológicas (p. ex., a teologia moral), mas também, em terceiro lugar, nas tentativas idealistas feitas para organizar todas as ciências particulares num novo conjunto sistemático. Era de novo a história, como dimensão da revelação divina, que fornecia o princípio deste sistema. A revelação, de fato, não podia ser captada adequadamente senão pela combinação do método histórico-crítico e do método especulativo-teológico. O primeiro devia fazer jus a uma singularidade historicamente determinável, o segundo, integrar organicamente esta singularidade num todo acessível num plano supraindividual. Tudo isso aparecia ao mesmo tempo como o conteúdo da revelação e como o sentido da história por inteiro: era a instauração do reino de Deus.

c) A nova escola evangélica de Tübingen. — Entre os eruditos que se consideravam ou eram considerados por outros como membros da "nova" e., da e. "crítica" ou "histórica" de T., poucos foram os que — afora seu fundador F. C. Baur — ocuparam uma cadeira de teologia (e também não ensinavam em Wurtemberg). Assim, esta e. só teve ancoragem institucional durante os anos de docência de Baur na cátedra de história da Igreja e do dogma da faculdade evangélica de T. (1826-1860) e em seus periódicos *Theologische Jahrbücher* (1842-1857) e *Zeitschrift für wissenschaftliche Theologie* (1858-1914). Entre seus membros contam-se (ao menos temporariamente): David Friedrich Strauss (1808-1874), Friedrich Theodor Vischer (1807-1887), Gustav Pfizer (1807-1890), Christian Märklin (1807-1849), Wilhelm Zimmermann (1807-1878), Albert Schwegler (1819-1857), Eduard Zeller (1814-1908), assim como dois pensadores que se tornarão mais tarde seus mais virulentos críticos: Albrecht Ritschl (1822-1889) e Franz Overbeck (1837-1905). Além desses teólogos, filósofos e historiadores, Otto Pfeiderer (1839-1908), Kuno Fischer (1824-1907), Adolf Hilgenfeld (1823-1907), Carl Holsten (1825-1897), Heinrich Julius Holtzmann (1832-1910), Karl Heinrich Weizäcker (1822-1899, o sucessor de Baur) se sentiam próximos da e.

A marca característica desta nova e. de T. é a aplicação consequente do método histórico-crítico ao estudo do cristianismo primitivo (sobretudo do NT) em particular, e à história* da Igreja em geral. D. F. Strauss tiraria daí uma consequência radical, ao abordar os evangelhos* como uma coletânea de mitos* que se teriam desenvolvido em torno de um núcleo histórico doravante indiscernível. A maior parte da e., porém, não seguiu Strauss nessa destruição da tradição. Ela se prendia, antes, à opinião de Baur, para quem o método histórico-crítico não basta para reconstruir a história sem uma aparelhagem especulativo-filosófica capaz de integrar os fatos descobertos num contexto histórico global. Esta integração se operava no espírito da dialética hegeliana: a evolução dos dogmas era, por um lado, considerada como a consciência objetiva que produz por si mesma um tal contexto global, e a história da teologia ou da fé da Igreja era, por outro lado, interpretada como a consciência subjetiva que corresponde à história dos dogmas e, conjuntamente a esta, materializa o espírito da humanidade lutando por ter acesso a uma consciência absoluta de si mesmo. A existência relativamente breve desta e. se explica tanto por esta marca hegeliana quanto pela rápida desvalorização de suas descobertas históricas. No entanto, ela exerceu uma influência considerável sobre a teologia, e também sobre a historiografia (por meio de A. Schwegler) e sobre a filosofia, neokantiana em particular (por meio de E. Zeller e K. Fischer). Foi amplamente graças a ela que o método histórico-crítico pôde se estabelecer na exegese e na história da Igreja, e que a historiografia pôde tomar consciência de seu trabalho de sistematização relativamente aos fatos históricos.

• E. Vermeil (1913), *Jean-Adam Möhler et l'école catholique de Tübingen*, Paris. — P. Hünermann (1962), *Trinitarische Anthropologie bei F. A. Staudenmaier*, Friburgo. — W. Geiger (1964), *Spekulation und Kritik*, Munique. — J. R. Geiselmann (1964), *Die katholische Tübinger Schule. Ihre theologische Eigenart*, Friburgo-Basileia-Viena. — Katholisch-Theologische Fakultät an der Universität Tübingen (ed.), *Theologie im Wandel. Festchrift zum 150 jährigen Bestehen der Katholisch-Theologischen Fakultät an der Universität Tübingen 1817-1967*, Munique-Friburgo. — E. Klinger (1969), *Offenbarung im Horizont der Heilsgeschichte*, Zurique-Einsiedeln-Colônia. — F. Wolfinger (1972), *Der Glaube nach J. E. v. Kuhn*, Göttingen. — F. Courth (1975), *Das "Leben Jesu" von D. F. Strauß in der Kritik J. E. Kuhns*, Göttingen. — M. Brecht (ed.) (1977), *Theologen und Theologie an der Universität Tübingen. Beiträge zur Geschichte der Evangelisch-Theologischen Fakultät Tübingen*, Tübingen. — G. A. McCool (1977), *Catholic Theology in the Nineteenth Century*, Nova York. — A. P. Kustermann (1988), *Die Apologetik J. S. Dreys*, Tübingen. — U. Köpf (1994), *Historisch-kritische Geschichtsbetrachtung, F. C. Baur und seine Schüler*, Sigmaringen. — A. P. Kustermann (ed.) (1994), *Revision der Theologie-Reform der Kirche*, Würzburg.

Helmut SCHMIDINGER

→ *Exegese; Hegel; Hegelianismo; Kant; Schelling; Sobrenatural; Tomismo.*

TUTIORISMO → **casuística** → **Afonso de Ligório**

U

UBIQUIDADE DIVINA → **onipresença divina**

ULTRAMONTANISMO

Até o s. XIX não se fala de ultramontanismo (u.), mas de ultramontanos, defensores da concepção que se tem do papado do outro lado dos Alpes, à qual se opõe a interpretação galicana. A desinência moderna acrescenta um aspecto abstrato e ideológico que aparece, com efeito, nos comportamentos. O ponto comum das diferentes formas do u., por oposição a uma ótica nacionalista, é a preocupação de uma fidelidade plena ao centro da catolicidade que conduz a defender, ademais das prerrogativas romanas ou de uma eclesiologia* piramidal, uma forma de catolicismo* identitário e supranacional. Trata-se, neste sentido, de uma resistência à escalada dos Estados* modernos e da defesa de um ideal de cristandade. Uma concepção afetiva da religião se acrescenta a isso, destinada a facilitar a cristianização das massas. E sob este ângulo, a continuidade é maior do que se diz geralmente entre o "romanismo" conhecido do Antigo Regime e o u. dos tempos modernos.

1. Romanismo

Fortemente encorajado pelo papado, o movimento de renovação e de reforma que seguiu o concílio* de Trento* só podia privilegiar os vínculos que uniam a Igreja local* à sé romana. Em certo número de casos, na França em particular, a presença ou a proximidade de uma minoria protestante incitava a Igreja* a acentuar suas notas constitutivas, e portanto a enfatizar sua "romanidade". Contrariamente, pois, à imagem que persiste, a primeira parte do s. XVII francês, no plano religioso, é inegavelmente "ultramontanista": é o que explica ao mesmo tempo a reação galicana de Richer e as dificuldades que ele encontrou para expor suas ideias. Assim se vê todos os prelados reformadores (Du Perron, La Rochefoucauld, Solminihac) apoiar-se em sua ação sobre relações fortes com a Santa Sé e os núncios que a representam. Encontra-se a mesma atitude entre os reformadores de ordens religiosas ou fundadores de novas formas de apostolado: Bérulle*, João Eudes, Vicente de Paulo, Jean-Jacques Olier são "romanos" no sentido de acentuar a grandeza e a autoridade* do papado e encorajar suas intervenções. Os jesuítas decerto e a educação que propõem favorecem tais perspectivas, mas elas são acolhidas sem dificuldade na maioria dos casos. Longe de ser um bastião do galicanismo*, a faculdade de teologia* de Paris, onde se prepara a elite do clero da França, é durante todo o século um lugar de conflito entre uma maioria "romana" e uma minoria richerista ou galicana que só vence pelas pressões do poder político.

Este "romanismo", que não foi estudado em seu conjunto mas unilateralmente, em sua relação com o desenvolvimento do galicanismo, aparece bastante moderado em sua expressão teológica e prudente em sua visão política. Ele se exprimiu pouco e isso frequentemente numa atmosfera conflitiva, num fundo de crise jansenista e de polêmicas galicanas, mas as características que ele manifesta mostram que se tratava de um movimento difundido e relativamente homogêneo.

a) Trata-se de uma concepção hierárquica forte, que defende as prerrogativas romanas e tenta estendê-las (*De Monarchia divina ecclesiastica* de M. Mauclerc, 1622). O primado pontifício é claramente estabelecido, assim como a exclusividade do julgamento doutrinal. O privilégio da infalibilidade* é frequentemente apresentado de maneira muito ampla, fundando-o numa forma de inspiração mais do que concebendo-o como uma proteção diante do erro (M. Grandin). O *Tractatus de Libertatibus ecclesiae gallicanae* (1682), refutação dos Quatro Artigos de 1682 por A. Charlas, é o melhor exemplo dessa perspectiva no plano eclesiológico-jurídico. Ele desenvolve também aspectos teológicos importantes, entre os quais se destaca a noção de progresso dogmático*.

b) Trata-se aí de um cristianismo clerical e autoritário, aspecto bem estudado pelos trabalhos de B. Chédozeau (1990). Adotando as *regulae* do Index, esse movimento se opõe a toda tradução: não somente da Bíblia*, mas também da liturgia* e mesmo da teologia (textos do concílio* de Trento*). Encontra-se aí, portanto, uma posição simetricamente oposta à dos "jansenistas", que tentavam facilitar o acesso dos leigos* à vida espiritual.

c) Trata-se de um cristianismo festivo e associativo. A clara diferenciação das tarefas do clérigo* e do leigo é compensada por um engajamento de todos na missão* da Igreja. Ele se manifesta pelo pertencimento a grupos particulares, congregações, associações, companhias, como a célebre Companhia do Santíssimo Sacramento, e pela organização de uma vida religiosa centrada nas atividades identitárias do grupo: capela, santo patrono, peregrinação* particular.

d) Trata-se também de um cristianismo fervoroso e caritativo. A vida associativa é o ponto de partida de uma obra de santificação pessoal e comunitária, alternadamente educativa, moralizadora e caritativa. Este aspecto nos é conhecido sobretudo pelos trabalhos consagrados às congregações e à *Europa dos Devotos*. Encontramos ali os traços de uma piedade "ultramontanista", isto é, influenciada pela Europa do Sul. As devoções marianas e "cordícolas" (coração* de Cristo) são estimuladas.

e) É, por fim, um cristianismo expansionista, que une uma oposição forte a toda tolerância do erro e um esforço de conversão*. Encontra-se nele um espírito de reconquista diante do protestantismo*, mas também uma grande preocupação com a "propagação da fé". Não é indiferente que a obra das Missões Estrangeiras de Paris tenha nascido neste ambiente.

Certamente, não se pode considerar cada um dos elementos assim definidos como característico de uma ideologia homogênea. Está claro que a adoção oficial dos Quatro Artigos galicanos na França, e a extensão do regalismo e os progressos do jansenismo* nos outros países católicos, enfraqueceram o crescimento desse romanismo, obrigando-o às vezes a se dissimular, mas sem o destruir. Ele sobreviveu muito bem à supressão da Companhia de Jesus e se manifesta em oposições às vezes violentas ao "jansenismo* das Luzes". Foi mal percebido por Roma* que não soube se apoiar nele (ver a viagem de Pio VI à Áustria e Alemanha). Foi mesmo a Revolução francesa que, ao desacreditar o modelo galicano e ao destruir a estrutura* eclesiástica*, permitiu uma renovação agressiva do u.

2. Ultramontanismo

O avanço das teorias antirromanas durante o s. XVIII não foi inteiramente suportado de maneira passiva, e os defensores da autoridade* pontifícia, principalmente na Itália (Zaccharia, Cucagni, Marchetti, Anfossi, Ballerini, Cappelari), brilharam em refutações de caráter apologético que exercerão sua influência sobre o movimento do s. XIX. Por outro lado, os papas* marcaram encontro com o futuro ao assinalar com condenações precisas os ataques contra sua jurisdição* (*Responsio super Nunciaturis*, 1789; censuras de Febrônio, 1764, do sínodo de Pistoia, 1794). Mas foi nas novas gerações que nasceram as principais correntes que exprimiriam formas novas de u. Recusando os princípios da Revolução francesa, na qual viam o coroamento de um movimento negador lançado pela Reforma e orquestrado pelas Luzes, os tradicionalistas (Bonald, Maistre) põem em evidência a necessidade de uma autoridade irrecusável, que eles situam no papado. De seu lado, é por apego aos princípios liberais da Revolução que o grupo formado em torno de Lamennais se opõe ao galicanismo e coloca suas esperanças num papado regenerado. Quanto ao grupo de L. Veuillot, que se exprime principalmente nas páginas do *Univers*, está mais próximo de um u. clássico e popular, que as provações da Revolução apenas enriqueceram. A condenação de Lamennais (1832) e sua defecção, e sobretudo a encíclica *Quanta Cura* (1864), causaram a separação de toda uma parte dos católicos liberais, que se aproximaram então de um neogalicanismo de tendência episcopalista. Os outros reforçaram o movimento ultramontano e lhe comunicaram um ardor profundo. Encorajados cada vez mais explicitamente pelos meios romanos, eles lançaram uma ofensiva destinada a desautorizar e em seguida condenar os restos de um galicanismo eclesiológico: abandono das liturgias locais em prol do rito romano, remanejamento ou redação nova dos manuais de história* eclesiástica e de teologia. A encíclica *Inter multiplices* (março de 1853) marcou neste plano um engajamento direto do papado, desautorizando toda resistência ao movimento centralizador; e esta intervenção correspondia tanto a uma expectativa geral quanto à personalidade e irradiação do papa Pio IX, qualquer que tenha sido a reticência de bispos* e de teólogos de influência limitada. Esse entusiasmo pela romanidade, habilmente orquestrado e favorecido pelas instâncias pontifícias, suscitou assim o que se pôde chamar de um neou., para distingui-lo da doutrina que se imporia com Vaticano I*. Trata-se principalmente de uma exaltação extrema do pontífice

romano, junto com uma concepção da infalibilidade próxima da inspiração. Encontramo-la em todos os países católicos, com um caráter intransigente e intolerante do qual o *Univers* é uma boa ilustração. Apesar de suas dificuldades e seus limites, a discussão desses temas no Vaticano I permitiu um salutar intercâmbio. A constituição *Pastor Aeternus*, explicitando o primado do pontífice romano e delimitando sua infalibilidade, homologou as principais exigências dos ultramontanistas integrando-as numa reflexão teológica que se aprofundará nos pontificados seguintes.

Podemos distinguir quatro aspectos principais do u. do s. XIX:

a) *Eclesiologia**. — Percebe-se um empobrecimento em relação ao u. clássico, particularmente tendo em vista a concepção "mistérica" e sobrenatural bem evidenciada pelos defensores da escola romana, Passaglia, Schrader, Franzelin, Perrone, cujos projetos conciliares foram rejeitados. O acento é posto na nota da unidade*, mas segundo uma interpretação jurídica: a Igreja é fundada no papa que é o princípio de sua unidade.

b) *Espiritualidade*. — Pôde-se falar de "piedade ultramontanista" para definir uma religião popular e festiva que acentua os traços da piedade barroca dos séculos precedentes. Trata-se de uma integração das tradições locais, outrora qualificadas de supersticiosas e pagãs, de uma revalorização dos santos taumaturgos (santo Antônio de Pádua) e do culto* das relíquias* (santa Filomena), de uma evolução das devoções ao Santíssimo Sacramento, ao Sagrado Coração* e à Virgem, num sentido "amável e exteriorizado" (Gadille, 1985), mas também num espírito de penitência* e de reparação. Uma atenção maior ao sobrenatural*, frequentemente associado ao maravilhoso, um recurso maciço às indulgências* e bênçãos* pontifícias. De igual modo, peregrinações antigas e novas têm grande sucesso.

c) *Moral*. — O ligorismo (Afonso* de Ligório), que contrasta com o rigorismo "jansenista", se propaga muito rapidamente (*Jus-*

tification de la théologie moral du B.A.M. de Ligorio de T. Gousset, 1832), definitivamente encorajado pela colocação no Index da teologia de Bailly. Sua influência favorece um recurso mais frequente aos sacramentos*, penitência* e eucaristia*, percebidos como fontes de forças espirituais e alimento do apostolado.

d) Apostolado. — Sob formas muito diversificadas, o engajamento dos leigos e dos clérigos, religiosos e religiosas, manifesta uma percepção global do cristianismo romano que é ao mesmo tempo universalista e expansionista — percepção acentuada pela melhora dos meios de contato.

Já não se poderia falar do u. a não ser de modo analógico, para designar as concepções "integralistas", mais políticas que teológicas, que se desenvolveram durante o s. XX, ou para qualificar, p. ex., as oposições à teologia rejuvenescida do episcopado que desaguará na constituição *Lumen gentium* do Vaticano II*.

• J. Vidal (1936), *Documents sur M. de Caulet, évêque de Pamiers*, t. 3, *Antoine Charlas directeur du séminaire et vicaire général de Pamiers, 1634-1698*, Castillon-de-Couserans. — A.-G. Martimort (1953), *Le gallicanisme de Bossuet*, Paris. — J. Orcibal (1955), "L'idée d'Église chez le catholiques du XVIIe siècle", *Relazioni del X Congresso Internazionale di Scienze Storice*, vol. IV, 111-135. — M. Nédoncelle *et al.* (1960), *L'ecclésiologie au XIXe siècle*, Paris. — H. Raab (1962), "Zur Geschichte und Bedeutung des Schlagswortes 'Ultramonta' im 18. und frühen 19. Jahrhundert", *HJ* 81 (1962), 59-173. — J. Guerber (1973), *Le ralliement du clergé français à la morale liguorienne: l'abbé Gousset et ses précurseurs (1785-1832)*, Roma. — H. J. Pottmeyer (1975), *Unfehlbarkeit und Souveränität: die päpstliche Unfehlbarkeit der ultramonten Ekklesiologie des 19. Jahrhunderts*, Mainz. — R. F. Costigan (1980), *Rohrbacher and the Ecclesiology of Ultramontanism*, Roma. — J. Gadille (1985), *Les Ultramontains canadiens français*, Montréal. — A. Gough, *Paris and Rome. The Gallican Church and the Ultramontan Campaigne, 1848-1853*, Oxford. — L. Chatellier (1987), *L'Europe des Dévots*, Paris. — B. Chédozeau (1990), *La Bible et la liturgie en français*, Paris. — B. Neveu (1993), *L'erreur et son juge. Remarques sur les censures doctrinales à l'époque moderne*, Nápoles.

Jacques M. GRES-GAYER

→ *Galicanismo; Infalibilidade; Jansenismo; Tradicionalismo; Vaticano I (concílio).*

UNÇÃO DOS ENFERMOS

a) Cristianismo antigo. — No cristianismo antigo, certo número de testemunhos, litúrgicos ou outros, atestam a existência de uma bênção* de óleo para os enfermos ou de uma unção praticada sobre estes conforme a recomendação de Tg 5,14s. Os testemunhos litúrgicos mais importantes são a bênção romana do óleo dos enfermos, no final da oração eucarística, e no Egito uma oração* da coleta que é chamada de *Eucológio de Serapião*. A bênção romana se encontra já, em grego, na *Tradição apostólica* atribuída a Hipólito (e esta continuidade textual é um dos dados do debate complexo consagrado ao caráter propriamente romano da *Tradição*.) O texto da oração de bênção do óleo não variou muito até nossos dias; mas na IM, o ministério* desta bênção foi reservado ao bispo*, que benze os três óleos* santos, na Quinta-feira Santa, durante uma missa dita "missa crismal". No Oriente grego, a oração já presente nos s. IV-V no *Eucológio de Serapião* não deixou de fazer parte do ritual bizantino da unção, chamado *eukhelaion*, isto é, primeiramente "oração sobre o óleo" depois, mais recentemente, "óleo da oração". Também se fala da unção dos enfermos numa carta dirigida em 416 pelo papa Inocêncio I a Decêncio, bispo de Gúbio na Itália central: esta unção, que ele vincula à epístola de Tiago, é destinada ao cuidado dos batizados enfermos (com exclusão dos penitentes públicos). O óleo é abençoado pelo bispo e pode ser levado ao enfermo por um padre ou por um leigo*, e a prática romana comportou um uso tanto interno quanto externo do óleo. Práticas análogas são conhecidas em diversos países do Ocidente até meados do s. VIII.

b) Idade Média. — A partir da época carolíngia, no mais tardar, a unção é feita exclusivamente por padres*. Como se espera o último momento para recorrer ao sacramento* de penitência*, a unção é deixada para depois, e espera-se principalmente o perdão dos pecados*, efeito condicional mencionado no final do texto de Tiago ("se tiver pecados, ser-lhes-ão perdoados"). Após a metade do s. XII, quando se fixa a lista latina dos sete sacramentos, a unção dos enfermos faz parte dela. Nos s. XII e XIII, dá-se-lhe comumente o nome de "extrema-unção" e a alcunha de "sacramento dos que se vão (*exeuntium*)". A liturgia* dos monges de Cluny, e logo a da capela papal, divulgam uma prática: as unções sacramentais são feitas sobre os órgãos dos cinco sentidos, com uma fórmula em cada caso pedindo "que te sejam perdoados os pecados que cometeste por este sentido". Nesta perspectiva, um efeito corporal do sacramento é considerado como excepcional e não essencial. Foi preciso então distinguir o efeito da extrema-unção e o da penitência, e os teólogos da baixa IM se desembaraçaram dessa tarefa estipulando que a unção tem por efeito próprio retirar os restos do pecado e assim preparar a alma a comparecer diante de Deus. Essa concepção levou a colocar a extrema-unção depois do viático; foi a regra da liturgia romana do final da IM até a reforma litúrgica do Vaticano II*.

As liturgias do Oriente cristão têm, neste ponto, práticas diversas. Coptas, sírios ocidentais, gregos e russos insistem no efeito corporal do sacramento (o que levou Simeão de Tessalônica, o grande comentarista litúrgico do s. XV, a protestar contra a ideia ocidental de extrema-unção). Armênios e sírios orientais, em contrapartida, abandonaram a unção dos enfermos.

c) *Os reformadores protestantes e o concílio de Trento.* — A unção dos enfermos conta-se entre os ritos reconhecidos como sacramentais pela Igreja* romana e que os reformadores recusaram colocar no número dos sacramentos. Em seu tratado *Sobre o cativeiro de Babilônia* (1520), Lutero* opõe assim um ao outro o rito de cura*, de que fala a epístola de Tiago, e o rito destinado aos moribundos pela Igreja romana. Por seu lado, Calvino* estima que o dom das curas atestado no NT não continuou depois da época apostólica. As Igrejas saídas da Reforma manterão a bênção dos enfermos e dos moribundos, mas a limitarão a uma imposição* das mãos para evitar toda compreensão sacramental.

Em oposição a isso, o concílio* de Trento* adota em 1551 um decreto doutrinal sobre a extrema-unção. Numa exposição de conjunto em quatro cânones, a Igreja católica define formalmente que existe uma verdadeira homogeneidade entre o sacramento e a prática recomendada pela epístola de Tiago, e afirma a identidade sacerdotal do ministro do sacramento. Sempre designando o sacramento como extrema-unção, o documento conciliar evita todavia afirmar que tal designação faz parte do depósito da fé*. Aos ensinamentos do concílio corresponde no Ritual Romano de 1614 uma seção sobre a extrema-unção, que se tornou progressivamente de uso mais ou menos geral na Igreja latina.

Nas liturgias da comunhão anglicana, o primeiro *Book of Common Prayer* (1549) oferecia um rito de unção, que desapareceu em seguida. Ritos análogos reaparecerão no s. XX, sobretudo após o Vaticano II*. O *Book of Common Prayer* episcopal dos Estados Unidos (1977) oferece bom exemplo disso.

d) *O II concílio do Vaticano e a reforma litúrgica.* — A constituição do Vaticano II sobre a liturgia (*SC* n. 73), cuja redação final criou dificuldade no debate conciliar, dá preferência à designação "unção dos enfermos", mas não decide de maneira categórica se este sacramento deve ser reservado aos doentes que estão em perigo. Fazendo sequência ao ritual da bênção dos santos óleos (1971), um novo ritual da unção dos enfermos (1972) implementou a decisão conciliar e substituiu a unção sobre os cinco sentidos e a fórmula sacramental correspondente por unções na testa e nas mãos; estas unções, além disso, são acompanhadas de uma fórmula diretamente inspirada na epístola de Tiago, que implica que a remissão dos pecados por este sacramento é um efeito condicional e não seu efeito principal. O rito oferece além disso uma coletânea de orações adaptadas ao estado do enfermo. Pode ser celebrado de maneira comunitária, na intenção dos enfermos reunidos ou de pessoas idosas.

Na prática das Igrejas ortodoxas, a bênção do óleo dos enfermos antes da Páscoa* é seguida da unção do conjunto dos fiéis com o óleo santo. Pode ser que essa maneira de agir provenha de um antigo ritual da reconciliação dos penitentes.

- A. Chavasse (1942), *Étude sur l'onction des malades dans l'Église latine du IIIe ao XIe s.*, I: *Du IIIe s. à la réforme carolingienne* (o t. II permaneceu inédito). — J. Dauvillier (1953), "Extrême-onction dans les Églises orientales", *DDC* 5, 725-789. — E. Doronzo (1954), *Tractatus dogmaticus de Extrema-Unctione*, 2 vol., Milwaukee. — A. Duval (1970), "L'extrême-onction au concile de Trente. Sacrement des mourants ou sacrement des malades?", *MD* 101, 127-172 (retomado em *Des sacrements au concile de Trente*, Paris, 1985, 223-279). — P.-M. Gy (1973), "Le nouveau Rituel romain des malades", *MD* 113, 29-49. — R. Cabié (1973), *La lettre du pape Innocent Ier à Décentius de Gobbio*, Louvain. — H. Vorgrimler (1978), *Buße und Krankensalbung*, *HDG* IV/3. — M. Dudley, G. Rowell (sob a dir. de) (1993), *The Oil of Gladness. Anointing in the Christian Tradition*, Londres. — P.-M. Gy (1996), "La question du ministère de l'onction des malades", *MD* 205, 15-24.

Pierre-Marie GY

→ *Batismo; Confirmação; Eucaristia; Matrimônio; Ordenação/ordem; Penitência; Sacramento; Santos Óleos.*

UNIÃO HIPOSTÁTICA → hipostática (união)

UNICIDADE DIVINA → monoteísmo → Deus A. 3 → infinito → simplicidade divina

UNIDADE DA IGREJA

1. Definições e história

Os cristãos confessam a Igreja* (I.) una, santa, católica e apostólica (símbolo de Niceia-Constantinopla, 381). Sendo a unidade uma marca fundamental da Igreja, a unidade da Igreja (u. da I.) ocupa um lugar essencial na teologia* e na eclesiologia*. É um dom inegável de Deus*, no entanto constantemente ameaçado por cismas*. Cabe às I. dar sua visibilidade à u. da I. e realizá-la na história*.

a) Desde o NT, o apóstolo Paulo fala da I. de Deus em Corinto, Roma* etc. (1Cor 1,2; 2Cor 1,1 etc.), e a primeira assembleia (concílio*) de Jerusalém* (At 15) mostra ao mesmo tempo a diversidade e a u. da I. As I. locais* são, em sua

pluralidade, manifestações ou concretizações em lugares particulares da única I. de Cristo*. A diversidade dos contextos geográficos, culturais e históricos determina a vida das I., sua pregação* e sua espiritualidade, as formas de sua vida comunitária e cultual, sua identidade doutrinal e confessional. A pluralidade eclesial torna-se um problema ecumênico quando a diversidade acarreta a separação e a divisão. A comunhão* entre as diversas I. é rompida, e condenações mútuas não permitem mais reconhecer a outra como expressão plena e autêntica da I. de Cristo. Desafios teológicos (heresias*) e questões não doutrinais são a causa disso. Nos evangelhos*, Jesus* ora pela unidade dos seus (Jo 17), e as epístolas do NT alertam contra as rivalidades e tensões que ameaçam a u. da I. (Rm 12,3ss; 1Cor 3,4ss; 12,4ss; Fl 2,2ss; Ef 4,3ss; Judas 19).

b) Os primeiros cismas advêm na Igreja antiga por causa da data da Páscoa*, da disciplina e da vida ascética (donatismo*, novacianismo*), em seguida sobretudo por questões de cristologia* e de teologia trinitária (arianismo*, monofisismo* e nestorianismo*). Sínodos* e concílios* condenam os hereges, e o poder estatal intervém por seu turno para preservar a u. da I. e a do Império depois de 313 (legislação anti-herética).

c) Razões de política eclesial e questões teológicas (Filioque*, Trindade*) acarretaram em 1054 o grande cisma entre Oriente e Ocidente. Os esforços por restabelecer a u. da I. durante o segundo concílio de Lião* (1274) e o concílio de Florença* (1438-1439) fracassaram e se chocaram, ademais, com o problema do primado do papa*.

d) Com a Reforma, o problema da u. da I. foi ampliado pela pluralidade dos movimentos que se destacaram da Igreja romana (luteranismo*, anglicanismo*, calvinismo* etc.). Os esforços religiosos e políticos (dieta de Augsburgo em 1530, paz de Augsburgo em 1555 etc.) não puderam impedir o abrasamento da Europa por múltiplas guerras de religião. O protestantismo*, por sua vez, foi dividido apesar dos diversos esforços com vistas à sua unidade (colóquios de Marburgo em 1529).

e) Foi somente no s. XIX que apareceram, marcados pelo pietismo* e pelas Luzes, os primeiros movimentos que tinham a preocupação de restabelecer a u. da I. Seus sucessores conduziram, no s. XX, à criação do Conselho Ecumênico das Igrejas* (CEI). O movimento ecumênico insiste na necessária renovação e na conversão* de todas as I. como pré-requisito para a manifestação visível da u. da I. O concílio do Vaticano II* será fecundo neste sentido (decreto sobre o ecumenismo*, *Unitatis redintegratio [UR]*, 6).

A u. da I. não poderia estar separada das outras marcas (ou "notas") essenciais da I.: sua apostolicidade (verdade*, autenticidade e continuidade da fé*), sua catolicidade (plenitude da comunhão, universalidade de sua missão* e de seu testemunho) e sua santidade* (serviço e responsabilidade por toda a humanidade). Esses diversos aspectos caracterizam a busca ecumênica contemporânea.

2. Concepção contemporânea e modelos da unidade da Igreja

Dom de Deus à sua I., a u. da I. está ancorada na u. do Deus trinitário e de sua obra salvadora (Ef 4,4-6; 1Cor 12,4-6; Jo 17,21). Esta convicção é a base da compreensão contemporânea da u. da I. recapitulada na declaração de *Fé e Constituição* (organismo de que a I. católica romana e todas as outras famílias confessionais* são membros) aprovada durante a assembleia geral do CEI em Canberra (1991): "A u. da I. à qual somos chamados é uma *koinonia* que é dada e se exprime na confissão comum da fé apostólica, numa vida sacramental comum à qual temos acesso por um só batismo* e que celebramos juntos no reconhecimento mútuo e na reconciliação dos ministérios*; ela se exprime, enfim, na missão pela qual nos tornamos juntos testemunhas do Evangelho da graça* de Deus junto de todos e a serviço da criação* por inteiro. O objetivo de nossa busca de uma plena comunhão será atingido quando todas as I. estiverem em condições de reconhecer em cada uma das outras a I. una, santa, católica e apostólica em sua plenitude.

Esta plenitude de comunhão se exprimirá nos níveis local e universal em formas de vida e de ação conciliares".

Esta declaração traduz numerosas aquisições preciosas do movimento ecumênico contemporâneo:

a) Unidade e diversidade não são noções contraditórias. A busca da u. da I. não significa uniformidade. A diversidade enraizada em tradições teológicas e em contextos culturais, étnicos ou históricos diversos pertence à natureza mesma da comunhão eclesial. Esta diversidade, contudo, se torna ilegítima e separadora quando impede a confissão e a celebração comuns do Evangelho. A u. da I. não exige a superação das diferenças mas somente a transformação de seu caráter: as diferenças separadoras devem, pelo diálogo e por compromissos comuns, perder sua dimensão separadora. Assim, as oposições clássicas entre protestantes e católicos na compreensão da salvação* perderam hoje seu caráter separador e as opções das diferentes tradições não se excluem mais umas às outras (sem que, por isso, sejam perfeitamente idênticas). Neste domínio, a suspensão das condenações históricas é hoje contemplada. No entanto, é preciso notar que alguns veem diferenças separadoras naquilo que outros consideram diversidades legítimas. Isso vale sobretudo para os domínios da eclesiologia, p. ex. o dos ministérios, onde o protestantismo conhece e defende uma diversidade inaceitável para o catolicismo*.

b) Todas as tradições concordam em dizer que a u. da I. exige a plena comunhão na pregação do Evangelho (a confissão comum da fé), na celebração dos sacramentos* e no reconhecimento mútuo dos ministérios, os meios de graça pelos quais Deus edifica e mantém sua I. Historicamente, a divisão, cujas razões eram múltiplas, sempre se traduziu e concretizou pela ruptura nesses dados essenciais. A pregação*, a eucaristia*, os ministérios da outra tradição, às vezes até o batismo, foram rejeitados como não válidos mesmo se, em outros campos, foram preservados muitos fundamentos comuns (referência à Sagrada Escritura* e às confissões* de fé da I. antiga).

c) Mais recentemente, tomou-se consciência de que divergências éticas podiam também romper a u. da I. A implicação de certas I. em situações de opressão ou de injustiça coloca para todas as tradições cristãs a questão da heresia ética*. As organizações mundiais protestantes excluíram, assim, no início dos anos 1980 algumas de suas I. membros, as I. brancas da África do Sul que sustentavam o *apartheid*.

d) A u. da I. não poderia ser uma realidade exclusivamente espiritual ou até mesmo abstrata. Ela pede para tornar-se visível e exige uma expressão estrutural. O movimento ecumênico, desde a origem, tem refletido no que se chamou "modelos de u.". Após um primeiro período em que alguns pleiteavam uma fusão ou um retorno dos dissidentes ao seio de uma hipotética I. indivisa, três modelos principais foram propostos: 1/ No CEI, preconizou-se por muito tempo uma forma de *união orgânica* que, pondo um termo às confissões e identidades tradicionais, seria fundada numa confissão de fé comum, num acordo sobre os sacramentos e os ministérios e na adoção de uma estrutura organizacional uniforme. Por razões essencialmente culturais e geográficas, as I. permaneceriam diferentes umas das outras. No nível local, porém, elas estariam efetivamente unidas. O conjunto dessas I. se reuniria num concílio universal que representaria a autoridade última (cf. a visão da *comunidade conciliar* proposta pela assembleia geral do CEI em Nairóbi, 1975). 2/ O anglicanismo e o catolicismo pleiteiam, por seu turno, uma *união corporativa* na qual as identidades particulares seriam mantidas, sendo a u. dada graças a uma constituição episcopal comum e ao exercício comum do ministério do bispo*. 3/ Já a *unidade na diversidade reconciliada* parte do fato de que quase todas as I. são hoje organizadas em comunhões mundiais (família confessional*). Ela propõe uma reconciliação e um pleno reconhecimento mútuo entre as diversas tradições, que continuariam a conhecer uma legítima diversidade mesmo no nível local. No entanto, não se trata de preservar o *statu quo*, pois o reconhecimento mútuo implica a transformação e a conversão das identidades tradicionais e sua integração numa comunhão ecumênica de todas as I. Estes três modelos complementares continuam a ser debatidos, mas também a ser implementados em diversos lugares, segundo os parceiros em presença.

e) A dimensão espiritual permanece essencial e prévia a todos os demais esforços em vista da u. da I. Esta unidade advém onde os crentes de origens diversas se encontram para a oração* e para o culto*, que os prepara para o testemunho e o serviço comum neste mundo (ecumenismo*). A u. mais estruturada das I. não poderia estar dissociada disso.

3. Os diálogos entre Igrejas

As manifestações da u. da I. são numerosas e complementares. Referem-se a todos os domínios da vida das I. Um lugar particular cabe, porém, aos diálogos teológicos: eles permitiram nos últimos trinta anos ultrapassar controvérsias tradicionais.

a) Os diálogos ocorrem em todos os níveis (local, nacional, internacional), sob forma multilateral ou bilateral. O diálogo multilateral em nível mundial (*Fé e Constituição*) conduziu a amplas convergências sobre *Batismo, eucaristia e ministério* (texto de Lima, 1982, *BEM*). Diálogos bilaterais têm sido empreendidos entre quase todas as famílias confessionais que oficialmente os encomendaram. As duas formas são complementares. O diálogo bilateral tenta superar os contenciosos particulares que separam duas tradições particulares, e tenta chegar ao consenso necessário e suficiente para o reconhecimento mútuo e a entrada em plena comunhão eclesial. O diálogo multilateral define o quadro geral e garante a compatibilidade dos diversos colóquios bilaterais.

b) A primeira fase do diálogo teológico entre I. está hoje amplamente concluída. Todas as tradições dialogaram entre si, aprenderam a melhor se conhecer e a exprimir conjuntamente seu consenso ou suas divergências sobre os temas doutrinais particulares. Perante razões das divisões, foram centrais as questões da referência à Sagrada Escritura, da salvação, dos sacramentos, dos ministérios, da I. e da autoridade em seu seio. As convergências são significativas, embora as questões eclesiológicas permaneçam como a pedra de tropeço entre católicos romanos e ortodoxos, ou entre as duas tradições e as famílias confessionais saídas da Reforma.

c) Numa nova fase, trata-se de passar de um conjunto de consensos a um consenso de conjunto. O acordo doutrinal obtido de modo geral em nível internacional deve encontrar sua tradução numa nova forma de comunhão entre as I. concernidas. As I. saídas da Reforma do mundo ocidental puderam cumprir neste domínio progressos os mais significativos. Citaremos, entre outros: a Concórdia de Leuenberg (1973) entre luteranos e reformados na Europa, as declarações de Meissen (1988) e de Porvoo (1993) entre luteranos, alguns reformados e os anglicanos europeus, a concordata entre luteranos e episcopais nos Estados Unidos (1993), o acordo entre metodistas, luteranos e reformados na Europa (1994)... O diálogo dessas Igrejas com o catolicismo e com a ortodoxia* fez progredir a qualidade da comunhão, embora esta última não seja ainda total, pois o reconhecimento mútuo permanece parcial.

d) Esses diálogos permanecem estéreis se não forem recebidos em todos os níveis da vida das I. Esta recepção* é ainda demasiado parcial e deverá estar no centro dos esforços ulteriores. Por outro lado, convém desenvolver uma metodologia para superar os fatores não doutrinais que têm contribuído para a separação (desafios étnicos, sociais, culturais, maioria-minoria etc.) e que permanecem frequentemente como um obstáculo tenaz para a u. da I.

A u. da I. não tem sua finalidade em si mesma. Ela está fundada na promessa de Cristo que, pelo Espírito* Santo, mantém sua I. e a envia neste mundo. A plena visibilidade da u. da I. e seu pleno cumprimento têm a ver com a escatologia*. O movimento ecumênico contemporâneo progride por etapas. Os progressos diferem segundo os lugares, as regiões e as tradições eclesiais.

• G. Thils (1962), *Histoire doctrinale du mouvement oecuménique*, Louvain. — (1966), *Actes du concile Vatican II, Décret sur l'oecuménisme*, Paris. — H.

E. Fey (ed.) (1970), *A History of the Ecumenical Movement*, vol. 2: *1948-1968*, Genebra. — J. Hoffmann (1983), "La recomposition de l'unité", in B. Lauret e F. Refoulé (sob a dir. de), *Initiation à la pratique de la théologie*, t. III, Paris, 343-372. — A. Birmelé (1986), *Le salut en Jésus-Christ dans les dialogues oecuméniques*, Paris. — K. Lehmann e W. Pannenberg (ed.) (1986), *Lehrverurteilungen-Kirchentrennend?*, Friburgo-Göttingen. — B. Sesboüé (1990), *Pour une théologie oecuménique*, Paris. — K. Blaser (1990), *Une Église des confessions*, Genebra. — M. Westphal (sob a dir. de) (1991), *Signes de l'Esprit. Rapport officiel. Septième assemblée Canberra*, Genebra. — N. Lossky *et al.*, (sob a dir. de) (1991), *Dictionary of the Ecumenical Movement*, Genebra. — O. Cullmann (1992), *Les voies de l'unité chrétienne*, Paris. — R. Frieling (1992), *Der Weg des ökumenischen Gendankens*, Göttingen. — João Paulo II (1995), *Ut unum sint (Que sejam um)*, Vaticano. — A. Birmelé e J. Terme (ed.) (1995), *Accords et dialogues oecuméniques*, Paris.

André BIRMELÉ

→ *Catolicismo; Conselho Ecumênico das Igrejas; Ecumenismo; Família confessional; Ortodoxia; Protestantismo.*

UNITARISMO/ANTITRINITARISMO

"Unitarismo" (u.) designa as doutrinas que recusam o dogma* da Trindade*. É, portanto, globalmente um sinônimo de "antitrinitarismo" (antit.), e a designação de unitários (ou unitarianos) qualifica todos os antitrinitários, qualquer que seja sua diversidade, o que não deixa de levar a equívocos. Pode-se distinguir três conjuntos principais sem continuidade doutrinal: o antit. antigo, o socinianismo, as Igrejas* unitarianas da Inglaterra e da América.

a) *O antitrinitarismo antigo.* — O antit. modalista (ver modalismo*) dos s. II-III é uma heresia* condenada nos concílios* de Niceia* I e de Constantinopla* I. Os diversos modalismos faziam do Filho e do Espírito* Santo modos do Pai*: o monarquianismo negava a Trindade para afirmar mais fortemente a unidade de Deus* (ver monoteísmo* e triteísmo*), o sabelianismo não percebia nas três pessoas* senão aparências da única divindade. As heresias subordinacionistas (ver arianismo*) são igualmente antit.

b) O antitrinitarismo no s. XVI: o socinianismo. — Como as palavras "antit." ou "u." tendo um valor polêmico, permitiram inscrever na tradição* antiga uma corrente de pensamento posterior à Reforma e fazer dela a retomada do arianismo. Essa assimilação é devida a adversários que buscavam integrá-la num catálogo antigo de heresias e a desconhecer-lhe a originalidade.

Assim, foram considerados como unitários Giorgio Biandrata (1516-1588), que se opôs a Calvino* e contribuiu para desenvolver o u. italiano na Suíça, ou Michel Servet (1511-1553), já que recusava a Trindade (mas ele o faz em nome de uma especulação que deve muito a Platão e mais ainda ao *Poimandres*, e é muito mais como gnóstico que ele aparece, de fato). Aos simpatizantes ulteriores do u., Voltaire, na VII *Carta inglesa*, ou Naigeon, no importante artigo da *Enciclopédia* dedicado aos *unitários*, preferem lhes dar a coloração de *deístas*, positiva a seus olhos ("deístas escondidos", diz Naigeon). Se os indiciados sempre rejeitaram com indignação sua redução a um arianismo ressuscitado após doze séculos de esquecimento, segundo a fórmula de Voltaire, nem por isso se reconheciam no deísmo*, conceito anacrônico e redutor.

Com Lelio Sozzini e seu sobrinho Fausto (Socino), aparece uma doutrina *nova*, de fato, que apaga o dogma da Trindade em nome de uma leitura renovada da Escritura* e que encontra fiéis, reunidos ou não em Igrejas, na Polônia sobretudo, depois na Europa inteira. Assim se constitui um movimento (isto é, a unidade historicamente continuada de uma doutrina e de uma ação) que se mantém ainda hoje no Velho Mundo e no Novo. Voltaire e Naigeon não tinham se enganado: para ambos, os antitrinitários são os *socinianos*. No entanto, nem Lelio (1525-1562) nem Fausto Socino (1539-1604) teriam gostado desta palavra que os transforma em chefes de partido: Fausto se contentou com a "posição" de conselheiro junto da *Ecclesia minor* ou dos *Irmãos poloneses* sem jamais ter pretensão a uma função dirigente qualquer (partidários de um segundo batismo* e reunidos na *Ecclesia minor* fundada em 1562 por Gregório Paulo, os Irmãos poloneses conheceram a princípio um sucesso seguro, mas tiveram de se exilar

em 1658, após a vitória da reforma católica, quando Rakow, capital deles, lhes foi fechada a partir de 1638). Ocorre que o socinianismo, em razão de sua novidade doutrinal, garantiu para si um papel hegemônico incontestável, embora inexatamente percebido pelos contemporâneos e pela posteridade. Duas pistas podem ser seguidas em sua análise: a renovação da leitura do prólogo de João e a crítica da paixão* de Cristo* concebida como sacrifício*.

1/A interpretação do prólogo de João deve ser dissociada de Gn 1, seu paralelo tradicional. Se Gn 1 tem um valor cosmogônico manifesto, o prólogo fala, de fato, só do início da pregação* da palavra* de Jesus*, sem que este tenha levado em Deus, anteriormente à criação*, a existência eterna de um Filho consubstancial*, portanto sem que seja a encarnação* de um princípio divino. Esta "ruptura hermenêutica*" (Marchetti) reconduz Jesus à simples condição humana, recusando-lhe o privilégio da dupla natureza. Benefício imediato: a eliminação das dificuldades nascidas da comunicação dos idiomas*. Dificuldades novas: a inteligência da função exata preenchida por um Cristo que não é mais igualmente Deus.

2/Em 1578, por ocasião de uma discussão com J. Covet que desaguará na publicação do *De Jesu Christo Servatore* em 1598, Fausto Socino questiona radicalmente algumas interpretações católicas (Anselmo* de Cantuária) e a interpretação calvinista da satisfação. Segundo estas, a ira de Deus para com a humanidade pecadora, desde o pecado* original*, só podia ser apaziguada pelo sacrifício de uma vítima adequada: um Deus feito homem podia *contrabalançar* Deus Pai, um papel que *só* seu Filho podia ocupar, atando assim uma relação dialética capaz de reerguer a criatura humana ao abolir seu pecado. Mas segundo F. Socino, isso é emprestar às relações de Deus e do homem características econômicas indignas da glória* divina, porque bárbaras: Deus não é um credor a quem o sangue de seu devedor poderia apaziguar, e é difícil ver como um homem seria capaz de tal operação. Donde decorre que a paixão de Cristo não é mais um sacrifício oferecido para satisfazer um Deus irritado. A morte* de Cristo é a de um homem excepcional, e ela lhe valeu méritos excepcionais: a morte pela primeira vez foi vencida, e por esta vitória um homem recebeu *em seguida* os poderes de sacerdote* e de rei sobre os que acreditassem nele. A tal homem, honras são naturalmente devidas: não as da adoração no sentido estrito do termo, mas antes as da piedade e da veneração. Esta tese nega evidentemente todo valor real ou mesmo simbólico à missa católica e à ceia calvinista.

Embora o Filho de Deus não seja mais a segunda pessoa* da Trindade, oferecida em sacrifício para salvar todos os homens, o Deus dos unitários nem por isso se tornou o princípio supremo de um cristianismo racional, a despeito da conclusão de Naigeon na *Enciclopédia*: "Do socianismo ao deísmo há somente um matiz muito imperceptível e um passo à frente..." O deísmo repousa na razão*, a doutrina unitária repousa na fé* e só nela. Fausto Socino insiste no fato de que não há religião natural, pois existem povos (p. ex. no Brasil) que não têm nenhuma noção de religião. Por isso, a salvação*, isto é, a imortalidade assegurada pelo homem-Cristo, só diz respeito aos cristãos: o u. não é uma filosofia*, mas permanece uma religião, "uma nova espécie de cristianismo" (Voltaire, *Dicionário filosófico*, verbete "Divindade de Jesus"), como testemunha a *Religio rationalis* de Andreas Wiszowaty (†1678), o neto de Fausto Socino — e foi este caráter que permitiu a esta forma de "reforma radical" sobreviver até nossos dias, em particular nos países anglo-saxões.

c) As Igrejas unitarianas da Inglaterra e da América. — Voltaire citava igualmente entre os unitários (não socinianos) Newton e Clarke, aos quais podemos acrescentar o poeta puritano John Milton (1608-1674) e John Locke (1632-1704). Mas é com Teófilo Lindsey (1723-1808) que nasce a Igreja unitariana da Inglaterra (1778), com o autor de *Conversations upon Christian Idolatry* (1790) nas quais é a fé na Trindade que intervém como idolatria*. Pela mesma época, o químico John Priestley (1733-1804) fundava igualmente uma comunidade unitariana

(1780-1791, em Leeds depois em Birmingham). Deixou mais de 70 volumes que criticam em particular, contra o anglicanismo*, os dogmas da Trindade e da redenção (citemos as *History of the Corruption of Christianity*, 2 vol., 1782; *History of Early Opinions Concerning Jesus-Christ*, 2 vol., 1786; *General History of the Christian Church*, 4 vol., 1792-1803). Emigrado nos Estados Unidos (1794), ali encontrou, sob a designação de *Liberal Christians*, dissidentes da Igreja episcopal da Nova Inglaterra (Boston) que acabavam de negar a Trindade. Entre eles, devemos citar William Emerson, depois seu filho, o escritor Ralph Waldo Emerson (1803-1882), William Ellery Channing (1780-1842) e Theodore Parker (1810-1860). Todavia, foi sobretudo entre os congregacionalistas, e não entre os episcopais, que o antit. se difundiu. A tolerância e a liberdade* absoluta da fé, levando à rejeição de toda fórmula dogmática, constituem seus traços mais característicos. O moralismo sentimental ao qual chegou o u. americano permitiu o desenvolvimento de obras filantrópicas e fez os unitarianos militar amplamente em prol da abolição da escravatura.

• *Nowy Korbut*: Bibliografia da literatura polonesa, Antiga Polônia, 3 vol., Varsóvia, 1965. — *Catecismo de Cracóvia*, 1605 (ed. polonesa), 1680 (ed. latina). — *Bibliotheca Fratrum Polonorum* I e II, Amsterdã, 1656 (fonte dos principais textos de Fausto Socino e de seus sucessores; alguns destes escritos são traduzidos em Osier [1996]). — C. Sand (Sandius), *Bibliotheca Antitrinitariorum*, Amsterdã, 1684 (reed. Varsóvia, 1967). — A. Wiszowaty (1684), *Religio rationalis*, Amsterdã (reed., Varsóvia, 1960). — S. Lubieniecki, *Historia Reformationis polonicae*, Freistadt, 1685 (reed., Varsóvia, 1971). — *Acta synodalia ecclesiarum Poloniae reformatarum I (1550-1559)*, ed. por M. Sipayllo, Varsóvia, 1966. — Laelio Sozzini, *Opere*, ed. por A. Rotondo, Florença, 1986; trad. fr. da *Brève explication du premier chapitre de Jean*, in Osier (1996).

▸ Henry Allen (1894), *A History of the Unitarians in the United States*, ACHS 10, Nova York. — G. Bardy (1929), "Monarchianisme", *DThC* 10/2, 2193-2209. — Wilbur Earl Morse (1946), *A History of Unitarianism: Socinianism and its Antecedents*, Cambridge (Mass.). — D. Cantimori (1946), *Per la Storia degli Eretici italiani del secolo XVI*, Roma.

— L. Christiani (1950), "Unitariens", *DThC* 15/2, 2162-2172. — R. H. Bainton (1953), *Michel Servet, hérétique et martyr*, Genebra. — J. Lecler (1954), *Histoire de la Tolérance au siècle de la Réforme*, t. 1, Paris (reed. 1994). — A. Pirnat (1961), *Die Ideologie der Siebenbürger. Antitrinitarier in den 1570en Jahren*, Budapeste. — G. H. Williams (1962), *The Radical Reformations*, Filadélfia. — L. Chmaj (1963), *Faust Socyn*, Varsóvia. — Z. Ogonowski (1966), *Socynianizm a Oswiecenie*, Varsóvia. — A. Rotondo (1974), *Studi e Ricerche di Storia Ereticale italiana del Cinquecento*, Turim. — V. Marchetti (1975), *Gruppi Ereticali Senesi del Cinquecento*, Florença. — M. Firpo (1977), *Antitrinitari nell'Europa orientale del '500*, Florença. — Col. (1980), *The Polish Brethren* I e II, HThS 30. — V. Marchetti (1980), *Italia, Venezia, Polonia*, Florença. — A. Pirnat (1982), *Antitrinitarianism in the Second Half of the 16th Century*, Budapeste-Leiden. — J.-P. Osier (1983), *D'Uriel da Costa à Spinoza*, Paris. — J. Pelikan (1984), *The Christian Tradition*, t. 4: *Reformation of Church and Dogma (1300-1700)*, cap. 6. — J.-P. Osier (1984), *L'Évangile du ghetto*, Paris; (1996), *Faust Socin ou le christianisme sans sacrifice*, Paris.

Jean-Pierre OSIER

→ *Anabatistas; Anglicanismo; Arianismo; Calvinismo; Deísmo; Gnose; Modalismo; Monoteísmo; Triteísmo.*

UNIVERSAIS → nominalismo

UNIVERSALISMO

Os discípulos de Jesus*, saídos do judaísmo*, pregavam um universalismo (u.) religioso, cumprimento* do AT. Uma vez que o grupo judeu insiste em sua eleição e o grupo cristão em seu universalismo, os dois grupos sempre tiveram de viver na tensão entre estes dois polos.

a) *Antigo Testamento*. — Israel* se protegeu amiúde do paganismo* ambiente. Mas sua consciência da eleição* implicava uma relação complexa com as nações. Por pura gratuidade (Dt 7,7s), porque "toda a terra lhe pertence" (Ex 19,5), Deus* escolheu para si um povo*. Ele pode retroceder nesta escolha no caso de seus eleitos fazerem dela motivo de orgulho e autossuficiência (Am 3,1s; 9,7).

O u. do AT repousa na fé numa criação* "muito boa" (Gn 1,31). Apesar da constatação do pecado* do homem, a história* das origens (Gn 1–11) é iluminada por bênçãos* (Gn 1,28; 9,1) e por uma aliança* com toda a humanidade (Gn 9,9-17). Certamente, o mito* de Babel (Gn 11) condena a desmedida humana; mas se Abraão, ancestral da dinastia davídica, se vê escolhido por Deus é para que "os clãs da terra", vassalos de Israel, recebam as bênçãos divinas (Gn 12,3).

O u. do AT se enraíza também no decálogo*, concebido como a base de uma sabedoria* (Dt 4,5ss) e de uma ética* universais. Assim, os oráculos proféticos contra as nações denunciam a política homicida dos povos vizinhos (cf. Am 1,2–2,3). Israel deve praticar um u. social socorrendo os infelizes (Pr 14,31) e o estrangeiro (Dt 10,19).

Uma ideologia monárquica se perfila, então: Deus é o soberano supremo. Ele promulga leis* justas a seu bel-prazer (Dt 10,17s) desde o templo* de Jerusalém*, cuja magnificência atrai os estrangeiros (1Rs 8,41ss). Os salmos* do Reinado (reino* de Deus) (Sl 47; 93; 95–100) celebram sua irradiação universal e convidam as nações a se submeter a seu poder (Sl 96,1s.7). No retorno do exílio, o segundo Isaías (Is 40–55) explora particularmente esta veia cultual.

Toda uma tradição* profética encara o fim dos tempos* como uma peregrinação* dos povos a Jerusalém (Jeremias, 1956, 50-55): Deus convocará as nações que tiverem sobrevivido a seu juízo*, na esteira dos israelitas dispersados. E todos, numa felicidade sem fim, obedecerão ao rei do universo (cf. Is 2,2ss; Ag 2,7; Zc 8,20-23; Is 60; Tb 13; Is 25,6ss; Zc 14,6-19). Mas, por causa das infelicidades que acometem o povo eleito, esta tradição se encolheu às vezes na esperança* exclusiva da reunião dos judeus dispersos e da revanche sobre os opressores (cf. Is 45,14-19; Jl 4,9-17 contesta Is 2,2ss).

Mas como esperar o triunfo universal de Deus sem segundas intenções de revanche (Sl 47,4)? O messianismo* não escapa dessas veleidades de dominação (Sl 72,10s). No entanto, vozes irônicas celebravam um u. zombando das pretensões nacionalistas. Um oráculo tardio do livro* de Isaías (19,16-25) imagina um Egito convertido, abençoado por Deus em igualdade com Israel e a Assíria (A. Feuillet, *Mélanges J. Lebreton*, 1951, 65-87). No livro de Jonas, os pagãos aparecem bem mais prontos que Israel à conversão* (E. J. Bickerman, *RHPhR* 45, 1965, 232-264). O chiste de Ml 1,11 opõe pagãos à tepidez religiosa de Jerusalém.

A abertura se traduzia pela existência de "prosélitos" (cf. At 2,11; 13,43). Este termo, inventado pelos LXX, não tinha o sentido de engajamento intempestivo. Ele exprime simplesmente a admissão na comunidade judaica do pagão que "vem para" ela (etimologia de *proselytos*). A Antiguidade vinculava estreitamente a identidade política, étnica, territorial e religiosa (H. C. Brichto, *HUCA*, 1973, 44, 1-51). Assim, a conversão religiosa implicava uma naturalização (Will e Orrieux, 1986), mesmo se Israel tenha feito, às vezes, valer as motivações de fé* para integrar estrangeiros, apesar dos obstáculos socioculturais (cf. Jt 14,10: circuncisão de um pagão, contra Dt 23,4).

Afora essas assimilações episódicas, Israel admite que alguns pagãos têm "o temor* de Deus" (Gn 20,10-17) e que Javé pode ser honrado por estrangeiros (2Rs 5,17ss). Melhor ainda, o AT escuta a sabedoria das outras nações, sua ética e sua filosofia, para aprofundar a revelação* divina (Pr 8–9; Sr 24; Sb).

b) Judaísmo antigo. — Após o exílio, os judeus foram ainda mais misturados às nações, sobretudo em diáspora, e submetidos à dominação helenística. Eles se interrogaram sobre o u. de suas tradições. Daí uma rica literatura judeu-helenística que prenuncia a inculturação* do Evangelho*. Assim, por volta do s. II a.C., autores judeus, como Eupolemo e Artapão, participam da competição literária pela qual cada povo oriental se esforça por demonstrar aos outros a antiguidade de sua civilização (cf. G. L. Prato, *RivBib*, 34, 1986, 143-182). *Oráculos sibilinos* III reformula, na intenção dos gregos, a mensagem ética e escatológica dos profetas*. As sentenças morais do Pseudo-Focílides (s. I?)

se alimentam ao mesmo tempo do estoicismo e da lei mosaica.

Muitos destes escritos floresceram na importante comunidade judaica de Alexandria. Lá sobretudo, a partir do s. III a.C., a Bíblia* foi traduzida em grego na versão dita dos LXX (traduções* antigas). Ela sublinha de bom grado o u. de Deus (cf. Am 9,12, LXX) e se esforça por encontrar termos religiosos compreensíveis para os gregos.

A simbiose buscada entre o pensamento grego e as tradições de Israel insistia nos elementos comuns que podiam fundar a fé na unicidade de Deus e promover uma ética de qualidade. Ela apresentava assim a mensagem bíblica como aceitável por outras culturas. Junto com os LXX, Fílon de Alexandria (nascido entre 15 e 10 a.C.) permanece uma testemunha privilegiada deste diálogo "do qual, porém, o cristianismo será o principal beneficiário" (R. Le Déaut, *DSp* 8, 1947).

Os Padres* da Igreja vão haurir sua apologética neste patrimônio que os judeus, por seu turno, descartarão. Em 70, Israel perde seu templo e suas instituições nacionais. Para salvaguardar sua identidade, o Povo vai se agrupar em torno da Lei e das línguas da Terra santa (hebraico e aramaico). A hora não é mais para abertura, mas para um sentido rigoroso da eleição, e a herança helenística torna-se, bem mais, uma ameaça. O judaísmo descartou até mesmo os LXX, que os cristãos usavam como sua Bíblia.

c) Novo Testamento. — Mensageiro último do reinado de Deus (cf. Mt 4,17), Jesus se dirige a todos. Os testemunhos evangélicos concordam: seus encontros não conhecem barreiras, nem sequer em relação ao estrangeiro (cf. Mt 8,10; 15,28; Lc 17,18; Jo 4). Nisso, ao transgredir as regras de pureza* que alguns transformavam em condição da eleição, ele se opõe aos sectários de Qumran, se destaca dos fariseus que operam para a pureza de todo o povo (Mt 23) e se assemelha ao Batista ao dirigir-se a todos (cf. Lc 3,10-14). Mas, diferentemente deste último, Jesus manifesta uma ternura acentuada pelos excluídos e pelos marginais.

O u. de Deus, revelado em Jesus, não suprime a eleição. As saídas do Mestre para fora de Israel permanecem raras, suas narrativas*, sujeitas a caução (Legrand, 1988, 69-72). A palavra de ordem do envio só "às ovelhas perdidas da casa de Israel" (Mt 10,5s; 15,24) parece autêntica, ainda que sua transmissão passe por círculos judeu-cristãos particularistas. Jesus queria reformar seu povo que, sob a égide dos Doze (cf. Lc 22,30), se tornaria um luminoso polo de atração para a humanidade (Mt 5,14ss) e permitiria a Deus desdobrar sua salvação* universal numa nova peregrinação das nações (Lc 13,29). Todavia, em relação a este símbolo do AT, uma novidade radical aparece: a salvação não reside mais no salvo-conduto do pertencimento ao povo escolhido, mas na fé que se concederá, de onde quer que se venha, ao enviado de Deus (cf. Mt 8,11s).

A fidelidade de Jesus à eleição de Israel e ao u. divino encontrou recusa (cf. Lc 13,34s). Mas, para aqueles a quem a mensagem de Jesus seduzira (cf. Jo 6,68), o Calvário (cf. Mc 15,39) e a experiência* pascal (Lc 24,33ss) constituíam um começo, uma nova partida.

O tema do u. se encadeia aqui com o da missão* cristã. Os primeiros discípulos vinham de círculos sociorreligiosos variados (cf. Jo 1,35ss; At 6,1.7b; 15,5). Daí suas diferenças na interpretação da mensagem de Jesus (cf. F. Voüga, *ETR* 59, 1984, 141-149) e da relação a estabelecer entre os judeus tornados cristãos e os pagãos também convertidos.

A assembleia de Jerusalém (C. Perrot, *RSR* 69, 1981, 195-208) enumera diversas possibilidades: circuncisão dos pagano-cristãos, como novos prosélitos na Igreja* judaica (At 15,5), ou, sem circuncisão, um mínimo de práticas judaicas selando a associação entre os dois grupos (15,19ss); ou sua total liberdade* com a lei judaica (15,10s). Essa última posição venceu, sob a influência paulina (cf. Gl 2). Por que, realmente, pedir aos pagano-cristãos uma "naturalização" judia quando, pela graça* de Cristo, eles se tinham libertado de seus pecados e gozavam dos dons do Espírito* Santo?

Mas, desde logo, o drama repercutia. O judaísmo podia aceitar este tipo de u. que parecia desdenhar da história da eleição? Progressiva-

mente, a Igreja se tornaria pagano-cristã em maioria (At 28,28), beneficiando-se da penetração que o judaísmo conseguira na cultura helenística.

• J. Jeremias (1933) *"Anthropos"*, *ThWNT* 1, 362-369. — K. G. Kuhn (1935), *"Proselutos"*, *ibid.*, 2, 727-744. — J. Jeremias (1956), *Jesu Verheißung*, Stuttgart. — R. Martin-Achard (1959), *Israël et les nations*, Neuchâtel. — R. North (1966), "Centrifugal and Centripetal Tendencies in the Judaic Cradle of Christianity", *in* H. Cazelles (sob a dir. de), Populus Dei, *Festschrift Ottaviani*, Roma, t. 1, 615-651. — P.-E. Dion (1975), *Dieu universel et peuple élu*, LeDiv 84. — M. Perez Fernandez (1984), "La apertura a los gentiles en el judaísmo intertestamentario", *EstB* 41, 86-106. — G. Lohfink (1982), *Wie hat Jesus Gemeinde gewollt?*, Friburgo. — E. Will, C. Orrieux (1986), *Ioudaismos-Hellenismos. Essai sur le judaïsme judéen à l'époque hellénistique*, Nancy. — H. Legrand (1988), *Le Dieu qui vient. La mission dans la Bible*, Paris.

Claude TASSIN

→ *Criação; Decálogo; Eleição; Helenização do cristianismo; Israel; Jerusalém; Messianismo; Missão; Paganismo; Sabedoria; Traduções antigas da Bíblia.*

UNIVERSO → cosmo

UNIVOCIDADE → analogia

UTILITARISMO

O "utilitarismo" (u.) designa simultaneamente um movimento de reforma social e uma teoria ética. Campeão de várias reformas jurídicas e políticas, Jeremy Bentham (1748-1832) foi também o fundador do primeiro sistema utilitarista moderno. J. S. Mill (1806-1873) e H. Sidgwick (1838-1900) trouxeram-lhe correções importantes e certo rigor filosófico. Mas o u. não é uma teoria unificada, é antes um tema com motivos comuns.

O u. é uma forma de teleologismo, uma destas doutrinas que fundam a moral nos fins ou nas consequências dos atos*. Existe dele uma forma clássica que une o pensamento grego e a teologia* cristã, e funda a ética* em fins inerentes à natureza humana, o fim último sobrenatural* e a lei* divina (Tomás* de Aquino). Ela foi rejeitada pelos filósofos iluministas, e o u. a substituiu por uma teleologia dos resultados puramente leiga — uma substituição que, para alguns, redundou em fracasso (A. MacIntyre). As teorias "deontológicas" (Kant*), por oposição, são fundadas no dever e na lei, e sustentam que a moralidade de certos atos ao menos é independente de suas consequências. O consequencialismo compreende todas as teorias segundo as quais as consequências são determinantes para o valor moral dos atos, e inclui portanto o u. Este se define de maneira mais específica, na medida em que avalia as consequências segundo critérios particulares.

O u. clássico tinha por critério a quantidade de felicidade produzida, e proclamava que só havia um único princípio moral, a busca da maior felicidade para o maior número de pessoas. As ações, portanto, são boas quando favorecem a felicidade, más quando ocorre o contrário. A felicidade em questão não é a felicidade individual, mas a maior quantidade de felicidade total. Segundo Bentham, a felicidade é o prazer, sem que haja a menor distinção. Mill buscou corrigir Bentham ao introduzir distinções qualitativas entre os prazeres. A maioria dos u. contemporâneos abandonaram o critério do prazer. Enquanto os primeiros representantes do u. compreendiam o interesse ou o bem-estar em termos de estados de consciência (como o prazer), os autores mais recentes viam ali a satisfação dos desejos ou das preferências. O u. contemporâneo é fiel a um dos pontos essenciais da teoria, a saber, que é preciso maximizar o que é dotado de valor. A questão é, pois, saber qual ato, entre os que são possíveis, produz a maior quantidade de valor, quer se trate da satisfação do desejo ou da realização do interesse. Pode-se considerar como exigíveis ou justificáveis moralmente os atos que promovem a felicidade. Então se falará de "retidão" (dos atos) e de "bondade" (do que é dotado de valor intrínseco). O *u. do ato* aplica essas noções aos atos individuais. O *u. da regra*, ao contrário, se interessa pelos comportamentos gerais capazes de promover o bem-estar da comunidade. A conduta reta é então a que segue regras úteis.

Foi sobretudo nos países de língua inglesa que o u. foi amplamente adotado. A atração que ele exerce se explica por várias razões. Ele não faz apelo nem à tradição* nem à religião, nem a qualquer consideração transcendente, o que se pode considerar uma grande vantagem em sociedades* pluralistas onde não há ética religiosa comum a todos. O bem* fundamental ou o fim último que ele propõe, a felicidade ou o bem-estar, pode ser aceito por todos como um fim razoável. Ele oferece o meio para resolver os problemas morais pelo cálculo das consequências, método que só pode agradar numa cultura tecnológica. Torna possível um denominador comum no debate moral, pois quaisquer que sejam os objetivos perseguidos pelos diferentes grupos ou indivíduos, tudo pode ser sempre reduzido a uma quantidade de felicidade. Diferentes quantidades de felicidade podem ser comparadas segundo seu peso respectivo. Assim, todos os desacordos morais são em princípio capazes de ser superados. Enfim, o u. pensa na felicidade de todos. A ampla difusão das obras de P. Singer (1993) testemunha a influência do u. hoje em dia.

No entanto, não faltam críticas. É um *fato* que os homens procuram a felicidade, mas será uma *obrigação*? E por que é preciso fazer a felicidade dos *outros*? Por outro lado, tomado à letra, o u. poderia justificar atos que passam habitualmente por maus, como o assassínio. Assim, os u. acrescentam frequentemente restrições à teoria para excluir dela esses atos. Os u. da regra dizem que, mesmo se tal comportamento maximiza o interesse coletivo, é preciso contudo seguir em geral regras úteis e, portanto, abster-se de tal ato. Mas este u. se reduz, de fato, dizem alguns, ao u. do ato, e portanto não pode dar regras limitativas aceitáveis. Por causa dessas dificuldades, propôs-se (R. M. Hare, 1981) uma teoria de dois níveis, combinando os dois tipos de u. Ademais, na escala que mede os valores, a satisfação de um conta tanto quanto a do outro; o que um perde pode ser compensado pelo que é ganho pelos outros. Assim, pode-se sacrificar uma pessoa pelo bem das outras. Mas ao pensar só em valor coletivo, o u. deságua na injustiça com os indivíduos. Aliás, ele é ambivalente em relação aos direitos humanos. Os partidários de Bentham são céticos no que diz respeito aos direitos morais. Outros, na tradição de Mill, buscam razões utilitaristas para sustentar a ideia de direitos.

Segundo o u., pode-se ordenar os valores numa única escala. Para tanto, é preciso que todos o valores sejam comensuráveis e, portanto, que não haja valores incomensuráveis, nem sequer a vida humana. O u., enquanto tal, não dá razão direta para não cometer o homicídio. Desejos ou preferências contingentes podem fazer obstáculo a ele, mas não há razão necessária que se lhe oponha.

Há ainda outras dificuldades. Como se pode calcular o resultado a longo prazo dos atos de alguém, quando tal resultado depende, entre outras coisas, das escolhas livres de outras pessoas*? Ainda que se pudesse prever tais escolhas, como medir na mesma escala os valores que elas encarnam? O u. exige uma benevolência universal e imparcial, o que parece a muitos simultaneamente impossível e pouco judicioso. Segundo a doutrina u. da obrigação negativa, somos tão responsáveis pelo que deixamos de fazer quanto pelo que fazemos, ideia que alguns acham irrealista ou mesmo contrária à integridade. A insatisfação suscitada pelo u. fez nascer teorias importantes destinadas a substituí-lo (Rawls, 1971).

Apesar do lado essencialmente leigo do u., alguns de seus partidários têm referências religiosas. Mill escreve que a regra de ouro de Jesus* manifesta o espírito do u. J. Fletcher, o divulgador da "ética de situação" nos anos de 1960, sustentava o primado do princípio bíblico de amor*, traduzindo-o numa espécie de u. do ato. R. M. Hare sustenta, por seu turno, que o u. é uma extensão da doutrina cristã do *ágape*. Enfim, acreditou-se encontrar alguns de seus aspectos no proporcionalismo*.

• J. Bentham, *An Introduction to the Principles of Morals and Legislation*, Oxford, 1789 (ed. J. H. Burns e H. L. A. Hart, Londres, 1970) (*Uma introdução aos princípios da moral e da legislação*, São Paulo, 1989). — J. S. Mill, *Utilitarianism*, Londres, 1863 (ed. J. M. Robson, Toronto, 1969) (*O utilitarismo*, São Paulo, 2000). — H. Sidgwick, *The Methods of Ethics*, Londres, 1874 (Indianápolis, 1981, prefácio de J. Rawls). — C. Audard (sob a dir. de), *Une anthologie historique et critique de l'utilitarisme. Les utilitaristes: leurs précurseurs et leurs critiques. De Shaftsbury à Moore (1711-1903)*, Paris, 1995.

▸ É. Halévy (1901-1904), *La formation du radicalisme philosophique*, 3 vol., Paris (nova ed. rev., Paris, 1995). — D. Lyons (1970), *Forms and Limits of Utilitarianism*, Oxford. — J. Rawls (1971), *A Theory of Justice*, Cambridge (*Uma teoria da justiça*, São Paulo, 1997). — J. J. C. Smart e B. Williams (1973), *Utilitarianism: For and Against*, Cambridge. — R. M. Hare (1981), *Moral Thinking: Its Levels, Method and Point*, Oxford. — A. MacIntyre (1984), *After Virtue*, Notre Dame, Ind. (*Depois da virtude*, Bauru, 2003). — P. Singer (1990²), *Animal Liberation*, Londres; (1993), *Practical Ethics*, Cambridge. — M. Canto-Sperber (1994), *La philosophie morale britannique*, Paris. — C. Audard (2003), "Utilitarismo", *DEFM*, v. 2, 737-744.

Brian JOHNSTONE

→ *Autoridade; Justiça; Relativismo; Sociedade.*

V

VALDEÍSMO → valdenses

VALDENSES

O movimento valdense (v.), ou valdeísmo, aparece perto do final do s. XII. Desde seu início, ele reivindica a liberdade* de viver o cristianismo segundo o modelo da Igreja* primitiva e descarta os costumes da Igreja católica da época. Seus adeptos são na maioria leigos*. Afirmam a necessidade de viver pobremente como Cristo* e seus apóstolos*, donde sua alcunha de *pobres de Cristo*. Também lhes é dado o nome de *pobres de Lião*, em razão da origem geográfica do movimento. Quanto ao termo v. (em latim *valdenses* — a palavra não é atestada em nenhum documento de origem interna à comunidade), os historiadores têm proposto duas hipóteses para explicar sua significação e sua origem. Segundo a primeira, este nome derivaria de seu fundador, o lionês Valdesius (profissão de fé* do sínodo* diocesano de Lião de, 1180) ou Vaudès (Gonnet, 1980) ou Valdès (Thouzellier, 1982); o nome Valdo não passa da italianização de Vaudès ou Valdès; e o prenome Pedro, ao qual é associado desde a segunda metade do s. XIV (troca epistolar entre os v. da Lombardia e os da Áustria) se justificaria pela vontade de vincular historicamente o movimento v. aos tempos apostólicos; ademais, os v. teriam desde suas origens reivindicado sua sucessão*

apostólica, fundando-a nas Sagradas Escrituras*. Tudo isso faz parte de um mito* v. que ninguém mais sustenta.

A segunda hipótese baseia-se na toponímia: o adjetivo *valdensis* significaria habitante dos "valdes", palavra que designa certa configuração do território (cf. recentemente Bosio, 1995).

Se seguirmos a primeira hipótese, a que estimulou mais a imaginação através dos séculos, somos forçados a aceitar também a "história" e seus *topoi*, isto é, que Valdesius ou Valdo foi um rico mercador que um belo dia decidiu mudar de vida e se converter. Entre as numerosas versões de sua conversão*, duas, particularmente atraentes, convergem num ponto: a pobreza.

A primeira versão relata que Valdo teria se convertido após ter ouvido a lenda de santo Aleixo cantada por um trovador. Segundo a *Legenda Aurea*, Aleixo, filho de um rico e nobre prefeito romano do s. IV, decidiu na sua noite de núpcias renunciar ao conforto da vida matrimonial para se esconder na Ásia Menor, onde distribuiu todos os seus bens. Pobre com os pobres, passou então a pedir esmola. Mais tarde, a contragosto, retornou à casa do pai, que não o reconheceu; assim, continuou a receber esmola em sua própria casa.

A segunda versão diz que Valdo, rico mercador, pai de duas filhas, temendo por sua salvação* eterna por causa de suas grandes riquezas, decidiu consultar um teólogo, que lhe recordou a parábola do jovem rico (Lc 18,18-30). Seguindo ao pé da letra o conselho dado por Jesus* de distribuir suas riquezas aos pobres, Valdo teria deixado seus bens à mulher, colocado as filhas na abadia de Fontevrault, abandonado sua residência; e depois, "nu como o Cristo nu", ter-se-ia posto a pregar a penitência*, arrastando consigo um grupo de pobres de Lião ou "v.". Aqui termina a lenda e começa a história.

Uma delegação de v., conduzida provavelmente pelo próprio Valdo, se dirigiu a Roma* em 1179 para pedir ao papa* Alexandre III a aprovação do movimento. A acolhida foi fraterna e positiva, mas no ano seguinte Valdo teve de subscrever em Lião uma profissão de fé que seria o penhor de sua ortodoxia. E como ele não aquiescesse às prescrições do direito canônico que proibiam os leigos de pregar sem autorização, Valdo foi excomungado pelo arcebispo de Lião e banido com seus discípulos. Os v. foram em seguida condenados pelo concílio* de Verona (1184), que os excomungou e os declarou cismáticos, bem como pelo IV concílio do Latrão* em 1215 (Gonnet, *EFV* I, 50-53 e 158-160).

Esses eventos estiveram na origem da diáspora v., à qual se associaram, alguns anos mais tarde, os pobres da Lombardia, que partilhavam as mesmas convicções. Essa diáspora, partindo de Lião e da Lombardia, se expandiu em toda a Europa continental, do Mediterrâneo ao Báltico, dos Alpes ao Danúbio. "Esta prodigiosa expansão do movimento v. rumo ao leste constitui um dos fatos principais do s. XIII" (Audisio). A. Molnar enfatiza que, na Boêmia do final do s. XIV — início do s. XVI, os hussitas (Hus*) compartilham em muitos pontos a visão de mundo dos v.: pobreza, anúncio da palavra de Deus, recusa do juramento e da pena de morte. O historiador checo chega mesmo a falar de uma "internacional valdo-hussita", no que é contestado por Audisio, pois, diz este, "foi muito mais um projeto do que uma realidade".

Na França, os v. atingiram o sul, assim como a Alsácia e a Lorena. Na Itália, dirigiram-se para o centro (Úmbria, Abruzzos) e para o sul (Calábria e Apúlia), onde fundaram colônias agrícolas que sobreviveram até meados do s. XVI, apesar das perseguições de que foram vítimas por parte da Inquisição.

Essa expansão no espaço e no tempo acarretou uma grande variedade de comportamentos sociológicos e doutrinais de um grupamento para outro. O movimento v., com efeito, se caracteriza pela dinâmica dos diferentes grupos que o compõem, unidos por um profundo desejo de reconduzir a Igreja à pureza* de suas origens. Em razão de todas essas diversidades, alguns historiadores preferem hoje falar de valdeísmos, no plural, para mostrar a pluralidade das posições teológicas e ideológicas que percorrem o movimento (Merlo).

Os v. praticavam uma propaganda religiosa que se fazia de pessoa a pessoa, nas cidades como no campo, sempre de modo clandestino, por causa da Inquisição.

Os pregadores itinerantes, que nos s. XV e XVI serão chamados de *barba* ("tio", em piemontês), eram em geral mercadores, artesãos ou camponeses. Havia também entre eles, no início, mulheres*, alguns padres* despadrados e alguns monges. Sua cultura era essencialmente bíblica. A pregação* se fazia na língua dos ouvintes, em vez de em latim; o ministério* da palavra se exercia a partir das traduções das Escrituras, como as "Bíblias*" de Valdo de Lião ou dos v. de Metz, ou a tradução alemã do códex de Tepl.

Do ponto de vista da "organização eclesiástica", os grupamentos v. se reuniam uma vez por ano em "capítulos" gerais nos diferentes países em que estavam presentes. Nessa ocasião, procedia-se a coletas que deviam assegurar a subsistência dos pregadores e dos pobres.

Na origem, nenhuma diferença notável distinguia os membros da confraria v., definida em 1218 como *societas* mais do que como *congregatio*. Mais tarde, uma primeira divisão separa ministros e simples crentes, depois os ministros mesmos se dividem em epíscopos, anciãos e diáconos*: hierarquia* rudimentar de *primi inter pares*, análoga à que se encontra explicitada nas epístolas de Paulo, tendo à sua frente um *majoralis* a quem todos deviam obediência.

No plano doutrinal, os pobres de Lião foram postos no mesmo nível dos hereges da IM, e isso desde que foram banidos de sua cidade de origem. Prova disso é a excomunhão geral de 1215, proferida por Latrão IV*, que engloba num único anátema todos os que, embora tendo rostos diferentes, estavam ligados pela cauda (cf. as raposas de Jz 15,4) por causa de sua aversão comum à "santa ortodoxia e fé católica":

"Excommunicamus [...] et anathematizamus omnem haeresim, extollentem se adversus hanc sanctam orthodoxam et catholicam fidem [...], condemnantes haereticos universos, quibuscumque nominibus censeantur, facies quidem diversas habentes, sed caudas ad invicem colligatas, quia de vanitate conveniunt in id ipsum" (G. Gonnet, *EFV* I, 161). "Excomungamos [...] e anatematizamos toda heresia* que se ergue contra esta fé santa, ortodoxa e católica, condenando todos os hereges, qualquer que seja o nome que se lhes dê, que têm rostos diferentes, mas caudas ligadas umas às outras, pois sua vaidade se reúne nisso mesmo".

Apesar das evoluções e das adaptações, dos inevitáveis sincretismos com outros credos heréticos e das numerosas tentativas de dissimulação ou de nicodemismo, os fundamentos do valdeísmo repousam, imutáveis, em três pilares: a pobreza, a pregação e o Evangelho. Desses três, é a pregação que vai determinar a ruptura com Roma, pois o ministério da palavra, para a Igreja católica, não podia ser exercido senão por clérigos*.

Se três elementos fundamentais caracterizam o movimento v. em seus inícios, quatro grandes atitudes o atravessam ao longo de toda a baixa IM. São, em resumo: 1/ a recusa do edifício hierárquico da Igreja oficial e de seu poder salvador; 2/ a desvalorização dos sacramentos* celebrados por sacerdotes indignos (donatismo*); 3/ hostilidade em relação aos cemitérios, aos edifícios de culto*, e mesmo às casulas, ao incenso, à água benta, às imagens e ao som dos sinos; 4/ a recusa de toda prática ou cerimônia que não tenha justificação nas Escrituras, notadamente no NT (cujo centro era representado pelo "Sermão da Montanha"), como os dias feriados em honra dos santos ou da Virgem, as procissões, o jejum, a adoração da cruz e o sinal que a acompanha,

as indulgências*, os sufrágios pelos defuntos, a existência do purgatório*; mais concretamente ainda, a recusa da mentira, do juramento e de todo ato* de violência*, inclusive a pena de morte. (Sobre a confissão e a eucaristia*, ver Audisio, 1989).

Todas essas recusas acarretavam, no plano político e social, a rejeição em bloco do *estatuto constantiniano* da Igreja. A hostilidade dos v. para com toda forma de compromisso religioso ou civil provocou seu banimento da sociedade* até os anos 1530-1560. O sinal da mudança veio do sínodo* de Chanforan (aldeia do Piemonte), onde os dirigentes do movimento decidiram se tornar uma Igreja no modelo das Igrejas reformadas. Entre a adesão formal à Reforma (Chanforan) e a colocação em prática dessas decisões, umas três décadas se passaram, durante as quais os v. mudaram radicalmente. Com efeito, abandonaram a pobreza evangélica, admitiram o juramento, autorizaram a propriedade privada dos ministros, rejeitaram a confissão e suas outras práticas piedosas. Em Chanforan é o movimento v. que morre (Audisio). A Igreja *Valdese* que o substitui não tem mais nada em comum com o que tinha sido o valdeísmo: "Com Chanforan em 1532, nos princípios e nos fatos, por volta de 1560, o valdeísmo se extingue. Quase tudo o que constituía as características religiosas dessa dissidência — e que formava sua especificidade na Europa em relação tanto à Igreja romana quanto às Igrejas saídas da Reforma — desaparece. Repito: religiosamente falando, ser v. e reformado é contraditório. Não se podia ser um ou outro. Deste ponto de vista, o valdeísmo afundou na Reforma. Convém falar mesmo é de morte" (Audisio).

Essas declarações parecem categóricas, mas o historiador deixa de todo modo uma porta de saída (cf. "quase tudo"), através da qual poderíamos escapulir para mostrar que ser v. e reformado não é tão contraditório quanto ele afirma, ao menos em dois pontos importantes: a *sola scriptura* e a afirmação de que Cristo é o único bispo* da Igreja.

A historiografia valdense. — Se a historiografia v. do s. XIII ao XV se alimenta essencialmente de documentos provenientes da Inquisição, da controvérsia e da crônica, a partir do s. XVI e, sobretudo, do XVII, assiste-se a toda uma floração de historiografias confessionais: protestante (Miolo e Lentolo + dois anônimos, Perrin, Gilles, Morland e Léger) e católica (Rorengo, Belvedere e Charvaz). De uma parte e da outra, trata-se de uma historiografia apologética.

Todos aqueles que, de um modo ou de outro, tinham-se oposto às prerrogativas de Roma, antes da Reforma protestante, no terreno dogmático-eclesiástico ou simplesmente no da moral e da política, foram considerados como mártires da fé verdadeira, como *testes veritatis* (Crespin) ou como *reclamatores* (Flacius Illyricus).

O s. XVIII só produziu a *História dos Valdenses* de Jacques Brez (1796), escrita nas pegadas de Voltaire com o objetivo de condenar toda intolerância religiosa. É só no final do s. XIX que aparece o primeiro estudo científico de *História valdense*, em que a história* tem sua revanche contra a mitologia (Emilio Comba).

Os colóquios de Aix-en-Provence (1988) e de Torre Pellice (1992) ilustraram as tendências da historiografia v. do s. XX, tendências que se situam entre duas tomadas de posição extremas: a primeira, ultra-apologética, é representada por Giorgio Tourn, que tenta reabilitar as lendas sobre a anterioridade dos v. em relação a Valdo mesmo, colocando-os num esquema em que a "teologia* da história" deve ser compreendida no sentido de uma "teologia realizada na história"; a segunda é a de Gabriel Audisio, que só podemos definir como anticonformista, e que chega mesmo a duvidar da legitimidade do termo v., e para quem o sínodo de Chanforan representa a morte do valdeísmo. Do ponto de vista religioso, segundo ele, nenhuma continuidade é possível entre o valdeísmo de antes de Chanforan e o de depois. Por conseguinte, a Igreja *Valdese*, que quer ser sua legítima descendente, é tudo menos sua herdeira.

- B. Gui (1926-1927), *Manuel de l'inquisiteur*, 2 vol., Paris. — G. Gonnet (1958), *EFV* (*Coletânea crítica das fontes acerca dos v. na IM*), 1, Torre Pellice. — A. Patschovsky e K.-V. Selge (1973), *Quellen zur Geschichte des Waldenser*, TKTG 18; (1979), *Quellen zur bömischen Inquisition im 14.*

Jahrhundert, Weimar. — G. Audisio (1989), *Les "Vaudois". Naissance, vie et mort d'une dissidence* (*XIIe-XVIe siècles*), Turim (fontes manuscritas).

▶ G. Amati (1865), "Processus contra valdenses in Lombardia superiori, anno 1387", *ASI* 37 e 39. — P.-F. Fournier (1942), "Les Vaudois en Auvergne vers la fin du XVe siècle d'après les interrogatoires de deux barbes", *BHSA* 49-63. — A. Molnar (1964), "Les Vaudois en Bohême avant la révolution hussite", *BSSV* 116, 3-17. — C. Thouzellier (1966), *Catharisme et valdéisme en Languedoc à la fin du XIIe et au début du XIIIe siècle*, Paris; (1967), *Vaudois languedociens et Pauvres catholiques, CFan*, n. 2. — G. Gonnet, A. Armand-Hugon (1967), *Le confessioni di fede valdesi prima della Reforma*, Turim. — K.-V. Selge (1967a), *Die ersten Waldenser*, 2 vol., Berlim; (1967b), "Caractéristiques du premier mouvement vaudois et crises au cours de son expansion", in *CFan* n. 2, 110-142; (1967c), "Discussions sur l'apostolicité entre vaudois, catholiques et cathares", *ibid.*, 143-162; (1968), "Die Erforschung der mittelalterlichen Waldnesergeschichte", in *ThRNF* 33, 281-343. — C. Thouzellier (1969), *Hérésie et hérétiques*, Roma. — K.-V. Selge (1974), "La figura e l'opera di Valdez", *BSSV* 136, 4-25. — A. Armand-Hugon (1974), *Storia dei Valdesi. 2. Dal sinodo di Chanforan al 1848*, Turim. — G. Gonnet e A. Molnar (1974), *Les Vaudois au Moyen Âge*, Turim. — D. Kurze (1975), *Quellen zur Ketzergeschichte Brandeburgs und Pommerns*, Berlim. — G. Audisio (1979), *Le barbe et l'inquisiteur. Procès du barbe vaudois Pierre Griot par l'inquisiteur Jean de Roma*, Aix-en-Provence. — G. Gonnet (1980), "Pierre Valdo ou Vaudès de Lyon?", *BSHPF* 135, 247-250. — M. Schneider (1981), *Europäisches Waldensertum im 13. und 14. Jahrhundert*, Berlim-Nova York. — R. Cegna (1982), *Fede ed Etica valdese nel quattrocento*, Turim. — P. Biller (1982), "Curate infirmos: The medieval waldensian practice of medecine", *SCH(L)* 19, 1982, 55-77. — C. Thouzellier (1982), "Considérations sur les origines du valdéisme", *I Valdesi e l'Europa*, Torre Pellice, 3-25. — G. G. Merlo (1982), "Sul valdismo 'colto' tra il XIII e il XIV secolo", *ibid.*, 67-98. — G. Audisio (1984), *Les Vaudois du Lubéron. Une minorité en Provence (1460-1560)*, Mérindol. — G. G. Merlo (1984), *Valdesi e valdismi medievali*, Turim. — E. Cameron (1984), *The Reformation of the Heretics. The Waldenses of the Alps 1480-1580*, Oxford. — P. Biller (1985a), "Medieval waldensian abhorrence of killing pre-c. 1400", *SCH(L)* 22, 215-218; (1985b), "Multum ieiunantes et se castigantes: medieval waldensian asceticism", *ibid.*, 22, 219ss. — J. Gilmont (1987), "La publication de la Bible d'Olivétan, traducteur de la Bible", in G. Casalis e B. Roussel (sob a dir. de), *Colloque de Noyon*, Paris. — G. Gonnet (1989), *Il grano e le zizzanie. Tra eresia e riforma (secoli XII-XVI)*, Soveria Mannelli. — G. G. Merlo (1989), *Eretici ed eresie medievali*, Bolonha. — G. Audisio (1990) (sob a dir. de), *Les Vaudois des origines à leur fin (XIIe-XVIe siècle). Actes du Colloque international d'Aix-en-Provence, avril 1988*, Turim. — G. G. Merlo (1991), *Identità valdesi nella storia e nella storiografia. Studi e discussioni*, Turim. — P. Paravy (1993), *De la chrétienté romaine à la Réforme en Dauphiné*, École française de Rome. — E. Bosio (1995), "Origine e significato del nome 'Valdese'", *BSSV* 175, 3-33. — G. Audisio (1998), *Les Vaudois. Histoire d'une dissidence, XIIe-XVIe siècle*, Paris. — G. Gonnet e A. Armand-Hugon (1953), *Bibliografia valdese*, Torre Pellice.

Franco GIACONE

→ *Beguinas; Catarismo; Heresia; Hus; Protestantismo.*

VALENTIANOS → docetismo 1. a. → gnose

VALIDADE

No limite entre teologia* e direito* canônico, encontram-se na Igreja* antiga certos casos particulares em que a maneira como foi cumprida uma ação sacramental (p. ex. um batismo*, uma eucaristia* ou uma ordenação*) faz que esta seja considerada como sem valor. Lentamente, no curso dos séculos, essas situações particulares foram especificadas sob vários pontos de vista: 1/ Para cada uma, foram esclarecidas as condições necessárias a seu cumprimento, no que diz respeito tanto à ação em si mesma quanto à intenção requerida da parte daquele que a cumpre; 2/ Precisou-se que, segundo o caso, tais ações requerem um ministro reconhecido pela Igreja (cf. a teologia dos sacramentos* e o debate de Agostinho* com o donatismo*), especialmente no que diz respeito às ordenações, ou pelo menos "a intenção de fazer o que faz a Igreja" (fórmula surgida em teologia no início do s. XIII, depois oficializada na Igreja católica pelo

decreto aos armênios do concílio de Florença* [1439, *DS* 1315]); 3/ Após meados do s. XII, prosseguiu-se esta linha de reflexão levando-se em conta, no Ocidente, esclarecimentos obtidos sobre o número dos sete sacramentos; 4/ A teologia, enfim, e o direito canônico, utilizando neste caso o aporte do direito romano, deram forma de modo cada vez mais nítido, no final da IM e perto da época do concílio de Trento*, à categoria sacramentária e jurídica de validade. No caso do matrimônio*, emprega-se a noção equivalente de nulidade. A noção de "atos hierárquicos", por seu turno, não diz respeito ao domínio da validade sacramental, mas pertence à teologia sacramentária do Pseudo-Dionísio* (*Hier. Eccl.* 5) e dos teólogos que acolheram sua inspiração (p. ex., Tomás* de Aquino, *ST* IIIa, q. 65, a. 1).

A investigação recente em história das instituições antigas do cristianismo (Vogel, 1983) tem se esforçado por distinguir dois pontos no caso das ordenações: de um lado, seu reconhecimento por uma Igreja que as aceita como atos legítimos; do outro, as condições intrínsecas da ação. Em 1976, a propósito de ordenações episcopais feitas de maneira ilegítima por um bispo* católico, a Igreja romana afirmou oficialmente que ela as considerava ilegítimas, entendendo ao mesmo tempo não se pronunciar sobre a validade delas (*AAS* 68, 1976, 623).

A teologia e a disciplina da ortodoxia* adotariam uma perspectiva diferente da do Ocidente latino. Assim, distingue-se ali (sobretudo a partir de uma resposta do patriarca Fócio de Constantinopla a Anfilóquio, PG 101, 64-65) entre "acribia" (atitude canônica estrita) e "economia" eclesiástica: esta segunda atitude atenua o rigor da primeira, em imitação da benevolência divina, e visa confirmar a validade do cânon, representando ao mesmo tempo uma exceção pedagógica e benevolente à sua aplicação rígida. Na prática, todavia, o conceito de "economia" é interpretado de maneira diversa pelos diferentes autores (Thomson, 1965).

As questões de validade, importantes para o conjunto dos sacramentos, merecem especial atenção no que diz respeito ao batismo e à ordenação, e também no que toca à eucaristia assim como ao matrimônio.

- F. J. Thomson (1965), "Economy. An Examination of the Various Theories of Economy Held within the Orthodox Church, with Special Reference to the Ecumenical Recognition of the Validity of Non-Orthodox Sacraments", *JThS* 16, 368-420. — P.-M. Gy (1978), "La validité sacramentelle. Développement de la notion avant le concile de Trente", *Mélanges J. Gaudemet, RDC* 28, 193-202 (retomado em P.-M. Gy, *La liturgie dans l'histoire*, Paris, 1990, 165-175). — C. Vogel (1983), *Ordinations inconsistantes et caractère inadmissible*, Turim.
SOBRE O MATRIMÔNIO: Col. (1976), "Portée et limites de l'acte de déclaration de nullité du mariage", *RDC* 26, 2-99. — P.-M. Gy (1977), "Le sacrement de mariage exige-t-il la foi? La position médiévale", *RSPhTh* 61, 437-442. — Mgr. Pierre L'Huillier (1991), "Economy", *in* N. Lossky *et al.* (sob a dir. de), *Dictionary of the Ecumenical Movement*, Grand Rapids, 320-322.

Pierre-Marie GY
→ *Donatismo; Direito canônico; Intercomunhão; Sacramento.*

VATICANO I (Concílio), 1869-1870

Vigésimo concílio* (c.) ecumênico para a Igreja* católica, o c. Vaticano I foi convocado por Pio IX mais de trezentos anos após o c. de Trento*. Aberto em 8 de dezembro de 1869, o c. foi suspenso em 20 de outubro de 1870, após a tomada de Roma* pelos italianos.

1. A preparação, os acontecimentos e os homens

a) As controvérsias e a reação romana: o Sílabo. — Os pontificados de Gregório XVI (1831-1846) e de Pio IX (1846-1878) são pontuados por condenações de sistemas opostos sobre o conhecimento* de Deus* e sobre as relações da razão* e da fé*: semirracionalismo de G. Hermès (1775-1831) em 1835 e de A. Günther (1783-1863) em 1857, fideísmo* de L. Bautain (1796-1867) em 1840, tradicionalismo* de A. Bonnetty (1798-1879) em 1855, ontologismo* de A. Rosmini (1797-1855) em 1861. Esses problemas estão ligados às controvérsias relativas à liberdade* dos teólogos (condenação de J. Frohschammer [1821-1893] em 1862) e a seu método*. Por outro lado, ao condenar o pensamento de F. de Lamennais (1782-1854) em 1832, Roma questiona a ideologia liberal, o anticlericalismo e certo indiferentismo que contestam a posição privilegiada da Igreja católica nas sociedades modernas. Enfim, quando na França o galicanismo* e o ultramontanismo* se opõem e Napoleão III ameaça o poder temporal do papa*, Pio IX publica, em 8 de dezembro de 1864, a encíclica *Quanta cura* e o *Sílabo*, lista dos 80 erros do mundo moderno.

b) A preparação do concílio. — O papa anuncia então a reunião de um c. que fará contra o racionalismo* o que Trento fizera contra o protestantismo*. Consultados, os bispos* não aderem maciçamente ao projeto de definir a infalibilidade* e de tomar o *Sílabo* como base de trabalho. Após hesitações (devidas sobretudo à guerra* austro-prussiana de junho de 1866), e convencido por Mons. F. Dupanloup (1802-1878), Pio IX anuncia o c. em 26 de junho de 1867. As comissões preparatórias se põem ao trabalho no maior segredo.

Em 29 de junho de 1868, a bula *Aeterni Patris* convoca o c. para 8 de dezembro de 1869. Em 8 de setembro de 1868, os bispos orientais não unidos a Roma são convidados a "retornar à unidade" para participar do c. A carta encontra um silêncio desdenhoso. Espera-se o dia 13 para convidar os protestantes e os anglicanos (anglicanismo*): o gesto é considerado provocador, sobretudo na Alemanha.

c) As controvérsias em torno da infalibilidade. — Em 6 de fevereiro de 1869, um artigo redigido por dois padres amigos de L. Veuillot (1813-1883) é publicado na *Civiltà cattolica*, órgão oficioso da Santa Sé: o texto cobra sobretudo a definição da infalibilidade por aclamação. A emoção considerável que ele provoca suscita tomadas de posição diversas, desde a reação violenta de J. von Döllinger (1799-1890) até a posição ultramontanista de Mons. H. Manning (1808-1892), arcebispo de Westminster, passando pela resposta moderada de Mons. V. Dechamps (1810-1883), arcebispo de Malines. Em Fulda, em setembro, os bispos alemães julgam inoportuna uma definição da infalibilidade. Na França, além da obra de Mons. J. H. Maret (1805-1884) (*Du concile général et de la paix religieuse*, setembro de 1869), tomando uma defesa considerada galicana do direito dos bispos, um artigo de A. de Broglie (em *Le Correspondant*) estima deslocada a definição de uma infalibilidade que cobriria os atos políticos dos papas anteriores.

Em 11 de novembro, em suas *Observações sobre a controvérsia*, Mons. Dupanloup se pronuncia pela inoportunidade.

d) *Composição da assembleia conciliar*. — Mil bispos são convocados para o c., 750 participam. O mundo inteiro está representado: um terço dos Padres vêm do mundo não europeu, mas todos são originários da Europa ou de formação europeia. A Itália é super-representada (35%); dois terços dos consultores, todos os secretários e todos os presidentes de comissões são italianos. Enquanto o secretário do c., Mons. J. Fessler (1813-1872), é austríaco, os cinco presidentes, após a morte do cardeal K. A. von Reisach, são italianos, hostis às ideias liberais, mas levados à conciliação. A Congregação diretora de 5 depois 9 cardeais é assessorada por 5 comissões especializadas formadas por especialistas. A comissão doutrinal, com 3 jesuítas, os padres J. Perrone (1794-1876), J. B. Franzelin (1816-1886) e C. Schrader (1820-1875), trata dos temas importantes tomando por base de trabalho o *Sílabo*. As outras (disciplina eclesiástica, religiosos, missões* e Igrejas orientais, política) preparam projetos, poucos dos quais serão discutidos no c.

2. Desenrolar do c. e principais debates

a) *Da abertura do concílio à suspensão dos trabalhos (22 de fevereiro de 1870)*. — O c. é aberto em 8 de dezembro de 1869. A eleição para as comissões, dia 14, revela a divisão dos Padres, acentuada por uma manobra dos infalibilistas. A maioria é animada pelo cardeal L. Bilio (1826-1884) e por prelados como H. Manning (Westminster), V. Dechamps (Malines), K. Martin (1812-1876, Paderborn), L.-D. Pie (1815-1880, Poitiers), J. Fessler (1813-1872, Sankt Pölten, Áustria). Um "comitê internacional" assegura a coesão dos grupos da minoria em torno dos cardeais J. O. von Rauscher (1797-1875, Viena), F. de Schwanzerberg (1809-1885, Praga), C. Mathieu (1796-1875, Besançon). Ali se encontram o primaz da Hungria, cardeal J. Simor (1813-1881), e bispos: L. Haynald (1816-1891, Colocza), J. J. Strossmayer (1815-1905, Diakovar), W. E. von Ketteler (1811-1877, Mainz), G. Darboy (1813-1871, Paris), Dupanloup (Orléans), Maret (decano da Sorbonne).

Distribuído em 10 de dezembro, o projeto de constituição dogmática* *De doctrina catholica*

é mal acolhido: só recebe críticas durante a discussão pública de 28 de dezembro. Já em 4 de janeiro de 1870, em nome da Deputação da Fé, Mons. Martin reconhece que uma reformulação se impõe.

Enquanto esperam, os Padres estudam temas diversos: os deveres dos bispos (residência, visitas pastorais etc.), a vacância da sé, a vida clerical, o catecismo. Queixam-se de um emaranhado de questões canônicas, sem ordem nem perspectivas. Além dos assuntos menores, colocam-se problemas eclesiológicos importantes sobre a estrutura* da Igreja, os papéis respectivos do papa, dos bispos e da Cúria, os direitos e não somente os deveres dos bispos. Essas críticas suscitam a reação dos defensores das prerrogativas do papa; a divisão entre os Padres se alarga. Pergunta-se sobre o método de trabalho, sobre a extensão de discursos sucessivos sem vínculo entre si, sobre a acústica deplorável. Em 22 de fevereiro de 1870, as sessões são suspensas para que a sala do c. seja reorganizada; o regulamento é modificado de modo a acelerar os debates; a minoria se levanta, entretanto, contra o fato de um debate poder ser encerrado a pedido de dez Padres e de a maioria bastar para a adoção de uma constituição.

b) *A questão da infalibilidade*. — Não prevista originalmente, a definição da infalibilidade do papa é imposta pelas controvérsias. Distribui-se em 21 de janeiro um projeto de constituição dogmática: *De Ecclesia Christi*. Os dez primeiros capítulos expõem a natureza da Igreja, corpo* místico* e sociedade* visível, com seu governo* independente das sociedades civis, e suas propriedades, imutabilidade e infalibilidade: sociedade hierárquica, é governada pelo papa cuja primazia é longamente desenvolvida (cap. XI) e cuja soberania temporal é afirmada (cap. XII). Os três últimos cap. tratam das relações entre a Igreja e a sociedade civil. Os Padres apreciam os matizes incluídos no adágio *Fora da Igreja não há salvação** e o fato de que a eclesiologia* não seja reduzida à questão do papa; mas o texto, mudo sobre os bispos, parece desequilibrado em favor do papa. A imprensa e as chancelarias denunciam pretensões teocráticas numa concepção ultrapassada das relações da Igreja com o Estado*. A refacção do esquema é confiada a J. Kleutgen

(1811-1883), mas o novo texto não será distribuído antes da suspensão final do c. em 20 de outubro de 1870.

Hesitante, a princípio, por causa das petições contraditórias, Pio IX manda anunciar (6 de março de 1870) a inscrição da infalibilidade na ordem do dia e, em 27 de abril, decide pela antecipação do debate. Uma constituição *De Romano Pontifice* é distribuída em 9 de maio. Aguardando este debate, o c. retoma o exame do decreto remanejado sobre o catecismo; adotado em 4 de maio (por 491 votos contra 56, com 44 *placet juxta modum*), nunca será promulgado.

c) A primeira constituição dogmática, Dei Filius *(24 de abril de 1870)*. — A partir de 10 de janeiro, uma subcomissão presidida por Mons. Dechamps, com Mons. Pie e C.-L. Gay (1815-1892), Mons. Martin e o jesuíta Kleutgen, reformula o texto de Franzelin, *De doctrina catholica*: os 4 primeiros capítulos, consagrados ao conhecimento religioso, formam um projeto de constituição *Sobre a fé católica* distribuído em 14 de março.

Apresentada em 18 de março por Mons. Simor, a constituição não levanta críticas sérias. O prólogo recorda os erros advindos desde o c. de Trento. Os cap. I e II tratam da existência de Deus e do conhecimento natural de Deus e da revelação*; o cap. III é consagrado à fé, virtude* sobrenatural, dom da graça* e ato* livre do homem, aos sinais da revelação e ao motivo de credibilidade* que é a Igreja; o cap. IV expõe enfim as relações entre a razão e a fé, dois modos de conhecimento distintos que se prestam a um concurso recíproco. Após uma primeira votação que comporta 83 *placet juxta modum*, 35 bispos anglo-saxões obtêm que, para evitar todo equívoco do ponto de vista anglicano, a fórmula *Sancta romana catholica Ecclesia* seja modificada para *Sancta catholica apostolica romana Ecclesia*. Na sessão solene de 24 de abril, os 667 Padres votam em unanimidade a constituição *Dei Filius*, que Pio IX ratifica imediatamente.

d) A segunda constituição dogmática, Pastor aeternus *(18 de julho de 1870)*. — A discussão geral começa em 13 de maio. A minoria insiste nas dificuldades teológicas e históricas da definição como nos inconvenientes pastorais e

políticos, sem esquecer as consequências sobre as relações com os não católicos. A maioria justifica a doutrina e a oportunidade de sua definição: não se trata de posições neoultramontanistas, mas da doutrina tradicional de Tomás* de Aquino e de Bellarmino*. A discussão é encerrada em 3 de junho.

O prólogo e os cap. I e II sobre a instituição e a perpetuidade do primado não suscitam muita dificuldade. O cap. III, sobre a natureza do primado e os poderes que ele implica, provoca questões acerca dos qualificativos aplicados à jurisdição pontifícia: *episcopalis, ordinaria, immediata*. Teme-se: intervenções abusivas de Roma na vida das Igrejas locais sem levar em conta os bispos; obstáculos ao retorno dos orientais; dificuldades para conciliar a jurisdição* do papa e a do bispo, que é também *episcopal, ordinária, imediata*. Responde-se que, como mostra a história*, a intervenção do papa, excepcional, serve ao bem da Igreja e que o termo *ordinária* deve ser tomado, não no sentido corrente, mas no sentido canônico de *não delegado*. A pedido de Pio IX, acrescenta-se entretanto uma fórmula que exclui toda restrição, inspirada no galicanismo, à *plenitudo potestatis* do papa.

Captando a complexidade da questão da infalibilidade (cap. IV), numerosos bispos desejam um entendimento entre maioria e minoria, a fim de rejeitar a tese galicana (que subordina a infalibilidade de uma definição pronunciada pelo papa ao acordo subsequente do episcopado) evitando, ao mesmo tempo, a afirmação de que "o papa é a Igreja" ou de que ele pode fazer abstração da fé da Igreja, da qual os bispos são as testemunhas autorizadas. Em nome da minoria, o cardeal Rauscher propõe a fórmula de Antonino de Florença, que distingue entre o papa agindo em seu nome pessoal e o papa fazendo apelo à Igreja universal, único caso em que é infalível. O cardeal F. M. Guidi (1815-1879), da maioria, precisa que o papa deve se informar junto aos bispos sobre o que eles creem para ser esclarecido sobre o conteúdo da tradição*, mas é repreendido por Pio IX.

Em 11 de julho, num longo relatório muito teológico, Mons. V. Gasser (1809-1879) explica as modificações do texto: os direitos dos bispos e a união íntima do papa e da Igreja são preservados, mas é excluído que o recurso ao episcopado seja a condição *sine qua non* da infalibilidade do papa. Um quarto da assembleia exprime seu desacordo no dia 13; as negociações são retomadas. O papa aprova a carta de Mons. C.-E. Freppel (1827-1891) precisando a fórmula *ex sese irreformabiles* para evitar toda alusão galicana a um recurso ao episcopado. Em 16, a adição *non autem ex consensu Ecclesiae* é adotada. As últimas tentativas dos líderes da minoria são inúteis. Em vez de votar *non placet*, 55 bispos informam Pio IX de sua abstenção e deixam Roma. Em 18 de julho, a constituição *Pastor aeternus* é aprovada pelos 535 Padres presentes, salvo dois que aderem logo depois da ratificação por Pio IX.

3. As consequências do concílio

A queda do Império, em 4 de setembro de 1870, permite ao governo italiano ocupar Roma (20 de setembro). Na falta de um acordo com o papa, a Itália anexa Roma e as províncias adjacentes. Considerando que a liberdade do c. não está mais assegurada, Pio IX o prorroga *sine die* (20 de outubro). Os trabalhos jamais serão retomados. Diante da amplitude do programa e das esperanças suscitadas por seu anúncio, o c. parece um fracasso para muitos dos contemporâneos, pouco convencidos da utilidade do dogma* da infalibilidade. Com o recuo do tempo, mede-se melhor sua importância.

a) *A constituição* Dei Filius. — Segundo R. Aubert, o conjunto do texto "constitui uma obra notável, que opõe ao panteísmo*, ao materialismo e ao racionalismo moderno uma exposição densa e luminosa da doutrina católica sobre Deus, a revelação e a fé". Contra o ateísmo* e o tradicionalismo, o c. afirma a capacidade do homem de conhecer a existência e as perfeições de Deus pela luz natural de sua razão, sempre reconhecendo, contra o deísmo*, que o socorro da revelação é necessário para que este conhecimento seja, de fato, acessível a todos e sem erro. Esta doutrina marca incontestavelmente o ensinamento posterior da Igreja. Mas não permite abordar as questões colocadas pelas novas ciências religiosas nos domínios bíblico e histórico (exegese*).

b) *A constituição* Pastor aeternus. — Ela precisa a definição do primado e favorece o fortalecimento da centralização da Igreja e das intervenções da Santa Sé. As discussões sérias sobre a infalibilidade fizeram progredir a reflexão da Igreja e, se o principal erro visado foi o galicanismo, nem por isso deixa de ser verdade que os termos mesmos da definição excluem as teses excessivas dos neoultramontanos. O c. pôs fim nas querelas entre ultramontanos e galicanos e fortaleceu o papel da Santa Sé no serviço da expansão missionária. Permitiu aos bispos descobrir os problemas do catolicismo* em escala mundial; os bispos missionários sobretudo deram a conhecer sua experiência e inflectiram a evolução da congregação da Propaganda, demasiado centrada no Oriente Médio.

Embora os numerosos esquemas disciplinares previstos não tenham sido votados, sua preparação e seu exame forneceram uma documentação preciosa para a reforma do código de direito* canônico. Entretanto, o c. deixa aparecer a insuficiência de uma eclesiologia demasiado jurídica e hierárquica (hierarquia*).

c) *O papado e a secularização.* — No momento em que perde o poder temporal, o papado vê sua autoridade* espiritual fortificada pelo c. Já durante seu desenrolar, as intervenções de Pio IX marcaram cada vez mais os trabalhos e as decisões: se os Padres gozaram de uma liberdade real de concertação, de palavra e de voto, foram entretanto submetidos às pressões externas da imprensa e, para a minoria deles, à lei da maioria sustentada pelo papa.

Pela primeira vez na história*, a Igreja, reunida em c., ficou livre diante dos governos. Inacabado por causa das circunstâncias, o c. certamente condenou erros graves, mas não pôde enfrentar um fenômeno mais amplo que as heresias* e percebido por alguns Padres: a indiferença. Ele não bastou para preparar a Igreja para enfrentar a secularização* da cultura e da sociedade que será manifestada, sobretudo na França, pela crise modernista e pela separação conflituosa das Igrejas e do Estado.

• Atas: Mansi (1923-1927), t. 49-53; decretos: *COD* 801-816 (*DCO* II/2, 1627-1659).

▸ A. Vacant (1895), *Études théologiques sur les constitutions du Concile du Vatican*, 2 vol., Paris. — R. Aubert (1952), *Le problème de l'acte de foi*, Louvain. — U. Betti (1961), *La constituzione dommatica* Pastor aeternus *del Concilio Vaticano I*, Roma. — R. Aubert (1964), *Vatican I*, *HCO*, t. 12. — H. J. Pottmeyer (1973), *Unfehlbarkeit und Souveränität. Die papstliche Unfehlbarkeit im System der Ultramontanen Ekklesiologie des 19.*

Jahrhunderts, Mainz. — L. M. Bermejo (1990), *Church, Conciliarity and Communion*, Anand.

Claude BRESSOLETTE

→ *Concílio; Dogma; Infalibilidade; Modernismo; Ontologismo; Provas da existência de Deus; Racionalismo; Tradicionalismo.*

VATICANO II (Concílio), 1962-1965

O segundo concílio* (c.) do Vaticano é, para a Igreja* católica, o XXI c. ecumênico. Primeiro c. da história a reunir bispos de todos os continentes e de todas as raças, ele agrupou na basílica de São Pedro, em Roma*, até 2.650 Padres. Aberto por João XXIII em 11 de outubro de 1962, foi concluído sob Paulo VI, em 8 de dezembro de 1965, ao término de quatro sessões.

1. Preparação do concílio e composição da assembleia

Em 25 de janeiro de 1959, João XXIII, eleito papa* três meses antes, surpreende com o anúncio de três decisões: a reunião de um sínodo* romano, a convocação de um c., a revisão do código de direito* canônico.

a) A preparação do concílio. — Se Pio XI e Pio XII tinham desistido de reunir um c., a iniciativa de João XXIII se inscreve numa evolução profunda da Igreja, marcada, na Europa sobretudo, pela renovação dos estudos sobre a Bíblia* e os Padres* (coleção *Sources Chrétiennes*, encíclica *Divino afflante*, 1943), pelas pesquisas litúrgicas (encíclica *Mediator Dei*, 1947) e pela reforma da Semana Santa e do breviário decidida por Pio XII. Em face do neotomismo, desenvolveu-se uma "nova teologia*", atenta aos problemas colocados pela moral, pelas religiões, pela sociedade* contemporânea. A encíclica *Humani generis* (1950) condena suas interpretações falsas. As iniciativas catequéticas e pastorais, a experiência da Ação Católica e das missões* favorecem uma concepção da Igreja menos jurídica e hierárquica (hierarquia*), mais comunitária e mística* (encíclica *Mystici corporis*, 1943). A coleção *Unam Sanctam* acompanha esta transformação.

De janeiro a junho de 1960, uma vasta consulta junto a todos os bispos, aos superiores maiores e às universidades católicas obtém 2.150 respostas (76,4% dos questionários enviados). Dez comis-

sões pré-conciliares são criadas: 9 presididas pelo prefeito de cada um dos dicastérios da Cúria romana, sendo a 10ª a do apostolado dos leigos*. Acrescentam-se a elas 3 secretariados, um dos quais para a unidade* dos cristãos, confiado ao jesuíta A. Béa, sagrado cardeal. A comissão central, presidida pelo papa, coordena o trabalho e prepara o regulamento. Finalmente, 70 esquemas são compilados. Em 25 de dezembro de 1961 aparece a bula de indicção, *Humana salutis*, que traça os objetivos do c. O papa promulga o regulamento, datado de 6 de agosto de 1962 e, em 11 de setembro, dirige ao mundo uma mensagem de esperança. A abertura é fixada para 11 de outubro de 1962.

b) Composição da assembleia conciliar. — Vindos de 136 nações, pertencentes a 93 nacionalidades, 2.650 bispos (80 cardeais, 7 patriarcas) representam Igrejas muito diversas. Noventa e sete superiores religiosos têm voz deliberativa. O Vaticano I*, com 750 presentes, era muito europeu. O Vaticano II surpreende por sua "abundância mundial" (A. Dupront): a Europa ocidental representa apenas 33% dos Padres. Em relação ao número dos fiéis, a Europa e as Américas estão sub-representadas, o que acentua o peso das jovens Igrejas; dos 289 bispos em país de missão, 151 são franceses.

Uma nítida separação entre os Padres aparece com o debate sobre o esquema *De Revelatione*. Aos sustentadores de uma teologia clássica, conceitual, em alerta contra todos os riscos de "modernismo*", se opõem aqueles que, apegados às fontes bíblicas e patrísticas da tradição*, sensíveis à evolução histórica, tentam levar em consideração os problemas de um mundo transformado pela secularização*.

Além dos especialistas dos bispos, como J. Ratzinger, junto ao cardeal J. Frings, mais de 400 especialistas oficiais do c. são designados: H. de Lubac* e Y. Congar, a pedido do papa, K. Rahner*, J. Daniélou, G. Philips, P. Delhaye, P. Haubtmann, J. Courtney Murray etc. Convidados por João XXIII, 31 e logo 93 observadores representam 28 Igrejas e confissões separadas. Sua presença na *aula* é simbólica. Com um estatuto análogo, há *hóspedes*, convidados pessoais do papa: R. Schutz e M. Thurian de Taizé, O. Cullmann e Jean Guitton, o primeiro leigo. Paulo VI introduz *ouvintes leigos* (29) e *ouvintes leigas e religiosas* (23).

2. Os grandes debates ao longo das quatro sessões

a) A busca da unanimidade: a ação dos papas.
— O discurso inaugural de João XXIII, em 11 de outubro de 1962, causa sensação pelo espírito que dá à tarefa do c. Oposto aos "profetas da infelicidade", que idealizam o passado para estigmatizar o presente, ele prefere à misericórdia* às condenações e convida a distinguir entre o depósito das verdades* da fé* e a forma sob a qual essas verdades são enunciadas. O c. deve apresentar sua obra *doutrinal* de uma maneira que "responda às exigências de nossa época" por um "ensinamento de caráter sobretudo *pastoral*". Assim se precisa o *aggiornamento* da Igreja*. Sucessor de João XXIII, Paulo VI abre (29 de setembro de 1963) a 2ª sessão fixando os quatro objetivos do c.: "O conhecimento ou a consciência da Igreja, sua renovação, o restabelecimento da unidade de todos os cristãos, o diálogo da Igreja com os homens de hoje". A primeira encíclica de Paulo VI se inscreve na esteira do discurso de abertura do c. e da última encíclica de João XXIII (*Pacem in terris*, 11 de abril de 1963): *Ecclesiam suam* (6 de agosto de 1964) é uma "carta do diálogo" da Igreja com todos os homens, fundado na revelação* de Deus* a todos. Tal abertura será confirmada pelas três primeiras viagens de Paulo VI (Terra Santa em janeiro de 1964, Bombaim em dezembro de 1964 e ONU em outubro de 1965).

b) A primeira sessão (11 de outubro-8 de dezembro de 1962). — Após a *Mensagem do c. a todos os homens*, votada em 20 de outubro, começa, em 22, o estudo do esquema sobre a liturgia*, redigido na direção da renovação. As orientações do texto são aprovadas em 14 de novembro por quase unanimidade (2.162 votos contra 46). Em contrapartida, o esquema *Das fontes da revelação*, inspirado numa concepção estreitamente clássica e antiprotestante, ignora os trabalhos da exegese*. Embora muito criticado, não é rejeitado, pois a maioria não atinge formalmente os dois terços (1.368 votos contra 822). João XXIII evita a crise retirando o texto, transmitido a uma comissão copresidida pelos cardeais A. Ottaviani e Béa: o Secretariado para a Unidade, dirigido por um biblista, está em igualdade com o Santo Ofício! Após o exame rápido de dois esquemas medíocres (sobre os meios de comunicação social e sobre a união com os orientais), o c. aborda o melhor texto da comissão teológica, o *De Ecclesia*. Com o acordo do papa e o apoio dos cardeais P. E. Léger e G. B. Montini, o cardeal L. J. Suenens sugere uma organização dos múltiplos esquemas. Aplicada à Igreja, a distinção *ad intra* e *ad extra* facilita a classificação das questões a tratar.

c) A segunda sessão (29 de setembro-4 de dezembro de 1963). — Após o discurso preciso de Paulo VI, o c. consagra um mês ao novo anteprojeto sobre a Igreja, reformulado sob a direção de G. Philips. Concorda-se em inverter a ordem dos cap., com o cap. sobre o povo* de Deus vindo antes do cap. sobre a constituição hierárquica da Igreja. Em 29 de outubro, em atenção a uma parte dos Padres que desejam magnificar os privilégios da Virgem, a inserção do esquema sobre Maria* no esquema sobre a Igreja é conseguida (por 1.114 votos contra 1.074). Dia 30, os moderadores instituídos por Paulo VI (os cardeais G. Agagianian, J. Döpfner, L. J. Suenens e G. Lercaro) levantam 4 questões sobre o caráter sacramental da ordenação* episcopal e a participação de todo bispo no colégio, o poder supremo e de direito divino do colégio episcopal. Apesar dos receios dos "curialistas" de ver minimizada a jurisdição* e o primado do papa, as votações são maciçamente positivas (de 2.123 votos contra 34 a 1.717 contra 408). Uma quinta votação aceita a restauração do diaconato permanente (diácono*) (por 1.588 votos contra 525). Essas votações provocam a reformulação do esquema sobre o governo das dioceses; o patriarca melquita Máximos IV se levanta contra a preponderância da Cúria e uma viva controvérsia opõe os cardeais J. Frings e A. Ottaviani sobre o Santo Ofício.

O esquema sobre o ecumenismo*, apresentado pelo Secretariado para a Unidade, gera um debate construtivo. Os moderadores transferem para mais tarde a discussão dos cap. IV (sobre os judeus), redigido pelo cardeal Béa, e V (sobre a liberdade religiosa*), defendido por Mons. E. de Smedt.

Em 21 de novembro, o papa amplia as comissões, medida cobrada pela maioria, e anuncia a supressão de numerosos limites impostos pelo direito* canônico aos poderes dos bispos. A constituição sobre a liturgia, aprovada quase unanimemente (2.147 votos contra 4), é promulgada em 4 de dezembro de 1963, assim como o decreto sobre os meios de comunicação social.

Ao cabo dessa segunda sessão, o "plano Döpfner" propõe estruturar o trabalho das comissões em torno de 6 textos principais, sendo 7 outros mais modestos. Durante o verão, a encíclica *Ecclesiam suam* insiste no diálogo; o papa quer conquistar a minoria, fazendo atenuar a expressão da colegialidade* episcopal e fortalecer a do primado pontifício.

d) A terceira sessão (14 de setembro-21 de novembro de 1964). — Uma concelebração do papa e de 24 bispos, primeira aplicação da reforma litúrgica, abre esta sessão onde todos os textos são examinados.

Alguns debates são fecundos: sobre a Igreja (cap. sobre Maria e a escatologia*), sobre a revelação (a doutrina das duas fontes é abandonada), sobre o ecumenismo e sobre o trabalho pastoral dos bispos. Outros são mais tempestuosos (p. ex., sobre as Igrejas orientais). Aborda-se com demasiada rapidez os textos sobre a liberdade religiosa, os judeus e as religiões não cristãs. Se o projeto sobre os leigos é aceito para ser emendado, o sobre os padres, demasiado superficial, é rejeitado e o sobre os religiosos, demasiado jurídico e ocidental, deve ser revisado. O esquema XIII vê a oposição entre os "profetas" e os "políticos" sobre questões candentes: a regulação dos nascimentos, os limites do direito* de propriedade*, o emprego da bomba atômica, as obrigações dos povos ricos em relação aos do terceiro mundo; o texto clama uma reformulação profunda.

Preocupado em reduzir a oposição da minoria, Paulo VI toma iniciativas diversamente apreciadas, como a inserção, na constituição sobre a Igreja, de uma *Nota explicativa* do cap. III sobre a relação entre primado e colegiado. Em 21 de novembro, três textos são promulgados com quase unanimidade: a constituição dogmática* sobre a Igreja, os decretos sobre o ecumenismo e sobre as Igrejas orientais. O

papa anuncia medidas favoráveis à colegialidade, como a criação de um sínodo consultivo convocado regularmente; proclama Maria "Mãe da Igreja", justificando este título, não considerado pelo c.

Durante a última inter-sessão e apesar dos prognósticos pessimistas, as comissões remanejam os textos; P. Haubtmann reformula o esquema sobre "a Igreja no mundo de hoje" a partir de inúmeras emendas. De retorno de Bombaim, o papa faz novos cardeais que fortalecem a maioria; depois do Secretariado para as Religiões não cristãs (1964), ele funda o Secretariado para os não crentes; encoraja o "diálogo de caridade" com os ortodoxos (ortodoxia*).

e) A quarta e última sessão (14 de setembro-8 de dezembro de 1965). — Após o exame da declaração sobre a liberdade religiosa, reformulada pelo americano J. C. Murray, confia-se a Mons. G. M. Garonne o esquema sobre a Igreja no mundo. Em 28 de outubro são promulgados três decretos (sobre a formação dos padres, sobre a renovação da vida religiosa, sobre a função pastoral dos bispos) e duas declarações (sobre a educação cristã e sobre as relações da Igreja com as religiões não cristãs); até o final, a passagem sobre os judeus levantou dificuldades. Em 18 de novembro, o c. adota o decreto sobre o apostolado dos leigos e a constituição dogmática sobre a revelação, revisada pelo P. Betti e emendada sobre proposta do papa. Restam quatro documentos, promulgados em 7 de dezembro: os decretos sobre o ministério* e a vida dos padres (o papa subtraiu ao c. a discussão do celibato) e sobre a atividade missionária da Igreja, com seus complementos doutrinais e ecumênicos, a declaração sobre a liberdade religiosa, a constituição pastoral sobre a Igreja no mundo de hoje; conforme orientação pastoral desejada por João XXIII, este texto, o mais longo, encerra a obra do c.

Em 4 de dezembro, uma cerimônia de despedida reuniu pela primeira vez um papa e observadores não católicos. No dia 6, Paulo VI anuncia a reforma do Santo Ofício, rebatizado de Congregação para a Doutrina da Fé. Dia 7, publica-se, em Constantinopla e em Roma, a anulação dos anátemas recíprocos de 1054. Na sessão solene de encerramento, em 8 de dezembro, na presença de 81 delegações governamentais e de 9 organismos internacionais, o c. dirige mensagens específicas: aos governos, aos pensadores e cientistas, aos artistas, às mulheres*, aos trabalhadores, aos pobres e enfermos, aos jovens. Na véspera, Paulo VI insistiu no valor religioso do c.: a Igreja se recolheu para escrutar seu mistério e exprimiu sua simpatia pelo homem contemporâneo, a quem ela quer servir.

3. Coerência e implementação dos 16 documentos

a) Os textos, seu caráter e sua autoridade. — Três tipos de documentos foram promulgados: 4 *constituições*, das quais 2 dogmáticas (*Lumen gentium* e *Dei Verbum*), 1 pastoral (*Gaudium et spes*) e 1 ao mesmo tempo doutrinal e prática, sobre a liturgia (*Sacrosanctum concilium*); 9 *decretos* de aplicação e 3 *declarações* (*Gravissimum educationis, Nostra aetate, Dignitatis humanae*). O Vaticano II inova com estas declarações, cuja autoridade* é a de um ensinamento oficial da Igreja sobre um ponto de doutrina. Diferentemente de todos os c. desde o de Niceia*, o Vaticano II não pronunciou anátema, mas denunciou erros. Não formulou dogmas* formais, mas as afirmações decisivas sobre a sacramentalidade do episcopado e sobre a colegialidade dos bispos (*Lumen gentium* III) estão próximas de fórmulas dogmáticas. Duas constituições, sobre a Igreja e sobre a Revelação, são de caráter "dogmático". O qualificativo de "pastoral" dado à constituição sobre "a Igreja no mundo de hoje" é outra inovação: os problemas do mundo são abordados à luz da doutrina católica, numa linguagem acessível aos contemporâneos.

b) A Igreja, "integralmente de Cristo, em Cristo e para Cristo, integralmente dos homens, entre os homens e para os homens" (Paulo VI, 14 de setembro de 1964). — O mistério* da Igreja, no sentido bíblico e patrístico do termo (*o segredo eterno de Deus manifestado e realizado por Cristo na história*), está no centro da obra do Vaticano II. A constituição *Lumen gentium* é a "espinha dorsal" dos textos, já que

os decretos se referem a um ou outro de seus cap.: *Ad gentes* (atividade missionária) aos cap. I e II; *Orientalium Ecclesiarum* (Igrejas orientais católicas) e *Unitatis redintegratio* (ecumenismo) ao cap. II; *Christus Dominus* (função pastoral dos bispos), *Presbyterorum ordinis* (ministério e vida dos padres) e *Optatam totius* (formação dos padres) ao cap. III; *Apostolicam actuositatem* (apostolado dos leigos) ao cap. IV; *Perfectae caritatis* (renovação e adaptação da vida religiosa), enfim, ao cap. VI.

A Igreja, que não tem seu fim em si mesma, vive uma dupla relação com Cristo e com os homens, como ilustram os vínculos entre as 4 constituições. Os textos sobre a revelação e sobre a liturgia afirmam que a Igreja recebe tudo de Cristo "mediador e plenitude de toda a revelação" e que Cristo está no cerne de sua oração* e de seu culto* como único sumo sacerdote. A constituição sobre "a Igreja no mundo de hoje" sublinha sua vontade de servir a humanidade: nenhum homem está excluído das relações que ela quer estabelecer no respeito de sua liberdade.

c) Aspectos da implementação. — Iniciadas antes do encerramento do c., as reformas de governo* da Igreja se sucedem (Cúria, Santo Ofício, secretariados que se tornaram conselhos, sínodos dos bispos). A reforma litúrgica acentua o lugar da Bíblia* na vida e no culto da Igreja e insiste na dimensão comunitária da eucaristia* e dos outros sacramentos*. Busca-se novas modalidades para a missão, indissociável do diálogo com as outras religiões: a exortação *Evangelii nuntiandi* (1975) é uma etapa decisiva. As relações ecumênicas se multiplicam, apesar dos incidentes e às vezes dos recuos. O Diretório Ecumênico de 1993 registra as conquistas, e a encíclica *Ut unum sint* (25 de maio de 1995) chama ao engajamento maior e propõe o diálogo sobre o exercício do primado. Em Assis (outubro de 1986) se realiza o primeiro encontro com os representantes de outras religiões que vieram orar pela paz*. A visita de João Paulo II à sinagoga de Roma, e em seguida o reconhecimento do Estado* de Israel* pela Santa Sé em 1993 marcam as relações com o judaísmo*. Enfim, as múltiplas viagens apostólicas do papa são a ocasião de defender por toda parte os direitos humanos, o direito à vida e a liberdade religiosa. A despeito do cisma tradicionalista e das contestações sobre a lentidão das reformas esperadas, o

Sínodo dos bispos de 1985, reunido para o XX aniversário do c., confirmou as orientações tomadas, insistindo na *eclesiologia* de comunhão**. Saudado por todos como um evento que marca o fim da era constantiniana e da Contrarreforma, o Vaticano II abriu novas vias para o pensamento e a vida da Igreja católica, doravante engajada num diálogo necessário com todos, crentes e não crentes. É uma etapa decisiva rumo ao III milênio.

* *Acta et documenta concilio oecumenico Vaticano II apparando. Series I antepraeparatoria* (1960-1961), 4 vol.; *Series II praeparatoria* (1965-1989), 3 vol.; *Acta synodalia sacrosanti concilii oecumenici Vaticani II* (1970-1989), 4 vol., *Sacrosanctum Oecumenicum Concilium Vaticanum II. Constitutiones, decreta, declarationes* (1966), Cidade do Vaticano. — DECRETOS: *COD* 817-1135 (*DCO* II/2, 1661-2300). — X. Ochoa (1967), *Index verborum cum documentis Concilii Vaticani secundi*, Roma. Em português: *Compêndio do Vaticano II. Constituições, Decretos, Declarações*, Petrópolis, 1968.

▸ COMENTÁRIOS: Y. Congar (sob a dir. de) (1965-1970), *Vatican II* (UnSa, 16 vol., do n. 51 ao n. 76), Paris. — *LThK²* (1966-1968), t. 12-14, *Das zweite vatikanische Konzil.*
TRABALHOS: R. Laurentin (1962-1965), *L'enjeu du Concile*, 4 vol., Paris. — A. Wenger (1963-1966), *Vatican II*, 4 vol., Paris. — G. Caprile (1965-1968), *Il concilio Vaticano II*, 5 vol., Roma. — R. Laurentin (1966), *Bilan du Concile*, Paris. — R. Rouquette (1968), *La fin d'une chrétienté*, 2 vol., Paris. — R. Aubert (sob a dir. de), 1975, *Nouvelle histoire de l'Église*, n. 5, *L'Église dans le monde moderne*, Paris. — G. Defois (sob a dir. de) (1983-1986), *L'héritage du Concile*, 13 vol., Paris. — R. Latourelle (sob a dir. de), 1988, *Vatican II, bilan et perspectives vingt-cinq ans après (1962-1987)*, 3 vol., Montréal-Paris. — G. Alberigo (sob a dir. de) (1997-), *Histoire du concile Vatican II*, Paris (5 vol. previstos).

Claude BRESSOLETTE

→ *Colegialidade; Concílio; Eclesiologia; Ecumenismo; Exegese; Igreja; Liberdade religiosa; Liturgia; Ministério; Missão.*

VERACIDADE

O conceito de veracidade (v.) é o lugar de múltiplas hesitações e pode-se mesmo duvidar de que se trate de um conceito filosoficamente unívoco: a v. pode ser considerada tanto como a pura e simples conformidade à verdade* quanto

como uma intenção de verdade, uma "boa-fé", à qual às vezes é reduzida. "Esta palavra (v.) designa, na maioria das vezes, a boa-fé daquele que fala" (Lalande, *Vocabulaire...*, 1192). Esta ambiguidade é anulada, somente em parte, por distinções lexicais: p. ex., em latim entre *verum* e *verax*, em inglês entre *truthfulness* e *veracity*, em português entre "veridicidade", "verossimilhança" e v.

Esse sentido de "v." como pura e simples "boa-fé" está presente p. ex. em Kant*: "A v. nas declarações se chama também lealdade e, se essas declarações são ao mesmo tempo promessas, retidão e de maneira geral boa-fé" (*Doutrina da Virtude*, § 9, III). Utilizaríamos decerto a noção de sinceridade com mais agrado do que a de v. acerca das promessas: a teoria dos atos de linguagem nos ensinou que uma promessa é sincera ou insincera; uma ameaça, séria ou fingida, e uma declaração, veraz ou mendaz. Na definição mais precisa da v. que dá um pouco adiante, aliás, Kant limita a v. às declarações: "Sendo um ser moral (*homo noumeon*), o homem não pode se servir de si mesmo, enquanto ser físico (*homo phaenomenon*), como de um puro meio (máquina de palavras) que não estaria ligado a um fim interno (a comunicação dos pensamentos), bem ao contrário, ele está sujeito à condição de concordar consigo mesmo na declaração (*declaratio*) desses pensamentos e é obrigado para consigo mesmo à v." (*ibid.*). A v., pois, desempenha então um duplo papel, o de condição de felicidade (para usar uma linguagem contemporânea, *felicity*) de atos de linguagem (como a asserção e a promessa), e o de fundamento transcendental da comunicação, o que deixa aberta a possibilidade de uma reinterpretação da v. numa "ética* da comunicação" (K. O. Apel).

Em Descartes*, entretanto, a v. era investida de um papel bem diferente e não o de uma regulação das trocas linguísticas, porque a v. divina estava no fundamento da verdade. Com efeito, é porque Deus* não pode e não quer me enganar que posso estar seguro da realidade da matéria (*VI Meditação*). A v. divina pode então ser invocada para revogar toda dúvida possível, como no caso do ateu-matemático que, se duvida de Deus, não saberá jamais de uma "vera ciência" ("e já que se supõe que aquele é um ateu, ele não pode estar seguro de não ficar totalmente decepcionado nas coisas que lhe parecem muito evidentes", *Respostas às segundas objeções*, A-T IX, 111). Esta v. é uma consequência da perfeição de Deus; soberanamente perfeito, Deus não poderia ser enganador: "Pois Deus sendo o soberano Ser*, é preciso necessariamente que seja também o soberano bem* e a soberana verdade, e portanto ele repugna que algo venha dele tendendo positivamente à falsidade [...] e como temos em nós uma faculdade real de conhecer o verdadeiro e de distingui-lo do falso [...], se esta faculdade não tendesse ao verdadeiro, ao menos quando nos servimos dela como se deve, [...] não seria sem razão que Deus, que no-la deu, seria considerado um enganador" (*ibid.*, 113). Esta perfeição, por conseguinte, é ao mesmo tempo uma consequência da divindade de Deus, é uma amabilidade de Deus para conosco. Deus é veraz porque é bom.

A v., se decorre da bondade de Deus e constitui pois mais um freio à malícia, uma "boa ação", do que uma norma de exatidão, pode então desde logo ser entendida, não mais sob o ângulo da ética da comunicação (Kant) ou como garantia última de que o sensível não nos decepcionará (Descartes), mas na dimensão da ética* *simpliciter*. Para Tomás* de Aquino, aliás, a verdade é uma virtude*, e não uma virtude teologal, nem mesmo, como se poderia esperar, uma virtude intelectual, mas uma virtude moral (*ST* IIa IIae, q. 109, 1 ad 3); e neste sentido, verdade e v. se identificam: "Pode-se entender por verdade aquilo que torna verdadeiro o que se diz, o que torna por conseguinte o homem verídico. Esta verdade ou esta veracidade (*veracitas*) deve ser uma virtude, porque dizer a verdade é uma boa ação, e por outro lado a virtude é o que torna bom aquele que a possui e que torna bons seus atos" (*ibid.*). A verdade é uma "parte da justiça*" em que a v. intervém como condição de uma vida comum equitável: "O homem, sendo um animal* sociável, um deve natural-

mente ao outro o que é essencial à manutenção da sociedade* humana. Ora, os homens não poderiam viver juntos se não cressem uns nos outros, como se manifestando reciprocamente a verdade. Por isso é que a virtude da verdade tem por objeto uma coisa que é devida de certa maneira" (*ibid.*). A "virtude de verdade" vai, pois, bem além da "boa-fé" kantiana, e a v. divina é só seu cumprimento: sendo veraz, Deus exerce sua justiça* (que lhe permitirá castigar-nos se escolhermos deliberadamente a mentira). Tomás assinala dois obstáculos à v., dois tipos ou regimes de discurso estabilizados que, sem tomar a forma perversa da mentira, nem por isso deixam de ser diminuições da virtude: a jactância e a ironia (*ST* IIa IIae, q. 112-113). A jactância é oposta "por excesso" à virtude de v., e a ironia se lhe opõe "por falta", e percebemos assim que a v., como condição e exercício da virtude de verdade, está ligada à medida. Sabe-se que La Bruyère traduziu *eironeia* por "dissimulação", palavra correspondente à *cavillatio* (cavilação); Tomás retoma simplesmente o derivado ciceroniano *ironia*.

Mas não se corre o risco então de confundir verdade moral e v.? Leibniz*, em particular, percebeu esta dificuldade e propõe, para superá-la, a convenção seguinte, que apenas explicita a equivalência apresentada por Tomás: "A verdade moral é chamada v. por alguns e a verdade metafísica é tomada vulgarmente pelos metafísicos como um atributo do ser*, mas é um atributo bem inútil [...] Contentemo-nos em buscar a verdade na correspondência das proposições que estão no espírito com as coisas de que se trata" (*Nouveaux Essais* IV, 5, § 11). O objetivo aqui é evitar uma confusão entre a v., identificada com a verdade moral, e a verdade, entendida como predicado semântico de correspondência, limitado ao nível proposicional. A expressão "verdade moral" é todavia ambígua. Trata-se da verdade como virtude moral, no sentido tomasiano, ou da verdade no domínio moral? Parece que a v. foi identificada, mais bem, com o aspecto moral da verdade.

Entendido nesse sentido, o alerta leibniziano consagra um divórcio moderno entre a v. e a verdade, e uma teologia* não pode se contentar em homologar esse divórcio, na medida em que ela não pode se desinteressar da natureza da v. humana e avalizar uma pura e simples constatação naturalista que a reduza à categoria de garantia de uma comunicação bem regulada. É porque a v. é uma dívida de verdade que a mentira é mais do que uma astúcia da comunicação.

- M. Eck (1965), *Mensonge et vérité*, Tournai. — R. L. Martin (sob a dir. de) (1970), *The Paradox of the Liar*, New Haven, Conn. — G. Durandin (1972), *Les fondements du mensonge*, Paris. — S. Bok (1978), *Lying: Moral Choice in Public and Private Life*, Hassocks, Sussex. — R. L. Martin (1984), *Recent Essays on Truth and the Liar Paradox*, Oxford. — P. Zagorin (1990), *Ways of Lying*, Cambridge, Mass. — D. Nyberg (1993), *The Vanished Truth*, Chicago. — J. A. Barnes (1994), *A Pack of Lies, towards a Sociology of Lying*, Cambridge. — J. Laurent (1994), *Du mensonge*, Paris. — J.-L. Marion, *Questions cartésiennes II*, Paris.

Frédéric NEF

→ *Verdade; Virtudes.*

VERBO

A. Teologia bíblica

"Verbo" (V.), gr. *logos*, sem complemento, aplicado a Cristo, figura exclusivamente no prólogo (p.) de João ("V. *de Deus*": Ap 19,13; "V. *de vida*": 1Jo 1,1). O desenvolvimento ulterior deste motivo contrasta com sua raridade nas Escrituras*.

a) Origem do prólogo. — As opiniões têm variado: movimentos gnósticos (mas provavelmente são posteriores); hino (ao *Logos*) mais antigo, talvez pré-cristão e remanejado antes de ser aposto a Jo (diversas reconstituições do hino: Bultmann*, Haenchen, Käsemann, Schnackenburg, Lund, Boismard, Brown); processo de releitura que retoma Gn 1 (Borgen), num contexto sapiencial (sabedoria*), seja em ambiente judeu-helenístico (Fílon [cf. *infra* B.]), seja em ambiente palestino. O p. poderia pertencer a um estágio avançado da redação joanina (fim do s. I; talvez em Éfeso).

b) As releituras bíblicas. — Vários targuns (t.) (traduções* antigas da Bíblia), principalmente o t. palestino do Pentateuco (Manuscrito Neofiti 1, ed. Diez Macho, 1968-1979), atestam a ampliação do motivo da Palavra* (aramaico: *memra*) no início de nossa era. Assim, a forma verbal de Gn 1: "Deus disse" é transposta em forma nominal ("a palavra do Senhor") e situada em posição de sujeito gramatical, não somente dos verbos de fala (dizer, chamar, abençoar), mas de verbos de ação (criar, acabar, separar). De igual modo, no poema dito "das quatro noites" (tg. Ex 12,42), a Palavra de Deus personificada preside o juízo* e o cumprimento* da história*, ao lado do Messias real e do Profeta* mosaico.

Um texto mais recente, mas conservando o vestígio de tradições* judeu-cristãs (Ireneu*, *Demonstração da pregação apostólica*, § 43), concede à Palavra divina o estatuto de um Filho de Deus (filiação*) preexistente à criação*. O manuscrito Neofiti do t. de Gn 1,1 parece ter sofrido a influência das especulações relativas ao "começo", compreendido como "princípio", e até como "primogênito". Estes títulos, que podem ser inspirados em Pr 8,22, se encontram em Cl 1,15 e Ap 3,14, aplicados ao Cristo em pessoa. Bultmann (1967, 10-35) mostra a influência sapiencial sobre o p., não somente pela personificação da Sabedoria (Pr 8–9; Jó 28; Sr 24; Sb 7–9), mas por meio do relato das vicissitudes relativas à acolhida da Sabedoria (Br 3,9–4,4; *4Esd* 5,9; *2Br* 48,36).

c) Leitura do prólogo. — O p. cristianiza o V. divino, já que o liga à pessoa* concreta de Jesus*. Essa entrada na história se traduz pelo modo narrativo, preludiando o conjunto da narrativa* evangélica. A alusão a Gn 1 é patente: o V. é apresentado como o agente de toda a obra criadora, sem exceção nem dualismo; a separação luz-trevas é relatada no espírito de Gn 1,4. O próprio V. é qualificado em sua relação com Deus pela "proximidade a" (v. 1: *pros* + acusativo; trad. "perto de" ou "voltado para") e pela afirmação de uma identidade divina ("o V. era Deus") que será objeto das elaborações trinitárias ulteriores (Trindade*). Em contrapartida, tanto a humanidade pagã ("o mundo*") quanto o povo de Israel* recusam-se a acolher o V.

É neste contexto que o V. se torna "carne*", isto é, assume plenamente o destino de um ser particular, Jesus de Nazaré. Alguns autores (Lagrange, Loisy, Hoskyns) consideram que o conjunto do prólogo se aplica ao Cristo histórico; outros (Dodd, Feuillet, Léon-Dufour) estimam que, se a intenção do autor é designar o Cristo, os v. 1-11 evocam o V. previamente a seu advento histórico. A dupla menção do Batista (v. 6ss.15, que são frequentemente considerados acréscimos, na hipótese de um hino primitivo) vem assinalar o enraizamento histórico do evento. Como fruto desta humanização, os que aderem ao V. encarnado têm acesso à condição de filhos de Deus (1,12s: uma versão minoritária, sustentada por Boismard, aplica essa identidade ao Cristo mesmo, por causa da concepção virginal) e recebem revelação* da glória* (relação do Filho com o Pai*). A encarnação* do V. constitui, propriamente falando, a manifestação do Deus invisível (1,18).

- R. Bultmann (1923), "Der religionsgeschichtliche Hintergrund des Prologs zum Johannes Evangelium", *in Eucharisterion H. Gunkel*, Göttingen, reimpr. in *Exegetica*, E. Dinkler ed. (1967), Tübingen. — R. E. Brown (1966), *The Gospel according to John*, Nova York, t. 1, 1-37. — A. Feuillet (1968), *Le Prologue du IV Évangile*, Paris. — M. Gourgues (1982), *"Pour que vous croyiez..."*. *Pistes d'exploration de l'Évangile de Jean*, 105-108, Paris. — X. Léon-Dufour (1988), *Lecture de l'Évangile selon Jean*, t. 1, 35-149, Paris. — C. A. Evans (1993), *Word and Glory. On the Exegetical and Theological Background of John's Prologue*, Sheffield. — Col. (1995), "Autour du prologue de Jean. Hommage à Xavier Léon-Dufour, SJ", *RSR* 83, 171-303;

Yves-Marie BLANCHARD

→ *Criação; Cristo/cristologia; Joanina (teologia); Palavra de Deus; Sabedoria; Trindade.*

B. Teologia histórica e sistemática

Em seu uso teológico, *logos* designa ao mesmo tempo a Palavra de Deus e a segunda hipóstase da Trindade, como é também o caso em inglês (*Word*) e em alemão (*Wort*), ao passo que o francês [e o português] distingue (*Parole/Verbe*) [*Palavra/Verbo*]. Segundo as tradições confessionais, os destaques são dados diferentemente. A tradição protestante insistirá preferentemente sobre a Palavra feita carne em Jesus Cristo, uma Palavra que contesta toda racionalidade independente dela. No pensamento católico contemporâneo, ao contrário, o tema maior é o do Cristo arquétipo, do *logos* divino modelo de todos os *logoi* criados: é assim que Balthasar* (1959), numa percepção fortemente platônica, vê nele o reino das ideias e dos valores expressos na história*, enquanto em Rahner* a perfeição de Deus supõe uma constante expressão de si que só é plenamente realizada no Filho feito homem.

a) Paganismo. — *Logos* em grego é ao mesmo tempo palavra e princípio de razão*. Heráclito (s. VI a.C.) unia os dois sentidos quando queria que escutássemos o *Logos* para compreender o mundo (fr. B1 Diels-Kranz). Herdeiros de Heráclito, os estoicos concebiam o *Logos* como um princípio demiúrgico graças ao qual Deus tira de si mesmo os ingredientes do cosmo* (Diógenes Laércio, VII, 134-136). Os seres humanos têm seu próprio *logos*, e o intelecto de cada um deles é uma semente do *logos* divino. O pensamento no espírito (*logos endiathetos*) é distinguido da palavra proferida (*logos prophorikos*), tanto em Deus quanto na humanidade (Sexto Empírico, *Adv. Mathematicos* VIII, 275). Platão não se serve do termo *logos* de um modo que interesse a teologia cristã, mas o *Timeu* fala do demiurgo e de seu modelo eterno (*Timeu* 28), e a palavra *eidos* designa os arquétipos dos seres particulares. O *logos* como palavra escrita é visto com desconfiança, pois as palavras escritas são uma imagem imperfeita da realidade e a escrita fixa o pensamento (*Fedro*, 274c-277a). É o desejo de dar uma garantia divina aos conceitos humanos que conduz platônicos mais tardios, como Alcínoo (s. II d.C.?), a identificar os arquétipos ideais com os pensamentos de Deus (*Didascalia* 9). Por seu próprio *logos*, os homens participam da divindade (*Timeu* 90).

Os *logoi* são, para os neoplatônicos, o meio pelo qual as formas estão presentes nos objetos concretos. Alguns deles, como Proclo, inspiram-se no *Crátilo* de Platão para buscar uma expressão "natural" do divino em palavras ou em imagens. Plotino (204/205-270) une ideias platônicas e estoicas. O universo é penetrado por um *logos* providencial, irradiação eterna do Intelecto e da Alma do mundo (*En.* III, 2, 16). Os *logoi* individuais são manifestações particulares e temporais dessa Alma (III, 3, 1) e determinam ao mesmo tempo crescimento físico e escolha moral. Enquanto definições (*horismoi*) dos objetos (II, 7, 3), eles combinam-lhes os elementos, mas não os criam, são razões seminais. Quanto ao *logos* do universo, é o princípio da ordem e da lei que ali reina (IV, 4, 39). Este *logos* é para a Alma o que a energia é para a fonte (VI, 7, 5); pode-se mesmo chamá-lo de rebento eterno (*gennema*) do Intelecto. A Alma pode ser chamada de *logos* do Intelecto, mas *logos* não é o nome de nenhuma das três hipóstases.

b) *Judaísmo tardio*. — No pensamento rabínico, a palavra (*dabar*) não é personificada, embora a sabedoria* seja identificada à Torá (Sr 24,18). Nos targuns, *Memrah* designa a ordem divina ou a revelação* divina, mas também as manifestações antropomórficas de Deus, que são distintas de sua verdadeira essência. A despeito de Fílon, decerto não há influência platônica sobre a reificação rabínica ou cabalística da palavra escrita.

c) *Patrística*. — No s. II, Cristo é "a Palavra que procede do silêncio" para Inácio* de Antioquia (*Magnésios* 9), ao passo que, no *De Pascha* de Melitão de Sardes, ele é o *logos* que cumpre a Lei*. A consubstancialidade ao Pai* não implica a coeternidade: Teófilo de Antioquia (*A Autólico* II, 22) e Clemente de Alexandria (*Strom.* V, 3, 16) seguem os estoicos e Fílon ao distinguir a razão eterna de Deus do Verbo proferido para a criação*. Tertuliano* (*Contra Práxeas*, 5-7) traduz *logos endiathetos* por *ratio* (razão), e *logos prophorikos* por *sermo* (palavra).

Ireneu* afirma a eternidade* do *Logos* contra o mito* gnóstico de uma queda da Sabedoria (*Adv. Haer.* II, 28, 6). Justino assimila o *Logos* ao "segundo Deus", revelante e criador, do médio-platonismo (*Apologia I*, 22, 60), mas a primazia da Escritura sobre a razão no *Diálogo com Trifão* (3-8); e mesmo o *"Logos sperma-*

tikos" da *Apologia II* (13, 3-5), que ensina os pagãos, age sobretudo pela disseminação da palavra profética (*Apol. I*, 44). As aparições do "Senhor" no AT são signos precursores do *Logos* encarnado. Orígenes* foi o primeiro a afirmar a eternidade do *Logos*, pela razão de que Deus deve sempre ter um mundo. O mundo eterno é constituído pelas formas e pelas espécies criadas no Verbo (*Tratado dos princípios* I, 4, 5), que permanece contudo subordinado ao Pai* (*Com. sobre João* II, 2, p. ex.). O *Logos* revela o que é Deus aos seres racionais (*logikoi* — *Com. sobre João* I, 16 e I, 24). Estes últimos participam todos d'Ele por natureza (*Princípios* I, 3, 6), mas não se pode dizer que eles lhe sejam consubstanciais. Orígenes enfatiza a processão do Verbo (*Com. sobre João* I, 25), que é a fonte e a substância da revelação escriturística (*Filocalia* 5, 4). Na encarnação*, o *Logos* transmuda a natureza humana na sua própria (*Princípios* II, 6, 4) e faz a mesma coisa para nós por seu ensinamento (*Contra Celso* IV, 15).

A função de ensinamento de Jesus* é certamente proposta no tratado *Sobre a encarnação* de Atanásio*, mas é seu papel de criador da humanidade que torna a redenção possível. Em relação ao homem, portanto, o *Logos* é arquetípico; em relação ao Pai, ele é consubstancial*. Não é, como acreditava Ário, uma criação da vontade do Pai: ele é essa vontade mesma (*Contra os arianos* II, 9). É, sim, a Sabedoria de Deus, como indica Pr 8,22, mas não é uma sabedoria criada (II, 16ss). Enquanto imagem de Deus (Cl 1,15), ele é tudo o que é o Pai (III, 5). O Verbo é definido como Sabedoria, Verdade e fonte de todas as outras essências (*De sententia Dionysii* 25). Gregório* de Nissa não quer saber da ideia de um *Logos* mais inteligível que o Pai; para ele, a natureza das três pessoas da Trindade é igualmente impenetrável (cf. p. ex. *Contra Eunômio, A Ablábio*). Ele rejeita as formas platônicas, mas a criação tem para ele seu próprio *logos* (*Contra Eunômio* 937a); assim a encarnação do Verbo eterno revela e cumpre o *logos* do homem. Para Cirilo* de Alexandria (*O credo* 13), "*Logos*" pode designar o Verbo encarnado e destaca a iniciativa de Deus. Para os heréticos Ário e Apolinário, o *logos* substituía o intelecto humano de Cristo.

d) *Desenvolvimentos posteriores.* — O Verbo é definido por Agostinho* no *De Trinitate* (I, 9, 10) como *notitia cum amore*, conhecimento* acompanhado de amor*. Ao contrário de Atanásio, para ele o Filho* é inteligência, o Espírito* é amor ou vontade. Observa, no entanto (*Trin.* VII, 2-3), que Cristo só é chamado *Verbum* "relativamente", e não em si mesmo, e que a sabedoria pertence igualmente às três pessoas. Segundo o *Com. de 1Jo*, é o fato de não ver no mundo a criação da palavra de Deus que explica os erros dos pagãos, em particular sua incapacidade de reconhecer na cruz o cumprimento* da palavra revelada da Escritura. A tradução do *Logos* por *verbum* e não por *sermo* sublinha a intemporalidade do Verbo, mais do que sua atividade na história, mas no *De Trin.* (XV, 11, 20) o *logos prophorikos* é o Cristo encarnado.

João Escoto Erígena (s. IX), em seu *Periphyseon*, sustenta como Orígenes que um reino de formas eternas subsiste no Verbo. Anselmo* talvez pense em Agostinho quando diz que, se Deus tem uma eterna concepção de si, ele tem necessariamente uma eterna expressão de si (*Monologion* 32). Enquanto imagem do Pai, o Verbo se distingue dele de maneira que não se pode exprimir (38-39); em relação à criação, "dita" pelo Verbo, ele é "essência fundamental" (*principalis essentia*, 33). O papel de Cristo como Verbo criador permite a Agostinho (*A verdadeira religião*, 36), a Anselmo (*A verdade*), a Tomás* de Aquino (*Questões disputadas*, 1256-1257) dizer que a verdade* é o que Deus profere. Tomás cita João Damasceno (*A fé ortodoxa* I, 13) em apoio à ideia de que o verbo é o conceito (*interior mentis conceptus, ST* Ia, q. 34, a. 1; cf. Ia, q. 27, a. 1-2), mas, diferentemente de Anselmo, ele recusa fazer da palavra (*dicere*) característica da segunda pessoa um equivalente da inteligência (*intelligere*) intemporal. E como Agostinho, Tomás vê no *Verbo* um "nome pessoal" do Filho (ele designa uma maneira de ser própria do Filho) e não um "nome essencial" (designando uma propriedade da essência divina) (Ia, q. 32, a. 1-2).

e) *Perspectivas.* — A rica semântica teológica que permite enraizar a palavra de Deus no ser* mesmo de Deus dá acesso à possibilidade originária daquilo que o cristianismo chama de revelação. Quem diz palavra diz liberdade*, e o homem que quer estar "à escuta da Palavra" (Rahner) talvez só ouvirá o silêncio de Deus. Quem diz palavra também diz evento, e duplamente. Primeiro, os pequenos fatos de história do Oriente Médio nos quais "palavra de Deus" deixou de ser um antropomorfismo* porque Deus, o Verbo, ali tomou rosto e voz de homem. Em seguida, na contemporaneidade outorgada pela fé (Kierkegaard*), os eventos de palavra que a "nova hermenêutica*" (E. Fuchs, G. Ebeling) ensinou a pensar e a viver. E há talvez mais: se a palavra de Deus é dada e enuncia-se de novo perpetuamente nas Escrituras lidas com fé e comentadas com autoridade, o verbo dos homens pode se tornar ele mesmo portador do Verbo de Deus. Toda cristologia* do Verbo chama uma teologia da palavra humana.

• G. F. Moore (1922), "Intermediaries in Jewish Theology", *HThR* 15, 41-86. — E. Brunner (1927), *Der Mittler*, Zurique. — K. Barth (1932 e 1939), *Die Lehre vom Worte Gottes, KD* I/1, I/2. — D. Bonhoeffer (1933), *Christologie, GS* 3, Munique, 1966, 166-244. — H. Willms (1935), *EIKON I: Philon von Alexandrie*, Münster. — H. A. Wolfson (1956), *The Philosophy of the Church Fathers* I, Cambridge, Mass. — R. Holte (1958), "Spermatikos *logos*", *SST* 12, 110-168. — H. U. von Balthasar (1959), *Theologie der Geschichte*, Basileia. — J. Daniélou (1961), *Message évangélique et culture hellénistique*, Tournai, 317-354. — J. M. Rist (1967), *Plotinus, The Road to Reality*, Cambridge. — W. Rordorf (1979), "Christus als Nomos und *Logos*", in A. M. Ritter (sob a dir. de), *Kerygma und Logos*, Festschrift C. Andresen, 424-434, Göttingen. — M. Hirschle (1979), *Sprachphilosophie und Namenmagie im Neuplatonismus*, Meisenheim. — A. Grillmeier (1979, 1986), *Jesus der Christus im Glauben der Kirche, I, II/1*, Friburgo-Basileia-Viena. — M. Serretti (1998), *Il misterio della eterna generazione del Figlio*, Roma-Mursia.

Mark J. EDWARDS

→ *Cristo/cristologia; Deus; Espírito; Jesus da história; Pai.*

VERDADE

A. Teologia bíblica

Quando o NT fala de "verdade" (v.) (*alétheia* [*a.*], em gr.; em lat.: *veritas*) numa perspectiva teológica — como é o caso particularmente com Paulo e no *corpus* joanino —, ele lança uma ponte entre o fundo bíblico-hebraico e o pensamento greco-helenístico. A aproximação já se havia operado no s. III a.C., quando os LXX escolheram traduzir com o gr. *a.* as palavras *'emounah* (confiança, fidelidade) e sobretudo *'emet* (solidez, permanência) da Bíblia* hebraica —, já que o hb. não conhece termo específico para exprimir a noção de "v."!

a) Etimologia e significado de alétheia. — Derivado de *lanthano/létho* (cf. o latim *lateo*), que significa "ser dissimulado", precedido do *a-* privativo, a palavra *"a."* designa uma coisa que se mostra tal como é, assim como a justeza do discurso (*logos*) que dá conta disso. Nem o uso corrente nem o uso filosófico do termo se afastaram desta acepção primeira (E. Heitsch): na época clássica, *a.* significa a v. no sentido da não dissimulação e da abertura do ente que se mostra (Heidegger*) — isto é, uma realidade que se eleva acima das aparências, das opiniões e dos preconceitos —, mas também a exatidão do que se enuncia a seu respeito. No plano subjetivo, *a.* pode também designar a "veracidade*" de uma pessoa*.

b) A verdade na Bíblia hebraica. — O hb. *'emet* e o gr. *a.* não cobrem o mesmo campo semântico e, para verter o termo hb., os LXX tiveram de recorrer também às palavras *pistis* (confiança, fidelidade), *dikaiosyne* (justiça) etc. As palavras *'emet* e *'emounah*, assim como o *"amen"* do culto cristão, derivam do radical verbal *'mn* (ser sólido, resistente). A v., em hebraico, é por conseguinte o que é sólido, aquilo sobre o que é possível apoiar-se com toda confiança. A significação de *'emet* — "que, mais do que qualquer outro derivado de *'mn* [...] tomou o sentido de 'verdade'" (H. Wildberger) — estrutura-se em torno de certo número de usos determinantes. Assim: 1/ Jeremias (28,9) declara: "somente quando sua palavra se realiza

é que este profeta é reconhecido verdadeiramente [*'emet*] enviado pelo Senhor". Ao falso profeta Hananiá, ele diz: "tu fazes este povo* embalar-se na ilusão" (Jr 28,15). É, pois, o futuro que faz eclodir a v., ele é sua pedra de toque. O contrário da v. é menos a ilusão do que a desilusão (H. von Soden). Lá onde está a v., lá estão a perenidade e a permanência (Pr 12,19). 2/ O termo *'emet* não se aplica, portanto, só às palavras, apresentadas como dignas de confiança (2Sm 7,28; 1Rs 17,24; 22,16). Ex 18,21, p. ex., fala de "homens de v." para designar indivíduos enérgicos que desempenharam um papel exitoso no passado e em quem se pode, então, confiar para o futuro. *'Emet* não pede apenas para ser conhecido, mas deve antes de tudo ser posto em prática (Gn 47,29; 2Cr 31,20; Ne 9,33). A v. é assim uma ação que produz resultados seguros, pela qual um indivíduo adquire a confiança de seus semelhantes. Só há v. no seio de uma comunidade humana. 3/ Aplicado a pessoas, *'emet* pode tomar o sentido de "fidelidade" (Js 2,14; Pr 3,3). Mas, na medida em que a v. é constitutivamente ligada a uma realidade futura, *'emet* significa frequentemente também "confiança" e se aproxima então de *'emounah*. 4/ Todos esses usos se fundam na proclamação do "Deus* de *'emet*" (Sl 31,6), tal como ela atravessa em particular o livro dos Salmos*: "As obras de suas mãos são *'emet*" (Sl 111,7), "todos os caminhos do Senhor são fidelidade e *'emet*" (Sl 25,10; cf. também Sl 54,7), isto é, sinais de sua v. e de sua fidelidade, sobre os quais Israel* pode construir. Mas este Deus digno de confiança não é um Deus entre outros, é o único Deus verdadeiro (Jr 10,10). Uma perspectiva espantosamente ampla se abre em Sl 146, onde a *'emet* do Criador se materializa em sua ação em favor dos oprimidos e dos famintos (6s).

O judaísmo* primitivo, em seu conjunto, retoma a concepção bíblica da v. (cf. p. ex. Tb 1,3; *Sl Sal* 3,6; 14,1; *4Esd* 5,1 etc.). O elemento novo é que a v. divina se inscreve doravante numa relação dualista de antítese com a mentira: assim nos manuscritos de Qumran, onde os membros da seita, designados como "homens de justiça" (1QS IV, 5.6; XI, 16; 1QH VI, 29 e *passim*), são opostos aos "filhos da iniquidade" que não pertencem ao grupo (1QS V, 2.10 etc.; cf. também *Test Jud* 20 etc.). "Fazer a v." é uma fórmula que retorna regularmente nos manuscritos de Qumran (1QS I, 5; V, 3; VIII, 2 etc.), mesmo que não remeta à globalidade da Torá como regra de ação, mas à interpretação correta que a seita lhe dá, isto é, à doutrina verídica.

c) A Bíblia dos Setenta. — A tradução dos LXX inflecte mais de uma vez a noção de "v.". Com efeito, se os israelitas atribuem uma importância fundamental ao vínculo estreito que une a v. como *conhecimento* e a confiança como *comportamento prático*, a língua grega, por seu turno, separa as duas coisas desde já no nível lexical, exprimindo a primeira por *aletheia* e a segunda por *pistis*. É significativo, p. ex., que Sl 26,3 ("eu me *conduzi* segundo a tua v.") seja traduzido na versão dos LXX (25,3) por: "Encontrei *prazer* na tua v.": é a dimensão gnosiológica do conceito que toma aqui a dianteira (K. Koch, 1965, 58-63, com outros exemplos).

d) O Novo Testamento. — O Jesus* da história não fez da v. um tema central de sua proclamação. É somente depois da Páscoa* que a "v. dos Evangelhos" (Gl 2,5.14) se torna um bem que é preciso defender contra as objeções e os erros de interpretação. Assim, *Paulo* e o *quarto evangelista* são as duas principais testemunhas deste novo modo de argumentação, que faz um uso acrescido do termo, sem para tanto destacar uma ideia claramente estruturada da "v.".

A "v. do Evangelho" de Gl 2,5.14 (cf. também 5,7) introduz um tema. Ela designa a lógica do Evangelho, que *Paulo* desenvolve ao longo de toda sua epístola, a fim de mostrar que não atenta contra o Evangelho ao liberar os pagãos da Torá. Em 2Cor, *"a."* é empregado em diversas ocasiões num sentido absoluto (2Cor 4,2; 6,7; 13,8 etc.), mas sempre em relação com o Evangelho, em cuja força vitoriosa o apóstolo* pode se apoiar. A *a.*, significando aqui a realidade operante de Deus tal como se manifesta na Palavra*, apresenta quase os traços de uma potência de salvação*: "Pois nada podemos contra a v., só temos poder em favor da v." (2Cor 13,8). É revelador que em Rm 1,18, a *a.* de Deus, mantida "cativa" pela impiedade dos homens, seja imediatamente

associada à "justiça* divina", cuja ação salvadora o Evangelho manifesta (Rm 1,16s). Às vezes empregado no sentido de "veracidade" (2Cor 7,14; Fl 1,18) ou no quadro de uma fórmula de juramento (2Cor 11,10; Rm 9,1), o termo *"a."* pode também conservar em Paulo (Rm 3,7 e 15,8) o alcance teológico do *'emet* do AT, para falar da fidelidade a uma aliança*. Neste sentido, a v. de Deus é sua fidelidade a Israel, que ele manifestará no final dos tempos realizando suas "promessas* aos Pais" e salvando todo Israel (cf. Rm 11,25ss). A Epístola aos Hebreus parece também ecoar 1Cor 13,6, onde *"a."*, oposto a "injustiça", evoca um comportamento humano.

Em *João*, *"a."* é um conceito central que designa a revelação* da realidade de *Deus* por seu Filho *Jesus*, tal como ela se comunica autenticamente ao crente no *Espírito**; a noção se inscreve, portanto, numa estrutura "trinitária". O acento específico da cristologia* joanina* quer que a linha teocêntrica seja a dominante aqui: Jesus como enviado de Deus "diz" e "atesta" a v. que "ouviu junto de Deus" (Jo 8,40.45s). Foi para isso que ele "veio ao mundo*" (18,37). O fato de *"a."* ser precedido do artigo definido (como é o caso em geral no *corpus* joanino) indica que não se trata aqui dos conteúdos de uma revelação particular*, mas da realidade mesma de Deus; ora, esta, segundo o dualismo joanino (cf. p. ex. Jo 8), é a realidade absoluta "porque ela é a vida e dá a vida", ao passo que a realidade ilusória deste mundo é "uma realidade usurpada que se opõe a Deus, uma realidade vã, portadora de morte" (Bultmann*, 1941, 333). Mas o Jesus joanino não se contenta com testemunhar em palavra esta realidade divina: ele é em sua própria pessoa o dom que o Deus da vida faz aos homens. Por esta razão, o quarto evangelho pode, em alguns enunciados decisivos, identificar Jesus mesmo à v. de Deus (Jo 14,6 mas também 1,14-17). O "Espírito* de V." (Jo 14,17; 15,26; 16,13) desvelará esta realidade aos discípulos após a Páscoa, como expõem, segundo diferentes perspectivas, os versículos ditos do Paráclito. "Os verdadeiros adoradores de Deus" adorarão então o Pai "em espírito e em v." (Jo 4,23s).

No quarto evangelho, é manifestamente a concepção grega da v. como desvelamento da realidade que se impõe, com um acento especificamente teológico (Hübner, 1980). O lugar do dualismo joanino v./mentira (Jo 8,44s) na história das religiões permanece até hoje controvertido (deve-se vinculá-lo a um fundo bíblico? À tradição qumrânica? À gnose*?). A expressão "*fazer* a v." (Jo 3,21; 1Jo 1,6), seja como for, está impregnada de espírito judaico. O autor da 1ª epístola de João se esmera, ademais, em recordar que a ética* cristã se enraíza na v. desvelada por Cristo: é a v. conhecida que determina o agir concreto no amor* (cf. também Ef 4,15).

• M. Heidegger (1927), *Sein und Zeit*, Halle (*Ser e tempo*, 2 t., Petrópolis, 2002). — R. Bultmann (1933), *"Alétheia"*, *ThWNT* 1, 239-251; (1941), *Das Evangelium des Johannes*, Göttingen. — H. von Soden (1951), "Was ist Wahrheit?", in *Urchristentum und Geschichte* I, 1-24, Tübingen. — C. H. Dodd (1955), *The Fourth Gospel*, Cambridge. — F. Nötscher (1956), "Wahrheit als theologischer Terminus in den Qumran-Texten", in K. Schubert (sob a dir. de), *Vorderasiatische Studien*, 83-92, Viena. — H. Boeder (1959), "Der frühgriechische Wortgebrauch von *logos* und *aletheia*", *ABG* 4, 82-112. — E. Heitsch (1962), "Die nicht-philosophische *aletheia*", *Hermes* 90, 24-33. — J. Blank (1963), "Der johanneische Wahrheitsbegriff", *BZ-NF* 7, 163-173. — J. Lozano (1963), *El concepto de verdad en San Juan*, Salamanca. — J. Becker (1964), *Das Heil Gottes*, Göttingen. — K. Koch (1965), "Der hebraische Wahrheitsbegriff im griechischen Sprachraum", in H.-R. Müller-Schwefe (sob a dir. de), *Was ist Wahrheit?*, Göttingen, 47-65. — H. Wildberger (1971), *"'Mn"*, *THAT* 1, 177-209. — Y. Ibuki (1972), *Die Wahrhreit im Johannesevangelium*, Bonn. — A. Jepsen (1973), *"'Mn"*, *ThWAT* 1, 313-348. — I. de La Potterie (1977), *La vérité dans saint-Jean*, Roma. — H. Hübner (1980), *"Aletheia"*, *EWNT* 1, 138-145.

Michael THEOBALD

→ *Aliança; Conhecimento de Deus; Fé; Hermenêutica; Palavra de Deus; Promessa; Revelação; Sabedoria; Veracidade.*

B. Teologia histórica e sistemática

a) Antiguidade e Idade Média. — Não é na qualidade de *erro*, diz Paulo, que a pregação* cristã é rejeitada por judeus e pagãos, mas na qualidade de *escândalo* e de *loucura* (1Cor 1,23). Isso não quer dizer, no entanto, que o cristianismo primitivo não conheça a verdade (v.) como realidade e como problema. Esta realidade é primeiramente cristológica. Em Jesus* de Nazaré, a catequese* cristã confessa que a fidelidade e a constância de Deus*, sua *'emet*, tomaram um rosto de homem — Orígenes* dirá que Cristo* é "a v. mesma", *autoaletheia* (*In Jo* VI, 6). Como a vida, a paixão* e a ressurreição* deste homem põem em jogo o que há de mais importante — a salvação* —, o querigma cristológico ("Jesus é Senhor") assume necessariamente *status* de afirmação fundamental e, porque o querigma pode ser contradito, de v. fundamental. A v. assim é entendida duplamente: como presença de Deus que se revela e como testemunho humano prestado a esta revelação*. A revelação é paradoxal (é sob seu contrário que Deus se manifesta na Sexta-feira Santa), e o testemunho que lhe é prestado não possui evidência apodíctica, nem aos olhos das expectativas messiânicas judaicas, nem aos olhos das soteriologias pagãs. A apologia é, pois, necessária, para que possa evidenciar que as esperanças* de Israel* se cumprem na pessoa de Jesus e, simetricamente, que a expectativa das nações se cumpre também nele. Dirigida aos judeus, ela se fundará numa hermenêutica* escriturística: provar que os cristãos dizem a verdade é provar que o "evento Jesus Cristo" é o referente último das Escrituras* judaicas. Dirigida aos pagãos, ela se fundará numa teologia* (t.) da mitologia (e da filosofia* [f.]) que percebe nas razões religiosas do paganismo* "partículas do verdadeiro" ou "preparações ao Evangelho": provar que os cristãos dizem a verdade é então provar que a idolatria* do pagão faz memória, em filigrana, de uma destinação criada na aliança* e no culto* em espírito e em v.; é provar que um desejo de Deus move o paganismo. A primeira *demonstratio christiana* devia seguramente sua possibilidade à existência de uma linguagem comum, de um lado, e à de um "acreditável disponível" (P. Ricoeur), do outro. As palavras usadas pelo cristianismo eram dotadas de sentido antes que ele as usasse, seja no judaísmo* (messias*/cristo, ressurreição*), no paganismo da Antiguidade tardia, ou em ambos (deus, salvação): as pré-compreensões não faltavam. E mesmo se havia debate sobre o sentido que os cristãos davam a algumas palavras, ou eram obrigados a dar a elas, o debate também trazia à luz uma visão de mundo partilhada por cristãos e não cristãos (E. Miura-Stange, *Celsus und Origene, Das gemeinsame ihrer Weltanschauung*, Giessen, 1926; também E. R. Dodds, *Pagans and Christian in an Age of Anxiety*, Cambridge, 1965): visão de um mundo no qual, entre outras coisas, o anúncio de uma salvação usufruía *a priori* de certa credibilidade*. As pré-compreensões não necessitam da compreensão: o discurso cristão é também um discurso duro, *skleros* (Jo 6,60, cf. J.-Y. Lacoste, *RPL* 1994, 254-280, sobretudo 261-269), ele rompe com todos os discursos que o prepararam, obriga a uma releitura original do que se torna então o "Antigo Testamento" e contradiz toda racionalidade conhecida ao exigir que se tenha fé* num Deus que identificou sua causa com a de um crucificado. Todavia, é preciso conceder isso aos apologistas*: qualquer que seja a fratura que separa a cristologia* cristã dos messianismos judaicos, e qualquer que seja a descontinuidade mais brutal ainda que separa a experiência* cristã e a experiência pagã, é uma linguagem *sensata* a que o cristianismo expressa. Uma linguagem, portanto, que pode ser verdadeira.

Dos primeiros séculos à escolástica*, a história cristã da v. pode então se resumir simplesmente como a de uma sempre maior interpretação do verdadeiro em termos teológicos (teol.). A v. é questão de *logos*, mas por razão ainda mais forte é questão cristã, já que o cristianismo se funda na revelação do *Logos* divino. A v. é questão de comunicação e de desvelamento, e o cristianismo se define como detentor dos segredos de Deus. A t. não negará jamais a existência de outros discursos verdadeiros que não o seu. Ela nunca esquecerá, tampouco, a exigência de uma justificação de seus dizeres diante do judaísmo e do paganismo. Mas, no concerto de todas as palavras e de todas as teses que pretendem ser verdadeiras, é sobretudo como medida última do verdadeiro que ela se imporá: o discurso teol. terá assim o privilégio epistemológico de confirmar ou de infirmar as pretensões a dizer o verdadeiro que animam os discursos não teol.

Para apoiar tal privilégio, a teologia não podia se contentar com um recurso aos argumentos de autoridade*: era preciso provar que ela usava um conceito do verdadeiro que todos pudessem admitir. E de fato, é em termos teologicamente neutros que o verdadeiro se define em Alberto* Magno e Tomás* de Aquino como *adaequatio rei et intellectus*. E é em termos teologicamente neutros, igualmente, que a ontologia medieval afirma que o verdadeiro é um transcendental, um nome transcategorial do ser*. A primeira teoria vale para todo ato de conhecimento, a segunda vale para todo ente. Uma e outra se prestavam tanto mais a um uso teol., decerto, porquanto seu afinamento tinha sido obra de teólogos mais do que de filósofos — mas ambas podiam ter uma recepção estritamente filosófica (fil.). E a questão da v. não se tornou verdadeiramente ardente senão quando veio à luz a ideia de um novo desdobramento do conceito de v. tal que o que é teologicamente (dito) verdadeiro possa não ser filosoficamente verdadeiro.

Nascida, talvez, mais entre os especialistas de Estêvão Tempier, que a condenou en 1277, do que no espírito de filósofos aristotélicos e averroístas, a teoria da "dupla v." constitui a primeira problematização séria das razões teol. Existe uma "v. fil." que contradiga a v. teol. (afirmando a eternidade do mundo ou a existência de uma só alma coletiva para todos os homens), deixando ao mesmo tempo à t. o direito de afirmar com razão, em sua ordem, a criação* do mundo e a existência de almas* individuais? Nem Siger de Brabante, nem Boécio da Dácia, nem qualquer dos pensadores implicados nas censuras de 1277 afirmaram isso realmente (cf. R. Hissette, *Enquête sur les 219 articles...*, Louvain-Paris, 1977). Mas dos mestres de artes parisienses do s. XIII aos últimos averroístas de Pádua, a história da f. é a de uma progressiva autonomização em relação à t. — e essa autonomização se cumpre sob a forma de um conflito da v. fil. (da v. estritamente racional) e da v. teol. (da v. fundada na autoridade* da revelação cristã). Buscou-se uma saída para o conflito distinguindo-se entre v. e probabilidade, sendo o dogma* da Igreja verdadeiro em virtude de uma autorização divina, e os enunciados fil. (aristotélicos), apoiados na experiência e na indução, sendo apenas prováveis. Essa distinção, porém, não era viável. E é com toda lógica que o averroísmo paduano atrairá uma nova censura (condenação de Pomponazzi em Latrão V*, *COD* 605-606): o princípio de contradição vale nas relações do teol. e do fil., a v. só pode ser uma.

b) *Tempos modernos.* — De fato, não é "moderno" duvidar das verdades teol. (já que a dúvida é contemporânea da recepção de Aristóteles no mundo cristão); moderna é todavia a produção de conceitos do verdadeiro que não podem ser objeto de uma revelação teol. qualquer. Fundando o primado da razão* prática, Bacon oferecia um conceito pragmático da v.: *quod in operando ulitissimum, id in scientia verissimum* (*Novum organum* II, 4). O conceito de "fato", por outro lado, servirá a Vico para oferecer a fórmula elementar de uma nova ontologia de horizonte estritamente mundano e histórico: *factum et verum convertuntur.* E, por fim, se o conceito de "experiência" e, com ele, a ideia de verificação experimental não foram utilizados originalmente para negar a existência de uma v. teol., mas para fundar um novo campo do saber, a evidência adquirida neste saber acabará no entanto por marcar com uma inevidência total as realidades teol. O desejo de salvaguardar as pretensões cognitivas da fé é, decerto, frequentemente presente, seja em Descartes*, seja em Kant*. Mas, de Descartes a Kant, o campo que a f. abandona à t. encolhe singularmente. A t. deve doravante aprender da f. os cânones do conhecimento verdadeiro; sua tarefa já não é somente dizer o verdadeiro, ela precisa também provar a v. de seus dizeres; o tempo de uma nova apologética (cujo nome mudará, porque se falará de t. fundamental*) é chegado, apologética à qual caberá tornar manifestas a v. da religião, a

v. do cristianismo e (conforme o caso) a v. do catolicismo*, seja usando permissões concedidas pelas f. reinantes ou recorrendo a instrumentos conceituais medievais (na escolástica barroca e na neoescolástica).

O mesmo período vê nascer uma polêmica nova cujo objeto não é mais contestar a v. dos discursos teol., mas contestar sua veridicidade. De Fontenelle a Nietzsche*, a acusação vai se refinando, mas permanece idêntica em substância. O cristianismo fala de fé, mas vive da credulidade dos povos. O cristianismo fala de v., mas de fato só fala para servir inconscientemente os interesses de uma classe social (Marx*). O sacerdote* ascético afirma viver de uma vontade de v. e fazer viver dela, mas seu discurso e sua prática não passam de sintomas de um ressentimento (Nietzsche). Restará dizer que o teólogo é movido de fato somente por pulsões e lembranças arcaicas (Freud*): a questão de sua possível v. nem sequer se colocará mais; o que inquieta a f. não é mais o que diz a t., mas saber *por que* ela o diz.

À "morte de Deus" corresponde de maneira notável uma "morte da v.", e as teorias comumente admitidas no s. XX terão isto em comum: serão teorias modestas, que não põem nenhuma transcendência em jogo e evitam recorrer a uma "v. primeira". E o são segundo dois modos distintos: a neutralidade metafísica e a recusa da metafísica: 1/ Segundo a teoria da "redundância" (Ramsey, 1927), dizer que p é verdadeiro não é mais que afirmar p, mas o programa "deflacionista" que daí decorre não diz nada do que é, ou não é, afirmável. A teoria semântica (Tarski, 1933) fornece o meio de ligar as palavras e as coisas de maneira precisa ("p é verdadeiro" $\equiv p$), mas não decide nada da natureza das coisas. Segundo a teoria da coerência (Neurath, 1931 *et al.*, cf. Puntel, 1990), um enunciado é verdadeiro se é integrável de maneira coerente a um sistema de enunciados já considerados verdadeiros — e, se a teoria pode ser utilizada para tornar ilegítima a linguagem metafísica ou teol., essa utilização não se impõe como única possível. Segundo o "racionalismo* crítico" (Popper), nenhum enunciado pode ser candidato à inclusão na classe dos enunciados verdadeiros se nenhuma falsificação dele for pensável — mas é uma lógica da investigação científica que fornece o critério de falsificabilidade, e nada diz *a priori* que o critério valha em outro campo senão o mundo físico. De igual modo, as diferentes interpretações analíticas da v. (Austin, 1961; Strawson, 1949; Davidson, 1967 *et al.*) não tomam nenhuma decisão metafísica, assim como não a toma uma interpretação em termos de comunicação e de intersubjetividade (Habermas, 1973). 2/ Em contrapartida, foi ao positivismo lógico que coube, em seu tempo, excluir do domínio do verdadeiro todo enunciado de pretensões metafísicas ou teol., porque só são verdadeiras as tautologias da lógica, por um lado, e os dados empiricamente verificáveis, do outro (p. ex., Ayer, 1935). É verdadeiro aquilo que se presta a verificação; para precisar o que "verificação" quer dizer, recorreu-se aos procedimentos exemplares de que se servem as ciências; e, já que o falso se define ele mesmo em termos de verificação/falsificação, daquilo que não é nem verdadeiro nem falso se dirá que é desprovido de sentido.

Não teol., ateológicas ou protocolarmente ateias, as teorias em questão chamavam uma resposta teol. De fato, elas suscitaram um longo debate anglo-saxão sobre a linguagem* teol., inaugurado por J. Wisdom ("Gods", *PAS*, 1944/1945, 185-206), e que se pode considerar como encerrado. À questão da verificação respondeu-se que os enunciados teol. apelam para uma "verificação escatológica" (J. Hick, 1960 e 1978), respondeu-se também sublinhando o caráter trivial do conceito de "fato" utilizado pelos positivistas ("Os fatos, como o telescópio e as perucas para homens, são uma criação do s. XVII", A. MacIntyre). À relegação da linguagem religiosa ao domínio do "emotivo" (p. ex. Ayer, 1935), pôde-se responder que a definição positivista das linguagens cognitivas era indevidamente restritiva. As teorias para as quais a linguagem formalizada é a medida de toda outra linguagem, pôde se responder praticando uma estratégia wittgensteiniana de defesa e ilustração dos "jogos de linguagem" presentes no uso comum das línguas naturais

(p. ex. D. Z. Phillips), ou elucidando o caráter autoimplicativo da linguagem religiosa (D. D. Evans, 1963, cf. Ladrière, 1984, t. 1, 91-139). A linguagem teol. é certamente uma linguagem "estranha" — mas ela é feita, e bem feita, para corresponder a experiências igualmente estranhas (Ramsey, 1957).

c) Por uma teoria teológica da verdade. — A razão pela qual a t. devia se medir pelas teorias linguísticas e lógicas da v. é simples: a linguagem teol. é uma linguagem, e nenhuma estratégia de imunização pode dispensá-la, já que ela pretende ser verdadeira, de sofrer os testes elaborados para verificar a coerência e a pertinência de toda linguagem. A t. pode incontestavelmente se elaborar numa pluralidade de discursos mais ou menos rigorosos, e não se exigirá da homilia ou da catequese batismal que obedeçam estritamente aos cânones de uma t. "científica": assim é possível (e necessário) defender tanto uma prática científica da t. (Torrance, 1969; Carnes, 1982 etc.) quanto as tomadas de palavra mais frouxas nas quais a fé cristã se exprime. O trabalho de legitimação empreendido a partir dos anos 1940, contudo, toparia num limite. A t. provavelmente não pode fazer menos do que ser verdadeira num sentido semântico/proposicional. No entanto, se desconheceria o estilo próprio de sua linguagem se se negligenciasse a matriz que os textos bíblicos lhe fornecem. E se nos interrogamos sobre estes, torna-se então necessário dar-se um conceito do verdadeiro que se acomode à sua dicção em metáforas, parábolas* e narrativas*, e até mesmo que encontre neles sua mais justa expressão. A lógica do verdadeiro deve pois se articular com uma retórica do verdadeiro (assim Jüngel, 1980; McFague, 1983; Soskice, 1985 etc.), deve se articular também com uma teoria teol. do relato (t. narrativa*), como com uma teoria do discurso por parábolas (Via, 1967; Crossan, 1975 etc.) e, mais geralmente, com uma teoria da linguagem figurada (Biser, 1970). Desde logo, as referências fil. da t. não deixam de se modificar. Mais do que a linguagem formalizada ou formalizável, mais do que a "linguagem ordinária" da f. analítica, é a hermenêutica heideggeriana da palavra que mais deu o que pensar na t. recente (Fuchs, 1968 etc.). A v. então não é entendida somente como uma relação entre palavras e coisas, nem como uma relação de coerência das palavras entre si, é entendida também como poder de desvelamento próprio a uma palavra que fala ainda pela mediação dos textos em que ela está inscrita (ver Tugendhat, 1967, § 12-18): v. de um "evento de fala" — *Sprachereignis* em Fuchs, *Wortgeschehen* em G. Ebeling — que constitui o centro vivo da t.

A linguagem teol. é proposicional, mas o verdadeiro problema de uma teoria teol. da v. reside na impossibilidade de reduzir a "revelação" a um sistema de proposições. E assim como a teoria proposicional da revelação — uma teoria que se pode dizer morta — estava fadada a se apoiar numa teoria proposicional da v., assim também cada teoria não proposicional da revelação se apoia necessariamente numa teoria congruente da v. Lá onde se entende por "revelação" um processo histórico coextensivo à história* universal, mas já realizado por antecipação na vida, morte* e ressurreição* de Jesus, lá a v. é a de um *último fato* autorizando o saber que se apodera dele para ser uma *última palavra* (p. ex., Pannenberg, *Grundfr. syst. Th.* 202-222). Lá onde se entende existencialmente por "revelação" a obra de uma palavra* que liberta a liberdade* humana abrindo-lhe o campo da existência crente como existência "autêntica", lá a v. se pensa como evento, como conteúdo de uma experiência "escatológica" (de uma *última experiência*) (Bultmann* etc.). Lá onde se pensa a revelação como autocomunicação divina que responde "categorialmente" a uma abertura a Deus e uma expectativa "transcendental" de Deus, lá a questão da v. remete ao "mistério*", com que se defronta toda consciência humana em ato de conhecimento (Rahner*). E lá, também, onde se interpreta a revelação nos termos de um único evento global cuja "figura", *Gestalt*, se dá a apreender num modo análogo ao da obra de arte (Balthasar*, 1961), a v. deve ser pensada como propriedade reveladora do todo do evento Jesus Cristo, tomado em suas dimensões integrais.

Uma teoria teol. da v. deveria então aceitar a seguinte agenda de tarefas: 1/ A t. se organiza na memória de um passado que ela diz encerrado ("encerramento da revelação"), mas cujo sentido é recapturado e desdobrado no coração de uma *Wirkungsgeschichte* (Gadamer, 1960, not. 284-290) essencialmente aberta em que ninguém dispõe, por definição, de uma última interpretação ou de uma última perspectiva. Os fatos e textos cuja memória a t. atualiza, por outro lado, não formam nem um relato plenamente unificado nem o comentário seguido de uma história verdadeiramente homogênea. E os documentos mais normativos que a t. conhece — os evangelhos* — decompõem prismaticamente, numa pluralidade irredutível (mas decerto coordenável) de testemunhos, eventos fundadores que só são acessíveis dentro desta difração. A palavra verdadeira pode assim se definir como memória fiel; o critério da fidelidade não consistirá num respeito fetichista dos significantes, mas num serviço ("hermenêutica") da significação (cf. Lacoste, *RPL* 1994, 268 *sq*); e como ela será sempre determinada pelos horizontes presentes da interpretação, nenhuma t. se organizará jamais como saber absoluto. 2/ A perpétua necessidade de reinterpretações não impede que enunciados teológicos sejam pura e simplesmente verdadeiros (e que os enunciados contraditórios sejam pura e simplesmente falsos) — verdadeiros, certamente, a cada vez numa linguagem (o que é o preço comum para todas as palavras verdadeiras), mas verdadeiros também como capazes de ser traduzidos em qualquer outra linguagem um pouco rica, devendo-se, nessa outra linguagem, criar um idioleto a serviço dessa tradução. Formada nas línguas naturais, a linguagem teol. partilha a precariedade de todo trabalho de significação confiado a essas línguas: os significantes escapam raramente à usura do tempo. Essa precariedade, todavia, não deve inquietar. Pois dizer de enunciados teol. que são verdadeiros (aqui e agora, no campo histórico/cultural/filosófico de significação) implica que eles são também candidatos à enunciação em outros campos de significação, e que nada se opõe ao sucesso de sua candidatura. 3/ A história da t. não vê suceder-se de maneira descontínua interpretações pontualmente justas e rapidamente obsoletas, mas deve aparecer como um único processo contínuo de enunciação. A v. do discurso teol., desde logo, só pode ser afirmada num quadro duplo, sincrônico e diacrônico: é no interior de uma leitura do desenvolvimento das doutrinas cristãs que os discursos teol. presentes manifestam verdadeiramente o que querem dizer, e que o dizem bem. 4/ A realidade proposicional e (mais amplamente) discursiva das verdades teol., todavia, não pode ofuscar as necessidades essenciais da t. negativa* ou "mística*", na medida em que atribui uma significação ao silêncio mesmo. Quer a linguagem da t. seja afirmativa ("catafática"), negativa ("apofática") ou por via de "eminência", trata-se nos três casos de uma prática do discurso. O verdadeiro problema da t. reside contudo na indizibilidade que constitui a propriedade ao mesmo tempo primeira e última de Deus. O além da linguagem e da veridicção, porém, não é um além do verdadeiro: o Deus indizível prova ao contrário, de fato, que não é somente em ato de fala que ele se apresenta aos homens, e que não é somente repercutindo neles mesmos estas palavras que os homens lhe rendem a mais justa homenagem; a v. divina é também uma v. a se honrar em silêncio. 5/ Não se pode sustentar a linguagem da v. sem sustentar a da evidência, que se define precisamente como "experiência da v.". E se perguntarmos que evidência a t. reivindica, será preciso responder, nos termos de uma analítica do ato* de fé, recordando que o Deus que se manifesta solicita indissoluvelmente o intelecto e a vontade — portanto, que sua v. não exerce nenhum constrangimento sobre o homem. Dessa ausência de constrangimento, a t. deve conservar a memória, e deve integrá-la em sua teoria do verdadeiro, por um lado, e em sua prática da veridicção, por outro. A t. diz verdadeiro ao propor uma v. que não é somente v.-para-a-inteligência (a velha teoria da v. como "adequação da coisa e do intelecto" revela-se inutilizável, pois), que é também v.-para-a-vontade ou v.-para-o-afeto. O "acreditável", aliás, não é um modo deficiente

da doação do verdadeiro: ele é o verdadeiro tal como se dá ao pedir uma aquiescência. "A cada modo fundamental da objetividade [...] pertence um modo fundamental da evidência" (Husserl, cf. Tugendhat, 1967, § 5). A fé se distingue classicamente da "visão" — mas seu elemento nem por isso é o da inevidência.

As exigências que pesam sobre a fé e sua t. exigem assim um conceito da v. tão rico e complexo quanto são complexos seus apelos à v. A t. decerto tem coisa melhor a fazer do que contribuir para o progresso da epistemologia. Mas talvez seja um serviço prestado passando a todo saber possível o forçar a articular o sentido proposicional do verdadeiro, seu sentido fenomenológico, seu sentido ontológico e sua referência a um Absoluto conhecido como *veritas prima*. E, quando cabe à f. propor uma concepção existencial da v. e afirmar que "a v. existe" (Heidegger*, *GA* 27, 158), tal propósito não pode ficar sem arrebanhar lembranças teol. e sem recordar a identificação neotestamentária do verdadeiro e da pessoa* de Jesus. Uma t. da v. deve incluir uma cristologia da v.

• F. P. Ramsey (1927), "Facts and Propositions", in *Philosophical Papers*, ed. por H. Mellor, Cambridge, 1990, 34-51. — O. Neurath (1931), "Soziologie im Physikalismus", *Erkenntnis* 2, 393-431. — A. Tarski (1933), "Le concept de vérité dans les langages formalisés", in *Logique, sémantique, métamathématique*, t. I, Paris, 1972, 157-269 (original polonês). — A. J. Ayer (1935), *Language, Truth and Logic*, Londres. — M. Heidegger (1943), "Vom Wesen der Wahrheit" e "Platons Lehre von der Wahrheit", in *GA* 9, 177-202 e 203-238 (*Sobre a essência da verdade*, São Paulo, 1970). — P. F. Strawson (1949), "Truth", *Analysis* 9, 83-97. — H. G. Gadamer (1960), *Wahrheit und Methode*, Tübingen (*Verdade e método*, 2 vol., Petrópolis, 2002). — J. L. Austin (1961), "Truth", in *Philosophical Papers*, Oxford, 85-101. — G. Siewerth (1962), *Philosophie der Sprache*, Einsiedeln, 65-148. — G. Pitcher (ed.) (1964), *Truth*, Englewood Cliffs NJ (coletânea de artigos anglo-saxões clássicos). — D. Davidson (1967), "Truth and Meaning", *Synthese* 17, 304-333. — E. Tugendhat (1967), *Der Wahrheitsbegriff bei Husserl und Heidegger*, Berlim. — A. C. Danto (1968), *Analytical Philosophy of Knowledge*, Cambridge, 243-265, "Truth". — J. Habermas (1973),

"Wahrheitstheorien", in *Wirklichkeit und Reflexion. W. Schulz zum 60. Geburtstag*, Pfullingen, 211-265. — N. Rescher (1973), *The Coherence Theory of Truth*, Oxford. — L. B. Puntel (1978), *Wahrheitstheorien in der neueren Philosophie*, Darmstadt; (1990), *Grundlagen einer Theorie der Wahrhreit*, Berlim-Nova York.

▸ D. Bonhoeffer (1943), "Was heisst die Wahrheit sagen?", *DBW* 16, 619-629. — A. Flew e A. MacIntyre (sob a dir. de) (1955), *New Essays in Philosophical Theology*, Londres. — B. Mitchell (sob a dir. de) (1957), *Faith and Logic*, Londres. — I. T. Ramsey (1957), *Religious Language*, Londres. — J. Hick (1960), "Theology and Verification", *ThTo* 17, 12-31. — H. U. von Balthasar (1961), *Herrlichkeit* I, Einsiedeln. — D. D. Evans (1963), *The Logic of Self-Involvement: A Philosophical Study of Everyday Language with Special Reference to the Christian Use of Language about God as Creator*, Londres. — D. O. Via (1967), *The Parables*, Filadélfia. — E. Fuchs (1968), *Marburger Hemeneutik*, Tübingen. — R. Bambrough (1969), *Reason, Truth and God*, 1979², Londres-Nova York. — T. F. Torrance (1969), *Theological Science*, Oxford, cap. 4. — E. Biser (1970), *Theologische Sprachtheorie und Hermeneutik*, Munique. — W. Pannenberg (1973), *Wissenschaftstheorie und Theologie*, Frankfurt. — J. D. Crossan (1975), *The Dark Interval. Towards a Theology of Story*, Niles, Ill. — J. Hick (1978), "Eschatological Verification Reconsidered", *RelSt* 13, 189-209. — M. Corbin (1980), "L'événement de Vérité", in *L'inouï de Dieu*, Paris, 61-107. — E. Jüngel (1980), "Metaphorische Wahrheit. Erwägungen zur theologischen Relevanz der Metapher als Beitrag zur Hermeneutik einer narrativen Theologie", in *Entsprechungen*, BEvTh 88, 103-157. — I. U. Dalferth (1981), *Religiöse Rede von Gott*, BEvTh 87. — J. R. Carnes (1982), *Axiomatics and Dogmatics*, Belfast-Dublin-Ottawa. — S. McFague (1983), *Metaphorical Theology*, Filadélfia-Londres. — J. Ladrière (1984), *L'articulation du sens*, t. 1, *Discours scientifique et parole de foi*, t. 2, *Les langages de la foi*, CFi 124 e 125. — R. Brague (1985), "La vérité vou rendra libres", *Com(F)* X/5-6, 9-23. — J. M. Soskice (1985), *Metaphor and Religious Language*, Oxford. — J. D. Zizioulas (1985), "Truth and Communion", in *Being as Communion*, Crestwood NY, 67-122. — E. Jüngel (1990), "Wertlose Wahrheit. Christliche Wahrheitserfahrung im Streit gegen die 'Tyrannei der Werte'", in *Wertlose Wahrheit*, BEvTh 107, 90-109. — J. Ladrière (1993), "Interprétation et vérité",

LTP 49, 189-199. — B. Neveu (1993), *L'erreur et son juge. Remarques sur les censures doctrinales à l'époque moderne*, Nápoles. — M. Henry (1996), *C'est moi la vérité. Pour une philosophie du christianisme*, Paris.

Jean-Yves LACOSTE

→ *Fé; Filosofia; Hermenêutica; Linguagem teológica; Naturalismo; Teologia.*

VESTÍGIO

O termo latino *vestigium*, traduzido por "vestígio" (v.) pertence primeiramente à problemática da representação. Ele se vincula assim ao símile da linha, proposta por Platão no livro IV da *República*, onde o mundo sensível aparece como o reflexo do mundo* inteligível. Fílon emprega o grego *mimema*, traduzido em latim por *vestigium*, para definir o mundo sensível, imagem degradada ou "v." do *Logos*; ele o aplica igualmente ao homem na medida em que faz parte deste mundo (*De opif.* 145 *sq*). O termo é retomado na época patrística e medieval, não a partir só da problemática da imagem, mas para exprimir uma orientação na direção da semelhança e, mais amplamente, da relação entre o cosmo*, o homem e Deus*. Reconhecer o v. de Deus na criatura é contemplar o autor através de sua obra, subir de volta do cosmo a seu criador e unificar assim cosmologia e teologia* simbólica. O conceito de v., assim utilizado, está no fundamento de toda a estética cristã.

É com Agostinho* que *vestigium* recebe sua orientação decisiva ao mesmo tempo que uma acepção não depreciativa. Se ele o retoma para designar o mundo, é com a ideia de que este é a expressão de seu criador. No livro X das *Confissões* e no *Com. do Salmo 41*, ele introduz assim uma prosopopeia da criação*, a fim de mostrar que tudo o que existe não é Deus, mas foi criado por ele, e portanto é fundamentalmente bom e remete a seu criador.

Mais radicalmente, Agostinho faz da alma* o vestígio por excelência, pois ela é à imagem da Trindade*. Esta imagem todavia não é da mesma natureza que seu criador, e é por isso que Agostinho, para dizê-la, propõe analogias*: alma, conhecimento, amor* (*Trin.* IX); memória, inteligência, vontade (X); memória, visão interior, vontade (XI). Propostas para mostrar que a alma exprime a Trindade, tais analogias são feitas para dar um sentido positivo ao conceito de v.: trata-se aí do eco da Trindade no ser humano. Agostinho sublinha porém que a Trindade ultrapassa infinitamente os v. que deixou em nós, e acrescenta também: "Se a trindade da alma é a imagem de Deus, não é porque ela se lembra de si mesma, se compreende e se ama; mas é porque ela pode ainda recordar, compreender e amar aquele por quem ela foi criada" (*Trin.* XIV, 12, 15). Essa imagem da Trindade na alma não é, pois, estática, mas dinâmica; ela só se realiza na relação com o Criador, e esta relação constitui para ela uma sorte de criação continuada. Quanto ao tema da *semelhança*, Agostinho não propõe tratamento detalhado dele, mas implica-o em sua reflexão sobre a dinâmica da imagem.

Entendida assim como v., a criação aparece como uma teofania*. As imagens visíveis exprimem a natureza primordial das coisas, relatam a glória* de Deus e a regeneração do cosmo pela salvação*. Imitadoras do Criador sob formas diversas, as naturezas mantêm entre si uma relação harmônica, e cada uma se assemelha às outras segundo ritmos constantes.

O Pseudo-Dionísio* constitui aqui uma nova fonte importante. Porque Deus, em seu pensamento, é absolutamente incognoscível e não pode ser qualificado senão por uma negatividade absoluta, seria enganador crer atingi-lo por meio de imagens nobres, inadequadas sob todos os aspectos. É preferível, ao contrário, recorrer a figuras "tiradas das mais baixas realidades terrestres" e representar Deus "por imagens que não se lhe assemelham de modo nenhum" (*Hierarquia celeste* I, § 3, PG 3, 140 D); o símbolo dessemelhante é assim uma ferramenta teológica melhor do que a imagem, na medida em que ele mesmo denuncia sua insuficiência e relança a alma em sua subida de volta a Deus. Essa teoria será retomada por João Escoto Erígena, que considerará a natureza como uma imensa alegoria do divino. E já que a arte humana não pode senão imitar a arte divina, a arte mesma

reveste-se então de uma dimensão anagógica (sentidos* da Escritura): tal é a significação das representações plásticas — mesmo as mais monstruosas — que ornam as igrejas românicas, e dos vitrais das catedrais góticas (cf. Suger, *De consecratione*, ed. G. Binding, A. Speer, Colônia, 1995).

Se as analogias agostinianas tiveram uma posteridade importante, como testemunha, p. ex., Ricardo de São Vítor*, a acepção agostiniana de *vestigium* não perdurou muito, a não ser em Anselmo* e João* da Cruz, que apresentam ambos a criatura como um v. do Criador. No s. XII, com efeito, o termo tende a retomar uma tonalidade platônica e a se racionalizar. Na *Summa de Anima* (p. 147), Jean de la Rochelle opta por uma variação em torno do esquema agostiniano, *vestigium, imago* e *similitudo*, que é uma representação imediata, completa e clara. O conceito de v. conserva todavia um papel decisivo na reflexão sobre a natureza; assim vemos, a partir do s. XII, as enciclopédias desenvolverem o tema dos "espelhos da natureza", meios de conhecer os atributos* invisíveis de Deus a partir de sua obra. É de uma maneira análoga que a arte cisterciense usa também de uma simbólica da natureza e faz p. ex. do claustro uma figura do paraíso.

No século seguinte, Boaventura* adota uma perspectiva próxima, mas traz alguns matizes. Ele diferencia primeiro a imagem, cujo v. podemos encontrar na natureza, e a semelhança, privilégio exclusivo do homem. Em seu *Com. das "Sentenças"* (I, d. 3, p.1, c. 1, q. 2, ad 4) ele oferece uma distinção que não é mais a do v., da imagem e da semelhança, mas a da sombra, do v. e da imagem. A *sombra* é uma representação afastada, confusa, fundada na causalidade imediata da criação. O v. é uma representação afastada, mas distinta, fundada numa tripla causalidade (eficiente, formal e final) assim como nos transcendentais (o Uno, o Verdadeiro e o Bem). Quanto à *imagem*, ela constitui uma representação próxima e distinta, e não pertence senão à natureza intelectual, tal como a estruturam as três faculdades da alma reconhecidas desde Agostinho. Na quarta das *Questões sobre* *a ciência de Cristo*, Boaventura aplica o esquema *vestigium, imago, similitudo* para definir os graus de ser* das criaturas e o modo pelo qual Deus coopera na ação delas. Ele explica assim: "Enquanto v., [a criatura] se reporta a Deus como a seu princípio, enquanto imagem, refere-se a ele como ao objeto de sua atividade (intelectiva e caritativa). Mas, enquanto semelhança, ela se ordena a Deus como ao dom infuso que ele lhe fez de si mesmo. Portanto, toda criatura saída de Deus é o v. dele; toda criatura que conhece Deus é a imagem dele, mas só a criatura em quem Deus habita é sua semelhança".

Encontra-se procedimento análogo no *Itinerarium*, em que a alma progressivamente se eleva à contemplação* de Deus. Boaventura distingue ali claramente os v., que são o primeiro momento desta ascensão, e a imagem de Deus, que representa o segundo momento; e ele explica (cap. I, § 2) que, "entre os seres criados, uns são v. e os outros imagem de Deus; uns são corporais, os outros espirituais, aqueles temporais, estes intemporais, uns fora de nós, os outros dentro". Mas se o *Itinerarium* propõe primeiramente um caminho rumo à contemplação *pelos* e *nos* v. de Deus no mundo, ele preconiza em seguida um retorno à interioridade, por intermédio da imagem de Deus que é em nós — e aí, diferentemente de Agostinho, Boaventura não fala de v. O *Sermão sobre o triplo testemunho da Trindade* (n. 7), enfim, adota um ponto de vista mais amplo, mas sem dar à alma lugar especial. Tomás* de Aquino definirá igualmente uma hierarquia das criaturas conforme ao esquema *vestigium, imago, similitudo* (*De Potentia*, q. 9, art. 9c; *CG* IV, 26; *ST* Ia, q. 3, a. 3; q. 43, a. 7; q. 93, a. 2, 6).

Se o v. é um momento importante na dialética do ser, em si mesmo não passa de um simulacro no qual a semelhança é apenas parcial. Tal é talvez a razão pela qual Eckhart (mística renano-flamenga*) disse que, deixadas a si mesmas, as criaturas são "puro nada*", mas que há "alguma coisa na alma" pela qual elas são mais que um simples v.

Esta inteligência simbólica do mundo e dos "v." foi substituída por uma interpretação mais ontológica em Duns* Escoto e João de Ripa.

Nos s. XVII e XVIII, ela foi necessariamente questionada pelo aparecimento das teses mecanicistas e racionalistas. Algumas reminiscências agostinianas, como a "marca de Deus em sua obra" de Descartes*, são tudo o que os tempos modernos conservarão da problemática do v.

Uma reflexão sobre o tema do v., todavia, foi retomada no s. XX, não mais a partir do mundo mas a partir do outrem, na obra de E. Levinas: "Ser à imagem de Deus não significa ser o ícone de Deus, mas se encontrar em seu v. O Deus revelado [...] só se mostra por seu v., como no cap. 33 do Êxodo. Ir para ele não é seguir esse v. que não é um sinal, é ir para os outros que se mantêm no v." (*En découvrant l'existence avec Husserl et Heidegger*, Paris, 1982, p. 202).

• É. Mâle (1898), *L'art religieux du XIIIe siècle en France*, Paris. — M.-D. Chenu (1957), *La théologie au XIIIe siècle*, Paris. — G. de Champeaux e S. Sterck (1966), *Le monde des symboles*, La Pierre-qui-Vire. — R. Javelet (1967), *Image et ressemblance au XIIe siècle*, Paris, 2 vol. — M.-M. Davy (1977), *Initiation à la symbolique romane* (*XIIe siècle*), Paris. — W. Beierwaltes (1977), "*Negati affirmatio:* Welt als Metapher. Zur Grundlegung einer mittelalterlichen Ästhetik durch Johannes Scotus Eriugena", *in* Col., *Jean Scot Érigène et l'histoire de la philosophie*, Paris, 263-276. — M. Mentré (1984), *Création et apocalypse. Histoire d'un regard humain sur le divin*, Paris.

Marie-Anne VANNIER

→ *Antropologia; Beleza; Criação; Imagens.*

VETUS LATINA → **traduções antigas da Bíblia**

VICENTE DE LÉRINS → **dogma** 1. a. c

VIDA CONSAGRADA

O conceito de "vida consagrada" designa hoje, de maneira privilegiada, todas as formas de vida eclesial marcadas, no catolicismo* romano, pela profissão dos conselhos* evangélicos: "É a *profissão* destes conselhos, num estado de vida estável reconhecido pela Igreja*, que caracteriza a 'vida consagrada' a Deus*" (*CEC,*

§ 915). Nesta acepção se enquadram alguns eremitas, as virgens consagradas (e as viúvas consagradas, para o *CCEO*), a vida religiosa sob seus diferentes aspectos, os institutos seculares e, de maneira conexa, as sociedades de vida apostólica. Com efeito, desde a constituição apostólica de Pio XII *Provida Mater Ecclesiae* (2 de fevereiro de 1947), a vida religiosa — que compreendia também, segundo o *CIC* de 1917, os irmãos e irmãs das congregações de votos simples — foi subsumida na categoria de "vida consagrada" que, na esteira do Vaticano II*, o Código de 1983 descreve em termos de seguir a Cristo* sob a ação do Espírito* Santo (cân. 573). O IX Sínodo dos Bispos de outubro de 1994 viu na castidade para o Reino* seu critério discriminante (*Propositio* 3, cf. 13).

Não faltam dificuldades doutrinais ligadas a este ensinamento magisterial. Que vínculo esta "consagração particular" (*LG* 42) mantém com o batismo*? Como este estado de vida se reporta ao NT, se a prática dos conselhos ditos "evangélicos" de castidade, de pobreza e de obediência não encontra ali seu fundamento literal? Pode se sustentar, como o recente Código (cf. cân. 607), que a vida religiosa, tão abundante e tão representativa desta "grande árvore de múltiplos ramos" (*LG* 43), se caracteriza por votos, quando nem todos os religiosos conhecem a tríade de votos, ou pela vida a ser levada em comum, à qual se opõe hoje em dia a comunhão* fraterna, ou ainda pelo testemunho público, quando desaparece a especificidade do hábito, do hábitat, da ação, ou enfim pela separação do mundo*, quando se trata mais do que nunca de evangelizar?

Diante dessa crise dos conceitos, ligada, ao menos no Ocidente, à derrocada das práticas, a história* constitui certamente um recurso, já que múltiplas monografias manifestam, sobretudo para os últimos séculos, a existência de um filo (*phylum*) irredutível a suas interpretações sociológicas (ver sobretudo os ensaios consagrados à "fuga do mundo" e à promoção feminina). Desde o início da era cristã emergem, com efeito, esses ascetas, virgens e abstêmios que "permanecem na castidade em honra da carne

do Senhor" (Inácio de Antioquia, *A Policarpo* V, 2; cf. a *Didaché*) sem jamais se assimilar às correntes gregas ou judaicas, gnósticas ou encráticas que os preparam talvez e certamente os circundam. Esse engajamento aflora em toda parte nos s. III e IV, como atestam Tertuliano*, Ambrósio*, Jerônimo, Agostinho*. Seu arquétipo (e a integração eclesial) remonta à *Vida de Antão* segundo Atanásio* de Alexandria, e logo às regras dos primeiros "monges", com Pacômio e Basílio* notadamente. João Cassiano, por suas *Instituições* e sobretudo suas *Conferências*, difundirá amplamente, desde Marselha, a reputação destes "padres (e madres) do deserto" que tinham precursores no Ocidente. O próprio são Bento, cujo *Regra para os monges* influenciará toda a IM, não é um começo absoluto. Enquanto o ascetismo cristão se especifica em eremitismo, monaquismo*, cenobitismo, vida canônica etc., os monges se tornam sacerdotes*, os sacerdotes se tornam monges, e suas irmãs os seguem de longe (diaconisas*, cônegas, beguinas* etc.). Este primeiro entrecruzamento da vocação sacerdotal com a vocação religiosa acabou acarretando, no s. XI, a imposição pelo papa Nicolau II da vida comum a todos os padres, que já conheciam, havia vários séculos, a continência e logo o celibato. No Oriente, a vida monástica, praticando a tradição evangélica da oração* contínua, da cura* do coração* e da compaixão por toda criatura, prosseguirá até nossos dias, numa grande fluidez institucional, o humilde serviço do discernimento e da paternidade espirituais, na comunidade fraterna, até mesmo na evangelização* dos povos.

Ireneu*, Ambrósio, Jerônimo e Agostinho refletiram sobre a diferenciação em breve clássica entre preceitos* e conselhos. Com Tomás* de Aquino, sobretudo na *Suma teológica*, este ensinamento toma lugar numa síntese doutrinal: os conselhos aparecem como os meios mais adequados ao fim último, o amor* de Deus e do próximo. A economia dos "estados de perfeição" decorre daí, ela que vê no bispo* o *perfector* e na vida religiosa, sobretudo de tipo misto (em que se unem contemplação* e ação), o estado de perfeição "a adquirir": obrigar-se à prática dos conselhos evangélicos, devotando-se ao próximo pelo amor* de Deus, vincula à perfeição dos bispos (*ST* IIa, IIae, q. 188, a. 6). Assim também se atesta o vínculo da vida espiritual* com o sacerdócio* hierárquico, a comunhão da vida carismática com o encargo apostólico.

Este ponto de equilíbrio do pensamento (ainda em ação nos *Exercícios Espirituais* de Inácio de Loyola) foi rompido, apesar de Francisco de Sales e seu *Tratado do amor de Deus*, na prática em favor dos "monges". A contestação radical de Lutero*, e logo da Reforma (apesar da persistência no protestantismo* de formas de vida que permitirão o despertar, no s. XIX, de uma vida religiosa diaconal e mesmo contemplativa), representa no plano doutrinal, para os votos monásticos, um perigo de erradicação ao menos comparável ao perigo que a Revolução francesa fez correr àqueles que os pronunciavam efetivamente.

Assim laminada pelos igualitarismos teológicos e políticos, a vida religiosa conhece todavia no s. XIX um impulso, sobretudo feminino, mais considerável ainda do que aquele que marcara o surgimento das ordens mendicantes, no s. XII, ou dos clérigos regulares, no s. XVI. Mas seu recrutamento declina no Ocidente já antes da II Guerra mundial, e os anos posteriores ao Vaticano II veem o deslocamento dos centros de decisão (e, aliás, dos recursos financeiros) primeiro para a América do Norte e doravante para o horizonte asiático, enquanto a América Latina e sobretudo a África permanecem negligenciadas.

Se esta história tem um sentido é o de indicar na vida religiosa ou consagrada uma prática inerente à vida da Igreja, distinta por natureza do ministério* sacerdotal e, em todos os aspectos, de seu *outro*, o casamento* cristão. Sua persistência notável, suas formas múltiplas, seu entendimento universal, suas variações também tornam perpetuamente aleatórias as formulações demasiado estreitas de elementos essenciais que, no entanto, não lhe faltam. Já se disse que o celibato para o Reino forma seu mínimo denominador comum. Acrescenta-se a isso, na maior parte do tempo, uma maneira combinada de viver junto ("a vida a levar em comum",

segundo a expressão conciliar, cf. *PC* 15) e frequentemente de trabalhar na vinha do Senhor (apostolado comum, "agir corporativo"); assim se acham praticadas a pobreza e a obediência. Mas esses fragmentos só brilham, entre todos os consagrados, com seu verdadeiro fulgor se se indica, no âmago da indizível experiência* do mistério* pascal, um encontro imediato com o Cristo ressuscitado que decerto suscita e orienta a vida, mas também a acompanha indefectivelmente em pessoa (consagração).

• Tomás de Aquino, *ST* IIa IIae, q. 179-189. — M. Lutero, *De votis monastici judicium*, *WA* 3, 565-669.

▶ R. Lemoine (1956), *Le Droit des religieux, du Concile de Trente aux Instituts séculiers*, Paris. — A.-J. Festugière (1961-1965), *Les moines d'Orient*, 5 vol., Paris. — L. Moulin (1964), *Le monde vivant des religieux*, Paris. — A. Perchenet (1967), *Renouveau communautaire et unité chrétienne. Regards sur les communautés anglicanes et protestantes*, Paris. — J. Halkenhäuser (1978), *Kirche und Komunität. Ein Beitrag zur Geschichte und zum Auftrag der kommunitären Bewegung in den Kirchen der Reformation*, Paderborn. — J.-M. R. Tillard (1974), *Devant Dieu et pour le monde. Le projet des religieux*, CFi 75. — A. Restrepo (1981), *De la "vida religiosa" a la "vida consagrada". Una evolución teológica*, Roma. — C. Langlois (1984), *Le catholicisme au féminin. Les congrégations françaises à supérieure générale au XIXe siècle*, Paris. — P. Brown (1988), *The Body and Society: Men, women and sexual renunciation in early christianity*, Nova York. — A. de Vogüé (1991-), *Histoire littéraire du mouvement monastique dans l'Antiquité. Première partie: le monachisme latin*, Paris (t. I a IV publicados no final de 1997). — C. Dumont (1992), "Spiritualité de religieux et de prêtres diocésains", *VieCon* 64, 344-358. — B. Secondin (1997), *Il profumo di Betania. La vita consacrata come mistica, profezia, terapia*, Bolonha.

Noëlle HAUSMAN

→ *Ascese; Monaquismo; Preceitos/conselhos; Vida espiritual.*

VIDA ESPIRITUAL

I. Definições

A expressão "vida espiritual" (v.e.) é relativamente moderna. Os dois termos que a compôem tinham, no passado, um sentido muito mais restrito do que hoje. A vida, no sentido de maneira de viver (*bios* ou *politeia*, em grego), não podia mais ser caracterizada de maneira tão geral que se referisse a todos os cristãos (embora se encontre a expressão "maneira de viver dos cristãos": *ho bios ho Khristianon*, Clemente, *Pedagogo* 1, 13). Havia, contudo, uma terminologia muito rica para caracterizar a vida monástica: vida "solitária" (literalmente, "monádica"), "divina", "angélica", "filosófica"; quanto ao termo "espiritual", não era muito utilizado, senão quando era para designar o clero. Em seu sentido moderno, a expressão "v.e." evoca, como a de teologia espiritual*, certa vacuidade em matéria de dogma* e de sacramentos*, o sentimento de que no domínio religioso nada mais conta a não ser o vivido. Este apelo à "espiritualidade" é o sinal de certo desencanto em relação às categorias teológicas tradicionais e de um desejo de encontrar um sentido mais profundo, "espiritual", à vida. É legítimo se perguntar o que o pensamento cristão pode trazer a uma tal procura, sem entrar para tanto em suas recusas.

Como acontece com "teologia espiritual", "v.e." pode ser analisado de dois pontos de vista diferentes, segundo a maneira como se compreende "espiritual": este último termo pode, com efeito, se referir quer ao Espírito* Santo, quer ao elemento espiritual (*pneuma*) no homem. O caminho já estava aberto para a segunda interpretação no mundo onde o cristianismo nasceu, pois ela se apoia na análise filosófica da pessoa*; os ambientes cristãos (como os ambientes judeus helenísticos antes deles) liam a Bíblia* no texto dos LXX (traduções* antigas da Bíblia) e, portanto, era *pneuma* que designava para eles o espírito, em lugar do termo mais usual *nous*; mas a equivalência permanecia, e a v.e., vida própria ao *pneuma* (*bios pneumatikos*), era portanto a vida própria ao *nous*, a vida contemplativa.

II. Fundamentos escriturísticos

A palavra *pneuma*, como o termo hebraico *rouah*, que ela traduz, tem o sentido original de "sopro" ou de "vento" e designa a vida que Deus* insufla aos primeiros seres humanos (Adão*). O espiritual é então a vida que vem de Deus, vida que não é somente uma série de processos naturais (embora não se diga de modo nenhum que ela não os comporte), mas um dom de Deus, que retornará a ele após a morte* (Ecl 12,7). O espírito é poderoso, a carne* é fraca; é desse contraste entre a força e a fraqueza que se trata, com efeito, nesta oposição famosa, e não do contraste do imaterial e do material (cf. Is 31,3). A v.e. neste sentido é a vida vivida em dependência de Deus, tal como a viveram os profetas*, tal como a vivem também os "pobres", para quem Deus é a única fonte de força em sua pobreza (cf. o uso do termo nos salmos*, sobretudo Sl 71 [72]; 81 [82]; 108 [109]; 131 [132]). Os "pobres em espírito" que o Senhor abençoa são os que não têm outra força senão ele (cf. Mt 5,3).

1. Novo Testamento

A v.e. assim concebida, vida em comunhão* com Deus, torna-se no NT a vida que vem da fé* em Jesus Cristo.

a) O reino de Deus. — Os sinóticos evocam esta vida do ponto de vista do reino* de Deus, cuja vinda ou iminência é proclamada por Jesus*. A vida do reino é uma vida segundo a vontade de Deus, uma vida em que não há mais nada que separe os seres humanos uns dos outros ou de Deus. Diversas falas de Jesus, assim como sua resposta ao bom ladrão (Lc 23,42), dão o sentimento de que o reino (e esta vida) se realiza graças à crucifixão, que abole definitivamente a separação (o que é simbolicamente sugerido pelo rasgar do véu do Templo*, Mt 27,51 par.). É talvez por isso que, nas principais correntes teológicas do NT, a noção de reino de Deus é substituída pela da vida de que Jesus é a fonte, a "vida eterna*" da tradição joanina*, a "vida em Cristo*" da tradição paulina*.

b) A vida eterna. — Para João, a vida eterna é uma realidade já presente cá embaixo na comunhão com Jesus. Mas é uma realidade presente que transcende a morte, por causa do poder de sua ressurreição*. Para entrar na vida eterna, é preciso "nascer de novo" (Jo 3,3), nascer "da água e do espírito" (Jo 3,5), o que é uma alusão evidente ao batismo*. A possessão desta vida depende da manducação eucarística do corpo e do sangue de Cristo: "Aquele que come a minha carne e bebe o meu sangue permanece em mim e eu nele. E como o Pai, que é vivo, me enviou e eu vivo pelo Pai, assim aquele que comer de mim viverá por mim. Este é o pão que desceu do céu [...] aquele que comer deste pão viverá para a eternidade" (Jo 6,56ss). A vida eterna é sinônimo, para João, de conhecimento* de Deus: "Ora, a vida eterna é que eles te conheçam a ti, o único verdadeiro Deus, e àquele que enviaste, Jesus Cristo" (Jo 17,3) — a vida eterna é, pois, essencialmente contemplativa.

c) A vida em Cristo. — Paulo tem a mesma concepção da vida em Cristo, mas ele a exprime diferentemente. É sempre o batismo que inaugura esta vida, mas enquanto João vê nele um novo nascimento, Paulo vê nele sobretudo uma participação na morte e na ressurreição de Cristo: "Ou ignorais que nós todos, batizados em Jesus Cristo, é na sua morte que fomos batizados? Pois pelo batismo, nós fomos sepultados com ele em sua morte, a fim de que, assim como Cristo ressuscitou dos mortos pela glória do Pai, também nós levemos uma vida nova" (Rm 6,3s). Essas imagens de morte e de ressurreição não se aplicam somente a nossa iniciação nesta vida, mas a toda sua duração: Paulo fala de "trazermos em nosso corpo a agonia de Jesus, a fim de que a vida de Jesus também seja manifestada em nosso corpo" (2Cor 4,10). Participar da eucaristia* é um meio de participar da vida de Jesus: "A taça da bênção que nós abençoamos não é porventura uma comunhão com o sangue de Cristo? O pão que partimos não é uma comunhão com o corpo de Cristo? Visto haver um só pão, todos nós somos um só corpo; porque todos participamos desse pão único" (1Cor 10,16s). Paulo enfatiza que a vida em Cristo é essencialmente uma vida em Igreja*, e que participar da eucaristia é pertencer à Igreja que é o corpo de Cristo. Esta vida sacramental na Igreja se caracteriza também em relação ao Espírito: na Igreja, o Espírito dispensa seus dons, que são diferentes para cada um, mas que são para todos formas do amor* (*agapè*). Mas o Espírito desempenha um papel ainda mais íntimo na maneira de viver esta vida nova em Cristo. É ele que torna real nosso estatuto de filhos e filhas adotivos do Pai, e de irmãos e irmãs do Filho. É por ele que podemos fazer nossa a maneira que tinha Jesus de chamar Deus de "*Abba*" (sinal de uma intimidade sem familiaridade); é graças a ele que podemos entrar, apesar de nossa fraqueza, em comunhão com um Deus que transcende toda coisa humana: "Do mesmo modo, também o Espírito vem em socorro de nossa fraqueza, pois nós não sabemos rezar como convém; mas o próprio Espírito intercede por nós com gemidos inexprimíveis, e Aquele que sonda os corações sabe qual é a intenção do Espírito: com efeito, é segundo Deus que o Espírito intercede pelos santos" (Rm 8,26s). Essa concepção trinitária (e cósmica, cf. Rm 8,19-23) da vida em Cristo, vida de oração* pelo Espírito, faz ver muito bem que compreender melhor a v.e. é compreender melhor o dogma.

d) Os frutos do Espírito. — A v.e. segundo o NT não diz respeito somente à perfeição da vida humana. O cristão vive uma vida que não é a sua. Como diz Paulo: "Eu fui crucificado com Cristo; não sou mais eu que vivo, é Cristo que vive em mim" (Gl 2,20). As virtudes* cristãs não são, portanto, algo que possamos atingir por nós mesmos, mas algo que desabrocha em nós. Assim é que Paulo não fala de virtudes, mas de "frutos do espírito": "amor, alegria, paz, paciência, bondade, benevolência, fé, doçura, domínio de si" (Gl 5,22s). Também o amor, que resume a essência da vida cristã segundo o mandamento* de Cristo (Mt 22,37 par.) é apresentado por Paulo como o maior dos dons do Espírito (1Cor 13).

2. A imitação de Cristo

No NT e na Igreja primitiva, a imitação* de Cristo, no sentido da imitação daquilo que fez Jesus em sua vida terrena, não tem a importância que assumirá mais tarde. A imitação de Cristo é, antes, um ideal, mas trata-se bem mais de segui-lo ou de imitar o que está em jogo na encarnação* do Filho de Deus. Quando Jesus diz que dá a seus discípulos um exemplo (Jo 13,15), é o do lava-pés: é dizer-lhes que se amem uns aos outros (Jo 13,35). Quando Paulo fala do exemplo de Cristo que os cristãos devem imitar, trata-se de Cristo fazendo-se homem e aceitando a condição humana — "de rico que era, fez-se pobre, para vos enriquecer com a sua pobreza" (2Cor 8,9) — ou de sua humildade ao tornar-se homem (Fl 2,5-11). O exemplo de Cristo a que Pedro* faz apelo é o do sofrimento inocente da paixão* (1Pd 2,21-25). Em todos esses casos, não se trata de tomar modelo em Cristo, mas de seguir seu exemplo para ter parte em sua graça* — "para vos enriquecer com a sua pobreza", "com temor e tremor, continueis a trabalhar para a vossa salvação*, pois é Deus quem realiza em vós o querer e o fazer segundo o seu desígnio benevolente" (Fl 2,12, logo depois do hino à kenose* de Cristo), "ele, cujas chagas vos curaram" (1Pd 2,24). Seguindo-o assim, retraça-se o movimento de Deus descendo ao nível da humanidade para elevar a humanidade ao nível da divindade*: o exemplo de Cristo não é o de um homem exemplar, é o de Deus vivendo uma vida humana. Todas essas ideias estão unidas na oração de Inácio de Antioquia, quando implora aos cristãos de Roma* que o deixem ser, em seu martírio* próximo, um "imitador da paixão* de meu Deus" (Rm 6,3).

III. O martírio

Este apelo de Inácio une dois temas que tiveram um grande papel na formação da ideia cristã de v.e., o martírio e a deificação. A perseguição não era a política sistemática do Império durante os primeiros séculos cristãos, mas era uma ameaça constante, e a maioria das primeiras comunidades cristãs tiveram sua experiência disso em algum momento. O martírio tornou-se assim o ideal da vida cristã, não que todos devessem esperar por ele (aliás, era desaconselhado ir em seu encalço), mas porque todos os cristãos deviam viver de tal modo que, se tivessem de escolher entre a apostasia e a morte, escolheriam o martírio. O

mártir tornou-se o santo por excelência, aquele que realizara a vocação virtual de todo cristão chamado pelo batismo à santidade*. Os relatos de martírio (*acta martyrum*) foram a primeira forma de hagiografia. São impregnados de forte sentimento apocalíptico*: o mártir cristão (como o mártir judeu antes dele) estava na primeira linha na guerra entre o bem* e o mal*. O poderio persecutório de Roma era só o instrumento das potências obscuras do cosmo* que eram os verdadeiros inimigos dos mártires. É em termos guerreiros ou desportivos que se descrevia a condição cristã (cf. notadamente Ef 6,10-17; 2Tm 4,7s; Hb 12,1s; 1*Clemente* 5,1; Inácio, *Policarpo* 1, 3; 3, 1). A partir do s. II, vê-se desenvolver, mesmo com a possibilidade do martírio real ("simples"), o ideal de um martírio espiritual (ou "gnóstico" — Clemente de Alexandria, *Estrom.* IV) que se manifesta na "perfeição da obra do amor" (*ibid.*, IV, 4, 14, 3). Quando o martírio deixou de ser uma ameaça com a paz da Igreja, o ideal do mártir foi realizado pela vida monástica, cuja popularidade não parou de crescer. O monge tomou o lugar do mártir, o monaquismo* tornou-se o terreno mesmo da santidade; ali se conservou o sentimento de viver nos últimos dias, na iminência do combate final das forças do bem e do mal. Foi assim que o monaquismo substituiu o martírio como ideal da v.e.

IV. A vida monástica

1. A vida monástica, forma por excelência da vida espiritual

A natureza da v.e. foi consideravelmente aprofundada no monaquismo. A ideia de um combate contra os poderes do mal, contra os demônios*, herdada da concepção do martírio, domina entre os primeiros monges, os que são chamados "Padres do deserto", e existe toda uma reflexão sobre a natureza desse combate. Mas não é o único ponto de vista dos meios monásticos, que também compreenderam a v.e. como o desenvolvimento do espiritual no homem, e recorreram a meios filosóficos para pensá-lo. É a este tipo de reflexão, p. ex., que devemos a noção das oito tentações, que se tornarão no Ocidente os sete pecados* capitais (ascese*). De nada vale o monaquismo ser aparentemente uma forma especial e minoritária da vida cristã: nem por isso ele deixa de ser, a partir do s. IV, a forma por excelência dessa vida, pois ele coloca em plena luz os ideais que dizem respeito a todos os cristãos, monges ou não. Segundo João* Crisóstomo, aqueles que vivem no mundo* devem viver como os monges, mesmo que sejam casados (*Hom. 7 sobre Hb*). A Igreja ortodoxa sustenta ainda hoje que não há diferença essencial entre as exigências da vida monástica e as da vida no mundo.

2. Etapas da vida espiritual

Nos ambientes monásticos, a v.e. era concebida como a plena realização da vida nova recebida no batismo, mesmo se a conversão monástica (isto é, o abandono do mundo e a entrada no mosteiro) é que era considerada como seu ponto de partida efetivo. Esta vida tinha um começo, um meio e um fim, e era natural que se visse nela um crescimento, ou estágios.

a) Crescimento espiritual. — O recurso à analogia do crescimento humano é muito frequente, e se descreve assim uma progressão que vai rumo a uma eventual maturidade espiritual, embora não se admita de bom grado a ideia de uma saída da infância neste plano [cf. *infra, e*)]. O tema dos sentidos espirituais (espiritual* [teologia]), de seu descobrimento, de seu despertar e de seu uso é estreitamente ligado a essa noção de crescimento. A imagem da viagem para designar essa progressão é muito comum também. Essa viagem é frequentemente concebida como um retorno ao paraíso ou como uma ascensão (dois temas ligados, pois se representava frequentemente o paraíso como uma montanha). Ou então se via nela a passagem da terra ao céu (a vida monástica é comumente chamada de "vida angélica"), graças a uma escada, a escada do sonho de Jacó (Gn 28,17) à qual Cristo faz alusão (Jo 1,51).

b) Peregrinação. — Aquele que parte para essa viagem é um peregrino, *peregrinus*, um estrangeiro, que não está mais na casa onde mora. A despossessão radical que está no âmago

da vida monástica é bem evocada pela imagem da peregrinação*, em que se viaja com pouca bagagem e sem perder tempo com frivolidades. Às vezes a viagem espiritual se torna uma verdadeira viagem, como no caso dos monges celtas cujo desapego do mundo tomou a forma de infatigáveis peregrinações. Mas a partir do s. VI, época de ouro da *peregrinatio* céltica, via-se nessa perambulação certo egocentrismo e uma maneira de escapar de toda disciplina*: são Bento tinha péssima opinião daqueles monges "giróvagos".

c) Escada espiritual. — A escada é uma das imagens favoritas da v.e. nos ambientes monásticos. O mais longo capítulo da *Regra de são Bento* (cap. 7) é consagrado à "escada da humildade". Ali não se trata somente da ascensão dessa escada, mas, o que é mais raro, daquilo que a constitui: os montantes são o corpo e a alma* e os degraus são os graus da humildade. Os doze degraus descritos dão uma boa ideia das qualidades essenciais da vida monástica para Bento: são o temor* de Deus, a ausência de vontade própria, a submissão ao superior, a paciência diante das dificuldades de toda sorte acarretadas pela obediência, a confissão dos pecados e dos pensamentos ao abade, o fato de se contentar com o que há de menos bom em todas as coisas, a humildade interior sincera, a estrita observância da regra, o silêncio, a supressão do riso, a brevidade da fala quando for necessária, e a humildade do comportamento exterior. Não há progressão como tal nesta lista: trata-se sempre de instaurar e de conservar a humildade e a obediência, virtudes essenciais do monge. Após ter construído essa escada, o monge será capaz de subi-la e de chegar a este "perfeito amor de Deus que expulsa o temor". Seis séculos mais tarde, Bernardo* de Claraval interpreta a escada de Bento em seu tratado *Os degraus da humildade e de orgulho*, fazendo dela muito mais uma subida, que vai da humildade à contemplação* pelo amor, e lhe acrescenta uma escada de orgulho, que vai da curiosidade ao desprezo de Deus por diferentes etapas. No Oriente, a "escada" monástica mais influente, *A escada da ascensão divina*, que é lida todos os anos nos mosteiros ortodoxos durante a quaresma, é a que se atribui a João do Sinai (s. VII), de quem não se sabe nada, a não ser que escreveu esta obra que lhe valeu o nome de João Clímaco, João da Escada. Esta é muito mais elaborada que a de Bento, tem trinta degraus em vez de doze e forma verdadeiramente uma progressão: parte da ruptura com o mundo (renúncia, desapego, exílio), passa pelas virtudes fundamentais necessárias à vida monástica (obediência, penitência*, pensamento da morte, aflição), para chegar a uma análise detalhada do combate da ascese e de todas as tentações que a acompanham, combate que acaba por dar frutos, as virtudes de simplicidade, humildade e discernimento. Neste estágio, o monge está pronto para a contemplação e para passar da tranquilidade (*hesykhia*) ao amor pela oração e pela calma das paixões* (*apatheia*).

d) *As três vias.* — Há algo mais simples que a gradação em escada: é a divisão da v.e. em três vias. Na terminologia ocidental tardia, são as vias da purgação, da iluminação e da união. Embora já se possa encontrar algo de semelhante em Orígenes*, a primeira definição precisa se acha no Pseudo-Dionísio*. Para Dionísio, essa tríade — purificação, iluminação, união (às vezes perfeição) — serve para explicar a ação dos sacramentos e dos ministros dos sacramentos. Ficou sendo o caso na tradição ortodoxa, como mostra a *Vida em Cristo* de Nicolau Cabasilas (s. XIV). Deus anula, graças aos sacramentos, os efeitos da queda ao purificar e ao iluminar os homens que respondem a seu apelo, e ao conduzi-los à união; os sacramentos são essenciais a este processo, assim como a comunidade que vive dos sacramentos, que imita ela mesma o que se passa na hierarquia celeste dos seres angélicos. No Ocidente, a tríade é interiorizada e individualizada: é um triplo caminho, que leva de um estado de pecado e de alienação em relação a Deus a um estado de união com Ele. A via purgativa consiste em vencer os vícios e em nutrir as virtudes; ela ocorre em resposta ao apelo de Deus, mas as práticas que a constituem dependem da vontade — trata-se de adquirir o controle de si e de estar disponível em relação a Deus. A oração que caracteriza esta via é a oração vocal e a meditação da Escritura* e das verdades* da fé. Na via iluminativa, há uma experiência crescente da graça de Deus; a alma está agora estabelecida na virtude, e a meditação cede o lugar a um repouso e uma abertura ao efeito iluminador da graça divina (é o estágio chamado às vezes de "oração da quietude"). Isso conduz, enfim, para alguns ao menos (espiritual* [teologia] III.2.b), ao caminho da união: a alma ali chega à contemplação, que é uma disponibilidade completa a Deus em que a alma é cumulada de sua graça e unida a ele (Oração*, V.2.b). Diferentemente do que se passa em Dionísio, onde as três fases, mesmo sucedendo-se, podem se sobrepor, as três vias ocidentais supõem uma progressão mais rígida. No lugar de uma sinergia contínua entre a alma e Deus, como na concepção oriental, passa-se ali de uma atividade que parece puramente humana a uma atividade puramente divina, o que é teologicamente insatisfatório. Apesar disso, a definição das três vias, próprias aos iniciantes (via purgativa), aos avançados (via iluminativa) e aos perfeitos (via unitiva) gozou de uma autoridade quase canônica no Ocidente desde a alta IM até o s. XX.

e) *Direção espiritual.* — "Deus fala ainda hoje como falava outrora a nossos pais, quando não havia nem diretor nem método" (Caussade — *Abandon* 25). Apesar do P. Caussade, que imagina uma idade de ouro em que Deus se revelava diretamente sem nenhuma necessidade de direção* espiritual, a instituição da paternidade espiritual é, de fato, muito antiga. O próprio Paulo se diz o pai daqueles que conduziu à fé (1Cor 4,15). Provavelmente se pressente pela primeira vez o que é essa paternidade naquilo que diz Clemente de Alexandria dos *gnostikoi* (*Quis dives salvetur [Que rico será salvo]* 31-4). Ela está no horizonte de sua caracterização dos cristãos como *nepioi* (netos) no *Pedagogo*, e as qualidades do *gnostikos* formam o tema de *Estrômatos* VII. Mas a paternidade espiritual como instituição é contemporânea do desenvolvimento do monaquismo no s. IV. Os Padres do deserto foram os pioneiros da vida monástica, mas desempenharam também um papel importante na sociedade* que tinham rejeitado, como fonte de sabedoria* e de conselhos espirituais. Muitos dos relatos que se ligam a eles falam das pessoas que vinham pedir-lhes conselhos pessoais: "Diz-me uma palavra". Nos mosteiros mesmos, sobretudo no Oriente, uma das relações essenciais do monge era a que tinha com seu pai espiritual, ou *geron* (ancião). Um monge via regularmente seu *geron*, não somente em confissão, mas para revelar seus pensamentos, e lhe devia uma obediência estrita. O *geron* era um monge (ou uma monja) mais idoso, e não necessariamente um sacerdote*. Esta instituição foi duradoura e conheceu mesmo períodos de renovação, sobretudo no s. XIX na Rússia (onde o *geron* se chama *staretz*) e no monaquismo eslavo e bizantino. Encontra-se algo parecido no Ocidente, mas muito mais estreitamente ligado ao sacramento da penitência.

Há dois documentos essenciais sobre a natureza da paternidade espiritual: a carta de João Clímaco, "O pastor", frequentemente impressa como o cap. 31 de sua "Escada", e a primeira *Carta* de Simeão, o Novo Teólogo (949-1022). Destas duas obras muito próximas pode-se tirar uma boa imagem do *geron*, que deve desempenhar em relação a seus filhos espirituais um papel de médico, de conselheiro, de intercessor, de mediador — o que supõe, sobretudo para Simeão, uma experiência pessoal da graça do Espírito — e enfim de fiador ou de caução, que assume a responsabilidade de seus filhos e carrega-lhes os fardos (cf. Gl 6,2).

V. Uma via de afirmação?

A predominância do monaquismo na reflexão sobre a v.e. deu uma guinada nitidamente ascética à ideia que se tem feito dela no cristianismo. É uma via de desapego, de depressão, em suma uma via de negação. Houve, contudo, tentativas para interpretar a v.e. de maneira afirmativa, para vê-la no apego e no gozo das coisas criadas. Tem-se um exemplo disso com Thomas Traherne, sacerdote e poeta (*c.* 1636-1674), sobretudo em suas meditações em prosa, *Centuries of Meditation* (publicadas em 1908

pela primeira vez). O apego e a realização do desejo são para Traherne princípios positivos: ali revelamos nossa semelhança com Deus. "É preciso desejar como um Deus, se quiserdes ser cumulado como Deus. Não fostes feitos à sua imagem? Quanto mais se é atento às coisas, mais se assemelha a Deus. Não desejastes por toda a eternidade que vos dessem o ser*? Não desejastes que vos dessem um ser glorioso? Não desejastes por toda a eternidade que vos dessem tesouros infindos?" (*Centuries* I, 44). É interessante ver que tal via acarreta sua própria ascese, pois o egoísmo impede gozar das coisas. É esta via, chamada explicitamente via de afirmação, por oposição à vida de negação, que é esboçada nas obras do teólogo leigo anglicano Charles Williams (1886-1945), provavelmente influenciado por Traherne; é ela também que é explorada nos *Quatro quartetos* de T. S. Eliot (1888-1965), em particular "East Coker" e "Little Gidding".

• F. X. Funk, K. Bihlmeyer, W. Schneemelcher (sob a dir. de), *Die apostolischen Väter*, Tübingen, 1970³. — *Apophtegmata Patrum*, PG 65, 71-440 (*Les sentences des Pères du Désert*, Solesmes, 1981). — *La Règle de saint Benoît*, SC 181-186. — Bernardo de Claraval, *De gradibus humilitatis et superbiae*, in *Sancti Bernardi Opera* 3, 13-59, Roma, 1963. — J.-P. de Caussade, *L'abandon à la providence divine*, Paris, 1966. — N. Cabasilas, *La vie en Christ*, SC 355, 361. — Clemente de Alexandria, GCS, 12, 89-340 (*Le pédagogue*, SC 70, 108, 158). — Dionísio o Areopagita, *Corpus dionysiacum*, 2 vol., PTS 33, 36. — João Crisóstomo, *In epistulam ad Hebraeos homiliae*, PG 63, 9-236. — João Clímaco, *Scala Paradisi*, PG 88, 628-1164; *Le livre du Berger*, PG 88, 1165-1210. — T. S. Eliot, *Four Quartets*, Londres, 1944. — Orígenes, *Exhortatio ad martyrium*, *Origenes Werke* 1, 3-47, GCS 2. — Simeão o Novo Teólogo, *Carta* 1, *in* K. Holl, *Enthusiasmus und Bußgewalt beim griechischen Mönchtum. Eine Studie zu Symeon dem neuen Theologen*, 110-127, Leipzig, 1898. — T. Traherne, *Centuries, Poems and Thankgiving*, 2 vol., Oxford, 1958. — C. Williams, *The Image of the City*, Oxford, 1958.

▶ D. Bonhoeffer (1937), *Nachfolge*, Munique (*DBW* 4, 1994). — I. Hausherr, *Direction spirituelle en Orient autrefois*, OCA 144 (trad. inglesa com um prefácio importante de K. Ware, reimpr. de StPatr

XVIII/2, 299-316). — M. Lot-Borodine (1958), *Un maître de la spiritualité byzantine au XIVe siècle: Nicolas Cabasilas*, Paris. — H. von Campenhausen (1960), "Die asketische Heimatlosigkeit im altkirchlichen und frühmittelalterlichen Mönchtum", *in Tradition und Leben. Kräfte der Kirchengeschichte*, 290-317. Tübingen. — E. J. Tinsley (1960), *The Imitation of God in Christ*, Londres. — M. Lot-Borodine (1970), *La déification de l'homme*, Paris. — Sophrony (arquimandrita) (1984), *Voir Dieu tel qu'Il est*, Genebra; (1988), *La félicité de connaître la voie*, Genebra. — J.-Y. Lacoste (1994), *Expérience et Absolu*, Paris. — P. Deseille (1997), *La spiritualité orthodoxe et la Philocalie*, Paris.

Andrew LOUTH

→ *Ascese; Contemplação; Espiritual (teologia); Mística; Oração.*

VIDA ETERNA

A crença na vida eterna (v.e.) é um elemento constitutivo da fé* cristã. Nos documentos mais antigos da Igreja*, o símbolo dos Apóstolos (*Creio [...] na ressurreição da carne, na vida eterna*) e o símbolo de Niceia-Constantinopla (*Espero a ressurreição* dos mortos e a vida por vir*), constata-se que a expressão v.e. está ligada com *Credo* e *amen* e aparece como uma designação de Deus* mesmo. Conhecimento* de Deus e partilha da v.e. se alimentam, de fato, mutuamente. Do ponto de vista das realidades escatológicas (purgatório*, inferno*, "céu") a v.e. corresponde ao céu (ou "paraíso"). No plano bíblico tanto quanto no teológico, os enunciados de fé relativos à visão beatífica*, à ressurreição* dos mortos e ao reino* de Deus chamam uma reflexão sobre a v.e. Ela põe em jogo as duas dimensões da escatologia*, coletiva e individual.

1. As fontes bíblicas do tema da vida eterna

a) Antigo Testamento. — No AT, Deus é o Vivo por excelência e é a fonte da vida (Sl 36,10). Se retirar seu sopro, as criaturas retornam ao pó (Sl 104,29). A v.e. é, pois, uma propriedade exclusiva de Deus (Dt 32,40; Dn 12,7). Sem se opor diretamente ao tempo*, à eternidade*, '*olam*, aliás muito raramente atribuída a Deus, designa uma vida que abarca todos os tempos,

desde o passado mais recuado até o futuro mais longínquo. No jardim do Éden, o homem poderia ter degustado a imortalidade (cf. "a árvore de vida" de Gn 2,9); mas, por causa de sua desobediência, é submetido à morte* como toda outra criatura terrestre. A ideia de uma v.e. após o sono da morte no sheol* só aparece tardiamente no AT. É preciso esperar o "apocalipse" de Isaías (Is 26,19) e sobretudo Daniel: "Muitos daqueles que dormem no solo poeirento despertarão, estes para a vida eterna, aqueles para o opróbrio, para o horror eterno" (Dn 12,2).

b) Novo Testamento. — Embora o conceito de v.e. possa já designar uma modalidade da vida terrestre, é incontestável que o NT afirma a v.e. como uma promessa* para o além, isto é, que ele interpreta como promessa feita a todo homem o mistério* de Cristo* que em sua morte e sua ressurreição* aboliu a lei do pecado* e da morte.

1/Sobre o além da morte, é no evangelho joanino que se encontram as afirmações mais explícitas de Jesus* antes de seu "retorno ao Pai*": "de tal sorte que lá onde eu estiver também vós estejais" (Jo 14,3); "a v.e. é que eles te conheçam a ti, o único verdadeiro Deus, e àquele que enviaste, Jesus Cristo" (Jo 17,3). Em Paulo, a fé em Cristo implica a fé numa v.e.: seríamos os mais infelizes dos homens se tivéssemos posto nossa esperança em Cristo somente para esta vida (cf. 1Cor 1,9). "Agora, vemos em espelho e de modo confuso; mas então será face a face" (1Cor 13,12).

2/Em numerosas passagens do NT, entretanto, a v.e. não é somente o objeto de uma esperança* para o além, mas já se acha antecipada para todos os que participam do reinado de Deus. Nos evangelhos*, em particular, v.e. e reinado de Deus são termos quase intercambiáveis. Entra-se no reino de Deus como se entra na v.e. (cf. Mc 9,43ss; Mt 5,20; 19,29; 25,34). João estabelece um vínculo estreito entre a v.e. e a Palavra* de vida recebida na fé (3,15.36), entre a eucaristia* e a v.e. (6,54), entre o amor* fraterno e a v.e.: "sabemos que passamos da morte para a vida, porque amamos nossos irmãos" (1Jo 3,14).

3/O conceito neotestamentário de v.e. pertence essencialmente a uma doutrina da salvação*. Como o homem está sob o jugo do pecado, não há continuidade entre a vida cá debaixo e a v.e. Paulo interpreta como nova criação* a existência do homem salvo pela graça* e glorificado (Rm 5,18.21; 6,22). Pela fé, o crente participa já na vida do Ressuscitado, mesmo se o que ele é verdadeiramente ainda não esteja manifesto. Por seu batismo*, sua vida é uma morte e um sepultamento com Cristo (Rm 6,3s; Gl 2,20; 2Cor 6,9), é total participação na vida do Ressuscitado: "Eu vivo, mas já não sou eu, é Cristo que vive em mim" (Gl 2,20). Esta vida nova que é promessa de eternidade permanece contudo "escondida com Cristo em Deus" (Cl 3,3).

4/O NT usa, enfim, imagens múltiplas para ilustrar a esperança de uma eternidade bem-aventurada. A imagem mesma do *céu* é a primeira e designa como no AT "a morada de Deus". Destacam-se sobretudo as imagens realistas da refeição e do banquete de núpcias (Lc 22,29s). As realidades elementares da existência humana, pão (Jo 6), água (Jo 3), vinho (Jo 2), revestem-se para o NT de um valor simbólico de antecipação. No Apocalipse, a v.e. é descrita sob a forma de uma liturgia* celeste que verá os eleitos associados às núpcias eternas do Cordeiro* (19,6) num céu novo e numa terra nova (19,6ss).

2. Referências históricas

A crença na v.e. foi objeto de um ensinamento constante entre os Padres* e na tradição* dogmática* da Igreja. E, como esta não pode anunciar a v.e. sem empregar as imagens cosmológicas de que dispõe tal ou tal época, a transição que conduziu "do mundo fechado a um universo infinito" (A. Koyré) se reflete também na história das doutrinas teológicas.

Entre os Padres* e os doutores da IM, que utilizam no tratado dos fins últimos uma cosmologia que não difere muito da cosmologia da Bíblia*, admite-se, na qualidade de símbolo inadequado e numa constante relembrança da fórmula de Agostinho*: *Ipse Deus post hanc vitam sit locus noster*, "é Deus que será nosso lugar após esta vida", a existência de "lugares" que envolvem o mundo. A v.e. é então associada a um "lugar", o "céu" que se mantém acima dos céus, em contraste com o inferno que se mantém mais baixo da terra e com o purgatório que faz figura de intermediário. Quando o homem morre, ele que é composto de uma alma* e de um corpo* cuja união é obra do Espírito*, sua alma se separa de seu corpo. Enquanto este último se dissolve na terra na espera de sua revivificação pela alma no último dia, esta comparece diante de Deus. Se ela acreditou e agiu segundo a caridade durante esta vida, ela entra no "céu" para ali gozar imediatamente da bem-aventurança* eterna, que é o Amor recompensando o amor; se ela não acreditou nesta partilha futura e se desviou, é lançada no inferno para lá sofrer um castigo eterno. No final dos tempos, quando do regresso de Cristo e do fim do mundo, advirá a ressurreição geral em que as almas, enfim reunidas a seus corpos próprios, poderão amar a Deus, sem limites nem preocupações, como elas são amadas por ele.

Tendo descoberto a infinidade do universo e as aporias que daí decorrem, a época moderna cessa de atribuir um lugar, mesmo simbólico, ao além porque não pode mais conhecer "lugares" exteriores ao mundo. Em razão de sua proveniência bíblica, o vocabulário "local" continua a ser utilizado, mas as imagens de um "céu" além do firmamento e de um "inferno" tendem a desaparecer em prol de estados ou de maneiras de ser. Assim as teologias* recentes da "história da salvação" (em particular entre pensadores protestantes como O. Cullmann) definem o além em termos cronológicos. Distingue-se então três etapas sucessivas, correspondentes à vida eterna, ao sono da morte e à ressurreição: 1/ Do nascimento à morte, a v.e. prometida na ressurreição de Cristo já começou, mas ainda não triunfou sobre a morte. 2/ Após a morte começa um segundo período: o crente escapou da condição mortal mas não vive ainda da vida definitiva do Reino; já que a imortalidade não é uma propriedade da natureza humana, os justos esperam o retorno de Cristo vivendo junto dele numa espécie de sono (como os justos do AT no sheol ou no "seio de Abraão"). 3/ O terceiro período corresponde enfim ao advento do reino de Deus quando Deus será "tudo em todos". Ele coincide com a ressurreição dos mortos para uma v.e. de comunhão* bem-aventurada com Deus.

A teologia contemporânea conhece, por outro lado, uma corrente *existencial* cuja tendência em matéria de escatologia é descosmologizar e destemporalizar o além. Sempre mantendo as diferenças, é preciso falar então de uma simulta-neidade do aqui embaixo e do além, do presente e do futuro. Para R. Bultmann*, a v.e. não está ligada a um lugar ou a um tempo futuro: é uma qualidade do ser cristão. Aquele que vive da fé em Cristo já está morto e ressuscitado (cf. Cl 2,12: "Sois ressuscitados com Cristo, nele e por ele"). E sem negar uma v.e. após a morte, um autor como Tillich* estima que se trata de uma realidade indizível: a imortalidade da alma, a ressurreição dos corpos e a expressão audaciosa de "corpo espiritual", tudo isso forneceria um conjunto de símbolos que permitem evocá-lo, mas nada mais.

3. Reflexão teológica

a) *O conceito de vida eterna*. — Enquanto a tradição platônica concebe o acesso à eternidade como um retorno natural à imortalidade para além da morte, o pensamento cristão vê na v.e. um dom gratuito, a partilha da vida divina. Não é, pois, retorno a uma vida anterior: é nova criação, vida totalmente renovada e recebida de Deus; ela responde à morte espiritual mais profundamente do que liberta da morte bioló-gica; e, entre a vida terrestre do homem e sua v.e., existe a mesma distância que entre o corpo animal (psíquico) e o corpo *espiritual* de que fala Paulo (1Cor 15,42ss). A comparação é todavia imperfeita, na medida mesma em que o conceito de vida humana designa ao mesmo tempo, de maneira integrante, a dimensão carnal da existência e sua dimensão espiritual. Portanto, enquanto o homem se define em termos de espírito e de liberdade*, a v.e. diz o *cumprimento* dos instantes de eternidade de que o homem já faz experiência cá embaixo; mas enquanto ele é espírito presente na carne, ela diz que este cumprimento só é pensável se for o homem inteiro, corpo e alma, que recebe de Deus uma vocação escatológica.

b) *Tempo e eternidade*. — A v.e. designa outra coisa que não um período sem fim, cujo con-ceito poderia ser formado fora de todo contexto soteriológico. Seu conceito, ao contrário, só tem sentido em relação ao mistério de santidade* e de vida bem-aventurada que é o mistério mesmo de Deus — o mistério de um Deus "vivo". A Es-

critura*, por outro lado, encara a possibilidade de uma "morte eterna" (Jo 5,29) que não é o oposto da vida terrestre, mas o da v.e. E sendo sempre dom gratuito feito aos justificados pela morte e ressurreição de Cristo, a v.e. não é uma recompensa que sobreviria como que do exte-rior, sem relação com o destino espiritual dos crentes. Esses axiomas proíbem, então, definir a eternidade pela ausência de tempo. A eternidade prometida ao homem, ao contrário, "advém no tempo como seu fruto próprio, vindo à maturida-de" (Rahner*). Enquanto a imortalidade designa simplesmente a superação da temporalidade e a continuidade sem fim de uma existência espiritual, a eternidade se inscreve na história do destino humano e o conduz à sua perfeição. É porque o tempo "vertical" (*kairos*), isto é, a irrupção da graça* de Deus, visitou o tempo do mundo (*khronos*) que este pode engendrar a eternidade (*aion*). Para sugerir que a v.e. não é estranha a nosso destino temporal, a Escritura e a tradição teológica utilizam símbolos de uma felicidade que não passa. A visão beatífica* evoca nosso arrebatamento diante da beleza*; a metáfora das núpcias faz referência antecipada a uma bem-aventurança humana que será co-munhão nas trocas das três pessoas* divinas no seio de uma Trindade* cuja vida é ela mesma supremamente bem-aventurada.

c) *Vida eterna e responsabilidade históri-ca*. — A época contemporânea conhece o fato notável de cristãos nominais que confessam o Deus de Jesus Cristo sem com isso crer na promessa de um além-morte. Topa-se aí, em parte, na reação suscitada por certo tipo de cristianismo, historicamente datado, que ligou a expectativa de outro mundo à desvalorização da vida cá debaixo (o "vale de lágrimas") e à rejeição das responsabilidades históricas: assim, a salvação cristã, reduzida à reconciliação do pecador individual com Deus, era compreendi-da antes de tudo como um remédio à finitude mortal intrínseca à condição humana. A tal confusão da condição do pecador e da condição de criatura, a escatologia cristã objeta todavia que a condição criada, longe de ser um mal a superar para a obtenção da v.e., é muito mais a promessa de uma v.e. A v.e. não dá seu sentido à vida presente de maneira extrínseca. Longe de ser vivida como uma evasão, a esperança da v.e. dá todo seu preço à história da liberdade humana e às escolhas éticas que decidem um destino eterno.

d) Comunhão com Deus e identidade pessoal. — Por v.e. entende-se a conclusão de uma comunhão com Deus inaugurada desde aqui em baixo pela participação em Cristo ressuscitado. "Vossa vida está escondida com Cristo em Deus. Quando o Cristo, vossa vida, aparecer, então vós também aparecereis com ele em plena glória" (Cl 3,3s). Comunhão com Deus, a v.e., por outro lado, não pode ser conceitualizada de maneira justa sem que se perceba nela também a promessa de uma nova comunhão dos homens entre si, à imagem da vida trinitária entendida como comunhão perfeita de pessoas divinas tão totalmente unidas quanto são perfeitamente distintas. O céu da piedade e a v.e. da teologia nomeiam a realização perfeita da Igreja coincidindo com o reino de Deus. Como a ideia de ressurreição dos corpos o diz melhor que outras, a identidade pessoal de cada um será salvaguardada para a eternidade; mas, liberta dos limites inerentes à condição espaço-temporal como dos obstáculos ligados ao encolhimento pecador sobre si, a relação de comunhão entre os eleitos atingirá a maior transparência possível. Glorificados junto do Pai, os bem-aventurados participarão da liturgia* celeste do Cordeiro* imolado; e os crentes que prosseguem sua peregrinação terrestre já estão associados à sua intercessão (comunhão dos santos). Assim como a comunhão dos eleitos entre si não abole sua personalidade e, portanto, as relações de alteridade dos eu e dos tu, também a visão de Deus não acarreta a dissolução do sujeito glorificado um pouco como uma gota d'água no oceano da divindade. Os eleitos apenas participam da eternidade de Deus e do conhecimento que Deus tem de si mesmo. Permanecem criaturas "diante de Deus" na adoração e no louvor*. A divinização do homem coincide com a conclusão de seu destino pessoal. Trata-se de um conhecimento de Deus

"face a face" (1Cor 13,12), mas Deus não cessa de habitar uma "luz inacessível" (1Tm 6,16). E é precisamente porque a v.e. dos bem-aventurados é só uma participação na eternidade de Deus que não é absurdo afirmar com a tradição latina uma desigualdade da bem-aventurança medida pelo grau de caridade cá embaixo e um *progresso* na descoberta do mistério insondável de Deus — uma eternidade viva que não pode, pois, mudar-se em eterno tédio.

e) A desigualdade entre a vida eterna e a morte eterna. — A v.e. está estreitamente ligada à vitória obtida por Cristo sobre o pecado e sobre a morte: é promessa de felicidade eterna. Não se vê, pois, muito bem o que poderia ser uma eternidade de infelicidade. Alguns textos escriturísticos contemplam, no entanto, uma espécie de ressurreição ou, melhor, de sobrevida para a infelicidade (cf. Mt 25,31-46; Jo 5,29). E o Apocalipse evoca a ideia de uma "segunda morte" (2,11; 20,14) que, por contraste com a primeira morte, temporal, seria uma morte eterna e, portanto, rumo à bem-aventurança eterna. É certo que a ressurreição dos mortos coincide com um juízo* que pode acarretar uma condenação mortal (Mt 25,46): é preciso manter esta eventualidade sem a qual as escolhas livres do homem perderiam sua infinita seriedade. Mas, ao mesmo tempo, é preciso evitar pôr em igualdade as afirmações da v.e. e da morte eterna. Certamente, a teologia oficial da Igreja sempre recusou integrar a apocatástase* a seu *corpus* de teses doutrinais, e considera para alguns a possibilidade de uma eternidade de infortúnio. Convém, pois, manter a reserva que se impõe acerca das "coisas últimas", mantendo todavia uma dissimetria: por causa da vitória da graça misericordiosa de Deus manifestada em Jesus Cristo, a Igreja não cessa de afirmar a obtenção da v.e. para todos os justos que morreram em Cristo — mas, sobre a perdição eterna de certo número de pecadores, ela não se sente no direito de pronunciar uma palavra equivalente.

• R. Bultmann, G. von Rad, G. Bertram (1935), *"zao, zoe, bios"*, in *ThWNT* 2, 833-874. — F. Mußner (1952), ZOE, *Anschauung von "Leben" in vierten Evangelium*, Munique. — O. Cullmann (1956),

Immortalité de l'âme ou résurrection des corps?, Neuchâtel. — P. Althaus (1958), "Ewiges Leben", RGG³ 2, 806-809. — K. Rahner (1960), "Theologische Prinzipien der Hermeneutik eschatologischer Aussagen", *Schr. zur Th.* 4, 401-428, Einsiedeln-Zurique-Colônia. — P. Tillich (1963), *Systematic Theology* 3, Chicago, 406-423 (*Teologia sistemática*, São Leopoldo, 2003). — P. H. Menoud (1966), *Le Sort des trépassés*, Neuchâtel. — C. Bruaire (1968), *Philosophie du corps*, Paris, 231-268. — D.Z. Phillips (1970), *Death and Immortality*, Londres. — G. Martelet (1975), *L'Au-delà retrouvé*, Paris, 1995 ed. nova. — J. Ratzinger (1977), *Eschatologie. Tod und ewiges Lebens*, Regensburg, 1990⁶. — H. Thielicke (1978), *Der Evangelische Glaube*, III, *Theologie des Geistes*, Tübingen, § 38-39. — H. Küng (1982), *Ewiges Leben?*, Munique. — H. U. von Balthasar (1983), *Theodramatik*, IV, *Das Endspiel*, em partic. 389-446. — R. Marlé (1985), "Peut-on encore parler de la vie éternelle?", *Études*, 245-256. — J. Hick (1990), *Death and Eternal Life*, Londres. — A. Gounelle, F. Vouga (1990), *Après la mort qu'y a-t-il? Le discours chrétien sur l'au-delà*, Paris. — C. Chalier (1993), *Pensées de l'éternité. Spinoza, Ronsenzweig*, Paris. — A. Gesché (1995), *La Destinée*, Paris. — A. Gounelle (1995), "Mort et vie éternelle", *Encyclopédie du protestantisme*, Paris, 1045-1056.

Claude GEFFRÉ

→ *Bem-aventurança; Escatologia; Eternidade divina; Morte; Reino de Deus; Ressurreição dos mortos; Visão beatífica.*

VIDA RELIGIOSA → vida consagrada

VIENNE (Concílio), 1311-1312

O concílio* (c.) reunido em Vienne (V.) (cidade do oeste da França), cuja convocação o rei francês Filipe, o Belo, pedira durante anos (primeiramente para julgar o papa* Bonifácio VIII, depois para eliminar os Templários), é o resultado de uma nova relação de forças entre o soberano francês e o papado: logo depois de violentos conflitos entre Filipe, o Belo, e Bonifácio VIII, o papa Clemente V (o ex-arcebispo de Bordeaux, Bertrand de Got, eleito ao trono pontifício em 1305) desejava uma reconciliação com a realeza.

A bula de convocação do c. é lançada pelo papa em agosto de 1308, depois de negociações com o rei e um ano após a detenção dos Templários, dos quais se tinha extorquido confissões. O c. tem por objetivo declarado resolver a questão dos Templários; mas a reconquista da Terra Santa e a reforma da Igreja* também são evocadas na bula de convocação. Sob a pressão de Filipe, o Belo, o papa procedeu a uma escolha entre os prelados convocados; uma distinção nova foi introduzida entre os bispos* nominativamente convidados aos debates conciliares (essencialmente franceses) e os outros, que deviam se fazer "representar". Segundo E. Müller, só 170 prelados participaram do c., que se abriu em 16 de outubro de 1311. O essencial dos trabalhos do c. foi realizado fora das sessões plenárias (reduzidas a três), no interior de comissões especiais cujas conclusões eram submetidas ao papa, julgando em consistório.

A comissão mais importante foi encarregada de examinar o dossiê da ordem do Templo. Ela dispunha notadamente das atas de comissões episcopais e pontifícias instaladas nos anos anteriores (1308-1311). Segundo a opinião da maioria dos membros da comissão, a condenação dos Templários não podia ser pronunciada antes da audição de seus defensores. A sorte do Templo entretanto foi decidida por Clemente V de maneira paralela aos trabalhos do c., no curso de negociações secretas com os conselheiros do rei de França. Em 3 de abril de 1312, em presença de Filipe, o Belo, que viera a V. com seus filhos, irmãos, a corte e um exército, o papa pronunciou, com a aprovação do c., a dissolução da ordem, não por sentença judiciária (na sequência de um processo e de uma condenação regulares), mas em virtude de sua autoridade* apostólica. Quanto aos bens dos Templários, foram transferidos algumas semanas depois para os Cavaleiros do Hospital (bula de 2 de maio de 1312), cuja reforma era prevista.

Em 3 de abril, Clemente V anuncia igualmente a organização de uma cruzada, financiada pela coleta de um dízimo na qual Filipe se comprometera a participar. Os trabalhos do c. sobre a Cruzada tinham sido preparados pela redação de certo número de memorandos. Segundo o *Liber de acquisitione Terrae Sanctae*, de Raimundo Lúlio, presente no c., era preciso primeiro desarmar os infiéis pela força; tornados indefesos, eles poderiam em seguida ser convertidos em discussões teológicas racionais. Nessa perspectiva, o conhecimento das línguas orientais era necessário: foi assim que o c. decidiu implementar um ensino do hebraico, do árabe e do siríaco na cúria romana, bem como nas Universidades de Paris, Oxford, Bolonha e Salamanca.

O c. de V. foi, por outro lado, conduzido a tomar posição sobre as controvérsias que dividiam os franciscanos a propósito da evolução de sua ordem. Desde 1309, Clemente V mandara redigir vários documentos sobre a observação da regra na ordem, sobre as perseguições infligidas aos espirituais pelos superiores da comunidade e sobre a ortodoxia doutrinal de Pierre de João Olivi (ou Olieu), líder dos espirituais provençais (Boaventura*). Em V., duas comissões foram constituídas: a primeira, composta de quatorze membros estranhos à ordem, devia examinar a questão da pobreza (o *usus pauper*); a segunda, formada de sete membros, devia se pronunciar sobre os escritos de Olivi.

As conclusões da primeira comissão foram favoráveis aos espirituais: o relatório saído dali apresenta, aliás, analogias com alguns escritos do espiritual Ubertino de Casale. Em 5 de maio de 1312, o papa declarou que, em vista do inquérito da comissão conciliar, o modo de vida dos espirituais era lícito e respeitável; e no dia seguinte promulgou a constituição *Exiui de paradiso*, que definiu a maneira como convinha observar a regra e fazia da pobreza um elemento essencial da vida franciscana. Esta constituição, todavia, às vezes omitida nas coleções de decretos do c. de V., não resolveu em nada os problemas internos da ordem franciscana.

Se o relatório da comissão encarregada de examinar a doutrina de Olivi não foi conservado, as opiniões expressas por quatro membros dessa comissão sobre cinco proposições incriminadas foram recuperadas: os censores declaravam ali que se podia fornecer uma explicação ortodoxa a essas proposições. Promulgada em 6 de maio, a constituição *Fidei catholicae* condena todavia três teses que foram atribuídas a Olivi, mas sem citar o autor. O primeiro ponto discutido refere-se à exegese* do golpe de lança dado em Cristo* na cruz: segundo a constituição, foi *depois* da morte de Cristo que seu lado foi traspassado pela lança de um soldado. O segundo ponto discutido está na origem da definição do c. sobre a união da alma* e do corpo*: segundo a constituição, "quem quer que ouse doravante afirmar, defender ou sustentar obstinadamente que a alma racional e intelectiva não é por si mesma e essencialmente a forma do corpo deve ser considerado como herético". Enfim, terceiro ponto, a constituição qualifica de "mais provável" o ensinamento teológico segundo o qual as crianças, tanto quanto os adultos, recebem a graça* no batismo*.

No que diz respeito à reforma da Igreja, uma comissão presidida pelo papa foi encarregada de examinar os relatórios e as petições que tinham sido recebidos no momento da convocação. Em seus relatórios, Guilherme Le Maire, bispo de Angers (1291-1317), e Guilherme Durant (ou Durand), bispo de Mende (1296-1330), criticavam o embargo da cúria sobre os benefícios, o que limitava o papel dos bispos em sua diocese. Assim, importava reformar a Igreja "na cabeça e nos membros" (segundo o *De modo generalis concilii celebrandi* de G. Durand). A questão da isenção das ordens religiosas, em particular dos Mendicantes, foi também objeto de uma vasta ofensiva episcopal da qual participou notadamente Gilles de Roma, arcebispo de Bourges. Por outro lado, os prelados se queixavam da intrusão dos leigos* nas questões da Igreja, de sua intromissão na jurisdição* eclesiástica.

Enfim, a pedido dos bispos alemães, o c. de V. se pronunciou sobre a sorte das beguinas* e dos begardos. Um primeiro decreto (*Cum de quibusdam mulieribus*), essencialmente disciplinar, condenou o modo de vida das beguinas, que não podiam ser consideradas "religiosas", "já que não fazem nenhum voto de obediência, nem renunciam a seus bens e não seguem nenhuma regra aprovada", e denunciou aquelas que, "arrastadas por um descaminho do espírito, disputam e dissertam sobre a Santíssima Trindade* e sobre a essência divina", difundindo "acerca dos artigos de fé* e dos sacramentos* da Igreja opiniões contrárias à fé católica". O mesmo decreto autoriza, contudo, o modo de vida das "mulheres piedosas que, tendo feito ou não o voto de continência, vivem honestamente em seus asilos" e querem "fazer penitência* e servir a Deus* em espírito de humildade". Um segundo decreto (*Ad nostrum*), exclusivamente dogmático*, condena oito erros atribuídos aos begardos e às beguinas, assimilados à "heresia* do Livre Espírito", e que são na realidade retomadas das teses (condenadas) da beguina Margarida Porète (†1310). A proposição de que "o homem, em função de seu grau de perfeição, pode obter desde esta vida a bem-aventurança* final como a obterá no além (*in vita beata*)" é especialmente denunciada.

Como escreve S. Kuttner (1964), a promulgação dos decretos durante o c. não representava mais que uma etapa no processo de "fabricação" do direito conciliar (direito* canônico). Os textos eram relidos, emendados, corrigidos antes que fosse estabelecido o que o papa consideraria como a obra legislativa do c., destinada a ser difundida. Uma comissão pósconciliar foi, portanto, encarregada de revisar e de completar os decretos, tanto mais porque Clemente V desejava vincular juridicamente ao c. textos que não puderam ser concluídos antes do encerramento. Assim, somente em 31 de março de 1314 é que o papa aprovou o conjunto dos decretos (revisados e completados). Estes deviam formar o sétimo livro das Decretais, na sequência do *Sexte* de Bonifácio VIII. A morte de Clemente V, em 20 de abril de 1314, atrasou ainda mais o projeto. Seu sucessor, João XXII, trouxe algumas novas correções aos decretos, antes de enviar a coletânea das "Clementinas" às universidades em 25 de outubro de 1317.

- Atas: Mansi 25, 367-426; decretos: *COD* 333-401 (*DCO* II/1, 691-830).

▶ F. Ehrlé (1886, 1887), "Zur Vorgeschichte des Concils von Vienne", *ALKGMA* 2, 353-416; 3, 1-195; (1888), "Ein Bruchstück der Acten des Concils von

Vienne", *ibid.*, 4, 361-470. — G. Lizerand (1910), *Clément V et Philippe le Bel*, Paris. — C. J. Hefele e H. Leclercq (1915), *Histoire des conciles* 6, 643-719. — E. Müller (1934), *Das Konzil von Vienne, 1311-1312. Seine Quellen und Geschichte*, Münster. — J. Lecler (1964), *Vienne, HCO*, t. 8. — S. Kuttner (1964), "The Date of the constitution *Saepe*, the Vatican Manuscripts and the Roman Edition of the Clementines", *Mélange Eugène Tisserant* 4, Cidade do Vaticano, 427-452. — T. Schneider (1973), *Die Einheit des Menschen: die anthropologische Formel anima forma corporis... Ein Beitrag zur Vorgeschichte des Konzils von Vienne*, Münster, 1973. — J. Tarrant (1974), "The Clementine Decrees on the Beguines: Conciliar and papal versions", *AHP* 12, 300-308. — J. Avril, "Les conceptions ecclésiologiques de Guillaume le Maire, évêque d'Angers (1291-1317)", *La littérature angevine médiévale*, Angers, 1981, 111-134. — P. Giannoni (1992), "La definizione del Concilio di Vienne sull'anima", *Vivens Homo* 3, 101-118. — C. Trottmann (1995), *La Vision béatifique. Des disputes scolastiques à sa définition para Benoît XII*, Roma, 607-608.

Michel LAUWERS

→ *Beguinas; Disciplina eclesiástica; Vida espiritual.*

VINGANÇA DE DEUS

Nas línguas modernas, a palavra "vingança" (v.) designa um ato contrário à justiça* e à piedade, que consiste em responder ao mal* de maneira instintiva por atos desproporcionados e cruéis. Atribuída aos estados bárbaros da sociedade*, a v. é unanimemente condenada pelo direito* atual. Daí a dificuldade levantada pelas passagens bíblicas (especialmente do AT) que a prescrevem legalmente (Ex 21,20s; Nm 31,2), invocam-na na oração* (Jr 11,20; 20,10.12) e atribuem-na a Deus* (Lv 26,25; Dt 32,43; Sr 48,7), definido como o Vingador por antonomásia (Na 1,2; Sl 94,1; 98,8). A associação da v. com a cólera* (Lv 19,19; Ez 25,14.17; Mq 5,14 etc.) e algumas de suas manifestações particularmente violentas (Dt 32,41s; Is 34,6ss; 63,3s; Jr 46,10) tornam esta noção ainda mais inaceitável. Daí a necessidade para o intérprete de clarificar-lhes o sentido.

Deve-se resolver, em primeiro lugar, a questão da tradução. As versões atuais traduzem por "vingar(-se)" e "vingança" as expressões verbais e nominais da raiz hebraica *nqm* (utilizada numas 50 passagens).

É somente em alguns casos específicos que se dá uma significação análoga à raiz *g'l* (Is 59,17; 63,4), especialmente no sintagma *go'el ha-dam*, traduzido habitualmente por "vingador (do sangue)" (Nm 35,19.21.24.27; Dt 19,6.12; Js 20,5.9; 2Sm 14,11).

Na realidade, a raiz *nqm* exprime somente o fato de indenizar, de responder ao dano sofrido infligindo um mal.

Isso sobressai bem na terminologia paralela pertencente ao campo semântico da retribuição, como *shlm* (Dt 32,35.41; Is 34,8), *gml* (Is 59,17s; Jl 4,4; Sl 103,10), *shwv* [*hî*] (Is 66,15; Jl 4,7; Sl 79,10ss). De igual modo, os termos *ekdikeo, ekdikesis*, utilizados de preferência pelos LXX, ou então o *vindicatio* da Vulgata, não têm necessariamente uma conotação negativa, pois designam de fato a ação ou a demanda de justiça, como no português "reivindicar".

Assim, às vezes é possível traduzir *nqm* por "vingar(-se)" (Jz 15,7; Sl 44,17), mas em numerosos casos é preciso fazer ressaltar o sentido de "restabelecer o direito" (Dietrich), preferindo-se, pois, equivalências como "punir" (o culpado), "indenizar" (a vítima), "reparar" (o prejuízo), "obter satisfação" etc. Essa maneira de traduzir parece necessária quando o sujeito do verbo *nqm* é Deus, na qualidade de modelo de justiça (Dt 32,35s.41ss; 1Sm 24,13; Is 59,17 etc.).

Resta, entretanto, o problema da retorsão vindicativa, condenada pelas sociedades juridicamente evoluídas. É sabido que a Escritura* condena a v. arbitrária e excessiva (como a de Lémek, "vingado setenta e sete vezes": Gn 4,23s). A lei — chamada de maneira imprópria — de "talião" prescreve, com efeito, que o poder público inflija ao réu uma punição "proporcional" ao delito cometido (Ex 21,23ss par.). No entanto, o ato "reivindicativo" que consiste em responder legalmente ao crime por um castigo justo nem sempre é possível. Acontece frequentemente que as vítimas não obtenham satisfação junto da autoridade* competente e que sejam, pois, tentadas a fazer justiça elas mesmas "responden-do ao mal com o mal", com o risco de tomar o caminho do ódio e da violência* injustificada. Nasce então a consideração de que é bom, para o homem justo, desistir da v., deixando a Deus "rei, juiz e guerreiro" (Peels, 1995) o cuidado de restabelecer o direito injuriado (Gn 40,19; Lv 19,18, 1Sm 24,13s; Sl 37,1-11; Pr 3,31-35; Sr 28,1 etc.). O "dia da vingança divina" (Is 34,8; 61,2; 63,4; Jr 46,10; Os 9,7) faz assim alusão ao juízo* escatológico do Senhor, temido pelos maus mas esperado pelas vítimas como dia da reparação e da salvação* (Is 35,4; 59,17; 61,2; 1Ts 4,6; 2Ts 1,5-10; Hb 10,30; Ap 6,10; 19,2).

Assim, a Escritura projeta para o homem uma justiça que prevê, de um lado, a rigorosa punição dos culpados e, do outro, a recusa de responder à violência pela violência (Sr 28,2-8); esta última atitude, que anuncia a perspectiva do perdão, encontra seu pleno cumprimento no ensinamento do Evangelho (Mt 5,38-42; Rm 12,17-21; 1Ts 5,15; 1Pd 3,9 etc.). O modelo perfeito de tal ação para com os culpados é o próprio Deus, cuja imensa paciência é reconhecida (Sb 12,19; Mt 5,43-48), sinal de sua bondade e ocasião de arrependimento para os pecadores (Sb 11,23; 12,2.8-10; Lc 13,6-9; Rm 2,4; 3,5s; 9,22ss; 1Pd 3,20; 2Pd 3,9.15), esperando que, no fim dos tempos, ele cumpra a justa restauração do direito ultrajado (Lc 18,7s; Rm 12,19; 2Ts 1,8; Hb 10,30).

• E. Merz (1916), *Die Blutrache bei den Israeliten*, BWAT 20, Leipzig. — P. Ducrot (1926), "De la vendetta à la loi du talion", *RHPhR* 6, 350-365. — H. A. Brongers (1963), "Die Rache- und Fluchspsalmen im Altens Testament", in col., *Studies in Psalms*, OTS 13,21-42. — P. Rémy (1967), "Peine de mort et vengeance dans la Bible", *ScEc* 19, 323-350. — E. Mendenhall (1973), "The Vengeance of Yahweh", *in The Tenth Generation. The Origins of the Biblical Tradition*, Baltimore, 69-104. — W. Dietrich (1976), "Rache. Erwängungen zu einen alttestamentlichen Thema", *EvTh* 36, 450-472. — G. Cardascia (1979), "La place du talion dans l'histoire du droit pénal à la lumière des droits du Proche-Orient ancien", in *Mélanges offerts à J. Dauvilliez*, Toulouse, 169-183. — P.-E. Dion (1980), "Tu feras disparaître le mal du millieu de toi", *RB* 87, 321-349. — R. Gelio (1981), "Sangue e vendetta", *Atti della settimana Sangue e antropologia bíblica 1980*,

Roma, 515-528. — E. Lipinski (1986), *"Na'qam"*, *ThWAT* 5, 602-612. — H. G. L. Peels (1995), *The Vengeance of God. The Meaning of the Root NQM and the Function of the NQM-Texts in the Context of Divine Revelation in the Old Testament*, OTS 31. — F. Stolz (1997), "Rache", *TER* 28, 82-88.

Pietro BOVATI

→ *Apocalíptica; Cólera de Deus; Direito; Escatologia; Guerra; Juízo; Justiça; Pena; Violência.*

VIOLÊNCIA

A. TEOLOGIA BÍBLICA

a) Extensão. — *Hamas* em hb. (60 X), *bia* ou *hybris* em gr., a violência (v.) mata, mas também lesa dignidade e verdade*. Vemos a v. conjugada com os abusos sexuais (Gn 19,5.9; Jz 19), mas mais frequentemente ainda com a mentira (Sl 5,10; 10,7; 27,12...; Is 53,9; Sr 28,18...; cf. Ex 21,12ss). O diabo é "homicida desde o começo" e "pai da mentira" (Jo 8,44). A lei* é uma (Tg 2,10s) e a v. essencial consiste na ausência de lei, essa anomia que destruiu a criação* quando "a terra se encheu de v." (Gn 6,11). A v. se lê no mais das vezes em seus efeitos (cf. hb *shahat* [225 x]: corromper, desviar). O triângulo sangue, sexo, palavra é o verdadeiro lugar da v.; Ez 16; 23,37ss; Sb 14,23-27 desvelam a idolatria* como sua fonte (decálogo*). O ídolo, substituto da morte*, quer o sangue ("Moloch": Lv 18,21; 20,2-5). Sob o nome de "Besta", é o inominável que transborda o homem e se faz adorar por ele. Ela trouxe "a prostituta ébria de sangue" (Ap 17,6); ela vai devorá-la (17,16). A v. se autodestrói.

b) Lei, Profetas, outros escritos. — O Javista estabelece a genealogia da v. Ela se desdobra, de Caim vingado sete vezes (Gn 4,15) a Lémek seu descendente, vingado 77 vezes. Vem então o desencadeamento cósmico (Gn 6). A Torá "sacerdotal" sublinha o símbolo do sangue. Criado imagem de Deus*, o homem recebera poder sobre os animais*. Sua alimentação sendo somente vegetal (Gn 1,29s), este poder é, pois, somente a doçura. Gn 9 demonstra-o *a contrario*: Deus dá à humanidade, por Noé, um regime de não doçura: o homem será o "terror"

dos animais, comerá a carne deles, mas não o sangue. Este rito comemora o estatuto original que este estatuto novo contradiz. Comemorativo, é também antecipador.

Entre os profetas*, o menino-rei reconciliará os animais entre si (Is 11). Desarmamento e aliança* com o mundo animal coincidem (Os 2,20). Assim orientada, a humanidade pode ao mesmo tempo se compreender como ultrapassada pela v. e compreender a v. como ultrapassada por uma fundação mais essencial. Isso esclarece a aporia do sacrifício*, ato violento exigido pela lei, frequentemente rejeitado pelos profetas. O Deus bíblico toma sobre ele uma v. provisória, ou "econômica".

Ele manda exterminar os inimigos na guerra* de conquista (Js 6,21; 8,2.23-39; 9,24; 10,22-26), pois sua maneira de viver contaminaria seu povo* (Ex 23,33; cf. Gn 15,16; Dt 20,16s). Elias estrangula os profetas de Baal (1Rs 18,20-40; cf. 2Rs 1). Crianças insultam Eliseu, ele as amaldiçoa, ursos as matam (2Rs 2,24). A história de Israel* não conhece apenas tais extremos, por mais frequentes que sejam. A biografia (típica) de David é organizada segundo uma partilha instável entre retorsão e clemência, sendo esta fundada ora no cálculo e ora num verdadeiro sentido de Deus (1Sm 24,20; 25,33; 2Sm 16,12 mas 1Rs 2).

O suplicante — indivíduo ou grupo — vítima da v. se exprime em termos violentos.

Ele pede a humilhação de seus inimigos (Sl 6,11; 31,18s; 40,15; 71,13), seu castigo (Sl 17; 28,4s; 35,4-8; 55,16-24; 58,7–11; 63,10ss; 69,23-29; 125,5; 139,19-22; 140,10ss; 143,12 etc.) ou grita vingança (109,18ss; 137; 149,7 etc.). Que o rei esmague ou submeta as nações inimigas (Sl 2,8s; 21; 45,6; 110,1; 118,10ss); que Deus as aterrorize ou as destrua (Sl 9,21; 10,15s; 79,6; 83,10-19; 97,3). A lição principal é que, transbordado pela v., o suplicante não será libertado somente por sua força.

c) Conversão da violência. — É no lugar exato da v. que germina seu contrário. Israel ameaçado ouve lhe dizerem que não se mexa: só Deus será vencedor (Ex 14,13s; 2Cr 20,15-20; Is 7,4.9; 8,6s). Às súplicas violentas se misturam clamores de paciência, até de não resistência (Sl 37). Certamente, quando o homem renuncia à sua espada, conta com a de Deus (Sl

44,4). Outras concepções se afirmam: deixar o mal* se autodestruir (Sl 7,16; 9,16; 34,22; 37,14s; 57,7; 140,10). Ou ainda: a terra mesma vomitou os incestuosos, infanticidas, idólatras de Canaã (Lv 18,25.28). Sb (5,20; 16,17.24) estende o tema a todo o cosmo* e a toda a história* para esclarecer-lhe a última etapa.

d) Novo Testamento. — O NT mostra com a cruz de Jesus* o paroxismo da v. e de seu contrário. Este contrário é a outra v., a do Espírito* de Deus.

> Ela marca os preceitos hiperbólicos de Jesus sobre a justiça* perfeita (Mc 9,42-49; Mt 5,29s), sobre a não resistência ao mau (Mt 5,39), sobre as rupturas necessárias (Mc 8,34s; Mt 8,21s; Lc 9,61). O "homem forte" invisível tem de ser abatido sem mercê (Mc 3,27; Lc 11,22). Jesus traz "o gládio" (Mt 10,34). Enquanto em Mt 11,12 a v. é a dos inimigos do Reino*, Lc 16,16 veria ali, antes, a força que abate as antigas barreiras (Schrenk, 1933).

Para Lc, os próximos de Jesus esperavam libertação e nova realeza para Israel (Lc 1,68.71.74; 24,21: At 1,6); Tiago e João contavam com uma coerção vinda do céu como no tempo de Elias (Lc 9,54), o que Jesus rejeita. Apesar das afrontas (cf. Mt 12,30.34s; 23; Lc 11,44), os narradores têm o cuidado de não atribuir a Jesus nenhuma provocação. A expulsão dos vendilhões do Templo* (Mc 11,15ss; com auxílio de um chicote: Jo 2,15) é um gesto simbólico, não uma ação com mira concreta (cf. Mc 11,12ss.20-24). Na paixão*, a alternativa Jesus/Barrabás (zelote) situa a solução violenta no oposto da de Jesus. Chegada a hora, Jesus se ofereceu à morte sem resistir (Mt 26,53; Jo 18,36), mas sem arrastar seus discípulos a ela (cf. os gládios de Lc 22,36ss.49ss). Ele está por inteiro nessa obediência, lida por todo o NT como cumprimento* das Escrituras*.

A vitória da v. do amor* dissipa as contrafações da doçura, que são uma armadilha para o cristão. É por isso que o vocabulário paulino (teologia paulina*) mantém os termos violentos do AT em sua letra:

> a cruz é vitória sobre o *inimigo* que é a morte (1Cor 15,25ss; cf. Sl 110,1); ela *mata* o ódio (Ef 2,16); Jesus faz *prisioneiros* os substitutos da

morte (Ef 4,8 citando Sl 68,19; cf. Cl 2,15); ele os *destruirá* (1Cor 15,26); os animais apocalípticos de Dn 7 ficarão *sob os pés* do Filho* do homem (*ibid.*, Sl 8,6s); a morte será *devorada* (1Cor 15,54s; cf. Os 13,14; Is 25,8 LXX; Ex 15,4 LXX). Esse estilo tem parentesco com a apocalíptica* (2Ts 2,8) em que são levadas ao extremo todas as imagens do AT: o "Verbo* de Deus" faz a guerra num manto "embebido em sangue" (Ap 19,13; cf. 14,20): é o "tempo de destruir os que destroem a terra" (Ap 11,18).

- G. Schrenk (1933), *"Biazomai, Biastès"*, *ThWNT* 1, 608-613. — A. Trocmé (1961), *Jésus et la révolution non violente*, Genebra. — M. Hengel (1970), *War Jesu revolutionär?*, Stuttgart. — R. Girard (1978), *Des choses cachées depuis la fondation du monde*, t. II: *L'Écriture judéo-chrétienne*, Paris. — J. Pons (1981), *L'oppression dans l'Ancien Testament*, Paris. — N. Lohfink (1983), "Die Schichten des Pentateuchs und der Krieg", *in Gewalt und Gewaltlosigkeit im Alten Testament*, Friburgo-Basileia-Viena, 15-110. — P. Beauchamp (1987), "Création et fondation de la loi en Gn 1,1-24", *in La création dans l'Orient ancien, Congrès ACFEB*, Paris, 139-182. — G. Barbaglio (1991), *Dio violento? Lettura delle Scritture ebraiche e cristiane*, Assis. — P. Beauchamp e D. Vasse (1991), *La violence dans la Bible*, CEv 76.

Paul BEAUCHAMP

→ *Animais; Bode expiatório; Decálogo; Guerra; Inferno; Legítima defesa; Mal; Sexual (ética); Vingança de Deus.*

B. Teologia moral

A violência (v.) é o uso de uma força física ilegítima para infligir um dano físico ilegítimo — ela se distingue portanto da força legítima e de toda punição justa. Ela também pode implicar o dano psicológico (assédio sexual, crueldade mental) e um uso não físico da força (repressão econômica). A v. pode se dirigir ao indivíduo, pode ter uma comunidade como vítima (*apartheid*). No s. XX, toda discussão da v. deve também tratar da realidade do excesso do mal* tal como encarnada no Holocausto.

A v. pode pois ser entendida nos seguintes sentidos: 1/ agressão física do indivíduo (assassinato, violação); 2/ atos sem realidade física que produzem um dano psicológico e espiritual;

3/ v. social (escravidão, racismo, sexismo); 4/ genocídio; 5/ todo uso de instrumentos de destruição em massa. Em todo caso, em qualquer um desses sentidos há uma mesma negação do homem pelo homem que é dita, dentro de um real que não tem senão a dureza como qualidade. Assim, em Levinas sobre a guerra*: "A prova de força é a prova do real. Mas a v. não consiste tanto em ferir e em reduzir a nada, ela consiste mais em interromper a continuidade das pessoas*, em fazê-las desempenhar papéis nos quais elas não se reconhecem mais, em fazê-las trair, não apenas compromissos, mas sua própria substância, em fazer realizar atos* que destruirão toda possibilidade de ato" (*Totalité et infini*, Haia, 1974, IX).

A tradição* moral cristã proíbe em princípio toda v. Os textos mais antigos tratam do aborto* e do infanticídio (p. ex. *Didaché* 2). A época patrística vê nascer progressivamente uma oposição unânime ao suicídio: as proibições já formuladas por Platão (*Leis* IX, 872ss.) e Aristóteles (*Et. Nic.* III, 11; V, 15) encontrarão sua forma acabada em Agostinho*: "Aquele que mata a si mesmo é um homicida" (*Cidade de Deus* I, XVII; ver Landsberg 1951, 111-153). Quanto à guerra* e ao serviço militar, o consenso evolui e passa pela condenação a uma permissão limitada (mas os motivos são aqui mais religiosos que morais); e ainda a proibição de matar pesa estritamente sobre o soldado cristão (Tertuliano*, *Cor.* 11; Arnóbio, *Adv. nat.* 1, 6). A legislação social de Constantino (280?-337) e de seus sucessores reflete a preocupação cristã de proteger as mulheres, crianças e escravos de toda v. doméstica (Cochrane, 1940 [1944, 198ss.]).

As exortações cristãs contra a v. apelam para o ensinamento de Jesus* e encontram uma caução em seu sacrifício*, interpretado como repúdio de toda v.: esse argumento será utilizado por Tomás* de Aquino para proibir os clérigos* de portarem armas (*ST* IIa IIae, q. 20, a. 2). Em última instância, tais apelos se baseiam na doutrina da *imago Dei* e na afirmação insistente, no AT, de que toda vida pertence a Deus*. Com a Bíblia*, o pensamento cristão reconhece também a completa vulnerabilidade do ser humano. O ho-

mem é colocado entre as mãos do homem. A v., portanto, é inevitável. A sociedade* dos homens na qual se transmite a v. no entanto é ela própria um bem* criado resgatado em Cristo*: "A vida dos santos é social", diz Agostinho (*Cidade de Deus*, XIX, V). E mais fundamental que a v. é o duplo pecado* que a permite: a recusa de existir no modo da disponibilidade e o desejo de tirar vantagem da disponibilidade de outrem para lhe causar dano. Não é pois a ira (na medida em que ela é apenas uma emoção) que é condenada pela tradição moral cristã, e sim a disposição à ira: como ela lesa a comunidade humana, faz parte dos sete pecados "capitais" (Gregório* Magno, *Magna moralia* 31, 45; Tomás de Aquino, *ST* Ia IIae, q. 84, a. 4).

A reflexão teológica contemporânea sobre a v. se concentrou em vários domínios. 1/ Tomar consciência de que os crimes sexuais têm mais relação com a ira que com o desejo permitiram o desenvolvimento do interesse pelas relações entre a "v. sexualizada" e a v. sistêmica exercida contra as mulheres* e dos grupos minoritários. 2/ O fato do Holocausto, surgido numa cultura nominalmente cristã, aumentou os desafios já feitos a um cristianismo oficialmente não violento (Nietzsche*) e obrigou ao questionamento sobre o estatuto essencial ou inessencial da v. no cristianismo. Esses desafios deram origem a análises renovadas da teoria da redenção (R. Girard), assim como a numerosas reconstruções das relações de Jesus* e de seu "movimento" com a política (Yoder, Schuessler-Fiorenza). 3/ O trabalho teológico não pode deixar de sofrer a influência da tese cada vez mais comum segundo a qual toda ordem é equivalentemente v. (Derrida), ou inextricavelmente ligada à v. Assim, Arendt (1963, 114) observa que a liberdade* política requer a v. para se estabelecer, enquanto em Levinas (1984, 41-51) a ética* emerge quando eu percebo que o *Da* de meu *Dasein* simplesmente usurpa violentamente o lugar de meu próximo. Mesmo que esses pontos de vista sejam repercussões de temas cristãos, elas deixam sem resposta uma questão teológica crucial: pode-se pensar a restauração de uma ordem verdadeira (não violenta, portanto) que salve o homem da v., ou a salvação* é pensável apenas como fuga para fora das armadilhas de uma ordem que não pode senão permanecer intrinsecamente violenta? É. Weil dizia que a escolha fundamental do homem se dá entre a v. e o diálogo daqueles que vivem em comunidade (*Logique et philosophie*, Paris, 1974², 24-25). A contribuição do cristianismo a esse debate talvez resida na redescoberta e na articulação de um conceito de poder que possa tornar ordem e caridade compatíveis. E como as Igrejas* não possuem ordem sem possuir um direito* (ainda que se trate de um "direito da graça*" — H. Dombois), a questão de uma estrita evacuação de toda v. no uso eclesiástico do poder e da força não pode deixar de figurar dentre as urgências cotidianas da vida cristã.

- C. N. Cochrane (1940), *Christianity and Classical Culture*, Oxford (ed. rev., 1944). — P. L. Landsberg (1951, 1993²), *Essai sur l'expérience de la mort*, Paris. — H. Arendt (1963), *On Revolution*, Harmondsworth, 59-114. — J. Derrida (1967), "Violence et métaphysique", em *L'écriture et la différence*, Paris, 117-228. — J. H. Yoder (1972), *The Politics of Jesus*, Grand Rapids, Mich. — R. Girard (1978), *Des choses cachées depuis la fondation du monde*, Paris. — E. Schuessler-Fiorenza (1983), *In Alemmy of Her: A Feminist Teological Reconstruction of Christian Origins*, Nova York (*As origens cristãs a partir da mulher: uma nova hermenêutica*, São Paulo, 1992). — S. Hauerwas (1983), *The Peaceable Kingdom*, Notre Dame, Ind. — E. Levinas (1984), *Justifications de l'éthique*, Bruxelas. — J. G. Williams (1991), *The Bible, Violence and the Sacred*, San Francisco. — G. Pontara (2003), "Violência", *DEFM*, v. 2, 758-762.

Thomas E. BREIDENTHAL

→ *Guerra; Morte; Paz.*

VIRGEM MARIA → Maria

VIRTUDES

Uma virtude (v.) é um traço de caráter* admirável ou digno de louvor. Segundo as sociedades*, esta ou aquela v. é considerada particularmente importante ou desejável, e determinado conjunto de v. e de vícios é ligado a este ou aquele papel social. Essas tradições são o ponto de partida de uma boa parte da reflexão moral sistemática.

1. As virtudes na Antiguidade

A questão, para Platão e para Aristóteles, é saber o que é uma verdadeira v. Para Platão, a v. é essencialmente visão do que é realmente bom (*Mênon* 81 *a-e*; *Leis* 643 *b-*644 *c*). Esse conhecimento torna o indivíduo que a possui capaz de agir como é preciso, porque ela o torna capaz de estabelecer uma justa relação entre as diferentes partes de sua alma*. Por serem formas de conhecimento, as v. são essencialmente unas (*Fédon* 67 *c-*70 *a*); é o que se chamará mais tarde de unidade das v.

Aristóteles se baseia, para tratar das v., numa visão filosófica do homem realizado; sistematiza deste ponto de vista as concepções populares das v., e estabelece critérios para distinguir as verdadeiras v. de suas contrafações. É preciso distinguir a v. ao mesmo tempo das paixões* e das faculdades: a v. é uma *hexis*, isto é, uma disposição estável, que produz regularmente certo tipo de ato*, caracterizado pelo justo meio (uma v. é uma "mediania"); não se trata de um estado intermediário entre sentimentos extremos, mas um equilíbrio justo entre exigências em conflito, equilíbrio estabelecido pela sabedoria* prática, ou prudência* (*EN* 2, 1106 b 35 — 1107 a 25). Todas as v. são ligadas, porque exprimem os juízos da sabedoria prática, mas não são contudo qualidades distintas (*EN* 6, 1144 b 30 — 1145 a 6). Há, portanto, conexão das v. em Aristóteles, mas não unidade das v. no sentido platônico.

Quanto aos estoicos, apesar de algumas divergências teóricas, todos pensam que o essencial da v. reside na intenção* de agir de acordo com a razão*. Censurou-se neles o terem feito do desapego e da ausência de sentimento os ideais da v. No entanto, olhando mais de perto, vê-se que eles não rejeitavam a emoção em si mesma, mas as paixões excessivas ou desordenadas que são contrárias à razão.

2. A concepção cristã da virtude

a) O Novo Testamento. — Os mais antigos escritos cristãos não tratam sistematicamente da v., mas sente-se neles a influência dos ideais populares da época sobre o assunto. Assim, a enumeração das v. que convêm aos diferentes membros de uma casa nos "códigos domésticos" (Ef 5,21 e 6,9 par.) é decerto inspirada num modelo estoico. Mais adiante, contudo, devido ao primado do amor* no NT, a fé, a esperança* e a caridade (das quais Paulo faz o ideal da vida cristã: 1Cor 13,13) foram consideradas como bens mais importantes. Mais tarde se viu nestas três v. as v. teologais por excelência, que são dons de Deus*, por oposição às v. cardeais clássicas, a prudência, a justiça*, a coragem e a temperança, que os homens podem alcançar por si mesmos.

b) Os Padres e a alta Idade Média. — Se considerarmos a influência a longo prazo, a mais importante das teorias cristãs da v. na Antiguidade, ao menos no Ocidente latino, foi a de Agostinho*, em que elementos estoicos e neoplatônicos se combinam com a tradição* cristã das v. teologais. Para Agostinho, como para Platão e os estoicos, as v. são todas, fundamentalmente, a expressão de uma só qualidade, mas para ele se trata da caridade (*De moribus ecclesiae catholicae*, BAug 1, 15, 25). Enquanto tal, a verdadeira v. só pode ser um dom de Deus. O próprio da caridade é sua capacidade de ordenar os afetos como é preciso, amando Deus acima de tudo, e só amando as criaturas em relação a Ele. É assim que, mesmo se as v. aparentes dos não cristãos são verdadeiramente louváveis e úteis à sociedade, não são verdadeiras v., porque elas não são orientadas como é preciso (*Cidade de Deus* 5, BAug 33, 12, 14).

A curto prazo, porém, a concepção de Agostinho talvez tenha tido menos influência do que as listas de vícios e de v. que devemos a Cassiano (*c.* 360-435) e a Gregório* Magno. Cassiano se dirigia essencialmente aos monges (monaquismo*), Gregório, mais aos leigos*, mas para ambos a tarefa mais importante do cristão era se livrar de seus pecados*. Para ajudar o penitente, o abade ou o pastor* precisava de um conhecimento prático das qualidades próprias a corrigir os vícios. Houve, portanto, durante toda a IM, ao menos duas maneiras de

pensar a v.: ou classificando-as em v. cardeais e v. teologais, ou opondo-as aos sete pecados capitais. Assim se explica decerto que não se tenha estudado sistematicamente as v. antes do s. XII. Isso não impedia os pastores e pregadores de tratar dos vícios e das v. e de temas próximos como os dons do Espírito* Santo e as Bem-aventuranças*. Já havia, portanto, a respeito, quando surgiu a escolástica, toda uma tradição que convidava à reflexão e à análise.

c) Tomás de Aquino. — Frequentemente se pensa que a análise tomasiana da v. segue Aristóteles em cada ponto, afora os acréscimos propriamente teológicos. Este ponto de vista é cada vez mais criticado hoje em dia, pois a estrutura do tratado de Tomás* (T.) sobre as v. (*ST* Ia IIae, q. 49-67) é muito diferente do de Aristóteles. Aliás, é a definição de Agostinho, mais que a de Aristóteles, que serve de autoridade para ele, e seus desenvolvimentos se situam no contexto de uma concepção neoplatônica do bem* que T. recebeu de Agostinho, do Pseudo-Dionísio* e de certo número de outras fontes patrísticas. Ao mesmo tempo, sua exposição, como a de Aristóteles, tem por quadro uma psicologia muito elaborada; ela se inspira amplamente, aliás, em elementos aristotélicos.

T. segue assim Aristóteles quando sustenta que as v. são disposições semipermanentes do intelecto, da vontade e das paixões, que dispõem a agir neste ou naquele sentido (Ia IIae, q. 55, a. 1). Em outros termos, a v. é um *habitus*, o que não se deve traduzir por "hábito", pois não se trata de uma tendência a agir de maneira estereotipada e irrefletida. Um ser dotado de razão necessita de tais disposições para poder agir; p. ex., a aptidão para a linguagem deve ser especificada pela competência numa língua para que alguém possa falar (Ia IIae, q. 49, a. 4). Assim concebidas, as v. compreendem capacidades intelectuais ou técnicas (Ia IIae, q. 56, a. 3; q. 57, a. 1; q. 58, a. 3). Estas são moralmente neutras, mesmo se são boas no sentido de que são perfeições do agente. Mas as v. que dão forma às paixões e à vontade, assim como ao intelecto na medida em que ele tem uma orientação prática, são necessariamente morais (Ia

IIae, q. 58, a. 1). Como essas faculdades são distintas, cada uma delas tem uma v. distintiva: a prudência torna capaz de escolher conforme ao bem; a justiça orienta a vontade para o bem comum; quanto à temperança e à coragem, elas governam as paixões de sorte que se deseje o que é verdadeiramente conforme ao bem e que se esteja pronto a resistir aos obstáculos que se lhe opuserem (Ia IIae, q. 59, a. 2; q. 60, a. 3-5). T. integra assim em sua psicologia moral o esquema tradicional das quatro v. cardeais.

Apesar de sua definição muito ampla da v., T. sustenta que só a v. moral, quando é perfeita, pode conduzir a ações que são boas pura e simplesmente (Ia IIae, q. 65, a. 1). Não somente os atos da v. perfeita serão bons sob todos os aspectos, mas também serão cumpridos por boas razões, isto é, por causa de um conhecimento exato e de um desejo constante do verdadeiro bem humano. É, sim, a definição de Agostinho e não a de Aristóteles que serve de referência a T.: "A v. é uma qualidade boa do espírito, que nos faz viver bem, da qual ninguém pode fazer mal uso, e que Deus causa em nós sem nós" (Ia IIae, q. 55, a. 4).

Esta última fórmula, acrescenta T., se aplica somente às v. infusas que Deus nos dá sem ação de nossa parte (cf. Ia IIae, q. 63, a. 2). O fim direto ou indireto destas v. é a união com Deus, por oposição às v. adquiridas, cujo fim é a realização do bem humano tal como a razão o discerne. Como tais, elas incluem não somente as v. teologais, mas também formas das v. cardeais especificamente diferentes de seus homólogos adquiridos, porque elas não têm o mesmo fim (Ia IIae, q. 63, a. 3, 4). Ninguém pode atingir a salvação* sem as v. infusas, tanto teologais quanto cardeais, mas as v. adquiridas pelo esforço humano, e que tendem ao bem-estar humano, são verdadeiramente boas, ainda que de maneira limitada (Ia IIae, q. 62, a. 1, 2).

3. Teologia moderna e contemporânea

a) Vicissitudes de noção de virtude. — Os filósofos e os teólogos se interessaram pela v. até o final do s. XVIII mais ou menos (cf. Jeremy Taylor [1613-1667], Holy Living, Whole Works IV, Londres, 1822, ou J. Edwards*, Charity and its Fruits, Works VIII, New Haven, 1989), mas após essa época o kantismo e o utilitarismo* dominaram a filosofia* moral, e a ideia de v. caiu em desuso, seja porque o ideal da autonomia individual o tornasse incompreensível, seja porque o discurso tradicional sobre as v. parecesse demasiado simples a espíritos modernos.

As coisas começaram a mudar. Para E. Anscombe por exemplo (1958), já que a ideia de lei* moral não faz mais sentido hoje em dia, e a maioria das pessoas instruídas rejeitam a ideia de um legislador divino, é preciso renovar a filosofia moral na base de uma doutrina das v. de tipo aristotélico. Para MacIntyre (1981), não há mais nada na moralidade contemporânea senão sobrevivências fragmentárias de tradições passadas, e por isso é impossível definir os princípios de uma ética*. A seus olhos, um discurso moral coerente necessita do contexto de uma tradição* precisa, cujo conteúdo concreto é constituído pelas v. que ela recomenda e pelos vícios que ela rejeita (After Virtue 51-78, 204-243). P. Foot e P. Geach contribuíram igualmente para inscrever as v. na agenda do filósofo moralista contemporâneo.

Desde então, não se tem parado de trabalhar a questão da v. e temas que lhe são ligados (caráter, juízo, valor moral das emoções); a crítica frequentemente foi vívida no tocante às ideias morais da sociedade industrial. Outros partidários da ética das v. preferem criticar as incoerências das teorias morais, mais do que atacar as dificuldades inerentes ao conceito geral de moralidade. Para esses "antiteóricos", não se pode tirar nada da concepção moderna da teoria moral, que deveria ser abandonada em prol da noção de v. e dos conceitos que lhe são ligados. Alguns deles pensam achar na reflexão sobre as v. o meio de dar conta do pluralismo irredutível dos valores morais contemporâneos. Outros buscam na ética da v. um meio de escapar à ética procedimental moderna, tornando-se frequentemente os defensores de uma concepção aristotélica do juízo prudencial.

A ética cristã tem sido renovada, ela também, pelo retorno à ideia de v. Os protestantes, cujas concepções devem muito a MacIntyre em geral, se interessam particularmente pelas v. próprias à comunidade cristã, tal como a constituem as narrativas* fundamentais da Escritura*. No catolicismo*, a renovação tomista da primeira metade do s. XX permitiu compreender de novo a teologia* moral de Tomás e o lugar que nela têm as v. teologais. Esses trabalhos foram uma das fontes da renovação contemporânea da teologia moral católica.

b) Problemas atuais. — São os problemas de significação que estão hoje em primeiro plano. O que se quer dizer por "v.", qual a relação do conceito de v. com noções como as de hábito e disposição? Não parece que determinada v. seja especificamente ligada a determinada espécie de ação (no sentido de que atos precisos sejam sempre associados ou sempre opostos a determinada v.). Mas, se assim é, não se compreende muito bem como pensar a especificidade das v.

Um dos principais problemas é o do papel das regras morais na v. Ninguém está disposto a reduzir a v. à obediência às regras (embora esta seja própria de v. particulares como a justiça ou o senso do dever). Para outros ainda, as regras morais levam a comportamentos que favorecem, eles mesmos, as v. Esse problema é particularmente importante para a teologia moral, pois pode-se pensar que a ética da v. permitirá talvez sair do debate sobre a força das normas morais que prossegue entre os partidários da tradição e os do proporcionalismo*.

- M. Scheler (1915), "Zur Rehabilitierung der Tügend", *in Vom Umsturz der Werte, GW* 3, Berna, 1950, 16-31. — V. Jankélévitch (1949), *Traité des vertus*, Paris. — J. Pieper (1949a), *Traktat über die Klugheit*, Munique; (1949b), *Zucht und Maß*, Munique; (1954) *Über die Gerechtigkeit*, Munique. — G. E. M. Anscombe (1958), "Modern Moral Philosophy", in *Collected Philosophical Papers* 3, Oxford, 1981, 26-42. — J. Pieper (1959), *Vom Sinn der Tapferkeit*, Munique (adaptação americana, *The Four Cardinal Virtues*, Notre Dame, Ind., 1965). — R. Guardini (1963), *Tugenden*, 1987³, Mainz-Paderborn. — I. Murdoch (1970), *The Sovereignty of Good*, Londres. — S. Hauerwas (1974), *Vision and Virtues*, Notre Dame, Ind. — P. T. Geach (1977), *The Virtues*, Cambridge. — P. Foot (1978), *Virtues and Vices and Other Essays in Moral Philosophy*, Oxford. — A. MacIntyre (1981), *After Virtue*, Londres (*Depois da virtude*, Bauru, 2003). — G. Meilander (1984), *The Theory and Practice of Virtue*, Notre Dame, Ind. — B. Häring (1986), *Timely and Untimely Virtues*, Slough (GB). — M. Colish (1990), *The Stoic Tradition from Antiquity to the Early Middle Ages*, Leiden. — J. B. Schneewind (1990), "The misfortunes of virtues", *Ethics* 101, 42-63. — R. Cessario (1991), *The Moral Virtues and Theological Ethics*, Notre Dame, Ind. — G. S. Harak (1993), *Virtuous Passions*, Mahwah, NJ. — Konrad Stock (1995), *Grundlegung der protestantischen Tugendlehre*, Gütersloh. — S. Hauerwas e C. Pibches (1997), *Christian among the Virtues*, Notre Dame, Ind. — J. Woodill (1998), *The Fellowship of Life: Virtue Ethics and Orthodox Christianity*, Washington. — N. J. H. Dent (2003), "Virtude", *DEFM*, v. 2, 762-769.

Jean PORTER

→ *Aristotelismo cristão; Caráter; Estoicismo cristão; Ética; Kant; Platonismo cristão; Tomismo.*

VISÃO BEATÍFICA

A visão beatífica (*visio beatifica*) (v.b.) designa o ato de inteligência pelo qual os bem-aventurados conhecerão Deus* claramente e imediatamente, "face a face" (1Cor 13,12). Como esta expressão parece ignorar o realismo da ressurreição* e a dimensão cósmica da escatologia*, é preciso recordar seu enraizamento escriturístico antes de mostrar sua elaboração teológica e indagar como a v. de Deus "como ele é" (1Jo 3,2) se harmoniza com sua radical invisibilidade (1Tm 6,16), já que "a Deus ninguém jamais contemplou" (1Jo 4,12; cf. Ex 33,20-23).

1. Fundamentos bíblicos

a) Em *Paulo*, o termo "conhecimento*" (*gnosis*) desempenha um papel maior para enunciar a esperança* escatológica: "Agora, vemos em espelho e de modo confuso; mas então, será face a face (*tode de prosopon pros prosopon*). Agora, o meu conhecimento é limitado; então, conhecerei como sou conhecido (*tode de epignosomai katos epegnosthen*)" (1Cor 13,12). Paulo prolonga as considerações sobre uma v.

de Deus descrita na tradição* de Israel* como uma v. "face a face" (Gn 32,24-30; Ex 33,11; Ex 34,29; Dt 34,10; Sl 23,4; Mt 18,10; Ap 22,4).

A fé* na ressurreição foi espiritualizada desde o período intertestamentário, quando a v. de Deus se torna o elemento essencial da felicidade. Jó 19,25s é traduzido pela Vulgata: "Sei que meu Redentor vive e que no último dia ressuscitarei da terra e, de novo, serei revestido de minha pele; e em minha carne, verei a meu Deus; é a ele que verei, eu mesmo, e não a outro". De igual modo, Os 6,3 é compreendido neste sentido pelos LXX, que traduz: "Ao terceiro dia, ressuscitaremos, viveremos diante dele e conheceremos o Senhor".

b) Para *João*, o conhecimento é um elemento essencial para a realização da felicidade prometida. Na oração sacerdotal, Jesus diz a seu Pai*: "Ora, a vida eterna é que eles te conheçam a ti, o único verdadeiro Deus, e àquele que enviaste, Jesus Cristo" (Jo 17,3); este conhecimento se realizará na v. de Deus: "Sabemos que, quando ele [Deus] aparecer [na manifestação escatológica], seremos semelhantes a ele, já que o veremos, tal como é (*katos estin*)" (1Jo 3,2).

c) O aspecto intelectual está presente na simbologia da luz, associada à da vida para enunciar o ser novo dos filhos de Deus, a ponto de esta poder se assemelhar a toda a escatologia. O juízo* é uma iluminação do que está oculto; a recompensa é um desabrochar na luz do bem*; a condenação é a manifestação do mal*. A imagem pode assim servir para falar da purificação. Assim, a teologia* oriental (que não fala de purgatório*) dá conta, com a simbologia da luz, de tudo o que é dito do além-morte*, sem precisar fixar lugares para falar do estado das almas em caminho rumo à v.b. (cf. Congar, 1951).

2. Desenvolvimentos patrísticos

a) Herdeiros da tensão entre a esperança da v. de Deus e a afirmação da invisibilidade e da incompreensibilidade de Deus, os primeiros Padres* insistem na mediação do Verbo* feito carne (Clemente de Roma [c. 90], *1a ep.* 59, 2; 36, 2; *2a ep.* 6, 6). Refutando a tentação gnóstica, Ireneu* de Lião (c. 130-202) privilegia o

termo "v." para falar da condição cristã (*Adv. Haer.* IV, 20, 7), e sublinha ao mesmo tempo a dimensão trinitária da vida cristã presente em seu desabrochamento na escatologia (*ibid.*, V, 8, 1). Clemente de Alexandria* (150-211) insiste no valor de uma "gnose"* que deságua na contemplação* de Deus para além das vicissitudes presentes (*Strom.* 6, 12; 7, 10). Segundo Orígenes* (185-255), a vida eterna é um conhecimento (*gnosis*) que se realiza graças a uma união estreita da alma* com Deus (*Com. Jo* I, XVI, § 93; *Tratado dos princípios* II, XI, 3 e 7).

b) Na corrente do neoplatonismo, os *Capadócios* acentuam a dimensão contemplativa da união com Deus. Gregório* de Nissa (335-394) mostra o caminho do conhecimento de Deus (*thegnosia*) pelo qual, como Moisés na montanha (*Vida de Moisés*), o crente tem acesso ao ápice da contemplação. O que não pode ser adquirido senão de maneira limitada e fragmentária será adquirido de maneira definitiva na vida eterna, quando nada poderá separar a alma de Deus. Para os Capadócios, a contemplação é vinculada à teologia trinitária, com acentuações diversas. Gregório de Nissa privilegia o contato com o *Logos*, enquanto Basílio* de Cesareia (330-379) sublinha o papel do Espírito* Santo (*Tratado do Espírito Santo* IX, 22).

c) No Ocidente, Ambrósio* de Milão (339-398) transmite a doutrina dos orientais. Agostinho* (354-430) privilegia o desejo da dimensão afetiva da caridade (*Confissões*, X). O desejo se cumpre na posse de Deus conhecido e amado; a felicidade está na alegria que nasce da verdade* (cf. *Conf.* X, XXXIII, 33-34). O clima da posse da verdade fica marcado pelo primado do amor* ("o êxtase de Óstia", *Conf.* IX, X, 24).

d) Contra Eunômio, que afirmava que Deus é cognoscível pela razão* natural tal como ele se conhece a si mesmo, e para salvaguardar a transcendência de Deus, Teodoreto de Cyr (393-466) e João* Crisóstomo (344-407), este em suas *Homilias sobre a incompreensibilidade de Deus*, distinguem entre a visão da glória* e a v. da essência de Deus.

Essa distinção dará nascimento ao hesicasmo*, desenvolvido nos ambientes monásticos e fundado nas obras difundidas sob o nome de Simeão, o Novo Teólogo (949-1022) a propósito da luz do monte Tabor. Para salvaguardar a tradição contemplativa hesicasta, Gregório* Palamas (1296-1359) aprofundará uma distinção patrística entre a inacessível essência divina e as energias presentes na irradiação de sua glória, doutrina que se tornou tradicional no Oriente e rejeitada no Ocidente, e que apresenta analogias com a distinção talmúdica entre *shekinah* e *kabod*, majestade de Deus e presença deslumbrante.

3. Questões teológicas e soluções escolásticas

Fiel às suas fontes patrísticas, a teologia escolástica* privilegia a v. de Deus para falar da felicidade eterna.

a) Reconhecendo que a v. é antes de tudo um ato sensível da vida, Tomás* de Aquino (1225-1274) concorda que o termo significa por extensão todo conhecimento. O conhecimento por v. é superior a qualquer outro, pois é um contato imediato com o objeto. Ele põe em segundo plano as mediações, conceituais ou simbólicas, e os processos de abstração ou de raciocínio. A imediatez da v. supõe que se reconheça a presença de Deus que se faz conhecer não mais indiretamente, mas diretamente (*ST* Ia, q. 12; *CG* III, 50-63).

A noção de v. é entendida em seu sentido mais forte. Trata-se de um conhecimento de Deus claro e manifesto, no sentido de que a manifestação de Deus não ofusca nem cega. Tal v. é, portanto, própria aos bem-aventurados — o que exclui toda realidade no tempo presente. A experiência* mística não é idêntica à v. Esta atitude privilegia o conhecimento e, portanto, o ato de inteligência, que prima sobre os demais elementos constitutivos da bem-aventurança*: o amor, a união e a alegria. Com isso, há uma diferença entre a teologia de Tomás de Aquino e a de Boaventura* (1218-1274), que permanece mais próximo da formulação de Agostinho.

b) A teologia da visão beatífica se faz a partir de três questões.

1/Pode a alma humana ter acesso à v. de Deus? De um lado, "ninguém jamais viu a Deus" (Jo 1,18), por natureza invisível, "habitando uma luz inacessível" (1Tm 1,17), lá onde "nenhum olho pode ver" (1Tm 6,16). De outro lado, a inteligência humana só pode ter acesso a Deus pela mediação do raciocínio, isto é, por analogia* (Sb 13,1; Rm 1,21). Já que Deus ultrapassa infinitamente toda condição de ser e de operação das criaturas, ele só poderia ser representado adequadamente numa inteligência humana por uma forma inteligível proporcionada às suas condições de ser e de agir. Assim, a afirmação da v.b. é indissociavelmente ligada à teologia da graça* ou da divinização ou deificação, isto é, à transformação das capacidades de conhecimento e de amor por participação na natureza divina (*hina genesthe theias koinonoi physeos*, 2Pd 1,4).

Tal transformação é possível sem que seja destruída a natureza humana? A teologia responde que sim, porque a inteligência humana está aberta para o infinito. A inteligência humana é capaz de ter acesso a todo o ser*, ao *ser* em toda sua extensão. Esta capacidade torna-a apta a receber algo a mais do que é naturalmente possível. A teologia escolástica tornou este ponto preciso ao utilizar a noção de potência obediencial, potência passiva diante de uma iniciativa vinda de outro lugar. A filosofia* escolástica distingue entre o objeto próprio e o objeto adequado da inteligência humana. O objeto próprio é a essência dos seres atingidos por abstração, e o objeto adequado, o ser dos existentes. Esta distinção permite reconhecer um desejo natural de ver Deus (*ST* Ia IIae, q. 3, a. 2).

2/A segunda questão é saber como se faz a v.b. Deus é por essência inacessível; já que ele é por natureza invisível, não poderia haver apreensão sensível de Deus. Assim, Deus se dá de maneira nova, que não é nem uma teofania* nem uma encarnação*, mas uma sobrelevação da inteligência. A v. se faz fora dos sentidos e da imaginação, por um ato de inteligência elevada de maneira a participar da vida divina (Tomás de Aquino, *In Sent.* IV, d. 49, q. 2, a. 1; Questão disputada *De Veritate*, q. 8, a. 1; *CG* III, 51; *ST*

Ia, q. 12, a. 5 e 9). Essa elevação é possível graças a um dom de Deus, que a teologia sintetizou em torno da noção de luz de glória (*lumen gloriae*). Deus é apresentado como luz; ele é a verdade subsistente, soberanamente inteligente em si mesma. A luz de glória é uma participação da luz incriada que eleva a inteligência até a luz divina e a torna apta à v.b.

A existência dessa luz criada é fundada nas Escrituras*, no Sl 35: "em tua luz vemos a luz" (v. 10). Este versículo, que recebeu uma interpretação trinitária entre os Padres (Basílio de Cesareia, *Sobre o Espírito Santo* XVIII, 47), recebe em Tomás de Aquino e seus comentadores uma interpretação psicológica; ele significa a elevação de uma inteligência tornada capaz de ver Deus. No conhecimento humano, há mediações — representações — indispensáveis. Ora, não há representação adaptada à essência de Deus, pois toda representação é finita e limitada. Mas aqui a essência divina tem o papel das mediações noéticas. Na luz, que é Deus mesmo, o bem-aventurado vê a essência de Deus; pela mediação de Deus, a v. de Deus é possível.

Graças a esta luz, a inteligência humana é capaz de ver Deus. A luz de glória eleva a inteligência da ordem natural à ordem sobrenatural; ela dispõe à união com Deus e concorre ao ato de v. Este dom verifica o que é dito da graça em geral, ato vital do espírito humano sobrelevado. Não é uma passividade de inércia, mas uma atividade em que a inteligência natural é cumprida. Ela recebe, com efeito, um acréscimo de força e de virtude*, uma união especial com a luz incriada e o cumprimento da fé. A questão é a do sobrenatural* (Lubac*, 1946).

3/A terceira questão incide sobre o objeto da v.: Deus é visto de maneira abrangente? Há não somente apreensão real da verdade, mas também penetração global e total? Sobre este ponto, a teologia latina se separa da teologia oriental, que distingue entre a glória e a natureza de Deus (Gregório* de Nazianzo, João Crisóstomo e Teodoreto de Cyr), tradição* desenvolvida na mística* ortodoxa (Meyendorff, 1959).

Os teólogos ocidentais recusaram essa distinção entre glória e natureza de Deus, tal como foi introduzida por Amaury de Bène. Para a teologia escolástica, a v.b. dá conhecimento da natureza ou essência de Deus. Assim, Deus é visto por inteiro, mas não totalmente (*totus Deus sed non totaliter*); distingue-se entre v. e compreensão. Deus é visto em tudo o que ele é; é, pois, um verdadeiro conhecimento de Deus. Mas Deus não é conhecido de uma maneira que esgota todo conhecimento possível. Deus não é visto enquanto é visível, mas é ele, sim, que é visto. Deus é conhecido como ser infinito*, mas seu conhecimento permanece humano, marcado pela finitude; ele não é infinito.

A interpretação da doutrina medieval deu lugar a controvérsias a partir das teses de Baius (1513-1589), segundo o qual o desejo de ver Deus seria natural e eficaz para o homem antes da queda original. Os comentadores de Tomás de Aquino (Bañez [1528-1604] e João de Santo Tomás [1589-1644]) se contentam em falar de potência obediencial e continuam a separar estritamente ordem natural e ordem sobrenatural na esteira de Cajetano (1468-1534). Essa interpretação foi criticada pelos modernos (cf. Lubac, 1946, 1965; Laporta, 1965).

4. Bem-aventurança e vida eterna

A teologia de Gregório Palamas, fundada na questão da luz tabórica, abre para questões do sobrenatural, da divinização pela graça e da glória. Para Palamas, a energia divina é incriada; por ela todos os cristãos se tornam participantes da natureza divina. Para isso, é preciso uma sobrelevação das faculdades naturais. Essa sobrelevação é ela mesma uma operação divina incriada e, portanto, a divinização não produz nada de criado na alma deificada. A teologia ocidental da graça como *habitus* entitativo é ignorada no Oriente, onde o equilíbrio entre a afirmação da realidade da v. e seu caráter beatificante não se organiza da mesma maneira.

Tais controvérsias levaram o magistério* romano a intervir acerca da v.b. O concílio de Vienne* (1331) condena a doutrina dos begardos (ou beguinos), que afirmavam que desde aqui em baixo os justos podiam atingir a bem-aventurança final e conhecer a Deus (*DS*

474-475). Bento XII (papa* de 1334 a 1342) condena a posição atribuída aos armênios, que separam a essência de Deus e sua manifestação. Ademais, na constituição *Benedictus Deus* (23 de janeiro de 1336), Bento XII corrige a pregação* de seu antecessor; ele estabelece que, desde sua morte, os bem-aventurados têm a v. de Deus, doutrina retomada no concílio de Florença (*DS* 693).

Se as definições do magistério liberam de certas formulações equívocas, ligadas ao milenarismo* e à imprecisão da teologia do purgatório, elas levantam questões fundamentais — particularmente o fato de que a v. não requer de nenhum modo o concurso do corpo*. Essa concepção espiritualista se harmoniza mal com a antropologia* bíblica. Com efeito, a teologia escolástica não menciona os elementos corporais e afetivos da bem-aventurança senão como a repercussão da v. de Deus na afetividade e na corporeidade transfiguradas quando do juízo final; e isso não respeita o dinamismo dos textos bíblicos, para os quais a pessoa* humana não poderia ser reduzida à sua dimensão intelectual. Por essa razão, a noção de v.b. ou intuitiva, demasiado solidária de uma antropologia espiritualista, não está em primeiro plano nas renovações da escatologia cristã nos trabalhos do s. XX que se apoiam num melhor conhecimento das Escrituras (O. Cullmann) e no lugar central da fé na ressurreição (Rahner, Pannenberg, Moltmann, Kasper, Martelet, Moingt).

A noção teológica de v. pode ser renovada sob a influência dos debates filosóficos modernos a propósito da intuição, ocasião de marcar a transcendência do espírito em relação aos processos cognitivos identificados ao exercício da razão (H. Bergson, J. Maritain). Os aspectos estéticos da revelação* são, nesta linha, mais honrados (H. U. von Balthasar*). O estudo fenomenológico da v. (M. Merleau-Ponty) desempenha um papel na teologia, pois sublinha a importância da alteridade (P. Ricoeur, E. Levinas); permite dar à mística cristã uma dimensão não fusional respeitosa da liberdade* humana, e majorar a distinção entre Deus e aquele que o contempla. De igual modo, o impulso da psicanálise e a im-

portância do tema do desejo renovam o debate sobre o desejo de ver Deus (D. Vasse, 1969).

As renovações do Vaticano II* devolveram sentido à dimensão comunitária da bem-aventurança: "Acolhei com bondade no vosso reino os nossos irmãos e irmãs que partiram desta vida e todos os que morreram na vossa amizade. Unidos a eles, esperamos também nós saciar-nos eternamente da vossa glória, quando enxugardes toda lágrima dos nossos olhos. Então, contemplando-vos como sois, seremos para sempre semelhantes a vós, e cantaremos sem cessar vossos louvores por Cristo, senhor nosso" (*Oração eucarística* III). Tal formulação reata com a preocupação de inserir a v. de Deus na vida trinitária, uma preocupação já expressa pelos Padres (cf. Ireneu de Lião, *Adv. Haer.* V, 8, 1) e explorada pelos místicos (na tradição renano-flamenga* em particular).

• A. Michel (1923), "Intuitive (vision)", *DThC* 7, 2351-2394. — H. de Lubac (1946), *Surnaturel*, Paris. — G. Bardy (1948), "Béatitude", *Cath* 1, 1342-1355. — J. Dupont (1949), Gnosis, *la connaissance religieuse dans les épîtres de saint Paul*, Paris-Louvain. — Y. Congar (1951), "Le purgatoire", in col., *Le mystère de la mort et sa célébration*, LO 12, 279-336. — C. H. Dodd (1953), *The Interpretation of the fourth Gospel*, Cambridge. — J. Daniélou (1954), *Platonisme et théologie mystique*, Paris. — O. Cullmann (1956), *Immortalité de l'âme ou résurrection des morts? Le témoignage du Noveau Testament*, Neuchâtel. — J. Meyendorff (1959), *Saint Grégoire Palamas et la mystique orthodoxe*, Paris. — V. Lossky (1962), *Vision de Dieu*, Paris. — H. de Lubac (1965), *Augustinisme et théologie moderne*, Paris. — J. Laporta (1965), *La destinée de la nature humaine selon Thomas d'Aquin*, Paris. — D. Vasse (1969), *Le temps du désir*, Paris. — Ton H. C. van Eilk (1974), *La résurrection des morts chez les Pères apostoliques*, ThH 25. — G. Martelet (1975), *L'au-delà retrouvé*, Paris, 1995, nova ed. — C. Trottmann (1995), *La vision béatifique. Des disputes scolastiques à sa définition par Benoît XII*, Roma.

Jean-Michel MALDAMÉ

→ *Bem-aventurança; Escatologia; Eternidade; Ressurreição dos mortos; Vida eterna.*

VITÓRIA → **tomismo** 2. b

VITORINOS → São Vítor (escola de)

VOLUNTARISMO

1. Definição

"Voluntarismo" (v.) fez sua aparição na historiografia da IM latina no final do s. XIX, como antônimo de "intelectualismo*" (i.). É prudente manter na lembrança que se trata de um conceito de comentadores, ausente dos textos. É utilizado para designar diversas teses diferentes mas que se vinculam a uma inspiração comum: a afirmação do primado da vontade sobre o intelecto.

2. Período concernido

O domínio privilegiado de aplicação deste conceito é a escolástica* latina dos s. XIII e XIV. As polêmicas que surgem no final do s. XIII, em particular as que opõem franciscanos e dominicanos, colocam claramente a alternativa, até então mais latente, de um primado do intelecto ou da vontade. O pensamento franciscano (Boaventura*, Duns* Escoto) é então majoritariamente voluntarista, e ele se opõe ao i. dos dominicanos (Alberto* Magno, Tomás* de Aquino, tomismo*, naturalismo*). Esse v. se prolonga na corrente nominalista do s. XIV, notadamente com os franciscanos Guilherme de Occam e Gabriel Biel (nominalismo*). Essas polêmicas surgem num clima de oposição ao pensamento de Tomás de Aquino, manifesto nas condenações de 1277, em Paris como em Oxford, mas também no "corretório de irmão Tomás" do franciscano Guilherme de la Mare, corretório que o capítulo geral dos Menores impõe a partir de 1282 como complemento necessário de toda leitura da *ST* na ordem franciscana. Ora, esse corretório se opõe notadamente às teses intelectualistas de Tomás de Aquino. Também testemunha a oposição das duas ordens sobre o tema a disputa que opôs — direta ou indiretamente — Mestre Eckhart e Gonçalvo de Espanha por volta de 1302 (*Quaestio Magistri Gonsalvi continens rationes magistri Echardi ultrum laus Dei in patria sit nobilior eius dilectione in via?*).

3. O espírito do voluntarismo medieval

Tomás de Aquino é o alvo privilegiado do v., mas é mais amplamente a influência do peripatetismo greco-árabe sobre o pensamento cristão latino, particularmente forte no s. XIII, que é atacada por meio de seu i. O v. se afirma em particular em reação contra a acomodação teológica da *Ética a Nicômaco* de Aristóteles à qual o s. XIII procedera. Essa acomodação toma duas formas. Ou bem a felicidade teorética de Aristóteles é assimilada à bem-aventurança* sobrenatural dos cristãos, e colocada fora de acesso das faculdades naturais do homem (é o caso, p. ex., na faculdade das artes, do comentário da *EN* devido ao pseudo-Peckham e de Arnoldo de Provença). Ou então a felicidade aristotélica e a bem-aventurança cristã, sempre permanecendo distintas, são pensadas no mesmo modelo; elas dizem respeito, ambas, principalmente ao intelecto e ambas consistem essencialmente no conhecimento* de Deus, mas a felicidade filosófica é só uma bem-aventurança imperfeita: a diferença incide então sobre a obtenção (a graça* é necessária para a bem-aventurança) e sobre o tipo de conhecimento de Deus que é atingido ("num espelho" ou "face a face"). Essa perspectiva, a de Tomás de Aquino, de Boécio da Dácia, de mestres de artes como Gilles d'Orléans e Pierre de Alvérnia, está ligada à afirmação da inferioridade da vontade em relação ao intelecto: a perfeição suprema do homem deve dizer respeito principalmente à sua faculdade mais nobre.

O v. denuncia os riscos dessa aliança com o pensamento pagão (filosofia*). O primeiro risco é o do naturalismo, já que essa aliança incita a conceber a bem-aventurança sobre o modelo da felicidade filosófica, acessível naturalmente ao homem. Em segundo lugar, o v. denuncia a retomada do pensamento pagão em questões que põem em jogo o que a fé cristã tem de mais próprio: a bem-aventurança e a liberdade*. A liberdade divina, que se exprime notadamente na criação* e na graça, e a liberdade humana, que se opõe ao determinismo antigo, se acham ameaçadas pelo i.

4. Questões teológicas

A afirmação do primado da vontade sobre o intelecto toca particularmente duas questões: a do fundamento da liberdade das criaturas e a da natureza da operação beatificante.

a) A liberdade. — No que diz respeito ao fundamento da liberdade das criaturas, o v. admite em geral que o conhecimento é uma condição dos atos da vontade, já que não se poderia querer o que não se conhece de modo nenhum; mas ele reage contra toda interpretação intelectualista dessa dependência afirmando que o intelecto não é a causa determinante da especificação do ato voluntário. Se o intelecto ilumina a vontade e lhe permite determinar seu ato, é à maneira de um servo e não de um mestre. É a própria vontade que exerce a escolha que decide por seu objeto (ao menos quando se trata de coisas finitas), e ela é totalmente livre para seguir ou não o juízo do intelecto. Em outras palavras, a representação de uma coisa finita como de um bem* não é constringente para a vontade, e o livre-arbítrio se funda na indeterminação da vontade e não na do juízo. O que o v. faz questão de preservar é, pois, a concepção da vontade como uma faculdade autodeterminante, ao menos quando se trata de escolher os meios. Em suas formas extremas (Duns* Escoto, *Opus Oxoniense* IV, d. 49, q. 9 e 10, e Occam, *Quaestiones in librum quartum Sententiarum*, q. 16), o v. admite mesmo que a vontade não é determinada para um fim, que ela pode se desviar da bem-aventurança, concebida tanto *in particulari* quanto *in universali*, e que permanece livre para se desviar dela até na visão de Deus. A intenção que inspira esta teoria da vontade é clara: trata-se de subtrair a vontade ao determinismo que caracteriza a natureza.

Essa concepção voluntarista da liberdade foi defendida notadamente por Alexandre de Hales, Jean de la Rochelle, Alberto Magno, Boaventura, Mateus de Aquasparta, Henrique de Gande, Pierre de João Olivi, Gilles de Roma, Duns Escoto, Guilherme de Occam e Gabriel Biel. Ela tem suas fontes em Anselmo* (que já concebe a vontade como *"instrumentum seipsum movens"*, cf. *De conceptione virginali et originali peccato*, c. 4), Bernardo* de Claraval, Hugo de São Vítor, Filipe, o Chanceler, que afirmam, todos, a independência da vontade em relação à razão* e fundam a liberdade humana nesta independência.

b) A natureza da operação beatificante. — No tratamento desta questão, argumentos muito diversos concorrem para estabelecer o primado da vontade sobre o intelecto. A vontade pode ser concebida como superior ao intelecto em si mesma, como *potência* (1), na medida em que é um poder de autodeterminação e escapa ao determinismo natural ao qual o intelecto ainda está submetido relativamente a seu objeto — é o que faz a nobreza da vontade e funda sua pretensão a ser o sujeito da operação pela qual as criaturas superiores alcançam Deus. O v. se apoia frequentemente também numa comparação dos *atos* (2) respectivos da vontade e do intelecto, em si mesmos mas também na perspectiva da união a Deus. A questão, então, é saber qual ato* nos une mais perfeitamente a seu objeto, e se se pode pensar que o amor* transcende os limites do conhecimento. O v. afirma que o ato voluntário nos une mais perfeitamente e mais imediatamente a Deus do que o ato de intelecção, porque a vontade se dirige para seu objeto tal como ele é em si e não para o objeto tal como um intelecto finito pode conhecê-lo: em outras palavras, o ato de amor da vontade ultrapassa o ato de intelecção porque este reflete mais as limitações do sujeito cognoscente do que a perfeição de seu objeto — um defeito que não afeta em nada o ato da vontade, porque ele é ligado ao objeto em sua realidade mesma. O v. recusa assim a confiança ilimitada que o i. concede à intelecção.

Entre as fontes da concepção voluntarista do amor é preciso citar sobretudo, para o s. XII, Bernardo de Claraval, a quem é atribuída a fórmula *"ubi deficit intellectus ibi proficit affectus"*, Guilherme de Saint-Thierry, que afirma a superioridade do amor no acesso a Deus, pois só o amor nos faz conhecer o íntimo de Deus, e Hugo de São Vítor; e, para o início do s. XIII, Tomás Galo (Thomas Gallus ou de Verceil). Estes dois últimos se apoiam nos escritos do Pseudo-Dionísio* (p. ex., *De divinis nominibus*, c. 4).

É também do ponto de vista dos *habitus* (3) que se opera a discriminação das faculdades: já que o *habitus* teologal mais elevado é a caridade, segundo Paulo (1Cor 13,13), a faculdade que é sua sede é também a mais nobre, e é a ela que cabe a operação mais elevada das criaturas superiores. Às vezes, ainda, é do ponto de vista do *objeto* (4) que se faz a discriminação: ou porque é na qualidade de bem que Deus é desejado, ou porque o bem, objeto da vontade, é concebido como mais nobre que o verdadeiro, objeto do intelecto, seguindo uma concepção que se pode fazer remontar a Plotino, para quem o Bem está acima do ser* e da inteligência (platonismo* cristão). Todas essas razões conduzem a situar o ato beatificante na vontade e não na intelecção.

Nos s. XIII e XIV, os defensores mais célebres dessa concepção voluntarista da bem-aventurança são Alexandre de Hales, Mateus de Aquasparta, Ricardo de Middleton, Henrique de Gande, Gilles de Roma, Duns Escoto, Guilherme de Occam e Gabriel Biel. O caso de Boaventura é delicado: ora sua mística* afirma o primado do amor sobre o conhecimento (*Itinerarium mentis ad Deum*, c. VII), ora sua teoria da bem-aventurança manifesta o cuidado de colocá-los num pé de igualdade (*In IV Sent.*, d. 49, p. I, q. 5).

5. A teoria voluntarista aplicada a Deus

Aplicada a Deus, a noção de v. serve principalmente para analisar a questão da liberdade divina. Aqui também se encontra o cuidado de subtrair a vontade a toda forma de predeterminação. Mas neste caso, porém, não se poderia definir o v. por um primado da vontade sobre o intelecto, pois a indeterminação da vontade divina não repousa sobre uma distinção do intelecto e da vontade em Deus. Muito pelo contrário, a concepção voluntarista do divino se desenvolve de maneira privilegiada em autores que recusam toda distinção, inclusive de razão, entre os atributos* divinos, o que é perfeitamente claro entre os nominalistas dos s. XIV e XV ou no

pensamento de Descartes*. A questão, aliás, não incide sobre a relação da vontade com o intelecto em Deus, mas sobre a relação de Deus com o bem: o bem se impõe à vontade e ao intelecto divinos, ou é Deus que decide isso? Mede-se quanto, neste caso, a menção de um "v." pode ter de inadequado.

A figura mais difundida do v. aplicado a Deus consiste em afirmar que a ação divina *ad extra* não é normada por termos que preexistiriam à escolha divina: o bem e o mal* não se impõem à ação divina, mas resultam dela. Não é porque uma coisa é justa e boa que Deus a quer, é o contrário: porque Deus a quer é que essa coisa é justa e boa. A vontade divina é, pois, a fonte e a medida do bem e do mal, e não há moralidade objetiva nas coisas contingentes. Tal é a figura mais difundida do v. aplicado a Deus. Em um sentido, a origem dessa concepção dos valores remonta a Abelardo*, que afirmava já, a propósito da pena* infligida às crianças mortas sem batismo, que ela não é injusta na medida em que é querida por Deus. A fonte da discriminação do bem e do mal é a vontade divina, esta é para nós a norma da justiça* (*In epist. ad Rom.*, L. II, c. V). Resta que tal afirmação se insere numa concepção da ação divina que a submete ao princípio do melhor, e cujo estado de espírito se opõe por conseguinte ao v. Antes, se deverá buscar a origem do v. aplicado a Deus em Duns Escoto, segundo o qual o bem no domínio das coisas contingentes é tão contingente quanto essas coisas mesmas e tem a ver com a vontade divina. (Entretanto, Deus não pode não querer sua própria bondade, necessária e imutável.) Essa forma de v. se desenvolve em seguida com o nominalismo dos s. XIV e XV, em estreita solidariedade com a negação de toda distinção outra que não real: a ausência de distinção entre inteligência e vontade divinas garante então que a vontade não é sujeita a nenhuma regra exterior a si mesma. Segundo Guilherme de Occam, Gabriel Biel e João Gerson, essa independência reside no fato de que a vontade divina não é determinada ao justo e ao bem; é, ao contrário, o que Deus quer que define o justo e o bem, e a vontade divina não tem outra regra senão ela mesma. Guilherme de Occam empurra essa tese até suas consequências extremas quando afirma que, *de potentia absoluta*, Deus poderia ter comandado ao homem que O odiasse, o que teria feito desse ato um ato reto, até meritório (*In I Sent.*, d. 17, q. 3, a. 5). A teoria reaparece em Descartes, que afirma que o bem só é tal porque Deus o quis.

A mesma inspiração está na origem de uma concepção da onipotência segundo a qual o pensamento e a ação divinas não são submetidas a um possível que lhes preexistiria, nem mesmo ao princípio de contradição. Longe de se submeter a um objeto inteligível e a princípios de inteligibilidade, a potência* divina é a fonte deles. Essa concepção, bem menos difundida que a figura precedente do v. e ainda mais impropriamente chamada "v.", desabrocha na teoria cartesiana da criação das verdades eternas, mas já era sustentada fugazmente no início do s. XIII pelo dominicano Hugo de Saint-Cher.

- Abelardo, *In Epistolam ad Romanos*, 1.II, c. V, PL 178, 869. — Anselmo, *De libertate arbitrii*, Schmitt I, 201-226; *De conceptu virginali et originali peccato*, Schmitt II, 135-173; *De concordia praescientia et praedestinatione et gratiae Dei cum libero arbitrio*, Schmitt II, 243-288. — Bernardo de Claraval, *De gratia et libero arbitrio*, c. II, 3-4, e *De diligendo Deo*, PL 182, 1003-1004 e 974-1000. — Boaventura, *Sent.* II, d. 25; d. 23, a. 2; IV, d. 49, *Opera omnia*, t. 2 e 4, Quaracchi, 1882-1902; *Itinerarium mentis in Deum*, c. VII, trad. H. Duméry, Paris, 1967, 100-107. — Descartes, *Lettres à Mersenne de 1630, Réponses aux sixièmes objections, Lettre à Mesland du 2 mai 1644*, A-T, I, 135-154; VII, 431-433 e IV, 110-120. — Duns Escoto, *Sent.* II, d. 25; *Sent.* IV, d. 49, sobretudo q. 4, q. *ex latere* (*post.* q. 4), q. 9, q. 10, *Opera Omnia*, ed. Wadding, t. 13 e 21, Paris, 1893, 1894 (reimpr. Hildesheim, 1968). — Gabriel Biel, *Collectorium circa quatuor libros Sententiarum*, Nova York, 1977-1984. — João Gerson, *Contra vanam curiositatem, De vita spirituali animae, De consolatione theologiae*, in *OC*, Paris, 1960-1973. — Gilles de Roma, *Quodlibeta* I, q. 19; III, q. 15-16; IV, q. 21, Frankfurt, 1966; *Sent.* III, d. 14, a. 3; IV, d. 49, Roma, 1623. — P. Glorieux, *Les premières polémiques thomistes: I. Le correctiorium corruptorii "quare"*, Kain, 1927; *II. Le correctiorium corruptorii "sciendum"*, Paris, 1956. — Guilherme de Occam, *Opera theologica*, t. I-VII em part. *In I Sent.*, d. 1, q. 1, q. 4, q. 6; *In III Sent.*, q. 12, q. 20; *In IV Sent.*, q. 16, Nova York, 1967-1986. — Guilherme de Saint-Thierry, *De contemplando Deo*, c. VIII, e *De natura et dignitate amoris*, c. VIII, PL 184, 375-377 e 393-395; *Speculum fidei, Expositio super Cantica canticorum*, PL 180, 390-394 e 473-546. — Henrique de Gande, *Quodlibeta*, Louvain, 1979-, em partic. I, q. 14, 15, 16, 20; IX, q. 5-7; X, q. 9, 10, 13, 14, 15; XI, q. 6; XII, q. 26; *Summa quaestionum ordinarium*, Nova York, 1953², em partic. art. 49. — Hugo de São Vítor, *Summa sententiarum* III, 8, PL 176, 101-102; *Commentaria in hierarchiam caelestiam dionysii aeropagitae* VI, PL 175, 1038 D. — Mateus de Aquasparta, *Quaestiones disputatae selectae*, em partic. *De cognitione*, q. 9, 1903. — Pierre de João Olivi, *Quaestiones in secundum librum Sententiarum*, Quaracchi, 1922-1926, q. 57-59. — E. Randi, "*Potentia Dei conditionata:* una questione di Ugo di Saint-Cher sull'onnipotenza divina, *In I Sent.*, d. 42, q. 1", *RSF* 39 (1984), 521-536. — Tomás Galo, *Extractio* dos *Nomes Divinos*, c. 7, in *Dionysiaca* I, Bruges, 1937, p. 206-207 e 225-226; *Commentaire du "Cantique des cantiques"*, Paris, 1967.

▶ P. Minges (1905), *Ist Duns Scotus indeterminist?*, BGPhMA 5. — É. Gilson (1934), *La théologie mystique de saint Bernard*, Paris, 1986⁵, sobretudo o apêndice V: "Notes sur Guillaume de Saint-Thierry". — J. Rohmer (1939), *La finalité morale chez les théologiens de saint Augustin à Duns Scot*, Paris. — O. Lottin (1942), *Psychologie et morale aux XIIe et XIIIe siècles*, Louvain. — J. Déchanet (1945), "*Amor ipse est intellectus*. La doctrine de l'amour-intellection chez Guillaume de Saint-Thierry", *RMAL* 1, 349-374. — A. Michel (1950), "Volontarisme", *DThC* 15/2, 3309-3322. — É. Gilson (1952), *Jean Duns Scot, introduction à ses positions fondamentales*, Paris. — F. A. Prezioso (1964), *L'evoluzione del volontarismo de Duns Scoto a Guglielmo Alnwick*, Nápoles. — R. Prentice (1968), "The Voluntarism of Duns Scotus, as seen in his Comparison of the Intellect and the Will", *FrSA* 6, 63-103. — R. Macken (1975), "La volonté humaine, faculté plus élevée que l'intelligence, selon Henri de Gand", *RThAM* 42, 5-51. — R. Hissette (1977), *Enquête sur les 219 articles condamnés à Paris le 7 mars 1277*, Louvain-Paris. — J.-L. Marion (1981), *Sur la théologie blanche de Descartes*, Paris. — E. zum Brunn, Z. Kaluza, A. de Libera (1984), *Maître Eckhart à Paris. Une critique médiévale de l'ontothéologie*, estudos, textos e trad., Paris. — O. Boulnois (sob a dir. de) (1994),

La puissance et son ombre. De Pierre Lombard à Luther, Paris. — F.-X. Putallaz (1995), Insolente liberté, Controverses et condamnations au XIIIe siècle, Friburgo-Paris. — C. Trottmann (1995), La vision béatifique, des disputes scolastiques à sa définition par Benoît XII, Roma. — O. Boulnois (1995), "La base et le sommet: la noblesse de la volonté selon Duns Scot", in B. C. Bazan (sob a dir. de), Les philosophies morales et politiques au

Moyen Âge, Nova York-Ottawa-Toronto, 1183-1198. — F.-X. Putallaz (1996), Figure Francescane alla fine del XIII secolo, Milão.

Laurence RENAULT

→ Amor; Bem-aventurança; Caridade; Intelectualismo; Liberdade.

VULGATA → traduções antigas da Bíblia

W

WESLEY, John → **metodismo**

WITTGENSTEIN, Ludwig, 1889-1951

Ludwig Wittgenstein (W.) nasceu em Viena em uma família de ascendência judaica, convertida ao cristianismo. Seu pai era protestante, mas foi educado na fé* católica de sua mãe. Contudo, se os Wittgenstein praticaram verdadeiramente uma religião, esta foi antes a da arte; e seu livro de referência era o *Mundo como vontade e como representação*, de Schopenhauer.

W. fez estudos científicos e técnicos em Viena e depois na Inglaterra antes de ir para Cambridge estudar lógica com Russell, que viu nele, muito cedo, seu digno sucessor, "apto para fazer o próximo passo decisivo na filosofia". Em 1914 alista-se voluntariamente no exército austro-húngaro. Condecorado muitas vezes, tornou-se tenente de artilharia. Em 1918 começa a redação da única obra publicada durante sua vida, *Tractatus logico-philosophicus*. Na Áustria, entre os membros do círculo de Viena, e depois na Inglaterra, a obra teve uma influência crescente, embora W. achasse sua tarefa cumprida e se retirasse dos estudos filosóficos. Renunciando à sua fortuna pessoal, foi, depois da guerra, sucessivamente mestre-escola, jardineiro do convento de Hütteldorf, arquiteto da célebre casa vienense de sua irmã, antes de voltar à filosofia por solicitação de seus amigos ingleses (em especial de F. P. Ramsey) e tornar-se *fellow* no Trinity College e professor na Universidade de Cambridge. Ali levou, entrecortada por estadias solitárias na Irlanda e na Noruega, a vida de um universitário não conformista, fascinando grande parte dos que dele se aproximaram. Nada publicava, mas marcava muito profundamente toda a filosofia do s. XX por seu ensinamento (muitas vezes recolhido por seus alunos) e pelos textos que deixou por ocasião de sua morte.

Em 1914 W. descobriu o resumo do Evangelho redigido por Tolstoi. Desde esse dia os soldados o chamavam "aquele que lê os evangelhos". Os cadernos redigidos durante a guerra levam a marca de um constante tormento religioso, e a renúncia à sua fortuna pessoal pode ter sido decidida por influência de Mt 19,23s e de Lc 14,13. Sua "Conferência sobre a ética", pronunciada em 1929/1930 contém uma fórmula que faz eco ao Sl 23: "Não temo mal algum", experiência que lhe parece fundamentalmente religiosa. Muitos indícios mostram que W., como dizia a um de seus amigos, sem ser um homem religioso, não podia deixar de ver todos os problemas de um ponto de vista religioso. (Para um levantamento preciso dos testemunhos a respeito das preocupações religiosas de W., ver Malcom 1994, c.1).

Na filosofia de W. convém distinguir dois períodos, o do *Tractatus* e o que levará à redação das *Investigações filosóficas*.

(*a*) *O Tractatus logico-philosophicus.* — *O Tractatus* (*T.*) distingue o que pode ser dito, por meio de proposições que são imagens de fatos (as ciências* da natureza constituem sua forma mais elaborada), e o que só pode ser mostrado. Como é o mundo*, isso pode-se dizer; que o mundo seja, isso se mostra mas não se diz. Que haja um mundo, isso não é um fato no mundo; o que não pode ser representado pelos fatos, imagens ou enunciados, é o que os fatos mostram. A factualidade de um fato não é, ela mesma, um fato. É uma característica formal do fato. A forma de todos os fatos é o limite do mundo dos fatos, e não entra no domínio do dizível. É o que W. chama o "místico", *das Mystische* (*T.*, 6.44, 6.45, 6.522). E como diz a última e mais célebre proposição do *T.* (7): O que não se pode falar, deve-se calar.

Segundo o próprio W., o *T.*, compreende duas partes: o que ali é dito e o que é calado. A segunda parte era para ele a mais — e mesmo a única — importante. De fato, é o paradoxo do *T.*: W. ali fala bem, mesmo se fala pouco, de Deus*, do inexprimível, do místico; seria só para excluí-los do dizível. Constituem o limite do mundo, i.e., sua forma geral, a possibilidade desse domínio que é o mundo. Ser a forma de um domínio é também ser seu sentido; sentido e essência são idênticos; e como W. identifica Deus com o sentido do mundo, pode-se dizer: sentido do mundo = forma do mundo = Deus. Não se trata, de modo algum, de teologia negativa*, concepção apofática de um Deus inefável, cujas fórmulas negativas seriam sua aproximação menos má; Deus, ao contrário, é que o mundo seja como é, o que não se pode dizer, o que se mostra no mundo tal como é. Deus é mais elevado e não se revela, ele mesmo, no mundo (6.432).

O que acaba de ser apresentado corresponde à primeira acepção que se possa dar ao sentido do mundo no *T.*: aquela a que se chega compreendendo a lógica como imagem refletida do mundo, como transcendental (6.13). A segunda é a acepção ética (o valor), também transcendental (6.421). Nem a lógica nem a ética* tratam do mundo: são condições transcendentais do mundo. Fornecem dois métodos de projeção possíveis para encontrar um sentido para o mundo. Para a lógica, o sentido do mundo é sua forma, Deus. Para a ética, é o sujeito desejante. Mas nada se poderá dizer da vontade (6.423) porque o sujeito enquanto vontade não é um fato. A atitude ética situa-se, por assim dizer, fora do mundo, fora dos fatos. Na atitude ética, o mundo torna-se outro mundo: "O mundo do homem feliz é outro mundo que o dos infelizes" (6.43).

Como conciliar o estatismo da entrada lógica no *T.* com o que diz uma entrada ética a partir da vontade, que parece supor uma possibilidade de mudança radical? É verossímil que W. queira dizer que, reconhecendo sua dependência absoluta em relação aos fatos, sua factualidade mesma, o homem torna-se independente do destino, liberta-se do tempo* e do medo da morte*. É, como diz nos *Cadernos* — em um momento em que sua vida estava em constante perigo — "fazer a vontade de Deus" (6.7.1916). A boa vontade não deseja nada e contenta-se com dar seu consentimento ao que der e vier. O que significa ver o mundo *sub specie aeterni* (6.45) ou, o que é o mesmo, viver no presente (6.4311).

(*b*) *Investigações filosóficas.* — Nos anos de 1930, W. dedicou-se a uma reflexão sobre o *T.*, e particularmente sobre a teoria pictórica da significação linguística que ele sustentava. Fala-se muitas vezes no que resultou daí como da "segunda filosofia" de W. Ela resultou nas *Investigações filosóficas*. Sua reconsideração do *T.* teve também por objeto algumas observações referentes à atitude religiosa. Nesse período, W. veio a pensar que a linguagem não pode ser dissociada da noção de uso. A tarefa da filosofia é a descrição paciente dos "jogos de linguagem". Estes pertencem às atividades humanas e delas não podem ser abstraídos. Essas atividades compõem forma de vida e de cultura. Nas *Lições e conversações*, o lugar que os conceitos de pecado* e de redenção, de julgamento*, de graça* ocupam na maneira de viver de uma comunidade humana, como também sua irredutibilidade às explicações teóricas e às predições científicas, torna-se então o tema central.

Pode-se tomar o exemplo da ressurreição. "Pode ser que fiqueis surpresos de que não haja, diante dos que creem na ressurreição, alguém para dizer: 'Afinal, é possível'. Nesse caso, com toda evidência, o papel da crença é muito mais do tipo seguinte: Imaginem que se diga de certa imagem que teria o papel de me chamar constantemente a meus deveres; ou que eu não deixe de pensar nela. Haveria enorme diferença entre as pessoas para quem essa imagem estivesse constantemente no primeiro plano, e os outros que pura e simplesmente não fizessem, em absoluto, nenhum uso dela" (*Lições e conversações [LC]* 111). A ressurreição não é uma hipótese que um controle científico poderia tornar mais ou menos crível, e não é um assunto de pesquisa histórica. Crer na ressurreição é fazer certas coisas que não faz o que não crê, ter uma atitude que só é inteligível admitindo essa crença. A ressurreição não é uma possibilidade fatual. Isso de modo nenhum significa que a crença não é nada, e que não é necessário ao crente afirmar a verdade* de suas crenças religiosas. W., ao contrário do que às vezes se deixa entender, não adota de maneira nenhuma a afirmação modernista segundo a qual a fé subsistiria mesmo se todos os acontecimentos históricos aos quais ela se refere no Credo fossem ficções. A fé consiste justamente em não considerar os acontecimentos históricos aos quais se refere como podendo ser ficções. As crenças religiosas não são muletas psicológicas de uma atitude moral generosa, e de uma atitude que poderia mesmo ser adotada sem as crenças religiosas mesmas. Crer no juízo final, p. ex., torna a atitude ética totalmente diferente do que seria se seu autor não tivesse essa crença.

Em W., as crenças religiosas são inseparáveis do sentido atribuído aos conceitos que exprimem, conceitos que não são tampouco separáveis das atitudes que adotamos, e mesmo no que elas consistem. Isso significa que a atitude religiosa não consiste em fazer referência a algo no mundo, Deus, para organizar sua vida. Se assim fosse, as crenças religiosas poderiam ser verdadeiras ou falsas, poderiam ser epistemologicamente justificadas. E como esse não é o caso, não se pode portanto fazer aparecer a verdadeira racionalidade da crença religiosa sem afirmar que a apologética é risível (*LC*, p. 114), seja positiva (Deus existe), seja negativa (Deus não existe). Não só as crenças religiosas são imunizadas contra toda crítica racional que visassem destruí-las, mas ainda tornam vã toda tentativa de justificação racional; sua racionalidade reside no fato de que impregnam todos os comportamentos e todas as decisões do crente, e não no que teriam de fundado ou "fundacional".

O problema filosófico da religião não é saber se a palavra Deus tem um sentido. Nem também é saber se as crenças religiosas são confusas ou sistematicamente supersticiosas. Quando se fica preso a tais problemas, é que não se captou o que constitui a crença religiosa, sua pertença a uma prática. A propósito do etnólogo inglês Frazer, W. diz: "Que estreiteza da vida espiritual* em Frazer! Em consequência, que impotência em conceber outra vida do que a inglesa de seu tempo" ("*Notas sobre o Ramo de ouro*", p. 17; cf. Winch, 1958). Julgar de fora formas de vida, fenômenos humanos como os que Frazer estudava, a partir de concepções consideradas superiores, tem por resultado não captar o que as constitui como práticas no interior das quais as pessoas pensam, sentem, decidem etc. As formas de vida são feitas de práticas linguísticas, de pressupostos implícitos, de comportamentos sentidos como apropriados, de reações "instintivas". Examinada do exterior, a religião é ininteligível, porque um fenômeno humano não repousa sobre critérios de validade que lhe são exteriores ou que poderiam ser abstraídos dela. O homem luta para não morrer nas chamas sem ter de fazer uma indução no termo da qual decidirá fugir: crer que perecerá e lutar até a morte são uma só e a mesma coisa. Crer em Deus é, em certas circunstâncias, agir de certa maneira, ou abster-se de certas coisas, o que não são coisas diferentes. Vê-se então que na atitude religiosa há algo de primitivo, no sentido de que a explicação se detém ao constatar o papel que desempenha nas formas de vida, sem dar-lhe uma justificação exterior.

Muitas vezes confundiu-se essa concepção da religiosidade com uma forma de fideísmo*.

Porém W. não preconiza nenhuma oposição da fé e da razão*, menos ainda a humilhação da razão pela fé. A religião não deve ser fundada sobre ou contra uma evidência teórica, porque constitui uma prática. Essa tese, que chamamos "wittgensteinismo religioso", encontrou seu principal defensor em D. Z. Phillips (também em Kerr, 1986), que a opõe a todo "evidencialismo" (procura de uma justificação racional de fé), mas também a toda concepção "realista" da fé (segundo a qual a crença religiosa corresponderia a um objeto real, p. ex. a crença na realidade dos milagres*). O wittgensteinismo religioso constitui de fato uma via teológica relativamente original, entre o racionalismo* e o fideísmo. Nessa via, as crenças religiosas não têm de corresponder a fatos. Nem por isso se trata de considerá-los como míticas, sob pretexto de que não são fundadas cientificamente, nem considerá-las como não racionais ou intrinsecamente irracionais (crer porque é absurdo).

Careceria de sentido perguntar a um crente se pensa que suas crenças são verdadeiras: é melhor perguntar-lhe (ou mesmo, constatar) que papel desempenham em sua vida. Quem crê que a vida continua depois da morte não age como quem pensa que a vida termina com a morte. A oração* pela cura* de uma criança doente, p. ex. não é uma tentativa para influir sobre a vontade divina; é a manifestação de uma vontade de resistir ao desespero e à amargura; ou ainda, uma prova de confiança em Deus na provação apesar da vulnerabilidade humana (Phillips, 1965), uma confiança compreendida como um dom de Deus. É assim como o que se quer dizer por "rei", "torre" ou "cavalo" no xadrez, como também a prática efetiva do jogo de xadrez não correspondem a coisas que existiriam fora do próprio jogo, as práticas religiosas não têm de corresponder a realidades que elas testemunham. A significação dos termos religiosos (fé, pecado, ressurreição, amor* do próximo etc.) não se deve procurar no exterior da religião.

Nada indica que W. tenha pensado que uma forma de vida que incluísse a defesa de doutrinas teológicas e metafísicas, digamos, o teísmo*, fosse nela mesma intrinsecamente absurda, mas parece bem que sustentou que a religião não consiste em afirmar doutrinas e defendê-las com argumentos, apelando para a evidência de uma realidade independente, mas ainda que tais considerações não são de modo algum necessárias. A esse wittgensteinismo religioso podia-se objetar que crer na existência de Deus pode dificilmente reduzir-se a um compromisso existencial tomando a forma de uma prática comunitária impossível de ser considerada do exterior e só tomando sentido no interior de seus próprios conceitos (religiosos). Porque "se Cristo* não ressuscitou, então é vazia nossa mensagem e vazia é vossa fé" (1Cor 15,14). Como a fé poderia dispensar uma forma suficientemente vigorosa de realismo* religioso? Como poderia ser somente a coordenação social de uma prática, sem perder seu caráter sagrado e reduzir-se a um fenômeno humano como qualquer outro, p. ex. a prática artística, ou mesmo um jogo de xadrez? Tais questões, contudo, não devem desviar de um exame sério da posição de W. a respeito da fé e da religião, porque ela não deixa de oferecer uma vantagem certa: para desfazer-se do ceticismo em relação à fé, não tem de restabelecer verdades religiosas teóricas, mas simplesmente constatar formas de vida guiadas pela fé.

• *Werkausgabe*, Frankfurt, 1989, 8 vol. (contém o original da maior parte dos textos escritos em alemão, além das traduções alemãs do *Blue Book*, do *Brown Book* e das *Leituras*). —*Wiener Ausgabe*, ed. M. Nedo, Viena 1994-, 15 vol. previstos representando uma ed. diplomática do *Nachlass* dos anos 1931-1936; está prevista uma continuação. — C. Diamond (1975), *Wittgenstein's Lectures on the Foundation of Mathematics, Cambridge 1939*, Chicago. — D. Lee (1980), *Wittgenstein's Lectures, Cambridge 1930-1932*, Oxford. — A. Ambrose (1989), *Wittgenstein's Lectures, Cambridge 1930-1932*, Oxford. — L. Wittgenstein (1958 póst.), *The Blue and Brown Books, Oxford;* (*sd*) *Lectures and Conversations on Aesthetics, Psychology and Religious Belief*, Berkeley–Los Angeles; (1993) *Philosophical Occasions 1912-1951* (preciosa coletânea de cartas dificilmente acessíveis); *Cambridge Letters: Correspondance with Russell, Keynes, Moore, Ramsey and Strafa*, Oxford. Em português:

Tractatus logico-philosophicus, São Paulo, 2001; *Investigações filosóficas*, São Paulo, 2000; *Gramática filosófica*, São Paulo, 2003; *Da certeza*, Lisboa, 2000; *O livro azul*, Lisboa, 1992: *O livro castanho*, Lisboa, 1992: *Cultura e valor*, Lisboa, 2000; *Fichas (Zettel)*, Lisboa, 1989: *Anotações sobre as cores*, Lisboa, 1996.

▸ P. Winch (1958), *The Idea of a Social Science*, Londres. — D. Z. Phillips (1965), *The Concept of Prayer*, Oxford. — R. H. Bell (1968), *Theology as Grammar* (Tese univ. de Yale). — R. Rhees (1970), *Discussions of W.* (1996²), Bristol. — P. J. Sherry (1971), *Truth and 'Religious Language game'* (Tese univ. de Cambridge). — A. Janik e S. Toulmin (1973), *Wittgenstein's Vienna*. — H. Frei (1974), *The Eclipse of Biblical Narrative*, New Haven e Londres. — A. Keightley (1976), *W., Grammar and God*, Londres. — P. Holmer (1978) *The Grammar of Faith*, Nova York. — J. Linbeck (1984), *The Nature of Doctrine*, Filadélfia. — F. Kerr (1986), *Theology After W.*, Oxford. — D. Z. Phillips, (1988), *Faith After Foundamentalism*, Londres; (1993) *W. and Religion*, Nova York. — N. Malcolm (1994), *W., A Religious Point of View?*, Edited with a response by P. Winch, Londres; (1995), *Wittgesteinian Themes, Essays 1978-1989*, Ithaca e Londres.

Roger POUIVET

→ *Fideísmo; Linguagem teológica; Provas da existência de Deus; Religião (filosofia da)*.

WYCLIF, João → **Hus**

Z

ZUÍNGLIO, Huldrych, 1484-1531

Nascido em Wildhaus, no Toggenburg (cantão suíço de Saint-Gall), Huldrych Zuínglio (Z.) é oriundo de uma família de notáveis, cujas preocupações o prepararam para os problemas políticos e sociais de seu tempo, tal como os Estados confederados de então os conheciam: tensão entre o império, de que esses Estados* faziam parte, e a soberania destes; disparidade entre as cidades e o campo; conflito entre a submissão ao estrangeiro e os interesses locais (mercenariado), misérias sociais que decorrem disso. No plano religioso, o homem será logo apanhado nos redemoinhos da contestação humanista, de um lado, e no conflito de autoridade* latente entre magistrado temporal e poder episcopal, do outro.

Z. recebe sua primeira formação de um tio padre* que o prepara para a escola latina de Basileia. Em 1498, estuda na Universidade de Viena, depois na de Basileia. Em 1506, recebe ali o grau de mestre de artes. Foi também às margens do Reno que frequentou um círculo de humanistas e se aproximou de Erasmo*, cuja influência sobre Z. será decisiva. No mesmo ano, recebe a ordenação sacerdotal do bispo* de Constança e se torna pároco de Glaris por dez anos. De 1516 a 1518, é pregador na célebre abadia de Einsiedeln. Paralelamente, engaja-se como capelão dos mercenários suíços, participa como tal das guerras* da Itália e sofre, do lado das tropas pontifícias, a famosa derrota de Marignan em 1515. A experiência infeliz do mercenariado marca-o profundamente. Muda então de opinião e prega a neutralidade dos confederados, o que o opõe desde logo à política francófila de sua cidade e ao serviço mercenário de Francisco I. A guerra pelas liberdades*, é claro!, mas não por dinheiro. Z. está convencido de que a decadência moral de seu país se deve em grande parte a esse tipo de política.

Prosseguindo sua formação, inscreve-se na tradição* teológica da *via antiqua*, de suas teses aristotélicas e tomistas. Seu encontro com as ideias erasmianas, notadamente a leitura do NT grego editado pelo grande mestre humanista em 1516, dá à sua própria teologia* um caráter absolutamente bíblico, até mesmo biblicista. As marcas dessa dupla formação se desenharão em pano de fundo de todas as suas tomadas de posição ulteriores, e é por causa dela que ele não se apropriou da teologia luterana, se oporá a ela e ganhará um *status* específico entre os reformadores protestantes.

Em 1518, é nomeado *leutpriester* (prior) do *Grossmünster* de Zurique, onde deve assumir a importante função de pregador. É graças a essa função que Z. dará à sua reforma local, em seguida germânica e confederal, o estilo tipicamente zuingliano, acentuando o sermão e a formação cristã por meio da meditação e da escuta sistemática dos textos escriturísticos. Orientado para a pregação* às expensas da prática sacramental, essa característica da reforma cultual zuriqueana a distinguirá da de Lutero*. Mais tarde, o próprio Z. fará questão de sublinhar sua autonomia em relação a seu colega reformador de Wittenberg. Embora encontre nos escritos de Lutero a confirmação de suas próprias intuições reformadoras, sobretudo a da justificação* pela fé*, suas experiências pastorais de Zurique dão a seu pensamento e sua ação um caráter diferente. Sua reforma se desdobra desde logo de maneira própria, marcada ao mesmo tempo por um humanismo* menos otimista que o de Erasmo e por uma teologia centrada na pneumatologia mais que na cristologia*. É a centralidade do Espírito* em sua teologia que o leva, a partir de 1522, a afirmar claramente a Escritura*, sob a inspiração do Espírito, como único fundamento da doutrina e da vida cristãs.

Assim se colocam os marcos de uma ruptura com a teologia e a eclesiologia* tradicionais, mas também com outras tendências reformadoras iminentes (p. ex., o anabatismo). O conflito com a Igreja* católica estabelecida explode na primavera de 1522: amigos de Z. comem salsichas durante a quaresma, os pregadores reformistas ou tradicionalistas invectivam de todos os lados. A provocação é estigmatizada pelo bispo e levada por Z. diante da autoridade civil. A controvérsia é lançada e Z. joga habilmente a autoridade civil contra a autoridade episcopal. Com isso, ele abre o caminho para uma colaboração entre o poder temporal e a autoridade eclesiástica que será doravante inelutável nas cidades e nos territórios abertos à Reforma. A Reforma zuingliana será assim a mais próxima e a mais dependente do magistrado. Este toma partido pelo reformador, convoca disputas, exerce a função de árbitro, institui a norma escriturística como referência magisterial em matéria de reforma.

Z. faz irradiar a Reforma estabelecida em Zurique pelos territórios germânicos: Berna, Basileia, Saint-Gall, Mulhouse, Estrasburgo e várias outras cidades se referem à sua teologia. Em 1524-1525, ele mesmo consigna seus pensamentos em diversos escritos, entre os quais o

Comentário sobre a verdadeira e falsa religião (em latim), sua obra maior. Reorganiza as Igrejas receptivas à sua Reforma, dota-as de sínodos* de tipo "reformado", de constituições inéditas, de consistórios matrimoniais, de novas liturgias*. O culto* ali é centrado no sermão, e a santa ceia é celebrada somente quatro vezes por ano.

Ocorrem conflitos, não somente com os cantões que permaneceram fiéis à fé* tradicional, mas também com a Reforma luterana ou com a Reforma dita radical (os anabatistas*, cujos primeiros mártires são afogados em Zurique em janeiro de 1527). Quando, em 1529, em Marburgo, Z. se separa irremediavelmente de Lutero por causa da presença real na eucaristia*, a ruptura está consumada no interior do campo reformador protestante. A Reforma zuingliana prossegue, em particular rumo à Suíça não germânica, onde faz a junção, a partir dos anos 1530, com a reforma calviniana de Guilherme Farel.

Mas a obra do zuriqueano terminará em suspenso: arrastado nos conflitos político-militares devidos às primeiras lutas confessionais entre confederados, Z. morre no campo de batalha de Kappel em 1531. Em Zurique e outros lugares, sua obra reformadora se consolidará e se estenderá, graças a seu sucessor Heinrich Bullinger, até 1549, ano em que o *Consensus Tigurinus* selou a fusão com a reforma calvinista e em que nasceu assim o protestantismo* de tipo zuínglio-calvinista, dito "reformado", por oposição ao movimento luterano. Algumas características da Reforma de tipo zuingliano (importância do sermão, marginalização da eucaristia, concepção do ministério* pastoral, desconfiança para com a arte sacra, papel da autoridade civil nas questões religiosas) determinarão o conjunto do protestantismo ulterior.

• A edição completa das obras de Z. está em curso de publicação no quadro do *Corpus Reformatorum*, t. 88 e *sq*: *Huldreich Zwinglis Sämtliche Werke* (1905-), Berlim. — Obras traduzidas e editadas em francês: — *Der Hirt* (1523) (*Le Pasteur*, 1984); *Eine christliche Anleitung an die Seelsorger* (1523) (*Brève instruction chrétienne*, Genebra, 1953); *Von göttlicher und menschlicher Gerechtigkeit* (1523) (*De la justice divine et de la justice humaine*, 1980); *Eine göttliche Vermahnung an die ältesten*

Eidgenossen zu Schwyz (1522) e *Eine treue und ernstliche Vernahnung an die frommen Eidgenossen* (1524) (*Deux exhortations à ses confédérés*, Genebra, 1988); *Erste Predigt in Bern* (1528) (*Première prédication à Berne*); *Expositio christianae fidei* (1539) (*Brève et claire exposition de la foi chrétienne*, Genebra, 1986); *Huld. Z. quo pacto ingenuii adolescentes formandi sint praeceptiones pauculae* (1523) (*La Pédagogie évangélique de Z.*, in *RThom*, t. 53, 2, 1953).

▸ Até 1971, a bibliografia está repertoriada e anotada em U. Gäbler (1975), *Huldrych Z. Forschungsbericht und annotierte Bibliographie 1897-1971*, Zurique. — J. Courvoisier (1947), *Z.*, Genebra. — G. H. Williams (1962), *The radical reformation*, Filadélfia. — J. Courvoisier (1965), *Z., théologien réformé*, Neuchâtel. — G. Locher (1979), *Die Zwinglische Reformation im Rahmen der europäischen Kirchengeschichte*, Göttingen-Zurique. — W. J. Neuser (1983), "Z. und der Zanismus", *HDThG*, 167-238. — U. Gäbler (1983), *Huldrych Z. Eine Einführung in sein Leben und sein Werk*, Munique. — P. Blickle *et al.* (ed.) (1985), *Z. und Europa*, Zurique. — W. P. Stephens (1986), *The Theology of Huldrych Z.*, Oxford. — J. V. Pollet (1988), *Huldrych Z. et le Zwinglianisme. Essai de sythèse historique et théologique mis à jour d'après les recherches récentes*, Paris. — H. Oberman *et al.* (1991-1992), *Reformiertes Erbe. Festschrift für Gottfried Locher zur seinem 80. Geburtstag*, 2 vol., *Zwingliana*, 1991/2 e 1992/2, Zurique. — M. Baumgartner (1993), *Die Täufer und Z. Eine Dokumentation*, Zurique. — M. Lienhard (1994), "L'action et la doctrine de Huldrych Z.", *Histoire du Christianisme*, t. 8: *De la Réforme à la Réformation (1450-1530)*, Paris, 771-786.

Gottfried HAMMANN

→ *Anabatistas; Calvinismo; Calvino; Erasmo; Humanismo cristão; Luteranismo; Lutero; Protestantismo.*

Lista dos autores

Jean-Noël ALETTI, Pontifício Instituto Bíblico, Roma: mistério A, teologia paulina

Ysabel de ANDIA, CNRS, Paris: atributos divinos, Pseudo-Dionísio, simplicidade divina, teologia negativa

Jean-Robert ARMOGATHE, Escola Prática de Altos Estudos, Paris: Belarmino, Leibniz, quietismo

David ATTWOOD, Trinity College, Bristol: guerra B, legítima defesa

Gennaro AULETTA, doutor em filosofia, Roma: providência 1 a 4.

Joseph AUNEAU, Escola Superior de Teologia Católica, Issy-les-Moulineaux: bênção A, louvor, santidade A, templo

Peter BAELZ, Universidade de Oxford: ética

Michael BANNER, Universidade de Londres: ética sexual, relativismo

Edmond BARBOTIN, Universidade de Estrasburgo: experiência

Richard BAUCKAM, Universidade de St. Andrews: ecologia

Oswald BAYER, Universidade de Tübingen: lei B (com Axel WIEMER)

Paul BEAUCHAMP, Instituto Superior de Teologia e de Filosofia da Companhia de Jesus, Paris: cumprimento das escrituras, alma-coração-corpo C, criação A, Deus A.I, inferno A, Espírito Santo A.I, milagre A, sabedoria A, sentidos da Escritura, teologia bíblica, violência A

Pierre-Marie BEAUDE, Universidade de Metz: mito

David W. BEBBINGTON, Universidade de Stirling: batistas

Jürgen BECKER, Universidade de Kiel: ressurreição de Cristo A

Guy BEDOUELLE, Universidade de Friburgo-Misericórdia: Erasmo, humanismo cristão, Latrão V (concílio), Trento (concílio)

Thierry BEDOUELLE, agregado da Universidade, Vire: mundo B, secularização

John BEHR, Seminário Teológico de São Vladimir, Crestwood, NY: Adão B, antropologia 1 a 6

Wolfgang BEINERT, Universidade de Ratisbona: concílio, governo da Igreja, hierarquia, estruturas eclesiais, sínodo

Olivier de BERRANGER, bispo de Saint-Denis: Lubac

Nigel BIGGAR, Oriel College, Oxford: casuística, mandamento

André BIRMELÉ, Universidade de Estrasburgo: Conselho Ecumênico das Igrejas, eclesiologia, família confessional, ecumenismo, obras, protestantismo, unidade da Igreja

Yves-Marie BLANCHARD, Instituto Católico de Paris: cordeiro de Deus/cordeiro pascal, teologia joanina, Verbo A

Neals BLOUGH, Centro Menonita de Estudos e de Encontros, Saint-Maurice: anabatistas

François BOESPFLUG, Universidade de Estrasburgo: imagens, Niceia II (concílio) (com Françoise VINEL), revelações particulares

1883

Hubert BOST, Instituto Protestante de Teologia: história da Igreja, tradição B

Jacques-Guy BOUGEROL, 1909-1997: Boaventura

Olivier BOULNOIS, Escola Prática de Altos Estudos, Paris: analogia, Deus A.III, Duns Escoto, natureza, potência divina, sobrenatural

Dominique BOUREL, CNRS, Jerusalém: pietismo

Daniel BOURGEOIS, Fraternidade São João de Malta, Aix-en-Provence: leigo-laicato

Henri BOURGEOIS, Universidade Católica de Lyon: purgatório

Pietro BOVATI, Pontifício Instituto Bíblico, Roma: ciúme divino, cólera de Deus, juízo A, vingança de Deus

Rémi BRAGUE, Universidade de Paris I: aristotelismo cristão, judaísmo

René BRAUN, Universidade de Nice: docetismo, gnose, marcionismo, Tertuliano

John BRECK, Seminário Teológico de São Vladimir, Crestwood, NY: imitação de Jesus Cristo

Thomas E. BREIDENTHAL, Seminário Teológico Geral, Nova York: paixões, violência B

Claude BRESSOLETTE, Instituto Católico de Paris: modernismo, tradicionalismo, Vaticano I, Vaticano II

Jacques BRIEND, Instituto Católico de Paris: bode expiatório, decálogo, Páscoa A, palavra de Deus A

Emilio BRITO, Universidade Católica de Louvain: Hegel, hegelianismo, kenose, Schleiermacher, teologia dogmática

Lynne M. BROUGHTON, doutor em filosofia, Cambridge: arquitetura

Jean-Louis BRUGUÈS, Instituto Católico de Toulouse: morte B

Pierre BÜHLER, Universidade de Neuchâtel: confissões de fé B, palavra de Deus B, pregação

Heinz BÜRKLE, Universidade de Munique: teologia das religiões

James T. BURTCHAELL, Universidade de Notre Dame, Ind.: aborto, preceitos/conselhos

Raniero CANTALAMESSA, doutor em Teologia, Roma: Páscoa B

Vincent CARRAUD, Universidade de Caen: ceticismo cristão, ciência divina a. a e., coração de Cristo, Descartes, nada, Pascal,

Maurice CARREZ, Faculdade de Teologia Protestante, Paris: eucaristia A, Filho do homem, Jerusalém, ministério A

Dominique CERBELAUD, Universidade Católica de Lyon: milenarismo A, misericórdia

Louis-Marie CHAUVET, Instituto Católico de Paris: penitência, sacramento

Carlo CICONETTI, convento São Martinho, Roma: Carmelo (com Stéphane-Marie MORGAIN)

Gérard CLAUDEL, Universidade de Metz: Pedro

Richard J. CLIFFORD, Escola de Teologia Weston, Cambridge, Mass.: Bíblia (com Daniel J. HARRINGTON)

Jean-François COLLANGE, Universidade de Estrasburgo: Barth, Bultmann, Tillich

Matthieu COLLIN, Abadia la Pierre-qui-Vire: lei A

John J. COLLINS, Universidade de Chicago: apocalipse, parusia

Patrick COLLINSON, Universidade de Cambridge: puritanismo

Jean-François COLOSIMO, Instituto Teológico Ortodoxo Saint-Serge, Paris: Gregório Palamas, hesicasmo

Jean COMBY, Universidade Católica de Lyon: Lião I (concílio), Lião II (concílio)

Marie-Hélène CONGOURDEAU, CNRS, Paris: Constantinopla IV (concílio)

Michel CORBIN, Instituto Católico de Paris: Trindade B

Antoine CÔTÉ, Universidade de Otawa: infinito

Édouard COTHENET, Instituto Católico de Paris: Maria A

Henri CROUZEL, Universidade Gregoriana, Roma, e Instituto Católico de Toulouse: modalismo, subordinacianismo

Elian CUVILLIER, Instituto Protestante de Teologia, Montpellier: filiação

Brian E. DALEY, Escola de Teologia Weston, Cambridge, Mass.: anipostasia, apocatástase, comunicação dos idiomas, Constantinopla II (concílio)

Irénée-Henri DALMAIS, Instituto Católico de Paris: Máximo Confessor

André DARTIGUES, Instituto Católico de Toulouse: ressurreição dos mortos B

Paul DE CLERCK, Instituto Católico de Paris: batismo, confirmação, imposição das mãos, iniciação cristã, santos óleos

Jean DELORME, Universidade Católica de Lyon: narrativa

Nicolas DERREY, Seminário Interdiocesano, Reims: mistério B

Placide DESEILLE, Instituto Teológico Ortodoxo Saint-Serge, Paris: alma-coração-corpo D. 1 e 2, tentação B

Andreas DETTWILER, Universidade de Zurique: Espírito Santo A II (com Jean ZUMSTEIN)

Patrick DONDELINGER, doutor em teologia, Paris: exorcismo

Joseph DORÉ, Instituto Católico de Paris: consciência de Cristo, paixão B

Étienne DUCORNET, doutor em teologia, Paris: ritos chineses

Bernard DUPUY, Centro Istina, Paris: Soloviev

Christian DUQUOC, Universidade Católica de Lyon: ressurreição de Cristo B

Georges M. de DURAND, 1936-1997: Padres da Igreja

Xavier DURAND, Centro de Cultura Cristã, Limoges: cidade, povo

Stefanus DU TOIT, doutor em filosofia, Coetzenburgo, África do Sul: raça

Mark EDWARDS, Universidade de Oxford: monoteísmo I e III, Pai B, Verbo B

Gillian R. EVANS, Universidade de Cambridge: Boécio, Gregório Magno

Eva-Maria FABER, Universidade de Friburgo na Brisgóvia: graça

Antoine FAIVRE, Escola Prática de Altos Estudos, Paris: teosofia

Jacques FANTINO, Universidade de Metz: circunsessão, Ireneu de Lião, judeu-cristianismo

Michel FÉDOU, Instituto Superior de Teologia e de Filosofia da Companhia de Jesus, Paris: Calcedônia (concílio), monofisismo

Irène FERNANDEZ, doutor em letras, Paris: beleza, cosmo B (com Jean-Yves LACOSTE), criação B. eternidade divina, justiça divina

Gianfranco FIORAVANTI, Universidade de Pisa: naturalismo

Rino FISICHELLA, Universidade Gregoriana, Roma: Balthasar

Claude FLIPO, diretor da Revista *Christus*, Paris: espiritualidade inaciana

Camile FOCANT, Universidade Católica de Louvain: Escritura sagrada

Vittorio FUSCO, bispo de Nardò-Gallipoli: eleição, endurecimento, Israel

Jacques GAGEY, Universidade de Paris VII: Freud

Pierre GAUTHIER, Universidade de Estrasburgo: Newman

Claude GEFFRÉ, Escola Bíblica e Arqueológica francesa, Jerusalém: hierarquia das verdades, morte A, teologia natural, vida eterna

Franco GIACONE, Universidade La Sapienza, Roma: valdenses

Pierre GIBERT, Universidade Católica de Lyon: gêneros literários da Escritura, promessa

Maurice GILBERT, Faculdades Universitárias Notre-Dame de la Paix, Namur: cânon das Escrituras, idolatria, ressurreição dos mortos A, sheol

Paul GILBERT, Universidade Gregoriana, Roma: ontologismo

Marie-Christine GILLET-CHALLIOL, doutor em filosofia, Paris: Schelling

Michel GITTON, doutor em história das religiões, Paris: helenização do cristianismo

André GOUNELLE, Instituto Protestante de Teologia, Montpellier: *Process Theology*

Jérôme de GRAMONT, doutor em filosofia, Alençon: antropologia 7, Nietzsche (com Ulrich WILLERS)

Christian GRAPPE, Universidade de Estrasburgo: sacrifício (com Alfred MARX)

Jacques M. GRES-GAYER, Universidade Católica da América, Washington, D.C.: galicanismo, jansenismo, ultramontanismo

Gisbert GRESHAKE, Universidade de Friburgo-na-Brisgóvia: escatologia

Jean-Noel GUINOT, CNRS, Lyon: escola de Antioquia

Pierre-Marie GY, Instituto Católico de Paris: ágape, ano litúrgico, bênção B, clérigo-clericato, culto dos santos, diaconisas, domingo, epiclese, eucaristia B, liturgia, ordens menores, relíquias, sacrifício da missa, unção dos enfermos, validade

Gottfried HAMANN, Universidade de Neuchâtel: Bucer, Zuínglio

Jean-Yves HAMELINE Instituto Católico de Paris: culto, música

Yves-Jean HARDER, Universidade de Paris IV: amor, ateísmo A, Deus B

John E. HARE, Colégio Calvino, Mich.: autonomia da ética

Daniel J. HARRINGTON, Escola de Teologia Weston, Cambridge, Mass.: Bíblia (com Richard J. CLIFORD)

Anthony E. HARVEY, Abadia de Westminster: exegese

Noëlle HAUSMAN, Instituto de Estudos Teológicos, Bruxelas: vida consagrada

Leonhard HELL, Universidade de Friburgo-na-Brisgóvia: catolicismo, teologia positiva

Philippe HENNE, Universidade Católica de Lille: Padres apostólicos

Alasdair I. C. HERON, Universidade de Erlangen: Calvino, calvinismo

Richard HIGGINSON, Riddley Hall, Cambridge: moral econômica

George HOBSON, doutor em filosofia, Paris: pentecostalismo

Marten HOENEN, Universidade Católica de Nimega: nominalismo

Peter HÜNERMANN, Universidade de Tübingen: juízo B, reino de Deus B

Max HUOT DE LONGCHAMP, Centro São João da Cruz, Mers-sur-Indre: infância espiritual, João da Cruz, mística, espiritualidade salesiana

Ruedi IMBACH, Universidade de Friburgo-Misericórdia: Dante (com Silvia MASPOLI)

Werner G. JEANROND, Universidade de Lund, Suécia: caráter

Brian JOHNSTONE, Academia Afonsiana, Roma: proporcionalismo, utilitarismo, escândalo

Jean JOLIVET, Escola Prática de Altos Estudos, Paris: escola de Chartres, escola de São Vítor

Maurice JOURJON, Universidade Católica de Lyon: Maria B (com Bernard MEUNIER)

Éric JUNOD, Universidade de Lausanne: apócrifos, Orígenes

Zénon KALUZA, CNRS, Paris: conciliarismo, Constança (concílio), Hus

Charles KANNENGIESSER, Universidade de Notre Dame, Ind.: arianismo, Atanásio, consubstancial, Niceia I (concílio)

Shinji KAYAMA, Exeter College, Oxford: paz a. a d.

Walter KERN, Universidade de Innsbruck: heresia, teologia fundamental

Fergus KERR, Universidade de Edinburgo: linguagem teológica

Ulrich KÜHN, Universidade de Leipzig: Igreja

Jean-Yves LACOSTE, College of Blandings: alma-coração-corpo D. 3, ateísmo B, beatitude B, Bérulle (com Stéphane-Marie MORGAIN), conhecimento de Deus, cosmo B (com Irène FERNANDEZ), credibilidade, Deus A. IV a VI, escolas teológicas, esperança, ser, fé B (com Nicolas LOSSKY), Heidegger, hermenêutica, história, mal A, milagre B, monaquismo B, paganismo B, filosofia, providência 5, razão, racionalismo, revelação, ciência divina f, tempo, teologia, trabalho, verdade B

Ghislain LAFONT, Universidade Gregoriana, Roma: adocianismo

Jacqueline LAGRÉE, Universidade de Rennes: deísmo/teísmo, estoicismo cristão, panteísmo

Matthew LAMB, Boston College, Boston, Mass.: Lonergan

Gilles LANGEVIN, Universidade Laval, Quebec: Cirilo de Alexandria, Éfeso (concílio), nestorianismo, união hipostática

Nicholas LASH, Universidade de Cambridge: Marx

Michel LAUWERS, Universidade de Nice: beguinas, *devotio moderna*, Vienne (concílio)

Marc LECLERC, Universidade Gregoriana, Roma: Blondel, evolução, monogenismo/poligenismo

Hervé LEGRAND Instituto Católico de Paris: bispo, colegialidade, diácono, Igreja particular, ministério B, mulher B, ordenação/ordem, papa, presbítero/padre, sacerdócio C

François-Marie LÉTHEL, Teresianum, Roma: Constantinopla III (concílio), monotelismo/monoenergismo

Alain de LIBERA, Escola Prática de Altos Estudos, Paris: Alberto magno, mística renano-flamenga, escolástica

Fritz LIENHARD, Universidade de Estrasburgo: missão/evangelização

Marc LIENHARD, Universidade de Estrasburgo: Lutero

Ann LOADES, Universidade de Durham: mulher C

Norbert LOHFINK, Hochschule Sankt Georgen, Frankfurt sobre o Meno: aliança

Jean LONGÈRE, Instituto de Pesquisa e de História dos Textos, Paris: Latrão I (concílio), Latrão II (concílio), Latrão III (concílio), Latrão IV (concílio)

Nicolas LOSSKY, Instituto de Teologia Ortodoxa Saint-Serge, Paris, e Universidade de Paris-Nanterre: fé B (com Jean-Yves LACOSTE), Ortodoxia, Ortodoxia moderna e contemporânea, patriarcado

Andrew LOUTH, Universidade de Durham: ascese, martírio, oração, teologia espiritual, vida espiritual

José LOZA VERA, Escola Bíblica de Arqueologia francesa, Jerusalém: teofania

Scott MAC DONALD, Universidade de Iowa: bem

Goulven MADEC, CNRS, Paris, agostinismo

Jean-Michel MALDAMÉ Instituto Católico de Toulouse: visão beatífica

Pierre MARAVAL, Universidade de Estrasburgo: apolinarismo, messalianismo, peregrinação

Alain MARCHADOUR, Instituto Católico de Toulouse: livro

Massimo MARCOCCHI, Universidade do Sagrado Coração, Milão: Afonso de Ligório

Daniel MARGUERAT, Universidade de Lausanne: Jesus da história

Gustave MARTELET, Instituto Superior de Teologia e de Filosofia da Companhia de Jesus, Paris: inferno B, predestinação

François MARTY, Instituto Superior de Teologia e de Filosofia da Companhia de Jesus, Paris: antropomorfismo, Kant

Martin E. MARTY, Universidade de Chicago: fundamentalismo

Alfred MARX, Universidade de Estrasburgo: sacrifício (com Christian GRAPPE)

Silvia MASPOLI, Universidade de Friburgo-Misericórdia: Dante (com Ruedi IMBACH)

Taddée MATURA, Convento dos franciscanos, Avignon: espiritualidade franciscana

Paul McPARTLAN, Heythrop College, Londres: pessoa, santidade B

Bernard MEUNIER, Universidade Católica de Lyon: Basileia-Ferrara-Florença (concílio), Maria B (com Maurice JOURJON)

Constant MEWS, Universidade de Monach, Clayton, Victoria (Austrália): Abelardo

Harding MEYER, Centro de Estudos Ecumênicos, Estrasburgo: luteranismo

Cyrille MICHON, Universidade de Paris IV: lugares teológicos (com Gilbert NARCISSE), onipresença divina

Dietmar MIETH, Universidade de Tübingen: teologia narrativa

John MILBANK, Universidade de Cambridge: imutabilidade divina/impassibilidade divina, pós-modernidade, teologia da libertação, teologia política

Roland MINNERATH, Universidade de Estrasburgo: Igreja-Estado

Burkhard MOJSISCH, Universidade de Bochum: Nicolau de Cusa

Stéphane-Marie MORGAIN, Teresianum, Roma: Bérulle (com Jean-Yves LACOSTE), Carmelo (com Carlo CICONETTI)

Michèle MORGEN, Universidade de Estrasburgo: carne, Mundo A

Robert MURRAY, Heythrop College, Londres: Adão A, animais, cosmo A

Gilbert NARCISSE, Convento dos Dominicanos, Bordeaux: doutor da Igreja (com Galahad THREEPWOOD), lugares teológicos (com Cyrille MICHON), sensus fidei

Frédéric NEF, Universidade de Rennes: beatitude A, contemplação, veracidade

Karl-Heinz NEUFELD, Universidade de Innsbruck: descida aos infernos, fideísmo, Rahner, tradição A

Bruno NEVEU, Escola Prática de Altos Estudos, Paris: notas teológicas

Philippe NOUZILLE, Abadia de Ligugé: Bernardo de Claraval

Joan L. O'DONOVAN, doutor em filosofia, Oxford: autoridade B. propriedade, sociedade

Oliver O'DONOVAN, Universidade de Oxford: epiqueia, liberdade B, mal B, pena, revolução, sabedoria B

Paul OLIVIER, agregado da Universidade, Nice: provas da existência de Deus

Jean-Pierre OSIER, agregado da Universidade, Paris: unitarismo/antitrinitarismo

Annette PALES-GOBILLIARD , Escola Prática de Altos Estudos, Paris: catarismo (com Galahad TRHEEPWOOD)

Georges PATTISON, King's College, Cambridge: Kierkegaard

Keith PAVLISCHEK, Crossroads, Wynnewood, Penn.: liberdade religiosa

Anne-Marie PELLETIER, Universidade de Marne-la-Vallée: casal, mulher A

Romano PENNA, Pontifícia Universidade Lateranense, Roma: salvação A

Éfoé-Julien PÉNOUKOU, Grande Seminário de Dogbo, Benin: inculturação

Michel-Yves PERRIN, Centro Lenain-de-Tillemont, Paris, Hilário de Poitiers, Roma

Charles PERROT, Instituto Católico de Paris: evangelhos

Stephen PISANO, Pontifício Instituto Bíblico, Roma: traduções antigas da Bíblia

Jean PORTER, Universidade de Notre Dame, Ind.: justiça, virtudes

Gian-Luca POTESTÀ, Universidade do Sagrado Coração, Milão: milenarismo B

Bernard POTTIER, Instituto de Estudos Teológicos, Bruxelas: confissões de fé A

John C. PUDDEFOOT, Eton College: ciências da natureza

Albert de PURY, Universidade de Genebra: guerra A

Bernard RENAUD, Universidade de Estrasburgo: messianismo/messias, servo de Javé

Laurence RENAULT, agregado da Universidade, Paris: bañezianismo-molinismo-baianismo, intelectualismo, Suárez, voluntarismo

Jürgen ROLOFF, Universidade de Erlangen: apóstolo

Michael ROOT, Centro de Estudos Ecumênicos, Estrasburgo: intecomunhão, recepção, sacerdócio B, sucessão apostólica

Risto SAARINEN, Universidade de Helsinki e Centro de Estudos Ecumênicos, Estrasburgo: autoridade A, cisma, indefectibilidade da Igreja, infalibilidade, magistério

Jean-Marie SALAMITO, Universidade de Estrasburgo: Ambrósio de Milão, Cipriano de Cartago, João Crisóstomo

Jean-Pierre SCHALLER, doutor em teologia, doutor em letras, Basileia e Paris: direção espiritual

Ernst-Albert SCHARFFENORTH, Universidade de Heidelberg: Bonhoeffer

Adrian SCHENKER, Universidade de Friburgo-Misericórdia: expiação, pureza/impureza

Jacques SCHLOSSER, Universidade de Estrasburgo: reino de Deus A

Helmut SCHMIDINGER, Universidade de Salzburgo: escolas de Tübingen

Werner H. SCHMIDT, Universidade de Bonn: monoteísmo II

Raymund SCHWAGER, Universidade de Innsbruck: salvação B

Philibert SECRETAN, Universidade de Friburgo-Misericórdia: agnosticismo

Laurent SENTIS, Seminário da Diocese de Toulon: pecado original, traducianismo

Bernard SESBOÜÉ, Instituto Superior de Teologia e de Filosofia da Companhia de Jesus, Paris: apropriação, Basílio de Cesareia, Cristo/cristologia, Constantinopla I (concílio), indulgências, solidariedade

José Luis SICRE, Escola de Teologia de Granada: profeta/profecia

Gérard SIEGWALT, Universidade de Estrasburgo: Igreja local, pastor

Yves SIMOENS, Instituto de Estudos Teológicos, Bruxelas: glória de deus, Pai A, sacerdócio A

Robert SONG, St. John's College, Durham: democracia

Lisa SOWLE CAHILL, Boston College, Boston, Mass.: família, procriação

Jörg SPLETT, Hochschule Sankt Georgen, Frankfurt-sobre-o-Meno: filosofia da religião

G. Christopher STEAD, Universidade de Cambridge: platonismo cristão

Claude TASSIN, Instituto Católico de Paris: intertestamento, paganismo A, universalismo

Michael THEOBALD, Universidade de Tübingen: verdade A

Wolfgang THÖNISSEN, Universidade de Friburgo-na-Brisgóvia: liberdade A

Galahad THREEPWOOD, MA, Londres: catarismo (com Annette PALES-GOBILLIARD), congregacionalismo, doutor da Igreja (com Gilbert NARCISSE), limbos, sabbat B

Jean-Marie R. TILLARD, Convento dos Dominicanos, Ottawa: comunhão

Jean-Pierre TORRELL, Universidade de Friburgo-Misericórdia: Tomás de Aquino, tomismo

Cécile TURIOT, Instituto Católico de Paris: cura

Patrick VALDRINI, Instituto Católico de Paris: disciplina eclesiástica, direito canônico, jurisdição

Pierre VALLIN, Instituto Superior de Teologia e de Filosofia da Companhia de Jesus, Paris: casamento A

Albert VANHOYE, Pontifício Instituto Bíblico, Roma: fé A, paixão A

Marie-Anne VANNIER, Universidade de Estrasburgo: Agostinho, donatismo, maniqueísmo, pelagianismo, vestígio

Allen VERHEY, Hope College, Holland, Mich.: ética médica

Jacques VERMEYLEN, Centro de Estudos Teológicos e Pastorais, Bruxelas: nome

Miklos VETÖ, Universidade de Poitiers: Edwards

Françoise VINEL, doutor em estudos gregos, Estrasburgo: escola de Alexandria, Gregório de Nazianzo, Gregório de Nissa, montanismo, Niceia II (com François BOESPFLUG), novacianismo

Coloman VIOLA, CNRS, Paris: Anselmo de Cantuária, asseidade, triteísmo

Adalbert de VOGÜÉ, Abadia de Pierre-qui-Vire: monaquismo A

Geoffrey WAINWRIGHT, Universidade de Duke: metodismo

Peter WALTER, Universidade de Friburgo-na-Brisgóvia: dogma, Scheeben

Bernd WANNENWETSCH, Universidade de Erlangen: casamento B

Édouard-Henri WÉBER, CNRS, Paris: anjos, deidade, demônios

John WEBSTER, Christ Church, Oxford: consciência

André WÉNIN, Universidade Católica de Louvain: alma-corpo-coração A e B, conversão, sabbat A, temor de Deus, tentação A

Daniel WESTBERG, Universidade de Terre-Neuve: ato, intenção, prudência

Lionel WICKHAM, Universidade de Cambridge: catequeses

Axel WIEMER, Universidade de Tübingen: lei B (com Oswald BAYER)

Ulrich WILLERS, Universidade Católica de Eichstatt: Nietzsche (com Jérôme de GRAMONT)

Rowan WILLIAMS, bispo de Monmouth: justificação, pecado

John WITTE, Emory Law School, Atlanta: direito

Joseph WOLINSKI, Instituto Católico de Paris: Deus A II, Espírito Santo B, Trindade A

J. Robert WRIGHT, Seminário Teológico Geral, Nova York: anglicanismo

Nicole ZEEGERS-VANDER VORST, Universidade Católica de Louvain: apologistas

Jean ZUMSTEIN, Universidade de Zurique: Espírito Santo A II (com Andreas DETTWILLER), parábola, protocatolicismo

Índice geral

A

Abaddôn: *Sheol.*

abaliedade: *Asseidade.*

abandono: *Renano-flamenga (mística).*

abba: *Consciência de Cristo; Filiação; Jesus da história; Pai; Paixão; Paulina (teologia).*

Abbadie, Jacques: *Deísmo/teísmo.*

Abelardo, Pedro*: *Anselmo de Cantuária; Beatitude; Bernardo de Claraval; Chartres (escola de); Consciência; Consciência de Cristo; Descartes (René); Dogmática (teologia); Escolástica; Fé; Indulgências; Intelectualismo; Judaísmo; Latrão III (concílio); Potência divina; Ressurreição dos mortos; Revelação; Sacramento; São Vítor (escola de); Teologia; Triteísmo; Voluntarismo.*

Aberle, Moritz von: *Tübingen (escolas de).*

abnegação: *Bérulle (Pierre, cardeal de); Nada.*

aborto: *Violência.*

Abraão: *Fé; Igreja; Pai; Paulina (teologia); Sentidos da Escritura; Tentação; Universalismo.*

Abrão: *Nome.*

absolutistas: *Casuística.*

absolvição: *Afonso de Ligório; Indulgências; Latrão I (concílio); Penitência.*

Acácio de Mitilene: *Maria; Monofisismo.*

ação católica: *Leigo/laicato.*

ação de graças: *Eucaristia; Louvor; Salmos.*

ação: *Blondel (Maurice).*

Acarie Barbe (Maria da Encarnação): *Bérulle (Pedro, cardeal de); Salesiana (espiritualidade).*

Acemetas: *Monaquismo.*

Achard de São Vítor: *São Vítor (escola de).*

acidentes: *Descartes (René); Eucaristia; Ser.*

acólitos: *Ordens menores.*

acordo de Porvoo: *Intercomunhão.*

acordos de Meissen: *Igreja-Estado.*

acribia: *Validade.*

actus purus essendi: *Ser.*

aculturação: *Inculturação.*

ad aliquid: *Ser.*

Adão de Wodeham: *Nominalismo.*

Adão*: *Duns Escoto (João); Ireneu de Lião; Máximo Confessor; Mundo; Natureza; Paulina (teologia); Pecado original; Predestinação; Razão; Salvação; São Vítor (escola de); Solidariedade; Tentação.*

aderência: *Bérulle (Pedro, cardeal de); Infância espiritual.*

adiairetos: *Calcedônia (concílio).*

adoção: *Filiação; Pai; Paulina (teologia).*

adocianismo*: *Modalismo; Trindade.*

'adonay: *Nome.*

adoração: *Imagens; Niceia II (concílio); Religião (filosofia da).*

adseidade: *Ser.*

adução: *Ser.*

Ressurreição dos mortos; Salmos; Sobrenatural; Visão beatífica.

antropomorfismo*: Demônios; Exegese; Kant (Immanuel); Misericórdia; Teofania; Trabalho.

antropotokos: Maria.

Anunciação: Culto dos santos; Maria.

anúncios da Paixão: Paixão.

anúncios: Cumprimento das Escrituras.

aparições: Ressurreição de Cristo; Revelações particulares; Teofania.

apatheia: Ascese; Imutabilidade divina/impassibilidade; Monaquismo; Oração; Paixões.

Apel, Karl Otto: Esperança.

Apelles: Docetismo.

Aphraate: Mistério.

Apocalipse: Templo; Vida eterna.

apocalíptico*: Apócrifos; Escatologia; Filho do homem; Jesus da história; Milenarismo; Montanismo; Mundo; Parusia; Paulina (teologia); Reino de Deus; Ressurreição de Cristo; Ressurreição dos mortos; Sabedoria.

apocatástase*: Anjos; Demônios; Gregório de Nissa; Juízo; Morte.

apocatástase: Vida eterna.

apócrifos*: Cânon das Escrituras; Jesus da história.

apodíticas (leis); Lei.

apofase: Ceticismo cristão; Hesicasmo; Nada; Negativa (teologia); Trindade.

apoftegmas: Evangelhos.

Apolinário de Laodiceia: Antioquia (escola de); Apolinarismo; Cirilo de Alexandria; Éfeso (concílio); Milenarismo; Natureza.

apolinarismo*: Ambrósio de Milão; Encarnação; Gregório de Nissa; Monofisismo; Monotelismo/monoenergismo; Nestorianismo.

apologética do sentimento: Milagre.

apologética: Ceticismo cristão; Escritura sagrada; Exegese; Fé; Fundamental (teologia); História da Igreja; Pregação; Ressurreição de Cristo; Teologia.

apologia: Agostinho de Hipona; Apostólicos (Padres); Pascal (Blaise).

apologistas*: Deus; Pai; Platonismo cristão; Religiões (teologia das); Ressurreição dos mortos; Tertuliano; Trindade.

Apolônio de Tirana: Jesus da história.

apostasia: Batismo; Cisma; Pecado; Penitência.

apostolado: Missão/evangelização.

apostolicidade da Igreja: Igreja; Sucessão apostólica.

apóstolo: Apostólicos (Padres); Autoridade; Concílio; Estruturas eclesiais; Igreja; Infalibilidade; Paixão; Profeta/Profecia; Roma; Sínodo; Sucessão apostólica; Tradição.

após-vida: Alma-coração-corpo.

approbatio ecclesiae: Doutor da Igreja.

apropriação: Bíblica (teologia); Boaventura; Monotelismo/monoenergismo; Nestorianismo; São Vítor (escola de); Trindade.

aquedah: Páscoa.

Áquila: Cânon das Escrituras; Ser; Traduções antigas da Bíblia.

Arbatel: Teosofia.

Arca: Sacrifício.

arcebispos: Patriarcado.

ARCIC II: Justificação.

arco-íris: Guerra.

arcos butantes: Arquitetura.

Arendt, Hannah: Violência.

aretalogias: Sabedoria.

arianismo*: Ambrósio de Milão; Apolinarismo; Aristotelismo cristão; Atanásio de Alexandria; Encarnação; Cisma; Filioque; Gregório de Nazianzo; Hilário de Poitiers; Imutabilidade divina/impassibilidade divina; Modalismo; Monotelismo/monoenergismo; Nestorianismo; Newman (John Henry); Niceia I (concílio); Subordinacianismo; Trindade.

Ário → Arianismo.

Aristides de Atenas: Apologistas.

Aristóteles: Agostinismo; Alexandria (escola de); Amor; Analogia; Aristotelismo cristão; Asseidade; Autonomia da ética; Beatitude; Boécio; Caráter; Chartres (escola de); Ciência divina; Consubstancial; Contemplação; Deus; Direção espiritual; Duns Escoto (João); Epiqueia; Escolástica; Ética; Experiência; Fé; Filosofia; Galicanismo; Gêneros literários na Escritura; Infinito; Intelectualismo; Justiça; Latrão IV (concílio); Latrão V (concílio); Lugares teológicos; Lutero (Martinho); Milagre; Onipresença divina; Paixões; Platonismo cristão; Provas da

Predestinação; Salvação; Sentidos da Escritura; Trento (concílio); Valdenses; Vienne (concílio); Violência.

cruzada: *Bernardo de Claraval; Latrão IV (concílio); Lião I (concílio); Lião II (concílio); Peregrinação; Vienne (concílio).*

Cucagni: *Ultramontanismo.*

Cudworth, Ralph: *Anglicanismo.*

Cullman, Oscar: *Bultmann (Rudolph); Escatologia; Eternidade divina; História; Jesus da história; Ressurreição dos mortos; Revelação; Vaticano II (concílio); Vida eterna.*

culto dos santos*: *Martírio.*

culto*: *Confissões de fé; Eclesiologia; Hegel (Georg Wilhelm Friedrich); Idolatria; Igreja; Imagens; Judeu-cristianismo; Juízo; Niceia II (concílio); Pregação; Ressurreição dos mortos; Santidade; Trento (concílio); Unidade da Igreja.*

cultura: *Exegese; Inculturação; Mito; Scheeben (Matthias Joseph); Tillich (Paul).*

cume da alma: *Mística.*

cumprimento: *Aliança; Apocatástase; Bíblia; Exegese; História; Lei; Messianismo/messias; Mito; Paixão; Palavra de Deus; Promessa; Ressurreição de Cristo.*

cura de almas: *Direção espiritual.*

cura do coração: *Vida consagrada.*

cura*: *Alma-coração-corpo; Fé; Joanina (teologia); Jesus da história; Milagre; Peregrinação; Servo de Javé.*

cúria romana: *Papa.*

Curtis Lee Laws: *Fundamentalismo.*

D

dado revelado: *Revelação.*

Dahlemitas: *Bonhoeffer (Dietrich).*

Daly Mary: *Mulher.*

dam: *Limbos.*

Damasceno João: João Damasceno.

Damascios: *Analogia; Negativa (teologia).*

Damásio: *Inferno; Roma.*

danação: *Inferno; Juízo; Purgatório.*

Daniel: *Apocalíptica; Mistério.*

Daniélou, Jean: *Balthasar (Hans Urs von); Esperança; Lubac (Henri Sonier de); Vaticano II (concílio).*

Dante*: *Beatitude; Filosofia; Ressurreição de Cristo; São Vítor (escola de).*

Darboy, Georges: *Galicanismo; Vaticano I (concílio).*

Darwin, Charles Robert: *Adão; Ciências da natureza; Evolução; Naturalismo.*

Daub, Karl: *Hegelianismo.*

David: *Aliança; Filiação; Guerra; Jerusalém; Messianismo/messias; Sacerdócio; Salmos; Templo.*

Davidson, Donald: *Ação/ato.*

Deacon, Thomas: *Metodismo.*

deambulatório: *Arquitetura.*

decálogo*: *Aliança; Apologistas; Imagens; Lei; Sabbat.*

Dechamps, Victor: *Fundamental (teologia); Milagre; Vaticano I (concílio).*

Declaração de Barmen: *Confissões de fé.*

Declaração de Saboia: *Congregacionalismo.*

Declarações de Meissen: *Unidade da Igreja.*

decretais: *Latrão III (concílio); Latrão IV (concílio); Roma; Vienne (concílio).*

Decreto aos Armênios: *Validade.*

Decreto de Graciano: *Latrão I (concílio); Latrão II (concílio).*

decretos canônicos: *Niceia I (concílio).*

decretos divinos: *Bañezianismo-molinismo-baianismo.*

dedicação: *Relíquias.*

dedução matemática: *Provas da existência de Deus.*

defuntos: *Culto dos santos.*

deidade*: *Chartres (escola de); Monoteísmo; Pai.*

deificação ‡ divinização.

deipara: *Maria.*

deísmo*: *Anglicanismo; Ciências da natureza; Estoicismo cristão; Kant (Immanuel); Panteísmo; Racionalismo; Ritos chineses; Unitarismo/antitrinitarismo; Vaticano I (concílio).*

Delhaye, Philippe: *Vaticano II (concílio).*

Delorme, J.: *Exegese.*

Demetrius Cydones: *Ortodoxia moderna e contemporânea.*

demiurgia: *Criação; Docetismo; Gnose; Marcionismo; Pai; Verbo.*

diálogo inter-religioso: *Missão/evangelização.*

Diatessaron: *Cânon das Escrituras.*

Dibelius M.: *Evangelhos; Exegese; Gêneros literários na Escritura.*

dicta probanti: *Positiva (teologia).*

Didaché: *Aborto; Ágape; Apostólicos (Padres); Cânon das Escrituras; Trindade.*

didascales: *Doutor da Igreja; Escolas teológicas; Ministério.*

Didascalia dos Apóstolos: *Mulher.*

didascalia: *Penitência.*

Didaskaleion: *Escolas teológicas.*

Diderot Denis: *Deísmo/teísmo; Teosofia.*

Dídimo de Alexandria: *Alexandria (escola de); Cirilo de Alexandria; Maria; Montanismo.*

Dieckmann, H.: *Revelação.*

Diego de Jesus: *Carmelo.*

Dieringer, Franz Xaver: *Tübingen (escolas de).*

dies natalis: *Culto dos santos.*

Dietrich de Freiberg: *Intelectualismo.*

diferença sexual: *Casal.*

diferendo: *Pós-modernidade.*

dignidade do homem: *Humanismo cristão; Sobrenatural.*

dikaiosune: *Justiça.*

diké: *Justiça.*

Dilthey, Wilhelm: *Hegelianismo; Hermenêutica.*

diocese: *Estruturas eclesiais; Local (Igreja); Particular (Igreja); Patriarcado.*

Diodati: *Estoicismo cristão.*

Diodoro de Tarso: *Antioquia (escola de); Apolinarismo; Aristotelismo cristão; Consciência de Cristo.*

diofisismo: *Antioquia (escola de).*

Diogneto, Epístola a: *Apostólicos (Padres).*

Dionísio de Alexandria: *Atanásio de Alexandria; Consubstancial; Imutabilidade divina/impassibilidade.*

Dionísio de Roma: *Consubstancial.*

Dionísio, o Cartuxo: *Sobrenatural.*

Dioniso: *Nietzsche (Friedrich Wilhelm).*

direção espiritual*: *Hesicasmo; Penitência; Vida espiritual.*

direito canônico*: *Autoridade; Cisma; Concílio; Direito; Disciplina eclesiástica; Estruturas eclesiais; Família; Hierarquia; Jurisdição; Patriarcado; Validade.*

direito civil eclesiástico: *Direito canônico.*

direito concordatário: *Direito canônico.*

direito divino: *Governo da Igreja; Igreja; Magistério.*

direito dos povos: *Direito.*

direito eclesiástico: *Agostinismo.*

direito humano: *Governo da Igreja; Igreja.*

direito internacional: *Guerra.*

direito natural: *Agostinismo; Direito; Lei; Propriedade.*

direito romano: *Direito; Direito canônico; Liberdade.*

direito*: *Aliança; Cólera de Deus; Direito canônico; Expiação; Igreja; Lei; Suárez (Francisco); Tomismo; Vingança de Deus.*

disciplina: *Direito canônico; Igreja; Indulgências; Latrão II (concílio); Magistério; Roma.*

discípulos: *Igreja; Ministério.*

discriminação: *Jesus da história.*

discussão ecumênica: *Indefectibilidade da Igreja.*

dispensar: *Epiqueia.*

disposição: *Ação/ato; Bem; Caráter; Coração de Cristo; Paixões; virtudes.*

Disputa de Heidelberg: *Lutero (Martinho).*

diteísmo: *Gregório de Nazianzo; Marcionismo; Subordinacianismo.*

divina liturgia: *Eucaristia; Liturgia.*

divinização: *Agostinho de Hipona; Arianismo; Deus; Graça; Gregório Palamas; Hesicasmo; Liberdade; Máximo Confessor; Páscoa; Renano-flamenga (mística); Santidade; Ser; Sobrenatural; Vida eterna; Visão beatífica.*

Divino Afflante Spiritu: *Bíblica (teologia); Escritura sagrada; Evolução; Exegese; Gêneros literários na Escritura; Sentidos da Escritura.*

divino: *Deus.*

divino-humanidade: *Soloviev (Vladimir).*

divisões: *Cisma.*

divórcio: *Casal; Família; Matrimônio.*

Dix, Gregory: *Anglicanismo.*

doação de Constantino: *Leigo/laicato.*

docetismo*: *Monofisismo; Ressurreição de Cristo; Tertuliano.*

doctrina sacra: *Teologia.*

documento sacerdotal: *Aliança.*

Dodd, Charles Harold: *Joanina (teologia).*

Doddridge, P.: *Congregacionalismo.*

doença: *Cura; Salvação.*

dogma*: *Blondel (Maurice); Filioque; Igreja; Infalibilidade; Lubac (Henri Sonier de); Modernismo; Notas teológicas; Tomismo; Trento (concílio).*

dogmática*: *Hegel (Georg Wilhelm Friedrich); Positiva (teologia); Tomás de Aquino.*

Döllinger, Jean Joseph Ignace von: *Igreja; Racionalismo; Vaticano I (concílio).*

dom: *Sobrenatural; Tomás de Aquino; Tomismo.*

dominação: *Casal; Ecologia.*

domingo*: *Ano litúrgico.*

Domingos (santo): *Latrão IV (concílio).*

Domingos de Santa Teresa: *Carmelo.*

dominica dies: *Domingo.*

Donat: *Donatismo.*

donatismo*: *Batismo; Cisma; Pietismo; Sacramento.*

Donne, John: *Anglicanismo.*

dons preternaturais: *Adão; Salvação.*

donun vitae: *Procriação.*

Dooyeweerd, Herman: *Autoridade; Sociedade.*

Döpfner, J.: *Vaticano II (concílio).*

dormição: *Apócrifos; Maria; Morte.*

Dorner, Isaak August: *Hegelianismo.*

Dosithée de Jerusalém: *Ortodoxia moderna e contemporânea.*

Dostoiévski, Fiodor: *Demônios; Mal; Ortodoxia moderna e contemporânea.*

Doura-Europos: *Arquitetura.*

douta ignorância: *Negativa (teologia); Nicolau de Cusa.*

doutor*: *Boaventura; Igreja; Magistério; Padres da Igreja.*

doutrina: *Confissões de fé; Disciplina eclesiástica; Fé; Infalibilidade; Jurisdição; Magistério; Monoteísmo.*

doxa: *Glória de Deus.*

doxologia: *Basílio de Cesareia (chamado o Grande); Bênção; Catarismo; Deus; glória de Deus; Louvor; Monoteísmo; Trindade.*

Doze: *Apóstolos; Jesus da história; Joanina (teologia); Ministério; Pedro.*

drama: *Balthasar (Hans Urs von).*

Drey, Johann Sebastian von: *Deus; Fundamental (teologia); História; Igreja; Milagre; Revelação; Tübingen (escolas de).*

Droysen, Johann Gustav: *Hermenêutica.*

Dryden, John: *Deísmo/teísmo.*

Du Perron: *Bérulle (Pierre, cardeal de); Ultramontanismo.*

Du Pin: *Positiva (teologia).*

Du Plessis-Mornay, Philippe: *Bérulle (Pierre, cardeal de); Fundamental (teologia).*

Du Vair, Guillaume; *Estoicismo cristão.*

dualismo corpo-alma: *Alma-coração-corpo.*

dualismo metafísico: *Ascese.*

dualismo: *Apocalíptica; Apologistas; Criação; Docetismo; Maniqueísmo; Reino de Deus; Verdade.*

DuBose, William Porcher: *Anglicanismo.*

Duchesne, L.: *Batismo; Iniciação cristã; Modernismo.*

Dukheim, Émile: *Autoridade.*

dulia: *Culto dos santos; Maria; Relíquias.*

Duméry, Henri: *Provas da existência de Deus.*

Dumoulin, H.: *Religiões (teologia das).*

Duns Escoto*: *Analogia; Anjos; Anglicanismo; Autonomia da ética; Autoridade; Bem; Boaventura; Criação; Econômica (moral); Escolástica; Infinito; Intelectualismo; Justificação; Limbos; Lutero (Martinho); Mandamento; Maria; Mulher; Nominalismo; Pecado original; Provas da existência de Deus; Potência divina; Ser; Simplicidade divina; Sobrenatural; Tomismo; Voluntarismo.*

Dupanloup, Félix: *Vaticano I (concílio).*

dupla predestinação: *Agostinismo.*

dupla verdade: *Verdade.*

duplex cognitio: *Revelação.*

duplex usus legis: *Lei.*

duplo efeito: *Escândalo; Morte; Proporcionalismo.*

Dupuy, P.: *Galicanismo.*

escola de São Vítor: *Alberto Magno; Criação.*

escola de Tübingen: *Escolas teológicas; Fideísmo.*

escola protestante de Tübingen: *Hegelianismo.*

escola romana: *Tradição.*

escolas abaciais: *Teologia.*

escolástica*: *Alberto Magno; Analogia; Anselmo de Cantuária; Dante; Descartes (René); Deus; Dogma; Encarnação; Escatologia; Fideísmo; Intelectualismo; Juízo; Suárez (Francisco); Teologia; Tomismo; Verdade; Visão beatífica.*

Escoto, Erígena → João Escoto Erígena.

escravidão: *Filiação; João Crisóstomo; Liberdade; Paulina (teologia); Raça; Salvação.*

Escritura sagrada*: *Alberto Magno; Belarmino (Roberto); Boaventura; Confissões de fé; Devotio moderna; Duns Escoto (João); Inferno; Kierkegaard (Søren Aabye); Lugares teológicos; Magistério; Mistério; Padres da Igreja; Paixão; Palavra de Deus; Páscoa; Paulina (teologia); Predestinação; Pregação; Tradição; Vida eterna.*

escultura: *Idolatria.*

Esdras: *Cânon das Escrituras.*

eslavófilos: *Soloviev (Vladimir).*

esmola: *Ascese; Penitência.*

esoterismo: *Teosofia.*

espaço: *Ciências da natureza.*

esperança do Cristo: *Esperança.*

esperança*: *Apocatástase; Dante; Escatologia; História; Limbos; Marx (Karl); Messianismo/messias; Process Theology; Providência; Purgatório; Reino de Deus; Ressurreição dos mortos; Salvação; Tempo; Trento (concílio); Vida eterna; Visão beatífica.*

Espinoza Baruch: *Adocianismo; Asseidade; Ateísmo; Autoridade; Beatitude; Ciência divina; Consciência; Cristo/cristologia; Deísmo/teísmo; Descartes (René); Deus; Ontologismo; Panteísmo; Pós-modernidade; Sociedade.*

Espírito Santo*: *Agostinho de Hipona; Aliança; Anselmo de Cantuária; Apolinarismo; Basílio de Cesareia; Bernardo de Claraval; Carne; Concílio; Conciliarismo; Confirmação; Constantinopla I (concílio); Deus; Vida espiritual; Igreja; Inferno; Filioque; Glória de Deus; Gregório de Nazianzo; Hegel (Georg Wilhelm Friedrich); Infinito; Ireneu de Lião; Juízo;*

Maria; Milenarismo (B. Joaquim de Fiore e o joaquinismo); Nicolau de Cusa; Oração; Orígenes; Pai; Pregação; Promessa; Providência; Purgatório; Recepção; Reino de Deus; sabedoria; Santidade; São Vítor (escola de); Scheeben (Matthias Joseph); Tempo.

espirituais: *Vienne (concílio).*

espiritualidade da decisão: *Inaciana (espiritualidade).*

espiritualidade do matrimônio cristão: *Matrimônio.*

espiritualidade inaciana: *Rahner (Karl).*

espiritualidade medieval: *Agostinismo.*

espiritualidade: *Devotio moderna; Hus (João); Peregrinação; São Vítor (escola de); Tomás de Aquino.*

espiritualismo: *Deísmo/teísmo; Tradição.*

esposos: *Paulina (teologia).*

esse ad: *Ser.*

essência: *agostinho de Hipona; Anselmo de Cantuária; Bernardo de Claraval; Boaventura; Chartres (escola de); Circunsessão; Deidade; Duns Escoto (João); Encarnação; Escolástica; Gregório Palamas; Infinito; Nominalismo; Renano-flamenga (mística); Ser; Sobrenatural; Tomismo.*

Essênios: *Aliança; Apocalíptica; Eucaristia; Evangelhos; Judeu-cristianismo; Monaquismo; Sacrifício; Templo.*

essentia Dei metaphysica: *Asseidade.*

Estado: *Aliança; Autoridade; Belarmino (Roberto); Direito; Galicanismo; Liberdade religiosa; Lei; Messianismo/messias; Sociedade; Suárez (Francisco).*

estética: *Beleza.*

estigmas: *Mística; Revelações particulares.*

estilo perpendicular: *Arquitetura.*

estoicismo*: *Apologistas; Ação/ato; Consciência; Consubstancial; Ética; Liberdade; Mal; Paixões; Platonismo cristão; Revelação; Teologia.*

estrangeiro: *Universalismo.*

Estrasburgo: *Bucer (Martin).*

estrutura: *Autoridade; Confissões de fé; Eclesiologia; Família confessional; Hierarquia; Igreja; Local (Igreja).*

estruturalismo: *Exegese.*

eternidade: *Anselmo de Cantuária; Boécio; Catarismo; Hegel (Georg Wilhelm Friedrich); Inferno; Predestinação; Vida eterna.*

ethnikos: *Paganismo.*

G

L

Latomus: *Lutero (Martinho)*.

latria: *Maria; Relíquias*.

Laud, William: *Anglicanismo; Newman (John Henry); Puritanismo*.

laura: *Monaquismo*.

Law, William: *Anglicanismo; Metodismo*.

laxismo: *Pascal (Blaise)*.

Le Comte, L.: *Ritos chineses*.

Le Déaut, Roger: *Intertestamento*.

Le Guillou, Marie-Joseph: *Encarnação*.

Le Roy, Édouard: *Evolução; Milagre; Modernismo*.

Leão IX: *Igreja-Estado*.

Leão Magno: *Calcedônia (concílio); Constantinopla II (concílio); Constantinopla III (concílio); Doutor da Igreja; Kenose; Maria; Monofisismo; Nestorianismo; Ordenação/ordem; Roma; Salvação*.

Leão X: *Erasmo; Latrão V (concílio)*.

Leão XIII: *Autoridade; Coração de Cristo; contemplação; Eclesiologia; Ecumenismo; Igreja-Estado; Liberdade religiosa; Maria; Propriedade; Sociedade; Suárez (Francisco); Tomismo*.

lectio divina: *Escritura sagrada; Oração*.

lectio sacra: *Anselmo de Cantuária*.

Lefèvre d'Étaples, Jacques: *Humanismo cristão; Nicolau de Cusa; Sentidos da Escritura*.

Léger P. E.: *Vaticano II (concílio)*.

legítima defesa*: *Intenção; Morte*.

legitimação: *Autoridade*.

Lei de Santidade: *Santidade*.

lei eterna: *Bem; Direito; Ética; Lei; Prudência*.

lei natural: *Abelardo (Pedro); Autoridade; Bem; Consciência; Duns Escoto (João); Justiça; Lei; Mandamento; Proporcionalismo*.

lei*: *Afonso de Ligório; Barth (Karl); Catarismo; Escolástica; Ética; Judeu-cristianismo; Jurisdição; Kant (Immanuel); Mandamento; Palavra de Deus; Paulina (teologia); Reino de Deus; Salvação; Tentação*.

Lei: *Alma-coração-corpo; Carne; Cumprimento das Escrituras; Judaísmo; Luteranismo; Natureza; Paulina (teologia)*.

Leibniz, Gottfried-Wilhelm*: *Anjos; Ciência divina; Criação; Cristo/cristologia; Descartes (René); Estoicismo cristão; Filosofia; Infinito; Inte-* *lectualismo; Mal; Milagre; Natural (teologia); Nada; Nicolau de Cusa; Onipresença divina; Provas da existência de Deus; Providência; Quietismo; Ritos chineses; Reino de Deus; Ser; Sobrenatural; Veracidade*.

leigos*: *Apologistas; Beguinas; Catequeses; Concílio; Devotio moderna; Estruturas eclesiais; Franciscana (espiritualidade); Governo da Igreja; Hesicasmo; Hierarquia; Igreja; Inaciana (espiritualidade); Infalibilidade; Latrão II (concílio); Lião I (concílio); Sacerdócio; Sínodo; Trento (concílio); Valdenses; Vienne (concílio)*.

leitor: *Clérigo/clericato; Ordens menores*.

leitourgia: *Culto*.

leitura: *Aliança; Bíblica (teologia); Narrativa; Sentidos da Escritura*.

Lejay, P.: *Modernismo*.

Leland, John: *Batistas*.

lendas cultuais: *Teofania*.

lendas: *Milagre*.

Lennerz, Heirich: *Tradição*.

Leon, Luis de: *Bañezianismo-molinismo-baianismo; João da Cruz*.

Leôncio de Bizâncio: *Anipostasia; Aristotelismo cristão; Idiomas (comunicação dos); Sobrenatural; Triteísmo*.

Lequier, Jules: *Agostinismo*.

Lercaro, Giovanni: *Vaticano II (concílio)*.

Lessing, Gotthold Ephraïm: *Adocianismo; Deus; História; Jesus da história; Kierkegaard (Søren Aabye); Milagre; Panteísmo; Providência; Religiões (teologia das); Revelação; Salvação*.

Lessius (Leonard Leys, chamado): *Atributos divinos; Bañezianismo-molinismo-baianismo; Belarmino (Roberto); Descartes (René)*.

Levinas, Emmanuel: *Deus; Infinito; Violência; Visão beatífica*.

levirato: *Mulher*.

Lévi-Strauss, Claude: *Mito; Narrativa; Provas da existência de Deus*.

levita: *Sacerdócio*.

levitação: *Mística; Revelações particulares*.

Lévy-Bruhl, Lucien: *Mito*.

Lewis, Clive Staples: *Demônios*.

lex orandi, lex credendi: *Liturgia; Sacramento; Ser*.

Martírio de Policarpo: *Martírio*.

martírio*: *Alma-coração-corpo; Apocalíptica; Apostólicos (Padres); Ascese; Culto dos santos; Expiação; Imitação de Jesus Cristo; Marcionismo; Milagre; Mundo; Morte; Roma; Ressurreição dos mortos; Sabedoria; Vida espiritual.*

Marx, Karl*: *Ateísmo; Autoridade; Escatologia; História; Propriedade; Revolução; Trabalho; Verdade.*

marxismo: *Libertação (teologia da)*.

Marxsen, Willy: *Exegese; Ressurreição de Cristo*.

mashal: *Parábola*.

matéria: *Criação; Pai; Penitência*.

maternidade divina: *Maria*.

Mathews, Shailer: *Batistas*.

Mathieu, C.: *Vaticano I (concílio)*.

matriarca: *Mulher*.

matrimônio em Cristo: *Matrimônio*.

matrimônio espiritual: *Mística*.

matrimônio*: *Aliança; Ambrósio de Milão; Anglicanismo; Ascese; Latrão IV (concílio); Marcionismo; Ministério; Montanismo; Presbítero/padre; Sexual (ética); Sociedade; Trento (concílio); Vida consagrada.*

Mattes, Wenzeslaus: *Tübingen (escolas de)*.

Matthieu d'Aquasparta: *Boaventura; Voluntarismo*.

Matthieu de Cracóvia: *Conciliarismo*.

Mauclerc, M.: *Ultramontanismo*.

Maurice, Frederick Denison: *Anglicanismo; família*.

Maurras, Charles: *Política (teologia); Tradicionalismo*.

Máximo Confessor*: *Circunsessão; Constantinopla III (concílio); Deus; Espiritual (teologia); Filioque; Gregório de Nazianzo; Gregório Palamas; Liberdade; Mal; Monotelismo/monoenergismo; Nada; Paixão; Revelação; Sabedoria; Salvação; Sobrenatural; Trindade.*

Maxwell, James Clerk: *Ciências da natureza*.

McFague, Sallie: *Mulher; Narrativa (teologia)*.

Mechtilde de Magdeburgo: *Renano-flamenga (mística); Revelações particulares*.

mediação: *Carmelo; Cristo/cristologia; Cura; Duns Escoto (João); Expiação; Fé; Graça; Gregório Magno; Imagens; Jesus da história; Joanina (teologia); Juízo; Louvor; Maria; Máximo*

Confessor; Messianismo/messias; Niceia II (concílio); Oração; Pascal (Blaise); Paixão; Profeta/profecia; Ressurreição dos mortos; Sacerdócio; Salvação; Teofania; Tomás de Aquino.

medicina: *Cura; Milagre*.

médio-platonismo: *Apologistas*.

Meeks, W.: *Exegese*.

megillôt: *Cânon das Escrituras*.

Meinong, Alexius: *Ser*.

meios: *Ato; Intenção*.

Melanchton (Philipp Schwarzerd, chamado): *Aristotelismo cristão; Calvinismo; Calvino (João); Deus; Direito; Fé; Graça; Humanismo cristão; Igreja; Justificação; Lei; Liberdade religiosa; Lugares teológicos; Pecado original; Penitência; Sucessão apostólica; Tradição.*

meliciano: *Atanásio de Alexandria; Niceia I (concílio)*.

Melisso: *Infinito*.

Melitão de Sardes: *Cânon das Escrituras; Mistério*.

melquitas: *Monofisismo; Ortodoxia moderna e contemporânea*.

Mêmnon: *Éfeso (concílio)*.

memória: *Alma-coração-corpo; Deus; Esperança; Liturgia; Mística; Mito; Tempo*.

memorial: *Eucaristia; Sabbat; Sacramento*.

memra: *Verbo*.

Mendel, Gregor Johann: *Evolução*.

Mendelssohn Moses: *Panteísmo*.

menonitas: *Anabatistas; Paz*.

mensagem: *Exegese; Revelações particulares*.

mentira: *Cólera de Deus; Verdade; Violência*.

meontologia: *Mal*.

Mercier, Désiré-Joseph: *Modernismo; Tomismo*.

Mercurião, Everardo: *Belarmino (Roberto)*.

mérito de condigno: *Justificação; Obras*.

mérito de côngruo: *Justificação; Obras*.

mérito: *Bañezianismo-molinismo-baianismo; Duns Escoto (João); Predestinação; Salvação; Sobrenatural*.

Merleau-Ponty, Maurice: *Alma-coração-corpo; Cosmo; Visão beatífica*.

Mersenne, Marin: *Descartes (René); Deísmo/teísmo*.

Merz, G.: *Barth (Karl)*.

messalianismo*: *Hesicasmo; Trabalho*.

messianismo*: *Cristo/cristologia; Igreja; Judeu-cristianismo; Milenarismo; Reino de Deus; Ressurreição de Cristo.*

messias-sacerdote: *Messianismo/messias.*

metaballein: *Ser.*

meta-empiria: *Experiência.*

metafísica: *Ateísmo; Deus; Duns Escoto (João); Helenização do cristianismo; Juízo; Linguagem teológica; Nada; Nietzsche (Friedrich Wilhelm); Nominalismo; São Vítor (escola de); Ser; Sobrenatural; Suárez (Francisco); Tomas de Aquino.*

metáfora: *Linguagem teológica; Narrativa (teologia); Parábola; Sentidos da Escritura; Verdade.*

meta-histórico: *Conhecimento de Deus.*

metanoia: *Penitência.*

metaplassein: *Ser.*

metapoien: *Ser.*

metarrhuthmizein: *Ser.*

metaskeuazein: *Ser.*

metastoikheioun: *Ser.*

metempsicose: *Catarismo; Gregório de Nissa.*

methistanai: *Ser.*

methodus scientifica: *Dogmática (teologia).*

Metódio de Olímpia: *Imutabilidade divina/impassibilidade divina; Modalismo.*

método de imanência: *Modernismo.*

método: *Lonergan (Bernard).*

metousiôsis: *Ser.*

metropolita: *Governo da Igreja; Patriarcado.*

Metz, Johannes B.: *Esperança; Helenização do cristianismo; Mundo; Narrativa (teologia); Política (teologia).*

Meyendorff, John: *Gregório Palamas; Ortodoxia moderna e contemporânea; Santidade; Visão beatífica.*

Michaelis, J. D.: *Racionalismo.*

Michel da Trindade: *Carmelo.*

Michel de Bay → Baius.

Michel de Marillac: *Bérulle (Pierre, cardeal de).*

Michel de Santo Agostinho: *Carmelo.*

Michelet, K. L.: *Hegelianismo.*

microcosmo: *Teosofia.*

midrashim: *Apologistas; Exegese; Intertestamento.*

Migne, Jacques-Paul: *Agostinismo.*

Miguel Alfonso de Carranza: *Carmelo.*

Miguel de La Fuente: *Carmelo.*

milagre*: *Chartres (escola de); Evangelhos; Fundamental (teologia); Jesus da história; Médica (ética); Pascal (Blaise); Ressurreição de Cristo; Santidade.*

milenarismo*: *Anabatistas; Escatologia; Esperança; História; Juízo; Pietismo; Tradição; Visão beatífica.*

Mill, John Stuart: *Autoridade; Bem; Utilitarismo.*

Milton, John: *Demônios; Unitarismo/antitrinitarismo.*

ministério*: *Apóstolo; Batismo; Culto; Donatismo; Eclesiologia; Ecumenismo; Governo da Igreja; Hierarquia; Indulgências; Ordens menores; Palavra de Deus; Pastor; Paulina (teologia); Pregação; Sacerdócio; Sucessão apostólica; Unidade da Igreja.*

Minúcio, Felix: *Aborto; Apologistas.*

misericórdia*: *Apocatástase; Bernardo de Claraval; Boaventura; Cólera de Deus; Pena; Predestinação.*

Mishnah: *Intertestamento.*

mishpat: *Justiça.*

misógino: *Adão; Mulher.*

missa conventual: *Monaquismo.*

missa crismal: *Santos óleos.*

missa: *Eucaristia.*

missal romano: *Eucaristia.*

missão canônica: *Jurisdição; magistério.*

missão: *Afonso de Ligório; Apóstolo; Cidade; Conselho Ecumênico das Igrejas; Eclesiologia; Governo da Igreja; Igreja; Inaciana (espiritualidade); Joanina (teologia); Maniqueísmo; Ultramontanismo; Unidade da Igreja.*

missões trinitárias: *Trindade.*

mistagogia: *Batismo.*

mistério pascal*: *Espírito Santo; Martírio; Morte; Páscoa.*

mistério*: *Apocalíptica; Apocatástase; Balthasar (Hans Urs von); Encarnação; Escatologia; Lubac (Henri Sonier de); Matrimônio; Mística; Parusia; Predestinação; Ressurreição dos mortos; Vaticano II (concílio); Vida eterna.*

N

P

Priestley, Joseph: *Unitarismo/antitrinitarismo.*

primado do papa: *Ecumenismo; Infalibilidade; Patriarcado; Unidade da Igreja.*

primazia: *Constantinopla I (concílio); Constantinopla IV (concílio); Estruturas eclesiais; Galicanismo; Gregório Magno; Igreja; Ministério; Niceia II (concílio); Papa; Roma; Vaticano I (concílio).*

primeira comunhão: *Batismo.*

primícias: *Ressurreição de Cristo; Sacrifício.*

primogênito: *Maria; Pai.*

primogênitos: *Páscoa.*

princípio de razão suficiente: *Leibniz (Gottfried-Wilhelm).*

princípio reformado: *Tradição.*

princípio: *Analogia; Basileia-Ferrara-Florença (concílio); Boaventura; Lião II (concílio); Sobrenatural; Tomás de Aquino.*

princípios práticos: *Bem.*

priscilianistas: *Apócrifos.*

Prisciliano: *Heresia.*

privilégio paulino: *Ministério.*

probabiliorismo: *Afonso de Ligório.*

probabilismo: *Afonso de Ligório; Suárez (Francisco); Tomismo.*

Process Theology*: *Ciência divina; Deus; Eternidade divina; Potência divina; Tillich (Paul).*

processão: *Constantinopla I (concílio); Filioque; Pseudo-Dionísio; Trindade.*

processo: *Jesus da história; Paixão.*

Prochore, Cydonès: *Ortodoxia moderna e contemporânea.*

Proclo de Atenas: *Analogia; Aristotelismo cristão; Asseidade; Calcedônia (concílio); Deus; Infinito; Panteísmo; Pseudo-Dionísio; Teosofia.*

Proclo de Cízico: *Maria.*

Proclo de Constantinopla: *Maria.*

procriação*: *Adão; Ascese; Marcionismo; Sexual (ética).*

proexistência: *Cristo/cristologia.*

profano: *Santidade.*

profecia*: *Alberto Magno; Apologistas; Apóstolo; Bíblia; Cumprimento das Escrituras; Escritura sagrada; Ireneu de Lião; Juízo; Messalianismo; Montanismo; Ressurreição dos mortos; Revelações particulares; Tradição.*

profeta escatológico: *Casal; Cristo/cristologia; Jesus da história.*

profetas anteriores: *Cânon das Escrituras.*

profissão de fé: *Arianismo; Batismo; Confissões de fé; Monoteísmo; Ortodoxia. Valdenses.*

profissão religiosa: *Sacramento.*

profissão: *Trabalho.*

prognôsis: *Providência.*

promessa*: *Aliança; Apocatástase; Cumprimento das Escrituras; Deus; Esperança; Espírito Santo; Fé; História; Igreja; Justiça divina; Mulher; Predestinação; Pregação; Reino de Deus; Temor de Deus; Vida eterna; Verdade.*

pronoia: *Providência.*

proôrizein: *Providência.*

propagação da fé: *Ultramontanismo.*

Propatôr: *Pai.*

proporcionalismo*: *Escândalo; Mal; Mandamento.*

Propp Vladimir: *Narrativa.*

propriedade: *Sociedade.*

prosélitos: *Universalismo.*

prosôpon: *Anipostasia; Comunhão; Pessoa; Trindade.*

prospecção: *Blondel (Maurice).*

Próspero de Aquitânia: *Agostinismo; Padres da Igreja.*

Protágoras: *Relativismo.*

protestantismo liberal: *Escatologia; Libertação (teologia da); Racionalismo.*

protestantismo*: *Agostinismo; Conselho Ecumênico das Igrejas; Exegese; Fundamentalismo; Igreja; Local (Igreja); Magistério; Newman (John Henry); Pai; Pastor; Recepção; Scheeben (Matthias Joseph); Tradição; Trento (concílio); Unidade da Igreja.*

protocatolicismo*: *Cânon das Escrituras; Igreja; Tradição.*

Protoevangelho de Tiago: *Maria.*

protoevangelho: *Promessa.*

protótipo: *Imagens; Ireneu de Lião; Niceia II (concílio).*

Proudhon, Pierre-Joseph: *Revolução.*

prova: *Anselmo de Cantuária; Ceticismo cristão; Milagre.*

prova: *Tentação.*

Serapião: *Atanásio de Alexandria; Epiclese.*

Serge de Constantinopla: *Constantinopla III (concílio); Monotelismo/monoenergismo.*

Seripando, Jerônimo: *Agostinismo; Lei; Trento (concílio).*

sermão da montanha: *Jesus da história; Lei.*

serpente: *Animais.*

Sertillanges, Antonin-Dalmace: *Tomismo.*

Servet, Michel: *Calvino (João); Unitarismo-antitrinitarismo.*

serviço de Deus: *Culto; Ecumenismo; Liturgia.*

serviços de ministérios: *Igreja.*

servidão: *Bérulle (Pierre, cardeal de).*

Servo de Javé*: *Cordeiro de Deus/cordeiro pascal; Messianismo/messias; Salvação.*

Sesboüé, Bernard: *Encarnação.*

Sessa, Antonio: *Notas teológicas.*

setenário sacramental: *Confirmação; Hierarquia das verdades; Sacramento.*

Setenta: *Cânon das Escrituras; Ecumenismo; Helenização do cristianismo; Traduções antigas da Bíblia; Verdade; Visão beatífica.*

Severo de Antioquia: *Monofisismo.*

Sexto Empírico: *Ceticismo cristão; Dogma; Relativismo.*

sexualidade: *Alma-coração-corpo; Casal; Freud (Sigmund); Mundo.*

Seymour, S.: *Pentecostalismo.*

Shaftesbury, Lord: *Anglicanismo.*

Shakespeare, W.: *Humanismo cristão.*

shalom: *Bênção; Paz.*

shekinah: *Sabedoria.*

sheol*: *Alma-coração-corpo Limbos; Morte; Purgatório; Ressurreição de Cristo; Vida eterna.*

Shields, T. T.: *Batistas.*

Sião: *Jerusalém.*

Sickingen, Franz von: *Bucer (Martin).*

Sidwick, Henry: *Utilitarismo.*

Siewerth, Gustav: *Infância espiritual; Tomismo.*

Siger de Brabante: *Beatitude; Filosofia; Intelectualismo; Naturalismo; Verdade.*

Silbereisen, Élisabeth: *Bucer (Martin).*

silêncio: *Monaquismo.*

Silouane de Atos: *Contemplação; Teologia.*

Silvestre de Ferrara: *Tomismo.*

Simaco: *Traduções antigas da Bíblia.*

Simão de Samaria: *Gnose.*

Simão o mágico: *Roma.*

simbolismo: *Imagens.*

símbolo de Atanásio: Quicumque.

símbolo de Niceia-Constantinopla: *Niceia I (concílio).*

símbolo dos Apóstolos: *Descida aos infernos; Vida eterna*

símbolo: *Atanásio de Alexandria; Cirilo de Alexandria; Confissões de fé; Consubstancial; Filioque; Indefectibilidade da Igreja; Linguagem teológica; Narrativa (teologia); Niceia I (concílio); Pseudo-Dionísio; Vestígio.*

Simeão de Tessalônica: *Unção dos enfermos.*

Simeão, o Novo teólogo: *Hesicasmo; Visão espiritual; Visão beatífica.*

Simeon, Charles: *Anglicanismo.*

similitudo: *Ser.*

Simon, Jules: *Deísmo/teísmo; Panteísmo.*

Simon, Richard: *Bíblica (teologia).*

simonia: *Hus (João); Igreja-Estado; Latrão II (concílio); Latrão IV (concílio).*

Simons, Menno: *Anabatistas.*

Simor, J.: *Vaticano I (concílio).*

Simpliciano: *Agostinismo.*

simplicidade: *Bernardo de Claraval; Boaventura; Infinito; Ser.*

Simplício: *Aristotelismo cristão; Consubstancial.*

sinagoga: *Arquitetura; Música; Templo.*

Sinai: *Aliança; Decálogo; Teofania.*

sinal: *Escolástica; Evangelhos; Joanina (teologia); Milagre; Nominalismo; São Vítor (escola de); Sentidos da Escritura; Tentação; Tomás de Aquino.*

sinédrio: *Jesus da história; Messianismo/messias; Paixão.*

sinergia: *Ascese; Cristo/cristologia; Santidade.*

sínodo de Adge (506): *Penitência.*

sínodo de Chêne: *Cirilo de Alexandria.*

sínodo de Dordrecht: *Calvinismo.*

sínodo de Orleans (538): *Penitência.*

T

Tarski, Alfred: *Verdade.*

Tauler, João → João Tauler.

taumaturgia: *Milagre.*

Taylor, Jeremy: *Anglicanismo; Casuística; Consciência; Metodismo; Pecado; Virtudes.*

teandrismo: *Cristo/cristologia.*

Teilhard de Chardin, Pierre: *Escatologia; Evolução; Graça; Juízo; Lubac (Henri Sonier de); Monogenismo/poligenismo; Onipresença divina; Panteísmo; Salvação; Tillich (Paul).*

teísmo ateu: *Ateísmo.*

teísmo*: *Ciências da natureza; Deus; Kant (Immanuel); Panteísmo; Razão; Trindade.*

teleologia natural: *Bem.*

teleologismo: *Utilitarismo.*

temente a Deus: *Temor de Deus.*

Temístio: *Aristotelismo cristão; Consciência de Cristo.*

Tempels, Placide: *Ser.*

temperança: *Dante.*

Tempier, Étienne → Étienne Tempier.

Templários: *Vienne (concílio).*

Temple, William: *Anglicanismo; Revelação.*

templo*: *Criação; Igreja; Jesus da história; Judeucristianismo; Páscoa; Sacerdócio; Santidade.*

tempo da prática religiosa: *Ano litúrgico.*

tempo pós-pascal: *Espírito Santo.*

tempo profano: *Ano litúrgico.*

tempo*: *Ciências da natureza; Criação; Escatologia; Estoicismo cristão; Eternidade divina; Mundo; Narrativa; Tomás de Aquino; Vida eterna.*

tempos messiânicos: *Lei.*

tenda: *Templo.*

tentação*: *Antioquia (escola de); Demônios; Fé; Inferno; Milagre; Sabedoria.*

teocentrismo: *Deus; Reino de Deus.*

teocracia: *Cidade; Soloviev (Vladimir).*

teocráticas (teorias): *Agostinismo.*

teodiceia: *Descartes (René); Providência; Tomismo.*

Teodocião: *Cânon das Escrituras; Ser.*

Teodoreto de Cyr: *Antioquia (escola de); Apologistas; Calcedônia (concílio); Consciência de Cristo; Constantinopla II (concílio); Fé; Filosofia; Idiomas (comunicação dos); Maria; Monofisismo; Ser.*

Teodoro de Mopsueste: *Antioquia (escola de); Apolinarismo; Batismo; Comunhão; Consciência de Cristo; Constantinopla II (concílio); Eucaristia; Idiomas (comunicação dos); Mistério; Sentidos da Escritura; Ser.*

Teodoro do Santo Espírito: *Carmelo.*

Teodoro Estudita: *Maria; Niceia II (concílio).*

Teodósio I: *Ambrósio de Milão; Igreja-Estado.*

Teodoto de Ancira: *Maria.*

Teodoto de Bizâncio: *Adocianismo.*

Teodoto, o Banqueiro: *Adocianismo.*

teofania*: *Alberto Magno; Glória de Deus; Temor de Deus; Trindade; Vestígio; Visão beatífica.*

Teófano, o Recluso: *Monaquismo; Ortodoxia moderna e contemporânea.*

Teófilo de Antioquia: *Adão; Apologistas; Cirilo de Alexandria; Criação; Potência divina; Revelação; Trindade.*

teóforos: *Nome.*

teogênese: *Renano-flamenga (mística).*

Teognoste: *Consubstancial.*

teologia afirmativa: *Atributos divinos; Escatologia.*

teologia ascética: *Espiritual (teologia).*

teologia bíblica: *Espiritual (teologia); Hilário de Poitiers; Sabedoria; Sentidos da Escritura.*

teologia da história: *Agostinismo.*

teologia da libertação*: *Exegese; Liberdade; Mulher; Pecado; Process Theology; Religião (filosofia da); Reino de Deus; Revolução; Salvação; Sociedade; Solidariedade.*

teologia da pregação: *Teologia.*

teologia deuteronomista: *Aliança.*

teologia dialética: *Barth (Karl); Deus; Escatologia; Luteranismo; Narrativa; Religiões (teologia das).*

teologia dogmática: *Espiritual (teologia).*

teologia federal: *Aliança.*

teologia franciscana: *Propriedade.*

teologia fundamental: *Razão; Ressurreição de Cristo.*

teologia imperial: *Reino de Deus.*

teologia joanina: *Morte.*

teologia mística: *Espiritual (teologia); Nada; Pseudo-Dionísio.*

teologia monástica: *Anselmo de Cantuária; Escolástica.*

teologia moral: *Afonso de Ligório; Teologia; Tomás de Aquino; Tomismo.*

teologia narrativa: *Verdade.*

teologia natural: *Alberto Magno; Analogia; Anglicanismo; Ciência divina; Ciências da natureza; Criação; Deus; Duns Escoto (João); Escolástica; Hegel (Georg Wilhelm Friedrich); Process Theology.*

teologia negativa: *Antropomorfismo; Atributos divinos; Escatologia; Linguagem teológica; Simplicidade divina; Verdade.*

teologia negra: *Raça.*

teologia paulina: *Aliança; Inferno; Morte; Sabedoria.*

teologia política: *Igreja-Estado; Niceia I (concílio); Pecado; Reino de Deus; Salvação.*

teologia positiva: *Padres da igreja; Teologia.*

teologia simbólica: *Vestígio.*

teologia*: *Abelardo (Pedro); Agostinismo; Alberto Magno; Analogia; Apocatástase; Aristotelismo cristão; Barth (Karl); Boaventura; Bonhoeffer (Dietrich); Chartres (escola de); Ciências da natureza; Dante; Deidade; Duns Escoto (João); Escolástica; Hegel (Georg Wilhelm Friedrich); História da Igreja; Jesus da história; Juízo; Narrativa; Natureza; Razão; Reino de Deus; São Vítor (escola de); Scheeben (Matthias Joseph); Sentidos da Escritura; Suárez (Francisco); Tomás de Aquino; Tomismo; Trindade.*

teólogo: *Hierarquia das verdades.*

teologúmeno: *Filioque.*

teopasquita (controvérsia): *Constantinopla II (concílio); Imutabilidade divina/impassibilidade divina; Paixão.*

teoria: *Exegese.*

terâfim: *Idolatria.*

Terapêutas: *Jesus da história.*

terapia intensiva: *Morte.*

Teresa de Ávila: *Agostinismo; Atributos divinos; Bañezianismo-molinismo-baianismo; Bérulle (Pierre, cardeal de); Carmelo; Contemplação; Direção espiritual; Doutor da igreja; Franciscana (espiritualidade); João da Cruz; Mística.*

Teresa de Lisieux: *Carmelo; Contemplação; Fé; Infância espiritual; Teologia.*

termistas: *Nominalismo.*

Terra santa: *Latrão IV (concílio); Lião I (concílio); Vienne (concílio).*

terra: *Bênção; Cidade; Econômica (moral); Promessa.*

terremoto de Lisboa: *Mal.*

Terreni, Guido: *Carmelo.*

tertius usus legis: *Lei.*

Tertuliano*: *Aborto; Adão; Alma-coração-corpo; Apologistas; Autoridade; Cânon das Escrituras; Cipriano de Cartago; Concílio; Cristo/cristologia; Docetismo; Escatologia; Espírito Santo; Estoicismo cristão; Fé; Filioque; Graça; Hilário de Poitiers; Igreja; Legítima defesa; Maria; Misericórdia; Modalismo; Montanismo; Mundo; Paixão; Paz; Procriação; Ressurreição de Cristo; Ressurreição dos mortos; Revelação; Sacerdócio; Sacramento; Sucessão apostólica; Trindade.*

Testamento: *Aliança; Bíblia; Intertestamento; Lei; paulina (teologia).*

testemunho divino: *Revelação.*

testemunho: *Confissões de fé; Ecumenismo; Evangelhos; Fundamental (teologia); Martírio; Ressurreição de Cristo.*

Testimonia: *Apologistas; Ireneu de Lião.*

Testimonium Flavianum: *Jesus da história.*

tetragrama: *Nome.*

texto: *Sentidos da Escritura.*

theiopoiése: *Sacramento.*

Theissen, Gerd: *Exegese; Jesus da história; Mito.*

theologia crucis: *Deus; Paixão; Providência; Teologia.*

theologia gloriae: *Deus; Providência; Teologia.*

Theologia Wirceb- urgensis: *Dogmática (teologia).*

theologia: *Ascese.*

theopoiésis: *Santidade.*

theoria: *Contemplação; Sentidos da Escritura; Trabalho.*

theôsis: *Igreja; Santidade.*

theotokos: *Antioquia (escola de); Calcedônia (concílio); Éfeso (concílio); Hipostática (união); Maria; Nestorianismo.*

Thielicke, H.: *Adão.*

Thierry (Dirc) de Herxen: *Devotio moderna.*

Thomas, Becket: *Chartres (escola de).*

Thomas Gallus: *São Vítor (escola de).*

Thomas Kempis: *Devotio moderna; Imitação de Jesus Cristo.*

Thomasius, G.: *Kenose.*

V

Edições Loyola

editoração impressão acabamento

Rua 1822 nº 341 – Ipiranga
04216-000 São Paulo, SP
T 55 11 3385 8500/8501, 2063 4275
www.loyola.com.br